Wilhelm Moll (Hrsg.)
Münchener AnwaltsHandbuch
Arbeitsrecht

Münchener Anwalts Handbuch Arbeitsrecht

Herausgegeben von

Prof. Dr. Wilhelm Moll LL.M. (Berkeley)
Rechtsanwalt und Fachanwalt für Arbeitsrecht in Köln
Honorarprofessor an der Universität zu Köln

Bearbeitet von:

Stephan Altenburg, Rechtsanwalt in München; *Prof. Dr. Peter Bengelsdorf*, Geschäftsführer a. D. in Kiel; *Dr. Holger Betz*, Richter am Arbeitsgericht Bamberg; *Dietrich Boewer*, Rechtsanwalt in Köln; *Dr. Indra Burg*, Richterin am Arbeitsgericht Düsseldorf; *Florian Christ*, Rechtsanwalt in Heidelberg; *Karl-Dietmar Cohnen*, Rechtsanwalt in Köln; *Prof. Dr. Renate Dendorfer-Ditges* LL.M., MBA, Rechtsanwältin in Bonn; *Dr. Frank Eckhoff*, Rechtsanwalt in Köln; *Ernst Eisenbeis*, Rechtsanwalt in Köln; *Dr. Michaela Felisiak* LL.M. (Bern), Rechtsanwältin in München; *Prof. Dr. Klaus Gennen*, Rechtsanwalt in Köln; *Regina Glaser* LL.M., Rechtsanwältin in Düsseldorf; *Dr. Anno Hamacher*, Direktor des Arbeitsgerichts Solingen; *Christoph Hexel*, Rechtsanwalt und Fachanwalt für Arbeitsrecht in Düsseldorf; *Kay Jacobsen*, Rechtsanwalt in Hamburg; *Dr. Christoph Katerndahl*, Rechtsanwalt in Köln; *Annika Vanessa Kemna*, Rechtsanwältin in Hamburg; *Hendrik van Laak*, Richter am Arbeitsgericht Solingen; *Maximilian Lachmann*, Rechtsanwalt in Heidelberg; *Dr. Thorsten Leisbrock*, Dipl.-Kfm., Rechtsanwalt in Köln; *Dr. Hans-Joachim Liebers* LL.M., Rechtsanwalt in Frankfurt a. M.; *Dr. Daniel Ludwig*, Rechtsanwalt in Hamburg; *Dr. Holger Lüders*, Rechtsanwalt in Düsseldorf; *Dr. Christopher Melms*, Rechtsanwalt in München; *Prof. Dr. Wilhelm Moll* LL.M. (Berkeley), Rechtsanwalt in Köln; *Dr. Michael Müntefering*, Voritzender Richter am Landesarbeitsgericht Hamm; *Dr. Martin Plum*, Richter am Arbeitsgericht Düsseldorf; *Dr. Oliver Reinartz*, Richter am Arbeitsgericht Düsseldorf; *Dr. Roland Reinfeld*, Rechtsanwalt in Kempen; *Dr. Kerstin Reiserer*, Rechtsanwältin in Heidelberg; *Dr. Thomas Schulz*, Rechtsanwalt in Hamburg; *Anja Ulrich*, Direktorin des Arbeitsgerichts Duisburg; *Dr. Christoph Ulrich*, Vorsitzender Richter am Landesarbeitsgericht Düsseldorf; *Prof. Dr. Reinhard Vossen*, Vorsitzender Richter am Landesarbeitsgericht a. D., Meerbusch

5., überarbeitete und erweiterte Auflage 2021

C.H.BECK

Zitiervorschlag: MAH ArbR/*Bearbeiter* § … Rn. …

www.beck.de

ISBN 978 3 406 75137 0

© 2021 Verlag C. H. Beck oHG
Wilhelmstraße 9, 80801 München
Satz: Druckerei C. H. Beck Nördlingen
Druck und Bindung: Eberl & Koesel GmbH & Co. KG
Am Buchweg 1, 87452 Altusried-Krugzell
Umschlaggestaltung: Kunst oder Reklame, München

chbeck.de/nachhaltig

Gedruckt auf säurefreiem, alterungsbeständigem Papier
(hergestellt aus chlorfrei gebleichtem Zellstoff)

Vorwort zur 5. Auflage

Die 5. Auflage setzt nicht nur die Nachzeichnung der in der Entwicklung im Wandel begriffenen Rechtsprechung fort. Sie führt auch den bereits mit der Vorauflage begonnenen Generationenwechsel weiter. Ausgeschieden sind *Lisa Gerdel, Thomas Glaesmann, Dr. Nicola Gragert, Dr. Wolfgang Hesse, Dr. Rainer Ponschab* und *Dr. Christiane Tischer.* Ihnen allen sei an dieser Stelle herzlich für ihre langjährige Unterstützung und prägende Mitarbeit gedankt. Neu hinzugekommen sind *Dr. Michaela Felisiak, Dr. Christoph Katerndahl, Annika Vanessa Kemna, Maximilian Lachmann, Dr. Daniel Ludwig, Dr. Thomas Schulz* und *Anja Ulrich,* sie führen die jeweils übernommenen Beiträge im Stil der Vorauflagen engagiert und mit neuen Impulsen fort.

Das „Anwalts-Handbuch" sieht sich weiterhin in besonderer Weise verpflichtet, alle für die praktische Arbeit des Rechtsanwalts relevanten Rechtsregeln für die praktische Rechtsanwendung aufzubereiten.

Die 5. Auflage bildet im Wesentlichen den Rechtsstand Juni 2020 ab. Autoren, Herausgeber und Verlag sagen abermals Dank für Hinweise aus dem Leserkreis freuen sich auch weiterhin jederzeit über Anregungen.

Dank gilt schließlich dem Lektorat für sorgfältige Arbeit.

Köln, im Oktober 2020 *Wilhelm Moll*

Vorwort

Vorwort zur 1. Auflage

Ein Großer der Rechtswissenschaft, Gerhard Kegel, leitete vor vielen Jahren das Vorwort seines „Kurz"-Lehrbuchs zum IPR mit der Sentenz ein: „‚Mehr, mehr!' schrie der kleine Hävelmann". – Das Anwachsen von Entscheidungsmaterial, Regelungsbestand und Schrifttum lässt sich gerade auch im Arbeitsrecht geradezu exponentiell beobachten. Dieses Handbuch möchte einen Beitrag dazu leisten, dem Praktiker bei der täglichen Arbeit Orientierung zu geben. Es möchte helfen, in einer konkreten Sachverhaltskonstellation die einschlägigen Normkomplexe zu erfassen. Die juristische Bewältigung eines Lebenssachverhalts durchbricht und überschreitet die Trennung des individuellen Arbeitsrechts vom kollektiven, des materiellen Rechts vom prozessualen etc. Die Darstellungen streben daher an, die für den jeweiligen Problemsachverhalt anzuwendenden Regelungen möglichst in ihrer Gesamtheit zu berücksichtigen. Arbeitszeitfragen werfen arbeitsvertragliche, arbeitsschutzrechtliche und betriebsverfassungsrechtliche, gegebenenfalls auch tarifvertragliche Probleme auf. Entsprechendes gilt für viele andere Fragen. Aufbau und Konzeption des Handbuchs sind daher so angelegt, nicht in herkömmlich-traditioneller Weise Arbeitsvertragsrecht, Betriebsverfassungsrecht, Tarifvertragsrecht etc. darzustellen, sondern in konkreten Fragestellungen der Lebenswirklichkeit – der praktischen Fallbewältigung entsprechend – die zu berücksichtigenden Normbereiche aufzurufen. Das Handbuch ist von „Praktikern" – Rechtsanwälten und Richtern – für den Rechtsanwalt konzipiert, der sich mit arbeitsrechtlichen Fällen und Problemen konfrontiert sieht. Die Darstellungen sind daher im wesentlichen an der Rechtsprechung orientiert. Meinungsstreite der Wissenschaft können in diesem Rahmen nicht ausgetragen werden.

Die Rechtslage ist mit dem Stand 1. Juli 2004 berücksichtigt. Das Handbuch hat damit insbesondere alle „Reform"-Gesetze eingearbeitet, die bis zum Beginn des 2. Halbjahres 2004 in Kraft getreten sind.

Zu danken ist an dieser Stelle allen Mitwirkenden, die mit Beharrlichkeit und Einsatz zum Erscheinen des Handbuchs beigetragen haben. Dies gilt selbstverständlich für die Autorinnen und Autoren, die sich mit ihren Beiträgen dem Urteil der Fachöffentlichkeit stellen. Es gilt aber auch für die Anstrengungen und Mühen von Herrn Dr. Burkhard Schröder vom Verlag C.H.Beck, der fachkundig, geduldig und nachdrücklich das Entstehen des Handbuchs begleitet hat.

Autoren, Herausgeber und Verlag sind jederzeit für Anregungen und Hinweise dankbar, um im Sinne einer Dienstleistung am Leser das Handbuch sozusagen als lebenden Organismus weiterzuentwickeln; das Bessere ist der Feind des Guten. Und der Benutzer hat immer nur das „Beste" verdient.

Köln, im September 2004 *Wilhelm Moll*

Inhaltsübersicht

Inhaltsverzeichnis XI
Autorenverzeichnis LIII
Abkürzungs- und Literaturverzeichnis LVII

Teil A. Das arbeitsrechtliche Mandatsverhältnis

§ 1 Das Arbeitsrecht in der beratenden und forensischen Praxis *(Altenburg)* 1
§ 2 Der Anwaltsvertrag im arbeitsrechtlichen Mandat *(Altenburg)* 31
§ 3 Anwaltsvergütung und Rechtsschutzversicherung *(Altenburg)* 52
§ 4 Der Gang des arbeitsrechtlichen Mandats am Beispiel der Kündigung *(Altenburg)* 111

Teil B. Statusfragen

§ 5 Arbeitnehmer oder Selbstständiger *(Reiserer/Lachmann)* 145
§ 6 Der Arbeitnehmerbegriff: Abgrenzungsmerkmale *(Reiserer/Lachmann)* 149
§ 7 Rechtsfolgen fehlerhafter Einordnung *(Reiserer/Lachmann)* 185
§ 8 Verfahrensfragen *(Reiserer/Lachmann)* 194

Teil C. Begründung des Arbeitsverhältnisses

§ 9 Anbahnung des Arbeitsverhältnisses *(Melms/Felisiak)* 203
§ 10 Begründung des Arbeitsverhältnisses *(Melms/Felisiak)* 247
§ 11 Arbeitsverhältnisse mit Auslandsberührung *(Melms/Felisiak)* 352

Teil D. Arbeitspflicht

§ 12 Art der Tätigkeit *(Gragert/Katerndahl)* 391
§ 13 Arbeitsort *(Gragert/Katerndahl)* 416
§ 14 Arbeitszeit *(Gragert/Katerndahl)* 432
§ 15 Verhaltenspflichten *(Gragert/Katerndahl)* 482
§ 16 Rechte am Arbeitsergebnis *(Gennen)* 487
§ 17 Nicht- und Schlechtleistung *(Eisenbeis)* 558
§ 18 Abmahnung *(Eisenbeis)* 590

Teil E. Entgelt im Arbeitsverhältnis

§ 19 Bestimmung und Grundlagen des Entgelts *(Hexel)* 605
§ 20 Arten und Formen der Vergütung *(Hexel)* 628
§ 21 Ein- und Umgruppierung *(Schulz)* 680
§ 22 Abwicklung und Durchsetzung der Entgeltzahlung *(Hexel)* 697
§ 23 Mitbestimmung beim Entgelt *(Schulz)* 734
§ 24 Entgelt bei Leistungsstörungen *(Glaser)* 790
§ 25 Änderung und Flexibilisierung von Entgeltzahlungen *(Hexel)* 854
§ 26 Bildungs- und Umzugsbeihilfen *(Glaser)* 877

Teil F. Urlaub

§ 27 Erholungsurlaub *(Jacobsen)* 901
§ 28 Mutterschaftsurlaub, Elternzeit, Pflege- und Familienpflegezeit *(Jacobsen)* 963
§ 29 Bildungsurlaub *(Jacobsen)* 980

Inhaltsübersicht

Teil G. Nebenpflichten im Arbeitsverhältnis

§ 30 Geheimnisschutz *(Reinfeld)* 985
§ 31 Wettbewerbsverbot während des bestehenden Arbeitsverhältnisses *(Reinfeld)* ... 1005
§ 32 Wettbewerbsverbot nach Beendigung des Arbeitsverhältnisses *(Reinfeld)* 1016
§ 33 Loyalitäts- und Rücksichtnahmepflichten, Nebentätigkeitsbeschränkungen *(Reinfeld)* 1049
§ 34 Nebenpflichten des Arbeitgebers *(Reinfeld)* 1073
§ 35 Compliance und Datenschutz *(Dendorfer-Ditges)* 1104

Teil H. Betriebliche Altersversorgung

§ 36 Grundlagen *(Leisbrock)* 1175
§ 37 Ausgestaltung der Versorgungszusage *(Leisbrock)* 1211
§ 38 Ansprüche nach dem Betriebsrentengesetz *(Leisbrock)* 1240
§ 39 Wechsel des Versorgungsschuldners und Haftung von Gesellschaftern *(Leisbrock)* 1280
§ 40 Kündigung, Änderung und Widerruf von Versorgungszusagen *(Leisbrock)* 1292

Teil I. Beendigung des Arbeitsverhältnisses

§ 41 Befristung *(Plum)* 1313
§ 42 Kündigungserklärung *(Vossen)* 1388
§ 43 Ordentliche Kündigung *(Vossen/C. Ulrich/A. Ulrich)* 1408
§ 44 Außerordentliche Kündigung *(Reinartz)* 1581
§ 45 Sonderkündigungsschutz *(Betz/Burg)* 1640
§ 46 Änderungskündigung *(Boewer)* 1722
§ 47 Beteiligung des Betriebsrats bei Kündigungen *(Müntefering)* 1827
§ 48 Der Kündigungsschutzprozess *(Boewer)* 1862
§ 49 Aufhebungsverträge *(Bengelsdorf)* 2029
§ 50 Anzeigepflichtige Entlassungen *(Eckhoff)* 2116
§ 51 Zeugnis *(Eckhoff)* 2143
§ 52 Abwicklung des beendeten Arbeitsverhältnisses *(Eckhoff)* 2155

Teil J. Betriebsübertragungen

§ 53 Tatbestandliche Voraussetzungen des Betriebsübergangs *(Cohnen)* 2159
§ 54 Rechtsfolgen eines Betriebsübergangs *(Cohnen)* 2190
§ 55 Unterrichtungspflicht und Widerspruchsrecht *(Cohnen)* 2258

Teil K. Betriebsänderungen

§ 56 Tatbestandsvoraussetzungen von Beteiligungsrechten bei Betriebsänderungen *(Liebers)* 2305
§ 57 Unterrichtung, Beratung, Verhandlung, Einigung *(Liebers)* 2363
§ 58 Regelungsinhalte *(Liebers)* 2412

Teil L. Zusammenarbeit mit dem Betriebsrat

§ 59 Organisation *(Ludwig/Kemna)* 2471
§ 60 Kooperations- und Verhaltenspflichten *(Ludwig/Kemna)* 2502
§ 61 Beteiligungstatbestände *(Ludwig/Kemna)* 2515
§ 62 Kosten (Aufwendungen, Sachverständige, Schulungen) *(Ludwig/Kemna)* 2527
§ 63 Regelungsinstrumente *(Ludwig/Kemna)* 2542
§ 64 Betriebsverfassungsrechtliche Konfliktlösung *(Ludwig/Kemna)* 2557

Inhaltsübersicht

Teil M. Fremdpersonaleinsatz

§ 65 Drittbezogener Personaleinsatz *(Christ)* 2573
§ 66 Arbeitnehmerüberlassung *(Christ)* 2584

Teil N. Tarifvertragsrecht

§ 67 Einführung *(Hamacher/vanLaak)* 2629
§ 68 Tarifgeltung *(Hamacher/vanLaak)* 2635
§ 69 Abschluss und Inhalt des Tarifvertrages *(Hamacher/vanLaak)* 2698
§ 70 Rechtsnormen in Tarifverträgen *(Hamacher/vanLaak)* 2720
§ 71 Koalitionsrecht *(Hamacher/vanLaak)* 2749

Teil O. Teilzeitarbeitsverhältnisse und geringfügige Beschäftigung

§ 72 Teilzeitarbeitsverhältnisse *(Lüders)* 2761
§ 73 Der Anspruch auf Teilzeitarbeit *(Lüders)* 2779
§ 74 Altersteilzeit *(Lüders)* 2808
§ 75 Geringfügige Beschäftigung *(Lüders)* 2822

Teil P. Arbeitsgerichtsverfahren

§ 76 Der Anwalt im Arbeitsgerichtsprozess *(C. Ulrich)* 2835
§ 77 Das Urteilsverfahren *(Hamacher/C. Ulrich)* 2849
§ 78 Das Beschlussverfahren *(C. Ulrich)* 2996
§ 79 Kosten und Kostenerstattung *(C. Ulrich)* 3023

Teil Q. GmbH-Geschäftsführer und AG-Vorstand

§ 80 Das Anstellungsverhältnis des GmbH-Geschäftsführers *(Moll)* 3031
§ 81 Das Anstellungsverhältnis des AG-Vorstandsmitglieds *(Eckhoff)* 3070

Teil R. Mediation und Konfliktmanagement

§ 82 Mediation und Konfliktmanagement in der Arbeitswelt *(Dendorfer-Ditges/Ponschab)* 3097

Sachverzeichnis 3173

Inhaltsübersicht

Teil M. Fremdpersonaleinsatz

§ 65 Drittbezogener Personaleinsatz (Christ) 2578
§ 66 Arbeitnehmerüberlassung (Christ) 2584

Teil N. Tarifvertragsrecht

§ 67 Einführung (Hanau/Bernau/Lunk) 2629
§ 68 Tarifgeltung (Hanau/Bernau/Lunk) 2635
§ 69 Abschluss und Inhalt des Tarifvertrages (Hanau/Bernau/Lunk) 2698
§ 70 Rechtsnormen in Tarifverträgen (Hanau/Bernau/Lunk) 2720
§ 71 Koalitionsrecht (Hanau/Bernau/Lunk) 2749

Teil O. Teilzeitarbeitsverhältnisse und geringfügige Beschäftigung

§ 72 Teilzeitarbeitsverhältnisse (Linder) 2761
§ 73 Der Anspruch auf Teilzeitarbeit (Linder) 2779
§ 74 Altersteilzeit (Linder) 2808
§ 75 Geringfügige Beschäftigung (Linder) 2822

Teil P. Arbeitsgerichtsverfahren

§ 76 Der Anwalt im Arbeitsgerichtsprozess (C. Ulrich) 2835
§ 77 Das Urteilsverfahren (Hanau/Bernau/C. Ulrich) 2849
§ 78 Das Beschlussverfahren (C. Ulrich) 2996
§ 79 Kosten und Kostenerstattung (C. Ulrich) 3023

Teil Q. GmbH-Geschäftsführer und AG-Vorstand

§ 80 Das Anstellungsverhältnis des GmbH-Geschäftsführers (Moll) 3031
§ 81 Das Anstellungsverhältnis des AG-Vorstandsmitglieds (Zeibstoff) 3070

Teil R. Mediation und Konfliktmanagement

§ 82 Mediation und Konfliktmanagement in der Arbeitswelt (Dendorfer-Diegel/
Ponschab) 3097

Sachverzeichnis 3173

Inhaltsverzeichnis

Teil A. Das arbeitsrechtliche Mandatsverhältnis

§ 1 Das Arbeitsrecht in der beratenden und forensischen Praxis 1
   I. Die Bedeutung des Arbeitsrechts in der anwaltlichen Praxis 2
      1. Zahlen und Statistik 2
      2. Fachanwaltschaft für Arbeitsrecht 3
   II. Rechtsquellen des Arbeitsrechts 6
      1. Allgemeines 6
      2. Spezielle Branchen 16
      3. Angrenzende Rechtsgebiete 20
      4. Rangfolge und Verhältnis der Rechtsquellen 21
   III. Forensische Tätigkeit 22
      1. Feststellung des zuständigen Gerichts 22
      2. Schriftsatzform/beA 23
      3. Wahrnehmung von Terminen 24
      4. Verfahren vor dem Europäischen Gerichtshof 27
   IV. Einigungsstelle 28
   V. Andere Entscheidungsgremien 29

§ 2 Der Anwaltsvertrag im arbeitsrechtlichen Mandat 31
   I. Die Annahme des Mandats 31
      1. Pflichten des Rechtsanwalts 31
      2. Hinweispflichten hinsichtlich der Kosten und Gebühren 32
      3. Prüfung von Interessenkollisionen 34
      4. Rechtsschutzversicherung/Vertretung durch Gewerkschaft 36
      5. Prozesskostenhilfe und Beiordnung eines Rechtsanwalts 37
      6. Berufshaftpflichtversicherung 37
      7. Haftungsbeschränkungen 38
      8. Vollmacht 40
      9. Erörterung von Gang und Dauer der Mandatsabwicklung 41
      10. Vergleichsbereitschaft 42
      11. Informationsaustausch zwischen Rechtsanwalt und Mandant . 43
   II. Die Kündigung des Anwaltsvertrages 44
      1. Kündigungsgrund und -frist 44
      2. Herausgabe von Handakten 44
   III. Der Anwaltswechsel 45
      1. Aufklärungspflichten nach Kündigung des Anwaltsvertrages ... 45
      2. Herausgabe von Handakten 45
      3. Kosten und Gebühren 46
      4. Prozesskostenhilfe 47
   IV. Regressanspruch des Mandanten 47
      1. Haftungsgrundlage und Voraussetzungen 47
      2. Umfang des zu ersetzenden Schadens 48
      3. Besonderheiten bei gemeinschaftlicher Berufsausübung 49
      4. Verjährung 50

§ 3 Anwaltsvergütung und Rechtsschutzversicherung 52
   I. Anwaltsvergütung 54
      1. Grundlagen 54

Inhaltsverzeichnis

    2. Vergütungsvereinbarung 54
    3. Rechtsanwaltsvergütungsgesetz 59
  II. Streitwerte im Urteilsverfahren von A–Z 61
    1. Abfindung 62
    2. Abmahnung 62
    3. Abrechnung 63
    4. Änderungskündigung 63
    5. Allgemeiner Feststellungsantrag 64
    6. Altersteilzeit 65
    7. Arbeitsbescheinigung 65
    8. Arbeitsleistung 65
    9. Arbeitspapiere 66
    10. Aufgabenentziehung 66
    11. Auflösungsantrag 66
    12. Aufrechnung 67
    13. Auskunft 67
    14. Befristung 68
    15. Beschäftigung 68
    16. Bestandsstreitigkeiten 68
    17. Betriebsübergang 73
    18. Darlehen 73
    19. Dienstwagen 74
    20. Diskriminierung 74
    21. Drittschuldnerklage 74
    22. Eingruppierung 74
    23. Einstweilige Verfügung 75
    24. Entschädigung 75
    25. Feststellungsklage 75
    26. Freistellung 75
    27. Herausgabeansprüche 76
    28. Integrationsamt 76
    29. Klagehäufung 76
    30. Kündigung 76
    31. Leistungsklage 76
    32. Nachträgliche Klagezulassung 76
    33. Nachweisgesetz 77
    34. Nichtvermögensrechtliche Streitigkeiten 77
    35. Statusklage 77
    36. Stufenklage 77
    37. Teilzeitanspruch 77
    38. Unterlassung 77
    39. Urlaub 78
    40. Vergleich 78
    41. Versetzung 80
    42. Weisungs- und Direktionsrecht 80
    43. Weiterbeschäftigungsanspruch 81
    44. Wettbewerbsverbot 81
    45. Wiedereinstellungsanspruch 82
    46. Wiederkehrende Leistungen 82
    47. Zahlungsklage 83
    48. Zeugnis 83
  III. Streitwerte im Beschlussverfahren von A–Z 84
    1. Anfechtung der Betriebsratswahl 84
    2. Auflösung des Betriebsrats 85
    3. Ausschluss eines Betriebsratsmitglieds 85

Inhaltsverzeichnis

4. Betriebsvereinbarung	85
5. Einigungsstelle	85
6. Einsicht in Bruttogehaltslisten	86
7. Einstweilige Verfügung	86
8. Freistellung eines Betriebsratsmitglieds	87
9. Mitbestimmung	87
10. Sachmittel des Betriebsrats	89
11. Sachverständige	90
12. Schulung	90
13. Sozialplan	90
14. Unterlassungsanspruch	90
15. Wirtschaftsausschuss	91
16. Zutritt zum Betrieb	91
IV. Rechtsschutzversicherung	91
1. Anspruch auf Arbeits-Rechtsschutz	91
2. Obliegenheiten	96
3. Leistungen in Zusammenhang mit Arbeits-Rechtsschutz	99
4. Vorgehensweise bei bestehender Rechtsschutzversicherung	104
5. Deckungsschutzanfrage	105
6. Reaktionsmöglichkeiten der Rechtsschutzversicherung	106
7. Rechte des Versicherungsnehmers bei Deckungsablehnung	107
8. Abrechnung mit der Rechtsschutzversicherung	109
9. Anwaltsvergütung bei Versagung des Deckungsschutzes	110

§ 4 Der Gang des arbeitsrechtlichen Mandats am Beispiel der Kündigung ... 111
- I. Die Feststellung des Sachverhalts ... 111
  - 1. Aufklärungspflicht: Grundsatz und Reichweite ... 111
  - 2. Aufklärungspflicht: Ansatzpunkte und Einzelheiten ... 113
- II. Die Klärung der Rechtslage ... 122
  - 1. Rechtskenntnisse des Rechtsanwalts ... 122
  - 2. Fristen ... 123
  - 3. Formvorschriften ... 126
- III. Rat an den Mandanten ... 126
  - 1. Beratungs- und Belehrungspflichten gegenüber Arbeitnehmern ... 127
  - 2. Beratungs- und Belehrungspflichten gegenüber Arbeitgebern ... 134

Teil B. Statusfragen

§ 5 Arbeitnehmer oder Selbstständiger ... 145
- I. Einführung und Problemstellung „Scheinselbstständigkeit" ... 145
- II. Eingeschränktes Wahlrecht ... 146
  - 1. Bezeichnung des Vertrages unmaßgeblich ... 146
  - 2. Tatsächliche Vertragsabwicklung ... 146
  - 3. Umstellung in freie Mitarbeiterverträge ... 147
- III. Gleichlauf Arbeitsrecht – Sozialversicherungsrecht – Steuerrecht ... 147
  - 1. Arbeitsrecht   Sozialversicherungsrecht ... 147
  - 2. Steuerrecht ... 148
  - 3. Keine Bindungswirkung ... 148

§ 6 Der Arbeitnehmerbegriff: Abgrenzungsmerkmale ... 149
- I. Arbeitsrecht ... 149
  - 1. Der Begriff: Arbeitnehmer ... 149
  - 2. Echte Abgrenzungskriterien: Gesamtschau ... 151
  - 3. Ergänzende formelle Abgrenzungskriterien ... 154
  - 4. Einzelfallentscheidungen ... 155

Inhaltsverzeichnis

5. Fallgruppen	156
6. Arbeitnehmerüberlassung	177
II. Sozialversicherungsrecht	178
1. Grundsatz des Gleichlaufs	178
2. Gesetzliche Regelung, § 7 SGB IV	178
3. Der GmbH-Geschäftsführer im Sozialversicherungsrecht	179
4. Arbeitnehmerähnliche Selbstständige, § 2 S. 1 Nr. 9 SGB VI	181
III. Steuerrecht	182
1. Eigener Arbeitnehmerbegriff	182
2. Abweichende Merkmale	184

§ 7 Rechtsfolgen fehlerhafter Einordnung — 185

I. Arbeitsrecht	185
1. Arbeitsrechtliche Schutzvorschriften	185
2. Anpassung der Arbeitsbedingungen	186
3. Rückforderungsansprüche	187
II. Sozialversicherungsrecht	188
1. Nachentrichtung der Gesamtsozialversicherungsbeiträge	188
2. Erstattung nach § 28g SGB IV	189
3. Abweichende Vereinbarung	189
III. Steuerrecht	190
1. Lohnsteuerabzugsverfahren	190
2. Umsatzsteuer	191
IV. Strafrechtlicher Exkurs: Vorenthalten und Veruntreuen von Arbeitsentgelten	191
1. Sozialrechtsakzessorische Gestaltung	192
2. Vorsatz	192
3. Verjährung	192

§ 8 Verfahrensfragen — 194

I. Arbeitsrecht	194
1. Zuständigkeit der Arbeitsgerichte	194
2. Klagearten	196
II. Sozialversicherungsrecht	198
1. Anfrageverfahren nach § 7a Abs. 1 SGB IV	198
2. Klageverfahren	200
III. Steuerrecht	200
1. Anrufungsauskunft nach § 42e EStG	200
2. Rechtsmittel	201

Teil C. Begründung des Arbeitsverhältnisses

§ 9 Anbahnung des Arbeitsverhältnisses — 203

I. Personalgewinnung	203
1. Personalplanung und Stellenausschreibung	203
2. Stellensuche	215
3. Abwerbung	217
II. Informationsbeschaffung des AG	220
1. Rahmenbedingungen für Informationsbeschaffung im Anbahnungsverhältnis	221
2. Informationsbeschaffung des AG beim Bewerber	222
3. Informationsbeschaffung des AG unter Mitwirkung Dritter	236
4. Einfühlungsverhältnis	242
5. Beteiligungsrechte des BR	244
III. Anbahnungsverhältnis	244
1. Grundsätze	244

Inhaltsverzeichnis

2. Einzelfälle	245
3. Obhutspflichten	246
§ 10 Begründung des Arbeitsverhältnisses	**247**
I. Entstehung des Arbeitsverhältnisses	247
1. Vertragsschluss	248
2. Arbeitsverhältnis kraft Gesetzes	254
3. Faktisches Arbeitsverhältnis	257
II. Diskriminierungsverbote bei Begründung des Arbeitsverhältnisses	258
1. Diskriminierungsverbote nach dem AGG und dem GenDG	261
2. Rechtsfolgen einer Diskriminierung	276
III. Gesetzliche Dokumentationspflichten	280
1. Nachweisgesetz	280
2. Weitere gesetzliche Dokumentationspflichten	282
IV. Inhaltskontrolle	282
1. Allgemeine Grenzen der Vertragsfreiheit	283
2. „Arbeitsrechtliche Inhaltskontrolle" nach der Schuldrechtsreform	284
V. Beteiligungsrechte des Betriebsrates	337
1. Auswahlrichtlinien	337
2. Mitbestimmung bei personellen Einzelmaßnahmen, § 99 BetrVG	339
VI. Meldepflichten	351
§ 11 Arbeitsverhältnisse mit Auslandsberührung	**352**
I. Auslandsberührung	352
1. Beschäftigung von ausländischen Arbeitnehmern in Deutschland	353
2. Beschäftigung von Arbeitnehmern im Ausland	365
II. Arbeitsrecht	366
1. Grundsätze	366
2. Beschäftigung von ausländischen Arbeitnehmern in Deutschland	371
3. Entsendung von Deutschland ins Ausland	372
4. Reform der Entsenderichtlinie	376
5. Beteiligungsrechte des Betriebsrats	378
6. Melde-/Registrierungspflichten innerhalb der EU	378
III. Sozialversicherungsrecht	380
1. Grundlagen	381
2. Zwischenstaatliches Recht	381
3. Ausstrahlung	384
4. Einstrahlung	385
5. Anwendung auf die arbeitsvertraglichen Entsendungsformen	385
IV. Steuerrecht	386
1. Besteuerung des Arbeitnehmers bei Entsendung ins Ausland	386
2. Besteuerung des Arbeitnehmers bei Entsendung nach Deutschland	388
3. Steuerliche Behandlung von Entsendungen bei den beteiligten Unternehmen	388
V. Exkurs: Besondere Konstellationen des grenzüberschreitenden Auslandseinsatzes	389
1. Entsendung vs. grenzüberschreitende Arbeitnehmerüberlassung	389
2. Brexit	389

Teil D. Arbeitspflicht

§ 12 Art der Tätigkeit	**391**
I. Die Verpflichtung des Arbeitnehmers zur persönlichen Arbeitsleistung, § 613 Abs. 1 BGB	391
1. Höchstpersönliche Verpflichtung	391
2. Ausnahmsweise zulässige Arbeitsleistung durch Dritte	391

Inhaltsverzeichnis

    II. Gläubigerstellung des Arbeitgebers 392
   III. Art der Tätigkeit 393
       1. Art der vertraglich geschuldeten Arbeit 393
       2. Direktionsrecht des Arbeitgebers 398
       3. Beteiligungsrechte des Betriebsrats bei Änderung der Tätigkeit 407
       4. Kontrolle des Direktionsrechts 412
       5. Zurückbehaltungsrecht des Arbeitnehmers 414

§ 13 Arbeitsort 416
     I. Begriff des Arbeitsorts 416
    II. Festlegung des Leistungsorts 416
       1. Bestimmung im Arbeitsvertrag 416
       2. Bestimmung des Leistungsorts „aus den Umständen" 417
       3. Bestimmungsrecht des Arbeitgebers 417
   III. Flexibilisierung des Leistungsorts („Homeoffice") 417
       1. Kein gesetzlicher Anspruch des Arbeitnehmers 418
       2. Kein Recht des Arbeitgebers zur einseitigen Einführung 419
       3. Typische Regelungsgegenstände von Homeoffice-Vereinbarungen 420
       4. Mitbestimmungsrechte des Betriebsrats 422
   IV. Versetzung 425
       1. Individualrechtliche Grundlage 425
       2. Mitbestimmungsrechte des Betriebsrats 430
    V. Betriebsverlegung als kollektiver Wechsel des Einsatzortes 431
       1. Individualrechtliche Zulässigkeit 431
       2. Mitbestimmungsrechte des Betriebsrats 431

§ 14 Arbeitszeit 432
     I. Begriffsbestimmungen zur Arbeitszeit 432
       1. Arbeitszeit 432
       2. Wege- und Dienstreisezeiten 433
       3. Arbeitsbereitschaft 436
       4. Bereitschaftsdienst 437
       5. Rufbereitschaft 439
       6. Ruhezeiten und -pausen 440
       7. Umkleide- und Waschzeiten/Übergabezeiten 443
       8. Nachtarbeit 444
    II. Dauer der Arbeitszeit 446
       1. Gesetzliche Höchstarbeitszeit 446
       2. Vereinbarte Dauer der Arbeitszeit 446
       3. Verlängerung und Verkürzung der Arbeitszeit 450
       4. Abrufarbeit als Sonderform zur Dauer der Arbeitszeit 464
   III. Lage der Arbeitszeit 468
       1. Begriffsbestimmung 468
       2. Gestaltungsformen der Lage der Arbeitszeit (Flexibilisierung der Arbeitszeit) 470
       3. Mitbestimmungsrechte des Betriebsrats bei der Lage der Arbeitszeit 476

§ 15 Verhaltenspflichten 482
     I. Begriff der Verhaltenspflicht 482
    II. Mitbestimmungsrechte des Betriebsrats 484
   III. Muster: Betriebsvereinbarung zum Rauchverbot 485

§ 16 Rechte am Arbeitsergebnis 487
     I. Einführung 488

Inhaltsverzeichnis

 II. Erwerb des Sacheigentums 489
  1. Arbeitsvertraglich geschuldete Ergebnisse 489
  2. Arbeitsvertraglich nicht geschuldete Ergebnisse 490
 III. Arbeitnehmererfindungen und Verbesserungsvorschläge 491
  1. Einführung 491
  2. Die Grundbegriffe „technische Erfindung", „Diensterfindung", und „Miterfinderschaft" 493
  3. Meldepflicht bei Diensterfindungen 496
  4. Rechte an der Erfindung, Überleitung der Rechte, Freiwerden der Erfindung, Verpflichtung zur Schutzrechtsanmeldung, Betriebsgeheime Erfindung, Auslandsfreigabe, Anbieten bei Fallenlassen 501
  5. Vergütung 508
  6. Freie Erfindungen 523
  7. Technische Verbesserungsvorschläge im ArbEG 524
  8. Unabdingbarkeit, Unbilligkeit, Geheimhaltungspflicht, Verpflichtungen aus dem Arbeitsverhältnis 525
  9. Öffentlicher Dienst, Hochschulerfindungen 527
  10. Streitigkeiten 530
  11. Das betriebliche Vorschlagswesen (BVW) 531
 IV. Grundzüge des Arbeitnehmerurheberrechts 537
  1. Einführung 537
  2. Werke in Erfüllung von Verpflichtungen aus dem Arbeits- oder Dienstverhältnis (ohne Computerprogramme) 538
  3. Arbeitsvertraglich nicht geschuldete Werke (ohne Computerprogramme) 549
  4. Computerprogramme 549
  5. Datenbanken 554
  6. Verfahrensrecht 554
 V. Sonstige schutzfähige Schöpfungen 555
  1. Designs (früher Geschmacksmuster) 555
  2. Pflanzenzüchtungen 556
  3. Halbleitererzeugnisse 557
  4. Marken 557

§ 17 Nicht- und Schlechtleistung 558
 I. Allgemeines 558
 II. Nichtleistung des Arbeitnehmers 558
  1. Fallgruppen der Unmöglichkeit 559
  2. Reaktionsmöglichkeiten des Arbeitgebers 564
 III. Schlechtleistung des Arbeitnehmers 577
  1. Begriff und Anwendungsbereich 577
  2. Reaktionsmöglichkeiten des Arbeitgebers 577
  3. Haftungserleichterung des Arbeitnehmers 579
  4. Haftung für Schäden bei Dritten 584

§ 18 Abmahnung 590
 I. Begriff und Funktion 590
 II. Rechtsgrundlage und Anwendungsbereich 591
 III. Erforderlichkeit 592
  1. Grundsatz: Abmahnung bei jeder verhaltensbedingten Kündigung 592
  2. Entbehrlichkeit der Abmahnung 593
  3. Verhältnismäßigkeit der Abmahnung 595
 IV. Voraussetzungen 595
  1. Anhörung des Arbeitnehmers/Betriebsrats/Schwerbehindertenvertretung 595
  2. Abmahnungsberechtigter 596

Inhaltsverzeichnis

3. Zugang	596
4. Frist	597
V. Wirkungen der Abmahnung	597
1. Verlust des konkret beanstandeten Fehlverhaltens als Kündigungsgrund	597
2. Kündigung nur bei gleichartigen Wiederholungsfällen	598
3. Wirkungsdauer	598
4. Mehrmalige Abmahnung bei geringfügigen Verstößen	599
5. Keine präjudizielle Wirkung der Abmahnung	600
VI. Gegenrechte des Abgemahnten	600
1. Entfernung aus der Personalakte	600
2. Gegendarstellung	601
3. Beschwerde	602
VII. Streitigkeiten	602
VIII. Abgrenzung	603
IX. Exkurs: Die betriebsverfassungsrechtliche Abmahnung	603

Teil E. Entgelt im Arbeitsverhältnis

§ 19 Bestimmung und Grundlagen des Entgelts	605
I. Einleitung	605
II. Anspruchsgrundlagen und Bestimmungsfaktoren	606
1. Arbeitsvertrag	606
2. Tarifvertrag	607
3. Betriebsvereinbarung	607
4. Gleichbehandlungsgrundsatz	607
5. Betriebliche Übung	609
6. Gesamtzusage	612
7. § 612 Abs. 2 BGB	612
8. Abrechnungspflicht § 108 GewO	612
III. Entgelthöhe	613
1. Vertragliche Regelungen	613
2. Gesetzlicher Mindestlohn (MiLoG)	613
3. Lohnwucher (§ 138 BGB)	618
4. Entgelttransparenzgesetz	621
5. Equal Pay für Leiharbeitnehmer	625
6. Brutto-/Nettoentgelt	625
§ 20 Arten und Formen der Vergütung	628
I. Geld- und Naturalvergütung	629
1. Einleitung	629
2. Formen der Naturalvergütung	630
II. Leistungsbezogene Entgelte	637
1. Akkordlohn	637
2. Prämienlohn	638
3. Leistungslohn	638
III. Ergebnisbezogene Entgelte	639
1. Provision	639
2. Tantieme	639
IV. Zielabhängige variable Vergütung	640
1. Begriff	640
2. Rechtsgrundlagen	641
3. Grundsätze der Zielfestlegung	642
4. Feststellung der Zielerreichung	645
5. Rechtsprechung zur fehlenden Zielvereinbarung	646
6. Auswirkungen krankheitsbedingter Fehlzeiten	648

Inhaltsverzeichnis

    7. Auswirkungen sonstiger Fehlzeiten 650
    8. Vorzeitiges Ausscheiden des Arbeitnehmers 650
    9. Zielanpassung bei verschlechterten Rahmenbedingungen 652
   10. Mitbestimmungsrechte und -pflichten des Betriebsrats 653
 V. Aktienoptionen 654
    1. Begriff 654
    2. Rechtsnatur der Aktienoptionen 655
    3. Verhältnis von Aktienoptionen und Festgehalt 656
    4. Aktienoptionen und Gleichbehandlungsgrundsatz 657
    5. Kürzung wegen Fehlzeiten im Bezugszeitraum 658
    6. Bindungs- und Verfallklauseln 659
    7. Steuerliche Behandlung auf Arbeitnehmerseite 660
    8. Aktienoptionen und Betriebsübergang 661
    9. Mitbestimmungsrechte des Betriebsrats 661
   10. Rechtswegzuständigkeit 661
 VI. (Jahres-)Sonderzahlungen 661
    1. Grundlagen 661
    2. Betriebstreueleistungen 664
    3. Entgeltleistungen / Leistungen mit Mischcharakter 668
    4. Mitbestimmungsrechte des Betriebsrats 671
 VII. Überstundenvergütung und Zulagen 672
    1. Übertarifliche Zulagen 673
    2. Anrechnungsmöglichkeit 673
    3. Effektivklauseln 674
    4. Mitbestimmung des Betriebsrats 675
 VIII. Vorschuss/Arbeitgeberdarlehen 675
    1. Entgeltcharakter 675
    2. Auswirkungen bei Beendigung des Arbeitsverhältnisses 676
 IX. Anwesenheitsprämien 677

§ 21 Ein- und Umgruppierung 680
 I. Allgemeines zur Eingruppierung und Umgruppierung 680
    1. Begriff 680
    2. Abhängigkeit der Eingruppierung von der Ausgestaltung der kollektiven Vergütungsordnung 681
    3. Einzelfälle der Ein- und Umgruppierung 685
 II. Bedeutung der Eingruppierung für den Arbeitnehmer 687
    1. Zusammenhang von Eingruppierung und Vergütungshöhe 687
    2. Klage des Arbeitnehmers gegen zu niedrige Eingruppierung 688
 III. Öffentlicher Dienst 689
 IV. Mitbestimmungsrecht des Betriebsrates 689
    1. Voraussetzungen des Mitbestimmungsrechtes 689
    2. Ausgestaltung des Mitbestimmungsrechtes 690
    3. Zustimmungsersetzungsverfahren 694
    4. Beendigung des Zustimmungsersetzungsverfahrens 694
    5. Erzwingbarkeit der Durchführung des Zustimmungsverfahrens durch den Betriebsrat 695
 V. Bedeutung des betriebsverfassungsrechtlichen Mitbestimmungsverfahren für den Arbeitnehmer 696
    1. Keine Bindung des Arbeitnehmers 696
    2. Bindung des Arbeitgebers 696

§ 22 Abwicklung und Durchsetzung der Entgeltzahlung 697
 I. Erfüllung 697
    1. Empfangsberechtigte 697

Inhaltsverzeichnis

2. Leistungsort	698
3. Art der Auszahlung	698
4. Fälligkeit	699
5. Abrechnung	701
II. Lohnsicherung	703
1. Verfügungsverbote/Abtretung	703
2. Aufrechnung	706
3. Zurückbehaltungsrecht	707
4. Pfändungsschutz	708
III. Gerichtliche Durchsetzung	715
1. Rechtswegzuständigkeit	715
2. Örtliche Zuständigkeit	716
3. Klageart	718
4. Einstweiliger Rechtsschutz	725
IV. Ausschluss- oder Verfallfristen	726
V. Verjährung	731
VI. Verwirkung	732

§ 23 Mitbestimmung beim Entgelt — 734

I. Allgemeines zum Mitbestimmungsrecht des Betriebsrates	735
1. Überblick	735
2. Gegenstand des Mitbestimmungsrechtes des § 87 Abs. 1 Nr. 10 BetrVG	736
3. Zweck des Mitbestimmungsrechtes	736
4. Entgeltbegriff	736
5. Arbeitnehmer	738
6. Kollektiver Tatbestand	738
II. Reichweite des Mitbestimmungsrechtes des § 87 Abs. 1 Nr. 10 BetrVG	739
1. Tarifvorrang	739
2. AT-Angestellte	741
3. Mitbestimmungsfreie Entscheidungen des Arbeitgebers	741
III. Mitbestimmungsrecht bei Grundentscheidungen der betrieblichen Lohngestaltung	742
1. Begriffsdefinitionen	742
2. Vom Mitbestimmungsrecht nicht erfasste Gegenstände	743
3. Mitbestimmungsrecht bei einzelnen Grundsatzentscheidungen	746
IV. Mitbestimmungsrecht des Betriebsrates im freiwilligen Bereich	748
V. Einzelfälle	748
1. Sonderzahlungen	749
2. Zulagen, Zuschläge und Zeitgutschriften	749
3. Gewinn- und Ergebnisbeteiligung	750
4. Sachleistungen, insbesondere private Nutzung eines dienstlichen Kfz	750
5. Mitbestimmungsrecht bei Aktienoptionsplänen	751
6. Betriebliche Altersversorgung	753
VI. Besondere Vergütungsformen	755
1. Leistungsbezogene Entgelte nach § 87 Abs. 1 Nr. 11 BetrVG	755
2. Provision	758
3. Variable zielorientierte Vergütungssysteme	758
4. Bandbreitensysteme	762
5. Vergütungsregelungen bei vorübergehender Entsendung in das Ausland	765
VII. Mitbestimmungsrechte nach § 87 Abs. 1 Nr. 8 und 9 BetrVG	766
1. Allgemeines	766
2. Mitbestimmungsfreie Vorentscheidungen des Arbeitgebers	766
3. Sozialeinrichtung	766
4. Einzelfragen	767
5. Zuweisung und Kündigung von Wohnungen	768

VIII. Mitbestimmung bei der Änderung von Entgeltleistungen 768
    1. Änderung von freiwilligen Leistungen – Grundsatz 770
    2. Wegfall von freiwilligen Leistungen als mitbestimmungspflichtige Änderung des Vergütungssystems 770
    3. Besonderheiten bei der Änderung der betrieblichen Altersversorgung 771
    4. Grundlegende Änderungen des Vergütungssystems 772
    5. Anrechnung von Lohnerhöhungen auf über- und außertarifliche Zulagen 773
    6. Trennung von Mitbestimmungsverfahren und Änderung des Arbeitsvertrages 775
IX. Initiativrecht 775
X. Mitbestimmungsrecht bei den Auszahlungsmodalitäten der Arbeitsentgelte 777
XI. Einblicksrecht des Betriebsrats in Bruttoentgeltlisten 777
XII. Durchführung der Mitbestimmung 778
XIII. Zuständigkeit 780
XIV. Meinungsverschiedenheiten 781
XV. Sicherung des Mitbestimmungsrechtes des Betriebsrats 781
XVI. Rechte der Arbeitnehmer bei mitbestimmungswidrigem Verhalten des Arbeitgebers 781
XVII. Textmuster 782

§ 24 Entgelt bei Leistungsstörungen 790
I. Nichterfüllung der Arbeitsleistung 791
II. Entgeltfortzahlung im Krankheitsfall 792
    1. Allgemeine Voraussetzungen 792
    2. Krankheitsbedingte Arbeitsunfähigkeit 793
    3. Kausalität 795
    4. Verschuldete Arbeitsunfähigkeit 797
    5. Anzeige- und Nachweispflichten 800
    6. Zeitraum der Entgeltfortzahlung 809
    7. Höhe der Entgeltfortzahlung 814
    8. Forderungsübergang 820
    9. Unabdingbarkeit 822
    10. Sonderfall: Organ- und Gewebespenden 823
III. Entgeltfortzahlung an Feiertagen 824
    1. Kausalität 824
    2. Höhe des fortzuzahlenden Feiertagsentgelts 826
    3. Anspruchsausschluss bei unentschuldigtem Fehlen 827
    4. Beweispflicht 827
IV. Entgeltzahlung bei persönlicher Arbeitsverhinderung 827
    1. Sonderfall: Pflege naher Angehöriger 828
    2. Verhältnismäßigkeit 829
    3. Betreuung der Kinder bei Schul- und Kindergartenschließungen 829
V. Sonderfall: Lohnfortzahlung in Zeiten von Corona 830
    1. Entgeltfortzahlung im Krankheitsfall 830
    2. Berufsausübungsverbot und Quarantäne, § 56 IfSG 831
    3. Kinderbetreuung 832
    4. Betriebsschließungen 833
VI. Annahmeverzug des Arbeitgebers 834
    1. Voraussetzungen 834
    2. Beendigung des Annahmeverzugs 841
    3. Rechtsfolgen 842
    4. Darlegungs- und Beweislast 850
VII. Betriebs- und Wirtschaftsrisiko 850
VIII. Schlecht- und Mindererfüllung der Arbeitsleistung 852

Inhaltsverzeichnis

§ 25 Änderung und Flexibilisierung von Entgeltzahlungen 854
    I. Einleitung 854
    II. Individualrechtliche Instrumente 855
        1. Direktionsrecht 855
        2. Freiwilligkeitsvorbehalte 857
        3. Widerrufsvorbehalt 860
        4. Anrechnung übertariflicher Vergütungsbestandteile 866
        5. Befristung von Vergütungsbestandteilen 866
        6. Einvernehmliche Vertragsänderung 868
        7. Negative betriebliche Übung 869
        8. Änderungskündigung zur Vergütungsreduzierung 870
    III. Arbeitsvertragsbedingungen mit kollektivem Bezug 874

§ 26 Bildungs- und Umzugsbeihilfen 877
    I. Aus- und Fortbildungsbeihilfen 877
        1. Definition der Beihilfen 877
        2. Arbeitsvertragliche Rückzahlungsklauseln 878
        3. Beendigung des Arbeitsverhältnisses 890
        4. Inhalt und Umfang der Rückzahlungspflicht 892
        5. Tarifvertragliche Rückzahlungsklauseln 893
        6. Rückzahlungsklauseln in Betriebsvereinbarungen 894
        7. Rechtsprechungs-Zusammenfassung 895
    II. Umzugsbeihilfen 895
        1. Definition 895
        2. Anspruch auf Umzugsbeihilfen 895
        3. Rückzahlungsklauseln 896
        4. Tarifvertragliche Rückzahlungsklauseln 898
    III. Willkommensprämie 898

Teil F. Urlaub

§ 27 Erholungsurlaub 901
    I. Urlaubsanspruch 903
        1. Rechtsgrundlagen 903
        2. Entstehen des gesetzlichen Urlaubsanspruches 903
        3. Tiefgreifende Veränderungen im deutschen Urlaubsrecht infolge der Rechtsprechung des EuGH 905
        4. Mitwirkungsobliegenheiten des Arbeitgebers 907
        5. Höchstpersönlichkeit des Urlaubs 912
        6. Zweck des Urlaubs 914
        7. Erlöschen des Urlaubsanspruches 915
        8. Ausschlussfristen und Verjährung 917
        9. Urlaubsanspruch im ruhenden Arbeitsverhältnis 918
        10. Vertrauensschutz im Zusammenhang mit der Schultz-Hoff-Entscheidung 920
    II. Festlegung des Urlaubszeitpunktes 920
        1. Geltendmachung 920
        2. Freistellungserklärung 921
        3. Urlaubswünsche des Arbeitnehmers 924
        4. Nachträgliche Veränderung 924
        5. Zusammenhängende Gewährung 925
        6. Mitbestimmung des Betriebsrats 925
    III. Dauer des Urlaubs 927
        1. Gesetzliche Mindestdauer 927
        2. Krankheit im Urlaub 930
        3. Verhältnis zu anderen Nichtarbeitszeiten 931

Inhaltsverzeichnis

   IV. Voll- und Teilurlaub 933
       1. Gesetzlicher Vollurlaub 933
       2. Teilurlaub 933
       3. Rückforderungsverbot 935
    V. Vermeidung von Doppelansprüchen 935
   VI. Anspruch auf Urlaubsentgelt 937
       1. Berechnung des Urlaubsentgelts 937
       2. Fälligkeit des Anspruchs auf Urlaubsentgelt 939
       3. Urlaubsgeld 939
       4. Übertragbarkeit des Urlaubsentgelt- und Urlaubsgeldanspruchs .. 939
  VII. Abgeltung des Urlaubsanspruchs 940
       1. Entstehung des Abgeltungsanspruchs 940
       2. Inhalt des Abgeltungsanspruchs 941
       3. Vererblichkeit, Pfändbarkeit und Abtretbarkeit 941
       4. Sozialversicherungs- und steuerrechtliche Fragen 942
       5. Ausschlussfristen und Verjährung 942
       6. Exkurs: Personenbedingte Kündigung bei dauerhafter Arbeitsunfähigkeit 943
 VIII. Besondere Urlaubsregelungen 943
       1. Urlaub für jugendliche Arbeitnehmer und Auszubildende 943
       2. Zusatzurlaub für Schwerbehinderte 945
       3. Urlaub im Bereich der Heimarbeit 948
       4. Urlaub nach dem Seearbeitsgesetz 950
   IX. Verhältnis zu kollektiv-rechtlichen und einzelvertraglichen Regelungen 953
       1. Verhältnis zum Tarifvertrag 954
       2. Verhältnis zur Betriebsvereinbarung 955
       3. Verhältnis zum Arbeitsvertrag 955
    X. Urlaub bei Betriebsübergang 955
       1. Ansprüche gegen den Veräußerer 956
       2. Ansprüche gegen den Erwerber 956
       3. Ausgleich zwischen Erwerber und Veräußerer 957
   XI. Urlaub bei Insolvenz 957
       1. Bei Eröffnung des Insolvenzverfahrens 957
       2. Vor Eröffnung des Insolvenzverfahrens 958
       3. Insolvenzgeld 958
       4. Betriebsübergang in der Insolvenz 958
  XII. Prozessuale Geltendmachung 959
       1. Klage 959
       2. Einstweilige Verfügung 960
       3. Selbstbeurlaubung 961
       4. Klage auf Urlaubsabgeltung 962

§ 28 Mutterschaftsurlaub, Elternzeit, Pflege- und Familienpflegezeit 963
    I. Mutterschaftsurlaub, Gesetzesentwicklung 963
   II. Elternzeit 964
       1. Anspruchsvoraussetzungen gemäß § 15 Abs. 1 BEEG 964
       2. Inanspruchnahme der Elternzeit 965
       3. Dauer 966
       4. Wirkungen der Elternzeit 966
  III. Pflegezeit 971
       1. Kurzzeitige Freistellung 972
       2. Pflegezeit gemäß § 3 PflegeZG 974
       3. Sonderkündigungsschutz gemäß § 5 PflegeZG 975
       4. Befristete Vertretung 976
   IV. Familienpflegezeit 976
       1. Begriff 977

Inhaltsverzeichnis

    2. Voraussetzungen 977
    3. Darlehensanspruch des Beschäftigten 978
    4. „Arbeitsrechtliche Regelungen" des FPfZG 978
    5. Familienpflegezeit und Pflegezeit 978

§ 29 Bildungsurlaub 980
  I. Rechtsgrundlagen 980
  II. Voraussetzungen 980
  III. Durchführung 984

Teil G. Nebenpflichten im Arbeitsverhältnis

§ 30 Geheimnisschutz 985
  I. Grundlagen und Praxisrelevanz 985
  II. Schweigepflicht während des bestehenden Arbeitsverhältnisses 986
    1. Schutz von Betriebs- und Geschäftsgeheimnissen 986
    2. Schutz vertraulicher Angaben und Mitteilungen 989
    3. Schutz aller betriebsbezogenen Tatsachen? 989
    4. Geheimhaltung des Gehalts und sonstiger Vertragsinhalte 990
    5. Einbeziehung von Drittunternehmen 990
    6. Rechtsfolgen bei Verstoß 990
  III. Nachvertragliche Schweigepflicht 992
    1. Nachvertraglicher Schutz von Betriebs- und Geschäftsgeheimnissen 993
    2. Abgrenzung zum nachvertraglichen Wettbewerbsverbot 994
    3. Rechtsfolgen bei Verstoß 995
  IV. Geheimhaltung und Offenbarung betrieblicher Missstände; Whistleblowing 995
  V. Schweigepflicht besonderer Arbeitnehmergruppen 1000
  VI. Vertragsgestaltung 1001
    1. Arbeitsvertrag 1001
    2. Aufhebungsvertrag 1003
  VII. Prozessuales 1003

§ 31 Wettbewerbsverbot während des bestehenden Arbeitsverhältnisses 1005
  I. Grundlagen und Praxisrelevanz 1005
  II. Konkurrenzverbot nach § 60 HGB 1005
    1. Gegenständlicher Verbotsumfang 1005
    2. Zeitlicher Verbotsumfang 1007
    3. Einwilligung des Arbeitgebers und deren Widerruf 1009
  III. Vorbereitungshandlungen für späteren Wettbewerb 1009
  IV. Wettbewerb während des laufenden Kündigungsschutzprozesses 1011
  V. Rechtsfolgen unerlaubten Wettbewerbs 1012
  VI. Vertragsgestaltung 1013
  VII. Prozessuales 1014

§ 32 Wettbewerbsverbot nach Beendigung des Arbeitsverhältnisses 1016
  I. Grundlagen und Praxisrelevanz 1017
  II. Geltungsbereich der §§ 74 ff. HGB 1017
    1. Persönlicher Geltungsbereich 1017
    2. Zeitliche Maßgeblichkeit der §§ 74 ff. HGB 1018
    3. Gegenständlicher Geltungsbereich 1020
    4. Räumlicher Geltungsbereich 1021
  III. Form der Wettbewerbsabrede 1021
  IV. Verbindlichkeit des Wettbewerbsverbots 1022
    1. Berechtigtes geschäftliches Interesse des Arbeitgebers 1022

Inhaltsverzeichnis

    2. Keine unbillige Fortkommenserschwer 1023
    3. Bedingungslose und ausreichende Entschädigungszusage 1024
    4. Kein bedingtes Wettbewerbsverbot 1026
  V. Indirekte Wettbewerbsverbote 1027
  VI. Inkrafttreten und Außerkrafttreten des Wettbewerbsverbots 1029
    1. Inkrafttreten 1029
    2. Außerkrafttreten 1030
  VII. Nachträgliche Beseitigung von Wettbewerbsverboten 1031
    1. Verzicht des Arbeitgebers 1031
    2. Einvernehmliche Aufhebung des Wettbewerbsverbots 1031
  VIII. Nachvertragliches Wettbewerbsverbot bei Kündigung des Arbeitsverhältnisses .. 1033
    1. Ordentliche Eigenkündigung des Arbeitnehmers 1033
    2. Fristlose Eigenkündigung des Arbeitnehmers 1034
    3. Fristlose Kündigung durch den Arbeitgeber 1034
    4. Ordentliche Kündigung durch den Arbeitgeber 1034
  IX. Die Wettbewerbsabrede in der Durchführung 1035
    1. Ermittlung der Höhe der Karenzentschädigung 1035
    2. Anrechnung anderweitigen Erwerbs 1036
    3. Auszahlung der Karenzentschädigung 1041
  X. Verletzung der Wettbewerbsabrede 1041
    1. Pflichtverstöße des Arbeitgebers und deren Rechtsfolgen 1042
    2. Pflichtverstöße des Arbeitnehmers und deren Rechtsfolgen 1043
  XI. Checkliste 1048

§ 33 Loyalitäts- und Rücksichtnahmepflichten, Nebentätigkeitsbeschränkungen 1049
  I. Grundlagen und Praxisrelevanz 1049
  II. Loyalitäts- und Rücksichtnahmepflichten 1051
    1. Wahrung der betrieblichen Ordnung 1051
    2. Unternehmensförderung und Schutz des Unternehmens 1055
    3. Kritik und unternehmensschädliche Meinungsäußerungen, Ehrverletzungen . 1059
    4. Schmiergeldverbot 1060
    5. Abwerbungsverbot 1061
    6. Auskunfts- und Informationspflichten, Hinweis- und Aufklärungspflichten .. 1062
    7. Außerdienstliches Verhalten 1064
  III. Nebentätigkeitsbeschränkungen 1066
    1. Begriffliches und Ausgangslage 1066
    2. Gesetzliche Einschränkungen der Nebentätigkeit 1067
    3. Einschränkung der Nebentätigkeit durch Tarifvertrag 1069
    4. Einschränkung der Nebentätigkeit durch Betriebsvereinbarungen .. 1070
    5. Arbeitsvertragliche Einschränkungen der Nebentätigkeit 1070
    6. Rechtsfolgen beim Verstoß gegen wirksame Nebentätigkeitsverbote 1071
    7. Durchführung des Nebentätigkeits-Arbeitsverhältnisses 1072

§ 34 Nebenpflichten des Arbeitgebers 1073
  I. Grundlagen und Praxisrelevanz 1073
  II. Schutzpflichten für Leben, Gesundheit, Eigentum und Vermögen 1074
    1. Schutz von Leben und Gesundheit 1074
    2. Schutzpflichten für eingebrachte Vermögensgegenstände des Arbeitnehmers . 1079
    3. Haftung des Arbeitgebers für betrieblich veranlasste Vermögensschäden des Arbeitnehmers, Aufwendungsersatz 1080
    4. Wahrung sonstiger Vermögensinteressen des Arbeitnehmers 1081
  III. Schutz besonderer Personengruppen 1081
    1. Mutterschutz 1081
    2. Jugendschutz 1082
    3. Schutz schwerbehinderter Menschen 1083

Inhaltsverzeichnis

    IV. Persönlichkeitsschutz, Persönlichkeitsrecht 1084
        1. Grundlagen 1084
        2. Eingriffe in das Persönlichkeitsrecht 1085
        3. Rechtsfolgen bei Persönlichkeitsrechtsverletzungen 1089
    V. Besondere Nebenpflichten 1090
        1. Beschäftigungspflicht 1090
        2. Gleichbehandlungspflicht 1091
        3. Diskriminierungsschutz 1092
        4. Wiedereinstellungspflicht 1093
    VI. Informationspflichten – Aufklärungspflichten, Auskunftspflichten und Hinweispflichten 1096
        1. Bei Beginn des Arbeitsverhältnisses 1096
        2. Während des bestehenden Arbeitsverhältnisses 1097
        3. Bei Beendigung des Arbeitsverhältnisses 1097
        4. Nach Beendigung des Arbeitsverhältnisses 1099
        5. Rechtsfolgen bei Verstößen 1099
    VII. Sonstige Nebenpflichten von A bis Z 1099

§ 35 Compliance und Datenschutz 1104
    I. Einführung 1105
        1. Begriff und rechtliche Bedeutung 1106
        2. Pflichten der Unternehmensleitung 1107
        3. Bestandteile eines Compliance-Systems im Unternehmen 1110
    II. Arbeitsrechtliche Compliance 1111
        1. Compliance-relevante Bereiche des Arbeitsrechts 1111
        2. Arbeitsrechtliche Aspekte einer Compliance-Organisation 1112
    III. Einführung von Compliance-Richtlinien 1113
        1. Weisungsrecht (Direktionsrecht) 1113
        2. Arbeitsvertragliche Vereinbarungen 1115
        3. Tarifvertrag 1117
        4. Betriebsvereinbarung 1117
        5. Mitbestimmungsrechte des Betriebsrats 1118
    IV. Aufklärung von Regelverstößen und Individualarbeitsrecht 1123
        1. Zielgerichtete Arbeitnehmerüberwachung 1123
        2. Eigene Nachforschungen, interne Ermittlungen (Investigations), Revisionswesen 1126
        3. Nachforschungen durch Einbindung weiterer Arbeitnehmer – Whistleblowing 1130
        4. Einsatz von Privatdetektiven 1142
        5. Videoüberwachung 1143
        6. Telefon-/Audioüberwachung 1146
        7. E-Mail-Überwachung und Überwachung im Internet 1149
        8. Rechtsfolgen unzulässiger Arbeitnehmerüberwachung 1152
        9. Sanktionen für mit der Überwachung beauftragte Arbeitnehmer . 1156
        10. Innerbetriebliche Amnestieprogramme 1156
    V. Beschäftigtendatenschutz und Compliance 1157
        1. System des Beschäftigtendatenschutzes 1158
        2. Datenschutz bei Compliance-/Whistleblowing-Hotlines 1163
        3. Rechtsfolgen unerlaubter Datenverarbeitung 1164
    VI. Sanktionen bei Verletzungen von Compliance-Regelungen 1166
        1. Abmahnung 1166
        2. Besonderheiten bei Compliance-indizierten Kündigungen 1167
    VII. Besonderheiten für Compliance-Beauftragte 1170
        1. Aufgaben des Compliance-Beauftragten 1171
        2. Arbeitsrechtliche Stellung von Compliance-Beauftragten 1171

Inhaltsverzeichnis

  3. Kündigung eines Compliance-Beauftragten 1173
  4. Haftungsrechtliche Stellung des Compliance-Beauftragten 1173
VIII. Schlussbetrachtung 1174

Teil H. Betriebliche Altersversorgung

§ 36 Grundlagen 1175
 I. Geltungsbereich des BetrAVG 1176
  1. Sachlicher Geltungsbereich 1176
  2. Persönlicher Geltungsbereich 1178
 II. Begründung betrieblicher Versorgungsansprüche 1179
  1. Übersicht 1179
  2. Individualrechtliche Regelungen 1180
  3. Kollektivrechtliche Regelungen 1185
 III. Versorgungszusage 1186
  1. Übersicht 1186
  2. Abgrenzung zu anderen Leistungen 1187
  3. Beitragsorientierte Leistungszusage 1189
  4. Beitragszusage 1189
 IV. Aufbringung der Mittel 1190
  1. Arbeitgeberfinanzierte Zusagen 1190
  2. Entgeltumwandlungsvereinbarung 1191
  3. Anspruch auf Entgeltumwandlung nach § 1a BetrAVG 1193
  4. Mischsysteme 1195
  5. Gesetzlicher Zuschussanspruch 1197
 V. Durchführungswege 1197
  1. Direktzusage 1197
  2. Unterstützungskasse 1199
  3. Direktversicherung (Einzel-, Gruppenversicherung) 1200
  4. Pensionskasse 1203
  5. Pensionsfonds 1204
  6. Contract Trust Arrangement – CTA 1205
  7. Übersicht: Die abgabenrechtliche Behandlung von Beiträgen und Versorgungsleistungen in den einzelnen Durchführungswegen 1208
  8. Gegenüberstellung der Vor- und Nachteile der einzelnen Durchführungswege 1209

§ 37 Ausgestaltung der Versorgungszusage 1211
 I. Inhaltliche Ausgestaltung 1212
  1. Allgemeine Grenzen der Vertragsfreiheit 1212
  2. Inhaltskontrolle 1212
  3. Begünstigter Personenkreis 1213
  4. Durchführungsweg 1216
  5. Beitragszahlung, Finanzierung 1218
  6. Allgemeine Leistungsvoraussetzungen 1218
  7. Versorgungsleistung 1220
  8. Leistungsfälle 1220
  9. Höhe der Versorgungsleistung 1224
  10. Vorgezogenes Altersruhegeld 1227
  11. Aufschub der Versorgungsleistung 1228
  12. Vorzeitiges Ausscheiden/Übertragung der Versorgungsverpflichtung 1229
  13. Versorgungsausgleich – Neuregelung zum 1.9.2009 1230
  14. Sonstige Regelungen 1234
  15. Leistungsvorbehalte 1234

Inhaltsverzeichnis

16. Änderungsvorbehalt bei Gesamtzusagen und vertraglichen Einheitsregelungen	1235
17. Kündigung von Betriebsvereinbarungen	1235
II. Mitbestimmung bei der Einführung einer Versorgungsregelung	1236
1. Allgemeine Grundsätze	1236
2. Mitbestimmung nach § 87 Abs. 1 Nr. 10 BetrVG	1236
3. Mitbestimmung nach § 87 Abs. 1 Nr. 8 BetrVG	1237
4. Zuständigkeit	1239
5. Rechtfolgen eines Verstoßes gegen das Mitbestimmungsrecht	1239

§ 38 Ansprüche nach dem Betriebsrentengesetz ... 1240

I. Auskunftsansprüche	1242
1. Auskunft über die Höhe der Altersleistung	1242
2. Auskünfte zum Übertragungswert	1243
3. Auskünfte externer Versorgungsträger über Beitragsrückstände	1243
II. Planmäßige Versorgungsleistungen	1244
1. Eintritt des Versorgungsfalls	1244
2. Zusammentreffen mehrerer Versorgungszusagen	1244
III. Ansprüche bei vorzeitigem Ausscheiden	1245
1. Gesetzliche Unverfallbarkeit	1245
2. Beginn der Unverfallbarkeitsfrist	1245
3. Fortbestand der Zusage bei Änderung und Übernahme durch eine andere Person	1246
4. Unterbrechungen der Betriebszugehörigkeit	1247
5. Vertragliche Unverfallbarkeit	1247
6. Erfasste Anwartschaften	1247
IV. Höhe der unverfallbaren Anwartschaft	1248
1. Ratierliche Berechnung der Anwartschaft	1248
2. Festschreibung der Berechnungsgrundlagen; Benachteiligungsverbot	1249
3. Berechnung der hypothetischen Versorgungsleistung	1249
4. Erreichte Betriebszugehörigkeit	1250
5. Erreichbare Betriebszugehörigkeit	1251
6. Einheitliche Altersgrenzen für Männer und Frauen	1251
7. Berechnung der unverfallbaren Anwartschaft bei Ablösung	1252
8. Rundungen	1252
9. Begrenzung von Invaliditäts- und Todesfallleistungen	1252
10. Versicherungsrechtliche Lösung	1253
11. Entgeltumwandlung und beitragsorientierte Leistungszusage	1254
12. Beitragszusage mit Mindestleistung	1254
13. Auskunftsanspruch bei Ausscheiden	1254
V. Abfindung von Versorgungsanwartschaften	1255
1. Abfindungsverbot nach § 3 BetrAVG	1255
2. Ausnahmen von dem Abfindungsverbot	1256
3. Höhe der Abfindung	1257
4. Rechtsfolgen bei Verstoß	1257
VI. Anrechnungs- und Auszehrungsverbot	1257
1. Anrechnungsverbot	1257
2. Auszehrungsverbot	1259
VII. Anspruch auf vorzeitige Altersleistung	1259
1. Gesetzliche Rentenversicherung	1259
2. Voraussetzungen für den Bezug einer vorzeitigen Betriebsrente	1260
3. Höhe der Versorgungsleistung	1261
4. Berechnung bei vorzeitigem Ausscheiden	1262
VIII. Anpassung laufender Versorgungsleistungen	1263
1. Anpassungsprüfungspflicht, Befreiungsmöglichkeiten	1263

2. Anpassungszeitraum und Prüfungstermin	1264
3. Anpassungskriterien	1265
4. Wirtschaftliche Lage des Arbeitgebers	1266
5. Mitbestimmung des Betriebsrats	1269
6. Folgen einer unterbliebenen Anpassung	1269
IX. Ansprüche bei Insolvenz des Arbeitgebers	1271
1. Übersicht	1271
2. Sicherungsfälle	1272
3. Gesicherter Personenkreis	1274
4. Leistungsverpflichtungen des PSVaG	1275
5. Rechtsstreitigkeiten	1278
X. Verjährung	1278

§ 39 Wechsel des Versorgungsschuldners und Haftung von Gesellschaftern ... 1280

I. Rechtsgeschäftliche Übernahme	1280
1. Schuldbeitritt, Erfüllungsübernahme	1280
2. Befreiende Schuldübernahme	1280
II. Sonstiger Wechsel des Versorgungsschuldners	1283
1. Betriebsübergang nach § 613a BGB	1283
2. Gesamtrechtsnachfolge	1287
3. Übertragung eines einzelkaufmännischen Unternehmens	1289
III. Haftung von Gesellschaftern einer Personengesellschaft	1289
1. Haftung von Gesellschaftern während des Bestehens der Gesellschaft	1289
2. Haftung ausgeschiedener Gesellschafter	1290
3. Haftung bei Auflösung der Gesellschaft	1290
4. Wechsel in Kommanditistenstellung	1290

§ 40 Kündigung, Änderung und Widerruf von Versorgungszusagen ... 1292

I. Übersicht	1293
1. Gründe für eine Kündigung, Änderung oder einen Widerruf	1293
2. Gestaltungsmöglichkeiten	1293
II. Schließung des Versorgungswerks	1294
1. Individualrechtliche Zusagen	1294
2. Kündigung von Betriebsvereinbarungen	1294
3. Abfindung von Versorgungsleistungen und Versorgungsanwartschaften	1295
III. Änderung einer individualrechtlichen Zusage	1296
1. Änderungsvereinbarung	1296
2. Änderungskündigung	1296
3. Wegfall der Geschäftsgrundlage	1296
IV. Ablösung von vertraglichen Einheitsregelungen und Gesamtzusagen	1298
1. Änderungsvorbehalt	1298
2. Umstrukturierende Betriebsvereinbarung	1299
V. Änderung kollektivrechtlicher Regelungen	1302
1. Ablösungsprinzip	1302
2. Ablösende Betriebsvereinbarungen	1303
3. Ablösende Tarifverträge	1307
VI. Wechsel des Durchführungswegs	1309
1. Gründe für einen Wechsel	1309
2. Möglichkeit eines Wechsels	1309
VII. Widerruf von Versorgungszusagen wegen Treuepflichtverletzung	1310
1. Widerruf wegen Verfehlungen während des Arbeitsverhältnisses	1310
2. Widerruf wegen Verstoßes gegen nachvertragliche Treuepflichten	1311

Inhaltsverzeichnis

Teil I. Beendigung des Arbeitsverhältnisses

§ 41 Befristung 1313
  I. Einleitung 1314
    1. Rechtliche Situation 1315
    2. Betroffene Arbeitnehmer 1316
    3. Vertragliche Regelung 1316
    4. Kalendermäßige Befristung/Zeitbefristung, Zweckbefristung, Arbeitsverhältnis für die Lebenszeit 1317
    5. Beurteilungszeitpunkt 1320
  II. Befristung ohne sachlichen Grund 1321
    1. § 14 Abs. 2 TzBfG 1321
    2. § 14 Abs. 2a TzBfG 1326
    3. § 14 Abs. 3 TzBfG 1328
    4. Abweichende tarifvertragliche Regelungen, § 14 Abs. 2 S. 3 und S. 4 TzBfG ... 1329
  III. Befristung mit sachlichem Grund 1330
    1. Gesetzlich geregelte Gründe, § 14 Abs. 1 S. 2 Nr. 1 bis 8 TzBfG 1330
    2. Sonstige sachliche Gründe iSv § 14 Abs. 1 S. 1 TzBfG 1357
    3. Abweichende tarifvertragliche Regelungen 1358
    4. (Rechts-)Missbrauchskontrolle 1358
    5. Befristung einzelner Vertragsbedingungen 1360
    6. Auflösende Bedingung 1362
  IV. Rechtsfolge bei wirksamer/unwirksamer Befristung (§ 16 TzBfG) 1365
    1. Rechtsfolge bei rechtsunwirksamer Befristung 1365
    2. Rechtsfolge bei rechtswirksamer Befristung 1366
    3. Kein Anspruch auf Wiedereinstellung 1367
    4. Unzulässiges Berufen auf die Befristung 1368
  V. Kündigungsmöglichkeit während der Befristung 1368
  VI. Beteiligungsrechte des Betriebs- und des Personalrats 1369
  VII. Prozessuales 1372
    1. Befristungs- und Bedingungskontrollklage 1372
    2. Darlegungs- und Beweislast 1376
  VIII. Befristung von Arbeitsverträgen nach anderen gesetzlichen Vorschriften ... 1376
    1. Befristung von Arbeitsverträgen nach § 21 BEEG 1376
    2. Befristung von Arbeitsverträgen nach dem WissZeitVG 1377
    3. Befristung von Arbeitsverträgen nach dem ÄArbVtrG 1384
    4. Befristung von Arbeitsverträgen mit Leiharbeitnehmern 1387

§ 42 Kündigungserklärung 1388
  I. Begriffsbestimmung 1388
    1. Willenserklärung 1388
    2. Einseitigkeit 1391
    3. Rechtsgestaltende Wirkung 1391
    4. Bedingungsfeindlichkeit 1391
  II. Form 1392
  III. Vertretung 1395
    1. Allgemeines 1395
    2. Abgabe der Kündigungserklärung 1395
    3. Empfang der Kündigungserklärung 1399
    4. Kündigung während des Prozesses 1399
  IV. Ort und Zeit 1400
  V. Zugang 1400
    1. Allgemeines 1400
    2. Einschreiben 1404
    3. Zugangsvereitelung 1405

Inhaltsverzeichnis

VI. Anfechtung 1406
VII. Rücknahme 1407
VIII. Widerruf 1407

§ 43 Ordentliche Kündigung 1408
I. Einleitung 1410
II. Kündigungsfristen 1410
    1. Grundregel § 622 BGB 1410
    2. Einzelvertragliche Kürzung von Kündigungsfristen 1414
    3. Einzelvertragliche Verlängerung von Kündigungsfristen 1415
    4. Tarifvertragliche Regelungen 1417
    5. Berechnung der Kündigungsfristen 1418
III. Kündigungsrecht und -frist in der Insolvenz (§ 113 InsO) 1420
    1. Einleitung 1420
    2. Besonderes Kündigungsrecht 1420
    3. Kündigungsfrist 1421
    4. Schadensersatz 1422
IV. Kündigungsschutz außerhalb des Kündigungsschutzgesetzes und vertragliche Kündigungsbeschränkungen 1422
    1. Einleitung 1422
    2. Allgemeine privatrechtliche Kündigungsschranken 1423
    3. Kündigungsschutz im Kleinbetrieb 1428
    4. Vertragliche Kündigungsbeschränkungen 1429
V. Kündigungsschutz nach dem Kündigungsschutzgesetz 1429
    1. Allgemeines 1429
    2. Zwingende Regelung 1430
    3. Voraussetzungen des Kündigungsschutzes nach KSchG 1431
VI. Allgemeine Grundsätze der Sozialwidrigkeit einer Kündigung 1444
    1. Allgemeines 1444
    2. Grundprinzipien des Kündigungsschutzes 1444
    3. Mitteilung von Kündigungsgründen 1447
    4. Beurteilungszeitpunkt 1448
    5. Nachschieben von Kündigungsgründen 1448
    6. Wiedereinstellungsanspruch 1449
    7. Verzeihung, Verzicht, Verwirkung und Verbrauch 1452
VII. Der Kündigungsgrund 1453
    1. Einteilung der Kündigungsgründe 1453
    2. Mehrere Kündigungssachverhalte 1453
    3. Mischtatbestände 1454
    4. Beweislast 1454
VIII. Die Betriebsbedingte Kündigung 1455
    1. Allgemeines 1455
    2. Die unternehmerische Entscheidung 1455
    3. Dringlichkeit des betrieblichen Erfordernisses 1462
    4. Sozialauswahl 1473
    5. Besonderheiten bei Interessenausgleich 1496
    6. Einzelne betriebsbedingte Gründe (alphabetisch) 1500
IX. Verhaltensbedingte Kündigung 1515
    1. Allgemeines 1515
    2. Tatbestandsvoraussetzungen 1517
    3. Darlegungs- und Beweislast 1525
    4. Fallgruppen 1529
X. Die personenbedingte Kündigung 1558
    1. Begriff 1558
    2. Abgrenzung zur verhaltensbedingten Kündigung 1559

Inhaltsverzeichnis

      3. Prüfungskriterien 1559
      4. Einzelfälle 1561
  XI. Checklisten 1579

§ 44 Außerordentliche Kündigung 1581
  I. Einleitung 1582
  II. Wichtiger Grund 1585
      1. Begriff 1585
      2. Einzelfälle 1591
      3. Beurteilungszeitpunkt 1606
      4. Nachschieben von Kündigungsgründen 1607
      5. Anhörung des Betriebsrats 1607
      6. Schadenersatzanspruch des Kündigenden 1609
  III. Sonderkündigungsbereiche 1610
      1. Gesetzliche Unkündbarkeit 1610
      2. Vertraglich und tariflich unkündbares Arbeitsverhältnis ... 1610
      3. Verdachtskündigung 1615
      4. Druckkündigung 1623
  IV. Ausschlussfrist 1624
      1. Grundsätze 1624
      2. Sonderfälle 1626
      3. Nachschieben von Kündigungsgründen 1629
      4. Zugang der Kündigung 1629
  V. Schriftformerfordernis für Kündigungen 1630
  VI. Klagerecht und Klagefrist 1631
      1. Arbeitnehmer 1631
      2. Arbeitgeber 1632
  VII. Umdeutung 1632
      1. Arbeitgeberkündigung 1632
      2. Arbeitnehmerkündigung 1636
  VIII. Außerordentliche Änderungskündigung 1637
      1. Nachprüfung der Wirksamkeit 1637
      2. Annahme unter Vorbehalt 1638
      3. Anrufung des Arbeitsgerichts 1638

§ 45 Sonderkündigungsschutz 1640
  I. Beratungscheckliste: Sonderkündigungsschutz 1642
  II. Schwangere und Mütter 1644
      1. Voraussetzungen des Kündigungsschutzes 1644
      2. Gegenstand und Rechtsfolgen des Kündigungsschutzes ... 1652
      3. Behördliche Zulassung der Kündigung gem. § 17 Abs. 2 S. 1 MuSchG ... 1656
      4. Form und Begründung der Kündigung gem. § 17 Abs. 2 S. 2 MuSchG ... 1660
      5. Geltendmachung im Kündigungsschutzprozess 1661
      6. Das Verhältnis zum Sonderkündigungsschutz in der Elternzeit und bei Schwerbehinderten sowie zur Betriebsrats- bzw. Personalratsanhörung ... 1662
  III. Elternzeit – Berechtigte 1663
      1. Voraussetzungen des Kündigungsschutzes 1663
      2. Gegenstand und Rechtsfolgen des Kündigungsschutzes ... 1667
      3. Behördliche Zulassung der Kündigung gem. § 18 Abs. 1 S. 4–6 BEEG ... 1668
      4. Geltendmachung im Kündigungsschutzprozess 1671
      5. Das Verhältnis zum Sonderkündigungsschutz nach § 17 MuSchG und bei Schwerbehinderten sowie zur Betriebsrats- bzw. Personalratsanhörung ... 1671
  IV. Pflegezeit-Berechtigte 1672
      1. Voraussetzungen des Kündigungsschutzes 1673

Inhaltsverzeichnis

    2. Gegenstand und Rechtsfolgen des Kündigungsschutzes 1677
    3. Behördliche Zulassung der Kündigung gem.§ 5 Abs. 2 PflegeZG 1677
    4. Geltendmachung im Kündigungsschutzprozess 1677
  V. Familienpflegezeit-Berechtigte 1678
    1. Voraussetzungen des Kündigungsschutzes 1678
    2. Gegenstand und Rechtsfolgen des Kündigungsschutzes 1681
    3. Behördliche Zulassung der Kündigung gem.§ 2 Abs. 3 FPfZG iVm § 5 Abs. 2 PflegeZG 1681
    4. Geltendmachung im Kündigungsschutzprozess 1681
  VI. Schwerbehinderte Menschen 1681
    1. Geltungsbereich des Kündigungsschutzes 1682
    2. Ausnahmen vom Kündigungsschutz des § 168 SGB IX 1683
    3. Die Zustimmung des Integrationsamts 1687
    4. Anhörung der Schwerbehindertenvertretung 1695
    5. Rechtsschutz gegen eine Kündigung 1696
  VII. Betriebsvertretung und weitere Amtsinhaber 1697
    1. Geltungsbereich des Schutzes der Betriebsvertretung nach § 15 KSchG ... 1697
    2. Zulässigkeit der außerordentlichen Kündigung 1702
    3. Zulässigkeit der ordentlichen Kündigung 1713
    4. Amtsinhaber außerhalb von § 15 KSchG 1715
  VIII. Wehrdienstleistende 1717
    1. Geltungsbereich des Arbeitsplatzschutzgesetzes 1717
    2. Umfang des Kündigungsschutzes 1718
  IX. Beauftragte des Arbeitgebers 1718
    1. Datenschutzbeauftragter 1718
    2. Beauftragter für den Immissionsschutz 1719
    3. Störfallbeauftragter, Betriebsbeauftragter für den Abfall und für den Gewässerschutz 1720
    4. Strahlenschutzbeauftragter 1720
    5. Betriebsarzt und Fachkraft für Arbeitssicherheit 1720
    6. Sicherheitsbeauftragter und Gefahrgutbeauftragter 1721

§ 46 Änderungskündigung 1722
  I. Einführung 1723
    1. Vorrang der Änderungskündigung 1728
    2. Schranken einseitiger Leistungsbestimmungen 1730
  II. Begriff der Änderungskündigung 1732
    1. Zusammenhang zwischen Kündigung und Änderungsangebot 1733
    2. Die Teilkündigung 1735
    3. Unbedingte oder bedingte Kündigung 1736
    4. Wechselbeziehung zwischen Kündigung und Änderungsangebot 1738
  III. Form und sonstige Wirksamkeitsvoraussetzungen der Änderungskündigung 1739
    1. Form der Änderungskündigung 1741
    2. Einhaltung der Kündigungsfrist 1743
    3. Sonstige Wirksamkeitsvoraussetzungen 1747
  IV. Das Vertragsänderungsangebot 1754
    1. Bestimmtheit des Vertragsänderungsangebots 1755
    2. Vorbehaltlose Annahme 1757
    3. Ablehnung des Änderungsangebots 1760
    4. Die Annahme des Änderungsangebots unter Vorbehalt 1763
  V. Der Streitgegenstand der Änderungsschutzklage 1774
    1. Der Klageantrag der Änderungsschutzklage 1776
    2. Die Bedeutung der Klagefrist bei unwirksamem Änderungsangebot 1778
  VI. Der Prüfungsmaßstab der Änderungskündigung 1780
    1. Der allgemeine Prüfungsmaßstab 1781

Inhaltsverzeichnis

    2. Die überflüssige Änderungskündigung 1783
    3. Änderungskündigung zur Anpassung von Nebenabreden 1786
  VII. Die soziale Rechtfertigung einer Änderungskündigung 1787
    1. Insolvenzrechtliche Besonderheiten 1788
    2. Betriebsbedingte Gründe 1791
    3. Besonderheiten der Sozialauswahl 1802
    4. Personen- und verhaltensbedingte Gründe 1814
    5. Die Darlegungs- und Beweislast 1815
  VIII. Die Beteiligung des Betriebsrats 1818
    1. Die Anhörung des Betriebsrats nach § 102 BetrVG 1818
    2. Die Beteiligung des Betriebsrats bei Versetzungen und Umgruppierungen 1821
    3. Die Mitbestimmung nach § 87 BetrVG 1823
  IX. Die Wiederherstellung der früheren Arbeitsbedingungen 1824

§ 47 Beteiligung des Betriebsrats bei Kündigungen 1827
  I. Einleitung 1827
  II. Voraussetzungen für die Beteiligung des Betriebsrats 1828
    1. Bestehen eines Betriebsrats 1828
    2. Funktionsfähigkeit des Betriebsrats 1830
    3. Zuständigkeit des Betriebsrats 1830
    4. Kündigung des Arbeitgebers 1832
    5. Arbeitnehmereigenschaft des Kündigungsempfängers 1833
  III. Unterrichtung des Betriebsrats 1835
    1. Zeitpunkt der Unterrichtung 1835
    2. Form der Unterrichtung 1836
    3. Inhalt der Unterrichtung 1837
    4. Erweiterung des Mitbestimmungsrechts 1848
  IV. Reaktion des Betriebsrats 1849
    1. Grundlagen 1849
    2. Zustimmung 1850
    3. Absehen von einer sachlichen Stellungnahme 1850
    4. Bedenken 1851
    5. Widerspruch 1851
    6. Anhörung des Arbeitnehmers 1855
  V. Rechtsfolgen unterlassener und fehlerhafter Anhörung des Betriebsrats 1855
  VI. Prozessuales 1856
    1. Geltendmachung unterlassener oder fehlerhafter Anhörung im Prozess 1856
    2. Darlegungs- und Beweislast 1856
    3. Nachschieben von Kündigungsgründen 1857
  VII. Beteiligungsrechte anderer Arbeitnehmervertretungen bei Kündigungen 1858
    1. Kirchliche Mitarbeitervertretungen 1858
    2. Öffentlicher Dienst 1860

§ 48 Der Kündigungsschutzprozess 1862
  I. Anrufung des Arbeitsgerichts 1863
    1. Ordnungsgemäße Klageerhebung 1878
    2. Die Parteien des Kündigungsschutzprozesses 1906
    3. Anwendungsbereich und Klageerhebungsfrist des § 4 KSchG 1916
    4. Streitgegenstand und Rechtskraftwirkung 1943
    5. Das Feststellungsinteresse 1951
  II. Die Zulassung verspäteter Klagen 1956
    1. Allgemeine Vorbemerkungen 1956
    2. Der Gegenstand des Verfahrens nach § 5 KSchG 1957
    3. Voraussetzungen der nachträglichen Klagezulassung 1959

  4. Das Verfahren auf nachträgliche Klagezulassung 1963
  5. Verfahrensfragen 1967
  6. Rechtsmittel 1969
 III. Verlängerte Anrufungsfrist 1970
  1. Einführung 1970
  2. Normzweck 1971
  3. Die direkte Anwendung des § 6 S. 1 KSchG 1973
  4. Die entsprechende Anwendung des § 6 S. 1 KSchG 1974
  5. Die Hinweispflicht des Arbeitsgerichts 1977
 IV. Wirksamwerden der Kündigung 1979
  1. Reichweite des § 7 KSchG 1979
  2. Weitere Rechtsfolgen der Fiktion 1980
  3. Wirksamwerden der Änderungskündigung 1981
 V. Die Auflösung des Arbeitsverhältnisses durch Urteil 1982
  1. Verfahrensrechtliche Voraussetzungen des Auflösungsurteils 1988
  2. Der Auflösungsantrag des Arbeitnehmers 1998
  3. Der Auflösungsantrag des Arbeitgebers 2001
  4. Der von beiden Parteien gestellte Auflösungsantrag 2008
  5. Die Abfindung nach § 10 KSchG 2009
 VI. Das Wahlrecht des Arbeitnehmers nach § 12 KSchG 2020
  1. Normzweck 2020
  2. Voraussetzungen des Wahlrechts 2021
  3. Die Nichtfortsetzungserklärung 2025
  4. Fortsetzung des bisherigen Arbeitsverhältnisses 2027
  5. Vergütungsfragen 2027

§ 49 Aufhebungsverträge 2029
 I. Zulässigkeit 2030
  1. Grundsatz der Vertragsfreiheit 2030
  2. Vorteile 2031
  3. Abgrenzung zum Abwicklungsvertrag 2033
  4. Abgrenzung zum Kündigungsbestätigungsvertrag 2040
 II. Abschluss 2040
  1. Form 2040
  2. Zustandekommen 2043
  3. Darlegungs- und Beweislast 2051
 III. Hinweis- und Aufklärungspflichten des Arbeitgebers 2051
  1. Informationsgefälle zwischen den Arbeitsvertragsparteien 2052
  2. Beendigungsinitiative auf Seiten des Arbeitnehmers 2052
  3. Beendigungsinitiative auf Seiten des Arbeitgebers 2053
  4. Sachkundige Vertretung/Gerichtlicher Aufhebungsvertrag 2055
  5. Inhalt/Umfang der Aufklärungspflicht 2055
  6. Folgen 2056
  7. Abdingbarkeit 2056
 IV. Einfluss des Kündigungsschutzes 2056
  1. Kündigungsfristen/Kündigungstermine 2056
  2. Allgemeiner Kündigungsschutz 2057
  3. Besonderer Kündigungsschutz 2057
  4. Anzeigepflichtige Entlassungen 2057
 V. Betriebsänderungen (§§ 111 ff. BetrVG) 2059
 VI. Inhalt des Aufhebungsvertrags 2059
  1. Einfacher/ausführlicher Aufhebungsvertrag 2059
  2. Mindestinhalt 2060
  3. Regelungsmaterien des Aufhebungsvertrags 2060
 VII. Auslegung 2095

Inhaltsverzeichnis

VIII. Gesetzliche Grenzen	2096
1. Nichtigkeit nach § 104 Nr. 2, § 105 BGB	2096
2. Nichtigkeit nach § 134 BGB	2096
3. Nichtigkeit nach § 138 BGB	2097
4. Unwirksamkeit nach § 242 BGB	2098
5. AGB-Kontrolle nach §§ 305 ff. BGB	2098
6. Benachteiligungsverbot nach § 7 AGG	2099
7. Verbot der Ungleichbehandlung	2099
IX. Beseitigung von Aufhebungsverträgen	2099
1. Anfechtung	2099
2. Rücktritts-/Widerrufsrecht	2105
X. Prozessuale Folgen	2109
XI. Rechtsfolgen	2110
1. Arbeitsrechtliche Folgen	2110
2. Sozialrechtliche Folgen	2110

§ 50 Anzeigepflichtige Entlassungen ... 2116

I. Einleitung	2116
II. Voraussetzungen der Anzeigepflicht	2117
1. Betrieb	2117
2. In der Regel beschäftigte Arbeitnehmer	2119
3. Entlassungen	2121
4. 30-Tage-Zeitraum und Schwellenwerte	2124
III. Beteiligung des Betriebsrats	2125
1. Auskunfts- und Unterrichtungspflicht	2125
2. Beratungspflicht	2127
3. Beteiligung bei leitenden Angestellten	2127
4. Rechtsfolgen mangelnder Beteiligung	2128
5. Andere Beteiligungsrechte bei Massenentlassungen	2128
IV. Anzeige an die Agentur für Arbeit	2129
1. Anzeigenerstatter	2129
2. Zuständige Agentur für Arbeit	2129
3. Form	2129
4. Mussinhalt	2130
5. Sollinhalt	2130
6. Stellungnahme des Betriebsrats	2131
7. Anzeige bei Fehlen eines Betriebsrats	2132
8. Zeitpunkt der Anzeige	2133
9. Beteiligung des Betriebsrats	2133
10. Abhängige Unternehmen	2133
V. Rechtsfolgen der Anzeige	2134
1. Sperrfrist	2134
2. Freifrist	2141
VI. Rechtswidrigkeit der Entlassungen bei unterbliebener Anzeige	2141
VII. Klagefrist	2142

§ 51 Zeugnis ... 2143

I. Anspruchsberechtigte	2143
II. Schuldner des Zeugnisanspruchs	2143
III. Entstehung des Zeugnisanspruchs	2144
1. Endzeugnis	2144
2. Zwischenzeugnis	2145
IV. Formale Anforderungen an das Zeugnis	2145
V. Inhalt des Zeugnisses	2147

Inhaltsverzeichnis

      1. Einfaches Zeugnis 2147
      2. Qualifiziertes Zeugnis 2148
  VI. Durchsetzung des Zeugnisanspruchs 2150
      1. Holschuld 2150
      2. Zurückbehaltungsrecht 2150
      3. Berichtigungsanspruch 2150
      4. Schadenersatz 2151
      5. Prozessuales 2151
  VII. Verjährung, Verwirkung, Verfallfristen, Verzicht und Ausgleichsklausel 2152
  VIII. Widerruf des Zeugnisses 2153
  IX. Ersatzzeugnis 2153
  X. Haftung gegenüber Dritten 2154

§ 52 Abwicklung des beendeten Arbeitsverhältnisses 2155
  I. Arbeitspapiere 2155
      1. Erstellung und Herausgabe 2155
      2. Fälligkeit 2157
      3. Holschuld 2157
      4. Schadenersatz 2157
      5. Prozessuales 2157
  II. Quittung und Ausgleichsquittung 2158
      1. Quittung 2158
      2. Ausgleichsquittung 2158
  III. Abmeldung 2158

Teil J. Betriebsübertragungen

§ 53 Tatbestandliche Voraussetzungen des Betriebsübergangs 2159
  I. Einleitung 2159
  II. Tatbestandliche Voraussetzungen 2161
      1. Betrieb und Betriebsteil 2161
      2. Übergang 2164
      3. Anderer Inhaber 2180
      4. Rechtsgeschäft 2187

§ 54 Rechtsfolgen eines Betriebsübergangs 2190
  I. Auswirkungen auf arbeitsvertragliche Rechte und Pflichten 2191
      1. Eintritt in Rechte und Pflichten aus dem Arbeitsverhältnis 2191
      2. Vertragsänderung bzw. Verzicht auf individualvertragliche Ansprüche 2197
      3. Keine Erweiterung der vor dem Übergang bestehenden Rechte 2199
  II. Auswirkungen auf Betriebsvereinbarungen 2199
      1. Unmittelbare Fortgeltung von Betriebsvereinbarungen 2199
      2. Fortgeltung kraft gesetzlicher Anordnung 2207
      3. Ablösung durch kollektive Regelungen des Erwerbers 2211
      4. Vereinbarungen mit Sprecherausschüssen 2212
  III. Auswirkungen auf Tarifverträge 2212
      1. Unmittelbare Fortgeltung von Tarifverträgen 2212
      2. Fortgeltung kraft gesetzlicher Anordnung 2216
      3. Ablösung durch Tarifverträge des Erwerbers 2219
      4. Ablösung durch Betriebsvereinbarungen des Erwerbers 2222
      5. Arbeitsvertragliche Bezugnahmeklauseln 2222
  IV. Haftung von Erwerber und Veräußerer 2232
      1. Haftung auf Grund Betriebsübergangs 2232
      2. Erwerberhaftung in der Insolvenz 2233
      3. Umwandlungsrechtliche Haftungstatbestände 2236

Inhaltsverzeichnis

V. Auswirkungen auf Beteiligungsrechte und Mandat betriebsverfassungsrechtlicher Organe 2238
   1. Betriebsübergang ohne Betriebsänderung 2238
   2. Betriebs- bzw. Betriebsteilübergang und Betriebsänderung 2241
VI. Kündigungsverbot gemäß § 613a Abs. 4 BGB 2245
   1. Kündigung „wegen" Betriebsübergang 2245
   2. Kündigung aus anderen Gründen 2245
   3. Umgehungsverbot 2250
VII. Prozessuale Fragen 2253
   1. Einheitliche Klagefrist gemäß § 4 KSchG 2253
   2. Kündigungsschutzantrag 2253
   3. Leistungsanträge 2255
   4. Beweislastfragen 2256
   5. Beschlussverfahren 2257

§ 55 Unterrichtungspflicht und Widerspruchsrecht 2258
  I. Die Unterrichtungspflicht 2259
     1. Grundlage und Zweck 2259
     2. Rechtsnatur 2259
     3. Verpflichtete und Adressaten der Unterrichtung 2260
     4. Form und Zeitpunkt der Unterrichtung 2263
     5. Inhalt und Umfang der Unterrichtungspflicht 2264
     6. Rechtsfolgen unterbliebener oder fehlerhafter Unterrichtung 2280
  II. Das Widerspruchsrecht 2284
     1. Grundlagen 2284
     2. Voraussetzungen für das Bestehen eines Widerspruchsrechts 2284
     3. Anforderungen an die rechtswirksame Ausübung des Widerspruchsrechts 2286
     4. Verzicht auf das Widerspruchsrecht 2290
     5. Verwirkung und rechtsmissbräuchliche Ausübung 2293
     6. Rechtsfolgen und mögliche Konsequenzen des Widerspruchs 2300
     7. Anfechtung eines erklärten Widerspruchs 2303
     8. Risiken eines unwirksamen Widerspruchs 2304

Teil K. Betriebsänderungen

§ 56 Tatbestandsvoraussetzungen von Beteiligungsrechten bei Betriebsänderungen ... 2305
  I. Einführung 2307
  II. Voraussetzungen der Beteiligungsrechte gemäß § 111 S. 1 BetrVG 2308
     1. Unternehmensgröße 2309
     2. Existenz eines Betriebsrats 2311
     3. Betriebsänderung 2312
     4. Erhebliche Teile der Belegschaft 2313
     5. Möglichkeit wesentlicher Nachteile 2316
     6. Planungsstadium 2317
  III. Einzeltatbestände gemäß § 111 S. 3 BetrVG 2319
     1. Einschränkung und Stilllegung gemäß § 111 S. 3 Nr. 1 BetrVG 2319
     2. Verlegung des Betriebs oder wesentlicher Betriebsteile gemäß § 111 S. 3 Nr. 2 BetrVG 2324
     3. Zusammenschluss oder Spaltung von Betrieben gemäß § 111 S. 3 Nr. 3 BetrVG ... 2325
     4. Grundlegende Änderung der Betriebsstruktur gemäß § 111 S. 3 Nr. 4 BetrVG ... 2327
     5. Einführung neuer Methoden und Verfahren gemäß § 111 S. 3 Nr. 5 BetrVG . 2330
     6. Kombination einzelner Tatbestände 2331
     7. Zeitpunkt und Umfang der Unterrichtung 2332

Inhaltsverzeichnis

       8. Verhältnis zu unternehmens-/gesellschaftsrechtlichen Sachverhalten 2334
       9. Streit über das Vorliegen einer Betriebsänderung 2335
  IV. Zuständigkeiten 2338
       1. Unternehmer 2338
       2. Betriebsrat 2339
       3. Gesamtbetriebsrat 2339
       4. Konzernbetriebsrat 2340
       5. Tarifvertraglich bestimmte Betriebsräte 2340
       6. Unklare Kompetenzverhältnisse 2340
  V. Der Betriebsratsberater gemäß § 111 S. 2 BetrVG 2341
       1. Maßgebliche Unternehmensgröße 2342
       2. Beteiligungspflichtige Betriebsänderung 2342
       3. Begriff des Beraters 2343
       4. Anzahl der Berater 2344
       5. Umfang der Beratung 2344
       6. Erforderlichkeit 2345
       7. Kostentragung, Haftung 2345
       8. Rechtsstellung des Beraters 2346
       9. Verhältnis zu anderen Informationsmöglichkeiten 2346
  VI. Beteiligungsrecht gemäß § 106 BetrVG 2347
       1. Voraussetzungen gemäß § 106 Abs. 1 BetrVG 2347
       2. Wirtschaftliche Angelegenheiten gemäß § 106 Abs. 3 BetrVG 2348
       3. Zeitpunkt und Umfang der Unterrichtung 2351
       4. Streit über das Vorliegen wirtschaftlicher Angelegenheiten oder die Erteilung einer Auskunft 2355
  VII. Beteiligung des Sprecherausschusses der leitenden Angestellten 2355
       1. Existenz des Sprecherausschusses 2355
       2. Wirtschaftliche Angelegenheiten gemäß § 32 SprAuG 2355
  VIII. Beteiligungsrechte des Europäischen Betriebsrats 2357
       1. Existenz eines Europäischen Betriebsrats oder Forums 2357
       2. Grenzübergreifende Angelegenheiten gemäß § 31 EBRG 2358
  IX. Beteiligungsrechte des SE Betriebsrats 2360
       1. Existenz eines SE Betriebsrats 2361
       2. Beteiligungsrechte des SEBR 2361
  X. Ausnahme junger Unternehmen von der Sozialplanpflicht nach § 112a Abs. 2 BetrVG 2362

§ 57 Unterrichtung, Beratung, Verhandlung, Einigung 2363
  I. Einführung 2364
  II. Phasen 2364
       1. Konzeption und Planung der Betriebsänderung 2365
       2. Unterrichtung und Anhörung: Europäischer Betriebsrat/Forum 2368
       3. Unterrichtung und Anhörung: SEBR 2372
       4. Unterrichtung und Beratung: Sprecherausschuss 2373
       5. Unterrichtung und Beratung: Wirtschaftsausschuss 2374
       6. Unterrichtung und Beratung: Betriebsrat 2377
       7. Verhandlungen über Interessenausgleich und Sozialplan 2383
       8. Scheitern der Verhandlungen 2386
  III. Einigungsstellenverfahren 2388
       1. Bestellung der Einigungsstelle 2388
       2. Einigungsstellenverfahren gemäß § 109 BetrVG 2389
       3. Einigungsstellenverfahren nach § 112 Abs. 2 BetrVG 2390
       4. Kosten der Einigungsstelle 2392
       5. Gerichtliche Überprüfung der Einigungsstelle 2392
       6. Besonderheiten im Insolvenzverfahren 2394

Inhaltsverzeichnis

IV. Sicherung und Durchsetzung der Beteiligungsrechte 2395
   1. Der Nachteilsausgleich des § 113 BetrVG 2395
   2. Verfahren nach § 23 Abs. 3 BetrVG 2399
   3. Ordnungswidrigkeit gemäß § 121 BetrVG; Straftat gemäß § 119 BetrVG 2400
   4. Kollektiver Durchführungsanspruch(?) 2400
   5. Fristenregelung 2402
   6. Unterlassungsanspruch 2403
   7. Sicherung der Beteiligungsrechte von EurBR, SEBR, SprA, WA 2408
   8. Der Streit um den Tarifsozialplan 2408
   9. Verfahrensablauf bei Massenentlassungen gem. § 17 KSchG 2409

§ 58 Regelungsinhalte 2412
  I. Einführung 2413
  II. Interessenausgleich gemäß § 112 BetrVG 2413
    1. Inhalt des Interessenausgleichs 2414
    2. Form des Interessenausgleichs 2426
    3. Rechtswirkungen des Interessenausgleichs 2427
    4. Laufzeit des Interessenausgleichs 2428
    5. Der Interessenausgleich in der Insolvenz 2429
  III. Sozialplan gemäß § 112 BetrVG 2429
    1. Arten von Sozialplänen 2432
    2. Inhalt von Sozialplänen 2435
    3. Rechtswirkungen von Sozialplänen 2455
    4. Laufzeit von Sozialplänen 2457
    5. Sozialpläne in der Insolvenz 2458
  IV. Umsetzung der Regelungsinhalte 2458
    1. Beachtung der Arbeitnehmerrechte 2458
    2. Anhörung nach § 99 BetrVG 2458
    3. Anhörung nach § 102 BetrVG 2459
    4. Massenkündigung nach § 17 KSchG 2459
    5. Beteiligung des Integrationsamtes 2460
    6. Beteiligung des Amtes für Arbeitssicherheit 2460
    7. Entlassung von Betriebsratsmitgliedern 2461
  V. Betriebliche Folgen 2461
    1. Betriebsratsstruktur 2463
    2. Betriebsvereinbarungen 2463
    3. Betriebsrenten 2464
    4. Schwerbehindertenvertretung 2469

Teil L. Zusammenarbeit mit dem Betriebsrat

§ 59 Organisation 2471
  I. Der Betrieb 2472
    1. Der betriebsratsfähige Betrieb 2472
    2. Gemeinsamer Betrieb mehrerer Unternehmen 2473
    3. Betriebsteile, Kleinstbetriebe 2475
    4. Der gewillkürte Betrieb 2476
    5. Streitigkeiten 2479
  II. Der Betriebsrat 2480
    1. Amtszeit 2480
    2. Vertretung/Aufgabenteilung 2484
    3. Geschäftsführung 2489
  III. Gesamtbetriebsrat 2493
    1. Errichtung 2493

Inhaltsverzeichnis

2. Zuständigkeit des Gesamtbetriebsrates	2494
3. Geschäftsführung	2495
IV. Konzernbetriebsrat	2496
1. Zuständigkeit	2496
2. Geschäftsführung	2497
V. Jugend- und Auszubildendenvertretung	2497
1. Jugend- und Auszubildendenvertretung im Betrieb	2497
2. Jugend- und Auszubildendenvertretung im Unternehmen	2498
3. Jugend- und Auszubildendenvertretung im Konzern	2499
VI. Der Arbeitgeber	2500
1. Begriff	2500
2. Vertreter	2500

§ 60 Kooperations- und Verhaltenspflichten ... 2502

I. Grundsätze für die Zusammenarbeit	2502
1. Vertrauensvolle, konstruktive Zusammenarbeit	2502
2. Friedenspflicht	2504
3. Verbot parteipolitischer Betätigung	2507
4. Störung der Betriebsratsarbeit	2508
II. Benachteiligungs- und Begünstigungsverbot	2509
1. Benachteiligungsverbot	2509
2. Begünstigung	2509
III. Geheimhaltungspflicht	2511
1. Adressat der Geheimhaltungspflicht	2511
2. Gegenstand der Geheimhaltungspflicht	2511
3. Schutzsubjekt der Geheimhaltungspflicht	2513
IV. Sanktionen und Rechtsschutz bei Pflichtverletzungen	2513
1. Verstoß gegen die Grundsätze für die Zusammenarbeit	2513
2. Verstoß gegen das Benachteiligungs- und Begünstigungsverbot	2514
3. Verstoß gegen die Geheimhaltungspflicht	2514

§ 61 Beteiligungstatbestände ... 2515

I. Informationsrechte	2515
1. Überblick	2515
2. Zeitpunkt und Umfang der Information	2516
3. Informationsinstrumentarien	2517
4. Verletzung der Informationspflicht	2519
II. Beratungsrecht, Anhörungsrecht	2520
1. Überblick	2520
2. Zeitpunkt und Umfang	2520
3. Verletzung der Beteiligungspflicht	2521
III. Vorschlags-(Initiativ-)rechte	2522
1. Überblick	2522
2. Behandlung der Vorschläge und Initiativen	2523
IV. Zustimmungspflichtige Maßnahmen	2524
1. Überblick	2524
2. Initiativrechte	2524
3. Einholung der Zustimmung	2525
4. Verletzung der Mitbestimmungspflicht	2526

§ 62 Kosten (Aufwendungen, Sachverständige, Schulungen) ... 2527

I. Kosten der Betriebsratstätigkeit	2527
1. Grundsätze	2528
2. Einzelne Kosten	2529
3. Streitigkeiten	2534

Inhaltsverzeichnis

    II. Sachaufwand für die Betriebsratstätigkeit 2534
        1. Grundsätze 2534
        2. Einzelne Sachmittel 2535
        3. Streitigkeiten 2539
    III. Kosten der Schulung und Bildung 2539
        1. Kostenerstattung 2539
        2. Lohnfortzahlung, Freizeitausgleich 2541
        3. Streitigkeiten 2541

§ 63 Regelungsinstrumente 2542
    I. Betriebsvereinbarung 2542
        1. Die erzwingbare Betriebsvereinbarung 2544
        2. Die freiwillige Betriebsvereinbarung 2552
        3. Gruppenvereinbarung 2555
    II. Regelungsabrede 2555
        1. Gegenstand 2555
        2. Abschluss 2555
        3. Wirkung 2556
        4. Beendigung 2556

§ 64 Betriebsverfassungsrechtliche Konfliktlösung 2557
    I. Zuständigkeit der Einigungsstelle 2557
        1. Erzwingbares Einigungsstellenverfahren 2557
        2. Freiwilliges Einigungsstellenverfahren 2559
    II. Errichtung der Einigungsstelle 2559
        1. Die einvernehmliche Errichtung 2560
        2. Die streitige Errichtung 2561
    III. Verfahren vor der Einigungsstelle 2563
        1. Vertretung der Betriebsparteien 2563
        2. Verfahrensgrundsätze 2564
        3. Entscheidung der Einigungsstelle 2565
    IV. Kosten der Einigungsstelle 2568
        1. Vergütung der Beisitzer der Einigungsstelle 2569
        2. Vergütung des Vorsitzenden 2569
        3. Vergütung der Berater/Verfahrensbevollmächtigte 2570
        4. Sachaufwand 2570

Teil M. Fremdpersonaleinsatz

§ 65 Drittbezogener Personaleinsatz 2573
    I. Arbeitnehmerüberlassung – Übersicht 2573
    II. Werk-(Dienst-)vertrag: Abgrenzung zur Arbeitnehmerüberlassung 2575
        1. Kriterien der Abgrenzung 2577
        2. Tatsächliche Vertragsabwicklung 2579
        3. Beurteilungsspielraum der Gerichte 2580
        4. Rechtsfolgen fehlerhafter Einordnung 2580
        5. Checkliste 2581
    III. Überlassung von Maschinen und Bedienungspersonal 2582
    IV. Gemeinschaftsbetrieb 2582
    V. Arbeitsvermittlung 2582

§ 66 Arbeitnehmerüberlassung 2584
    I. Grundsätze der Arbeitnehmerüberlassung 2585
    II. Übergangsrecht 2587

Inhaltsverzeichnis

III. Arbeitnehmerüberlassung im Rahmen wirtschaftlicher Tätigkeit 2587
    1. Anwendungsbereich des AÜG – generalisierte Erlaubnispflicht 2587
    2. Überlassungshöchstgrenze 2588
    3. Erlaubnisvorbehalt 2592
    4. Rechtsbeziehung Verleiher – Arbeitnehmer 2599
    5. Rechtsbeziehung Entleiher – Arbeitnehmer 2606
    6. Rechtsbeziehung Verleiher – Entleiher 2611
    7. Erlaubniserteilungsverfahren 2612
IV. Illegale Arbeitnehmerüberlassung 2613
    1. Grundsatz und Bedeutung 2613
    2. Hauptfälle 2613
    3. Rechtsfolgen für Arbeitsverhältnis Verleiher – Arbeitnehmer ... 2614
    4. Rechtsfolgen für Arbeitsverhältnis Entleiher – Arbeitnehmer ... 2616
V. Arbeitnehmerüberlassung im Konzern 2619
    1. Konzern iSd AÜG 2619
    2. „Nicht zum Zweck der Überlassung eingestellt oder beschäftigt" ... 2619
    3. Konzernweite Versetzungsklausel 2620
VI. Arbeitnehmerüberlassung mit Auslandsbezug 2620
VII. Ordnungswidrigkeiten, Straftaten 2621
VIII. Gleichbehandlungsrecht, Sozialrecht 2621
    1. Gleichbehandlungsrecht 2621
    2. Sozialrecht 2623
IX. Sozialversicherungsrecht, Steuerrecht 2623
    1. Sozialversicherungsrecht 2623
    2. Steuerrecht 2624
X. Betriebsverfassungsrecht 2625
    1. Zuordnung der Leiharbeitnehmer 2625
    2. Beteiligungsrechte des Betriebsrats beim Einsatz von Leiharbeitnehmern ... 2626
XI. Datenschutzrecht 2628

Teil N. Tarifvertragsrecht

§ 67 Einführung 2629
    I. Bedeutung im arbeitsrechtlichen Mandat 2629
    II. Bedeutung und Funktionen des Tarifvertrages 2630
    III. Gewerkschaften und Arbeitgeberverbände 2631

§ 68 Tarifgeltung 2635
    I. Tarifgebundenheit 2635
        1. Tarifgebundenheit kraft Verbandsmitgliedschaft 2637
        2. Nachbindung gemäß § 3 Abs. 3 TVG 2640
        3. Tarifgebundenheit des einzelnen Arbeitgebers 2643
        4. Tarifgebundenheit bei betrieblichen und betriebsverfassungsrechtlichen Tarifnormen 2644
        5. Tarifgebundenheit durch Allgemeinverbindlicherklärung 2644
        6. Tarifgebundenheit bei Betriebsübergang 2654
        7. Arbeitsvertragliche Bezugnahme auf Tarifverträge 2656
    II. Geltungsbereich 2680
        1. Persönlicher Geltungsbereich 2680
        2. Räumlicher Geltungsbereich 2681
        3. Betrieblicher/branchenmäßiger Geltungsbereich 2682
        4. Zeitlicher Geltungsbereich 2683
        5. Herauswachsen aus dem Geltungsbereich 2689
    III. Tarifkollision 2689
        1. Tarifkonkurrenz 2689

Inhaltsverzeichnis

    2. Tarifpluralität 2691
    3. Tarifkollision/Tarifeinheitsgesetz 2693

§ 69 Abschluss und Inhalt des Tarifvertrages 2698
  I. Einführung 2698
  II. Zustandekommen des Tarifvertrages 2699
    1. Vertragsschluss 2699
    2. Tariffähigkeit 2700
    3. Tarifzuständigkeit 2705
    4. Schriftform 2707
    5. Publizität des Tarifvertrages 2707
  III. Inhalt von Tarifverträgen 2708
    1. Normativer Teil des Tarifvertrages 2709
    2. Schuldrechtlicher Teil des Tarifvertrages 2711
    3. Auslegung von Tarifverträgen 2713

§ 70 Rechtsnormen in Tarifverträgen 2720
  I. Übersicht 2720
    1. Materielles Gesetz 2720
    2. Tarifnormen im arbeitsgerichtlichen Verfahren 2721
  II. Unmittelbare Wirkung von Tarifnormen 2722
  III. Zwingende Wirkung von Tarifnormen 2723
  IV. Schranken der Normsetzung 2723
    1. Verhältnis von Tarifnormen zu anderen Rechtsquellen 2724
    2. Regelungsschranken 2729
  V. Ausnahmen der zwingenden Wirkung 2731
    1. Günstigkeitsprinzip 2731
    2. Tariföffnungsklauseln 2735
    3. Wegfall der zwingenden Wirkung 2735
  VI. Schutz vor Verlust tariflicher Rechte 2736
    1. Verzicht auf entstandene tarifliche Rechte 2736
    2. Verwirkung 2737
    3. Ausschlussfristen 2737
  VII. Ausschlussfristen 2737
    1. Übersicht 2737
    2. Geltendmachung 2741
    3. Unzulässige Berufung auf Ausschlussfristen 2746
  VIII. Schutz der „kollektiven Normwirkung" 2747

§ 71 Koalitionsrecht 2749
  I. Einführung 2749
  II. Koalitionsbegriff 2750
    1. Vereinigung 2750
    2. Arbeitnehmer-/Arbeitgebervereinigung 2750
    3. Zweck: Wahrung und Förderung der Arbeits- und Wirtschaftsbedingungen .. 2751
    4. Unabhängigkeit 2751
    5. Bekenntnis zur freiheitlichen Ordnung 2752
    6. Gewerkschaftsbegriff 2752
  III. Individuelle Koalitionsfreiheit 2752
    1. Positive individuelle Koalitionsfreiheit 2753
    2. Negative individuelle Koalitionsfreiheit 2753
  IV. Kollektive Koalitionsfreiheit 2756
    1. Bestandsgarantie 2757
    2. Koalitionsmittelgarantie und Tarifautonomie 2757
    3. Verbandsautonomie 2758

Inhaltsverzeichnis

V. Schranken der Koalitionsfreiheit 2758
VI. Unmittelbare Drittwirkung 2759

Teil O. Teilzeitarbeitsverhältnisse und geringfügige Beschäftigung

§ 72 Teilzeitarbeitsverhältnisse 2761
   I. Einführung 2761
   II. Kodifizierung des Teilzeitarbeitsrechts – Überblick 2762
      1. Der teilzeitbeschäftigte Arbeitnehmer 2762
      2. Teilzeitförderung 2763
      3. Diskriminierungs- und Benachteiligungsverbot 2766
   III. Arbeitsbedingungen des Teilzeitarbeitnehmers von A bis Z ... 2767
   IV. Nebenpflichten 2771
      1. Verschwiegenheitspflicht 2772
      2. Wettbewerbsverbot 2772
      3. Nebentätigkeit 2772
   V. Beendigung des Teilzeitarbeitsverhältnisses 2772
      1. Allgemeines 2773
      2. Teilzeitarbeitsverhältnis und betriebsbedingte Kündigung .. 2773
   VI. Sonderformen der Teilzeitarbeit 2774
      1. Arbeit auf Abruf (§ 12 TzBfG) 2774
      2. Arbeitsplatzteilung (§ 13 TzBfG) 2776
   VII. Teilzeitarbeit und Betriebsverfassung 2777
   VIII. Teilzeitarbeit und Tarifvertragsrecht 2778

§ 73 Der Anspruch auf Teilzeitarbeit 2779
   I. Einführung 2780
   II. Allgemeine Anspruchsvoraussetzungen der §§ 8, 9a TzBfG ... 2780
      1. Anspruchsberechtigte Arbeitnehmer 2780
      2. Kleinbetriebsklauseln 2781
      3. Wartezeit 2781
   III. Verfahren zur (befristeten) Arbeitszeitverringerung nach §§ 8, 9a TzBfG 2782
      1. Geltendmachung des Teilzeitanspruchs 2782
      2. Ankündigungsfrist 2784
      3. Verhandlungsphase 2785
      4. Reaktion des Arbeitgebers 2785
      5. Zustimmungsfiktion 2786
      6. Erneute Geltendmachung 2786
   IV. Betriebliche Gründe versus Teilzeitwunsch 2787
      1. Entgegenstehendes unternehmerisches Organisationskonzept 2788
      2. Gesetzliche Regelbeispiele als Ablehnungsgrund 2789
      3. Sonstige Ablehnungsgründe 2792
   V. Auswirkungen der Arbeitszeitreduzierung auf die Vergütung ... 2793
   VI. Mitbestimmung des Betriebsrats 2794
   VII. Teilzeitarbeit nach anderen Gesetzen 2795
      1. Teilzeitarbeit während Elternzeit 2795
      2. Teilzeitarbeit bei Schwerbehinderung 2799
      3. Teilzeitarbeit während Pflegezeit 2801
      4. Familienpflegezeit 2802
   VIII. Prozessuales 2802
      1. Teilzeitanspruch nach TzBfG 2802
      2. Teilzeitanspruch nach § 15 BEEG 2806
      3. Teilzeitanspruch nach § 164 Abs. 5 SGB IX 2806
      4. Teilzeitanspruch nach PflegeZG und FPfZG 2807

Inhaltsverzeichnis

§ 74 Altersteilzeit 2808
   I. Einführung 2808
   II. Anspruch auf Altersteilzeitarbeit 2810
      1. Kein gesetzlicher Anspruch 2810
      2. Tarifvertragliche Ansprüche 2810
      3. Anspruch aus Betriebsvereinbarung 2811
      4. Individualvertraglicher Anspruch 2811
   III. Voraussetzungen (un-)geförderter Altersteilzeit 2812
      1. Voraussetzungen für (un-)geförderte Altersteilzeit auf Arbeitnehmerseite 2812
      2. Voraussetzungen für (un-)geförderte Altersteilzeit auf Arbeitgeberseite 2813
   IV. Altersteilzeitvertrag 2814
   V. Durchführung des Altersteilzeit-Arbeitsverhältnisses 2816
      1. Allgemeines 2816
      2. Rechte und Pflichten der Arbeitsvertragsparteien 2817
      3. Kündigung des Altersteilzeit-Arbeitsverhältnisses 2819
      4. Reguläre Beendigung des Altersteilzeit-Arbeitsverhältnisses 2820
      5. Betriebsverfassungs- und Mitbestimmungsrecht 2820
   VI. Prozessualer Hinweis 2821

§ 75 Geringfügige Beschäftigung 2822
   I. Einführung 2822
   II. Geringfügige Beschäftigung als Teilzeitarbeitsverhältnis 2823
   III. Formen geringfügiger Beschäftigung 2823
      1. Entgeltgeringfügigkeit 2824
      2. Zeitgeringfügigkeit/Kurzfristbeschäftigung 2825
      3. Geringfügige Beschäftigung in Privathaushalten 2826
   IV. Zusammenrechnung von Arbeitsentgelt 2826
   V. Rechte und Pflichten der Arbeitsvertragsparteien 2827
      1. Individualarbeitsrecht 2827
      2. Betriebsverfassungsrecht 2831
      3. Tarifvertragsrecht 2831
      4. Betriebliche Altersversorgung 2832
   VI. Die „Gleitzone" 2832

Teil P. Arbeitsgerichtsverfahren

§ 76 Der Anwalt im Arbeitsgerichtsprozess 2835
   I. Prozesskostenhilfe und Beiordnung nach § 11a ArbGG 2835
      1. Prozesskostenhilfe 2835
      2. Beiordnung nach § 11a ArbGG 2845
      3. Beratungshilfe 2845
   II. Prozessvertretung im Urteilsverfahren 2846
      1. Prozessvertretung in erster Instanz 2846
      2. Prozessvertretung in zweiter Instanz 2847
      3. Prozessvertretung in dritter Instanz 2847
   III. Verfahrensvertretung im Beschlussverfahren 2847
      1. Verfahrensvertretung in erster Instanz 2847
      2. Verfahrensvertretung in zweiter Instanz 2848
      3. Verfahrensvertretung in dritter Instanz 2848

§ 77 Das Urteilsverfahren 2849
   I. Parteien des Urteilsverfahrens 2852
      1. Arbeitgeber 2852
      2. Arbeitnehmer 2853

Inhaltsverzeichnis

    3. Zur Berufsausbildung Beschäftigte 2854
    4. Gleichgestellte Personen 2854
  II. Zuständigkeit der Gerichte für Arbeitssachen 2860
    1. Internationale Zuständigkeit 2860
    2. Deutsche Gerichtsbarkeit 2861
    3. Rechtswegzuständigkeit 2861
    4. Fallgruppen der Rechtswegzuständigkeit 2867
    5. Prüfung der Rechtswegzuständigkeit 2886
    6. Entscheidungen über die Rechtswegzuständigkeit 2889
    7. Örtliche Zuständigkeit 2893
    8. Entscheidung über örtliche Zuständigkeit 2897
  III. Vorgerichtliche Verfahren nach § 111 Abs. 2 ArbGG 2898
    1. Prozessvoraussetzung 2899
    2. Verfahren 2899
    3. Verhältnis zum Kündigungsschutzgesetz 2899
    4. Prozesskostenhilfe 2899
  IV. Mahnverfahren 2900
  V. Urteilsverfahren erster Instanz 2900
    1. Kollegialgerichte 2900
    2. Ausschließung und Ablehnung von Gerichtspersonen 2900
    3. Klageerhebung 2904
    5. Güteverhandlung 2906
    6. Vorbereitung der Verhandlung vor der Kammer 2914
    7. Vorbereitung in Bestandsschutzverfahren 2914
    8. Anordnung des persönlichen Erscheinens 2916
    9. Kammertermin 2920
    10. Zurückweisung verspäteten Vorbringens 2921
    11. Beweisverfahren 2929
    12. Versäumnisverfahren und Entscheidung nach Lage der Akten ... 2935
    13. Verkündung von Urteilen und Beschlüssen 2936
    14. Verurteilung zur Vornahme einer Handlung 2939
    15. Vorläufige Vollstreckbarkeit 2942
  VI. Urteilsverfahren zweiter Instanz 2947
    1. Statthaftigkeit der Berufung 2947
    2. Zulassung der Berufung 2950
    3. Berufungsfrist 2950
    4. Berufungsbegründungs- und -beantwortungsfrist 2951
    5. Form und Inhalt der Berufung 2953
    6. Begründung der Berufung 2954
    7. Beantwortung der Berufung 2959
    8. Anschlussberufung 2959
    9. Rücknahme der Berufung und Verzicht auf Berufung 2959
    10. Prüfung der Zulässigkeit der Berufung 2959
    11. Übersicht der Verfahrensregelungen zweiter Instanz 2960
    12. Beschränkung der Berufung 2962
    13. Zurückweisung verspäteten Vorbringens 2962
    14. Urteil zweiter Instanz 2962
  VII. Urteilsverfahren dritter Instanz 2963
    1. Revisionsfähiges Urteil 2963
    2. Zulassung der Revision durch das Landesarbeitsgericht 2963
    3. Nichtzulassungsbeschwerde 2970
    4. Einlegung der Revision 2972
    5. Revisionsgründe 2976
    6. Im Revisionsverfahren anzuwendende Vorschriften 2978
    7. Anschlussrevision 2978

Inhaltsverzeichnis

8. Einschränkung der Revision	2978
9. Säumnisverfahren	2978
10. Vergleich – Erledigung der Hauptsache	2979
11. Weiteres Verfahren	2979
12. Sofortige Beschwerde wegen verspäteter Absetzung des Berufungsurteils	2980
VIII. Beschwerde	2980
IX. Abhilfe bei Verletzung des Anspruchs auf rechtliches Gehör	2981
X. Außerordentlicher Rechtsbehelf	2982
XI. Arrest und einstweilige Verfügung	2983
1. Grundsätze	2983
2. Arrest	2983
3. Einstweilige Verfügung	2984
XII. Vollstreckung arbeitsrechtlicher Titel	2988
1. Allgemeines	2988
2. ABC der Vollstreckung arbeitsgerichtlicher Titel	2988
XIII. Streitwert und Streitwertfestsetzung im Urteilsverfahren	2991
1. Arbeitsgerichtliche Wertfestsetzung	2991
2. Urteilsstreitwert nach § 61 Abs. 1 ArbGG	2991
3. Gerichtsgebührenstreitwert	2992
4. Rechtsanwaltsgebührenstreitwert	2994

§ 78 Das Beschlussverfahren ... 2996

I. Zuständigkeit im Beschlussverfahren	2997
II. Urteils- oder Beschlussverfahren	2997
1. Typische Ansprüche von Arbeitnehmern	2998
2. Ansprüche von Betriebsratsmitgliedern	2998
3. Ansprüche von Jugend- und Auszubildendenvertretern/Schwerbehindertenvertretung	2998
4. Ansprüche von/gegen Gewerkschaften	2999
5. Verweisung in die andere Verfahrensart	3000
III. Beteiligte im Beschlussverfahren	3000
1. Beteiligtenfähigkeit	3000
2. Antragsteller	3001
3. Beteiligungsbefugnis	3001
4. Antragsbefugnis	3004
5. Antragsgegner	3005
6. Weiterer Antragsteller	3005
IV. Antrag im Beschlussverfahren/Einleitung des Verfahrens	3005
1. Antragsschrift	3006
2. Antrag	3006
3. Rechtsschutzinteresse	3007
4. Änderung des Antrags	3008
5. Zustellung der Antragsschrift	3009
6. Rücknahme des Antrags	3009
7. Örtliche Zuständigkeit	3009
V. Verfahren erster Instanz	3009
1. Anhörung	3009
2. Untersuchungsgrundsatz	3010
3. Zurückweisung verspäteten Vorbringens	3011
4. Beschlüsse und Verfügungen	3011
5. Vergleich	3011
6. Erledigungserklärung	3012
7. Entscheidung im Beschlussverfahren	3012
8. Zwangsvollstreckung	3013
9. Einstweilige Verfügung	3014

Inhaltsverzeichnis

- VI. Zweiter Rechtszug ... 3014
  - 1. Grundsätze ... 3014
  - 2. Einlegung und Begründung der Beschwerde ... 3014
  - 3. Beschwerdeverfahren ... 3015
  - 4. Erledigung des Verfahrens ... 3015
  - 5. Entscheidung über die Beschwerde ... 3016
- VII. Dritter Rechtszug ... 3016
  - 1. Rechtsbeschwerde ... 3016
  - 2. Anschlussrechtsbeschwerde ... 3017
  - 3. Nichtzulassungsbeschwerde ... 3017
  - 4. Sprungrechtsbeschwerde ... 3017
  - 5. Einlegung und Begründung der Rechtsbeschwerde ... 3017
  - 6. Rücknahme, Erledigung Antragsänderung ... 3018
  - 7. Beschwer und Rechtsschutzbedürfnis ... 3018
  - 8. Verfahren beim Bundesarbeitsgericht ... 3018
- VIII. Beschlussverfahren in besonderen Fällen ... 3019
  - 1. Tariffähigkeit und Tarifzuständigkeit ... 3019
  - 2. Allgemeinverbindlicherklärung ... 3019
  - 3. Auflösung der Tarifkollision ... 3020
  - 4. Besetzung der Einigungsstelle ... 3020
  - 5. Beschlussverfahren nach der Insolvenzordnung ... 3021
- IX. Verfahrenswert im Beschlussverfahren ... 3022

§ 79 Kosten und Kostenerstattung ... 3023

- I. Kosten ... 3023
  - 1. Gebühren und Auslagen ... 3023
  - 2. Fälligkeit der Kosten ... 3024
  - 3. Nichterhebung von Kosten ... 3024
- II. Kostentragungspflicht im Urteilsverfahren 1. Instanz ... 3025
  - 1. Grundsatz ... 3025
  - 2. Prozessuale Kostenerstattung ... 3025
  - 3. Materiell-rechtliche Kostenerstattung ... 3025
  - 4. Vertragliche Kostenverpflichtung ... 3026
  - 5. Hypothetische Kostenberechnung ... 3026
  - 6. Ausnahmen bei Verweisung ... 3027
- III. Kostentragungspflicht im Urteilsverfahren 2. und 3. Instanz ... 3027
- IV. Kostentragungspflicht im Beschlussverfahren ... 3028
  - 1. Allgemeines ... 3028
  - 2. Materieller Kostenerstattungsanspruch ... 3028
- V. Kostentragungspflicht im Beschwerdeverfahren ... 3029

Teil Q. GmbH-Geschäftsführer und AG-Vorstand

§ 80 Das Anstellungsverhältnis des GmbH-Geschäftsführers ... 3031

- I. Grundlagen ... 3031
  - 1. Trennung von Organstellung und Anstellung ... 3031
  - 2. Grundzüge der Organstellung ... 3032
  - 3. Rechtsnatur des Anstellungsvertrags ... 3035
  - 4. Sonderfälle ... 3037
  - 5. Lohnsteuer und Sozialversicherung ... 3042
- II. Abschluss des Anstellungsvertrags ... 3044
- III. Anwendbare Normen und wesentliche Vertragsinhalte ... 3046
  - 1. Allgemeines ... 3046
  - 2. Kompetenzen und Berichtspflichten ... 3047
  - 3. Arbeitszeit und Vergütung ... 3048

Inhaltsverzeichnis

    4. Dauer/Laufzeit 3048
    5. Abfindungs- und Change-in-Control-Klauseln 3051
    6. Kündigungsschutz 3052
    7. Erholungsurlaub 3053
    8. Interessenwahrungs- und Loyalitätspflichten 3053
    9. Nachvertragliche Wettbewerbsverbote 3054
   10. Versetzungsklauseln 3056
   11. Diskriminierung/Gleichbehandlung 3056
   12. Besondere Personengruppen 3057
   13. Haftung 3058
   14. Versorgung 3059
   15. Ausschlussfristen 3059
   16. Betriebsübergang 3060
   17. Betriebsverfassung 3060
   18. Datenschutz 3060
   19. Zeugnis 3060
   20. Rechtsweg/Zuständigkeit 3060
 IV. Beendigung des Anstellungsvertrags 3061
    1. Änderung/Beendigung der Organstellung 3061
    2. Vertragsbeendigung durch Kündigung 3062
    3. Vertragsbeendigung durch Aufhebungsvertrag 3066
  V. Rechtsschutz vor Gericht 3067
    1. GmbH als Klagegegner 3067
    2. Rechtsweg 3067
    3. Rechtsschutz gegen Abberufung 3068
    4. Rechtsschutz gegen Kündigung 3069
    5. Vergütungsklage im Urkundenprozess 3069

§ 81 Das Anstellungsverhältnis des AG-Vorstandsmitglieds 3070
   I. Grundlagen 3070
    1. Bestellung und Anstellung 3070
    2. Rechtsnatur des Anstellungsvertrags 3071
    3. Sozialversicherung 3072
    4. Steuerliche Behandlung 3073
  II. Begründung der Organstellung 3073
 III. Begründung und Inhalt des Anstellungsvertrags 3074
    1. Vertragsschluss 3074
    2. Drittanstellung 3076
    3. Fehlerhafter Anstellungsvertrag 3076
    4. AGG-Anwendung und Frauenquote 3077
    5. Vertragsinhalte 3078
 IV. Beendigung der Organstellung 3089
    1. Beschlussfassung und Erklärung des Widerrufs 3089
    2. Wichtiger Grund 3090
    3. Wirkung des Widerrufs 3091
    4. Amtsniederlegung 3092
    5. Einvernehmliches Ausscheiden 3092
    6. Suspendierung 3092
  V. Beendigung des Anstellungsvertrags 3093
    1. Erklärung der Kündigung 3093
    2. Außerordentliche Kündigung 3093
    3. Ordentliche Kündigung 3094
    4. Aufhebungsvereinbarung 3094
 VI. Rechtsschutz 3095

Inhaltsverzeichnis

Teil R. Mediation und Konfliktmanagement

§ 82 Mediation und Konfliktmanagement in der Arbeitswelt 3097
- I. Einleitung 3098
- II. Grundlagen der Mediation 3101
  - 1. Begriff der Mediation 3101
  - 2. Charakteristika der Mediation 3101
- III. Standortbestimmung der Mediation gegenüber anderen arbeitsrechtlichen Konfliktlösungsverfahren 3109
  - 1. Mediation als Alternative im Tarif- und Arbeitskampfrecht 3109
  - 2. Mediation als Alternative zur Einigungsstelle 3111
  - 3. Beschwerderecht nach §§ 84, 85 BetrVG und betriebliche Beschwerdestelle .. 3114
  - 4. Beschwerderecht nach § 13 AGG 3115
  - 5. Mediation als Alternative bei individualrechtlichen Streitigkeiten 3116
  - 6. Beschlussverfahren für betriebsverfassungsrechtliche Streitigkeiten 3123
  - 7. Schiedsstelle für Streitigkeiten aufgrund des Arbeitnehmererfindergesetzes ... 3123
  - 8. Schlichtungsverfahren für Berufsausbildungsverhältnisse 3124
  - 9. Auswirkung des Verbots der Schiedsgerichtsbarkeit 3125
- IV. Ablauf einer – innerbetrieblichen – Mediation 3127
  - 1. Abschluss einer Mediationsvereinbarung 3127
  - 2. Phasen eines Mediationsverfahrens 3128
  - 3. Einfluss der Unternehmensstruktur auf den Ablauf einer innerbetrieblichen Mediation 3129
- V. Einsatzbereiche für Mediation in der Arbeitswelt 3132
  - 1. Auseinandersetzungen im und mit dem Betriebsrat und den Gewerkschaften 3133
  - 2. Auseinandersetzungen in und zwischen Abteilungen oder Teams 3135
  - 3. Auseinandersetzungen zwischen Mitarbeitern und Vorgesetzten 3135
  - 4. Streitigkeiten zwischen Arbeitnehmern 3136
  - 5. Konflikte im Rahmen von Kündigungen und bei Betriebsänderungen 3136
  - 6. Konflikte im Aufsichtsrat, zwischen Aufsichtsrat und Geschäftsleitung und innerhalb der Geschäftsleitung 3137
- VI. Weitere Fragen zur Durchführung von Mediationsverfahren in der Arbeitswelt 3137
  - 1. Auswahl des Mediators 3137
  - 2. Branchenkenntnisse/Insiderwissen 3138
  - 3. Co-Mediation/Interdisziplinäre Mediation 3139
  - 4. Mehrparteien-Mediation 3139
  - 5. Mediation in distributiven Konflikten 3139
  - 6. Lösungsorientierung versus Transformation 3141
  - 7. Fortsetzung des Mediationsverfahrens in der Einigungsstelle (MedArb-Verfahren) 3143
  - 8. Kostentragung bei innerbetrieblichen Mediationsverfahren 3145
  - 9. Arbeitsrechtliche „Fallstricke" des Einsatzes von Mediation 3145
- VII. Wertschöpfung durch Mediation 3147
  - 1. Wertschöpfung für das Unternehmen 3147
  - 2. Wertschöpfung für die Mitarbeiter 3151
- VIII. Maßnahmen zur Implementierung von Mediation im Unternehmen 3152
  - 1. Geeignete Maßnahmen für ein funktionales Konfliktmanagementsystem 3152
  - 2. Flow Chart eines innerbetrieblichen Konfliktmanagementablaufs 3156
  - 3. Einsatz von innerbetrieblichen Mediatoren 3158
  - 4. Betriebliche Mediations- und Beschwerdestellen 3159
  - 5. Betriebsvereinbarung zur Einführung eines Konfliktmanagementsystems ... 3159
  - 6. Richtlinien zur Konfliktbewältigung oder Dispute Guidelines als Bestandteil von Arbeitsverträgen 3160

Inhaltsverzeichnis

IX. Zusammenfassung und Ausblick 3160
    Anhang 1 3161
    Anhang 2 3164
    Anhang 3 3171
    Anhang 4 3171

Sachverzeichnis 3173

Autorenverzeichnis

Stephan Altenburg, Rechtsanwalt und
Fachanwalt für Arbeitsrecht
ALTENBURG Fachanwälte für Arbeitsrecht
München

Prof. Dr. Peter Bengelsdorf
Geschäftsführer Nordmetall a. D.
Kiel

Dr. Holger Betz
Richter am Arbeitsgericht
Bamberg

Dietrich Boewer, Vorsitzender Richter
am Landesarbeitsgericht Düsseldorf a. D.,
Rechtsanwalt
CMS Hasche Sigle
Köln

Dr. Indra Burg
Richterin am Arbeitsgericht
Düsseldorf

Florian Christ, Rechtsanwalt und
Fachanwalt für Arbeitsrecht
RB Reiserer Biesinger
Heidelberg

Karl-Dietmar Cohnen, Rechtsanwalt
Küttner Rechtsanwälte
Köln

Prof. Dr. Renate Dendorfer-Ditges LL. M., MBA,
Rechtsanwältin und Fachanwältin für Arbeitsrecht
DITGES Rechtsanwälte – Wirtschaftsprüfer – Steuerberater
Bonn

Dr. Frank Eckhoff, Rechtsanwalt und
Fachanwalt für Arbeitsrecht
Heuking Kühn Lüer Wojtek
Köln

Ernst Eisenbeis, Rechtsanwalt und
Fachanwalt für Arbeitsrecht
CBH – Cornelius, Bartenbach, Haesemann & Partner
Köln

Dr. Michaela Felisiak LL. M. (Bern), Rechtsanwältin
Beiten Burkhardt
München

Autorenverzeichnis

Prof. Klaus Gennen, Rechtsanwalt,
Fachanwalt für Arbeitsrecht und Fachanwalt für IT-Recht
LLR Legerlotz Laschet
Köln

Regina Glaser LL. M., Rechtsanwältin und
Fachanwältin für Arbeitsrecht
Heuking Kühn Lüer Wojtek
Düsseldorf

Dr. Anno Hamacher
Direktor des Arbeitsgerichts Solingen,
derzeit wiss. Mitarbeiter am Bundesarbeitsgericht
Erfurt

Christoph Hexel, Rechtsanwalt und
Fachanwalt für Arbeitsrecht
Heuking Kühn Lüer Wojtek
Düsseldorf

Kay Jacobsen, Rechtsanwalt und
Fachanwalt für Arbeitsrecht
Heuking Kühn Lüer Wojtek
Hamburg

Dr. Christoph Katerndahl, Rechtsanwalt
Heuking Kühn Lüer Wojtek
Köln

Annika Vanessa Kemna, Rechtsanwältin und
Fachanwältin für Arbeitsrecht
CMS Hasche Sigle
Hamburg

Hendrik van Laak
Richter am Arbeitsgericht
Solingen

Maximilian Lachmann, Rechtsanwalt und
Fachanwalt für Arbeitsrecht
RB Reiserer Biesinger
Heidelberg

Dr. Thorsten Leisbrock, Dipl.-Kfm., Rechtsanwalt und
Fachanwalt für Arbeitsrecht
Heuking Kühn Lüer Wojtek
Köln

Dr. Hans-Joachim Liebers LL. M., Rechtsanwalt und
Fachanwalt für Arbeitsrecht
Hengeler Mueller
Frankfurt a. M.

Dr. Daniel Ludwig, Rechtsanwalt und
Fachanwalt für Arbeitsrecht
CMS Hasche Sigle
Hamburg

Autorenverzeichnis

Dr. Holger Lüders, Rechtsanwalt und
Fachanwalt für Arbeitsrecht
Heuking Kühn Lüer Wojtek
Düsseldorf

Dr. Christopher Melms, Rechtsanwalt und
Fachanwalt für Arbeitsrecht
Beiten Burkhardt
München

Prof. Dr. Wilhelm Moll LL.M. (Berkeley), Rechtsanwalt und
Fachanwalt für Arbeitsrecht
Honorarprofessor an der Universität zu Köln
Heuking Kühn Lüer Wojtek
Köln

Dr. Michael Müntefering M. Jur. (Oxford)
Vorsitzender Richter am Landesarbeitsgericht
Hamm

Dr. Martin Plum
Richter am Arbeitsgericht
Düsseldorf

Dr. Oliver Reinartz
Richter am Arbeitsgericht Düsseldorf,
derzeit Referent im Bundesministerium für Arbeit und Soziales
Bonn

Dr. Roland Reinfeld, Rechtsanwalt und
Fachanwalt für Arbeitsrecht
Reinfeld.Rechtsanwälte
Kempen

Dr. Kerstin Reiserer, Rechtsanwältin und
Fachanwältin für Arbeitsrecht
RB Reiserer Biesinger
Heidelberg

Dr. Thomas Schulz, Rechtsanwalt und
Fachanwalt für Arbeitsrecht
Heuking Kühn Lüer Wojtek
Hamburg

Anja Ulrich,
Direktorin des Arbeitsgerichts
Duisburg

Dr. Christoph Ulrich,
Vorsitzender Richter am Landesarbeitsgericht
Düsseldorf

Prof. Dr. Reinhard Vossen, Vorsitzender Richter
am Landesarbeitsgericht Düsseldorf a.D.
Meerbusch

Autorenverzeichnis

Sachverzeichnis:
Günther R. Hagen
Rechtsanwalt
München

Abkürzungs- und Literaturverzeichnis

aA	andere(r) Ansicht/Auffasung
AA	Auswärtiges Amt; Arbeitsrecht Aktuell (Zeitschrift)
aaO	am angegebenen Ort
ABA	Arbeitsgemeinschaft für betriebliche Altersversorgung
aba	Arbeitsgemeinschaft für betriebliche Altersversorgung eV (Hrsg.), Handbuch der betrieblichen Altersversorgung, Loseblatt
Abb.	Abbildung
abgedr.	abgedruckt
ABl.	Amtsblatt
abl.	ablehnend
ABM	Arbeitsbeschaffungsmaßnahme(n)
Abs.	Absatz
abschl.	abschließend
Abschn.	Abschnitt
abw.	abweichend
abwM	abweichende Meinung
abzgl.	abzüglich
AcP	Archiv für die civilistische Praxis (Zeitschrift)
aE	am Ende
AEUV	Vertrag über die Arbeitsweise der Europäischen Union vom 9.5.2008 (ABl. Nr. C 115, S. 47)
aF	alte Fassung
AFG	Arbeitsförderungsgesetz (abgelöst durch das SGB III)
aG	auf Gegenseitigkeit
AG	Arbeitgeber; Aktiengesellschaft; Die Aktiengesellschaft (Zeitschrift); Amtsgericht
AGB	Allgemeine Geschäftsbedingungen; Arbeitsgesetzbuch der Deutschen Demokratischen Republik vom 16.6.1977 (GBl. I S. 185)
AGBG	Gesetz zur Regelung des Rechts der Allgemeinen Geschäftsbedingungen vom 9.12.1976 (BGBl. I S. 3317)
AGBGB	Ausführungsgesetz zum BGB
AGG	Allgemeines Gleichbehandlungsgesetz vom 14.8.2006 (BGBl. I S. 1897)
AGH	Anwaltsgerichtshof
ähnl.	ähnlich
Ahrend/Förster/Rößler SteuerR	*Ahrend/Förster/Rößler,* Steuerrecht der betrieblichen Altersversorgung, Handbuch, 42. Aufl. 2019
AIB	Allgemeine Versicherungsbedingungen für die Insolvenzsicherung der betrieblichen Altersversorgung
AiB	Arbeitsrecht im Betrieb (Zeitschrift)
AK-BGB	Wassermann, Alternativkommentar zum Bürgerlichen Gesetzbuch, Kommentar, 1. Aufl. 1979
AktG	Aktiengesetz
AktR	Aktienrecht
allgA	allgemeine Ansicht
allgM	allgemeine Meinung
Alt.	Alternative
aM	andere(r) Meinung
amtl.	amtlich
Amtl. Begr.	Amtliche Begründung
Amtl. Mitt.	Amtliche Mitteilungen
AN	Arbeitnehmer
ANBA	Amtliche Nachrichten der Bundesagentur für Arbeit
Änd.	Änderung
ÄndG	Änderungsgesetz

LVII

Abkürzungs- und Literaturverzeichnis

Andresen Frühpensionierung........	*Andresen,* Frühpensionierung und Altersteilzeit, Handbuch, 3. Aufl. 2002
Andresen/Förster/ Rößler/Rühmann	*Andresen/Förster/Rößler/Rühmann,* Arbeitsrecht der betrieblichen Altersversorgung mit sozialversicherungsrechtlicher Grundlegung, Kommentar, 1. Aufl. 1999
ÄndVO	Änderungsverordnung
AnfG	Gesetz über die Anfechtung von Rechtshandlungen eines Schuldners außerhalb des Insolvenzverfahrens vom 5.10.1994 (BGBl. I S. 2911)
Anh.	Anhang
Anl.	Anlage
Anm.	Anmerkung
Annuß/Thüsing	*Annuß/Thüsing,* Kommentar zum Teilzeit- und Befristungsgesetz, Kommentar, 3. Aufl. 2012
AnwFormB ArbR	*Bauer/Lingemann/Diller/Haußmann,* Anwalts-Formularbuch Arbeitsrecht, Formularbuch, 6. Aufl. 2017
AnwK RVG	*Schneider/Wolf,* AnwaltKommentar RVG, Kommentar, 8. Aufl. 2017
AO	Abgabenordnung idF vom 1.10.2002 (BGBl. I S. 3866, ber. I S. 61)
AöR	Anstalt des öffentlichen Rechts
AP	Arbeitsrechtliche Praxis, Nachschlagewerk des Bundesarbeitsgerichts (Zeitschrift)
APFG	Gesetz zur Förderung des Angebots an Ausbildungsplätzen in der Berufsausbildung
AR	Aufsichtsrat
ArbBeschFG	Arbeitsrechtliches Beschäftigungsförderungsgesetz vom 25.9.1996 (BGBl. I S. 1476)
ArbeitskampfR	Arbeitskampfrecht
ArbG	Arbeitsgericht
ArbGeb	Der Arbeitgeber (Zeitschrift)
ArbGG	Arbeitsgerichtsgesetz idF vom 2.7.1979 (BGBl. I S. 853, ber. S. 1036)
ArbKrankhG	Gesetz zur Verbesserung der wirtschaftlichen Sicherung der Arbeiter im Krankheitsfall
ArbR	Arbeitsrecht
ArbRBGB	Schliemann/Ascheid, Das Arbeitsrecht im BGB, 2. Aufl. 2002
ArbRJahrbuch	Das Arbeitsrecht der Gegenwart (Zeitschrift)
AR-Blattei	Arbeitsrecht-Blattei, Handbuch für die Praxis, begr. v. Sitzler, hrsg. v. Oehmann und Dieterich
ArbnErfG	Gesetz über Arbeitnehmererfindungen vom 25.7.1957 (BGBl. I S. 756)
ArbRspr.	Die Rechtsprechung in Arbeitssachen (Entscheidungssammlung)
ArbuSozPol	Arbeit und Sozialpolitik (Zeitschrift) (auch zitiert als ASp)
ArbuSozR	Arbeits- und Sozialrecht, Mitteilungsblatt des Arbeitsministeriums Baden-Württemberg
ArbStättR	Arbeitsstättenrichtlinien
ArbStättV	Verordnung über Arbeitsstätten vom 12.8.2004 (BGBl. I S. 2179)
ArbZG	Arbeitszeitgesetz vom 6.6.1994 (BGBl. I S. 1170)
Arch.	Archiv
ArchBürgR	Archiv für Bürgerliches Recht (Zeitschrift)
ArchitektenR	Architektenrecht
Arg.	Argumentation
ARS	Arbeitsrecht-Sammlung, Entscheidungen des Reichsarbeitsgerichts und der Landesarbeitsgerichte (1928–1944)
ARSt	Arbeitsrecht in Stichworten (Entscheidungssammlung)
Art.	Artikel
Ascheid/Preis/Schmidt...	*Ascheid/Preis/Schmidt,* Kündigungsrecht, Kommentar, 5. Aufl. 2017
ASp	Arbeit und Sozialpolitik (Zeitschrift) (auch zitiert als ArbuSozPol)
AT	Allgemeiner Teil
ATG	Altersteilzeitgesetz vom 23.7.1996 (BGBl. I S. 1078)
ATO	Allgemeine Tarifordnung für Arbeitnehmer im öffentlichen Dienst
AuA	Arbeit und Arbeitsrecht (Zeitschrift)
AuB	Arbeit und Beruf (Zeitschrift)
Auff.	Auffassung

Abkürzungs- und Literaturverzeichnis

aufgeh.	aufgehoben
Aufl.	Auflage
Aufs.	Aufsatz
AÜG	Arbeitnehmerüberlassungsgesetz idF vom 3.2.1995 (BGBl. I S. 158)
AuR	Arbeit und Recht, Zeitschrift für die Arbeitsrechtspraxis
AusbPlFG	Gesetz zur Förderung des Angebots an Ausbildungsplätzen in der Berufsausbildung (Ausbildungsplatzförderungsgesetz)
ausdr.	ausdrücklich
ausf.	ausführlich
AusfG	Ausführungsgesetz
AusfVO	Ausführungsverordnung
ausl.	ausländisch
AuslandsrentenVO	Verordnung über die Zahlung von Renten ins Ausland
ausschl.	ausschließlich
AVB	Allgemeine Versicherungsbedingungen; Allgemeine Vertragsbedingungen
AWD	Außenwirtschaftsdienst des Betriebsberaters (Zeitschrift, 4.1958–20.1974; vorher und anschließend RIW)
AWG	Außenwirtschaftsgesetz vom 27.5.2009 (BGBl. I S. 1150)
Az.	Aktenzeichen
B	Bundes-…
BA	Bundesagentur für Arbeit
BAföG	Bundesgesetz über individuelle Förderung der Ausbildung (Bundesausbildungsförderungsgesetz) idF vom 7.12.2010 (BGBl. I S. 1952)
BAG	Bundesarbeitsgericht
BAG GS	Der Große Senat des Bundesarbeitsgerichts
BAGE	Entscheidungen des Bundesarbeitsgerichts
BAnz.	Bundesanzeiger
BArbBl.	Bundesarbeitsblatt (Zeitschrift, zitiert nach Heft und Seite, da nicht durchpaginiert; Beispiel BArbBl. 7/1988, S. 37)
Bartenbach/Volz	*Bartenbach/Volz*, Arbeitnehmererfindungsgesetz ArbEG, Kommentar, 6. Aufl. 2019
BAT	Bundesangestelltentarif; Bundesangestelltentarifvertrag
BAT-O	Tarifvertrag zur Anpassung des Tarifrechts – Manteltarifliche Vorschriften
BAV	Bundesaufsichtsamt für das Versicherungswesen
Bauer	Arbeitsrechtliche Aufhebungsverträge, 9. Aufl. 2014
Bauer/Diller Wettbewerbsverbote	*Bauer/Diller*, Wettbewerbsverbote, Monografie, 8. Aufl. 2019
Bauer/Krieger/Arnold Aufhebungsverträge	*Bauer/Krieger/Arnold*, Arbeitsrechtliche Aufhebungsverträge, Handbuch, 9. Aufl. 2014
Bauer/Krieger/Günther	*Bauer/Krieger/Günther*, Allgemeines Gleichbehandlungsgesetz und Entgelttransparenzgesetz: AGG EntgTranspG, Kommentar, 5. Aufl. 2018
Baumbach/Hopt	*Baumbach/Hopt*, Handelsgesetzbuch: HGB, Kommentar, 39. Aufl. 2020
Baumback/Hueck	*Baumbach/Hueck*, GmbHG, Kommentar, 22. Aufl. 2019
Bay.	Bayern
bay.	bayerisch
BayJMBl.	Bayerisches Justizministerialblatt
BayObLG	Bayerisches Oberstes Landesgericht
BayObLGZ	Amtliche Sammlung von Entscheidungen des Bayerischen Obersten Landesgerichts in Zivilsachen
BB	Betriebs-Berater (Zeitschrift)
BBesG	Bundesbesoldungsgesetz idF vom 19.6.2009 (BGBl. I S. 1434)
BBG	Bundesbeamtengesetz idF vom 5.2.2009 (BGBl. I S. 160)
Bbg.	Brandenburg
bbg.	brandenburgisch
BBiG	Berufsbildungsgesetz vom 14.8.1969 (BGBl. I S. 1112) idF vom 23.3.2005 (BGBl. I S. 931)
Bd. (Bde.)	Band (Bände)
BDA	Bundesvereinigung der Deutschen Arbeitgeberverbände
BDH	Bundesdisziplinarhof

LIX

Abkürzungs- und Literaturverzeichnis

BDI	Bundesverband der Deutschen Industrie
BDiG	Bundesdisziplinargericht
BDO	Bundesdisziplinarordnung idF vom 20.7.1967 (BGBl. I S. 750; ber. BGBl. I S. 794)
BDSG	Gesetz zur Fortentwicklung der Datenverarbeitung und des Datenschutzes vom 14.1.2003 (BGBl. I S. 66)
BeamtenR	Beamtenrecht
BeamtenStrafR	Beamtenstrafrecht
BeamtVG	Gesetz über die Versorgung der Beamten und Richter in Bund und Ländern (Beamtenversorgungsgesetz) idF vom 24.2.2010 (BGBl. I S. 150)
Bearb.; bearb.	Bearbeitung/Bearbeiter; bearbeitet
BeckFormB ArbR	Klemm/Kornbichler/Neighbour/Ohmann-Sauer/Schröder/Schwarz, Beck'sches Formularbuch Arbeitsrecht, Formularbuch, 3. Aufl. 2014
BeckOF	Beck'sche Online-Formulare
BeckOK ArbR	Rolfs/Giesen/Kreikebohm/Udsching, BeckOK Arbeitsrecht, Kommentar, 57. Aufl. 2020
Begr.	Begründung
begr.	begründet
BehindertenR	Behindertenrecht
BeihilfenR	Beihilfenrecht
Beil.	Beilage
Bek.	Bekanntmachung
Bekl.	Beklagter
Bem.	Bemerkung
Bengelsdorf Aufhebungsvertrag	*Bengelsdorf*, Aufhebungsvertrag und Abfindungsvereinbarungen, Monografie, 5. Aufl. 2011
Ber.	Berichtigung
ber.	berichtigt
BErzGG	Gesetz über die Gewährung von Erziehungsgeld und Erziehungsurlaub (Bundeserziehungsgeldgesetz) idF vom 9.2.2004 (BGBl. I S. 206)
bes.	besonders
Beschl.	Beschluss
beschr.	beschränkt, beschrieben, beschreibend
Betr.	Betreff
betr.	betrifft; betreffend
BetrAV	Betriebliche Altersversorgung, Mitteilungsblatt der Arbeitsgemeinschaft für betriebliche Altersversorgung
BetrAVG	Gesetz zur Verbesserung der betrieblichen Altersversorgung vom 19.12.1974 (BGBl. I S. 3610)
BetreuungsR	Betreuungsrecht
BetrKostR	Betriebskostenrecht
BetrR	Der Betriebsrat (Mitteilungen für die Betriebsräte der IG Chemie-Papier-Keramik)
BetrVerf.	Betriebsverfassung
BetrVG	Betriebsverfassungsgesetz idF vom 25.9.2001 (BGBl. I S. 2518)
BetriebsVR	Betriebsverfassungsrecht
BeurkG	Beurkundungsgesetz vom 28.8.1969 (BGBl. I S. 1513)
BewG	Bewertungsgesetz idF vom 1.2.1991 (BGBl. I S. 230)
BfA	Bundesversicherungsanstalt für Angestellte
BFH	Bundesfinanzhof
BFHE	Sammlung der Entscheidungen und Gutachten des Bundesfinanzhofes
BG	Berufsgenossenschaft (auch: Zeitschrift)
BGB	Bürgerliches Gesetzbuch in der Fassung der Bekanntmachung vom 2.1.2002 (BGBl. S. 42)
BGBl.	Bundesgesetzblatt
BGH	Bundesgerichtshof
BGH GS	Bundesgerichtshof Großer Senat
BGHZ	Entscheidungen des Bundesgerichtshofs in Zivilsachen
BKartA	Bundeskartellamt
Bl.	Blatt

Abkürzungs- und Literaturverzeichnis

BLHAG	*Baumbach/Lauterbach/Hartmann/Anders/Gehle*, Zivilprozessordnung: ZPO, Kommentar, 78. Aufl. 2020
Blomeyer/Rolfs/Otto	*Blomeyer/Rolfs/Otto*, Betriebsrentengesetz, Kommentar, 7. Aufl. 2018
BlStSozArbR	Blätter für Steuerrecht, Sozialversicherung und Arbeitsrecht (Zeitschrift)
BMAS	Bundesministerium für Arbeit und Soziales
BMFSFJ	Bundesministerium für Familie, Senioren, Frauen und Jugend
BMJV	Bundesministerium der Justiz und für Verbraucherschutz
BMTG	Bundesmanteltarifvertrag für Arbeiter gemeindlicher Verwaltungen und Betriebe (BMTG II)
BMTV	Bundesmanteltarifvertrag
Boewer	*Boewer*, Teilzeit- und Befristungsgesetz, Kommentar, 3. Aufl. 2008
BPatA	Bundespatentamt
BPatG	Bundespatentgericht
BPersVG	Bundespersonalvertretungsgesetz vom 15.3.1974 (BGBl. I S. 693)
BR	Bundesrat
Brand	*Brand*, SGB III, Kommentar, 8. Aufl. 2018
BRAO	Bundesrechtsanwaltsordnung vom 1.8.1959 (BGBl. I S. 565)
Braun/Wisskirchen KonzernArbR	*Braun/Wisskirchen*, Konzernarbeitsrecht, Kommentar, 2015
BR-Drs.	Bundesrats-Drucksache
BReg.	Bundesregierung
Brose/Weth/Volk	*Brose/Weth/Volk*, Mutterschutzgesetz und Bundeselterngeld- und Elternzeitgesetz, Kommentar, 9. Aufl. 2020
BRG	Betriebsrätegesetz von 1920
BR-Prot.	Bundesrats-Protokoll
BRRG	Beamtenrechtsrahmengesetz idF der Bek. vom 31.3.1999 (BGBl. I S. 654)
BRTV	Bundesrahmentarifvertrag
BSG	Bundessozialgericht
BSGE	Entscheidungen des Bundessozialgerichts
Bsp.	Beispiel
bspw.	beispielsweise
BStBl.	Bundessteuerblatt
BT	Bundestag; Besonderer Teil
BT-Drs.	Bundestags-Drucksache
BT-Prot.	Bundestags-Protokoll
Buchner/Becker	*Buchner/Becker*, Mutterschutzgesetz und Bundeselterngeld- und Elternzeitgesetz: MuSchG/BEEG, Kommentar, 8. Aufl. 2008
Buchst.	Buchstabe
BUrlG	Mindesturlaubsgesetz für Arbeitnehmer (Bundesurlaubsgesetz) vom 8.1.1963 (BGBl. I S. 2)
Büro	Das Büro (Zeitschrift)
Buschbell/Hering	Handbuch Rechtsschutzversicherung, 6. Aufl. 2015
BVerfG	Bundesverfassungsgericht
BVerfGE	Entscheidungen des Bundesverfassungsgerichts
BVerwG	Bundesverwaltungsgericht
BVerwGE	Entscheidungen des Bundesverwaltungsgerichts
BW	Baden-Württemberg
bw.	baden-württembergisch
bzgl.	bezüglich
bzw.	beziehungsweise
Calliess/Ruffert	*Calliess/Ruffert*, EUV/AEUV, Kommentar, 5. Aufl. 2016
cic	culpa in contrahendo
COVInsAG	Gesetz zur vorübergehenden Aussetzung der Insolvenzantragspflicht und zur Begrenzung der Organhaftung bei einer durch die COVID-19-Pandemie bedingten Insolvenz (COVID-19-Insolvenzaussetzungegesetz – COVInsAG) vom 27. März 2020 (BGBl. I S. 569)
CR	Computer und Recht (Zeitschrift)
Cramer/Fuchs/Hirsch/ Ritz	SGB IX – Kommentar zum Recht schwerbehinderter Menschen, 6. Aufl. 2011

Abkürzungs- und Literaturverzeichnis

DAG	Deutsche Angestellten-Gewerkschaft
DAngVers	Die Angestelltenversicherung (Zeitschrift)
DArbR	Deutsches Arbeitsrecht (Zeitschrift)
Darst.	Darstellung
Däubler ArbR I	*Däubler*, Das Arbeitsrecht 1, Handbuch, 1. Aufl. 2006
Däubler ArbR II	*Däubler*, Das Arbeitsrecht 2, Handbuch, 1. Aufl. 2009
Däubler/Bepler Neues TarifeinheitsR	*Däubler/Bepler*, Das neue Tarifeinheitsrecht, Handbuch, 1. Aufl. 2015
Däubler/Bonin/Deinert	*Däubler/Bonin/Deinert*, AGB-Kontrolle im Arbeitsrecht, Kommentar, 4. Aufl. 2014
Däubler/Deinert/Zwanziger	*Däubler/Deinert/Zwanziger*, KSchR – Kündigungsschutzrecht, Kommentar, 11. Aufl. 2020
Däubler/Klebe/Wedde...	*Däubler/Klebe/Wedde*, BetrVG: Betriebsverfassungsgesetz, Kommentar, 17. Aufl. 2020
DB	Der Betrieb (Zeitschrift)
ders.	derselbe
DGB	Deutscher Gewerkschaftsbund
dgl.	desgleichen; dergleichen
dh	das heißt
dies.	dieselbe(n)
diesbzgl.	diesbezüglich
diff.	differenziert, differenzierend
DIHT	Deutscher Industrie- und Handelstag
Diss.	Dissertation
div.	diverse
DIW	Deutsches Institut für Wirtschaftsforschung Berlin, Wochenbericht
DJ	Deutsche Justiz (Zeitschrift)
DJT	Deutscher Juristentag
DJZ	Deutsche Juristenzeitung
Dörner/Luczak/Wildschütz/Baeck/Hoß	*Dörner/Luczak/Wildschütz/Baeck/Hoß*, Handbuch des Arbeitsrechts, 14. Aufl. 2018
Dorndorf/Weller	*Dorndorf/Weller*, Kommentar zum Kündigungsschutzgesetz, Kommentar, 1. Aufl. 1996
Dok.	Dokument
Drs.	Drucksache
DS-GVO	Datenschutz-Grundverordnung vom 27.4.2016 (ABl. L 119 S. 1)
DStR	Deutsches Steuerrecht (Zeitschrift)
DStZ	Deutsche Steuerzeitung
dt.	deutsch
DtZ	Deutsch-deutsche Rechtszeitschrift
Düwell	Betriebsverfassungsgesetz, Handkommentar, 4. Aufl. 2014
Düwell/Lipke	*Düwell/Lipke*, ArbGG – Arbeitsgerichtsgesetz, Kommentar, 5. Aufl. 2019
DVBl	Deutsches Verwaltungsblatt
DVersZ	Deutsche Versicherungs-Zeitschrift für Sozialversicherung und Privatversicherung
DVO	Durchführungsverordnung
E	Entwurf; Entscheidung (in der amtlichen Sammlung)
ebd.	ebenda
EBRG	Gesetz über Europäische Betriebsräte (Europäische Betriebsräte-Gesetz) vom 7.12.2011 (BGBl. I S. 2650)
Ed.	Edition
EEK	*Sabel*, Entscheidungssammlung zur Entgeltfortzahlung an Arbeiter und Angestellte bei Krankheit, Kur und Mutterschaft, Neuausgabe 2008
EFG	Entscheidung der Finanzgerichte (Zeitschrift)
EG	Einführungsgesetz; Europäische Gemeinschaften
eG	eingetragene Genossenschaft
EGMR	Europäischer Gerichtshof für Menschenrecht
ehem.	ehemalig/e/er/es

Abkürzungs- und Literaturverzeichnis

einf.	einführend
Einf.	Einführung
eing.	eingehend
einhM	einhellige Meinung
Einl.	Einleitung
einschl.	einschließlich
Empf.	Empfehlung
endg.	endgültig
EnergieR	Energierecht
Entsch.	Entscheidung
Entschl.	Entschluss
entspr.	entspricht, entsprechend
EP	Europäisches Parlament
EPA	Europäisches Patentamt
EPÜ	Europäisches Patentübereinkommen
ER	Europäischer Rat
ErfK	Müller-Glöge/Preis/Schmidt, Erfurter Kommentar zum Arbeitsrecht, Kommentar, 20. Aufl. 2020
erg.	ergänzend
Erg.	Ergebnis
Erkl.	Erklärung
Erl.	Erlass; Erläuterung
Erman	*Erman*, BGB, Kommentar, 15. Aufl. 2017
EStR	Einkommenssteuerrecht, Einkommenssteuerrichtlinie
etc	et cetera (und so weiter)
EuG	Gericht erster Instanz der Europäischen Gemeinschaften
EuGH	Europäischer Gerichtshof
EuGH Slg.	Entscheidungen des Europäischen Gerichtshofs
EuGVÜ	Übereinkommen über die gerichtliche Zuständigkeit und Vollstreckung gerichtlicher Entscheidungen in Zivil- und Handelssachen vom 27.9.1968 (BGBl. II 1972 S. 774)
EuGVVO	Verordnung (EG) Nr. 44/2001 des Rates vom 22.12.2000 über die gerichtliche Zuständigkeit und die Anerkennung und Vollstreckung von Entscheidungen in Zivil- und Handelssachen (ABl. 2001 Nr. L 12 S. 1, ber. ABl. Nr. L 307 S. 28 und ABl. 2010 Nr. L 328 S. 36)
eur.	europäisch
EuroAS	Europäisches Arbeits- und Sozialrecht (Zeitschrift)
EuropaR	Europarecht
EUV	Vertrag über die Europäische Union idF des Vertrages von Lissabon vom 13.12.2007 (ABl. Nr. C 306, S. 1)
EuZW	Europäische Zeitschrift für Wirtschaftsrecht
eV	eingetragener Verein
evtl.	eventuell
EWG	Europäische Wirtschaftsgemeinschaft
EWiR	Entscheidungen zum Wirtschaftsrecht (Zeitschrift)
EWIW	Europäische wirtschaftliche Interessenvereinigung
EzA	Entscheidungssammlung zum Arbeitsrecht, hrsg. von Stahlhacke/Kreft
EzAÜG	Entscheidungssammlung zum Recht der Arbeitnehmerüberlassung und zum sonstigen drittbezogenen Personaleinsatz, hrsg. von Leinemann/Düwell
EZB	Europäische Zentralbank
FA	Fachanwalt Arbeitsrecht (Zeitschrift)
FamFG	Gesetz über das Verfahren in Familiensachen und in den Angelegenheiten der freiwilligen Gerichtsbarkeit vom 17.12.2008 (BGBl. I S. 2586)
FamG	Familiengericht
FamR	Familienrecht
FamRZ	Zeitschrift für das gesamte Familienrecht
f., ff.	folgende Seite bzw. Seiten
FG	Finanzgericht; Festgabe
Fitting	*Fitting*, Betriebsverfassungsgesetz, Kommentar, 30. Aufl. 2020
Fn.	Fußnote

LXIII

Abkürzungs- und Literaturverzeichnis

FormB-ArbR	*Hümmerich/Lücke/Mauer,* Arbeitsrecht, Formularbuch, 9. Aufl. 2018
FormB FA-ArbR	*Liebers,* Formularbuch des Fachanwalts Arbeitsrecht, Formularbuch, 5. Aufl. 2018
Förster/Cisch/Karst	Betriebsrentengesetz, 14. Aufl. 2014
Fritzweiler/Pfister/ Summerer Sport-HdB	*Fritzweiler/Pfister/Summerer,* Praxishandbuch Sportrecht, 4. Aufl. 2020
FS	Festschrift
G	Gesetz
Gamillscheg IndArbR	*Gamillscheg,* Individualarbeitsrecht, Lehrbuch, 7. Aufl. 1987
Gamillscheg KollArbR I	*Gamillscheg,* Kollektives Arbeitsrecht Band I: Grundlagen, Koalitionsfreiheit, Tarifvertrag, Arbeitskampf und Schlichtung, Lehrbuch, 1. Aufl. 1997
Gamillscheg KollArbR II	*Gamillscheg,* Kollektives Arbeitsrecht Band II: Betriebsverfassung, Lehrbuch, 1. Aufl. 2008
GBl.	Gesetzblatt; Gesetzblatt der Deutschen Demokratischen Republik
GbR	Gesellschaft bürgerlichen Rechts
GE	Gesetzesentwurf
geänd.	geändert
geb.	geboren
GebrMG	Gebrauchsmustergesetz idF vom 28.8.1986 (BGBl. I S. 1455)
Geimer/Schütze EuZivilVerfR	*Geimer/Schütze,* Europäisches Zivilverfahrensrecht, Kommentar, 4. Aufl. 2020
Geimer/Schütze Int. Rechtsverkehr	*Geimer/Schütze,* Internationaler Rechtsverkehr in Zivil- und Handelssachen, Handbuch, 59. Aufl. 2020
gem.	gemäß
GemSoBG	Gemeinsamer Senat der obersten Bundesgerichte
Germelmann/Matthes/ Prütting	*Germelmann/Matthes/Prütting,* Arbeitsgerichtsgesetz: ArbGG, Kommentar, 9. Aufl. 2017
Gerold/Schmidt	*Gerold/Schmidt,* RVG: Rechtsanwaltsvergütungsgesetz, Kommentar, 24. Aufl. 2019
ges.	gesetzlich
GeschmacksmusterR	Geschmacksmusterrecht
GeschmMG	Gesetz betr. das Urheberrecht an Mustern und Modellen (Geschmacksmustergesetz) vom 12.3.2004 (BGBl. I S. 390)
GesR	Gesellschaftsrecht
GesundheitsR	Gesundheitsrecht
GEW	Gewerkschaft Erziehung und Wissenschaft
GewArch	Gewerbe-Archiv, Zeitschrift für Gewerbe- und Wirtschaftsverwaltungsrecht
GewM	Gewerkschaftliche Monatshefte (Zeitschrift)
GewO	Gewerbeordnung idF vom 22.2.1999 (BGBl. I S. 202)
gewöhnl.	gewöhnlich
GewR	Gewerberecht
GewStG	Gewerbesteuergesetz idF vom 15.10.2002 (BGBl. I S. 4167)
GG	Grundgesetz für die Bundesrepublik Deutschland vom 23.5.1949 (BGBl. S. 1)
ggf.	gegebenenfalls
ggü.	gegenüber
GK	Gemeinschaftskommentar
GK-ArbGG	*Bader/Dörner/Mikosch/Schleusener/Schütz/Vossen,* Gemeinschaftskommentar zum Arbeitsgerichtsgesetz (GK-ArbGG), Kommentar, 108. Aufl. 2018
GK-BetrVG	*Wiese/Kreutz/Oetker/Raab/Weber/Franzen/Gutzeit/Jacobs,* Gemeinschaftskommentar zum Betriebsverfassungsgesetz (GK-BetrVG), Kommentar, 11. Aufl. 2018
GK-BUrlG	*Stahlhacke/Bachmann/Bleistein/Berscheid,* Gemeinschaftskommentar zum Bundesurlaubsgesetz, Kommentar, 5. Aufl. 1992
GK-EFZR	*Birk/Prütting/Sprang/Steckhan/Veit,* Gemeinschaftskommentar zum Entgeltfortzahlungsrecht – GK-EFZR, Kommentar, 1. Aufl. 1993
GKG	Gerichtskostengesetz idF vom 5.5.2004 (BGBl. I S. 718)

Abkürzungs- und Literaturverzeichnis

GK-MitbestG	Gemeinschaftskommentar zum Mitbestimmungsgesetz, 1978
GK-TzA	Becker/Danne/Lang/Lipke/Mikosch/Steinwedel, Gemeinschaftskommentar zum Teilzeitarbeitsrecht, Kommentar, 1. Aufl. 1987
glA	gleicher Ansicht
Glatzer/Meier/Wein	Gesetz zur Verbesserung der betrieblichen Altersversorgung, 1975
Gloy/Loschelder/ Danckwerts UWG-HdB	*Gloy/Loschelder/Danckwerts*, Handbuch des Wettbewerbsrechts, 5. Aufl. 2019
GmbH	Gesellschaft mit beschränkter Haftung
GmbHG	Gesetz betreffend die Gesellschaften mit beschränkter Haftung idF vom 20.5.1898 (RGBl. S. 369, 846)
GmbH-HdB	*Centrale für GmbH*, GmbH-Handbuch, Loseblatt
GmbHR	GmbH-Recht; GmbH-Rundschau (Zeitschrift)
GMBl.	Gemeinsames Ministerialblatt
GMH	Gewerkschaftliche Monatshefte
GMP	Germelmann/Matthes/Prütting, Arbeitsgerichtsgesetz, Kommentar, 8. Aufl. 2013
GmS-OBG	Gemeinsamer Senat der obersten Gerichtshöfe des Bundes
Gnade/Kehrmann/ Schneider/Klebe/ Ratayczak	*Gnade/Kehrmann/Schneider/Klebe/Ratayczak*, Betriebsverfassungsgesetz, Kommentar, 10. Aufl. 2001
GNotKG	Gesetz über Kosten der freiwilligen Gerichtsbarkeit für Gerichte und Notare (Gerichts- und Notarkostengesetz – GNotKG) vom 23.7.2013 (BGBl. I S. 2586)
Grdl.	Grundlage
grdl.	grundlegend
grds.	grundsätzlich
Griebeling/Griebeling BetrAV	*Griebeling/Griebeling*, Betriebliche Altersversorgung, Handbuch, 2. Aufl. 200
Griech.	Griechenland
Grobys Grundlagen ArbR	*Grobys*, Grundlagen des Arbeitsrechts, Lehrbuch, 4. Aufl. 2014
Grobys/Panzer	Stichwortkommentar Arbeitsrecht, 2. Aufl. 2014
Gröninger/Thomas	Mutterschutzgesetz, Loseblattkommentar
GrundstücksR	Grundstücksrecht
Grunsky/Waas/ Benecke/Greiner	*Grunsky/Waas/Benecke/Greiner*, Arbeitsgerichtsgesetz: ArbGG, Kommentar, 8. Aufl. 2014
GRUR Ausl.	Gewerblicher Rechtsschutz und Urheberrecht, Auslands- und internationaler Teil (Zeitschrift, 1952–1969)
GRUR	Gewerblicher Rechtsschutz und Urheberrecht (Zeitschrift)
GRUR-Int.	Gewerblicher Rechtsschutz und Urheberrecht – International (Zeitschrift, ab 1970 ff.)
GS	Gedenkschrift, Gedächtnisschrift
GSZ	Großer Senat in Zivilsachen
GVBl.	Gesetz- und Verordnungsblatt
GVG	Gerichtsverfassungsgesetz idF vom 9.5.1975 (BGBl. I S. 1077)
GVOBl.	Gesetz und Verordnungsblatt
GWB	Gesetz gegen Wettbewerbsbeschränkungen idF der Bek. vom 15.7.2005 (BGBl. I S. 2114, ber. 2009 I S. 3850)
hA	herrschende Ansicht/Auffassung
Haft/Schlieffen Mediation-HdB	*Haft/Schlieffen*, Handbuch Mediation, Handbuch, 3. Aufl. 2016
HaftpflichtR	Haftpflichtrecht
HaKo-BetrVG	*Düwell*, Betriebsverfassungsgesetz, Kommentar, 5. Aufl. 2018
HaKo-KSchR	*Gallner/Mestwerdt/Nägele*, Kündigungsschutzrecht, Kommentar, 6. Aufl. 2018
Halbbd.	Halbband

LXV

Abkürzungs- und Literaturverzeichnis

Hamacher Antragslexikon ArbR....	*Hamacher,* Antragslexikon Arbeitsrecht, Lexikon, 3. Aufl. 2019
Hanau/Arteaga/ Rieble/Veit Entgeltumwandlung.......	*Hanau/Arteaga/Rieble/Veit,* Entgeltumwandlung, Handbuch, 3. Aufl. 2013
Hansen/Kelber/Zeißig/ Breezmann/Confurius Führungskräfte	*Hansen/Kelber/Zeißig/Breezmann/Confurius,* Rechtsstellung der Führungskräfte im Unternehmen, Monografie, 2. Aufl. 2006
Harbauer	*Harbauer,* Rechtsschutzversicherung: ARB, Kommentar, 9. Aufl. 2018
Hartmann/Toussaint.....	*Hartmann/Toussaint,* Kostenrecht: KostR , Kommentar, 50. Aufl. 2020
Hartung/Scharmer	Berufs- und Fachanwaltsordnung: BORA/FAO, 7. Aufl. 2020
Hartung/Schons/ Enders	*Hartung/Schons/Enders,* Rechtsanwaltsvergütungsgesetz: RVG, Kommentar, 3. Aufl. 2017
Hauck/Helml/Biebl	*Hauck/Helml/Biebl,* Arbeitsgerichtsgesetz: ArbGG, Kommentar, 4. Aufl. 2011
HBV	Gewerkschaft Handel, Banken und Versicherung
HdB	Handbuch
HdBVR	*Dunkl/Moeller/Baur/Feldmeier,* Handbuch des vorläufigen Rechtsschutzes, 3. Aufl. 1999
Henssler/Moll	*Henssler/Moll,* AGB-Kontrolle vorformulierter Arbeitsbedingungen, 2. Aufl. 2020
Henssler/Moll/Bepler TarifV-HdB	*Henssler/Moll/Bepler,* Der Tarifvertrag, Handbuch, 2. Aufl. 2016
Henssler/Prütting..........	*Henssler/Prütting,* Bundesrechtsanwaltsordnung: BRAO, Kommentar, 5. Aufl. 2019
Henssler/Strohn	*Henssler/Strohn,* Gesellschaftsrecht: GesR, Kommentar, 4. Aufl. 2019
Henssler/Willemsen/ Kalb................................	*Henssler/Willemsen/Kalb,* Arbeitsrecht, Kommentar, 9. Aufl. 2020
Hess/Worzalla/Glock/ Nicolai/Rose/Huke	*Hess/Worzalla/Glock/Nicolai/Rose/Huke,* Kommentar zum Betriebsverfassungsgesetz (BetrVG), Kommentar, 10. Aufl. 2018
Heubeck/Höhne/ Paulsdorff/Weinert	*Heubeck/Höhne/Paulsdorff/Weinert,* Kommentar zum Betriebsrentengesetz: Gesetz zur Verbesserung der betrieblichen Altersversorgung/Arbeitsrechtliche Vorschriften: §§ 1–18 und Anhang, Kommentar, 2. Aufl. 1982
HGB	Handelsgesetzbuch vom 10.5.1897 (RGBl. S. 219)
hins.	hinsichtlich
HK-AGG	*Däubler/Bertzbach,* Allgemeines Gleichbehandlungsgesetz, Kommentar, 4. Aufl. 2018
HK-ArbGG.................	*Natter/Gross,* Arbeitsgerichtsgesetz, Kommentar, 2. Aufl. 2013
HK-ArbNErfR.............	*Schwab,* Arbeitnehmererfindungsrecht, Kommentar, 4. Aufl. 2018
HK-ArbR......................	*Däubler/Hjort/Schubert/Wolmerath,* Arbeitsrecht, Kommentar, 4. Aufl. 2017
HK-ArbSchG.............	*Heilmann/Aufhauser,* Arbeitsschutzgesetz, Kommentar, 2. Aufl. 2005
HK-ArbSchR..............	*Kohte/Faber/Feldhoff,* Arbeitsschutzrecht, Kommentar, 2. Aufl. 2018
HK-ArbZeitR	*Hahn/Pfeiffer/Schubert,* Arbeitszeitrecht, Kommentar, 2. Aufl. 2018
HK-ArbZG.................	*Linnenkohl/Rauschenberg,* Arbeitszeitgesetz, Kommentar, 2. Aufl. 2004
HK-ASiG.....................	*Aufhauser/Brunhöber/Igl,* Arbeitssicherheitsgesetz, Kommentar, 4. Aufl. 2010
HK-AÜG	*Ulrici,* Arbeitnehmerüberlassungsgesetz, Kommentar, 1. Aufl. 2017
HK-BurlG....................	*Hohmeister/Oppermann,* Bundesurlaubsgesetz, Kommentar, 3. Aufl. 2013
HK-DS-GVO	*Sydow,* Europäische Datenschutzgrundverordnung, Kommentar, 2. Aufl. 2018
HK-KSchG	*Dorndorf/Weller/Hauck,* Heidelberger Kommentar zum Kündigungsschutzgesetz, 4. Aufl. 2001
HK-MuSchG/BBEG	*Rancke,* Mutterschutz, Elterngeld, Elternzeit, Betreuungsgeld, Handkommentar, 4. Aufl. 2015
HK-RVG	Rechtsanwaltsvergütungsgesetz – RVG, Handkommentar 6. Aufl. 2013 (auch zitiert als Mayer/Kroiß)

Abkürzungs- und Literaturverzeichnis

HK-MiLoG	*Düwell/Schubert,* Mindestlohngesetz, Kommentar, 2. Aufl. 2017
HK-MuSchG	Rancke, Mutterschutz – Elterngeld – Elternzeit – Betreuungsgeld, Kommentar, 5. Aufl. 2018
HK-RVG	*Mayer/Kroiß,* RVG, Kommentar, 7. Aufl. 2018
HK-SGB IX	*Lachwitz/Schellhorn/Welti,* Handkommentar zum SGB IX, Kommentar, 4. Aufl. 2017
HK-TVöD/TV-L	Burger, TVöD – TV-L, Kommentar, 4. Aufl. 2020
HK-TzBfG	*Boecken/Joussen,* Teilzeit- und Befristungsgesetz, Kommentar, 6. Aufl. 2019
hL	herrschende Lehre
hM	herrschende Meinung
HmbKommInsR	*K. Schmidt,* Hamburger Kommentar zum Insolvenzrecht, Kommentar, 7. Aufl. 2018
HochschulR	Hochschulrecht
Hoffmann/Liebs	*Hoffmann/Liebs,* Der GmbH-Geschäftsführer, Handbuch, 3. Aufl. 2009
Höfer	Gesetz zur Verbesserung der betrieblichen Altersversorgung, Loseblatt, Bd. I Arbeitsrecht, 19. Aufl. 2016, Bd. II Steuerrecht, 15. Aufl. 2016
Höfer/Veit/Verhuven BetrAVG II	*Höfer/Veit/Verhuven,* Betriebsrentenrecht (BetrAVG), Bd. 2: Steuerrecht/Sozialabgaben, HGB/IFRS, Kommentar, 20. Aufl. 2018
Höfer BetrAVG I	*Höfer,* Betriebsrentenrecht (BetrAVG), Bd. 1: Arbeitsrecht, Kommentar, 25. Aufl. 2020
Hölters	*Hölters,* Aktiengesetz: AktG, Kommentar, 3. Aufl. 2017
Hölters Unternehmenskauf-HdB	*Hölters,* Handbuch Unternehmenskauf, Handbuch, 9. Aufl. 2018
Wallner Tarifwechsel	*Hromadka/Maschmann/Wallner,* Der Tarifwechsel, Monografie, 1. Aufl. 1996
Hrsg.; hrsg.	Herausgeber; herausgegeben
Hs.	Halbsatz
HSG	*Hess/Worzalla/Glock/Nicolai/Rose/Huke,* Kommentar zum BetrVG, 9. Aufl. 2014
Hueck/Nipperdey I, II/1, II/2	Lehrbuch des Arbeitsrechts, 7. Aufl. Bd. 1, 1963; Bd. 2, 1. Halbband, 1967; Bd. 2, 2. Halbband, 1970
Hüffer/Koch	*Hüffer/Koch,* Aktiengesetz, Kommentar, 14. Aufl. 2020
Hümmerich/Reufels/	Gestaltung von Arbeitsverträgen, 3. Aufl. 2015
Hümmerich/Spirolke/ Boecken	Das arbeitsrechtliche Mandat, 6. Aufl. 2011
Hueck/Nipperdey ArbR I	*Hueck/Nipperdey,* Lehrbuch des Arbeitsrechts, Lehrbuch, 1. Aufl. 1963
Hueck/Nipperdey ArbR II/1	*Hueck/Nipperdey,* Lehrbuch des Arbeitsrechts, Band 2, 1. Halbband: Kollektives Arbeitsrecht, Lehrbuch, 7. Aufl. 1967
Hueck/Nipperdey ArbR II/2	*Hueck/Nipperdey,* Lehrbuch des Arbeitsrechts, Band 2, 2. Halbband: Kollektives Arbeitsrecht, Lehrbuch, 7. Aufl. 1967
Hümmerich/Lücke/ Mauer	Arbeitsrecht, 8. Aufl. 2014
Hümmerich/Reufels Gestaltung ArbV	*Hümmerich/Reufels,* Gestaltung von Arbeitsverträgen, Handbuch, 4. Aufl. 2019
Hümmerich/Spirolke/ Boecken Mandat	*Hümmerich/Spirolke/Boecken,* Das arbeitsrechtliche Mandat, Lehrbuch, 6. Aufl. 2012
HV	Hauptversammlung; Handelsvertreter; Hauptverhandlung
HwB AR	Handwörterbuch zum Arbeitsrecht
HWK	*Henssler/Willemsen/Kalb* (Hrsg.), Arbeitsrecht, Kommentar, 7. Aufl. 2016
HzA	*Leinemann,* Handbuch zum Arbeitsrecht (HzA), Loseblatt, Handbuch, 407. Aufl. 2016
idF	in der Fassung
idR	in der Regel

Abkürzungs- und Literaturverzeichnis

idS	in diesem Sinn(e)
iE	im Einzelnen
iErg	im Ergebnis
ieS	im engeren Sinne
IG	Industriegewerkschaft
iHd	in Höhe des/der
IHK	Industrie- und Handelskammer
iHv	in Höhe von
insbes.	insbesondere
insg.	insgesamt
InsO	Insolvenzordnung vom 5.10.1994 (BGBl. I S. 2866)
InsR	Insolvenzrecht
int.	international
IPR	Internationales Privatrecht
iRd	im Rahmen des/der
iSd	im Sinne des/der
iSv	im Sinne von
iÜ	im Übrigen
iVm	in Verbindung mit
iw	im weiteren
iW	im Wesentlichen
IWB	Internationale Wirtschaftsbriefe
iwS	im weiteren Sinne
iZw	im Zweifel
JA	Juristische Arbeitsblätter (Zeitschrift)
Jaeger Anstellungsvertrag	*Jaeger,* Der Anstellungsvertrag des GmbH-Geschäftsführers, Monografie, 6. Aufl. 2016
Jaeger/Röder/ Heckelmann BetrVerfassungsR-HdB	*Jaeger/Röder/Heckelmann,* Praxishandbuch Betriebsverfassungsrecht, Handbuch, 1. Aufl. 2003
JArbSchG	Gesetz zum Schutz der arbeitenden Jugend (Jugendarbeitsschutzgesetz) vom 12.4.1976 (BGBl. I S. 965)
Jauernig	*Jauernig,* Bürgerliches Gesetzbuch: BGB, Kommentar, 17. Aufl. 2018
Jessnitzer/Blumberg	*Jessnitzer/Blumberg,* Bundesrechtsanwaltsordnung, Kommentar, 9. Aufl. 2000
jew.	jeweils
Jg., Jge.	Jahrgang, Jahrgänge
JMBl.	Justizministerialblatt
JR	Juristische Rundschau (Zeitschrift)
JugendschutzR	Jugendschutzrecht
JugendStrafR	Jugendstrafrecht
JurA	Juristische Analysen (Zeitschrift)
JurBüro	Das juristische Büro (Zeitschrift)
JuS	Juristische Schulung (Zeitschrift)
Justiz	Die Justiz (Zeitschrift)
JW	Juristische Wochenschrift (Zeitschrift)
JZ	Juristenzeitung (Zeitschrift)
K. Schmidt/Lutter	*K. Schmidt/Lutter,* AktG, Kommentar, 4. Aufl. 2019
Kaiser/Dunkl/Hold/ Kleinsorge	*Kaiser/Dunkl/Hold/Kleinsorge,* Entgeltfortzahlungsgesetz, Kommentar, Kommentar, 5. Aufl. 2000
Kap.	Kapitel; Kapital
KapAnlR	Kapitalanlagenrecht
KapGesR	Kapitalgesellschaftsrecht
KapMarktR	Kapitalmarktrecht
KapMarktStrafR	Kapitalmarktstrafrecht
Kapovaz	Kapazitätsorientierte variable Arbeitszeit

Abkürzungs- und Literaturverzeichnis

Karst/Cisch	*Karst/Cisch*, Betriebsrentengesetz: BetrAVG, Kommentar, 15. Aufl. 2018
KartellR	Kartellrecht
KassHdB ArbR	*Leinemann*, Kasseler Handbuch zum Arbeitsrecht, Handbuch, Band 1, 2, 2. Aufl. 2000
KassKomm	*Körner/Leitherer/Mutschler/Rolfs*, Kasseler Kommentar Sozialversicherungsrecht, Kommentar, 109. Aufl. 2020
Kayser/Thole	*Kayser/Thole*, Insolvenzordnung, Kommentar, 10. Aufl. 2020
KDZ	*Kittner/Däubler/Zwanziger*, KSchR, Kommentar für die Praxis, 9. Aufl. 2014
Kempen/Zachert	*Kempen/Zachert*, TVG – Tarifvertragsgesetz, Kommentar, 5. Aufl. 2014
Kemper/Kisters-Kölkes/ Berenz/Huber	*Kemper/Kisters-Kölkes/Berenz/Huber*, BetrAVG – Kommentar zum Betriebsrentengesetz mit Insolvenzsicherung und Versorgungsausgleich, Kommentar, 7. Aufl. 2016
Kemper/Kisters-Kölkes/ Berenz/Huber/ Betz-Rehm	*Kemper/Kisters-Kölkes/Berenz/Huber/Betz-Rehm*, BetrAVG – Kommentar zum Betriebsrentengesetz mit Insolvenzsicherung und Versorgungsausgleich, Kommentar, 8. Aufl. 2018
Kemper/Kisters-Kölkes Altersversorgung	*Kemper/Kisters-Kölkes*, Arbeitsrechtliche Grundzüge der betrieblichen Altersversorgung, Lehrbuch, 10. Aufl. 2019
Kfz	Kraftfahrzeug
KG	Kommanditgesellschaft; Kammergericht
KGaA	Kommanditgesellschaft auf Aktien
KHzA	Kasseler Handbuch zum Arbeitsrecht (2 Bde.), hrsg. von Leinemann, 2. Aufl. 2000
Kiefer/Giloy BetrAV	*Kiefer/Giloy*, Die Verbesserung der betrieblichen Altersversorgung, Monografie, 1. Aufl. 1975
KKBeschFG	*Mager/Winterfeld/Göbel/Seelmann*, Beschäftigungsförderungsgesetz, Kurzkommentar, 1985
kl.	klagend
Kl.	Kläger
Kom.	Komitee, Kommission
Komm.	Kommentar
KonzernR	Konzernrecht
KonzernStR	Konzernsteuerrecht
Kölner Komm AktG	*Zöllner/Noack*, Kölner Kommentar zum Aktiengesetz (Kölner Komm AktG), Kommentar, Band II/1, II/2, III/1, III/2, III/3, III/4, III/5, III/7, V/1, V/2, V/3, V/5, VII/1, VII/2, VIII/1, VIII/2, I, VI, IX, 3. Aufl. 2004 ff.
KöR	Körperschaft des öffentlichen Rechts
KostR	Kostenrecht
KPK	*Sowka/Bengelsdorf/Heise* (Hrsg.), Kölner Praxiskommentar zum Kündigungsschutzgesetz und zu sonstigen kündigungsrechtlichen Vorschriften, 3. Aufl. 2004
KR	*Etzel/Bader/Friedrich/Fischermeier/Griebeling/Klose/Kreft/Link/Lipke/ Rachor/Rinck/Rost/Spilger/Treiber/Vogt/Weigand*, KR – Gemeinschaftskommentar zum Kündigungsschutzgesetz und zu sonstigen kündigungsschutzrechtlichen Vorschriften, Kommentar, 11. Aufl. 2015
KR	*Bader/Fischermeier/Gallner/Klose/Kreft/Kreutzberg-Kowalczyk/Krumbiegel/ Link/Lipke/Rinck/Rachor/Spelge/Spilger/Treber/Vogt/Weigand*, Gemeinschaftskommentar zum Kündigungsschutzgesetz und zu sonstigen kündigungsschutzrechtlichen Vorschriften, Kommentar, 12. Aufl. 2019
krit.	kritisch
KritJ	Kritische Justiz (Zeitschrift)
KSchG	Kündigungsschutzgesetz)
KTS	Zeitschrift für Konkurs-, Treuhand- und Schiedsgerichtswesen
Küttner Personalbuch 2020	*Küttner*, Personalbuch 2020, Lexikon, 27. Aufl. 2020
KUG	Kurzarbeitergeld

Abkürzungs- und Literaturverzeichnis

L	Landes- ...
LAA	Landesarbeitsamt
LAG	Landesarbeitsgericht
LAGE	Entscheidungen des Landesarbeitsgerichts
Langohr-Plato BetrAV ..	*Langohr-Plato*, Betriebliche Altersversorgung, Lehrbuch, 7. Aufl. 2016
Laux/Schlachter	*Laux/Schlachter*, Teilzeit- und Befristungsgesetz, Kommentar, 2. Aufl. 2011
Laux/Schlachter	*Laux/Schlachter*, Teilzeit- und Befristungsgesetz: TzBfG, Kommentar, 1. Aufl. 2007
Leinemann/Linck	*Leinemann/Linck*, Urlaubsrecht, Kommentar, 2. Aufl. 2001
Lelley Compliance ArbR	*Lelley*, Compliance im Arbeitsrecht, Monografie, 1. Aufl. 2010
lfd.	laufend
Lfg.	Lieferung
LG	Landgericht
LGRTV	Lohn- und Gehaltsrahmentarifvertrag
li.	links, linke(r)
Liebers	Formularbuch des Fachanwalts Arbeitsrecht, 3. Aufl. 2015
Linck/Krause/ Bayreuther	*Linck/Krause/Bayreuther*, Kündigungsschutzgesetz, Kommentar, 16. Aufl. 2019
lit.	litera
Lit.	Literatur
LM	*Lindenmaier/Möhring*, Nachschlagewerk des Bundesgerichtshofs
Löwisch/Kaiser	*Löwisch/Kaiser*, BetrVG: Betriebsverfassungsgesetz, Kommentar, Band 1, 2, 7. Aufl. 2017ff.
Löwisch/Schlünder/ Spinner/Wertheimer	*Löwisch/Schlünder/Spinner/Wertheimer*, KSchG – Kündigungsschutzgesetz, Kommenar, 11 Aufl. 2018
LohnabzVO	Lohnabzugsverordnung
LohnFG	Gesetz über die Fortzahlung des Arbeitsentgelts im Krankheitsfalle (Lohnfortzahlungsgesetz) vom 27.7.1969 (BGBl. I S. 946)
LPersVG	Landespersonalvertretungsgesetz
Ls.	Leitsatz
LSG	Landessozialgericht
LStR	Lohnsteuerrecht
lt.	laut
Lüders	Teilzeitarbeit nach § 8 TzBfG – Das Ablehnungsrecht des Arbeitgebers, 2007
Lutter/Hommelhoff	*Lutter/Hommelhoff*, GmbH-Gesetz, Kommentar, 20. Aufl. 2019
Lutter UmwG	*Lutter*, Umwandlungsgesetz (UmwG), Kommentar, 6. Aufl. 2019
LVA	Landesversicherungsanstalt
MAH AktienR	*Schüppen/Schaub*, Münchener Anwaltshandbuch Aktienrecht, Handbuch, 3. Aufl. 2018
MAH GmbH-R	*Römermann*, Münchener Anwaltshandbuch Sozialrecht, Handbuch, 4. Aufl. 2018
MAH PersGesR	*Gummert*, Münchener Anwaltshandbuch Sozialrecht, Handbuch, 3. Aufl. 2019
MAH SozR	*Plagemann*, Münchener Anwaltshandbuch Sozialrecht, Handbuch, 5. Aufl. 2018
MAH VergütungsR	*Teubel/Scheungrab*, Münchener Anwaltshandbuch Vergütungsrecht, Handbuch, 2. Auflage 2011
MAH VersR	*Höra*, Münchener Anwaltshandbuch Versicherungsrecht, Handbuch, 4. Aufl. 2017
mAnm	mit Anmerkung
m. abl. Anm.	mit ablehnender Anmerkung
mÄnd	mit Änderung(en)
MarkenR	Markenrecht
maW	mit anderen Worten
Mayer/Kroiß	*Mayer/Kroiß*, Rechtsanwaltsvergütungsgesetz – RVG, Kommentar 6. Aufl. 2013 (auch zitiert als HK-RVG)
MBl.	Ministerialblatt

Abkürzungs- und Literaturverzeichnis

MdE	Minderung der Erwerbsfähigkeit
MDR	Monatsschrift für Deutsches Recht (Zeitschrift)
mE	meines Erachtens
Meinel/Heyn/Herms TzBfG	*Meinel/Heyn/Herms*, Teilzeit- und Befristungsgesetz, Kommentar, 5. Aufl. 2015
MHdB ArbR	*Kiel/Lunk/Oetker*, Münchener Handbuch zum Arbeitsrecht, Handbuch, 4. Aufl. 2018 ff.
MHdB GesR IV	*Hoffmann-Becking*, Münchener Handbuch des Gesellschaftsrechts, Handbuch, 5. Aufl. 2020
Mio.	Million(en)
MitbestErgG	Gesetz zur Ergänzung des Gesetzes über die Mitbestimmung der Arbeitnehmer in den Aufsichtsräten und Vorständen der Unternehmen des Bergbaus und der Eisen und Stahl erzeugenden Industrie (Montanmitbestimmungsergänzungsgesetz) vom 7.8.1956 (BGBl. I S. 707)
MitbestG	Gesetz über die Mitbestimmung der Arbeitnehmer (Mitbestimmungsgesetz) vom 4.5.1976 (BGBl. I S. 1153)
Mitt.	Mitteilung(en)
m. krit. Anm.	mit kritischer Anmerkung
mN	mit Nachweisen
Montan-MitbestG	Gesetz über die Mitbestimmung der Arbeitnehmer in den Aufsichtsräten und Vorständen der Unternehmen des Bergbaus und der Eisen und Stahl erzeugenden Industrie (Montanmitbestimmungsgesetz) vom 21.5.1951 (BGBl. I S. 347)
Mot.	Motive
Mrd.	Milliarde(n)
MRK	Konvention zum Schutze der Menschenrechte und Grundfreiheiten (Menschenrechts-Konvention) (Gesetz vom 7.8.1952, BGBl. II S. 685)
mtl.	monatlich
MTV	Manteltarifvertrag
MuA	Mensch und Arbeit (Zeitschrift)
MüKoAktG	*Goette/Habersack/Kalss*, Münchener Kommentar zum Aktiengesetz, Kommentar, Band 1, 2, 5, 5. Aufl. 2019 ff.
MüKoBGB	*Säcker/Rixecker/Oetker/Limperg*, Münchener Kommentar zum Bürgerlichen Gesetzbuch,, 8. Aufl. 2018
MüKoZPO	*Krüger/Rauscher*, Münchener Kommentar zur ZPO, Kommentar, 5. Aufl. 2016 ff.
MultimediaR	Multimediarecht
mwH	mit weiteren Hinweisen
mwN	mit weiteren Nachweisen
mWv	mit Wirkung von
m. zahlr. Nachw.	mit zahlreichen Nachweisen
m. zust. Anm.	mit zustimmender Anmerkung
NA	Neues Arbeitsrecht, Beschäftigungsförderungsgesetz mit Jugendarbeitsschutz-, Bundeserziehungsgeld-, Mutterschutz-, Arbeitszeit- und Schwerbehindertengesetz sowie weiteren arbeitsrechtlichen Neuregelungen. Ein Handbuch für die Praxis, Loseblattausgabe 1990
nachf.	nachfolgend
Nachw.	Nachweis(e)
Neumann/Biebl	*Neumann/Biebl*, Arbeitszeitgesetz, Kommentar, 16. Aufl. 2012
Neumann/Fenski/Kühn	*Neumann/Fenski/Kühn*, Bundesurlaubsgesetz, Kommentar, 11. Aufl. 2016
Neumann/Pahlen/ Greiner/Winkler/ Jabben	*Neumann/Pahlen/Greiner/Winkler/Jabben*, Sozialgesetzbuch IX – Rehabilitation und Teilhabe behinderter Menschen: SGB IX, Kommentar, 14. Aufl. 2020
nF	neue Fassung
NJW	Neue Juristische Wochenschrift
NJW-RR	NJW-Rechtsprechungs-Report, Zivilrecht (Zeitschrift)

Abkürzungs- und Literaturverzeichnis

NK-TVG	*Däubler*, Tarifvertragsgesetz, Kommentar, 4. Aufl. 2016
nrkr	nicht rechtskräftig
nv	nicht veröffentlicht
NVwZ	Neue Zeitschrift für Verwaltungsrecht *(1.1982 ff.)*
NWB	Neue Wirtschafts-Briefe (Zeitschrift)
NZA	Neue Zeitschrift für Arbeitsrecht
NZA-RR	NZA-Rechtsprechungs-Report
NZS	Neue Zeitschrift für Sozialrecht
NZV	Neue Zeitschrift für Verkehrsrecht
o.	oben; oder
oa	oben angegeben(e/es/er)
oä	oder Ähnliche/s
öAT	Zeitschrift für das öffentliche Arbeits- und Tarifrecht
OECD	Organization of Economic Cooperation and Development
Oetker/Preis EAS	*Oetker/Preis*, Europäisches Arbeits- und Sozialrecht, Handbuch, 209. Aufl. 2019
ÖffBauR	Öffentliches Baurecht
öffentl.	öffentlich
ÖffTarifR	Öffentliches Tarifrecht
og	oben genannte(r, s)
OHG	Offene Handelsgesellschaft
oJ	ohne Jahrgang
OLG	Oberlandesgericht
OLGZ	Rechtsprechung der Oberlandesgerichte in Zivilsachen, Amtliche Entscheidungssammlung
ÖTV	Gewerkschaft öffentliche Dienste, Transport und Verkehr
OVG	Oberverwaltungsgericht
OWiG	Gesetz über Ordnungswidrigkeiten idF vom 19.2.1987 (BGBl. I S. 602)
OWiR	Ordnungswidrigkeitenrecht
Palandt	*Brudermüller/Ellenberger/Götz/Grüneberg/Herrler/Sprau/Thorn/Weidlich/Wicke*, Bürgerliches Gesetzbuch, Kommentar, 79. Aufl. 2020
PatG	Patentgesetz idF d. Bek. vom 16.12.1980 (BGBl. I S. 1)
Pauly/Osnabrügge KündigungsR-HdB	*Pauly/Osnabrügge*, Handbuch Kündigungsrecht, Handbuch, 5. Aufl. 2017
PersF	Personalführung (Zeitschrift)
Personal	Personal Mensch und Arbeit im Betrieb (Zeitschrift)
PersR	Personalrat
PersV	Die Personalvertretung (Zeitschrift)
Peters Weisungsrecht	*Peters*, Das Weisungsrecht der Arbeitgeber, Monografie, 2019
PK-BAT	*Bruse/Görg/Hamer/Hannig/Mosebach/Rzadkowski/Schelter/Schmalz/Wolf*, BAT, Kommentar für die Praxis, 2. Aufl. 1993
Plote RSVers	*Plote*, Rechtsschutzversicherung, Monografie, 2. Aufl. 2010
Preis Arbeitsvertrag	*Preis*, Der Arbeitsvertrag, Handbuch, 5. Aufl. 2015
Preis KündigungsR	*Preis*, Prinzipien des Kündigungsrechts bei Arbeitsverhältnissen, Monografie, 1987
Preis/Greiner KollArbR	*Preis/Greiner*, Arbeitsrecht Kollektivarbeitsrecht, Lehrbuch, 5. Aufl. 2019
Preis/Temming ArbR	*Preis/Temming*, Arbeitsrecht – Individualarbeitsrecht Lehrbuch für Studium und Praxis, Lehrbuch, 6. Aufl. 2019
Prot.	Protokoll
Prütting/Wegen/Weinreich	*Prütting/Wegen/Weinreich*, BGB Kommentar, Kommentar, 14. Aufl. 2019
pVV	Positive Vertragsverletzung
PWW	*Prütting/Wegen/Weinreich* (Hrsg.), BGB Kommentar, 11. Auflage 2016
RABl.	Reichsarbeitsblatt
RAG	Reichsarbeitsgericht; zugleich amtliche Sammlung der Entscheidungen (Band u. Seite) s. auch RAnwG DDR
RAnz.	Reichsanzeiger

Abkürzungs- und Literaturverzeichnis

rd.	rund
RdA	Recht der Arbeit (Zeitschrift)
RdErl.	Runderlass
RdSchr.	Rundschreiben
RE	Rechtsentscheid
Recht	Das Recht (Zeitschrift)
Reinfeld Neues GeschGehG	*Reinfeld*, Das neue Gesetz zum Schutz von Geschäftsgeheimnissen, Monografie, 2019
Reinfeld Wettbewerbsverbot	*Reinfeld*, Das nachvertragliche Wettbewerbsverbot im Arbeits- und Wirtschaftsrecht, Monografie, 1993
RefE	Referentenentwurf
RegBl.	Regierungsblatt
RegE	Regierungsentwurf
RG	Reichsgericht
RGBl.	Reichsgesetzblatt
RGRK	Das Bürgerliche Gesetzbuch, Kommentar, herausgegeben von Mitgliedern des Bundesgerichtshofs, 12. Aufl. 1975 ff.
Richardi BetrVG	*Richardi*, Betriebsverfassungsgesetz, Kommentar, 16. Aufl. 2018
Richardi/Dörner/ Weber	*Richardi/Dörner/Weber*, Personalvertretungsrecht, Kommentar, 5. Aufl. 2020
Rittweger/Petri/ Schweikert	*Rittweger/Petri/Schweikert*, Altersteilzeit, Kommentar, 2. Aufl. 2002
RIW	Recht der internationalen Wirtschaft
rkr.	rechtskräftig
RL	Richtlinie(n)
RMBl.	Reichsministerialblatt
Rn.	Randnummer
Rolfs TzBfG	*Rolfs*, Teilzeit- und Befristungsgesetz, Kommentar, 1. Aufl. 2002
Roos/Bieresborn	*Roos/Bieresborn*, Mutterschutzgesetz, BEEG, Kommentar, 2. Aufl. 2019
Rpfleger	Der Deutsche Rechtspfleger (Zeitschrift)
Rs.	Rechtssache
Rspr.	Rechtsprechung
RTV	Rahmentarifvertrag
RuW	Recht und Wirtschaft (Zeitschrift)
RV	Die Rentenversicherung (Zeitschrift)
RVO	Rechtsverordnung; Reichsversicherungsordnung (SozR) vom 15.12.1924 (RGBl. I S. 779)
RWP	Rechts- und Wirtschaftspraxis (Loseblatt-Ausgabe)
S.	Seite(n); Satz
s.	siehe
SAE	Sammlung arbeitsrechtlicher Entscheidungen (Zeitschrift)
SchadensR	Schadensrecht
Schaub ArbR-HdB	*Schaub*, Arbeitsrechts-Handbuch, Handbuch, 18. Aufl. 2019
Schaub ArbRFV-HdB	*Schaub/Schrader/Straube/Vogelsang*, Arbeitsrechtliches Formular- und Verfahrenshandbuch, Handbuch, 13. Aufl. 2019
Schaub/Künzl ArbGVerf	*Schaub/Künzl*, Arbeitsgerichtsverfahren: Rechte, Pflichten, Verfahren, Instanzen, Lehrbuch, 7. Aufl. 2004
ScheckG	Scheckgesetz vom 14.8.1933 (RGBl. I S. 597)
SchG	Gesetz über die Errichtung und das Verfahren der Schiedsstellen für Arbeitsrecht vom 29.6.1990 (GBl.-DDR I S. 505)
Schliemann	*Schliemann*, Das Arbeitsrecht im BGB, Kommentar, 2. Aufl. 2002
Schmitt EFZG	*Schmitt*, Entgeltfortzahlungsgesetz, Kommentar, 8. Aufl. 2018
Schneider RSVers	*Schneider*, Rechtsschutzversicherung für Anfänger, Monografie, 2. Aufl. 2017
Schüren/Hamann	*Schüren/Hamann*, Arbeitnehmerüberlassungsgesetz, Kommentar, 5. Aufl. 2018
Schwab/Weth	*Schwab/Weth*, ArbGG – Kommentar zum Arbeitsgerichtsgesetz, Kommentar, 5. Aufl. 2017

Abkürzungs- und Literaturverzeichnis

Schwarz	*Schwarz,* Handbuch Film-, Fernseh- und Videorecht, Handbuch, 6. Aufl. 2021
SchwbG	Gesetz zur Sicherung der Eingliederung Schwerbehinderter in Arbeit, Beruf und Gesellschaft (Schwerbehindertengesetz) idF d. Bek. vom 26.8.1986 (BGBl. I S. 1422)
SE	Europäische Aktiengesellschaft (Societas Euopaea)
SeemannsG	Seemannsgesetz vom 26.7.1957 (BGBl. II S. 713)
Semler/Stengel	*Semler/Stengel,* Umwandlungsgesetz: UmwG, Kommentar, 4. Aufl. 2017
SeuffA	Seufferts Archiv für Entscheidungen der obersten Gerichte in den deutschen Staaten (Zeitschrift)
SeuffBl	Seufferts Blätter für Rechtsanwendung (Zeitschrift)
SG	Sozialgericht
SGB	Sozialgesetzbuch
SGb	Die Sozialgerichtsbarkeit (Zeitschrift)
SGG	Sozialgerichtsgesetz idF vom 23.9.1975 (BGBl. I S. 2535)
Slg.	Sammlung
s. o.	siehe oben
Söllner	Grundriss des Arbeitsrechts, 14. Aufl. 2007
Soergel	*Soergel,* Bürgerliches Gesetzbuch mit Einführungsgesetz und Nebengesetzen (BGB), Kommentar, 13. Aufl. 1999 ff.
sog.	so genannt
SoldG	Gesetz über die Rechtsstellung der Soldaten (Soldatengesetz) idF d. Bek. vom 30.5.2005 (BGBl. I S. 1482)
SoSi	Soziale Sicherheit (Zeitschrift)
Sowka/Schiefer/ Heise	*Sowka/Schiefer/Heise,* Kölner Praxiskommentar zum Kündigungsschutzgesetz und zu sonstigen kündigungsrechtlichen Vorschriften, Kommentar, 4. Aufl. 2012
SozR	Sozialrecht
SozVersR	Sozialversicherungsrecht
SPV	Stahlhacke/Preis/Vossen, Kündigung und Kündigungsschutz im Arbeitsverhältnis, 11. Aufl. 2015
Sp.	Spalte
spät. Änd.	spätere Änderung
Spindler/Stilz	*Spindler/Stilz,* AktG, Kommentar, Band 1, 2, 4. Aufl. 2019
SprAuG	Gesetz über die Sprecherausschüsse der leitenden Angestellten (Sprecherausschussgesetz – SprAuG) vom 20.12.1988 (BGBl. I S. 2312)
st.	ständig
StA	Staatsangehörigkeit/Staatsanwalt(-schaft)
Stahlhacke/Preis/ Vossen Kündigung	*Stahlhacke/Preis/Vossen,* Kündigung und Kündigungsschutz im Arbeitsverhältnis, Handbuch, 11. Aufl. 2015
Staudacher/Hellmann/ Hartmann/Wenk Teilzeitarbeit	*Staudacher/Hellmann/Hartmann/Wenk,* Teilzeitarbeit, Monografie, 1. Aufl. 2003
Staudinger	Staudinger, BGB – J. von Staudingers Kommentar zum Bürgerlichen Gesetzbuch mit Einführungsgesetz, Kommentar, 18. Aufl. 2018
Stege/Weinspach/ Schiefer	*Stege/Weinspach/Schiefer,* Betriebsverfassungsgesetz, Kommentar, 9. Aufl. 2002
SteuerR	Steuerrecht
StGB	Strafgesetzbuch
Stichw.	Stichwort
Stief Altersteilzeit	*Stief,* Altersteilzeit in der Praxis, Lehrbuch, 2. Aufl. 2005
str.	streitig
stRspr	ständige Rechtsprechung
SWK-ArbR	*Grobys/Panzer-Heemeier,* StichwortKommentar Arbeitsrecht, Kommentar, 3. Aufl. 2020
s. u.	siehe unten

Abkürzungs- und Literaturverzeichnis

TarifR	Tarifrecht
teilw.	teilweise
Thomas/Putzo	*Thomas/Putzo*, Zivilprozessordnung: ZPO , Kommentar, 41. Aufl. 2020
Thür.	Thüringen
thür.	thüringisch
Thüsing Diskriminierungsschutz	*Thüsing*, Arbeitsrechtlicher Diskriminierungsschutz, Monografie, 2. Aufl. 2013
Tillmann/Mohr GmbH-GF	*Tillmann/Mohr,* Der GmbH-Geschäftsführer, Handbuch, 11. Aufl. 2020
Tillmanns/Mutschler	*Tillmanns/Mutschler,* Mutterschutzgesetz, Bundeselterngeld- und Elternzeitgesetz, Kommentar, 2. Aufl. 2018
Tödtmann/ v. Bockelmann	*Tödtmann/v. Bockelmann*, Arbeitsrecht in Not- und Krisenzeiten, Monografie 2020
Tschöpe	Anwaltshandbuch Arbeitsrecht, 9. Aufl. 2015
TV	Testamentvollstrecker; Testamentvollstreckung; Tarifvertrag
TVG	Tarifvertragsgesetz idF vom 25.8.1969 (BGBl. I S. 1323)
Tz.	Textziffer
u.	und; unten; unter
ua	unter anderem, und andere
uÄ	und Ähnliches
uam	und anderes mehr
überarb.	überarbeitet
Überbl.	Überblick
überw.	überwiegend
UG	Unternehmensgesellschaft
Ulber AÜG	*Ulber,* Arbeitnehmerüberlassungsgesetz – Kommentar für die Praxis, Kommentar, 5. Aufl. 201
Umf.	Umfang
umfangr.	umfangreich
umstr.	umstritten
UmwG	Umwandlungsgesetz vom 28.10.1994 (BGBl. I S. 3210, ber. 1995 S. 428)
unstr.	unstreitig
unv.	unverändert, unveränderte Auflage
unveröff.	unveröffentlicht
unzutr.	unzutreffend
UrhR	Urheberrecht
Urk.	Urkunde
Urt.	Urteil
usw	und so weiter
uU	unter Umständen
uvam	und vieles anderes mehr
uvm	und viele mehr
v.	vom, von
VA	Verwaltungsakt
va	vor allem
Var.	Variante
VBL	Versorgungsanstalt des Bundes und der Länder
ver.di	Vereinigte Dienstleistungsgewerkschaft
Vereinb	Vereinbarung
VereinsR	Vereinsrecht
Verf.	Verfassung
VerfassungsR	Verfassungsrecht
VerfG	Verfassungsgericht
VerfGH	Verfassungsgerichtshof
VerfProzR	Verfassungsprozessrecht
Verh.	Verhandlung(en)

LXXV

Abkürzungs- und Literaturverzeichnis

VermBG	Gesetz zur Förderung der Vermögensbildung der Arbeitnehmer idF vom 4.3.1994 (BGBl. I S. 406)
Veröff.	Veröffentlichung
Vers.	Versicherung
VersW	Versicherungswirtschaft (Zeitschrift)
Vertr.	Vertrag
vertragl.	vertraglich
Vfg.	Verfügung
VG	Verwaltungsgericht; auch Verwertungsgesellschaft
VGH	Verfassungsgerichtshof
vgl.	vergleiche
vH	von (vom) Hundert
VO	Verordnung
VOBl.	Verordnungsblatt
Vol., vol.	volume (Band)
Vollkommer/Greger/ Heinemann AnwaltshaftungsR	*Vollkommer/Greger/Heinemann*, Anwaltshaftungsrecht, Monografie, 4. Aufl. 2014
Voraufl.	Vorauflage
Vorb.	Vorbemerkung
vorl.	vorläufig
VormundschaftsR	Vormundschaftsrecht
Vorschr.	Vorschrift
VorstandsR	Vorstandrecht
vs.	versus
VU	Versäumnisurteil
VVaG	Versicherungsverein auf Gegenseitigkeit
VVG	Gesetz über den Versicherungsvertrag vom 23.11.2007 (BGBl. I S. 2631)
VwGO	Verwaltungsgerichtsordnung idF vom 19.3.1991 (BGBl. I S. 686)
VZS	Vereinigte Zivilsenate
WahlO	Wahlordnung
WarnR	Rechtsprechung des Reichsgerichts, hrsg. von Warneyer (Band u. Nr.); ab 1961: Rechtsprechung des Bundesgerichtshofs in Zivilsachen
Waltermann ArbR	*Waltermann*, Arbeitsrecht, Lehrbuch, 19. Aufl. 2018
WdA	Welt der Arbeit (Zeitschrift)
Weber/Ehrich/ Burmester/Fröhlich Aufhebungsverträge	*Weber/Ehrich/Burmester/Fröhlich*, Handbuch der arbeitsrechtlichen Aufhebungsverträge, Handbuch, 5. Aufl. 2009
Weiss/Weyand	*Weiss/Weyand*, Betriebsverfassungsgesetz, Kommentar, 3. Aufl. 1994
Wiedemann	*Wiedemann*, Tarifvertragsgesetz, Kommentar, 8. Aufl. 2019
Wieser ArbGVerf	*Wieser*, Arbeitsgerichtsverfahren, Lehrbuch, 1. Aufl. 1994
Willemsen/Hohenstatt/ Schweibert/Seibt Umstrukturierung	*Willemsen/Hohenstatt/Schweibert/Seibt*, Umstrukturierung und Übertragung von Unternehmen, Handbuch, 5. Aufl. 2016
Winterfeld/Göbel/ Seelmann/Mager	*Winterfeld/Göbel/Seelmann/Mager*, Beschäftigungsförderungsgesetz 1985, Kommentar, 1. Aufl. 1985
Wißmann/Kleinsorge/ Schubert	*Wißmann/Kleinsorge/Schubert*, Mitbestimmungsrecht, Kommentar, 5. Aufl. 2017
Wiss.	Wissenschaft
wiss.	wissenschaftlich
WiSta	Wirtschaft und Statistik (herausgegeben vom Statistischen Bundesamt; Zeitschrift)
wistra	Zeitschrift für Wirtschafts- und Steuerstrafrecht
Wj.	Wirtschaftsjahr

Wlotzke/Wißmann/Koberski/Kleinsorge	*Wlotzke/Wißmann/Koberski/Kleinsorge*, Mitbestimmungsrecht, Kommentar, 4. Aufl. 2011
WM	Wertpapiermitteilungen für Wirtschafts- und Bankrecht (Zeitschrift)
wN	weitere Nachweise
WO 1953	Erste Rechtsverordnung zur Durchführung des Betriebsverfassungsgesetzes (Wahlordnung 1953) vom 18.3.1953 (BGBl. I S. 58), geändert durch VO vom 7.2.1962 (BGBl. I S. 64)
WO 1972	Erste Verordnung zur Durchführung des Betriebsverfassungsgesetzes (Wahlordnung 1972) vom 16.1.1972 (BGBl. I S. 49)
1., 2., 3. WOMitbestG	Erste, Zweite, Dritte Wahlordnung zum Mitbestimmungsgesetz
zahlr.	zahlreich
ZAP	Zeitschrift für die Anwaltspraxis
ZAS	Zeitschrift für Arbeitsrecht und Sozialrecht (Österreich)
zB	zum Beispiel
ZD	Zeitschrift für Datenschutz
ZfS	Zentralblatt für Sozialversicherung, Sozialhilfe und Versorgung
ZfSH (/SGB)	Zeitschrift für Sozialhilfe
ZHR	Zeitschrift für das gesamte Handelsrecht und Wirtschaftsrecht (früher Zeitschrift für das gesamte Handelsrecht und Konkursrecht)
ZIAS	Zeitschrift für ausländisches und internationales Arbeits- und Sozialrecht
Ziff.	Ziffer(n)
ZIP	Zeitschrift für Wirtschaftsrecht
zit.	zitiert
ZKM	Zeitschrift für Konfliktmanagement
Zmarzlik/Anzinger	*Zmarzlik/Anzinger*, Jugendarbeitsschutzgesetz, Kommentar, 5. Aufl. 1998
Zöller	*Zöller*, Zivilprozessordnung: ZPO, Kommentar, 33. Aufl. 2020
Zöllner/Loritz/Hergenröder ArbR	*Zöllner/Loritz/Hergenröder*, Arbeitsrecht, Lehrbuch, 7. Aufl. 2015
ZPO	Zivilprozessordnung
ZRP	Zeitschrift für Rechtspolitik *(Beil. zur NJW, 1.1968 ff.)*
zT	zum Teil
ZTR	Zeitschrift für Tarifrecht
Zugehör	*Zugehör* (Hrsg.), Handbuch der Anwaltshaftung, 3. Aufl. 2011
zul.	zuletzt
ZUM	Zeitschrift für Urheber- und Medienrecht
zusf.	zusammenfassend
zust.	zustimmend
ZustG	Zustimmungsgesetz
zutr.	zutreffend
ZV	Zwangsvollstreckung; Zwangsversteigerung
zw.	zweifelhaft
zzgl.	zuzüglich
zzt.	zurzeit

Wlotzke/Wißmann/ Koberski/Kleinsorge	Wlotzke/Wißmann/Koberski/Kleinsorge, Mitbestimmungsrecht, Kommentar, 4. Aufl. 2011
WM	Wertpapiermitteilungen für Wirtschafts- und Bankrecht (Zeitschrift)
wN	weitere Nachweise
WO 1953	Erste Rechtsverordnung zur Durchführung des Betriebsverfassungsgesetzes (Wahlordnung 1953) vom 18.3.1953 (BGBl. I S. 58), geändert durch VO vom 7.2.1962 (BGBl. I S. 64)
WO 1972	Erste Verordnung zur Durchführung des Betriebsverfassungsgesetzes (Wahlordnung 1972) vom 16.1.1972 (BGBl. I S. 49)
1., 2., 3. WOMitbestG	Erste, Zweite, Dritte Wahlordnung zum Mitbestimmungsgesetz
z.	zahlreich
ZAP	Zeitschrift für die Anwaltspraxis
ZAS	Zeitschrift für Arbeitsrecht und Sozialrecht (Österreich)
zB	zum Beispiel
ZD	Zeitschrift für Datenschutz
ZfS	Zentralblatt für Sozialversicherung, Sozialhilfe und Versorgung
ZfSH (SGB)	Zeitschrift für Sozialhilfe
ZHR	Zeitschrift für das gesamte Handelsrecht und Wirtschaftsrecht (früher Zeitschrift für das gesamte Handelsrecht und Konkursrecht)
ZIAS	Zeitschrift für ausländisches und internationales Arbeits- und Sozialrecht
Ziff(er)(n)	Ziffer(n)
ZIP	Zeitschrift für Wirtschaftsrecht
zit	zitiert
ZKM	Zeitschrift für Konfliktmanagement
Zmarzlik/Anzinger	Zmarzlik/Anzinger, Jugendarbeitsschutzgesetz, Kommentar, 3. Aufl. 1998
Zöller	Zöller, Zivilprozessordnung, ZPO, Kommentar, 33. Aufl. 2020
Zöller/Vorritta/ Hergenröder-ArbR	Zöller/Vorritta/Hergenröder, Arbeitsrecht, Lehrbuch, 7. Aufl. 2015
ZPO	Zivilprozessordnung
ZRP	Zeitschrift für Rechtspolitik (Beil. zur NJW 1/1968 ff.)
zT	zum Teil
ZTR	Zeitschrift für Tarifrecht
Zugehör	Zugehör (Hrsg.), Handbuch der Anwaltshaftung, 3. Aufl. 2011
zul.	zuletzt
ZUM	Zeitschrift für Urheber- und Medienrecht
zust.	zustimmend
zustmd	zustimmend
ZustG	Zustimmungsgesetz
zutr.	zutreffend
ZV	Zwangsvollstreckung, Zwangsversteigerung
zw.	zweifelhaft
zwef.	zweifelhaft
zzgl.	zuzüglich
zzt.	zurzeit

Teil A. Das arbeitsrechtliche Mandatsverhältnis

§ 1 Das Arbeitsrecht in der beratenden und forensischen Praxis

Übersicht

	Rn.
I. Die Bedeutung des Arbeitsrechts in der anwaltlichen Praxis	1–7
1. Zahlen und Statistik	1–3
2. Fachanwaltschaft für Arbeitsrecht	4–7
a) Praktische Bedeutung	4
b) Voraussetzungen der Zulassung	5
c) Verfahren	6
d) Fortbildung	7
II. Rechtsquellen des Arbeitsrechts	8–68
1. Allgemeines	8–39
a) Europäisches Gemeinschaftsrecht	9
b) Arbeitsvölkerrecht	10/11
c) Verfassung	12–14
d) Deutsches IPR	15–20
e) Gesetze	21–23
f) Verordnungen	24/25
g) Richterrecht	26
h) Tarifverträge	27–29
i) Betriebsvereinbarungen	30
k) Arbeitsverträge	31–37
l) Arbeitsrechtlicher Gleichbehandlungsgrundsatz	38
m) Direktionsrecht des Arbeitgebers	39
2. Spezielle Branchen	40–62
a) Abfallwirtschaft	40
b) Bauhauptgewerbe	41
c) Bergbau	42
d) Bühnen	43
e) Dachdeckerhandwerk	44
f) Elektrohandwerk	45
g) Film und Fernsehen	46
h) Gebäudereinigerhandwerk	47
i) Gerüstbauerhandwerk	48
k) Gesundheitswesen	49
l) Kirchen	50/51
m) Kraftfahrer	52
n) Maler- und Lackiererhandwerk	53
o) NATO	54
p) Öffentlicher Dienst	55
q) Pflegebranche	56
r) Post- und Briefdienstleistungen	57
s) Schornsteinfegerhandwerk	58
t) Steinmetz- und Steinbildhauerhandwerk	59
u) Sport	60
v) Wäschereien	61
w) Zeitarbeit	62
3. Angrenzende Rechtsgebiete	63–65
a) Steuerrecht	63
b) Sozialversicherungsrecht	64
c) Insolvenzrecht	65
4. Rangfolge und Verhältnis der Rechtsquellen	66–68
III. Forensische Tätigkeit	69–79
1. Feststellung des zuständigen Gerichts	69/70

Altenburg

	Rn.
2. Schriftsatzform	71/72
3. Wahrnehmung von Terminen	73–77
a) Untervollmacht	73
b) Säumnis	74
c) Robe	75
d) Vorbereitung der Güteverhandlung	76
e) Persönliches Erscheinen der Parteien	77
4. Verfahren vor dem Europäischen Gerichtshof	78/79
IV. Einigungsstelle	80–84
V. Andere Entscheidungsgremien	85–88

I. Die Bedeutung des Arbeitsrechts in der anwaltlichen Praxis

1. Zahlen und Statistik

1 Die Nachfrage nach anwaltlicher Dienstleistung im Arbeitsrecht bewegt sich seit Jahren auf hohem Niveau. Ein erheblicher Teil der Tätigkeit des Arbeitsrechtsanwalts ist die Prozessvertretung. Nach der vom Bundesministerium für Arbeit und Sozialordnung veröffentlichten Statistik[1] gingen im Jahr 2019 bei den Arbeitsgerichten in Deutschland insgesamt 328.713 Klagen im Urteilsverfahren ein. Damit hat sich in den letzten Jahren die Zahl der Eingänge aus Sicht der Arbeitsgerichte deutlich entspannt:

2 Der Entwicklung der **Klageeingänge** lässt sich zum einen die konjunkturelle Entwicklung in der Bundesrepublik Deutschland ablesen: Wenn weniger Personal entlassen wird, werden weniger Kündigungsschutzprozesse geführt. Zum anderen zeigt auch das Rechtsanwaltsvergütungsgesetz Wirkung, das die außergerichtliche Einigung ausdrücklich fördert. Die konstant rückläufige Entwicklung der Klageeingänge seit dem In-Kraft-Treten des RVG im Jahr 2004 wurde nur durch die Wirtschaftskrise 2008/2009 unterbrochen, hält sich seit 2010 konstant auf einem vergleichsweise niedrigen Niveau und hat sich in den Jahren 2014 bis 2018 weiter fortgesetzt – mit einer leicht steigenden Tendenz im Jahr 2019. Im Jahr 2019 wurden insgesamt 320.384 Klagen erledigt. Die weit überwiegende Zahl der erledigten Klagen (311.643 = 97,3 %) war von Arbeitnehmern, Gewerkschaften und Betriebsräten erhoben worden, nur 8.741 Klagen (2,7 %) waren von Arbeitgebern und ihren Organisationen oder den Ländern eingereicht worden. Die Statistik zeigt bei Beschlussverfahren ein anderes Bild: Im Jahr 2019 wurden insgesamt 9.862 Anträge eingereicht (2015: 12.454; 2011: 12.944). Die Zahlen der Eingänge in Beschlussverfahren haben im Vergleich zu den Vorjahren damit signifikant abgenommen. Bei den Landesarbeitsgerichten gingen 2019 insgesamt 13.679 (2015: 15.458; 2011: 19.132) Berufungen ein; 13.070 (2015: 15.122; 2011:

---

[1] Quelle: www.bmas.de.

19.488) Verfahren wurden erledigt. Die Revision wurde in 762 (2015: 944; 2011: 1.003) Fällen zugelassen. Beim Bundesarbeitsgericht gingen im Jahr 2019 in allen Verfahrensarten (Revisionen, Rechtsbeschwerden und Nichtzulassungsbeschwerden) insgesamt 2.401 (2015: 2.271; 2011: 2.770) Neuzugänge ein.

Statistiken über die **außergerichtlichen Beratungsleistungen** der Arbeitsrechtsanwälte werden naturgemäß nicht geführt. Anwälte werden auf Arbeitgeberseite neben der laufenden arbeitsrechtlichen Beratung insbesondere bei Betriebsänderungen (Interessenausgleichs- und Sozialplanverhandlungen), bei Vertragsgestaltungsfragen (Arbeitsverträge, Betriebsrentensysteme, Betriebsvereinbarungen) sowie transaktionsbegleitend bei Betriebs- und Unternehmensübertragungen tätig. Durch das In-Kraft-Treten der Europäischen Datenschutz-Grundverordnung[2] zum 25.5.2018 und die damit einhergehende Novellierung des Bundesdatenschutzgesetzes haben sich die datenschutzrechtlichen Anforderungen an die Betriebe signifikant erhöht. Die Einführung neuer Arbeitsformen (Stichwörter „Mobile Working" und „Arbeit 4.0") erfordert auch unter datenschutzrechtlichen Aspekten eine fundierte Beratung der Unternehmen durch den qualifizierten Arbeitsrechtsanwalt. Auf Arbeitnehmerseite ist insbesondere die Beratung in Beendigungskonstellationen und die Betreuung von Betriebsräten zu nennen. Die Vielfalt dieses Tätigkeitsspektrums bewirkt, dass die Nachfrage nach anwaltlicher Dienstleistung auf dem Gebiet des Arbeitsrechts (nahezu) unabhängig von konjunkturellen Schwankungen ist. Mag sich die Anzahl der bei den Arbeitsgerichten eingegangenen Klagen in den letzten 15 Jahren auch halbiert haben, die Auslastung des Arbeitsrechts-Anwalts durch die außergerichtliche Beratung ist und bleibt unverändert hoch. Im Jahr 2020 ergaben sich für den arbeitsrechtlich tätigen Anwalt aufgrund der Covid-19-Pandemie weitreichende Betätigungsfelder, insbesondere im Zusammenhang mit der Einführung von Kurzarbeit sowie mit dem – teilweise sehr kurzfristigen und daher kaum planbaren – Wechsel zahlreicher Arbeitnehmer in das Homeoffice. Die wirtschaftlichen Auswirkungen der Covid-19-Pandemie werden nach Einschätzung der Ökonomen zu einer Vielzahl von Unternehmensinsolvenzen führen. Auch bei Betrieben, die eine Insolvenz vermeiden können, ist mit Personalabbaumaßnahmen zu rechnen. Es ist daher zu erwarten, dass die Anzahl der Klageeingänge ab dem Jahr 2021 wieder steigen wird.

2. Fachanwaltschaft für Arbeitsrecht

a) **Praktische Bedeutung.** In der Bundesrepublik Deutschland waren am 1.1.2020 insgesamt 165.901 Rechtsanwältinnen und Rechtsanwälte zugelassen. Davon ist 10.826 Rechtsanwältinnen und Rechtsanwälten die Befugnis verliehen worden, die Bezeichnung „Fachanwalt für Arbeitsrecht" zu führen.[3] Die Fachanwaltschaften erfreuen sich insbesondere bei der rechtsuchenden Bevölkerung ständig steigender Akzeptanz.[4] Die Anwaltsuchdienste verzeichnen gezielte Anfragen nach Fachanwälten, die damit einen Wettbewerbsvorteil erlangen.[5] Die bloße Selbsteinschätzung spezialisierter Anwälte bei der Angabe von Tätigkeitsschwerpunkten wird von der rechtsuchenden Bevölkerung offensichtlich nicht in vergleichbarer Weise angenommen.[6] Die Bezeichnung „Spezialist" kann sogar wettbewerbswidrig sein.[7] Die Kombination aus fachlicher Spezialisierung und Berufserfahrung, die durch die Bezeichnung „Fachanwalt" dokumentiert wird, ermöglicht im Einkommensvergleich mit dem „Generalisten" einen höheren persönlichen Gewinn: der durchschnittliche Stundenüberschuss eines Fachanwalts für Arbeitsrecht lag nach der Analyse des Statistischen Berichtssystems für Rechtsanwälte (STAR) schon 1997 bei mehr als dem doppelten des durch-

---

[2] Verordnung (EU) 2016/679 des Europäischen Parlaments und des Rates vom 27.4.2016 zum Schutz natürlicher Personen bei der Verarbeitung personenbezogener Daten, zum freien Datenverkehr und zur Aufhebung der Richtlinie 95/46/EG.
[3] Quelle: www.brak.de. Vgl. zu der statistischen Verteilung der Fachanwaltstitel *Hommerich/Kilian* AnwBl 2011, 137f.
[4] *Kilian* AnwBl 2014, 150f.
[5] *Hommerich/Kilian* AnwBl 2011, 213ff.
[6] Hartung/Scharmer/*Scharmer*, Einf. FAO Rn. 102ff.; Pepels/Steckler Anwalts-Marketing/*Abel* § 5 Rn. 21, 31.
[7] BGH 5.12.2016 – AnwZ (Brfg) 31/14, NJW 2017, 669; BGH 24.7.2014 – I ZR 53/13, NJW 2015, 704.

schnittlichen Stundenüberschusses eines Allgemeinanwalts.[8] Die 2010 durchgeführte Untersuchung des Soldan Instituts für Anwaltsmanagement hat gezeigt, dass die befragten Fachanwälte für Arbeitsrecht ihren Umsatz nach Erwerb des Titels um durchschnittlich 49,7 Prozent haben steigern können.[9]

5   b) **Voraussetzungen der Zulassung.** Die Voraussetzungen sowie das Verfahren der Verleihung der Fachanwaltsbezeichnung sind in § 43c Abs. 1 BRAO iVm der Fachanwaltsordnung in der Fassung vom 1.1.2020 geregelt. Die Fachanwaltsbezeichnung wird einem Rechtsanwalt auf Antrag verliehen, der über besondere theoretische Kenntnisse und besondere praktische Erfahrungen verfügt. Kenntnisse und Erfahrungen des Fachanwalts müssen auf seinem Fachgebiet erheblich das Maß dessen übersteigen, das üblicherweise durch die berufliche Ausbildung und praktische Erfahrung im Beruf vermittelt wird (§ 2 Abs. 2 FAO).[10] Dazu gehört gemäß § 3 FAO eine mindestens dreijährige Zulassung und Tätigkeit als Rechtsanwalt innerhalb der letzten sechs Jahre vor Antragstellung. Die Voraussetzungen müssen im Zeitpunkt der Antragstellung erfüllt sein; nicht ausreichend ist es, wenn die Zulassungsvoraussetzungen im Laufe des Zulassungsverfahrens bis zur Verleihung der Fachanwaltsbezeichnung erfüllt sein werden.[11] Allerdings darf die Anwaltskammer einen verfrüht gestellten Antrag nicht wegen Verstoßes gegen die Drei-Jahres-Frist des § 3 FAO ablehnen, wenn der Antragsteller zum Ablehnungszeitpunkt drei Jahre zugelassen war.[12] Der Erwerb besonderer theoretischer Kenntnisse setzt in der Regel voraus, dass der Anwalt an einem Lehrgang teilnimmt, der alle relevanten Bereiche des Fachgebiets umfasst und dessen Gesamtdauer, die gemäß § 4a FAO erforderlichen Leistungskontrollen[13] nicht eingerechnet, mindestens 120 Zeitstunden beträgt (§ 4 Abs. 1 FAO). Der Erwerb besonderer praktischer Erfahrungen setzt voraus, dass der Anwalt innerhalb der letzten drei Jahre vor der Antragstellung im Fachgebiet Arbeitsrecht mindestens 100 Fälle aus dem Individualarbeitsrecht und dem kollektiven Arbeitsrecht persönlich und weisungsfrei bearbeitet hat,[14] davon mindestens fünf Fälle aus dem kollektiven Arbeitsrecht und mindestens die Hälfte gerichts- oder rechtsförmliche Verfahren (§ 5 Abs. 1 lit. c iVm § 10 Nr. 1 und 2 FAO).[15] Reine Beratungsmandate sind nur in Ausnahmefällen zum Nachweis praktischer Erfahrungen im kollektiven Arbeitsrecht geeignet. Voraussetzung hierfür ist, dass auch eine Korrespondenz mit der Gegenseite erfolgt, da es andernfalls an der argumentativen Auseinandersetzung ermangelt. Es ist auch nicht ausreichend, dass streitig ist, welcher Tarifvertrag auf ein Arbeitsverhältnis Anwendung findet, da dies damit noch nicht automatisch ein Fall des kollektiven Arbeitsrechts ist; es geht dann nur um die Frage der Anspruchsgrundlage.[16] Mit dem Erfordernis der gerichts- oder rechtsförmlichen Verfahren sollen prozessuale Kenntnisse und Fähigkeiten nachgewiesen werden. Reine Verwaltungsverfahren bei Behörden – etwa die Beantragung von Insolvenzgeld – stellen keine rechtsförmlichen Verfahren dar.[17] Die Drei-Jahres-Frist verlängert sich gemäß § 5 Abs. 3 FAO um höchstens 36 Monate um Zeiten des Mutterschutzes, der Elternzeit oder auf Antrag in sonstigen Härtefällen, etwa bei dauerhafter Pflege eines Angehörigen[18] oder längerfristiger schwerer Erkrankung.[19] Eine persönliche Bearbeitung im Sinne von § 5 FAO liegt nur vor, wenn sich der Rechtsanwalt (auch als angestellter Anwalt oder als freier Mitarbeiter eines Anwalts)[20] – etwa durch Anfertigung von Vermerken und Schriftsätzen oder die Teilnahme an Gerichts- und anderen Verhandlungen

---

[8] Hartung/Scharmer/*Scharmer* Einf. FAO Rn. 94 ff.
[9] *Hommerich/Kilian* AnwBl 2011, 856 ff.
[10] Zu den Problemen beim Erwerb und Nachweis des Theoriewissens siehe *Hommerich/Kilian* AnwBl 2011, 387 f.
[11] Hartung/Scharmer/*Scharmer* FAO § 3 Rn. 24 ff.
[12] BGH 29.5.2000 – AnwZ (B) 33/99, NJW 2000, 2588.
[13] Siehe zu den Fachanwaltsklausuren *Hommerich/Kilian* AnwBl 2011, 485 f.
[14] BGH 16.12.2013 – AnwZ (Brfg) 29/12, NZA 2014, 332; 18.4.2005 – AnwZ (B) 31/04, NZA 2005, 710.
[15] Zu den Schwierigkeiten beim „Sammeln" der Fälle *Hommerich/Kilian* AnwBl 2011, 576 f.
[16] AGH Frankfurt a. M. 2.11.2015 – 2 AGH 6/15, BRAK-Mitt 2016, 41.
[17] AGH München 9.7.2018 – BayAGH III-4-15/17.
[18] BGH 10.10.2011 – AnwZ (Brfg) 9/11, AnwBl 2012, 89.
[19] BGH 28.5.2020 – AnwZ (Brfg) 10/20, BRAK-Mitt 2020, 217.
[20] BGH 10.10.2011 – AnwZ (Brfg) 9/11, AnwBl 2012, 91.

– selbst mit der Sache inhaltlich befasst hat.[21] Unter einem „Fall" ist jede juristische Aufarbeitung eines einheitlichen Lebenssachverhalts zu verstehen, der sich von anderen Lebenssachverhalten dadurch unterscheidet, dass die zu beurteilenden Tatsachen und die Beteiligten verschieden sind.[22] Eine Berufung ist für sich genommen deshalb kein eigener Fall.[23] Auszugehen ist von einem durchschnittlichen Fall, der eine gewisse Bandbreite aufweist; abzustellen ist auf die Bearbeitung in einer Allgemeinkanzlei und nicht etwa durch einen Fachanwalt.[24] Neben den in freier anwaltlicher Tätigkeit bearbeiteten Fällen sind auch solche Fälle zu berücksichtigen, in denen der Rechtsanwalt als Syndikus eines Arbeitgeber- oder Unternehmerverbandes die arbeitsrechtliche Beratung und Prozessvertretung von Mitgliedern des Verbandes weisungsunabhängig durchgeführt hat.[25] Nicht ausreichend ist es, wenn der Syndikusanwalt ausschließlich im Anstellungsverhältnis Fälle für seinen Arbeitgeber bearbeitet[26] oder sich auf ein Wirken im Hintergrund beschränkt und weder eigene Schriftsätze anfertigt noch selbst an Gerichtsverhandlungen teilnimmt.[27] Fallbearbeitungen des Anwalts aus dem Arbeitsförderungs- und Sozialversicherungsrecht können nur dann berücksichtigt werden, wenn sie einen inhaltlichen Bezug zum Arbeitsrecht haben.[28] Als Fälle des kollektiven Arbeitsrechts gelten auch solche des Individualarbeitsrechts, in denen kollektives Arbeitsrecht eine nicht unerhebliche Rolle spielt. Beschlussverfahren sind nicht erforderlich.

c) **Verfahren.** Der Erwerb der besonderen theoretischen Kenntnisse und der besonderen praktischen Erfahrungen ist gemäß § 6 FAO durch Unterlagen (insbes. Lehrgangszeugnisse und Fallliste) und gemäß § 7 FAO durch ein Fachgespräch nachzuweisen. Der Fachausschuss kann auch die Vorlage (anonymisierter) Arbeitsproben verlangen, nicht jedoch die gesamte Handakte.[29] Arbeitsproben können auch in elektronischer Form (zB als CD-ROM mit Word- und PDF-Dokumenten) vorgelegt werden.[30] Eine Untersuchung des Soldan Instituts für Anwaltsmanagement aus dem Jahre 2010 hat ergeben, dass 24 Prozent der befragten Fachanwälte zur Vorlage von Arbeitsproben aufgefordert worden sind.[31] Die Durchführung des Fachgesprächs ist im Gegensatz zu der früheren Rechtslage nunmehr die Regel und das Absehen davon die Ausnahme.[32] Der Prüfungsstoff des Fachgesprächs ist beschränkt auf die Bereiche, in denen der Nachweis der in §§ 4 und 5 FAO geforderten theoretischen Kenntnisse und praktischen Erfahrungen noch nicht geführt ist.[33]

d) **Fortbildung.** Ist der Anwalt berechtigt, eine Fachanwaltsbezeichnung zu führen, so hat er sich gemäß § 15 FAO fortzubilden. Daher muss er jährlich auf diesem Gebiet wissenschaftlich publizieren oder mindestens an einer anwaltlichen Fortbildungsveranstaltung dozierend oder hörend teilnehmen, wobei die Gesamtdauer der Fortbildung 15 Zeitstunden nicht unterschreiten darf. Gemäß § 15 Abs. 4 FAO können bis zu fünf Zeitstunden im Wege des Selbststudiums absolviert werden, sofern eine Lernerfolgskontrolle erfolgt. Die sich aus § 15 FAO ergebende Fortbildungsverpflichtung ist in jedem Kalenderjahr für das laufende Kalenderjahr zu erfüllen.[34] Die Erfüllung der Fortbildungsverpflichtung ist der Rechtsanwaltskammer gemäß § 15 Abs. 5 FAO unaufgefordert nachzuweisen.

---

[21] BGH 16.5.2011 – AnwZ (Brfg) 7/10, BeckRS 2011, 16680; 4.11.2009 – AnwZ (B) 16/09, NJW 2010, 377.
[22] BGH 27.4.2016 – AnwZ (Brfg) 3/16, AnwBl 2016, 688.
[23] BGH 24.3.2009 – VI ZB 89/08, NJW-RR 2010, 279.
[24] AGH München 9.7.2018 – BayAGH III-4-15/17.
[25] BGH 13.1.2003 – AnwZ (B) 25/02, NZA 2003, 327; Anmerkung *Kleine-Cosack* EWiR 2003, 413. Siehe hierzu auch *Posegga* MDR 2003, 609.
[26] BGH 25.10.2006 – AnwZ (B) 80/05, NJW 2007, 599.
[27] BGH 6.3.2006 – AnwZ (B) 37/05, NJW 2006, 1516.
[28] BGH 10.3.2014 – AnwZ (Brfg) 58/12, NZA 2014, 626; BGH 25.2.2008 – AnwZ (B) 17/07, NZA 2008, 607.
[29] Hartung/Scharmer/*Scharmer* FAO § 6 Rn. 49 ff.
[30] AGH Nordrhein-Westfalen 2.5.2011 – 1 AGH 85/10, NJW 2011, 2981.
[31] *Hommerich/Kilian* AnwBl 2011, 683 ff.
[32] *Quaas/Sieben* BRAK-Mitt. 2003, 250; differenzierend *Ollig* AnwBl 2010, 354.
[33] BGH 7.3.2005 – AnwZ (B) 11/04, NJW 2005, 2082.
[34] AGH Hamm 5.6.2020 – 1 AGH 43/19, BRAK-Mitt 2020, 217.

II. Rechtsquellen des Arbeitsrechts

1. Allgemeines

8 Das Arbeitsrecht ist die Summe aller Rechtsregeln, die sich mit der in abhängiger Tätigkeit geleisteten Arbeit beschäftigen. Es betrifft damit primär das Verhältnis von Arbeitgebern und Arbeitnehmern, das typischerweise im Arbeitsvertrag seine Grundlage hat. Das Arbeitsrecht regelt daneben auch die Beziehungen der im Betrieb bzw. Unternehmen organisierten Mitarbeiter sowie die Verhältnisse der Gewerkschaften und Arbeitgeberverbände und deren Rechtsbeziehungen zueinander. Schließlich bezieht sich das Arbeitsrecht auch auf das Verhältnis der Arbeitsvertragsparteien und ihrer Verbände zum Staat. Das Arbeitsrecht besteht damit sowohl aus privatem als auch aus öffentlichem Recht. Folgende Rechtsquellen sind im Wesentlichen zu beachten:

9 a) **Europäisches Gemeinschaftsrecht.** Das Europäische Gemeinschaftsrecht übt in zunehmendem Maße Einfluss auf das nationale Arbeitsrecht aus. Im Recht der EU ist das Arbeitsrecht Bestandteil der Bestimmungen über Sozialpolitik. Die Rechtsetzung der EU betrifft überwiegend Bereiche des allgemeinen Arbeitsvertragsrechts und des sozialen und technischen Arbeitsschutzes. Zu differenzieren ist zwischen primärem und sekundärem Gemeinschaftsrecht. Das **primäre** Gemeinschaftsrecht besteht aus den drei Gründungsverträgen betreffend EGKS, Euratom und EWG nebst ihren Änderungen, Ergänzungen und Folgeverträgen. Diese Normen entfalten **unmittelbare** Wirkung. Der AEUV selbst enthält nur wenige materiell-arbeitsrechtliche Vorschriften, von denen insbesondere die Bestimmungen über die Freizügigkeit der Arbeitnehmer (Art. 45 ff. AEUV) und über die Lohngleichheit für Mann und Frau (Art. 157 AEUV) relevant sind. Von den zum **sekundären** Gemeinschaftsrecht zählenden Bestimmungen sind für das Arbeitsrecht insbesondere die Verordnungen und Richtlinien zu nennen. Diejenigen mit arbeitsrechtlicher Bedeutung haben ein fast unüberschaubares Maß angenommen. Während die **Verordnungen** gemäß Art. 288 Abs. 2 AEUV ohne innerstaatliche Transformation in jedem Mitgliedstaat unmittelbar geltendes Recht darstellen, erlangen die **Richtlinien** gemäß Art. 288 Abs. 3 AEUV grundsätzlich erst auf Grund einer **Transformation** in das nationale Recht innerstaatliche Geltung. Der einzelne Arbeitnehmer kann sich gegenüber dem Mitgliedstaat und damit gegenüber öffentlich-rechtlichen Arbeitgebern unmittelbar auf eine Richtlinie berufen, soweit der Mitgliedstaat die Frist zur Umsetzung versäumt hat und die Richtlinie dem Einzelnen in klarer und unmissverständlicher Weise Rechte gewährt.[35] Im Verhältnis zwischen den Bürgern erwachsen nicht umgesetzte Richtlinien nicht in unmittelbare Geltung. Der einzelne Bürger, der auf Grund der mangelnden Umsetzung einer Richtlinie einen Schaden erleidet, kann diesen ersetzt verlangen.[36] Das nationale Recht ist nach Ablauf der Umsetzungsfrist zudem richtlinienkonform auszulegen.[37]

10 b) **Arbeitsvölkerrecht.** Zahlreiche völkerrechtliche Verträge behandeln arbeitsrechtliche Fragestellungen. Insbesondere sind von Bedeutung:
- die **Europäische Sozialcharta** vom 18.10.1961, die Rechtsgrundsätze enthält zum Recht auf Arbeit (Art. 1), auf gerechtes Arbeitsentgelt (Art. 4), zum Schutz der Jugendlichen, Frauen und Behinderten (Art. 7, 8, 15), zur Koalitionsfreiheit (Art. 5) und zur Arbeitskampffreiheit (Art. 6);
- die **Europäische Menschenrechtskonvention (EMRK)** vom 4.11.1950 mit Bestimmungen zum Verbot von Zwangsarbeit (Art. 4) und zur Garantie der Koalitionsfreiheit (Art. 11);
- der **Internationale Pakt über wirtschaftliche, soziale und kulturelle Rechte** vom 19.12.1966, der Rechtsgrundsätze zum Recht auf Arbeit sowie zum Koalitions- und Streikrecht der Arbeitnehmer aufstellt (Art. 6–8);
- die **Übereinkommen der Internationalen Arbeitsorganisation (IAO)**.

---

[35] EuGH 14.7.1994 – C-91/92, NJW 1994, 2473 – Dori/Recreb; EuGH 26.2.1986 – 152/84, NJW 1986, 2178; EuGH 4.10.2001 – C-438/99, NZA 2001, 1243 (1245).
[36] EuGH 19.11.1991 – C-6/90, NJW 1992, 165; EuGH 7.3.1996 – C-192/94, NJW 1996, 1401.
[37] EuGH 4.7.2006 – C-212/04, NJW 2006, 2465; Calliess/Ruffert/*M. Ruffert*, 5. Aufl. 2016, AEUV Art. 288 Rn. 80.

Die EMRK und der Internationale Pakt über wirtschaftliche, soziale und kulturelle Rech- 11
te wirken als unmittelbar geltendes Bundesrecht. Die Europäische Sozialcharta enthält nach
hM kein innerstaatliches Recht, sondern begründet nur eine völkerrechtliche Verpflichtung
des Staates.[38] Dasselbe gilt für die Übereinkommen der IAO, die von den Mitgliedstaaten zu
ratifizieren und in nationales Recht umzusetzen sind. Grundsätzlich kann sich der einzelne
Arbeitnehmer nicht unmittelbar auf sie berufen.[39]

c) **Verfassung.** Das Grundgesetz (GG) geht auch im Arbeitsrecht allen anderen innerstaat- 12
lichen Rechtsquellen vor (Art. 1 Abs. 3, Art. 20 Abs. 3 GG). Insbesondere die Grundrechte
wirken in erheblichem Maße auf das Arbeitsrecht ein.[40] Zwar ist nach dem Wortlaut des
Art. 1 Abs. 3 GG nur der Staat Adressat der Grundrechte als Abwehrrechte der Bürger.
Doch ist allgemein anerkannt, dass die Grundrechte auch im Arbeitsverhältnis Anwendung
finden. Art. 9 Abs. 3 S. 2 GG ist unmittelbar anwendbar. Den Grundrechten im Übrigen
kommt nach heute ganz herrschender Meinung im Arbeitsverhältnis eine **mittelbare** Drittwirkung bei der Anwendung und Auslegung von privatrechtlichen Generalklauseln oder
sonstigen unbestimmten Rechtsbegriffen zu.[41]

Für das Arbeitsrecht von zentraler Bedeutung sind folgende Grundrechte: 13
- Schutz der Menschenwürde, Art. 1 GG;
- Allgemeines Persönlichkeitsrecht, Art. 2 Abs. 1 GG;
- Gleichberechtigung, Art. 3 Abs. 2, Abs. 3 GG;
- Glaubens-, Gewissens- und Bekenntnisfreiheit, Art. 4 GG;
- Freiheit der Meinungsäußerung, Art. 5 Abs. 1 GG;
- Koalitionsfreiheit, Art. 9 Abs. 3 GG;
- Freizügigkeit, Art. 11 GG;
- Berufsfreiheit, Art. 12 GG;
- Eigentumsgarantie, Art. 14 GG.

Aus dem Sozialstaatsprinzip (Art. 20 Abs. 1, 28 Abs. 1 S. 1 GG) folgt für den Gesetzgeber 14
die Aufgabe, die Arbeitsbedingungen in einer den sozialen Anforderungen der Zeit entsprechenden Weise zu regeln. Die Sozialstaatsklausel enthält eine Staatszielbestimmung, die alle
Staatsorgane zur Verfolgung dieses Ziels verpflichtet. Subjektive Anspruchsrechte ergeben
sich allein aus dem Sozialstaatsprinzip regelmäßig nicht.[42] Der einzelne Arbeitnehmer kann
deshalb grundsätzlich nicht unmittelbar aus dem Sozialstaatsprinzip Ansprüche ableiten.

d) **Deutsches IPR.** Das nationale Recht legt fest, welches Recht im konkreten Fall zur Ent- 15
scheidungsfindung heranzuziehen ist, wenn es an internationalen Kollisionsregeln fehlt. In
einem ersten Schritt ist zu prüfen, ob deutsche Gerichte zur Entscheidung des Streitfalles international zuständig sind; denn (nur) dann kommt das Kollisionsrecht Deutschlands zur
Anwendung. Die internationale Zuständigkeit richtet sich nach der örtlichen Zuständigkeit.[43] Im Verhältnis der EU-Staaten untereinander ist die EuGVVO zu beachten, im Verhältnis des deutschen Rechtsanwenders zu Norwegen, Island und zur Schweiz das Lugano-
Übereinkommen.[44] In einem zweiten Schritt ist sodann festzustellen, ob ein Arbeitsvertrag
mit Auslandsberührung vorhanden ist (Art. 3 Abs. 1 S. 1 EGBGB). Sind beide Fragen zu bejahen, ist hinsichtlich der Rechtswahl danach zu differenzieren, wann der Vertrag abgeschlossen worden ist: Der europäische Normgeber hat das römische Übereinkommen vom

---

[38] BVerfG 26.4.2016 – 2 BvR 1488/14, NZA 2016, 1163; Schaub ArbR-HdB/*Linck* § 6 Rn. 1; offengelassen von BAG 10.6.1980 – 1 AZR 168/79, AP GG Art. 9 Arbeitskampf Nr. 65.
[39] ErfK/*Preis* BGB § 611a Rn. 201.
[40] ErfK/*Preis* BGB § 611a Rn. 203.
[41] BVerfG 27.1.1998 – 1 BvL 15/87, NZA 1998, 470 (472) – Kleinbetriebsklausel I; ErfK/*Schmidt* Einl. GG Rn. 17 ff., ErfK/*Linsenmaier* GG Art. 9 Rn. 43.
[42] BVerfG 3.12.1969 – 1 BvR 624/56, NJW 1970, 799 – Besatzungsschäden, Kriegsfolgeschäden.
[43] BAG 3.5.1995 – 5 AZR 15/94, NZA 1995, 1191.
[44] *Schlachter* NZA 2000, 57 (58).

19.6.1980 über das auf vertragliche Schuldverhältnisse anwendbare Recht (EVÜ) durch die Verordnung (EG) Nr. 593/2008 des Europäischen Parlaments und des Rates vom 17.6.2008 über das auf vertragliche Schuldverhältnisse anzuwendende Recht (**Rom I-VO**)[45] ersetzt, die am 24.7.2008 in Kraft getreten ist. Gemäß Art. 29 Rom I-VO gilt die Verordnung für Schuldverträge nach dem 17.6.2008. Die bislang geltenden Art. 27–37 EGBGB wurden mit Gesetz vom 25.6.2009[46] aufgehoben, gelten aber gemäß Art. 28 Rom I-VO für bis zum 17.12.2009 abgeschlossene Verträge weiter.

16 *aa) Rechtslage für vor dem 18.12.2009 abgeschlossene Verträge.* Für Arbeitsverträge, die vor dem 18.12.2009 abgeschlossen worden sind, bestimmt Art. 30 Abs. 1 iVm Art. 27 Abs. 1 EGBGB, dass die Parteien das für ihre Vertragsbeziehung maßgebliche Recht selbst bestimmen dürfen.[47] Die Rechtswahl muss nicht ausdrücklich erfolgen. Sie kann sich konkludent aus den Bestimmungen des Vertrags oder aus den Umständen des Einzelfalls ergeben.[48] Ist keine Rechtswahl getroffen worden, legt Art. 30 Abs. 2 EGBGB die anwendbare Rechtsordnung nach objektiven Kriterien fest. Das Arbeitsverhältnis unterliegt dann dem Recht des gewöhnlichen Arbeitsorts (Abs. 2 Nr. 1) oder dem Recht der einstellenden Niederlassung (Abs. 2 Nr. 2). Der „gewöhnliche Arbeitsort" befindet sich in dem Staat, in dem der Arbeitnehmer seine Verpflichtungen im Wesentlichen zu erfüllen hat.[49] Ausnahmsweise kann hiervon abgewichen werden, wenn sich ergibt, dass der Arbeitsvertrag oder das Arbeitsverhältnis eine engere Verbindung zu einem anderen Staat aufweist.[50] Dies kann sich daraus ergeben, dass der Arbeitsvertrag auf Grund seiner Einzelvorschriften oder seiner Gesamtstruktur die Rechtsordnung eines Staates widerspiegelt.

17 Die grundsätzlich bestehende Freiheit der Rechtswahl wird durch folgende Regeln eingeschränkt:[51]

- Art. 27 Abs. 3 EGBGB besagt, dass durch die Rechtswahl nicht von zwingenden Bestimmungen abgewichen werden darf, wenn ein reiner Inlandssachverhalt vorliegt. Dasselbe gilt für reine Auslandssachverhalte, die durch nichts anderes als die Rechtswahl mit dem deutschen Recht verbunden sind.
- Art. 30 Abs. 1 EGBGB bestimmt, dass die Rechtswahl den Beschäftigten nicht dem Schutz der zwingenden Bestimmungen der bei objektiver Anknüpfung anwendbaren Rechtsordnung entziehen darf.
- Art. 32 Abs. 2 EGBGB ordnet an, dass für die Art und Weise der Vertragserfüllung das Recht des Erfüllungsortes zu berücksichtigen ist.
- Art. 34 EGBGB schreibt vor, solche Normen des deutschen Rechts anzuwenden, die ungeachtet des auf den Vertrag anzuwendenden Rechts den Sachverhalt zwingend regeln (sog. Eingriffsnormen), zB § 3 EFZG oder § 14 Abs. 1 MuSchG.[52] Bei § 18 Abs. 1 BEEG handelt es sich jedenfalls dann nicht um eine Eingriffsnorm iSv Art 34 EGBGB, wenn der die Elternzeit beanspruchende Arbeitnehmer seinen gewöhnlichen Arbeitsort nicht im Inland hat.[53]

18 Art. 30 EGBGB erfasst nicht das kollektive Arbeitsrecht.[54] Im internationalen Betriebsverfassungsrecht gilt das Territorialitätsprinzip. Das auf Tarifverträge anwendbare Recht können die Tarifvertragsparteien nach hM gemäß Art. 27 EGBGB selbst wählen.[55] Fehlt eine Rechtswahl, ist dasjenige Recht maßgebend, zu dem die engste Verbindung besteht, Art. 28 Abs. 1 S. 1 EGBGB.

---

[45] ABl. 2008 L 177, 6; ber. ABl. 2009 L 309, 87; abgedruckt in Palandt/*Thorn*, 79. Aufl. 2020, (IPR) Rom I.
[46] BGBl. I 1574.
[47] BAG 11.12.2003 – 2 AZR 627/02, AP EGBGB Art. 27 Nr. 6.
[48] BAG 12.12.2017 – 3 AZR 305/16, NZA 2018, 1499.
[49] BAG 18.9.2019 – 5 AZR 81/19, AP GVG § 20 Nr. 15.
[50] Siehe zu den Kriterien mN etwa: BAG 11.12.2003 – 2 AZR 627/02, AP EGBGB Art. 27 Nr. 6; BAG 13.11.2007 – 9 AZR 134/07, NZA 2008, 761.
[51] Siehe dazu etwa BAG 11.12.2003 – 2 AZR 627/02, AP EGBGB Art. 27 Nr. 6; Anmerkung *Mauer* EWiR 2004, 703.
[52] BAG 12.12.2001 – 5 AZR 255/00, NZA 2002, 734.
[53] BAG 7.5.2020 – 2 AZR 692/19, AP EGBGB Art. 30 nF Nr. 11 = NJW 2020, 2659 (Ls.).
[54] *Schlachter* NZA 2000, 57 (63).
[55] Palandt/*Heldrich*, 67. Aufl. 2008, EGBGB Art. 30 Rn. 3a zur alten Rechtslage.

bb) Rechtslage für nach dem 17.12.2009 abgeschlossene Verträge. Für Arbeitsverträge, die 19
nach dem 17.12.2009 abgeschlossen worden sind, ist nur die Rom I-VO nach deren Art. 28
anwendbar. Gemäß Art. 8 Abs. 1 S. 1 Rom I-VO unterliegen Individualverträge dem von den
Parteien nach Art. 3 Rom I-VO gewählten Recht. Die Wahl kann ausdrücklich oder konkludent getroffen werden (Art. 3 Abs. 1 S. 2 Rom I-VO). Eine konkludente Rechtswahl setzt voraus, dass sie sich eindeutig aus den Bestimmungen des Vertrags oder den Umständen des Falls ergibt.[56] Soweit das auf den Arbeitsvertrag anzuwendende Recht nicht durch Rechtswahl der Parteien bestimmt ist, unterliegt der Arbeitsvertrag gemäß Art. 8 Abs. 2 Rom I-VO dem Recht des Staates, in dem oder andernfalls von dem aus der Arbeitnehmer in Erfüllung des Vertrags gewöhnlich seine Arbeit verrichtet. Der Staat, in dem die Arbeit gewöhnlich verrichtet wird, wechselt nicht, wenn der Arbeitnehmer seine Arbeit vorübergehend in einem anderen Staat verrichtet, wenn also von dem Arbeitnehmer erwartet wird, dass er nach seinem Einsatz im Ausland seine Arbeit im Herkunftsstaat wieder aufnehmen wird.[57]

Die nach Art. 3 Rom I-VO bestehende Rechtswahlfreiheit erfährt folgende Schranken: 20
- Die Rechtswahl darf gemäß Art. 8 Abs. 1 S. 2 Rom I-VO nicht dazu führen, dass dem Arbeitnehmer der Schutz entzogen wird, der ihm durch die zwingenden Bestimmungen des Rechts gewährt wird, das mangels einer Rechtswahl anzuwenden wäre. Zwingend sind solche Bestimmungen, von denen nicht zum Nachteil des Arbeitnehmers durch Vereinbarung abgewichen werden darf. Erforderlich ist damit ein **Günstigkeitsvergleich**, der sachgruppenbezogen durchzuführen ist.[58]
- Die Rechtswahl lässt gemäß Art. 9 Abs. 2 Rom I-VO die Anwendung von Eingriffsnormen des Rechts des angerufenen Gerichts unberührt. Eine **Eingriffsnorm** ist nun in Art. 9 Abs. 1 Rom I-VO als zwingende Vorschrift legaldefiniert, „deren Einhaltung von einem Staat als so entscheidend für die Wahrung seines öffentlichen Interesses, insbesondere seiner politischen, sozialen oder wirtschaftlichen Organisation, angesehen wird, dass sie ungeachtet des nach Maßgabe dieser Verordnung auf den Vertrag anzuwendenden Rechts auf alle Sachverhalte anzuwenden ist, die in ihren Anwendungsbereich fallen".

e) *Gesetze.* Gemäß Art. 74 Abs. 1 Nr. 12 GG gehört das Arbeitsrecht einschließlich der 21
Betriebsverfassung, des Arbeitsschutzes und der Arbeitsvermittlung zu den Gegenständen der **konkurrierenden** Gesetzgebung des Bundes. Deshalb ist die Bedeutung der Landesgesetze auf dem Gebiet des Arbeitsrechts gering. Die arbeitsrechtlichen Gesetze sind gegenüber dem EU-Recht und der Verfassung nachrangig. Gegenüber den übrigen Rechtsquellen besteht hingegen grds. eine Überordnung. Eine einheitlich geltende Kodifikation des Arbeitsrechts gibt es in Deutschland nicht. Der in Art. 30 Abs. 1 Nr. 1 des Einigungsvertrages vom 31.8.1990 genannten Verpflichtung, möglichst bald ein Arbeitsvertragsrecht zu kodifizieren, ist der Gesetzgeber bis heute nicht nachgekommen. Das BGB enthält nur wenige arbeitsrechtliche Vorschriften (§§ 611ff. BGB). Es besteht eine Vielzahl von arbeitsrechtlichen Spezialgesetzen. Die Rechtsanwendung wird dadurch unübersichtlich. Zu nennen sind etwa das Allgemeine Gleichbehandlungsgesetz, das Arbeitszeitgesetz, das Betriebsverfassungsgesetz, das Bundesurlaubsgesetz, das Entgeltfortzahlungsgesetz, das Kündigungsschutzgesetz, das Mindestlohngesetz, das Tarifvertragsgesetz, das Teilzeit- und Befristungsgesetz. Arbeitsrecht ist überwiegend Privatrecht. Es ist teilweise aber auch öffentliches Recht, zB Arbeitsschutzgesetz, Arbeitszeitgesetz, Jugendarbeitsschutzgesetz.

Eine wichtige Unterscheidung für den Rechtsanwender ist diejenige zwischen **zwingen-** 22
dem und **dispositivem** Gesetzesrecht. Auf Grund der Qualifizierung des Arbeitsrechts als Schutzrecht des Arbeitnehmers überwiegen die zwingenden Regelungen die dispositiven. Teilweise ergibt sich aus dem Wortlaut der Norm, ob diese **zwingend** ist, zB § 619 BGB, § 62 Abs. 4 HGB, § 13 Abs. 1 S. 3 BUrlG, § 31 AGG, § 17 Abs. 3 S. 3 BetrAVG, § 22 Abs. 1 TzBfG, § 12 EFZG, § 3 MiLoG. Die zwingende Wirkung kann sich bei nicht ausdrücklicher Anordnung im Wege der Auslegung insbesondere aus dem Schutzzweck der Norm ergeben.

---
[56] BAG 15.12.2016 – 6 AZR 430/15, NZA 2017, 502; BAG 14.12.2016 – 7 AZR 49/15, NZA 2017, 634; BAG 23.3.2016 – 5 AZR 767/14, NZA 2017, 78.
[57] MüKoBGB/*Martiny*, 7. Aufl. 2018, Rom I-VO Art. 8 Rn. 63.
[58] Schaub ArbR-HdB/*Linck* § 7 Rn. 8.

Gesetzesrecht kann **tarifdispositiv** ausgestaltet sein, so dass Abweichungen zu Ungunsten des Arbeitnehmers durch Tarifverträge zulässig sind, zB § 13 Abs. 1 BUrlG, § 622 Abs. 4 BGB, § 7 ArbZG, § 17 Abs. 3 S. 1 BetrAVG, § 4 Abs. 4 EFZG, §§ 48 Abs. 2, 101 Abs. 1, 2 ArbGG, §§ 12 Abs. 3, 13 Abs. 4, 14 Abs. 2 S. 3 TzBfG, § 21a JArbSchG, §§ 100a, 140 Abs. 2 SeemG. Hintergrund für die Einführung tarifdispositiven Gesetzesrechts ist die Annahme, dass der einzelne Arbeitnehmer zwar schutzbedürftig ist, Tarifverträge aber zwischen in etwa gleich starken Partnern (sachnah) ausgehandelt werden.[59] Sonstiges **dispositives** Gesetzesrecht unterliegt der Vertragsgestaltung der Parteien und kann grundsätzlich durch Arbeitsvertrag oder Betriebsvereinbarung abweichend geregelt werden, zB §§ 612, 613, 614, 615 BGB.

23 Nach der Rechtsprechung des BAG ist der Arbeitnehmer bei Abschluss des Arbeitsvertrages im Verhältnis zum Arbeitgeber als Verbraucher iSd § 13 BGB anzusehen,[60] weswegen der Anwendungsbereich der Verbraucherschutzvorschriften auch Arbeitnehmer erfasst. Selbst für den Geschäftsführer einer GmbH hat das BAG die Verbrauchereigenschaft jedenfalls dann bejaht, wenn er nicht zugleich als Gesellschafter über zumindest eine Sperrminorität verfügt und Leitungsmacht über die Gesellschaft ausüben kann.[61] Dies wird insbesondere in folgenden Fällen relevant:

- Bei Zahlungsklagen des Arbeitnehmers richtet sich der **Verzugszinssatz nach § 288 Abs. 1 BGB**.[62]
- Der Anwendungsbereich der arbeitsvertraglichen **Inhaltskontrolle gemäß § 310 Abs. 3 Nr. 1 und Nr. 2 BGB** wird erweitert, weil der Arbeitsvertrag ein Verbrauchervertrag ist.[63]
- Trotz Verbrauchereigenschaft des Arbeitnehmers hat das BAG die Frage verneint, ob der Arbeitnehmer **einen Änderungs- oder Aufhebungsvertrag gemäß §§ 312 Abs. 1, 355 BGB widerrufen** kann, weil eine am Arbeitsplatz abgeschlossene arbeitsrechtliche Beendigungsvereinbarung **kein Haustürgeschäft** iSd § 312 Abs. 1 S. 1 Nr. 1 BGB ist.[64] An diesem Ergebnis ändert sich auch durch die gesetzliche Neufassung der §§ 312 ff. BGB nichts: Der Verbraucher soll durch §§ 312 ff. BGB vor psychischem Druck und Überraschungssituationen bei Verträgen geschützt werden, die außerhalb von Geschäftsräumen des Unternehmens (§ 312b BGB) abgeschlossen werden. Bei arbeitsvertraglichen Aufhebungsverträgen am Arbeitsplatz ist eine derartige Situation nicht gegeben.[65] Unabhängig davon kann ein Aufhebungsvertrag allerdings unwirksam sein, wenn er unter Missachtung des Gebots fairen Verhandelns zustande gekommen ist. Das Gebot fairen Verhandelns wird missachtet, wenn die Entscheidungsfreiheit des Vertragspartners in zu missbilligender Weise beeinflusst wird. Dies ist der Fall, wenn eine psychische Drucksituation geschaffen oder ausgenutzt wird, die eine freie und überlegte Entscheidung des Vertragspartners erheblich erschwert oder sogar unmöglich macht. Dies kann durch die Schaffung besonders unangenehmer Rahmenbedingungen, die erheblich ablenken oder sogar den Fluchtinstinkt wecken, geschehen. Denkbar ist auch die Ausnutzung einer objektiv erkennbaren körperlichen oder psychischen Schwäche oder unzureichender Sprachkenntnisse. Die Nutzung eines Überraschungsmoments kann ebenfalls die Entscheidungsfreiheit des Vertragspartners beeinträchtigen (Überrumpelung).[66]
- Es ist schließlich an die Vorschriften zum Verbraucherdarlehensvertrag in **§§ 491 ff. BGB** zu denken, falls Arbeitgeber und Arbeitnehmer einen Darlehensvertrag abschließen.

24 **f) Verordnungen.** Rechtsverordnungen haben als arbeitsrechtliche Rechtsquelle eine geringe praktische Bedeutung. Rechtsverordnungen stehen im Rang unter dem Gesetzesrecht

---

[59] ErfK/*Preis* BGB § 611a Rn. 207.
[60] BAG 18.5.2004 – 9 AZR 319/03, NZA 2005, 111; BAG 18.3.2008 – 9 AZR 186/07, NZA 2008, 1004; BAG 21.4.2016 – 8 AZR 474/14, NZA 2016, 1409.
[61] BAG 19.5.2010 – 5 AZR 253/09, NZA 2010, 939.
[62] BAG 23.2.2005 – 10 AZR 602/03, AP InsO § 55 Nr. 9; BAG 24.8.2006 – 8 AZR 317/05, NZA 2007, 1287.
[63] BAG 25.5.2005 – 5 AZR 572/04, NZA 2005, 1111.
[64] BAG 27.11.2003 – 2 AZR 135/03, NZA 2004, 597; BAG 7.2.2019 – 6 AZR 75/18, NZA 2019, 688.
[65] *Kamanabrou* NZA 2016, 919.
[66] BAG 7.2.2019 – 6 AZR 75/18, NZA 2019, 688; *Kamanabrou* RdA 2020, 201.

und bedürfen einer den Anforderungen des Art. 80 GG entsprechenden Ermächtigungsgrundlage.

Beispiele für arbeitsrechtliche Regelungen in Rechtsverordnungen sind insbesondere:
- Verordnung zur Durchführung des TVG;
- Wahlordnungen im Betriebsverfassungsgesetz und in den Mitbestimmungsgesetzen;
- Arbeitsstättenverordnung;
- Verordnungen zum Arbeitsschutzgesetz (§§ 18, 19 ArbSchG);
- Mutterschutzrichtlinienverordnung;
- Verordnungen iSd § 7 Abs. 1 AEntG.

Die Rechtsnatur der **Allgemeinverbindlicherklärung nach § 5 TVG** war lange umstritten.[67] Nach Auffassung des BVerfG ist die Allgemeinverbindlicherklärung im Verhältnis zu den ohne sie nicht tarifgebundenen Arbeitgebern und Arbeitnehmern ein **Rechtsetzungsakt eigener Art** zwischen autonomer Regelung und staatlicher Rechtsetzung, der seine eigenständige Grundlage in Art. 9 Abs. 3 GG findet.[68] Die früher vertretene Einordnung als Verwaltungsakt[69] oder die Annahme einer rechtlichen Doppelnatur[70] sind heute überholt.[71] Die Allgemeinverbindlicherklärung ist wie ein Gesetz auszulegen.[72]

g) Richterrecht. Das Richterrecht ist keine Rechtsquelle im eigentlichen Sinne, ihm kommt allerdings faktisch **Bindungswirkung** zu. Da wichtige Bereiche des Arbeitsrechts nicht kodifiziert sind und das Arbeitsrecht zahlreiche unbestimmte Rechtsbegriffe enthält, ist die Bedeutung des Richterrechts sehr groß. Die Arbeitsgerichtsbarkeit hat in wichtigen Bereichen eigene Rechtsregeln und Rechtsinstitute entwickelt, zB das Arbeitskampfrecht, die Betriebsrisikolehre, die Grundsätze der Arbeitnehmerhaftung. Ob und inwieweit richterrechtliche Grundsätze abdingbar sind, ist umstritten.[73]

h) Tarifverträge. Der Tarifvertrag ist gemäß § 1 TVG ein schriftlicher Vertrag zwischen einem oder mehreren Arbeitgebern oder Arbeitgeberverbänden und einer oder mehreren Gewerkschaften. Er besteht aus zwei Teilen. Der **obligatorische** oder **schuldrechtliche** Teil regelt Rechte und Verpflichtungen der Tarifvertragsparteien. Der **normative** Teil enthält Rechtsnormen über Inhalt, Abschluss und Beendigung von Arbeitsverhältnissen sowie über betriebliche und betriebsverfassungsrechtliche Fragen und gemeinsame Einrichtungen der Vertragsparteien.[74]

Tarifverträge haben vier Funktionen:
- **Schutzfunktion:** Der Tarifvertrag schützt den Arbeitnehmer davor, dass der Arbeitgeber auf Grund seiner wirtschaftlichen Überlegenheit einseitig die Arbeitsvertragsbedingungen bestimmt;
- **Verteilungsfunktion:** Der Tarifvertrag bewirkt eine Differenzierung in Entgeltgruppen sowie eine Sicherstellung der Beteiligung der Arbeitnehmer am Sozialprodukt;
- **Ordnungsfunktion:** Arbeitgeber und Arbeitnehmer können auf allgemeine und verlässliche Arbeitsbedingungen vertrauen.
- **Friedensfunktion:** Ein Arbeitskampf darf während der Laufzeit eines Tarifvertrages nicht stattfinden.

Die praktische Bedeutung der Tarifverträge ist groß. Tarifnormen zählen zu den bedeutendsten Anspruchsgrundlagen im Arbeitsrecht. Tarifverträge gelten nicht nur für die Tarifvertragsparteien. Sie wirken für die einzelnen Arbeitsverhältnisse **unmittelbar und zwingend** (§ 4 Abs. 1 TVG): normative Wirkung. Da das Günstigkeitsprinzip einzelvertragliche Verbesserungen zu Gunsten der Arbeitnehmer zulässt, setzen Tarifverträge **Mindestarbeitsbedingungen** zu Gunsten der tarifgebundenen Arbeitnehmer. Die Tarifgebundenheit wird

---

[67] Vgl. zum Theorienstreit *Hueck/Nipperdey,* Band II/1, § 34 II 1; Schaub ArbR-HdB/*Treber* § 205 Rn. 6 f.
[68] BVerfG 24.5.1977 – 2 BvL 11/74, AP TVG § 5 Allgemeinverbindlichkeitserklärung I Nr. 15.
[69] OVG Berlin 15.3.1957 – II B 52, 56, AP TVG § 5 Nr. 3.
[70] BAG 21.3.1973 – 4 AZR 225/72, AP TVG § 4 Geltungsbereich Nr. 12 mAnm *Kraft.*
[71] ErfK/*Franzen* TVG § 5 Rn. 4.
[72] BAG 12.5.2010 – 10 AZR 559/09, NZA 2010, 953.
[73] ErfK/*Preis* BGB § 611a Rn. 234.
[74] *Hueck/Nipperdey* ArbR II/2 § 12 I 1.

grundsätzlich durch die jeweilige Verbandsmitgliedschaft vermittelt. Eine Anwendbarkeit des Tarifvertrages kommt auch kraft Allgemeinverbindlichkeitserklärung gemäß § 5 TVG in Betracht. Die Tarifnormen können auf nicht tarifgebundene Arbeitnehmer auf Grund Bezugnahme im Arbeitsvertrag angewendet werden.[75] Eine Tarifanwendung kann schließlich aus dem **Gleichbehandlungsgrundsatz**[76] oder aus **Betrieblicher Übung**[77] folgen. Tarifverträge sind in dem Tarifregister gelistet (§ 6 TVG).

30   i) **Betriebsvereinbarungen.** Die Betriebsvereinbarung ist das Parallelinstitut zum Tarifvertrag auf Betriebsebene. Sie ist das Rechtsinstitut der innerbetrieblichen Rechtssetzung; sie ist wie der Tarifvertrag eine Gesamtvereinbarung, die als privatrechtlicher Normenvertrag Normwirkung hat.[78] Mit der Betriebsvereinbarung werden die betriebliche und betriebsverfassungsrechtliche Ordnung sowie Inhalt, Abschluss und Beendigung von Arbeitsverhältnissen geregelt. Sie wird zwischen Arbeitgeber und Betriebsrat geschlossen.[79] Der Betriebsrat wird im Rahmen eines auf den Abschluss der Betriebsvereinbarung gerichteten Beschlusses (§ 33 BetrVG) gemäß § 26 Abs. 2 BetrVG durch seinen Vorsitzenden vertreten. Fehlt vor Unterzeichnung der Betriebsvereinbarung ein Beschluss des Gremiums oder ist er unwirksam, ist die Betriebsvereinbarung nicht nur schwebend, sondern gänzlich unwirksam.[80] Nach § 77 Abs. 1 S. 1 BetrVG kann eine Betriebsvereinbarung aber auch ein durch einen Spruch der Einigungsstelle zu Stande gekommener Zwangsvertrag sein. Im Verhältnis zwischen Tarifvertrag und Betriebsvereinbarung ist dem Tarifvertrag kraft Gesetzes der Vorrang eingeräumt (§§ 77 Abs. 3, 87 Abs. 1 BetrVG). Die Praxis zeigt seit geraumer Zeit eine Tendenz zur Betriebsautonomie („Flucht aus den Tarifverträgen"). Wie Tarifverträge gelten Betriebsvereinbarungen gemäß § 77 Abs. 4 S. 1 BetrVG unmittelbar und zwingend für alle im Betrieb beschäftigten Arbeitnehmer. Auf eine Verbandsmitgliedschaft (Gewerkschaft) der Arbeitnehmer kommt es nicht an. Ein Verzicht des Arbeitnehmers auf Rechte, die durch Betriebsvereinbarung eingeräumt sind, ist zwar zulässig, bedarf aber gemäß § 77 Abs. 4 S. 2 BetrVG der Zustimmung des Betriebsrats.

31   k) **Arbeitsverträge.** Der Arbeitsvertrag ist ein privatrechtlicher gegenseitiger Vertrag, durch den sich der Arbeitnehmer zur Leistung von Arbeit nach Weisung des Arbeitgebers und der Arbeitgeber zur Zahlung des vereinbarten Arbeitsentgelts verpflichtet (§ 611 BGB). Am häufigsten vorzufinden sind Verträge auf der Basis vorformulierter Vertragsbedingungen iSd § 305 Abs. 1 S. 1 u. 2 BGB, bei denen lediglich die Vertragsparteien, der Zeitpunkt der Arbeitsaufnahme, die Art der Tätigkeit, die Arbeitszeit und das Arbeitsentgelt für den Einzelfall bestimmt werden. Die einzelnen Vertragsbedingungen werden praktisch regelmäßig nicht im Einzelnen individuell ausgehandelt, sondern es werden häufig nur der Zeitpunkt der Arbeitsaufnahme, die Art der Tätigkeit, die Arbeitszeit sowie die Höhe der Grundvergütung festgelegt. Vollständig individuell ausgehandelte Arbeitsverträge bilden die Ausnahme. Der individuell ausgehandelte Einzelarbeitsvertrag (§ 305 Abs. 1 S. 3 BGB) unterliegt nicht der Inhaltskontrolle nach dem Recht der Allgemeinen Geschäftsbedingungen.[81] Der Grundsatz der Vertragsfreiheit gilt zwar auch im Arbeitsvertragsrecht, ist aber aus Gründen des Arbeitnehmerschutzes eingeschränkt durch zahlreiche zwingende gesetzliche Vorschriften (Bsp.: § 612 Abs. 3 BGB, § 3 ArbZG, § 12 EFZG, § 13 BUrlG, § 31 AGG), Tarifverträge, Betriebsvereinbarungen und auch das Richterrecht. Der Arbeitgeber hat die wesentlichen Vertragsbedingungen zu dokumentieren (§ 2 Abs. 1 NachwG).

32   Die Arbeitsvertragsinhalte werden typischerweise aus Gründen der Rationalisierung und Standardisierung in vom Arbeitgeber einseitig vorgegebenen **Allgemeinen Arbeitsbedingungen** festgelegt: Einheitsregelungen bzw. Formularverträge – Gesamtzusagen – Betriebliche Übung. Diese stellen Allgemeine Geschäftsbedingungen dar und unterliegen der Inhaltskon-

---

[75] ErfK/*Preis* BGB § 611a Rn. 211, 230.
[76] BAG 20.11.1996 – 5 AZR 401/95, NZA 1997, 724 (Gruppenbildung bei fehlender Tarifgebundenheit).
[77] BAG 19.1.1999 – 1 AZR 606/98, NZA 1999, 879.
[78] MüKoBGB/*Spinner* § 611a Rn. 285.
[79] Schaub ArbR-HdB/*Koch* § 231 Rn. 4.
[80] BAG 9.12.2014 – 1 ABR 19/13, NZA 2015, 368.
[81] ErfK/*Preis* BGB § 611a Rn. 215.

trolle nach §§ 305 ff. BGB,[82] wobei gemäß § 310 Abs. 4 S. 2 BGB die im Arbeitsrecht geltenden Besonderheiten angemessen zu berücksichtigen sind. Dies ist nicht auf Besonderheiten rechtlicher Art beschränkt.[83] Es muss sich um Gesichtspunkte – egal ob rechtlich oder tatsächlich – handeln, die für das Arbeitsverhältnis spezifisch sind.

Der Arbeitgeber verpflichtet sich durch die **Gesamtzusage** gegenüber den Arbeitnehmern einseitig, bestimmte Leistungen nach Maßgabe eines von ihm aufgestellten Plans zu erbringen. Eine Gesamtzusage hat die Arbeitnehmer begünstigende Regelungen zum Inhalt.[84] Bsp.: Personalrabatt, Ruhegeld, Sondervergütungen. Sie ist eine einseitige Verpflichtungserklärung des Arbeitgebers an die Belegschaft.[85] Dieses Vertragsangebot können die Arbeitnehmer gemäß § 151 S. 1 BGB annehmen, ohne dass es des Zugangs einer Annahmeerklärung bedarf.[86] Die Arbeitnehmer, in deren Person die vom Arbeitgeber abstrakt festgelegten Voraussetzungen erfüllt sind, erwerben einen einzelvertraglichen Anspruch auf die versprochene Leistung.[87] Die Gesamtzusage wird gleichsam als „Bündel von Individualverträgen" ergänzender Bestandteil der Arbeitsverträge,[88] von der sich der Arbeitgeber einseitig nur durch Änderungskündigung lösen kann,[89] sofern die Zusage keinen Änderungs- oder Widerrufsvorbehalt enthält.[90] Die Zusage hat für alle Arbeitnehmer den gleichen Inhalt und die gleiche Bedeutung, sofern es nicht zwischenzeitlich zu einer Veränderung des Inhalts der Zusage durch den Arbeitgeber gekommen oder diese für die Zukunft aufgehoben worden ist.[91] Sie ist eine Allgemeine Geschäftsbedingung.[92] Der Arbeitgeber hat bei der Leistungsgewährung das Mitbestimmungsrecht des Betriebsrats gemäß § 87 Abs. 1 Nr. 10 BetrVG zu beachten.

Das gewohnheitsrechtlich[93] anerkannte Institut der **Betrieblichen Übung** hat die regelmäßige (gleichförmige) Wiederholung bestimmter Verhaltensweisen des Arbeitgebers zum Gegenstand, aus denen die Arbeitnehmer einen konkreten Verpflichtungswillen des Arbeitgebers ableiten können, ihnen solle eine Leistung oder Vergünstigung auf Dauer gewährt werden.[94] Im Bereich der betrieblichen Altersversorgung ist das Institut der Betrieblichen Übung in § 1b Abs. 1 S. 4 BetrAVG auch gesetzlich anerkannt. Möglich ist eine Betriebliche Übung grundsätzlich bei jedem Verhalten und bezogen auf alle Arbeitsvertragsinhalte.[95] Ansprüche aus Betrieblicher Übung können nur entstehen, sofern keine anderweitige Anspruchsgrundlage vorhanden ist.[96] Erbringt der Arbeitgeber die Leistungen für den Arbeitnehmer erkennbar aufgrund einer anderen Rechtspflicht, kann der Arbeitnehmer nicht davon ausgehen, ihm solle eine Leistung auf Dauer unabhängig von dieser Rechtspflicht gewährt werden.[97] Nach den Grundsätzen der Betrieblichen Übung erwerben Arbeitnehmer einen Anspruch auf Leistungen wie zB Jahressonderzahlungen oder Weihnachtsgratifikationen auch in den Folgejahren, wenn diese Leistungen ihnen mehrmals in Folge, mindestens dreimal, vom Arbeitgeber ohne Vorbehalt gewährt worden sind, der aus Sicht eines verstän-

---

[82] ErfK/*Preis* BGB § 611a Rn. 216.
[83] BAG 25.5.2005 – 5 AZR 572/04, AP BGB § 310 Nr. 1; BAG 11.4.2006 – 9 AZR 557/05, AP BGB § 307 Nr. 17.
[84] SWK-ArbR/*Altenburg* Gesamtzusage Rn. 3.
[85] BAG 15.7.2008 – 3 AZR 61/07, NZA-RR 2009, 323.
[86] BAG 19.8.2015 – 5 AZR 450/14, BeckRS 2016, 65017; BAG 17.11.2009 – 9 AZR 765/08, NZA-RR 2010, 293; BAG 23.10.2002 – 10 AZR 48/02, NZA 2003, 557; BAG 14.6.1995 – 5 AZR 126/94, NZA 1995, 1194.
[87] BAG 20.8.2014 – 10 AZR 453/13, NZA 2014, 1333.
[88] BAG 18.3.2003 – 3 AZR 101/02, NZA 2004, 1099.
[89] BAG 23.2.2016 – 3 AZR 960/13, NZA 2016, 642.
[90] BAG 14.6.1995 – 5 AZR 126/94, NZA 1995, 1194; SWK-ArbR/*Altenburg* Gesamtzusage Rn. 7 ff.
[91] BAG 20.8.2014 – 10 AZR 453/13, NZA 2014, 1333.
[92] BAG 3.6.2020 – 3 AZR 730/19, AP BetrAVG § 1 Gleichbehandlung Nr. 78.
[93] *Hromadka* NZA 1984, 241 (244). Kritisch hierzu ErfK/*Preis* BGB § 611a Rn. 220; *Mikosch* FS Düwell, S. 115 (119): „Betriebliche Übung ist ein Sammelbegriff für Auslegungshilfen".
[94] BAG 7.9.1982 – 3 AZR 5/80, AP TV Arbeiter Bundespost § 3 Nr. 1; BAG 20.1.2004 – 9 AZR 43/03, AP BGB § 242 Betriebliche Übung Nr. 65; ErfK/*Preis* BGB § 611a Rn. 220.
[95] BAG 26.3.1997 – 10 AZR 612/96, NZA 1997, 1009; BAG 29.10.1985 – 3 AZR 462/83, EzA BetrAVG § 1 Betriebliche Übung Nr. 4; *Reinecke* BB 2004, 1625.
[96] BAG 27.6.1985 – 6 AZR 392/81, NZA 1986, 401 (403); BAG 10.12.2002 – 3 AZR 671/01, NZA 2003, 1360; BAG 20.6.2007 – 10 AZR 410/06, NZA 2007, 1293.
[97] BAG 19.3.2014 – 5 AZR 954/12, NZA 2014, 787.

digen und redlichen Vertragspartners klar und eindeutig formuliert sein muss. Ein Verstoß gegen das Transparenzgebot des § 307 Abs. 1 S. 2 BGB führt zur Unwirksamkeit des Vorbehalts.[98] Eine Klausel im Formulararbeitsvertrag, wonach zusätzliche Leistungen „freiwillig und jederzeit widerruflich" sind, hindert das Entstehen eines Anspruchs aus betrieblicher Übung nicht. Diese ist in sich widersprüchlich.[99] Eines Vorbehalts bedarf es nicht, wenn die Zusage für den Arbeitnehmer erkennbar auf das jeweilige Kalenderjahr bezogen war.[100] Gegenstand einer Betrieblichen Übung können nur Leistungen oder Vergünstigungen sein, nicht jedoch vom Arbeitnehmer begangene Vertragspflichtverletzungen zu Lasten des Arbeitgebers. Entgegen einer weit verbreiteten Auffassung[101] kann ein Arbeitnehmer, der ohne ausdrückliche Zustimmung des Arbeitgebers betriebliche Kommunikationseinrichtungen des Arbeitgebers wie zum Beispiel den betrieblichen Internet-Zugang zu privaten Zwecken nutzt, nicht erwarten, der Arbeitgeber wolle auch in der Zukunft derartige Pflichtverletzungen hinnehmen. Ein Anspruch auf Nutzung zB des Internetarbeitsplatzes zu privaten Zwecken aus Betrieblicher Übung kann daher nicht entstehen.[102]

35   Die Gewährung der Leistung oder Vergünstigung durch den Arbeitgeber wird als Vertragsangebot angesehen, das die Arbeitnehmer stillschweigend gemäß § 151 S. 1 BGB annehmen (**Vertragstheorie**).[103] Ein Schluss auf einen entsprechenden Annahmewillen ist gewöhnlich dann gerechtfertigt, wenn der Erklärungsempfänger ein für ihn lediglich vorteilhaftes Angebot nicht durch eine nach außen erkennbare Willensäußerung abgelehnt hat.[104] Haben die Parteien individualrechtlich vereinbart, dass Änderungen oder Ergänzungen des Arbeitsvertrages der **Schriftform** bedürfen, so kann in der Nichtbeachtung des konstitutiven Schriftformerfordernisses eine Abbedingung durch eine formlose Betriebliche Übung liegen, so dass Ansprüche aus Betrieblicher Übung trotz einer **einfachen** Schriftformklausel entstehen können.[105] Auch eine **doppelte** Schriftformklausel, nach der Änderungen und Ergänzungen des Arbeitsvertrags der Schriftform bedürfen und eine Änderung der Schriftformklausel ebenfalls nur schriftlich wirksam ist, schließt den Anspruch auf eine üblich gewordene Leistung dann nicht mehr aus, wenn es sich um eine vorformulierte Arbeitsvertragsklausel handelt.[106] Nach Ansicht des BAG erweckt eine derartige Schriftformklausel beim Arbeitnehmer entgegen der Schutzvorschrift des § 305b BGB den Eindruck, auch eine mündliche individuelle Vertragsabrede sei wegen Nichteinhaltung der Schriftform gemäß § 125 S. 2 BGB unwirksam. Für den Ausschluss einer Betrieblichen Übung sind daher spezifische Vertragsklauseln erforderlich. Für eine Musterformulierung → § 10 Rn. 249.

36   Ist das Schriftformerfordernis in einem Tarifvertrag enthalten, so genügt eine regelmäßige Wiederholung einer Leistung oder eines Verhaltens nicht der gesetzlichen Schriftform des § 126 BGB, die eingehalten werden müsste, weil Tarifverträge Rechtsnormen iSd Art. 2 EGBGB sind. Ein Anspruch aus Betrieblicher Übung kann in diesen Fällen nicht entstehen.[107] Es ist im Einzelfall allerdings zu prüfen, ob die Berufung auf das Fehlen der Schriftform gegen Treu und Glauben (§ 242 BGB) verstößt.[108]

---

[98] BAG 30.7.2008 – 10 AZR 606/07, NZA 2008, 1173.
[99] BAG 8.12.2010 – 10 AZR 671/09, NZA 2011, 628.
[100] BAG 16.4.1997 – 10 AZR 705/97, NZA 1998, 423.
[101] *Barton* NZA 2006, 460 (461).
[102] *Waltermann* NZA 2007, 529; *Altenburg/v. Reinersdorff/Leister* MMR 2005, 135; vgl. auch *Hromadka* NZA 2011, 65 (70).
[103] BAG 28.5.2008 – 10 AZR 274/07, NZA 2008, 941; BAG 20.6.2007 – 10 AZR 410/06, NZA 2007, 1293; SWK-ArbR/*Altenburg* Betriebliche Übung Rn. 2. Kritisch zur Vertragstheorie *Thüsing* NZA 2005, 718.
[104] BAG 25.3.2015 – 5 AZR 458/13, NZA 2015, 1059.
[105] BAG 30.4.1987 – 2 AZR 184/86, NZA 1987, 778.
[106] BAG 20.5.2008 – 9 AZR 382/07, NZA 2008, 1233; Siehe früher aber BAG 24.6.2003 – 9 AZR 302/02, NZA 2003, 1145; kritisch hierzu *Thüsing* NZA 2005, 718 (721).
[107] BAG 18.9.2002 – 1 AZR 477/01, NZA 2003, 337. Die Formvorschrift des § 7 Abs. 2 der „Richtlinien für Arbeitsverträge in den Einrichtungen des Deutschen Caritasverbandes (AVR)" ist keine Rechtsnorm iSd Art. 2 EGBGB und hat daher nicht die gleiche Rechtswirkung wie eine durch Tarifvertrag begründete Formvorschrift, BAG 28.10.1987 – 5 AZR 518/85, NZA 1988, 425.
[108] BAG 7.9.1982 – 3 AZR 5/80, AP TV Arbeiter Bundespost § 3 Nr. 1; BAG 9.12.1981 – 4 AZR 312/79, AP BAT § 4 Nr. 8.

Ist ein Anspruch aus Betrieblicher Übung einmal entstanden, dann ist ein **einseitiger** Widerruf durch den Arbeitgeber nicht mehr möglich,[109] wohl aber eine Änderungskündigung,[110] deren Wirksamkeit sich allerdings an den allgemeinen Bestimmungen, insbesondere den Regelungen des KSchG und des BetrVG,[111] orientiert. Eine Beseitigung der durch Betriebliche Übung entstandenen Ansprüche durch eine erneute geänderte bzw. gegenläufige Betriebliche Übung, die das BAG früher[112] für zulässig gehalten hat, ist nach der neueren Rechtsprechung[113] des BAG, mit der die frühere Rechtsprechung ausdrücklich aufgegeben wurde, nicht mehr möglich. Mit dem Klauselverbot für fingierte Erklärungen in § 308 Nr. 5 BGB sei die Annahme nicht zu vereinbaren, dass eine dreimalige Nichtgeltendmachung einer aufgrund betrieblicher Übung entstandenen Forderung die Verpflichtung des Arbeitgebers beenden könne.[114] Stets zulässig ist eine Beseitigung von Ansprüchen aus Betrieblicher Übung durch einvernehmliche Vertragsänderung.[115]

37

l) **Arbeitsrechtlicher Gleichbehandlungsgrundsatz.** Neben dem mittelbaren Gleichbehandlungsgebot aus dem Grundgesetz ergibt sich für private Arbeitgeber unmittelbar aus Art. 157 AEUV eine Pflicht zur Gleichbehandlung von Arbeitnehmern bei allen Entgeltbestandteilen und -bedingungen.[116] Der arbeitsrechtliche **Gleichbehandlungsgrundsatz** ist ein Gebot der Verteilungsgerechtigkeit, das verlangt, Gleiches gleich und Ungleiches entsprechend seiner Eigenart ungleich zu behandeln.[117] Er verbietet die sachfremde Differenzierung zwischen Arbeitnehmern in einer bestimmten Ordnung, wenn es für die unterschiedliche Behandlung keine billigenswerten Gründe gibt.[118] Dagegen verbietet der Gleichbehandlungsgrundsatz nicht die Begünstigung einzelner Arbeitnehmer.[119] Stellt der Arbeitgeber nur einzelne Arbeitnehmer unabhängig von abstrakten Differenzierungsmerkmalen in Einzelfällen besser oder ist die Anzahl der begünstigten Arbeitnehmer im Verhältnis zur Gesamtzahl der betroffenen Arbeitnehmer sehr gering, kann ein nicht begünstigter Arbeitnehmer aus dem Gleichbehandlungsgrundsatz nichts herleiten.[120] Der Gleichbehandlungsgrundsatz gehört dem Privatrecht an und hat anspruchsbegründende Wirkung. Er ist ein Bestimmungsgrund für den Inhalt des Arbeitsverhältnisses.[121] Ein Verstoß gegen den Gleichbehandlungsgrundsatz liegt vor, wenn Arbeitnehmer oder Arbeitnehmergruppen ungünstiger behandelt werden als andere Arbeitnehmer oder Arbeitnehmergruppen in vergleichbarer Lage und es für diese Verschiedenbehandlung keinen sachlichen Grund gibt.[122] Anzuwenden ist er typischerweise bei Maßnahmen, die dem Ermessen des Arbeitgebers unterliegen. Hauptanwendungsgebiet sind freiwillig und generell gewährte Leistungen, zB Gratifikationen, Sozialleistungen, Versorgungszusagen, Zulagen. Erforderlich ist, dass eine Gruppenbildung nach einem generalisierenden Prinzip erfolgt.[123] Die Ausprägung des arbeitsrechtlichen Gleichbehandlungsgrundsatzes durch den allgemeinen Gleichheitssatz (Art. 3 Abs. 1 GG) spricht dafür, den Anwendungsbereich des Gleichbehandlungsgrundsatzes nicht auf den Betrieb zu beschränken, sondern betriebsübergreifend auf das ganze Unternehmen zu erstrecken,[124] weil

38

---

[109] Für ein Widerrufsrecht plädiert *Hromadka* NZA 2011, 65.
[110] ErfK/*Preis* BGB § 611a Rn. 225.
[111] BAG 25.11.2009 – 10 AZR 779/08, NZA 2010, 283.
[112] BAG 24.11.2004 – 10 AZR 202/04, NZA 2005, 349; BAG 4.5.1999 – 10 AZR 290/98, NZA 1999, 1162; BAG 26.3.1997 – 10 AZR 612/96, NZA 1997, 1007.
[113] BAG 18.3.2009 – 10 AZR 281/08, NZA 2009, 601.
[114] BAG 25.11.2009 – 10 AZR 779/08, NZA 2010, 283.
[115] LAG Rheinland-Pfalz 16.8.2011 – 3 Sa 167/11, NZA-RR 2012, 5.
[116] SWK-ArbR/*Altenburg* Gleichbehandlungsgrundsatz Rn. 2.
[117] BAG 17.3.2016 – 6 AZR 92/15, BeckRS 2016, 68653.
[118] BAG 10.12.2008 – 10 AZR 35/08, NZA 2009, 258.
[119] MüKoBGB/*Spinner*, § 611a Rn. 1042; BAG 13.2.2002 – 5 AZR 713/00, NZA 2003, 215; BAG 21.10.2009 – 10 AZR 664/08, NZA-RR 2010,289.
[120] BAG 3.6.2020 – 3 AZR 730/19, AP BetrAVG § 1 Gleichbehandlung Nr. 78; BAG 20.3.2018 – 3 AZR 861/16, BeckRS 2018, 14192.
[121] BAG 21.3.2001 – 10 AZR 28/00, NZA 2001, 782 (784).
[122] BAG 19.3.2003 – 10 AZR 365/02, NZA 2003, 724.
[123] BAG 17.3.2010 – 5 AZR 198/09, NZA 2010, 696.
[124] BAG 17.11.1998 – 1 AZR 147/98, NZA 1999, 606; LAG Schleswig-Holstein 20.4.2004 – 5 Sa 8/04, NZA-RR 2005, 93.

Normadressat der Arbeitgeber ist.[125] Eine Unterscheidung zwischen den einzelnen Betrieben ist aber zulässig, wenn es hierfür sachliche Gründe gibt.[126] Keine Anwendung findet der Gleichbehandlungsgrundsatz, wenn die Arbeitsbedingungen individuell ausgehandelt werden. Der Grundsatz der Vertragsfreiheit geht also, solange der Arbeitgeber nicht nach einer Gesetzmäßigkeit oder einem Schema verfährt, dem Gleichbehandlungsgrundsatz vor.[127] Auch im bloßen Normenvollzug und dessen Begrenzung auf die Normunterworfenen liegt keine willkürliche Ungleichbehandlung im Sinne des arbeitsrechtlichen Gleichbehandlungsgrundsatzes. Denn beim bloßen Normenvollzug stellt der Arbeitgeber subjektiv keine eigenen Anspruchsvoraussetzungen auf, sondern sieht sich – wenn auch irrtümlicherweise – verpflichtet, eine aus seiner Sicht wirksame Regelung vollziehen zu müssen.[128] Daher greift der Gleichbehandlungsgrundsatz nicht, wenn der Arbeitgeber infolge Tarifbindung (und auch bei schuldrechtlicher Inbezugnahme) tarifvertragliche Normen anwendet.[129]

39 m) **Direktionsrecht des Arbeitgebers.** Die Leistungspflichten des Arbeitnehmers werden im Arbeitsvertrag grundsätzlich nur rahmenmäßig umschrieben. Bei der Durchführung des Arbeitsverhältnisses werden sie vom Arbeitgeber auf Grund seines Direktionsrechts nach Inhalt, Ort und Zeit konkretisiert.[130] Das **Weisungsrecht** des Arbeitgebers gehört damit zum wesentlichen Inhalt eines jeden Arbeitsverhältnisses.[131] Je unbestimmter die Leistungspflichten im Arbeitsvertrag geregelt sind, desto weiter reicht das Direktionsrecht.[132] Das Direktionsrecht hat in § 106 GewO eine gesetzliche Regelung erfahren. Unbeschadet dessen ergibt es sich aus dem Arbeitsvertrag selbst.[133] Seine Grenzen findet das Weisungsrecht in den Vorschriften der Gesetze, des Kollektiv- und Einzelarbeitsvertragsrechts. Dies wird in § 106 GewO klargestellt. Die Ausübung des Weisungsrechts muss nach billigem Ermessen erfolgen. Billigem Ermessen entspricht eine Leistungsbestimmung, wenn die wesentlichen Umstände des Falles unter Beachtung des Gleichbehandlungsgrundsatzes abgewogen und die beiderseitigen Interessen angemessen berücksichtigt worden sind.[134] Aus § 106 GewO folgt kein Anspruch des Arbeitnehmers gegen seinen Arbeitgeber auf Ermessensausübung in eine bestimmte Richtung. Das Ermessen des Arbeitgebers bei der Ausübung seines ihm zustehenden Direktionsrechts wird lediglich der **Billigkeit** unterworfen. § 106 GewO hat nur begrenzende, nicht aber anspruchsbegründende Wirkung.[135]

2. Spezielle Branchen

Für die nachfolgend in alphabetischer Reihenfolge genannten Branchen sind insbesondere folgende branchentypische Rechtsquellen von Bedeutung:

40 a) **Abfallwirtschaft**
- Achte Verordnung über zwingende Arbeitsbedingungen für die Abfallwirtschaft einschließlich Straßenreinigung und Winterdienst vom 19.12.2019;
- Mindestlohn-Tarifvertrag für die Abfallwirtschaft vom 7.1.2009 idF der Änderungstarifverträge vom 19.8.2010, 16.6.2011, 6.3.2012, 15.10.2012, 24.6.2014, 19.5.2015 und 29.5.2019.

41 b) **Bauhauptgewerbe**
- Gesetz über zwingende Arbeitsbedingungen für grenzüberschreitend entsandte und für regelmäßig im Inland beschäftigte Arbeitnehmer und Arbeitnehmerinnen (Arbeitnehmer-Entsendegesetz – AEntG) vom 20.4.2009 idF vom 10.7.2020;

---

[125] SWK-ArbR/*Altenburg* Gleichbehandlungsgrundsatz Rn. 5.
[126] BAG 3.12.2008 – 5 AZR 74/08, NZA 2009, 367.
[127] MüKoBGB/*Spinner*, § 611a Rn. 1045.
[128] BAG 21.5.2014 – 4 AZR 50/13, NZA 2015, 135.
[129] BAG 22.12.2009 – 3 AZR 895/07, NZA 2010, 521.
[130] BAG 25.10.1989 – 2 AZR 633/88, NZA 1990, 561; BAG 7.12.2000 – 6 AZR 444/99, NZA 2001, 780.
[131] ErfK/*Preis* BGB § 611a Rn. 233.
[132] MüKoBGB/*Spinner* § 611a Rn. 931; MHdB ArbR/*Fischinger* § 11 Rn. 6..
[133] ErfK/*Preis* BGB § 611a Rn. 233; MHdB ArbR/*Fischinger* § 11 Rn. 4.
[134] BAG 17.12.1997 – 5 AZR 332/96, NZA 1998, 555 (557).
[135] *Schöne* NZA 2002, 829 (831).

- Bundesrahmentarifvertrag für das Baugewerbe (BRTV) vom 28.9.2018;
- Tarifvertrag über die Berufsbildung im Baugewerbe (BBTV) vom 28.9.2018 idF vom 24.8.2020;
- Tarifvertrag über das Sozialkassenverfahren im Baugewerbe (VTV) vom 28.9.2018;
- Tarifvertrag über Rentenbeihilfen im Baugewerbe (TVR) vom 31.10.2002 idF vom 5.12.2007
- Tarifvertrag über eine zusätzliche Altersversorgung im Baugewerbe (TZA Bau) vom 28.9.2018;
- Tarifvertrag über eine Zusatzrente im Baugewerbe (TV TZR) vom 15.5.2001 idF vom 31.3.2005;
- Verordnung über Sicherheit und Gesundheitsschutz auf Baustellen (Baustellenverordnung – BaustellV) vom 10.6.1998, zuletzt geändert am 27.6.2017.

c) Bergbau   42
- Bundesberggesetz vom 13.8.1980, zuletzt geändert am 19.6.2020;
- Gesetz zur Förderung des Bergarbeiterwohnungsbaus im Kohlenbergbau idF vom 25.7.1997, zuletzt geändert am 19.6.2020;
- §§ 4 Abs. 3, 24 JArbSchG;
- § 6 Abs. 1 S. 2 GewO;
- § 17 Abs. 3 ASiG;
- Landesgesetze über den Bergmannversorgungsschein.

d) Bühnen   43
Tarifverträge:
- Normalvertrag Bühne vom 15.10.2002 idF vom 28.3.2017;
- Tarifvertrag für Musiker in Kulturorchestern (TVK);

Arbeitsvertragstypen:
- Spielzeitverträge;
- Gastspielverträge;
- Stückdauerverträge.

Arbeitgeber und Bühnenkünstler können Schiedsgerichte tariflich vereinbaren, wobei der Tarifvertrag über die Wiedereinführung der Bühnenschiedsgerichtsbarkeit idFv 5.9.1994 zu beachten ist.

e) Dachdeckerhandwerk   44
- Zehnte Verordnung über zwingende Arbeitsbedingungen im Dachdeckerhandwerk vom 1.2.2020.

f) Elektrohandwerk   45
- Tarifvertrag über ein Mindestentgelt in den Elektrohandwerken vom 19.1.2016.

g) Film und Fernsehen   46
Im Bereich der Film-, Fernseh- und Rundfunkwirtschaft sind insbesondere folgende Verbandstarifverträge anzuwenden:[136]
- Tarifvertrag für auf Produktionsdauer beschäftigte Film- und Fernsehschaffende (TV FFS) mit Manteltarifvertrag (MTV FFS), Gagentarifvertrag und Tarifvertrag für Kleindarsteller, jeweils gültig ab 1.1.2018;

Tarifvertrag für Schauspielerinnen und Schauspieler vom 29.5.2018, gültig ab 1.1.2018; Ergänzungstarifvertrag Erlösbeteiligung Kinofilm vom 13.5.2013;
- Einheitlicher Manteltarifvertrag für die Arbeitnehmerinnen und Arbeitnehmer in den technischen Betrieben für Film und Fernsehen (eMTV VTFF) vom 13.12.2002 (zuletzt geändert am 12.8.2010), gültig vom 1.1.2003 bis 31.12.2011, sowie Entgelttarifvertrag VTFF (gültig vom 1.1.2008 bis 31.12.2011). Die Tarifverträge VTFF wurden zum Ende 2011 gekündigt. Ein Verhandlungsergebnis auf der Ebene des Flächentarifvertrages VTFF wurde seither nicht erzielt.

---

[136] Siehe hierzu umfassend Schwarz/*Altenburg* Kap. 281 Rn. 10 ff.

- Manteltarifvertrag Privater Rundfunk (MTV TPR) vom 26.3.2012; ergänzend hierzu gelten der Entgelttarifvertrag (ETV TPR) vom 14.6.2016, gültig ab dem 1.3.2016, sowie der Tarifvertrag zur Förderung der betrieblichen Altersvorsorge TPR vom 17.9.2002, gültig ab 1.10.2002; für alle bei den privaten Rundfunkveranstaltern angestellten Redaktionsvolontäre gilt seit dem 1.1.2005 der Tarifvertrag für Redaktionsvolontärinnen und Redaktionsvolontäre im Privaten Rundfunk vom 27.4.2005;
- Tarifvertrag Lokalfunk NRW;
- Tarifvertrag Lokalfunk Bayern;
- Tarifvertrag Lokalfunk Baden-Württemberg.

Im Bereich der Filmtheater sind insbesondere folgende **Verbandstarifverträge** zu nennen:
- Bundes-Tarifvertrag HDF (BTV HDF) vom 20.7.2007, gültig ab 1.7.2007 (zuletzt geändert am 27.1.2009); die Tarifverträge HDF wurden gekündigt und befinden sich seit dem 31.12.2014 in der Nachwirkung;

Teilweise kommen **Haustarifverträge** bei privaten Fernsehprogrammveranstaltern zur Anwendung, etwa bei der RTL Television GmbH (Köln), RTL Nord GmbH (Hamburg), n-tv Nachrichtenfernsehen GmbH & Co. KG sowie Studio Hamburg GmbH und Studio Hamburg Atelierbetriebs GmbH. Diese Haustarifverträge sind ausnahmslos gekündigt und befinden sich in der Nachwirkung.[137] Im Bereich der öffentlich-rechtlichen Fernseh- und Rundfunkanstalten existieren Haustarifverträge ua bei dem Bayerischen Rundfunk, dem Norddeutschen Rundfunk und dem Zweiten Deutschen Fernsehen.

Im Bereich der Filmtheater kommen ebenfalls Haustarifverträge zur Anwendung, ua für die CinemaxX und Cinestar Kinos von Ende 2019 mit Rückwirkung zum 1.3.2019 mit einer Laufzeit bis zum 31.12.2021. Für die UCI-Multiplex-Betriebe hat der derzeit laufende Tarifvertrag eine Laufzeit bis zum 31.12.2020.

47 h) Gebäudereinigerhandwerk
- Gesetz über zwingende Arbeitsbedingungen für grenzüberschreitend entsandte und für regelmäßig im Inland beschäftigte Arbeitnehmer und Arbeitnehmerinnen (Arbeitnehmer-Entsendegesetz – AEntG) vom 20.4.2009 idF vom 10.7.2020;
- Siebte Verordnung über zwingende Arbeitsbedingungen in der Gebäudereinigung vom 21.2.2018;
- Tarifvertrag zur Regelung der Mindestlöhne für gewerbliche Arbeitnehmer in der Gebäudereinigung (TV Mindestlohn) vom 21.2.2018.

48 i) Gerüstbauerhandwerk
- Fünfte Verordnung über zwingende Arbeitsbedingungen im Gerüstbauer-Handwerk vom 28.6.2019.

49 k) Gesundheitswesen
- Gesetz zur Modernisierung der gesetzlichen Krankenversicherung (GKV-Modernisierungsgesetz – GMG) vom 14.11.2003 idF vom 15.12.2004;
- SGB V.

l) Kirchen

50 Für die **katholische Kirche** sind folgende Rechtsquellen von Bedeutung:
- Grundordnung des kirchlichen Dienstes im Rahmen kirchlicher Arbeitsverhältnisse vom 22.9.1993 idF des Beschlusses der Vollversammlung des Verbandes der Diözesen Deutschlands vom 27.4.2015;
- Ordnung für die Zentrale Kommission zur Ordnung des Arbeitsvertragsrechts im kirchlichen Dienst (Zentral-KODA-Ordnung) vom 15.6.1998, zuletzt geändert durch Beschluss der Vollversammlung des Verbandes der Diözesen Deutschlands vom 18.11.2013;
- Rahmenordnung für die Kommission zur Ordnung des diözesanen Arbeitsvertragsrechts (Bistums/Regional-KODA-Ordnung) vom 15.6.1998, zuletzt geändert durch Beschluss der Vollversammlung der Versammlung der Diözesen Deutschlands vom 24.11.2014;
- Mitarbeitervertretungsordnung (MAVO);
- Arbeitsvertragsrichtlinien;

---

[137] Schwarz/*Altenburg* Kap. 281 Rn. 17.

- Richtlinien für Arbeitsverträge in den Einrichtungen des Deutschen Caritasverbandes (AVR) vom 1.7.2007 mit späteren Änderungen.[138]

Für die **evangelische Kirche** sind zu beachten: 51
- Kirchengesetz über die Grundsätze zur Regelung der Arbeitsverhältnisse der Mitarbeiterinnen und Mitarbeiter in der Evangelischen Kirche in Deutschland und ihrer Diakonie (Arbeitsrechtsregelungsgrundsätzegesetz– ARGG- EKD) vom 13.11.2013, zuletzt geändert am 14.11.2018;
- Kirchengesetz über das Verfahren zur Regelung der Arbeitsverhältnisse der Mitarbeiterinnen und Mitarbeiter im kirchlichen Dienst (Arbeitsrechtsregelungsgesetz – ARRG) vom 11.1.2002, zuletzt geändert am 11.1.2018;
- Arbeitsvertragsrichtlinien;
- Kirchengesetz über Mitarbeitervertretungen in der Evangelischen Kirche in Deutschland (MVG-EKD) vom 1.1.2019, zuletzt geändert am 11.9.2020.

Unabhängig von der Konfession gelten:
- Kirchliches Selbstbestimmungsrecht gemäß Art. 137 Abs. 3 WRV iVm Art. 140 GG;
- Art. 4 Abs. 2 der Richtlinie 2000/78/EG vom 27.11.2000,[139] seit dem 18.8.2006 in § 9 AGG umgesetzt in nationales Recht.

m) **Kraftfahrer** 52
- Verordnung (EG) Nr. 561/2006 des Rates über die Harmonisierung bestimmter Sozialvorschriften im Straßenverkehr vom 15.3.2006, zuletzt geändert am 4.2.2014;
- Gesetz über das Fahrpersonal von Kraftfahrzeugen und Straßenbahnen (Fahrpersonalgesetz – FPersG) vom 19.2.1987, zuletzt geändert am 20.11.2019;
- Verordnung zur Durchführung des Fahrpersonalgesetzes (Fahrpersonalverordnung – FPersV) vom 27.6.2005, zuletzt geändert am 8.8.2017.

n) **Maler- und Lackiererhandwerk** 53
- Neunte Verordnung über zwingende Arbeitsbedingungen im Maler- und Lackiererhandwerk vom 1.6.2017;
- Tarifvertrag zur Regelung eines Mindestlohnes für gewerbliche Arbeitnehmer im Maler- und Lackiererhandwerk (TV Mindestlohn) vom 9.12.2016.

o) **NATO** 54
- Zusatzabkommen zu dem Abkommen zwischen den Parteien des Nordatlantikvertrages über die Rechtsstellung ihrer Truppen hinsichtlich der in der Bundesrepublik Deutschland stationierten ausländischen Truppen (NATO-Zusatzabkommen) vom 3.8.1959, zuletzt geändert am 18.3.1993.

p) **Öffentlicher Dienst** 55
- Bundesbeamtengesetz in der Neufassung vom 5.2.2009, zuletzt geändert am 20.11.2019;
- Landesbeamtengesetze;
- Tarifvertrag für den öffentlichen Dienst (TVöD) vom 13.9.2005, zuletzt geändert am 30.8.2019;
- Tarifvertrag für den öffentlichen Dienst der Länder (TV-L) vom 12.10.2006, zuletzt geändert am 2.3.2019;
- Bundespersonalvertretungsgesetz;
- Landespersonalvertretungsgesetze.

q) **Pflegebranche** 56
- Gesetz über zwingende Arbeitsbedingungen für grenzüberschreitend entsandte und für regelmäßig im Inland beschäftigte Arbeitnehmer und Arbeitnehmerinnen (Arbeitnehmer-Entsendegesetz – AEntG) vom 20.4.2009 idF vom 10.7.2020;
- Vierte Verordnung über zwingende Arbeitsbedingungen für die Pflegebranche (Pflegearbeitsbedingungenverordnung – PflegeArbbV) vom 22.4.2020.

---

[138] Nach ständiger Rechtsprechung des BAG sind die AVR keine Tarifverträge und daher keine Rechtsnormen iSd Art. 2 EGBGB oder des § 72a ArbGG, sondern Allgemeine Geschäftsbedingungen; vgl. bereits BAG 25.1.1963 – 1 AZR 122/62, AP GG Art. 3 Nr. 77; zuletzt BAG 24.6.2020 – 5 AZR 93/19, BeckRS 23314.
[139] Siehe hierzu *Reichold* NZA 2001, 1054; *Reichold* NZA 2009, 1377.

57 r) **Post- und Briefdienstleistungen**
- Gesetz über zwingende Arbeitsbedingungen für grenzüberschreitend entsandte und für regelmäßig im Inland beschäftigte Arbeitnehmer und Arbeitnehmerinnen (Arbeitnehmer-Entsendegesetz – AEntG) vom 20.4.2009 idF vom 10.7.2020.

58 s) **Schornsteinfegerhandwerk**
- Tarifvertrag zur Regelung des Mindestentgelts für Arbeitnehmerinnen und Arbeitnehmer im Schornsteinfegerhandwerk vom 14.8.2018.

59 t) **Steinmetz- und Steinbildhauerhandwerk**
- Dritte Verordnung über zwingende Arbeitsbedingungen im Steinmetz- und Steinbildhauerhandwerk vom 29.8.2019.

60 u) **Sport**
- Satzung des Deutschen Fußballbundes (DFB-Statuten);
- Spielordnung;
- Lizenzspielerstatut.

61 v) **Wäschereidienstleistungen im Objektkundengeschäft**
- Gesetz über zwingende Arbeitsbedingungen für grenzüberschreitend entsandte und für regelmäßig im Inland beschäftigte Arbeitnehmer und Arbeitnehmerinnen (Arbeitnehmer-Entsendegesetz – AEntG) vom 20.4.2009 idF vom 10.7.2020.

62 w) **Zeitarbeit**
- Gesetz zur Regelung der Arbeitnehmerüberlassung (Arbeitnehmerüberlassungsgesetz – AÜG), neugefasst am 3.2.1995, zuletzt geändert am 13.3.2020;
- Dritte Verordnung über eine Lohnuntergrenze in der Arbeitnehmerüberlassung vom 26.5.2018.

3. Angrenzende Rechtsgebiete

63 a) **Steuerrecht.** Die steuerrechtliche Beratung gehört nicht zu den spezifischen Aufgaben des Arbeitsrechtsanwalts. Grundkenntnisse im Steuerrecht sind jedoch in zahlreichen Fällen unerlässlich. Wichtige steuerrechtliche Normen sind zB:
- § 3 Nr. 28 EStG: Aufstockungsbeträge nach dem Altersteilzeitgesetz;
- § 3 Nr. 28a EStG: Zuschüsse des Arbeitgebers zum Kurzarbeitergeld und Saison-Kurzarbeitergeld (zeitlich befristet für die Dauer der Covid-19-Pandemie, einstweilen bis zum Ablauf des 31.12.2020, wobei eine Verlängerung der Geltungsdauer der Regelung zu erwarten ist);
- §§ 24, 34 EStG: Ermäßigte Besteuerung von Abfindungen nach der sog. „Fünftelungsmethode". Wird eine Abfindung nicht zusammengeballt in einem Veranlagungszeitraum, sondern in zwei oder mehr Veranlagungszeiträumen ausgezahlt, scheidet grundsätzlich in sämtlichen Veranlagungszeiträumen eine Steuerermäßigung nach § 34 EStG aus.[140] Zu einer Anwendung der §§ 24, 34 EStG ist der Arbeitgeber nach Maßgabe von § 39b Abs. 3 S. 9 EStG verpflichtet, wenn sich der infrage kommende Lohnsteuervorteil eindeutig ermitteln lässt,[141] was in der Regel zu verneinen ist. Dem Arbeitgeber steht nach § 42e EStG die Möglichkeit der Lohnsteueranrufungsauskunft zur Verfügung.
- Abzug von Lohnsteuern: §§ 38, 41c EStG.
- § 42d EStG: Der Arbeitgeber haftet für die Lohnsteuer, die er einzubehalten und abzuführen hat oder die er beim Lohnsteuer-Jahresausgleich zu Unrecht erstattet hat. Ferner haftet der Arbeitgeber für die Einkommensteuer (Lohnsteuer), die auf Grund fehlerhafter Angaben im Lohnkonto in der Lohnsteuerbescheinigung verkürzt wird. Bestehen im Einzelfall Zweifel bei der Anwendung lohnsteuerrechtlicher Vorschriften, empfiehlt es sich für den Arbeitgeber, zur Vermeidung seiner Haftung bei seinem Betriebsstättenfinanzamt eine sog. Anrufungsauskunft nach § 42e EStG einzuholen.

---

[140] BFH 11.5.2010 – IX R 39/09, BFH/NV 2010, 1801; zu Ausnahmen BFH 25.8.2009 – IX R 11/09, NZA-RR 2010, 153.
[141] LAG Hamm 6.12.2000 – 14 Sa 1615/00, BeckRS 2000, 30788455; LAG Köln 16.8.2017 – 11 Sa 557/16, ArbR 2018, 132.

b) Sozialversicherungsrecht. Wichtige Rechtsquellen im Sozialversicherungsrecht sind:
- SGB III – Arbeitsförderung –, insbesondere:
  - Frühzeitige Arbeitssuche, § 2 Abs. 5 SGB III;
  - rechtzeitige persönliche Meldung bei der Agentur für Arbeit, §§ 38 Abs. 1, 141 Abs. 1 SGB III;
  - Arbeitslosengeld, §§ 136 ff. SGB III;
  - Minderung der Anspruchsdauer, insbes. bei Sperrzeit, § 148 Abs. 1 Nr. 4 SGB III;
  - Ruhen des Anspruchs bei Arbeitsentgelt und Urlaubsabgeltung, § 157 SGB III;
  - Ruhen des Anspruchs bei Entlassungsentschädigung, § 158 SGB III;
  - Ruhen des Anspruchs bei Sperrzeit, § 159 SGB III; insbesondere wegen Arbeitsaufgabe, § 159 Abs. 1 Nr. 1 SGB III, und wegen verspäteter Meldung, § 159 Abs. 1 Nr. 9 SGB III;
  - Kurzarbeitergeld, §§ 95 ff. SGB III;
  - Insolvenzgeld, §§ 165 ff. SGB III;
  - Transferleistungen, §§ 110, 111, 111a SGB III;
- SGB IV – Gemeinsame Vorschriften für die Sozialversicherung –;
- SGB V – Gesetzliche Krankenversicherung –;
- SGB VI – Gesetzliche Rentenversicherung –;
- SGB VII – Gesetzliche Unfallversicherung –;
- SGB IX – Rehabilitation und Teilhabe behinderter Menschen –, insbesondere:
  - Benachteiligungsverbot, § 164 Abs. 2 S. 1 SGB IX;
  - Kündigungsschutz, §§ 168 ff. SGB IX;
- Übergang von Ansprüchen gegen den Arbeitgeber auf den Leistungsträger, § 115 SGB X.

c) Insolvenzrecht. Für das Arbeitsrecht in der Insolvenz sind von Bedeutung:
- Kündigung eines Dienstverhältnisses, § 113 InsO;
- Kündigung von Betriebsvereinbarungen, § 120 InsO;
- Betriebsänderung in der Insolvenz, §§ 121, 122 InsO;
- Sozialplan in der Insolvenz, §§ 123, 124 InsO;
- Interessenausgleich mit Namensliste, § 125 InsO;
- Beschlussverfahren und Bindungswirkung zum Kündigungsschutz, §§ 126, 127 InsO;
- Betriebsveräußerung, § 128 InsO.

4. Rangfolge und Verhältnis der Rechtsquellen

Der Arbeitsvertrag ist zwar die primäre Rechtsquelle für Begründung und Inhalt des Arbeitsverhältnisses. Er wird aber durch andere Rechtsquellen überlagert.

> Die Rangfolge lautet von der ranghöchsten bis zur rangniedrigsten Rechtsquelle:
> - Europäisches Gemeinschaftsrecht;
> - Grundgesetz;
> - Gesetzes- und Gewohnheitsrecht, Rechtsverordnungen;
> - „Richterrecht";
> - Tarifvertrag;
> - Betriebsvereinbarung;
> - Gleichbehandlungsgrundsatz;
> - Arbeitsvertrag;
> - Dispositives Gesetzesrecht und dispositive Kollektivvereinbarungen;
> - Direktionsrecht des Arbeitgebers.

Europäisches bzw. supranationales Recht geht grundsätzlich der Verfassung vor. Das kann aber nur insoweit gelten, wie die Bundesrepublik Deutschland den europäischen bzw. supranationalen Institutionen wirksam Rechtsetzungskompetenzen übertragen hat. Das BVerfG hat im Hinblick auf die Rechtsfortbildung des EuGH ausgeführt, dass es prüfe, ob

Rechtsakte der europäischen Einrichtungen und Organe sich in den Grenzen der ihnen eingeräumten Hoheitsrechte halten oder aus ihnen ausbrechen.[142]

68   Die Kollision mehrerer Rechtsquellen ist nach folgenden Prinzipien zu lösen: Für das **Verhältnis verschiedenrangiger Rechtsquellen** zueinander ist das **Rangprinzip** anzuwenden, dh die ranghöhere Rechtsquelle geht der rangniederen vor.[143] Daher ist eine vertragswidrige Arbeitgeberanweisung unwirksam oder angreifbar. Jeder Rechtsquelle kommt neben ihrer Regelungsfunktion eine Kontrollfunktion für die rangniederen Rechtsquellen zu. Das Rangprinzip wird durchbrochen, wenn ranghöhere Rechtsquellen Ausnahmen in rangniederen Rechtsquellen gestatten, wie in den Fällen dispositiven Gesetzesrechts oder tarifvertraglicher Öffnungsklauseln. Eine **Ausnahme** vom Rangprinzip stellt das **Günstigkeitsprinzip** dar. Danach geht eine rangniedere Rechtsquelle einer höherrangigen Rechtsquelle vor, wenn sie für den Arbeitnehmer **günstigere** Regelungen enthält und das höherrangige Recht nicht – ausnahmsweise – zweiseitig zwingend ist.[144] Gesetzlich geregelt ist das Günstigkeitsprinzip in § 4 Abs. 3 TVG und in § 28 Abs. 2 S. 2 SprAuG. Etwaige **Konkurrenzen auf derselben Rangstufe** werden durch das **Spezialitäts-** und das **Ordnungsprinzip** geregelt. Die spezielle verdrängt die allgemeine und die neue die alte Regelung.[145] Das Günstigkeitsprinzip ist als Kollisionsregel auf der Ebene gleichrangiger Rechtsquellen ungeeignet.

III. Forensische Tätigkeit

1. Feststellung des zuständigen Gerichts

69   Die Feststellung des zuständigen Gerichts steht am Anfang der forensischen Tätigkeit. Nach § 1 ArbGG bezieht sich die Gerichtsbarkeit in Arbeitssachen auf die in §§ 2–3 ArbGG geregelten Materien.[146] § 2 ArbGG regelt die Zuständigkeit im Urteilsverfahren, § 2a ArbGG die Zuständigkeit im Beschlussverfahren und § 3 ArbGG die Zuständigkeit in sonstigen Fällen. Voraussetzung für eine Zuständigkeit nach **§ 2 ArbGG** ist das Vorliegen einer bürgerlichen Rechtsstreitigkeit. Für die in § 2 Abs. 1 ArbGG abschließend aufgeführten Rechtsstreitigkeiten sind die Gerichte für Arbeitssachen ausschließlich zuständig. Am häufigsten sind Rechtsstreitigkeiten zwischen Arbeitnehmern und Arbeitgebern aus dem Arbeitsverhältnis (§ 2 Abs. 1 Nr. 3 lit. a ArbGG) und über das Bestehen oder Nichtbestehen eines Arbeitsverhältnisses (§ 2 Abs. 1 Nr. 3 lit. b ArbGG). Nach § 2 Abs. 3 ArbGG kann auch eine zu einem anderen Rechtsweg gehörende Rechtsstreitigkeit vor die Arbeitsgerichte gebracht werden (Zusammenhangsklage). Organmitglieder gelten gemäß § 5 Abs. 1 S. 3 ArbGG nicht als Arbeitnehmer. Abzustellen ist nicht auf den Zeitpunkt der Klageerhebung, sondern auf den Zeitpunkt der gerichtlichen Entscheidung über die Zulässigkeit des beschrittenen Rechtsweges. Wird ein zum Zeitpunkt der Klageerhebung vor dem Arbeitsgericht noch bestellter Geschäftsführer vor einer rechtskräftigen Entscheidung über die Rechtswegzuständigkeit abberufen, begründet dies deshalb in arbeitsrechtlichen Streitigkeiten die Zuständigkeit der Gerichte für Arbeitssachen. Gleiches gilt, wenn der Geschäftsführer bis zu diesem Zeitpunkt wirksam sein Amt niederlegt. Damit entfällt die Fiktionswirkung des § 5 Abs. 1 S. 3 ArbGG.[147] Unabhängig davon können die Parteien gemäß § 2 Abs. 4 ArbGG durch Vereinbarung die fakultative Zuständigkeit des Arbeitsgerichts bei Rechtsstreitigkeiten von Organmitgliedern begründen. Nach **§ 2a Abs. 1 ArbGG** sind die Gerichte für Arbeitssachen ausschließlich zuständig für die abschließend aufgeführten Angelegenheiten aus dem Betriebsverfassungsgesetz, dem Sprecherausschussgesetz, Wahlstreitigkeiten aus der Unternehmensmitbestimmung sowie Streitigkeiten über die Tariffähigkeit und Tarifzuständigkeit einer Vereinigung. Ist ein Rechtsstreit vor ein Gericht für Arbeitssachen gebracht worden, der nicht von den §§ 2–3 ArbGG erfasst wird, oder ist ein Rechts-

---

[142] BVerfG 12.10.1993 – 2 BvR 2134/92, NJW 1993, 3047 (3052) – Maastricht-Urteil.
[143] ErfK/*Preis* BGB § 611a Rn. 236 f.; Staudinger/*Richardi* BGB § 611 Rn. 335 f.
[144] BAG 20.4.1999 – 1 ABR 72/98, NZA 1999, 887 (892); ErfK/*Preis* BGB § 611a Rn. 238.
[145] ErfK/*Preis* BGB § 611a Rn. 236, 239.
[146] → § 77 Rn. 31 ff.
[147] BAG 3.12.2014 – 10 AZB 98/14, NZA 2015, 180.

streit vor ein anderes Gericht gebracht worden, obwohl ein Gericht für Arbeitssachen zuständig ist, ist nach §§ 17–17b GVG über die Zulässigkeit des Rechtswegs zu entscheiden. Diese Vorschriften sind gemäß § 48 Abs. 1 ArbGG im Arbeitsgerichtsverfahren mit gewissen Modifikationen anzuwenden. Wird ein Rechtsstreit in der falschen Verfahrensart anhängig gemacht, wird also statt des Urteilsverfahrens das Beschlussverfahren gewählt und umgekehrt, ist es in die richtige Verfahrensart überzuleiten.

Die **örtliche Zuständigkeit** bestimmt sich im erstinstanzlichen **Urteilsverfahren** gemäß § 46 Abs. 2 ArbGG nach den Gerichtsständen der Zivilprozessordnung. Von den in §§ 12 ff. ZPO aufgeführten Gerichtsständen sind in der Praxis am relevantesten der Gerichtsstand am Wohnsitz einer natürlichen Person (§§ 12, 13 ZPO) oder am Sitz einer juristischen Person (§ 17 ZPO). Von den besonderen Gerichtsständen sind der Gerichtsstand der Niederlassung (§ 21 ZPO) und der Gerichtsstand des Erfüllungsorts (§ 29 ZPO) von Bedeutung. Gemäß § 48 Abs. 1a S. 1 ArbGG ist das Arbeitsgericht zuständig, in dessen Bezirk der Arbeitnehmer (zuletzt) gewöhnlich seine Arbeit verrichtet hat (Besonderer Gerichtsstand des Arbeitsortes). Ist ein gewöhnlicher Arbeitsort nicht feststellbar, insbesondere bei Außendienstmitarbeitern und Montagearbeitern, ist gemäß § 48 Abs. 1a S. 2 ArbGG das Arbeitsgericht zuständig, von dessen Bezirk aus der Arbeitnehmer (zuletzt) gewöhnlich seine Arbeit verrichtet hat.[148] Im erstinstanzlichen **Beschlussverfahren** bestimmt sich die örtliche Zuständigkeit nach § 82 ArbGG. Diese Regelung ist zwingend. Eine andere örtliche Zuständigkeit kann nicht begründet werden. Es kann allerdings auch nach § 82 ArbGG die örtliche Zuständigkeit mehrerer Arbeitsgerichte in Betracht kommen.[149] Nach § 82 S. 1 ArbGG ist das Arbeitsgericht zuständig, in dessen Bezirk der Betrieb liegt. Ein Betrieb liegt dort, wo die Betriebsleitung angesiedelt ist. Liegt eine betriebsverfassungsrechtliche Streitigkeit auf Unternehmensebene vor, richtet sich die örtliche Zuständigkeit nach § 82 S. 2 und 3 ArbGG. Maßgeblich ist der Bezirk, in dem das Unternehmen seinen Sitz hat, was sich nach § 17 ZPO bestimmt. Auch für die Entscheidung über die örtliche Zuständigkeit gelten nach § 48 Abs. 1 ArbGG die §§ 17–17b GVG.

2. Schriftsatzform/beA

Erhebt der Rechtsanwalt für seinen Mandanten Klage, so hat er darauf zu achten, dass er den Schriftsatz **eigenhändig** unterzeichnet. Es genügt dem Schriftformerfordernis des § 130 Nr. 6 ZPO nicht, wenn der nicht unterzeichneten Klageschrift eine vom Kläger unterzeichnete Vollmacht beigefügt ist. Denn dadurch wird noch nicht dokumentiert, dass der Bevollmächtigte die Verantwortung für das erst in Ausführung der Vollmacht gefertigte, nicht unterschriebene Schriftstück übernimmt.[150] Demgegenüber wird das Schriftformerfordernis gewahrt, wenn der nicht unterschriebenen Klage eine vom Rechtsanwalt beglaubigte Abschrift beigefügt ist.[151] Von dem Erfordernis der handschriftlichen Unterschriftsleistung gibt es Ausnahmen. So ist die Übermittlung eines bestimmenden Schriftsatzes wie etwa einer Klage- oder Rechtsmittelschrift durch Telegramm, Fernschreiben, Telefax und auch durch elektronische Übertragung einer Textdatei mit eingescannter Unterschrift auf das Faxgerät des Gerichts (sog. Computerfax) zulässig.[152] Die Rechtsprechung trägt so dem technischen Fortschritt auf dem Gebiet der Telekommunikation Rechnung. Diese Ausnahme gilt aber nur dann, wenn eine eigenhändige Unterschrift gerade wegen des gewählten Übertragungsweges technisch nicht möglich ist.[153] Ein mit einem Abdruck eines Faksimile-Stempels versehener Schriftsatz genügt daher unabhängig davon nicht dem Schriftformerfordernis des

---

[148] *Bergwitz* NZA 2008, 443.
[149] Germelmann/Matthes/Prütting/*Spinner* ArbGG § 82 Rn. 2.
[150] BAG 26.6.1986 – 2 AZR 358/85, NZA 1986, 761 (762); LAG Hamm 17.11.2011 – 8 Sa 781/11, BeckRS 2012, 65049.
[151] Germelmann/Matthes/Prütting/*Germelmann/Künzl* ArbGG § 46 Rn. 46.
[152] GmS-OGB 5.4.2000 – GmS-OGB 1/98, NZA 2000, 959; Germelmann/Matthes/Prütting/*Germelmann/Künzl* § 46 Rn. 45b.
[153] BVerfG 18.4.2007 – 1 BvR 110/07, NJW 2007, 3117 – Unterschriftserfordernis; BGH 10.10.2006 – XI ZB 40/05, NJW 2006, 3784; großzügiger BGH 15.7.2008 – X ZB 8/08, NJW 2008, 2649; BGH 18.3.2015 – XII ZB 424/14, NJW 2015, 1527.

§ 130 Nr. 6 ZPO, ob er per (herkömmlichem) Telefax oder im Original bei Gericht eingereicht wird.[154]

72 Diese Regelungen werden mittelfristig obsolet, nachdem in der Justiz der elektronische Rechtsverkehr eingeführt worden ist (für die Arbeitsgerichtsbarkeit geregelt in den §§ 46b ff. ArbGG). Gemäß § 31a Abs. 1 BRAO richtet die Bundesrechtsanwaltskammer für jedes im Gesamtverzeichnis eingetragene Mitglied einer Rechtsanwaltskammer ein „**besonderes elektronisches Anwaltspostfach**" („**beA**") empfangsbereit ein. Die Einführung des beA war verfassungsgemäß.[155] Seit dem 1.1.2018 besteht für Rechtsanwälte die passive Nutzungspflicht: Gemäß § 31a Abs. 6 BRAO[156] ist der Inhaber des besonderen elektronischen Anwaltspostfachs verpflichtet, die für dessen Nutzung erforderlichen technischen Einrichtungen vorzuhalten sowie Zustellungen und den Zugang von Mitteilungen über das besondere elektronische Anwaltspostfach zur Kenntnis zu nehmen. In einigen Bundesländern – etwa in Schleswig-Holstein – sind die Rechtsanwälte mittlerweile auch zur **aktiven Nutzung** des beA verpflichtet. Schriftsätze können dort nur noch elektronisch unter Nutzung des beA wirksam eingereicht werden. Spätestens ab dem 1.1.2022 sind alle Rechtsanwälte bundesweit verpflichtet, Dokumente den Gerichten elektronisch zu übermitteln. Nach § 2 Abs. 1 S. 1 ERVV ist das elektronische Dokument in druckbarer, kopierbarer und, soweit technisch möglich, durchsuchbarer Form im Dateiformat PDF zu übermitteln. Die Durchsuchbarkeit bezieht sich auf eine texterkannte Form und dient der Weiterbearbeitung im Gericht. Hinsichtlich der zulässigen Dateiversionen PDF müssen alle für die Darstellung des Dokuments notwendigen Inhalte in der Datei enthalten sein,[157] wozu sogar die Schrifttypen gehören sollen.[158] Ist ein elektronisches Dokument für das Gericht zur Bearbeitung nicht geeignet, ist dies gemäß § 130a Abs. 6 S. 1 ZPO dem Absender unter Hinweis auf die Unwirksamkeit des Eingangs und auf die geltenden technischen Rahmenbedingungen unverzüglich mitzuteilen. Eine einzige Mitteilung ist ausreichend, das Gesetz sieht keine mehrfache Hinweispflicht vor.[159] Das Dokument gilt gemäß § 130a Abs. 6 S. 2 ZPO als zum Zeitpunkt der früheren Einreichung eingegangen, sofern der Absender es unverzüglich in einer für das Gericht zur Bearbeitung geeigneten Form nachreicht und glaubhaft macht, dass es mit dem zuerst eingereichten Dokument inhaltlich übereinstimmt. Erfüllt auch dieses Dokument nicht die genannten Anforderungen, kann dies zur Unzulässigkeit der Prozesshandlung – etwa einer Berufungsbegründung – führen.[160] Gleiches gilt bei fehlender Glaubhaftmachung.[161] Das elektronische Dokument (nicht auch die Anlagen) muss gemäß § 130a Abs. 3 S. 1 ZPO mit einer qualifizierten elektronischen Signatur der verantwortenden Person versehen sein oder von der verantwortenden Person signiert und auf einem sicheren Übermittlungsweg eingereicht werden. Die qualifizierte elektronische Signatur hat dabei die gleiche Rechtswirkung wie eine handschriftliche Unterschrift: Mit ihr wird die Verantwortung für den Inhalt des Schriftsatzes übernommen.[162] Werden mehrere elektronische Dokumente gleichzeitig eingereicht, dürfen diese gemäß § 4 Abs. 2 ERVV nicht mit einer gemeinsamen qualifizierten elektronischen Signatur übermittelt werden; jedes Dokument ist einzeln zu signieren.[163]

3. Wahrnehmung von Terminen

73 **a) Untervollmacht.** Nach § 11 Abs. 1 S. 1 ArbGG können die Parteien vor den Arbeitsgerichten den Rechtsstreit selbst führen oder sich vertreten lassen. Nach § 11 Abs. 3 S. 1

---

[154] BAG 5.8.2009 – 10 AZR 692/08, NZA 2009, 1165; BAG 25.2.2015 – 5 AZR 849/13, NZA 2015, 701.
[155] BVerfG 20.12.2017 – 1 BvR 2233/17, NJW 2018, 288; BGH 28.6.2018 – AnwZ (Brfg) 5/18, NJW 2018, 2645.
[156] Art. 7 des Gesetzes zur Förderung des elektronischen Rechtsverkehrs mit den Gerichten (FördElRV) vom 10.10.2013 idF vom 5.7.2017.
[157] BAG 12.3.2020 – 6 AZM 1/20, NZA 2020, 607.
[158] LAG Hessen 7.9.2020 – 18 Sa 485/20, BeckRS 2020, 23235.
[159] BAG 12.3.2020 – 6 AZM 1/20, NZA 2020, 607.
[160] LAG Hessen 7.9.2020 – 18 Sa 485/20, BeckRS 2020, 23235.
[161] BAG 3.6.2020 – 3 AZR 730/19, AP BetrAVG § 1 Gleichbehandlung Nr. 78.
[162] BAG 24.10.2019 – 8 AZN 589/19, NZA 2019, 1661.
[163] BAG 30.7.2020 – 2 AZR 43/20, BeckRS 2020, 23900.

ArbGG sind mit Ausnahme der Rechtsanwälte Personen, die die Besorgung fremder Rechtsangelegenheiten vor Gericht geschäftsmäßig betreiben, als Bevollmächtigte und Beistände in der mündlichen Verhandlung ausgeschlossen, wobei § 157 Abs. 1 S. 2 und Abs. 2 ZPO entsprechend anzuwenden ist. Der Rechtsanwalt kann im Rahmen seiner Prozessvollmacht (§ 81 ZPO) **Untervollmacht** erteilen. Da sich die Parteien vor den Landesarbeitsgerichten und vor dem Bundesarbeitsgericht außer durch Verbandsvertreter nur durch Rechtsanwälte als Prozessbevollmächtigte vertreten lassen können, kann eine Untervollmacht nur ihren amtlich bestellten Vertretern oder anderen Rechtsanwälten erteilt werden.[164] Als **Unterbevollmächtigte in erster Instanz** kommen primär andere Rechtsanwälte, aber auch Referendare, die dem Anwalt zur Ausbildung zugewiesen worden sind (Stationsreferendare), in Betracht. Nach herrschender Auffassung kann darüber hinaus Referendaren, die nicht ihre Rechtsanwaltsstation ableisten (Nebentätigkeitsreferendare), angestellten Assessoren und sonstigen Angestellten, wie zB dem Bürovorsteher, eine Untervollmacht erteilt werden.[165]

b) **Säumnis.** Um einer Zurückweisung verspäteten Vorbringens zu entgehen, besteht für den Anwalt die Möglichkeit, im Verhandlungstermin nicht aufzutreten oder nicht zu verhandeln, gegen sich Versäumnisurteil ergehen zu lassen und gegen dieses Einspruch unter gleichzeitiger Darlegung des verspäteten Vortrags einzulegen (**Flucht in die Säumnis**).[166] Bei Vorliegen der Voraussetzungen (Verschleppungsabsicht) kann der Prozesspartei eine Verzögerungsgebühr gemäß § 38 GKG nF auferlegt werden.[167] Im Gegensatz zur zweiwöchigen Einspruchsfrist nach § 339 Abs. 1 ZPO kann gegen ein Versäumnisurteil im **arbeitsgerichtlichen** Verfahren nach § 59 S. 1 ArbGG Einspruch nur binnen einer Notfrist von einer Woche nach Zustellung des Versäumnisurteils eingelegt werden. Der Anwalt hat den Mandanten über die Kostenfolge des § 46 Abs. 2 ArbGG iVm § 344 ZPO und über die Möglichkeit eines Urteils nach Aktenlage nach § 46 Abs. 2 ArbGG iVm §§ 331a, 251a ZPO aufzuklären. Nach einer „Flucht in die Säumnis" ist der Anwalt grundsätzlich verpflichtet, auch ohne ausdrückliche Weisung des Mandanten Einspruch gegen das Versäumnisurteil einzulegen. Hält er jedoch nach eingehender Prüfung der Erfolgsaussichten eine Fortsetzung des Verfahrens für aussichtslos, hat er rechtzeitig vor Fristablauf mit dem Mandanten Rücksprache zu halten und dessen Entscheidung einzuholen.[168]

c) **Robe.** Nach § 20 BORA trägt der Rechtsanwalt vor Gericht als Berufstracht die Robe, soweit das üblich ist. Eine Berufspflicht zum Erscheinen in Robe besteht außerhalb des Anwaltsprozesses nicht und damit nicht beim Arbeitsgericht. Es ist jedoch allgemein üblich, vor den Gerichten für Arbeitssachen in Robe aufzutreten, wobei hier durchaus regionale Unterschiede festzustellen sind. Während im Süden oder Westen Deutschlands faktisch kaum ein Anwalt beim Arbeitsgericht ohne Robe erscheint, gibt sich beispielsweise ein beim Berliner Arbeitsgericht in Robe erscheinender Anwalt als „auswärtiger" Kollege zu erkennen. Es empfiehlt sich, dass der Anwalt bei Unkenntnis der örtlichen Gepflogenheiten seine Robe bei sich führt und spontan entscheidet.

d) **Vorbereitung der Güteverhandlung.** Gemäß § 54 Abs. 1 S. 1 ArbGG beginnt die mündliche Verhandlung mit einer Verhandlung vor dem Vorsitzenden zum Zwecke der gütlichen Einigung der Parteien (zur Güteverhandlung → § 77 Rn. 276 ff.). Nach § 47 Abs. 2 ArbGG erfolgt eine Aufforderung an den Beklagten, sich auf die Klage vor dem Gütetermin schriftlich zu äußern, in der Regel nicht. Ob der Beklagte den Gütetermin schriftsätzlich vorbereitet, ist letztlich von „taktischen" Erwägungen im Einzelfall abhängig (Prozesstaktik).[169] Sind die Erfolgsaussichten des Beklagten problematisch, sollte sich der Anwalt idR nur bestellen und in der Güteverhandlung mögliche Angriffspunkte gegen die Klage mündlich

---
[164] Germelmann/Matthes/Prütting/*Germelmann/Künzl* ArbGG § 11 Rn. 32, 88.
[165] BAG 22.2.1990 – 2 AZR 122/89, NZA 1990, 665; anders: Germelmann/Matthes/Prütting/*Germelmann/Künzl* ArbGG § 11 Rn. 33; ErfK/*Koch* ArbGG § 11 Rn. 4.
[166] BGH 20.12.2010 – VII ZB 72/09, AnwBl 2011, 319; Germelmann/Matthes/Prütting/*Prütting* ArbGG § 59 Rn. 33; ErfK/*Koch* ArbGG § 56 Rn. 15 → § 77 Rn. 395 ff.
[167] LAG Hessen 24.2.2009 – 13 Ta 586/08, BeckRS 2009, 68216; LAG Sachsen-Anhalt 8.5.2000 – 2 (3) Ta 77/00, AnwBl 2001, 444.
[168] BGH 25.10.2001 – IX ZR 19/99, NJW 2002, 290.
[169] *Klar* ArbR Rn. 353 ff.

skizzieren. Sind die Erfolgsaussichten des Beklagten gut, wird der Anwalt im Interesse einer gütlichen und schnellen Regelung, die „billig" sein soll, erwägen, einen Schriftsatz zur Vorbereitung des Gütetermins einzureichen. Bietet der Fall weder in tatsächlicher noch in rechtlicher Hinsicht Schwierigkeiten, kann auf eine schriftsätzliche Vorbereitung der Güteverhandlung eher verzichtet werden. Im umgekehrten Fall, wenn also das Verfahren rechtlich anspruchsvoll bzw. der Sachverhalt umfassend ist, kann sich eine schriftsätzliche Vorbereitung anbieten. Der Sachverhalt sollte dann jedoch umfassend und geordnet und ggf. schon unter Angabe von Beweismitteln vorgetragen werden, und zwar so frühzeitig, dass das Gericht ihn noch vor der Güteverhandlung lesen kann. Oft ergibt sich aus dem Rechtsgespräch mit dem Vorsitzenden, wie dieser den Fall sieht und auf welche tatsächlichen und rechtlichen Aspekte der Schwerpunkt in der Klageerwiderung zu setzen sein wird; dies kann ein Gesichtspunkt sein, vor dem Gütetermin keine schriftsätzlichen Ausführungen zu machen.

In der Güteverhandlung hat der Vorsitzende gemäß § 54 Abs. 1 S. 2 ArbGG das gesamte Streitverhältnis mit den Parteien unter freier Würdigung aller Umstände zu erörtern. Der Vorsitzende führt zunächst kurz in den Sach- und Streitstand ein und versucht anschließend, mit den Parteien eine gütliche Einigung herbeizuführen.[170] Wenn der Beklagte noch keinen Schriftsatz eingereicht hat, wird er diesen auffordern, sich zur Klage zu äußern.

77 e) Persönliches Erscheinen der Parteien. Ob sich der Anwalt von seinem Mandanten im Termin persönlich begleiten lässt, muss er sorgfältig bedenken und mit der Partei erörtern. In vielen Fällen ist gerade auf Arbeitnehmerseite eine Gerichtsverhandlung, bei der es um den Erhalt des Arbeitsplatzes geht, ein Ereignis, dem der Mandant naturgemäß eine große Bedeutung beimisst, und das er persönlich erleben möchte. Nicht selten ist das persönliche Erscheinen der oftmals emotionsgesteuerten Partei allerdings einer objektiven Auseinandersetzung mit dem Streitstoff und erst recht einer sachgerechten Einigung kaum förderlich. Aus diesem Grunde kann es im konkreten Fall ratsam sein, dem Mandanten behutsam deutlich zu machen, dass sich seine Aussichten verbessern, das von ihm gewünschte Ergebnis des Prozesses zu erreichen, wenn er von einem persönlichen Erscheinen absieht. Gerade in diesem Fall sollte der Anwalt sich aber sorgfältig auf den Termin vorbereiten, um Fragen des Vorsitzenden möglichst beantworten zu können. Der Mandant wird sinnvollerweise auch dann nicht erscheinen, wenn er im Hinblick auf Einigungsmöglichkeiten unentschieden ist. Eine Terminteilnahme kann sich allerdings aus anwaltlicher Sicht bei „uneinsichtigen" Mandanten empfehlen, die trotz anwaltlicher Hinweise die Aussichten falsch einschätzen (wollen). Hat das Gericht das persönliche Erscheinen gemäß § 51 Abs. 1 ArbGG angeordnet, sollte der Anwalt gewissenhaft prüfen, ob es aus seiner Sicht tatsächlich erforderlich und ratsam ist, dass die Partei den Termin persönlich wahrnimmt, und gegebenenfalls eine (andere) Regelung mit dem Gericht herbeiführen. In keinem Fall jedoch sollte der Anwalt die Anordnung persönlichen Erscheinens ignorieren, da er ansonsten Gefahr läuft, gemäß § 51 Abs. 2 ArbGG ausgeschlossen zu werden.[171] Daneben besteht das Risiko, dass gegen die Partei, die im Termin ausbleibt, gemäß § 141 Abs. 3 S. 1 ZPO ein Ordnungsgeld verhängt wird, was auch dann möglich ist, wenn der erschienene Prozessbevollmächtigte nicht nach § 51 Abs. 2 ArbGG zurückgewiesen wird.[172] Zweck des § 141 Abs. 3 ZPO ist es allerdings nicht, eine vermeintliche Missachtung des Gesetzes oder des Gerichts durch die nicht erschienene Partei zu ahnden. Ebenso wenig darf die Androhung und Festsetzung von Ordnungsgeld nach § 51 Abs. 1 S. 2 ArbGG dazu verwendet werden, einen Vergleichsabschluss zu erzwingen. Zweck der Anordnung des persönlichen Erscheinens nach § 141 Abs. 1 ZPO ist allein, die Aufklärung des Sachverhalts zu fördern. Ordnungsgeld kann daher nur festgesetzt werden, wenn das unentschuldigte Ausbleiben der Partei die Sachaufklärung erschwert und dadurch der Prozess verzögert wird.[173] Es entspricht im Übrigen dem Gebot der Höflichkeit und Achtung vor dem Gericht, in begründeten Fällen die Entbindung des Mandan-

---

[170] Notter DB 2004, 874.
[171] LAG Brandenburg 23.5.2000 – 3 Sa 83/00, NZA 2001, 173; LAG Bremen 24.1.2002 – 3 Sa 16/02, NZA-RR 2003, 158; → § 77 Rn. 344 ff.
[172] LAG Schleswig-Holstein 24.11.2003 – 2 Ta 250/03, NZA-RR 2004, 153.
[173] BAG 1.10.2014 – 10 AZB 24/14, NZA 2014, 190.

ten von der Verpflichtung zum persönlichen Erscheinen zu beantragen, und zwar rechtzeitig vor dem Termin.

4. Verfahren vor dem Europäischen Gerichtshof

Aufgaben, Zuständigkeit und Zusammensetzung des Gerichtshofs der Europäischen Union (EuGH) sind in den Art. 251 ff. des Vertrages über die Arbeitsweise der Europäischen Union (AEUV) geregelt, der mit In-Kraft-Treten des Lissabon-Vertrags zum 1.12.2009 den bis dahin geltenden EG-Vertrag abgelöst hat. Nach Art. 19 Abs. 1 S. 2 des Vertrags über die Europäische Union (EUV) in der seit dem 1.12.2009 geltenden Fassung sichert der EuGH die Wahrung des Rechts bei der Auslegung und Anwendung der Verträge. Hierzu überwacht er gemäß Art. 263 Abs. 1 AEUV die Rechtmäßigkeit der Gesetzgebungsakte sowie der Handlungen des Rates, der Kommission und der Europäischen Zentralbank, soweit es sich nicht um Empfehlungen oder Stellungnahmen handelt, und der Handlungen des Europäischen Parlaments und des Europäischen Rates mit Rechtswirkung gegenüber Dritten. Ferner überwacht er die Rechtmäßigkeit der Handlungen der Einrichtungen oder sonstigen Stellen der Union mit Rechtswirkung gegenüber Dritten. Er hat eine Letztentscheidungskompetenz hinsichtlich der Auslegung und der Gültigkeit des Gemeinschaftsrechts, nicht aber hinsichtlich des nationalen Rechts. Ihm obliegt damit die Sicherung der Einheit der Gemeinschaftsrechtsordnung sowie des Rechtsschutzes gegenüber den Gemeinschaftsorganen.[174] Die Rechtsgrundlagen für die Tätigkeit des EuGH finden sich in Art. 251–281 AEUV sowie in den Protokollen über die Satzung des Gerichtshofes. Die Zahl der Richter des EuGH wird gemäß Art. 254 Abs. 1 AEUV durch Satzung des Gerichtshofs festgelegt; gegenwärtig besteht der EuGH aus 28 Richtern und wird von elf Generalanwälten bei der Rechtsfindung unterstützt (Art. 252 AEUV).[175]

Von besonderer praktischer Bedeutung sind das **Vertragsverletzungsverfahren** und das **Vorabentscheidungsverfahren**. Im Vertragsverletzungsverfahren wird der EuGH gemäß Art. 258 AEUV auf Antrag der Kommission tätig, soweit nach deren Auffassung ein Mitgliedstaat gegen eine Verpflichtung aus den Europäischen Verträgen verstößt und ein Mahnschreiben idR mit vorherigem Auskunftsersuchen an den Mitgliedstaat ergebnislos geblieben ist. Im Wege einer **Vorabentscheidung** kann der EuGH gemäß **Art. 267 AEUV** durch ein nationales Gericht zur Frage der Auslegung des Vertrags oder des auf ihm beruhenden Sekundärrechts angerufen werden. Ziel dieses Verfahrens ist die Wahrung der Einheitlichkeit der Anwendung von Gemeinschaftsrecht in allen Mitgliedstaaten und die Förderung der Zusammenarbeit zwischen den nationalen Gerichten und dem EuGH.[176] Zur Vorlage berechtigt sind alle Gerichte der Mitgliedstaaten, folglich auch die Gerichte aller drei Instanzen der deutschen Arbeitsgerichtsbarkeit. Das nationale Gericht entscheidet nach pflichtgemäßem Ermessen, ob es eine Vorlage an den EuGH für erforderlich hält. Gerichte, deren Entscheidungen nicht mehr mit Rechtsmitteln angegriffen werden können, sind gemäß Art. 267 Abs. 3 AEUV zur Vorlage verpflichtet. Es ist umstritten, ob nur die obersten Bundesgerichte und das BVerfG vorlegen müssen oder auch diejenigen Gerichte, deren Entscheidung üblicherweise in Rechtskraft erwachsen (Landesarbeitsgerichte). Es fragt sich insbesondere, ob die Nichtzulassungsbeschwerde gemäß § 72a ArbGG ein Rechtsmittel iSv Art. 267 AEUV ist;[177] dies ist umstritten.[178] Die Vorlagepflicht entfällt, wenn einstweiliger Rechtsschutz begehrt wird oder kein vernünftiger Zweifel an der Auslegung und Gültigkeit von Gemeinschaftsrecht besteht („acte clair") oder der EuGH in einem früheren Verfahren zu der gleichen Frage bereits entschieden hat und eine Änderung der Sach- und Rechtslage in der Zwischenzeit nicht eingetreten ist. Eine zu Unrecht unterlassene Vorlage

---

[174] EuGH 22.10.1987 – 314/85, NJW 1988, 1451 – Fotofrost.
[175] Der Rat der Europäischen Union hat auf Antrag des EuGH von seinem Recht aus Art. 252 S. 2 AEUV Gebrauch gemacht und die Zahl der Generalanwälte um drei erhöht, ABl. 2013 L 179, 92.
[176] *Bauer/Diller* NZA 1996, 169.
[177] BVerwG 20.3.1986 – 3 B 3/86, NJW 1987, 601; *Bauer/Diller* NZA 1996, 169 (170); anders: BAG 1.4.1980 – 4 AZN 77/80, AP ArbGG 1979 § 72a Nr. 5; BAG 12.9.2012 – 5 AZN 1743/12, NZA 2012, 1319.
[178] Germelmann/Matthes/Prütting/*Müller-Glöge* ArbGG § 72a Rn. 7.

durch ein letztinstanzliches Gericht stellt eine Verletzung des Rechts auf den gesetzlichen Richter dar (Art. 101 Abs. 1 S. 2 GG).[179]

IV. Einigungsstelle

80 Kommt es zu Meinungsverschiedenheiten zwischen Arbeitgeber und Betriebsrat, so ist in mitbestimmungspflichtigen Angelegenheiten die Einigungsstelle zur Entscheidung berufen.[180]

81 Die Einigungsstelle besteht gemäß § 76 Abs. 2 S. 1 BetrVG aus einer gleichen Anzahl von Beisitzern, die von Arbeitgeber und Betriebsrat bestellt werden, und einem unparteiischen Vorsitzenden, auf dessen Person sich beide Seiten einigen müssen. Das Gesetz nennt keine weiteren Kriterien, anhand derer der **Vorsitzende** zu bestimmen ist. Um dessen Neutralität zu gewährleisten, sollte er außerhalb des Betriebes stehen und am Ausgang des Verfahrens keinerlei Interesse haben.[181] Darüber hinaus sollte er über Fachkenntnisse, Verhandlungsgeschick und Einfühlungsvermögen verfügen[182] und in der Lage sein, die Betriebsparteien zu einer für beide Seiten tragfähigen Kompromisslösung zu führen.[183] In der Praxis wird daher regelmäßig Berufsrichtern aus der Arbeitsgerichtsbarkeit die Aufgabe des Vorsitzenden übertragen.[184] Arbeitgeber und Betriebsrat müssen sich auch über die **Anzahl der Beisitzer** einigen, da das Gesetz lediglich die gleiche Anzahl voraussetzt. In der Praxis werden die Einigungsstellen regelmäßig mit ein bis drei Beisitzern auf jeder Seite gebildet, wobei zu berücksichtigen ist, dass bei zunehmender Anzahl der Beisitzer das Verfahren länger, teurer und schwieriger wird. Die Auswahl der Beisitzer ist Sache der Seite, die sie bestellt.

82 Kommt eine Einigung über die Person des Vorsitzenden oder die Anzahl der Beisitzer nicht zustande, so entscheidet gemäß § 76 Abs. 2 S. 2 und 3 BetrVG das Arbeitsgericht. Die Entscheidung trifft nicht die Kammer, sondern der Vorsitzende (§ 100 Abs. 1 S. 1 ArbGG). Gegen diesen Beschluss findet die Beschwerde an das Landesarbeitsgericht statt (§ 100 Abs. 2 S. 1 ArbGG). Ein Rechtsmittel gegen dessen Entscheidung ist gemäß § 100 Abs. 2 S. 4 ArbGG nicht gegeben.

83 Ein Beschlussverfahren zur Bestellung eines Einigungsstellenvorsitzenden stellt den Anwalt vor schwierige **taktische Herausforderungen:** Hat eine Betriebspartei Vorbehalte gegen den Vorschlag der anderen Betriebspartei, sind etwaige Einwände gegen die Person des Vorgeschlagenen behutsam vorzutragen, weil ein Streit über die Qualifikation des Kandidaten oder seine Unvoreingenommenheit das folgende Einigungsstellenverfahren je nach Art des mitgeteilten Ablehnungsgrundes ganz erheblich belasten könnte. Hierzu ist eine sehr inhomogene Spruchpraxis der Landesarbeitsgerichte festzustellen: Nach einer Auffassung ist regelmäßig derjenige als Vorsitzender der Einigungsstelle zu bestellen, der im Antrag genannt ist.[185] Nachteil dieses „Windhundprinzips" ist es, dass es gleichsam ein „Wettrennen" gibt, welche Betriebspartei das Beschlussverfahren als erste einleitet. Nach einer anderen Auffassung ist die Ablehnung eines konkreten Besetzungsvorschlags des einen Beteiligten durch den anderen Beteiligten regelmäßig unerheblich, wenn für die Ablehnung keine nähere Begründung vorgetragen wird. Erforderlich (aber auch ausreichend) sei die Darlegung nachvollziehbarer, auf Tatsachen beruhender Vorbehalte, die ernsthaft und nicht nur vorgeschoben erscheinen.[186] Subjektiven Bedenken könne nur Rechnung getragen werden, wenn sie hinreichend auf objektive Umstände hindeuten.[187] An die Substantiierung der von einem Beteiligten gegen den Vorschlag des anderen vorgebrachten Bedenken dürften keine hohen An-

---

[179] BVerfG 30.8.2010 – 1 BvR 1631/08, NJW 2011, 288 – Urheberrechtsabgabe auf Drucker und Plotter.
[180] Siehe zu den betriebsverfassungsrechtlichen Konfliktlösungsmechanismen ausführlich § 64.
[181] ArbG Köln 16.1.2017 – 19 BV 499/16, BeckRS 2017, 104810.
[182] *Fitting* BetrVG § 76 Rn. 24.
[183] LAG Rheinland-Pfalz 5.2.2019 – 6 TaBV 24/18, BeckRS 2019, 19005.
[184] GK-BetrVG/*Jacobs* BetrVG § 76 Rn. 64; ErfK/*Kania* BetrVG § 76 Rn. 7.
[185] LAG Berlin-Brandenburg 10.9.2014 – 15 TaBV 1308/14, BeckRS 2014, 73731.
[186] LAG Rheinland-Pfalz 5.2.2019 – 6 TaBV 24/18, BeckRS 2019, 19005.
[187] LAG Köln 4.6.2018 – 9 TaBV 25/18, BeckRS 2018, 15928; LAG Köln 9.4.2018 – 9 TaBV 10/18, BeckRS 2018, 8211.

forderungen gestellt werden.[188] Demgegenüber komme dem Veto als solchem, wenn es nicht begründet werde, kein Aussagewert zu, insbesondere könne aus ihm nicht geschlossen werden, der Betriebspartner, der es ausgesprochen hat, habe kein Vertrauen in die fachliche oder persönliche Eignung der von der Gegenseite benannten Person. Die Ablehnung könne zB auch auf rein taktischen Erwägungen beruhen.[189] Nach einer dritten Auffassung schließlich könne eine Person nur dann zum Vorsitzenden der konkreten Einigungsstelle bestellt werden, wenn sie tatsächlich das Vertrauen beider Betriebspartner genieße. Wegen des weitreichenden gerichtlichen Ermessensspielraums könne auch ein schlichtes „Nein" der Gegenseite dazu führen, dass das Arbeitsgericht einen Dritten als Vorsitzenden einsetzt.[190] Das Gericht sei dabei an die Vorschläge der Beteiligten hinsichtlich der Person des Vorsitzenden nicht gebunden; es könne auch eine von den Beteiligten nicht in Betracht gezogene Person bestellen.[191] In der Praxis sind die Bestellungsverfahren in der Tat in hohem Maße durch taktische Überlegungen geprägt. Es geht oft darum, Zeit zu gewinnen oder sich durch den Vorschlag eines Kandidaten, von dem erwartet wird, dass die Gegenseite ihn ablehnen wird, bei der Anzahl der Beisitzer durchzusetzen.

Wird der Anwalt als außerbetrieblicher Beisitzer in der Einigungsstelle tätig, richtet sich sein Vergütungsanspruch insoweit ausschließlich nach § 76a Abs. 3 BetrVG; das Formerfordernis des § 4 Abs. 1 RVG ist nicht anwendbar.[192]

V. Andere Entscheidungsgremien

Zur Beilegung von Streitigkeiten zwischen Ausbildenden und Auszubildenden aus einem Berufsausbildungsverhältnis iSv §§ 3 ff. BBiG können im Bereich des Handwerks die Handwerksinnungen, im Übrigen die zuständigen Stellen iSd Berufsbildungsgesetzes **Schlichtungsausschüsse** bilden, denen Arbeitgeber und Arbeitnehmer in gleicher Zahl angehören müssen (§ 111 Abs. 2 ArbGG). § 111 Abs. 2 S. 1 ArbGG spricht von Streitigkeiten „aus" einem bestehenden Berufsausbildungsverhältnis, worunter auch Streitigkeiten **über** die Beendigung, insbesondere die Wirksamkeit einer Kündigung, nicht aber Streitigkeiten **nach** Beendigung gehören.[193] Besteht ein Schlichtungsausschuss nicht, erklärt er sich für nicht zuständig oder lehnt er die Durchführung eines Schlichtungsverfahrens ab,[194] sind die allgemeinen Regeln des arbeitsgerichtlichen Verfahrens einschließlich der nach § 4 KSchG fristgebundenen Klageerhebung anzuwenden. Der Anwalt hat daher vorsorglich die 3-Wochen-Frist des § 4 KSchG für die Klageerhebung beim Arbeitsgericht zu beachten, dh die Kündigungsschutzklage **nicht** bis zur Durchführung des Schlichtungsverfahrens aufzuschieben.

Die Durchführung des Verfahrens vor dem Schlichtungsausschuss ist **Prozessvoraussetzung** einer Klage zum Arbeitsgericht (§ 111 Abs. 2 S. 5 ArbGG). Eine vorher erhobene (und unzulässige) Klage wird allerdings nachträglich zulässig, wenn das Verfahren vor dem Schlichtungsausschuss durchgeführt wird.[195] Die Parteien können nicht auf die Durchführung des Schlichtungsverfahrens verzichten, indem sie zB rügelos vor dem Arbeitsgericht verhandeln.[196] Dies würde gegen den Wortlaut des § 111 Abs. 2 S. 5 ArbGG verstoßen. Darüber hinaus soll nach Sinn und Zweck der Norm nach Möglichkeit vermieden werden,

---

[188] LAG Rheinland-Pfalz 12.7.2017 – 4 TaBV 23/17, BeckRS 2017, 134450.
[189] LAG Baden-Württemberg 28.9.2017 – 12 TaBV 7/17, BeckRS 2017, 141221.
[190] LAG Hamburg 27.11.2019 – 5 TaBV 11/19, BeckRS 2019, 41187; LAG Düsseldorf 25.8.2014 – 9 TaBV 39/14, NZA-RR 2014, 647.
[191] LAG Berlin-Brandenburg 1.3.2019 – 2 TaBV 277/19, BeckRS 2019, 6945; LAG Köln 24.2.2017 – 9 TaBV 11/17, BeckRS, 104809; LAG Hamm 10.8.2015 – 7 TaBV 43/15, BeckRS 2015, 71472.
[192] LAG Hamm 20.1.2006 – 10 TaBV 131/05, NZA-RR 2006, 323.
[193] BAG 18.10.1961 – 1 AZR 437/60, AP ArbGG 1953 § 111 Nr. 1; BAG 25.11.1976 – 2 AZR 751/75, AP BBiG § 15 Nr. 4; Germelmann/Matthes/Prütting/*Prütting* ArbGG § 111 Rn. 16 f.
[194] BAG 17.9.1987 – 2 AZR 654/86, NZA 1988, 735.
[195] BAG 25.11.1976 – 2 AZR 751/75, AP BBiG § 15 Nr. 4; Germelmann/Matthes/Prütting/*Prütting* ArbGG § 111 Rn. 19.
[196] Germelmann/Matthes/Prütting/*Prütting* ArbGG § 111 Rn. 20.

dass sich Ausbildender und Auszubildender streitend vor Gericht gegenüberstehen, solange Ungewissheit über die rechtswirksame Beendigung besteht.[197]

87 Eine **Frist** für die Anrufung des Schlichtungsausschusses ist gesetzlich nicht vorgesehen. Das BAG hat es abgelehnt, die Frist des § 13 Abs. 1 S. 2 iVm § 4 KSchG analog anzuwenden, wenn eine Verhandlung gemäß § 111 Abs. 2 S. 5 ArbGG stattfinden muss. Insoweit ist lediglich an eine Prozessverwirkung zu denken.[198] Zweifelhaft ist, ob durch die Anrufung des Schlichtungsausschusses die Verjährung gehemmt wird oder tarifliche Ausschlussfristen eingehalten werden. Wegen des Grundsatzes des sichersten Weges ist der Rechtsanwalt gehalten, eine Klage vor dem Arbeitsgericht zu erheben und gleichzeitig den Schlichtungsausschuss anzurufen.[199]

88 Gemäß § 111 Abs. 2 S. 2 ArbGG hat der Schlichtungsausschuss die Parteien mündlich zu hören. Der Spruch muss begründet, schriftlich abgefasst, mit einer Rechtsmittelbelehrung versehen, von allen Mitgliedern des Schlichtungsausschusses unterschrieben und zugestellt werden.[200] Wird der Spruch nicht innerhalb einer Woche von beiden Parteien anerkannt, so kann binnen zwei Wochen nach ergangenem Spruch Klage beim zuständigen Arbeitsgericht erhoben werden (§ 111 Abs. 2 S. 3 ArbGG). In diesem Fall entfaltet der Spruch keinerlei Wirkung. Bei dieser Zwei-Wochen-Frist handelt es sich um eine prozessuale Ausschlussfrist, über die gemäß § 111 Abs. 2 S. 4 iVm § 9 Abs. 5 ArbGG der Schlichtungsausschuss zu belehren hat. Aus Vergleichen, die vor dem Ausschuss geschlossen sind, und aus Sprüchen des Ausschusses, die von beiden Seiten anerkannt sind, findet die Zwangsvollstreckung statt (§ 111 Abs. 2 S. 6 ArbGG).

---

[197] BAG 18.9.1975 – 2 AZR 602/74, AP ArbGG 1953 § 111 Nr. 2; Germelmann/Matthes/Prütting/*Prütting* ArbGG § 111 Rn. 17.
[198] BAG 13.4.1989 – 2 AZR 441/88, NZA 1990, 395; BAG 23.7.2015 – 6 AZR 490/14, BeckRS 2015, 72273.
[199] Germelmann/Matthes/Prütting/*Prütting* ArbGG § 111 Rn. 27.
[200] Germelmann/Matthes/Prütting/*Prütting* ArbGG § 111 Rn. 36.

§ 2 Der Anwaltsvertrag im arbeitsrechtlichen Mandat

Übersicht

	Rn.
I. Die Annahme des Mandats	1–44
1. Pflichten des Rechtsanwalts	1
2. Hinweispflichten hinsichtlich der Kosten und Gebühren	2–10
3. Prüfung von Interessenkollisionen	11–16
a) Allgemeines	11–13
b) Gemeinschaftliche Berufsausübung	14/15
c) Rechtsfolgen	16
4. Rechtsschutzversicherung/Vertretung durch Gewerkschaft	17–20
5. Prozesskostenhilfe und Beiordnung eines Rechtsanwalts	21–25
6. Berufshaftpflichtversicherung	26/27
7. Haftungsbeschränkungen	28–34
a) Haftungsbeschränkung durch Rechtsformwahl	29
b) Haftungsbeschränkung durch Rechtsgeschäft	30–34
8. Vollmacht	35/36
9. Erörterung von Gang und Dauer der Mandatsabwicklung	37
10. Vergleichsbereitschaft	38–41
11. Informationsaustausch zwischen Rechtsanwalt und Mandant	42–44
II. Die Kündigung des Anwaltsvertrages	45–47
1. Kündigungsgrund und -frist	45/46
a) Kündigung durch den Mandanten	45
b) Kündigung durch den Anwalt	46
2. Herausgabe von Handakten	47
III. Der Anwaltswechsel	48–54
1. Aufklärungspflichten nach Kündigung des Anwaltsvertrages	48
2. Herausgabe von Handakten	49–52
3. Kosten und Gebühren	53
4. Prozesskostenhilfe	54
IV. Regressanspruch des Mandanten	55–68
1. Haftungsgrundlage und Voraussetzungen	55–60
a) Grundnorm: § 280 Abs. 1 BGB	55–57
b) Beweislast	58–60
2. Umfang des zu ersetzenden Schadens	61/62
3. Besonderheiten bei gemeinschaftlicher Berufsausübung	63–65
a) Haftung für vertragliche Verbindlichkeiten	64
b) Haftung für gesetzliche, insbesondere deliktische Verbindlichkeiten	65
4. Verjährung	66–69
a) Übergang zum neuen Verjährungsrecht	66
b) Beginn und Dauer der Verjährung	67/68
c) Primär- und Sekundäranspruch	69

I. Die Annahme des Mandats

1. Pflichten des Rechtsanwalts

Der Anwaltsvertrag ist ein Geschäftsbesorgungsvertrag, durch den sich der Rechtsanwalt **1**
idR zu einer beruflichen **Dienstleistung höherer Art** verpflichtet (§§ 675 Abs. 1, 611 ff.
BGB).[1] Ausnahmsweise kann im Einzelfall **Werkvertragsrecht** Anwendung finden,[2] etwa
wenn der Rechtsanwalt mit der Erstellung eines Gutachtens, dem Entwurf eines Vertrages, der Anpassung eines Vertrages an ausländisches Recht oder der Erteilung einer Rechtsauskunft zu einer konkreten Einzelfrage beauftragt wird. Aus dem Anwaltsvertrag folgt ein

---
[1] BGH 10.6.1985 – III ZR 73/84, NJW 1985, 2642.
[2] *Borgmann* NJW 2000, 2953; Pepels/Steckler Anwalts-Marketing/*Mitzkus/Klein* § 7 Rn. 4.

besonderes Vertrauens- und Treueverhältnis, das dem Rechtsanwalt folgende Pflichten auferlegt, wobei diese je nach Art des konkreten Mandats unterschiedlich stark ausgeprägt sind:
- **Aufklärungspflicht:** Der Rechtsanwalt hat den Sachverhalt vollständig aufzuklären. Diese Pflicht steht in Wechselwirkung zu der Informationspflicht des Mandanten.
- **Rechtsprüfungspflicht:** Der Rechtsanwalt hat sich anhand von Rechtsprechung und Literatur sorgfältig eine Rechtsüberzeugung zu bilden und die dabei festgestellten Ansprüche seines Mandanten in jeder Richtung zu sichern.
- **Beratungs- und Belehrungspflicht:** Der Rechtsanwalt hat seinen Mandanten umfassend zu beraten und zu belehren unter Beachtung folgender Grundsätze:
  – Den Rechtsanwalt trifft die Pflicht, den Mandanten über die **Prozessaussichten** zu belehren.
  – Der Rechtsanwalt hat sein Vorgehen an dem **Grundsatz des sichersten Weges** auszurichten, dh bei mehreren möglichen Vorgehensweisen ist die sicherere zu wählen.
  – Der Rechtsanwalt hat eine **Pflicht zur Verschwiegenheit,** die nicht nur in § 43a Abs. 2 BRAO berufsrechtlich normiert, sondern auch strafrechtlich sanktioniert ist, §§ 203 Abs. 1 Nr. 3, 204 StGB.[3]

2. Hinweispflichten hinsichtlich der Kosten und Gebühren

2 Ohne ausdrückliche Nachfrage des Mandanten hat der Rechtsanwalt den Mandanten grundsätzlich nicht über die entstehenden Rechtsanwaltsgebühren und etwaige Gerichtskosten zu belehren.[4] Der Mandant ist allerdings nach § 12a Abs. 1 S. 2 ArbGG vor Abschluss der Vereinbarung über die Vertretung in einem Rechtsstreit vor einem Arbeitsgericht darauf hinzuweisen, dass in Urteilsverfahren des ersten Rechtszuges kein Anspruch der obsiegenden Partei auf Entschädigung wegen Zeitversäumnis und auf Erstattung der Kosten für die Zuziehung eines Prozessbevollmächtigten oder Beistandes besteht. Diese Bestimmung erfasst auch alle materiellrechtlichen Kostenerstattungsansprüche sowie die Rechtsanwaltskosten im Rahmen einer außergerichtlichen Tätigkeit[5] einschließlich der Verzugskostenpauschale gemäß § 288 Abs. 5 BGB.[6]

3 Die Hinweispflicht entfällt, wenn für den Mandanten kein Kostenrisiko besteht, wie zB bei einem **rechtsschutzversicherten** Mandanten:[7] In diesem Fall muss aber bereits bei Mandatsannahme eine konkrete Zusage der Kostenübernahme seitens der Rechtsschutzversicherung vorliegen. Solange zweifelhaft ist, ob die Rechtsschutzversicherung sämtliche Kosten übernimmt, ist ein Hinweis erforderlich. Der Hinweis kann auch ausnahmsweise entbehrlich sein, wenn dem Mandanten zB aus vorausgegangenen arbeitsgerichtlichen Verfahren die Regelung des § 12a Abs. 1 S. 2 ArbGG bekannt ist. Bei Gewährung von Prozesskostenhilfe bzw. einer Beiordnung nach § 11a ArbGG entfällt die Belehrungspflicht nicht, da uU von dem Mandanten Kosten getragen werden müssen.[8]

4 Im Übrigen muss der Rechtsanwalt, wenn sich die von ihm zu erhebenden Gebühren nach dem **Gegenstandswert** richten, den Mandanten vor Übernahme des Auftrags auch hierauf hinweisen (**§ 49b Abs. 5 BRAO**).[9] Nach einem entsprechenden Hinweis wird ein Mandant, der die Folgen dieser Form der Gebührenberechnung nicht abschätzen kann, den

---

[3] BGH 25.3.1993 – IX ZR 192/92, NJW 1993, 1638 (Abtretung von Honoraransprüchen); BGH 10.8.1995 – IX ZR 220/94, NJW 1995, 2915 (Kanzleiverkauf an ehemaligen Mitarbeiter); BGH 13.6.2001 – VIII ZR 176/00, NJW 2001, 2462; LG München I 9.12.2003 – 13 S 9710/03, NJW 2004, 451; BGH 9.6.2005 – IX ZR 14/04, BeckRS 2005, 7836; BGH 1.3.2007 – IX ZR 189/05, NJW 2007, 1196; OLG Hamm 15.12.2011 – 2 U 65/11, NJW 2012, 1743 (1744f.).
[4] BGH 14.12.2005 – IX ZR 210/03, AnwBl 2006, 214.
[5] BAG 30.4.1992 – 8 AZR 288/91, NZA 1992, 1101; LAG Niedersachsen 15.5.2007 – 13 Sa 108/07, AGS 2007, 431; AnwFormB ArbR/*Diller* Kap. 100 I Rn. 2; *Müller/Bauer* Anwalt S. 359; *Zirnbauer* FA 1997, 40; → § 79 Rn. 11.
[6] BAG 24.10.2019 – 8 AZR 528/18, NZA 2020, 469.
[7] *Müller/Bauer* Anwalt S. 360; *Ziege* AnwBl 1980, 178 (179).
[8] Germelmann/Matthes/Prütting/*Germelmann/Künzl* ArbGG § 12a Rn. 34. Für einen generellen Hinweis auf § 12a ArbGG *Klar* ArbR Rn. 682 ff.
[9] BGH 9.7.2009 – IX ZR 135/08, AnwBl 2010, 142.

Rechtsanwalt hierzu befragen.[10] Ohne eine solche Nachfrage muss der Rechtsanwalt zB nicht die einzelnen Gebührentatbestände erläutern oder die Höhe der Vergütung mitteilen.[11]

Den Mandanten trifft die **Beweislast** dafür, dass der Anwalt seiner Hinweispflicht aus § 49b Abs. 5 BRAO nicht nachgekommen ist; der Anwalt muss allerdings konkret darlegen, in welcher Weise er belehrt haben will.[12] Aus diesem Grund sollte sich der Rechtsanwalt diese Hinweise (§ 12a Abs. 1 S. 2 ArbGG, § 49b Abs. 5 BRAO) vorsorglich vom Mandanten schriftlich bestätigen lassen.

Muster: Bestätigungsschreiben des Mandanten

Ich bestätige, dass ich von den Rechtsanwälten ...... vor Übernahme des Auftrags in Sachen ...... darauf hingewiesen worden bin, dass ich in dem Rechtsstreit vor dem Arbeitsgericht in 1. Instanz im Falle des Obsiegens keinen Anspruch gegen die andere Prozesspartei auf Entschädigung wegen Zeitversäumnis und auf Erstattung der Kosten für die Zuziehung eines Prozessbevollmächtigten oder Beistandes habe.
Die durch die Tätigkeit der Rechtsanwälte ...... in der 1. Instanz entstehenden Gebühren und Auslagen trage ich also in jedem Falle selbst.
Im Übrigen wurde ich vor Übernahme des Auftrags von den Rechtsanwälten ...... darauf hingewiesen, dass sich die zu erhebenden Gebühren nach dem Gegenstandswert richten.
....
Datum   Unterschrift

Erfolgt eine solche Bestätigung durch den Mandanten nicht, ist zu empfehlen, die Hinweise gegenüber dem Mandanten schriftlich und im Rahmen der Mandatsbestätigung zu wiederholen.

Muster: Mandatsbestätigung

Sehr geehrter ......,
wir danken Ihnen für Ihren Auftrag, in der Sache ...... (Beschreibung des Mandatsumfangs)
Wir halten fest, dass wir Sie vor Übernahme des Auftrags mündlich darauf hingewiesen haben, dass Sie in dem Rechtsstreit vor dem Arbeitsgericht in 1. Instanz im Falle des Obsiegens keinen Anspruch gegen die andere Prozesspartei auf Entschädigung wegen Zeitversäumnis und auf Erstattung der Kosten für die Zuziehung eines Prozessbevollmächtigten oder Beistandes haben. Die durch unsere Tätigkeit in der 1. Instanz entstehenden Gebühren und Auslagen haben Sie also in jedem Falle selbst zu tragen.
Im Übrigen haben wir Ihnen vor Übernahme des Auftrags erläutert, dass sich die zu erhebenden Gebühren nach dem Gegenstandswert richten.

Mit freundlichen Grüßen   Rechtsanwalt

Versäumt der Rechtsanwalt den Hinweis auf § 12a Abs. 1 S. 2 ArbGG, so haftet er dem Mandanten auch bei erfolgreichem Arbeitsgerichtsprozess in Höhe der entstandenen Rechtsanwaltsgebühren, falls der Mandant bei Kenntnis dieses Kostenrisikos von der Durchführung des Verfahrens oder jedenfalls von der anwaltlichen Vertretung abgesehen hätte.[13] Hätte der Mandant in jedem Fall diesen Rechtsanwalt oder irgend einen anderen Rechtsanwalt beauftragt, ist ein Schaden auszuschließen.[14]

Schließt ein Mandant im Kündigungsschutzprozess mit seinem Arbeitgeber einen Vergleich, in dem die in einem gesonderten Rechtsstreit geltend gemachte Arbeitsvergütung

---
[10] BT-Drs. 15/1971, 232.
[11] BGH 24.5.2007 – IX ZR 89/06, NJW 2007, 2332.
[12] BGH 11.10.2007 – IX ZR 105/06, NJW 2008, 371.
[13] *Klar* ArbR Rn. 681; *Vollkommer/Greger/Heinemann* AnwaltshaftungsR, 4. Aufl. 2014, § 12 Rn. 27.
[14] Germelmann/Matthes/Prütting/*Germelmann/Künzl* ArbGG § 12a Rn. 36.

einbezogen wird, und erklären daraufhin die Parteien den Zahlungsrechtsstreit in der Hauptsache für erledigt, ist der Rechtsanwalt des Arbeitnehmers verpflichtet, jenen auf die Höhe der zusätzlichen Kosten hinzuweisen und ihn darüber zu belehren, dass die Übernahme dieser Kosten durch die Rechtsschutzversicherung nicht gewährleistet sei, wenn lediglich eine Deckungszusage für eine Klageerhebung zur Fristwahrung erteilt worden ist.[15]

3. Prüfung von Interessenkollisionen

11   a) **Allgemeines.** Der Rechtsanwalt darf keine widerstreitenden Interessen vertreten (§ 43a Abs. 4 BRAO). Ein Interessenwiderstreit ist dann gegeben, wenn die Verwirklichung des einen Interesses unmittelbar zu Lasten des anderen geht.[16] Ein Anwaltsvertrag, mit dessen Abschluss der Rechtsanwalt gegen das Verbot verstößt, widerstreitende Interessen zu vertreten, ist gemäß § 134 BGB nichtig.[17] Das **Verbot der Tätigkeit im Bereich widerstreitender Interessen** hat auch in § 3 BerufsO und in dem Straftatbestand des Parteiverrats gemäß § 356 StGB seinen Niederschlag gefunden. Interessenkonflikte ergeben sich zB bei einer der Mandatsübernahme vorhergehenden Tätigkeit ua als Insolvenz- oder Nachlassverwalter (§ 45 BRAO). Der Rechtsanwalt ist verpflichtet, seinen Mandanten jeweils im zeitlichen Zusammenhang mit der Übernahme eines Mandates auf eine **mögliche Interessenkollision hinzuweisen** und vor allem über die rechtliche und praktische Tragweite dieses Umstands zu belehren.[18] Dieser Verpflichtung unterliegt der Rechtsanwalt stets auch dann, wenn er keinen persönlichen Kontakt zur Prozesspartei unterhält, sondern die gesamte Kommunikation über einen Verkehrsanwalt erfolgt.[19] Das Verbot, widerstreitende Interessen wahrzunehmen, ist insbesondere bei **Konzernstrukturen** zu beachten. Das Verbot der Wahrnehmung widerstreitender Interessen hat bei großen überörtlichen und internationalen Sozietäten dazu geführt, dass umfassende Programme zur Überprüfung von möglichen Interessenkollisionen eingerichtet sind.[20] Dabei ist nicht nur zu prüfen, ob eine echte Interessenkollision vorliegt. Auch ein bloßer **Loyalitätskonflikt** ist vom Anwalt zu offenbaren. Wird beispielsweise eine Anwaltssozietät häufig von dem Gegner der Partei beauftragt, die ihr ein neues Mandat anträgt, so muss sie auch dann auf diesen Umstand hinweisen, wenn ein tatsächlicher oder rechtlicher Zusammenhang mit den vom Gegner erteilten Aufträgen nicht besteht. Der Anwalt muss ungefragt offenbaren, dass er nicht bereit ist, den Mandanten auch gerichtlich gegenüber dem Gegner zu vertreten.[21]

12   Wenn der Rechtsanwalt nicht in derselben Angelegenheit, sondern in **verschiedenen** Angelegenheiten für und gegen den Mandanten tätig wird, verstößt er nicht gegen das Verbot der Wahrnehmung widerstreitender Interessen, wenn er seinen Mandanten darüber aufklärt, dass er gleichzeitig auch einen Dritten vertritt und der Dritte hierin einwilligt.[22]

Beispiele:
(1) Ein Rechtsanwalt vertritt keine widerstreitende Interessen iSv § 43a Abs. 4 BRAO, wenn er die **Vertretung des Betriebsrats** in einem Zustimmungsersetzungsverfahren nach § 103 BetrVG und gleichzeitig das Mandat für das **Betriebsratsmitglied** übernimmt, um dessen Kündigung es geht.[23]

(2) Ein Verstoß gegen das Verbot der Vertretung widerstreitender Interessen liegt vor, wenn ein Rechtsanwalt für den oder mit dem Betriebsrat im Rahmen einer Betriebsänderung einen Interessenausgleich aushandelt, in dem die zu kündigenden Arbeitnehmer namentlich benannt werden, und im Anschluss an die Kündigungen die betroffenen Arbeitnehmer in einem Kündigungsschutzprozess vertritt.[24]

---

[15] AG Eschweiler 13.12.1990 – 5 C 638/90, RuS 1992, 93 (94).
[16] OLG Brandenburg 31.5.2016 – 3 U 13/15, NJOZ 2016, 1326.
[17] BGH 12.5.2016 – IX ZR 241/14, AnwBl 2016, 594.
[18] BGH 7.6.1984 – III ZR 37/83, NJW 1985, 41.
[19] OLG Naumburg 18.6.2002 – 1 U 147/01, NJW 2002, 660.
[20] *Kilian* WM 2000, 1366 (1372).
[21] BGH 8.11.2007 – IX ZR 5/06, NJW 2008, 1307.
[22] *Offermann-Burckart* AnwBl 2011, 809 (810).
[23] BAG 25.8.2004 – 7 ABR 60/03, NZA 2005, 168; LAG Rheinland-Pfalz 21.12.2006 – 6 TaBV 41/06, BeckRS 2007, 45735; LAG Niedersachsen 1.7.2003 – 13 TaBV 6/03, NZA-RR 2004, 22; aA LAG Köln 15.11.2000 – 3 TaBV 55/00, NZA-RR 2001, 253.
[24] AGH Nordrhein-Westfalen 4.6.2010 – 2 AGH 32/09, BeckRS 2011, 25789; *Flägel* DB 1997, 1616.

§ 43a Abs. 4 BRAO löst das **Problem der rechtlich gleichgelagerten, wirtschaftlich aber** 13 **konkurrierenden Interessen** nur unbefriedigend. Vertritt der Rechtsanwalt bei einer Betriebsstilllegung mehrere gekündigte Arbeitnehmer, so verfolgen die Arbeitnehmer das gleiche rechtliche Ziel, und zwar die Feststellung der Unwirksamkeit ihrer Kündigungen. Wirtschaftlich besteht aber wegen der Durchführung der sozialen Auswahl nach § 1 Abs. 3 KSchG ein Interessengegensatz.[25] Praktische Probleme können zB auch entstehen, wenn – was gar nicht so selten ist – der Arbeitnehmeranwalt noch während einer Auseinandersetzung mit dem Arbeitgeber von diesem in einer anderen Angelegenheit mandatiert wird. Der Rechtsanwalt hat den (Arbeitnehmer-)Mandanten in derartigen Fällen um Zustimmung zu bitten und ihn über die Tragweite der möglichen Interessenbeeinträchtigung zu unterrichten.[26] Ist dies unterblieben, so können beispielsweise Angriffe des Rechtsanwalts gegen die berufliche Qualifikation seines Mandanten in der anderen Sache einen – die Kündigung des Anwaltsvertrages rechtfertigenden – Verstoß gegen seine Mandatspflichten in dem Erstmandat enthalten.

b) Gemeinschaftliche Berufsausübung. § 3 Abs. 2 aF BerufsO, der das Verbot der Vertre- 14 tung widerstreitender Interessen auf andere Personen – zB Sozien, freie Mitarbeiter, angestellte Anwälte – erstreckte, war nach der Auffassung des BVerfG im Beschl. v. 3.7.2003 mit Art. 12 Abs. 1 GG unvereinbar und daher nichtig.[27] Die mit Wirkung zum 1.7.2006 in Kraft getretene Neufassung des § 3 Abs. 2 BerufsO erlaubt Ausnahmen von dem Verbot der Vertretung widerstreitender Interessen durch verschiedene Anwälte in Berufsausübungs- oder Bürogemeinschaft (Sozietät), wenn sich im Einzelfall die betroffenen Mandanten in den widerstreitenden Mandaten nach umfassender Information mit der Vertretung ausdrücklich einverstanden erklären und Belange der Rechtspflege nicht entgegenstehen.[28] Die Information ist umfassend, wenn sie sich auf die Sach- und die Rechtslage des konkreten Einzelfalls bezieht, also insbesondere auch Angaben zur berufsrechtlichen Lage beinhaltet.[29] Erfahrungsgemäß wird eine Zustimmung der betroffenen Mandanten allerdings nur in Ausnahmefällen zu erreichen sein.

Schwierigkeiten ergeben sich im Falle des Sozietätswechsels eines Rechtsanwalts.[30] In die- 15 sem Zusammenhang ist fraglich, ob und inwieweit aus dem Tätigkeitsverbot des wechselnden Sozius, angestellten Rechtsanwalts oder freien Mitarbeiters auch ein Tätigkeitsverbot der aufnehmenden Sozien und/oder deren Mitarbeiter folgt. Die Problematik ist durch den Beschluss des BVerfG vom 3.7.2003 entschärft worden, in dem § 3 Abs. 2 aF BerufsO wegen Verstoßes gegen Art. 12 Abs. 1 GG für nichtig erklärt worden ist.[31] Mit Zustimmung der betroffenen Mandanten wird ein Tätigkeitsverbot zu vermeiden sein, wenn der wechselnde Rechtsanwalt mit dem in Rede stehenden Mandat nicht selbst befasst war und ist.[32] Ein ähnliches Problem kann sich ergeben, wenn ein Syndikusanwalt in eine Kanzlei wechselt und das Mandat seines ehemaligen Arbeitgebers „mitbringt": § 46 Abs. 2 Nr. 1 BRAO aF ist verfassungskonform dahingehend einzuschränken, dass nach Beendigung des Anstellungsverhältnisses ein anwaltliches Handeln für den früheren Arbeitgeber uneingeschränkt möglich sein muss.[33] Anders ist es, wenn er nun gegen den früheren Arbeitgeber agiert: war der Anwalt vor der Zulassung zB im Personalbereich seines Arbeitgebers tätig, verstößt er durch die anwaltliche Vertretung von Arbeitnehmern, die er seinerzeit eingestellt hatte, gegenüber seinem (früheren) Arbeitgeber gegen das Verbot der Wahrnehmung widerstreitender Interessen.[34]

---

[25] *Henssler* NJW 2001, 1521 (1523).
[26] BGH 7.6.1984 – III ZR 37/83, NJW 1985, 41.
[27] BVerfG 3.7.2003 – 1 BvR 238/01, NJW 2003, 2520 – Sozietätswechsel; *Kirchberg* BRAK-Mitt. 2003, 236; *Staehle* BRAK-Mitt. 2003, 238.
[28] Hartung/Scharmer/*v. Falkenhausen* BerufsO § 3 Rn. 108 f.; kritisch hierzu *Hartung* NJW 2006, 2721.
[29] *Deckenbrock* AnwBl 2009, 170 (172).
[30] *Müller* AnwBl 2001, 491 ff.; *Schlosser* NJW 2002, 1376 (1381).
[31] BVerfG 3.7.2003 – 1 BvR 238/01, NJW 2003, 2520 – Sozietätswechsel.
[32] Hartung/Scharmer/*v. Falkenhausen* BerufsO § 3 Rn. 132.
[33] OLG Frankfurt a. M. 16.4.2009 – 2 U 243/08, AnwBl 2009, 452.
[34] *Offermann-Burckart* AnwBl 2011, 809 (814).

16 c) **Rechtsfolgen.** Verstößt der Rechtsanwalt gegen § 43a Abs. 4 BRAO, hat dies die **Nichtigkeit des Anwaltsvertrages** zur Folge. Zwar bleiben im Namen des Mandanten vorgenommene Rechtshandlungen wirksam.[35] Jedoch verliert der Rechtsanwalt grundsätzlich seinen Vergütungsanspruch,[36] ihm steht auch weder ein Aufwendungsersatzanspruch aus einer Geschäftsführung ohne Auftrag noch ein bereicherungsrechtlicher Wertersatzanspruch zu (arg. ex. § 817 S. 2 BGB).[37] Er behält nur solche Ansprüche, die schon vor der Pflichtverletzung entstanden waren, es sei denn, die Beratungsleistungen sind für den Mandanten ohne Interesse.[38] Darüber hinaus kommen uU deliktische Ansprüche gemäß § 823 Abs. 2 BGB iVm § 356 StGB bzw. § 43a Abs. 4 BRAO in Betracht.

4. Rechtsschutzversicherung/Vertretung durch Gewerkschaft

17 Der Rechtsanwalt hat den Mandanten danach zu befragen, ob er **rechtsschutzversichert** ist. Gerade im Hinblick auf den Ausschluss der Kostenerstattung in Urteilsverfahren des ersten Rechtszuges gemäß § 12a Abs. 1 S. 1 ArbGG kommt dieser Frage eine nicht zu unterschätzende Bedeutung zu. Arbeits-Rechtsschutz kommt sowohl für Arbeitgeber (§ 24 ARB 2008) als auch für Arbeitnehmer (§ 25 ARB 2008) in Betracht. Der Rechtsanwalt hat darauf hinzuweisen, dass der Mandant Kostenschuldner und zur Zahlung der Gebühren auch dann verpflichtet ist, wenn und soweit die Rechtsschutzversicherung nicht für die Kosten aufkommt. Nach den Allgemeinen Bedingungen für die Rechtsschutzversicherung ist das **Stellen eines Deckungsschutzantrags Sache des Mandanten** und nicht des Rechtsanwalts. In der Praxis wird dieser Antrag jedoch regelmäßig vom Rechtsanwalt gestellt. In diesem Fall sollte der Rechtsanwalt mit dem Mandanten klären, ob für die **Deckungsschutzanfrage** eine gesonderte Vergütung geschuldet sein soll. Nach wohl hM stellt das Einholen der Deckungszusage für den Mandanten und die uU umfangreiche Korrespondenz mit der Rechtsschutzversicherung eine besondere Angelegenheit iSd § 18 RVG dar, für die der **Anwalt eine gesonderte Gebühr nach VV 2300ff.** verlangen kann.[39] Vereinzelt wird sogar vertreten, bei einer unentgeltlichen Einholung der Deckungszusage verstoße der Rechtsanwalt gegen Berufsrecht oder gegen Wettbewerbsrecht, wenn er dadurch einen Wettbewerbsvorteil erzielen will, dass er eine kostenpflichtige Leistung ohne Berechnung erbringt.[40]

18 Der Rechtsanwalt sollte sich den **Versicherungsschein** vorlegen lassen und ggf. in Fotokopie zur Akte nehmen, um Hinweise auf die Fassung der Allgemeinen Versicherungsbedingungen, Umfang des Versicherungsschutzes, Name des Versicherungsnehmers usw zu erhalten.

19 Zur Abwicklung und Abrechnung des Mandats mit der Rechtsschutzversicherung → § 3 Rn. 155 ff.

20 Da es zu den Pflichten des Rechtsanwalts gehört, den Mandanten vor jedem finanziellen Nachteil zu bewahren und ihn über jedes (Kosten-)Risiko aufzuklären, muss er einen Arbeitnehmer, der einen Arbeitsgerichtsprozess führen will, nach einer **Mitgliedschaft in einer Gewerkschaft** fragen. Ist der Mandant Gewerkschaftsmitglied, muss der Rechtsanwalt ihn darauf hinweisen, dass die Gewerkschaft den Arbeitnehmer kostenlos vertritt.[41] Der gewerkschaftliche Rechtsschutz ist zudem ein vermögenswertes Recht, das bei der Entscheidung über die Gewährung von **Prozesskostenhilfe** im Rahmen des § 115 Abs. 2 ZPO einzusetzen ist.[42] Der Arbeitnehmer ist daher unter PKH-Gesichtspunkten verpflichtet, von dieser Vertretungsmöglichkeit Gebrauch zu machen,[43] es sei denn, eine Zerrüttung des Vertrauens-

---

[35] BGH 14.5.2009 – IX ZR 60/08, NJW-RR 2010, 67.
[36] *Vollkommer/Greger/Heinemann* AnwaltshaftungsR § 3 Rn. 18.
[37] BGH 20.10.2010 – IX ZR 48/10, NJW 2011, 373.
[38] BGH 23.4.2009 – IX ZR 167/07, AnwBl 2009, 653.
[39] Gerold/Schmidt/*Müller-Rabe* RVG § 1 Rn. 324 ff.; HK-RVG/*Ebert* RVG § 19 Rn. 17; *Küttner* NZA 1996, 453 (455); KG 19.3.2010 – 5 U 42/08, AnwBl 2010, 445; offen gelassen von BGH 9.3.2011 – VIII ZR 132/10, NJW 2011, 1222.
[40] *Netzband* AnwBl 1995, 127; *Schaub* NZA 1989, 865 (869). Hiergegen *Krummel/Lungerich* Mandatspraxis Arbeitsrecht Rn. A 45; *Küttner* NZA 1996, 453 (455); KG 19.3.2010 – 5 U 42/08, AnwBl 2010, 445.
[41] AG Lüdinghausen 27.10.1989 – 4 C 384/89, ArbuR 1990, 98.
[42] Musielak/Voit/*Fischer* ZPO § 115 Rn. 54; Dürbeck/Gottschalk PKH/VKH/*Gottschalk* Rn. 389.
[43] LAG Schleswig-Holstein 24.10.2003 – 2 Ta 215/03, NZA-RR 2004, 104.

5. Prozesskostenhilfe und Beiordnung eines Rechtsanwalts

Im arbeitsgerichtlichen Verfahren besteht die Möglichkeit der Beiordnung eines Rechtsanwalts gemäß § 11a Abs. 1 ArbGG iVm § 121 Abs. 2 ZPO und der Gewährung von Prozesskostenhilfe gemäß § 11a Abs. 1 ArbGG iVm §§ 114 ff. ZPO. Eine Partei hat im erstinstanzlichen Arbeitsgerichtsverfahren die **Wahl zwischen beiden Möglichkeiten**, wobei **vorsorglich auch beide parallel beantragt** werden können. Die Voraussetzungen für die Bewilligung von Prozesskostenhilfe sind in § 114 ZPO geregelt.[45] Die Beiordnung nach § 121 Abs. 2 ZPO setzt voraus, dass die Vertretung durch einen Rechtsanwalt erforderlich erscheint und der Gegner durch einen Rechtsanwalt vertreten ist.

Für Prozesskostenhilfe und Beiordnung eines Rechtsanwalts bestehen unterschiedliche Voraussetzungen und Rechtsfolgen: Während eine Bewilligung von Prozesskostenhilfe gemäß § 114 ZPO ausscheidet, wenn keine hinreichende Erfolgsaussicht besteht oder die Rechtsverfolgung mutwillig erscheint, erfolgt eine Beiordnung gemäß § 121 Abs. 2 ZPO bereits bei anwaltlicher Vertretung der Gegenpartei. Auf der Rechtsfolgenseite ist zu berücksichtigen, dass die Bewilligung von Prozesskostenhilfe die Partei auch von den Gerichtskosten befreit, wohingegen bei einer Beiordnung nach § 121 Abs. 2 ZPO nur die Kosten des Prozessbevollmächtigten von der Staatskasse getragen werden, während die Gerichtskosten der unterlegenen Partei auferlegt werden.

Der Rechtsanwalt hat den Mandanten darauf hinzuweisen, dass innerhalb der Frist des § 11a Abs. 1 ArbGG iVm § 120 Abs. 4 S. 3 ZPO das Gericht die Entscheidung über die zu leistenden Zahlungen auch zum Nachteil der Partei ändern kann. Da im Urteilsverfahren des ersten Rechtszuges jede Partei unabhängig vom Ausgang des Verfahrens ihre Rechtsanwaltskosten nach § 12a Abs. 1 S. 1 ArbGG selbst trägt, können die nachzuzahlenden Beträge uU erheblich sein.[46]

Über die Verweisungsnorm des § 80 Abs. 2 ArbGG gilt § 11a ArbGG auch im Beschlussverfahren des ersten Rechtszuges. Stellt ein Betriebsrat einen Antrag auf Beiordnung, so entfällt die Möglichkeit der Abgabe einer Erklärung über die persönlichen und wirtschaftlichen Verhältnisse, weil der Betriebsrat vermögenslos ist. Vielmehr kommt es auf die Bedürftigkeit des Arbeitgebers an.[47] Deshalb muss der Betriebsrat darlegen, warum eine Kostenerstattung durch den Arbeitgeber nicht möglich ist.[48]

Nach § 16 Abs. 1 BerufsO ist der Rechtsanwalt verpflichtet, bei begründetem Anlass auf die Möglichkeiten von Beratungs- und Prozesskostenhilfe hinzuweisen. Verletzt er diese Pflicht, kann dies einen Schadensersatzanspruch des Mandanten auslösen.[49]

Hilfe für die Wahrnehmung von Rechten außerhalb eines gerichtlichen Verfahrens (**Beratungshilfe**) wird auf Antrag gemäß § 1 Abs. 1 BerHG gewährt, wenn
1. der Rechtsuchende die erforderlichen Mittel nach seinen persönlichen und wirtschaftlichen Verhältnissen nicht aufbringen kann,
2. nicht andere Möglichkeiten für die Hilfe zur Verfügung stehen, deren Inanspruchnahme dem Rechtsuchenden zuzumuten ist,
3. die Wahrnehmung der Rechte nicht mutwillig ist.

6. Berufshaftpflichtversicherung

Der Rechtsanwalt ist gemäß § 51 Abs. 1 BRAO verpflichtet, bei einem im Inland zum Geschäftsbetrieb befugten Versicherungsunternehmen eine Vermögensschadenversicherung zur Deckung der zivilrechtlichen Haftung aus seiner anwaltlichen Berufstätigkeit abzuschließen

---

[44] BAG 5.11.2012 – 3 AZB 23/12, NJW 2013, 493; LAG Köln 26.6.1995 – 5 Ta 118/95, BeckRS 1995, 30755444.
[45] Musielak/Voit/*Fischer* ZPO § 114 Rn. 1 ff. sowie → § 76 Rn. 1 ff.
[46] *Ennemann/Griese* Taktik des Arbeitsgerichtsprozesses Rn. 506, 778, 1131.
[47] *Benecke* NZA 2018, 1361 (1363).
[48] Germelmann/Matthes/Prütting/*Germelmann/Künzl* ArbGG § 11a Rn. 17.
[49] *Ennemann/Griese* Taktik des Arbeitsgerichtsprozesses Rn. 1130.

und aufrechtzuerhalten. Der Abschluss der Versicherung ist der Rechtsanwaltskammer gemäß § 12 Abs. 2 BRAO nachzuweisen. Wird die vorgeschriebene Versicherung vom Anwalt nicht unterhalten, ist gemäß § 14 Abs. 2 Nr. 9 BRAO seine Zulassung zu widerrufen. Die Mindestversicherungssumme beträgt gemäß § 51 Abs. 4 S. 1 BRAO 250.000 EUR, für jeden Versicherungsfall. Gemäß § 51 Abs. 4 S. 2 BRAO können die Leistungen des Versicherers für alle innerhalb eines Versicherungsjahres verursachten Schäden auf 1 Mio. EUR beschränkt werden.

27 Der Mandant hatte seit jeher gemäß § 51 Abs. 6 S. 2 BRAO zur Geltendmachung von Schadensersatzansprüchen einen Anspruch gegen die Rechtsanwaltskammer auf Auskunft über den Namen und die Adresse der Berufshaftpflichtversicherung des Anwalts sowie die Versicherungsnummer, soweit der Anwalt kein überwiegendes schutzwürdiges Interesse an der Nichterteilung der Auskunft hat. Die am 17.5.2010 in Kraft getretene Dienstleistungs-Informationspflichten-Verordnung (DL-InfoV) vom 12.3.2010,[50] die auf Grundlage der Verordnungsermächtigung in § 6c GewO der Umsetzung der Dienstleistungsrichtlinie der Europäischen Union (Richtlinie 2006/123/EG vom 12.12.2007) über Dienstleistungen im Binnenmarkt[51] dient, findet auch auf die anwaltliche Tätigkeit Anwendung. Gemäß § 2 Abs. 1 Nr. 11 DL-InfoV muss der Anwalt den Mandanten nun von sich aus über Namen, Anschrift und räumlichen Geltungsbereich seiner Berufshaftpflichtversicherung informieren.[52] Gemäß § 2 Abs. 2 DL-InfoV kann die Information auch dadurch erfolgen, dass der Anwalt sie am Ort der Leistungserbringung oder des Vertragsschlusses so vorhält, dass sie dem Mandanten leicht zugänglich sind (zB durch Auslegen auf dem Empfangstresen oder durch Aushang in den Kanzleiräumen). Die Informationen können auch elektronisch (zB auf der Kanzlei-Homepage) oder in anderen dem Mandanten zur Verfügung gestellten Informationsunterlagen (zB Kanzleibroschüre) zugänglich gemacht werden.

7. Haftungsbeschränkungen

28 Die strenge Rechtsprechung zur Anwaltshaftung, die ständig zunehmende Zahl von Rechtsvorschriften, der steigende Konkurrenzdruck und das Bestreben von Mandanten, einen Schaden auf den Rechtsanwalt bzw. dessen Versicherung abzuwälzen, erhöhen das **Haftungsrisiko** des Rechtsanwalts und legen es nahe, Haftungsausschlüsse oder wenigstens Haftungsbeschränkungen zu vereinbaren.[53] Zwei Arten der Haftungsbegrenzung sind möglich: rechtsformwahlbedingte und rechtsgeschäftliche.

29 **a) Haftungsbeschränkung durch Rechtsformwahl.** Eine rechtsformwahlbedingte Haftungsbeschränkung[54] erfolgt bei der Gründung einer (Rechtsanwalts-) Kapitalgesellschaft in der Form einer Rechtsanwalts-GmbH (§§ 59c ff. BRAO) oder einer Rechtsanwalts-Aktiengesellschaft. Die Gläubiger können dann nur auf das Gesellschaftsvermögen der juristischen Person zugreifen (§ 13 Abs. 2 GmbHG, § 1 Abs. 1 S. 2 AktG). Unzulässig ist eine Rechtsanwaltsgesellschaft in der Rechtsform der GmbH & Co. KG.[55] Weit verbreitet ist die Partnerschaftsgesellschaft. § 8 Abs. 2 PartGG sieht eine Beschränkung der persönlichen Haftung auf den bzw. die mandatsbearbeitenden Partner vor. Allerdings haftet ein neu eingetretener Partner, der mit der Bearbeitung eines Auftrags befasst ist, auch für vor seinem Eintritt in die Partnerschaft begangene berufliche Fehler eines anderen Partners, selbst wenn er sie nicht mehr korrigieren kann.[56] Umgekehrt haftet die Sozietät nicht für eine Verbindlichkeit, die ein neu eintretender Anwalt in seiner bisherigen Einzelkanzlei begründet hatte, die er in die Gesellschaft einbringt.[57] Seit Inkrafttreten des „Gesetzes zur Einführung einer Partnerschaftsgesellschaft mit beschränkter Berufshaftung und zur Ände-

---

[50] BGBl. I 267.
[51] ABl. 2006 L 376, 36.
[52] OLG Hamm 28.2.2013 – 4 U 159/12, NJW-RR 2013, 1054; LG Dortmund 26.3.2013 – 3 O 102/13, NJW-RR 2013, 1381.
[53] *Vollkommer/Greger/Heinemann* AnwaltshaftungsR § 21 Rn. 3.
[54] *Vollkommer/Greger/Heinemann* AnwaltshaftungsR § 21 Rn. 5, § 22.
[55] BGH 18.7.2011 – AnwZ (Brfg) 18/10, NJW 2011, 3036; BVerfG 6.12.2011 – 1 BvR 2280/11, AnwBl 2012, 192.
[56] BGH 19.11.2009 – IX ZR 12/09, NJW 2010, 1360.
[57] BGH 17.11.2011 – IX ZR 161/09, DB 2012, 106.

rung des Berufsrechts der Rechtsanwälte, Patentanwälte und Steuerberater" gibt es eine Partnerschaftsgesellschaft mit beschränkter Berufshaftung („PartG mbB"), bei der die Haftung für berufliche Fehler auf das Gesellschaftsvermögen beschränkt ist.[58] Damit hat die Bundesregierung auf den Trend zur Limited Liability Partnership (LLP)[59] nach englischem Recht reagiert, die insbesondere bei großen Anwaltskanzleien große Popularität erfahren hatte.[60] Gesellschafter einer in Deutschland auftretenden Anwalts-LLP haften nach den anzuwendenden Regeln des englischen Gesellschaftsrechts nicht persönlich für die Verbindlichkeiten der LLP. Weder ist ein Rückgriff auf die Grundsätze des deutschen Gesellschaftsrechts zur Inanspruchnahme der LLP-Gesellschafter europarechtlich zulässig, noch kann regelmäßig nach den kollisionsrechtlich anwendbaren Grundsätzen des deutschen Vertrags- und Deliktsrechts eine Haftung der Gesellschafter einer Anwalts-LLP für die Fälle fehlerhafter Berufsausübung begründet werden.[61] Die Gesellschafter haften vielmehr nach Grundsätzen der fahrlässigen Vermögenshaftung des englischen Deliktsrechts.[62] Nach dem Wirksamwerden des zu erwartenden Ausscheidens des Vereinigten Königreichs aus der Europäischen Union („Brexit") wird die LLP in Deutschland praktisch keine Rolle mehr spielen. Die Gründung einer Gesellschaft bürgerlichen Rechts mit beschränkter Haftung ist nicht zulässig.[63] Eine Haftungsbeschränkung ist bei der GbR nur rechtsgeschäftlich möglich.

b) Haftungsbeschränkung durch Rechtsgeschäft. Die Zulässigkeit von rechtsgeschäftlichen Haftungsbeschränkungen des Rechtsanwalts ist – abschließend – in § 52 BRAO in drei Varianten geregelt: 30
(1) durch schriftliche Vereinbarung im Einzelfall bis zur Höhe der Mindestversicherungssumme (§ 51 Abs. 4 S. 1 BRAO: 250.000 EUR für jeden Versicherungsfall; bei der Partnerschaft mit beschränkter Berufshaftung gemäß § 51a Abs. 2 S. 1 BRAO 2.500.000 EUR für jeden Versicherungsfall) gemäß § 52 Abs. 1 S. 1 Nr. 1 BRAO;
(2) durch vorformulierte Vertragsbedingungen für Fälle einfacher Fahrlässigkeit auf den vierfachen Betrag der Mindestversicherungssumme (1.000.000 EUR oder 10.000.000 EUR bei der Partnerschaft mit beschränkter Berufshaftung), wenn insoweit Versicherungsschutz besteht, gemäß § 52 Abs. 1 S. 2 Nr. 2 BRAO;
(3) bei Sozietäten Beschränkung der gesamtschuldnerischen Haftung auf einzelne Sozien gemäß § 52 Abs. 2 BRAO.

Eine **Vereinbarung im Einzelfall** liegt nur dann vor, wenn es sich um eine Individualabrede iSv § 305 Abs. 1 S. 3 BGB handelt.[64] Erforderlich ist, dass der Anwalt seine Bedingungen ernsthaft zur Disposition stellt und dem Mandanten Gestaltungsmöglichkeiten zur Wahrung seiner eigenen Interessen einräumt. Daher sollte der Anwalt mit dem Mandanten die Risikostruktur des Mandats und denkbare typische Schäden besprechen, um ihn in die Lage einer eigenverantwortlichen Wahrnehmung seiner Interessen zu versetzen. Die Haftungsbeschränkung muss gemäß § 126 BGB von beiden Parteien im Original unterzeichnet werden. Die Schriftform kann durch qualifizierte elektronische Form ersetzt werden (§§ 126 Abs. 3, 126a BGB). Eine in Textform auf elektronischem Wege vereinbarte Haftungsbeschränkung (§ 126b BGB), dh E-Mail oder Fax, genügt dem Formerfordernis nicht.[65] 31

Durch **vorformulierte** Vertragsbedingungen kann die Haftung für einfache Fahrlässigkeit gemäß § 52 Abs. 1 S. 1 Nr. 2 BRAO ausgeschlossen werden. Vertragsbedingungen sind vorformuliert, wenn sie für eine mehrfache Verwendung zeitlich vor dem Vertragsabschluss fertig formuliert und schriftlich oder in sonstiger Weise niedergelegt sind.[66] Die Haftungsbeschränkung durch vorformulierte Vertragsbedingungen muss in den Vertrag einbezogen 32

---

[58] BGBl. 2013 I 2386.
[59] Zur Postulationsfähigkeit BGH 22.4.2009 – IV ZB 34/08, NJW 2009, 3162; *Schnabl* AnwBl 2010, 394 ff.
[60] *Hartung/Bargon* AnwBl 2011, 84 ff.
[61] *Henssler/Mansel* NJW 2007, 1393 (1400).
[62] *Henssler/Mansel* NJW 2007, 1393 (1397).
[63] BGH 27.9.1999 – II ZR 371/98, NJW 1999, 3483.
[64] Henssler/Prütting/*Diller*, 5. Aufl. 2019, BRAO § 52 Rn. 23.
[65] Henssler/Prütting/*Diller*, 5. Aufl. 2019, BRAO § 52 Rn. 34.
[66] Palandt/*Grüneberg* BGB § 305 Rn. 8.

werden, was ein Einbeziehungsangebot des Anwalts und eine Annahmeerklärung des Mandanten voraussetzt. Für das Einbeziehungsangebot ist erforderlich, dass der Anwalt ausdrücklich auf die vorformulierten Vertragsbedingungen hinweist. Ein Aushang im Wartezimmer oder ein Abdruck in einer Kanzleibroschüre genügt nicht.[67] Der Mandant kann die vorformulierten Vertragsbedingungen **auch konkludent** annehmen, was regelmäßig bei einer Entgegennahme der anwaltlichen Leistung gegeben ist. Die Haftungsbeschränkung durch vorformulierte Vertragsbedingungen weist typischerweise zwei „Schwächen" auf. Zum einen ist heftig umstritten, ob § 52 Abs. 1 S. 1 Nr. 2 BRAO gegen die EU-Verbraucherschutzrichtlinie vom 5.4.1993 verstößt.[68] Zum anderen ist die Abgrenzung zwischen einfacher und grober Fahrlässigkeit problematisch; insbesondere angesichts der strengen Rechtsprechung zum Haftungsrecht wird man nur in wenigen Fällen von einfacher Fahrlässigkeit ausgehen können.

33 § 52 Abs. 2 BRAO erlaubt eine **Beschränkung der Haftung auf den oder die das Mandat bearbeitenden Sozien.** Es ist ungeklärt, ob die Haftungskonzentration nur für echte Sozietäten oder auch für Scheinsozietäten gilt.[69] Die Zustimmungserklärung darf keine anderen Erklärungen enthalten und muss vom Mandanten unterschrieben werden (§ 52 Abs. 2 S. 3 BRAO).

Muster: Vereinbarung einer Haftungsbeschränkung

34 Zwischen den Rechtsanwälten ...... und ...... (Auftraggeber) wird folgende

Haftungsbegrenzungsvereinbarung

geschlossen:

Eine erfolgreiche Bearbeitung des Mandats setzt ein enges Zusammenwirken zwischen dem Auftraggeber und den beauftragten Rechtsanwälten voraus. Die Prozessordnung, die auf eine Beschleunigung des Verfahrens abgestellt ist, verlangt die Einhaltung von Fristen und Formalien. Werden diese nicht beachtet, kann dies gravierende Folgen haben. Die beauftragten Rechtsanwälte sind daher auf den rechtzeitigen Eingang der vom Auftraggeber zu erteilenden Informationen mit dazugehörigen Unterlagen angewiesen. Auch bei größter Sorgfalt und gewissenhafter Führung des Mandats kann durch ein Versehen der beauftragten Rechtsanwälte ein Schadensersatzanspruch des Auftraggebers entstehen.

Um den Auftraggeber auch insoweit zu sichern, wurde eine Haftpflichtversicherung mit einer Versicherungssumme von 1.000.000 EUR abgeschlossen. Auf Wunsch des Auftraggebers kann im Einzelfall die Versicherungssumme der Bedeutung des Mandats angepasst und erhöht werden.

Der Auftraggeber und die beauftragten Rechtsanwälte vereinbaren hiermit eine Beschränkung etwaiger Schadensersatzansprüche aus dem Auftragsverhältnis auf die Höchstsumme von 1.000.000 EUR. Diese Haftungsbeschränkung gilt nicht, wenn Vorsatz oder grobe Fahrlässigkeit vorliegt. Wird im Einzelfall eine höhere Versicherungssumme vereinbart und abgeschlossen, so stellt diese die Höchstsumme der vereinbarten Haftungsbegrenzung dar. Von dieser Vereinbarung haben beide Vertragsschließende je ein Exemplar erhalten.

......
Datum

....
Rechtsanwalt   Auftraggeber

8. Vollmacht

35 Die Prozessvollmacht ist lediglich eine Prozesshandlungsvoraussetzung. Für deren Erteilung ist keine besondere Form vorgeschrieben. § 80 Abs. 1 ZPO bestimmt, in welcher Form die Vollmacht nachzuweisen ist. Besonderes Augenmerk ist auf den **Umfang der Voll-**

---

[67] Henssler/Prütting/*Diller* BRAO § 52 Rn. 45.
[68] *Vollkommer/Greger/Heinemann* AnwaltshaftungsR § 23 Rn. 19; Henssler/Prütting/*Diller* BRAO § 52 Rn. 82; *Heinrichs* NJW 1997, 1407 (1412).
[69] *Vollkommer/Greger/Heinemann* AnwaltshaftungsR § 23 Rn. 31.

machtserteilung zu richten. So ermächtigt eine **Prozessvollmacht** nach § 81 ZPO den bevollmächtigten Anwalt zu allen den **Rechtsstreit** betreffenden Prozesshandlungen. Prozesshandlungen iSd § 81 ZPO sind auch materiellrechtliche Willenserklärungen wie zB eine Kündigung, wenn sie sich auf den Gegenstand des Rechtsstreits beziehen, weil sie der Rechtsverfolgung innerhalb des Prozessziels oder der Rechtsverteidigung dienen.[70] Solche Erklärungen werden auch dann von der Prozessvollmacht erfasst, wenn sie außerhalb des Prozesses abgegeben werden.[71] In dem gleichen Umfang, in dem eine Prozessvollmacht zur Abgabe von Erklärungen ermächtigt, legitimiert sie den Prozessbevollmächtigten zu deren Entgegennahme. Der Prozessbevollmächtigte eines Arbeitnehmers darf also einerseits eine Kündigung im Auftrag seines Mandanten aussprechen, andererseits ist er aber auch zur Entgegennahme aller Kündigungen im Rahmen des Streitgegenstands ermächtigt. Daher geht eine Kündigung dem Arbeitnehmer in dem Moment zu, in dem sie seinem Prozessbevollmächtigten zugeht. Es kommt somit nicht darauf an, ob und wann die Kündigung auch dem Arbeitnehmer selbst zugegangen ist.[72]

Muster: Vollmacht

In Sachen
...... gegen ......
wegen ......
bevollmächtige/n und beauftrage/n ich/wir

Rechtsanwälte ......

mich/uns in der oben bezeichneten Angelegenheit zu vertreten, soweit eine Vertretung gesetzlich zulässig ist. Die Vollmacht ermächtigt die Rechtsanwälte zunächst zur außergerichtlichen Regelung des Streitverhältnisses. Sie beinhaltet die Vollmacht zur Abgabe und Entgegennahme von Willenserklärungen jeder Art gegenüber sämtlichen Beteiligten.

Die Vollmacht wird zur Prozessvollmacht, sofern eine außergerichtliche Erledigung nach dem Ermessen der Rechtsanwälte nicht möglich erscheint bzw. gescheitert ist. Die Rechtsanwälte sind zu allen Prozesshandlungen ermächtigt, insbesondere zur Vornahme und Entgegennahme von Zustellungen, Beilegung des Rechtsstreites in jeder Form, Verzicht und Anerkenntnis, Einlegung und Zurücknahme von Rechtsmitteln und Verzicht hierauf. Nebenverfahren sind ebenfalls umfasst.

Die Rechtsanwälte dürfen die Vollmacht auf Dritte übertragen bzw. eine Unterbevollmächtigung aussprechen. Sie sind ermächtigt, Geld- und Wertsachen, den Streitgegenstand und die vom Gegner zu erstattenden Kosten in Empfang zu nehmen und über sie ohne die Beschränkung des § 181 BGB zu verfügen.

....
Datum   Unterschrift

9. Erörterung von Gang und Dauer der Mandatsabwicklung

Im Rahmen der Mandatsannahme sollte der Anwalt den Mandanten auch darüber informieren, in welchen einzelnen Schritten das Mandat bearbeitet wird und wie lange dies dauert. Universelle Angaben lassen sich hierzu kaum machen. Es kommt auf den konkreten Einzelfall unter Berücksichtigung der Interessen des Mandanten an. So ist zB wesentlich, zu welchem Zeitpunkt der Anwalt aufgesucht wird, ob es sich um eine präventive Beratung handelt, ob dem Mandanten eine Kündigung zugegangen ist, ob er bereits verklagt worden oder ob schon eine arbeitsgerichtliche Entscheidung ergangen ist. Zu berücksichtigen ist auch, ob es sich um ein Urteils- oder ein Beschlussverfahren handelt. Generell will der Mandant wissen, auf welche Verfahrensdauer er sich einzustellen hat. In einer Vielzahl von Fällen wird die zu erwartende Verfahrensdauer auch die eigenen Überlegungen des Man-

---

[70] BGH 18.12.2002 – VIII ZR 72/02, NJW 2003, 963 (964).
[71] BAG 10.8.1977 – 5 AZR 394/76, AP ZPO § 81 Nr. 2.
[72] BAG 21.1.1988 – 2 AZR 581/86, NZA 1988, 651.

danten zu einer gütlichen Einigung beeinflussen. Gerade in Bestandsschutzstreitigkeiten wird der Arbeitgeberanwalt bei Abfindungsvergleichen zu berücksichtigen haben, in welchem Umfang der Arbeitgeber im Falle des Unterliegens mit der Verpflichtung zur Zahlung von Annahmeverzugslohn (§ 615 BGB, § 11 KSchG) belastet werden wird. Ein Hinweis des Rechtsanwalts auf dieses Risiko darf bei der Schilderung von Gang und Dauer des arbeitsgerichtlichen Verfahrens nicht fehlen.

10. Vergleichsbereitschaft

38 Im Rahmen der Mandatsannahme ebenso wie bei der laufenden Mandatsbearbeitung hat der Rechtsanwalt zu klären, welches Ziel der Mandant verfolgt und **ob dieser zu einem Vergleichsabschluss bereit** ist. Nachdem der Rechtsanwalt den Sachverhalt umfassend ermittelt und einer rechtlichen Würdigung unterzogen hat, hat er dem Mandanten im Einzelnen darzulegen, ob der Abschluss eines Vergleichs sinnvoll ist. Im Falle eines gerichtlichen Vergleichsvorschlags muss der Anwalt dem Mandanten die Vor- und Nachteile darlegen. Er muss von einem Vergleich abraten, wenn er für den Mandanten eine unangemessene Benachteiligung darstellt und die begründete Aussicht besteht, im Falle einer streitigen Entscheidung ein wesentlich günstigeres Ergebnis zu erzielen. Umgekehrt genügt der Anwalt, wenn der Vergleich für den Mandanten günstig ist, seiner Beratungspflicht, wenn er die Risiken der weiteren Prozessführung verdeutlicht. Eine besonders eindringliche Belehrung ist nicht erforderlich.[73]

39 Der Rechtsanwalt wird den Mandanten auf die **Vorteile eines Vergleichsabschlusses** hinweisen:
- Die rechtliche Auseinandersetzung wird beendet, wobei die Parteien den Vergleichsinhalt bestimmen.
- Das Prozessrisiko wird ausgeschlossen.
- Zeit und Kosten werden eingespart.
- Psychische Belastungen des Mandanten durch einen uU langjährigen Rechtsstreit werden vermieden.
- Handlungsmöglichkeiten in der Zukunft können „freier", dh unabhängig vom Rechtsstreit wahrgenommen werden.

40 Der Anwalt hat aber auch auf die **Nachteile eines Vergleichsabschlusses** hinzuweisen. Da der Vergleich durch ein gegenseitiges Nachgeben gekennzeichnet ist, wird der Mandant seine Interessen durch einen Vergleichsabschluss nur begrenzt durchsetzen können. Bei Abfindungsvergleichen hat der Rechtsanwalt den Arbeitnehmer auf eine mögliche Sperrzeit[74] nach § 159 SGB III oder ein Ruhen des Anspruchs auf Arbeitslosengeld nach § 158 SGB III hinzuweisen. Insoweit ist die Durchführungsanweisung der Bundesagentur für Arbeit zu beachten. Danach liegt ein die Sperrzeit ausschließender wichtiger Grund für die Arbeitsaufgabe iSd § 159 Abs. 1 S. 1 SGB III vor, wenn eine Abfindung von 0,25 bis zu 0,5 Monatsentgelten pro Beschäftigungsjahr gezahlt wird, der Arbeitgeber betriebsbedingt unter Einhaltung der Kündigungsfrist zum selben Zeitpunkt gekündigt hätte, die Kündigungsfrist eingehalten worden wäre und der Arbeitnehmer nicht unkündbar war.[75] Diese Kriterien waren schon im Schrifttum artikuliert worden[76] und entsprachen der Ansicht des BSG.[77]

41 Weil eine Abwägung der Vor- und Nachteile eines Vergleichs mit Schwierigkeiten und Ungewissheiten verbunden ist, räumt die Rechtsprechung dem Rechtsanwalt, der seinen Mandanten bei Vergleichsverhandlungen berät oder vertritt, einen erheblichen **Ermessensspielraum** ein, innerhalb dessen der Rechtsanwalt eine gewissenhafte Interessenabwägung vorzunehmen hat.[78] Kommt für den Mandanten der Abschluss eines Vergleichs in Betracht,

---

[73] BGH 14.7.2016 – IX ZR 291/14, BeckRS 2016, 13601.
[74] BSG 18.12.2003 – B 11 AL 35/03 R, NZA 2004, 661. Siehe hierzu auch *Bauer/Krieger* NZA 2004, 640; *Giesen/Ricken* NZA 2004, 648.
[75] *Gaul/Niklas* NZA 2008, 137; *Lembke* DB 2008, 293.
[76] *Gagel* NZA 2005, 1328 (1329).
[77] BSG 12.7.2006 – B 11a AL 47/05 R, NZA 2006, 1359.
[78] OLG Dresden 3.7.2002 – 8 U 628/02, NJ 2003, 205.

ist zu ermitteln, mit welchem Inhalt er geschlossen werden kann. Der Rechtsanwalt hat dabei nicht nur darauf zu achten, dass die Wirksamkeitsvoraussetzungen eines Vergleichs vorliegen, sondern auch darauf, dass die **Interessen des Mandanten in der schriftlichen Vergleichsregelung richtig, vollständig und eindeutig zum Ausdruck** kommen.

11. Informationsaustausch zwischen Rechtsanwalt und Mandant

Von **Beginn bis Ende des Mandatsverhältnisses** treffen sowohl den **Mandanten** als auch den **Rechtsanwalt** Informationspflichten. Die Beratungsleistung des Rechtsanwalts kann erst sinnvoll erbracht werden, wenn der Mandant ihm alle relevanten Tatsachen mitgeteilt und entsprechende Unterlagen vorgelegt hat. Diese Informationspflicht des Mandanten besteht nicht nur zu Beginn des Mandatsverhältnisses, sondern wird immer dann relevant, wenn der Mandant feststellt, dass er Tatsachen noch nicht mitgeteilt hat, oder wenn sich Änderungen in rechtlicher oder tatsächlicher Hinsicht ergeben. Er hat auch den ihm zur Kenntnisnahme und Überprüfung überlassenen Schriftverkehr daraufhin zu untersuchen, ob Tatsachen nicht oder falsch dargestellt worden sind. Dies kann allerdings letztlich nur in **Wechselwirkung** zur Aufklärungspflicht des Rechtsanwalts geschehen; der Rechtsanwalt hat darauf hinzuweisen, welche tatsächlichen Gesichtspunkte relevant sein können.

Die Unterrichtungspflicht des Anwalts ist in **§ 11 BerufsO** normiert. Der Mandant ist über alle für den Fortgang der Sache wesentlichen Vorgänge und Maßnahmen unverzüglich zu unterrichten. Ihm ist insbesondere von allen wesentlichen erhaltenen oder versandten Schriftstücken Kenntnis zu geben. Anfragen des Mandanten sind unverzüglich zu beantworten.

Checkliste: Annahme des Mandats

I. Mandatsverhältnis
1. Belehrung des Mandanten über **Ausschluss der Kostenerstattung** vor Annahme des Auftrags.
2. Wie soll **abgerechnet** werden: RVG oder Vergütungsvereinbarung? Hinweis darauf, dass vereinbarte Vergütung höher sein kann als die gesetzliche Gebühr. Vorschuss? Ggf. Hinweis nach § 49b Abs. 5 BRAO vor Annahme des Auftrags.
3. Besteht eine **Rechtsschutzversicherung** (Versicherungsgesellschaft, Versicherungsscheinnummer, Name des Versicherungsnehmers)? Wer stellt Antrag auf Erteilung einer Deckungszusage und führt weitere Korrespondenz? Wenn dies der Rechtsanwalt erledigt: Soll er zusätzliche Gebühr verlangen? Belehrung des Mandanten, dass er der Kostenschuldner ist und daher Anwaltskosten zu tragen hat.
4. Besteht Mitgliedschaft in einer **Gewerkschaft**? Belehrung, dass das Gewerkschaftsmitglied Anspruch auf kostenfreie Vertretung hat.
5. Kommt **Prozesskosten- oder Beratungshilfe** oder **Beiordnung** in Betracht?
6. **Vollmacht** unterschreiben lassen, evtl. auch Vollmacht des Arbeitgebers für Abgabe einer Kündigungserklärung.

II. Allgemeines zum Gegenstand
1. Ermittlung der **Rechtsquellen**
   Arbeitsvertrag; Prüfung der Anwendbarkeit von Tarifvorschriften (Verbandsmitgliedschaft, Allgemeinverbindlichkeitserklärung, Inbezugnahme, Betriebliche Übung oder Gleichbehandlungsgrundsatz)?; Betriebsvereinbarung? Interessenausgleich und Sozialplan?
2. Ermittlung der **Parteien**
   Arbeitgeber: Name, Anschrift/Sitz, Telefon, Rechtsform, Vertretungsbefugnis, Struktur, Mitgliedschaft in Arbeitgeberverband, Beschäftigtenzahl des Betriebes.
   Arbeitnehmer: Name, Anschrift, Telefon, Familienstand, Geburtsdatum, Nationalität, ausgeübter Beruf, Status (leitender Angestellter, Prokura, sonstige Vollmachten), Berufstätigkeit des Ehepartners, Unterhaltspflichten, Einstellungsdatum, Dienstzeiten, Gewerkschaftsmitgliedschaft, Rechtsschutzversicherung, Jahresbruttoverdienst nach Geld- und Sachbezügen (evtl. Gratifikationen, Provisionen, Tantieme etc).

3. Ermittlung des **zuständigen Gerichts**
4. Ermittlung des **richtigen Beklagten** (Probleme bei Kündigungen im öffentlichen Dienst, durch den Insolvenzverwalter und im Zusammenhang mit einem Betriebsübergang).
5. Ermittlung des **Gegenstandswerts**: Bezüge eines Vierteljahres unter Berücksichtigung anteiliger Geld- und Sachleistungen (Kündigungsschutzklage).
6. **Ausschlussfristen.**
7. Hinweis an Arbeitnehmer-Mandanten: **jede weitere Kündigung** unverzüglich **mitteilen.**

II. Die Kündigung des Anwaltsvertrages

1. Kündigungsgrund und -frist

45   a) **Kündigung durch den Mandanten.** Der Rechtsanwalt hat Dienste höherer Art zu leisten, die regelmäßig auf Grund besonderen Vertrauens übertragen werden.[79] Der Mandant kann daher den Anwaltsvertrag jederzeit und ohne Vorliegen eines wichtigen Grundes nach § 627 Abs. 1 BGB kündigen. Die Vorschrift des § 627 BGB ist dispositiv. Das Kündigungsrecht kann einzelvertraglich wirksam abbedungen werden.[80] Ein solcher Kündigungsausschluss lässt die Möglichkeit der Kündigung aus wichtigem Grund nach § 626 BGB bestehen.[81] Das reicht zum Schutz der Vertragspartner regelmäßig aus.[82] Das Kündigungsrecht aus § 627 BGB gilt für den Mandanten uneingeschränkt.

46   b) **Kündigung durch den Anwalt.** Abgesehen von den Fällen der Beiordnung eines Rechtsanwalts nach § 11a Abs. 1 ArbGG, der Gewährung von Prozesskostenhilfe gemäß § 11a Abs. 3 ArbGG iVm §§ 114 ff. ZPO und der Beratungshilfe nach dem Beratungshilfegesetz, darf auch der **Rechtsanwalt** nach § 627 Abs. 1 BGB kündigen. Wenn er aber zur Unzeit kündigt, bedarf er eines wichtigen Grundes (§ 627 Abs. 2 S. 1 BGB). Fehlt ein solcher, ist die Kündigung zwar nicht unwirksam, es entsteht aber ggf. eine Schadensersatzverpflichtung nach § 627 Abs. 2 S. 2 BGB. Ob die **Kündigung zur Unzeit** erfolgt, richtet sich danach, ob sich der Mandant die Anwaltsdienste nach Zugang der Kündigung rechtzeitig anderweitig beschaffen kann, wobei es nicht darauf ankommt, ob dies in gleicher Güte und zu gleichen Bedingungen möglich ist.[83] Ob ein wichtiger Grund gegeben ist, wird anhand einer Abwägung der Interessen des Rechtsanwalts an einer schnellen Beendigung des Vertrags und der Interessen des Mandanten an einer späteren Beendigung unter Berücksichtigung der Gesamtumstände ermittelt.[84]

2. Herausgabe von Handakten

47   Der Rechtsanwalt ist verpflichtet, für jeden Mandanten eine Handakte anzulegen (§ 50 Abs. 1 BRAO) und sie auf die Dauer von **fünf** Jahren nach Beendigung des Auftrags aufzubewahren (§ 50 Abs. 2 S. 1 BRAO), es sei denn, er hat den Mandanten gemäß § 50 Abs. 2 S. 2 BRAO zur Entgegennahme der Handakten aufgefordert; dann endet die Aufbewahrungsfrist sechs Monate nach Zugang der Aufforderung. Aus §§ 675, 666, 667 BGB folgt, dass der Anwalt verpflichtet ist, dem Mandanten alles, was er zur Ausführung des Mandats erhält oder durch die Geschäftsbesorgung erlangt, und damit auch seine Handakten[85] herauszugeben.[86]

---

[79] BGH 30.3.1995 – IX ZR 182/94, NJW 1995, 1954; MüKoBGB/*Henssler*, 8. Aufl. 2020, § 627 Rn. 21.
[80] BGH 13.12.1990 – III ZR 333/89, NJW-RR 1991, 439.
[81] LG München II 26.11.1991 – 2 S 897/91, NJW-RR 1992, 444.
[82] MüKoBGB/*Henssler* § 627 Rn. 41 ff.
[83] Palandt/*Weidenkaff* BGB § 627 Rn. 6 f.
[84] MüKoBGB/*Henssler* § 627 Rn. 3.
[85] BGH 30.11.1989 – III ZR 112/88, NJW 1990, 510.
[86] Henssler/Prütting/*Offermann-Burckart* BRAO § 50 Rn. 42 f.

III. Der Anwaltswechsel

1. Aufklärungspflichten nach Kündigung des Anwaltsvertrages

Da der Anwalt Dienste höherer Art zu leisten hat, die regelmäßig auf Grund besonderen Vertrauens übertragen werden,[87] kann der Mandant den Anwaltsvertrag jederzeit und ohne Vorliegen eines wichtigen Grundes nach § 627 Abs. 1 BGB kündigen und einen neuen Anwalt mit der Wahrnehmung seiner Interessen beauftragen. Zwar beendet die Kündigung nach § 627 Abs. 1 BGB das Mandatsverhältnis mit sofortiger Wirkung, so dass die sich aus dem Anwaltsvertrag ergebenden Hauptleistungspflichten enden. Allerdings können sich noch **nachwirkende** Vertragspflichten für den bisherigen Anwalt ergeben. Er hat den Mandanten darüber zu belehren, wann eine **prozessuale** Frist abläuft, damit jener ggf. durch einen neuen Anwalt die notwendigen Schritte veranlassen kann. Diese Pflicht kann sich im Einzelfall auch auf **materiellrechtliche** Fragen wie zB Eintritt einer Verjährung erstrecken.[88]

2. Herausgabe von Handakten

Die Frage der **Herausgabe der Handakte** ist vor allem beim Anwaltswechsel von Bedeutung. Die Herausgabe kann der Rechtsanwalt gemäß § 50 Abs. 3 S. 1 BRAO verweigern, bis er wegen seiner Gebühren und Auslagen aus der konkreten Angelegenheit befriedigt ist. Das Zurückbehaltungsrecht erlischt, wenn der Mandant das geschuldete Honorar zahlt. Dies gilt auch, wenn er unter dem Vorbehalt der Rückforderung zahlt, weil seiner Ansicht nach die Honorarforderung unbegründet ist. Für Gebühren- und Auslagenschulden in anderen Sachen folgt ein Zurückbehaltungsrecht aus § 273 BGB. Nach § 50 Abs. 3 S. 2 BRAO muss der Anwalt die Handakte herausgeben, soweit die Vorenthaltung der Akte oder einzelner Schriftstücke unangemessen wäre. Die Frage, ob die Verweigerung der Herausgabe der Handakten unangemessen ist, wird auch und gerade im Fall der vorzeitigen Beendigung des Auftrags relevant. Es besteht grundsätzlich keine nachvertragliche Pflicht des Rechtsanwalts, dem nunmehr beauftragten Kollegen auf dessen Bitte oder Aufforderung die Handakten zu treuen Händen zwecks sachgerechter Vertretung des Mandanten zu überlassen.[89] Die Anwendung des unbestimmten Rechtsbegriffs „unangemessen" hat zu berücksichtigen, dass der Mandant durch die unberechtigte Verweigerung der Honorarzahlung eine wesentliche Pflicht des Anwaltsvertrags verletzt. Nur eine besonders schwere Beeinträchtigung des Mandanten kann daher zum Ausschluss des Zurückbehaltungsrechts führen.[90] Dies ist beispielsweise der Fall bei Geringfügigkeit der geschuldeten Beträge oder wenn der Inhalt der Handakte benötigt wird, um die Forderung des Anwalts ausgleichen zu können.[91] Der Rechtsanwalt kann einem berechtigten Interesse des Mandanten auf Herausgabe gemäß § 17 BerufsO dadurch Rechnung tragen, dass er ihm Kopien überlässt.[92]

Ob ein Zurückbehaltungsrecht an den **Arbeitspapieren** des Arbeitnehmer-Mandanten ausgeschlossen ist, ist differenzierend zu beurteilen. Benötigt der Arbeitnehmer-Mandant zB die im Rahmen der Abwicklung seines beendeten Arbeitsverhältnisses vom ehemaligen Arbeitgeber an den Arbeitnehmervertreter versandte Lohnsteuerkarte, um seine Einkommensteuererklärung beim Finanzamt einzureichen, dürfte die Ausübung des Zurückbehaltungsrechts eine schwere Beeinträchtigung des Mandanten darstellen; denn die Abgabe der Steuererklärung erfolgt in Erfüllung einer nach öffentlichem Recht bestehenden Pflicht des Mandanten. Benötigt der Mandant die Lohnsteuerkarte allerdings (nur), um sie seinem neu-

---

[87] BGH 30.3.1995 – IX ZR 182/94, NJW 1995, 1954; MüKoBGB/*Henssler* § 627 Rn. 25.
[88] BGH 7.4.2005 – IX ZR 132/01, NJW-RR 2005, 1146; *Borgmann* NJW 2000, 2953 (2954).
[89] Henssler/Prütting/*Offermann-Burckart* BRAO § 50 Rn. 91.
[90] BGH 3.7.1997 – IX ZR 244/96, NJW 1997, 2944 (2945); Henssler/Prütting/*Offermann-Burckart* BRAO § 50 Rn. 91.
[91] Henssler/Prütting/*Offermann-Burckart* BRAO § 50 Rn. 92.
[92] Gegen § 17 BerufsO werden im Schrifttum verfassungsrechtliche Bedenken erhoben, weil die Vorschrift keine ausreichende Ermächtigungsgrundlage habe; sie überschreite den Rahmen des § 50 Abs. 3 BRAO. Vgl. hierzu Henssler/Prütting/*Offermann-Burckart* BerufsO § 17 Rn. 3 ff.

en Arbeitgeber vorlegen zu können, so ist das Zurückbehaltungsrecht des Anwalts nicht ausgeschlossen; denn insoweit trifft den Arbeitnehmer keine im öffentlichen Recht bestehende Pflicht, sondern lediglich eine Obliegenheit. Liegt dem neuen Arbeitgeber die Lohnsteuerkarte nicht vor, hat er die Lohnsteuer nach der Klasse VI zu berechnen. Ein Zurückbehaltungsrecht des Anwalts besteht auch an der **Arbeitsbescheinigung** iSv § 312 SGB III. Die Vorschrift begründet (nur) eine Verpflichtung des Arbeitgebers zur Ausstellung und Zusendung der Arbeitsbescheinigung. Der Arbeitnehmer ist nicht verpflichtet, sich um den Erhalt der Arbeitsbescheinigung zu kümmern.[93] Die Agentur für Arbeit kann bei Nichtvorlage der Arbeitsbescheinigung unter Beachtung der anderen Unterlagen wenigstens vorläufig nach § 328 SGB III über den Anspruch auf Arbeitslosengeld entscheiden. Der Rechtsanwalt hat am **Zeugnis** des Arbeitnehmer-Mandanten ein Zurückbehaltungsrecht. Es gibt keine aus öffentlichem Recht resultierende Pflicht zur Vorlage gegenüber einer Behörde oder gegenüber einem Arbeitgeber. Ein Zurückbehalt nach § 50 Abs. 3 S. 2 BRAO erscheint daher nicht unangemessen.

51   Dem Auftraggeber steht grundsätzlich ein Einsichtsrecht in die Handakte gemäß §§ 810, 811 BGB zu, auch wenn sich der Anwalt auf ein Zurückbehaltungsrecht berufen kann.[94] Soll die Vorlage der Urkunde jedoch lediglich dazu dienen, Unterlagen für die Rechtsverfolgung gegen den Besitzer der Urkunde zu beschaffen, besteht eine Verpflichtung zur Einsichtsgewährung nicht.[95]

52   Die Regelung des Zurückbehaltungsrechts des Anwalts an den Handakten in § 50 Abs. 3 BRAO ist lex specialis zum allgemeinen Zurückbehaltungsrecht des § 273 BGB. Letzteres bleibt anwendbar, soweit es nicht um den Anspruch auf Herausgabe der Handakten oder um Ansprüche des Rechtsanwalts aus anderen Angelegenheiten geht. Der Mandant kann das Zurückbehaltungsrecht des Anwalts insoweit durch Sicherheitsleistung gemäß § 273 Abs. 3 S. 1 BGB abwenden. Dem gegenüber kann die Ausübung des Zurückbehaltungsrechts an den Handakten nach § 50 Abs. 3 S. 1 BRAO nicht durch Sicherheitsleistung abgewendet werden. Eine Abwendungsbefugnis sieht § 50 Abs. 3 BRAO, der § 273 BGB als Spezialvorschrift verdrängt, nicht vor. § 50 Abs. 3 BRAO ist kein Unterfall des § 273 BGB, sondern stellt ein besonderes Zurückbehaltungsrecht dar.[96] Eine analoge Anwendung des § 273 Abs. 3 BGB scheidet mangels planwidriger Gesetzeslücke aus.

3. Kosten und Gebühren

53   Die beim ersten Rechtsanwalt durch seine Tätigkeit entstandenen Gebühren stehen diesem auch im Falle des Rechtsanwaltswechsels gemäß § 15 Abs. 4 RVG grundsätzlich in voller Höhe[97] bzw. bei Beratungsmandaten mit Vergütungsvereinbarung gemäß § 628 Abs. 1 S. 1 BGB entsprechend seinen bisherigen Leistungen[98] zu. Etwas anderes gilt nur dann, wenn dem Rechtsanwalt das Mandat zur Prozessführung wegen vertragswidrigen Verhaltens berechtigterweise entzogen wird, etwa weil er in einer anderen Sache die Interessen eines Dritten gegen seinen Mandanten wahrnimmt, ohne diesen zuvor ausreichend unterrichtet zu haben,[99] weil er einen Gerichtskostenvorschuss nicht rechtzeitig eingezahlt hat[100] oder weil er strafbare Handlungen zum Nachteil anderer Auftraggeber begangen und dadurch Zweifel an seiner beruflichen Zuverlässigkeit und Redlichkeit begründet hat.[101] In solchen Fällen erlischt der Gebührenanspruch des ersten Rechtsanwalts gemäß § 628 Abs. 1 S. 2 BGB, soweit seine bisherigen Leistungen in Folge der Kündigung für den Mandanten

---

[93] Gagel/*Hlava* SGB III § 312 Rn. 16.
[94] Henssler/Prütting/*Offermann-Burckart* BRAO § 50 Rn. 103. Differenzierend AG Charlottenburg 30.8.1996 – 24a C 145/96, NJW 1997, 1450: Kein Einsichtsrecht, wenn der Rechtsanwalt dem Auftraggeber jeweils Abschriften der gewechselten Schriftsätze übersandt hatte.
[95] BGH 30.11.1989 – 3 ZR 112/88, NJW 1990, 510.
[96] MüKoBGB/*Krüger*, 8. Aufl. 2020, § 273 Rn. 6; BGH 3.7.1997 – IX ZR 244/96, NJW 1997, 2944 (2945).
[97] Hartung/Schons/Enders/*Enders* RVG § 15 Rn. 104 ff.
[98] MüKoBGB/*Henssler*, 8. Aufl. 2020, § 628 Rn. 13 ff.
[99] BGH 7.6.1984 – III ZR 37/83, NJW 1985, 41.
[100] KG 24.6.2003 – 7 U 165/02, BeckRS 2003, 30321546.
[101] BGH 30.3.1995 – IX ZR 182/94, NJW 1995, 1954.

kein Interesse haben.[102] Gleiches gilt, wenn der Rechtsanwalt das Mandatsverhältnis kündigt, ohne durch vertragswidriges Verhalten des anderen Teils dazu veranlasst zu sein; dann steht ihm ein Anspruch auf Vergütung insoweit nicht zu, als der Mandant einen anderen Prozessbevollmächtigten neu bestellen muss, mit dessen Vergütung auch die Tätigkeit des kündigenden Anwalts abgegolten wäre.[103] Auf die Gebührenforderung bereits geleistete Zahlungen muss der Anwalt seinem Auftraggeber nach § 628 Abs. 1 S. 3 BGB erstatten.[104] Ist der Rechtsanwalt in derselben Angelegenheit vorprozessual tätig geworden und ist hierfür eine Geschäftsgebühr nach VV 2300 RVG angefallen, muss der Rechtsanwalt eine hierauf geleistete Zahlung nicht erstatten.[105] Der zweite Anwalt, der das Mandat übernimmt, hat seinerseits Anspruch auf diejenigen Gebühren, die bei ihm entstehen.[106]

4. Prozesskostenhilfe

Die mittellose Partei ist durch § 48 Abs. 2 BRAO nicht gehindert, selbst oder durch den neu beauftragten zweiten Anwalt die Aufhebung der Beiordnung des ersten Anwalts zu beantragen, was auch konkludent durch Vertretungsanzeige des zweiten Anwalts geschehen kann. Entzieht eine mittellose Partei dem ihr im Wege der PKH beigeordneten Anwalt das Mandat, so hat sie nur dann Anspruch auf Beiordnung eines anderen Anwalts, wenn entweder für die Kündigung ein triftiger Grund bestand oder wenn die neue Beiordnung nicht zu Mehrkosten für die Landeskasse führt.[107]

IV. Regressanspruch des Mandanten

1. Haftungsgrundlage und Voraussetzungen

a) **Grundnorm: § 280 Abs. 1 BGB.** Erfüllt der Rechtsanwalt seine Aufklärungspflicht unzureichend oder seine Belehrungspflicht fehlerhaft, so verletzt er seine Pflichten aus dem Anwaltsvertrag. Zentrale Vorschrift für einen Schadensersatzanspruch des Mandanten ist § 280 Abs. 1 BGB.[108] Es ist gleichgültig, ob der Anwalt eine Hauptpflicht, eine leistungsbezogene Nebenpflicht (§ 241 Abs. 1 BGB) oder eine nicht leistungsbezogene Nebenpflicht (§ 241 Abs. 2 BGB) verletzt. **Jede schuldhafte Verletzung der Anwaltspflichten kann zu einem Schadensersatzanspruch des Mandanten gegen den Rechtsanwalt führen.**[109] An die Sorgfalt in der Erledigung ihres Auftrages sind bei Vereinigungen, die sich mit Rechtsberatung und Rechtsbesorgung befassen (Gewerkschaften oder Arbeitgeberverbände) grundsätzlich keine geringeren Anforderungen zu stellen als bei einem Rechtsanwalt.[110]

Um einen Schadensersatzanspruch wegen Pflichtverletzung des Anwaltsvertrages aus § 280 Abs. 1 BGB erfolgreich geltend machen zu können, müssen folgende Voraussetzungen erfüllt sein:
1. Vorliegen eines Schuldverhältnisses: Anwaltsvertrag gemäß §§ 675 Abs. 1, 611ff. BGB (Ausnahme: Werkvertrag);
2. Pflichtverletzung des Rechtsanwalts: Rechtswidrigkeit der Handlung bzw. Unterlassung;
3. Verschulden des Rechtsanwalts;
4. Kausalität zwischen der Pflichtverletzung des Rechtsanwalts und dem Schaden des Mandanten;
5. Schaden des Mandanten.

---

[102] BGH 17.10.1996 – IX ZR 37/96, NJW 1997, 188.
[103] BGH 29.9.2011 – IX ZR 170/10, AnwBl 2011, 962.
[104] MüKoBGB/*Henssler*, 8. Aufl. 2020, § 628 Rn. 41.
[105] KG 24.6.2003 – 7 U 165/02, BeckRS 2003, 30321546.
[106] BGH 29.9.2011 – IX ZR 170/10, AnwBl 2011, 962.
[107] LAG Hamm 12.9.2003 – 4 Ta 470/02, BeckRS 2004, 41623.
[108] Zu anderen Anspruchsgrundlagen siehe *Vollkommer/Greger/Heinemann* AnwaltshaftungsR § 1 Rn. 2ff.
[109] Zur Haftung des Rechtsanwalts bei Zusammentreffen mit Fehlern des Gerichts vgl. BVerfG 12.8.2002 – 1 BvR 399/02, NJW 2002, 2937; BGH 17.1.2002 – IX ZR 182/00, NJW 2002, 1048; *Knöfel* AnwBl 2004, 76; *Medicus* AnwBl 2004, 257.
[110] BGH 10.1.2002 – III ZR 62/01, NZA 2002, 446; BGH 26.2.1981 – VII ZR 50/80, NJW 1981, 1553.

57 Der zu ersetzende Schaden muss grundsätzlich beim Mandanten selbst entstanden sein. Dritte werden in den Schutzbereich des Anwaltsvertrages grundsätzlich nicht einbezogen. So haftet zB der vom Betriebsrat im Zusammenhang mit der Verhandlung und dem Abschluss eines Sozialplans gemäß §§ 80 Abs. 3, 111 S. 2 BetrVG hinzugezogene Anwalt nicht für Schäden, die einem Arbeitnehmer des Betriebes in Folge eines Versäumnisses des Anwalts entstehen.[111]

58 **b) Beweislast.** Behauptet der Mandant im Regressprozess, der Rechtsanwalt habe eine pflichtgemäße Belehrung, zB die Belehrung, dass durch die Kündigungsschutzklage etwaige Lohnansprüche nicht erfasst sind, unterlassen, so trägt er dafür die Beweislast. Lässt etwa der Aktenvermerk des verstorbenen Rechtsanwalts über die Beratung des Mandanten die Möglichkeit offen, dass eine ordnungsgemäße Belehrung stattgefunden hat, so muss der Mandant das Gegenteil beweisen.[112]

59 Es gilt im Hinblick auf den Schaden bzw. das Verhalten der Grundsatz des **beratungsrichtigen** Verhaltens.[113]

Beispiel:[114]
Der Rechtsanwalt ging von einer falschen Rechtslage im Zusammenhang mit der Anwendung eines Tarifvertrages aus. Er erklärte seinem Mandanten, dass eine ausgesprochene „Nichtverlängerungsmitteilung" dem Arbeitgeber laut Tarifvertrag möglich sei. Er riet ihm daher, einer „Abfindungslösung" näher zu treten. Der Mandant schloss daraufhin mit dem Arbeitgeber einen Abfindungsvertrag. Der Rechtsanwalt beging einen Beratungsfehler, weil er hätte erkennen und den Mandanten darauf hinweisen müssen, dass die „Nichtverlängerungsmitteilung" im konkreten Fall das Arbeitsverhältnis nicht beenden konnte. Die Frage des Ursachenzusammenhangs zwischen der anwaltlichen Pflichtverletzung und dem Schaden des Mandanten beantwortet sich nicht danach, ob der Mandant dem pflichtwidrigen Rat des Anwalts gefolgt ist oder aus eigenem Antrieb gehandelt hat, sondern danach, wie er sich verhalten hätte, wenn er richtig beraten worden wäre.

60 Dem Mandanten wird in diesem Zusammenhang die ihm obliegende Beweisführung nach den **Grundsätzen des Anscheinsbeweises** erleichtert.[115] Dies aber nur unter der Voraussetzung, dass ein bestimmter Rat geschuldet war und es in der gegebenen Situation unvernünftig gewesen wäre, einen solchen Rat nicht zu befolgen.[116] Die **Vermutung für „aufklärungsrichtiges"** Verhalten gilt nur für die Fälle, in denen es für die aufzuklärende Partei vernünftigerweise nur eine Möglichkeit der Reaktion gibt, die vollständige und richtige Auskunft also keinen Entscheidungskonflikt ausgelöst hätte.[117] Lässt der Mandant offen, für welche von mehreren möglichen Vorgehensweisen er sich bei pflichtgemäßer Beratung entschieden hätte, ist die notwendige Schadenswahrscheinlichkeit nur gegeben, wenn diese sich für alle in Betracht kommenden Ursachenverläufe – nicht notwendig in gleicher Weise – ergibt; sie muss für alle diese Ursachenverläufe dargelegt und bewiesen werden.[118]

2. Umfang des zu ersetzenden Schadens

61 Die Höhe des Schadensersatzanspruchs richtet sich nach §§ 249 ff. BGB. Der Anwalt hat als Ersatzpflichtiger nach § 249 S. 1 BGB den Zustand herzustellen, der ohne die Pflichtverletzung bestünde. Deshalb ist zu prüfen, welchen Verlauf die Dinge bei pflichtmäßigem Verhalten des Anwalts genommen hätten, insbesondere wie sich die Gesamtvermögenslage des Mandanten in einem solchen Fall darstellen würde. Dabei dürfen an die Darlegung eines hypothetischen Geschehens keine übertriebenen Anforderungen gestellt werden. Es genügt, wenn der Geschädigte Umstände vorträgt, die nach dem abgeschwächten Beweismaß des

---

[111] BAG 24.8.2006 – 8 AZR 414/05, NZA 2007, 51.
[112] OLG Düsseldorf 14.7.1988 – 8 W 40/88, BeckRS 1988, 31366882.
[113] BGH 3.4.1990 – XI ZR 206/88, NJW 1990, 1907; BGH 13.3.1997 – IX ZR 81/96, NJW 1997, 2171; BGH 13.11.1997 – IX ZR 37/97, NJW 1998, 749; BGH 9.6.1998 – IX ZR 220/97, NJW-RR 1998, 1271.
[114] BGH 6.12.2001 – IX ZR 124/00, NJW 2002, 593.
[115] BGH 16.7.2015 – IX ZR 197/14, NJW 2015, 3447; BGH 15.5.2014 – IX ZR 267/12, NJW 2014, 2795.
[116] BGH 6.12.2001 – IX ZR 124/00, NJW 2002, 593 f.; BGH 27.1.2000 – IX ZR 45/98, NZA 2000, 478 (479); BGH 9.12.1999 – IX ZR 129/99, NJW 2000, 1263.
[117] BGH 10.5.1994 – IX ZR 115/93, NJW 1994, 2541; BGH 30.9.1993 – IX ZR 73/93, NJW 1993, 3259.
[118] BGH 16.7.2015 – IX ZR 197/14, NJW 2015, 3447.

§ 287 Abs. 1 ZPO eine überwiegende, freilich auf gesicherter Grundlage beruhende Wahrscheinlichkeit eines bestimmten Geschehensablaufs nahelegen.[119] Die **Differenzhypothese** beantwortet die Frage, ob und in welchem Umfang ein Schaden gegeben ist, dadurch, dass die durch das schädigende Ereignis bewirkte Vermögenslage mit derjenigen zu vergleichen ist, die ohne den haftungsrelevanten Sachverhalt eingetreten wäre.[120] Der Rechtsanwalt haftet seinem Mandanten zB für die nachteiligen Folgen einer verspäteten Kündigungsschutzklage nur, wenn der Mandant den Prozess bei rechtzeitiger Klageerhebung mit überwiegender Wahrscheinlichkeit gewonnen hätte.[121] Hat der Rechtsanwalt des Arbeitnehmers im Kündigungsschutzprozess eine Prozesshandlung versäumt, haftet er nicht, wenn er im Regressprozess die Kündigungsgründe beweist.[122] Verliert der Mandant in Folge eines Anwaltsversehens eine Forderung, erleidet er einen Schaden im Rechtssinn nur dann, wenn er sie bei sachgerechtem Vorgehen des Rechtsanwalts auch durchsetzen wollte und tatsächlich Leistungen erhalten hätte; anderenfalls ist die verlorene Forderung wertlos.[123]

Die Schadensermittlung wird ergänzt ua durch den normativen Schadensbegriff, die Vorteilsausgleichung und ein Mitverschulden des Mandanten. Insoweit sei auf die einschlägige haftungsrechtliche Literatur verwiesen.[124]

3. Besonderheiten bei gemeinschaftlicher Berufsausübung

Besonderheiten der Anwaltshaftung ergeben sich, wenn der regresspflichtige Rechtsanwalt seinen Beruf nicht allein, sondern gemeinschaftlich mit anderen ausübt. Sowohl bei einer vertraglichen Haftung des Anwalts als auch bei einer Haftung aus Delikt (§§ 823 Abs. 1, 823 Abs. 2, 824, 826, 831 BGB) kann sich eine Haftung der Gesellschaft oder der Gesellschafter ergeben.

a) Haftung für vertragliche Verbindlichkeiten. Haftet ein Anwalt für vertragliche Verbindlichkeiten, so haften nach hM[125] in der **Sozietät** alle Gesellschafter gesamtschuldnerisch neben der Sozietät akzessorisch analog § 128 S. 1 HGB,[126] sofern nicht ausnahmsweise ein Einzelmandat vorliegt. Die Gesellschafter vertreten die Sozietät nach außen, ihr Handeln wird der Sozietät über § 31 BGB bzw. § 278 BGB zugerechnet. Sehr umstritten ist die Frage nach der Haftung des eintretenden bzw. ausscheidenden Gesellschafters.[127] Eine neu gegründete Sozietät haftet nicht für die im Betrieb des bisherigen Einzelanwalts begründeten Verbindlichkeiten.[128] Bei einer **Partnerschaftsgesellschaft** wird eine Pflichtverletzung eines Partners der Gesellschaft analog § 31 BGB zugerechnet. Die einzelnen Partner haften gesamtschuldnerisch und akzessorisch für sämtliche Verbindlichkeiten der Partnerschaft (§ 8 Abs. 1 S. 1 PartGG). Es gilt allerdings die Haftungsbeschränkung nach § 8 Abs. 2 PartGG. Bei einer **Rechtsanwaltsgesellschaft** haftet allein die Gesellschaft. Das Handeln der Gesellschafter wird ihr gemäß §§ 31, 278 BGB zugerechnet. Eine persönliche Haftung der Gesellschafter kommt nur ausnahmsweise in Betracht, zB bei fehlendem oder zu geringem Berufshaftpflichtversicherungsschutz nach § 59j Abs. 4 BRAO. Die persönliche Haftung der

---

[119] BGH 19.1.2006 – IX ZR 232/01, NJW-RR 2006, 923; OLG Hamm 23.10.2014 – 28 U 98/13, BeckRS 2014, 22045.
[120] BGH 18.3.2004 – IX ZR 255/00, NJW 2004, 1521 (1522); *Borgmann* NJW 2002, 2145 (2150); *Vollkommer/Greger/Heinemann* AnwaltshaftungsR § 20 Rn. 2 f.
[121] OLG Hamm 23.10.2014 – 28 U 98/13, BeckRS 2014, 22045; siehe auch OLG Düsseldorf 19.3.2003 – 24 U 64/01, AnwBl 2003, 659.
[122] OLG Düsseldorf 19.3.2002 – 24 U 172/01, AnwBl 2003, 175; OLG Frankfurt a. M. 29.10.1998 – 1 U 127/97, NZA-RR 1999, 359.
[123] BGH 18.3.2004 – IX ZR 255/00, NJW 2004, 1521 (1522).
[124] *Vollkommer/Greger/Heinemann* AnwaltshaftungsR § 20 Rn. 6 f., Rn. 38, Rn. 51 ff.
[125] BGH 27.9.1999 – II ZR 371/98, NJW 1999, 3483; BGH 29.1.2001 – II ZR 331/00, NJW 2001, 1056; BGH 19.7.2011 – II ZR 300/08, NZG 2011, 1023; Palandt/*Sprau* BGB § 714 Rn. 12; *Vollkommer/Greger/Heinemann* AnwaltshaftungsR § 4 Rn. 7 mwN.
[126] Henssler/Streck SozietätsR-HdB/*Terlau* Teil B Rn. 398, 400 ff.
[127] BGH 24.1.2006 – IX ZR 65/01, NJW 2004, 836; BGH 7.4.2003 – II ZR 56/02, NJW 2003, 1803; *Vollkommer/Greger/Heinemann* AnwaltshaftungsR § 4 Rn. 8 ff.; Henssler/Streck SozietätsR-HdB/*Terlau* Teil B Rn. 405; *K. Schmidt* BB 2004, 785 ff.
[128] BGH 22.1.2004 – IX ZR 65/01, BB 2004, 794; *Jungk* AnwBl 2004, 374 (375).

Gesellschafter und Geschäftsführer ist der Höhe nach auf die Summe des fehlenden Versicherungsschutzes begrenzt.[129]

65 **b) Haftung für gesetzliche, insbesondere deliktische Verbindlichkeiten.** Haftet ein Rechtsanwalt aus Delikt, dann werden diese Pflichtverletzungen der **Sozietät** nach § 31 BGB zugerechnet, für welche die Sozien gemäß § 128 HGB akzessorisch haften. Eine **Partnerschaftsgesellschaft** haftet ebenfalls nach § 31 BGB, während für die einzelnen Partner die Haftungsbeschränkung gemäß § 8 Abs. 2 PartGG zu beachten ist. Für **Anwaltsgesellschaften** in Form einer GmbH oder einer Aktiengesellschaft gilt ebenfalls § 31 BGB.

4. Verjährung

66 **a) Übergang zum neuen Verjährungsrecht.** Schadensersatzansprüche des Mandanten aus dem Anwaltsvertrag verjähren nach den allgemeinen Verjährungsvorschriften gemäß §§ 195 ff. BGB, soweit sie nach dem 14.12.2004 entstanden sind, wenn also eine Pflichtverletzung des Anwalts nach dem 14.12.2004 zu einem Schaden geführt hat. Für Schäden, die vor dem 15.12.2004 entstanden waren, richtet sich die Verjährung nach der spezialgesetzlichen Regelung in § 51b BRAO, die durch das Verjährungsanpassungsgesetz vom 9.12.2004 mit Wirkung zum 15.12.2004 aufgehoben worden ist. Art. 229 § 6 Abs. 1 S. 2 EGBGB enthält die relevanten Übergangsvorschriften. Da mittlerweile die praktische Bedeutung des alten Verjährungsrechts zu vernachlässigen sein dürfte, wird von einer Darstellung der alten Rechtslage unter Hinweis auf die Ausführungen in der 2. Auflage[130] abgesehen.

67 **b) Beginn und Dauer der Verjährung.** Die Verjährung des Schadensersatzanspruchs des Mandanten beginnt gemäß § 199 Abs. 1 BGB mit Schluss des Kalenderjahres, in dem der Anspruch entstanden ist und der Mandant von Schaden und Schädiger Kenntnis erlangt oder ohne grobe Fahrlässigkeit erlangen müsste. Die Verjährungsfrist beträgt gemäß § 195 BGB drei Jahre. Ohne Rücksicht auf die Kenntnis oder grob fahrlässige Unkenntnis des Mandanten verjähren Regressansprüche gemäß § 199 Abs. 3 BGB in zehn Jahren seit ihrer Entstehung oder, sofern der Schaden noch nicht entstanden ist, 30 Jahre nach der Pflichtverletzung des Anwalts. Ein Schaden entsteht, wenn sich die Vermögenslage des Mandanten durch die Pflichtverletzung des Beraters gegenüber seinem früheren Vermögensstand **objektiv verschlechtert** hat.[131] Dafür genügt es, dass der Schaden dem Grunde nach entstanden ist, mag auch die konkrete Höhe noch nicht beziffert werden können. Ein Schaden ist demgegenüber noch nicht entstanden, solange nur das Risiko eines Vermögensnachteils infolge der anwaltlichen Pflichtverletzung besteht.[132] Versäumt der Anwalt beispielsweise die Frist zur Begründung der Nichtzulassungsbeschwerde nach § 72a ArbGG, beginnt die Verjährungsfrist nicht erst mit Verwerfung der Beschwerde durch Beschluss des BAG, sondern bereits mit Ablauf der versäumten Notfrist des § 72a Abs. 3 S. 1 ArbGG.[133] Eine Pflichtwidrigkeit mit Dauerwirkung, die immer wieder eine neue Verjährungsfrist für jeden Teilschaden in Gang setzt – etwa bei laufenden Verzugslohnansprüchen bei einer Falschberatung des Arbeitgebers vor einer Kündigung denkbar – gibt es nicht.[134] Es läuft eine einheitliche Verjährungsfrist, die mit der Entstehung des ersten Teilschadens beginnt.[135]

68 Im Übrigen beginnt die Verjährungsfrist zu laufen, wenn der Mandant den Schaden und die Pflichtwidrigkeit des Beraters erkannt oder infolge grober Fahrlässigkeit nicht erkannt hat. Allein der ungünstige Ausgang eines Rechtsstreits in erster Instanz vermittelt dabei grundsätzlich noch nicht die erforderliche Kenntnis iSd § 199 Abs. 1 Nr. 2 BGB. Der Mandant muss vielmehr nicht nur die wesentlichen tatsächlichen Umstände kennen, sondern

---
[129] Henssler/Prütting/*Henssler* BRAO § 59j Rn. 12.
[130] MAH ArbR/Moll/*Altenburg*, 2. Aufl. 2009, § 2 Rn. 79 ff.
[131] BGH 5.1.1992 – IX ZR 200/91, NJW 1993, 1320.
[132] Zu dieser Risiko-Schaden-Formel siehe *Vollkommer/Greger/Heinemann* AnwaltshaftungsR § 24 Rn. 3. Vgl. auch BGH 16.11.1195 – IX ZR 148/94, NJW 1996, 661; BGH 20.6.1996 – IX ZR 106/95, NJW 1996, 2929.
[133] BGH 9.12.1999 – IX ZR 129/99, NJW 2000, 1263.
[134] *Vollkommer/Greger/Heinemann* AnwaltshaftungsR § 24 Rn. 3.
[135] BGH 18.12.1997 – IX ZR 180/96, NJW 1998, 1488.

auch Kenntnis von solchen Tatsachen erlangen, aus denen sich für ihn – zumal wenn er juristischer Laie ist – ergibt, dass der Anwalt oder Verbandsvertreter von dem üblichen rechtlichen Vorgehen abgewichen oder Maßnahmen nicht eingeleitet hat, die aus rechtlicher Sicht zur Vermeidung eines Schadens erforderlich waren.[136] Für den Beginn der Verjährung kommt es also nicht allein darauf an, dass der Geschädigte Kenntnis von der Rechtsanwendung als solcher hat, sondern darauf, dass er Kenntnis oder grob fahrlässige Unkenntnis davon hat, dass die Rechtsanwendung fehlerhaft war, wenn darin der haftungsauslösende Fehler liegt.[137] Solange der Anwalt bei fortdauerndem Mandat die Ansprüche weiterverfolgt, darf der Mandant darauf vertrauen, dass der Anwalt alles richtig macht.[138] Rät der Anwalt zur Fortsetzung des Rechtsstreits, hat der Mandant wegen des den Anwaltsvertrag prägende gegenseitigen Vertrauens sogar dann keine Kenntnis von der Pflichtwidrigkeit des Anwalts, wenn Gericht und Gegner eine solche deutlich gemacht haben.[139]

c) **Primär- und Sekundäranspruch.** Nach alter Rechtslage war zu differenzieren zwischen dem Primäranspruch des Mandanten und seinem Sekundäranspruch, den er dadurch erlitten hat, dass der Anwalt es schuldhaft unterlassen hat, den Mandanten auf das mögliche Bestehen eines gegen ihn gerichteten Regressanspruchs und die kurze Verjährungsfrist des § 51b BRAO hinzuweisen, und der Mandant es dadurch versäumt hat, den Eintritt der Verjährung des primären Anspruchs abzuwenden.[140] Der Rechtsanwalt hatte den Mandanten dann gemäß § 249 BGB so zu stellen, als wäre die Verjährung des Primäranspruchs nicht eingetreten.[141] Dies hat bewirkt, dass der Anwalt sich auf die Einrede der Verjährung nicht berufen durfte.[142] **Solche Sekundäransprüche aus verletzter Hinweispflicht gibt es nach neuem Recht nicht mehr.**[143]

69

---

[136] BGH 6.2.2014 – IX ZR 245/12, NJW 2014, 933; BGH 6.2.2014 – IX ZR 217/12, NJW 2014, 1800.
[137] BGH 24.4.2014 – III ZR 156/13, NJW 2014, 2345 (zur Haftung des Wirtschaftsprüfers); BeckOK BGB/*Spindler* § 199 Rn. 35.
[138] *Borgmann* NJW 2014, 3412 (3418).
[139] BGH 6.2.2014 – IX ZR 245/12, NJW 2014, 993.
[140] BGH 12.12.2002 – IX ZR 99/02, NJW 2003, 822 (823); BGH 23.5.1985 – IX ZR 102/84, NJW 1985, 2250.
[141] BGH 24.6.1993 – IX ZR 216/92, NJW 1993, 2747.
[142] *Borgmann* NJW 2002, 2145 (2152); *Borgmann* NJW 2000, 2953 (2969).
[143] BGH 13.11.2008 – IX ZR 69/07, NJW 2009, 1350; BGH 24.3.2011 – IX ZR 197/09, NJW-RR 2011, 858; BGH 3.2.2011 – IX ZR 105/10, NJW 2011, 1594; BGH 12.5.2011 – IX ZR 91/08, NJOZ 2011, 1339; *Borgmann* NJW 2005, 22 (30); *Chab* AnwBl 2010, 793 (795); *Mansel/Budzikiewicz* NJW 2005, 321 (326); MüKoBGB/*Grothe*, 8. Aufl. 2018, Vor § 194 Rn. 18; BeckOK BGB/*Fischer* § 675 Rn. 38.

§ 3 Anwaltsvergütung und Rechtsschutzversicherung

Übersicht

	Rn.
I. Anwaltsvergütung	1–29
1. Grundlagen	1
2. Vergütungsvereinbarung	2–13
a) Form und Arten der Vergütung	2
b) Wahl der geeigneten Honorarform	9
c) Höhe der Vergütung	10–13
3. Rechtsanwaltsvergütungsgesetz	14–29
a) Anwendungsbereich	14
b) Höhe der Gebühren	15–27
c) Wertgebühren	28
d) Besonderheiten im Arbeitsrecht	29
II. Streitwerte im Urteilsverfahren von A–Z	30–126
1. Abfindung	31/32
2. Abmahnung	33
3. Abrechnung	34
4. Änderungskündigung	35–38
5. Allgemeiner Feststellungsantrag	39
6. Altersteilzeit	40/41
7. Arbeitsbescheinigung	42
8. Arbeitsleistung	43/44
9. Arbeitspapiere	45–47
10. Aufgabenentziehung	48
11. Auflösungsantrag	49/50
12. Aufrechnung	51–54
13. Auskunft	55
14. Befristung	56
15. Beschäftigung	57/58
16. Bestandsstreitigkeiten	59–79
a) Anwendungsbereich	59/60
b) Streitwertrahmen oder Regelstreitwert	61–63
c) Vorverfahren zum Sonderkündigungsschutz	64
d) Objektive Klagehäufung	65–75
e) Maßgebende Arbeitsvergütung	76–79
17. Betriebsübergang	80
18. Darlehen	81
19. Dienstwagen	82
20. Diskriminierung	83
21. Drittschuldnerklage	84
22. Eingruppierung	85–87
23. Einstweilige Verfügung	88
24. Entschädigung	89
25. Feststellungsklage	90
26. Freistellung	91
27. Herausgabeansprüche	92
28. Integrationsamt	93
29. Klagehäufung	94
30. Kündigung	95
31. Leistungsklage	96/97
32. Nachträgliche Klagezulassung	98
33. Nachweisgesetz	99
34. Nichtvermögensrechtliche Streitigkeiten	100
35. Statusklage	101
36. Stufenklage	102
37. Teilzeitanspruch	103
38. Unterlassung	104
39. Urlaub	105/106

	Rn.
40. Vergleich	107–113
41. Versetzung	114
42. Weisungs- und Direktionsrecht	115
43. Weiterbeschäftigungsanspruch	116
44. Wettbewerbsverbot	117/118
45. Wiedereinstellungsanspruch	119
46. Wiederkehrende Leistungen	120–123
47. Zahlungsklage	124
48. Zeugnis	125/126
III. Streitwerte im Beschlussverfahren von A–Z	127–154
1. Anfechtung der Betriebsratswahl	128/129
2. Auflösung des Betriebsrats	130
3. Ausschluss eines Betriebsratsmitglieds	131
4. Betriebsvereinbarung	132
5. Einigungsstelle	133/134
a) Bestellungsverfahren	133
b) Spruchanfechtung	134
6. Einsicht in Bruttogehaltslisten	135
7. Einstweilige Verfügung	136
8. Freistellung eines Betriebsratsmitglieds	137/138
9. Mitbestimmung	139–147
a) Soziale Angelegenheiten	139/140
b) Personelle Angelegenheiten	141–145
c) Wirtschaftliche Angelegenheiten	146/147
10. Sachmittel des Betriebsrats	148
11. Sachverständige	149
12. Schulung	150
13. Sozialplan	151
14. Unterlassungsanspruch	152
15. Wirtschaftsausschuss	153
16. Zutritt zum Betrieb	154
IV. Rechtsschutzversicherung	155–247
1. Anspruch auf Arbeits-Rechtsschutz	156–181
a) Allgemeine Voraussetzungen	156–168
b) Besonderheiten im Arbeitsverhältnis	169–181
2. Obliegenheiten	182–196
a) Allgemein	182/183
b) Sonderfälle	184–196
3. Leistungen im Zusammenhang mit Arbeits-Rechtsschutz	197–219
a) Erstattungsfähige Kosten	197–208
b) Nicht erstattungsfähige Kosten	209–219
4. Vorgehensweise bei bestehender Rechtsschutzversicherung	220–223
5. Deckungsschutzanfrage	224/225
6. Reaktionsmöglichkeiten der Rechtsschutzversicherung	226–232
a) Deckungszusage	226–230
b) Deckungsablehnung	231/232
7. Rechte des Versicherungsnehmers bei Deckungsablehnung	233–242
a) § 18 ARB 2010	233–239
b) Beschwerdemöglichkeiten	240/241
c) Deckungsklage	242
8. Abrechnung mit der Rechtsschutzversicherung	243–246
a) Fälligkeit der Versicherungsleistung	243
b) Honorarberechnung	244
c) Schuldnerverzug der Rechtsschutzversicherung	245
d) Einwendungen der Rechtsschutzversicherung gegen die Streitwertfestsetzung	246
9. Anwaltsvergütung bei Versagung des Deckungsschutzes	247

I. Anwaltsvergütung

1. Grundlagen

1   Ob der Anwalt für die Bearbeitung des Mandats eine Vergütung erhält, hängt davon ab, ob eine solche im Anwaltsvertrag vereinbart ist. Nach § 34 Abs. 1 RVG soll der Anwalt für eine Beratung, die nicht mit einer anderen gebührenpflichtigen Tätigkeit zusammenhängt, auf eine Gebührenvereinbarung hinwirken. Die näheren Voraussetzungen einer Vergütungsvereinbarung regelt § 3a RVG. Vereinbart der Anwalt nichts, erhält er die übliche Vergütung nach § 612 Abs. 2 BGB, bei Verbraucher-Mandanten sogar nur die Erstberatungsgebühr gemäß § 34 Abs. 1 S. 3 RVG in Höhe von bis zu 250 EUR jeweils für die Beratung oder für die Ausarbeitung eines schriftlichen Gutachtens; für ein erstes Beratungsgespräch beträgt die Gebühr jedoch höchstens 190 EUR. Im Übrigen enthält das RVG Bestimmungen zur Höhe sowie zu den Modalitäten der Durchsetzung des Vergütungsanspruchs. Wenn der Anwalt für den Mandanten einen Prozess zu führen hat, sieht das RVG Mindestgebühren vor, die der Anwalt nicht unterschreiten darf. Deren Höhe ergibt sich zum einen aus dem Vergütungsverzeichnis zum RVG und zum anderen aus dem Gegenstandswert der bearbeiteten Angelegenheit.

2. Vergütungsvereinbarung

2   a) **Form und Arten der Vergütung.** § 3a Abs. 1 RVG enthält die allgemeinen Regeln für die Vergütungsvereinbarung. Danach bedarf die Vergütungsvereinbarung grundsätzlich der **Textform (§ 126b BGB).** Neben der Schriftform ist also auch eine Vereinbarung per Telefax oder E-Mail wirksam. Die Vergütungsvereinbarung ist als solche zu **bezeichnen,** wobei es der Gesetzgeber zulässt, dass sie in „vergleichbarer" Weise, zB als „Honorarvereinbarung" oder „Gebührenvereinbarung" bezeichnet wird.[1] Auch ist nicht erforderlich, dass die gewählte Bezeichnung in der Überschrift erscheint. Die Vergütungsvereinbarung muss von anderen Vereinbarungen mit Ausnahme der Auftragserteilung deutlich **abgesetzt** sein und darf nicht in der Vollmacht enthalten sein, damit der Auftraggeber die Bedeutung der Vergütungsvereinbarung auch tatsächlich erkennt. Schließlich hat sie gemäß § 3a Abs. 1 S. 2 RVG einen **Hinweis** darauf zu enthalten, dass die gegnerische Partei, ein Verfahrensbeteiligter oder die Staatskasse im Falle der Kostenerstattung regelmäßig nicht mehr als die gesetzliche Vergütung erstatten muss. Die Vorschrift soll Missverständnissen vorbeugen, was die Kostenerstattung durch die im Prozess unterlegene Partei betrifft. Nach § 4b RVG führt die Nichteinhaltung der Hinweispflicht allerdings nicht dazu, dass der Rechtsanwalt keine höheren als die gesetzlichen Gebühren fordern kann. Gemäß § 3a Abs. 1 S. 3 RVG gilt dies alles nicht für eine Gebührenvereinbarung, auf die der Rechtsanwalt generell für eine außergerichtliche Tätigkeit (§ 34 Abs. 1 S. 1 RVG) hinwirken soll. Jene erfordert weder die in § 3a Abs. 1 S. 2 RVG vorgeschriebenen Hinweise noch eine bestimmte Form, welche einzuhalten freilich zu Beweiszwecken gleichwohl empfehlenswert ist. Wenngleich das Arbeitsrecht nicht zu den klassischen anwaltlichen Tätigkeitsfeldern zählt, in denen die Vergütung des Anwalts durch ein vereinbartes Honorar erfolgt,[2] werden in der arbeitsrechtlichen Praxis vielfach Honorarvereinbarungen abgeschlossen, insbesondere bei einer Dauerberatung eines Unternehmens, beim Aushandeln von Abwicklungs- oder Aufhebungsverträgen für Führungskräfte oder bei Verhandlungen zum Abschluss eines Interessenausgleichs und Sozialplans. Gemäß § 34 Abs. 2 RVG wird die für die beratende Tätigkeit des Anwalts gezahlte Vergütung auf die Vergütung für eine sonstige Tätigkeit, die mit der Beratung zusammenhängt, angerechnet, soweit nichts anderes vereinbart ist. Es empfiehlt sich daher eine entsprechende Regelung in der Vergütungsvereinbarung. Als **Honorarformen** kommen das Zeithonorar, das Pauschalhonorar, das Erfolgshonorar oder Mischformen verschiedener Honorararten in Betracht.

3   *aa) Zeithonorar.* Ein **Zeithonorar,** bei dem die Vergütung mit der zur Bearbeitung des Mandats aufgewandten Zeit korrespondiert, dürfte den Interessen beider Seiten oftmals am

---
[1] Gerold/Schmidt/*Mayer* RVG § 3a Rn. 8.
[2] *Mayer* NZA 2006, 753.

ehesten Rechnung tragen, aus der Sicht des Anwalts insbesondere dann, wenn der Streitwert niedrig ist, das Mandat mit einem hohen Arbeitsaufwand in rechtlicher bzw. tatsächlicher Hinsicht verbunden ist oder aber der Arbeitsaufwand bei Übernahme des Mandats noch nicht abzusehen ist.[3] Vorsicht ist geboten bei der Definition des abzurechnenden Zeittakts: Jedenfalls im Rechtsverkehr mit **Verbrauchern** benachteiligt die formularmäßige Vereinbarung eines Zeithonorars, welche den Rechtsanwalt berechtigt, für angefangene 15 Minuten jeweils ein Viertel des Stundensatzes zu berechnen, den Mandanten entgegen den Geboten von Treu und Glauben unangemessen.[4] Zu empfehlen ist eine Abrechnung im (international ohnehin gebräuchlichen) sechs-Minuten-Takt. Hierbei wird sich leicht belegen lassen, dass der Anwalt auch durch ein kurzes Telefonat, zu dem er eine Aktennotiz diktiert hat, einen Zeitaufwand von sechs Minuten hatte und zudem in der Bearbeitung einer anderen Sache unterbrochen wurde. Eine Zeittaktklausel bietet dem Mandanten überdies einen Anreiz, Rückfragen und Bemerkungen möglichst geordnet und gesammelt zu übermitteln und den Rechtsanwalt nicht unnötig durch wiederholte E-Mails oder Anrufe in seiner Arbeit zu unterbrechen.[5] Es kann für die Praxis jedenfalls nicht unberücksichtigt bleiben, dass der Gesetzgeber für Richter und eigene Hilfspersonen einen sehr viel großzügigeren Zeittakt gesetzlich festgelegt hat, nämlich für Zeugen und ehrenamtliche Richter den vollen Stundentakt (§ 15 Abs. 1 Nr. 4 iVm § 16 JVEG und § 19 Abs. 1 Nr. 4 iVm § 20 JVEG) und für Sachverständige einen 30-Minuten-Takt (§ 8 Abs. 2 JVEG).[6] Die vom BGH entschiedene Unwirksamkeit der 15-Minuten-Zeittaktklausel lässt die Wirksamkeit der Vereinbarung des Zeithonorars unberührt (§ 306 Abs. 1 BGB). Das Zeithonorar und die Zeittaktklausel hängen nicht untrennbar zusammen. Die (minutengenaue) Abrechnung des tatsächlichen Aufwandes nach dem vereinbarten Stundensatz ist ohne weiteres möglich.[7]

Im Rahmen der **Abrechnung** des Zeithonorars erfordert eine schlüssige Darlegung der geltend gemachten Stunden durch den Anwalt, dass über pauschale Angaben hinaus die während des abgerechneten Zeitraums getroffenen Maßnahmen konkret und in nachprüfbarer Weise dargelegt werden.[8] Insoweit ist etwa anzugeben, welche Akten und Schriftstücke durchgesehen wurden, welcher Schriftsatz vorbereitet oder verfasst wurde, zu welcher Rechts- oder Tatfrage welche Literaturrecherchen angestellt oder zu welchem Thema mit welchem Gesprächspartner wann eine fernmündliche Unterredung geführt wurde. Nicht genügend sind allgemeine Hinweise auf Aktenbearbeitung, Literaturrecherche und Telefongespräche, weil sie jedenfalls bei wiederholter Verwendung inhaltsleer sind und ohne die Möglichkeit einer wirklichen Kontrolle geradezu beliebig ausgeweitet werden können; grds. gilt der Maßstab des § 286 ZPO.[9] Zu beachten ist allerdings, dass diese Informationen nicht notwendig schon der Honorarrechnung des Anwalts beizufügen sind. Im Gegenteil legen viele Unternehmen auf eine allzu detaillierte Beschreibung der Tätigkeiten keinen Wert, weil nicht alle Mitarbeiter, die mit der Bearbeitung und Zahlung der Rechnung befasst sind, sehen sollen, zu welchen – ggf. strategischen – Fragen der Anwalt beraten hat. Es empfiehlt sich deshalb, mit dem Mandanten vorab zu klären, in welchem Detaillierungsgrad die einzelnen Tätigkeiten des Anwalts in der Rechnung („Time Sheets") beschrieben werden sollen.

4

bb) Pauschalhonorar. Da beim **Pauschalhonorar** die Höhe der Vergütung unabhängig vom Umfang der anwaltlichen Tätigkeit festgelegt wird, bietet sich diese Honorarform meist nur an, wenn entweder der Arbeits- und Zeitaufwand von vornherein absehbar ist oder der Mandant Planungssicherheit hinsichtlich der entstehenden Kosten wünscht. Eine in der Praxis übliche Variante des Pauschalhonorars ist die Abrechnung auf der Grundlage der gesetzlichen Gebühren nach dem RVG, wobei der Gegenstandswert sich entweder aus den gesetzlichen Regelungen und der hierzu ergangenen Rechtsprechung ergibt, häufig aber auch nach Maßgabe des konkreten wirtschaftlichen Interesses des Mandanten individuell verein-

5

---

[3] Schneider/Wolf/*Onderka* RVG § 3a Rn. 58f.
[4] BGH 13.2.2020 – IX ZR 140/19, NJW 2020, 1811 Rn. 32.
[5] BGH 13.2.2020 – IX ZR 140/19, NJW 2020, 1811 Rn. 34.
[6] Teubel/Schons Erfolgshonorar/*Teubel*, 2008, § 6 Rn. 22.
[7] BGH 13.2.2020 – IX ZR 140/19, NJW 2020, 1811 Rn. 36.
[8] BGH 4.2.2010 – IX ZR 18/09, NJW 2010, 1364 Rn. 77.
[9] BGH 13.2.2020 – IX ZR 140/19, NJW 2020, 1811 Rn. 37.

bart wird, etwa bei der Vereinbarung eines von § 42 Abs. 2 GKG nach oben abweichenden Werts des Bestehens eines Arbeitsverhältnisses.

6 cc) *Erfolgshonorar.* (1) *Bedingter Vergütungsanspruch.* Ein **Erfolgshonorar** ist vereinbart, wenn eine Vergütung oder ihre Höhe vom Ausgang der Sache oder vom Erfolg der anwaltlichen Tätigkeit abhängig gemacht wird oder wenn der Anwalt einen Teil des erstrittenen Betrages *(quota litis)* als Honorar erhält. Gemäß § 49b Abs. 2 BRAO ist eine erfolgsabhängige bzw. erfolgsorientierte Vergütung des Rechtsanwalts grundsätzlich verboten, soweit das RVG keine Ausnahmen zulässt. § 4a RVG sieht eine Gestattung von Erfolgshonoraren vor, wenn die Vereinbarung nur für den Einzelfall abgeschlossen wird und den besonderen Umständen der konkreten Angelegenheit Rechnung trägt. Dies soll dann der Fall sein, wenn der Mandant auf Grund seiner wirtschaftlichen Verhältnisse bei verständiger Betrachtung ohne die Vereinbarung eines Erfolgshonorars von der Rechtsverfolgung abgehalten würde.[10] Im Arbeitsrecht sind derartige Fälle nur in Ausnahmekonstellationen denkbar, weil zumindest in Bestandsschutzstreitigkeiten auf Grund des auf ein Vierteljahreseinkommen begrenzten Streitwertes und wegen des in der ersten Instanz nicht bestehenden Risikos, im Falle des Unterliegens der Gegenseite die außergerichtlichen Kosten zu erstatten, kaum ein Arbeitnehmer durch die Höhe der Anwaltsgebühren von der Erhebung zB einer Kündigungsschutzklage abgehalten werden dürfte, zu der er wegen § 11 Abs. 1 S. 1 ArbGG ohnehin nicht zwingend einen Anwalt benötigt. Als Anwendungsfall einer Erfolgsvergütung sind für den arbeitsrechtlich tätigen Anwalt letztlich nur Vergütungsklagen zu erwägen, insbesondere solche von Führungskräften auf Zahlung variabler Vergütung. Bei der Festsetzung der Höhe des Erfolgshonorars ist nicht nur zu berücksichtigen, dass die Tätigkeit des Anwalts angemessen vergütet wird, sondern auch, dass ein Ausgleich für das Risiko geschaffen werden soll, das der Anwalt mit der Vereinbarung eines Erfolgshonorars eingeht. Geringere Erfolgschancen bedeuten ein höheres Risiko für den Anwalt, weshalb in derartigen Fällen ein höherer Erfolgszuschlag als zulässig erachtet wird.[11] Gemäß § 49b Abs. 2 S. 2 BRAO liegt ein Erfolgshonorar nicht vor, wenn nur die Erhöhung von gesetzlichen Gebühren vorliegt. Es ist daher zB zulässig, eine höhere als die gesetzlich vorgesehene Einigungsgebühr zu vereinbaren.[12]

7 (2) *Nachträgliche Vereinbarungen.* Wesen des Erfolgshonorars iSd § 49b Abs. 2 BRAO ist der angestrebte Erfolg im Sinne einer echten (aufschiebenden) Bedingung (§ 158 Abs. 1 BGB). Aus dem Gesetzeswortlaut „Vereinbarungen, durch die eine Vergütung oder ihre Höhe ... abhängig gemacht **wird** ..." in § 49b Abs. 2 S. 1 BRAO folgt, dass die Vereinbarung eines Erfolgshonorars, die **nach** Abschluss der anwaltlichen Tätigkeit getroffen wird, ohne weiteres zulässig ist, da der Vergütungsanspruch dann nicht mehr von dem Eintritt einer Bedingung abhängig ist. So ist zB bei der Vertretung von Organen oder hochrangigen Führungskräften im Falle des Abschlusses eines ganz besonders werthaltigen Aufhebungsvertrages oder bei der transaktionsbegleitenden Beratung im Falle eines besonders zügigen oder unerwartet erfolgreichen Abschlusses der Transaktion die nachträgliche Vereinbarung eines zusätzlichen Pauschalhonorars für die besondere Leistung des Anwalts – unzutreffend häufig als „Windfall Profit"[13] bezeichnet – durchaus nicht unüblich. Schließlich liegt ein Erfolgshonorar auch dann nicht vor, wenn in der Vergütungsvereinbarung für den Erfolgs- oder Misserfolgsfall vorbehalten wird, über die Höhe der Vergütung nach Abschluss des Auftrags noch einmal zu verhandeln.

8 dd) *Mischformen.* Als **Mischformen** der Anwaltsvergütung kommen beispielsweise die Vereinbarung eines Sockelhonorars, das durch ein Stundenhonorar ergänzt wird, die Verbindung eines festen Jahreshonorars mit einem zusätzlichen Stundenhonorar mit niedrigem Stundensatz oder die Vereinbarung eines Zeithonorars mit einer festen Obergrenze in Be-

---

[10] Gerold/Schmidt/*Mayer* RVG § 4a Rn. 6; *Römermann* BB Beilage 2008 Nr. 3, 23.
[11] HK-RVG/*Teubel* § 3a Rn. 142 ff.
[12] BT-Drs. 15/1971, 232; *Mayer* NZA 2006, 753 (757).
[13] Die ökonomische Theorie spricht von „Windfall Profits" im Falle von Gewinnen, die nicht auf entsprechenden eigenen Leistungen des Gewinnbeziehers beruhen, sondern durch Veränderungen der Marktsituation hervorgerufen werden.

tracht. Auch die modifizierte Anwendung der gesetzlichen Gebühren in Verbindung mit einer Pauschal- oder Zeitvergütung ist möglich.[14]

b) **Wahl der geeigneten Honorarform.** Jede dieser Honorarformen hat ihre Vor- und Nachteile. Welche Form im Einzelfall sinnvollerweise zu vereinbaren ist, hängt vom jeweiligen Mandat und den dahinter stehenden Interessen ab. Aus diesem Grund sollte der Anwalt bei der Honorargestaltung **flexibel** sein.[15] Gewisse arbeitsrechtliche Angelegenheiten sprechen jedoch für eine bestimmte Honorarform: Bei einer auf Dauer angelegten Beratung liegt die Vereinbarung eines Zeithonorars nahe. Entsprechendes gilt, wenn der Anwalt vom Unternehmer mit dem Aushandeln eines Interessenausgleichs und eines Sozialplans mandatiert wird. Der Unternehmer, der auch die Anwaltskosten des Betriebsrats erstatten muss, sollte darauf hinwirken, dass der Anwalt des Betriebsrats ein Pauschalhonorar erhält, falls man es nicht ohnehin im Einzelfall bei den gesetzlichen Gebühren belässt. Die Vereinbarung eines Zeithonorars könnte dazu führen, dass der Anwalt des Betriebsrats aus eigenwirtschaftlichem Interesse im Gegensatz zum Unternehmer nicht an einer raschen Durchführung der Verhandlungen interessiert ist.

c) **Höhe der Vergütung.** Die **Höhe des Honorars** ist nach dem Grundsatz der Vertragsfreiheit grundsätzlich in das Belieben von Mandant und Anwalt gestellt. Jedoch ergeben sich Schranken zum einen aus gesetzlichen Vorschriften wie § 138 BGB oder § 3a Abs. 2 RVG, zum anderen aus dem zunehmenden Konkurrenzdruck einer stetig wachsenden Anwaltschaft. Die Sittenwidrigkeit einer Vergütungsvereinbarung nach § 138 BGB kann sich aus den besonderen Umständen des Zustandekommens der Vereinbarung oder aus deren Inhalt ergeben. Danach kann eine Vergütungsvereinbarung sittenwidrig sein, wenn der Anwalt eine Zwangslage des Mandanten zum Abschluss einer Vergütungsvereinbarung ausgenutzt hat. Ein sittenwidriger Inhalt ist anzunehmen, wenn ein auffälliges Missverhältnis zwischen der Leistung des Anwalts und der vereinbarten Vergütung vorliegt und zusätzliche subjektive Momente hinzutreten.[16] Im Rahmen der Unangemessenheitsprüfung nach § 3a Abs. 2 RVG kann eine unangemessen hohe Vergütung im Rechtsstreit auf den angemessenen Betrag bis zur Höhe der gesetzlichen Vergütung herabgesetzt werden. Maßgeblich für die Beurteilung der Unangemessenheit ist anders als bei § 138 BGB nicht der Zeitpunkt des Vertragsschlusses, sondern der Zeitpunkt der Beendigung des Mandats.[17] Diese nachträgliche Gesamtbetrachtung ermöglicht es, den tatsächlichen Verlauf der Mandatsbearbeitung zu berücksichtigen.

Für diesen Zweck ist es ratsam, dass der Anwalt seine Tätigkeit detailliert dokumentiert, um im Streitfall durch Vorlage der sog. „**Time Sheets**" den ihm obliegenden[18] Beweis führen zu können, welche Zeit er konkret für die Bearbeitung des Mandats aufgewendet hat und dass dieser Aufwand angemessen und erforderlich war. Ein solcher Nachweis ist nicht nur bei der Vereinbarung eines Zeithonorars erforderlich, sondern kann auch dann relevant werden, wenn der Anwalt den Rahmen der Geschäftsgebühr von 0,5 bis 2,5 Gebühren nach § 13 RVG (VV 2300 RVG) wegen der umfangreichen Tätigkeit ausnutzen und eine Gebühr von mehr als 1,3 fordern will.

Die Angemessenheit des beim Zeithonorar vereinbarten Stundensatzes hängt nach der jüngeren Rechtsprechung des BGH von den konkreten Umständen des Einzelfalls ab.[19] Für die Beurteilung, ob ein auffälliges Missverhältnis zwischen der Leistung des Anwalts und dem vereinbarten Honorar besteht, seien außer den gesetzlichen Gebühren vor allem **Umfang und Schwierigkeit der anwaltlichen Tätigkeit** maßgeblich; daneben können auch die Bedeutung der Sache für den Auftraggeber sowie dessen **Einkommens- und Vermögenslage** bedeutsam sein. Der BGH hat damit seine frühere Rechtsprechung aufgegeben, wonach bei Angelegenheiten mit einem hohen Streitwert die Vergütung generell unangemessen sei, wenn

---

[14] MAH VergütungsR/*Teubel* § 5 Rn. 225 f.; Schneider/Wolf/*Onderka* RVG § 3a Rn. 73 f.
[15] Schneider/Wolf/*Onderka* RVG § 3a Rn. 52.
[16] Teubel/Schons Erfolgshonorar/*Teubel*, 2008, § 5 Rn. 89 ff.
[17] Schneider/Wolf/*Onderka* RVG § 3a Rn. 91; Teubel/Schons Erfolgshonorar/*Teubel*, 2008, § 2 Rn. 145 und Rn. 152.
[18] BGH 17.4.2009 – VII ZR 164/07, NJW 2009, 2199 (für das Zeithonorar für Architekten- und Ingenieurleistungen).
[19] BGH 4.2.2010 – IX ZR 18/09, NJW 2010, 1364.

sie die gesetzlichen Gebühren um mehr als das Fünffache übersteigt,[20] nachdem das BVerfG entschieden hatte, dass die Überschreitung der gesetzlichen Gebühren um einen bestimmten Faktor bei der Prüfung der Angemessenheit der Vergütung zwar herangezogen werden dürfe, aber unter Berücksichtigung der verfassungsrechtlichen Vorgaben der Berufsausübungsfreiheit der Anwälte und der Handlungsfreiheit der Auftraggeber nicht allein maßgeblich sein könne.[21] Für eine Herabsetzung ist danach nur Raum, wenn es unter Berücksichtigung aller Umstände unerträglich und mit den Grundsätzen des § 242 BGB unvereinbar wäre, den Mandanten an seinem Honorarversprechen festzuhalten. Es muss also ein „krasses, evidentes, vom Willen des Mandanten offenkundig nicht mehr abgedecktes Missverhältnis" der anwaltlichen Leistung und zu ihrer Vergütung gegeben sein.[22] Davon sei selbst bei einem Stundensatz von 500 EUR nicht zwangsläufig auszugehen.

Muster: Vergütungsvereinbarung

13   Zwischen
......
(Rechtsanwalt)
und
......
(Auftraggeber)
wird folgende

Vergütungsvereinbarung

abgeschlossen:
1. Der Auftraggeber hat den Rechtsanwalt beauftragt, ihn in rechtlichen Angelegenheiten, insbesondere auf dem Gebiet des Arbeitsrechts, zu beraten und zu vertreten.
2. Für seine beratende Tätigkeit erhält der Rechtsanwalt ein Stundenhonorar in Höhe von ...... EUR zzgl. der gesetzlichen Umsatzsteuer. Die Tätigkeit des Rechtsanwalts wird in Zeiteinheiten zu je 6 Minuten abgerechnet. Dem Auftraggeber ist bekannt, dass dieses Stundenhonorar höher sein kann als die Gebühren nach dem Rechtsanwaltsvergütungsgesetz (RVG). Schließen sich an die Beratung weitere Tätigkeiten an, die mit der Beratung zusammenhängen, zum Beispiel das Führen von Mahn- und Vollstreckungsverfahren oder Prozessen, wird das Stundenhonorar für die beratende Tätigkeit nicht auf die Vergütung für die weiteren Tätigkeiten angerechnet.
3. Neben diesem Honorar hat der Rechtsanwalt Anspruch auf Ersatz aller Auslagen nach den Bestimmungen des RVG, insbesondere für Fotokopien, Übersetzungen etc. Für Porto- und Telekommunikationskosten wird eine Kostenpauschale von 3 % des jeweiligen Honorars vereinbart. Bei Reisen auf Wunsch des Auftraggebers hat der Rechtsanwalt die freie Wahl des Verkehrsmittels; es werden die tatsächlich angefallenen Kosten in Rechnung gestellt.
4. Soweit für den Auftraggeber Mahn- und Vollstreckungsverfahren oder Prozesse geführt werden, stehen dem Rechtsanwalt neben dem Stundenhonorar entsprechend Ziffer 2 die gesetzlichen Gebühren zu, die sich aus dem RVG ergeben. Gleiches gilt für die Tätigkeit des Rechtsanwalts außerhalb von Prozessen, soweit es sich nicht um reine Beratungsleistungen handelt, zum Beispiel bei Abmahnungen, Mahnschreiben ua Das vom Auftraggeber für die vorerwähnten Tätigkeiten des Rechtsanwalts gezahlte Stundenhonorar wird auf die gesetzlichen Gebühren angerechnet.
5. Dem Auftraggeber ist bekannt, dass im arbeitsgerichtlichen Verfahren erster Instanz kein Kostenerstattungsanspruch gegen die andere Partei besteht, auch nicht im Falle des vollständigen Obsiegens. Soweit Kostenerstattungsansprüche bestehen, muss die gegnerische Partei, ein Verfahrensbeteiligter oder die Staatskasse regelmäßig nicht mehr als die gesetzliche Vergütung erstatten.

Ort, Datum   Ort, Datum
....

....
Rechtsanwalt   Auftraggeber

---

[20] BGH 27.1.2005 – IX ZR 273/02, NJW 2005, 2142.
[21] BVerfG 15.6.2009 – 1 BvR 1342/07, NJW-RR 2010, 259 – Verteidigerhonorar.
[22] So wörtlich BGH 4.2.2010 – IX ZR 18/09, NJW 2010, 1364 (1372).

3. Rechtsanwaltsvergütungsgesetz

a) Anwendungsbereich. Die Vergütung (Gebühren und Auslagen) des Rechtsanwalts bemisst sich seit dem 1.7.2004 nach dem Gesetz über die Vergütung der Rechtsanwältinnen und Rechtsanwälte (**Rechtsanwaltsvergütungsgesetz – RVG**). Das RVG enthält in seinen neun Abschnitten die allgemeinen Grundsätze des Gebührenrechts. Die einzelnen Gebührentatbestände finden sich in einem sieben Teile umfassenden Vergütungsverzeichnis der Anlage 1 zu § 2 Abs. 2 RVG (VV).

b) Höhe der Gebühren. Das RVG normiert grundsätzlich Mindestgebühren. Nur in außergerichtlichen Angelegenheiten können Pauschalvergütungen und Zeitvergütungen vereinbart werden, die **niedriger** sind als die gesetzlichen Gebühren (§ 4 Abs. 1 S. 1 RVG). In gerichtlichen Angelegenheiten ist eine Unterschreitung der Gebühren des RVG nicht statthaft. Ohne eine Vergütungsvereinbarung erhält der Rechtsanwalt Gebühren nach den Vorschriften des bürgerlichen Rechts, also die „übliche" Vergütung iSd § 612 Abs. 2 BGB.[23] Ist der Mandant Verbraucher (§ 13 BGB), beträgt die Gebühr für die Beratung oder für die Ausarbeitung eines schriftlichen Gutachtens gemäß § 34 Abs. 1 S. 3 RVG in der ab 1.7.2006 geltenden Fassung mangels Gebührenvereinbarung jeweils höchstens 250 EUR, für ein erstes Beratungsgespräch höchstens 190 EUR. Diese Gebühren werden bei der Beratung von Arbeitnehmern relevant, denn Arbeitnehmer sind bei der Nachfrage nach anwaltlicher Dienstleistung stets als Verbraucher im Sinne des § 13 BGB anzusehen.[24]

aa) Außergerichtliche Vertretung. Im Rahmen der außergerichtlichen **Vertretungstätigkeit** verdient der Anwalt eine **Geschäftsgebühr** gemäß VV 2300 RVG mit einem Rahmen von 0,5 bis 2,5. Eine Gebühr von mehr als 1,3 kann aber nur gefordert werden, wenn die Tätigkeit umfangreich oder (!) schwierig war.[25] Es ist also nicht erforderlich, dass die Tätigkeit sowohl umfangreich als auch schwierig war. Wie bei allen Rahmengebühren ist § 14 RVG zu beachten. Danach bestimmt der Rechtsanwalt die Rahmengebühr im Einzelfall unter Berücksichtigung aller Umstände nach billigem Ermessen. In seine Überlegungen sind der Umfang und die Schwierigkeit der anwaltlichen Tätigkeit, die Bedeutung der Angelegenheit sowie die Einkommens- und Vermögensverhältnisse des Auftraggebers einzustellen. Insbesondere hinsichtlich der Beurteilung von Umfang und Schwierigkeit des Mandats ist ein streng objektiver Maßstab anzuwenden. Es kann nicht auf subjektive Elemente wie etwa die individuelle Erfahrung und den jeweiligen Spezialisierungsgrad des mandatsbearbeitenden Anwalts ankommen.[26] Anderenfalls könnte der erfahrene Fachanwalt nur eine geringere Vergütung beanspruchen als der unerfahrene Berufsanfänger, weil sich für letzteren an sich jede Angelegenheit zunächst als schwierig oder umfangreich darstellt. Das kann vom Gesetzgeber nicht beabsichtigt sein. Eine „besondere" Schwierigkeit oder ein „besonderer" Umfang werden nach dem Wortlaut der Regelung in VV 2300 RVG nicht verlangt.[27] In der Praxis wird daher ein Mittelwert von 1,5 in den meisten Fällen gerechtfertigt sein.[28]

Vereinzelt wird vertreten, für die außergerichtliche Tätigkeit eines Rechtsanwalts in einer Kündigungsschutzsache sei eine Geschäftsgebühr in Höhe von 2,1[29] oder gar 2,5[30] angemessen. Für eine anwaltliche Mahnung des Arbeitgebers zur pünktlichen Gehaltszahlung soll der Ansatz einer 1,3-fachen Geschäftsgebühr gerechtfertigt sein.[31] Ebenso soll der Anwalt für ein Schreiben an den Arbeitgeber des Mandanten, in dem er die Entfernung einer Abmahnung aus der Personalakte verlangt, eine Geschäftsgebühr in Höhe von 1,3 abrechnen können.[32]

---

[23] HK-RVG/*Winkler* RVG § 34 Rn. 65. Siehe auch AG Brühl 15.10.2008 – 23 C 171/08, NJW-RR 2009, 851: 250 EUR für eine mindestens 30-minütige gesellschaftsrechtliche Beratung ohne Vergütungsvereinbarung.
[24] *Hümmerich/Bieszk* AnwBl 2006, 749 (750).
[25] Zur Bestimmung der Geschäftsgebühr vgl. *Otto* NJW 2004, 1420 (1421).
[26] *Henke* AnwBl 2004, 363 (364).
[27] *Otto* NJW 2004, 1420 (1421); HK-RVG/*Teubel* VV 2300 RVG Rn. 10.
[28] *Schneider* ArbRB 2004, 152 (154).
[29] AG Koblenz 27.1.2006 – 142 C 2307/05, JurBüro 2006, 250.
[30] AG Hamburg 10.2.2006 – 911 C 304/05, JurBüro 2006, 309.
[31] AG Lingen 23.5.2005 – 12 C 193/05, AGS 2005, 337.
[32] AG Stuttgart 6.4.2005 – 1 C 7002/04, NJW 2005, 1956.

18 Für eine beratende Tätigkeit im Sinne des § 111 S. 2 BetrVG, in deren Rahmen der Anwalt an Interessenausgleichsverhandlungen teilnimmt, ist eine 1,6-fache Geschäftsgebühr zuerkannt worden.[33]

19 Die Geschäftsgebühr wird nach Vorbemerkung 3 Abs. 4 zu Teil 3 VV zur Hälfte, jedoch höchstens mit einem Gebührensatz von 0,75 auf die Verfahrensgebühr des gerichtlichen Verfahrens angerechnet. Sind mehrere Gebühren entstanden, ist für die Anrechnung die zuletzt entstandene Gebühr maßgebend. Die Anrechnung erfolgt nach dem deckungsgleichen Wert des Gegenstandes, der in das gerichtliche Verfahren übergegangen ist.[34]

20 *bb) Tätigkeit in gerichtlichen Verfahren.* Die Gebühren des Rechtsanwalts für **Tätigkeiten in gerichtlichen Verfahren** gelten für alle bürgerlichen Rechtsstreitigkeiten und damit auch für Verfahren vor den Arbeitsgerichten. Für das Betreiben des Geschäfts einschließlich der Information sieht VV 3100 eine **Verfahrensgebühr** vor. Diese beträgt grundsätzlich das 1,3-fache einer Gebühr. Für Berufung und Revision beläuft sie sich nach VV 3200 und VV 3206 auf 1,6. Ferner sieht das Vergütungsverzeichnis zum RVG in VV 3200 eine **Terminsgebühr** iHv 1,2 vor. Für das Berufungsverfahren beträgt die Terminsgebühr gemäß VV 3202 ebenfalls 1,2, für das Revisionsverfahren gemäß VV 3210 1,5.

21 Nach Vorbemerkung 3 Abs. 3 zu Teil 3 VV entsteht die Terminsgebühr für die Vertretung in einem Verhandlungs-, Erörterungs- oder Beweisaufnahmetermin oder die Wahrnehmung eines von einem gerichtlich bestellten Sachverständigen anberaumten Termins oder die Mitwirkung an auf die Vermeidung oder Erledigung des Verfahrens gerichteten Besprechungen ohne Beteiligung des Gerichts. Voraussetzung ist entweder, dass der Anwalt einen Verhandlungstermin unter Mitwirkung des Gerichts oder eines gerichtlich bestellten Sachverständigen wahrnimmt, oder dass er an einer Besprechung mit der Gegenpartei (also nicht nur mit seinem Mandanten) mitwirkt, um ein gerichtliches Verfahren zu vermeiden oder zu erledigen. Auf die Mitwirkung des Gerichts kommt es für die zweite Variante nicht an. Die Terminsgebühr entsteht in dieser Variante bereits dann, wenn bei einem zufälligen Zusammentreffen auch eine andere Angelegenheit mit der Zielsetzung der Vermeidung oder der Erledigung des Verfahrens Gegenstand des Meinungsaustauschs wird.[35] So wird die Terminsgebühr verdient, wenn ohne Vereinbarung eine Diskussion zwischen Parteivertretern zum Sach- und Streitstand eines Rechtsstreits geführt wird.[36] Eine Terminsgebühr gemäß Nr. 3104 Abs. 1 Nr. 1 VV entsteht auch dann, wenn ein Vergleich gemäß § 278 Abs. 6 ZPO nur im schriftlichen Verfahren ohne mündliche Verhandlung geschlossen wurde. Hat der Anwalt bereits einen unbedingten Klageauftrag erhalten, kann eine Terminsgebühr sogar dann entstehen, wenn der Rechtsstreit oder das Verfahren noch gar nicht anhängig ist,[37] sofern der Anwalt an einer Besprechung mit der Gegenpartei mitwirkt, die das Ziel hat, das gerichtliche Verfahren zu vermeiden.

22 Eine Mitwirkung in diesem Sinne setzt keine körperliche Anwesenheit der Beteiligten voraus. Eine Terminsgebühr verdient der Anwalt deshalb auch dann, wenn er mit der Gegenpartei **telefoniert**.[38]

23 **Keine Terminsgebühr** entsteht für Besprechungen mit dem Auftraggeber oder auf Grund einer Besprechung des Anwalts mit dem Gericht, wenn die Gegenpartei an der Besprechung nicht beteiligt ist.[39] Auch ein Telefonat der Prozessbevollmächtigten bloß darüber, dass die bereits einzeln dem Gericht mitgeteilte Zustimmung zur Aussetzung des Verfahrens wegen einer zu erwartenden Klärung durch das BAG die Erledigung des vorliegenden Verfahrens „erleichtern werde", rechtfertigt die Festsetzung der Terminsgebühr nicht. Denn nicht das anwaltliche Gespräch fördert die Erledigung des Verfahrens, sondern die spätere Kenntnis der BAG-Rechtsprechung führt zur erleichterten Erledigung des Prozesses.[40]

---

[33] LAG Hessen 18.11.2009 – 9 TaBV 39/09, LAGE BetrVG 2001 § 111 Nr. 9.
[34] HK-RVG/*Mayer* Vorb. 3 Rn. 93.
[35] HK-RVG/*Mayer* Vorb. 3 Rn. 66.
[36] OLG Naumburg 4.1.2006 – 10 W 32/05, JurBüro 2006, 529.
[37] BGH 8.2.2007 – IX ZR 215/05, NJW-RR 2007, 720.
[38] LAG Hessen 1.3.2006 – 13 Ta 81/06, NZA-RR 2007, 37; HK-RVG/*Mayer* Vorb. 3 Rn. 66.
[39] LAG Berlin-Brandenburg 10.8.2011 – 17 Ta (Kost) 6068/11, NZA-RR 2012, 37.
[40] LAG Köln 16.5.2011 – 2 Ta 151/11, NZA-RR 2011, 437.

cc) Einigungsgebühr. Schließen die Parteien einen außergerichtlichen **Vergleich**, so erhält 24
der Rechtsanwalt nach VV 1000 hierfür eine **Einigungsgebühr** in Höhe des 1,5-fachen einer
Gebühr. Nach Nr. 1000 Abs. 1 VV entsteht die Einigungsgebühr für die Mitwirkung beim
Abschluss eines Vertrags, durch den der Streit oder die Ungewissheit der Parteien über ein
Rechtsverhältnis beseitigt wird, es sei denn, der Vertrag beschränkt sich ausschließlich auf
ein Anerkenntnis oder einen Verzicht.[41] Die Voraussetzungen des § 779 BGB müssen nicht
erfüllt sein. Im Kündigungsschutzverfahren entsteht die Einigungsgebühr auch dann, wenn
der Arbeitgeber die Kündigung „zurücknimmt" und der Arbeitnehmer daraufhin Klagerücknahme erklärt.[42] Ist über den Gegenstand ein anderes gerichtliches Verfahren als ein
selbstständiges Beweisverfahren anhängig, beträgt die Gebühr 1,0 nach VV 1003. Wenn
über den Gegenstand ein Berufungs- oder Revisionsverfahren anhängig ist, beträgt die Gebühr 1,3 nach VV 1004. Schließen die Parteien einen widerruflichen Vergleich, entsteht
die Einigungsgebühr erst, wenn kein rechtzeitiger und auch im Übrigen wirksamer Widerruf
vorliegt. Widerruft nur eine Partei den Vergleich, entfällt auch für den Anwalt der anderen
Partei die Einigungsgebühr.[43]

dd) Auslagen. Hinsichtlich der **Auslagen** sieht VV 7002 eine Pauschale für Post- und Te- 25
lekommunikationsdienstleistungen in Höhe von 20 % der Gebühren vor, höchstens 20 EUR.
Nach VV 7003 sind als Fahrtkosten für eine Geschäftsreise bei Benutzung eines eigenen
Kraftfahrzeugs für jeden gefahrenen Kilometer 0,30 EUR zu erstatten. Nutzt der Anwalt ein
anderes Verkehrsmittel, sind die Fahrtkosten hierfür, soweit sie angemessen sind, nach
VV 7004 zu erstatten. Tage- und Abwesenheitsgeld sind in VV 7005 geregelt.

Nach § 39 Abs. 2 GKG beträgt der Gebührenstreitwert höchstens 30 Millionen EUR.[44] 26
Trotzdem haftet der Rechtsanwalt für Pflichtverletzungen in vollem Umfang. Als Ausgleich
wird eine im Einzelfall gezahlte Prämie für eine Haftpflichtversicherung für Vermögensschäden, soweit die Prämie auf Haftungsbeträge von mehr als 30 Millionen EUR entfällt,
nach VV 7007 in voller Höhe als Auslage erstattet.

Gemäß VV 7008 kann der Anwalt von seinem Mandanten die **Umsatzsteuer** auf seine 27
Vergütung verlangen. Zur Vergütung gehören nach der Legaldefinition in § 1 Abs. 1 S. 1
RVG die „Gebühren und Auslagen", so dass der Anwalt auch die Umsatzsteuer auf seine
Auslagen berechnen kann.

c) **Wertgebühren.** Die konkrete Höhe der sich ergebenden Gebühren berechnet sich nach 28
§ 13 RVG und hängt gemäß § 2 Abs. 1 RVG von dem Gegenstandswert der anwaltlichen
Tätigkeit ab. Die im Arbeitsrecht typischen Streitwerte werden nachfolgend unter den Ziffern II. und III. erläutert.

d) **Besonderheiten im Arbeitsrecht.** Im RVG sind Vorschriften bzw. Gebührentatbestände 29
enthalten, die sich speziell auf das **Arbeitsrecht** beziehen, nämlich in den §§ 16 Nr. 9, 17
Nr. 7 lit. b, 36 Abs. 1 Nr. 2 RVG, den VV 2303, 3326 sowie in der Vorbemerkung 3.2.1
Nr. 3 zu Teil 3 Abschnitt 2 Unterabschnitt 1 VV.

II. Streitwerte im Urteilsverfahren von A–Z

Die Festsetzung der Streitwerte erfolgt in den LAG-Bezirken zum Teil sehr unterschied- 30
lich. Aus diesem Grunde hat die Konferenz der Präsidentinnen und Präsidenten der Landesarbeitsgerichte eine Streitwertkommission eingerichtet, die im Jahr 2013 einen ersten Entwurf eines **Streitwertkatalogs** erstellt hat.[45] Mittels des Katalogs soll ein Beitrag zur
Vereinheitlichung und damit zur Vorhersehbarkeit der Streitwertfestsetzung in der Arbeits-

---

[41] *Hartung* NJW 2004, 1409 (1411); BT-Drs. 15/2487, 2: „Jede Form der vertraglichen Streitbeilegung".
Siehe auch *Notz* NZA 2004, 681 (685).
[42] BAG 29.3.2006 – 3 AZB 69/05, NZA 2006, 693; LAG Düsseldorf 15.8.2005 – 16 Ta 363/05, BeckRS
2005, 42618.
[43] HK-RVG/*Klees* VV 1000 Rn. 46.
[44] Die Begrenzung ist mit dem GG vereinbar: BVerfG 13.2.2007 – 1 BvR 910/05, NJW 2007, 2098.
[45] *Bader/Jörchel* NZA 2013, 809.

gerichtsbarkeit geschaffen werden. Eine erste Fassung des Katalogs wurde im Juli 2014 veröffentlicht[46] und in der Folgezeit unter Auswertung der Stellungnahmen und Vorschläge aus der Anwaltschaft, von Seiten der Gewerkschaften und der Arbeitgeberverbände, von Seiten der Versicherungswirtschaft und aus der Richterschaft überarbeitet. Eine erste überarbeitete Fassung wurde im April 2016 veröffentlicht,[47] die letzte Überarbeitung erfolgte im Februar 2018.[48] Auch künftig soll der Streitwertkatalog weiterentwickelt werden. Der Streitwertkatalog beansprucht ausdrücklich keine Verbindlichkeit,[49] stellt also nur eine Empfehlung dar und ist kein den Richter bindendes Normenwerk. Die nachfolgende Übersicht[50] bietet ergänzend zu dem Streitwertkatalog eine Orientierung und dem Anwalt eine Argumentationshilfe anhand typischer Gegenstände.

1. Abfindung

31   Nach § 42 Abs. 2 S. 1 GKG wird die Abfindung im Sinne von §§ 9, 10 KSchG dem Wert der Kündigungsschutzklage nicht hinzugerechnet. Ohne Bedeutung ist dabei die Höhe der Abfindung. Ein beziffertes Abfindungsverlangen rechtfertigt keinen gesonderten Wertansatz.[51] Der Auflösungsantrag bleibt ebenfalls ohne gesonderten Ansatz.[52] Dies entspricht der Empfehlung der Streitwertkommission unter I. Nr. 1 des Streitwertkatalogs.[53]

32   Bei der Abfindung aus einem Sozialplan soll § 42 Abs. 2 GKG analog anzuwenden sein, wenn der Anspruch davon abhängt, dass das Arbeitsverhältnis nicht fristlos beendet worden ist und eine fristlose Kündigung streitbefangen ist.[54] Die überwiegende Ansicht gelangt jedoch zu einer Streitwertaddition. Wer in einem Rechtsstreit zum einen die Rechtswirksamkeit einer Kündigung prüfen lässt und hilfsweise Leistungen nach einem Sozialplan, Rationalisierungsschutzabkommen oder Nachteilsausgleich (§ 113 BetrVG) verlangt, macht unterschiedliche Streitgegenstände anhängig, die getrennt zu bewerten sind.[55]

2. Abmahnung

33   Der Rechtsstreit über die Rücknahme einer Abmahnung und Entfernung des Abmahnungsschreibens aus der Personalakte ist vermögensrechtlicher Natur.[56] Die Bewertung des Streitwerts richtet sich nach § 3 ZPO. Überwiegend (so auch die Streitwertkommission unter I. Nr. 2.1 des Katalogs[57]) wird der Streitwert mit einem Monatsverdienst angenommen,[58]

---

[46] Aktueller Streitwertkatalog für die Arbeitsgerichtsbarkeit, NZA 2014, 745.
[47] Streitwertkatalog für die Arbeitsgerichtsbarkeit, überarbeitete Fassung vom 5.4.2016, NZA 2016, 926.
[48] Streitwertkatalog für die Arbeitsgerichtsbarkeit, überarbeitete Fassung vom 9.2.2018, NZA 2018, 498.
[49] So wörtlich die Vorbemerkung zum Streitwertkatalog für die Arbeitsgerichtsbarkeit, NZA 2018, 498.
[50] Die Übersicht basiert auf der Darstellung von *Ziemann* in der 3. Auflage § 74 Rn. 656 ff.
[51] LAG Hamm 21.10.1982 – 8 Ta 275/82, MDR 1983, 170; LAG Berlin 30.11.1987 – 9 Sa 102/87, MDR 1988, 346.
[52] LAG Nürnberg 29.8.2005 – 2 Ta 109/05, BeckRS 2005, 43075; LAG Hamburg 3.9.2003 – 4 Ta 11/03, LAGE ArbGG 1979 § 12 Streitwert Nr. 130; LAG Hamburg 19.9.2003 – 4 Ta 16/03, LAGE ArbGG 1979 § 12 Streitwert Nr. 131.
[53] Streitwertkatalog für die Arbeitsgerichtsbarkeit, NZA 2018, 498.
[54] LAG Hessen 25.2.1977 – 8 Ta 24/77, BB 1977, 1549.
[55] OLG Frankfurt a. M. 29.7.2015 – 12 U 34/14, AGS 2015, 562; LAG Hamm 15.10.1981 – 8 Ta 137/81, EzA ArbGG 1979 § 12 Nr. 8; LAG Köln 16.10.2007 – 9 Ta 298/07, NZA-RR 2008, 380; LAG München 12.12.2006 – 7 Ta 378/06, AE 2007, 276; LAG Schleswig-Holstein 26.10.2009 – 5 Ta 176/09, AE 2010, 64; Germelmann/Matthes/Prütting/*Germelmann* § 12 Rn. 124; *Wenzel* BB 1984, 1494 (1496).
[56] BAG 24.2.1982 – 5 AZR 347/80, AP ArbGG 1979 § 64 Nr. 3; LAG Rheinland-Pfalz 2.7.1982 – 6 Sa 150/82, EzA ArbGG 1979 § 64 Nr. 9.
[57] Streitwertkatalog für die Arbeitsgerichtsbarkeit, NZA 2018, 498.
[58] LAG Baden-Württemberg 2.8.2010 – 5 Ta 141/10, BeckRS 2010, 73014; LAG Bremen 3.5.1983 – 4 Ta 32/82, ARST 1983, 141; LAG Düsseldorf 4.9.1995 – 7 Ta 245/95, NZA-RR 1996, 391; LAG Hessen 1.3.1988 – 6 Ta 60/88, LAGE ArbGG 1979 § 12 Streitwert Nr. 72; LAG Hamm 16.8.1989 – 2 Sa 308/89, NZA 1990, 328; 5.7.1984 – 8 Ta 115/84, NZA 1984, 236; LAG Köln 19.12.1985 – 3 Sa 810/85, LAGE ArbGG 1979 § 64 Nr. 10; LAG Nürnberg 11.11.1992 – 6 Ta 153/92, NZA 1993, 430; LAG Rheinland-Pfalz 6.7.2010 – 1 Ta 135/10, AE 2010, 267; LAG Rheinland-Pfalz 6.5.2010 – 1 Ta 70/10, AE 2011, 91.

aber auch mit einem geringeren Betrag als einem Monatsverdienst,[59] oder sogar mit 2 Monatsverdiensten als Regelstreitwert.[60] Nach Auffassung des LAG Hamm wird der Streit um die Entfernung von schriftlichen Abmahnungserklärungen aus der Personalakte unabhängig von der Anzahl der Abmahnungserklärungen, der auf Entfernung oder gar auf „Widerruf" gerichteten Anträge und der einer oder mehreren Abmahnungen zu Grunde liegenden Sachverhalte und der Aufteilung auf verschiedene Rechtsstreite regelmäßig mit bis zu ⅓ des Vierteljahresverdienstes, keinesfalls über ⅔ des Vierteljahresentgelts, bewertet. Der so gefundene Streitwert kann leicht erhöht werden, darf jedoch den Regelwert für Bestandsschutzstreitigkeiten nicht ganz erreichen, soweit auch das berufliche Fortkommen der klagenden Partei durch die Abmahnungserklärungen konkret gefährdet wird.[61] Werden mehrere Abmahnungen in einem Verfahren angegriffen, ist jede Abmahnung für sich zu bewerten und anschließend ein Gesamtstreitwert zu bilden. Auch in diesem Fall beträgt der Wert einer jeden Abmahnung regelmäßig ein Bruttomonatsgehalt. Dies gilt jedenfalls dann uneingeschränkt, wenn mit den Abmahnungen jeweils andersartige Pflichtverletzungen gerügt wurden oder gleichartige Pflichtverstöße nicht an ein und demselben Tag abgemahnt wurden; werden hingegen mehrere Abmahnungen angegriffen, die allesamt an ein und demselben Tag erteilt wurden und zudem gleichartige Pflichtverstöße zum Gegenstand haben, die zeitnah begangen wurden, reduziert sich der Streitwert der weiteren Abmahnungen auf ein Drittel eines Bruttomonatsgehalts, wobei die erste Abmahnung mit einem Bruttomonatsgehalt zu bewerten ist.[62] Die Streitwertkommission empfiehlt unter Ziffer I. Nr. 2.2 des Katalogs, mehrere Abmahnungen in der Summe mit maximal dem Vierteljahresentgelt zu bewerten.[63] Diesem Vorschlag folgt nun auch die Rechtsprechung.[64]

3. Abrechnung

Die Festsetzung erfolgt nach § 3 ZPO unter Bewertung des wirtschaftlichen Interesses des Klägers an der Abrechnung. In der Rechtsprechung wird zwischen ¹/₁₀ und ¼ der erwarteten Leistung angesetzt.[65] Teilweise wurde auch ein pauschaler Festbetrag von 300 EUR angenommen unter Berücksichtigung der Interessen im Einzelfall.[66] Die Streitwertkommission empfiehlt nach Ziffer I. Nr. 3 des Katalogs eine Wertfestsetzung in Höhe von 5 % der Vergütung für den geltend gemachten Abrechnungszeitraum.[67]

4. Änderungskündigung

Im Falle einer Änderungskündigung ist zu unterscheiden, ob der Arbeitnehmer die Änderung der Arbeitsbedingungen unter dem Vorbehalt der sozialen Rechtfertigung annimmt und gegen die Änderung der Arbeitsbedingungen Klage erhebt oder ob er diese nicht unter dem Vorbehalt des § 2 KSchG annimmt, sondern die dann als Beendigungskündigung wirkende Änderungskündigung insgesamt im Wege der Klage angreift.

Während im letzten Falle der Streitwert wie bei einer normalen Kündigung festzusetzen ist,[68] wird im ersten Falle die Festsetzung des Streitwerts unterschiedlich gehandhabt. Nach der Rechtsprechung des BAG sind Rechtsgrundlage für die Bemessung des Gebüh-

---

[59] LAG Rheinland-Pfalz 15.7.1986 – 1 Ta 84/86, LAGE ArbGG 1979 § 12 Streitwert Nr. 60 (in entsprechender Anwendung des § 12 Abs. 7 S. 1 ArbGG).
[60] LAG Düsseldorf 5.1.1989 – 7 Ta 400/88, JurBüro 1989, 954.
[61] LAG Hamm 16.4.2007 – 6 Ta 49/07, NZA-RR 2007, 439; ähnl. BAG 16.5.2007 – 2 AZB 53/06, AP ArbGG 1979 § 61 Nr. 15.
[62] LAG Schleswig-Holstein 8.4.2014 – 5 Ta 38/14, ArbR 2014, 371.
[63] Streitwertkatalog für die Arbeitsgerichtsbarkeit, NZA 2018, 498.
[64] LAG Sachsen 23.2.2015 – 4 Ta 182/14, NZA-RR 2015, 268; LAG Nürnberg 30.7.2014 – 4 Ta 83/14, NZA-RR 2014, 561.
[65] LAG Düsseldorf 19.12.2001 – 7 Ta 425/01, BeckRS 2007, 47643; LAG Rheinland-Pfalz 24.5.2006 – 8 Ta 94/06, BeckRS 2006, 43009.
[66] LAG Rheinland-Pfalz 2.6.2009 – 1 Ta 98/09, BeckRS 2009, 72188; 18.10.2007 – 1 Ta 205/07, JurBüro 2008, 253.
[67] Streitwertkatalog für die Arbeitsgerichtsbarkeit, NZA 2018, 498.
[68] Vgl. zB LAG Düsseldorf 20.3.1986 – 7 Ta 77/86, LAGE BRAGO § 23 Nr. 2.

renstreitwertes bei einer Änderungsschutzklage die §§ 39 ff. GKG, insbesondere § 42 Abs. 2 S. 1 GKG. Als Höchstgrenze seien die Regelungen in § 42 Abs. 2 S. 1 GKG in der Weise entsprechend heranzuziehen, dass der Gebührenstreitwert keine der beiden dort genannten Grenzen überschreiten dürfe, sondern der niedrigere von beiden Werten maßgeblich sei.[69]

37　Die Rechtsprechung der Instanzgerichte ist uneinheitlich. Teilweise wenden die Landesarbeitsgerichte die Vorschrift des § 42 Abs. 2 S. 2 GKG (Wert des dreijährigen Bezugs bzw. Unterschiedsbetrages) an.[70] Teilweise wird der so ermittelte Betrag der Höhe nach auf den Wert des Vierteljahresverdienstes begrenzt.[71] In anderen Fällen wird mit gewissen Modifikationen die Vorschrift des § 42 Abs. 2 S. 1 GKG direkt oder analog angewandt.[72] In wiederum anderen Fällen wird davon ausgegangen, dass es sich bei dem nach § 42 Abs. 2 S. 2 GKG ermittelten Drei-Monats-Differenzbetrag nur um einen Mindestbetrag des Gegenstandswertes einer Änderungsschutzklage handelt und bei sonstigen materiellen oder immateriellen Nachteilen (zB Prestige, Rehabilitation) eine Erhöhung dieses Betrages im Rahmen des § 3 ZPO erfolgen muss.[73] Im „Interesse eines einheitlichen und einfach handhabbaren Ermessensvollzugs" wird schließlich ein Regelwert von einem (alten) Monatsbezug[74] oder von zwei Monatsbezügen zu Grunde gelegt.[75] Die Streitwertkommission macht die Bestimmung des Gegenstandswerts vom Grad der Vertragsänderung abhängig und legt dieser gemäß Ziffer I. Nr. 4.1 eine Monatsvergütung bis zu einem Vierteljahresentgelt zugrunde.[76]

38　Nach einer Ansicht soll es sich bei der durch Änderungskündigung bewirkten Zuweisung eines anderen Arbeitsplatzes ohne Änderung der Bezüge um eine nichtvermögensrechtliche Streitigkeit handeln.[77] Nach anderer Auffassung handelt es sich in einem solchen Fall um eine vermögensrechtliche Streitigkeit, die mangels anderer Anhaltspunkte mit einem oberhalb der Berufungsgrenze liegenden Betrag zu bewerten ist.[78] Ein Rückgriff auf den Pauschalwert des § 23 Abs. 3 RVG könne nur erfolgen, wenn dem Sachverhalt Anhaltspunkte für eine Bezifferung des wirtschaftlichen Wertes zu entnehmen seien.[79]

5. Allgemeiner Feststellungsantrag

39　Der allgemeine Feststellungsantrag („Schleppnetzantrag") ist neben dem Kündigungsschutzantrag nicht streitwerterhöhend zu berücksichtigen, da er das identische wirtschaftliche Ziel verfolgt.[80] Dies entspricht auch der Empfehlung der Streitwertkommission unter Ziffer I. Nr. 17.2 des Streitwertkatalogs.[81] Siehe im Übrigen Stichwort „Feststellungsklage", → Rn. 90.

---

[69] BAG 23.3.1989 – 7 AZR 527/85, AP GKG 1975 § 17 Nr. 1.
[70] LAG Bremen 5.5.1987 – 4 Ta 8/87, AP ArbGG 1979 § 12 Nr. 14; LAG Köln 20.4.1982 – 1/8 Sa 528/81, EzA ArbGG 1979 § 12 Nr. 13; LAG München 31.5.1985 – 5 Ta 66/85, AP ArbGG 1979 § 12 Nr. 10; LAG Rheinland-Pfalz 25.7.2007 – 1 Ta 179/07, NZA-RR 2007, 604.
[71] LAG Baden-Württemberg 31.7.2009 – 5 Ta 35/09, NZA-RR 2010, 47.
[72] LAG Berlin 7.11.1977 – 9 Sa 48/77, AP ArbGG 1953 § 12 Nr. 24; LAG Hessen 10.4.1985 – 6 Ta 27/85, NZA 1986, 35; LAG Baden-Württemberg 2.1.1991 – 8 Ta 138/90, DB 1991, 1840; LAG Rheinland-Pfalz 25.4.1985 – 1 Ta 76/85, LAGE ArbGG 1979 § 12 Streitwert Nr. 37.
[73] LAG Baden-Württemberg 19.4.1985 – 1 Ta 53/85, AnwBl 1986, 160; LAG Berlin 3.8.1982 – 2 Ta 49/82, ArbuR 1983, 124; LAG Hamm 21.11.1985 – 8 Ta 360/85, LAGE ArbGG 1979 § 12 Streitwert Nr. 43; 19.10.1989 – 8 Ta 385/89, LAGE ArbGG 1979 § 12 Streitwert Nr. 82; LAG Sachsen 31.5.2006 – 1 Ta 97/06, AE 2006, 303.
[74] LAG Hessen 10.4.1985 – 6 Ta 27/85, NZA 1986, 35.
[75] LAG Berlin 29.5.1998 – 7 Ta 129/97, NZA-RR 1999, 45; LAG Düsseldorf 30.8.1984 – 7 Ta 178/84, EzA ArbGG 1979 § 12 Streitwert Nr. 35; LAG Hamm 23.8.2007 – 6 Ta 444/07, BeckRS 2007, 46782; LAG Sachsen 23.5.2012 – 4 Ta 103/12, BeckRS 2012, 69907.
[76] Streitwertkatalog für die Arbeitsgerichtsbarkeit, NZA 2018, 498.
[77] LAG Berlin 13.10.1980 – 9 Sa 54/80, EzA ArbGG 1979 § 64 Nr. 4.
[78] LAG Hamm 8.7.1982 – 8 Ta 160/82, EzA ArbGG 1979 § 12 Streitwert Nr. 26.
[79] LAG Köln 26.1.2005 – 3 Ta 457/04, LAGE GKG 2004 § 42 Nr. 3.
[80] LAG Baden-Württemberg 11.1.2008 – 3 Ta 5/08, BeckRS 2008, 55710; LAG Köln 16.10.2007 – 9 Ta 298/07, NZA-RR 2008, 380.
[81] Streitwertkatalog für die Arbeitsgerichtsbarkeit, NZA 2018, 498 (499),

6. Altersteilzeit

Streiten die Parteien über einen Anspruch des Arbeitnehmers auf Durchführung von Altersteilzeit, ist die Klage auf Abgabe einer Willenserklärung des Arbeitgebers gerichtet. Der Streitwert orientiert sich am wirtschaftlichen Wert der angestrebten Vereinbarung, der auf den Wert eines Vierteljahresgehalts begrenzt sein soll. So haben verschiedene Landesarbeitsgerichte den Streitwert entsprechend dem Streitwert einer Änderungskündigungsschutzklage festgesetzt.[82] Die Streitwertkommission teilt diese Ansicht nach I. Nr. 5.[83] Demgegenüber vertreten andere Landesarbeitsgerichte die Ansicht, dass es bei einem Altersteilzeitbegehren immer auch um die Beendigung des Arbeitsverhältnisses geht und der Streitwert daher drei Monatsentgelte bzw. ein Vierteljahresentgelt beträgt.[84] Werden mittels Hilfsantrags mehrere Vertragsvarianten angeboten, erhöht dies den Streitwert dann nicht, wenn dem ein einheitliches Angebot des Arbeitnehmers zu Grunde liegt.[85] Zielt die Altersteilzeitvereinbarung nur auf die Änderung der Arbeitszeit und der Vergütungsbedingungen und nicht auch auf die Beendigung des Arbeitsverhältnisses, wurde ein Streitwert von zwei Monatsverdiensten festgesetzt.[86] Teilweise wurde der Streitwert bei Streitigkeiten über die Bewilligung von Altersteilzeit im Blockmodell im öffentlichen Dienst nach § 52 Abs. 5 S. 2 GKG iVm § 52 Abs. 5 S. 1 Nr. 1 GKG idFv 5.5.2004 bemessen, dh nach der Hälfte des 13-fachen Betrages des Endgrundgehaltes der maßgeblichen Besoldungsgruppe.[87]

Bei einem Streit um die Verpflichtung des Arbeitgebers, gemäß § 8a ATZG die Altersteilzeit-Wertguthaben gegen das Risiko der Insolvenz zu sichern, ist auf den materiellen wirtschaftlichen Wert abzustellen.[88]

7. Arbeitsbescheinigung

Die Bewertung der Klage auf Erteilung der Arbeitsbescheinigung nach § 312 SGB III erfolgt nach § 3 ZPO. Dabei wird überwiegend für das Interesse des Arbeitnehmers an der alsbaldigen Durchsetzung dieses Anspruchs ein Wert von 250 EUR angenommen.[89] Die Streitwertkommission spricht sich bei reinen Bescheinigungen unter Ziffer I. Nr. 7.1 für 10 % einer Monatsvergütung pro Arbeitspapier als Gegenstandswert aus.[90]

8. Arbeitsleistung

Die Klage auf Erbringung der geschuldeten Arbeitsleistung wird – entsprechend der Festsetzung beim Beschäftigungs- bzw. Weiterbeschäftigungsanspruch – mit dem doppelten Monatseinkommen bewertet, sofern nicht nach Lage des Falles ein niedrigerer Betrag festzusetzen ist, weil ein eingeschränkter Leistungsantrag zB im Hinblick auf Vertretungsarbeit oder Überstunden verfolgt wird.

Macht der Arbeitnehmer geltend, dass für ihn ein bestimmtes Arbeitszeitvolumen gilt, ist der Streitwert gemäß § 42 Abs. 2 S. 1 GKG auf der Grundlage der 36-fachen Vergütungsdifferenz der streitigen monatlichen Arbeitszeit, gedeckelt durch das dreifache Monatseinkommen, zu bilden. Von diesem Betrag sind 80 % anzusetzen, wenn der Kläger lediglich die Feststellung des Umfangs seiner Arbeitsverpflichtung verlangt.[91]

---

[82] LAG Berlin 26.9.2005 – 17 Ta (Kost) 6059/05, AE 2006, 63; LAG Düsseldorf 9.2.2009 – 6 Ta 53/09, FA 2009, 149; LAG Nürnberg 12.12.2013 – 4 Ta 133/13, NZA-RR 2014, 261.
[83] Streitwertkatalog für die Arbeitsgerichtsbarkeit, NZA 2018, 498.
[84] LAG Düsseldorf 13.11.1989 – 7 Ta 382/89, LAGE ArbGG 1979 § 12 Streitwert Nr. 83; LAG Hamburg 15.2.2012 – 1 Sa 31/11, BeckRS 2012, 67880.
[85] LAG Köln 28.1.2009 – 2 Sa 875/08, AGS 2009, 291.
[86] LAG Düsseldorf 9.2.2009 – 6 Ta 53/09, FA 2009, 149.
[87] OVG Bautzen 25.11.2010 – 2 A 310/09, ZBR 2011, 431.
[88] ArbG Trier 10.3.2011 – 3 Ca 918/10, ZIP 2011, 1482.
[89] LAG Sachsen 14.2.2001 – 2 Sa 10/01, BeckRS 2001, 40756; LAG Hamm 18.4.1985 – 8 Ta 92/85, LAGE ZPO § 3 Nr. 1; LAG Baden-Württemberg 9.2.1984 – 1 Ta 10/84, DB 1984, 676; vgl. auch LAG Düsseldorf 11.4.1985 – 7 Ta 115/85, LAGE ZPO § 3 Nr. 2 (je 300,– DM); nunmehr auch je 250 EUR: LAG Düsseldorf 8.5.2007 – 6 Ta 99/07, BeckRS 2007, 44820.
[90] Streitwertkatalog für die Arbeitsgerichtsbarkeit, NZA 2018, 498.
[91] BAG 21.6.2011 – 9 AZR 236/10, NZA 2011, 1274.

9. Arbeitspapiere

45 Der Anspruch auf Ausfüllung und Herausgabe der Lohnsteuerkarte, auf Herausgabe weiterer ausgefüllter Arbeitspapiere sowie der Anspruch auf Erteilung einer Arbeitsbescheinigung nach § 312 SGB III und einer Verdienstbescheinigung zwecks Erlangung von Insolvenzausfallgeld werden mit je 250 EUR[92] bzw. 300 EUR[93] bewertet.

46 Nach anderer Ansicht ist der Wert für die Klage auf Ausfüllung und Herausgabe dieser Arbeitspapiere in einem Wert von 250 EUR zusammenzufassen, wobei aber für die Arbeitsbescheinigung nach § 312 SGB III und für die Verdienstbescheinigung zur Erlangung des Insolvenzausfallgeldes Einzelwerte von 250 EUR zu Grunde gelegt werden.[94]

47 Der Anspruch auf Herausgabe einer Urlaubsbescheinigung oder eines Ausbildungsnachweises (Berichtsheft) ist mit 250 EUR bewertet worden.[95] Die Streitwertkommission legt einheitlich für alle Arbeitspapiere jeweils 10 % einer Monatsvergütung als Gegenstandswert fest, vgl. I. Nr. 7.1 und 7.2.[96]

10. Aufgabenentziehung

48 Bei einer Klage auf Rückübertragung der entzogenen Aufgaben wird der Streitwert nach § 3 ZPO unter Bewertung des wirtschaftlichen Interesses des Arbeitnehmers einschließlich der Gesichtspunkte des Prestiges und der Rehabilitation festgesetzt. Einschlägig sind Maßstäbe wie bei der Änderungsschutzklage.[97]

11. Auflösungsantrag

49 Der Auflösungsantrag nach §§ 9, 10 KSchG soll nach überwiegender Ansicht der Landesarbeitsgerichte,[98] des Schrifttums[99] und der Streitwertkommission (vgl. Ziffer I. Nr. 9 iVm I. Nr. 1 des Katalogs)[100] keine Erhöhung des Streitwerts rechtfertigen. Wenn allein der Auflösungsantrag in die nächste Instanz gelangt, soll es sich nur noch um einen Teil des ursprünglichen Streits zwischen den Parteien handeln, der unterhalb des Wertes des gesamten Kündigungsschutzstreits festzusetzen sein soll,[101] und zwar regelmäßig mit zwei Dritteln des Wertes des Feststellungsantrages.[102] Nach Auffassung der Streitwertkommission findet die Vorschrift des § 42 Abs. 2 S. 1 GKG in einem solchen Fall Anwendung.

50 Diese Auffassung übersieht, dass dem Auflösungsantrag ein eigenständiger Lebenssachverhalt zu Grunde liegt, der von dem der Kündigung zu unterscheiden ist. Zur Begründung des Auflösungsantrags des Arbeitgebers genügt grundsätzlich nicht der Sachvortrag, der die angegriffene Kündigung sozial rechtfertigen soll, auch wenn Klageabweisungsantrag und (alternativ gestellter) Auflösungsantrag auf die Beendigung des Arbeitsverhältnisses gerichtet sind. Kündigungsschutzantrag und (kumulativ gestellter) Auflösungsantrag des Arbeitnehmers haben demgegenüber sogar diametral entgegengesetzte Rechtsschutzziele, weil der Auflösungsantrag anders als der Kündigungsschutzantrag gerade die Beendigung des Arbeitsverhältnisses (wenn auch nur gegen Abfindung) bewirken soll. Schließlich ist zu be-

---

[92] LAG Baden-Württemberg 9.2.1984 – 1 Ta 10/84, BB 1984, 1234; abw.: LAG Düsseldorf 11.4.1985 – 7 Ta 115/85, LAGE ZPO § 3 Nr. 2 (je 300,– DM).
[93] LAG Rheinland-Pfalz 29.1.2007 – 1 Ta 11/07, BeckRS 2007, 44426; LAG Rheinland-Pfalz 14.3.2007 – 1 Ta 55/07, DB 2007, 1876; 22.5.2009 – 1 Ta 105/09, AE 2009, 350.
[94] LAG Hamm 18.4.1985 – 8 Ta 92/85, LAGE ZPO § 3 Nr. 1.
[95] LAG Sachsen 14.2.2001 – 2 Sa 10/01, MDR 2001, 960.
[96] Streitwertkatalog für die Arbeitsgerichtsbarkeit, NZA 2018, 498.
[97] LAG Hamm 24.4.1986 – 8 Ta 174/86, AnwBl 1986, 544 (2½ Monatsvergütungen bei Entzug einer Leitungsfunktion).
[98] LAG Baden-Württemberg 22.9.2004 – 3 Ta 136/04, LAGE KSchG § 9 Nr. 37; LAG Berlin 13.3.2001 – 17 Ta 6026/01 (Kost), NZA-RR, 2001, 436; LAG München 14.9.2001 – 4 Ta 200/01, NZA-RR 2002, 493; LAG Nürnberg 29.8.2005 – 2 Ta 109/05, NZA-RR 2006, 44; LAG Köln 17.8.2010 – 11 Ta 194/10, BeckRS 2010, 72970; LAG Berlin-Brandenburg 3.7.2014 – 17 Ta (Kost) 6061/14, BeckRS 2014, 74062.
[99] Ascheid/Preis/Schmidt /Biebl KSchG § 9 Rn. 97; BeckOK ArbR/Pleßner KSchG § 9 Rn. 117.
[100] Streitwertkatalog für die Arbeitsgerichtsbarkeit, NZA 2018, 498 (499).
[101] LAG Berlin 30.11.1987 – 9 Sa 102/87, MDR 1988, 346.
[102] LAG Hamm 16.8.1989 – 2 Sa 308/89, NZA 1990, 328.

rücksichtigen, dass der mit seinem Kündigungsschutzantrag obsiegende Kläger, dessen Arbeitsverhältnis auf Antrag des Arbeitgebers gemäß §§ 9, 10 KSchG durch Gestaltungsurteil aufgelöst worden ist, nicht beschwert wäre, wenn dem Auflösungsantrag kein eigenständiger Wert zukäme. Aus diesem Grunde ist es folgerichtig, den Auflösungsantrag stets, auch in der ersten Instanz, streitwerterhöhend zu berücksichtigen.[103] Einige Arbeits- und Landesarbeitsgerichte haben den Streitwert des Auflösungsantrags mit einem Bruttomonatsgehalt[104] bewertet. Wenn der Kläger für die Höhe der Abfindung gemäß §§ 9, 10 KSchG im Antrag einen Mindestbetrag angibt, ist auch diese als Streitwert zugrunde gelegt worden.[105] Bei einem Auflösungsantrag beider Parteien wurden beide Auflösungsanträge jeweils mit einem Monatsverdienst[106] oder jeweils mit drei Monatsverdiensten[107] als Streitwert zugrunde gelegt.

12. Aufrechnung

Bei der Primäraufrechnung (Aufrechnung gegen eine unstreitige Klageforderung) wird keine Streitwertaddition vorgenommen. Die Primäraufrechnung führt zu keiner Streitwerterhöhung, weil im praktischen Ergebnis nicht mehr über die Klageforderung, sondern allein über die Aufrechnungsforderung gestritten wird. 51

Die Hilfsaufrechnung bewirkt eine Erhöhung des Streitwerts, sofern über die zur Aufrechnung gestellte Forderung eine der Rechtskraft fähige Entscheidung ergeht oder ein Vergleich geschlossen wird (§ 45 Abs. 3 u. 4 GKG). Die Streitwerterhöhung ist gerechtfertigt, weil das Gericht bei der Hilfsaufrechnung sowohl die Berechtigung der Klageforderung als auch der Aufrechnungsforderung zu überprüfen hat. Ist die Gegenforderung jedoch nicht streitig, kommt es nicht zu einer Erhöhung des Streitwerts. 52

Bei einer unzulässigen Aufrechnung (zB wegen eines Verstoßes gegen das Aufrechnungsverbot nach § 394 BGB) fehlt es an einer der Rechtskraft fähigen Entscheidung, weshalb eine Streitwerterhöhung entfällt. Anders bei einer unsubstantiiert vorgetragenen Aufrechnungsentscheidung, weil insoweit über die Aufrechnungsforderung sachlich entschieden wird. Wiederum keine Streitwerterhöhung ist vorzunehmen bei einer ungenügend individualisierten Aufrechnungsforderung, denn diese macht die Aufrechnung unzulässig und hindert eine der Rechtskraft fähigen Entscheidung.[108] 53

Mehrfach gestaffelte Hilfsaufrechnungen wirken sich sämtlich streitwerterhöhend aus, insoweit über die zur Aufrechnung gestellten Forderungen in der Sache entschieden oder eine Einigung erzielt wird. Unverbrauchte Teile einer Aufrechnungsforderung können den Streitwert bei abschließender Entscheidung in der Sache nicht, bei einem alles beilegenden Vergleich jedoch erhöhen.[109] 54

13. Auskunft

Der Gegenstandswert eines geltend gemachten Auskunftsanspruchs ist in der Regel erheblich niedriger anzusetzen als der im Ergebnis bezweckte Zahlungsanspruch.[110] Die Rechtsprechung geht von $1/10$ bis $1/2$ der angestrebten Leistung aus. Die Bewertung hat sich daran zu orientieren, in welchem Umfang die Durchsetzbarkeit der Ansprüche des Klägers von der Auskunft abhängt. Das Interesse wird umso höher bewertet, je geringer die Kenntnisse des Klägers über die zur Begründung des Leistungsanspruchs maßgebenden Tatsachen sind.[111] Die Streitwertkommission hat sich unter Ziffer I. Nr. 10.1 des Katalogs auf denselben Ge- 55

---

[103] So auch Germelmann/Matthes/Prütting/*Germelmann/Künzl* ArbGG § 12 Rn. 123.
[104] LAG Brandenburg 29.12.1999 – 6 Ta 221/99, JurBüro 2000, 307; ArbG Würzburg 5.6.2000 – 6 Ca 118/99 A, NZA-RR 2001, 107; LAG Niedersachsen 18.10.2017 – 15 Sa 202/17, BeckRS 2017, 140510.
[105] LAG Berlin-Brandenburg 24.10.2019 – 10 Sa 704/19, BeckRS 2019, 43319.
[106] LAG Düsseldorf 23.5.2018 – 1 Sa 762/17, BeckRS 2018, 14432.
[107] LAG Baden-Württemberg 24.5.2018 – 17 Sa 105/17, BeckRS 2018, 14067.
[108] BGH 26.11.1984 – VIII ZR 217/83, LM BGB § 158 Nr. 16.
[109] LAG München 17.9.1979 – 7 Ta 93/79, AmBl. 1980, C 12.
[110] LAG Rheinland-Pfalz 1.3.2010 – 1 Ta 29/10, BeckRS 2010, 68999.
[111] BGH 4.11.1982 – VII ZR 147/82, JurBüro 1983, 1182.

genstandswert festgelegt.[112] Der Wert des datenschutzrechtlichen Auskunftsbegehrens nach Art. 15 DS-GVO beträgt 500 EUR, sofern nicht besondere Umstände hinzutreten.[113]

14. Befristung

56   Siehe Stichwort „Bestandsstreitigkeiten", → Rn. 59 ff.

15. Beschäftigung

57   Bei der (Weiter-)Beschäftigungsklage handelt es sich um eine vermögensrechtliche Streitigkeit.[114] Die Bewertung erfolgt nach § 3 ZPO unter Beachtung der Höchstgrenze nach § 42 Abs. 2 S. 1 GKG. Der Streitwert wurde festgesetzt in Höhe von einem Monatsbezug[115] (so auch die Streitwertkommission, vgl. I. Nr. 12),[116] in Höhe von 1½ Monatsbezügen,[117] in Höhe von 50% des Wertes der Bestandsschutzstreitigkeit,[118] in Höhe von 2 Monatsbezügen[119] schließlich in Höhe von ⅔ des Wertes der Bestandsschutzstreitigkeit.[120]

58   Der unechte Hilfsantrag auf Weiterbeschäftigung wird nicht als Hilfsantrag iSv § 45 Abs. 1 S. 2 GKG verstanden, der nur dann einen eigenen Wert hätte, wenn über ihn positiv entschieden wäre.[121]

16. Bestandsstreitigkeiten

59   **a) Anwendungsbereich.** § 42 Abs. 2 S. 1 und 2 GKG enthält Sonderbestimmungen über die Wertberechnung bei Rechtsstreitigkeiten über das Bestehen, das Nichtbestehen oder die Kündigung eines Arbeitsverhältnisses (S. 1) sowie über wiederkehrende Leistungen und Eingruppierungen (S. 2). In Fällen des § 42 Abs. 2 S. 1 GKG, der auch für die Wertberechnung entsprechender Rechtsstreitigkeiten bei Berufsausbildungsverhältnissen gilt,[122] ist höchstens der Betrag des für die Dauer eines Vierteljahres zu leistenden Arbeitsentgelts maßgebend (und eine Abfindung nicht hinzuzurechnen). Die Rechtsverhältnisse der arbeitnehmerähnlichen Personen, die nach § 5 ArbGG als Arbeitnehmer gelten (Heimarbeiter, Einfirmenvertreter mit durchschnittlichen Monatsbezügen von nicht mehr als 1.000 EUR; sonstige arbeitnehmerähnliche Personen), unterfallen ebenfalls dem Anwendungsbereich von § 42 Abs. 2 GKG.

60   Die Sonderbestimmung des § 42 Abs. 2 GKG findet aber keine Anwendung auf die Rechtsverhältnisse der freien Mitarbeiter, Handelsvertreter und Organmitglieder juristischer Personen, denn diese stehen nicht im Arbeitsverhältnis. Bei der Bewertung einer Feststellungsklage über das Bestehen eines freien Mitarbeiterverhältnisses hat sich der BGH an § 42 Abs. 2 S. 1 GKG orientiert, der die Bewertung wiederkehrender Leistungen an den dreifachen Jahresbe-

---

[112] Streitwertkatalog für die Arbeitsgerichtsbarkeit, NZA 2018, 498 (499).
[113] LAG Düsseldorf 16.12.2019 – 4 Ta 413/19 – NZA-RR 2020, 380; LAG Nürnberg 28.5.2020 – 2 Ta 76/20, BeckRS 2020, 11768.
[114] LAG Hamm 27.12.1979 – 8 Sa 627/79, EzA ArbGG 1979 § 12 Nr. 1; LAG Bremen 2.2.1982 – 4 Sa 392/81, AP BGB § 613a Nr. 30.
[115] LAG Hamburg 29.7.2004 – 8 Ta 11/04, BeckRS 2004, 31043874; LAG Baden-Württemberg 27.1.1982 – 1 Ta 17/82, EzA ArbGG 1979 § 12 Streitwert Nr. 17; LAG Bremen 20.11.1980 – 4 Ta (5 H) 42/80, ArbuR 1981, 285; LAG Hamburg 30.3.1989 – 6 Ta 32/88, AnwBl 1990, 49; LAG Berlin-Brandenburg 25.8.2015 – 17 Ta (Kost) 6065/15, BeckRS 2015, 71447; LAG Köln 16.10.2007 – 9 Ta 298/07, NZA-RR 2008, 380.
[116] Streitwertkatalog für die Arbeitsgerichtsbarkeit, NZA 2018, 498 (499).
[117] LAG Hamm 27.12.1979 – 8 Sa 627/79, EzA ArbGG 1979 § 12 Nr. 1; LAG Saarland 12.12.1989 – 1 Ta 37/89, LAGE GKG § 19 Nr. 9.
[118] LAG Rheinland-Pfalz 23.7.1982 – 1 Ta 121/82, AnwBl 1983, 36; LAG Saarland 12.12.1989 – 1 Ta 37/89, BeckRS 1989, 30732658.
[119] LAG Düsseldorf 30.10.1980 – 8 Sa 251/80, EzA ArbGG 1979 § 12 Streitwert Nr. 1; LAG Hamm 15.10.1981 – 8 Ta 213/81, EzA ArbGG 1979 § 12 Streitwert Nr. 7; 10.11.1983 – 8 Ta 305/83, EzA ArbGG 1979 § 12 Streitwert Nr. 19; 24.11.1983 – 8 Ta 329/83, EzA ArbGG 1979 § 61 Nr. 10; 11.9.1986 – 8 Ta 218/86, MDR 1987, 85; LAG Köln 19.4.1982 – 1 Ta 41/82, EzA ArbGG 1979 § 12 Streitwert Nr. 12; 12.9.2007 – 7 Ta 125/07, BeckRS 2007, 48048; 7.1.2010 – 7 Ta 386/09, BeckRS 2010, 73606; LAG München 19.10.2009 – 2 Ta 305/09, AE 2010, 62.
[120] LAG Hamm 3.4.1986 – 8 Ta 25/86, LAGE ArbGG 1979 § 12 Streitwert Nr. 52; LAG Hessen 20.6.1984 – 6 Ta 156/84, ARST 1984, 158.
[121] LAG Köln 4.7.1995 – 10 Ta 80/95, LAGE GKG § 19 Nr. 15.
[122] BAG 22.5.1984 – 2 AZB 25/82, AP ArbGG 1979 § 12 Nr. 7.

zug (unter Hinzurechnung der Rückstände) bindet. Der BGH hat das um 20 % gekürzte Dreijahresentgelt zu Grunde gelegt.[123] Entsprechend ist der BGH vorgegangen bei der Bemessung des Streitwerts für den Streit um den Fortbestand eines Dienstverhältnisses (hier: Geschäftsführer einer Handwerkskammer),[124] wobei er eine Kürzung für möglich hält bei freier ordentlicher Kündbarkeit des Dienstverhältnisses vor Ablauf von drei Jahren.[125]

b) Streitwertrahmen oder Regelstreitwert. Die Frage, ob § 42 Abs. 2 S. 1 GKG die Obergrenze eines Streitwertrahmens oder einen Regelstreitwert festlegt, ist in der Rechtsprechung umstritten. **61**

Für einen Regelstreitwert, der stets anzusetzen sei, wenn die Klage auf Feststellung eines Arbeitsverhältnisses oder auf Unwirksamkeit einer Kündigung auf länger als drei Monate oder auf unbestimmte Zeit gerichtet sei, und der nur dann geringer sei, wenn das Arbeitsverhältnis aus anderen Gründen vor Ablauf von drei Monaten endet oder wenn der Arbeitnehmer lediglich die Umdeutung einer außerordentlichen Kündigung in eine ordentliche Kündigung mit einer geringeren als dreimonatigen Kündigungsfrist erstrebe, haben sich einige Landesarbeitsgerichte ausgesprochen.[126] Die Bemessung des Streitwerts eines Bestandsstreits richte sich nach dem vom Kläger mit der Klage verfolgten wirtschaftlichen Interesse. Dies liege nur dann unterhalb des Vierteljahreseinkommens, wenn der Fortbestand des Vertrages für einen kürzeren Zeitraum geltend gemacht wird.[127] **62**

Andere Landesarbeitsgerichte haben dagegen gemeint, der Vierteljahresverdienst sei nur die Obergrenze für den vom Gericht nach freiem (pflichtgemäßem) Ermessen festzusetzenden Streitwert, bei dessen Festsetzung die konkreten Umstände des Falles (zB Dauer des Arbeitsverhältnisses, Lebensalter, Familienstand, betriebliche Stellung) zu berücksichtigen seien.[128] **63**

c) Vorverfahren zum Sonderkündigungsschutz. Nach der Rechtsprechung des BVerwG sind Verwaltungsstreitigkeiten über die Rechtmäßigkeit der Zustimmung des Integrationsamtes zur Kündigung eines Schwerbehinderten entsprechend § 52 Abs. 2 GKG mit 5.000 EUR zu bewerten.[129] Eine an § 42 Abs. 2 S. 1 GKG orientierte Bewertung lehnt das BVerwG ab, weil eine solche in der ganz überwiegenden Zahl der Fälle zu einer wesentlichen Erhöhung des Gegenstandswertes führen und den sozialen Schutzzweck des § 42 Abs. 2 S. 1 GKG in sein Gegenteil verkehren würde. **64**

d) Objektive Klagehäufung. Nach der Rechtsprechung des BAG[130] kann nach § 42 Abs. 2 S. 1 GKG der im Rahmen eines einheitlichen Prozesses ausgetragene Streit über das Bestehen oder Nichtbestehen eines Arbeitsverhältnisses nur einmal bis zur Höchstgrenze des dreimonatigen Arbeitsentgelts bewertet werden, auch wenn das Arbeitsverhältnis durch **65**

---

[123] BGH 13.2.1986 – IX ZR 114/86, NJW-RR 1986, 676.
[124] BGH 9.6.2005 – III ZR 21/04, NZA 2006, 287.
[125] BGH 9.6.2005 – III ZR 21/04, NZA 2006, 287 unter Hinweis auf OLG Köln 8.9.1994 – 19 W 31/94, NJW-RR 1995, 318u. OLG München 1.9.1987 – 5 W 2184/87, NJW-RR 1988, 190.
[126] LAG Bremen 28.2.1986 – 4 Ta 8/86, LAGE ArbGG 1979 § 12 Streitwert Nr. 49; LAG Düsseldorf 17.10.1985 – 7 Ta 302/85, LAGE ArbGG 1979 § 12 Nr. 41; 12.10.1988 – 7 Ta 300/88, JurBüro 1989, 955; LAG Hessen 4.11.1985 – 6 Ta 337/85, LAGE ArbGG 1979 § 12 Streitwert Nr. 45; 29.4.1986 – 6 Ta 116/86, BB 1986, 1512; LAG Hamm 13.5.1986 – 8 Ta 137/86, LAGE ArbGG 1979 § 12 Streitwert Nr. 55; LAG Köln 15.11.1985 – 9 Ta 185/85, LAGE ArbGG 1979 § 12 Nr. 42; 26.9.2006 – 9 Ta 347/06, BB 2007, 612; LAG München 13.1.1986 – 5 Ta 211/85, LAGE ArbGG 1979 § 12 Streitwert Nr. 51; LAG Niedersachsen 21.1.1986 – 3 Ta 17/85, LAGE ArbGG 1979 § 12 Streitwert Nr. 8; LAG Schleswig-Holstein 23.8.1984 – 4 Ta 89/84, BeckRS 1984, 30711814; 30.11.2005 – 1 Ta 202/05, NZA-RR 2006, 157; LAG Baden-Württemberg 23.6.2010 – 5 Ta 11/10, BeckRS 2010, 73074; 6.10.2009 – 6 Ta 105/09, BeckRS 2010, 73001 (vgl. zur Berücksichtigung individueller Umstände nach der früheren Rechtsprechung – LAG Baden-Württemberg 6.11.1985 – 1 Ta 197/85, LAGE ArbGG 1979 § 12 Streitwert Nr. 47).
[127] LAG Nürnberg 14.12.2017 – 4 Ta 180/17, FA 2018, 108.
[128] BAG 30.11.1984 – 2 AZN 572/82 (B), AP ArbGG 1979 § 12 Nr. 9 (idR 1 Monatsverdienst bis zu 6 Monaten, 2 Monatsverdienste bei 6–12 Monaten und 3 Monatsverdienste bei mehr als 12 Monaten Beschäftigung); LAG Niedersachsen 7.10.1980 – 4 Ta 40/80, EzA ArbGG 1979 § 12 Streitwert Nr. 6; LAG Nürnberg 5.5.1986 – 1 Ta 3/85, LAGE ArbGG 1979 § 12 Streitwert Nr. 53; LAG Rheinland-Pfalz 24.3.1986 – 1 Ta 55/86, LAGE ArbGG 1979 § 12 Streitwert Nr. 54; 23.4.1987 – 1 Ta 75/87, LAGE ArbGG 1979 § 12 Streitwert Nr. 65; 12.5.2011 – 2 Ta 87/11, AE 2012, 71; LAG Sachsen-Anhalt 19.6.2013 – 1 Ta 55/13, NZA-RR 2013, 492.
[129] BVerwG 16.12.1992 – 5 C 39/89, MDR 1993, 584.
[130] BAG 11.6.1986 – 5 AZR 512/83, AP ArbGG 1953 § 12 Nr. 16.

mehrere Kündigungen berührt wird; maßgebend sei nach Sinn und Zweck dieser Norm allein das wirtschaftliche Interesse am Fortbestehen oder Nichtfortbestehen des Arbeitsverhältnisses. Die Streitwertkommission teilt diese Ansicht unter den Ziffern I. Nr. 20 und I. Nr. 21.2 des Katalogs.[131] Die Höchstgrenze des § 42 Abs. 2 S. 1 GKG von einem Vierteljahresverdienst für die Streitwertberechnung gilt nach Auffassung des BAG[132] und der Streitwertkommission (vgl. I. Nr. 17.2) auch dann, wenn in einem Prozess die Klage auf Feststellung des Fortbestehens eines Arbeitsverhältnisses (§ 256 ZPO) mit einer Kündigungsschutzklage (§ 4 KSchG) verbunden wird.[133]

66 Die Landesarbeitsgerichte vertreten demgegenüber überwiegend den Standpunkt, dass die Höchstgrenze nur dann nicht überschritten werden darf, wenn mehrere Kündigungen gleichzeitig, sei es auch zu verschiedenen Terminen, ausgesprochen werden (zB: ordentliche Kündigung zum Monats- und zum Quartalsende oder außerordentliche und ordentliche Kündigung).[134]

67 Werden die mehreren Kündigungen im zeitlichen Abstand voneinander erklärt (zB ordentliche Kündigung am 15.3., am 31.3. und am 30.4.), so ist nach der Rechtsprechung der meisten Landesarbeitsgerichte für die zweite Kündigung usw ein besonderer Streitwert anzusetzen, der der zeitlichen Differenz zwischen den zwei Kündigungen usw (sog. Differenztheorie) entspricht (zB erste Kündigung am 15.3. zum 31.3. und zweite Kündigung am 31.3. zum 30.4. = 1 Monatsverdienst für April),[135] der Höhe nach aber auf den Wert eines Vierteljahresverdienstes gedeckelt ist.[136] Diese entspricht auch der Auffassung der Streitwertkommission unter I. Nr. 21.3.[137] Nach anderen Gerichten soll bei einem engen zeitlichen Zusammenhang zwischen den mehreren Kündigungen höchstens ein Vierteljahresverdienst festgesetzt werden können[138] und bei zwei Kündigungen im ersten bzw. zweiten Halbjahr der Beschäftigung nur 2 Monatsverdienste.[139]

68 Andererseits ist auch entschieden worden, dass bei mehreren Kündigungen jede mit einem Vierteljahresverdienst zu bewerten und eine Zusammenrechnung der Gegenstandswerte vorzunehmen sei,[140] es sei denn, dass es sich um eine nur vorsorglich ausgesprochene zweite Kündigung, die auf dieselben Gründe gestützt wird, handelt.[141]

69 Wendet sich ein Arbeitnehmer in verschiedenen (gesonderten) Prozessen gegen mehrere hintereinander ausgesprochene Kündigungen desselben Arbeitsverhältnisses, so stellt sich wiederum die Frage, ob bei der Streitwertfestsetzung jeweils der Streitwertrahmen des § 42 Abs. 2 S. 1 GKG (Vierteljahresverdienst) voll ausgeschöpft werden kann. In der Rechtspre-

---

[131] Streitwertkatalog für die Arbeitsgerichtsbarkeit, NZA 2018, 498 (499).
[132] BAG 6.12.1984 – 2 AZR 754/79 (B), AP ArbGG 1979 § 12 Nr. 8.
[133] LAG Hamm 3.2.2003 – 9 Ta 520/02, NZA-RR 2003, 321; LAG Nürnberg 3.3.2020 – 2 Ta 10/20, BeckRS 2020, 8298.
[134] LAG Berlin 22.10.1984 – 2 Ta 102/84, NZA 1985, 297; LAG Bremen 13.2.1987 – 4 Ta 5/87, LAGE ArbGG 1979 § 12 Streitwert Nr. 62; LAG Düsseldorf 5.8.1982 – 7 Ta 72/82, EzA ArbGG 1979 § 12 Streitwert Nr. 2; 8.7.1985 – 7 Ta 244/85, LAGE ArbGG 1979 § 12 Streitwert Nr. 39; LAG Hessen 27.2.1985 – 6 Ta 52/85, ArbuR 1986, 59; LAG Köln 8.3.1989 – 5 Ta 3/89, LAGE ArbGG 1979 § 12 Streitwert Nr. 79; 29.8.2011 – 2 Ta 253/11, BeckRS 2011, 77688; LAG München 15.9.1983 – 7 Ta 41/83, EzA ArbGG 1979 § 12 Streitwert Nr. 24; LAG Rheinland-Pfalz 18.4.1986 – 1 Ta 63/86, LAGE ArbGG 1979 § 12 Streitwert Nr. 59; LAG Nürnberg 25.3.2020 – 2 Ta 35/20, BeckRS 2020, 5758.
[135] LAG Baden-Württemberg 15.10.1991 – 8 Ta 92/91, JurBüro 1992, 535; LAG Bremen 13.2.1987 – 4 Ta 5/87, LAGE ArbGG 1979 § 12 Streitwert Nr. 62; LAG Düsseldorf 5.8.1982 – 7 Ta 72/82, EzA ArbGG 1979 § 12 Nr. 2; 8.7.1985 – 7 Ta 244/85, LAGE ArbGG 1979 § 12 Nr. 39; LAG Hamm 24.5.1984 – 8 Ta 130/84, NZA 1984, 365; LAG Hessen 19.8.2014 – 1 Ta 35/14, BeckRS 2015, 68422; LAG Köln 8.3.1989 – 5 Ta 3/89, LAGE ArbGG 1979 § 12 Streitwert Nr. 79 (2. Kündigung mindestens 1 Monatsverdienst); LAG Rheinland-Pfalz 21.11.2008 – 1 Ta 200/08, NZA-RR 2009, 220.
[136] LAG Rheinland-Pfalz 21.11.2008 – 1 Ta 200/08, NZA-RR 2009, 220; LAG Schleswig-Holstein 8.2.2007 – 1 Ta 285/06, BeckRS 2007, 41855.
[137] Streitwertkatalog für die Arbeitsgerichtsbarkeit, NZA 2018, 498 (499).
[138] LAG Nürnberg 7.2.1992 – 4 Ta 144/91, NZA 1992, 617; LAG Rheinland-Pfalz 10.12.2004 – 2 Ta 251/04, BeckRS 2013, 70244.
[139] LAG Berlin 2.12.1986 – 2 Ta 112/86, LAGE ArbGG 1979 § 12 Streitwert Nr. 61.
[140] LAG Hamburg 7.8.1987 – 1 Ta 5/87, LAGE ArbGG 1979 § 12 Streitwert Nr. 67; LAG Schleswig-Holstein 23.8.1984 – 4 Ta 89/84, BeckRS 1984, 30711814.
[141] LAG Hamburg 23.4.1987 – 5 Ta 7/87, LAGE ArbGG 1979 § 12 Streitwert Nr. 64.

chung der Instanzgerichte ist die Meinung vorherrschend, dass nur im ersten Verfahren der Vierteljahresverdienst angesetzt werden kann und für die Kündigungen in den weiteren Verfahren streitwertmäßig ein Abschlag zu machen ist.[142] Greift zB ein Arbeitnehmer, dem zweimal ordentlich gekündigt wurde, die Kündigungen in getrennten Prozessen an, so bemisst das LAG Hamm den Streitwert des Prozesses über die nachgeschobene Kündigung im Rahmen des § 42 Abs. 2 S. 1 GKG nach dem regelmäßig zutreffenden Wert des Vierteljahreseinkommens, wenn die Kündigungstermine 6 Monate oder mehr auseinander liegen. Ein Streitwertabschlag kommt in Betracht, wenn die Kündigungstermine weniger als 6 Monate auseinander liegen (Faustformel: pro zwei Monate Differenz eine Bruttomonatsvergütung).[143] Es wird aber auch die Ansicht vertreten, dass der Streitwert für jede der mehreren Kündigungen unabhängig voneinander festzusetzen ist.[144] Der Fortbestandsantrag wird als „Annex",[145] aber auch als ernstlicher Antrag[146] unbewertet gelassen; zum Teil wird nur ein begründeter Antrag (eigenständiger Beendigungstatbestand) bewertet.[147]

Das Bundesarbeitsgericht hat hingegen im Jahr 2010 entschieden, dass sich die Wertberechnung nach dem prozessualen Anspruch richte, der in dem jeweiligen Rechtsstreit verfolgt werde. Bestimmend sei der erhobene Antrag. Werden in einer Klage mehrere Kündigungen angegriffen, handele es sich um unterschiedliche Streitgegenstände mit der Folge, dass grundsätzlich nach § 45 Abs. 1 S. 1 GKG eine Addition der Gegenstandswerte vorzunehmen sei. Betreffen die in einer Klage erhobenen Ansprüche allerdings denselben Gegenstand, sei gemäß § 45 Abs. 1 S. 3 GKG (nur) der Wert des höheren Anspruchs maßgebend. Werden die verschiedenen Kündigungen demgegenüber in unterschiedlichen Prozessen angegriffen, fehle für eine Anrechnung der jeweiligen Gegenstandswerte eine Rechtsgrundlage. Die Frage, ob ein Anwalt durch eine solche Verfahrensgestaltung vermeidbare Kosten verursacht, sei für die Bemessung des Gegenstandswerts ohne Bedeutung.[148]

Streiten die Parteien in einem Verfahren sowohl um die Wirksamkeit einer Kündigung als auch um die Unwirksamkeit einer vertraglich vereinbarten Befristung des Arbeitsverhältnisses, dann handelt es sich hierbei grundsätzlich um zwei rechtlich unterschiedliche Streitgegenstände, die auf einem nicht identischen Sachverhalt beruhen und die deshalb auch gesondert zu bewerten sind.[149]

Hat der Arbeitnehmer eine Kündigungsfeststellungsklage erhoben und damit zugleich im Wege der objektiven Klagehäufung den weiteren (Haupt-)Antrag verbunden, den Arbeitgeber zur Weiterbeschäftigung zu verurteilen, so ist dieser Antrag nach der Ansicht der meisten Landesarbeitsgerichte gesondert zu bewerten und eine Streitwertaddition vorzunehmen.[150] Die Landesarbeitsgerichte in NRW bewerten einen solchen Weiterbeschäfti-

---

[142] LAG Baden-Württemberg 5.2.1988 – 3 Ta 14/88, JurBüro 1988, 1161; LAG Düsseldorf 16.2.1989 – 7 Ta 47/89, JurBüro 1989, 293; LAG Hessen 3.5.1985 – 6 Ta 119/85, ArbuR 1986, 185; LAG Hamburg 7.8.1987 – 1 Ta 5/87, LAGE ArbGG 1979 § 12 Nr. 67; LAG Hamm 9.1.1985 – 8 Ta 275/85, LAGE ArbGG 1979 § 12 Nr. 32; LAG Köln 19.7.1984 – 3 Ta 113/84, LAGE ArbGG 1979 § 12 Streitwert Nr. 27; LAG München 13.10.1988 – 5 Ta 78/88, LAGE ArbGG 1979 § 12 Streitwert Nr. 77; LAG Rheinland-Pfalz 10.4.1987 – 10 Ta 69/87, ARST 1988, 125.
[143] LAG Hamm 9.6.1994 – 8 Ta 196/94, EzA-SD 1994 Nr. 16, 10.
[144] LAG Nürnberg 23.6.1987 – 4 Ta 10/87, LAGE ArbGG 1979 § 12 Streitwert Nr. 71.
[145] LAG Rheinland-Pfalz 6.8.2007 – 1 Ta 181/07, AGS 2007, 634; LAG Köln 16.2.2005 – 2 Ta 49/05, LAGE GKG 2004 § 42 Nr. 4.
[146] LAG Düsseldorf 8.5.2007 – 6 Ta 99/07, EzA-SD 2007, Nr. 14, 16; LAG Nürnberg 2.12.2003 – 9 Ta 190/03, NZA-RR 2004, 660; LAG Hamm 3.2.2003 – 9 Ta 520/02, NZA-RR 2003, 321; LAG München 28.11.2001 – 9 Ta 366/01, NZA-RR 2002, 657.
[147] LAG Schleswig-Holstein 10.5.2000 – 4 Ta 63/00, BeckRS 2000, 30468542; LAG Hessen 21.1.1999 – 15/6 Ta 630/98, NZA-RR 1999, 156; LAG Köln 8.9.1998 – 4 Ta 207/98, LAGE ArbGG 1979 § 12 Streitwert Nr. 115.
[148] BAG 19.10.2010 – 2 AZN 194/10 (A), AP GKG 1975 § 42 Nr. 1.
[149] LAG Rheinland-Pfalz 1.10.2008 – 1 Ta 181/08, BeckRS 2008, 58174.
[150] LAG Baden-Württemberg 27.1.1982 – 1 Ta 17/82, EzA ArbGG 1979 § 12 Streitwert Nr. 17; LAG Berlin 15.10.1982 – 2 Ta 60/82 (Kost), ArbuR 1983, 314; LAG Düsseldorf 23.10.1980 – 25 Sa 434/85, ArbuR 1981, 156; LAG Hessen 20.4.1984 – 6 Ta 169/84, EzA ArbGG 1979 § 12 Streitwert Nr. 32; LAG Hamm 11.9.1986 – 8 Ta 218/86, MDR 1987, 85; LAG Köln 19.4.1982 – 1 Ta 41/82, EzA ArbGG 1979 § 12 Streitwert Nr. 12; LAG Rheinland-Pfalz 23.7.1982 – 1 Ta 121/82, AnwBl 1983, 36; 21.1.1986 – 1 Ta 10/86, ARSt.1987, 126 Nr. 1142 (L); LAG Schleswig-Holstein 14.9.1984 – 5 Ta 110/84, LAGE ArbGG 1979 § 12 Streitwert Nr. 34.

gungsantrag grundsätzlich mit dem doppelten Betrag eines Monatsverdienstes.[151] Die Streitwertkommission sieht unter Ziffer I. Nr. 26 des Katalogs für einen Weiterbeschäftigungsantrag einen Gegenstandswert von einer Monatsvergütung vor.[152]

73 Wird der Weiterbeschäftigungsanspruch sowohl in der ersten Kündigungsschutzklage als auch in einem zweiten (hier eine 4 Monate später erfolgte Kündigung betreffenden) Prozess geltend gemacht, so muss der im nachgeschobenen Rechtsstreit verfolgte Beschäftigungsanspruch geringer bewertet werden (hier statt des doppelten mit vier Dritteln eines Monatsverdienstes).[153]

74 Greift ein Arbeitnehmer eine Kündigung mit der Begründung an, er stehe zu dem Kündigenden in keinem Arbeitsverhältnis, kündigt daraufhin der vermeintlich wahre Arbeitgeber erneut und greift der Arbeitnehmer auch diese Kündigung gerichtlich an, dann ist für beide Kündigungen jedenfalls dann jeweils ein eigenständiger Wert festzusetzen, wenn es sich bei den Kündigenden um verschiedene Rechtssubjekte handelt, auch wenn zwischen den Kündigungen ein zeitlicher Zusammenhang besteht.[154]

75 Werden in einer Kündigungsschutzklage (Bestandsschutzklage) neben dem Feststellungsanspruch Lohn- oder Gehaltsansprüche eingeklagt, die nach der streitigen Beendigung des Arbeitsverhältnisses fällig geworden sind oder fällig werden, so sind nach der höchstrichterlichen Rechtsprechung beide Ansprüche trotz ihrer prozessualen Selbstständigkeit wirtschaftlich identisch (§ 5 ZPO), da der Feststellungsanspruch die Rechtsgrundlage für die Vergütungsforderung bildet; für die einheitliche Wertfestsetzung ist der sich aus dem Vergleich zwischen dem nach § 42 Abs. 2 S. 1 GKG anzusetzenden Wert des Feststellungsanspruchs und der Summe der geltend gemachten Lohn- oder Gehaltsansprüche ergebende höhere Wert maßgebend.[155] Dieser Auffassung des Bundesarbeitsgerichts sind etliche Landesarbeitsgerichte vor allem mit der Begründung entgegengetreten, der von § 42 Abs. 2 S. 1 GKG beabsichtigte Schutzzweck beschränke sich auf den Feststellungsstreit, weshalb es bei einer Verbindung zwischen einer Bestands- und Zahlungsklage im Allgemeinen einer Streitwertaddition bedürfe.[156] Von anderen Landesarbeitsgerichten wird diese Rechtsprechung abgelehnt,[157] teilweise wird ihr gefolgt.[158] Nach Auffassung des LAG Hamm kann § 42 Abs. 2 S. 1 GKG bei der Bewertung des Antrags auf wiederkehrende Leistungen im Zusammenhang mit einer Bestandsschutzklage keine Anwendung finden. Der sozialpolitische Zweck des § 42 Abs. 2 S. 1 GKG bedinge eine teleologische Reduktion dieser Regelung. Die Norm regele den Streitwert unter Berücksichtigung des sozialen Schutzzwecks; an diesen sei anzuknüpfen. Unter Berücksichtigung dieses sozialen Schutzzwecks des § 42 Abs. 2 S. 1 GKG komme dem Zahlungsantrag ein eigenständiger Wert zu, welcher aber lediglich mit einem Monatsentgelt in Ansatz zu bringen sei.[159]

Eine Bestandsstreitigkeit im Sinne des § 42 Abs. 2 GKG ist hingegen nicht gegeben, wenn der Bestand des Arbeitsverhältnisses nach den konkreten Umständen des Falles nicht in

---

[151] LAG Düsseldorf 23.10.1980 – 25 Sa 434/85, ArbuR 1981, 156; LAG Hamm 24.11.1983 – 8 Ta 320/83, MDR 1984, 258; 11.9.1986 – 8 Ta 218/86, MDR 1987, 85; LAG Köln 19.4.1982 – 1 Ta 41/82, EzA ArbGG 1979 § 12 Streitwert Nr. 12.
[152] Streitwertkatalog für die Arbeitsgerichtsbarkeit, NZA 2018, 498 (500).
[153] LAG Hamm 3.4.1986 – 8 Ta 25/86, LAGE ArbGG 1979 § 12 Streitwert Nr. 52.
[154] LAG Rheinland-Pfalz 21.11.2008 – 1 Ta 200/08, NZA-RR 2009, 220.
[155] BAG 16.1.1968 – 2 AZR 156/66, AP ArbGG 1953 § 12 Nr. 17.
[156] LAG Baden-Württemberg 27.9.1982 – 1 Ta 166/82, AP ArbGG 1979 § 12 Nr. 6; LAG Baden-Württemberg 6.11.1985 – 1 Ta 197/85, LAGE ArbGG 1979 § 12 Streitwert Nr. 47; LAG Düsseldorf 23.10.1980 – 25 Sa 434/80, AuR 1981, 156; 27.12.1979 – 8 Sa 627/79, EzA ArbGG 1979 § 12 Streitwert Nr. 1; LAG Hessen 3.6.1970 – 5 Ta 47/69, NJW 1970, 2134; LAG München 10.10.1979 – 8 Sa 617/78; LAG Saarland 27.5.1981 – 2 Ta 30/81, MDR 1981, 788; LAG Hessen 1.8.1994 – 6 Ta 139/94, LAGE ArbGG 1979 § 12 Streitwert Nr. 101.
[157] LAG Rheinland-Pfalz 17.7.2007 – 1 Ta 167/07, AE 2008, 148; LAG Bremen 1.11.1982 – 3 Ta 63/82, LAGE ArbGG 1979 § 12 Streitwert Nr. 23; LAG Bremen 13.4.1989 – 2 Ta 12/89, LAGE ArbGG 1979 § 12 Streitwert Nr. 80; LAG Niedersachsen 15.3.1988 – 13 Ta 10/88, JurBüro 1988, 855; LAG Nürnberg 12.2.1988 – 6 Ta 22/87, LAGE ArbGG 1979 § 12 Streitwert Nr. 73; 21.7.1988 – 1 Ta 6/88, LAGE ArbGG 1979 § 12 Streitwert Nr. 74; LAG Schleswig-Holstein 28.11.2008 – 1 Ta 109/08, BeckRS 2009, 55138.
[158] LAG Rheinland-Pfalz 26.10.2011 – 1 Ta 189/11, AE 2012, 118.
[159] LAG Hamm 30.1.2002 – 9 Ta 652/98, NZA-RR 2002, 267.

Streit steht und sich die Beauftragung des Rechtsanwalts auf die Modalitäten des Abfindungsangebots beschränkt.[160]

e) **Maßgebende Arbeitsvergütung.** Für die Wertberechnung ist das Arbeitsentgelt maßgebend, das der Arbeitnehmer bei Fortbestand des Arbeitsverhältnisses in den ersten drei Monaten nach dem streitigen Beendigungszeitpunkt beanspruchen könnte, und zwar das Bruttoentgelt.[161] Das ist die Vergütung, die der Arbeitgeber im Falle seines Annahmeverzugs schulden würde,[162] einschließlich der Zuschläge und regelmäßigen Prämien (nicht: Treueprämien),[163] sowie etwaiger Naturalleistungen und Nebeneinnahmen, auch der Wert der privaten Nutzung eines Firmen-Pkw.[164]

Sonderleistungen sind bei der Streitwertberechnung nur zu berücksichtigen, wenn die Zuwendungen erkennbar ausschließlich Entgeltcharakter haben.[165] Das ist nicht der Fall bei Weihnachts- oder Urlaubsgeld(-gratifikation).[166] Ob ein 13. Monatseinkommen ebenfalls eine derartige Sonderleistung darstellt, ist strittig; entscheidend ist sein Entgelt- bzw. Gratifikationscharakter.[167] Unkostenersatz und Trennungsentschädigungen bleiben jedenfalls außer Betracht.[168]

Ob bei einer Nettolohnvereinbarung dieser Lohn auf den Bruttolohn hochzurechnen und dieser dann dem Vierteljahresverdienst zugrunde zu legen ist, ist strittig.[169]

Bei Auszubildenden entspricht dem Arbeitsentgelt die Ausbildungsvergütung.[170]

17. Betriebsübergang

Klagt ein Arbeitnehmer in subjektiver Klagehäufung gegen den bisherigen Arbeitgeber und Betriebsinhaber auf Feststellung, dass das Arbeitsverhältnis durch eine von diesem ausgesprochene Kündigung nicht aufgelöst worden ist, und zugleich gegen den behaupteten Betriebsübernehmer auf Feststellung, dass mit ihm das beim bisherigen Arbeitgeber begründete Arbeitsverhältnis fortbesteht, so handelt es sich nach Auffassung des LAG Köln um zwei Streitgegenstände, die selbstständig bis zum Höchstbetrag nach § 42 Abs. 2 GKG zu bewerten sind.[171] Demgegenüber vertreten das LAG Schleswig-Holstein und das LAG Sachsen die Auffassung, dass bei einer auf einen Betriebsübergang gestützten Kündigungsschutzklage gegen den bisherigen Arbeitgeber und einer damit verbundenen Feststellungsklage gegen den Betriebsnachfolger der Streitwert gemäß § 42 Abs. 2 GKG lediglich einmal festzusetzen ist, da beide Verfahren das Fortbestehen eines (einzigen) Arbeitsverhältnisses zum Gegenstand haben.[172]

18. Darlehen

Der Streitwert wird bestimmt nach der Höhe des Darlehensbetrags.[173] Kosten und Zinsen bleiben unberücksichtigt.

---

[160] OLG Karlsruhe 7.7.2015 – 17 U 125/14, ArbRB 2016, 141.
[161] BAG 19.7.1973 – 2 AZR 190/73, AP ArbGG 1953 § 12 Nr. 20.
[162] LAG Rheinland-Pfalz 23.9.1981 – 1 Ta 130/81.
[163] LAG Bremen 1.11.1982 – 3 Ta 63/82, EzA ArbGG 1979 § 61 Nr. 9.
[164] LAG Hamm 29.1.1976 – 8 Ta 116/75, BB 1976, 746; LAG Hamburg 19.11.1990 – 4 Ta 4/90, AnwBl 1991, 165.
[165] BAG 24.3.1981 – 4 AZR 395/78, AP ArbGG 1979 § 12 Nr. 3.
[166] LAG Köln 19.4.1982 – 1 Ta 41/82, EzA ArbGG 1979 § 12 Nr. 12.
[167] LAG Berlin 16.10.1985 – 2 Ta 97/85 (Kost), LAGE ArbGG 1979 § 12 Nr. 44; LAG Hamburg 19.11.1990 – 4 Ta 4/90, AnwBl 1991, 165.
[168] LAG Hessen 12.4.1966 – 5 Sa 227/65, AP ArbGG 1953 § 12 Nr. 14; LAG Baden-Württemberg 16.8.1984 – 1 Ta 119/84, AuR 1985, 197 (Fahrtkostenpauschale).
[169] So: LAG Düsseldorf 7.1.1991 – 7 Ta 414/90, LAGE ArbGG 1979 § 12 Nr. 89; aA: LAG Berlin 7.1.1981 – 2 Ta 96/80, AuR 1981, 353.
[170] BAG 22.5.1984 – 2 AZB 25/82, NZA 1984, 332; LAG Düsseldorf 12.4.1984 – 7 Ta 92/84, EzA ArbGG 1979 § 12 Nr. 30; LAG Rheinland-Pfalz 23.9.1981 – 1 Ta 130/81.
[171] LAG Köln 16.12.1993 – 12 Ta 204/93, BeckRS 2009, 65956.
[172] LAG Schleswig-Holstein 12.4.2005 – 1 Ta 85/04, BeckRS 2005, 41252; LAG Sachsen 21.5.2012 – 4 Ta 90/12 (5), NZA-RR 2013, 262.
[173] BGH 18.6.1959 – VII ZR 155/58, NJW 1959, 1493.

19. Dienstwagen

82 Die Nutzung des Dienstwagens auch zu privaten Zwecken ist mit dem steuerlichen Sachbezugswert zu bewerten (sog. „1-%-Regel").[174] Vereinbaren die Parteien in einem Vergleich, dass der Arbeitnehmer den Dienstwagen vor Ablauf der Kündigungsfrist an den Arbeitgeber herausgibt, ist der Gegenstandswert hierfür mit 1 % des Bruttolistenpreises für jeden Monat der vorzeitigen Rückgabe bewertet worden.[175] Verlangt ein Arbeitgeber vom Arbeitnehmer die Herausgabe eines diesem zur Verfügung gestellten Dienstwagens, so bemisst sich der Wert dieses Verlangens auch dann gemäß § 6 ZPO nach dem Verkehrswert des Dienstwagens, wenn der Arbeitgeber diesen nur geleast hat.[176]

20. Diskriminierung

83 Siehe Stichwort „Entschädigung", → Rn. 89.

21. Drittschuldnerklage

84 Der Streitwert wird bestimmt durch die Höhe des eingeklagten Betrages. Zinsen und Kosten, die aus dem der Lohnpfändung zu Grunde liegenden Schuldtitel abgeleitet werden, sind im Einziehungserkenntnisverfahren nicht Nebenforderung iSv § 43 GKG, sondern Teil der Hauptforderung.

22. Eingruppierung

85 Nach § 42 Abs. 2 S. 2 GKG ist der Wert des dreijährigen Unterschiedsbetrages zur begehrten Vergütung maßgebend, sofern nicht der Gesamtbetrag der geforderten Leistungen geringer ist. Die bis zur Klageerhebung entstandenen Rückstände werden gemäß § 42 Abs. 3 S. 1 Hs. 2 GKG nicht hinzugerechnet. Aber auch die neben einer Eingruppierungs-Feststellungsklage eingeklagten monatlichen Unterschiedsbeträge, die erst nach Einreichung der Eingruppierungsklage fällig werden, erhöhen den gemäß § 42 Abs. 2 S. 2 GKG festzusetzenden Streitwert nicht.[177]

86 Bei einer Eingruppierungsfeststellungsklage bemisst sich der Streitwert nach einer Ansicht allein nach dem Wert des dreijährigen Unterschiedsbetrages zur begehrten Vergütung.[178] Ein Abschlag bei der Feststellungsklage wird abgelehnt.[179] Nach anderer Ansicht ist die Eingruppierungsfeststellungsklage mit dem um 20 % gekürzten Betrag des dreijährigen Bezuges zu bewerten.[180] Der Wert ist ohne Berücksichtigung von Sonderleistungen wie Treueprämien, zusätzliche Urlaubsgelder und Gratifikationen festzusetzen.[181]

87 Geht es dem Arbeitnehmer nicht um die Zuordnung zu einer bestimmten Vergütungsgruppe, sondern um die Bestimmung der für das Arbeitsverhältnis maßgebenden Tarifbestimmungen, handelt es sich nicht um eine Eingruppierungsangelegenheit iSd § 42 Abs. 2 S. 2 GKG. Im Rahmen der Streitwertbemessung ist deshalb zu berücksichtigen, dass der Beibehaltung der bisherigen Arbeitsbedingungen kein höherer Wert zukommen kann als der Beendigung der bisherigen Arbeitsbedingungen; dieser Wert ist durch § 42 Abs. 2 S. 1 GKG auf den Vierteljahresverdienst beschränkt.[182]

---

[174] BAG 27.5.1999 – 8 AZR 415/98, NZA 1999, 1038.
[175] LAG Rheinland-Pfalz 8.5.2008 – 1 Ta 49/08, BeckRS 2008, 52594.
[176] LAG Rheinland-Pfalz 16.10.2008 – 1 Ta 190/08, JurBüro 2009, 140.
[177] LAG Nürnberg 13.11.2017 – 4 Ta 180/17, ArbR 2018, 110.
[178] BAG 24.3.1981 – 4 AZR 395/78, AP ArbGG 1979 § 12 Nr. 3; LAG Berlin 7.12.1987 – 9 Sa 92/87, LAGE ArbGG 1979 § 12 Streitwert Nr. 68; BAG 4.9.1996 – 4 AZN 151/96, AP ArbGG 1979 § 12 Nr. 19.
[179] LAG Niedersachsen 21.4.1980 – 3 TaBV 1/80, EzA BetrVG 1972 § 40 Nr. 48; LAG Berlin 15.10.1982 – 2 Ta 60/82 (Kost), LAGE ArbGG 1979 § 12 Streitwert Nr. 68; LAG Hamm 18.12.1996 – 7 Sa 1539/96, AnwBl 1997, 292.
[180] LAG Hamm 27.6.1978 – 8 Sa 968/76, EzA ArbGG § 12 Nr. 7 (anders LAG Hamm 18.12.1996 – 7 Sa 1539/96, KostRsp. ArbGG § 12 Nr. 255).
[181] BAG 24.3.1981 – 4 AZR 395/78, AP ArbGG 1979 § 12 Nr. 3; BAG 4.9.1996 – 4 AZN 151/96, AP ArbGG 1979 § 12 Nr. 19.
[182] LAG Schleswig-Holstein 19.3.2009 – 6 Ta 24/09, JurBüro 2009, 535.

23. Einstweilige Verfügung

Die Bemessung erfolgt nach § 3 ZPO. Maßgebend ist das Interesse des Antragstellers im 88 Zeitpunkt der Antragseinreichung. Wegen der nur vorläufigen Bedeutung der Anordnungen im Eilverfahren ist der Wert der Hauptsache wesentlich zu unterschreiten. Die Gerichtspraxis setzt 1/3 bis 1/2 des Wertes der Hauptsache an. Eine Annäherung an den Wert der Hauptsache erfolgt in Fällen, in denen das Eilverfahren praktisch endgültige Tatsachen schafft. Dies ist bei der Unterlassungsverfügung zur Einhaltung eines nachvertraglichen Wettbewerbsverbots oder bei einer Beschäftigungsverfügung der Fall. Die Streitwertkommission empfiehlt, den Gegenstandswert bei Vorwegnahme der Hauptsache auf 100 % des allgemeinen Werts festzusetzen, bei einer einstweiligen Regelung sei der Gegenstandswert je nach Einzelfall zu bestimmen und betrage idR jedoch 50 % des Hauptsachestreitwerts (vgl. Ziffer I. Nr. 16 des Katalogs).[183]

24. Entschädigung

Macht ein Arbeitnehmer oder Bewerber Ansprüche auf Entschädigung wegen einer Benachteiligung gemäß § 15 AGG geltend, ist als Streitwert der im Wege der Leistungsklage geltend gemachte Betrag anzusetzen. Geht es um Schadensersatzansprüche wegen der benachteiligenden Nichtberücksichtigung im Rahmen einer Beförderung, wurde der 36-fache monatliche Differenzbetrag als Streitwert festgesetzt.[184] 89

25. Feststellungsklage

Die Bewertung der Feststellungsklage ist nach § 3 ZPO vorzunehmen. Bei der positiven 90 (behauptenden) Feststellungsklage ist wegen des gegenüber der Leistungsklage geringeren Prozessziels ein 20-prozentiger Abschlag vorzunehmen.[185] Die negative (leugnenden) Feststellungsklage ist dagegen mit dem vollen Betrag des strittigen Anspruchs zu bewerten.[186]

26. Freistellung

Die im Vergleich vereinbarte Freistellung des Arbeitnehmers von der Arbeitsverpflichtung 91 wird uneinheitlich bewertet. Teilweise soll sie keine den Vergleichsgegenstandswert erhöhende Bedeutung haben, wenn die Parteien nicht über die Freistellung (gerichtlich oder außergerichtlich) verhandelt haben.[187] Teilweise wurde ein Vergleichsmehrwert von einem Bruttomonatsverdienst[188] angenommen, teilweise ein solcher von 10–50 %[189] oder von 100 %[190] der auf den Freistellungszeitraum entfallenden Vergütung. Die Streitwertkommission spricht sich unter Ziffer I. Nr. 25.1.4 des Katalogs unter der Voraussetzung, dass sich

---

[183] Streitwertkatalog für die Arbeitsgerichtsbarkeit, NZA 2018, 498 (499).
[184] LAG Berlin-Brandenburg 26.11.2008 – 15 Sa 517/08, LAGE AGG § 22 Nr. 1.
[185] BAG 18.4.1961 – 3 AZR 313/59, AP ZPO § 3 Nr. 6; BAG 20.10.1954 – 1 AZR 193/54, AP ArbGG 1953 § 72 Streitwertrevision Nr. 21; LAG Hamm 24.7.1986 – 8 Ta 249/86, DB 1986, 1984.
[186] BGH 23.9.1970 – V ZR 4/70, NJW 1970, 2025; BAG 19.7.1961 – 3 AZR 387/60, AP ZPO § 3 Nr. 7; LAG München 16.2.2007 – 9 Ta 43/07, NZA-RR 2007, 382; LAG Rheinland-Pfalz 20.10.2010 – 1 Ta 220/10, AE 2011, 142.
[187] LAG Hamm 17.3.1994 – 8 Ta 465/93, NZA 1994, 912; LAG Köln 29.1.2002 – 7 Ta 285/01, LAGE ArbGG § 12 Streitwert Nr. 127; 15.9.2014 – 5 Ta 284/14, BeckRS 2014, 73370; LAG Nürnberg 27.11.2003 – 9 Ta 154/03, NZA-RR 2004, 261.
[188] LAG Hessen 23.4.1999 – 15/6 Ta 426/98, NZA-RR 1999, 382; LAG Hessen 12.8.1999 – 15 Ta 137/99, NZA-RR 1999, 660; LAG Hessen 8.1.2010 – 15 Ta 613/09, BeckRS 2011, 65287; LAG Hamburg 7.12.2011 – 7 Ta 31/11, BeckRS 2011, 79028; 11.1.2008 – 8 Ta 13/07, BeckRS 2008, 56480; LAG Hessen 23.12.2013 – 1 Ta 598/14, BeckRS 2015, 70493; LAG München 12.9.2005 – 2 Ta 337/05, BeckRS 2009, 67810; LAG Niedersachsen 26.11.2007 – 9 Ta 314/07, BeckRS 2008, 54031; LAG Rheinland-Pfalz 19.3.1999 – 6 Ta 48/99, NZA-RR 2000, 161; 16.4.1992 – 10 Ta 76/92, NZA 1992, 664.
[189] LAG Berlin 1.10.2001 – 17 Ta (Kost) 6136/01, NZA 2002, 406; LAG Köln 12.6.2013 – 7 Ta 20/13, BeckRS 2013, 71699; LAG Köln 16.10.2009 – 3 Ta 349/09, AE 2010, 63; LAG Schleswig-Holstein 12.11.2010 – 5 Ta 168/10, BeckRS 2010, 75126; LAG Rheinland-Pfalz 8.5.2008 – 1 Ta 49/08, BeckRS 2008, 52594.
[190] LAG Sachsen-Anhalt 22.11.2000 – 1 Ta 133/00, NZA-RR 2001, 435.

eine Partei eines Anspruchs auf oder eines Rechts zur Freistellung berühmt hat, für eine Werterhöhung des Vergleichsgegenstandwertes von bis zu einer Monatsvergütung aus.[191]

27. Herausgabeansprüche

92 Für Herausgabeansprüche ist nach § 6 ZPO der Verkehrswert maßgebend, der nach § 3 ZPO nach freiem Ermessen zu schätzen ist. Beispielsweise ist der Anspruch auf Herausgabe eines Leasing-Fahrzeugs nicht mit der Leasingrate oder einem Vielfachen hiervon, sondern mit dem Verkehrswert bewertet worden.[192] Im einstweiligen Verfügungsverfahren ist nur ein Bruchteil des Verkehrswertes des herausverlangten Fahrzeuges anzusetzen, weil der endgültige Verbleib der Sache in der Schwebe bleibt.

28. Integrationsamt

93 Nach der Rechtsprechung des BVerwG sind Verwaltungsstreitigkeiten über die Rechtmäßigkeit der Zustimmung des Integrationsamtes zur Kündigung eines Schwerbehinderten nicht gemäß § 42 Abs. 2 S. 1 GKG, sondern entsprechend § 52 Abs. 2 GKG mit 5.000 EUR zu bewerten.[193] Das OVG Schleswig setzt gem. § 52 Abs. 2 GKG einen Streitwert von 5.000 EUR nach billigem Ermessen fest.[194]

29. Klagehäufung

94 Bei der objektiven und bei der subjektiven Klagehäufung sind die Streitwerte der einzelnen Streitgegenstände zu addieren, sofern keine Sondernorm eingreift und auch keine wirtschaftliche Identität besteht.[195]

30. Kündigung

95 Siehe Stichwort „Bestandsstreitigkeiten", → Rn. 59 ff.

31. Leistungsklage

96 Maßgebend ist der wirtschaftliche Wert der begehrten Leistung ohne Rücksicht darauf, ob und ggf. in welchem Umfang die geltend gemachte Forderung im Streit steht (Ziffer I. Nr. 28 Streitwertkatalog).[196] Ist eine Bruttoforderung eingeklagt, so darf der Streitwert nicht am Nettobetrag orientiert werden.[197] Wird ein Bruttobetrag bei Abzug eines Nettobetrages eingeklagt, bemisst sich der Streitwert nach der Differenz. Wird nur der Nettolohn eingeklagt, ist der Streitwert nicht in Höhe des geschuldeten Bruttolohns festzusetzen.[198]

97 Werden (künftige) Lohnzahlungen, die vom Ausgang des Kündigungsschutzprozesses abhängen, in demselben Verfahren neben dem Kündigungsschutzantrag geltend gemacht, sind diese wegen wirtschaftlicher Identität nicht streitwerterhöhend zu berücksichtigen.[199] Etwas anderes kann gelten, wenn die Höhe der Lohnansprüche streitig ist.[200]

32. Nachträgliche Klagezulassung

98 Entscheidet das Arbeitsgericht über den Antrag auf nachträgliche Zulassung der Klage durch Zwischenurteil gemäß § 5 Abs. 4 S. 3 KSchG, so hat es darin auch den Streitwert

---

[191] Streitwertkatalog für die Arbeitsgerichtsbarkeit, NZA 2018, 498 (500).
[192] LAG Rheinland-Pfalz 16.10.2008 – 1 Ta 190/08, JurBüro 2009, 140.
[193] BVerwG 16.12.1992 – 5 C 39/89, MDR 1993, 584.
[194] OVG Schleswig 11.2.2014 – 3 O 45/12, BeckRS 2014, 47448.
[195] LAG Nürnberg 14.7.2006 – 6 Ta 108/06, EzA-SD 2006 Nr. 19, 15.
[196] Streitwertkatalog für die Arbeitsgerichtsbarkeit, NZA 2018, 498 (500).
[197] LAG Baden-Württemberg 4.3.1983 – 1 Ta 11/83, AP GKG 1975 § 25 Nr. 1.
[198] LAG Düsseldorf 7.1.1988 – 7 Ta 433/87, JurBüro 1988, 1079; aA LAG Baden-Württemberg 4.3.1983 – 1 Ta 11/83, AP GKG 1975 § 25 Nr. 1.
[199] LAG Nürnberg 14.7.2006 – 6 Ta 108/06, EzA-SD 2006 Nr. 19, 15.
[200] LAG Köln 29.5.2006 – 11 (14) Ta 110/06, AE 2006, 306.

festzusetzen. Dieser richtet sich nach dem Wert der Hauptsache.[201] Insoweit wird auf die Ausführungen zum Stichwort „Bestandsstreitigkeiten" (→ Rn. 59 ff.) verwiesen.

33. Nachweisgesetz

Macht der Arbeitnehmer klageweise die Erteilung eines schriftlichen Arbeitsvertrags gemäß § 1 NachwG geltend, ist ein Streitwert von einem Bruttomonatsverdienst[202] oder ein solcher von 300 EUR[203] angenommen worden. Bei einem Antrag auf Erteilung eines Nachweises nach § 2 NachwG ist der Gegenstandswert mit einem Bruttomonatsverdienst bewertet worden.[204] Die Empfehlung der Streitwertkommission lautet einheitlich für Nachweise nach dem Nachweisgesetz 10 % einer Monatsvergütung (vgl. I. Nr. 7.2).[205]

34. Nichtvermögensrechtliche Streitigkeiten

Streitigkeiten über Ansprüche, die nicht auf Geld oder geldeswerte Leistung gehen, die nicht in Ansprüche auf Geld umwandelbar sind und ihren Ursprung in Verhältnissen haben, denen kein Vermögenswert zukommt, sind nach § 48 Abs. 2 GKG zu bewerten. Mangels konkreter Umstände, die für einen höheren oder geringeren Wert sprechen, ist der Wert von 5.000 EUR als Ausgangsbetrag zu Grunde zu legen (§ 23 Abs. 3 RVG).

35. Statusklage

Bei einem Streit über die Feststellung der Arbeitnehmereigenschaft beträgt der Streitwert gemäß § 42 Abs. 2 S. 1 GKG einen Vierteljahresverdienst. Geht es um den Status eines leitenden Angestellten, ist auf den Regelstreitwert (§ 23 Abs. 3 RVG) abzustellen, im Falle der Aufhebung der Einstellung (§ 101 BetrVG) wurde ein Streitwert in Höhe der dreifachen Bruttomonatsvergütung angenommen.[206]

36. Stufenklage

Der Streitwert erster Instanz richtet sich nach dem Interesse des Klägers an der Auskunftserteilung zur Durchsetzung seines Zahlungsanspruchs und orientiert sich damit wertmäßig am zu schätzenden Wert der begehrten Zahlung. Die Bewertung erfolgt nach festen Prozentsätzen des Leistungsanspruchs ($^1/_{10}$ bis $^1/_4$). Das Interesse der zur Auskunft verurteilten Partei richtet sich dagegen nach ihrem wirtschaftlichen Interesse, die Auskunft nicht erteilen zu müssen und damit an den Kosten und dem Aufwand zur Erfüllung des Auskunftsanspruchs (regelmäßig unter 600 EUR).[207]

37. Teilzeitanspruch

Bei einem Streit über ein Teilzeitbegehren des Arbeitnehmers richtet sich der Streitwert nach den Grundsätzen zur Änderungskündigung.[208] Entsprechendes gilt für die Klage auf Erhöhung der Arbeitszeit nach § 9 TzBfG.[209]

38. Unterlassung

Unterlassungsansprüche zum Schutze der persönlichen Ehre sind nach § 48 Abs. 2 GKG unter Berücksichtigung aller Umstände des Einzelfalles, insbesondere des Umfangs und der

---

[201] BeckOK ArbR/*Kerwer* KSchG § 5 Rn. 60.
[202] LAG Baden-Württemberg 18.12.2009 – 5 Ta 131/09, BeckRS 2010, 65929; ArbG Düsseldorf 16.12.1998 – 3 Ca 7703/98.
[203] LAG Hamm 17.3.1996 – 9 Ta 295/96.
[204] LAG Baden-Württemberg 18.1.2016 – 5 Ta 161/15, BeckRS 2016, 65715.
[205] Streitwertkatalog für die Arbeitsgerichtsbarkeit, NZA 2018, 498 (499).
[206] LAG Hamm 9.11.2006 – 13 Ta 508/06, NZA-RR 2007, 96; aA LAG Hamburg 18.4.2007 – 4 Ta 4/07, BeckRS 2007, 44019 (ein Bruttomonatsverdienst).
[207] BAG 27.5.1994 – 5 AZB 3/94, NZA 1994, 1054.
[208] LAG Hamburg 8.11.2001 – 6 Ta 24/01, NZA 2002, 1303; LAG Köln 5.4.2005 – 3 Ta 61/05, NZA 2005, 1135; LAG Nürnberg 12.9.2003 – 9 Ta 127/03, NZA-RR 2004, 103.
[209] LAG Berlin 19.3.2004 – 17 Ta (Kost) 6006/04, NZA-RR 2004, 493.

Bedeutung der Sache und der Vermögens- und Einkommensverhältnisse der Parteien zu bestimmen. Ein Wert von 2.000 EUR wird den gegenwärtigen Verhältnissen nicht gerecht. Auszugehen ist daher von den in § 52 Abs. 2 GKG auf 5.000 EUR festgesetzten Werte. Über diesen Grundstreitwert kann deutlich hinausgegangen werden, wenn die Ehrenkränkung nicht nur das private, sondern auch das soziale Ansehen in der Öffentlichkeit berührt. Das ist für den Streitwert werterhöhend zu berücksichtigen.[210] Ist vorrangiges Ziel einer Klage des Arbeitnehmers auf Unterlassung und Widerruf ehrverletzender Äußerungen, diese in einem Kündigungsschutzprozess nicht verwenden zu dürfen, handelt es sich um eine vermögensrechtliche Streitigkeit, deren Wert auf ein Vierteljahreseinkommen begrenzt ist.[211] Für einen vom Arbeitgeber geltend gemachten Anspruch auf Unterlassung geschäftsschädigender Äußerungen ist darauf abgestellt worden, welche Beeinträchtigungen durch das Unterlassen der Behauptungen des Arbeitnehmers verhindert werden konnten (25.000 EUR bei drohendem Verlust eines Geschäftspartners).[212]

39. Urlaub

105   Bei einem Streit über die zeitliche Lage des Urlaubs richtet sich der Streitwert nicht danach, was der Arbeitnehmer mit dem Urlaub anfangen will oder welche Kosten zB eine gebuchte Urlaubsreise verursacht.[213] Überwiegend wird der Streitwert anhand der Vergütung für die einzelnen streitigen Urlaubstage festgesetzt.[214] Dies entspricht nunmehr auch der Empfehlung der Streitwertkommission in Ziffer I. Nr. 24.1 des überarbeiteten Katalogs.[215] Teilweise ist der Streitwert auch im Wege der Schätzung mit 3.000 EUR[216] oder mit 2.000 EUR[217] angenommen worden. Beantragt der Arbeitnehmer eine einstweilige Verfügung auf Gewährung von Urlaub, wurde der Streitwert mit 50 % der Vergütung für die Urlaubstage bemessen.[218]

106   Macht der Arbeitnehmer im Wege der Leistungsklage Ansprüche auf finanzielle Urlaubsabgeltung oder die Zahlung von Urlaubsentgelt oder zusätzlichem Urlaubsgeld geltend, entspricht der Streitwert dem eingeklagten Betrag. Zur Urlaubsbescheinigung siehe Stichwort „Arbeitspapiere", → Rn. 45 ff.

40. Vergleich

107   In der Bestandsstreitigkeit bewirkt die Einigung über die Auflösung des Arbeitsverhältnisses gegen Zahlung einer Abfindung iSv §§ 9, 10 KSchG keine Streitwerterhöhung.

Die Einbeziehung von Ansprüchen auf eine Abfindung aus anderen Rechtsgrundlagen (Rationalisierungsschutzabkommen, Sozialplan, § 113 BetrVG, vertragliche Abreden) kann zur Erhöhung des Streitwerts führen. Für diese Auffassung spricht sich auch die Streitwertkommission unter I. Nr. 1 aus.[219] Werden strittige (auch nicht rechtshängige) Entgeltansprüche aus der Zeit vor der Kündigung einbezogen, erhöht sich der Streitwert. Die Einbeziehung bisher nicht eingeklagter kündigungsabhängiger Entgelte führt jedoch nicht zu einer Streitwerterhöhung;[220] entsprechendes gilt für die Vereinbarung einer Arbeitsfreistellung un-

---

[210] BAG 26.8.1997 – 9 AZR 61/96, AP BGB § 823 Persönlichkeitsrecht Nr. 5 – betr. 100.000 DM bei Spitzenfunktionär der deutschen Anwaltschaft in erster und 50.000 DM in zweiter Instanz, weil sich durch Zeitablauf das zu bewertende Interesse im Rechtsmittelverfahren änderte (Kläger war zwischenzeitlich wegen seines vorgerückten Alters aus seinen hervorgehobenen Ehrenämtern ausgeschieden). Siehe auch LAG Rheinland-Pfalz 24.4.2007 – 1 Ta 90/07, NZA-RR 2007, 541.
[211] LAG Nürnberg 3.6.2020 – 2 Ta 57/20, BeckRS 2020, 12860.
[212] LAG Rheinland-Pfalz 17.5.2010 – 1 Ta 57/10, NZA-RR 2010, 432.
[213] LAG Köln 13.9.2011 – 4 Ta 245/11, BeckRS 2011, 76489; LAG Schleswig-Holstein 26.2.2003 – 3 Ta 16/02, BeckRS 2002, 31055229.
[214] LAG Bremen 22.10.2008 – 1 Ta 61/08, BeckRS 2008, 57370; LAG Köln 13.9.2011 – 4 Ta 245/11, BeckRS 2011, 76489.
[215] Streitwertkatalog für die Arbeitsgerichtsbarkeit, NZA 2018, 498 (500).
[216] LAG Köln 2.6.2003 – 3 Ta 16/02, BeckRS 2011, 77273.
[217] LAG Köln 24.4.2007 – 4 Ta 86/07, NZA-RR 2007, 605.
[218] LAG Schleswig-Holstein 23.9.1991 – 3 Ta 183/9, BeckRS 2002, 31055229.
[219] Streitwertkatalog für die Arbeitsgerichtsbarkeit, NZA 2018, 498.
[220] BAG 20.1.1967 – 2 AZR 232/65, AP ArbGG 1953 § 12 Nr. 16.

ter Fortzahlung der Bezüge bis zum Endzeitpunkt des Arbeitsverhältnisses.[221] Die Einigung über rechtshängige Ansprüche bewirkt aber wiederum eine Streitwerterhöhung.

Der Gegenstandswert eines Vergleichs geht über den Streitwert des Verfahrens hinaus, wenn er Regelungen enthält, durch die andere Streitgegenstände beigelegt werden. Dafür reicht es aus, dass die konkrete Gefahr besteht, dass sie ohne die vergleichsweise Regelung alsbald in einem gerichtlichen Verfahren ausgetragen werden.[222] Bei der Einbeziehung unstreitiger Ansprüche (Zeugnis, Herausgabe PKW ua) soll das sog. Titulierungsinteresse zu bewerten sein, wobei regelmäßig 10 % in Ansatz gebracht werden.[223] Die Streitwertkommission und das LAG Hessen[224] hingegen bewerten das Titulierungsinteresse mit 20 % des Wertes des Anspruchs (vgl. I. Nr. 25.2).[225] Der überschießende Vergleichswert des in dem gerichtlichen Vergleich aufgenommenen Anspruchs auf Erteilung eines qualifizierten Arbeitszeugnisses ohne Festlegung des Zeugnisinhaltes soll, wenn keine besonderen Umstände vorliegen, auf 300 EUR beschränkt sein.[226] Ist auch über den Zeugnisinhalt gestritten worden, ist der Anspruch auf das qualifizierte Zeugnis mit einem Monatsgehalt bemessen worden.[227] Nach Auffassung des LAG Hamm begründet ein Titulierungsinteresse einen Wertansatz, wenn dieses im Zusammenhang steht mit der Beseitigung einer Ungewissheit, nicht jedoch, wenn es lediglich um die gerichtliche Beurkundung unstreitiger Forderungen oder die deklaratorische Feststellung von Rechtsfolgen der arbeitsrechtsvertraglichen Rechtsbeziehungen geht. Ein Titulierungsinteresse kann – wenn überhaupt – nur dann zu einem Einigungsmehrwert führen, wenn die Vergleichsregelung einen vollstreckbaren Inhalt hat.[228] Im Übrigen geht die Streitwertkommission im Grundsatz davon aus, dass sich der Wert des Vergleichs nicht um den Wert dessen erhöht, was die Parteien durch den Vergleich erlangen oder wozu sie sich verpflichten. So soll die Veränderung des Beendigungszeitpunkts auch bei Verknüpfung mit einer Erhöhung des Abfindungsbetrages durch eine Turbo- oder Sprinterklausel nicht zu einem Vergleichsmehrwert führen (Ziffer I Nr. 25.1.1 des Katalogs 2016).[229]

Wurde in dem Vergleich der Streit über eine unverhältnismäßig hohe Forderung beigelegt, die mit Rücksicht auf die bezweifelte Realisierbarkeit nicht oder nicht voll eingeklagt wurde, so bemisst sich der Streitwert nach dem Teilbetrag, den der Kläger nach Abschätzung der Einkommens- und Vermögensverhältnisse des Schuldners für realisierbar halten konnte.[230]

Wird ein Kündigungsrechtsstreit durch einen Vergleich beendet, in dem sich die Parteien über die Auflösung des Arbeitsverhältnisses durch die streitgegenständliche Kündigung zu dem in der Kündigung vorgesehenen Zeitpunkt einigen, und begründen die Parteien in dem Vergleich zu einem bestimmten, in der Zukunft liegenden Zeitpunkt ein neues Arbeitsverhältnis, ist wegen dieses Vertragsschlusses der Vergleichswert gegenüber dem Streitwert des Kündigungsschutzstreits nicht zu erhöhen.[231]

Vereinbaren die Parteien im Kündigungsrechtsstreit die Fortsetzung des Arbeitsverhältnisses zu geänderten Vertragsbedingungen mit einer Blockfreistellung vor dem altersbedingten

---

[221] AA LAG Köln 17.4.1985 – 7 Ta 219/84, AnwBl 1986, 205 (25 % des auf den Freistellungszeitraumes entfallenden Entgeltanspruchs).
[222] LAG Köln 18.8.2011 – 7 Ta 139/11, BeckRS 2011, 76821.
[223] LAG Düsseldorf 23.9.2005 – 17 Ta 528/05, BeckRS 2008, 52421; LAG Nürnberg 22.10.2009 – 4 Ta 135/09, AE 2010, 64.
[224] LAG Hessen 5.8.2013 – 1 Ta 38/13, BeckRS 2013, 72671.
[225] Streitwertkatalog für die Arbeitsgerichtsbarkeit, NZA 2018, 498 (500).
[226] LAG Nürnberg 19.7.2004 – 6 Ta 60/04, MDR 2004, 1387.
[227] LAG Hamburg 29.12.2010 – 4 Ta 27/10, NZA-RR 2011, 152; LAG Hessen 5.8.2013 – 1 Ta 38/13, BeckRS 2013, 72671.
[228] LAG Baden-Württemberg 14.7.2011 – 5 Ta 101/11, BeckRS 2011, 74935; LAG Hamm 17.4.2007 – 6 Ta 145/07, NZA-RR 2007, 437; vgl. auch LAG Köln 22.10.2007 – 2 Ta 279/07, BeckRS 2008, 50686 und LAG Baden-Württemberg 14.7.2011 – 5 Ta 101/11, BeckRS 2011, 74935; LAG Rheinland-Pfalz 6.5.2008 – 1 Ta 66/08, NZA-RR 2008, 660.
[229] Streitwertkatalog für die Arbeitsgerichtsbarkeit, NZA 2018, 498 (500).
[230] LAG Hessen 16.6.1964 – 5 Sa 366/63, NJW 1964, 2129; LAG Hamm 28.2.1980 – 8 Ta 215/79, MDR 1980, 613; LAG Rheinland-Pfalz 19.5.2010 – 1 Ta 31/10, JurBüro 2010, 529.
[231] BAG 18.1.1996 – 8 AZR 440/94 (A), AP ArbGG 1979 § 12 Nr. 18.

Ausscheiden des Arbeitnehmers, so ist der überschießende Vergleichswert in entsprechender Anwendung des § 42 Abs. 2 S. 1 GKG wie bei einer Änderungsschutzklage zu bewerten.[232]

112 Streit besteht auch häufig über einen Vergleichsmehrwert, wenn mit dem Vergleich auch anderweitig rechtshängige Verfahren erledigt werden. Die Rechtsprechung lehnt teilweise eine Erhöhung des Vergleichswertes ab,[233] teilweise wird zumindest das wirtschaftliche Interesse an der Durchführung des anderweitigen Verfahrens bewertet.[234] Die Streitwertkommission empfiehlt nur dann die Berücksichtigung eines Vergleichsmehrwerts, wenn die anderweitigen Gegenstände bei Geltendmachung in einem Verfahren zu einer Werterhöhung führen würden (Ziffer I. 25.1 des Katalogs). Kein Mehrwert soll bei einer (Verpflichtung zur) Erledigung oder Rücknahme bei behördlichen Verfahren (Integrationsamt, Arbeitsschutzbehörde) oder Gerichten (Verwaltungsgericht) im Zusammenhang mit Kündigungsverfahren zu berücksichtigen sein (Ziffer I. 25.1.7 des Katalogs).[235] Das überzeugt schon deshalb nicht, weil für die Nichtberücksichtigung des Wertes miterledigter Verfahren bei der Bemessung des Vergleichswertes die rechtliche Grundlage fehlt:[236] Jedes Verfahren ist eigenständig zu bewerten, es handelt sich gebührenrechtlich um verschiedene Angelegenheiten iSv § 17 RVG. Wird allerdings durch die Einigung der Streit über mehrere Verfahren beigelegt, entsteht zwar nur eine Einigungsgebühr, die allerdings aus dem Wert aller miterledigten Verfahren zu bemessen ist.[237]

113 Die Anfechtung eines gerichtlich geschlossenen Vergleichs führt zur Fortsetzung des Verfahrens. Ihr kommt daher kein eigener, Gebühren auslösender Wert zu.[238]

41. Versetzung

114 Streiten die Parteien über die Wirksamkeit einer vom Arbeitgeber vorgenommenen Versetzung, wird üblicherweise ein Streitwert in Höhe eines Bruttomonatsgehalt angenommen.[239] Teilweise wirken sich die Umstände des Einzelfalls streitwerterhöhend aus.[240] Diese Auffassung teilt die Streitwertkommission unter Ziffer I. Nr. 14 des Katalogs und empfiehlt einen Gegenstandswert von bis zu einem Vierteljahresentgelt.[241] Bei wirtschaftlichen Auswirkungen ist der dreijährige Differenzbetrag in Ansatz zu bringen, maximal aber drei Bruttoeinkommen.[242] Macht der Arbeitnehmer gleichzeitig mit einem gesonderten Antrag geltend, dass er zu unveränderten Bedingungen weiter zu beschäftigen sei, so ist dieser Antrag gesondert zu bewerten; zu Details siehe Stichwort „Weiterbeschäftigungsanspruch", → Rn. 116.

42. Weisungs- und Direktionsrecht

115 Bei einem Streit darüber, ob der Arbeitnehmer berechtigt ist, bestimmte, ihm zugewiesene Arbeiten zu verweigern, handelt es sich um eine vermögensrechtliche Streitigkeit im Sinne von § 64 Abs. 2 ArbGG.[243] Üblicherweise werden Rechtsstreitigkeiten über die Ausübung des Direktionsrechts des Arbeitgebers mit einem Bruttomonatsgehalt bewertet.[244] Die

---

[232] LAG Nürnberg 12.12.2013 – 4 Ta 133/13, NZA-RR 2014, 261.
[233] LAG Nürnberg 24.2.2016 – 4 Ta 16/16, NZA-RR 2016, 274; LAG Rheinland-Pfalz 2.11.2011 – 1 Ta 198/11, AGS 2012, 424; LAG Köln 2.8.2016 – 4 Ta 135/16, BeckRS 2016, 71601.
[234] LAG Düsseldorf 23.7.2015 – 3 Ta 85/15, BeckRS 2016, 67323: 500 EUR.
[235] Streitwertkatalog für die Arbeitsgerichtsbarkeit, NZA 2018, 498 (500).
[236] Stellungnahme des DAV zum Streitwertkatalog für die Arbeitsgerichtsbarkeit, NZA 2018, 502.
[237] Gerold/Schmidt/*Müller-Rabe*, 24. Aufl. 2019, RVG VV 1003 Rn. 71.
[238] BGH 8.2.2007 – V ZR 160/06, BeckRS 2007, 03981; LAG Rheinland-Pfalz 22.2.2011 – 1 Ta 9/11, AE 2011, 143.
[239] LAG Berlin 10.6.2005 – 13 Sa 571/05, BeckRS 2005, 43024; LAG München 28.2.1990 – 10 (9) Ta 85/89, JurBüro 1990, 1609.
[240] LAG Berlin 2.11.2005 – 17 Ta (Kost) 6070/05, AE 2006, 67.
[241] Streitwertkatalog für die Arbeitsgerichtsbarkeit, NZA 2018, 498 (499).
[242] LAG Berlin-Brandenburg 31.10.2019 – 26 Ta (Kost) 6100/19, BeckRS 2019, 26938 = NZA-RR 2019, 662 (Ls.).
[243] BAG 28.9.1989 – 5 AZB 8/89, NZA 1990, 202.
[244] LAG Hessen 5.7.2013 – 1 Ta 164/13, BeckRS 2013, 72667; LAG Rheinland-Pfalz 8.12.2011 – 1 Ta 231/11, BeckRS 2012, 65896.

Streitwertkommission legt nach I. Nr. 14 den Gegenstandswert auf idR eine Monatsvergütung bis zu einem Vierteljahresentgelt fest, abhängig vom Grad der Belastungen, die durch die veränderten Arbeitsbedingungen der klagenden Partei entstehen.[245]

43. Weiterbeschäftigungsanspruch

Wird einem in der Klageschrift als allgemeiner Weiterbeschäftigungsantrag formulierten Antrag die Passage „Sollte die Beklagte im Gütetermin nicht zu Protokoll erklären, dass sie den Kläger weiterbeschäftigen wird, sofern ein der Klage stattgebendes Urteil ergeht, stellen wir folgenden weiteren Antrag:" vorangestellt, ist im Regelfall davon auszugehen, dass der Antrag nur angedroht, nicht aber rechtshängig gemacht werden soll; er ist daher bei der Streitwertfestsetzung nicht zu berücksichtigen.[246] Der Antrag auf vorläufige Weiterbeschäftigung für die Dauer des Kündigungsschutzverfahrens ist als ein für den Fall des Erfolgs des Bestandsschutzbegehrens gestellter „uneigentlicher" Hilfsantrag zu verstehen; er wird mit dem Hauptanspruch nur zusammengerechnet, soweit eine Entscheidung über ihn ergeht.[247] Im Übrigen ist der Weiterbeschäftigungsantrag wegen wirtschaftlicher (Teil-)Identität teilweise nicht streitwerterhöhend berücksichtigt worden,[248] teilweise wurde er mit der Hälfte des Wertes des Kündigungsschutzantrags bewertet,[249] teilweise mit einem Bruttomonatsgehalt.[250] Letztere Bewertung entspricht derjenigen der Streitwertkommission unter I. Nr. 26 unabhängig davon, ob es sich um einen allgemeinen Weiterbeschäftigungsantrag oder um einen Anspruch nach § 102 Abs. 5 BetrVG handelt.[251] Teilweise wird danach differenziert, ob es sich um einen „einfachen" oder einen „qualifizierten" Weiterbeschäftigungsantrag handelt: Der einfache sei als Annexantrag zum Kündigungsschutzantrag mit einem Bruttomonatsgehalt festzusetzen, der qualifizierte, auf eine bestimmte Beschäftigung mit konkretisierten Inhalten gerichteten Antrag mit zwei Bruttomonatsgehältern.[252] Im Übrigen kommt eine Addition des Wertes für den allgemeinen Weiterbeschäftigungsantrag zum Bestandsschutzantrag gemäß § 45 Abs. 4 GKG nur in Betracht, wenn ersterer nicht nur verfahrensrechtlich erledigt, sondern auch in Form einer sachlichen Regelung Eingang in den Vergleich gefunden hat.[253]

44. Wettbewerbsverbot

Bei einem Streit über die Wirksamkeit eines nachvertraglichen Wettbewerbsverbotes bestimmt sich der Streitwert nach dem Höchstbetrag der geschuldeten Karenzentschädigung. Nach § 74 Abs. 2 HGB handelt es sich dabei typischerweise um das Jahreseinkommen.[254] Wurde eine Karenzentschädigung ausdrücklich ausgeschlossen, wurde ein Streitwert von 8.000 EUR angenommen.[255]

Nimmt der Arbeitgeber den Arbeitnehmer auf Unterlassung verbotenen Wettbewerbs in Anspruch, richtet sich der Gegenstandswert gemäß § 3 ZPO nach dem wirtschaftlichen Interesse des Arbeitgebers, das nicht mit der zu zahlenden Karenzentschädigung identisch ist.

---

[245] Streitwertkatalog für die Arbeitsgerichtsbarkeit, NZA 2018, 498 (499).
[246] LAG Baden-Württemberg 22.3.2011 – 5 Ta 1/11, NZA-RR 2011, 381.
[247] BAG 30.8.2011 – 2 AZR 668/10, BeckRS 2014, 72791; LAG Nürnberg 4.8.2020 – 2 Ta 84/20, BeckRS 2020, 19886.
[248] LAG Baden-Württemberg 17.11.2009 – 5 Ta 130/09, BeckRS 2010, 72066.
[249] LAG Saarland 4.9.2007 – 2 Sa 107/05, juris.
[250] LAG Baden-Württemberg 27.4.2010 – 5 Ta 63/10, NZA-RR 2010, 376; LAG Köln 16.10.2007 – 9 Ta 298/07, NZA-RR 2008, 380; LAG Sachsen 8.11.2010 – 4 Ta 211/10, BeckRS 2011, 73175; LAG Rheinland-Pfalz 22.5.2009 – 1 Ta 105/09, AE 2009, 350.
[251] Streitwertkatalog für die Arbeitsgerichtsbarkeit, NZA 2018, 498 (500).
[252] LAG Köln 12.5.2011 – 2 Ta 87/11, AE 2012, 71 (72).
[253] LAG Baden-Württemberg 30.12.2015 – 5 Ta 82/15, BeckRS 2016, 65280; LAG Köln 9.3.2016 – 4 Ta 33/16, AE 2016, 212.
[254] LAG Düsseldorf 5.8.1982 – 7 Ta 72/82, EzA ArbGG 1979 § 12 Streitwert Nr. 2; LAG Hamm 19.2.2008 – 14 SaGa 5/08, BeckRS 2008, 53985; LAG Köln 12.11.2007 – 7 Ta 295/07, BeckRS 2008, 53359; LAG Schleswig-Holstein 31.5.2012 – 6 Ta 86/12, BeckRS 2012, 70282.
[255] LAG München 17.9.2010 – 10 Ta 529/09, juris.

45. Wiedereinstellungsanspruch

119   Stellt sich die Prognoseentscheidung des Arbeitgebers hinsichtlich des Wegfalls der Beschäftigungsmöglichkeit im Nachhinein als unzutreffend heraus, kann der Arbeitnehmer uU einen Wiedereinstellungsanspruch geltend machen. Dieser wird von der Rechtsprechung uneinheitlich bewertet: Teilweise wurde ein Streitwert von einem[256] bis zwei[257] Bruttomonatsgehältern angenommen, teilweise ein solcher von einem Vierteljahresverdienst.[258] Teilweise wurde dem Wiedereinstellungsanspruch überhaupt kein eigener Streitwert beigemessen.[259] Schließlich wurde auch noch vertreten, dass die Vorschrift des § 42 Abs. 2 GKG auf den Wiedereinstellungsanspruch nicht anwendbar sei, weswegen gemäß § 3 ZPO das wirtschaftliche Interesse zu berücksichtigen sei, das mit einer Jahresvergütung angenommen wurde.[260] Die Streitwertkommission spricht sich nach I. Nr. 27 iVm I. Nr. 15 für einen Streitwert von einem Vierteljahresverdienst aus.[261]

46. Wiederkehrende Leistungen

120   Bei Klagen auf Leistungen der betrieblichen Altersversorgung richtet sich die Streitwertfestsetzung nach § 42 Abs. 1 S. 1 GKG. Danach ist bei Rechtsstreitigkeiten über wiederkehrende Leistungen der Wert des dreijährigen Bezugs maßgebend, sofern nicht der Gesamtbetrag der geforderten Leistungen geringer ist; bis zur Klageerhebung entstandene Rückstände werden in Rechtsstreitigkeiten vor den Arbeitsgerichten gemäß § 42 Abs. 3 S. 1 GKG nicht hinzugerechnet. Der Gesamtbetrag der geforderten Leistungen soll geringer sein, wenn der Arbeitsvertrag auf kürzere Zeit als drei Jahre befristet ist oder aber auf unbestimmte Zeit geschlossen ist und vor Ablauf von drei Jahren durch ordentliche Kündigung beendet werden kann. Maßgebend seien dann die bis zum nächstzulässigen Kündigungstermin zu erbringenden Leistungen.[262]

121   Der Wert einer Feststellungsklage, die wiederkehrende Leistungen zum Gegenstand hat, ist regelmäßig mit 80 % des Wertes der entsprechenden Leistungsklage anzusetzen.[263] Wird lediglich eine Ruhegeldanwartschaft bzw. das Ruhestandsverhältnis geklärt, wird 50 % des Wertes der entsprechenden Leistungsklage angemessen sein. Bei einer negativen Feststellungsklage, in der die Verpflichtung zur Erbringung wiederkehrender Leistungen geleugnet wird, ist der ungekürzt dreifache Jahresbetrag maßgebend.[264]

122   Bis zur Klageerhebung entstandene Rückstände werden gemäß § 42 Abs. 3 S. 1 GKG in Verfahren vor den Arbeitsgerichten nicht berücksichtigt. Das gilt für die eingeklagten Rückstände. Nicht eingeklagte Rückstände können ohnehin nicht in die Bewertung einbezogen werden.[265] Die während des Verfahrens fällig gewordenen und dem Zahlungsantrag zugeschlagenen Beträge erhöhen den Streitwert nicht.[266] Die Streitwertbegrenzung auf den dreijährigen Bezug gilt auch, wenn die Zahlung der während des Rechtsstreits fällig gewordenen Rückstände in einer Summe verlangt wird und sich somit die weiter begehrte Feststellung, der Arbeitgeber sei auch verpflichtet, die entsprechenden monatlichen Beträge in der Zukunft zu zahlen, nur auf den Zeitraum nach der Letzten mündlichen Verhandlung bezieht.[267]

---

[256] LAG Hamm 24.6.1999 – 8 Sa 2071/98, BeckRS 1999, 30815113.
[257] LAG Hamm 27.3.2003 – 4 Sa 189/02, NZA-RR 2003, 652; ArbG Frankfurt 20.7.1999 – 5 Ca 7905/97, NZA-RR 1999, 580.
[258] LAG Düsseldorf 8.4.2008 – 6 Ta 167/08, BeckRS 2008, 55775; LAG Schleswig-Holstein 20.3.2015 – 6 Ta 199/14, BeckRS 2015, 68252.
[259] LAG Saarland 4.9.2007 – 2 Sa 107/05, juris.
[260] LAG Baden-Württemberg 28.1.2005 – 3 Ta 5/05, BeckRS 2011, 65761.
[261] Streitwertkatalog für die Arbeitsgerichtsbarkeit, NZA 2018, 498 (499).
[262] LAG Baden-Württemberg 8.11.1985 – 1 Ta 202/85, LAGE ArbGG 1979 § 12 Streitwert Nr. 48; krit. GK-ArbGG/*Wenzel* § 12 Rn. 187 mwN.
[263] BAG 18.4.1961 – 3 AZR 313/59, AP ZPO § 3 Nr. 6.
[264] BAG 19.7.1961 – 3 AZR 387/60, AP ZPO § 3 Nr. 7.
[265] LAG Hamm 29.10.1981 – 8 Ta 207/81, EzA ArbGG 1979 § 12 Nr. 9.
[266] LAG Bremen 24.3.1988 – 4 Sa 316/87, LAGE ArbGG 1979 § 12 Streitwert Nr. 69.
[267] LAG Bremen 24.3.1988 – 4 Sa 316/87, LAGE ArbGG 1979 § 12 Streitwert Nr. 69.

Umstritten ist die Bewertung von isoliert eingeklagten Leistungsrückständen.[268] Der Regelung in § 42 Abs. 3 S. 1 GKG wird der allgemeine Bewertungsgrundsatz entnommen, dass der Streit über wiederkehrende Leistungen in Verfahren vor den Arbeitsgerichten in jedem Fall höchstens mit dem dreifachen Jahresbetrag zu bewerten sei, ob nur rückständige Beträge geltend gemacht, ob nur künftige Leistungen eingeklagt werden oder ob beides geschieht.[269] Dagegen wird eingewandt, dass sich bei einer Klage auf rückständige und zukünftige Leistungen der Regelung in § 42 Abs. 3 S. 1 ArbGG lediglich entnehmen lasse, dass bis zur Klageerhebung entstandene Rückstände dem Streitwert nicht hinzugerechnet werden; für den Streitwert sei demnach gemäß § 42 Abs. 1 S. 1 ArbGG höchstens der dreijährige Leistungsbezug maßgebend.[270] Wird die wiederkehrende Leistung im Zusammenhang mit dem Streit um die Rechtswirksamkeit der Beendigung des Arbeitsverhältnisses geltend gemacht, ist die Bemessung des Streitwerts umstritten.[271] Klagt der Pfändungsgläubiger im Drittschuldnerprozess auf wiederkehrende Leistungen, so gilt § 42 Abs. 2 S. 1 GKG.[272]

123

47. Zahlungsklage

Siehe Stichwort „Leistungsklage", → Rn. 96 f.

124

48. Zeugnis

Der Streitwert für die Ausstellung eines Zeugnisses bewegt sich – je nach den Umständen des Einzelfalles – in der Größenordnung eines Monatsverdienstes.[273] Wird auf Erteilung eines qualifizierten Zwischenzeugnisses geklagt, wird der Anspruch unterschiedlich bewertet, nämlich zwischen 250 EUR,[274] 500 EUR,[275] einem halben Monatsverdienst[276] und einem vollen Monatsverdienst.[277] Geht es nur um die Berichtigung eines bereits erteilten Zeugnisses, wird teilweise ein Abschlag vom Streitwert vorgenommen.[278] Die Streitwertkommission hingegen empfiehlt, den Gegenstandswert für die Erteilung oder Berichtigung eines einfachen Zeugnisses auf 10 % einer Monatsvergütung festzusetzen (Ziffer I. Nr. 29.1 des Katalogs), für die Erteilung oder Berichtigung eines qualifizierten Schluss- (Ziffer I. Nr. 29.2) oder Zwischenzeugnisses (Ziffer I. Nr. 29.3 des Katalogs) empfiehlt sie einen Streitwert von einer Monatsvergütung.[279]

125

An Einheitlichkeit fehlt es auch bei der Bewertung eines nicht rechtshängigen Zeugnisanspruchs, der in einen Vergleich mit einbezogen wird: Ohne jeden Mehrwert,[280]

126

---

[268] Vgl. zum Streitstand Düwell/Lipke/*Krönig*, 2. Aufl. 2005, ArbGG § 12 Rn. 40.
[269] LAG Hamm 9.10.1986 – 8 Ta 155/86, BB 1986, 2132.
[270] LAG Köln 13.5.2015 – 7 Ta 115/15, BeckRS 2015, 72904; Schwab/Weth/*Vollstädt*, 3. Aufl. 2011, ArbGG § 12 Rn. 179; HK-ArbGG/*Pfitzer*, 2. Aufl. 2013, § 12 Rn. 82.
[271] Vgl. → Rn. 75.
[272] LAG Hamm 21.10.1982 – 8 Ta 264/82, MDR 1983, 170.
[273] BAG 20.1.1967 – 2 AZR 232/65, AP ArbGG 1953 § 12 Nr. 16; LAG Baden-Württemberg 28.7.2006 – 3 Ta 125/06, NZA-RR 2006, 537; LAG Düsseldorf 26.8.1982 – 7 Ta 201/82, EzA ArbGG 1979 § 62 Nr. 8; LAG Hessen 9.12.1970 – 5 Ta 76/69, BB 1971, 653; LAG Hamm 17.3.1983 – 8 Ta 8/83, EzA ArbGG 1979 § 12 Streitwert Nr. 21; LAG Hamburg 29.12.2010 – 4 Ta 27/10, NZA-RR 2011, 152; LAG Köln 18.7.2007 – 9 Ta 164/07, NZA-RR 2008, 92; 5.3.2011 – 10 Ta 368/10, BeckRS 2011, 69958; LAG Rheinland-Pfalz 31.7.1991 – 9 Ta 138/91, NZA 1992, 524; 6.8.2007 – 1 Ta 181/07, AGS 2007, 634.
[274] LAG Baden-Württemberg 19.4.1985 – 1 Ta 53/85, AnwBl 1985, 588.
[275] LAG Hamburg 30.6.2005 – 8 Ta 5/05, BeckRS 2005, 42640; LAG Niedersachsen 17.9.1984 – 10 Ta 19/84, AnwBl 1985, 97.
[276] LAG Hamm 23.2.1989 – 8 Ta 3/89, BB 1989, 634; LAG Hamm 31.8.1989 – 8 Ta 377/89, JurBüro 1990, 39; LAG Köln 23.11.2011 – 11 Ta 265/11, NZA-RR 2012, 95 (bei isolierter Geltendmachung); LAG Köln 10.12.2006 – 4 (5) Ta 437/06, AE 2007, 374; LAG Köln 26.2.2004 – 7 Ta 43/04, BeckRS 2009, 62694; LAG Rheinland-Pfalz 25.5.2004 – 2 Ta 113/04, NZA-RR 2005, 326; LAG Rheinland-Pfalz 2.9.2008 – 1 Ta 155/08, BeckRS 2008, 56550; LAG Sachsen 11.7.2011 – 4 Ta 135/11 (6), BeckRS 2011, 76873.
[277] LAG Düsseldorf 15.8.2016 – 4 Ta 437/16, JurBüro 2016, 641; LAG Köln 23.11.2011 – 11 Ta 265/11, NZA-RR 2012, 95 (bei Geltendmachung im Rahmen einer Kündigungsschutzklage); LAG Hamburg 11.11.1983 – 1 Ta 11/83, AnwBl 1984, 155.
[278] LAG Köln 29.12.2000 – 8 Ta 299/00, NZA-RR 2001, 324.
[279] Streitwertkatalog für die Arbeitsgerichtsbarkeit, NZA 2018, 498 (500).
[280] LAG Baden-Württemberg 6.6.1983 – 1 Ta 109/83, DB 1984, 784; LAG Baden-Württemberg 22.3.2011 – 5 Ta 1/11, NZA-RR 2011, 381.

250 EUR,[281] 500 EUR,[282] 20 %,[283] ein Viertel[284] oder die Hälfte[285] des Monatsverdienstes (bei bloßem Titulierungsinteresse) bis zu einem Monatsverdienst.[286]

III. Streitwerte im Beschlussverfahren von A–Z

127 In Beschlussverfahren erfolgt wegen der Gerichtskostenfreiheit gemäß § 2 Abs. 2 GKG iVm § 2a Abs. 2 ArbGG eine Streitwertfestsetzung regelmäßig nur auf Antrag gemäß § 33 Abs. 1 RVG. Die Vorschrift des § 23 Abs. 3 S. 2 RVG enthält für die nichtvermögensrechtlichen Streitigkeiten einen Hilfs- bzw. Auffangwert, der allerdings nur dann zur Anwendung kommt, wenn es für eine andere Bewertung keine Anhaltspunkte gibt. Danach ist der Gegenstandswert auf 5.000 EUR, je nach Lage des Falls aber auch niedriger oder höher bis zu 500.000 EUR anzunehmen, sofern es sich um eine nichtvermögensrechtliche Streitigkeit handelt. Hiervon ist im arbeitsgerichtlichen Beschlussverfahren immer dann auszugehen, wenn um das Bestehen und die Beachtung betriebsverfassungsrechtlicher Beteiligungsrechte gestritten wird.[287] Auch hierzu ist die Instanzrechtsprechung uneinheitlich. Folgende Gegenstandswerte wurden festgesetzt:

1. Anfechtung der Betriebsratswahl

128 Bei der Festsetzung des Gegenstandswertes für die Anfechtung einer Betriebsratswahl nach § 19 BetrVG ist teilweise von einem Grundbetrag in Höhe von damals 8.000 EUR ausgegangen worden, der – abhängig von der Größe des Betriebsrats – für jede in § 9 BetrVG vorgesehene Staffel um 2.000 EUR erhöht worden ist.[288] Nach der Neufassung des § 23 Abs. 3 RVG wird nunmehr der doppelte Hilfswert (10.000 EUR) zugrunde gelegt, der nach der Staffel gemäß § 9 BetrVG mit jeweils ½ Hilfswert (2.500 EUR) erhöht wird.[289] Dies wurde auch im Rahmen des Streitwertkatalogs durch die Streitwertkommission unter II. Nr. 2.3 erarbeitet.[290] Diese Gegenstandswerte wurden auch bei einer auf den Abbruch der Wahl gerichteten einstweiligen Verfügung angenommen.[291] Teilweise wurden nur die hälftigen Beträge angesetzt, also 4.000 EUR für die Bewertung der Frage der Existenz des Gremiums an sich, beginnend nach § 9 BetrVG mit dem ersten Betriebsratsmitglied; für jedes weitere Betriebsratsmitglied ist dieser Betrag um ¼ des Wertes nach § 23 Abs. 3 RVG, also um damals 1.000 EUR erhöht worden.[292] Teilweise wurde ein Grundbetrag von 4.500 EUR und ein Erhöhungsbetrag von 750 EUR für jedes weitere Betriebsratsmitglied angenommen.[293] Teilweise ist für jedes Betriebsratsmitglied ein Regelstreitwert gemäß § 23 RVG festgesetzt worden.[294] Teilweise ist eine solch schematische Berechnung abgelehnt worden.[295]

---

[281] LAG Bremen 23.12.1982 – 4 Ta 82/82, DB 1983, 1152.
[282] LAG Hessen 9.7.2003 – 15 Ta 123/03, NZA-RR 2003, 660 (bei qualifiziertem Zeugnis).
[283] LAG Düsseldorf 15.8.2016 – 4 Ta 437/16, JurBüro 2016, 641.
[284] LAG Düsseldorf 14.5.1985 – 7 Ta 180/85, LAGE ZPO § 3 Nr. 4.
[285] LAG Schleswig-Holstein 22.7.2014 – 3 Ta 104/14, BeckRS 2014, 72306.
[286] LAG Düsseldorf 26.8.1982 – 7 Ta 201/82, EzA ArbGG 1979 § 62 Nr. 8.
[287] BAG 9.11.2004 – 1 ABR 11/02 (A), NZA 2005, 70.
[288] BAG 17.10.2001 – 7 ABR 42/99, BeckRS 2001, 1602; LAG Baden-Württemberg 22.9.2008 – 3 Ta 182/08, BeckRS 2011, 65933; LAG Bremen 16.2.2007 – 3 Ta 4/07, NZA 2007, 1389; LAG Hamburg 30.6.2011 – 8 Ta 11/11, NZA-RR 2011, 488; LAG Rheinland-Pfalz 21.5.2007 – 1 Ta 117/07, NZA-RR 2007, 379; LAG Hamm 2.7.2012 – 13 Ta 234/12, BeckRS 2012, 71545; LAG Sachsen 11.5.2015 – 4 Ta 12/15 (6), BeckRS 2015, 71228; LAG Schleswig-Holstein 2.6.2014 – 1 Ta 77/14, NZA-RR 2014, 494.
[289] LAG Köln 13.4.2016 – 4 Ta 67/16, BeckRS 2016, 66268.
[290] Streitwertkatalog für die Arbeitsgerichtsbarkeit, NZA 2018, 498 (500).
[291] LAG Hamm 28.4.2005 – 10 TaBV 55/05, NZA-RR 2005, 435.
[292] LAG Schleswig-Holstein 9.7.2003 – 3 Ta 215/03, NZA-RR 2004, 212.
[293] LAG Berlin 17.12.1991 – 1 Ta 50/91 (Kost), NZA 1992, 327; LAG Rheinland-Pfalz 30.3.1992 – 9 Ta 40/92, NZA 1992, 667; ähnlich (4.000 EUR für das Gremium an sich einschließlich des ersten Mitglieds zzgl. 1.000 EUR für jedes weitere Betriebsratsmitglied) LAG Schleswig-Holstein 9.7.2003 – 3 Ta 215/03, NZA-RR 2004, 212.
[294] LAG Brandenburg 21.9.1995 – 2 Ta 155/95, NZA 1996, 112.
[295] LAG Köln 20.1.2003 – 2 Ta 1/03, NZA-RR 2003, 555.

Geht es um die Feststellung der Nichtigkeit der Betriebsratswahl, ist von einem Grundbe- 129
trag in Höhe des 3-fachen des damaligen Ausgangsstreitwerts (also 12.000 EUR) ausgegangen worden, der sodann für jede in § 9 BetrVG vorgesehene Staffel um 2.000 EUR erhöht worden ist.[296]

2. Auflösung des Betriebsrats

Der Streit über den Fortbestand des Betriebsrats gemäß § 23 BetrVG ist nach den 130
Grundsätzen zu bewerten, die für ein Wahlanfechtungsverfahren nach § 19 BetrVG gelten.[297]

3. Ausschluss eines Betriebsratsmitglieds

Der Ausschluss eines einfachen Mitglieds aus dem Betriebsrat gemäß § 23 BetrVG wurde 131
mit dem Regelstreitwert von 4.000 EUR gemäß § 23 RVG aF (nunmehr 5.000 EUR) bewertet.[298] Eine Erhöhung des gesetzlichen Hilfswertes kommt dann in Betracht, wenn das betroffene Betriebsratsmitglied im Betrieb besondere Funktionen bekleidet und sich ein Ausschluss deshalb in qualifizierter Weise auf die Arbeit des Betriebsrats auswirken würde.[299]
Für den Ausschluss des stellvertretenden Betriebsratsvorsitzenden wurde das 1,5-fache des Regelstreitwerts angenommen.[300] Nach anderer Ansicht soll ein solches Verfahren in entsprechender Anwendung des § 42 Abs. 2 GKG mit der dreifachen[301] oder zweifachen[302] Bruttomonatsvergütung des auszuschließenden Mitglieds zu bewerten sein. Dieser Auffassung kann nicht gefolgt werden, weil es bei der Ausschließung eines Betriebsratsmitglieds nur um dessen betriebsverfassungsrechtliches Mandat, nicht jedoch um den Bestand des Arbeitsverhältnisses geht. Zudem hat der Ausschluss aus dem Betriebsrat keinen Anknüpfungspunkt zur Höhe der Vergütung.

4. Betriebsvereinbarung

Beantragt der Betriebsrat die Feststellung, eine bestimmte Betriebsvereinbarung sei im Be- 132
trieb nicht (mehr) anwendbar, und begehrt er zudem im Wege der Antragshäufung die Verpflichtung des Arbeitgebers, ihre Durchführung zu unterlassen, so handelt es sich gebührenrechtlich um einen einheitlichen, nichtvermögensrechtlichen Streitgegenstand, dessen Bewertung sich nach § 23 Abs. 3 S. 2 RVG richtet.[303] Dies entspricht auch der Empfehlung der Streitwertkommission unter Ziffer II. Nr. 3 des Katalogs.[304]

5. Einigungsstelle

a) **Bestellungsverfahren.** Streiten die Betriebsparteien um die Zuständigkeit der Eini- 133
gungsstelle, ist teilweise von dem Regelstreitwert von 4.000 EUR gem. § 23 Abs. 3 S. 2 RVG aF (nunmehr: 5.000 EUR) ausgegangen worden.[305] Teilweise ist vertreten worden, dass die geringe Bedeutung einer Entscheidung nach § 76 BetrVG und das summarische Verfahren nach § 98 ArbGG eine deutliche Herabsetzung unter den Regelwert rechtfertigen, so dass

---

[296] BAG 17.10.2001 – 7 ABR 42/99, BeckRS 2001, 16012; LAG Hamburg 7.1.2009 – 4 Ta 22/08, BeckRS 2009, 66660 (bei Konzernbetriebsrat).
[297] LAG Berlin-Brandenburg 23.4.2010 – 17 Ta (Kost) 6031/10, NZA-RR 2010, 491; LAG Hessen 16.3.2019 – 5 Ta 103/09, AE 2009, 292.
[298] LAG Nürnberg 10.5.2019 – 4 Ta 54/19, BeckRS 2019, 11390; LAG Nürnberg 10.10.2013 – 7 Ta 112/13, JurBüro 2014, 77.
[299] LAG Berlin-Brandenburg 22.9.2016 – 17 Ta (Kost) 6092/16, BeckRS 2016, 73880.
[300] LAG Nürnberg 10.5.2019 – 4 Ta 54/19, BeckRS 2019, 11390.
[301] LAG Bremen 15.8.1984 – 3 Ta 47/84, DB 1985, 396; LAG Hamm 7.3.1980 – 8 TaBV 1/80, LAGE BRAGO § 8 Nr. 2.
[302] LAG Düsseldorf 11.5.1999 – 7 Ta 143/99, NZA-RR 2000, 592.
[303] LAG Hamm 12.9.2005 – 10 TaBV 72/05, NZA-RR 2006, 154; LAG Rheinland-Pfalz 16.1.2009 – 1 Ta 2/09, NZA-RR 2009, 332.
[304] Streitwertkatalog für die Arbeitsgerichtsbarkeit, NZA 2018, 498 (501).
[305] LAG Hamm 26.9.1985 – 8 TaBV 118/85, LAGE BRAGO § 8 Nr. 4; LAG Niedersachsen 30.4.1999 – 1 Ta 71/99, BeckRS 1999, 30465015; LAG Köln 20.8.2015 – 11 Ta 247/15, BeckRS 2015, 72708.

beim Streit um die Anzahl der Beisitzer 1/6 von 5.000 EUR, beim Streit um die Person des Vorsitzenden ein weiteres Sechstel und beim Streit um die Zuständigkeit der Einigungsstelle abermals 1/6 von 5.000 EUR, insgesamt höchstens 3/6 des sog. Regelwertes als anwaltlicher Gebührenwert festzusetzen seien.[306] Jüngst wurden ein Streit über die Zuständigkeit der Einigungsstelle mit dem Regelstreitwert von 5.000 EUR und der Streit über die Person des Vorsitzenden mit 1/4 hiervon, also mit insgesamt 6.250 EUR bewertet.[307] Die Streitwertkommission geht höchstens vom Hilfswert des § 23 Abs. 3 S. 2 RVG unter II. Nr. 4.1 aus.[308] Zu den Kosten der Einigungsstelle im Übrigen → § 64 Rn. 57 ff.

134 **b) Spruchanfechtung.** Auch der Gegenstandswert einer Anfechtung des Spruchs der Einigungsstelle ist uneinheitlich bestimmt worden. Geht es um die Anfechtung des Sozialplans, wurde als Gegenstandswert teilweise das gesamte streitige Leistungsvolumen ohne Abzüge[309] oder mit Abzügen[310] festgesetzt. Teilweise wurde als Gegenstandswert der einfache (so auch die Streitwertkommission unter II. Nr. 5)[311] oder doppelte Regelstreitwert angenommen,[312] teilweise sogar der fünffache Regelstreitwert.[313] Schwierigkeiten bereitet die Streitwertbestimmung insbesondere dann, wenn der Betriebsrat den Spruch anficht, weil er das Gesamtvolumen des Sozialplans für zu gering hält. Denn anders als bei einer Anfechtung durch den Arbeitgeber wegen Überdotierung gibt es zum einen keinen absoluten Höchstbetrag eines möglichen Gegenstandswerts und zum anderen kein objektives Interesse des Betriebsrats an der Angabe eines „realistischen" Betrags, um den das Sozialplanvolumen aufgestockt werden müsste, um für ihn akzeptabel zu sein. Aus diesem Grund fehlt es auch an ausreichenden tatsächlichen Anhaltspunkten für eine Schätzung. Das billige Ermessen bei der Festsetzung des Gegenstandswerts ist deshalb gemäß § 23 Abs. 3 RVG wie bei nichtvermögensrechtlichen Streitigkeiten auszuüben.[314] Diese Ansicht teilt auch die Streitwertkommission unter Ziffer II. Nr. 6.2 des Katalogs.[315]

6. Einsicht in Bruttogehaltslisten

135 Der Streit über die Einsichtnahme des Betriebsrats in die Bruttogehaltslisten ist mit dem Regelstreitwert von 5.000 EUR gemäß § 23 RVG zu bewerten.[316]

7. Einstweilige Verfügung

136 Für die Wertfestsetzung bei einer betriebsverfassungsrechtlichen einstweiligen Verfügung ist auf die wirtschaftliche Bedeutung der Regelung abzustellen. Die Festsetzung hat sodann nach billigem Ermessen zu erfolgen. Teilweise ist in Abhängigkeit vom Regelungsgegenstand ein Gegenstandswert in Höhe des doppelten oder dreifachen Regelstreitwerts nach § 23 Abs. 3 S. 2 RVG festgesetzt worden.[317] Teilweise wurde wegen der Vorläufigkeit der Regelung ein Gegenstandswert von 1/3 bis 1/2 des Wertes der Hauptsache angenommen.[318] Die Streitwertkommission empfiehlt unter Ziffer II. 7.1 des Katalogs, bei Vorwegnahme der Hauptsache 100 % des allgemeinen Wertes festzusetzen und bei einer einstweiligen Rege-

---

[306] LAG Schleswig-Holstein 29.9.1995 – 4 Ta 105/95, NZA-RR 1996, 307.
[307] LAG Hamm 18.2.2020 – 7 Ta 477/19, BeckRS 2020, 3399.
[308] Streitwertkatalog für die Arbeitsgerichtsbarkeit, NZA 2018, 498 (501).
[309] LAG Hamm 13.10.1988 – 8 TaBV 53/88, MDR 1989, 186.
[310] LAG Brandenburg 20.11.1992 – 1 Ta 41/92, BeckRS 1992, 30743188; LAG Rheinland-Pfalz 6.8.1992 – 9 Ta 163/92, NZA 1993, 93.
[311] Streitwertkatalog für die Arbeitsgerichtsbarkeit, NZA 2018, 498 (501).
[312] LAG Bremen 17.6.1998 – 4 Ta 32/98, LAGE BRAGO § 8 Nr. 42.
[313] LAG Köln 14.7.2005 – 7 Ta 54/05, NZA-RR 2006, 46.
[314] BAG 20.7.2005 – 1 ABR 23/03 (A), NZA 2005, 1136.
[315] Streitwertkatalog für die Arbeitsgerichtsbarkeit, NZA 2018, 498 (501).
[316] BAG 12.2.1980 – 6 ABR 2/78, AP BetrVG 1972 § 80 Nr. 12.
[317] LAG Bremen 15.2.1990 – 2 Ta 85/89, LAGE BRAGO § 8 Nr. 14; LAG Köln 9.6.1999 – 12 Ta 144/99, NZA-RR 1999, 608.
[318] LAG Hamm 15.4.1993 – 8 TaBV 183/92, LAGE BRAGO § 8 Nr. 22; LAG Schleswig-Holstein 13.3.1997 – 4 Ta 115/96, BeckRS 1997, 30818569.

lung einzelfallabhängig zu entscheiden und idR 50 % des Hauptsachestreitwerts festzusetzen (Ziffer II. Nr. 7.2 des Katalogs).[319]

8. Freistellung eines Betriebsratsmitglieds

Der Gegenstandswert für einen Antrag des Betriebsrats auf Freistellung eines weiteren Betriebsratsmitglieds gemäß § 38 BetrVG ist regelmäßig mit dem Ausgangswert von 5.000 EUR nach § 23 Abs. 3 S. 2 RVG angemessen bewertet.[320] Nach anderer Auffassung soll ein solcher Antrag mit der dreifachen Bruttomonatsvergütung analog § 42 Abs. 2 GKG zu bewerten sein.[321] Diese Ansicht übersieht, dass in einem solchen Fall allein das betriebsverfassungsrechtliche Verhältnis der Betriebsparteien streitig ist. Die wirtschaftlichen Auswirkungen der Freistellung sind lediglich Folge des Verfahrens und haben bei der Gegenstandswertfestsetzung daher unberücksichtigt zu bleiben. Die Streitwertkommission empfiehlt unter Ziffer II. Nr. 9.2 des Katalogs, grundsätzlich den doppelten Hilfswert nach § 23 Abs. 3 S. 2 RVG festzusetzen, der allerdings abhängig von der Bedeutung des Einzelfalls sowie des Aufwands herauf- oder herabgesetzt werden kann.[322]

Anders verhält es sich bei dem Streit über die Freistellung eines Betriebsratsmitglieds zur Teilnahme an einer Schulungsveranstaltung gemäß § 37 Abs. 2 und 6 BetrVG. Hierbei handelt es sich um eine vermögensrechtliche Streitigkeit iSv § 23 Abs. 3 RVG.[323] Der Gegenstandswert ist nach den entstehenden Seminarkosten, den Übernachtungskosten und der Vergütung für die Dauer der Schulung bemessen worden.[324]

9. Mitbestimmung

a) Soziale Angelegenheiten. Auseinandersetzungen der Betriebsparteien über Inhalt und Reichweite der Mitbestimmungsrechte aus § 87 BetrVG stellen typische nichtvermögensrechtliche Streitigkeiten dar, auch wenn im Erfolgsfall – zumindest mittelbare – Auswirkungen auf die Vermögenslage des Arbeitgebers und der betroffenen Mitarbeiter einhergehen mögen. Dem Betriebsrat geht es typischerweise um Fragen der Teilhabe an der Gestaltung des betrieblichen Geschehens. Die Wahrnehmung betriebsverfassungsrechtlicher Beteiligungsrechte hat keinen vermögensrechtlichen Charakter.[325] Der Gegenstandswert ist daher grundsätzlich nach § 23 Abs. 3 RVG zu bestimmen.[326] Für die Ausfüllung des Ermessensrahmens des § 23 Abs. 3 S. 2 RVG können die wirtschaftliche Bedeutung des Rechtsstreits für den Arbeitgeber oder für die Belegschaft berücksichtigt werden. Dabei ist allerdings auch der Grundtendenz des arbeitsgerichtlichen Verfahrens zu entsprechen, wonach die dem Arbeitgeber gemäß § 40 Abs. 1 BetrVG obliegende Verpflichtung, die außergerichtlichen Kosten zu tragen, nicht zu einer unangemessenen Belastung führen darf.[327]

Die Festsetzung des Gegenstandswerts bei Streitigkeiten über die Mitbestimmung in sozialen Angelegenheiten ist äußerst uneinheitlich und hängt von dem konkreten Regelungsgegenstand ab. Bei einem Streit über die Einführung eines betrieblichen Rauchverbots[328] oder der Mitbestimmung bei der Erhöhung von Lohnzusätzen außertariflicher Mitarbeiter[329] ist der Gegenstandswert mit 4.000 EUR nach § 23 Abs. 3 RVG aF (nunmehr 5.000 EUR) festgesetzt worden. Bei einem Streit über die Anordnung von Mehrarbeit ist der Gegenstands-

---

[319] Streitwertkatalog für die Arbeitsgerichtsbarkeit, NZA 2018, 498 (501).
[320] LAG Düsseldorf 22.8.1991 – 7 Ta 245/91, JurBüro 1992, 94; LAG Schleswig-Holstein 21.6.2007 – 1 Ta 81/07, NZA-RR 2008, 93.
[321] LAG Rheinland-Pfalz 3.3.1993 – 9 Ta 8/93, ARST 1994, 14
[322] Streitwertkatalog für die Arbeitsgerichtsbarkeit, NZA 2018, 498 (501).
[323] LAG Hamm 26.11.2007 – 10 Ta 693/07, BeckRS 2008, 50007; LAG Köln 26.6.2007 – 7 Ta 75/07, BeckRS 2007, 47292; LAG Schleswig-Holstein 11.10.2013 – 1 Ta 163/13, NZA-RR 2014, 96.
[324] LAG Hamm 27.10.2010 – 10 Ta 467/10, NZA-RR 2011, 213.
[325] BAG 9.11.2004 – 1 ABR 11/02 (A), NZA 2005, 70; LAG Hamm 28.4.2005 – 10 TaBV 11/05, NZA-RR 2005, 436; LAG Köln 3.1.2008 – 8 Ta 277/07, NZA-RR 2008, 541.
[326] LAG Rheinland-Pfalz 19.7.2007 – 1 Ta 162/07, NZA-RR 2007, 538.
[327] LAG Hamm 23.1.2006 – 13 TaBV 200/05, BeckRS 2006, 40896.
[328] LAG Hamm 9.11.2005 – 13 TaBV 148/05, NZA-RR 2006, 96.
[329] LAG Rheinland-Pfalz 30.8.2007 – 1 Ta 194/07, NZA-RR 2007, 658.

wert mit dem 1,5-fachen[330] oder dem dreifachen[331] Regelstreitwert festgesetzt worden. Der Streit zwischen Betriebsrat und Arbeitgeber darüber, ob es der Arbeitgeber nach einer Betriebsvereinbarung zu unterlassen hat, bei der Anwendung eines elektronischen Arbeitszeiterfassungssystems das Verhalten und die Leistung von Arbeitnehmern zu kontrollieren, ist mit dem dreifachen Regelstreitwert bewertet worden.[332] Der Streit über die Mitbestimmung bei der Zahlung einer Prämie ist mit dem siebenfachen des Regelstreitwerts bewertet worden.[333] Die Streitwertkommission legt unter II. Nr. 11 grundsätzlich den Hilfswert von 5.000 EUR nach § 23 Abs. 3 S. 2 RVG für die Wertbestimmung zugrunde und empfiehlt eine Herauf- oder Herabsetzung des Wertes abhängig vom Gegenstand des Mitbestimmungsrechts und der Bedeutung des Einzelfalls.[334]

141   b) **Personelle Angelegenheiten.** Der Streit der Betriebsparteien über die Zustimmung des Betriebsrats zu personellen Einzelmaßnahmen im Sinne des § 99 Abs. 1 BetrVG stellt eine nichtvermögensrechtliche Angelegenheit dar, die nach § 23 Abs. 3 RVG zu bewerten ist.[335] Sind mehrere personelle Einzelmaßnahmen im Sinne des § 99 Abs. 1 BetrVG Gegenstand eines arbeitsgerichtlichen Beschlussverfahrens, so ist grundsätzlich jede Einzelmaßnahme zu bewerten und anschließend ein Gesamtwert zu bilden. Handelt es sich um voneinander unabhängige Angelegenheiten, so sind deren Werte zu addieren, ohne dass für eine von ihnen ein Wertabschlag vorzunehmen ist. Beruhen die personellen Einzelmaßnahmen jedoch auf einer einheitlichen unternehmerischen Entscheidung, so ist dies bei der Wertfestsetzung zu berücksichtigen und der Wert der weiteren Angelegenheiten angemessen herabzusetzen.[336] Dies entspricht der Empfehlung der Streitwertkommission in Ziffer II. Nr. 14.7 des Katalogs.[337] Dabei muss auch dem Umstand Rechnung getragen werden, dass die Bedeutung der einzelnen Maßnahme umso mehr abnimmt, je mehr Arbeitnehmer von der Gesamtmaßnahme betroffen sind. Nach diesen Grundsätzen sind folgende Gegenstandswerte festgesetzt worden: Für die erste Maßnahme 4.000 EUR, für die weiteren Maßnahmen in Anlehnung an die Staffelung in § 9 BetrVG: 2. bis 20. Maßnahme je 1.000 EUR; 21. bis 50. Maßnahme je 500 EUR; 51. bis 100. Maßnahme je 400 EUR; 101. bis 200. Maßnahme je 300 EUR; 201. bis 400. Maßnahme je 200 EUR; 401. bis 700. Maßnahme je 100 EUR; jede weitere Maßnahme je 50 EUR.[338] Werden von den Beteiligten hingegen mehrere Zustimmungsersetzungsverfahren parallel geführt, scheidet eine verfahrensübergreifende Berechnung der Gesamtzahl der betroffener Mitarbeiter insbesondere dann aus, wenn die parallel geführten Verfahren unterschiedliche Tätigkeitsmerkmale und Zustimmungsverweigerungsgründe zum Gegenstand haben.[339]

142   Für ein Zustimmungsersetzungsverfahren wegen einer Eingruppierung, einer Umgruppierung oder ihrer Rückgängigmachung ist der Gegenstandswert teilweise mit dem dreifachen Jahresbetrag der Entgeltdifferenz abzüglich 40 % festgesetzt worden,[340] teilweise mit zwei Monatsgehältern der betroffenen Arbeitnehmer.[341] Damit werden allerdings die wirtschaftlichen Interessen des Arbeitnehmers in den Vordergrund gestellt, obwohl diese vom Betriebsrat nicht verfolgt werden. Daher ist der Gegenstandswert teilweise anhand des Regelstreitwerts nach § 23 Abs. 3 S. 2 RVG festgesetzt worden.[342] Die Streitwertkommission

---

[330] LAG Rheinland-Pfalz 19.7.2007 – 1 Ta 162/07, NZA-RR 2007, 538.
[331] LAG Düsseldorf 4.5.2006 – 6 Ta 233/06, BeckRS 2011, 76477.
[332] LAG Köln 4.7.2006 – 9 (7) Ta 270/06, NZA-RR 2006, 658.
[333] LAG Hamm 12.9.2005 – 10 TaBV 72/05, NZA-RR 2006, 154.
[334] Streitwertkatalog für die Arbeitsgerichtsbarkeit, NZA 2018, 498 (501).
[335] LAG Düsseldorf 12.12.2016 – 4 Ta 529/16, ArbR 2017, 79; LAG Nürnberg 24.8.2017 – 4 Ta 135/17, ArbR 2017, 554.
[336] LAG Hamburg 20.5.2016 – 5 Ta 7/16, NZA-RR 2016, 613.
[337] Streitwertkatalog für die Arbeitsgerichtsbarkeit NZA 2018, 498 (502).
[338] LAG Berlin 18.3.2003 – 70 Ta (Kost) 6016/03, NZA-RR 2003, 437; 18.3.2003 – 17 Ta (Kost) 6009/03, NZA 2004, 342.
[339] LAG Nürnberg 24.8.2017 – 4 Ta 135/17, ArbR 2017, 554.
[340] LAG Hamm 28.4.2005 – 10 TaBV 11/05, NZA-RR 2005, 435; 24.9.2007 – 10 Ta 523/07, BeckRS 2008, 50094.
[341] LAG Hamburg 4.3.2009 – 7 Ta 1/09, BeckRS 2011, 70958.
[342] LAG Berlin-Brandenburg 9.10.2009 – 17 Ta 6073/09, BeckRS 2009, 73748; 18.6.2014 – 17 Ta (Kost) 6050/14, BeckRS 2014, 70260; LAG Sachsen 18.11.2014 – 4 Ta 168/14 (9), NZA-RR 2015, 96.

empfiehlt als Anhaltspunkt für die Bestimmung des Gegenstandswertes unter Berücksichtigung des Einzelfalls den Hilfswert des § 23 Abs. 3 S. 2 RVG oder § 42 Abs. 2 S. 2 GKG (vgl. II. Nr. 14.3 des Katalogs).[343]

Bei vorläufiger Durchführung der personellen Maßnahme (§ 100 BetrVG) nimmt die Rechtsprechung[344] wie auch die Streitwertkommission unter II. Nr. 14.5 des Katalogs[345] einen Gegenstandswert in Höhe eines halben Regelstreitwerts an. **143**

Der Wert eines auf § 101 BetrVG gestützten Antrags des Betriebsrats auf Aufhebung der Einstellung ist auf die dreifache Bruttomonatsvergütung des betroffenen Arbeitnehmers festgesetzt worden.[346] Die Streitwertkommission bewertet unter II. Nr. 14.6 das Verfahren nach § 101 BetrVG als eigenständiges Verfahren wie die Verfahren nach § 99 Abs. 4 BetrVG und § 100 BetrVG.[347] **144**

Der Gegenstandswert eines Antrags des Arbeitgebers auf Ersetzung der Zustimmung des Betriebsrats zur außerordentlichen Kündigung eines Betriebsratsmitglieds ist in Anlehnung an § 42 Abs. 2 S. 1 GKG auf drei Bruttomonatsvergütungen festgesetzt worden.[348] Geht es in einem personalvertretungsrechtlichen Verfahren um die Auflösung des Arbeitsverhältnisses eines Jugend- und Auszubildendenvertreters, ist in Anlehnung an den Rechtsgedanken des § 52 Abs. 2 GKG der Gegenstandswert auf 5.000 EUR festgesetzt worden.[349] **145**

c) **Wirtschaftliche Angelegenheiten.** Streiten die Betriebsparteien um die Einhaltung der Beteiligungsrechte des Betriebsrats nach § 111 BetrVG im Rahmen einer Betriebsänderung durch Personalabbau, so handelt es sich um eine nichtvermögensrechtliche Streitigkeit, bei der die Wertfestsetzung nach § 23 Abs. 3 RVG sich an den Zahlenwerten des § 17 Abs. 1 KSchG orientiert. Die Bewertung durch die Landesarbeitsgerichte erfolgt uneinheitlich: Teilweise sind für den Grundfall einer Entlassung von sechs Arbeitnehmern 4.000 EUR in Ansatz gebracht worden. Daran anknüpfend ist zur Gewährleistung der Berechenbarkeit eine Bewertungsstaffel zu Grunde gelegt, in deren Rahmen pro betroffenem Arbeitnehmer ein entsprechender Teilwert von 4.000 EUR in Ansatz gebracht worden ist, dh 666,67 EUR für jeden weiteren zu entlassenden Arbeitnehmer.[350] Teilweise ist für je 20 betroffene Arbeitnehmer einmal der Ausgangswert des § 23 Abs. 3 S. 2 RVG festgesetzt worden (52.000 EUR bei rund 250 betroffenen Arbeitnehmern).[351] Die Streitwertkommission legt nach II. Nr. 1.2 des Katalogs den Hilfswert für die Festsetzung des Gegenstandwertes zugrunde und erhöht diesen nach der unter II. Nr. 14.7 des Katalogs aufgeführten Staffelung für Massenverfahren.[352] **146**

Ist zwischen den Betriebsparteien das Volumen eines Sozialplans umstritten und streiten sie ausschließlich über dieses, errechnet sich der Wert des Gegenstands der anwaltlichen Tätigkeit nach der Differenz der vorgeschlagenen Volumina.[353] **147**

10. Sachmittel des Betriebsrats

Streiten die Betriebsparteien darum, in welchem Umfang dem Betriebsrat gemäß § 40 BetrVG Sachmittel zur Verfügung zu stellen sind, entspricht der Gegenstandswert dem **148**

---

[343] Streitwertkatalog für die Arbeitsgerichtsbarkeit, NZA 2018, 498 (501).
[344] LAG Schleswig-Holstein 14.8.2007 – 1 Ta 111/07, NZA-RR 2007, 659; LAG Köln 19.1.2005 – 4 Ta 2/05, BeckRS 2005, 40935.
[345] Streitwertkatalog für die Arbeitsgerichtsbarkeit, NZA 2018, 498 (501).
[346] LAG Hamburg 2.12.2004 – 4 Ta 26/04, NZA-RR 2005, 209; LAG Hamm 9.11.2006 – 13 Ta 508/06, NZA-RR 2007, 96.
[347] Streitwertkatalog für die Arbeitsgerichtsbarkeit, NZA 2018, 498 (501).
[348] LAG Düsseldorf 25.4.1995 – 7 Ta 399/94, AuR 1995, 332; LAG Hamburg 20.5.2011 – 4 Ta 14/11, NZA-RR 2011, 488; LAG Hamm 23.2.1989 – 8 TaBV 146/88, DB 1989, 1580; LAG Hamm 7.7.1994 – 8 TaBV 80/94, JurBüro 1995, 590; LAG Hessen 26.11.2009 – 5 Ta 603/09, BeckRS 2011, 71480; LAG Rheinland-Pfalz 29.9.2010 – 1 Ta 189/10, NZA-RR 2011, 214.
[349] OVG Bautzen 19.5.2011 – 9 E 105/10, NZA-RR 2011, 489.
[350] LAG Hamm 7.3.2005 – 13 TaBV 139/04, BeckRS 2005, 40796; LAG Niedersachsen 17.1.2011 – 17 Ta 21/11, NZA-RR 2011, 271.
[351] LAG Hessen 18.11.2009 – 9 TaBV 39/09, BeckRS 2011, 71124.
[352] Streitwertkatalog für die Arbeitsgerichtsbarkeit, NZA 2018, 498 (500).
[353] BAG 14.2.1996 – 7 ABR 25/95, NZA 1996, 892; 9.11.2004 – 1 ABR 11/02 (A), NZA 2005, 70.

Wert des streitigen Sachmittels.³⁵⁴ Dies empfiehlt auch die Streitwertkommission unter II. Nr. 15.1 des Katalogs.³⁵⁵

11. Sachverständige

149   Begehrt der Betriebsrat gemäß § 80 Abs. 3 S. 2 BetrVG die Zustimmung des Arbeitgebers zur Hinzuziehung eines Sachverständigen, wurde der Gegenstandswert teilweise mit dem Regelstreitwert iSd § 23 Abs. 3 RVG festgesetzt, wobei die Bedeutung der damit verbundenen Mitbestimmungsfrage und die voraussichtlichen Kosten eines Sachverständigengutachtens als je nach Einzelfall erhöhende oder reduzierende Umstände in Ansatz gebracht worden sind.³⁵⁶ Auf diese Ansicht stützt sich auch die Streitwertkommission bei der Bemessung des Gegenstandswertes nach II. Nr. 10.2 des Katalogs.³⁵⁷ Nach anderer Auffassung handelt es sich wegen der damit unmittelbar verbundenen Kosten nicht mehr um eine nichtvermögensrechtliche Streitigkeit. Die Festsetzung des Gegenstandswertes erfolgte deshalb teilweise nach Maßgabe der veranschlagten Kosten des Sachverständigen.³⁵⁸

12. Schulung

150   Bei dem Streit über die Freistellung eines Betriebsratsmitglieds zur Teilnahme an einer Schulungsveranstaltung gemäß § 37 Abs. 2 und 6 BetrVG handelt es sich um eine vermögensrechtliche Streitigkeit iSv § 23 Abs. 3 RVG.³⁵⁹ Der Gegenstandswert ist nach den entstehenden Seminarkosten, den Übernachtungskosten und der Vergütung für die Dauer der Schulung bemessen worden.³⁶⁰ Für eine solche Wertbemessung hat sich auch die Streitwertkommission unter II. Nr. 15.2 des Katalogs ausgesprochen.³⁶¹

13. Sozialplan

151   Ist zwischen den Betriebsparteien das Volumen eines Sozialplans umstritten und streiten sie ausschließlich über dieses, errechnet sich der Wert des Gegenstands der anwaltlichen Tätigkeit nach der Differenz der vorgeschlagenen Volumina.³⁶² Zur Sozialplananfechtung siehe Stichwort „Einigungsstelle", → Rn. 134.

14. Unterlassungsanspruch

152   Macht der Betriebsrat Unterlassungsansprüche geltend, ist der Gegenstandswert nach § 23 Abs. 3 RVG zu bestimmen. Teilweise wurde das 1,5-fache des Regelstreitwerts festgesetzt,³⁶³ teilweise der doppelte,³⁶⁴ der dreifache³⁶⁵ oder der vierfache³⁶⁶ Regelstreitwert. Teilweise – bei Geltendmachung mehrerer Unterlassungsansprüche zur Sicherung verschiedener Mitbestimmungsrechte – wurde für jeden Unterlassungsanspruch ein Regelstreitwert gemäß § 23 Abs. 3 RVG angenommen.³⁶⁷ Die Antragshäufung führt in aller Regel zu einer Streitwertaddition, es sei denn, dass sich der eine Antrag nur als rechtliche oder natürliche Folge aus dem anderen darstellt oder beide Anträge im Wesentlichen denselben Gegenstand

---

[354] LAG Düsseldorf 12.10.1995 – 7 Ta 267/95, BeckRS 1995, 30909166.
[355] Streitwertkatalog für die Arbeitsgerichtsbarkeit, NZA 2018, 498 (502).
[356] LAG Köln 14.8.2006 – 14 Ta 265/06, NZA-RR 2007, 31.
[357] Streitwertkatalog für die Arbeitsgerichtsbarkeit, NZA 2018, 409 (500).
[358] LAG Hamm 12.6.2001 – 10 TaBV 50/01, NZA-RR 2002, 472; LAG Köln 4.8.2010 – 6 Ta 225/10, BeckRS 2010, 73965.
[359] LAG Hamm 26.11.2007 – 10 Ta 693/07, BeckRS 2008, 50007; LAG Köln 26.6.2007 – 7 Ta 75/07, BeckRS 2007, 47292; LAG Schleswig-Holstein 11.10.2013 – 1 Ta 163/13, NZA-RR 2014, 96.
[360] LAG Hamm 27.10.2010 – 10 Ta 467/10, NZA-RR 2011, 213.
[361] Streitwertkatalog für die Arbeitsgerichtsbarkeit, NZA 2018, 498 (502).
[362] BAG 14.2.1996 – 7 ABR 25/95, NZA 1996, 892; 9.11.2004 – 1 ABR 11/02 (A), NZA 2005, 70.
[363] LAG Hamburg 23.9.2010 – 2 Ta 17/10, BeckRS 2011, 66055.
[364] LAG Rheinland-Pfalz 1.3.2010 – 1 Ta 24/10, BeckRS 2010, 68939.
[365] LAG Hamm 23.3.2009 – 10 Ta 83/09, BeckRS 2009, 60494.
[366] LAG Hamburg 13.1.2014 – 6 Ta 22/13, BeckRS 2014, 68961.
[367] LAG Köln 4.6.2007 – 9 Ta 104/07, NZA-RR 2008, 158; LAG Rheinland-Pfalz 24.8.2009 – 1 Ta 193/09, BeckRS 2009, 72186.

haben.³⁶⁸ Bei besonders hartnäckigen Pflichtverstößen des Arbeitgebers (18 Verstöße in drei Monaten) wurde als Gegenstandswert für den Unterlassungsanspruch des Betriebsrats der dreifache Regelstreitwert angenommen.³⁶⁹ Die Streitwertkommission schlägt unter II. Nr. 17 des Katalogs eine Festsetzung ausgehend vom Hilfswert nach § 23 Abs. 3 S. 2 RVG entsprechend dem Wert des streitigen Mitbestimmungsrechts vor.³⁷⁰

15. Wirtschaftsausschuss

Streiten Arbeitgeber und Betriebsrat um die Frage, ob in einem Unternehmen ein Wirtschaftsausschuss einzurichten ist oder ob wegen § 118 BetrVG eine solche Verpflichtung nicht besteht, wurde ein Gegenstandswert von 4.000 EUR gemäß § 23 Abs. 3 S. 2 RVG aF als angemessen angesehen.³⁷¹   153

16. Zutritt zum Betrieb

In einem Beschlussverfahren, in dem über das Zutrittsrecht des Betriebsratsvorsitzenden   154
zum Betrieb gestritten wird, wurde für den Gegenstandswert der Hilfswert des § 23 Abs. 3 RVG zu Grunde gelegt.³⁷² Geht es in dem Verfahren um das Recht einer Gewerkschaft auf Teilnahme an einer Betriebsräteversammlung, weil der Gesamtbetriebsrat der Gewerkschaft die Gewerkschaftseigenschaft abgesprochen hat, so richtet sich der Streitwert des Verfahrens im Rahmen des § 23 Abs. 3 RVG nicht nach dem Gewicht des Streits über die Gewerkschaftseigenschaft, sondern nach der Bedeutung des geforderten Teilnahmerechts; der gegenstandswert wurde in einem solchen Fall mit dem doppelten Wert des Regelstreitwerts festgesetzt.³⁷³

IV. Rechtsschutzversicherung

Arbeits-Rechtsschutz kommt sowohl für Arbeitgeber (§ 24 ARB 2010) als auch für Ar-   155
beitnehmer (§ 25 ARB 2010) in Betracht.

1. Anspruch auf Arbeits-Rechtsschutz

a) **Allgemeine Voraussetzungen.** Als Konkretisierung des § 1 VVG regelt § 4 Abs. 1 ARB   156
2010, dass der Anspruch auf Rechtsschutz nach **Eintritt eines Rechtsschutzfalls** besteht. Der Begriff des Rechtsschutzfalls wurde mit den ARB 94 eingeführt und ist mit dem Begriff des Versicherungsfalls der ARB 75 identisch. Der Versicherer verpflichtet sich mit dem Versicherungsvertrag, ein bestimmtes Risiko des Versicherungsnehmers oder eines Dritten durch eine Leistung abzusichern, die er bei Eintritt des vereinbarten Versicherungsfalls zu erbringen hat. Tritt die Bedingung „Rechtsschutzfall" ein, hat der Rechtsschutzversicherer die Kosten, die zur Wahrnehmung der rechtlichen Interessen aufgewendet werden müssen, zu übernehmen.³⁷⁴ Der Rechtsschutzfall muss sich **nach Abschluss** und grundsätzlich **vor Beendigung des Versicherungsvertrages** ereignet haben.

aa) *Eintritt eines Rechtsschutzfalls. (1) Verstoß gegen Rechtspflichten oder Rechtsvor-*   157
schriften. Der Rechtsschutzfall im Arbeits-Rechtsschutz liegt nach § 4 Abs. 1 lit. c ARB 2010 in dem Zeitpunkt vor, in dem der Versicherungsnehmer oder ein anderer einen **Verstoß gegen Rechtspflichten oder Rechtsvorschriften** begangen hat oder begangen haben soll. Für den Eintritt eines Rechtsschutzfalls reicht sowohl ein tatsächlicher, als auch ein behaupteter Verstoß gegen Rechtspflichten oder Rechtsvorschriften aus. Entscheidend ist allein, dass nach der Vorstellung des Versicherungsnehmers ein Verstoß gegeben ist. Sowohl bei

---

³⁶⁸ LAG Köln 7.11.1997 – 8 Ta 283/97, BeckRS 1997, 30772064.
³⁶⁹ LAG Köln 31.10.2006 – 3 (5) Ta 293/06, NZA-RR 2007, 152.
³⁷⁰ Streitwertkatalog für die Arbeitsgerichtsbarkeit, NZA 2018, 498 (502).
³⁷¹ LAG Bremen 13.12.1984 – 4 Ta 81/84, AnwBl 1985, 101.
³⁷² LAG Hamm 27.10.2006 – 10 Ta 675/06, NZA-RR 2007, 153.
³⁷³ LAG Hamm 6.10.1981 – 8 TaBV 112/81, BeckRS 1981, 31153190.
³⁷⁴ Harbauer/*Cornelius-Winkler* ARB 2010 § 4 Rn. 1.

Altenburg

Aktiv- als auch bei Passivprozessen ist für das Vorliegen eines Rechtsschutzfalls ausschlaggebend, wann der Verstoß gegen arbeitsvertragliche Pflichten stattgefunden hat.[375] Dem Zeitpunkt, in dem von dem Verstoß Kenntnis erlangt oder durch den Verstoß ausgelöste Ansprüche geltend gemacht oder abgewehrt wurden, kommt keine Bedeutung zu. Unerheblich für den Eintritt eines Rechtsschutzfalls ist auch, ob der Versicherungsnehmer, sein Gegner oder ein Dritter gegen Rechtsvorschriften verstoßen hat bzw. verstoßen haben soll.[376]

158 Der Rechtsschutzfall richtet sich allein nach den **vom Versicherungsnehmer behaupteten Pflichtverletzungen**. Abzustellen ist auf einen durchschnittlichen, um Verständnis bemühten Versicherungsnehmer, der keine versicherungsrechtlichen Spezialkenntnisse aufweist. Sein Vorbringen muss einen objektiven Tatsachenkern enthalten und darf nicht nur reines Werturteil sein. Des Weiteren muss der Tatsachenvortrag den **Keim für eine zukünftige rechtliche Auseinandersetzung** enthalten, dh der behauptete Verstoß muss ernsthaft der Anlass für die Streitigkeit zwischen den Parteien gewesen sein. Weitere qualifizierende Voraussetzungen sind nicht zu fordern. Mit dem Tatsachenvortrag hat der Versicherungsnehmer den Vorwurf eines Rechtsverstoßes zu verbinden. Auch kommt es für die Annahme eines Rechtsschutzfalls nicht auf Schlüssigkeit, Substanziiertheit oder Entscheidungserheblichkeit der Behauptung im Rahmen der jeweiligen rechtlichen Auseinandersetzung an.

159 Unabhängig von ihrem tatsächlichen Vorliegen muss die behauptete Pflichtverletzung zur **Grundlage einer rechtlichen Streitigkeit** werden. Erforderlich (aber auch ausreichend) ist, dass wenigstens eine der Parteien ihre Rechtsposition auf den – möglicherweise nur vermeintlichen – Verstoß des Gegners stützt. Unberücksichtigt bleiben hingegen solche Vorwürfe, die nicht zur Stützung der eigentlichen Interessenverfolgung herangezogen werden, sondern als Beiwerk lediglich der Verdeutlichung des Streithintergrundes dienen (sog. „Kolorit").[377]

160 *(2) Dauerverstöße.* Der Verstoß gegen Rechtspflichten oder Rechtsvorschriften kann auch einen vertrags- oder gesetzeswidrigen Zustand herbeiführen, der sich über einen kürzeren oder längeren Zeitraum erstreckt. Es liegt dann ein sog. **Dauerverstoß** vor. Für den Eintritt des Rechtsschutzfalls ist nach § 4 Abs. 2 S. 1 ARB 2010 auf den **Beginn des Dauerverstoßes** abzustellen. Daneben gibt es auch Fälle, in denen ein Verstoß zwar nicht andauert, sich aber in gewissen Zeitabständen in gleicher oder ähnlicher Weise wiederholt. Liegen mehrere gleichartige und miteinander verbundene Einzelverstöße vor, können diese zu einer Einheit zusammengefasst und als einheitlicher Dauerverstoß behandelt werden.[378] Führt der Arbeitgeber beispielsweise über längere Zeit keine Sozialversicherungsbeiträge für seine Arbeitnehmer ab, liegt ein Dauerverstoß vor.[379] Auch ein dauerhaftes Unterlassen der geschuldeten Arbeitsleistung durch den Arbeitnehmer kann einen Dauerverstoß darstellen, zB wenn der Arbeitnehmer seiner arbeitsvertraglichen Verpflichtung, Betriebs- und Nebenkostenabrechnungen zu erstellen, laufend nicht nachkommt.[380]

161 *(3) Mehrheit von Verstößen.* Die rechtliche Auseinandersetzung kann auch aus einer Kette von Verstößen gegen Rechtspflichten oder Rechtsvorschriften resultieren. Diese müssen nicht zwangsläufig von derselben Partei begangen worden sein, auch wechselseitige Verstöße des Versicherungsnehmers, des Gegners oder eines Dritten sind möglich.[381] Liegen mehrere, zeitlich aufeinander folgende Pflichtverstöße vor, ist nach § 4 Abs. 2 S. 2 ARB 2010 der Rechtsschutzfall bereits **mit dem ersten tatsächlichen oder behaupteten Verstoß eingetreten**. Allerdings muss der Verstoß adäquat kausal für die Auseinandersetzung gewesen sein und darf nicht länger als ein Jahr vor Beginn des Versicherungsschutzes liegen.[382] Eine Mehrheit von Verstößen kommt häufig in Dauerschuldverhältnissen wie dem Arbeitsverhältnis vor. Ist

---

[375] OLG Köln 27.5.2008 – 9 U 196/07, VersR 2008, 1489.
[376] BGH 14.3.1984 – IVa ZR 24/82, VersR 1984, 530.
[377] BGH 19.11.2008 – IV 305/07, NJW 2009, 365.
[378] Harbauer/*Cornelius-Winkler* ARB 2010 § 4 Rn. 166, 174 ff.
[379] *Plote* RSVers Rn. 322.
[380] AG Charlottenburg 19.12.2000 – 14 C 500/00, RuS 2001, 333.
[381] Harbauer/*Cornelius-Winkler* ARB 2010 § 4 Rn. 183.
[382] AG Hannover 23.7.2002 – 534 C 3268/02, RuS 2003, 17.

der Arbeitnehmer bei Arbeitsbeginn häufig unpünktlich und erfolgt aus diesem Grund eine Kündigung, so ist auf die erste Unpünktlichkeit abzustellen.[383]

bb) Versicherter Zeitraum. Der Rechtsschutzfall muss **während der Laufzeit des Rechtsschutzvertrages** eingetreten sein, da nur dieser Zeitraum versichert ist. Seit den ARB 2008 ist hiervon in § 4a ARB 2010 eine Ausnahme vorgesehen, wenn der Versicherungsnehmer die Rechtsschutzversicherung wechselt und sich der neue Rechtsschutzvertrag nahtlos an den vorherigen Rechtsschutzvertrag anschließt. Liegt zwischen beiden Verträgen keine zeitliche Unterbrechung, kann lückenloser Deckungsschutz bestehen.[384] 162

cc) Wartezeit. Der Beginn der Laufzeit des Rechtsschutzvertrages ist nicht zwangsläufig gleichbedeutend mit dem Wirksamwerden des Versicherungsschutzes. Nach § 4 Abs. 1 ARB 2010 besteht auch der Arbeits-Rechtsschutz erst **nach Ablauf der Wartezeit von drei Monaten** nach materiellem Versicherungsbeginn. Für in die Wartezeit fallende Rechtsschutzfälle besteht generell kein Deckungsschutz. Hierdurch sollen Zweckabschlüsse verhindert werden, bei denen der Versicherungsnehmer den Versicherungsvertrag nur wegen einer drohenden oder schon konkret bevorstehenden rechtlichen Auseinandersetzung abschließt. Für die Beurteilung, ob der Rechtsverstoß während der Wartezeit begangen wurde, sind rein objektive Maßstäbe heranzuziehen. Es ist unerheblich, ob dies für den Versicherungsnehmer vorhersehbar war oder hätte sein können.[385] 163

Ein Rechtsschutzfall gilt auch dann als in der Wartezeit eingetreten, wenn der Versicherungsnehmer dem Prozessgegner einen Rechtsverstoß vorwirft, der laut Gegner seinerseits auf einer in die Wartezeit fallenden Pflichtverletzung des Versicherungsnehmers beruht. Dies kann zB der Fall sein, wenn der Arbeitgeber dem versicherten Arbeitnehmer nach Ablauf der Wartezeit kündigt, diese Kündigung aber auf schlechter Arbeitsleistung während der Wartezeit beruht bzw. beruhen soll. Hier ist Gegenstand des Rechtsstreits auch ein in der Wartezeit liegender Pflichtverstoß des Versicherungsnehmers, der Versicherungsfall gilt als in der Wartezeit eingetreten und es besteht für die gesamte Rechtsstreitigkeit kein Deckungsschutz.[386] 164

Erhebt der Versicherer den Einwand der Leistungsfreiheit und ist unklar, ob der Rechtsschutzfall vor oder nach Ablauf der Wartezeit eingetreten ist, muss der **Versicherer beweisen,** dass der Eintritt des Rechtsschutzfalls **in die Wartezeit** fällt. Dies ergibt sich aus dem Sinn der Wartezeitregelung, die einen zeitlich begrenzten Risikoausschluss[387] darstellt und als Ausschlusstatbestand nach den allgemeinen Regeln vom Versicherer zu beweisen ist.[388] 165

Verzichtet die Rechtsschutzversicherung im Einzelfall auf die übliche dreimonatige Wartezeit des § 4 Abs. 1 ARB 2010, ist hiermit nicht die Zusage verbunden, dass auch vor Abschluss des Versicherungsvertrages eingetretene Rechtsschutzfälle gedeckt sein sollen.[389] 166

dd) Ausschlussgründe. Wurde der Verstoß gegen Rechtspflichten oder Rechtsvorschriften iSv § 4 Abs. 1 S. 1 lit. c ARB 2010 durch eine vor Beginn des Versicherungsschutzes vorgenommene Willenserklärung oder Rechtshandlung ausgelöst, besteht nach § 4 Abs. 3 lit. a ARB 2010 kein Rechtsschutz. Auch verspätet gemeldete Rechtsschutzfälle, die erstmals später als drei Jahre nach Beendigung des Versicherungsschutzes geltend gemacht werden, sind nach § 4 Abs. 3 lit. b ARB 2010 nicht von der Rechtsschutzversicherung gedeckt.[390] 167

ee) Verjährung. Nach § 14 ARB 2010 **verjähren** die Ansprüche aus dem Versicherungsvertrag **in drei Jahren.** Für die Fristberechnung sind die Vorschriften des Bürgerlichen Gesetzbuches (§§ 187 ff. BGB) heranzuziehen. Die Verjährung ist ab Zugang der Meldung des Rechtsschutzfalles beim Versicherer bis zum Zugang der schriftlichen Entscheidung über die Leistungspflicht beim Versicherten gehemmt, vgl. § 14 Abs. 2 ARB 2010.[391] 168

---

[383] LG Kiel 31.5.1985 – 8 S 392/84, ZfSch 1987, 175; Harbauer/*Cornelius-Winkler* ARB 2010 § 4 Rn. 189.
[384] Harbauer/*Cornelius-Winkler* ARB 2010 § 4a Rn. 1.
[385] Harbauer/*Cornelius-Winkler* ARB 2010 § 4 Rn. 155 ff.; *Plote* RSVers Rn. 331.
[386] LG Hamburg 13.5.1977 – 2 T 37/77, VersR 1977, 811.
[387] BGH 24.3.1976 – IV ZR 208/74, VersR 1976, 851.
[388] OLG Hamm 3.6.1977 – 20 U 260/76, VersR 1977, 953.
[389] LG Düsseldorf 23.10.1981 – 11 O 303/81, ZfSch 1982, 209.
[390] Harbauer/*Cornelius-Winkler* ARB 2010 § 4 Rn. 227; *Plote* RSVers Rn. 329.
[391] *Plote* RSVers Rn. 207.

169 b) **Besonderheiten im Arbeitsverhältnis.** Im Rahmen des zwischen Arbeitgeber und Arbeitnehmer bestehenden Arbeitsverhältnisses kann es problematisch sein, wann ein tatsächlicher oder behaupteter Verstoß gegen Rechtspflichten oder Rechtsvorschriften anzunehmen ist.

170 *aa) Vertretung von Arbeitnehmern. (1) Kündigungsandrohung.* Uneinigkeit besteht darüber, ob ein Rechtsschutzfall vorliegt, wenn der Arbeitgeber dem Arbeitnehmer einen **Aufhebungsvertrag anbietet.** Die anwaltliche Beratung über die Möglichkeiten einer einvernehmlichen Aufhebung des Arbeitsverhältnisses **ohne Ausspruch oder Androhung einer Kündigung** stellt jedenfalls noch **keinen Rechtsschutzfall** dar.[392] Der Arbeitnehmer kann frei entscheiden, das Aufhebungsangebot anzunehmen oder es abzulehnen, und hat für den Fall der Ablehnung nicht mit einer Kündigung zu rechnen.[393] Gleiches gilt, wenn der Arbeitgeber mit dem Arbeitnehmer nur vorbereitende Gespräche über einen betriebsbedingten Stellenabbau und dessen mögliche Umsetzungen (zB Auslagerung eines Betriebsteils) führt. Hierbei handelt es sich um Entscheidungen des Arbeitgebers, die von seiner unternehmerischen Freiheit gedeckt sind.[394]

171 Vielfach wurde davon ausgegangen, dass die bloße Androhung einer Kündigung für den Fall des Scheiterns eines Aufhebungsvertrages noch keinen Rechtsschutzfall auslöse, da die Kündigungsandrohung vom Ausspruch der Kündigung zu unterscheiden sei. Nur eine erfolgte Kündigung könne die Rechtsposition des Versicherungsnehmers zu dessen Nachteil ändern und den Bestand des Arbeitsverhältnisses bedrohen, also zu einem Rechtsverlust führen. Die Androhung einer Kündigung sei als reine Absichtserklärung kein Verstoß gegen arbeitsrechtliche Pflichten, sondern bewege sich noch innerhalb der Grenzen der Privatautonomie. Auch stehe ein Rechtsverstoß nicht unmittelbar bevor, denn der Arbeitnehmer habe es in der Hand, die Kündigung durch Annahme des Aufhebungsangebots zu verhindern.[395]

172 Einige Gerichte waren hingegen der Auffassung, dass die **Androhung einer Kündigung** im Falle der Ablehnung eines Aufhebungsvertrages einen Rechtsschutzfall auslöse, wenn der Arbeitgeber gegenüber dem Arbeitnehmer deutlich gemacht habe, das Arbeitsverhältnis in jedem Fall beenden zu wollen, und ernsthaft mit einer Kündigung oder mit sonstigen persönlichen Nachteilen für den Arbeitnehmer gedroht hatte. **Ein Rechtsstreit sei dann schon latent vorhanden und gewissermaßen vorprogrammiert.** Mit Androhung der Kündigung gebe der Arbeitgeber zu verstehen, dass er an der Erfüllung der vertraglichen Pflichten keinerlei Interesse mehr habe und das Arbeitsverhältnis zwingend beenden wolle.[396]

173 All dies ist zwischenzeitlich überholt: Der BGH hat nunmehr entschieden, dass ein Verstoß des Arbeitgebers und somit ein **Rechtsschutzfall vorliegt,** wenn der Arbeitgeber dem versicherten Arbeitnehmer einen Aufhebungsvertrag vorschlägt und für den Fall der Nichtannahme eine **Kündigung androht.** Nach Auffassung des BGH habe der Versicherungsnehmer seinen objektiven Tatsachenvortrag, der den Keim für eine zukünftige rechtliche Auseinandersetzung beinhalte, mit dem Vorwurf eines Pflichtverstoßes des Arbeitgebers zu verbinden und hierauf seine Interessenverfolgung zu stützen. Der Arbeitnehmer müsse also vortragen, dass der Arbeitgeber sein Angebot auf Abschluss eines Aufhebungsvertrages mit der Androhung einer Kündigung verbunden habe. Hierauf müsse er seinen Vorwurf stützen, der Arbeitgeber habe durch die ernsthafte Androhung einer rechtswidrigen Kündigung seine Fürsorgepflicht und damit seine vertraglichen Verpflichtungen verletzt. Ob die vom Arbeit-

---

[392] OLG Frankfurt a. M. 17.9.2014 – 7 U 102/13, NJW 2015, 1184.
[393] AG Aachen 18.11.1997 – 4 C 331/97, ZfSch 1998, 192.
[394] AG Wiesbaden 17.9.2009 – 93 C 10223/08 (39), AE 2010, 61.
[395] AG Köln 1.10.1999 – 111 C 230/99, BeckRS 1999, 30965219; AG Hannover 12.1.1998 – 558 C 14783/97, RuS 1998, 336; AG Köln 6.6.1997 – 111 C 495/96, ZfSch 1997, 429; AG München 20.10.1995 – 154 C 20922/95, RuS 1996, 274; AG Hamburg 22.8.1995 – 4 C 636/95, RuS 1996, 107; AG Frankfurt 3.11.1994 – 29 C 1489/94-82, ZfSch 1995, 273; AG Köln 1.6.1994 – 123 C 242/94, RuS 1995, 68.
[396] OLG Saarbrücken 19.7.2006 – 5 U 719/05, NJW 2006, 3730; LG Darmstadt 14.4.1999 – 7 S 13/99, VersR 2000, 51; OLG Nürnberg 21.2.1991 – 8 U 2332/90, ZfSch 1991, 200. Großzügiger zuletzt AG Bremen 4.4.2013 – 9 C 26/13, AGS 2013, 362: ausreichend, dass die angedrohte Entlassung des Arbeitnehmers zum Zeitpunkt der Beauftragung des Rechtsanwalts beschlossen erscheint.

nehmer vorgenommene (arbeits-)rechtliche Bewertung des Vorgehens des Arbeitgebers zutreffend sei, habe auf den Eintritt eines Rechtsschutzfalls keine Auswirkung. Aus versicherungsrechtlicher Sicht **ausreichend sei, dass die angedrohte Kündigung möglicherweise nicht gerechtfertigt sei.** Denn schon die Erklärung des Arbeitgebers, seiner Beschäftigungspflicht nicht mehr nachkommen zu wollen, stelle eine Pflichtverletzung dar, mit der sich die vom Rechtsschutzversicherer übernommene Gefahr zu verwirklichen beginne. Der tatsächliche Ausspruch der Kündigung sei dann nur noch rein formale Umsetzung.[397]

(2) Weitere Einzelfälle. Spricht der Arbeitgeber gegenüber dem Arbeitnehmer eine erste **Abmahnung** aus, tritt bereits mit deren Zugang der Rechtsschutzfall ein. Maßgeblich ist nicht die auf die Abmahnung gestützte Kündigung. Auf die Rechtswirksamkeit der Abmahnung kommt es ebenso wenig an wie darauf, ob dem Versicherungsnehmer tatsächlich eine Pflichtverletzung vorgeworfen werden kann.[398] Anders ist der Sachverhalt zu beurteilen, wenn die Kündigung auf eine weitere (gleichartige) Pflichtverletzung gestützt wird, die der Arbeitnehmer nach Erhalt der Abmahnung begangen hat. Dann stellt diese zweite Pflichtverletzung den einen Rechtsschutzfall auslösenden Rechtsverstoß dar.

Ein Gespräch des Arbeitgebers mit seinem Arbeitnehmer über die **Möglichkeit eines Vorruhestandes** lässt einen ernstlich bevorstehenden Rechtsverstoß des Arbeitgebers nicht erkennen. Anders kann dies zu beurteilen sein, wenn das Gespräch unter Androhung einer Kündigung durch den Arbeitgeber erfolgt.[399]

Spricht der Arbeitgeber gegenüber dem Arbeitnehmer eine **Versetzung** aus, stellt dies einen Pflichtverstoß des Arbeitgebers dar.[400] Verbindet der Arbeitgeber die Versetzung mit der Androhung einer Kündigung für den Fall, dass der Arbeitnehmer der Versetzung nicht zustimmt, kann auch die Kündigungsandrohung einen Rechtsschutzfall auslösen.

Macht ein Arbeitnehmer **rückständige Gehaltszahlungen** geltend, liegt der Verstoß des Arbeitgebers in der Nichtzahlung des Gehalts zum Fälligkeitszeitpunkt. Ist die Gehaltszahlung in regelmäßigen monatlichen Abständen verspätet, stellen diese wieder auftretenden Verspätungen einen einheitlichen Dauerverstoß iSv § 4 Abs. 2 S. 1 ARB 2010 dar. War schon beim ersten Verstoß des Arbeitgebers gegen seine Vergütungspflicht mit weiteren gleichartigen Verstößen zu rechnen, liegt bereits ab der ersten Nichtzahlung des Gehalts ein einheitlicher Dauerverstoß vor.[401] Ist der Arbeitgeber dagegen der Auffassung, dass schon kein Arbeitsverhältnis zum Versicherungsnehmer bestehe, ist in einer unterlassenen Gehaltszahlung zu einem späteren Fälligkeitstermin kein Rechtsverstoß zu sehen.[402]

Ein Rechtsverstoß kann bejaht werden, wenn der Arbeitgeber dem Arbeitnehmer eine Kündigung als Sanktion eines Vorwurfs, den er nicht akzeptiert, in Aussicht stellt. **Beantragt der Arbeitgeber beispielsweise beim Betriebsrat gemäß § 102 BetrVG die Zustimmung zu einer fristlosen Kündigung**, ist hierin ein Verstoß gegen Rechtspflichten zu sehen, da der Arbeitnehmer mit einer Kündigung rechnen muss.[403] In gleicher Weise löst der Arbeitgeber eines schwerbehinderten Arbeitnehmers den Rechtsschutzfall gemäß § 4 Abs. 1 lit. c ARB aus, wenn er beim Integrationsamt ein Zustimmungsverfahren gemäß §§ 85 ff. SGB IX einleitet, denn damit gibt er dem Arbeitnehmer bekannt, dass er das Arbeitsverhältnis mit ihm über eine ordentliche Kündigung beenden will.[404]

Die Nichterteilung eines korrekten **Arbeitszeugnisses** stellt eine Pflichtverletzung des Arbeitgebers dar und löst den Versicherungsfall aus. Daher besteht Deckungsschutz, wenn der Arbeitnehmer gerichtlich einen Zeugnisberichtigungsanspruch geltend macht.[405]

---

[397] BGH 19.11.2008 – IV ZR 305/07, NJW 2009, 365.
[398] AG Altena 26.8.1997 – 2 C 194/97, RuS 1998, 469.
[399] AG Rheine 25.11.1997 – 14 C 303/97, ZfSch 1998, 192; Buschbell/Hering RSV-HdB/*Hering* § 13 Rn. 51.
[400] AG München 20.10.1995 – 154 C 20922/95, RuS 1996, 274.
[401] AG Karlsruhe 27.3.1997 – 6 C 654/96, RuS 1997, 293.
[402] LG Neuruppin 9.7.1999 – 4 S 22/99, RuS 2000, 159.
[403] AG Singen 22.6.1999 – 1 C 63/99, ZfSch 2000, 311; Harbauer/*Cornelius-Winkler* ARB 2010 § 4 Rn. 79 aA AG Hamburg 22.8.1995 – 4 C 636/95, RuS 1996, 107.
[404] BGH 2.6.2010 – IV ZR 241/09, VersR 2010, 1211.
[405] AG Sonneberg 18.1.2011 – 3 C 283/10, AE 2011, 145.

180 bb) *Vertretung von Arbeitgebern.* Fehlt der Arbeitnehmer **krankheitsbedingt** und sind diese Krankheiten durch ein ärztliches Attest belegt, liegt grundsätzlich kein Verstoß gegen arbeitsvertragliche Pflichten vor.[406] Dies gilt nicht, wenn sich der Arbeitnehmer zu Unrecht krankschreiben lässt und „krank feiert".[407] Kündigt der Arbeitgeber aufgrund der krankheitsbedingten Fehlzeiten, ohne die Korrektheit der Krankmeldungen in Zweifel zu ziehen, bleibt es bei dem Grundsatz, dass die Fehlzeiten des Arbeitnehmers keinen Verstoß gegen Rechtspflichten aus dem Arbeitsvertrag darstellen.[408] Im Ergebnis ändert sich jedoch nichts, da jedenfalls die ausgesprochene Kündigung einen Rechtsverstoß darstellt, der den Rechtsschutzfall auslöst.[409]

181 Beim Ausspruch einer **verhaltensbedingten** Kündigung durch den Arbeitgeber ist der Verstoß gegen vertragliche Pflichten in den vorausgegangenen Vertragsverletzungen durch den Arbeitnehmer zu sehen. Denn schon mit dem ersten tatsächlichen oder behaupteten Verstoß, der innerhalb der Jahresfrist des § 4 Abs. 2 S. 2 ARB 2010 liegt, hat sich die Gefahr des Eintritts eines Rechtsschutzfalls konkretisiert.[410] Wird die verhaltensbedingte Kündigung auf Pflichtverletzungen gestützt, die in die Wartezeit des § 4 Abs. 1 ARB 2010 fallen oder die sich vor Abschluss des Versicherungsvertrages ereignet haben, besteht kein Anspruch auf Versicherungsschutz.[411] Hat der Arbeitnehmer im Verlauf seines Arbeitsverhältnisses **mehrere Vertragsverletzungen** begangen, dürfen für die Frage des Deckungsschutzes nur Verstöße berücksichtigt werden, auf welche die Kündigung auch **tatsächlich gestützt** wird.[412] Nicht erforderlich ist, dass die Pflichtverletzungen, die zum Ausspruch der verhaltensbedingten Kündigung geführt haben, im Vorfeld durch den Arbeitgeber abgemahnt wurden.[413]

2. Obliegenheiten

182 a) **Allgemein.** Obwohl Obliegenheiten keine erzwingbaren Normen sind, ist der Anspruch auf Versicherungsschutz von deren Einhaltung abhängig. Obliegenheiten können sich aus dem Gesetz oder den Allgemeinen Versicherungsbedingungen des Rechtsschutzvertrages ergeben.[414]

183 Im Arbeitsrecht sind die Schadensminderungsobliegenheiten des § 17 Abs. 5 lit. c ARB 2010 von besonderer Bedeutung. Nach § 17 Abs. 5 lit. c aa) ARB 2010 hat der Versicherungsnehmer vor Erhebung von Klagen die **Zustimmung des Versicherers** einzuholen. § 17 Abs. 5 lit. c cc) ARB 2010 legt fest, dass der Versicherungsnehmer alles zu **vermeiden**, was eine unnötige **Erhöhung der Kosten** oder eine Erschwerung ihrer Erstattung durch die Gegenseite verursachen könnte. Beide Obliegenheiten stehen unter dem Vorbehalt, dass die Interessen des Versicherungsnehmers nicht unbillig beeinträchtigt werden. Der Versicherungsnehmer hat sich zur Erreichung seines Ziels stets für die **effektivste und kostengünstigste rechtliche Möglichkeit** zu entscheiden. Verstößt der Versicherungsnehmer gegen die Schadensminderungsobliegenheit, verliert er nach Maßgabe des § 17 Abs. 6 ARB 2010 seinen Anspruch auf Versicherungsschutz.[415]

184 b) **Sonderfälle.** *aa) Weiterbeschäftigungsanspruch.* Umstritten ist, ob bei Kündigungsschutzklagen die Stellung eines **Weiterbeschäftigungsantrags** eine Obliegenheitsverletzung

---

[406] Buschbell/Hering RSV-HdB/*Hering* § 13 Rn. 51.
[407] LG Berlin 29.5.1990 – 7 S 71/89, RuS 1991, 95.
[408] LG Aurich 15.6.1998 – 2 S 40/98, RuS 1998, 379; LG Paderborn 23.2.1995 – 1 S 268/94, ZfSch 1995, 273; AG Recklinghausen 27.11.1996 – 53 C 300/95, NJW-RR 1997, 790; aA LG Konstanz 23.12.1988 – 6 S 110/88, ZfSch 1990, 163; AG Hannover 19.7.2001 – 525 C 5845/01, RuS 2002, 22; AG Wipperfürth 10.10.1994 – 7 (6) C 203/93, RuS 2002, 162.
[409] LG Paderborn 23.2.1995 – 1 S 268/94, ZfSch 1995, 273.
[410] OLG Frankfurt a. M. 28.9.1987 – 11 W 40/87, ZfSch 1988, 14; LG Heilbronn 4.7.1986 – 5 T 141/86 Au, RuS 1987, 315.
[411] LG Stuttgart 29.12.1993 – 13 S 167/93, RuS 1995, 302; LG Würzburg 14.4.1993 – 4 S 16/93, RuS 1994, 22.
[412] LG Heidelberg 27.1.1993 – 8 S 71/92, ZfSch 1993, 280.
[413] Harbauer/*Cornelius-Winkler* ARB 2010 § 4 Rn. 112.
[414] *Plote* RSVers Rn. 345 ff.
[415] OLG Karlsruhe 19.6.1986 – 12 U 18786, AnwBl 1986, 459.

des Versicherungsnehmers iSv § 17 Abs. 5 lit. c cc) ARB 2010 darstellt. Dies ist zu verneinen, wenn der Versicherer einer diesbezüglichen Anfrage des Versicherungsnehmers zugestimmt oder von vornherein eine unbeschränkte Deckungszusage erteilt hat, da letztere alle vom Versicherungsnehmer geltend gemachten Ansprüche einschließlich eines Weiterbeschäftigungsanspruchs erfasst.

Die Stellung eines Weiterbeschäftigungsantrags führt zu einer Erhöhung des Kosten- und 185 Gebührenstreitwertes, dh zu Mehrkosten für den Versicherer. Daher verweigert die Rechtsschutzversicherung in der Praxis häufig die Deckungszusage, falls sich das Verfahren bereits in der Güteverhandlung erledigt.

Hierzu wird zum Teil zustimmend vertreten, dass die Stellung eines Weiterbeschäftigungs- 186 antrags nicht schon in der Klageschrift, sondern frühestens nach Abschluss der Güteverhandlung in Betracht komme. In der Klageschrift könne der Antrag allenfalls für den Fall des Scheiterns des Gütetermins angekündigt werden. Die sofortige Stellung des Antrags gefährde den Versicherungsschutz des Arbeitnehmers, da sie zu einer unnötigen Kostenerhöhung bzw. zu einer Obliegenheitsverletzung iSv § 17 Abs. 5 lit. c cc) ARB 2010 führe.[416]

Einige Gerichte sind der Auffassung, dass es darauf ankomme, ob die Stellung des Wei- 187 terbeschäftigungsantrags den Streitwert des Kündigungsschutzprozesses erhöhe[417] und dadurch unnötige Kosten verursache. Werde der Weiterbeschäftigungsantrag als unechter Hilfsantrag gestellt und im Prozess vom Gericht auch kostenneutral, dh ohne zusätzliche Streitwertfestsetzung, behandelt, stelle dies keine Obliegenheitsverletzung dar. Bei einem als Hauptantrag gestellten Weiterbeschäftigungsantrag sei eine Obliegenheitsverletzung hingegen zu bejahen, da sich der Antrag kostenerhöhend auswirke.[418]

Um die Interessen des Mandanten bestmöglich wahrnehmen und so den Zweck eines um- 188 fassenden Rechtsschutzes erfüllen zu können, muss der Rechtsanwalt den Wiederbeschäftigungsantrag jedoch richtigerweise bereits **in der Klageschrift** stellen. Denn nur so besteht die Möglichkeit, bei Säumnis des Arbeitgebers in der Güteverhandlung ein **Versäumnisurteil auf Weiterbeschäftigung** zu beantragen.[419] Da der Arbeitnehmer während des gesamten Kündigungsschutzprozesses bzw. darüber hinaus weiterbeschäftigt werden soll, kann es ihm nicht zugemutet werden, das Scheitern der Güteverhandlung oder den rechtskräftigen Abschluss des Kündigungsschutzprozesses abzuwarten. Eine Verletzung der Schadensminderungsobliegenheit des § 17 Abs. 5 lit. c cc) ARB 2010 kann hierin nicht gesehen werden.[420]

bb) Sofortige Erhebung der Kündigungsschutzklage. Dem Versicherungsnehmer obliegt es 189 zwar, nach § 17 Abs. 5 lit. c aa) ARB 2010 vor Klageerhebung die Zustimmung des Versicherers einzuholen, soweit seine Interessen nicht unbillig beeinträchtigt werden. Es liegt aber **keine Obliegenheitsverletzung** vor, wenn der Versicherungsnehmer bzw. dessen Rechtsanwalt schon vor Erteilung der Deckungszusage **Kündigungsschutzklage** erhebt. Denn die Einreichung der Kündigungsschutzklage ist an die Klagefrist des § 4 S. 1 KSchG gebunden, eine verspätete Klageerhebung würde die Wirksamkeitsfiktion des § 7 Hs. 1 KSchG auslösen und den Versicherungsnehmer unbillig in seinen Interessen beeinträchtigen. Wird der Deckungsschutzantrag erst nach Klageerhebung gestellt, sollte der Rechtsanwalt den Versicherer allerdings darauf hinweisen, dass die sofortige Erhebung der Klage aufgrund der Regelung des § 4 S. 1 KSchG erforderlich war.

Ein anderes Problem in Zusammenhang mit der unmittelbaren Erhebung der Kündi- 190 gungsschutzklage stellt die Behandlung der **Geschäftsgebühr** nach VV 2300 RVG dar. Hier

---

[416] LG Köln 20.2.1997 – 24 S 35/96, ZfSch 1997, 231; LG Münster 20.4.1989 – 8 S 546/88, ZfSch 1990, 17; LG Bonn 20.4.1988 – 5 S 180/87, ZfSch 1988, 179; AG Köln 24.6.1998 – 135 C 204/98, BeckRS 1998, 30961329; AG Krefeld 19.9.1989 – 5 C 428/89, ZfSch 1990, 18; AG Köln 30.1.1989 – 126 C 212/88, ZfSch 1990, 19; Harbauer/*Cornelius-Winkler* ARB 2010 § 17 Rn. 73 ff.

[417] Vgl. → Rn. 116.

[418] AG Köln 30.1.1989 – 126 C 212/88, ZfSch 1990, 19; AG Köln 27.10.1989 – 122 C 375/88, ZfSch 1990, 18.

[419] *Küttner* NZA 1996, 453 (462).

[420] LG Bochum 12.2.1986 – 9 S 34/86, AnwBl 1986, 415; AG Lingen 29.6.1988 – 14 C 79/88, ZfSch 1988, 320; AG Düsseldorf 20.3.1987 – 41 C 208/86, RuS 1988, 16; AG Duisburg 19.12.1986 – 2 C 421/86, JurBüro 1987, 1856.

ist umstritten, ob dem Versicherungsnehmer eine Obliegenheitsverletzung iSv § 17 Abs. 5 lit. c cc) ARB 2010 vorgeworfen werden kann, wenn dieser seinem Rechtsanwalt **zunächst Vollmacht zur außergerichtlichen Erledigung** des Rechtsstreits und **erst bei Erfolglosigkeit** dieser außergerichtlichen Tätigkeit Vollmacht zur Erhebung der Kündigungsschutzklage erteilt. Da nach den Vorb. 3 Abs. 4 VV RVG eine außergerichtlich entstandene Geschäftsgebühr zur Hälfte, höchstens jedoch mit einem Gebührensatz von 0,75, auf die Verfahrensgebühr des gerichtlichen Verfahrens angerechnet wird, können zusätzliche Kosten entstehen, wenn der Rechtsanwalt zunächst nur mit der außergerichtlichen Interessenwahrnehmung beauftragt wird.

191 Obwohl sich der Umfang des Arbeits-Rechtsschutzes nach § 2 lit. b ARB 2010 sowohl auf die gerichtliche, als auch auf die außergerichtliche Interessenwahrnehmung erstreckt, gehen zahlreiche Gerichte davon aus, dass der **Versicherungsnehmer zur sofortigen Erteilung des Prozessauftrags verpflichtet** sei. Der Versicherungsnehmer verstoße gegen seine Obliegenheit zu Vermeidung unnötiger und vermeidbarer Kosten, wenn er seinem Rechtsanwalt nicht sogleich Prozessauftrag erteile, sondern diesen vorab mit der außergerichtlichen Vertretung beauftrage. Die in Höhe des nicht anrechnungsfähigen Teils der Geschäftsgebühr entstandenen Mehrkosten müsse der Versicherer nicht übernehmen. Denn auch bei Erteilung eines sofortigen Klageauftrags bestehe nicht die Verpflichtung, sofort Kündigungsschutzklage zu erheben, da § 19 Abs. 1 S. 2 Nr. 2 RVG die Möglichkeit außergerichtlicher Verhandlungen mit dem Arbeitgeber vorsehe. Die Erteilung des sofortigen Klageauftrags sei also nicht unzumutbar, weswegen die Interessen des Versicherungsnehmers nicht unbillig beeinträchtigt seien. Eine sukzessive Mandatierung in Bezug auf außergerichtliches und gerichtliches Vorgehen bringe dem Versicherungsnehmer keine anwaltliche Mehrleistung, sondern verursache nur höhere Kosten.[421]

192 Teilweise wird eine Obliegenheitsverletzung verneint, wenn aufgrund hinreichend konkreter Anhaltspunkte von einer **gütlichen Einigung vor Ablauf der Klagefrist** ausgegangen werden kann, zB wenn der Arbeitgeber in seinem Kündigungsschreiben ein „Abfindungsangebot" nach § 1a KSchG unterbreitet. Unerheblich sei, ob es tatsächlich zu einer Einigung komme. Bestehe hingegen keine hinreichende Sicherheit für das Zustandekommen einer außergerichtlichen Einigung und müsse im Anschluss noch eine kostenerhöhende Kündigungsschutzklage erhoben werden, sei eine Obliegenheitsverletzung zu bejahen.[422]

193 All dem kann nicht gefolgt werden: Nach § 17 Abs. 5 lit. c cc) ARB 2010 hat der Versicherungsnehmer eine unnötige Erhöhung der Kosten zu vermeiden, soweit seine Interessen nicht unbillig beeinträchtigt werden. Von einer solchen **unbilligen Beeinträchtigung** ist aber auszugehen, wenn der Versicherungsnehmer in jedem Fall sofort Klage erheben und sich mit seinem Arbeitgeber gerichtlich auseinandersetzen müsste. Dem Versicherungsnehmer ist die Möglichkeit einzuräumen, die rechtliche Angelegenheit im Interesse einer weiteren Zusammenarbeit mit dem Arbeitgeber außergerichtlich zu klären und nicht sofort durch eine Klage auf Konfrontation gehen zu müssen. Dem kann auch nicht entgegnet werden, dass im Arbeitsrecht außergerichtliches Vorgehen regelmäßig nicht erfolgversprechend ist, da ein solcher Erfahrungssatz nicht besteht.[423] Auch entspricht der Versuch der gütlichen außergerichtlichen Beilegung eines Rechtsstreits zur Vermeidung von gerichtlichen Verfahren der Intention des Gesetzgebers. Dies zeigt sich nicht zuletzt daran, dass im Rahmen des RVG die außergerichtliche Geschäftsgebühr finanziell aufgewertet wurde, um die rasche Einigung vor Klageerhebung zu fördern[424] und hierdurch die Justiz zu entlasten. Zudem muss ein außer-

---

[421] LG München I 10.6.2008 – 30 S 17964/07, ZfSch 2008, 524; LG Hamburg 7.9.2006 – 310 S 4/06, ZfSch 2007, 168; AG München 4.9.2007 – 232 C 6216/07, AE 2008, 70.
[422] LG Hamburg 19.10.2007 – 302 S 19/07, JurBüro 2008, 488; LG Hamburg 7.9.2006 – 310 S 4/06, ZfSch 2007, 168; AG Hamburg-Harburg 30.3.2007 – 645 C 456/06, JurBüro 2007, 421; Harbauer/Obarowski ARB 2010 § 2 Rn. 104 f.
[423] LG Köln 30.1.2008 – 20 S 11/07, JurBüro 2008, 199; AG Essen-Borbeck 23.3.2009 – 6 C 287/08, AE 2009, 292; nach Auffassung des AG München 27.4.2007 – 223 C 27792/06, AE 2007, 265 soll dies insbesondere dann gelten, wenn der Arbeitgeber eine Abwicklungsvereinbarung vorgeschlagen und damit deutlich gemacht hat, dass er an einer gütlichen Einigung interessiert ist. Siehe auch AG Stuttgart 3.9.2009 – 13 C 6358/08, AnwBl 2009, 800.
[424] AG Essen-Borbeck 23.3.2009 – 6 C 287/08, AE 2009, 292.

gerichtliches Tätigwerden nicht zwangsläufig zu höheren Kosten führen, bei Erfolg der Einigungsbemühungen sind diese sogar geringer.[425] Hat nämlich der Anwalt bereits einen unbedingten Klageauftrag erhalten, kann durch eine Besprechung mit dem Gegner eine Terminsgebühr gemäß VV 3104 RVG entstehen, auch wenn der Rechtsstreit oder das Verfahren noch gar nicht anhängig ist.[426] Insgesamt ist die Frage danach, welche Maßnahmen sinnvoll und welche Kosten infolgedessen notwendig sind, anhand des individuellen Einzelfalls zu entscheiden.[427] Abzustellen ist darauf, wie sich ein **vernünftiger Mandant ohne Rechtsschutzversicherung** in der gegebenen Situation verhalten würde. Der Rechtsanwalt hat, ungeachtet des Interesses des Rechtsschutzversicherers an Kosteneinsparungen, aus einer exante Sicht zu beurteilen, welcher der für den Mandanten sicherste, schnellste und billigste Weg ist.[428] Die Beauftragung eines Rechtsanwalts ohne gleichzeitigen Klageauftrag stellt demnach nicht zwingend eine Obliegenheitsverletzung dar.

Diese Frage ist höchstrichterlich noch nicht entschieden. In anderem Zusammengang hat der BGH allerdings darauf erkannt, dass die dem Versicherungsnehmer durch eine Versicherungsbedingung aufgegebene Obliegenheit, „unnötige Kosten" zu vermeiden, wegen **Verstoßes gegen das Transparenzgebot** des § 307 BGB nichtig sein könne. Für den Versicherungsnehmer sei es nicht nachvollziehbar und verständlich, was unter „kostenerhöhenden Maßnahmen" iSd Versicherungsbedingungen zu verstehen sei.[429]

cc) Schleppnetzantrag. Teilweise wird von den Versicherern vorgebracht, für die Erhebung einer **allgemeinen Feststellungsklage** neben dem Kündigungsschutzantrag bestehe kein Versicherungsschutz. Unabhängig davon, dass der Rechtsanwalt den sichersten Weg zu gehen hat und deshalb im Interesse des Mandanten von einem Schleppnetzantrag nicht wird absehen dürfen,[430] ist der Einwand der Versicherer schon deshalb verfehlt, weil der allgemeine Feststellungsantrag regelmäßig nicht zu einer Streitwerterhöhung führt[431] und daher eine Kostenerhöhung nicht zu erwarten ist.

dd) Nachteilsausgleich nach § 113 BetrVG. Macht ein Arbeitnehmer im Kündigungsschutzprozess klageweise einen **Anspruch auf Nachteilsausgleich** nach § 113 BetrVG in Form eines Hilfsantrages geltend und führt dies zu einer Erhöhung des Streitwertes, so ist jedenfalls dann von einer Obliegenheitsverletzung auszugehen, wenn der Abschluss eines Abfindungsvergleichs zu diesem Zeitpunkt schon in Aussicht stand. Von einem vernünftig und kostenbewusst handelnden Versicherungsnehmer kann erwartet werden, mit der Geltendmachung weiterer Ansprüche abzuwarten, wenn die Möglichkeit besteht, eine für ihn akzeptable Lösung ebenso unter Verursachung erheblich geringerer Kosten zu erreichen. In einem derartigen Fall verursacht die verfrühte Einbeziehung eines Anspruchs auf Nachteilsausgleich vermeidbare und unnötige Mehrkosten, weshalb die Rechtsschutzdeckung durch den Versicherer regelmäßig abgelehnt wird.[432]

3. Leistungen in Zusammenhang mit Arbeits-Rechtsschutz

a) Erstattungsfähige Kosten. § 5 Abs. 1 und 2 ARB 2010 zählt in einem **abschließenden Katalog** die Kosten auf, die von der Rechtsschutzversicherung zu übernehmen sind. Kosten, die in der Vorschrift nicht erwähnt werden, sind auch dann nicht erstattungsfähig, wenn sie für die Wahrnehmung der rechtlichen Interessen des Versicherungsnehmers erforderlich waren. Sind die Kostengläubiger noch nicht befriedigt, wird der Anspruch des Versicherungsnehmers auf Kostenübernahme durch den Versicherer als Befreiungsanspruch eingeord-

---

[425] AG Essen-Borbeck 23.3.2009 – 6 C 287/08, AE 2009, 292.
[426] BGH 8.2.2007 – IX ZR 215/05, NJW-RR 2007, 720.
[427] LG Köln 30.1.2008 – 20 S 11/07, JurBüro 2008, 199.
[428] LG Stuttgart 22.8.2007 – 5 S 64/07, VersR 2008, 1205; AG Stuttgart 3.9.2009 – 13 C 6358/08, AnwBl 2009, 800; AG Köln 22.7.2011 – 112 C 70/11, BeckRS 2011, 22191.
[429] BGH 15.7.2009 – IV ZR 352/07, AnwBl 2009, 784.
[430] Vgl. → § 4 Rn. 48ff.
[431] Vgl. → Rn. 39.
[432] OLG Köln 23.9.2003 – 9 U 174/02, NJW-RR 2004, 181; Buschbell/Hering RSV-HdB/*Hering* § 13 Rn. 94.

net.⁴³³ Dieser wandelt sich nach Befriedigung der Kostengläubiger durch den Versicherungsnehmer in einen Zahlungsanspruch gegen den Versicherer.⁴³⁴ In der Praxis zahlt der Versicherer meist direkt an die Kostengläubiger und befreit den Versicherungsnehmer auf diese Weise von seiner Kostenschuld.⁴³⁵

198   aa) *Rechtsanwaltskosten. (1) Gesetzliche Vergütung.* Nach § 5 Abs. 1 lit. a ARB 2010 trägt der Versicherer die **gesetzliche Vergütung eines für den Versicherungsnehmer tätigen Rechtsanwalts** bis zur Höhe der gesetzlichen Vergütung eines am Ort des zuständigen Gerichts ansässigen Rechtsanwalts. Nicht erforderlich ist, dass der beauftragte Rechtsanwalt am Gerichtsort ansässig ist. Da aber nur die Kosten ersetzt werden, die ein ortsansässiger Rechtsanwalt nach dem RVG berechnen könnte, sind Mehrkosten wie Reisekosten und Abwesenheitsgelder, die bei Beauftragung eines gerichtsfernen Rechtsanwalts anfallen, nicht erstattungsfähig. Aus dem Wortlaut der Vorschrift „eines (...) tätigen Rechtsanwalts" wird deutlich, dass die Kosten für zusätzlich beauftrage Rechtsanwälte in derselben Instanz und in derselben Sache nicht übernommen werden.⁴³⁶

199   Zur gesetzlichen Vergütung des Rechtsanwalts gehören nach § 1 Abs. 1 S. 1 RVG die **Gebühren und Auslagen nach dem RVG**, die näher im VV RVG bestimmt sind, vgl. § 2 Abs. 2 RVG. Erstattungsfähige Auslagen nach VV 7000 ff. RVG sind zB Entgelte für Post- und Telekommunikationsdienstleistungen, Schreibauslagen und die Umsatzsteuer. Letztere wird von der Rechtsschutzversicherung nur dann nicht ersetzt, wenn der Versicherungsnehmer zum Abzug der Vorsteuer berechtigt ist.⁴³⁷

200   Begehrt der Rechtsanwalt im Rahmen einer zivilrechtlichen Auseinandersetzung Einsicht in Akten und beantragt er deren Übersendung, wird er als Schuldner der **Aktenversendungspauschale** angesehen. Als Begründung wird angeführt, dass die Aktenübersendung nur vom Rechtsanwalt selbst beantragt werden kann und überwiegend in dessen Interesse liegt.⁴³⁸ Die entrichtete Pauschale gehört zu den gesetzlichen Gebühren des Rechtsanwalts und fällt unter die vom Versicherer zu tragenden Kosten.⁴³⁹ Die auf die Aktenversendungspauschale entfallende **Umsatzsteuer** stellt keinen durchlaufenden Posten nach § 10 Abs. 1 S. 6 UStG dar, sondern zählt zur gesetzlichen Vergütung des Rechtsanwalts und ist daher ebenfalls erstattungsfähig.⁴⁴⁰

201   Das **Stellen eines Deckungsschutzantrages** ist grundsätzlich Sache des Mandanten. Im Vorfeld ist zu klären, ob der Rechtsanwalt die Einholung der Deckungszusage und die **weitere außergerichtliche Korrespondenz** mit der Rechtsschutzversicherung übernehmen soll. Ist dies der Fall, so stellt der Schriftverkehr mit der Rechtsschutzversicherung eine eigene Angelegenheit dar, für die der Rechtsanwalt nach VV 2300 RVG ein gesondertes Honorar verlangen kann.⁴⁴¹ Der Rechtsanwalt muss den Mandanten im Vorfeld auf die Kostenpflichtigkeit der Einholung der Deckungszusage hinweisen, wenn er diese abrechnen will und davon auszugehen ist, dass der Mandant den Rechtsanwalt bei Kenntnis der Kostenpflichtigkeit nicht damit beauftragt hätte.⁴⁴²

202   *(2) Sonderfälle.* Schließt der Rechtsanwalt mit dem Mandanten eine **Vergütungsvereinbarung** gemäß § 4 RVG ab, um von den gesetzlichen Gebühren abzuweichen, muss der Versicherer die Kosten nur bis zur Höhe der gesetzlichen Gebühren erstatten. Der darüberhinausgehende Teil ist nicht Bestandteil der gesetzlichen Vergütung, sondern einer privatrechtlichen Vereinbarung zwischen Rechtsanwalt und Mandant und daher nicht erstattungsfähig.⁴⁴³

---

⁴³³ OLG Hamm 16.10.1985 – 20 W 28/85, VersR 1987, 92.
⁴³⁴ OLG Hamm 16.10.1985 – 20 W 28/85, VersR 1987, 92; LG Köln 21.12.2005 – 20 O 184/05, ZfSch 2006, 225.
⁴³⁵ *Plote* RSVers Rn. 378.
⁴³⁶ *Plote* RSVers Rn. 380.
⁴³⁷ Harbauer/*Schneider* ARB 2010 § 5 Rn. 43.
⁴³⁸ BVerfG 19.7.1995 – 2 BvR 1023/95, NJW 1995, 3177.
⁴³⁹ Harbauer/*Schneider* ARB 2010 § 5 Rn. 39.
⁴⁴⁰ BGH 6.4.2011 – IV ZR 232/08, NJW 2011, 3041.
⁴⁴¹ LG München I 6.5.2008 – 30 O 16917/07, AnwBl 2009, 238; *Küttner* NZA 1996, 453 (455 f.).
⁴⁴² AG Brühl 14.10.2010 – 28 C 539/09, AnwBl 2011, 151.
⁴⁴³ *Plote* RSVers Rn. 384.

Nach § 5 Abs. 1 lit. a S. 3 ARB 2010 trägt der Versicherer ausnahmsweise die Kosten für 203 einen **Verkehrsanwalt,** wenn der Versicherungsnehmer mehr als 100 km Luftlinie vom Ort des zuständigen Gerichts entfernt wohnt. Die Kosten werden bis zur Höhe der gesetzlichen Vergütung eines Verkehrsanwaltes nach VV 3400 RVG ersetzt. Die zusätzliche Gebühr für den Verkehrsanwalt fällt allerdings nur unter den Rechtsschutz, wenn dieser auch tatsächlich gerichtlich tätig wird.[444]

Kündigt der Versicherungsnehmer den Anwaltsvertrag vor Abschluss der rechtlichen An- 204 gelegenheit und beauftragt er anschließend einen anderen Rechtsanwalt mit derselben Angelegenheit, können zusätzliche Kosten entstehen.[445] Diese angefallenen Mehrkosten trägt der Versicherer nur, wenn die Beauftragung eines anderen Rechtsanwalts objektiv erforderlich und geeignet ist, das streitbefangene Recht angemessen zu verfolgen. Der Wechsel in der Person des Rechtsanwalts darf nicht durch einen vom Rechtsanwalt oder Versicherungsnehmer zu vertretenden Umstand bedingt sein. Andernfalls ist die objektive Notwendigkeit zu verneinen und die höheren Kosten können nicht verlangt werden.[446]

bb) Gerichtskosten. Der Versicherer trägt nach § 5 Abs. 1 lit. c ARB 2010 die **Gerichts-** 205 **kosten,** die dem Versicherungsnehmer als Kostenschuldner auferlegt sind. Die Gerichtskosten setzen sich gemäß § 1 Abs. 1 S. 1 GKG und den entsprechenden Kostenvorschriften anderer Gesetze aus den Gebühren und Auslagen zusammen. Auch Kostenvorschüsse iSv §§ 10 ff. GKG fallen unter die Vorschrift des § 5 Abs. 1 lit. c ARB 2010. Zu den Auslagen gehören nach KV 9005 GKG auch Entschädigungen für Zeugen und Sachverständige. Diese werden vom Versicherer übernommen, wenn die Zeugen und Sachverständigen vom Gericht für Beweiszwecke herangezogen wurden, vgl. § 9 Abs. 4 ArbGG iVm § 1 Abs. 1 Nr. 1, 3 JVEG. Hat der Versicherungsnehmer ohne Anordnung des Gerichts Kosten für Zeugen oder Sachverständige aufgewendet, fallen diese nicht unter den Rechtsschutz. Kosten eines Gerichtsvollziehers sind, mit Ausnahme der Kosten, die ab der vierten Zwangsvollstreckungsmaßnahme je Vollstreckungstitel entstehen (§ 5 Abs. 3 lit. d ARB 2010), erstattungsfähig.[447]

cc) Kosten des Gegners. Die Vorschrift des § 5 Abs. 1 lit. h ARB 2010 legt fest, dass der 206 Versicherer die **dem Gegner durch die Wahrnehmung seiner rechtlichen Interessen entstandenen Kosten** trägt, soweit der Versicherungsnehmer zu deren Erstattung verpflichtet ist. Dies betrifft die durch Kostenfestsetzungsbeschluss (§ 104 ZPO) festgesetzte prozessuale Kostenerstattungspflicht einschließlich etwaiger Zinsen. Da der Gegner nach § 12a Abs. 1 S. 1 ArbGG in der ersten Instanz keinen Anspruch auf Erstattung der Kosten für die Zuziehung eines Prozessbevollmächtigten oder Beistands hat, besteht insoweit keine Eintrittspflicht des Versicherers.[448]

Der Versicherungsschutz bezieht sich nur auf prozessuale, **nicht auf materiell-rechtliche** 207 **Kostenerstattungspflichten.** Ergibt sich der Kostenerstattungsanspruch des Gegners aus materiellem Recht (zB aus Schuldnerverzug §§ 280 Abs. 2, 286 BGB oder aus unerlaubter Handlung §§ 823 ff. BGB), ist der Versicherer nicht zur Freistellung des Versicherungsnehmers verpflichtet. Es handelt sich hierbei um Rechtskosten, deren Erstattung der Versicherungsnehmer aus materiell-rechtlichen Gründen schuldet und die in dessen Risikobereich verbleiben. Derartige Kosten sind in der Regel bereits vor Beginn der Rechtsverteidigung entstanden und fallen nicht unter die für die Interessenwahrnehmung erforderlichen Kosten iSv § 1 ARB 2010.[449]

Wird der Rechtsanwalt zunächst außergerichtlich tätig, ist die nach den VV 2300 ff. RVG 208 entstandene **Geschäftsgebühr** zur Hälfte, höchstens jedoch mit einem Gebührensatz von 0,75, auf die Verfahrensgebühr des gerichtlichen Verfahrens **anzurechnen.** Der nicht anrechnungsfähige Teil der Geschäftsgebühr beruht auf einem materiell-rechtlichen Schadensersatzanspruch und ist nicht Teil der prozessualen Kostenentscheidung. Daher besteht keine

---

[444] Harbauer/*Schneider* ARB 2010 § 5 Rn. 72.
[445] Vgl. → § 2 Rn. 53.
[446] OLG Köln 23.2.1989 – 5 U 163/88, ZfSch 1989, 203; *Plote* RSVers Rn. 387.
[447] Harbauer/*Schneider* ARB 2010 § 5 Rn. 210 ff.; *Plote* RSVers Rn. 390.
[448] *Plote* RSVers Rn. 400.
[449] Harbauer/*Schmitt* ARB 2010 § 1 Rn. 21.

Erstattungspflicht des Versicherers, wenn diese Kosten der Gegenseite gerichtlich zugesprochen werden.[450]

209 **b) Nicht erstattungsfähige Kosten.** *aa) Unangemessene Kostenverteilung im Rahmen einer einverständlichen Erledigung.* § 5 Abs. 3 ARB 2010 enthält eine Einschränkung der Pflicht zur Kostentragung. So ist nach § 5 Abs. 3 lit. b ARB 2010 eine Kostenübernahme durch den Versicherer ausgeschlossen, wenn es im Rahmen einer einverständlichen Erledigung, insbesondere eines **Vergleichs**, zu einer **unangemessenen Kostenverteilung** kommt, die nicht dem Verhältnis des Obsiegens zum Unterliegen entspricht. Auf diese Weise sollen Zugeständnisse des Versicherungsnehmers verhindert werden, die bei einer gütlichen Einigung nicht dem Erfolg des Versicherungsnehmers in der Hauptsache entsprechen. Im Interesse eines lückenlosen Rechtsschutzes muss der Versicherer ohne Rücksicht auf die ursprüngliche Rechtslage nach einem außergerichtlichen oder gerichtlichen Vergleich nur diejenigen Kosten erstatten, die das Gericht dem Versicherungsnehmer durch Urteil gemäß §§ 91 ff. ZPO auferlegt hätte, wenn ein Urteil mit gleichem Inhalt wie der Vergleich ergangen wäre.[451] Das ist vom Versicherer darzulegen und zu beweisen.[452] Keine Anwendung findet die Vorschrift des § 5 Abs. 3 lit. b ARB 2010, wenn sich die Parteien eines Rechtsstreits in einem gerichtlichen Vergleich über die Hauptsache geeinigt, den Rechtsstreit daraufhin in der Hauptsache für erledigt erklärt und die Kostenfrage nach § 91a ZPO zur Entscheidung des Gerichts gestellt haben. Die Gefahr, dass der Versicherungsnehmer ein unnötiges Zugeständnis hinsichtlich der Kosten zum Nachteil des Versicherers macht, besteht in diesem Fall nicht.[453]

210 Hinsichtlich des Verhältnisses zwischen Obsiegen und Unterliegen ist auf eine rein formale Betrachtungsweise abzustellen. Maßgeblich ist das **objektive Wertverhältnis zwischen ursprünglichen Anspruchsbegehren und erzieltem Ergebnis.** Subjektive Gesichtspunkte, Fragen des Prozessrisikos und Erfolgsaussichten sind nicht von Bedeutung.[454] In der Praxis ist es empfehlenswert, sich vor Abschluss des außergerichtlichen oder gerichtlichen Vergleichs mit dem Rechtsschutzversicherer abzustimmen und die Situation des Versicherungsnehmers darzustellen.

211 Der Leistungsausschluss in § 5 Abs. 3 lit. b ARB 2010 gilt allerdings dann nicht, wenn eine von dem durch die Einigung erzielten Ergebnis **abweichende Kostenverteilung gesetzlich vorgeschrieben** ist. Das ist für das arbeitsgerichtliche Urteilsverfahren des ersten Rechtszuges der Fall, denn gemäß § 12a Abs. 1 S. 1 ArbGG besteht insoweit kein Anspruch der obsiegenden Partei ua auf Erstattung der Kosten für die Zuziehung eines Prozessbevollmächtigten oder Beistandes.[455] Die Kostenregel des § 5 Abs. 3 lit. b ARB 2010 spielt daher in arbeitsgerichtlichen Urteilsverfahren, die in der 1. Instanz durch Vergleich beendet werden, keine Rolle. Gleiches gilt bei einem **außergerichtlichen Vergleich:** Zwar ist die Regelung des § 5 Abs. 3 lit. b ARB 2010 auch anwendbar, wenn in einem außergerichtlichen Vergleich **keine ausdrückliche Regelung über die Kosten** enthalten ist.[456] Erfasst der außergerichtliche Vergleich alle Ansprüche aus dem streitigen Rechtsverhältnis, beinhaltet dies hinsichtlich etwaiger Kostenerstattungsansprüche der Parteien untereinander gleichzeitig die Regelung, dass jede Partei ihre außergerichtlichen Kosten selbst zu tragen hat. Somit wurde stillschweigend auch eine Regelung über die außergerichtlichen Kosten getroffen.[457] In arbeitsrechtlichen Streitigkeiten erfasst die Vorschrift des § 12a Abs. 1 S. 1 ArbGG aber über ihren Wortlaut hinaus auch sämtliche materiell-rechtlichen Kostenerstattungsansprüche.[458]

---

[450] *Plote* RSVers Rn. 400.
[451] BGH 25.1.2006 – IV ZR 207/04, NJW 2006, 1281; AG Weilburg 1.10.2010 – 5 C 456/10, NJOZ 2011, 1177.
[452] BGH 25.5.2011 – IV ZR 59/09, NJW 2011, 2054.
[453] OLG Hamm 8.12.2004 – 20 U 151/04, NJW-RR 2005, 331; LG Köln 26.4.2006 – 20 S 19/06, RuS 2006, 453; AG Aachen 11.4.2003 – 84 C 689/02, NJW-RR 2004, 180.
[454] LG Münster 14.4.1983 – 15 O 22/83, ZfSch 1983, 274; LG Köln 23.6.1982 – 24 O 76/82, ZfSch 1983, 83; AG Aachen 6.5.1982 – 13 C 58/82, ZfSch 1984, 238.
[455] Harbauer/*Schneider* ARB 2010 § 5 Rn. 205; *Obarowski* NJW 2011, 2014 (2018).
[456] LG Rottweil 3.11.2010 – 1 S 59/10, NJW-RR 2011, 613.
[457] BGH 25.1.2006 – IV ZR 207/04, NJW 2006, 1281; *Plote* RSVers Rn. 405.
[458] Germelmann/Matthes/Prütting/*Germelmann* ArbGG § 12 Rn. 8.

Damit bleibt in arbeitsgerichtlichen Urteilsverfahren die Kostenregel des § 5 Abs. 3 lit. b **212**
ARB 2010 nur für Vergleiche relevant, die in der **Berufungs- oder Revisionsinstanz** geschlossen werden, denn für diese gilt § 12a Abs. 1 S. 1 ArbGG nicht.[459]

bb) Selbstbeteiligung. Ist im Rahmen des Versicherungsvertrages eine **Selbstbeteiligung** **213**
des Versicherungsnehmers vorgesehen, mindert sich die Freistellungspflicht des Versicherers von vorneherein um diesen Betrag, vgl. § 5 Abs. 3 lit. c ARB 2010. Eine vereinbarte Selbstbeteiligung wird jeweils pro Versicherungsfall und pro Leistungsart abgezogen, so dass es bei einem einheitlichen Lebensvorgang auch zu Mehrfachabzügen kommen kann.[460]

cc) Vergleichsmehrwert. Probleme bereitet die Frage der Kostenübernahme durch den **214**
Versicherer, wenn im Rahmen des Kündigungsschutzprozesses das Arbeitsverhältnis vergleichsweise beendet wird und der **Vergleich auch Regelungen in Bezug auf Gegenstände** trifft, die bislang **nicht zwischen den Parteien streitig waren** (zB Dienstwagen, Freistellung, Urlaub, Wettbewerbsverbot, Zeugnis). Die Mitregelung dieser Gegenstände erhöht den Gegenstandswert der rechtlichen Auseinandersetzung und führt zu einer Erhöhung der Kosten („Vergleichsmehrwert").

Die Mehrzahl der Rechtsschutzversicherer lehnt eine Übernahme der Mehrkosten mit der **215**
Begründung ab, dass es hinsichtlich der nicht streitigen Ansprüche schon an einem Rechtsverstoß fehle. Daher liege auch kein Rechtsschutzfall iSv § 4 Abs. 1 lit. c ARB 2010 vor. Teilweise wird die Rechtsschutzdeckung auch deshalb verneint, weil der Versicherungsnehmer gegen die Schadensminderungsobliegenheit des § 17 Abs. 5 lit. c cc) ARB 2010 verstoßen und unnötige Kosten verursacht habe.[461]

Die Praxis der Versicherer steht teilweise im **Widerspruch zur Rechtsprechung des BGH.** **216**
Danach ist der Versicherer zur Übernahme der Kosten in Höhe der Misserfolgsquote des Versicherungsnehmers verpflichtet, wenn der Gegenstand des Mehrvergleichs mit dem Streitgegenstand des Ausgangsrechtsstreits **rechtlich zusammenhängt** und **grundsätzlich unter das versicherte Risiko fällt.** Nicht erforderlich ist, dass es zu erneuten Rechtsverstößen in Bezug auf die mitgeregelten Gegenstände kommt. Begründet wird dies mit der Vorschrift des § 5 Abs. 3 lit. b ARB 2010: Die Versicherungsklausel müsse so ausgelegt werden, wie ein durchschnittlicher Versicherungsnehmer sie bei verständiger Würdigung, aufmerksamer Durchsicht und Berücksichtigung des erkennbaren Sinnzusammenhangs verstehe. Abzustellen sei auf die Verständnismöglichkeiten eines Versicherungsnehmers ohne versicherungsrechtliche Spezialkenntnisse. Solle eine Klausel den Versicherungsschutz ausschließen oder einschränken, könne der Versicherungsschutz nicht weiter gekürzt werden, als es der erkennbare Zweck der Klausel gebiete. Der Versicherungsnehmer müsse daher nicht davon ausgehen, dass sein Versicherungsschutz Lücken habe, die für ihn nicht erkennbar seien. Werde ein Rechtsstreit einverständlich durch Vergleich erledigt, sei dessen Ausdehnung auf bisher nicht streitige Ansprüche häufig sachdienlich und allgemein üblich. Die Miterledigung anderer Streitpunkte schaffe vielfach gerade erst die **Grundlage für die Einigung** über den bereits streitbefangenen Anspruch. Sie sei jedenfalls geeignet, zukünftige Rechtsschutzfälle und damit verbundene Kosten zu verhindern. Ein durchschnittlicher Versicherungsnehmer könne der Vorschrift des § 5 Abs. 3 lit. b ARB 2010 („Kosten, die im Zusammenhang mit einer einverständlichen Erledigung entstanden sind") nicht entnehmen, dass hiervon solche Streitgegenstände nicht erfasst sein sollen, die mit der Beendigung des Arbeitsverhältnisses in engem Zusammenhang stehen und grundsätzlich unter Rechtsschutzdeckung fallen. Die durch Einbeziehung solcher Streitgegenstände entstandenen **Mehrkosten seien daher vom Versicherer zu tragen.**[462]

Nach Auffassung des AG Köln soll eine in einem Kündigungsschutzprozess im Rahmen **217**
eines Vergleichs geregelte Freistellungsvereinbarung eine bloße Abwicklungsmodalität in Zusammenhang mit der Beendigung des Arbeitsverhältnisses sein, wenn der Arbeitnehmer

---

[459] Germelmann/Matthes/Prütting/*Germelmann* ArbGG § 12 Rn. 5.
[460] *Plote* RSVers Rn. 412.
[461] LG Hannover 23.8.1993 – 20 S 68/93, RuS 1993, 466; Cornelius-Winkler/Ennemann/*Cornelius-Winkler,* Rechtsschutzversicherung und Gebühren im Arbeitsrecht, 2008, Rn. 68 ff.
[462] BGH 14.9.2005 – IV ZR 145/04, NZA 2006, 229.

keinen Anspruch auf Freistellung hat. In diesem Fall sei die Freistellungsabrede kein streitiger Anspruch, sondern nur eine kompensatorische Leistung, die ohne die Beendigungsregelung nicht denkbar sei. Daher könne in der Freistellungsvereinbarung kein vom Kündigungsschutzprozess gesonderter, unabhängiger Rechtsschutzfall gesehen werden, dessen Kosten vom Versicherer zu übernehmen wären.[463]

218 Demgegenüber gehören nach Auffassung des LAG München die **Freistellung** während des Laufs der Kündigungsfrist und deren Modalitäten, das **vorzeitige Eigenkündigungsrecht** des Klägers mit **Erhöhung der Abfindung**, die **Modalitäten der Vergütung** während der Freistellung (Mitarbeiterbeteiligungsprogramm), eine **Outplacementberatung** oder das **Arbeitszeugnis** zu den Gegenständen, die üblicherweise in einen Vergleich aufgenommen werden. Ohne sie komme eine Einigung in der Regel nicht zu Stande. Außerdem sei es sicher nicht im Sinne der Rechtsschutzversicherungen, wenn sie durch ihre restriktive Haltung gegenüber dem Vergleichsmehrwert die Klagepartei zwingen würden, sämtliche Gegenstände, die sie im Vergleich regeln möchte, schnell vor dem Vergleichsabschluss noch klageweise geltend zu machen, um sie mit der Folge des von der Rechtsschutzversicherung anzuerkennenden Vergleichsmehrwertes noch mit vergleichen zu können. Dann nämlich würde nicht nur ein Vergleichs-, sondern bereits ein Verfahrensmehrwert entstehen.[464] Ähnlich hat das LAG Köln für das **Zeugnis** entschieden, dass die „Gesamtbenotung" typischerweise zentraler Streitpunkt eines Zeugnisrechtsstreits sei, weswegen bei Vergleichen, die eine Regelung über diesen zentralen Zeugnisinhalt enthalten, im Regelfall davon ausgegangen werden könne, dass sie einen **zukünftigen Zeugnisrechtsstreit vermeiden.** Es sei daher gerechtfertigt, für Vergleichsklauseln, die die Gesamtleistungsbeurteilung festlegen, einen Mehrwert in Höhe eines Monatsgehaltes festzusetzen.[465] Nach Auffassung des AG Wiesbaden umfasst die Deckungszusage für eine Kündigungsschutzklage stets auch die Kosten des den Streit abschließenden Mehrvergleichs.[466]

219 Wird ein Rechtsanwalt neben einer Kündigungsschutzklage zusätzlich damit beauftragt, auf eine **vorzeitige Auflösung des Arbeitsverhältnisses gegen Abfindungszahlung** hinzuwirken, fällt nach Auffassung des OLG Nürnberg nur die gesetzliche Vergütung des Rechtsanwalts hinsichtlich der Kündigungsschutzklage unter Deckungsschutz. Die Umgestaltung des Arbeitsvertrages und die Beendigung des Arbeitsverhältnisses gegen Abfindungszahlung seien keine Rechtsschutzfälle, deren Kosten der Versicherer erstatten müsse.[467] Dies widerspricht der og Auffassung des BGH, der den Eintritt des Rechtsschutzfalls in der Kündigung des Arbeitsverhältnisses durch den Arbeitgeber sieht und es ausreichen lässt, wenn die mitgeregelten Gegenstände grundsätzlich unter Versicherungsschutz fallen und in einem unmittelbaren Zusammenhang mit dem Ausgangsrechtsstreit stehen. Ein durchschnittlicher Versicherungsnehmer kann nicht wissen, dass in Bezug auf die zusätzlich geregelten Ansprüche eigenständige Rechtsverstöße erforderlich sind.

4. Vorgehensweise bei bestehender Rechtsschutzversicherung

220 Der Rechtsanwalt sollte bei Erteilung des Mandats klären, ob der Mandant rechtsschutzversichert ist. Besteht eine Rechtsschutzversicherung, ist es ratsam, sich den **Versicherungsschein aushändigen** zu lassen und eventuell in Kopie zur Akte nehmen. Dies erleichtert es, Informationen zu den jeweils geltenden Allgemeinen Versicherungsbedingungen und zum Umfang des Versicherungsschutzes zu erhalten. Gerade in arbeitsgerichtlichen Streitigkeiten kommt der Frage nach einer Rechtsschutzversicherung des Mandanten aufgrund des Ausschlusses der Kostenerstattung in Urteilsverfahren des ersten Rechtszugs (§ 12a Abs. 1 S. 1 ArbGG) erhöhte Bedeutung zu. In jedem Fall hat der Rechtsanwalt deutlich zu machen, dass der **Mandant als Kostenschuldner** die Rechtsanwaltskosten auch dann zu tragen hat, wenn die Rechtsschutzversicherung die Deckung verweigert.

---

[463] AG Köln 28.8.2007 – 138 C 358/07, VersR 2009, 394.
[464] LAG München 23.10.2009 – 7 Ta 309/09, BeckRS 2009, 74274.
[465] LAG Köln 5.3.2011 – 10 Ta 368/10, BeckRS 2011, 69958.
[466] AG Wiesbaden 9.10.2003 – 93 C 3660/03-19, NJW-RR 2004, 116.
[467] OLG Nürnberg 21.2.2001 – 8 U 2332/90, ZfSch 1991, 200.

Ob und inwieweit der Rechtsanwalt verpflichtet ist, das Vorhandensein einer Rechtsschutzversicherung zu erforschen, hängt davon ab, ob er bereits aus früheren Aufträgen des Mandanten Kenntnis von dessen Rechtsschutzversicherung hatte. Das LG Tübingen geht davon aus, dass der Rechtsanwalt, der von der bloßen Möglichkeit des Bestehens einer Rechtsschutzversicherung seines Mandanten erfährt, verpflichtet sei, den Sachverhalt zu erforschen. Dies folge aus der anwaltlichen Pflicht, den Auftraggeber vor vermeidbaren Nachteilen zu bewahren.[468] Besteht kein konkreter Anlass in Bezug auf eine vorhandene Rechtsschutzversicherung, kann jedenfalls nicht von einer **Nachforschungspflicht** des Rechtsanwalts ausgegangen werden. Auch muss der Rechtsanwalt nicht prüfen, ob der Versicherungsschutz nach wie vor besteht oder, etwa wegen Nichtzahlung der Folgeprämie, bereits erloschen ist.[469]

Bevor der Rechtsanwalt anwaltlich tätig wird, sollte er den rechtsschutzversicherten Mandanten auf Grundlage der in der Rechtsprechung und Literatur vertretenen Meinungen über die Eintrittspflicht des Versicherers beraten[470] und deutlich machen, dass hierüber keine verbindliche Aussage getroffen werden kann. Erklärt der Rechtsanwalt entgegen der Sach- und Rechtslage gegenüber seinem Mandanten, dass die Rechtsschutzversicherung eintrittspflichtig sei, kann dies **Schadensersatzansprüche** auslösen.[471]

Soll für eine rechtsschutzversicherte Partei **Prozesskostenhilfe** beantragt werden, hängt dies von der Eintrittspflicht des Versicherers ab. Lediglich für den Fall der Versagung des Deckungsschutzes kommt Prozesskostenhilfe in Betracht. Für den Antrag auf Prozesskostenhilfe wird daher regelmäßig der Ablehnungsbescheid der Rechtsschutzversicherung benötigt.[472]

5. Deckungsschutzanfrage

Weist der Mandant den Rechtsanwalt von sich aus auf eine bestehende Rechtsschutzversicherung hin, kann bereits hierdurch im Verhältnis zwischen Mandant und Rechtsanwalt der Auftrag begründet werden, dass der Rechtsanwalt die vollständige Abwicklung mit der Rechtsschutzversicherung übernimmt.[473] Erfährt der Rechtsanwalt von der Rechtsschutzversicherung des Mandanten, hat er in der Regel zu beurteilen, ob die Voraussetzungen der Eintrittspflicht des Versicherers vorliegen und diesem ggf. den relevanten Sachverhalt mit der Bitte um Prüfung der Rechtsschutzdeckung mitzuteilen, vgl. § 17 Abs. 5 ARB 2010. Hierfür kann meist eine **gesonderte Geschäftsgebühr** verlangt werden. Der Rechtsanwalt hat sich, sobald er vom Bestehen der Rechtsschutzversicherung Kenntnis erlangt, zu vergewissern, ob der Versicherer bereits unterrichtet und Deckungszusage erteilt wurde. Ist die Deckungsanfrage noch nicht gestellt worden, hat dies schnellstmöglich zu erfolgen, da sonst eine **Verletzung der Informationsobliegenheit** des § 17 Abs. 5 ARB 2010 bzw. der Ausschluss verspätet gemeldeter Schäden nach § 14 Abs. 1 ARB 2010 droht.[474] Bei Verletzung der Informationsobliegenheit kann sich aus § 17 Abs. 6 ARB 2010 die Leistungsfreiheit des Versicherers ergeben. So kann zB eine Meldung des Versicherungsfalls zwei Monate nach Erledigung des Rechtsstreits zum Entfall der Leistungspflicht der Rechtsschutzversicherung führen.[475] Die Unterrichtung des Versicherers hat in der Regel so **rechtzeitig** zu erfolgen, dass dieser noch die Möglichkeit zur Prüfung seiner Eintrittspflicht hat und eine sachgerechte Entscheidung treffen kann. Die Zügigkeit der Entscheidung des Versicherers über die Deckungszusage hängt entscheidend von der **Qualität der Deckungsschutzanfrage** ab. Um Verzögerungen und Rückfragen bei der Deckungsbestätigung zu vermeiden, sollte der Versicherer möglichst vollständig über den Sachverhalt unterrichtet werden.

---

[468] LG Tübingen 25.7.1994 – 1 S 123/94, VersR 1996, 854.
[469] Buschbell/Hering RSV-HdB/*Buschbell* § 24 Rn. 5.
[470] AG Würzburg 23.10.1997 – 15 C 1458/97, VersR 1999, 189.
[471] Buschbell/Hering RSV-HdB/*Buschbell* § 24 Rn. 6, 14 ff.; *Küttner* NZA 1996, 453 (455).
[472] *Plote* RSVers Rn. 427.
[473] Buschbell/Hering RSV-HdB/*Buschbell* § 24 Rn. 57; *Plote* RSVers Rn. 420.
[474] Buschbell/Hering RSV-HdB/*Buschbell* § 25 Rn. 3 ff.
[475] LG Karlsruhe 28.10.1988 – 9 S 283/88, ZfSch 1989, 203.

Muster: Deckungsschutzanfrage

225 ABC-Versicherung

Sehr geehrte Damen und Herren,

Ihr Versicherungsnehmer Hans Mustermann hat uns in einer arbeitsrechtlichen Angelegenheit beauftragt, ihn außergerichtlich und gerichtlich zu vertreten.

Herr Mustermann ist seit dem .... bei der Firma .... beschäftigt. Mit Schreiben vom ...... hat der Arbeitgeber das Arbeitsverhältnis des Herrn Mustermann ordentlich gekündigt. Ob diese Kündigung zu einer rechtlichen Beendigung des Arbeitsverhältnisses Ihres Versicherungsnehmers führen wird, kann nur vom Arbeitsgericht im Rahmen eines Kündigungsschutzverfahrens festgestellt werden. Wir beabsichtigen, mit dem Kündigungsschutzantrag einen allgemeinen Weiterbeschäftigungsantrag zu verbinden, da ohne einen solchen der Weiterbeschäftigungsanspruch des Herrn Mustermann im Fall der Säumnis des Arbeitgebers im Gütetermin nicht tituliert würde. Ein vollstreckbarer Titel ist jedoch zur Durchsetzung der Rechte Ihres Versicherungsnehmers erforderlich.

Auf das Arbeitsverhältnis des Herrn Mustermann findet der Tarifvertrag ...... Anwendung. Dessen Ziffer ...... enthält eine Ausschlussfrist. Wir werden Ihrem Versicherungsnehmer daher empfehlen, die bereits entstandenen sowie die im Verlaufe des Kündigungsschutzverfahrens noch entstehenden Ansprüche, insbesondere auf Verzugslohn, gerichtlich geltend zu machen, wenn und soweit der Arbeitgeber nicht rechtsverbindlich erklärt, dass er sich auf die Ausschlussfrist nicht berufen werde.

Kopien des Arbeitsvertrages sowie des Kündigungsschreibens liegen bei. Namens und im Auftrag Ihres Versicherungsnehmers bitten wir um Erteilung einer Deckungszusage für die Kosten der außergerichtlichen und gerichtlichen Vertretung. Wegen der Vorschrift des § 4 Satz 1 KSchG sind wir gehalten, die Klage innerhalb einer Frist von drei Wochen nach Zugang der Kündigung bei Gericht einzureichen. Wir weisen vorsorglich darauf hin, dass wir insoweit kostenauslösende Maßnahmen ergreifen müssen, ohne den Eingang der erbetenen Deckungszusage abwarten zu können.

Mit freundlichen Grüßen   Rechtsanwalt

6. Reaktionsmöglichkeiten der Rechtsschutzversicherung

226 a) **Deckungszusage.** Nach § 17 Abs. 2 S. 1 ARB 2010 bestätigt der Versicherer als Ausprägung seiner Sorgepflicht den Umfang des bestehenden Versicherungsschutzes, dh seine Leistungspflicht für einen bestimmten Rechtsschutzfall. In der Praxis ist die Deckungszusage des Versicherers von erheblicher Bedeutung, da auf ihrer Grundlage das außergerichtliche und gerichtliche Vorgehen erfolgt. Die Deckungszusage stellt ein **deklaratorisches Schuldanerkenntnis** dar, so dass der Versicherer grundsätzlich an die Erteilung seiner Zusage gebunden ist. Die Deckungszusage kann aber unter dem **Vorbehalt** späterer Rückforderung erklärt werden, wenn Gründe für den Ausschluss der Leistungspflicht vorhersehbar sind.[476] Hat jedoch der Versicherer bei Erteilung der Deckungszusage Kenntnis von einer vorsätzlichen Verletzung des Arbeitsvertrages durch den versicherten Arbeitnehmer, führt dies trotz eines Hinweises auf § 3 Abs. 5 ARB nicht zur Kondizierbarkeit des von ihm abgegebenen deklaratorischen Schuldanerkenntnisses.[477]

227 Im weiteren Verlauf der rechtlichen Auseinandersetzung kann sich der Versicherer nicht mehr auf solche Einwendungen und Einreden berufen, die ihm zum Zeitpunkt der Deckungsbestätigung bereits bekannt waren, die er für möglich gehalten oder mit denen er **zumindest gerechnet** hat.[478] Aber auch dann, wenn der Versicherer die Einwendungen auf Grund des ihm bekannten Sachverhaltes hätte kennen müssen, kann sich der Versicherungsnehmer auf die Erteilung der Deckungszusage berufen.[479] Anders ist dies zu beurteilen,

---

[476] Harbauer/*Schneider* ARB 2010 § 17 Rn. 17; *Plote* RSVers Rn. 436.
[477] OLG Braunschweig 4.3.2013 – 3 U 89/12, AGS 2013, 599.
[478] BGH 18.3.1992 – IV ZR 51/91, NJW 1992, 1509; OLG Frankfurt a. M. 23.6.2015 – 10 U 233/13, AGS 2016, 128; Harbauer/*Schneider* ARB 2010 § 17 Rn. 16 f.
[479] OLG Saarbrücken 16.11.2005 – 5 U 1/05-1, RuS 2006, 151; LG München I 17.10.1997 – 20 S 12896/97, RuS 1998, 203.

wenn sich im Nachhinein Gründe für eine Leistungsverweigerung ergeben, die dem Versicherer bei Bestätigung der Deckung nicht bekannt waren und der Versicherer eine Deckungszusage „im Rahmen der ARB" erteilt hat. In einem solchen Fall ist der Widerruf der Deckungszusage bzw. des deklaratorischen Schuldanerkenntnisses unter Rückgewährung der bereits erbrachten Versicherungsleistungen möglich.[480]

Die erteilte Deckungszusage erfasst immer **nur eine Instanz** und nur den dem Versicherer 228 bekannten Sachverhalt und die damit verbundenen Maßnahmen. Auch ist die Zusage der Höhe nach auf die vereinbarte Versicherungssumme beschränkt und beinhaltet kein Anerkenntnis des Versicherers zur Erstattung aller im Rahmen des Verfahrens anfallenden Kosten.[481]

Die Regelung des § 17 Abs. 2 S. 2 ARB 2010 soll verhindern, dass der Versicherungsneh- 229 mer den in den Allgemeinen Versicherungsbedingungen festgelegten Umfang des Rechtsschutzes durch eigenmächtige rechtliche Schritte erweitert. **Kostenauslösende Maßnahmen**, die vor Erteilung der Deckungszusage nach § 17 Abs. 2 S. 1 ARB 2010 ergriffen werden, fallen nur unter Deckungsschutz, wenn dies auch bei vorheriger Deckungsbestätigung der Fall gewesen wäre. Hierdurch soll der Versicherungsnehmer zu einer möglichst frühzeitigen Unterrichtung des Versicherers veranlasst werden. In der Regulierungspraxis der Rechtsschutzversicherungen kommt der Vorschrift kaum Bedeutung zu.[482]

Bestätigt der Versicherer die Deckung für einen Teil des Rechtsschutzfalls (**Teilzusage**), 230 übernimmt er auch nur einen entsprechenden Anteil der Kosten.[483] Erteilt die Rechtsschutzversicherung eine Teilzusage, muss der Rechtsanwalt den Mandanten darüber belehren, dass sich hieraus eine Kostenbelastung für ihn ergibt und er zur Übernahme der nicht unter Deckungsschutz fallenden Kosten verpflichtet bleibt.[484]

b) Deckungsablehnung. In manchen Fällen verweigert der Versicherer die Erteilung der 231 Deckungszusage bzw. die Gewährung von Rechtsschutz. Häufigster Ablehnungsgrund ist, dass der Rechtsschutzfall nicht während der Laufzeit des Versicherungsvertrages eingetreten ist. Teilweise werden auch Risikoausschlüsse oder **mangelnde Erfolgsaussichten** als Ablehnungsgründe aufgeführt. Die Fälle, dass das betroffene Risiko vom Versicherungsnehmer nicht versichert wurde, obwohl es versicherbar ist, sind im Arbeitsrecht nicht anzutreffen, da hier seitens der Rechtsschutzversicherer keine Leistungsbeschränkungen vorgesehen sind.[485]

Verweigert die Rechtsschutzversicherung den Deckungsschutz, ist der Rechtsanwalt 232 grundsätzlich verpflichtet, anhand der einschlägigen Allgemeinen Versicherungsbedingungen zu **prüfen, ob die Ablehnung begründet** ist.[486] Zudem hat er den Mandanten darüber zu informieren, welche weiteren Möglichkeiten es zur rechtlichen Überprüfung der Deckungsablehnung gibt, zB die Eingabe beim Ombudsmann für Versicherungen eV oder, je nach Allgemeinen Versicherungsbedingungen, das Stichentscheid- bzw. Schiedsgutachter-Verfahren.[487]

7. Rechte des Versicherungsnehmers bei Deckungsablehnung

a) § 3a ARB 2010. Lehnt der Versicherer die Deckung ab, weil die Wahrnehmung der 233 rechtlichen Interessen mutwillig ist oder keine hinreichende Aussicht auf Erfolg hat, ist die Vorschrift des § 3a ARB 2010 einschlägig. Zu beachten ist, dass sich die Rechtsschutzversicherung im Verlauf der rechtlichen Auseinandersetzung nicht mehr auf Mutwilligkeit oder fehlende Erfolgsaussicht berufen kann, wenn sie den Deckungsschutz nicht unter Berufung

---

[480] OLG Oldenburg 12.2.1992 – 2 U 215/91, RuS 1992, 239; LG Karlsruhe 28.10.1988 – 9 S 283/88, ZfSch 1989, 203.
[481] OLG Köln 17.1.1991 – 5 U 77/90, RuS 1991, 92.
[482] Harbauer/*Schneider* ARB 2010 § 17 Rn. 18.
[483] *Plote* RSVers Rn. 438.
[484] OLG Düsseldorf 6.7.2001 – 24 U 211/00, VersR 2002, 1105.
[485] *Plote* RSVers Rn. 439.
[486] OLG Düsseldorf 7.6.1984 – 8 U 148/83, VersR 1985, 92.
[487] Buschbell/Hering RSV-HdB/*Buschbell* § 24 Rn. 32 ff.

hierauf, sondern unter Hinweis auf andere Gründe abgelehnt hat.[488] Der Versicherer kann sich den **Ablehnungsgrund der Mutwilligkeit oder fehlenden Erfolgsaussicht** also **nicht vorbehalten**.[489] Lehnt der Versicherer den Versicherungsschutz aus anderen Gründen ab, liegt keine Deckungsablehnung iSd § 3a Abs. 1 ARB 2010 vor.[490]

234 Bei der Ablehnung des Arbeits-Rechtsschutzes nach § 3a ARB 2010 handelt es sich um eine vorläufige Ablehnung des Versicherungsschutzes, die nur dann endgültigen Charakter hat, wenn der Versicherungsnehmer von der Durchführung des Stichentscheid- oder Schiedsgutachter-Verfahrens absieht oder das Verfahren zu einem für den Versicherungsnehmer ungünstigen Ergebnis führt. Hat der Rechtsanwalt die bisherige Korrespondenz mit dem Versicherer übernommen, ist er in der Regel nach § 164 Abs. 3 BGB **bevollmächtigt, die empfangsbedürftige Deckungsablehnung** für den Versicherungsnehmer entgegenzunehmen.[491]

235 Der Versicherer hat dem Versicherungsnehmer die Deckungsablehnung unter Angabe der Gründe unverzüglich, dh ohne schuldhaftes Zögern (§ 121 Abs. 1 S. 1 BGB) mitzuteilen, da er andernfalls sein Recht verliert, sich auf Mutwilligkeit oder fehlende Erfolgsaussichten zu berufen. Der BGH legt sich bei der Dauer der Bearbeitungszeit nicht auf einen bestimmte Zeitspanne fest, sondern geht davon aus, dass die Ablehnung innerhalb des Zeitraums erfolgen muss, den der Versicherer bei sachgerechter, nicht schuldhaft verzögerter Prüfung für seine Entscheidung benötigt. Die Prüfungspflicht des Versicherers beginnt, sobald der Versicherungsnehmer seine Informationsobliegenheit nach § 17 Abs. 3 ARB 2010 erfüllt hat.[492]

236 Die Deckungsablehnung hat gemäß § 3a Abs. 1 S. 2 ARB 2010 **schriftlich** zu erfolgen, eine mündliche Ablehnung reicht nicht aus und führt zur Unwirksamkeit der Ablehnungserklärung, vgl. § 125 S. 2 BGB. Zudem muss sie eine **Begründung** enthalten, die nicht zu pauschal sein darf. Je nach Rechtsschutzfall hat der Versicherer zur Sach- bzw. Rechtslage Stellung zu nehmen, damit der Versicherungsnehmer dessen Auffassung prüfen und sein weiteres Vorgehen darauf abstimmen kann.[493]

237 Der Rechtsschutzversicherer kann im Rahmen seiner Allgemeinen Versicherungsbedingungen wählen, ob bei Meinungsverschiedenheiten hinsichtlich der Erfolgsaussichten der Interessenwahrnehmung das Stichentscheid- oder Schiedsgutachter-Verfahren zur Anwendung kommen soll.

238 *aa) Stichentscheid.* Im Rahmen des **Stichentscheid-Verfahrens** kann der Versicherungsnehmer einen für ihn tätigen oder noch zu beauftragenden **Rechtsanwalt** veranlassen, gegenüber der Rechtsschutzversicherung schriftlich darzulegen, warum die Wahrnehmung seiner rechtlichen Interessen hinreichende Aussicht auf Erfolg hat. Der Stichentscheid ist sowohl für den Versicherer, als auch für den Versicherungsnehmer **bindend,** sofern er nicht offenbar von der wirklichen Sach- oder Rechtslage erheblich abweicht. Das Stichentscheid-Verfahren birgt für den Versicherungsnehmer keine Kosten, diese hat der Versicherer zu tragen.[494]

239 *bb) Schiedsgutachten.* Verlangt der Versicherungsnehmer die Durchführung des **Schiedsgutachter-Verfahrens**, so wird ein Rechtsanwalt, der in einem **anderen Landgerichtsbezirk** als der vom Versicherungsnehmer beauftragte Rechtsanwalt zugelassen ist, als Schiedsgutachter benannt. Die Benennung erfolgt durch die Rechtsanwaltskammer, die für den Wohnsitz des Versicherungsnehmers zuständig ist. Der Schiedsgutachter hat seine Entscheidung schriftlich zu begründen. **Für den Versicherer** ist das Schiedsgutachten **bindend**, nicht jedoch für den Versicherungsnehmer. Dieser kann nach wie vor Deckungsklage erheben. War die

---

[488] OLG Köln 6.10.1988 – 5 U 61/88, VersR 1989, 359; OLG Köln 18.3.1997 – 9 U 142/96, VersR 1997, 1274; OLG Frankfurt 9.7.1997 – 7 U 210/96, NJW-RR 1997, 1386; aA Harbauer/*Schneider* ARB 2010 § 20 Rn. 16.
[489] BGH 19.3.2003 – IV ZR 139/01, VersR 2003, 638; OLG Düsseldorf 9.5.2000 – 4 U 148/99, ZfSch 2001, 36; aA OLG Karlsruhe 6.8.1998 – 12 U 289/97, RuS 1999, 70.
[490] OLG Celle 29.3.2001 – 8 U 78/00, VersR 2002, 91; Harbauer/*Schmitt* ARB 2010 § 3a Rn. 8.
[491] Harbauer/*Schmitt* ARB 2010 § 3a Rn. 5.
[492] BGH 19.3.2003 – IV ZR 139/01, VersR 2003, 638.
[493] Harbauer/*Schmitt* ARB 2010 § 3a Rn. 9.
[494] BGH 19.3.2003 – IV ZR 139/01, VersR 2003, 638.

Deckungsablehnung nach Spruch des Schiedsgutachters berechtigt, hat idR der Versicherungsnehmer die Kosten des Schiedsgutachters zu tragen. Andernfalls sind die im Schiedsgutachter-Verfahren angefallenen Kosten vom Versicherer zu tragen.[495]

b) Beschwerdemöglichkeiten. *aa) Ombudsmann für Versicherungen eV.* Der Ombudsmann für Versicherungen eV ist eine unabhängige und für den Versicherungsnehmer kostenfreie Schlichtungsstelle (§ 15a EGZPO). Fast alle in Deutschland ansässigen Versicherungsunternehmen sind dem Verein beigetreten. Der Versicherungsnehmer kann formlos Beschwerden an den Verein übersenden. Bei einem Beschwerdewert **unter 10.000 EUR** ist die Entscheidung des Ombudsmannes **für den Versicherer verbindlich**. Liegt der Wert unter **100.000 EUR,** kann der Ombudsmann eine **unverbindliche Empfehlung** abgeben. Der Beschwerdewert ist von den Kosten abhängig, die für die rechtliche Auseinandersetzung in 1. Instanz entstehen würden. Für den Versicherungsnehmer ist die Entscheidung des Ombudsmannes nicht verbindlich, ihm steht weiterhin der Rechtsweg offen. 240

bb) Bundesanstalt für Finanzdienstleistungsaufsicht. Die Bundesanstalt für Finanzdienstleistungsaufsicht (**BaFin**) achtet nach § 81 Abs. 1 VAG im Rahmen der Rechts- und Finanzaufsicht auf die ausreichende Wahrung der Belange der Versicherten und die dauernde Erfüllbarkeit der Verpflichtungen aus den Versicherungen. Jedermann kann sich mit Beschwerden an die Bundesanstalt für Finanzdienstleistungsaufsicht wenden. Diese prüft generell, ob aufsichtsrechtliche Maßnahmen eingeleitet werden müssen. Einzelfallentscheidungen werden nicht getroffen, weshalb den Beschwerden allenfalls **Indizwirkung** zukommt.[496] 241

c) Deckungsklage. Mit der Deckungsklage gegen die Rechtsschutzversicherung kann der Versicherungsnehmer den behaupteten Anspruch auf Rechtsschutz gerichtlich feststellen lassen. Der Versicherungsnehmer ist nicht verpflichtet, vor Erhebung der Deckungsklage das Stichentscheid- bzw. Schiedsgutachter-Verfahren durchzuführen, er hat die Möglichkeit, **sofort** Klage zu erheben. Dies ergibt sich aus dem Wortlaut des § 3a Abs. 2 S. 1 ARB 2010, wonach der Versicherungsnehmer eines der genannten Verfahren durchführen „kann".[497] Deckungsklagen gegen den Versicherer werden in der Regel vor den Zivilgerichten erhoben.[498] Die **Beweislast im Deckungsprozess** obliegt allein dem **Versicherungsnehmer.** Er muss beweisen, dass die Wahrnehmung der rechtlichen Interessen in den persönlichen, sachlichen, zeitlichen und räumlichen Anwendungsbereich des Versicherungsvertrages iVm mit den jeweils geltenden Allgemeinen Versicherungsbedingungen fällt.[499] 242

8. Abrechnung mit der Rechtsschutzversicherung

a) Fälligkeit der Versicherungsleistung. Der Anspruch des Versicherungsnehmers auf die Leistung der Rechtsschutzversicherung ist fällig, wenn der Versicherungsnehmer zur Zahlung von Kosten verpflichtet ist oder diese Verpflichtung bereits erfüllt hat.[500] Voraussetzung hierfür ist gemäß § 8 Abs. 1 S. 1, 2 RVG wiederum, dass der Vergütungsanspruch des Rechtsanwalts gegen den Mandanten fällig ist. Dies ist der Fall, wenn der Auftrag erledigt oder die Angelegenheit beendigt ist oder wenn in einem gerichtlichen Verfahren eine Kostenentscheidung ergangen ist, der Rechtszug beendet ist oder wenn das Verfahren länger als drei Monate ruht. 243

b) Honorarberechnung. Gemäß § 10 Abs. 1 S. 1 RVG kann der Rechtsanwalt die Vergütung nur aufgrund einer von ihm unterzeichneten und dem Auftraggeber mitgeteilten Berechnung einfordern., die gemäß § 10 Abs. 2 S. 1 RVG die Beträge der einzelnen Gebühren und Auslagen, Vorschüsse, eine kurze Bezeichnung des jeweiligen Gebührentatbestands, die Bezeichnung der Auslagen sowie die angewandten Nummern des Vergütungsverzeichnisses enthalten muss. Bei Gebühren, die nach dem Gegenstandswert berechnet sind, ist auch die- 244

---

[495] Buschbell/Hering RSV-HdB/*Buschbell* § 35 Rn. 11 ff.; *Plote* RSVers Rn. 446.
[496] *Plote* RSVers Rn. 442.
[497] BGH 19.3.2003 – IV ZR 139/01, VersR 2003, 638; Harbauer/*Schmitt* ARB 2010 § 3a Rn. 4.
[498] *Küttner* NZA 1996, 453 (455).
[499] Harbauer/*Schneider* ARB 2010 § 20 Rn. 14.
[500] Harbauer/*Schneider* ARB 2010 § 5 Rn. 158.

ser anzugeben. Der Rechtsanwalt kann die Vergütung auch durch direkt an die Rechtsschutzversicherung adressierte Kostenrechnung berechtigt einfordern, wenn sein Mandant damit einverstanden ist, was im Zweifel zu unterstellen ist.[501]

245 c) **Schuldnerverzug der Rechtsschutzversicherung.** Leistet die Rechtsschutzversicherung auf die ordnungsgemäße Honorarberechnung des Anwalts nicht oder nicht vollständig, gerät sie in Schuldnerverzug. Sie ist dann gemäß §§ 280, 286 BGB verpflichtet, dem Versicherten den durch den Verzug entstandenen Schaden zu ersetzen, wozu neben den laufenden Verzugszinsen auch die notwendigen Kosten der Inanspruchnahme eines Rechtsanwalts durch den Versicherten gehören. Die Rechtsschutzversicherungen wenden gegen die Geltendmachung solcher Ersatzansprüche – insbesondere der Geschäftsgebühr für das anwaltliche Mahnschreiben – regelmäßig ein, dass für die Wahrnehmung rechtlicher Interessen aus dem Rechtsschutzversicherungsvertrag gegen den Versicherer gemäß § 3 Abs. 2 lit. h ARB 2010 kein Rechtsschutz bestehe. Dieses Argument verkennt, dass der Versicherungsnehmer insoweit gerade keine vertraglichen Leistungen aus dem Versicherungsvertrag beansprucht, sondern einen gesetzlichen Schadensersatzanspruch, der sich aus §§ 280, 286 BGB ergibt. Diesem Anspruch steht § 3 Abs. 2 lit. h ARB 2010 nicht entgegen.

246 d) **Einwendungen der Rechtsschutzversicherung gegen die Streitwertfestsetzung.** Ist die Rechtsschutzversicherung mit der Festsetzung des Streitwerts durch das Arbeitsgericht nicht einverstanden, so ist sie gleichwohl selbst nicht gemäß § 33 Abs. 2 S. 2 RVG antragsberechtigt und damit nicht gemäß § 33 Abs. 3 S. 1 RVG beschwerdebefugt. Eine Streitwertbeschwerde des (an sich beschwerdebefugten) Prozessbevollmächtigten „im Namen der Rechtsschutzversicherung" ist deshalb nicht statthaft.[502] Ebensowenig ist es als Obliegenheitsverletzung anzusehen, wenn der Prozessbevollmächtigte des Versicherungsnehmers im Kündigungsschutzprozess eine aus seiner Sicht zutreffende, jedoch aus Sicht der Rechtsschutzversicherung unrichtige Wertfestsetzung selbst nicht angreift. Der Anwalt muss seine Vorstellungen zum Streitwert nicht den Ansichten der Versicherung unterordnen. Es ist vielmehr Angelegenheit der Rechtsschutzversicherung, den Versicherungsnehmer persönlich zu veranlassen, selbst einen Rechtsbehelf einzulegen oder hiermit einen anderen Rechtsanwalt zu beauftragen.[503] Legt ein Rechtsanwalt gegen einen Beschluss über die Gegenstandswertfestsetzung „auf Weisung der Rechtsschutzversicherung seiner Partei gemäß § 82 Abs. 1 und 2 VVG" Beschwerde ein, handelt es sich um eine Beschwerde der Partei selbst und nicht um die ihres Rechtsanwalts.[504]

9. Anwaltsvergütung bei Versagung des Deckungsschutzes

247 Auch bei bestehender Rechtsschutzversicherung bleibt der Mandant Kostenschuldner. Der Vergütungsanspruch des Anwalts bleibt deshalb gegen den Mandanten bestehen, auch wenn die Rechtsschutzversicherung den Deckungsschutz versagt hat. Der Anwalt ist nicht verpflichtet, den Mandanten darüber zu belehren, dass eine außergerichtliche Geschäftsgebühr für seine vorprozessuale Tätigkeit anfalle, die zur Hälfte auf die gerichtliche Verfahrensgebühr anzurechnen ist, wenn für ihn keine hinreichenden Anhaltspunkte bestanden, dass die Rechtsschutzversicherung den Deckungsschutz für die hälftige außergerichtliche Gebühr versagen werde.[505]

---

[501] AG Köln 29.11.2007 – 137 C 633/06, NJOZ 2009, 753.
[502] LAG München 23.10.2009 – 7 Ta 309/09, BeckRS 2009, 74274.
[503] LG Stuttgart 22.8.2007 – 5 S 64/07, VersR 2008, 1205.
[504] LAG Hamburg 24.12.2012 – 8 Ta 24/12, AGS 2013, 146.
[505] AG Essen 16.1.2008 – 14 C 121/07, AE 2009, 174.

§ 4 Der Gang des arbeitsrechtlichen Mandats am Beispiel der Kündigung

Übersicht

	Rn.
I. Die Feststellung des Sachverhalts	1–42
1. Aufklärungspflicht: Grundsatz und Reichweite	1–5
2. Aufklärungspflicht: Ansatzpunkte und Einzelheiten	6–41
a) Anwendbarkeit eines Tarifvertrages	7
b) Art der Arbeitnehmervertretung	8
c) Kündigungsschreiben	9–15
d) Schriftsatzkündigung	16/17
e) Anzahl der Arbeitnehmer im Betrieb	18–20
f) Besonderer Kündigungsschutz	21/22
g) Persönliche Angaben des Arbeitnehmers	23–25
h) Merkmale iSv § 1 AGG	26/27
i) Art der Kündigung und Kündigungsgrund	28
j) Anhörung der Arbeitnehmervertretung	29–33
k) Ausschlussfristen	34–41
l) Bruttoentgelt	42
II. Die Klärung der Rechtslage	43–59
1. Rechtskenntnisse des Rechtsanwalts	43/44
2. Fristen	45–54
3. Formvorschriften	55–59
III. Rat an den Mandanten	60–119
1. Beratungs- und Belehrungspflichten gegenüber Arbeitnehmern	61–91
a) Ratschläge vor Zugang einer Kündigung	61/62
b) Zurückweisung der Kündigung	63
c) Reaktion auf die Kündigung	64–71
d) Änderungskündigung	72–74
e) Weiterbeschäftigungsanspruch	75
f) Vergleich	76–82
g) Gesetzlicher Abfindungsanspruch	83–86
h) Versetzung	87
i) Einstweilige Verfügung	88
j) Kostenvorschuss bei Klageerhebung	89–91
2. Beratungs- und Belehrungspflichten gegenüber Arbeitgebern	92–119
a) Kündigung	93–110
b) Weiterbeschäftigung	111/112
c) Freistellung	113
d) Nachvertragliches Wettbewerbsverbot	114
e) Vergleich	115/116
f) Gesetzlicher Abfindungsanspruch	117
g) Verlängerung eines befristeten Arbeitsverhältnisses gemäß § 14 Abs. 2 bzw. 2a TzBfG	118/119

I. Die Feststellung des Sachverhalts

1. Aufklärungspflicht: Grundsatz und Reichweite

Wenn der Rechtsanwalt ein Mandat annimmt, muss er sich Klarheit über den **Umfang** 1
des Auftrags, den zugrunde liegenden **Sachverhalt** und die **Zielvorstellungen** des Mandanten verschaffen. Umfang des Auftrags und der dem Mandat zugrunde liegende Sachverhalt sind untrennbar miteinander verknüpft. Oftmals wird der juristisch nicht vorgebildete Laie nicht in der Lage sein, den Umfang des Auftrags zu definieren. Er kann allenfalls ein bestimmtes Ziel beschreiben, zu dessen Erreichung er anwaltlicher Dienstleistung bedarf. Die sorgfältige Herausarbeitung des Ziels des Mandanten im Rahmen der Mandatsannahme ist für eine er-

folgreiche Mandatsbearbeitung unerlässlich. Der Anwalt muss aufklären, ob es dem Arbeitnehmermandanten tatsächlich um die Erhaltung seines Arbeitsplatzes oder doch nur um die Erzielung einer möglichst hohen Abfindung geht. Oftmals wissen Arbeitnehmermandanten selbst nicht, was sie genau wollen. Dann muss der Anwalt die verschiedenen Handlungsoptionen darstellen und dem Mandanten die Alternativen erläutern. Häufig ändert sich das Ziel im Laufe der Mandatsbearbeitung auch, etwa wenn der Arbeitnehmer eine neue Anstellung gefunden oder auf Grund des Prozessvortrags des Arbeitgebers die Erkenntnis gewonnen hat, das Arbeitsverhältnis entgegen seiner ursprünglichen Absicht doch nicht mehr fortsetzen zu wollen. Arbeitgebermandanten hingegen haben oftmals sehr klare Zielvorstellungen, etwa was das Ausscheiden bestimmter Arbeitnehmer aus dem Betrieb betrifft, sind allerdings hinsichtlich der zur Erreichung des Ziels erforderlichen Maßnahmen unschlüssig. Schließlich können sich auch die Interessen von Arbeitgebermandanten im Laufe der Mandatsbearbeitung ändern, etwa wenn sich wider Erwarten die Auftragslage verbessert oder andere Arbeitnehmer ausscheiden und hierdurch Weiterbeschäftigungsmöglichkeiten für den gekündigten Arbeitnehmer entstehen.

2 Die Rechtsprüfungs- und Beratungspflicht des Rechtsanwalts verlangt deshalb eine vollständige Aufklärung des Sachverhalts. Erst dann kann der Rechtsanwalt den Sachverhalt rechtlich würdigen, den Umfang des Auftrags mit dem Mandanten besprechen und den Mandanten schließlich in erforderlichem Maße belehren. In diesem Stadium der Mandatsbearbeitung ist die **Informationspflicht des Mandanten** bedeutsam, da der Rechtsanwalt ohne Informationen keinen Ansatzpunkt für eine Aufklärung hat.[1] Grundsätzlich darf der Rechtsanwalt auf die Richtigkeit tatsächlicher Angaben seines Mandanten vertrauen, solange er die Unrichtigkeit oder Unvollständigkeit weder kennt noch kennen muss. Deshalb ist der Rechtsanwalt, welcher zB den Arbeitgeber in einem Kündigungsschutzverfahren des Arbeitnehmers gegen eine fristlose Kündigung wegen unberechtigter Geldentnahme vertritt, solange nicht gehalten, seinen Rat zur Ablehnung eines Vergleichsangebots zu ändern, solange er mangels anderweitiger Information durch seinen Mandanten von einer unberechtigten Geldentnahme ausgehen muss.[2] Dieser Grundsatz gilt jedoch nicht für die Mitteilung von Rechtstatsachen und rechtlichen Wertungen. Solche Angaben eines rechtsunkundigen Mandanten sind unzuverlässig, weil der Mandant regelmäßig nicht beurteilen kann, auf welche Tatsachen es für eine erfolgreiche Mandatsbearbeitung ankommt. Der Rechtsanwalt muss daher die zugrunde liegenden, rechtlich relevanten Tatsachen klären, wobei es regelmäßig ausreichend ist, dass er seinen Mandanten befragt und von diesem einschlägige Unterlagen erbittet.[3]

3 Die Aufklärungspflicht des Rechtsanwalts endet dort, wo der Mandant keine weiteren Kenntnisse hat bzw. beschaffen kann.[4] Da die Ermittlung der Tatsachen von grundlegender Bedeutung für die anschließende rechtliche Würdigung ist, hat sie **durch den Rechtsanwalt persönlich** und nicht etwa durch Kanzleipersonal zu erfolgen. Neben der gezielten **Befragung** des Mandanten ist es erforderlich, dass der Rechtsanwalt bestimmte **Unterlagen** wie zB Arbeitsvertrag, Kündigungsschreiben, Korrespondenzen oder Gerichtsentscheidungen sorgfältig überprüft. Er hat darauf zu achten, dass die Unterlagen **vollständig** sind und sich auf aktuellem Stand befinden.

4 Grundsätzlich ist es nicht Aufgabe des Rechtsanwalts, zur Klärung des rechtlich erheblichen Sachverhalts **Auskünfte Dritter** einzuholen. Die Beschaffung ihm zugänglicher **Unterlagen** ist Sache des Mandanten. Wenn Informationen dem Mandanten allerdings nicht zugänglich sind, kann es notwendig sein, dass der Rechtsanwalt eigene Ermittlungen unternimmt, zB das Handelsregister einsieht oder gerichtliche oder behördliche Akten zur Einsichtnahme anfordert. Die Aufklärungspflicht kann auch in anderen Fällen über die Befragung des Mandanten hinaus auch die **Befragung Dritter** oder sogar der gegnerischen Par-

---

[1] BGH 20.6.1996 – IX ZR 106/95, NJW 1996, 2929 (2931).
[2] BGH 11.12.1986 – IX ZR 14/86, BGHR BGB § 675 Anwaltsvertrag Nr. 1.
[3] BGH 18.11.1999 – IX ZR 420/97, NZA 2000, 214 (215). Siehe hierzu *Borgmann* BRAK-Mitt. 2001, 72 f.; *Borgmann* NJW 2000, 2953 (2957); MüKoBGB/*Heermann* § 675 Rn. 30.
[4] BGH 24.3.1983 – III ZR 116/82, WM 1983, 614; *Vollkommer/Greger/Heinemann* AnwaltshaftungsR, 4. Aufl. 2014, § 10 Rn. 13 ff.

tei betreffen: Wird der Rechtsanwalt mit einer Kündigungsschutzklage beauftragt, beschränkt sich seine Aufklärungs- und Belehrungspflicht nach Auffassung des 9. Senats des BGH grundsätzlich nicht nur auf die beabsichtigte Klage gegen die dem Mandanten ausgesprochene Kündigung. Vielmehr besteht die Nebenpflicht, diesen auch in mit dem Auftrag erkennbar zusammenhängenden Fragen, zB Ausgleich des entstandenen oder künftig entstehenden Lohnausfalls, zu beraten und bei dem Arbeitgeber wegen einer entsprechenden Betriebsvereinbarung oder Betrieblichen Übung anzufragen.[5] Ist das Mandat ausdrücklich auf einen bestimmten Kontext begrenzt, erstreckt sich die Beratungspflicht auch nur auf diesen Bereich. Daher hat der Rechtsanwalt, der eindeutig nur mit der Durchführung eines Berufungsverfahrens zur Frage der Wirksamkeit einer arbeitsvertraglichen Befristungsabrede beauftragt ist, nicht die Nebenpflicht, den Mandanten nach dem Schicksal eines Gehaltsanspruchs zu fragen und ihn entsprechend zu belehren.[6] Wird ein Rechtsanwalt nach Abschluss eines Prozessvergleichs über die einvernehmliche Auflösung eines Arbeitsverhältnisses von seinem Mandanten um rechtliche Auskunft gebeten, wie seine Lage vor der Agentur für Arbeit im Falle der Arbeitslosigkeit sei, weil der Mandant eine Sperre seines Arbeitslosengeldanspruchs fürchtet, so begründet das für den Rechtsanwalt nicht die Pflicht, zur Vermeidung einer sog. Sekundärhaftung den gesamten Inhalt des Vergleichs vollständig darauf zu untersuchen, ob der Kläger – auch – einen anderen Nachteil durch eine ungünstige Berechnung des Arbeitslosengeldes erlitten hat.[7] Im Zusammenhang mit dem Abschluss eines Aufhebungsvertrages ist ein Rechtsanwalt ohne besondere Beauftragung durch seinen Mandanten nicht verpflichtet, im Hinblick auf die steuerliche Behandlung der Abfindung nach §§ 24, 34 EStG steuerberatend tätig zu werden und den Mandanten über die Regelung und Tragweite dieser Vorschriften zu informieren.[8]

Klärt der Rechtsanwalt den Sachverhalt nicht sorgfältig auf oder überprüft er die vorgelegten Unterlagen nicht genau, setzt er sich einem hohen **Haftungsrisiko** aus. Da die Ermittlung der Tatsachen unabdingbare Voraussetzung für eine adäquate rechtliche Beratung ist, wirken sich Fehler, die der Rechtsanwalt in diesem frühen Stadium der Mandatsbeziehung begeht, auf die sich anschließende Mandatsbearbeitung in beträchtlichem Umfang aus. Verletzt der Rechtsanwalt schuldhaft seine Aufklärungspflicht und entsteht dem Mandanten hierdurch ein Schaden, so begründet dies idR einen Schadensersatzanspruch des Mandanten.

Checkliste: Aufklärungspflicht des Rechtsanwalts

- ☐ Persönliche Befragung des Mandanten;
- ☐ Überprüfung von Unterlagen;
- ☐ UU eigene Ermittlungspflicht des Rechtsanwalts;
- ☐ Klärung des Mandatsumfangs und -ziels.

2. Aufklärungspflicht: Ansatzpunkte und Einzelheiten

Wie weit die Aufklärungspflicht des Rechtsanwalts reicht, lässt sich kaum abstrakt und allgemein sagen, sondern hängt im Einzelnen von dem konkreten Fall ab. Ungeachtet dessen gibt es bestimmte Bereiche, die der Rechtsanwalt aufzuklären hat, um ein arbeitsrechtliches Mandat ordnungsgemäß bearbeiten zu können.

a) **Anwendbarkeit eines Tarifvertrages.** Damit der Rechtsanwalt eine korrekte rechtliche Würdigung des Sachverhalts durchführen kann, hat er sich zu vergewissern, ob auf das Ar-

---

[5] BGH 29.3.1983 – VI ZR 172/81, NJW 1983, 1665. Siehe hierzu *Jungk* AnwBl 1997, 36 (37); *Lang* MDR 1984, 458; Staudinger/*Martinek* BGB § 675 Rn. B 170; *Schlee* AnwBl 1988, 582; *Vollkommer/Greger/ Heinemann* AnwaltshaftungsR § 10 Rn. 30 f.; *Weisemann* AnwBl 1984, 174.
[6] OLG München 10.7.1985 – 15 U 4266/84, NJW 1986, 726; *Vollkommer/Greger/Heinemann* AnwaltshaftungsR § 10 Rn. 5.
[7] OLG Hamm 27.5.1995 – 28 U 198/96, OLG-Report Hamm 1998, 332.
[8] Vgl. LG Gießen 7.7.1999 – 1 S 5/99, FA 1999, 327, zu § 3 Nr. 9 EStG.

beitsverhältnis ein Tarifvertrag Anwendung findet. Zunächst ist der Mandant nach einer Tarifbindung iSv § 3 Abs. 1 iVm § 2 Abs. 1 TVG zu befragen. Besteht keine Tarifbindung, so kann ein Tarifvertrag zur Anwendung kommen, wenn er gemäß § 5 TVG für allgemeinverbindlich erklärt worden ist, im Arbeitsvertrag durch Verweisung auf ihn Bezug genommen wird,[9] er durch Betriebsvereinbarung einbezogen wird[10] oder kraft Betrieblicher Übung gilt.[11] Möglich ist auch eine Anwendung eines Tarifvertrages auf Grund Rechtsverordnung gemäß § 1 Abs. 3a AEntG. Der arbeitsrechtliche Gleichbehandlungsgrundsatz gebietet hingegen grundsätzlich keine Anwendung tarifvertraglicher Normen auf Außenseiter.[12] Er kann aber relevant werden, wenn es um eine unterschiedliche Behandlung von nicht tarifgebundenen Arbeitnehmern geht. Schließlich ist auch bei einer Bezugnahmeklausel im Arbeitsvertrag sorgfältig danach zu differenzieren, ob es sich um eine Gleichstellungsabrede handelt und der Tarifvertrag deshalb nach einer Beendigung der Tarifbindung des Arbeitgebers nur statisch – also mit dem Inhalt des bei Beendigung der Tarifbindung geltenden Tarifvertrages – weitergilt. Von einer statischen Geltung ist in der Regel auszugehen, wenn der Arbeitsvertrag vor In-Kraft-Treten der Schuldrechtsmodernisierung zum 1.1.2002 abgeschlossen worden ist.[13]

8   b) **Art der Arbeitnehmervertretung.** Der Rechtsanwalt hat seinen Mandanten zu fragen, ob und ggf. welche Art der Arbeitnehmervertretung besteht. Falls ein Betriebsrat, Gesamtbetriebsrat, Konzernbetriebsrat oder ein Sprecherausschuss existiert, ergeben sich hieraus zahlreiche Rechte und Pflichten, zB das Anhörungsrecht des Betriebsrats anlässlich einer Kündigung gemäß § 102 Abs. 1 BetrVG, das Mitbestimmungsrecht bei personellen Einzelmaßnahmen nach § 99 BetrVG, die Beteiligungsrechte in wirtschaftlichen Angelegenheiten gemäß §§ 111 ff. BetrVG, die Mitwirkungsrechte des Sprecherausschusses nach §§ 30 ff. SprAuG.

9   c) **Kündigungsschreiben.** *aa) Datum des Zugangs der Kündigung.* Damit der Rechtsanwalt den Ablauf der Klageerhebungsfrist des § 4 KSchG berechnen kann, hat er durch Befragen des Mandanten den genauen Zugangszeitpunkt der Kündigung zu ermitteln.[14] Die Rechtsprechung stellt auf zumutbare Sorgfalt ab, die allerdings nicht so weit gefasst wird, dass dem Rechtsanwalt selbstständige Recherchen auf Grund des Datums des Kündigungsschreibens auferlegt werden.[15]

10   *bb) Zurückweisung der Kündigung nach § 174 BGB.* Um nicht ein etwaiges **Zurückweisungsrecht gemäß § 174 S. 1 BGB** zu verlieren, hat der Rechtsanwalt so schnell wie möglich zu ermitteln, wer die Kündigung unterschrieben hat. Denn wenn die Kündigung nicht vom Arbeitgeber, dessen gesetzlichem Vertreter,[16] einem Prokuristen, dem Leiter der Personalabteilung[17] oder einer sonstigen Person erklärt worden ist, von deren Bevollmächtigung der Arbeitgeber den Arbeitnehmer vor Zugang der Kündigung in Kenntnis gesetzt hatte, hat der Arbeitnehmer ein Zurückweisungsrecht nach § 174 S. 1 BGB, sofern der Kündigung nicht eine Originalvollmacht beigefügt war.[18] Die Vorlage einer beglaubigten Abschrift oder Fotokopie reicht nicht.[19] Das gilt auch dann, wenn die Kündigung durch Vermittlung eines

---

[9] BAG 27.11.2002 – 4 AZR 663/01, NZA 2003, 805; vgl. im Übrigen → § 10 Rn. 232 ff.
[10] BAG 23.6.1992 – 1 ABR 9/92, NZA 1993, 229: Zwar sind dynamische Blankettverweisungen auf den „jeweils geltenden Rahmentarifvertrag" unzulässig; dies führt nach Ansicht des BAG aber nicht zur Unwirksamkeit der Verweisung auf den Tarifvertrag, der zum Zeitpunkt des Abschlusses der Betriebsvereinbarung galt; allerdings vorbehaltlich §§ 77 Abs. 3, 87 Abs. 1 Eingangssatz BetrVG.
[11] BAG 19.1.1999 – 1 AZR 606/98, NZA 1999, 879.
[12] BAG 20.11.1996 – 5 AZR 401/95, NZA 1997, 724.
[13] BAG 11.12.2013 – 4 AZR 473/12, NZA 2014, 900; BAG 13.5.2015 – 4 AZR 244/14, NZA-RR 2016, 9.
[14] *Jungk* AnwBl 1997, 36; *Schlee* AnwBl 1989, 390 (392).
[15] LAG Köln 24.3.1988 – 8 Ta 46/88, NJW 1988, 1870.
[16] MüKoBGB/*Schubert* § 174 Rn. 13; zur Zurückweisung einer Kündigung wegen fehlenden Nachweises der Alleinvertretungsmacht eines Vorstandsmitglieds BAG 10.2.2005 – 2 AZR 584/03, AP BGB § 174 Nr. 18.
[17] BAG 3.7.2003 – 2 AZR 335/02, NZA 2004, 427; *Häublein* NJW 2002, 1398; Palandt/*Ellenberger* BGB § 174 Rn. 7.
[18] *Reufels/Meyer* NZA 2011, 5.
[19] Palandt/*Ellenberger* BGB § 174 Rn. 5.

Gerichtsvollziehers zugestellt wird.[20] Für ein Inkenntnissetzen iSd § 174 S. 2 BGB reicht es nicht, wenn der Arbeitsvertrag die bloße Mitteilung enthält, dass der jeweilige Inhaber einer bestimmten Funktion kündigen dürfe; erforderlich ist vielmehr ein zusätzliches Handeln des Vollmachtgebers, aufgrund dessen es dem Empfänger der Kündigungserklärung möglich ist, der ihm genannten Funktion, mit der das Kündigungsrecht verbunden ist, die Person des jeweiligen Stelleninhabers zuzuordnen.[21] Für das Inkenntnissetzen nach § 174 S. 2 BGB ist keine Form vorgeschrieben. Es genügt eine Mitteilung des Vollmachtgebers, die sich zumindest auch an den (späteren) Empfänger der einseitigen empfangsbedürftigen Willenserklärung richtet. Darum kann das Inkenntnissetzen auch durch die Vollmachtsurkunde erfolgen, die einem früheren einseitigen Rechtsgeschäft beigefügt war, wenn daraus für den Empfänger deutlich wird, dass sich die Vollmacht auch auf das spätere einseitige Rechtsgeschäft erstreckt.[22] Eine Zurückweisung ist nach § 242 BGB ausgeschlossen, wenn der Arbeitnehmer schon mehrfach Erklärungen des Arbeitgebers durch denselben Bevollmächtigten ohne Vorlage einer Vollmachtsurkunde anerkannt hat.[23]

Die Kündigung wird ohne Rücksicht auf das materiellrechtliche Bestehen der Vollmacht durch die Zurückweisung unheilbar unwirksam, wenn die Zurückweisung unverzüglich (§ 121 Abs. 1 BGB: „ohne schuldhaftes Zögern") erfolgt. Es dürfte ausreichend sein, wenn die Zurückweisung innerhalb einer Woche geschieht.[24] Eine Zurückweisung nach drei Wochen ist dagegen nicht mehr unverzüglich.[25] Auch wenn bei der Zurückweisung Eile geboten ist, sollte der Arbeitnehmeranwalt bedenken, dass ein vorschnelles Handeln den Interessen seines Mandanten zuwiderlaufen kann. Unter Umständen ist es sinnvoll, die Frist zur Zurückweisung der Kündigung möglichst voll auszuschöpfen. Zu denken ist insbesondere an die möglichst späte Zurückweisung einer außerordentlichen Kündigung. Denn uU ist nach der Zurückweisung die Frist des § 626 Abs. 2 S. 1 BGB bereits abgelaufen, so dass eine außerordentliche Kündigung schon deshalb nicht mehr wirksam erklärt werden kann. Eine möglichst späte Zurückweisung kann auch dazu führen, dass eine erneute Kündigung erst zu einem späteren Termin erfolgen kann.

Die Zurückweisung ist eine ihrerseits einseitige, empfangsbedürftige Willenserklärung.[26] Sie muss ausdrücklich „wegen" fehlender Vollmachtsurkunde erfolgen.[27] Erklärt der Rechtsanwalt die Zurückweisung gemäß § 174 BGB, muss er darauf achten, dass er seinem Zurückweisungsschreiben seinerseits das Original einer Vollmacht des Mandanten beifügt,[28] sofern er sich nicht bereits zuvor durch Vorlage einer Originalvollmacht legitimiert hatte. Die Prozessvollmacht berechtigt jeden Rechtsanwalt einer Sozietät zur Zurückweisung eines Kündigungsschreibens.[29] Ist dem Zurückweisungsschreiben die Originalvollmacht nicht beigefügt und hatte sich der Anwalt auch vorher nicht durch Originalvollmacht legitimiert, kann der Zurückweisungsgegner seinerseits die Zurückweisung zurückweisen[30] mit der Folge, dass die Zurückweisung der Kündigung unwirksam wird und nicht die bezweckte Rechtsfolge – Unwirksamwerden der Kündigung – auslösen kann.

---

[20] BGH 4.2.1981 – VIII ZR 313/79, NJW 1981, 1210.
[21] BAG 14.4.2011 – 6 AZR 727/09, NZA 2011, 683; BAG 25.9.2014 – 2 AZR 567/13, NZA 2015, 159.
[22] BAG 24.9.2015 – 6 AZR 492/14, NZA 2016, 102.
[23] Vgl. Palandt/*Ellenberger* BGB § 174 Rn. 7; vgl. auch OLG München 4.8.1995 – 21 U 5934/94, NJW-RR 1997, 904.
[24] BAG 8.12.2011 – 6 AZR 354/10, NZA 2012, 495; Stahlhacke/Preis/Vossen Kündigung/*Preis* Rn. 102; Ascheid/Preis/Schmidt/*Preis* Grundlagen D Rn. 78; *Klar* ArbR Rn. 160.
[25] BAG 11.3.1999 – 2 AZR 497/98, NZA 1999, 818.
[26] MüKoBGB/*Schubert* § 174 Rn. 20.
[27] Schaub ArbR-HdB/*Linck* § 123 Rn. 28.
[28] Schaub ArbR-HdB/*Linck* § 123 Rn. 28; Ennemann/Griese Taktik des Arbeitsgerichtsprozesses Rn. 105; Tschöpe/Schulte Teil 3 D Rn. 68; *Zirnbauer* NZA 1989, 34 (38).
[29] LAG Niedersachsen 15.12.2008 – 9 Sa 478/08, BeckRS 2009, 53748.
[30] LAG Berlin 30.4.2004 – 13 Sa 350/04, EzA-SD 2004, Nr. 15, 8.

Muster eines Zurückweisungsschreibens:

13 Sehr geehrter ......,

unter Vorlage einer auf uns lautenden Originalvollmacht zeigen wir Ihnen an, dass uns Herr .... mit der Wahrnehmung seiner rechtlichen Interessen beauftragt hat.

Ihre mit Schreiben vom ...... unserem Mandanten gegenüber erklärte Kündigung weisen wir wegen fehlender Vollmachtsvorlage zurück.

Mit freundlichen Grüßen   Rechtsanwalt

14 *cc) Ermittlung des richtigen Beklagten.* Der Rechtsanwalt muss an Hand der Informationen seines Mandanten, des Arbeitsvertrages und des Kündigungsschreibens den **richtigen** Beklagten ermitteln. Gerade bei länger bestehenden Arbeitsverhältnissen ergibt sich aus dem Arbeitsvertrag nicht immer, wer gegenwärtig Arbeitgeber ist. Dann kann ein Blick auf die letzte Gehaltsabrechnung weiterhelfen. Ist die Kündigung gemäß § 623 BGB schriftlich erklärt worden, ergibt sich regelmäßig aus dem Kündigungsschreiben, gegen wen die Klage zu richten ist. Bestehen immer noch Zweifel, ist das Handelsregister einzusehen. Besondere Probleme ergeben sich in der Praxis bei Kündigungen im öffentlichen Dienst, durch den Insolvenzverwalter und bei Kündigungen im Zusammenhang mit einem Betriebsübergang. Wegen des Grundsatzes des sichersten Weges sollte der Rechtsanwalt der Klage eine Fotokopie des Kündigungsschreibens beifügen.[31]

15 Erhebt ein Arbeitnehmer nach **Eröffnung des Insolvenzverfahrens** gegen eine zuvor von der Insolvenzschuldnerin erklärte Kündigung Kündigungsschutzklage, hat der Rechtsanwalt diese gegen den Insolvenzverwalter zu richten, der als Partei kraft Amtes in die Arbeitgeberstellung eingetreten ist.[32] Entsprechendes gilt, wenn die Kündigung durch den sog. „starken" vorläufigen Insolvenzverwalter iSd § 22 Abs. 1 S. 1 InsO erklärt worden ist. Ist im Rubrum der Klageschrift irrtümlich als Beklagter nicht der Insolvenzverwalter, sondern die Schuldnerin genannt, so ist nur dann das Klagerubrum entsprechend zu berichten, wenn sich aus der Klageschrift oder aus dem dieser beigefügten Kündigungsschreiben ergibt, dass sich die Klage gegen den Insolvenzverwalter als Partei kraft Amtes richten soll.[33] Die Klagefrist wird allerdings dann versäumt, wenn es auf Grund Falschadressierung nicht zu einer Klagezustellung im Zeitrahmen des § 167 ZPO kommt (§ 85 Abs. 2 ZPO).[34] Der Rechtsanwalt des gekündigten Arbeitnehmers, dem bei Erhebung der Kündigungsschutzklage bekannt ist, dass der Arbeitgeber einen Antrag auf Eröffnung des Insolvenzverfahrens gestellt hat, ist verpflichtet, sich vor Einreichung der Klage über eine mögliche zwischenzeitlich erfolgte Eröffnung des Insolvenzverfahrens zu informieren. Unterlässt er dies, verletzt er seine anwaltliche Aufklärungspflicht.[35] Demgegenüber begeht der Rechtsanwalt dann keine Pflichtverletzung, wenn er gegen den ehemaligen, zwischenzeitlich in Insolvenz gefallenen Arbeitgeber seines Mandanten eine Kündigungsschutzklage erhebt, ohne bei Klageerhebung positive Kenntnis von der Eröffnung des Insolvenzverfahrens zu haben.[36]

16 *d) Schriftsatzkündigung.* Erhält der Rechtsanwalt des **Arbeitnehmer-Mandanten** im laufenden Verfahren ein Schreiben der gegnerischen Partei, dann muss er dieses Schreiben unverzüglich daraufhin untersuchen, ob in ihm eine **Schriftsatzkündigung** enthalten ist. Es ist nicht unüblich, in einem Schriftsatz eine weitere Kündigung auszusprechen. Solche Schriftsatzkündigungen gehen dem Arbeitnehmer mit Zustellung an seinen Prozessbevollmächtigten zu, wenn mit dem Kündigungsschutzantrag nach § 4 S. 1 KSchG ein allgemeiner Fest-

---

[31] BAG 15.3.2001 – 2 AZR 141/00, NZA 2001, 1267; BAG 18.4.2002 – 8 AZR 346/01, NZA 2002, 1207; BAG 27.11.2003 – 2 AZR 692/02, NZA 2004, 452; BAG 12.2.2004 – 2 AZR 136/03, AP KSchG 1969 § 4 Nr. 50.
[32] BAG 17.1.2002 – 2 AZR 57/01, NZA 2002, 999; BAG 18.4.2002 – 8 AZR 346/01, NZA 2002, 1207.
[33] BAG 27.3.2003 – 2 AZR 272/02, NZA 2003, 1391.
[34] BAG 17.1.2002 – 2 AZR 57/01, NZA 2002, 999: Verzögerung von mehr als zwei Wochen.
[35] LAG Düsseldorf 20.11.1995 – 1 Ta 291/95, EWiR 1996, 81.
[36] OLG Frankfurt a. M. 15.4.1999 – 1 U 26/98, OLGR Frankfurt 1999, 178.

stellungsantrag iSd § 256 ZPO („**Schleppnetzantrag**") verbunden worden ist. In diesem Falle erstreckt sich die dem Klägeranwalt erteilte Prozessvollmacht auf die Entgegennahme aller Kündigungen, die den mit dem allgemeinen Feststellungsantrag erfassten weiteren Streitgegenstand betreffen.[37] Der Arbeitnehmer kann sich dann nicht darauf berufen, die weitere Kündigung sei ihm nicht zugegangen. Die Prozessvollmacht, auf Grund derer eine allgemeine Feststellungsklage nach § 256 ZPO erhoben wird, ermächtigt den Prozessbevollmächtigten auch zur Abgabe und zur Entgegennahme von Willenserklärungen, die sich auf den Streitgegenstand beziehen.[38]

Die Gefahr, dass bei Übersehen dieser weiteren Kündigung die Wirksamkeitsfiktion nach §§ 4, 7 KSchG eintritt, ist zwar durch den „Schleppnetzantrag" deutlich reduziert. Gleichwohl muss der Rechtsanwalt auch bei Schriftsatzkündigungen darauf achten, dass er nicht das Zurückweisungsrecht gemäß § 174 BGB verliert. Falls der Rechtsanwalt des Arbeitgebers keine Original-Vollmachtsurkunde vorlegt und auch § 174 S. 2 BGB nicht eingreift, muss der Rechtsanwalt des Arbeitnehmers die Kündigung unverzüglich zurückweisen. 17

e) **Anzahl der Arbeitnehmer im Betrieb.** Die Anzahl der Arbeitnehmer im Betrieb ist insbesondere für den Anwendungsbereich des Kündigungsschutzgesetzes nach § 23 Abs. 1 KSchG von Bedeutung. Daher hat ein Rechtsanwalt, der einen Arbeitgeber in einem Kündigungsschutzprozess vertritt, seinen Mandanten über die **Kleinbetriebsregelung iSd § 23 Abs. 1 KSchG** zu belehren. Er ist verpflichtet, den Arbeitgeber-Mandanten darüber aufzuklären, welche Beschäftigten bei der Prüfung, ob ein Kleinbetrieb vorliegt, zu berücksichtigen sind. Der Rechtsanwalt muss die zugrunde liegenden, rechtlich relevanten Tatsachen klären, wobei es regelmäßig ausreichend ist, dass er seinen Mandanten befragt und von diesem einschlägige Unterlagen erbittet.[39] 18

Die Anzahl der Beschäftigten ist auch von Bedeutung für die **Verkürzung der Kündigungsfrist gemäß § 622 Abs. 5 BGB.** Der Rechtsanwalt hat den Arbeitgeber-Mandanten bei der Beratung im Zusammenhang mit einer Einstellung darauf hinzuweisen, dass eine Verkürzung der in § 622 Abs. 1 BGB genannten Kündigungsfristen einzelvertraglich möglich ist, wenn die Voraussetzungen des § 622 Abs. 5 BGB vorliegen. Dies ist insbesondere zu beachten, wenn der Rechtsanwalt beauftragt ist, Arbeitsverträge für Betriebe mit idR nicht mehr als zwanzig Beschäftigten zu erstellen. 19

Die Anzahl der Beschäftigten ist ua auch für die Frage nach der Anzeigepflicht einer Massenentlassung gemäß § 17 KSchG, für den Anspruch auf Verringerung der Arbeitszeit gemäß § 8 Abs. 7 TzBfG oder § 15 Abs. 7 Nr. 1 BEEG, für den Anspruch auf Brückenteilzeit[40] gemäß § 9a Abs. 2 TzBfG, für den Anspruch auf Pflegezeit gemäß § 3 Abs. 1 S. 2 PflegeZG oder für eine Betriebsänderung gemäß § 111 BetrVG relevant. 20

f) **Besonderer Kündigungsschutz.** Für bestimmte Personen gilt ein besonderer Kündigungsschutz: 21

Checkliste: Besonderer Kündigungsschutz

☐ Schwerbehinderte iSv § 2 Abs. 2 SGB IX oder einem schwerbehinderten Menschen Gleichgestellte iSv § 2 Abs. 3 SGB IX gemäß **§§ 168 ff. SGB IX nF**;
☐ Frauen während der Schwangerschaft und bis zum Ablauf von vier Monaten nach der Entbindung gemäß **§ 17 Abs. 1 MuSchG nF**;
☐ Arbeitnehmer, die Elternzeit in Anspruch nehmen, gemäß **§ 18 BEEG**;
☐ Betriebsratsmitglieder gemäß **§ 15 KSchG, § 103 BetrVG**;
☐ Mitglieder einer Jugend- und Auszubildendenvertretung, einer Bordvertretung, eines Seebetriebsrats, einer Personalvertretung oder einer Jugendvertretung sowie Wahlvorstand und Wahlbewerber gemäß **§ 15 KSchG**;
☐ Auszubildende gemäß **§ 15 BBiG**.

---

[37] BAG 21.1.1988 – 2 AZR 581/86, NZA 1988, 651 (653).
[38] BGH 4.11.1959 – V ZR 45/59, NJW 1960, 480; BAG 10.8.1977 – 5 AZR 394/76, AP ZPO § 81 Nr. 2.
[39] BGH 18.11.1999 – IX ZR 420/97, NZA 2000, 214 (215). Siehe hierzu *Borgmann* BRAK-Mitt. 2001, 72.
[40] *Bayreuther* NZA 2018, 1577.

☐ Arbeitnehmer, die Pflegezeit in Anspruch nehmen, von der Ankündigung bis zur Beendigung der kurzzeitigen Arbeitsverhinderung gemäß § 5 Abs. 1 **PflegeZG;**
☐ Arbeitnehmer, die zum Wehrdienst einberufen werden, gemäß § 2 **ArbPlSchG.** Entsprechendes gilt gemäß § 78 Abs. 1 Nr. 1 ZDG für Zivildienstleistende; ein besonderer Kündigungsschutz für den neu geschaffenen Bundesfreiwilligendienst (Bufdi) ist nicht vorgesehen, da § 13 BfDG nicht auf das ArbPlSchG verweist;
☐ Mitglieder kirchlicher Mitarbeitervertretungen, zB § 19 MAVO, § 21 Abs. 2 MVG-EKD;
☐ Betriebsbeauftragte, zB §§ 58 Abs. 2, 58d BImSchG, § 55 KrW-/AbfG; es bedarf für das Bestehen des Sonderkündigungsschutzes einer wirksamen Bestellung durch den Arbeitgeber mit Zustimmung des Arbeitnehmers unter Wahrung der Schriftform;
☐ Betriebliche Datenschutzbeauftragte gemäß §§ 6 Abs. 4 S. 2 iVm 38 Abs. 2 BDSG.

22 Die Frage nach einer möglichen **Schwerbehinderung** kann im Vorfeld einer Kündigung ratsam sein. Denn um eine Schwerbehinderung im Rahmen einer Sozialauswahl iSv § 1 Abs. 3 KSchG berücksichtigen zu können, muss sie im Zeitpunkt der Kündigung vorliegen. Dabei ist zu beachten, dass die Anerkennung als Schwerbehinderter sowie die Gleichstellung auf den Tag der Antragstellung zurückwirken. Kommt also eine Anerkennung der Schwerbehinderteneigenschaft oder jedenfalls eine Gleichstellung in Betracht, so hat der Rechtsanwalt den Arbeitnehmer-Mandanten darauf hinzuweisen, dass ein Antrag auf Anerkennung der Schwerbehinderteneigenschaft und ein Antrag auf Gleichstellung zu stellen sind. Der Sonderkündigungsschutz bei Antragstellung kurz vor einer Kündigung wird allerdings nach § 90 Abs. 2a SGB IX zurückgedrängt.

23 g) **Persönliche Angaben des Arbeitnehmers.** Das **Alter des Arbeitnehmers** sowie die **Dauer der Beschäftigungszeit** sind zB von Bedeutung für:
• die Klärung der Anwendbarkeit des Kündigungsschutzgesetzes gemäß § 1 Abs. 1 KSchG;
• die Beurteilung der Richtigkeit der Sozialauswahl iSv § 1 Abs. 3 S. 1 Hs. 1 KSchG;
• die Prüfung der Angemessenheit einer Abfindung;
• tarifliche Unkündbarkeitsklauseln;
• die Altersrente, §§ 35 ff. SGB VI, §§ 237 ff. SGB VI;
• die Unverfallbarkeit einer betrieblichen Altersversorgung, § 1b Abs. 1 BetrAVG;
• das passive Wahlrecht bzgl. Betriebsratswahlen, § 8 Abs. 1 S. 1 BetrVG.

24 Die Frage nach den **Unterhaltspflichten** des Arbeitnehmers ist von Bedeutung für die Beurteilung der Richtigkeit der Sozialauswahl iSv § 1 Abs. 3 S. 1 Hs. 1 KSchG.

25 Gerade im Hinblick auf eine mögliche Beendigung des Arbeitsverhältnisses hat der Rechtsanwalt aufzuklären, ob und in welcher Höhe dem Arbeitnehmer-Mandanten **Anwartschaften** oder **Leistungsansprüche** in der Arbeitslosen- bzw. Rentenversicherung zustehen.

26 h) **Merkmale iSv § 1 AGG.** Der Rechtsanwalt hat den Mandanten ggf. zu befragen, ob bei ihm Merkmale vorhanden sind, die als verpönte Diskriminierungsmerkmale im AGG genannt sind (Rasse oder ethnische Herkunft, Geschlecht, Religion oder Weltanschauung, Behinderung, Alter, sexuelle Identität), und ob er Erkenntnisse hat, dass er wegen eines dieser Merkmale benachteiligt worden ist. Zwar regelt § 2 Abs. 4 AGG, dass für Kündigungen ausschließlich die Bestimmungen zum allgemeinen und besonderen Kündigungsschutz gelten. Die Herausnahme der Kündigungen aus dem Anwendungsbereich des AGG wird aber vielfach für europarechtswidrig gehalten, weil die europäischen Richtlinien, die durch das AGG in das nationale Recht umgesetzt worden sind, ausdrücklich eine Anwendung auch für Kündigungen vorsehen. Richtig dürfte es sein, § 2 Abs. 4 AGG trotz der europarechtlichen Bedenken als geltendes Recht anzuwenden.[41]

27 Allerdings sind nach der jüngeren Rechtsprechung des BAG die Diskriminierungsverbote des AGG – einschließlich der ebenfalls im AGG vorgesehenen Rechtfertigungen für unterschiedliche Behandlungen – bei der Auslegung der unbestimmten Rechtsbegriffe des KSchG in der Weise zu beachten, dass sie Konkretisierungen des Begriffs der Sozialwidrigkeit dar-

[41] *Hamacher/Ulrich* NZA 2007, 657 (661).

stellen.⁴² Das bedeutet im Wesentlichen zweierlei: Zum einen ist der Gesichtspunkt der Altersdiskriminierung im Rahmen der Sozialauswahl nach § 1 Abs. 3 KSchG zu berücksichtigen. Zum anderen bleibt es wie bislang schon im Falle direkt diskriminierender Kündigungen bei der Anwendung des § 138 Abs. 1 BGB.

i) **Art der Kündigung und Kündigungsgrund.** Der Rechtsanwalt hat die Art der Kündigung und den Kündigungsgrund aufzuklären, da hiervon das weitere Vorgehen abhängt. Bei einer **außerordentlichen** Kündigung sollte der Rechtsanwalt, der den Arbeitnehmer vertritt, den Arbeitgeber auffordern, den Kündigungsgrund unverzüglich schriftlich mitzuteilen (§ 626 Abs. 2 S. 3 BGB). Eine **ordentliche** Kündigung, die unter den Anwendungsbereich des Kündigungsschutzgesetzes fällt, ist sozial ungerechtfertigt, wenn sie nicht durch Gründe, die in der Person oder in dem Verhalten des Arbeitnehmers liegen, oder durch dringende betriebliche Erfordernisse, die einer Weiterbeschäftigung des Arbeitnehmers in diesem Betrieb entgegenstehen, bedingt ist (§ 1 Abs. 2 S. 1 KSchG). Im Falle einer betriebsbedingten Kündigung ist zu überprüfen, ob die soziale Auswahl nach § 1 Abs. 3 KSchG ordnungsgemäß durchgeführt worden ist. [28]

j) **Anhörung der Arbeitnehmervertretung.** Der Rechtsanwalt hat aufzuklären, ob ein funktionsfähiger Betriebsrat im Zeitpunkt des Ausspruchs der Kündigung besteht, was der Arbeitnehmer darzulegen hat. Funktionsfähig wird ein Betriebsrat, wenn in der konstituierenden Sitzung der Vorsitzende und sein Stellvertreter gewählt worden sind.⁴³ Vor diesem Zeitpunkt besteht nach hM noch keine Anhörungspflicht nach § 102 Abs. 1 S. 1 BetrVG. Der Arbeitgeber muss mit dem Ausspruch der Kündigung nicht warten, bis der Betriebsrat sich konstituiert hat.⁴⁴ Eine Anhörungspflicht entfällt, wenn die Betriebsratswahl nichtig war.⁴⁵ [29]

Besteht in einem Betrieb eine funktionsfähige Arbeitnehmervertretung, so ist diese vor jeder Kündigung zu beteiligen. Der Betriebsrat ist nach **§ 102 Abs. 1 S. 1 BetrVG** vor jeder Kündigung zu hören. Die Anhörungspflicht erstreckt sich auf alle Arten der Kündigungen, also auf ordentliche und außerordentliche Kündigungen, Änderungs- und Beendigungskündigungen. Eine ohne Anhörung des Betriebsrats ausgesprochene Kündigung ist unwirksam (§ 102 Abs. 1 S. 3 BetrVG). [30]

Eine beabsichtigte Kündigung eines leitenden Angestellten iSv § 5 Abs. 3 BetrVG ist gemäß § 105 BetrVG dem Betriebsrat lediglich rechtzeitig mitzuteilen. Ist ein Sprecherausschuss errichtet worden, so ist dieser gemäß **§ 31 Abs. 2 S. 1 SprAuG** vor jeder Kündigung eines leitenden Angestellten zu hören. Eine ohne Anhörung des Sprecherausschusses ausgesprochene Kündigung ist unwirksam (§ 31 Abs. 2 S. 3 SprAuG). [31]

Der Rechtsanwalt hat nicht nur aufzuklären, ob der Betriebsrat überhaupt beteiligt worden ist, sondern auch, ob der Arbeitgeber seiner Unterrichtungspflicht (§ 102 Abs. 1 S. 2 BetrVG) richtig, insbesondere ausführlich genug nachgekommen ist. Nach dem **Grundsatz der subjektiven Determinierung** ist der Betriebsrat ordnungsgemäß beteiligt worden, wenn ihm der Arbeitgeber die aus seiner Sicht tragenden Umstände unterbreitet hat.⁴⁶ Der für die Kündigung maßgebende Sachverhalt ist so zu umschreiben, dass der Betriebsrat ohne zusätzliche, eigene Nachforschungen in die Lage versetzt wird, die Stichhaltigkeit der Kündigungsgründe zu prüfen und sich über eine Stellungnahme schlüssig zu werden.⁴⁷ Allerdings darf der Arbeitgeber ihm bekannte Umstände, die sich bei objektiver Betrachtung zugunsten des Arbeitnehmers auswirken können, dem Betriebsrat nicht deshalb (bewusst⁴⁸) vorenthalten, weil sie für seinen eigenen Kündigungsentschluss nicht von Bedeutung waren.⁴⁹ Der [32]

---

⁴² BAG 6.11.2008 – 2 AZR 523/07, NZA 2009, 361.
⁴³ BAG 23.8.1984 – 6 AZR 520/82, NZA 1985, 566; Stahlhacke/Preis/Vossen Kündigung/*Preis* Rn. 290; aA Richardi/*Thüsing* BetrVG § 102 Rn. 31: Betriebsrat ist funktionsfähig, sobald der Vorsitzende gewählt ist; differenzierend GK-BetrVG/*Raab* § 102 Rn. 14; Ascheid/Preis/Schmidt/*Koch* BetrVG § 102 Rn. 45; vgl. auch KR/*Rinck* BetrVG § 102 Rn. 29.
⁴⁴ BAG 23.8.1984 – 6 AZR 520/82, NZA 1985, 566.
⁴⁵ Ascheid/Preis/Schmidt/*Koch* BetrVG § 102 Rn. 44.
⁴⁶ BAG 19.7.2012 – 2 AZR 352/11, NZA 2013, 86.
⁴⁷ BAG 16.9.1993 – 2 AZR 267/93, NZA 1994, 311.
⁴⁸ BAG 9.6.2011 – 2 AZR 323/10, NZA 2011, 1342.
⁴⁹ BAG 16.7.2015 – 2 AZR 15/15, NZA 2016, 99.

Altenburg

Rechtsanwalt hat zu untersuchen, ob der dem Betriebsrat mitgeteilte Sachverhalt mit demjenigen übereinstimmt, welcher der Kündigung zu Grunde liegt.

33 Da die ordnungsgemäße **Anhörung des Betriebsrats** nach § 102 Abs. 1 S. 3 BetrVG Wirksamkeitsvoraussetzung für jede Kündigung durch den Arbeitgeber ist, trifft diesen die Darlegungs- und Beweislast. Der Arbeitnehmer muss aber zunächst mit Nichtwissen bestreiten, dass der Betriebsrat beteiligt worden ist, da das Gericht dies **nicht von Amts wegen** ermittelt. Hat der Arbeitgeber im Prozess konkret zur Anhörung des Betriebsrats vorgetragen, hat der Arbeitnehmer nach den **Grundsätzen der abgestuften Darlegungslast** substantiiert zu bestreiten, dh der Arbeitnehmer muss konkrete Gesichtspunkte benennen, aufgrund derer die Anhörung nicht ordnungsgemäß sein könnte.

34 k) **Ausschlussfristen.**[50] Von großer praktischer Bedeutung sind **Ausschlussfristen (Verfallfristen).** Die Arbeitsvertragsparteien sind danach gezwungen, ihre Ansprüche innerhalb einer bestimmten Frist geltend zu machen. Häufig sind solche Verfallfristen in Tarifverträgen enthalten (§ 4 Abs. 4 S. 3 TVG). In Einzelarbeitsverträgen können auch arbeitsvertragliche Verfallfristen vereinbart werden, die außertarifliche Ansprüche oder tariflich geregelte Ansprüche, wenn die Parteien nicht tarifgebunden sind, erfassen. Insbesondere gilt dies bei Arbeitsverträgen von nicht tarifgebundenen Arbeitnehmern, die Verweisungsklauseln auf Tarifverträge enthalten. Regelungen eines Tarifvertrages können auch aus dem Gesichtspunkt der Betrieblichen Übung Gegenstand des Arbeitsvertrages des nicht tarifgebundenen Arbeitnehmers werden.[51] Der Rechtsanwalt hat aufzuklären, ob für den konkret geltend zu machenden Anspruch eine materiell-rechtliche Ausschlussfrist zur Anwendung kommt, deren Nichteinhaltung dazu führt, dass der Mandant seine Ansprüche nicht mehr durchsetzen kann. Je kürzer eine in Betracht kommende Frist ist, desto größer ist die vom Rechtsanwalt zu beachtende Sorgfalt.

35 Ausschlussklauseln treten mit unterschiedlichen Inhalten auf. Es ist zu unterscheiden zwischen einseitigen und zweiseitigen einerseits sowie zwischen einstufigen und zweistufigen andererseits. Die individuell vereinbarten **einseitigen** Ausschlussfristen führen allein auf Seiten des Arbeitnehmers zu einem Rechtsverlust. Die **zweiseitigen** Ausschlussfristen gelten gleichermaßen für Arbeitgeber und Arbeitnehmer. Die **einstufigen** Verfallfristen erfordern eine Geltendmachung der Zahlungsansprüche durch den Arbeitnehmer innerhalb festgelegter Frist, wobei in Formulararbeitsverträgen, die nach dem 30.9.2016 abgeschlossen wurden, Klauseln nicht Vertragsbestandteil werden, die eine strengere Form als die Textform vorschreiben (§ 309 Nr. 13 BGB nF iVm Art. 229 § 37 EGBGB). Die **zweistufigen** Verfallfristen verlangen nach erfolgloser außergerichtlicher Geltendmachung innerhalb einer weiteren Frist die Klageerhebung. Die Erhebung der Kündigungsschutz- oder Entfristungsklage reicht als „Mitgeltendmachung" der sich aus einem Fortbestand des Arbeitsverhältnisses ergebenden Entgeltansprüche aus.[52]

36 § 174 BGB ist nicht anzuwenden auf die Geltendmachung von Ansprüchen zur Wahrung tariflicher Ausschlussfristen, da diese Geltendmachung nicht auf die Herbeiführung einer Rechtsfolge kraft rechtsgeschäftlichen Willens, sondern auf die durch den Tarifvertrag angeordnete Rechtsfolge gerichtet ist. Auch eine analoge Anwendung des § 174 BGB wird von der Rechtsprechung verneint.[53]

37 Nach hM sind **einseitige tarifliche** Ausschlussklauseln zulässig, weil es einen sachlichen Unterschied darstellen könne, ob eine Vielzahl von Arbeitnehmern ihre Ansprüche gegen den Arbeitgeber oder ob andererseits der Arbeitgeber Ansprüche gegenüber einer Vielzahl von Arbeitnehmern innerhalb der regelmäßig sehr kurzen Ausschlussfrist geltend machen müsse.[54]

[50] Siehe zu Ausschlussfristen etwa *Ganz/Schrader* NZA 1999, 570 ff.; *Hümmerich* NZA 2003, 753 (754 f.); *Jungk* AnwBl 1997, 36 (37); *Krause* RdA 2004, 36 ff., RdA 2004, 106 ff.; *Sartorius* ZAP Fach 17, 459 (463); Schaub ArbR-HdB/*Treber* § 209 Rn. 7 ff.; *Vollkommer/Greger/Heinemann* AnwaltshaftungsR § 28 Rn. 8 ff.
[51] *Sartorius* ZAP Fach 17, 459; SWK-ArbR/*Altenburg* Betriebliche Übung Rn. 6.
[52] BAG 19.3.2008 – 5 AZR 429/07, NZA 2008, 757; BAG 19.5.2010 – 5 AZR 253/09, NZA 2010, 939; BAG 19.9.2012 – 5 AZR 627/11, NZA 2013, 101; BAG 24.9.2014 – 5 AZR 593/12, NZA 2015, 35.
[53] BAG 14.8.2002 – 5 AZR 341/01, NZA 2002, 1344.
[54] BAG 4.12.1997 – 2 AZR 809/96, NZA 1998, 431.

Darüber hinaus werden Tarifverträge von in etwa gleich starken Partnern geschlossen. Wegen § 310 Abs. 4 S. 1 BGB unterliegen tarifvertragliche Ausschlussfristen keiner Inhaltskontrolle. Soweit in der Rechtsprechung erwogen wurde, kurze tarifvertragliche Ausschlussfristen am Maßstab von § 138 BGB bzw. § 242 BGB zu überprüfen,[55] ist dies nur gelegentlich bejaht worden.[56]

Bei **formularmäßig vereinbarten** Ausschlussfristen hat der Rechtsanwalt die **AGB-Kontrolle gemäß §§ 305 ff. BGB** zu beachten. Nach der Rechtsprechung des BAG können Ausschlussfristen grundsätzlich auch in Formulararbeitsverträgen wirksam vereinbart werden. Die §§ 305 ff. BGB enthalten keine Bestimmungen, die Ausschlussfristen für unwirksam erklären.[57] Bei ausreichender Hervorhebung im Arbeitsvertrag sind Verfallklauseln weder überraschend noch ungewöhnlich iSd § 305c Abs. 1 BGB.[58] Allerdings **benachteiligt** eine **einstufige** Ausschlussfrist, die die schriftliche Geltendmachung aller Ansprüche aus dem Arbeitsverhältnis innerhalb einer Frist von **weniger als drei** Monaten ab Fälligkeit verlangt, unangemessen entgegen den Geboten von Treu und Glauben (§ 307 Abs. 1 S. 1 BGB).[59] Bei zweistufigen Ausschlussklauseln muss auch für die zweite Stufe eine Mindestfrist von drei Monaten für die gerichtliche Geltendmachung vorgesehen werden.[60] Zweistufige Ausschlussfristen können geteilt werden:[61] Ist die Geltendmachungsfrist in der zweiten Stufe zu kurz bemessen und benachteiligt die Klausel daher unangemessen, bleibt die Ausschlussklausel in ihrer ersten Stufe wirksam, wenn der unwirksame Teil sprachlich eindeutig abtrennbar ist.[62] Der Kontrollmaßstab der Sittenwidrigkeit (§ 138 Abs. 1 BGB) gilt in allen Fällen arbeitsvertraglicher Verfallklauseln unabhängig von der AGB-Kontrolle.[63] 38

Vertritt ein Rechtsanwalt einen Arbeitnehmer im Kündigungsrechtsstreit, muss er die besondere Bedeutung tariflicher Ausschlussfristen kennen und seinem Mandanten zur fristgemäßen schriftlichen oder gerichtlichen Geltendmachung seiner Ansprüche raten. Nach Auffassung des BGH muss er die Geltung von Ausschlussfristen trotz fehlender Tarifgebundenheit des Mandanten überprüfen und zu diesem Zweck notfalls die Auskünfte Dritter wie beispielsweise des Arbeitgebers einholen.[64] 39

Ob auch ein **Abfindungsanspruch** vom Anwendungsbereich einer Ausschlussfrist erfasst wird, hängt davon ab, auf welcher Rechtsgrundlage der Anspruch beruht und ob die Verfallfrist im Einzelarbeitsvertrag oder im Tarifvertrag enthalten ist. Ein Anspruch auf eine Sozialplanabfindung unterliegt ebenso wie der Rückforderungsanspruch einer in ihrer Höhe zu Unrecht geleisteten Sozialplanabfindung[65] tariflichen Ausschlussfristen (soweit deren Tatbestand erfüllt ist),[66] nicht jedoch einer einzelvertraglich vereinbarten Verfallfrist (§ 77 Abs. 4 S. 4 BetrVG). Eine im Aufhebungs- oder Abwicklungsvertrag vereinbarte Abfindung unterliegt tariflichen und einzelvertraglichen Ausschlussfristen. Wurde der Abfindungsvergleich gerichtlich protokolliert, unterliegt der Abfindungsanspruch keinen Ausschlussfristen. Aus dem Vergleich kann der Arbeitnehmer gemäß § 794 Abs. 1 Nr. 1 ZPO wie aus einem Urteil die Zwangsvollstreckung betreiben. Mehr könnte er auch durch die in der zweiten Stufe der Ausschlussklausel vorgesehene Erhebung der Klage nicht erreichen.[67] Gleiches gilt für eine im Auflösungsurteil nach §§ 9, 10 KSchG zugesprochene Abfindung. Ob der Abfindungsanspruch nach § 1a KSchG vom Anwendungsbereich einer Ausschlussfrist erfasst 40

---

[55] BAG 16.11.1965 – 1 AZR 160/65, AP TVG § 4 Ausschlussfristen Nr. 30; BAG 22.9.1999 – 10 AZR 839/98, NZA 2000, 551.
[56] ArbG Hamburg 5.3.1997 – 21 Ca 89/97, EzA TVG § 4 Ausschlussfristen Nr. 126.
[57] BAG 28.9.2005 – 5 AZR 52/05, NZA 2006, 149.
[58] BAG 12.3.2008 – 10 AZR 152/07, NZA 2008, 699.
[59] BAG 28.9.2005 – 5 AZR 52/05, NZA 2006, 149.
[60] BAG 25.5.2005 – 5 AZR 572/04, NZA 2005, 1111.
[61] BAG 25.5.2005 – 5 AZR 572/04, NZA 2005, 1111.
[62] BAG 12.3.2008 – 10 AZR 152/07, NZA 2008, 699.
[63] Vgl. BAG 27.2.2002 – 9 AZR 543/00, AP TVG § 4 Ausschlussfristen Nr. 162.
[64] BGH 29.3.1983 – VI ZR 172/81, NJW 1983, 1665; *Sartorius* ZAP Fach 17, 459; *Vollkommer/Greger/Heinemann* AnwaltshaftungsR § 10 Rn. 31.
[65] LAG Hamm 10.10.2007 – 2 Sa 429/07, ZInsO 2008, 688.
[66] BAG 27.3.1996 – 10 AZR 668/95, NZA 1996, 986; BAG 19.1.1999 – 1 AZR 606/98, NZA 1999, 879.
[67] BAG 13.1.1982 – 5 AZR 546/79, NJW 1982, 2207.

wird, ist noch ungeklärt.[68] Es ist zum einen umstritten, ob die Rechtsnatur des Abfindungsanspruchs rechtsgeschäftlicher oder gesetzlicher Art ist.[69] Richtigerweise handelt es sich bei dem Abfindungsanspruch nach § 1a KSchG um einen gesetzlichen Anspruch.[70] Zum anderen ist streitig, ob ein gesetzlicher Anspruch arbeits- bzw. tarifvertraglichen Ausschlussklauseln unterfällt. Die Rechtsprechung hat dies – vom Inhalt der Verfallklausel abhängig – im Grundsatz bejaht.[71] Richtigerweise ist davon auszugehen, dass auch der Abfindungsanspruch aus § 1a KSchG verfallen kann. Denn – anders als bei der durch Auflösungsurteil (§§ 9, 10 KSchG) zugesprochenen oder in einem Vergleich vereinbarten Abfindung – steht die Höhe der Abfindung nicht zweifelsfrei fest, da sie von mehreren Faktoren (Dauer des Arbeitsverhältnisses, Höhe der Vergütung) abhängt, über welche die Parteien durchaus unterschiedliche Ansichten haben können. Der Zweck von Ausschlussfristen liegt gerade darin, kurzfristig Klarheit darüber zu verschaffen, welche Ansprüche der Gläubiger gegen den Schuldner noch geltend machen kann. Deshalb überzeugt auch das Argument von *Spilger* nicht, es sei „zumindest treuwidrig, wenn sich der Arbeitgeber der aus seinem eigenen Ansinnen resultierenden Abfindungspflicht entziehen wollte".[72] Das träfe auf alle individualvertraglich begründete Zahlungspflichten zu, die unbestritten verfallen können. Unter Berücksichtigung des Grundsatzes des sichersten Weges muss der Rechtsanwalt seinem Mandanten raten, den Abfindungsanspruch aus § 1a KSchG innerhalb einer auf den Arbeitsvertrag ggf. anwendbaren Ausschlussfrist geltend zu machen.

41 Wird eine tarifliche Ausschlussfrist nicht eingehalten, so führt dies – soweit der Tarifvertrag nicht ausnahmsweise Rechtsfolgen bei unverschuldeter Versäumung enthält – zum **Rechtsverlust**. Etwas anderes kann gelten, wenn der Arbeitnehmer ohne jedes Verschulden nicht in der Lage war, die Frist einzuhalten, und er unverzüglich nach Beseitigung des Hindernisses seine Rechte geltend macht.[73]

42 l) **Bruttoentgelt.** § 42 Abs. 2 GKG sieht vor, dass für die Wertberechnung bei Rechtsstreitigkeiten über das Bestehen, das Nichtbestehen oder die Kündigung eines Arbeitsverhältnisses höchstens der Betrag des für die Dauer eines Vierteljahres zu leistenden Arbeitsentgelts maßgebend ist. Eine Abfindung wird nicht hinzugerechnet. Ein Vierteljahresverdienst darf nicht mit einem dreifachen Monatsverdienst gleichgesetzt werden. Der Vierteljahresverdienst hat alle nicht jederzeit widerruflichen Bezüge im laufenden Kalenderjahr mit Entgeltcharakter zu berücksichtigen, also auch ein 13. Monatsgehalt, die Benutzung eines Firmenwagens, ein Urlaubs- oder Weihnachtsgeld. Der sich auf dieser Grundlage ermittelnde Jahresbezug wird durch vier geteilt. Der Bruttobezug wird häufig in der Kündigungsschutzklage neben anderen Angaben über den Arbeitnehmer mitgeteilt.[74] Maßgeblich ist das Bruttoentgelt auch für die Berechnung einer Abfindung. § 1a Abs. 2 S. 1 KSchG bestimmt, dass die Höhe der Abfindung für jedes Jahr des Bestehens des Arbeitsverhältnisses 0,5 Monatsverdienste beträgt.

II. Die Klärung der Rechtslage

1. Rechtskenntnisse des Rechtsanwalts

43 Die rechtliche Würdigung folgt der vollständigen Sachverhaltsermittlung. Die Rechtsprechung stellt hohe Anforderungen an eine gewissenhafte Rechtsprüfung. Die **Kenntnis der**

---

[68] Bejahend: ErfK/*Oetker* KSchG § 1a Rn. 19; MüKoBGB/*Hergenröder*, 8. Aufl. 2020, KSchG § 1a Rn. 22; HaKo-KSchG/*Nägele* § 1a Rn. 17. Verneinend: KR/*Spilger* KSchG § 1a Rn. 112.
[69] *Löwisch* NZA 2003, 689 (694); *Preis* DB 2004, 70 (74); *Willemsen/Annuß* NJW 2004, 177 (182); *Giesen/ Besgen* NJW 2004, 185; *Bader* NZA 2004, 65; *Kögel* RdA 2009, 358; KR/*Spilger* KSchG § 1a Rn. 86.
[70] *Altenburg/Reufels/Leister* NZA 2006, 71 (72) mit zahlreichen Hinweisen zum Streitstand.
[71] BAG 24.3.1988 – 2 AZR 630/87, NZA 1989, 101. Siehe iÜ auch ErfK/*Preis* BGB §§ 194–218 Rn. 36a.
[72] KR/*Spilger* KSchG § 1a Rn. 112.
[73] *Hueck/Nipperdey* ArbR II/1 § 32 III 5d; *Wank* TVG § 4 Rn. 779; BAG 14.1.1992 – 9 AZR 148/91, AP BUrlG § 3 Rechtsmissbrauch Nr. 5.
[74] *Ennemann/Griese* Taktik des Arbeitsgerichtsprozesses Rn. 335, 944.

Gesetze ist unerlässliche Voraussetzung für eine ordnungsgemäße Beratung. Der Rechtsanwalt muss aber auch die höchstrichterliche **Rechtsprechung** kennen. Ein Rechtsanwalt, der die Vertretung eines Arbeitnehmers in einem Arbeitsgerichtsprozess übernimmt, beachtet nur dann die im Verkehr erforderliche Sorgfalt, wenn er die veröffentlichte höchstrichterliche Rechtsprechung, vornehmlich die in der Entscheidungssammlung des BAG abgedruckten Urteile, berücksichtigt.[75] Das OLG München hat eingrenzend entschieden, dass sich die Rechtskenntnisse eines Rechtsanwalts auf die höchstrichterliche Rechtsprechung nur insoweit erstrecken müssen, wie sie in der Entscheidungssammlung eines oberen, für den Rechtsweg zuständigen Gerichts oder in einer allgemeinen juristischen Zeitschrift und nicht lediglich in einer Spezialzeitschrift, veröffentlicht ist. Es stelle eine **Überspannung** der den Rechtsanwalt bei der Prozessführung für den Mandanten und bei dessen Beratung treffenden Sorgfaltspflicht dar, vom Rechtsanwalt auch die Kenntnis der Rechtsprechung anderer Gerichte oder der Rechtsliteratur zu verlangen. Der Rechtsanwalt müsse daher eine von der Rechtsprechung des BAG und von der hM abweichende Ansicht nicht kennen und müsse seinen Mandanten auch nicht auf sie hinweisen.[76]

Der im Arbeitsrecht tätige Rechtsanwalt hat seine rechtliche Prüfung auch auf Bestimmungen von **Tarifverträgen** wie etwa Ausschlussfristen zu erstrecken. Kennt er eine tarifvertragliche Ausschlussfrist nicht, unterliegt er einem Rechtsirrtum, den er zu vertreten hat.[77] Besondere Haftungsrisiken ergeben sich daraus, dass ein Tarifvertrag auch dann Anwendung finden kann, wenn der Arbeitnehmer oder der Arbeitgeber nicht Mitglied einer vertragsschließenden Organisation ist. Der Tarifvertrag kann dann eingreifen, wenn er für allgemeinverbindlich erklärt wurde, eine Rechtsverordnung nach dem Arbeitnehmer-Entsendegesetz erlassen wurde, sein Inhalt kraft Verweisung individualvertraglich vereinbart wurde, eine entsprechende Betriebsübung besteht oder der arbeitsrechtliche Gleichbehandlungsgrundsatz (allerdings nicht im Verhältnis zwischen tarifgebundenem und nicht tarifgebundenem Arbeitnehmer anwendbar) dies gebietet.

2. Fristen

Ein Regress aus der Bearbeitung eines arbeitsrechtlichen Falles entsteht nicht selten, weil der Rechtsanwalt maßgebliche Fristen nicht eingehalten bzw. nicht auf sie hingewiesen hat. Als wichtigste materiell-rechtliche Fristen sind zu nennen:

Checkliste: Materiell-rechtliche Fristen

- ☐ Zwei-Wochen-Frist des **§ 626 Abs. 2 BGB** für die Erklärung einer außerordentlichen Kündigung aus wichtigem Grund;
- ☐ Frist zur Zurückweisung einer Kündigung gemäß **§ 174 BGB**: „unverzüglich";
- ☐ Frist von einem Monat nach Zustellung der Entscheidung des Integrationsamtes, innerhalb derer nach **§ 171 Abs. 3 SGB IX nF** das Arbeitsverhältnis eines schwerbehinderten Menschen gekündigt werden kann;
- ☐ Frist von zwei Monaten für die Geltendmachung von Schadensersatz- oder Entschädigungsansprüchen gemäß **§ 15 Abs. 4 S. 1 AGG** wegen einer Benachteiligung aus einem in § 1 AGG genannten Grund;
- ☐ Frist für den Widerspruch gegen einen Betriebsübergang gemäß **§ 613a Abs. 6 S. 1 BGB** von einem Monat nach Zugang der ordnungsgemäßen Unterrichtung;
- ☐ Frist von drei Wochen für die Vorbehaltsannahme der in einer Änderungskündigung enthaltenen Änderung der Arbeitsbedingungen nach **§ 2 S. 2 KSchG**.

---

[75] BGH 29.3.1983 – VI ZR 172/81, NJW 1983, 1665; *Borgmann* NJW 2000, 2953 (2958).
[76] OLG München 5.5.1989 – 14 U 646/88, NJW-RR 1991, 803.
[77] BGH 29.3.1983 – VI ZR 172/81, NJW 1983, 1665; VerfGH Berlin 24.1.2003 – VerfGH 8/02, NZA 2003, 509 (510).

46 Aus prozessualer Sicht sind im Urteilsverfahren insbesondere die folgenden Fristen zu beachten:

> **Checkliste: Prozessuale Fristen**
>
> ☐ Bei Kündigungsschutzklagen die Klageerhebungsfrist nach **§ 4 S. 1 KSchG** von drei Wochen nach Zugang der schriftlichen Kündigung;
> ☐ beim Antrag auf nachträgliche Zulassung einer verspäteten Kündigungsschutzklage die relative Frist nach **§ 5 Abs. 3 S. 1 KSchG** von zwei Wochen nach Behebung des Hindernisses sowie die absolute Frist nach **§ 5 Abs. 3 S. 2 KSchG** von sechs Monaten nach Ende der versäumten Klageerhebungsfrist;
> ☐ bei Entfristungsklagen die Klageerhebungsfrist nach **§ 17 S. 1 TzBfG** von drei Wochen;
> ☐ die im arbeitsgerichtlichen Verfahren auf eine Woche verkürzte Frist für den Widerspruch im Mahnverfahren nach **§ 46a Abs. 3 ArbGG;**
> ☐ Frist für den Einspruch gegen ein Versäumnisurteil, die nach **§ 59 Abs. 1 ArbGG nur eine Woche** beträgt;
> ☐ Frist für die Klage auf Entschädigung oder Schadensersatz gemäß § 15 AGG von drei Monaten nach schriftlicher Geltendmachung nach **§ 61b ArbGG;**
> ☐ Frist für die Einlegung der Berufung von einem Monat und für die Berufungsbegründung von zwei Monaten nach **§ 66 Abs. 1 S. 1 ArbGG,** jeweils ab Zustellung des in vollständiger Form abgefassten Urteils, spätestens fünf Monate nach Verkündung (die Frist zur Berufungsbegründung kann gemäß § 66 Abs. 1 S. 5 ArbGG nur einmal verlängert werden!);
> ☐ Frist zur Berufungserwiderung von einem Monat ab Zustellung der Berufungsbegründung nach **§ 66 Abs. 1 S. 3 ArbGG** (die ebenfalls nur einmal verlängert werden kann);
> ☐ Frist von einem Monat für die Einlegung und von zwei Monaten für die Begründung der Nichtzulassungsbeschwerde nach **§ 72a Abs. 2 und 3 ArbGG** ab Zustellung des in vollständiger Form abgefassten Urteils (die Frist zur Begründung der Nichtzulassungsbeschwerde kann nicht verlängert werden!);
> ☐ Frist für die Einlegung der Revision von einem Monat und für die Revisionsbegründung von zwei Monaten nach **§ 74 Abs. 1 S. 1 ArbGG,** jeweils ab Zustellung des in vollständiger Form abgefassten Berufungsurteils, spätestens fünf Monate nach Verkündung (die Frist zur Revisionsbegründung kann gemäß § 74 Abs. 1 S. 3 ArbGG nur einmal bis zu einem weiteren Monat verlängert werden!);
> ☐ Zwei-Wochen-Frist für die Anhörungsrüge nach **§ 78a Abs. 2 ArbGG.**

47 Versäumnisse des Rechtsanwalts werden dem Mandanten gemäß § 85 Abs. 2 ZPO zugerechnet.[78]

48 Der Rechtsanwalt ist verpflichtet, den **sichersten** Weg zu gehen, um das von seinem Mandanten erstrebte Ziel zu erreichen. Will er einen weniger sicheren Weg gehen, dann muss er seinen Mandanten zuvor über die insoweit bestehenden Risiken belehren und sein Vorgehen von dessen Entscheidung abhängig machen. Erscheint es ihm zweifelhaft, ob Fristen einzuhalten sind oder nicht, etwa weil eine dazu bestehende Rechtsfrage höchstrichterlich noch nicht geklärt ist, so begeht der Rechtsanwalt eine Pflichtverletzung, wenn er den riskanteren Weg wählt und deshalb sein Mandant danach in eine ungünstige Prozesslage gerät, die zu wirtschaftlichen Nachteilen beim Abschluss eines Vergleichs führt. Gerade auch bei Vertretung eines Arbeitnehmers in einem Arbeitsgerichtsverfahren muss der Rechtsanwalt den möglichen Verlust von Rechten des Mandanten durch Versäumung von Fristen berücksichtigen und **präventiv** tätig werden.[79]

49 Im Zusammenhang mit der Einhaltung der Drei-Wochen-Frist des § 4 KSchG ergibt sich für den Rechtsanwalt dann ein Haftungsrisiko, wenn seinem Mandanten mehrere Kündigungen erklärt wurden. Aufgrund des vom BAG entwickelten punktuellen **Streitgegen-**

---

[78] Zur Zurechnung des Verschuldens eines beim Prozessbevollmächtigten angestellten Rechtsanwalts vgl. BGH 27.1.2004 – VI ZB 39/03, NJW-RR 2004, 993.
[79] OLG Karlsruhe 25.1.1989 – 1 U 195/88, AP KSchG 1969 § 4 Nr. 20.

standsbegriffs[80] muss der Rechtsanwalt jede Kündigung innerhalb der Frist des § 4 KSchG angreifen. Die dreiwöchige Klageerhebungsfrist gilt einheitlich für alle Unwirksamkeitsgründe mit Ausnahme der Nichteinhaltung der Schriftform iSv § 623 BGB.

Hat er die Klageerhebung für eine Kündigung unterlassen, so hat das Arbeitsgericht die Kündigungsschutzklage abzuweisen. Dies begründet für den Rechtsanwalt wegen eines drohenden Ersatzes des Verdienstausfalls des Mandanten eine erhebliche Regressgefahr.[81] Diese wird durch das BAG allerdings dadurch abgemildert, dass der Rechtsanwalt mit dem Antrag gemäß § 4 KSchG eine auf Feststellung des Fortbestandes des Arbeitsverhältnisses gerichtete Feststellungsklage gemäß § 256 ZPO verbinden kann („**Schleppnetzantrag**").[82] Die Streitgegenstände des § 4 KSchG und des § 256 ZPO decken sich nicht.[83] Die Rechtsschutzziele sind unterschiedlich. Der Antrag gemäß § 4 KSchG verhindert die Wirksamkeitsfiktion des § 7 KSchG. Der allgemeine Feststellungsantrag erfasst alle Beendigungstatbestände bis zur letzten mündlichen Verhandlung. Erlangt der Arbeitnehmer Kenntnis von einer weiteren Kündigung, so muss er sie mit einem Antrag nach § 4 KSchG angreifen. Die allgemeine Feststellungsklage bewirkt lediglich, dass die Anrufungsfrist in erweiternder Auslegung des § 6 S. 1 KSchG oder jedenfalls in Analogie zu dieser Norm über die Drei-Wochen-Frist des § 4 KSchG verlängert wird. Werden bis zur letzten mündlichen Verhandlung keine weiteren Kündigungen ausgesprochen, ist die allgemeine Feststellungsklage wegen fehlenden Feststellungsinteresses unzulässig. Damit die Feststellungsklage nicht abgewiesen wird, muss sie der Rechtsanwalt zurücknehmen. Unterlässt er dies, hat der Arbeitnehmer die Kosten hinsichtlich der abgewiesenen Feststellungsklage zu tragen. Der Arbeitnehmer-Anwalt sollte den Arbeitgeber nach eventuellen weiteren Kündigungen befragen und die Antwort protokollieren.

Unterlässt der Rechtsanwalt es, einen **kombinierten** Kündigungsschutzantrag zu stellen, und wird daher eine weitere Kündigung nicht wirksam angegriffen, so besteht ein Haftungsrisiko. Der Rechtsanwalt hat den Mandanten auf die mit der Antragstellung verbundenen zusätzlichen Kosten hinzuweisen, die daraus entstehen, dass sich der Streitwert bei einer Feststellungsklage erhöht und die Mehrkosten wegen § 12a Abs. 1 ArbGG vom Mandanten zu tragen sind.[84]

Der Rechtsanwalt hat in diesem Zusammenhang auch § 6 S. 1 KSchG zu beachten. Ein Arbeitnehmer, der innerhalb von drei Wochen nach Zugang der schriftlichen Kündigung im Klagewege geltend gemacht hat, dass eine rechtswirksame Kündigung nicht vorliege, kann sich in diesem Verfahren bis zum Schluss der mündlichen Verhandlung erster Instanz zur Begründung der Unwirksamkeit der Kündigung auch auf innerhalb der Klagefrist nicht vorgetragene Gründe berufen. Alle in Betracht kommenden Unwirksamkeitsgründe müssen somit spätestens bis zum Schluss der mündlichen Verhandlung erster Instanz herausgearbeitet und geltend gemacht werden.[85] Der früher bestehenden Möglichkeit, etwaige Unwirksamkeitsgründe erst in der Berufungsinstanz vorzutragen, um damit wegen der zwischenzeitlich aufgelaufenen Annahmeverzugslohnansprüche die Vergleichsmasse zu erhöhen, wurde unabhängig von prozessualen Verspätungsregelungen (§ 67 ArbGG) durch die Neufassung des § 6 KSchG die Grundlage entzogen.

Die Zurechnungsnorm des § 85 Abs. 2 ZPO ist auch im Rahmen der Prüfung, ob eine verspätete Kündigungsschutzklage gemäß § 5 KSchG nachträglich zuzulassen ist, zu berücksichtigen.[86] § 85 Abs. 2 ZPO gilt auch bei Prozessvertretung des Arbeitnehmers durch eine Gewerkschaft oder die DGB Rechtsschutz GmbH.[87]

---

[80] BAG 21.8.2008 – 8 AZR 201/07, NZA 2009, 29; Germelmann/Matthes/Prütting/*Prütting* Einl. Rn. 196 ff.
[81] OLG Stuttgart 24.3.1982 – 4 U 148/81, BB 1982, 864 (865); OLG Karlsruhe 25.1.1989 – 1 U 195/88, AP KSchG 1969 § 4 Nr. 20; *Vollkommer/Greger/Heinemann* AnwaltshaftungsR § 28 Rn. 72.
[82] BAG 13.3.1997 – 2 AZR 512/96, NZA 1997, 844; *Bitter* DB 1997, 1407.
[83] Ascheid/Preis/Schmidt/*Hesse* KSchG § 4 Rn. 139.
[84] Vgl. *Vollkommer/Greger/Heinemann* AnwaltshaftungsR § 28 Rn. 69, 71.
[85] BAG 8.11.2007 – 2 AZR 314/06, NJW 2008, 1336; LAG Köln 17.2.2004 – 5 Sa 1049/03, NZA-RR 2005, 136.
[86] BAG 11.12.2008 – 2 AZR 472/08, NZA 2009, 692.
[87] BAG 28.5.2009 – 2 AZR 548/08, NZA 2009, 1052; vgl. generell zu den Sorgfaltspflichten der Gewerkschaft bei Prozessvertretungen BGH 10.1.2002 – III ZR 62/01, NZA 2002, 446.

54 Kommen **Lohnersatzansprüche gegen Dritte** in Frage (Bsp.: Insolvenzgeld gemäß §§ 165 ff. SGB III bei Insolvenz des Arbeitgebers), ist auch über diese und dabei zu beachtende Fristen (Bsp.: § 324 Abs. 3 S. 1 SGB III) aufzuklären.[88]

3. Formvorschriften

55 Nach § 623 BGB bedarf die Beendigung von Arbeitsverhältnissen durch Kündigung oder Auflösungsvertrag zu ihrer Wirksamkeit der Schriftform. Die elektronische Form ist ausgeschlossen.

56 Nach § 15 Abs. 3 BBiG muss die Kündigung eines Berufsausbildungsverhältnisses schriftlich und bei einer Kündigung nach der Probezeit unter Angabe der Kündigungsgründe erfolgen.

57 Nach § 17 Abs. 2 S. 3 MuSchG nF muss die Kündigung schriftlich erfolgen, und im Kündigungsschreiben muss der zulässige Kündigungsgrund angeben werden.

58 Nach § 14 Abs. 4 TzBfG bedarf die Befristung eines Arbeitsvertrages zu ihrer Wirksamkeit der Schriftform. Vereinbaren Arbeitgeber und Arbeitnehmer im Rahmen eines Kündigungsschutzprozesses, dass der Arbeitnehmer nach Ablauf der Kündigungsfrist bis zur rechtskräftigen Entscheidung des Kündigungsrechtsstreits weiter beschäftigt wird (Prozessbeschäftigungsverhältnis), liegt ein auflösend bedingter Arbeitsvertrag vor, für dessen Wirksamkeit die Schriftform erforderlich ist (§ 21 iVm § 14 Abs. 4 TzBfG). Haben die Parteien die Schriftform nicht gewahrt, ist die Befristung rechtsunwirksam, so dass der befristete Arbeitsvertrag nach § 16 S. 1 TzBfG als auf unbestimmte Zeit geschlossen gilt. Will der Arbeitgeber ein Prozessbeschäftigungsverhältnis eingehen, so hat ihn sein Rechtsanwalt auf das Schriftformerfordernis hinzuweisen.[89] Ein gerichtlich protokollierter Vergleich ersetzt gemäß §§ 126 Abs. 4, 127a BGB die von § 14 Abs. 4 TzBfG geforderte Schriftform. Bislang ungeklärt ist die Frage, ob auch ein Vergleich, dessen Zustandekommen das Arbeitsgericht gemäß § 278 Abs. 6 ZPO iVm § 46 Abs. 2 S. 1 ArbGG festgestellt hat, die Schriftform ersetzen kann. Einerseits sprechen Sinn und Zweck des § 278 Abs. 6 ZPO dafür, weil damit streitige Rechtsverhältnisse zwischen den Parteien bereinigt werden sollen. Andererseits verlangt § 127a BGB nach seinem eindeutigen Wortlaut die „Aufnahme der Erklärungen in ein nach den Vorschriften der Zivilprozessordnung errichtetes Protokoll". Auch ist zweifelhaft, ob ein Vergleich ohne mündliche Verhandlung noch die Funktionen der notariellen Beurkundung – insbesondere Beratung und Belehrung der Parteien – in entsprechender Weise erfüllen kann.[90] Der Familienrechtssenat des BGH hat für eine (beurkundungsbedürftige) Scheidungsfolgenvereinbarung entschieden, dass auf einen nach § 278 Abs. 6 ZPO abgeschlossenen Vergleich § 127a BGB entsprechende Anwendung finde.[91] Allerdings geht das BAG in ständiger Rechtsprechung zu § 14 Abs. 1 S. 2 Nr. 8 TzBfG davon aus, dass das Gericht an einem Vergleich gemäß § 278 Abs. 6 ZPO verantwortlich mitwirken müsse; dieser Anforderung genüge es nicht, wenn der Beitrag des Gerichts sich lediglich auf die Feststellung des Zustandekommens und den Inhalt des Vergleichs beschränkt.[92] Bis zur Klärung der Rechtsfrage durch das BAG wird der vorsichtige Rechtsanwalt daher einen gerichtlichen Vergleich, in dem eine Prozessbeschäftigung vereinbart wird, nur in der mündlichen Verhandlung abschließen, in der die entsprechenden Erklärungen in das Protokoll aufgenommen werden.

59 Schriftformerfordernisse sind auch in §§ 62 Abs. 1, 78 Abs. 2 S. 1 SeemG vorgesehen.

III. Rat an den Mandanten

60 Der um eine Beratung ersuchte Rechtsanwalt ist zu einer umfassenden und möglichst erschöpfenden Belehrung seines Auftraggebers verpflichtet.[93] Er hat diesem diejenigen Schritte

---

[88] AG Siegburg 3.9.1987 – 7 C 171/87, NJW-RR 1989, 155; *Jungk* AnwBl 1997, 36 (38).
[89] BAG 22.10.2003 – 7 AZR 113/03, NZA 2004, 1275 (1276).
[90] MüKoBGB/*Einsele*, 8. Aufl. 2018, § 127a Rn. 4; Musielak/Voit/*Foerste* ZPO § 278 Rn. 18a.
[91] BGH 1.2.2017 – XII ZB 71/16, NJW 2017, 1946.
[92] BAG 21.3.2017 – 7 AZR 369/15, NZA 2017, 706.
[93] Siehe zu den allgemeinen, nicht arbeitsrechtsspezifischen Pflichten: BGH 18.6.1968 – VI ZR 160/66, VersR 1968, 969; Borgmann/Jungk/Schwaiger Anwaltshaftung/*Jungk*, 6. Aufl. 2020, § 20 Rn. 72 ff.

anzuraten, die geeignet sind, zu dem erstrebten Ziel zu führen, und Nachteile für den Auftraggeber zu verhindern, soweit solche voraussehbar und vermeidbar sind. Er hat dem Auftraggeber den **relativ sichersten** und **am wenigsten gefährlichen** Weg vorzuschlagen und ihn über mögliche Risiken aufzuklären, damit der Mandant zu einer sachgerechten Entscheidung in der Lage ist.[94] Die Beratung und Belehrung soll es dem Mandanten ermöglichen, seine Vorgehensweise eigenständig zu bestimmen.[95] Entsprechende Maßstäbe sind auf **Gewerkschaftssekretäre** anzuwenden:[96] Allein deshalb, weil Gewerkschaftssekretäre zuweilen keine Volljuristen sind und das Gewerkschaftsmitglied kostenlos vertreten wird, ist es nicht gerechtfertigt, an die Aufklärungspflichten geringere Anforderungen zu stellen.[97]

1. Beratungs- und Belehrungspflichten gegenüber Arbeitnehmern

a) Ratschläge vor Zugang einer Kündigung. Erfährt der Arbeitnehmer, dass sein Arbeitsverhältnis gekündigt werden soll, kann im Einzelfall der Rat angebracht sein, einen **Antrag auf Anerkennung als Schwerbehinderter** zu stellen. Wird dem Antrag entsprochen, erfolgt die Anerkennung als Schwerbehinderter ab dem Zeitpunkt der Antragstellung.[98] Allerdings muss der Arbeitnehmer dem Arbeitgeber innerhalb einer angemessenen Frist, die in der Regel drei Wochen[99] beträgt, nach Zugang der Kündigung mitteilen, dass er vor Erklärung der Kündigung einen Antrag auf Anerkennung als Schwerbehinderter gestellt hat, wenn er nicht den Sonderkündigungsschutz nach § 168 SGB IX nF verlieren will.[100]

Die Vorschriften über den Kündigungsschutz für schwerbehinderte Menschen finden keine Anwendung, wenn zum Zeitpunkt der Kündigung die Eigenschaft als schwerbehinderter Mensch nicht nachgewiesen ist oder das Versorgungsamt nach Ablauf der Frist des § 152 Abs. 1 S. 3 SGB IX nF eine Feststellung wegen fehlender Mitwirkung nicht treffen konnte (§ 173 Abs. 3 SGB IX nF).[101] Der Nachweis wird entweder durch die Offenkundigkeit[102] der Eigenschaft als schwerbehinderter Mensch, durch einen Feststellungsbescheid iSd § 152 Abs. 1 SGB IX nF oder durch einen Bescheid iSd § 152 Abs. 2 SGB IX nF erbracht.[103] Der Nachweis muss objektiv vorliegen;[104] auf eine Kenntnis des Arbeitgebers von der Schwerbehinderung und der Existenz des Nachweises soll es nach Auffassung des BAG nicht ankommen.[105] Ein Nachweis iSd § 173 Abs. 3 Alt. 1 SGB IX nF liegt jedenfalls dann nicht vor, wenn zum Kündigungszeitpunkt das Anerkenntnisverfahren noch nicht abgeschlossen und damit die Schwerbehinderung noch nicht anerkannt ist. Dies gilt selbst dann, wenn die Feststellung der Eigenschaft als schwerbehinderter Mensch später mit Rückwirkung erfolgt.[106] Der Sonderkündigungsschutz bleibt trotz fehlenden Nachweises nur dann bestehen, wenn der Anerkennungsantrag so frühzeitig vor Zugang der Kündigung gestellt worden ist, dass eine Entscheidung vor dem Ausspruch der Kündigung bei einer ordnungsgemäßen Mitwirkung des Antragstellers innerhalb der Frist des § 152 Abs. 1 S. 2 SGB IX nF möglich gewesen wäre (BT-Drs. 15/2357, 24 zur Vorgängerregelung in § 69 Abs. 1 S. 2 SGB IX aF). Der Antrag muss also mindestens drei Wochen vor der Kündigung gestellt sein.[107] Es kann also auch Fälle geben, in denen – obwohl zum Zeitpunkt der Kündigung ein Nachweis noch fehlt – der Sonderkündigungsschutz eingreift. Dies sind die Fälle, in denen tatsächlich eine

---

[94] BGH 11.2.1999 – IX ZR 14/98, NJW 1999, 1391.
[95] *Borgmann* NJW 2000, 2953 (2958).
[96] BGH 10.1.2002 – III ZR 62/01, NZA 2002, 446; BGH 26.2.1981 – VII ZR 50/80, NJW 1981, 1553.
[97] LG München I 22.3.2001 – 31 S 10537/00, NZA-RR 2002, 589.
[98] ErfK/*Rolfs* SGB IX § 168 Rn. 4.
[99] BAG 9.6.2011 – 2 AZR 703/09, NZA-RR 2011, 516; BAG 11.12.2008 – 2 AZR 295/07, NZA 2009, 556.
[100] BAG 14.5.1982 – 7 AZR 1221/79, AP SchwbG § 18 Nr. 4; BAG 16.1.1985 – 7 AZR 373/83, NZA 1986, 31; ErfK/*Rolfs* SGB IX § 168 Rn. 9.
[101] *Cramer* NZA 2004, 698 (704).
[102] BAG 13.2.2008 – 2 AZR 864/06, NZA 2008, 1055 (bei einem Taubstummen).
[103] BT-Drs. 15/2357, 24.
[104] LAG Schleswig-Holstein 21.4.2009 – 5 Sa 412/08, LAGE SGB IX § 90 Nr. 7.
[105] BAG 9.6.2011 – 2 AZR 703/09, NZA-RR 2011, 516.
[106] BAG 29.11.2007 – 2 AZR 613/06, NZA 2008, 361.
[107] BAG 1.3.2007 – 2 AZR 217/06, NZA 2008, 302.

Schwerbehinderteneigenschaft vorliegt, deren ausbleibende Feststellung nicht auf einem Verschulden des schwerbehinderten Menschen gegen sich selbst beruht. Der ratgebende Anwalt wird deshalb dazu angehalten sein, den Rechtssuchenden danach zu fragen, ob eine Schwerbehinderteneigenschaft vorliegen kann und ob deren Feststellung bereits beantragt worden ist. Der Anwalt wird bejahendenfalls aus Gründen der Vorsicht gehalten sein, dem Arbeitgeber des schwerbehinderten Menschen fristgerecht mitzuteilen, dass vor Ausspruch der Kündigung die Feststellung der Eigenschaft eines schwerbehinderten Menschen beantragt worden ist, ohne dass bis zum Ausspruch der Kündigung ein Bescheid ergangen sei. Selbst wenn keine Anerkennung als Schwerbehinderter erfolgt oder das Fehlen des Nachweises der Schwerbehinderteneigenschaft auf ein „Verschulden" des schwerbehinderten Menschen zurückzuführen ist, kann das laufende Anerkennungsverfahren den Arbeitgeber uU dazu bewegen, einen (besseren) Abfindungsvergleich zu schließen.[108]

63 **b) Zurückweisung der Kündigung.** Der Anwalt muss dem Mandanten den Rat erteilen, eine Kündigung nach § 174 BGB unverzüglich zurückzuweisen, wenn in Betracht kommt, dass die Tatbestandsvoraussetzungen der Norm erfüllt sein könnten. Die Zurückweisung allein reicht jedoch nicht aus, weil auch die gemäß § 174 BGB unwirksam gewordene Kündigung gemäß § 7 KSchG mit Ablauf der Klageerhebungsfrist als von Anfang an wirksam anzusehen ist.[109] Deshalb muss der Anwalt den Rat erteilen, trotz Zurückweisung der Kündigung innerhalb der Frist des § 4 KSchG Kündigungsschutzklage zu erheben.

64 **c) Reaktion auf die Kündigung.** *aa) Geltungsbereich des Kündigungsschutzgesetzes.* Um feststellen zu können, ob die für das Entstehen des allgemeinen Kündigungsschutzes nach § 1 Abs. 1 KSchG erforderliche Wartezeit von sechs Monaten erfüllt ist, hat der Rechtsanwalt den Mandanten darüber aufzuklären, dass die sechsmonatige Wartezeit mit der Begründung des Arbeitsverhältnisses beginnt. Entscheidend ist, ab wann der Arbeitnehmer zur Verfügung des Arbeitgebers stehen sollte. Das wird regelmäßig nicht der Tag des Vertragsschlusses sein.[110] Erhebt ein Arbeitnehmer nach anwaltlicher Beratung keine Kündigungsschutzklage, so hat der Rechtsanwalt eine Pflichtverletzung begangen, wenn er gehalten gewesen wäre, seinem Mandanten die Erhebung einer Kündigungsschutzklage anzuraten.[111] Ein Rat zu einem bestimmten Verhalten muss aber nicht erteilt werden, wenn dem Mandanten auf Grund seiner Interessenlage verschiedene vertretbare Handlungsmöglichkeiten offen stehen. In einem solchen Fall genügt es, wenn der Rechtsanwalt seinen Mandanten durch umfassende Belehrung über Risiken und Chancen seines Begehrens in die Lage versetzt, eine eigenverantwortliche Entscheidung zu treffen.[112]

65 *bb) Bestimmung des Streitgegenstands im Prozess.* Der Rechtsanwalt muss ein umfassendes Vorgehen anraten. Beispiel: Ein Rechtsanwalt hatte die Kündigungsschutzklage in der Frist des § 4 KSchG nur gegen eine schriftliche Kündigung erhoben, nicht aber auch gegen eine wenige Tage vorher erklärte mündliche Kündigung. Zwar teilte der Mandant seinem Anwalt mit, ihm sei nicht mündlich gekündigt worden. Es lag aber ein entsprechender Vermerk des Arbeitgebers vor. Der BGH bejahte eine Pflichtverletzung des Rechtsanwalts.[113] Diese lag nicht darin, dass er die Schilderung seines Mandanten für zutreffend gehalten hatte. Er hatte es aber versäumt, seinen Mandanten auf die Risiken hinzuweisen, die sich daraus ergaben, dass infolge des Vermerks damit zu rechnen war, der Arbeitgeber werde im Prozess eine frühere Kündigung behaupten und dafür Beweis antreten. Der Mandant war daher nicht in der Lage, in diesem Punkt eine sachgerechte Entscheidung zu treffen. Der Anwalt hat durch die von ihm vorgenommene Beschränkung der Klage auf die schriftliche Kündigung das Gebot des sichersten Weges verletzt.[114]

---

[108] *Ennemann/Griese* Taktik des Arbeitsgerichtsprozesses Rn. 19.
[109] Ascheid/Preis/Schmidt/*Hesse* KSchG § 4 Rn. 10c; *Genenger* RdA 2010, 274 (279).
[110] ErfK/*Oetker* KSchG § 1 Rn. 35; Stahlhacke/Preis/Vossen Kündigung/*Preis* Rn. 871.
[111] OLG Hamm 30.5.1995 – 28 U 178/94, OLGR Hamm 1996, 23.
[112] OLG Hamm 30.1.1996 – 28 U 165/95, NZA-RR 1996, 303.
[113] BGH 11.2.1999 – IX ZR 14/98, NJW 1999, 1391.
[114] BGH 11.2.1999 – IX ZR 14/98, NJW 1999, 1391.

Zwar ist das Problem des Rechtsschutzes gegen mündliche Kündigungen durch das Schriftformerfordernis gemäß § 623 BGB obsolet geworden (von Verwirkungsfragen abgesehen). Doch lässt sich dem Urteil der allgemeine Grundsatz entnehmen, dass der Anwalt verpflichtet ist, dem Mandanten die Schritte aufzuzeigen, die geeignet sind, das erstrebte Ziel zu erreichen, und dabei unter verschiedenen Möglichkeiten wiederum den sichersten Weg zu empfehlen. Insbesondere muss der Anwalt über eventuelle Risiken aufklären. Zweifel und Bedenken, zu denen die Sachlage Anlass gibt, sind darzulegen und mit dem Mandanten zu erörtern.[115]

cc) Kriterien der Sozialauswahl. Dem Arbeitnehmer steht im Falle einer betriebsbedingten Kündigung ein **Auskunftsanspruch gemäß § 1 Abs. 3 S. 1 Hs. 2 KSchG** zu, der sich auf alle Merkmale der Sozialauswahl bezieht. Der Rechtsanwalt hat den Arbeitnehmer-Mandanten hierauf hinzuweisen, weil grundsätzlich nur auf Grund der Auskünfte des Arbeitgebers zutreffend bewertet werden kann, ob der Arbeitgeber eine ordnungsgemäße Sozialauswahl durchgeführt hat und eine Kündigungsschutzklage Aussicht auf Erfolg hat.

Sind bei einer Kündigung auf Grund einer **Betriebsänderung nach § 111 BetrVG** die Arbeitnehmer, denen gekündigt werden soll, in einem Interessenausgleich zwischen Arbeitgeber und Betriebsrat namentlich bezeichnet, so wird gemäß **§ 1 Abs. 5 S. 1 KSchG** vermutet, dass die Kündigung durch dringende betriebliche Erfordernisse iSd § 1 Abs. 2 KSchG bedingt ist. Der Arbeitnehmer muss durch substantiierten Tatsachenvortrag die gesetzliche Vermutung des § 1 Abs. 5 S. 1 KSchG widerlegen. Der Anwalt hat den Arbeitnehmer folglich darauf hinzuweisen, dass nur bei Vorliegen besonderer Umstände (Bsp.: Kenntnis von einer anderweitigen Beschäftigungsmöglichkeit im Betrieb) gegen die Kündigung erfolgreich vorgegangen werden kann.

dd) Fortsetzungsverweigerung. Ist der Arbeitnehmer ein neues Arbeitsverhältnis eingegangen, so kann er bei gewonnenem Kündigungsschutzprozess gemäß § 12 S. 1 KSchG binnen einer Woche nach der Rechtskraft des Urteils durch Erklärung gegenüber dem Arbeitgeber die Fortsetzung des Arbeitsverhältnisses bei diesem verweigern. Macht er von diesem Recht Gebrauch, so ist ihm nach **§ 12 S. 4 KSchG entgangener Verdienst nur für die Zeit zwischen der Entlassung und dem Tage des Eintritts in das neue Arbeitsverhältnis** zu gewähren. Hat der Arbeitnehmer beim alten Arbeitgeber mehr verdient, will er aber bei dem neuen Arbeitgeber arbeiten, so ist es für den Arbeitnehmer vorteilhaft, das Arbeitsverhältnis zu einem späteren Zeitpunkt ordentlich zu kündigen. In diesem Falle gilt nicht § 12 S. 4 KSchG, sondern es ist § 615 S. 1 und 2 BGB bzw. § 11 KSchG anzuwenden.

ee) Auflösungsantrag. Ist die Fortsetzung des Arbeitsverhältnisses für den Arbeitnehmer unzumutbar, muss ihn der Anwalt auf die Möglichkeit hinweisen, einen **Auflösungs- und Abfindungsantrag gemäß § 9 S. 1 KSchG** zu stellen.[116] Ggf. ist allein wegen der anzustrebenden Abfindungsentscheidung Kündigungsschutzklage zu erheben.

ff) Handlungsalternativen. Der Anwalt hat den Arbeitnehmer über die Alternative zu beraten, einen Auflösungsantrag nach § 9 KSchG zu stellen oder das Lossagungsrecht nach § 12 KSchG in Anspruch zu nehmen oder zu einem späteren Zeitpunkt eine eigene ordentliche Kündigung zu erklären. Ist die Kündigung rechtsunwirksam, dem Arbeitnehmer die Fortsetzung des Arbeitsverhältnisses jedoch nicht zuzumuten, wird auf dessen Antrag hin das Arbeitsverhältnis aufgelöst und der Arbeitgeber zur Zahlung einer angemessenen Abfindung verurteilt. Wenn der Arbeitnehmer erst mehrere Monate nach Ablauf der Kündigungsfrist ein neues Arbeitsverhältnis eingegangen ist, kann er bei Obsiegen im Kündigungsschutzprozess nach § 12 S. 1 KSchG die Fortsetzung des Arbeitsverhältnisses verweigern. Nach § 12 S. 4 KSchG hat der Arbeitnehmer Anspruch auf entgangenen Verdienst für die Zeit zwischen der Entlassung und dem Tag des Eintritts in das neue Arbeitsverhältnis. Dies kann uU ein wesentlich höherer Betrag sein als der Abfindungsbetrag nach §§ 9, 10 KSchG.[117] Entsprechendes gilt im Hinblick darauf, dass der Arbeitnehmer jederzeit (später) von der Möglichkeit der ordentlichen Kündigung Gebrauch machen kann.

---

[115] *Fischer* NJW 1999, 2993 (2994).
[116] OLG Bamberg 18.7.1988 – 4 U 60/88, NJW-RR 1989, 223 (224); *Schlee* AnwBl 1989, 390 (392).
[117] *Ennemann/Griese* Taktik des Arbeitsgerichtsprozesses Rn. 481.

72 **d) Änderungskündigung. aa) Allgemeines.** Kündigt der Arbeitgeber das Arbeitsverhältnis und bietet er dem Arbeitnehmer im Zusammenhang mit der Kündigung die Fortsetzung des Arbeitsverhältnisses zu geänderten Arbeitsbedingungen an, **so kann der Arbeitnehmer dieses Angebot unter dem Vorbehalt annehmen,** dass die Änderung der Arbeitsbedingungen nicht sozial ungerechtfertigt ist (§ 2 KSchG). Der Anwalt hat den Arbeitnehmer über die Reaktionsmöglichkeiten zu belehren. Entschließt sich der Arbeitnehmer dazu, dieses Angebot nicht unter Vorbehalt anzunehmen, wendet er sich ausschließlich gegen eine Beendigungskündigung, die im Falle ihrer Wirksamkeit zur Beendigung des Arbeitsverhältnisses führt. In einem solchen Fall sollte sich der Anwalt schriftlich bestätigen lassen, dass er den Arbeitnehmer über die verschiedenen Reaktionsmöglichkeiten und ihre möglichen Konsequenzen belehrt hat.

73 *bb) Vorbehaltserklärung.* Will der Arbeitnehmer die Änderungskündigung unter Vorbehalt annehmen, so ist auf den rechtzeitigen Zugang dieser Erklärung zu achten. Für den Anwalt ist es ratsam, diese Erklärung nicht in die Änderungskündigungsschutzklage aufzunehmen, sondern in einem gesonderten Schreiben abzugeben.[118] Denn die Wahrung der Klagefrist nach § 4 KSchG und die der Frist nach § 2 S. 2 KSchG sind unterschiedlich zu beurteilen: Während gemäß § 46 Abs. 2 ArbGG iVm §§ 495, 167 ZPO die Drei-Wochen-Frist für die Klageerhebung nach § 4 KSchG auch dann gewahrt wird, wenn die Klage zwar vor Fristablauf bei dem Gericht eingereicht worden ist, aber die Zustellung an den Prozessgegner erst danach erfolgt (§ 167 ZPO: „demnächst"), gilt dies nicht für die Vorbehaltsfrist des § 2 KSchG.[119]

74 *cc) Abfindungsvergleich bei Änderungskündigung.* Schließen Arbeitgeber und Arbeitnehmer anlässlich einer Änderungskündigung eine Vereinbarung über eine Abfindung, mit der ein Ausgleich für verschlechterte Arbeitsbedingungen geschaffen werden soll, so hat der Rechtsanwalt darauf hinzuweisen, dass die Abfindungsleistung nach Auffassung des Bundessozialgerichts bei weiterbestehendem versicherungspflichtigem Beschäftigungsverhältnis Arbeitsentgelt iSd § 14 Abs. 1 SGB IV darstellt und damit beitragspflichtig ist.[120] Derartige „Abfindungen" sind keine Zahlungen für eine Zeit nach dem Ende der Beschäftigung und der Versicherungspflicht.

75 **e) Weiterbeschäftigungsanspruch.** Die Verhandlungsposition des Arbeitnehmers in Vergleichsverhandlungen kann auch dadurch gestärkt werden, dass er den Weiterbeschäftigungsanspruch klageweise geltend macht oder den Erlass einer einstweiligen Verfügung auf Weiterbeschäftigung beantragt (die allerdings von der Rechtsprechung nur unter **engen** Voraussetzungen gewährt wird). Ist mit der Durchsetzung einer effektiven Weiterbeschäftigung zu rechnen, tendieren die Arbeitgeber eher zu einem Vergleichsschluss.[121]

76 **f) Vergleich.** Arbeitsrechtliche Auseinandersetzungen werden oftmals durch einen Vergleichsabschluss beendet. Der Rechtsanwalt muss die Vor- und Nachteile unter Berücksichtigung der besonderen Interessen des Auftraggebers sowie etwaige Risiken abwägen und den Mandanten insoweit umfassend beraten, bevor der Vergleich geschlossen wird.[122] Eine Steuerberatung schuldet der Rechtsanwalt aus dem arbeitsrechtlichen Mandat nicht. Zur Pflicht des Anwalts gehört jedoch der Hinweis auf **steuerrechtliche und wirtschaftliche** Belange.[123] Wenn der Mandant zB nicht weiß, dass von der vereinbarten Abfindung Lohnsteuer einzubehalten ist, besteht die Gefahr, dass sich der Mandant über den „Nutzen" des im Vergleich vereinbarten Betrages falsche Vorstellungen macht. Mit einer entsprechend dokumentierten Belehrung oder der Verweisung an einen Steuerberater entgeht der Rechtsanwalt möglichen Regressansprüchen.

---

[118] *Klar* ArbR Rn. 90.
[119] BAG 17.6.1998 – 2 AZR 336/97, NZA 1998, 1225.
[120] BSG 28.1.1999 – B 12 KR 6/98 R, AP ArEV § 1 Nr. 1.
[121] AnwFormB ArbR/*Diller* Kap. 22 M 22.19 Anm. 3.
[122] BGH 17.1.2002 – IX ZR 182/00, NJW 2002, 1048; BGH 4.7.2013 – IX ZR 318/12, BeckRS 2013, 12599.
[123] *Borgmann* NJW 2000, 2953 (2961); Borgmann/Jungk/Schwaiger Anwaltshaftung/*Jungk*, § 20 Rn. 72 ff.

Bei einem **außergerichtlichen** Vergleich muss der Anwalt den Mandanten dahingehend informieren, dass ein solcher keinen Vollstreckungstitel darstellt, also im Unterschied zum Prozessvergleich gemäß § 794 Abs. 1 Nr. 1 ZPO das Risiko der Undurchsetzbarkeit mit sich bringt. Er hat als Alternative einen notariell beurkundeten Vergleich (§ 794 Abs. 1 Nr. 5 ZPO) oder einen Anwaltsvergleich (§§ 794 Abs. 1 Nr. 4b, 796b, 796c ZPO) in Betracht zu ziehen. Der Rechtsanwalt hat den Mandanten in allen Fällen auf die Kostendifferenzen hinzuweisen. Der vollstreckbare Anwaltsvergleich spielt in der arbeitsrechtlichen Praxis nur eine geringe Rolle.[124]

Der Arbeitnehmeranwalt begeht im Regelfall keine Pflichtverletzung, wenn er mit dem Arbeitgeber keine außergerichtlichen Vergleichsverhandlungen aufnimmt und seinen Mandanten nicht zu einer solchen Maßnahme rät.[125]

Ist der Mandant bei der Güte- oder Kammerverhandlung nicht anwesend, sollte der Rechtsanwalt einen **Prozessvergleich** nur unter dem Vorbehalt des Widerrufs[126] abschließen, um den Vergleichsinhalt in Ruhe und ausführlich mit dem Mandanten besprechen zu können. Falls der Mandant mit dem Ergebnis eines gerichtlich protokollierten und unwiderruflich geschlossenen Vergleichs nicht einverstanden ist, bliebe ihm anderenfalls nur noch die Möglichkeit, seinen Rechtsanwalt in Regress zu nehmen. Da der Prozessvergleich einen Vollstreckungstitel iSv § 794 Abs. 1 Nr. 1 ZPO darstellt, hat der Anwalt darauf zu achten, dass der Vergleich eindeutig formuliert wird und einen vollstreckungsfähigen Inhalt hat.

Der Anwalt muss insbesondere auf die in Vergleichen enthaltenen **Erledigungsklauseln** achten.[127] Er muss sorgfältig überlegen, welche Ansprüche im Einzelnen vom Wortlaut der Erledigungsklausel erfasst sind, denn nur dann kann er seinen Mandanten ordnungsgemäß beraten. Von einer Erledigungsklausel werden zB aus Rechtsgründen nicht erfasst:
- Ansprüche aus betrieblicher Altersversorgung,[128]
- Gesetzliche Urlaubsansprüche (§ 13 Abs. 1 BUrlG),
- Ansprüche aus einer Betriebsvereinbarung, wenn und soweit der Betriebsrat dem nicht zugestimmt hat (§ 77 Abs. 4 BetrVG),
- Tarifliche Rechte, sofern der Vergleich nicht von den Tarifvertragsparteien gebilligt wurde (§ 4 Abs. 4 S. 1 TVG).

Ob eine Abgeltungsklausel auch Ansprüche aus einem nachvertraglichen Wettbewerbsverbot oder einem Arbeitgeberdarlehen erfasst, ist Auslegungsfrage.[129]

Der Rechtsanwalt muss den Arbeitnehmer-Mandanten auch darauf hinweisen, dass uU eine Sperrzeit gemäß **§ 159 Abs. 1 S. 1 SGB III**[130] eintreten kann. Haben die Parteien eine verhaltensbedingte Kündigung in einem arbeitsgerichtlichen Vergleich in eine betriebs- bzw. personenbedingte Kündigung unter Zahlung einer Abfindung „umbenannt", so ist das Sozialgericht – falls es zu einem Streit über die Wirksamkeit einer Sperrzeit kommt – an diese Vereinbarung nicht gebunden. Es hat zu überprüfen, welcher Kündigungsgrund tatsächlich Anlass für die Beendigung des Arbeitsverhältnisses ist. Stellt das Sozialgericht dann fest, dass es sich in Wahrheit um eine verhaltensbedingte Kündigung handelt, kann den Arbeitnehmer eine Sperrzeit treffen. Des Weiteren ist der Arbeitnehmer-Mandant auf das Ruhen des Anspruchs auf Arbeitslosengeld bei Entlassungsentschädigungen gemäß **§ 158 SGB III** hinzuweisen, wenn der Arbeitnehmer im Vergleich auf die Einhaltung der ordentlichen Kündigungsfrist verzichtet und eine Abfindung erhält. Ist die ordentliche Kündigung des Arbeitsverhältnisses durch den Arbeitgeber zeitlich unbegrenzt oder zeitlich begrenzt ausge-

---

[124] *Klar* ArbR Rn. 431.
[125] OLG Hamm 15.2.1996 – 28 U 119/95, OLGR Hamm 1996, 166 (167).
[126] Zur Rechtzeitigkeit des Widerrufs eines Prozessvergleichs siehe BAG 4.3.2004 – 2 AZR 305/03, NZA 2004, 999.
[127] BAG 16.1.2003 – 2 AZR 316/01, AP ArbGG 1979 § 57 Nr. 2; *Vollkommer/Greger/Heinemann* AnwaltshaftungsR § 12 Rn. 49.
[128] BAG 9.11.1973 – 3 AZR 66/73, AP BGB § 242 Ruhegehalt Nr. 163.
[129] BAG 19.11.2003 – 10 AZR 174/03, NZA 2004, 554; BAG 31.7.2002 – 10 AZR 558/01, AP BGB § 611 Konkurrenzklausel Nr. 48; BAG 31.7.2002 – 10 AZR 513/01, NZA 2003, 100.
[130] BSG 18.12.2003 – B 11 AL 35/03 R, NZA 2004, 661; siehe hierzu auch *Bauer/Krieger* NZA 2004, 640; *Giesen/Ricken* NZA 2004, 648.

schlossen, wie dies bei einem tariflich unkündbaren Arbeitnehmer der Fall ist, so ist § 158 Abs. 1 S. 3 SGB III zu beachten.

83 **g) Gesetzlicher Abfindungsanspruch.** Hat der Arbeitgeber eine Kündigung des Arbeitsverhältnisses erklärt, will der Arbeitnehmer in vielen Fällen nicht mehr in das Arbeitsverhältnis zurückkehren, sondern es gegen Zahlung einer Abfindung beenden. Der Rechtsanwalt hat den Mandanten grundsätzlich darauf hinzuweisen, dass für die Erlangung einer Abfindung die Erhebung der Kündigungsschutzklage vorteilhaft sein kann, da Grund für die Zahlung der Abfindung idR die Abwendung eines Prozessrisikos für den Arbeitgeber ist.[131] Der Rechtsanwalt hat zugleich auf § 1a KSchG aufmerksam zu machen, falls der Arbeitnehmer ein Hinweisschreiben des Arbeitgebers iSv § 1a Abs. 1 S. 2 KSchG erhalten hat. Der Rechtsanwalt hat beide Möglichkeiten zu erläutern und gegenüberzustellen. Er hat den Mandanten darüber zu belehren, dass der gesetzliche Abfindungsanspruch nur entsteht, wenn er die Klagefrist verstreichen lässt. Der Rechtsanwalt kann dem Arbeitnehmer ohne weiteres unmittelbar zur Erhebung der Kündigungsschutzklage raten. Das Verstreichenlassen der Klagefrist mit dem Ziel, die Abfindung zu erhalten, wird bei schlechteren Prozessaussichten in Erwägung zu ziehen sein.[132]

84 Erhebt der Arbeitnehmer gleichwohl Kündigungsschutzklage und nimmt er diese später zB wegen mangelnder Erfolgsaussicht zurück, erwirbt er keinen Anspruch auf die gesetzliche Abfindung, obwohl § 46 Abs. 2 ArbGG iVm § 269 Abs. 3 S. 1 ZPO anordnet, dass der Rechtsstreit im Falle der Klagerücknahme „als nicht anhängig geworden anzusehen" ist. Der Wortlaut des § 1a KSchG ist eindeutig dahingehend, dass der Arbeitnehmer bis zum Ablauf der Frist des § 4 S. 1 KSchG keine Klage erheben darf, wenn er einen Abfindungsanspruch erlangen möchte.[133] Die gesetzliche Abfindung steht dem Arbeitnehmer auch dann nicht zu, wenn er zunächst die Klagefrist verstreichen lässt, dann aber gemäß § 5 KSchG die nachträgliche Zulassung der Klage begehrt.[134] Das gilt selbst dann, wenn dem Zulassungsantrag nicht entsprochen wird.[135] Hat der Arbeitgeber die Abfindung zB vor einem Zulassungsantrag bereits ausbezahlt, kann der Betrag nach den Regeln über die ungerechtfertigte Bereicherung (§§ 812 ff. BGB) zurückgefordert werden.[136] Der Arbeitnehmer kann sich gemäß § 818 Abs. 3 BGB auf Entreicherung berufen.[137]

85 Unproblematisch ist es, wenn das Kündigungsschreiben einen Hinweis auf die Abfindung gemäß § 1a KSchG enthält, der Arbeitgeber jedoch gleichzeitig die Kündigungsfrist nicht eingehalten hat. Der Arbeitnehmer, der lediglich die Einhaltung der Kündigungsfrist verlangt, im Übrigen aber von der Beendigung des Arbeitsverhältnisses als solcher ausgeht, macht gerade nicht die Sozialwidrigkeit oder Unwirksamkeit der Kündigung aus anderen Gründen geltend. Die Nichteinhaltung der Kündigungsfrist kann er daher auch außerhalb der Frist des § 4 KSchG rügen.[138] Der Abfindungsanspruch geht somit nicht verloren, wenn der Arbeitnehmer in der Klage allein den Fortbestand des Arbeitsverhältnisses bis zum Ablauf der richtigen Kündigungsfrist und nicht die Sozialwidrigkeit oder die Unwirksamkeit der Kündigung aus anderen Gründen geltend macht.[139]

86 Durch das Verstreichenlassen der Klagefrist und die Inanspruchnahme der Abfindung ist die Verhängung einer Sperrzeit gemäß § 159 Abs. 1 S. 2 Nr. 1 SGB III nicht zu befürch-

---

[131] *Krummel/Lungerich* Mandatspraxis Arbeitsrecht Rn. A 93.
[132] *Nicolai* AGG Rn. 112 ff.
[133] BAG 13.12.2007 – 2 AZR 971/06, NZA 2008, 696; *Wolff* BB 2004, 378 (379); *Bader* NZA 2004, 65 (70); *Preis* DB 2004, 70 (74); KR/*Spilger* KSchG § 1a Rn. 79; Sowka/Schiefer/Heise/*Heise* KSchG § 1a Rn. 19.
[134] Ascheid/Preis/Schmidt/*Hesse* KSchG § 1a Rn. 8; *Löwisch* NZA 2003, 689 (694); Sowka/Schiefer/Heise/ *Heise* KSchG § 1a Rn. 20.
[135] BAG 13.12.2007 – 2 AZR 971/06, NZA 2008, 696; ErfK/*Oetker* KSchG § 1a Rn. 14; Ascheid/Preis/ Schmidt/*Hesse* KSchG § 1a Rn. 8; Kittner/Däubler/Zwanziger/*Kittner* KSchG § 1a Rn. 12; *Preis* DB 2004, 70 (74); *Willemsen/Annuß* NJW 2004, 177 (182); *Hergenröder/v. Wickede* RdA 2008, 364 (371); aA KR/*Spilger* KSchG § 1a Rn. 76; HaKo-KSchG/*Nägele* § 1a Rn. 14; *Bader* NZA 2004, 65 (71).
[136] Kittner/Däubler/Zwanziger/*Kittner* KSchG § 1a Rn. 12; HaKo-KSchG/*Nägele* § 1a Rn. 14; Henssler/ Willemsen/Kalb/*Quecke* KSchG § 1a Rn. 16; *Bader* NZA 2004, 65 (71).
[137] HaKo-KSchG/*Nägele* § 1a Rn. 14.
[138] BAG 15.12.2005 – 2 AZR 148/05, NZA 2006, 791; 6.7.2006 – 2 AZR 215/05, NZA 2006, 1405.
[139] KR/*Spilger* KSchG § 1a Rn. 67; *Quecke* RdA 2004, 86 (97).

ten.¹⁴⁰ Das BSG hat diese Frage noch nicht entschieden, neigt aber dazu, eine Sperrzeit abzulehnen.¹⁴¹ Mit einer Sperrzeit kann jedoch im Einzelfall zu rechnen sein, wenn sich Arbeitgeber und Arbeitnehmer im Vorfeld auf die Durchführung des „Verfahrens" nach § 1a KSchG geeinigt hatten¹⁴² und die Hinnahme der Kündigung durch den Arbeitnehmer letztlich nur einen dem Hinweisschreiben nach § 1a KSchG zu Grunde liegenden Aufhebungsvertrag verdecken soll.¹⁴³ Dieser Fall wird im Regelfall praktisch kaum nachweisbar sein. Die **Abfindung nach § 1a KSchG** ist allerdings **keine Entlassungsentschädigung**, die zum Ruhen des Anspruchs auf Arbeitslosengeld nach § 158 Abs. 1 S. 4 SGB III führt.¹⁴⁴

h) Versetzung. Bestehen Zweifel an der Wirksamkeit einer Versetzung, sollte der Anwalt dem Arbeitnehmer angesichts des Grundsatzes des sichersten Weges grundsätzlich zur Erhebung einer **Klage auf Feststellung der Unwirksamkeit der Versetzung** raten. Übt er hingegen ein Zurückbehaltungsrecht aus und erscheint nicht mehr zur Arbeit, wird der Arbeitgeber regelmäßig nach erfolgloser Abmahnung eine außerordentliche Kündigung wegen beharrlicher Arbeitsverweigerung erklären. Stellt das Gericht dann im Kündigungsschutzprozess fest, dass die Versetzung rechtmäßig und damit die Arbeitsverweigerung rechtswidrig war, ist die Kündigung bei Vorliegen der sonstigen Kündigungsvoraussetzungen wirksam.¹⁴⁵ Umgekehrt ist der Arbeitnehmer aber nach § 106 GewO iVm § 315 BGB nicht – auch nicht vorläufig – an eine Weisung des Arbeitgebers gebunden, die die Grenzen billigen Ermessens nicht wahrt (unbillige Weisung).¹⁴⁶ Erweist sich die Weisung im Kündigungsschutzprozess als unbillig, ist die Arbeitsverweigerung gestützte Kündigung sozialwidrig. In der Praxis wird der Arbeitnehmeranwalt die Billigkeit der Weisung sorgfältig zu prüfen haben und dem Mandanten im Zweifel dazu raten, der Weisung unter Vorbehalt Folge zu leisten.

i) Einstweilige Verfügung. Nach § 62 Abs. 2 S. 1 ArbGG finden auf den Arrest und die einstweilige Verfügung die Vorschriften des Achten Buchs der Zivilprozessordnung Anwendung. Nach § 85 Abs. 2 S. 1 ArbGG ist im Beschlussverfahren der Erlass einer einstweiligen Verfügung zulässig. Der Rechtsanwalt hat seinen Mandanten darauf hinzuweisen, dass ihn eine verschuldensunabhängige Schadensersatzpflicht treffen kann nach § 945 ZPO. Ein Anspruch auf Schadensersatz kann aber nur im Urteilsverfahren entstehen, da nach § 85 Abs. 2 S. 2 ArbGG in Angelegenheiten des Betriebsverfassungsgesetzes ein solcher Anspruch nicht besteht.¹⁴⁷

j) Kostenvorschuss bei Klageerhebung. Den Kläger im Arbeitsgerichtsverfahren (Urteilsverfahren) trifft **keine** Pflicht, bei Klageeinreichung einen **Gerichtskostenvorschuss** zu leisten (§ 11 GKG). Die Fälligkeit der Gerichtskosten in Verfahren vor den Gerichten für Arbeitssachen bestimmt sich gemäß § 6 Abs. 4 GKG nach § 9 GKG. Die Gerichtskosten werden für Rechtsstreitigkeiten, die ab dem 1.7.2004 anhängig geworden sind, nach § 34 GKG bzw. der als Anlage 2 dem Gesetz beigefügten **Gebührentabelle nach § 34 Abs. 1 S. 3 GKG** bestimmt. Es gilt das **Kostenverzeichnis zu § 3 Abs. 2 GKG**, das in seinem **Teil 8** die Kosten des Verfahrens vor den Gerichten der Arbeitsgerichtsbarkeit regelt.¹⁴⁸

Die Berechnung des Gegenstandswerts – auch – für die Berechnung der Gerichtsgebühren weist in Bestandsstreitigkeiten und bei Streitigkeiten über wiederkehrende Leistungen Besonderheiten auf, die in § 42 GKG geregelt sind. Für Rechtsstreitigkeiten vor den Arbeitsgerichten ordnet **§ 42 Abs. 2 GKG** an, dass in solchen Fällen der Betrag, der für die Dauer eines **Vierteljahres** zu leistenden Arbeitsentgelts maßgebend ist.¹⁴⁹

Gerichtskosten im **Beschlussverfahren** fallen **nicht** an (§ 2 Abs. 2 GKG).

---

¹⁴⁰ ErfK/*Rolfs* SGB III § 159 Rn. 10; *Bauer/Krieger* NZA 2004, 77 (78); *Heuchemer/Insam* BB 2004, 1679 (1681); *Lembke* BB 2009, 2594.
¹⁴¹ BSG 12.7.2006 – B 11a AL 47/05 R, NZA 2006, 1359; BSG 8.7.2009 – B 11 AL 17/08 R, NJW 2010, 2459; BSG 2.5.2012 – B 11 AL 6/11 R, NZS 2012, 874.
¹⁴² KR/*Spilger* KSchG § 1a Rn. 159.
¹⁴³ KR/*Link* SGB III § 159 Rn. 54.
¹⁴⁴ BSG 8.12.2016 – B 11 AL 5/15 R, NZS 2017, 310.
¹⁴⁵ AnwFormB ArbR/*Diller* Kap. 19 M 19.3 Anm. 1.
¹⁴⁶ BAG 18.10.2017 – 10 AZR 330/16, NZA 2017, 1452.
¹⁴⁷ *Schmädicke* NZA 2004, 295 (296).
¹⁴⁸ *Natter* NZA 2004, 686.
¹⁴⁹ Vgl. zu den Kosten ausführlich → § 79. Zum Gegenstandswert → § 77 Rn. 725 ff.

2. Beratungs- und Belehrungspflichten gegenüber Arbeitgebern

92 In welcher Tiefe und in welchem Umfang der Rechtsanwalt einen Arbeitgeber-Mandanten zu beraten und belehren hat, hängt von der Person des Mandanten ab. So hat ein Anwalt einen Kleinunternehmer umfassender zu belehren als dies gegenüber einem Arbeitgeber mit eigener Personal- und Rechtsabteilung der Fall ist.

93 a) *Kündigung. aa) Risiko der Zurückweisung.* Der Rechtsanwalt hat seinen Arbeitgeber-Mandanten darauf hinzuweisen, dass das Kündigungsschreiben vom Arbeitgeber bzw. dem gesetzlichen Vertreter unterzeichnet wird. Erfolgt die Kündigung durch einen **Bevollmächtigten** des Arbeitgebers, ist der Kündigungserklärung eine **Original-Vollmachtsurkunde** beizufügen.[150] Anderenfalls droht dem Arbeitgeber die Zurückweisung der Kündigung durch den Arbeitnehmer nach § 174 S. 1 BGB. Diesbezügliche Risiken können insbesondere in der Insolvenz entstehen: Durch die Eröffnung des Insolvenzverfahrens erlischt gemäß § 117 Abs. 1 InsO auch die vom Schuldner dem Personalleiter erteilte Vollmacht. Soll der Personalleiter nach Insolvenzeröffnung auf Weisung des Insolvenzverwalters Kündigungen erklären, sollte seine Bevollmächtigung durch den Insolvenzverwalter vorher in geeigneter Weise – Aushang am Schwarzen Brett oder Mitteilung auf der Betriebsversammlung – bekannt gemacht worden sein, wenn der Insolvenzverwalter den Betrieb nicht schon längere Zeit fortgeführt hatte. Ist dies nicht geschehen, muss jeder vom Personalleiter erklärten Kündigung jeweils eine Originalvollmacht des Insolvenzverwalters beigefügt werden. Anderenfalls kann sie zurückgewiesen werden. Wird die Kündigungserklärung unverzüglich zurückgewiesen, so ist sie unheilbar unwirksam und muss erneut vorgenommen werden. Bei außerordentlichen Kündigungen besteht in solchen Fällen die Gefahr, dass durch ein Ausnutzen der Zurückweisungsfrist iSv § 174 iVm § 121 BGB die zweiwöchige Kündigungserklärungsfrist nach § 626 Abs. 2 S. 1 BGB schon abgelaufen ist, bevor die Kündigung nachgeholt wird.

94 Wenn ein Rechtsanwalt im Namen des von ihm vertretenen Arbeitgebers ohne Beifügung einer Original-Vollmachtsurkunde selbst eine Kündigung erklärt, begeht er eine Pflichtverletzung und macht sich regresspflichtig.[151] Dies gilt aber nicht, wenn der Anwalt eine Prozessvollmacht iSv § 81 ZPO vorlegt oder vorgelegt hatte, die ihn auch zur Abgabe von Willenserklärungen berechtigt. Wegen § 623 BGB ist allerdings bei **Schriftsatzkündigungen** im Prozess zu beachten, dass die für den Arbeitnehmer bestimmte Abschrift des Schriftsatzes, mit welchem dem Arbeitnehmer die Kündigung erklärt wird, auch eine **Originalunterschrift des Rechtsanwalts** enthält; der Original-Beglaubigungsvermerk reicht aus.[152]

95 *bb) Außerordentliche Kündigung.* Versäumt ein Rechtsanwalt, einen Arbeitgeber-Mandanten über die Risiken einer fristlosen Kündigung zu belehren, und weist er nicht auf das Annahmeverzugsrisiko einerseits und die Möglichkeit der Weiterbeschäftigung andererseits hin, kann er sich regresspflichtig machen, wenn im Prozess festgestellt wird, dass das Arbeitsverhältnis durch die Kündigung nicht aufgelöst wurde.[153] Dass die Weiterbeschäftigung trotz außerordentlicher Kündigung problematisch ist, ist eine andere Frage.

96 *cc) Weitere Kündigung.* Wenn Anhaltspunkte dafür bestehen, dass eine gegenüber einem Arbeitnehmer ausgesprochene Kündigung unwirksam ist, hat der Anwalt den Arbeitgeber darauf hinzuweisen, dass es uU erforderlich ist, eine weitere Kündigung auszusprechen und in den Prozess einzuführen.[154]

97 Ist eine **außerordentliche** Kündigung erklärt worden, deren Wirksamkeit sich vor Gericht möglicherweise nicht halten lässt, so hat der Anwalt den Arbeitgeber darauf hinzuweisen, vorsorglich und hilfsweise zugleich die **ordentliche** Kündigung zu erklären. Die Wirksamkeitserfordernisse sind auch bei einer solchen Kündigung vollständig zu beachten, so dass insbesondere der Betriebsrat erneut nach § 102 BetrVG zu beteiligen ist.

---

[150] *Ennemann/Griese* Taktik des Arbeitsgerichtsprozesses Rn. 105, 109.
[151] BGH 10.2.1994 – IX ZR 109/93, NJW 1994, 1472; *Häublein* NJW 2002, 1398.
[152] LAG Niedersachsen 30.11.2001 – 10 Sa 1046/01, NZA-RR 2002, 242.
[153] BGH 18.12.2002 – IX ZR 365/99, NZA 2003, 274.
[154] *Vollkommer/Greger/Heinemann* AnwaltshaftungsR § 28 Rn. 69.

§ 4 Der Gang des arbeitsrechtlichen Mandats am Beispiel der Kündigung

Will der Arbeitgeber einen schwerbehinderten Arbeitnehmer erneut kündigen, braucht er 98
bei einer Nachkündigung wegen desselben Sachverhalts innerhalb der Monatsfrist des § 171
Abs. 3 SGB IX nF keine erneute Zustimmung des Integrationsamtes einzuholen.[155]

Soll ein **Mitglied des Betriebsrats** außerordentlich gekündigt werden und hat der Arbeit- 99
geber nach Verweigerung der Zustimmung des Betriebsrats das Zustimmungsersetzungsverfahren
nach § 103 BetrVG eingeleitet, hat der Rechtsanwalt den Arbeitgeber darauf hinzuweisen,
dass im Falle eines zwischenzeitlichen Verlusts des Betriebsratsamtes unverzüglich
die außerordentliche Kündigung zu erklären ist.[156] Keiner Zustimmung nach § 103 BetrVG
bedarf die außerordentliche Kündigung eines als Tendenzträger beschäftigten Betriebsratsmitglieds
aus tendenzbezogenen Gründen. Der Betriebsrat ist lediglich nach § 102 BetrVG
anzuhören.[157]

dd) Sozialauswahl. Im Rahmen einer betriebsbedingten Kündigung hat der Arbeitgeber 100
eine Sozialauswahl durchzuführen, die gemäß § 1 Abs. 3 S. 1 Hs. 1 KSchG grundsätzlich auf
die Kriterien Dauer der Betriebszugehörigkeit, Lebensalter, Unterhaltspflichten und Schwerbehinderung
des Arbeitnehmers beschränkt ist. Der Arbeitgeber hat zum einen auf die **rechtlichen**
Unterhaltspflichten des Arbeitnehmers abzustellen, hat jedoch zum anderen die tatsächlichen
Unterhaltslasten zu berücksichtigen. Die BAG-Rechtsprechung tendiert im Ergebnis zu
einer individuellen, konkreten Berücksichtigung der Unterhaltsgesichtspunkte in ihren faktischen
Auswirkungen.[158] Unter Unterhaltspflichten sind die gesetzlichen Unterhaltspflichten
im Familienverband zu verstehen,[159] also aus §§ 1360 ff. BGB (Ehegatten), §§ 1569 ff. BGB
(geschiedene Ehegatten), §§ 1601 ff. BGB (Eltern und eheliche Kinder), § 1615a BGB (nichteheliche
Kinder) und § 1754 BGB (adoptierte Kinder), sowie die Unterhaltspflichten innerhalb
eingetragener Lebenspartnerschaften gemäß §§ 5, 16 LPartG. Unterhaltspflichten setzen
eine Bedürftigkeit des grundsätzlich Berechtigten voraus; so sind Kinder mit echtem eigenem
Arbeitseinkommen ebenso wenig unterhaltsberechtigt wie nicht bedürftige Eltern oder Großeltern.
Freiwillige Unterhaltsleistungen des Arbeitnehmers bleiben außer Ansatz.

Der Arbeitgeber-Mandant ist darauf hinzuweisen, dass die ordnungsgemäße **Erfüllung des** 101
Auskunftsanspruchs gemäß § 1 Abs. 3 S. 1 Hs. 2 KSchG von Bedeutung für die Darlegungs-
und Beweislast ist. Wird der Auskunftsanspruch vom Arbeitgeber spätestens im Kündigungsschutzprozess
nicht oder nicht vollständig erfüllt, so führt dies beim Arbeitnehmer zu
einer beschränkten Befreiung von der ihm gemäß § 1 Abs. 3 S. 3 KSchG obliegenden Darlegungslast.
Dieser genügt der Arbeitnehmer, wenn er pauschal die Sozialauswahl beanstandet.
Die Kündigung ist nach der Rechtsprechung des BAG – wenn man die sog. Leistungsträgerregelung
iSv § 1 Abs. 3 S. 2 KSchG außer Betracht lässt – in solchen Fällen ohne
weiteres als sozialwidrig anzusehen.[160]

ee) Anhörung des Betriebs- oder Personalrats. Der Arbeitgeber ist darauf hinzuweisen, 102
dass vor Ausspruch der Kündigung der Betriebs- bzw. Personalrat oder Sprecherausschuss
unter Angabe der Kündigungsgründe anzuhören ist, und zwar auch dann, wenn der zu kündigende
Arbeitnehmer mangels erfüllter Wartezeit nach § 1 Abs. 1 KSchG noch keinen allgemeinen
Kündigungsschutz erworben hat.[161] Der Arbeitgeber hat im Rahmen der Anhörung
des Betriebsrats nach § 102 BetrVG anlässlich einer Betriebsstilllegung iSv § 111 S. 3
Nr. 1 BetrVG dem Betriebsrat auch den Zeitpunkt der beabsichtigten vollständigen Schließung
des Betriebs mitzuteilen.[162] Hierauf hat ihn der Rechtsanwalt hinzuweisen.

ff) Betriebsänderungen. Der Arbeitgeber ist darauf hinzuweisen, dass eine betriebsbeding- 103
te Kündigung am ehesten einer Kündigungsschutzklage standhalten wird, wenn er im Falle

---

[155] BAG 8.11.2007 – 2 AZR 425/06, NZA 2008, 471.
[156] *Diller* NZA 1998, 1163.
[157] BAG 28.8.2003 – 2 ABR 48/02, NZA 2004, 501; Schwarz/*Altenburg* Kap. 280 Rn. 24; SWK-ArbR/*Altenburg* Tendenzbetrieb Rn. 18.
[158] BAG 24.3.1983 – 2 AZR 21/82, AP KSchG 1969 § 1 Betriebsbedingte Kündigung Nr. 12; BAG 8.8.1985 – 2 AZR 464/84, NZA 1986, 679.
[159] KR/*Rachor* KSchG § 1 Rn. 736.
[160] BAG 10.2.1999 –2 AZR 716/98, NZA 1999, 702 (703); KR/*Rachor* KSchG § 1 Rn. 763.
[161] BAG 3.12.1998 – 2 AZR 234/98, NZA 1999, 477.
[162] LAG Hamm 17.2.1995 – 5 Sa 1066/94, LAGE BetrVG 1972 § 102 Nr. 54.

einer Betriebsänderung gemäß § 111 BetrVG mit dem Betriebsrat einen **Interessenausgleich mit Namensliste** vereinbaren kann (§ 1 Abs. 5 KSchG). Eine Massenentlassung kann bereits für sich genommen eine Betriebsänderung sein, wobei die Rechtsprechung für die Frage, ob ein erheblicher Teil der Belegschaft betroffen ist iSv § 111 S. 1 BetrVG, auf die Zahlenangaben des § 17 Abs. 1 KSchG zurückgreift und zusätzlich verlangt, dass mindestens 5% der Belegschaft von der Maßnahme betroffen sind.[163] Der Anwalt hat darauf zu achten, dass gemäß § 112 Abs. 1 S. 1 BetrVG ein Interessenausgleich schriftlich niedergelegt und vom Unternehmer und Betriebsrat unterschrieben wird. Die Rechtswirkungen des § 1 Abs. 5 KSchG treten auch dann ein, wenn die Namensliste zwar nicht unterschrieben ist, sie aber mit dem Interessenausgleich, der auf die Namensliste als Anlage ausdrücklich Bezug nimmt, mittels Heftmaschine fest verbunden ist.[164] Im Falle der anfänglich nicht festen körperlichen Verbindung von Interessenausgleich und Namensliste ist die Schriftform nach Auffassung des BAG nicht gewahrt, wenn zwar der Interessenausgleich auf eine Namensliste verweist, jedoch in der Namensliste eine Rückverweisung auf den Interessenausgleich fehlt.[165] Daher hat der Rechtsanwalt darauf zu achten, dass eine feste Verbindung zwischen Interessenausgleich und Namensliste besteht. Die Anwendung von § 1 Abs. 5 KSchG ebenso wie von § 125 InsO setzt eine Betriebsänderung und einen Interessenausgleich iSd § 112 Abs. 1 S. 1 BetrVG voraus. Ein „freiwilliger" Interessenausgleich außerhalb der **gesetzlichen** Beteiligungsregelungen, etwa in Unternehmen mit nicht mehr als 20 Arbeitnehmern, genügt nicht.[166]

104 Kann ein Interessenausgleich mit Namensliste nicht vereinbart werden, ist abzuwägen, ob der Arbeitgeber sich mit dem Betriebs- oder Personalrat über die Gewichtung der Auswahlkriterien bei der Sozialauswahl sowie über die Frage der Vergleichbarkeit einigt oder im konkreten Fall eine Einzelfallabwägung vorzugswürdig ist. Falls eine kollektivrechtliche Vereinbarung iSv § 95 BetrVG (§ 1 Abs. 4 KSchG) nicht zu Stande kommt, hat der Arbeitgeber die in § 1 Abs. 3 S. 1 KSchG genannten Kriterien anzuwenden.[167]

105 *gg) Zugang der Kündigung.* Die Kündigung muss als empfangsbedürftige Willenserklärung dem Arbeitnehmer zugehen. Den sichersten Weg stellt die persönliche Übergabe an den Arbeitnehmer dar. Wird die Kündigung in Abwesenheit des Arbeitnehmers abgegeben, wird sie gemäß § 130 Abs. 1 S. 1 BGB erst in dem Zeitpunkt wirksam, in dem sie ihm zugeht. Die Zustellung kann uU auch an den Ehegatten bewirkt werden: Leben Ehegatten in einer gemeinsamen Wohnung und sind sie deshalb nach der Verkehrsanschauung füreinander als Empfangsboten anzusehen, gelangt eine an einen der Ehegatten gerichtete Willenserklärung grundsätzlich auch dann in dessen Macht- und Zugriffsbereich, wenn sie dem anderen Ehegatten außerhalb der Wohnung übermittelt wird.[168] Der Einwurf in den Briefkasten des Arbeitnehmers bewirkt seinen Zugang, sobald nach der Verkehrsanschauung mit der nächsten Entnahme zu rechnen ist; dabei ist nicht auf die individuellen Verhältnisse des Empfängers abzustellen, sondern im Interesse der Rechtssicherheit zu generalisieren.[169] Wenn ein Kündigungsschreiben am letzten Tag eines Monats gegen 14.00 Uhr in den Briefkasten des Arbeitnehmers eingeworfen wird, ist die Kündigung rechtzeitig, dh zu den üblichen Geschäftszeiten, zugegangen.[170] Soweit ausschließlich auf die Einhaltung der üblichen Zustellzeiten der Deut-

---

[163] BAG 7.8.1990 – 1 AZR 445/89, NZA 1991, 113.
[164] BAG 7.5.1998 – 2 AZR 55/98, AP KSchG 1969 § 1 Namensliste Nr. 1; BAG 6.12.2001 – 2 AZR 422/00, NZA 2002, 999; BAG 6.7.2006 – 2 AZR 520/05, NZA 2007, 266.
[165] BAG 12.5.2010 – 2 AZR 551/08, NZA 2011, 114.
[166] BAG 3.4.2008 – 2 AZR 879/06, NZA 2008, 1060; BAG 22.1.2004 – 2 AZR 111/02, AP BetrVG 1972 § 112 Namensliste Nr. 1; Ascheid/Preis/Schmidt/*Kiel* KSchG § 1 Rn. 708; ErfK/*Oetker* KSchG § 1 Rn. 363; Kübler/Prütting/*Moll* InsO § 125 Rn. 27; Kittner/Däubler/Zwanziger/*Däubler* InsO § 125 Rn. 7; Sowka/Schiefer/Heise/*Schiefer*/*Meisel* KSchG § 1 Rn. 1304; Henssler/Willemsen/Kalb/*Quecke* KSchG § 1 Rn. 420; auch → § 43 Rn. 237 ff.
[167] *Nicolai* AGG Rn. 101 ff.
[168] BAG 9.6.2011 – 6 AZR 687/09, NZA 2011, 847.
[169] BGH 21.1.2004 – XII ZR 214/00, NJW 2004, 1320; Palandt/*Ellenberger* BGB § 130 Rn. 6.
[170] LG Stuttgart 22.11.2001 – 20 O 467/01, BB 2002, 380; BGH 10.2.1994 – IX ZR 7/93, VersR 1994, 586; LAG Hamm 26.5.2004 – 14 Sa 182/04, LAGReport 2004, 319; LAG Berlin 22.1.1999 – 6 Sa 106/98, AuA 1999, 326; Ascheid/Preis/Schmidt/*Preis* Grundlagen D Rn. 42.

schen Post (am Vormittag) abgestellt wird,[171] wird verkannt, dass diese Zeiten erheblichen Schwankungen unterliegen und von einem Arbeitnehmer, der tagsüber nicht zu Hause ist, kaum zur Kenntnis genommen werden können. Ohnehin gibt es „den" Briefträger nicht mehr; aufgrund der Marktliberalisierung der Postdienste erfolgt die Zustellung durch mehrere Dienstleister mehrmals täglich, teilweise sogar erst in den späten Nachmittagsstunden.[172] Hingegen ist eine Briefkastennachschau an einem Sonntag, selbst wenn am Wochenende sog. Wochenblätter verteilt werden sollten, verkehrsüblich nicht zu erwarten: Der Einwurf von Wochenblättern ist nicht mit dem Zugang von Briefsendungen gleichzusetzen.[173] Dies alles ändert nichts daran, dass die Praxis zur Sicherheit die frühere Rechtsprechung,[174] die auf die üblichen Postzustellzeiten abstellt, zu beachten hat. Ist ein Kündigungsschreiben tatsächlich in den Hausbriefkasten des Arbeitnehmers gelangt, kann dieser als Empfänger dieser verkörperten Kündigungserklärung eine nachträgliche Klagezulassung nicht allein darauf stützen, dieses Schreiben sei „aus ungeklärten Gründen" nicht zu seiner Kenntnis gelangt.[175]

Um den Zugang der Kündigung **nachweisen** zu können, sollte der Rechtsanwalt dem Arbeitgeber-Mandanten raten, dem zu kündigenden Arbeitnehmer die Kündigung persönlich zu übergeben und sich den Erhalt der Kündigung auf einer Fotokopie des Kündigungsschreibens bestätigen zu lassen oder – wenn letzteres nicht möglich ist – einen Zeugen hinzuzuziehen. Kann dem Arbeitnehmer das Kündigungsschreiben nicht persönlich übergeben werden, sollte ein Bote das Kündigungsschreiben lesen, es einkuvertieren, in den Briefkasten des Arbeitnehmers einwerfen und ein Protokoll anfertigen, das Angaben zu diesem Vorgehen sowie seine Unterschrift enthält; es wird am besten auf einer Fotokopie des Kündigungsschreibens ausgefertigt.

Muster: Protokoll der Übergabe einer Kündigung

Name: ......
Anschrift:
Straße:
Ort: ......
Übergabe persönlich: ja
......
Empfangsbestätigung des Adressaten/Datum
wenn nein:
Einwurf in den Briefkasten: ......
(genaue Bezeichnung der Briefkastenbeschriftung)
Lage des Briefkastens: Einzelbriefkasten: ja ☐
(bitte ankreuzen, wenn zutreffend)
wenn nein: ☐ Lageskizze:

Datum der Übergabe ......
....
Überbringer Zeuge

---

[171] BAG 8.12.1983 – 2 AZR 337/82, NZA 1984, 31.
[172] Vgl. KR/*Klose* KSchG § 4 Rn. 145.
[173] LAG Schleswig-Holstein 13.10.2015 – 2 Sa 149/15, BB 2015, 2868.
[174] BAG 8.12.1983 – 2 AZR 337/82, NZA 1984, 31.
[175] BAG 28.5.2009 – 2 AZR 732/09, NZA 2009, 1229.

108 *hh) Zeitpunkt der Kündigungserklärung.* Möchte der Arbeitgeber eine betriebsbedingte Kündigung erklären, so sollte der Anwalt ihn über den angemessenen **Zeitpunkt der Kündigungserklärung** aufklären und die Interessen des Arbeitgebers erfragen. Die Kündigung sollte dem Arbeitnehmer im Einzelfall nicht sofort, sondern zu einem möglichst späten Zeitpunkt zugehen, zu dem das Arbeitsverhältnis unter Beachtung der anzuwendenden Kündigungsfrist zum nächst zulässigen Termin beendet werden kann. Anderenfalls besteht die Gefahr, dass der Arbeitnehmer selbst unter Einhaltung einer kurzen Kündigungsfrist nach § 622 Abs. 1 BGB das Arbeitsverhältnis beendet, so dass es für den Arbeitgeber im Einzelfall schwierig sein kann, die verbleibenden Aufträge ordnungsgemäß zu Ende zu führen. Darüber hinaus besteht generell die Gefahr, dass ein Arbeitnehmer nach Ausspruch einer Kündigung in seiner Leistungsbereitschaft nachlässt oder sich krankschreiben lässt.

109 *ii) Kündigungsfristen.* Im Zusammenhang mit den für die Arbeitnehmer geltenden Kündigungsfristen sollte der Anwalt den Arbeitgeber-Mandanten darauf hinweisen, dass die nach § 622 Abs. 2 BGB verlängerten Kündigungsfristen nur für den Arbeitgeber, nicht aber für den Arbeitnehmer gelten, sofern nicht ein Tarifvertrag oder der Arbeitsvertrag eine abweichende Regelung vorsehen (§ 622 Abs. 4 und Abs. 5 S. 3 BGB). Soll verhindert werden, dass erfahrene und entsprechend qualifizierte Mitarbeiter unter Einhaltung der kurzen Kündigungsfrist nach § 622 Abs. 1 BGB das Arbeitsverhältnis beenden können, ist dem Arbeitgeber zu raten, mit den Arbeitnehmern längere Fristen zu vereinbaren.

110 *jj) Sozialrechtliche Folgen einer Kündigung.* Der Rechtsanwalt hat den Arbeitgeber-Mandanten auf den gesetzlichen Forderungsübergang nach § 115 SGB X hinzuweisen, der bewirkt, dass der Arbeitgeber nicht mehr mit schuldbefreiender Wirkung an den Arbeitnehmer leisten kann, soweit die Bundesagentur Leistungen an den Arbeitnehmer erbracht hat. Die **Erstattungspflicht gemäß § 147a SGB III** wurde aufgehoben.[176]

111 **b) Weiterbeschäftigung.** Falls Streit über die Wirksamkeit einer Kündigung besteht, hat der Anwalt den Arbeitgeber darauf hinzuweisen, dass jener den Arbeitnehmer unter Vorbehalt weiterbeschäftigen kann, da anderenfalls bei Obsiegen des Arbeitnehmers im Arbeitsgerichtsprozess die Vergütung ohne Gegenleistung zu zahlen ist. Ob eine Weiterbeschäftigung tunlich ist, ist allerdings eine andere Frage.[177] Das Arbeitsgericht könnte bei Überprüfung der Kündigung auf ihre soziale Rechtfertigung hin ein dringendes betriebliches Erfordernis als nicht gegeben ansehen, zB weil Beschäftigungsmöglichkeiten im Falle einer betriebsbedingten Kündigung bestehen.[178] Entsprechendes gilt bei den Abwägungsvorgängen bei außerordentlichen und ebenso bei ordentlichen verhaltensbedingten Kündigungen: Der Arbeitgeber, der nach Ausspruch einer verhaltensbedingten Kündigung den Arbeitnehmer nach Ablauf der Kündigungsfrist noch über mehrere Monate hin beschäftigt, gibt dadurch zu erkennen, dass nach seiner eigenen Einschätzung das Arbeitsverhältnis in Zukunft ungestört verlaufen wird.[179] Gleichzeitig sollte der Rechtsanwalt dem Arbeitgeber raten, den gekündigten Arbeitnehmer unwiderruflich anzuweisen, den noch offen stehenden Urlaub zu nehmen.[180]

112 Wollen Arbeitgeber und Arbeitnehmer im Rahmen eines Kündigungsschutzprozesses vereinbaren, dass der Arbeitnehmer nach Ablauf der Kündigungsfrist bis zur rechtskräftigen Entscheidung des Kündigungsrechtsstreits weiter beschäftigt wird (**Prozessbeschäftigungsverhältnis**), hat der Anwalt den Arbeitgeber-Mandanten darauf hinzuweisen, dass die nach § 21 iVm § 14 Abs. 4 TzBfG erforderliche Schriftform gewahrt wird. Anderenfalls ist die Befristung rechtsunwirksam, so dass der befristete Arbeitsvertrag gemäß § 16 TzBfG als auf unbestimmte Dauer geschlossen gilt.[181]

113 **c) Freistellung.** Der Anwalt hat den Arbeitgeber-Mandanten darüber zu belehren, dass im Falle einer nur widerruflichen **Freistellung des Arbeitnehmers** etwaige Urlaubsansprüche

---

[176] BGBl. I 2854 (Nr. 69).
[177] *Ricken* NZA 2005, 323.
[178] *Eckert* DStR 2004, 962 (966).
[179] ArbG Frankfurt a. M. 16.7.2003 – 9 Ca 809/03, juris.
[180] *Vollkommer/Greger/Heinemann* AnwaltshaftungsR § 28 Rn. 69.
[181] BAG 22.10.2003 – 7 AZR 113/03, NZA 2004, 1275; LAG Hamm 16.1.2003 – 16 Sa 1126/02, NZA-RR 2003, 468; *Moderegger* ArbRB 2004, 188 (190).

oder Ansprüche auf Freizeitausgleich wegen Über- oder Mehrarbeit nicht erfüllt werden.[182] Dem Leitbild des gesetzlichen Erholungsurlaubs entspricht es, dass der Arbeitnehmer über seine Zeit während des Urlaubs frei verfügen kann. Dies ist ihm während einer nur widerruflichen Freistellung nicht möglich, da er sich darauf einstellen muss, wieder im Betrieb zu erscheinen, wenn der Arbeitgeber die Freistellung widerruft. Weiß der Arbeitgeber, dass er den Arbeitnehmer während der Kündigungsfrist nicht mehr benötigt, empfiehlt es sich, dass der Arbeitgeber deutlich zum Ausdruck bringt, dass er den Arbeitnehmer unter Anrechnung auf den restlichen Urlaubsanspruch und etwaigen Überstundenausgleich unwiderruflich freistellt. Allein durch die Freistellung macht er dem Arbeitnehmer nicht erkennbar, dass er den Urlaub gewährt. Der Arbeitnehmer kann dann nach der Freistellung seinen Urlaubs- bzw. Urlaubsabgeltungsanspruch geltend machen.[183] Bei einer jahresübergreifenden Kündigungsfrist kann der Arbeitgeber die Freistellungserklärung zum Zweck der Erfüllung des Urlaubsanspruchs sogar – soweit kein abweichender Festlegungswunsch des Arbeitnehmers verbindlich ist – im Vorgriff auf das Urlaubsjahr abgeben.[184] Der Anwalt hat den Arbeitgeber-Mandanten darauf hinzuweisen, dass die Erklärung so eindeutig sein muss, dass der Arbeitnehmer erkennen kann, ob der Anspruch auf den gekürzten Vollurlaub oder der Anspruch auf den Vollurlaub erfüllt werden soll.

d) **Nachvertragliches Wettbewerbsverbot.** Hat der Arbeitgeber mit seinem Arbeitnehmer ein nachvertragliches Wettbewerbsverbot vereinbart, sollte der Rechtsanwalt ihn darüber aufklären, dass dieses nur verbindlich ist, wenn sich der Arbeitgeber für die Dauer der Karenz zur Zahlung einer Entschädigung verpflichtet hat, deren Höhe mindestens der Hälfte der vertragsgemäßen Leistungen entspricht, die der Arbeitnehmer zuletzt bezogen hat (§ 74 Abs. 2 HGB). Wird für den Anwalt erkennbar, dass der Arbeitgeber ein Interesse daran hat, dass sich der Arbeitnehmer nach Beendigung des Arbeitsverhältnisses für eine gewisse Zeit des Wettbewerbs enthält, muss er ihn darauf hinweisen, dass hierzu eine verbindliche Vereinbarung mit dem Arbeitnehmer gegen Zahlung einer Karenzentschädigung erforderlich ist. Besteht bereits ein iSv § 74 Abs. 2 HGB verbindliches nachvertragliches Wettbewerbsverbot und erkennt der Rechtsanwalt, dass die tatsächliche Einhaltung dieses Verbots durch den Arbeitnehmer für den Arbeitgeber wichtig ist, muss er seinen Mandanten darauf hinweisen, dass das Wettbewerbsverbot in den Fällen des § 75 Abs. 1 bzw. Abs. 2 HGB unwirksam wird, wenn der Arbeitnehmer innerhalb eines Monats nach Zugang der Kündigung erklärt, dass er sich an die Vereinbarung nicht gebunden erachte. Erkennt der Rechtsanwalt, dass das nachvertragliche Wettbewerbsverbot für den Arbeitgeber nicht wichtig ist, hat er darauf hinzuweisen, dass der Arbeitgeber gemäß § 75a HGB auf die Einhaltung des Verbots verzichten kann mit der Folge, dass er nach Ablauf eines Jahres ab Zugang der Verzichtserklärung von der Verpflichtung zur Zahlung der Karenzentschädigung frei wird. Diese Rechtsfolge tritt jedoch nur ein, wenn dem Arbeitnehmer die Verzichtserklärung vor der Beendigung des Arbeitsverhältnisses zugeht.

e) **Vergleich.** Die Beratungspflichten gegenüber einem Arbeitgeber-Mandanten entsprechen vielfach – mit umgekehrten Vorzeichen allerdings – denjenigen gegenüber einem Arbeitnehmer-Mandanten. Besonderes Augenmerk ist aus Arbeitgebersicht auf die in Vergleichen übliche Ausgleichsklausel zu richten, mit der sichergestellt werden soll, dass mit Abschluss und Erfüllung des Vergleichs „alles erledigt" ist. Damit die Ausgleichsklausel rechtswirksam ist, ist darauf zu achten, dass sie sowohl Ansprüche des Arbeitgebers als auch solche des Arbeitnehmers regelt. Denn Ausgleichsklauseln sind als Teil eines Aufhebungsvertrags nicht Haupt-, sondern Nebenabrede und unterliegen deshalb der Inhaltskontrolle; erfassen sie einseitig nur Ansprüche des Arbeitnehmers, ohne dass dafür eine entsprechende Gegenleistung gewährt wird, sind sie unangemessen benachteiligend iSv § 307 Abs. 1 S. 1 BGB.[185]

Erfährt der Arbeitgeber im Kündigungsschutzprozess, dass der **Arbeitnehmer ein neues Arbeitsverhältnis** eingegangen ist und auch im Falle des Obsiegens im Kündigungsschutz-

---

[182] BAG 19.5.2009 – 9 AZR 433/08, NZA 2009, 1211.
[183] LAG Köln 16.3.2000 – 10 (11) Sa 1280/99, NZA-RR 2001, 310.
[184] BAG 17.5.2011 – 9 AZR 189/10, NZA 2011, 1032.
[185] BAG 21.6.2011 – 9 AZR 203/10, NZA 2011, 1338; SWK-ArbR/*Altenburg* Arbeitsentgelt Rn. 47.

prozess nicht mehr bei ihm arbeiten will, so stärkt dies seine Position im Rahmen von Vergleichsverhandlungen. Er kann dann riskieren, den Prozess zu verlieren, da Entgeltansprüche des Arbeitnehmers dann erheblich minimiert werden (§ 615 S. 2 BGB, § 11 KSchG).[186]

117 **f) Gesetzlicher Abfindungsanspruch.** Der Anwalt hat den Arbeitgeber-Mandanten über die Vor- und Nachteile eines in das Kündigungsschreiben aufzunehmenden Hinweises iSv § 1a Abs. 1 S. 2 KSchG zu informieren. Bestehen keine Bedenken an der Wirksamkeit der betriebsbedingten Kündigung, ist der Hinweis regelmäßig nicht angebracht. Im anderen Fall wird folgendes in den Überlegungen zu berücksichtigen sein:
- Ein Arbeitgeber, der das Kündigungsschreiben mit dem Hinweis auf die gesetzliche Abfindung versieht, gewinnt hierdurch **keine** Rechtssicherheit, weil der Arbeitnehmer durch dieses Angebot nicht gehindert ist, gleichwohl Kündigungsschutzklage zu erheben.
- Der Arbeitnehmer könnte den im Kündigungsschreiben genannten Abfindungsbetrag als **Mindestforderung** ansehen, die er durch Erhebung der Kündigungsschutzklage zu erhöhen beabsichtigt.
- Der Hinweis auf einen Abfindungsanspruch könnte als **Eingeständnis** des Arbeitgebers missverstanden werden, dass Zweifel an der Wirksamkeit der Kündigung bestehen, weil es anderenfalls eines Hinweises auf die Abfindung und des damit bezweckten Verzichts des Arbeitnehmers auf die Erhebung der Kündigungsschutzklage nicht bedürfte.
- Der Arbeitgeber wird versuchen, deutlich zu machen, dass der Hinweis auf die Abfindung keine „Schwäche" bedeutet und die gesetzliche Abfindung nicht als Mindestsatz zu verstehen ist.

118 **g) Verlängerung eines befristeten Arbeitsverhältnisses gemäß § 14 Abs. 2 bzw. 2a TzBfG.** Will der Arbeitgeber ein befristetes Arbeitsverhältnis verlängern nach § 14 Abs. 2 bzw. 2a TzBfG, so sollte der Anwalt ihn darauf hinweisen, dass die Verlängerungsvereinbarung vor Ablauf des zu verlängernden Vertrages vereinbart wird und dass die Vertragsbedingungen nicht verändert werden dürfen.[187] Selbst Änderungen zu Gunsten des Arbeitnehmers führen dazu, dass ein unbefristetes Arbeitsverhältnis entsteht.[188] Einer befristeten Verlängerung iSd § 14 Abs. 2 S. 1 TzBfG steht allerdings nicht entgegen, dass die Parteien in der Verlängerungsvereinbarung die Vertragsbedingungen des befristeten Arbeitsvertrages an die zum Zeitpunkt der Verlängerung geltende Rechtslage anpassen.[189] Unproblematisch ist es, Arbeitsvertragsbedingungen während der Laufzeit des Vertrages (und nicht gleichzeitig mit der Verlängerung) zu vereinbaren.

119 **Checkliste: Aufklärungspflicht des Rechtsanwalts**

I. Allgemeines zum Gegenstand
1. Ermittlung der **Rechtsquellen**
Arbeitsvertrag; Prüfung der Anwendbarkeit von Tarifvorschriften (Verbandsmitgliedschaft, Allgemeinverbindlichkeitserklärung, Inbezugnahme, Betriebliche Übung oder Gleichbehandlungsgrundsatz?); Betriebsvereinbarung? Interessenausgleich und Sozialplan?
2. Ermittlung der **Parteien**
Arbeitgeber: Name, Anschrift/Sitz, Telefon, Rechtsform, Vertretungsbefugnis, Struktur, Mitgliedschaft in Arbeitgeberverband, Beschäftigtenzahl des Betriebes.
Arbeitnehmer: Name, Anschrift, Telefon, Familienstand, Geburtsdatum, Nationalität, ausgeübter Beruf, Status (leitender Angestellter, Prokura, sonstige Vollmachten), Berufs-

---
[186] *Bauer* BB 1993, 2444.
[187] BAG 22.2.2000 – 3 AZR 39/99, NZA 2001, 546.
[188] BAG 20.2.2008 – 7 AZR 786/06, NZA 2008, 883 (Wegfall eines ordentlichen Kündigungsrechts im Anschlussvertrag); BAG 16.1.2008 – 7 AZR 603/06, NZA 2008, 701 (Erhöhung der Wochenarbeitszeit von 20 auf 30 Stunden); BAG 23.8.2006 – 7 AZR 12/06, NZA 2007, 204 (Erhöhung des Stundenlohns um 0,50 EUR).
[189] BAG 23.8.2006 – 7 AZR 12/06, NZA 2007, 204 (Entfallen von Regelungen zur Probezeit oder zum Ausschluss der ordentlichen Kündigung vor Arbeitsantritt).

tätigkeit des Ehepartners, Unterhaltspflichten, Einstellungsdatum, Dienstzeiten, Gewerkschaftsmitgliedschaft, Rechtsschutzversicherung, Jahresbruttoverdienst nach Geld- und Sachbezügen (evtl. Gratifikationen, Provisionen, Tantieme etc).
3. Ermittlung des **zuständigen Gerichts**
4. Ermittlung des **richtigen Beklagten** (Probleme bei Kündigungen im öffentlichen Dienst, durch den Insolvenzverwalter und im Zusammenhang mit einem Betriebsübergang).
5. Ermittlung des **Gegenstandswerts**: Bezüge eines Vierteljahres unter Berücksichtigung anteiliger Geld- und Sachleistungen.
6. **Ausschlussfristen**
7. Hinweis an Arbeitnehmer-Mandanten: **jede weitere Kündigung** unverzüglich **mitteilen**.

II. **Prüfung der Wirksamkeit der Kündigung**
1. **Anwendbarkeit des Kündigungsschutzgesetzes?**
   - ☐ **Wartezeit** nach § 1 Abs. 1 KSchG.
   - ☐ **Beschäftigtenzahl** nach § 23 Abs. 1 KSchG (Zählweise für **Teilzeitbeschäftigte** nach § 23 Abs. 1 S. 4 KSchG).
   - ☐ Vertretungsberechtigtes **Organmitglied** (§ 14 Abs. 1 KSchG)? Ruhendes Arbeitsverhältnis? Betriebsleiter, Geschäftsführer, leitende Angestellte nach § 14 Abs. 2 KSchG?
   - ☐ **Kündigungsgrund** (falls KSchG anwendbar):
     Liegt ein personen-, verhaltens- oder betriebsbedingter Grund vor?
     Je nach Kündigungsgrund können sich Anschlussfragen ergeben: Erforderlichkeit der **Abmahnung**? Vorrang der **Änderungskündigung** vor Beendigungskündigung; **Wiedereinstellungsanspruch**? **Auskunftsanspruch** nach § 1 Abs. 3 S. 1 Hs. 2 KSchG.

2. **Besonderer Kündigungsschutz?**
   - ☐ Schwerbehinderte iSv § 2 Abs. 2 SGB IX oder Gleichgestellte iSv § 2 Abs. 3 SGB IX (**§§ 168 ff. SGB IX nF**)? Antragstellung vor Zugang der Kündigung? Mitteilung an Arbeitgeber innerhalb eines Monats bzw. entsprechend den Ankündigungserwägungen des BAG innerhalb von 3 Wochen nach Zugang der Kündigung;
   - ☐ Frauen während der Schwangerschaft und bis zum Ablauf von vier Monaten nach der Entbindung gemäß **§ 17 Abs. 1 MuSchG**;
   - ☐ Arbeitnehmer, die Elternzeit in Anspruch nehmen, gemäß **§ 18 BEEG**;
   - ☐ Betriebsratsmitglieder gemäß **§ 15 KSchG, § 103 BetrVG**;
   - ☐ Mitglieder einer Jugend- und Auszubildendenvertretung, einer Bordvertretung, eines Seebetriebsrats, einer Personalvertretung oder einer Jugendvertretung sowie Wahlvorstand und Wahlbewerber gemäß **§ 15 KSchG**;
   - ☐ Arbeitnehmer, die Pflegezeit in Anspruch nehmen, von der Ankündigung bis zur Beendigung der kurzzeitigen Arbeitsverhinderung gemäß **§ 5 Abs. 1 PflegeZG**;
   - ☐ Auszubildende gemäß **§ 15 BBiG**;
   - ☐ Arbeitnehmer, die zum Wehrdienst einberufen werden, gemäß **§ 2 ArbPlSchG**. Entsprechendes gilt gemäß **§ 78 Abs. 1 Nr. 1 ZDG** für Zivildienstleistende;
   - ☐ Mitglieder kirchlicher Mitarbeitervertretungen, zB **§ 19 MAVO, § 21 Abs. 2 MVG-EKD**;
   - ☐ Betriebsbeauftragte, zB **§§ 58 Abs. 2, 58d BImSchG, § 55 KrW-/AbfG**;
   - ☐ Datenschutzbeauftragter gemäß **§§ 6 Abs. 4 S. 2 iVm 38 Abs. 2 BDSG**.

3. **Sonstiger Kündigungsschutz?**
   - ☐ Ausschluss oder Beschränkung der Möglichkeit zur ordentlichen Kündigung durch Tarifvertrag, Betriebsvereinbarung oder Individualarbeitsvertrag?
   - ☐ Kündigungsschutz aus **Art. 12 GG iVm §§ 138, 242 BGB** (insbesondere in Kleinbetrieben, die nicht unter den Anwendungsbereich des KSchG fallen)?

4. **Außerordentliche Kündigung**
   - ☐ Liegt ein **wichtiger Grund** vor (§ 626 Abs. 1 BGB)?
   - ☐ Ist die zweiwöchige **Ausschlussfrist** des § 626 Abs. 2 S. 1 BGB eingehalten?
   - ☐ Bei Vertretung des gekündigten Arbeitnehmers: Aufforderung zur **Mitteilung des Kündigungsgrundes** (§ 626 Abs. 2 S. 3 BGB).

5. **Kündigungszugang**
   - ☐ **Wann** ist Kündigung zugegangen? Ist ein Nachweis möglich?
   - ☐ **Mehrere** Kündigungen (Schleppnetzantrag)?

Altenburg

☐ Ablauf der **Drei-Wochen-Frist** des § 4 S. 1 KSchG?
☐ UU **Zulassung** einer verspäteten Klage nach § 5 KSchG oder verlängerte Anrufungsfrist nach § 6 KSchG.

6. Kündigung formell ordnungsgemäß?
☐ **Schriftform** (§ 623 BGB, § 15 Abs. 3 BBiG)?
☐ **Angabe der Kündigungsgründe** (§ 15 Abs. 3 BBiG, § 17 Abs. 2 S. 3 MuSchG, Tarif-, Arbeitsvertrag)?
☐ **Zurückweisung** nach § 174 BGB: Name und Funktion des Kündigungserklärenden? Kündigungsberechtigte Person alleinvertretungsberechtigt? Originalvollmacht vorgelegt, die zum Ausspruch der Kündigung berechtigt? Unverzügliche Zurückweisung noch möglich? Wenn Anwalt des Arbeitnehmer-Mandanten zurückweist, dann Originalvollmacht vorlegen. Ausschluss des Zurückweisungsrechts nach § 174 S. 2 BGB oder nach § 242 BGB?
☐ Falls die Kündigung formell nicht ordnungsgemäß ist, ist uU erneut zu kündigen.

7. Kündigungsfrist
Die Kündigungsfrist kann sich ergeben aus:
☐ Arbeitsvertrag (§ 622 Abs. 5 BGB);
☐ Tarifvertrag (§ 622 Abs. 4 BGB);
☐ § 622 BGB;
☐ § 169 SGB IX nF;
☐ § 113 InsO.

8. Beteiligung der Arbeitnehmervertretung
☐ Besteht Arbeitnehmervertretung (Name des Vorsitzenden)?
☐ Anhörungsverfahren (§ 102 Abs. 1 BetrVG, § 31 Abs. 2 SprAuG, § 75 BPersVG bzw. LPersVG, Mitarbeitervertretung bei kirchlichen Arbeitnehmern)?
☐ Wann erfolgte Mitteilung?
☐ Wer wurde informiert?
☐ Wie wurde informiert (schriftlich, mündlich)?
☐ Abschluss des Anhörungsverfahrens (§ 102 Abs. 2 BetrVG), Frist eingehalten?
☐ Stellungnahme des Betriebsrats: vorläufig oder abschließend? Zustimmung, Widerspruch, sonstige Bedenken, keine Stellungnahme?
☐ Zustimmung des Betriebsrats nach § 103 BetrVG erforderlich? Antrag gestellt? Zustimmung erteilt?
☐ Liegt ordnungsgemäßer Betriebsratsbeschluss vor nach §§ 29, 33, 34 BetrVG?
☐ Art der Kündigung mitgeteilt?
☐ Kündigungsgründe mitgeteilt?
☐ Sozialdaten des zu kündigenden Arbeitnehmers und im Falle einer betriebsbedingten Kündigung etwaiger vergleichbarer Arbeitnehmer und Kriterien der Sozialauswahl mitgeteilt?
☐ UU Anhörung des Betriebsrats zu hilfsweiser ordentlicher Kündigung bei außerordentlicher Kündigung?
☐ Zuleitung der Stellungnahme des Betriebsrats bei dessen Widerspruch gegen Kündigung (§ 102 Abs. 4 BetrVG)?
☐ Ggf. Beweise für Beteiligung der Arbeitnehmervertretung sichern.
☐ Falls die Arbeitnehmervertretung nicht ordnungsgemäß beteiligt wurde, ist das Verfahren uU zu wiederholen.

9. Widerspruch des Betriebsrats
Arbeitnehmer: Weiterbeschäftigungsanspruch gemäß § 102 Abs. 5 S. 1 BetrVG?
Arbeitgeber: Entbindungsantrag nach § 102 Abs. 5 S. 2 BetrVG?

10. Änderungskündigung (§ 2 KSchG)
Annahme unter Vorbehalt; Frist!

11. Umfangreicher Personalabbau
☐ Anzeigepflicht nach § 17 KSchG?
☐ Betriebsänderung iSd § 111 BetrVG?

§ 4 Der Gang des arbeitsrechtlichen Mandats am Beispiel der Kündigung 119 § 4

III. Nebenfolgen

1. **Nachvertragliches Wettbewerbsverbot?**
   Falls ja, ist auf folgendes zu achten:
   - ☐ **Wirksamkeit** (Schriftform, Karenzentschädigung, Dauer, Interesse)?
   - ☐ **Verzichtserklärung** des Arbeitgebers nach § 75a HGB?
   - ☐ Erklärung des **Arbeitgebers,** während der Karenzzeit die volle Vergütung zu gewähren (§ 75 Abs. 2 HGB)?
   - ☐ Mitteilung des **Arbeitgebers** oder **Arbeitnehmers,** dass er sich an Verbot nicht gebunden erachte (§ 75 Abs. 1 und 2 HGB)?

2. Anspruch auf **betriebliche Altersversorgung?**
   - ☐ Wann wurde Zusage erteilt?
   - ☐ Ist Unverfallbarkeit eingetreten?
   - ☐ Abfindung der Anwartschaft (§ 3 BetrAVG)?

3. Anspruch auf **Abfindung** oder sonstige Leistungen aus einem **Sozialplan?**

4. Anspruch auf **Nachteilsausgleich** gemäß § 113 BetrVG?

5. **Regelungsbedürftige Punkte**
   - ☐ Vergütung und freiwillige soziale Leistungen;
   - ☐ Urlaub, Urlaubsabgeltung, Schadensersatzanspruch, Beurlaubung;
   - ☐ Arbeitgeber-Darlehen;
   - ☐ Dienstwagen, Dienst-PC, Dienst-Mobiltelefon, Arbeitsmittel;
   - ☐ Umzugs-, Ausbildungskosten;
   - ☐ Dienst-/Werkwohnung;
   - ☐ Zeugnis bzw. Zwischenzeugnis;
   - ☐ Arbeitnehmererfinderansprüche;
   - ☐ Arbeitspapiere: Lohnsteuerkarte, Versicherungsunterlagen, Urlaubsbescheinigung, Arbeitsbescheinigung nach § 312 SGB III, Bescheinigung nach § 2 Abs. 6 BetrAVG;
   - ☐ Freistellung (widerruflich oder unwiderruflich); Anrechnung von Urlaubs- und Ausgleichsansprüchen?
   - ☐ Ausschlussfrist oder Widerrufsvorbehalt?

IV. Strategie

Welche Ziele verfolgt der Mandant?

Arbeitnehmer: Erhalt des Arbeitsplatzes oder Auflösung des Arbeitsverhältnisses gegen Zahlung einer Abfindung? Sollen weitere Ansprüche geltend gemacht werden? Weiterbeschäftigungsanspruch? Neues Arbeitsverhältnis eingegangen? Ggf. Auflösungsantrag nach §§ 9, 10 KSchG?

Arbeitgeber: Bereitschaft zur Zahlung einer Abfindung? Hinweis nach § 1a KSchG? Widerklage? Ggf. Auflösungsantrag nach §§ 9, 10 KSchG?

Teil B. Statusfragen

§ 5 Arbeitnehmer oder Selbstständiger

Übersicht

	Rn.
I. Einführung und Problemstellung „Scheinselbstständigkeit"	1–4
II. Eingeschränktes Wahlrecht	5–9
1. Bezeichnung des Vertrages unmaßgeblich	5/6
2. Tatsächliche Vertragsabwicklung	7
3. Umstellung in freie Mitarbeiterverträge	8/9
III. Gleichlauf Arbeitsrecht – Sozialversicherungsrecht – Steuerrecht	10–15
1. Arbeitsrecht – Sozialversicherungsrecht	10–12
2. Steuerrecht	13
3. Keine Bindungswirkung	14/15

I. Einführung und Problemstellung „Scheinselbstständigkeit"

„Scheinselbstständigkeit" ist ein Begriff, der den Betrachter zunächst leicht in die Irre 1
führt. Eine Person ist nur dann scheinselbstständig, wenn sie sich als selbstständiger Unternehmer geriert, obwohl sie in Wahrheit im Rahmen eines abhängigen Beschäftigungsverhältnisses bzw. Arbeitsverhältnisses tätig ist. Die Selbstständigkeit besteht also nur „zum Schein". Oder anders ausgedrückt, Scheinselbstständigkeit ist der Versuch, eine bisher voll steuerpflichtige und sozialabgabenpflichtige Tätigkeit zur Vermeidung der Abgaben aus dem Arbeitsverhältnis in die (Schein-)Selbstständigkeit zu führen.

Was sich hinter dem schillernden „Kampfbegriff" der Scheinselbstständigkeit rechtlich 2
verbirgt, ist die völlig legitime Frage, ob eine bestimmte Tätigkeit, die eine Person leistet oder anbietet, im Rahmen eines Arbeitsverhältnisses oder im Rahmen eines freien Dienstverhältnisses erfolgt.

Nachdem die freie Mitarbeit über Jahrzehnte im Wesentlichen gleichberechtigt neben dem 3
Arbeitsverhältnis gestanden hatte, begann es Ende der Neunzigerjahre turbulent zu werden. Unter dem Begriff der „Scheinselbstständigkeit" wurden die freien Mitarbeiter und vor allem deren Auftraggeber plötzlich der „Hetzjagd" ausgesetzt. Mit dem Argument, die freie Mitarbeit sei lediglich eine Flucht aus den Sozialkassen, wurde das Gesetz zur Bekämpfung der Scheinselbstständigkeit eingeführt und die freie Mitarbeit auf ein Minimum reduziert. Nach heftigen Reaktionen der betroffenen Wirtschaft und der Verbände hat der Gesetzgeber allerdings schnell eingelenkt und schon 1999 das Gesetz zur Förderung der Selbstständigkeit eingeführt und mit einer weiteren gesetzlichen Neuregelung im Jahre 2001 den Weg in die freie Mitarbeit wieder grundsätzlich freigegeben.[1]

Auf der Grundlage des im Dezember 2013 zwischen CDU, CSU und SPD geschlossenen 4
Koalitionsvertrages – verbunden mit der Ankündigung, Maßnahmen zur Bekämpfung von Scheinwerk- und Scheindienstverträgen zu ergreifen – hat sich der deutsche Gesetzgeber im Jahr 2017 erneut dem Thema der Scheinselbstständigkeit gewidmet und mit § 611a Abs. 1 BGB zum 1.4.2017 eine Vorschrift in Kraft gesetzt, welche nun erstmals eine eigenständige Regelung des Arbeitsvertrages im BGB enthält.[2] Diese Neufassung enthält dabei eine allgemeine Definition des Arbeitnehmerbegriffes, basierend auf den von der Rechtsprechung im Laufe der Jahre zusammengetragenen Abgrenzungskriterien (ausführlich dazu → § 6).

---

[1] Näher hierzu *Reiserer* DStR 2003, 292; *dies.* BB 2003, 1557; *dies.* BB 1999, 366; ausführlich zum Recht der Scheinselbstständigkeit im Arbeits-, Sozialversicherungs- und Steuerrecht *Reiserer/Freckmann/Träumer* Scheinselbstständigkeit, geringfügige Beschäftigung, 2002; *Reiserer/Freckmann* Freie Mitarbeit und Mini-Jobs nach der Hartz-Reform, 2003; *Reiserer/Bölz* Werkvertrag und Selbstständigkeit, 2014.

[2] Ausführlich zu § 611a BGB *Richardi* NZA 2017, 36.

II. Eingeschränktes Wahlrecht

1. Bezeichnung des Vertrages unmaßgeblich

5   Bei der Frage, ob die Vertragspartner ein freies Mitarbeiterverhältnis abschließen, kommt es auf die Bezeichnung des Vertrages oder den Titel des Vertragsverhältnisses grundsätzlich nicht an. Vielmehr **entscheidet über die rechtliche Einordnung des Rechtsverhältnisses ausschließlich der Geschäftsinhalt** und nicht die gewünschte Rechtsfolge oder eine Bezeichnung des Vertrages, wenn sie dem Geschäftsinhalt tatsächlich nicht entspricht.[3] Die Bezeichnung selbst ist im Rahmen der Bestimmung des Vertragsverhältnisses höchstens dann zu berücksichtigen, wenn die vertraglich vereinbarte Tätigkeit typologisch sowohl in einem Arbeitsverhältnis als auch selbstständig erbracht werden kann.[4] Ein Etikettwahlrecht besteht somit nicht. Aus der Bezeichnung des Vertrages können sich aber Konsequenzen für die Beweislast ergeben. Bei einer Bewerbung auf ein Stellenangebot, das die Begründung eines sozialversicherungspflichtigen Arbeitsverhältnisses zum Inhalt hat, hat der Arbeitgeber darzulegen und zu beweisen, dass kein Arbeitsverhältnis begründet wurde.[5]

6   Ein **inhaltliches Entscheidungsrecht** haben die Vertragsparteien dagegen schon. So steht es ihnen frei, den tatsächlichen Geschäftsinhalt des Vertrages einvernehmlich festzulegen. Überwiegen die Einzelpunkte, die auf eine im Wesentlichen unabhängige Tätigkeit des Mitarbeiters hinweisen, dann kann von einem freien Mitarbeiterverhältnis ausgegangen werden. Legt also der Auftraggeber keinen Wert auf enge zeitliche Vorgaben und auf eine Einbindung des Arbeitnehmers in seinen Betriebsablauf, um nur zwei der wesentlichen Abgrenzungskriterien an dieser Stelle kurz anzusprechen, kann der Vertrag als freies Dienstverhältnis gestaltet werden. Hat der Auftraggeber dagegen ein Interesse daran, den Mitarbeiter zeitlich, fachlich und örtlich eng zu führen sowie in bestehende Mitarbeiterstrukturen zu integrieren, kommt regelmäßig nur ein Arbeitsverhältnis in Betracht.[6]

2. Tatsächliche Vertragsabwicklung

7   Sollten sich im Einzelfall die getroffene vertragliche Vereinbarung und die praktische Durchführung des Vertrages widersprechen, so ist stets Letztere, also die tatsächliche Vertragsabwicklung, maßgeblich.[7] Was Geschäftsinhalt ist, kann sich somit zwar auch aus den ausdrücklichen Vereinbarungen der Parteien ergeben (→ Rn. 5), primär ausschlaggebend ist hingegen immer die tatsächliche Durchführung des Vertrages. Dies gilt nicht nur für die Behauptung, bei einem Vertragsverhältnis handele es sich um ein freies Mitarbeiterverhältnis. Auch der Einwand, ein schriftlich abgeschlossener Arbeitsvertrag sei nicht abredegemäß durchgeführt worden, der Mitarbeiter sei als freier Mitarbeiter und nicht als Arbeitnehmer beschäftigt worden, kann geltend gemacht werden. Ein Arbeitnehmer wird auch nicht allein deshalb zu einem freien Mitarbeiter, weil der Arbeitgeber sein Weisungsrecht über Jahre nicht ausübt.[8] Dabei liegt die **Darlegungs- und Beweislast** für die Behauptung, bei einem schriftlichen Arbeitsvertrag handele es sich um ein Scheingeschäft iSv § 117 Abs. 1 BGB, bei demjenigen, der sich auf die Nichtigkeit des Vertrages nach § 117 Abs. 1

---

[3] BSG 7.6.2019 – B 12 R 6/18 R, BeckRS 2019, 12884; BSG 29.8.2012 – B 12 KR 25/10 R, NZA-RR 2013, 252; BGH 2.12.2008 – 1 StR 416/08, NJW 2009, 528.

[4] BAG 9.6.2010 – 5 AZR 332/09, NZA 2010, 877, wonach bei einem Versicherungsvertreter, der auf Grundlage eines „Vertretervertrages für hauptberufliche Vertreter (§§ 84 ff. HGB)" tätig geworden ist, auch die vertragliche Bezeichnung berücksichtig wurde; später bestätigt durch BAG 11.8.2015 – 9 AZR 98/14, NZA-RR 2016, 288.

[5] LAG Nürnberg 21.11.2011 – 4 Ta 180/11, BeckRS 2012, 65429.

[6] BAG 14.3.2007 – 5 AZR 499/06, NZA-RR 2007, 424; BAG 12.12.2001 – 5 AZR 253/00, NZA 2002, 787.

[7] BSG 29.8.2012 – B 12 KR 25/10 R, NZA-RR 2013, 252; BAG 20.5.2009 – 5 AZR 31/08, NZA-RR 2010, 172; BAG 25.1.2007 – 5 AZB 49/06, NZA 2007, 580; BAG 22.4.1998 – 5 AZR 342/97, NZA 1998, 1336; BAG 20.7.1994 – 5 AZR 627/93, NZA 1995, 161; BAG 13.1.1983 – 5 AZR 149/82, NJW 1984, 1985.

[8] BSG 29.8.2012 – B 12 KR 25/10 R, NZA-RR 2013, 252; BAG 25.1.2007 – 5 AZB 49/06, NZA 2007, 580.

BGB beruft.⁹ Diese Rechtsprechung, die auch in der Literatur im Wesentlichen unbestritten ist, findet ihre Rechtfertigung in dem Gedanken des ansonsten möglichen Missbrauchs der Vertragsfreiheit.

3. Umstellung in freie Mitarbeiterverträge

Dass die Vertragsparteien in ihrem inhaltlichen Entscheidungsrecht nicht eingeschränkt sind, wird besonders deutlich bei dem **Austausch von Vertragsgrundlagen**. So steht es den Vertragsparteien nach Auffassung des Bundesarbeitsgerichtes frei, bei einer entsprechenden Umgestaltung des Geschäftsinhaltes auch ein bisher bestehendes Arbeitsverhältnis in ein freies Mitarbeiterverhältnis umzustellen.¹⁰ Gegenstand der Entscheidung des BAG war eine betriebsbedingte Kündigung, die eine Gruppenleiterin eines Dienstleistungsunternehmens erhalten hatte. Die Beklagte hatte sich entschlossen, das gesamte Betriebssystem von bisher abhängig beschäftigten Mitarbeitern auf ein Partnerkonzept mit freien Mitarbeitern umzustellen. Die Arbeitsverträge waren mit dem gleichzeitigen Angebot gekündigt worden, einen Partnervertrag abzuschließen. Das BAG erkannte ausdrücklich an, dass die Umstellung von abhängig beschäftigten Arbeitnehmern auf ein Partnerkonzept mit freien Mitarbeitern als freie Unternehmerentscheidung in der Regel nicht offensichtlich unsachlich oder willkürlich ist. Dies gelte jedenfalls dann, wenn es sich bei der Umstellung auf freie Mitarbeiterverträge nicht nur um verschleierte Arbeitsverhältnisse handelt.

Daneben ist es rechtlich nicht von vornherein ausgeschlossen, dass ein Arbeitnehmer mit seinem Arbeitgeber ein freies Dienstverhältnis begründet, welches neben dem Arbeitsverhältnis besteht. Voraussetzung hierfür ist allerdings, dass das dem Arbeitgeber aufgrund des Arbeitsvertrages zustehende Weisungsrecht nicht für die Tätigkeiten gilt, die der Vertragspartner aufgrund des Dienstverhältnisses schuldet.¹¹

III. Gleichlauf Arbeitsrecht – Sozialversicherungsrecht – Steuerrecht

1. Arbeitsrecht – Sozialversicherungsrecht

Bis zur Neueinführung der gesetzlichen Bestimmungen im Sozialgesetzbuch zum 1.1.1999 galt es als unbestritten, dass die Abgrenzungskriterien zwischen Arbeitsverhältnis einerseits und selbstständiger Tätigkeit andererseits im Arbeitsrecht und im Sozialversicherungsrecht im Wesentlichen identisch sind. Die Abgrenzungskriterien, die für die Bestimmung der Arbeitnehmereigenschaft regelmäßig herangezogen werden, waren überwiegend in der arbeitsgerichtlichen Rechtsprechung entwickelt worden. Die Sozialgerichte und insbesondere das Bundessozialgericht hatten sich in ihren Wertungen für den Bereich der Sozialversicherung diesen Kriterien grundsätzlich angeschlossen mit allenfalls geringfügigen Modifikationen. Zwar kam es nach § 7 SGB IV aF für die Frage der Sozialversicherungspflicht auf die Beschäftigteneigenschaft an. Diese Beschäftigung definierte das SGB als „nicht selbstständige Arbeit, insbesondere in einem Arbeitsverhältnis". Aus der Gesetzesformulierung wurde somit bereits deutlich, dass neben Arbeitnehmern auch andere Personen von der sozialversicherungsrechtlichen Beschäftigteneigenschaft erfasst sein können. Hierbei handelt es sich vor allem um arbeitnehmerähnliche Personen¹² sowie um GmbH-Geschäftsführer.

Mit dem Gesetz zur Bekämpfung der Scheinselbstständigkeit aus dem Spätjahr 1998 kam es zunächst zu einem Auseinanderfallen zwischen sozialversicherungsrechtlicher abhängiger Beschäftigung und dem arbeitsrechtlichen Arbeitsverhältnis. Denn die Neuregelungen, insbesondere die Aufnahme des 4-Punkte-Kataloges, beschränkten sich ausdrücklich auf den

---

⁹ BAG 13.2.2003 – 8 AZR 59/02, NZA 2003, 854; aA LAG Köln AE 2003, 55, wonach ein Vertragsverhältnis, das von den Parteien ausdrücklich als Arbeitsverhältnis gewollt wurde und wird, grundsätzlich der gerichtlichen Statuskontrolle nicht zugänglich ist mit dem Ziel, eine andere rechtliche Einordnung vorzunehmen.
¹⁰ BAG 9.5.1996 – 2 AZR 438/95, NZA 1996, 1145, WiB 1996, 1176 mAnm *Reiserer;* bestätigt durch BAG 13.3.2008 – 2 AZR 1037/06, NZA 2008, 878; *Tillmanns* RdA 2015, 285.
¹¹ BAG 27.6.2017 – 9 AZR 851/16, NZA 2017, 1463.
¹² Zur Darlegungs- und Beweislast LAG Düsseldorf 21.8.2018 – 3 Ta 288/18, NZA-RR 2018, 620.

Bereich des Sozialversicherungsrechtes. Trotz dieser klaren Trennung kam mit der Neueinführung des Punkte-Kataloges im Rahmen des Gesetzes zur Bekämpfung der Scheinselbstständigkeit ab 1.1.1999 sehr schnell die Frage auf, ob diese neuen Abgrenzungskriterien nun auch für das Arbeitsrecht gelten. In ersten Kommentierungen – insbesondere aus der Wissenschaft – wurde dieser Gleichlauf zwischen Sozialversicherungsrecht und Arbeitsrecht zwar strikt abgelehnt.[13] Die Befürchtung, dass die Praxis, insbesondere auch diejenige der Arbeitsgerichte, von dieser dogmatischen Trennung abweichen und in Zukunft doch auf den Punkte-Katalog mit Beweislastumkehr zurückgreifen würde, war dagegen groß.

12 Das Auseinanderfallen von Arbeitsrecht und Sozialversicherungsrecht endete mit der Neufassung des Gesetzes im Januar 2000, die rückwirkend in Form des Gesetzes zur Förderung der Selbstständigkeit zum 1.1.1999 wirksam wurde. Wichtigste Kernaussage dieses neuen Gesetzes im Recht der Sozialversicherung ist der Satz, dass die klassischen Kriterien zur Abgrenzung von Arbeitsverhältnissen einerseits und selbstständigen Tätigkeiten andererseits, welche die Rechtsprechung der arbeitsrechtlichen und sozialversicherungsrechtlichen Obergerichte entwickelt hat, unverändert fortgelten sollen. Nach den Irritationen, die im Zusammenhang mit dem Korrekturgesetz zur Bekämpfung der Scheinselbstständigkeit Ende 1998 aufgetreten waren, besteht seit der Neufassung des Gesetzes im Januar 2000 somit wieder Übereinstimmung. Der **Gleichlauf von Arbeits- und Sozialversicherungsrecht** ist damit im Wesentlichen wiederhergestellt.

2. Steuerrecht

13 Erfolgt sowohl im Arbeitsrecht als auch im Sozialversicherungsrecht die Qualifizierung eines Beschäftigungsverhältnisses als nicht selbstständige Tätigkeit, so ist dies nach Auffassung des BFH regelmäßig als Indiz[14] für das Vorliegen eines auch im steuerrechtlichen Sinne nicht selbstständigen Arbeits- oder Beschäftigungsverhältnisses anzusehen (→ § 6 Rn. 128).

3. Keine Bindungswirkung

14 Obwohl die Abgrenzungskriterien zwischen Arbeitsverhältnis einerseits und selbstständiger Tätigkeit andererseits im Arbeitsrecht, im Sozialversicherungsrecht und im Steuerrecht im Wesentlichen vergleichbar sind, gibt es keine rechtliche Bindungswirkung zwischen den verschiedenen Rechtsgebieten. Entscheidungen der Arbeitsgerichte haben somit für die Rechtsprechung der Sozialgerichte und der Finanzverwaltung **allenfalls präjudizielle Wirkung.**

15 Sollte das Arbeitsgericht im Rahmen einer Vergütungsstreitigkeit oder eines Kündigungsschutzprozesses somit das Bestehen eines Arbeitsverhältnisses verneinen, würde dies das Vorliegen eines sozialversicherungspflichtigen Beschäftigungsverhältnisses bzw. eines steuerrechtlichen Beschäftigungsverhältnisses nicht ausschließen. Besondere Vorsicht ist in diesem Zusammenhang auch bei dem Abschluss von Vergleichen im Rahmen arbeitsgerichtlicher Auseinandersetzungen anzuraten. Wenn die Parteien im Rahmen einer vergleichsweisen Beendigung einer Kündigungsrechtsstreitigkeit übereinstimmend festlegen, dass zwischen ihnen kein Arbeitsverhältnis bestanden hat, bindet dieser Vergleich weder die Sozialgerichte noch die Finanzverwaltung bzw. die Finanzgerichte.

---

[13] So etwa *Löwisch* BB 1999, 102 (106).
[14] BFH 2.12.1998 – 10 R 83/96, NZA-RR 1999, 376.

§ 6 Der Arbeitnehmerbegriff: Abgrenzungsmerkmale

Übersicht

	Rn.
I. Arbeitsrecht	1–101
1. Der Begriff: Arbeitnehmer	1–6
a) Der Arbeitnehmerbegriff nach § 611a BGB	2/3
b) Auffassung von Wank	4
c) Der europäische Arbeitnehmerbegriff	5/6
2. Echte Abgrenzungskriterien: Gesamtschau	7–28
a) Hauptkriterium: Persönliche Abhängigkeit	9–12
b) Zusammenstellung der echten Abgrenzungskriterien	13–28
3. Ergänzende formelle Abgrenzungskriterien	29
4. Einzelfallentscheidungen	30–32
5. Fallgruppen	33–100
a) Schul- und Bildungssektor	34–40
b) Rundfunk/Fernsehen	41–49
c) Kunst/Kultur/Lektorat	50
d) Medizin	51–64
e) Versicherungsbranche/Handelsvertreter/Außendienst	65–69
f) Frachtführer/Spediteure	70/71
g) Franchisenehmer/Agenturverträge	72–74
h) Kommissionäre	75
i) Sportler	76/77
j) Beratende Berufe (Rechtsanwälte, Steuerberater)	78–80
k) GmbH-Geschäftsführer	81–96
l) Mitarbeitende Gesellschafter/Vereinsmitglieder	97–99
m) Sonstige Berufsgruppen	100
6. Arbeitnehmerüberlassung	101
II. Sozialversicherungsrecht	102–122
1. Grundsatz des Gleichlaufs	102/103
2. Gesetzliche Regelung, § 7 SGB IV	104–110
a) Das Gesetz zur Förderung der Selbstständigkeit	104
b) Grundsatz der Amtsermittlung	105
c) Ich-AG	106
d) Gründungszuschuss	107–110
3. Der GmbH-Geschäftsführer im Sozialversicherungsrecht	111–114
4. Arbeitnehmerähnliche Selbstständige, § 2 S. 1 Nr. 9 SGB VI	115–122
a) Rentenversicherung für Selbstständige	115
b) Personenkreis	116–118
c) Befreiungsmöglichkeiten	119–121
d) Feststellung des Status	122
III. Steuerrecht	123–130
1. Eigener Arbeitnehmerbegriff	123–128
a) Negativdefinition	123–127
b) Indizwirkung von Arbeits- und Sozialversicherungsrecht	128
2. Abweichende Merkmale	129/130
a) Unternehmerrisiko	129
b) Einfache Tätigkeiten	130

I. Arbeitsrecht

1. Der Begriff: Arbeitnehmer

Die Auseinandersetzung um die Scheinselbstständigkeit wird vor allem über den Begriff 1 des Arbeitnehmers geführt. Trotz dieser Bedeutung des Arbeitnehmerbegriffs für die Abgrenzung zwischen Arbeitnehmer und Selbstständigem gab es für das Arbeitsrecht lange Zeit keine gesetzlichen Begriffsbestimmungen. Erst mit Wirkung zum 1.4.2017 hat der Gesetzgeber den neuen § 611a BGB eingeführt und mit diesem den Arbeitsvertrag als eigenen Vertragstyp sowie den Begriff des Arbeitnehmers bestimmt.

2 **a) Der Arbeitnehmerbegriff nach § 611a BGB.** Vor der Einfügung von § 611a BGB basierte die Ausgestaltung des Arbeitnehmerbegriffs auf der Rechtsprechung des Bundesarbeitsgerichtes und den Ausführungen der herrschenden Lehre.[1] Danach war Arbeitnehmer, wer auf Grund eines privatrechtlichen Vertrages über entgeltliche Dienste für einen anderen in persönlicher Abhängigkeit tätig ist. Ausschlaggebendes Kriterium war hierbei also die **persönliche Abhängigkeit** des Arbeitnehmers vom Arbeitgeber. Gestützt wurde diese Ansicht auf die zu diesem Zeitpunkt bereits bestehende Vorschrift des § 84 Abs. 1 S. 2 HGB. Der zum 1.4.2017 in Kraft getretene § 611a BGB stellt jedoch keinesfalls eine Abkehr von dieser allgemein anerkannten Rechtsprechung des Bundesarbeitsgerichtes dar.[2] Denn diese wurde vom Gesetzgeber vollumfänglich aufgegriffen und die bis dato verwendeten beiden wesentlichen Kriterien zur Bestimmung der persönlichen Abhängigkeit – **weisungsgebunden** und **fremdbestimmt** – wurden ergänzend in den Wortlaut mit aufgenommen. § 611a BGB legt danach fest, dass Arbeitnehmer ist, wer aufgrund eines privatrechtlichen Vertrages im Dienste eines anderen zur Leistung **weisungsgebundener** und **fremdbestimmter Arbeit in persönlicher Abhängigkeit** verpflichtet ist.[3]

3 Zur weiteren Konkretisierung der persönlichen Abhängigkeit werden neben der Weisungsgebundenheit und Frembestimmung eine Vielzahl von Einzelmerkmalen geprüft, die im Folgenden näher darzustellen sind (→ Rn. 5 ff.).

4 **b) Auffassung von *Wank*.** Besondere Bedeutung im Recht der Scheinselbstständigkeit hat die Auffassung von *Wank*[4] erworben. Nach *Wank* ist der Arbeitnehmer nicht durch Weisungsabhängigkeit gekennzeichnet, sondern in erster Linie durch auf Dauer angelegte Arbeit für einen Auftraggeber in eigener Person ohne Mitarbeiter und im Wesentlichen ohne eigenes Kapital und ohne eigene Organisation. Selbstständigkeit soll somit vorliegen bei freiwilliger Übernahme von Unternehmerrisiko, Auftreten am Markt und Ausgewogenheit im Hinblick auf unternehmerische Chancen und Risiken. Obwohl die Auffassung von *Wank* in der wissenschaftlichen Auseinandersetzung kontrovers diskutiert wird, hat sie zum Teil in der Praxis bereits Befürworter gefunden. Einige Landesarbeitsgerichte haben sich der Theorie von *Wank* angeschlossen.[5] Auch die ersten Gesetzesentwürfe zur Bekämpfung der Scheinselbstständigkeit orientierten sich an der These von *Wank*, indem den Kriterien „Beschäftigung eigener Mitarbeiter" sowie „mehrere Auftraggeber" nach der Vorstellung des Gesetzgebers im Rahmen des Gesetzes zur Bekämpfung der Scheinselbstständigkeit große Bedeutung zukommen sollte.[6]

5 **c) Der europäische Arbeitnehmerbegriff.** Als sog. *„Mutter des europäischen Arbeitnehmerbegriffs"*[7] gilt die Entscheidung des Europäischen Gerichtshofs vom 3.7.1986.[8] In dem der Entscheidung zugrundeliegenden Sachverhalt ging es der in Portugal geborenen britischen Staatsangehörigen *Deborah Lawrie-Blum* darum, nach dem von ihr in Deutschland an der Universität Freiburg absolvierten Studium des Lehramts Zugang zum Referendariat zu erhalten. Ihr Antrag auf Zulassung zum Vorbereitungsdienst für Gymnasien wurde zunächst vom Oberschulamt Stuttgart unter Berufung auf ihre fehlende Eigenschaft als Deutsche abgelehnt. Unter Bezugnahme auf Art. 48 Abs. 1 EWGV, welcher die Arbeitnehmerfreizügigkeit als eines der Grundprinzipien der Europäischen Gemeinschaft verankerte, kam der EuGH zu dem Ergebnis, dass Frau Lawrie-Blum im Rahmen des Vorbereitungsdienstes den Weisungen und der Aufsicht der Schulbehören unterliegt und demzufolge – und zwar unabhängig von der Rechtsnatur des Beschäftigungsverhältnisses – als Arbeitnehmerin im Sinne von Art. 48 Abs. 1 EWGV anzusehen ist.

---

[1] Stellvertretend hierzu BAG 20.1.2010 – 5 AZR 99/09, BeckRS 2010, 67136; BAG 15.3.1978 – 5 AZR 819/76, BeckRS 9998, 180125.
[2] *Rinck* RdA 2019, 127; *Preis* NZA 2018, 817; *Richardi* NZA 2018, 974.
[3] BAG 21.5.2019 – 9 AZR 295/18, NZA 2019, 1411.
[4] *Wank* Arbeitnehmer und Selbstständige, 1988; *ders.* DB 1992, 90.
[5] LAG Nürnberg 17.12.1997 – 4 Sa 670/97, FA 1998, 183; LAG Köln 30.6.1995 – 4 Sa 63/95, AP BGB § 611 Abhängigkeit Nr. 80; LAG Niedersachsen 7.9.1990 – 3 (2) Sa 1791/89, BeckRS 1992, 40022.
[6] Zur Entwicklung der Gesetzgebung im Recht der Scheinselbstständigkeit → § 5 Rn. 3 ff.
[7] *Junker* EuZA 2016, 184 (188).
[8] EuGH 3.7.1986 – 66/85, NJW 1987, 1138 – Blum.

Nach heutiger Auffassung des EuGH wird der Arbeitnehmerbegriff an Art. 45 AEUV angelehnt und im Wesentlichen davon abhängig gemacht, dass jemand während einer bestimmten Zeit für einen anderen nach dessen Weisung Leistungen erbringt, für die er als Gegenleistung eine Vergütung erhält.[9] Ähnlich wie beim deutschen Arbeitnehmerbegriff ist also auch auf europäischer Ebene die Weisungsgebundenheit zentrales Element.[10] Zu beachten ist in diesem Kontext, dass der Arbeitnehmerbegriff im Anwendungsbereich von Art. 45 AEUV eine weite Auslegung erfährt.[11] Dabei kommt es für die Definition des Arbeitnehmers nach Auffassung des EuGH nicht auf die Rechtsnatur des Beschäftigungsverhältnisses oder den Grad der persönlichen Abhängigkeit nach deutschem Verständnis an.[12] Das bedeutet im Umkehrschluss, dass der EuGH den Arbeitnehmerbegriff von Art. 45 AEUV etwa auch auf die Beschäftigungsverhältnisse von Beamten, Richtern und Soldaten[13] sowie auf Fremdgeschäftsführer einer Kapitalgesellschaft erstreckt.[14]

2. Echte Abgrenzungskriterien: Gesamtschau

Für die Bestimmung der Arbeitnehmereigenschaft werden regelmäßig zahlreiche Einzelmerkmale verwendet, die zur Feststellung der persönlichen Abhängigkeit herangezogen werden. Denn wie bereits ausgeführt, wird darin nach wie vor das wesentliche Merkmal des Arbeitsverhältnisses gesehen. Die wirtschaftliche Abhängigkeit ist dagegen weder erforderlich noch ausreichend. Sie hat für die Abgrenzung zwischen Arbeitnehmer und Selbstständigem keine Bedeutung.

Das Bundesarbeitsgericht stellt in seinen Entscheidungen immer wieder klar, dass es für die Abgrenzung von freien Mitarbeitern und Arbeitnehmern kein Einzelmerkmal gibt, welches aus der Vielzahl möglicher Kriterien unverzichtbar vorliegen muss. Nur im Rahmen einer wertenden Gesamtschau und einer Überprüfung vieler in Betracht kommender Abgrenzungskriterien kann entschieden werden, ob das zwischen zwei Parteien bestehende Vertragsverhältnis ein Arbeitsverhältnis oder ein freies Mitarbeiterverhältnis darstellt. Denn ob jemand abhängig beschäftigt oder selbstständig tätig ist, hängt davon ab, welche Merkmale überwiegen.

a) Hauptkriterium: Persönliche Abhängigkeit. Das Bundesarbeitsgericht hat in den zurückliegenden Jahren im Rahmen von Statusprozessen zur Abgrenzung eines Arbeitsverhältnisses von dem Rechtsverhältnis eines freien Mitarbeiters den Grundsatz aufgestellt, dass sich beide durch den Grad der persönlichen Abhängigkeit, in der sich der zur Dienstleistung Verpflichtete befindet, unterscheiden. Dabei misst das BAG neben dem eigentlichen Weisungsrecht in Bezug auf Ort, Zeit und Fachanweisungen der Eingliederung in den Betrieb sowie der Eigenart der jeweiligen Tätigkeit große Bedeutung bei. Schriftlich fixiert hat der **neunte Senat des BAG** diese Grundsätze in einer wichtigen Entscheidung vom 27.6.2017 zum arbeitsrechtlichen Status einer Musikschullehrerin:[15]

„Das LAG ist zutreffend von den rechtlichen Grundsätzen ausgegangen, die das BAG zur Abgrenzung eines Arbeitsverhältnisses von dem Rechtsverhältnis eines freien Mitarbeiters aufgestellt hat.

Ein Arbeitsverhältnis unterscheidet sich von dem Rechtsverhältnis eines freien Dienstnehmers durch den Grad der persönlichen Abhängigkeit, in der sich der zur Dienstleistung Verpflichtete befindet. Arbeitnehmer ist, wer aufgrund eines privatrechtlichen Vertrags im Dienste eines anderen zur Leistung weisungsgebundener, fremdbestimmter Arbeit in persönlicher Abhängigkeit verpflichtet ist. Das Weisungsrecht kann Inhalt, Durchführung, Zeit, Dauer und Ort der Tätigkeit betreffen. Arbeitnehmer ist derjenige Mitarbeiter, der nicht im Wesentlichen frei seine Tätigkeit gestalten und seine Arbeitszeit bestimmen kann (vgl.

---

[9] EuGH 19.6.2014 – C-507/12, NZA 2014, 765 – Jessy Saint Prix.
[10] Ausführlich hierzu *Henssler/Pant* RdA 2019, 321.
[11] EuGH 3.7.1986 – 66/85, NJW 1987, 1138 – Blum.
[12] *Henssler/Prant* RdA 2019, 321.
[13] EuGH 10.9.2014 – C-270/13, EuZW 2014, 946 – Haralambidis.
[14] EuGH 11.11.2010 – C-232/09, NZA 2011, 143 – Danosa.
[15] BAG 27.6.2017 – 9 AZR 851/16, NZA 2017, 1463.

§ 84 Abs. 1 S. 2 und Abs. 2 HGB). Dabei hat auch die Eigenart der jeweiligen Tätigkeit Einfluss auf den Grad der persönlichen Abhängigkeit. Letztlich kommt es für die Beantwortung der Frage, welches Rechtsverhältnis im konkreten Fall vorliegt, auf eine Gesamtwürdigung aller maßgeblichen Umstände des Einzelfalls an. Der jeweilige Vertragstyp ergibt sich aus dem wirklichen Geschäftsinhalt. Die zwingenden gesetzlichen Regelungen für Arbeitsverhältnisse können nicht dadurch abbedungen werden, dass die Parteien ihrem Arbeitsverhältnis eine andere Bezeichnung geben. Der objektive Geschäftsinhalt ist den ausdrücklich getroffenen Vereinbarungen und der praktischen Durchführung des Vertrags zu entnehmen. Widersprechen sich Vereinbarung und tatsächliche Durchführung, ist letztere maßgeblich, weil sich aus der praktischen Handhabung der Vertragsbeziehungen am ehesten Rückschlüsse darauf ziehen lassen, von welchen Rechten und Pflichten die Vertragsparteien ausgegangen sind, was sie also wirklich gewollt haben. Die neu eingefügte Vorschrift des § 611a BGB spiegelt diese Rechtsgrundsätze wider (Rn. 16 f.).''

12 Die Frage, ob der Mitarbeiter auch ein unternehmerisches Risiko übernimmt, ist nach der Vorstellung des BAG für die Abgrenzung dagegen nicht ausschlaggebend.[16]

13 b) Zusammenstellung der echten Abgrenzungskriterien. Für die Prüfung, ob der erforderliche Grad der persönlichen Abhängigkeit besteht, werden von der Rechtsprechung – seit dem 1.4.2017 gestützt auf den neuen § 611a BGB – eine ganze Reihe von materiellen Abgrenzungskriterien erarbeitet, anhand derer der Status des Vertrages überprüft wird:

14 aa) Weisungsrecht des Arbeitgebers hinsichtlich des Arbeitsortes. Die Arbeitsgerichte prüfen bei diesem Kriterium insbesondere die Frage, ob der Mitarbeiter zum regelmäßigen Erscheinen am Arbeitsort bzw. in den Betriebsräumen verpflichtet ist.

15 bb) Zeitliche Weisungsgebundenheit. Freie Arbeitszeit wird regelmäßig bejaht, wenn keine festen Dienststunden bestehen, also Anfang und Ende der Arbeitszeit frei regelbar sind. Ferner ist grundsätzlich von Bedeutung, dass die Vertragsparteien keinen zeitlich festgelegten Mindestumfang der Tätigkeit festlegen bzw. keine Vorgaben bestehen, zu welcher Zeit bestimmte Arbeitsvorgänge abgeschlossen sein müssen.

16 cc) Fachliche Weisungsgebundenheit. Werden fachliche Weisungen erteilt, ist dies regelmäßig ein deutlicher Anhaltspunkt für das Vorliegen eines Arbeitsverhältnisses.[17] Allerdings hat die Frage nach der fachlichen Weisungsgebundenheit im Laufe der Zeit an Aussagekraft verloren und wird neuerdings nur noch eingeschränkt als geeignetes Abgrenzungskriterium angesehen. Denn in der arbeitsrechtlichen Praxis werden mittlerweile viele hochqualifizierte Mitarbeiter beschäftigt, die weitestgehend fachlich weisungsfrei und selbstständig arbeiten. Dies ändert jedoch nichts an deren Stellung als Arbeitnehmer. Das Bundesarbeitsgericht hat deshalb festgestellt, dass vor allem für **Dienste höherer Art** die fachliche Weisungsgebundenheit nicht erforderlich ist, und dies damit begründet, dass es die Art der Tätigkeit mit sich bringen kann, dass dem Dienstverpflichteten ein hohes Maß an Gestaltungsfreiheit, Eigeninitiative und fachlicher Selbstständigkeit verbleibt.[18] Mit anderen Worten steht es der Arbeitnehmereigenschaft bei fachlich besonders qualifizierten Tätigkeiten nicht entgegen, wenn der Arbeitgeber überhaupt nicht in der Lage ist, dem Arbeitnehmer fachliche Anweisungen hinsichtlich der Art der zu leistenden Arbeit zu erteilen. Typische Beispiele aus der Praxis sind dabei Chefärzte,[19] Wissenschaftler[20] und Künstler.[21]

17 dd) Eingliederung in den Betrieb. Die Eingliederung des Mitarbeiters in den Betrieb des Auftraggebers ist ein wichtiges Kriterium für die Annahme der Arbeitnehmerstellung. Bei der Frage der Eingliederung in den Betrieb wird zum einen überprüft, ob und inwieweit der Mit-

---

[16] BAG 25.5.2005 – 5 AZR 347/04, BeckRS 2005, 43136; so auch LAG Köln 5.4.2012 – 6 Sa 1018/11, BeckRS 2012, 75582.
[17] BAG 9.3.1971 – 2 AZR 258/70, FHArbSozR 17 Nr. 2383.
[18] BAG 20.7.1994 – 5 AZR 627/93, NZA 1995, 161.
[19] BAG 22.11.2016 – 9 AZB 41/16, BeckRS 2016, 112095 (betreffend eine verbeamtete Professorin als ärztliche Direktorin an einem Universitätsklinikum).
[20] BAG 8.2.1962 – 2 AZR 252/60, BeckRS 9998, 150706.
[21] BAG 7.5.1980 – 5 AZR 593/78, AP BGB § 611 Abhängigkeit Nr. 36 – Orchestermusiker.

arbeiter in eine **fremdbestimmte Arbeitsorganisation** eingebunden ist und dabei betriebliche Einrichtungen (Arbeitsgeräte) benutzt. An dieser Stelle spielen beispielsweise die Zuweisung eines Büros bzw. Arbeitszimmers in den Betriebsräumen des Auftraggebers und die Überlassung von betrieblichen Einrichtungen bzw. Arbeitsgeräten zur Nutzung eine große Rolle.

Ferner wird unter dem Kriterium „Eingliederung in den Betrieb" die Frage der **Stellung des Mitarbeiters in der Organisation und Hierarchie beim Auftraggeber** überprüft. Ist der Mitarbeiter anderen im Dienste des Auftraggebers stehenden Personen übergeordnet oder untergeordnet, spricht dieser Umstand für ein Arbeitsverhältnis. Gleiches gilt, sofern der Mitarbeiter die Pflicht hat, Vertretungen zu übernehmen. 18

ee) Leistungserbringung nur in eigener Person. In jüngerer Vergangenheit prüft das BAG regelmäßig, ob der Mitarbeiter verpflichtet ist, die Leistung persönlich zu erbringen, oder ob er hierzu Dritte einschalten darf und auch tatsächlich einschaltet. Schaltet der Mitarbeiter Dritte tatsächlich zur Leistungserbringung – nicht nur ausnahmsweise – ein, schließt dies nach Auffassung des BAG im Regelfall von vornherein ein Arbeitsverhältnis aus.[22] Enthält der Freie-Mitarbeiter-Vertrag die Befugnis zum Einsatz von Hilfspersonen, nutzt der freie Mitarbeiter aber die vertraglich eingeräumte Berechtigung nicht oder nur ausnahmsweise und leistet persönlich, stellt die Möglichkeit, Dritte einzuschalten, dagegen nur eines von mehreren im Rahmen der Gesamtabwägung zu beachtenden Kriterien dar.[23] 19

ff) Verpflichtung, angebotene Aufträge anzunehmen. Als weiteres Kriterium wird im Rahmen der Abgrenzung überprüft, ob der Mitarbeiter verpflichtet ist, ihm angebotene Aufträge anzunehmen. Wenn die Vertragsparteien eine solche Verpflichtung in dem Vertragswerk aufgenommen haben, spricht dies für das Bestehen einer Arbeitnehmerstellung. Bei diesem Kriterium erlangt regelmäßig die **tatsächliche Handhabung** besondere Bedeutung. Denn wenn ein Mitarbeiter, der ihm angebotene Aufträge abgelehnt hat, in Zukunft nicht mehr zu dem potentiellen Vertragspartnerkreis gezählt wird, spricht viel dafür, dass jedenfalls eine faktische Verpflichtung zur Übernahme angebotener Aufträge besteht.[24] 20

gg) Unternehmerisches Auftreten am Markt. Das Abgrenzungskriterium „unternehmerisches Auftreten am Markt" stellt insbesondere auf Verhaltensformen des Mitarbeiters ab. Im Einzelfall wird unter diesem Gesichtspunkt die Gestaltung der Visitenkarten des Mitarbeiters oder auch sein **Auftreten in Abgrenzung zu fest angestellten Vertriebsmitarbeitern** des Auftraggebers von Bedeutung sein. 21

hh) Einheitliche Behandlung von freien Mitarbeitern und Arbeitnehmern. Das Abgrenzungskriterium „einheitliche Behandlung von Arbeitnehmern", die mit gleichartigen Aufgaben betraut sind, spielt dann eine große Rolle, wenn der Auftraggeber unterschiedliche Personengruppen mit gleichartigen Aufgaben betraut. Diese grundsätzlich zulässige Möglichkeit ist denkbar zB im Vertrieb, wenn ein Teil der Vertriebsaufgaben mit fest angestellten Vertriebsmitarbeitern, der verbleibende Bereich des Vertriebes dagegen mit freien Handelsvertretern gestaltet wird. Auch bei beratenden Berufen ist es im Einzelfall vorstellbar, dass zB neben fest angestellten Rechtsanwälten auch selbstständige Rechtsanwälte Anwaltsaufgaben übernehmen, ohne mit dem Auftraggeber gesellschaftsrechtlich in einer Sozietät verbunden zu sein. In diesen Sonderfällen ist von besonderer Bedeutung, dass der Umgang mit den fest angestellten Mitarbeitern gänzlich anders gestaltet ist als die Zusammenarbeit mit den selbstständigen Mitarbeitern. Diese Abgrenzungsverpflichtung bezieht sich dabei auf sämtliche Einzelkriterien, sodass eine gegenüberstellende Gesamtschau nach den wesentlichen Abgrenzungskriterien zu erstellen ist. 22

---

[22] BAG 20.1.2010 – 5 AZR 99/09, BeckRS 2010, 67136; BAG 18.3.2004 – 6 AZR 679/02, BeckRS 2004, 40843.
[23] BAG 19.11.1997 – 5 ARZ 653/96, NZA 1998, 364; LAG SchlH 13.12.2005 – 5 Sa 322/05, BeckRS 2006, 40253; DLWBH ArbR-HdB/*Dörner* Kap. 1 Rn. 51 und *Bauer/Baeck/Schuster* Scheinselbstständigkeit Rn. 20 argumentieren hier weitergehend und sehen in dem Verzicht auf die Einstellung Dritter sogar den Ausdruck einer unternehmerischen Entscheidung, welche für die Selbstständigkeit spricht. Dies soll nur dann nicht gelten, wenn der Vertragspartner aufgrund sonstiger vertraglicher Absprache oder tatsächlicher Umstände nicht in der Lage ist, Dritte tatsächlich einzuschalten.
[24] BAG 16.6.1998 – 5 AZN 154/98, NZA 1998, 839.

23 *ii) Aufnahme in einen Dienstplan.* Die Aufnahme in einen Dienstplan ist ein wichtiges Kriterium für das Bestehen eines Arbeitsverhältnisses. Allerdings sind Dienstpläne nach Auffassung des BAG nur solche, die den Mitarbeiter einseitig zu bestimmten Zeiten in einem bestimmten Umfang und zu bestimmten Tätigkeiten heranziehen. Unschädlich ist dagegen die Aufnahme in Dispositions- und Raumbelegungspläne bzw. sonstige Organisationspläne, die bei einem begrenzten Angebot von benötigten technischen Einrichtungen auch für freie Mitarbeiter unumgänglich sind.[25]

24 *jj) Berichterstattungspflichten.* Die Herstellung von Manuskripten für die Präsentation übernommener Aufträge schließt wegen des werkvertraglichen Charakters ein freies Mitarbeiterverhältnis nicht aus.

25 *kk) Gesamte Arbeitskraft.* Allein der Umstand, dass der Mitarbeiter wöchentlich 42 Stunden für einen Auftraggeber tätig ist, führt nicht zur Bejahung eines Arbeitsverhältnisses.[26]

26 *ll) Dauerrechtsverhältnis.* Der Umstand, dass es sich bei den Rechtsbeziehungen zwischen den Vertragsparteien um ein einheitliches Dauerrechtsverhältnis von über zehn Jahren gehandelt hat, führt für sich genommen nicht zur Bejahung eines Arbeitsverhältnisses.[27]

27 *mm) Konkurrenzverbot.* Die Vereinbarung eines Konkurrenzverbotes führt nicht ohne Weiteres zur Verneinung des Freien-Mitarbeiter-Verhältnisses.

28 *nn) Überdurchschnittliche Vergütung.* In seiner Entscheidung vom 31.3.2017[28] hat das BSG ausgeurteilt, dass ein die Eigenvorsorge ermöglichendes Honorar ein gewichtiges Indiz für eine selbstständige Tätigkeit sein kann. Hierfür muss das vereinbarte Honorar deutlich über dem Arbeitsentgelt eines vergleichbar eingesetzten sozialversicherungspflichtigen Beschäftigten liegen. Diese Auffassung wurde in der Folge zwar auch von den Instanzgerichten[29] aufgegriffen, später allerdings vom BSG in zwei Leitentscheidungen im Juni 2019 relativiert.[30]

3. Ergänzende formelle Abgrenzungskriterien

29 Es entspricht der ständigen Rechtsprechung des Bundesarbeitsgerichtes, dass für die Abgrenzung in erster Linie die Umstände der Dienstleistung entscheidend sind, nicht aber die Modalitäten der Vertragsabwicklung.[31] Dennoch können auch formelle Kriterien als Indizien herangezogen werden und damit für die Beurteilung der persönlichen Abhängigkeit des Dienstleistenden mit entscheidend sein. Zu beachten ist allerdings, dass solchen Indizien bzw. formellen Kriterien nur eine Hilfsfunktion zukommen darf und die Entscheidung nicht ausschließlich auf diesen Bereich gestützt werden kann. Als formelle Abgrenzungskriterien kommen folgende Gesichtspunkte in Betracht:[32]
- die Modalitäten in der Entgeltzahlung (Festvergütung), insbesondere das (über einen längeren Zeitraum) erfolgte Ausweisen von Mehrwertsteuer durch den Beschäftigten
- das Abführen von Lohnsteuer und Sozialversicherungsbeiträgen
- die Führung von Personalakten
- die Weiterbezahlung des Entgelts im Krankheitsfall
- die antragsgemäße Gewährung von Urlaub und Weiterbezahlung des Entgelts im Urlaubsfall
- die Anmeldung eines Gewerbes.

---

[25] BAG 19.1.2000 – 5 AZR 644/98, NZA 2000, 1102; FG München 14.12.2007 – 8 K 849/05, BeckRS 2007, 26024673.
[26] BAG 19.1.2000 – 5 AZR 644/98, NZA 2000, 1102.
[27] BAG 19.1.2000 – 5 AZR 644/98, NZA 2000, 1102.
[28] BSG 31.3.2017 – B 12 R 7/15 R, BeckRS 2017, 114148; hierzu *Reiserer* BB 2018, 1588.
[29] LSG SchlH 11.5.2017 – L 5 KR 73/15, BeckRS 2017, 115542; SG Hannover 10.1.2018 – S 14 R 32/16, BeckRS 2018, 1182.
[30] Zu der Einschränkung des Merkmals „überdurchschnittliches Honorar" im Rahmen von BSG 4.6.2019 – B 12 R 11/18 R, BeckRS 2019, 12883 und BSG 7.6.2019 – B 12 R 6/18 R, BeckRS 2019, 12884 → Rn. 53, 57.
[31] Stellvertretend BAG 14.6.2016 – 9 AZR 305/15, NZA 2016, 1453.
[32] BAG 22.6.1977 – 5 AZR 753/75, AP BGB § 611 Abhängigkeit Nr. 22; ErfK/*Preis* BGB § 611a Rn. 45.

4. Einzelfallentscheidungen

Der beispielhafte Überblick über die Abgrenzungskriterien, die für die Bestimmung der Arbeitnehmereigenschaft heranzuziehen sind, zeigt, dass es eine Vielzahl möglicher Merkmale gibt. Dabei steht es dem einzelnen zur Entscheidung berufenen Gericht grundsätzlich frei, je nach Sachlage noch weitere oder differenziertere Kriterien zur Abgrenzung heranzuziehen. Hierbei gilt jeweils nur die Einschränkung, dass es **kein Einzelmerkmal** gibt, welches aus der Vielzahl möglicher Merkmale **unverzichtbar** vorliegen muss.[33] In ständiger Rechtsprechung betont das Bundesarbeitsgericht sogar, dass abstrakte, für alle Arbeitsverhältnisse geltende Kriterien sich nicht aufstellen lassen. Vielmehr hängt es von der Eigenart der jeweiligen Tätigkeit ab. Es ist deshalb aus Gründen der Praktikabilität und der Rechtssicherheit in jedem Einzelfall unvermeidlich, die unselbstständige Tätigkeit typologisch abzugrenzen.[34] Da es keine abstrakten, für alle Arbeitnehmer gleichermaßen geltenden Kriterien gibt, sind bei der Einzelfallabwägung vor allem auch die Eigenarten der jeweiligen Tätigkeit zu berücksichtigen. Bei der Abgrenzung abhängiger Beschäftigung von freier Mitarbeit sind somit die das jeweilige Rechtsverhältnis prägenden charakteristischen Merkmale gegeneinander abzuwägen, wie sie sich aus dem Inhalt des Beschäftigungsvertrages sowie insbesondere der praktischen Durchführung und Gestaltung der Vertragsbeziehung ergeben.

Die Vielzahl und Vielschichtigkeit der Abgrenzungskriterien zeigt aber auch, dass im Einzelfall ein **großer Spielraum** für das zur Entscheidung berufene Gericht besteht. Es kann zum einen bereits durch die Auswahl der Einzelkriterien bzw. das Weglassen einzelner Gesichtspunkte eine Wertung vornehmen. Daneben besteht der eigentliche Spielraum, wenn es um die Gewichtung des einzelnen Merkmals geht. So ist es zwar für die Betroffenen ärgerlich, aber nicht verwunderlich, dass vergleichbare Sachverhalte von unterschiedlichen Gerichten teilweise abweichend beurteilt werden.

Checkliste zur Überprüfung der Abgrenzungskriterien

Arbeitsverhältnis	Freies Mitarbeiterverhältnis
☐ Weisungsrecht des Arbeitgebers hinsichtlich • Arbeitsort • Arbeitszeit • Fachlich (eingeschränkt)	☐ Kein Weisungsrecht des Auftraggebers
☐ Eingliederung in den Betrieb • Zuweisung eines Büros • Überlassung von Arbeitsgeräten • Gewährung von Darlehen für Anschaffung von Produktionsmitteln • Einordnung in Organisation und Hierarchie beim Arbeitgeber • Pflicht zur Vertretung von Kollegen	☐ Keine Eingliederung • Eigene Betriebsstätte • Eigene Betriebsmittel • Einsatz eigenen Kapitals
☐ Leistungserbringung in eigener Person	☐ Tatsächliche Beschäftigung von Mitarbeitern ☐ Vertraglich festgelegte Befugnis zum Einsatz von Hilfspersonen
☐ Verpflichtung, angebotene Aufträge anzunehmen	☐ Unternehmerisches Auftreten am Markt • Eigene Werbemaßnahmen und Kundenakquisitionen • Unternehmerisches Risiko

---

[33] BAG 15.3.1978 – 5 AZR 818/76, AP BGB § 611 Abhängigkeit Nr. 25.
[34] BAG 11.8.2015 – 9 AZR 98/14, NZA-RR 2016, 288.

Arbeitsverhältnis	Freies Mitarbeiterverhältnis
☐ Aufnahme in einen Dienstplan • Festlegung von echten Dienstplänen	☐ Einheitliche Behandlung von freien Mitarbeitern und Arbeitnehmern • Wichtig bei Beauftragung unterschiedlicher Personengruppen mit gleichartigen Aufgaben • Aufnahme in Organisations- und Raumbelegungspläne
☐ Berichterstattungspflichten	
☐ Gesamte Arbeitskraft geschuldet	
☐ Dauerrechtsverhältnis	
☐ Konkurrenzverbot	
☐ Festvergütung	☐ Projektbezogene Vergütung ☐ Stundenhonorar ☐ Ausweisen von Mehrwertsteuer ☐ Eine im Vergleich zu Festangestellte überdurchschnittlich hohe Vergütung
☐ Abführen von Lohnsteuer und Sozialversicherungsbeiträgen (durch den Arbeitgeber)	
☐ Führung von Personalakten	
☐ Entgeltfortzahlung im Krankheitsfall	
☐ Gewährung von Urlaub	
☐ Entgeltfortzahlung im Urlaub	
	☐ Anmeldung eines Gewerbes

5. Fallgruppen

33 Im Folgenden werden wichtige **typische Fallgruppen anhand von Entscheidungen der Arbeitsgerichte** aus der Praxis dargestellt. Da, wie bereits oben ausgeführt, der Eigenart der jeweiligen Tätigkeit bei der Bestimmung des Vertragsstatus eine wichtige Rolle zukommt, sind mit dieser berufsgruppenspezifischen Auflistung Erleichterungen für die Praxis verbunden:

34 a) **Schul- und Bildungssektor.** Der wichtigste Grundsatz im Bereich des Schul- und Bildungssektors wurde vom BAG in der Entscheidung vom 24.6.1992[35] aufgestellt. Danach sind **Lehrkräfte an allgemeinbildenden Schulen in aller Regel Arbeitnehmer**, unabhängig davon, ob es sich um eine hauptberufliche oder um eine nebenberufliche Tätigkeit handelt.[36] Begründet wird diese Grundaussage damit, dass Lehrer an allgemeinbildenden Schulen in aller Regel in ein dichtes Regelwerk an Gesetzen, Verordnungen und Richtlinien in Bezug auf die Unterrichtsziele sowie Art und Umfang des Unterrichts zwingend eingebunden sind. Dies führt zu einer erheblichen persönlichen Abhängigkeit der Lehrkraft vom Unterrichtsträger. Dieser Grundsatz gilt auch für Lehrer an Abendgymnasien, die regelmäßig als Arbeitnehmer des Schulträgers angesehen werden.[37]

35 Bei **Lehrkräften an Musikschulen sowie Dozenten der Volkshochschule und in der beruflichen Bildung** wird dagegen von der Rechtsprechung regelmäßig **differenziert** mit der Fol-

---

[35] BAG 9.7.2003 – 5 AZR 595/02, NZA-RR 2004, 9; BAG 24.6.1992 – 5 AZR 384/91, NZA 1993, 174.
[36] BAG 20.1.2010 – 5 AZR 106/09, BeckRS 2010, 67436.
[37] BAG 12.9.1996 – 5 AZR 104/95, NZA 1997, 600.

ge, dass sowohl die Tätigkeit als Arbeitnehmer als auch eine Beschäftigung als freier Mitarbeiter in Betracht kommen kann. Maßgeblich für die Vertragsbestimmung ist in diesem Bereich jeweils der Grad der persönlichen Abhängigkeit des Mitarbeiters.[38]

Die Abgrenzung zwischen freiem Mitarbeiter einerseits und Arbeitnehmer andererseits nimmt das BAG in diesen Fällen nach den folgenden Kriterien vor: 36
- Umfang der Lehrtätigkeit sowie feste Verteilung der wöchentlichen Stunden;
- Zuteilung der Stunden durch die Schulleitung oder alternativ eigenständige Verteilung der Kurse durch die Lehrkräfte;
- interne Vertretung einer Lehrkraft bei krankheitsbedingtem Ausfall oder alternativ eigenständige Organisation der Vertretung durch die Lehrkraft;
- feste Monatsvergütung oder alternativ Vergütung der Lehrkraft anhand tatsächlich geleisteter Unterrichtsstunden;[39]
- Bestehen einer Urlaubsregelung und einer Lohnfortzahlung im Krankheitsfall;
- Notwendigkeit einer Urlaubsbeantragung der Lehrkraft bei der Schulleitung und einer Vorlage einer Arbeitsunfähigkeitsbescheinigung im Krankheitsfall;
- Verpflichtung der Lehrkraft zur Teilnahme an wöchentlichen Konferenzen, Prüfungen, Dienstbesprechungen, Fortbildungsveranstaltungen, Pausenaufsichten oder sonstigen Nebenarbeiten;[40]
- Verpflichtung der Lehrkraft zur Vertretung der Kollegen;[41]
- Eingliederung der Lehrkraft in den Schulbetrieb, wobei sich diese insbesondere im Rahmen eines vorhandenen Weisungsrechts der Schulleitung hinsichtlich Inhalt, Durchführung, Zeit, Dauer und Ort der Tätigkeit widerspiegelt.[42]

Eine persönliche Abhängigkeit der Lehrkräfte an Musikschulen, Volkshochschulen oder in der beruflichen Bildung wird dagegen verneint, wenn 37
- die Schüler keiner Unterrichtspflicht unterliegen, was regelmäßig bei einem fehlenden staatlich anerkannten Schulabschluss bejaht wird,
- nur stundenweise Unterricht erteilt wird,
- keine Vorgaben in methodisch-didaktischer Hinsicht erfolgen,
- die Lehrkraft die zeitliche Lage der Unterrichtsstunden (mit)gestalten kann,
- und im Wesentlichen keine Nebenpflichten durch Konferenztätigkeit, Dienstbesprechungen oÄ bestehen.

Unschädlich ist in diesem Zusammenhang allerdings das **Vorhandensein von Rahmenlehrplänen**, soweit die Lehrkraft in methodisch-didaktischer Hinsicht weitgehende Freiheit genießt.[43] 38

Diese Grundsätze haben im Bereich des Schul- und Bildungssektors zu **folgenden wesentlichen Entscheidungen der arbeitsgerichtlichen Rechtsprechung** geführt: 39
- Bei **Lehrkräften in Justizvollzugsanstalten**,[44] die Untersuchungshäftlinge außerhalb der Schulpflicht unterrichten, ist entscheidend,
 - wie intensiv sie in den Unterrichtsbetrieb eingebunden sind,

---

[38] BSG 14.3.2018 – B 12 R 3/17 R, BeckRS 2018, 7706 (Lehrkraft an einer städtischen Musikschule); BAG 21.11.2017 – 9 AZR 117/17, NZA 2018, 448 (Musikschullehrer an einer öffentlichen Musikschule); BAG 17.1.2006 – 9 AZR 61/05, NZA-RR 2006, 616; LSG BW 24.2.2015 – L 11 R 2016/13, BeckRS 2015, 67559 (Lehrer an einer Waldorfschule); LAG RhPf 22.5.2014 – 2 Sa 538/13, BeckRS 2014, 72139 (Klavierlehrer an einer privaten Musikschule); LSG Sachsen 21.3.2014 – 1 KR 179/09, BeckRS 2015, 71966.
[39] LSG BW 21.10.2014 – L 11 R 4761/13, BeckRS 2015, 65242 (Dozent an einer Sprachschule).
[40] BAG 19.11.1997 – 5 AZR 653/96, NZA 1998, 364; LSG BW 24.2.2015 – L 11 R 2016/13, BeckRS 2015, 67559 (Lehrer an einer Waldorfschule); LSG BW 21.10.2014 – L 11 R 4761/13, BeckRS 2015, 65242 (Dozent an einer Sprachschule).
[41] LSG BW 24.2.2015 – L 11 R 2016/13, BeckRS 2015, 67559 (Lehrer an einer Waldorfschule); LSG BW 21.10.2014 – L 11 R 4761/13, BeckRS 2015, 65242 (Dozent an einer Sprachschule).
[42] BAG 30.10.1991 – 7 ABR 19/91, NZA 1992, 407; vgl. auch LAG Hamm 11.1.2007 – 17 Sa 1631/06, BeckRS 2007, 41952.
[43] BAG 29.5.2002 – 5 AZR 161/01, BeckRS 2002, 41295; BAG 26.7.1995 – 5 AZR 22/94, NZA 1996, 477 (Lehrkraft an einer Volkshochschule); BAG 13.11.1991 – 7 AZR 31/91, NZA 1992, 1125; LSG BW 21.10.2014 – L 11 R 4761/13, BeckRS 2015, 65242 (Dozent an einer Sprachschule); LAG Köln 24.7.1991 – 2 Sa 896/90, siehe hierzu *Bauschke* RdA 1994, 209 (212).
[44] BAG 15.2.2012 – 10 AZR 301/10, NZA 2012, 731.

– in welchem Umfang sie den Unterrichtsinhalt, die Art und Weise der Unterrichtserteilung, ihre Arbeitszeit und die sonstigen Umstände der Dienstleistung mitgestalten können und

– inwieweit sie zu Nebenarbeiten herangezogen werden können.[45]

40 Sie sind jedenfalls dann **Arbeitnehmer**, wenn sich ihr Unterrichtseinsatz nach dem Stundenplan richtet und diese Arbeitszeit vom Arbeitgeber durch Weisung einseitig festgelegt wird. Zudem spricht für eine Arbeitnehmereigenschaft, wenn die Lehrkraft in den Ferien Unterricht nach Bedarf zu erteilen hat und von der Lehrkraft die ständige Dienstleistungsbereitschaft erwartet wird. Auch ist eine Lehrkraft dann in den Unterrichtsbetrieb eingegliedert, wenn die Schüler ihr zugewiesen werden und sie an die Zielsetzung des Unterrichts durch das Land gebunden ist.

- Bei der **Tätigkeit als Hausaufgabenbetreuung** im offenen Ganztag einer Schule liegt in der Regel dann eine **selbstständige Tätigkeit** vor, wenn die Hausaufgabenbetreuung inhaltlich nicht vorgegeben ist und keine Weisungen hinsichtlich der Arbeitszeit bestehen, sondern diese zuvor konkret zwischen den Parteien vereinbart werden.[46]
- **Volkshochschuldozenten,** die nur Zusatzunterricht erteilen, sind im Gegensatz zu Lehrkräften, die an allgemeinbildenden Schulen nebenberuflich tätig sind, meist **freie Mitarbeiter.** Dies gilt selbst dann, wenn es sich bei dem Unterricht um gegenseitig abgestimmte Kurse mit zuvor festgelegtem Programm handelt. Denn eine stärkere Einbindung von Schülern in ein Schul- oder Ausbildungssystem bedeutet auch eine stärkere persönliche Abhängigkeit der Lehrkräfte vom Unterrichtsträger. Ist die Verbindung zwischen Schüler oder Kursteilnehmer zum Unterrichtsträger deutlich lockerer – da etwa keine Schulpflicht besteht –, gibt es auch regelmäßig keine förmlichen Abschlüsse und die Kurse dienen oft nicht der Berufsvorbereitung. Den Lehrkräften kann daher in solchen Kursen mehr Spielraum belassen werden, was für die selbstständige Tätigkeit spricht.[47]
- Eine **wissenschaftliche Hilfskraft** oder ein **wissenschaftlicher Angestellter,** die bzw. der örtlich und zeitlich in die Arbeitsorganisation der Einrichtung eingebunden ist, ist **Arbeitnehmer.** Eine örtliche Einbindung ist dann anzunehmen, wenn die vereinbarte Tätigkeit nur an einem PC-Arbeitsplatz der Einrichtung erbracht werden kann, weil nur dort der Zugang zu einer bestimmten Fachsoftware besteht und es nicht gestattet ist, die Fachsoftware auf einen eigenen Rechner aufzuspielen, um die Tätigkeit auch an einem anderen Ort wahrnehmen zu können.[48]

41 **b) Rundfunk/Fernsehen.** Auch im Bereich Rundfunk/Fernsehen hängt nach Auffassung des BAG der Grad der persönlichen Abhängigkeit und damit die Abgrenzung des Arbeitsverhältnisses vom freien Mitarbeiterverhältnis von der Eigenart der jeweiligen Tätigkeit ab. Als wichtigste Grundaussage im Bereich Funk und Fernsehen gilt die Leitlinie des BAG, wonach zwischen **programmgestaltenden Tätigkeiten** und solchen, denen der Zusammenhang mit der Programmgestaltung fehlt, also **rundfunktypischen Mitarbeiten,** zu unterscheiden ist.[49]

42 Nicht programmgestaltende, bloße rundfunktypische Mitarbeiten liegen vor bei der Tätigkeit von

- Mitarbeitern in der Verwaltung,
- rein mechanischen Tätigkeiten von Personen, die zwar bei der Verwirklichung des Programms mitwirken, aber keinen inhaltlichen Einfluss darauf haben (Rundfunksprecher, Fernsehansager etc.) sowie
- betriebstechnischem Personal.

43 Bei diesen Tätigkeiten hat das BAG in der Vergangenheit die Auffassung vertreten, diese ließen sich regelmäßig nur in Arbeitsverhältnissen ausführen. Nach neuerer Rechtsprechung

---

[45] LAG Düsseldorf 18.11.2011 – 8 Sa 257/11, BeckRS 2012, 72493.
[46] LAG SchlH 13.11.2013 – 6 Sa 370/12, BeckRS 2013, 75029; LAG Düsseldorf 18.3.2013 – 9 Sa 1746/12, BeckRS 2013, 69036.
[47] BAG 9.3.2005 – 5 AZR 493/04, BeckRS 2005, 41428; LAG Düsseldorf 18.11.2011 – 8 Sa 257/11, BeckRS 2012, 72493.
[48] BAG 25.9.2003 – 10 AZR 282/12, NZA 2013, 1348.
[49] BAG 30.11.1994 – 5 AZR 704/93, NZA 1995, 622; BAG 15.3.1978 – 5 AZR 819/76, BeckRS 9998, 180125; *Bezani* NZA 1997, 856; *Meiser/Theelen* NZA 1998, 1041; *Wrede* NZA 1999, 1019.

des 10. Senats soll es sich dabei jedoch nicht um die Aufstellung einer verbindlichen rechtlichen Regel handeln, also um einen Rechtssatz in dem Sinne, dass mit dem Fehlen der programmgestaltenden Qualität eines Rundfunkmitarbeiters zugleich dessen Status als Arbeitnehmer feststünde und es entbehrlich wäre, die Arbeitnehmereigenschaft von nicht programmgestaltenden Mitarbeitern anhand eigener Kriterien zu überprüfen, sondern um einen Erfahrungswert. So werden nicht programmgestaltende Mitarbeiter lediglich häufiger die Kriterien eines Arbeitnehmers erfüllen, als es bei programmgestaltenden Mitarbeitern zu erwarten sei.[50]

Programmgestaltende Tätigkeit liegt dagegen vor bei den Mitarbeitern, die unmittelbar 44 mit der inhaltlichen Herstellung einzelner Beiträge befasst sind. Dies wird generell bejaht bei
- Regisseuren,
- Kommentatoren sowie
- Moderatoren.

Auch im Bereich der programmgestaltenden Tätigkeiten ist **sowohl** die Tätigkeit auf 45 Grund eines **Arbeitsverhältnisses als auch** auf Grund eines **freien Mitarbeitervertrages** möglich. Diese Argumentation hat jüngst auch das LAG Baden-Württemberg in seiner Entscheidung vom 3.6.2019[51] aufgegriffen und dabei sogar für den Fall einer programmgestaltenden Tätigkeit – welche allerdings nicht den wesentlichen Bestandteil der Beschäftigung ausmachte – festgestellt, dass hierdurch nicht automatisch ein freies Mitarbeiterverhältnis begründet wird, sondern weiterhin von einem abhängig beschäftigten Arbeitsverhältnis ausgegangen werden kann. Die verfassungsrechtliche Problematik, inwieweit sich der durch Art. 5 Abs. 1 S. 2 GG gewährleistete verfassungsrechtliche Schutz der Freiheit des Rundfunks auf das Recht zur Vertragsgestaltung für die Rundfunkanstalten auswirkt, hat das Bundesverfassungsgericht in den Grundsatzentscheidungen vom 18.2.2000[52] und 22.8. 2000[53] geklärt. Danach verlangt die Rundfunkfreiheit nicht ausdrücklich den Verzicht auf jeden Sozialschutz programmgestaltender Mitarbeiter. Vielmehr steht die Rundfunkfreiheit nur arbeitsrechtlichen Regelungen und einer entsprechenden arbeitsgerichtlichen Rechtsprechung nur entgegen, wenn diese den Rundfunkanstalten die zur Erfüllung ihres Programmauftrags notwendige Freiheit und Flexibilität nehmen würde. Es ist von Verfassungs wegen daher nicht ausgeschlossen, auch im Rundfunkbereich von den für das Arbeitsrecht allgemein entwickelten Merkmalen abhängiger Arbeit auszugehen.

Für die Abgrenzung zwischen Arbeitsverhältnis einerseits und freier Mitarbeit andererseits werden im Wesentlichen folgende Gesichtspunkte berücksichtigt: 46
- Unterliegt der Mitarbeiter **inhaltlichen Weisungen** bei der Gestaltung seiner Programme und/oder der Auswahl seiner Studiogäste, spricht dies für ein Arbeitsverhältnis.
- Das **Angewiesensein auf technische Einrichtungen** und **Mitarbeiter** der Rundfunkanstalt ist für die Annahme einer freien Mitarbeiterstellung unschädlich.
- Die **Einteilung in Dienstpläne** spricht grundsätzlich[54] für ein Arbeitsverhältnis. Unschädlich für ein freies Mitarbeiterverhältnis ist dagegen die Aufnahme in Dispositions- und Raumbelegungspläne, die bei einem begrenzten Angebot der benötigten technischen Einrichtungen eines Senders auch für freie Mitarbeiter unumgänglich sind.
- Die **fristgerechte Herstellung** eines Manuskriptes für die Präsentation und die Realisierung der entsprechenden Sendungen spricht wegen des werkvertraglichen Charakters für sich nicht für ein Arbeitsverhältnis.
- Der **zeitliche Tätigkeitsumfang** eines Mitarbeiters ist für die Bestimmung des Vertragsstatus unbeachtlich.
- Ein freies Mitarbeiterverhältnis kann **auch als Dauerrechtsverhältnis** über 10 Jahre bestehen.[55]

---

[50] BAG 17.4.2013 – 10 AZR 272/12, NZA 2013, 903.
[51] LAG BW 3.6.2019 – 1 Sa 1/18, BeckRS 2019, 17089.
[52] BVerfG 18.2.2000 – 1 BvR 491, 562/93, NZA 2000, 653.
[53] BVerfG 22.8.2000 – 1 BvR 2121/94, NZA 2000, 1097.
[54] Ausnahme: BAG 20.9.2000 – 5 AZR 61/99, NZA 2001, 551 (Status eines Rundfunkmitarbeiters).
[55] BAG 19.1.2000 – 5 AZR 644/98, NZA 2000, 1102.

- Die **Prüfung** der formalen und sachlichen Richtigkeit **von Programmbeiträgen** durch die Rundfunkanstalt stellt nur die Erfüllung der Pflichten und Rügerechte als Dienst- oder Auftraggeberin dar und steht der Annahme eines freien Mitarbeiterverhältnisses nicht entgegen.[56]

47 Die oben dargelegten Grundsätze haben in der Rechtsprechung der Arbeitsgerichte zu folgenden **Einzelentscheidungen** geführt:
- Mitarbeiter des **fremdsprachlichen Dienstes einer Rundfunkanstalt** sind im Regelfall Arbeitnehmer.[57] Dies gilt auch dann, wenn ihre wöchentliche Arbeitszeit nur vier Stunden beträgt.[58]
- Ein Mitarbeiter, der als **Sprecher, Aufnahmeleiter, Übersetzer** und **Redakteur/Moderator** eingesetzt wird, gilt als Arbeitnehmer.[59]
- Ein **Bühnenbildner** mit betriebsüblicher Arbeitszeit und betrieblichem Arbeitsplatz ist als Arbeitnehmer zu qualifizieren.[60]
- **Redakteure und Reporter,** über deren Arbeitszeit vom Arbeitgeber verfügt wird, sind Arbeitnehmer.[61]
- Ein **Außenrequisiteur** einer Fernsehanstalt ist regelmäßig Arbeitnehmer.[62]
- Ein **Reporter mit Dienstbereitschaft,** der mit Festangestellten zusammenarbeitet und in den Sendebetrieb eingegliedert ist, ist regelmäßig Arbeitnehmer.[63]
- Eine **Journalistin** ist freie Mitarbeiterin, wenn sie ihre Beiträge im Wesentlichen frei konzipieren kann und die Rundfunkanstalt nur für die technische Umsetzung sorgt.[64]
- Ein **programmgestaltender Mitarbeiter,** der eine eigene Kinosendung moderiert, Kinofilme eigenständig auswählt und vorstellt sowie Studiogäste auswählt und befragt, ist freier Mitarbeiter. Dies gilt unabhängig davon, ob er zur Herstellung seines Beitrages auf technische Einrichtungen und Personal der Rundfunkanstalt angewiesen ist.[65]
- Ein **Hörfunkkorrespondent,** dem die regelmäßige Berichterstattung über politische, wirtschaftliche und kulturelle Themen der Landespolitik aus einem abgegrenzten Bereich übertragen ist und von dem die Rundfunkanstalt ständig Dienstbereitschaft erwartet, ist Arbeitnehmer.[66]
- Ein **Reporter/Interviewer** ist freier Mitarbeiter, wenn er sich sein Aufgabengebiet mit einem Kollegen teilt und die Aufgabenaufteilung und -abgrenzung der Mitarbeiter untereinander ausschließlich ihm überlassen bleibt, ohne dass der Auftraggeber darauf einen Einfluss nimmt.[67]
- Ein im Rahmen von Radiosendungen über Sportveranstaltungen beschäftigter **Sportreporter** ist kein Arbeitnehmer, selbst wenn er 31 Jahre lang regelmäßig am Wochenende eingesetzt wird, sofern der jeweilige Einsatz mit ihm abgesprochen ist.[68]
- Ein **Musikmoderator,** der im Wesentlichen zu übertragende Musiktitel auswählt, diese in der Sendung moderiert und dabei die von ihm außerhalb aufgenommenen Interviews einblendet, ist freier Mitarbeiter.[69]

---

[56] BAG 14.3.2007 – 5 AZR 499/06, NZA-RR 2007, 424.
[57] BAG 3.10.1975 – 5 AZR 162/74, AP BGB § 611 Abhängigkeit Nr. 15.
[58] BAG 11.3.1998 – 5 AZR 522/96, NZA 1998, 705.
[59] BAG 16.2.1994 – 5 AZR 402/93, NZA 1995, 21.
[60] BAG 3.10.1975 – 5 AZR 427/74, AP BGB § 611 Abhängigkeit Nr. 16.
[61] BAG 14.3.2007 – 5 AZR 499/06, NZA-RR 2007, 424; BAG 8.10.1975 – 5 AZR 430/74, AP BGB § 611 Abhängigkeit Nr. 18; LSG Sachsen 31.7.2015 – L 1 KR 73/10, BeckRS 2016, 72317.
[62] BAG 2.6.1976 – 5 AZR 131/75, AP BGB § 611 Abhängigkeit Nr. 20.
[63] BAG 17.4.2013 – 10 AZR 272/12, NZA 2013, 903; BAG 9.3.1977 – 5 AZR 110/76, AP BGB § 611 Abhängigkeit Nr. 21; ArbG Stuttgart 6.10.2014 – 11 Ca 2368/14, BeckRS 2014, 73576.
[64] BAG 27.2.1991 – 5 AZR 107/90, BeckRS 1991, 30736686.
[65] BAG 19.1.2000 – 5 AZR 644/98, NZA 2000, 1102; BAG 30.11.1994 – 5 AZR 704/93, NZA 1995, 622.
[66] BAG 7.5.1980 – 5 AZR 293/78, AP BGB § 611 Abhängigkeit Nr. 35.
[67] LAG Köln 29.7.1994 – 13 Sa 84/94, DStR 1995, 578.
[68] BAG 14.3.2007 – 5 AZR 499/06, NZA-RR 2007, 424 (Sportredakteur einer öffentlich-rechtlichen Rundfunk- und Fernsehanstalt); BAG 22.4.1998 – 5 AZR 191/97, NZA 1998, 1275.
[69] BAG 11.12.1985 – 5 AZR 435/84, BeckRS 1985, 30715478; BAG 21.9.1977 – 5 AZR 373/76, AP BGB § 611 Abhängigkeit Nr. 24.

- **Kameraassistenten** sind in aller Regel Arbeitnehmer.[70]
- **Fernsehansager** und **Fernsehreporter** können sowohl als freie Mitarbeiter als auch im Rahmen eines Arbeitsverhältnisses tätig werden.[71]
- **Cutter**, die den Schnitt so vorzunehmen haben, wie es den Vorstellungen des jeweiligen Autors oder Redakteurs entspricht, und die ihre Tätigkeiten in den eigenen Räumen der Rundfunkanstalt vornehmen, sind regelmäßig Arbeitnehmer. Dies gilt umso mehr, wenn für die Mitarbeiter keine Möglichkeit besteht, die Anfangs- und Endzeit ihrer Tätigkeit selbst zu bestimmen, sondern dieser Arbeitsrhythmus und die Reihenfolge der Arbeiten von der Rundfunkanstalt selbst vorgegeben sind.[72]

Frischen Wind hat die Rechtsprechung im Bereich des Films und Fernsehens durch zwei 48
neuere Entscheidungen des LSG Baden-Württemberg[73] bekommen, welche den sozialversicherungsrechtlichen Status eines Sprechers sowie eines Übersetzers betrafen. Das LSG nahm hier jeweils ein **freies Mitarbeiterverhältnis** an, und zwar **unabhängig davon**, ob die Tätigkeit **als programmgestaltend einzuordnen** ist oder nicht. Diesen Punkt hat es gänzlich offengelassen. Das LSG führte insbesondere aus, dass eine Tätigkeit als Sprecher oder Übersetzer zwar möglicherweise in einer Vielzahl von Fällen im Rahmen einer abhängigen Beschäftigung erfolgt. Jedoch könne allein diese Beurteilung für den vorliegenden Einzelfall nicht maßgeblich sein, da ansonsten außerhalb der klassischen freien Berufe kein Raum mehr für eine freie Mitarbeit verbliebe. Es komme vielmehr auf die konkrete Aufgabenstellung und Tätigkeit der betreffenden Mitarbeiter als Sprecher bzw. Übersetzer an, sodass allein anhand dessen der Status zu bestimmen sei. Die Frage, ob die betreffenden Mitarbeiter als programmgestaltend angesehen werden können, wurde vom LSG völlig offengelassen. Es betonte darüber hinaus auch, dass zwischen arbeitsrechtlichen Weisungen und Vorgaben, die sich aus dem Vertragstext ergeben, strengstens zu differenzieren sei. Selbst wenn etwa ein Mitwirkender Vorgaben des Regisseurs zu beachten hatte, so rechtfertige dies nicht zwingendermaßen die Annahme einer arbeitsrechtlichen Weisungsbefugnis. Solche Vorgaben könnten vielmehr auch für eine notwendige Leitungsbefugnis sprechen, die ebenso gegenüber freien Mitarbeitern wie gegenüber Arbeitnehmern bestehen kann.

Das BAG hatte in zwei jüngeren Entscheidungen vom 17.4.2013[74] Gelegenheit, zum Sta- 49
tus nicht programmgestaltender Mitarbeiter von Rundfunkanstalten auszuführen. Dabei konstatierte das BAG, dass es generell **an der Unterscheidung** zwischen programmgestaltender und nicht programmgestaltender Tätigkeit **festhalte**. Die Grundaussage, dass nicht programmgestaltende Tätigkeit in Rundfunkanstalten stets nur in einem Arbeitsverhältnis ausführbar sei, hält der Senat dagegen nicht mehr aufrecht, sondern sieht darin lediglich einen Hinweis für einen Erfahrungswert (→ Rn. 41).

c) Kunst/Kultur/Lektorat. Wie die Tätigkeit eines programmgestaltenden Mitarbeiters in 50
Rundfunk und Fernsehen ist auch die Tätigkeit eines Lektors nach Auffassung des BAG der Art nach sowohl im Arbeitsverhältnis als auch in einem freien Mitarbeiterverhältnis denkbar. Wie bei sonstigen vergleichbaren Tätigkeiten sind die Gesamtumstände des Einzelfalls entscheidend dafür, welcher Status des Mitarbeiters vorliegt, wobei diesbezüglich im Wesentlichen auf die Kriterien zur programmgestaltenden Tätigkeit verwiesen werden kann → Rn. 36 ff.

In der Rechtsprechung hat dies zu folgenden **Einzelfallentscheidungen** geführt:
- Ein für die Herausgabe einer Buchreihe beauftragter **Lektor** eines Verlages, der den wesentlichen Teil seiner Aufgaben in selbstbestimmter Arbeitszeit und an selbstgewählten Arbeitsorten verrichtet, ist freier Mitarbeiter. Daran ändert sich nichts, so das BAG, wenn der Mitarbeiter aufgrund gelegent-

---

[70] BAG 22.4.1998 – 5 AZR 191/97, NZA 1998, 1275; LAG RhPf 14.3.2019 – 2 Sa 285/18, BeckRS 2019, 18150; vgl. auch LAG SchlH 1.12.2015 – 1 Sa 439b/14, BeckRS 2016, 66736.
[71] BAG 27.2.1991 – 5 AZR 107/90, BeckRS 1991, 30736686; BAG 14.6.1989 – 5 AZR 346/88, BeckRS 1989, 30896012.
[72] BAG 17.4.2013 – 10 AZR 272/12, NZA 2013, 903.
[73] LSG BW 17.1.2012 – L 11 R 5683/09, BeckRS 2012, 71046; LSG BW 17.1.2012 – L 11 R 5681/09, BeckRS 2012, 71045; Joch/Wenninger ZUM 2012, 538.
[74] BAG 17.4.2013 – 10 AZR 272/12, NZA 2013, 903; BAG 17.4.2013 – 10 AZR 668/12, BeckRS 2013, 71103.

lich notwendiger Zusammenarbeit auf die Arbeitszeit der Verlagsangestellten Rücksicht nehmen muss.[75]
- Eine **Korrekturleserin**, die sich bei der Bearbeitung von Manuskripten an Endtermine zu halten hat und die Korrekturarbeiten im Betrieb der Verlagsgesellschaft vornehmen muss, ist als Arbeitnehmerin einzustufen.[76]
- **Bildberichterstatter in Zeitungsredaktionen** sind keine Arbeitnehmer, wenn sie in der Übernahme der Fototermine frei sind. Dies gilt auch dann, wenn sie für eine festgelegte Anzahl von Bildern pauschal entlohnt werden.[77] Dagegen sind Fotoreporter einer Zeitungsredaktion Arbeitnehmer, wenn sie in die Pläne aufgenommen werden.[78]
- **Personen, die wissenschaftliche Literatur auswerten,** sind keine Arbeitnehmer, wenn sie im häuslichen Arbeitszimmer arbeiten.[79]
- Ein **Musiker in einer Orchestergesellschaft** ist Arbeitnehmer, wenn er im Wesentlichen wie andere im Anstellungsverhältnis beschäftigte Musiker in den Orchesterbetrieb eingegliedert und zur regelmäßigen Mitwirkung an einem Musical-Orchester verpflichtet ist.[80]
- **Schauspieler** sind Arbeitnehmer, wenn sie mit dem Theater einen Vertrag für eine ganze Spielzeit abgeschlossen haben.[81]
- Hilft ein **Orchestermusiker** in anderen Orchestern des gleichen Orchesterträgers aus, so liegt ein Arbeitsverhältnis vor.[82] Spielt ein Musiker dagegen nur nebenberuflich in seiner Freizeit und auch nur aushilfsweise an einzelnen Aufführungen in einem Orchester mit, kann dies als freie Mitarbeit gewertet werden, weil es dann an einer Eingliederung in den Betrieb des Orchesterträgers fehlt.[83]
- **Zirkusartisten** sind keine Arbeitnehmer, wenn der Vertrag eine präzise Beschreibung der Leistung enthält, sodass dem Zirkus für ein die geschuldete Leistung ausgestaltendes Weisungsrecht kein Raum mehr verbleibt sowie keine vertragliche Verpflichtung besteht, die geschuldete Leistung in Person zu erbringen. An einer persönlichen Abhängigkeit der Artisten mangele es selbst dann, wenn diese ihre Leistung während der von dem Zirkus angesetzten Vorstellungen erbringen müssen, da die Darbietung von Zirkusnummern naturgemäß nur im Rahmen von Zirkusvorstellungen aufzuführen ist.[84]

51 d) **Medizin.** Im medizinischen Bereich spielte die Problematik der Scheinselbstständigkeit in den letzten Jahren eine zunehmende Rolle. **Pharmaberater** sind je nach ihrer zeitlichen Inspruchnahme und Berichterstattungspflichten Arbeitnehmer oder freie Mitarbeiter. Bei zeitlich hoher Beanspruchung (mindestens 10 Arztbesuche pro Arbeitstag, zweimal wöchentliche Anfertigung von Besuchsberichten) ist regelmäßig von einem Arbeitsverhältnis auszugehen.[85]

52 Der **Chefarzt** ist trotz seiner fachlichen Kompetenz und damit verbundenen eingeschränkten fachlichen Weisungsgebundenheit als Arbeitnehmer einzustufen.[86] **Betriebsärzte** können dagegen sowohl im Rahmen eines freien Mitarbeiterverhältnisses als auch als Arbeitnehmer tätig werden.[87]

53 Probleme bereitete in letzter Zeit die rechtliche Einordnung sogenannter **Honorarärzte**. Unter Honorarärzten versteht man Fachärztinnen und Fachärzte, die in medizinischen Einrichtungen (zeitlich befristet) freiberuflich auf Honorarbasis tätig sind.[88] Honorarärzte fin-

---

[75] BAG 27.3.1991 – 5 AZR 194/90, NZA 1991, 933.
[76] LAG RhPf 12.3.2015 – 3 Sa 437/14, BeckRS 2015, 70512.
[77] BAG 29.1.1992 – 7 ABR 25/91, AP BetrVG 1972 § 5 Nr. 47.
[78] BAG 16.6.1998 – 5 AZN 154/98, NZA 1998, 839.
[79] BAG 25.3.1992 – 7 ABR 52/91, NZA 1992, 899.
[80] BAG 7.5.1980 – 5 AZR 593/78, AP BGB § 611 Abhängigkeit Nr. 36; BAG 3.10.1975 – 5 AZR 427/74, AP BGB § 611 Abhängigkeit Nr. 16.
[81] BMF-Schreiben vom 5.10.1990, BStBl. 1990 I 638.
[82] LAG Hessen 14.12.1990 – 13 Sa 1563/89, abrufbar bei juris.
[83] LSG Bayern 18.1.2011 – L 5 R 949/08, BeckRS 2011, 75025.
[84] BAG 11.8.2015 – 9 AZR 98/14, NZA-RR 2016, 288.
[85] LAG Düsseldorf 6.3.1991 – 4 Ta BV 119/90, FHZivR 38 Nr. 1691; LAG Hamm 13.10.1989 – 5 Sa 746/89, FHZivR 36 Nr. 1569; LAG Hamm 5.10.1989 – 16 Sa 762/89, FHZivR 36 Nr. 1568.
[86] BAG 24.10.1963 – 2 AZR 396/62, AP BGB § 611 Ärzte, Gehaltsansprüche Nr. 26; BAG 27.7.1961 – 2 AZR 255/60, NJW 1961, 2085.
[87] Für einen selbstständigen Betriebsarzt siehe BSG 9.12.1981 – 12 RK 4/81, FHArbSozR 28 Nr. 6281 (Ls.); LAG Köln 25.8.1999 – 2 Sa 611/99, BeckRS 1999, 31014118; LAG München 2.8.1984 – 7 Sa 632/83, NJW 1985, 696; ArbG Ludwigshafen 7.4.1998 – 1 Ca 2751/97, BeckRS 1998, 30898844.
[88] Definition des Bundesverbandes der Honorarärzte e. V., abrufbar unter http://www.bv-honoraraerzte.de, zuletzt abgerufen am 29.1.2020.

den sich somit in Kliniken, Praxen/medizinischen Versorgungszentren sowie auch Forschungseinrichtungen, Institutionen bzw. bei Rettungsdienstorganisationen. Der Einsatz ist häufig projektbezogen und oft zeitlich begrenzt. Es kann sich aber auch um Kooperationen zwischen Krankenhäusern und niedergelassenen Ärzten handeln.[89]

Das BSG[90] hatte sich bei einem in einer **Gemeinschaftspraxis** tätigen Vertragsarzt beispielsweise dahingehend ausgesprochen, dass hier eine abhängige Beschäftigung, nicht hingegen eine selbstständige Tätigkeit vorliege. Der Kooperationsvertrag zur Regelung der Gemeinschaftspraxis sah vor, dass der Vertragsarzt ein wöchentliches Festgehalt erhielt und von allen Honorarkürzungs- und Regressansprüchen der Patienten freigestellt wurde. Er trug damit nach den Feststellungen des BSG kein wirtschaftliches Risiko und wurde an dem wirtschaftlichen Erfolg der Praxis nicht beteiligt. Das BSG sah es als gegeben an, dass der Kooperationsvertrag ein abhängiges Beschäftigungsverhältnis begründe und somit auch die Sozialversicherungspflicht des Arztes zu bejahen sei.

In einem ähnlich gelagerten Fall hat das LSG Baden-Württemberg mit Urteil vom 12.12.2014 einem in einer **Gemeinschaftspraxis** tätigen **Zahnarzt** eine abhängige Beschäftigung bescheinigt.[91] Begründet hat dies das Gericht damit, dass es sich nicht um eine gleichberechtigte vertragszahnärztliche Tätigkeit gehandelt habe. So sei der Juniorpartner in die Betriebsorganisation des Seniors eingegliedert gewesen, da er die Öffnungszeiten der Praxis zu beachten hatte, die Praxiseinrichtung und die Materialien nutze, ohne selbst Miteigentum an der Praxiseinrichtung zu haben (kein Kapitaleinsatz und kein Unternehmerrisiko) und er eine garantierte Vergütung beanspruchen konnte.

Hinsichtlich der Tätigkeit von **Honorarärzten in Kliniken,** wie sie derzeit in vielen Konstellationen vorgefunden wird, gab es lange Zeit keine höchstrichterliche Entscheidung. Infolgedessen ließen sich zahlreiche – auch divergierende – Entscheidungen von Instanzgerichten, die es der Praxis nicht einfacher machten, einen entsprechenden rechtssicheren Einsatz vorzunehmen, vorfinden. Ein besonders eindrucksvolles Beispiel voneinander abweichender Entscheidungen von Instanzgerichten lieferten das SG Berlin mit den Urteilen vom 10.2.2012[92] und 26.2.2014[93] sowie das SG Mannheim in seinem Urteil vom 23.2.2016[94] und das LSG Baden-Württemberg in dem Urteil vom 17.4.2013.[95] In den Entscheidungen ging es jeweils um die Tätigkeit eines Anästhesisten, welcher in den Urteilen des SG Berlin und SG Mannheim als selbstständig, vom LSG Baden-Württemberg dagegen als abhängig beschäftigt eingestuft wurde. Auch der Beschluss des BSG vom 1.8.2016[96] konnte hierzu keine höchstrichterliche Antwort geben. Das BSG hat in diesem Beschluss lediglich deutlich gemacht, dass die eingelegte Nichtzulassungsbeschwerde unzulässig war und dass es sich inhaltlich mit der Tätigkeit eines Honorararztes gar nicht befasst hat. Damit blieb es zunächst beim Status quo, dass es keine höchstrichterliche Entscheidung zum sozialversicherungsrechtlichen Status von Honorarärzten gab.[97] Eine weitere, jüngere divergierende Entscheidung hat das LSG Hessen mit Urteil vom 11.4.2019 getroffen.[98] Hierbei ging es um den sozialversicherungsrechtlichen Status einer Notärztin im Rettungsdienst, welche eine Rahmenvereinbarung geschlossen hatte und immer nur auf Einzelaufträge hin tätig wurde. Das LAG Hessen stellte in diesem Zusammenhang fest, dass bei Rahmenverträgen für die Beurteilung des sozialversicherungsrechtlichen Status grundsätzlich allein auf den jeweiligen abzuschließenden Einzelauftrag abzustellen ist.

---

[89] Siehe dazu etwa *Altendorfer/Heppekausen* NZS 2011, 493; *Clemens* MedR 2011, 770; *Powietzka/Bölz* KrV 4/12, 137; zur Zulässigkeit des Einsatzes nicht fest angestellter Ärzte insbesondere bei ambulanten Operationen s. BSG 23.3.2011 – B 6 KA 11/10 R, BeckRS 2011, 74135.
[90] BSG 23.6.2010 – B 6 KA 7/09 R, BeckRS 2010, 74032.
[91] LSG BW 12.12.2014 – L 4 R 1333/13, BeckRS 2015, 65666.
[92] SG Berlin 10.2.2012 – S 208 KR 102/09, BeckRS 2012, 68636.
[93] SG Berlin 26.2.2014 – S 208 KR 2118/12, BeckRS 2014, 67253.
[94] SG Mannheim 23.2.2016 – S 5 R 3401/15.
[95] LSG BW 17.4.2013 – L 5 R 3755/11, BeckRS 2013, 68563.
[96] BSG 1.8.2016 – B 12 R 19/15 B, BeckRS 2016, 72157.
[97] Umfassend hierzu *Reiserer/Weiss-Bölz* DStR 2016, 2535.
[98] LSG Hessen 11.4.2019 – L 8 KR 487/17, BeckRS 2019, 11015.

57 Eine aufgrund dieser Divergenz der Instanzenrechtsprechung – sowie der damit einhergehenden Rechtsunsicherheit – in der Praxis lang ersehnte höchstrichterliche Entscheidung hat nun jüngst das **Bundessozialgericht** erstmals am 4.6.2019 in diversen Parallelentscheidungen getroffen.[99] Gegenstand der Entscheidung des 12. Senats war die Tätigkeit einer **Honorarärztin im Bereich der Anästhesie.** Die Anästhesistin erbrachte vom Krankenhaus angeforderte konsiliarärztliche Leistungen bei Patienten, die stationär oder ambulant versorgt wurden. Weiter war vereinbart, dass die Ärztin ihre Leistungen sowohl in Tagdiensten als auch im Rahmen von Bereitschaftsdiensten erbringt, d. h. dass sie innerhalb von 10 Minuten dienstbereit zur Verfügung steht. Zur Ableistung des Bereitschaftsdienstes wurde der Ärztin ein Dienstzimmer in der Klinik zur Verfügung gestellt. Die genauen Einsatzzeiten wurden nach den vertraglichen Regelungen mit dem zuständigen Chefarzt abgestimmt. Im Vertrag wurde explizit ausgeführt, dass die Ärztin ihre Leistungen selbstständig und höchstpersönlich erbringt. Weiter wurde festgehalten, dass die Ärztin sich verpflichtet, die im Krankenhaus zur Anwendung kommenden organisatorischen Regelungen einzuhalten. Dabei hatte sie sich nach der Vereinbarung auch an die Anweisungen und Vorgaben der Chefärzte zu halten. Eine entsprechende Dokumentation ihrer Tätigkeit war den Abteilungsärzten zwecks Aufnahme in die Krankengeschichte zur Verfügung zu stellen. Vergütet wurde die Ärztin nach geleisteten Stunden, wobei unterschiedliche Stundensätze von Tagdiensten und Bereitschaftsdiensten vereinbart waren. Die Tätigkeit war schließlich durch die Haftpflichtversicherung des Krankenhauses mit abgedeckt.

58 Im Ergebnis vertrat das BSG die Auffassung, dass die Anästhesistin abhängig beschäftigt gewesen sei und stützte dies im Wesentlichen auf deren Weisungsgebundenheit gegenüber der Klink und Eingliederung in deren Betriebsablauf. Insbesondere habe die vertraglich vereinbarte Tätigkeit einer näheren Konkretisierung bedurft und die Anästhesistin habe nicht von sich aus gewusst, was zu tun ist. Darüber hinaus habe der komplette organisatorische Rahmen der Tätigkeit in der Hand der Klinik gelegen, sodass die Ärztin nichts anderes eingesetzt habe als ihre Arbeitskraft. Auffällig ist zudem, dass das Bundessozialgericht das Argument der überdurchschnittlichen Vergütung[100] und das des Fachkräftemangels am Arbeitsmarkt nur sehr gering gewichtet hat.[101]

59 Neben der vorstehenden Entscheidung vom 4.6.2019 entschied das BSG ebenfalls am 4.6.2019 in einem ähnlich gelagerten Fall zum sozialversicherungsrechtlichen Status eines Bereitschaftsarztes in einer geriatrischen Rehabilitationsklinik.[102] Zusätzlich zu seiner Tätigkeit in der Rehabilitationsklinik war der Bereitschaftsarzt in einer niedergelassenen Praxis abhängig und in Vollzeit beschäftigt. Der streitgegenständlichen Geschäftsbeziehung lag ein Honorarvertrag über freie Mitarbeit zwischen der Klinik und dem Bereitschaftsarzt zugrunde. Darin war neben der zu erbringenden Tätigkeit auch vereinbart, dass keinerlei Verpflichtung zur Tätigkeit besteht, also insbesondere auch ein Ablehnungsrecht des Arztes. Für die tatsächlich geleistete Arbeit erhielt der Arzt ein Stundenhonorar. Auch in dieser Sache kam das BSG zu dem Ergebnis, dass der im Bereitschaftsdienst tätige Honorararzt einer abhängigen Beschäftigung nachgeht. Die Kasseler Richter begründeten ihre Entscheidung im Wesentlichen damit, dass eine die Tätigkeit derart prägende Eingliederung in die Organisations- und Weisungsstruktur des Krankenhauses bestünde, dass dies für den Arbeitnehmerstatus ausreiche. Anknüpfungspunkt war hierbei die ärztliche Tätigkeit in einem Krankenhaus an sich.[103]

60 Ein **Facharzt für Neurologie und Psychiatrie,** der drei Tage die Woche in einer Klinik tätig ist und hierfür monatliche Honorarzahlungen auf Stundenbasis erhält, hinsichtlich der ihm zugeteilten Patienten weisungsgebunden und sowohl zeitlich als auch örtlich in den Betrieb der Klinik eingegliedert ist, ist als abhängig beschäftigt anzusehen.[104]

---

[99] Stellvertretend BSG 4.6.2019 – B 12 R 11/18 R, NZA 2019, 1583.
[100] Vgl. hierzu BSG 31.3.2017 – B 12 R 7/15 R, BeckRS 2017, 114148.
[101] Kritisch zu den Entscheidungsgründen *Reiserer/Weiss-Bölz* DStR 2019, 2648.
[102] BSG 4.6.2019 – B 12 R 2/18 R, NJW 2019, 3020.
[103] Kritisch zu den Entscheidungsgründen *Reiserer/Weiss-Bölz* DStR 2019, 2648.
[104] LSG NRW 29.11.2006 – L 11 (8) R 50/06, BeckRS 2007, 41553; SG Dortmund 12.1.2006 – S 10 RJ 307/03, BeckRS 2006, 40629.

Bei einem **Arzt mit eigener Praxis,** der in einem Krankenhaus unter anderem Bereit- 61
schaftsdienste tätigt und sowohl hinsichtlich der Arbeitszeit als auch der Arbeitsgestaltung
frei ist, besteht kein Arbeitsverhältnis.[105] Diese Entscheidung des LAG Rheinland-Pfalz dürfte vor dem Hintergrund der vorstehenden höchstrichterlichen Entscheidung des BSG zum
Bereitschaftsarzt nunmehr mit Vorsicht zu genießen sein. Eine zwingende Auseinandersetzung mit den im Einzelfall gegebenen Umständen ist unvermeidlich.

Nach **Auffassung der Deutschen Rentenversicherung Bund** sind Honorarärzte nur in sehr 62
engen Grenzen selbstständig tätig. Die Tendenz der Deutschen Rentenversicherung geht derzeit dahin, dass die Honorarärzte in der Regel abhängig Beschäftigte sind. In der Praxis seien Honorarärzte regelmäßig in eine fremdbestimmte Arbeitsorganisation eingegliedert. Dies
gelte insbesondere in den Fallkonstellationen, in denen die Ärzte als Vertretung bzw. Urlaubs- oder Krankheitsvertretung zum Einsatz kommen. Unter Berücksichtigung der Gesamtumstände sei deshalb in der Regel von einer abhängigen Beschäftigung auszugehen.[106]
Entsprechenden Rückenwind hat die Deutsche Rentenversicherung Bund dabei insbesondere durch die beiden Entscheidungen des BSG vom 4.6.2019 erhalten.

Hauptberuflich bei verschiedenen Kurkliniken beschäftigte **externe Notärzte** ohne Ein- 63
bindung in die Organisationsstrukturen der Klinik sind selbstständig.[107]

In einer thematisch zum 4.6.2019 naheliegenden Entscheidung hat sich das BSG in einem 64
Revisionsverfahren aus dem Versicherungs- und Beitragsrecht mit der Frage auseinandergesetzt, ob **Honorarpflegekräfte** in stationären Pflegeeinrichtungen selbstständig oder sozialversicherungspflichtig beschäftigt sind.[108] Dem vom BSG entschiedenen Fall lag damit eine
ähnlich gelagerte Konstellation wie bei den Honorarärzten in Krankenhäusern (s. o.)
zugrunde.[109] Demzufolge kamen die Kasseler Richter auch hier zu der Auffassung, dass
Pflegekräfte regelmäßig sozialversicherungspflichtig Beschäftigte sind. Hieran ändere insbesondere auch ein etwaiger Mangel an Pflegefachkräften nichts.

e) **Versicherungsbranche/Handelsvertreter/Außendienst.** Seit die Diskussion um die Ab- 65
grenzung von Arbeitsverhältnissen zu freien Mitarbeiterverhältnissen und damit um die
Scheinselbstständigkeit entbrannt war, musste zunächst auch die Wirtschaft um die Wirksamkeit ihrer freien Handelsvertreterverträge oder Versicherungsverträge fürchten. Dies galt
spätestens seit der vielbeachteten Entscheidung des LAG Nürnberg vom 25.2.1998,[110] mit
der Versicherungsvertreter generell als Arbeitnehmer eingestuft worden waren. Da den Versicherungsvertretern unter anderem untersagt war, auch für andere Versicherungsunternehmen zu arbeiten, hatte sie das LAG damals zu Arbeitnehmern erklärt.

Das Bundesarbeitsgericht hat diese Rechtsprechung aufgehoben und am 15.12.1999[111] 66
gleich in mehreren Fällen wieder auf die Regelungen im Rahmen der gesetzlichen Vertragstypik zurückgegriffen. Ob ein Handelsvertreter oder Versicherungsvertreter (Einfirmenvertreter) Arbeitnehmer oder Selbstständiger ist, bestimmt sich seitdem wieder ausschließlich
nach § 84 Abs. 1 S. 2 und Abs. 2 HGB.[112] Danach ist selbstständig, wer im Wesentlichen seine Arbeitszeit frei bestimmen und seine Tätigkeit frei gestalten kann. Bei der Abgrenzung
zwischen Selbstständigen und Unselbstständigen ist dabei weder isoliert auf die von den
Parteien gewählte Einordnung des Vertrages oder die von diesen gewählte Bezeichnung als
Angestellter oder Handelsvertreter noch allein auf die tatsächliche Durchführung des Vertrags abzustellen. Entscheidend ist vielmehr gemäß der sogenannten Schwerpunkttheorie[113]

---

[105] LAG RhPf 3.5.2010 – 11 Ta 163/09, BeckRS 2010, 70230.
[106] Argumentation der Beklagten DRV iRv. BSG 4.6.2019 – B 12 R 2/18 R. NJW 2019, 3020.
[107] SG Detmold 17.11.2009 – S 8 (2) R 219/06, BeckRS 2010, 68534.
[108] BSG 7.6.2019 – B 12 R 6/18 R, BeckRS 2019, 12884.
[109] Ausführlich hierzu *Sittard/Mehrtens* NZA-RR 2019, 457.
[110] LAG Nürnberg 25.2.1998 – 4 Sa 670/97, BeckRS 1998, 30465586; *Kunz/Kunz* BuW 1998, 597.
[111] BAG 15.12.1999 – 5 AZR 566/98, NZA 2000, 447 und BAG 15.12.1999 – 5 AZR 770/98, NZA 2000, 481 und BAG 15.12.1999 – 5 AZR 3/99, NZA 2000, 534 mAnm *Reiserer* BB 2000, 1469; zum Handelsvertreter grds. *Lohr* NZA 2001, 126; *Hanau/Strick* DB 1998, Beilage 14 (Versicherungsdienst); *Hopt* DB 1998, 863; zum Handelsvertreter unter Beachtung der bisherigen Rechtsprechung vgl. *Schmidt/Schwerdtner* Scheinselbständigkeit Rn. 187 ff.
[112] LSG Nds-Brem 17.5.2017 – L 2 R 498/16, BeckRS 2017, 113064.
[113] Baumbach/Hopt HGB § 84 Rn. 36.

das Gesamtbild der vertraglichen Gestaltung und der tatsächlichen Handhabung.[114] Weitere Kriterien zur Annahme weitgehender organisatorischer Weisungsfreiheit sind das Bestehen eines eigenen Unternehmens, insbesondere eigener Geschäftsräume und Buchführung,[115] das Auftreten unter eigener Firma und Einsatz eigenen Personals[116] sowie die Möglichkeit, mehrere Unternehmen zu vertreten.[117] Das SG Karlsruhe hat in einer jüngeren Entscheidung vom 14.3.2017 im Hinblick auf das Weisungsrecht des Unternehmers ausgeurteilt, dass es darauf ankommt, ob dieses so stark ausgeprägt ist, dass der Beauftragte seine Tätigkeit wie ein Angestellter einrichten muss.[118] Weitere Gesichtspunkte aus der allgemeinen Abgrenzung zwischen Arbeitnehmern und freien Mitarbeitern, die bisher in der arbeitsgerichtlichen Rechtsprechung teilweise Einzug gefunden hatten, spielen hier keine Rolle mehr.

67 **Freie Arbeitszeit** bejaht der 5. Senat des BAG, wenn keine festen Dienststunden bestehen, also Anfang und Ende der Arbeitszeit frei regelbar sind. Wichtig ist ferner, dass kein zeitlich festgelegter Mindestumfang besteht und keine genauen Tourenpläne vorliegen, alles im Wesentlichen Selbstverständlichkeiten für Handels- und Versicherungsvertreter.

68 Die **freie Gestaltbarkeit der Tätigkeit** wird bejaht, wenn kein fester Arbeitsort vorgegeben ist, wobei die Zuweisung eines Arbeitsbezirkes sowie produktionsbezogene Vorgaben unschädlich sind. Besonders interessant ist an dieser Stelle die Aussage, dass die Vereinbarung eines Konkurrenzverbotes und sogar eines (praktisch) vollständigen Nebentätigkeitsverbotes sowie das Fehlen eines kaufmännischen Betriebes unschädlich sind, da alle drei Faktoren nicht „die Gestaltung der geschuldeten Tätigkeit, sondern das sonstige Verhalten des Mitarbeiters" regeln.

69 Auch in einer neueren Entscheidung hat das BAG[119] erneut klargestellt, dass die Tätigkeit eines Versicherungsvertreters sowohl selbstständig als auch im Rahmen eines Arbeitsverhältnisses erbracht werden kann, weswegen bei der Gesamtwürdigung auch die **Vertragstypenwahl** der Parteien zu berücksichtigen sei. Wenn die tatsächliche Handhabung nicht zwingend für ein Arbeitsverhältnis spreche, müssten sich die Parteien an dem von ihnen gewählten Vertragstypus festhalten lassen. Etwas anderes gelte nur dann, wenn eine oder beide Parteien im Geschäftsverkehr gänzlich unerfahren seien.

70 f) **Frachtführer/Spediteure.** Einen weiteren wichtigen Bereich der Berufsgruppen stellen die sogenannten Frachtführer oder Verkaufsfahrer dar. Hier handelt es sich um Einzelpersonen, die regelmäßig ohne weitere Mitarbeiter für eine Spedition oder auch für Bauunternehmer tätig sind. Für die Frage, ob die Frachtführer im Rahmen eines Arbeitsverhältnisses oder eines freien Mitarbeiterverhältnisses tätig sind, stellt die Rechtsprechung im Wesentlichen auf folgende Kriterien ab:[120]
- Welchen organisatorischen und inhaltlichen Unterweisungen unterliegt der Frachtführer bzw. Subunternehmer?
- Hat der Frachtführer bestimmte Arbeitszeiten und Zustellungszeiten einzuhalten?
- Muss die Frachtleistung höchstpersönlich erbracht werden oder kann die Arbeit auf Dritte delegiert werden?
- Wer stellt die Betriebsmittel, insbesondere das Fahrzeug, zur Verfügung?

71 Unter Berücksichtigung dieser Grundkriterien für die Abgrenzung zwischen Arbeitnehmerstellung und freier Mitarbeit bzw. Subunternehmerstellung hat die Rechtsprechung der Arbeitsgerichte folgende Einzelfälle entschieden:
- Ein Frachtführer, der nur für einen Auftraggeber fährt, ist kein Arbeitnehmer, wenn weder Dauer noch Beginn der täglichen Arbeitszeit vorgeschrieben sind und er die – nicht nur

---

[114] BAG 9.6.2010 – 5 AZR 332/09, NJW 2010, 2455; LAG Hamm 7.6.2017 – 14 Sa 936/15, BeckRS 2017, 123749; LAG Köln 13.2.2019 – 9 Ta 229/18, BeckRS 2019, 1953.
[115] OLG München 8.8.1957 – 6 U 997/57, NJW 1957, 1767.
[116] BAG 24.4.1980 – 3 AZR 911/77, AP HGB § 84 Nr. 1.
[117] OLG Celle 27.2.1958 – 7 U 89/57, MDR 58, 341.
[118] SG Karlsruhe 14.3.2017 – S 7 R 256/16, BeckRS 2017, 105086.
[119] BAG 9.6.2010 – 5 AZR 332/09, NZA 2010, 877; so auch LAG RhPf 10.11.2014 – 3 Sa 513/13, BeckRS 2015, 66246.
[120] Grds. beides möglich, so LSG BW 27.7.2016 – L 5 R 1899/14, BeckRS 2016, 71797.

theoretische – Möglichkeit hat, auch Transporte für eigene Kunden auf eigene Rechnung durchzuführen. Ob er diese Möglichkeit auch tatsächlich nutzt, ist unbeachtlich.[121]
- Eine Einzelperson als Frachtführer im Güternahverkehr, die ohne weitere Mitarbeiter nur für einen Spediteur tätig ist und beim Transport ein mit den Farben und dem Firmenzeichen des Spediteurs ausgestattetes Fahrzeug einsetzt, ist dann Arbeitnehmer, wenn seine Tätigkeit durch Weisungsrechte insbesondere zeitlicher Art stärker eingeschränkt wird, als es aufgrund gesetzlicher Regelungen oder versicherungsrechtlicher Obliegenheiten geboten ist.[122]
- Ein Transportunternehmer, der von seinem ehemaligen Arbeitgeber den LKW, mit dem er bisher gefahren ist, gemietet hat und hierfür eine Miete entrichtet, die von der pauschalen Vergütung in Abzug gebracht wird, ist als Arbeitnehmer einzustufen.[123]
- **Unterfrachtführer** oder **Kurierdienstfahrer** sind Arbeitnehmer, wenn sie in die Arbeitsorganisation eingegliedert sind.[124] Dagegen ist ein Kurierdienstfahrer, der alleine entscheidet, ob, wann und in welchem Umfang er tätig werden will, und für ausgeführte Frachtaufträge das volle vom Auftraggeber zu leistende Entgelt erhält, kein Arbeitnehmer.[125]

g) **Franchisenehmer/Agenturverträge.** Im Franchisevertrag wird dem Franchisenehmer, der im eigenen Namen und für eigene Rechnung tätig wird, gegen entsprechendes Entgelt gestattet, Namen, Waren, Schutzrechte, technische Ausstattung oÄ des Franchisegebers beim Vertrieb von Waren und Dienstleistungen gewerblich zu nutzen. Der Franchisevertrag ermöglicht es dem Franchisenehmer damit, das Geschäftskonzept und das Know-how gegen Zahlung eines Entgelts zu verwenden. 72

Obwohl an dem Franchiseverhältnis nach seiner Begriffsdefinition zwei selbstständige Unternehmer beteiligt sind, führt die **Art der Vertragsgestaltung** häufig dazu, dass der Franchisenehmer so stark persönlich vom Franchisegeber abhängig ist, dass seine Selbstständigkeit in Frage gestellt wird. In Anlehnung an die Grundsätze zur Abgrenzung von Arbeitsverhältnissen und freien Mitarbeiterverhältnissen hat daher die Rechtsprechung der Arbeitsgerichte auch im Bereich der Franchisenehmer mehr und mehr eine Überprüfung der Verträge vorgenommen. Hierbei wurden folgende wesentliche Gesichtspunkte herausgearbeitet: 73
- Hat der Franchisegeber jederzeit Zutritt beim Franchisenehmer und Einsichtsrechte in Geschäftsunterlagen?
- Unterliegt der Franchisenehmer Vorgaben bezüglich der Ladenöffnungszeiten?
- Wer entscheidet über die Einstellung von Personal?

Besondere Aufmerksamkeit hatte das Thema der Franchisenehmer im Zusammenhang mit Arbeitnehmereigenschaft und selbstständiger Tätigkeit im Rahmen der sog. *Eismann-Beschlüsse* gefunden. Unter Anwendung der allgemeinen Abgrenzungskriterien lagen dem BAG mehrfach Franchiseverträge von Tiefkühlkost-Verkaufsfahrern der Firma *Eismann* zur Begutachtung vor. In den folgenden Entscheidungen der Gerichte wurden die Kriterien der Abgrenzung einzelfallbezogen angewendet: 74
- **Tiefkühlkost-Verkaufsfahrer** mit eigens angemietetem Verkaufsfahrzeug *(Eismann)*, die einem engen Kontroll- und Weisungsrecht des Auftraggebers unterliegen, sind als Arbeitnehmer einzustufen.[126]
- **Partner einer Weinverkaufsagentur** haben Arbeitnehmereigenschaft, wenn der Franchisegeber jederzeit Zutritt während der Öffnungszeiten sowie ein Einsichtsrecht in die ein-

---

[121] BGH 21.10.1998 – 8 ZB 54/97, NZA 1999, 110; vgl. auch BFH 3.2.2000 – 5 B 129/99, NZA 2001, 22; BAG 30.9.1998 – 5 AZR 563/97, NZA 1999, 374.
[122] BGH 16.4.2014 – 1 StR 516/13, NZA-RR 2014, 367; BSG 11.3.2009 – B 12 KR 21/07 R, BeckRS 2009, 69002; BAG 19.11.1997 – 5 AZR 653/96, NZA 1998, 364; BGH 16.4.2014 – 1 StR 516/13, NJW 2014, 1975; LAG RhPf 5.3.2010 – 10 Ta 10/10, BeckRS 2010, 68185.
[123] LG München I 15.5.1997 – 17 HKO 759/97, NZA 1997, 943.
[124] LAG Köln 5.3.1997 – 4 Ta 253/96, BeckRS 1997, 30767530; LG München I 15.5.1997 – 17 HKO 759/97, NZA 1997, 943; LAG Hamburg 6.2.1990 – 3 Sa 50/89; ArbG Düsseldorf 20.5.1988 – 4 Ca 5858/87, FHArbSozR 35 Nr. 102; SG Duisburg 17.10.2019 – S 21 R 36/14, BeckRS 2019, 24904.
[125] BAG 27.6.2001 – 5 AZR 561/99, NZA 2002, 742.
[126] BGH 4.11.1998 – 8 ZB 12/98, NZA 1999, 53; BAG 16.7.1997 – 5 AZB 29/96, NZA 1997, 1126.

schlägigen Unterlagen hat, der Franchisenehmer zur Zusammenstellung über die Gesamtnettoumsätze verpflichtet ist, Ladenöffnungszeiten und damit Arbeitszeiten vorgeschrieben sind sowie keine eigene Buchhaltung vorliegt.[127]
- Ein **Weinverkaufsberater,** der über die Ladenöffnungszeiten selbst entscheidet, in der Entscheidung frei ist, welche Waren und in welcher Menge er diese aus dem Sortiment des Franchisegebers bezieht, sowie bei der Entscheidung über Einstellung von Mitarbeitern keinen Beschränkungen unterliegt, ist ein selbstständiger Franchisenehmer.[128]
- Ein **Kioskbetreiber** mit Postagentur ist kein Arbeitnehmer.[129]
- Eine als Franchisenehmerin auf Provisionsbasis tätige **Marktleiterin** ist selbstständig tätig.[130]
- Ein **Tankstellenpächter** ist selbstständig.[131]
- Die **Betreiberin eines „Backshops"** ist als Franchisenehmerin selbstständig, wenn sie keinen Weisungsrechten unterliegt und im Wesentlichen in der Gestaltung der Tätigkeit sowie der Bestimmung der Arbeitszeit frei ist.[132]

75 h) **Kommissionäre.** Kommissionäre sind ausnahmsweise Arbeitnehmer, wenn sie so in die Organisation des Kommittenten eingebunden sind, dass daneben eine Erwerbstätigkeit in nennenswertem Umfang nicht ausgeübt werden kann.[133]

76 In dem der Entscheidung zugrunde liegenden Fall waren feste Zeiten für Entgegennahme und Rückgabe restlicher Ware sowie für die Abrechnung festgelegt. Dabei ließ es das BAG offen, ob es sich um einen Arbeitnehmer oder eine arbeitnehmerähnliche Person handelt.

i) **Sportler**

77 - **Berufssportler** sind Arbeitnehmer, wenn sie ihre Leistungen in einem persönlichen Abhängigkeitsverhältnis erbringen, das über die durch die Vereinsmitgliedschaft begründete Weisungsgebundenheit hinausgeht.[134] Erbringt ein Fußballverein regelmäßige wirtschaftlich ins Gewicht fallende Zahlungen an einen Fußballspieler, dann spricht dies für die Begründung eines abhängigen Beschäftigungsverhältnisses.[135]
- **Vertragsamateure,** die lediglich eine Pauschale zur Abdeckung der Fahrtkosten erhalten, sind weder Arbeitnehmer noch arbeitnehmerähnliche Personen.[136] Dies gilt unabhängig davon, ob die Sportausübung auf mitgliedschaftlicher Basis erfolgt.[137] Ist der Vertragsamateur vertraglich verpflichtet, Vorbereitungs- und Meisterschaftsspiele zu bestreiten, oder werden in anderer Form Weisungen erteilt, die über die Vereinsmitgliedschaft hinausgehen, kann ein Arbeitsverhältnis vorliegen.[138]
- **Fußballtrainer** sind in der Regel Arbeitnehmer.[139] Etwas anderes gilt nur, wenn die Arbeitsdurchführung, insbesondere die Festlegung der Unterrichtsstunden, völlig in ihren Händen liegt.[140] Nebenberufliche Übungsleiter von Amateurvereinen sind dagegen in der

---

[127] LAG Düsseldorf 20.10.1987 – 16 TaBV 83/87, NJW 1988, 725.
[128] BAG 11.4.2000 – 9 AZR 94/99, BeckRS 2000, 30784281; BAG 21.2.1990 – 5 AZR 162/89, AP BGB § 611 Abhängigkeit Nr. 57.
[129] OLG Karlsruhe 22.7.1998 – 19 W 55/98, NZA-RR 1998, 463; LSG BW 21.1.2014 – L 11 R 2662/12, BeckRS 2014, 66980.
[130] BGH 27.1.2000 – 3 ZB 67/99, NZA 2000, 390.
[131] ArbG Mönchengladbach 19.1.2000 – 2 Ca 3647/99, NZA-RR 2000, 412.
[132] BSG 4.11.2009 – B 12 R 3/08 R, NJW 2010, 2539.
[133] BAG 8.9.1997 – 5 AZB 3/97, NZA 1997, 1302; BAG 16.7.1997 – 5 AZB 29/96, NZA 1997, 1126.
[134] BAG 10.5.1990 – 2 AZR 607/89, AP BGB § 611 Abhängigkeit Nr. 51.
[135] LSG Nds-Brem 5.7.2019 – L 2 BA 38/19 B ER, BeckRS 2019, 15965.
[136] LSG Bayern 17.1.2012 – L 5 R 589/10, BeckRS 2012, 66477; LAG Nürnberg 28.7.1998 – 2 Ta 55/98, BeckRS 1998, 30858420; LAG Nürnberg 27.1.1995 – 7 Ta 187/94, NZA-RR 1996, 1.
[137] OLG Stuttgart 17.11.1977 – 3 U 108/77, BeckRS 1977, 31365739.
[138] LSG BW 13.12.2013 – L 8 U 1324/13, BeckRS 2014, 65018; SG Leipzig 7.7.2014 – S 23 U 20/11, BeckRS 2016, 72111; ArbG Bielefeld 12.7.1989 – 2 Ca 2132/88, NZA 1989, 966.
[139] BAG 10.5.1990 – 2 AZR 607/89, AP BGB § 611 Abhängigkeit Nr. 51; LAG MV 7.7.2014 – 3 Ta 21/14, NZA-RR 2014, 492.
[140] LAG Hessen 27.10.1964 – 5 Sa 136/64, AP BGB § 611 Abhängigkeit Nr. 4; ArbG Kempten 5.11.1997 – 3 Ca 1317/97, BeckRS 1997, 30830642.

Regel als freie Dienstnehmer anzusehen.[141] Eine abhängige Beschäftigung eines Übungsleiters liegt dagegen ausnahmsweise dann vor, wenn dieser nicht ehrenamtlich, sondern gegen eine vertraglich geregelte Vergütung tätig ist, die zu trainierenden Mannschaften und die Trainingszeiten bzw. Hallenbelegungszeiten vom Verein festgelegt werden und er somit in die Organisationsstruktur des Sportvereins eingebunden ist.[142] Eine Tätigkeit als **Trainerassistent** in einem Sportverein kann sowohl im Rahmen eines Arbeitsverhältnisses als auch als selbstständige Tätigkeit geleistet werden. Liegen keine ausreichenden Anhaltspunkte dafür vor, dass es sich um eine abhängige Beschäftigung handelt, kann eine solche nicht allein aus der Bezeichnung der Tätigkeit als „Trainerassistent" oder „Co-Trainer" abgeleitet werden. Auch wenn der Trainerassistent in einem bestimmten Umfang den Weisungen des Cheftrainers unterliegt, kann gerade im Rahmen von kurzfristigen Einsätzen ein für die selbstständige Tätigkeit ausreichendes Maß an individueller Gestaltungsfreiheit bestehen, das dazu führt, dass keine Weisungsgebundenheit im Sinne einer Arbeitnehmerstellung vorliegt. Dies ist etwa der Fall, wenn bestimmte Aufgabenbereiche zur selbstständigen Erledigung übertragen werden, zB ein spezielles Athletiktraining oder Individualtraining für einzelne Spieler.[143]
- Ein **(Profi-)Schiedsrichter**, der auf DFB-Ebene in der 3. und 2. Fussball-Bundesliga pfeift, ist selbstständig.[144]

j) Beratende Berufe (Rechtsanwälte, Steuerberater). Im Bereich der freien Berufe, insbesondere in Rechtsanwalts- und Steuerberaterkanzleien, werden Mitarbeiter wahlweise als Angestellte oder als freie Mitarbeiter beschäftigt. Die dritte Gruppe der Mitarbeiter in Rechtsanwalts- und Steuerberaterkanzleien sind in Form einer Partnerschaft, entweder in der Rechtsform der GbR, der Partnerschaftsgesellschaft oder der GmbH tätig. Für diese Mitarbeitergruppe scheidet die Abgrenzung nach den Kriterien der Scheinselbstständigkeit aus.[145]

Im Bereich der **nichtgesellschaftsrechtlich verbundenen Mitarbeiter** ist für die Frage, ob der Rechtsanwalt oder Steuerberater im Rahmen eines Angestelltenverhältnisses oder im Rahmen eines freien Mitarbeiterverhältnisses tätig ist, nach folgenden Kriterien[146] zu differenzieren:
- Sind feste Dienstzeiten vereinbart?
- Werden zu bearbeitende Mandate vom Auftraggeber einseitig zugewiesen?
- Besteht eine Verpflichtung zur Übernahme der zugewiesenen Mandate?
- Ist ein fixes Gehalt vereinbart (alternativ: Honorar pro Mandat)?
- Werden von der Kanzlei Versicherungsprämien sowie Beiträge für die Kammer gezahlt?

Wenn die oben genannten Kriterien (überwiegend) vorliegen, ist regelmäßig von einem Arbeitsverhältnis auszugehen. Unter Berücksichtigung der genannten Grundkriterien ergingen in der Rechtsprechung bisher folgende Einzelentscheidungen:
- Ein **Rechtsanwalt**, der während der üblichen Bürozeiten Anwesenheitspflicht hat, dem Einzelmandate zugewiesen werden ohne ein Ablehnungsrecht, der Termine nach Weisung wahrnehmen muss und weder am Gewinn noch am Verlust der Kanzlei beteiligt ist, ist als Arbeitnehmer einzustufen.[147] Dies gilt auch dann, wenn der Rechtsanwalt keine Kernarbeitszeit einhalten muss, aber von ihm erwartet wird, dass er zeitlich und örtlich überwie-

---

[141] LAG Hamburg 7.9.2006 – 8 Sa 19/06, BeckRS 2007, 41501; LAG Düsseldorf 26.3.1992 – 7 Ta 20/92, FHArbSozR 39 Nr. 274.
[142] LSG BW 30.7.2014 – L 5 R 4091/11, BeckRS 2015, 65303.
[143] LAG BW 5.9.2019 – 15 Ta 2/19, NZA-RR 2019, 600.
[144] LAG Hessen 15.3.2018 – 9 Sa 1399/16, NZA-RR 2018, 414.
[145] BAG 15.4.1993 – 2 AZB 32/92, NJW 1993, 2458.
[146] BAG 16.8.1990 – 2 AZR 113/90, NZA 1991, 141; zu Erscheinungsformen der Mitarbeit von Rechtsanwälten in Kanzleien auch *Berghahn,* Der Rechtsanwalt als freier Mitarbeiter, 1989; *Ennemann* MDR 2000, 252; *Fuhrmann,* Rechtsstellung des angestellten Rechtsanwalts, 1989; *Henssler* AnwBl. 2000, 213; *Klieger* AnwBl. 1992, 212; *Kunz* WPrax 1995, 219 (222); *Schmidt* AnwBl. 2000, 162; *Lingemann/Winkel* NJW 2010, 38; *Lingemann/Winkel* NJW 2009, 2185.
[147] OLG Brandenburg 7.2.2002 – 14 W 10/01, NJW 2002, 1659; LAG Hamm 20.7.1989 – 16 Sa 33/89, NZA 1990, 228; LAG Berlin 16.12.1986 – 11 Sa 93/86, NZA 1987, 488; LAG BW 14.3.1985 – 7 Sa 107/84, NZA 1985, 739.

gend in den Büroräumen arbeitet. Auch die Erteilung von ablauf- und verfahrensorientierten Weisungen und die überwiegende Einsetzung als Zuarbeiter sprechen für eine Arbeitnehmereigenschaft.[148]
- Ein **Rechtsanwalt**, der in den Vermögensämtern der neuen Länder eingesetzt ist und der entgegen der schriftlichen Vertragsgestaltung keinerlei Präsenzpflicht hat, ist als selbstständiger Mitarbeiter tätig.[149]
- Es liegt kein Arbeitsverhältnis vor, wenn der **freie Mitarbeiter** ein eigenes Gerichtsfach und eigene Kanzleiräume hat sowie auch andere Mandanten auf eigene Rechnung vertreten darf.[150] Darf der Rechtsanwalt seine Mandanten nicht selbst aussuchen, spricht dies aber nicht zwingend für die Annahme eines Arbeitsverhältnisses, da es auch in einem freien Mitarbeiterverhältnis typischerweise dem Dienstherrn obliegt, zu entscheiden, welche Aufgaben der freie Mitarbeiter übernimmt. Verfügt der Rechtsanwalt über besondere Kompetenzen und ist er daher frei, in welcher Weise und mit welchem Ergebnis er Mandanten berät, spricht dies für ein freies Mitarbeiterverhältnis.[151]
- Der **Kursleiter eines juristischen Repetitoriums** ist trotz der gleichzeitig bestehenden Tätigkeit als selbstständiger Rechtsanwalt jedenfalls dann arbeitnehmerähnliche Person, wenn er den überwiegenden Teil seiner Einkünfte aus der Tätigkeit als Kursleiter bezieht.[152]
- Wer als **Steuerberater** zu nicht festgelegten Zeiten Steuererklärungen gegen Honorar fertigt, ist kein Arbeitnehmer.[153]

81 **k) GmbH-Geschäftsführer.** Der Geschäftsführer einer GmbH steht in einer Doppelstellung: Er ist zum einen Organ der Gesellschaft und damit als deren Vertreter befugt, die Gesellschaft nach außen im gesamten Rechts- und Geschäftsverkehr zu vertreten. Daneben wird der Geschäftsführer aber regelmäßig auch als Angestellter der Gesellschaft im Rahmen eines Dienstverhältnisses zur GmbH tätig.[154] Die Stellung des Geschäftsführers als Organ der Gesellschaft ist im Wesentlichen gesetzlich bestimmt, vor allem zu Bestellung und Abberufung hat der Gesetzgeber klare Vorgaben gemacht. Sieht die Satzung der Gesellschaft keine Sonderregelung vor, was selten der Fall ist, kann der Geschäftsführer jederzeit von seiner Organstellung abberufen werden. Dies regelt § 38 Abs. 1 GmbHG.

82 Dagegen fehlt bis heute eine klare Regelung des Gesetzgebers zur arbeitsrechtlichen Einordnung des GmbH-Geschäftsführers. Nur vereinzelt und einseitig befassen sich Normen des Arbeitsrechts mit dem Anstellungsverhältnis des GmbH-Geschäftsführers. So hat der Gesetzgeber den Geschäftsführer an einigen Stellen von der Geltung arbeitsrechtlicher Schutzvorschriften ausgeschlossen. Dies gilt insbesondere für die Zuständigkeit der Arbeitsgerichte, § 5 Abs. 1 S. 3 ArbGG,[155] und den allgemeinen Kündigungsschutz, § 14 Abs. 1 Nr. 1 KSchG.[156] Und auch im BetrVG ist eine klare Regelung vorgesehen, die den Geschäftsführer vom Anwendungsbereich ausnimmt, § 5 Abs. 2 Nr. 1 BetrVG.

83 In der juristischen Literatur gab es schon immer Befürworter einer Arbeitnehmereigenschaft zumindest des **Fremdgeschäftsführers** sowie des von den Gesellschaftern abhängigen **Minderheitsgesellschafter-Geschäftsführers**.[157] Gedanklicher Ansatzpunkt für diese Auffas-

---

[148] LAG Hessen 26.9.2007 – 18/10 Sa 1600/05, BeckRS 2009, 68951.
[149] Teilweise zurückweisend BAG 5.7.2000 – 5 AZR 888/98, BeckRS 2009, 55087; aA LAG Thüringen 22.9.1998, 5 Sa 78/97, BeckRS 1998, 30475264; BAG 3.6.1998 – 5 AZR 656/97, NZA 1998, 1165.
[150] LAG Hessen 16.3.1990 – 13 Sa 151/89, BeckRS 1990, 30458602.
[151] LAG Hessen 20.2.2012 – 13 Ta 468/11, BeckRS 2012, 70263.
[152] LAG Berlin 18.5.1998 – 11 Ta 2/98, NZA 1998, 943.
[153] BAG 5.4.1989 – 5 AZR 289/88, BeckRS 1989, 30730517.
[154] Zur heute ganz herrschenden Trennungstheorie: vgl. BGH 14.7.1980 – 2 ZR 161/79, NJW 1980, 2415; ausführlich zum GmbH-Geschäftsführer: *Reiserer/Heß-Emmerich/Peters* S. 19 ff.; sowie → Rn. 81 ff.
[155] In diesem Zusammenhang zu beachten sind aber die wegweisenden Entscheidungen des BAG 21.1.2019 – 9 AZB 23/18, NZA 2019, 490; BAG 2.8.2018 – 6 AZR 188/17, NZA 2019, 338 und BAG 17.10.2017 – 9 AZR 792/16, BeckRS 2017, 140191 → § 8 Rn. 6 ff.
[156] EuGH 9.7.2015 – C-229/14, NZA 2015, 861; vgl. aber EuGH 11.11.2010 – C-232/09, NZA 2011, 143; dazu Anm. *Reiserer* DB 2011, 2262.
[157] Zur Rechtsprechungsentwicklung zur Sozialversicherungspflicht von Gesellschafter-Geschäftsführern *Reiserer/Skupin* BB 2019, 505.

sung war bisher regelmäßig das Argument, dass sich die persönliche Lage und die soziale Stellung dieses Geschäftsführers nicht allzu deutlich von der eines leitenden Angestellten oder gar Prokuristen unterscheiden.[158] Auch wurde immer wieder der Vergleich mit dem Sozialversicherungs- und Steuerrecht herangezogen, um die Arbeitnehmereigenschaft des GmbH-Geschäftsführers, der keine oder nur wenig Anteile an der Gesellschaft hält, zu begründen.

In der Rechtsprechung des BGH galt es dagegen zunächst als eindeutig, dass das Dienstverhältnis des Geschäftsführers kein Arbeitsverhältnis ist (sog. „Kopf und Seele"-Rechtsprechung).[159] Aus arbeitsrechtlicher Sicht steht der Geschäftsführer vielmehr für die GmbH selbst und nimmt als oberste Leitungsmacht Arbeitgeberfunktionen wahr.[160]   84

Nach der Rechtsprechung des BAG gibt es im Wesentlichen zwei Situationen, in denen der Geschäftsführer einer GmbH als Arbeitnehmer angesehen wird oder angesehen werden kann.   85

Der weniger häufig auftretende Fall liegt vor, wenn zwischen der Person des Geschäftsführers und der Gesellschaft zwei Rechtsverhältnisse bestehen, von denen eines ein **dienstlich abgrenzbares Arbeitsverhältnis** ist. Da der Geschäftsführer in diesem Fall neben der Organstellung auch in einem Angestelltenverhältnis zu der Gesellschaft steht, zB als angestellter Architekt einer Baugesellschaft, deren Geschäftsführer er gleichzeitig ist, ist das zweite Rechtsverhältnis als Arbeitsverhältnis zu werten.   86

Die für die Praxis wichtigere Ausnahme lag nach der früheren Rechtsprechung des BAG dann vor, wenn ein bis dahin im Angestelltenverhältnis tätiger Mitarbeiter der Gesellschaft einen **innerbetrieblichen Aufstieg zum Geschäftsführer** machte.[161] Denn nach der früher gefestigten Rechtsprechung des BAG sollte für diesen Geschäftsführer der Arbeitnehmerstatus bestehen bleiben, wenn der Geschäftsführer vor seiner Bestellung in einem Arbeitsverhältnis zur Gesellschaft gestanden hatte und sich durch seine Bestellung zum Organ die Vertragsbedingungen nicht wesentlich geändert hatten. Wurde in diesem Fall das Arbeitsverhältnis nicht ausdrücklich aufgehoben, ging das BAG davon aus, dass das **frühere Arbeitsverhältnis** während der Geschäftsführertätigkeit lediglich **ruhte,** also sachlich fortbestand, und nach Abberufung des Geschäftsführers ohne besondere Vereinbarung wieder auflebte.[162]   87

Das BAG hat diese Grundsätze mittlerweile aufgegeben. In ständiger Rechtsprechung geht es heute grundsätzlich davon aus, dass mit dem Abschluss eines schriftlichen[163] Geschäftsführerdienstvertrages das bisherige Arbeitsverhältnis im Zweifel einvernehmlich beendet wird.[164] Sofern die Parteien nichts anderes vereinbart haben, sei der neue Vertrag die ausschließliche Grundlage ihrer rechtlichen Beziehung.[165] Dabei sei, so die ständige Rechtsprechung auch des BGH, der entgeltliche Anstellungsvertrag des Geschäftsführers **kein Arbeitsvertrag,** sondern stets ein freier **Dienstvertrag.** Einen Sonderfall bildet dabei allerdings der   88

---

[158] So etwa *Martens,* FS Hilger/Stumpf, S. 437, 440 f.; wN bei *Gissel,* Arbeitnehmerschutz für den GmbH-Geschäftsführer, 1987, S. 10, Fn. 15; besondere Rechtsprechung liegt vor zum Geschäftsführer einer Betriebskrankenkasse, so etwa BAG 25.7.1996 – 5 AZB 5/96, NZA 1997, 63.

[159] Für den stellvertretenden Geschäftsführer: BAG 26.5.1999 – 5 AZR 664/98, NZA 1999, 987; für den Geschäftsführer, dessen Bestellung unterblieben ist: BAG 25.6.1997 – 5 AZR 41/96, NZA 1997, 1363; für den Geschäftsführer einer Vor-GmbH: BAG 13.5.1996 – 5 AZB 27/95, NZA 1996, 952; BGH 26.3.1984 – 2 ZR 120/83, NJW 1984, 2528; BGH 26.3.1984 – 2 ZR 229/83, NJW 1984, 2366; BGH 11.5.1981 – 2 ZR 126/80, NJW 1981, 2748; BGH 11.7.1953 – 2 ZR 126/52, NJW 1953, 1465; sowie die ausführliche Auseinandersetzung mit den verschiedenen Meinungen bei *Hueck* ZfA 1985, 25; ausführlich zum Thema *Hümmerich* NJW 1995, 1177 (1178); *Reiserer* EWiR 2003, 1171.

[160] So ausdrücklich *Hueck* ZfA 1985, 25 (31).

[161] *Schrader/Straube* GmbHR 2005, 904.

[162] BAG 12.3.1987 – 2 AZR 336/86, NZA 1987, 845; BAG 9.5.1985 – 2 AZR 330/84, NZA 1986, 792; BAG 27.6.1985 – 2 AZR 425/84, NZA 1986, 794; ausführlich hierzu *Reiserer* DB 1994, 1822; *Reiserer/Heß-Emmerich/Peters* S. 92 f.

[163] LAG Bln-Bbg 26.1.2009 – 6 Ta 174/09, NZA-RR 2009, 277; anders bei fehlender Schriftform infolge nur konkludenter Erweiterung des Arbeitsverhältnisses, vgl. LAG Niedersachsen 7.3.2007 – 17 Ta 618/06, NZA-RR 2007, 522; ebenso *Lembke* BB 2008, 393.

[164] BAG 5.6.2008 – 2 AZR 754/06, NZA 2008, 1002; BAG 28.9.1995 – 5 AZB 4/95, NZA 1996, 143.

[165] BAG 5.6.2008 – 2 AZR 754/06, NZA 2008, 1002; BAG 19.7.2007 – 6 AZR 774/06, NZA 2007, 1095; BAG 19.7.2007 – 6 AZR 875/06, NJW-Spezial 2007, 484; „zur Frage des Wiederauflebens eines Arbeitsverhältnisses nach Verlust der Organstellung und zur Rolle des „ruhenden Arbeitsverhältnisses" in der Praxis vgl. *Hümmerich/Spirolke/Boecken/Reiserer* § 4 Rn. 82 f. sowie *Bauer/Arnold* DB 2008, 350 (354).

nichtige Geschäftsführer-Anstellungsvertrag. In seiner jüngsten Entscheidung vom 20.8. 2019[166] hat der 2. Senat des BGH festgestellt, dass im Falle eines nichtigen Anstellungsvertrages eines GmbH-Geschäftsführers die Grundsätze zum fehlerhaften Arbeitsverhältnis heranzuziehen sind. Für die Vergangenheit soll dabei das Anstellungsverhältnis als wirksam behandelt werden, für die Zukunft sollen beide Parteien das Vertragsverhältnis durch einfache Lossagung beenden können.

89 Im Einzelfall bedürfe es jedoch einer differenzierenden Betrachtungsweise bei der Anwendung der arbeits- und sozialrechtlichen Regelungen auf Geschäftsführer einer GmbH: Die Rolle des Geschäftsführers als „konkreter Prinzipal" oder als arbeitnehmerähnliche Person sei abhängig von dem **Umfang seiner Beteiligung**[167] an dem Unternehmen, der **Ausgestaltung des Gesellschaftsvertrages** sowie dem **Inhalt des Anstellungsvertrages**.[168]

90 Mit seiner Entscheidung vom 26.3.2019[169] hat der BGH, indem er in europarechtskonformer Auslegung erstmals den GmbH-Fremdgeschäftsführer als Arbeitnehmer betrachtete, für Aufsehen gesorgt. In dem der Entscheidung zugrundeliegenden Sachverhalt ging es darum, dass der betroffene Fremdgeschäftsführer insoweit als Arbeitnehmer im Sinne des AGG anzusehen ist, wie bei der Kündigung seines Dienstvertrags der sachliche Anwendungsbereich des AGG eröffnet ist.

91 Neben dieser nationalen Rechtsprechung zum (Gesellschafter-)Geschäftsführer wurde sich auch auf europäischer Ebene mit dem Arbeitnehmerstatus des GmbH-Geschäftsführers auseinandergesetzt. Am 11.11.2010 hat der EuGH eine vielbeachtete Entscheidung getroffen, die an dem Grundverständnis deutscher Juristen zur Stellung des GmbH-Geschäftsführers rüttelt.[170] Frau Danosa, Alleingeschäftsführerin einer lettischen Gesellschaft, war während ihrer Schwangerschaft abberufen worden. Der EuGH erklärte diese Abberufung als unwirksam und begründete dies mit der **Arbeitnehmerstellung** der Geschäftsführerin **im unionsrechtlichen Sinne**. Den Umstand, dass im lettischen Recht, vergleichbar mit dem deutschen Recht, eine klare Trennung zwischen Organstellung und Dienstverhältnis besteht, ließ der EuGH unbeachtet. Vielmehr wurde die Arbeitnehmerstellung der Geschäftsführerin damit begründet, dass Rechenschaftspflicht gegenüber dem Aufsichtsrat bestand und dass die Gesellschafterversammlung in der Lage war, die Geschäftsführerin jederzeit aus ihrer Organstellung abzuberufen.

92 In der Balkaya-Entscheidung vom 9.7.2015 hat der EuGH seine Rechtsprechung fortgeführt und sich erneut auf die unionsrechtliche Auslegung des Arbeitnehmerbegriffs gestützt.[171] Der EuGH unterstellte dem Geschäftsführer einer GmbH, der selbst keine Anteile an der Gesellschaft hielt (Fremdgeschäftsführer), dem Arbeitnehmerbegriff iSd Massenentlassungsrichtlinie. Zur Begründung führte das Gericht an, dass die Richtlinie ein vergleichbares Schutzniveau in den verschiedenen Mitgliedsstaaten gewährleisten als auch die Belastungen bei Massenentlastungen angleichen wolle. Aus diesem Grund könne der Begriff des Arbeitnehmers iSd Massenentlassungsrichtlinie nicht durch einen Verweis auf nationale Vorschriften definiert werden, sondern müsse autonom und einheitlich nach objektiven Kriterien ausgelegt werden. Danach bestehe das wesentliche Merkmal eines Arbeitsverhältnisses darin, dass eine Person während einer bestimmten Zeit für eine andere nach deren Weisung Leistungen erbringt, für die sie als Gegenleistung eine Vergütung erhält.[172] Zu prüfen seien folglich die Bedingungen, unter denen das Mitglied des Leitungsorgans bestellt wurde, die Art der ihm übertragenen Aufgaben, der Rahmen, in dem diese Aufgaben ausgeführt werden, der Umfang der Befugnisse des Mitglieds und der Kontrolle, der es innerhalb der Gesellschaft unterliegt, sowie die Umstände, unter denen es abberufen werden kann.[173] Dass der Geschäftsführeranstellungsvertrag nach der deutschen Rechtsprechung kein Arbeitsver-

---

[166] BGH 20.8.2019 – II ZR 121/16, NJW 2019, 3718; ausführlich dazu *Kruse/Welskop* DStR 2020, 173.
[167] *Reiserer/Skupin* BB 2019, 505.
[168] BGH 23.1.2003 – 9 ZR 39/02, NZA 2003, 439.
[169] BGH 26.3.2019 – II ZR 244/17, NJW 2019, 2086.
[170] EuGH 11.11.2010 – C-232/09, NZA 2011, 143; dazu Anm. *Reiserer* DB 2011, 2262.
[171] EuGH 9.7.2015 – C-229/14, NZA 2015, 861; dazu Anm. *Reiserer* BB 2016, 1141.
[172] EuGH 9.7.2015 – C-229/14, NZA 2015, 861.
[173] EuGH 9.7.2015 – C-229/14, NZA 2015, 861; EuGH 11.11.2010 – C-232/09, NZA 2011, 143.

trag ist, ist dabei nach Auffassung des EuGH ohne Bedeutung. Der Geschäftsführer übe seine Tätigkeit nach Weisung oder unter Aufsicht eines anderen Organs der Gesellschaft, der Gesellschafterversammlung, aus. Des Weiteren könne er jederzeit ohne Einschränkung von seinem Amt abberufen werden. Der (Fremd-)Geschäftsführer, der zur Gesellschaft in einem Unterordnungsverhältnis steht, unterfalle dem unionsrechtlichen Arbeitnehmerbegriff und sei demzufolge bei der Berechnung der Schwellenwerte iSd Massenentlassungsrichtlinie zu berücksichtigen.

Die Schlussfolgerung, dass Geschäftsführer sich in Folge von Danosa und Balkaya in Zukunft auch auf andere arbeitsrechtliche Schutzbestimmungen aus weiteren EU-Richtlinien berufen, ist nicht von der Hand zu weisen. Indem der EuGH nunmehr wiederholt von einem **unionsrechtlichen Arbeitnehmerbegriff** spricht, ist nicht auszuschließen, dass er diesen auch hinsichtlich anderer Richtlinien einheitlich versteht. 93

Besonderheiten für die Position des Geschäftsführers können sich ergeben, wenn der Geschäftsführer Organ einer Komplementär-GmbH im Rahmen einer **GmbH & Co. KG** wird. Wenn der Anstellungsvertrag mit der Komplementär-GmbH abgeschlossen wird, bei welcher der Geschäftsführer auch Organ ist, liegt regelmäßig kein Arbeitsverhältnis vor. Wird der Anstellungsvertrag dagegen mit der Kommanditgesellschaft geschlossen, ging die herrschende Meinung lange Zeit davon aus, dass der Geschäftsführer in diesem Fall die Rechtsstellung eines Arbeitnehmers innehat.[174] Von dieser Rechtsprechung rückte das BAG mit seiner Entscheidung vom 20.8.2003[175] ab und qualifizierte den Geschäftsführer der Komplementär-GmbH einer KG, der den Anstellungsvertrag mit der KG abgeschlossen hat, ausdrücklich als Organ der KG und nicht als Arbeitnehmer. 94

Mit Urteil vom 25.10.2007[176] hat das BAG eine Entscheidung getroffen zur Situation, wenn die Geschäftsführerbestellung im Rahmen einer **Konzernstruktur** erfolgt. In dem der Entscheidung zugrunde liegenden Sachverhalt lag zunächst mit der Konzernobergesellschaft ein Arbeitsverhältnis vor, währenddessen der Arbeitnehmer gleichzeitig als organschaftlicher Geschäftsführer einer Tochter-GmbH tätig war. Die Besonderheit der Fallgestaltung lag darin, dass die Konzernobergesellschaft die Abteilung, in der der Kläger als Arbeitnehmer tätig war, auf die Tochter-GmbH übertrug. Nach Auffassung des Gerichts ist dadurch auch das Arbeitsverhältnis im Wege des Betriebsübergangs gem. § 613a BGB auf die Tochtergesellschaft übergegangen. Später kündigte die Tochtergesellschaft das Anstellungsverhältnis mit dem Kläger und berief ihn aus seinem Geschäftsführeramt ab. Der Kläger erhob daraufhin Kündigungsschutzklage. Das BAG kam in der Entscheidung zu dem Ergebnis, dass trotz des bestehenden Arbeitsverhältnisses wegen § 14 Abs. 1 Nr. 1 KSchG kein Kündigungsschutz bestehe. Insoweit käme es für die Anwendung des § 14 Abs. 1 Nr. 1 KSchG allein auf die organschaftliche Stellung an. Dies heißt im Umkehrschluss aber auch, dass sich die Konzernobergesellschaft nicht auf § 14 Abs. 1 Nr. 1 KSchG hätte berufen können, wenn der Betriebsübergang nicht stattgefunden hätte. In diesem Fall wäre dem Arbeitnehmer der Kündigungsschutz im Verhältnis zur Konzernobergesellschaft erhalten geblieben.[177] 95

Anders als bei der Statusklärung Arbeitnehmer oder freier Mitarbeiter kann für die Frage des Arbeitnehmerstatus des GmbH-Geschäftsführers nicht ergänzend auf die Kriterien zurückgegriffen werden, die der Rechtsprechung der Sozialgerichte zu entnehmen sind. Denn im Sozialversicherungsrecht gilt der GmbH-Geschäftsführer nach der gefestigten Rechtsprechung des Bundessozialgerichtes nur dann als Unternehmer und damit als nicht sozialversicherungspflichtig, wenn er mindestens 50 % der Anteile am Stammkapital hält oder – bei geringerer Kapitalbeteiligung – nach dem Gesellschaftsvertrag eine echte, qualifizierte Sperrminorität vorgesehen ist.[178] 96

---

[174] BAG 15.4.1982 – 2 AZR 1101/79, NJW 1983, 2405; BAG 10.7.1980 – 3 AZR 68/79, NJW 1981, 302; aA ArbG Jena 16.11.1998 – 4 Ca 355/98, NZA-RR 1999, 438; *Reiserer* BB 1996, 2461; zum GmbH-Geschäftsführer im Konzern vgl. *Reiserer/Heß-Emmerich/Peters* S. 108 ff.
[175] BAG 20.8.2003 – 5 AZB 79/02, NZA 2003, 1108, Anm. *Reiserer* EWiR 2003, 1171.
[176] BAG 25.10.2007 – 6 AZR 1045/06, NZA 2008, 168.
[177] *Freckmann* DStR 2008, 52.
[178] BSG 14.3.2018 – B 12 R 5/16 R, BeckRS 2018, 5025.

97 **l) Mitarbeitende Gesellschafter/Vereinsmitglieder.** Der Gesellschafter einer Gesellschaft kann grundsätzlich Arbeitnehmer sein. Wenn die Tätigkeit des Gesellschafters für die Gesellschaft unter den typischen Bedingungen eines Arbeitsverhältnisses stattfindet, liegt regelmäßig keine gesellschaftsrechtliche Beitragsleistung, sondern die Vereinbarung eines Arbeitsverhältnisses vor. Dabei kommt es auch hier in erster Linie darauf an, unter welchen Bedingungen die Leistung erbracht wird, und nicht darauf, welchen Inhalt der schriftliche Vertrag vorsieht.[179] Ein Arbeitsverhältnis scheidet allerdings aus, wenn der Gesellschafter mit mehr als 50 % der Anteile an der Gesellschaft beteiligt ist.[180] Unabhängig davon, ob der Gesellschafter seine Leitungsmacht tatsächlich ausübt, kann er in diesen Fällen kein Arbeitnehmer der Gesellschaft sein,[181] denn es kommt nur darauf an, ob es ihm nach den gesellschaftsvertraglichen Gegebenheiten gestattet ist, das Unternehmen maßgeblich mitzubestimmen (→ Rn. 81).[182]

98 Bei **Vereinsmitgliedern** liegt ein Arbeitsverhältnis regelmäßig dann vor, wenn dem zur Leistung abhängiger Arbeit verpflichteten Vereinsmitglied keine Mitgliedschaftsrechte zustehen, die ihm eine Einflussnahme ermöglichen. Bei Vereinen mit wirtschaftlicher Zwecksetzung ist regelmäßig von einem Arbeitsverhältnis auszugehen.[183] Dagegen sind DRK-Schwestern regelmäßig keine Arbeitnehmer.[184]

99 Mitglieder einer **Agrargenossenschaft**, einer Landwirtschaftlichen Produktionsgenossenschaft oder einer Produktionsgenossenschaft des Handwerks in der DDR sind keine Arbeitnehmer gewesen.[185]

100 **m) Sonstige Berufsgruppen**

- Ein **Propagandist/Verkaufsförderer/Promoter,** der weitgehend zeitlich und örtlich in die Arbeitsorganisation des Kaufhausbetriebs eingegliedert ist und über das Kaufhaus abrechnet, ist als Arbeitnehmer zu qualifizieren.[186]
- Ein **Sargträger,** der sich über sechs Jahre jeden Morgen auf dem Friedhof einfindet, dort eine Terminliste für den Folgetag entgegennimmt und anschließend die ihm zugeteilte Kolonne mit firmeneigenem Fahrzeug in firmeneigener Kleidung zur Verrichtung der Dienste zu den Vorortfriedhöfen fährt, ist Arbeitnehmer, auch wenn er diese Tätigkeit auf Betreiben seiner Arbeitgeberin als Gewerbe angemeldet hat.[187]
- **Familienhelfer** waren nach der früheren Rechtsprechung des BAG in der Regel als Arbeitnehmer zu qualifizieren, da sie in die Arbeitsorganisation der Sozialämter eingegliedert und weisungsabhängig seien und ihre Dienste nicht unmittelbar den Familien anbieten könnten, sondern diesen zugewiesen würden.[188] Nach neuerer Rechtsprechung folgt aus der Pflicht, öffentlich-rechtlichen Anordnungen der Aufsichtsbehörde im Jugendhilferecht nachzukommen, keine arbeitsrechtliche Weisungsgebundenheit der zur

---

[179] Ausführlich hierzu: *Diller* S. 259 ff.
[180] BAG 17.9.2014 – 10 AZB 43/14, NZA 2014, 1293; LAG RhPf 11.1.2010 – 5 Sa 642/09, BeckRS 2010, 70234.
[181] BAG 6.5.1998 – 5 AZR 612/97, NZA 1998, 939; BAG 2.2.1994 – 10 AZR 673/92, NZA 1994, 749; BAG 10.4.1991 – 4 AZR 467/90, NZA 1991, 856; BAG 28.11.1990 – 4 AZR 198/90, NZA 1991, 392; *von Hoyningen-Huene* NJW 2000, 3233.
[182] Zur Sozialversicherungspflicht von Gesellschafter-Geschäftsführern: BSG 14.3.2018 – B 12 KR 13/17 R, BeckRS 2018, 5024 u. B 12 R 5/16 R, BeckRS 2018, 5025; BSG 29.7.2015 – B 12 KR 23/13 R, BeckRS 2015, 73497; BSG 11.11.2015 – B 12 R 2/14 R, BeckRS 2016, 67680; BAG 17.9.2014 – 10 AZB 43/14, NZA 2014, 1293; *Reiserer/Skupin* BB 2019, 505; KR/*Griebling/Rachor* KSchG § 1 Rn. 87; *Raif* GWR 2010, 333.
[183] BAG 22.3.1995 – 5 AZB 21/94, NZA 1995, 823; zur Problematik vgl. *Wank* NZA 2007, 353.
[184] BAG 18.3.2015 – 7 ABR 42/12, NZA 2015, 1144; BAG 6.7.1995 – 5 AZB 9/93, NZA 1996, 33.
[185] BAG 13.6.1996 – 8 AZR 20/94, NZA 1997, 542; BAG 16.2.1995 – 8 AZR 714/93, NZA 1995, 881; LAG Berlin 13.1.1992 – 9 Ta 1/92, NZA 1992, 386; LAG Sachsen 22.7.1992 – 2 TaBV 2/92, FHArbSozR 39 Nr. 3926.
[186] BAG 23.4.1997 – 5 AZR 727/95, NZA 1997, 1246; eine selbstständige Tätigkeit bejahend LSG Hamburg 4.12.2012 – L 3 R 213/07, BeckRS 2013, 67684.
[187] LAG SchlH 13.12.2005 – 5 Sa 322/05, BeckRS 2006, 40253; LAG Düsseldorf 9.9.1997 – 8 Sa 756/97, NZA-RR 1998, 193; SG Hamburg 2.9.2011 – S 40 U 57/10, BeckRS 2012, 65383.
[188] BAG 6.5.1998 – 5 AZR 347/97, NZA 1998, 873.

Erfüllung jugendhilferechtlicher Aufgaben eingesetzten Erwerbstätigen gegenüber dem Jugendhilfeträger.[189] In der Regel sei deshalb von einer selbstständigen Tätigkeit auszugehen.
- **Zeitungszusteller** können je nach Umfang und Organisation der übernommenen Tätigkeit Arbeitnehmer oder Selbstständige sein. Kann der Zeitungszusteller das übernommene Arbeitsvolumen in der vorgegebenen Zeit nicht bewältigen, sodass er weitere Mitarbeiter einsetzen muss, ist er als freier Mitarbeiter zu qualifizieren.[190]
- **Tankwarte** sind regelmäßig Arbeitnehmer.[191]
- Die Tätigkeit des **Taxifahrers** kann sowohl als freier Mitarbeiter als auch im Rahmen eines Arbeitsverhältnisses erfolgen.[192]
- **Co-Piloten** sind Arbeitnehmer, da sie dem Weisungsrecht des jeweiligen Flugkapitäns unterliegen.[193] Für einen **Piloten** (in der Form eines Freelancers) hat das BSG angenommen, diese Tätigkeit könne sowohl als selbstständige als auch als unselbstständige Beschäftigung erbracht werden.[194]
- **Autoreiniger** sind nicht zwingend Arbeitnehmer.[195]
- Ein **Bauleiter,** der wöchentlich 55–60 Stunden für die Baufirma tätig ist, ist regelmäßig als Arbeitnehmer tätig.[196]
- **Gebührenbeauftragte von Rundfunkanstalten** sind Arbeitnehmer, wenn sie bei der Gestaltung der Arbeitszeit Beschränkungen unterliegen.[197]
- Ein **Heizungsbauer** ist freier Mitarbeiter, wenn Zeitpunkt und Umfang der Tätigkeit der vorherigen Absprache bedarf.[198]
- Ein **Buchhalter** ist freier Mitarbeiter, wenn er Arbeitszeit und -dauer selbst bestimmen kann.[199]
- Die Mitarbeit von **Familienangehörigen** orientiert sich an der Abrechnung der Vergütung und dem Grad der Weisungsabhängigkeit.[200]
- **Freizeithostessen** stehen nicht in einem abhängigen Arbeits- bzw. Beschäftigungsverhältnis.[201]
- Ein **Dolmetscher** kann in einer Anwaltskanzlei als freier Mitarbeiter tätig sein.[202]
- Eine in einem Saunaclub ohne dahingehende Verpflichtung tätige **Prostituierte** ist keine Arbeitnehmerin.[203]
- Ein **Buffetier** mit bis zu 100 eigenen Arbeitnehmern kann als Arbeitnehmer tätig werden.[204]

---

[189] BSG 25.4.2012 – B 12 KR 24/10 R, BeckRS 2012, 74834; BAG 25.5.2005 – 5 AZR 347/04, BeckRS 2005, 43136; LSG Bln-Bbg 18.2.2015 – L 1 KR 202/13, BeckRS 2015, 66133; SG Karlsruhe 10.6.2015 – S 10 R 1092/14, BeckRS 2015, 70211.
[190] BAG 16.7.1997 – 5 AZR 312/96, NZA 1998, 368; BAG 29.1.1992 – 7 ABR 27/91, NZA 1992, 894; LAG Hamburg 27.2.2008 – 5 Sa 65/07, BeckRS 2008, 56423.
[191] BAG 12.6.1996 – 5 AZR 960/94, NZA 1997, 191.
[192] BAG 30.10.1991 – 7 ABR 19/91, NZA 1992, 407; BAG 29.5.1991 – 7 ABR 67/90, NZA 1992, 36; LSG Hamburg 4.12.2013 – L 2 R 116/12, BeckRS 2014, 68142.
[193] BAG 16.3.1994 – 5 AZR 447/92, NZA 1994, 1132.
[194] BSG 28.5.2008 – B 12 KR 13/07 R, BeckRS 2008, 54573.
[195] BAG 21.1.1997 – 9 AZR 778/95, NZA 1997, 1284.
[196] BAG 13.7.1998 – 5 AZB 18/98, BeckRS 1998, 13923; BAG 21.3.1984 – 5 AZR 462/82, BeckRS 1984, 04545; SG Detmold 25.3.2014 – S 22 R 1001/13, BeckRS 2014, 69363. Im Allgemeinen zur Scheinselbstständigkeit im Baugewerbe *Reiserer* DStR 2016, 1613.
[197] BAG 15.2.2005 – 9 AZR 51/04, NZA 2006, 223 (arbeitnehmerähnliche Person); BAG 26.5.1999 – 5 AZR 469/98, NZA 1999, 983; LAG Hamburg 3.11.2003 – 4 Sa 112/02, BeckRS 2003, 30799561; LAG Köln 7.2.2000 – 13 Ta 396/99, BeckRS 2000, 40435.
[198] LAG Köln 7.4.1994 – 10 Sa 1305/93, NZA 1994, 1090.
[199] LSG NRW 4.12.2013 – L 8 R 296/10, BeckRS 2014, 68684 (zur Arbeitnehmereigenschaft einer Buchführungshilfe); LSG SchlH 7.9.2005 – L 5 KR 47/04, BeckRS 2007, 40969.
[200] BAG 9.2.1995 – 2 AZR 389/94, NZA 1996, 249.
[201] LSG SchlH 27.11.1987 – L 1 Ar 133/86, NZA 1988, 751.
[202] LAG Berlin 11.4.1988 – 9 Sa 2/88, BeckRS 1988, 30905332.
[203] LAG Hessen 12.8.1997 – 16 Ta 231/97, NZA 1998, 221.
[204] BAG 12.12.2001 – 5 AZR 253/00, NZA 2002, 787; Vorinstanz: LAG Hamm 20.10.1999 – 2 Sa 248/99, NZA-RR 2000, 318.

- Beschäftigte, die Kunden ihres Dienstherrn in der Bedienung von Geräten gemäß den terminlichen Wünschen in den Räumen dieser Kunden nach inhaltlichen Vorgaben des Dienstherrn zu unterweisen haben, sind regelmäßig Arbeitnehmer.[205]
- Motorrad-**Rennfahrer** sind arbeitnehmerähnliche Personen.[206]
- Zu „freiberuflichen" **Ingenieuren** in Ingenieurbüros siehe LAG Köln im Urteil vom 24.8.1999.[207]
- Ein im Facility-Management tätiger **Hausmeister** ist in den Betrieb des Entleihers eingegliedert, wenn die Hausmeistertätigkeit nicht von Beginn der Tätigkeitsaufnahme an zu den Aufgaben des Mitarbeiters gehörte, sondern erst nachträglich hinzugekommen, also von dem Entleiherbetrieb zugewiesen worden ist. Dies stelle ein Indiz dafür dar, dass der Entleiherbetrieb den Inhalt der Tätigkeit auch seiner Art nach im Laufe der Beschäftigung erst inhaltlich festgelegt und bestimmt hat. Ein weiteres Indiz sei ferner, dass der eingesetzte Arbeitnehmer bereits vor Vertragsschluss zwischen Verleiher und Entleiher dem Entleiherbetrieb „vorgestellt" wird, da dies dafür spreche, dass der Einsatz an der vorgesehenen Stelle personifiziert sei.[208]
- Ein **Plakatanbringer** steht in keinem Arbeitsverhältnis zu seinem Auftraggeber, wenn er zur pünktlichen Anbringung von Plakaten an fest installierten Objekten nach Vorgabe des Auftraggebers so verpflichtet ist, wie es sog. Tourenlisten (Tourenpläne) vorsehen, er aber nur einen Wochentag vorgegeben bekommt und damit einen 24 Stunden umfassenden Zeitkorridor, er außerdem ausdrücklich berechtigt ist, sich der Hilfe Dritter zu bedienen, und ihm ausdrücklich eine Konkurrenztätigkeit zugestanden wird.[209]
- Werden **IT-Fachkräfte** aufgrund eines zwischen dem IT-Dienstleister als Verleiher und dem Entleiherbetrieb vereinbarten **Ticketsystems** jahrelang in deren Betriebsräumen zu vorgegebenen Arbeitszeiten weisungsabhängig eingesetzt, so liegt eine betriebliche Eingliederung in den Entleiherbetrieb vor. Zwar könne das vereinbarte Ticketsystem auch Grundlage einer werkvertraglichen Basis der Tätigkeit sein, jedoch wurde im vorliegenden Fall tatsächlich von den vertraglichen Regelungen massiv abgewichen. Insbesondere erhielten die eingesetzten IT-Berater arbeitsrechtliche Weisungen seitens des Entleiherbetriebes.[210]
- Im Bereich des **Crowdworking** sind die allgemeinen Abgrenzungskriterien, insbesondere aus § 611a Abs. 1 BGB, heranzuziehen. Dabei spricht es tendenziell gegen die Arbeitnehmereigenschaft, wenn die geschäftliche Beziehung nur wenige Tage andauern sollte und eine Eingliederung in den Geschäftsbetrieb des Auftraggebers nicht stattgefunden hat.[211]
- Ein **Praktikant** steht nur dann in keinem Arbeitsverhältnis, wenn ein Ausbildungszweck im Vordergrund steht.[212] Enthält ein Praktikantenvertrag typische Arbeitnehmerpflichten, insbesondere eine tägliche Anwesenheitspflicht von 8 Stunden und eine Tätigkeit nach Weisung eines Mitarbeiters des Vertragspartners und in dessen Großraumbüro, trifft den Vertragspartner die sekundäre Darlegungs- und Beweislast, dass ein Ausbildungszweck überwiegt und worin sich das Praktikum von einem Berufsanfängerarbeitsverhältnis unterscheidet. Dies umso mehr, wenn der Praktikantenvertrag für ein Jahr mit einer Absolventin eines einschlägigen Studiums abgeschlossen wird, ohne dass das Praktikum nach der Studienverordnung vorgeschrieben wäre.[213]

---

[205] BAG 6.5.1998 – 5 AZR 247/97, NZA 1999, 205.
[206] BAG 17.6.1999 – 5 AZB 23/98, NZA 1999, 1175.
[207] LAG Köln 24.8.1999 – 13 Sa 357/99, BeckRS 1999, 31014003.
[208] LAG Hamm 24.7.2013 – 3 Sa 1749/12, BeckRS 2013, 72125.
[209] BAG 13.3.2008 – 2 AZR 1037/06, NZA 2008, 878; BAG 25.6.1996 – 1 ABR 6/96, BeckRS 2008, 56076.
[210] LAG BW 1.8.2013 – 2 Sa 6/13, NZA 2013, 1017.
[211] LAG Hessen 14.2.2019 – 10 Ta 350/18, NZA-RR 2019, 505; umfassend zu Crowdworking, Freelancern und on-demand economy *Ruland* NZS 2019, 681.
[212] BAG 13.3.2003 – 6 AZR 564/01, BeckRS 2008, 54164.
[213] LAG Bln-Bbg 20.5.2016 – 6 Sa 1787/15, BeckRS 2016, 72890.

6. Arbeitnehmerüberlassung

Von Arbeitnehmerüberlassung spricht man, wenn der Arbeitgeber einem Dritten Arbeitnehmer zur Arbeitsleistung zur Verfügung stellt.[214] Auf den ersten Blick besteht zwischen der Problematik der Scheinselbstständigkeit und diesem drittbezogenen Personaleinsatz keine Verbindung. Dennoch tauchen in der Praxis mehr und mehr Fälle auf, in denen die Problemkreise **Scheinselbstständigkeit** und Arbeitnehmerüberlassung aufeinanderstoßen. Problematisch sind vor allem die Fälle von Scheindienstverträgen und **Scheinwerkverträgen.** Hier werden freie Mitarbeiter im Rahmen eines Kundenauftragsverhältnisses beim Kunden eingesetzt. Ein häufiges Beispiel ist die EDV-Branche. Aber auch sonstige Bereiche, in denen Monteure oder Konstrukteure dem Kunden im Rahmen eines Auftragsverhältnisses zur Verfügung gestellt werden, sind regelmäßig von der Problematik betroffen. Rechtliche Risiken entstehen, sobald der freie Mitarbeiter seine Dienstleistung nicht weisungsfrei erbringt und beim Kunden in die dort bestehende Mitarbeiterorganisation eingegliedert wird. Dann ist das freie Mitarbeiterverhältnis zum Auftragnehmer wegen der jedenfalls in der tatsächlichen Zusammenarbeit engen Vorgaben rechtlich als Arbeitsverhältnis zu bezeichnen. In der Folge wird somit der Kunde plötzlich und unerwartet mit den Rechtsfragen und Rechtsfolgen unerlaubter Arbeitnehmerüberlassung konfrontiert.[215] Ein Beispiel soll diese Problemsituation verdeutlichen:

Beispiel:
Das Softwareunternehmen S beschäftigt etwa 100 Programmierer. Grundlage der Tätigkeit sind freie Mitarbeiterverträge. Dessen ungeachtet unterliegen die Mitarbeiter genauer Vorgaben. Sie üben ihre Tätigkeit im Wesentlichen bei den Kunden der Firma S aus und sind unter Berücksichtigung der Kriterien des Bundesarbeitsgerichtes aller Voraussicht nach als Arbeitnehmer einzustufen.

Der Automobilzulieferer Z beauftragt S zur Gestaltung, Installation und laufenden Wartung der Lagerverwaltung. S beauftragt den freien Mitarbeiter F, das erarbeitete Softwareprogramm bei Z zu installieren und im Anschluss daran zu verwalten. Im Rahmen der vertraglichen Vereinbarung zwischen S und Z war festgelegt worden, dass die Installations- und Wartungsarbeiten von selbstständigen Programmierern erbracht werden, die S im Rahmen von freien Mitarbeiterverhältnissen beschäftigt. Die Abrechnung des freien Mitarbeiterverhältnisses erfolgt zwischen F und S.

S kündigt etwa ein halbes Jahr später den freien Mitarbeitervertrag mit F unter Einhaltung der im Vertragstext vorgesehenen Kündigungsfrist. Hiergegen erhebt F Kündigungsschutzklage zum Arbeitsgericht und erstreckt die Kündigungsschutzklage unter Bezugnahme auf die Bestimmungen § 9 Nr. 1, § 10 Abs. 1 AÜG auch auf den Autozulieferer Z. Da der bisherige Vertragspartner von F, das Softwareunternehmen S, zwischenzeitlich in finanzielle Schwierigkeiten geraten ist, möchte F in Zukunft seine Tätigkeit als Arbeitnehmer bei dem Autozulieferer Z fortsetzen.

Lösung:
Wenn der Mitarbeiter F seine Weisungsgebundenheit gegenüber S und damit das Vorliegen eines Arbeitsvertrages darlegen und beweisen kann und wenn S darüber hinaus keine Erlaubnis zur Arbeitnehmerüberlassung nach § 1 AÜG besitzt, ist der Vertrag zwischen S und Z über die Zurverfügungstellung der Arbeitsleistung von F unwirksam, sodass kraft der gesetzlichen Fiktion in § 10 Abs. 1 AÜG zwischen F und dem Autozulieferer Z ein Arbeitsverhältnis begründet wird, das einem vertraglich begründeten Arbeitsverhältnis gleichsteht.

Der Autozulieferer Z kann diese Rechtsfolgen bzw. die Risiken hierfür nur dadurch vermeiden, dass er die ihm von S zur Verfügung gestellten Mitarbeiter nicht in seine Arbeitsorganisation mit eingliedert. Wenn der Autozulieferer Z im oben genannten Streitfall darlegen und gegebenenfalls beweisen kann, dass der von S beschäftigte Mitarbeiter F nur im Rahmen eines Dienstleistungsverhältnisses und nicht im Rahmen einer Arbeitnehmerüberlassung tätig ist, scheidet die Begründung eines fiktiven Arbeitsverhältnisses auch dann aus, sollte sich das Vertragsverhältnis zwischen S und F im Nachhinein als Arbeitsverhältnis herausstellen.[216] Ist es dagegen aus Sicht des Autozulieferers Z unverzichtbar, dass der von S entsandte

---

[214] Hierzu ausführlich → Teil M.
[215] Zur Gegenüberstellung von Arbeitnehmerüberlassung und Dienstleistung *Willemsen/Mehrens* NZA 2019, 1473.
[216] BAG 3.4.2003 – 6 AZR 163/02, BeckRS 2003, 30314557; BAG 13.3.2003 – 6 AZR 698/01, BeckRS 2003, 30369170; zur Abgrenzung zwischen freiem Dienstvertrag und Arbeitnehmerüberlassung insbes. BAG 30.1.1991 – 7 AZR 497/89, NZA 1992, 19; vgl. auch *Reiserer/Bölz* S. 124 ff.

Mitarbeiter in die Arbeitsorganisation bei Z integriert wird, dh wünscht Z eine disziplinarische Handhabe gegenüber F durch Vorgesetzte, kommt zur Sicherheit nur die Tätigkeit eines von S entsandten Arbeitnehmers in Betracht. In diesen Fällen muss sich Z von S die für die Arbeitnehmerüberlassung erforderliche Erlaubnis vorlegen lassen. Die Aussage von S, er entsende ausschließlich freie Mitarbeiter, sodass das Problem eines fingierten Arbeitsverhältnisses nach § 10 Abs. 1 AÜG nicht entstehen könne, schützt den Vertragspartner Z dagegen nicht vor den gesetzlichen und oben näher dargelegten Rechtsfolgen eines fingierten Arbeitsverhältnisses. Bei einer solchen Zusage käme allenfalls ein nachträglicher – finanzieller – Regressanspruch des Autozulieferers Z gegen S in Betracht.

II. Sozialversicherungsrecht

1. Grundsatz des Gleichlaufs

102   Die Sozialgerichte und insbesondere das Bundessozialgericht schließen sich in ihren Wertungen für den Bereich der Sozialversicherung grundsätzlich den Vorgaben der Arbeitsgerichte an, allenfalls mit geringfügigen Modifikationen. Die abhängige Beschäftigung im Sinne des Sozialversicherungsrechts ist daher **größtenteils identisch** mit der Frage, ob ein Arbeitsverhältnis vorliegt. Dies führt dazu, dass die sozialgerichtliche Rechtsprechung regelmäßig auch auf die im Arbeitsrecht entwickelten Abgrenzungskriterien verweist.

103   Die traditionelle Zielsetzung der Sozialversicherung besteht darin, der abhängig arbeitenden Bevölkerung, also den unselbstständigen erwerbstätigen Arbeitnehmern, den Schutz der Sozialversicherung zwingend zugutekommen zu lassen. Anders als im Arbeitsrecht definiert § 7 Abs. 1 SGB IV einheitlich den Begriff der Beschäftigung als den zentralen Begriff im Sozialversicherungsrecht. Zum Arbeitsrecht klärt § 7 Abs. 1 S. 1 SGB IV die Beziehung in zweifacher Weise: So wird klargestellt, dass grundsätzlich ein wirksames Arbeitsverhältnis zu sozialversicherungsrechtlicher Beschäftigung führt. Insofern entspricht der Begriff des Beschäftigten grundsätzlich dem Begriff des Arbeitnehmers.[217] Daneben wird die Eigenständigkeit des Sozialversicherungsrechts gegenüber dem Arbeitsrecht aber dadurch deutlich gemacht, dass eine Beschäftigung im Sinne des Sozialversicherungsrechts auch ohne das Vorliegen eines Arbeitsverhältnisses vorliegen kann. Der Begriff des Beschäftigungsverhältnisses ist damit weitergehender als der Begriff des Arbeitsverhältnisses. Er erfasst demnach auch Fälle, in denen ein Arbeitsverhältnis nicht vorliegt, wie insbesondere bei der arbeitnehmerähnlichen Tätigkeit und der Tätigkeit eines GmbH-Geschäftsführers.[218]

2. Gesetzliche Regelung, § 7 SGB IV

104   a) **Das Gesetz zur Förderung der Selbstständigkeit.** Das Gesetz zur Bekämpfung der Scheinselbstständigkeit, in Kraft getreten am 1.1.1999, wurde mit dem am 17.12.1999 verabschiedeten Korrekturgesetz zur Förderung der Selbstständigkeit[219] rückwirkend zum 1.1.1999 wieder aufgehoben. § 7 Abs. 1 SGB IV definiert den **Begriff der Beschäftigung** als „nichtselbständige Arbeit, insbesondere in einem Arbeitsverhältnis". Dabei wird im Sozialversicherungsrecht die abhängige Beschäftigung von der Tätigkeit eines Selbstständigen – wie auch im Arbeitsrecht – durch die von der Rechtsprechung entwickelten Kriterien abgegrenzt. Danach ist Arbeitnehmer bzw. abhängig Beschäftigter iSd Sozialversicherungsrechtes derjenige, der von einem Arbeitgeber persönlich abhängig ist.[220] Nach der Neuregelung des Gesetzgebers mit dem Korrekturgesetz zur Förderung der Selbstständigkeit kann für die Abgrenzungskriterien daher wieder auf die Rechtsprechung der arbeitsrechtlichen und sozialversicherungsrechtlichen Obergerichte der letzten Jahre zurückgegriffen werden, die un-

---

[217] BSG 7.10.2004 – B 13 RJ 59/03 R, BeckRS 2004, 42678; BSG 18.6.1997 – 5 RJ 66/95, NJW 1998, 2309; LSG NRW 7.5.2007 – L 3 R 240/06, BeckRS 2009, 63555.
[218] BSG 11.11.2015 – B 12 R 2/14 R, BeckRS 2016, 67680; BSG 11.11.2015 – B 12 KR 13/14 R, BeckRS 2016, 66640; BSG 11.11.2015 – B 12 KR 10/14 R, DStR 2016, 1275; zur Sozialversicherungspflicht von Gesellschafter-Geschäftsführern einer GmbH BSG 29.7.2015 – B 12 KR 23/13 R, BeckRS 2015, 73497.
[219] BGBl. 2000 I 2.
[220] BSG 22.6.2005 – B 12 KR 28/03 R, BeckRS 2005, 42507; BSG 21.4.1993 – 11 RAr 67/92, NJW 1994, 341.

verändert fortgelten sollen.[221] Wichtig ist diese Grundaussage insbesondere auch für das Verhältnis zwischen Arbeitsrecht und Sozialversicherungsrecht bei der Bestimmung des Arbeitnehmers bzw. abhängig Beschäftigten. Nach den Irritationen, die im Zusammenhang mit dem Gesetz zur Bekämpfung der Scheinselbstständigkeit Ende 1998 aufgetreten waren, besteht seit der Neufassung des Gesetzes im Januar 2000 wieder Übereinstimmung. Der Gleichlauf von Arbeits- und Sozialversicherungsrecht ist damit im Wesentlichen wiederhergestellt, woran auch die gesetzlichen Neuregelungen im Rahmen der Umsetzung der Hartz-Konzepte mit Beschluss über das 1. und 2. Gesetz für moderne Dienstleistungen am Arbeitsmarkt[222] nichts ändern.

b) Grundsatz der Amtsermittlung. Der Amtsermittlungsgrundsatz, der in der Sozialversicherung grundsätzlich zur Anwendung kommt, gilt uneingeschränkt auch im Recht der Scheinselbstständigkeit. Der sozialversicherungsrechtliche Sachverhalt ist von Amts wegen zu prüfen und dabei sind alle für den Einzelfall bedeutsamen Umstände zu berücksichtigen (§ 20 Abs. 1, Abs. 2 SGB X). Der Sozialversicherungsträger hat von sich aus die Tatsachen zu ermitteln, die zur Beurteilung der Rechtsfrage, ob eine abhängige oder selbstständige Beschäftigung vorliegt, notwendig sind.

c) Ich-AG. Die sog. Ich-AG bezeichnete ein Einzelunternehmen, das von einem Arbeitslosengeld-Empfänger gegründet wird. Unter bestimmten Voraussetzungen erhielt dieser während der ersten drei Jahre seiner Selbstständigkeit einen sog. Existenzgründungszuschuss (vgl. § 421l SGB III aF). Ziel des Gesetzgebers war es, mit diesem neuen Ansatz die Gründung selbstständiger Existenzen anzuregen. Aufgrund der Missbrauchsanfälligkeit der Ich-AG ließ der Gesetzgeber den Existenzgründungszuschuss zum 30.6.2006 auslaufen und ersetzte ihn durch den zum 1.8.2006 eingeführten Gründungszuschuss. Aufgrund der dreijährigen Förderdauer hatte die Ich-AG noch bis zum 31.7.2009 Bedeutung.

d) Gründungszuschuss. Der sog. Gründungszuschuss hat die bis dahin geltenden Regelungen zur Ich-AG und zum Überbrückungsgeld am 1.8.2006 abgelöst.

Mit der Konzentration auf ein Instrument soll die Transparenz und Übersichtlichkeit der Förderung erhöht werden; zugleich wird eine Entlastung der Arbeitsverwaltung angestrebt. Auch der Gründungszuschuss hat den Zweck für eine Übergangs- und Anfangszeit, in der aus der neu aufgenommenen selbstständigen Tätigkeit keine vollen Einnahmen zu erwarten sind, den Lebensunterhalt des vorher Arbeitslosen zu sichern.

Ein wesentlicher Unterschied zur Ich-AG besteht darin, dass im Rahmen der neuen Regelung mehrfach die Tragfähigkeit der Existenzgründung und die persönliche Eignung des Existenzgründers überprüft werden.

Noch bis zum 28.12.2011 sah § 57 Abs. 1 SGB III zur Sicherung des Lebensunterhalts und zur sozialen Sicherung in der Zeit nach der Existenzgründung einen Anspruch des Arbeitnehmers, der durch die Aufnahme einer selbstständigen, hauptberuflichen Tätigkeit die Arbeitslosigkeit beendet, auf den Gründungszuschuss vor. Seit dem Gesetz zur Verbesserung der Eingliederungschancen am Arbeitsmarkt vom 20.12.2011 wurde § 57 SGB III aF zunächst insoweit geändert, als der Gründungszuschuss nunmehr als Ermessensleistung gewährt wird. Mit Wirkung zum 1.4.2012 hat der Gesetzgeber den Gründungszuschuss nunmehr in § 93 SGB III unter Beibehaltung der Rechtnatur als Ermessensleistung geregelt.[223]

3. Der GmbH-Geschäftsführer im Sozialversicherungsrecht

Eine Sonderstellung im Bereich der statusrechtlichen Beurteilung nimmt der GmbH-Geschäftsführer ein. Anders als beim „normalen" Angestellten/freien Mitarbeiter sind bei ihm die zur Beurteilung jeweils heranzuziehenden Kriterien im Arbeits- und Sozialversicherungsrecht unterschiedlich. Dabei hat es in der jüngeren Vergangenheit eine Vielzahl höchstrichterlicher Entscheidungen gegeben.

---

[221] Ausführlich zu den Abgrenzungsfragen zwischen abhängiger Beschäftigung und selbstständiger Tätigkeit im Sozialversicherungsrecht *Reiserer/Freckmann/Träumer* Scheinselbstständigkeit Teil 1 Rn. 125 ff.
[222] Hierzu → § 5 Rn. 9 ff.
[223] Vertiefend *Müller* NZS 2014, 725; *Schweiger* NZS 2014, 448.

112 In der jüngeren Rechtsprechung des Bundessozialgerichts hat der Gesichtspunkt des Umfangs der Beteiligung im Zusammenspiel mit Familiengesellschaften besondere praktische Relevanz entwickelt. Dabei hat der 12. Senat des Bundessozialgerichts in zwei Entscheidungen vom 29.8.2012[224] von der bis dato ständigen Rechtsprechung des 11. Senats Abstand genommen.[225] Der 11. Senat hatte eine selbstständige Tätigkeit in der zitierten Entscheidung auch im Fall des – nicht an der GmbH beteiligten und nicht zum Geschäftsführer bestellten – Sohnes eines Allein-Gesellschafter-Geschäftsführers für möglich gehalten. Dabei ist der 11. Senat davon ausgegangen, dass für einen Fremdgeschäftsführer einer Familiengesellschaft, der mit den Gesellschaftern familiär verbunden ist, eine Ausnahme von der Beschäftigtenstellung in Betracht komme, wenn er faktisch wie ein Alleininhaber die Geschäfte der Gesellschaft nach eigenem Gutdünken führen konnte und geführt hat, ohne dass ihn der oder die Gesellschafter daran hinderten. Diese Ausnahme sollte – so der 11. Senat – auch gelten, wenn der Alleingesellschafter zugleich Alleingeschäftsführer ist und die Tätigkeit der faktischen Leitung des Betriebs formal auf der Ebene unter dem Geschäftsführer ausgeübt wurde. Von dieser Auffassung hat sich der 12. Senat im Rahmen seiner Entscheidungen vom 29.8.2012 abgewendet und ausgeführt, dass entscheidender Gesichtspunkt für die Annahme einer selbstständigen Tätigkeit anstelle einer (abhängigen) Beschäftigung – auch im Zusammenhang mit Familiengesellschaften – die Möglichkeit ist, unliebsame Weisungen des Arbeitgebers bzw. Dienstberechtigten abzuwenden. Damit hat das BSG die **Abkehr vom Einfluss der tatsächlichen Umstände vorgenommen, soweit diese nicht auch gesellschaftsrechtlich bzw. vertraglich abgesichert sind.**

113 In einer jüngeren Entscheidung vom 14.3.2018[226] hat der 12. Senat diese Rechtsprechung erneut bestätigt und noch einmal klargestellt, dass Geschäftsführer, die nicht am Gesellschaftskapital beteiligt sind (sog. **Fremdgeschäftsführer**), **ausnahmslos als abhängig beschäftigt** gelten. Gesellschafter-Geschäftsführer sind nach Auffassung des BSG aufgrund ihrer Kapitalbeteiligung **nur dann selbstständig tätig, wenn sie mindestens 50 % der Anteile am Stammkapital** halten oder ihnen bei einer geringeren Kapitalbeteiligung nach dem Gesellschaftsvertrag eine **echte/qualifizierte Sperrminorität** eingeräumt ist. Eine solche Sperrminorität setzt dabei voraus, dass sie nicht auf bestimmte Angelegenheiten der Gesellschaft begrenzt ist, sondern uneingeschränkt die gesamte Unternehmenstätigkeit umfasst. Außerhalb des Gesellschaftsvertrages zustande gekommene, das Stimmverhalten regelnde Vereinbarungen sind daher bei der Bewertung der Rechtsmachtverhältnisse nicht zu berücksichtigen. Zusammenfassend kann die Selbstständigkeit eines Gesellschafter-Geschäftsführers somit nur noch dann mit Sicherheit angenommen werden, wenn dieser (bei einfacher Beschlussfassungsmehrheit) mit mindestens 50 % an der Gesellschaft beteiligt ist oder bei einer geringeren Kapitalbeteiligung eine (umfassende) im Gesellschaftsvertrag festgelegte Sperrminorität genießt, sodass er in der Lage ist, ihn belastende Entscheidungen in jedem Fall und rechtlich zwingend zu verhindern.

114 Vor dem Hintergrund der vorstehend skizzierten Abwendung von der „Kopf und Seele"-Rechtsprechung des BSG stellte sich für Familiengesellschaften in der Folge die Frage des Vertrauensschutzes. Hierzu hat das BSG jüngst in einigen Parallelentscheidungen am 19.9.2019[227] entschieden und ausgeführt, dass die „Kopf und Seele"-Rechtsprechung einzelner Senate **keinen Vertrauensschutz** begründet. Frühere Entscheidungen der für das Unfallversicherungsrecht und das Recht der Arbeitsförderung zuständigen Senate, in denen das familiäre Näheverhältnis des Geschäftsführers zu Mehrheitsgesellschaftern einer GmbH zum Anlass genommen wurde, deren Selbstständigkeit zu bejahen, vermitteln – so das BSG nun – kein Vertrauen in eine hiervon abweichende Beurteilung. Es habe sich stets um spezifische Einzelfälle gehandelt und der für das Versicherungs- und Beitragsrecht zuständige 12.

---

[224] BSG 29.8.2012 – B 12 KR 25/10 R, NZA-RR 2013, 252 und BSG 29.8.2012 – B 12 R 14/10 R, BeckRS 2013, 66534.
[225] Ua BSG 30.1.1990 – 11 RAr 47/88, NZA 1990, 950.
[226] BSG 14.3.2018 – B 12 R 5/16 R, BeckRS 2018, 5025.
[227] BSG 19.9.2019 – B 12 R 25/18 R, NZS 2020, 183; BSG 19.9.2019 – B 12 KR 21/19 R, BeckRS 2019, 34434; BSG 19.9.2019 – B 12 R 7/19 R, BeckRS 2019, 38645; BSG 19.9.2019 – B 12 R 9/19 R, BeckRS 2019, 37245.

4. Arbeitnehmerähnliche Selbstständige, § 2 S. 1 Nr. 9 SGB VI

a) Rentenversicherung für Selbstständige. Seit dem 1.1.1999 sind arbeitnehmerähnliche 115
Selbstständige in der gesetzlichen Rentenversicherung gem. § 2 S. 1 Nr. 9 SGB VI rentenversicherungspflichtig. In allen weiteren Zweigen der Sozialversicherungen bleibt der arbeitnehmerähnliche Selbstständige hingegen versicherungsfrei. Anders als Künstler, Publizisten und Hausgewerbetreibende hat der arbeitnehmerähnliche Selbstständige die Beiträge zur Rentenversicherung in vollem Umfang selbst zu tragen (§ 169 Nr. 1 SGB VI). Der Auftraggeber wird nicht mit diesen Beiträgen belastet.

b) Personenkreis. Anders als die von § 2 S. 1 Nr. 1 bis 8 SGB VI erfassten Selbstständigen, 116
die jeweils bestimmten Berufsgruppen angehören, bestimmt sich der arbeitnehmerähnliche Selbstständige nach seiner **sozialen Schutzbedürftigkeit**. Diese soziale Schutzbedürftigkeit wird unabhängig davon, ob sie tatsächlich gegeben ist, im Fall des Vorliegens der gesetzlichen Voraussetzungen unterstellt.[229]

Gemeinsam ist dem in § 2 S. 1 SGB VI aufgezählten Personenkreis das Merkmal der 117
Selbstständigkeit. Daraus folgt, dass vorrangig vor der Feststellung des Status des arbeitnehmerähnlichen Selbstständigen zu ermitteln ist, ob nicht eigentlich eine Beschäftigung gegen Entgelt und demnach eine Versicherungspflicht nach § 1 S. 1 SGB VI vorliegt. Dies führt dazu, dass der freie Mitarbeiter im Sozialversicherungsrecht heute zwei Hürden im Rahmen einer bestimmten Prüfungsfolge zu nehmen hat: Zunächst ist zu klären, ob er gem. § 7 Abs. 1 SGB IV als abhängig Beschäftigter in vollem Umfang sozialversicherungspflichtig ist. Sollte er indes als selbstständig Tätiger eingeordnet werden, ist sodann in einem zweiten Schritt zu ermitteln, ob er gegebenenfalls als sogenannter arbeitnehmerähnlicher Selbstständiger rentenversicherungspflichtig gem. § 2 S. 1 Nr. 9 SGB VI ist.

Arbeitnehmerähnlichkeit wird bejaht, wenn zwei Voraussetzungen kumulativ vorliegen: 118
Zunächst wird vorausgesetzt, dass der Selbstständige im Zusammenhang mit seiner selbstständigen Tätigkeit regelmäßig keinen versicherungspflichtigen Arbeitnehmer beschäftigt (§ 2 S. 1 Nr. 9a SGB VI). Ferner muss der Selbstständige gem. § 2 S. 1 Nr. 9b SGB VI auf Dauer und im Wesentlichen nur für einen Auftraggeber tätig sein.

c) Befreiungsmöglichkeiten. Arbeitnehmerähnliche Selbstständige im Sinne des § 2 S. 1 119
Nr. 9 SGB VI können sich unter bestimmten Voraussetzungen von der gesetzlichen Rentenversicherungspflicht befreien lassen. Die Befreiungsgründe sind zusammenfassend und abschließend in § 6 SGB VI geregelt. Die Befreiung erfolgt gem. § 6 Abs. 2 SGB VI nur auf Antrag. Die Deutsche Rentenversicherung Bund entscheidet auf Antrag des Selbstständigen darüber, ob einer der zwei Befreiungsgründe des § 6 Abs. 1a SGB VI vorliegt. Die befristete Befreiungsmöglichkeit nach § 231 Abs. 5 SGB VI galt nur im Rahmen der gesetzlichen Neuregelung als Übergangsregelung und kann von Selbstständigen nicht mehr beansprucht werden.

Existenzgründer können sich gem. § 6 Abs. 1a S. 1 Nr. 1 SGB VI für einen Zeitraum von 120
drei Jahren nach erstmaliger Aufnahme ihrer selbstständigen Tätigkeit von der Rentenversicherung befreien lassen. Der dreijährige Befreiungszeitraum kann auch für eine zweite Existenzgründung erneut in Anspruch genommen werden, wobei eine zweite Existenzgründung nicht vorliegt, wenn eine bestehende selbstständige Existenz lediglich umbenannt oder deren Geschäftszweck gegenüber der vorangegangenen Tätigkeit nicht wesentlich verändert worden ist.

Ferner normiert § 6 Abs. 1a Nr. 2 SGB VI eine endgültige Befreiungsmöglichkeit für ver- 121
sicherungspflichtige ältere Selbstständige, die zuvor bereits eine selbstständige Tätigkeit ausgeübt haben und nunmehr durch die gesetzliche Neuregelung erstmals versicherungspflichtig würden. Voraussetzung für diese Befreiungsmöglichkeit ist die Vollendung des

---

[228] Hierzu ausführlich *Lau* DStR 2019, 2207.
[229] KassKomm/*Gürtner* SGB VI § 2 Rn. 38.

58. Lebensjahres und überdies, dass die Tätigkeit nach einer zuvor ausgeübten Selbstständigkeit nun erstmalig nach § 2 S. 1 Nr. 9 SGB VI rentenversicherungspflichtig geworden ist.

122 **d) Feststellung des Status.** Die Statusfeststellung des arbeitnehmerähnlichen Selbstständigen erfolgt durch die Deutsche Rentenversicherung Bund. Bei den Anfrageverfahren zur Statusfeststellung ist im ersten Schritt zwischen dem optionalen und dem obligatorischen Anfrageverfahren zu unterscheiden. Beim **optionalen Anfrageverfahren** können die beteiligten Unternehmen und tätigen Personen oder aber auch nur einer der Beteiligten schriftlich eine rechtsverbindliche Entscheidung beantragen, ob eine abhängige Beschäftigung vorliegt oder Selbstständigkeit angenommen wird, § 7a Abs. 1 S. 1 SGB IV.[230] Demgegenüber steht das **obligatorische Anfrageverfahren.** Seit dem 1.1.2005 hat die Einzugsstelle bei der Deutschen Rentenversicherung Bund nach § 7a Abs. 1 S. 2 SGB IV ein Statusfeststellungsverfahren dann zu initiieren, wenn der Arbeitgeber bei der Einzugsstelle die Beschäftigung eines Ehegatten/Lebenspartners, eines Abkömmlings des Arbeitgebers oder eines GmbH-Gesellschafter-Geschäftsführers anmeldet. Im Rahmen des Antragsverfahrens sollte vom Antragsteller der Fragebogen zur „Feststellung des sozialversicherungsrechtlichen Status", der bei der Deutsche Rentenversicherung Bund bezogen werden kann, verwendet werden. Neben dieser gesonderten Antragstellung zur Feststellung der Rentenversicherungspflicht überprüft die Deutsche Rentenversicherung Bund den Status als arbeitnehmerähnlicher Selbstständiger, falls das Anfrageverfahren gem. § 7a Abs. 1 S. 2 SGB IV eingeleitet wird.[231]

III. Steuerrecht

1. Eigener Arbeitnehmerbegriff

123 **a) Negativdefinition.** Aus steuerrechtlicher Sicht werden Dienstverhältnisse entweder als selbstständige Tätigkeit oder als nicht selbstständige Tätigkeit eingestuft. Eine gesetzliche Definition des Begriffs der selbstständigen Tätigkeit oder aber des Begriffs der nicht selbstständigen Tätigkeit besteht nicht. Wie im Arbeits- und Sozialversicherungsrecht wird auch im Steuerrecht anhand **einer Vielzahl von feststehenden Merkmalen in einer Gesamtschau** die Abgrenzung zwischen der Selbstständigkeit und der Nichtselbstständigkeit vorgenommen. Allerdings wird im Bereich des Steuerrechtes in Anlehnung an Vorgaben des Gesetzgebers eine sog. **Negativdefinition** vorgenommen. So ist in § 2 Abs. 2 Nr. 1 UStG eine Negativabgrenzung darüber enthalten, wann jemand nicht selbstständig ist. Danach liegt eine nicht selbstständige Tätigkeit dann vor, wenn natürliche Personen einzeln oder zusammengeschlossen in einem Unternehmen so eingegliedert sind, dass sie den Weisungen des Unternehmers zu folgen verpflichtet sind. In § 1 Abs. 3 LStDV ist definiert, dass derjenige, welcher sonstige Leistungen innerhalb der von ihm selbstständig ausgeübten gewerblichen oder beruflichen Tätigkeit gegen Entgelt ausführt, kein Arbeitnehmer ist. Daneben definiert § 1 Abs. 1 LStDV Arbeitnehmer positiv als solche Personen, die im öffentlichen oder privaten Dienst angestellt oder beschäftigt sind oder waren und die aus diesem Dienstverhältnis oder einem früheren Dienstverhältnis Arbeitslohn beziehen. Daraus folgt, dass Arbeitnehmer auch etwaige Rechtsnachfolger dieser Personen sein können, soweit sie Arbeitslohn aus früheren Dienstverhältnissen ihres Rechtsvorgängers beziehen.

124 Die Abgrenzung der selbstständigen Tätigkeit gegenüber der nicht selbstständigen Tätigkeit im Steuerrecht ist also im Wesentlichen dadurch gekennzeichnet, dass der Selbstständige
- den **Weisungen** Dritter im Gegensatz zum Nichtselbstständigen nicht zu folgen hat,
- er auf eigene Rechnung und
- auf eigenes Risiko arbeitet.

---

[230] Hierzu näher *Reiserer/Bölz* S. 76 ff.
[231] Vgl. → § 8 Rn. 17 ff.

Demgegenüber ist der **nicht selbstständig** Tätige
- in die unternehmerische Organisation des Arbeitgebers eingegliedert und
- hat den Weisungen des Arbeitgebers zu folgen.

Konkretisiert wird die Abgrenzung durch Merkmale, die in den Lohnsteuerrichtlinien aufgeführt sind. Hiernach grenzt sich die Arbeitnehmertätigkeit von der Selbstständigkeit im Wesentlichen anhand der nachfolgend aufgeführten Merkmale ab:

Merkmale der **nicht selbstständigen** Tätigkeit:
- persönliche Abhängigkeit;
- Weisungsgebundenheit in Bezug auf Art, Inhalt und Ort der Tätigkeit sowie des zeitlichen Einsatzes;
- feste Arbeitszeiten;
- Ausübung der Tätigkeit an einem gleichbleibenden, bestimmten Ort;
- grundsätzlich feste Bezüge;
- Urlaubsansprüche;
- Anspruch auf sonstige Sozialleistungen;
- Fortzahlung der Bezüge im Krankheitsfall;
- Überstundenvergütung;
- zeitlicher Umfang der zu erbringenden Dienstleistung;
- Unselbstständigkeit hinsichtlich Organisation und Durchführung der Tätigkeit;
- fehlendes Unternehmerrisiko;
- fehlende Unternehmerinitiative;
- kein Kapitaleinsatz;
- keine Pflicht zur Beschaffung von Arbeitsmitteln;
- Notwendigkeit der ständigen Zusammenarbeit mit anderen Mitarbeitern;
- Eingliederung in den laufenden Betrieb;
- Schulden einer Arbeitsleistung, aber nicht eines Arbeitserfolges;
- Ausführung von einfachen Tätigkeiten, bei denen eine Weisungsabhängigkeit regelmäßig vorliegt.

Merkmale einer **selbstständigen** Tätigkeit sind dagegen:
- fehlende Eingliederung des Auftragnehmers in den Betrieb des Auftraggebers aufgrund nur kurzer zeitlicher Dauer des Beschäftigungsverhältnisses;
- nur gelegentliche Tätigkeiten, die zeitlich wiederum begrenzt sind;
- Nichtvorhandensein einer organisatorischen Eingliederung des Beschäftigten in den Geschäftsbetrieb des Arbeitgebers;
- freie Einteilung und Bestimmung der Arbeitszeit;
- der Auftraggeber trägt alleine das unternehmerische Risiko;
- geschäftliche Beziehungen zu mehreren Vertragspartnern.

b) Indizwirkung von Arbeits- und Sozialversicherungsrecht. In seinem Urteil vom 2.12. 1998[232] hat der BFH klargestellt, dass die sozial- oder arbeitsrechtliche Einordnung eines Beschäftigungsverhältnisses als selbstständige oder unselbstständige Tätigkeit für die Frage der steuerrechtlichen Einordnung des Beschäftigungsverhältnisses nicht unbedingt ausschlaggebend ist. Sofern sowohl im Arbeitsrecht als auch im Sozialversicherungsrecht die Qualifizierung des Beschäftigungsverhältnisses als nicht selbstständiges Beschäftigungsverhältnis erfolgen sollte, kann dies nach Auffassung des BFH allerdings ein Indiz für das Vorliegen eines auch im steuerrechtlichen Sinne nicht selbstständigen Arbeits- oder Beschäftigungsverhältnisses sein. Die Frage einer Bindung zwischen der arbeits- und sozialversicherungsrechtlichen Qualifizierung einerseits und der steuerrechtlichen Qualifizierung andererseits wird vom BFH dagegen abgelehnt. Aus diesem Grund hatte der BFH es auch abgelehnt, die neuere Entwicklung des Arbeits- und insbesondere des Sozialversicherungsrechtes zum Problem der sog. Scheinselbstständigkeit als Präjudiz für die steuerrechtliche Beurteilung heranzuziehen.[233]

---

[232] BFH 24.1.2008 – 8 B 197/06, BeckRS 2008, 25013330; BFH 2.12.1998 – X R 83/96, NZA-RR 1999, 376.
[233] BFH 24.10.2006 – III S 4/06 (PKH), BeckRS 2006, 25010837; BFH 29.5.2006 – V B 159/05, BeckRS 2006, 25010285; BFH 2.12.1998 – X R 83/96, NZA-RR 1999, 376.

2. Abweichende Merkmale

129 a) **Unternehmerrisiko.** Anders als das Arbeits- und Sozialversicherungsrecht misst die Rechtsprechung des BFH dem Merkmal des Unternehmerrisikos große Bedeutung zu.[234]

130 b) **Einfache Tätigkeiten.** Abweichend vom Arbeits- und Sozialversicherungsrecht geht der BFH auch davon aus, dass die Ausführung von einfachen Tätigkeiten, bei denen eine Weisungsabhängigkeit regelmäßig vorliegt, grundsätzlich als nicht selbstständige Tätigkeit erfolgt.[235]

---

[234] BFH 2.12.1998 – X R 83/96, NZA-RR 1999, 376; BFH 20.2.1979 – VIII R 52/77, BeckRS 1979, 22004794.

[235] Vgl. BFH 16.11.2006 – VI B 74/06, BeckRS 2006, 25010824; BFH 24.7.1992 – VI R 126/88, BeckRS 1992, 22010391.

§ 7 Rechtsfolgen fehlerhafter Einordnung

Übersicht

	Rn.
I. Arbeitsrecht	1–13
1. Arbeitsrechtliche Schutzvorschriften	2
2. Anpassung der Arbeitsbedingungen	3–8
a) Wegfall der Geschäftsgrundlage	3
b) Vergütungsanpassung	4–8
3. Rückforderungsansprüche	9–13
a) Ansprüche des Arbeitgebers	9–12
b) Ansprüche des ehemaligen freien Mitarbeiters	13
II. Sozialversicherungsrecht	14–22
1. Nachentrichtung der Gesamtsozialversicherungsbeiträge	14–17
2. Erstattung nach § 28g SGB IV	18/19
3. Abweichende Vereinbarung	20–22
III. Steuerrecht	23–28
1. Lohnsteuerabzugsverfahren	23–25
2. Umsatzsteuer	26–28
IV. Strafrechtlicher Exkurs: Vorenthalten und Veruntreuen von Arbeitsentgelten	29–34
1. Sozialrechtsakzessorische Gestaltung	30
2. Vorsatz	31–33
3. Verjährung	34

I. Arbeitsrecht

Wird ein Vertragsverhältnis fälschlicherweise nicht als Arbeitsverhältnis, sondern als freies Dienstverhältnis geführt und abgewickelt, liegt ein Fall der sog. **Scheinselbstständigkeit** vor. Scheinselbstständigkeit ist damit ein Phänomen, das es rechtlich bzw. als Rechtsbegriff gar nicht gibt. Arbeitsrechtlich ist vielmehr der Scheinselbstständige eben Arbeitnehmer und nicht freier Mitarbeiter. Gleiches gilt für das Sozialversicherungs- und Steuerrecht. Ist der als freier Mitarbeiter Bezeichnete in Wirklichkeit nicht selbstständig tätig, sondern abhängig beschäftigt, ergeben sich eine Fülle von Konsequenzen sowohl in arbeitsrechtlicher als auch in sozialversicherungs- und steuerrechtlicher Hinsicht. Diese Rechtsfolgen fehlerhafter Qualifizierung werden regelmäßig unter dem Begriff der „Scheinselbstständigkeit" zusammengefasst. 1

1. Arbeitsrechtliche Schutzvorschriften

Die jedenfalls auf den ersten Blick wichtigste Konsequenz im Bereich des Arbeitsrechtes ist, dass sich der vermeintlich freie Dienstnehmer in vollem Umfang auf die Schutzbestimmungen des Arbeitsrechtes berufen kann. Der Arbeitnehmer genießt den allgemeinen **Kündigungsschutz** nach den Bestimmungen des KSchG. Er kann sich auf besondere Kündigungsschutzbestimmungen nach dem MuSchG, dem TzBfG oder auf den Kündigungsschutz nach §§ 168 ff. SGB IX für Schwerbehinderte und Gleichgestellte berufen. Ferner kann eine eventuell bereits ausgesprochene Kündigung wegen unterlassener Anhörung des Betriebsrates nach § 102 BetrVG unwirksam sein. Daneben hat der Arbeitnehmer **Entgeltfortzahlungsansprüche** im Krankheitsfall und kann **Urlaubsansprüche** nach den Bestimmungen des BUrlG geltend machen. Auch **Altersversorgungsansprüche**, die sich aus betrieblichen Rentensystemen ergeben, kann der Mitarbeiter, der seinen Arbeitnehmerstatus feststellen lässt, geltend machen. Dabei kann er sich in vollem Umfang auf die im betrieblichen Alltag wesentlichen Grundprinzipien der sog. **betrieblichen Übung** sowie des **arbeitsrechtlichen Gleichbehandlungsgrundsatzes** berufen. 2

2. Anpassung der Arbeitsbedingungen

3   a) **Wegfall der Geschäftsgrundlage.** Haben die Parteien ein Rechtsverhältnis irrtümlich als freies Mitarbeiterverhältnis und nicht als abhängiges Arbeitsverhältnis eingeordnet, so ergeben sich bei der Anpassung der Arbeitsbedingungen und insbesondere der Vergütung Probleme, die nach den Grundsätzen über das Fehlen oder den Wegfall der Geschäftsgrundlage gelöst werden. Die Grundsätze hierzu hat das Bundesarbeitsgericht in einer Entscheidung am 9.7.1986[1] festgelegt:

1. „Haben sich die Parteien in einem beiderseitigen Rechtsirrtum befunden, als sie ihr Arbeitsverhältnis als freie Mitarbeit angesehen haben, so richtet sich die Anpassung des Vertrages nach den Grundsätzen über den Wegfall der (subjektiven) Geschäftsgrundlage.
2. Eine Anpassung des Vertrages unter den vorgenannten Voraussetzungen wird regelmäßig nur für noch nicht beendete Vertragsverhältnisse für die Zukunft in Betracht kommen.
3. Neben den Grundsätzen über den Wegfall der Geschäftsgrundlage findet § 812 Abs. 1 S. 2 BGB keine Anwendung ..."

4   b) **Vergütungsanpassung.** Vor dem Hintergrund der angestiegenen Zahl gerichtlicher Auseinandersetzungen um „Scheinselbstständige" hat die Frage der Anpassung des Vertragsverhältnisses für den Fall fehlerhafter rechtlicher Einordnung zunehmend an Bedeutung gewonnen. In diesem Zusammenhang geht es insbesondere um die Frage, wie sich die Vergütungshöhe des ehemals freien Mitarbeiters bemisst.

5   In den **ersten gerichtlichen Auseinandersetzungen** zu Auswirkungen auf die Vergütungshöhe herrschte in der Rechtsprechung die Auffassung vor, dass der ehemals als freier Mitarbeiter eingestellte Arbeitnehmer nach Feststellung seines Arbeitnehmerverhältnisses unverändert zu dem früher **vereinbarten Honorar** zu beschäftigen ist.[2] Nach dieser Auffassung schuldete der Arbeitgeber seinem „neuen" Arbeitnehmer das bisher vereinbarte freie Mitarbeiterhonorar nun als vertraglich geschuldete Bruttoarbeitsvergütung. Auch Rückforderungsansprüche des Arbeitgebers bezüglich des erheblich über den tarifmäßigen Vergütungen eines Arbeitnehmers liegenden Honorars wurden regelmäßig von den Arbeitsgerichten zurückgewiesen. Andererseits hatte der Arbeitgeber rückwirkend sämtliche Sozialversicherungsbeträge nachzuzahlen, ohne seinerseits die Möglichkeit zu haben, sich wenigstens die Arbeitnehmeranteile bei seinem „frisch gebackenen Arbeitnehmer" wiederzuholen.[3] Einen Schritt weiter ging das ArbG Karlsruhe in seiner Entscheidung vom 16.9.1999,[4] indem es die Berechtigung des ehemals freien Mitarbeiters anerkannte, vormals erhaltene Zuschüsse zur Pensionskasse nicht zurückzahlen zu müssen. Dem „neuen" Arbeitgeber verblieb nur die Möglichkeit, mit Hilfe einer Änderungskündigung den Versuch einer Gehaltsanpassung zu unternehmen. In Anbetracht der sehr restriktiven Rechtsprechung des Bundesarbeitsgerichtes zur betriebsbedingten Änderungskündigung mit dem Ziel der Gehaltsanpassung führte dieser Weg allerdings selten zum Ziel.

6   Das LAG Köln ist in seiner Entscheidung vom 10.10.1996[5] erstmals von dieser Rechtsprechung abgewichen und hat dem „neuen" Arbeitnehmer nach erfolgreichem Statusprozess nur noch die **übliche (tarifliche) Vergütung** zugesprochen. In seiner Entscheidung vom 21.1.1998[6] hat sich das BAG nach langen Jahren erstmals wieder mit diesem Streitpunkt befasst. Es hat in dieser Entscheidung ähnlich wie das LAG Köln die Auffassung vertreten, dass die Anpassung der Vergütung regelmäßig nur für die Zukunft in Betracht komme und dann nach den Grundsätzen über den Wegfall der (subjektiven) Geschäftsgrundlage zu beurteilen sei. Das BAG leitete diesbezüglich aus § 612 Abs. 2 BGB ab, dass der ehemals freie Mitarbeiter und spätere Arbeitnehmer lediglich Anspruch auf Arbeitsentgelt in üblicher Höhe habe. Nur im Ausnahmefall könne der Mitarbeiter, der seine Tätigkeit nunmehr als

---

[1] BAG 9.7.1986 – 5 AZR 44/85, NZA 1987, 16; so auch LAG RhPf 12.12.1995 – 6 Sa 949/95, NZA-RR 1996, 384.
[2] LAG Berlin 8.6.1993 – 15 Sa 31/92, NZA 1994, 512.
[3] Ausführlich hierzu *Hochrathner* NZA 2000, 1083.
[4] ArbG Karlsruhe 16.9.1999 – 4 Ca 197/99.
[5] LAG Köln 10.10.1996 – 10 Sa 194/96, BeckRS 1996, 30764265.
[6] BAG 21.1.1998 – 5 AZR 50/97, NZA 1998, 594.

Arbeitnehmer ausübt, seine bisherigen Honoraransprüche als vertraglich geschuldete Bruttoarbeitsvergütung ansehen. Da in dem vom BAG entschiedenen Fall sowohl ein Tarifvertrag für Arbeitnehmer als auch „Honorarrichtlinien" für freie Mitarbeiter existierten, hat das BAG den klagenden „neuen" Arbeitnehmer im Ergebnis auf die tarifliche Vergütung der Arbeitnehmerschaft verwiesen.

Fehlen im Unternehmen solche Richtlinien für Arbeitnehmer einerseits und freie Mitarbeiter andererseits und scheiden somit Vergleichsmöglichkeiten innerhalb des Unternehmens aus, muss sich die übliche Vergütung nach Vergleichsmaßstäben am gleichen Ort, in gleichen oder ähnlichen Gewerben oder Berufen oder für ähnliche Arbeit unter Berücksichtigung der Verhältnisse des Dienstleistenden beurteilen. Dabei geht das BAG[7] davon aus, dass bei Arbeitnehmern die übliche Vergütung generell der Tariflohn sein kann.

In seiner jüngsten Entscheidung zur Vergütungsproblematik vom 26.6.2019[8] hat das BAG seine bisherige Rechtsprechung erneut bestätigt. Stellt sich ein vermeintlich freies Dienstverhältnis im Nachhinein als Arbeitsverhältnis dar, kann nach Ansicht des BAG in der Regel nicht davon ausgegangen werden, die für die freie Mitarbeit vereinbarte Vergütung sei der Höhe nach auch für eine Beschäftigung als Arbeitnehmer verabredet. Für eine solche Annahme bedarf es vielmehr – vom Arbeitnehmer darzulegender – besonderer Anhaltspunkte. Fehlt es an solchen besonderen Anhaltspunkten, ist nach § 612 Abs. 2 BGB die übliche Vergütung geschuldet.[9]

3. Rückforderungsansprüche

a) Ansprüche des Arbeitgebers. Das LAG Köln hat in einem weiteren Urteil vom 10.9.1998 erstmals die Möglichkeit für den Arbeitgeber anerkannt, für die Vergangenheit zu viel gezahlte Vergütung zurückzufordern.[10] Hierbei stützt sich das LAG auf die Rechtsgrundlage der ungerechtfertigten Bereicherung nach § 812 Abs. 1 S. 1 BGB. In den Fällen, in denen das Vorliegen eines Arbeitsverhältnisses nicht nur für die Zukunft, sondern auch rückwirkend festgestellt wird, hat somit der Arbeitnehmer auch für diesen rückwirkenden Zeitraum nur Anspruch auf die arbeitnehmerübliche Vergütung. Der Arbeitgeber kann grundsätzlich die zu viel gezahlte Vergütung zurückfordern. Das BAG hat zwischenzeitlich die Rechtsauffassung des LAG in der Entscheidung vom 29.5.2002 bestätigt.[11]

Auch den Gesichtspunkt des Rückforderungsanspruches hat der 5. Senat des BAG in seiner Entscheidung vom 26.6.2019[12] bestätigt. Es stellte noch einmal ausdrücklich klar, dass der Arbeitgeber die Rückzahlung überzahlter Honorare verlangen kann, wenn der Arbeitnehmerstatus eines vermeintlich freien Mitarbeiters rückwirkend festgestellt wird und die im Arbeitsverhältnis geschuldete Vergütung niedriger ist als das für das freie Dienstverhältnis vereinbarte Honorar. Bei der Rückzahlung muss sich der Arbeitgeber im Rahmen des Bereicherungsausgleichs nach § 812 Abs. 1 S. 1 Alt. 1 BGB nicht nur die im Arbeitsverhältnis geschuldete Bruttovergütung, sondern auch die hierauf entfallenden Arbeitgeberanteile am Gesamtsozialversicherungsbeitrag anrechnen lassen.

Problematisch waren in diesem Zusammenhang häufig anzutreffende (tarifliche) **Ausschlussfristen,** die mit dem Zeitpunkt beginnen, in dem das Bestehen eines Arbeitsverhältnisses feststeht,[13] und die oft mit einer kurzen Dreimonatsfrist die Geltendmachung von Ansprüchen zwischen den Arbeitsvertragsparteien ausschließen. So scheiterte im Urteil des LAG Köln vom 10.9.1998 der Bereicherungsanspruch des Arbeitgebers an der tarifvertraglichen Ausschlussfrist.[14] Auch hier hat das BAG inzwischen für Klarheit gesorgt. Sowohl der

---

[7] BAG 21.11.2001 – 5 AZR 87/00, NZA 2002, 624.
[8] BAG 26.6.2019 – 5 AZR 178/18, NZA 2019, 1558.
[9] Vgl. hierzu auch *Reinecke* RdA 2001, 357.
[10] LAG Köln 10.9.1998 – 5 Sa 834/98, BeckRS 1998, 31013691.
[11] BAG 8.11.2006 – 5 AZR 706/05, NZA 2007, 321; BAG 12.1.2005 – 5 AZR 144/04, BeckRS 2005, 40635; BAG 9.2.2005 – 5 AZR 175/04, NZA 2005, 814; BAG 29.5.2002 – 5 AZR 680/00, NZA 2002, 1328; vgl. hierzu *Bodem* ArbRAktuell 2012, 213.
[12] BAG 26.6.2019 – 5 AZR 178/18, NZA 2019, 1558.
[13] BAG 14.3.2001 – 4 AZR 152/00, NZA 2002, 155; BAG 29.5.2002 – 5 AZR 680/00, NZA 2002, 1328.
[14] Kritisch hierzu *Hochrathner* NZA 2000, 1083.

5. Senat in der Entscheidung vom 29.5.2002[15] als auch der 4. Senat in der Entscheidung vom 14.3.2001[16] haben klargestellt, dass die häufig sehr kurzen tariflichen Ausschlussfristen für den Fall der Rückforderung zu viel gezahlter Honorare erst mit dem Zeitpunkt beginnen, in dem das Bestehen des Arbeitsverhältnisses feststeht.[17]

12 Schließlich hat der 5. Senat in der viel beachteten Entscheidung vom 26.6.2019 auch das Thema der Verjährung geklärt. Danach beginnt die dreijährige Verjährungsfrist erst, wenn der bisherige freie Mitarbeiter sich rückwirkend auf ein Arbeitsverhältnis beruft.[18]

13 **b) Ansprüche des ehemaligen freien Mitarbeiters.** Das Arbeitsgericht Düsseldorf hat in seiner Entscheidung vom 17.10.2000[19] den Anspruch eines ursprünglichen Franchise-Vertriebspartners auf Rückzahlung von Franchisegebühren, die er auf Grundlage des Partnerschaftsvertrages bezahlt hatte, abgelehnt. Unter Bezugnahme auf die Rechtsprechung des Bundesarbeitsgerichtes vom 9.7.1986[20] führt das Arbeitsgericht Düsseldorf aus, dass eine Rückabwicklung des Vertragsverhältnisses nach den Grundsätzen des Wegfalls der Geschäftsgrundlage ausscheide, da sie ausschließlich für einen in der Vergangenheit abgeschlossenen Zeitraum vorzunehmen wäre. Das Gericht begründet dies mit einer besonderen Ausprägung des „Machbarkeitsgedankens". Es bedürfe eines ungeheuren Einsatzes an Zeit – wenn überhaupt möglich –, um alle wechselseitigen Leistungen seit Beginn des Vertragsverhältnisses zurückzurechnen und anschließend auf Basis der fiktiven Arbeitsvertragsbedingungen erneut abzurechnen. Das LAG Düsseldorf hat die Entscheidung ohne nähere Auseinandersetzung mit den Gründen bestätigt.

II. Sozialversicherungsrecht

1. Nachentrichtung der Gesamtsozialversicherungsbeiträge

14 Nach § 28e Abs. 1 SGB IV schuldet der Arbeitgeber für den zurückliegenden Zeitraum, für den ein sozialversicherungspflichtiges Beschäftigungsverhältnis festgestellt worden ist, die angefallenen Gesamtsozialversicherungsbeiträge. Der Nachentrichtungsanspruch bezieht sich auf **alle Bereiche der Sozialversicherung** sowie auf den **Arbeitgeber- als auch** auf den **Arbeitnehmeranteil**. Damit haftet der Arbeitgeber gegenüber den Sozialversicherungsträgern für die Gesamtsozialversicherungsbeiträge allein.[21] Anders als im Steuerrecht gibt es im Sozialversicherungsrecht keine Gesamtschuldnerhaftung von Arbeitgeber und Arbeitnehmer.

15 Die Beitragsansprüche **verjähren** grundsätzlich **in 4 Jahren** nach Ablauf des Kalenderjahres, in dem sie fällig geworden sind, § 25 Abs. 1 S. 1 SGB IV. Bei vorsätzlichem Verhalten verjähren die Beitragsansprüche erst in 30 Jahren nach Ablauf des Kalenderjahres, in dem sie fällig geworden sind, § 25 Abs. 1 S. 2 SGB IV. Bedingter Vorsatz ist insoweit ausreichend. Dieser wird bereits bejaht, wenn die Beteiligten des Vertragsverhältnisses nur damit rechnen mussten, dass das Vertragsverhältnis ein Arbeitsverhältnis ist, und somit eine Beitragspflicht jedenfalls für möglich hielten, sie aber die Nichtabführung der Beiträge billigend in Kauf nahmen.[22] Eine billigende Inkaufnahme im vorgenannten Sinne soll nach der Rechtsprechung nur dann ausscheiden, wenn der Arbeitgeber ernstlich und nicht nur vage darauf vertraut hat, dass eine Beitragspflicht nicht gegeben ist.[23]

16 Die Nachentrichtung der Sozialversicherungsbeiträge kann für den „enttarnten" Arbeitgeber katastrophale finanzielle Auswirkungen haben. Der Arbeitgeber trägt im Außenverhältnis zu den Sozialversicherungsträgern das finanzielle Risiko der Nachentrichtung allein.

---

[15] BAG 29.5.2002 – 5 AZR 680/00, NZA 2002, 1328.
[16] BAG 14.3.2001 – 4 AZR 152/00, NZA 2002, 155.
[17] AA *Reinecke* RDA 2001, 357 (364).
[18] BAG 26.6.2019 – 5 AZR 178/18, NZA 2019, 1558.
[19] ArbG Düsseldorf 17.10.2000 – 11 Ca 3311/00, NZA-RR 2001, 183.
[20] BAG 9.7.1986 – 5 AZR 44/85, NZA 1987, 16.
[21] Zum Nachzahlungsrisiko bei Überschreiten der Jahresarbeitsentgeltgrenze und Versorgungswerken vgl. *Reiserer/Bölz*, Werkvertrag und Selbstständigkeit, S. 67 ff.
[22] KassKomm/*Zieglmeier* SGB IV § 25 Rn. 44 ff.
[23] SG Dresden 15.5.2013 – S 15 KR 817/12, BeckRS 2013, 70468.

Zudem beläuft sich der nachzuentrichtende Betrag im Einzelfall auf beträchtliche Summen, da die kurze Verjährungsfrist im Hinblick auf den weiten Anwendungsbereich des bedingten Vorsatzes nur selten zum Tragen kommt.

In diesem Zusammenhang ist außerdem § 24 SGB IV zu berücksichtigen. Dieser legt fest, dass für Beiträge und Beitragsvorschüsse, die der Zahlungspflichtige nicht bis zum Ablauf des Fälligkeitstages gezahlt hat, für jeden angefangenen Monat der Säumnis ein **Säumniszuschlag** zu zahlen ist. § 24 Abs. 2 SGB IV relativiert diesen Grundsatz dahingehend, dass ein solcher Säumniszuschlag nicht zu erheben ist, soweit der Beitragsschuldner glaubhaft macht, dass er unverschuldet keine Kenntnis von der Zahlungspflicht hatte. Nach Auffassung des BSG kann sich dabei auch derjenige Beitragsschuldner exkulpieren, der infolge Fahrlässigkeit keine Kenntnis von der Zahlungspflicht hatte, da der verwendete Verschuldensbegriff mindestens bedingten Vorsatz voraussetzt.[24] Kenntnis im Sinne des § 24 Abs. 2 SGB IV ist dabei das sichere Wissen darum, rechtlich und tatsächlich zur Beitragszahlung verpflichtet zu sein. Das Wissen um die bloße Möglichkeit der Beitragserhebung steht dem nicht gleich. Auf die Verschuldensmaßstäbe des § 276 BGB darf in diesem Zusammenhang nicht zurückgegriffen werden. Auch insoweit drohen dem Arbeitgeber mithin im Falle seiner (bedingt) vorsätzlichen Kenntnis erhebliche finanzielle Lasten.

2. Erstattung nach § 28g SGB IV

Ein Rückgriff wegen der Beiträge beim Arbeitnehmer ist nicht möglich, da diese als Eigenanteil ohnehin vom Arbeitgeber und nicht vom Arbeitnehmer zu tragen sind. Der Rückgriff des Arbeitgebers auf den enttarnten Arbeitnehmer beschränkt sich nach § 28g S. 1 SGB IV auf den **Arbeitnehmeranteil**. Gemäß § 28g S. 2 SGB IV kann der unterbliebene Abzug des Arbeitnehmeranteils vom Arbeitgeber ferner nur zeitlich befristet, und zwar bei den nächsten drei Lohn- oder Gehaltszahlungen, nachgeholt werden, § 28g S. 3 SGB IV.

Nach Ablauf der 3-Monats-Frist ist ein Abzug vom Entgelt nur noch dann möglich, wenn der Abzug **ohne Verschulden des Arbeitgebers** unterblieben war. Schuldlos ist der Abzug, wenn er aufgrund einer unzutreffenden Auskunft der zuständigen Stelle im Sinne des § 28h Abs. 2 SGB IV unterblieben ist.[25] Zuständig für eine verbindliche Auskunft ist die Einzugsstelle, § 28h Abs. 2 SGB IV, §§ 14, 15 SGB I. Unterlässt der Arbeitgeber die vom Gesetzgeber vorgesehene Auskunftseinholung, gilt ein entsprechender Rechtsirrtum grundsätzlich als verschuldet mit der Folge, dass der Rückgriff auf die 3-Monats-Frist begrenzt ist.[26] Bei dem Abzugsverfahren hat der Arbeitgeber ferner die Pfändungsfreigrenzen der §§ 850 ff. ZPO zu beachten. Dies gilt sowohl für den zeitlich befristeten Abzug bei den nächsten drei Entgeltzahlungen als auch für den zeitlich unbegrenzten Erstattungsanspruch nach § 28h Abs. 2 SGB IV.

3. Abweichende Vereinbarung

Die Durchführung des Lohnabzugsverfahrens gewährt dem Arbeitgeber in der Regel keine nennenswerte finanzielle Entlastung. Wie oben ausgeführt, ist sie in der Regel auf einen 3-Monats-Zeitraum befristet. Im Übrigen scheidet die Durchführung des Lohnabzugsverfahrens gänzlich aus, wenn das Beschäftigungsverhältnis zum Zeitpunkt des Nachforderungsbescheides bereits beendet ist.

Angesichts der engen gesetzlichen Regressmöglichkeiten ist vielfach der Versuch unternommen worden, **abweichende Vertragsvereinbarungen** mit dem Beschäftigten zu treffen, um die finanziellen Folgen für den Arbeitgeber zu mindern. Vereinbarungen zwischen Auftraggeber und freiem Mitarbeiter, worin sich der freie Mitarbeiter verpflichtet, im Fall der Beitragsnachentrichtung dem Arbeitgeber die Gesamtsozialversicherungsbeiträge zeitlich unbegrenzt zu erstatten, verstoßen gegen § 32 SGB I und sind nichtig. Eine Regelung der Erstattungspflicht des Arbeitnehmers zugunsten des Arbeitgebers kann damit nicht abweichend von § 28g SGB IV getroffen werden.

---

[24] BSG 12.12.2018 – B 12 R 15/18 R, BeckRS 2018, 40201.
[25] KassKomm/*Wehrhahn* SGB IV § 28g Rn. 11.
[26] LAG Köln 21.2.2006 – 9 Sa 1164/05, BeckRS 2006, 134866.

22 Dem Arbeitgeber kann im Einzelfall allerdings ein Schadensersatzanspruch nach § 826 BGB zustehen, wenn der freie Mitarbeiter gegenüber dem Auftraggeber etwa Falschangaben gemacht hat. Allerdings ist auch bei Anwendung des § 826 BGB zweifelhaft, ob der Schadensersatzanspruch auch die Arbeitgeberanteile einbezieht. Denn gemäß § 28g S. 4 SGB IV ist der Arbeitgeber im Rahmen des Lohnabzugs dann zeitlich nicht begrenzt, wenn der Beschäftigte seinen Verpflichtungen nach § 28o Abs. 1 S. 1 SGB IV vorsätzlich oder grob fahrlässig nicht nachkommt. Der Beschäftigte hat nach § 28o Abs. 1 S. 1 SGB IV dem Arbeitgeber die zur Durchführung des Meldeverfahrens und der Beitragszahlung erforderlichen Angaben zu machen und gegebenenfalls die noch erforderlichen Unterlagen vorzulegen. Bei Verstoß gegen diese Pflichten hat der Arbeitgeber die Möglichkeit, zeitlich unbegrenzt die Rückerstattung des nachentrichteten Arbeitnehmeranteils zu verlangen. Die Ausdehnung des Anspruchs auf den Arbeitgeberanteil ist allerdings auch von dieser Sonderbestimmung nicht erfasst.[27]

III. Steuerrecht

1. Lohnsteuerabzugsverfahren

23 Der bisherige Auftraggeber haftet nach § 42d Abs. 3 S. 1 EStG für die bisher nicht abgeführte Lohnsteuer. Dabei wird die abzuführende Lohnsteuer auf der Grundlage der dem Beschäftigten zugeflossenen Einnahmen berechnet. Es erfolgt also keine Hochrechnung der an den vermeintlich selbstständig Beschäftigten ausgezahlten Bezüge auf einen Bruttolohn.[28]

24 Gemäß § 38 Abs. 2 S. 1 EStG ist Schuldner der Lohnsteuer grundsätzlich der Arbeitnehmer. Der Arbeitgeber ist zum Einbehalt und Abzug der Lohnsteuer verpflichtet. Nach § 38 Abs. 3 S. 1, Abs. 1 S. 1 EStG hat der Arbeitgeber bei Einkünften aus nichtselbstständiger Arbeit Einkommensteuer durch Abzug vom Arbeitslohn einzubehalten.[29] Mit dem Abzug und der Abführung von Lohnbestandteilen erfüllt der Arbeitgeber gegenüber dem Arbeitnehmer seine Vergütungspflicht. Infolgedessen haftet der Arbeitgeber gemäß § 42d Abs. 1 Nr. 1 EStG. Die Haftung erstreckt sich darauf, dass die Lohnsteuer im Rahmen des Steuerabzugsverfahrens richtig einbehalten und abgeführt wird. Arbeitgeber und Arbeitnehmer sind somit hinsichtlich der Lohnsteuer **Gesamtschuldner**, § 42d Abs. 3 S. 1 EStG. Dabei erfüllt der Arbeitgeber allerdings eine fremde Schuld, denn im Verhältnis von Arbeitgeber und Arbeitnehmer zueinander ist grundsätzlich allein der Arbeitnehmer Schuldner der Steuerforderung.[30] Wer von Seiten des Finanzamtes in Anspruch genommen wird, steht grundsätzlich im **Ermessen der Finanzverwaltung.** Eine Inanspruchnahme des Auftraggebers kommt allerdings dann nicht in Betracht, wenn die Finanzverwaltung die Steuer ebenso schnell bzw. einfach auch beim Auftragnehmer beitreiben kann.[31] Ebenso wäre es ermessensfehlerhaft von der Finanzverwaltung, wenn sie die Steuern nur deshalb nicht vom Arbeitnehmer nachfordern würde, weil die bereits bestandskräftige Einkommensteuerveranlagung durch Erlass eines geänderten Steuerbescheides mangels der dafür erforderlichen Voraussetzungen nicht mehr möglich wäre.[32] Auch wenn der nicht selbstständig Tätige bereits aus dem Dienstverhältnis beim Auftraggeber ausgeschieden ist, sieht der BFH die Inanspruchnahme des Auftraggebers regelmäßig als fehlerhafte Ermessensausübung an.[33]

25 Anders als im Sozialversicherungsrecht kann der Arbeitgeber bezüglich der nachzuentrichtenden Lohnsteuer den Arbeitnehmer **in vollem Umfang in Regress** nehmen. Dies ist eine Folge des gesamtschuldnerischen Haftungsverhältnisses, wonach der leistende Schuldner grundsätzlich berechtigt ist, vom befreiten Schuldner Ersatz für seine Aufwendungen zu

---

[27] Zum Ergebnis auch BAG 14.1.1988 – 8 AZR 238/85, NZA 1988, 803; BAG 27.4.1995 – 8 AZR 382/94, NZA 1995, 935; LAG Berlin 6.3.1987 – 2 Sa 27/86, BeckRS 1987, 31130809; aA ArbG Bonn 8.1.1993 – 4 Ca 2365/92, BeckRS 1993, 30743641; *Kunz/Kunz* DB 1993, 326 (329).
[28] BFH 23.4.1997 – VI R 12/96, VI R 99/96, BeckRS 9998, 155205.
[29] BAG 21.12.2016 – 5 AZR 266/16, NZA 2017, 531.
[30] BAG 14.11.2018 – 5 AZR 301/17, NZA 2019, 250.
[31] BFH 12.1.1968 – VI R 117/66, BeckRS 1968, 21001348; BFH 20.6.1990 – I R 157/87, BeckRS 1990, 22009538.
[32] BFH 9.10.1992 – VI R 47/91, NJW 1993, 1879.
[33] BFH 15.11.1974 – VI R 167/73, DB 1975, 1298.

verlangen, § 426 BGB.[34] In der Praxis bereitet die Durchsetzung dieser Ansprüche aber oft Probleme, wenn der Arbeitnehmer seine Ersatzpflicht nicht erfüllt.[35]

2. Umsatzsteuer

Dem Scheinselbstständigen, der nicht in einem selbstständigen Beschäftigungsverhältnis gestanden hat, wird gemäß § 2 Abs. 2 Nr. 1 UStG die **Unternehmereigenschaft nachträglich versagt.** Insofern ergeben sich aus der Qualifizierung eines Beschäftigungsverhältnisses als nicht selbstständiges Beschäftigungsverhältnis auch umsatzsteuerrechtliche Konsequenzen.

Soweit der nicht selbstständig Tätige aufgrund seiner vermeintlich selbstständigen Tätigkeit dem Auftraggeber auf die in Rechnung gestellten Leistungen Umsatzsteuer in Rechnung gestellt hat, bleibt dem Auftraggeber der Abzug der ihm in Rechnung gestellten Umsatzsteuerbeträge als Vorsteuer gemäß § 15 Abs. 1 S. 1 Nr. 1 UStG versagt.[36] Der Auftraggeber ist in der Folge verpflichtet, die zu Unrecht gezogene Vorsteuer an das Finanzamt zurückzuzahlen. Dessen ungeachtet ist der nicht selbstständig Tätige gemäß § 14c Abs. 2 S. 1 UStG weiterhin verpflichtet, die einmal in Rechnung gestellte Umsatzsteuer an das Finanzamt abzuführen. Denn die ausgestellte Rechnung stellt einen **unberechtigten Steuerausweis** dar. Insoweit beansprucht die Finanzverwaltung in diesem Fall die fehlerhaft in Rechnung gestellte Umsatzsteuer doppelt.[37] Für den Scheinselbstständigen besteht aber die Möglichkeit der **Berichtigung des Steuerbetrags,** sofern er den unberechtigten Steuerausweis für ungültig erklärt und den Nachweis für die Nichtgefährdung des Steueraufkommens erbringen kann. Die Gefährdung des Steueraufkommens ist beseitigt, wenn ein Vorsteuerabzug beim Auftraggeber nicht durchgeführt oder die geltend gemachte Vorsteuer an die Behörde zurückgezahlt ist. Auf den guten Glauben des Rechnungsausstellers kommt es für die Berichtigung nicht an, auch der bösgläubige Rechnungsaussteller hat unter den oben genannten Voraussetzungen ein Berichtigungsrecht.[38] Die Berichtigung erfolgt auf Antrag gem. § 14c Abs. 2 S. 3–5 UStG in einem speziellen Verwaltungsverfahren und kann nicht durch eine eigenständige Korrektur der Rechnungen selbst vorgenommen werden.

Darüber hinaus hat das LAG Stuttgart in seiner jüngsten Entscheidung vom 22.5.2019[39] ausgeurteilt, dass ein Selbstständiger, der sich nachträglich als Arbeitnehmer erweist, die zuvor von dem Dienstherren berechnete und von diesem gezahlte Umsatzsteuer an diesen gemäß § 812 Abs. 1 S. 1 Alt. 1 BGB (Leistungskondiktion) zu zahlen hat. Der erstattungspflichtige (Schein-)Arbeitnehmer ist nicht dadurch im Sinne von § 818 Abs. 3 BGB entreichert, dass er sich gegebenenfalls seinerseits die erhaltene Umsatzsteuer wieder seinem (vormaligen) Umsatzsteuerverrechnungskonto beim Finanzamt zuführt. Des Weiteren kann der Erstattungspflichtige den Rückzahlungsgläubiger nicht darauf verweisen, die ihm von diesem zu Unrecht gezahlte Umsatzsteuer vom Finanzamt im Rahmen der Umsatzsteuererklärung erstattet zu erhalten. Die Verjährung dieses Erstattungsanspruchs wird in der Regel frühestens mit einer gerichtlichen Entscheidung zu laufen beginnen, die den Arbeitnehmerstatus feststellt.

IV. Strafrechtlicher Exkurs: Vorenthalten und Veruntreuen von Arbeitsentgelten

Auch in strafrechtlicher Hinsicht kann die fehlerhafte Einordnung des Scheinselbstständigen erhebliche Sanktionen nach sich ziehen. Ein besonderes Augenmerk liegt dabei vor allen

---

[34] Im Verhältnis von Arbeitgeber und Arbeitnehmer ist grundsätzlich allein der Arbeitnehmer Schuldner der Steuerforderung, vgl. BAG 14.11.2018 – 5 AZR 301/17, NZA 2019, 250 (251, Rn. 11); vgl. BAG 20.3.1984 – 3 AZR 124/82, BeckRS 9998, 151440; BAG 16.6.2004 – 5 AZR 521/03, NZA 2004, 1274.
[35] *Reiserer* BB 1998, 1258 (1263).
[36] Vgl. *Pump/Krüger* NZA 2012, 1141 (1142).
[37] EuGH 14.6.2007 – C-445/05, BeckRS 2007, 70403; BFH 20.10.2005 – V R 75/03, BeckRS 2005, 24002391; BFH 23.8.2007 – V R 4/05, BeckRS 2007, 24003074; BFH 27.9.2007 – V R 75/03, BeckRS 2007, 24003121.
[38] Vgl. UStAE 14c.2. Abs. 3 S. 4; bezüglich des Berichtigungsrechts eines bösgläubigen Rechnungsstellers vgl. EuGH 19.9.2000 – C-454/98, BeckRS 2004, 77340; Bunjes/*Korn* UStG § 14c Rn. 47.
[39] LAG BW 22.5.2019 – 21 Sa 74/18, BeckRS 2019, 35590.

Dingen auf § 266a StGB, welcher das Vorenthalten und Veruntreuen von Arbeitsentgelten durch den Arbeitgeber unter Strafe stellt. Im Falle einer Scheinselbstständigkeit führt der Arbeitgeber keine Beiträge zur Sozialversicherung ab. § 266a StGB sieht hierfür einen Strafrahmen von der Geldstrafe bis hin zu einer Freiheitsstrafe von 5 Jahren vor.

1. Sozialrechtsakzessorische Gestaltung

30   Bei § 266a StGB handelt es sich um ein **Sonderdelikt**, da Täter dieser Vorschrift nur der Arbeitgeber bzw. die ausdrücklich im Gesetz genannten Personen sein können. Kernproblem des Straftatbestandes von § 266a StGB ist also ebenfalls die Definition des Arbeitnehmer- und des Arbeitgeberbegriffs. Vor diesem Hintergrund ist § 266a StGB **sozialrechtsakzessorisch** ausgestaltet, da die „vorenthaltenen" Beiträge nur solche sein können, die nach materiellem Sozialversicherungsrecht auch geschuldet sind.[40] Aus diesem Grund greifen die Strafgerichte stets auf die im Sozialversicherungsrecht geltenden Grundsätze zurück.[41] Die Einordnung der Tätigkeit des (Schein-)Selbstständigen in sozialversicherungsrechtlicher Hinsicht ist demnach auch von entscheidender Bedeutung für eine mögliche strafrechtliche Relevanz des Verhaltens des Auftraggebers.

2. Vorsatz

31   Eine Strafbarkeit nach § 266a StGB kommt nur bei vorsätzlichem Handeln in Betracht. Ein vorsätzliches Vorenthalten und Veruntreuen von Sozialversicherungsbeiträgen setzt also grundsätzlich das Bewusstsein und den Willen voraus, die geschuldeten Beiträge bei Fälligkeit nicht abzuführen. Zu beachten ist hierbei, dass auch der **bedingte Vorsatz** – dh das billigende Inkaufnehmen – ausreichend ist, wohingegen die bewusste und grobe Fahrlässigkeit nicht zur Strafbarkeit führen.[42]

32   In seinen Entscheidungen vom 7.10.2009[43] und 4.9.2013[44] hatte es der BGH noch für die Bejahung des Straftatbestands des § 266a StGB ausreichen lassen, dass der Arbeitgeber sämtliche Umstände kannte, die seine Stellung als Arbeitgeber ausmachten. Infolge dieser Rechtsprechung hatte eine Fehlbewertung auf Seiten des Arbeitgebers also keine strafbefreiende Wirkung.

33   Erstmals Abstand genommen hat der BGH von dieser Rechtsprechung am 24.1.2018[45] und dies jüngst am 24.9.2019[46] noch einmal ausdrücklich bestätigt. Danach liegt nach Auffassung des BGH ein vorsätzliches Handeln des Arbeitgebers nur noch dann vor, wenn er – über die Kenntnis der für die Erfüllung des Straftatbestandes von § 266a StGB erforderlichen Umstände hinaus – auch die außerstrafrechtlichen Wertungen des Arbeits- und Sozialversicherungsrechts (zumindest als Parallelwertung in der Laiensphäre) nachvollzogen hat. Konsequenterweise hat es der BGH in seiner Entscheidung vom 24.9.2019 daher insbesondere für möglich gehalten, dass auf Seiten des Arbeitgebers ein den Vorsatz ausschließender Tatbestandsirrtum vorliegt, sollte er sich dieser Wertungen im Arbeits- und Sozialversicherungsrecht nicht bewusst sein.

3. Verjährung

34   Auch hinsichtlich der strafrechtlichen Verjährung von § 266a StGB bahnt sich mit der jüngeren Rechtsprechung des BGH eine Kehrtwende von der bisher sehr strengen Rechtsprechung an. Mit seinem erst am 17.1.2020 veröffentlichten Anfragebeschluss vom 13.11.2019[47] hat der 1. Senat des BGH seine voraussichtliche Abkehr von der bisherigen jahr-

---

[40] *Reiserer/Bölz*, Werkvertrag und Selbstständigkeit, S. 74 Rn. 176.
[41] BGH 5.6.2013 – 1 StR 626/12, BeckRS 2013, 11559.
[42] BSG 30.3.2000 – B 12 KR 14/99 R, NZA 2000, 876.
[43] BGH 7.10.2009 – 1 StR 478/09, BeckRS 2009, 29887.
[44] BGH 4.9.2013 – 1 StR 94/13, BeckRS 2013, 17285.
[45] BGH 24.1.2018 – 1 StR 331/17, BeckRS 2018, 5041; mAnm *Reiserer* DStR 2018, 1623.
[46] BGH 24.9.2019 – 1 StR 346/18, NJW 2019, 3532.
[47] BGH 13.11.2019 – 1 StR 58/19, NStZ 2020, 159; ausführlich hierzu *Gercke* BGH zum Vorenthalten von Sozialversicherungsbeiträgen: Rechtsfrieden statt Unverjährbarkeit, http://www.lto.de/recht/hintergruende/

zehntelangen Rechtsprechung den anderen Strafsenaten vorgelegt.[48] Da die strafrechtliche Verjährung gemäß § 78a StGB mit der Beendigung der Tat beginnt, führte dies im Hinblick auf § 266a StGB mitunter zur quasi „Unverjährbarkeit".[49] Denn für den Beginn der Verjährungsfrist von § 266a StGB als echtem Unterlassungsdelikt stellt die bislang noch bestehende Rechtsprechung auf den Wegfall der Pflicht zur Entrichtung der Beiträge ab. Da es bei der Scheinselbstständigkeit aber ihrer Natur nach schon nicht zur Entrichtung der Beiträge kommt, wird aus der strafrechtlichen Verjährungsfrist von 5 Jahren (§ 78 Abs. 3 Nr. 4 StGB) schnell eine deutlich längere als vom Gesetzgeber ursprünglich (vielleicht) gewollt. Von dieser Rechtsprechung möchte der 1. Strafsenat des BGH nun abweichen und in Zukunft auf den Zeitpunkt des Verstreichenlassens des Fälligkeitszeitpunktes und damit letztlich auf die Nichtzahlung der Sozialversicherungsbeiträge abstellen.[50] Begründet hat der 1. Strafsenat seine Auffassung damit, dass anderenfalls eine Art „Unwucht des Verjährungssystems" vorliegen würde, insbesondere im Vergleich zu anderen (Wirtschafts-)Straftaten.

---

h/bgh-beschluss-1str5819-verjaehrung-vorenthalten-veruntreuung-sozialversicherungsbeitraege, zuletzt abgerufen am 6.2.2020.

[48] Eine abschließende Stellungnahme der übrigen Strafsenate lag zum Zeitpunkt des Redaktionsschlusses noch nicht vor.

[49] *Gercke* BGH zum Vorenthalten von Sozialversicherungsbeiträgen: Rechtsfrieden statt Unverjährbarkeit, http://www.lto.de/recht/hintergruende/h/bgh-beschluss-1str5819-verjaehrung-vorenthalten-veruntreuung-sozialversicherungsbeitraege, zuletzt abgerufen am 6.2.2020.

[50] BGH 13.11.2019 – 1 StR 58/19, NStZ 2020, 159.

§ 8 Verfahrensfragen

Übersicht

	Rn.
I. Arbeitsrecht	1–16
1. Zuständigkeit der Arbeitsgerichte	1–10
a) Sic-non-Fälle	1
b) Aut-aut-Fälle	2
c) Et-et-Fälle	3–5
d) Besonderheiten für Organvertreter	6–10
2. Klagearten	11–16
a) Leistungsklage	11
b) Feststellungsklage	12–14
c) Nachträgliche Feststellungsklage	15/16
II. Sozialversicherungsrecht	17–32
1. Anfrageverfahren nach § 7a Abs. 1 SGB IV	17–27
a) Gesetzgeberische Ziele	18
b) Durchführung des Anfrageverfahrens	19–25
c) Entscheidung der Deutschen Rentenversicherung Bund	26/27
2. Klageverfahren	28–32
a) Sozialgerichte	28
b) Aufschiebende Wirkung	29–32
III. Steuerrecht	33–37
1. Anrufungsauskunft nach § 42e EStG	33–35
a) Durchführung	33/34
b) Bindungswirkung	35
2. Rechtsmittel	36/37

I. Arbeitsrecht

1. Zuständigkeit der Arbeitsgerichte

1 **a) Sic-non-Fälle.** Stützt der Kläger seinen Anspruch ausschließlich auf eine arbeitsrechtliche Anspruchsgrundlage, ist jedoch fraglich, ob deren Voraussetzungen vorliegen, kann also die Klage allein dann Erfolg haben, wenn der Kläger Arbeitnehmer ist, so reicht die **bloße Rechtsansicht** des Klägers, er sei ein Arbeitnehmer, zur Bejahung der arbeitsgerichtlichen Zuständigkeit aus.[1] Insofern stellt der Status als Arbeitnehmer eine doppelrelevante Tatsache – einerseits für den Rechtsweg, andererseits für die materielle Rechtslage – dar. Ein diesbezüglich nicht schlüssiger oder nicht erweislicher Vortrag führt folglich nicht zur Unzulässigkeit der Klage, sondern zu deren Abweisung als unbegründet.[2] Hauptbeispiel für diesen Fall ist die Kündigungsschutzklage bzw. die Klage auf Feststellung des Bestehens eines Arbeitsverhältnisses.[3]

2 **b) Aut-aut-Fälle.** Von den Sic-non-Fällen zu unterscheiden sind die Fälle, in denen ein Anspruch entweder auf eine arbeitsrechtliche oder eine bürgerlich-rechtliche Anspruchsgrundlage gestützt werden kann, sich jedoch die in Betracht kommenden Anspruchsgrundlagen gegenseitig ausschließen. Zu diesen Aut-aut-Fällen gehören etwa die Klagen auf Zahlung des vereinbarten Entgelts für geleistete Arbeit aus einem Rechtsverhältnis, das der Kläger für ein Arbeitsverhältnis, der Beklagte dagegen für ein freies Mitarbeiterverhältnis hält. Im Gegensatz zu den sog. Sic-non-Fällen reicht hier die bloße Rechtsbehauptung des Klägers, er sei Arbeitnehmer, nicht aus, um die arbeitsgerichtliche Zuständigkeit zu begründen. In die-

---

[1] BAG 22.10.2014 – 10 AZB 46/14, NZA 2015, 60; BAG 29.5.2012 – 10 AZB 3/12, BeckRS 2012, 76206; BAG 8.11.2006 – 5 AZR 706/05, NZA 2007, 321.
[2] BAG 24.4.1996 – 5 AZB 25/95, NZA 1996, 1005.
[3] BAG 24.4.1996 – 5 AZB 25/95, NZA 1996, 1005; BAG 17.6.1999 – 5 AZB 23/98, NZA 1999, 1175; weitere Beispiele bei ErfK/*Koch* ArbGG § 2 Rn. 37; HK-ArbGG/*Rieker* ArbGG § 2 Rn. 75.

sen Fällen muss der Tatsachenvortrag der klagenden Partei zu ihrer Arbeitnehmereigenschaft vielmehr **schlüssig** sein. Ob der Tatsachenvortrag für die Begründung der Rechtswegzuständigkeit darüber hinaus im Bestreitensfall auch substantiiert dargetan und ggf. bewiesen werden muss, wird nicht einheitlich bewertet.[4]

c) **Et-et-Fälle.** Die dritte Fallgruppe betrifft die Fälle, in denen ein einheitlicher Anspruch sowohl auf eine arbeitsrechtliche als auch auf eine nichtarbeitsrechtliche Anspruchsgrundlage gestützt werden kann. Hauptbeispiel ist die außerordentliche Kündigung eines Dienst- oder Arbeitsverhältnisses. In diesen Fällen kann eine bloße Rechtsansicht des Klägers, er sei Arbeitnehmer, die arbeitsgerichtliche Zuständigkeit generell nicht begründen. Vielmehr gehört zum Vortrag des Klägers hier der **schlüssige Vortrag** der die Behauptung begründenden Tatsachen. Die Rechtswegfrage wird in diesen Fällen sowie in den sog. **Aut-aut-Fällen** dann im Vorabentscheidungsverfahren gem. § 17a GVG zu klären sein. Ist der beschrittene Rechtsweg unzulässig, spricht das Gericht dies nach Anhörung der Parteien von Amts wegen aus und verweist den Rechtsstreit zugleich an das zuständige Gericht des zulässigen Rechtsweges. Der Beschluss ist für das Gericht, an das der Rechtsstreit verwiesen wurde, hinsichtlich des Rechtsweges bindend, § 17a Abs. 2 S. 3 GVG.

Gegen den Beschluss ist die sofortige Beschwerde nach § 78 S. 1 ArbGG iVm §§ 567ff. ZPO statthaft. Über die Beschwerde entscheidet das Landesarbeitsgericht. Dabei kann der Vorsitzende der Beschwerdekammer ohne mündliche Verhandlung allein entscheiden (§ 78 S. 3 ArbGG).

Gegen die Entscheidung des Landesarbeitsgerichtes ist die Rechtsbeschwerde zulässig, sofern das Landesarbeitsgericht diese zugelassen hat. Eine Nichtzulassungsbeschwerde zum Bundesarbeitsgericht ist dagegen nicht statthaft.

d) **Besonderheiten für Organvertreter.** Das BAG hatte sich in der Vergangenheit in stetiger Regelmäßigkeit mit der Frage zu beschäftigen, ob einem zum GmbH-Geschäftsführer aufgestiegenen Arbeitnehmer für die Geltendmachung seiner Ansprüche aus dem Anstellungsvertrag gegen die Gesellschaft der Rechtsweg zu den Arbeitsgerichten freisteht.[5] Dass dies nicht völlig unproblematisch möglich ist, zeigt sich an der Regelung des § 5 Abs. 1 S. 3 ArbGG. Danach gelten Personen in Betrieben einer juristischen Person, die kraft Gesetzes, Satzung oder Gesellschaftsvertrages allein oder als Mitglied eines Vertretungsorgans zur Vertretung dieser juristischen Person berufen sind, nicht als Arbeitnehmer. Damit blieb dem GmbH-Geschäftsführer nach bisheriger Rechtsprechung bei einem Rechtsstreit mit der GmbH der **Weg zu den Arbeitsgerichten** grundsätzlich **versperrt.** Dies galt ohne Rücksicht darauf, ob wegen der Besonderheiten des Einzelfalls das Rechtsverhältnis zwischen Geschäftsführer und GmbH ausnahmsweise als Arbeitsverhältnis angesehen werden musste. Die Einschränkung des § 5 Abs. 1 S. 3 ArbGG greift allerdings nur so weit, wie die dort geregelte gesetzliche Vermutung auch reicht.[6] Denn Sinn und Zweck der Vorschrift ist es, „Hausstreitigkeiten im Arbeitgeberlager" vor den Arbeitsgerichten zu vermeiden.[7] Seit dem Jahr 2011 hat die Antwort auf die Frage der Reichweite der gesetzlichen Vermutung des § 5 Abs. 1 S. 3 ArbGG durch die Rechtsprechung des BAG nach und nach eine Änderung erfahren. Dies kann nicht zuletzt auf den Wechsel der Zuständigkeit für Fragen des Arbeitnehmerstatus vom 5. Senat zum 10. Senat des BAG in den Jahren 2011 bis 2013 zurückgeführt werden.

Nach neuerer Rechtsprechung des BAG soll unter bestimmten Voraussetzungen die Fiktion des § 5 Abs. 1 S. 3 ArbGG nicht (mehr) greifen und damit der Rechtsweg zu den Arbeitsgerichten bei Streitigkeiten zwischen Geschäftsführer und GmbH geebnet sein.[8]

---

[4] Die schlüssige Darlegung als ausreichend erachten: BVerfG 31.8.1999 – 1 BvR 1389/97, NZA 1999, 1234; BGH 27.10.2009 – VIII ZB 42/08, NZA-RR 2010, 99; LAG Köln 24.7.2007 – 9 Ta 140/07, NZA-RR 2007, 661; ErfK/*Koch* ArbGG § 2 Rn. 38; aA HK-ArbGG/*Rieker* ArbGG § 2 Rn. 76; offengelassen: BAG 10.12.1996 – 5 AZB 20/96, NZA 1997, 674.
[5] Etwa BAG 26.10.2012 – 10 AZB 60/12, NZA 2013, 54, mAnm *Arnold* FD-ArbR 2013, 343396.
[6] So auch *Stagat* NZA 2015, 193 (194).
[7] HK-ArbGG/*Perschke* § 5 Rn. 40.
[8] BAG 15.3.2011 – 10 AZB 32/10, NZA 2011, 874; so auch: BAG 23.8.2011 – 10 AZB 51/10, BeckRS 2011, 76629; BAG 26.10.2012 – 10 AZB 60/12, NZA 2013, 54; BAG 4.2.2013 – 10 AZB 78/12, NZA 2013, 397; BAG 15.11.2013 – 10 AZB 28/13, BeckRS 2014, 73465.

8 In seinen Entscheidungen vom 22.10.2014 und 3.12.2014 hat das BAG seine Rechtsprechung zur Rechtswegzuständigkeit bei Streitigkeiten zwischen Geschäftsführer und GmbH weiter fortentwickelt.[9] Nunmehr ist entscheidender Anknüpfungspunkt für die Zuständigkeit des Rechtswegs nicht mehr die Organstellung des (noch) bestellten Geschäftsführers im Zeitpunkt der Klageerhebung. Vielmehr kommt es für das Eingreifen der Fiktion des § 5 Abs. 1 S. 3 ArbGG auf den **Zeitpunkt einer rechtskräftigen Entscheidung über die Rechtswegzuständigkeit** an. Wird ein zum Zeitpunkt der Klageerhebung vor dem Arbeitsgericht noch bestellter Geschäftsführer **vor** einer rechtskräftigen Entscheidung über die Rechtswegzuständigkeit **abberufen,** begründet dies in arbeitsrechtlichen Streitigkeiten die Zuständigkeit der Gerichte für Arbeitssachen.[10] Gleiches gilt, wenn der Geschäftsführer **bis zu diesem Zeitpunkt** wirksam sein **Amt niederlegt.**[11] Das LAG Hamm hat diese Rechtsprechung im Rahmen seines Beschlusses vom 13.3.2019[12] noch einmal dahingehend konkretisiert, dass die Fiktion des § 5 Abs. 1 S. 3 ArbGG erst mit dem Wirksamwerden der Abberufung als Geschäftsführer wegfällt und nicht bereits mit der Erklärung der Abberufung, die erst zum späteren Zeitpunkt eintreten soll.

9 In seiner jüngeren Entscheidung vom 8.9.2015 ist der 9. Senat des BAG noch einen Schritt weiter gegangen.[13] Entfällt die Organstellung als Geschäftsführer aufgrund dessen Abberufung, so greift die Fiktionswirkung des § 5 Abs. 1S. 3 ArbGG nicht mehr. Dies gilt seit der Entscheidung des BAG vom 22.10.2014[14] auch dann, wenn die Abberufung erst nach Eingang der Klage erfolgt. Offenbleiben könne nach der Entscheidung des BAG vom 8.9.2015, ob es für die Eröffnung des Rechtswegs zu den Arbeitsgerichten bei Zahlungsklagen, die entweder auf eine arbeitsrechtliche oder eine bürgerlich-rechtliche Anspruchsgrundlage gestützt werden können, genügt, dass der abberufene Geschäftsführer seine Arbeitnehmereigenschaft schlüssig darlegt, oder ob hierfür im Bestreitensfall eine Beweisaufnahme erforderlich ist.[15]

10 Auch wenn durch die neue Rechtsprechung die materiellen Rechtsfragen, wie die Fragen, ob zwischen Geschäftsführer und GmbH ein Arbeitsverhältnis vorliegt oder ob Kündigungsschutz nach dem Kündigungsschutzgesetz besteht, nicht direkt betroffen sind, haben die Arbeitsgerichte im Einzelfall zu prüfen, ob dem betroffenen (ehemaligen) Geschäftsführer arbeitsrechtliche Schutzvorschriften zugutekommen. Dies wäre zumindest dann der Fall, wenn der Geschäftsführer im Prozess darlegen kann, dass er trotz seiner Organstellung in ein enges Korsett von Gesellschafter- oder Aufsichtsratsweisungen eingebunden war.

2. Klagearten

11 **a) Leistungsklage.** Gegenstand von gerichtlichen Auseinandersetzungen zwischen Auftraggeber und Auftragnehmer sind vielfach Leistungsansprüche, die meist vom bisher als freier Mitarbeiter Beschäftigten gegen den enttarnten Arbeitgeber oder auch vom Arbeitgeber gegen den bisher freien Mitarbeiter geltend gemacht werden. Neben einer Zahlungsklage ist die Geltendmachung von Urlaub, der Anspruch auf Aufnahme in ein betriebliches Altersversorgungssystem, die Zahlung von Überstundenvergütung oder aber die Herausgabe überlassener Arbeitsmittel denkbar, um nur einige Beispiele zu nennen. In all diesen Leistungsklagen ist die Statusprüfung, ob zwischen den Vertragsparteien ein Arbeitsverhältnis oder ein freies Dienstverhältnis besteht, als Vorabfrage durch die Arbeitsgerichte vorzunehmen.

---

[9] BAG 3.12.2014 – 10 AZB 98/14, NZA 2015, 180; Anm hierzu *Reiserer* BB 2016, 1141; BAG 22.10.2014 – 10 AZB 46/14, NZA 2015, 60.
[10] BAG 21.1.2019 – 9 AZB 23/18, NZA 2019, 490; BAG 2.8.2018 – 6 AZR 188/17, NZA 2019, 338; BAG 22.10.2014 – 10 AZB 46/14, NZA 2015, 60; LAG SchlH 4.7.2019 – 6 Ta 51/19, BeckRS 2019, 22166; LAG Köln 13.12.2019 – 9 Ta 186/19, BeckRS 2019, 33242.
[11] BAG 3.12.2014 – 10 AZB 98/14, NZA 2015, 180; BAG 22.10.2014 – 10 AZB 46/14, NZA 2015, 60; sehr kritisch zu der Ausweitung des Zuständigkeitsbereichs der Arbeitsgerichte *Geck/Fiedler* BB 2015, 1077.
[12] LAG Hamm 13.3.2019 – 2 Ta 586/18, NZA-RR 2019, 443.
[13] BAG 8.9.2015 – 9 AZB 21/15, NZA 2015, 1342.
[14] BAG 22.10.2014 – 10 AZB 46/14, NZA 2015, 60.
[15] BAG 8.9.2015 – 9 AZB 21/15, NZA 2015, 1342.

b) Feststellungsklage. Nach § 256 Abs. 1 ZPO, der gem. § 46 Abs. 2 ArbGG auch für das 12 Verfahren vor den Arbeitsgerichten maßgeblich ist, bedarf die Einreichung einer Feststellungsklage eines besonderen **Feststellungsinteresses**. So kann nach dieser Vorschrift auf Feststellung des Bestehens oder Nichtbestehens eines Rechtsverhältnisses nur dann Klage erhoben werden, wenn der Kläger ein rechtliches Interesse daran hat, dass das Rechtsverhältnis durch gerichtliche Entscheidung alsbald festgestellt wird. Dieses besondere Feststellungsinteresse wird als Sachurteilsvoraussetzung in jeder Lage des Verfahrens, also auch in der Revisionsinstanz, von Amts wegen geprüft. Dabei hat das Gericht den Sachverhalt allerdings nicht von Amts wegen zu untersuchen. Vielmehr hat der Kläger die erforderlichen Tatsachen darzulegen und gegebenenfalls zu beweisen.

Das **Feststellungsinteresse fehlt** regelmäßig, wenn dem Kläger ein einfacherer Weg zur 13 Verfügung steht, um sein Ziel zu erreichen. Insbesondere entfällt das Feststellungsinteresse, sobald eine Klage auf fällige Leistung möglich ist. Allerdings hat das BAG in ständiger Rechtsprechung gegenwartsbezogene Statusklagen zur Feststellung der Arbeitnehmerstellung auch dann für zulässig erklärt, wenn im Laufe des Prozesses bereits erkennbar wurde, dass später über einzelne Arbeitsbedingungen wie etwa Mehrarbeitszuschläge, Arbeitszeiten oder Ähnliches gestritten werden wird, weil die Beantwortung der für den Beschäftigten wichtigsten Frage nach dem arbeitsrechtlichen Schutz seines Rechtsverhältnisses nicht durch eine vermeidbare Ausweitung des Streitgegenstandes verzögert werden soll. Da die Statusfrage die Grundfrage solcher Rechtsstreitigkeiten ist, soll es nach Auffassung des BAG möglich sein, sie vorab zur gerichtlichen Entscheidung zu stellen. Bei gegenwartsbezogenen Feststellungsklagen ist der Kläger also nicht zwingend gehalten, die Klage auf Feststellung eines Arbeitsverhältnisses dahin zu erweitern, dass das Arbeitsverhältnis zu bestimmten Bedingungen besteht.[16]

Das Begehren der Feststellung einer Arbeitnehmereigenschaft kann allerdings rechtsmiss- 14 bräuchlich und daher unabhängig von den konkreten tatsächlichen Verhältnissen unbegründet sein, § 242 BGB. Rechtsmissbräuchlich handelt der ehemalige freie Mitarbeiter, der zunächst ein rechtskräftiges Urteil erstreitet, in welchem seine Arbeitnehmerstellung festgestellt wird, dann aber auf eigenen Wunsch mit dem Vertragspartner einen neuen Vertrag schließt, durch den sein Arbeitsverhältnis wieder aufgehoben und ein neues freies Mitarbeiterverhältnis begründet wird. Dieser freie Mitarbeiter kann sich später nicht erneut auf die Feststellung berufen, es habe ein Arbeitsverhältnis bestanden.[17] Auch der freie Mitarbeiter, der sich jahrelang allen Versuchen des Dienstgebers widersetzt hat, statt des freien Mitarbeiterverhältnisses ein Arbeitsverhältnis zu begründen, kann sich nachträglich nicht auf eine Arbeitnehmerstellung berufen.[18]

c) Nachträgliche Feststellungsklage. Die Erwägungen zur gegenwartsbezogenen Feststel- 15 lungsklage treffen dann nicht mehr zu, wenn es sich um eine **vergangenheitsbezogene Feststellungsklage** handelt. Das Feststellungsinteresse bei vergangenheitsbezogenen Sachverhalten erkennt das BAG nur dann an, wenn sich hieraus noch **konkrete Rechtsfolgen** für Gegenwart oder Zukunft ergeben.[19] Das Interesse bedarf somit bei Klagen, die auf Feststellung eines beendeten Rechtsverhältnisses gerichtet sind, einer besonderen Begründung. Dies gilt auch dann, wenn eine ursprünglich gegenwartsbezogene Feststellungsklage eingereicht, das Rechtsverhältnis jedoch im Laufe des Verfahrens beendet wurde. Nur dann, wenn sich aus dem beendeten Rechtsverhältnis noch Folgen für Gegenwart oder Zukunft ergeben, kann das nachträgliche Feststellungsinteresse bejaht werden. Dies nahm das BAG in seiner Entscheidung vom 13.2.2003[20] für eine Statusklage an, bei welcher nach Rechtshängigkeit ein Betriebsinhaberwechsel nach § 613a BGB erfolgte. Die pauschale Behauptung, die Feststellung eines Arbeitsverhältnisses in der Vergangenheit würde zu einem Anspruch auf eine

---

[16] BAG 3.3.1999 – 5 AZR 275/98, NZA 1999, 669; BAG 20.7.1994 – 5 AZR 169/93, NZA 1995, 190; BAG 22.6.1977 – 5 AZR 753/75, AP BGB § 611 Abhängigkeit Nr. 22; zur Statusfeststellungsklage siehe auch Ziemann MDR 1999, 513.
[17] BAG 11.12.1996 – 5 AZR 708/95, NZA 1997, 818.
[18] BAG 11.12.1996 – 5 AZR 708/95, NZA 1997, 818.
[19] BAG 21.6.2000 – 5 AZR 782/98, NZA 2002, 164; BAG 3.3.1999 – 5 AZR 275/98, NZA 1999, 669.
[20] BAG 13.2.2003 – 8 AZR 59/02, NZA 2003, 854.

höhere Erwerbsunfähigkeitsrente führen, reicht nach Auffassung des BAG nicht aus. Auch der Vortrag, der Vertragspartner müsse Sozialversicherungsbeiträge entrichten und sich an der eventuell privaten Krankenversicherung beteiligen, kann die nachträgliche Feststellungsklage nicht begründen.[21] Da die Sozialgerichte an die Feststellung der Arbeitsgerichte nicht gebunden sind, reichen sozialversicherungsrechtliche Argumente regelmäßig nicht aus.[22]

16 Stützt der Kläger das nachträgliche Feststellungsinteresse dagegen auf Leistungsansprüche wie Arbeitsmittel oder Aufwendungsersatz, welche im Rahmen eines Arbeitsverhältnisses vom Auftraggeber zu tragen gewesen wären, fehlt das Interesse an der begehrten (nachträglichen) Feststellung regelmäßig, weil hier der einfachere Weg der Leistungsklage beschritten werden könnte.

II. Sozialversicherungsrecht

1. Anfrageverfahren nach § 7a Abs. 1 SGB IV

17 Mit dem Gesetz zur Förderung der Selbstständigkeit vom 20.12.1999 ist in § 7a SGB IV ein Anfrageverfahren zur Statusfeststellung eingeführt worden. Dieses Verfahren dient der Feststellung, ob eine selbstständige oder eine abhängige Beschäftigung vorliegt.[23]

18 a) Gesetzgeberische Ziele. Das Anfrageverfahren zur Statusfeststellung soll den Beteiligten Rechtssicherheit darüber verschaffen, ob eine selbstständige Tätigkeit oder eine abhängige Beschäftigung gegeben ist. Mit diesem besonderen, neu eingeführten Anfrageverfahren soll eine schnelle und unkomplizierte Möglichkeit zur Klärung der Statusfrage erreicht werden.[24] Zugleich sollen mittels des Anfrageverfahrens **divergierende Entscheidungen** zwischen den Beitragseinzugs- und Prüfstellen **verhindert** werden,[25] indem die Zuständigkeit für die Entscheidung über die Anfrage bei einer Stelle, der Clearingstelle der Deutschen Rentenversicherung Bund, konzentriert worden ist.

19 b) **Durchführung des Anfrageverfahrens.** *aa) Antrag.* Den Antrag auf Feststellung des Vorliegens einer Beschäftigung bzw. selbstständigen Tätigkeit kann nach § 7a Abs. 1 S. 1 SGB IV **jeder Beteiligte** stellen. Das Antragsverfahren kann damit entgegen dem Wortlaut von § 7a Abs. 1 S. 1 SGB IV sowohl vom Auftragnehmer als auch vom Auftraggeber einzeln ohne Zustimmung des jeweils anderen oder von beiden Beteiligten gemeinsam schriftlich eingeleitet werden.[26] Sollte allerdings nur einer der Beteiligten den Antrag auf Durchführung des Anfrageverfahrens bei der Clearingstelle gestellt haben, so ist die jeweils andere Partei am Verfahren notwendig zu beteiligen (§ 12 Abs. 2 S. 2 SGB X).[27]

20 Die Antragstellung nach § 7a Abs. 1 SGB IV kann **ohne Einhaltung einer Frist** erfolgen. Der Antrag sollte aber spätestens innerhalb eines Monats nach Aufnahme der Tätigkeit bei der Deutschen Rentenversicherung Bund gestellt werden, da nur in diesem Fall die in § 7a Abs. 6 SGB IV vorgesehenen Begünstigungen zum Tragen kommen.

21 Das Anfrageverfahren kann sowohl **bestehende** als auch **beendete Tätigkeiten** betreffen und erfolgt auch im Falle der Insolvenz eines Vertragspartners.[28] Das Statusfeststellungsverfahren setzt aber ein konkretes Vertragsverhältnis voraus. Im Umkehrschluss kann aus § 7a Abs. 6 SGB IV entnommen werden, dass ein Antrag auf Statusfeststellung auch schon vor Aufnahme der Tätigkeit gestellt werden kann, wenn ein konkretes Vertragsverhältnis bevorsteht.

22 *bb) Schriftform/Fragebogen.* Das Gesetz sieht in § 7a Abs. 1 S. 1 SGB IV ausdrücklich vor, dass die Antragstellung eines oder beider Beteiligten **schriftlich** zu erfolgen hat. Dane-

---

[21] BAG 21.6.2000 – 5 AZR 782/98, NZA 2002, 164.
[22] BAG 23.7.2015 – 6 AZR 490/14, NZA-RR 2015, 628 Rn. 20.
[23] Hierzu allgemein *Becker/Hennecke* BB 2019, 820.
[24] BT-Drs. 14/1855, 7.
[25] BT-Drs. 14/1855, 6.
[26] *Bieback* BB 2000, 873; *Schmidt* NZS 2000, 57 (61); KassKomm/*Seewald* SGB IV § 7a Rn. 3.
[27] *Schmidt* NZS 2000, 57 (61).
[28] BSG 4.6.2009 – B 12 KR 31/07 R, NZA-RR 2010, 435.

ben wird von den Spitzenverbänden der Sozialversicherung aufgegeben, den Antrag mit dem formularmäßigen Fragebogen „Antrag auf Feststellung des sozialversicherungsrechtlichen Status" einzureichen. Auf der Grundlage dieses Fragebogens ermittelt die Deutsche Rentenversicherung Bund das Gesamtbild der Tätigkeit und entscheidet über den sozialversicherungsrechtlichen Status.

cc) Ablauf des Verwaltungsverfahrens. § 7a SGB IV enthält in den Abs. 3 bis 5 spezielle Verfahrensregelungen für den Ablauf des Anfrageverfahrens vor der Deutschen Rentenversicherung Bund, die aus Sicht der Beteiligten dringend zu beachten sind. Die Deutsche Rentenversicherung Bund ist verpflichtet, den Beteiligten unter angemessener Fristsetzung **mitzuteilen,** welche **Angaben und Unterlagen** sie für ihre Entscheidung noch benötigt.

Gemäß § 7a Abs. 4 SGB IV teilt die Deutsche Rentenversicherung Bund den Beteiligten mit, welche Entscheidung sie zu treffen beabsichtigt, und bezeichnet die Tatsachen, auf die sie ihre Entscheidung stützen will. Den Beteiligten wird damit die Möglichkeit gegeben, sich zur beabsichtigten Entscheidung zu äußern (**Anhörung**) **und weitere oder ergänzende Tatsachen bzw. rechtliche Gesichtspunkte** vorzubringen. Wird dem Antrag der Beteiligten entsprochen, so bedarf es keiner vorherigen Anhörung vor Ausspruch der Entscheidung.

§ 7a Abs. 5 SGB IV sollte ursprünglich der Verfahrensbeschleunigung dienen. Das Ziel des Gesetzgebers war es, den Beteiligten quasi eine letzte Chance vor dem Hintergrund der drohenden Vermutungsregel des § 7 Abs. 4 SGB IV aF einzuräumen. Angesichts des **Wegfalls der Vermutungsregelung** bzw. der Fiktionsregelung des § 7 Abs. 4 SGB IV aF ist § 7a Abs. 5 SGB IV obsolet geworden, sodass dieser beim Statusfeststellungsverfahren in der Praxis keine Rolle mehr spielt.[29]

c) Entscheidung der Deutschen Rentenversicherung Bund. Nach Abschluss des Anfrageverfahrens erteilt die Deutsche Rentenversicherung Bund dem bzw. den Beteiligten einen **rechtsbehelfsfähigen begründeten Feststellungsbescheid** über den Status des Auftragnehmers und der versicherungsrechtlichen Beurteilung. Die Entscheidung der Deutschen Rentenversicherung Bund stellt einen Verwaltungsakt im Sinne des § 31 SGB X dar. Daher gelten die Bestimmungen über die Bestimmtheit, Form, Begründung, Bekanntgabe und Bestandskraft des Verwaltungsaktes gemäß der §§ 31 ff. SGB X. Der Feststellungsbescheid ist durch Widerspruch und Klage anfechtbar (§ 62 SGB X iVm §§ 77 und 87 ff. SGG).

Im Gesetz war lange Zeit keine ausdrückliche Regelung darüber enthalten, dass die **anderen Sozialversicherungsträger** (wie Einzugs- und Prüfstellen sowie Arbeitsamt) an die Entscheidung der Deutschen Rentenversicherung Bund im Anfrageverfahren des § 7a SGB IV gebunden sind. Ebenfalls wurde dieser Aspekt auch nicht in der amtlichen Begründung des Gesetzes angesprochen. Gleichwohl wurde von vielen Stimmen bereits früher vertreten, dass es sich bereits aus dem gesetzgeberischen Ziel ergebe, dass die anderen Sozialversicherungsträger (wie etwa Krankenkassen als Beitragseinzugsstellen und die anderen Versicherungsträger) an den Statusbescheid der Deutschen Rentenversicherung Bund im Anfrageverfahren gebunden sein sollen. Denn nur so lassen sich auch zukünftig widersprüchliche Entscheidungen vermeiden. Anderenfalls würde die ausdrückliche Zuweisung der Entscheidungskompetenz an die Deutsche Rentenversicherung Bund ins Leere laufen. Gerade die durch § 7a Abs. 1 S. 3 SGB IV begründete **alleinige Entscheidungskompetenz** spricht für eine Bindungswirkung. Überdies handelt es sich bei der Vorschrift des § 7a SGB IV gegenüber den §§ 28h Abs. 2 und 28p Abs. 1 S. 5 SGB IV um eine Spezialvorschrift. Auch daraus lässt sich ableiten, dass die anderen Sozialversicherungsträger an die Entscheidung der Deutschen Rentenversicherung Bund gebunden sind, also keine andere Entscheidung treffen dürfen. Ziel und Zweck des Gesetzes sprechen daher für eine Bindungswirkung. Zumindest die **Bindungswirkung der Bundesagentur für Arbeit** an Statusentscheidungen der Deutschen Rentenversicherung Bund nach § 7a Abs. 1 SGB IV ist seit 1.1.2005 in § 336 SGB III ausdrücklich normiert. Danach ist die Bundesagentur für Arbeit leistungsrechtlich hinsichtlich der Zeiten gebunden, für die das Bestehen eines versicherungspflichtigen Beschäftigungsverhältnisses festgestellt wurde.

---

[29] Vgl. KassKomm/*Seewald* SGB IV § 7a Rn. 19.

2. Klageverfahren

28 **a) Sozialgerichte.** Wird dem Antrag im Anfrageverfahren gemäß § 7a Abs. 1 SGB IV von der Deutschen Rentenversicherung Bund nicht entsprochen, so hat der bzw. haben die Antragsteller die Möglichkeit, gegen diesen Bescheid **Widerspruch** und in der Folge **Klage** beim Sozialgericht einzureichen. Gleiches gilt für Statusentscheidungen der übrigen Sozialversicherungsträger außerhalb des Anfrageverfahrens des § 7a SGB IV.

29 **b) Aufschiebende Wirkung.** Bislang hatten Widerspruch und Klage gegen eine ggf. falsche Feststellung der Versicherungs- und Beitragspflicht keine aufschiebende Wirkung. Mit der gesetzlichen Neuregelung in § 7a Abs. 7 S. 1 SGB IV wurde die aufschiebende Wirkung von Widerspruch und Klage eingeführt. Damit gehen von der angefochtenen Entscheidung zunächst keine Rechtswirkungen aus.

30 Bezüglich der Frage, ob bei einer Entscheidung der Rentenversicherungsträger im Rahmen von **Betriebsprüfungen** nach § 28p Abs. 1 S. 5 SGB IV einem Widerspruch gegen einen erlassenen Nachforderungsbescheid aufschiebende Wirkung zukommt, besteht Uneinigkeit.

31 Teilweise wird mit Hinweis auf den Willen des Gesetzgebers[30] vertreten, dass die Sonderregelung des § 7a SGB IV nicht nur für sog. Statusentscheidungen nach § 7a SGB IV, sondern auch **für sonstige Statusentscheidungen** der übrigen Sozialversicherungsträger außerhalb des Anfrageverfahrens, also auch für Entscheidungen der Rentenversicherungsträger im Rahmen von Betriebsprüfungen, gelten soll.[31] Dies wird beispielsweise in den Entscheidungen vom SG Bayreuth,[32] dem SG Nürnberg,[33] dem LSG Hamburg[34] sowie dem LSG Hessen[35] deutlich. Auch Teile der Literatur vertreten diese Auffassung.[36]

32 Andere[37] verneinen jedoch im Falle einer Betriebsprüfung die aufschiebende Wirkung von Widerspruch und Klage. § 7a Abs. 1 S. 2 SGB IV sei für den Fall der Betriebsprüfung nicht anwendbar, was zur Geltung des § 86a Abs. 2 Nr. 1 SGG führe. Nach dieser Regelung entfällt die aufschiebende Wirkung eines gegen einen Beitragsbescheid gerichteten Widerspruchs. Die Sozialgerichte können die aufschiebende Wirkung allerdings nach § 86a Abs. 3 S. 2 SGG anordnen, wenn ernstliche Zweifel an der Rechtmäßigkeit der Beitragsforderung bestehen oder wenn die Vollziehung für den Abgaben- und Kostenpflichtigen eine unbillige, nicht durch überwiegende öffentliche Interessen gebotene Härte zur Folge hätte. Eine unbillige Härte wird dann angenommen, wenn dem Betroffenen durch die Vollziehung Nachteile entstehen, die über die eigentliche Zahlung hinausgehen und nicht oder nur schwer wiedergutgemacht werden können.[38]

III. Steuerrecht

1. Anrufungsauskunft nach § 42e EStG

33 **a) Durchführung.** Auch im Steuerrecht besteht die Möglichkeit, Unsicherheiten bei der Qualifizierung des Vertragsverhältnisses vorab mit der Finanzverwaltung abzuklären. Nach § 42e EStG kann eine sog. Anrufungsauskunft eingeholt werden. Die Anfrage ist an das Betriebsstättenfinanzamt zu stellen und richtet sich darauf, ob bzw. inwieweit bezüglich des vorgetragenen Sachverhalts das Lohnsteuerrecht zur Anwendung kommt.

---

[30] BT-Drs. 14/1855, 7 f.
[31] BT-Drs. 14/1855, 8.
[32] LSG Bayern 16.3.2010 – L 5 R 21/10 B ER, BeckRS 2010, 68626; vorausgehend SG Bayreuth 11.12.2009 – S 8 R 6035/09 ER.
[33] LSG Bayern 7.1.2010 – L 5 R 881/09 B ER, NZA 2010, 326; vorausgehend SG Nürnberg 1.9.2009 – S 14 R 954/09 ER.
[34] LSG Hamburg 25.10.2000 – L 3 B 80/00 ER, NZA-RR 2001, 658.
[35] LSG Hessen 12.1.2005 – L 8/14 KR 110/04 ER, BeckRS 2008, 55160.
[36] KassKomm/*Seewald* SGB IV § 7a Rn. 25.
[37] LSG Bayern 16.3.2010 – L 5 R 21/10 B ER, BeckRS 2010, 68626; LSG BW 6.5.2010 – L 11 R 1806/10 ER-B und 11.5.2010 – L 11 KR 1125/10 ER-B; jurisPK-SGB IV/*Pietrek* § 7a Rn. 129 f.; wohl auch LSG Nds-Brem 3.3.2009 – L 4 KR 64/09 B ER.
[38] Meyer-Ladewig/Keller/Leitherer/*Keller* § 86a Rn. 27b; vgl. hierzu auch *Reiserer/Bölz* S. 98 ff.

Anrufungsberechtigt ist neben dem Arbeitgeber auch der Arbeitnehmer. Die Anrufungs- 34
auskunft kann formlos beantragt werden, sollte aus Gründen der Beweisführung jedoch
schriftlich erfolgen.

b) Bindungswirkung. Die vom Finanzamt erteilte Auskunft entfaltet ausschließlich gegen- 35
über demjenigen Bindungswirkung, der die Auskunft beantragt hat.[39] Insofern schließt der
Arbeitgeber das Risiko der Lohnsteuerhaftung aus, wenn ihm aufgrund der Auskunft des
Finanzamtes keine Pflicht zur Einbehaltung der Lohnsteuer obliegt, selbst wenn diese Auskunft unrichtig gewesen wäre, § 42d EStG. Zur Vermeidung von divergierenden Entscheidungen empfiehlt sich, dass Arbeitgeber und Arbeitnehmer gemeinsam die Auskunft einholen.[40]

2. Rechtsmittel

Gegen die Nichterteilung der begehrten Auskunft innerhalb angemessener Frist besteht 36
seitens des Anrufenden die Möglichkeit, gem. § 347 AO **Einspruch** einzulegen bzw. gem.
§ 40 Abs. 1 FGO Untätigkeitsklage zu erheben. Für den Fall, dass das Finanzamt einen Antrag auf Erteilung der Auskunft negativ bescheidet, kann dagegen gem. § 347 Abs. 1 S. 1
Nr. 1 AO **Einspruch** eingelegt bzw. **Verpflichtungsklage** zum Finanzgericht erhoben werden.

Sollte allerdings die erteilte Auskunft dem gewünschten Ergebnis des Anfragenden nicht 37
entsprechen, gibt es gegen die erteilte Auskunft lediglich die formlosen Rechtsbehelfe wie
Dienstaufsichtsbeschwerde bzw. Gegenvorstellung, da die Anrufungsauskunft lediglich aus
Sicht der Finanzverwaltung die bestehenden Rechtsgrundlagen erläutert und keinen Verwaltungsakt darstellt. Die Qualität des Verwaltungsaktes besteht nach herrschender Meinung
deshalb nicht, weil die Anrufungsauskunft keine unmittelbare Regelung trifft, sondern lediglich eine Wissenserklärung darstellt.[41]

---

[39] Blümich/*Heuermann* EStG § 42e Rn. 31; Heuermann/Wagner/*Wagner* K Rn. 32.
[40] *Schmidt/Drenseck* EStG § 42e Rn. 9.
[41] BFH 5.3.2007 – VI B 41/06, BeckRS 2007, 25011374; BFH 22.5.2007 – VI B 143/06, BeckRS 2007, 25011904.

Teil C. Begründung des Arbeitsverhältnisses

§ 9 Anbahnung des Arbeitsverhältnisses

Übersicht

	Rn.
I. Personalgewinnung	1–55
1. Personalplanung und Stellenausschreibung	2–40
a) Diskriminierungsverbote	4–34
b) Verpflichtung zur Ausschreibung als Teilzeitarbeitsplatz	35
c) Beteiligung des BR	36–40
2. Stellensuche	41–46
a) Freizeitgewährung zur Stellensuche und Vergütung	42–44
b) Bewerbungskosten	45/46
3. Abwerbung	47–55
a) Unlauterer Wettbewerb	48–51
b) Sperrabreden und vergleichbare Regelungen	52–55
II. Informationsbeschaffung des AG	56–132
1. Rahmenbedingungen für Informationsbeschaffung im Anbahnungsverhältnis	57–62
2. Informationsbeschaffung des AG beim Bewerber	63–106
a) Vorstellungsgespräch und Einstellungs- bzw. Personalfragebogen	64–95
b) Vorlage von Unterlagen durch Bewerber	96
c) Rechtsfolgen bei Pflichtverletzungen	97–106
3. Informatinsbeschaffung des AG unter Mitwirkung Dritter	107–123
a) Pre-Employment-Screening	107–109
b) Untersuchungen	110–120
c) Rechtsfolgen	121–123
4. Einfühlungsverhältnis	124–131
5. Beteiligungsrechte des BR	132
III. Anbahnungsverhältnis	133–138
1. Grundsätze	134
2. Einzelfälle	135–138
a) Abbruch von Vertragsverhandlungen	136
b) Verletzung von Aufklärungs- und Mitteilungspflichten	137/138
3. Obhutspflichten	139

I. Personalgewinnung

Der Begriff der **Personalgewinnung** ist nicht gesetzlich definiert. Aus Sicht des AG ist Personalgewinnung alles, was unternommen wird, um AN zum Abschluss eines Arbeitsvertrages zu bewegen. Häufig fällt die Personalgewinnung des AG mit der Stellensuche des AN zusammen.   **1**

1. Personalplanung und Stellenausschreibung

Die Vorstufe der Personalgewinnung ist regelmäßig die **Personalplanung**. Mit ihr wird insbesondere der zukünftige Bedarf an Arbeitskräften ermittelt. Das BAG[1] versteht unter Personalplanung jede Planung, die sich auf den gegenwärtigen und künftigen Personalbedarf in quantitativer und qualitativer Hinsicht, auf dessen Deckung im weitesten Sinne und auf den abstrakten Einsatz der personellen Kapazität bezieht. Unter den Begriff der Personalplanung sind die Personalbedarfsplanung, die Personaldeckungsplanung, die Personalentwicklungsplanung und die Personaleinsatzplanung zu subsumieren.[2]   **2**

---

[1] BAG 6.11.1990 – 1 ABR 60/89, NZA 1991, 358.
[2] Vgl. *Hunold* DB 1989, 1334.

3   Ergibt die Planung des Unternehmers, dass die derzeitige Personallage des Unternehmens Einstellungen erfordert, werden typischerweise die Stellenprofile ausgeschrieben. Die betriebsinterne oder betriebsexterne **Stellenausschreibung** ist lediglich eine invitatio ad offerendum, dh die Aufforderung zur Abgabe eines Angebots. Der Bewerber soll auf Grund der Stellenausschreibung ein Angebot zum Abschluss eines Arbeitsvertrages abgeben. Die in der Stellenausschreibung enthaltenen Angaben können den Inhalt des späteren Arbeitsvertrages bestimmen, wenn kein schriftlicher Arbeitsvertrag abgeschlossen wird und der AN die Beschäftigung aufnimmt.[3]

4   a) **Diskriminierungsverbote.** Nach § 11 AGG[4] darf ein Arbeitsplatz nicht unter Verstoß gegen das Benachteiligungsverbot in § 7 AGG ausgeschrieben werden. Danach dürfen Beschäftigte nicht wegen eines in § 1 AGG genannten Grundes benachteiligt werden. § 1 AGG nennt folgende **Benachteiligungsmerkmale:** Rasse oder ethnische Herkunft, Geschlecht, Religion oder Weltanschauung, Behinderung, Alter und sexuelle Identität. Geschützt sind durch das AGG auch Stellenbewerber, § 6 Abs. 1 S. 2 AGG.

5   *aa) Gefahr von prozessualen Nachteilen bei der Darlegungs- und Beweislast.* Bei Stellenausschreibungen ist AG zu empfehlen, keine Anforderungen aufzustellen, die Bezug zu den o. genannten Benachteiligungsmerkmalen haben. Denn sonst besteht die Gefahr, dass nach erfolgter Ablehnung eines Bewerbers in einem etwaigen Schadensersatz- bzw. Entschädigungsprozess Nachteile bei der Darlegungs- und Beweislast entstehen: Hinsichtlich der Kausalität zwischen Nachteil und dem Benachteiligungsmerkmal ist in § 22 AGG eine Regelung getroffen, die sich auch auf die Darlegungslast auswirkt. Der Bewerber genügt danach seiner Darlegungslast, wenn er Indizien vorträgt, die seine Benachteiligung wegen eines verbotenen Merkmals vermuten lassen. Dies ist der Fall, wenn die vorgetragenen Tatsachen aus objektiver Sicht mit überwiegender Wahrscheinlichkeit darauf schließen lassen, dass die Benachteiligung wegen dieses Merkmals erfolgt ist. Liegt eine Vermutung für die Benachteiligung vor, trägt nach § 22 AGG die andere Partei die Beweislast dafür, dass kein Verstoß gegen die Bestimmungen zum Schutz vor Benachteiligung vorgelegen hat.[5] So hat das BAG in einem Fall, in dem in einer Stellenanzeige ein „junger" Bewerber oder eine „junge" Bewerberin gesucht wurde, entschieden, dass grundsätzlich die Vermutung besteht, dass ein abgelehnter Bewerber wegen seines Alters benachteiligt worden ist, wenn eine deutlich jüngere Person eingestellt wird.[6]

6   Bei der **Prüfung des Kausalzusammenhangs** sind alle Umstände des Rechtsstreits im Sinne einer Gesamtbetrachtung und -würdigung des Sachverhalts zu berücksichtigen.[7] Die vorgetragenen Tatsachen müssen darauf schließen lassen, dass die Benachteiligung zumindest auch wegen des betreffenden Merkmals erfolgt ist. Durch die Verwendung der Begriffe „Indizien" und „vermuten" bringt das Gesetz zum Ausdruck, dass es hinsichtlich des Zusammenhangs zwischen einem der in § 1 AGG genannten Gründe und einer ungünstigeren Behandlung genügt, Hilfstatsachen vorzutragen, die zwar nicht zwingend den Schluss auf die Kausalität zulassen, die aber gleichwohl die Annahme rechtfertigen, dass die Kausalität gegeben ist.[8] Auf ein schuldhaftes Handeln oder gar eine Benachteiligungsabsicht kommt es nicht an.[9] Für die Vermutungswirkung des § 22 AGG ist es ausreichend, dass ein in § 1 AGG genannter Grund „Bestandteil eines Motivbündels" ist, das die Entscheidung beeinflusst hat. Es ist nicht erforderlich, dass der als Anknüpfungspunkt verbotene Grund ausschließliches oder auch nur ein wesentliches Motiv für das Handeln des Benachteiligenden ist. Eine bloße Mitursächlichkeit genügt.[10]

---

[3] BAG 12.9.1984 – 4 AZR 373/82, BeckRS 1984, 04490; vgl. BAG 1.8.2001 – 4 AZR 129/00, RdA 2002, 233.
[4] Eine Kurzzusammenfassung der wichtigsten arbeitsrechtlich relevanten Regelungen im AGG ist in → § 10 Rn. 26 ff. zu finden.
[5] BAG 19.8.2010 – 8 AZR 530/09, NZA 2010, 1412 (1415).
[6] BAG 19.8.2010 – 8 AZR 530/09, NZA 2010, 1412 (1415).
[7] BAG 18.9.2014 – 8 AZR 753/13, NJW-Special 2015, 212 Rn. 21 mwN.
[8] BAG 23.8.2012 – 8 AZR 285/11, AP AGG § 3 Nr. 9.
[9] BAG 21.6.2012 – 8 AZR 364/11, NZA 2012, 1345.
[10] BAG 26.6.2014 – 8 AZR 547/13, NZA 2010, 896 (Ls.); BAG 26.9.2013 – 8 AZR 650/12, NJW 2014, 1612 Rn. 25.

Aus **Quoten oder Statistiken** können sich grundsätzlich Indizien für eine Diskriminierung 7 ergeben. **Arbeitgeberbezogene Statistiken** können eine Vermutung für ein die Merkmalsträgergruppe benachteiligendes Verhalten begründen, wenn sich die Daten konkret auf den betreffenden Arbeitgeber beziehen und aussagekräftig sind, was sein Verhalten gegenüber der Merkmalsträgergruppe anbelangt.[11] Der Umstand, dass ein Arbeitgeber im gesamten Unternehmen Arbeitnehmer aus 13 Nationen beschäftigt, in einem Betrieb jedoch zeitweise keine Arbeitnehmer nichtdeutscher Herkunft, ist zwar konkret arbeitgeberbezogen, jedoch für sich alleine nicht aussagekräftig, um eine Diskriminierung wegen der ethnischen Herkunft (hier bei der Entfristung von Arbeitsverträgen) zu bejahen.[12]

Das BAG hatte in einem weiteren Fall über die Frage zu urteilen, ob eine nicht erfolgte 8 Beförderung einer Abteilungsleiterin zur Direktorin eine geschlechtsbezogene Benachteiligung darstellt. Es entschied, dass der statistische Nachweis, dass in den oberen Hierarchieebenen des Arbeitgebers ein deutlich geringerer Frauenanteil vorliegt als im Gesamtunternehmen, nicht hinreichend aussagekräftig ist. Denn diese Daten lassen nicht darauf schließen, wie viele Frauen überhaupt in einer Hierarchiestufe angekommen sind, die eine Beförderung in die oberen Hierarchiestufen zulässt.[13]

Grundsätzlich kann sich auch aus **nicht arbeitgeberbezogene Statistiken** eine Vermutung 9 für ein diskriminierendes Verhalten des Arbeitgebers ergeben, wenn die Statistiken hinsichtlich dieses diskriminierenden Verhaltens aussagekräftig sind.[14] Auch bei einer mittelbaren Diskriminierung iSd § 3 Abs. 2 AGG können Vorschriften, Kriterien oder Verfahren, die dem Anschein nach neutral sind, jedoch eine Gruppe von Merkmalsträgern wegen eines in § 1 AGG genannten Grundes gegenüber einer anderen Gruppe in besonderer Weise benachteiligten, durch nicht arbeitgeberbezogene Statistiken belegt werden. Eine Statistik des Statistischen Bundesamts über die allgemeine Quote von Müttern und Vätern in Erwerbstätigkeit ist bzgl. eines diskriminierenden Verhaltens bei der Behandlung von Bewerbungen aber richtigerweise nicht aussagekräftig.[15] Das BAG hat zutreffend die Gefahr erkannt, dass eine Vielzahl von allgemeinen nichtarbeitgeberbezogenen Statistiken herangezogen werden könnte, um die Vermutungswirkung des § 22 AGG hinsichtlich einer mittelbaren Diskriminierung zu begründen. Es hat folgerichtig hohe Anforderungen an die Aussagekraft einer solchen Statistik im Hinblick auf die konkret beanstandete Diskriminierung gestellt.

Ein Indiz für eine Diskriminierung kann darstellen, wenn ein Arbeitgeber bei der Auskunftserteilung Gründe angibt, die im **Widerspruch zu seinem sonstigen Verhalten** stehen (zB Rüge von Leistungsmängeln im Gegensatz zum Arbeitszeugnis im Fall einer unterbliebenen Entfristung des Arbeitsverhältnisses). Ebenso können gegebene, aber wechselnde Begründungen des Arbeitgebers Indizwirkung für eine benachteiligende Maßnahme haben.[16]

Allein die Tatsache, dass in einem **Online-Bewerbungsformular** Angaben zu Alter, Ge- 11 schlecht und Sprachkenntnissen gemacht werden können oder sollen, stellt richtigerweise noch kein ausreichendes Indiz für eine Diskriminierung dar.[17]

bb) Benachteiligungen aus Gründen der Rasse oder wegen der ethnischen Herkunft.[18] In 12 Stellenausschreibungen werden häufig Anforderungen aufgestellt, die das Potenzial einer Diskriminierung wegen der Rasse oder ethnischen Herkunft enthalten, zB werden häufig **sehr gute Deutschkenntnisse** gefordert. Zunächst ist klarzustellen, dass es in diesen Fällen nicht um die Frage einer unmittelbaren, sondern allenfalls einer mittelbaren Benachteiligung geht. Denn ein in einer Stellenausschreibung verwendetes Kriterium „sehr gutes Deutsch"

---

[11] BAG 21.6.2012 – 8 AZR 364/11, NZA 2012, 1345.
[12] BAG 21.6.2012 – 8 AZR 364/11, NZA 2012, 1345.
[13] BAG 22.7.2010 – 8 AZR 1012/08, NZA 2011, 93.
[14] BAG 22.7.2010 – 8 AZR 1012/08, NZA 2011, 93.
[15] BAG 18.9.2014 – 8 AZR 753/13, NJW-Spezial 2015, 212.
[16] BAG 21.6.2012 – 8 AZR 364/11, NJW-Spezial 2015, 212.
[17] LAG Hamburg 19.2.2014 – 3 Sa 39/13, NZA-RR 2014, 343; BAG 15.12.2016 – 8 AZR 418/15, BeckRS 2016, 119064.
[18] Im Folgenden werden die AGG-Benachteiligungsmerkmale nur insoweit angesprochen, als sie im Zusammenhang mit der Stellenausschreibung Bedeutung haben. Eine generelle Übersicht zu den AGG-Benachteiligungsmerkmalen findet sich in → § 10 Rn. 34 ff.

stellt ausdrücklich nicht auf die ethnische Herkunft ab, sondern auf den Grad der Beherrschung der Sprache. Eine sehr gute Beherrschung einer Sprache kann grundsätzlich unabhängig von der ethnischen Herkunft erworben werden – etwa in der Schule, durch Sprachkurse, durch Besuche im jeweiligen Sprachraum oder durch Aufwachsen in einer die jeweilige Sprache sprechenden Familie.[19] Entscheidend war hier bisher die Frage, ob die nach bisheriger Rechtsprechung meist vorliegende mittelbare Benachteiligung gerechtfertigt werden kann (§ 8 AGG) oder schon tatbestandlich ausscheidet (§ 3 Abs. 2 AGG). Nach der neueren Rechtsprechung des BAG wird diese Frage nun eindeutig auf die Tatbestandsebene verlagert. Danach bewirkt eine Stellenausschreibung mit der Anforderung sehr guter Deutsch- oder sonstiger Sprachkenntnisse weder mittelbar, noch unmittelbar eine Diskriminierung, solange keine Anhaltspunkte dafür bestehen, dass die Anforderungen nur vorgeschoben sind.[20] Begründet wird dies ua mit neuerer Rechtsprechung des EuGH,[21] nach welcher neutral formulierte Anforderungen an die Qualität von Sprachkenntnissen per se nicht ausreichen, um eine Benachteiligung oder Bevorzugung einer „bestimmten" Ethnie zu begründen. Dies kann ohne hinzutreten weiterer Indizien, allein anhand bestimmter Anforderungen an die Beherrschung einer Sprache, nicht festgestellt werden.[22] Gegen eine Bewertung als Indiztatsache spricht daher, wenn sich bereits aus der Stellenanzeige ergibt, dass die Anforderungen an die Sprachfähigkeit durch ein rechtmäßiges Ziel sachlich gerechtfertigt und die Mittel zur Erreichung dieses Ziels erforderlich und angemessen sein könnten, sowie wenn die Beherrschung verschiedener Sprachen gefordert wird.[23] Insbesondere die Forderung von sehr guten Englischkenntnissen in einer Stellenausschreibung für Spezialisten in der IT-Branche ist idR gerechtfertigt, da Englisch in dieser Branche die vorherrschende Kommunikationssprache ist.[24]

13 Grundsätzlich anders zu bewerten ist eine Stellenanzeige, in der nach **„Muttersprachlern"** gesucht wird. Die Anforderung „Deutsch als Muttersprache" stellt nach richtiger Ansicht[25] ein Indiz für eine **unmittelbare Benachteiligung** wegen der ethnischen Herkunft dar.[26] Voraussetzung ist gem. § 3 Abs. 1 AGG, dass eine Person aufgrund der ethnischen Herkunft eine weniger günstige Behandlung erfährt als eine andere Person in einer vergleichbaren Position. Muttersprache ist jede Sprache, die in früher Kindheit ohne formalen Unterricht erlernt wird. Somit besteht eine enge Verknüpfung zwischen der Sprache und der ethnischen Herkunft. Obwohl ein Bewerber die objektiven Anforderungen bzgl. der Sprachkenntnisse erfüllt, wird er (durch eine Nichtberücksichtigung im Bewerbungsverfahren) nur aufgrund der Nichtzugehörigkeit zur deutschen Ethnie ungünstiger behandelt.[27] Es wird jedoch auch die Ansicht vertreten, bei der Einstellungsvoraussetzung „Deutsch als Muttersprache" liege bloß eine **mittelbare Benachteiligung** vor, da die genannte Anforderung als Synonym für eine Person mit „perfekten" Kenntnissen der jeweiligen Sprache steht.[28] Die Muttersprache stelle ein neutrales Kriterium dar. Es werde nur mittelbar an die ethnische Herkunft des Bewerbers angeknüpft, weil Angehörige anderer Ethnien typischerweise nicht so gute Deutschkenntnisse aufweisen würden wie Muttersprachler. Dieser Sichtweise ist nicht zu folgen. Die perfekte Beherrschung einer Sprache ist nicht garantiert, nur weil die betreffende Person „Muttersprachler" ist.[29] Es gibt viele deutsche Staatsbürger, die schlechter deutsch

---

[19] LAG Nürnberg 5.10.2011 – 2 Sa 171/11, ArbRAktuell 2011, 644.
[20] BAG 23.11.2017 – 8 AZR 372/16, NZA-RR 2018, 287.
[21] EuGH 6.4.2017 – C-668/15, NJW 2017, 3139 – Jyske Finans.
[22] BAG 23.11.2017 – 8 AZR 372/16, NZA-RR 2018, 287 (290 f.).
[23] LAG Nürnberg 5.10.2011 – 2 Sa 171/11, ArbRAktuell 2011, 644; ebenso LAG Hamm 4.2.2014 – 7 Sa 1026/13, NZA-RR 2014, 412; LAG Hamburg 19.5.2015 – 5 Sa 79/14, BeckRS 2015, 68918; BAG 23.11.2017 – 8 AZR 372/16, NZA-RR 2018, 287 (290 f.).
[24] LAG Hamburg 19.5.2015 – 5 Sa 79/14, BeckRS 2015, 68918.
[25] BAG 29.6.2017 – 8 AZR 402/15, NZA 2018, 33; ArbG Hamburg 15.1.2019 – 22 Ca 212/18, BeckRS 2019, 2192.
[26] BAG 29.6.2017 – 8 AZR 402/15, NZA 2018, 33; ArbG Hamburg 15.1.2019 – 22 Ca 212/18, BeckRS 2019, 2192; ArbG Berlin 11.2.2009 – 55 Ca 16952/08, FD-ArbR 2009, 284458; aA *Gruber* NZA 2009, 1247.
[27] BAG 29.6.2017 – 8 AZR 402/15, NZA 2018, 33.
[28] *Hinrichs/Stütze* NZA-RR 2011, 113.
[29] *Hinrichs/Stütze* NZA-RR 2011, 113.

sprechen als ein Mitbürger, der kein Muttersprachler ist, aber seit langer Zeit in Deutschland lebt. Das Argument, der Arbeitgeber habe die Anforderung Muttersprachler als Synonym für perfekte Deutschkenntnisse verwendet, ist ebenfalls nicht überzeugend. Maßgeblich muss ein objektiver Empfängerhorizont sein.[30]

Der Unterschied zwischen den beiden Ansichten wird bei der Möglichkeit einer Rechtfertigung relevant. Während die mittelbare Diskriminierung schon auf Tatbestandsseite gem. § 3 Abs. 2 AGG gerechtfertigt werden kann, wird eine unmittelbare Diskriminierung nur äußerst schwer gem. § 8 AGG zu rechtfertigen sein. Danach ist eine Rechtfertigung nur möglich, wenn die Muttersprache eine wesentliche und entscheidende berufliche Anforderung darstellt. Das BAG weist das Argument, „Muttersprachler" sei nur als Synonym für eine sehr gute Sprachbeherrschung zu verstehen, zugunsten einer unmittelbaren Diskriminierung ausdrücklich als fehlerhaft zurück, nimmt gleichzeitig aber nur eine mittelbare Diskriminierung an, da die erworbene Muttersprache nur mittelbar mit der Herkunft verknüpft sei.[31] Auch hier kommt es wieder entscheidend auf den Gesamteindruck an – so ist ein Onlineformular nicht allein wegen der Möglichkeit der Angabe „Muttersprache" in der Rubrik „Sprachkenntnisse" diskriminierend, wenn sich gleichzeitig aus dem Gesamteindruck ergibt, dass der Stellenausschreiber sich nur über das Sprachnivau und die Qualität der Beherrschung der angegebenen Sprache informieren und nicht gezielt „Muttersprachler" sucht.[32] Wird tatsächlich gezielt nach „Muttersprachlern" gesucht, liegt jedenfalls eine mittelbare Diskriminierung vor, der Stellenausschreiber müsste dann für die Rechtfertigung nach §§ 3 Abs. 2 oder 8 Abs. 1 AGG substanziiert darlegen können, warum es unabhängig von der Qualität der Sprachkenntnisse auf die „Muttersprachlichkeit" also den Herkunftsbezug ankommen sollte.[33] Dies wird in der Regel jedoch nicht möglich sein. Die Möglichkeit der Rechtfertigung wird nur bei **Dolmetschern oder Übersetzern** diskutiert. Diese müssten nicht nur die Sprache beherrschen, um fehlerfrei zu übersetzen, vielmehr sollten sie auch auf die sprachliche Eigenart eingehen, die Menschen einer bestimmten Sprachgruppe haben. Dem ist jedoch entgegen zu halten, dass trotz einer anderen ethnischen Herkunft die sprachlichen Eigenarten erlernt werden können, zB wenn sich die betreffende Person schon länger in Deutschland aufhält. Eine Rechtfertigung ist daher auch in dieser besonderen Fallkonstellation zu bezweifeln.

Es ist daher grundsätzlich davon abzuraten, in einer Stellenausschreibung den Begriff „Muttersprachler" zu verwenden. Falls besondere Sprachkenntnisse für den Beruf zwingend erforderlich sind, ist es dem Arbeitgeber unbenommen, solche als Voraussetzung in einer Stellenausschreibung zu fordern.[34] Es sollte jedoch die Möglichkeit eingeräumt werden, dass Bewerber ihre sprachlichen Fähigkeiten tatsächlich unter Beweis stellen können, soweit sie nicht wegen anderer Kriterien völlig ungeeignet sind, um eine mittelbare Benachteiligung zu vermeiden.[35]

In der juristischen Fachliteratur ist angesprochen worden, ob die **Anforderung eines Passfotos** ein Indiz für eine Benachteiligung wegen der ethnischen Herkunft darstellen kann. Zutr. wird dies abgelehnt. Denn die Aufforderung, ein Passbild einzureichen, bezweckt im Regelfall nicht, die Hautfarbe des Bewerbers festzustellen, sondern nur, ob der Bewerber einen ordentlichen Eindruck vermittelt.[36]

cc) Benachteiligungen wegen des Geschlechts. Mit Anerkennung und Einführung des dritten Geschlechts durch das Bundesverfassungsgericht,[37] gibt es eine ganz wesentliche Neuerung, die in Zukunft auch bei der Stellenausschreibung und Einstellung zu berücksichtigen ist, wenn eine Diskriminierung vermieden werden soll. War es bisher schon erforderlich, in

---

[30] *Hinrichs/Stütze* NZA-RR 2011, 113.
[31] BAG 15.12.2016 – 8 AZR 418/15, BeckRS 2016, 119064; BAG 29.6.2017 – 8 AZR 402/15, NZA 2018, 33 (38 ff.); BAG 23.11.2017 – 8 AZR 372/16, NZA-RR 2018, 290 f.
[32] BAG 15.12.2016 – 8 AZR 418/15, BeckRS 2016, 119064.
[33] BAG 29.6.2017 – 8 AZR 402/15, NZA 2018, 33 (39).
[34] LAG Hessen 15.6.2015 – 16 Sa 1619/14, BeckRS 2015, 72814.
[35] *Günther* ArbAktuell 2010, 285.
[36] *Gruber* NZA 2009, 1247.
[37] BVerfG 10.10.2017 – 1 BvR 2019/16, BVerfGE 147, 1–31.

Stellenausschreibungen sowohl die **weibliche als auch die männliche Bezeichnung** zu verwenden (zB „Gesucht wird ein Volljurist (m/w)" bzw. „Gesucht wird ein Volljurist/eine Volljuristin"), um den Eindruck einer Diskriminierung wegen des Geschlechts von vornherein zu vermeiden, muss nun auch das dritte Geschlecht ausreichend berücksichtigt werden, was Stellenausschreiber vor neue Herausforderungen stellt.[38]

18 Durch den Klammerzusatz (m/w) wurde bisher ausreichend deutlich, dass sich die Stellenausschreibung sowohl an weibliche als auch an männliche Bewerber richtet, auch wenn im Fließtext der Anzeige nur die männliche Sprachform verwendet wurde.[39]

19 Auch wenn es wohl noch etwas dauern dürfte, bis sich hier ein durch Rechtsprechung abgesicherter Usus hinsichtlich der Handhabung des dritten Geschlechts herausgebildet hat, sollte die Rechtsprechung bezüglich der bisherigen Geschlechter wertungsmäßig übertragbar sein. Notwendig ist damit jedenfalls die Verwendung der Bezeichnung (m/w/d) oder (m/w/i/t) in Stellenausschreibungen, sowie die dementsprechenden Anpassungen in Onlineformularen und Eingabemasken, um klarzustellen, dass Bewerber jeglichen Geschlechts gesucht sind.[40] Bis abschließend Klarheit herrscht, kann auch eine kurze Klarstellung zu Beginn der Ausschreibung sinnvoll sein, dass unabhängig von eventuellen verwendeten Geschlechtsbezeichnungen im Text der Ausschreibung, Bewerber jeglichen Geschlechts gesucht werden. Da die Rechtsordnung bisher von einer Geschlechterdualität ausging, sollten sich für Stellenausschreibungen vor dem Bekanntmachungszeitpunkt des BVerfG-Urteils am 8.11.2017 erstellt wurden, Arbeitgeber, die den Zusatz (m/w) verwendet haben, diesbezüglich auf Vertrauensschutz berufen können.[41]

20 In der Rspr. sind hierzu folgende Fälle bekannt: Eine Stellenausschreibung, deren Überschrift eine männliche Bezeichnung („**Assistent Planung**") nennt, aber im weiteren Text nicht zu übersehen und durch Fettdruck hervorgehoben „Hinweise für Bewerber/innen" nennt, enthält nach richtiger Ansicht kein Indiz für eine Benachteiligung wegen des Geschlechtes.[42] Eine Stellenanzeige als „**Hotelfachfrau (Hotelfachmann, -frau)**" ist ebenfalls grundsätzlich nicht als Indiz für eine unzulässige Benachteiligung wegen des Geschlechts zu werten.[43] Auch wenn ein Internetportal die durch einen Dritten (hier die BA) erstellte Anzeige in „Hotelfachfrau" verkürzt, stelle dies kein Indiz für einen Diskriminierungswillen des AG dar, es sei denn, der AG hätte die unzulässige Verkürzung der Stellenanzeige nachweislich veranlasst oder würde sie wissentlich dulden. Auch die bloße Tatsache, dass in einem bestimmten Unternehmen oder Bereich überwiegend oder ausschließlich männliche Arbeitnehmer tätig sind, vermag allein nicht die Vermutung begründen, eine Bewerberin sei wegen ihrem Geschlecht benachteiligt worden.[44]

21 Sucht der potenzielle AG zukünftige Mitarbeiter ab einer bestimmten Körpergröße, dann könnte darin eine mittelbare Benachteiligung wegen des Geschlechts liegen, wenn die Frauen von dieser Anforderung tatsächlich stärker betroffen sind als Männer, was jedoch wiederum im Einzelfall gerechtfertigt sein kann.[45]

22 Nur in den Fällen, in denen eine **unterschiedliche Behandlung wegen beruflicher Anforderungen** nach § 8 AGG gerechtfertigt ist bzw. eine mittelbare Benachteiligung entsprechend § 3 Abs. 2 Hs. 2 AGG bereits auf der Tatbestandsebene ausscheidet, kann ohne Risiken in einer Stellenausschreibung nach Bewerbern eines bestimmten Geschlechts gesucht werden. Eine Rechtfertigung einer unmittelbaren Benachteiligung nach § 8 Abs. 1 AGG kommt zB dann in Betracht, wenn eine Gemeinde die **Stelle einer kommunalen Gleichstellungsbe-**

---

[38] Ausführlich hierzu *Körlings* NZA 2018, 282.
[39] LAG Hamburg 19.2.2014 – 3 Sa 39/13, NZA-RR 2014, 343; LAG Hamm 4.2.2014 – 7 Sa 1026/13, NZA-RR 2014, 412.
[40] Vgl. hierzu *Körlings* NZA 2018, 282.
[41] Vgl. hierzu *Körlings* NZA 2018, 282; BVerfG 11.10.1978 – 1 BvR 16/72, NJW 1979, 595.
[42] AG Hessen 3.2.2009 – 12 Sa 28/08, BeckRS 2009, 69732; BAG 15.12.2016 – 8 AZR 418/15, BeckRS 2016, 119064.
[43] LAG Hamm 24.4.2008 – 11 Sa 95/08, BeckRS 2008, 55306.
[44] LAG Hamm 4.2.2014 – 7 Sa 1026/13, NZA-RR 2014, 412; BAG 23.11.2017 – 8 AZR 372/16, NZA-RR 2018, 287.
[45] Vgl. LAG Köln 25.6.2014 – 5 Sa 75/14, BeckRS 2014, 72115; EuGH 18.10.2017 – C-409/16, NVwZ 2017, 1686; OVG Münster 28.6.2018 – 6 A 2014/17, BeckRS 2018, 16111.

auftragten deshalb nur mit einer Frau besetzen will, weil zur Erbringung eines Teils der Tätigkeiten (zB Integrationsarbeit mit zugewanderten muslimischen Frauen) das weibliche Geschlecht unverzichtbare Voraussetzung ist.[46] Zu empfehlen sind grundsätzlich **geschlechtsneutrale Berufsbezeichnungen** (zB „Bürokraft", „Reinigungshilfe", „Heimleitung").[47] Allerdings ist dabei zu beachten, dass „**Geschäftsführer**" ohne weitere Zusätze keine geschlechtsneutrale, sondern eine männliche Berufsbezeichnung darstellt.[48]

Zu erwähnen ist auch, dass **bei öffentl. AG** besondere Regeln gelten können: Verweist ein öffentl. AG in einer Stellenausschreibung auf eine vorrangige Berücksichtigung von Frauen bei gleichwertiger Qualifikation und erfüllt damit die Vorgaben eines Landesgleichstellungsgesetzes bzw. des Bundesgleichstellungsgesetzes (BGleiG), erwächst daraus keine geschlechtsbezogene Benachteiligung, wenn die Stelle geschlechtsneutral ausgeschrieben wird und lediglich einen Hinweis enthält, dass Bewerbungen von Frauen ausdrücklich erwünscht sind und bei gleicher Qualifikation bevorzugt berücksichtigt werden, sofern nicht rechtlich schützenswerte Gründe in der Person eines Mitbewerbers überwiegen.[49] Dies gilt auch dann, wenn die Ausschreibung vom Gesetzestext abweicht.[50] Außerdem ist entschieden worden, dass – wenn ein öffentl. AG in einer ansonsten geschlechtsneutral gehaltenen Ausschreibung darauf hinweist, dass „ein besonderes Interesse an Bewerbungen von Frauen bestehe" – hierdurch männliche Stellenbewerber nicht iSd AGG unzulässig benachteiligt werden, wenn in der für die Stelle maßgeblichen Vergleichsgruppe Frauen unterrepräsentiert sind.[51] Nach dem LAG Köln kann sogar die gezielte Suche nach Mitarbeitern eines bestimmten Geschlechts zulässig sein, wenn die Belegschaft bisher ausschließlich männlich oder weiblich ist.[52]

dd) Benachteiligungen wegen der Religion oder Weltanschauung. Auch eine potenzielle Benachteiligung wegen der Religion oder Weltanschauung kann in Stellenausschreibungen eine Rolle spielen. Besonderes Augenmerk verdient hier die seit jeher bestehende Praxis vieler religiöser Gemeinschaften, die Zugehörigkeit zu selbiger Gemeinschaft als Einstellungsvoraussetzung für eine berufliche Tätigkeit in ihrer Organisationen zu fordern. Wird zB ausdrücklich die **Zugehörigkeit zu einer christlichen Kirche** als Einstellungsvoraussetzung benannt, so lässt dies eine Benachteiligung aufgrund der Religion vermuten.[53] Auch in diesen Fällen ist natürlich die Möglichkeit einer Rechtfertigung zu beachten, insbesondere nach § 9 AGG.[54] In dieser Hinsicht hat sich jedoch mit der neuesten Rechtsprechung von BAG und EuGH einiges grundlegend verändert.[55] Anlass war eine Vorlage des BAG an den EuGH zur Frage, ob die Anforderung der Mitgliedschaft in einer evangelischen oder der Arbeitsgemeinschaft Christlicher Kirchen angehörenden Kirche und Identifikation mit dem diakonischen Auftrag in einer Stellenausschreibung (konkret war eine befristete Referentenstelle für das Projekt „Parallelberichterstattung zur UN-Antirassismus-konvention" ausgeschrieben worden), nach § 9 Abs. 1 Alt. 1 AGG gerechtfertigt werden kann.[56] Im Kern ging es darum, ob § 9 Abs. 1 Alt. 1 AGG mit Art. 4 Abs. 2 der Richtlinie 2000/78/EG vereinbar ist oder künftig unangewendet bleiben muss. Nach § 9 Abs. 1 Alt. 1 AGG ist eine unterschiedliche Behandlung wegen der Religion bei der Beschäftigung durch Religionsgemeinschaften und die ihnen zugeordneten Einrichtungen auch zulässig, wenn *eine bestimmte Religion* un-

---

[46] BAG 18.3.2010 – 8 AZR 77/09, NZA 2010, 872; LAG Nürnberg 20.11.2018 – 7 Sa 95/18, ÖAT 2019, 151; LAG Köln 18.5.2017 – 7 Sa 913/16, BeckRS 2017, 131307; LAG Schleswig-Holstein 2.11.2017 – 2 Sa 262d/17, BeckRS 2017, 143011; vgl. *Rasche* öAT 2018, 23.
[47] *Tschöpe/Wisskirchen/Bissels* AHB Arbeitsrecht Teil 1 C Rn. 10b.
[48] OLG Karlsruhe 13.9.2011 – 17 U 99/10, GmbHR 2011, 1147.
[49] Vgl. zu den Anforderungen des BGleiG *von Tilling* öAT 2015, 177.
[50] LAG Berlin-Brandenburg 14.1.2011 – 9 Sa 1771/10, BeckRS 2011, 74349.
[51] LAG Düsseldorf 12.11.2008 – 12 Sa 1102/08, BeckRS 2009, 50334.
[52] LAG Köln 18.5.2017 – 7 Sa 913/16, BeckRS 2017, 131307.
[53] BAG 25.10.2018 – 8 AZR 501/14, NZA 2019, 455; LAG Hessen 8.7.2011 – 3 Sa 742/10, BeckRS 2011, 78190.
[54] Vgl. detailliert auch → § 10 Rn. 54 ff.
[55] BAG 25.10.2018 – 8 AZR 501/14, NZA 2019, 455; EuGH 17.4.2018 – C-414/16, NZA 2018, 569; vgl. ausführlich hierzu auch *Reichhold/Beer* NZA 2018, 681; *Junker* NJW 2018, 1850; *Payandeh* JuS 2018, 593.
[56] BAG 17.3.2016 – 8 AZR 501/14 (A), BeckRS 2016, 71139.

ter Beachtung des Selbstverständnisses dieser Religionsgemeinschaft, *im Hinblick auf ihr Selbstbestimmungsrecht, eine gerechtfertigte berufliche Anforderung darstellt*. Nach Ansicht des BAG kann § 9 Abs. 1 Alt. 1 AGG unter Berücksichtigung von Wortlaut und innerer Systematik der Norm, wie auch ihrer Entstehungsgeschichte und des Willens des Gesetzgebers, nur so ausgelegt werden, dass es in dem Fall, dass eine Religionsgemeinschaft, kirchliche Einrichtung oder Vereinigung ihr Selbstbestimmungsrecht ausübt und die Zugehörigkeit zu einer Kirche als berufliche Anforderung bestimmt, es für die Rechtfertigung der Benachteiligung wegen der Religion weder auf die Art der Tätigkeit noch die Umstände ihrer Ausübung ankommt.[57] Nach Art. 4 Abs. 2 der Richtlinie 2000/78/EG können die Mitgliedstaaten in Bezug auf berufliche Tätigkeiten innerhalb von Kirchen – verkürzt zusammengefasst – jedoch nur Regelungen vorsehen, wonach eine Ungleichbehandlung wegen der Religion oder Weltanschauung einer Person keine Diskriminierung darstellt, wenn die Religion oder die Weltanschauung dieser Person *nach der Art dieser Tätigkeiten* oder *der Umstände ihrer Ausübung* eine *wesentliche, rechtmäßige und gerechtfertigte berufliche Anforderung* angesichts des Ethos der Organisation darstellt. Mit Urteil vom 17.4.2018 entschied der EuGH, dass die Kontrolle der Einhaltung der Kriterien des Art. 4 Abs. 2 der Richtlinie völlig ins Leere ginge, wenn sie der Kirche oder der Organisation obläge, die eine Ungleichbehandlung wegen der Religion oder Weltanschauung vorzunehmen beabsichtigt – schließlich sei es Sinn und Zeck der Richtlinie, im Konfliktfall einen angemessenen Ausgleich zwischen einerseits dem Recht auf Autonomie der Kirchen bzw. anderer Organisationen und andererseits dem Recht der Arbeitnehmer, insbesondere bei der Einstellung nicht wegen ihrer Religion oder Weltanschauung diskriminiert zu werden, herzustellen.[58] Dies sei nur möglich, wenn sämtliche von Art. 4 Abs. 2 der RL 2000/78 EG genannten Kriterien in einer Abwägung aller Umstände des konkreten Einzelfalls berücksichtigt würden, und diese von einem innerstaatlichen Gericht überprüft werden könnten.[59] Die Möglichkeit der Rechtfertigung einer Benachteiligung wegen der Religion oder Weltanschauung allein durch Ausübung des Selbstbestimmungsrechts der Kirche oder Organisation – unabhängig von und ohne Bezug zur konkreten Tätigkeit – ist nicht vorgesehen.[60] Da nach Ansicht des BAG eine dahingehende europarechtskonforme Auslegung des § 9 Abs. 1 Alt. 1 AGG nicht möglich ist, ist § 9 Abs. 1 Alt. 1 AGG dem BAG und EuGH folgend, künftig unanwendbar.[61] Eine Rechtfertigung gemäß § 9 AGG ist nach BAG nur noch anhand § 9 Abs. 1 Alt. 2 AGG möglich, und zwar in unionsrechtskonformer Auslegung dahingehend, dass eine „*nach Art der Tätigkeit gerechtfertigte berufliche Anforderung*" iSd § 9 Abs. 1 Alt. 2 AGG, eine iSd Unionsrechts „*wesentliche, rechtmäßige, und gerechtfertigte*" berufliche Anforderung darstellen muss, die die allgemeinen Grundsätze des Gemeinschaftsrechts wahrt, also insbesondere verhältnismäßig ist.[62]

25 „*Wesentlich*" bedeutet demnach, dass die Zugehörigkeit zu der Religion bzw. das Bekenntnis zu der Weltanschauung, auf der das Ethos der in Rede stehenden Kirche oder Organisation beruht, aufgrund der Bedeutung der betreffenden beruflichen Tätigkeit notwendig erscheinen muss.[63]

26 „*Rechtmäßig*" ist die Voraussetzung der Religions- oder Kirchenzugehörigkeit bzw. des Bekenntnisses zu einer Weltanschauung, wenn diese Voraussetzung nicht zur Verfolgung eines sachfremden Ziels dient.[64]

27 „*Gerechtfertigt*" bestimmt, dass die Einhaltung der in Art. 4 Abs. 2 der RL 2000/78/EG genannten Kriterien durch ein innerstaatliches Gericht überprüfbar sein müssen und erlegt der Kirche oder Organisation, die die betreffende berufliche Anforderung aufgestellt hat auf, im Licht der tatsächlichen Umstände des Einzelfalls darzutun, dass die geltend gemach-

---

[57] BAG 25.10.2018 – 8 AZR 501/14, NZA 2019, 455 (459 f.).
[58] EuGH 17.4.2018 – C-414/16, NZA 2018, 569.
[59] EuGH 17.4.2018 – C-414/16, NZA 2018, 569.
[60] EuGH 17.4.2018 – C-414/16, NZA 2018, 569.
[61] EuGH 17.4.2018 – C-414/16, NZA 2018, 569 (572 f.); BAG 25.10.2018 – 8 AZR 501/14, NZA 2019, 455.
[62] Vgl. EuGH 17.4.2018 – C-414/16, NZA 2018, 569; BAG 25.10.2018 – 8 AZR 501/14, NZA 2019, 455.
[63] Vgl. EuGH 17.4.2018 – C-414/16, NZA 2018, 569; BAG 25.10.2018 – 8 AZR 501/14, NZA 2019, 455.
[64] Vgl. EuGH 17.4.2018 – C-414/16, NZA 2018, 569; BAG 25.10.2018 – 8 AZR 501/14, NZA 2019, 455.

te Gefahr einer Beeinträchtigung ihres Ethos oder ihres Rechts auf Autonomie wahrscheinlich und erheblich ist, so dass sich eine solche Anforderung tatsächlich als notwendig erweist.[65]

„*Verhältnismäßig*" ist die berufliche Anforderung, wenn die fragliche Anforderung angemessen ist, und nicht über das zur Erreichung des angestrebten Ziels hinausgeht.[66] 28

Da das BAG recht hohe Anforderungen an die Wesentlichkeit und die Darlegung der Gefahr einer Beeinträchtigung des Ethos bzw. der Kirchen- bzw. Organisationsautonomie im Rahmen der Rechtfertigung stellt, wird die Voraussetzung der Kirchen-/Religionszugehörigkeit künftig wohl nur noch für „verkündungsnahe", bedeutende Stellen möglich sein, mittels derer entweder das Selbstbestimmungsrecht der betreffenden Organisationkreise ausgeübt werden kann, oder wenn die Position ein nicht unerhebliches Maß an Freiheit und Selbstständigkeit hinsichtlich einer Positionierung des Mitarbeiters nach außen, mit entsprechend gewichtiger Bedeutung einer solchen eventuellen Positionierung für das Ethos oder die Autonomie der jeweiligen Kirche, Glaubengemeinschaft oder sonstigen Organisation, mit sich bringt.[67] Letztendlich wird es jedoch stets auf den Einzelfall ankommen, was religiös- oder sonst weltanschauungsmotivierte Organisationen nicht nur hinsichtlich ihrer Ausschreibungspraxis sondern auch hinsichtlich ihres Selbstverständnisses als Institutionen in der Rechtswelt vor vollkommen neue Fragen stellen dürfte.[68] 29

ee) Benachteiligungen wegen einer Behinderung. Im Hinblick auf eine potenzielle Benachteiligung wegen einer **Behinderung** ist entschieden worden, dass eine Stellenausschreibung, die für eine Stelle als Kfz-Mechaniker im Kleinbetrieb die Eigenschaften **„flexibel und belastbar"** aufführt, noch kein Indiz dafür darstellt, dass behinderten Bewerbern Nachteile drohen würden.[69] Außerdem stellt es kein im Rahmen des § 22 AGG erhebliches Indiz für ein diskriminierendes Verhalten dar, wenn der AG über einen längeren Zeitraum eine größere Anzahl von Stellenanzeigen veröffentlicht und dabei in Einzelfällen den Hinweis auf erwünschte Bewerbungen schwerbehinderter Menschen unterlässt. Ein Hinweis auf erwünschte Bewerbungen schwerbehinderter Kandidaten ist iÜ gesetzlich nicht vorgeschrieben.[70] Allerdings kann die Verletzung der Förderpflicht nach § 81 Abs. 1 SGB IX aF (jetzt § 164), die fehlende Bestellung einer Schwerbehindertenbeauftragten nach § 98 SGB IX aF (jetzt § 181), sowie die Nichterfüllung der Mindestbeschäftigungsquote nach § 71 Abs. 1 SGB IX aF (jetzt § 154) eine Diskriminierung wegen Behinderung indizieren.[71] 30

ff) Benachteiligung wegen des Alters. Wird in einer Stellenanzeige ein **„junger"** Bewerber oder eine **„junge"** Bewerberin gesucht, so besteht grundsätzlich die Vermutung, dass ein abgelehnter Bewerber wegen seines Alters benachteiligt worden ist, wenn eine deutlich jüngere Person eingestellt wird.[72] Außerdem kann eine Beschränkung des Bewerberkreises in einer innerbetrieblichen Stellenausschreibung auf AN **im ersten Berufs-/Tätigkeitsjahr** eine mittelbare Benachteiligung wegen des Alters darstellen.[73] Gleiches gilt für Ausschreibungen, die sich an **Berufsanfänger** richten oder Personen die „frisch gebacken" aus einer Ausbildung oder einem Studium kommen[74] Anderes kann unter Umständen für den Begriff des „Berufseinsteigers" gelten, wenn dieser solitär verwendet wird und nicht aufgrund des weiteren Kontexts der Stellenausschreibung (zB *„bis zu* X Jahre Berufserfahrung") als gleichbedeutend mit „Berufsanfänger" verstanden werden muss, da grds. auch ein vom Alter unabhäni- 31

---

[65] Vgl. EuGH 17.4.2018 – C-414/16, NZA 2018, 569; BAG 25.10.2018 – 8 AZR 501/14, NZA 2019, 455.
[66] Vgl. EuGH 17.4.2018 – C-414/16, NZA 2018, 569; BAG 25.10.2018 – 8 AZR 501/14, NZA 2019, 455.
[67] Vgl. BAG 25.10.2018 – 8 AZR 501/14, NZA 2019, 455.
[68] Für Denkanstöße zum künftigen Zusammenspiel der theologischen und rechtlichen Aspekte siehe *Reichhold/Beer* NZA 2018, 681.
[69] LAG Nürnberg 19.2.2008 – 6 Sa 675/07, NZA 2009, 148.
[70] LAG Köln 21.1.2009 – 3 Sa 1369/08, BeckRS 2009, 58395.
[71] LAG Hamm 13.6.2017 – 14 Sa 1427/16, BeckRS 2017, 128031.
[72] BAG 19.8.2010 – 8 AZR 530/09, NZA 2010, 1412; LAG Hamm 25.7.2014 – 10 Sa 503/14, BeckRS 2014, 72204.
[73] BAG 18.8.2009 – ABR 47/08, NZA 2010, 222 (223).
[74] LAG Berlin-Brandenburg 14.1.2011 – 9 Sa 1771/10, BeckRS 2011, 74343; BAG 26.1.2017 – 8 AZR 73/10, BeckRS 2017, 109100; LAG Hamm 13.6.2017 – 14 Sa 1427/16, BeckRS 2017, 128031.

giger (Quer-)einstieg nach Berufswechsel unter die Formulierung fällt.[75] Mittelbar altersdiskriminierend soll eine Stellenausschreibung für Verkäuferinnen im Einzelhandel sein, die ausschließlich die 1. Gehaltsgruppe im 1. Beschäftigungsjahr eines Gehaltstarifvertrages vorsieht.[76] Ein Indiz für die Vermutung einer unzulässigen altersbedingten Diskriminierung ist auch gegeben, wenn der AG in der Stellenanzeige **„Hochschulabsolventen**[77]**/Young Professionells"** sucht.[78] Die Anforderung eines „Hochschulabschlusses, der nicht länger als 1 Jahr zurück liegt", im Rahmen einer Ausschreibung für ein Trainee-Programm für Berufseinsteiger kann trotz mittelbarer Benachteiligung wegen des Alters durch ein legitimes Ziel gerechtfertigt sein (Einstellung von Personen, die berufspraktisch unerfahren sind, um ihnen die auf die Arbeit zugeschnittenen praktischen Fähigkeiten zu vermitteln).[79] Von Ausschreibungen wie **„Büromitarbeiter/in bis 35 Jahre gesucht"** oä[80] ist abzuraten, sofern es dafür nicht eine belastbare sachliche Rechtfertigung gibt. Hingegen soll die Ausschreibung **„Junior Personalreferent Recruiting"** nicht auf eine Benachteiligung wegen des Alters hindeuten, da sie auf die Rangstellung im Unternehmen hindeute, für die das Alter keine Rolle spiele.[81] Auch wenn in diesem Zusammenhang „erste einschlägige Berufserfahrungen im Personalwesen, insbesondere im Bereich Recruiting" gefordert werden, beinhaltet dies keinen für die Vermutung der verpönten Benachteiligung ausreichenden Hinweis auf ein junges Lebensalter des gesuchten Mitarbeiters. Keine Bedenken bestehen ebenso bei der Verwendung des Begriffs **„Junior Consultant"**, weil dieser sich nicht auf das Lebensalter, sondern allein auf die einschlägige Berufserfahrung bezieht.[82]

32 In der Rechstprechung umstritten war langezeit, ob Formulierungen wie „Wir bieten ihnen ein junges (engagiertes/dynamisches) Team" eine Diskriminierung darstellen, obwohl sich diese Beschreibung nur auf das die Stelle ausschreibende Unternehmen bzw. das Team in dem gearbeitet werden soll, beziehet. Das BAG hat nun jedoch in mehreren Urteilen klargestellt, dass auch in diesen Fällen eine unmittelbare Diskriminierung wegen des Alters vorliegt, da die Bezeichnung „jung" unmittelbar an das Lebensalter anknüpft und aus Sicht eines objektiven Erklärungsempfängers nicht nur der Ist- Zustand des Teams beschrieben werden, sondern auch kommuniziert werden soll, dass man ebenso junge/dynamische Bewerber suche, und sich damit letztlich der Wertung des LAG Hamburg angeschlossen, dass es insbesondere auf die Überschrift „wir bieten Ihnen", bzw. die Frage ob das Team oder der Bewerber beschrieben wird, nicht ankäme, da der durchschnittliche Leser einer Anzeige auch wisse, dass er nicht in ein entsprechendes Team passt, wenn er selbst nicht die entsprechenden (Alters-)eigenschaften mitbringt.[83] Etwas anderes gilt allerdings dann, wenn nicht das Team, sondern lediglich das Unternehmen selbst als „jung und dynamisch" beschrieben wird, da in diesem Fall nicht an das Lebensalter von Personen angeknüpft, sondern lediglich Eigenschaften des Unternehmens beschrieben werden.[84] Von der Verwendung des Passus „jung" in Hinblick auf Personen ist jedoch unabhängig vom Kontext abzuraten. Fraglich bleibt, ob personenbezogene Beschreibungen, die in der Regel eher jungen Personen zugeordnet werden (wie zB „dynamisch" oder „energetisch"), auch ohne Bezug zur Eigenschaft „jung", eine mittelbare Altersdiskriminierung begründen können.[85]

---

[75] LAG Hessen 28.5.2019 – 15 Sa 116/19, BeckRS 2019, 23348.
[76] LAG Saarland 11.2.2009 – 1 (2) TaBV 74/08, BeckRS 2011, 65202.
[77] In der Lit. wird teilw. betont, es sei zulässig, für Trainerprogramme nach jungen Hochschulabsolventen zu suchen, um den Bedarf an Führungskräften zu decken (*Bauer/Krieger/Günther* AGG § 10 Rn. 35). Das BAG (24.1.2013 – 8 AZR 429/11, BeckRS 2013, 67925, Anm. NJW-Spezial 2013, 276) hat die Frage bisher offengelassen.
[78] BAG 15.11.2012 – 8 AZR 705/11, NJOZ 2013, 709.
[79] LAG Hessen 16.1.2012 – 7 Sa 615/11, NZA-RR 2012, 464.
[80] LAG Hamm 7.8.2008 – 11 Sa 284/08, BeckRS 2008, 56504; ArbG Dortmund 19.10.2007 – 1 Ca 1941/07, BeckRS 2008, 56482.
[81] LAG Berlin-Brandenburg 21.7.2011 – 5 Sa 847/11, BeckRS 2011, 76365.
[82] LAG Rheinland-Pfalz 10.2.2014 – 3 Sa 27/13, BeckRS 2014, 69594.
[83] Vgl. BAG 11.8.2016 – 8 AZR 406/14, NZA-RR 2017, 132; BAG 19.5.2016 – 8 AZR 470/14, NZA 2016, 1394; LAG Hamburg 23.6.2010 – 5 Sa 14/10, NZA-RR 2010, 629.
[84] BAG 23.11.2017 – 8 AZR 604/16, NJW 2018, 1497.
[85] Zu dieser Frage vgl. *Pieper*, RdA 2018, 337.

Hinsichtlich der Beweislast ist im Bereich der Altersdiskriminierung besonders zu beach- 33
ten, dass es **keines statistischen Nachweises bedarf,** dass eine in Frage stehende Regelung
(hier ging es um die o. erwähnte innerbetriebliche Stellenausschreibung für AN im ersten
Berufs-/Tätigkeitsjahr) eine bestimmte Altersgruppe tatsächlich benachteiligt. Es ist ausreichend, wenn die Regelung typischerweise dazu geeignet ist.[86] Insgesamt gilt jedoch für Stellenausschreibungen, die lediglich mittelbar an das Alter des Bewerbers anknüpfende Begriffe
wie „Berufsanfänger" oder „erste Berufserfahrung" enthalten, dass dadurch allein ein Verstoß gegen § 11 AGG noch nicht zwingend vorliegt, sondern nur dann, wenn die Auslegung
der Stellenausschreibung ergibt, dass mit ihr ausschließlich Personen eines bestimmten
Lebensalters angesprochen und andere ausgeschlossen werden sollen.[87] Ist eine Stellenausschreibung jedoch offensichtlich diskriminierend, werden an einen Entlastungsbeweis teilweise sogar über die Anforderungen des BAG hinausgehende, verschärfte Substantiierungsanforderungen an den Vortrag des Arbeitgebers zur Zulässigkeit und konsequenten
Berücksichtigung aller Auswahlkriterien im Bewerbungsverfahren gestellt, zB durch eine detaillierte Darlegung einer durchgeführten Vorauswahl, die überdies konsequent nachvollziehbarnach allen Kriterien erfolgt, welche in der Stellenausschreibung Anklang gefunden
haben.[88]

gg) Zurechnung von Stellenanzeigen/Passivlegitimation bei Diskriminierungsklagen. Lässt 34
der AG die Stellenanzeige durch einen Dritten erstellen, zB die BA oder ein Personaldienstleistungsunternehmen, dann ist die Frage, ob ihm die Stellenanzeige und eine damit evtl.
verbundene Diskriminierung zugerechnet werden kann. Verstößt ein für eine Stellenanzeige
eingeschalteter Dritter gegen das Gebot der benachteiligungsfreien Stellenausschreibung
nach §§ 11, 7 AGG, so ist nach Ansicht des BAG diese Handlung dem AG zuzurechnen. Ihn
trifft im Falle der Fremdausschreibung die Sorgfaltspflicht, die Ordnungsmäßigkeit der Ausschreibung zu überwachen.[89] Diese Entscheidung erging zwar noch zur alten Gesetzeslage
vor Inkrafttreten des AGG (§§ 611a und b BGB). Es ist jedoch kein Grund ersichtlich, warum diese Zurechnungsproblematik nicht auf die neue Gesetzeslage übertragen werden
könnte. Die Rechtsprechung ist dieser Auffassung bisher auch nach Inkrafttreten des AGG
gefolgt.[90] Auch das BAG hat sich im Rahmen der Beurteilung der richtigen Passivlegitimation geäußert. Richtiger Anspruchsgegner für die Geltendmachung eines Entschädigungsanspruchs nach § 15 Abs. 2 AGG ist bei Bewerbungen der potenzielle Arbeitgeber, also derjenige, der die Stelle ausgeschrieben und um Bewerbungen für seinen Betrieb/sein Unternehmen gebeten hat.[91] Insbesondere begründen § 15 Abs. 1 und Abs. 2 AGG keine Ansprüche
gegen Personalberatungsunternehmen, selbst wenn der Personalvermittler die endgültige
Auswahl in alleiniger Verantwortung durchführt.[92] Soweit der Arbeitgeber nicht bekannt
ist, steht dem abgelehnten Bewerber ein Auskunftsanspruch zu.[93] Der Bewerber muss also
ggf. erst eine Auskunftsklage gegen den Personalvermittler erheben, dann eine Klage auf
Schadensersatz bzw. Entschädigung. Diese Auskunftsklage ist vor den ordentlichen Gerichten zu erheben, weswegen der abgelehnte Bewerber anders als vor den Arbeitsgerichten das
volle Kostenrisiko hat. Das macht aus Arbeitgebersicht unter Umständen die Einschaltung
von Personalvermittlern attraktiv, da sich damit die Wahrscheinlichkeit von Klagen abgelehnter Bewerber erheblich reduziert. Die Frist des § 15 Abs. 4 S. 1 AGG beginnt in diesen
Fällen aber erst dann zu laufen, wenn der Bewerber von „der" Ablehnung Kenntnis erlangt,
wozu auch gehört, wer ihn als Arbeitgeber abgelehnt hat.[94] Erforderlich ist eine Erklärung
des Arbeitgebers, ein Schweigen oder sonstiges Untätigbleiben des Arbeitgebers reicht

---

[86] BAG 18.8.2009 – 1 ABR 47/08, NZA 2010, 222.
[87] BAG 26.1.2017 – 8 AZR 73/10, BeckRS 2017, 109100.
[88] LAG Schleswig-Holstein 21.11.2017 – 1 Sa 312/17, BeckRS 2017, 142568.
[89] BAG 5.2.2004 – 8 AZR 112/03, NZA 2004, 540.
[90] LAG Hamm 24.4.2008 – 11 Sa 95/08, BeckRS 2008, 55306; LAG Schleswig-Holstein 21.11.2017 – 1 Sa 312/17, BeckRS 2017, 142568.
[91] BAG 23.1.2014 – 8 AZR 118/13, AP AGG § 15 Nr. 18.
[92] BAG 23.1.2014 – 8 AZR 118/13, AP AGG § 15 Nr. 18 Rn. 26.
[93] BAG 23.1.2014 – 8 AZR 118/13, AP AGG § 15 Nr. 18 Rn. 29.
[94] BAG 23.1.2014 – 8 AZR 118/13, AP AGG § 15 Nr. 18; BAG 29.6.2017 – 8 AZR 402/15, NZA 2018, 33.

grundsätzlich nicht aus, um die frist des § 15 Abs. 4 S. 2 AGG in Gang zu setzen.[95] Verletzt ein Personalberater die Verschwiegenheitpflicht durch Weitergabe von gegen das AGG verstoßenden Ablehnungsgründen an eine Bewerberin, macht er sich gegenüber dem Arbeitgeber schadensersatzpflichtig.[96]

35 b) **Verpflichtung zur Ausschreibung als Teilzeitarbeitsplatz.** Nach § 7 Abs. 1 TzBfG hat der AG einen Arbeitsplatz, den er öffentl. oder innerhalb des Betriebs ausschreibt, auch als Teilzeitarbeitsplatz auszuschreiben, wenn sich der Arbeitsplatz hierfür eignet. Ein Verstoß gegen diese Vorschrift muss die Vermutung begründen, dass die Einstellung auf Grund des Begehrens der Teilzeitbeschäftigung unterblieben ist. Verstöße sind gesetzlich nur teilw. sanktioniert, die Rechtsfolgen im Falle der Nichteinstellung – zumindest kollektivrechtlich – umstr.[97]

36 c) **Beteiligungsrechte des BR.** Nach § 92 Abs. 1 S. 1 BetrVG hat der AG den BR über die Personalplanung, insbesondere über den gegenwärtigen und künftigen Personalbedarf sowie über die sich daraus ergebenden personellen Maßnahmen der Berufsbildung, anhand von Unterlagen rechtzeitig und umfassend zu unterrichten. Das **Unterrichtungsrecht** des BR im Bereich der Personalplanung nach § 92 Abs. 1 S. 1 BetrVG entsteht erst, wenn der AG das Stadium der Planung erreicht. Solange der AG nur Handlungsspielräume erkundet, ist dies nach der Rspr. des BAG[98] noch nicht der Fall. Unter „Personalplanung" ist jede Planung zu verstehen, die sich auf den gegenwärtigen und künftigen Personalbedarf in quantitativer und qualitativer Hinsicht, auf deren Deckung im weitesten Sinne und auf den abstrakten Einsatz der personellen Kapazität bezieht. Dazu gehören jedenfalls die Personalbedarfsplanung, die Personaldeckungsplanung (Personalbeschaffung, Personalabbau), die Personalentwicklungsplanung und die Personaleinsatzplanung.[99] Die Grenzen des Unterrichtungsanspruchs liegen dort, wo ein Beteiligungsrecht offensichtlich nicht in Betracht kommt. Der BR kann nicht losgelöst vom Bestehen einer gesetzlichen Aufgabe verlangen, dass er vom AG über betriebliche Vorgänge informiert oder über dessen Kenntnisstand unterrichtet wird. Daraus folgt eine zweistufige Prüfung darauf hin, ob überhaupt eine Aufgabe des BR gegeben und ob im Einzelfall die begehrte Information zu ihrer Wahrnehmung erforderlich ist.[100] Dies bedeutet beispielsweise, dass der AG dem BR Berichte über Rationalisierungsmöglichkeiten nur und erst dann vorzulegen hat, wenn seine Überlegungen das Stadium der Planung erreicht haben. Wann der AG das Stadium der Planung erreicht hat und nicht lediglich Handlungsspielräume erkundet, ist zumindest abstrakt durch das BAG bisher nicht bestimmt worden. In der Praxis sollte der AG daher wegen der Schwierigkeiten der Abgrenzung in einem möglichst frühen Stadium mit der Unterrichtung des BR beginnen.

37 Abzugrenzen vom Unterrichtungsrecht nach § 92 Abs. 1 S. 1 BetrVG ist das **Beratungsrecht** nach § 92 Abs. 1 S. 2 BetrVG. Das Beratungsrecht besteht nur hinsichtlich der mit der Personalplanung verbundenen konkreten personellen Maßnahmen. Erst wenn aus der Personalplanung konkrete Maßnahmen folgen sollen, entsteht die Verpflichtung des AG, diese konkreten Maßnahmen mit dem BR zu beraten.[101] Die Festlegung des Personalbedarfs ist Bestandteil der wirtschaftlichen Entscheidungsfreiheit des AG. Resultiert aus der Festlegung des Personalbedarfs die Notwendigkeit der Personaldeckung oder der Personalreduktion, entsteht auf Grund der zu erwartenden mitbestimmungspflichtigen personellen Einzelmaßnahmen das Beratungsrecht des BR. Im Rahmen der Beratung kann der BR eine Einigung nicht erzwingen, dies ist beispielsweise erst bei einer Betriebsänderung im Rahmen eines Sozialplans nach §§ 111, 112 BetrVG der Fall.[102]

38 Soweit eine Personalplanung nicht vorhanden ist, kann der BR nach § 92 Abs. 2 BetrVG dem AG **Vorschläge** für die Einführung und Durchführung einer Personalplanung unterbrei-

---

[95] BAG 29.6.2017 – 8 AZR 402/15, NZA 2018, 33.
[96] OLG Frankfurt a. M. 8.5.2014 – 16 U 175/13, NJW 2014, 3376.
[97] BeckOK ArbR/*Bayreuther* TzBfG § 7 Rn. 4.
[98] BAG 19.6.1984 – 1 ABR 6/83, NZA 1984, 329; BAG 12.7.1989 – 5 AZR 377/88, NZA 1989, 929.
[99] BAG 6.11.1990 – ABR 88/89, NZA 1991, 358.
[100] BAG 26.1.2011 – 4 AZR 159/09, NZA 2011, 811.
[101] BAG 6.11.1990 – 1 ABR 60/89, NZA 1991, 358.
[102] Vgl. → § 56.

ten. Die Einführung einer Personalplanung ist durch den BR nicht erzwingbar. Durch § 92 Abs. 3 BetrVG werden die in § 80 Abs. 1 Nr. 2a und Nr. 2b BetrVG enthaltenen Aufträge an den BR, die tatsächliche Gleichstellung von Frauen und Männern zu fördern, für den Bereich der Personalplanung konkretisiert.

Nach § 93 BetrVG kann der BR verlangen, dass zu besetzende Arbeitsplätze innerhalb des Betriebes ausgeschrieben werden. Dies gilt auch dann, wenn die Stellen mit Leiharbeitnehmern, deren Einsatzzeit voraussichtlich ein Jahr übersteigt[103] oder freien Mitarbeitern[104] besetzt werden sollen oder mit internen Bewerbungen nicht zu rechnen ist.[105] Für die Verpflichtung zur Ausschreibung reicht es aus, wenn eine nach § 99 BetrVG zustimmungspflichtige Einstellung erfolgen soll. Das ist der Fall, wenn Personen in den Betrieb eingegliedert werden, um zusammen mit den dort schon beschäftigten AN den arbeitstechnischen Zweck des Betriebes durch weisungsgebundene Tätigkeit zu verwirklichen. Es ist Sache des AG, in einer Stellenausschreibung die Anforderungen zu benennen, die ein Bewerber erfüllen muss. Insoweit besteht kein Mitbestimmungsrecht des BR.[106] Allerdings dürfen sich die Anforderungen in der **betriebsinternen Stellenausschreibung** und der öffentl. Stellenausschreibung nicht unterscheiden, da andernfalls die extern ausgeschriebene Stelle nicht als betriebsintern ausgeschrieben anzusehen ist. Schreibt der AG entgegen dem Verlangen des BR Arbeitsplätze nicht aus, so kann der BR seine Zustimmung zu einer Einstellung nach § 99 Abs. 2 Nr. 5 BetrVG verweigern. Bei groben Verstößen gegen die Verpflichtung zur Ausschreibung kann der BR das Verfahren nach § 23 Abs. 3 BetrVG einleiten.

39

Muster: Betriebsinterne Stellenausschreibung

Innerbetriebliche Stellenausschreibung Nr. ......
In der Abteilung ...... ist ab dem ...... die Position des ...... zu besetzen.
1. Aufgabengebiet: ......
2. Anforderungsprofil: ......
3. Vergütung/Eingruppierung: ......
Wir bitten sich Bewerbende (m/w/d), ihre aussagekräftigen Bewerbungsunterlagen bis zum ...... in der Personalabteilung bei Herrn/Frau ...... abzugeben. Für Rückfragen steht Ihnen Herr/Frau ...... zur Verfügung.
Personalabteilung

40

2. Stellensuche

Sucht ein AN einen neuen Arbeitsplatz, können Interessenkonflikte zwischen drei Parteien – dem AN, dem bisherigen und dem potentiellen neuen AG – entstehen.

41

a) **Freizeitgewährung zur Stellensuche und Vergütung.** Nach § 629 BGB hat der bisherige AG dem AN auf dessen Verlangen nach der Kündigung eines dauernden Dienstverhältnisses angemessene Zeit zur Stellensuche zu gewähren. § 629 BGB ist zwingend, lediglich Dauer und Häufigkeit der Freizeitgewährung können kollektivvertraglich näher geregelt werden.[107] Ein dauerndes Dienstverhältnis liegt vor, wenn es von unbestimmter Dauer ist, rechtlich oder faktisch auf längere Zeit angelegt ist oder faktisch bereits längere Zeit bestanden hat.[108] Kurzfristige Aushilfsarbeitsverhältnisse fallen nicht in den Anwendungsbereich des § 629 BGB.[109] Unklar ist, ab wann ein befristetes oder unter einer auflösenden Bedingung stehendes Arbeitsverhältnis als dauerndes Dienstverhältnis gilt.[110] In der Literatur wird ein

42

---
[103] BAG 1.2.2011 – 1 ABR 79/09, NZA 2011, 703.
[104] BAG 27.7.1993 – 1 ABR 7/93, NZA 1994, 92.
[105] BAG 17.9.2013 – 1 ABR 24/12, BeckRS 2013, 73979.
[106] BAG 1.2.2011 – 1 ABR 79/09, NZA 1988, 551.
[107] AR/*Weigand* BGB § 629 Rn. 1, 8, 9; MüKoBGB/*Henssler* § 629 Rn. 2, 21.
[108] Henssler/Willemsen/Kalb/*Sandmann* BGB § 629 Rn. 2.
[109] MüKoBGB/*Henssler* § 629 Rn. 8; aA HBD/*Düwell* BGB § 629 Rn. 8.
[110] Bei Teilzeitarbeitsverhältnissen besteht idR kein Anspruch auf die Freizeigewährung. Es würde dem Normzweck des § 629 BGB zuwiderlaufen, denn nicht vollzeitbeschäftigte AN sollten ausreichend Zeit zur

befristetes Arbeitsverhältnis, das länger als sechs Monate andauert, als dauerndes Dienstverhältnis iSv § 629 BGB angesehen.[111]

43 Der Anspruch auf Freizeitgewährung besteht, wenn eine Kündigung ausgesprochen wurde. Es spielt dabei keine Rolle, ob der AG oder der AN die Kündigung ausgesprochen hat und ob es sich um eine ordentliche oder außerordentliche Kündigung mit Auslauffrist bzw. eine Änderungskündigung handelt. Bei einer Änderungskündigung darf der AN das Änderungsangebot nicht – auch nicht unter Vorbehalt der sozialen Rechtfertigung – annehmen.[112] Ein Aufhebungsvertrag ist einer Kündigung gleichzustellen. Endet das dauernde Arbeitsverhältnis auf Grund einer Bedingung oder einer Befristung, greift § 629 BGB ebenfalls ein.[113] Der AN kann nicht von sich aus der Arbeit fernbleiben, sondern muss die Freistellung verlangen.[114] Der AG hat die **Freizeitgewährung** nach Lage und Dauer im Sinne des § 315 BGB zu bestimmen. Der AG ist nicht verpflichtet, dem AN ohne ausreichende Angaben zur Region oder dem Ort der jeweiligen Bewerbung und dem dafür zu erwartenden Zeitaufwand Freizeit zur Stellensuche zu gewähren.[115] Verweigert der AG zu Unrecht die beantragte Freizeitgewährung, ist entgegen verbreiteter Auffassung[116] ein Recht des AN zur Selbstbeurlaubung iS eines Leistungsverweigerungsrechts zu verneinen.[117] Auch ein evtl. bestehendes und eingesetztes Zurückbehaltungsrecht nach § 273 BGB ist nur ein „stumpfes Schwert", da es nicht zur Erfüllung des Anspruchs, sondern nur zu dessen Durchsetzung genutzt werden darf.[118] Der Anspruch des AN auf Freizeitgewährung ist allerdings einklagbar und auch mittels einer einstweiligen Verfügung durchsetzbar. Die Zeit einer Freistellung ist nicht auf den Erholungsurlaub anzurechnen.[119]

44 Ob die gewährte Freizeit als **vergütungspflichtige Arbeitszeit** gilt, bestimmt § 616 BGB. IdR wird die Freizeitgewährung nach § 629 BGB vergütungspflichtig nach § 616 BGB sein. Allerdings entspricht die angemessene Freizeitgewährung im Sinne des § 629 BGB nicht der verhältnismäßig kurzen Verhinderung im Sinne des § 616 BGB.[120] Das bedeutet, dass die Vergütung nur für die Fälle erfolgt, in denen die Stellensuche eine nicht erhebliche Zeit in Anspruch nimmt. Dies gilt jedoch nur dann, wenn § 616 BGB nicht abbedungen ist,[121] dh keine andere Regelung im Arbeitsvertrag getroffen wurde.

45 **b) Bewerbungskosten.** Wenn ein AG einen AN zu einem Vorstellungsgespräch aufgefordert hat, muss er ihm alle Aufwendungen nach §§ 670, 662 BGB ersetzen, die der Bewerber den Umständen nach für erforderlich halten durfte.[122] Zu den erstattungsfähigen Kosten gehören grundsätzlich auch die Fahrtkosten mit dem eigenen Kraftfahrzeug[123] bzw. mit öffentl. Verkehrsmitteln (idR 2. Klasse) sowie evtl. Verpflegungs- und Unterbringungskosten. Die Erstattung von Flugkosten hängt von der Bedeutung der ausgeschriebenen Stelle ab.[124] Handelt es sich um eine Stelle, bei der die regelmäßige Benutzung von Flugzeugen üblich bzw. sozial adäquat ist, dann dürfen AN mit einer Kostenübernahme rechnen.[125] Wird in der Anreisebeschreibung des AG die Fahrt mit dem Taxi als eine mögliche Variante genannt,

---

Stellensuche haben (MüKoBGB/*Henssler* § 629 Rn. 6). Findet ein Bewerbungsgespräch während der Teilzeitarbeit statt, dann haben auch Teilzeitbeschäftigte wegen der Gleichstellungspflicht des AG aus § 4 Abs. 1 S. 1 TzBfG einen Anspruch nach § 629 BGB.

[111] *Laber/Gerdom* ArbRB 2010, 255 (256); MüKoBGB/*Henssler* § 629 Rn. 6, § 617 Rn. 5.
[112] *Küttner/Kania* Stellensuche Rn. 3.
[113] *Vogt* DB 1968, 264.
[114] LAG Düsseldorf 26.6.2013 – 12 Sa 184/13, DB 1973, 676.
[115] LAG Hessen 28.11.2012 – 18 Sa 695/12, BeckRS 2013, 67417.
[116] Staudinger/*Preis* BGB § 629 Rn. 21.
[117] MHdB ArbR/*Tillmanns* § 77 Rn. 43.
[118] ErfK/*Müller-Glöge* BGB § 629 Rn. 8.
[119] *Laber/Gerdom* ArbRB 2010, 255 (257).
[120] BAG 13.11.1969 – 4 AZR 35/69, DB 1970, 211.
[121] BAG 11.6.1957 – 2 AZR 15/57, AP BGB § 629 Nr. 1.
[122] BAG 29.6.1988 – 5 AZR 433/87, NZA 1989, 468.
[123] LAG Hessen 6.8.1980 – 10 Sa 849/79, DB 1981, 1000; aA LAG München 30.5.1985 – 9 Sa 986/84, LAGE BGB § 670 Nr. 4.
[124] Vgl. zum Meinungsstand in der Lit.: ArbG Düsseldorf 15.5.2012 – 2 Ca 2404/12, NZA-RR 2012, 488.
[125] Nicht bei einer Stelle als Teamleiter der Abteilung mit weniger als fünf Mitarbeitern (ArbG Düsseldorf 15.5.2012 – 2 Ca 2404/12, NZA-RR 2012, 488).

hat dieser dem Bewerber etwaige Taxikosten zu erstatten.[126] Umstr. ist, ob es ausreicht, wenn die Vorstellung ohne eine ausdrückliche Aufforderung mit Wissen und Wollen des AG geschieht.[127] In jedem Fall scheidet der Ersatz der **Vorstellungskosten** aus, wenn der AG bei der Einladung den AN ausdrücklich auf deren Nichterstattung hinweist.

Muster: Einladung ohne Kostenübernahme

Sehr geehrter Herr/Frau ......,

wir bedanken uns für Ihre Bewerbung vom ...... und die Übersendung Ihrer Unterlagen. Wir würden Sie gerne persönlich kennen lernen. Die Ihnen entstehenden Kosten des Vorstellungsgesprächs können wir jedoch in diesem Stadium nicht übernehmen. Sollten Sie dennoch an einem Vorstellungsgespräch interessiert sein, bitten wir Sie, mit dem Unterzeichner einen Termin zu vereinbaren.

Mit freundlichen Grüßen
......

3. Abwerbung

Hochqualifizierte Arbeitskräfte sind auf dem Arbeitsmarkt umkämpft. Der Wettbewerb um sogenannte „high potentials" hat beispielsweise in der IT-Branche zeitweise groteske Formen angenommen.

a) Unlauterer Wettbewerb. Nach der ganz überwiegenden Meinung[128] ist das **Abwerben** von Mitarbeitern grundsätzlich erlaubt. Die Mobilität von AN und das Bemühen, den Leistungsstand eines Unternehmens durch die Hinzugewinnung neuer Arbeitskräfte zu sichern oder zu erhöhen, ist Bestandteil der schützenswerten freien Wirtschaftsordnung. Andernfalls würde nicht nur der gesunde Wettbewerb, sondern vor allem die Bewegungsfreiheit der Arbeiter und Angestellten übermäßig eingeschränkt.[129] Das in Art. 12 Abs. 1 GG geschützte Recht auf wirtschaftliche Betätigungsfreiheit würde aber unzumutbar beeinträchtigt, wenn der AG auch unbeschränkt dulden müsste, dass zum Zweck der Abwerbung Mittel seines Betriebs in Anspruch genommen werden und der Arbeitsablauf in seinem Betrieb gestört wird.[130] Erst wenn besondere Begleitumstände hinzutreten, kann das Abwerben oder der Versuch unlauter bzw. sittenwidrig iSd § 1 UWG sein. Ein wettbewerbswidriges Abwerben iSd §§ 4 Nr. 4, 3 UWG kann insbesondere dann vorliegen, wenn unlautere Zwecke verfolgt oder unlautere Mittel eingesetzt werden.[131] Ein unlauterer **Zweck** liegt grundsätzlich im Abwerben von Arbeitskräften, das bewusst darauf abzielt, zum eigenen Vorteil dem Mitbewerber Arbeitskräfte auszuspannen, auch auf die Gefahr hin, diesen in seiner geschäftlichen Tätigkeit ernstlich zu behindern. Dabei kann die Zielrichtung dahin gehen, den Mitbewerber zu beeinträchtigen und in seiner geschäftlichen Leistungsfähigkeit zu schwächen. Der mit der planmäßigen Abwerbung verfolgte Zweck kann aber auch vorwiegend auf eine Ausbeutung des Mitbewerbers gerichtet sein, indem der Abwerbende sich durch das planmäßige Herüberziehen von dessen Arbeitskräften die Erfahrungen und Leistungen des Mitbewerbers nutzbar macht oder gar einen Einbruch in dessen Kundenstamm durchführt.[132]

Das Verleiten zum Vertragsbruch stellt einen derartigen Begleitumstand des unlauteren **Mittels** dar. Jede Verletzung einer wesentlichen Vertragspflicht durch den Mitarbeiter, dh insbesondere das Nichteinhalten der vertraglich vereinbarten Kündigungsfrist, ist ein Ver-

---

[126] Fragt der AN nicht nach der Erstattungsfähigkeit von Taxikosten, dann ist die Höhe des Anspruchs wegen Mitverschuldens hälftig zu reduzieren (ArbG Köln 20.5.2005 – 2 Ca 10220/04, NZA-RR 2005, 577).
[127] LAG Nürnberg 25.7.1995 – 2 Sa 73/94, LAGE BGB § 670 Nr. 12; vgl. *Müller* ZTR 1990, 237 (239).
[128] *Busch/Dendorfer* BB 2002, 301.
[129] Hierzu: OLG Stuttgart 17.12.1999 – 2 U 133/99, DB 2000, 372.
[130] BGH 4.3.2004 – I ZR 221/01, GRUR 2004, 696.
[131] BAG 26.9.2012 – 10 AZR 370/10, NZA 2013, 152; BGH 4.3.2004 – I ZR 221/01, GRUR 2004, 696; BGH 11.1.2007 – I ZR 96/04, GRUR 2007, 800.
[132] BGH 19.11.1965 – Ib ZR 122/63, GRUR 1966, 263.

tragsbruch. Bereits der Versuch des Abwerbenden, den Mitarbeiter zum Vertragsbruch zu bewegen, ist sittenwidrig iSd § 1 UWG. Verleitet der Wettbewerber den Mitarbeiter zu einem Vertragsbruch, liegt ein Angriff auf die wettbewerbliche Stellung des Mitbewerbers vor, der die Tatbestandsvoraussetzungen des § 1 UWG erfüllt.[133]

50 Das Ausnutzen eines bereits existierenden Vertragsbruchs, ebenso wie das Verleiten zu einer ordnungsgemäßen Vertragsauflösung durch den Abwerbenden verstößt erst dann gegen die guten Sitten im Wettbewerb, wenn weitere Umstände hinzutreten, die das Verhalten des Abwerbenden als unlauter erscheinen lassen.[134] Einen unlauteren Begleitumstand hat das LG Heidelberg zB in den herabsetzenden Äußerungen über den bisherigen AG gesehen.[135] Diese Grundsätze sind auch für das Ausnutzen des Vertragsbruchs eines bei einem Mitbewerber beschäftigten Mitarbeiters anwendbar. Unlauteres Handeln liegt nicht bereits deshalb vor, weil der Abwerbende das Wettbewerbsverbot kennt oder kennen muss.[136] Wettbewerbswidrig ist es jedoch, AN durch herabsetzende oder irreführende Mitteilungen über ihren bisherigen AG und leere Versprechungen zum Wechsel zu bewegen. So ist eine Personalwerbung unter Hinweis auf die Gewährung von Einkaufsvorteilen, die unter Verstoß gegen das Rabattgesetz ermöglicht werden, wettbewerbswidrig.[137] Planmäßiges Ausspannen, um den Wettbewerber zu behindern oder um sich die Erfahrungen des Wettbewerbers nutzbar zu machen, ist ebenfalls unlauter.[138] Existiert zwischen den Wettbewerbern ein Vertrauensverhältnis, so kann das Ausnutzen des Vertrauens beim Abwerben von Mitarbeitern wettbewerbswidrig sein.[139] Nicht wettbewerbswidrig ist es, wenn ein Mitarbeiter von einem Headhunter am Arbeitsplatz in einem zur ersten Kontaktaufnahme geführten Telefonat nach seinem Interesse an einer neuen Stelle befragt und diese kurz beschrieben wird. Wettbewerbswidrigkeit liegt erst dann vor, wenn sich der Headhunter bei einem solchen Gespräch darüber hinwegsetzt, dass der AN kein Interesse hat oder das Gespräch über eine knappe Stellenbeschreibung hinaus ausdehnt.[140] Dabei ist irrelevant, ob bei der Benutzung dienstlicher Telefoneinrichtungen Festnetz- oder Mobiltelefone benutzt werden.[141] Handelt es bei dem kontaktierten Gerät um ein privates Mobiltelefon, gilt grundsätzlich das gleiche, solange sich der kontaktierte Arbeitnehmer zum Zeitpunkt der Kontaktaufnahme an seinem Arbeitsplatz aufhält, wenn sich der Anrufer nicht zu Beginn des Gesprächs darüber versichert hat, dass sich der Arbeitnehmer nicht an seinem Arbeitsplatz oder sonst bei der Arbeit befindet.[142] Hält der Headhunter dem AN Daten zu dessen Lebenslauf und bisherigen Tätigkeiten vor, geht dies jedenfalls über das für eine erste Kontaktaufnahme Notwendige hinaus.[143] Trotz der Änderung des UWG (vgl. § 7 Abs. 2 UWG nF) bleibt diese Rspr. anwendbar.[144] Desweiteren kann es wettbewerbswidrig sein, wenn ein Wettbewerber mit den Leitungskräften eines anderen Mitbewerbers, eine konzentrierte Abwerbung eines Großteils von dessen Mitarbeitern durch selbige Leitungskräfte „von innen heraus" vornimmt.[145]

51 Unterlassung, Beseitigung und Schadensersatz sind die **Rechtsfolgen** des § 1 UWG. Der Unterlassungsanspruch ist in die Zukunft und gegen die drohende Gefahr einer Beeinträchtigung gerichtet. Nur bei einer Beteiligung des abgeworbenen AN am Wettbewerbsverstoß ist der abgeschlossene Arbeitsvertrag unwirksam.[146] Der wettbewerbsrechtliche Beseiti-

---

[133] *Ohly/Sosnitza* UWG § 4 Rn. 10.28.
[134] BAG 26.9.2012 – 10 AZR 370/10, NZA 2013, 152; LG Frankfurt a. M. 2.2.1994 – 2/6 O 298/93, ZIP 1994, 209; BGH 6.6.2002 – I ZR 79/00, GRUR 2002, 795 (798).
[135] LG Heidelberg 23.5.2012 – 1 S 58/11, BeckRS 2012, 11110.
[136] BGH 11.1.2007 – I ZR 96/04, NJW 2007, 2999.
[137] BGH 22.9.1983 – I ZR 166/81, GRUR 1984, 129.
[138] OLG Oldenburg 26.10.1995 – 1 U 103/95, WRP 1996, 612; OLG Brandenburg 6.3.2007 – 6 U 34/06, NZA-RR 2008, 79.
[139] BGH 17.3.1961 – I ZR 26/60, NJW 1961, 1308.
[140] BGH 4.3.2004 – I ZR 221/01, NZA 2004, 794.
[141] BGH 9.2.2006 – I ZR 73/02, NZA 2006, 500.
[142] OLG Frankfurt a. M. 8.8.2019 – 6 W 70/19, BeckRS 2019, 18521.
[143] BGH 22.11.2007 – I ZR 183/04, NJW 2008, 855.
[144] *Klein/Insam* GRUR 2006, 379.
[145] OLG Hamburg 25.7.2019 – 3 U 12/16, BeckRS 2019, 21237.
[146] Vgl. BAG 19.10.1962 – 1 AZR 487/61, NJW 1963, 124.

gungsanspruch ist Teil des Schadensersatzanspruches und gegen den Schuldner, der nicht notwendig mit dem Störer identisch sein muss, zu richten.[147] Inhalt des Beseitigungsanspruchs ist ein zeitlich begrenztes Beschäftigungsverbot, das mittels einer einstweiligen Verfügung, bei Vorliegen der besonderen Voraussetzungen einer sogenannten Leistungsverfügung,[148] durchgesetzt werden kann. Dabei kann auf die wiederherstellende Unterlassungsklage dem Abwerbenden verboten werden, den Abgeworbenen für den Zeitraum zu beschäftigen, der dem wettbewerblichen Vorsprung entspricht, den er andernfalls auf Kosten des Geschädigten durch die Abwerbung erzielt hätte.[149] Der Anspruch dient der Beseitigung eines durch rechtswidrige Abwerbung erlangten Wettbewerbsvorsprunges. Ist diese Beseitigung nicht mehr möglich, verbleibt nur der Anspruch auf Schadensersatz in Geld.[150] Zu bedenken sind zudem mögliche Schadensersatzansprüche des AG wegen Vertragsverletzung nach §§ 280 ff. BGB oder aus Delikt nach § 826 BGB.[151]

b) Sperrabreden und vergleichbare Regelungen. § 75f HGB entzieht so genannten **Sperrabreden**, dh Abreden, in denen sich Unternehmen verpflichten, AN des jeweils anderen Unternehmens nicht oder nur unter bestimmten Voraussetzungen einzustellen, die gerichtliche Durchsetzbarkeit. Die Vereinbarung ist wirksam; Ansprüche die sich aus ihr ergeben, sind jedoch nicht gerichtlich durchsetzbar.[152] Das gilt auch für eine in diesem Zusammenhang vereinbarte Vertragsstrafe.[153] Aufgrund der jederzeitigen grundlosen Rücktrittsmöglichkeit des AG nach § 75f HGB sind Sperrabreden grundsätzlich unverbindlich.[154] Etwas anderes gilt, wenn die Abwerbeverbote nur Nebenbestimmungen der Vereinbarung sind und einem besonderen Vertrauensverhältnis der Parteien oder einer besonderen Schutzwürdigkeit einer der beiden Seiten Rechnung tragen. Dann ist § 75f HGB nicht einschlägig. Dient ein Abwerbeverbot dem Schutz vor illoyaler Ausnutzung von Erkenntnissen, die im Rahmen solcher Vertragsverhältnisse und ihrer Abwicklung gewonnen worden sind, besteht kein Grund, die gerichtliche Durchsetzung zu versagen.[155] Sperrabreden können sittenwidrig und damit nichtig nach § 138 BGB sein, wenn sie von keinem berechtigten geschäftlichen Interesse des AG iSd § 74a HGB gedeckt sind.[156]

Nachvertragliche Wettbewerbsverbote,[157] die die Berufsausübungsfreiheit des AN beschränken, können nach §§ 74 ff. HGB nur bei Zahlung einer Karenzentschädigung vereinbart werden.[158] §§ 75 ff. HGB verhindern, dass diese Schutzregelungen durch Absprachen von AG untereinander ohne Beteiligung des AN umgangen werden. Während des Bestehens des Arbeitsverhältnisses darf der AN nicht zugunsten eines Dritten die AN seines AG abwerben. Bei Verstößen gegen die dem Arbeitsverhältnis immanente Treupflicht kann der AG zu arbeitsrechtlichen Sanktionen greifen. Umstr. war, ob im Arbeitsvertrag ein nachvertragliches Abwerbeverbot ohne Karenzentschädigung vereinbart werden kann, mithin die Frage, ob auch das Abwerbeverbot als Wettbewerbsverbot iSv § 74 Abs. 1 HGB zu klassifizieren ist, bzw. von dessen Schutzbereich erfasst wird.[159] Das BAG hat diese frage nun implizit geklärt.[160] Es konstatiert, dass die §§ 74 bis 75f HGB ein geschlossenes System darstellen, welches das durch Art. 12 GG geschützte Interesse des Arbeitnehmers an seinem beruflichen Fortkommen und damit auch das Interesse, frei in Wettbewerb zu seinem ehemaligen Arbeitgeber treten zu können, schützt, und die Verwirklichung *dieses* Rechts des Arbeitneh-

---

[147] Vgl. OLG Frankfurt a. M. 16.12.1993 – 6 U 180/93, BB 1994, 376.
[148] OLG Oldenburg 26.10.1995 – 1 U 103/95, WRP 1996, 612; OLG Jena 13.11.1996 – 2 U 902/96, WRP 1997, 363.
[149] BGH 17.3.1961 – I ZR 26/60, NJW 1961, 1308.
[150] OLG Frankfurt a. M. 23.10.1995 – 6 U 49/94, ZIP 1996, 390.
[151] *Ohly/Sosnitza* UWG § 4 Rn. 10.32.
[152] BGH 27.9.1983 – VI ZR 294/81, NJW 1984, 116.
[153] BGH 13.10.1972 – I ZR 88/71, DB 1973, 423.
[154] Hierzu auch *Kittner* BB 2011, 1013.
[155] BGH 30.4.2014 – I ZR 245/12, NJW 2014, 3442 Rn. 32.
[156] ErfK/*Oetker* HGB § 75f Rn. 1.
[157] Vgl. hierzu auch → § 10 Rn. 250.
[158] → § 32.
[159] Vgl. *Busch/Dendorfer* BB 2002, 301; *Schloßer* BB 2003, 1382.
[160] Vgl. BAG 22.3.2017 – 10 AZR 448/15, NZG 2017, 1392.

mers aus Art. 12 GG (also des Wettbewerbs) wiederum hinsichtlich der Beziehungen von Arbeitgebern untereinander *zusätzlich* durch § 75f HGB geschützt ist.[161] Damit fällt die Abwerbung unter den Begriff der Wettbewerbshandlungen und somit unter den Schutzbereich des § 74 Abs. 1 HGB.

54 Enthält ein nachvertragliches Wettbewerbsverbot (und damit auch ein nachvertragliches Abwerbungsverbot) entgegen § 74 Abs. 2 HGB keine Karenzentschädigung, ist dieses kraft Gesetzes nichtig, dies kann auch nicht durch eine salvatorische Klausel beseitigt oder geheilt werden.[162]

55 § 9 Nr. 3 und 4 AÜG haben ebenfalls den Zweck, das Recht des AN auf freie Wahl des Arbeitsplatzes zu schützen. Vereinbarungen zwischen Verleiher und Entleiher, mit denen dem Entleiher untersagt wird, den **Leiharbeitnehmer** anzustellen, nachdem das Arbeitsverhältnis zum Entleiher beendet wurde, sind unwirksam. Seit dem 1.1.2004 ist gem. § 9 Nr. 3 Hs. 2 AÜG die Vereinbarung von **angemessenen** Vermittlungsprovisionen zugunsten des Verleihers zulässig, auch im Rahmen einer Formularvereinbarung.[163] Wenn eine nicht mehr angemessene Provision vereinbart wird, so ist diese auf Grund ihrer wirtschaftlichen Auswirkung geeignet, den Wechsel des Leiharbeitnehmers zum Entleiher zu verhindern oder zumindest wesentlich zu erschweren. Sie kommt in ihren Folgen dem in § 9 Nr. 3 Hs. 1 AÜG geregelten Einstellungsverbot so nahe, dass auf sie die Anwendung dieser Vorschrift gerechtfertigt und damit die Vereinbarung unwirksam ist.[164] Bei der Entscheidung der Frage, ob die Vergütungsvereinbarung zwischen Verleiher und Entleiher angemessen ist, müssen die Dauer des vorangegangenen Verleihs, die Höhe des vom Entleiher für den Verleih bereits gezahlten Entgelts und der Aufwand für die Gewinnung eines vergleichbaren AN berücksichtigt werden.[165] Vereinbarungen zwischen Verleiher und AN, die dem AN verbieten, nach dem Ende seines Arbeitsverhältnisses mit dem Entleiher ein Arbeitsverhältnis einzugehen, sind unwirksam. Dahingegen liegt eine wettbewerbsrechtlich unlautere Abwerbung von Mitarbeitern nach § 3 UWG im Sinne eines Verleitens zum Vertragsbruch vor, wenn der Entleiher den Leiharbeitnehmer auffordert, ohne Einhaltung der Kündigungsfrist vom Verleiher zu ihm zu wechseln.[166] Vorgenannte Bestimmungen sind Schutzgesetze im Sinne des § 823 Abs. 2 BGB. Verhindert die unwirksame Klausel die Einstellung, stehen Schadensersatzansprüche des AN gegen den Verwender der Klausel im Raum.[167] Da der AN jedoch die Beweislast für die Kausalität zwischen Nichteinstellung und Vereinbarung trägt, werden erfolgreiche Schadensersatzklagen die Ausnahme bleiben.

II. Informationsbeschaffung des AG

56 Der AG ist in seiner Entscheidung, einen bestimmten AN einzustellen oder nicht, bis auf wenige Ausnahmen frei. Aus dieser verfassungsrechtlich durch Art. 12 GG gewährleisteten Freiheit der Entscheidung über den Vertragsschluss resultiert ein grundsätzliches Recht des AG, vor Abschluss des Vertrages die aus seiner Sicht erforderlichen Informationen einzuholen. Diesem **Informationsrecht** des AG steht eine Anzahl von zu schützenden Rechtspositionen des AN, wie etwa der Schutz seines **Persönlichkeitsrechts** und der Schutz der Unverletzlichkeit seiner Individualsphäre gegenüber.[168] Daher ist das Fragerecht des AG, dh also sein Recht auf Information, nach ständiger Rechtsprechung nur insoweit gegeben, als er im Zusammenhang mit dem zu begründenden Arbeitsverhältnis ein objektiv berechtigtes, billigenswertes und schutzwürdiges Interesse an der Information hat.[169] Das Interesse des AG

---

[161] BAG 22.3.2017 – 10 AZR 448/15, NZG 2017, 1392 (1393).
[162] BAG 22.3.2017 – 10 AZR 448/15, NZG 2017, 1392.
[163] BGH 7.12.2006 – III ZR 82/06, NZA 2007, 571.
[164] BGH 11.3.2010 – III ZR 240/09, NZA 2010, 511.
[165] BT-Drs. 15/1749, 29; BT-Drs. 15/6008, 11; BGH 11.3.2010 – III ZR 240/09, NZA 2010, 511.
[166] ErfK/*Wank* AÜG § 9 Rn. 8.
[167] LAG Baden-Württemberg 3.12.1998 – 11 Sa 31/98, LAGE AÜG § 9 Nr. 5.
[168] *Ehrich* DB 2000, 421; *Raab* RdA 1995, 36; *Wohlgemuth* ArbuR 1992, 46.
[169] BAG 7.6.1984 – 2 AZR 270/83, DB 1984, 2706; BAG 16.12.2004 – 2 AZR 148/04, NJOZ 2006, 2031 (2034).

an der Information muss objektiv das Interesse des AN am Schutz seiner grundrechtlich geschützten Positionen überwiegen.

1. Rahmenbedingungen für Informationsbeschaffung im Anbahnungsverhältnis

Mit Wirksamwerden der DS-GVO am 25.8.2018 und der damit verbundenen Neufassung des BDSG, ist die Bewertung und Gewichtung der widerstreitenden Interessen, die zuvor überwiegend durch die Rechtsprechung anhand des konkreten Einzelfalles auf Basis des allgemeinen Persönlichkeitsrechts herausgearbeitet werden musste, nun auch weitestgehend gesetzlich geregelt. Art. 88 Abs. 1 und 2 DS-GVO zeigen dabei aber deutlich, dass das Parallelverhältnis von Beschäftigtendatenschutz gem. DS-GVO und BDSG nF zum Schutz des Allgemeinen Persönlichkeitsrechts der Bewerber und der Beschäftigten durch die Rechtsprechung, wie bisher, auch künftig unter Zusammenspiel und Gleichlauf der Ergebnisse erhalten bleibt.[170] Die von der Rechtsprechung zum Schutz des allgemeinen Persönlichkeitsrechts herausgearbeiteten Grundsätze bleiben also bestehen, soweit sie nicht hinter dem durch die DS-GVO vorgeschriebenen Schutzniveau zurückbleiben.

Die Zulässigkeit von Datenerhebungen im Rahmen eines Vertragsanbahnungsverhältnisses richtet sich für das Beschäftigungsverhältnis primär nach § 26 BDSG nF, welcher gem. Art. 88 DS-GVO die allgemeinen Erlaubnistatbeständen der DS-GVO für solche Fälle (Art. 6 Abs. 1 S. 1 lit. a und b DS-GVO), sowie die allgemeinen Anforderungen an eine eventuelle Einwilligung als Erlaubnistatbestand (Art. 4 Nr. 11, Art. 7 DS-GVO) modifiziert und ergänzt.[171] Wie auch schon nach der Rechtsprechung zum allgemeinen Persönlichkeitsrecht, ist im Rahmen von dem mit § 32 BDSG aF nahezu inhaltsgleichen § 26 BDSG nF, sofern keine Einwilligung vorliegt, für die Zulässigkeit entscheidend, ob die Datenerhebung für die Begründung des Beschäftigungsverhältnisses erforderlich ist. „Erforderlichkeit" iSd § 26 BDSG ist dabei unionsrechtskonform entsprechend Art. 6 Abs. 1 S. 1 lit. b DS-GVO auszulegen und gegeben, wenn ein berechtigtes, billigenswertes und schützenswertes Interesse des Arbeitgebers an der Beantwortung seiner Fragen bzw. der sonstigen Informationsbeschaffung besteht und das Interesse des Arbeitnehmers an der Geheimhaltung der Daten das Interesse des Arbeitgebers an ihrer Erhebung nicht überwiegt, wobei im Rahmen dieser Abwägung im Hinblick auf die Berechtigung des Informationsinteresses des Arbeitgebers das Verhältnismäßigkeitsprinzip zu berücksichtigen ist.[172]

Noch nicht abschließend geklärt, aber von nicht unerheblicher Bedeutung ist hierbei die Frage, ob der Grundsatz der Direkterhebung, welcher bisher in § 4 Abs. 2 BDSG aF geregelt war, nun aber nicht mehr ausdrücklich im Gesetz steht, unter dem Regime der DS-GVO weiterhin zu beachten ist.[173] Dies ist für die grundsätzliche Frage relevant, ob die Datenerhebung aus Drittquellen anstatt vom Bewerber grundsätzlich unzulässig ist, wenn sie nicht durch ein besonderes Interesse gerechtfertigt ist, oder ob sie grundsätzlich zulässig ist, und nur im Einzelfall durch Normen beschränkt wird.[174]

Grundsätzlich zulässig ist eine Datenerhebung, wenn sie mit Einwilligung des Betroffenen erfolgt. Die Anforderungen an eine solche Einwilligung richten sich nach Art. 4 Nr. 11, Art. 7 und Art. 9 Abs. 1 lit. a DS-GVO, sowie spezifisch ergänzend nach § 26 Abs. 2 und 3 BDSG. Im Zuge des am 28.6.2019 verabschiedeten 2. Datenschutz-Anpassungs- und Umsetzungsgesetzes (in Kraft getreten am 26.11.2019), wurde das Formerfordernis der Einwilligung gem. § 26 Abs. 2 S. 3 BDSG nF im Beschäftigungsverhältnis dergestalt geändert, dass es künftig nicht nur schriftlich, sondern auch elektronisch erfüllt werden kann.[175] § 26 Abs. 2 S. 3 BDSG erfüllt damit nur noch die von der DS-GVO geforderte Nachweisfunktion, die zuvor im Schriftformerfordernis des § 26 Abs. 2 S. 3 BDSG verkörperte Warnfunktion für den einwilligenden Beschäftigten dagegen, entfällt. Gleichzeitig wurde der Streit in

---

[170] Vgl. *Kort* NZA-Beilage 2016, 62.
[171] Vgl. *Gola* NZA 2019, 654; *Schwarz* ZD 2018, 353.
[172] Vgl. *Gola* NZA 2019, 654; *Schwarz* ZD 2018, 353.
[173] Näheres hierzu → Rn. 107 ff.
[174] Vgl. *Gola* NZA 2019, 654; *Schwarz* ZD 2018, 353; *Kort* RdA 2018, 24 mwN.
[175] BT-Drs. 19/1181, 7.

der Literatur beendet, ob die Formvorschriften im BDSG iSd BGB, oder als eigenständige Begriffe zu verstehen sind, denn § 126 BGB fordert eine eigenhändige Unterschrift, § 126a BGB eine vergleichbare, qualifizierte elektronische Signatur. § 26 Abs. 2 S. 3 BDSG nF verlangt hingegen beides nicht. Auf die Warnfunktion kann es daher nicht mehr ankommen, für die Wahrung der Form genügt das Erfüllen der Nachweisfunktion, sprich jeder dauerhaft gespeicherte, nachträglicher Manipulation entzogene Nachweis des Konsenses, der den Aussteller erkennen lässt. Zusätzlich erforderlich ist die Aufklärung des Bewerbers über sein Widerrufsrecht nach Art. 7 Abs. 3 DS-GVO in Textform (§ 26 Abs. 2 BDSG). Eine konkludente Einwilligung ist zwar durch eindeutig bestätigende Handlung theoretisch denkbar, wird in der Praxis jedoch kaum möglich sein, da die Einwilligung in informierter und unmißverständlicher Weise für den bestimmten Fall abgegeben werden muss (Art. 4 Nr. 11 DS-GVO), dh jede einzelne Form der Informationsbeschaffung (zB Internetrecherche) benötigt eine eigene Einwilligung, was durch eine konkludente Handlung kaum mit ausreichender Bestimmtheit zum Ausdruck gebracht werden kann.[176] Bei der Verarbeitung besonderer Kategorien personenbezogener Daten muss gem. Art. 9 Abs. 2 DS-GVO bzw. § 26 Abs. 3 S. 2 BDSG eine „ausdrückliche" Einwilligung vorliegen. Der Begriff der Ausdrücklichkeit bezieht sich dabei nicht auf die Form, sondern auf den Inhalt der Erklärung, die im Verhältnis zum Regelfall ein gesteigertes Maß an Bestimmtheit und Genauigkeit aufweisen muss, so sind dem Betroffenen insbesondere auch die Risiken aufzuzeigen, die er mit der Erklärung eingeht.[177] Die Einwilligung muss überdies „freiwillig" erfolgen (Art. 4 Nr. 11 DS-GVO), wobei Art. 7 Abs. 4 DS-GVO und § 26 Abs. 2 S. 1, 2 BDSG weitere Anforderungen an die „Freiwilligkeit" stellen.

61 Wie weit diese Anforderungen reichen, ist allerdings noch unklar und umstritten. Besonders große Probleme macht diesbezüglich Art. 7 Abs. 4 DS-GVO und die Frage, inwieweit dieser ein „Koppelungsverbot" vorschreibt, bzw. wieweit gegebenenfalls ein solches Verbot reicht.[178] Angesichts der aus diesem Grund bestehenden Rechtsunsicherheit, ist Arbeitgebern daher vorerst von der Erhebung nicht zwingend notwendiger Daten auf Basis einer Einwilligung (und nur für diese ist eine Einwilligung erforderlich) abzuraten.[179]

62 Keinesfalls möglich ist die Einwilligung in eine Datenerhebung über das gesetzlich zulässige Maß hinaus – die Grenzen des Fragerechts des Arbeitgebers können also auch mit einer Einwilligung des Bewerbers nicht umgangen werden.[180]

2. Informationsbeschaffung des AG beim Bewerber

63 Die klassische Form der Informationsbeschaffung des AG liegt in der **Befragung** des Bewerbers. Bereits weniger häufig, da datenschutzrechtlich oft problematisch und nicht immer zulässig, wird die Vorlage bestimmter Unterlagen verlangt, wie etwa eines polizeilichen Führungszeugnisses.

64 **a) Vorstellungsgespräch und Einstellungs- bzw. Personalfragebogen.** Die Befragung eines Bewerbers kann im Rahmen eines **Vorstellungsgesprächs** oder ergänzend sowie ausschließlich durch einen **Einstellungsfragebogen** erfolgen. Davon zu unterscheiden ist der Personalfragebogen, der erst nach der Einstellung verwendet wird, um ua für die Personalabrechnung entscheidende Daten zu erheben.[181] Ein Unterschied hinsichtlich der Zulässigkeit der gestellten Fragen im Bewerbungsgespräch und im Einstellungsfragebogen ist nicht gegeben. Dagegen dürfen im Personalfragebogen teilweise Daten abgefragt werden, deren Erhebung im Bewerbungsgespräch und im Einstellungsfragebogen unzulässig wäre, da der AG beim Personalfragebogen insbesondere im Hinblick auf die Lohnabrechnung zB Angaben zum Familienstand, zur Zahl der Kinder und zur Konfession benötigt, um seine Pflichten als Ar-

---

[176] *Schwarz* ZD 2018, 353.
[177] *Gola* NZA 2019, 654.
[178] Vgl. mwN *Remmertz* GRUR-Prax 2018, 254; *Remmertz* MMR 2018, 507; *Engeler* ZD 2018, 55; *Golland* MMR 2018, 130.
[179] Zur Einwilligung sowie ihren Alternativen im Detail siehe *Uecker* ZD 2019, 248.
[180] *Gola* NZA 2019, 654; *Schwarz* ZD 2018, 353; vgl. *Kort* NZA-Beilage 2016, 62.
[181] *Kleinebrink* ArbRB 2006, 374; *Roesner* AGG-Praxis-Check, S. 56.

beitgeber erfüllen zu können. Da die Beurteilung der Zulässigkeit einer Frage – egal in welchem Fall –, wie o. dargelegt, eine Einzelfallentscheidung ist, lassen sich die denkbaren Fragen nicht generell als zulässig oder nicht zulässig deklarieren. Der Normalfall ist daher bei der nachf. Unterscheidung maßgeblich.

aa) Zulässige Fragen. Nach ständiger Rspr. des BAG[182] kann der AG den Bewerber nach dem bisherigen **beruflichen Werdegang**, Fähigkeiten, Kenntnissen, Erfahrung und nach Inhalten von Zeugnissen oder ähnlichem befragen, wenn ein berechtigtes Informationsinteresse anzuerkennen ist.[183] Hier werden in der Praxis meist keine Probleme auftreten. Daran ändern auch AGG und Datenschutzrecht nichts, da kein Benachteiligungsgrund iSd AGG einschlägig ist und die Erhebung entsprechender Daten nach § 26 Abs. 1 BDSG zulässig ist.

Dem Interesse des AG an der Frage nach dem **Gesundheitszustand** oder Erkrankungen des Bewerbers steht der Schutz des Persönlichkeitsrechts des Bewerbers gegenüber. Eine generelle Frage nach dem allgemeinen Gesundheitszustand ist daher gem. Art. 9 Abs. 1 BDSG unzulässig. Eine Ausnahme ist gem. Art. 9 Abs. 2 lit. h, Abs. 3 DS-GVO möglich, wenn es um die Arbeitsfähigkeit des Beschäftigten geht, es muss bei der Frage also um wesentliche und entscheidende Anforderungen an die angestrebte Tätigkeit gehen.[184] Daher darf der AG nach Krankheiten fragen, die dauerhaft oder regelmäßig wiederkehrend die Arbeitsleistung des Bewerbers beeinträchtigen.[185] Ebenfalls zulässig ist in der Regel die Frage nach ansteckenden Krankheiten, die Arbeitskollegen oder andere Personen, mit denen AN typischerweise in Kontakt kommen, gefährden. Dies gilt allerdings nicht für die Frage nach einer **symptomlosen HIV-Infektion**, die sich nach dem Urteil des BAG vom 19.12.2013[186] als sehr problematisch darstellen dürfte.[187]

Die Frage nach **Stasi-Tätigkeit** ist gem. Anl. I Kap. XIX Sachgebiet A Abschnitt III Abs. 5 des Einigungsvertrages bei Bewerbungen im öffentl. Dienst und nach der Rspr. des BVerfG[188] jedenfalls dann unzulässig, wenn die Tätigkeiten längere Zeit zurück liegen (im Urteil des BVerfG von 1997 lagen die Aktivitäten vor dem Jahr 1970). Nach Ansicht des BAG ist es grundsätzlich nicht zu beanstanden, wenn bei Einstellungen in den öffentl. Dienst als Kriterium auch eine etwaige frühere Mitarbeit für das Ministerium für Staatssicherheit herangezogen wird.[189] Denn zur Eignung im Sinne von Art. 33 Abs. 2 GG gehören auch die Fähigkeit und die innere Bereitschaft, die dienstliche Aufgabe nach den Grundsätzen der Verfassung wahrzunehmen, insbesondere die Freiheitsrechte der Bürger zu wahren und rechtsstaatliche Regeln einzuhalten.[190] Dem steht nicht entgegen, dass die fraglichen Vorgänge zzt. der Fragestellung bereits seit über zehn Jahren abgeschlossen waren.[191] Zwar ist bei der Beurteilung der Zulässigkeit einer Frage nach etwaiger Stasi-Tätigkeit ein Zeitfaktor zu berücksichtigen, denn persönliche Haltungen können sich ebenso wie die Einstellung zur eigenen Vergangenheit im Lauf der Zeit ändern, jedoch gilt dies erst ab einem zeitlichen Abstand von mehr als 20 Jahren.[192] Sowohl die frühere Tätigkeit eines im öffentlichen Dienst beschäftigten Arbeitnehmers als inoffizieller Mitarbeiter für das Ministerium für Staatssicherheit der DDR für sich, als auch die Falschbeantwortung in berechtigtem Aufklärungsinteresse gestellter Fragen des Arbeitgebers nach einer solchen Tätigkeit, berechtigen den Arbeitgeber damit grundsätzlich zur ordentlichen, personenbedingten Kündigung, bzw. bei Falschbeantwortung darüber hinaus auch zur verhaltensbedingten Kündigung.[193] Ein berechtigtes Interesse an der Beantwortung der Frage besteht jedoch nur dann, wenn

---

[182] BAG 12.2.1970 – 2 AZR 184/69, AP BGB § 123 Nr. 17.
[183] ErfK/*Schmidt* GG Art. 2 Rn. 95.
[184] Vgl. *Kort* NZA-Beilage 2016, 62.
[185] BAG 7.6.1984 – 2 AZR 270/83, NZA 1985, 57.
[186] BAG 19.12.2013 – 6 AZR 190/12, NZA 2014, 372 Rn. 70.
[187] → Rn. 77 ff.
[188] Vgl. NZA 1997, 992.
[189] BAG 16.12.2004 – 2 AZR 148/04, NJOZ 2006, 2031 (2035).
[190] BAG 16.12.2004 – 2 AZR 148/04, NJOZ 2006, 2031 (2035).
[191] BAG 16.12.2004 – 2 AZR 148/04, NJOZ 2006, 2031 (2035).
[192] BVerfG 8.7.1997 – BvR 2111/94 ua, NZA 1997, 992 (996).
[193] Vgl. LAG Berlin-Brandenburg 16.10.2017 – 5 Sa 462/17, NZA-RR 2018, 139 (mwN).

der Arbeitgeber die entsprechenden Kenntnisse noch nicht besitzt.[194] Bezweckt die Frage in Wirklichkeit nur einen Test der Wahrhaftigkeit des Arbeitnehmers, um dem Arbeitgeber so einen nicht vorhandenen Kündigungsgrund erst zu verschaffen, liegt ein berechtigtes Interesse nicht vor, eine Kündigung allein aus diesem Grund ist damit nicht möglich.[195] Es kommt vielmehr im Rahmen einer umfassenden Interessenabwägung auf das Ausmaß der Verstrickung hinsichtlich Dauer und Gewicht der Zusammenarbeit mit der Stasi an und ob angesichts dessen das Vertrauen des Arbeitgebers in die Redlichkeit des Arbeitnehmers im Verhältnis zu Dauer und sonstiger Beanstandungsfreiheit des Arbeitsverhältnisses berechtigterweise nachhaltig zerstört ist.[196] Auch in der Privatwirtschaft sind Arbeitsplätze denkbar, bei denen eine frühere Stasi-Tätigkeit gravierende Eignungsmängel erkennen lässt. So rechtfertigt die Falschbeantwortung der Frage durch den Betriebsleiter der Abteilung Flugsicherung eines Flughafens eine außerordentliche Kündigung.[197] Nichts anderes ergibt sich aufgrund von AGG und Datenschutzrecht, da kein Benachteiligungsmerkmal nach § 1 AGG berührt ist und wie schon oben gezeigt ein berechtigtes Interesse in den betreffenden Fällen besteht, also eine „Erforderlichkeit" iSv § 26 Abs. 1 BDSG gegeben ist.

68 Stets zulässig ist die Frage nach bestehenden **Wettbewerbsverboten** oder nach den Kündigungsfristen, die für den Bewerber im bisherigen Arbeitsverhältnis gelten. Der AG hat ein berechtigtes Interesse hieran, da er wissen muss, ab wann er den Bewerber ohne die Gefahr der Inanspruchnahme durch den bisherigen AG einsetzen kann.

69 *bb) Unzulässige Fragen.* Die Frage nach dem **Alter** ist seit der Einführung des AGG grundsätzlich problematisch, da das Alter ein Benachteiligungsmerkmal iSv § 1 AGG darstellt.

> **Hinweis:** Bei den AGG-Merkmalen ist klarzustellen, dass darauf bezogene *Fragen* im Bewerbungsgespräch oÄ an sich keine AGG-relevante Benachteiligung auslösen. Der Arbeitgeber kann sich also zB nach dem Alter erkundigen. Das AGG kann jedoch bei der *Einstellungsentscheidung* zum Zuge kommen. Denn hier kann es zu einer Benachteiligung des abgelehnten Bewerbers kommen, dem eine solche Frage gestellt wurde. Der Arbeitgeber läuft dann bei Nichteinstellung Gefahr, dass der Befragte behauptet, die Einstellung sei aufgrund seiner Altersangabe unterblieben. Kann der Befragte beweisen, dass ihm die Frage gestellt wurde, kann die Indizwirkung des § 22 AGG ausgelöst werden, die im Prozess zu gravierenden Nachteilen für den Arbeitgeber führen kann.[198]

70 Bei Fragen nach dem Alter kommt eine Rechtfertigung nach § 10 AGG in Frage.[199] Danach ist eine unterschiedliche Behandlung wegen des Alters zulässig, wenn sie objektiv und angemessen und durch ein legitimes Ziel gerechtfertigt ist. Die Mittel zur Erreichung dieses Ziels müssen angemessen und erforderlich sein. Derartige unterschiedliche Behandlungen können insbesondere einschließen

- nach § 10 S. 3 Nr. 2 AGG die Festlegung von Mindestanforderungen an das Alter, die Berufserfahrung oder das Dienstalter für den Zugang zur Beschäftigung oder
- nach § 10 S. 3 Nr. 3 AGG die Festsetzung eines Höchstalters für die Einstellung auf Grund der spezifischen Ausbildungsanforderungen eines bestimmten Arbeitsplatzes oder auf Grund der Notwendigkeit einer angemessenen Beschäftigungszeit vor dem Eintritt in den Ruhestand (Höchstalter).

71 § 10 S. 3 Nr. 2 AGG kann als Rechtfertigung dienen, wenn es um die Besetzung einer besonderen Position im Unternehmen wie Vorstand, Geschäftsleitung, Mitglieder der ersten oder zweite Führungsebene geht. Hier kann die Voraussetzung eines gewissen Mindestalters

---

[194] Vgl. LAG Berlin-Brandenburg 16.10.2017 – 5 Sa 462/17, NZA-RR 2018, 139 (mwN).
[195] Vgl. LAG Berlin-Brandenburg 16.10.2017 – 5 Sa 462/17, NZA-RR 2018, 139 (mwN).
[196] Vgl. LAG Berlin-Brandenburg 16.10.2017 – 5 Sa 462/17, NZA-RR 2018, 139 (mwN).
[197] BAG 30.1.2002 – 10 AZR 8/01, NZA 2002, 639.
[198] → Rn. 5.
[199] Vgl. hierzu noch ausführlicher unter dem Gesichtspunkt Diskriminierung bei der Einstellungsentscheidung unter → § 10 Rn. 44 ff.

dadurch gerechtfertigt werden, dass der Bewerber zB als Personalleiter Personalverantwortung für Mitarbeiter unterschiedlicher Altersstufen hat und über dementsprechende Durchsetzungskraft verfügen muss.[200] Ob eine solche Argumentation überzeugend ist, soll hier dahinstehen. Jedenfalls ist sie mit Vorsicht und unter Berücksichtigung der entstehenden Risiken zu genießen.

Nach § 10 S. 3 Nr. 3 AGG kann zulässig sein, eine Einstellung von einem bestimmten Höchstalter abhängig zu machen. Das kann durch das Erfordernis einer längeren Ausbildung gerechtfertigt sein. Ist zB für eine Tätigkeit eine fünfjährige Ausbildung erforderlich, dürfte es gerechtfertigt sein, Personen ab Vollendung des 55. Lebensjahres von der Einstellung auszuschließen, wenn die Ausbildung nicht vorliegt.[201] Die sogenannte „Lufthansa-Entscheidung" des EuGH,[202] bei der das Gericht festgestellt hatte, dass eine tarifliche Regelung, nach der das Arbeitsverhältnis eines Verkehrspiloten mit Vollendung des 60. Lebensjahres endet, nicht mit dem unionsrechtlichen Verbot der Altersdiskriminierung vereinbar ist, ist in diesem Zusammenhang nicht von Bedeutung.[203]

Soweit keine Abhängigkeit besteht und keine negativen Auswirkungen auf die Leistungsfähigkeit des Bewerbers zu befürchten sind, sind Fragen nach gelegentlichem **Drogenkonsum oder den bloßen Alkoholgewohnheiten** grundsätzlich unzulässig.[204] Die Frage nach einer Alkohol- und/oder Drogenabhängigkeit wurde in der juristischen Fachliteratur bisher als zulässig erachtet, eine Bestätigung durch die Rspr. liegt jedoch noch nicht vor.[205] Es wird hier aber auf den konkreten Einzelfall ankommen, da eine echte Abhängigkeit, welche als Krankheit zu klassifizieren ist, unter den Schutz von Art. 9 Abs. 1 DS-GVO fällt, womit das oben bereits ausgeführte gilt. Überdies kann im Einzelfall eine Suchtkrankheit als Behinderung iSv § 2 Abs. 1 S. 1 SGB IX zu qualifizieren sein.[206] Dann ist neben der DS-GVO sogar das AGG zu beachten.[207] Die Frage nach einer entsprechenden Abhängigkeit sollte der AG daher bis zu einer Klärung durch die Rspr. also nur in den Fällen stellen, in denen das Fehlen einer Alkohol- oder Drogenabhängigkeit eine zwingende Voraussetzung an die Tätigkeit darstellt.[208]

Ein Anspruch auf Elternzeit besteht nach § 15 Abs. 2 S. 1 BEEG bis zur Vollendung des dritten Lebensjahres eines Kindes. Am 1.1.2015 ist „Das Gesetz zur Einführung des Elterngeld Plus mit Partnerschaftsbonus und einer flexibleren Elternzeit" in Kraft getreten.[209] Ein Anteil von bis zu 24 Monaten kann nun zwischen dem dritten Geburtstag und dem vollendeten achten Lebensjahr des Kindes in Anspruch genommen werden, § 15 Abs. 2 S. 2 BEEG. In der vorherigen Fassung bestand diese Möglichkeit nur für einen Teil von bis zu zwölf Monaten. Ferner ist das Zustimmungserfordernis des AG weggefallen, der bislang mit der Übertragung der **Elternzeit** auf einen Zeitraum nach dem dritten Geburtstag einverstanden sein musste.[210] Das Unternehmen hat dem AN die Elternzeit zu bescheinigen, § 16 Abs. 1 S. 8 BEEG. Die spannende Frage ist nun, ob ein neuer AG, der den ausgeschiedenen AN – womöglich seinerseits als Elternzeitvertretung – einstellen will, fragen darf, ob Elternzeit auf das dritte bis vollendete achte Lebensjahr übertragen wurde. Der Wortlaut des § 16 Abs. 1 S. 9 BEEG scheint dies zu verneinen, regelt aber nur die Vorlagepflicht der Bescheinigung bei Anmeldung der Elternzeit. In dieser Frage könnte bei weiblichen Bewerberinnen das Indiz einer mittelbaren Diskriminierung wegen des Geschlechts liegen. Mittelbar deshalb, weil nach wie vor wesentlich mehr Frauen Elternzeit in Anspruch nehmen als Männer. Auf der anderen Seite ist der Anspruch auf Übertragung in diesem Umfang neu. Empirische Unter-

---

[200] *Bauer/Krieger/Günther* AGG § 10 Rn. 31, die für einen Personalleiter ein Mindestalter von 35 Jahren als zulässig erachten.
[201] *Roesner*, Das Allgemeine Gleichbehandlungsgesetz, S. 123 f.
[202] EuGH 13.9.2011 – C-447/09, NZA 2011, 1039.
[203] Noch ausführlicher zu der Rechtfertigung bei der Einstellungsentscheidung unter → § 10 Rn. 63.
[204] *Wisskirchen/Bissels* NZA 2007, 169 (171).
[205] *Wisskirchen/Bissels* NZA 2007, 169 (171).
[206] BAG 14.1.2004 – 10 AZR 188/03, AP AVR Caritasverband Nr. 3 Anl. 1.
[207] Zur Frage nach der Schwerbehinderung vgl. → Rn. 51.
[208] Mit Beispielen vgl. *Wisskirchen/Bissels* NZA 2007, 169 (171).
[209] Vgl. dazu instruktiv *Steinau-Steinrück/Reiter* NJW-Spezial 2015, 242 ff.
[210] *Steinau-Steinrück/Reiter* NJW-Spezial 2015, 242 (243).

suchungen oder Erfahrungswerte, welches Geschlecht die Elternzeit eher in diesem Umfang überträgt, gibt es derzeit noch nicht. Angesichts potentieller AGG-Entschädigungsklagen ist es derzeit jedenfalls sicherer, diese Frage nicht zu stellen.

75 Die Frage nach der **Gewerkschaftszugehörigkeit** vor der Einstellung des AN war schon vor Inkrafttreten des AGG grundsätzlich unzulässig, und ist dies nun auch gem. Art. 9 Abs. 1 DS-GVO.[211] Eine Ausnahme von diesem Grundsatz war jedoch zu befürworten, wenn es um den Aspekt der Gegnerfreiheit, also zB die Einstellung eines Gewerkschaftsmitglieds in einen Arbeitgeberverband, geht. Gleiches galt bei leitenden Angestellten, die ihrer Funktion nach den Arbeitnehmervertretungen und Gewerkschaften gegenübertreten sollen.[212] Die Widerrechtlichkeit einer Täuschung im Sinne des § 123 BGB war in diesen Fällen allerdings nur dann zu bejahen, wenn die Gewerkschaftsmitgliedschaft nicht nur passiv, sondern aktiv in einer Art und Weise ausgeübt wurde, die sich mit der Nähe zur Arbeitgeberfunktion nicht verträgt. Diese Grundsätze gelten auch nach Inkrafttreten des AGG und lassen sich auch unter den Erlaubnistatbestand des Art. 9 Abs. 2 lit. b DS-GVO subsumieren. Zwar wird erwogen, dass die Gewerkschaftszugehörigkeit unter das Benachteiligungsmerkmal der Weltanschauung iSd § 1 AGG fallen soll.[213] Nach § 9 AGG wäre in diesem Fall eine unterschiedliche Behandlung wegen der Weltanschauung durch „Vereinigungen, die sich die gemeinschaftliche Pflege Weltanschauung zur Aufgabe machen", nur dann zulässig, wenn eine bestimmte Weltanschauung unter Beachtung des Selbstverständnisses der jeweiligen Vereinigung im Hinblick auf ihr Selbstbestimmungsrecht oder nach der Art der Tätigkeit eine gerechtfertigte berufliche Anforderung darstellt. Allerdings fallen Arbeitgeberverbände und Gewerkschaften nach zutr. Ansicht nicht unter den Begriff der Weltanschauungsgemeinschaft iSv § 9 AGG,[214] und auch die Gewerkschaftszugehörigkeit ist richtigerweise nicht unter den Begriff der Weltanschauung zu subsumieren.[215] Nur Fundamentalkonzepte über die Ordnung des gesellschaftlichen Zusammenlebens, die in „Geschlossenheit und Sinngebungskraft" einer Religion vergleichbar sind, werden erfasst.[216] Die Gewerkschaftszugehörigkeit erfüllt diese Voraussetzungen nicht.

76 Verlangt ein Arbeitgeber während laufender Tarifvertragsverhandlungen von seinen Arbeitnehmern die Offenlegung ihrer Gewerkschaftszugehörigkeit, handelt es sich nach einer Entscheidung des BAG um eine gegen die gewerkschaftliche Koalitionsbetätigungsfreiheit gerichtete Maßnahme. Art. 9 Abs. 3 GG schützt eine Gewerkschaft auch darin, der Arbeitgeberseite in einer konkreten Tarifvertragsverhandlungssituation Angaben über ihren Organisationsgrad und die Verteilung ihrer Mitglieder in bestimmten Betrieben vorzuenthalten.[217] Ob in einem solchen Verlangen des Arbeitgebers generell und ausnahmslos eine rechtswidrige Beeinträchtigung der kollektiven Koalitionsfreiheit der betroffenen Gewerkschaft liegt – oder ob und unter welchen Umständen der Arbeitgeber in einem tarifpluralen Betrieb nach der Gewerkschaftszugehörigkeit der Arbeitnehmer fragen darf – musste vom BAG nicht entschieden werden.[218]

77 Fragen nach der ethnischen **Herkunft** sind generell unzulässig, da das AGG auch vor Benachteiligungen „aus Gründen der Rasse oder wegen der ethnischen Herkunft" schützen will.[219] Selbiges gilt gem. Art. 9 Abs. 1 DS-GVO. Einschlägige AGG Probleme werden sich bereits bei der Stellenausschreibung stellen.[220] Natürlich sollte die Frage nach der Nationalität, evtl. sogar nach der regionalen Herkunft[221] auch später im Bewerbungsgespräch unter-

---

[211] BAG 28.3.2000 – 1 ABR 16/99, BB 2000, 2311.
[212] MHdB ArbR/*Benecke* § 33 Rn. 103.
[213] *Wisskirchen/Bissels* NZA 2007, 172.
[214] *Wisskirchen/Bissels* NZA 2007, 172.
[215] *Bauer/Krieger/Günther* AGG § 1 Rn. 57.
[216] *Annuß* BB 2006, 1629 (1631).
[217] BAG 18.11.2014 – 1 AZR 257/13, NJW 2015, 1548.
[218] BAG 18.11.2014 – 1 AZR 257/13, NJW 2015, 1548 Rn. 38.
[219] Zur Parallelsituation bei Stellenausschreibungen vgl. → § 9 Rn. 6; zum einschlägigen Diskriminierungsverbot bei der Begr. des Arbeitsverhältnisses sowie vertiefend zur Definition des Begriffs „ethnische Herkunft" sowie „Rasse" → § 10 Rn. 48 ff.
[220] → Rn. 6.
[221] Zum „Ossi-Fall" vgl. → § 10 Rn. 49.

lassen werden, es sei denn, sie ist nach § 8 AGG gerechtfertigt bzw. eine mittelbare Benachteiligung scheidet schon tatbestandlich nach § 3 Abs. 2 Hs. 2 AGG aus.

Die Frage nach einer **symptomlosen HIV-Infektion** dürfte nach dem Urteil des BAG vom 19.12.2013[222] fast immer unzulässig sein.[223] Nach dieser Entscheidung hat eine symptomlose HIV-Infektion eine Behinderung im Sinne des AGG zur Folge. Gegenstand des Verfahrens war die Kündigung eines Arbeitnehmers in der Probezeit, der für den sogenannten Reinraumbereich eines Arzneimittelproduzenten eingestellt worden war, in dem Krebspräparate zur intravenösen Verabreichung hergestellt werden. Bei der Einstellungsuntersuchung wurde die HIV-Infektion festgestellt. Eine solche Infektion führt nach Ansicht des BAG zu einer chronischen Erkrankung, die sich auf die Teilhabe des Arbeitnehmers an der Gesellschaft auswirkt. Das gilt so lange, wie das gegenwärtig auf eine solche Infektion zurückzuführende soziale Vermeidungsverhalten und die darauf beruhenden **Stigmatisierungen** andauern.[224] Eine Kündigung eines behinderten Arbeitnehmers wegen fehlender Einsatzmöglichkeiten sei nur wirksam, wenn der Arbeitgeber nicht im Stande sei, das infolge der Behinderung vorliegende Beschäftigungshindernis durch angemessene Vorkehrungen zu beseitigen. 78

Demnach löst die Frage nach einer „HIV-Infektion" wie die nach einer „Behinderung" im Falle der Nichteinstellung des Bewerbers die Indizwirkung nach § 22 AGG aus, also die Vermutung einer unmittelbaren Benachteiligung nach § 3 Abs. 1 AGG. Eine Rechtfertigung nach § 8 AGG ist kaum denkbar, da das BAG dem Arbeitgeber auferlegt, sogar bei Arbeiten in einem Reinraumbereich, in dem Krebspräparate hergestellt werden, Vorkehrungsmaßnahmen zu treffen, die das Arbeiten eines HIV-Infizierten ohne Gesundheitsgefährdung für die die Krebspatienten ermöglichen, wenn diese Maßnahmen möglich und dem Arbeitgeber zumutbar sind.[225] 79

Vom Problem der Frage nach der HIV-Infektion im Bewerbungsgespräch zu trennen ist natürlich die Frage, ob der Arbeitgeber nach erfolgter Einstellung nach einer HIV-Infektion fragen darf. Dies ist in den Fällen möglich und zulässig, in denen ein Infektionsrisiko besteht, da der Arbeitgeber dann Vorkehrungen zum Schutz des oder der Gefährdeten treffen muss. Sind diese Vorkehrungen nicht durchführbar, wird eine Kündigung AGG-konform sein. Denn dann ist auch eine Rechtfertigung nach § 8 AGG möglich. Um diesen Weg einer Kündigung nach Einstellung zu umgehen, ist allenfalls die abstrakte Frage im Bewerbungsgespräch denkbar, ob der Bewerber bzw. die Bewerberin eine Krankheit hat, die zu Gesundheitsgefährdungen führt, gegen die bei der konkreten Tätigkeit keine Vorkehrungen getroffen werden können. 80

Über die Zulässigkeit der Frage nach der **Nichtrauchereigenschaft** des Bewerbers ist bis dato nicht durch das BAG entschieden worden. Da diese Frage jedoch der Privatsphäre des Bewerbers unterfällt und für die Ausübung der Tätigkeit idR ohne Bedeutung ist, wird sie nach DS-GVO und BDSG grundsätzlich unzulässig sein.[226] Ausnahmen sind wiederum nur im Einzelfall denkbar, wenn der AG ein berechtigtes Interesse an der Beantwortung der Frage hat. 81

Die Frage nach der **Parteizugehörigkeit** war ebenfalls bereits vor Inkrafttreten des AGG unzulässig (vgl. Art. 2 Abs. 1, 5 Abs. 1 und 21 GG) und ist dies nun auch gem. Art. 9 Abs. 1 DS-GVO. Ausnahmsweise wurde die Frage bei tendenzbezogenen Stellen dagegen als zulässig erachtet, wenn die Parteizugehörigkeit wesentlichen Einfluss auf die auszuübende Tätigkeit hat. So wurde für zulässig gehalten, dass beispielsweise die CDU bei der Einstellung ihres Wahlkampfmanagers fragt, ob dieser Mitglied in der SPD ist. Dies hat auch in der Ausnahme nach Art. 9 Abs. 2 lit. d DS-GVO ausdruck gefunden. Seit der Einführung des AGG ist wie bei der Gewerkschaftszugehörigkeit umstr., ob auch die Parteizugehörigkeit unter das Benachteiligungsmerkmal der Weltanschauung gefasst werden kann.[227] In diesem Fall wäre die Frage wie o. erörtert möglicherweise auch für Tendenzbetriebe wie Parteien 82

---

[222] BAG 19.12.2013 – 6 AZR 190/12, NZA 2014, 372.
[223] So auch ErfK/*Preis* BGB § 611a Rn. 274c.
[224] BAG 19.12.2013 – 6 AZR 190/12, NZA 2014, 372 Rn. 70.
[225] Vgl. auch ErfK/*Preis* BGB § 611a Rn. 274c.
[226] Vgl. zum Meinungsstand in der Lit.: Schaub ArbR-HdB/*Linck* § 26 Rn. 37 (mwN).
[227] Vgl. *Wisskirchen/Bessels* NZA 2007, 169 (172 f.); *Kort* NZA-Beilage 2016, 62.

problematisch,[228] da sie keine Weltanschauungsgemeinschaften darstellen. Nach der o. genannten Definition ist die Parteizugehörigkeit aber nicht unter den Begriff der Weltanschauung zu fassen.[229] Auch Art. 9 Abs. 1 DS-GVO trennt begrifflich eindeutig zwischen politischen Meinungen und religiösen oder weltanschaulichen Überzeugungen.

83 Bei einer Einstellung für eine Tätigkeit im **öffentl. Dienst** gelten folgende **Besonderheiten**:[230] AN dieses Bereichs unterliegen nicht in jedem Fall der einem Beamten vergleichbaren, gesteigerten Treuepflicht. Je nach Stellung und Aufgabenkreis kann von ihnen, anders als von einem Beamten, nicht die Bereitschaft verlangt werden, sich mit der Idee des Staates, dh seiner freiheitlichen, demokratischen, rechts- und sozialstaatlichen Ordnung zu identifizieren und dafür aktiv einzutreten. Je nach Funktion kann ein AN die ihm obliegende Pflicht zur Verfassungstreue schon dadurch „wahren", dass er die freiheitliche demokratische Grundordnung nicht aktiv bekämpft (sog. einfache politische Treuepflicht). Diesen Grundsätzen ist auch bei der Ausübung des Fragerechts im Zusammenhang mit der Einstellung in den öffentl. Dienst angemessen Rechnung zu tragen. Eine ordnungsgemäße Befragung zur Feststellung der Verfassungstreue setzt voraus, dass der Bewerber nach konkreten Umständen befragt wird, die gem. den Anforderungen der ins Auge gefassten Tätigkeit einstellungsrelevant sind. Die allgemeine Frage, ob der Bewerber (irgend)einer verfassungsfeindlichen Organisation oder Partei angehört, wird dieser Vorgabe regelmäßig nicht gerecht.[231] Im Rahmen der DS-GVO stellt sich diese Frage bei der Erlaubnis nach Art. 9 Abs. 2 lit. g, der ein „erhebliches öffentliches Interesse" fordert, womit allerdings auch hier von einer Übertragbarkeit der Rechtsprechung auszugehen ist.

84 Die Frage nach **persönlichen Lebensverhältnissen** ist nach der DS-GVO grundsätzlich unzulässig, sofern nicht ausnahmsweise ein Bezug zum angestrebten Beschäftigungsverhältnis und deshalb ein berechtigtes Interesse des Arbeitgebers im Sinne einer „Erforderlichkeit" gem. § 26 Abs. 1 BDSG bzw. Art. 6 Abs. 1 lit. f DS-GVO besteht, was nur selten der Fall sein wird.[232] Überdies kann eine solche Frage nach dem AGG krit. sein, wenn durch die Fragen des AG Auskünfte über das Benachteiligungsmerkmal der sexuellen Orientierung eingeholt werden können. Dies gilt auch für Umgehungsfragen.[233] An der Beantwortung der Frage nach einer baldigen **Heirat** bzw. nach dem **Familienstand**[234] besteht ebenfalls kein berechtigtes Interesse. Auch die Frage nach der **Familienplanung**[235] ist unzulässig. Das ergibt sich aus der grundrechtlichen Wertung des Art. 6 Abs. 1 GG, die insoweit dem Informationsinteresse des AG vorgeht.

85 Auch die Frage nach der **Religionszugehörigkeit** sollte im Hinblick auf Art. 9 Abs. 1 DS-GVO und das AGG bis auf wenige Ausnahmen (§ 9 AGG, Art. 9 Abs. 2 lit. d DS-GVO) grundsätzlich nicht gestellt werden. Verwiesen zur Begriffsdefinition und zu den Rechtfertigungsmöglichkeiten wird auf die ausführliche Darstellung in → § 10 Rn. 66 ff.

86 Die Zulässigkeit der Frage nach der Zugehörigkeit zur **Scientology-Organisation** ist umstr. und bedarf noch einer obergerichtlichen Klärung. Vor Inkrafttreten des AGG wurde sie als zulässig erachtet, da Scientology nach deutscher Rspr. keine Religions- oder Weltanschauungsgemeinschaft ist[236] und auf Grund der Inhalte der Lehre der AG jedenfalls bei der

---

[228] Roesner AGG-Praxis-Check S. 61.
[229] Bauer/Krieger/Günther AGG § 1 Rn. 57.
[230] BAG 12.5.2011 – 2 AZR 479/09, NZA-RR 2012, 43.
[231] BAG 12.5.2011 – 2 AZR 479/09, NZA-RR 2012, 43.
[232] Vgl. Kort NZA-Beilage 2016, 62.
[233] Wisskirchen/Bissels NZA 2007, 169 (173).
[234] Schaub ArbR-HdB/Linck § 26 Rn. 29 mwN.
[235] Schaub ArbR-HdB/Linck § 26 Rn. 28 mwN.
[236] BAG 22.3.1995 – 5 AZB 21/94, DB 1995, 1714; aA aber offensichtlich ErfK/Schlachter AGG § 1 Rn. 8: Hier wird auf ein Urteil des ArbG Berlin (30.7.2009 – 33 Ca 5772/09, NZA-RR 2010, 70, vgl. auch → § 10 Rn. 52) Bezug genommen. Das Gericht hatte entschieden, dass die politische Überzeugung „Marxismus-Leninismus" als gesellschaftliche Theorie unter den Begriff der Weltanschauung iSv § 1 AGG falle. Auf die Zugehörigkeit zu einer Gemeinschaft komme es nach ErfK/Schlachter nicht an, die subjektiv individuellen Vorstellungen genügten. Demgemäß habe die Frage, ob es sich bei der Scientology-Organisation um eine Religion handele oder doch mehr wirtschaftliche Zwecke verfolgt werden, an Bedeutung verloren, da die „subjektive Weltsicht" als bestimmendes Merkmal einer Weltanschauung im Fall eines Scientology-Mitglieds nicht zu bestreiten sei.

Besetzung einer Vertrauensstellung ein berechtigtes Interesse an der wahrheitsgemäßen Beantwortung der Frage hat.[237] In anderen europäischen Ländern wie zB Frankreich hingegen ist Scientology als Religionsgemeinschaft anerkannt. Der EGMR hat in einem Beschwerdeverfahren bei der Prüfung, ob ein Eingriff in das Recht der Religionsgemeinschaft auf Vereinigungsfreiheit vorliegt, die Church of Scientology in Moskau mit dem Moskauer Zweig der Heilsarmee verglichen und damit die Möglichkeit einer solchen Rechtsverletzung bejaht.[238] Das Gericht hat somit zwar die Schutzwürdigkeit der Moskauer Filiale der Church of Scientology iSv Art. 11 iVm Art. 9 EMRK vorausgesetzt, jedoch nicht explizit geprüft, ob und in welcher Ausformung ihr der Status einer Religions- oder Weltanschauungsgemeinschaft iSd EMRK zukommt. Wie deutsche Gerichte bzw. der EuGH entscheiden werden, bleibt abzuwarten. Bis dahin müssen AG eine Risikoabwägung[239] treffen, ob die möglicherweise unzulässige Frage für sie so wichtig ist, dass sie potentielle Schadensersatz- oder Entschädigungsansprüche nach § 15 AGG in Kauf nehmen, wobei sich in Hinblick auf die nun zusätzlich denkbaren, beträchtlichen Sanktionen des Art. 83 DS-GVO die Risiken für den Arbeitgeber beträchtlich erhöht haben. Zumindest dürften sich Kirchen und die dort sonstigen aufgeführten weltanschaulichen Vereinigungen ggf. auf die Rechtfertigung nach § 9 AGG berufen können,[240] bzw. auf den Erlaubnistatbestand d. Art. 9 Abs. 2 lit. d DS-GVO.

Die Rspr. des BAG zur Zulässigkeit der Frage nach der **Schwangerschaft** wurde zunächst maßgeblich durch die Rspr. des EuGH beeinflusst. Ursprünglich erachtete das BAG[241] die Frage als grundsätzlich zulässig. Die Entscheidungen des EuGH im Fall Mahlburg[242] und Brand-Nielsen[243] prägten die Rspr. des BAG.[244] Nach Einführung des AGG besteht nun Rechtsklarheit. Die Frage nach der Schwangerschaft indiziert eine Benachteiligung wegen des Geschlechts, die nur in ganz seltenen Fällen, nämlich unter den Voraussetzungen des § 8 AGG, gerechtfertigt werden kann. Nach § 8 Abs. 1 AGG ist die Frage zulässig, wenn dieser Grund wegen der Art der auszuübenden Tätigkeit (zB zur Authentizitätswahrung: Mannequin für Damenmoden oder Besetzung in Schauspielrollen)[245] oder der Bedingungen ihrer Ausübung eine wesentliche und entscheidende berufliche Anforderung darstellt, sofern der Zweck rechtmäßig und die Anforderung angemessen ist. Auch bei einer befristeten Beschäftigung ist die Frage nach einer Schwangerschaft unzulässig.[246] Dies gilt nach der Rspr. des EuGH auch dann, wenn ein befristetes Arbeitsverhältnis begründet werden soll und feststeht, dass die Bewerberin während eines wesentlichen Teils der Vertragszeit nicht arbeiten kann.[247] 87

Vor Inkrafttreten von § 81 Abs. 2 S. 1 SGB IX aF (jetzt § 164) und des AGG wurde die Frage nach der **Schwerbehinderung** des Bewerbers nach der Rspr. des BAG[248] als grundsätzlich zulässig erachtet. Zwar wurde diese Frage nach dem Inkrafttreten des § 81 Abs. 2 S. 1 SGB IX aF (jetzt § 164) vom BAG[249] bisher offengelassen, doch kann die o. genannte Rspr. nun bei der Einstellung im Rahmen des Bewerbungsgesprächs und eines Einstellungsfragebogens nicht mehr aufrechterhalten werden.[250] § 81 Abs. 2 S. 1 SGB IX aF (jetzt § 164) verbietet ausdrücklich Benachteiligungen wegen einer Schwerbehinderung, die §§ 7, 1 AGG 88

---

[237] *Bauer/Baeck/Merten* DB 1997, 2534.
[238] EGMR 5.4.2007 – 18147/02, NJW 2008, 495 (497).
[239] *Kleinebrink* ArbRB 2006, 374.
[240] *Wisskirchen/Bissels* NZA 2007, 169 (173).
[241] BAG 22.9.1961 – 1 AZR 241/60, AP BGB § 123 Nr. 15.
[242] EuGH 3.2.2000 – C-207/98, NJW 2000, 1019.
[243] EuGH 4.10.2001 – C-109/00, DB 2001, 2451.
[244] BAG 6.2.2003 – 2 AZR 621/01, NZA 2003, 848; vgl. *Stürmer* NZA 2001, 526; *Thüsing* Anm. zu EuGH 4.10.2001 – C-109/00, DB 2001, 2451.
[245] *Roesner* AGG S. 114.
[246] LAG Köln 11.10.2012 – 6 Sa 641/12, BeckRS 2012, 76145.
[247] EuGH 4.10.2001 – C-109/00, NZA 2001, 1241.
[248] BAG 3.12.1998 – 2 AZR 754/97, DB 1999, 852.
[249] BAG 7.7.2011 – 2 AZR 754/97, NZA 2012, 34.
[250] *Wisskirchen/Bissels* NZA 2007, 169; *Joussen* NZA 2007, 174; *Bauer/Krieger/Günther* AGG § 2 Rn. 23; offen gelassen in BAG 7.7.2011 – 2 AZR 754/97, DB 1999, 852.

Benachteiligungen wegen einer einfachen Behinderung. Dementsprechend hat die neuere Rechtsprechung die Frage nach einer Schwerbehinderung oder die Erwartung der Abgabe einer Erklärung, nicht schwerbehindert zu sein, für unzulässig erklärt, da das Interesse des Arbeitgebers einen schwerbehinderten oder gleichgestellten Bewerber aufgrund der zu erwartenden Schwierigkeiten nicht einzustellen, ein nicht schützenswertes Interesse gegenüber dem schwerer wiegenden Diskriminierungsschutz und -verbot in §§ 1, 2, 7 AGG, § 81 Abs. 2 SGB IX aF (jetzt § 164) darstellt.[251] Zutreffenderweise wird darauf hingewiesen, dass eine entsprechende Frage ausnahmsweise zulässig sein kann, wenn eine Integrationsvereinbarung besteht oder der AG deutlich macht oder beweisen kann, dass es ihm darum geht, seine gesetzlichen Pflichten gegenüber (Schwer-)Behinderten zu erfüllen, also um eine positive Maßnahme nach § 5 AGG.[252] Nach dieser Vorschrift sind Ungleichbehandlungen auch zulässig, wenn durch geeignete und angemessene Maßnahmen bestehende Nachteile wegen eines Benachteiligungsgrundes nach § 1 AGG verhindert oder ausgeglichen werden sollen. Von der neueren Rechtsprechung wird dies jedoch eher kritisch gesehen, solange der Arbeitnehmer noch nicht unter dem Sonderkündigungsschutz nach § 85 SGB IX aF (jetzt § 168) steht.[253] Allerdings wird ein berechtigtes, billigenswertes und schutzwürdiges Interesse des Arbeitgebers an einer solchen Frage nicht ausgeschlossen, wenn die Schwerbehinderung der auszuübenden Tätigkeit tatsächlich entgegenstünde.[254] Im Personalfragebogen wird die Frage nach der Schwerbehinderung jedenfalls als zulässig erachtet.[255] Hier hat der AG seine Einstellungsentscheidung bereits getroffen und erhebt Daten, um seinen gesetzlichen Pflichten nachzukommen. Im bestehenden Arbeitsverhältnis ist die Frage nach der Schwerbehinderung jedenfalls nach sechs Monaten, also nach dem Erwerb des Sonderkündigungsschutzes für behinderte Menschen zulässig.[256] Nichts anderes ergibt sich aus DS-GVO und BDSG, da die Behinderung unter den Begriff der Gesundheitsdaten iSd Art. 9 Abs. 1 DS-GVO fällt, und die Ausnahmen der Rechtsprechung sich in Art. 9 Abs. 2 lit. b und h DS-GVO bzw. § 26 Abs. 3 BDSG wiederfinden.

89 Neben der regelmäßigen Unzulässigkeit nach der DS-GVO, ist bei Fragen nach bestimmten Erkrankungen oder Leiden zu berücksichtigen, dass diese im Hinblick auf das Vorliegen einer Behinderung auch diskriminierungsrelevant sein können.[257]

90 Die Frage nach der **sexuellen Identität** oder einer **eingetragenen Lebenspartnerschaft** ist gem. Art. 9 Abs. 1 DS-GVO unzulässig und indiziert eine unmittelbare Benachteiligung gem. § 3 Abs. 1 S. 1 AGG.[258] Vor Inkrafttreten des AGG war eine unterschiedliche Behandlung wegen des Geschlechts nach § 611a Abs. 1 S. 2 BGB aF uU zulässig, soweit ein bestimmtes Geschlecht unverzichtbare Voraussetzung für die auszuübende Tätigkeit ist.[259] Auch nach dem AGG ist eine Rechtfertigung aus § 8 Abs. 1 AGG denkbar. Denn trotz des unterschiedlichen Wortlauts kommt einer „wesentlichen und entscheidenden beruflichen Anforderung" iSv § 8 Abs. 1 AGG und einer „unverzichtbaren Voraussetzung für die Tätigkeit" iSv § 611a Abs. 1 S. 2 BGB aF letztlich materiell ders. Gehalt zu.[260] Zumal das BAG bei einem vergleichbaren Fall[261] der sog. „customer

---

[251] LAG Hamburg 30.11.2017 – 7 Sa 90/17, BeckRS 2017, 139365.
[252] *Joussen* NZA 2007, 174 (178).
[253] LAG Hamburg 30.11.2017 – 7 Sa 90/17, BeckRS 2017, 139365.
[254] LAG Hamburg 30.11.2017 – 7 Sa 90/17, BeckRS 2017, 139365.
[255] *Kleinebrink* ArbRB 2006, 374 (377).
[256] BAG 16.2.2012 – 6 AZR 553/10, BeckRS 2012, 68156.
[257] BAG 17.12.2009 – 8 AZR 670/08, NZA 2010, 383.
[258] Vgl. zur eingetragenen Lebenspartnerschaft: EuGH 1.4.2008 – C-267/06, NJW 2008, 1649 (1653).
[259] Ggl. hierzu auch BAG 21.2.1991 – 2 AZR 449/90, NZA 1991, 719 (722): Hier ging es um die Frage nach dem wahren Geschlecht einer transsexuellen Person bei der Bewerbung in einer gynäkologischen Praxis, wenn die Geschlechtsumwandlung noch nicht vollzogen war.
[260] BAG 28.5.2009 – 8 AZR 536/08, NZA 2009, 1016 (1019).
[261] Vgl. hierzu BAG 18.3.2010 – 8 AZR 77/09, NZA 2010, 872 ff.: Hier hatte das BAG die Benachteiligung männlicher Bewerber bei der Besetzung der Stelle einer kommunalen Gleichstellungsbeauftragten als gerechtfertigt angesehen, weil zur effektiven Erbringung eines Teils der Tätigkeiten (zB Integrationsarbeit mit zugewanderten muslimischen Frauen) das weibliche Geschlecht unverzichtbare Voraussetzung sei; vgl. auch → § 10 Rn. 56 ff.

preferences"[262] eine Rechtfertigung nach § 8 Abs. 1 AGG mit der Begr. angenommen hat, dass Erwartungen Dritter, die auf deren Schamgefühl beruhen, ebenso wie die Notwendigkeit einer bestimmten Geschlechtszugehörigkeit zur Authentizität der Aufgabenwahrnehmung legitim sind und ihnen kein diskriminierender Charakter innewohnt.[263] Datenschutzrechtlich ist diese Frage überaus kritisch, da solche Fragen nach Art. 9 Abs. 1 unzulässig sind und sich selbst für die von der Rechtsprechung angeführten Fälle kein adäquater Erlaubnistatbestand in Art. 9 Abs. 2 DS-GVO finden lässt. Eine Erlaubnis könnte damit höchstens aus. § 26 Abs. 1 BDSG in absoluten Ausnahmefällen hergeleitet werden, soweit die Rechtsprechung die Vorgaben des Art. 88 DS-GVO hinreichend berücksichtigt, das Risiko für den Arbeitgeber ist jedoch sehr hoch, weswegen von solchen Fragen entschieden abzuraten ist.

IdR ist die Frage nach **Vermögensverhältnissen** unzulässig, da keine Erforderlichkeit iSv § 26 Abs. 1 BDSG bzw. Art. 6 Abs. 1 lit. f DS-GVO besteht. Daher darf der Bewerber im Allgemeinen auch nicht nach Lohnpfändungen im früheren Arbeitsverhältnis gefragt werden.[264] Ausnahmsweise ist eine Frage jedoch zulässig, wenn ungeordnete Vermögensverhältnisse berechtigte Arbeitgeberinteressen beeinträchtigen.[265] So darf der AG den Buchhalter, der die laufenden Überweisungen für das Unternehmen tätigt, nach seinen Vermögensverhältnissen fragen. **91**

Führt der Bewerber die bisherige **Vergütung** selbst als Grund für Gehaltsforderungen ein, ist er zur wahrheitsgemäßen Beantwortung der entsprechenden Frage verpflichtet. Hat die Höhe der bisherigen Vergütung allerdings keine Bedeutung für die zu besetzende Stelle, ist eine dahingehende Frage unzulässig.[266] **92**

Grundsätzlich ist die Frage nach **Vorstrafen** oder anhängigen Ermittlungsverfahren unzulässig, da andernfalls diesen Personen der Arbeitsmarkt gänzlich verschlossen bliebe. Hat allerdings der AG auf Grund der zu leistenden Tätigkeit ein objektiv berechtigtes Interesse an der Frage, ist diese zulässig. Daran ändert auch die Unschuldsvermutung des Art. 6 Abs. 2 EMRK nichts.[267] Fragen nach Vorstrafen sind damit nur zulässig, soweit die betreffenden Straftaten für das Beschäftigungsverhältnis von Bedeutung sind.[268] Es darf also grundsätzlich nicht allgemein nach Straftaten gefragt werden, sondern allenfalls nach bestimmten Gruppen von Straftaten, die für die Entscheidung über die Begründung des Beschäftigungsverhältnisses „erforderlich" iSv Art. 6 Abs. 1 lit. f DS-GVO bzw. § 26 Abs. 1 S. 1 BDSG sind. Damit sind insbesondere Fragen nach solchen Straftaten unzulässig, die ihrerseits – etwa wegen Geringfügigkeit – nicht in ein polizeiliches Führungszeugnis einzutragen wären.[269] Entscheidend ist also stets das jeweilige angestrebte Beschäftigungsverhältnis. So kann ein Bewerber für eine Buchhalterstelle nach Eigentums- oder Vermögensdelikten befragt werden, wohingegen bei einem zukünftigen Polizisten sogar die generelle Frage nach Vorstrafen zulässig ist.[270] Bei der Beurteilung der Zulässigkeit einer Frage nach Vorstrafen kommt es nicht auf die subjektive Einstellung des AG an, welche Vorstrafen er als einschlägig ansieht; entscheidend ist vielmehr ein objektiver Maßstab.[271] Dies gilt grundsätzlich auch für AN im öffentl. Dienst.[272] Vorstrafen, die der Tilgung oder der beschränkten Auskunft nach dem BZRG unterliegen, müssen nicht genannt werden.[273] Ebenso verhält es sich **93**

---

[262] "customer preferences" bezeichnet diejenigen Fälle, in denen ein bestimmtes Geschlecht in der betreffenden Position von Kunden oder sonstigen Dritten eher akzeptiert wird als andere; vgl. hierzu auch → § 10 Rn. 56.
[263] BAG 18.3.2010 – 8 AZR 77/09, NZA 2010, 872 (877).
[264] ArbG Berlin 16.7.1986 – 8 Ca 141/86, BB 1986, 1853; Vgl. *Kort* NZA-Beilage 2016, 62; aA *Küttner/Kreitner* Auskunftspflichten AN Rn. 20.
[265] Vgl. BAG 25.4.1980 – 7 AZR 322/78, BeckRS 1980, 02869.
[266] BAG 19.5.1983 – 2 AZR 171/81, DB 1984, 298.
[267] *Raab* RdA 1995, 36.
[268] Vgl. *Kort* NZA-Beilage 2016, 62.
[269] Vgl. *Kort* NZA-Beilage 2016, 62.
[270] BAG 5.12.1957 – 1 AZR 594/56, AP BGB § 123 Nr. 2; BAG 20.5.1999 – 2 AZR 320/98, NJW 1999, 3653.
[271] BAG 20.5.1999 – 2 AZR 320/98, NZA 1999, 975 (976).
[272] BAG 20.5.1999 – 2 AZR 320/98, NZA 1999, 975 (976).
[273] BAG 20.3.2014 – 2 AZR 1071/12, NZA 2014, 1131.

bzgl. eingestellten Ermittlungsverfahren.[274] Die Frage nach einem noch nicht abgeschlossenen Ermittlungs- oder Strafverfahren ist hingegen berechtigt, wenn sich bereits aus einem Ermittlungsverfahren Zweifel an der persönlichen Eignung des AN ergeben.[275] Ob der AN gegen ihn anhängige Ermittlungsverfahren auf entsprechende Fragen oder von sich aus aufdecken muss, weil er möglicherweise auf Grund einer Inhaftierung an der Erbringung der Arbeitsleistung gehindert ist, ist bislang von der Rechtsprechung noch nicht hinreichend geklärt.[276] Richtigerweise muss aber ein unmittelbar bevorstehender Haftantritt offenbart werden.[277] Aufgrund der mangelnden Leistungsfähigkeit des AN entsteht jedenfalls kein Annahmeverzugslohnanspruch; die zu erwartende Probezeitkündigung dürfte ebenfalls kaum angreifbar sein.

94 Die rechtliche Beurteilung der Frage nach zukünftig abzuleistendem Wehr- bzw. Zivildienst stellt sich seit Aussetzung der Wehrpflicht außer im Spannungs- oder Verteidigungsfall grundsätzlich nicht mehr.[278]

95 Bei der rechtlichen Beurteilung von Fragen nach dem neu eingeführten **Bundesfreiwilligendienst**[279] sowie dem **freiwilligen Wehrdienst**[280] sind ebenfalls zwei Fallkonstellationen zu unterscheiden. An der Beantwortung der Frage nach einer bereits absolvierten freiwilligen Verpflichtung dürfte kein berechtigtes Interesse bestehen. Der rechtlichen Bewertung der Frage, ob der Bewerber beabsichtigt, sich in Zukunft zum Bundesfreiwilligendienst bzw. zum freiwilligen Wehrdienst verpflichten zu wollen, wird nur eine geringe praktische Bedeutung zukommen. Denn im Gegensatz zum verpflichtenden Wehr- bzw. Zivildienst liegt die Entscheidung über das „ob" und „wann" bei den freiwilligen Diensten ausschließlich beim Bewerber. Es ist unwahrscheinlich, dass ein arbeitsuchender Bewerber schon im Zeitpunkt des Bewerbungsgesprächs entschlossen ist, sich um eine freiwillige Dienstverpflichtung zu bemühen. Für die Zulässigkeit einer entsprechenden Frage im Bewerbungsgespräch spricht das Interesse des AG zu wissen, ob der Bewerber die Arbeitsleistung in Zukunft auch erbringen kann. Denn die Verfügbarkeit des AN ist für den AG eine wesentliche Voraussetzung für die ordnungsgemäße Erfüllung des Arbeitsvertrages.[281] Auch stellt die Erkundigung nach dieser Absicht des Bewerbers im Gegensatz zur früher relevanten Frage nach bevorstehendem Wehr- bzw. Zivildienst[282] keine Benachteiligung aufgrund des Geschlechtes iSd AGG dar, da die Arbeitsverhinderung ihre Ursache nicht in geschlechtsspezifischen Umständen finden kann. Anzumerken ist jedoch, dass eine bei Falschbeantwortung denkbare Anfechtung oder außerordentliche Kündigung den AG vor erhebliche Beweisschwierigkeiten stellen wird. Denn ihm muss der schwer zu führende Nachweis gelingen, dass der AN bereits vor Eingehung des Arbeitsverhältnisses fest entschlossen war, sich zum Bundesfreiwilligendienst bzw. zum freiwilligen Wehrdienst zu verpflichten.

96 b) **Vorlage von Unterlagen durch Bewerber.** Die vom Bewerber vorgelegten Unterlagen, wie etwa **Zeugnisse**, dürfen natürlich von ihm nicht gefälscht worden sein. Da die Unterlagen jedoch nicht vom Bewerber erstellt wurden, ist er nicht für den Inhalt verantwortlich zu machen. Eine Verpflichtung zur Vorlage des polizeilichen Führungszeugnisses besteht allenfalls in Ausnahmefällen, da das Führungszeugnis auch Vorstrafen enthalten kann, die mit der Tätigkeit nichts zu tun haben.[283] Ein erweitertes Führungszeugnis wird in der Regel ausschließlich in Fällen verlangt werden können, in denen die Voraussetzungen des § 30a BZRG, wenn der Nachweis tatsächlich benötigt wird, mithin die Voraussetzungen des § 30a

---

[274] BAG 15.11.2012 – 6 AZR 339/11, NZA 2013, 429.
[275] BAG 6.9.2012 – 2 AZR 270/11, NZA 2013, 1087.
[276] So *Raab* RdA 1995, 36 (43).
[277] *Küttner/Kreitner* Auskunftspflichten AN Rn. 6.
[278] Vgl. hierzu: § 2 WPflG nF.
[279] Seit Inkrafttreten des Gesetzes über den Bundesfreiwilligendienst am 3.5.2011 ist es Personen, die die Anforderungen von § 2 BFDG erfüllen, möglich, sich unabhängig von einer gesetzlichen Verpflichtung im Rahmen des Bundesfreiwilligendienstes für das Allgemeinwohl zu engagieren (§ 1 BFDG).
[280] Vgl. hierzu: §§ 54 ff. WPflG nF.
[281] EuGH 3.2.2000 – C-207/98, NZA 2000, 255 (256).
[282] Vgl. hierzu: *Boemke* RdA 2008, 129 (132 f.).
[283] *Hohenstatt/Stamer/Hinrichs* NZA 2006, 1065 (1067); *Thum/Szczesny* BB 2007, 2405 (2406).

BZRG tatsächlich vorliegen, wobei dem Arbeitgeber allerdings ein gewisser Beurteilungsspielraum hinsichtlich der Beurteilung des Vorliegens der Voraussetzungen zukommt, da er am ehesten einschätzen kann, ob und inwieweit unter den bei ihm gegebenen betrieblichen Verhältnissen eine dem Schutzzweck des § 30a BZRG entsprechende Gefährdungssituation entstehen kann.[284] Nach einigen bundes- und landesrechtlichen Vorschriften, die sich auf den Zugang zur Ausbildung bei bestimmten Behörden beziehen,[285] hat der Bewerber vor der Einstellung auf Anforderung der Einstellungsbehörde ein Führungszeugnis nach § 30 Abs. 5 BZRG zur Vorlage bei der Einstellungsbehörde zu beantragen. Diese Vorschrift regelt, dass das Führungszeugnis in diesem Fall der Behörde grds. unmittelbar zu übersenden ist. Die Behörde hat dem Antragsteller auf Verlangen Einsicht in das Führungszeugnis zu gewähren. Die Anforderung eines handschriftlichen Lebenslaufs ist zulässig, die Einholung eines grafologischen Gutachtens allerdings nur, wenn der Bewerber ausdrücklich zustimmt.[286] Ansonsten kann sich der AG nach § 823 BGB schadensersatzpflichtig machen.[287]

c) Rechtsfolgen bei Pflichtverletzungen. Insgesamt sieben Konstellationen, die **Pflichtverletzungen** entweder des AG oder des Bewerbers beinhalten, sind im Zusammenhang mit der Unterscheidung von zulässigen und unzulässigen Fragen denkbar: 97
- Der Bewerber beantwortet eine zulässige Frage falsch und wird eingestellt.
- Der Bewerber beantwortet eine zulässige Frage falsch und wird nicht eingestellt.
- Der Bewerber beantwortet eine unzulässige Frage falsch und wird eingestellt.
- Der Bewerber beantwortet eine unzulässige Frage falsch und wird nicht eingestellt.
- Der Bewerber beantwortet eine unzulässige Frage richtig und wird eingestellt.
- Der Bewerber beantwortet eine unzulässige Frage richtig und wird nicht eingestellt.
- Der Bewerber offenbart eine Tatsache nicht, obwohl er dazu verpflichtet ist und wird eingestellt.

aa) Anfechtung. Nach ständiger Rspr. des BAG kann der AG, wenn der AN eine zulässig 98 gestellte Frage wahrheitswidrig beantwortet, den geschlossenen Arbeitsvertrag auf Grund **arglistiger Täuschung** nach § 123 BGB anfechten.[288] Das setzt jedoch voraus, dass die Täuschung für den Abschluss des Arbeitsvertrags ursächlich war.[289] Wirkt sich die Täuschung im Arbeitsverhältnis weiterhin aus, kann zudem eine Kündigung gerechtfertigt sein.[290] Wird nach einer arglistigen Täuschung vor dem ersten Vertragsschluss ein neuer Arbeitsvertrag geschlossen, setzt nach Ansicht des Hessischen LAG die Berechtigung zu dessen Anfechtung voraus, dass Anhaltspunkte vorliegen, aus denen sich ergibt, dass die im Zusammenhang mit dem ersten Vertragsschluss begangene Täuschungshandlung Grundlage der Willensbildung des AG und damit kausal auch für den zweiten Vertragsabschluss geworden ist.[291]

Die Anfechtung ist nach § 242 BGB ausgeschlossen, wenn der ursprüngliche Anfech- 99 tungsgrund auf Grund Zeitablaufs seine Bedeutung verloren hat[292] oder „die Rechtslage des Getäuschten im Zeitpunkt der Anfechtung nicht mehr beeinträchtigt ist".[293] War die gestellte Frage unzulässig und hat der Bewerber unrichtig geantwortet, liegt eine arglistige Täuschung im Sinne des § 123 BGB nicht vor. Ein AG, der unzulässige Fragen stellt, kann nicht seinerseits den Schutz der Rechtsordnung beanspruchen. Ein Anfechtungsrecht des AG besteht in diesem Fall nicht. Der AN darf eine unzulässige Frage wahrheitswidrig beantwor-

---

[284] LAG Hamm 26.1.2018 – 10 Sa 1122/17, NZA-RR 2018, 460.
[285] ZB § 3 Abs. 4 ThürAPOLKon (Einstellung zur Ausbildung als Lebensmittelkontrolleur in Thüringen), § 4 Abs. 3 S. 1 APOgDFeu (Einstellung zur Ausbildung im gehobenen feuerwehrtechnischen Dienst in Brandenburg), § 6 Abs. 2 S. 1 AProStrM (Einstellung zur Ausbildung im Straßenmeisterdienst) etc.
[286] BAG 16.9.1982 – 2 AZR 228/80, DB 1983, 2780.
[287] BAG 16.9.1982 – 2 AZR 228/80, DB 1983, 2780.
[288] BAG 5.12.1957 – 1 AZR 594/56, NJW 1958, 516; BAG 22.9.1961 – 1 AZR 241/60, NJW 1962, 74; zuletzt BAG 7.7.2011 – 2 AZR 396/10, NZA 2012, 34.
[289] BAG 6.9.2012 – 2 AZR 270/11, NZA 2013, 1087.
[290] BAG 6.9.2012 – 2 AZR 270/11, NZA 2013, 1087; vgl. auch → Rn. 88.
[291] LAG Hessen 1.12.2010 – 2 Sa 687/10, BeckRS 2011, 68915; nachgehend BAG 14.4.2011 – 6 AZN 89/11; Zurückverweisung (nicht dokumentiert).
[292] BAG 12.2.1970 – 2 AZR 184/69, NJW 1970, 1565.
[293] BAG 28.5.1998 – 2 AZR 549/97, NZA 1998, 1052.

ten, da die Nichtbeantwortung der Frage einer Negativauskunft gleichkäme und das Frageziel dann gleichwohl erreicht würde.[294]

100 Die Anfechtung auf Grund **Eigenschaftsirrtums** nach § 119 Abs. 2 BGB ist grundsätzlich möglich, wird aber in der Praxis die Ausnahme bilden. Eine Eigenschaft, nach der der AG nicht fragen darf, kann auch keine Eigenschaft sein, die zur Anfechtung nach § 119 Abs. 2 BGB berechtigt.[295] Eine verkehrswesentliche Eigenschaft ist eine Eigenschaft, deren Fehlen das Arbeitsverhältnis objektiv so stark beeinträchtigt, dass der AN die Arbeitsleistung nicht erbringen kann oder das Fehlen der Eigenschaft dem AG nicht zumutbar ist.[296] Grundsätzlich muss der Bewerber, ohne gefragt zu werden, ihm nachteilige Umstände nicht offenbaren. Eine **Offenbarungspflicht** des Bewerbers ist allerdings zu bejahen, wenn die betreffenden Umstände ihm die Erfüllung seiner arbeitsvertraglichen Leistungspflicht unmöglich machen oder aus sonstigen Gründen für den in Betracht kommenden Arbeitsplatz von ausschlaggebender Bedeutung sind.[297] Nach Ansicht des LAG Baden-Württemberg obliegt dem AN eine Offenbarungspflicht von Vorstrafen im Bewerbungsgespräch, wenn es sich um Sachgebiete handelt, hinsichtlich derer es unabhängig von den Verhältnissen des Betriebs und des individuellen Zuschnitts der zu besetzenden Stelle offensichtlich und für jeden verständigen Bewerber in der konkreten Situation zweifelsfrei erkennbar ist, dass der AG ein berechtigtes Interesse daran hat, über ein strafrechtlich relevantes Vorverhalten des AN informiert zu werden.[298] Ist dem Bewerber bekannt, dass er auf Grund seines Gesundheitszustands im Zeitpunkt der vorhergesehenen Arbeitsaufnahme arbeitsunfähig sein wird, muss er von sich aus hierauf hinweisen.[299] Drängte sich dem AN bei seiner Einstellung im öffentl. Dienst auf, dass er wegen seines politischen Engagements (Mitgliedschaft in der NPD und deren Jugendorganisation) nicht in der Lage sein werde, das für die angestrebte Tätigkeit erforderliche Maß an Verfassungstreue aufzubringen, und versäumt er es bewusst, diesen Umstand zu offenbaren, kann dies den AG – unabhängig von Inhalt und Umfang einer Belehrung zur Verfassungstreue – zur Anfechtung des Arbeitsvertrags berechtigen.[300] Für den Fall einer Behinderung gilt, dass der Bewerber eine (Schwer)Behinderung nur dann ungefragt offenbaren muss, wenn er die angestrebte Beschäftigung infolge der körperlichen Einschränkung nicht ausüben kann oder doch nur unter solchen Einschränkungen, dass seine Arbeitskraft für den AG nicht verwertbar ist. Daran hat sich auch durch die Einführung des AGG und durch die neuen Grundsätze beim Fragerecht (→ Rn. 74) nichts geändert; gleiches gilt für DS-GVO und BDSG. Das Arbeitsverhältnis ist ein Austauschverhältnis. Weiß der AG im Zeitpunkt der Unterzeichnung des Arbeitsvertrages, dass er die vereinbarte Vergütung nicht zahlen kann und nimmt er dennoch die Arbeitsleistung des AN an, liegt ein strafbarer Eingehungsbetrug vor. Dies rechtfertigt es, dem AN im o. angeführten Fall die Pflicht zur Offenbarung aufzuerlegen. In diesen Fällen ist ausnahmsweise, auch wenn der AG nicht nach der verkehrswesentlichen Eigenschaft gefragt hat, eine Anfechtung nach § 119 Abs. 2 BGB möglich.[301]

101 Eine Täuschung kann auch in dem Verschweigen von Tatsachen bestehen, sofern der Erklärende zu deren Offenbarung verpflichtet war. Arglistig ist die Täuschung, wenn der Täuschende weiß oder billigend in Kauf nimmt, dass seine Behauptungen nicht der Wahrheit entsprechen oder mangels Offenbarung bestimmter Tatsachen irrige Vorstellungen beim (künftigen) Dienstherrn entstehen oder aufrechterhalten werden.[302] In diesem Fall ist der AG zur Anfechtung nach § 123 BGB berechtigt.[303]

102 § 142 BGB ordnet die **Nichtigkeit** des angefochtenen Vertrages von Anfang an. Da die Anfechtungserklärung keine Kündigung ist, ist der BR nicht nach § 102 BetrVG zu beteili-

---

[294] BAG 15.11.2012 – 6 AZR 339/11, BeckRS 2012, 75543.
[295] *Hofmann* ZfA 1975, 1 (60).
[296] Vgl. BAG 21.2.1991 – 2 AZR 449/90, NJW 1991, 2723; *Hofmann* ZfA 1975, 1 (48).
[297] BAG 21.2.1991 – 2 AZR 449/90, NZA 1991, 719.
[298] LAG Baden-Württemberg 22.3.2011 – 15 Sa 64/10, NZA 2013, 1087.
[299] BAG 7.2.1964 – 1 AZR 251/63, AP BGB § 276 Verschulden bei Vertragsschluss Nr. 6; offengelassen in BAG 27.3.1991 – 5 AZR 58/90, AP LohnFG § 1 Nr. 92.
[300] BAG 12.5.2011 – 2 AZR 479/09, NZA-RR 2012, 43.
[301] BAG 28.3.1974 – 2 AZR 29/73, AP BGB § 119 Nr. 3.
[302] BAG 12.5.2011 – 2 AZR 479/09, NZA-RR 2012, 43.
[303] Vgl. BAG 12.5.2011 – 2 AZR 479/09, NZA-RR 2012, 43.

gen. Schutzbestimmungen wie zB § 9 MuSchG greifen nicht ein. Es sind lediglich die in §§ 121, 124 BGB bestimmten Anfechtungsfristen zu berücksichtigen. Die Anfechtung hat die Konsequenz, dass die bereits ausgetauschten Leistungen nach Bereicherungsrecht abzuwickeln sind. Diese Grundsätze gelten im Arbeitsrecht allerdings nur eingeschränkt.[304] Ist das Arbeitsverhältnis im Zeitpunkt der Anfechtung noch nicht in Vollzug gesetzt, dh wurde noch nicht gearbeitet, greift § 142 BGB. Der Arbeitsvertrag ist von Anfang an nichtig. Hat der AN jedoch bereits gearbeitet, wirkt die Anfechtung nur für die Zukunft bzw. auf den Zeitpunkt zurück, zu dem der AN zuletzt gearbeitet hat. Die Anfechtung wirkt auch im Falle der Arbeitsunfähigkeit iSd EntgeltfortzahlungsG auf den Zeitpunkt der letzten tatsächlichen Arbeitsleistung zurück.[305] Hat also der AN auf eine zulässige Frage des AG hin gelogen, zunächst gearbeitet und ist dann arbeitsunfähig geworden, wirkt die nach § 123 BGB erklärte Anfechtung auf den Zeitpunkt des Beginns der Arbeitsunfähigkeit zurück. Offen ist, ob die Rückabwicklung nach Bereicherungsrecht auf alle Zeiträume auszudehnen ist, in denen der AN nicht gearbeitet hat, auch wenn später die Arbeitsleistung wieder aufgenommen wurde.[306]

bb) Kündigung. Grundsätzlich ist neben einer Anfechtung auch die **Kündigung** des Arbeitsverhältnisses möglich. Allerdings müssen die für eine Kündigung erforderlichen Voraussetzungen[307] gegeben sein. Da die Anfechtung die Freiheit der Willensentschließung des AG schützt und die Kündigung nicht, stellt ein Anfechtungsgrund nicht automatisch einen Kündigungsgrund dar.

cc) Schadensersatzansprüche. Darüber hinaus sind Schadensersatzansprüche des AG gegen den arglistig täuschenden Bewerber nach cic – nun § 311 Abs. 2 Nr. 1 BGB – also der Ersatz des **Vertrauensschadens,** möglich. Da die vom AG bis zur Anfechtung zu leistende Vergütung jedenfalls dann nicht zum Schaden zählt, wenn die Arbeitsleistung nicht gänzlich unbrauchbar war, werden derartige Schadensersatzansprüche in der Praxis die Ausnahme bleiben. Dies gilt umso mehr, als der AG auch hinsichtlich des kausal verursachten Schadens nach allgemeinen Grundsätzen die Darlegungs- und Beweislast trägt.

Fragt der AG den Bewerber zulässigerweise nach einer verkehrswesentlichen Eigenschaft und lügt der Bewerber, greift § 123 BGB ein. Der AG kann den geschlossenen Arbeitsvertrag anfechten und ggf. Schadensersatzansprüche gegen den arglistig täuschenden AN geltend machen. Fragt der AG nicht, ist jedoch der AN ausnahmsweise zur Offenbarung verpflichtet, ist ein Schadensersatzanspruch des Bewerbers gegen den nach § 119 Abs. 2 BGB anfechtenden AG nach § 122 Abs. 2 BGB zu verneinen.

Beantwortet der Bewerber eine unzulässig gestellte Frage zutr. und wird er sodann nicht eingestellt, stehen Schadensersatz- und Entschädigungsansprüche des Bewerbers im Raum. Die Stellung einer unzulässigen Frage kann bei Eingreifen eines Benachteiligungsgrundes nach § 1 AGG ein Indiz für eine Diskriminierung bei der Einstellungsentscheidung darstellen.[308] Die **Rechtsfolgen** einer Diskriminierung[309] nach dem AGG werden unter → § 10 Rn. 86 ff. dargestellt. Dagegen wird man in der im Einzelfall unzulässigen Frage etwa nach Vorstrafen oder den Vermögensverhältnissen nicht zugleich ein Indiz für einen Verstoß gegen ein Diskriminierungsverbot erblicken können. Da schon bei einer Diskriminierung nach dem AGG ein Einstellungsanspruch des Bewerbers gem. § 15 Abs. 6 AGG nicht besteht, ist dies umso mehr der Fall, wenn noch nicht einmal gegen ein Diskriminierungsverbot verstoßen wird. Schadensersatzansprüche des Bewerbers können sich damit nur aus cic – nun § 311 Abs. 2 Nr. 1 BGB – ergeben. Mangels gesetzlicher Regelung iSd § 253 BGB ist der Schadensersatzanspruch anders als bei § 15 AGG und § 81 SGB IX aF (jetzt § 164) auf materielle Schäden beschränkt und beinhaltet immaterielle Schäden nicht (anders beim Entschädigungsanspruch nach § 15 Abs. 2 AGG). Der AN, der auf Grund der wahrheitsgemä-

---

[304] Seit BAG 5.2.1957 – 1 AZR 594/56, AP BGB § 123 Nr. 2; vgl. → § 10 Rn. 24 f.
[305] BAG 3.12.1998 – 2 AZR 754/97, NZA 1999, 584.
[306] *Strick* NZA 2000, 695 (696).
[307] Vgl. unten → Teil I.
[308] *Bauer/Krieger/Günther* AGG § 2 Rn. 23 mwN.
[309] Vgl. hierzu zB *Wisskirchen/Bissels* NZA 2007, 169 (170, 171).

ßen Beantwortung der unzulässigen Frage nicht eingestellt wurde, muss den dadurch entstandenen Schaden darlegen und beweisen. Dies wird ihm, da zu diesem Zeitpunkt kaum ein schutzwürdiges Vertrauen auf Einstellung entstanden sein kann, nur in extremen Ausnahmefällen möglich sein. Bei Verletzung der Vorschriften der DS-GVO drohen die erheblichen Sanktionen des Art. 83 BDSG, überdies können Schadensersatzansprüche gem. Art. 82 DS-GVO bestehen. Auch hier wird jedoch angesichts der schwierigen Nachweisbarkeit in den meisten Fällen abzuwarten sein, inwieweit sich diese Sanktionen als wirkungsvoll erweisen.[310]

3. Informationsbeschaffung des AG unter Mitwirkung Dritter

107 a) **Pre-Employment-Screening:** Da der Inhalt von Arbeitszeugnissen mit Vorsicht zu genießen ist und eine große, immer weiter zunehmenden Zahl vom Menschen persönliche Informationen in Internet und Social Media veröffentlichen, besteht – gerade auch in Hinblick auf die rechtliche Unzulässigkeit mancher Fragen im Bewerbungsgespräch – für viele Arbeitgeber ein nicht unerheblicher Anreiz, sich bereits im Vorfeld aus externen Quellen über potenzielle AN zu informieren, um alle begehrten Informationen zu erhalten. Eine solche Überprüfung von Identität, Vita und Umfeld eines Bewerbers durch den Arbeitgeber vor einer möglichen Anstellung, mitunter durch die Einholung von Referenzen bei früheren Arbeitgebern, durch die Recherche im Internet und sozialen Medien oder durch die Abfrage verschiedener (internationaler) Datenbanken nach Straftaten oder Einträgen auf Sanktionslisten, bezeichnet man als „Pre-Employment-Screening".[311] Besorgt sich der AG die Informationen, die er zur Entscheidung über die Einstellung des Bewerbers für notwendig hält, von Dritten oder unter deren Mitwirkung, stehen dem Informationsrecht des AG jedoch eine Vielzahl von zu schützenden Rechtspositionen des AN gegenüber. Das Datenschutzrecht stellt deswegen teils hohe Anforderungen an die Zulässigkeit entsprechender Maßnahmen, um einen Ausgleich zwischen den widerstreitenden Interessen der Beteiligten zu erreichen. In Hinblick auf die DS-GVO und die Neufassung des BDSG sind diesbezüglich noch einige Fragen offen, so insbesondere, ob der ehemals in § 4 Abs. 2 BDSG aF ausdrücklich geregelte Grundsatz der Direkterhebung, nach welchem eine Datenerhebung aus Drittquelle grundsätzlich unzulässig ist, sofern nicht eine rechtliche Grundlage gegenteiliges zulässt, weiterhin gilt. Dies wird in der Literatur nicht einheitlich bewertet, allerdings spricht der Schutzzweck der DS-GVO, welche darauf abzielt, das Schutzniveau für sensible Daten im Vergleich zur bisherigen Rechtslage zu erhöhen, iVm Art. 5 Abs. 1 lit. a DS-GVO, nach welchem personenbezogene Daten auf rechtmäßige Weise, nach Treu und Glauben und in einer für die betroffene Person nachvollziehbaren Weise verarbeitet werden müssen, einiges dafür, dass der Grundsatz der Direkterhebung weiterhin gilt.[312] Überdies ist sowohl im Unionsrecht, als auch im deutschen Recht im grundrechtssensitiven Bereich stets der Verhältnismäßigkeitsgrundsatz zu beachten, im Rahmen dessen die Direkterhebung stets das mildere Mittel darstellen dürfte.[313] Da eine Datenerhebung aus Drittquellen im Vorfeld ohne Kenntnis des Bewerbers, überdies regelmäßig nicht dem gemeinsamen Willen beider am Vertragsanbahnungsverhältnis Beteiligten entsprechen dürfte, sollten auch in Hinblick auf die Einhaltung der Grenzen des arbeitsrechtlichen Fragerechts und die Erforderlichkeit im Rahmen der Verhältnismäßigkeitsprüfung personenbezogene Daten grundsätzlich weiterhin bei dem Bewerber selbst und nicht ohne dessen Kenntnis oder Mitwirkung zu erheben sein, wenn dem Schutzzweck des Datenschutzrechts genüge getan werden soll.[314] Dies gilt insbesondere, wenn man sich vor Augen führt, dass einem Bewerber in der Praxis eine Abwehr unzulässiger Recherchen bzw. eine Kontrolle der Einhaltung der datenschutzrechtlichen Informationspflichten durch den Arbeitgeber nur in seltensten Fällen möglich sein wird, da der Arbeitgeber in solchen Fällen oft schon gar nicht zum Vorstellungsgespräch einladen,

---

[310] Vgl. *Gola* NZA 2019, 654.
[311] Vgl. *Gola* NZA 2019, 654; *Schwarz* ZD 2018, 353.
[312] So auch *Gola* NZA 2019, 654.
[313] Vgl. *Gola* NZA 2019, 654.
[314] Vgl. *Gola* NZA 2019, 654.

geschweige denn mitteilen wird, dass er unzulässige Daten oder Daten auf unzulässige Weise erhoben und im Rahmen des Bewerbungsprozesses berücksichtigt hat.[315] Gegner der Fortgeltung des Grundsatzes der Direkterhebung stellen hingegen auf die Systematische Zweiteilung der Regelungen zu den Informationspflichten in Art. 13 und 14 DS-GVO ab, welche die Direkt- und Drittquellenerhebung separat regeln und schließen daraus auf die grundsätzliche Zulässigkeit der Datenerhebung aus Drittquellen.[316] Da es sich hierbei jedoch um Schutzvorschriften zugunsten des Arbeitnehmers handelt, die auch im Fall einer unzulässigen Datenerhebung Sinn und Zweck behalten, da sie dem Betroffenen die Wahrnehmung seiner Rechte aus Art. 82 DS-GVO erleichtern und auch deren Nichteinhaltung unabhängig von der sonstigen Zulässigkeit der betreffenden Datenerhebung gem. Art. 83 DS-GVO Sanktioniert werden kann, ist allerdings fraglich, ob sich auf Basis dieser Normen eine beabsichtigte Schlechterstellung des Arbeitnehmers im Verhältnis zur bisherigen Rechtslage durch Aufgabe des Grundsatzes der Direkterhebung dogmatisch rechtfertigen lässt.

Da der Arbeitgeber ein berechtigtes Interesse daran, sich ein möglichst umfassendes Bild über den Bewerber zu machen den er einstellen möchte – wozu insbesondere das Vorstellungsgespräch dient – ergibt sich in Verbindung mit Art. 9 Abs. 2 lit. e DS-GVO, dass die Abwägung jedenfalls in den Fällen zugunsten des Informationsinteresses des Arbeitgebers ausgeht, in denen der Bewerber die Daten selbst zum Zweck der Beantwortung solcher Fragen ins Internet gestellt hat (zB auf Job-Portalen wie LinkedIn oder XING), da die Interessen des Bewerbers durch die Recherche nicht anders tangiert werden, als bei einer direkten Befragung.[317] Art. 9 Abs. 2 lit. e DS-GVO greift § 28 Abs. 1 Nr. 3 BDSG aF auf, der nach überwiegender Ansicht schon nach alter Rechtslage neben § 32 BDSG aF anwendbar war und eine geringere Schutzwürdigkeit allgemein zugänglicher Daten vorsah.[318] Art. 9 Abs. 2 lit. e DS-GVO hebt das strenge Verbot mit Erlaubnisvorbehalt für eine Verarbeitung besonderer (sensitiver) Kategorien personenbezogener Daten auf, wenn die betroffene Person die betreffenden Daten selbst offensichtlich öffentlich gemacht hat und gilt damit erst recht auch im Bereich anderer weniger sensibler Bewerberdaten – er kann damit wertungsmäßig also auch im Rahmen der Interessenabwägung nach § 26 BDSG nF zu Gunsten des Arbeitgebers herangezogen werden.[319] Öffentlich gemacht sind Daten grundsätzlich, wenn sie dem Zugriff einer unbestimmten Anzahl von Personen ohne wesentliche Zulassungsschranke offenstehen.[320] Dies hängt vom konkreten Einzelfall ab – bei Veröffentlichung im Internet zB von der Frage, ob die Daten der Allgemeinheit, oder nur innerhalb geschlossener Gruppen zugänglich gemacht wurden.[321] Informationen in Social-Media Portalen, die in ihren AGB eine reine Privatnutzung vorsehen, sind dabei eine gegenüber geschäftlicher Nutzung „geschlossene" Gruppe, jegliche Recherche auf solchen Portalen ist mithin unzulässig. Etwas anderes gilt selbstverständlich für solche Social-Media Plattformen, die gerade der öffentlichen Selbstdarstellung dienen (Xing, LinkedIN etc.) Zu diesem Ergebnis kam die überwiegende Literatur auch schon im Rahmen der „Allgemeinzugänglichkeit" iSv § 28 Abs. 1 Nr. 3 BDSG aF.[322] Die Veröffentlichung gem. Art. 9 Abs. 2 lit. e DS-GVO muss überdies „selbst offensichtlich" erfolgen, dh eindeutig von der betroffenen Person selbst veranlasst worden sein. Im Rahmen der Interessenabwägung ist schließlich auch eine erkennbar gewählte Zweckbestimmung der Veröffentlichung des Arbeitnehmers zu berücksichtigen, die einer berufsbezogenen Verwendung entgegenstehen kann, wenn zB klar erkennbar eine rein soziale Kommunikation mit Privaten (wie zB auf Portalen wie Facebook oder Instagram) gewollt war.[323] Schwierig zu beurteilen sind Informationen, die sich ohne weiteres mittels einer Suchmaschine ermitteln lassen und damit sehr „offen" zugänglich sind. Eine generelle

---

[315] So auch *Gola* NZA 2019, 654.
[316] So *Kort* RdA 2018, 24.
[317] Vgl. *Gola* NZA 2019, 654; *Schwarz* ZD 2018, 353.
[318] Vgl. *Gola* NZA 2019, 654; *Schwarz* ZD 2018, 353; *Forst* NZA 2010, 427 mwN.
[319] Vgl. *Gola* NZA 2019, 654; *Schwarz* ZD 2018, 353.
[320] Vgl. *Gola* NZA 2019, 654.
[321] Vgl. *Gola* NZA 2019, 654; *Schwarz* ZD 2018, 353; *Forst* NZA 2010, 427 mwN.
[322] *Forst* NZA 2010, 427 mwN.
[323] Vgl. *Gola* NZA 2019, 654.

Verwendbarkeit allein aufgrund der einfachen Zugänglichkeit muss aber wohl in Hinblick auf die in Art. 17 und 18 DS-GVO normierten Rechte auf Löschung (Recht auf Vergessenwerden) und Einschränkung der Verarbeitung, kritisch gesehen werden, auch wenn dies teilweise für unproblematisch gehalten wird.[324] Entscheidend wird hier wohl sein, ob die betreffenden Informationen zumindest mittelbar zurechenbar vom Bewerber zur Kenntnisnahme durch die Allgemeinheit freigegeben wurden.[325]

109 Erkundigungen beim früheren Arbeitgeber durch Personen die ein berechtigtes Interesse haben, waren nach älteren Entscheidungen des BAG selbst entgegen dem ausdrücklich erklärten Willen des ehemaligen AN zulässig.[326] Nach einigen Stimmen in der Lit.[327] wurde auch schon vor Einführung der DS-GVO vor dem Hintergrund der Entwicklung der Rspr. zum Persönlichkeitsschutz vertreten, dass den in die Jahre gekommenen Entscheidungen des BAG nicht mehr zu folgen sei. Dies wird nun von den verschärften Schutzvorschriften in DS-GVO und BDSG, insbesondere dem Anspruch auf Löschung und Einschränkung der Verarbeitung Personenbezogener Daten gem. Art. 17 und 18 DS-GVO bestätigt. Jedenfalls gegen den ausdrücklichen Willen des ehemaligen Arbeitnehmers wird in Hinblick auf Art. 5 Abs. 1 BDSG ein überwiegendes berechtigtes Interesse des neuen Arbeitgebers an Erkundigung beim bzw. Auskunft seitens des früheren Arbeitgebers wohl nicht mehr gegeben sein, insbesondere da das berechtigte Informationsinteresse des Arbeitgebers durch sein Fragerecht im Vorstellungsgespräch in Verbindung mit der Wahrheitspflicht des Bewerbers ausreichend geschützt ist.[328] Im Übrigen lässt sich jedoch eine sichere Aussage bis zum Vorliegen aktuellerer Entscheidungen des BAG zu dieser Frage nicht treffen. Werden jedoch Auskünfte eingeholt oder gegeben, müssen diese jedenfalls den Erfordernissen von Arbeitszeugnissen iSd § 630 BGB entsprechen, wahr und wohlwollend sein, sowie die Grenzen des Fragerechts des Arbeitgebers wahren.[329] Überdies sind zwingend die sonstigen Vorschriften von DS-GVO und BDSG einzuhalten, insbesondere die Informationspflichten des Art. 14 DS-GVO. Unproblematisch ist die Informationsbeschaffung aus Drittquellen grundsätzlich, wenn diesbezüglich eine Einwilligung des Bewerbers iSv Art. 4 Nr. 11 DS-GVO erteilt wurde (Art. 6 Abs. 1 S. 1 lit. a, Art. 9 Abs. 2 lit. a DS-GVO), wobei auch diese nicht über die Grenzen des Fragerechts hinwegzuhelfen vermag.[330]

110 **b) Untersuchungen.** Die Anordnung einer Untersuchungspflicht bezüglich arbeitsmedizinischer Untersuchungen bedarf unter Berücksichtigung des allgemeinen Persönlichkeitsrechts des Arbeitnehmers einer gesetzlichen Ermächtigungsgrundlage.[331] Nach einer Reihe von gesetzlichen Bestimmungen ist die ärztliche Untersuchung des Bewerbers vorgeschrieben. Hierzu zählen insbesondere § 32 JArbSchG, §§ 37ff. Röntgenverordnung, §§ 60ff. Strahlenschutzverordnung, § 28 Gefahrstoffverordnung, §§ 18, 47 BSeuchG, § 81 Seemannsgesetz und § 3 Arbeitssicherheitsgesetz. Empfehlungen zu einer Eignungsuntersuchung durch die Unfallversicherungsträger iSd §§ 15 Abs. 1 S. 1, 21 Abs. 3 SGB VII sind hingegen keine ausreichende normative Grundlage.[332] Zur Forderung von Untersuchungen, die nicht durch die o. angeführten gesetzlichen Bestimmungen abgedeckt sind, ist der AG damit nur berechtigt, wenn sein Interesse an der Information das Interesse des Bewerbers an dem Schutz seines Persönlichkeitsrechts überwiegt. Die Grenzen des Informationsrechts des AG zu den Fragerechten gelten hier entsprechend.[333] Überdies sind nun die Anforderungen des Datenschutzrechts zu beachten.

---

[324] Vgl. *Gola* NZA 2019, 654; *Schwarz* ZD 2018, 353; *Kort* RdA 2018, 24 mwN.
[325] Vgl. *Gola* NZA 2019, 654.
[326] BAG 25.10.1957 – 1 AZR 434/55, AP BGB § 630 Nr. 1; BAG 5.8.1976 – 3 AZR 491/75, AP BGB § 630 Nr. 10.
[327] ErfK/*Müller-Glöge* GewO § 109 Rn. 61; BeckOK ArbR/*Joussen* BGB § 611 Rn. 422; MüKoBGB/ *Henssler* § 630 Rn. 80.
[328] Vgl. *Gola* NZA 2019, 654; *Schwarz* ZD 2018, 353.
[329] Vgl. BAG 18.12.1984 – 3 AZR 389/83, AP BGB § 611 Persönlichkeitsrecht Nr. 8; *Gola* NZA 2019, 654; *Schwarz* ZD 2018, 353.
[330] Zu den Formvoraussetzungen der Einwilligung → Rn. 48.
[331] BVerfG 1.12.2010 – 1 BvR 1572/10, NJW 2011, 1661.
[332] ArbG Gelsenkirchen 13.11.2018 – 5 Ca 993/18, juris.
[333] Instruktiv hierzu: *Aligbe*, Einstellungs- und Eignungsuntersuchungen, 1. Aufl. 2015.

aa) Ärztliche Einstellungsuntersuchungen. Ärztliche Einstellungsuntersuchungen sind **111** ebenso wie Fragen des AG nach dem Gesundheitszustand oder Erkrankungen des Bewerbers nur dann zulässig, wenn zu klären ist, ob die körperliche Verfassung des Bewerbers seine Eignung für die angestrebte Tätigkeit auf Dauer oder in periodisch wiederkehrenden Abständen erheblich beeinträchtigt oder gar aufhebt.[334] Es unterliegt der Beurteilung des Arztes, ob der gesundheitliche Zustand des Bewerbers den Anforderungen des Arbeitsplatzes genügt.[335] Der AG ist somit grundsätzlich berechtigt, vom Bewerber die Teilnahme an einer Einstellungsuntersuchung zu verlangen, mit der (ausschließlich) die Eignung des Bewerbers für den Arbeitsplatz geklärt werden soll. Der Bewerber ist nicht verpflichtet, die Untersuchung zu gestatten, riskiert jedoch mit der Verweigerung die Ablehnung der Bewerbung. Jedenfalls kann eine Untersuchung nie ohne Einwilligung des Bewerbers erfolgen. Wird die Untersuchung durchgeführt, ist der untersuchende Arzt gegenüber dem AG **nur in engen Grenzen zur Auskunft berechtigt.** Wie beim Fragerecht darf der Arzt dem AG hinsichtlich des Untersuchungsergebnisses nur Auskünfte geben, die für den in Aussicht gestellten Arbeitsplatz von Bedeutung sind. Grundsätzlich muss der Bewerber den untersuchenden **Arzt von der Schweigepflicht befreien.** In der Einwilligung zur ärztlichen Untersuchung liegt konkludent allenfalls die Einwilligung zur Mitteilung an den AG, ob der Bewerber geeignet oder nicht geeignet ist. Bei weitergehenden Auskünften ist eine ausdrückliche Befreiung von der Schweigepflicht erforderlich.[336]

bb) Gentest. Der Gentest oder die Genomanalyse ermöglicht die Überprüfung der genetischen Veranlagungen einer natürlichen Person. Unterschieden werden die Chromosomenanalyse, die Genproduktanalyse und die DNS-Analyse.[337] Die einander gegenüberstehenden Interessen liegen auf der Hand. Der AG hat beispielsweise ein Interesse daran, zu erfahren, ob der Pilot einer Passagiermaschine epileptischen Anfällen ausgesetzt sein kann. Da der betroffene AN diese Gefahr oftmals selbst nicht kennt, ist der Gentest ein probates Mittel, die potenzielle Gefährdung der zukünftigen Flugpassagiere zu reduzieren. Allerdings wird mit einem derartigen Gentest weit in das Recht auf informationelle Selbstbestimmung des AN eingegriffen. UU will der Pilot genetisch bedingte Erbkrankheiten, die evtl. erst in Jahrzehnten oder nie ausbrechen, nicht kennen. **112**

Mit dem Inkrafttreten des Gendiagnostikgesetzes am 1.2.2010 hat der Gesetzgeber diese Fragen weitestgehend beantwortet. Für Untersuchungen im Zusammenhang mit dem Arbeitsverhältnis sind vor allem die §§ 19 bis 22 GenDG von Bedeutung, die die „genetischen Untersuchungen im Arbeitsleben" betreffen. Der Gesetzgeber spricht zunächst in § 19 GenDG ein **grundsätzliches Verbot** aus: Der AG darf vom Beschäftigten weder vor noch nach Begr. des Arbeitsverhältnisses die Vornahme genetischer Untersuchungen oder Analysen verlangen (Nr. 1), oder die Mitteilung von Ergebnissen bereits vorgenommener genetischer Untersuchungen oder Analysen verlangen, solche Ergebnisse entgegennehmen oder verwenden (Nr. 2). Dieses Verbot soll unabhängig von einer etwaigen Einwilligung des Betroffenen gelten.[338] Für **arbeitsmedizinische Vorsorgeuntersuchungen** gilt in § 20 GenDG ebenfalls eine grundsätzlich restriktive Regelung.[339] **113**

Aus Gründen des Arbeitsschutzes gibt es jedoch davon **Ausnahmen:** Im Rahmen solcher arbeitsmedizinischer Vorsorgeuntersuchungen dürfen ebenfalls grundsätzlich weder genetische Untersuchungen oder Analysen vorgenommen werden (§ 20 Abs. 1 Nr. 1 GenDG) noch die Mitteilung von Ergebnissen bereits vorgenommener genetischer Untersuchungen oder Analysen verlangt, solche Ergebnisse entgegengenommen oder verwendet werden (§ 20 Abs. 1 Nr. 2 GenDG). Die Ausnahmen zu diesem Grundsatz unterliegen strengen Voraussetzungen: So sind nach **§ 20 Abs. 2 GenDG** im Rahmen arbeitsmedizinischer Vorsorgeuntersuchen diagnostische genetische Untersuchungen durch Genproduktanalysen nur zulässig, **114**

---

[334] BAG 7.6.1984 – 2 AZR 270/83, NJW 1985, 645.
[335] *Keller* NZA 1988, 561 (562).
[336] *Keller* NZA 1988, 561 (563).
[337] *Menzel* NJW 1989, 2041; *Simon* MDR 1991, 5 (6).
[338] ErfK/*Franzen* GenDG § 19 Rn. 4; *Fischinger* NZA 2010, 65 (68) mwN.
[339] *Wiese* BB 2009, 2198 (2204).

soweit sie zur Feststellung genetischer Eigenschaften erforderlich sind, die für schwerwiegende Erkrankungen oder schwerwiegende gesundheitliche Störungen, die bei einer Beschäftigung an einem bestimmten Arbeitsplatz oder mit einer bestimmten Tätigkeit entstehen können, ursächlich oder mitursächlich sind. Eine Analyse ist danach nur dann zulässig, wenn die Krankheit durch eine Kombination aus Arbeit und genetischer Vorbelastung ausgelöst werden kann. Dass die Tätigkeit gefährlich ist, reicht zur Rechtfertigung der Untersuchung nicht. Eine Untersuchung in einem Betrieb mit Staubexplosionen soll beispielsweise geboten sein, wenn Beschäftigte mit einem genetisch bedingten Mangel an Alpha-1-Antitrypsin einem signifikant höheren Risiko einer Lungenerkrankung unterliegen.[340]

115 Dabei sind genetische Untersuchungen als Bestandteil arbeitsmedizinischer Vorsorgeuntersuchungen **nachrangig** zu anderen Maßnahmen des Arbeitsschutzes. Nach **§ 20 Abs. 3 GenDG** kann eine **Rechtsverordnung** unter bestimmten Voraussetzungen im Rahmen arbeitsmedizinischer Vorsorgeuntersuchungen diagnostische genetische Untersuchungen zulassen. Eine derartige Rechtsverordnung liegt bisher nicht vor.[341] Die Vornahme einer genetischen Untersuchung innerhalb einer arbeitsmedizinischen Vorsorgeuntersuchung ist stets von der **Einwilligung** des Beschäftigten in den Einsatz dieses konkreten Diagnoseinstruments als eines Bausteins des diagnostischen Instrumentariums abhängig, § 20 Abs. 4 iVm § 8 GenDG.[342] **Rechtsfolgen** für einen Verstoß gegen das Verbot der Anforderung genetischer Untersuchungen bzw. Analysen im Bewerbungsverfahren nennt § 19 GenDG nicht. Aus §§ 19 und 21 Abs. 1 S. 2 GenDG folgt, dass eine Benachteiligung des Bewerbers aufgrund der Weigerung unzulässig ist.[343] Der Kandidat kann daher eine entsprechende Aufforderung des AG zurückweisen. Anders als bei der Reaktion auf eine unzulässige Frage („Recht zur Lüge") darf der Bewerber allerdings keine gefälschten Unterlagen einreichen. Bei einem Verstoß des AG gegen § 19 GenDG hat der Bewerber richtigerweise keinen Einstellungsanspruch, §§ 19, 21 Abs. 1, 2 GenDG iVm § 15 Abs. 6 AGG.[344]

116 Mit den dargestellten Regelungen hat der Gesetzgeber nach jahrelangen Diskussionen viele umstr. Fragen beantwortet und **wichtige Kernaussagen** getroffen: Für genetische Untersuchungen und Analysen im Zusammenhang mit dem Arbeitsverhältnis gilt ein grundsätzliches Verbot. Davon gibt es nur wenige Ausnahmen, insbesondere bei den arbeitsmedizinischen Vorsorgeuntersuchungen. Diese Ausnahmen betreffen allerdings den Arbeitsschutz des Mitarbeiters selbst. Bei der Anbahnung des Arbeitsverhältnisses gilt: Arbeitsbedingungen sind so zu gestalten, dass AN vor gesundheitlichen Gefahren möglichst umfassend geschützt werden und nicht umgekehrt AN, die wegen ihrer genetischen Veranlagung besonders gefährdet sind, von bestimmten Tätigkeiten ausgeschlossen werden.[345] Auch wenn eine Ausnahme eingreift, sind und bleiben genetische Untersuchungen und Analysen immer nachrangig zu anderen Untersuchungs- und Analysemöglichkeiten. Wichtig ist schließlich, dass der Gesetzgeber sich entschieden hat, die geregelten Ausnahmen optional und nicht verbindlich zu gestalten.[346] Der AN kann daher in keinem Fall gegen seinen Willen zu einer genetischen Untersuchung gezwungen werden.[347]

117 Bezogen auf den eingangs erwähnten Beispielsfall eines **Piloten einer Passagiermaschine,** der möglicherweise epileptischen Anfällen ausgesetzt sein kann, bedeuten die dargestellten Regelungen, dass der AG eine genetische Untersuchung oder Analyse bzw. die Mitteilung von Ergebnissen bereits erfolgter Maßnahmen nicht verlangen kann. Für dieses auf den ersten Blick unbefriedigende Ergebnis spricht, dass im Gesetzgebungsverfahren eine weitere Ausnahme vom Verbot genetischer Untersuchungen erwogen worden war, soweit es zum

---

[340] ErfK/*Franzen* GenDG § 20 Rn. 3 und amtliche Begr., BT-Drs. 16/10532, 37.
[341] ErfK/*Franzen* GenDG § 20 Rn. 2.
[342] BT-Drs. 16/10532, 38.
[343] *Wiese* BB 2009, 2198 (2206).
[344] ErfK/*Franzen* GenDG § 19 Rn. 6; demnach ist die entgegenstehende Aussage in der amtlichen Begr. (BT-Drs. 16/10532, 37) unzutr.; der Bewerber ist nach richtiger Ansicht von *Wank* auf die Ansprüche nach § 15 Abs. 1 und 2 AGG iVm § 21 Abs. 2 GenDG angewiesen.
[345] *Wiese* BB 2009, 2198 (2204).
[346] Zur Begr. vgl. *Wiese* BB 2009, 2198 (2204).
[347] *Wiese* BB 2009, 2198 (2205).

Schutz anderer Personen auf die nach menschlichem Ermessen uneingeschränkte Zuverlässigkeit eines AN bei Ausübung einer bestimmten Tätigkeit ankommt, die auf Grund seiner genetischen Veranlagung zweifelhaft sein könnte. Gedacht war dabei an eine evtl. vorhandene genetisch bedingte Veranlagung für Geisteskrankheiten von Piloten, Lokomotivführern oder Autobusfahrern. Der Gesetzgeber hat jedoch davon abgesehen, diese Ausnahme zu regeln. Grund hierfür könnte gewesen sein, dass wohl auch mit herkömmlichen Diagnoseverfahren Krankheiten oder die Disposition hierzu mit den für andere Menschen verbundenen Gefahren festgestellt werden können. Auch mag die Abgrenzung des zu untersuchenden Personenkreises problematisch sein, da schließlich jeder Autofahrer bei entsprechender genetischer Disposition im Straßenverkehr eine Gefahr für andere Verkehrsteilnehmer bedeuten kann.[348]

cc) Psychologische Tests. Psychologische Tests sind nur zulässig, wenn der Bewerber zustimmt und sie ihrer Art und ihrem Umfang nach im Hinblick auf den zu besetzenden Arbeitsplatz angemessen sind.[349] Hinzu kommt, dass sie von diplomierten Psychologen durchgeführt werden müssen, welche der Schweigepflicht[350] iSd § 203 StGB unterliegen. Der AN muss vor Durchführung des Tests umfassend über diesen aufgeklärt werden. Dem AG darf nur mitgeteilt werden, ob der AN zur Ausführung der konkreten Tätigkeit geeignet oder nicht geeignet ist. Darüber hinaus gehende Informationen dürfen dem AG nicht preisgegeben werden.[351]

dd) Grafologische Gutachten. Umstr. ist, ob grafologische Gutachten überhaupt einen verlässlichen Aussagewert beinhalten.[352] Zur Vornahme eines grafologischen Gutachtens ist die Einwilligung des Bewerbers erforderlich. In der Übersendung eines handgeschriebenen Lebenslaufs liegt nicht die konkludente Einwilligung in die Einholung eines grafologischen Gutachtens.[353] Diese kann aber bereits darin gesehen werden, dass der Bewerber bei der Übersendung eines handgeschriebenen Lebenslaufs von sich aus den (ironischen) Hinweis macht, er hielte viel von angewandter Grafologie.[354] Wie auch bei den übrigen Untersuchungen darf sich das grafologische Gutachten nur auf Bereiche der Persönlichkeit beziehen, die für die auszuübende Tätigkeit von Bedeutung sind.

ee) Sicherheitsüberprüfung. Eine Sicherheitsüberprüfung ist zulässig, wenn es um die Besetzung einer sicherheitsrelevanten Position geht. Nach § 3 Abs. 2 BVerfSchG sind die Verfassungsschutzbehörden bei Sicherheitsüberprüfungen von Personen zur Mitwirkung verpflichtet. Auch im privatwirtschaftlichen Bereich kann eine Sicherheitsüberprüfung vor der Einstellung gerechtfertigt sein; allerdings muss objektiv ein Interesse an der Sicherheitsüberprüfung bestehen.[355]

c) *Rechtsfolgen.* Ist die **ermittelte Information unzutr.** und wird der Bewerber nicht eingestellt, sind Schadensersatzansprüche des Bewerbers zu prüfen. Diese können sich je nach den Umständen des Einzelfalls gegen den AG oder dessen Informanten richten. Stellt sich die unzutreffende Auskunft als eine **Verletzung des Persönlichkeitsrechts** dar, ist ein Schmerzensgeldanspruch nach §§ 823 Abs. 1 BGB iVm Art. 1 Abs. 1, Art. 2 Abs. 1 GG gegeben. Daneben stehende Ansprüche aus c.i.c – nun § 311 Abs. 2 BGB – richten sich auf Ersatz eines erlittenen materiellen Schadens. Diesen und die Kausalität wird der erfolglose Bewerber in aller Regel nicht nachweisen können.[356] Daneben kann der Bewerber gem. § 1004 BGB die Richtigstellung unzutr. Auskünfte verlangen.

Ist die ermittelte Information unrichtig und wird der AN aber eingestellt, kommt eine **Anfechtung nach § 123 BGB** nicht in Betracht. Der Bewerber hat selbst nicht getäuscht. Eine

---

[348] Vgl. zu allem instruktiv *Wiese* BB 2009, 2198 (2201, 2202).
[349] *v. Hoyningen-Huene* DB 1991, Beil. 10.
[350] Vgl. *Scholz* NJW 1981, 1987 f.; aA *v. Hoyningen-Huene* DB 1991, Beil. 10, 5.
[351] ErfK/*Preis* BGB § 611a Rn. 309.
[352] *Michel/Wiese* NZA 1986, 505 (508).
[353] *Michel/Wiese* NZA 1986, 505; vgl. BAG 16.9.1982 – 2 AZR 228/80, DB 1983, 2780; aA *Heilmann* AuA 1995, 157 f.
[354] Vgl. BAG 16.9.1982 – 2 AZR 228/80, DB 1983, 2780.
[355] Vgl. *Buchner* NZA 1991, 577.
[356] Vgl. LAG Berlin 8.5.1989 – 9 Sa 21/89, NZA 1989, 965.

Zurechnung der unzutr. Information nach § 123 Abs. 2 BGB ist nicht möglich, da die die unrichtige Information erteilende Person im Lager des AG steht. Auch eine Anfechtbarkeit nach § 119 Abs. 2 BGB erscheint zweifelhaft, da der AG Fehler, die aus seiner Sphäre stammen, – schließlich hat er beispielsweise den grafologischen Gutachter eingeschaltet – nicht zu Lasten des AN einsetzen kann. Der AG ist auf die Möglichkeit einer Kündigung zu verweisen. Je nach dem vertraglichen Verhältnis zwischen AG und Drittem sind Schadensersatzansprüche des AG gegen den Dritten denkbar.

123 Ist die Information dagegen zutreffend, war allerdings nach den o. dargelegten Grundsätzen die Informationserhebung unzulässig und wurde der Bewerber nicht eingestellt, so sind **Schadensersatzansprüche** des Bewerbers einerseits gegen den AG und andererseits gegen den bei der Informationsbeschaffung mitwirkenden Dritten zu prüfen. Schadensersatzansprüche des Bewerbers gegen den AG können sich aus c.i.c. – jetzt § 311 Abs. 2 Nr. 1 BGB – ergeben.[357] Ein Anspruch auf Einstellung als Schadensersatz im Sinne einer Naturalrestitution gem. § 249 BGB scheidet ebenso wie bei einem Verstoß gegen Diskriminierungsverbot aus (vgl. § 15 Abs. 6 AGG). Nichts anderes ergibt sich für die Genomanalyse auf Grund der Verweisung auf § 15 AGG in § 21 Abs. 2 GenDG. Es kommen allerdings Schmerzensgeldansprüche nach § 823 Abs. 1 BGB iVm Art. 1 Abs. 1, Art. 2 Abs. 1 GG gegen den AG sowie den Dritten bei Eingriffen in das allgemeine Persönlichkeitsrecht des Bewerbers in Betracht.[358] Ein Anspruch aus § 823 Abs. 1 BGB kann auch dann bestehen, wenn der AG das grafologische Gutachten ohne Einwilligung des Bewerbers anfertigen lässt.[359] In diesem Fall besteht auch ein Anspruch auf Vernichtung des Gutachtens aus §§ 823, 1004 BGB.[360] Überdies besteht auch hier wieder der Schadensersatzanspruch aus Art. 82 DS-GVO sowie die Möglichkeit von Sanktionen gem. Art. 83 DS-GVO.

4. Einführungsverhältnis

124 Das sogenannte Einführungsverhältnis ist nach richtiger Ansicht kein Arbeitsverhältnis,[361] verursacht in der Praxis jedoch diverse Probleme, die nachfolgend erörtert werden. Generell ist von Einführungsverhältnissen abzuraten.

125 Beim Einführungsverhältnis besteht weder eine Pflicht des potenziellen AN zur Arbeitsleistung noch eine Pflicht des potenziellen AG zur Vergütungszahlung, es sei denn, sie wird ausdrücklich vereinbart. Vorrangig haben die Vertragsparteien das Bedürfnis, die Voraussetzungen der Zusammenarbeit zu klären, bevor sie sich endgültig binden. Dem potenziellen AN soll Gelegenheit gegeben werden, den Betrieb und seinen möglichen neuen Arbeitsplatz kennenzulernen.[362] Der potenzielle AG hat kein Direktionsrecht, der potenzielle AN unterfällt aber dem Hausrecht.[363] **Bei einem Praktikum** steht im Unterschied zu einem Einführungsverhältnis grundsätzlich der Ausbildungszweck im Vordergrund.[364] Darüber hinaus unterfällt der Praktikant idR auch dem Direktionsrecht des AG.[365]

126 Im Rahmen des Einführungsverhältnisses wird richtigerweise kein **Mindestlohn** geschuldet,[366] da es sich aufgrund der fehlenden Pflicht des potenziellen AN zur Arbeitsleistung und dem fehlenden Direktionsrecht des AG nicht um einen Arbeitnehmer iSd § 22 MiLoG handelt. Auch fehlt es an einer Regelung im Rahmen des MiLoG, wie es ua in § 22 Abs. 1 S. 2 MiLoG für Praktikanten geschehen ist. Es gibt dazu bisher keine gerichtlichen Entscheidungen.

127 Die Vereinbarung eines Einführungsverhältnisses ist nach hier vertretener Ansicht zwar grundsätzlich zulässig, das BAG hat sich hierzu jedoch noch nicht geäußert. Eine Auswer-

---

[357] Vgl. *Wiedemann* FS Herschel, 1982, 463.
[358] Vgl. Palandt/*Grüneberg* BGB § 253 Rn. 10.
[359] ErfK/*Preis* BGB § 611a Rn. 304.
[360] ErfK/*Preis* BGB § 611a Rn. 304.
[361] *Boemke* JuS 2015, 385 (386) mwN aus der landesarbeitsgerichtlichen Rechtsprechung.
[362] ArbG Weiden 7.5.2008 – 1 Ca 64/08 C, BeckRS 2008, 57570; SG Berlin 26.10.2012 – S 67 U 708/09, BeckRS 2013, 65142; *Dollmann* ArbRB 2006, 306 (307).
[363] LAG Düsseldorf 6.7.2007 – 9 Sa 598/07, BeckRS 2012, 75550; *Maties* RdA 2007, 135 (142).
[364] Vgl. ErfK/*Preis* BGB § 611a Rn. 179.
[365] Vgl. *Matties* RdA 2007, 135 (139); vgl. *Schade* NZA 2012, 654 (656).
[366] *Boehmke* JuS 2015, 385 (386) mwN.

tung der bereits ergangenen instanzgerichtlichen Entscheidungen zeigt, dass diese – teilw. – widersprüchlich sind.[367] Durch die Vereinbarung eines Einfühlungsverhältnisses darf der gesetzliche Schutz für AN nicht umgangen werden. Daher kann ein Einfühlungsverhältnis nach zutr. Ansicht nur kurze Zeit, dh idR eine Woche, andauern.[368] Dadurch ist es beispielsweise von der Probearbeit abzugrenzen, die in der Praxis drei bis sechs Monate andauert[369] und entgeltlich erfolgt.

Ein **Arbeitsverhältnis** und kein unentgeltliches Einfühlungsverhältnis soll dann vorliegen, wenn ein AN, der erprobt werden soll, zwangsläufig – wenn auch für wenige Tage – in den betrieblichen Ablauf eingegliedert wird.[370] Im Fall einer Call-Center-Agentur nahm das LAG Düsseldorf die Ausübung des Direktionsrechts und damit die Eingliederung in den Betrieb an. Grund waren einzelne Vorgaben des AG hinsichtlich Zeit und Durchführung der Tätigkeit. Dann komme ein unbefristetes Arbeitsverhältnis zwischen den Beteiligten nach § 16 S. 1 TzBfG zustande, soweit sie die Befristungsabrede nicht schriftlich festhielten.[371] Die Entgeltvereinbarung ist dann nach § 138 BGB sittenwidrig, so dass der AG die übliche Vergütung gem. § 612 Abs. 2 BGB schuldet.[372] Vor dem Hintergrund dieser Rechtsprechung besteht die Gefahr, dass in einzelnen Vorgaben des AG (und zwar auch solchen, die für den sinnvollen Ablauf des Verhältnisses notwendig sind), die Ausübung des Direktionsrechts gesehen wird, das für ein Arbeitsverhältnis kennzeichnend ist. Will man diese Gefahr abmildern, ist zu Beginn des Einfühlungsverhältnisses eine schriftliche Vereinbarung zu empfehlen, in der sich der AG bestätigen lässt, dass es dem potenziellen AN freistehe, eventuelle Angaben des AG hinsichtlich Inhalt, Durchführung, Zeit, Dauer und Ort der Tätigkeit zu befolgen, und dass eine Abweichung von den Vorgaben keine Auswirkung hat. Völlig vermeiden kann man die Risiken freilich dadurch nicht, jedoch bietet eine solche Vereinbarung Vorteile in einem Streitfall. 128

Will man das Risiko eines unbefristeten Arbeitsverhältnisses vollends vermeiden, ist statt eines Einfühlungsverhältnisses ein auf wenige Tage befristeter Arbeitsvertrag denkbar. Im Hinblick auf eine spätere befristet ausgestaltete Probezeit ist das natürlich nicht unproblematisch. So scheidet bei diesem Vorgehen eine anschließende sachgrundlose Befristung aufgrund § 14 Abs. 2 S. 2 TzBfG aus. In Betracht käme aber eine erneute Befristung mit dem Sachgrund der Erprobung, § 14 Abs. 1 S. 2 Nr. 5 TzBfG. 129

Ob der Bewerber durch die **gesetzliche Unfallversicherung** geschützt ist, hängt von einer Betrachtung des Einzelfalls ab. Eine Beschäftigung iSd § 2 Abs. 1 SGB VII liegt immer dann vor, wenn der Verletzte sich in ein fremdes Unternehmen eingliedert und seine konkrete Handlung sich dem Weisungsrecht eines Unternehmens insbesondere in Bezug auf Zeit, Dauer, Ort und Art der Verrichtung unterordnet.[373] Gerade in diesen Fällen ist aber nach den oben aufgezeigten Voraussetzungen ein Einfühlungsverhältnis nicht mehr gegeben. Darüber hinaus erstreckt sich gem. § 2 Abs. 2 SGB VII der gesetzliche Unfallversicherungsschutz auf Personen, die zwar nicht sämtliche Merkmale eines Arbeits- oder Beschäftigungsverhältnisses aufweisen, in ihrer Grundstruktur aber einer abhängigen Beschäftigung ähneln.[374] Nicht umfasst vom Schutzzweck dieser Norm sind allerdings Personen, die im Wesentlichen im eigenen Interesse tätig werden.[375] Ob der potenzielle AN im Rahmen eines Einfühlungsverhältnis im fremden Interesse tätig wird und damit durch die gesetzliche Unfallversicherung iSd § 2 Abs. 2 SGB VII geschützt ist, wie im Falle eines Nachtportiers,[376] oder die Tätigkeit überwiegend im eigenen Interesse aufnimmt,[377] hängt von einer konkreten Be- 130

---

[367] Vgl. *Löw* RdA 2007, 124, der ua eine detaillierte Rechtsprechungsübersicht anbietet.
[368] *Bertzbach* FA 2002, 340 (341); *Barth* BB 2009, 2646 (2647); aA *Dollmann* ArbRB 2006, 306 (307).
[369] *Löw* RdA 2007, 124.
[370] LAG Düsseldorf 6.7.2007 – 9 Sa 598/07, BeckRS 2012, 75550; ArbG Weiden 7.5.2008 – 1 Ca 64/08 C, BeckRS 2008, 57570.
[371] LAG Baden-Württemberg 25.4.2007 – 13 Sa 129/05, BeckRS 2011, 65869.
[372] LAG Düsseldorf 6.7.2007 – 9 Sa 598/07, BeckRS 2012, 75550; ArbG Weiden 7.5.2008 – 1 Ca 64/08 C, BeckRS 2008, 57570.
[373] BSG 12.12.2013 – B 4 AS 87/12 R, NJOZ 2014, 1437.
[374] Vgl. BSG 5.7.2005 – B 2 U 22/04 R, NZS 2006, 375.
[375] BSG 5.7.2005 – B 2 U 22/04 R, NZS 2006, 375; vgl. BSG 20.1.1987 – 2 RV 15/86, NZA 1987, 539.
[376] SG Berlin 26.10.2012 – S 67 U 708/09, BeckRS 2013, 65142.
[377] Vgl. BSG 20.1.1987 – 2 RV 15/86, NZA 1987, 539.

trachtung des Einzelfalls ab. Es sollte deshalb vorab in einer schriftlichen Vereinbarung darauf hingewiesen werden, dass nach Auffassung des AG kein Versicherungsschutz besteht und es dem AN obliegt, auf eigene Kosten für einen anderweitigen Versicherungsschutz zu sorgen.[378]

131 In der Praxis bestehen – wie gezeigt erhebliche Unsicherheiten: Die fehlende höchstrichterliche Rechtsprechung zur generellen Zulässigkeit, tatsächliche Einordnungsprobleme, die unterschiedliche Rspr. im Bereich der gesetzlichen Unfallversicherung und die noch nicht höchstrichterlich geklärte Frage hinsichtlich der Anwendbarkeit des MiLoG. Aus diesen Gründen ist wie eingangs bereits erwähnt von Einfühlungsverhältnissen abzuraten. Entscheidet man sich trotzdem dafür, sind bei der Vertragsgestaltung die genannten Problemstellungen zu beachten.[379]

5. Beteiligungsrechte des BR

132 Besteht ein BR, so ist das Fragerecht des AG durch § 94 BetrVG beschränkt. **Personalfragebögen** sind Formulare, in denen personenbezogene Fragen gestellt werden, die ein Bewerber schriftlich zu beantworten hat.[380] Nicht erforderlich ist, dass der Bewerber schriftlich einen Personalfragebogen ausfüllt. § 94 BetrVG greift auch ein, wenn der AG den Bewerber formularmäßig Fragen stellt und die Antworten selbst vermerkt.[381] Da der BR einem Personalfragebogen zustimmen muss, hat er eine wesentliche Kontrollfunktion hinsichtlich des Umfangs der Fragen. Das Mitbestimmungsrecht des BR betrifft Bewerber, nicht jedoch dritte Personen. Werden in ärztlichen Einstellungsuntersuchungen oder ähnlichen Tests persönliche Voraussetzungen geprüft, die nach Vorstellung des AG jeder AN erfüllen muss, können AuswahlRL iSd § 95 BetrVG vorliegen.[382] Die Vorschriften von DS-GVO und BDSG sind ungeachtet des Mitbestimmungsrechts stets zu beachten.

III. Anbahnungsverhältnis

133 Typischerweise gehen dem Abschluss eines Arbeitsvertrages **Vertragsverhandlungen** voraus. Das zeitliche Stadium zwischen Aufnahme der Verhandlungen und Abschluss des Arbeitsvertrages, dh der Begr. des Arbeitsverhältnisses, wird als Anbahnungsverhältnis bezeichnet.

1. Grundsätze

134 Unter dem Begriff „Anbahnungsverhältnis" werden die vorvertraglichen Pflichten des Bewerbers und des AG sowie die Konsequenzen ihrer Verletzung erörtert. Ein solches Anbahnungsverhältnis ist jedenfalls bereits dann anzunehmen, wenn der Bewerber zu einem Vorstellungsgespräch eingeladen worden ist.[383] In Hinblick auf AGG, DS-GVO und BDSG liegt ein Anbahnungsverhältnis mit Rechten und Pflichten aber schon ab dem Zeitpunkt des Zugangs der Bewerbung beim Arbeitgeber vor. Die nun in § 311 Abs. 2 BGB iVm § 241 Abs. 2 BGB gesetzlich niedergelegten Grundsätze zur cic (Verschulden bei Vertragsverhandlungen) stellen klar, dass auch im vorvertraglichen Anbahnungsverhältnis Pflichten beider Seiten bestehen. Die Verletzung dieser Pflichten kann insbesondere Schadensersatzansprüche nach sich ziehen. Der Schadensersatzanspruch aus cic richtet sich auf den Ersatz des negativen Interesses.[384] Dies bedeutet, dass der Bewerber so zu stellen ist, als wäre das schädigende Ereignis nicht eingetreten. Das negative Interesse ist allerdings nicht durch das positive, das Erfüllungsinteresse, begrenzt; es kann dieses erreichen oder übersteigen.[385]

---

[378] *Barth* BB 2009, 2646 (2648 ff.).
[379] Vgl. dazu auch ausführlich *Barth* BB 2009, 2646 (2648 ff.).
[380] Vgl. BAG 21.9.1993 – 1 ABR 28/93, NZA 1994, 375.
[381] BAG 21.9.1993 – 1 ABR 28/93, NZA 1994, 375.
[382] LAG Baden-Württemberg 13.12.2002 – 16 TaBV 4/02, NZA-RR 2003, 417; vgl. → § 10 Rn. 255 ff.
[383] ArbG Köln 20.5.2005 – 2 Ca 10220/04, NZA-RR 2005, 577 (578).
[384] BAG 10.11.1955 – 2 AZR 282/54, AP BGB § 276 Verschulden bei Vertragsschluss Nr. 1; BAG 14.11.1991 – 8 AZR 145/91, BeckRS 1991, 30739359; BAG 15.3.2012 – 8 AZR 37/11, NZA 2012, 910.
[385] BAG 17.7.1997 – 8 AZR 257/96, NZA 1997, 1224; *Wiedemann* FS Herschel, 1982, 463 (475).

2. Einzelfälle

Von der Reichweite der im vorvertraglichen Anbahnungsverhältnis bestehenden wechselseitigen Pflichten hängt die Menge der denkbaren Einzelfälle ab. In der Vergangenheit haben sich jedoch einige Fallgruppen herausgebildet. 135

a) Abbruch von Vertragsverhandlungen. Grundsätzlich ist jede Partei berechtigt, Vertragsverhandlungen – aus welchen Gründen auch immer – abzubrechen. Die Freiheit, einen Vertrag abzuschließen oder nicht, ist durch die verfassungsrechtlich geschützte Privatautonomie gesichert. Daher stellt der Abbruch von Vertragsverhandlungen regelmäßig keine Pflichtverletzung dar.[386] Ruft aber der potenzielle AG beim Bewerber das **begründete Vertrauen** hervor, es werde ein Arbeitsvertrag zu Stande kommen, weshalb der Bewerber sein bisheriges Arbeitsverhältnis kündigt und scheitern dann die Vertragsverhandlungen, hat der Bewerber einen Schadensersatzanspruch.[387] Erforderlich ist dazu jedoch ein qualifizierter Vertrauenstatbestand. Ein solcher ist etwa dann gegeben, wenn der Abbrechende den Vertragsschluss als sicher dargestellt oder er den anderen Teil zu Vorleistungen veranlasst hat, er insbesondere bereits mit der Durchführung des Vertrages begonnen hat. Allerdings sind daran strenge Anforderungen zu stellen, da die Forderung einer Haftung nicht zur Aushöhlung der Entscheidungsfreiheit der Parteien führen darf.[388] Da sich der Anspruch des Bewerbers auf das negative Interesse und nicht auf das Erfüllungsinteresse richtet, kommt ein Anspruch auf Einstellung nicht in Betracht, weil dies dann auf einen Kontrahierungszwang hinauslaufen würde.[389] Ein eigenständiger Anspruch auf Einstellung kann sich lediglich dann ergeben, wenn aus den Verhandlungen ein solcher entstanden ist. Im Grundsatz ist der Bewerber jedoch so zu stellen, als hätte er seinen alten Arbeitsplatz nicht gekündigt. Der Schadensersatzanspruch wird daher der Höhe nach durch das bisherige Gehalt bestimmt. Der Umfang des Schadensersatzes wird durch die erste hypothetische Kündigungsmöglichkeit des potenziellen AG zeitlich begrenzt.[390] Der potenzielle AG haftet auch für seine Erfüllungsgehilfen, selbst wenn diese auf Grund der Organisation der juristischen Person keine Abschluss-, sondern nur eine Verhandlungsvollmacht haben.[391] Da der Bewerber nach allgemeinen Grundsätzen die Beweislast für den Pflichtverstoß und den kausal entstandenen Schaden trägt, werden derartige Fälle in der Praxis nach wie vor die Ausnahme bleiben. 136

b) Verletzung von Aufklärungs- und Mitteilungspflichten. Die gegenseitige Beachtung von Aufklärungs- und Mitteilungspflichten wurde zT bereits bei der Frage der Informationsbeschaffung des AG erörtert.[392] Die Beachtung des Persönlichkeitsrechts des Bewerbers durch den AG, etwa bei der Ermittlung der Zulässigkeit von Fragen, gehört zu den vorvertraglichen Pflichten des AG. Darüber hinaus hat der AG den Bewerber über erhebliche **Umstände** zu informieren, die für die Entscheidung des Bewerbers maßgeblich sein und die vollständige Durchführung des Rechtsverhältnisses in Frage stellen können.[393] Umstr. ist, wann die Aufklärungspflicht des AG im Einzelfall beginnt.[394] Zumindest hat der AG den AN über anstehende Betriebsübergänge oder Versetzungen zu informieren.[395] Ebenfalls muss der AG den Bewerber informieren, wenn die Gefahr des Ausbleibens der Entgeltzahlung wegen finanzieller Schwierigkeiten besteht,[396] soweit nicht seine Zahlungsschwierigkeiten als allgemein bekannt vorausgesetzt werden können.[397] Schließlich besteht unter gewissen Voraus- 137

---

[386] BAG 14.11.1991 – 8 AZR 145/91, BeckRS 1991, 30739359.
[387] Vgl. BAG 15.5.1974 – 5 AZR 393/73, DB 1974, 2060.
[388] OLG Hamm 14.8.2007 – 4 U 44/07, NJW 2008, 764 (766).
[389] BAG 15.3.2012 – 8 AZR 37/11, NZA 2012, 910 Rn. 40 mwN.
[390] BAG 22.5.1980 – 3 AZR 1103/77, AP BGB § 276 Vertragsbruch Nr. 6.
[391] BAG 15.5.1974 – 5 AZR 393/73, AP BGB § 276 Verschulden bei Vertragsschluss Nr. 9.
[392] → Rn. 56 ff.
[393] BAG 24.2.2011 – 6 AZR 626/09, NZA-RR 2012, 148 Rn. 55.
[394] Vgl. mwN *Hümmerich* NZA 2003, 1305.
[395] *Kursawe* NZA 1997, 245.
[396] Vgl. BAG 2.12.1976 – 3 AZR 401/75, AP BGB § 276 Verschulden bei Vertragsschluss Nr. 10.
[397] LAG Hamm 14.1.2005 – 10 Sa 1278/04, BeckRS 2005, 30460023; LAG München 8.4.2008 – 6 Sa 678/07, BeckRS 2009, 67690.

setzungen eine aus Treu und Glauben abgeleitete Aufklärungspflicht über einen möglichen Stellenabbau.[398] Sie tritt nicht erst dann ein, wenn diesbezügliche unternehmerische Entscheidungen bereits wirksam und endgültig getroffen sind. Eine Auskunftspflicht kann allerdings nur dann abgeleitet werden, wenn die Planungen eine hinreichende Reife und Konkretheit aufweisen, was voraussetzt, dass sich der AG im Grundsatz dazu entschlossen hat, bestimmte Stellen zu streichen. Der Stellenabbau muss hinreichend bestimmt und in Einzelheiten bereits absehbar sein, seine bloße Möglichkeit reicht nicht aus. Allein das Bestehen einer schlechten wirtschaftlichen Lage, die dem AN zudem bekannt ist, in der aber noch keine konkrete Planung besteht, einen Arbeitsplatz zu streichen, begründet noch keine Auskunftspflicht. Auch hat der AG den Bewerber nach § 100 Abs. 1 S. 2 BetrVG darüber aufzuklären, wenn der BR die nach § 99 Abs. 1 BetrVG erforderliche Zustimmung zur Einstellung verweigert hat.

138 Ebenso muss der AN den AG über Eigenschaften, die eine Erbringung der angestrebten Tätigkeit unmöglich machen, informieren. Neben der Möglichkeit der Anfechtung[399] kommen Schadensersatzansprüche des AG gegen den Bewerber auf das negative Interesse in Betracht.[400] Allerdings sind die Grenzen der **Offenbarungspflicht** des unbefragten Bewerbers eng zu ziehen. Eine derartige Offenbarungspflicht ist nur dann zu bejahen, wenn der Umstand, auf den der AN ohne hierzu befragt worden zu sein nicht hingewiesen hat, die Durchführung des Arbeitsverhältnisses unmöglich macht[401] oder sonst für den in Betracht kommenden Arbeitsplatz von ausschlaggebender Bedeutung ist.[402] Da der Schadensersatzanspruch des AG wie der des AN durch das sogenannte rechtmäßige Alternativverhalten begrenzt ist, sind grundsätzlich Inserierungskosten kein ersatzfähiger Schaden. Denn hätte der AN von sich aus auf den Umstand hingewiesen, hätte der AG den Bewerber nicht eingestellt und hätte auch in diesem Fall erneut inserieren müssen.

3. Obhutspflichten

139 Weiter hat der AG dafür zu sorgen, dass der Bewerber keinen Schaden an seiner Person oder an mitgeführten Sachen erleidet. Diese Pflicht entspringt der allgemeinen Verkehrssicherungspflicht des AG. Er ist zur sorgfältigen Aufbewahrung und pfleglichen Behandlung der auf Verlangen eingereichten **Bewerbungsunterlagen** verpflichtet. Leitet der AG sie ohne Autorisierung durch den Bewerber an einen Dritten weiter, kann darin eine entschädigungspflichtige Verletzung des allgemeinen Persönlichkeitsrechts des Kandidaten vorliegen.[403] Nach Abschluss des Bewerbungsverfahrens hat der AG die Bewerbungsunterlagen wieder herauszugeben. Unverlangt zugesandte Unterlagen müssen weder sorgfältig aufbewahrt noch zurückgeschickt werden.[404] Informationen, die der AG aus den Bewerbungsunterlagen oder den Bewerbungsgesprächen erlangt hat, darf er nicht an Dritte weitergeben.[405]

---

[398] BAG 14.7.2005 – 8 AZR 300/04, AP BGB § 242 Auskunftspflicht Nr. 41.
[399] → Rn. 98 ff.
[400] → Rn. 104 ff.
[401] BAG 1.8.1985 – 2 AZR 101/83, NZA 1986, 635.
[402] BAG 21.2.1991 – 2 AZR 449/90, NZA 1991, 719; BAG 6.9.2012 – 2 AZR 270/11, NJW 2013, 1115.
[403] Das ArbG verurteilte den AG, der die Bewerbungsunterlagen ungefragt an eine Zeitarbeitsfirma weitergeleitet hatte, zu einer Geldentschädigung iHv 500 EUR (ArbG Kempten 9.10.2007 – 4 Ca 216/07, BeckRS 2008, 51120).
[404] ErfK/*Preis* BGB § 611a Rn. 265.
[405] Zu den Dritten gehört nicht der eigene BR, weil der AG zur Vorlage von allen Bewerbungsunterlagen nach § 99 Abs. 1 S. 1 BetrVG verpflichtet ist; vgl. hierzu ausführlich → § 10 Rn. 260 ff.

§ 10 Begründung des Arbeitsverhältnisses

Übersicht

	Rn.
I. Entstehung des Arbeitsverhältnisses	1–33
1. Vertragsschluss	2–19
a) Angebot und Annahme	3
b) Geschäftsfähigkeit	4–6
c) Verstoß gegen ein gesetzliches Verbot	7–10
d) Sittenwidrigkeit	11–14
e) Formerfordernisse	15–19
2. Arbeitsverhältnis kraft Gesetzes	20–31
a) Betriebsübergang	21
b) Fiktion	22–31
3. Faktisches Arbeitsverhältnis	32/33
II. Diskriminierungsverbote bei Begründung des Arbeitsverhältnisses	34–112
1. Diskriminierungsmerkmale nach dem AGG und dem GenDG	44–96
a) Rasse oder ethnische Herkunft	48–55
b) Geschlecht	56–65
c) Religion oder Weltanschauung	66–72
d) Behinderung	73–81
e) Alter	82–93
f) Sexuelle Identität	94/95
g) Genetische Eigenschaften	96
2. Rechtsfolgen einer Diskriminierung	97–112
III. Gesetzliche Dokumentationspflichten	113–120
1. Nachweisgesetz	114–118
a) Umfang	115/116
b) Rechtsfolgen eines Verstoßes	117
c) Ablösung des NachwG durch die Arbeitsbedingungenrichtlinie	118
2. Weitere gesetzliche Dokumentationspflichten	119/120
IV. Inhaltskontrolle	121–295
1. Allgemeine Grenzen der Vertragsfreiheit	122–125
a) Gesetz, Tarifvertrag, Betriebsvereinbarung	123/124
b) Zivilrechtliche Generalklauseln	125
2. „Arbeitsrechtliche Inhaltskontrolle"	126–295
a) Allgemeiner Teil zur Inhaltskontrolle nach §§ 305 ff. BGB	128–182
b) Besonderer Teil – Inhaltskontrolle einzelner Klauseln	183–290
c) Betriebsvereinbarungen als Lösung?	291–295
V. Beteiligungsrechte des Betriebsrates	296–328
1. Auswahlrichtlinien	297–300
a) Auswahlrichtlinien und erzwingbare Mitbestimmung	298
b) Auswahlgesichtspunkte	299/300
2. Mitbestimmung bei personellen Einzelmaßnahmen, § 99 BetrVG	301–328
a) Einstellung und Unterrichtspflicht	302–308
b) Ein- und Umgruppierungen und Unterrichtungspflicht	309–311
c) Gründe für Zustimmungsverweigerung	312–321
d) Rechtsfolgen des Widerspruchs	322–328
VI. Meldepflichten	329

I. Entstehung des Arbeitsverhältnisses

Grundsätzlich beginnt jedes Arbeitsverhältnis mit dem Abschluss eines Arbeitsvertrages. 1 Auch wenn die Höhe der Vergütung und die Dauer der Arbeitszeit häufig durch Tarifverträge geregelt sind, ist der Arbeitsvertrag Rechtsgrund für den Austausch der Leistungen und Voraussetzung für das Eingreifen kollektivrechtlicher Regelungen wie Betriebsvereinbarungen oder Tarifverträge.

1. Vertragsschluss

2 Der Arbeitsvertrag ist ein im Gegenseitigkeitsverhältnis stehender zivilrechtlicher Vertrag, der den Regeln des BGB, insbesondere des Allgemeinen Teils, unterworfen ist. Nach dem Prinzip der Abschlussfreiheit sind die Parteien des Arbeitsvertrages, also AG und AN, grundsätzlich frei, ob, mit wem und mit welchem Inhalt sie einen Arbeitsvertrag abschließen.

3 a) **Angebot und Annahme.** Der Arbeitsvertrag kommt wie jeder Vertrag durch Angebot und Annahme, dh zwei sich gegenüberstehende, übereinstimmende Willenserklärungen zu Stande. Wie sich aus § 612 Abs. 1 und Abs. 2 BGB ergibt, muss eine tatsächliche Einigung weder hinsichtlich der Vergütungspflicht noch der Höhe der Vergütung erzielt worden sein.[1] Es reicht aus, wenn sich der AN zur Arbeitsleistung verpflichtet hat und nach den Umständen von einer Vergütungspflicht auszugehen ist. Bei Fehlen einer Teilzeitvereinbarung wird im Zweifel ein Vollzeitarbeitsverhältnis begründet.[2] Wird im Arbeitsvertrag keine ausdrückliche Vereinbarung über die Dauer der Arbeitszeit getroffen, so ist anzunehmen, dass die Parteien die betriebsübliche Arbeitszeit vereinbaren wollen.[3] Die betriebsübliche Arbeitszeit für Vollzeitkräfte ist die im jeweiligen Betrieb regelmäßig geleistete Arbeitszeit. In Ermangelung anderer Anknüpfungspunkte kann für die Bestimmung der regelmäßigen vertraglichen Arbeitszeit auch auf das gelebte Rechtsverhältnis als Ausdruck des wirklichen Parteiwillens abgestellt werden.[4] Verweist eine Betriebsvereinbarung auf einen jeweils geltenden Tarifvertrag und ergibt sich daraus eine regelmäßig wöchentliche Arbeitszeit, so ist die tarifliche Arbeitszeit danach als betriebsüblich anzusehen. Sie gilt deshalb auch für außertarifliche Angestellte, mit denen eine andere Arbeitszeit nicht vereinbart ist.[5]

4 b) **Geschäftsfähigkeit.** Die Willenserklärung eines **Geschäftsunfähigen,** die auf Abschluss eines Arbeitsvertrages gerichtet ist, ist gem. § 105 Abs. 1 BGB nichtig. Nach § 104 Nr. 1 BGB sind zum einen Minderjährige, die noch nicht das siebte Lebensjahr erreicht haben, geschäftsunfähig. Eine Geschäftsunfähigkeit nach § 104 Nr. 2 BGB liegt bei einer krankhaften Störung der Geistestätigkeit, die die freie Willensbestimmung ausschließt, vor. Die bloße Kenntnisnahme von Erklärungen gegenüber einem Geschäftsunfähigen durch den gesetzlichen Vertreter ist für einen Zugang der Willenserklärung nicht ausreichend.[6]

5 Minderjährige, die das siebte, aber noch nicht das 18. Lebensjahr vollendet haben, sind nach § 106 BGB iVm §§ 107 bis 113 BGB **beschränkt geschäftsfähig.** Da der Abschluss eines Arbeitsvertrages stets einen rechtlichen Nachteil beinhaltet, nämlich die Verpflichtung zur Arbeitsleistung, ist für einen wirksamen Vertragsschluss nach § 107 BGB die Einwilligung gem. § 183 BGB oder nach § 108 BGB die Genehmigung des gesetzlichen Vertreters gem. § 184 BGB erforderlich. Der gesetzliche Vertreter eines beschränkt geschäftsfähigen Minderjährigen kann diesen nach § 113 BGB zum Abschluss eines Arbeitsvertrages als AN ermächtigen. Der Minderjährige kann dann ein Arbeitsverhältnis eingehen oder kündigen, eine Abwicklungsvereinbarung schließen[7] und sämtliche Handlungen vornehmen, die aus einem Arbeitsverhältnis folgende Verpflichtungen betreffen.[8] Dem nach § 113 BGB ermächtigten Minderjährigen kann eine Kündigung zugehen. Ohne eine solche Ermächtigung muss die Kündigung dem gesetzlichen Vertreter zugehen. Von der Ermächtigung nach § 113 Abs. 1 BGB sind Rechtsgeschäfte nicht umfasst, die zum Nachteil des Minderjährigen wesentlich vom Üblichen abweichen. Die Regelung des § 113 BGB findet auf Berufsausbildungsverhältnisse keine Anwendung, da bei diesen nicht die Arbeitsleistung, sondern die Berufsausbildung im Vordergrund steht.[9] Nach

---

[1] *Richardi* NZA 2001, 57 (58); *Hennige* NZA 1999, 281.
[2] BAG 15.5.2013 – 10 AZR 325/12, NZA-RR 2014, 519 Rn. 18 mwN.
[3] BAG 15.5.2013 – 10 AZR 325/12, NZA-RR 2014, 519 Rn. 21 mwN.
[4] BAG 2.11.2016 – 10 AZR 419/15, AP BGB § 611 Abhängigkeit Nr. 130.
[5] BAG 15.5.2013 – 10 AZR 325/12, NZA-RR 2014, 519 Rn. 29 mwN.
[6] BAG 28.10.2010 – 2 AZR 794/09, NZA 2011, 340.
[7] LAG Hamm 8.9.1970 – 3 Sa 481/70, DB 1971, 779.
[8] BAG 8.6.1999 – 3 AZR 71/98, NZA 2000, 34.
[9] LAG Düsseldorf 27.1.1955 – 2a Sa 310/54, AP HandwO § 21 Nr. 1; zuletzt offen gelassen von BAG 8.12.2011 – 6 AZR 354/10, NZA 2012, 495.

§ 113 Abs. 1 S. 2 BGB iVm § 1822 Nr. 6 und 7 BGB ist die Ermächtigung zum Abschluss von Arbeitsverträgen, die für länger als ein Jahr unkündbar sind, nicht möglich.

Nach § 112 BGB kann der gesetzliche Vertreter den beschränkt geschäftsfähigen Minderjährigen auch zum Betrieb eines Erwerbsgeschäfts ermächtigen. Dies bedeutet, dass der Minderjährige auch AG sein kann. Nach § 112 Abs. 1 S. 2 BGB iVm § 1822 Nr. 5 BGB bedürfen Arbeitsverträge, bei denen der Minderjährige als AG fungiert und die für einen längeren Zeitraum als ein Jahr nach dem Eintritt der Volljährigkeit fortdauern sollen, der Genehmigung des Vormundschaftsgerichts. 6

c) **Verstoß gegen ein gesetzliches Verbot.** Nach § 134 BGB ist ein Rechtsgeschäft, also auch ein Arbeitsvertrag, nichtig, wenn er gegen ein gesetzliches Verbot verstößt, es sei denn, aus dem Gesetz ergibt sich etwas anderes. Verbotsgesetze sind solche Vorschriften, die eine nach der Rechtsordnung grundsätzlich mögliche rechtsgeschäftliche Regelung wegen ihres Inhalts oder wegen der Umstände ihres Zustandekommens untersagen.[10] Ob dies der Fall ist, hängt vom Inhalt und Zweck des gesetzlichen Verbotes ab. Eine Reihe von Regelungen untersagt die Beschäftigung von bestimmten AN unter besonderen Voraussetzungen.[11] Sinn und Zweck derartiger **Beschäftigungsverbote** ist es nicht, das Zustandekommen eines Arbeitsvertrages zu verhindern, sondern den AN oder Dritte vorübergehend zu schützen. Die von der Verbotsnorm beabsichtigte Folge ist damit nicht die Nichtigkeit des Arbeitsvertrages, sondern die Untersagung der tatsächlichen Beschäftigung für einen bestimmten Zeitraum.[12] Dagegen sind Arbeitsverträge, die gegen § 5 Abs. 1 JArbSchG oder § 1 SchwarzarbeitsG verstoßen bzw. die aufgrund eines sog. „Anlernvertrages" im Widerspruch zu § 4 BBiG stehen, nichtig.[13] Ebenfalls nichtig sind Arbeitsverträge, die die Umgehung des Meisterzwangs gem. § 7 HwO zum Ziel haben[14] sowie der Anstellungsvertrag eines Arztes ohne die erforderliche Approbation.[15] Vereinbaren die Arbeitsvertragsparteien, dass ein Teil der Vergütung „schwarz" gezahlt wird, ist der Arbeitsvertrag nur dann unwirksam, wenn die Hinterziehung der Abgaben Hauptzweck des Arbeitsverhältnisses ist.[16] Nach § 14 Abs. 2 S. 2 SGB IV gilt bei Schwarzgeldabreden ein Nettoarbeitsentgelt als vereinbart, dh der AG hat sämtliche sozialversicherungs- und steuerrechtlichen Abgaben zusätzlich zu bezahlen und abzuführen. Ein Arbeitsvertrag mit einem ausländischen AN, für den die erforderliche Arbeitserlaubnis fehlt, ist nicht nichtig; nichtig ist lediglich die Abrede über die Beschäftigung ohne Arbeitserlaubnis.[17] Somit ist hinsichtlich jedes einzelnen Verbotsgesetzes zu überprüfen, ob die beabsichtige Rechtsfolge die Nichtigkeit des Arbeitsvertrages ist. Da mit der Nichtigkeit dem AN, der durch den überwiegenden Teil der Verbotsgesetze geschützt werden soll, „Steine statt Brot" gegeben werden, ist die Nichtigkeitsfolge die Ausnahme. 7

Vereinbarungen, die den Anspruch auf Mindestlohn unterschreiten oder seine Geltendmachung beschränken oder ausschließen, sind insoweit unwirksam, § 3 S. 1 MiLoG. Insofern handelt es sich bei § 3 MiLoG um ein Verbotsgesetz iSd § 134 BGB.[18] 8

Ist jedoch der Arbeitsvertrag von Anfang an nach § 134 BGB nichtig, ergeben sich die Rechtsfolgen zum einen aus Bereicherungsrecht.[19] Daneben können etwaige Schadensersatzansprüche aus cic (§§ 311 Abs. 2, 241 Abs. 2, 280 BGB) und unerlaubter Handlung stehen. Ein Anspruch aus § 311a Abs. 2 BGB scheidet aus. Zwar stellt § 311a Abs. 1 BGB klar, dass eine anfängliche Unmöglichkeit der Leistungserbringung iSv § 275 BGB nicht zur Unwirksamkeit des Vertrages führt, jedoch ist § 311a Abs. 2 BGB gerade dann nicht einschlä- 9

---

[10] OLG Hamburg 11.12.1992 – 11 U 154/92, NJW 1993, 1335.
[11] Vgl. §§ 17, 18 BSeuchG; § 3 Abs. 2, § 4, § 6 Abs. 1–3 MuSchG.
[12] BAG 2.3.1971 – 1 AZR 227/70, AP BSeuchG § 18 Nr. 2.
[13] BAG 27.7.2010 – 3 AZR 317/08, BeckRS 2010, 71531; BGH 10.4.2014 – VII ZR 241/13, AP SchwarzArbG § 1 Nr. 3; BAG 23.1.1973 – 1 AZR 30/72, AP JArbSchG § 7 Nr. 3.
[14] BAG 18.3.2009 – 5 AZR 355/08, NZA 2009, 663.
[15] BAG 3.11.2004 – 5 AZR 592/03, NZA 2005, 1409 (1410).
[16] BAG 26.2.2003 – 5 AZR 690/01, DB 2003, 1581.
[17] BAG 16.12.1976 – 3 AZR 716/75, AP AFG § 19 Nr. 4; 13.1.1977 – 2 AZR 423/75, AP AFG § 19 Nr. 2.
[18] *Riechert/Nimmerjahn* MiLoG § 3 Rn. 1.
[19] Zum faktischen Arbeitsverhältnis und seinen Folgen vgl. → Rn. 24 f.

gig, wenn bereits der Vertrag wegen anderer Wirksamkeitsmängel (zB § 134 BGB) nichtig ist,[20] denn dann kommt es auf die nachgelagerte Frage der Möglichkeit bzw. Unmöglichkeit der Leistungserbringung gar nicht mehr an.

10 Anders verhält es sich, falls nach Abschluss des Arbeitsvertrages und Aufnahme der Arbeit ein Beschäftigungsverbot eintritt. Dies bewirkt nicht die Nichtigkeit des Arbeitsvertrages nach § 134 BGB. Vielmehr steht ein nach Abschluss des Vertrages eingetretenes gesetzliches Verbot der Erbringung der geschuldeten Leistung entgegen, so wird die Erfüllung des Vertrages nachträglich rechtlich unmöglich.[21] Hier ist ein Schadensersatzanspruch aus §§ 280 Abs. 1, 3; 283 BGB (nachträgliche Unmöglichkeit) denkbar.

11 **d) Sittenwidrigkeit.** Ein Arbeitsvertrag oder einzelne Bestimmungen eines Arbeitsvertrages können nach § 138 BGB auf Grund eines Verstoßes gegen die guten Sitten nichtig sein. Ein Verstoß gegen die guten Sitten liegt vor, wenn der Vertrag oder die Vertragsklausel dem Anstandsgefühl aller billig und gerecht Denkenden widerspricht.[22] Die Sittenwidrigkeit kann sich aus dem Inhalt oder aus den Umständen des Vertrages oder aus der einzelnen Vertragsklausel ergeben. Ebenso ist es möglich, dass Inhalt und Umstände erst in ihrem Zusammenspiel die Sittenwidrigkeit ergeben. Hierbei ist weder das Bewusstsein der Sittenwidrigkeit noch eine Schädigungsabsicht erforderlich, es genügt vielmehr, dass der Handelnde die Tatsachen kennt, aus denen sich die Sittenwidrigkeit folgt.[23] Maßgeblicher Zeitpunkt für die Beurteilung der Sittenwidrigkeit ist grundsätzlich der Zeitpunkt des Vertragsschlusses, bei arbeitsvertraglichen Vergütungsabreden ist jedoch auf den jeweils streitgegenständlichen Zeitraum abzustellen.[24]

12 Nach § 138 Abs. 2 BGB ist für das Eingreifen des sog. Wuchertatbestandes erforderlich, dass einerseits Leistung und Gegenleistung in einem auffälligen Missverhältnis stehen und andererseits, dass das Rechtsgeschäft durch eine Zwangslage, durch Unerfahrenheit, Mangel an Urteilsvermögen oder erhebliche Willensschwäche des AN zu Stande gekommen ist.[25] Ein auffälliges Missverhältnis zwischen Leistung und Gegenleistung im Sinne von § 138 Abs. 2 BGB ist zu bejahen, wenn die Arbeitsvergütung unterhalb von zwei Drittel eines in der betr. Branche und Wirtschaftsregion üblicherweise gezahlten Tariflohns, bzw. bei fehlender Maßgeblichkeit der Tarifentgelte mehr als ein Drittel unter dem Lohnniveau, das sich für die auszuübende Tätigkeit in der Wirtschaftsregion gebildet hat, liegt.[26] Die Tarifvergütung ist dabei als übliche Vergütung heranzuziehen, wenn mehr als 50 % der AG derselben Branche eines Wirtschaftsgebietes tarifgebunden sind oder wenn die organisierten AG mehr als 50 % der AN eines Wirtschaftsgebiets beschäftigen.[27] Ein auffälliges Missverhältnis ist jedoch nicht alleine deswegen zu bejahen, weil einzelne Arbeitsstunden unentgeltlich zu erbringen sind. Ob der Wert der Arbeitsleistung in einem auffälligen Missverhältnis zur versprochenen Vergütung steht, ist vielmehr im Rahmen einer Gesamtbetrachtung der vom AN nach dem Arbeitsvertrag geschuldeten Arbeitsleistung und des vom AG dafür zu zahlenden Entgelts zu beurteilen.[28] Ist der Wert der Arbeitsleistung (mindestens) doppelt so hoch wie der Wert der Vergütung, lässt dies den tatsächlichen Schluss auf die verwerfliche Gesinnung des Begünstigten zu.[29] Übersteigt der Wert der Arbeitsleistung den Wert der Gegenleistung um mehr als 50 %, aber weniger als 100 %, so bedarf es nach der Rspr. zusätzlicher Umstände, aus denen geschlossen werden kann, dass der AG die Not oder einen anderen, den AN hemmenden Umstand in verwerflicher Weise zu seinem Vorteil ausgenutzt hat.[30] Ist eine Vergütungsabrede nach § 138 BGB nichtig, schuldet der AG grundsätzlich die übliche Ver-

---

[20] Palandt/*Grüneberg* BGB § 311a Rn. 5.
[21] BAG 13.1.1977 – 2 AZR 423/75, NJW 1977, 1023.
[22] BAG 26.4.2006 – 5 AZR 549/05, NZA 2006, 1354 (1355).
[23] BAG 26.4.2006 – 5 AZR 549/05, NZA 2006, 1354 (1355).
[24] BAG 26.4.2006 – 5 AZR 549/05, NZA 2006, 1354 (1356).
[25] LAG Bremen 29.1.2003 – 4 Sa 1456/02, AiB 1993, 834.
[26] BAG 22.4.2009 – 5 AZR 436/08, NZA 2009, 837; 24.5.2017 – 5 AZR 251/16, BeckRS 2017, 128351.
[27] BAG 18.11.2015 – 5 AZR 814/14, NJW 2016, 2359.
[28] BAG 17.10.2012 – 5 AZR 792/11, NZA 2013, 266.
[29] BAG 18.11.2015 – 5 AZR 814/14, NJW 2016, 2359.
[30] BAG 16.5.2012 – 5 AZR 268/11, NZA 2012, 974.

gütung iSd § 612 Abs. 2 BGB, da nicht der gesamte Vertrag, sondern nur die Vergütungsabrede selbst sittenwidrig und damit unwirksam ist.[31]

Generell gilt allerdings, dass § 138 BGB nicht zur Anwendung kommt, soweit der Gesetzgeber speziellere Normen geschaffen hat. Noch immer umstritten ist hier insbesondere das Verhältnis von § 138 BGB zu § 3 S. 1 iVm § 1 Abs. 1 MiLoG,[32] allerdings hat das BAG inzwischen zumindest einen der Streitpunkte, nämlich die Frage, ob eine Sittenwidrigkeit allein durch die Zahlung von Mindestlohn ausgeschlossen ist, geklärt. Danach ist die Sittenwidrigkeit einer Vergütungsvereinbarung grundsätzlich nicht auf Basis des gesetzlichen Mindestlohns, sondern anhand der üblichen Vergütung zu beurteilen, sodass § 138 BGB unabhängig vom MiLoG anwendbar ist, wenn die vereinbarte Vergütung auf Höhe oder oberhalb des Mindestlohnniveaus liegt, während § 3 MiLoG aufgrund seines Schutzzwecks nur insoweit abschließend wirkt, wie der Mindestlohnanspruch reicht.[33] Auch der Mindestlohn kann damit sittenwidrig sein, wenn er entsprechend unter dem objektiven Wert der Arbeitsleistung, bzw. der üblichen Vergütung liegt.[34] Streitigkeiten können aber noch bei Fällen entstehen, in denen auch der Mindestlohn unterschritten wird, denn hier ergibt sich die Unwirksamkeit der Vergütungsabrede „insoweit" bereits zu § 3 S. 1 MiLoG, welcher aufgrund seines Schutzzwecks – ein Mindestmaß eines zulässigen Entgelts festzulegen – grundsätzlich als lex specialis vorrangig ist.[35] Im Ergebnis unproblematisch sind diesbezüglich diejenigen Fälle, in denen die übliche Vergütung der gesetzliche Mindestlohn ist. Schwierig wird es allerdings in Fällen, in denen die vereinbarte Vergütung unter dem Mindestlohn, aber der objektive Wert der Leistung und die übliche Vergütung iSv § 612 Abs. 2 BGB oberhalb des Mindestlohns liegen, denn hier lässt sich darüber streiten, ob die Rechtsfolge des § 3 S. 1 iVm § 1 Abs. 1 MiLoG (also der Anspruch auf Mindestlohn) den Anspruch auf die übliche Vergütung gem. § 612 Abs. 2 BGB bis zur Grenze der Sittenwidrigkeit des Mindestlohns verdrängt und somit letztendlich beschränkt, oder ob auch in solchen Fällen direkt die übliche Vergütung gefordert werden kann.[36] Letztendlich geht es dabei um die Frage, ob das „insoweit" in § 3 S. 1 MiLoG so auszulegen ist, dass § 3 S. 1 MiLoG iVm der Rechtsfolge des § 1 Abs. 1 MiLoG als lex specialis § 134 BGB iVm § 612 Abs. 2 BGB vorgehen, solange nicht wiederum durch deren Anwendung die Grenze des § 138 BGB überschritten wäre. Für eine Verdrängung des § 612 Abs. 2 BGB wird ins Feld geführt, dass das MiLoG durch § 3 S. 1 iVm § 1 Abs. 1 nicht nur eine spezialgesetzliche Unwirksamkeitsfolge, sondern gleichzeitig eine angemessene Vergütungshöhe bestimme, weshalb bis zur Grenze von § 138 BGB ein Rückgriff auf § 134 iVm § 612 Abs. 2 BGB ausssscheide – das MiLoG schreibe insoweit eine spezialgesetzliche geltungserhaltende Reduktion vor.[37] Diese Ansicht verkennt jedoch, dass § 3 S. 1 MiLoG nicht etwa lex specialis zu § 134 BGB, sondern lediglich ein spezielles Verbotsgesetz iSv § 134 BGB darstellt. § 134 BGB ordnet die Unwirksamkeit aufgrund eines gesetzlichen Verbotes an, soweit sich nicht aus selbigem Gesetz etwas anderes ergibt. § 3 S. 1 MiLoG regelt allerdings nur insoweit etwas anderes, wie sein Schutzzweck und damit der Anspruch auf Mindestlohn gem. § 1 Abs. 1 MiLoG reicht. § 1 Abs. 1 MiLoG stellt aber ausdrücklich klar, dass es sich bei dem Mindestlohnanspruch nur um einen Mindestanspruch handelt. Es wird gerade keine Aussage darüber getroffen, ob der Mindestlohn im Einzelfall angemessen ist. Etwas anderes lässt sich auch nicht aus § 1 Abs. 3 MiLoG schließen, da dieser gerade keinen generellen Vorrang des MiLoG vor anderen Gesetzen, sondern im Gegenteil eine Subsidiarität gegenüber den in § 1 Abs. 3 genannten Gesetzen anordnet, was sich aus Formulierung „gehen den Vorschriften dieses Gesetzes vor", unter Bezugnahme auf die in § 1 Abs. 3 S. 1 genannten Gesetze, ergibt. § 3 S. 1 MiLoG ist somit in Verbindung mit

---

[31] LAG Hessen 28.10.1999 – 5 Sa 169/99, NZA-RR 2000, 521; ArbG Herne 5.8.1998 – 5 Ca 4010/97, AiB 2000, 366; vgl. *Boeck* RdA 2018, 210 mwN.
[32] Vgl. *Wank* RdA 2015, 88 (94 mwN); Ausführlich zum aktuellen Streitstand: *Boeck* RdA 2018, 210 mwN
[33] BAG 18.11.2015 – 5 AZR 814/14, NJW 2016, 2359; vgl. *Boeck* RdA 2018, 210 mwN.
[34] BAG 18.11.2015 – 5 AZR 814/14, NJW 2016, 2359; vgl. *Boeck* RdA 2018, 210 mwN.
[35] Vgl. *Boeck* RdA 2018, 210 mwN.
[36] Vgl. *Boeck* RdA 2018, 210 mwN.
[37] Vgl. *Boeck* RdA 2018, 210 mwN.

§ 134 BGB zu lesen[38] und trifft insbesondere iVm § 1 Abs. 1 MiLoG im Falle einer Unwirksamkeit der vertraglichen Abrede über die Festlegung einer Minimalgrenze hinaus keine Regelung zur angemessenen Höhe der Vergütung. Ein anderes Verständnis würde der Ansicht der Rechtsprechung, nach der sich die Sittenwidrigkeit einer Vergütung nicht nach dem Mindestlohn, sondern der üblichen Höhe des jeweiligen Wirtschaftszweigs zu beurteilen ist,[39] sowie der Schutzrichtung des MiLoG und des § 138 BGB widersprechen. Das MiLoG zielt darauf ab, die auf dem Arbeitsmarkt unterlegenen AN durch Garantierung eines Mindestlohns vor Ausbeutung zu schützen.[40] Es bezweckt jedoch nicht den Schutz des § 138 BGB einzuschränken, indem AG die einen sittenwidrigen Lohn zahlen, im Verhältnis zur vorherigen Rechtslage bessergestellt werden. Vor Anwendbarkeit des MiLoG hätte nämlich ein AN, der einen gem. § 138 BGB sittenwidrigen Lohn erhält die regelmäßig über dem Mindestlohn liegende übliche Vergütung gem. § 612 Abs. 2 BGB erhalten. Dies bedeutet selbstverständlich nicht, dass bei Unwirksamkeit einer Vergütungsabrede gem. § 138 BGB im Einzelfall die übliche Vergütung iSd § 612 Abs. 2 BGB nicht auch manchmal der gesetzliche Mindestlohn sein kann.

14 Sittenwidrigkeit kann auch dann vorliegen, wenn der AN durch den Vertrag oder eine einzelne Klausel in seinem beruflichen Fortkommen unangemessen eingeschränkt wird. Spezialgesetzliche Regelungen finden sich diesbezüglich beispielsweise in § 624 BGB und §§ 74 ff. HGB. Außerhalb des Anwendungsbereichs dieser Bestimmungen wird daher die Sittenwidrigkeit einer Klausel, die das berufliche Fortkommen des AN behindert, nur in Extremfällen anzunehmen sein. Durch Arbeitsvertrag kann das Betriebsrisiko vom AG nicht auf den AN verlagert werden. Eine entsprechende Klausel ist unwirksam.[41] Überdies kann die Umgehung des üblichen Lohns, bzw. des Mindestlohns einer Branche durch Vorschieben eines erheblich geringer vergüteten Praktikumsvertrages wegen Lohnwucher sittenwidrig sein, wenn der Praktikumsvertrag oder das Praktikumsverhältnis in der Wirklichkeit, die Charakteristiken eines Arbeitsvertrages, bzw. eines Arbeitsverhältnisses aufweist.[42]

15 e) Formerfordernisse. Für den Abschluss eines Arbeitsvertrages bestehen **keinerlei gesetzliche Formvorschriften.** Der Vertrag kann auch mündlich oder durch konkludentes Handeln zu Stande kommen. Die in der Lit.[43] erörterten landesgesetzlichen Vorschriften für den Abschluss von Arbeitsverträgen durch kommunale Gebietskörperschaften (Gemeinden etc) sind keine Formvorschriften, sondern als Vertretungsregelungen anzusehen. § 11 Abs. 1 BBiG als Formvorschrift für Berufsausbildungsverhältnisse und § 11 Abs. 1 AÜG für Leiharbeitsverhältnisse bestimmen zwar die Schriftform, diese ist jedoch nicht Voraussetzung der Wirksamkeit des Vertrages.[44] Auch § 2 Abs. 1 NachwG ordnet keine konstitutive Schriftform an, denn es genügt die nachträgliche Bestätigung der wesentlichen vereinbarten Arbeitsbedingungen nach Abschluss des Arbeitsvertrags.[45] Die in Tarifverträgen enthaltenen Formvorschriften für den Abschluss eines Arbeitsvertrages haben idR ebenfalls nur deklaratorische Wirkung. Soll eine tarifvertragliche Formvorschrift im Einzelfall Voraussetzung für die Wirksamkeit des Arbeitsvertrages sein, kann sich diese als Abschlussnorm nur bei beidseitiger Tarifgebundenheit entfalten. In Betriebsvereinbarungen können Formvorschriften für den Abschluss eines Arbeitsvertrages nicht bestimmt werden. Denn eine Betriebsvereinbarung wirkt nach § 77 Abs. 4 BetrVG normativ nur für alle AN eines Betriebes. Sie hat damit keine normative Wirkung für Personen, die noch nicht dem Betrieb angehören. Die individualrechtlich vereinbarte Schriftform für den Abschluss des Arbeitsvertrages bildet in der Praxis die Ausnahme. Sie kann jedoch Bedeutung erlangen, wenn ein Vertragsentwurf

---

[38] So auch die neuere Rspr, die § 3 MiLoG iVm mit § 134 BGB prüft: LAG Hamm (Westfalen) 14.11.2018 – 2 Sa 458/18, BeckRS 2018, 39805; LAG Nürnberg 9.5.2017 – 7 Sa 560/16, BeckRS 2017, 114537.
[39] BAG 18.11.2015 – 5 AZR 814/14, NJW 2016, 2359.
[40] Vgl. *Boeck* RdA 2018, 210 mwN.
[41] BAG 10.10.1990 – 5 AZR 404/89, NJW-RR 1991, 504.
[42] LAG München 13.6.2016 – 3 Sa 23/16, BeckRS 2016, 117871.
[43] *Richardi* NZA 2001, 57.
[44] Vgl. BAG 15.5.1997 – 2 AZR 43/96, NZA 1998, 37.
[45] BAG 21.8.1997 – 5 AZR 713/96, NZA 1998, 37 (38).

übergeben wird, der eine Schriftformklausel enthält und das Zustandekommen des Arbeitsvertrages zwischen den Parteien umstritten ist.[46]

Für **einzelne Bestimmungen** in Arbeitsverträgen ordnet das Gesetz dagegen die **Schriftform** an.[47] So zum Beispiel für das nachvertragliche Wettbewerbsverbot gem. § 74 HGB. Wird die Schriftform nicht eingehalten, ist nicht der Arbeitsvertrag an sich, sondern nur die einzelne Klausel unwirksam. § 14 Abs. 4 TzBfG statuiert ein Schriftformerfordernis für Befristungen. Diese Schriftform ist nach neuerer Rechtsprechung allerdings nicht bereits gewahrt, wenn eine einheitliche Vertragsurkunde von beiden Parteien vor Vertragsbeginn unterzeichnet worden ist, vielmehr muss überdies die vom AG unterzeichnete Befristungsabrede dem AN vor Vertragsbeginn zugegangen sein.[48] Die Unterzeichnung eines vorformulierten Arbeitsvertrages durch den AN mit anschließender Unterschrift durch den AG nach Arbeitsaufnahme genügt hingegen nicht.[49] Zu beachten ist, dass nach dieser Rechtsprechung des BAG das strenge Schriftformerfordernis des § 14 Abs. 4 TzBfG auch für solche Vertragsabreden gilt, die die Beendigung des Arbeitsverhältnisses mit Erreichen des Regelrentenalters vorsehen, da nach dem BAG eine teleologische Reduktion für derartige Altersgrenzen nicht in Betracht kommt.[50] Etwas anderes soll nur dann gelten, wenn das Arbeitsverhältnis einem einschlägigen Tarifvertrag unterfällt, der eine Befristungsregelung enthält.[51] Diese Rechtsprechung ist dogmatisch nicht unproblematisch und stellt die Wirksamkeit einer Vielzahl von Altersbefristungen in Frage, für die der AG – und sei es nur aufgrund des Umstands, dass die Unterzeichnung Jahrzehnte zurückliegt – nicht mehr nachweisen kann, dass die Befristungsabrede dem AN vom AG unterschrieben, vor Vertragsbeginn zugegangen ist.[52] Da jeder lege artis gefasste „unbefristete" Arbeitsvertrag eine solche Altersgrenze enthält, führt das BAG mit seiner Rechtsprechung de facto ein generelles Schriftformerfordernis für sämtliche Arbeitsverträge ein, sofern keine tarifliche Altersbefristung greift.[53] Dabei spricht Einiges für eine teleologische Reduktion: Die Ratio des § 14 TzBfG ist es, dem AN warnend vor Augen zu führen, dass sein Arbeitsverhältnis aufgrund der Befristung keine dauerhafte Existenzgrundlage bieten kann, was bei einem „unbefristeten" Arbeitsvertrag bis zum Rentenalter aber gerade nicht der Fall ist.[54] Überdies ist der AN eigentlich durch die ständige Rechtsprechung, dass eine solche Befristung nur durch Sachgrund gerechtfertigt ist, wenn nach Ausscheiden auch tatsächlich eine Anbindung an eine rentenrechtliche Versorgung gegeben ist,[55] gut geschützt. Andererseits ist es jedoch auch ständige Rechtsprechung, dass die Anbindung an eine rentenrechtliche Versorgung für eine sachliche Rechtfertigung ausreicht, die tatsächliche wirtschaftliche Absicherung des AN durch diese Rente jedoch keine Rolle spielt.[56] Vor diesem Hintergrund kann es im Einzelfall für den AN doch noch erheblich auf die oben erwähnte Warnfunktion ankommen, besonders im Hinblick auf die auch in absehbarer Zeit immer weiter sinkenden Rentenniveaus. Jedenfalls ist AG anzuraten, künftig große Sorgfalt bei der Dokumentation des Vertragsschlusses walten zu lassen, um nicht unter Umständen Jahrzehnte später eine unwirksame Altersbefristung feststellen zu müssen. Solange dem AN noch nicht eine vom AG unterschriebene Vertragsurkunde zugegangen ist, sollte dem AN keinesfalls ein Arbeitsplatz zur Verfügung gestellt, bzw. dessen Arbeitsleistung angenommen werden, denn auch in diesen Fällen käme sonst mit der Arbeitsaufnahme konkludent ein unbefristetes Arbeitsverhältnis zustande.[57] Ist eine solche Urkunde jedoch bereits zugegangen und macht der AG auch durch sein Verhalten deutlich, dass er den Abschluss eines Vertrages von der Einhaltung des Schriftformgebots abhängig macht, so

---

[46] Vgl. *Zimmer* FA 2000, 73.
[47] *Kleinebrink* FA 2001, 354.
[48] BAG 25.10.2017 – 7 AZR 632/15, NZA 2018, 507.
[49] BAG 25.10.2017 – 7 AZR 632/15, NZA 2018, 507.
[50] BAG 25.10.2017 – 7 AZR 632/15, NZA 2018, 507.
[51] BAG 25.10.2017 – 7 AZR 632/15, NZA 2018, 507.
[52] Vgl. ausführlich hierzu *Lingemann* NZA 2018, 889.
[53] Vgl. *Lingemann* NZA 2018, 889.
[54] So *Lingemann* NZA 2018, 889.
[55] BAG 25.10.2017 – 7 AZR 632/15, NZA 2018, 507 mwN.
[56] Vgl. BAG 25.10.2017 – 7 AZR 632/15, NZA 2018, 507 mwN.
[57] BAG 15.2.2017 – 7 AZR 223/15, NZA 2017, 908.

liegt in der Entgegennahme der Arbeitsleistung regelmäßig keine Annahme eines Angebots des AN auf Abschluss eines unbefristeten Arbeitsvertrages, da es an übereinstimmenden Willenserklärungen fehlt, es entsteht vielmehr ein faktisches Arbeitsverhältnis zwischen den Parteien bis zur schriftlichen Annahme durch den AN.[58]

17 Eine formnichtige Befristungsabrede lässt sich nicht dadurch nachträglich heilen, dass die Parteien das nicht schriftlich vereinbarte nach der Arbeitsaufnahme durch den AN schriftlich niederlegen, allerdings kann nachträglich formwirksam eine inhaltlich zu der ursprünglichen Befristungsabrede verschiedene Befristung (zB Beendigung an einem anderen Tag) vereinbart werden.[59]

18 Nicht dem Schriftformerfordernis des § 14 Abs. 4 TzBfG unterliegt hingegen die Einverständniserklärung eines Mitarbeiters zur Verlängerung eines befristeten Arbeitsvertrages gem. § 2 Abs. 5 S. 1 WissZeitVG, dieses kann vielmehr auch durch konkludentes Handeln erteilt werden.[60]

19 Uneingeschränkte **Schriftformklauseln** in Formulararbeitsverträgen, nach denen Änderungen und Ergänzungen des Vertrags der Schriftform bedürfen, sind unwirksam.[61] Das gilt auch für sog. **doppelte Schriftformklauseln**, bei denen zusätzlich auch der Verzicht auf das Schriftformerfordernis selbst schriftlich erfolgen muss. Auch eine betriebliche Übung kann durch eine Schriftformklausel nicht ausgeschlossen werden.[62]

2. Arbeitsverhältnis kraft Gesetzes

20 Grundsätzlich ist es die freie Entscheidung des AG und des AN, ob sie ein Arbeitsverhältnis durch Vertragsschluss eingehen wollen oder nicht.[63] Diese durch die Verfassung gewährleistete Abschlussfreiheit ist nur an wenigen Stellen durch gesetzliche Schutzbestimmungen durchbrochen.

21 **a) Betriebsübergang.** Nach § 613a Abs. 1 S. 1 BGB tritt der Erwerber eines Betriebes oder Betriebsteils in die Rechte und Pflichten der im Zeitpunkt des Übergangs bestehenden Arbeitsverhältnisse ein. Da es die freie Entscheidung des Erwerbers ist, ob er den Betrieb oder Betriebsteil erwirbt oder nicht, ist § 613a BGB keine Ausnahme der Abschlussfreiheit. § 613a BGB stellt eine Schutzvorschrift zu Gunsten der AN dar, die dann eingreift, wenn ein Betrieb oder Betriebsteil durch Rechtsgeschäft den Inhaber wechselt. Dogmatisch handelt es sich um einen Vertragsübergang kraft Gesetzes. Nach § 613a Abs. 6 BGB besteht ein gesetzlich normiertes Widerspruchsrecht des AN gegen den Übergang seines Arbeitsverhältnisses. Liegen die Tatbestandsvoraussetzungen des § 613a Abs. 1 BGB vor, tritt der Erwerber des Betriebes, dem der AN zuzuordnen ist, in die Rechte und Pflichten des Arbeitsvertrages ein.[64]

22 **b) Fiktion.** Hat ein AG mit einem Unternehmen, das AN Dritten zur Arbeitsleistung überlässt, aber nicht über die dazu erforderliche Erlaubnis nach § 1 Abs. 1 S. 1 AÜG verfügt, einen **Arbeitnehmerüberlassungsvertrag** abgeschlossen, so gilt nach § 10 Abs. 1 AÜG ein Arbeitsverhältnis zwischen Entleiherunternehmen und Leiharbeitnehmer als zu Stande gekommen. Diese Regelung ist vom Willen oder der Kenntnis der Beteiligten unabhängig und nicht abdingbar; insbesondere steht dem AN kein Widerspruchsrecht zu.[65] Besteht zunächst eine Erlaubnis, fällt sie aber später weg, entsteht ein Arbeitsverhältnis zwischen Entleiher und Leiharbeitnehmer erst im Zeitpunkt des Wegfallens der Erlaubnis.[66] Sind die Vertragsbeziehungen mehrerer Unternehmen und einer Arbeitskraft als Arbeitnehmerüber-

---

[58] BAG 15.2.2017 – 7 AZR 223/15, NZA 2017, 908.
[59] BAG 15.2.2017 – 7 AZR 223/15, NZA 2017, 908.
[60] BAG 30.8.2017 – 7 AZR 524/15, NZA 2018, 305.
[61] BAG 20.5.2008 – 9 AZR 382/07, BB 2008, 2242.
[62] Vgl. *Lingemann/Gotham* NJW 2009, 268 (270); BAG 15.5.2012 – 3 AZR 509/11, BeckRS 2012, 73364.
[63] Krit. *Herrmann* ZfA 1996, 19.
[64] Vgl. umfassend → Teil J.
[65] *Schüren/Hamann* AÜG § 10 Rn. 41; ErfK/*Wank* AÜG § 10 Rn. 3; aA LAG Hessen 6.3.2001 – 2/9 Sa 1246/00, NZA-RR 2002, 73.
[66] ErfK/*Wank* AÜG § 10 Rn. 8.

lassung einzuordnen und liegen die Voraussetzungen für die erlaubnisfreie konzerninterne Arbeitnehmerüberlassung nicht vor, kommt ebenfalls ein Arbeitsverhältnis mit dem Entleiher zustande. Das Arbeitsverhältnis wird nicht dadurch beendet, dass der AN in der Folgezeit bei unverändertem Einsatz ein Arbeitsverhältnis mit einem anderen AG begründet, der über die Erlaubnis zur Arbeitnehmerüberlassung verfügt. Mit Abschluss eines solchen Arbeitsvertrages übt der AN kein Wahlrecht zugunsten eines neuen Arbeitsverhältnisses unter Aufgabe des kraft Gesetzes mit dem Entleiher zustande gekommenen aus.[67]

Das BMAS hatte am 16.11.2015 einen ersten Gesetzentwurf vorgelegt, in dem ua geregelt war, dass auch bei einer „Vorratsarbeitnehmerüberlassungserlaubnis" (es wird ein Werkvertrag abgeschlossen; für den Fall, dass er rechtlich scheitert und eine verdeckte AN-Überlassung festgestellt wird, wird vorsorglich eine Überlassungserlaubnis vorgehalten) ein Arbeitsverhältnis mit dem Entleiher zustande kommen soll. Ziel des Gesetzesentwurfs war es, die Leiharbeit zurück zu ihrer Kernfunktion zu führen, um einen Mißbrauch von Werkvertragsgestaltungen zu Lasten von AN zu verhindern.[68, 69] Hinsichtlich der damaligen Rechtslage hatte das BAG am 12.7.2016 noch entschieden, dass bei Vorliegen einer Vorratserlaubnis kein Arbeitsverhältnis zwischen Leiharbeitnehmer und Entleiher zustande kommt.[70] Mittlerweile ist der Praxis der Vorratserlaubnisse durch die finale Form der Änderung des AÜG und anderer Gesetze vom 21. Februar 2017 mit Wirkung seit dem 1. April 2017 ein Ende gesetzt worden.[71] Ob der Gesetzgeber damit das von ihm angestrebte Ziel jedoch unter Wahrung aller berechtigten Interessen sinnvoll erreicht hat, wird überaus kritisch gesehen.[72] In jedem Fall ist für das Jahr 2020 eine Reevaluierung des Gesetzes vorgesehen (§ 20 AÜG). Ansonsten hat sich durch die Änderungen des AÜG, insbesondere der Konkretisierung des Begriffes der Arbeitnehmerüberlassung, im Vergleich zu den schon zuvor vom BAG entwickelten Grundsätzen zur Abgrenzung zwischen Arbeitnehmerüberlassung und anderen Formen des Fremdpersonaleinsatzes aufgrund vertraglicher Regelung zwischen den Unternehmen, jedenfalls nach Ansicht der neueren Rechtsprechung, nichts geändert.[73]

Weiterhin ist damit maßgeblich, ob AN eines Fremdunternehmens in die Arbeitsorganisation des Einsatzunternehmens eingegliedert sind und dessen Weisungen unterliegen, wobei eine (verdeckte) Arbeitnehmerüberlassung bereits dann vorliegt, wenn Steuerungssysteme gewählt werden, durch die zwar der äußere Anschein eines Werk- oder Dienstvertrages gewahrt wird, der Einsatz des Fremdpersonals tatsächlich aber durch das Einsatzunternehmen gesteuert wird.[74] Letzteres ist insbesondere dann der Fall, wenn sich das Fremdunternehmen verpflichtet, Arbeitsanweisungen des Einsatzunternehmens ohne Einschränkung an seine Arbeitnehmer weiterzugeben und wenn die Art der Ausführung der Tätigkeit vertraglich so festgelegt ist, dass die Festlegungen über Weisungen im Rahmen eines Dienst- oder Werkvertrages hinausgehen und dem Fremdunternehmen kein nennenswerter eigener Gestaltungsspielraum mehr verbleibt.[75]

Die Frage, ob das Recht zur Geltendmachung des Eintritts der Fiktion verwirkbar ist, hat das BAG bisher offengelassen. Fest steht jedoch, dass eine widerspruchslose Wiederaufnahme der Arbeit im Betrieb des Verleihers durch den AN aus Sicht des BAG keinen Umstand darstellt, der ein schutzwürdiges Vertrauen des Entleihers dahingehend begründet, dass der AN seine Rechte aus dem AÜG nicht geltend machen werde.[76]

---

[67] ArbG Stuttgart 5.11.2014 – 11 Ca 8426/13, BeckRS 2014, 73578.
[68] Zum Gesetzgebungsprozess und der Bedeutung der finalen Gesetzesänderungen im Detail mwN, vgl. *Henssler* RdA 2017, 83; *Wank* RdA 2017, 100; Zu den dadurch entstandenen Herausforderungen für die Praxis: *Lembke* NZA 2018, 39; ausführlich zur Vorratserlaubnis: *Greiner* NZA 2018, 745.
[69] Vgl. *Henssler* RdA 2017, 83; *Wank* RdA 2017, 100.
[70] BAG 12.7.2016 – 9 AZR 352/15, BB 2016, 2686.
[71] Vgl. *Henssler* RdA 2017, 83; *Wank* RdA 2017, 100; *Lembke* NZA 2018, 39; *Greiner* NZA 2018, 745.
[72] Vgl. *Henssler* RdA 2017, 83; *Wank* RdA 2017, 100; *Lembke* NZA 2018, 39; *Greiner* NZA 2018, 745.
[73] Vgl. BAG 27.6.2017 – 9 AZR 133/16, BeckRS 2017, 145967; 12.7.2016 – 9 AZR 352/15 BB 2016, 2686; LAG Berlin-Brandenburg 5.12.2019 – 21 TaBV 489/19, BeckRS 2019, 36122.
[74] LAG Berlin-Brandenburg 5.12.2019 – 21 TaBV 489/19, BeckRS 2019, 36122 mwN.
[75] LAG Berlin-Brandenburg 5.12.2019 – 21 TaBV 489/19, BeckRS 2019, 36122 mwN.
[76] BAG 20.3.2018 – 9 AZR 508/17, NZA 2018, 931.

26 Nach § 78a Abs. 2 BetrVG kann ein Auszubildender, der Mitglied der **Jugend- und Auszubildendenvertretung** ist, vom AG die Übernahme in ein Arbeitsverhältnis auf unbestimmte Zeit verlangen. Wird dieses Verlangen gestellt, kommt im Anschluss an das Ausbildungsverhältnis ebenfalls aufgrund gesetzlicher Fiktion ein unbefristetes Arbeitsverhältnis zu Stande.[77] Bis zum Ablauf von zwei Wochen nach Beendigung des Ausbildungsverhältnisses kann der AG nach § 78a Abs. 4 BetrVG in einem Beschlussverfahren beantragen festzustellen, dass ein Arbeitsverhältnis nicht begründet wird. Ist das Ausbildungsverhältnis bereits beendet und hat auf Grund des Verlangens des Auszubildenden ein Arbeitsverhältnis begonnen, so kann der AG nach § 78a Abs. 4 BetrVG dennoch innerhalb gleicher Frist beantragen, das Arbeitsverhältnis aufzulösen. Beide Anträge sind nur dann begründet, wenn Tatsachen vorliegen, auf Grund derer dem AG unter Berücksichtigung aller Umstände die Weiterbeschäftigung nicht zugemutet werden kann.

27 Der Maßstab der Überprüfung hinsichtlich der Zumutbarkeit ist ein anderer als bei § 626 BGB. Dort geht es um die Frage, ob dem AG ein Festhalten am Arbeitsverhältnis bis zum Ablauf der ordentlichen Kündigungsmöglichkeit zugemutet werden kann, hier darum, ob dem AG die Übernahme in ein unbefristetes Arbeitsverhältnis zuzumuten ist.[78] Hieraus ergibt sich allerdings, dass mit Gründen, die eine außerordentliche Kündigung rechtfertigen, auch die Entbindung des AG von der Weiterbeschäftigung iSd § 78a BetrVG zu gewähren ist. Darüber hinaus ist die Unzumutbarkeit der Weiterbeschäftigung grundsätzlich bei Fehlen eines freien Arbeitsplatzes im Unternehmen gegeben.[79] Die Prüfung der ausbildungsadäquaten Weiterbeschäftigungsmöglichkeit ist auf den Ausbildungsbetrieb beschränkt.[80] Der AG ist zur Weiterbeschäftigung des Auszubildenden zu anderen als den sich aus § 78a Abs. 2 BetrVG ergebenden Arbeitsbedingungen verpflichtet, wenn sich der Auszubildende zumindest hilfsweise mit einer Beschäftigung zu geänderten Vertragsbedingungen bereit erklärt hat. Die Weiterbeschäftigungspflicht des AG zu geänderten Arbeitsbedingungen ist gleichfalls betriebsbezogen. Hat der Auszubildende seine Bereitschaft zu einer anderweitigen Beschäftigung im Ausbildungsbetrieb erklärt, muss der AG prüfen, ob ihm diese möglich und zumutbar ist. Unterlässt er die Prüfung oder verneint er zu Unrecht die Möglichkeit und die Zumutbarkeit, so kann das nach § 78a Abs. 2 BetrVG entstandene Arbeitsverhältnis nicht nach § 78a Abs. 4 BetrVG aufgelöst werden.[81] Der AG ist nicht verpflichtet, einen neuen Arbeitsplatz zu schaffen oder für den Auszubildenden einen Arbeitsplatz frei zu kündigen.[82] Allerdings kann er im Einzelfall dazu verpflichtet sein, einen mit einem Leiharbeiter besetzten, dauerhaften und ausbildungsadäquaten Arbeitsplatz frei zu machen, sofern ihm das nicht durch ein berechtigtes betriebliches Interesse an der Weiterbeschäftigung des Leiharbeitnehmers oder durch vertragliche Verpflichtungen gegenüber dem Verleiher unzumutbar ist.[83] Darüber hinaus muss der AG frei werdende Arbeitsplätze zumindest innerhalb der letzten drei Monate der Ausbildung für den Auszubildenden reservieren.[84]

28 Nach § 625 BGB gilt ein Arbeitsverhältnis als auf unbestimmte Zeit verlängert, wenn es vom AN mit Wissen des AG nach Beendigung fortgesetzt wird. Aufgrund der Weiterbeschäftigung wird unwiderleglich der erforderliche Geschäftswille des AG vermutet.[85] § 625 BGB greift nicht ein, wenn eine ausdrückliche oder konkludente Vereinbarung über die Verlängerung des Arbeitsverhältnisses zu Stande gekommen ist.[86] Maßgebliche Voraussetzung für die stillschweigende Verlängerung ist die Kenntnis des AG oder eines Vertreters, der zum Ab-

---

[77] BAG 15.11.2006 – 7 ABR 15/06, NZA 2007, 1381.
[78] BAG 6.11.1996 – 7 ABR 54/95, AP BetrVG 1972 § 78 Nr. 26.
[79] Vgl. BAG 16.1.1979 – 6 AZR 153/77, AP BetrVG 1972 § 78a Nr. 5; 6.11.1996 – 7 ABR 54/95, AP BetrVG 1972 § 78 Nr. 26; 12.11.1997 – 7 ABR 73/96, AP BetrVG 1972 § 78a Nr. 31; 15.11.2006 – 7 ABR 15/06, NZA 2007, 1381.
[80] BAG 15.11.2006 – 7 ABR 15/06, NZA 2007, 1381.
[81] BAG 15.11.2006 – 7 ABR 15/06, NZA 2007, 1381.
[82] BAG 29.11.1989 – 7 ABR 67/88, AP BetrVG 1972 § 78a Nr. 20; 16.8.1995 – 7 ABR 52/94, AP BetrVG 1972 § 78a Nr. 25.
[83] BAG 25.2.2009 – 7 ABR 89/08, AP BetrVG 1972 § 78a Nr. 53.
[84] BAG 12.11.1997 – 7 ABR 63/96, AP BetrVG 1972 § 78a Nr. 30.
[85] Vgl. BAG 13.8.1987 – 2 AZR 122/87, BeckRS 2009, 67375.
[86] BAG 11.11.1966 – 3 AZR 214/65, AP BGB § 242 Nr. 117.

schluss von Arbeitsverträgen bevollmächtigt ist.[87] Mit einem unverzüglichen Widerspruch sowohl vor Ablauf des Arbeitsverhältnisses als auch nach dessen tatsächlicher Fortsetzung kann der AG die gesetzliche Rechtsfolge zwar abwenden.[88] Da § 625 BGB dispositiv ist,[89] empfiehlt es sich jedoch, seine Anwendung bereits mit Abschluss des Arbeitsvertrags abzubedingen.

> **Formulierungsvorschlag: Ausschluss des § 625 BGB im Arbeitsvertrag**
> Setzt der Arbeitnehmer/die Arbeitnehmerin seine/ihre Tätigkeit über den vereinbarten Beendigungszeitpunkt oder den Ablauf der Kündigungsfrist hinaus fort, ohne dass eine schriftliche Vereinbarung hierzu vorliegt, gilt das Arbeitsverhältnis nicht als verlängert. Die Parteien sind sich einig, dass § 625 BGB ausgeschlossen ist und keine Anwendung findet.

29

Für die Fortsetzung eines zeit-, zweckbefristet oder auflösend bedingt geschlossenen Arbeitsverhältnisses ist der Anwendungsbereich des § 625 BGB durch § 15 Abs. 5 TzBfG eingeschränkt.[90] Das Arbeitsverhältnis gilt in diesen Fällen als auf unbestimmte Zeit verlängert, wenn der AG nicht unverzüglich widerspricht oder dem AN die Zweckerreichung nicht unverzüglich mitteilt. § 15 Abs. 5 TzBfG ist im Gegensatz zu § 625 BGB unabdingbar.[91] Dem AG bleibt nur die Möglichkeit des rechtzeitigen Widerspruchs, um die gesetzliche Fiktion zu verhindern. Allerdings kommt es für die Beurteilung der Unverzüglichkeit auf die Kenntnis des AG oder eines zum Abschluss von Arbeitsverträgen berechtigten Vertreters von der Weitererbringung der Arbeitsleistung zum Zeitpunkt der Leistungserbringung an, die Zuweisung von Arbeit durch Fachvorgesetzte allein genügt dafür nicht.[92]

30

Bei Leiharbeitsverhältnissen ist dem Verleiher die Kenntnis des Entleihers von der Weiterarbeit nur dann zuzurechnen, wenn der Verleiher den Entleiher zum Abschluss von Arbeitsverhältnissen bevollmächtigt hat oder ihm dessen Handeln nach den Grundsätzen der Duldungs- oder Anscheinsvollmacht zuzurechnen ist. Weiter darf der LeihAN nicht schon allein wegen der Weiterbeschäftigung durch den Entleiher von einer Verlängerung des Arbeitsverhältnisses ausgehen, weil der Verleiher den Entleiher nicht über die Befristung des Arbeitsverhältnisses mit dem Leiharbeitnehmer informiert hat.[93]

31

3. Faktisches Arbeitsverhältnis

Unter dem Stichwort „faktisches Arbeitsverhältnis" werden insbesondere die Folgen der **Anfechtung** eines Arbeitsvertrages durch den AG nach den §§ 119, 123 BGB erörtert.[94] Folgt man insoweit allerdings der überwiegenden Ansicht, nach der die Anfechtung, soweit bereits Arbeitsleistung erbracht wurde, nur ex nunc wirkt, beseitigt sie eben nicht den Arbeitsvertrag als Rechtsgrund für die Vergangenheit. Für bereits erbrachte Leistungen bildet im Falle der Anfechtung der Arbeitsvertrag damit die erforderliche Rechtsgrundlage. Täuscht ein AN zB bei Eingehung des Arbeitsverhältnisses über seine Qualifikation, so ist er nach Meinung des LAG Berlin-Brandenburg idR weder bereicherungsrechtlich noch im Wege des Schadensersatzes verpflichtet, die im Arbeitsverhältnis erhaltene Vergütung zurückzuzahlen.[95]

32

Richtigerweise trifft die Bezeichnung „faktisches Arbeitsverhältnis" nur Fälle, in denen eine derartige Rechtsgrundlage fehlt. Die Nichtigkeit des Arbeitsvertrages kann auf ver-

33

---

[87] Vgl. BAG 1.12.1960 – 3 AZR 588/58, DB 1961, 575; *Kramer* NZA 1993, 1115 (1116); vgl. *Hennige* NZA 1999, 281 (283).
[88] BAG 20.2.2002 – 7 AZR 662/00, EzA BGB § 625 Nr. 5.
[89] *Kramer* NZA 1993, 1115.
[90] BAG 3.9.2003 – 7 AZR 106/03, NZA 2004, 255; ErfK/*Müller-Glöge* BGB § 625 Rn. 2.
[91] BAG 29.6.2011 – 7 AZR 6/10, BeckRS 2011, 77581; 11.7.2007 – 7 AZR 197/06, BeckRS 2009, 65946; LAG Hamm 29.10.2009 – 11 Sa 802/09, BeckRS 2010, 66072; ErfK/*Müller-Glöge* TzBfG § 15 Rn. 25.
[92] LAG Hessen, 25.4.2018 – 13 Sa 1321/17, BeckRS 2018, 46060.
[93] BAG 28.9.2016 – 7 AZR 377/14, NZA 2017, 55.
[94] *Joussen* NZA 2006, 963.
[95] LAG Berlin-Brandenburg 24.8.2011 – 15 Sa 980/11, BeckRS 2011, 77331.

schiedensten Gründen beruhen, etwa auf der fehlenden Geschäftsfähigkeit einer Partei oder einem Verstoß gegen ein Verbotsgesetz iSd § 134 BGB. Die Folgen des Fehlens der Rechtsgrundlage sind jeweils nach dem **Schutzzweck der Norm** zu bestimmen, aus der das Entfallen des Arbeitsvertrages als Rechtsgrundlage herrührt. Ist der Arbeitsvertrag unwirksam, weil der minderjährige AN geschäftsunfähig ist, steht die Minderjährigkeit der Annahme eines faktischen Arbeitsverhältnisses nicht entgegen, so dass die Vergütungspflicht gegenüber dem schutzwürdigen minderjährigen AN trotz Wegfalls der Rechtsgrundlage bestehen bleibt. Ist dagegen der AG geschäftsunfähig, kann ihn keine Vergütungspflicht treffen, da er sich nicht wirksam verpflichten kann bzw. konnte. Die Lehre des faktischen Arbeitsverhältnisses darf in diesem Fall trotz empfangener Arbeitsleistungen nicht herangezogen werden, da sonst der Minderjährigenschutz unterlaufen würde.[96] Liegt ein Verstoß gegen ein gesetzliches Verbot iSd § 134 BGB vor, muss differenziert werden. IdR richten sich entsprechende Verbotsgesetze nur gegen einzelne Bestimmungen des Arbeitsvertrages, nicht aber gegen den Vertrag insgesamt. Eine Verletzung von § 138 Abs. 2 BGB (Lohnwucher) als eigenständige Unwirksamkeitsnorm führt nicht etwa dazu, dass der Anspruch des AN auf Vergütung zur Gänze entfällt. Im Zweifel ist vielmehr die übliche Vergütung nach § 612 Abs. 2 BGB zu bezahlen.[97] Ein faktisches Arbeitsverhältnis kann außerdem angenommen werden, wenn der Vertrag insgesamt nach § 134 BGB nichtig war, weil beispielsweise ein „Anlernvertrag" statt des zwingend vorgeschriebenen Berufsausbildungsvertrags geschlossen wurde.[98] Beruht die Unwirksamkeit allerdings auf einem Verstoß gegen für jedermann gültige Strafgesetze oder ist zB ein Arzt-Krankenhausvertrag nichtig, weil die erforderliche Approbation oder Erlaubnis weder vorliegt noch erteilt werden kann, kommt kein faktisches Arbeitsverhältnis zustande.[99] Der Arbeitsvertrag ist in diesem Fall für beide Seiten von Anfang an unwirksam und die erbrachten Leistungen sind nach den §§ 812 ff. BGB zurückzugewähren. Eine Vergütungspflicht besteht dann nicht.[100] Ein faktisches Arbeitsverhältnis kann überdies für den Zeitraum bis zum schriftlichen Abschluss eines bereits vor Arbeitsantritt zugegangenen schriftlichen Vertrages entstehen, wenn der AG bereits Arbeitsleistungen eines AN annimmt, obwohl er den Abschluss eines Vertrages eindeutig von der Einhaltung des Schriftformgebots abhängig gemacht hat und der AN die Vertragsurkunde erst nach Arbeitsantritt unterschreibt.[101]

II. Diskriminierungsverbote bei Begründung des Arbeitsverhältnisses

34   Bei der Begründung des Arbeitsverhältnisses sind vor allem die Benachteiligungsverbote des Allgemeinen Gleichbehandlungsgesetzes (AGG) zu beachten. Das AGG gilt seit dem 18.8.2006 und dient der „Umsetzung europäischer Richtlinien[102] zur Verwirklichung des Grundsatzes der Gleichbehandlung".[103] Mit Inkrafttreten des AGG sind das Beschäftigungsschutzgesetz, § 611a BGB (geschlechterbezogene Benachteiligung), § 611b BGB (Ar-

---

[96] LSG Rheinland-Pfalz 3.5.1990 – L 5 K 49/89, AP BGB § 107 Nr. 1.
[97] BAG 10.3.1960 – 5 AZR 426/58, AP BGB § 138 Nr. 2.
[98] BAG 27.7.2010 – 3 AZR 317/08, BB 2011, 572.
[99] BAG 3.11.2004 – 5 AZR 592/03, AP BGB § 134 Nr. 25.
[100] Vgl. BAG 25.4.1963 – 5 AZR 398/62, AP BGB § 611 Faktisches Arbeitsverhältnis Nr. 2.
[101] BAG 15.2.2017 – 7 AZR 223/15, NZA 2017, 908.
[102] Richtlinie 2000/43/EG des Rates v. 29.6.2000 zur Anwendung des Gleichbehandlungsgrundsatzes ohne Unterschied der Rasse oder der ethnischen Herkunft (Antirassismus-Richtlinie), ABl. 2000 L 180, 22; Richtlinie 2000/78/EG des Rates v. 27.11.2000 zur Festlegung eines allgemeinen Rahmens für die Verwirklichung der Gleichbehandlung in Beschäftigung und Beruf (Rahmenrichtlinie Beschäftigung), ABl. 2000 L 303, 16, Richtlinie 2002/73/EG des Europäischen Parlaments und des Rates v. 23.9.2002 zur Änderung der Richtlinie 76/207/EWG des Rates zur Verwirklichung des Grundsatzes der Gleichbehandlung von Männern und Frauen hinsichtlich des Zugangs zur Beschäftigung, zur Berufsbildung und zum beruflichen Aufstieg sowie in Bezug auf die Arbeitsbedingungen (Gender-Richtlinie), ABl. 2002 L 269, 15; Richtlinie 2004/113/EG des Rates v. 13.12.2004 zur Verwirklichung des Grundsatzes der Gleichbehandlung von Männern und Frauen beim Zugang zu und bei der Versorgung mit Gütern und Dienstleistungen (Gleichbehandlungs-Richtlinie wegen des Geschlechts außerhalb der Arbeitswelt), ABl. 2004 L 373, 37.
[103] BGBl. 2006 I 1897.

beitsplatzausschreibung) und § 612 Abs. 3 BGB (Entgeltgleichheit) außer Kraft getreten, § 61b ArbGG wurde neu gefasst, weitere Gesetze, die hier aber nicht von Bedeutung sind, wurden geändert.

§ 7 Abs. 1 AGG spricht ein generelles Verbot der Benachteiligung von Beschäftigten wegen eines in § 1 AGG genannten Grundes aus. Dieser nennt folgende **Benachteiligungsmerkmale**: 35
- Rasse oder ethnische Herkunft,
- Geschlecht,
- Religion oder Weltanschauung,
- Behinderung,
- Alter,
- sexuelle Identität.

Geschützt sind durch das Gesetz „Beschäftigte", dh AN, Auszubildende, arbeitnehmerähnliche Personen, Heimarbeiter und die ihnen Gleichgestellten. Als Beschäftigte gelten auch Stellenbewerber sowie die Personen, deren Beschäftigungsverhältnis bereits beendet ist, § 6 AGG. Gem. § 6 Abs. 3 AGG fallen auch Vorstandsmitglieder, GmbH-Geschäftsführer und andere Organmitglieder in den persönlichen Anwendungsbereich des AGG, soweit es die Bedingungen für den Zugang zur Erwerbstätigkeit sowie den beruflichen Aufstieg betrifft.[104] Zu beachten ist jedoch, dass der EuGH das Modell des sog. „**EU-Geschäftsführers**" entwickelt hat. Dabei handelt es sich um einen Fremd-Geschäftsführer, der nach Weisung der Gesellschafterversammlung tätig wird und als Gegenleistung eine Vergütung erhält. Nach dem „Danosa"-Urteil des EuGH[105] ist jeder Fremd-Geschäftsführer hinsichtlich auf europäischem Recht beruhenden Schutzvorschriften als AN zu behandeln, sodass das AGG folglich nicht nur im Rahmen des § 6 Abs. 3 AGG, sondern gänzlich auf den EU-Geschäftsführer anzuwenden ist. 36

Bei der Begründung des Arbeitsverhältnisses kann ein Bewerber sowohl unmittelbar als auch mittelbar benachteiligt werden. Eine **unmittelbare Benachteiligung** nach § 3 Abs. 1 AGG liegt dann vor, wenn eine Person wegen eines in § 1 AGG genannten Grundes eine weniger günstige Behandlung erfährt als eine andere Person in einer vergleichbaren Situation. Die betr. Person wird also iE gegenüber einer anderen nachteilig behandelt. Eine **mittelbare Benachteiligung** nach § 3 Abs. 2 AGG setzt voraus, dass dem Anschein nach neutrale Vorschriften, Maßnahmen, Kriterien oder Verfahren Personen wegen eines in § 1 AGG genannten Grundes in besonderer Weise gegenüber anderen Personen benachteiligen können, es sei denn, die betr. Vorschriften, Kriterien oder Verfahren sind durch ein rechtmäßiges Ziel sachlich gerechtfertigt und die Mittel sind zur Erreichung dieses Ziels angemessen und erforderlich. 37

Allerdings ist eine Unterscheidung zwischen der unmittelbaren und mittelbaren Benachteiligung geboten, weil für die mittelbare Benachteiligung ein erleichterter **Rechtfertigungsmaßstab** gilt. Die mittelbare Benachteiligung ist dann zulässig, wenn sie durch ein rechtmäßiges Ziel sachlich gerechtfertigt und verhältnismäßig ist, während eine unmittelbare Benachteiligung nur unter den strengeren Voraussetzungen der §§ 8 bis 10 zu rechtfertigen ist.[106] Da die Rechtfertigung der mittelbaren Benachteiligung bereits in § 3 Abs. 2 AGG geregelt ist, soll diese anders als bei der unmittelbaren Benachteiligung bereits den Tatbestand und nicht die Rechtswidrigkeit ausschließen und ist daher als negatives Tatbestandsmerkmal zu prüfen.[107] 38

Für Verstöße gegen das AGG enthält das Gesetz mehrere **Rechtsfolgen**. Am wichtigsten ist, dass durch einen Verstoß des AG gegen das Benachteiligungsverbot gem. § 7 Abs. 1 AGG **kein Kontrahierungszwang** für den AG entsteht. Gem. § 15 Abs. 6 AGG gibt es keinen Anspruch auf Abschluss eines Beschäftigungs-, Berufsausbildungsverhältnisses oder einen beruflichen Aufstieg. Der AG ist jedoch gem. § 15 Abs. 1 AGG verpflichtet, dem Beschäftig- 39

---

[104] *Reufels/Molle* NZA-RR 2011, 281; BGH 26.3.2019 – II ZR 244/17.
[105] EuGH 11.11.2010 – C-232/09, NZA 2011, 143 – Danosa.
[106] *Bauer/Krieger/Günther* AGG § 3 Rn. 23.
[107] BAG 18.8.2009 – 1 ABR 47/08, NZA 2010, 222.

ten einen durch die Benachteiligung entstandenen **materiellen Schaden** zu ersetzen, wenn er die Pflichtverletzung zu vertreten hat. § 15 Abs. 2 AGG gewährt gegebenenfalls zusätzlich einen Anspruch auf Entschädigung wegen eines Schadens, der **nicht Vermögensschaden** ist. Daneben regelt das AGG in §§ 13, 14 das Beschwerde- und Leistungsverweigerungsrecht, sowie in § 16 AGG ein Maßregelungsverbot. IÜ sind Bestimmungen in Individual- oder Kollektivvereinbarungen, die gegen das Benachteiligungsverbot verstoßen, gem. § 7 Abs. 2 AGG unwirksam. Eine Benachteiligung durch AG oder Beschäftigte ist eine Verletzung vertraglicher Pflichten, § 7 Abs. 3 AGG.

40 Zu beachten ist die **Beweiserleichterung** des § 22 AGG im Diskriminierungsprozess. Demnach muss der Benachteiligungskläger lediglich Indizien beweisen, die auf eine Benachteiligung wegen eines in § 1 AGG genannten Grundes hindeuten.[108] Der Vortrag, dass der Anspruchsteller Träger eines oder mehrerer Merkmale iSd § 1 AGG ist, reicht hierfür jedoch nicht aus.[109] Wenn dem Kläger der Nachweis gelingt, trägt der Anspruchsgegner die volle Beweislast für das Nichtvorliegen eines Verstoßes gegen das Benachteiligungsverbot. Diese zweistufige Struktur erspart dem Kläger den strengen Nachweis von Tatsachen, die in der Sphäre des Unternehmens liegen und somit Beschäftigten oder Bewerbern nicht genügend bekannt sind.[110] Weder § 22 AGG noch eine andere einschlägige zivilrechtliche und zivilprozessuale Vorschrift ist geeignet, einen **Auskunftsanspruch des Stellenbewerbers** zu begründen, warum seine Bewerbung abgelehnt wurde.

41 Nach Ansicht des **EuGH** in der Sache „Meister",[111] ist das Unionsrecht dahingehend auszulegen, dass es für einen abgelehnten AN, der schlüssig darlegt, dass er die in einer Stellenausschreibung genannten Voraussetzungen erfüllt, keinen Anspruch auf Auskunft darüber vorsieht, ob der AG aE des Einstellungsverfahrens einen anderen Bewerber eingestellt hat. Es kann jedoch nach dem EuGH nicht ausgeschlossen werden, dass die Verweigerung jeden Zugangs von Informationen durch den AG ein Gesichtspunkt sein kann, der im Rahmen des Nachw. von Tatsachen, die das Vorliegen einer unmittelbaren oder mittelbaren Diskriminierung vermuten lassen, heranzuziehen ist. Es sei Sache des BAG, unter Berücksichtigung aller Umstände des Einzelfalls zu prüfen, ob ein solches Indiz für eine unmittelbare oder mittelbare Diskriminierung vorliege. Das BAG hat die Vorgaben des EuGH umgesetzt und im Fall „Meister" bestätigt, dass dem abgelehnten Stellenbewerber grundsätzlich kein Anspruch gegen den AG auf Auskunft zusteht, ob dieser einen anderen Bewerber eingestellt hat und wenn ja, auf Grund welcher Kriterien die Einstellung erfolgt ist. Von diesem Grundsatz ist nach dem BAG nur dann eine Ausnahme zu machen, wenn eine Auskunftsverweigerung des AG die Verwirklichung des Rechts des abgelehnten Bewerbers auf Schutz vor einer nach dem AGG verbotenen Benachteiligung zu beeinträchtigen droht. Dies ist dann der Fall, wenn der abgelehnte Bewerber Anhaltspunkte schlüssig darlegt, aus denen er folgert, erst die geforderte, aber verweigerte Auskunft werde es ihm ermöglichen, eine gegen § 7 AGG verstoßende Benachteiligung entsprechend der Beweislastregel des § 22 AGG nachzuweisen oder wenn er schlüssig dartut, aus welchen Gründen gerade die Verweigerung der Auskunft für sich allein betrachtet oder in der Gesamtschau aller Umstände die Vermutung einer Benachteiligung begründet.[112] Behauptungen „ins Blaue hinein" sind jedenfalls nicht ausreichend. Es ist ein glaubhafter Vortrag dazu erforderlich, welchen Inhalt die verweigerte Auskunft hätte.[113]

42 In diesem Kapitel wird nun im Folgenden erörtert, inwieweit das AGG bei Vertragsschluss bzw. bei der Einstellungsentscheidung zu beachten ist. Es spielt jedoch auch in anderen Bereichen eine wichtige Rolle, insbesondere
- bei Entgeltvereinbarungen,[114]
- bei den Nebenpflichten des AG,[115]

---

[108] Zum Thema Vermutungswirkung des § 22 AGG bei Stellenausschreibungen → § 9 Rn. 5.
[109] LAG Köln 13.12.2010 – 2 Sa 924/10, NZA-RR 2011, 175.
[110] ErfK/*Schlachter* AGG § 22 Rn. 1.
[111] EuGH 19.4.2012 – C-415/10, NZA 2012, 493 – Meister.
[112] BAG 25.4.2013 – 8 AZR 287/08, ZD 2014, 311.
[113] *Krieger* ArbRAktuell 2013, 475.
[114] → § 19 Rn. 7–10; bzgl. Aktienoptionen, → § 20 Rn. 105 f.
[115] → § 34 Rn. 89 ff.

- im Anstellungsverhältnis eines GmbH-Geschäftsführers,[116]
- bei der betrieblichen Altersversorgung,[117]
- bei der Beendigung des Arbeitsverhältnisses,[118]
- bei Sozialplanabfindungen,[119]
- bei Auflösungsverträgen,[120]
- im Tarifvertragsrecht,[121]
- bei der Arbeitnehmerüberlassung.[122]

Daneben ist auch § 23 GenDG (Benachteiligungsverbot wegen genetischer Eigenschaften bei Begr. des Arbeitsverhältnisses) zu erwähnen. 43

1. Diskriminierungsverbote nach dem AGG und dem GenDG

Das AGG gilt bereits bei der Einstellungsentscheidung bzw. beim Vertragsschluss. Denn es ist **sachlich** auf „die Bedingungen, einschließlich Auswahlkriterien und Einstellungsbedingungen, für den Zugang zu unselbstständiger Erwerbstätigkeit" anwendbar (vgl. § 2 Abs. 1 Nr. 1 AGG), und **persönlich** auf „Bewerberinnen und Bewerber für ein Beschäftigungsverhältnis" (vgl. § 6 Abs. 1 S. 2 AGG). Soweit es die Bedingungen für den Zugang zur Erwerbstätigkeit sowie den beruflichen Aufstieg betrifft, gelten die §§ 6–18 AGG (Schutz der Beschäftigten vor Benachteiligung) für Selbstständige und Organmitglieder, insbesondere Geschäftsführer oder Geschäftsführerinnen und Vorstände, entsprechend (§ 6 Abs. 3 AGG).[123] 44

Seine alte Rechtsprechung, nach der eine Benachteiligung bei der Nichteinladung zu einem Vorstellungsgespräch mangels „vergleichbarer Situation" iSv § 3 Abs. 1 AGG grundsätzlich dann ausschied, wenn der betreffende Bewerber für eine ausgeschriebene Stelle objektiv nicht geeignet ist,[124] hat das BAG richtigerweise mit der Begründung aufgegeben, dass durch das Kriterium der objektiven Eignung als Voraussetzung für die Vergleichbarkeit, die Wahrnehmung der durch das AGG und die Richtlinie 2000/78/EG verliehenen Rechte übermäßig erschwert würde – insbesondere wäre eine Vergleichbarkeit in Fällen unmöglich, in denen es an konkreten Vergleichspersonen fehlt.[125] Auf die objektive Eignung des Bewerbers kommt es mithin für die Möglichkeit einer Benachteiligung nicht mehr an.[126] 45

Grundsätzlich setzt eine Benachteiligung voraus, dass die Bewerbung bereits im **Zeitpunkt der Besetzungsentscheidung** vorgelegen hat. Ist eine Stelle schon besetzt, so können spätere Bewerber nicht mehr berücksichtigt werden.[127] Dem AG ist daher zu raten, keine konkreten Fristen im Einstellungsverfahren zu setzen, denn so kann er leichter darlegen, dass bei Eingang der fraglichen Bewerbung die Einstellungsentscheidung bereits getroffen war. 46

Für alle Benachteiligungsmerkmale gilt gleichermaßen, dass eine Diskriminierung bereits dann vorliegt, wenn für die Nichteinstellung – neben einem Merkmal des § 1 AGG – auch andere Gründe entscheidend waren. Der Bewerber muss nicht vortragen, dass eine bestimmte Behandlung ausschließlich auf einem Merkmal nach § 1 AGG beruht. Vielmehr ist ausrei- 47

---

[116] → § 80 Rn. 12.
[117] → § 36 Rn. 32 ff.
[118] Vgl. bzgl. ordentliche Kündigung → § 43 Rn. 39 ff.; Kündigungsschutz nach dem KSchG → § 43 Rn. 49, 89 f.; verhaltensbedingte Kündigung → § 43 Rn. 301.
[119] → § 58 Rn. 67, 69.
[120] → § 49 Rn. 70.
[121] → § 70 Rn. 24.
[122] → § 66 Rn. 133 ff.
[123] Zur entsprechenden Anwendung des § 22 AGG auf den Geschäftsführer einer GmbH, dessen Bestellung und Anstellung infolge einer Befristung abläuft und der sich erneut um das Amt des Geschäftsführers bewirbt BGH 23.4.2012 – II ZR 163/10, BeckRS 2012, 13521.
[124] BAG 14.11.2013 – 8 AZR 997/12, NJW 2014, 1130; vgl. auch → § 10 Rn. 40.
[125] BAG 19.5.2016 – 8 AZR 470/14, BAGE 155, 149–180; 11.8.2016 – 8 AZR 809/14, BeckRS 2016, 110546.
[126] BAG 19.5.2016 – 8 AZR 470/14, BAGE 155, 149–180; 11.8.2016 – 8 AZR 809/14, BeckRS 2016, 110546.
[127] BAG 7.4.2011 – 8 AZR 730/09, BB 2012, 263 f.

chend, wenn in einem sog. „Motivbündel" ein unzulässiges Merkmal enthalten ist.[128] Daneben gilt für alle Benachteiligungsmerkmale, dass das Diskriminierungsverbot auch eingreift, wenn die Person, die die Benachteiligung begeht, das Vorliegen des Benachteiligungsmerkmals nur annimmt, § 7 Abs. 1 Hs. 2 AGG („Putativdiskriminierung").[129] Ob der Benachteiligungsgrund objektiv vorliegt, ist damit unerheblich. Es kommt auf die Motivation des Benachteiligenden an. Damit stellt auch der Versuch am untauglichen Objekt grundsätzlich eine verbotene Benachteiligung dar.[130] Eine Benachteiligung liegt also zB dann vor, wenn ein AG einen farbigen Bewerber, der die deutsche Staatsangehörigkeit besitzt, deswegen nicht einstellt, weil er fälschlicherweise glaubt, der Bewerber sei Ausländer oder wenn der AG eine Behinderung des Bewerbers nur annimmt.[131]

48 a) **Rasse oder ethnische Herkunft.**[132] Die Verwendung des Begriffs der „**Rasse**" ist nach der Gesetzesbegründung nicht unproblematisch, da es nach dem Verständnis des Gesetzgebers unterschiedliche menschliche Rassen gerade nicht gibt. Die Mitgliedstaaten und die Kommission der Europäischen Gemeinschaften haben letztlich jedoch an der Verwendung dieses Begriffs festgehalten, weil „Rasse" den sprachlichen Anknüpfungspunkt zu dem Begriff des „Rassismus" bildet und die hiermit verbundene Signalwirkung – nämlich die konsequente Bekämpfung rassistischer Tendenzen – genutzt werden soll („Verwendung der Tätersprache").[133] Eine allgemeine Definition des Begriffs wird jedoch nicht genannt. Das Merkmal der „**ethnischen Herkunft**" ist nach der Gesetzesbegr. in einem weiten Sinne zu verstehen, um einen möglichst lückenlosen Schutz vor ethnisch motivierter Benachteiligung zu gewährleisten. Es umfasst auch Kriterien, wie sie das „Internationale Übereinkommen zur Beseitigung jeder Form von Rassendiskriminierung" (CERD)[134] nennt: Benachteiligungen auf Grund der Rasse, der Hautfarbe, der Abstammung, des nationalen Ursprungs oder des Volkstums (im Sinne des ethnischen Ursprungs). Dies gilt auch dann, wenn scheinbar auf die Staatsangehörigkeit oder Religion abgestellt wird, in der Sache aber die ethnische Zugehörigkeit gemeint ist.[135] Der Unterschied zwischen den Begriffen Rasse und ethnische Herkunft besteht im Kriterium der Vererblichkeit[136] von äußeren Erscheinungsmerkmalen: Eine Diskriminierung aus Gründen der „Rasse" liegt dann vor, wenn ein Mensch aufgrund spezifischer vermeintlich lebenslanger und vererblicher äußerlicher Erscheinungsmerkmale, wie beispielsweise der Hauptfarbe oder dem Körperbau, einer bestimmten Gruppe zugeordnet und dadurch benachteiligt wird.[137] Das Merkmal der ethnischen Herkunft hingegen bezieht sich auf nicht vererbliche Merkmale wie der Zugehörigkeit des Menschen zu einem bestimmten Kulturkreis, zu einer gemeinsamen Religion und Sprache. Kennzeichnend hierfür ist, dass die betr. Menschen aufgrund dieser Merkmale eine dauerhafte Einheit bilden (**zB Kurden, Sorben, Sinti und Roma**) und als „andere Gruppe" in Gebräuchen, Herkunft und Erscheinung wahrgenommen werden. Äußeres Erscheinungsbild, Religion und Sprache können dabei wichtige Merkmale sein, um den Typus der Ethnie zu bestimmen.[138]

49 Zum Begriff der ethnischen Herkunft im Zusammenhang mit der Einstellungsentscheidung bzw. dem Vertragsschluss ist bisher überwiegend unterinstanzliche Rspr. ergangen. Das BAG hat jedoch entschieden, dass die Anforderung „Muttersprachler" in einer Stellenausschreibung mittelbar mit der ethnischen Herkunft verknüpft ist und daher geeignet ist Menschen wegen dieser Herkunft zu diskriminieren.[139] Das ArbG Würzburg ent-

---

[128] BAG 26.6.2014 – 8 AZR 547/13, AP AGG § 22 Nr. 10; 26.9.2013 – 8 AZR 650/12 Rn. 25, NZA 2014, 258; vgl. auch → § 9 Rn. 5.
[129] *Adomeit/Mohr* NZA 2007, 179 (181).
[130] *Bauer/Krieger/Günther* AGG § 7 Rn. 10 f.; BAG 17.12.2009 – 8 AZR 670/08, NZA 2010, 383.
[131] BAG 17.12.2009 – 8 AZR 670/08, NZA 2010, 383.
[132] Vgl. in diesem Zusammenhang zum Verbot einer aus Gründen der Rasse oder wegen der ethnischen Herkunft diskriminierenden Stellenausschreibung gemäß § 11 AGG in → § 9 Rn. 6.
[133] Gesetzesbegr. BT-Drs. 16/1780, 30.
[134] BGBl. 1969 II 961.
[135] Gesetzesbegr. BT-Drs. 16/1780, 30.
[136] Vgl. zB *Annuß* BB 2006, 1629 (1630) mwN.
[137] *Roesner*, AGG-Praxis-Check, 2007, S. 13.
[138] ArbG Würzburg 23.1.2009 – 3 Ca 664/08, BeckRS 2009, 62903.
[139] BAG 29.6.2017 – 8 AZR 402/15, NZA 2018, 33.

schied,[140] dass weder Ost- und Westdeutsche, noch Bayern und Schwaben oder Kölner und Düsseldorfer voneinander abgrenzbare Ethnien darstellen. Dieser Auffassung schloss sich auch das ArbG Stuttgart[141] im sog. „Ossi-Fall" an. Hier befand sich auf dem Lebenslauf der abgelehnten Bewerberin der Vermerk „Ossi" mit einem daneben eingekreisten Minuszeichen. Das ArbG Stuttgart führte aus, dass die gesellschaftspolitisch unterschiedliche Entwicklungen der damaligen DDR und der BRD bis 1989, die (ehemaligen) Bürger der beiden staatlichen Räume nicht als abgrenzbare Ethnien von jeweils eigener Art beschreiben lasse. Eine gemeinsame Geschichte seit Abschaffung der Kleinstaaterei, die gemeinsame Kultur der letzten 250 Jahre und die – von Dialektunterschieden abgesehene – gemeinsame Sprache mache deutlich, dass im 21. Jahrhundert regionale Unterscheidungsmöglichkeiten weder „Schwaben", noch „Bayern", noch „Wessis" noch in Ostdeutschland Geborene, zu jeweils voneinander abgrenzbaren Ethnien werden lasse. Grundsätzlich begründet also die Herkunft einer Person aus einem bestimmten Bundesland keine ethnische Herkunft im Sinne von § 1 AGG.[142] Demgegenüber wird jedoch die Ansicht vertreten, dass ausnahmsweise dann eine ethnische Herkunft vorliegen soll, wenn bestimmte Zusammengehörigkeitsmerkmale, wie zB ein gemeinsamer Dialekt oder eine bestimmte gemeinsame Tradition objektiv feststellbar seien. Eine weite Auslegung des Begriffs sei deshalb geboten, weil ein abstraktes Risiko einer Benachteiligung, insbesondere für eine Zuordnung als „Ossi" oder „Wessi" bestünde.[143] Auch die neueste Rechtsprechung zu dieser Frage schließt sich der bisherigen Linie an.[144] Bis zur höchstrichterlichen Klärung sollte die regionale Herkunft des Bewerbers daher im Einstellungsverfahren keine Rolle spielen.

Ein weiteres diskriminierungsrechtliches Problem stellt die Beherrschung bestimmter Sprachkenntnisse als Einstellungsvoraussetzung dar. Das ArbG Berlin[145] hat in einer Entscheidung festgestellt, dass die Nichtberücksichtigung eines ausländischen Stellenbewerbers bzw. eines Bewerbers mit „Migrationshintergrund" wegen mangelnder Kenntnisse der deutschen Sprache für sich genommen keine Benachteiligung wegen der ethnischen Herkunft sei. Es gehe nämlich nicht um die (Mutter-)Sprache des Bewerbers als Ausdruck und Merkmal seiner ethnischen Zugehörigkeit, sondern um seine Sprachkenntnisse in einer anderen (Fremd)Sprache.[146] 50

Bei der Beurteilung kommt es aber nicht nur auf das angeforderte Kriterium, sondern auch auf das Verfahren des AG zur Feststellung der geforderten Sprachkenntnisse an. Die Ablehnung eines Bewerbers infolge eines Auswahlverfahrens, das einen kurzen telefonischen Erstkontakt mit Bewerbern für eine Tätigkeit zB als Postzusteller vorsieht, kann Bewerber, deren Muttersprache nicht deutsch ist, nach Ansicht des ArbG Hamburg,[147] mittelbar wegen ihrer ethnischen Herkunft benachteiligen. Für die Angehörigen andere Ethnien sei es typischerweise schwerer als für muttersprachlich deutsche Bewerber, bei dem telefonischen Erstkontakt ein ansprechendes und deutliches Ausdrucksvermögen in deutscher Sprache zu zeigen. Allerdings darf selbst das sprachliche Niveau eines Muttersprachlers – wohlgemerkt nicht die tatsächliche Eigenschaft „Muttersprachler" selbst – gefordert und damit auch entsprechend geprüft werden, solange die Beherrschung der jeweiligen Sprache auf dem geforderten Niveau im Einzelfall für die betreffende Tätigkeit erforderlich ist – was letztendlich im Einzelfall geprüft werden muss.[148] 51

Eine unterschiedliche Behandlung kann jedenfalls nach §§ 8–10 AGG gerechtfertigt sein und stellt dann keine Diskriminierung dar. Bei einer mittelbaren Benachteiligung nach § 3 52

---

[140] ArbG Würzburg 23.1.2009 – 3 Ca 664/08, BeckRS 2009, 62903.
[141] ArbG Stuttgart 15.4.2010 – 17 Ca 8907/09, NZA-RR 2010, 344 – Ossi-Fall.
[142] So auch *Bauer/Krieger/Günther* AGG § 1 Rn. 22.
[143] *Bauer/Krieger/Günther* AGG § 1 Rn. 23.
[144] ArbG Berlin 15.8.2019 – 44 Ca 8580/18, BeckRS 2019, 26654.
[145] ArbG Berlin 26.9.2007 – 14 Ca 10356/07, BeckRS 2008, 50553.
[146] Zum Thema Anforderung „Deutsch als Muttersprache" in Stellenausschreibungen vgl. ausführlich → § 9 Rn. 13 ff.
[147] ArbG Hamburg 26.1.2010 – 25 Ca 282/09, BeckRS 2010, 66839.
[148] Vgl. ArbG Hamburg 15.1.2019 – 22 Ca 212/18, BeckRS 2019, 2192; BAG 15.12.2016 – 8 AZR 418/15, BeckRS 2016, 119064; 29.6.2017 – 8 AZR 402/15, NZA 2018, 33; 23.11.2017 – 8 AZR 372/16, NZA-RR 2018.

Abs. 2 AGG ist bereits der Tatbestand der Benachteiligung nicht erfüllt, wenn die unterschiedliche Behandlung durch ein rechtmäßiges Ziel sachlich gerechtfertigt ist und die Mittel zur Erreichung dieses Ziels angemessen und erforderlich sind. Da die Rechtfertigungsschwelle bei § 3 Abs. 2 AGG deutlich niedriger ist als bei den allgemeinen und besonderen Rechtfertigungsgründen, ist eine Ungleichbehandlung, die nach §§ 8–10 AGG gerechtfertigt wäre, immer auch nach § 3 Abs. 2 auf Tatbestandsebene gerechtfertigt.[149] Die Anforderung bestimmter Sprachfertigkeiten bei der Einstellung unterliegt daher bei der Prüfung unabhängig von ihrer Einordnung als unmittelbare oder mittelbare Benachteiligung denselben Kriterien:

53 Nach § 8 AGG ist eine unterschiedliche Behandlung **zulässig**, wenn sie wegen der Art der auszuübenden Tätigkeit oder der Bedingungen ihrer Ausübung eine wesentliche und entscheidende berufliche Anforderung darstellt, sofern der Zweck rechtmäßig und die Anforderung angemessen ist. Verlangt daher der AG von seinen AN **Kenntnisse der deutschen Schriftsprache,** damit sie schriftliche Arbeitsanweisungen verstehen und die betrieblichen Aufgaben so gut wie möglich erledigen können, so verfolgt er ein sachlich gerechtfertigtes Ziel.[150] Ebenso ist nicht zu beanstanden, einen Bewerber wegen mangelnder Sprachfertigkeit abzulehnen, wenn das Stellenprofil regelmäßig Kommunikation mit Dritten voraussetzt und die sprachlichen Defizite ein branchenangemessenes Auftreten gegenüber diesen Dritten unmöglich macht.[151]

54 Das ArbG Düsseldorf[152] hat entschieden, dass aus einer falschen Anrede einer Bewerberin als „Sehr geehrter Herr" in einem Ablehnungsschreiben nicht auf eine Benachteiligung wegen der Rasse oder ethnische Herkunft geschlossen werden könne, wenn die Bewerberin einen Namen trage, der auf einen Migrationshintergrund schließen lasse.

55 Eine besondere Situation lag der Entscheidung „Feryn" des EuGH zugrunde.[153] Dabei entschied der Gerichtshof, dass die **öffentliche Äußerung eines Arbeitgebers,** er werde keine Arbeitnehmer einer bestimmten ethnischen Herkunft oder Rasse einstellen, eine unmittelbare Diskriminierung bei der Einstellung im Sinne europäischer Rechtsvorschriften begründet, da solche Äußerungen bestimmte Bewerber davon abhalten können, ihre Bewerbungen einzureichen. Solche Äußerungen reichen aus, um die Vermutung für das Vorliegen einer unmittelbar diskriminierenden Einstellungspolitik zu begründen. Es obliegt dann dem Arbeitgeber, zu beweisen, dass keine Diskriminierung vorgelegen hat. Er kann dies dadurch tun, dass er nachweist, dass die tatsächliche Einstellungspraxis des Unternehmens diesen Äußerungen nicht entspricht.[154] Besonderheit dieser Entscheidung ist, dass der Gerichtshof feststellt, dass auch dann, wenn es **kein identifizierbares Opfer** gibt, eine Diskriminierung vorliegen kann und die Sanktionen wirksam, verhältnismäßig und abschreckend sein müssen. Geklagt hatte vor den belgischen Arbeitsgerichten das Zentrum für Chancengleichheit und für Rassismusbekämpfung, welches nach der einschlägigen EU-Richtlinie die Stelle zur Förderung der Gleichbehandlung ist.

56 **b) Geschlecht.** Neben Frauen und Männern sind nach Ansicht des EuGH[155] auch Menschen anderer geschlechtlicher Identität geschützt, wobei in der Gesetzesbegr.[156] vertreten wird, dass deren Schutz über das Merkmal der sexuellen Identität gewährleistet wird. Damit ist, insbesondere seit Anerkennung und Einführung des dritten Geschlechts durch das Bundesverfassungsgericht,[157] die geschlechtliche Bezeichnung (m/w/d) oder (m/w/i/t) in Stellenausschreibungen zu verwenden, sowie die dementsprechenden Anpassungen in Onlineformularen und Eingabemasken vorzunehmen, um klarzustellen, dass Bewerber jeglichen Geschlechts gesucht sind,[158] um so eine Diskriminierung zu vermeiden. Im Formulartext

---

[149] *Bauer/Krieger/Günther* AGG § 3 Rn. 32.
[150] BAG 28.1.2010 – 2 AZR 764/08, NZA 2010, 625.
[151] LAG Hamm 4.2.2014 – 7 Sa 1026/13, NZA-RR 2014, 412.
[152] ArbG Düsseldorf 9.3.2011 – 14 Ca 908/11.
[153] EuGH 10.7.2008 – C-54/07, NJW 2008, 2767.
[154] Besprechung des Urteils durch *Lindner* NJW 2008, 2750.
[155] EuGH 30.4.1996 – C-13/94, Slg. 1996, I-2143 Rn. 20 f.
[156] Gesetzesbegr. BT-Drs. 16/1780, 30.
[157] BVerfG 10.10.2017 – 1 BvR 2019/16, BVerfGE 147, 1–31.
[158] Vgl. hierzu *Körlings* NZA 2018, 282.

selbst ist die Verwendung des generischen Maskulinums nach Ansicht des BGH allerdings ausreichend, da zwischen dem dem Genus (grammatisches Geschlecht) sowie dem gemeinten natürlichen und dem realen natürlichen Geschlecht unterschieden werden muss, und eine nach allgemeinem Sprachgebrauch übliche Bezeichnung grds. nicht benachteiligend ist, solange sich nicht aus den konkreten Umständen des einzelfalls etwas anderes ergibt.[159]

Hinzuweisen ist darauf, dass das Gesetz bei der Definition des Begriffs der unmittelbaren 57 Benachteiligung klarstellt, dass eine unmittelbare Benachteiligung wegen des Geschlechts auch im Fall einer ungünstigeren Behandlung einer Frau wegen Schwangerschaft oder Mutterschaft vorliegt (§ 3 Abs. 1 S. 2 AGG). Unter Mutterschaft ist der besondere Schutz der Frau im Zusammenhang mit einer kurz bevorstehenden oder gerade erfolgten Entbindung zu verstehen.[160] Bestellmütter haben aber zum Beispiel keinen Anspruch auf eine dem Mutterschafts- oder Adoptionsurlaub vergleichbare Freistellung.[161] Bestellmutter ist die Mutter, die im Rahmen einer Ersatzmuttervereinbarung im rechtlichen Sinne Mutter eines Kindes geworden ist, das Kind also von einer anderen Person hat austragen lassen.[162]

Eine unmittelbare Benachteiligung wegen des Geschlechts kann auch dann vorliegen, 58 wenn die Annahme einer Rollenverteilung, bei der die Frau für die Kinderbetreuung zust. und damit weniger flexibel einsetzbar ist, Anknüpfungspunkt für eine Personalentscheidung ist (Ablehnung einer Bewerberin mit dem Vermerk in den zurückgesandten Unterlagen „7 Jahre alt" neben der Zeile: „verheiratet, ein Kind").[163]

Eine Diskriminierung der Männer kann sich auch aus sog. **„Quotenregelungen"** ergeben, 59 die eine Sicherung der Gleichbehandlung von Frauen gerade bei der Einstellung bezwecken. Der EuGH[164] hat eine sog. **„starre Quotenregelung"**, die einen unbedingten Vorrang von Frauen bei gleicher Qualifikation bestimmt, als unwirksam erachtet. Dagegen sind „starre Quotenregelungen" mit einer **Härteklausel** zulässig, durch die soziale Belange von männlichen Bewerbern berücksichtigt werden.[165] Das BAG ist der Rspr. des EuGH gefolgt.[166] Auch hinsichtlich anderer Leistungen des AG, etwa der Zurverfügungstellung subventionierter Kindertagesstättenplätze, muss eine derartige Härteklausel für männliche AN vorhanden sein.[167]

Durch das am 1.5.2015 in Kraft getretene **Gesetz für die gleichberechtigte Teilhabe von** 60 **Frauen und Männern in Führungspositionen** im Zusammenspiel mit § 5 AGG ist Folgendes zu beachten: Eine Bevorzugung wegen des Geschlechts kann bei der Besetzung der durch dieses Gesetz betroffenen Führungspositionen zulässig sein, wenn es sich um eine positive Maßnahme im Sinne von § 5 AGG handelt, der AG also die Geschlechtsparität in einem bestimmten Bereich erreichen will. Das setzt nach der Rechtsprechung des EuGH allerdings eine konkrete Unterrepräsentation eines Geschlechts im betroffenen Bereich voraus. Gleichzeitig muss die bevorzugte Person ebenso geeignet für die Stelle sein wie ihre Konkurrenten des überrepräsentierten Geschlechts. § 5 AGG kann allenfalls herangezogen werden, bis in einem Bereich eine Geschlechterparität erreicht ist. In der Praxis ist im Hinblick auf § 22 AGG von einer geschlechterbezogenen Entscheidung tendenziell abzuraten. Der AG hat im Streitfall nachzuweisen, dass die bevorzugte weibliche Kandidatin mindestens genauso gut qualifiziert und für die Stelle geeignet war, wie der abgewiesene männliche Mitbewerber.[168] Die Frauenquote rechtfertigt es nicht, Frauen „automatisch" männlichen Konkurrenten gegenüber zu bevorzugen. Eine Diskriminierung iSd § 7 Abs. 1 AGG liegt nur dann nicht vor, wenn die Frauen unterrepräsentiert sind und sie gleich qualifiziert und geeignet für die Stelle

---

[159] BGH 13.3.2018 – VI ZR 143/17, NJW 2018, 1671.
[160] BAG 18.9.2014 – 8 AZR 753/13, BeckRS 2014, 73584 Rn. 26.
[161] EuGH 18.3.2014 – C-167/12, BeckRS 2014, 80565 = FD-ArbR 2014, 356737.
[162] EuGH 18.3.2014 – C-167/12, FD-ArbR 2014, 356316.
[163] BAG 18.9.2014 – 8 AZR 753/13, BeckRS 2014, 73584 Rn. 31.
[164] EuGH 17.10.1995 – C-450/93, BB 1995, 2481; nachf. BAG 5.3.1996 – 1 AZR 590/92, BB 1996, 1332.
[165] BAG 5.3.1996 – 1 AZR 590/92, BB 1996, 1332; nachf. EuGH 11.11.1997 – C-409/95, NJW 1997, 3429; Rspr. fortgeführt in EuGH 6.7.2000 – C-407/98, Slg. 2000, I-1875 – Badeck; EuGH, 6.7.2000 – C-407/98, Slg. 2000, I-5539 – Abrahamson; *Körner* NZA 2001, 1046 (1052); vgl. *Compensis* BB 1998, 2470.
[166] BAG 21.1.2003 – 9 AZR 307/02, NZA 2003, 1036.
[167] EuGH 19.3.2002 – C 476/99, DB 2002, 1450.
[168] *Müller-Bonanni/Forst* GmbHR 2015, 621 (626) mwN.

sind.¹⁶⁹ So kann es zulässig sein, spezifisch weibliche Mitarbeiter zu suchen, wenn bisher die gesamte Belegschaft männlich ist.¹⁷⁰

61 Grundsätzlich können sich auch aus **Statistiken** Indizien für eine geschlechtsbezogene Diskriminierung ergeben. Allein die Tatsache, dass in den oberen Hierarchieebenen des AG der Frauenanteil deutlich geringer ist als im Gesamtunternehmen, ist jedoch noch kein Indiz für eine geschlechtsbezogene Diskriminierung von Frauen bei Beförderungsentscheidungen.¹⁷¹ Auch die bloße Tatsache, dass in einem bestimmten Unternehmen oder Bereich überwiegend oder ausschließlich Männer tätig sind, vermag für sich genommen nicht die Vermutung zu belegen, eine Bewerberin sei wegen ihrem Geschlecht benachteiligt worden.¹⁷²

62 Eine mittelbare Benachteiligung wegen des Geschlechts kann indes vorliegen, wenn der Zugang zu einem Beruf von einer Mindestkörpergröße abhängig gemacht wird.¹⁷³

63 Auch beim Benachteiligungsmerkmal Geschlecht gilt jedoch: Nicht jede Benachteiligung ist eine Diskriminierung. Eine unterschiedliche Behandlung wegen des Geschlechts ist nach **§ 8 Abs. 1 AGG** zulässig, wenn die Geschlechtszugehörigkeit wegen der Art der auszuübenden Tätigkeit oder der Bedingungen ihrer Ausübung eine wesentliche und entscheidende berufliche Anforderung darstellt, sofern der Zweck rechtmäßig und die Anforderung angemessen ist. Im Rahmen des § 8 Abs. 1 AGG ist damit abzugrenzen, ob das körperliche Erscheinungsbild und dessen geschlechtsbezogene Merkmale eine Einbeziehung in die auszuübende Tätigkeit erfahren oder ob es lediglich üblich ist, dass die Tätigkeit nur von Angehörigen eines bestimmten Geschlechts ausgeübt wird. Nur im ersten Fall ist eine zulässige unterschiedliche Behandlung möglich.¹⁷⁴ So ist beispielsweise eine unterschiedliche Behandlung bei **Mannequins/Dressmen** für das Vorführen von Damen-/Herrenmoden zulässig. Gerechtfertigt ist allerdings die Voraussetzung einer Mindestkörpergröße von 163 cm als (allgemeine) Zugangsvoraussetzung für den gehobenen Polizeidienst.¹⁷⁵ In Fällen der sog. „**customer preferences**", in denen ein bestimmtes Geschlecht für die Ausübung des Berufs von Kunden eher akzeptiert wird als das andere, soll eine Ungleichbehandlung nur dann gerechtfertigt sein, wenn ein bestimmtes Geschlecht aus Gründen der **Authentizität** oder des **Schamgefühls** von Kunden Voraussetzung der Tätigkeit ist (zB ausschließlicher Einsatz von Frauen für den Verkauf von Damenbadebekleidung). Dies ist allerdings kritisch zu sehen, da die Wirksamkeit des Diskriminierungsschutzes sonst von den Kunden abhängen würde – customer preferences können also bestenfalls in sehr engen Ausnahmen rechtfertigend sein.¹⁷⁶ Gehen Kunden oder Dritte allein aufgrund diskriminierender Vorstellungen davon aus, dass das andere Geschlecht besser geeignet sei, ist diese Ungleichbehandlung regelmäßig nicht gem. § 8 Abs. 1 AGG gerechtfertigt. Eine etwaige Beschränkung der unternehmerischen Entscheidungsfreiheit des AG muss hier im Rahmen der Abwägung hinter dem Schutz vor Benachteiligungen zurückstehen.¹⁷⁷ So hat der EuGH¹⁷⁸ in einem Fall, in dem es um die Benachteiligung aufgrund der ethnischen Herkunft ging, zB entschieden, dass die Anforderung von Kunden, die bei der Montage von Türen keine ausländischen Monteure eingesetzt haben möchten, eine Beschränkung von Stellenbesetzungen auf inländische Bewerber nicht rechtfertigt.

64 Eine unterschiedliche Behandlung wegen des Geschlechts ist zulässig, wenn der Träger eines Gymnasiums bei der Besetzung einer Betreuerstelle für das von ihm betriebene **Mädcheninternat** die Bewerberauswahl auf Frauen beschränkt, weil die Tätigkeit auch Nachtdienste im Internat beinhalten sollte.¹⁷⁹ Das weibliche Geschlecht stellt bei den auf diesem

---

[169] *Müller-Bonanni/Forst* GmbHR 2015, 621 (627).
[170] LAG Köln 18.5.2017 – 7 Sa 913/16, BeckRS 2017, 131307.
[171] BAG 22.7.2010 – 8 AZR 1012/08, NZA 2011, 93; Genaueres bei → § 9 Rn. 8.
[172] LAG Hamm 4.2.2014 – 7 Sa 1026/13, NZA-RR 2014, 412; BAG 23.11.2017 – 8 AZR 372/16, NZA-RR 2018, 287.
[173] EuGH 18.10.2017 – C-409/16, NVwZ 2017, 1686.
[174] *Richardi* NZA 2006, 885.
[175] OVG Münster 28.6.2018 – 6 A 2014/17, BeckRS 2018, 16111.
[176] Vgl. *Wisskirchen* DB 2006, 1491; *Novara* NZA 2015, 142
[177] *Bauer/Krieger/Günther* AGG § 8 Rn. 29 f.
[178] EuGH 10.7.2008 – C-54/07, NZA 2008, 929 – Feryn.
[179] BAG 28.5.2009 – 8 AZR 536/08, NZA 2009, 1016.

Arbeitsplatz anfallenden Tätigkeiten eine unverzichtbare Voraussetzung dar, um diese ordnungsgemäß wahrnehmen zu können. Generell ist dabei auf die konkret vom AN auszuübende Tätigkeit abzustellen, die sich nach dem vom AG festgelegten Unternehmenskonzept richtet. Durch den Einsatz einer männlichen Person sind die Rechte der Schülerinnen, die sich aus Art. 1 GG und Art. 2 Abs. 1 GG ergeben, nämlich die Menschenwürde und die freie Entfaltung der Persönlichkeit, wozu auch der Schutz der Intimsphäre gehört, gefährdet. Das Geschlecht stellt eine wesentliche und entscheidende Anforderung im Sinne des § 8 Abs. 1 AGG dar, die angemessen und deren unternehmerischer Zweck rechtmäßig ist. Auch nach Ansicht des LAG Nürnberg, war im Hinblick auf das Schamgefühl der Schülerinnen die Voraussetzung des weiblichen Geschlechts für eine Tätigkeit als Sportlehrerin für Mädchen gerechtfertigt.[180] Das BAG hat diese Entscheidung jedoch mit Urteil vom 19.12.2019 aufgehoben.[181] Da das Urteil noch nicht veröffentlicht ist, bleibt die Begründung bislang jedoch noch abzuwarten. Deshalb kann auch noch nicht mit Sicherheit festgestellt werden, ob sich hier ein Paradigmenwechsel abzeichnet. Auch die Ablehnung eines männlichen Bewerbers für eine Stelle als **kommunale Gleichstellungsbeauftragte** begründet keinen Verstoß gegen das AGG. Da sich die Beratungsangebote an Frauen in Problemlagen richten und diese typischerweise zu Frauen leichter Kontakt aufnehmen, ist der verfolgte Zweck bei männlicher Besetzung der Stelle gefährdet.[182]

Weißt ein öffentlicher AG in einer ansonsten geschlechtsneutral gehaltenen Ausschreibung darauf hin, dass ein „besonderes Interesse an Bewerbungen von Frauen bestehe" so werden nach Ansicht des LAG Düsseldorf[183] männliche Bewerber hierdurch nicht unzulässig benachteiligt, wenn in der für die Stelle maßgeblichen Vergleichsgruppe Frauen unterrepräsentiert sind. Nach dem LAG Köln kann sogar die gezielte Suche nach Mitarbeitern eines bestimmten Geschlechts zulässig sein, wenn die Belegschaft bisher ausschließlich männlich oder weiblich ist.[184]

c) **Religion oder Weltanschauung.** „Religion" zeichnet sich durch den Glauben an eine umgreifende, sinnerfüllte Wirklichkeit mit einem transzendenten Bezug auf eine überschreitende und umgreifende Wirklichkeit aus (zB katholische und protestantische Kirche, Islam, Hinduismus, Buddhismus, Judentum). Bezug genommen wird im Rahmen der „Religion" auf eine überweltliche Macht, mit der verschiedene religiöse Praktiken verbunden sein können (Gebete, Meditation).[185] Was unter dem Begriff der **„Weltanschauung"** zu verstehen ist, ist umstritten. Überwiegend wird angenommen, dem Begriff komme eine ähnl. Bedeutung wie dem Begriff „Religion" zu und bedeute eine nur mit der Person des Menschen verbundene Gewissheit über bestimmte Aussagen zum Weltganzen sowie zur Herkunft und zum Ziel des menschlichen Lebens, wobei der Begriff „Weltanschauung" auf rein innerweltliche Bezüge beschränkt sein soll.[186] Werden **wirtschaftliche Ziele** verfolgt, kann nicht von „Religion" oder „Weltanschauung" gesprochen werden.[187] Die **Scientology-Organisation** wurde deshalb von der deutschen Rspr. bisher nicht als Religionsgemeinschaft oder Weltanschauung anerkannt.[188] Ob das allerdings nach Einführung des AGG aufrechterhalten werden kann, ist nicht sicher. In anderen europäischen Ländern wie zB Frankreich ist die Scientology-Organisation als Religionsgemeinschaft anerkannt. Erst eine Entscheidung des EuGH wird hier Rechtsklarheit schaffen. Weiterhin erfassen die Begriffe „Religion" und „Weltanschauung" nicht die **freiheitliche Grundordnung gefährdende Zusammenschlüsse**.[189] Sympa-

---

[180] LAG Nürnberg 20.11.2018 – 7 Sa 95/18, ÖAT 2019, 151.
[181] BAG 19.12.2019 – 8 AZR 2/19, FD-ArbR 2020, 424065.
[182] BAG 18.3.2010 – 8 AZR 77/09, NZA 2010, 872; LAG Schleswig-Holstein 2.11.2017 – 2 Sa 262d/17, BeckRS 2017, 143011.
[183] LAG Düsseldorf 12.11.2008 – 12 Sa 1102/08, BeckRS 2009, 50334.
[184] LAG Köln 18.5.2017 – 7 Sa 913/16, BeckRS 2017, 131307.
[185] *Bauer/Krieger/Günther* AGG § 1 Rn. 29.
[186] *Bauer/Krieger/Günther* AGG § 1 Rn. 30; offen gelassen von ArbG Berlin 30.7.2009 – 33 Ca 5772/09, NZA-RR 2010, 70.
[187] *Roesner*, AGG-Praxis-Check, 2007, S. 13.
[188] Vgl. hierzu → § 9 Rn. 86.
[189] BAG 22.3.1995 – 5 AZB 21/94, NZA 1995, 823.

thien für ein Land, seine Regierung oder die diese Regierung tragende Partei sind ebenfalls keine Weltanschauung.[190]

67 In Bezug auf einen Bewerber, der früher einer Tätigkeit im **Ministerium für Staatssicherheit" (MfS)** der ehemaligen DDR nachging, entschied das ArbG Berlin,[191] dass eine unterschiedliche Behandlung wegen eines absehbaren Konflikts mit langjährig Beschäftigten aufgrund dieser früheren Tätigkeit keine Benachteiligung wegen der Weltanschauung Marxismus-Leninismus darstelle.

68 Benachteiligungen wegen der Religion oder Weltanschauung können ungeachtet des § 8 AGG durch den **besonderen Rechtfertigungsgrund** des **§ 9 AGG** (sog. Kirchenklausel) gerechtfertigt sein. Demnach ist eine unterschiedliche Behandlung wegen der Religion oder der Weltanschauung bei der Beschäftigung durch Religionsgemeinschaften, die ihnen zugeordneten Einrichtungen ohne Rücksicht auf ihre Rechtsform oder durch Vereinigungen, die sich die gemeinschaftliche Pflege einer Religion oder Weltanschauung zur Aufgabe machen, auch zulässig, wenn eine bestimmte Religion oder Weltanschauung unter Beachtung des Selbstverständnisses der jeweiligen Religionsgemeinschaft oder Vereinigung im Hinblick auf ihr Selbstbestimmungsrecht oder nach der Art der Tätigkeit eine gerechtfertigte berufliche Anforderung darstellt. Die Vorschrift findet auf Kirchen und die ihnen zugeordneten Einrichtungen ohne Rücksicht auf deren Rechtsform, damit also auch für die Einrichtungen der **Caritas** und der **Diakonie**, Anwendung.[192]

69 § 9 Abs. 1 AGG ermöglichte es bisher, unter bestimmten Voraussetzungen die Begr. eines Arbeitsverhältnisses von der Konfession abhängig zu machen. Durch die neueste Rechtsprechung von BAG und EuGH im Fall *„Egenberger"* hat sich dies nunmehr grundlegend geändert.[193] Die Möglichkeit der Rechtfertigung einer Ungleichbehandlung wegen der Religion oder Weltanschauung allein durch Ausübung des Selbstbestimmungsrechts der Kirche oder Organisation – unabhängig von und ohne Bezug zu der konkreten Tätigkeit und insbesondere ohne gerichtliche Überprüfbarkeit – ist laut EuGH nicht vorgesehen.[194] Da nach Ansicht des BAG eine dahingehende europarechtskonforme Auslegung des § 9 Abs. 1 Alt. 1 AGG nicht möglich ist, bleibt dieser künftig unanwendbar.[195] Eine Rechtfertigung gemäß § 9 AGG ist damit nur noch anhand § 9 Abs. 1 Alt. 2 AGG möglich, wenn die Religionszugehörigkeit bzw. die aufgrund der religiösen oder weltanschauungsmotivierten Überzeugung von der jeweiligen Organisation aufgestellte berufliche Anforderung eine *„wesentliche, rechtmäßige, und gerechtfertigte"*[196] berufliche Anforderung darstellt und im Einzelfall verhältnismäßig ist, was der Überprüfung durch die Gerichte unterliegt.[197]

70 Anküpfend an sein Urteil zur Benachteiligung wegen der Religionszugehörigkeit im Bewerbungsverfahren,[198] hat der EuGH nach einer weiteren Vorlage des BAG[199] zur Frage, ob nach Art. 9 Abs. 2 AGG in Hinblick auf Art. 4 Abs. 2 UAbs. 2 der Richtlinie 2000/78 eine Benachteiligung im Rahmen der Ahndung einer Loyalitätspflichtverletzung, also eines nicht religions- oder weltanschauungskonformen Verhaltens, gerechtfertigt sein kann, in einem weiteren Urteil entschieden, dass die zur Benachteiligung wegen Religionszugehörigkeit aufgestellten Grundwertungen im Fall *„Egenberger"* nicht nur in Hinblick auf Ungleichbehandlungen gelten, sondern auch in Hinblick auf die Ahndung von Loyalitätspflichtverletzungen und deren Rechtfertigung nach Art. 9 Abs. 2 AGG.[200] In dem betreffenden Fall ging

---

[190] BAG 20.6.2013 – 8 AZR 482/12, NZA 2014, 21.
[191] ArbG Berlin 30.7.2009 – 33 Ca 5772/09, NZA-RR 2010, 70.
[192] *Richardi* NZA 2006, 881 (885); Einrichtung der Caritas: BAG 25.4.2013 – 2 AZR 579/12, NZA 2013, 1131 Rn. 45.
[193] Vgl. ausführlich hierzu § 9 Rn. 20; BAG 25.10.2018 – 8 AZR 501/14, NZA 2019, 455; EuGH 17.4.2018 – C-414/16, NZA 2018, 569; *Reichhold/Beer* NZA 2018, 681; *Junker* NJW 2018, 1850; *Payandeh* JuS 2018, 593.
[194] EuGH 17.4.2018 – C-414/16, NZA 2018, 569.
[195] EuGH 17.4.2018 – C-414/16, NZA 2018, 569; BAG 25.10.2018 – 8 AZR 501/14, NZA 2019, 455.
[196] Zur Auslegung dieser Voraussetzungen → § 9 Rn 20.
[197] Vgl. EuGH 17.4.2018 – C-414/16, NZA 2018, 569; BAG 25.10.2018 – 8 AZR 501/14, NZA 2019, 455.
[198] EuGH 17.4.2018 – C-414/16, NZA 2018, 569.
[199] BAG 28.7.2016 – 2 AZR 746/14 (A), BAGE 156, 23–37.
[200] EuGH 11.9.2018 – C-68/17, NJW 2018, 3086.

es um die Kündigung eines in einem katholischen Krankenhaus beschäftigten katholischen Chefarztes durch seinen kirchlichen Arbeitgeber anlässlich dessen zweiter Eheschließung. Im Arbeitsvertrag des Chefarztes wurde als außerordentlicher Kündigungsgrund „das Leben in kirchlich ungültiger Ehe oder eheähnlicher Gemeinschaft" vereinbart. Andere, nicht katholische Ärzte, die ebenfalls erneut geheiratet hatten, waren hingegen nicht gekündigt worden.[201] Ursprünglich hatte das BAG in diesem Fall zu Lasten des kirchlichen Arbeitgebers entschieden,[202] woraufhin dieser erfolgreich Verfassungsbeschwerde einlegte und das erste Urteil des BAG vom BVerfG mit der Begründung aufgehoben und an das BAG zurückverwiesen wurde, dass das BAG die Tragweite des kirchlichen Selbstbestimmungsrechts verkannt habe.[203] Nach der Vorlage des Falles und dem darauffolgenden Urteil des EuGH hat das BAG nun eine abschließende Entscheidung gefällt.[204] Demnach ist eine unionsrechtskonforme Auslegung des Art. 9 Abs. 2 AGG dahingehend möglich, dass die Anforderungen an ein loyales und aufrichtiges Verhalten im Sinne des jeweiligen Selbstverständnisses einer Religionsgemeinschaft, die zu einer Ungleichbehandlung von Beschäftigten abhängig von deren Konfession oder Konfessionslosigkeit führen, die in Art. 4 Abs. 2 UAbs. 2 RL 2000/78 EG genannten Kriterien wahren müssen und insoweit der gerichtlichen Überprüfung unterliegen – eventuell entgegenstehendes nationales (auch Verfassungs-)Recht muss dahinter zurückstehen.[205]

Die Rechtfertigung einer auf Religions- oder Weltanschauungsethos beruhenden Ungleichbehandlung gem. Art. 9 AGG kommt damit aufgrund des wertungsrechtlichen Gleichlaufs der Anforderungen von Art. 9 Abs. 1 Alt. 2 und Abs. 2 AGG aufgrund unionsrechtskonformer Auslegung insgesamt nur noch bei konkretem Bezug der Tätigkeit zur Verkündung des Ethos in Betracht. Ein solcher Bezug liegt vor, wenn sich ein objektiv bestehender Zusammenhang zwischen der vom AG gestellten beruflichen Anforderung, bzw. der vom AG gestellten Anforderung an „ethosloyales" Verhalten und der jeweiligen beruflichen Tätigkeit, entweder aus der Art der Tätigkeit (zB Mitwirkung an der Bestimmung des Ethos der betreffenden Kirche oder Organisation, oder Beitrag zur Verkündung des Ethos) oder aus den Umständen der Ausübung (zB der mit der Tätigkeit verbundenen Notwendigkeit, für eine in Hinblick auf ihr Ethos glaubhafte Vertretung der betreffenden Kirche oder Organisation nach außen zu sorgen) ergibt und überdies die Ungleichbehandlung im konkreten Einzelfall verhältnismäßig ist. Die Verhältnismäßigkeit ist gewahrt, wenn unter Berücksichtigung aller Umstände des Einzelfalles das Recht der Kirche auf Autonomie im Hinblick auf Ethos und Organisation schwerer wiegt als das Recht des AN, vor Diskriminierung geschützt zu werden.[206]

Im oben erwähnten Fall war die Kündigung des Chefarztes damit mangels Rechtfertigung nach Art. 9 Abs. 2 AGG unwirksam, da die unterschiedlichen Anforderungen der Kirche an das Verhalten des katholischen Arztes im Verhältnis zu anderen Abteilungsärzten, die nicht katholisch waren, im Hinblick auf die Art der beruflichen Tätigkeit und die Umstände ihrer Ausübung, für die Bekundung des kirchlichen Ethos keine wesentliche, rechtmäßige, und gerechtfertigte Anforderung war, da mit einer Tätigkeit als Arzt weder an der Bestimmung des Ethos mitgewirkt, noch ein Beitrag zum Verkündungsauftrag geleistet wird und somit keine tätigkeitsbezogene Rechtfertigung für die Ungleichbehandlung besteht.

d) Behinderung. Der Begriff entspricht nach der Gesetzesbegr.[207] dem in § 3 des Gesetzes zur Gleichstellung behinderter Menschen (BGG) und in § 2 Abs. 1 S. 1 SGB IX gebrauchten Begriff: „Menschen sind behindert, wenn ihre körperliche Funktion, geistige Fähigkeit oder seelische Gesundheit mit hoher Wahrscheinlichkeit länger als sechs Monate von dem für das

---

[201] Vgl. BAG 8.9.2011 – 2 AZR 543/10, BAGE 139, 144–155; BVerfG 22.10.2014 – 2 BvR 661/12, BVerfGE 137, 273–345.
[202] BAG 8.9.2011 – 2 AZR 543/10, BAGE 139, 144–155.
[203] BVerfG 22.10.2014 – 2 BvR 661/12, BVerfGE 137, 273–345.
[204] BAG 20.2.2019 – 2 AZR 746/14, NZA 2019, 901.
[205] BAG 20.2.2019 – 2 AZR 746/14, NZA 2019, 901.
[206] Vgl. EuGH 17.4.2018 – C-414/16, NZA 2018, 569; EuGH 11.9.2018 – C-68/17, NJW 2018, 3086; BAG 25.10.2018 – 8 AZR 501/14, NZA 2019, 455; 20.2.2019 – 2 AZR 746/14, NZA 2019, 901.
[207] Gesetzesbegr. BT-Drs. 16/1780, 30.

Lebensalter typischen Zustand abweichen und daher ihre Teilhabe am Leben in der Gesellschaft beeinträchtigt ist." Der Begriff der Behinderung ist weiter als der Begriff „Schwerbehinderung" iSv § 2 Abs. 2 SGB IX, insbesondere kommt es nicht auf den Grad der Behinderung an.[208] IÜ ist für die Begriffsbestimmung aber das gemeinschaftsrechtliche Verständnis maßgeblich. Der Begriff „Behinderung" ist daher unionsrechtautonom auszulegen.[209] Der EuGH[210] hat entschieden, dass unter „Behinderung" eine Einschränkung zu verstehen sei, die insbesondere auf physische, geistige oder psychische Beeinträchtigungen zurückzuführen ist, die ein Hindernis für die Teilhabe des Betreffenden am Berufsleben bildet und von längerer Dauer ist. Das BAG geht von einem kombinierten unionsrechtlichen und deutschen fürsorgerechtlichen Behinderungsbegriff aus, der – verkürzt wiedergegeben – Einschränkungen erfasst, die insbesondere auf physische, geistige oder psychische Beeinträchtigungen zurückzuführen sind, die in Wechselwirkung mit verschiedenen Barrieren den Betreffenden an der vollen und wirksamen Teilhabe am Berufsleben oder am Leben in der Gesellschaft, gleichberechtigt mit anderen Menschen, hindern können, sofern die körperlichen, seelischen, geistigen oder Sinnesbeeinträchtigungen mit hoher Wahrscheinlichkeit länger als sechs Monate bestehen werden.[211] Behinderungen können daher in allen Formen körperlicher Beeinträchtigungen zum Ausdruck kommen, wie zB Suchtkrankheiten, Sehschwächen, Fettleibigkeit („Adipositas")[212] oder psychische Erkrankungen.[213] Im Merkmal der längeren Dauer unterscheidet sich die Behinderung von der **bloßen Krankheit**, für die eine vorübergehende Funktionsbeeinträchtigung charakteristisch ist.[214] Jedoch wird vom Begriff der Behinderung im Zustand miteingeschlossen, der durch eine ärztlich diagnostizierte heilbare oder unheilbare Krankheit verursacht wird. Voraussetzung ist, dass diese Krankheit eine Einschränkung mit sich bringt, die insbesondere auf physische, geistige oder psychische Beeinträchtigungen zurückzuführen ist, die in Wechselwirkung mit verschiedenen Barrieren den Betr. an der vollen und wirksamen Teilhabe am Berufsleben, gleichberechtigt mit den anderen AN, hindern können und wenn diese Einschränkung von langer Dauer ist.[215] Auch eine **symptomlose HIV-Infektion** stellt nach Ansicht des BAG wegen ihrer gesellschaftlichen Stigmatisierung eine Behinderung iSd § 1 AGG dar.[216]

74 Nach der Rspr. des EuGH[217] erstreckt sich das Diskriminierungsverbot nicht nur auf Personen, die selbst behindert sind, sondern auch auf Personen, die wegen ihrer **engen Verbindung zu einem Behinderten** benachteiligt werden.

75 Für **schwerbehinderte** Bewerber ist **§ 164 Abs. 2 SGB IX** (§ 81 Abs. 2 SGB IX aF) einschlägig: Hiernach dürfen AG schwerbehinderte Menschen nicht wegen ihrer Behinderung benachteiligen. Im Einzelnen gilt hier ebenfalls das AGG entsprechend. Verstößt der AG gegen eine aus den §§ 164 ff. SGB IX (§ 81 aF) ergebende Pflicht, kann dies zu einer Beweiserleichterung im Diskriminierungsprozess gem. § 22 AGG führen. Dies gilt jedoch nicht für Bewerber, die weder schwerbehindert, noch gleichgestellt sind.[218] Die fehlende Einbeziehung der Agentur für Arbeit nach § 164 Abs. 1 S. 1 SGB IX (§ 81 aF) ist grundsätzlich geeignet, die Vermutung für eine Benachteiligung eines schwerbehinderten Bewerbers gem. § 22 AGG zu bewirken.[219] Der AG sollte daher die Agentur bei jeder Stellenbesetzung beteiligen. Dies gilt übrigens insbesondere auch bei der geplanten Einstellung eines **Leiharbeit-**

---

[208] *Bauer/Krieger/Günther* AGG § 1 Rn. 39.
[209] *Bauer/Krieger/Günther* AGG § 1 Rn. 41a.
[210] EuGH 11.7.2006 – C-13/05, NZA 2006, 839 – Sonia Chason Navas/Eurest Colectividades SA; *Müller*, Der Arbeits-Rechts-Berater, 2006, S. 258.
[211] BAG 19.12.2013 – 6 AZR 190/12, NZA 2014, 372 Rn. 59; *Bauer/Krieger/Günther* AGG § 1 Rn. 41b.
[212] EuGH 18.12.2014 – C-354/13, NJW 2015, 391; ArbG Düsseldorf 22.12.2015 – 7 Ca 4616/15, BB 2016, 180.
[213] BeckOK ArbR/*Roloff* AGG § 1 Rn. 7.
[214] *Bauer/Krieger/Günther* AGG § 1 Rn. 40b; EuGH 11.7.2006 – C-13/05, NZA 2006, 839 – Navas.
[215] EuGH 11.4.2013 – C-335/11, NZA 2013, 553.
[216] BAG 19.12.2013 – 6 AZR 190/12, NZA 2014, 372; zur Zulässigkeit der Frage nach einer HIV-Infektion (bzw. zur Indizwirkung nach § 22 AGG) → § 9 Rn. 64.
[217] EuGH 17.7.2008 – C-303/06, NZA 2008, 932 – Coleman.
[218] BAG 27.1.2011 – 8 AZR 580/09, NZA 2011, 737.
[219] BAG 17.8.2010 – 9 AZR 839/08, NZA 2011, 153.

nehmers.[220] Das LAG Rheinland-Pfalz[221] hat entschieden, dass der AG im Rahmen seiner Prüfpflicht gem. § 164 Abs. 1 S. 1 SGB IX (§ 81 aF) der Agentur ausreichend Zeit zur Prüfung einräumen muss, ob ein konkret ausgeschriebener Arbeitsplatz mit einem arbeitsuchenden Schwerbehinderten besetzt werden könne. Es reiche nicht aus, wenn der AG der Agentur den Arbeitsplatz nur telefonisch beschreibe und dann auf die Antwort, sie habe keinen geeigneten Schwerbehinderten, einen anderen AN einstellt. Ebenso lässt die fehlende Beteiligung der **Schwerbehindertenvertretung** nach § 164 Abs. 1 S. 6 (§ 81 aF) iVm § 178 Abs. 2 S. 1 (§ 95 aF) SGB IX[222] sowie die unterbliebene **Einladung zum Vorstellungsgespräch** eines schwerbehinderten Bewerbers durch einen öffentlichen AG entgegen § 165 S. 3 (§ 82 aF) SGB IX eine Benachteiligung vermuten.[223] Die Vermutung durch eine fehlende Einladung kann der öffentliche AG den Beweis widerlegen, dass für die Nichteinladung nur solche Gründe vorgelegen haben, die die fehlende Eignung und nicht die Schwerbehinderung des Nichteingeladenen betreffen.[224] Die Pflicht zur Einladung gem. § 165 S. 3 (§ 82 aF) SGB IX besteht jedoch dann nicht, wenn dem Bewerber offensichtlich die notwendige fachliche Eignung fehlt, wenn er also zB nicht über die nach dem Stellenprofil geforderten ausreichenden praktischen Erfahrungen verfügt.[225] Der schwerbehinderte Bewerber muss aber bei einem öffentlichen AG die Chance eines Vorstellungsgesprächs erhalten, wenn seine fachliche Eignung zwar zweifelhaft, aber nicht ausgeschlossen ist. Es müssen auch schwerbehinderte Bewerber mit schlechter Zeugnisnote eingeladen werden, wenn in der Ausschreibung nicht eine bestimmte Note ausdrücklich als Mindestqualifikation gefordert worden ist.[226] Der Schwerbehinderte soll den öffentlichen AG im Vorstellungsgespräch von seiner Eignung überzeugen können.[227] Die Vermutungswirkung des § 22 AGG entfällt auch dann nicht rückwirkend, wenn der öffentliche AG die zunächst unterbliebene Einladung des schwerbehinderten Bewerbers zu einem Vorstellungsgespräch nach einem entsprechenden Hinweis nachholt.[228] Besteht ein schwerbehinderter Bewerber, der den Anforderungen des Stellenprofils genügt, einen dem Bewerbungsgespräch vorgelagerten Einstellungstest nicht, dann soll das Indiz einer Benachteiligung dennoch vorliegen, wenn er nicht zum Bewerbungsgespräch eingeladen wird. Der Bewerber ist durch das Nichtbestehen des Tests nicht objektiv ungeeignet.[229]

Nicht erfasst von § 165 S. 3 SGB IX ist das rein interne Stellenbesetzungsverfahren.[230] Schreibt ein AG eine Stelle zum einen intern aus sowie zum anderen extern unter dem Vorbehalt, dass sich kein geeigneter interner Bewerber findet, muss er einen schwerbehinderten externen Bewerber nicht einladen, wenn die Stelle mit einem internen Bewerber besetzt werden kann.[231]

Verstößt der AG gegen Verfahrens- und oder Förderpflichten zugunsten schwerbehinderter Menschen, liegt darin grundsätzlich ein Indiz iSv § 22 AGG, das mit überwiegender Wahrscheinlichkeit darauf schließen lässt, dass die betroffene Person wegen ihrer Schwerbehinderung benachteiligt wurde.[232] So können bspw. die Verletzung der Förderpflicht nach § 164 Abs. 1 SGB IX (§ 81 aF), die fehlende Bestellung einer Schwerbehindertenbeauftragten nach § 181 SGB IX (§ 98 aF) sowie die Nichterfüllung der Mindestbeschäftigungsquote nach § 154 Abs. 1 SGB IX aF (§ 71 aF) bei kumulativem Vorliegen in ihrer Gesamtschau eine Diskriminierung wegen Behinderung indizieren.[233] Kein zwingendes Indiz stellt

---

[220] BAG 23.6.2010 – 7 ABR 3/09, NZA 2010, 1361.
[221] LAG Rheinland-Pfalz 10.9.2010 – 6 TaBV 10/10, AiB 2011, 408.
[222] BAG 17.8.2010 – 9 AZR 839/08, NZA 2011, 153.
[223] BAG 21.7.2009 – 9 AZR 431/08, NZA 2009, 1087; BVerwG 3.3.2011 – 5 C 16/10, NJW 2011, 2452; zuletzt BAG 16.2.2012 – 8 AZR 697/10, NZA 2012, 667.
[224] BAG 16.2.2012 – 8 AZR 697/10, NZA 2012, 667.
[225] BAG 16.9.2008 – 9 AZR 791/07, NZA 2009, 79; 16.2.2012 – 8 AZR 697/10, NZA 2012, 667.
[226] BVerwG 3.3.2011 – 5 C 16/10, NZA 2011, 977.
[227] BAG 21.7.2009 – 9 AZR 431/08, NZA 2009, 1087.
[228] BAG 22.8.2013 – 8 AZR 563/12, NZA 2014, 82.
[229] LAG Schleswig-Holstein 9.9.2015 – 3 Sa 36/15, BeckRS 2015, 73427.
[230] LAG Baden-Württemberg 3.6.2019 – 1 Sa 12/18, BeckRS 2019, 34160.
[231] LAG Schleswig-Holstein 18.12.2018 – 1 Sa 26 öD/18, KommJur 2019, 175.
[232] BAG 28.9.2017 – 8 AZR 492/16, NZA 2018, 519.
[233] LAG Hamm 13.6.2017 – 14 Sa 1427/16, BeckRS 2017, 128031.

hingegen allein die Nichterfüllung der **Schwerbehindertenquote** gem. § 154 SGB IX (§ 71 aF) dar.[234]

78 Enthält ein Arbeitsvertragsformular, das dem Bewerber nach einem Einstellungsgespräch zur Unterzeichnung vorgelegt wird die Formulierung „Der Mitarbeiter erklärt, dass er zum Zeitpunkt des Vertragsschlusses den Bestimmungen des Schwerbehindertengesetzes nicht unterliegt.", so liegt allerdings schon allein hierin eine Benachteiligung wegen der Schwerbehinderung nach § 3 S. 1 AGG[235]

79 Es besteht keine tatsächliche Vermutung dafür, dass ein AG Kenntnis von einer Behinderung des Bewerbers erlangt, die sich allein aus einem dem Bewerbungsschreiben beigefügten Arbeitszeugnis ergibt. So sind auch „eingestreute" oder unauffällige Informationen, indirekte Hinweise in beigefügten amtl. Dokumenten, eine in den weiteren Bewerbungsunterlagen befindliche Kopie des Schwerbehindertenausweises etc keine ordnungsgemäße Information des AG.[236] Letzterer muss im Bewerbungsschreiben selbst informiert werden.[237] Teilt ein Bewerber im Bewerbungsverfahren seine Schwerbehinderung mit, ist der AG verpflichtet, das Bewerbungsschreiben bei seinem Eingang vollständig zur Kenntnis zu nehmen. Übersehen die für den AG handelnden Personen den Hinweis der Schwerbehinderteneigenschaft, wird die unterlassene Kenntniserlangung dem AG als objektive Pflichtverletzung zugerechnet.[238] Der AG ist jedoch nicht verpflichtet, über die vollständige Kenntnisnahme der Bewerbungsunterlagen hinaus bei Vorliegen bestimmter Anhaltspunkte selbständig **Nachforschungen** zur Schwerbehinderteneigenschaft der Bewerber anzustellen.[239] Ihn trifft auch keine Pflicht, sich bei unklaren Angaben im Bewerbungsschreiben beim Bewerber über Grad und Art der Behinderung zu erkundigen.[240]

80 Das BAG[241] entschied, dass auch schon die vorzeitige Beendigung des Bewerbungsverfahrens eine entschädigungspflichtige Diskriminierung darstellen kann, selbst wenn der AG zu diesem Zeitpunkt noch keine Kenntnis von der Bewerbung eines Schwerbehinderten hat. Der AG verhindert durch die **Abkürzung des Bewerbungsverfahrens** nämlich, dass der Schwerbehinderte eine noch berücksichtigungsfähige Bewerbung abgeben kann sowie eine sinnvolle Unterrichtung der Schwerbehindertenvertretung nach § 164 Abs. 1 S. 4 (§ 81 aF) SGB IX. Wie bereits dargestellt, wird dem AG generell dazu geraten, keine konkreten Fristen im Einstellungsverfahren zu setzen. Teilt der AG dennoch eine Bewerbungsfrist mit, sollte er diese einhalten.

81 Gerechtfertigt ist es nach **§ 8 Abs. 1 AGG**, Behinderte von Tätigkeiten auszuschließen, die besondere körperliche Kräfte oder eine besondere Konstitution erfordern. Zulässig kann auch der Ausschluss bei Tätigkeiten sein, bei denen ein Fehler in der Berufsausübung erhebliche Vermögenswerte oder insbesondere Leib und Leben Dritter gefährden kann. **Öffentliche Schutzinteressen** sind zB bei **Flugkapitänen, Busfahrern oder Polizisten** zu beachten.[242]

82 e) **Alter**.[243] Der Begriff „Alter" meint das Lebensalter und schützt umfassend gegen ungerechtfertigte unterschiedliche Behandlungen, die an das konkrete Lebensalter anknüpfen.[244] Damit werden sowohl junge als auch ältere Menschen geschützt. Ein bestimmtes Mindestalter ist insoweit nicht erforderlich.[245] Eine unmittelbare Benachteiligung wegen des Alters liegt vor, wenn das Lebensalter konkret im Sinne einer **Höchstaltersgrenze** zur Grundlage einer Einstellungsentscheidung gemacht wird. Solche Altersgrenzen sollten in Stellenausschreibungen vermieden werden, insbesondere dann, wenn keine gesetzlichen Altershöchst-

---

[234] BAG 17.8.2010 – 9 AZR 839/08, NZA 2011, 153.
[235] LAG Berlin Brandenburg 29.8.2019, öAT 2019, 259.
[236] BAG 26.9.2013 – 8 AZR 650/12, NZA 2014, 258.
[237] BAG 26.9.2013 – 8 AZR 650/12, NZA 2014, 258.
[238] BAG 16.9.2008 – 9 AZR 791/07, NZA 2009, 79.
[239] ArbG Ulm 17.12.2009 – 5 Ca 316/09, BeckRS 2011, 69070.
[240] LAG Baden-Württemberg 6.9.2010 – 4 Sa 18/10, BeckRS 2010, 71644.
[241] BAG 17.8.2010 – 9 AZR 839/08, NZA 2011, 153.
[242] *Bauer/Krieger/Günther* AGG § 8 Rn. 33 f.
[243] Vgl. speziell zum Thema Stellenausschreibung auch → § 9 Rn. 22.
[244] BT-Drs. 16/1780, 31.
[245] *Roesner*, AGG-Praxis-Check, 2007, S. 14.

grenzen einschlägig sind, auf die abgestellt werden könnte.[246] So liegt eine unmittelbare Benachteiligung wegen des Alters vor, wenn ein öffentlicher AG in der Ausschreibung Bewerber im Alter von „20–25 Jahre" sucht und einen 28-jährigen Bewerber wegen Überschreitung dieses Höchstalters zurückweist.[247] Nach einem Urteil des EuGH[248] steht EU-Recht einer Regelung entgegen, nach der sich die Grundgehaltsstufe eines Beamten innerhalb der jeweiligen Besoldungsgruppe bei seiner Einstellung nach seinem Lebensalter richtet. Es handelt sich dabei um eine unmittelbare Benachteiligung wegen des Alters, die nicht gerechtfertigt werden kann.[249]

Der Fall einer mittelbaren Benachteiligung wegen des Alters ist gegeben, wenn auf die Kriterien „Betriebszugehörigkeit", „Betriebstreue" oder „Berufsjahre" zurückgegriffen wird.[250] Das BAG entschied,[251] dass die Begrenzung einer innerbetrieblichen Stellenausschreibung auf **AN im ersten Berufs-/Tätigkeitsjahr** eine mittelbare Benachteiligung wegen des Alters darstellen kann. Für eine mittelbare Benachteiligung wegen des Alters iSd § 1 AGG ist kein statistischer Nachweis erforderlich, dass eine bestimmte Altersgruppe durch die in Frage stehenden Kriterien tatsächlich wegen des Alters benachteiligt wird. Vielmehr ist ausreichend, wenn das Kriterium hierzu typischerweise geeignet ist. Berufserfahrene AN sind typischerweise älter als Beschäftigte im ersten Berufsjahr. Insgesamt gilt jedoch für Stellenausschreibungen, die lediglich mittelbar an das Alter des Bewerbers anknüpfende Begriffe wie „Berufsanfänger" oder „erste Berufserfahrung" enthalten, dass allein dadurch ein Verstoß gegen § 11 AGG noch nicht zwingend vorliegt, sondern nur dann, wenn die Auslegung der Stellenauschreibung ergibt, dass mit ihr ausschließlich Personen eines bestimmten Lebensalters angesprochen und andere Bewerber ausgeschlossen werden sollen.[252]

83

Das LAG Köln[253] hat entschieden, dass sich eine ältere Mitarbeiterin nicht auf die Beweiserleichterung des § 22 AGG berufen kann, wenn ihre interne Bewerbung nicht berücksichtigt wurde, weil die von ihr angegebenen EDV-Kenntnisse veraltet seien. Werden aber in einer Stellenanzeige **„junge engagierte Volljuristen/innen"** gesucht, so liegt hierin ein Verstoß gegen § 11 AGG, da damit das Alter als Einstellungsvoraussetzung genannt ist. Auch nicht unmittelbar personenbeschreibende Formulierungen wie „Wir bieten ihnen ein junges (engagiertes/dynamisches) Team" können eine Diskriminierung darstellen, da die Bezeichnung „jung" unmittelbar an das Lebensalter anküpft und aus Sicht eines objektiven Erklärungsempfängers nicht nur der Ist-Zustand des Teams beschrieben werden, sondern auch kommuniziert werden soll, dass man ebenso junge/dynamische Bewerber suche, da der durchschnittliche Leser einer Stellenanzeige weiß, dass er nicht in ein Team passt, wenn er selbst nicht die entsprechenden (Alters-)Eigenschaften mitbringt.[254] Etwas anderes gilt allerdings dann, wenn nicht das Team, sondern lediglich das Unternehmen selbst als „jung und dynamisch" beschrieben wird, da in diesem Fall nicht an das Lebensalter von Personen angeknüpft, sondern lediglich Eigenschaften des Unternehmens beschrieben werden.[255]

84

Eine Benachteiligung wegen des Alters bei der Einstellungsentscheidung kann nach § 8 Abs. 1 AGG gerechtfertigt sein, wenn zum einen die **Authentizität** die Nichtberücksichtigung älterer Bewerber erfordert (zB bei der **Besetzung einer Theaterrolle**) oder wenn das öffentliche Schutzinteresse die Interessen des Einzelnen überwiegt.[256]

85

---

[246] *Bissels/Lützeler* BB 2010, 1661.
[247] LAG Hamm 7.8.2008 – 11 Sa 284/08, BeckRS 2008, 56504.
[248] EuGH 19.6.2014 – C-501/12, BeckEuRS 2014, 397670.
[249] EuGH 19.6.2014 – C-501/12, BeckEuRS 2014, 397670 Rn. 43, 51.
[250] *Bauer/Krieger/Günther* AGG § 10 Rn. 18.
[251] BAG 10.9.2009 – 2 AZR 257/08, NZA 2010, 222.
[252] BAG 26.1.2017 – 8 AZR 73/10, BeckRS 2017, 109100.
[253] LAG Köln 27.8.2008 – 9 Sa 649/08, BeckRS 2008, 583558.
[254] Vgl. BAG 11.8.2016 – 8 AZR 406/14, NZA-RR 2017, 132; 19.5.2016 – 8 AZR 470/14 NZA 2016, 1394; LAG Hamburg 23.6.2010 – 5 Sa 14/10, NZA-RR 2010, 629.
[255] BAG 23.11.2017 – 8 AZR 604/16, NJW 2018, 1497.
[256] *Bauer/Krieger/Günther* AGG § 8 Rn. 35 f.; es gelten die unter → d) dargestellten Ausführungen entsprechend.

86 Weiterhin gilt der besondere Rechtfertigungsgrund nach § 10 AGG. Stellt das Alter bereits eine „wesentliche und entscheidende" berufliche Anforderung gem. § 8 Abs. 1 AGG dar, ist eine Prüfung nach § 10 AGG entbehrlich.[257]

87 Gem. § 10 S. 1 AGG muss der AG auf tatsächlichen und nachvollziehbaren Erwägungen beruhend („objektiv") und auf verhältnismäßige Weise („angemessen") ein „legitimes Ziel" verfolgen. Legitim sind nicht nur solche Ziele, die im Interesse der Allgemeinheit liegen, sondern auch betriebs- und unternehmensbezogene Interessen, wobei diese nicht zwingend gesetzlich anerkannt sein müssen.[258] Es genügt jedoch nicht, sich schlagwortartig auf eine „ausgewogenen Personalstruktur" zu berufen. Auch genügen allgemeine Behauptungen, dass eine bestimmte Maßnahme geeignet sei, der Beschäftigungspolitik, dem Arbeitsmarkt oder der beruflichen Bildung zu dienen, nicht zur Darlegung eines legitimen Ziels iSd § 10 AGG.[259] Darüber hinaus muss gem. § 10 S. 2 AGG das Mittel zur Erreichung des Ziels „angemessen und erforderlich" sein.

88 In § 10 S. 3 AGG sind „insbesondere" sechs Tatbestände genannt, die das BAG[260] als Regelbeispiele ansieht. Fällt eine Ungleichbehandlung unter S. 3, ist diese nur zulässig, wenn sie gem. § 10 S. 2 AGG auch verhältnismäßig ist.[261] Im umfangreichen Katalog des § 10 S. 3 Nr. 1 bis 6 AGG sind Beispiele genannt, die eine derartige unterschiedliche Behandlung einschließen. Liegt keiner dieser Fälle vor, ist die Rechtfertigung der Ungleichbehandlung anhand der Generalklausel des § 10 S. 1 und 2 AGG zu prüfen.

89 Interessant sind bei der Einstellungsentscheidung § 10 S. 3 Nr. 2 AGG (Festlegung von Mindestanforderungen an das Alter, die Berufserfahrung oder das Dienstalter) und § 10 S. 3 Nr. 3 AGG (Festsetzung eines Höchstalters für die Einstellung auf Grund der spezifischen Ausbildungsanforderungen eines bestimmten Arbeitsplatzes oder auf Grund der Notwendigkeit einer angemessenen Beschäftigungszeit vor dem Eintritt in den Ruhestand). Wie bei der Problematik der zulässigen Fragen[262] gilt auch hier: § 10 S. 3 Nr. 2 AGG kann uU als Rechtfertigung dienen, wenn es um die Besetzung einer besonderen Position im Unternehmen wie Vorstand, Geschäftsleitung, Mitglieder der ersten oder zweite Führungsebene geht. Hier soll die Voraussetzung eines gewissen **Mindestalters** dadurch gerechtfertigt werden, dass der Bewerber zB als Personalleiter Personalverantwortung für Mitarbeiter unterschiedlicher Altersstufen hat und über dementsprechende Durchsetzungskraft verfügen muss.[263] Ob eine solche Argumentation überzeugend ist, soll hier dahinstehen. Jedenfalls ist sie mit Vorsicht und unter Berücksichtigung der entstehenden Risiken zu genießen.

90 Nach § 10 S. 3 Nr. 3 AGG kann zulässig sein, eine Einstellung von einem bestimmten **Höchstalter** abhängig zu machen. Das kann durch das Erfordernis einer längeren Ausbildungs- oder Einarbeitungszeit gerechtfertigt sein. Ist zB für eine Tätigkeit als Vertriebsleiter eine Zeit von ca. fünf Jahren zum Aufbau der Kundenbeziehungen notwendig, so ist es vor dem Hintergrund der Rspr. zur Rückzahlung von Fort- und Ausbildungskosten[264] zulässig, das Eintrittsalter so festzulegen, dass eine wenigstens dreimal solange „Produktivzeit" (hier: 15 Jahre) verbleibt. In diesem Fall könnte somit ein Höchstalter von 45 Jahren festgelegt werden.[265] Nach Ansicht des BAG[266] ist eine tarifliche **Höchsteintrittsaltersgrenze von 32 Jahren und 364 Tagen für Piloten**, die bei einer anderen Fluggesellschaft ausgebildet wurden, gem. § 7 Abs. 2 AGG unwirksam, da ältere Bewerber dadurch unmittelbar benachteiligt werden. Diese Diskriminierung sei auch nicht nach § 10 S. 1, 2 und 3 Nr. 3 AGG wegen einer vermeintlichen Gefährdung der Flugsicherheit durch eine „Verbildung" durch die Ausbildung bei einem anderen Luftfahrtunternehmen gerechtfertigt. Angesichts der derzeit

---

[257] *Bauer/Krieger/Günther* AGG § 10 Rn. 13.
[258] BAG 22.1.2009 – 8 AZR 906/07, NZA 2009, 945.
[259] BAG 6.4.2011 – 7 AZR 524/09, NZA 2011, 970.
[260] BAG 22.1.2009 – 8 AZR 906/07, NZA 2009, 945.
[261] BAG 12.5.2010 – 2 AZR 551/08, NZA 2011, 115.
[262] Vgl. → § 9 Rn. 65 ff.
[263] *Bauer/Krieger/Günther* AGG § 10 Rn. 31, die für einen Personalleiter ein Mindestalter von 35 Jahren als zulässig erachten.
[264] BAG 19.2.2004 – 6 AZR 552/02, BeckRS 2004, 41231.
[265] *Bauer/Krieger/Günther* AGG § 10 Rn. 34.
[266] BAG 8.12.2010 – 7 ABR 98/09, NZA 2011, 751.

geltenden Altersgrenze für Piloten von 55. bzw. 60 Jahren, die allerdings durch ein Urteil des EuGH[267] gekippt wurde und mittlerweile bei 65 Jahren liegt,[268] solange es sich nicht um Piloten von Luftfahrzeugen für Tätigkeiten im Zusammenhang mit dem Schutz der nationalen Sicherheit handelt[269] verbleibt auch für ältere Bewerber noch eine ausreichende Mindestproduktivitätsdauer.[270] Die Einführung einer Regelung durch eine Universität, **wissenschaftliche Nachwuchskräfte** auf Stellen, die der Habilitation dienen, bis höchstens zur Erreichung eines Lebensalters von 40 1/2 Jahren zu beschäftigen, stellt nach Ansicht des BAG[271] eine unmittelbare Benachteiligung wegen des Alters dar. Die Herabsetzung des Erstberufungsalters von Professoren sei zwar ein legitimes Ziel, das gewählte Mittel aber weder erforderlich noch angemessen. Der EuGH[272] hat eine gesetzlich Höchstaltersgrenze von 30 Jahren für die Einstellung von **Beamten der Feuerwehrlaufbahn** als gerechtfertigt angesehen, da die körperliche Eignung eine wesentliche berufliche Anforderung darstelle. Da Beamte, die älter als 45 bis 50 Jahre sind, nicht über die hinreichende körperliche Eignung verfügen, um ihrer Tätigkeit im Bereich der Brandbekämpfung nachzugehen, würde durch die Altersgrenze die Einsatzbereitschaft und das ordnungsgemäße Funktionieren der Berufsfeuerwehr gewährleistet.

Ebenfalls zulässig ist eine Einstellungshöchstaltersgrenze von 35 Jahren für **Beamte in der Polizeilaufbahn,** da hier das Vorhandensein besonderer körperlicher Fähigkeiten zwecks Erfüllung wesentlicher Polizeiaufgaben, insbesondere der Gewährleistung des Schutzes von Personen und Sachen, der freien Ausübung der Rechte und Freiheiten einer jeden Person und der Sicherheit der Bürger, eine wesentliche und entscheidende berufliche Anforderung darstellt.[273]

Der EuGH hat entschieden, dass eine tarifliche Regelung, nach der sich innerhalb der jeweiligen Vergütungsgruppe die Grundvergütung eines Angestellten im öffentlichen Dienst bei dessen Einstellung nach dessen Alter bemisst, gegen europäisches Recht verstößt.[274] Die Entscheidung ist zwar zu einer Norm des inzwischen durch den TVöD abgelösten BAT ergangen. Sie ist jedoch aufgrund der Ausführungen zu den Grundsätzen der Altersdiskriminierung von allgemeiner Bedeutung: Ein möglicherweise höherer finanzieller Bedarf älterer Mitarbeiter stellt nach Ansicht des Gerichts kein legitimes Ziel für eine Benachteiligung wegen des Alters dar. Auch kann man nicht bei der Gestaltung von Regelungen generell von einem höheren Lebensalter auf eine höhere Berufserfahrung schließen (die iÜ nach dem EuGH aber zu Recht als legitimes Ziel einer Ungleichbehandlung angesehen wird).[275] Ferner ist es nicht gerechtfertigt einen Bewerber im Rentenalter unter Verweis auf § 10 Abs. 1 Nr. 5 AGG auf Basis einer in einem Tarifvertrag grundsätzlich zulässigerweise vereinbarten Regelung zu einer auf das Erreichen der des Regelrentalters bezogenen Altersgrenze[276] abzulehnen, da solche Regelungen nur in Hinblick auf AN zulässig sind, die das Rentenalter im Arbeitsverhältnis erreichen – für Neubewerbungen von Rentnern kommt lediglich eine Rechtfertigung nach § 10 S. 1 und 2 AGG in Betracht.[277]

Ist eine Stellenausschreibung offensichtlich diskriminierend, so können an einen Entlastungsbeweis zum Teil sogar über die Anforderungen des BAG hinausgehende, verschärfte Substantiierungsanforderungen an den Vortrag des AG zur Zulässigkeit und konsequenten

---

[267] EuGH 13.9.2011 – C-447/09, NZA 2011, 1039; ein tarifvertraglich vorgesehenes Verbot für Verkehrspiloten, über das vollendete 60. Lebensjahr hinaus ihrer Tätigkeit nachzugehen, stellt danach eine Diskriminierung wegen des Alters dar. Ab diesem Alter kann das Recht, dieser Tätigkeit nachzugehen, zwar beschränkt werden, ein vollständiges Verbot geht aber über das zum Schutz der Flugsicherheit Notwendige hinaus.
[268] EuGH 5.7.2017 – C-190/16, NZA 2017, 897.
[269] dann ist bereits eine Grenze von 60 Jahren zulässig, vgl. EuGH 7.11.2019 – C-396/18, NJW 2019, 3765.
[270] *Bauer/Krieger/Günther* AGG § 10 Rn. 34.
[271] BAG 6.4.2011 – 7 AZR 524/09, NZA 2011, 970.
[272] EuGH 12.1.2010 – C-229/08, NJW 2010, 2193 – Wolf.
[273] EuGH 15. 11 2016 – C-258/15, BeckRS 2016, 82679.
[274] EuGH 8.9.2011 – C 297/10, BeckRS 2011, 81324; ebenso: EuGH 19.6.2014 – C-501/12, BeckEuRS 2014, 397650.
[275] EuGH 8.9.2011 – C-297/10, BeckRS 2011, 81324; *Lipinski* BB 2011, 2419.
[276] Vgl. BAG 9.12.2015 – 7 AZR 68/14, NZA 2016, 695.
[277] ArbG Osnabrück 7.11.2017 – 3 Ca 252/17 Ö, BeckRS 2017, 151128.

Berücksichtigung aller Auswahlkriterien im Bewerbungsverfahren gestellt werden, zB durch das Erfordernis der detaillierten Darlegung einer durchgeführten Vorauswahl, die konsequent nachvollziehbar nach allen Kriterien, welche in der Stellenausschreibung Anklang gefunden haben, erfolgt sein muss.[278]

94 **f) Sexuelle Identität.** Die „**sexuelle Identität**" erfasst die verschiedenen sexuellen Neigungen (Heterosexualität, Homosexualität und Bisexualität) und die Fälle der Transsexualität, also die Fälle, in denen die Zuordnung zum weiblichen oder männlichen Geschlecht nicht eindeutig ist.[279] Nicht geschützt sind neben anormalen sexuellen Neigungen wie Pädophilie, Sodomie oder Nekrophilie auch bestimmte sexuelle Praktiken oder ein bestimmtes sexuelles Verhalten.[280] Eine unmittelbare Benachteiligung wegen des genannten Merkmals ist nach dem EuGH[281] zB in der Weigerung zu sehen, Lebenspartnern einer eingetragenen Lebenspartnerschaft die Hinterbliebenenversorgung zu gewähren, wenn sich überlebende Ehegatten und überlebende Lebenspartner in Bezug auf diese Versorgung in einer vergleichbaren Situation befinden. Eine mittelbare Benachteiligung wegen der sexuellen Identität liegt vor, wenn an den **Familienstand** eines Bewerbers angeknüpft wird.[282]

95 Eine gerechtfertigte unterschiedliche Behandlung aufgrund der sexuellen Identität nach **§ 8 Abs. 1 AGG** ist in der Praxis schwer vorstellbar. Dies wird höchstens in Fällen denkbar sein, in denen eine bestimmte sexuelle Orientierung zwingende Voraussetzung oder Ausschlusskriterium für ein **bestimmtes therapeutisches Konzept** ist (zB weil ein sexuelles Interesse des Therapeuten an den Therapiebedürftigen kategorisch ausgeschlossen sein muss).[283] Das ArbG Stuttgart[284] sah die mittelbare Benachteiligung wegen der sexuellen Identität einer Bewerberin als Leiterin eines kirchlichen Kindergartens gem. **§ 9 Abs. 2 AGG** als gerechtfertigt an. Diese Norm sei verfassungskonform dahingehend auszulegen, dass Kirchen AN auch für andere Merkmale als das Merkmal der Religion oder Weltanschauung unterschiedlich behandeln dürfen. Das Eingehen einer eingetragenen Lebenspartnerschaft sowie das Praktizieren von Homosexualität stellen für den kirchlichen AG einen schwerwiegenden Loyalitätsverstoß dar, der die Beschäftigung und damit auch die Einstellung einer AN ausschließe. Angesichts der neuen Rechtsprechung von EuGH und BAG ist diese Argumentation, trotz der vom BVerfG betonten Bedeutung der kirchlichen Selbstbestimmung, allerdings nicht mehr haltbar.[285]

96 **g) Genetische Eigenschaften.** Der AG darf Beschäftigte ua bei der Begr. des Beschäftigungsverhältnisses nicht wegen ihrer oder der genetischen Eigenschaften einer genetisch verwandten Person benachteiligen (§ 21 Abs. 1 S. 1 GenDG). Dies gilt nach S. 2 auch, wenn sich Beschäftigte weigern, genetische Untersuchungen oder Analysen bei sich vornehmen zu lassen oder die Ergebnisse bereits vorgenommener genetischer Untersuchungen oder Analysen zu offenbaren.[286] Genetische Eigenschaften sind ererbte oder während der Befruchtung oder bis zur Geburt erworbene, vom Menschen stammende Erbinformationen, § 3 Nr. 4 GenDG.

2. Rechtsfolgen einer Diskriminierung

97 Bei einem Verstoß gegen das Benachteiligungsverbot ist der AG verpflichtet, den hierdurch entstandenen Schaden zu ersetzen, **§ 15 Abs. 1 AGG**. Nach dieser Vorschrift können Benachteiligte Ersatz materieller Schäden verlangen. Die Haftung trifft den AG jedoch nicht,

---

[278] LAG Schleswig-Holstein 21.11.2017 – 1 Sa 312/17, BeckRS 2017, 142568.
[279] *Roesner*, AGG-Praxis-Check, 2007, S. 14.
[280] *Bauer/Krieger/Günther* AGG § 1 Rn. 52 f.
[281] EuGH 1.4.2008 – C-267/06, EuroAS 2008, 80.
[282] LAG München 10.5.2007 – 2 Sa 1253/06, BeckRS 20094, 61882.
[283] Vgl. *Bauer/Krieger/Günther* AGG § 8 Rn. 38.
[284] ArbG Stuttgart 28.4.2010 – 14 Ca 1585/09, NZA-RR 2011, 407.
[285] Vgl. ausführlich → Rn. 62; EuGH 17.4.2018 – C-414/16, NZA 2018, 569; 11.9.2018 – C-68/17, NJW 2018, 308; BAG 25.10.2018 – 8 AZR 501/14, NZA 2019, 455; BVerfG 22.10.2014 – 2 BvR 661/12, BVerfGE 137, 273–345.
[286] Ausf. zum GenDG vgl. → § 9 Rn. 112 ff.

wenn er nicht schuldhaft handelt. Allerdings kann ihm das Verschulden seiner verfassungsmäßigen Vertreter gem. § 31 BGB, sowie das Fremdverschulden seiner **Erfüllungsgehilfen** nach § 278 BGB zugerechnet werden. Als Erfüllungsgehilfen gelten Personen, denen der AG ein Weisungsrecht gegenüber dem benachteiligten Beschäftigten übertragen hat, insbesondere Personalleiter bei der Einstellungsentscheidung.[287] Bedient sich der AG bei der Anbahnung eines Arbeitsverhältnisses eigener Mitarbeiter oder Dritter, so trifft ihn eine Verantwortlichkeit für deren Verhalten.[288]

Der Bewerber, der einen Schadensersatzanspruch nach § 15 Abs. 1 AGG verfolgt, muss darlegen und gegebenenfalls beweisen, dass ein Schaden bei ihm eingetreten ist und, dass dieser kausal auf die Benachteiligungshandlung zurückzuführen ist.[289] Nach dem BGH[290] kommt dem Bewerber (hier dem Geschäftsführer einer GmbH, dessen Bestellung und Anstellung infolge einer Befristung abgelaufen war und der sich erneut um das Amt des Geschäftsführers bewarb) im Rahmen des § 15 Abs. 1 AGG aber eine Beweiserleichterung zugute, wenn nach der Lebenserfahrung eine tatsächliche Vermutung oder Wahrscheinlichkeit für eine Einstellung bei regelgerechtem Vorgehen des Arbeitgebers (bzw. hier der Anstellungskörperschaft) besteht. Insoweit gelten die Grundsätze entsprechend, die der BGH in Fällen der Nichtberücksichtigung eines Stellenbewerbers infolge einer Amtspflichtverletzung einer Behörde aufgestellt hat. Danach kann – sofern dafür nach der Lebenserfahrung eine tatsächliche Vermutung oder Wahrscheinlichkeit besteht – der Körperschaft bzw. dem AG der Nachweis überlassen werden, dass der Schaden nicht auf die Amtspflichtverletzung bzw. auf die Benachteiligungshandlung zurückzuführen ist.[291] 98

Der AG trägt die Darlegungs- und Beweislast, dass er den Verstoß gegen das Benachteiligungsverbot nicht zu vertreten hat. Der Umfang des Schadensersatzes berechnet sich nach der Differenzmethode, wobei mit der hM davon auszugehen ist, dass nach § 15 Abs. 1 AGG grundsätzlich das positive Interesse des benachteiligten AN umfasst ist. Somit hat beispielsweise der abgelehnte Bewerber einen Anspruch auf Ersatz der **Bewerbungskosten** oder des entgangenen Gewinns, wenn er ohne die verbotene Benachteiligung eingestellt worden wäre.[292] Für den **Verdienstausfall** (Differenz zwischen Arbeitslosengeld und hypothetischem Gehalt) trägt der AG die Beweislast dafür, dass er als der am besten geeignete Bewerber bei diskriminierungsfreier Auswahl die Stelle erhalten hätte.[293] Hier ist anzumerken, dass „am besten geeignet" nicht mit „am besten qualifiziert" gleichzusetzen ist, denn der AG ist nicht gehindert Bewerbungen nach den von ihm als maßgeblich erachteten Kriterien zu bewerten, solange sich unter den zugrundegelegten Kriterien kein Diskriminierungsmerkmal befindet. Deshalb begründet die Ablehnung trotz Bestqualifikation kein hinreichendes Indiz iSv § 22 für eine Benachteiligung.[294] Da § 22 AGG in Bezug auf das Merkmal „am besten geeignet" nicht greift, wird der Bewerber diesen Nachw. Häufig nur schwer führen können.[295] 99

Eine **Obergrenze** des Anspruchs gibt es bislang nicht. Da aber ein Entgeltersatz bis zur Pensionsgrenze nicht gewollt sein dürfte, wird vertreten, die Einstandspflicht des AG von vorneherein auf den Zeitpunkt zu begrenzen, zu dem der AG das Beschäftigungsverhältnis frühestens hätte kündigen können.[296] 100

Wegen eines immateriellen Schadens können Beschäftigte eine „angemessene **Entschädigung** in Geld" verlangen, **§ 15 Abs. 2 AGG**. Das Vorhandensein eines immateriellen Schadens wird bei einer Benachteiligung wegen eines in § 1 AGG genannten Grundes vermutet.[297] Für die Voraussetzungen der Entschädigung ist grundsätzlich auf den Tatbestand des 101

---

[287] *Bauer/Krieger/Günther* AGG § 15 Rn. 20.
[288] BAG 10.12.2009 – 2 AZR 55/09, NZA-RR 2010, 383.
[289] BAG 19.8.2010 – 8 AZR 530/09, NZA 2010, 1412 Rn. 77 f.
[290] BGH 23.4.2012 – II ZR 163/10, BeckRS 2012, 13521 Rn. 64.
[291] BGH 23.4.2012 – II ZR 163/10, BeckRS 2012, 13521 Rn. 64.
[292] *Bauer/Krieger/Günther* AGG § 15 Rn. 24 f.
[293] BGH 23.4.2012 – II ZR 163/10, BeckRS 2012, 13521.
[294] LAG Hessen 17.8.2017 – 11 Sa 1623/16, BeckRS 2017, 144753.
[295] BAG 19.8.2010 – 8 AZR 530/09, NZA 2010, 1412.
[296] *Bauer/Krieger/Günther* AGG § 15 Rn. 27 f.; *Stoffels* RdA 2009, 212 f.
[297] BAG 15.3.2012 – 8 AZR 37/11, NZA 2012, 910 Rn. 41.

§ 15 Abs. 1 AGG zurückzugreifen, allerdings setzt § 15 Abs. 2 AGG kein Verschulden des AG voraus.[298] Die besondere „Herabwürdigung" des Beschäftigten oder die Feststellung einer (schwerwiegenden) Persönlichkeitsverletzung ist ebenfalls keine Voraussetzung des Entschädigungsanspruchs. Der Eintritt eines immateriellen Schadens wird bei einem Verstoß gegen das Benachteiligungsverbot unwiderleglich vermutet und muss nicht gesondert festgestellt werden.[299]

102 Bei der **Höhe der Entschädigung** wird sich die gerichtliche Praxis an den bisher geltenden Grundsätzen zum Schmerzensgeld orientieren können (§ 253 BGB).[300] Eine allgemeine Obergrenze ist nicht geregelt. Bei einer Nichteinstellung darf die Entschädigung jedoch dann drei Monatsgehälter nicht übersteigen, wenn der oder die Beschäftigte auch bei benachteiligungsfreier Auswahl nicht eingestellt worden wäre. Die **Begrenzung der Höhe** der **Entschädigung** gilt also **nicht** für denjenigen, der bei benachteiligungsfreier Auswahl den ausgeschriebenen Arbeitsplatz hätte erhalten müssen („**Bestbewerber**").[301] In der Judikatur gibt es inzwischen diverse unterinstanzliche Entscheidungen, in denen unterschiedliche Entschädigungshöhen ausgeurteilt worden sind. Eine Darstellung erscheint an dieser Stelle allerdings nicht sinnvoll, da jeder Fall anders liegt und das Gericht bei seiner Entscheidung über einen Ermessensspielraum verfügt. Allgemein ist jedoch folgendes zu beachten: Nach der Gesetzesbegr. sind die Gerichte gehalten, die besonderen Umstände des Einzelfalls unter Berücksichtigung der Anforderungen des EuGH zu beachten. Dabei stellt die stRspr des EuGH die Anforderung, dass zur Gewährleistung eines tatsächlichen und wirksamen Rechtsschutzes eine Entschädigung geeignet sein muss, eine „wirklich abschreckende Wirkung" gegenüber dem AG zu haben und dass der Anspruch auf jeden Fall in einem angemessenen Verhältnis zum erlittenen Schaden stehen muss.[302] Dabei können nach der Rspr. des BAG die Art und Schwere der Benachteiligung, ihre Dauer,[303] die Folgen für den Bewerber,[304] das Ausmaß des Verschuldens,[305] der Anlass und Beweggrund des Handelns des AG sowie der Sanktionszweck und die damit verbundene abschreckende Wirkung berücksichtigt werden.[306] Eine unmittelbare Benachteiligung dürfte demnach schwerer wiegen als eine mittelbare. Ebenso kann das Vorliegen eines Wiederholungsfalles beachtet werden.[307] Für einen Fall, in dem es um die Diskriminierung eines Schwerbehinderten ging, entschied das BAG,[308] dass die Ausschöpfung des von § 15 Abs. 2 AGG vorgegebenen Höchstrahmens von drei Monatsvergütungen je eher gerechtfertigt ist, desto häufiger und gewichtiger der AG gegen Förderungspflichten Schwerbehinderter verstoßen hat. Darüber hinaus sei bei den Auswirkungen der Benachteiligungshandlung auf den Bewerber zu beachten, dass er einer zumindest teilweisen existenzsichernden beruflichen Tätigkeit nachgehe und die angestrebte Stelle nur auf zwei Jahre befristet besetzt werden sollte.

103 Den Entschädigungsanspruch konnte nach früherer Rechtsprechung nur geltend machen, wer eine ernsthafte Bewerbung einreicht. Diente eine Bewerbung ausschließlich dazu, eine Geldquelle zu erschließen und das System des staatlichen Rechtsschutzes ad absurdum zu führen („**AGG-Hopping**"),[309] scheiterte der Entschädigungsanspruch an der mangelnden Ernsthaftigkeit der Bewerbung.[310]

104 Das Erfordernis einer subjektiven Ernsthaftigkeit der Bewerbung wurde richtigerweise mit der Begründung aufgegeben, dass Art. 6 Abs. 1 S. 2 AGG einen formalen Bewerberbegriff zu Grunde lege, dessen Wortlaut, Sinn und Zweck eine subjektive Beurteilung nach der

---

[298] BAG 22.1.2009 – 8 AZR 906/07, NZA 2009, 945, dies entspricht auch der Gesetzesbegr.
[299] BAG 22.1.2009 – 8 AZR 906/07, NZA 2009, 945.
[300] Gesetzesbegr. BT-Drs. 16/1780, 38.
[301] ErfK/*Schlachter* AGG § 15 Rn. 11.
[302] EuGH 22.4.1997 – C-180/95, DB 1997, 983.
[303] BAG 17.12.2009 – 8 AZR 670/08, NZA 2010, 383.
[304] BAG 18.11.2008 – 9 AZR 643/07, NZA 2009, 728.
[305] BGH 23.4.2012 – II ZR 163/10, BeckRS 2012, 13521 Rn. 70.
[306] BAG 17.8.2010 – 9 AZR 839/08, NZA 2011, 153.
[307] ErfK/*Schlachter* AGG § 15 Rn. 10; ArbG Hamburg 26.1.2010 – 25 Ca 282/09, BeckRS 2010, 66839.
[308] BAG 21.7.2009 – 9 AZR 431/08, NZA 2009, 1087.
[309] Vgl. auch → § 10 Rn. 108.
[310] Vgl. LAG Baden-Württemberg 13.8.2007 – 3 Ta 119/07, AuA 2007, 624.

Ernsthaftigkeit einer Bewerbung nicht vorsähe.[311] Nunmehr verlagert das BAG die Frage, ob eine Bewerbung „nicht ernsthaft" war, weil die Bewerbung nur erfolgte um eine Entschädigung geltend zu machen, auf die Ebene des Rechtsmissbrauchseinwands (§ 242 BGB).[312] Mit dieser Verlagerung auf die Ebene des Rechtsmissbrauchs folgt die deutsche Rechtsprechung damit der EuGH-Rechtsprechung, nach welcher sich ein Scheinbewerber nicht auf die einschlägigen EU-Richtlinien berufen kann, da niemand in betrügerischer oder missbräuchlicher Weise EU-Recht für sich in Anspruch nehmen darf.[313] Somit steht einer Geltendmachung von Entschädigungsansprüchen gem. § 15 Abs. 2 AGG der Missbrauchseinwand entgegen, wenn sich der Bewerber seinen Status nach § 6 Abs. 1 S. 2 Alt. 1 AGG in Wirklichkeit nicht verschafft, um die beworbene Stelle zu erhalten, sondern ausschließlich darauf abzielt, eine Entschädigung verlangen zu können.[314]

Dies ist insbesondere dann anzunehmen, wenn eine Bewerbung nicht auf die ausgeschriebene Stelle zugeschnitten ist und der Bewerber dies in seinem Bewerbungsschreiben dadurch zum Ausdruck bringt, indem er darauf verweist, dass er die gestellten Anforderungen an den Bewerber nicht erfüllt.[315] Eine missbräuchliche Scheinbewerbung liegt außerdem dann nahe, wenn ein Kandidat im Bewerbungsschreiben ohne nachvollziehbaren Grund auf Umstände hinweist, die einen AG üblicherweise abschrecken (zB Homosexualität oder Transsexualität), sowie bei offensichtlicher Über- oder Minderqualifikation.[316] Ebenso deutet es auf einen Missbrauch hin, wenn der Bewerber eine Zusage oder Absage gar nicht erst abwartet, sondern binnen kurzer Zeit Entschädigungsklage erhebt und dadurch zum Ausdruck bringt, dass es ihm nicht um die ausgeschriebene Stelle, sondern um die Erhaltung der Entschädigung geht.[317]

Eine Vielzahl erfolgloser Bewerbungen allein lässt allerdings nicht auf die fehlende Ernsthaftigkeit der Bewerbung schließen. Der Umstand, dass ein Bewerber in mindestens 27 Fällen gegenüber öffentlichen AG Entschädigungsansprüche wegen Diskriminierung geltend macht, stellt nach Ansicht des BAG[318] kein ausreichendes Indiz für eine nicht ernsthafte, rechtsmissbräuchliche Bewerbung dar. Der Kandidat habe mit seiner Bewerbung von seinem Recht, den Arbeitsplatz frei zu wählen, Gebrauch gemacht.

Wenn ein AN in der Vergangenheit eine Vielzahl von Schadensersatz- bzw. Entschädigungsklagen wegen behaupteter Diskriminierung erhoben hat, kann es aber jedenfalls im Zusammenhang mit anderen Indizien an der Ernsthaftigkeit der Bewerbung fehlen. Solche Indizien können darin zu sehen sein, dass ein Bewerbungsschreiben nur aus Textbausteinen zusammengesetzt ist, keinerlei Ausführungen dazu enthält, was den Bewerber gerade an der ausgeschriebenen Stelle interessiert und es keine aussagekräftige Darstellung des bisherigen beruflichen Werdegangs enthält.[319] Ein Indiz für die Rechtsmissbräuchlichkeit einer Bewerbung kann auch darin liegen, dass sich der Bewerber ausschließlich auf altersdiskriminierende Stellenausschreibungen bewirbt.[320]

Das LAG Hamburg[321] entschied, dass die Bezeichnung des Gegners als „AGG-Hopper" in einem Verfahren nach dem AGG keine eine Entschädigungspflicht auslösende Persönlichkeitsrechtsverletzung darstellt, wenn sie in Wahrnehmung berechtigter Interessen erfolgt sei. Ein Sachvortrag, der der Rechtsverfolgung oder Rechtsverteidigung in einem gerichtlichen

---

[311] BAG 19.5.2016 – 8 AZR 470/14, BAGE 155, 149–180; BAG 11.8.2016 – 8 AZR 809/14, BeckRS 2016, 110546.
[312] BAG 19.5.2016 – 8 AZR 470/14, BAGE 155, 149–180; 11.8.2016 – 8 AZR 4/15, BAGE 156, 71–106; 11.8.2016 – 8 AZR 809/14, BeckRS 2016, 110546; 26.1.2017 – 8 AZR 848/13, BeckRS 2017, 112923.
[313] EuGH 28.7.2016 – C-423/15, NZA 2016, 1014.
[314] BAG 11.8.2016 – 8 AZR 4/15, BAGE 156, 71–106; 11.8.2016 – 8 AZR 809/14, BeckRS 2016, 110546; 26.1.2017 – 8 AZR 848/13, BeckRS 2017, 112923.
[315] LAG Berlin-Brandenburg 13.11.2018 – 7 Sa 621/18, BeckRS 2018, 39475; BAG 26.1.2017 – 8 AZR 848/13, BeckRS 2017, 112923.
[316] ArbG Stuttgart 11.3.2009 – 14 Ca 7802/08, BeckRS 2009, 73444.
[317] LAG Berlin-Brandenburg 13.11.2018 – 7 Sa 621/18, BeckRS 2018, 39475.
[318] BAG 24.2.2011 – 2 AZR 636/09, NZA 2009, 1087.
[319] LAG Hamburg 12.1.2009 – 3 Ta 26/08, BeckRS 2009, 53021.
[320] LAG Hamm 25.7.2014 – 10 Sa 503/14, BeckRS 2014, 72204.
[321] LAG Hamburg 23.6.2010 – 5 Sa 14/10, BeckRS 2009, 73444.

Verfahren dient, erfolge im Rahmen des Rechtfertigungsgrundes der Wahrnehmung berechtigter Interessen.

109 Beruht die Diskriminierung auf der Anwendung kollektivrechtlicher Vereinb. (zB Auswahl nach einer Auswahlrichtlinie in Form einer Betriebsvereinbarung), haftet der AG nur dann, wenn er vorsätzlich oder grob fahrlässig handelt, § 15 Abs. 3 AGG.

110 Benachteiligte müssen eine Ausschlussfrist beachten: Ein Anspruch nach § 15 Abs. 1 oder 2 muss innerhalb einer Frist von zwei Monaten schriftlich geltend gemacht werden, § 15 Abs. 4 AGG. Diese Frist verstößt nach Ansicht des BAG[322] nicht gegen europäisches Gemeinschaftsrecht. Auch der EuGH[323] entschied, dass die Ausschlussfrist grundsätzlich europarechtskonform sei. Die Frist beginnt bei einer Bewerbung oder Beförderung mit **dem Zugang** der abl. Entscheidung zu laufen. § 15 Abs. 4 AGG sei aber nach Ansicht des EuGH[324] jedenfalls dahingehend richtlinienkonform auszulegen, dass die Frist bei einer späteren Kenntnisnahme der Benachteiligung **erst mit Kenntniserlangung** zu laufen beginne. Das BAG ist dieser Ansicht inzwischen gefolgt.[325] Zusätzlich zur zweimonatigen Frist zur Geltendmachung ist die dreimonatige Klagefrist gem. § 61b Abs. 1 ArbGG zu beachten. § 15 Abs. 4 AGG ist im Gegensatz zu § 61b Abs. 1 ArbGG tarifdispositiv. Die tarifliche Regelung hat unabhängig von ihrer Günstigkeit Vorrang vor der gesetzlichen Bestimmung.[326]

111 Eine Diskriminierung eröffnet grundsätzlich keinen Anspruch auf Begr. eines Beschäftigungsverhältnisses, Berufsausbildungsverhältnisses oder einen beruflichen Aufstieg, § 15 Abs. 6 AGG.[327]

112 Im Hinblick auf Verletzungen des Diskriminierungsverbots wegen genetischer Eigenschaften gelten gem. § 21 Abs. 2 GenDG die §§ 15 und 22 AGG entsprechend.

III. Gesetzliche Dokumentationspflichten

113 Der Gesetzgeber hat zwar für einzelne Vertragsklauseln, wie etwa die Befristung in § 14 Abs. 4 TzBfG, die Schriftform zur Bedingung der Wirksamkeit der Klausel gemacht, im Übrigen jedoch den Grundsatz der Formfreiheit aufrechterhalten. Dennoch hat der AG eine Reihe von Dokumentationspflichten zu beachten, um den gesetzlichen Vorgaben zu genügen.

1. Nachweisgesetz

114 Die sog. Nachweis-RL der EG vom 14.10.1991 wurde durch das NachwG vom 20.7.1995 in nationales Recht umgesetzt. Das NachwG durchbricht den o. aufgestellten Grundsatz der Formfreiheit nicht, weil es keinen konstitutiven Formzwang für die Begr. und den Inhalt des Arbeitsverhältnisses enthält.

115 **a) Umfang.** Nach § 2 Abs. 1 S. 1 NachwG ist der AG verpflichtet, spätestens einen Monat nach dem vereinbarten Beginn des Arbeitsverhältnisses die **wesentlichen Vertragsbedingungen** schriftlich niederzulegen, die Niederschrift zu unterzeichnen und dem AN auszuhändigen. Dies gilt jedoch nach § 2 Abs. 4 NachwG nur dann, wenn dem AN kein schriftlicher Arbeitsvertrag ausgehändigt worden ist, der die nach dem NachwG erforderlichen Angaben enthält. In der Praxis ist daher die Erstellung einer Niederschrift iSd des NachwG die Ausnahme.

116 Zu den Mindestangaben zählen gem. § 2 Abs. 1 S. 2 NachwG der Name und die Anschrift der Vertragsparteien; der Zeitpunkt des Beginns des Arbeitsverhältnisses; bei befristeten Arbeitsverhältnissen ihre vorhersehbare Dauer; der Arbeitsort, oder, falls der AN nicht

---

[322] BAG 24.9.2009 – 8 AZR 705/08, NZA 2010, 387; zuletzt BAG 15.3.2012 – 8 AZR 160/11, USK 2012, 174.
[323] EuGH 8.7.2010 – C-246/09, NZA 2010, 869 – Bulicke.
[324] EuGH 8.7.2010 – C-246/09, NZA 2010, 869 – Bulicke.
[325] BAG 15.3.2012 – 8 AZR 160/11, USK 2012, 174.
[326] *Bauer/Krieger/Günther* AGG § 15 Rn. 61 ff.
[327] Vgl. auch → Rn. 39.

nur an einem bestimmten Arbeitsort tätig sein soll, ein Hinweis darauf, dass der AN an verschiedenen Orten beschäftigt werden kann; eine kurze Charakterisierung oder Beschreibung der vom AN zu leistenden Tätigkeit; die Zusammensetzung und die Höhe des Arbeitsentgelts einschließlich der Zuschläge, der Zulagen, Prämien und Sonderzahlungen sowie anderer Bestandteile des Arbeitsentgelts und deren Fälligkeit; die vereinbarte Arbeitszeit; die Dauer des jährlichen Erholungsurlaubs; die Fristen für die Kündigung des Arbeitsverhältnisses und ein in allgemeiner Form gehaltener Hinweis auf die Tarifverträge, Betriebs- und Dienstvereinbarungen, die auf das Arbeitsverhältnis anzuwenden sind. Die nach § 2 Abs. 1 S. 2 Nr. 6 bis 9 und Abs. 2 Nr. 2 und 3 NachwG erforderlichen Angaben können nach § 2 Abs. 3 S. 1 NachwG durch einen Hinweis auf die einschlägigen Tarifverträge und Betriebsvereinbarungen, die für das Arbeitsverhältnis gelten, ersetzt werden. Hinsichtlich dieser Angaben genügt ein allgemein gehaltener Hinweis auf einen auf das Arbeitsverhältnis anzuwendenden Tarifvertrag. Ein Hinweis auf die jeweils einschlägige Kollektivnorm ist nicht erforderlich.[328] Da es sich lediglich um Mindestangaben handelt, sind weitere Vertragsbestimmungen, soweit sie in dem konkreten Arbeitsverhältnis als wesentlich anzusehen sind, in die Niederschrift mit aufzunehmen.[329] Für Praktikanten gilt nach Inkrafttreten des Tarifautonomiestärkungsgesetzes vom 11.8.2014 der § 2 Abs. 1a NachwG. Wer einen Praktikanten einstellt, hat nach dieser Vorschrift unverzüglich nach Abschluss des Praktikumsvertrages, spätestens vor Aufnahme der Praktikantentätigkeit, die wesentlichen Vertragsbedingungen schriftlich niederzulegen, die Niederschrift zu unterzeichnen und dem Praktikanten auszuhändigen. In die Niederschrift sind mindestens der Name und die Anschrift der Vertragsparteien, die mit dem Praktikum verfolgten Lern- und Ausbildungsziele, Beginn und Dauer des Praktikums, Dauer der regelmäßigen täglichen Praktikumszeit, Zahlung und Höhe der Vergütung, Dauer des Urlaubs und ein in allgemeiner Form gehaltener Hinweis auf die Tarifverträge, Betriebs- oder Dienstvereinbarungen, die auf das Praktikumsverhältnis anzuwenden sind, aufzunehmen. Der Nachweis der wesentlichen Vertragsbedingungen in elektronischer Form ist ausgeschlossen.

b) Rechtsfolgen eines Verstoßes. Das NachwG selbst bestimmt keine Sanktion. So berührt die Nichterfüllung der Nachweispflicht iSd NachwG die Rechtswirksamkeit bzw. Anwendbarkeit des Arbeitsvertrages oder einzelner Klauseln nicht,[330] sondern führt allenfalls zu Schadensersatzansprüchen.[331] Ist zB ein Lohnanspruch gem. einer tariflichen Ausschlussfrist verfallen, weil der AN wegen des unterbliebenen Hinweises auf den Tarifvertrag (§ 2 Abs. 1 Nr. 10 NachwG) keine Kenntnis von der Ausschlussfrist hatte, muss der AN nach Schadensersatzgrundsätzen (§§ 280, 286 BGB) so gestellt werden, als wäre der Anspruch nicht verfallen.[332] Der AN hat die adäquate Verursachung darzulegen; ihm kommt die Vermutung eines aufklärungsgemäßen Verhaltens zugute.[333] Aus einem Tarifvertrag kann sich keine Sanktion ergeben, da der Abschluss des Arbeitsvertrages tariffrei ist. Mangels gesetzlicher Regelung ist eine Beweislastumkehr im Falle der Nichterteilung des Nachweises iSd NachwG nicht anzunehmen.[334] Nur bei Hinzutreten weiterer Umstände ist die Nichterteilung des Nachw. als Beweisvereitelung im Rahmen der **richterlichen Beweiswürdigung** nach § 286 ZPO zu berücksichtigen.[335] Fehlt der Nachweis auf einen kraft betrieblicher Übung geltenden Tarifvertrag und entfallen Ansprüche des AN aufgrund einer im Tarifvertrag enthaltenen Ausschlussfrist, hat der AN einen Anspruch auf Schadensersatz gegen den AG,[336] da der AG mit Erteilung des Nachweises in Verzug ist. Ist allerdings der Nachweis ordnungsgemäß erteilt

---
[328] BAG 23.1.2002 – 4 AZR 56/01, DB 2002, 1661; *Schrader* NZA 2003, 345 (346); aA *Richardi* NZA 2001, 57 (60); *Linde/Lindemann* NZA 2003, 649.
[329] *Richardi* NZA 2001, 58 (59).
[330] BAG 5.11.2003 – 5 AZR 676/02, NZA 2005, 64.
[331] BAG 27.7.2005 – 7 AZR 443/04, NZA 2006, 37 (38).
[332] Vgl. ArbG München 8.3.2017 – 14 Ca 9197/16; BAG 5.11.2003 – 5 AZR 676/02, NZA 2005, 64.
[333] BAG 5.11.2003 – 5 AZR 676/02, NZA 2005, 64; 20.4.2011 – 5 AZR 171/10, NZA 2011, 1173.
[334] *Bergwitz* BB 2001, 2316 (2318); *Franke* DB 2000, 473; *Richardi* NZA 2001, 57 (60).
[335] LAG Hamm 14.8.1998 – 10 Sa 777/97, NZA-RR 1999, 210; weitergehend *Weber* NZA 2002, 641 (644).
[336] BAG 17.4.2002 – 5 AZR 89/01, NZA 2002, 1096.

worden und beruft sich der AN auf eine darin angegebene Vertragsbedingung, muss der AG nicht den vollen Beweis des Gegenteils, sondern lediglich den Gegenbeweis hinsichtlich der Richtigkeit der Privaturkunde erbringen.[337] Der Nachweis iSd NachwG stellt lediglich eine Privaturkunde dar, erbringt also nicht den vollen Beweis für die Richtigkeit ihres Inhaltes. Nach den Grundsätzen des Anscheinsbeweises ist jedoch darauf zu schließen, dass die im Nachweis festgehaltenen Arbeitsbedingungen tatsächlich vereinbart wurden. Der AG kann aber den Anschein der Richtigkeit des Nachw. iSd NachwG durch entsprechenden Tatsachenvortrag erschüttern. Macht dagegen der AN geltend, dass mit ihm günstigere Vertragsbedingungen, als im Nachw. niedergelegt, vereinbart wurden, hat er das nach allgemeinen Grundsätzen zu beweisen. Dem AG, der sich in diesem Falle auf die Richtigkeit des Nachw. beruft, kommen hier nicht die Grundsätze des Anscheinsbeweises zu Gute, da die Nachweisvorschriften dem Schutz des AN dienen.[338]

118 c) **Ablösung des NachwG durch die Arbeitsbedingungenrichtlinie.** Am 31.7.2019 ist die Richtlinie über transparente und verlässliche Arbeitsbedingungen (91/533/EWG) in Kraft getreten, welche die Mitgliedstaaten bis zum 1.8.2022 in geltendes Recht umzusetzen haben. Anschließend wird die Nachweisrichtlinie aufgehoben. Die Arbeitsbedingungenrichtlinie zielt darauf ab, Beschäftigungsverhältnisse mit prekären Arbeitsbedingungen zu unterbinden und enthält eine Vielzahl von erheblichen Neuerungen, darunter erweiterte Informationspflichten für den Arbeitgeber, schärfere Konsequenzen für den Fall der Verletzung selbiger Pflichten sowie überdies einige Regelungen mit sozialer Zielrichtung zu Arbeitsbedingungen.[339] Wie der Gesetzgeber die Vorgaben der Richtlinie im Detail umsetzt, bleibt abzuwarten. Bis zum 1.8.2022 dürften diese Neuerungen in der Praxis deshalb noch keine Rolle spielen.

2. Weitere gesetzliche Dokumentationspflichten

119 Nach § 11 Abs. 1 S. 1 BBiG muss der ausbildende AG unverzüglich nach Abschluss des Berufsausbildungsvertrages den wesentlichen Inhalt des Vertrages schriftlich niederlegen. § 11 Abs. 1 S. 2 BBiG bestimmt den Mindestinhalt der Niederschrift. Auch hier muss der AG, wenn es im konkreten Ausbildungsverhältnis weitere wesentliche Vertragsbestimmungen gibt, diese in die Niederschrift aufnehmen. Die Formvorschrift des § 11 BBiG ist keine Voraussetzung für die Wirksamkeit des abgeschlossenen Ausbildungsvertrages.[340] Als Sanktion wird in § 102 Abs. 1 Nr. 1 und 2 BBiG ein Bußgeld angedroht.

120 Nach § 11 Abs. 1 S. 1 AÜG muss der Verleiher den wesentlichen Inhalt des Arbeitsvertrages in eine von ihm zu unterzeichnende Urkunde aufnehmen. Auch diese Formvorschrift hat nur deklaratorischen Charakter; die Sanktion Bußgeld bestimmt § 16 Abs. 1 Nr. 6 und 8 AÜG.

IV. Inhaltskontrolle

121 Inhaltskontrolle ist die Überprüfung des Inhalts von Verträgen anhand rechtlicher Maßstäbe. Von der Inhaltskontrolle ist die Auslegung der vertraglichen Bestimmungen abzugrenzen. Durch die Auslegung wird der Inhalt des Vertrages bestimmt. Steht dieser fest, ist er ggf. der Inhaltskontrolle zu unterziehen. Der Inhaltskontrolle folgt die Ausübungskontrolle nach § 315 BGB. Erst wenn eine vertragliche Vereinbarung, die einer Partei einseitige Leistungsbestimmungsrechte einräumt, die Inhaltskontrolle „passiert" hat, stellt sich die Frage, ob die Ausübung im Einzelfall billigem Ermessen entspricht.[341] Auch und gerade bei der inhaltlichen Überprüfung von Arbeitsverträgen sind die drei Bereiche Auslegung, Inhaltskontrolle und Ausübungskontrolle stets mit hinreichender Trennschärfe auseinander zu halten.

---

[337] *Bergwitz* BB 2001, 2316 (2319).
[338] Vgl. zu allem *Bergwitz* BB 2001, 2316 (2319).
[339] Zu den einzelnen Neuerungen der Richtlinie und ihrer Bedeutung für das deutsche Recht im Detail: *Maul-Sartori* NZA 2019, 1161; *Mävers* ArbRAktuell 2019, 571.
[340] Vgl. BAG 21.8.1997 – 5 AZR 713/96, DB 1997, 2619.
[341] *Preis* ArbuR 1994, 139 (149).

1. Allgemeine Grenzen der Vertragsfreiheit

Die Vertragsfreiheit ist mannigfachen Schranken unterworfen. Nicht zuletzt kann sie um ihrer selbst Willen nicht unbeschränkt sein, da andernfalls statt Vertragsfreiheit einseitige Fremdbestimmung das Ergebnis wäre. Gerade im Arbeitsrecht haben Lit. und Rspr. die Notwendigkeit betont, Ungleichgewichtslagen zu kompensieren.[342]

a) **Gesetz, Tarifvertrag, Betriebsvereinbarung.** Den Gestaltungswünschen der Arbeitsvertragsparteien, in der Praxis insbesondere denen der AG, sind zunächst **gesetzliche Grenzen** gesetzt. Das gesamte nicht dispositive Gesetzesrecht, beginnend beim Arbeitszeitgesetz und über das Kündigungsschutzgesetz und das Tarifvertragsgesetz hinaus, begrenzt die Gestaltungsfreiheit. In der Rspr. des BAG hat früh die unter dem Gesichtspunkt der Gesetzesumgehung gerechtfertigte Inhaltskontrolle eine erhebliche Rolle gespielt.[343] So beruht etwa die Rspr. zur Befristungskontrolle auf dem Gedanken der Umgehung des Kündigungsschutzgesetzes. Da nach § 622 Abs. 6 BGB für Kündigungen des Arbeitsverhältnisses durch den AN keine längere Frist als für den AG vereinbart werden kann, hat das BAG Rückzahlungsklauseln, die eine erhebliche Bindungsdauer für den AN bewirken, als unwirksam erachtet bzw. im Wege der Vertragsauslegung eine geltungserhaltende Reduktion durchgeführt. Wenn aufgrund der im Rahmen der Schuldrechtsreform im Jahr 2001 eingefügten „AGB-Kontrolle" einzelne Bestimmungen eines Arbeitsvertrages geprüft werden, können diese Regelungen nicht zusätzlich nach der bisherigen, auf dem Umgehungsgedanken beruhenden Rspr., kontrolliert werden. So hat das BAG bisher bei der Befristung von einzelnen Arbeitsvertragsbedingungen wegen der potentiellen Umgehung des Kündigungsschutzgesetzes[344] einen sachlichen Grund verlangt. Diese Rspr. hat das Gericht ausdrücklich aufgegeben. Die Kontrolle erfolgt ausschließlich anhand der §§ 305 ff. BGB.[345] Diese werden auch nicht durch die Vorschriften des TzBfG verdrängt, da sich diese nur auf den Arbeitsvertrag, nicht jedoch einzelne Bedingungen beziehen – allerdings kann dann die hypothetische Zulässigkeit gem. § 14 TzBfG uU als Maßstab zur Beurteilung der benachteiligenden Wirkung einer Befristung von Arbeitsvertragsbedingungen heranzuziehen sein.[346]

Sind AG und AN an einen **Tarifvertrag** gebunden, kann von den Regelungen des Tarifvertrages nach § 4 Abs. 3 TVG zu Lasten des AN nicht abgewichen werden. Besteht in dem Betrieb, in dem der AN beschäftigt ist, ein BR und hat dieser eine **Betriebsvereinbarung** abgeschlossen, gelten die Regelungen der Betriebsvereinbarung gem. § 77 Abs. 4 BetrVG unmittelbar und zwingend. Ein Verzicht auf solche Rechte des AN, die aus einer Betriebsvereinbarung stammen, ist nur mit Zustimmung des BR möglich.[347] Tarifverträge und Betriebsvereinbarungen beschränken damit die arbeitsvertraglichen Gestaltungsmöglichkeiten. Von beiden kann – ihre normative Geltung vorausgesetzt – nicht zu Lasten des AN abgewichen werden.

b) **Zivilrechtliche Generalklauseln.** In der Vergangenheit waren die zivilrechtlichen Generalklauseln das Einfallstor der Inhaltskontrolle im Arbeitsrecht. Das BAG hat auf Grund der ausdrücklichen Bereichsausnahme in § 23 Abs. 1 AGBG die Möglichkeit einer analogen Anwendung des AGBG verneint, da eine planwidrige Regelungslücke fehle.[348] De facto hat das Gericht aber häufig – auf welchen Wegen auch immer – die Ergebnisse nach dem früher geltenden AGBG, insbesondere mittels Anwendung der zivilrechtlichen Generalklauseln, erreicht.[349] Nachdem durch die Schuldrechtsreform die Bestimmungen des AGBG in das allgemeine Schuldrecht eingefügt wurden und auch für das Arbeitsrecht gelten, ist dieser Weg weder erforderlich noch geboten. Wenn der Gesetzgeber die Maßstäbe der Inhaltskontrolle

---

[342] *Preis* ArbuR 1994, 139; vgl. auch *Becker* WM 1999, 709.
[343] BAG 12.10.1960 – 3 AZR 65/59, AP BGB § 620 befristeter Arbeitsvertrag Nr. 16.
[344] BAG 29.8.1979 – 4 AZR 863/77, NJW 1980, 1766.
[345] Zu allem: BAG 27.7.2005 – 7 AZR 486/04, NZA 2006, 40.
[346] BAG 23.3.2016 – 7 AZR 828/13, NZA 2016, 881; 25.4.2018 – 7 AZR 520/16, NZA 2018, 1061.
[347] BAG 30.3.2004 – 1 AZR 85/03, NZA 2004, 1183; 27.1.2004 – 1 AZR 148/03, AP BetrVG 1972 § 112 Nr. 166.
[348] BAG 13.12.2000 – 10 AZR 168/00, NZA 2001, 723.
[349] *Reinecke* Sonderbeilage zu NZA Heft 3/2000, 23 (24); vgl. *Fenn* in FS Söllner, 355.

detailliert bestimmt, muss der Rückgriff auf die allgemeinen zivilrechtlichen Generalklauseln die Ausnahme bleiben.

2. „Arbeitsrechtliche Inhaltskontrolle"

126 Das Gesetz zur Modernisierung des Schuldrechts ist am 1.1.2002 in Kraft getreten. Die in § 23 Abs. 1 AGBG enthaltene Bereichsausnahme ist aufgegeben. Die ins BGB eingefügten Regelungen des AGBG gelten unter Berücksichtigung einiger Besonderheiten auch für das Arbeitsrecht. Ob die Forderungen in der Lit.[350] nach Aufgabe der Bereichsausnahme dies entscheidend gefördert haben, mag hier dahinstehen. Allerdings hat die in Art. 229 § 5 EGBGB enthaltene **Übergangsregelung** seit dem 1.1.2003 ihre Bedeutung verloren. Seitdem sind die in das BGB eingefügten Regelungen zur Inhaltskontrolle auch für vor dem 1.1.2002 geschlossene Arbeitsverträge anzuwenden. Bei vor dem 1.1.2002 abgeschlossenen Arbeitsverträgen, sog. Altarbeitsverträgen, greift das BAG teilweise trotz des Verbots der geltungserhaltenden Reduktion nach § 306 Abs. 2 BGB zum Mittel der ergänzenden Vertragsauslegung.[351] Das Gericht „rettet" damit Klauseln, die nach den §§ 305 ff. BGB unwirksam wären.[352] Das Verständnis für die Nöte der Praxis endete aber mit dem 31.12.2001. Bei Inbezugnahmeklauseln gewährt das BAG bei sog. Altarbeitsverträgen zT Vertrauensschutz in seine frühere Rspr. und differenziert nach Arbeitsverträgen, die bis zum 31.12.2001 und seit dem 1.1.2002 abgeschlossen wurden.[353] Diese Differenzierung in Alt- und Neuarbeitsverträge nimmt das Gericht bei der Auslegung von Gleichstellungsabreden vor.[354] Für Altverträge gilt die bisherige Auslegungsregel, wonach bei einer Inbezugnahmeklausel, die ein tarifgebundener AG mit seinen AN vereinbart, im Regelfall eine Gleichstellungsabrede vorliegt.[355] Dieser Vertrauensschutz gilt auch ohne zeitliche Begrenzung.[356] Für Neuverträge gilt dies nicht. Kommt bei Neuverträgen der Gleichstellungszweck nicht hinreichend deutlich aus der Klauselformulierung oder sonstigen Umständen zum Ausdruck, liegt keine Gleichstellungsabrede, sondern eine dauerhafte dynamische Bezugnahme auf den Tarifvertrag vor. Somit sind auch noch nach der Beendigung der Tarifgebundenheit des AG die Tarifverträge dynamisch anzuwenden. Diese Rspr. hat das BAG trotz entgegenstehender Stimmen in der Lit.[357] inzwischen mehrfach bestätigt.[358]

127 Eine abstrakte Kontrolle allgemeiner Geschäftsbedingungen findet im Arbeitsrecht nicht statt, da nach § 15 UKlaG dieses Gesetz keine Anwendung auf das Arbeitsrecht findet.[359]

128 **a) Allgemeiner Teil zur Inhaltskontrolle nach §§ 305 ff. BGB.** *aa) Grundsätze der Inhaltskontrolle.* Bei Anwendung der §§ 305 ff. BGB ist zweckmäßigerweise zunächst zu überprüfen, ob überhaupt Allgemeine Geschäftsbedingungen iSd Gesetzes vorliegen (vgl. bb., → Rn. 129–134). Wird dies bejaht, ist zu prüfen, ob sie wirksam einbezogen und damit Vertragsbestandteil geworden sind (cc., → Rn. 135). Individualabreden haben Vorrang vor Allgemeinen Geschäftsbedingungen (dd., → Rn. 136). Es muss auch geklärt werden, ob es sich um eine überraschende Klausel nach § 305c Abs. 1 BGB handelt (ee., → Rn. 138–141), die nicht Vertragsbestandteil wird. Vor der Inhaltskontrolle der Allgemeinen Geschäftsbedingungen steht stets ihre Auslegung (ff., → Rn. 142–143). Erst wenn ihr Inhalt durch Auslegung ermittelt ist, kann er anhand der §§ 305 ff. BGB überprüft werden (gg., Inhaltskontrol-

---

[350] Vgl. etwa *Küttner* RdA 1999, 59 (62); *Preis* ArbuR 1994, 139; *Reinecke* Sonderbeilage zu NZA Heft 3/2000, 23.
[351] BAG 12.1.2005 – 5 AZR 364/04, NZA 2005, 465.
[352] Vgl. → Rn. 182 ff.
[353] Zu den Maßstäben für die Beurteilung von Verweisungsklauseln in Vertragsänderungen vgl. → Rn. 156.
[354] BAG 18.4.2007 – 4 AZR 652/05, NZA 2007, 965.
[355] BAG 11.12.2013 – 4 AZR 473/12, NZA 2014, 900.
[356] BAG 14.12.2011 – 4 AZR 79/10, DB 2012, 1211.
[357] Vgl. der Verfasser in der Vorauflage und *Spielberger* NZA 2007, 1086 (1087 ff.), die bis zum 14.12.2005 Vertrauensschutz gewähren wollen, dem Tag, an dem das BAG angekündigt hatte, seine Rspr. zu ändern.
[358] BAG 18.4.2007 – 4 AZR 652/05, NZA 2007, 965; 22.10.2008 – 4 AZR 793/07, NZA 2009, 323; 10.12.2008 – 4 AZR 881/07, NZA-RR 2009, 537; 17.11.2010 – 4 AZR 407/09, BeckRS 2011, 71809; 23.2.2011 – 4 AZR 536/09 NZA-RR 2011, 510.
[359] Zu allem: *Reinecke* DB 2002, 583 (584).

le → Rn. 144–175). Ergibt die Prüfung, dass die Allgemeinen Geschäftsbedingungen insgesamt oder teilweise unwirksam sind, stellt sich die Frage nach der Rechtsfolge (hh., → Rn. 176–181). So etwa, ob stets eine geltungserhaltende Reduktion vorgenommen werden kann oder diese nur im Einzelfall möglich ist. Bei alledem sind gem. § 310 Abs. 4 S. 2 BGB die Besonderheiten des Arbeitsrechts zu berücksichtigen (ii., → Rn. 182).

bb) Vorliegen Allgemeiner Geschäftsbedingungen. Allgemeine Geschäftsbedingungen sind **129** alle für eine Vielzahl von Verträgen vorformulierte Vertragsbedingungen, die von einer Vertragspartei gestellt werden. Gleichgültig ist, ob die Bestimmungen einen äußerlich gesonderten Bestandteil des Vertrags bilden oder in die Vertragsurkunde selbst aufgenommen werden, welchen Umfang sie haben, in welcher Schriftart sie verfasst sind und welche Form der Vertrag hat.

Eine **Vielzahl von Verwendungen** nimmt die Rspr. grundsätzlich bereits bei drei beabsich- **130** tigten Verwendungen an. Zur Inhaltskontrolle von Verbraucherverträgen vgl. unten.[360] Die Kontrolle setzt allerdings schon bei der ersten Verwendung ein. **Vorformuliert** sind die Vertragsbedingungen, wenn sie für eine mehrfache Verwendung fixiert sind. Eine schriftliche Aufzeichnung ist nicht erforderlich, ausreichend ist ein Speichern im Kopf des Verwenders.[361] In der arbeitsrechtlichen Praxis sind daher auf individualrechtlicher Ebene Arbeitsverträge, allgemeine Arbeitsbedingungen, arbeitsvertragliche Einheitsregelungen, Gesamtzusagen und nach der in der Rspr. herrschenden Vertragstheorie auch betriebliche Übungen[362] grundsätzlich geeignet, allgemeine Geschäftsbedingungen darzustellen. Die Einhaltung der Schriftform ist also nicht erforderlich.[363] Allgemeine Geschäftsbedingungen werden in aller Regel auch vom AG **gestellt,** dh in den Vertrag eingeführt.[364] Die früher umstrittene Frage, ob der AN Verbraucher im Sinne des § 13 BGB[365] ist, ist höchstrichterlich[366] zu Gunsten der Verbrauchereigenschaft entschieden, so dass Allgemeine Geschäftsbedingungen nach § 310 Abs. 3 Nr. 1 BGB als vom AG gestellt gelten, es sei denn, dass sie durch den AN in der Vertrag eingeführt werden. Behauptet der AG letzteres, dann trägt er dafür die Beweislast.[367] Außerdem findet nach § 310 Abs. 3 Nr. 2 BGB die Inhaltskontrolle nach § 307 BGB auf vorformulierte Vertragsbedingungen gegenüber Verbrauchern (hier: AN) auch dann Anwendung, wenn diese nur zur einmaligen Verwendung bestimmt sind und der Verbraucher/AN auf Grund der Vorformulierung auf ihren Inhalt keinen Einfluss nehmen konnte.[368] Gleiches gilt im Falle einer vom AG vorformulierten Befristung einer Arbeitszeiterhöhung.[369]

Allgemeine Geschäftsbedingungen liegen nicht vor, wenn die Vertragsbedingungen im **131** Einzelnen zwischen AG und AN ausgehandelt wurden. Nach der bisherigen Rspr. des BGH bedeutet **Aushandeln** mehr als bloßes Verhandeln.[370] Der Verwender muss den Inhalt seiner allgemeinen Geschäftsbedingungen inhaltlich ernsthaft zur Disposition stellen und die andere Vertragspartei muss die reale Möglichkeit einer Beeinflussung erhalten.[371] Insbesondere reicht es nicht aus, dass der Verwender der anderen Vertragspartei die Unterzeichnung freigestellt hat[372] oder dass ein Gespräch über eine Klausel wie ein „Schlagabtausch" verläuft.[373] Das BAG hat sich dieser Auffassung angeschlossen.[374] Ist die Möglichkeit der Ein-

---

[360] BGH 27.9.2001 – VII ZR 388/00, NJW 2002, 138.
[361] BGH 30.9.1987 – IVa ZR 6/86, NJW 1988, 410.
[362] BAG 27.8.2008 – 5 AZR 820/07, NZA 2009, 49 (51) und 1105 (1106).
[363] BAG 27.8.2008 – 5 AZR 820/07, NZA 2009, 49 (51) und 1105 (1106).
[364] Zu Aktienoptionsplänen BAG 28.5.2008 – 10 AZR 351/07, NZA 2008, 1066 ff.
[365] Verneinend: *Hromadka* NJW 2002, 2523 (2524); *Bauer/Kock* DB 2002, 42; *Henssler* RdA 2002, 129 (133); Befürwortend: *Preis,* Der Arbeitsvertrag, 2015, S. 101; *Gotthardt* ZIP 2002, 277 (279); *Hümmerich/Holthausen* NZA 2002, 173.
[366] BAG 25.5.2005 – 5 AZR 572/04, NZA 2005, 1111.
[367] ErfK/*Preis* BGB § 310 Rn. 23.
[368] BAG 18.3.2008 – 9 AZR 186/07, NZA 2008, 1004; 19.5.2010 – 5 AZR 253/09, NZA 2010, 939.
[369] BAG 8.8.2007 – 7 AZR 855/06, NZA 2008, 229.
[370] BGH 9.4.1987 – III ZR 84/86, NJW 1987, 2011.
[371] BGH 30.9.1987 – IVa ZR 6/86, NJW 1988, 410.
[372] BGH 19.5.2005 – III ZR 437/04, NJW 2005, 2543.
[373] LAG Schleswig-Holstein 23.5.2007 – 3 Sa 28/07, NZA-RR 2007, 514 (516).
[374] BAG 27.7.2005 – 7 AZR 486/04, NZA 2006, 40 (44).

flussnahme auf eine Klausel in einem Formulararbeitsvertrag streitig, muss der Verwender nach den Grundsätzen der abgestuften Darlegungslast den Vortrag des Verwendungsgegners, er habe keine Einflussmöglichkeit gehabt, qualifiziert bestreiten. Hierfür muss er darlegen, wie er die konkrete Klausel zur Disposition gestellt hat, und die Umstände benennen, aus denen darauf geschlossen werden kann, der Verwendungsgegner habe die Klausel freiwillig akzeptiert.[375] In der Praxis dürfte der AG das Vorliegen dieser Voraussetzungen nur in Ausnahmefällen nachweisen können.

132 Nach § 310 Abs. 4 S. 1 BGB findet der Abschnitt „Gestaltung rechtsgeschäftlicher Schuldverhältnisse durch Allgemeine Geschäftsbedingungen" keine Anwendung auf **Tarifverträge, Betriebs- und Dienstvereinbarungen**. Dies bedeutet allerdings nicht, dass Tarifverträge oder Betriebsvereinbarungen, deren Geltung durch eine Inbezugnahmeklausel im Arbeitsvertrag vereinbart wurde, nicht allgemeine Geschäftsbedingungen im Sinne des § 305 BGB sein können. Bildlich gesprochen wurde der Tarifvertrag, bzw. die Dienst-/Betriebsvereinbarung wörtlich in den Arbeitsvertrag hineingeschrieben. Es ist allerdings zu berücksichtigen, dass in Bezug genommene TV/DV/BV oft einer Inhaltskontrolle gem. §§ 307 Abs. 3, 310 Abs. 4 S. 3 BGB entzogen sein werden.[376]

133 Eine andere und ebenfalls nicht an dieser Stelle zu erörternde Frage ist, ob Tarifverträge und Betriebsvereinbarungen bei der Inhaltskontrolle[377] Maßstab der Überprüfung sind.

134 Wenn aber der Gesetzgeber den Kontrollmaßstab für allgemeine Geschäftsbedingungen im Detail festlegt, folgt daraus im Umkehrschluss, dass bei Individualabreden nur eine sich am Maßstab der zivilrechtlichen Generalklauseln orientierende Inhaltskontrolle stattfindet.[378] Im Bereich der Individualabreden nimmt damit die Kontrolldichte im Vergleich zu den Zeiten vor der Schuldrechtsreform ab.

135 *cc) Einbeziehungskontrolle.* Allgemeine Geschäftsbedingungen werden typischerweise bei Vertragsschluss nicht im Einzelnen besprochen bzw. verhandelt, sondern von einer Vertragspartei, dem Verwender, gestellt. Damit die allgemeinen Geschäftsbedingungen Bestandteil des Vertrages sind, muss ihre Geltung vereinbart werden. § 305 Abs. 2 BGB stellt für die Vereinb. der Geltung von allgemeinen Geschäftsbedingungen besondere Voraussetzungen auf. Die in § 305 Abs. 2 BGB enthaltene Einbeziehungskontrolle findet jedoch im Arbeitsrecht nach § 310 Abs. 4 S. 2 Hs. 2 BGB nicht statt. Der Gesetzgeber war der Auffassung, dass durch die Bestimmungen des NachwG dem Schutzbedürfnis bei Einbeziehung allgemeiner Geschäftsbedingungen hinreichend Rechnung getragen worden sei.[379] Diese Annahme des Gesetzgebers ist jedoch unzutr., da das NachwG den Zeitraum nach Vertragsschluss betrifft und keine Formvorschrift hinsichtlich der Vereinbarung einzelner Vertragsbestandteile enthält.[380] Dennoch ist angesichts des klaren Wortlauts des Gesetzes die Einbeziehung allgemeiner Geschäftsbedingungen im Arbeitsrecht nicht der Kontrolle des § 305 Abs. 2 BGB zu unterwerfen. Angesichts der klaren gesetzgeberischen Entscheidung scheidet eine analoge Anwendung des § 305 Abs. 2 BGB aus.[381] Allerdings muss ihre Geltung vertraglich nach §§ 145 ff. BGB[382] vereinbart sein.

136 *dd) Vorrang von Individualabreden.* Nach **§ 305b BGB** haben **individuelle Vereinb.** Vorrang vor allgemeinen Geschäftsbedingungen. Gemeint sind damit individuelle, häufig mündliche Vereinb., die von den Regelungen in allgemeinen Geschäftsbedingungen abweichen. Dies gilt auch für bereits vor der Unterzeichnung des Formulararbeitsvertrages getroffene, mündliche, individuelle Vereinb.,[383] sowie für konkludente Individualabreden, und sogar

---

[375] BAG 19.5.2010 – 5 AZR 253/09, NZA 2010, 939.
[376] Vgl. Rn. 134 ff.
[377] Vgl. → Rn. 134 ff.
[378] Vgl. *Thüsing* BB 2002, 2666 (2667).
[379] BT-Drs. 14/6857, 54.
[380] *Thüsing* BB 2002, 2666 (2670); *Richardi* NZA 2002, 1057 (1058); *Hromadka* NJW 2002, 2523 (2525); aA wohl *Lingemann* NZA 2002, 181 (185); *Däubler* NZA 2001, 1329 (1334).
[381] BAG 19.3.2014 – 5 AZR 252/12 (B), NZA 2014, 1076; 14.3.2007 – 5 AZR 630/06, NZA 2008, 45 (47).
[382] LAG Niedersachsen 18.3.2005 – 10 Sa 1990/04, NZA-RR 2005, 401 (402).
[383] BAG 28.3.2007 – 7 AZR 318/06, NZA 2007, 940.

selbst dann, wenn es sich bei den vorformulierten Bedingungen um Einmalbedingungen handelt, bzgl. derer § 310 Abs. 3 Nr. 2 BGB gerade nicht auf § 305b BGB verweist.[384] Klauseln, die ausdrücklich in einen Arbeitsvertrag aufgenommen werden haben grundsätzlich Vorrang gegenüber einer nur aufgrund einer pauschalen Bezugnahmeklausel im Arbeitsvertrag anwendbaren Regelung. Aus diesem Vorrangverhältnis kann jedoch nicht ohne weiteres auf eine Intransparenz der Bezugnahmeklausel geschlossen werden.

Keine Rolle spielt, ob die individuelle Vereinb. für den AN günstiger ist oder nicht; das Günstigkeitsprinzip findet keine Anwendung.[385] Der Vorrang der Individualabrede gilt auch gegenüber in allgemeinen Geschäftsbedingungen vereinbarten einfachen und doppelten Schriftformklauseln.[386] Nach den in § 138 ZPO enthaltenen Grundsätzen muss die Vertragspartei, die sich auf das Vorhandensein einer Individualabrede beruft, deren Vereinb. beweisen. Gegenüber Individualabreden findet eine Billigkeitskontrolle im Sinne einer allgemeinen, nicht auf die Besonderheiten des Falles bezogenen Angemessenheitsprüfung nach § 242 BGB nicht statt. Unberührt bleibt die richterliche Kontrolle bei strukturellen Störungen der Vertragsparität, wenn der Inhalt des Vertrags eine Seite ungewöhnlich belastet und als Interessenausgleich offensichtlich ungeeignet ist. Diese Kontrolle betrifft in erster Linie die Hauptpflichten des Vertrags und erfordert grundsätzlich eine Gesamtschau der vertraglichen Regelungen.[387]

ee) Überraschende Klauseln. Überraschende Klauseln iSd § 305c Abs. 1 BGB in allgemeinen Geschäftsbedingungen werden nicht Vertragsbestandteil.[388] Voraussetzung ist, dass die Klausel objektiv ungewöhnlich und für den Verwendungsgegner überraschend ist.[389] **Objektiv ungewöhnlich** ist eine Klausel dann, wenn sie von der Normalität abweicht, die sich insbesondere am dispositiven Recht orientiert, welche das gesetzliche Leitbild definiert. Je weiter sie sich vom Üblichen oder dem dispositiven Recht entfernt, desto ausgeprägter ist der Grad der Ungewöhnlichkeit. **Überraschenden Charakter** hat eine Regelung dann, wenn sie von den Erwartungen des Vertragspartners deutlich abweicht und dieser mit ihr nach den Umständen vernünftigerweise nicht zu rechnen braucht. Dabei sind auch der Grad der Abweichung vom dispositiven Gesetzesrecht und die für den Geschäftskreis übliche Gestaltung einerseits, der Gang und der Inhalt der Vertragsverhandlungen sowie der äußere Zuschnitt des Vertrages andererseits einzubeziehen. Den „überraschenden Klauseln" muss ein „Überrumpelungs- oder Übertölpelungseffekt" innewohnen.[390] Ein solcher Effekt liegt nicht vor, wenn es um einen dem deutschem Recht unterliegenden Arbeitsvertrag geht und der AN der deutschen Sprache nicht oder nicht ausreichend mächtig ist.[391] Zwischen den durch die Umstände bei Vertragsschluss begründeten Erwartungen und dem tatsächlichen Vertragsinhalt muss ein deutlicher Widerspruch bestehen.[392] Die berechtigten Erwartungen des Vertragspartners bestimmen sich nach den konkreten Umständen bei Vertragsschluss sowie nach der Gestaltung des Arbeitsvertrags, insbesondere dessen äußerem Erscheinungsbild. So können auch der ungewöhnliche äußere Zuschnitt einer Klausel oder ihre Unterbringung an unerwarteter Stelle (Regelung einer rückwirkenden Vertragsänderung unter der Überschrift „Vertragsdauer und Kündigung"[393]) die Bestimmung zu einer ungewöhnlichen und damit überraschenden Klausel machen.[394] Als inhaltlich nicht überraschend gelten beispielsweise nachvertragliche Wettbewerbsverbote[395] sowie Ausschlussfristen.[396] Bezugnahmeklauseln,

---

[384] BAG 24.8.2016 – 5 AZR 129/16, NZA 2017, 58.
[385] *Richardi* NZA 2002, 1057 (1059).
[386] Zur AGB-Kontrolle von doppelten Schriftformklauseln vgl. BAG 20.5.2008 – 9 AZR 382/07, NZA 2008, 1233; näheres dazu unter → Rn. 243 ff.
[387] BAG 25.5.2005 – 5 AZR 572/04, NZA 2005, 1111.
[388] BAG 19.1.2011 – 10 AZR 738/09, NZA 2011, 631 (632).
[389] BAG 13.7.2005 – 10 AZR 532/04, AP HGB § 74 Nr. 78.
[390] Zu allem: BAG 13.7.2005 – 10 AZR 532/04, AP HGB § 74 Nr. 78.
[391] BAG 19.3.2014 – 5 AZR 252/12 (B), NZA 2014, 1076 Rn. 62.
[392] BAG 19.1.2011 – 10 AZR 738/09, NZA 2011, 631 (633).
[393] BAG 19.2.2014 – 5 AZR 920/12, DB 2014, 1143.
[394] Zu allem: BAG 19.2.2014 – 5 AZR 920/12, DB 2014, 1143.
[395] BAG 13.7.2005 – 10 AZR 532/04, AP HGB § 74 Nr. 78.
[396] BAG 12.3.2008 – 10 AZR 152/07, NZA 2008, 699 (700).

die auf geltende Tarifverträge – auch in ihrer jeweils geltenden Fassung – verweisen, sind ebenfalls nicht ungewöhnlich.[397] Mit einer Verweisung auf einen branchen- oder ortsfremden Tarifvertrag muss ein AN nach überwiegender Auffassung in der Lit. dagegen regelmäßig nicht rechnen.[398]

139 Es ist davon auszugehen, dass das Verbot überraschender Klauseln angesichts der Nichtgeltung des § 305 Abs. 2 BGB (vgl. § 310 Abs. 4 S. 2 Hs. 2 BGB) weiter an Bedeutung gewinnen wird. Empfehlenswert ist es daher, durch eine logische Gliederung und drucktechnisch herausgehobene, inhaltlich präzise Überschriften Vorkehrungen gegen überraschende Klauseln zu treffen. Dabei ist aber darauf zu achten, dass es nicht zu Unregelmäßigkeiten in der Gestaltung kommt: Wird zB eine Befristungsabrede drucktechnisch hervorgehoben, so ist auch eine weitere, darauf folgende Befristung hervorzuheben, da andernfalls letztere als überraschend anzusehen ist.[399] Ist ein Arbeitsvertrag beispielsweise auf ein Jahr befristet und ist die Befristungsabrede in einer eigenen Klausel gefasst, ist es ratsam, auch eine zusätzliche Befristung des Arbeitsverhältnisses für die ersten sechs Monate einer Probezeit durch eine eigene Klausel kenntlich zu machen. Diese gestaffelte Befristung von Probezeit- und Zeitbefristung ist dann nicht „überraschend", wenn sie im Arbeitsvertrag ausdrücklich aufgeführt und auch für den juristischen Laien verständlich formuliert ist.[400] Dies gilt auch bei gleicher oder annähernd gleicher Dauer der jeweiligen Zeitbefristung.[401]

140 Darüber hinaus sind auch die konkreten Umstände bei Abschluss des AV für die Beurteilung der Frage, ob eine überraschende Klausel vorliegt, von Bedeutung.[402] So kann nach der Rspr. des BAG zB Zeitdruck bei Vertragsschluss ein entscheidendes Indiz für die Annahme einer Überraschungsklausel sein. Dies ist zwar im Hinblick auf die oben aufgezeigten Voraussetzungen nach hier vertretener Auffassung rechtlich bedenklich, da Zeitdruck für sich allein keinen Einfluss auf die objektive Ungewöhnlichkeit einer Klausel nehmen kann, sollte allerdings aufgrund der höchstrichterlichen Rspr. beachtet werden. Je mehr Zeit dem Arbeitnehmer AN gegeben wird, um den Arbeitsvertrag und etwaige ergänzende Bestimmungen zu prüfen, desto unwahrscheinlicher ist es, dass ihn einzelne Bestimmungen überraschen. Den Nachw. über die Vertragsaushändigung an den AN liefert eine Übergabebestätigung. Wegen § 309 Nr. 12b BGB sollte sie stets auf einem gesonderten Blatt niedergelegt werden. Denn nach dieser Vorschrift ist in allgemeinen Geschäftsbedingungen eine Bestimmung, durch die der Verwender die Beweislast zum Nachteil des anderen Vertragsteils ändert, insbesondere indem er den anderen Teil bestimmte Tatsachen bestätigen lässt, unwirksam. Diese Vorschrift gilt nicht für Empfangsbekenntnisse und Übergabebestätigungen, die gesondert unterschrieben oder mit einer gesonderten qualifizierten elektronischen Signatur versehen sind (§ 309 Nr. 12b 2. Hs.).[403]

Muster: Übergabebestätigung

141 Der Arbeitnehmer bestätigt, dass ihm der anliegende Arbeitsvertrag und die ihn ergänzenden, ebenfalls anliegenden Bestimmungen, dh ...... und ......, am ...... zur Überprüfung übergeben wurden. Der Arbeitnehmer bestätigt, dass ihm Gelegenheit gegeben wurde, diese Dokumente zu prüfen und Fragen zu stellen.

......

(Unterschrift)

---

[397] BAG 6.5.2009 – 10 AZR 390/08, NZA-RR 2009, 593 (594); 14.3.2007 – 5 AZR 630/06, NZA 2008, 45 (47).
[398] ErfK/*Preis* BGB § 310 Rn. 30; *Däubler* AGB-Kontrolle im Arbeitsrecht, BGB § 305c Rn. 22.
[399] BAG 16.4.2008 – 7 AZR 132/07, NZA 2008, 876.
[400] LAG Rheinland-Pfalz 19.2.2009 – 10 Sa 705/08, BeckRS 2009, 59332.
[401] LAG Rheinland-Pfalz 27.1.2011 – 11 Sa 404/10, BeckRS 2011, 71819.
[402] BAG 9.5.2007 – 4 AZR 319/06, NJOZ 2010, 178.
[403] Vgl. unter → Rn. 203.

ff) Auslegung. Steht fest, dass die Allgemeinen Geschäftsbedingungen Vertragsbestandteil 142
geworden sind, ist ihr Inhalt durch objektive Auslegung zu ermitteln.[404] Dabei sind die Klauseln so auszulegen, wie sie von verständigen und redlichen Vertragspartnern unter Abwägung der Interessen der normalerweise beteiligten Verkehrskreise verstanden werden.[405] Hierbei sind nicht die Verständnismöglichkeiten des konkreten, sondern die des durchschnittlichen Vertragspartners des Verwenders zu Grunde zu legen, dh die eines rechtlich nicht vorgebildeten Durchschnittsarbeitnehmers.[406] Ansatzpunkt der Auslegung ist in erster Linie der Vertragswortlaut. Ist dieser nicht eindeutig, so ist auf die Sicht der typischerweise an Geschäften dieser Art beteiligten Verkehrskreise abzustellen.[407] Eine zwischen den Parteien des Arbeitsvertrags vereinbarte Ausschlussfrist ist regelmäßig dahin auszulegen, dass sie **nur die von den Parteien für regelungsbedürftig gehaltenen Fälle** erfassen soll (zB laufende Entgeltansprüche). Eine Anwendung auch auf eher unvorhersehbare Fallkonstellationen, die zwingend durch gesetzliche Verbote oder Gebote geregelt sind, ist regelmäßig nicht gewollt. Macht der Arbeitnehmer zB nach beendetem Arbeitsverhältnis Schmerzensgeldansprüche wegen Mobbings geltend, dann ist regelmäßig davon auszugehen, dass die Vertragspartner mit einer Ausschlussklausel keine Ansprüche wegen Mobbings erfassen wollten, da das gegen das Gesetz verstoßen würde: Gem. § 202 Abs. 1 BGB kann die Verjährung bei Haftung wegen Vorsatzes nicht im Voraus durch Rechtsgeschäft (bzw. mittels einer Ausschlussklausel) erleichtert werden. § 202 Abs. 1 BGB erfasst nicht nur Vereinbarungen über die Verjährung, sondern auch Vereinbarungen über Ausschlussfristen. Die Ausschlussfrist wäre anderenfalls nach § 134 BGB unwirksam, da es sich bei § 202 Abs. 1 BGB um eine Verbotsnorm iSv § 134 BGB handelt.[408] Oder anders ausgedrückt: Bei der Auslegung von Vertragsklauseln ist davon auszugehen, dass die Parteien nichts Gesetzeswidriges regeln wollen. Zumindest nicht, wenn sie Fallkonstellationen gar nicht im Blick hatten und durch die Klausel gegen ein gesetzliches Verbot verstoßen würde, wenn man diese unerwarteten Fallkonstellationen unter die Klausel subsumieren würde. Für die Auslegung kann auch der Vertragstext eines unwirksamen Teils einer Klausel herangezogen werden. Das hat das BAG im Fall einer Verfallklausel entschieden. Enthält eine solche Klausel – sprachlich verschränkt – inhaltlich trennbare Ausschlussfristenregelungen für verschiedene Arten von Ansprüchen, kann der Text des unwirksamen Klauselteils zur Auslegung der verbleibenden Regelung herangezogen werden. Der unwirksame Teil der Klausel verschwindet also nicht „unter dem blauen Stift".[409]

Bleibt nach dieser Auslegung ein nicht behebbarer Zweifel, greift die in § 305c Abs. 2 143
BGB enthaltene **Unklarheitenregel** ein. Zweifel bei der Auslegung allgemeiner Geschäftsbedingungen gehen zu Lasten des Verwenders. Die Anwendung der Unklarheitenregel setzt voraus, dass die Auslegung der einzelnen AGB-Bestimmung mindestens zwei Ergebnisse als vertretbar erscheinen lässt und von diesen keines den klaren Vorzug verdient. Es müssen „erhebliche Zweifel" an der richtigen Auslegung bestehen. Eine entfernte Möglichkeit, zu einem anderen Ergebnis zu kommen, genügt für die Anwendung der Unklarheitenregel nicht.[410] Stehen mehrere theoretisch denkbare Auslegungsergebnisse fest, ist zunächst die Variante, die dem AN ungünstig ist, der Inhaltskontrolle zu unterwerfen. Ergibt sie, dass diese Variante unwirksam ist und die Unwirksamkeit eine dem AN günstige Rechtsfolge, verbleibt es hierbei. Ergibt die Auslegung, dass die dem AN ungünstigste Variante rechtswirksam ist, gilt die Auslegungsvariante, ihm am günstigsten ist.[411]

gg) Inhaltskontrolle. (1) Allgemeines. Der **Systematik des Gesetzes** ist zu entnehmen, dass 144
die Generalklausel des § 307 BGB als Auffangtatbestand im Verhältnis zu den in § 308 und
§ 309 BGB enthaltenen Spezialregelungen anzusehen ist.[412] Denn greift eine der in §§ 308,

---

[404] Zuletzt BAG 21.1.2015 – 10 AZR 84/14, NZA 2015, 871.
[405] Zuletzt BAG 4.8.2011 – 6 AZR 436/10, DB 2011, 2552.
[406] BAG 26.1.2005 – 10 AZR 299/04, NZA 2005, 655.
[407] Vgl. BAG 10.12.2008 – 10 AZR 1/08, NZA-RR 2009, 576.
[408] BAG 20.6.2013 – 8 AZR 280/12, NZA 2013, 1265 Rn. 19–22.
[409] BAG 27.1.2016 – 5 AZR 278/14 und 5 AZR 279/14, insbes. Rn. 29.
[410] Zuletzt BAG 19.1.2011 – 10 AZR 738/09, NZA 2011, 631.
[411] Vgl. Palandt/*Grüneberg* BGB § 305c Rn. 18; *v. Westphalen* NJW 2002, 12 (17).
[412] BGH 11.6.1980 – VIII ZR 174/79, NJW 1980, 2518 (2519).

309 BGB normierten Klauseln ein, wird die Unangemessenheit der Regelung im Gegensatz zu § 307 BGB bereits unwiderleglich gesetzlich vermutet.[413] Daraus ergibt sich die „umgekehrt" zur gesetzlichen Abfolge der Normen einzuhaltende Prüfungsreihenfolge. Zunächst wird die betroffene Regelung am Klauselverbot ohne Wertungsmöglichkeit nach § 309 BGB gemessen. Danach ist ein Verstoß gegen ein Klauselverbot mit Wertungsmöglichkeit gem. § 308 BGB zu prüfen. Nur wenn dieser ebenfalls ausscheidet, ist ein Rückgriff auf den in § 307 BGB enthaltenen Auffangtatbestand möglich. Die Inhaltskontrolle einer Formularklausel bezweckt einen Ausgleich für die einseitige Inanspruchnahme der Vertragsfreiheit durch den Verwender. Sie dient daher nicht dem Schutz des Klauselverwenders vor den von ihm selbst eingeführten Bestimmungen.[414]

145 *(2) Schranken der Inhaltskontrolle.* Bei der Prüfung der Allgemeinen Geschäftsbedingungen sind zunächst die Schranken der Inhaltskontrolle zu bestimmen. Nach § 307 Abs. 3 S. 1 BGB unterliegen allgemeine Geschäftsbedingungen nur dann der Inhaltskontrolle nach §§ 307 ff. BGB, wenn durch sie „von Rechtsvorschriften abweichende oder diese ergänzende Regelungen vereinbart werden". Eine Inhaltskontrolle entfällt damit, wenn einer AGB-Bestimmung ein über die Wiedergabe des Gesetzeswortlautes hinausgehender Regelungsinhalt fehlt (sog. deklaratorische Klausel). Denn an die Stelle der unwirksamen Klausel würde ohnehin die gesetzliche Regelung treten.[415] Zu den Rechtsvorschriften iSd. § 307 Abs. 3 Satz 1 BGB gehören neben dem dispositiven Gesetzesrecht auch anerkannte, ungeschriebene Rechtsgrundsätze und Prinzipien, sowie die Gesamtheit der wesentlichen Rechte und Pflichten, die sich aus der Natur des Vertrags, bzw. insbesondere auch dem gesetzlichen Leitbild eines bestimmten Vertragstypus' ergeben.[416] Weicht der Verwender allgemeiner Geschäftsbedingungen von der sich aus rechtlichen Vorgaben ergebenden Vertragstypik ab, unterliegt diese Abweichung einer uneingeschränkten Inhaltskontrolle, nach der insbesondere auch Klauseln kontrollfähig sind, die das Hauptleistungsversprechen modifizieren, einschränken oder aushöhlen.[417] Ebenfalls kontrollfähig sind Klauseln, die eine ergänzungsbedürftige gesetzliche Regelung ausfüllen, denn mit einer solchen Kontrolle wird das Gesetz selbst keiner Überprüfung unterzogen. Daher bleibt der Zweck von § 307 Abs. 3 S. 1 BGB – die Verhinderung einer gerichtlichen Modifikation der gesetzlichen Regelungen – unberührt.[418] Die Abgrenzung zwischen deklaratorischer und normausfüllender Klausel fällt im Einzelfall besonders schwer, wenn sog. Erlaubnisnormen Spielräume für die vertragliche Gestaltung eröffnen.[419] So ist nach der Rspr. die Vereinbarung über die Dauer der Probezeit der Inhaltskontrolle zu unterziehen.[420] Eine solche Klausel entspreche zwar dem Gesetz, allerdings erfolge eine eigenständige Regelung der Rechtslage in bestimmter, gesetzlich eröffneter Weise, weshalb eine Ergänzung einer gesetzlichen Regelung iSv § 307 Abs. 3 S. 1 BGB gegeben ist. Vertragliche Mehrurlaubsregelungen hingegen sind nach Ansicht des BAG nur am Transparenzgebot zu messen, § 307 Abs. 3 S. 2 iVm Abs. 1 S. 2 BGB, da sie die gesetzlichen Bestimmungen nicht ergänzen, sondern vielmehr andere Ansprüche als den gesetzlichen Urlaubs-, bzw. Urlaubsabgeltungsanspruch regeln.[421]

146 Werden durch allgemeine Geschäftsbedingungen die für einen anderen Vertragstyp geltenden gesetzlichen Vorschriften für anwendbar erklärt, kommt ebenfalls eine Inhaltskontrolle in Betracht.[422] Gleiches gilt für Bestimmungen, die lediglich dispositive Normen für anwendbar erklären.[423]

---

[413] *Hromadka* NJW 2002, 2523 (2526).
[414] BAG 27.10.2005 – 8 AZR 3/05, NZA 2006, 257.
[415] ErfK/*Preis* BGB § 310 Rn. 35.
[416] BAG 15.11.2016 – 3 AZR 582/15 –, BAGE 157, 164–199; 21.2.2017 – 3 AZR 297/15, BAGE 158, 154–164; 19.2.2019 – 3 AZR 150/18, BAGE 165, 345–356.
[417] BAG 21.2.2017 – 3 AZR 297/15, BAGE 158, 154–164; 19.2.2019 – 3 AZR 150/18, BAGE 165, 345–356.
[418] BGH 12.3.1987 – VII ZR 37/86, NJW 1987, 1931 (1937); 9.5.2001, NJW 2001, 2012 (2013).
[419] MüKo BGB/*Wurmnest* § 307 Rn. 11.
[420] BAG 12.2.2015 – 6 AZR 831/13, NZA 2015, 737; vgl. *Preis/Roloff* ZfA 2007, 43 (51); noch aA BAG 16.12.2004 – 6 AZR 127/04, NZA 2005, 578 (579).
[421] BAG 24.3.2009 – 9 AZR 983/07, NZA 2009, 538 Rn. 93 ff.
[422] BGH 5.4.1984 – III ZR 2/83, NJW 1984, 2161.
[423] BGH 5.4.1984 – III ZR 2/83, NJW 1984, 2161; 12.3.1987, NJW 1987, 1931 (1937).

Klauseln, die Art und Umfang der vertraglichen Hauptleistungspflichten unmittelbar regeln, unterliegen regelmäßig nicht der Inhaltskontrolle nach §§ 307 ff. BGB.[424]

(3) Sonderproblem Kollektivregelungen. Tarifverträge, Dienst- und Betriebsvereinbarungen sind wegen der Bereichsausnahme in § 310 Abs. 4 S. 1 von der AGB Kontrolle ausgeschlossen. Strittig ist allerdings, inwieweit dies auch für arbeitsvertraglich in Bezug genommene Kollektivregelungen gilt. Kollektivregelungen können, müssen aber nicht der Inhaltskontrolle unterliegen. Nach § 310 Abs. 4 S. 3 BGB stehen Betriebs- und Dienstvereinbarungen sowie Tarifverträge Rechtsvorschriften iSd § 307 Abs. 3 BGB gleich. In einem solchen Fall wäre eine Inhaltskontrolle gem. § 307 Abs. 3 mangels Abweichen von rechtlichen Vorschriften also ausgeschlossen.

Angesichts der kaum überschaubaren Menge der existierenden Verbandstarifverträge, geschweige denn Haustarifverträge, scheint damit nach dem Wortlaut faktisch jedoch überhaupt keine Inhaltskontrolle mehr stattzufinden. In irgendeinem Tarifvertrag wird sich stets eine Regelung finden, die der Vereinbarten entspricht oder sie übertrifft. Die Reichweite der Beschränkung der Inhaltskontrolle wurde daher in Literatur und Rechtsprechung auf unterschiedlichste Weise diskutiert und begrenzt.[425] Auch die Gesetzesbegründung ist hierzu nicht eindeutig.[426] Unstrittig beschränken solche Kollektivregelungen die Inhaltskontrolle, die normativ gelten, also wenn AG und AN tarifgebunden sind und/oder Betriebsvereinbarungen auf Grund der Zugehörigkeit des AN zum Betrieb gelten.[427]

Diese Begrenzung der Inhaltskontrolle gilt auch für Tarifverträge, die im Unternehmen normativ gelten und für die Nichtgewerkschaftsmitglieder unter den AN arbeitsvertraglich insgesamt durch Inbezugnahmeklauseln vereinbart wurden,[428] da andernfalls Tarifverträge bei Gewerkschaftsmitgliedern nicht zu überprüfen wären, bei Nichtgewerkschaftsmitgliedern aber schon.

So entschied das BAG: Wird in einem vorformulierten Arbeitsvertrag **vollständig auf einen Tarifvertrag Bezug genommen, der für den AG kraft seiner Tarifbindung gilt,** ist dieser Tarifvertrag jeglicher Inhaltskontrolle nach den §§ 305 ff. BGB entzogen.[429] Gleiches gilt, wenn der Tarifvertrag lediglich nachwirkt.[430] Das gilt insbesondere auch für eine Transparenzkontrolle.[431] Diese findet allenfalls bei der Bezugnahmeklausel selbst statt. Nach Ansicht des BAG schließt die Bereichsausnahme des § 310 Abs. 4 S. 1 BGB auch die Anwendung von § 307 Abs. 3 S. 2 BGB aus. Nach dieser Bestimmung findet eine Transparenzkontrolle nach § 307 Abs. 1 S. 2 BGB auch bei „Rechtsvorschriften" statt, denen tarifliche Regelungen nach § 310 Abs. 4 S. 3 BGB gleichgestellt sind.

Mittlerweile hat das BAG seine Rechtsprechung ausgebaut und so weitere Klarheit geschaffen: Tarifverträge sind danach, solange sie arbeitsvertraglich insgesamt in Bezug genommen sind, mangels Abweichung von Rechtsvorschriften iSv. § 307 Abs. 3 S. 1 BGB einer Inhaltskontrolle entzogen, da sie gem. § 310 Abs. 4 S. 3 BGB Rechtsvorschriften iSv. § 307 Abs. 3 BGB gleichstehen.[432] Diese Grundsätze gelten unabhängig von der Regelungstechnik, durch welche der Tarifvertrag auf das betreffende Arbeitsverhältnis Anwendung findet, solange der Tarifvertrag das Arbeitsverhältnis in seinem räumlichen, fachlichen und persönli-

---

[424] S. hierzu ausf. sogleich unter → Rn. 156 Gliederungspunkt (4).
[425] Vgl. *Däubler* NZA 2001, 1329 (1335); *Singer* RdA 2003, 194 (198); *Preis* Arbeitsvertrag S. 89; vgl. *Ziemann* FA-Spezial 2002, 22; unklar *Hadeler* FA 2002, 66 (68); *Henssler* RdA 2002, 129 (136); *Gotthardt* ZIP 2002, 277 (281); *Richardi* NZA 2002, 1057 (1062).
[426] BT-Drs. 14/6857, 54; danach sollen „Einzelarbeitsverträge, die Bezug auf einen Tarifvertrag nehmen, ohne dass eine beiderseitige Tarifbindung besteht oder die mit Kollektivverträgen übereinstimmen, und lediglich deren gesamten Inhalt wiedergeben, nicht der Inhaltskontrolle unterliegen, sondern nur am Transparenzgebot zu messen sein".
[427] Vgl. BAG 20.8.2013 – 3 AZR 959/11, NZA 2014, 36; *Annuß* DB 2002, 458 (460); *Hromadka* NJW 2002, 2523 (2527); *Bartz* AuA 2002, 62 (65).
[428] BAG 28.6.2007 – 6 AZR 750/06, NZA 2007, 1049.
[429] BAG 28.6.2007 – 6 AZR 750/06, NZA 2007, 1049 (1051); 13.12.2007 – 6 AZR 222/07, NZA 2008, 478 (480 f.); 13.7.2010 – 9 AZR 264/09, BeckRS 2010, 74182.
[430] BAG 18.9.2012 – 9 AZR 1/11, NZA 2013, 216.
[431] AA jedoch ErfK/*Preis* §§ 305–310 Rn. 13 f. mwN.
[432] BAG 27.6.2018 – 10 AZR 290/17, BAGE 163, 144–159; 3.7.2019 – 10 AZR 300/18, NZA 2019, 1440.

chen Geltungsbereich erfasst.[433] Auf eine Tarifbindung der Vertragspartner kommt es dann somit nicht mehr an. Grund für die Beschränkung der Kontrolle ist die Vermutung, dass die Regelungen eines Tarifvertarges als Gesamtheit die betroffenen divergierenden Interessen angemessen ausgleichen, sodass bei einer Globalverweisung das Privileg des § 310 Abs. 4 S. 1 greift.[434]

153 Dieselben Grundsätze sind grundsätzlich auch auf Kollektivvereinbarungen durch die Betriebspartner anzuwenden, allerdings sind Betriebsvereinbarungen nur bei normativer Wirkung nach § 310 Abs. 4 S. 1 BGB privilegiert, Regelungsabreden hingegen nicht[435] – in Bezug genommene Regelungsabreden sind also kontrollfähig.

154 Das Privileg nach § 310 Abs. 4 S. 1 BGB entfällt, wenn lediglich eine Bezugnahme auf einzelne Vorschriften eines Kollektivvertrages vorliegt, da die Vermutung des angemessenen Interessenausgleichs an den Kollektivvertrag als Gesamtwerk anknüpft – Begünstigungen bei einzelnen Regelungen werden häufig um den Preis von Benachteiligungen durch andere Vorschriften erwirkt.[436] Verweisungen auf einzelne Normen unterliegen somit der Inhaltskontrolle.[437]

155 Ob dies auch gilt, wenn die arbeitsvertragliche Regelung ganze abgrenzbare Sachbereiche des Tarifvertrags vollständig übernommen hat (**Teilverweisung**), ist umstritten[438] und wurde vom BAG bisher offen gelassen.[439] Das BAG weist jedoch in einer Entscheidung auf ein Urteil des BGH hin.[440] Darin hatte das Gericht entschieden, dass grundsätzlich jede inhaltliche Abweichung von der VOB/B einen Eingriff in deren Ausgewogenheit und damit eine Störung des von ihr beabsichtigten Interessenausgleichs darstelle. Andernfalls sei die im Recht der Allgemeinen Geschäftsbedingungen notwendige Transparenz nicht zu gewährleisten. Das deutet darauf hin, dass das BAG auch bei einer Teilverweisung die Privilegierung des § 310 Abs. 4 S. 1 BGB nicht gelten lassen will. Jedenfalls wenn es sich bei der Bezugnahme um ein geschlossenes Regelungssystem für den einschlägig betroffenen Personenkreis handel, findet nach Ansicht des BAG jedoch keine Inhaltskontrolle statt.[441] Hinsichtlich der damit noch offenen Fragen zur Verweisung auf Teilkomplexe spricht vieles dafür, dass auch hier jedenfalls die räumliche, sachliche und zeitliche Anwendbarkeit Voraussetzung ist. Aber selbst wenn dies der Fall ist, wird man bei einer Teilverweisung die Anwendbarkeit der Privilegierung nach § 310 Abs. 4 S. 1 BGB verneinen müssen. Denn einerseits ist die oben angesprochene Abgrenzung zusammengehöriger Teilkomplexe[442] in einem Tarifvertrag rein praktisch schwierig,[443] andererseits ist die Angemessenheit des Ausgleichs der divergierenden Interessen in einem Kollektivvertrag von sehr vielen Faktoren abhängig, die zwar in den Verhandlungen berücksichtigt wurden und im Vertragswerk ihren Niederschlag gefunden haben, jedoch anhand des Vertragswerkes selbst im Nachhinein nicht mehr zwingend nachvollzogen werden können (zB weil der Ausgleich gerade darin bestand, eine Regelung gar nicht erst in den Vertrag aufzunehmen). Insofern kann die Angemessenheit des Ausgleichs bei einer bloßen Verweisung auf Teilkomplexe nicht mehr vermutet werden, womit auch hier eine Privilegierung gem. § 310 Abs. 4 S. 1 BGB entfällt und damit auch die Gleichstel-

---

[433] BAG 27.6.2018 – 10 AZR 290/17, BAGE 163, 144–159; 3.7.2019 – 10 AZR 300/18, NZA 2019, 1440.
[434] BAG 27.6.2018 – 10 AZR 290/17, BAGE 163, 144–159; 3.7.2019 – 10 AZR 300/18, NZA 2019, 1440.
[435] BAG 21.6.2018 – 6 AZR 38/17, NZA 2018, 1413.
[436] BAG 27.6.2018 – 10 AZR 290/17, BAGE 163, 144–159; BAG 3.7.2019 – 10 AZR 300/18, NZA 2019, 1440; BAG 6.5.2009 – 10 AZR 390/08, NZA-RR 2009, 593.
[437] BAG 27.6.2018 – 10 AZR 290/17, BAGE 163, 144–159; 3.7.2019 – 10 AZR 300/18, NZA 2019, 1440; 6.5.2009 – 10 AZR 390/08, NZA-RR 2009, 593.
[438] Dafür zB *Bayreuther* RdA 2003, 81 (91); *Gaul* ZfA 2003, 75 (89); *Henssler/Willemsen/Kalb* TVG § 3 Rn. 18; MüKo BGB/*Müller-Glöge* § 611 Rn. 70; abl.: *Löwisch/Rieble* TVG § 3 Rn. 264; ErfK/*Preis* BGB §§ 305–310 Rn. 18 f.
[439] Vgl. BAG 27.6.2018 – 10 AZR 290/17, BAGE 163, 144–159; 3.7.2019 – 10 AZR 300/18, NZA 2019, 1440; 6.5.2009 – 10 AZR 390/08, NZA-RR 2009, 593, 6.5.2009 – 10 AZR 390/08, NZA-RR 2009, 593.
[440] BGH 22.1.2004 – VII ZR 419/02, NJW 2004, 1597; BAG 6.5.2009 – 10 AZR 390/08, NZA-RR 2009, 593.
[441] BAG 6.5.2009 – 10 AZR 390/08, NZA-RR 2009, 593 (594).
[442] Vgl. BAG 27.6.2018 – 10 AZR 290/17, BAGE 163, 144–159; BAG 3.7.2019 – 10 AZR 300/18, NZA 2019, 1440; 6.5.2009 – 10 AZR 390/08, NZA-RR 2009, 593, 6.5.2009 – 10 AZR 390/08, NZA-RR 2009, 593.
[443] ErfK/*Preis* BGB §§ 305–310 Rn. 13 ff.

lung mit Rechtsnormen iSv § 307 Abs. 3 iVm § 310 Abs. 4 S. 3 BGB nicht mehr in Betracht kommt. Ferner geschieht den Vertragsgestaltern durch die volle Kontrolle kein Unrecht. Ist nämlich der einbezogene Teilkomplex eines Tarifvertrages in sich ausgewogen, hält er der Inhaltskontrolle stand.[444]

(4) Hauptabreden des Arbeitsvertrages. Klauseln, die den unmittelbaren Gegenstand der 156 Hauptleistung betreffen (sog. **Leistungsbeschreibungen**), dh Art, Umfang und Güte der von den Parteien geschuldeten Vertragsleistung festlegen,[445] sind einer Inhaltskontrolle entzogen und unterliegen lediglich dem Transparenzgebot.[446] Im Arbeitsrecht sind das vor allem die Regelung von Arbeitsleistung und Arbeitsentgelt.[447] Die Einschränkung der Kontrollmöglichkeit von Leistungsbeschreibungen folgt im Gegensatz zum Ausschluss deklaratorischer Klauseln nicht schon aus dem Wortlaut von § 307 Abs. 3 S. 1 BGB. Vielmehr ergibt sich diese aus der Privatautonomie der Vertragsparteien.[448] Denn Leistungsbestimmungen sind Abreden, die zwingend von den Vertragsparteien festgelegt werden müssen.[449] Fehlen diese, kann mangels Bestimmtheit oder Bestimmbarkeit des wesentlichen Vertragsinhaltes ein wirksamer Vertrag nicht angenommen werden.[450] Solche, das notwendige Herzstück eines Vertrages bildende Abreden, unterliegen grundsätzlich der freien Dispositionsbefugnis der Vertragsschließenden in einem funktionierenden Wettbewerb. Sie sind daher, selbst wenn sie mittels allgemeiner Geschäftsbedingungen in den Vertrag eingeführt sind, regelmäßig einer Inhaltskontrolle entzogen. Denn es ist nicht Aufgabe des Gerichts, über die §§ 305 ff. BGB den „gerechten Preis" zu ermitteln.[451] Allerdings sind Abreden über Hauptleistungen auch nicht generell von der Inhaltskontrolle ausgeschlossen. Sie sind ihr gem. § 307 Abs. 3 S. 1 BGB nur dann entzogen, wenn sie – wie regelmäßig – keine von Rechtsvorschriften abweichende oder diese ergänzende Regelungen enthalten.[452] So ist eine Pauschalabgeltung der Zuschläge für Nacht- sowie Sonntags- und Feiertagsarbeit, weil diese die Gegenleistung des AG für die vom AN erbrachte Arbeitsleistung regeln zwar nicht vollständig einer Inhaltskontrolle entzogen, allerdings kann sie nur eingeschränkt kontrolliert werden, nämlich wenn und soweit sie hinter den gesetzlich vorgeschriebenen Mindestvoraussetzungen zurückbleibt.[453]

Anders verhält es sich bei Klauseln, die sog. **Preisnebenabrede** beinhalten. Dies sind 157 Klauseln, die das Hauptleistungsversprechen einschränken, verändern, ausgestalten oder modifizieren und sich daher lediglich mittelbar auf die Hauptleistung auswirken.[454] Solche Klauseln weichen im Allgemeinen von Vorschriften des dispositiven Gesetzesrechts ab oder ihr Regelungsgehalt könnte – sofern sie nicht in Allgemeinen Geschäftsbedingungen enthalten wären – nach §§ 157, 242 BGB ermittelt werden.[455] Da im Falle der Unwirksamkeit derartiger Klauseln an ihre Stelle die gesetzliche Regelung treten kann, sind sie inhaltlich zu kontrollieren.[456] Dies betrifft beispielsweise Abreden zur Fälligkeit der Leistung oder zur Vorleistungspflicht eines Vertragsteils.[457]

---

[444] ErfK/*Preis* BGB §§ 305–310 Rn. 13 ff.; abweichend Diehn NZA 2004, 129 (130).
[445] BAG 27.11.2003 – 2 AZR 135/03, NZA 2004, 597 (603); 27.7.2005 – 7 AZR 486/04, NZA 2006, 40 (45); 31.8.2005 – 5 AZR 545/04, NZA 2006, 324 (328); 14.3.2007 – 5 AZR 630/06, NZA 2008, 45 (47); 30.11.2010 – 3 AZR 798/08, NZA-RR 2011, 255 (257).
[446] BAG 21.6.2011 – 9 AZR 236/10, NZA 2011, 1274.
[447] BAG 31.8.2005 – 5 AZR 545/04, NZA 2006, 324 (328); 14.3.2007 – 5 AZR 630/06, NZA 2008, 45 (47); 30.11.2010 – 3 AZR 798/08, NZA-RR 2011, 255 (257); 17.10.2012 – 5 AZR 792/11, NZA 2013, 266.
[448] BAG 27.11.2003 – 2 AZR 135/03, NZA 2004, 597 (603).
[449] BAG 27.7.2005 – 7 AZR 486/04, NZA 2006, 40 (45).
[450] BAG 14.3.2007 – 5 AZR 630/06, NZA 2008, 45 (47); 30.11.2010 – 3 AZR 798/08, NZA-RR 2011, 255 (257).
[451] BAG 31.8.2005 – 5 AZR 545/04, NZA 2006, 324 (328).
[452] BAG 25.9.2014 – 2 AZR 788/13, NZA 2015, 350; aA BeckOK ArbR/*Jacobs* BGB § 307 Rn. 18.
[453] BAG 31.8.2005 – 5 AZR 545/04, NZA 2006, 324 (328).
[454] BAG 27.7.2005 – 7 AZR 486/04, NZA 2006, 40 (45); BGH 6.2.1985 – VIII ZR 61/84, NJW 1985, 3013 (3014); 19.11.1991 – X ZR 63/90, NJW 1992, 688 (689).
[455] BAG 27.7.2005 – 7 AZR 486/04, NZA 2006, 40 (45); BGH 6.2.1985 – VIII ZR 61/84, NJW 1985, 3013 (3014).
[456] BAG 27.7.2005 – 7 AZR 486/04, NZA 2006, 40 (45); BGH 6.2.1985 – VIII ZR 61/84, NJW 1985, 3013 (3014); 19.11.1991 – X ZR 63/90, NJW 1992, 688 (689).
[457] Palandt/*Grüneberg* BGB § 307 Rn. 47.

158 Der Inhaltskontrolle sind insbesondere außerdem folgende Klauseln in allgemeinen Geschäftsbedingungen entzogen: Die Beendigungsvereinbarung im Auflösungsvertrag, da dieser ein selbstständiges Rechtsgeschäft darstellt, bei dem die Hauptleistung die Beendigung des Arbeitsverhältnisses bzw. der Verzicht auf zukünftige Ansprüche ist;[458] die Abwälzung der Pauschalsteuer auf den AN bei geringfügiger Beschäftigung, da diese unmittelbar die Bruttolohnabrede betrifft.[459] eine vereinbarte Abfindung;[460] eine Pauschalabgeltungsklausel für Überstunden, sofern ausschließlich die Vergütung von Überstunden, nicht aber die Anordnungsbefugnis des Arbeitgebers zur Leistung von Überstunden geregelt ist – wobei ggf. unabhängig davon Intransparenz und deshalb Unzulässigkeit vorliegen kann, wenn die Anzahl der abzugeltenden Überstunden nicht aus der Klausel hervorgeht.[461]

159 Bei folgenden Klauseln findet dagegen eine Kontrolle statt: Bei befristeter Änderung der bestehenden synallagmatischen Pflichten aus dem Arbeitsverhältnis, denn im Falle der Unwirksamkeit der Befristung ist der Umfang der Arbeitszeit auf unbestimmte Zeit vereinbart;[462] Kürzungsklauseln bei Provisionen, da diese die Hauptleistungspflicht nicht bilden, sondern modifizieren.[463] Klauseln die darauf abzielen, die Dauer der gesetzlichen Probezeit innerhalb des gesetzlichen Rahmens zu modifizieren, auch selbst dann, wenn es sich um ein Berufsausbildungsverhältnis handelt.[464]

160 *(5) Inhaltskontrolle nach §§ 307–309 BGB. (a) Besondere Klauselverbote.* § 308 BGB betrifft Klauselverbote mit Wertungsmöglichkeit, § 309 BGB Klauselverbote ohne Wertungsmöglichkeit. Beide Normen sind erkennbar nicht auf arbeitsrechtliche Bedürfnisse zugeschnitten. Das BAG hat bislang noch keine Vertragsklausel unmittelbar an einem **besonderen Klauselverbot ohne Wertungsmöglichkeit nach § 309 BGB** scheitern lassen.[465] Begründet wird dies unter anderem mit dem Sinn und Zweck des § 310 Abs. 4 S. 2 BGB – eine Äußerung der Bundesregierung im Gesetzgebungsverfahren bezeichnet es gerade als wesentlichen Sinn der Regelung, dass „vor allem die besonderen Klauselverbote ohne Wertungsmöglichkeit im Arbeitsrecht nicht zwingend uneingeschränkt zur Anwendung kommen" (BT-Drucks. 14/6857, 54).[466] Die Wertungen von § 309 BGB können jedoch im Rahmen von § 307 Abs. 1 Berücksichtigung finden. So ist § 309 Nr. 5 Buchst. b BGB (Pauschalierung von Schadensersatzansprüchen) als Abgrenzungskriterium für die Beurteilung der Unwirksamkeit eines in Allgemeine Geschäftsbedingungen vereinbarten pauschalierten Aufwendungsersatzanspruchs nach § 307 Abs. 1 S. 1 BGB herangezogen worden.[467] Danach ist eine Unwirksamkeit anzunehmen, wenn dem Vertragspartner des Verwenders nicht in entsprechender Anwendung des § 309 Nr. 5 Buchst. b BGB die Möglichkeit eingeräumt wurde, den Nachw. eines fehlenden oder wesentlich geringeren Anspruchs zu führen.[468]

161 Auch § 309 Nr. 6 BGB ist zwar auf arbeitsvertragliche Vertragsstrafeabreden nicht anwendbar, allerdings kann sich eine Unwirksamkeit der Vertragsstrafevereinbarung aus § 307 BGB ergeben, wobei dementsprechend zum Schutz des Arbeitnehmers ein strenger Maßstab anzulegen ist.[469, 470]

162 Zweistufige Ausschlussfristen verstoßen unter angemessener Berücksichtigung der im Arbeitsrecht geltenden Besonderheiten (§ 310 Abs. 4 S. 2 Hs. 1 BGB) bisher grundsätzlich nicht gegen § 309 Nr. 13 BGB (Form von Anzeigen und Erklärungen).[471] Insbesondere verstößt die Obliegenheit einer klageweisen Geltendmachung der in § 309 Nr. 7 BGB (Haf-

---

[458] BAG 27.11.2003 – 2 AZR 135/03, NZA 2004, 597 (604).
[459] BAG 1.2.2006 – 5 AZR 628/04, NZA 2006, 682 (684).
[460] BAG 25.4.2013 – 8 AZR 453/12, NZA 2013, 1206.
[461] BAG 16.5.2012 – 5 AZR 331/11, BAGE 141, 324–330; 1.9.2010 – 5 AZR 517/09, BAGE 135, 250–254.
[462] BAG 27.7.2005 – 7 AZR 486/04, NZA 2006, 40 (45 f.).
[463] BAG 20.2.2008 – 10 AZR 125/07, NZA 2008, 1124 (1126).
[464] BAG 9.6.2016 – 6 AZR 396/15, NZA 2016, 1406.
[465] ErfK/*Preis* BGB § 310 Rn. 41.
[466] BAG 4.3.2004 – 8 AZR 196/03, BAGE 110, 8–27.
[467] BAG 27.7.2010 – 3 AZR 777/08, NZA 2010, 1237.
[468] BAG 27.7.2010 – 3 AZR 777/08, NZA 2010, 1237.
[469] BAG 17.3.2016 – 8 AZR 665/14, NZA 2016, 945 (mwN).
[470] BAG 21.4.2005 – 8 AZR 425/04, NZA 2005, 1053 (1054).
[471] BAG 25.5.2005 – 5 AZR 572/04, NZA 2005, 1111 (1113).

tungsausschluss bei Verletzung von Leben, Körper, Gesundheit und bei grobem Verschulden) genannten Ansprüche nicht gegen diese Regelung, da eine solche Klausel keinen Haftungsausschluss und keine Haftungsbegrenzung beinhaltet, denn der Anspruch entsteht uneingeschränkt und wird lediglich für den Fall fehlender Geltendmachung befristet.[472] Zu beachten ist allerdings, dass mit Wirkung zum 1.10.2016 § 309 Nr. 13 BGB geändert wurde. Nach der bis dahin geltenden Fassung waren Klauseln unwirksam, die für eine Anzeige oder eine Erklärung des Verbrauchers eine strengere Form als die Schriftform vorsahen. Nun darf keine strengere Form als die Textform vereinbart werden. Dies kann insbesondere für Ausschlussklauseln und Schriftformklauseln in Arbeitsverträgen bedeutsam sein. Diesbezüglich wird auf die Passagen zu den Ausschlussfristen (→ Rn. 187 ff.) und zu den Schriftformklauseln (→ Rn. 243 ff.) im Rahmen des Besonderen Teils der AGB-Kontrolle verwiesen.

Aufgrund des **in § 308 BGB normierten Klauselverbots mit Wertungsmöglichkeit** sind bereits vereinzelt Allgemeine Geschäftsbedingungen in Arbeitsverträgen als unwirksam qualifiziert worden. So ist ein Rücktrittsvorbehalt in einem Vorvertrag zum Arbeitsvertrag nach § 308 Nr. 3 BGB unwirksam, wenn in dem Vorbehalt der Grund für die Lösung vom Vertrag nicht mit hinreichender Deutlichkeit angegeben ist und ein sachlich gerechtfertigter Grund für seine Aufnahme in die Vereinb. fehlt.[473] Dies ist insbesondere dann der Fall, wenn sich die Lösungsmöglichkeit auf Umstände erstreckt, deren Vorliegen der Verwender bei gebotener Sorgfalt schon vor dem Vertragsschluss hätte erkennen und deshalb den Abschluss hätte ablehnen können.[474] § 308 Nr. 3 BGB findet trotz der in seinem Hs. 2 enthaltenen Einschränkung Anwendung, da es sich bei einem Vorvertrag nicht um ein Dauerschuldverhältnis handelt.[475]

163

Behält sich der AG durch Allgemeine Geschäftsbedingungen den Widerruf übertariflicher Leistungen vor, so ist diese Klausel nach § 308 Nr. 4 BGB unwirksam, wenn diese Vereinb. nicht unter Berücksichtigung der Interessen des Verwenders für den anderen Vertragsteil zumutbar ist. Eine Zumutbarkeit liegt vor, wenn der Widerruf nicht grundlos erfolgen soll, sondern wegen der unsicheren Entwicklung der Verhältnisse als Instrument der Anpassung notwendig ist.[476] Dies richtet sich in Anlehnung an § 307 BGB insbesondere nach der Art und Höhe der Leistung, die widerrufen werden soll, nach der Höhe des verbleibenden Verdienstes und der Stellung des AN im Unternehmen.[477] Eine Klausel ist aber in jedem Fall unzumutbar, wenn der widerrufliche Anteil über 25 bis 30 Prozent der Gesamtvergütung liegt.[478]

164

Das besondere Klauselverbot des § 308 BGB erfasst jedoch nur Änderungen von Leistungen des Verwenders, nicht auch Änderungen der vom anderen Vertragsteil versprochenen Leistung.[479] Auch findet § 308 Nr. 4 BGB keine Anwendung auf dynamische Bezugnahmeklauseln, weil eine Änderung des Inhalts des Arbeitsverhältnisses nicht durch den AG als Verwender iSv § 308 Nr. 4 BGB erfolgt, sondern von den Tarifvertragsparteien beeinflusst wird.[480]

165

(b) Generalklausel des § 307 BGB. Greift nun keines der in §§ 308, 309 BGB enthaltenen Klauselverbote ein, ist die vertragliche Bestimmung anhand des in § 307 BGB enthaltenen **Auffangtatbestandes** zu überprüfen. Bestimmungen in Allgemeinen Geschäftsbedingungen sind nach **§ 307 Abs. 1 S. 1 BGB** unwirksam, wenn sie den Vertragspartner des Verwenders entgegen den Geboten von Treu und Glauben unangemessen benachteiligen. Eine Beeinträchtigung eines rechtlich anerkannten Interesses des AN ist unangemessen, wenn diese nicht durch begründete und billigenswerte Interessen des AG gerechtfertigt ist oder durch

166

---

[472] BAG 25.5.2005 – 5 AZR 572/04, NZA 2005, 1111 (1113).
[473] BAG 27.7.2005 – 7 AZR 488/04, NZA 2006, 539.
[474] BAG 27.7.2005 – 7 AZR 488/04, NZA 2006, 539 (541).
[475] BAG 27.7.2005 – 7 AZR 488/04, NZA 2006, 539 (541).
[476] BAG 12.1.2005 – 5 AZR 364/04, NZA 2005, 465 (467).
[477] BAG 12.1.2005 – 5 AZR 364/04, NZA 2005, 465 (467).
[478] BAG 12.1.2005 – 5 AZR 364/04, NZA 2005, 465 (467).
[479] BAG 13.6.2007 – 5 AZR 564/06, NZA 2007, 974 (976).
[480] BAG 26.1.2005 – 4 AZR 171/03, NZA 2005, 1059 (1062).

gleichwertige Vorteile ausgeglichen wird.⁴⁸¹ Es bedarf einer umfassenden Würdigung der beiderseitigen Positionen unter Berücksichtigung des Grundsatzes von Treu und Glauben.⁴⁸² Bei der Beurteilung der Unangemessenheit ist ein genereller, typisierender, vom Einzelfall losgelöster Maßstab anzulegen.⁴⁸³ Die Generalklausel des § 307 Abs. 1 S. 1 BGB sowie das in § 307 Abs. 1 S. 2 BGB normierte Transparenzgebot sind durch höchstrichterliche arbeitsrechtliche Rspr. zunehmend ausgeformt und konkretisiert worden. Bezüglich der einzelnen Fallkonstellationen wird auf den Besonderen Teil der AGB-Kontrolle (→ Rn. 182 ff.) verwiesen.

167 Der Verbot der unangemessenen Benachteiligung wird durch § 307 Abs. 1 S. 2 BGB sowie § 307 Abs. 2 Nr. 1 BGB und § 307 Abs. 2 Nr. 2 BGB konkretisiert.⁴⁸⁴ Typische Erscheinungen einer unangemessenen Benachteiligung sind in **§ 307 Abs. 2 BGB** normiert.⁴⁸⁵ Nach dieser Vorschrift wird eine unangemessene Benachteiligung im Zweifel angenommen, wenn die Bestimmung mit wesentlichen Grundgedanken der gesetzlichen Regelung, von der abgewichen wird, nicht zu vereinbaren ist oder wesentliche Rechte oder Pflichten, die sich aus der Natur des Vertrages ergeben, so einschränkt, dass die Erreichung des Vertragszwecks gefährdet ist. Hinsichtlich dieser Vermutungstatbestände gilt bezüglich der Bestimmtheit das bereits o. Angeführte. Da von nicht dispositivem Gesetzesrecht ohnehin nicht abgewichen werden kann, muss der wesentliche Grundgedanke dispositiven Gesetzesrechts festgestellt werden. Erst dann kann überprüft werden, ob die Bestimmungen hiervon wesentlich abweichen. Für die Beurteilung der Vereinbarkeit iSd § 307 Abs. 2 Nr. 1 BGB ist von maßgeblicher Bedeutung, ob die dispositive gesetzliche Regelung nicht nur auf Zweckmäßigkeitserwägungen beruht, sondern eine Ausprägung des Gerechtigkeitsgebots darstellt.⁴⁸⁶ Da jedoch die ganz überwiegende Zahl der arbeitsrechtlichen Schutzbestimmungen nicht dispositiv ist, dürfte die Bedeutung dieses Vermutungstatbestandes im Arbeitsrecht eher gering bleiben.⁴⁸⁷ Die Vermutung kann widerlegt werden.

168 Größere Bedeutung kommt dem in **§ 307 Abs. 1 S. 2 BGB** enthaltenen **Transparenzgebot** spätestens bei der Inhaltskontrolle zu. Das Transparenzgebot verpflichtet den Verwender, Rechte und Pflichten seines Vertragspartners in Allgemeine Geschäftsbedingungen möglichst klar und durchschaubar darzustellen. Das umfasst auch, dass sie wirtschaftliche Nachteile und Belastungen soweit erkennen lassen, wie dies nach den Umständen gefordert werden kann. So hat das BAG eine Regelung zur Kürzung von vertraglichem Mehrurlaub für den Fall von bestimmten Krankheitszeiten für intransparent gehalten, wenn sie dem AN nicht hinreichend klar aufzeigt, in welchem Umfang sein vertraglicher Mehrurlaubsanspruch bei Arbeitsunfähigkeit gekürzt wird.⁴⁸⁸ Ebenso unzulässig ist eine Bestimmung, wonach das Arbeitsverhältnis und die sich daraus ergebenden Arbeits- und Lohnzahlungspflichten während bestimmter Zeiten ruhen, soweit sie nicht durch Urlaub ausgefüllt werden, wenn der durchschnittliche AN der Branche nicht erkennen kann, zu welchen Zeiten nicht gearbeitet wird und ob in diesen Zeiten Entgeltansprüche aufgrund Urlaubsgewährung bestehen.⁴⁸⁹

169 Sinn des Transparenzgebots ist es, der Gefahr vorzubeugen, dass der AN von der Durchsetzung bestehender Rechte abgehalten wird. In der Gefahr, dass er wegen unklar abgefasster Allgemeine Geschäftsbedingungen seine Rechte nicht wahrnimmt, liegt eine unangemessene Benachteiligung iSv § 307 BGB Abs. 1 S. 1 BGB.⁴⁹⁰ Das BAG hat jedoch klar gestellt, dass zB eine Verweisung auf Vorschriften eines anderen Regelwerks isoliert betrachtet nicht zur Intransparenz führt. Eine Klausel verstößt auch nicht schon dann gegen das Transparenzgebot, wenn der AN keine oder nur eine erschwerte Möglichkeit hat, die betreffende

---

[481] BAG 9.2.2011 – 7 AZR 91/10, BeckRS 2011, 73553.
[482] BAG 18.6.2008 – 7 AZR 245/07, AP TzBefG § 14 Nr. 52.
[483] BAG 27.7.2005 – 7 AZR 486/04, NZA 2006, 40 (46).
[484] BeckOK ArbR/*Jacobs* BGB § 307 Rn. 29.
[485] ErfK/*Preis* BGB §§ 305–310 Rn. 43.
[486] BAG 7.12.2005 – 5 AZR 535/04, NZA 2006, 423 (426).
[487] *Lingemann* NZA 2002, 181 (188).
[488] BAG 15.10.2013 – 9 AZR 374/12, NZA-RR 2014, 234.
[489] BAG 26.10.2016 – 5 AZR 456/15, NZA 2017, 123.
[490] BAG 24.3.2009 – 9 AZR 983/07, NZA 2009, 538 Rn. 96.

Regelung zu verstehen.⁴⁹¹ Da die Inhaltskontrolle nicht den Verwender vor seinen eigenen Formularbestimmungen schützen, sondern lediglich einen Ausgleich für die einseitige Inanspruchnahme der Vertragsfreiheit des Klauselverwenders schaffen will, kann sich der Klauselverwender im Verhältnis zu seinem Vertragspartner nicht auf Verstöße gegen das Transparenzgebot berufen.⁴⁹²

Bei der Beurteilung, ob eine Regelung dem Transparenzgebot genügt, ist auf den aufmerksamen und sorgfältigen Teilnehmer am Wirtschaftsverkehr abzustellen.⁴⁹³ Im Bereich des Arbeitsrechts meint dies das Verständnis eines durchschnittlichen AN.⁴⁹⁴ Den maßgeblichen Beurteilungszeitpunkt der Transparenz bildet der Zeitpunkt des Vertragsschlusses.⁴⁹⁵ Jedoch begründet nicht jede Intransparenz die Unwirksamkeit einer Klausel. Vielmehr ist gesondert zu prüfen, ob durch sie eine unangemessene Benachteiligung des AN festzustellen ist.⁴⁹⁶ 170

Widersprüchliche Klauseln führen bereits dann zu einer unangemessenen Benachteiligung, wenn dadurch die Gefahr begründet wird, dass der AN seine Rechte nicht wahrnimmt.⁴⁹⁷ 171

Das Transparenzgebot schließt das Bestimmtheitsgebot ein. Danach müssen die tatbestandlichen Voraussetzungen und Rechtsfolgen im Rahmen des Möglichen so genau beschrieben werden, dass für den Verwender keine ungerechtfertigten Beurteilungsspielräume entstehen.⁴⁹⁸ 172

Bei einer dynamischen Verweisung auf Vorschriften eines anderen Regelungswerks, beispielsweise die dynamische Bezugnahme auf Versorgungsrichtlinien einer Unterstützungskasse, ist es zur Wahrung des Transparenzgebots bereits ausreichend, wenn die im Zeitpunkt der jeweiligen Anwendung geltenden in Bezug genommenen Regelungen bestimmbar sind.⁴⁹⁹ In diesem Fall ist es unerheblich, dass bei Vertragsschluss noch nicht absehbar ist, welchen Inhalt das andere Regelungswerk haben wird.⁵⁰⁰ Im Bereich der Haupt-/bzw. Leistungsabreden, die bis auf das Transparenzgebot ansonsten keiner Inhaltskontrolle unterliegen, kommt der Abschlusstransparenz besondere Bedeutung zu, da diese Grundvoraussetzung für die Freiheit von der sonstigen Inhaltskontrolle ist.⁵⁰¹ Hinreichende Abschlusstransparenz setzt daher insbesondere voraus, dass dem Arbeitnehmer seine hinsichtlich der Hauptleistungen bestehenden Rechte und Pflichten möglichst klar und durchschaubar gemacht werden, sodass ein durchschnittlicher Arbeitnehmer hinreichend informiert ist, um seine Verhandlungsmöglichkeiten und Marktchancen interessengerecht wahrzunehmen.⁵⁰² Konkret bedeutet dies, dass tatbestandliche Voraussetzungen und Umfang der Hauptleistungspflichten des Arbeitsverhältnisses so genau beschrieben sein müssen, dass ein durchschnittlicher Arbeitnehmer die konkret geschuldete Arbeit, den Arbeitszeitumfang und die Höhe der dafür vom Arbeitgeber nach Vertragsschluss zu zahlenden Vergütung entnehmen kann.⁵⁰³ 173

Ein einseitiges Leistungsbestimmungsrecht genügt dem Transparenzgebot nur, wenn zumindest die Richtung der Gründe angegeben wird, aus denen es ausgeübt werden kann. Geht es darüber hinaus um Höhe/Umfang der Hauptleistungspflicht, ist darüber hinaus erforderlich, dass nicht nur die Voraussetzungen, sondern auch Richtlinien und Grenzen der Ausübung des Leistungsbestimmungsrechts angegeben werden.⁵⁰⁴ 174

Generell dürfen die an die Transparenz von AGB gestellten Anforderungen den Verwender jedoch auch nicht überfordern, die Einhaltung muss also im Rahmen des Möglichen 175

---

[491] BAG 24.3.2009 – 9 AZR 983/07, NZA 2009, 538 Rn. 96.
[492] BAG 22.9.2016 – 2 AZR 509/15, NZA 2016, 1461.
[493] Palandt/*Heinrichs* BGB § 307 Rn. 23.
[494] BAG 25.5.2005 – 5 AZR 572/04, NZA 2005, 1111 (1113).
[495] BAG 18.3.2008 – 9 AZR 186/07, NZA 2008, 1004 (1007).
[496] Vgl. *v. Westphalen* NJW 2002, 12 (17).
[497] BAG 24.10.2007 – 10 AZR 825/06, NJW 2008, 680 (681).
[498] BAG 31.8.2005 – 5 AZR 545/04, NZA 2006, 324 (328).
[499] BAG 16.2.2010 – 3 AZR 181/08, NZA 2011, 42 (46).
[500] BAG 16.2.2010 – 3 AZR 181/08, NZA 2011, 42 (46).
[501] BAG 15.12.2016 – 6 AZR 487/15, NZA-RR 2017, 305.
[502] BAG 15.12.2016 – 6 AZR 487/15, NZA-RR 2017, 305; 26.1.2017 – 6 AZR 671/15, NZA-RR 2017, 325.
[503] BAG 26.1.2017 – 6 AZR 671/15, NZA-RR 2017, 325.
[504] BAG 21.12.2017 – 6 AZR 803/16, AP BGB § 611 Lehrer, Dozenten Nr. 195.

und zumutbaren sein – welche Anforderungen an die Wahrung des Transparenzgebotes konkret zu stellen sind, hängt damit vom jeweiligen Einzelfall ab.[505] Dabei können für den Verwender von AGB allerdings strengere Maßstäbe an die Formulierung angelegt werden als für den Gesetzgeber oder die Tarifpartner, da einseitig gestellte AGB eine andere Rechtsqualität aufweisen als allgemeine Gesetze oder Kollektivvereinbarungen.[506] Insbesondere ist die Komplexität des Sachverhaltes unter Berücksichtigung der Gegebenheiten des jeweiligen Regelungsgegenstandes zu berücksichtigen, sowie der Umstand, dass auch durch allzu detaillierte Regelung unübersichtliche, bzw. schwer durchschaubare Klauselwerke entstehen können, die den Interessen des Arbeitnehmers abträglich sind.[507]

176 hh) *Rechtsfolgen.* Nach § 306 Abs. 2 BGB tritt anstelle von Bestimmungen, die unwirksam sind, das Gesetz. Vor der Einfügung des AGBG in das BGB hat das BAG im Rahmen der Vertragsauslegung eine versteckte Inhaltskontrolle betrieben.[508] Soweit das Gericht früher eine Inhaltskontrolle im Gewande der „verfassungskonformen"[509] Vertragsauslegung betrieben hat, lag in Wahrheit ein Zurückführen der vertraglichen Regelung auf das noch konforme Maß und damit eine geltungserhaltende Reduktion vor.[510] Die nun in § 306 BGB bestimmte Konsequenz der Unwirksamkeit der Vertragsbestimmung verbietet die geltungserhaltende Reduktion. Arbeitsrechtliche Besonderheiten stehen dem nicht entgegen.[511] Denn der Zweck der Inhaltskontrolle, den Rechtsverkehr von unwirksamen Klauseln freizuhalten, würde nicht erreicht, blieben unwirksame Klauseln mit verändertem Inhalt aufrechterhalten.[512] Wer die Möglichkeit nutzen kann, die ihm der Grundsatz der Vertragsfreiheit für die Aufstellung von Allgemeinen Geschäftsbedingungen eröffnet, muss auch das vollständige Risiko einer Unwirksamkeit der Klausel tragen.[513] Anderenfalls liefe das Transparenzgebot weitgehend leer.[514] Salvatorische Klauseln (die zB regeln, dass bei Unwirksamkeit einer Vertragsbestimmung die unwirksame Bestimmung so auszulegen oder umzudeuten ist, dass der mit ihr beabsichtigte insbesondere wirtschaftliche Zweck, soweit gesetzlich zulässig, weitestgehend erreicht wird oder die vertragliche Ersatzregelungen vorsehen), sind regelmäßig unwirksam, weil sie zum Nachteil des AN von § 306 Abs. 2 BGB abweichen, zudem die Pflichten des AN meist nicht klar und durchschaubar darstellen und damit auch gegen das Transparenzgebot gem. § 307 Abs. 1 S. 2 BGB verstoßen.[515] Sie sind daher nutzlos, schaden aber andererseits auch nicht.[516] Ausnahmsweise ist eine geltungserhaltende Reduktion bestimmter Klauseln möglich, wenn Normen eine Aufrechterhaltung ausdrücklich zulassen (zB für § 622 Abs. 6 BGB iVm § 89 Abs. 2 S. 2 HGB und § 74a Abs. 1 S. 3 HGB).[517]

177 Kein Verstoß gegen das Verbot der geltungserhaltenden Reduktion liegt vor, wenn eine mehrere sachliche Regelungen enthaltende Klausel sprachlich und inhaltlich eindeutig teilbar ist, so dass auch nach Streichung des unzulässigen Teils die verbleibende Regelung weiterhin verständlich ist (**sog. blue-pencil-Test**).[518] In einem solchen Fall liegt gerade keine Reduzierung auf das zulässige Maß vor, vielmehr wird die Klausel ohne ihren unzulässigen Teil aufrechterhalten.[519] Gegenstand der Inhaltskontrolle sind dann für sich jeweils ver-

---

[505] BAG 26.1.2017 – 6 AZR 671/15, NZA-RR 2017, 325.
[506] BAG 26.1.2017 – 6 AZR 671/15, NZA-RR 2017, 325.
[507] BAG 26.1.2017 – 6 AZR 671/15, NZA-RR 2017, 325.
[508] *Preis* ArbuR 1994, 139 (143).
[509] Vgl. BAG 3.12.1970 – 2 AZR 110/70, AP BGB § 626 Nr. 60; 26.8.1976 – 2 AZR 377/75, AP BGB § 626 Nr. 68.
[510] *Preis* ArbuR 1994, 139 (144).
[511] BAG 25.5.2005 – 5 AZR 572/04, NZA 2005, 1111 (1114).
[512] BAG 25.5.2005 – 5 AZR 572/04, NZA 2005, 1111 (1114).
[513] BAG 4.3.2004 – 8 AZR 196/03, NZA 2004, 727 (734); zuletzt BAG 12.12.2013 – 8 AZR 829/12, NZA 2014, 905.
[514] BAG 25.5.2005 – 5 AZR 572/04, NZA 2005, 1111 (1114).
[515] BAG 28.5.2013 – 3 AZR 103/12, NZA 2013, 1419 Rn. 2, 20; BeckOK BGB/*Jacobs* § 306 Rn. 16.
[516] *Graf von Westphalen/Thüsing* VertrR/AGB-Klauselwerke Salvatorische Klauseln Rn. 1.
[517] ErfK/*Preis* BGB § 310 Rn. 104.
[518] BAG 12.3.2008 – 10 AZR 152/07, NZA 2008, 699 (701).
[519] BAG 12.3.2008 – 10 AZR 152/07, NZA 2008, 699 (701).

schiedene, nur formal verbundene AGB-Bestimmungen.520 Zu beachten ist, dass nach geänderter Rechtsprechung des BAG die **sprachliche Teilbarkeit** einer Klausel **nur Indiz** für die inhaltliche Teilbarkeit ist.521 Es kommt also auf die inhaltliche Teilbarkeit an, allein die sprachliche Teilbarkeit reicht nicht immer aus. Die teilweise Aufrechterhaltung kommt aber nicht in Betracht, wenn die Intransparenz einer vertraglichen Regelung und damit ihre Unwirksamkeit aus der Kombination zweier Klauselteile herrührt. Dies gilt unabhängig davon, ob die einzelnen Klauselteile isoliert betrachtet wirksam wären. Das hat das BAG für den Fall der Kombination eines Freiwilligkeitsvorbehalts mit einem Widerrufsvorbehalt entschieden.522

178 Hinsichtlich einer zweistufigen Ausschlussklausel hat das BAG geurteilt, dass eine Teilung grds. möglich ist, wenn die zweite Stufe der Ausschlussfrist unwirksam ist.523 Denn wenn die erste Stufe unwirksam ist, dann muss das auch für die zweite Stufe gelten, da es für sie dann keinen Anknüpfungspunkt mehr gibt. Eine unzulässige Ausschlussfrist ist insgesamt unwirksam, da es keine sinnvolle Ausschlussklausel ohne Frist geben kann.524

179 Bezüglich einer Klausel mit Widerrufs- und Anrechnungsvorbehalt hat das BAG ebenso eine Teilbarkeit angenommen.525 Eine Streichung, die den Sinn der Klausel verändert und damit zugleich auch zu einer Veränderung der Anspruchsgrundlage führt, ist nach neuerer Rspr. des BAG nicht mehr möglich.526

180 Bei sog. Altarbeitsverträgen, dh solchen, die vor dem 1.1.2002 abgeschlossen wurden, kann unter Umständen durch **ergänzende Vertragsauslegung** nach §§ 133, 157 BGB, eine Unwirksamkeit der Klauseln zu vermeiden sein. Dies ist grundsätzlich dann erforderlich, wenn eine vor Inkrafttreten des Schuldrechtsmodernisierungsgesetzes vereinbarte vertragliche Regelung nur deshalb unwirksam ist, weil der Verwender eine Bestimmung dieses Gesetzes bei Vereinbarung der Klausel nicht berücksichtigen konnte, da sonst die Anwendung der AGB Vorschriften einer echten Rückwirkung des Schuldrechtsmodernisierungsgesetzes gleichkäme.527 Die ergänzende Vertragsauslegung von Allgemeinen Geschäftsbedingungen orientiert sich an einem objektiv generalisierenden, am Willen und Interesse der typischerweise an Geschäften dieser Art beteiligten Verkehrskreise ausgerichteten Maßstab, wobei maßgeblicher Zeitpunkt für die Festellung und Bewertung der Zeitpunkt des Vertragsschlusses ist.528 Entscheidend ist dann die hypothetische Vereinbarung der Parteien, wie sie getroffen worden wäre, wenn die Parteien bei Vertragsschluss die gesetzlich angeordnete Unwirksamkeit der Klausel gekannt hätten, weswegen eine ergänzende Auslegung von AGB regelmäßig nicht in Betracht kommt, wenn davon auszugehen ist, dass der Regelungsplan der Parteien nicht vervollständigungsbedürftig ist und dem mit der Regelung verfolgten Zweck durch die gesetzlichen Vorschriften hinreichend Rechnung getragen wird.529 Unabhängig vom Zeitpunkt des Vertragsschlusses scheidet eine ergänzende Auslegung aus, wenn es der Klauselverwender in der Hand gehabt hätte, eine wirksame Regelung zu formulieren.530

181 Bei allen **ab dem 1.1.2002** geschlossenen Arbeitsverträgen ist nur im Ausnahmefall eine ergänzende Vertragsauslegung nach §§ 133, 157 BGB als Anwendung dispositiven Rechts nach § 306 Abs. 2 BGB möglich.531 In diesen Fällen ist nur dann zum Mittel der ergänzenden Vertragsauslegung zu greifen, wenn gesetzliche Regelungen als Auffangregelungen im Sinne des § 306 Abs. 2 BGB nicht bestehen und das Entfallen der Bestimmung eine unzu-

---

520 BAG 12.3.2008 – 10 AZR 152/07, NZA 2008, 699 (701).
521 BAG 13.11.2013 – 10 AZR 848/12, NZA 2014, 368 Rn. 26, 27.
522 BAG 14.9.2011 – 10 AZR 526/10, NZA 2012, 81 (83).
523 BAG 24.10.2013 – 5 AZR 556/12, NZA 2014, 313 Rn. 20 mwN.
524 BAG 25.5.2005 – 5 AZR 572/04, NZA 2005, 1111 (1114) vgl. auch → Rn. 174.
525 BAG 1.3.2006 – 5 AZR 363/05, NZA 2006, 746 (748).
526 BAG 13.11.2013 – 10 AZR 848/12, NZA 2014, 368.
527 BAG 24.9.2019 – 9 AZR 273/18, BeckRS 2019, 36993 (mwN.).
528 BAG 24.9.2019 – 9 AZR 273/18, BeckRS 2019, 36993 (mwN).
529 BAG 24.9.2019 – 9 AZR 273/18, BeckRS 2019, 36993 (mwN).
530 BAG 24.9.2019 – 9 AZR 273/18, BeckRS 2019, 36993 (mwN).
531 ErfK/*Preis* BGB § 310 Rn. 104.

mutbare Härte darstellen würde.⁵³² Dies ist wohl der BAG-Entscheidung zur Abrufarbeit zu entnehmen.⁵³³ Eine unzumutbare Härte ist insbesondere dann gegeben, wenn der ersatzlose Wegfall der unwirksamen Klausel keine sachgerechte Lösung darstellen würde.⁵³⁴ Jedoch ist eine ergänzende Vertragsauslegung bei benachteiligenden Klauseln ausgeschlossen, wenn jeder Anhaltspunkt fehlt, auch der AN könnte ein Interesse an der Regelung des Komplexes haben, weil diese dann im Interesse des vorformulierenden AG faktisch zu einer geltungserhaltenden Reduktion führen würde.⁵³⁵

182 *ii) Arbeitsrechtliche Besonderheiten.* Nach § 310 Abs. 4 S. 2 BGB sind bei der Anwendung der §§ 305 ff. BGB die im Arbeitsrecht geltenden Besonderheiten angemessen zu berücksichtigen. Was diese im Arbeitsrecht geltenden Besonderheiten im Detail sind, bleibt das Geheimnis des Gesetzgebers. Deutlich wird lediglich, dass das Schutzniveau der Vertragsinhaltskontrolle im Arbeitsrecht nicht hinter demjenigen des Zivilrechts zurückbleiben soll.⁵³⁶ In Konsequenz dessen haben sich in der Lit. die unterschiedlichsten Auffassungen herausgebildet. So wird etwa vertreten, dass entgegen § 306 BGB die Rechtsfolge einer unwirksamen Allgemeine Geschäftsbedingungen nicht die Nichtigkeit ist, sondern eine ergänzende Vertragsauslegung zum Zuge kommen soll, da im Arbeitsrecht dispositives Gesetzesrecht als Auffangnorm fehlt.⁵³⁷ Nach anderer Auffassung sollen die §§ 308, 309 BGB im Arbeitsrecht insgesamt oder teilweise nicht anzuwenden sein.⁵³⁸ Was die Besonderheiten des Arbeitsrechts sind, lässt sich kaum abschließend und abstrakt beschreiben.⁵³⁹ Das BAG hat entschieden, dass nicht nur rechtliche, sondern auch rein tatsächliche Besonderheiten des Arbeitslebens zu berücksichtigen sind.⁵⁴⁰ Dabei betont es einerseits, dass mit diesen Besonderheiten die ältere Rspr. nicht aufrechterhalten werden könne.⁵⁴¹ Andererseits stützt es sich bei Anrechnungsvorbehalten auf die Tatsache, dass diese seit Jahrzehnten üblich sind.⁵⁴² Gibt der Gesetzgeber den Gerichten völlig unbestimmte Formulierungen an die Hand, kann man diesen schwer vorwerfen, dass die Konsequenz Einzelfallrechtsprechung ist. Ob die vom Gesetzgeber vorgenommene umfassende Delegation der Rechtsetzungsbefugnis an die Gerichte verfassungsrechtlich zulässig ist oder aber die Norm dem verfassungsrechtlichen Bestimmtheitsgebot entspricht, ist für die Praxis zunächst einmal bedeutungslos.

183 *b) Besonderer Teil – Inhaltskontrolle einzelner Klauseln.* Es erscheint angesichts der dargestellten Rechtsunsicherheit vermessen, einzelne Klauseln, zu denen bisher keine Entscheidung des BAG vorliegt und die mit den Bestimmungen der §§ 305 ff. BGB in Konflikt geraten könnten, einer voraussschauenden Inhaltskontrolle zu unterwerfen. Die Inhaltskontrolle ist seit dem 1.1.2003 auch für sog. Altverträge Pflicht, dh der Rechtsanwender muss sie durchführen. Im Hinblick auf den Schutz vor überraschenden Klauseln nach § 305c Abs. 1 BGB und das in § 307 Abs. 1 S. 2 BGB enthaltene Transparenzgebot, sollten wichtige Klauseln in Arbeitsverträgen jeweils eine eigene, den Inhalt der Klausel knapp umreißende Überschrift erhalten. Aus gleichem Grund und wegen der Zweifelsregelung in § 305c Abs. 2 BGB lassen sich bewusste Wiederholungen in den Vertragsklauseln kaum vermeiden. Wenn ein „dh" oder gar die Nennung des Zwecks der Klausel ein mehr an Sicherheit bietet, sollte dies aufgenommen werden. Soweit nachstehend Flexibilisierungsmöglichkeiten aufgezeigt werden, ist aE der Gestaltung zu fragen, ob nicht insgesamt der Bogen überspannt wurde. Bei jeder Klausel bis zur Grenze des Zulässigen zu gehen, birgt das Risiko in sich, dass dann alle den AN belastenden Klauseln unwirksam sind. In diesem Kapitel wird nun die Inhalts-

---

⁵³² *Annuß* BB 2006, 1333 (1337).
⁵³³ BAG 7.12.2005 – 5 AZR 535/04, BB 2006, 829.
⁵³⁴ BAG 28.11.2007 – 5 AZR 992/06, NZA 2008, 293 (294).
⁵³⁵ *ErfK/Preis* BGB § 310 Rn. 104.
⁵³⁶ BT-Drs. 14/6857, 54.
⁵³⁷ *Hensler* RdA 2002, 129 (137); aA *Birnbaum* NZA 2003, 944 (948).
⁵³⁸ *Lingemann* NZA 2002, 181 (183); vgl. *Bartz* AuA 2002, 62.
⁵³⁹ Vgl. die Aufzählung bei *Hromadka* NJW 2002, 2523 (2528); vgl. *Birnbaum* NZA 2003, 944.
⁵⁴⁰ BAG 25.5.2005 – 5 AZR 572/04, NZA 2005, 1111 (1113).
⁵⁴¹ BAG 27.7.2005 – 7 AZR 486/04, NZA 2006, 40.
⁵⁴² BAG 1.3.2006 – 5 AZR 363/05, NZA 2006, 746.

kontrolle einiger Klauseln im Rahmen der Begr. des Arbeitsverhältnisses erörtert, die nicht an anderer Stelle kommentiert werden. Insoweit wird auf die Ausführungen
- Regelung zur Abrufarbeit,[543]
- Arbeitszeitverringerungsklauseln,[544]
- Kurzarbeitsklauseln,[545]
- Überstundenklauseln,[546]
- Direktionsrechtsklauseln, Versetzungsklauseln[547]
- bei Vereinb. über den Inhalt der Arbeitspflicht[548] und
- Wettbewerbsverbote nach Beendigung des Arbeitsverhältnisses[549]

verwiesen.

aa) Arbeitszeit. Vereinb. hinsichtlich der Arbeitszeit (Regelung zur Abrufarbeit, Arbeitszeitverringerungsklauseln, Kurzarbeitsklauseln und Überstundenklauseln) werden als wichtiger Themenbereich gesondert betrachtet.[550] **184**

bb) Arbeitszeitbefristungsklausel. Grundsätzlich wird die Befristung von Arbeitsbedingungen als zulässig anerkannt. Erlaubt die Vertragsfreiheit, den Arbeitsvertrag als Ganzes zu befristen, kann für die Befristung einzelner Teile nichts anderes gelten.[551] Allerdings gilt keine uneingeschränkte Befristungsbefugnis. Im Arbeitsvertragsrecht wird daher der Kontrollmechanismus der §§ 307 ff. BGB angewandt[552] Für die Befristung einzelner Arbeitsbedingungen gilt insbesondere § 307 Abs. 1 BGB, im Rahmen dessen eine Angemessenheitskontrolle unter Berücksichtigung und Bewertung der rechtlich anzuerkennenden Interessen beider Vertragsparteien vorzunehmen ist.[553] **185**

Für eine **befristete Erhöhung der Arbeitszeit** gelten damit andere Maßstäbe als für die Befristung des gesamten Arbeitsverhältnisses nach § 14 TzBfG.[554] Bei der ausschließlich kalendermäßigen Befristung einer Arbeitszeiterhöhung fordert das Transparenzgebot des § 307 Abs. 1 S. 2 BGB nicht, dass der Grund für die Befristung schriftlich vereinbart werden muss. Es genügt, wenn die Befristung durch billigenswerte Interessen des AG gerechtfertigt ist und die Parteien das Beendigungsdatum im Vertrag festgelegt haben. Ein unbefristet teilzeitbeschäftigter AN wird durch die Befristung einer Arbeitszeiterhöhung regelmäßig nicht im Sinne von § 307 Abs. 1 BGB unangemessen benachteiligt, wenn die Befristung auf Umständen beruht, die die Befristung des gesamten Arbeitsvertrages gem. § 14 Abs. 1 S. 2 Nr. 3 TzBfG sachlich rechtfertigen könnten.[555] Bezüglich einer befristeten Erhöhung der Arbeitszeit in einem erheblichen Umfang bedarf es nach der Rspr. des BAG für die Annahme einer nicht ungerechtfertigten Benachteiligung des AN besonderer Umstände. Diese sind dann gegeben, wenn bei einem gesonderten Vertrag über die Arbeitszeitaufstockung dessen Befristung nach § 14 Abs. 1 TzBfG gerechtfertigt wäre.[556] Eine Arbeitszeiterhöhung in erheblichem Umfang liegt idR vor, wenn sich das Erhöhungsvolumen auf mindestens 25 % eines entsprechenden Vollarbeitsverhältnisses beläuft,[557] wobei in Ausnahmefällen auch bei ge- **186**

---

[543] → § 14 Rn. 69 ff.
[544] → § 14 Rn. 67 ff.
[545] → § 14 Rn. 58 ff.
[546] → § 14 Rn. 41 ff.
[547] → § 12 Rn. 35 ff.
[548] → § 13 Rn. 8 ff.
[549] § 32.
[550] Regelung zur Abrufarbeit: → § 12 Rn. 67 ff.; Arbeitszeitverringerungsklauseln: → § 12 Rn. 71 ff., Kurzarbeitsklauseln: → § 12 Rn. 57 ff.; Überstundenklauseln: → § 12 Rn. 42 ff.
[551] *Leuchten* NZA 1994, 721 (726).
[552] *Maschmann* RdA 2005, 212 (214); BAG 27.7.2005 – 7 AZR 486/04, NZA 2006, 40 (44); 25.4.2018 – 7 AZR 520/16, NZA 2018, 2815 mwN.
[553] BAG 25.4.2018 – 7 AZR 520/16, NZA 2018, 2815 mwN.
[554] BAG 25.4.2018 – 7 AZR 520/16, NZA 2018, 2815 (mwN).
[555] Hierzu: BAG 2.9.2009 – 7 AZR 233/08, NZA 2009, 1253.
[556] BAG 15.12.2011 – 7 AZR 394/10, NZA 2012, 674 Rn. 24, 25, 25.4.2018 – 7 AZR 520/16, NZA 2018, 2815 mwN.
[557] BAG 23.3.2016 – 7 AZR 828/13, ArbRAktuell 2016, 312, 25.4.2018 – 7 AZR 520/16, NZA 2018, 2815 mwN.

ringfüger Unterschreitung der 25 % Grenze von einem erheblichen Umfang ausgegangen werden kann – insbesondere wenn die geringfügige Unterschreitung auf Praktikabilitätserwägungen beruht und den Zweck verfolgt, das Erreichen der Erheblichkeitsgrenze um einen Bruchteil von Minuten zu vermeiden (im konkreten Fall Erhöhung um 24,67 %).[558]

187   cc) *Ausschlussfristen.* Bei sog. Verfallklauseln/Ausschlussfristen muss der AN einen Anspruch zunächst schriftlich, innerhalb bestimmter Frist gegenüber dem AG geltend machen, damit dieser nicht verfällt. Der Ablauf der Ausschlussfrist hat rechtsvernichtende Wirkung und muss von Amts wegen berücksichtigt werden.[559] Es ist zwischen einstufigen und zweistufigen Verfallklauseln zu differenzieren. Zur Wahrung einer einstufigen Ausschlussfrist ist die Geltendmachung eines Anspruchs innerhalb einer Frist gegenüber dem AG erforderlich. Bei einer zweistufigen Verfallklausel ist neben der fristgemäßen Geltendmachung (1. Stufe) nach einer Anspruchsablehnung durch den AG, eine gerichtliche Geltendmachung des Anspruches innerhalb einer weiteren Frist vorgesehen (2. Stufe). Ausschlussfristen können tarifvertraglich und einzelvertraglich vereinbart sein:

188   **Tarifvertragliche Ausschlussfristen** können kraft Tarifbindung, aufgrund Allgemeinverbindlicherklärung des Tarifvertrags oder aufgrund einzelvertraglicher Bezugnahme Anwendung finden.[560] Wegen § 310 Abs. 4 S. 1 und S. 3 kommt hier eine Inhaltskontrolle allerdings nur in Betracht, wenn die betreffende Norm aufgrund einzelvertraglicher Bezugnahme Anwendung findet, und zweitens die Bezugnahmeklausel entweder nicht den Tarifvertrag insgesamt in Bezug nimmt, oder auf einen Tarifvertrag verweist, der das Arbeitsverhältnis nicht räumlich, fachlich und persönlich mit seinem Geltungsbereich erfasst.[561] Die Wirksamkeit des in Bezug genommenen Tarifvertrages ist grundsätzlich Voraussetzung für die Anwendbarkeit der tariflichen Ausschlussfrist.[562] Unwirksame tarifliche Ausschlussfristen werden auch nicht kraft Bezugnahme Bestandteil des Arbeitsvertrages, sofern keine eigenständige arbeitsvertragliche Ausschlussfristenregelung vereinbart wurde.[563] Wird auf einen sachlich nicht einschlägigen Tarifvertrag verwiesen, ist die Klausel möglicherweise wegen des Überraschungseffekts nicht Vertragsbestandteil geworden, § 305c Abs. 1 BGB.[564] Die Kontrolle der Bezugnahmeklausel,[565] die allein auf eine tarifliche Ausschlussfrist verweist, kann eine Unwirksamkeit und Intransparenz nach § 307 Abs. 1 BGB ergeben, wenn sich eine wichtige Frist erst aus einem anderen Vertragswerk ergibt.[566]

189   Um den Verfall zu verhindern, genügt zur Wahrung der ersten und der zweiten Stufe der Ausschlussfrist, die Erhebung der Kündigungsschutzklage, auch wenn es sich dabei um Annahmeverzugsansprüche des AN handelt.[567] Entgegen der früheren Rspr., gilt dies nach neuerer Rspr. des BAG nun auch bei tarifvertraglichen Ausschlussfristen.[568] Demnach sind tarifliche Ausschlussfristen, die eine rechtzeitige gerichtliche Geltendmachung vorsehen, verfassungskonform dahingehend auszulegen, dass die vom Erfolg einer Bestandsschutzstreitigkeit abhängigen Ansprüche bereits mit der Klage in der Bestandsstreitigkeit gerichtlich geltend gemacht sind. Auch nach einem Urteil des BVerfG[569] ist das Grundrecht auf effektiven Rechtsschutz (Art. 2 Abs. 1 GG iVm Art. 20 Abs. 3 GG) nur gewährleistet, wenn das Kostenrisiko die wirtschaftliche Leistungsfähigkeit des Einzelnen nicht übersteigt. Ist der AN bereits vor Abschluss des Rechtsstreits über die Begr. eines Arbeitsverhältnisses gezwun-

---

[558] BAG 25.4.2018 – 7 AZR 520/16, NZA 2018, 2815 mwN.
[559] Tschöpe/*Wisskirchen*/Bissels Teil 1 D Rn. 146.
[560] Vgl. zur AGB-Kontrolle bei Inbezugnahmeklauseln → Rn. 232 ff.
[561] Siehe → Rn. 138 ff.
[562] BAG 13.3.2013 – 5 AZR 954/11, NZA 2013, 680 Rn. 34, 35; 24.9.2014 – 5 AZR 256/13, BeckRS 2014, 74370.
[563] BAG 28.1.2015 – 5 AZR 122/13, BeckRS 2015, 67437.
[564] Vgl. → Rn. 138 ff.
[565] In Abgrenzung zur Kontrolle des Bezugnahmeobjekts vgl. → Rn. 242.
[566] *Preis* Arbeitsvertrag Teil I A Rn. 35.
[567] BAG 19.3.2008 – 5 AZR 429/07, NZA 2008, 757; LAG Nürnberg 18.4.2012 – 2 Sa 100/11, BB 2011, 1012.
[568] BAG 19.9.2012 – 5 AZR 627/11, NZA 2013, 101 (102); aA noch BAG 17.11.2009 – 9 AZR 745/08, AP TVG § 4 Nr. 194.
[569] BVerfG 1.12.2010 – 1 BvR 1683/07, NZA 2011, 354.

gen, seine Ansprüche auf Annahmeverzugslohn einzuklagen, erhöht sich sein Kostenrisiko im Rechtsstreit über den Bestand des Arbeitsverhältnisses.[570] Ohne konkrete Regelung der Form sieht das BAG kein zwingendes Erfordernis der Schriftform bei der Geltendmachung von Ansprüchen zur Wahrung tarifvertraglicher Ausschlussfristen, da die Geltendmachung eines Anspruchs zur Wahrung einer Frist kein Rechtsgeschäft darstellt, sondern nur eine rechtsgeschäftsähnliche Handlung, womit die §§ 126 ff. BGB keine direkte Anwendung finden.[571] Eine analoge Anwendung ist mangels vergleichbarer Interessenlage bestenfalls bzgl. des § 126b BGB möglich. Sinn und Zweck einer Ausschlussfrist erfordert weder schriftliche Geltendmachung, noch eigenhändige Unterschrift. Vielmehr geht es darum, dass man dem Schreiben die Erhebung der Ansprüche entnehmen kann. Dies kann auch bei einer E-Mail der Fall sein.

Ausschlussfristen können grundsätzlich auch in Formulararbeitsverträgen vereinbart werden, unterfallen dann jedoch der AGB-Kontrolle. Hier ist die bereits erwähnte[572] Änderung des § 309 Nr. 13 BGB zu beachten. Nach der Neufassung dieser Vorschrift darf keine Ausschlussklausel verwendet werden, die eine schriftliche Geltendmachung der Ansprüche im Sinne des § 126 BGB vorschreibt. Dies hat zur Folge, dass Ansprüche grundsätzlich auch per E-Mail oder Telefax geltend gemacht werden können, §§ 126a, 126b BGB. **190**

Für den Fall, dass versäumt wird, eine bestehende Klausel mit Schriftformerfordernis entsprechend anzupassen, führt diese Gesetzesänderung nun dazu, dass das Schriftformerfordernis der Klausel unwirksam würde und der Arbeitnehmer die Geltendmachung auch mündlich anzeigen kann.[573] Für bereits zum Zeitpunkt des Inkrafttretens bestehende Verträge bedeutet dies allerdings keine Veränderung, da nur Schuldverträge, die nach dem 30.9.2016 entstanden sind, von der Änderung des § 309 Nr. 13 BGB betroffen sind. Für „Altverträge" bleibt das Schriftformerfordernis bestehen.[574] **191**

Angesichts der Üblichkeit ein- oder zweistufiger Ausschlussfristen auf dem Gebiet des Arbeitsrechts scheidet regelmäßig das Vorliegen einer überraschenden Klausel iSv § 305c BGB aus.[575] Insbesondere ist eine Ausschlussfristenregelung in einem deutschen Recht unterliegenden Arbeitsvertrag nicht schon deshalb überraschend, weil der AN der deutschen Sprache nicht oder nicht ausreichend mächtig ist.[576] Stellt die Ausschlussfrist für den **Beginn der Frist** allein auf die Beendigung des Arbeitsverhältnisses ab, ist sie gem. §§ 307 Abs. 2 Nr. 1, 307 Abs. 1 S. 1 BGB unwirksam. Eine solche Klausel berücksichtigt die aus § 199 Abs. 1 Nr. 2 BGB folgenden Kriterien der Erkennbarkeit und Durchsetzbarkeit etwaiger Ansprüche nicht. Maßgebend für den Fristbeginn ist vielmehr die Fälligkeit.[577] Aus Arbeitgebersicht ist die Vereinb. von Ausschlussfristen grundsätzlich zu empfehlen. Ist das Unternehmen aus wirtschaftlichen Gründen gezwungen, Personalkosten zu reduzieren, lassen diese sich häufig durch sog. betriebliche Bündnisse für Arbeit senken. Allerdings entstehen dadurch etwa tarifwidrige und damit unwirksame Betriebsvereinbarungen, die die Personalkosten absenken. Erst Ausschlussfristen schaffen die nötige Rechtssicherheit durch Zeitablauf. Eine Ausschlussfrist, die eine gerichtliche Geltendmachung verlangt, weicht iSd § 307 Abs. 2 BGB vom gesetzlichen Verjährungsrecht ab. Zwar lässt § 202 BGB eine Abkürzung der regelmäßigen Verjährungsfrist von drei Jahren zu. Eine Klagefrist zB von nur vier Wochen ist aber mit wesentlichen Grundgedanken des gesetzlichen Verjährungsrechts nicht vereinbar und führt deshalb entgegen den Geboten von Treu und Glauben zu einer unangemessenen Benachteiligung.[578] Bei der Bestimmung der **angemessenen Länge** der Ausschlussfrist auf Grund einer AGB-Kontrolle ist zu berücksichtigen, dass in arbeitsrechtlichen **192**

---

[570] BVerfG 1.12.2010 – 1 BvR 1683/07, NZA 2011, 354.
[571] BAG 7.7.2010 – 4 AZR 549/08, NZA 2010, 1068 (1080).
[572] Vgl. → Rn. 144.
[573] So auch *Link/Seidler* NJW 2016, 2153 (2154).
[574] So auch *Link/Seidler* NJW 2016, 2153 (2154), die auch das Problem aufwerfen, ob eine Anpassung eines Formulararbeitsvertrags ab dem 1.10.2016 zu einem „Neuvertrag" führt, für den § 309 Nr. 13 BGB gilt.
[575] BAG 25.5.2005 – 5 AZR 572/04, NZA 2005, 1111.
[576] BAG 19.3.2014 – 5 AZR 252/12 (B), NZA 2014, 1076 (1080).
[577] BAG 1.3.2006 – 5 AZR 511/05, NZA 2006, 783.
[578] BAG 12.3.2008 – 10 AZR 152/07, AP BGB § 305 Nr. 10.

Gesetzen bevorzugt verhältnismäßig kurze Fristen zur Geltendmachung von Rechtspositionen vorgesehen werden. Gegenüber den gesetzlichen Verjährungsfristen enthalten Tarifverträge vielfach deutlich kürzere Ausschlussfristen von wenigen Wochen bis hin zu mehreren Monaten.[579] Solche Fristen sind in ihrer Gesamtheit als im Arbeitsrecht geltende Besonderheiten gem. § 310 Abs. 4 S. 2 BGB angemessen zu berücksichtigen. Die Dauer der angemessenen Ausschlussfrist darf sich nicht an der unteren Grenze der genannten Fristen orientieren. Eine Frist für die schriftliche Geltendmachung von weniger als drei Monaten im Rahmen einer einzelvertraglichen Ausschlussfrist benachteiligt den AN unangemessen entgegen den Geboten von Treu und Glauben und verstößt gegen § 307 BGB.[580] Dabei ist für die Vermeidung einer unangemessenen Benachteiligung und damit die Wirksamkeit einer Verfallsklausel nach Ansicht des BAG entscheidend, dass dem Arbeitnehmer zur Geltendmachung des Anspruchs mindestens 3 Monate ab Fälligkeit des Anspruchs auch tatsächlich verbleiben.[581] Es hat daher eine Verfallsklausel in AGB gem. § 307 Abs. 2 Nr. 1, Abs. 1 S. 1 BGB insgesamt für unwirksam erklärt, die vorsieht, dass alle Ansprüche binnen drei Monaten nach Entstehen des Anspruchs oder drei Monate nach Beendigung des Arbeitsverhältnisses geltend zu machen sind, da nach einer solchen Klausel unerheblich ist, ob die Ansprüche zu diesem Zeitpunkt erkennbar und durchsetzbar sind.[582] Bei Verfallsklauseln ist daher auf den Zeitpunkt der Fälligkeit abzustellen, da der Begriff der Fälligkeit in Ausschlussfristen unter Einbeziehung des Kenntnisstandes des Gläubigers und subjektiver Zurechnungsgesichtspunkte interessengerecht ausgelegt werden kann und muss.[583] Dagegen sind Ausschlussfristen mit der Formulierung, dass alle bzw. sämtliche Ansprüche nach Ablauf der Ausschlussfrist erlöschen, ohne solche Ansprüche auszunehmen, die auf einer Haftung wegen Vorsatz beruhen, wirksam.[584] Dem steht der auch auf Ausschlussfristen anwendbare § 202 Abs. 1 BGB nicht entgegen, wonach die Verjährung bei Haftung wegen Vorsatz nicht erleichtert werden kann. Im Hinblick auf die klare Gesetzeslage ist im Wege der Auslegung regelmäßig davon auszugehen, dass die Vertragsparteien keine Fälle anders als das Gesetz und unter Verstoß gegen die Verbotsnorm des § 134 BGB regeln wollten.[585] Um dem Transparenzgebot gerecht zu werden, müssen die weitreichenden Folgen der Ausschlussfrist, also der Verfall der Ansprüche, deutlich werden. Dafür genügt die optische Hervorhebung solcher Klauseln im Rahmen der Überschrift.[586] Lässt die Formulierung zudem nicht erkennen, ob der Zeitpunkt der Entstehung des Anspruchs oder der seiner Fälligkeit maßgeblich ist, so verstößt die Frist insgesamt gegen das Transparenzgebot und ist bereits aus diesem Grund unwirksam.[587]

193 Die Unwirksamkeit einer einzelvertraglichen Ausschlussklausel **führt zu ihrem ersatzlosen Wegfall** bei Aufrechterhaltung des Arbeitsvertrags iÜ. Eine sog. geltungserhaltende Reduktion in dem Sinne, dass die wegen unangemessener Kürze der vereinbarten Frist unwirksame Ausschlussklausel auf eine gerade noch oder in jedem Falle zulässige Dauer auszudehnen wäre, kommt nach § 306 BGB nicht in Betracht. Daran ändert auch eine salvatorische Klausel im Arbeitsvertrag nichts.[588] Hält die erste Stufe einer vertraglichen Ausschlussfristenregelung, wonach mit dem Arbeitsverhältnis in Verbindung stehende Ansprüche binnen drei Monaten nach Fälligkeit schriftlich bzw. in Textform[589] geltend gemacht werden müssen, der AGB-Kontrolle stand, beeinträchtigt die Unwirksamkeit der zweiten Stufe, die eine zu kurze Frist für die gerichtliche Geltendmachung vorsieht, die Wirksamkeit der ersten Stufe nicht. Kann die Verfallklausel inhaltlich geteilt werden und bleibt sie auch ohne die

---

[579] So zB § 4 KSchG innerhalb von drei Wochen Kündigungsschutzklage; gleiche Frist gem. § 17 TzBfG für Befristungskontrollklagen.
[580] BAG 12.3.2008 – 10 AZR 152/07, AP BGB § 305 Nr. 10; 28.11.2007 – 5 AZR 992/06, AP BGB § 307 Nr. 33; 28.9.2005 – 5 AZR 52/05, AP BGB § 307 Nr. 7.
[581] BAG 28.8.2019 – 5 AZR 425/18, NZA 2019, 1645 mwN.
[582] BAG 28.8.2019 – 5 AZR 425/18, NZA 2019, 1645 mwN.
[583] BAG 28.8.2019 – 5 AZR 425/18, NZA 2019, 1645 (mwN).
[584] BAG 20.6.2013 – 8 AZR 280/12, NZA 2013, 1265 Rn. 21; 28.9.2017 – 8 AZR 67/15, NZA 2018, 589.
[585] Vgl. hierzu → Rn. 128; BAG 28.9.2017 – 8 AZR 67/15, NZA 2018, 589.
[586] Zu allem: BAG 31.8.2005 – 5 AZR 545/04, NZA 2006, 324.
[587] BAG 19.2.2014 – 5 AZR 700/12, NZA 2014, 1097 (1099).
[588] Hierzu BAG 25.5.2005 – 5 AZR 572/04, AP BGB § 310 Nr. 1.
[589] Vgl. hierzu → Rn. 170 ff.

unwirksame Regelung weiterhin verständlich und sinnvoll, führt dies zur „Rettung" der Klausel iÜ. Ist dagegen die erste Stufe der Ausschlussfrist unwirksam, schlägt diese Unwirksamkeit auch auf die zweite Stufe durch. Die verbleibende Regelung der zweiten Stufe ist allein nicht vollziehbar, da es wegen der Unwirksamkeit der ersten Stufe keinen Zeitpunkt mehr gibt, an den der Fristablauf der zweiten Stufe anknüpfen kann.[590] § 306 Abs. 1 BGB enthält eine kodifizierte Abweichung von der Auslegungsregel des § 139 BGB und bestimmt, dass bei Teilnichtigkeit grundsätzlich der Vertrag iÜ aufrechterhalten bleibt.[591] Wird nach Unwirksamkeit des einen Teils einer teilbaren, aber sprachlich verschränkten Verfallklausel der andere Teil auslegungsbedürftig, führt dies allerdings nicht automatisch zur Unwirksamkeit des verbleibenden Teils, da der Text des unwirksamen Teils zur Auslegung des verbleibenden Teils weiterhin herangezogen werden kann – ob dieser Teil dann allein wirksam bleibt, ist Transparenzfrage des jeweiligen Einzelfalls.[592]

Umfasst eine Verfallklausel in AGB einen von § 77 Abs. 4 S. 4 BetrVG oder § 4 Abs. 4 S. 3 TVG geschützen Anspruch, ist diese Klausel lediglich teilnichtig gem. § 139 BGB, eine sich allein aus diesem Grund ergebende unzureichende Transparenz führt daher nicht zur Gesamtunwirksamkeit der Verfallklausel nach § 307 Abs. 1 S. 2 BGB.[593] **194**

Seit Einführung des Mindestlohngesetzes ist bezüglich der Ausschlussfristen zusätzlich § 3 S. 1 MiLoG zu beachten. Danach sind auch Ausschlussfristen teilunwirksam, soweit sie den Anspruch auf den Mindestlohn erfassen (teilunwirksam wegen des „soweit" in § 3 S. 1 MiLoG). § 3 S. 1 MiLoG schränkt nach Ansicht des BAG entgegen vieler Meinungen in der Literatur die Anwendung und die Rechtsfolgen von § 307 Abs. 1 und § 306 Abs. 2 BGB nicht ein.[594] Die Normen gelten nach Ansicht des BAG nebeneinander, da § 3 S. 1 MiLoG durch die Formulierung „insoweit" allein klarstellen soll, dass die Zulässigkeit der Vereinbarung von Ausschlussfristen für Ansprüche außerhalb des gesetzlichen Mindestlohns unberührt bleibt. Dies ergibt sich insbesondere aus dem Normzweck des § 3 MiLoG, der den Anspruch auf Mindestlohn des Arbeitnehmers sichern und die Umgehung des MiLoG verhindern, keinesfalls aber die Kontrolle von AGB zu Lasten des Arbeitnehmers einschränken soll – es besteht daher kein Rangverhältnis iSe. Spezialität oder Subsidiarität.[595] Vielmehr ist eine Verfallklausel in Verträgen, die nach dem 31.12.2014 geschlossen wurden und entgegen § 3 S. 1 MiLoG auch den gesetzlichen Mindestlohn erfasst, insgesamt unwirksam, da sie gegen das Transparenzgebot verstößt.[596] Für den Zeitraum vor Geltung des gesetzlichen Mindestlohns (1.1.2015) kann eine Ausschlussfristenregelung hingegen schon gar nicht zu Ungunsten des Arbeitnehmers vom MiLoG abweichen, insofern also auch nicht wegen Intransparenz diesbezüglich unwirksam sein.[597] Im Übrigen führt § 3 S. 1 MiLoG bei „überschießenden" Verfallklauseln in Altarbeitsverträgen, die vor Inkrafttreten des MiLoG geschlossen wurden lediglich zu einer Teilunwirksamkeit bezüglich des Mindestlohns, da eine bei Vertragsschluss transparente Klausel nicht durch spätere Änderung der Rechtslage instransparent wird.[598] Auch der Anspruch gem. § 2 PflegeArbbV muss in betreffenden Arbeitsverhältnissen, die nach Inkrafttreten der PflegeArbbV begründet wurden, aus Verfallsklauseln ausgenommen werden, da auch hier einer Aufrechterhaltung der Klausel im Übrigen sonst das Transparenzgebot entgegen steht.[599] **195**

Vorsicht ist für den Arbeitgeber auch geboten, wenn er alle für die Wirksamkeit einer Verfallklausel „gefährlichen" Ansprüche mit einer pauschalen Formulierung wie „mit Ausnahme **196**

---

[590] Hierzu: BAG 16.5.2012 – 5 AZR 251/11, NZA 2012, 971 Rn. 36 ff.; aA noch BAG 12.3.2008 – 10 AZR 152/07, NZA 2008, 699 vgl. auch → Rn. 158.
[591] Hierzu: BAG 12.3.2008 – 10 AZR 152/07, AP BGB § 305 Nr. 10; 25.5.2005 – 5 AZR 572/04, AP BGB § 310 Nr. 1; LAG Hamm 17.12.2008 – 10 Sa 1113/08, BeckRS 2009, 56423.
[592] BAG 27.1.2016 – 5 AZR 277/14, NZA 2016, 679.
[593] BAG 30.1.2019 – 5 AZR 43/18, NZA 2019, 768.
[594] Vgl. BAG 18.9.2018 – 9 AZR 162/18, NZA 2018, 1619 (mit ausführlicher Streitdarstellung und weiteren Nachweisen)
[595] BAG 18.9.2018 – 9 AZR 162/18, NZA 2018, 1619.
[596] BAG 18.9.2018 – 9 AZR 162/18, NZA 2018, 1619.
[597] BAG 17.10.2017 – 9 AZR 80/17, NZA 2018, 57.
[598] BAG 17.4.2019 – 5 AZR 331/18, NZA 2019, 2340.
[599] BAG 24.8.2016 – 5 AZR 703/15, NZA 2016, 1539.

unabdingbarer gesetzlicher Ansprüche" aus seiner Verfallsklausel ausnehmen möchte. Zwar ist eine solche Klausel nicht wegen Intransparenz unwirksam, sie umfasst dann jedoch in ihrer AGB-rechtlich zulässigen und damit wirksamen Auslegung jedoch nicht nur im Rechtssinne unverzichtbare Ansprüche (wie bspw. den Mindestlohn), sondern auch alle solchen Ansprüche, die ein Gesetz als unabdingbar bezeichnet, welche jedoch durchaus Ausschlussfristen unterworfen werden können (wie zB Schadensersatzansprüche gem. § 309 Nr. 7 BGB).[600]

Musterklausel: Ausschlussfrist

197
1. Sämtliche Ansprüche aus dem Arbeitsverhältnis müssen innerhalb von drei Monaten nach Fälligkeit in Textform geltend gemacht werden. Werden Ansprüche nicht innerhalb von drei Monaten nach Fälligkeit schriftlich geltend gemacht, verfallen sie, dh sie erlöschen.
2. Lehnt die andere Vertragspartei den Anspruch ab, verfällt dieser, wenn er nicht innerhalb von drei Monaten nach der Ablehnung gerichtlich geltend gemacht wird.
3. Die Ausschlussfrist nach Nr. 1 und 2 erfasst gesetzliche Mindestlohnansprüche nicht.

198 *dd) Abtretungsverbote.* In Allgemeine Geschäftsbedingungen sind Abtretungsverbote wegen des berechtigten Interesses des Verwenders der Allgemeine Geschäftsbedingungen an der Vereinfachung der Vertragsabwicklung grundsätzlich wirksam.[601] Aus den §§ 305 ff. BGB ergibt sich nichts anderes. Die gegenteilige Auffassung, die einen Verstoß gegen § 307 Abs. 2 Nr. 1 BGB annimmt, lässt sich nicht halten. Es gibt schlicht keinen wesentlichen Grundgedanken gesetzlicher Regelungen, der besagt, das Gehalt stünde stets zur freien Verfügbarkeit des AN.[602] § 399 BGB enthält vielmehr die gegenteilige Wertung. Die Abtretung entgegen dem Abtretungsverbot ist absolut, dh gegenüber jedermann, unwirksam. Leistet der AG gleichwohl an den Gläubiger des AN, wird er hierdurch nicht von seiner Zahlungspflicht gegenüber dem AN befreit, sondern muss diese noch immer erfüllen.[603] Der AG hat keinen gesetzlichen Anspruch gegen den AN auf Erstattung der Kosten für die Bearbeitung von Lohn- oder Gehaltspfändungen. Ein solcher Anspruch folgt weder aus § 788 Abs. 1 ZPO oder § 840 Abs. 1 ZPO noch aus § 670 BGB oder § 683 BGB. Ebenso wenig ergibt sich ein Anspruch aus einer Verletzung vertraglicher Pflichten durch den AN oder den Grundsätzen der Drittschadensliquidation. Die Betriebsparteien können einen Anspruch des AG auf die Erstattung der Bearbeitungskosten nicht durch Betriebsvereinbarungen begründen. Ein Mitbestimmungstatbestand nach § 87 Abs. 1 Nr. 1 oder Nr. 4 BetrVG liegt nicht vor; eine freiwillige Betriebsvereinbarung gem. § 88 BetrVG ist wegen Verstoßes gegen § 75 Abs. 2 BetrVG unwirksam.[604] Ob diese Kosten formularmäßig auf den AN abgewälzt werden können, hat das BAG bisher noch nicht entschieden. Eine Vereinb. in Allgemeine Geschäftsbedingungen dürfte jedoch zulässig sein, soweit der AN berechtigt ist, den Nachw. zu führen, ein Schaden sei nicht entstanden oder wesentlich geringer als die Pauschale, vgl. § 309 Nr. 5b) BGB.

Musterklausel: Kosten bei Abtretung und Pfändung

199 Kosten, die dem Arbeitgeber durch die Bearbeitung von Abtretungen, Verpfändungen und Pfändungen der Vergütungsansprüche des Arbeitnehmers entstehen, trägt der Arbeitnehmer. Die entstehenden Kosten werden mit 5,00 EUR je Bearbeitungsvorgang (Schreiben, Überweisung, Drittschuldnererklärung, Mitteilung an Gerichte etc.) pauschaliert. Der Arbeitnehmer ist ggf. berechtigt nachzuweisen, dass ein Schaden überhaupt nicht entstanden oder aber wesentlich geringer als die angegebenen 5,00 EUR ist.

---

[600] BAG 30.1.2019 – 5 AZR 43/18, NZA 2019, 768.
[601] Palandt/*Heinrichs* BGB § 307 Rn. 56.
[602] *Hümmerich* Rn. 140 mwN.
[603] *Preis* Arbeitsvertrag Teil II A Rn. 20.
[604] BAG 18.7.2006 – 1 AZR 578/05, NZA 2007, 462; LAG München 10.8.2005 – 9 Sa 239/05, BeckRS 2009, 68053.

Die Vereinbarung einer derartigen Kostenpauschale ist geboten, zumal ansonsten kein 200
Anspruch auf Kostenersatz besteht.[605] Bei der Bestimmung der Kostenpauschale sind § 309
Nr. 5a und b BGB zu berücksichtigen. Dies bedeutet insbesondere, dass die Kostenpauschale
angemessen sein und dem entstehenden Kostenaufwand möglichst entsprechen muss.

ee) Befristete Übertragung einer höherwertigen Tätigkeit. Vereinbart der AG mit einem 201
unbefristet beschäftigten AN in einem Formulararbeitsvertrag die befristete Übertragung einer höherwertigen Tätigkeit, unterliegt die Befristung grundsätzlich der Inhaltskontrolle
nach § 307 Abs. 1 BGB.[606] Im konkret vom BAG entschiedenen Fall ging es um eine Verkäuferin, der zur Erprobung die höherwertige Tätigkeit einer Kassiererin befristet übertragen worden war. Das Gericht sah darin keine unangemessene Benachteiligung. Nach dem
BAG muss die vereinbarte Vertragslaufzeit allerdings zum Erprobungszweck in einem angemessenen Verhältnis stehen. Die Vereinbarung des Erprobungszwecks ist nicht erforderlich.[607]

ff) Beweislastklauseln. Regelungen hinsichtlich der Beweislastverteilung sind in Arbeits- 202
verträgen eher unüblich und anhand des § 309 Nr. 12 BGB zu überprüfen.[608] Die Klausel,
dass keine mündlichen Nebenabreden bestehen, ist richtigerweise keine Frage der Verteilung
der Beweislast iSd § 309 Nr. 12a BGB. Schon nach allgemeinen Grundsätzen hat derjenige,
der behauptet, die Vertragsniederschrift sei nicht vollständig, die Existenz der mündlichen
Nebenabrede zu beweisen.

Tatsachenbestätigungen des AN im Arbeitsvertrag selbst sind nach § 309 Nr. 12b BGB 203
unwirksam. Daher ist es nicht möglich, dass der AG sich im Vertrag bestätigen lässt, dass
der AN den Vertrag und die ihn ergänzenden Bestimmungen erhalten hat und Gelegenheit
hatte, diesen zu prüfen und ggf. Fragen zu stellen. Eine derartige Regelung kann jedoch uU
wichtig sein, wenn anschließend über den Überraschungseffekt einer Klausel gestritten wird.
Daher sollte dem AN, insbesondere wenn der eigentliche Arbeitsvertrag durch umfassende
Nebendokumente wie Arbeitsordnungen oÄ ergänzt wird, vor Vertragsschluss der Vertrag
und die ihn ergänzenden Bestimmungen übergeben werden. Gleichzeitig sollte in diesen Fällen die Übergabe in einer gesonderten Übergabebestätigung fixiert werden.[609]

gg) Bindungsklauseln. Vom AG vorformulierte **Bindungsklauseln** (**Stichtagsregelungen** 204
oder **Rückzahlungsklauseln**) bei **Sonderzahlungen**[610] unterliegen einer Inhaltskontrolle nach
den §§ 305 ff. BGB.[611]

Bei einer **Stichtagsregelung** entsteht der Anspruch auf eine zusätzliche Leistung erst, wenn 205
das Arbeitsverhältnis am Stichtag noch besteht, bzw. sich in einem „ungekündigten" Zustand befindet. Gerade im Bereich der Stichtagsklauseln hat sich in der Rspr. des BAG in
den letzten Jahren einiges getan. In diesem Zusammenhang ist das Urteil des BAG vom
13.11.2013 von besonderer Relevanz.[612] Darin erteilt das BAG Stichtagsklauseln inner- und
außerhalb des Bezugszeitraums eine Absage, wenn sie Sonderzahlungen betreffen, die zumindest auch zugleich Entgelt für geleistete Arbeit sind. Solche Klauseln entziehen dem AN
entgegen der gesetzlichen Regelung in § 611 Abs. 1 BGB nachträglich den Lohn für bereits
erbrachte Leistung, obwohl ein im Austausch von Arbeit und Vergütung liegender Grund
für die Kürzung der Vergütung nicht besteht und erschweren ihm gleichzeitig die Ausübung
des Kündigungsrechts und beeinträchtigen ihn damit in unzulässiger Weise in seiner Berufsfreiheit gem. Art. 12 GG.[613] Dies benachteiligt den AN unangemessen iSv § 307 Abs. 1 BGB.

---

[605] *Tschöpe* MDR 1996, 1081 (1089); BAG 18.7.2006 – 1 AZR 578/05, NZA 2007, 462.
[606] BAG 24.2.2016 – 7 AZR 253/14, NZA 2016, 814.
[607] Vgl. auch *Lingemann* ArbRAktuell 2016, 315 mwN.
[608] BAG 16.3.1994 – 5 AZR 339/92, NZA 1994, 937.
[609] Vgl. hierzu das Muster unter → Rn. 141.
[610] Vgl. hierzu *Preis* Arbeitsvertrag Teil II Rn. 39 ff., der auch einen Formulierungsvorschlag anbietet.
[611] BAG 24.10.2007 – 10 AZR 825/06, NZA 2008, 40. Zur Flexibilisierung und Änderung von Arbeitsentgelten und Arten und Formen der Vergütung vgl. auch → § 25 Rn. 6, 9–12, 15–18, 24, 28–30, 34, 45, 47–48; bzgl. zielabhängiger variabler Vergütung → § 20 Rn. 49–51, 70, 71–72; bzgl. Aktienoptionen → § 20 Rn. 94 ff.
[612] BAG 13.11.2013 – 10 AZR 848/12, NZA 2014, 368 mwN.
[613] BAG 13.11.2013 – 10 AZR 848/12, NZA 2014, 368 mwN.

Von diesem Grundsatz lässt das Gericht höchstens dann Ausnahmen zu, wenn die Arbeitsleistung gerade in einem bestimmten Zeitraum vor dem Stichtag besonderen Wert hat. Das kann bei Saisonbetrieben der Fall sein, aber auch auf anderen branchen- oder betriebsbezogenen Besonderheiten beruhen. Möglich ist eine Ausnahme auch dann, wenn eine Sonderzahlung an bis zu bestimmten Zeitpunkten eintretende Unternehmenserfolge anknüpft,[614] also wenn die Arbeitsvertragsparteien eine **entgeltrelevante Zielvereinbarung** in AGB treffen und sie gemeinsam für jedes Geschäftsjahr Ziele vereinbaren. In diesem Fall wird der AN ausnahmsweise nicht unangemessen im Sinne von § 307 Abs. 1 S. 1 BGB benachteiligt, bzw. unzulässig in seiner Berufsfreiheit eingeschränkt.[615] Grundsätzlich ist aber davon auszugehen, dass bei jeglichen Sonderzahlungen, die Entgeltbezug aufweisen, Stichtagsklauseln unzulässig sind.

206 Angesichts dieser Rechtsprechung muss für die Zulässigkeit von Stichtagsklauseln jeweils klar nach dem verfolgten **Zweck** differenziert werden. Welchen Zweck der AG verfolgen möchte, ist im Wege der Auslegung der vertraglichen Bestimmung zu ermitteln.[616] Stichtagsklauseln bei einer **Sonderzuwendung mit reinem Entgeltcharakter** sind unwirksam. Gleiches gilt für Sonderzuwendungen mit **Mischcharakter,** sofern nicht die angesprochenen Ausnahmen vorliegen.[617] Soll die Stichtagsregelung hingegen allein die **Betriebstreue** honorieren, ist sie grundsätzlich zulässig.[618] Die ausschließliche Honorierung der Betriebstreue muss sich jedoch aus der zu Grunde liegenden Vereinbarung ergeben. Gratifikationscharakter können nach der Rspr. des BAG dabei nur Sonderzuwendungen haben, die sich im üblichen Rahmen reiner Treue- und Weihnachtsgratifikationen bewegen und keinen wesentlichen Anteil an der Gesamtvergütung des AN ausmachen.[619] Zu beachten ist allerdings, dass Sonderzuwendungen, die allein an die Betriebstreue anknüpfen, natürlich auch an Arbeitnehmer, deren Arbeitsverhältnis ruht, zu leisten sind.

207 Bei Stichtagsklauseln, die ausschließlich die Betriebstreue honorieren, besteht ein weiteres Problem in der Frage, ob eine Klausel das Merkmal „ungekündigt" enthalten darf, ohne zwischen einer vom AN und einer vom AG ausgesprochenen Kündigung zu differenzieren – oder ob dies, wie bspw. bei Rückzahlungsklauseln für Fort- und/oder Weiterbildungskosten, zur Unwirksamkeit der Klausel führen kann.[620] Im Gegensatz zu seiner Rechtsprechung bei Rückzahlungsklauseln für Fort- und/oder Weiterbildungskosten, hält das BAG allerdings bei Sonderzahlungen, welche die Betriebstreue honorieren, auch Stichtagsklauseln für zulässig, bei denen es nicht darauf ankommt, ob der Grund für die Beendigung des Arbeitsverhältnisses vor Ablauf der Bindungsfrist im Verantwortungsbereich des AN liegt, wie das bspw. bei einer betriebsbedingten Kündigung der Fall ist. Nach der Rechtsprechung des BAG ist es dem Arbeitgeber nicht schlechthin versagt, Sonderzahlungen mit Bindungsklauseln zu versehen, solange die Zahlungen nicht (auch) Gegenleistung für schon erbrachte Arbeit sind.[621] Das gilt sowohl für Klauseln, in denen sich der Arbeitnehmer verpflichtet, erfolgte Sonderzahlungen zurückzuerstatten, wenn er vor einem bestimmten Zeitpunkt das Arbeitsverhältnis von sich aus kündigt, als auch für Regelungen, nach denen die Leistung der Sonderzahlung voraussetzt, dass der Arbeitnehmer zu einem bestimmten Zeitpunkt noch im ungekündigten Arbeitsverhältnis steht – eine Differenzierung nach dem Beendigungsgrund ist damit nicht erforderlich.[622] Entscheidend ist vielmehr, dass nicht in das arbeitsvertragliche Synallagma eingegriffen wird, dh dem AN nicht entgegen der in § 611 BGB zum Ausdruck kommenden Vorstellung des Gesetzgebers durch eine Bestandsklausel bereits verdien-

---

[614] BAG 13.11.2013 – 10 AZR 848/12, NZA 2014, 368 Rn. 32.
[615] BAG 6.5.2009 – 10 AZR 443/08, NZA 2009, 783.
[616] BAG 18.1.2012 – 10 AZR 667/10, NZA 2012, 620 Rn. 15.
[617] BAG 13.11.2013 – 10 AZR 848/12, NZA 2014, 368 Rn. 13; 18.1.2012 – 10 AZR 612/10, NZA 2012, 561 Rn. 28.
[618] BAG 18.1.2012 – 10 AZR 667/10, NZA 2012, 620 (621); *Preis* Arbeitsvertrag Teil II Rn. 44e.
[619] BAG 18.1.2012 – 10 AZR 667/10, NZA 2012, 620 Rn. 15.
[620] Vgl. → Rn. 213.
[621] Vgl. LAG Schleswig-Holstein 15.11.2017 – 4 Sa 340/17, BeckRS 2017, 142642; BAG 22.7.2014 – 9 AZR 981/12, NZA 2014, 1136; 18.1.2012 – 10 AZR 667/10, NZA 2012, 620 mwN.
[622] Vgl. LAG Schleswig-Holstein 15.11.2017 – 4 Sa 340/17, BeckRS 2017, 142642; BAG 22.7.2014 – 9 AZR 981/12, NZA 2014, 1136; 18.1.2012 – 10 AZR 667/10, NZA 2012, 620 mwN.

te Arbeitsvergütung entzogen wird, da der AG kein schützenswertes Interesse des daran hat, das Verhältnis von Leistung und Gegenleistung nachträglich zu verändern.[623] Steht eine Sonderzuwendung nicht im Synallagma zur erbrachten Arbeitsleistung, kann ihre Zahlung hingegen grundsätzlich an den Eintritt weiterer Bedingungen geknüpft werden.[624] Damit können Stichtagsklauseln nicht nur als Anreiz für die Nichtausübung des Kündigungsrechts durch den Arbeitnehmer sondern auch für die fortdauernde Betriebszugehörigkeit als solche über den Stichtag hinaus (und damit unabhängig vom Grund des Ausscheidens aus dem Betrieb) zur Voraussetzung der Sonderzahlung gemacht werden, weil die vom AG internrechtlich motivierende Wirkung sich nur bei den Arbeitnehmern entfalten kann, die den Betrieb noch oder noch einige Zeit angehören[625] – es kommt also für die Zulässigkeit der Klausel auch nicht darauf an ob es sich um eine Halteprämie (künftige Betriebstreue) oder eine Treueprämie (erwiesene Betriebstreue) handelt.[626]

Allerdings gelten auch bei **Sonderzahlungen** ähnl. Grundsätze zur Bindungsdauer wie bei Rückzahlungsklauseln, sprich eine Erstattungspflicht muss ihrem Umfang nach dem Arbeitnehmer nach Treu und Glauben zumutbar, insbesondere das Verhältnis von Gratifikation zu Bindungsdauer angemessen sein, da sonst unzulässig in die Berufsfreiheit des AN gem. Art. 12 GG eingegriffen wird.[627] Sowohl in Rückzahlungsklauseln hinsichtlich einer Aus- oder Fortbildungsmaßnahme als auch in Rückzahlungsklauseln bezüglich Sonderzahlungen darf eine **Rückzahlung** daher nur **zeitanteilig zur verbleibenden Bindungsdauer** verlangt werden.[628] Bei Überschreitung der zulässigen Bindungsdauer ist anzunehmen, dass der AN durch die vereinbarte Rückzahlung in unzulässiger Weise in seiner durch Art. 12 Abs. 1 GG garantierten Berufsausübungsfreiheit behindert wird.[629] Hierbei hängt die Dauer der zulässigen Bindung von der Höhe der Sonderzahlung ab. Bei einem Betrag bis zu 100 EUR besteht keine Rückzahlungspflicht, zumal dieser Betrag so gering ist, dass dem AN bei seiner Kündigungsentscheidung eine Rücksichtnahme darauf nicht zuzumuten ist.[630] Eine am Jahresende zu zahlende Gratifikation, die über 100 EUR, aber unter einem Monatsbezug liegt, kann den AN bis zum Ablauf des 31.3. des Folgejahres binden.[631] Liegt der Sonderzuwendungsbetrag zwischen einem und zwei Monatsbezügen, beträgt die zulässige Bindungsdauer sechs Monate.[632] Diese Rechtsprechung ist auf Boni und erfolgsabhängige Vergütungen nicht übertragbar, da diesen ein Entgeltcharakter innewohnt. In diesem Zusammenhang ist auch die Rspr. des BAG zu beachten, dass in Fällen, in denen die Sonderzahlung mindestens 25 % der Gesamtvergütung ausmacht, der mit der Sonderzahlung verfolgte Zweck einer zusätzlichen Vergütung bei der Abwägung der Interessen der Arbeitsvertragsparteien und damit bei der Beurteilung der Wirksamkeit einer Bindungsklausel maßgebend ist und die Zielsetzung, künftige Betriebstreue zu belohnen und den AN zu reger und engagierter Mitarbeit zu motivieren, dahinter zurückzutreten hat.[633] Es fällt auf, dass die 25 % – Flexibilisierungsgrenze auch bei weiteren Vertragsklauseln zu beachten ist, zB bei Widerrufsvorbehalten und bei Abrufarbeit. Insofern scheint das BAG eine „allgemeine Flexibilisierungsgrenze" bei 25 % der Gesamtvergütung zu entwickeln, worauf bei der Vertragsgestaltung zu achten ist.[634]

Die Grundsätze der Rechtsprechung zur Zulässigkeit von Stichtagsklauseln gelten für den Bereich der tariflichen Regelungen weitestgehend nicht. Tarifvertragsparteien können damit

---

[623] Vgl. LAG Schleswig-Holstein 15.11.2017 – 4 Sa 340/17, BeckRS 2017, 142642; BAG 22.7.2014 – 9 AZR 981/12, NZA 2014, 1136; 18.1.2012 – 10 AZR 667/10, NZA 2012, 620 mwN.
[624] Vgl. BAG 22.7.2014 – 9 AZR 981/12, NZA 2014, 1136; 18.1.2012 – 10 AZR 667/10, NZA 2012, 620 mwN.
[625] BAG 18.1.2012 – 10 AZR 667/10, NZA 2012, 620.
[626] Vgl. BAG 22.7.2014 – 9 AZR 981/12, NZA 2014, 1136; 18.1.2012 – 10 AZR 667/10, NZA 2012, 620 mwN.
[627] Siehe → Rn. 222.
[628] BAG 23.4.1986 – 5 AZR 159/85, NZA 1986, 741 (742).
[629] StRspr vgl. BAG 9.6.1993 – 10 AZR 529/92, NZA 1993, 935.
[630] *Preis* Arbeitsvertrag Teil II Rn. 97.
[631] Bereits: BAG 10.5.1962 – 5 AZR 452/61, NJW 1962, 1537.
[632] *Preis* Arbeitsvertrag Teil II Rn. 101.
[633] BAG 24.10.2007 – 10 AZR 825/06, NZA 2008, 40.
[634] *Lingemann/Gotham* NZA 2008, 509 (512).

auch weiterhin eine Sonderzahlung mit Mischcharakter vom Bestand des Arbeitsverhältnisses an einem bestimmten Stichtag im Bezugszeitraum abhängig machen.[635] Das BAG hat den Parteien eines Tarifvertrags aufgrund der in Art. 9 Abs. 3 GG gewährleisteten Tarifautonomie einen weitgehenden Gestaltungs- und Beurteilungsspielraum zugesprochen, der weit über den der Arbeitsvertrags- oder Betriebsparteien hinausgeht und damit auch Klauseln umfassen kann, die in Einzelarbeitsverträgen oder Betriebsvereinbarungen regelmäßig unzulässig wären.[636] Solange für die Regelung ein sachlich vertretbarer Grund besteht, sind damit auch damit auch Stichtage außerhalb des Bezugszeitraums zulässig, solange sich die mit der Bindung des AN einhergehende, Einschränkung der Berufsfreiheit des AN unter Berücksichtigung des durch Art. 9 Abs. 3 GG gewährleisteten Gestaltungs- und Beurteilungsspielraums der Tarifvertragsparteien noch als verhältnismäßig erweist.[637]

210 Als **Rechtsfolge** einer unwirksamen Stichtagsklausel ist ihr ersatzloser Wegfall vorgesehen. Eine geltungserhaltende Reduktion kommt nicht in Betracht. Unwirksame Klauseln sind grundsätzlich nicht auf einen mit dem Recht der Allgemeinen Geschäftsbedingungen zu vereinbarenden Regelungsgehalt zurückzuführen.[638] § 306 BGB sieht eine solche Rechtsfolge nicht vor. Eine Aufrechterhaltung mit eingeschränktem Inhalt wäre auch nicht mit dem Zweck der §§ 305 ff. BGB vereinbar. Wer die Möglichkeit nutzt, die ihm der Grundsatz der Vertragsfreiheit für die Aufstellung von Allgemeine Geschäftsbedingungen eröffnet, muss auch das vollständige Risiko einer Klauselunwirksamkeit tragen.[639]

211 Mit einer **Rückzahlungsklausel** für den Fall des Ausscheidens innerhalb einer bestimmten Zeitspanne nach Ende des Bezugszeitraums, wird der AN verpflichtet, eine Leistung, die der AG zuvor für den AN aufgewandt hat, zurückzuzahlen. Die Leistung kann zB in einem Vorschuss, einem Darlehen, einer Abfindung, dem Urlaubsgeld oder den Kosten für eine Aus- und Fortbildung liegen. Bei einer **Sonderleistung mit reinem Entgeltcharakter oder Mischcharakter** benachteiligt eine vereinbarte Rückzahlungsklausel den AN unangemessen, denn in diesem Fall hat sich der AN die Sonderzuwendung bereits durch seine Arbeitsleistung verdient und die Rückzahlung würde einen Entzug seines Lohnanteils bedeuten.[640] Somit ist in diesem Punkt ein Gleichklang mit der Rspr. zu Stichtagsklauseln bei Sonderleistungen mit Mischcharakter gegeben, was im Rahmen der Vertragsgestaltung zu berücksichtigen ist. Sofern in einer **Stichtagsklausel** der Stichtag **nach** dem **Bezugszeitraum** liegt, **Fälligkeit und Auszahlungszeitpunkt** der zusätzlichen Leistung jedoch noch **im Bezugszeitraum**, handelt es sich um eine „versteckte Rückzahlungsklausel", deren Wirksamkeit nach den Grundsätzen der Rückzahlungsklauseln zu beurteilen ist.[641]

212 Rückzahlungsklauseln, die in einem vorformulierten Einzelvertrag enthalten sind, unterliegen der Inhaltskontrolle nach §§ 307 ff. BGB.[642] Eine in der Praxis erhebliche Rolle spielen Vereinb., die den AN zur **Rückzahlung der für eine Aus-, Fort- oder Weiterbildung**[643] vom AG aufgewandten Kosten verpflichtet. Diese benachteiligen den AN nicht generell unangemessen[644] und sind daher grundsätzlich zulässig, sofern die von der Rspr. aufgestellten Grundsätze beachtet werden.

213 Unter Aus-, Fort- oder Weiterbildung ist jede Maßnahme zur Entwicklung von Fähigkeiten und Kenntnissen zu verstehen, die generell für den AN beruflich von Nutzen sind. Sie

---

[635] BAG 13.11.2013 – 10 AZR 848/12, NZA 2014, 368 Rn. 35; 18.8.1999 – 10 AZR 424/98, NZA 2000, 148.
[636] BAG 3.7.2019 – 10 AZR 300/18, NZA 2019, 1440; 27.6.2018 – 10 AZR 290/17, NZA 2018, 1344; 13.11.2013 – 10 AZR 848/12, NZA 2014, 368.
[637] BAG 3.7.2019 – 10 AZR 300/18, NZA 2019, 1440; 27.6.2018 – 10 AZR 290/17, NZA 2018, 1344 mwN.
[638] BAG 23.1.2007 – 9 AZR 482/06, NZA 2007, 748; 19.12.2006 – 9 AZR 294/06, NZA 2007, 809.
[639] BAG 11.4.2006 – 9 AZR 610/05, NZA 2006, 1042.
[640] BAG 22.7.2014 – 9 AZR 981/12, NZA 2014, 1136 Rn. 17 ff.; 13.4.1974 – 5 AZR 48/74, AP BGB § 611 Gratifikation Nr. 84.
[641] *Preis* Arbeitsvertrag Teil II Rn. 58.
[642] BAG 5.6.2007 – 9 AZR 604/06, NZA-RR 2008, 107.
[643] Vgl. hierzu auch → § 26 Rn. 3–34.
[644] BAG 11.4.2006 – 9 AZR 610/05, NZA 2006, 1042; 23.1.2007 – 9 AZR 482/06, NZA 2007, 748; vgl. auch BAG 18.3.2008 – 9 AZR 186/07, NZA 2008, 1004.

kann auch darin bestehen, bereits vorhandene Kenntnisse zu verbessern oder durch tatsächliche praktische Übungen zu vervollkommnen. Demnach sind Ausbildungskosten alle Aufwendungen, die durch eine solche berufliche Bildungsmaßnahme entstehen.[645] Ob die Rückzahlungsklausel den AN nach § 307 Abs. 1 S. 1 BGB entgegen den Geboten von Treu und Glauben unangemessen benachteiligen, wird nach folgenden Kriterien beurteilt:

Grundsätzlich unproblematisch ist es, wenn ein AG die Kosten einer beruflichen Aus-, Fort- oder Weiterbildung, die die Arbeitsmarktchancen des AN deutlich erhöhen, in wirtschaftlich angemessener Weise auf den AN ohne weitere Bedingungen abwälzt.[646] Allerdings sind auch Vereinbarungen, durch die sich der AN verpflichtet, sich an vom AG übernommen Aus-, Fort-oder Weiterbildungskosten zu beteiligen, bzw. diese ganz oder teilweise zurückzuerstatten, falls er innerhalb einer bestimmten Frist aus dem Arbeitsverhältnis ausscheidet, grundsätzlich zulässig, da der AG zur Finanzierung einer Aus- oder Weiterbildung des AN nicht verpflichtet ist und daher im Falle einer freiwilligen Kostenübernahme ein berechtigtes Interesse daran hat, die vom AN erworbene Qualifikation möglichst langfristig für seinen Betrieb nutzen zu können.[647] Unzulässig iSv § 307 Abs. 1 S. 1 BGB sind Rückforderungsklauseln allerdings, wenn der Verwender durch einseitige Vertragsgestaltung missbräuchlich eigene Interessen auf Kosten seines Vertragspartners durchzusetzen versucht, ohne von vornherein auch dessen Belange hinreichend zu beachten und ihm einen angemessenen Ausgleich zu gewähren, denn jede Beeinträchtigung eines rechtlich anerkannten Interesses des AN, das nicht durch begründete und billigenswerte Interessen des AG gerechtfertigt ist oder durch gleichwertige Vorteile ausgeglichen wird, benachteiligt den AN unangemessen.[648] Zahlungsverpflichtungen, die an ein Ausscheiden des Arbeitnehmers aus dem Arbeitsverhältnis (zB durch Eigenkündigung) anknüpfen, sind geeignet das Grundrecht des AN auf freie Wahl des Arbeitsplatzes nach Art. 12 GG erheblich einzuschränken, weswegen den möglichen Nachteilen für den Arbeitnehmer ein angemessener Ausgleich für die Rückzahlungsverpflichtung gegenüberstehen muss.[649] **214**

Der AN muss daher mit der Ausbildungsmaßnahme eine angemessene Gegenleistung für die Rückzahlungsverpflichtung erhalten. Voraussetzung für die Zulässigkeit einer Rückzahlungsklausel ist damit, dass die Aus- und Fortbildungsmaßnahme für den AN von **geldwertem Vorteil** ist (sei es, dass dadurch die Voraussetzungen einer höheren Vergütung erfüllt sind oder dass sich die erworbenen Kenntnisse auch anderweitig nutzbar machen lassen)[650] und dass selbige Vorteile der Ausbildung zu Dauer und Kosten der Ausbildung, sowie der Dauer der Bindung in einem angemessenen Verhältnis stehen.[651] Dabei ist insbesondere die Qualität der erworbenen Qualifikation zu berücksichtigen, sowie ob der AN die betreffende Qualifikation nutzen konnte und wollte.[652] Überdies muss eine Erstattungspflicht dem Umfang nach dem Arbeitnehmer nach Treu und Glauben zumutbar sein.[653] Sowohl in Rückzahlungsklauseln hinsichtlich einer Aus- oder Fortbildungsmaßnahme als auch in Rückzahlungsklauseln bezüglich Sonderzahlungen darf eine **Rückzahlung** daher nur **zeitanteilig zur verbleibenden Bindungsdauer** verlangt werden und darf keinesfalls über die dem Arbeitgeber tatsächlich entstandenen kosten hinausgehen.[654] Dies gilt unabhängig davon, ob es sich **215**

---

[645] Hierzu: BAG 30.11.1994 – 5 AZR 715/93, NZA 1995, 727 (728); 5.6.2007 – 9 AZR 604/06, NZA-RR 2008, 107.
[646] BAG 18.11.2008 – AZR 192/07, NZA 2009, 435.
[647] BAG 11.4.2006 – 9 AZR 610/05, NZA 2006, 1042; 24.6.2004 – 6 AZR 383/03, NZA 2004, 1035. 19.2.2004 – 6 AZR 552/02, BeckRS 2004, 41231.
[648] StRspr – vgl. BAG 11.12.2018 – 9 AZR 383/18, NZA 2019, 781; 18.3.2008 – 9 AZR 186/07, NZA 2008, 100 mwN.
[649] StRspr – vgl. BAG 11.12.2018 – 9 AZR 383/18, NZA 2019, 781; 13.12.2011 – 3 AZR 791/09, NZA 2012, 738 mwN.
[650] BAG 19.1.2011 – 3 AZR 621/08, DB 2011, 1338; 14.1.2009 – 3 AZR 900/07, NZA 2009, 666.
[651] Vgl. BAG 13.12.2011 – 3 AZR 791/09, NZA 2012, 738 mwN; 19.1.2011 – 3 AZR 621/08, BAGE 137, 1; 14.1.2009 – 3 AZR 900/07, NZA 2009, 666.
[652] BAG 18.3.2014 – 9 AZR 545/12, NZA 2014, 957; 19.1.2011 – 3 AZR 621/08, BAGE 137, 1.
[653] StRspr – vgl. BAG 11.12.2018 – 9 AZR 383/18, NZA 2019, 781; 13.12.2011 – 3 AZR 791/09, NZA 2012, 738 mwN.
[654] Vgl. BAG 10.5.2016 – 9 AZR 434/15, ArbRAktuell 2016, 530; 23.4.1986 – 5 AZR 159/85, NZA 1986, 741.

bei der Beteiligung an den Ausbildungskosten um eine ratierliche Rückzahlung, eine ratierliche Abgeltung durch künftige Betriebstreue, eine Abgeltung durch teilweise verringerte Vergütung über einen bestimmten Zeitraum oder eine Kombination dieser Vertragsgestaltungen handelt.[655]

216 Hinsichtlich der grundsätzlich zulässigen Bindungsdauer hat das BAG einige Regelwerte aufgestellt: So sind bei einer Fortbildungsdauer von bis zu einem Monat ohne Verpflichtung zur Arbeitsleistung unter Fortzahlung der Bezüge eine Bindungsdauer bis zu sechs Monaten zulässig, bei einer Fortbildungsdauer von bis zu zwei Monaten eine einjährige Bindung, bei einer Fortbildungsdauer von drei bis vier Monaten eine zweijährige Bindung, bei einer Fortbildungsdauer von sechs Monaten bis zu einem Jahr keine längere Bindung als drei Jahre und bei einer mehr als zweijährigen Dauer eine Bindung von fünf Jahren, wobei Abweichungen davon abhängig von den jeweiligen Umständen des Einzelfalls möglich sind.[656] Eine verhältnismäßig lange Bindung kann dementsprechend auch bei kürzerer Ausbildung gerechtfertigt sein, wenn der AG ganz erhebliche Mittel aufwendet oder die Teilnahme an der Fortbildung dem AN überdurchschnittlich große Vorteile bringt.[657]

217 Unwirksam sind nach der Rspr. des BAG Rückzahlungsvereinbarungen, wenn die Fortbildung nur dem Betrieb nützt oder es sich lediglich um die Auffrischung oder Anpassung vorhandener Kenntnisse an durch den AG veranlasste oder zu vertretende betriebliche Gegebenheiten handelt.[658] Auch ist ein billigenswertes Interesse des AG bei einer langen Bindungsdauer zu verneinen, wenn der AG die durch die Fortbildung erlangte Qualifikation des AN nicht nutzen konnte oder nicht nutzen wollte.[659]

218 Ist die Maßnahme zwar von geldwertem Vorteil für den AN, handelt es sich bei den vom AG vorgeschossenen Aus- oder Fortbildungskosten der Sache nach aber gleichzeitig um eine Investition im Interesse Unternehmens (wie in fast allen Fällen), geht es also letztlich um einen Teil der Personalpolitik des Unternehmens, ist eine Rückzahlungsklausel nach Rechtsprechung des BAG überdies nur dann interessengerecht, wenn dem AN die Möglichkeit eingeräumt wird, der Rückzahlungspflicht durch Betriebstreue zu entgehen – andernfalls würden in unangemessener Weise Investitionsrisiken auf den Mitarbeiter abgewälzt, da der AG grundsätzlich das Risiko, dass seine Investitionen nachträglich wertlos werden, als Betriebsausgaben selbst zu tragen hat.[660] Diese Grundsätze gelten laut BAG aufgrund der vergleichbaren Interessenkonstellation unabhängig davon, ob die Vertragspartner bei Abschluss des Vertrages, in welchem Übernahme der Ausbildungskosten und Rückzahlungsklausel enthalten sind, bereits in einem Arbeitsverhältnis stehen oder nicht, da auch bei erstmaliger Ausbildung zum Zwecke der Heranziehung von Nachwuchs der potentielle AG in eigenem Interesse in das berufliche Wissen des potentiellen AN investiert, um im Anschluss einen AN einzustellen, der seinen Bedürfnissen optimal entspricht.[661] Scheitert dies und war die Investition deshalb vergeblich, ist es nach Ansicht des BAG nicht interessengerecht, dieses Risiko auf die ausgebildete Person abzuwälzen.[662]

219 Solange der für Rückzahlungsklausel-Konstellationen typische Interessenkonflikt zwischen (potenziellem) AN und (potenziellem) AG gegeben ist, kommt es nach der Rechtsprechung damit auf die konkrete vertragliche Gestaltungsform, aus der die Rückzahlungsverpflichtung resultiert, nicht mehr an. Dementsprechend hat die Rechtsprechung die vom BAG aufgestellten Grundsätze auch auf einen „Ausbildungs-Anstellungsvertrag", Mitarbeiterdarlehensverträge, Darlehensverträge an Studierende, Übernah-

---

[655] Vgl. BAG 10.5.2016 – 9 AZR 434/15, ArbRAktuell 2016, 530.
[656] BAG 14.1.2009 – 3 AZR 900/07, NZA 2009, 666 mwN.
[657] BAG 14.1.2009 – 3 AZR 900/07, NZA 2009, 666 mwN.
[658] BAG 30.11.1994 – 5 AZR 715/93, NZA 1995, 727 (728); ErfK/*Preis* BGB § 611 Rn. 439.
[659] BAG 18.3.2014 – 9 AZR 545/12, NZA 2014, 957 Rn. 19 (dreijährige Bindungsdauer).
[660] StRspr – vgl. BAG 11.12.2018 – 9 AZR 383/18, NZA 2019, 781; 18.3.2014 – 9 AZR 545/12, NZA 2014, 957; 13.12.2011 – 3 AZR 791/09, NZA 2012, 738; 18.11.2008 – 3 AZR 192/07, NZA 2009, 435; 18.3.2008 – 9 AZR 186/03, NZA 2008, 1004; 11.4.2006 – 9 AZR 610/05, NZA 2006, 1042; 24.6.2004 – 6 AZR 383/03, NZA 2004, 1035.
[661] BAG 18.11.2008 – 3 AZR 192/07, NZA 2009, 435.
[662] BAG 18.11.2008 – 3 AZR 192/07, NZA 2009, 435.

me von Studiengebühren iRe. „on the job trainings" und sogar nachträgliche „Erlassklauseln" angewandt.[663]

Eine Rückzahlungsklausel muss also danach differenzieren, aus welchem Grund der AN vorzeitig ausscheidet, sowie in wessen Risikosphäre dieser Grund fällt – dies hat weitreichende Konsequenzen:

Eine Rückzahlungsklausel, nach der die Rückzahlungspflicht ohne Rücksicht auf den Beendigungsgrund gelten soll, hält einer Inhaltskontrolle deshalb nicht stand, weil sie die Rückzahlungsverpflichtung auch dann auslösen würde, wenn der Grund für die Beendigung des Arbeitsverhältnisses allein in die Verantwortungs- oder (Investitions-)Risikosphäre des AG fällt.[664] Ebenfalls unzulässig ist eine Klausel, die die Rückzahlung von Ausbildungskosten bei Kündigungen des AN vorsieht, ohne solche Kündigungen auszunehmen, die aus Gründen erfolgen, die ausschließlich der Risiko-, bzw. Verantwortungssphäre des Arbeitgebers zuzurechnen sind.[665] Eine unzulässige Abwälzung des Investitionsrisikos liegt damit insbesondere in Fällen vor, in denen von der Rückzahlungsklausel als Beendigungsgrund erfasst wird, dass der AG betriebsbedingt kündigt,[666] die arbeitgeberseitige Kündigung sonst auf Gründen beruht, die nicht mit einem vertragswidrigen Verhalten des Arbeitnehmers zusammenhängen,[667] das Arbeitsverhältnis aufgrund einer Eigenkündigung des Arbeitnehmers endet, die durch ein Fehlverhalten des Arbeitgebers ausgelöst wurde,[668] oder der Arbeitgeber nicht bereit und in der Lage ist, den Arbeitnehmer seiner Ausbildung entsprechend zu beschäftigen.[669]

Besonderheiten für die Interessenabwägung ergeben sich, wenn der AN eine Aus-, Fort- oder Weiterbildungsmaßnahme bereits **vor Abschluss** dieser abbricht, bzw. vor Abschluss aus dem Arbeitsverhältnis ausscheidet, denn das berechtigte Interesse des AG, die vom AN durch die Maßnahme erworbene Qualifikation möglichst langfristig für seinen Betrieb nutzen zu können, setzt das Fortbestehen des Arbeitsverhältnisses über den Zeitpunkt des Abschlusses der Maßnahme voraus.[670] Demgegenüber hat sich der AN in Kenntnis der Interessen des AG dafür entschieden, die von diesem finanzierte Aus-, Fort- oder Weiterbildungsmaßnahme durchzuführen und sein Grundrecht aus Art. 12 GG gerade dahingehend ausgeübt, seine Qualifikation und seine Aufstiegschancen in Hinblick auf das Arbeitsverhältnis zu verbessern und sich entsprechend zu verpflichten.[671] Die Bindung an das Arbeitsverhältnis bis zum Abschluss der Maßnahme ist daher grundsätzlich zumutbar.[672] Endet das Arbeitsverhältnis vor Abschluss der Aus- Fort- oder Weiterbildung aufgrund von Umständen, die in den alleinigen Verantwortungs- und Risikobereich des Arbeitnehmers fallen, sind diese widerstreitenden Interessen deshalb idR bereits dann angemessen ausgeglichen, wenn der AN mit der Aus-, Fort- oder Weiterbildung eine angemessene Gegenleistung für die Rückzahlungsverpflichtung erhalten hätte und er nur die bis zum Ausscheiden tatsächlich entstandenen Kosten zurückzuzahlen hat.[673] Dies gilt grundsätzlich auch dann, wenn die Aus- oder Weiterbildung nicht in einem „Block", sondern in mehreren, zeitlich voneinander getrennten Abschnitten erfolgt, sofern nach der Vereinb. die zeitliche Lage der einzelnen Aus- oder Fortbildungsabschnitte den Vorgaben der Aus- oder Fortbildungseinrichtung entspricht und die vertragliche Vereinb. dem AG nicht die Möglichkeit einräumt, allein nach seinen Interessen die Teilnahme an den jeweiligen Aus- oder Fortbildungsabschnitten oder deren zeitliche Lage festzulegen.[674] Ob die Dauer der Unterbrechungen zwischen den ein-

---

[663] Vgl. jeweils mwN: LAG Rheinland-Pfalz 28.8.2019 – 7 Sa 6/19, BeckRS 2019, 30924; BAG 28.9.2017 – 8 AZR 67/15, NZA 2018, 589; 10.5.2016 – 9 AZR 434/15, ArbRAktuell 2016, 530; 18.11.2008 – 3 AZR 192/07, NZA 2009, 435; BGH, 17 9.2009 – III ZR 207/08, NZA 2010, 37.
[664] BAG 18.3.2014 – 9 AZR 545/12, NZA 2014, 957.
[665] BAG 13.12.2011 – 3 AZR 791/09, NZA 2012, 738.
[666] BAG 6.5.1998 – 5 AZR 535/97.
[667] BAG 24.6.2004 – 6 AZR 383/03.
[668] BAG 11.4.2006 – 9 AZR 610/05.
[669] BAG 5.12.2002 – 6 AZR 537/00.
[670] BAG 19.1.2011 – 3 AZR 621/08, DB 2011, 1338.
[671] BAG 19.1.2011 – 3 AZR 621/08, DB 2011, 1338.
[672] BAG 19.1.2011 – 3 AZR 621/08, DB 2011, 1338.
[673] BAG 19.1.2011 – 3 AZR 621/08, DB 2011, 1338.
[674] BAG 19.1.2011 – 3 AZR 621/08, DB 2011, 1338.

223 zelnen Ausbildungsabschnitten im Hinblick auf die Ausbildung nicht unangemessen lang sein darf, wurde vom BAG offen gelassen.[675]

223 Nach neuester Rechtsprechung des BAG kann eine Rückzahlungsklausel sogar bei nicht vom AG (mit-)veranlasster Eigenkündigung des AN unangemessen benachteiligend sein, nämlich wenn sie den AN auch dann zur Rückzahlung bzw. Kostentragung verpflichtet, wenn der Grund für die Eigenkündigung die dauerhafte Unfähigkeit zur Erbringung der Arbeitsleistung ist, und diese dem AN nicht im Sinne eines Verschuldens zurechenbar ist.[676] Laut BAG kann in einem solchen Fall die Einschränkung der arbeitsplatzbezogenen Berufswahlfreiheit des AN durch die Bindungswirkung der Rückzahlungsklausel nicht länger gerechtfertigt werden, denn mit der Unfähigkeit des AN die Ausbildung durch Erbringung der entsprechenden Arbeitsleistung zu nutzen, steht den durch die Rückzahlungsverpflichtung entstehenden Nachteilen für den Arbeitnehmer zum einen kein angemessener Ausgleich mehr gegenüber, zum anderen besteht auch kein berechtigtes Interesse des AG mehr daran, den AN weiter an das Arbeitsverhältnis zu binden – das Risiko, dass seine unternehmensbezogenen Investitionen nachträglich wertlos werden hat der AG auch hier selbst zu tragen.[677] Mit diesem „Verschuldenserfordernis" für eine Zurechnung zur Sphäre des AN, hat das BAG im Grunde allen Rückzahlungsklauseln eine Absage erteilt, die eine Rückzahlungspflicht auch in Fällen vorsehen, in denen das Arbeitsverhältnis nach Abschluss der Ausbildung aber vor Ablauf der Bindungsfrist wegen unverschuldeten personenbedingten Gründen des Arbeitnehmers beendigt wird, selbst wenn diese Gründe vollkommen unabhängig vom Einfluss des AG sind, und damit letztendlich das allgemeine Lebensrisiko des AN dem AG als „Investitionsrisiko" zugewiesen.

224 Ob diese Rechtsprechung auch auf Fallkonstellationen übertragbar ist, in denen der AN die Aus-, Fort- oder Weiterbildung vor ihrem Abschluss abbricht, bzw. vor dem Abschluss das Arbeitsverhältnis beendigt wird, ist noch nicht abschließend entschieden. Das LAG Niedersachsen hat eine Klausel als zulässig erachtet, die vorsieht dass der AN bei Abbruch der Bildungsmaßnahme aus Gründen, die er selbst zu vertreten hat, zur Rückzahlung der bis zum Abbruch tatsächlich entstandenen Aufwendungen in voller Höhe verpflichtet ist – eine Klausel, die zwar keine Wertung dazu enthält, ob das „Vertretenmüssen" des AN auch „unverschuldetes" allgemeines Lebensrisiko erfasst oder nicht, jedenfalls aber den Fall der Eigenkündigung aus unverschuldeten personenbedingten Gründen nicht ausdrücklich von der Rückzahlungspflicht ausnimmt.[678] Gegen die Entscheidung ist Revision eingelegt, das Urteil des BAG steht derzeit noch aus.[679]

225 Nicht erforderlich für die Zulässigkeit ist nach der Rspr. des BAG[680] die exakte Bezifferung der **Höhe der Ausbildungskosten.** Allerdings müssen die Voraussetzungen und der Umfang der Leistungspflicht so bestimmt oder zumindest bestimmbar sein, dass der AN sein Rückzahlungsrisiko abschätzen kann. Dazu müssen zumindest die Art und die Berechnungsgrundlagen der zu erstattenden Kosten angegeben werden.[681] Diese Anforderungen sind noch nicht erfüllt, wenn der AN lediglich zur Erstattung der „entstandenen Aufwendungen für die Weiterbildung, einschließlich der Lohnfortzahlungskosten" verpflichtet wird.[682] Sind jedoch die zurückzuzahlenden Kosten in der Ausbildungskostenrückzahlungsklausel auf einen bestimmten Festbetrag pauschaliert, muss die Zusammensetzung des Betrags transparent gemacht und darüber hinaus dem AN die Möglichkeit eingeräumt werden, den Nachw. zu führen, dass tatsächlich nur Kosten in niedrigerer Höhe entstanden sind.[683]

226 Für die **Rechtsfolgenseite** gilt: Ist eine Rückzahlungsklausel unangemessen benachteiligend, ist sie grundsätzlich insgesamt unwirksam. Ein Rückzahlungsanspruch besteht nicht.

---

[675] BAG 19.1.2011 – 3 AZR 621/08, DB 2011, 1338. So auch *Bissels* ArbRAktuell 2011, 83.
[676] BAG 11.12.2018 – 9 AZR 383/18, NZA 2019, 781.
[677] BAG 11.12.2018 – 9 AZR 383/18, NZA 2019, 781.
[678] LAG Niedersachsen 30.10.2018 – 10 Sa 268/18, BeckRS 2018, 37275.
[679] Aktenzeichen der Revision: 9 AZR 571/18
[680] BAG 21.8.2012 – 3 AZR 698/10, NZA 2012, 1428 Rn. 18.
[681] BAG 21.8.2012 – 3 AZR 698/10, NZA 2012, 1428 (1429).
[682] BAG 6.8.2013 – 9 AZR 442/12, NZA 2013, 1361.
[683] LAG Köln 27.5.2010 – 7 Sa 23/10, NZA-RR 2011, 11 (12).

Die Kostenübernahme bleibt jedoch gem. § 306 Abs. 1 BGB ungeachtet der Unwirksamkeit der Rückzahlungsklausel wirksam. Eine Aufrechterhaltung mit eingeschränktem Inhalt wäre nicht mit dem Zweck der §§ 305 ff. BGB vereinbar.[684] Auch ein Anspruch aus bereicherungsrechtlichen Vorschriften gemäß §§ 812 ff. BGB existiert nicht, da ein rechtlicher Grund in der weiterhin wirksamen Kostenübernahmevereinbarung mit Ausnahme der unwirksamen Rückzahlungsklausel besteht, anderenfalls würde Sinn und Zweck des Rechtsfolgensystems der §§ 305 ff. BGB, insbesondere § 306 BGB unterlaufen.[685]

Ausnahmsweise als Besonderheit des Arbeitsrechts kann jedoch im Wege der ergänzenden Vertragsauslegung die unzulässige Bindungsdauer auf eine zulässige zurückgeführt werden, wenn es wegen der einzelfallbezogenen Betrachtung für den AG objektiv schwierig war, die zulässige Bindungsdauer im Einzelfall zu bestimmen. Verwirklicht sich dieses Prognoserisiko, ist die Bindungsdauer durch ergänzende Vertragsauslegung zu bestimmen.[686]

§ 622 Abs. 6 BGB ist auf Stichtags- und Rückzahlungsvereinbarungen weder unmittelbar, noch analog anwendbar.[687] Der Prüfungsmaßstab für die zulässige Bindungswirkung von tariflichen Stichtags- und Rückzahlungsregelungen ergibt sich unmittelbar aus Art. 3 Abs. 1 und 12 Abs. 1 GG, und in AGB aus den §§ 307 ff. BGB.[688]

Bei der **Inhaltskontrolle von Ausübungsbedingungen der Führungskräfte gewährten Aktienoptionen**, können die zu anderen Sondervergütungen entwickelten Grundsätze in Bezug auf Bindungs- und Verfallsklauseln nicht uneingeschränkt herangezogen werden. Wird das Bezugsrecht auch nach Ablauf der in § 193 Abs. 2 Nr. 4 AktG vorgeschriebenen Wartezeit von mindestens zwei Jahren an das Bestehen eines ungekündigten Arbeitsverhältnisses geknüpft, benachteiligt diese Regelung den AN idR nicht unangemessen.[689]

hh) Direktionsrecht. Hinsichtlich des Direktionsrechts des AG und der Erweiterungen und Einschränkungen desselben in örtlicher Hinsicht mittels einer Versetzungsklausel wird auf die gesonderten Ausführungen hierzu verwiesen.[690]

ii) Freistellungsklauseln. Die Wirksamkeit von Freistellungsklauseln ist nach wie vor umstritten und durch das BAG noch nicht abschließend geklärt.[691] Der überwiegende Teil der Rechtsprechung geht jedoch von einer grundsätzlichen Zulässigkeit von Freistellungsklauseln aus, solange die Freistellung unter Fortzahlung der arbeitsvertraglichen Vergütung erfolgt und bestimmte Voraussetzungen an die Freistellung geregelt werden – jedenfalls aber dann, wenn es sich um einen leitenden Angestellten handelt, da die Sicherung der Existenzgrundlage als Vertragshauptzweck nicht tangiert wird, wohingegen das bei einem Mitarbeiter in herausgehobener und leitender Position bedeutsame Vertrauensverhältnis durch die Kündigung idR erheblich gestört ist.[692] Erfasst die Klausel allerdings auch den allgemeinen Weiterbeschäftigungsanspruch nach einem Urteil erster Instanz und/oder den betriebsverfassungsrechtlichen Weiterbeschäftigungsanspruch nach § 102 BetrVG, weicht dies idR unzulässig von dem gesetzlichen Leitbild ab und ist daher gem. § 307 Abs. 1 S. 1, Abs. 2 Nr. 1 BGB unangemessen benachteiligend und somit unwirksam.[693] Wenn die Kündigung offensichtlich unwirksam ist und überwiegende schutzwerte Interessen des AG einer Beschäftigung nicht entgegenstehen, hat der gekündigte AN einen arbeitsvertragsrechtlichen Anspruch auf vertragsgemäße Beschäftigung über den Ablauf der Kündigungsfrist oder bei einer fristlosen Kündigung über deren Zugang hinaus bis zum rkr. Abschluss des Kündigungsprozesses. Außer im Falle einer offensichtlich unwirksamen Kündigung begründet die

---

[684] Hierzu: BAG 15.9.2009 – 3 AZR 173/08, NZA 2010, 342.
[685] BAG 6.8.2013 – 9 AZR 442/12, NZA 2013, 1361 Rn. 23; 21.8.2012 – 3 AZR 698/10, NZA 2012, 1428 Rn. 46.
[686] BAG 14.1.2009 – 3 AZR 900/07, NZA 2009, 666 Rn. 29.
[687] BAG 3.7.2019 – 10 AZR 300/18, NZA 2019, 1440.
[688] BAG 3.7.2019 – 10 AZR 300/18, NZA 2019, 1440.
[689] BAG 28.5.2008 – 10 AZR 351/07, DB 2008, 1748.
[690] Vgl. → § 13 Rn. 23–27a.
[691] Für einen Überblick zum Streitstand vgl. LAG Hamm (Westfalen) 13.2.2015 – 18 SaGa 1/15, NZA-RR 2015, 460–466 mwN; LAG Nürnberg 28.3.2019 – 3 SaGa 3/19, BeckRS 2019, 36092.
[692] ErfK/*Preis* BGB § 611a Rn. 568 ff.
[693] LAG Baden-Württemberg 5.1.2007 – 7 Sa 93/06, NZA-RR 2007, 406; *Bronhofer* AuA 2008, 20 f.

Ungewissheit über den Ausgang des Kündigungsprozesses ein schutzwertes Interesse des AG an der Nichtbeschäftigung des gekündigten AN für die Dauer des Kündigungsprozesses. Dieses überwiegt idR das Beschäftigungsinteresse des AN bis zu dem Zeitpunkt, in dem im Kündigungsprozess ein die Unwirksamkeit der Kündigung feststellendes Urteil ergeht. Solange ein solches Urteil besteht, kann die Ungewissheit des Prozessausgangs für sich allein ein überwiegendes Gegeninteresse des AG nicht mehr begründen. Hinzukommen müssen dann vielmehr zusätzliche Umstände, aus denen sich im Einzelfall ein überwiegendes Interesse des AG ergibt, den AN nicht zu beschäftigen.[694] Diese Grundsätze dieser Rspr. dürfen nicht mittels Vertragsgestaltung unterlaufen werden.[695] Die richterrechtlich anerkannte Beschäftigungspflicht stellt nach der Auffassung des LAG Hessen ein Leitbild im Sinne von § 307 Abs. 2 Nr. 1 BGB dar, wovon nur bei Bestehen eines berechtigten Interesses, das in der Vertragsklausel selbst genannt werden muss, abgewichen werden kann.[696] Demnach verstoßen Freistellungsklauseln im ungekündigtem Arbeitsverhältnis gegen § 307 Abs. 1 S. 1, Abs. 2 Nr. 1 BGB, wenn dem AG entweder ein dauerhaftes oder ein an keine weiteren Voraussetzungen geknüpftes Recht zur uneingeschränkten Freistellung eingeräumt wird.[697] Auch nach Ansicht des LAG Mecklenburg-Vorpommern ist es zweifelhaft, ob eine Klausel in einem Formulararbeitsvertrag, nach der der Arbeitgeber ohne nähere Bestimmung von Voraussetzungen berechtigt ist, den Arbeitnehmer von der weiteren Erbringung von Arbeitsleistungen freizustellen, einer Klauselkontrolle im Sinne von § 307 Abs. 2 BGB Stand hält.[698] Diese Vorrausetzungen müssen also zumindest rahmenmäßig in der Klausel umschrieben werden. Ob AG aus taktischen Gründen dennoch derartige Klauseln aufnehmen sollten, ist eine andere Frage.

232 *jj) Inbezugnahmeklauseln.* Die häufigste Inbezugnahmeklausel ist die vertragliche Vereinb. der Geltung von Tarifverträgen. Da der AG nicht weiß, ob der AN Gewerkschaftsmitglied ist und darüber hinaus die Nichtgewerkschaftsmitglieder nicht in die Gewerkschaft treiben will, wird die Tarifvertragsgeltung arbeitsvertraglich vereinbart. Dies kann auf unterschiedliche Weise geschehen. Zum einen kann statisch auf einen bestimmten Tarifvertrag in der zum Zeitpunkt der Bezugnahme geltenden Fassung, zum anderen dynamisch auf die jeweils geltende Fassung verwiesen werden. Dynamische Inbezugnahmeklauseln können sodann auf einen bestimmten, genau definierten Tarifvertrag (**kleine dynamische Bezugnahmeklausel**) oder den jeweils einschlägigen Tarifvertrag der Branche (**große dynamische Bezugnahmeklausel**) verweisen. Nehmen Arbeitsvertragsparteien individualvertraglich auf die jeweils geltenden Tarifverträge einer bestimmten Branche Bezug, handelt es sich dabei in der Regel um eine zeitdynamische Bezugnahme auf die entsprechenden Flächentarifverträge, die eventuelle Haustarifverträge eines einzelnen Arbeitgebers nicht erfasst.[699]

233 Für AN, die kraft ihrer Mitgliedschaft in der Gewerkschaft in den Geltungsbereich eines Tarifvertrags fallen und für die der Tarifvertrag normative Wirkung entfaltet, gilt nach § 4 Abs. 3 TVG das Günstigkeitsprinzip und beschränkt die in § 4 Abs. 1 und 2 TVG angeordnete zwingende Tarifnormwirkung.[700] Danach sind abweichende Abmachungen nur zulässig, soweit sie durch den Tarifvertrag gestattet sind oder eine Änderung der Regelungen zugunsten des AN enthalten. Will ein AG eine für den AN günstige nach § 4 Abs. 1, 2 oder § 5 TVG wirkende Tarifnorm durch eine ungünstigere ersetzen, kann er dieses Problem nicht lösen, indem er den entsprechenden Tarifvertrag einzelvertraglich in Bezug nimmt. Das Günstigkeitsprinzip führt zur Nichtanwendbarkeit des in Bezug genommenen Tarifvertrags. Auch kann der AG eine durch einzelvertragliche Inbezugnahme begründete Anwendbarkeit eines Tarifvertrags nicht durch einen Haustarifvertrag ablösen.[701] Im Zusammenhang mit Inbezugnahmeklauseln besteht für den AG stets das Risiko des „Rosinenpickens" durch den

---

[694] Hierzu: BAG GS 27.2.1985 – GS 1/84, NZA 1985, 702.
[695] So auch *Preis* Arbeitsvertrag Teil II F Rn. 20.
[696] LAG Hessen 14.3.2011 – 16 Sa 1677/10, NZA-RR 2011, 419.
[697] LAG Hessen 20.3.2013 – 18 SaGa 175/13, BeckRS 2013, 70301.
[698] LAG Mecklenburg-Vorpommern 5.4.2016 – 2 SaGa 1/16, BeckRS 2016, 73360.
[699] BAG, 11.7.2018 – 4 AZR 533/17, BAGE 163, 175–182.
[700] Vgl. hierzu auch *Löwisch/Rieble* TVG § 4 Rn. 486 ff.; *Preis* Arbeitsvertrag Teil II V Rn. 59 ff.
[701] BAG 22.2.2012 – 4 AZR 24/10, BeckRS 2012, 70497.

AN. Denn das Günstigkeitsprinzip erlaubt dem AN, sich aufgrund der Inbezugnahmeklausel auf ein erhöhtes tarifvertragliches Grundgehalt aus dem einem Tarifvertrag zu berufen und aufgrund seiner Gewerkschaftszugehörigkeit und der aus §§ 3 Abs. 1, 4 Abs. 1 TVG folgenden Anwendungspflicht des anderen Tarifvertrags eine zusätzliche Prämie zu beanspruchen.

Vor Einführung des SchuldrechtsmodernisierungsG hat das BAG kleine dynamische Bezugnahmeklauseln auch bei „unsauberen" Wortlaut zu Gunsten des Verwenders als bloße Gleichstellungsabrede ausgelegt, so dass die Verweisung ihre Wirkung verlor, sobald der Tarifvertrag für den AG seine normative Wirkung einbüßte.[702] Im Jahre 1996[703] hat das BAG eine kleine dynamische Bezugnahmeklausel als Tarifwechselklausel interpretiert und in 2003[704] die Auslegung als Gleichstellungsabrede bestätigt. In seinen Entscheidungen vom 14.12.2005[705] und vom 18.4.2007[706] spricht sich das BAG aufgrund der Wertungen des Rechts der Allgemeinen Geschäftsbedingungen in den §§ 305c Abs. 2, 307, 307 Abs. 1 S. 2 und 306 BGB gegen eine wohlwollende Auslegung zu Gunsten des Klauselverwenders für nach dem 31.12.2001 vereinbarte Bezugnahmeklauseln („**Neuverträge**") aus. Insofern ist eine durch das Ende einer ursprünglich bestehenden Tarifgebundenheit auflösend bedingte Dynamik nicht als Vertragsinhalt anzusehen, wenn sich hierfür weder im Vertragswortlaut noch in den den Vertragsschluss begleitenden Umständen ein Anhaltspunkt findet. Weiter führt das BAG aus, dass jedenfalls dann, wenn die Tarifgebundenheit des AG an die in Bezug genommenen Tarifverträge nicht in einer für den AN erkennbaren Weise zur auflösenden Bedingung der Vereinb. gemacht worden ist, eine einzelvertraglich vereinbarte dynamische Bezugnahmeklausel in einem „Neuvertrag" eine konstitutive Verweisungsklausel sog. „unbedingte zeitdynamische Verweisung" darstellt, die durch den Wegfall der Tarifgebundenheit nicht berührt wird.[707] Aus Gründen des Vertrauensschutzes jedoch wendet das BAG seine Auslegungsregel hinsichtlich kleiner dynamischer Bezugnahmeklauseln als Gleichstellungsabrede weiterhin auf Klauseln an, die vor dem Inkrafttreten der Schuldrechtsreform zum 1.1.2002 vereinbart worden sind („**Altverträge**").[708] Zu einer zeitlichen Begrenzung des Vertrauensschutzes besteht kein Anlass.[709] Nach neuer Rspr. des BAG steht der Auslegung einer Verweisungsklausel als sogenannte Gleichstellungsabrede zudem nicht entgegen, dass die Bezugnahme nicht ein ganzes Tarifwerk umfasst, sondern lediglich einen einzelnen Tarifvertrag oder Teile davon.[710] Die **Stichtagsregelung**, bezogen auf den 1.1.2002, und den bis zu diesem Zeitpunkt zu gewährenden Vertrauensschutz des AG in die bisherige Rspr. zur Auslegung der kleinen dynamischen Bezugnahmeklausel als Gleichstellungsabrede begründet das BAG entgegen einiger Stimmen in der Lit.[711] mit dem durch die erstmalige Kodifizierung der Inhaltskontrolle von vorformulierten Arbeitsverträgen einhergehenden Paradigmenwechsel.[712] Die damit verbundene Festlegung des Zeitpunktes eines relevanten Wertewandels markiert die Zeitgrenze, die auch und gerade im Arbeitsrecht bei der Festlegung von Vertrauensschutz zu einer neuen Gewichtung der beiderseitigen berechtigten Interessen führen muss. Unter Berücksichtigung der gegenläufigen und ab dem 1.1.2002 weiter

---

[702] *Preis/Greiner* NZA 2007, 1073 (1074).
[703] BAG 4.9.1996 – 4 AZR 135/95, NZA 1997, 271.
[704] BAG 19.3.2003 – 4 AZR 331/02, NZA 2003, 1207.
[705] BAG 14.12.2005 – 4 AZR 536/04, NZA 2006, 607.
[706] BAG 18.4.2007 – 4 AZR 652/05, NZA 2007, 965; bestätigt BAG 22.4.2009 – 4 ABR 14/08, NZA 2009, 1286.
[707] BAG 18.11.2009 – 4 AZR 514/08, NZA 2010, 170 (172); 22.4.2009 – 4 ABR 14/08, NZA 2009, 1286 in Fortführung von BAG 18.4.2007 – 4 AZR 652/05, NZA 2007, 965.
[708] BAG 14.12.2011 – 4 AZR 26/10, NZA-RR 2012, 630; 26.8.2009 – 4 AZR 285/08, NZA 2010, 230; 18.11.2009 – 4 AZR 514/08, NZA 2010, 170; 18.4.2007 – 4 AZR 652/05, NZA 2007, 965; 14.12.2005 – 4 AZR 536/04, NZA 2006, 607.
[709] BAG 14.12.2011 – 4 AZR 26/10, NZA-RR 2012, 630.
[710] BAG 11.12.2013 – 4 AZR 473/12, NZA 2014, 900 Rn. 17.
[711] Verfasser in der Vorauflage; *Spielberger* NZA 2007, 1086 (1087 ff.); *Höpfner* NZA 2009, 420; ders. NZA 2008, 91; *Bayreuther* DB 2007, 166; *Meinel/Herms* DB 2006, 1429; *Simon/Kock/Halbsguth* BB 2006, 2354.
[712] BAG 22.10.2008 – 4 AZR 793/07, AP TVG § 1 Bezugnahme auf Tarifvertrag Nr. 67; 18.4.2007 – 4 AZR 652/05, NZA 2007, 965; stRspr jeweils mwN BAG 23.2.2011 – 4 AZR 536/09, BB 2011, 1725; 17.11.2010 – 4 AZR 407/09, BeckRS 2011, 71809; 18.11.2009 – 4 AZR 514/08, NZA 2010, 170 (172).

gestärkten berechtigten Interessen der AN ist es für AG ab Inkrafttreten der Schuldrechtsreform nicht mehr als unzumutbare Härte anzusehen, wenn sie die Rechtsfolgen der von ihnen selbst nach diesen Zeitpunkt hervorgebrachten Differenz zwischen dem Erklärtem und dem Gewolltem auch selbst zu tragen haben.

235 Hinsichtlich der Wirksamkeit von dynamischen Bezugnahmeklauseln ist auch die Rspr. des EuGH in den Rechtssachen „Alemo-Herron", sowie **„Asklepios Kliniken Langen-Seligenstadt"** zu beachten. Nach „ Alemo-Herron" dürfen die Mitgliedsstaaten nicht vorgeben, dass im Falle eines Unternehmensübergangs die Klauseln, die dynamisch auf nach dem Zeitpunkt des Übergangs verhandelte und abgeschlossene Tarifverträge verweisen, gegenüber dem Erwerber durchsetzbar sind, sofern dieser nicht die Möglichkeit gehabt hat, an den Verhandlungen über die nach dem Übergang abgeschlossenen Tarifvertrag teilzunehmen.[713] Nach den Entscheidungen zu **„Asklepios Kliniken Langen-Seligenstadt"** steht die RL 2001/23/EG iVm Art. 16 GRC aber der dynamischen Fortgeltung einer arbeitsvertraglichen Bezugnahmeklausel im Verhältnis zwischen dem Arbeitnehmer und dem Betriebserwerber deswegen aber nicht entgegen, solange das nationale Recht sowohl einvernehmliche, als auch einseitige Anpassungsmöglichkeiten für den Erwerber vorsieht.[714] Da dies im deutschen Recht in Form der Vertragsänderung einvernehmlich, sowie einseitig in Form der Änderungskündigung gegeben ist, gelten dynamische Bezugnahmeklauseln in Arbeitsverträgen nach Betriebsübergang grundsätzlich auch im Verhältnis zum Erwerber unverändert dynamisch fort.[715] Dies gilt selbst dann, wenn es sich um eine mit einem kirchlichen Arbeitgeber vereinbarte Inbezugnahme kirchlicher Arbeitsrechtsregelungen und einen Betriebsübergang auf einen nichtkirchlichen Betriebserwerber handelt.[716]

236 Bei der **Änderung von Arbeitsverträgen** ab dem 1.1.2002, etwa im Rahmen eines Betriebsübergangs nach § 613a BGB, die vor dem Inkrafttreten der Schuldrechtsreform zum 1.1.2002 abgeschlossen worden sind, kommt es für die Beurteilung, ob eine in der Vertragsänderung enthaltene Verweisungsklausel hinsichtlich ihrer Auslegung als „Neu-" oder „Altvertrag" zu behandeln ist, darauf an, ob die Klausel bei der Vereinb. der Änderung zum Gegenstand der rechtsgeschäftlichen Willensbildung der Vertragsparteien gemacht worden ist.[717] Mit der Formulierung „ dass alle übrigen Vertragsbedingungen unverändert bleiben" oder „alle anderen Vereinbarungen aus dem Anstellungsvertrag unberührt bleiben" in einem Änderungsvertrag oder jenem schriftlichen Änderungsangebot, wird hingegen deutlich zum Ausdruck gebracht, dass alle übrigen Vertragsklauseln, die aktuell keiner Änderung unterliegen sollten, ebenfalls geprüft worden sind und nicht umformuliert werden sollten.[718] Eine solche Umformulierung der Bezugnahmeklausel ist jedoch seit dem Inkrafttreten der Schuldrechtsreform erforderlich, damit eine Bezugnahme auch weiterhin nur für den Fall einer Tarifgebundenheit der Arbeitgeberin besteht.[719] Dahingegen ist ein „Altfall" anzunehmen, wenn lediglich punktuelle Änderungen des Vertrags, wie etwa die Vergütungsgruppenzuordnung, vorgenommen werden, alle übrigen Haupt- und Nebenleistungspflichten aber unerwähnt bleiben. Der Inhalt der bestehenden Vertragsbeziehung wird dabei nicht erneut zum Inhalt der Vereinb.[720] Gleiches gilt für die Abrede im Änderungsvertrag „Des Weiteren bleibt es bei den bisherigen Arbeitsbedingungen", sofern die anderen Haupt- und Nebenleistungspflichten unerwähnt bleiben.[721]

237 Beim Abschluss von Arbeitsverträgen ist aus Arbeitgebersicht darauf zu achten, dass die Inbezugnahmeklausel zumindest nur im Sinne einer **Gleichstellungsabrede**,[722] besser aber

---

[713] EuGH 18.7.2013 – C-426/11, NZA 2013, 835.
[714] EuGH 27.4.2017 – C-680/15, C-681/15, NZA 2017, 571.
[715] BAG 30.8.2017 – 4 AZR 95/14, BAGE 160, 87–105.
[716] BAG 23.11.2017 – 6 AZR 739/15, NZA 2018, 301.
[717] BAG 8.7.2015 – 4 AZR 51/14, NZA 2015, 1462; 18.11.2009 – 4 AZR 514/08, NZA 2010, 170 – „Altvertrag"; BAG 24.2.2010 – 4 AZR 691/08, NZA-RR 2010, 530 – „Neuvertrag".
[718] BAG 27.3.2018 – 4 AZR 208/17, NZA 2018, 1264; 30.7.2008 – 10 AZR 606/07, NZA 2008, 1173.
[719] BAG 27.3.2018 – 4 AZR 208/17, NZA 2018, 1264.
[720] BAG 18.11.2009 – 4 AZR 514/08, NZA 2010, 170.
[721] BAG 19.10.2011 – 4 AZR 811/09, NZA 2012, 583.
[722] Vgl. BAG 4.9.1996 – 4 AZR 135/95, NZA 1997, 271; 30.8.2000 – 4 AZR 581/99, NZA 2001, 510; 19.3.2003 – 4 AZR 331/02, BB 2004, 162.

nur als Tarifwechselklausel[723] verstanden werden kann. Wurde eine Tarifwechselklausel vereinbart, gilt auch im Falle eines Tarifwechsels der Tarifvertrag, der für die Gewerkschaftsmitglieder auf Grund derer Verbandszugehörigkeit gilt. Dies kann angesichts der Weite der Zuständigkeit der Gewerkschaft ver.di und der entstehenden Möglichkeit des Springens zwischen verschiedenen Arbeitgeberverbänden überaus bedeutsam sein.[724] Als wirksame Gleichstellungsabrede hat das BAG eine Klausel angesehen, nach welcher die Bestimmungen der näher bezeichneten Tarifverträge in ihrer jeweilig geltenden Fassung zur Anwendung kommen sollen, soweit sie für den Arbeitgeber verbindlich sind.[725]

Ist der AG nicht tarifgebunden, dh nicht Mitglied eines Arbeitgeberverbandes, oder hat er nicht selbst einen Tarifvertrag abgeschlossen, legt das BAG[726] seit jeher eine Inbezugnahmeklausel iZw konstitutiv, dh nicht als Gleichstellungsabrede, aus. Diese Klausel sichert dem AN die Teilhabe an dem in Bezug genommenen Tarifwerk auch hinsichtlich dessen Entwicklung und zwar unabhängig von der Tarifbindung des AG. Daher sollte eine Inbezugnahmeklausel nur vereinbart werden, wenn der AG entweder Mitglied eines Arbeitgeberverbandes ist oder selbst einen Tarifvertrag abgeschlossen hat. In der Lit.[727] werden mit guten Gründen eine Vielzahl von unterschiedlichen Klauseln vorgeschlagen; die unten genannte Klausel ist bewusst kurzgehalten. Sie löst das Problem widerstreitender Tarifverträge im Betrieb – als Konsequenz der Aufgabe des Grundsatzes der Tarifeinheit durch das BAG – nicht, sondern will lediglich als Gleichstellungsabrede und als Tarifwechselklausel wirken. 238

> **Formulierungsvorschlag: Inbezugnahmeklausel/Tarifwechselklausel**
>
> (1) Dem Arbeitgeber ist nicht bekannt, ob der Arbeitnehmer Gewerkschaftsmitglied ist. Die Absätze 1 bis 3 haben lediglich den Zweck, den Arbeitnehmer mit den Gewerkschaftsmitgliedern gleich zu stellen.
>
> (2) Der Arbeitgeber ist zurzeit Mitglied des Arbeitgeberverbandes ...... Für das Arbeitsverhältnis gelten die jeweils betrieblich und fachlich geltenden Tarifverträge in der jeweils gültigen Fassung, soweit in diesem Vertrag nichts anderes vereinbart ist, solange sie für Gewerkschaftsmitglieder gelten. Dies sind derzeit der Manteltarifvertrag ...... der Gehaltstarifvertrag ...... und der ......
>
> (3) Sind für die Gewerkschaftsmitglieder auf Grund eines Tarifwechsels/Betriebsübergangs etc. günstigere oder schlechtere Tarifverträge als heute anzuwenden, gelten diese auch für den Arbeitnehmer; dh diese Tarifverträge gelten anstatt der heute geltenden.

239

Eine derartige Klausel zwingt den AG einerseits, Gewerkschafts- und Nicht-Gewerkschaftsmitglieder gleich zu behandeln, eröffnet ihm aber andererseits Flexibilisierungsmöglichkeiten. 240

Eine sog. große dynamische Inbezugnahmeklausel oder besser als Tarifwechselklausel bezeichnete Klausel kann dazu führen, dass auf das Arbeitsverhältnis zunächst die Drucktarifverträge und nach einer Ausgliederung der Vertriebsabteilung in eine dafür gegründete GmbH die Tarifverträge für den Groß- und Außenhandel Anwendung finden.[728] Vor dem Hintergrund des Verbots überraschender Klauseln nach § 305c BGB sollte daher der Klausel selbst diese Konsequenz zu entnehmen sein. Die Klausel ermöglicht dem AG zumindest indirekt, die Vergütung des AN zu ändern. Daher ist sie der Inhaltskontrolle nach § 308 Nr. 4 BGB zu unterziehen. Weil nach dem Inhalt der Klausel aber lediglich das Arbeitsverhältnis denselben Regelungen wie denen der Gewerkschaftsmitglieder unterworfen wird, dürfte die Klausel zumutbar iSd § 308 Nr. 4 BGB sein. 241

Bei tariflichen Bezugnahmeklauseln in Formulararbeitsverträgen handelt es sich grundsätzlich um AGB gem. § 305 Abs. 1 BGB, so dass die §§ 305 ff. BGB stets anzuwenden 242

---

[723] BAG 16.10.2002 – 4 AZR 467/01, DB 2003, 617.
[724] *Melms* NZA 2002, 296.
[725] BAG 5.7.2017 – 4 AZR 867/16, NZA 2018, 47.
[726] BAG 25.10.2000 – 4 AZR 506/99, DB 2001, 1891.
[727] S. *Preis/Greiner* NZA 2007, 1073.
[728] Vgl. *Melms* NZA 2002, 296 (300).

sind.⁷²⁹ Bezüglich der Frage nach der AGB-Kontrolle ist allerdings zwischen der Kontrolle des Bezugnahmeobjektes bzw. Kontrolle des einbezogenen Tarifvertrags (hierzu vgl. → Rn. 135 f.) und der Kontrolle der Bezugnahmeklausel selbst zu unterscheiden. Der Inhalt des Arbeitsverhältnisses wird nahezu ausschließlich durch die Regelungen des Bezugnahmeobjekts bestimmt. Die Frage nach der Kontrolle des Bezugnahmeobjektes schlägt auf die Frage nach dem inhaltlichen Umfang der Prüfung der Bezugnahmeklausel durch, da sich die erste Frage nur im Rahmen der zweiten stellt.⁷³⁰

243 *kk) Schriftformklauseln.* Schriftformklauseln bestimmen, dass für bestimmte im Arbeitsverhältnis erfolgende Erklärungen die Schriftform zu wahren ist (**einfache Schriftformklausel**) oder sie besagen, der Inhalt des Vertrages sei vollständig, weitere Abreden bestünden nicht, würden sie aber noch getroffen, bedürften sie der Schriftform. Bestimmt die Klausel zudem, dass die Änderung der Schriftformklausel ihrerseits von der Schriftform abhängig ist, liegt eine **doppelte bzw. qualifizierte Schriftformklausel** vor. Hinsichtlich der Rechtswirkung sind konstitutive von deklaratorischen Schriftformklauseln zu unterscheiden. Ist die Einhaltung der Form nach dem Willen der Vertragsparteien eine Wirksamkeitsvoraussetzung, handelt es sich um eine konstitutive Schriftformklausel. Wird die Wirksamkeit der ohne Einhaltung der Schriftform getroffenen Vereinbarung durch die Klausel nicht berührt, ist diese lediglich deklaratorischer Natur. Nach § 127 BGB ist die Vereinbarung der Schriftform grundsätzlich zulässig. Bei Arbeitsverhältnissen ist nach § 623 BGB für die Kündigung die Schriftform gesetzlich vorgeschrieben. Die vertragliche Vereinbarung der Schriftform für Kündigungen ist somit nicht erforderlich.

244 Klauseln, nach denen der Inhalt des Vertrages die zwischen den Parteien getroffenen Regelungen umfassend wiedergibt und Änderungen schriftlich zu erfolgen haben, sollten nicht überbewertet werden. Nach der Rspr. des BAG⁷³¹ können derartige einfache Schriftformklauseln von den Vertragsparteien jederzeit konkludent und formlos aufgehoben werden, insofern liegt in der Nichtbeachtung des Schriftformerfordernisses eine Abbedingung. Dies ist auch möglich, wenn die Parteien bei ihrer mündlichen Abrede an die Schriftform nicht gedacht haben. Zudem ist durch eine betriebliche Übung eine solche Abbedingung möglich.⁷³² Da der schriftliche Vertrag ohnedies die Vermutung der Vollständigkeit in sich trägt und die Partei, die eine abweichende mündliche Vereinb. behauptet, diese zu beweisen hat, verstoßen Schriftformklauseln nicht gegen § 309 Nr. 12 BGB.

245 Hinsichtlich der doppelten bzw. qualifizierten Schriftformklausel betont der BGH den Vorrang der Individualabrede nach § 305b BGB,⁷³³ wenn auch allein aus dieser, das Rangverhältnis bestimmenden Norm nicht die Unwirksamkeit einer qualifizierten Schriftformklausel hergeleitet werden kann.⁷³⁴ Nach der Rspr. des BAG setzen sich individuelle Vertragsabreden nach § 305b BGB gegenüber wirksamen konstitutiven Schriftformklauseln durch.⁷³⁵ Ob die Schriftformklausel gem. § 307 Abs. 1 S. 1 BGB wirksam ist, ist davon abhängig, ob sie dazu dient, nach Vertragsschluss getroffene Individualvereinbarungen zu unterlaufen, indem sie beim anderen Vertragsteil den Eindruck erweckt, eine mündliche Abrede sei entgegen § 305b BGB gem. § 125 S. 2 BGB unwirksam.⁷³⁶ Unbeachtlich ist in diesem Zusammenhang die Änderung des § 309 Nr. 13 BGB. Nach ganz hM fallen insbesondere vertragliche Abreden nicht unter den Anwendungsbereich des § 309 Nr. 13 BGB.⁷³⁷ § 309 Nr. 13 BGB gilt vielmehr für die Erklärungen, die der Rechtswahrnehmung dienen. Hier

---

⁷²⁹ BAG 14.3.2007 – 5 AZR 630/06, NZA 2008, 45; 10.12.2008 – 4 AZR 6801/07, BeckRS 2009, 61702.
⁷³⁰ Insofern vgl. zur AGB-Kontrolle von Tarifverträgen je nach dem Umfang der Verweisung unter → Rn. 148 ff.
⁷³¹ BAG 15.5.2012 – 3 AZR 610/11, NZA 2012, 1279 Rn. 69; 10.1.1989 – 3 AZR 460/87, NZA 1989, 797; 25.6.1985 – 3 AZR 305/83, AP HGB § 74c Nr. 11.
⁷³² BAG 15.5.2012 – 3 AZR 610/11, NZA 2012, 1279 Rn. 69.
⁷³³ BGH 21.9.2005 – XII ZR 312/02, NJW 2006, 138.
⁷³⁴ Zutr. *Bieder* SAE 2007, 379.
⁷³⁵ BAG 15.5.2012 – 3 AZR 610/11, NZA 2012, 1279; 20.5.2008 – 9 AZR 382/07, NZA 2008, 1233; 25.4.2007 – 5 AZR 504/06, NZA 2007, 801.
⁷³⁶ LAG Schleswig-Holstein 23.5.2013 – 5 Sa 375/12, BeckRS 2013, 70258.
⁷³⁷ MüKoBGB/*Wurmnest* § 309 Nr. 13 Rn. 3; *Lingemann/Otte* NZA 2016, 519 (520); *Link/Seidler* NJW 2016, 2153 (2155).

wird das Schriftformerfordernis nach § 126 BGB nicht durch ein Textformerfordernis ersetzt.[738]

Die Bedeutung der Schriftformklausel liegt in der stets unzutr. Belehrung über die Rechtslage, denn gem. § 305b BGB haben individuelle Vertragsabreden Vorrang vor Allgemeinen Geschäftsbedingungen und setzen sich damit auch gegenüber doppelten Schriftformklauseln durch.[739] Durch diese Irreführung wird der AN unangemessen benachteiligt, § 307 Abs. 1 BGB.[740] Der AG als Verwender kann sich nicht auf eine etwaige Unwirksamkeit der doppelten Schriftformklausel nach § 307 Abs. 1 BGB berufen und bleibt an das von ihm selbst vorgegebene Schriftformerfordernis gebunden.[741] Die Inhaltskontrolle dient nicht dem Schutz des Klauselverwenders vor den von ihm selbst eingeführten Formularbestimmungen.[742] Eine doppelte Schriftformklausel, die Individualabreden von dem Schriftformgebot ausdrücklich ausnimmt, ist allerdings wirksam.[743]

In Fortführung seiner bisherigen Rspr. stellt das BAG weiterhin fest, dass der Vorrang von Individualabreden gem. § 305b BGB nicht für die betriebliche Übung gilt, denn bei ihr handelt es sich um keine Individualabrede.[744] Die betriebliche Übung begründet zwar einen vertraglichen Anspruch. Dieser entsteht jedoch nicht auf Grund einer individuell ausgehandelten Abrede zwischen den Arbeitsvertragsparteien, sondern kollektivrechtlich. Eine Individualabrede liegt aber nur vor, wenn eine Klausel nicht gestellt, sondern ausgehandelt wurde, § 305 Abs. 1 S. 3 BGB. Der Inhalt der betrieblichen Übung wird nicht ausgehandelt, sondern einseitig durch das Verhalten des AG bestimmt und somit gestellt. Demzufolge hindern wirksame doppelte bzw. qualifizierte Schriftformklauseln das Entstehen einer betrieblichen Übung.[745] Eine solche Klausel kann nicht durch eine die Schriftform nicht wahrende (nicht individualvertragliche) Vereinb. abbedungen werden, denn gerade in ihrer Verwendung wird deutlich, dass die Vertragsparteien auf die Wirksamkeit ihrer Schriftformklausel besonderen Wert legen. Ein Verstoß führt gem. § 125 S. 2 BGB zur Nichtigkeit der Änderungsabrede, sofern eine konstitutive qualifizierte Schriftformklauseln vereinbart wurde. Ist die **Schriftformklausel** aufgrund eines Verstoßes gegen diese Grundsätze **unwirksam** und die Vertragsänderung ohne Einhaltung der Schriftform wirksam, stellt sich die Frage, wie sich diese Unwirksamkeit im Rahmen einer gegebenenfalls durchzuführenden Vergleichsgruppenbildung bei der Sozialauswahl auswirkt. Kann sich der zu kündigende AN im Rahmen der Sozialauswahl auf die Wirksamkeit der eigentlich unwirksamen doppelten Schriftformklausel berufen, läge die Gestaltung der Vergleichsgruppenbildung bei der Sozialauswahl in seiner Hand, denn er könnte einen gänzlich anderen sozialauswahlrelevanten, zuletzt nach Maßgabe des Arbeitsvertrages heranzuziehenden, Arbeitsplatz geltend machen. Hierdurch könnte er sich der Kündigung quasi entziehen, denn es scheint eher unwahrscheinlich, dass die Sozialauswahl in jeder möglichen Vergleichsgruppe zu dem gleichen Auswahlergebnis führt. Dieses Ergebnis widerspricht jedoch dem Zweck der Sozialauswahl, eine sozial verträgliche Auswahlentscheidung zu treffen. Daneben würde eine derartige Handhabung die Vergleichsgruppe zu Lasten der mittelbar betroffenen AN erweitern. Insofern ist es abzulehnen, dass sich der AN bei der Sozialauswahl auf die Wirksamkeit der eigentlich unwirksamen doppelten Schriftformklausel berufen kann.[746]

Doppelte Schriftformklauseln sind lediglich insofern nach § 307 Abs. 1 BGB unwirksam, als sie entgegen § 305b BGB den Eindruck vermitteln, Individualvereinbarungen seien un-

---

[738] Vgl. auch → Rn. 144 und 167; *Lingemann/Otte* NZA 2016, 519.
[739] LAG Schleswig-Holstein 10.4.2013 – 3 Sa 316/12, BeckRS 2013, 69222; BAG 20.5.2008 – 9 AZR 382/07, NZA 2008, 1233.
[740] Zur Irreführung sog. doppelter Schriftformklauseln LAG Schleswig-Holstein 23.5.2013 – 5 Sa 375/12, BeckRS 2013, 70058; BAG 20.5.2008 – 9 AZR 382/07, NZA 2008, 1233.
[741] LAG Köln 21.8.2013 – 11 Sa 171/13, BeckRS 2013, 73936; LAG Hamm 2.7.2013 – 14 Sa 1706/12, BeckRS 2013, 72272.
[742] BAG 27.10.2005 – 8 AZR 3/05, NZA 2006, 257 Rn. 16.
[743] LAG Hessen 11.3.2019 – 16 Sa 1370/18, BeckRS 2019, 15479.
[744] BAG 20.5.2008 – 9 AZR 382/07, NZA 2008, 1233.
[745] BAG 20.5.2008 – 9 AZR 382/07, NZA 2008, 1233; LAG Baden-Württemberg 12.9.2013 – 11 Sa 37/13, BeckRS 2013, 73791.
[746] *Salamon* RdA 2011, 266.

wirksam.⁷⁴⁷ Dies wird in der nachstehenden Klausel berücksichtigt. Nach wie vor können wirksame doppelte konstitutive Schriftformklauseln, die Entstehung einer betrieblichen Übung verhindern. Das BAG hat seine Rspr., dass Ansprüche aus betrieblicher Übung auch durch eine abändernde betriebliche Übung wieder aufgehoben werden können⁷⁴⁸ ausdrücklich aufgehoben.⁷⁴⁹ Die Annahme, durch eine dreimalige widerspruchslose Entgegennahme einer vom AG ausdrücklich unter dem Vorbehalt der Freiwilligkeit gezahlten Gratifikation werde die Verpflichtung des AG zur Gratifikationszahlung aus betrieblicher Übung beendet, ist mit dem Klauselverbot für fingierte Erklärungen in § 308 Nr. 5 BGB nicht zu vereinbaren.⁷⁵⁰

Musterklausel: eingeschränkte doppelte Schriftformklausel

249 Änderungen oder Ergänzungen dieses Arbeitsvertrages einschließlich dieser Bestimmung bedürfen zu ihrer Wirksamkeit der Schriftform. Dies gilt nicht, wenn Änderungen oder Ergänzungen jeweils zwischen den Vertragsparteien im Einzelnen ausgehandelt werden; in diesem Fall gelten auch mündliche Absprachen. Das Schriftformerfordernis bezieht sich auch auf etwaige Ansprüche aus betrieblicher Übung.

250 *ll) Nachvertragliche Wettbewerbsverbote.* Im Rahmen eines nachvertraglichen Wettbewerbsverbots kann sich der AN für den Fall seines Ausscheidens gegenüber dem ehemaligen AG gegen Zahlung einer Karenzentschädigung zum Unterlassen von Wettbewerb verpflichten.⁷⁵¹

251 *mm) Vergütung.* Klauseln in Arbeitsverträgen, die eine Pauschalvergütung von Überstunden und/oder Sonderformen der Arbeit vorsehen, unterliegen ebenfalls der Inhaltskontrolle und sind insbesondere dem Transparenzgebot unterworfen.⁷⁵² Eine Klausel zu Pauschalvergütung von Überstunden oder sonstigen Sonderformen der Arbeit (zB Bereitschaftsdienst oder Rufbereitschaft) ist dabei nur klar und verständlich, wenn sich aus dem Arbeitsvertrag selbst ergibt, welche Arbeitsleistung in welchem Umfang von der Pauschalvergütungsklausel erfasst werden soll und der AN erkennen kann welche Leistung er für die vereinbarte Vergütung maximal erbringen muss.⁷⁵³ Ebenfalls zulässig ist es, die Gewährung eines Überstundenzuschlags von der Anorndung der geleisteten Mehrarbeit durch den AG abhängig zu machen, sofern keine abweichende kollektivrechtliche Verpflichtung des AG existiert.⁷⁵⁴

252 *nn) Vertragsstrafen/Schadenpauschalierungsvereinbarungen.* Vertragsstrafen- und Schadenspauschalisierungsvereinbarungen knüpfen gleichermaßen an ein vertragswidriges Verhalten des AN an. Beiden ist gemeinsam, dass der AG den konkret entstandenen Schaden nicht im Sinne des § 249 BGB nachweisen muss. Eine trennscharfe **Abgrenzung** der beiden Institute voneinander ist jedoch spätestens seit den in § 309 Nr. 5 und Nr. 6 BGB enthaltenen Klauselverboten ohne Wertungsmöglichkeit unabdingbar. Durch eine Schadenpauschalierungsvereinbarung entfällt wie erwähnt die Notwendigkeit, den Schadensbeweis im Sinne des § 249 BGB führen zu müssen. Die Vertragsstrafe hat dagegen eine Doppelfunktion, denn sie soll zum einen Druck auf den Schuldner ausüben, seine Hauptverbindlichkeit, zB die Einhaltung eines Wettbewerbsverbots oder die Verpflichtung, die Arbeit aufzunehmen, zu erfüllen. Außerdem soll sie wie auch die Schadenspauschalierungsvereinbarung dem Gläubiger den Schadensbeweis ersparen und dadurch die Durchsetzung des Schadensersatzanspruchs erleichtern.⁷⁵⁵ Die Vertragsstrafe als unselbständiges Strafversprechen

---

⁷⁴⁷ Hierzu und zur betrieblichen Übung vgl. → § 1 Rn. 35 f.
⁷⁴⁸ BAG 4.5.1999 – 10 AZR 290/98, BB 1999, 1924.
⁷⁴⁹ BAG 18.3.2009 – 10 AZR 281/08, NZA 2009, 601.
⁷⁵⁰ BAG 18.3.2009 – 10 AZR 281/08, NZA 2009, 601.
⁷⁵¹ Zu nachvertraglichen Wettbewerbsverboten vgl. die Ausführungen → § 32.
⁷⁵² BAG 18.11.2015 – 5 AZR 751/13, NZA 2016, 487.
⁷⁵³ BAG 18.11.2015 – 5 AZR 751/13, NZA 2016, 487.
⁷⁵⁴ LAG Rheinland-Pfalz 14.6.2016 – 8 Sa 557/15.
⁷⁵⁵ BAG 18.12.2008 – 8 AZR 81/08, NZA-RR 2009, 519.

ist nach § 344 BGB akzessorisch und an das Bestehen einer Hauptleistungspflicht gebunden.[756]

§ 309 Nr. 6 BGB enthält ein **partielles Verbot** von **Vertragsstrafen**. Nach der Rechtsprechung des BAG ist § 309 Nr. 6 BGB aufgrund der im Arbeitsrecht geltenden Besonderheiten (§ 310 Abs. 4 S. 2 Hs. 1 BGB) nicht auf arbeitsrechtliche Vertragsstrafen anwendbar.[757] Eine Unwirksamkeit kann sich nur aus § 307 BGB ergeben, wobei zum Schutz des AN ein strenger Maßstab anzulegen ist.[758] Einziger im Arbeitsrecht denkbarer Anwendungsfall ist, dass der AN sich rechtsw. vom Vertrag löst oder seine Arbeit nicht antritt. Für eine wirksame Vertragsstrafenregelung ist allerdings auch im Rahmen des § 307 Abs. 1 S. 2 BGB erforderlich, dass der Vertragsstrafenregelung klar zu entnehmen ist, welche Pflichten durch sie tatsächlich gesichert werden sollen.[759] Auch die zu leistende Strafe muss ihrer Höhe nach klar und bestimmt sein.[760] Schon zur Selbstkontrolle ist es daher bei der Formulierung angebracht, jeden Pflichtverstoß, der eine Vertragsstrafe auslösen soll, zu bezeichnen und unmittelbar im Anschluss die Sanktion zu regeln. Vertragsstrafen wegen unentschuldigten Fehlens oder Wettbewerbsverstößen im laufenden Arbeitsverhältnis unterliegen schon tatbestandlich nicht dem Klauselverbot. Sie sollten in einer gesonderten, mit einer eigenen Überschrift versehenen Klausel geregelt werden. Insofern wird auch dem Problem vorgebeugt, dass die Klausel als überraschende Klausel nach § 305c Abs. 1 BGB möglicherweise nicht Vertragsbestandteil geworden ist. So kann der ungewöhnliche äußere Zuschnitt einer Vertragsstrafenklausel oder ihre Unterbringung an unerwarteter oder „versteckter"[761] Stelle die Bestimmung zu einer ungewöhnlichen und damit überraschenden Klausel machen.[762] Das Überraschungsmoment ist desto eher zu bejahen, je belastender die Bestimmung ist. Im Einzelfall muss der Verwender gegebenenfalls auf die Klausel besonders hinweisen oder diese drucktechnisch hervorheben. Kein „Überrumpelungs- oder Übertölpelungseffekt" liegt jedoch vor, wenn das äußere Erscheinungsbild des Vertrags nicht dazu führt, dass beim AN bestimmte Erwartungen hinsichtlich des Vertragsinhalts geweckt werden und wenn der Mitarbeiter sich von vornherein den gesamten Vertragstext durchlesen muss, um den Vertragsinhalt vollständig zu erfassen.[763]

Es ist hinsichtlich jeder sanktionierten Handlung gesondert anhand allgemeiner Maßstäbe zu überprüfen, ob eine Vertragsstrafe insoweit zulässig ist. Neben den Vertragsstrafen wegen unentschuldigten Fehlens und Wettbewerbsverstoßen im laufenden Arbeitsverhältnis dürften auch solche wegen Verstößen gegen Verschwiegenheitsverpflichtungen im laufenden Arbeitsverhältnis zulässig sein.[764]

Vertragsstrafenabreden benachteiligen den AN nicht schon generell unangemessen.[765] Insofern dienen sie dem AG, seine berechtigten und anerkennenswerten Interessen gegenüber dem AN zu schützen und zu sichern. Nach dem BAG fehlt es am berechtigten Interesse des AG, sofern erkennbar ist, dass die Vertragsstrafe in erster Linie zur bloßen Schöpfung neuer, vom Sachinteresse des Verwenders losgelöster Geldforderungen eingesetzt wird.[766] Die Interessenabwägung ist anhand einer typisierenden Betrachtungsweise vorzunehmen, wobei zum einen auf den jeweiligen Gegenstand, der dem Vertragsstrafeversprechen zu Grunde liegt, und zum anderen auf die jeweilige Arbeitnehmergruppe, die die Verwendung gerade dieser Allgemeinen Geschäftsbedingungen betrifft, abzustellen ist.[767] Für die Beurteilung der

---

[756] *Preis* Arbeitsvertrag Teil II V Rn. 4.
[757] Vgl. zum Meinungsstand hierzu → Rn. 262 ff.
[758] BAG 17 3.2016 – 8 AZR 665/14, NJW-Spezial 2016, 466.
[759] BAG 18.8.2005 – 8 AZR 65/05, NZA 2006, 34 Rn. 20; so schon BAG 27.4.2000 – 8 AZR 301/99, BeckRS 2009, 56447.
[760] BAG 14.8.2007 – 8 AZR 973/06, NJW 2008, 458.
[761] BGH 21.7.2011 – IV ZR 42/10, NJW 2011, 3718 Rn. 16.
[762] Zu alldem BAG 25.9.2008 – 8 AZR 717/07, NZA 2009, 370; 14.8.2007 – 8 AZR 973/06, NZA 2008, 170.
[763] BAG 25.9.2008 – 8 AZR 717/07, NZA 2009, 370 Rn. 24.
[764] *Preis* Arbeitsvertrag Teil II V Rn. 66 f.
[765] BAG 23.9.2010 – 8 AZR 897/08, NZA 2011, 89; BAG 18.12.2008 – 8 AZR 81/08, NZA-RR 2009, 519.
[766] BAG 18.12.2008 – 8 AZR 81/08, NZA-RR 2009, 519; 4.3.2004 – 8 AZR 196/03, NZA 2004, 727.
[767] BAG 25.9.2008 – 8 AZR 717/07, NZA 2009, 370.

Wirksamkeit der Vertragsstrafenabrede ist der Abschluss des Arbeitsvertrags maßgeblich.[768] Nach Rspr. des BAG ist bei der Auslegung und Angemessenheitskontrolle der Vertragsstrafenabreden ein strenger Maßstab anzulegen.[769]

256 Eine **unangemessene Benachteiligung** des AN nach § 307 Abs. 1 S. 1 BGB kann sich **aus der Höhe** der Vertragsstrafe ergeben. Nach dem BAG kommt für die Feststellung der Angemessenheit einer Vertragsstrafe im Zusammenhang mit der Nichterbringung der Arbeitsleistung, der maßgeblichen Kündigungsfrist entscheidende Bedeutung zu.[770] In der Länge der Kündigungsfrist kommt zum Ausdruck, in welchem zeitlichen Umfang der AG Arbeitsleistungen vom AN verlangen kann und welches Interesse das Unternehmen an der Arbeitsleistung hat.[771] Da es bei der Vereinb. einer Vertragsstrafe jedenfalls auch um einen vermögensmäßigen Ausgleich nicht erbrachter Vertragsleistungen geht, sind die Kündigungsfristen, die durch den Vertragsbruch vom AN nicht beachtet wurden, ein relevanter Abwägungsgesichtspunkt zur Feststellung der Angemessenheit der Vertragsstrafenhöhe.[772] So ist die Höhe der Vergütung grundsätzlich ein geeigneter Maßstab, um den Wert der Arbeitsleistung festzustellen, denn in der Vergütungshöhe kommt zum Ausdruck, welche Mittel der AG unter Berücksichtigung der Marktverhältnisse einsetzen muss, um den Gegenwert der Arbeitsleistung zu erhalten, mit deren Hilfe er seine wirtschaftlichen Ziele verfolgt. Die Länge der jeweiligen Kündigungsfrist und die für diesen Zeitraum zu zahlende Vergütung spiegeln damit regelmäßig das wirtschaftliche Interesse des AG an der Arbeitskraft des AN auf der einen Seite, auf der anderen Seite aber auch den Umfang eines möglichen Schadens bei vertragswidriger Lösung vom Arbeitsverhältnis wider. Dementsprechend ist eine Vertragsstrafe in Höhe der Arbeitnehmerbezüge bis zum Ablauf der ordentlichen Kündigungsfrist für den Fall des Nichtantritts der Arbeit grundsätzlich angemessen. Vor diesem Hintergrund benachteiligt eine Vertragsstrafenabrede den AN grundsätzlich unangemessen, wenn sie für den Fall der vertragswidrigen Lösung des Arbeitsvertrags den AN zur Zahlung einer Strafe in Höhe eines Betrags verpflichtet, der höher ist als das Arbeitsentgelt, dass das Unternehmen dem Mitarbeiter für die Zeit bis zur ordnungsgemäßen Beendigung des Arbeitsverhältnisses schulden würde.[773] Dies gilt nur ausnahmsweise nicht, wenn das Interesse des AG auf Grund besonderer Umstände den Wert der Arbeitsleistung, der sich in der Arbeitsvergütung bis zur vertraglich zulässigen Beendigung des Arbeitsverhältnisses (idR also bis zum Ablauf der Kündigungsfrist) niederschlägt, typischerweise und generell übersteigt.[774] Eine Klausel, die auch Fallkonstellationen erfasst, in denen der Strafbetrag eine unzulässige Übersicherung des AG darstellt, ist unwirksam.[775] Eine unangemessene Benachteiligung des AN durch eine Vertragsstrafenabrede liegt deshalb vor, wenn die Vertragsstrafenklausel so auszulegen ist, dass sie auch für den Fall, dass der AN in der Probezeit das Arbeitsverhältnisses mit der dementsprechend geregelten kürzeren Kündigungsfrist vorzeitig vertragswidrig beendet, eine Vertragsstrafe vorsieht, die höher ist, als die für den Zeitraum der entsprechend geregelten kürzeren Kündigungsfrist zu zahlende Vergütung (in den entschiedenen Fällen ein Bruttomonatsgehalt).[776] Da die Länge der Kündigungsfrist bei Feststellung der zulässigen Höhe der Vertragsstrafe ein relevanter Abwägungsgesichtspunkt ist,[777] lassen sich allgemeingültige Regeln zur Bemessung der Höhe nicht aufstellen. Für die Praxis ist zu empfehlen, die Ver-

---

[768] BAG 23.9.2010 – 8 AZR 897/08, NZA 2011, 89.
[769] BAG 23.1.2014 – 8 AZR 130/13, NZA 2014, 777 Rn. 21.
[770] BAG 19.8.2010 – 8 AZR 645/09, AP BGB § 307 Nr. 49; BAG 18.12.2008 – 8 AZR 81/08, NZA-RR 2009, 519.
[771] BAG 17.3.2016 – 8 AZR 665/14, NJW-Spezial 2016, 466.
[772] BAG 18.12.2008 – 8 AZR 81/08, NZA-RR 2009, 519 Rn. 53; 4.3.2004 – 8 AZR 196/03, NZA 2004, 727.
[773] Zu alldem BAG 18.12.2008 – 8 AZR 81/08, NZA-RR 2009, 519; 4.3.2004 – 8 AZR 196/03, NZA 2004, 727.
[774] BAG 24.8.2017 – 8 AZR 378/16, NZA 2018, 100; BAG 18.12.2008 – 8 AZR 81/08, NZA-RR 2009, 519; LAG Schleswig-Holstein 28.2.2012 – 1 Sa 235b/11, LAGE BGB 2002 § 307 Nr. 29.
[775] BAG 25.9.2008 – 8 AZR 717/07, NZA 2009, 370.
[776] Vgl. BAG 24.8.2017 – 8 AZR 378/16, NZA 2018, 100; 17.3.2016 – 8 AZR 665/14, NZA 2016, 945; 23.9.2010 – 8 AZR 897/08, NZA 2011, 89.
[777] BAG 17.3.2016 – 8 AZR 665/14, NJW-Spezial 2016, 466; vgl. 4.3.2004 – 8 AZR 196/03, DB 2004, 1616.

tragsstrafe nach oben in Höhe der Arbeitnehmerbezüge bis zum Ablauf der ordentlichen Kündigungsfrist zu begrenzen.

Eine Unangemessenheit kann sich auch aus dem Verhältnis der Höhe der Strafe zum Gewicht des Verstoßes ergeben. So hat das LAG Saarland entschieden, dass eine Vertragsstrafenklausel, die ihrer Formulierung nach theoretisch auch nur minimale arbeitsvertragliche Pflichtverletzungen (zB nur ein einzelner Tag unentschuldigter Nichterbringung der Arbeitsleistung) erfasst, gleichzeitig aber eine Vertragsstrafe von einem Bruttomonatsverdienst anordnet, den AN unangemessen benachteiligt und daher unwirksam ist.[778]

Eine Vertragsstrafenabrede kann sich zudem aufgrund eines Verstoßes gegen das **Transparenzgebot** als unangemessene Benachteiligung nach § 307 Abs. 1 S. 2 BGB darstellen. Der Verwender von AGB (der AG) ist verpflichtet, Rechte und Pflichten des Vertragspartners möglichst klar und verständlich darzustellen. Aus diesem Grund kann eine Klausel die eine Vertragsstrafe bei „Nichteinhaltung der Kündigungsfrist" vorsieht, aber so ausgelegt werden kann, dass auch Fälle erfasst sind, in denen sich eine außerordentliche Kündigung gem § 626 Abs. 1 BGB mangels wichtigen Grundes als unwirksam erweist, hinsichtlich der von den Parteien zur Höhe der Vertragsstrafe bei Nichteinhaltung der Kündigungsfrist getroffenen Abrede intransparent und deshalb unwirksam sein.[779] Nach der Rspr. des BAG muss auch das die Vertragsstrafe auslösende Fehlverhalten des AN nach dem Inhalt präzise beschrieben werden.[780] Als intransparent und damit unwirksam wurde die Formulierung, „in sonstiger Form schuldhaft einen Vertragsbruch" zu begehen, angesehen.[781] Die Unbestimmtheit wird auch nicht durch eine nachf. „Insbesondere-Aufzählung" geheilt, denn diese stellt nur eine beispielhafte nicht abschließende und damit nicht hinreichend bestimmte Konkretisierung des Begriffs des „Vertragsbruchs in sonstiger Form" dar.[782] Für die gebotene Transparenz der Regelung ist es nach dem BAG[783] unschädlich, dass die Regelung nicht ausdrücklich darauf hinweist, dass die Vertragsstrafe nur verwirkt ist, wenn die Nichterbringung der geschuldeten Dienstleistung auf einem Verschulden des AN beruht. Dies folgt bereits aus dem Umstand, dass der Regelung der juristische Fachbegriff einer „Vertragsstrafe" zugrunde gelegt wurde. Das Transparenzgebot erfordert nicht, den Gesetzestext in den Vertragstext aufzunehmen oder eine gesetzliche Regelung mit eigenen Worten darzustellen oder zu erläutern.[784] Insofern wird dem Verwender gestattet, Rechtsbegriffe aus der Gesetzessprache zu übernehmen. Wenn er von dieser Möglichkeit Gebrauch macht, so sind diese Rechtsbegriffe auch in ihrer tatsächlichen juristischen Bedeutung zu verstehen.[785] So hat das BAG entschieden, dass unter „vorzeitiger Beendigung des Arbeitsverhältnisses" allein die rechtliche Beendigung des Arbeitsverhältnisses, nicht aber bereits die bloße Einstellung der Arbeitsleistung verstanden wird.[786]

Bei einem Verstoß gegen diese Grundsätze ist die Vertragsstrafenabrede **unwirksam**.[787] Eine Herabsetzung der Vertragsstrafe gem. § 343 BGB auf das angemessene Maß kommt nach dem BAG[788] nur bei einer wirksam vereinbarten Vertragsstrafe in Betracht. Das Recht der allgemeinen Geschäftsbedingungen sieht grundsätzlich die Modifizierung einer unangemessenen Klausel mit dem Ziel ihrer rechtskonformen Gestaltung (**geltungserhaltende Reduktion**) nicht vor.[789] Argument hierfür ist § 306 Abs. 2 BGB, der bestimmt, dass sich der Inhalt des Vertrags nach den gesetzlichen Vorschriften richtet, soweit Bestimmungen nicht Vertragsbestandteil geworden sind oder unwirksam sind. Enthält dagegen eine Vertragsstrafenklausel sowohl wirksame als auch unwirksame Sanktionstatbestände, ist sie auf ihre Teilbarkeit zu untersuchen. Eine solche ist gegeben, wenn die Regelungen inhaltlich voneinander trennbar und je-

---

[778] LAG Saarland 7.9.2016 – 2 Sa 104/15, BeckRS 2016, 73744.
[779] BAG 24.8.2017 – 8 AZR 378/16, NZA 2018, 100.
[780] BAG 23.1.2014 – 8 AZR 130/13, NZA 2014, 777 Rn. 25.
[781] LAG München 24.9.2009 – 3 Sa 402/09, LAGE BGB 2002 § 307 Nr. 21.
[782] LAG München 24.9.2009 – 3 Sa 402/09, LAGE BGB 2002 § 307 Nr. 21.
[783] BAG 19.8.2010 – 8 AZR 645/09, AP BGB § 307 Nr. 49.
[784] BAG 28.5.2009 – 8 AZR 896/07, AP BGB § 306 Nr. 6.
[785] BAG 19.8.2010 – 8 AZR 645/09, AP BGB § 307 Nr. 49.
[786] BAG 23.1.2014 – 8 AZR 130/13, NZA 2014, 777 Rn. 14.
[787] BAG 25.9.2008 – 8 AZR 717/07, NZA 2009, 370.
[788] BAG 18.12.2008 – 8 AZR 81/08, NZA-RR 2009, 519; 25.9.2008 – 8 AZR 717/07, NZA 2009, 370.
[789] BAG 23.9.2010 – 8 AZR 897/08, NZA 2011, 89; 11.12.2008 – VII ZR 235/06, NJW-RR 2009, 519.

weils aus sich heraus verständlich sind (sog. „blue-pencil-Test"). Ist dies der Fall, kann der unwirksame Teil gestrichen werden und der wirksame Klauselrest aufrechterhalten werden. Der Sinngehalt der Vertragsstrafenregelung mit mehreren Sanktionstatbeständen wird dadurch nicht beseitigt.[790] Eine **ergänzende Vertragsauslegung** scheidet jedoch aus. Sie ist nicht schon deshalb geboten, weil es keine gesetzlichen Vorschriften gibt, auf die nach § 306 Abs. 2 BGB zurückgegriffen werden kann. Würde in derartigen Fällen stets eine ergänzende Vertragsauslegung eingreifen, läge das Risiko der Vorformulierung unwirksamer Klauseln entgegen dem Zweck der gesetzlichen Regelung nicht mehr beim Verwender.

260 Bei der Vereinb. von Vertragsstrafen, die **Wettbewerbsverbote** sichern sollen, ist besondere Sorgfalt hinsichtlich der Festlegung der Höhe und der Sanktion im Falle mehrfacher Verstöße angebracht. In der Entscheidung des BAG vom 14.8.2007[791] wurde die in der Praxis bisher übliche Klausel „Im Fall einer dauerhaften Verletzung des Wettbewerbsverbots gilt jeder angebrochene Monat als eine erneute Verletzungshandlung" als intransparent erachtet, wenn nicht erläutert wird, wann von einem Einzelverstoß und wann von einem Dauerverstoß auszugehen ist und wie oft in den verschiedenen Konstellationen die Vertragsstrafe anfällt.

Formulierungsvorschlag: Vertragsstrafe Wettbewerbsverbot

261 (1) Verstößt der Arbeitnehmer gegen das während des Arbeitsverhältnisses bestehende Wettbewerbsverbot (§ 60 HGB), ist er verpflichtet, eine Vertragsstrafe in Höhe von einem Bruttomonatsgehalt/EUR ...... zu zahlen.

(2) Besteht die Verletzungshandlung in der kapitalmäßigen Beteiligung an einem Wettbewerbsunternehmen oder der Eingehung eines Dauerschuldverhältnisses (zB Arbeits-, Dienst-, Handelsvertreter- oder Beraterverhältnis), wird die Vertragsstrafe für jeden angefangenen Monat, in dem die kapitalmäßige Beteiligung oder das Dauerschuldverhältnis besteht, neu verwirkt (Dauerverletzung). Erfolgen einzelne Verletzungshandlungen im Rahmen einer Dauerverletzung, sind sie von der für die Dauerverletzung verwirkten Vertragsstrafe mit umfasst. Die Vertragsstrafe ist dann einmal je Kalendermonat zu zahlen.

(3) Der Nachweis eines höheren Schadens bleibt vorbehalten. Diese Vertragsstrafe berührt die Möglichkeit anderer arbeitsrechtlicher Sanktionen nicht.

262 Umstritten war, ob die arbeitsrechtlichen Besonderheiten im Sinne des § 310 Abs. 4 S. 2 BGB eine **Nichtanwendung des partiellen Klauselverbots** nach § 309 Nr. 6 BGB auch für den Fall der **vertragswidrigen Lösung oder Nichtaufnahme der Arbeit** durch den AN rechtfertigen. Die Befürworter[792] der Nichtanwendung des Klauselverbots stützen sich insbesondere auf die erheblichen Beweisschwierigkeiten in Bezug auf den entstandenen Schaden und meinen, § 75c HGB und § 12 Abs. 2 Nr. 2 BBiG sei im Umkehrschluss zu entnehmen, Vertragsstrafen seien grundsätzlich zulässig. Die Gegenansicht[793] vermag derartige arbeitsrechtliche Besonderheiten nicht zu erkennen, weil in Individualvereinbarungen Vertragsstrafen zulässig seien, folge daraus nicht im Umkehrschluss, dies sei auch in Allgemeine Geschäftsbedingungen der Fall.

263 Das BAG[794] und der überwiegende Teil des Schrifttums[795] hält derartige in Arbeitsverträgen enthaltene Vertragsklauseln für wirksam. Es geht darum, dem AG seinerseits die

---

[790] *Preis* Arbeitsvertrag Teil II V Rn. 42.
[791] BAG 14.8.2007 – 8 AZR 973/06, NJW 2008, 458.
[792] BAG 18.12.2008 – 8 AZR 81/08, NZA-RR 2009, 519; 25.9.2008 – 8 AZR 717/07, NZA 2009, 370; ArbG Duisburg 14.8.2002 – 3 Ca 1676/02, DB 2002, 1943; *Annuß* BB 2002, 458 (463); *Bartz* AuA 2002, 62 (64); *Gotthardt* ZIP 2002, 277 (283); *Henssler* RdA 2002, 129 (138); *Leder/Morgenroth* NZA 2002, 952; *Lingemann* NZA 2002, 181 (191).
[793] ArbG Bochum 8.7.2002 – 3 Ca 1287/02, DB 2002, 1659; vgl. LAG Düsseldorf 8.1.2003 – 12 Sa 1301/02, NZA 2003, 382; *Thüsing* BB 2003, 42 mwN in Fn. 22; *Däubler* NZA 2001, 1329 (1336); *Reinecke* DB 2002, 583 (586); zweifelnd *Richardi* NZA 2002, 1057 (1064); weitergehend *Koppenfels* NZA 2002, 598.
[794] BAG 17.3.2016 – 8 AZR 665/14, NJW-Spezial 2016, 466; 23.1.2014 – 8 AZR 130/13, NZA 2014, 777 (779) Rn. 21; 25.9.2008 – 8 AZR 717/07, NZA 2009, 370; 21.4.2005 – 8 AZR 425/04, NZA 2005, 1053; 4.3.2004 – 8 AZR 196/03, DB 2004, 1616.
[795] *Preis* Arbeitsvertrag Teil II V Rn. 33 mwN.

nahtlose Erbringung der Dienstleistungen gegenüber seinem Kunden und gegebenenfalls die entsprechende Einarbeitung eines Nachfolgers zu ermöglichen. Stellt der AN die Arbeit vertragswidrig ein oder muss ihm fristlos gekündigt werden, sind die Darlegung und der Beweis eines konkreten Schadens erfahrungsgemäß regelmäßig mit besonderen Schwierigkeiten verbunden. Die schadensersatzrechtlichen und zivilprozessualen Erleichterungen nach § 252 S. 2 BGB und § 287 ZPO erleichtern nur in geringfügigem Umfang die Darlegung und den Nachw. des Schadens.[796] Der Ausschluss der Vollstreckbarkeit der Arbeitsleistung nach § 888 Abs. 3 ZPO ist zudem eine im Arbeitsrecht geltende Besonderheit im Sinne des § 310 Abs. 4 S. 2 BGB.[797] Bei der Erbringung der Arbeitsleistung handelt es sich grundsätzlich um eine nicht vertretbare Handlung, da der AN verpflichtet ist, die Arbeitsleistung höchstpersönlich zu erbringen, wenn die Parteien nicht etwas anderes vereinbart haben (§ 613 BGB). Allerdings ist zu beachten, dass die Vertragsstrafenklausel nach § 307 BGB unwirksam ist, wenn die Vertragsstrafe **zu hoch** ist.[798]

Formulierungsvorschlag:
Vertragsstrafe Nichtaufnahme der Tätigkeit/Vertragswidrige Beendigung der Tätigkeit

(1) Der Arbeitnehmer ist verpflichtet, im Fall der Nichtaufnahme der Arbeit oder der unberechtigten vorzeitigen Beendigung des Arbeitsverhältnisses eine Vertragsstrafe in Höhe des Bruttoentgelts zu zahlen, dass er bei Einhaltung der in diesem Zeitpunkt maßgeblichen Kündigungsfrist erhalten hätte.[799] Das Gleiche gilt, wenn der Arbeitgeber eine berechtigte fristlose Kündigung des Arbeitsverhältnisses ausspricht.

(2) Der Nachweis eines höheren Schadens bleibt vorbehalten.

Schadenspauschalierungsvereinbarungen sind dagegen nach § 309 Nr. 5 BGB zulässig, wenn die Pauschale den in den geregelten Fällen nach dem gewöhnlichen Lauf der Dinge zu erwartenden Schaden nicht übersteigt und dem anderen Vertragsteil ausdrücklich der Nachw. gestattet wird, ein Schaden sei überhaupt nicht entstanden oder wesentlich niedriger als die Pauschale. Daneben ist das gesetzliche Verbot des § 12 Abs. 2 Nr. 4 BBiG im Rahmen von Berufsausbildungsverhältnissen zu beachten. Nach dieser Norm ist eine Vereinbarung über die Festsetzung der Höhe eines Schadensersatzes in Pauschbeträgen nichtig. Mit einer Schadenspauschalierungsvereinbarung wird der Vertragsbruch nicht sanktioniert. Lediglich der Nachw. des konkret entstandenen Schadens ist nicht erforderlich. An eine Schadenspauschalierungsvereinbarung ist insbesondere in den Fällen zu denken, in denen eine Vertragsstrafe wegen des in § 309 Nr. 6 BGB enthaltenen Verbots uU nicht wirksam ist.

Formulierungsvorschlag: Schadenspauschalierungsvereinbarung/Nichtaufnahme der Tätigkeit/Vertragswidrige Beendigung der Tätigkeit

(1) Sollte die in Ziffer ...... vereinbarte Vertragsstrafe unwirksam sein, vereinbaren die Parteien eine Schadenspauschalierung.

(2) Der Arbeitnehmer ist verpflichtet, im Fall der Verweigerung des Arbeitsantritts oder der unberechtigten vorzeitigen Beendigung des Arbeitsverhältnisses dem Arbeitgeber Schadensersatz zu leisten. Die Parteien vereinbaren eine Schadenspauschale in Höhe von EUR ...... Das Gleiche gilt, wenn der Arbeitgeber eine berechtigte fristlose Kündigung des Arbeitsverhältnisses ausspricht.

(3) Der Nachweis eines höheren Schadens bleibt vorbehalten. Der Arbeitnehmer kann nachweisen, dass ein Schaden überhaupt nicht entstanden ist oder aber wesentlich geringer als der in Abs. 2 angegebene ist.

---

[796] Vgl. dazu BAG 4.3.2004 – 8 AZR 196/03, NZA 2004, 727.
[797] BAG 25.9.2008 – 8 AZR 717/07, NZA 2009, 370; 21.4.2005 – 8 AZR 425/04, NZA 2005, 1053.
[798] Hierzu → Rn. 222.
[799] Angelehnt an: *Günther/Nolde* NZA 2012, 62. Vgl. hierzu auch *Haas/Fuhlrott* NZA-RR 2010, 1 ff.; *Preis* Arbeitsvertrag Teil II V Rn. 8.

267 oo) **Vorbehaltsklauseln.** Unter dem Begriff Vorbehaltsklauseln werden hier sämtliche Regelungen verstanden, mit denen dem AG das Recht gegeben wird, dem AN zugesagte Leistungen zum Nachteil des AN abzuändern. Damit fallen unter den Begriff das Recht des AG zum **Widerruf**[800] von Zulagen und Gratifikationen sowie das Recht der Anrechnung von Tariflohnerhöhungen auf übertarifliche Gehaltsbestandteile. Die Befristung einzelner Vertragsbedingungen ist nicht unter den Begriff Vorbehaltsklausel zu subsumieren.[801] Nach § 308 Nr. 4 BGB ist die Vereinb. des Rechts des AG, die versprochene Leistung zu ändern oder von ihr abzuweichen, unwirksam, wenn die Vereinb. der Änderung oder der Abweichung unter Berücksichtigung der Interessen des AG dem AN nicht zumutbar ist. Teilweise wurde vertreten, dass § 308 Nr. 4 BGB auf Vorbehaltsklauseln nicht anzuwenden sei.[802] Aus der Vorbehaltsklausel ergebe sich keine „versprochene" Leistung im Sinne der Vorschrift. Mit diesem Argument könnte § 308 Nr. 4 BGB jede Wirkung entzogen werden; der Verwender müsste lediglich in den Formulierungen das Entstehen von Ansprüchen vermeiden. § 308 Nr. 4 BGB ist daher auf Vorbehaltsklauseln anzuwenden. Nach mittlerweile st. Rspr. des BAG unterliegen einseitige Leistungsbestimmungsrechte, die dem Verwender das Recht einräumen, die Hauptleistungspflichten einzuschränken, zu verändern, auszugestalten oder zu modifizieren der Inhaltskontrolle, da sie von dem allgemeinen Grundsatz pacta sunt servanda abweichen.[803] Deshalb muss sich sowohl ein **Widerrufsvorbehalt,**[804] wie auch ein **Freiwilligkeitsvorbehalt**[805] an § 308 Nr. 4 BGB messen lassen und kann aus diesem Grund unwirksam sein. Unter Berücksichtigung der sich rege wandelnden Rechtsprechung zu Sonderzahlungen respektive Stichtagszahlungen, gilt eben gesagtes zum Freiwilligkeitsvorbehalt nicht für Sonderzahlungen wie zB eine Weihnachtsgratifikation.[806] Einseitige Leistungsbestimmungsrechte iSd § 315 BGB fallen allerdings dann nicht unter § 308 Nr. 4 BGB, wenn sie darauf beschränkt sind, dem Verwender die erstmalige Festlegung seiner Leistung zu ermöglichen.[807] In einem Urteil vom 16.1.2013 entschied das BAG[808] zudem, dass die Zusage einer Sonderzahlung (in diesem Fall einer Weihnachtsgratifikation), deren Höhe der AG gem. § 315 BGB nach billigem Ermessen festlegen kann, einer Überprüfung anhand von §§ 305 ff. BGB regelmäßig stand hält, wenn es nicht das im unmittelbaren Gegenseitigkeitsverhältnis stehende Entgelt, sondern nur Zusatzleistungen betrifft. Bei der Anwendung des § 308 Nr. 4 BGB ist darauf zu achten, dass es sich um die inhaltliche Überprüfung der Klausel handelt. Hiervon abzugrenzen ist die zulässige Ausübung der Klausel im Einzelfall, die sog. Ausübungskontrolle.

268 § 308 Nr. 4 BGB statuiert eine abstrakte **Zumutbarkeitskontrolle** der Einzelnen vertraglichen Bestimmung. Die Vereinbarung eines Widerrufsrechts ist nach § 308 Nr. 4 BGB zumutbar, wenn der Widerruf nicht grundlos erfolgen soll, sondern wegen der unsicheren Entwicklung der Verhältnisse als Instrument der Anpassung notwendig ist.[809] Zwar hat der Arbeitgeber im Grundsatz ein anerkennenswertes Interesse daran, bestimmte Leistungen, insbesondere „Zusatzleistungen" flexibel auszugestalten, allerdings darf er das Wirtschaftsrisiko des Unternehmers nicht auf den Arbeitnehmer verlagern.[810] Eingriffe in den Kernbereich des Arbeitsverhältnisses sind nach der Wertung des § 307 Abs. 2 BGB nicht zulässig.[811] In der Vergangenheit hat das BAG die Widerruflichkeit einer übertariflichen Leistungszulage in Höhe von etwa 25 % des tariflichen Stundenlohnes als wirksam erachtet.[812] Das BAG hat insbesondere in den Entscheidungen vom 12.1.2005[813] und

---

[800] Zu Widerrufsvorbehalten vgl. auch → § 25 Rn. 13 ff.
[801] Vgl. insoweit BAG 27.7.2005 – 7 AZR 486/04, NZA 2006, 40.
[802] *Hümmerich* NZA 2003, 753 (760).
[803] BAG 24.1.2017 – 1 AZR 774/14, NZA 2017, 777 mwN.
[804] BAG 24.1.2017 – 1 AZR 774/14, NZA 2017, 777.
[805] BAG 25.4.2007 – 5 AZR 627/06, AP BGB § 308 Nr. 7; Vgl. hierzu auch → § 25 Rn. 8 ff.
[806] BAG 30.7.2008 – 10 AZR 606/07, NZA 2008, 1173.
[807] BAG 29.8.2012 – 10 AZR 385/11, NZA 2013, 148 Rn. 32.
[808] BAG 16.1.2013 – 10 AZR 26/12, NJW 2013, 1020 Rn. 21.
[809] BAG 24.1.2017 – 1 AZR 774/14, NZA 2017, 777; 12.1.2005 – 5 AZR 364/04, NZA 2005, 465.
[810] BAG 24.1.2017 – 1 AZR 774/14, NZA 2017, 777.
[811] BAG 24.1.2017 – 1 AZR 774/14, NZA 2017, 777; 11.10.2006 – 5 AZR 721/05, BB 2007, 109.
[812] BAG 13.5.1987 – 5 AZR 125/86, NZA 1988, 95.
[813] BAG 12.1.2005 – 5 AZR 364/04, NJW 2005, 1820.

11.10.2006[814] deutlich gemacht, dass die Vereinb. eines Widerrufvorbehaltes zulässig ist, soweit der im Gegenseitigkeitsverhältnis stehende widerrufliche Teil des Gesamtverdienstes unter 25 % liegt und der Tariflohn nicht unterschritten wird. Kommen Zahlungen des AG hinzu, die nicht im Gegenseitigkeitsverhältnis stehen, erhöht sich der widerrufliche Anteil auf 30 %. Außerdem müssen die Voraussetzungen des Widerrufs konkretisiert werden, dh die Widerrufsgründe müssen soweit als möglich angeführt sein. Daneben führte das BAG aus, dass nur dann kein Verstoß gegen das Transparenzgebot des § 307 Abs. 1 S. 2 BGB vorliegt, wenn die widerrufliche Leistung nach Art und Höhe eindeutig ist, und damit der AN bereits aus dem Vertragstext erkennen kann, was gegebenenfalls „auf ihn zukommt."[815]

Der AN muss aus der Konkretisierung der Gründe damit auch erkennen können, unter welchen Voraussetzungen er mit einem Widerruf zu rechnen hat. Die Formulierung ist so zu wählen, dass der AG nicht im Endeffekt selbst bestimmen kann, was als „wirtschaftlicher Grund" anzusehen ist. Um den **formellen Anforderungen** von § 308 Nr. 4 BGB gerecht zu werden ist daher bei einem Widerrufsvorbehalt auf alle Fälle zumindest die Richtung angegeben werden, aus der der Widerruf möglich sein soll (wirtschaftliche Gründe, Leistung oder Verhalten des AN), sowie was den Verwender zum Widerruf berechtigen soll.[816] Bei synallagmatischen Leistungen sollten auf Grund der dargestellten Problematik die Widerrufsgründe so konkret wie möglich gefasst werden.

Eine deutliche Verschärfung der Voraussetzungen an die Wirksamkeit von **Widerrufsklauseln** ist mit der Rspr. des BAG eingetreten, dass eine Klausel, die einen Widerruf pauschal „aus wirtschaftlichen Gründen" vorsieht, unwirksam ist, da nicht jeder „wirtschaftliche Grund" ein anerkennenswerter Sachgrund und damit der Widerruf dem AN zumutbar ist.[817] Zumutbar ist ein Widerruf vielmehr nur, wenn ein sachlicher Grund besteht und dieser bereits in der Vereinb. beschrieben ist. Es muss folglich eine Korrelation zwischen Leistung und Widerrufsgrund bestehen. Beispielhaft nennt das BAG als wirtschaftliche Gründe: „verstärktes Gewinnstreben, den Ausgleich wirtschaftlicher Verluste, Kostensenkungsmaßnahmen oder den Wegfall des Interesses, bestimmte Arbeitnehmergruppen durch zB die Überlassung eines Dienstwagens an das Unternehmen zu binden". Zulässig ist nach neuerer Rspr. des BAG auch ein Widerrufsvorbehalt bei „wirtschaftlicher Notlage" des AG.[818]

Zum **Widerruf der Überlassung eines Dienstwagens** hat das BAG zB entschieden, dass eine Allgemeine Geschäftsbedingung, nach der ein AN einen auch privat nutzbaren Dienstwagen im Falle der Freistellung an den AG zurückgeben muss, wirksam ist.[819] Konkret lautete die Klausel: *„Der AG behält sich vor, die Überlassung des Dienstwagens zu widerrufen, wenn und solange der Pkw für dienstliche Zwecke nicht benötigt wird. Dies ist insbesondere dann der Fall, wenn der AN nach der Kündigung des Arbeitsverhältnisses von der Arbeitsleistung freigestellt wird."* Nach der Inhaltskontrolle der Widerrufsklausel steht die Ausübungskontrolle im Einzelfall (§ 315 BGB). Steuerliche Nachteile stehen der Wirksamkeit nicht entgegen, da sie im Rahmen der Ausübungskontrolle zu berücksichtigen sind.[820] Bemerkenswert ist, dass die Klausel nicht zwischen einer Kündigung des AN und einer des AG unterscheidet. Außerdem fällt nach dem Wortlaut jede Kündigung (also eigentlich auch eine unwirksame) unter ihren Anwendungsbereich. In den Entscheidungsgründen finden sich hierzu keine weiteren Ausführungen, außer, dass der Widerruf der privaten Nutzung „im Zusammenhang mit einer (wirksamen) Freistellung" des AN zumutbar ist.[821]

Hinsichtlich der **Rechtsfolgen** eines Widerrufsvorbehalts, der diese Leitlinien nicht einhält, ist zwischen Neuverträgen und Altverträgen, also Verträgen, die vor dem 1.1.2002 abgeschlossen wurden, zu unterscheiden. Widerrufsklauseln in Verträgen, die nach dem

---

[814] BAG 11.10.2006 – 5 AZR 721/05, BB 2007, 109.
[815] BAG 12.1.2005 – 5 AZR 364/04, NZA 2005, 465.
[816] Vgl. BAG 24.1.2017 – 1 AZR 774/14, NZA 2017, 777; 21.3.2012 – 5 AZR 651/10, NZA 2012, 616; 20.4.2011 – 5 AZR 191/10, NZA 2011, 796 mwN.
[817] BAG 13.4.2010 – 9 AZR 113/09, NZA-RR 2010, 457; vgl. dazu auch *Gaul/Kaul* BB 2011, 181.
[818] BAG 24.1.2017 – 1 AZR 774/14, NZA 2017, 777.
[819] BAG 21.3.2012 – 5 AZR 651/10, NZA 2012, 616.
[820] BAG 21.3.2012 – 5 AZR 651/10, NZA 2012, 616.
[821] BAG 21.3.2012 – 5 AZR 651/10, NZA 2012, 616 Rn. 17.

31.12.2001 geschlossen wurden (**Neuverträge**), sind nach §§ 308 Nr. 4, 307 BGB unwirksam, wobei gem. § 306 Abs. 1 BGB der Vertrag iÜ wirksam bleibt.[822] Widerrufsklauseln in **Altverträgen** werden zumeist in formeller Hinsicht den strengeren, seit der Schuldrechtsmodernisierung geltenden Anforderungen, insbesondere dem § 308 Nr. 4 BGB, nicht gerecht, da sie keinen Widerrufsgrund angeben. Die lediglich aus diesen formellen Gründen nach § 306 Abs. 1 BGB unwirksame Klausel entfällt jedoch nicht ersatzlos. Da der Verwender bei Abschluss des Arbeitsvertrags die §§ 305 ff. BGB nicht berücksichtigen konnte und die Klausel nur unwirksam ist, weil sie in formeller Hinsicht den neuen Anforderungen nicht genügt, wird zur Schließung der entstandenen Lücke die ergänzende Vertragsauslegung herangezogen. Andernfalls liefe die Anwendung der Anforderungen an die Vertragsformulierung auf einen vor dem 1.1.2002 abgeschlossenen Sachverhalt auf eine echte Rückwirkung des Schuldrechtsmodernisierungsgesetzes hinaus.[823] Eine andere Sichtweise ist auch nicht geboten, etwa weil der AG während der gem. Art. 229 § 5 EGBGB für vor dem 1.1.2002 begründete Dauerschuldverhältnisse eingeräumten Übergangsfrist von einem Jahr keine Vertragsanpassung vorgenommen und dem AN kein Vertragsänderungsangebot unterbreitet hat. Eine Verhandlungsobliegenheit, deren Nichtbeachtung Rechtsfolgen nach sich ziehen soll, lässt sich Art. 229 § 5 EGBGB ebenso wenig entnehmen wie eine Verpflichtung des AN, ein entsprechendes Vertragsangebot des AG gerade im Jahre 2002 redlicherweise annehmen zu müssen.[824] Insofern genießen AG, die noch AN mit nach heutiger Rechtslage ungültigen Arbeitsverträgen beschäftigen, Vertrauensschutz.[825] Als Ergebnis der ergänzenden Vertragsauslegung ist anzunehmen, dass die Parteien bei Kenntnis der neuen gesetzlichen Anforderungen die Widerrufsmöglichkeit für den Fall wirtschaftlicher Verluste vorgesehen hätten.

273
Formulierungsvorschlag: Widerrufsvorbehalt für eine übertarifliche Zulage
Der Arbeitnehmer erhält eine Zulage in Höhe von EUR ...... brutto.
Der Arbeitgeber hat das Recht, diese Zulage unter einer Frist von einem Monat mit Wirkung zum Kalendermonatsende aus sachlichen Gründen zu widerrufen, wenn der Widerruf dem Arbeitnehmer zumutbar ist. Ein sachlicher Grund liegt in folgenden Fällen vor:
- wirtschaftliche Schwierigkeiten des Arbeitgebers, die insbesondere dann anzunehmen sind, wenn ein Umsatzrückgang von mehr als ...... % erfolgt oder
- der auf den Arbeitnehmer entfallende Jahresumsatz unter [......] EUR fällt oder
- eine um mindestens ...... % unterdurchschnittliche Arbeitsleistung des Arbeitnehmers über einen Zeitraum von ...... Monaten oder
- eine mindestens abmahnbare Pflichtverletzung des Arbeitnehmers.

274 Die o. genannten Grenzen gelten auch zB bei der Widerruflichkeit übertariflicher Zulagen und bei **Gratifikationen**, wie etwa einer vom Ergebnis des Unternehmens abhängigen Einmalzahlung. Hinsichtlich der Vereinbarung eines Widerrufsvorbehalts wurden die von der Rspr. aufgestellten Grundsätze zu Freiwilligkeitsvorbehalten, wonach alle Zahlungen, die gleichzeitig mit der Grundvergütung ausgezahlt werden, zum laufenden Gehalt zu rechnen sind und nicht unter einen Freiwilligkeitsvorbehalt gestellt werden können,[826] vom BAG bislang nicht bestätigt. Andernfalls könnte eine monatliche widerrufliche übertarifliche Zulage nicht mehr vereinbart werden.

275 In jedem Fall ist Vorsicht bei einer Abrede geboten, die etwa eine widerrufliche übertarifliche Zulage und eine ergebnisabhängige Einmalzahlung enthält. Es empfiehlt sich, unterschiedliche Rechtsgrundlagen zu schaffen, zB die widerrufliche übertarifliche Zulage im Ar-

---

[822] BAG 13.4.2010 – 9 AZR 113/09, NZA-RR 2010, 457.
[823] Zu allem: BAG 20.4.2011 – 5 AZR 191/10, NJW 2011, 2153.
[824] Hierzu BAG 20.4.2011 – 5 AZR 191/10, NJW 2011, 2153; aA: BAG 24.10.2007 – 10 AZR 825/06, BB 2008, 166; BAG 19.12.2006 – 9 AZR 294/06, BB 2007, 1624.
[825] *Lipinski/Praß* BB 2011, 2431.
[826] BAG 30.7.2008 – 10 AZR 606/07, NZA 2008, 1173; 18.3.2009 – 10 AZR 289/08, NZA 2009, 535.

beitsvertrag zu regeln und die Einmalzahlungen in einer Betriebsvereinbarung. Wird die Gratifikation im Arbeitsvertrag vereinbart, sollten schon die Voraussetzungen des **Entstehens des Anspruchs** so genau wie möglich zu definiert werden.

> **Formulierungsvorschlag: Gratifikation**
>
> (1) Der Arbeitgeber zahlt an den Arbeitnehmer eine am 1.12. eines Kalenderjahres fällige Gratifikation in Höhe von EUR ...... Die Gratifikation wird unter der Voraussetzung gezahlt, dass das Unternehmen einen Gewinn erwirtschaftet und eine Eigenkapitalrendite von ...... % erzielt.
>
> (2) Ruht das Arbeitsverhältnis (Elternzeit etc.), wird keine Gratifikation gezahlt.
>
> (3) Der Arbeitgeber hat das Recht, die Gratifikation aus sachlichen Gründen zu widerrufen, wenn der Widerruf dem Arbeitnehmer zumutbar ist. Ein sachlicher Grund liegt insbesondere in folgenden Fällen vor:
> - wirtschaftliche Schwierigkeiten des Arbeitgebers, die insbesondere dann anzunehmen sind, wenn ein Umsatzrückgang von mehr als ...... % erfolgt oder
> - der auf den Arbeitnehmer entfallende Jahresumsatz unter [......] EUR fällt oder
> - eine um mindestens ...... % unterdurchschnittliche Arbeitsleistung des Arbeitnehmers/der Arbeitnehmerin über einen Zeitraum von ...... Monaten oder
> - eine mindestens abmahnbare Pflichtverletzung des Arbeitnehmers/der Arbeitnehmerin.

276

Klauseln, die allgemein dem AG das Recht vorbehalten, Leistungen zu gewähren oder nicht, halten dem Transparenzgebot nicht stand.[827] Auch Klauseln, nach denen alle freiwilligen Leistungen widerruflich gewährt werden, sind unwirksam.[828] Mithilfe eines zulässigen Freiwilligkeitsvorbehalts kann der AG einen Rechtsanspruch des AN auf die Leistung für künftige Bezugszeiträume ausschließen. Er kann sich vorbehalten, ob und in welcher Höhe er künftig Sonderleistungen gewährt. Dass ein zulässiger Freiwilligkeitsvorbehalt bei sich über mehrere Jahre wiederholenden Sonderzahlungen unter Umständen dennoch nicht verhindern kann, dass ein dauerhafter Anspruch des AN (zB aus betrieblicher Übung oder konkludentem Angebot auf Vertragsänderung durch den AG) entsteht, ist keine Frage der Wirksamkeit des Vorbehalts nach AGB – Recht, sondern der Gesamtschau aus Auslegung der Vorbehaltsklausel und (ggf. konkludenten) Verhalten des AG im Rahmen des Arbeitsverhältnisses.[829]

277

Dem **Freiwilligkeitsvorbehalt** sind als erste Voraussetzung jedoch überhaupt nur die Teile der Vergütung zugänglich, die sich als Sonderzahlung in Abgrenzung zur laufenden Vergütung darstellen.[830] Für die Wirksamkeit eines Freiwilligkeitsvorbehalts bei einer Leistung reicht es allerdings nicht aus, dass der Arbeitgeber diese als Sonderzahlung bezeichnet, sondern es kommt maßgeblich darauf an, ob die Leistung **zusätzlich** zum laufenden Arbeitsentgelt gewährt wird, wie dies auch für die Möglichkeit der Kürzung von Sonderzahlungen nach § 4a EFZG Voraussetzung ist.[831] Auf Grund der Vielzahl möglicher Fallgestaltungen bei der Zahlung der laufenden Vergütung ist eine allgemein gültige Abgrenzung zwischen einer laufenden Zahlung und einer Sonderzahlung nach Ansicht der Rspr. nicht möglich, bei Zahlungen, die aus einem bestimmten Anlass, zB einem Jubiläum oder an Weihnachten, oder nur einmal im Jahr erfolgen, liegt eine jedoch idR eine Sonderzahlung vor.[832]

278

Die Grundvergütung, sowie auch zusätzliche regelmäßige Zahlungen zur Abgeltung der Arbeitsleistung (zB in Form von Zulagen), die von den Parteien als unmittelbare Gegenleistung für die vom AN zu erbringende Arbeitsleistung vereinbart und damit als Teil der Ar-

279

---

[827] *Hennsler* RdA 2002, 129 (139); *Richardi* NZA 2002, 1057 (1063); *Singer* RdA 2003, 194 (203).
[828] *Gotthardt* ZIP 2002, 277 (288); *Schnitker/Grau* BB 2002, 2120 (2124); *Sievers* NZA 2002, 1182 (1184).
[829] BAG 13.5.2015 – 10 AZR 266/14, NJW 2015, 3326; 18.3.2009 – 10 AZR 289/08, NZA 2009, 535.
[830] BAG 30.7.2008 – 10 AZR 606/07, NZA 2008, 1173; 25.4.2007 – 5 AZR 627/06, NZA 2007, 853; BAG unter Hinweis auf die Möglichkeit von Widerrufsvorbehalten BB 2007, 1900.
[831] BAG 30.7.2008 – 10 AZR 606/07, NZA 2008, 1173.
[832] BAG 30.7.2008 – 10 AZR 606/07, NZA 2008, 1173.

beitsvergütung geleistet werden, sind in das vertragliche Synallagma eingebundene Leistungen, gehören damit zum laufenden Arbeitsentgelt und können daher nicht ohne weiteres zulässigerweise unter Freiwilligkeitsvorbehalt gestellt werden.[833] Das bedeutet jedoch nicht, dass der AG generell Sonderzahlungen die allein an das Erbringen der Arbeitsleistung anknüpfen, nicht unter Freiwilligkeitsvorbehalt stellen dürfte, sondern es kommt schlichtweg auf den Charakter der Zahlung als **zusätzlich zum laufenden Arbeitsentgelt** an.[834] Der Umfang der unter einem „Freiwilligkeitsvorbehalt" zugesagten Leistungen ist dafür unerheblich.[835] Dementsprechend spricht auch die beträchtliche Höhe einer Sonderzahlung nicht dagegen, einen künftigen Anspruch wirksam ausschließen zu können. Eine Abgrenzung nach Prozentsätzen der Jahresgesamtvergütung lässt sich im Gegensatz zu der Zulässigkeit und der Ausübung von Widerrufsvorbehalten, die nur dann interessengerecht sind, wenn ihr Volumen unter einem Viertel des Jahresgesamteinkommens liegt und die tarifliche Vergütung jedenfalls gewährleistet bleibt, nicht rechtfertigen.[836]

280 Hat eine Sonderzahlung, die an die erbrachte Arbeitsleistung anknüpft Gegenleistungscharakter, benachteiligt ein Freiwilligkeitsvorbehalt den AN unangemessen, wenn er dem AG das Recht zubilligt, trotz Abschluss einer vergütungsorientierten Zielvereinbarung nach Ablauf der Beurteilungsperiode frei darüber zu entscheiden, ob eine Vergütungszahlung erfolgt oder nicht, da es mit dem Gegenleistungscharakter nicht zu vereinbaren ist, wenn sich der Arbeitgeber das Recht vorbehält, trotz erbrachter Arbeitsleistung und Zielerreichung durch den AN, den Vergütungsanspruch entfallen zu lassen und nicht, nach billigem Ermessen iSv § 315 BGB darüber entscheiden zu müssen.[837]

281 Der AG muss grundsätzlich nicht jede einzelne Sonderleistung mit einem Freiwilligkeitsvorbehalt verbinden. Es genügt ein entsprechender Hinweis im Arbeitsvertrag.[838] In einem Formulararbeitsvertrag muss ein Freiwilligkeitsvorbehalt allerdings dem **Transparenzgebot** gerecht werden. In diesem Zusammenhang sind die strengen Maßstäbe der Rspr. zu beachten. Hierbei ist zwischen einem sog. konkreten Freiwilligkeitsvorbehalt[839] und einem Pauschalvorbehalt[840] zu differenzieren.

282 Eine **im Arbeitsvertrag** vorformulierte Regelung, die dem Wortlaut nach eindeutig einen **Anspruch** des AN **auf die Sonderzahlung** begründet, indem sie festlegt, dass der AN Anspruch auf eine bestimmte Sonderleistung hat, oder bestimmt, dass der AN eine bestimmte Sonderzahlung erhält, oder regelt, dass der AN an einem Bonussystem teilnimmt, verpflichtet den AG zur Leistung dieser Sonderzahlung. In einem solchen Fall verspricht der AG eine Leistung iSv § 308 Nr. 4 BGB. Deshalb ist es widersprüchlich, wenn der AG zugleich entgegen diesem Versprechen mit einer Freiwilligkeitsklausel einen Rechtsanspruch auf die versprochene Sonderzahlung ausschließt (sog. **konkreter Freiwilligkeitsvorbehalt**). Wenn Sonderleistungen des AG in einem Formulararbeitsvertrag in Voraussetzungen und Höhe präzise formuliert werden, ist es in aller Regel widersprüchlich, diese dennoch an einen Freiwilligkeitsvorbehalt zu binden. Dies gilt insbesondere für Zahlungen, die gezielt das Verhalten des AN steuern und seine Leistung beeinflussen wollen. Solche widersprüchlichen Klauseln in einem Formulararbeitsvertrag sind nicht klar und verständlich iSv § 307 Abs. 1 S. 2 BGB. In einer Entscheidung hat das BAG[841] dies auch für eine Formulierung im Arbeitsvertrag angenommen, in der unter der Überschrift „freiwillige soziale Leistungen" ein Weihnachtsgeld „gewährt" wird. Die Formulierung („gewährt") sei typisch für die Begründung eines Anspruchs, welcher durch den Zusatz „freiwillig" nicht beseitigt werden kann. Dies bewirkt nach § 306 Abs. 1 BGB jedoch nicht die Unwirksamkeit der gesamten Regelung. Nach dieser Vorschrift bleibt der Vertrag iÜ wirk-

---

[833] BAG 25.4.2007 – 5 AZR 627/06, NZA 2007, 853.
[834] BAG 18.3.2009 – 10 AZR 289/08, NZA 2009, 535.
[835] BAG 25.4.2007 – 5 AZR 627/06, NZA 2007, 853.
[836] BAG 18.3.2009 – 10 AZR 289/08, NZA 2009, 535.
[837] BAG 19.3.2014 – 10 AZR 622/13, NZA 2014, 595; 29.8.2012 – 10 AZR 385/11, NZA 2013, 148.
[838] Vgl. hierzu BAG 30.7.2008 – 10 AZR 606/07, NZA 2008, 1173.
[839] Vgl. → Rn. 243.
[840] Vgl. → Rn. 244.
[841] BAG 20.2.2013 – 10 AZR 177/12, NZA 2013, 1015 Rn. 17.

sam, wenn Allgemeine Geschäftsbedingungen ganz oder teilweise nicht Vertragsbestandteil geworden oder unwirksam sind.[842]

Hiervon zu unterscheiden ist der Fall, dass der AG dem AN die Sonderzahlungen nicht im Arbeitsvertrag versprochen hat, sondern im Arbeitsvertrag vorsorglich und bei der Leistung der Sonderzahlung klar und verständlich darauf hingewiesen hat, dass die Leistung einer Sonderzahlung keinen Rechtsanspruch des AN für künftige Bezugszeiträume begründet (sog. **Pauschalvorbehalt** im Arbeitsvertrag). Ohne eine rechtsgeschäftliche Vereinb. besteht auch kein Anspruch auf die Sonderzahlung. Der AN darf bei einem klar und verständlich formulierten, einen Rechtsanspruch auf die Sonderzahlung ausschließenden Freiwilligkeitsvorbehalt von vornherein nicht mit Sonderzahlungen rechnen. Derartige vertragliche Freiwilligkeitsvorbehalte wurden grundsätzlich als wirksam im Hinblick auf eine Inhaltskontrolle nach §§ 305 ff. BGB angesehen.[843] Zur Begr. wurde ausgeführt, dass solche Vorbehalte den allgemein anerkannten Regeln zur Verhinderung des Entstehens einer betrieblichen Übung entsprechen und die Verhinderung der Entstehung einer solchen sonst nur noch durch Nichtwiederholung der Sonderzahlung möglich wäre.[844] Intransparent ist allerdings ein Freiwilligkeitsvorbehalt, der alle zukünftigen Leistungen unabhängig von ihrer Art und ihrem Entstehungsgrund erfassen soll.[845] Ein solcher Freiwilligkeitsvorbehalt bezieht unzulässigerweise laufende Leistungen ein und verstößt sowohl gegen den in § 305b BGB bestimmten Vorrang der Individualabrede als auch gegen den allgemeinen Rechtsgrundsatz „pacta sunt servanda".[846] Auch nachträglich getroffene Individualabreden haben Vorrang vor kollidierenden AGB. Es kommt nicht darauf an, ob die Parteien eine Änderung der allgemeinen Geschäftsbedingungen beabsichtigt haben oder sich der Kollision bewusst geworden sind. Mit diesem Vorrang der Individualabrede ist ein Freiwilligkeitsvorbehalt nicht zu vereinbaren, der so ausgelegt werden kann, dass er Rechtsansprüche aus späteren Individualabreden ausschließt.[847] Sicherheitshalber sollten AG auf die Freiwilligkeit der Leistung in jedem Einzelfall und bei jeder Gewährung bzw. jeder Vereinb. hinweisen. Angesichts der strengen Rechtsprechung des BAG in den letzten Jahren zur betrieblichen Übung und der Wirksamkeit von Freiwilligkeitsvorbehalten diesbezüglich, muss der AG allerdings damit rechnen, dass vermeintlich freiwillige Sonderzahlungen als konkludente Zusagen gewertet werden.[848]

Bleibt nach Ausschöpfung der Auslegungsmethoden ein nicht behebbarer Zweifel über den Inhalt des Freiwilligkeitsvorbehalts, geht dies nach der Unklarheitenregelung des § 305c Abs. 2 BGB zulasten des Verwenders/AG. So hat das BAG entschieden, dass die Vereinbarung in Allgemeine Geschäftsbedingungen, nach der „die Zahlung eines 13. Gehalts eine freiwillige Leistung der Firma ist, die anteilig als Urlaubs- und Weihnachtsgeld gewährt werden kann", bei Anwendung des § 305c Abs. 2 BGB einen unbedingten Anspruch auf Zahlung begründet.[849] § 305c Abs. 2 BGB kommt immer dann zur Anwendung, wenn die Auslegung einer einzelnen Klausel in Allgemeinen Geschäftsbedingungen mindestens zwei Ergebnisse als vertretbar erscheinen lässt und keines den klaren Vorzug verdient. Widersprechen sich hingegen mehrere Klauseln inhaltlich, ist § 305c Abs. 2 BGB unanwendbar und das Transparenzgebot des § 307 Abs. 1 S. 2 BGB greift ein.[850]

---

[842] Zu alldem BAG 20.2.2013 – 10 AZR 177/12, NZA 2013, 1015 Rn. 18 ff.; 16.1.2013 – 10 AZR 26/12, NZA 2013, 1013; 30.7.2008 – 10 AZR 606/07, NZA 2008, 1173; BAG 25.4.2007 – 5 AZR 627/06, BB 2007, 1900.
[843] BAG 8.12.2010 – 10 AZR 671/09, NJW 2011, 2314; 20.1.2010 – 10 AZR 914/08, NZA 2010, 445; 21.1.2009 – 10 AZR 221/08, BeckRS 2009, 54851.
[844] Vgl. hierzu BAG 13.5.2015 – 10 AZR 266/14, NJW 2015, 3326; 8.12.2010 – 10 AZR 671/09, NJW 2011, 2314; 18.3.2009 – 10 AZR 289/08, NZA 2009, 535; 30.7.2008 – 10 AZR 606/07, NZA 2008, 1173; *Preis* NZA 2009, 281 (285); *Willemsen/Jansen* RdA 2010, 1 (4).
[845] BAG 14.9.2011 – 10 AZR 526/10, NZA 2012, 81 Rn. 32.
[846] BAG 13.11.2013 – 10 AZR 848/12, NZA 2014, 368 Rn. 39.
[847] Vgl. insofern auch zur Schriftformklausel → Rn. 164 ff.; BAG 14.9.2011 – 10 AZR 526/10, BeckRS 2011, 79051.
[848] BAG 13.5.2015 – 10 AZR 266/14, NJW 2015, 3326; 17.4.2013 – 10 AZR 251/12, NJOZ 2013, 1705.
[849] BAG 17.4.2013 – 10 AZR 281/12, NZA 2013, 787 Rn. 13 ff.
[850] BAG 20.1.2010 – 10 AZR 914/08, NZA 2010, 445.

285 Auch eine **Kombination von Freiwilligkeits- und Widerrufsvorbehalt** gilt es aufgrund des Transparenzgebots gem. § 307 Abs. 1 S. 2 BGB dringend zu vermeiden.[851] Während bei einem Freiwilligkeitsvorbehalt aber schon gar kein Anspruch auf die Leistung entsteht, hat der AN bei einem Widerrufsvorbehalt einen Anspruch, der AG behält sich aber vor, die versprochene Leistung einseitig zu ändern. Bei einer Verknüpfung von Freiwilligkeits- und Widerrufsvorbehalt wird auch einem verständigen Vertragspartner nicht deutlich, dass auch bei mehrfachen, ohne weitere Vorbehalte erfolgten Sonderzahlungen ein Rechtsbindungswille für die Zukunft ausgeschlossen bleiben soll. Für den Vertragspartner erschließt sich nicht, ob jede zukünftige Bindung ausgeschlossen oder lediglich die Möglichkeit eröffnet werden soll, sich von einer vertraglichen Bindung zu lösen.[852] Um eine Anspruchsbegr. auszuschließen, ist neben dem Hinweis, dass es sich um eine freiwillige Leistung handelt, ebenfalls klar zu stellen, dass auch bei wiederholter Gewährung kein Rechtsanspruch auf weitere entsprechende Zahlungen begründet wird.[853]

286 Nach ständiger Rspr. des BAG,[854] kann der AG auf individualrechtlich vereinbarte übertarifliche Zulagen Tariflohnerhöhungen[855] selbst dann anrechnen, wenn dies nicht ausdrücklich vereinbart wurde. Eine Ausnahme besteht nur, wenn dem AN vertraglich ein selbstständiger Entgeltbestandteil neben dem jeweiligen Tarifentgelt zugesagt worden ist. Im Ergebnis ist zu empfehlen, dass ein ausdrücklicher Anrechnungsvorbehalt vereinbart wird.

> **Formulierungsvorschlag: Anrechnungsvorbehalt**
> 287 Der Arbeitnehmer erhält eine übertarifliche Zulage in Höhe von EUR ...... Die übertarifliche Zulage kann ganz oder teilweise auf eine Erhöhung des Tariflohns angerechnet werden.

288 *pp) Zugangsfiktionen.* Teilweise finden sich in Arbeitsverträgen sog. Zugangsfiktionen. Diese sollen bewirken, dass der AG den Zugang von Willenserklärungen, etwa Kündigungen oder Abmahnungen, dem AN gegenüber nicht beweisen muss. Nach § 308 Nr. 6 BGB sind derartige Klauseln unwirksam. Einer Anwendbarkeit dieser Norm stehen Besonderheiten des Arbeitsrechts iSv § 310 Abs. 4 S. 2 BGB nicht entgegen.[856] Grundsätzlich ist zu empfehlen, dass wichtige Erklärungen, etwa Kündigungen, durch einen Boten, der ein Zustellungsprotokoll fertigt, in den Hausbriefkasten des AN eingeworfen werden. Das Zustellungsprotokoll ist zwar kein tauglicher Beweis im Sinne der ZPO. Es gewährleistet im Regelfall jedoch, dass der Bote, der als Zeuge vernommen wird, sich erinnert.

> **Formulierungsvorschlag: Zustellungsprotokoll**
> 289 Hiermit bestätige ich, Herr/Frau ......, dass ich zugegen war, als das für Herrn/Frau ...... bestimmte Schreiben der ...... vom ...... (Kündigung) in ein Kuvert mit Sichtfenster gesteckt und dieses zugeklebt wurde. Ich habe sodann das Kuvert am ...... um ...... Uhr in den Hausbriefkasten der im Sichtfenster angegebenen Adresse (Herr/Frau ......, ... Straße, ... Ort) eingeworfen.
>
> ......
> Datum, Unterschrift

---

[851] BAG 14.9.2011 – 10 AZR 526/10, NZA 2012, 81; LAG Rheinland-Pfalz 27.8.2012 – 5 Sa 54/12, BeckRS 2012, 74763; *Lipinski/Praß* BB 2011, 2368.
[852] Vgl. hierzu BAG 8.12.2010 – 10 AZR 671/09, NZA 2011, 628 Rn. 20.
[853] *Reinhard* Anm. zu BAG 8.12.2010 – 10 AZR 671/09, NJW 2011, 2314.
[854] BAG 8.12.2010 – 10 AZR 671/09, NZA 2011, 628; 19.12.2006 – 9 AZR 230/06, BB 2007, 1282; BAG 26.1.1993 – 1 AZR 303/92, NZA 1993, 232.
[855] Zur Anrechnung von Tarifentgelterhöhungen s. BAG 19.4.2012 – 6 AZR 691/10, NZA-RR 2012, 525.
[856] ErfK/*Preis* BGB § 310 Rn. 101.

qq) Zurückbehaltungsrechte. Nach § 309 Nr. 2b BGB sind Vereinb., mit denen ein dem 290
AN zustehendes Zurückbehaltungsrecht ausgeschlossen wird, unwirksam. Teilweise wird
eine Modifikation dieses Verbots vertreten, etwa wenn bei Ausübung des Zurückbehaltungsrechts eine Gefahr für Betriebsgeheimnisse besteht.[857] Die Gegenansicht vermag keine
arbeitsrechtlichen Besonderheiten, die eine Abweichung vom Klauselverbot rechtfertigen
können, zu erkennen.[858] In der Praxis sind allerdings derartige Klauseln wenig bedeutungsvoll. Gibt der Mitarbeiter die herauszugebende Sache nicht heraus, muss zunächst einmal
ein Herausgabetitel erstritten werden. Selbst wenn der AG insoweit im einstweiligen Verfügungsverfahren obsiegen sollte, hat der Mitarbeiter beispielsweise längst die Betriebsgeheimnisse vom Laptop kopiert.

c) **Betriebsvereinbarungen als Lösung?** Angesichts der erheblichen Rechtsunsicherheiten 291
sind insbesondere für die die Arbeitgeberseite beratenden Rechtsanwälte praktikable Lösungen zu ermitteln. So ist völlig unklar, ob im Arbeitsvertrag bei einem Abrufarbeitsverhältnis oder bei einer Arbeitszeitverringerungsklausel zusätzlich eine monatlich widerrufliche Zulage und eine widerrufliche Gratifikation bzw. Einmalzahlung vereinbart werden
kann, ohne dass das BAG insgesamt eine unangemessene Benachteiligung nach § 307 Abs. 1
BGB annimmt. Soweit Betriebsräte bzw. Gesamtbetriebsräte oder Konzernbetriebsräte existieren, sind uU Betriebsvereinbarungen geeignet, die Risiken erheblich zu reduzieren. Besteht
jedoch eine tarifliche Regelung zB über Gratifikationen, entfaltet § 77 Abs. 3 BetrVG eine
Sperrwirkung so dass dieser Gegenstand nicht Inhalt einer Betriebsvereinbarung sein kann.

Nach § 77 Abs. 4 BetrVG gelten Betriebsvereinbarungen unmittelbar und zwingend. Will 292
ein AG also etwa über den Lohn hinaus freiwillige Leistungen (Gratifikationen, Weihnachtsgeld etc) gewähren, bietet sich an, dies nicht individualrechtlich in einzelnen Arbeitsverträgen zu vereinbaren, sondern jeweils hierüber eine Betriebsvereinbarung zu schließen.
Dies hat den unverkennbaren Vorteil, dass nach der ständigen Rspr. des BAG[859] der AG bei
der Bestimmung des Dotierungsrahmens frei ist. Will er also die in der Betriebsvereinbarung
geregelte Gratifikation nicht mehr gewähren, hat er die Möglichkeit, die Betriebsvereinbarung unter Einhaltung der vereinbarten Kündigungsfrist zu kündigen. Mit dem Auslaufen
der Kündigungsfrist entfällt ein Rechtsanspruch der Mitarbeiter auf die Gratifikation. Zur
Absicherung sollte in der Betriebsvereinbarung die Nachwirkung, vgl. § 77 Abs. 6 BetrVG,
ausgeschlossen werden. Das Gleiche gilt im Prinzip im Falle der Kürzung; ändert sich allerdings durch die Kürzung der Gratifikation bzw. des Dotierungsrahmens die Verteilung,
muss nach § 87 Abs. 1 Nr. 10 BetrVG eine neue Betriebsvereinbarung geschlossen werden.
Die Verlagerung aus dem Arbeitsvertrag hinaus in Betriebsvereinbarungen hinein hat somit
zunächst den Vorteil, dass nach § 310 Abs. 4 S. 3 BGB eine Inhaltskontrolle grundsätzlich
entfällt. Damit ist die Verlagerung in Betriebsvereinbarungen ein für einen AG zu empfehlendes Mittel, da diese wenigstens, anders als Arbeitsverträge, in die Zukunft hinein beseitigt werden können und bei entsprechender Gestaltung die Leistungen dann entfallen.

Ganz besonders brisante Bedeutung kommt der Rspr. des BAG vom 5.3.2013 zu.[860] Danach sind Arbeitsbedingungen, die in Form von AGB vereinbart worden sind, regelmäßig 293
konkludent als „Betriebsvereinbarungsoffen" vereinbart, sofern der betreffende Vertragsgegenstand einen kollektiven Bezug aufweist, da der AG schon allein durch durch die Verwendung von AGB dem AN erkennbar deutlich macht, dass im Betrieb einheitliche Vertragsbedingungen gelten sollen – betroffen sind damit aber nicht nur Einheitsregelungen und
Gesamtzusagen, sondern ggf. auch individualvertragliche Abreden. Ebenfalls betriebsvereinbarungsoffen ist eine Materie nach Rspr des BAG, wenn sie überhaupt nicht im Arbeitsvertrag geregelt ist, so können, sofern nichts entgegenstehendes im Arbeitsvertrag bestimmt
ist, die Betriebsparteien wirksame, für den jeweiligen AN verbindliche Kollektivvereinbarungen treffen.[861] Etwas anderes soll nur dann, gelten, wenn Arbeitgeber und Arbeitnehmer

---

[857] *Annuß* BB 2002, 458 (463).
[858] *Gotthardt* ZIP 2002, 277 (283).
[859] BAG 3.12.1991 – GS 2/90, NZA 1992, 749.
[860] BAG 5.3 2013 – 1 AZR 417/12, NZA 2013, 916.
[861] BAG 3.6.2003 – 1 AZR 349/02, NZA 2003, 1155.

ausdrücklich Vertragsbedingungen vereinbaren, die unabhängig von einer für den Betrieb geltenden normativen Regelung Anwendung finden sollen.[862] Nach der Rspr. des BAG kann ein AN nicht auf den unveränderten Fortbestand von betriebsvereinbarungsoffen ausgestalteten Leistungen vertrauen, sondern muss ohne Hinzutreten von besonderen Umständen mit ihrer Verschlechterung oder ihrem völligen Fortfall rechnen.[863] Dispositionen des AN auf der Grundlage solcher zunächst erbrachter Leistungen, sind daher grundsätzlich nicht schutzwürdig.[864] Diese Formel von der „Betriebsvereinbarungsoffenheit" ist von verschiedenen Senaten des BAG trotz erheblicher Kritik in der Literatur fortgesetzt und bestätigt worden.[865]

294 Mit dieser Rechtsprechung geht die Folgenreiche und stark umstrittene Frage einher, ob die Formel zur „Beriebsvereinbarungsoffenheit" faktisch eine Abkehr vom Grundsatz des Günstigkeitsprinzips für nicht individuell ausgehandelte aber individualvertraglich vereinbarte Arbeitsbedingungen im Arbeitsverhältnis bedeutet,[866] da durch die Betriebsvereinbarung Offenheit die theoretisch günstigere individualvertragliche Norm als Ganzes verdrängt wird und somit für einen Günstigkeitsvergleich nicht mehr zur Verfügung steht, da sie nicht mehr existiert.[867] Die Anforderung des „kollektiven Bezugs" als Einschränkungskriterium ist dabei ist dabei nach Ansicht der Kritiker letztendlich eine Hohlformel, da nach dem BetrVG ohnehin nur solche Regelungsgegenstände wirksam durch Betriebsvereinb. geregelt werden können, die einen kollektiven Bezug aufweisen, und das BAG über die freiwillige Betriebsvereinbarung nach § 88 BetrVG den Betriebsparteien umfassende Regelungskompetenz einräumt.[868] Der Individualvertrag wird daher letztendlich umfassend und dauerhaft der Regelungshoheit der Betriebsparteien durch Betriebsvereinb. (selbstverständlich nur in deren rechtlichen Grenzen, insbesondere §§ 77 Abs. 3 und 87 Abs. 1 BetrVG) unterstellt.[869]

295 Diesem weitreichenden Verständnis der konkludenten Vereinbarung von Betriebsvereinbarungsoffenheit in seiner vom BAG bisher vertretenen Form ist der 4. Senat in einem Obiter Dictum seiner neuesten Rechtsprechung nun entschieden entgegen getreten.[870] Unter Verweis auf die seine Argumentation bei der Aufgabe der Rechtsprechung zur Auslegung von Bezugnahmeklauseln als Gleichstellungsabrede,[871] führt der 4. Senat aus, dass erhebliche Bedenken dagegen bestehen, allein auf Basis der Verwendung von AGB, eine konkludente Vereinbarung, also sich hinsichtlich einer „Betriebsvereinbarungsoffenheit" deckende Willenserklärungen zu erkennen. Der Bedeutungsinhalt von arbeitsvertraglichen Erklärungen sei in erster Linie anhand des Wortlauts zu ermitteln, bei dessen Eindeutigkeit es im Grundsatz keiner weiteren Heranziehung von Auslegungsfaktoren bedürfe. Für die Annahme, ein „redlicher und verständiger" Arbeitnehmer müsse auch ohne irgendeinen Hinweis in einem ihm vorgelegten Arbeitsvertragsentwurf davon ausgehen, das Vertragsangebot des Arbeitgebers stünde in jeder Hinsicht unter dem Vorbehalt einer Abänderbarkeit – insbesondere auch einer Verschlechterungsmöglichkeit – durch eine Betriebsvereinbarung, weil er nicht damit rechnen könne, dass ihm andere Arbeitsbedingungen zugestanden würden, als sie im Betrieb „gelten", gäbe es allein aufgrund der Nutzung von AGB keine Anhaltspunkte. Der Vorbehalt einer ablösenden Betriebsvereinbarungsoffenheit könne daher vielmehr nur dann in Betracht kommen, wenn der Arbeitgeber als Verwender der AGB einen solchen hinreichend klar und verständlich zum Ausdruck gebracht hat. Desweiteren wirft

---

[862] BAG 5.3 2013 – 1 AZR 417/12, NZA 2013, 916; 24.10.2017 – 1 AZR 846/15, NJOZ 2018, 1278.
[863] BAG 24.10.2017 – 1 AZR 846/15, NJOZ 2018, 1278.
[864] BAG 24.10.2017 – 1 AZR 846/15, NJOZ 2018, 1278.
[865] Vgl. mwN *Creutzfeld* NZA 2018, 1111; *Krieger/Arnold/Zeh* NZA 2020, 81; BAG 24.10.2017 – 1 AZR 846/15, NJOZ 2018, 1278; 25.6.2019 – 3 AZR 426/17, BeckRS 2019, 26123; 21.8.2013 – 5 AZR 581/11, NZA 2014, 271.
[866] Ausführlich und kritisch zur Bedeutung der Formel der „konkludenten Betriebsvereinbarungsoffenheit" von Arbeitsverträgen mwN: *Creutzfeld* NZA 2018, 1111; anschaulich: *Krieger/Arnold/Zeh* NZA 2020, 81.
[867] So zB *Creutzfeld* NZA 2018, 1111.
[868] StRspr vgl. zB BAG 25.2.2015 – 5 AZR 481/13, NZA 2015, 943; 5.3 2013 – 1 AZR 417/12, NZA 2013, 916; 12.12.2006 – 1 AZR 96/06, NZA 2007, 453; 7.11.1989 – GS 3/85, NZA 1990, 816; jew. mwN.
[869] Vgl. *Creutzfeld* NZA 2018, 1111.
[870] Vgl. BAG 11.4.2018 – 4 AZR 119/17.
[871] BAG 18.4.2007 – 4 AZR 652/05, NZA 2007, 965.

der 4. Senat berechtigte Bedenken hinsichtlich AGB-rechtlicher Zulässigkeit einer solchen konkludenten Vereinbarung in Hinblick auf das Transparenzgebot und den Schutzzweck der AGB- Kontrolle auf, welche den AN vor unerwarteten Nachteilen durch einseitig gestellte Vertragsbedingungen zusätzlich schützen, nicht hingegen ohne jegliche ausdrückliche Erwähnung der Regelungsmacht von Drittparteien unterwerfen soll. Am 30.1.2019 bestätigte der 5. Senat jedoch erneut die bisherige Linie der Rechtsprechung unter Eingehung auf die Kritik des 4. Senats – allerdings bezogen auf einen ohnehin relativ unproblematischen Fall (da der strittige Anspruch nicht ausdrücklich im Arbeitsvertrag sondern kollektivrechtlich als betriebliche Gesamtzusage vereinbart war, womit kein Eingriff in das individualvertraglich vereinbarte Synallagma in Rede stand).[872] Der 3. Senat schloss sich in einer Reihe von Entscheidungen vom 25.6.2019 in welchen es ebenfalls um eine Gesamtzusage ging, selbiger Entscheidung des 5. Senats ohne weitere Auseinandersetzung mit der Problematik an.[873] Der 6. Senat lehnte in einer Entscheidung vom 10.7.2019 zwar in dem zur Entscheidung stehenden Fall die konkludente Betriebsvereinbarungsoffenheit des Arbeitsvertrags ab, allerdings explizit nur für den Sonderfall eines Arbeitsvertrages mit einem kirchlichen Träger – für die geltenden Grundsätze verwies er ebenfalls auf die Entscheidungen des Ersten und 5. Senats.[874] Angesichts dieser BAG internen Uneinigkeit und der damit einhergehenden Rechtsunsicherheit empfiehlt es sich daher bis zu einer endgültigen Entscheidung durch den Großen Senat, eine Öffnungsklausel explizit zu vereinbaren, um Auslegungsunsicherheiten über das „Ob" der Betriebsvereinbarungsoffenheit zu vermeiden.[875]

V. Beteiligungsrechte des Betriebsrates

Die Beteiligungsrechte des BR bei Einstellungen binden den AG bei seiner Entscheidung an objektive Kriterien und räumen dem BR im konkreten Einzelfall ein Zustimmungsverweigerungsrecht ein.

1. Auswahlrichtlinien

Auswahlrichtlinien für Einstellungen enthalten vom AG und BR aufgestellte abstrakt-generelle Grundsätze, die festlegen, welche Voraussetzungen bei einer Einstellung vorliegen müssen.[876] Die Auswahlentscheidung des AG wird dadurch an objektive Kriterien gebunden. Dem Begriff „Richtlinie" ist mit dem BAG[877] zu entnehmen, dass eine generelle **Reduzierung des Auswahlermessens** des AG auf Null nicht möglich ist. Im Einzelfall soll aber eine solche Reduzierung des Auswahlermessens doch mit dem Richtlinien-Begriff vereinbar sein. Das Gesetz verlangt für Auswahlrichtlinien bei Einstellungen[878] keine Schriftform. Daher kann eine Auswahlrichtlinie auch in Form einer Regelungsabrede vereinbart werden. Werden Auswahlrichtlinien in Form einer Betriebsvereinbarung abgefasst, so enthält diese Abschlussnormen für das Arbeitsverhältnis.

a) Auswahlrichtlinien und erzwingbare Mitbestimmung. In Betrieben bis zu 500 AN ist das Entstehen des Mitbestimmungsrechts des BR abhängig von der Entscheidung des AG, ob Auswahlrichtlinien eingeführt werden oder nicht. Obwohl anders als bei anderen Schwellenwerten im Gesetz die Worte „idR" fehlen, kommt es auf den regelmäßigen Bestand an AN an. Die Frage, ob Leiharbeitnehmer bei der Berechnung dieses Schwellenwertes im Entleiherbetrieb Berücksichtigung finden, ist höchstrichterlich noch nicht beantwortet. Ausgehend vom Regelungszweck der Norm sind Leiharbeitnehmer beim Schwellenwert des § 95 Abs. 2 BetrVG wohl nicht zu berücksichtigen.[879] Im Hinblick auf die zunehmende Be-

---

[872] BAG 30.1.2019 – 5 AZR 442/17, NZA 2019, 1076.
[873] BAG, 25.6.2019 – 3 AZR 426/17, BeckRS 2019, 26123
[874] BAG 11.7.2019 – 6 AZR 40/17, NZA-RR 2019, 590.
[875] Eine aktuelle Beispielsformulierung für eine Öffnungsklausel bieten *Krieger/Arnold/Zeh* NZA 2020, 81.
[876] Vgl. auch *Ottmann* ArbRAktuell 2018, 493 (496).
[877] BAG 27.10.1992 – 1 ABR 4/92, NZA 1993, 607; *Zöllner* in FS Müller, 668.
[878] Vgl. bei Kündigungen zu § 1 Abs. 4 KSchG unter → § 40 Rn. 144ff.
[879] ErfK/*Preis* BetrVG § 95 Rn. 2; *Fitting* BetrVG § 95 Rn. 15; GK-BetrVG/*Ricken* § 95 Rn. 11; *Haas/Hoppe* NZA 2013, 294 (298); zweifelnd *Listenmaier/Kiel* RdA 2014, 135 (147); aA DKKW/*Klebe* BetrVG § 95 Rn. 15.

rücksichtigung von Leiharbeitnehmern bei Schwellenwerten[880] bleibt aber die zukünftige Entwicklung abzuwarten. Führt der AG jedoch Auswahlrichtlinien ein, kann der BR im Falle der Nichteinigung die Einigungsstelle anrufen. Deren Spruch ersetzt die Einigung. Eine Nachwirkung iSd § 77 Abs. 6 BetrVG entfällt in Betrieben unter 500 AN, da die Entscheidung, ob eine Auswahlrichtlinie eingeführt wird, allein beim AG liegt und daher insoweit keine erzwingbare Mitbestimmung gegeben ist. Dagegen hat in Betrieben mit mehr als 500 AN der BR ein Initiativrecht. Auch wenn der AG keine Auswahlrichtlinien einführen will, kann der BR sie über die Einigungsstelle durchsetzen, § 95 Abs. 2 BetrVG. Ein einheitliches Initiativrecht des Gesamtbetriebsrats zur erzwingbaren Aufstellung von Auswahlrichtlinien gem. § 95 Abs. 2 BetrVG besteht nach dem LAG München[881] nicht, wenn in den einzelnen Standorten jeweils nicht mehr als 500 AN beschäftigt werden und eine Zusammenrechnung aller AN in den Standorten aus Rechtsgründen nicht möglich ist. Der Wortlaut des § 95 Abs. 2 BetrVG stelle eindeutig auf die Betriebe und nicht auf das Unternehmen ab, weswegen eine Zusammenrechnung der Arbeitnehmerzahlen in Form einer erweiternden Auslegung des Betriebsbegriffs ausscheide. Sofern ein erzwingbares Mitbestimmungsrecht besteht, hat eine etwa abgeschlossene Betriebsvereinbarung Nachwirkung iSd § 77 Abs. 6 BetrVG.

299 **b) Auswahlgesichtspunkte.** Nach § 95 Abs. 2 S. 1 BetrVG sind in Auswahlrichtlinien die jeweils zu beachtenden fachlichen sowie persönlichen Voraussetzungen und Sozialgesichtspunkte, mit denen die Entscheidung des AG an objektive Kriterien zu binden ist, enthalten. In Auswahlrichtlinien, die Einstellungen betreffen, können fachliche Voraussetzungen, die ein Bewerber erfüllen muss, vorgegeben werden. Allerdings legt der AG zuvor die Anforderungsprofile der einzelnen Stelle bzw. des Arbeitsplatzes fest. Insoweit hat der BR kein Mitbestimmungsrecht.[882] Es unterliegt daher nicht dem Mitbestimmungsrecht, welche Berufsbildung und Qualifikation vom Bewerber gefordert wird. Die Abgrenzung von Anforderungsprofilen und fachlichen sowie persönlichen Voraussetzungen iSd § 95 Abs. 2 BetrVG ist nicht hinreichend deutlich. Werden in ärztlichen Einstellungsuntersuchungen oder ähnl. Tests persönliche Voraussetzungen geprüft, die nach Vorstellung des AG jeder AN erfüllen muss, können Auswahlrichtlinien iSd § 95 BetrVG vorliegen.[883] Dabei sind jedoch dem Umfang des Untersuchungsverlangens des AG insofern Grenzen gesetzt, als die Untersuchung sich auf die gegenwärtige Eignung des Bewerbers für den zu besetzenden Arbeitsplatz beziehen muss.[884] Regelmäßig fehlt dem AG ein berechtigtes Interesse an der Mitteilung der einzelnen Befunde und Diagnosen, weswegen an ihn lediglich die Mitteilung des Untersuchungsergebnisses erfolgen darf.[885] Seit dem 1.2.2011 ist im Hinblick auf Gentests das Gendiagnostikgesetz (GenDG) zu berücksichtigen.[886] Mithilfe des arbeitsrechtlichen Benachteiligungsverbots in § 21 GenDG iVm §§ 15, 22 AGG werden die Verbote nach §§ 19, 20 GenDG abgesichert. So kann der AN einen Schaden nach allgemeinem Schadensersatzrecht geltend machen und Ersatz des immateriellen Schadens nach § 15 Abs. 2 AGG, § 21 GenDG verlangen.[887] Nach der überwiegenden Auffassung[888] beginnt das Mitbestimmungsrecht des BR erst, wenn mehrere Bewerber die vom AG vorausgesetzten Kriterien erfüllen und unter diesen mittels der Auswahlrichtlinie eine Auswahl zu treffen ist. Das Mitbestimmungsrecht des BR betrifft nicht nur die Auswahlgesichtspunkte, sondern auch das Auswahlverfahren. Dies ist jedenfalls dann der Fall, wenn der Bewerber

---

[880] Zuletzt hinsichtlich § 9 MitbestG, vgl. BAG 4.11.2015 – 7 ABR 42/13, LSK 2016, 020516 hinsichtlich § 111 BetrVG, vgl. BAG 18.10.2011 – 1 AZR 335/10, NZA 2012, 221 Rn. 14; hinsichtlich § 9 BetrVG, vgl. BAG 13.3.2013 – 7 ABR 69/11, NZA 2013, 789 Rn. 21; hinsichtlich § 38 BetrVG, vgl. LAG Baden-Württemberg 27.2.2015 – 9 TaBV 8/14, NZA-RR 2015, 353 (355).
[881] LAG München 5.5.2010 – 11 TaBV 93/09, AE 2010, 180.
[882] BAG 31.5.1983 – 1 ABR 6/80, AP BetrVG 1972 § 95 Nr. 2; 31.1.1984 – 1 ABR 63/81, AP BetrVG 1972 § 95 Nr. 3; 23.2.1988 – 1 ABR 82/86, AP BetrVG 1972 § 93 Nr. 2.
[883] LAG Baden-Württemberg 13.12.2002 – 16 TaBV 4/02, NZA-RR 2003, 417.
[884] ErfK/*Preis* BGB § 611 Rn. 293; BAG 7.6.1984 – 2 AZR 270/83, NJW 1985, 645.
[885] Hierzu *Fuhlrott/Hoppe* ArbRAktuell 2010, 183.
[886] Vgl. hierzu die ausf. Kommentierung in → § 9 Rn. 99 ff.
[887] Vgl. hierzu auch ErfK/*Wank* GenDG § 21 Rn. 7.
[888] *Buchner* NZA 1991, 577 (590); weitergehend *Hunold* DB 1989, 1334 (1338).

im Rahmen des Auswahlverfahrens in den Betrieb eingegliedert wird, also eine Einstellung vorliegt.[889]

Auswahlrichtlinien können auch die Sozialauswahl[890] betreffen, § 95 BetrVG iVm § 1 Abs. 4 KSchG und dabei festlegen, wie die sozialen Gesichtspunkte nach § 1 Abs. 3 S. 1 KSchG im Verhältnis zueinander zu bewerten sind, verdrängen jedoch die gesetzlichen Anforderungen für die Vergleichbarkeit von AN nicht. § 1 Abs. 4 KSchG betrifft nur die Gewichtung der Auswahlkriterien und nicht die Zusammensetzung des auswahlrelevanten Personenkreises oder die Konkretisierung der entgegenstehenden betrieblichen Bedürfnisse iSv § 1 Abs. 3 S. 2 KSchG.[891] Ein Mangel der Auswahlrichtlinie hat nicht zwingend die Fehlerhaftigkeit der konkreten Auswahlentscheidung zur Folge. Die Entscheidung hält den Anforderungen des § 1 Abs. 3 KSchG stand, wenn sich der betr. Fehler auf das Ergebnis der sozialen Auswahl nicht ausgewirkt hat.[892]

2. Mitbestimmung bei personellen Einzelmaßnahmen, § 99 BetrVG

Das Beteiligungsrecht des BR bei Einstellungen ist dogmatisch als **Zustimmungsverweigerungsrecht** ausgestaltet.

a) **Einstellung und Unterrichtungspflicht.** Beabsichtigt der AG, eine mitbestimmungspflichtige Einstellung vorzunehmen, muss er zuvor den BR beteiligen. Nach der Rspr. des BAG[893] liegt eine mitbestimmungspflichtige Einstellung vor, wenn Personen in den Betrieb **eingegliedert** werden, um zusammen mit den dort schon beschäftigten AN den arbeitstechnischen Zweck des Betriebes durch weisungsgebundene Tätigkeit zu verwirklichen. Dabei ist die Rechtsnatur des Rechtsverhältnisses, in dem die Personen zum Betriebsinhaber stehen, ohne Bedeutung.[894] Besondere Aufmerksamkeit verdient zudem die Personalführung auf Grundlage von sog. **Matrixstrukturen**, wonach Mitarbeiter fachlich und disziplinarisch durch einen Mitarbeiter geführt werden, der nicht in dem Betrieb beschäftigt ist und auch in einem anderen Konzernunternehmen tätig sein kann. In diesem Zusammenhang kann auch bereits die Übertragung der Personalverantwortung auf einen Mitarbeiter für sich genommen zur Eingliederung des Mitarbeiters in dem Betrieb, deren Belegschaft er leiten soll, führen.[895] Der BR ist bereits vor Abschluss des Arbeitsvertrages zu beteiligen. Damit setzt der Begriff der Einstellung nicht voraus, dass ein neues Arbeitsverhältnis begründet werden muss, auch wenn dieser Fall den „Normalfall" einer Einstellung iSd § 99 BetrVG bildet. Eine Einstellung kann auch bei der Fortsetzung eines Arbeitsverhältnisses vorliegen. Dies ist etwa der Fall, wenn ein zunächst befristeter Arbeitsvertrag verlängert wird[896] oder bei der Wiederaufnahme eines ruhenden Arbeitsverhältnisses, zB nach Elternzeit oder nach Ableistung des Wehrdienstes. Die Verlängerung der Arbeitszeit, insbesondere der Wechsel von der Teilzeit- in eine Vollzeitbeschäftigung, stellt eine mitbestimmungspflichtige Einstellung dar, wenn die Verlängerung nach Dauer und Umfang so erheblich ist, dass im Hinblick auf die Interessen der übrigen Belegschaft eine erneute Beteiligung des BR erforderlich ist.[897] Eine nicht unerhebliche Dauer der Erhöhung der Arbeitszeit liegt bei einem Zeitraum von mehr als einem Monat vor. Bezüglich des Umfangs zieht das BAG nun die in § 12 Abs. 1 S. 3 TzBfG genannte Grenze von zehn Wochenstunden heran.[898] Entscheidendes Kriterium für

---

[889] Vgl. BAG 20.4.1993 – 1 ABR 59/92, AP BetrVG 1972 § 99 Nr. 106.
[890] Vgl. zu Auswahlrichtlinien nach § 1 Abs. 4 KSchG unter § 43.
[891] BAG 5.6.2008 – 2 AZR 907/06, NZA 2008, 1120.
[892] BAG 12.8.2010 – 2 AZR 945/08, NZA 2011, 460.
[893] BAG 8.11.2016 – 1 ABR 57/14, NZA-RR 2017, 134; 28.4.1992 – 1 ABR 73/91, AP BetrVG 1972 § 99 Nr. 98; 13.4.1994 – 7 AZR 651/93, AP LPVG NW § 72 Nr. 9; 22.4.1997 – 1 ABR 74/96, AP BetrVG 1972 § 99 Einstellung Nr. 18.
[894] BAG 13.5.2014 – 1 ABR 50/12, NZA 2014, 1149 Rn. 18.
[895] Vgl. LAG Düsseldorf vom 20.12.2017 – 12 TaBV 66/17, NZA-RR 2018, 298; LAG Berlin-Brandenburg 17.6.2015 – 17 TaBV 277/15, BeckRS 2015, 70773; vgl. für unternehmensübergreifende Matrixstrukturen LAG Baden-Württemberg 28.5.2014 – 4 TaBV 7/13, BB 2014, 2298.
[896] BAG 28.10.1986 – 1 ABR 16/85, AP BetrVG 1972 § 118 Nr. 32.
[897] GK-BetrVG/*Raab* § 99 Rn. 37; *Ottmann* ArbRAktuell 2018, 521(521).
[898] BAG 9.12.2008 – 1 ABR 74/07, NZA-RR 2009, 260.

die Bestimmung des erforderlichen Maßes der Arbeitszeiterhöhung sind insbesondere die nach der Maßgabe der möglichen Widerspruchsgründe des § 99 Abs. 2 BetrVG zu beachtenden schützenswerten Interessen der Belegschaft. Ob die Stelle hätte ausgeschrieben werden müssen, ist nach Ansicht des BAG[899] nicht entscheidend. Es muss möglich erscheinen, dass mit der längeren Arbeitszeit und Anwesenheit einer schon beschäftigten konkreten Person (erneut) ein Bedürfnis für die Beteiligung des BR einhergeht.[900] Für die Verminderung des Zeitvolumens gilt dies alles jedoch nicht. In ihr liegt weder eine Einstellung noch eine Versetzung.[901] Dies gilt auch bei einer Arbeitszeitreduzierung in unmittelbarem zeitlichen Zusammenhang mit dem Bezug einer ungekürzten Altersrente vor dem Regelrenteneintrittsalter.[902] Umstritten bleibt das Verhältnis von § 99 BetrVG zu § 87 Abs. 1 Nr. 2 BetrVG bei der erstmaligen Einstellung eines AN und dessen Eingliederung in ein bestehendes Arbeitszeitmodell. Während die landesarbeitsgerichtliche Rechtsprechung[903] die Ansicht vertritt, dass das Mitbestimmungsrecht des § 87 Abs. 1 BetrVG durch die Mitwirkungsrechte des BR in den personellen Angelegenheiten verdrängt werde, hält das BAG[904] an seiner entgegenstehenden Auffassung fest, dass die Mitbestimmung des BR nach § 87 Abs. 1 Nr. 2 BetrVG auch hinsichtlich neu eingestellter Arbeitnehmer gelte.

303 **Keine Einstellung** iSd § 99 BetrVG liegt vor, wenn der AG keinerlei Entscheidungsspielraum besitzt. Dies ist etwa der Fall, wenn der AG den AN auf Grund eines verlorenen Kündigungsschutzprozesses wieder in den Betrieb eingliedern muss oder wenn der Klage des AN auf Wiedereinstellung stattgegeben ist.[905] Auch bei einer Übernahmeverpflichtung nach § 78a BetrVG hat der AG keinerlei Entscheidungsspielraum und es liegt keine Einstellung vor. Entsteht jedoch ein Entscheidungsspielraum des AG derart, dass er zwischen einer Reihe von AN, die die Wiedereinstellung begehren, auswählen muss, ist der BR nach § 99 BetrVG zu beteiligen. Nach § 14 Abs. 3 S. 1 AÜG ist der BR des Entleiherbetriebes vor der Arbeitsaufnahme von Leiharbeitnehmern zu beteiligen.[906] Nicht bereits mitbestimmungspflichtig ist dabei die Aufnahme von Leiharbeitnehmern in einen Stellenpool, aus dem der Verleiher auf Anforderung des Entleihers Kräfte für die Einsätze im Entleiherbetrieb auswählt, sondern erst der konkrete Einsatz bzw. die Eingliederung.[907] Beim Einsatz von Drittpersonal (zB Tätigkeitsaufnahme von AN eines Schwesterunternehmens) genügt es nicht, dass die von einem Mitarbeiter durchzuführenden Aufgaben ihrer Art nach weisungsgebundene Tätigkeiten darstellen und im Zusammenwirken mit den im Betrieb schon beschäftigten AN der Verwirklichung des arbeitstechnischen Zwecks des Betriebs dienen. Maßgeblich ist, ob der Betriebsinhaber die Personalhoheit in Form der Entscheidungsbefugnis hinsichtlich Ort und Zeit der Tätigkeit besitzt.[908] Die Beschäftigung von freien Mitarbeitern oder selbstständigen Unternehmern ist grundsätzlich keine Einstellung iSd § 99 BetrVG, da diese nicht in den Betrieb eingegliedert werden und keine weisungsgebundene Tätigkeit vorliegt.[909] Entscheidend ist, dass es sich dabei tatsächlich um freie Mitarbeiter oder selbstständige Unternehmer handelt. Problematisch ist insbesondere die Tätigkeit von Fremdarbeitnehmern auf Grund von Dienst- oder Werkverträgen. Der zutr. Rspr. des BAG[910] ist zu entnehmen, dass eine mitbestimmungspflichtige Einstellung spätestens dann zu bejahen ist,

---

[899] BAG 9.12.2008 – 1 ABR 74/07, NZA-RR 2009, 260.
[900] BAG 23.1.2008 – 1 ABR 74/06, NZA 2008, 603 (603 ff.).
[901] BAG 25.1.2005 – 1 ABR 59/03, NZA 2005, 945.
[902] LAG Nürnberg 22.7.2015 – 4 TaBV 6/15, BeckRS 2015, 72320.
[903] LAG München vom 7.12.2017 – 4 TaBVc 30/17, BeckRS 2017, 151929; zustimmend *Fuhlrott* ArbRAktuell 2018, 564.
[904] BAG vom 22.10.2019 – 1 ABR 17/18, NZA 2020, 123.
[905] Vgl. BAG 5.4.2001 – 2 AZR 580/99, AP BGB § 626 Nr. 174.
[906] *Wensing/Freise* BB 2004, 2238; BAG 15.10.2013 – 1 ABR 25/12, NJW-Spezial 2014, 83.
[907] BAG 23.1.2008 – 1 ABR 74/06, NZA 2008, 603.
[908] BAG 8.11.2016 – 1 ABR 57/14, NZA-RR 2017, 134 (135); 13.12.2005 – 1 ABR 51/04, NZA 2006, 1369.
[909] Vgl. BAG 30.8.1994 – 1 ABR 3/94, NZA 1995, 649.
[910] BAG 5.3.1991 – 1 ABR 39/90, AP BetrVG 1972 § 99 Nr. 90; 1.12.1992 – 1 ABR 30/92, EzA BetrVG 1972 § 99 Nr. 110; vgl. BAG 27.7.1993 – 1 ABR 7/93, NZA 1994, 92; 18.10.1994 – 1 ABR 9/94, AP BetrVG 1972 § 99 Einstellung Nr. 5.

wenn die Grenze zur verdeckten Arbeitnehmerüberlassung überschritten ist. Es kommt demnach wesentlich darauf an, ob die AN beispielsweise eines Werkunternehmens so in die Arbeitsabläufe des Bestellers eingegliedert werden, dass dieser die für ein Arbeitsverhältnis typischen Entscheidungen über den Arbeitseinsatz auch nach Ort und Zeit zu treffen hat.[911] Ist dies der Fall, liegt verdeckte Arbeitnehmerüberlassung und damit eine Einstellung iSd § 99 BetrVG vor.[912] Auch die Eingliederung von Nicht-AN in die betriebliche Tätigkeit soll nach dem BAG eine Einstellung sein, da das kollektive Interesse der Belegschaft unabhängig davon berührt wird, auf welcher vertraglichen Grundlage die in die betriebliche Arbeit eingeschalteten Personen tätig werden.[913] Sowohl die Beschäftigung erwerbsfähiger Leistungsberechtigter iSv § 16d SGB II – umgangssprachlich sog. Ein-Euro-Jobber – ist eine Einstellung iSd § 99 BetrVG[914] als auch die Aufnahme eines zur Leistung von Pflegediensten verpflichteten Vereinsmitglieds in eine DRK-Schwesternschaft.[915] Nach dem aktuellen Gesetzentwurf der Bundesregierung zur Änderung des AÜG und anderer Gesetze[916] soll in § 80 Abs. 2 und § 92 Abs. 1 S. 1 BetrVG der Inhalt des bereits bestehenden Informationsrechts des Betriebsrats über den Einsatz von Personen, die nicht im Arbeitsverhältnis zum AG des Betriebs stehen, gesetzlich klargestellt werden. Entschließt ein AG, eine Filiale organisatorisch aus einem Betrieb herauszunehmen und zugleich einem anderen Betrieb zuzuordnen, so tendiert die Rechtsprechung im Hinblick auf Filialmitarbeiter dazu, weder eine Versetzung noch eine Einstellung im Sinne des § 99 Abs. 1 BetrVG anzunehmen, wenn die Änderung des Arbeitsbereichs allein auf einer Änderung der Betriebsstruktur beruht.[917]

Der BR kann sich nur dann sachgemäß zu einer Einstellung äußern, wenn er zuvor vom AG umfassend und rechtzeitig informiert wird. Da der BR nach § 99 Abs. 3 S. 1 BetrVG eine Woche Zeit hat, seinen Widerspruch zu begründen, ist er spätestens eine Woche vor der Einstellung zu beteiligen. Bei Neueinstellungen müssen dem BR die Informationen aller Bewerber mitgeteilt werden.[918] Das Informationsrecht des BR erstreckt sich auch auf solche Bewerbungen, die von einem unternehmensinternen Recruitment-Center vorab aussortiert wurden.[919] Hat der AG einen Headhunter beauftragt, so hat der AG den BR nur über die Bewerber zu informieren, die der Headhunter ihm vorgeschlagen hat.[920] Hinsichtlich jedes Bewerbers sind die Namen, die genauen Personalien, die Eingruppierung, der Zeitpunkt der Maßnahme sowie sämtliche Informationen über den Bewerber mitzuteilen, die den BR zur Verweigerung der Zustimmung nach § 99 Abs. 2 BetrVG berechtigen könnten. Hierzu gehören insbesondere auch die nach § 94 BetrVG mittels eines etwa vorhandenen Personalfragebogens ermittelten Angaben.[921] Gewinnt der AG Erkenntnisse über die Person von Stellenbewerbern, die für seine Auswahlentscheidung maßgebend sind, aus Vorstellungsgesprächen, hat er den BR über den für seine Entscheidung bedeutsamen Inhalt dieser Gespräche zu unterrichten.[922] Ein Teilnahmerecht des BR an den mit Bewerbern geführten Personalgesprächen besteht jedoch nicht.[923] Durch diese **Informationspflicht** ist der AG, von den Zustimmungsverweigerungsgründen des § 99 Abs. 2 BetrVG einmal abgesehen, in der Auswahl der Bewerber nicht eingeschränkt.[924]

---

[911] Vgl. BGH 25.6.2002 – X ZR 83/00, NJW 2002, 3317; 13.5.2014 – 1 ABR 50/12, NZA 2014, 1149.
[912] Vgl. hierzu Schüren/Hamann/*Hamann* AÜG § 1 Rn. 126 ff.
[913] BAG 27.7.1993 – 1 ABR 7/93, NZA 1994, 92; 22.4.1997 – 1 ABR 74/96, NZA 1997, 1297 (1299); ErfK/*Kania* BetrVG § 99 Rn. 7.
[914] Vgl. die Rspr. zur alten Gesetzeslage bezüglich erwerbsfähiger Hilfsbedürftiger, BAG 2.10.2007 – 1 ABR 60/06, NZA 2008, 244.
[915] BAG 23.6.2010 – 7 ABR 1/09, NZA 2010, 1302 Rn. 13.
[916] BT-Drs. 18/9232.
[917] LAG Düsseldorf vom 27.1.2017 – 6 TaBV 60/16, BeckRS 2017, 110513.
[918] BAG 6.4.1973 – 1 ABR 13/72, AP BetrVG 1972 § 99 Nr. 1; 19.5.1973 – 1 ABR 109/78, AP BetrVG 1972 § 118 Nr. 18; *Reiserer* BB 1992, 2499 (2500).
[919] Vgl. BAG 21.10.2014 – 1 ABR 10/13, NZA 2015, 311.
[920] BAG 18.12.1990 – 1 ABR 15/90, AP BetrVG 1972 § 99 Nr. 85.
[921] Vgl. *Reiserer* BB 1992, 2499; BAG 14.12.2004 – 1 ABR 55/03, NZA 2005, 827 (829).
[922] BAG 28.6.2005 – 1 ABR 26/04, NZA 2006, 111.
[923] BAG 14.4.2015 – 1 ABR 58/13, NZA 2015, 1081 Rn. 21.
[924] Vgl. BAG 18.7.1978 – 1 ABR 8/75, AP BetrVG 1972 § 99 Nr. 7.

305 Die **Unterrichtungs- und Vorlagepflicht** nach § 99 Abs. 1 S. 1 und 2 BetrVG dient dazu, dem BR die Informationen zu verschaffen, die er benötigt, um sein Recht zur Stellungnahme nach § 99 Abs. 2 BetrVG sachgerecht ausüben zu können.[925] Der AG – und nicht etwa die Filialleitung oÄ[926] – hat den BR so zu unterrichten, dass dieser auf Grund der mitgeteilten Tatsachen in die Lage versetzt wird, zu prüfen, ob einer der in § 99 Abs. 2 BetrVG genannten Zustimmungsverweigerungsgründe vorliegt. Der Umfang der vom AG geforderten Unterrichtung des BR bestimmt sich damit nach dem Zweck der Beteiligung an der jeweiligen personellen Maßnahme.[927] Die Unterrichtung hat außerdem fristgerecht zu erfolgen, dh zu einem Zeitpunkt, an dem AG entweder noch keine abschließende und endgültige Entscheidung getroffen hat, oder er eine solche Entscheidung noch ohne Schwierigkeiten revidieren kann. Versäumt der AG dies, kann er die Aufhebung der durchgeführten Einstellung nach § 101 BetrVG nicht dadurch verhindern, dass er das Beteiligungsverfahren nach § 99 BetrVG nachholt, ohne zuvor die bereits erfolgte Einstellung aufzuheben und ggf. ein neues Besetzungsverfahren zu betreiben, solange der BR der ursprünglichen Einstellung nicht nachträglich zustimmt.[928] Inhaltlich erstreckt sich die Verpflichtung des AG, die erforderlichen Bewerbungsunterlagen vorzulegen und Auskunft über die Person der Beteiligten zu geben, auf alle Bewerber, also auch auf diejenigen, die der AG für die Einstellung nicht in Betracht ziehen will.[929] Bewerbungsunterlagen iSd sind zunächst alle im Zusammenhang mit der Bewerbung von den Bewerbern – auch den später abgelehnten – eingereichten Unterlagen. Zu den Bewerbungsunterlagen zählen außerdem solche Unterlagen, die der AG aus Anlass der Bewerbung über die Person des Bewerbers – etwa in Form von Personalfragebögen oder Testergebnissen – erstellt hat.[930] Aufzeichnungen, die für die Auswahlentscheidung des AG ohne jegliche Bedeutung sind, müssen dagegen dem BR nicht vorgelegt werden.[931] Wurden anlässlich von Bewerbungsgesprächen von einer Personalsachbearbeiterin Notizen gefertigt, sind diese für die Auswahlentscheidung nicht von Bedeutung, wenn die Notizen nur als Erinnerungsstütze für die Besprechung mit ihren Vorgesetzten und für die Abfassung des an den BR gerichteten Unterrichtungsschreiben erstellt wurden.[932] Soweit der AG ferner das Ergebnis eines Bewerbungsverfahrens nach seiner getroffenen Entscheidung in eine Bewertungsmatrix einträgt, die allein für diese Einstellungsentscheidung anhand der Anforderungen der Stellenausschreibung erstellt worden ist, handelt es sich bei dieser Bewertungsmatrix zumindest dann nicht um vorlagepflichtige Beurteilungsgrundsätze im Sinne des § 94 Abs. 2 BetrVG, wenn der BR auch ohne Vorlage ordnungsgemäß über die beabsichtigte Einstellung unterrichtet wurde.[933]

306 Die dem BR übergebenen Informationen müssen wahrheitsgemäß und vollständig sein, da anderenfalls die **Anhörungsfrist** des § 99 Abs. 3 BetrVG nicht zu laufen beginnt.[934] Wenn diese Frist nicht zu laufen beginnt, dann kann in einem etwaigen Zustimmungsersetzungsverfahren die Zustimmung des BR nicht gerichtlich ersetzt werden.[935] Jedoch ist der der BR grundsätzlich verpflichtet, den AG auf die ihm bekannten Mängel der Unterrichtung innerhalb einer Woche hinzuweisen, sofern nicht eine offensichtlich unvollständige Unterrichtung des AG gegeben ist.[936] In Fällen, in denen der BR auf eine unvollständige Unterrichtung oder un-

---

[925] *Ottmann* ArbRAktuell 2018, 521(522).
[926] Vgl. BAG 21.10.2014 – 1 ABR 10/13, NZA 2015, 311.
[927] BAG 27.10.2010 – 7 ABR 86/09, NZA 2011, 418; 14.12.2004 – 1 ABRR 55/03, NZA 2005, 827; 10.8.1993 – 1 ABR 22/93, NZA 1994, 187.
[928] BAG 21.11.2018 – 7 ABR 16/17, NZA 2019, 711.
[929] BAG 10.11.1992 – 1 ABR 21/92, AP BetrVG 1972 § 99 Nr. 100; ausführlich zum Inhalt der Unterrichtspflicht: *Groß* ArbRAktuell 2016, 7.
[930] BAG 14.12.2004 – 1 ABRR 55/03, NZA 2005, 827.
[931] BAG 17.6.2008 – 1 ABR 20/07, NZA 2008, 1139 Rn. 15.
[932] BAG 14.4.2015 – 1 ABR 58/13, NZA 2015, 1081 Rn. 19.
[933] LAG Schleswig-Holstein 27.2.2018 – 1 TaBV 25/17, BeckRS 2018, 11468; zustimmend *Frahm* ArbRAktuell 2018, 353.
[934] *Reiserer* BB 1992, 2499 (2504).
[935] Zuletzt BAG 1.6.2011 – 7 ABR 18/10, BeckRS 2011, 75883; 28.6.2005 – 1 ABR 26/04, NZA 2006, 111.
[936] BAG 28.6.2005 – 1 ABR 26/04, NZA 2006, 111 Rn. 35 ff.

richtige Angaben hin seine Zustimmung zu einer personellen Einzelmaßnahme iSv § 99 Abs. 1 BetrVG verweigert hat, kann der AG auch noch im Zustimmungsersetzungsverfahren die fehlenden Informationen nachholen, Angaben korrigieren und unzutr. Tatsachen richtigstellen. Mit der Nachholung der Unterrichtung und der Vervollständigung der Informationen wird die Wochenfrist des § 99 Abs. 3 S. 1 BetrVG erneut in Lauf gesetzt. Für den BR muss in solch einem Fall erkennbar sein, dass der AG die Informationen während des Zustimmungsersetzungsverfahrens auch deswegen vervollständigt oder richtig stellt, weil er seiner noch nicht vollständig erfüllten Unterrichtungspflicht aus § 99 Abs. 1 S. 1 und 2 BetrVG nachkommen möchte und diese Verpflichtung nun als erfüllt ansieht. Das muss nicht ausdrücklich geschehen, sondern kann sich aus den Umständen der nachgereichten Informationen ergeben. Die ergänzende Information kann durch einen in dem Zustimmungsersetzungsverfahren eingereichten Schriftsatz oder ihm beigefügte Anlagen erfolgen. Der Lauf der Frist des § 99 Abs. 3 S. 1 BetrVG beginnt erst dann, wenn die nachgereichte Mitteilung beim BR eingeht.[937]

Ist der BR eines Entleiherbetriebes auf Grund des Einsatzes von Leiharbeitnehmern zu beteiligen, kann er nach § 14 Abs. 3 S. 2 AÜG die Vorlage der schriftlichen Erklärung nach § 12 Abs. 2 AÜG verlangen, die den Nachweis der Erlaubnis des Verleihers nach § 1 AÜG enthält. Der Umfang der Informationspflicht des AG wird durch das Interesse der Leiharbeitnehmer am Schutz ihrer persönlichen Daten begrenzt. In jedem Fall hat der Entleiher den BR jedoch über Anzahl, Namen, Qualifikation sowie insbesondere die vorgesehene Dauer des Einsatzes und die Auswirkung der Beschäftigung der Leiharbeitnehmer auf die Stammbelegschaft zu informieren. Die Besonderheiten der Arbeitnehmerüberlassung verkürzen die Unterrichtungspflicht des AG nicht. Der AG ist gehalten bzw. es ist ihm zur Erfüllung seiner Unterrichtungspflicht grundsätzlich zuzumuten, die Personalien des einzusetzenden Leiharbeitnehmers erforderlichenfalls beim Verleiher zu erfragen oder bei diesem auf eine so rechtzeitige Auswahlentscheidung zu drängen, dass er seinen Pflichten nach § 99 Abs. 1 S. 1 und 2 BetrVG rechtzeitig nachkommen kann.[938] Überdies ist der AG bei der Einstellung eines externen Leiharbeitnehmers nicht verpflichtet, den BR darüber zu unterrichten, welche teilzeitbeschäftigten AN aufgrund ihres angezeigten Wunsches auf Aufstockung ihrer Arbeitszeit für die zu besetzende Stelle grundsätzlich in Betracht gekommen wären. Diese Information weist keinen hinreichenden Bezug zu der dem BR mit der Unterrichtung nach § 99 Abs. 1 S. 1 und 2 BetrVG zu eröffnenden sachangemessenen Prüfung auf, ob ein Grund für die Verweigerung der Zustimmung zu der beabsichtigten Einstellung des AN vorliegt.[939] Ein Recht des BR auf Teilnahme an Vorstellungsgesprächen oder auf eigene Vorstellungsgespräche mit Bewerbern besteht nicht.[940]

Die Unterrichtungspflicht des AG nach § 99 Abs. 1 S. 1 und 2 BetrVG umfasst vor einer beabsichtigten nicht dauerhaften Einstellung eines AN weder die Rechtfertigungsgründe für den Abschluss des befristeten Arbeitsvertrags noch die Auskünfte, ob befristete Arbeitsverhältnisse ohne oder mit Sachgrund geschlossen worden sind und gegebenenfalls welcher sachliche Grund ihnen zu Grunde liegt. Diese Informationen haben keinen hinreichenden Bezug zu einer betriebsverfassungsrechtlichen Aufgabe des BR.[941]

b) Ein- und Umgruppierungen und Unterrichtungspflicht. Bei Ein- und Umgruppierungen handelt es sich nach § 99 Abs. 1 S. 1 BetrVG stets um personenbezogene Einzelmaßnahmen. Eine Eingruppierung ist die (erstmalige oder erneute) Einreihung eines AN in eine im Betrieb geltende oder erstmalig eingeführte Vergütungsordnung. Sie besteht in der Zuordnung des AN zu einer bestimmten Gruppe der Vergütungsordnung nach Maßgabe der dafür gültigen Kriterien.[942] Eine Vergütungsordnung iSd ist ein kollektives und – jedenfalls bei Geltung nur eines betrieblichen Vergütungssystems – mindestens zwei Vergütungsgruppen ent-

---
[937] Hierzu BAG 9.3.2011 – 7 ABR 127/09, NZA 2011, 880; 1.6.2011 – 7 ABR 18/10, BeckRS 2011, 75883; 29.6.2011 – 7 ABR 24/10, BeckRS 2011, 75884; 9.3.2011 – 7 ABR 127/09, BeckRS 2011, 73484.
[938] BAG 9.3.2011 – 7 ABR 137/09, BeckRS 2011, 73485.
[939] BAG 1.6.2011 – 7 ABR 117/09, BeckRS 2011, 76301.
[940] BAG 18.7.1978 – 1 ABR 8/75, AP BetrVG 1972 § 99 Nr. 7; 14.4.2015 – 1 ABR 58/13, NZA 2015, 1081 Rn. 21.
[941] BAG 27.10.2010 – 7 ABR 86/09, NZA 2011, 418.
[942] BAG 11.11.2008 – 1 ABR 68/07, NZA 2009, 450.

haltendes Entgeltschema, das eine Zuordnung der AN zu einer der Vergütungsgruppen nach bestimmten generell beschriebenen Merkmalen vorsieht.[943] Woraus sich die Geltung der Vergütungsordnung ergibt, ist unerheblich. Sie kann in einem auf das Arbeitsverhältnis anwendbaren Tarifvertrag enthalten sein, auf einer Betriebsvereinbarung beruhen, aufgrund einzelvertraglicher Vereinb. im Betrieb allgemein zur Anwendung kommen oder vom AG einseitig geschaffen sein.[944] Die in § 99 Abs. 1 S. 2 BetrVG vorausgesetzte Pflicht des AG zur Eingruppierung und die in § 99 Abs. 1 S. 1 BetrVG vorgesehene Beteiligung des BR dienen der einheitlichen Anwendung der zutr. Vergütungsordnung und sorgen auf diese Weise für Transparenz und innerbetriebliche Lohngerechtigkeit. Der AG soll prüfen, welcher Gruppe der im Betrieb geltenden Vergütungsordnung die Tätigkeit des AN zuzuordnen ist, und diese Beurteilung gemeinsam mit dem BR vornehmen.[945] Das Mitbestimmungsrecht bei Ein- und Umgruppierungen ist kein Mitgestaltungs-, sondern ein **Mitbeurteilungsrecht**.[946] Demnach reicht dieses Mitbeurteilungsrecht des BR bei Ein- und Umgruppierungen nicht weiter als die Notwendigkeit zur Rechtsanwendung durch den AG. Sofern indes die Rechtsgestaltung betroffen ist, etwa weil die Bestimmung der konkreten Höhe des Gehalts auf einem Gehaltsband im billigen Ermessen des AG liegt, so wird dem BR ein Zustimmungsverweigerungsrecht in Bezug auf die Festlegung der konkreten Höhe des Gehalts verwehrt.[947] Soweit die Urheber der Vergütungsordnung selbst die betr. Stelle, den Arbeitsplatz oder die Tätigkeit mit bindender Wirkung in ihr abstraktes Vergütungsschema einreihen, also bewertet haben, ist kein Raum für eine – erneute – Beurteilung des Arbeitsplatzes und eine damit korrespondierende Mitbeurteilung des BR.[948] Damit einhergehend, besteht auch für die Durchführung des Zustimmungsverfahrens bei Umgruppierungen kein Raum, wenn die Tarifvertragsparteien selbst die ansonsten den Betriebsparteien obliegende Umgruppierungsentscheidung getroffen und nicht lediglich eine verbindlicheStellenbertung vorgenommen haben.[949] Die Zuordnung des AN zu einer Gruppe einer Vergütungsordnung hat der AG bei jeder Einstellung und Versetzung vorzunehmen. Das folgt bereits aus § 99 Abs. 1 S. 2 BetrVG, der für diese Fälle die Unterrichtung des BR über die vorgesehene Eingruppierung ausdrücklich vorschreibt. Die Verpflichtung zur Eingruppierung besteht danach auch im Falle der Versetzung.[950] Zwar ist der AN in einem solchen Fall regelmäßig aufgrund seiner bisherigen Tätigkeit bereits einer bestimmten Vergütungsgruppe zugeordnet. Eine Versetzung ist aber nach § 95 Abs. 3 S. 1 BetrVG stets mit der Zuweisung eines anderen Arbeitsbereichs verbunden. Daher muss der AG auch in diesem Fall die Eingruppierung des AN überprüfen. Gelangt er hierbei zu dem Ergebnis, dass für den AN nun eine andere Vergütungsgruppe zutr. ist, handelt es sich um eine Umgruppierung. Ergibt die Prüfung des AG, dass es trotz geänderter Tätigkeit bei der bisherigen Zuordnung verbleibt, liegt eine erneute Eingruppierung iSv § 99 Abs. 1 S. 1 BetrVG vor. Nach diesen Grundsätzen ist die AG verpflichtet, den BR bei der Zuordnung eines AN zu einer Entgeltgruppe des ERA-TV nach § 99 BetrVG zu beteiligen.[951]

310 Der **Umfang** der Unterrichtung des BR bestimmt sich nach dem Zweck der Beteiligung an der jeweiligen personellen Maßnahme. In den Fällen der Ein- und Umgruppierung besteht das Mitbestimmungsrecht des BR aus § 99 Abs. 1 und 2 BetrVG in einem Recht auf Mitbeurteilung der Rechtslage im Sinne einer Richtigkeitskontrolle. Die konkrete Informationspflicht des AG richtet sich nach der Ausgestaltung der Vergütungsordnung. Bei einer tariflichen Vergütungsordnung sind die Angaben mitteilungsbedürftig, auf die die Tarifvertragsarteien abgestellt haben.[952]

---

[943] BAG 8.12.2009 – 1 ABR 66/08, NZA 2010, 404.
[944] BAG 14.4.2010 – 7 ABR 91/08, NZA-RR 2011, 83; 11.9.2013 – 7 ABR 29/12, NZA 2014, 388 Rn. 20.
[945] Vgl. BAG 18.10.2011 – 1 ABR 34/10, NZA 2012, 1248.
[946] BAG 20.3.2014 – 2 AZR 840/12, NZA 2014, 1415 Rn. 24.
[947] LAG Berlin-Brandenburg vom 25.4.2017, 7 TaBV 1879/16, BeckRS 2017, 115830.
[948] BAG 3.5.2006 – 1 ABR 2/05, AP BetrVG 1972 § 99 Nr. 31.
[949] BAG 26.9.2018 – 7 ABR 18/16, NZA 2019, 181.
[950] Vgl. zur Versetzung ausführlich → § 12 Rn. 53 ff.
[951] Hierzu BAG 12.1.2011 – 7 ABR 35/09, BeckRS 2011, 72472; 12.1.2011 – 7 ABR 34/09, BeckRS 2011, 72341; 1.6.2011 – 7 ABR 117/09, BeckRS 2011, 74002.
[952] BAG 12.1.2011 – 7 ABR 15/09, BeckRS 2011, 72692.

Muster: Antrag auf Zustimmung zur Einstellung

......
An den Betriebsrat z. Hd. des Vorsitzenden/der Vorsitzenden
Einstellung eines neuen Mitarbeiters/einer neuen Mitarbeiterin
Wir möchten Sie über die beabsichtigte Einstellung von Herrn/Frau ...... informieren. Die geplante Einstellung soll ab dem ...... unbefristet/befristet bis zum ...... erfolgen.

Angaben zur Person:
Name, Vorname: ......   Geburtsdatum: ......
Wohnort: ......   Straße: ......
Familienstand: ......   Zahl der unterhaltspflichtigen Kinder: ......
Ausbildung: ......
Bisherige Tätigkeit: ......
Besondere Hinweise: ......

Vorgesehener Arbeitsplatz:
Tätigkeit: ......
Abteilung: ......

Eingruppierung: ......
Auswirkungen der Einstellung: ......

Sonstige Bewerber: ......
Die Bewerbungsunterlagen sind beigefügt. Haben Sie gegen die Einstellung Bedenken, so bitten wir diese innerhalb einer Woche unter der Angabe der Gründe schriftlich mitzuteilen.

......
Ort, Datum, Unterschrift Personalabteilung
Erhalten am ......

......
Unterschrift Betriebsratsvorsitzende(r)

c) Gründe für Zustimmungsverweigerung. Äußert sich der BR innerhalb der Wochenfrist des § 99 Abs. 3 BetrVG nicht, gilt die Zustimmung als erteilt. Dies setzt jedoch voraus, dass der BR ordnungsgemäß informiert worden ist. Gegebenenfalls kann er der Einstellung widersprechen. Der Widerspruch kann nur auf die Gründe des § 99 Abs. 2 Nr. 1 bis 6 BetrVG gestützt werden.

aa) Verstöße gegen Normen oder gerichtliche Entscheidungen (Nr. 1, 2). Der Zustimmungsverweigerungsgrund des § 99 Abs. 2 Nr. 1 BetrVG ist nur dann gegeben, wenn die Einstellung als solche gegen eine Norm oder eine gerichtliche Entscheidung verstößt. Der BR darf also die Zustimmung nicht verweigern, wenn eine Norm des Arbeitsvertrages auf Grund eines **Verstoßes gegen eine Rechtsvorschrift** unwirksam ist, zB weil die vertraglich vereinbarte Kündigungsfrist für die Eigenkündigung durch den AN tarifwidrig ist.[953] Dem BR obliegt nicht die Inhaltskontrolle der abzuschließenden Arbeitsverträge. Insofern begründet ein Verstoß gegen das Gleichstellungsgebot von §§ 3 Abs. 1 Nr. 3, 9 Nr. 2 AÜG („equal-pay-Gebot") kein Zustimmungsverweigerungsrecht nach § 99 Abs. 2 Nr. 1 BetrVG für den BR des Entleiherbetriebs.[954] Nach § 81 Abs. 1 S. 1 SGB IX ist der AG verpflichtet zu prüfen, ob ein frei werdender oder neu geschaffener Arbeitsplatz mit einem schwerbehinderten Menschen besetzt werden kann. Dazu hat der AG nach § 81 Abs. 1 S. 2 SGB IX frühzeitig Verbindung mit der BA aufzunehmen. Verletzt der AG diese Pflichten und stellt er auf einen freien Arbeitsplatz einen nicht schwerbehinderten Menschen ein, kann der BR die Zustimmung zur Einstellung nach § 99 Abs. 2 Nr. 1 BetrVG verweigern. Dies gilt jedoch nicht

---

[953] BAG 14.12.2004 – 1 ABR 54/03, NZA 2005, 424.
[954] LAG Rheinland-Pfalz 24.1.2018 – 4 TaBV 9/17, BeckRS 2018, 15004; BAG 1.6.2011 – 7 ABR 117/09, NZA 2011, 1435 Rn. 22; 21.7.2009 – 1 ABR 35/08, NZA 2009, 1156; 14.12.2004 – 1 ABRR 55/03, NZA 2005, 827.

bei der Versetzung eines bereits im Betrieb beschäftigten AN auf einen frei gewordenen oder neu geschaffenen Arbeitsplatz.[955] Die in § 81 Abs. 1 S. 1 und 2 SGB IX normierte Prüf- und Konsultationspflicht des AG besteht auch dann, wenn der AG beabsichtigt, einen frei werdenden oder neu geschaffenen Arbeitsplatz mit einem Leiharbeitnehmer zu besetzen. Bei einem Verstoß hiergegen, ist der BR berechtigt, die Zustimmung zur Einstellung des Leiharbeitnehmers nach § 99 Abs. 2 Nr. 1 BetrVG zu verweigern.[956] Ebenso kann die Zustimmung verweigert werden, wenn ein Leiharbeitnehmer mehr als nur vorübergehend beschäftigt werden soll. Bei einer solchen Einstellung liegt ein Verstoß gegen § 1 Abs. 1 S. 2 AÜG vor, der laut Ansicht des BAG ein Gesetz iSv § 99 Abs. 2 Nr. 1 BetrVG ist.[957] Dagegen kann die Verweigerung der Zustimmung nicht damit begründet werden, dass ein Leiharbeitnehmer schon einmal in einem (un-)befristeten Arbeitsverhältnis zum Entleiher gestanden hat, denn die Überlassung eines AN an seinen vormaligen Vertragsarbeitgeber, bei dem er zuvor zwei Jahre sachgrundlos befristet beschäftigt war, führt nicht zur Unwirksamkeit einer anschließend mit dem Verleiher iSd § 1 AÜG nach § 14 Abs. 2 TzBfG vereinbarten sachgrundlosen Befristung.[958] Ferner ergibt sich ein Zustimmungsverweigerungsgrund nicht allein aus dem Umstand, dass sich der AG trotz innerbetrieblicher Stellenausschreibung für einen betriebsfremden Bewerber entscheidet.[959] Dies begründet die Rechtsprechung damit, dass eine mit dem BR vereinbarte generelle innerbetriebliche Stellenausschreibung für sich allein nicht die Festlegung auf den Kreis der Bewerber aus dem Betrieb bezwecke, weshalb der AG auch nicht verpflichtet sei, diesen Bewbern bei der Auswahlentscheidung einen Vorrang einzuräumen.[960] Die Zustimmung zu einer beabsichtigten Einstellung kann vom BR außerdem nicht erfolgreich mit der Begründung verweigert werden, er sei nicht nach § 111 BetrVG über eine geplante Betriebsänderung unterrichtet worden, sodass folglich auch die Einstellung des AN gegen § 111 BetrVG verstoße, denn § 111 BetrVG bezweckt nicht, personelle Maßnahmen selbst zu verhindern.[961]

314 Da unter Einstellung iSd § 99 BetrVG die Eingliederung in den Betriebsablauf verstanden wird, kommen indes insbesondere Beschäftigungsverbote wie §§ 3, 4, 8 MuSchG in Betracht. Die Zustimmungsverweigerung kann auch auf einen **Verstoß gegen das AGG** gestützt werden. Es wird daher in der Lit. insbesondere wegen der Gefahr eines nicht durchführbaren Zustimmungsersetzungsverfahrens empfohlen, den BR schon vor der Auswahlentscheidung in die Entscheidungsfindung einzubeziehen.[962] Verstöße gegen Tarifverträge sind hinsichtlich der Einstellung, anders als hinsichtlich der Eingruppierung, eher selten denkbar.[963] Berücksichtigt der AG eine Auswahlrichtlinie iSd § 95 BetrVG nicht, ist ein Zustimmungsverweigerungsgrund nach § 99 Abs. 2 Nr. 2 BetrVG gegeben. Dabei spielt es keine Rolle, ob die Auswahlrichtlinie in Form einer Betriebsvereinbarung oder einer Regelungsabrede vereinbart wurde.

315 *bb) Benachteiligung anderer AN (Nr. 3).* Der BR kann seine Zustimmung zu einer Einstellung verweigern, wenn die durch Tatsachen begründete Besorgnis entsteht, dass wegen der Einstellung bereits im Betrieb **beschäftigte AN gekündigt** werden. Problematisch ist, ob eine Ersatzeinstellung während eines Kündigungsschutzprozesses den gekündigten AN benachteiligt.[964] Da jedoch die Einstellung eines anderen AN keinen Einfluss auf den zu führenden Kündigungsschutzprozess hat, ist nicht zu erkennen, inwieweit in dieser Einstellung eine Benachteiligung des gekündigten AN liegen sollte. Allerdings reicht es nach der Rspr. des BAG[965]

---

[955] Vgl. hierzu BAG 23.6.2010 – 7 ABR 3/09, NZA 2010, 1361; 17.6.2008 – 1 ABR 20/07, NZA 2008, 1139.
[956] BAG 23.6.2010 – 7 ABR 3/09, BeckRS 2010, 74034.
[957] BAG 21.2.2017 – 1 ABR 62/12, NZA 2017, 662; 30.9.2014 – 1 ABR 79/12, NZA 2015, 240; 10.7.2013 – 7 ABR 91/11, NZA 2013, 1296.
[958] BAG 18.10.2006 – 7 AZR 145/06, BB 2007, 943; *Tiling* BB 2009, 2422 (2426).
[959] LAG Mecklenburg-Vorpommern 3.5.2019 – 4 TaBV 15/18.
[960] LAG Mecklenburg-Vorpommern 3.5.2019 – 4 TaBV 15/18.
[961] LAG Rheinland-Pfalz 24.1.2018 – 4 TaBV 9/17, BeckRS 2018, 15004.
[962] *Nicolai* FA 2006, 354.
[963] Vgl. BAG 28.3.2000 – 1 ABR 16/99, RdA 2002, 46.
[964] Vgl. hierzu DKKW/*Bachner* BetrVG § 99 Rn. 216.
[965] BAG 30.8.1995 – 1 ABR 11/95, AP BetrVG 1972 § 99 Versetzung Nr. 5.

für eine Benachteiligung aus, dass infolge der Einstellung eine Änderungskündigung eines anderen AN zu befürchten ist. Muss zB mehreren AN betriebsbedingt gekündigt werden, und wird einer dieser AN versetzt, so führt dies nach der Auffassung des BAG[966] zu der Besorgnis, dass in der Folge einem anderen AN gekündigt wird. Da aber mittels einer Versetzung der Kreis der vergleichbaren AN iSd § 1 Abs. 3 KSchG, die für die weitere betriebsbedingte Kündigung in die Sozialauswahl einzubeziehen sind, nicht verändert werden kann, ist die Auffassung des BAG unzutr. Die Frage, ob der AG den Kreis der vergleichbaren AN bei Durchführung der erforderlichen Sozialauswahl zutr. gezogen hat, ist eine Frage des Kündigungsschutzprozesses und nicht in einem etwaigen Zustimmungsersetzungsverfahren nach § 99 Abs. 4 BetrVG zu prüfen. Eine auf § 99 Abs. 2 Nr. 3 BetrVG gestützte Zustimmungsverweigerung muss hinreichend konkrete Tatsachenbehauptungen enthalten, die "sonstige Nachteile" für bestimmte AN begründen sollen.[967]

316 Weiter kann der BR sein Zustimmungsverweigerungsrecht in Anspruch nehmen, wenn die durch Tatsachen begründete Besorgnis besteht, dass **anderen Arbeitnehmern sonstige ungerechtfertigte Nachteile drohen.** Hat zB ein teilzeitbeschäftigter AN den Anspruch auf Verlängerung seiner Arbeitszeit nach § 9 TzBfG geltend gemacht und beabsichtigt der AG, den entsprechenden freien Arbeitsplatz mit einem anderen AN zu besetzen, könnte der an einer Aufstockung seiner Arbeitszeit interessierte Teilzeitarbeitnehmer den Nachteil erleiden, seinen Rechtsanspruch nach § 9 TzBfG nicht mehr durchsetzen zu können. Denn die Erfüllung des Anspruchs eines teilzeitbeschäftigten AN aus § 9 TzBfG ist rechtlich unmöglich iSv § 275 Abs. 1 und Abs. 4, § 280 Abs. 1 und Abs. 3, § 281 Abs. 2, § 283 S. 1 BGB, wenn der AG den Arbeitsplatz endgültig mit einem anderen AN besetzt.[968] Daneben hat das BAG beispielsweise Erschwerungen der Arbeit[969] als einen derartigen Nachteil angesehen. Problematisch an dieser Rspr. ist der Wertungswiderspruch, der dadurch zu den vom BAG entwickelten Grundsätzen zur freien Unternehmerentscheidung entsteht. So ist es nach der Rspr. des BAG[970] Sache des AG zu entscheiden, mit wie vielen AN er welche Tätigkeiten durchführen will. Unternehmerentscheidungen unterliegen einer gerichtlichen Missbrauchskontrolle nur dahingehend, ob sie offensichtlich unsachlich oder willkürlich sind. Bei der Frage nach dem Vorliegen eines Grundes zur Verweigerung der Zustimmung nach § 99 Abs. 2 Nr. 3 BetrVG ist daher stets eine betriebliche Rechtfertigung des Nachteils anzunehmen, wenn der betriebliche Grund auf einer Unternehmerentscheidung beruht, die nicht offensichtlich willkürlich oder unsachlich ist. Die bloße Erwartung eines AN, selbst den Arbeitsplatz zu erhalten, auf den ein anderer Mitarbeiter versetzt werden soll, ist kein Nachteil iSd § 99 Abs. 2 Nr. 3 BetrVG, auf den der BR die Verweigerung seiner Zustimmung zur Versetzung stützen kann.[971]

317 Regelmäßig werden befristet beschäftigte Stammarbeitnehmer des Entleihers durch die dauerhafte Übernahme von Leiharbeitnehmern weder nach § 99 Abs. 2 Nr. 3 Hs. 2 BetrVG noch nach § 99 Abs. 2 Nr. 3 Hs. 1 BetrVG benachteiligt. Dass durch die Einstellung von Leiharbeitnehmern „die Möglichkeit" einer Verlängerung oder Aufhebung der Befristungen ausscheide, ist kein Fall des § 99 Abs. 2 Nr. 3 Hs. 2 BetrVG. Denn dieser setzt voraus, dass ein bereits befristet Beschäftigter und ein bislang nicht betriebsangehöriger AN um einen Dauerarbeitsplatz konkurrieren. Dazu ist regelmäßig erforderlich, dass sich auch der befristet beschäftigte AN um den betr. Arbeitsplatz beworben hat. Das Vorliegen einer Konkurrenzsituation ist abzulehnen, wenn es nicht um die Besetzung einer unbefristeten Stelle beim AG als Vertragsarbeitgeber, sondern um die Besetzung eines (befristeten) Arbeitsplatzes für Fremdpersonal geht.[972]

---

[966] BAG 30.8.1995 – 1 ABR 11/95, AP BetrVG 1972 § 99 Versetzung Nr. 5; 2.4.1996 – 1 ABR 39/95, AP BetrVG 1972 § 99 Versetzung Nr. 9.
[967] BAG 26.10.2004 – 1 ABR 45/03, NZA 2005, 535.
[968] Hierzu BAG 1.6.2011 – 7 ABR 117/09, BeckRS 2011, 76301.
[969] BAG 15.9.1987 – 1 ABR 44/86, AP BetrVG 1972 § 99 Nr. 46.
[970] BAG GS 28.11.1956 – GS 3/56, AP KSchG 1951 § 1 Nr. 20; 26.6.1975 – 1 AZR 499/74, AP KSchG 1969 § 1 Betriebsbedingte Kündigung Nr. 1.
[971] BAG 26.10.2004 – 1 ABR 45/03, NZA 2005, 535.
[972] Hierzu vgl. BAG 25.1.2005 – 1 ABR 61/03, NZA 2005, 1199.

cc) *Benachteiligung des betroffenen AN (Nr. 4).* Bei der Einstellung ist eine Benachteili- 318
gung des einzustellenden AN kaum denkbar. Die Tatsache, dass einzelne Vertragsklauseln
den einzustellenden AN benachteiligen mögen, stellt keinen Zustimmungsverweigerungsgrund dar. Nach zutr. Rspr. des BAG stellt § 99 Abs. 2 Nr. 4 BetrVG kein Instrument zu einer allgemeinen Inhaltskontrolle der arbeitsvertraglichen Bedingungen durch den BR dar.[973]
Insbesondere besteht kein Zustimmungsverweigerungsrecht, wenn sich der AN frei für die
persönliche Maßnahme entschieden hat.[974] Die bloße Hinnahme durch den AN reicht jedoch
nicht aus. Das Zustimmungsverweigerungsrecht entfällt nach Ansicht des BAG[975] auch
dann, wenn mit dem Neueingestellten schlechtere Arbeitsbedingungen vereinbart werden als
mit vergleichbaren vorhandenen AN.

dd) *Unterbliebene Ausschreibung (Nr. 5).* Unterlässt der AG eine nach § 93 BetrVG erfor- 319
derliche Ausschreibung, obwohl der BR die Ausschreibung verlangt oder mit dem AG sogar
eine Vereinb. über die Ausschreibung getroffen hat, kann dieser seine Zustimmung zu der
Besetzung des Arbeitsplatzes verweigern.[976] Nach § 93 BetrVG müssen zu besetzende Arbeitsplätze innerhalb des Betriebes auch dann ausgeschrieben werden, wenn die Stellen mit
Leiharbeitnehmern deren Einsatzzeit zumindest vier Wochen betragen soll[977] oder freien
Mitarbeitern[978] besetzt werden sollen. Wie § 14 Abs. 3 S. 1 AÜG klarstellt, gehört zu den
nach § 99 Abs. 1 S. 1 BetrVG zustimmungspflichtigen Einstellungen auch der Einsatz von
Leiharbeitnehmern im Entleiherbetrieb.[979] Verstößt die erfolgte Ausschreibung inhaltlich
gegen vereinbarte Ausschreibungsgrundsätze oder gegen geltendes Recht, liegt ebenfalls ein
Zustimmungsverweigerungsrecht vor.[980] Sind die Anforderungen in der externen Ausschreibung (Stellenanzeige) geringer als in der internen, so ist diese externe Stelle intern nicht zutr.
und damit gar nicht ausgeschrieben worden.[981] Auch insoweit kann der BR seine Zustimmung verweigern. Gleiches gilt, wenn der Ausschreibungszeitraum für eine innerbetriebliche
Stellenausschreibung unangemessen kurz bemessen[982] oder wenn das Gebot der diskriminierungsfreien Ausschreibung nicht beachtet wurde.[983] Allerdings muss die ausgeschriebene
Stelle nicht umgehend besetzt werden. So ist eine erneute Ausschreibung nicht erforderlich,
wenn zwischen dem in der Ausschreibung genannten und dem tatsächlichen Besetzungster-
min in der Regel ein Zeitraum von mehr als sechs Monaten nicht vergangen ist.[984] Im Übrigen greift das Mitbestimmungsrecht nur bei der Besetzung vorhandener Arbeitsplätze im
Betrieb, nicht dagegen auf die Schaffung neuer. Folglich setzt es eine bereits vorhandene
oder eine vom AG bereits geschaffene neue Stelle voraus.[985] Dabei obliegt die Entscheidung,
wo der Arbeitsplatz eines betriebsübergreifend tätigen Vorgesetzten in örtlich-räumlicher
Hinsicht liegt, als Teil der unternehmerischen Freiheit dem AG.[986]

ee) *Betriebsfrieden (Nr. 6).* Der Zustimmungsverweigerungsgrund des § 99 Abs. 2 Nr. 6 320
BetrVG wird bei Einstellungen die Ausnahme sein. Es müssen bestimmte Tatsachen hinsichtlich eines Bewerbers vorgebracht werden, aus denen sich die Besorgnis ergibt, er werde sich
am Arbeitsplatz gesetzwidrig verhalten oder gegen die in § 75 BetrVG enthaltenen Grundsätze verstoßen und dadurch den Betriebsfrieden erheblich stören. Die dazu erforderliche, in

---

[973] BAG 9.7.1996 – 1 ABR 55/95, AP BetrVG 1972 § 99 Einstellung Nr. 9; 5.4.2001 – 2 AZR 580/99, NZA 2001, 893 (896).
[974] BAG 9.10.2013 – 7 ABR 1/12, NZA 2014, 156 Rn. 53.
[975] BAG 21.7.2009 – 1 ABR 35/08, BB 2010, 319.
[976] BAG 14.12.2004 – 1 ABR 54/03, NZA 2005, 424; 15.10.2013 – 1 ABR 25/12, NZA 2014, 214 Rn. 23.
[977] BAG 15.10.2013 – 1 ABR 25/12, NZA 2014, 214 Rn. 25.
[978] BAG 27.7.1993 – 1 ABR 7/93, NZA 1994, 92.
[979] BAG 15.10.2013 – 1 ABR 25/12, NZA 2014, 214 Rn. 21.
[980] ErfK/*Kania* BetrVG § 99 Rn. 34; LAG Berlin-Brandenburg 16.12.2010 – 25 TaBV 2017/10, BeckRS 2011, 70435.
[981] BAG 23.2.1988 – 1 ABR 82/86, AP BetrVG 1972 § 93 Nr. 2.
[982] Das BAG hat einen Ausschreibungszeitraum von zwei Wochen als angemessen angesehen, vgl. BAG 6.10.2010 – 7 ABR 18/09, NZA 2011, 360 Rn. 18.
[983] GK-BetrVG/*Raab* § 99 Rn. 167.
[984] BAG 30.4.2014 – 7 ABR 51/12, NZA 2015, 698 Rn. 28.
[985] BAG 12.6.2019 – 1 ABR 5/18, NZA 2019, 1288.
[986] BAG 12.6.2019 – 1 ABR 5/18, NZA 2019, 1288.

die Zukunft gerichtete Prognose, wonach in Anlehnung an § 104 BetrVG eine ernstliche Störung des Betriebsfriedens drohen muss, wird nur in Ausnahmefällen gegeben sein. Sollten aber dennoch einmal in diesem Bereich Bedenken bestehen, dann kommt es nicht auf die subjektive Anschauung des BR, sondern auf eine objektive Beurteilung an.[987]

Muster: Handlungsalternativen des BR

......   321

An die Personalabteilung z. Hd. ......
Einstellung eines neuen Mitarbeiters/einer neuen Mitarbeiterin
Wir geben folgende Stellungnahme ab (Zutreffendes ist angekreuzt):
☐ Der Betriebsrat stimmt der beabsichtigten Maßnahme zu.
☐ keine Stellungnahme abgeben.
☐ Der Betriebsrat verweigert zu der beabsichtigten Einstellung seine Zustimmung gemäß § 99 Abs. 2 Nr. ...... BetrVG. Die Zustimmungsverweigerung basiert auf folgenden konkreten Gründen: ......
......
Ort, Datum, Unterschrift Betriebsratsvorsitzender
Erhalten am ......
......
Unterschrift Personalabteilung

d) Rechtsfolgen des Widerspruchs. Der BR muss die Verweigerung der Zustimmung nach 322 § 99 Abs. 3 BetrVG innerhalb einer Woche dem AG schriftlich mitteilen und hat die den Widerspruch stützenden Gründe anzugeben. Weitere Gründe können auch nicht in einem einer Zustimmungsverweigerung nachfolgenden Zustimmungsersetzungsverfahren nachgeschoben werden.[988] Eine bloße Wiederholung des Wortlauts einer der im Gesetz angeführten Zustimmungsverweigerungsgründe reicht nicht aus. Der BR muss die Tatsachen angeben, die einem der Zustimmungsverweigerungsgründe zuzuordnen sind. Nach der vorgetragenen Begründung muss ein Verweigerungsgrund nur möglich erscheinen, die Begründung braucht nicht schlüssig zu sein.[989] Jedoch ist eine Begr., die offensichtlich auf keinen der Verweigerungsgründe Bezug nimmt, unbeachtlich;[990] die Zustimmung gilt als erteilt.[991] Die Betriebsparteien können die Wochenfrist einvernehmlich zwar verlängern, sie aber nicht gänzlich aufheben.[992] Eine erhebliche Fristverlängerung begegnet jedenfalls dann keinen Bedenken, wenn sie besonderen Einzelfallumständen Rechnung trägt.[993] Eine Vereinb., dass die Zustimmung des BR als verweigert gilt, wenn zwischen den Betriebsparteien bis zum Ablauf der Äußerungsfrist des § 99 Abs. 3 S. 1 BetrVG kein Einvernehmen über die personelle Maßnahme erzielt wird, ist unzulässig, denn für den damit verbundenen Eingriff in das Zustimmungsersetzungsverfahren (§ 99 Abs. 4 BetrVG) fehlt den Betriebsparteien die Regelungskompetenz.[994] Das erforderliche Schriftlichkeitsgebot ist durch eine E-Mail gewahrt, wenn diese den Erfordernissen der Textform nach § 126b BGB entspricht.[995]

---

[987] BAG 16.11.2004 – 1 ABR 48/03, NZA 2005, 775 (778).
[988] BAG 3.7.1984 – 1 ABR 74/82, AP BetrVG 1972 § 99 Nr. 20; 10.8.1993 – 1 ABR 22/93, NZA 1994, 187.
[989] BAG 10.10.2012 – 7 ABR 42/11, BeckRS 2013, 66464 Rn. 50.
[990] BAG 10.10.2012 – 7 ABR 42/11, BeckRS 2013, 66464.
[991] BAG 18.10.1988 – 1 ABR 33/87, AP BetrVG 1972 § 99 Nr. 57; vgl. BAG 20.11.1990 – 1 ABR 87/89, AP BetrVG 1972 § 118 Nr. 47.
[992] BAG 3.5.2006 – 1 ABR 2/05, NZA 2007, 47 Rn. 21.
[993] BAG 6.10.2010 – 7 ABR 80/09, BeckRS 2011, 68126 (Verlängerung um mehr als sieben Monate).
[994] BAG 18.8.2009 – 1 ABR 49/08, NZA 2010, 112.
[995] BAG 10.3.2009 – 1 ABR 93/07, NZA 2009, 622 Rn. 31.

323   aa) *Betriebsverfassungsrechtliche Rechtsfolgen.* Wurde die Zustimmungsverweigerung des BR dem AG rechtzeitig in der erforderlichen Schriftform mitgeteilt, darf dieser die Einstellung, dh die Eingliederung des AN in den Betrieb nicht vornehmen. Handelt der AG dennoch, kann der BR nach § 101 BetrVG beim ArbG beantragen, dem AG aufzugeben, die personelle Maßnahme aufzuheben. Handelt der AG dann weiterhin gegen die Entscheidung, kann der BR die Festsetzung eines Zwangsgeldes gegen den AG beantragen. Darüber hinaus ist bei groben Verstößen ein Unterlassungsanspruch des BR nach § 23 Abs. 3 BetrVG möglich.[996] Zu beachten ist jedoch, dass Entscheidungen im Aufhebungsverfahren nur Wirkung für die Zukunft entfalten, sodass ein Antrag des BR nach § 101 BetrVG stets unbegründet wird, wenn die antragsgegenständliche personelle Einzelmaßnahme – zB durch Zeitablauf – geendet hat.[997]

324   bb) *Rechtsstellung des betroffenen AN.* Der mit dem einzelnen AN abgeschlossene Arbeitsvertrag bleibt trotz Versagung der Zustimmung wirksam.[998] Dies gilt auch, wenn die Versagung der Zustimmung im Zustimmungsersetzungsverfahren rkr. bestätigt wird. Der AN kann jedoch nicht tatsächlich in den Betrieb eingegliedert werden, dh er kann seine Arbeitsleistung nicht erbringen. Der Entgeltanspruch des AN bleibt nach der Rspr.[999] gem. § 615 BGB erhalten. Ein Teil der Lit.[1000] wendet dagegen allgemeines Schuldrecht an und fragt, ob der AG die rechtliche Unmöglichkeit der Erbringung der Arbeitsleistung durch den AN zu vertreten hat. Da die Verweigerung der Zustimmung des BR der Sphäre des AG zuzurechnen ist, dürften die Ergebnisse idR wenig unterschiedlich sein. Um diesem Risiko zu begegnen, ist es zweckmäßig, entweder den Arbeitsvertrag erst dann, wenn der BR zugestimmt hat bzw. die Zustimmung fingiert wurde, zu unterzeichnen, oder eine aufschiebende Bedingung in den Arbeitsvertrag aufzunehmen, nach der dieser erst bei Zustimmung des BR wirksam wird. Bei Versagung der Zustimmung hat der AG jedoch die Möglichkeit, das Arbeitsverhältnis betriebsbedingt ordentlich und bei Kenntnis des AN über das Fehlen der Betriebsratszustimmung bei Abschluss des Arbeitsvertrages außerordentlich zu kündigen.[1001] Der AN hat grundsätzlich keinen Anspruch gegen den AG auf Durchführung eines Zustimmungsersetzungsverfahrens nach verweigerter Zustimmung durch den BR.[1002] Ein solcher folgt insbesondere nicht aus der vertraglichen Rücksichtsnahmepflicht nach § 241 Abs. 2 BGB, da sich der AG ansonsten der Gefahr eines Rechtsstreits aussetzen müsste.[1003]

325   cc) *Handlungsalternativen des AG.* In Zweifelsfällen mag der AG sich auf den Standpunkt stellen, dass der erfolgte Widerspruch des BR nicht nur unzutr., sondern auch unbeachtlich ist. Nur eine Begr., die offensichtlich auf keinen der Verweigerungsgründe Bezug nimmt, ist unbeachtlich. Das BAG[1004] gesteht dem AG allerdings **kein** weitergehendes **Vorprüfungsrecht** zu. Der AG kann die Feststellung beantragen, dass die Zustimmung des BR als erteilt gilt und hilfsweise den Zustimmungsersetzungsantrag stellen.[1005] Auch kann der AG das Zustimmungsersetzungsverfahren nach § 99 Abs. 4 BetrVG isoliert einleiten. Stellt der AG den AN ein, weil er den Widerspruch für unbeachtlich hält, kann der BR nach § 101 BetrVG vorgehen. Des Weiteren bleibt es dem AG unbenommen, bei einer Verweigerung der Zustimmung den BR zu versuchen mit Gegenargumenten zu überzeugen und anschließend erneut, um dessen Zustimmung zu ersuchen.[1006] Dadurch kann erneut die Wochenfrist des § 99 Abs. 3 BetrVG in Gang gesetzt werden.

326   Nach § 99 Abs. 4 BetrVG kann der AG beim ArbG beantragen, die verweigerte Zustimmung des BR zu ersetzen. Dabei bemisst sich nach neuerer Rechtsprechung vermehrt der Ge-

---

[996] Vgl. BAG 17.3.1987 – 1 ABR 65/85, AP BetrVG 1972 § 23 Nr. 7.
[997] BAG 25.4.2018 – 7 ABR 30/16, NZA 2018, 1094.
[998] BAG 2.7.1980 – 5 AZR 56/79, AP BetrVG 1972 § 101 Nr. 5.
[999] BAG 2.7.1980 – 5 AZR 56/79, AP BetrVG 1972 § 101 Nr. 5.
[1000] ErfK/*Kania* BetrVG § 99 Rn. 45.
[1001] ErfK/*Kania* BetrVG § 99 Rn. 45.
[1002] BAG 16.3.2010 – 3 AZR 31/09, NZA 2010, 1028.
[1003] BAG 21.2.2017 – 1 AZR 367/15, NJW 2017, 1692.
[1004] BAG 21.11.1978 – 1 ABR 91/76, AP BetrVG 1972 § 101 Nr. 3; 26.1.1988 – 1 AZR 531/86, AP BetrVG 1972 § 99 Nr. 50.
[1005] BAG 28.1.1986 – 1 ABR 10/84, NZA 1986, 490 (491).
[1006] LAG Köln 23.3.2018 – 9 TaBV 62/17; BAG 28.2.2006 – 1 ABR 1/05, NZA 2006, 1178.

genstandswert eines solchen Ersetzungsverfahrens ebenso wie auch der Gegenstandswert eines entsprechenden Aufhebungsverfahrens nach § 101 BetrVG grundsätzlich mit dem Auffangwert des § 23 Abs. 3 S. 2 Hs. 2 RVG.[1007] Natürlich kann der AG auch gänzlich von der Maßnahme absehen, also die Einstellung unterlassen. Zwei unterschiedliche personelle Einzelmaßnahmen liegen dann vor, wenn der AG von seiner ursprünglichen Maßnahme Abstand genommen und eigenständige, neue personelle Einzelmaßnahmen eingeleitet hat.[1008] Bei der Durchführung des **Zustimmungsersetzungsverfahrens** hat der betroffene AN nicht die Rechtsstellung eines Beteiligten.[1009] Der AG muss darlegen und ggf. beweisen, dass die vom BR vorgebrachten Zustimmungsverweigerungsgründe nicht gegeben sind. Befürchtet der AG, dass sein Vortrag dazu nicht ausreicht, kann er auch während des Laufs des Zustimmungsersetzungsverfahrens erneut den BR nach § 99 BetrVG beteiligen; auch dann beginnt die Wochenfrist erneut zu laufen. Diese Vorgehensweise empfiehlt sich insbesondere, wenn in der nunmehr auch im Beschlussverfahren möglichen Güteverhandlung das Gericht andeutet, dass es bereits Zweifel an der vollständigen Unterrichtung des BR hat. Im Zustimmungsersetzungsverfahren ist das ArbG hinsichtlich seiner Prüfung beschränkt und überprüft lediglich, ob der BR umfassend und vollständig informiert wurde und ob Zustimmungsverweigerungsgründe iSd § 99 Abs. 2 BetrVG vorliegen. Einzelne arbeitsvertragliche Klauseln werden dagegen nicht überprüft. Mangelt es einer ordnungsgemäßen Unterrichtung des BR, so ist auch ein Zustimmungsersetzungsantrag unbegründet.[1010] Entscheidend ist die Rechtslage im Zeitpunkt der gerichtlichen Entscheidung über das Zustimmungsersetzungsgesuch.[1011]

Hält der AG die Einstellung aus sachlichen Gründen für dringend erforderlich, kann er die personelle Maßnahme, dh die Einstellung **vorläufig durchführen.** Er hat den BR davon unverzüglich zu unterrichten. Bestreitet der BR die Notwendigkeit der vorläufigen Einstellung, muss der AG innerhalb von drei Tagen sowohl die Ersetzung der Zustimmung des BR zur Einstellung beantragen als auch die Feststellung, dass die Maßnahme aus sachlichen Gründen dringend erforderlich war. Aus sachlichen Gründen dringend erforderlich ist die Einstellung, wenn ein objektiver verantwortungsbewusster AG die Einstellung, um Schaden vom Betrieb abzuwenden, sofort durchführen würde.

In der Praxis erledigen sich die vom AG eingeleiteten **Zustimmungsersetzungsverfahren** häufig durch **Zeitablauf.** Beantragt der AG beim ArbG die Ersetzung der Zustimmung des BR zur Einstellung und gleichzeitig die Feststellung, dass die vorläufige Durchführung der personellen Maßnahme, dh der Einstellung, aus sachlichen Gründen dringend erforderlich ist, ist der Aufhebungsanspruch des BR nach § 101 BetrVG ein „stumpfes Schwert", da er Rechtskraft voraussetzt.

VI. Meldepflichten

Nach § 28a Abs. 1 SGB IV hat der AG der Einzugsstelle für den Gesamtsozialversicherungsbeitrag, dh idR der gesetzlichen Krankenkasse, die Aufnahme einer versicherungspflichtigen Beschäftigung zu melden. Nach § 41a Abs. 1 Nr. 1 EStG iVm § 4 Abs. 2 LStDV hat der AG dem Betriebsstättenfinanzamt spätestens am 10. Tag nach Ablauf eines jeden Lohnsteuer-Anmeldezeitraums eine schriftliche Erklärung einzureichen, in der insbesondere die einzubehaltende und zu überweisende Lohnsteuer angegeben ist (Lohnsteuer-Anmeldung).

[1007] LAG Düsseldorf 12.12.2016 – 4 Ta 529/16, BeckRS 2016, 110954, vgl. *Mayer* ArbRAktuell 2017, 79.
[1008] BAG 9.10.2013 – 7 ABR 1/12, NZA 2014, 156 Rn. 28.
[1009] BAG 27.5.1982 – 6 ABR 105/79, AP ArbGG 1979 § 80 Nr. 3.
[1010] BAG 12.6.2019 – 1 ABR 39/17, NZA 2019, 1292.
[1011] BAG 30.9.2014 – 1 ABR 79/12, NZA 2015, 240 Rn. 18.

§ 11 Arbeitsverhältnisse mit Auslandsberührung

Übersicht

	Rn.
I. Auslandsberührung	1–81
1. Beschäftigung von ausländischen Arbeitnehmern in Deutschland	2–80
a) Übersicht	3–17
b) Staatsangehörige aus Drittstaaten	18–57
c) Asylbewerber	58–66
d) Staatsangehörige der EU/EWR Mitgliedstaaten	67–73
e) Übergangsvorschriften für Staatsangehörige neuer EU-Mitgliedsstaaten	74–76
f) Straf- und bußgeldrechtliche Konsequenzen	77–80
2. Beschäftigung von Arbeitnehmern im Ausland	81
II. Arbeitsrecht	82–162
1. Grundsätze	83–103
a) Rechtswahl	84–100
b) Gerichtsstand	101–103
2. Beschäftigung von ausländischen Arbeitnehmern in Deutschland	104–109
a) Entsendung nach Deutschland	105–107
b) Dauerhafte Beschäftigung in Deutschland	108/109
3. Entsendung von Deutschland ins Ausland	110–132
a) Arbeitsvertragliche Entsendung	117–123
b) Entsendung aufgrund einer Zusatzvereinbarung	124/125
c) Entsendung und Ruhensvereinbarung	126–132
4. Reform der Entsenderichtlinie	133–145
5. Beteiligungsrechte des Betriebsrates	146–148
6. Melde-/Registrierungspflichten innerhalt der EU	149–162
a) Meldpflicht bei grenzüberschreitendem Mitarbeitereinsatz nach Deutschland	157–160
b) Meldpflicht bei grenzüberschreitendem Mitarbeitereinsatz ins europäische Ausland	161/162
III. Sozialversicherungsrecht	163–192
1. Grundlagen	167/168
2. Zwischenstaatliches Recht	169–182
a) Entsendung innerhalb der EU	170–181
b) Bilaterale Sozialversicherungsabkommen	182
3. Ausstrahlung	183–188
4. Einstrahlung	189
5. Anwendung auf die arbeitsvertraglichen Entsendungsformen	190–192
IV. Steuerrecht	193–210
1. Besteuerung des Arbeitnehmers bei Entsendung ins Ausland	194–206
a) Doppelbesteuerungsabkommen	197–203
b) EStG	204–206
2. Besteuerung des Arbeitnehmers bei Entsendung nach Deutschland	207
3. Steuerliche Behandlung von Entsendungen bei den beteiligten Unternehmen	208–210
V. Exkurs: Besondere Konstellationen des grenzüberschreitenden Auslandseinsatzes	211–222
1. Entsendung vs. grenzüberschreitende Arbeitnehmerüberlassung	211–213
2. Brexit	214–222
a) Ausländer- und Arbeitsrecht	216–219
b) Sozialversicherungsrecht	220–222

I. Auslandsberührung

1   In Zeiten der Globalisierung der Wirtschaft wächst die Bedeutung des internationalen Einsatzes von Mitarbeitern. So setzen ausländische Unternehmen ihre AN in Deutschland ein;

ebenso sind Mitarbeiter deutscher Unternehmen im Ausland tätig. Dieser grenzüberschreitende Einsatz betrifft insbesondere drei Problembereiche: Arbeits-, Sozialversicherungs- und Steuerrecht. In Anbetracht der gegenwärtigen weltweiten Migrationsbewegungen gewinnt auch die Arbeitsmarktintegration von Asylsuchenden zunehmend an Bedeutung.

1. Beschäftigung von ausländischen Arbeitnehmern in Deutschland

Bei der Beschäftigung von ausländischen AN in Deutschland werden die drei angeführten Problembereiche **Arbeits-, Sozialversicherungs- und Steuerrecht** bedeutsam. Unabhängig von der Frage, ob der ausländische AN für ein Unternehmen mit Sitz im Inland dauerhaft oder für ein Unternehmen mit Sitz im Ausland vorübergehend in Deutschland tätig werden soll, müssen die Bestimmungen des Arbeits- und Aufenthaltsrechts beachtet werden.[1] Im Folgenden wird zunächst das geltende Zuwanderungsrecht und die wesentlichen Reformen in Bezug auf das Asylrecht im Überblick dargestellt (a). Danach wird auf die wichtigsten Regelungen im Detail eingegangen: auf die Regelungen, die sich auf den Arbeitsmarktzugang von Staatsangehörigen von Drittstaaten beziehen, inklusive den Neuerungen durch das am 1. März 2020 in Kraft getretene neue Fachkräfteeinwanderungsgesetz (b), die Vorschriften, die den Arbeitsmarktzugang von Asylsuchenden regeln (c), das für EU-Ausländer geltende Freizügigkeitsgesetz/EU (d) sowie § 284 SGB III, der eine Übergangsvorschrift für kroatische Staatsangehörige beinhaltete, die noch für Altfälle bedeutsam sein kann (e). Abschließend werden die straf- und bußgeldrechtlichen Konsequenzen für AG aufgezeigt, die Ausländer ohne Arbeitsgenehmigung beschäftigen (f).

a) Übersicht. Seit der Reformierung (2005) des deutschen Arbeitsmarktzuganges durch das Zuwanderungsgesetz (ZuwG) bedürfen **Staatsangehörige aus Drittstaaten,** dh Ausländer, die nicht EU Bürger sind, für die Einreise und den Aufenthalt im Bundesgebiet eines sogenannten Aufenthaltstitels. Das ZuwG enthält in seinem Art. 1 das Aufenthaltsgesetz (AufenthG), das die Einreise, den Aufenthalt, die Erwerbstätigkeit und die Integration von Staatsangehörigen aus Drittstaaten regelt. Im Einzelnen werden Aufenthaltstitel als Visum (§ 6 AufenthG), Aufenthaltserlaubnis (§ 7 AufenthG), Blaue Karte EU (§ 18b Abs. 2 AufenthG, § 19 AufenthG aF); Niederlassungserlaubnis (§ 9 AufenthG) oder Erlaubnis zum Daueraufenthalt-EU (§ 9a AufenthG) erteilt (vgl. § 4 AufenthG).

Das am 1. März 2020 in Kraft getretene neue **Fachkräfteeinwanderungsgesetz** erleichtert den Arbeitsmarktzugang in Deutschland für **Fachkräfte** aus Staaten außerhalb der Europäischen Union. Das Fachkräfteeinwanderungsgesetz (FEG) führt zur Änderung bereits bestehender Gesetze – des Aufenthaltsgesetzes und der Beschäftigungsverordnung.

Politisch knüpft das Fachkräfteeinwanderungsgesetz an die sinkenden Zahlen der Zuwanderung aus dem Europäischen Ausland an. Zentrale Änderungen des FEG sind die bereits angesprochene Einwanderungserlaubnis für qualifizierte Fachkräfte aus Drittstaaten, die Anerkennung vorhandener beruflicher Abschlüsse im Rahmen vereinfachter Verwaltungsverfahren, der Wegfall der Beschränkung auf „Engpassberufe" sowie Vorrangprüfungen – wenn auch unter Vorbehalt – sowie die Einreisemöglichkeit zur Arbeitsplatzsuche.

Fachkräfte sind im Sinne des § 18 Abs. 3 AufenthG drittstaatsangehörige Ausländer, die
- eine inländische qualifizierte Berufsausbildung oder mit inländischer qualifizierten Berufsausbildung gleichwertige ausländische Berufsqualifikationen besitzen (Fachkraft mit Berufsausbildung)
oder
- einen deutschen, anerkannten ausländischen oder mit deutschem Hochschulabschluss vergleichbaren ausländischen Hochschulabschluss haben (Fachkraft mit akademischer Ausbildung.

Durch das FEG neu eingeführt wurde der Begriff der „**Qualifizierten Berufsausbildung**". Darunter versteht man eine Berufsbildung in staatlich anerkannten oder vergleichbar geregelten Ausbildungsberufen, für den nach bundes- oder landesrechtlichen Vorschriften eine Ausbildungsdauer von mindestens 2 Jahren festgelegt ist.

---

[1] Vgl. *Moll/Reichel* RdA 2001, 308.

8 Auch der Begriff „**Qualifizierte Beschäftigung**" ist neu und bedeutet, dass zu ihrer Ausübung Fertigkeiten, Kenntnisse und Fähigkeiten erforderlich sind, die im Studium oder qualifizierter Berufsausbildung erworben werden.

9 Für **Asylbewerber** behalten das AsylG (früheres AsylVfG) und einige Bestimmungen des AufenthG, als Konkretisierung des Rechts auf Asyl (Art. 16a GG), Sonderregeln bereit. Asylbewerbern wird der Aufenthalt in Deutschland während der Durchführung des Asylverfahrens gestattet (vgl. § 55 AsylG). Die Gestattung enthält keinen Aufenthaltstitel und berechtigt deshalb nicht zur Ausübung einer Beschäftigung. Grundsätzlich dürfen Asylbewerber, solange sie verpflichtet sind, in einer Aufnahmeeinrichtung zu wohnen, keine Erwerbstätigkeit und damit auch keine Ausbildung aufnehmen (§ 61 Abs. 1 S. 1 AsylG). Von dem grundsätzlichen Erwerbstätigkeitsverbot enthält die Vorschrift des § 61 AsylG abweichende Regelungen zur beschränkten Aufnahmemöglichkeit einer Erwerbstätigkeit für Asylbewerber. Trotz bestehender Wohnverpflichtung in einer Erstaufnahmeeinrichtung ist dem Asylbewerber bei Vorliegen der Voraussetzungen des § 61 Abs. 1 S. 2 Nr. 1–4 AsylG die Erlaubnis zur Ausübung einer Erwerbstätigkeit zu erteilen. Außerdem kann nach § 61 Abs. 1 S. 3 AsylG Ausländern, die seit mindestens sechs Monaten eine Duldung nach § 60a AufenthG besitzen, weil die Vollstreckung ihrer Abschiebung vorübergehend wegen rechtlicher oder tatsächlicher Unmöglichkeit ausgesetzt wurde, die Ausübung einer Beschäftigung erlaubt werden.

10 Zudem kann nach § 61 Abs. 2 AsylG einem Asylbewerber, der nicht verpflichtet ist, in einer Aufnahmeeinrichtung zu wohnen und der sich seit drei Monaten gestattet im Bundesgebiet aufhält gem. § 4a Abs. 4 AufenthG die Ausübung einer Beschäftigung erlaubt werden. Personen aus sog. sicheren Herkunftsstaaten wird seit dem Asylverfahrensbeschleunigungsgesetz vom 20.10.2015 der Zugang zum deutschen Arbeitsmarkt bis zur endgültigen Entscheidung über ihren Asylantrag verwehrt (vgl. § 61 Abs. 2 S. 4 AsylG).

11 Wird das Asylverfahren positiv abgeschlossen und eine Aufenthaltserlaubnis nach § 7 Abs. 1 iVm § 25 AufenthG erteilt, enthält diese grundsätzlich die Erlaubnis zur Ausübung einer Erwerbstätigkeit (vgl. § 4a Abs. 1 S. 1 AufenthG).

12 Neuerungen traten in diesem Bereich am 1.1.2020 in Form der sog. Ausbildungsduldung (§ 60c AufenthG) sowie Beschäftigungsduldung (§ 60d AufenthG) in Kraft.

13 **Staatsangehörige der EU-Mitgliedsstaaten (Unionsbürger)** sind grundsätzlich vom Anwendungsbereich des AufenthG ausgenommen. Ihre Rechtsstellung wird vom Freizügigkeitsgesetz/EU (FreizügG/EU) geregelt (vgl. § 1 Abs. 2 Nr. 1 AufenthG). **Staatsangehörige der EWR-Staaten** (Norwegen, Island und Liechtenstein und ggf. auch noch über den 31.12.2020 (Übergangsphase des Brexit) hinaus auch aus Großbritannien) sowie auch **Schweizer Staatsangehörige**[2] sind Unionsbürgern gleichgestellt, sie und ihre Familienangehörigen werden in den Anwendungsbereich des FreizügG/EU mit einbezogen (vgl. § 12 FreizügG/EU). Unionsbürger und Staatsangehörige der EWR – Staaten benötigen weder ein Visum zur Einreise noch ist zum Aufenthalt im Bundesgebiet ein Aufenthaltstitel nötig (§ 2 Abs. 4 FreizügG/EU). Sie genießen genehmigungsfreien Zugang zum deutschen Arbeitsmarkt und können ohne besondere Erlaubnis einer unselbständigen Beschäftigung nachgehen oder eine selbständige Erwerbstätigkeit ausführen (vgl. § 2 Abs. 2 Nr. 1–3 FreizügG/EU).

14 Für **Staatsangehörige aus Kroatien** galt bis 30.6.2015 die Übergangsregelung des § 284 SGB III iVm § 39 AufenthG. Kroatische Staatsangehörige und deren freizügigkeitsberechtigte Familienangehörige wurden dadurch vorübergehend in ihrer Arbeitnehmerfreizügigkeit beschränkt und durften nur mit Genehmigung der BA eine Beschäftigung in Deutschland ausüben. Seit dem 1.7.2015 sind diese Einschränkungen jedoch entfallen.

15 Als Reaktion auf die weltweiten Migrationsbewegungen wird insbesondere das Asylrecht weiterentwickelt. Am 20.10.2015 wurde das Asylverfahrensbeschleunigungsgesetz[3] (**sog. Asylpaket I**) erlassen, dass seit 24.10.2015 in den wesentlichen Bestimmungen in Kraft ist. Es sah neben der Änderung der Bezeichnung des Asylverfahrensgesetzes in Asylgesetz inhaltliche Änderungen in 16 Gesetzen und Rechtsverordnungen vor. Das Gesetz sollte das Asyl-

---

[2] Freizügigkeitsabkommen EU/Schweiz, BGBl. 2001 II 810.
[3] BGBl. 2015 I 1722.

verfahren beschleunigen, die Rückführungen vollziehbar Ausreisepflichtiger vereinfachen und Fehlanreize, die zu einem Anstieg ungerechtfertigter Asylanträge führen können, beseitigen. Gleichzeitig soll die Integration von Ausländern mit Bleibeperspektive verbessert werden. Im Rahmen dieses Änderungsgesetzes wurde unter anderem die Liste der sicheren Herkunftsstaaten iSv § 16a Abs. 3 GG um die Staaten Albanien, Kosovo und Montenegro erweitert. Die maximale Aufenthaltszeit für alle Asylbewerber in einer sog. Erstaufnahmeeinrichtung konnte von bisher maximal drei auf die Höchstdauer von sechs Monaten ausgedehnt werden. Diese Wohnverpflichtung wurde mit Inkrafttreten des zweiten Gesetzes zur besseren Durchsetzung der Ausreisepflicht am 21.8.2019 durch die Neufassung des § 47 Abs. 1 AsylG noch einmal auf bis zu 18 Monate verlängert. Somit wurde der Arbeitsmarktzugang faktisch zeitlich verschoben, da während der Zeit der Wohnverpflichtung in einer Erstaufnahmeeinrichtung eine Beschäftigung grundsätzlich verboten ist (§ 61 AsylG). Im Einzelnen bedeutet das, dass der Arbeitsmarktzugang im Zeitraum von drei bis 18 Monaten von der individuellen Wohnverpflichtung abhängt. Nach diesem Zeitraum kann eine Beschäftigung mit Zustimmung der BA aufgenommen werden. Aufgrund der Änderung von § 32 BeschV wird nun nach einem ununterbrochenen, vierjährigen Aufenthalt im Bundesgebiet, sofern der Aufenthalt in dieser Zeit erlaubt, geduldet oder gestattet war, eine uneingeschränkte Arbeitserlaubnis ohne Zustimmung der BA erteilt. Nun können auch Asylbewerber zu Integrationskursen zugelassen werden, sofern bei ihnen ein rechtmäßiger und dauerhafter Aufenthalt zu erwarten ist (§ 44 Abs. 4 S. 2 Nr. 1 AufenthG). Zudem wurde § 59 Abs. 1 AufenthG geändert, so dass jetzt der konkrete Abschiebungstermin nicht mehr bekannt gegeben wird.

Am 17.3.2016 ist das Gesetz zur Einführung beschleunigter Verfahren (**sog. Asylpaket II**) **16** in Kraft getreten, das insbesondere ein beschleunigtes Verfahren für bestimmte Gruppen von Asylbewerbern, neue Aufnahmeeinrichtungen und einen ausgesetzten Familiennachzug für Antragsteller mit subsidiärem Schutz für die Dauer von zwei Jahren vorsah.[4]

Überdies hat sich die Bundesregierung am 14.4.2016 auf ein **Bundesgesetz zur Integration** **17** geeinigt. Es hat Angebote, aber auch Pflichten für Flüchtlinge bei der Integration eingeführt. Das Gesetz sollte erleichterte Ausbildungsangebote für Menschen mit guter Bleibeperspektive sowie Orientierungskurse bei schlechterer Bleibeperspektive regeln. Während einer Ausbildung sollen die Betroffenen geduldet werden. Wird die Ausbildung jedoch abgebrochen, so verliert der Betroffene seine Duldung. Nach erfolgreicher Ausbildung soll der Geduldete eine weitere Duldung für bis zu sechs Monate zur Arbeitsplatzsuche erhalten. Wenn ein Betrieb den Ausgebildeten beschäftigt, soll dieser ein zweijähriges Aufenthaltsrecht bekommen. Bereits mit Inkrafttreten einer Änderung der BeSchV am 6.8.2019 ist die Vorrangprüfung für den Arbeitsmarktzugang für Asylsuchende und Geduldete entfallen. Das heißt, die BA muss nicht zunächst prüfen, ob für eine Tätigkeit ein einheimischer oder EU-Beschäftigter zur Verfügung steht.[5]

b) **Staatsangehörige aus Drittstaaten.** Das AufenthG ist am 1.1.2005 an die Stelle des **18** Ausländergesetzes (AuslG) getreten und enthält für EU-Ausländer, dh Ausländer, die nicht Bürger der EU sind, maßgebende Regelungen für den Aufenthalt und die Beschäftigung in Deutschland. Mit dem am 1.3.2020 in Kraft getretenen Fachkräfteeinwanderungsgesetz (FEG) hat das AufenthG wesentliche Neuerungen erfahren, um qualifizierten Arbeitskräften aus Drittstaaten den Zuzug zu erleichtern. Ziel dieses Gesetzes ist, den großen Personalbedarf mit qualifizierten Arbeitskräften, also solchen mit qualifizierter Berufsausbildung sowie Hochschulabsolventinnen und -absolventen, zu decken.

Gem. **§ 4 Abs. 1 AufenthG** bedürfen Ausländer, die nicht Unionsbürger oder Unionsbür- **19** gern gleichgestellt sind,[6] für die Einreise und den Aufenthalt im Bundesgebiet grundsätzlich

---

[4] Vgl. Entwurf eines Gesetzes zur Einführung beschleunigter Asylverfahren, BT-Drs. 18/7538.
[5] Vgl. Artikel der Bundesregierung auf ihrer Homepage mit dem Titel „Merkel: Erstmals Bundesgesetz zur Integration" vom 14.4.2016.
[6] Staatsangehörige der EWR-Staaten (Norwegen, Island und Liechtenstein) als auch Schweizer Staatsangehörige sind Unionsbürgern gleichgestellt, sie und ihre Familienangehörigen werden in den Anwendungsbereich des FreizügG/EU mit einbezogen (vgl. § 12 FreizügG/EU und Freizügigkeitsabkommen EU/Schweiz, BGBl. 2001 II 810). Seit dem 1.2.2020 ist Großbritannien kein Mitglied der EU mehr. Bis zum 31.12.2020

eines Aufenthaltstitels. Berechtigt ein Aufenthaltstitel nach § 4 Abs. 2 AufenthG aF bis zum Inkrafttreten des FEG nur in solchen Fällen zur Ausübung einer Erwerbstätigkeit, sofern es nach dem AufenthG bestimmt war oder der Aufenthaltstitel die Ausübung der Erwerbstätigkeit ausdrücklich erlaubte, so führt der durch das FEG neu eingefügte § 4a Abs. 1 S. 1 AufenthG zu einer 180 Grad Wende in diesem Bereich. Denn das bisherige Verbot mit Erlaubnisvorbehalt (§§ 4 Abs. 3 S. 1, Abs. 2 S. 3 AufenthG) wurde zu einer Erlaubnis mit Verbotsvorbehalt.

20   Die Aufenthaltstitel werden nach § 4 Abs. 1 S. 2 AufenthG als **Visum** (§ 6 AufenthG), **Aufenthaltserlaubnis** (§ 7 AufenthG), **Blaue Karte EU** (§ 18b Abs. 2 AufenthG, § 19a AufenthG aF), **Niederlassungserlaubnis** (§ 9 AufenthG) oder **Erlaubnis zum Daueraufenthalt-EU** (§ 9a AufenthG) erteilt. Nach § 21 Abs. 1 S. 1 AufenthG kann ein Aufenthaltstitel auch zur Ausübung einer selbstständigen Tätigkeit erteilt werden. Zuständig für die Erteilung der Titel ist die örtlich zuständige Ausländerbehörde, § 71 Abs. 1 AufenthG. Durch das FEG neu eingeführt, wurde die sog. zentrale Ausländerbehörde, § 71 Abs. 1 S. 3 AufenthG. Diese soll in jedem Bundesland als konkreter und zentraler Ansprechpartner errichtet werden, um insbesondere auch den Arbeitgebern Erleichterung zu verschaffen. Die zentrale Ausländerbehörde ist für die Beschleunigung im Hinblick auf die Ersteinreise von Fachkräften zuständig. Die örtliche Ausländerbehörde hingegen für den restlichen Aufenthalt.

21   Für die Erteilung aller Aufenthaltstitels müssen bestimmte allgemeine Voraussetzungen erfüllt sein, die nun zuerst dargestellt werden aa). Danach wird auf die für die Erteilung der jeweiligen Titel maßgeblichen, besonderen Voraussetzungen eingegangen, bb)–gg).

22   Die Aufenthaltstitel unterscheiden sich nicht nur in Bezug auf die jeweiligen besonderen Voraussetzungen für deren Erteilung, sondern auch dahingehend, dass sich die Ausländer jeweils unterschiedliche Zeiten außerhalb Deutschlands aufhalten dürfen, ohne den Aufenthaltstitel wieder zu verlieren.

23   *aa) Allgemeine Erteilungsvoraussetzungen.* Innerhalb der allgemeinen Erteilungsvoraussetzungen ist zwischen den Regelvoraussetzungen nach § 5 Abs. 1 AufenthG, die für alle Aufenthaltstitel, also Visum, Aufenthaltserlaubnis, Blaue Karte EU, Niederlassungserlaubnis und Erlaubnis zum Daueraufenthalt EU vorliegen müssen, und den zwingenden Erteilungsvoraussetzungen nach § 5 Abs. 2 AufenthG, die für die Erteilung einer Aufenthaltserlaubnis, einer Niederlassungserlaubnis oder einer Erlaubnis zum Daueraufenthalt-EU kumulativ erfüllt sein müssen, zu unterscheiden. **Die allgemeinen Regelvoraussetzungen** nach § 5 Abs. 1 **AufenthG** setzen für alle Aufenthaltstitel voraus, dass der Lebensunterhalt gesichert ist (Nr. 1), die Identität und, falls er nicht zur Rückkehr in einen anderen Staat berechtigt ist, die Staatsangehörigkeit des Ausländers geklärt ist (Nr. 1a), kein Ausweisungsgrund vorliegt (Nr. 2), der Aufenthalt des Ausländers nicht aus einem sonstigen Grund Interessen der Bundesrepublik Deutschland beeinträchtigt oder gefährdet (Nr. 3) und die Passpflicht nach § 3 AufenthG erfüllt wird (Nr. 4).

24   Des Weiteren müssen für die Erteilung einer Aufenthaltserlaubnis, einer Blauen Karte EU, einer Niederlassungserlaubnis oder einer Erlaubnis zum Daueraufenthalt-EU die **zwingenden Voraussetzungen gem. § 5 Abs. 2 AufenthG** zusätzlich zu den Regelvoraussetzungen des § 5 Abs. 1 AufenthG erfüllt sein. Nach § 5 Abs. 2 AufenthG ist es erforderlich, dass der Ausländer mit dem erforderlichen Visum eingereist ist (Nr. 1) und die für die Erteilung maßgeblichen Angaben bereits im Visumsantrag gemacht hat (Nr. 2).

25   Neben den allgemeinen Erteilungsvoraussetzungen für einen Aufenthaltstitel enthalten die genannten Titel **besondere Voraussetzungen,** die im Folgenden behandelt werden:

26   *bb) Visum (§ 6 AufenthG).* Das Visum ist ein eigenständiger Aufenthaltstitel und wird als Schengen-Visum nach § 6 Abs. 1 AufenthG oder als nationales Visum nach § 6 Abs. 3 AufenthG erteilt. Die Erlaubnis zur Erwerbstätigkeit ist trotz Abkehr vom bisherigen Verbot mit Erlaubnisvorbehalt hin zu einer Erlaubnis mit Verbotsvorbehalt gem. § 4a Abs. 1 S. 1 AufenthG, nur mit dem nationalen Visum verbunden. Das Schengen Visum unterliegt gemäß des durch das FEG neu eingefügten § 6 Abs. 2a AufenthG der Beschränkung, dass

---

gibt es jedoch eine Übergangsfrist, in der der aktuelle status quo weiter gilt, auch wenn Großbritannien kein EU-Mitglied mehr ist. Was ab dem 1.1.2021 gilt, ist im April 2020 noch nicht absehbar.

Schengen-Visa nicht zur Ausübung einer Erwerbstätigkeit berechtigen, es sei denn, sie wurden zum Zweck der Erwerbstätigkeit erteilt. Das Schengen-Visum wird nur für die Durchreise oder für den Aufenthalt von bis zu drei Monaten, in einem Zeitraum von sechs Monaten ab der Einreise, erteilt (vgl. § 6 Abs. 1 Nr. 1 AufenthG). Es berechtigt im Rahmen seiner Geltungsdauer zum Aufenthalt im gesamten Hoheitsgebiet der Schengen-Staaten.[7] Ein nationales Visum ist hingegen notwendig, wenn ein über die zeitlichen Grenzen des Schengen-Visums hinausgehender längerfristiger Aufenthalt angestrebt wird (vgl. § 6 Abs. 3 AufenthG). Es wird längstens für zwölf Monate erteilt und muss grundsätzlich vor der Einreise ausgestellt werden.[8] Die Erteilung richtet sich nach den Vorschriften, die für die anderen Aufenthaltstitel gelten (vgl. § 6 Abs. 3 S. 2 AufenthG). Daher müssen die allgemeinen Erteilungsvoraussetzungen nach § 5 Abs. 1 AufenthG erfüllt sein und die speziellen Voraussetzungen für den jeweiligen Aufenthaltszweck.[9]

Das FEG führt weiter im Bereich des Visumverfahrens das sog. **beschleunigte Verfahren für Fachkräfte** gem. § 81a AufenthG ein. Hiernach können Arbeitgeber bei der zuständigen Ausländerbehörde in Vollmacht des Arbeitnehmers, der zu einem Aufenthaltszweck nach §§ 16a, 16d, 18a, 18b, 18c Abs. 3 einreisen will, ein beschleunigtes Fachkräfteverfahren beantragen. Dieses ist allerdings nur eine Option, keine Pflicht.

§ 81a Abs. 1 AufenthG bevollmächtigt den Arbeitgeber zur Einleitung eines solchen beschleunigten Verfahrens. Er soll quasi als verlängerter Arm der zuständigen Ausländerbehörde auf die Erfüllung der Mitwirkungspflichten des Ausländers iSv § 82 Abs. 1 S. 1 AufenthG hinwirken. Originärer Antragsteller bezüglich des Visums bleibt gem. § 81 Abs. 1 AufenthG auch in diesen Fällen der Arbeitnehmer selbst.

Zuständig für das beschleunigte Verfahren ist die neu eingeführte zentrale Ausländerbehörde. Zeitlich ist das beschleunigte Verfahren **vor der Einreise** durchzuführen und dient dazu, dass der Ausländer zügig ein entsprechendes Visum bekommt. D. h. die **zentrale Ausländerbehörde** kümmert sich bei Bedarf um die Einholung der Zustimmung der Bundesagentur für Arbeit (BA)/leitet ein Anerkennungsverfahren durch und informiert die zuständige Auslandsvertretung über die künftige Visumantragstellung. Anschließend erfolgt die Beantragung des nationalen Visums im Heimatland. Die Bearbeitung von Visaanträgen soll künftig in maximal drei Monaten erfolgen. Bei Fachkräften sollen es längstens vier Wochen (nach Einreichung der vollständigen Unterlagen) sein. Hierdurch soll die Ersteinreise der Fachkraft erheblich erleichtert werden. Nach der Einreise muss die Fachkraft dennoch bei der **örtlichen** Ausländerbehörde vorsprechen, um einen Aufenthaltstitel mit einer längeren Gültigkeit zu beantragen und die biometrischen Daten zu erfassen. Auch ist eine Anmeldung bei der Meldebehörde innerhalb von 14 Tagen notwendig.

cc) Aufenthaltserlaubnis (§ 7 AufenthG). Die Aufenthaltserlaubnis nach § 7 AufenthG ist ein befristeter Aufenthaltstitel, vgl. § 7 Abs. 1 S. 1 AufenthG, so dass auch insoweit nur ein zeitlich befristeter Zugang zum Arbeitsmarkt besteht. Diese berechtigt, mit Ausnahme der Aufenthaltserlaubnis nach Satz 3, welche unter dem Erlaubnisvorbehalt des § 4a Abs. 1 AufenthG steht, zur Erwerbstätigkeit (vgl. § 7 Abs. 1 S. 4 AufenthG). Neben den allgemeinen Erteilungsvoraussetzungen nach § 5 Abs. 1 AufenthG richten sich die besonderen Erteilungsvoraussetzungen nach dem jeweiligen Aufenthaltszweck. In Betracht kommt ein Aufenthalt zum Zweck der Ausbildung (§§ 16 ff. AufenthG), zum Zweck der Erwerbstätigkeit (§§ 18 ff. AufenthG), ein Aufenthalt aus völkerrechtlichen, humanitären oder politischen Gründen (§§ 22 ff. AufenthG) oder aus familiären Gründen (§§ 27 ff. AufenthG). Die Aufenthaltserlaubnis wird nur auf Antrag erteilt, § 81 Abs. 1 AufenthG. Eine bestimmte Form ist dabei nicht vorgeschrieben. Faktisch muss der Antragsteller aber auf amtlichen Antragsformularen neben Angaben zu seiner Person, Angaben zur Einreise und Voraufenthalten,

---

[7] Belgien, Dänemark, Deutschland, Estland, Finnland, Frankreich, Griechenland, Island, Italien, Lettland, Liechtenstein, Litauen, Luxemburg, Malta, Niederlande, Norwegen, Österreich, Polen, Portugal, Schweden, Schweiz, Slowakei, Slowenien, Spanien, Tschechische Republik und Ungarn sind dem Schengener Abkommen beigetreten und gelten daher als „Schengener Staaten" (vgl. https://www.auswaertiges-amt.de/ – Stand Mai 2020).
[8] Vgl. Bergmann/Dienelt/*Winkelmann/Samel* AufenthG § 6 Rn. 57.
[9] Vgl. Bergmann/Dienelt/*Winkelmann/Samel* AufenthG § 6 Rn. 54.

zum Aufenthaltszweck, zur Dauer des Aufenthalts, zur Wohnung, zur Sicherung des Lebensunterhalts, zum Ehepartner/eingetragenen Lebenspartner, zu Kindern, zu den Eltern, zu Rechtsverstößen und zur Förderung der Integration machen. Die Formulare stellt die jeweils gem. § 71 Abs. 1 AufenthG zuständige Ausländerbehörde zur Verfügung.

31 **Aufenthaltserlaubnis zur Ausübung einer Beschäftigung (§ 7 iVm § 18 AufenthG).** Dieser Bereich erfuhr durch das FEG eine völlig neue Struktur. Normiert § 18 AufenthG auch weiterhin die allgemeinen Bestimmungen, so findet sich hier nun auch der Grundsatz der Fachkräfteeinwanderung. Daneben wurden in den §§ 18a ff. AufenthG neue Aufenthaltstitel für Fachkräfte geschaffen, so beispielsweise § 18b AufenthG für Fachkräfte mit akademischer Ausbildung, § 18c AufenthG zur Arbeitsplatzsuche (galt bislang nur für Akademiker) sowie die §§ 18d ff. AufenthG in Bezug auf den Forschungsbereich.

32 Betrifft der Aufenthaltszweck eine Erwerbstätigkeit im Inland, ist zudem ein Formblatt zur Ausländerbeschäftigung durch den AG auszufüllen. Darin müssen Angaben zum Antragsteller, zum Betrieb und zur Stellenbeschreibung gemacht werden. Ein Aufenthaltstitel zur Ausübung einer Beschäftigung kann nach **§ 18 Abs. 2 Nr. 2 Hs. 1 iVm § 39 AufenthG** grundsätzlich nur mit **Zustimmung der Bundesagentur für Arbeit (BA)** erteilt werden. Es handelt sich bei der Zustimmung der BA um ein rein behördeninternes Verfahren, bei dem der Antragsteller nach Abgabe der oben genannten Formulare nicht weiter aktiv werden muss. § 39 AufenthG dient vor allem dem in § 18 Abs. 1 S. 1 AufenthG erklärten Erfordernis, die Arbeitslosigkeit wirksam zu bekämpfen.

33 Die Voraussetzungen für eine Zustimmung der BA finden sich in § 39 Abs. 2, Abs. 3 AufenthG. Bis zur Neufassung des § 39 AufenthG, anlässlich des FEG, konnte eine Zustimmung erteilt werden, wenn sich durch die Beschäftigung von Ausländern nach globaler Arbeitsmarktprüfung (Nr. 1a) und Einzelfallprüfung (Nr. 1b) keine nachteiligen Auswirkungen auf dem Arbeitsmarkt ergaben. Das bedeutete, dass die BA generell prüfte, ob sich aus dem zusätzlichen Kräfteangebot ausländischer AN nachteilige Auswirkungen auf den Arbeitsmarkt ergaben (sog. Arbeitsmarktprüfung), und dass sie darüber hinaus im Einzelfall untersuchte, ob für die konkret zu besetzende Stelle deutsche AN sowie Ausländer, die ihnen hinsichtlich der Arbeitsaufnahme rechtlich gleichgestellt sind, für eine Vermittlung nicht zur Verfügung standen (sog. Vorrangprüfung).[10]

34 Seit dem 1.3.2020 entfällt mit der Neufassung des AufenthG, bei Vorliegen einer anerkannten Qualifikation sowie eines Arbeitsvertrages, die sog. Vorrangprüfung in Bezug auf qualifizierte Fachkräfte, § 39 Abs. 2 S. 2 AufenthG. Dies verschafft vor allem den Arbeitgebern Erleichterung, da dadurch der Begründungszwang entfällt, wieso gerade dieser Arbeitnehmer aus einem Drittstaat für das jeweilige Unternehmen tätig werden soll.

35 Gemäß Abs. 3 bleibt die Vorrangprüfung allerdings für Arbeitnehmer, die nicht dem Bereich der qualifizierten Fachkräfte unterfallen, bestehen.

36 Durch das FEG unverändert blieb der Grundsatz, dass AN nicht zu ungünstigeren Arbeitsbedingungen als vergleichbare inländische AN beschäftigt werden dürfen (§ 39 Abs. 2 S. 1 Nr. 1 für qualifizierte Fachkräfte sowie im Übrigen Abs. 3 Nr. 1 AufenthG; § 39 Abs. 2 S. 1 aF).

37 Keiner Zustimmung bedarf die Aufnahme einer Beschäftigung, deren Aufnahme bereits aufgrund des AufenthG gestattet ist, oder wenn eine Rechtsverordnung nach § 42 AufenthG vorsieht, dass die Zustimmung der BA nicht erforderlich ist.[11] Die Beschäftigungsverordnung (BeschV) ist eine solche Rechtsverordnung nach § 42 AufenthG. Weitere Regelungen, die die Erteilung einer Aufenthaltserlaubnis ohne Zustimmung der BA vorsehen, finden sich zB in §§ 2 Abs. 1, 3, 5, 7, 9, 14–15 und 16–19 BeschV.[12]

38 Mit- oder nachziehenden Familienangehörigen wird eine **Aufenthaltserlaubnis aus familiären Gründen** nach Abschnitt 6 (§§ 27 ff. AufenthG) erteilt, vgl. § 27 Abs. 1 AufenthG. Damit wird dem Schutz von Ehe und Familie gem. Art. 6 GG Rechnung getragen. Vorausset-

---

[10] Vgl. Punkte 1.39.2.2001, 1.39.2.2002 und 1.39.2.2003 der Durchführungsanweisungen der BA zum AufenthG (Stand April 2014).
[11] Vgl. Punkt 1.39.1.2001 der Durchführungsanweisungen der BA zum AufenthG (Stand April 2014).
[12] NK-AuslR/*Stiegeler* AufenthG § 39 Rn. 8.

zung für den Familiennachzug zu einem Ausländer ist nach § 29 Abs. 1 AufenthG, dass der Ausländer eine Niederlassungserlaubnis, Erlaubnis zum Daueraufenthalt-EU, Aufenthaltserlaubnis oder eine „Blaue Karte EU" besitzt (Nr. 1) und ausreichender Wohnraum zur Verfügung steht (Nr. 2). Gem. § 27 Abs. 5 AufenthG aF wurde allen Familienangehörigen, die eine Aufenthaltserlaubnis aus familiären Gründen besitzen, die Ausübung einer Erwerbstätigkeit als AN gestattet. Diese Regelung bedarf es nun auf Grund des § 4a Abs. 1 AufenthG nicht mehr.

§ 20 Abs. 3 Nr. 1 AufenthG (§ 16 Abs. 4 S. 1 AufenthG aF) gewährt ausländischen Studenten nach erfolgreicher Absolvierung ihres Studiums eine **Aufenthaltserlaubnis (zum Zweck der Ausbildung)** zur Arbeitsplatzsuche in Deutschland für bis zu 18 Monate. Eine Reglementierung erfolgt dabei wiederum nach den §§ 18 bis 21 AufenthG. 39

Eine Neuerung hat auch § 17 AufenthG erfahren. Dieser gewährt, unter bestimmten Voraussetzungen, eine Aufenthaltserlaubnis zum Zweck der Suche nach einem Ausbildungsplatz zur Durchführung einer qualifizierten Berufsausbildung (Abs. 1) sowie zum Zweck der Studienbewerbung (Abs. 2). Die Aufenthaltserlaubnis berechtigt allerdings nicht zur Erwerbstätigkeit und nicht zur Ausübung studentischer Nebentätigkeiten (Abs. 3) und wird für eine Dauer von bis zu 6 Monaten (Abs. 1 S. 2) bzw. bis zu 9 Monaten (Abs. 2 S. 2) erteilt. Wichtigste Voraussetzung sind hierfür bereits bestehende Sprachkenntnisse. Teilweise werden vor der Genehmigung deutsche Sprachkenntnisse auf A1 oder B1 Niveau verlangt. 40

dd) Blaue Karte EU (§ 18b Abs. 2. § 19a AufenthG aF). Die BReg. hat mit dem Gesetz zur Umsetzung der Hochqualifizierten-RL[13] die RL 2009/50/EG des Rates vom 25.5.2009 über die Bedingungen für die Einreise und den Aufenthalt von Drittstaatsangehörigen zur Ausübung einer hochqualifizierten Beschäftigung[14] umgesetzt. Die neuen Bestimmungen traten am 1.8.2012 in Kraft. Mit dem Gesetz wurde ein neuer zentraler Aufenthaltstitel für hochqualifizierte Fachkräfte geschaffen – die Blaue Karte EU. Mit einigen Modifikationen entspricht dieser Titel einer Aufenthaltserlaubnis.[15] An den Regelungen zur Blauen Karte EU hat sich durch das FEG nichts geändert. Neu ist lediglich, dass diese auch für Inhaber inländischer Hochschulabschlüsse erteilt werden kann. 41

Die Blaue Karte EU berechtigt einen Staatsangehörigen eines Drittstaates zum legalen Aufenthalt in einem EU-Mitgliedstaat zum Zwecke der Erwerbstätigkeit. Sie wird für die Dauer des konkreten Arbeitsvertrages zzgl. drei weiterer Monate ausgestellt (vgl. § 18 Abs. 4 S. 2 AufenthG, 19a Abs. 3 S. 2 AufenthG aF), höchstens jedoch für vier Jahre (vgl. § 18 Abs. 4 S. 2 AufenthG, § 19a Abs. 3 S. 1 AufenthG aF). 42

Für die Erteilung der Blauen Karte EU müssen neben den allgemeinen Erteilungsvoraussetzungen nach § 5 Abs. 1 AufenthG weitere spezielle nach § 18 Abs. 2 AufenthG (§ 19a AufenthG aF) erfüllt sein. Die Blaue Karte EU wird demnach erteilt, wenn 43

- ein konkretes Arbeitsplatzangebot bzw. der Abschluss eines Arbeitsvertrages für ein Beschäftigungsverhältnis in Deutschland nachgewiesen wird; dabei muss das Arbeitsplatzangebot bzw. der Arbeitsvertrag nicht unbefristet sein,
- eine Berufsausübungserlaubnis erteilt wurde oder zugesagt ist (soweit diese erforderlich ist),
- ein deutscher, ein anerkannter ausländischer oder ein anderer ausländischer Hochschulabschluss, der einem deutschen Hochschulabschluss vergleichbar ist, oder eine vergleichbare Qualifikation nachgewiesen wird,
- die BA der Erteilung nach § 39 AufenthG zustimmt, wenn dies im konkreten Fall nicht aufgrund einer Rechtsverordnung nach § 42 AufenthG oder einer zwischenstaatlichen Vereinbarung entbehrlich ist, und
- ein bestimmtes Mindestgehalt erzielt wird.

Die Zustimmung der BA ist gem. § 18b Abs. 2 S. 1 AufenthG nicht erforderlich, wenn der Ausländer ein Gehalt von mind. zwei Drittel der jährlichen Beitragsbemessungsgrenze in der allg. Rentenversicherung erhält (vgl. § 2 Abs. 1 Nr. 2 Buchst. a BeschV) oder einen inländi- 44

---
[13] BGBl. 2012 I 1224.
[14] RL 2009/50/EG S. 17 ff.
[15] Bergmann/Dienelt/*Sußmann* AufenthG § 19a Rn. 6.

schen Hochschulabschluss hat, einen Mangelberuf ausübt und ein Gehalt von mind. 52 Prozent der jährlichen Beitragsbemessungsgrenze erhält (vgl. § 2 Abs. 1 Nr. 2 Buchst. b iVm Abs. 2 S. 1 BeschV). Übt der Ausländer einen Mangelberuf aus (zu beachten ist, dass mit Inkrafttreten des FEG die Begrenzung auf Mangelberufe bei Arbeitnehmern mit einer sog. qualifizierten Berufsausbildung weggefallen ist) und erhält ein Gehalt von mind. 52 Prozent der jährlichen Beitragsbemessungsgrenze in der allg. Rentenversicherung, dann ist die Zustimmung der BA zwar erforderlich, wird aber ohne Vorrangprüfung erteilt (vgl. § 2 Abs. 2 BeschV).

45   Das Mindestgehalt berechnet sich gem. § 2 Abs. 1 Nr. 2 Buchst. a BeschV aus einem prozentualen Anteil der jährlichen Beitragsbemessungsgrenze in der allg. Rentenversicherung. Das Mindestbruttogehalt beträgt zwei Drittel der Beitragsbemessungsgrenze, das bedeutet für das Jahr 2020 55.200 EUR. Für die Mangelberufe[16] besteht eine Ausnahme. Hier liegt die Gehaltsgrenze niedriger und beträgt nur 52 Prozent der jährlichen Beitragsbemessungsgrenze in der allg. Rentenversicherung (vgl. § 2 Abs. 2 BeschV).[17]

46   Die Blaue Karte EU ist nach § 18c Abs. 2 AufenthG (§ 19a Abs. 6 AufenthG aF) wie eine Option auf eine Niederlassungserlaubnis angelegt.[18] Eine Niederlassungserlaubnis ist nach § 18c Abs. 2 AufenthG (§ 19a Abs. 6 AufenthG aF) zu erteilen, wenn die Inhaber einer Blauen Karte EU mind. 33 Monate eine Beschäftigung iSv § 18b Abs. 2 AufenthG (§ 19a Abs. 1 AufenthG aF) ausgeübt und für diesen Zeitraum in eine Altersversorgung eingezahlt haben. Verfügt der Ausländer über ausreichende Deutschkenntnisse, so ist die Niederlassungserlaubnis bereits nach 21 Monaten zu erteilen, vgl. § 18c Abs. 2 S. 3 AufenthG. Bei der Erteilung der Niederlassungserlaubnis steht der Behörde kein Ermessen zu. Vielmehr besteht bei Vorliegen der Voraussetzungen ein Anspruch auf Erteilung.

47   In der Praxis ist die Blaue Karte EU einer der wichtigsten Aufenthaltstitel, soweit die erforderlichen Voraussetzungen vorliegen. Allerdings setzt bereits die Erteilung einer Blaue Karte EU voraus, dass feststeht, in welchem Beruf und zu welchen Bedingungen die jeweilige Person tätig sein soll, da die Erteilung zB vom Erreichen der oben genannten Mindestverdienstgrenzen und/oder die angestrebte Tätigkeit zu den sogenannten Mangelberufen gehört. Sie darf daher nicht zur Arbeitsplatzsuche erteilt werden.

48   *ee) Niederlassungserlaubnis (§ 9 AufenthG).* Die Niederlassungserlaubnis nach § 9 AufenthG ist ein unbefristeter Aufenthaltstitel. Sie berechtigt grundsätzlich zur Ausübung jeder unselbstständigen und selbstständigen Erwerbstätigkeit. Dennoch kann sie in den durch das AufenthG ausdrücklich zugelassenen Fällen mit einer Nebenbestimmung versehen werden, § 9 Abs. 1 S. 2 AufenthG. Sie ist einem Ausländer grundsätzlich dann zu erteilen, wenn er kumulativ folgende Voraussetzungen nach § 9 Abs. 2 S. 1 AufenthG erfüllt:
- Er besitzt seit fünf Jahren die Aufenthaltserlaubnis (Nr. 1),
- sein Lebensunterhalt ist gesichert (Nr. 2),
- er hat mindestens 60 Monate Pflichtbeiträge oder freiwillige Beiträge zur gesetzlichen Rentenversicherung geleistet oder weist Aufwendungen für einen Anspruch auf vergleichbare Leistungen einer Versicherungs- oder Versorgungseinrichtung oder eines Versicherungsunternehmens nach (Nr. 3),[19]
- Gründe der öffentl. Sicherheit oder Ordnung unter Berücksichtigung der Schwere oder der Art des Verstoßes gegen die öffentl. Sicherheit oder Ordnung oder der vom Ausländer ausgehenden Gefahr unter Berücksichtigung der Dauer des bisherigen Aufenthalts und dem Bestehen von Bindungen im Bundesgebiet stehen nicht entgegen (Nr. 4),
- ihm ist die Beschäftigung erlaubt, sofern er AN ist (Nr. 5), er ist im Besitz der sonstigen für eine dauernde Ausübung seiner Erwerbstätigkeit erforderlichen Erlaubnisse (Nr. 6),
- er verfügt über ausreichende Kenntnisse der deutschen Sprache (Nr. 7),

---

[16] Mangelberufe sind Berufe, die zu den Gruppen 21, 22 u. 25 der Int. Standardklassifikation der Berufe gehören (ABl. 2009 L 292, 31 v. 10.11.2009). Dazu gehören Ingenieure, Akademiker u. vergleichbare Fachkräfte der Informations- und Kommunikationstechnologie sowie Ärzte.
[17] Bergmann/Dienelt/*Sußmann* AufenthG § 19a Rn. 30.
[18] Bergmann/Dienelt/*Sußmann* AufenthG § 19a Rn. 38.
[19] Berufliche Ausfallzeiten auf Grund von Kinderbetreuung oder häuslicher Pflege werden entsprechend angerechnet.

- über Grundkenntnisse der Rechts- und Gesellschaftsordnung und der Lebensverhältnisse im Bundesgebiet (Nr. 8) und
- über ausreichenden Wohnraum für sich und seine mit ihm in häuslicher Gemeinschaft lebenden Familienangehörigen (Nr. 9).

Die Voraussetzungen der § 9 Abs. 2 S. 1 Nr. 7 und Nr. 8 AufenthG sind nachgewiesen, 49 wenn ein Integrationskurs erfolgreich abgeschlossen wurde, vgl. § 9 Abs. 2 S. 2 AufenthG.

Es bestehen mehrere Ausnahmetatbestände. So genügt es zB bei Ehegatten, die in eheli- 50 cher Lebensgemeinschaft leben, wenn die Voraussetzungen nach § 9 Abs. 2 S. 1 Nr. 3, Nr. 5 und Nr. 6 AufenthG durch einen Ehegatten erfüllt werden (§ 9 Abs. 3 S. 1 AufenthG).

ff) Erlaubnis zum Daueraufenthalt-EU (§ 9a AufenthG). § 9a AufenthG regelt die Er- 51 laubnis zum Daueraufenthalt-EU. Sie ist ein unbefristeter Aufenthaltstitel und die umfassendste Genehmigung. Zusätzlich zur Niederlassungserlaubnis berechtigt sie den Inhaber auch zum Aufenthalt und zur Aufnahme einer Beschäftigung in anderen Mitgliedsstaaten der EU außerhalb Deutschlands.

Die Erlaubnis zum Daueraufenthalt-EU beruht auf der RL 2003/109/EG des Rates vom 52 25.11.2003 betreffend die Rechtsstellung der langfristig aufenthaltsberechtigten Drittstaatsangehörigen (Daueraufenthalts-RL).[20] Der mit ihr verbundene unionsrechtlich definierte Status eines „langfristig Aufenthaltsberechtigten" ist in sämtlichen EU-Mitgliedstaaten mit Ausnahme von Dänemark, Irland und dem Vereinigten Königreich eingeführt.

Gem. § 9a Abs. 2 S. 1 AufenthG ist einem Ausländer eine Erlaubnis zum Daueraufenthalt- 53 EU nach Art. 2 Buchst. b der RL 2003/109/EG zu erteilen, wenn er sich seit fünf Jahren mit Aufenthaltstitel im Bundesgebiet aufhält (Nr. 1), sein Lebensunterhalt und derjenige seiner Angehörigen, denen er Unterhalt zu leisten hat, durch feste und regelmäßige Einkünfte gesichert ist (Nr. 2), er über ausreichende Kenntnisse der deutschen Sprache verfügt (Nr. 3), er Grundkenntnisse der Rechts- und Gesellschaftsordnung und der Lebensverhältnisse im Bundesgebiet hat (Nr. 4), Gründe der öffentl. Sicherheit oder Ordnung unter Berücksichtigung der Schwere oder der Art des Verstoßes gegen die öffentl. Sicherheit oder Ordnung oder der vom Ausländer ausgehenden Gefahr unter Berücksichtigung der Dauer des bisherigen Aufenthalts und dem Bestehen von Bindungen im Bundesgebiet nicht entgegenstehen (Nr. 5) und er über ausreichenden Wohnraum für sich und seine mit ihm in familiärer Gemeinschaft lebenden Familienangehörigen verfügt (Nr. 6).

gg) Selbstständige Tätigkeit (§ 21 AufenthG). Nach § 21 Abs. 1 S. 1 AufenthG, der als 54 Ermessensnorm ausgestaltet ist, kann ein Aufenthaltstitel zur Ausübung einer selbstständigen Tätigkeit an Ausländer erteilt werden, wenn ein übergeordnetes wirtschaftliches Interesse (Nr. 1 Alt. 1) oder ein besonderes regionales Bedürfnis besteht (Nr. 1 Alt. 2), die Tätigkeit positive Auswirkungen auf die Wirtschaft erwarten lässt (Nr. 2) und die Finanzierung der Umsetzung durch Eigenkapital oder durch eine Kreditzusage gesichert ist (Nr. 3). § 21 Abs. 1 S. 2 AufenthG nennt folgende, nicht abschließende Kriterien für die Beurteilung der von der Ausländerbehörde zu treffenden Prognoseentscheidung: die Tragfähigkeit der zu Grunde liegenden Geschäftsidee, die unternehmerischen Erfahrungen des Ausländers, die Höhe des Kapitaleinsatzes, die Auswirkungen auf die Beschäftigungs- und Ausbildungssituation und der Beitrag für Innovation und Forschung. Im Rahmen der Prüfung hat die Ausländerbehörde gem. § 21 Abs. 1 S. 3 AufenthG die für den Ort der geplanten Tätigkeit fachkundigen Körperschaften, die regional zuständigen Gewerbebehörden, die öffentl.-rechtlichen Berufsvertretungen (zB die IHK oder Handwerkskammer) und die für die Berufszulassung zuständigen Behörden zu beteiligen.

Die in § 21 Abs. 1 S. 1–3 AufenthG normierten Voraussetzungen und Kriterien sind ge- 55 richtlich voll überprüfbare unbestimmte Rechtsbegriffe, an die ein strenger Maßstab anzulegen ist.[21]

§ 21 Abs. 1 S. 2 AufenthG aF, wonach die Voraussetzungen des S. 1 Nr. 1 und Nr. 2 in der 56 Regel gegeben waren, wenn mindestens 250.000 EUR investiert und fünf Arbeitsplätze ge-

---

[20] RL 2003/109/EG S. 44 ff.
[21] OVG Hamburg 29.1.2008 – 3 Bs 196/07, BeckRS 2008, 33588; VGH Baden-Württemberg 17.3.2009 – 11 S 448/09, BeckRS 2009, 33091; *Hailbronner* AuslR AufenthG § 21 Rn. 11.

schaffen wurden, wurde mit Wirkung zum 1.8.2012 ersatzlos gestrichen. Gleichzeitig wurde mit § 21 Abs. 2a S. 1 AufenthG ein Ausnahmetatbestand zu den Voraussetzungen des Abs. 1 eingeführt, der insbesondere das Ziel verfolgt, ausländischen Absolventen von deutschen Hochschulen die Aufnahme einer selbständigen Tätigkeit sowie Forschern und Wissenschaftlern den Aufenthaltszweckwechsel zur selbständigen Tätigkeit zu erleichtern. Voraussetzung ist jedoch, dass die beabsichtigte selbständige Tätigkeit einen Zusammenhang mit den in der Hochschulausbildung erworbenen Kenntnissen oder der Tätigkeit als Forscher oder Wissenschaftler erkennen lässt (§ 21 Abs. 2a S. 2 AufenthG).

57   Die Aufenthaltserlaubnis nach § 21 AufenthG wird gem. Abs. 4 S. 1 längstens auf drei Jahre befristet. Danach kann eine Niederlassungserlaubnis abweichend von § 9 Abs. 2 AufenthG erteilt werden, wenn der Ausländer die geplante Tätigkeit erfolgreich verwirklicht hat und sein Lebensunterhalt sowie derjenige der mit ihm in familiärer Gemeinschaft lebenden Angehörigen, denen er zum Unterhalt verpflichtet ist, gesichert ist und die Voraussetzung des § 9 Abs. 2 S. 1 Nr. 4 AufenthG vorliegt (vgl. § 21 Abs. 4 S. 2 AufenthG).

58   c) **Asylbewerber.** Regelungen zum Arbeitsmarktzugang von Asylbewerbern sind im AsylG (früher AsylVfG) und in der Verordnung über die Beschäftigung von Ausländerinnen und Ausländern (BeschV) zu finden. Asylbewerber dürfen in den ersten Monaten ihres Aufenthalts in Deutschland nicht beschäftigt werden, da § 61 AsylG den Zugang zum Arbeitsmarkt verwehrt,[22] solange die Verpflichtung zur Wohnsitznahme in einer Erstaufnahmeeinrichtung besteht. Nach Inkrafttreten des Asylverfahrensbeschleunigungsgesetzes vom 24.10.2015 waren Asylbewerber verpflichtet – anstatt wie zuvor bis zu drei Monate – bis zu sechs Monate in der für sie zuständigen Erstaufnahmeeinrichtung zu wohnen (§ 47 AsylG). Seit Inkrafttreten des zweiten Gesetzes zur besseren Durchsetzung der Ausreisepflicht[23] am 21.8.2019 gilt durch Neufassung des § 47 Abs. 1 AsylG für Asylbewerber jedoch eine verlängerte Wohnverpflichtung in Erstaufnahmeeinrichtungen für bis zu 18 Monate, in Fällen von Mitwirkungspflichtverstößen besteht die Wohnverpflichtung gem. § 47 Abs. 1 S. 3 AsylG auch darüber hinaus fort. Für minderjährige Kinder und ihre Eltern oder andere Sorgeberechtigten sowie ihren volljährigen, ledigen Geschwistern gilt die Wohnverpflichtung längstens bis zu sechs Monate. Gleichzeitig ist am 21.8.2019 auch die geänderte Fassung des § 61 AsylG in Kraft getreten, mit dem der Grundsatz des Verbots der Erwerbstätigkeit für die Dauer der Wohnverpflichtung in einer Aufnahmeeinrichtung erhalten bleibt. Damit wurde auch die Wartefrist für den Arbeitsmarktzugang verlängert, wenn nicht zuvor der Asylantrag positiv beschieden wurde (§ 48 Nr. 2 AsylG) oder nicht zuvor nach den Voraussetzungen des § 61 AsylG eine Erlaubnis zur Beschäftigung erteilt wird. Trotz der Änderungen durch das FEG bleibt damit für Ausländer ohne Aufenthaltstitel, und damit auch für Geduldete und Inhaber einer Aufenthaltsgestattung ein grundsätzliches Verbot der Beschäftigung mit Erlaubnisvorbehalt bestehen.

59   Vor Ablauf der Wohnverpflichtung in der Erstaufnahmeeinrichtung ist Asylbewerbern die Erlaubnis zur Beschäftigung zu erteilen, wenn die Voraussetzungen des § 61 Abs. 1 S. 2 AsylG. vorliegen, d.h. wenn
- das Asylverfahren nicht innerhalb von neun Monaten nach der Stellung des Asylantrages unanfechtbar abgeschlossen ist,
- die Bundesagentur für Arbeit der Beschäftigung zustimmt bzw. durch Rechtsverordnung bestimmt ist, dass die Ausübung der Beschäftigung ohne Zustimmung der Bundesagentur für Arbeit zulässig ist,
- der Ausländer nicht Staatsangehöriger eines sicheren Herkunftsstaates ist und
- der Asylantrag nicht als offensichtlich unbegründet oder als unzulässig abgelehnt wurde.

60   Liegen die gesetzlichen Voraussetzungen vor, hat der Asylbewerber einen Rechtsanspruch auf die Erteilung der Erlaubnis zur Erwerbstätigkeit.

61   Besteht keine Wohnverpflichtung in der Erstaufnahmeeinrichtung (mehr) und hält sich der Asylbewerber bereits seit drei Monaten gestattet im Bundesgebiet auf, kann gem. § 61 Abs. 2 AsylG, § 4a Abs. 4 AufenthG iVm § 32 BeschV die Ausübung einer Beschäftigung er-

---

[22] Ausgenommen sind „Arbeitsgelegenheiten" iSd § 5 Asylbewerberleistungsgesetz.
[23] Zweites Gesetze zur besseren Durchsetzung der Ausreisepflicht vom 15.8.2019, BGBl. 2019 I 1294.

laubt werden, wenn die Bundesagentur zugestimmt hat oder durch Rechtsverordnung bestimmt ist, dass die Ausübung der Beschäftigung ohne Zustimmung der Bundesagentur für Arbeit zulässig ist. Bei der Erteilung der Erlaubnis kann Ermessen ausgeübt werden.

Maßgeblich für die Beschäftigung von geduldeten Ausländern bzw. Ausländern mit einer Aufenthaltsgestattung ist neben § 61 AsylG die Vorschrift des § 32 BeschV. Die Beschäftigungserlaubnis für Asylbewerber kann durch die Ausländerbehörde erst dann erteilt werden, wenn die BA zugestimmt hat oder durch Rechtsverordnung bestimmt ist, dass die Ausübung der Beschäftigung ohne Zustimmung der BA zulässig ist. Die Zustimmung der BA ist in § 39 AufenthG geregelt, die Anforderungen an die Zustimmung unterscheiden sich danach, ob einer Beschäftigung als Fachkraft zugestimmt werden soll (§ 39 Abs. 2 AufenthG) oder eine Zustimmung unabhängig von der Qualifikation als Fachkraft (§ 39 Abs. 3 AufenthG) erteilt werden soll. Beschäftigungen für Asylbewerber, die keiner Erlaubnis der BA bedürfen, sind in § 32 Abs. 2 BeschV normiert. Dies betrifft hochqualifizierte Asylsuchende, Personen mit anerkannter Berufsausbildung in Mangelberufen und Tätigkeiten bei engen Familienangehörigen, als auch betriebliche Ausbildungen, mindestlohnbefreite Praktika und Tätigkeiten im Bundesfreiwilligendienst sowie jede Beschäftigung nach einem ununterbrochen vierjährigen erlaubten, geduldeten oder gestatteten Aufenthalt im Bundesgebiet.

Die BA hat vor der Verordnung zur Änderung der Verordnung zum Integrationsgesetz und der Beschäftigungsverordnung vom 22.7.2019[24] der Beschäftigung eines Asylbewerbers nur zugestimmt, wenn die sog. Arbeitsmarktprüfung ergeben hat, dass sich durch die beabsichtigte Beschäftigung abstrakt keine nachteiligen Auswirkungen auf den Arbeitsmarkt ergeben und die sog. Vorrangprüfung negativ war. Seit Inkrafttreten der Verordnung am 6.8.2019 ist eine Arbeitsmarktprüfung und auch eine Vorrangprüfung hier nicht mehr vorgesehen. Eine Zustimmung der BA kann aber in jedem Fall nur erteilt werden, wenn der Ausländer nicht zu ungünstigeren Arbeitsbedingungen als vergleichbare inländische Arbeitnehmer beschäftigt wird.

Im Übrigen gelten seit dem 6.8.2019 mit Inkrafttreten der Verordnung zur Änderung der Verordnung zum Integrationsgesetz und der Beschäftigungsverordnung auch keine spezifischen Beschränkungen für die Tätigkeit eines Asylbewerbers als Leiharbeitnehmer nach Ablauf der dreimonatigen Wartefrist für die Ausübung einer Tätigkeit mehr. Jedenfalls ab dem 49. Monat, nach dem eine Zustimmung der BA nicht mehr erforderlich ist, können Ausländerinnen und Ausländer mit einer Duldung oder Aufenthaltsgestattung in Leiharbeitsverhältnissen beschäftigt werden.

Personen aus sog. sicheren Herkunftsstaaten gem. § 29a AsylG, die nach dem 31.8.2015 einen Asylantrag gestellt haben, wird nun aufgrund des Asylverfahrensbeschleunigungsgesetzes vom 20.10.2015 der Zugang zum Arbeitsmarkt bis zur Entscheidung über ihren Asylantrag gänzlich verwehrt, vgl. § 61 Abs. 2 AsylG aE. Denn für diese Asylsuchenden wurde die Verpflichtung, in einer Erstaufnahmeeinrichtung zu wohnen, auf die gesamte Dauer des Asylverfahrens bis zur Entscheidung über den Asylantrag ausgeweitet, § 47 Abs. 1a AsylG.

Ist das Asylverfahren hingegen positiv abgeschlossen und eine Aufenthaltserlaubnis nach § 7 iVm § 25 AufenthG erteilt worden, enthält diese grundsätzlich die Erlaubnis zur Ausübung einer Erwerbstätigkeit (vgl. § 4a Abs. 1 S. 1 AufenthG).

d) Staatsangehörige der EU/EWR Mitgliedstaaten (Unionsbürger). Art. 2 ZuwG enthält das Gesetz über die allgemeine Freizügigkeit von Unionsbürgern (FreizügG/EU), wonach für EU-Bürger für den Aufenthalt und die Aufnahme einer Beschäftigung in Deutschland die Vorschriften dieses Gesetzes maßgeblich sind.

Das FreizügG/EU löste das Aufenthaltsgesetz/EWG und die Freizügigkeitsverordnung/EG ab und regelt nun eigenständig und abschließend das Recht auf Einreise und Aufenthalt der Unionsbürger, dh der Staatsangehörigen anderer Mitgliedstaaten der EU, und ihrer Familienangehörigen. Das Gesetz setzt die RL 2004/38/EG des Europäischen Parlaments und des

---

[24] Verordnung zur Änderung der Verordnung zum Integrationsgesetz und der Beschäftigungsverordnung vom 22.7.2019, BGBl. 2019 I 1109.

Rates vom 29.4.2004 über das Recht der Unionsbürger und ihrer Familienangehörigen, sich im Hoheitsgebiet der Mitgliedstaaten frei zu bewegen und aufzuhalten,[25] um.

69 § 2 Abs. 2 FreizügG/EU nennt den Kreis der gemeinschaftsrechtlich freizügigkeitsberechtigten Personen. Darunter fallen ua Unionsbürger, die sich als AN oder zur Berufsausbildung aufhalten wollen (Nr. 1). Das FreizügG/EU basiert auf unionsrechtlichen Begriffen, wie zB der durch die Rspr. des EuGH konkretisierte AN-Begriff. So gilt als AN, wer im Rahmen eines Arbeitsverhältnisses während einer bestimmten Zeit eine tatsächliche, echte und nicht nur völlig untergeordnete oder unwesentliche Tätigkeit für einen anderen nach dessen Weisung ausübt, für die er als Gegenleistung eine Vergütung erhält.[26] Unionsbürger, die sich zur Arbeitssuche aufhalten, sind bis zu sechs Monate unionsrechtlich freizügigkeitsberechtigt und darüber hinaus, solange sie nachweisen können, dass sie weiterhin Arbeit suchen und begründete Aussicht haben, eingestellt zu werden (Nr. 1a).

70 Nach § 2 Abs. 4 S. 1 FreizügG/EU bedürfen Unionsbürger für die Einreise keines Visums und für den Aufenthalt keines Aufenthaltstitels. Staatsangehörige der EWR-Staaten (Norwegen, Island und Liechtenstein) als auch Schweizer Staatsangehörige sind Unionsbürgern gleichgestellt, sie und ihre Familienangehörigen werden in den Anwendungsbereich des FreizügG/EU mit einbezogen (vgl. § 12 FreizügG/EU). Jedenfalls bis zum 31.12.2020 (Übergangszeit) gilt dies auch für Großbritannien. Wie die Einreiseregelungen nach der Übergangszeit für den Brexit ausgestaltet sein werden, bleibt abzuwarten und ist im April 2020 noch nicht absehbar. **Familienangehörige, die nicht Unionsbürger** sind, bedürfen für die Einreise eines Visums nach den Bestimmungen für Ausländer, für die das AufenthG gilt, § 2 Abs. 4 S. 2 FreizügG/EU. Nicht erwerbstätige Unionsbürger und ihre Familienangehörigen kommen jedoch nur dann in den Genuss des Freizügigkeitsrechts, wenn sie über ausreichenden Krankenversicherungsschutz und über eine eigenständige Existenzsicherung verfügen, vgl. § 4 S. 1 FreizügG/EU.

71 Gem. § 5 Abs. 1 S. 1 FreizügG/EU wird freizügigkeitsberechtigten Familienangehörigen, die nicht Unionsbürger sind, von Amts wegen innerhalb von sechs Monaten, nachdem sie die erforderlichen Angaben gemacht haben, eine Aufenthaltskarte für Familienangehörige von Unionsbürgern ausgestellt, die fünf Jahre gültig sein soll. Mit der Novellierung des FreizügG/EU durch das Gesetz zur Änderung des FreizügG/EU und weiterer aufenthaltsrechtlicher Vorschriften vom 21.1.2013[27] hat der Gesetzgeber die nach § 5 Abs. 1 FreizügG/EU aF von Amts wegen erforderliche Ausstellung einer Bescheinigung über das Aufenthaltsrecht für Unionsbürger abgeschafft. Damit sollten die kommunalen Verwaltungen finanziell entlastet und der Bürokratieaufwand verringert werden.[28]

72 **Staatsangehörige von EU-Mitgliedstaaten** werden **keinen Beschränkungen bei der Ausübung einer Beschäftigung unterworfen.** Das Recht auf Einreise und Aufenthalt folgt unmittelbar aus dem primären Unionsrecht.[29] So vermittelt **Art. 21 AEUV** allen Unionsbürgern das Recht, sich innerhalb der EU frei zu bewegen und aufzuhalten. Daneben ergeben sich aus den **Grundfreiheiten** spezielle Freizügigkeitsgewährleistungen für bestimmte Personengruppen: Art. 45 AEUV (AN-Freizügigkeit) gewährleistet die Freizügigkeit der AN innerhalb der EU und umfasst die Abschaffung jeder auf der Staatsangehörigkeit beruhenden unterschiedlichen Behandlung der AN der Mitgliedstaaten in Bezug auf die Beschäftigung (vgl. Art. 45 Abs. 1, Abs. 2 AEUV). Durch Art. 49 AEUV (Niederlassungsfreiheit) wird die Beschränkung der freien Niederlassung von Staatsangehörigen von EU-Mitgliedsstaaten verboten (vgl. Art. 49 Abs. 1 S. 1 AEUV). Schließlich verbietet Art. 56 AEUV (Dienstleistungsfreiheit) Beschränkungen des freien Dienstleistungsverkehrs innerhalb der Union für Angehörige der EU-Mitgliedstaaten, die in einem anderen EU-Mitgliedstaat als demjenigen des Leistungsempfängers ansässig sind (vgl. Art. 56 Abs. 1 AEUV). Für Unionsbürger ist das AufenthG daher nicht anzuwenden (§ 2 Abs. 2 Nr. 1 AufenthG).

---

[25] RL 2004/38/EG S. 77 ff.
[26] Vgl. Allgemeine Verwaltungsvorschrift zum FreizügG/EU v. 26.10.2009, Art. 1, zu § 2, Ziff. 2.2.0, 2.2.1, 2.2.1.1.
[27] BGBl. 2013 I 86.
[28] Vgl. BT-Drs. 17/10746 v. 24.9.2012.
[29] Vgl. Allgemeine Verwaltungsvorschrift zum FreizügG/EU v. 26.10.2009, Art. 1, Vorbemerkung, Ziff. 0.2.1.

Allerdings kann es auch für EU-Bürger bei einem Kurzaufenthalt in einem anderen EU-Land eine aufenthaltsrechtliche Pflicht zur **Meldung der Anwesenheit oder Anmeldung** bestehen. Unionsbürger können sich im Hoheitsgebiet der Mitgliedstaaten zwar frei bewegen und aufhalten. Nach der Richtlinie 2004/38/EG können die EU-Mitgliedstaaten aber bei Aufenthalten von bis zu drei Monaten in ihrem Land eine Meldung der Anwesenheit (nicht aber eine offizielle Anmeldung) sowie bei Aufenthalten über drei Monaten eine Anmeldung bei den zuständigen Behörden verlangen und die Nichterfüllung einer solchen verpflichtenden (An-)Meldung mit Sanktionen belegen. Viele Mitgliedstaaten haben von diesen Möglichkeiten Gebrauch gemacht. Ist in einem Mitgliedstaat eine Anmeldung bei Aufenthalten über drei Monaten vorgesehen, erhält der Unionsbürger eine Anmeldebescheinigung, die ihm das Recht gibt, in dem Mitgliedstaat zu wohnen.

e) **Übergangsvorschriften für Staatsangehörige neuer EU-Mitgliedstaaten.** Am 1.7.2007 sind Rumänien und Bulgarien der EU beigetreten, am **1.7.2013** erfolgte der Beitritt Kroatiens als 28. Mitgliedstaat der EU. Grundsätzlich brauchen Bürger der EU-Mitgliedstaaten keine Arbeitsgenehmigung, da sie die volle Freizügigkeit innerhalb der EU genießen. In der Beitrittsakte des Vertrags über den Beitritt Kroatiens wurde jedoch, wie vorher auch schon bei den Beitrittsstaaten der großen EU-Osterweiterung im Jahr 2004[30] und bei Rumänien und Bulgarien im Jahr 2007, für eine Übergangszeit von maximal sieben Jahren bestimmt, dass die Alt-Mitgliedstaaten den Zugang zum Arbeitsmarkt begrenzen können.[31] Ziel der Beschränkung war es stets, die widerstreitenden Interessen der Beitrittsländer und der bisherigen EU-Mitgliedstaaten angemessen auszugleichen.

Deutschland machte von der Einschränkungsmöglichkeit Gebrauch und schaffte Übergangsregelungen. Besondere Bedeutung erlangte hierbei die Übergangsregelung in § 284 SGB III zur vorübergehenden Beschränkung der Art. 45 AEUV (AN-Freizügigkeit) und Art. 56 AEUV (Dienstleistungsfreiheit), die mit Wirkung zum 1.1.2014, infolge des Beitritts der Republik Kroatien zur EU, in Kraft trat.[32]

Die diesbezüglichen Fristen sind jedoch mittlerweile abgelaufen. Seit dem 1.7.2015 bedürfen auch kroatische Staatsangehörige keiner Arbeitsgenehmigung mehr.

f) **Straf- und bußgeldrechtliche Konsequenzen:** Nach § 404 Abs. 2 Nr. 4 SGB III begeht ein **Ausländer,** der entgegen § 4 Abs. 3 S. 1 AufenthG (oder vormals bei kroatischen Staatsangehörigen entgegen § 284 Abs. 1 SGB III[33]) eine Beschäftigung in Deutschland ausübt, eine **Ordnungswidrigkeit,** die mit einer Geldbuße von bis zu 5.000 EUR geahndet werden kann (§ 404 Abs. 3 SGB III). AG, die Ausländer entgegen § 4 Abs. 3 S. 2 AufenthG (oder vormals bei kroatischen Staatsangehörigen entgegen § 284 Abs. 1 SGB III) beschäftigen, handeln ordnungswidrig nach § 404 Abs. 2 Nr. 3 SGB III und müssen mit einer **Geldbuße von bis zu 500.000 EUR** rechnen (§ 404 Abs. 3 SGB III).

Für die Ahndung der Ordnungswidrigkeiten sind in den vorgenannten Fällen die Behörden der Zollverwaltung zuständig, § 405 Abs. 1 Nr. 1 SGB III. Die Geldbußen fließen dabei in die Kasse der Verwaltungsbehörde, die den Bußgeldbescheid erlassen hat, § 405 Abs. 2 S. 1 SGB III.

§ 11 Abs. 1 Nr. 1, Nr. 2a, Abs. 2 SchwarzArbG regelt, dass dem AG sogar eine Freiheitsstrafe drohen kann, wenn er mehr als fünf Ausländer ohne Aufenthaltstitel beharrlich wiederholt beschäftigt.

Für den Bereich der AN-Überlassung sind weitere Straf- bzw. Ordnungswidrigkeitsvorschriften in §§ 15, 15a, 16 AÜG enthalten.

2. Beschäftigung von Arbeitnehmern im Ausland

Unternehmen mit Sitz in Deutschland, die deutsche Staatsangehörige im Ausland als abhängige Beschäftigte einsetzen wollen, stoßen auf vergleichbare Probleme. Ausländerrecht

---

[30] Dh Tschechien, Estland, Zypern, Lettland, Litauen, Ungarn, Malta, Polen, Slowenien, Slowakei.
[31] BGBl. 2013 II 586, Anh. V, 2. Freizügigkeit.
[32] BGBl. 2013 I 1555.
[33] Die Ausübung einer Beschäftigung entgegen § 284 Abs. 1 SGB III ist seit dem 1.7.2015 aufgrund der Gewährung der vollen Arbeitnehmerfreizügigkeit für kroatische Staatsangehörige nicht mehr möglich.

ist immer lokales Recht. Das Erfordernis zweier Genehmigungen, dh einer Arbeitsgenehmigung und einer Aufenthaltsgenehmigung, ist in Deutschland zwar weggefallen, doch begrenzen andere Staaten ihren Arbeitsmarkt ebenso wie Deutschland zum **Schutz des inländischen Arbeitsmarktes**. Eine Ausnahme bildet die **im Rahmen der EU gewährleistete Freizügigkeit der AN**. Freizügigkeit in diesem Sinne bedeutet das Recht, sich innerhalb der EU frei zu bewegen und aufzuhalten. Die AN-Freizügigkeit ist das Recht aller Angehörigen von EU-Staaten, in einem anderen EU-Mitgliedstaat zu arbeiten. Daneben existiert eine Reihe von zwischenstaatlichen Vereinbarungen, die die Arbeitsaufnahme im Ausland für deutsche Staatsangehörige erleichtern.

II. Arbeitsrecht

82 Aus arbeitsrechtlicher Sicht ist vorrangig die Frage nach dem anwendbaren Recht zu klären. Die Vereinbarung deutschen Rechts ist nur sinnvoll, wenn ein ausländisches Gericht nach den Kollisionsnormen des internationalen Privatrechts deutsches Recht anwenden würde und wenn die Anwendung „günstiger" ist. Die Mär, dass deutsches Arbeitsrecht den AG stets unangemessen benachteilige, sollte einer genauen Überprüfung der möglicherweise anwendbaren Rechtsnormen im Einzelfall weichen. Jedenfalls innerhalb Europas führen die Begrenzungen der Rechtswahl zu einem „Nebeneinander" verschiedener Rechtsordnungen. Diese Konstellation ist zu vermeiden. Entschließt man sich zur Anwendung deutschen Rechts, sind – abhängig von der Dauer der Tätigkeit im Ausland – unterschiedliche Regelungen zu treffen.

1. Grundsätze

83 Rechtswahl und Gerichtsstand sind in der Praxis miteinander verwoben. Die Vorstellung, dass zB ein englischer Arbeitsrichter wegen der von den Parteien getroffenen Rechtswahl deutsches Recht anwendet, ist praxisfremd. Und selbst wenn er dies tun sollte, wird er sich wohl vorbehalten, auf die Streitfrage die wesentlichen Bestimmungen englischen Arbeitsrechts anzuwenden. Zumindest in Europa entsteht auf Grund der Beschränkungen der Rechtswahl typischerweise eine Gemengelage zweier Rechtsordnungen. Unerwartete Überraschungen sind die Regel. In der Praxis sollte daher bei der Gefahr der Entstehung derartiger „Gemengelagen" im Zweifelsfall auf die Rechtswahl deutschen Rechts verzichtet werden, wenn damit das Nebeneinander zweier Rechtsordnungen vermieden werden kann. Bei der Vertragsgestaltung ist darauf zu achten, dass auch konkludent eine Rechtswahl getroffen werden kann (zB durch Verweis auf Rechtsnormen).

84 **a) Rechtswahl.** Seit dem 17.12.2009 gilt die **ROM-I-Verordnung (Rom-I-VO)**,[34] vgl. Art. 29 Abs. 2 Rom-I-VO. Sie ist auf alle vertraglichen Schuldverhältnisse in Zivil- und Handelssachen, die ab dem 17.12.2009 begründet wurden und Auslandsbezug haben, anwendbar (vgl. Art. 1 Abs. 1 iVm Art. 28 Rom-I-VO).

85 Die Rom-I-VO findet gem. Art. 2 Rom-I-VO **universelle Anwendung**. Das bedeutet, dass das nach ihr bezeichnete Recht auch dann anzuwenden ist, wenn es nicht das Recht eines EU-Mitgliedstaats ist.[35] Unmittelbar und in allen ihren Teilen verbindlich gilt die Rom-I-VO in den EU-Mitgliedstaaten mit Ausnahme von Dänemark,[36] das aufgrund einer Sonderregelung nicht an Maßnahmen der justiziellen Zusammenarbeit in Zivilsachen teilnimmt. Das Vereinigte Königreich hat nachträglich einer Teilnahme zugestimmt, so dass nun auch dort – bis jetzt – die Rom-I-VO Anwendung findet.

86 Die Rechtswahl richtete sich vor Inkrafttreten der Rom-I-VO grundsätzlich nach den Art. 27 ff. EGBGB, die mit Wirkung zum 18.12.2009 aufgehoben wurden.[37] Für Altfälle, die

---

[34] VO (EG) Nr. 593/2008 des Europäischen Parlaments und des Rates vom 17.6.2008 über das auf vertragliche Schuldverhältnisse anzuwendende Recht (Rom-I), ABl. 2008 L 177, 6 ff. v. 4.7.2008.
[35] Vgl. *Schneider* NZA 2010, 1380 (1381).
[36] Vgl. VO (EG) Nr. 593/2008 (Rom-I), ABl. 2008 L 177, 6 ff. v. 4.7.2008, Präambel Erwägungsgrund 46.
[37] Vgl. Art. 1 Nr. 4 des Gesetzes zur Anpassung der Vorschriften des Internationalen Privatrechts an die VO (EG) Nr. 593/2008 v. 25.6.2009, BGBl. 2009 I 1574.

vor dem 17.12.2009 begründet wurden, bleiben jedoch die Regelungen im EGBGB maßgeblich.[38] Die entsprechenden Vorschriften der Rom-I-VO sind denen der aufgehobenen Art. 27 ff. EGBGB sehr ähnlich. Die folgenden Ausführungen stellen die Regelungen der Rom-I-VO dar und ob sich im Hinblick auf die Verordnung Abweichungen zum alten Recht ergeben oder nicht.

Gem. Art. 3 Abs. 1 Rom-I-VO können die Vertragsparteien das anzuwendende **Recht frei** 87 **wählen.** Die Rechtswahl muss ausdrücklich erfolgen oder sich eindeutig aus den Bestimmungen des Vertrags oder aus den Umständen des Falls ergeben. Auch nach deutschem internationalem Privatrecht konnten die Parteien eines schuldrechtlichen Vertrages das anzuwendende Recht grundsätzlich frei wählen. Gem. Art. 27 Abs. 1 S. 2 EGBGB musste die Rechtswahl ausdrücklich erfolgen oder sich mit hinreichender Sicherheit aus den Bestimmungen des Vertrages oder aus den Umständen des Falles ergeben.

Zunächst ist stets zu prüfen, ob der Sachverhalt tatsächlich **Auslandsberührung** aufweist. 88 Aus Erwägungsgrund Nr. 15 S. 2 der Rom-I-VO ergibt sich, dass als Auslandsbezug weder die Rechtswahl, noch eine Gerichtsstandsvereinbarung und nicht einmal die mit einer Gerichtsstandsvereinbarung kombinierte Rechtswahlvereinbarung ausreichen.[39] Handelt es sich um einen reinen Inlandssachverhalt, dh hat der Sachverhalt keinerlei Auslandsbezug und ist nur mit einem einzigen Staat verbunden, bleibt die Wahl einer ausländischen Rechtsordnung zwar zulässig, wird jedoch durch Art. 3 Abs. 3 Rom-I-VO wesentlich eingeschränkt. Danach können durch die Rechtswahl nur die dispositiven, dh die abdingbaren, nicht jedoch die zwingenden Normen des Staates geändert werden. Welche Vorschriften zwingendes Recht sind, bestimmt die „abgewählte" Rechtsordnung.[40] Auf einen Günstigkeitsvergleich kommt es grundsätzlich nicht an.[41] Diese Einschränkung in Bezug auf zwingende Normen des Staates, zu dem allein relevante Beziehungen bestehen, galt auch nach altem Recht (Art. 27 Abs. 3 EGBGB). Enthielt das auf Grund der Rechtswahl anwendbare ausländische Recht für den AN allerdings günstigere Bestimmungen, waren diese anzuwenden.[42] Spielte der Sachverhalt ausschließlich im Ausland, dh stellte ein Unternehmen einen AN ein, der ausschließlich im Ausland tätig werden sollte und wurde, konnte deutsches Recht vereinbart werden. Die Vereinbarung deutschen Rechts bei einem reinen Auslandssachverhalt führte dazu, dass der AG sämtliche nach deutschem Recht bestehende Verpflichtungen zu erfüllen hatte, der AN aber nur Ansprüche gegen den AG, jedoch nicht gegen Versicherungsträger oder andere öffentl.-rechtliche Stellen erwarb.[43]

Gem. Art. 3 Abs. 4 Rom-I-VO kann die Wahl des Rechts eines Drittstaates auch nicht die 89 Anwendung zwingenden Unionsrechts ausschließen. Drittstaat ist dabei jeder Staat, der nicht Mitglied der EU ist (vgl. Art. 1 Abs. 4 Rom-I-VO), so dass zB auch Dänemark als Drittstaat gilt.[44] Infolge der Norm kann also durch Rechtswahl nur dispositives, nicht aber zwingendes Unionsrecht geändert werden.

Individualarbeitsverträge unterliegen dem von den Parteien nach Art. 3 Rom-I-VO gewähl- 90 ten Recht (Art. 8 Abs. 1 S. 1 Rom-I-VO). Bei grenzüberschreitenden Arbeitsverhältnissen darf die Rechtswahl jedoch nach Art. 8 Abs. 1 S. 2 Rom-I-VO **arbeitnehmerschützende zwingende Vorschriften,** die ohne diese Rechtswahl anwendbar wären, nicht ausschalten.[45] Hierdurch kann es zu einer Parallelität der Rechtsordnungen kommen, die vermieden werden sollten.

Gleiches galt nach altem Recht (vgl. Art. 30 Abs. 1 EGBGB), wonach die gewählte 91 Rechtsordnung nur soweit maßgeblich war, wie sie für den Arbeitnehmer mindestens gleich günstige Schutznormen enthielt.

Zwingende Normen im Sinne des Art. 8 Abs. 1 S. 2 Rom-I-VO sind Vorschriften des ob- 92 jektiven Rechts, die nicht zur Disposition der Arbeitsvertragsparteien stehen und die

---

[38] Vgl. BeckOK ArbR/*Spickhoff* VO (EG) 593/2008 Art. 3 Rn. 34.
[39] Vgl. BeckOK BGB/*Spickhoff* VO (EG) 593/2008 Erwägungsgründe.
[40] Vgl. ErfK/*Schlachter* Rom I-VO Art. 3-Art. 9 Rn. 21.
[41] Vgl. ErfK/*Schlachter* Rom I-VO Art. 3-Art. 9 Rn. 21.
[42] Vgl. *Markovska* RdA 2007, 352 (354).
[43] Vgl. BSG 12.6.1986 – 8 RK 5/85, BeckRS 1986, 30415735.
[44] Vgl. MüKoBGB/*Martiny* Rom I-VO Art. 3 Rn. 95.
[45] Vgl. *Emmert/Widhammer* ArbRAktuell 2010, 214.

Rechtsstellung der schwächeren Partei, dh des AN, verbessern.[46] In diesem Zusammenhang sind insbesondere der Gleichbehandlungsgrundsatz, die Vorschriften über Arbeitnehmererfindungen, der Kündigungsschutz (insbes. §§ 1–14 KSchG), die Vertragsübernahme bei Betriebsübergang, der Jugendarbeitsschutz, der Mutterschutz und die Regelungen zur Arbeitszeit zu nennen.[47] Sofern sie für das Arbeitsverhältnis konkret gelten, sind auch Tarifnormen solche zwingenden Vorschriften.[48] Zu beachten ist aber, dass die zwingenden Bedingungen nur dann anzuwenden sind, wenn sie dem AN einen größeren Schutz gewähren als die von den Parteien gewählte ausländische Rechtsordnung, also wenn sie für den AN günstiger sind.[49]

> **Formulierungsvorschlag: Rechtswahlklausel**
> 93   Für diesen Vertrag gilt ausschließlich das Recht des Landes ......

94   Ist **keine Rechtswahl getroffen**, richtet sich das auf den Vertrag anzuwendende Recht nach Art. 8 Abs. 2 Rom-I-VO. Danach unterliegt der Arbeitsvertrag dem Recht des Staates, in dem oder anderenfalls von dem aus der AN in Erfüllung des Vertrags gewöhnlich seine Arbeit verrichtet. Im alten Recht bestimmte Art. 30 Abs. 2 EGBGB in zwei Alternativen das auf Arbeitsverhältnisse anzuwendende Recht, wenn eine Rechtswahl nicht getroffen worden war. Vorrangig war nach Art. 30 Abs. 2 Nr. 1 EGBGB zu prüfen, in welchem Staat der AN in Erfüllung des Arbeitsvertrages gewöhnlich seine Arbeit verrichtete. Somit haben sich im Rahmen des Art. 8 Abs. 2 Rom-I-VO keine Änderungen ergeben.

95   Der Begriff des „gewöhnlichen Aufenthalts" ist unionsrechtsautonom auszulegen. Der EuGH hat entschieden, dass bei Erfüllung der Arbeitsleistung in mehreren Staaten die Arbeit in demjenigen Staat „gewöhnlich" verrichtet wird, in dem oder von dem aus der AN unter Berücksichtigung sämtlicher Gesichtspunkte, die diese Tätigkeit kennzeichnen, seine Verpflichtungen gegenüber seinem AG im Wesentlichen erfüllt.[50] Bei der Beurteilung der Gesamtheit der Umstände finden unter Heranziehung der Grundsätze nach altem Recht ua die Staatsangehörigkeit der Vertragsparteien, der Sitz des AG und der Wohnort des AN Berücksichtigung. Ergänzend sind die Vertragssprache und die Währung, in der die Vergütung gezahlt wird, zu beachten.[51] Der gewöhnliche Arbeitsort wird nicht durch die Verhältnisse zur Zeit des Vertragsschlusses dauerhaft festgeschrieben, sondern ist wandelbar. Er kann dynamisch im Verlauf der Durchführung des Arbeitsverhältnisses wechseln.[52]

96   Gem. Art. 8 Abs. 2 S. 2 Rom-I-VO wechselt das Recht des Staates, in dem die Arbeitsleistung gewöhnlich verrichtet wird, auch dann nicht, wenn der AN seine Arbeit vorübergehend in einem anderen Staat verrichtet. Im Unterschied zu den alten Regelungen des EGBGB spricht die Rom-I-VO nicht von Entsendung, sondern von vorübergehender Verrichtung der Tätigkeit in einem anderen Staat. Eine europaweit einheitliche Definition des Begriffs der Entsendung fehlt.

97   Eine nur **vorübergehende Verrichtung** der Tätigkeit an einem anderen Ort liegt dann vor, wenn der AN nicht endgültig versetzt wird, sondern eine (wenn auch erst nach Jahren erfolgende) Rückkehr und spätere Weiterbeschäftigung am ursprünglichen Ort beabsichtigt ist.[53] Erfasst ist hiervon auch eine längere, nicht aber die dauerhafte oder endgültige Entsendung.[54]

---

[46] ErfK/*Schlachter* Rom I-VO Art. 3–Art. 9 Rn. 19.
[47] *Werthebach* NZA 2006, 247 (249).
[48] ErfK/*Schlachter* Rom I-VO Art. 3–Art. 9 Rn. 19.
[49] *Werthebach* NZA 2006, 247 (249).
[50] EuGH 15.3.2011 – C-29/10, BeckRS 2011, 80235 – Heiko Koelzsch/Großherzogtum Luxemburg.
[51] BAG 13.11.2007 – 9 AZR 135/07, BeckRS 2008, 52707; 12.12.2001 – 5 AZR 255/00, NZA 2002, 734.
[52] Vgl. BAG 26.5.2011 – 8 AZR 37/10, NJW 2011, 3323.
[53] *Lorenz* RdA 1989, 223; *Schlachter* NZA 2000, 57 (59); *Gemmel* AuA 2008, 270 (271); ErfK/*Schlachter* Rom I-VO Art. 3–Art. 9 Rn. 13.
[54] *Thüsing* NZA 2003, 1306: „Was seinen Ursprung und Ende im selben Staat haben soll, das hat regelmäßig zu eben diesem Staat den engsten Kontakt".

Feste Zeitgrenzen gelten nicht,[55] doch wenn die Zuordnung der Weisungsbefugnis längerfristig wechselt und der entsendende AG keine Dispositionsbefugnis über den AN mehr behält, wechselt auch die maßgebliche Rechtsordnung.[56] Daher ist den Arbeitsvertragsparteien Folgendes zu raten: Um den Wechsel der Rechtsordnung sicher zu vermeiden, sollte das gewünschte Recht ausdrücklich gewählt werden.[57]

Kann das anzuwendende Recht nicht durch den gewöhnlichen Aufenthaltsort gem. Art. 8 Abs. 2 Rom-I-VO bestimmt werden, unterliegt der Vertrag dem Recht des Staates, in dem sich die Niederlassung befindet, die den AN eingestellt hat (Art. 8 Abs. 3 Rom-I-VO). Übt der AN seine Tätigkeit also gewöhnlich nicht in ein und demselben Staat, sondern in mehreren Staaten aus, ist gem. Art. 8 Abs. 3 Rom-I-VO das Recht des Staates anwendbar, in dem sich die einstellende Niederlassung des AG befindet.[58] Mit „Niederlassung" ist nicht der zentrale Hauptsitz des Unternehmens, sondern der jeweils einstellende Betrieb gemeint und unter „Einstellung" ist der Vertragsschluss, nicht die Eingliederung in den Betrieb zu verstehen.[59]

Das Vorgenannte gilt nicht, wenn sich aus der Gesamtheit der Umstände ergibt, dass der Arbeitsvertrag eine engere Verbindung zu einem anderen als dem in Art. 8 Abs. 2 Rom-I-VO oder Art. 8 Abs. 3 Rom-I-VO bezeichneten Staat aufweist. Dann ist das Recht dieses anderen Staates anzuwenden (§ 8 Abs. 4 Rom-I-VO).[60] Diese Regelung ermöglicht im Falle grob unverhältnismäßiger und unangemessener Ergebnisse der Regelanknüpfung ein Ausweichen auf eine andere Rechtsordnung. Ob eine engere Verbindung vorliegt, bestimmt sich nach den Umständen des Einzelfalls, die allerdings ein erhebliches Gewicht besitzen müssen, um die Regel durchbrechen zu können.[61] So hat das BAG[62] zB für den Fall einer Flugbegleiterin nach altem Recht entschieden, dass die Regelanknüpfung an den Arbeitsort nach Art. 30 Abs. 2 Nr. 1 EGBGB bei Flugbegleitern im internationalen Flugverkehr nicht in Betracht kommt, da diese Berufsgruppe ihre überwiegende Arbeitsleistung während des Flugs ohne Bezug zu einem bestimmten Staat erbringt. Es ist anhand der Gesamtumstände zu ermitteln, zu welchem Staat der Arbeitsvertrag des Flugbegleiters engere Verbindungen aufweist.

Ein Rückgriff auf Eingriffsnormen iSd Art. 9 Nr. 1 ROM-I-Verordnung dürfte auf Grund der dargestellten Schutzsystematik die Ausnahme bleiben. Vom BAG[63] wurde für Eingriffsnormenregelung des Art. 34 EGBGB ein Rückgriff beispielsweise für § 14 Abs. 1 MuSchG und § 3 EFZG bejaht. Die Regelung des Art. 9 ROM-I-Verordnung definiert Eingriffsnormen als solche nationalen Vorschriften, die in erster Linie dem Schutz des Gemeinwohls dienen. Somit werden die §§ 1–14 KSchG nicht als Eingriffsnormen gesehen, weil sie individuell den einzelnen Arbeitnehmer schützen.[64] § 17 KSchG bei Massenentlassungen wird hingegen als Eingriffsnorm gesehen, weil hier der deutsche Arbeitsmarkt geschützt werden soll.[65] Ist das gewählte Recht nicht mit dem Recht identisch, dessen zwingende Bestimmungen durch die Rechtswahl nicht abbedungen werden können, entsteht ein Nebeneinander verschiedener Rechtsordnungen.[66] Dieses Nebeneinander ist aus Sicht beider Vertragsparteien ungünstig. Eine sichere Prognose, wie Streitfälle zu behandeln sind, ist nicht möglich. Allein aus diesem Grund ist zu empfehlen, grundsätzlich in Fällen der Auslandsberührung das Recht zu vereinbaren, dessen zwingende Bestimmungen nach dem internationalen Privat-

---

[55] *Reiter* NZA 2004, 1246 (1248); im Schrifttum werden Zeitspannen von einem bis zu drei Jahren vertreten, vgl. ErfK/*Schlachter* Rom I-VO Art. 3–Art. 9 Rn. 14.
[56] ErfK/*Schlachter* Rom I-VO Art. 3–Art. 9 Rn. 14.
[57] Vgl. Formulierungsvorschlag einer Rechtswahlklausel in → Rn. 71.
[58] Vgl. zum alten Recht LAG Hessen 16.11.1999 – 4 Sa 463/99, NZA-RR 2000, 401.
[59] Vgl. EuGH 15.12.2011 – C-384/10, NZA 2012, 227 – Jan Voogsgeerd/Navimer SA; ErfK/*Schlachter* Rom I-VO Art. 3-Art. 9 Rn. 16.
[60] Vgl. BAG 13.11.2007 – 9 AZR 134/07, NZA 2008, 761; 29.10.1992 – 2 AZR 267/92, NZA 1993, 743; 20.11.1997 – 2 AZR 631/96, NZA 1998, 813; LAG Berlin 20.7.1998 – 9 Sa 74/97, NZA 1993, 743.
[61] EuGH 12.9.2013 – C-64/12, NZA 2013, 1163 – Anton Schlecker/Melitta Josefa Boedeker.
[62] BAG 13.11.2007 – 9 AZR 134/07, NZA 2008, 761.
[63] *Schlachter* NZA 2000, 57 (58).
[64] *Schlachter* NZA 2000, 57 (58).
[65] *Schlachter* NZA 2000, 57 (58).
[66] *Schlachter* NZA 2000, 57 (58).

recht anzuwenden sind.[67] Betrachtet man die Lösung der Kollision aus Arbeitgebersicht, besteht, selbst wenn man einen Vergleich der beiden Rechtsordnungen nach Sachgruppen befürwortet,[68] die Gefahr eines „Rosinenpickens" durch den AN. Aus Sicht des AG gilt daher umso mehr, dass ein Nebeneinander mehrerer Rechtsordnungen zu vermeiden ist. In Musterhandbüchern immer wieder vorzufindende Klauseln, wonach sich die Parteien darüber einig sind, dass nicht das ausländische Recht, sondern nur deutsches Recht anzuwenden ist, führen nicht weiter. Gelten aufgrund des internationalen Privatrechts des betreffenden Landes die zwingenden Arbeitnehmerschutzbestimmungen dieses Landes, kann diese Geltung vertraglich nicht ausgeschlossen werden.

101   b) **Gerichtsstand.** Die internationale Zuständigkeit bestimmt sich für alle Streitigkeiten, die nach dem 9.1.2015 anhängig geworden sind oder noch anhängig werden, nach der VO (EU) Nr. 1215/2012 des Europäischen Parlaments und des Rates vom 12.12.2012 über die gerichtliche Zuständigkeit und die Anerkennung und Vollstreckung von Entscheidungen in Zivil- und Handelssachen („Brüssel-Ia-VO" – EuGVVO),[69] vgl. Art. 66 Abs. 1 EuGVVO. Für Streitigkeiten, die davor eingeleitet worden sind, gilt ungeachtet Art. 80 EuGVVO, wonach die VO (EG) Nr. 44/2001 („Brüssel-I-VO" – EuGVVO aF)[70] durch die neue Fassung des EuGVVO mit Wirkung zum 10.1.2015 aufgehoben wurde, die alte Fassung des EuGVVO (vgl. Art. 66 Abs. 2 EuGVVO). Obwohl es im Verhältnis zu Dänemark zunächst bei der Geltung des Übereinkommens über die gerichtliche Zuständigkeit und die Vollstreckung gerichtlicher Entscheidungen in Zivil- und Handelssachen vom 27.9.1968[71] geblieben war, galt die EuGVVO aF seit dem 1.7.2007 für alle Mitgliedstaaten der EU. Für Streitigkeiten mit Bezug zu den EFTA-Staaten[72] wird mit Ausnahme von Liechtenstein die Zuständigkeit nach dem Luganer Übereinkommen über die gerichtliche Zuständigkeit und die Vollstreckung gerichtlicher Entscheidungen in Zivil- und Handelssachen (Lugano-Übereinkommen) vom 30.10.2007 ermittelt.[73]

102   Nach Art. 23 EuGVVO (Art. 21 EuGVVO aF) sind bei Arbeitsverträgen Gerichtsstandsvereinbarungen, die von den einschlägigen Vorschriften der EuGVVO (Art. 20 ff. EuGVVO) abweichen, nur dann rechtswirksam, wenn sie nach Entstehen der Streitigkeit getroffen wurden (Nr. 1) oder wenn sie dem AN die Befugnis einräumen, andere als die in der Verordnung genannten Gerichte anzurufen (Nr. 2). Eine Gerichtsstandsabrede nach Art. 23 Nr. 2 EuGVVO (Art. 21 Nr. 2 EuGVVO aF) ist also nur zulässig, wenn sie dem AN neben den gesetzlichen Gerichtsständen einen oder mehrere zusätzliche Gerichtsstände zur Verfügung stellt.[74] Innerhalb seines Anwendungsbereichs ist Art. 23 EuGVVO lex specialis zu §§ 38, 40 ZPO, da eine europäische VO gem. Art. 288 Abs. 2 AEUV Vorrang vor dem nationalen Recht hat.[75]

103   Im Rahmen der EuGVVO muss außerdem zwischen der Zuständigkeit für Klagen des AG und der Zuständigkeit für Klagen gegen den AG differenziert werden. Nach Art. 22 Abs. 1 EuGVVO (Art. 20 EuGVVO aF) kann die Klage des AG – mit Ausnahme des Gerichtsstands der Widerklage nach Art. 22 Abs. 2 EuGVVO – nur vor den Gerichten des Mitgliedstaats erhoben werden, in dessen Hoheitsgebiet der AN seinen Wohnsitz hat. In Art. 21 EuGVVO (Art. 19 EuGVVO aF), der Klagen gegen den AG regelt, ist die frühere Regelung des Art. 5 Nr. 1 EuGVÜ eingegangen.[76] Danach kann der AN am Gerichtsstand des Arbeitsortes klagen, Art. 21 Abs. 1 Buchst. b, i EuGVVO. Der Begriff des Arbeitsortes ist dabei entsprechend dem Begriff des gewöhnlichen Arbeitsortes iSd Art. 8 Abs. 2 Rom-I-VO zu bestimmen.[77] In der

---

[67] Vgl. Formulierungsvorschlag einer Rechtswahlklausel in → Rn. 71.
[68] *Birk* RdA 1989, 201 (206); *Hickl* Beil. 1 zu NZA 1987, 10 (13); *Schlachter* NZA 2000, 57 (61).
[69] VO (EU) Nr. 1215/2012, 1.
[70] VO (EU) Nr. 416/2016, 7.
[71] BGBl. 1972 II 774.
[72] Zu den EFTA-Staaten gehören Island, Liechtenstein, Norwegen und die Schweiz.
[73] ABl. 2007 L 339, 5 v. 21.12.2007.
[74] *Junker* NZA 2005, 199.
[75] MüKoZPO/*Gottwald* EuGVO Art. 23 Rn. 77.
[76] *Junker* NZA 2005, 199 (202).
[77] Vgl. *Holl* WiB 1995, 462 (465); vgl. *Mankowski* IPRax 1999, 332.

Praxis bedeutet dies, dass der AN stets am gewöhnlichen Arbeitsort klagen kann und dabei die zwingenden Schutzbestimmungen des Rechtes des Staates, in dem sich der gewöhnliche Arbeitsort befindet, in Anspruch nehmen kann. Auch wenn eine Gerichtsstandsvereinbarung nach Art. 23 EuGVVO getroffen wurde, führt dies nicht zur ausschließlichen Zuständigkeit des prorogierten Gerichts. Die Zuständigkeiten nach Art. 21 f. EuGVVO bleiben unberührt. Diesen Grundsätzen entspricht auch der mit Wirkung zum 1.4.2008 eingefügte, seit 1.1.2009 in seiner jetzigen Form geltende § 48 Abs. 1a ArbGG. Die Norm dient der Umsetzung von Art. 19 Nr. 2a EuGVVO, erweitert das Wahlrecht nach § 35 ZPO und soll den AN nach dem Willen des Gesetzgebers die Durchsetzung ihrer Ansprüche erleichtern.[78] In § 48 Abs. 1a ArbGG heißt es wörtlich:

„(1a) [1]Für Streitigkeiten nach § 2 Abs. 1 Nr. 3, 4a, 7, 8 und 10 sowie Abs. 2 ist auch das Arbeitsgericht zuständig, in dessen Bezirk der Arbeitnehmer gewöhnlich seine Arbeit verrichtet oder zuletzt gewöhnlich verrichtet hat. [2]Ist ein gewöhnlicher Arbeitsort im Sinne des Satzes 1 nicht feststellbar, ist das Arbeitsgericht örtlich zuständig, von dessen Bezirk aus der Arbeitnehmer gewöhnlich seine Arbeit verrichtet oder zuletzt gewöhnlich verrichtet hat."

2. Beschäftigung von ausländischen Arbeitnehmern in Deutschland

Voraussetzung der Beschäftigung von ausländischen, nicht aus einem EU-Staat stammenden AN in Deutschland ist grundsätzlich – wie oben ausgeführt – ein Aufenthaltstitel, der auch zur Aufnahme einer Erwerbstätigkeit berechtigt. Liegt ein solcher Titel nicht vor, sind sowohl AG, als auch AN durch verschiedene Ordnungswidrigkeitsvorschriften bedroht. Für EU-Bürger gelten für den Aufenthalt und die Aufnahme einer Beschäftigung die genannten Vorschriften des FreizügG/EU.

a) **Entsendung nach Deutschland.** Wird ein AN nach Deutschland entsandt, dh ist er nur vorübergehend und nicht dauerhaft in Deutschland tätig, ist es gem. Art. 3 Abs. 1 Rom-I-VO grundsätzlich möglich, dass die Parteien für den Zeitraum der Entsendung rechtswirksam das ausländische Recht vereinbaren und es nicht zu der oben beschriebenen Kollision kommt.[79]

Im Einzelfall muss jedoch sorgfältig untersucht werden, wann sich die Tätigkeit in Deutschland soweit verdichtet, dass vom gewöhnlichen Arbeitsort Deutschland iSd Art. 8 Abs. 2 Rom-I-VO zu sprechen ist.[80] Allein auf die Dauer der Entsendung kommt es insoweit nicht an, vielmehr sind alle Umstände des Einzelfalls zu berücksichtigen. Wird ausländisches Recht vereinbart und ergibt die Prüfung, dass sich der gewöhnliche Arbeitsort in Deutschland befindet, ist durch Vergleich der beiden Rechtsordnungen zu ermitteln, ob **zwingende deutsche Schutzbestimmungen** den Arbeitnehmer besserstellen als das vereinbarte ausländische Recht. Dies ist auf einzelne Teilbereiche, zB auf den Kündigungsschutz oder die Entgeltverteilung bezogen, zu ermitteln. Ergibt dieser Vergleich, dass deutsches Recht für den AN günstiger ist und dass der Bestandteil deutschen Rechts zu den zwingenden Rechtsvorschriften gehört, ist er anzuwenden.

Dh selbst bei einer kurzen Tätigkeit in Deutschland, bei der sich das Vertragsstatut nicht ändert, gilt zum Teil deutsches Recht. Dies gilt zB für die Regelungen des Mindestlohns nach dem Mindestlohngesetz. Aber für die Regelungen nach dem Mindestlohn nach dem Arbeitnehmerentsendegesetz (AEntG) oder die Lohnuntergrenze nach dem Arbeitnehmerüberlassungsgesetz (AÜG).

b) **Dauerhafte Beschäftigung in Deutschland.** Wird ein Ausländer dauerhaft in Deutschland beschäftigt, unterliegt er der deutschen Rechtsordnung. Allerdings können Besonderheiten zu berücksichtigen sein, wenn die AN anderen Kulturkreisen entstammen.

Grundsätzlich muss ein ausländischer AN in Deutschland wegen § 7 iVm § 1 AGG wie seine deutschen Kollegen behandelt werden. Aus der allgemeinen Fürsorgepflicht des AG gegenüber dem einzelnen AN folgt, dass dieser bei mangelnden Sprachkenntnissen bereits

---

[78] BT-Drs. 16/10901, 18.
[79] Vgl. *Schneider* NZA 2010, 1380 (1381); *Pohl* NZA 1998, 735 (737).
[80] Juris-PR-ArbR 13/2008, Anm. 6; *Düwek/Doneröse* DB 2008, 1626.

bei Abschluss des Arbeitsvertrages über dessen Inhalt aufzuklären ist. Weigert sich der AN, die deutsche Sprache zu erlernen, so kann dies eine personenbedingte Kündigung ohne vorherige Abmahnung begründen.[81] Umstritten ist, ob der ausländische AN für religiöse Feiertage, die nicht mit deutschen gesetzlichen Feiertagen identisch sind, Anspruch auf unbezahlte Freizeit gem. § 616 S. 1 BGB hat.[82] Das BAG[83] hat entschieden, dass einem ausländischen AN ein Leistungsverweigerungsrecht zusteht, wenn er in der Heimat zum Wehrdienst verpflichtet ist und dem AG zumutbare Überbrückungsmaßnahmen möglich sind. Allerdings wird man eine korrespondierende Pflicht des AN befürworten müssen, den AG frühzeitig zu informieren. Haben EU-AN in ihrem Heimatland Wehrdienst abzuleisten, sind §§ 1 ff. ArbPlSchG anzuwenden.[84]

3. Entsendung von Deutschland ins Ausland

110   Von **Entsendung als arbeitsrechtlicher Oberbegriff** kann gesprochen werden, wenn das ursprüngliche Arbeitsverhältnis in Deutschland während des Zeitraums des Auslandseinsatzes nicht aufgehoben wird, sondern – in welcher Form auch immer – fortbesteht. Unter dem Oberbegriff der Entsendung finden sich unterschiedliche vertragliche Gestaltungsformen, zwischen denen zu unterscheiden ist. Die Verwendung von Begriffen wie Versetzung oder Abordnung, die bereits in bestimmten Rechtsnormen, wie zB § 4 TVöD-AT, verwendet werden oder einschlägig besetzt sind, ist zu vermeiden.

111   Abzugrenzen ist der Begriff der Entsendung insbesondere von dem der Dienstreise. Ein Arbeitnehmer nimmt eine Dienstreise wahr, wenn er zur Erledigung von Dienstgeschäften an einen Ort außerhalb des Dienstortes reist.[85] Ob ein Auslandseinsatz als Dienstreise zu qualifizieren ist, hängt maßgeblich von dessen Dauer und der Bindung des betroffenen Arbeitnehmers an die beteiligten Arbeitgeber ab. In der Regel dauert eine Dienstreise einen Tag bis maximal drei Monate.[86] Dabei ist stets der Inhalt der Tätigkeit zu berücksichtigen. Ferner bleibt der Lebensmittelpunkt und der Arbeitsplatz des Arbeitnehmers im Inland erhalten.

112   Da sowohl eine Auslandsdienstreise als auch eine Auslandsentsendung im Rahmen des fortbestehenden Arbeitsverhältnisses erfolgt, sollte im Hinblick auf die unterschiedliche rechtliche Behandlung stets zwischen beiden Formen des Auslandseinsatzes unterschieden werden.

113   In Abgrenzung zu einer Entsendung ist für eine Dienstreise kennzeichnend, dass es während des Auslandseinsatzes zu keiner inhaltlichen Änderung der arbeitsvertraglichen Grundlagen kommt. Aus diesem Grund ist vorbehaltlich besonderer Vereinbarungen die gelegentliche Anordnung einer Auslandsdienstreise im Gegensatz zur zustimmungspflichtigen Auslandsentsendung grundsätzlich allein aufgrund des arbeitgeberseitigen Direktionsrechtes gem. § 106 GewO möglich.[87] Daneben sollte auch der Zweck des Einsatzes zur Abgrenzung herangezogen werden. Während der zeitlich begrenzte Einsatz einer Dienstreise einem fest umrissenen Zweck dient, wird mit einer Entsendung regelmäßig weitergehende Ziele verfolgt (zB Know-How Transfer, Weiterentwicklung von Führungspersonal durch Auslandserfahrung etc.).

114   Eine Auslandstätigkeit, die bereits im ursprünglichen Arbeitsvertrag vorgesehen ist, wird stets von relativ kurzer Dauer sein und wird daher als **arbeitsvertragliche Entsendung** bezeichnet. Bleibt der ursprüngliche Arbeitsvertrag während des Zeitraums der Auslandstätigkeit mit allen Rechten und Pflichten bestehen und werden die Besonderheiten hinsichtlich des Auslandseinsatzes in einer Zusatzvereinbarung geregelt, wird dies üblicherweise **Entsendung aufgrund einer Zusatzvereinbarung** genannt. Wenn das ursprüngliche Arbeitsverhält-

---

[81] Vgl. BAG 28.1.2010 – 2 AZR 764/08, NZA 2010, 625.
[82] Vgl. LAG Düsseldorf 14.2.1963 – 7 Sa 581/62, BB 1964, 597; *Adam* NZA 2003, 1375 (1376).
[83] BAG 22.12.1982 – 2 AZR 282/82, NJW 1983, 2782; 7.9.1983 – 7 AZR 433/82, NJW 1984, 575.
[84] EuGH 15.10.1969 – C-15/69, BeckEuRS 1969, 15415; BAG 5.12.1969 – 5 AZR 215/68, NJW 1970, 1014.
[85] Küttner Personalhandbuch 2019/*Griese* Dienstreise, Rn. 1
[86] *Herfs-Röttgen* in Herfs-Röttgen, Praxishandbuch Auslandsbeschäftigung, Teil 1 Kap. C Rn. 110.
[87] *Herfs-Röttgen* in Herfs-Röttgen, Praxishandbuch Auslandsbeschäftigung, Teil 1 Kap. C Rn. 127.

nis dagegen während des Zeitraums der Entsendung ruht, die Rechte und Pflichten während des Ruhenszeitraums in einer gesonderten Vereinbarung geregelt werden und für die Auslandstätigkeit ein gesonderter Vertrag geschlossen wird, wird von einer **Entsendungs- und Ruhensvereinbarung** gesprochen. In diesem Fall sind zwei Konstellationen denkbar: Zum einen, dass die die Auslandstätigkeit regelnde Vereinbarung mit dem Vertragspartner des ursprünglichen Arbeitsvertrages geschlossen wird; zum anderen, dass sie mit dem ausländischen Tochterunternehmen bzw. einer ausländischen Niederlassung geschlossen wird.

Zu beachten ist § 2 Abs. 2 NachwG. Daher müssen bei einer Auslandstätigkeit von länger als einem Monat in der auszuhändigenden Niederschrift die Dauer der im Ausland auszuübenden Tätigkeit (Nr. 1), die Währung, in der das Arbeitsentgelt ausgezahlt wird (Nr. 2), ein zusätzliches mit dem Auslandsaufenthalt verbundenes Arbeitsentgelt und damit verbundene zusätzliche Sachleistungen (Nr. 3) sowie die vereinbarten Bedingungen für die Rückkehr des Arbeitnehmers (Nr. 4) aufgenommen werden. Wie auch sonst sind die Bestimmungen des NachwG nur deklaratorisch. Die Wirksamkeit des Arbeitsvertrages hängt nicht von der Erfüllung der Pflichten nach dem NachwG ab. Weiter schreibt das NachwG keinen bestimmten Inhalt vor. Es bleibt somit grundsätzlich auch hier den Vertragsparteien überlassen, ob und welche Sonderleistungen für die Auslandstätigkeiten vereinbart werden. Wird ein Auslandseinsatz – wie in der Regel – einer Befristung unterworfen, unterliegt die Befristungsabrede bei Anwendbarkeit deutschen Rechts den Einschränkungen des TzBfG.[88] Das BAG erkennt jedoch die Sicherung der Sozialversicherung nach § 4 SGB IV als Sachgrund iSd § 14 Abs. 1 TzBfG an.[89]

Auch die Behandlung kündigungsrechtlicher Fälle mit Auslandsbezug, insbesondere die mit der Entsendung verbundene grenzüberschreitende Sozialauswahl wirft weitere Fragen auf, zu deren Beantwortung an dieser Stelle auf die einschlägige Literatur verwiesen wird.[90]

a) **Arbeitsvertragliche Entsendung.** Die arbeitsvertragliche Entsendung ist idR bereits im ursprünglichen Arbeitsvertrag vorgesehen. Andernfalls besteht das Risiko, dass es bei einer Weigerung des AN auf die Ausübung des Direktionsrechts ankommt. Gibt es hingegen eine arbeitsvertragliche Regelung ist klar geregelt, dass der Arbeitnehmer zur Auslandstätigkeit verpflichtet ist.

Klassisch sind die sog. **Montagefälle**. Die Tätigkeit im Ausland sollte drei, maximal sechs Monate nicht überschreiten. Der gewöhnliche Arbeitsort im Sinne des Art. 8 Abs. 2 Rom-I-VO ändert sich durch die vorübergehende Tätigkeit im Ausland nicht (vgl. Art. 8 Abs. 2 S. 2 Rom-I-VO). Auch die Tätigkeit im Ausland unterfällt daher deutschem Recht. Zu regeln sind
- Dauer der Auslandstätigkeit, Ankündigungsfristen, Häufigkeit,
- Aufgabengebiet im Ausland,
- Vergütung und entsprechende Zulagen für die Auslandstätigkeit (Auslandszulage, Verpflegungszuschuss, Übernachtungszuschuss, Familienheimfahrten),
- Sonderurlaub,
- Versicherungen (Renten-, Kranken-, Arbeitslosen- und Pflegeversicherung sowie Abschluss einer entsprechenden Zusatzversicherung durch das Unternehmen für den Arbeitnehmer) und
- Rechtswahl.

Zu berücksichtigen ist, dass – falls die Inhaltskontrolle nach § 307 Abs. 1 BGB eingreift – das Direktionsrecht, mit dem der AG die Tätigkeit im Ausland bestimmen kann, den Arbeitnehmer nicht unangemessen benachteiligen darf. Es ist daher sinnvoll, Ankündigungsfristen für die Auslandstätigkeit, die maximale Dauer der Auslandstätigkeit, die Häufigkeit der Auslandseinsätze und etwaige Kompensationen zu regeln.

Hinsichtlich der zulässigen Arbeitszeit muss beachtet werden, dass ein „Export" deutschen Arbeitsschutzrechts in das Ausland nicht stattfindet, weil zB die Regelungen der Arbeitszeit Eingriffsnormen iSv Art. 9 Rom-I-VO darstellen. Es gilt das Arbeitsschutzrecht des

---

[88] Vgl. *Werthebach* NZA 2006, 249.
[89] Vgl. BAG 14.7.2005 – 8 AZR 392/02, NZA 2005, 1411.
[90] *Gravenhorst* RdA 2007, 283 mwN; *Monz* BB 2014, 250 mwN.

Staates, in dem der Arbeitnehmer tätig ist, insofern sind die ausländischen Regelungen auch für deutsche Arbeitnehmer zwingend.[91] AG stehen damit vor der Herausforderung, sich über das ausländische Recht informieren zu müssen.

121 Grundsätzlich bleibt der AN bei kurzen Auslandseinsätzen in allen Zweigen der Sozialversicherung (Renten-, Kranken-, Arbeitslosenversicherung) versichert. Häufig wird jedoch übersehen, dass auch bei kurzfristigen Auslandsaufenthalten **Versicherungsschutzlücken** entstehen. Insbesondere greifen die in §§ 104 ff. SGB VII vorgesehenen Haftungsprivilegien der **gesetzlichen Unfallversicherung** nicht.[92] Ob bei Unfällen mit Auslandsbezug deutsches oder ausländisches Recht Anwendung findet, beurteilt sich nach internationalem Sozialrecht. Innerhalb der EU ist insoweit Art. 85 der VO (EG) Nr. 883/2004[93] einschlägig, für Nicht-EU-Staaten gelten die mit diesen vereinbarten völkerrechtlichen Abkommen (vgl. § 6 SGB IV) und in Ermangelung solcher Abkommen gelten die Vorschriften zur Ein- und Ausstrahlung gem. §§ 4 f. SGB IV. Nach Art. 85 Abs. 2 VO (EG) Nr. 883/2004 sind die sozialversicherungsrechtlichen Vorschriften zur Haftungsfreistellung von AG und den von ihnen beschäftigten AN bei Arbeitsunfällen dem Sozialversicherungsrecht zu entnehmen, das auf den Geschädigten anzuwenden ist. Maßgeblich sind demnach die Rechtsvorschriften des Mitgliedstaates, nach denen für den Arbeitsunfall Leistungen zu erbringen sind und dessen Sozialversicherungsträger die Unfallfürsorge also zu gewähren haben. Für AN, die die Staatsangehörigkeit eines EU-Mitliedstaates besitzen und für die die VO (EG) 883/04 gilt, ist allein das Sozialrecht des Mitgliedstaats anzuwenden, in dem der AN abhängig beschäftigt ist, selbst wenn er in einem anderen Mitgliedstaat wohnt.[94]

122 Selbstverständlich sollte für den entsandten AN der Abschluss einer Auslandsunfall- sowie Auslandskrankenversicherung sein, die auch bei Nichtvorliegen der medizinischen Indikation die Kosten für die Rückführung des kranken oder verunfallten AN ins Heimatland umfasst.

123 Abgesehen von den Versicherunglücken ist zu beachten, dass der AG weiterhin die Fürsorgepflicht für seinen AN trägt. Gerade bei Einsätzen in gefährlichen Regionen dürften daher besondere Schutzmaßnahmen erforderlich sein, um Haftungsrisiken des AG zu minimieren. Aber auch der AN hat aus Gründen der arbeitsvertraglichen Treuepflicht Gefahren zu vermeiden.[95]

124 **b) Entsendung aufgrund einer Zusatzvereinbarung.** Bei einer Entsendung aufgrund einer Zusatzvereinbarung bleibt das Arbeitsverhältnis mit dem deutschen AG mit allen Rechten und Pflichten bestehen. Die aufgrund der vorübergehenden Auslandstätigkeit entstehenden Besonderheiten werden in einer Zusatzvereinbarung geregelt, wobei die zu klärenden Gegenstände den unter a) Aufgeführten entsprechen. Schwerpunkt liegt in der Regel auf den „Benefits" für den AN.

125 Der Unterschied zu den sog. Montagefällen besteht in der Praxis darin, dass die Auslandstätigkeit bei Abschluss des Arbeitsvertrags nicht geplant war und/oder erheblich länger als geplant ist. Der AN ist zu dieser Auslandstätigkeit also nicht arbeitsvertraglich verpflichtet. Auch hier unterliegt die Zusatzvereinbarung deutschem Recht, da sich der Tätigkeitsort bei einer Auslandstätigkeit von in der Praxis bis zu zwölf Monaten nicht ins Ausland verlagert.

126 **c) Entsendung und Ruhensvereinbarung.** Soll die Auslandstätigkeit länger andauern, werden das **Ruhen des deutschen Arbeitsvertrags** und die während des Ruhens fortbestehenden Rechte und Pflichten aus dem deutschen Arbeitsvertrag in der Regel in einer sog. Ruhensvereinbarung geregelt. Seltener wird der deutsche Arbeitsvertrag aufgehoben und ein sog. Stammhausbindungsvertrag[96] oder eine Wiedereinstellungszusage[97] mit dem bisherigen

---

[91] Vgl. *Lunk* DB 2001, 1934 (1936); *Reiter* NZA-Beilage 2014, 22.
[92] Vgl. *Schliemann* BB 2001, 1302 (1305).
[93] VO (EG) Nr. 883/2004 des Europäischen Parlaments und des Rates v. 29.4.2004 zur Koordinierung der Systeme der sozialen Sicherheit, ABl. 2004 L 166, 1 ff. v. 30.4.2004.
[94] ErfK/*Rolfs* SGB VII § 104 Rn. 4.
[95] Vgl. *Edenfeld* NZA 2009, 938 (943).
[96] Vgl. *Lingemann/Steinau-Steinrück* DB 1999, 2161 (2164).
[97] Vgl. *Schrader/Straube* NZA-RR 2003, 337 (343).

deutschen AG vereinbart. AN möchten in der Regel ihren deutschen Arbeitsvertrag behalten. Auch sozialversicherungsrechtlich hat die Aufhebung des deutschen Vertrags Auswirkungen, da in diesen Fällen die Voraussetzungen einer sozialversicherungsrechtlichen Entsendung im Sinne des Art. 12 VO (EG) Nr. 883/2004 nicht vorliegen. Durch die Reform der Entsenderichtlinie und die zunehmende Komplexität ist aus AG Sicht die Aufhebung des deutschen Arbeitsvertrags durchaus interessant.

Die **Tätigkeit im Ausland** wird entweder über einen Arbeitsvertrag mit dem deutschen AG 127 oder aber häufiger durch einen Vertrag mit dem ausländischen AG geregelt. Auch wenn die Auslandstätigkeit nach den Vereinbarungen mehrere Jahre andauern soll, wird in der Praxis häufig auch für den die Auslandstätigkeit regelnden Vertrag deutsches Recht vereinbart. Dies führt zu dem oben beschriebenen Gemengelage, dh das Nebeneinander verschiedener Rechtsordnungen. Es sollte darauf geachtet werden, dass für den die Auslandstätigkeit regelnden Vertrag das Recht des Tätigkeitsorts gewählt wird, sobald sich der gewöhnliche Arbeitsort im Sinne des Art. 8 Abs. 2 Rom-I-VO im Ausland verdichtet.

Unabhängig davon, ob eine Ruhensvereinbarung oder ein Stammhausbindungsvertrag 128 und ein Arbeitsvertrag hinsichtlich der Auslandstätigkeit mit der deutschen oder der ausländischen Gesellschaft vereinbart wird, müssen sich in den Vereinbarungen immer bestimmte Regelungen finden. Der **Regelungsort** ist **abhängig** von der **Konstruktion**. So nützt die Vereinbarung eines Rückrufrecht mit der ausländischen Tochter wenig, wenn der AN aufgrund eines ausländischen Vertrags zur Leistungserbringung im Ausland verpflichtet ist. Ein solches Rückrufrecht muss vielmehr mit dem deutschen AG, dh der deutschen Gesellschaft, vereinbart werden. Bei der Vertragskonstruktion müssen die entsprechenden Regelungen auf einander abgestimmt werden. Soweit Rückrufrechte in der Ruhensvereinbarung deutschen AG vorgesehen sind, ist auch eine entsprechende Regelung in dem lokalen Arbeitsvertrag im Ausland erforderlich (zB muss sich der ausländische AG verpflichten, seine Zustimmung zur Aufhebung des lokalen Arbeitsvertrags zu geben, wenn der deutsche AG den Arbeitnehmer zurückruft). Anderenfalls kann es sein, dass das Rückrufrecht des deutschen AG ins Leere geht. Es ist auch nicht sinnvoll, in der Ruhensvereinbarung mit der deutschen Gesellschaft die Verpflichtung des Mitarbeiters, der einen eigenständigen Vertrag mit einer ausländischen Gesellschaft schließt, zur st. Information über Vorgänge bei der ausländischen Gesellschaft zu vereinbaren. Wenn überhaupt, muss eine entsprechende Regelung in der Vereinbarung mit der ausländischen Tochter getroffen werden.

Zu vermeiden sind darüber hinaus Konstruktionen, bei denen die Erfüllung der Verpflichtung 129 gegenüber dem deutschen Unternehmen im Abschluss eines Arbeitsvertrags mit dem ausländischen Unternehmen besteht. Übt die deutsche Gesellschaft dann noch Weisungsrechte aus, befürwortet das BAG[98] eine **gespaltene Arbeitgeberstellung**. Konsequenz ist, dass nicht nur das Arbeitsverhältnis mit der ausländischen Gesellschaft seitens der ausländischen Gesellschaft zu kündigen ist, sondern auch das Arbeitsverhältnis mit der deutschen Gesellschaft durch die deutsche Gesellschaft. Auf letzteres Arbeitsverhältnis findet i. Zw. deutsches Arbeitsrecht Anwendung.

Typischerweise sind mit dem entsendenden AG Regelungen hinsichtlich folgender Punkte 130 zu treffen:

Checkliste: 131

☐ Suspendierung, dh Ruhen der Hauptleistungspflichten aus deutschem Arbeitsvertrag, oder Aufhebung des deutschen Arbeitsvertrags
☐ Dauer der Auslandstätigkeit
☐ Fortführung des Inlandsgehalts (Schattengehalt)
☐ Reisekosten, Heimflugregelung
☐ Schulgeld
☐ Sprachunterricht

---

[98] Vgl. BAG 21.1.1999 – 2 AZR 648/97, NZA 1999, 539.

- ☐ Umzugskosten/Einrichtungs- und Mietzuschüsse
- ☐ Rückreise bei Umzug (ins Ausland und zurück)
- ☐ Auslandskrankenversicherung
- ☐ Betriebliche Altersversorgung
- ☐ Freiwillige Weiterversicherung in den gesetzlichen Sozialversicherungszweigen (Zuschusszahlung)
- ☐ Zusatzversicherungen
- ☐ Verrechnung eventuell bestehender gesetzlicher Abfindungsansprüche im Ausland mit in der Ruhensvereinbarung geregelten Zahlungen
- ☐ Rückkehrrechte (insbesondere in Krisensituationen, beispielsweise bei Erdbeben oder Terroranschlägen in vermeintlich sicheren Ländern)[113]
- ☐ Status
- ☐ Rechtswahl

132 Wird hinsichtlich der Tätigkeit im Ausland nicht mit der deutschen Gesellschaft ein Vertrag hinsichtlich der Auslandstätigkeit vereinbart, ist mit der ausländischen Gesellschaft ein „normaler" Arbeitsvertrag zu schließen. In diesem finden sich die üblichen Inhalte eines Arbeitsvertrags (Vergütung, Arbeitszeit, Aufgabengebiet, Krankheit etc). Da dieser Vertrag zumeist ausländischem Recht unterfallen wird, sollte aus Sicht des AG nicht zusätzlich die Anwendung deutschen Rechts vereinbart werden. Um Konflikte zu vermeiden, sollte sich der AN nach dem im Tätigkeitsland Üblichen richten. Die maßgeblichen Eckpunkte des Vertrags, dh insbesondere die Vergütung uä, kann der im Ausland tätige AN in der Regel auch ohne Rechtsbeistand verhandeln. Dennoch ist es empfehlenswert, vorab einen im Recht des Tätigkeitsorts kundigen Anwalt zu Rate zu ziehen.

4. Reform der Entsenderichtlinie

133 Die arbeitsrechtlichen Besonderheiten bei dem grenzüberschreitenden Einsatz von Mitarbeitern innerhalb der EU gehen auf die europäische Arbeitnehmer-Entsenderichtlinie 96/71/EG zurück. Diese wird derzeit durch eine Änderungsrichtlinie 2018/957/EU reformiert. Die Mitgliedstaaten müssen die diesbezüglichen Änderungen alle bis zum 30.7.2020 in innerstaatliches Recht umgesetzt haben.

134 Auf Grundlage der bisherigen Entsenderichtlinie wird Arbeitnehmern während einer Entsendung ins Ausland ein gewisser Mindestschutz gewährleistet, indem *Mindest*standards im Hinblick auf Arbeits- und Beschäftigungsbedingungen in dem jeweiligen Einsatzstaat eingehalten werden müssen. Ausländische Arbeitgeber müssen demnach den entsandten Arbeitnehmern das jeweilige Mindestentgelt (zB gesetzlicher Mindestlohn oder Branchenmindestlohn) gewähren sowie Höchstarbeitszeiten, Mindestruhezeiten und Regelungen zu bezahltem Mindestjahresurlaub des jeweiligen Einsatzstaates beachten.

135 Im Zuge der Umsetzung der **Reform der EU-Entsenderichtlinie** (2018/957/EU), verschärfen sich die diesbezüglichen Regelungen deutlich. Künftig soll nicht mehr nur ein Mindeststandard garantiert werden, sondern durch die Änderungsrichtlinie werden die Arbeits- und Beschäftigungsbedingungen, die auf das Arbeitsverhältnis des entsandten Arbeitnehmers anzuwenden sind, ausgeweitet. Dabei werden die zwingend einzuhaltenden Bestimmungen, aber auch die maßgeblichen Rechtsquellen deutlich erweitert.

136 Bei den einzuhaltenden Arbeitsbedingungen soll im Hinblick auf die Vergütung nunmehr dem Slogan „gleicher Lohn für gleiche Arbeit am gleichen Arbeitsort" Rechnung getragen werden. Für entsandte Arbeitnehmer gelten damit in Zukunft die gleichen Vergütungsgrundsätze wie für lokale Arbeitnehmer im Einsatzstaat. Auch allgemeinverbindliche Tarifverträge aller Wirtschaftszweige sind künftig auf entsandte Arbeitnehmer anzuwenden. Ihnen wird damit nicht mehr nur wie bisher die Mindestvergütung des Ziellandes gewährt, sondern sie erhalten nunmehr die gleiche Vergütung, dh zB auch die gleichen Tariflöhne wie einheimische Arbeitnehmer. Einbezogen sind auch zusätzliche Lohnbestandteile, wenn sie in Rechtsvorschriften oder allgemeinverbindlichen Tarifverträgen festgesetzt sind, dh auch Zu-

lagen, Weihnachtsgeld, Urlaubsgeld oder Mehrarbeitsvergütung sind entsandten Arbeitnehmern künftig zu zahlen.

Die Änderungsrichtlinie sieht erstmals auch eine zeitliche Frist vor, die bei Entsendungen beachtet werden muss. Künftig wird danach unterschieden, ob die Entsendung länger oder kürzer als zwölf Monate (in Ausnahmefällen bis zu 18 Monate) dauert. Nur bei Entsendungen bis zu zwölf (bzw. 18) Monaten gelten für den entsandten Arbeitnehmer die Arbeits- und Beschäftigungsbedingungen des jeweiligen Einsatzstaats, während er gleichzeitig auch weiterhin den nationalen Vorschriften seines Heimatlandes unterliegt. Ab Überschreiten dieses Zeitraumes gelten für ihn aber nicht mehr nur die Arbeitsbedingungen im Einsatzstaat, sondern dann auch alle sonstigen arbeitsrechtlichen Vorschriften der ausländischen Rechtsordnung – mit Ausnahme von Verfahrensvorschriften, Vorschriften über den Abschluss und die Beendigung von Arbeitsverträgen sowie betriebliche Altersversorgungssysteme. 137

Die Änderungsrichtlinie sieht außerdem vor, dass Arbeitgeber bei Entsendungen künftig die Reise-, Verpflegungs- und Unterbringungskosten zu tragen haben und diese nicht vom Lohn des entsandten Arbeitnehmers abziehen dürfen. Sie müssen außerdem sicherstellen, dass Unterkünfte dem Standard des Aufnahmestaats entsprechen. 138

Die Reform der Entsenderichtlinie hat damit zur Folge, dass sich Arbeitgeber bei Entsendungen künftig genau damit auseinandersetzen müssen, wie die Umsetzung der Richtlinie in dem jeweiligen Einsatzstaat erfolgt ist und welche gesetzlichen und tarifvertraglichen Arbeits- und Beschäftigungsbedingungen in dem Land existieren, die auf den entsandten Arbeitnehmer angewendet werden müssen. 139

In *Deutschland* erfolgt die Umsetzung der Änderungsrichtlinie durch die Änderung des geltenden Arbeitnehmerentsendegesetzes (AEntG). Die Bundesregierung hat am 12.2.2020 einen entsprechenden Gesetzesentwurf zur Umsetzung der reformierten Richtlinie beschlossen. Im Hinblick auf den umgesetzten Equal-Pay-Grundsatz sind nunmehr alle Lohnbestandteile bei der Vergütung nach Deutschland entsandter Arbeitnehmer erfasst, dh neben der Grundvergütung nun auch Sachleistungen, Zulagen, Zuschläge und Gratifikationen, wobei aber bei der Vergütung eine Differenzierung nach Tätigkeit, Qualifikation und Berufserfahrung möglich ist. Nicht erfasst werden dagegen Leistungen, die an das Arbeitsverhältnis als solches anknüpfen sowie Leistungen von Dritten im Zusammenhang mit dem Arbeitsverhältnis. Ab zwölf bzw. 18 Monaten fallen nach Deutschland entsandte Arbeitnehmer unter den Schutz deutscher Arbeitsgesetze, insbesondere sind die Vorschriften zu Entgeltfortzahlungsansprüchen, zu Ansprüchen auf Eltern- oder Pflegezeit sowie die Regelungen aus dem BGB hinsichtlich weiterer Ansprüche von Arbeitnehmern anwendbar. Ausgeschlossen ist dagegen eine Anwendung der Vorschriften, die den Bestand des Arbeitsverhältnisses betreffen, wie zB über den Vertragsschluss, die Beendigung des Arbeitsverhältnisses oder nachvertragliche Wettbewerbsverbote. Das Gesetz sieht außerdem ein Umgehungsverbot vor, indem Beschäftigungszeiten verschiedener Arbeitnehmer, die auf demselben Arbeitsplatz beschäftigt werden, auch bei zeitlichem Abstand zwischen den einzelnen Beschäftigungen zusammengerechnet werden. 140

Ausnahmeregelungen sieht das Gesetz für Erstmontage- und Einbauarbeiten von unter acht Tagen sowie bei Beschäftigungen ohne Leistung an Dritte von unter 14 Tagen bzw. unter 30 Tagen pro Jahr vor. 141

Es bleibt abzuwarten, wie die Änderungsrichtlinie in den übrigen Mitgliedstaaten umgesetzt wird. Derzeit zeichnet sich Folgendes ab: 142

In *Frankreich* ergeben sich durch die Umsetzung der Änderungsrichtlinie keine großen Auswirkungen, da die wichtigsten Regelungen bereits jetzt auf entsandte Arbeitnehmer anzuwenden sind. Künftig wird in Frankreich aber für entsandte Mitarbeiter die Vergütung branchenbezogen ermittelt, gesetzliche oder tarifvertragliche Entgeltbestandteile werden dabei berücksichtigt. Nach zwölf bzw. 18 Monaten finden weitere Regelungen des französischen Rechts, wie zB zu Telearbeit oder Krankheitsfällen Anwendung. 143

In *Spanien* wird durch die Umsetzung der Änderungsrichtlinie in nationales Recht künftig ebenfalls eine branchenbezogene Entgeltermittlung für entsandte Arbeitnehmer erfolgen. Die spanischen Regelungen sehen außerdem eine Ausnahme für kurzzeitige Geschäftsreisen von bis zu acht Tagen im Jahr vor. 144

145 In *Polen* wird mit der Umsetzung in nationales Recht keine branchenspezifische Unterscheidung bei der Entgeltberechnung erfolgen. Die Regelungen werden auch für nur kurzzeitige Entsendungen gelten.

5. Beteiligungsrechte des Betriebsrats

146 Nach einhelliger Auffassung richtet sich der räumliche Anwendungsbereich des BetrVG nach dem sog. **Territorialitätsprinzip**. Das BetrVG findet auf alle in der Bundesrepublik Deutschland gelegenen Betriebe Anwendung.

147 Ob es auf Mitarbeiter deutscher Unternehmen bzw. Betriebe anzuwenden ist, die im Ausland tätig sind, lässt sich mit Hilfe dieses Territorialitätsprinzips nicht feststellen. Dies ist eine Frage des **persönlichen Anwendungsbereichs**[99] des Gesetzes. Nach der Rspr. des BAG[100] ist zur Zuordnung zum inländischen Betrieb eine Beziehung zum Inlandsbetrieb erforderlich, die es rechtfertigt, die Auslandstätigkeit der im Inland entfalteten Betriebstätigkeit zuzurechnen. Dies kann dann der Fall sein, wenn sich die Auslandstätigkeit als „Ausstrahlung" des Inlandsbetriebs darstellt.[101] Bei dauernd im Ausland tätigen AN ist im Regelfall der erforderliche Bezug zum Inlandsbetrieb zu verneinen. Dies kann jedoch anders sein, wenn das Direktionsrecht gegenüber dem AN vom inländischen Betrieb ausgeübt wird und eine Eingliederung in einen ausländischen Betrieb bzw. eine ausländische Betriebsstruktur nicht feststellbar ist,[102] weil dann eine hinreichend konkrete materielle Beziehung zum Inlandsbetrieb fortbesteht.[103] Wenn der AG vorübergehend im Ausland tätigen Mitarbeitern Zulagen zahlt, hat der Betriebsrat ein erzwingbares Mitbestimmungsrecht nach § 87 Abs. 1 Nr. 10 BetrVG.[104]

148 Ist der AG ausweislich des Arbeitsvertrages berechtigt, eine Tätigkeit im Ausland zu verlangen, dh also den Arbeitsort zu bestimmen, liegt grundsätzlich eine nach § 99 BetrVG mitbestimmungspflichtige Versetzung vor. Die Ausnahmeregelung in § 95 Abs. 3 S. 2 BetrVG greift erst dann ein, wenn es die Eigenart des Arbeitsverhältnisses mit sich bringt, dass der AN üblicherweise nicht ständig an einem bestimmten Arbeitsplatz beschäftigt wird. Beispiele hierfür sind Monteure, Außendienstangestellte und AN des Baugewerbes, deren Beschäftigungsort mit der Baustelle wechselt.[105] Hat der AG im Rahmen seines arbeitsvertraglichen Direktionsrechts das Recht, dem AN einen Dienstort im Ausland zuzuweisen (Montagefälle), ist dies daher grundsätzlich als Versetzung im Sinne des § 99 BetrVG zu werten, außer der Arbeitsort wechselt ständig.[106]

6. Melde-/Registrierungspflichten innerhalb der EU

149 Die Rechtsgrundlage für den grenzüberschreitenden Einsatz von AN in Europa ist seit mehr als 20 Jahren die Entsenderichtlinie 96/71/EG (nachfolgend „Entsenderichtlinie"), welche lange vor der EU-Osterweiterung abgeschlossen wurde. Die Richtlinie wurde jeweils in das nationale Recht der Mitgliedsstaaten umgesetzt. In Deutschland finden sich die diesbezüglichen Regelungen im Arbeitnehmerentsendegesetz (AEntG). Danach müssen den entsandten Arbeitnehmern – wie oben dargestellt – die jeweils zwingenden Mindestarbeitsbedingungen während der Entsendung gewährt werden.

150 Zur Verbesserung der Kontrollmechanismen und der schärferen Sanktionierung bei Verstößen wurde 2014 die Durchsetzungsrichtlinie zur Entsenderichtlinie erlassen. Seit Umsetzung der Durchsetzungsrichtlinie gibt es in fast allen Mitgliedsstaaten Melde-/Registrierungspflichten, die vor einer Entsendung einzuhalten sind. Entsendungen nach Deutschland

---

[99] Ebenso ErfK/*Koch* BetrVG § 1 Rn. 4; aA *Reiter* NZA 2004, 1246, der die Frage als Ausnahme vom Territorialitätsprinzip einordnet.
[100] BAG 20.2.2001 – 1 ABR 30/00, NZA 2001, 1033.
[101] Vgl. LAG München 7.7.2010 – 5 TaBV 18/09, BeckRS 2010, 32441.
[102] BAG 7.12.1989 – 2 AZR 228/89, NZA 1990, 658.
[103] Vgl. ErfK/*Koch* BetrVG § 1 Rn. 4.
[104] Vgl. BAG 30.1.1990 – 1 ABR 2/89, NZA 1990, 571.
[105] Vgl. BAG 2.11.1993 – 1 ABR 36/93, NZA 1994, 627.
[106] Vgl. BAG 21.9.1999 – 1 ABR 40/98, NZA 2000, 781.

sind beispielsweise – unter bestimmten Voraussetzungen – in dem Meldeportal Mindestlohn zu registrieren. Kontrollbehörde ist in Deutschland der Deutsche Zoll. Gleiches gilt in fast allen Mitgliedsstaaten der EU.

Für viele AG ist dies überraschend. Die Melde-/Registrierungspflicht bedeutet ua, dass jeder grenzüberschreitende Einsatz von Mitarbeitern im Vorfeld über ein Meldeportal des jeweiligen Landes online zu registrieren ist. Über die erfolgreiche Registrierung erhält man eine Bestätigung, die den entsandten Arbeitnehmern mitzugeben ist. 151

Die Einhaltung dieser Pflichten erweist sich für AG als schwierig, da die Umsetzung der Registrierungspflichten den einzelnen Mitgliedsstaaten obliegt und damit je nach Zielstaat variiert. Probleme tauchen in der Praxis bereits bei der Frage auf, wann ein registrierungspflichtiger Auslandseinsatz vorliegt bzw. wann sich ein Arbeitgeber auf eine Ausnahme berufen kann. 152

Grundsätzlich lassen sich folgende Fallgruppen bilden: 153
- **Internationale Dienstleistungen:** Hierunter werden Fälle verstanden, in denen ein deutsches Unternehmen im europäischen Ausland einen Vertragspartner hat und zur Erfüllung dieser Vertragsbeziehung Arbeitnehmer über die Grenze schickt. Dies können Tätigkeiten auf Baustellen, Montagearbeiten oder auch die Lieferungen von eigenen Waren sein.
- **Gruppeninterne Leistungen:** Auch gruppeninterne Leistungen können eine Meldepflicht auslösen. Hierunter fällt beispielsweise der Fall, dass ein Revisionsteam aus Deutschland in die Konzerngesellschaft im EU-Ausland geschickt wird, um Prüfungen durchzuführen.
- **Leistungen auf eigene Rechnungen:** Auch Fallkonstellationen, in denen es keinen Auftraggeber im Zielland gibt, können eine Meldepflicht auslösen. Hierzu zählen Geschäftsreisen, Kundenbesuche sowie die Teilnahme an Messen.
- **Arbeitnehmerüberlassung:** In den meisten Ländern ist bei einer grenzüberschreitenden Arbeitnehmerüberlassung stets eine Meldepflicht auszuführen.

Auch die Sanktionierung bei möglichen Verstößen variiert je nach Zielland. Werden die Registrierungspflichten nicht erfüllt, drohen den Arbeitgebern hohe Bußgelder, sogar bis in sechsstelliger Höhe. Außerdem können bei wiederholten Verstößen die Aussetzung der Tätigkeit in dem jeweiligen Land sowie den einzelnen Mitarbeitern sogar Zugangsverbote zu den Betrieben drohen. 154

Neben der Registrierung sind den entsandten Mitarbeitern auch diverse **Unterlagen** mitzugeben. Auch hierzu gelten in jedem Land unterschiedliche Spielregeln. In manchen Ländern reicht es, alle Dokumente auf einen USB-Stick zu laden und im Falle einer Kontrolle diesen zu übergeben. Andere Länder akzeptieren Unterlagen hingegen nur in Papierform. 155

Die geltenden Regelungen gingen vielen Mitgliedsstaaten jedoch nicht weit genug. Daher nahm die Europäische Kommission bereits 2016 die Reform der Entsenderichtlinie in ihr Arbeitsprogramm auf. Unterschiedliche Interessenlagen zwischen den westlichen und den östlichen Mitgliedsstaaten verzögerten den Reformprozess. Nicht zuletzt aufgrund der Initiative von Frankreich, einem Mitgliedsstaat mit dem höchsten Lohnniveau, wurde der Reformprozess vorangetrieben. Schließlich trat am 29. Juli 2018 die Richtlinie (EU) 2018/957 des Europäischen Parlaments und des Rates vom 28. Juni 2018 zur Änderung der Richtlinie 96/71/EG über die Entsendung von Arbeitnehmern im Rahmen der Erbringung von Dienstleistungen in Kraft getreten. Bis zum 30. Juli 2020 sind die Mitgliedsstaaten zu deren Umsetzung verpflichtet. 156

a) **Meldepflicht bei grenzüberschreitendem Mitarbeitereinsatz nach Deutschland.** In Deutschland ergibt sich die Rechtsgrundlage für die Melde-/Registrierungspflicht sowohl aus dem Mindestlohngesetz als auch aus dem Arbeitnehmerentsendegesetz. Abweichend von den vorstehenden Kategorien gibt es in Deutschland eine Meldepflicht bislang nur in bestimmten Branchen. 157

§ 18 Abs. 1 AEntG iVm § 1 MiLoMeldV statuiert eine Meldepflicht für **AG mit Sitz im Ausland,** die einen AN im Inland beschäftigen, deren Tätigkeit im Geltungsbereich eines Tarifvertrages nach §§ 4 Abs. 1 Nr. 1, 5 S. 1 Nr. 1–4, 6 Abs. 2 AEntG oder einer Verordnung nach § 7 oder § 7a AEntG liegt. Dies betrifft die folgenden Branchen: 158

- Aus- und Weiterbildungsdienstleistungen nach dem Zweiten oder Dritten Buch Sozialgesetzbuch
- Bauhauptgewerbe und Baunebengewerbe
- Gebäudereinigungsleistungen
- Pflegedienstleistungen

159 Eine weitere Meldepflicht ergibt sich aus § 16 Abs. 1 MiLoG iVm § 1 MiLoMeldV. Danach haben **Arbeitgeber mit Sitz im Ausland,** die Arbeitnehmer im Geltungsbereich des MiLoG beschäftigen, vor Beginn jeder Werk- oder Dienstleistung eine schriftliche Anmeldung in deutscher Sprache bei der zuständigen Behörde der Zollverwaltung abzugeben, soweit die Beschäftigung in einem der in § 2a des SchwarzArbG genannten Wirtschaftsbereiche oder Wirtschaftszweige erfolgt. Diese sind:
- Auf- und Abbau von Messen und Ausstellungen
- Baugewerbe
- Fleischwirtschaft
- Forstwirtschaft
- Gaststätten- und Beherbergungsgewerbe
- Gebäudereinigungsgewerbe
- Personenbeförderungsgewerbe
- Schaustellergewerbe
- Speditions-, Transport- und damit verbundenen Logistikgewerbe
- Prostitutionsgewerbe
- Wach- und Sicherheitsgewerbe

160 Unabhängig von der Rechtsgrundlage hat die Meldung online über www.meldeportal-mindestlohn.de zu erfolgen.

161 **b) Meldepflicht bei grenzüberschreitendem Mitarbeitereinsatz ins europäische Ausland.** Auch in den Fällen, in denen AG in Deutschland tätige AN zur Dienstleistungserbringung ins Ausland schicken, sind in der Regel Melde-/Registrierungspflichten im Vorfeld einzuhalten. In der Regel bestehen Meldepflichten bei den eingangs genannten Fallgruppen. Insbesondere in Konstellationen der internationalen Dienstleistungserbringung, Gruppeninternen Leistungen und Fällen der grenzüberschreitenden Arbeitnehmerüberlassung ist eine vorhergehende Registrierung der Mitarbeiter notwendig. Zeitliche Mindestvoraussetzungen gibt es insoweit nicht, sodass eine solche Registrierung bereits bei kurzfristigen Dienstreisen notwendig ist.

162 **Checkliste arbeitsrechtliche Aspekte des grenzüberschreitenden Mitarbeitereinsatzes:**

- ☐ Abklärung der einzuhaltende zwingenden Arbeitsbedingungen des Ziellands
- ☐ Prüfung, ob vertragliche Anpassungen notwendig
- ☐ Prüfung, ob Melde-/Registrierungspflichten vor Grenzübertritt bestehen
- ☐ Vorbereitung der mitzuführenden Unterlagen
  (ggf. Übersetzungen notwendig)
- ☐ Ggf. Einhaltung Branchenbesonderheiten
- ☐ Ggf. Beschaffung einer Arbeitsbewilligung

III. Sozialversicherungsrecht

163 Die Frage nach der anzuwendenden Sozialversicherung bzw. dem Verbleib in dem heimischen Sozialversicherungssystem ist für Arbeitnehmer, die im Ausland eingesetzt werden sollen, von herausragender Bedeutung.

164 Bei Arbeitnehmern und Selbstständigen gelten in der Regel die Rechtsvorschriften des Mitgliedstaats, in dem sie ihre Tätigkeit ausüben. Dies würde bei dem grenzüberschreiten-

den Arbeitnehmereinsatz konsequenterweise dazu führen, dass jede grenzüberschreitende Tätigkeit einen Wechsel des AN in das jeweilige Sozialversicherungssystem des Einsatzlandes mit sich bringen würde.

Auch für die **deutsche Sozialversicherung** mit den Zweigen Rentenversicherung (SGB VI), Krankenversicherung (SGB V), Pflegeversicherung (SGB XI), Unfallversicherung (SGB VII) und Arbeitslosenversicherung (SGB III) gilt gem. § 3 SGB IV (Gemeinsame Vorschriften für die Sozialversicherung) grundsätzlich das **Territorialitätsprinzip**. Sobald daher ein im Ausland beschäftigter AN in Deutschland tätig wird oder aber ein in Deutschland beschäftigter AN Tätigkeiten im Ausland erbringt, stellt sich die Frage, ob die Versicherungspflicht in den verschiedenen Zweigen der deutschen Sozialversicherung endet bzw. besteht. 165

Um jedoch die europäische Freizügigkeit zu sichern sowie die Interessen von AG und AN zu berücksichtigen, sind innerhalb der EU die sozialversicherungsrechtlichen Regelungen koordiniert. Dh bei grenzüberschreitenden Sachverhalten innerhalb der EU kommt es auf die deutschen Regelungen nicht an. Vielmehr gelten ausschließlich die europäischen Regelungen. Danach finden immer nur die Regelungen **eines** Staates Anwendung. Doppelversicherungen sollen damit grundsätzlich vermieden werden. 166

1. Grundlagen

Nach dem in § 3 SGB IV statuierten **Territorialitätsprinzip** ist der **Tätigkeitsort** für die Versicherungspflicht und die Versicherungsberechtigung in den Zweigen der Sozialversicherung maßgeblich. Ist der AN in Deutschland beschäftigt, unterliegt er der deutschen Sozialversicherung; ist er im Ausland tätig, ist dies nicht der Fall. Ausnahmen vom Territorialitätsprinzip ergeben sich durch die in § 4 SGB IV enthaltenen Vorschriften zur **Ausstrahlung**. Nach § 4 SGB IV bleibt unter bestimmten Voraussetzungen trotz Tätigkeit im Ausland die Sozialversicherungspflicht und -berechtigung in den Zweigen der deutschen Sozialversicherung bestehen. Dagegen regelt § 5 SGB IV die sog. **Einstrahlung**, wonach in Deutschland unter bestimmten Voraussetzungen keine Versicherungspflicht bzw. -berechtigung in der deutschen Sozialversicherung entsteht. 167

Nach § 6 SGB IV bleiben Regelungen des über- und zwischenstaatlichen Rechts unberührt. Damit sind stets **vorrangig Regelungen des über- und zwischenstaatlichen Rechts** zu überprüfen. Erst wenn solche nicht bestehen, sind die im SGB IV enthaltenen Regelungen zur Ein- und Ausstrahlung zu überprüfen. Gilt das deutsche Sozialversicherungsrecht während des Auslandseinsatzes nicht, besteht insbesondere in der Rentenversicherung häufig das Bedürfnis, entstehende Versicherungslücken zu vermeiden. In der Rentenversicherung besteht die Möglichkeit, diese gem. § 7 SGB VI als freiwillige Versicherung weiter zu führen. Nach §§ 171, 173 SGB VI ist der AN dann selbst Schuldner der Beiträge für die freiwillige Rentenversicherung. Selbstverständlich kann insoweit auch eine andere vertragliche Regelung gefunden werden. 168

2. Zwischenstaatliches Recht

Bei Entsendungen innerhalb der EU-Mitgliedsstaaten sind die Regelungen der **VO (EG) Nr. 883/2004** des Europäischen Parlaments und des Rates vom 29.4.2004 zur Koordinierung der Systeme der sozialen Sicherheit[107] zu berücksichtigen. Außerhalb des Geltungsbereichs dieser Verordnung ist zu prüfen, ob **bilaterale Sozialversicherungsabkommen** vorliegen. Den Regelungen ist gemeinsam, dass das Territorialitätsprinzip durchbrochen wird. 169

a) **Entsendung innerhalb der EU.** Entscheidender Regelungskomplex ist die VO (EG) Nr. 883/2004. Mit Inkrafttreten der Durchführungsverordnung VO (EG) Nr. 987/2009 des Europäischen Parlaments und des Rates vom 16.9.2009 zur Festlegung der Modalitäten für die Durchführung der VO (EG) Nr. 883/2004 über die Koordinierung der Systeme der sozi- 170

---

[107] ABl. 2004 L 166, 1 ff. v. 30.4.2004; geändert durch VO (EG) Nr. 988/2009, ABl. 2009 L 284, 43 ff. v. 30.10.2009, VO (EU) Nr. 1231/2010, ABl. 2010 L 344, 1 ff. v. 29.12.2010, VO (EU) Nr. 465/2012, ABl. 2012 L 149, 4 ff. v. 8.6.2012, VO (EU) Nr. 1224/2012, ABl. 2012 L 349, 45 f. v. 19.12.2012, VO (EU) Nr. 517/2013, ABl. 2013 L 158, 1 ff. v. 10.6.2013, VO (EU) Nr. 1372/2013, ABl. 2013 L 346, 27 ff. v. 20.12.2013.

alen Sicherheit[108] am 1.5.2010[109] wurde die VO (EWG) Nr. 1408/71 des Rates vom 14.6. 1971 zur Anwendung der Systeme der sozialen Sicherheit auf AN und deren Familien, die innerhalb der Gemeinschaft zu- und abwandern,[110] von der nun einschlägigen VO (EG) Nr. 883/2004 abgelöst (vgl. Art. 91 Abs. 2 VO (EG) Nr. 883/2004). Die VO (EG) Nr. 883/ 2004 gilt in allen Mitgliedsländern der EU. Zudem ist sie seit dem 1.4.2012 in der Schweiz und seit dem 1.6.2012 in den übrigen EFTA-Staaten des EWR[111] anwendbar.[112] Für Drittstaatsangehörige, die sich rechtmäßig in der EU aufhalten gilt bei Beteiligung von Dänemark und Großbritannienweiterhin die VO (EWG) Nr. 1408/71.[113]

171 Nach den Gemeinschaftsregelungen unterliegen AN, die innerhalb der EU zu- und abwandern, den Sozialversicherungsbestimmungen **nur eines Mitgliedstaats**. Nach Art. 11 Abs. 3a VO (EG) Nr. 883/2004 ist bei AN grundsätzlich der Beschäftigungsort maßgeblich. Das sog. **Beschäftigungslandprinzip**[114] hat Vorrang vor dem Wohnland- und dem Sitzlandprinzip. Das bedeutet zB, dass ein Franzose, der in Frankreich wohnt und bei einem Unternehmen, das in Frankreich seinen Sitz hat, angestellt ist, jedoch in Deutschland arbeitet, in den deutschen Zweigen der Sozialversicherung versicherungsberechtigt und -pflichtig ist. Allerdings kann ein vollarbeitslos gewordener Grenzgänger Arbeitslosenunterstützung nur in seinem Wohnmitgliedstaat beziehen, auch wenn er zum Staat seiner letzten Beschäftigung besonders enge Beziehungen beibehalten und dort die besten Aussichten auf Wiedereingliederung hat. Voraussetzung ist, dass die Person zuvor mindestens einmal die Woche in seinen Wohnsitzstaat zurückgekehrt ist oder nach Eintritt der Arbeitslosigkeit zurückkehrt. Der Grenzgänger nimmt seine Beitrags- bzw. Beschäftigungszeiten mit in seinen Wohnmitgliedsstaat.[115] Der Vorrang des Beschäftigungslandprinzips gilt auch im Rahmen der VO (EWG) Nr. 1408/71.

172 Um die Freizügigkeit der AN so weit wie möglich zu fördern, enthält die VO (EG) Nr. 883/2004 einige **Ausnahmen** vom Beschäftigungslandprinzip für grenzüberschreitende Sachverhalte.

173 Die wichtigste Ausnahme liegt bei einer Entsendung vor. Es gibt keine rechtsgebietsübergreifende Definition des Begriffs Entsendung. Daher ist es notwendig, dass die einzelnen Rechtsgebiete differenziert betrachtet werden. Der sozialversicherungsrechtliche **Begriff der Entsendung** innerhalb der EU weicht von dem arbeitsrechtlichen Begriff einer Entsendung ab. Auch hat der europäische Begriff nichts mit der Ausstrahlungswirkung im Sinne des § 4 SGB IV zu tun.

174 Der sozialversicherungsrechtliche **Begriff der Entsendung** innerhalb der EU setzt zunächst voraus, dass ein Beschäftigungsverhältnis zu einem Unternehmen besteht, das seinen Sitz in einem Mitgliedstaat (Entsendestaat) hat. Abweichend vom regulären Beschäftigungsort wird der AN aufgrund der Entsendung an einem anderen, in einem anderen Mitgliedstaat liegenden Beschäftigungsort tätig (Beschäftigungsstaat). Eine Entsendung liegt folglich nicht bei sog. Ortskräften, die im Land der Beschäftigung eingestellt werden, vor. Eine Anstellung bei einer Briefkastenfirma mit anschließender sofortiger Entsendung ist nicht möglich, weil im Entsendestaat die Geschäftstätigkeit durch den AG gewöhnlich ausgeübt werden muss.[116]

175 Die Entsendung muss nach Art. 12 Abs. 1 VO (EG) Nr. 883/2004 zeitlich begrenzt sein und die Dauer der Tätigkeit am Entsendeort darf 24 Monate nicht überschreiten. Wenn der Mit-

---

[108] ABl. 2009 L 284, 1 ff. v. 30.10.2009.
[109] Vgl. Art. 97 VO (EG) Nr. 987/2009.
[110] ABl. 1971 L 149, 2 ff. v. 5.7.1971.
[111] Dh Island, Norwegen und Liechtenstein.
[112] Vgl. *Nicke*, Welches nationale Sozialversicherungsrecht ist bei Tätigkeiten in der EU, im EWR und in der Schweiz anwendbar? (Teil 1–3), Artikel v. 24.10.2012 abrufbar auf der Website von Germany Trade & Invest unter http://www.gtai.de/ (Stand: Mai 2016).
[113] BeckOK SozR/*Leopold* VO (EG) 883/2004 Art. 90 Rn. 3–5, Stand: 1.12.2015; vgl. EuGH 27.12.2014 – C-656/11, BeckRS 2014, 80469 – U. K. & Nordirland/Rat.
[114] Hanau/Steinmeyer/Wank EAS-HdB/*Steinmeyer* § 21 Rn. 118; *Bergmann* Europäisches Sozialrecht II. 2.
[115] Vgl. EuGH 11.4.2013 – C-443/11, NZA-RR 2013, 438 – Jeltes; *Mrozynski* SGB I, 5. Aufl. 2014, § 30 Rn. 85.
[116] Vgl. *Mayer* NZS 2001, 525 mwN.

arbeiter also in den deutschen Zweigen der Sozialversicherung verbleiben soll, ist die Entsendung eines in Deutschland tätigen Mitarbeiters ins europäische Ausland nur für höchstens 24 Monate möglich.[117] Ist von Anfang an absehbar, dass die maximale Entsendungsdauer von 24 Monaten überschritten wird, liegt von vorneherein keine Entsendung im Sinne des Art. 12 VO (EG) Nr. 883/2004 vor. In diesem Fall bleibt dann die Möglichkeit, den Abschluss einer Ausnahmevereinbarung gem. Art. 16 VO (EG) Nr. 883/2004 zu beantragen.

Liegen die Voraussetzungen für eine Arbeitnehmerentsendung im Sinne des Art. 12 EU-VO 883/04 vor, kann der Verbleib in dem Sozialversicherungssystem des Heimatlandes durch eine sogenannte A1-Bescheinigung belegt werden. Die A1-Bescheinigung weist nach, in welchem Land die Sozialversicherungsbeiträge abgeführt werden. Wird also ein Mitarbeiter, der üblicherweise in Deutschland tätig ist, nach Österreich geschickt, um dort Werk- oder Dienstleistungen zu erfüllen, belegt eine mitgeführte A1-Bescheinigung, dass trotz der Tätigkeit in Österreich weiterhin die Sozialversicherungsbeiträge in Deutschland gezahlt werden.

Eine weitere Voraussetzung gem. Art. 12 Abs. 1 VO (EG) Nr. 883/2004 ist, dass der entsandte AN keine andere entsandte Person ablöst.[118]

Eine weitere **Ausnahme** sieht VO (EG) Nr. 883/2004 vor für **Personen, die gewöhnlich in zwei oder mehr Mitgliedstaaten eine Beschäftigung ausüben.** Art. 13 Abs. 1 Buchst. a VO (EG) Nr. 883/2004 knüpft insoweit an die Rechtsvorschriften des Wohnmitgliedstaates an, wenn im Wohnmitgliedstaat ein wesentlicher Teil der Tätigkeit ausgeübt wird oder wenn der AN bei mehreren Unternehmen oder AG beschäftigt ist, die ihren Sitz in verschiedenen Mitgliedstaaten haben.[119] Als wesentlicher Teil reicht bereits eine Tätigkeit im Umfang von 25 % der Arbeitszeit aus.

Sollten weder die sozialversicherungsrechtlichen Voraussetzungen einer Entsendung im Sinne des Art. 12 EU-VO 883/2004 vorliegen noch die einer Tätigkeit in zwei oder mehr Mitgliedstaaten Entsendung im Sinne des Art. 12 EU-VO 883/2004, kann der Verbleib in dem heimischen Sozialversicherungssystem über die Beantragung einer **Ausnahmevereinbarung** gem. Art. 16 EU-VO 883/2004 erreicht werden.

Hierbei handelt es sich letztlich um eine Ermessensentscheidung der zu beteiligenden Behörden. Das gewünschte Ergebnis (Fortgeltung der heimischen Sozialversicherungspflicht) muss durch nachvollziehbare Interessen des AN begründet werden. Vorteilhaft ist hier zB ein Fortbestehen des deutschen Arbeitsverhältnisses in Form eines Rumpfarbeitsverhältnisses. Aus diesem ergibt sich, dass das ursprüngliche deutsche Arbeitsverhältnis nach Rückkehr aus dem Ausland wieder vollständig auflebt.

Nach Art. 19 Abs. 2 VO (EG) Nr. 987/2009 wird der Nachweis über die Fortgeltung der Vorschriften des Entsendestaats in allen Ausnahmefällen durch eine von diesem ausgestellte Bescheinigung geführt. Bei Entsendungen wird die Entsendebescheinigung (Vordruck A-1) ausgestellt, mit der nachgewiesen werden kann, dass für den AN die deutschen Rechtsvorschriften über soziale Sicherheit gelten.[120] Eine von einem Mitgliedstaat ausgestellte Entsendebescheinigung bindet nach der Rspr. des EuGH die nationalen Gerichte,[121] so dass ihnen die Überprüfung der Tatsachen, die der Bescheinigung zugrunde liegen, versagt ist. In Deutschland stellt die gesetzliche Krankenkasse des AN die Bescheinigung aus, wenn dieser gesetzlich versichert ist, oder der Träger der gesetzlichen Rentenversicherung, wenn der AN privat versichert ist. Es bleibt abzuwarten, ob in Zukunft elektronische Ausweise eingeführt werden und damit den Vorgang in der Praxis vereinfachen.[122]

---

[117] Vgl. *Schüren/Wilde* NZS 2011, 121 (124).
[118] Ein entsandter AN fällt, wenn er einen anderen entsandten AN ablöst, unter das sozialversicherungsrechtliche System, auch wenn die beiden Arbeitnehmer nicht von demselben Arbeitgeber entsandt wurden (vgl. EuGH Urt. 6.9.2018 – C-527/16 – Alpenrind ua).
[119] Vgl. *Fuchs* SGb. Ausg. 4 (2008), 201 (205).
[120] Vgl. *Schüren/Wilde* NZS 2011, 121; seit dem 1.7.2019 ist das elektronische A1-Bescheinigungsverfahren verpflichtend.
[121] EuGH 26.1.2006 – C-2/05, BeckRS 2006, 70078 – Herbosch Kiere, und daran anschließend BGH 24.10.2006 – 1 StR 44/06, NJW 2007, 233.
[122] So *Fuchs* SGb. Ausg. 4 (2008), 201 (205).

182 **b) Bilaterale Sozialversicherungsabkommen.** Greift die VO (EG) Nr. 883/2004 nicht ein, ist zu prüfen, ob **bilaterale Sozialversicherungsabkommen** existieren. Greift die VO (EG) Nr. 883/2004 hingegen ein und existiert zusätzlich ein bilaterales Sozialversicherungsabkommen, verdrängt die VO (EG) als höherrangiges Recht das Abkommen. Soweit ersichtlich, existieren derzeit bilaterale Sozialversicherungsabkommen mit Australien, Bosnien- und Herzegowina, Brasilien, Chile, China, Indien, Israel, Japan, Kanada und Quebec, Korea, Marokko, Mazedonien, Montenegro, Serbien, Tunesien, Türkei, Uruguay und den USA.[123] Ein Teil der Sozialversicherungsabkommen lässt sich auf der Website des BMAS[124] finden. Gemeinsam ist ihnen nur, dass das Beschäftigungslandprinzip durchbrochen wird. IÜ finden sich in den Sozialversicherungsabkommen hinsichtlich der zeitlichen Dauer der Entsendung verschiedene zeitliche Grenzen, die zwischen zwölf, 24 und 60 Monaten divergieren, oder es besteht gar keine zeitliche Begrenzung. Hinsichtlich der Einzelheiten wird auf die jeweiligen bilateralen Sozialversicherungsabkommen verwiesen.

3. Ausstrahlung

183 Handelt es sich um eine Entsendung außerhalb der EU und existiert auch kein bilaterales Sozialversicherungsabkommen, ist hinsichtlich der Versicherungspflicht in den Zweigen der deutschen Sozialversicherung § 4 SGB IV – die sog. **Ausstrahlung** – zu prüfen. Nach § 4 Abs. 1 SGB IV verbleibt es trotz des grundsätzlichen Territorialitätsprinzips bei der Versicherungspflicht bzw. -berechtigung, wenn ein AN im Rahmen eines im Geltungsbereich des SGB IV bestehenden Beschäftigungsverhältnisses ins Ausland entsandt wird und wenn die Entsendung in Folge der Eigenart der Beschäftigung oder vertraglich im Voraus zeitlich begrenzt ist. Zur Auslegung dieser gesetzlichen Kriterien haben die Spitzenverbände der Krankenversicherung, Unfallversicherung, Rentenversicherung sowie der Bundesagentur für Arbeit eine Verlautbarung[125] (vorher: RL[126]) erlassen, die sich an der Rspr. des BSG orientieren.

184 Der AN muss **im Rahmen eines inländischen Beschäftigungsverhältnisses** ins Ausland entsandt worden sein. Daran fehlt es, wenn der AN vom deutschen AG im Ausland angeworben wird, seinen Wohnsitz im Ausland hat und dann im Ausland tätig wird.[127] Grundsätzlich muss also der AN bereits in Deutschland für den entsendenden AG gearbeitet haben und demgemäß versicherungspflichtig gewesen sein.[128]

185 Bedenklich ist die Auffassung des BSG,[129] wonach bei einem zeitlichen Zusammenfallen von Einstellung und Entsendung ein Fall der Ausstrahlung vorliegen könne, wenn wenigstens anderweitig ein Bezug zur deutschen Sozialversicherung bestehe. Dies sei der Fall, wenn der Betreffende seinen Wohnsitz oder gewöhnlichen Aufenthalt im Inland hatte. Richtigerweise muss die Sozialversicherungspflicht in Deutschland vor der Entsendung vorliegen, um eine Ausstrahlung bejahen zu können. Hat vor Aufnahme der Tätigkeit im Ausland ein inländisches Beschäftigungsverhältnis nicht bestanden, kann schon begrifflich keine Entsendung und damit keine Ausstrahlung vorliegen. Außerdem käme es zu einer Diskriminierung von Ausländern, denn die Ausstrahlung für den Fall der Einstellung eines Ausländers im Inland allein zum Zwecke der Beschäftigung im Ausland lehnt das BSG ab.[130]

186 Da das inländische Beschäftigungsverhältnis den Rahmen für die Auslandstätigkeit darstellt, muss die Rückkehr nach Deutschland entweder der Eigenart der Beschäftigung entsprechen oder vertraglich vereinbart sein. Ist dies nicht der Fall, ist eine Ausstrahlung nicht möglich.[131]

---

[123] KassKomm/*Gürtner* SGB VI § 110 Rn. 12.
[124] Vgl. Website des BMAS abrufbar unter http://www.bmas.de/ (Stand: Mai 2020).
[125] Gemeinsame Verlautbarung zur versicherungsrechtlichen Beurteilung entsandter AN v. 18.11.2015.
[126] RL zur versicherungsrechtlichen Beurteilung von AN bei Ausstrahlung (§ 4 SGB IV) und Einstrahlung (§ 5 SGB IV) idF v. 2.11.2010.
[127] BSG 27.5.1986 – 2 RU 12/85, NZA 1986, 806.
[128] AA Bsp. 6.6 der Gemeinsamen Verlautbarung zur versicherungsrechtlichen Beurteilung entsandter AN v. 18.11.2015, wonach es ausreicht, wenn der AN eigens für die Tätigkeit im Ausland eingestellt wird.
[129] BSG 25.8.1994 – 2 RU 14/93, BeckRS 1994, 30750664.
[130] Vgl. KassKomm/*Seewald* SGB IV § 4 Rn. 4 ff., 10.
[131] BSG 10.8.1999 – B 2 U 30/98 R, NZA-RR 2000, 601.

Eine Entsendung im Sinne des § 4 SGB IV ist zu bejahen, wenn der **Schwerpunkt** der 187 rechtlichen und tatsächlichen Merkmale des **Beschäftigungsverhältnisses** in Deutschland liegt, also der im Ausland tätige AN entsandt wird.[132] Indizien hierfür sind – unabhängig davon, wie die arbeitsvertraglichen Beziehungen ausgestaltet sind[133] – die Eingliederung in den deutschen Betrieb und die Zahlung des Arbeitsentgelts durch den deutschen AG.[134] Ausreichend ist, dass die inländische Muttergesellschaft weisungsbefugt[135] und die Schuldnerin des Arbeitsentgeltsanspruchs bleibt[136] oder – was regelmäßig bei der Arbeitnehmerentsendung der Fall sein wird – zumindest die betrieblich veranlassten Kosten der Arbeitsleistung als Aufwendungen geltend macht.[137]

Weitere Voraussetzung ist die **zeitliche Begrenzung** der Entsendung. Diese kann sich aus 188 der Eigenart der Beschäftigung ergeben. Zu nennen sind insoweit etwa Montage, Einweisungsarbeiten oder Tätigkeiten im Zusammenhang mit Auslandsprojekten deutscher Unternehmen. Ob eine Entsendung vertraglich begrenzt ist, ist der die Entsendung regelnden Vereinbarung zu entnehmen. Eine maximal zulässige Gesamthöchstdauer sehen weder das Gesetz noch die oben erwähnten RL vor. Die Ausstrahlung endet jedenfalls dann, wenn sich die zunächst zeitlich begrenzte Auslandstätigkeit in eine Dauertätigkeit im Ausland verdichtet. Wird die Auslandstätigkeit nach Ende einer Entsendung neu vereinbart, ist jede Auslandstätigkeit isoliert zu betrachten. Ist dies dagegen nicht der Fall, sind die gesamten Auslandstätigkeiten, auch wenn sie in unterschiedlichen Ländern liegen sollten, als Einheit anzusehen.[138]

4. Einstrahlung

Nach § 5 SGB IV besteht keine Versicherungspflicht in der deutschen Sozialversicherung, 189 wenn AN im Rahmen eines ausländischen Beschäftigungsverhältnisses nach Deutschland entsandt werden und wenn die Entsendung infolge der Eigenart der Beschäftigung oder vertraglich im Voraus zeitlich begrenzt ist. § 5 SGB IV – die sog. Einstrahlung – ist das Gegenstück zu § 4 SGB IV – der sog. Ausstrahlung. Das Gesetz verwendet jeweils die gleichen Begriffe, weswegen auf die obigen Ausführungen verwiesen werden kann.[139] Im Falle einer Scheinfirma im Ausland ist eine Einstrahlung ausgeschlossen.[140] Bei illegaler Arbeitnehmerüberlassung aus dem Ausland liegt keine Einstrahlung vor, da das Beschäftigungsverhältnis nach § 10 AÜG als mit dem inländischen AG zustande gekommen gilt.[141]

5. Anwendung auf die arbeitsvertraglichen Entsendungsformen

Bei einer arbeitsvertraglichen Entsendung dürfte – egal, ob die VO (EG) Nr. 883/2004, bi- 190 laterale Sozialversicherungsabkommen, oder aber § 4 SGB IV eingreift – an der Versicherungspflicht des AN nicht zu zweifeln sein. Der AN verbleibt versicherungspflichtig und -berechtigt in der Sozialversicherung.

Bei einer Entsendung aufgrund einer Zusatzvereinbarung ist eine Einzelfallprüfung ange- 191 zeigt. Grundsätzlich dürfte wegen des Fortbestehens des Vertragsverhältnisses zum inländischen AG und der Tatsache, dass Arbeitsentgelt und Weisungen durch den inländischen AG erfolgen, auch insoweit die Sozialversicherungspflicht bestehen bleiben.

Anders ist dies bei Entsendungs- und Ruhensvereinbarungen. Die Hauptleistungspflichten 192 zum inländischen AG ruhen während der Entsendung. Nur wenn die Auslandstätigkeit in einem mit dem bisherigen AG abgeschlossenen Entsendungsvertrag geregelt wird, dieser die

---

[132] Vgl. BSG 5.8.1999 – B 7 AL 66/98, NZS 2000, 203.
[133] Vgl. LSG Hessen 18.11.2005 – L 7/10 AL 465/03, rv 2007, (15 f.).
[134] Vgl. BSG 7.11.1996 – 12 RK 79/94, NZA 1997, 677.
[135] Vgl. BSG 5.12.2006 – B 11a AL 3/06 R, BeckRS 2007, 44100.
[136] Vgl. BSG 5.12.2006 – B 11a AL 3/06 R, BeckRS 2007, 44100.
[137] Vgl. BAG 14.7.2005 – 8 AZR 392/04, BeckRS 2005, 43325.
[138] Vgl. BSG 25.8.1994 – 2 RU 14/93, BeckRS 1994, 30750664.
[139] Vgl. *Pietras/Thomas* RIW 2001, 691.
[140] BGH 7.3.2007 – 1 StR 301/06, NJW 2007, 1370.
[141] LSG Hamburg 20.4.2005 – L 1 KR 16/04, BeckRS 2009, 59361.

Weisungsrechte ausübt und die Vergütung bezahlt, ist es möglich, dass die Sozialversicherungspflicht in Deutschland erhalten bleibt. Nichtsdestotrotz ist in diesem Fall eine Einzelfallprüfung insbesondere im Hinblick auf die zeitlichen Obergrenzen angezeigt. Ruht der mit dem deutschen AG abgeschlossene Arbeitsvertrag während des Zeitraums der Entsendung, wird hinsichtlich der Auslandstätigkeit mit der ausländischen Tochtergesellschaft ein gesonderter Arbeitsvertrag abgeschlossen. Übt die Tochtergesellschaft dann Weisungsrechte aus und zahlt die Vergütung, ist der AN in aller Regel nicht in der deutschen Sozialversicherung versicherungspflichtig.[142]

IV. Steuerrecht

193 Ein Entsendungssachverhalt ist aus steuerlicher Sicht aus verschiedenen Blickwinkeln zu beleuchten. Im Zentrum der Betrachtung steht die Besteuerung des AN bei einer im Rahmen eines deutschen Beschäftigungsverhältnisses erfolgenden Entsendung ins Ausland. Allerdings stellt sich auch bei einer Entsendung eines ausländischen AN nach Deutschland die Frage nach der Steuerpflicht in Deutschland. Schließlich ist jeder Entsendungssachverhalt aus Sicht der beteiligten Unternehmen zu betrachten. Zu ermitteln ist, welches Unternehmen in welchem Umfang die aufgrund der Entsendung entstehenden Kosten als Betriebsausgaben berücksichtigen darf.

1. Besteuerung des Arbeitnehmers bei Entsendung ins Ausland

194 Nach § 1 Abs. 1 S. 1 EStG sind Personen, die ihren Wohnsitz im Sinne des § 8 AO oder ihren gewöhnlichen Aufenthalt im Sinne des § 9 AO in Deutschland haben, unbeschränkt einkommensteuerpflichtig.

195 Liegt der Wohnsitz oder gewöhnliche Aufenthalt nicht in Deutschland, besteht uU eine beschränkte Einkommensteuerpflicht nach § 1 Abs. 4 EStG, wenn inländische Einkünfte nach § 49 EStG erzielt werden. Hierzu zählen zB Einkünfte gem. § 19 EStG aus nichtselbständiger Arbeit, die im Inland ausgeübt oder verwertet wird (vgl. § 49 Abs. 1 Nr. 4 lit. a) EStG).

196 Hat der AN dagegen seinen Wohnsitz oder gewöhnlichen Aufenthalt in Deutschland, ist die unbeschränkte Einkommensteuerpflicht die Konsequenz. Dies bedeutet nach dem sog. **Welteinkunftsprinzip**, dass alle in- und ausländischen Einkünfte des AN der deutschen Einkommensteuer unterliegen. Dem Welteinkunftsprinzip steht das sog. **Quellen- oder Territorialitätsprinzip** gegenüber. Nahezu jeder Staat knüpft an die Tatsache der Tätigkeit im Staatsgebiet das Recht zur Besteuerung der für die Tätigkeit erhaltenen Einkünfte. Aus dem Gegenüber dieser Prinzipien entsteht hinsichtlich ein und ders. Vergütung das Problem der **Doppel- oder Mehrfachbesteuerung** durch verschiedene Staaten.

197 **a) Doppelbesteuerungsabkommen.** Um die beschriebene Problematik der Doppel- bzw. Mehrfachbesteuerung zu vermeiden, hat die Bundesrepublik Deutschland mit einer Vielzahl von Staaten Doppelbesteuerungsabkommen abgeschlossen. Zu Beginn eines jeden Kalenderjahres informiert das Bundesfinanzministerium über die bestehenden Doppelbesteuerungsabkommen.[143]

198 Der überwiegenden Anzahl der von der Bundesrepublik Deutschland abgeschlossenen Doppelbesteuerungsabkommen lag das OECD-Musterabkommen zur Vermeidung von Doppelbesteuerung[144] zugrunde. Jedoch weisen die einzelnen Doppelbesteuerungsabkommen gegenüber dem OECD-Musterabkommen teilw. Besonderheiten auf, die gesondert zu überprüfen sind. Insofern ist bei jeder Entsendung notwendigerweise eine Einzelfallprüfung vorzunehmen.

---

[142] Vgl. *Giesen* NZS 1996, 309 (311).
[143] Vgl. zum Stand der Doppelbesteuerungsabkommen und anderer Abkommen im Steuerbereich sowie der Abkommensverhandlungen am 1.1.2016 das Schreiben des BMF v. 17.1.2020, abrufbar auf der Website des BMF unter http://www.bundesfinanzministerium.de/ (Stand: Mai 2020).
[144] OECD-Musterabkommen zur Vermeidung von Doppelbesteuerung v. 21.11.2017, abrufbar auf der Website der OECD unter http://www.oecd.org/ (Stand: Mai 2020).

Nach dem in § 15 Abs. 1 OECD-Musterabkommen festgeschriebenen **Beschäftigungs-** 199
landprinzip ist die Vergütung grundsätzlich in dem Ansässigkeitsstaat, dh in dem Land, in
dem die Tätigkeit seitens des AN erbracht wird, zu versteuern.[145] Art. 15 Abs. 2 des OECD-
Musterabkommens durchbricht dieses Prinzip unter bestimmten Voraussetzungen, die kumulativ vorliegen müssen. Die erste Voraussetzung ist, dass sich der entsandte AN insgesamt
nicht länger als **183 Tage** pro Jahr in dem anderen Staat aufhalten darf. Bei Berechnung der
Frist ist das Schreiben des BMF vom 12.11.2014[146] nützlich. Weiterhin muss die Vergütung
von einem AG gezahlt werden, der seinen Sitz nicht im Tätigkeitsstaat hat – also idR von
dem entsendenden AG. Schließlich darf die Vergütung auch nicht von einer Betriebsstätte im
Sinne des Art. 5 OECD-Musterabkommen getragen werden. Die Vergütung wird durch die
Betriebsstätte getragen, wenn sie deren Gewinn mindert. Liegen diese Voraussetzungen kumulativ vor, verbleibt das Besteuerungsrecht in Deutschland und eine Steuerpflicht im Ausland entsteht nicht. Liegen die Voraussetzungen hingegen nicht vor, erfolgt die Besteuerung
durch den Tätigkeitsstaat.

§ 39b Abs. 6 EStG, wonach beim inländischen Betriebsstättenfinanzamt eine Freistel- 200
lungsbescheinigung, mit der der Nachweis geführt werden konnte, dass die Arbeitsvergütung nicht der Lohnsteuer unterliegt, zu beantragen war, wurde mit Wirkung zum 1.1.2012
aufgehoben.[147]

Soweit Einkünfte aus nichtselbstständiger Tätigkeit im Ausland erzielt werden, bean- 201
sprucht der deutsche Fiskus durch den seit dem 1.1.2004 geltenden § 50d Abs. 8 S. 1 EStG
auch dann das Besteuerungsrecht, wenn ein bestehendes Doppelbesteuerungsabkommen das
Besteuerungsrecht an und für sich dem ausländischen Staat zuweist, dieser es aber nicht
ausübt und der Steuerpflichtige nicht nachweist, dass er bereits im Ausland Steuer entrichtet
hat oder der ausländische Staat auf sein Besteuerungsrecht verzichtet hat. Als Besteuerungs-
nachweise gelten ausländische Steuerbescheide mit ausländischen Zahlungsbelegen (über
ausländische Steuerzahlungen) sowie auch ausländische Gehaltsabrechnungen (mit Ausweis
der abgeführten Quellensteuer).[148] Der BFH ging von der Verfassungswidrigkeit des § 50d
Abs. 8 EStG aus und hatte die Frage dem BVerfG zur Entscheidung vorgelegt.[149] Entgegen
der Ansicht des BFH befand das BVerfG § 50d Abs. 8 S. 1 EStG für mit dem Grundgesetz
vereinbar. Die Regelung verstoße weder gegen Art. 3 Abs. 1 GG, noch gegen Völkervertrags-
recht.[150]

Weist das Doppelbesteuerungsabkommen das Recht zur Besteuerung dem ausländischen 202
Staat zu, liegt es bei diesem. Etwaige Schwierigkeiten des ausländischen Staates hinsichtlich
der Festsetzung oder Vollstreckung der Steuer rechtfertigen Amtshilfe, bedingen jedoch keinen Rückfall des Besteuerungsrechts. Anders liegt es nur, wenn das Doppelbesteuerungsabkommen eine Rückfallklausel enthält.

Da nach § 38 Abs. 2 S. 1 EStG zwar der AN Schuldner der Lohnsteuer ist, den Arbeitge- 203
ber jedoch die Einbehaltungspflicht gem. § 38 Abs. 3 S. 1 EStG trifft, ist vor der lohnsteuerfreien Auszahlung des Lohnes sicherheitshalber der Nachweis iSd § 50d Abs. 8 EStG zu verlangen.

b) EStG. Existiert kein Doppelbesteuerungsabkommen, das inländischem Recht vorgeht, 204
hält das EStG selbst Lösungen bereit:

Nach § 34c Abs. 1 S. 1 EStG kann die ausländische Einkommensteuer auf die deutsche 205
Einkommensteuer angerechnet werden. Anstatt der Anrechnung kann die ausländische

---

[145] Vgl. *Wellisch/Näth* IStR 2005, 435.
[146] Vgl. Schreiben des BMF v. 3.5.2018 – IV B 2 – S 1300/08/10027, BStBl. 2018 I 643 zur steuerlichen Behandlung des Arbeitslohns nach den Doppelbesteuerungsabkommen.
[147] Aufgehoben durch Art. 2 Nr. 16 Buchst. e des Gesetzes zur Umsetzung der Beitreibungsrichtl. sowie zur
Änderung steuerlicher Vorschriften (Beitreibungsrichtl.-Umsetzungsgesetz – BeitrRLUmsG) v. 7.12.2011,
BGBl. 2011 I 2592.
[148] Vgl. Schreiben des BMF v. 3.5.2018 – IV B 2 – S 1300/08/10027, BStBl. 2018 I 643 zur steuerlichen Behandlung des Arbeitslohns nach den Doppelbesteuerungsabkommen.
[149] BFH 10.1.2012 – I R 66/09, BeckRS 2012, 94990, ergänzt durch BFH 10.6.2015 – I R 66/09 (NV),
BeckRS 2015, 95224.
[150] BVerfG 15.12.2015 – 2 BvL 1/12, DStR 2016, 359.

Steuer auf Antrag des Steuerpflichtigen bei der Ermittlung der Einkünfte abgezogen werden, vgl. § 34c Abs. 2 EStG. Der Steuerpflichtige hat insofern ein Wahlrecht. Ob die Anrechnungs- oder Abzugsmethode günstiger ist, lässt sich nicht pauschal beantworten und ist letztlich eine Frage des Einzelfalls.[151]

206 Eine weitere Möglichkeit ist die Befreiung von der Einkommensteuer nach dem sog. Auslandstätigkeitserlass, § 34c Abs. 5 EStG.[152] Dieser Erlass bezweckt, durch Freistellung des Arbeitslohns für bestimmte Auslandstätigkeiten nicht nur Doppelbesteuerung zu vermeiden, sondern vor allem die deutsche Exportwirtschaft zu fördern. Die Steuerbefreiung soll ermöglichen, qualifizierte Arbeitskräfte für oftmals langfristige Auslandstätigkeiten unter vielfach schwierigen Bedingungen zu gewinnen.[153] Der AN muss ua zu einem inländischen AG in einem gegenwärtigen Dienstverhältnis stehen. Wegen dieser Beschränkung auf inländische AG hat der EuGH im Jahr 2013 entschieden, dass der Auslandstätigkeitserlass unionsrechtlichen Anforderungen nicht Stand hält.[154] Nach Ansicht des EuGH verstößt die Beschränkung sowohl gegen die Arbeitnehmerfreizügigkeit nach Art. 45 AEUV, als auch gegen die Dienstleistungsfreiheit gem. Art. 56 AEUV, da die gleiche Beschäftigung eines AN in einem Drittstaat nur begünstigt sei, wenn der AG seinen Sitz in Deutschland hat, und dieser Umstand geeignet ist, den AN davon abzuhalten, für einen ausländischen AG tätig zu werden. Als Reaktion auf dieses Urteil wird eine Steuerbefreiung nach dem Auslandstätigkeitserlass nun auch AN gewährt, die für einen AG mit Sitz im EU/EWR-Raum tätig werden und die übrigen Voraussetzungen des Auslandstätigkeitserlasses erfüllt sind.[155]

2. Besteuerung des Arbeitnehmers bei Entsendung nach Deutschland

207 Nach § 49 Abs. 1 Nr. 4 EStG unterliegen AN ohne Wohnsitz oder ohne gewöhnlichen Aufenthalt im Inland mit dem Arbeitslohn der Einkommensteuerpflicht, wenn die Tätigkeit im Inland ausgeübt oder verwertet wird. Es ist unerheblich, ob die Vergütung von einem in- oder ausländischen AG gezahlt wird. Wie bei der Entsendung eines deutschen AN ins Ausland ist im Anschluss zu überprüfen, ob ein Doppelbesteuerungsabkommen vorliegt, nach dem das Quellen- bzw. Territorialitätsprinzip hinsichtlich der Besteuerung durchbrochen wird. Insoweit kann auf die obigen Ausführungen verwiesen werden.

3. Steuerliche Behandlung von Entsendungen bei den beteiligten Unternehmen

208 Für die beteiligten Unternehmen ist steuerlich entscheidend, ob die im Zusammenhang mit der Entsendung anfallenden Kosten als Betriebsausgaben berücksichtigt werden können.

209 Vom BMF wurden Grundsätze der Einkommensabgrenzung zwischen international verbundenen Unternehmen in Fällen der Arbeitnehmerentsendung[156] erlassen. Diese Verwaltungsgrundsätze sind relevant für deutsche Unternehmen, die ihre Mitarbeiter an verbundene Unternehmen im Ausland entsenden oder Mitarbeiter von verbundenen Unternehmen aus dem Ausland aufnehmen.

210 Ziel der Verwaltungsgrundsätze ist es, zu bestimmen, ob und in welchem Umfang das entsendende und/oder das aufnehmende Unternehmen jeweils ein betriebliches Interesse an der Arbeitnehmerentsendung hat und demzufolge den Aufwand bzw. Teile davon für den entsandten AN tragen muss bzw. inwieweit diese Aufwendungen berücksichtigt werden dürfen.[157] Auf die Dokumentationspflichten nach der VO zur Art, Inhalt und Umfang von Aufzeichnungen iSd § 90 Abs. 3 AO vom 13.11.2003 (Gewinnabgrenzungsaufzeichnungs-

---

[151] Vgl. Blümich/*Wagner* EStG § 34c Rn. 76.
[152] Vgl. Schreiben des BMF 31.10.1983 – IV B 6-S 2293-50/83, BStBl. 1983 I 470.
[153] Blümich/*Wagner* EStG § 34c Rn. 123.
[154] Vgl. EuGH 28.2.2013 – C-544/11, BeckEuRS 2013, 725448 – Petersen.
[155] Vgl. OFD Nordrhein-Westfalen 5.12.2013 – S 2293 – St 152 (01/2008), DB 2013, 2892.
[156] Vgl. Schreiben des BMF 9.11.2001 – IV B 4 – S 1341 – 20/01, BStBl. 2001 I 796; Schreiben des BMF 3.5.2018 – IV B 2 – S 1300/08/10027, BStBl. 2018 I 643 zur steuerlichen Behandlung des Arbeitslohns nach den Doppelbesteuerungsabkommen.
[157] Vgl. Vögele/*Cröger*/*Schmitt* DB 2002, 1185.

verordnung – GaufzV)[158] ist lediglich ergänzend hinzuweisen; nach der Begr. der GaufzV berührt diese VO die im oben erwähnten Schreiben des BMF dargestellte Rechtsauffassung nicht.[159]

V. Exkurs: Besondere Konstellationen des grenzüberschreitenden Auslandseinsatzes

1. Entsendung vs. grenzüberschreitende Arbeitnehmerüberlassung

Bei der Abgrenzung Entsendung von einer grenzüberschreitenden Arbeitnehmerüberlassung handelt es sich um eine wichtige, in der Praxis oft übersehene Frage. Diese Abgrenzung ist mit Blick auf das arbeitgeberseitige Risiko sehr wichtig. Bei Vorliegen einer grenzüberschreitenden Arbeitnehmerüberlassung wären die Regelungen beider beteiligten Länder zu beachten. Eine grenzüberschreitende Arbeitnehmerüberlassung ist jedoch nicht in allen Ländern zulässig. Soll nun zB ein AN von Deutschland in die Schweiz verliehen werden, ist dies rechtlich bereits nicht möglich, da nach dem Schweizer Recht eine grenzüberschreitende Arbeitnehmerüberlassung verboten ist.

Auch das deutsche Arbeitnehmerüberlassungsgesetz (AÜG) gilt grundsätzlich für jede Überlassung von Arbeitnehmern, die in der Bundesrepublik Deutschland erfolgt, selbst wenn der Verleiher seinen Sitz im Ausland hat. Dh auch für den umgekehrten Fall, dass ein in der Schweiz ansässiger AN nach Deutschland verliehen werden soll, ist die Abgrenzung relevant. Eine grenzüberschreitende Arbeitnehmerüberlassung nach Deutschland hinein setzt grundsätzlich eine deutsche Arbeitnehmerüberlassungserlaubnis voraus, andernfalls würde eine illegale Arbeitnehmerüberlassung vorliegen mit den bekannten Folgen.

Für die Abgrenzung gelten die üblichen Abgrenzungskriterien (**Weisungsrecht** und **Eingliederung**). Relevant wird die Abgrenzung auch bei dem Einsatz von ausländischen Subunternehmern. Hier ist besonders darauf zu achten, dass es sich um eine Entsendung aufgrund eines Dienst- oder Werkvertrags und nicht um eine Arbeitnehmerüberlassung handelt. Maßgeblich ist hierfür die gelebte Praxis.

2. Brexit

Am 23.6.2016 stimmten rund 52 % der Briten für den Brexit, den Ausstieg des Vereinigten Königreichs aus der Europäischen Union. Nachdem die verbleibenden EU-Mitgliedsstaaten Ende Januar 2020 dem mit Großbritannien ausgehandelten **Austrittsabkommen** zugestimmt haben, ist dieses am 1.2.2020 in Kraft getreten. Der damit vollzogene Ausstieg hat weitreichende Folgen, denn er tangiert alle vier wesentlichen Problembereiche (Ausländer-, Arbeits-, Sozialversicherungs-, und Steuerrecht), welche mit einem grenzüberschreitenden Einsatz einhergehen. Wie gravierend sich die Rechtslage in Zukunft ändern wird ist derzeit noch nicht absehbar und hängt vom Ergebnis der weiteren Verhandlungen ab.

In dem Austrittsabkommen ist eine **Übergangsphase** bis zum 31.12.2020 verankert, in der das EU-Recht für das Vereinigte Königreich grundsätzlich weiterhin gilt und das Vereinigte Königreich Teil des EU-Binnenmarktes und der EU-Zollunion bleibt. Die Übergangsphase kann nach dem Austrittsvertrag einmalig um maximal weitere zwei Jahre verlängert werden; die Entscheidung hierüber muss bis zum 1.7.2020 getroffen werden.

a) **Ausländer- und Arbeitsrecht.** In dieser Übergangsphase gilt das europäische Recht bis zum 31.12.2020 in Großbritannien weiter, auch wenn Großbritannien kein EU-Mitglied mehr ist und beispielsweise an der Gesetzgebung nicht mehr mitwirken kann. Dennoch bleibt Großbritannien Teil des EU-Binnenmarkts sowie der EU-Zollunion. Auch die Freizügigkeit gilt während der Übergangsphase weiter. Mit Blick auf das Arbeitsrecht bedeutet dies, dass Arbeitnehmer weiterhin alle ihre Rechte als Erwerbstätige auf der Grundlage des Unionsrechts behalten.

---

[158] BGBl. 2003 I 2296.
[159] BR-Drs. 583/03, 1f.

217 Der Brexit betrifft sowohl die Beschäftigung britischer AN in anderen EU-Mitgliedstaaten, als auch das gegenläufige Beschäftigungsverhältnis von europäischen AN in Großbritannien. Mit Inkrafttreten des Austrittsabkommen ändert sich aufenthaltsrechtlich während der sogenannten „Übergangsphase" bis zum 31.12.2020 weder etwas am Status britischer Arbeitnehmer in der EU, noch am Status von Unionsbürgern in Großbritannien.

218 Zur Sicherung der Rechte von EU-Bürgern in Großbritannien und britischer Bürger in der EU sind in Teil II des Austrittsabkommen Bestandsschutzregelungen verankert. Auch für die Zeit nach der Übergangszeit – also voraussichtlich ab dem 1.1.2021 – gibt es bereits in einigen Punkten des Austrittsabkommens Rechtssicherheit für EU-Bürger. Dies gilt jedenfalls für EU-Bürger, die am **Ende des Übergangszeitraums** bereits in Großbritannien leben sowie für Briten, die am Ende des Übergangszeitraums in einem der 27 EU-Mitgliedstaaten leben, sofern der Aufenthalt rechtmäßig ist. Auch Familienangehörige, denen nach geltendem EU-Recht das Recht auf Nachzug gewährt wird, sind von dem Schutz umfasst.

219 Welche rechtlichen Bestimmungen **nach Ablauf der Übergangsphase** für die AN gelten, die von den vorstehenden Regelungen nicht umfasst sind, bleibt abzuwarten. Würde es zu einem geregelten Austritt in dem Sinne kommen, dass Großbritannien Mitglied im EWR-Raum bleibt, würde die Rechtslage weitgehend unberührt fortbestehen. Insoweit könnte eine ähnliche Regelung wie mit Norwegen gefunden werden. Norwegen ist zwar nicht Teil der EU, gehört aber zum europäischen Wirtschaftsraum (EWR) und hat mit der EU viele Abkommen geschlossen. Dies hat zur Folge, dass auch in Norwegen die Arbeitnehmerfreizügigkeit für EU-Bürger und deren Angehörigen gilt.

220 **b) Sozialversicherungsrecht.** Während der Übergangsphase bleiben auch im Bereich der Sozialversicherung die Vorschriften der EU zur Sozialrechtskoordinierung unverändert anwendbar.[160] Folglich tritt für nach Großbritannien entsendete Arbeitnehmer während dieser Zeit keine sozialversicherungsrechtliche Änderung in Kraft. In diesem Zusammenhang ist davon auszugehen, dass bereits ausgestellte A1-Bescheinigungen zeitnah zunächst bis zum Ablauf der Übergangsphase verlängert werden können.

221 Unklar ist dagegen, wie das Sozialversicherungsrecht nach der Übergangsphase für die vom Abkommen nicht erfassten Arbeitnehmer ausgestaltet sein wird. Ein ungeregelter Austritt aus der EU würde dazu führen, dass Großbritannien als Drittstaat behandelt wird und die vorstehenden europäischen Regelungen der sozialrechtlichen VO (EG) Nr. 883/2004 und (EG) Nr. 987/2009 nicht mehr anwendbar wären.

222 Um der damit einhergehenden Rechtsunsicherheit vorzubeugen, hat der Deutsche Bundestag ein Gesetz zur Regulierung der Übergangsphase auf den Weg gebracht – das sog. „Gesetz zu Übergangsregelungen im Bereich der sozialen Sicherheit und in weiteren Bereichen nach dem Austritt des Vereinigten Königreichs Großbritannien und Nordirland aus der Europäischen Union (BrexitSozSichÜG)". Dieses Gesetz regelt insbesondere die Bereiche der Kranken-, Pflege- und Arbeitslosenversicherung und sieht vor, dass die in Großbritannien zurückgelegte Beschäftigungsdauer im deutschen Sozialversicherungsrecht anerkannt wird. Es ist jedoch davon auszugehen, dass langfristig gesehen, ein neues deutsch-britisches Abkommen Ziel sein dürfte.[161]

---

[160] Art. 123 Abs. 2 des Austrittsabkommens beinhaltet im Übrigen die Möglichkeit einer Verlängerung der Übergangsphase um bis zu zwei Jahre.
[161] Vgl. http://dip21.bundestag.de/dip21/btd/19/073/1907376.pdf.

Teil D. Arbeitspflicht

§ 12 Art der Tätigkeit

Übersicht

	Rn.
I. Die Verpflichtung des Arbeitnehmers zur persönlichen Arbeitsleistung, § 613 Abs. 1 BGB	1–5
1. Höchstpersönliche Verpflichtung	2
2. Ausnahmsweise zulässige Arbeitsleistung durch Dritte	3–5
II. Gläubigerstellung des Arbeitgebers	6/7
III. Art der Tätigkeit	8–75
1. Art der vertraglich geschuldeten Arbeit	9–20
a) Arbeitsvertragliche Bestimmung der Leistungsart	9–14
b) Konkludente Bestimmung der Leistungsart	15
c) Konkretisierung	16–20
2. Direktionsrecht des Arbeitgebers	21–53
a) Grundlagen	21/22
b) Sonderfälle des Direktionsrechts	23–28
c) Schranken des Direktionsrechts	29–35
d) Erweiterungen des Direktionsrechts	36–51
e) Pflicht zur Ausübung des Direktionsrechts	52/53
3. Beteiligungsrechte des Betriebsrats bei Änderung der Tätigkeit	54–67
4. Kontrolle des Direktionsrechts	68–73
5. Zurückbehaltungsrecht des Arbeitnehmers	74/75

I. Die Verpflichtung des Arbeitnehmers zur persönlichen Arbeitsleistung, § 613 Abs. 1 BGB

Die Pflicht des Arbeitnehmers, „weisungsgebundene, fremdbestimmte Arbeit in persönlicher Abhängigkeit" gemäß § 611a Abs. 1 S. 1 BGB zu leisten, ist seine **Hauptleistungspflicht**. Sie steht im Synallagma zur Entgeltzahlungspflicht des Arbeitgebers. Hierbei handelt es sich um die beiden wesentlichen Pflichten der Vertragsparteien eines jeden Arbeitsverhältnisses. Der Inhalt der Arbeitspflicht des Arbeitnehmers wird durch den Arbeitsvertrag und Weisungen des Arbeitgebers näher bestimmt.   **1**

1. Höchstpersönliche Verpflichtung

Nach § 613 BGB schuldet der Arbeitnehmer die **Arbeitspflicht im Zweifel in Person**. Hierbei handelt es sich um eine Auslegungsregel.[1] Aus der Höchstpersönlichkeit der Leistungsverpflichtung des Arbeitnehmers ergeben sich zwei maßgebliche Konsequenzen. Zum einen ist der Arbeitnehmer nicht berechtigt, seine Arbeitsleistung durch eine Ersatzkraft oder einen Gehilfen ausführen zu lassen. Umgekehrt ist er auch nicht verpflichtet, eine Ersatzkraft zu stellen, wenn er seine Arbeitskraft zB infolge von Krankheit oder Urlaub nicht zur Verfügung stellen kann. Zum anderen führt die Höchstpersönlichkeit der Arbeitspflicht dazu, dass das Arbeitsverhältnis mit dem Tod des Arbeitnehmers endet.[2]   **2**

2. Ausnahmsweise zulässige Arbeitsleistung durch Dritte

Die Arbeitsvertragsparteien sind berechtigt, von der Auslegungsregelung des § 613 S. 1 BGB abweichende vertragliche Regelungen zu treffen. Aus diesem Grundsatz der Vertrags-   **3**

---

[1] ErfK/*Preis* BGB § 613 Rn. 1.
[2] ErfK/*Preis* BGB § 613 Rn. 5.

freiheit resultiert, dass der Arbeitnehmer auch berechtigt sein kann, **Dritte zur Erfüllung der Arbeitspflicht** einzuschalten.[3] So kann der Arbeitnehmer das Recht haben, zu seiner Unterstützung einen Gehilfen einzuschalten oder dem Arbeitgeber eine Ersatzkraft zur Verfügung zu stellen, die an seiner Stelle vorübergehend die anfallenden Arbeiten erledigt. In der Praxis liegt allerdings eher ein Ausnahmefall vor, wenn es dem Arbeitgeber nicht auf die höchstpersönliche Arbeitsleistung des Arbeitnehmers ankommt. Denkbar ist dies bspw. bei einem Hausmeisterehepaar, das sich gegenseitig vertritt. Ist der Hausmeister auf Reisen, kann seine Ehefrau auch die defekte Glühbirne austauschen. Ebenso bei Zeitungszustellern, bei denen ein anderes Familienmitglied die Arbeiten „für den eigentlichen Arbeitnehmer" erledigt.[4]

4   Eine Abweichung ergibt sich auch beim „Job-Sharing" nach § 13 TzBfG, wenn sich zwei oder mehrere Arbeitnehmer einen Arbeitsplatz teilen und zusätzlich eine Vertretungspflicht vorgesehen ist. In diesen Fällen kommt es dem Arbeitgeber in der Regel nicht darauf an, welcher konkrete Job-Partner die Arbeiten erledigt. Ist der Arbeitnehmer berechtigt, einen Dritten zur Erfüllung der Arbeitspflicht heranzuziehen, muss er auf den Dritten so einwirken, dass dieser die Arbeitsleistung ordnungsgemäß erbringt. Erbringt der Dritte die Arbeitsleistung des Arbeitnehmers nicht oder erfüllt er sie schlecht, steht der Arbeitnehmer – je nach Vereinbarung – für das Verhalten ein. Er hat entweder seiner eigenen Arbeitspflicht nachzukommen oder – falls dies nicht mehr möglich ist – Schadensersatz zu leisten. Der eingeschaltete Dritte steht in der Regel in einem mittelbaren Arbeitsverhältnis zu dem Arbeitgeber,[5] so dass der Arbeitgeber dafür einzustehen hat, dass die Ersatzkraft gesetzes- und vertragskonform behandelt wird.[6]

Formulierungsvorschläge: Vertretungsregel/Job-Sharing-Vertrag

5   **Vertretungsregel:**
Herr/Frau .....: ist berechtigt, sich durch seinen Ehepartner nach Anzeige gegenüber der Firma vertreten zu lassen.

Job-Sharing-Vertrag:
Herr/Frau .....: ist verpflichtet, während der vereinbarten Arbeitszeit den zugewiesenen Arbeitsplatz in Abstimmung mit seinem/ihrem Job-Sharing-Partner ständig zu besetzen. Eine zeitgleiche Tätigkeit mehrerer Job-Sharing-Partner ist unzulässig.

II. Gläubigerstellung des Arbeitgebers

6   Nach § 613 S. 2 BGB ist der Anspruch auf die Dienste im Zweifel **nicht übertragbar,** dh der Arbeitnehmer ist zur Arbeitsleistung nur gegenüber demjenigen Arbeitgeber verpflichtet, mit dem er den Arbeitsvertrag abgeschlossen hat. Der Arbeitgeber ist also grundsätzlich nicht berechtigt, seinen Dienstleistungsanspruch auf Dritte zu übertragen. Der Arbeitgeber kann dem Arbeitnehmer aber einen Arbeitsplatz in einem fremden Betrieb zuweisen, soweit er selbst weiterhin das Direktionsrecht ausübt und den Arbeitnehmer nicht dem Direktionsrecht eines Dritten unterstellt. Aus der grundsätzlichen Unübertragbarkeit folgt, dass der Arbeitnehmer nicht dem Weisungsrecht eines anderen Arbeitgebers unterstellt werden kann.[7] Damit wird die Personenbezogenheit des Arbeitsverhältnisses geschützt.

7   Die gesetzliche Regelung erfährt eine Ausnahme in § 613a BGB, wonach beim **Betriebsübergang** das Arbeitsverhältnis auf den neuen Arbeitgeber übertragen wird. Der Höchstpersönlichkeit wird dabei durch das Widerspruchsrecht nach § 613a Abs. 6 BGB Rechnung getragen. Daneben kann es zu einem Übergang des Arbeitsverhältnisses kraft Gesetzes im Wege der Universalsukzession beim Tod des Arbeitgebers kommen. Dann treten seine Erben

---

[3] MHdB ArbR/*Reichold* § 36 Rn. 6.
[4] MHdB ArbR/*Reichold* § 36 Rn. 6.
[5] BAG 9.4.1957 – 3 AZR 435/54, AP BGB § 611 Mittelbares Arbeitsverhältnis Nr. 2.
[6] MHdB ArbR/*Reichold* § 36 Rn. 10.
[7] MHdB ArbR/*Reichold* § 36 Rn. 13.

in den Vertrag ein. Da es sich bei § 613 S. 2 BGB um eine Auslegungsregelung handelt, können die Parteien auch ausdrücklich oder konkludent eine **abweichende vertragliche Regelung** treffen. Klassischerweise tritt dies bei der Leiharbeit auf. In den Fällen gewerblicher Arbeitnehmerüberlassung (unechte Leiharbeit) ist das Wesen des Arbeitsverhältnisses zwischen dem Verleiher und dem Arbeitnehmer gerade darin zu sehen, dass der Arbeitnehmer dem Entleiher und damit einem Dritten überlassen wird. Zur Übertragung der Gläubigerstellung kommt es beispielsweise auch bei der Konzernleihe, wenn miteinander verbundene Unternehmen einander Arbeitskräfte ausleihen, oder bei der nichtgewerblichen Arbeitnehmerüberlassung (echte Leiharbeit). In diesen Fällen bedarf es allerdings des Einverständnisses des betroffenen Arbeitnehmers, weil mit der Überlassung regelmäßig eine wesentliche Änderung der Arbeitsbedingungen verbunden ist. Dieses Einverständnis kann bereits bei Vertragsabschluss, beispielsweise durch eine Konzernversetzungsklausel, vereinbart werden.

III. Art der Tätigkeit

Checkliste: Art der Arbeitsleistung 8

☐ Ausdrückliche Festlegung der Tätigkeitsart durch den Arbeitsvertrag
☐ Konkludente Festlegung der Tätigkeitsart durch den Arbeitsvertrag
☐ Konkretisierung der Tätigkeitsart durch Bezugnahme auf andere Vorschriften (Tarifvertrag, Stellenbeschreibung etc)
☐ Konkretisierung der Tätigkeitsart durch dauerhafte Übertragung einer bestimmten Tätigkeit
☐ Direktionsrecht des Arbeitgebers
  • Umfang des Direktionsrechts
  • zulässige Ausübung des Direktionsrechts
☐ Erweiterung des Direktionsrechts durch Versetzungsklausel
  • Umfang der Versetzungsklausel
    – Bezogen auf andere Tätigkeiten
    – Bezogen auf einen anderen Arbeitsort
    – Bezogen auf ein anderes Unternehmen
  • Zulässigkeit der Versetzungsklausel
  • Zulässige Ausübung des Direktionsrechts

1. Art der vertraglich geschuldeten Arbeit

a) **Arbeitsvertragliche Bestimmung der Leistungsart.** In der Praxis von größerer Bedeutung als die Frage, ob der Arbeitnehmer überhaupt zur Arbeitsleistung verpflichtet ist, ist die Frage, welche **konkreten Tätigkeiten** der Arbeitnehmer zu leisten verpflichtet ist bzw. welche Tätigkeiten der Arbeitgeber vom Arbeitnehmer verlangen kann. Der Arbeitnehmer ist gemäß § 611a Abs. 1 S. 1 und 2 BGB verpflichtet, weisungsgebundene, fremdbestimmte Arbeit in persönlicher Abhängigkeit zu erbringen, deren Inhalt, Durchführung, Zeit und Ort der Arbeitgeber kraft seines Weisungsrechts konkretisiert. Die Art der Arbeitsleistung ergibt sich grundsätzlich aus dem **Arbeitsvertrag**. In Zweifelsfällen ist dieser unter Berücksichtigung von kollektivvertraglichen Normen, Treu und Glauben und der Verkehrssitte sowie einer etwaigen betrieblichen Übung auszulegen.[8] Nach § 2 Abs. 1 S. 2 Nr. 5 NachwG muss in der Niederschrift über die wesentlichen Vertragsbedingungen, die dem Arbeitnehmer spätestens einen Monat nach dem vereinbarten Beginn des Arbeitsverhältnisses auszuhändigen ist, eine „kurze Charakterisierung oder Beschreibung der vom Arbeitnehmer zu leistenden Tätigkeiten" vorgenommen werden. Die Nachweisrichtlinie,[9] auf der das NachwG 1995 ba- 9

---

[8] Schaub ArbR-HdB/*Linck* § 45 Rn. 31.
[9] Richtlinie 91/533/EWG des Rates v. 14.10.1991 über die Pflicht des Arbeitgebers zur Unterrichtung des Arbeitnehmers über die für seinen Arbeitsvertrag oder sein Arbeitsverhältnis geltenden Bedingungen, ABl. EG 1991 L 288, 32.

siert, ist jüngst durch die **Arbeitsbedingungenrichtlinie**[10] abgelöst worden. Diese ist am 31.7.2019 in Kraft getreten; die Umsetzungsfrist läuft am 31.7.2022 ab. Materiellrechtliche Änderungen hinsichtlich der Unterrichtung des Arbeitnehmers über die arbeitsvertragliche Tätigkeit sind mit der Neuregelung nicht verbunden. Der Arbeitgeber ist gemäß **Art. 4 Abs. 2c) i) und ii)** der Arbeitsbedingungenrichtlinie dazu verpflichtet, dem Arbeitnehmer entweder „die Funktionsbezeichnung, den Grad sowie die Art oder Kategorie der Arbeit, die dem Arbeitnehmer bei der Einstellung zugewiesen wurde" oder „eine kurze Charakterisierung oder Beschreibung der Arbeit" mitzuteilen (so zuvor bereits Art. 2 Abs. 2c) i) und ii) der Nachweisrichtlinie). Der konkrete Umfang der auf Grund dieser Vorschriften erforderlichen Angaben ist nach der vertraglichen Einigung vorzunehmen.

10 Grundsätzlich sind die Vertragsparteien frei, bei Vertragsbeginn eine ausdrückliche, dh auch einvernehmliche Bestimmung der fachlichen Tätigkeit des Arbeitnehmers vorzunehmen. Sie können hierbei entweder allgemeine Rahmenbezeichnungen (zB Arbeiter, Maurer, Verkäufer)[11] oder ganz konkrete Tätigkeiten (zB Verkäuferin für Damenoberbekleidung) festlegen oder als Ergänzung zum Arbeitsvertrag eine konkrete Stellenbeschreibung (zB Öffentlichkeitsreferent mit Schwerpunkt Medienkontakt)[12] vereinbaren. Ist im Arbeitsvertrag nur eine allgemeine Umschreibung der Tätigkeit vorgenommen worden, ist der Arbeitnehmer verpflichtet, jede Arbeit auszuüben, die im Betrieb anfällt, bei Vertragsschluss voraussehbar war und billigem Ermessen gem. § 106 S. 1 GewO entspricht.[13] So ist der Arbeitnehmer bei einer fachlichen Umschreibung der Tätigkeit als zB Maurer verpflichtet, sämtliche Arbeiten zu erbringen, die sich innerhalb des vereinbarten Berufsbilds halten.[14] Ist hingegen eine konkrete Beschreibung eines Arbeitsplatzes vereinbart, kann der Arbeitgeber dem Arbeitnehmer Aufgaben nur für diesen konkreten Arbeitsplatz zuweisen.[15]

11 Die arbeitsvertragliche Formulierung hinsichtlich der Art der Tätigkeit ist damit für die Durchführung des Arbeitsverhältnisses von großer praktischer Relevanz, da von ihr der konkrete Umfang des Direktionsrechts abhängt.[16] Aus Arbeitgebersicht wird in der Regel eine eher weite Tätigkeitsumschreibung gewählt, um die damit verbundenen Einschränkungen des Direktionsrechts zu vermeiden und möglichst alle Tätigkeiten, die dem Berufsbild entsprechen, dem Arbeitnehmer zuweisen zu können. Im Rahmen einer arbeitsvertraglichen Tätigkeitsbeschreibung ist der Arbeitgeber berechtigt, ein anderes Arbeitsgebiet zuzuweisen.[17] Welche Tätigkeiten dabei dem Berufsbild der Arbeitnehmer entsprechen, entscheidet die Auslegung unter Berücksichtigung der Verkehrssitte. Dabei ist es wegen des Transparenzgebots des § 307 Abs. 1 S. 2 BGB nicht erforderlich, alle denkbaren Konkretisierungen der Arbeitspflicht und des Weisungsrechts ausdrücklich zu regeln.[18]

12 Das Arbeitnehmerinteresse geht in den allermeisten Fällen dahin, eine möglichst konkrete Umschreibung der zu verrichtenden Tätigkeiten aufzunehmen, um vor „bösen Überraschungen" geschützt zu sein. Diese **Interessenlage** kehrt sich bei **Beendigung** des Arbeitsverhältnisses um. Ist mit dem Arbeitnehmer nur eine konkrete Tätigkeit vereinbart, wäre eine betriebsbedingte Kündigung eher wirksam, da der Kreis der vergleichbaren Arbeitnehmer bei der Sozialauswahl enger gezogen wird. Ist durch eine weitgefasste Umschreibung der zu leistenden Arbeit dem Arbeitgeber während des bestehenden Arbeitsverhältnisses ein flexibler Personaleinsatz gestattet, wird bei der Beendigung die Sozialauswahl einen größeren Kreis von vergleichbaren Arbeitnehmern umfassen. In den Kreis der vergleichbaren Arbeitnehmer sind dann sämtliche Arbeitnehmer einzubeziehen, auf deren Arbeitsplatz der zu kündigende Arbeitnehmer versetzt werden könnte, soweit auch diese auf den Arbeitsplatz des zu kündi-

---

[10] Richtlinie 2019/1152/EU des Europäischen Parlaments und des Rates v. 20.6.2019 über transparente und vorhersehbare Arbeitsbedingungen in der Europäischen Union, ABl. EU 2019 L 186, 105.
[11] Schaub ArbR-HdB/*Linck* § 45 Rn. 32.
[12] MHdB ArbR/*Reichold* § 36 Rn. 14.
[13] BAG 27.3.1980 – 2 AZR 506/78, AP BGB § 611 Direktionsrecht Nr. 26; Schaub ArbR-HdB/*Linck* § 45 Rn. 31.
[14] BAG 12.3.1973 – 3 AZR 224/70, AP BGB § 611 Direktionsrecht Nr. 24.
[15] BAG 26.1.2012 – 2 AZR 102/11, NZA 2012, 856.
[16] Schaub ArbR-HdB/*Linck* § 45 Rn. 13.
[17] BAG 11.4.2006 – 9 AZR 557/05, AP BGB § 307 Nr. 17.
[18] BAG 13.6.2007 – 5 AZR 564/06, AP BGB § 611 Film Nr. 11.

genden Arbeitnehmers versetzt werden können. Dieses sollte bei der Formulierung des Arbeitsvertrages bereits bedacht werden. Typischerweise wird die Art der Arbeitsleistung und damit die Tätigkeit umso genauer beschrieben, je qualifizierter die fachlichen und personellen Anforderungen an die Position sind. In Arbeitsverträgen können folgende Formulierungen zur Beschreibung der Art der Tätigkeit gewählt werden:

> **Formulierungsvorschläge:**
> Frau/Herr .....: wird ab dem ...... als Verkäufer(in) eingestellt.
> **oder:**
> Frau/Herr ...... wird ab dem ...... als kaufmännische(r) Angestellte(r) eingestellt. Ihr/sein Tätigkeitsgebiet umfasst ..... und alle mit diesen Aufgaben in Zusammenhang stehenden Arbeiten.
> **oder:**
> Herr/Frau ...... wird ab dem ...... als Entwicklungsingenieur(in) für Hardware eingestellt. Herr/Frau ...... leitet die technische Abteilung und ist ausschließlich dem Vorstand unterstellt und hat direktes Vortragsrecht.

Die Festlegung der vom Arbeitnehmer zu erbringenden Arbeitsleistung im Arbeitsvertrag ist die Bestimmung der Hauptleistungspflicht. Sie wird keiner Inhaltskontrolle unterzogen.[19] Soweit es sich allerdings – wie meist – um eine Tätigkeitsbeschreibung in einer vorformulierten Klausel handelt, kommt eine Überprüfung anhand des Transparenzgebots (§ 307 Abs. 1 S. 2 iVm Abs. 3 S. 2 BGB) in Betracht. Ein Arbeitgeber darf eine Vertragsformulierung wählen, die seine gesetzlichen Weisungsmöglichkeiten nach § 106 GewO nicht einschränkt.[20] Fehlt es an einer entsprechenden Festlegung, ergibt sich der Umfang des Weisungsrechts aus § 106 GewO. Auf die Zulässigkeit eines außerdem vereinbarten Versetzungsrechts kommt es dann nicht an.[21] Umgekehrt kann der Arbeitgeber sein Weisungsrecht auch im Arbeitsvertrag einschränken. Dann bedarf es einer vertraglichen Regelung, die dies hinreichend deutlich zum Ausdruck bringt.[22]

b) Konkludente Bestimmung der Leistungsart. Ist die Art der vom Arbeitnehmer zu erbringenden Tätigkeit nicht festgeschrieben, was in der Praxis insbesondere in den Fällen vorkommt, in denen kein schriftlicher Arbeitsvertrag geschlossen wird oder nur eine allgemeine Umschreibung der Tätigkeit beispielsweise als „Angestellte" enthält, kann die Tätigkeitsart auch **konkludent** festgelegt werden. Dies geschieht durch die tatsächliche Zuordnung eines Arbeitsplatzes durch den Arbeitgeber bei Tätigkeitsaufnahme. Kommt der Arbeitnehmer dieser Anweisung nach, drückt er sein Einverständnis aus und es besteht eine einvernehmliche konkludente Festlegung der vertraglichen Arbeitsleistung.[23] Diese Festlegung der Art der Tätigkeit des Arbeitnehmers ist von der Ausübung des Direktionsrechts des Arbeitgebers abzugrenzen. In dem ersten Fall wird die Arbeitspflicht des Arbeitnehmers gemeinsam mit diesem erstmalig festgelegt. Dem Arbeitgeber steht kein einseitiges Recht zur Festlegung der Hauptleistungspflicht des Arbeitnehmers zu.[24] Das Direktionsrecht des Arbeitgebers hingegen baut erst auf die vertragliche Festlegung der Tätigkeitsart auf. Innerhalb dieser vertraglichen Grenzen kann das Direktionsrecht dann ausgeübt werden. Die Grenzen für eine konkludente Festlegung des Arbeitsinhalts sind durch das Nachweisgesetz allerdings stark eingeschränkt. Zwar handelt es sich bei der Regelung in § 2 Abs. 1 S. 2 NachwG um kein konstitutives Schriftformerfordernis.[25] Wesentliche Punkte eines Arbeitsvertrages, die nicht oder zumindest unzureichend in dem Arbeitsvertrag oder der dem Arbeitnehmer

---

[19] BAG 13.6.2007 – 5 AZR 564/06, AP BGB § 611 Film Nr. 11.
[20] BAG 13.6.2007 – 5 AZR 564/06, AP BGB § 611 Film Nr. 11; 11.4.2006 – 9 AZR 557/05, AP BGB § 307 Nr. 17.
[21] BAG 26.1.2012 – 2 AZR 102/11, NZA 2012, 857.
[22] BAG 19.7.2012 – 2 AZR 25/11, NZA 2012, 1038.
[23] MHdB ArbR/*Reichold* § 36 Rn. 15.
[24] MHdB ArbR/*Reichold* § 36 Rn. 14.
[25] BAG 21.8.1997 – 5 AZR 713/96, DB 1997, 2619.

nach § 2 NachwG auszuhändigenden Niederschrift enthalten sind, sind nicht unwirksam.[26] Wird trotzdem eine bloß konkludente Festlegung der Art der Tätigkeit vorgenommen, muss der Arbeitgeber mit den unliebsamen Folgen des fehlenden Nachweises von § 2 Abs. 1 NachwG leben.[27]

16 c) **Konkretisierung.** Haben die Arbeitsvertragsparteien im ursprünglichen Arbeitsvertrag eine **weitgefasste Tätigkeitsumschreibung** aufgenommen, kann sich die Verpflichtung des Arbeitnehmers im Einzelfall ausnahmsweise durch eine (konkludente) Vertragsänderung auf **bestimmte Tätigkeitsarten** konkretisieren. Wird der Arbeitnehmer langjährig mit einer bestimmten Tätigkeit beschäftigt, kann das Direktionsrecht des Arbeitgebers eingeschränkt oder ausgeschlossen sein, so dass er eine Änderungskündigung aussprechen muss, um dem Arbeitnehmer andere Tätigkeiten zuzuweisen. So kann grundsätzlich eine Konkretisierung dadurch stattfinden, dass dauerhaft höherwertige oder gleichwertige, aber andersartige Tätigkeiten ausgeübt werden und der Arbeitgeber bei der Zuweisung der konkreten Tätigkeit keinen Vorbehalt erklärt hat.[28] In den Arbeitsvertrag kann der Arbeitgeber allerdings einen Vorbehalt aufnehmen.[29]

> **Formulierungsvorschlag:**
> **17** Der Arbeitgeber ist berechtigt, Frau/Herrn ...... im Rahmen der arbeitsvertraglich vereinbarten Tätigkeit entsprechend ihren/seinen Fähigkeiten und Leistungen andere im Interesse des Unternehmens liegende gleichwertige Aufgaben zu übertragen. Auch eine evtl. längere Beschäftigung mit bestimmten Arbeiten macht diesen Vorbehalt nicht gegenstandslos.

18 Bei einer solchen Vertragsbestimmung kann der Arbeitnehmer nicht davon ausgehen, dass der Arbeitgeber darauf verzichtet, ihm zukünftig andere Tätigkeiten zu übertragen.[30] Damit wird eine Konkretisierung ausgeschlossen. Die Rechtsprechung ist bei der Annahme einer Konkretisierung zurückhaltend,[31] da der Arbeitgeber im Zweifel nicht auf die Ausübung seines Direktionsrechts verzichten will. Die Nichtausübung des Direktionsrechts über eine längere Zeit schafft keinen Vertrauenstatbestand dahingehend, dass der Arbeitgeber von seinem vertraglich oder gesetzlich eingeräumten Recht in Zukunft keinen Gebrauch mehr machen will. Die Nichtausübung seines Direktionsrechts hat keinen Erklärungswert.[32] Die Rechtsprechung des Bundesarbeitsgerichts sieht den Arbeitgeber auch nicht als verpflichtet an, den Arbeitnehmer in bestimmten zeitlichen Abständen darauf hinzuweisen, dass er beabsichtige, von seinem Weisungsrecht ggf. weiterhin Gebrauch zu machen.[33]

19 Allein der Zeitablauf (**Zeitmoment**) ist nicht ausreichend, um eine Konkretisierung herbeizuführen.[34] Ähnlich wie bei der „Verwirkung" bedarf es zusätzlicher Umstände, die ein schutzwürdiges Vertrauen des Arbeitnehmers auf die Beibehaltung des bisherigen Leistungsinhalts auch für die Zukunft begründen (**Umstandsmoment**), dass er nicht in anderer Weise eingesetzt wird.[35] Dies ist erforderlich, weil die Einschränkung des Direktionsrechts eine Vertragsänderung darstellt und deshalb rechtsgeschäftliche Willenselemente erkennbar sein müssen, die auf diese Änderung schließen lassen.[36] Solche zusätzlichen Umstände können

---

[26] EuGH 8.2.2001 – C-350/99, EzA BGB § 611 Mehrarbeit Nr. 8.
[27] Vgl. hierzu → § 10 Rn. 100ff.
[28] MHdB ArbR/*Reichold* § 36 Rn. 16.
[29] AA MüKoBGB/*Müller-Glöge* § 611 Rn. 433; ErfK/*Preis* BGB § 611 Rn. 229, die meinen, eine Konkretisierung könne sich auch gegen den Wortlaut im Arbeitsvertrag vollziehen.
[30] LAG Düsseldorf 3.1.1955 – 2b Sa 265/54, LAGE BGB § 611 Direktionsrecht Nr. 1.
[31] BAG 23.6.1992 – 1 AZR 57/92, AP BGB § 611 Arbeitszeit Nr. 1.
[32] BAG 28.8.2013 – 10 AZR 569/12, NZA-RR 2014, 181.
[33] BAG 19.7.2012 – 2 AZR 25/11, NZA 2012, 1038.
[34] BAG 13.3.2007 – 9 AZR 433/06, AP BGB § 307 Nr. 26.
[35] BAG 13.3.2007 – 9 AZR 433/06, AP BGB § 307 Nr. 26; 17.8.2011 – 10 AZR 202/10, NZA 2012, 265; 16.2.2012 – 8 AZR 98/11, AP HGB § 87 Nr. 13; 18.10.2012 – 6 AZR 86/11, AP GewO § 106 Nr. 23.
[36] BAG 11.10.1995 – 5 AZR 802/94, AP BGB § 611 Arbeitszeit Nr. 9.

Ausbildung, Beförderung oder das Übertragen von Führungsaufgaben sein.[37] So muss der Arbeitnehmer auf Grund äußerer Umstände das Vertrauen entwickeln dürfen, dass der Arbeitgeber den Arbeitsbereich nicht mehr einseitig verändern wird.[38] Diesbezüglich ist zwischen der dauernden Ausübung einer höherwertigen Arbeit und einer andersartigen gleichwertigen Arbeit zu unterscheiden. Übt der Arbeitnehmer mit Billigung des Arbeitgebers dauernd eine **höherwertige Arbeit** aus, kann die erreichte Tätigkeitsstufe geschützt sein, wenn der Arbeitgeber einem Arbeitnehmer vorübergehend eine höhere Aufgabe überträgt und die Fortführung und Dauer allein von der fachlichen Bewährung des Arbeitnehmers abhängig macht. In einem solchen Fall darf die Aufgabe nicht aus anderen Gründen wieder entzogen werden.[39] Unabhängig von einer Konkretisierung ist bei der interimistischen Übertragung einer höherwertigen Tätigkeit zunächst zu prüfen, ob es billigem Ermessen entspricht, dem Arbeitnehmer die anders bewertete Tätigkeit überhaupt zu übertragen. In einem zweiten Schritt ist zu prüfen, ob es billigem Ermessen entspricht, diese Tätigkeit nur vorübergehend zu übertragen, wenn die Übertragung von Anfang an oder auch erst nach einer bestimmten Zeit mit einer höheren Vergütung oder einer entsprechend gewährten Zulage verbunden ist. Dabei sind die Interessen des Einzelfalles abzuwägen. Es ist zu prüfen, ob das Interesse des Arbeitgebers an einer nur vorübergehenden Übertragung oder das Interesse des Arbeitnehmers an der Beibehaltung der höherwertigen Tätigkeit und ggf. einer höheren Vergütung überwiegt. Dabei ist eine bloße Unsicherheit über die Dauer der höherwertigen Beschäftigungsmöglichkeit nicht ausreichend.[40] Entspricht die Übertragung der Tätigkeit nicht billigem Ermessen, so erfolgt die Bestimmung der Leistung nach § 315 Abs. 3 S. 2 BGB durch eine gerichtliche Entscheidung. Sie kann im Ergebnis dazu führen, dass die Übertragung der Tätigkeit als auf Dauer vorgenommen erklärt wird.[41] Greift der Arbeitnehmer im gerichtlichen Verfahren die Billigkeit einer nur vorübergehenden Übertragung einer höherwertigen Tätigkeit iSd tarifvertraglichen Regelungen an, strebt er die Kassation des Merkmals „vorübergehend" an. Folglich ist bei seinem Obsiegen die höherwertige Tätigkeit als von Anfang an (ex tunc) dauerhaft übertragen anzusehen. Das soll aus der Tarifautomatik und dem Regel-/Ausnahmeverhältnis zwischen dauerhaften und vorübergehenden Tätigkeitsübertragung folgen.

Eine Bindung des Arbeitgebers kann auch eintreten, wenn er die berufliche Weiterbildung des Arbeitnehmers fördert. So kann zB einer Diplomsportlehrerin, die jahrelang als Dozentin in der Sportlehrerausbildung tätig war, im Wege des Direktionsrechts keine Aufgabe im allgemeinen Hochschulsport der Bediensteten und Studenten der Hochschule zugewiesen werden.[42] Bei **gleichwertigen Arbeiten** ist die Rechtsprechung strenger und bejaht nur ausnahmsweise eine Konkretisierung.[43] Es wurde als zulässig angesehen, einer Arbeitnehmerin, die nach 1,5 Jahren Maschinenarbeit 20 Jahre im Warenkontrollbereich tätig war, wieder Maschinenarbeit zuzuweisen.[44] Als zulässig angesehen wurde es auch, einen Hafenlotsen, der 16 Jahre in niedersächsischen Hafenteil eingesetzt war, in den hamburgischen zu versetzen.[45] Ebenso ist es zulässig, einen Arbeitnehmer, der 10 Jahre ausschließlich Nachtschicht gearbeitet hat, in die Tagesschicht zu versetzen.[46] Die Tatsache, dass ein Arbeitnehmer vom Arbeitgeber – auch längere Zeit – unter deutlicher Überschreitung einer vertraglich vorgesehenen Arbeitszeit eingesetzt wird, begründet keine Vertragsänderung. Bei dem Arbeitseinsatz handelt es sich um ein tatsächliches Verhalten, dem nicht notwendig ein bestimmter rechts-

---

[37] Schaub ArbR-HdB/*Linck* § 45 Rn. 16; MHdB ArbR/*Reichold* § 36 Rn. 16.
[38] BAG 14.12.1961 – 5 AZR 180/61, AP BGB § 611 Direktionsrecht Nr. 17; 12.4.1973 – 2 AZR 291/72, AP BGB § 611 Direktionsrecht Nr. 24; 11.10.1995 – 5 AZR 802/94, AP BGB § 611 Arbeitszeit Nr. 9.
[39] BAG 17.12.1997 – 5 AZR 332/96, AP BGB § 611 Direktionsrecht Nr. 52.
[40] BAG 27.1.2016 – 4 AZR 468/14, NZA 2016, 903.
[41] BAG 18.4.2012 – 10 AZR 134/11, NZA 2012, 927; 4.7.2012 – 4 AZR 759/10, DB 2012, 2871; 27.1.2016 – 4 AZR 468/14, NZA 2016, 90.
[42] LAG Köln 29.1.1991 – 4 Sa 920/90, LAGE BGB § 611 Direktionsrecht Nr. 8.
[43] BAG 12.4.1973 – 2 AZR 291/72, AP BGB § 611 Direktionsrecht Nr. 24; 27.4.1988 – 7 AZR 593/87, AP § 10 Tarifvertrag Arbeitsrecht Bundespost Nr. 4.
[44] LAG Düsseldorf 23.6.1994 – 12 Sa 489/94, LAGE BGB § 611 Direktionsrecht Nr. 18.
[45] BAG 12.4.1973 – 2 AZR 291/72, AP BGB § 611 Direktionsrecht Nr. 24.
[46] LAG Düsseldorf 23.10.1991 – 4 Sa 789/91, LAGE BGB § 611 Direktionsrecht Nr. 10.

geschäftlicher Erklärungswert in Bezug auf den Inhalt des Arbeitsverhältnisses zukommt. Ohne entsprechende Erklärungen der Parteien kommt die Annahme einer dauerhaften Vertragsänderung mit einer erhöhten regelmäßigen Arbeitszeit nicht in Betracht.[47]

2. Direktionsrecht des Arbeitgebers

21 a) **Grundlagen.** Innerhalb der arbeitsvertraglich festgelegten Arbeitspflicht hat der Arbeitgeber gemäß § 106 GewO das Recht, die **Leistungsbestimmung** einseitig vorzunehmen (Direktionsrecht) und die Leistungsverpflichtung des Arbeitnehmers nach Art, Ort und Zeit einseitig näher zu bestimmen.[48] Dies gilt auch hinsichtlich der Ordnung und des Verhaltens der Arbeitnehmer im Betrieb. Das allgemeine Weisungsrecht des Arbeitgebers führt zu einer Konkretisierung der im Arbeitsvertrag festgelegten Arbeitsbedingungen. Die dort normierten Hauptleistungspflichten stellen zugleich auch die Grenze des Direktionsrechts dar. Will der Arbeitgeber diese überschreiten, liegt eine Vertragsänderung vor, die nur mittels einer Änderungskündigung herbeigeführt werden kann.

22 Durch das Direktionsrecht wird eine Konkretisierung der Rahmenbedingungen des Arbeitsvertrages bezogen auf Zeit, Ort und Art der Arbeitsleistung sowie Ordnung und Verhalten des Arbeitnehmers im Betrieb vorgenommen. Eine arbeitsvertraglich vereinbarte tarifvertragliche Eingruppierung schränkt auch das Direktionsrecht des Arbeitgebers ein.[49] Eine ausdrückliche Erwähnung der Befugnis des Arbeitgebers vom Direktionsrecht Gebrauch zu machen, gibt es in den meisten Arbeitsverträgen nicht. Das Weisungsrecht erstreckt sich nicht auf die Bestandteile des Austauschverhältnisses, also die Höhe des Entgelts und den Umfang der geschuldeten Arbeitsleistung.[50] Da die Ausübung des Weisungsrechts formfrei möglich ist, kann der Arbeitgeber den Arbeitnehmer auch auffordern, an Gesprächen teilzunehmen, in denen der Arbeitgeber Weisungen vorbereiten, erteilen oder ihre Nichterfüllung beanstanden will. Hingegen können Gespräche, die mit diesen Zielen in keinem Zusammenhang stehen, nicht durch einseitige Anordnungen zu verbindlichen Dienstpflichten erhoben werden. Befolgt ein Arbeitnehmer nicht die Weisung zur Teilnahme an einem Gespräch über Verhandlungen zu Vertragsänderungen, ist dies nicht weisungswidrig.[51]

23 b) **Sonderfälle des Direktionsrechts.** Allgemein anerkannt ist, dass der Arbeitgeber bei der Ausübung seines Direktionsrechts einen sog. **Ausführungsspielraum** bzw. **eine Ausführungsautonomie** des Arbeitnehmers beachten muss.[52] Insbesondere Arbeitnehmer, die gehobene Tätigkeiten ausüben, wie bspw. Ärzte, Lehrer, Künstler und Wissenschaftler, haben einen weiten Entscheidungsspielraum, wie sie ihre Tätigkeit ausüben. Diese Beschränkung wird daraus hergeleitet, dass es der Verantwortung der leitenden oder herausgehobenen Aufgaben des Arbeitnehmers widersprechen würde, wenn ihm konkrete Einzelweisungen erteilt würden.

24 Der Arbeitgeber ist kraft Direktionsrechts berechtigt, dem Arbeitnehmer auch sog. **Nebenarbeiten** einseitig zuzuweisen. Hierbei handelt es sich um Tätigkeiten, wie bspw. das Säubern der Arbeitsmittel, die typischerweise im unmittelbaren Zusammenhang mit der vertraglich geschuldeten Tätigkeit stehen bzw. nur eine untergeordnete Rolle spielen und damit Bestandteil der Arbeitspflicht sind.[53] In der Praxis können bei der Abgrenzung dieser Nebentätigkeiten von der vertraglich nicht geschuldeten Tätigkeit Probleme entstehen. Die Abgrenzung ist durch Auslegung des Arbeitsvertrages, insbesondere durch die Ermittlung des Berufsbildes oder durch die Branchenüblichkeit vorzunehmen.[54] So ist bspw. ein angestellter

---

[47] BAG 26.9.2012 – 10 AZR 336/11, AP BGB § 611 Fleischbeschauer-Dienstverhältnis Nr. 25.
[48] BAG 27.3.1980 – 2 AZR 506/78, AP BGB § 611 Direktionsrecht Nr. 26; 20.12.1984 – 2 AZR 436/83, AP BGB § 611 Direktionsrecht Nr. 27; 11.10.1995 – 5 AZR 1009/94, AP BGB § 611 Direktionsrecht Nr. 45; *Hromadka* NZA 2012, 233.
[49] LAG Mecklenburg-Vorpommern 31.8.2010 – 5 Sa 156/10, BeckRS 2010, 75820.
[50] BAG 23.6.2009 – 2 AZR 606/08, AP GewO § 106 Nr. 3; vgl. zu den Einschränkungen bei Bedarfsarbeitsverhältnissen: BAG 26.9.2012 – 10 AZR 336/11, AP BGB § 611 Fleischbeschauer-Dienstverhältnis Nr. 25.
[51] BAG 23.6.2009 – 2 AZR 606/08, AP GewO § 106 Nr. 3.
[52] MHdB ArbR/*Reichold* § 36 Rn. 21.
[53] MHdB ArbR/*Reichold* § 36 Rn. 22; Schaub ArbR-HdB/*Linck* § 45 Rn. 36.
[54] MHdB ArbR/*Reichold* § 36 Rn. 22.

Lehrer auch ohne ausdrückliche vertragliche Regelung verpflichtet, an Schulkonferenzen teilzunehmen⁵⁵ sowie ein- oder mehrtägige Klassenreisen durchzuführen,⁵⁶ weil dies dem herkömmlichen Berufsbild entspricht. Ebenso kann eine Bäckereifachverkäuferin verpflichtet werden, zeitweise die im Verkaufsraum installierte automatische Brötchenbackanlage zu bedienen.⁵⁷ Ein angestellter Arzt ist zur Leistung von administrativen Tätigkeiten, wie der Dokumentation von Befunden, verpflichtet, da diese als Zusammenhangstätigkeiten dem übergeordneten Zweck der Patientenversorgung dienen.⁵⁸

Weiter kann der Arbeitnehmer im Wege des Direktionsrechts zu sog. **Notarbeiten** herangezogen werden, wenn unvorhersehbare äußere Ereignisse dazu zwingen, vorübergehend auch Arbeiten zu erbringen, die grundsätzlich weder von der arbeitsvertraglich festgelegten Arbeitspflicht umfasst sind, noch dem Berufsbild entsprechen.⁵⁹ Diese Verpflichtung resultiert aus der Treuepflicht als vertragliche Nebenpflicht, wonach der Arbeitnehmer Schaden vom Betrieb abzuwenden hat.⁶⁰ Naturgemäß kann es sich nur um absolute Ausnahmefälle handeln. Als **Notfall** sind außergewöhnliche Fälle anzusehen, die unvorhersehbar sind und durch rechtzeitige Personalplanung nicht behoben werden können,⁶¹ wie die plötzliche Erkrankung eines Arbeitnehmers. In einem solchen Fall kann ein anderer Arbeitnehmer verpflichtet sein, vorübergehend geringere oder höherwertige Arbeiten zu verrichten.⁶² Keine außergewöhnlichen Fälle sind regelmäßig auftretende Eilaufträge oder permanenter Arbeitskräftemangel.⁶³ In der Praxis ist schwierig zu entscheiden, ob ein solcher Notfall vorliegt. Kommt ein Arbeitnehmer einer solchen Aufforderung nicht nach, muss er damit rechnen, dass er abgemahnt oder ihm gekündigt wird, wenn die Pflicht zur Tätigkeitsaufnahme bestand. 25

Besonderheiten beim Direktionsrecht ergeben sich bei den verschiedenen Formen sog. **Streikarbeit**. Direkte Streikarbeit liegt vor, wenn der Arbeitnehmer kraft Direktionsrechts zu Arbeiten herangezogen wird, die bislang von Streikenden verrichtet wurden. Die Ausübung solcher Streikarbeit kann der Arbeitnehmer verweigern, da ihm unsolidarisches Verhalten gegenüber seinen streikenden Kollegen nicht zugemutet werden kann.⁶⁴ Insoweit ist der Arbeitgeber verpflichtet, bei der Ausübung des Direktionsrechts zu berücksichtigen, ob der Arbeitnehmer sich gegenüber Streikenden unsolidarisch verhalten würde. Beachtet der Arbeitgeber dies nicht, ist der Arbeitnehmer berechtigt, die Arbeit zu verweigern und ist dabei verfassungsrechtlich durch Art. 9 Abs. 3 GG und einfachgesetzlich durch § 11 Abs. 5 AÜG geschützt. Ausgenommen vom dem Leistungsverweigerungsrecht des Arbeitnehmers sind sog. Notstands- und Erhaltungsarbeiten.⁶⁵ 26

Notstandsarbeiten stellen die Versorgung der Bevölkerung mit lebensnotwendigen Diensten und Gütern während des Streiks sicher. Die Erforderlichkeit dieser Verpflichtung wird aus der Gemeinwohlbindung aller Arbeitskämpfe abgeleitet.⁶⁶ Erhaltungsarbeiten als Ausdruck des Verbots ruinöser Arbeitskampfes stellen sicher, dass der Betrieb und die Arbeit nach Streikende fortgeführt werden können. Die Substanz der sächlichen Betriebsmittel, also von Anlagen, Rohstoffen und Produkten, darf nicht zerstört werden. Bei der Auswahl der Arbeitnehmer, die zu solchen Notstands- und Erhaltungsaufgaben herangezogen werden, hat der Arbeitgeber den Gleichbehandlungsgrundsatz und billiges Ermessen nach § 315 BGB zu beachten. 27

---

⁵⁵ LAG Hamm v. 27.1.2011 – 17 Sa 1365/10, BeckRS 2011, 69911.
⁵⁶ BAG 26.4.1985 – 7 AZR 432/82, AP BGB § 611 Lehrer, Dozenten Nr. 48.
⁵⁷ LAG Hamm 8.6.1994 – 14 Sa 2054/93, LAGE BGB § 611 Direktionsrecht Nr. 20.
⁵⁸ BAG v. 5.11.2003 – 4 AZR 632/02, NZA-RR 2004, 442.
⁵⁹ MHdB ArbR/*Reichold* § 36 Rn. 23.
⁶⁰ BAG 29.1.1960 – 1 AZR 200/58, AP GewO § 123 Nr. 12; 27.3.1980 – 2 AZR 506/78, AP BGB § 611 Direktionsrecht Nr. 26; 3.12.1980 – 5 AZR 477/78, AP BGB § 615 Böswilligkeit Nr. 4; 16.10.2013 – 10 AZR 9/13, NZA 2014, 264; Schaub ArbR-HdB/*Linck* § 45 Rn. 37.
⁶¹ Schaub ArbR-HdB/*Linck* § 45 Rn. 37.
⁶² BAG 8.10.1962 – 2 AZR 550/61, AP BGB § 611 Direktionsrecht Nr. 18.
⁶³ Schaub ArbR-HdB/*Linck* § 45 Rn. 37.
⁶⁴ BGH 19.1.1978 – II ZR 192/76, AP GG Art. 9 Arbeitskampf Nr. 56; BAG 10.9.1985 – 1 AZR 262/84, AP GG Art. 9 Arbeitskampf Nr. 86.
⁶⁵ BAG 31.1.1995 – 1 AZR 142/94, AP GG Art. 9 Arbeitskampf Nr. 135.
⁶⁶ BAG 31.1.1995 – 1 AZR 142/94, AP GG Art. 9 Arbeitskampf Nr. 135.

28 Anders sieht die Rechtslage bei sog. indirekter Streikarbeit aus. Diese liegt vor, wenn die Streikarbeit in einem nur mittelbar betroffenen Betrieb verrichtet werden soll. Hier sind die Arbeitnehmer nicht berechtigt, aus Solidarität mit den Streikenden ihre Arbeit zu verweigern, es sei denn, es handelt sich um sog. ausgelagerte Streikarbeit.[67]

29 **c) Schranken des Direktionsrechts.** Das Direktionsrecht unterliegt verschiedenen Schranken. Zunächst wird es durch den Inhalt des Arbeitsvertrages beschränkt. Der Arbeitnehmer hat nur die versprochenen Dienste im Rahmen der vereinbarten Zeit und am vereinbarten Ort zu erbringen. Das Direktionsrecht wird auch durch die **Verfassung** und **einfache Gesetze** beschränkt, wie bspw. die §§ 134, 138 BGB sowie ua die Arbeitnehmerschutzbestimmungen im MuSchG, JArbSchG sowie dem ArbZG. Maßgeblich ist, ob die Weisung einen objektiven Verstoß gegen die Vorschrift darstellt, die den Arbeitnehmer oder Dritte schützt. Nicht entscheidend ist, ob dem Arbeitgeber die Anweisung ausdrücklich verboten ist.[68] So ist die Anordnung gegenüber Piloten in dem der Öffentlichkeit zugänglichen Flughafenbereich eine Cockpit-Mütze zu tragen, wegen Verstoß gegen den Gleichbehandlungsgrundsatz dann unwirksam, wenn Pilotinnen hierzu nicht verpflichtet sind.[69] Die Ausübung des Direktionsrechts darf darüber hinaus auch nicht gegen anwendbare **Tarifverträge** und **Betriebsvereinbarungen** verstoßen.[70]

30 Das Direktionsrecht hat der Arbeitgeber gemäß § 106 S. 1 GewO, § 315 BGB nach **billigem Ermessen** auszuüben. Das billige Ermessen ist gewahrt, wenn der Arbeitgeber die wesentlichen Umstände des Falles abgewogen und die beiderseitigen Interessen angemessen berücksichtigt hat.[71] Der Arbeitgeber darf insgesamt nur solche Weisungen erteilen, die den vertraglich und gesetzlich zulässigen Zweck verfolgen, zur Zweckerreichung geeignet und erforderlich sind und den geschützten Interessen des Arbeitnehmers ausreichend Rechnung tragen.[72] Die Leistungsbestimmung nach billigem Ermessen verlangt eine Abwägung der wechselseitigen Interessen nach den vertraglichen und gesetzlichen Wertentscheidungen, den allgemeinen Wertungsgrundsätzen, der Verhältnismäßigkeit und Angemessenheit sowie der Verkehrssitte und Zumutbarkeit. Dementsprechend ist eine Berücksichtigung und Bewertung der Interessen unter Abwägung aller Umstände des Einzelfalls erforderlich. Es sind die Vorteile aus einer Regelung, die Risikoverteilung zwischen den Vertragsparteien, die beiderseitigen Bedürfnisse, die außervertraglichen Vor- und Nachteile, Vermögens- und Einkommensverhältnisse sowie soziale Lebensverhältnisse wie familiäre Pflichten und Unterhaltspflichten zu berücksichtigen.[73]

31 In der Interessenabwägung sind auf Seiten des Arbeitnehmers insbesondere dessen **Grundrechte** zu berücksichtigen. Aufgrund der mittelbaren Drittwirkung der Grundrechte können sich Schranken aus Art. 5 Abs. 1 und 2 GG (freie Meinungsäußerung), Art. 5 Abs. 3 (Freiheit von Kunst und Wissenschaft) sowie aus Art. 4 GG (Glaubens- und Gewissensfreiheit) ergeben. Schließlich darf eine Weisung auch nicht das Persönlichkeitsrecht des Arbeitnehmers aus Art. 1 Abs. 1 iVm Art. 2 Abs. 1 GG verletzen.[74] Es stellt keinen Eingriff in das in Art. 2 Abs. 1 iVm Art. 1 Abs. 1 GG verankerte Recht auf informationelle Selbstbestimmung dar, wenn ein Arbeitgeber von seinem Arbeitnehmer die Beantragung einer qualifizierten elektronischen Signatur und die Nutzung einer elektronischen Signaturkarte verlangt, wenn dies für die Erbringung der vertraglich geschuldeten Arbeitsleistung erforderlich ist

---

[67] BAG 20.12.1984 – 2 AZR 436/83, AP BGB § 611 Direktionsrecht Nr. 27.
[68] BAG 8.9.1988 – 2 AZR 102/88, AP MuSchG 1968 § 8 Nr. 1.
[69] BAG 30.9.2014 – 1 AZR 1083/12, NZA 2015, 121.
[70] BAG 27.3.1980 – 2 AZR 506/78, AP BGB § 611 Direktionsrecht Nr. 26; 20.12.1984 – 2 AZR 436/83, AP BGB § 611 Direktionsrecht Nr. 27; 6.4.1989 – 6 AZR 622/87, AP BAT SR 2r § 2 Nr. 2.
[71] BAG 15.12.1976 – 5 AZR 600/75, AP BGB § 611 Arzt-Krankenhaus-Vertrag Nr. 3; 28.9.1977 – 4 AZR 743/76, AP TVG § 1 Tarifverträge: Rundfunk Nr. 4; 28.11.1984 – 5 AZR 123/83, AP TVG § 4 Bestimmungsrecht Nr. 1; 20.12.1984 – 2 AZR 436/83, AP BGB § 611 Direktionsrecht Nr. 27; 23.6.1993 – 5 AZR 337/92, AP BGB § 611 Direktionsrecht Nr. 42; 17.12.1997 – 5 AZR 332/96, AP BGB § 611 Direktionsrecht Nr. 52; 24.2.2011 – 2 AZR 639/09, NZA 2011, 1087; Hromadka DB 1995, 1609.
[72] MHdB ArbR/*Reichold* § 36 Rn. 26.
[73] BAG 13.4.2010 – 9 AZR 36/09, AP BGB 2002 § 307 Nr. 45.
[74] MHdB ArbR/*Reichold* § 36 Rn. 27.

und dem Arbeitnehmer zumutbar.[75] Der Arbeitgeber darf in Ausübung des Direktionsrechts dem Arbeitnehmer jedoch keine Weisungen erteilen, die ihn in einen **Gewissenskonflikt** stürzen.[76] In einem solchen Fall hat der Arbeitnehmer ein Leistungsverweigerungsrecht nach § 275 Abs. 3 BGB.[77] Nach der Rechtsprechung des Bundesarbeitsgerichts hat der Arbeitgeber hingegen bereits bei der Ausübung seines Direktionsrechts nach § 106 GewO einen Glaubens- oder Gewissenskonflikt des Arbeitnehmers zu berücksichtigen.[78] Solange der Arbeitnehmer den Gewissenskonflikt noch nicht offenbart hat, ist die Weisung bindend. Offenbart sodann der Arbeitnehmer den Gewissenskonflikt, ist der Arbeitgeber ggf. verpflichtet, nach § 241 Abs. 2 BGB sein Ermessen neu auszuüben.[79] Der Arbeitnehmer hat in einem solchen Fall darzulegen, dass er die geschuldete Leistung auf Grund der aus der spezifischen Sachlage folgenden Gewissensnot nicht erbringen kann.[80] Insofern obliegt ihm die Darlegungs- und Beweislast dafür, dass die von ihm genannten Ge- und Verbote aufgrund seines Glaubens für ihn die absolute Verbindlichkeit haben.

Ein Arzt, der in der Forschungsabteilung eines Pharmaunternehmens beschäftigt ist, kann 32 aus Gewissensgründen die Mitwirkung an der Entwicklung einer Substanz verweigern, die die Symptome der Strahlenkrankheit zeitweise unterdrückt, wenn er meint, ein solches Medikament würde die Einschätzung über die Führbarkeit eines Atomkriegs positiv beeinflussen.[81] Ein jüdischer Mitarbeiter ist auch berechtigt, die Bearbeitung von Exportaufträgen für den Irak abzulehnen, wenn es sich um Gegenstände handelt, die möglicherweise geeignet sind, Waffen herzustellen.[82] Eine türkische Arbeitnehmerin, die Verkäuferin in einem Kaufhaus in einer hessischen Kleinstadt ist, ist nicht verpflichtet, der Weisung des Arbeitgebers zu folgen, ein Kopftuch während der Arbeitszeit zu entfernen.[83] Demgegenüber kann das Tragen des „Islamischen Kopftuchs" einer Arbeitnehmerin als Erzieherin in einer in öffentlicher Trägerschaft unterhaltenen Kindertagesstätte gesetzlich untersagt werden.[84] Eine muslimische Krankenschwester hat es aufgrund ihrer arbeitsvertraglichen Loyalitätspflichten in einem evangelischen Krankenhaus zu unterlassen, während der Arbeitszeit ein Kopftuch als Ausdruck ihres religiösen Bekenntnisses zu tragen und sich im Rahmen ihrer Aufgabenerfüllung neutral gegenüber der Kirche zu zeigen.[85]

In den Fällen, in denen ein solcher Gewissenskonflikt besteht, hat der Arbeitgeber zu prü- 33 fen, ob andere Arbeitnehmer des Betriebs mit der Aufgabe betraut werden und Arbeiten umorganisiert werden können.[86] Ist dies der Fall und verweigert der Arbeitnehmer aus anerkennenswerten Gründen die Arbeit, ist der Arbeitgeber nicht berechtigt, eine ordentliche Kündigung auszusprechen.[87] Kann der Arbeitnehmer, der sich auf Gewissensgründe beruft, jedoch auf Dauer nicht anderweitig beschäftigt werden, ist der Arbeitgeber zur ordentlichen personenbedingten Kündigung berechtigt.[88]

Eine Einschränkung des Direktionsrechts kann sich auch aus den **familiären Pflichten** des 34 Arbeitnehmers ergeben. So hat das LAG Nürnberg[89] entschieden, dass der Arbeitgeber eine aus der Elternzeit zurückkehrende Mutter nicht verpflichten kann, früher mit der Arbeit zu

---

[75] BAG 25.9.2013 – 10 AZR 270/12, NZA 2014, 41.
[76] BAG 20.12.1984 – 2 AZR 436/83, AP BGB § 611 Direktionsrecht Nr. 27; 24.5.1989 – 2 AZR 285/88, AP BGB § 611 Gewissensfreiheit Nr. 1.
[77] Schaub ArbR-HdB/*Linck* § 45 Rn. 41.
[78] BAG 24.2.2011 – 2 AZR 636/09, NZA 2011, 1087.
[79] BAG 19.5.2010 – 5 AZR 162/09, NZA 2010, 1189; 24.2.2011 – 2 AZR 636/09, NZA 2011, 1087.
[80] BAG 24.5.1989 – 2 AZR 285/88, AP BGB § 611 Gewissensfreiheit Nr. 1.
[81] BAG 24.5.1989 – 2 AZR 285/88, AP BGB § 611 Gewissensfreiheit Nr. 1.
[82] ArbG Köln 18.4.1989 – 16 Ca 650/89, NZA 1991, 276.
[83] BAG 10.10.2002 – 2 AZR 472/01, AP KSchG 1969 Verhaltensbedingte Kündigung Nr. 44.
[84] BAG 12.8.2010 – 2 AZR 593/09, AP GG Art. 4 Nr. 8.
[85] BAG 24.9.2014 – 5 AZR 611/12, NZA 2014, 1407.
[86] BAG 24.2.2011 – 2 AZR 636/09, NZA 2011, 1087.
[87] BAG 20.12.1984 – 2 AZR 436/83, AP BGB § 611 Direktionsrecht Nr. 27; 24.2.2011 – 2 AZR 636/09, NZA 2011, 1087.
[88] BAG 24.5.1989 – 2 AZR 285/88, AP BGB § 611 Gewissensfreiheit Nr. 1; 24.2.2011 – 2 AZR 636/09, NZA 2011, 1087.
[89] LAG Nürnberg 8.3.1999 – 6 Sa 259/97, ARST 1999, 122.

beginnen, wenn sie ihr Kind wegen der Änderung der Arbeitszeit nicht in den Kindergarten bringen kann. Schließlich ergeben sich aus § 106 GewO Einschränkungen des Direktionsrechts. Ausdrücklich wird in § 106 S. 3 GewO normiert, dass die Ermessensausübung des Arbeitgebers auch auf **Behinderungen** des Arbeitnehmers Rücksicht zu nehmen hat. Der Inhalt und Sinn der Vorschrift ist bis heute nicht geklärt.[90] Zu berücksichtigen ist, dass es nach dem Wortlaut nicht auf die Schwerbehinderung im Sinne des SGB IX ankommt, sondern wie im AGG, auf jede Behinderung abgestellt wird. Für schwerbehinderte Menschen können sich zusätzliche Einschränkungen des arbeitgeberseitigen Direktionsrechts aus § 164 Abs. 4 SGB IX ergeben. Die Zuweisung eines Arbeitsplatzes, der den Vorgaben von **§ 618 Abs. 1 BGB** in Verbindung mit den **öffentlich-rechtlichen Arbeitsschutznormen** nicht vollumfänglich genügt, kann gleichwohl billigem Ermessen entsprechen, wenn es sich um bloß geringfügige oder kurzzeitige Verstöße handelt, die keinen nachhaltigen Schaden bewirken können.[91]

35
**Checkliste
zur Ausübung des Direktionsrechts**

☐ Ist die Weisung von dem Arbeitsvertrag nach Art, Ort und Zeit der Tätigkeit gedeckt?
☐ Ist die Weisung mit anderen Vorschriften, wie Verfassung, einfachen Gesetzen und Tarifvertrag und Betriebsvereinbarung vereinbar?
☐ Beachtet die Weisung das billige Ermessen?
 • Verfolgt die Weisung einen anerkennenswerten Zweck?
 • Ist die Weisung zur Erreichung des gewünschten Zweckes geeignet und erforderlich?
 • Werden die rechtlich geschützten Interessen des Arbeitnehmers nicht unverhältnismäßig beeinträchtigt?

36 **d) Erweiterung des Direktionsrechts.** Durch den **Arbeitsvertrag** oder durch einen **Tarifvertrag** kann das Direktionsrecht des Arbeitgebers erweitert werden. Im Arbeitsvertrag wird eine solche Bestimmung regelmäßig als sog. **Direktionsrechtsklausel** bezeichnet. Ob im Arbeitsvertrag ein erweitertes Direktionsrecht für den Arbeitgeber vereinbart wurde, ist durch Auslegung zu ermitteln. Liegt eine konkrete Vereinbarung der Parteien über die Tätigkeit vor, ist die einseitige Zuweisung einer anderen Tätigkeit durch den Arbeitgeber ausgeschlossen, wenn keine Versetzungsklausel vereinbart ist. Enthält der Arbeitsvertrag nur eine allgemeine Bestimmung der Tätigkeit und ist dem Arbeitnehmer durch die arbeitsvertragliche Regelung kein bestimmter Arbeitsplatz endgültig zugeordnet, kann der Arbeitgeber eine andere Tätigkeit nur dann anordnen, wenn sie im Vertrag vorgesehen oder gleichwertig ist.[92]

37 Die Prüfung, ob eine Tätigkeit gleichwertig ist, bestimmt sich mangels anderer Anhaltspunkte aus der auf den jeweiligen Betrieb bezogenen Verkehrsauffassung und dem sich daraus ergebenden Sozialbild.[93] Eine geringerwertige Tätigkeit wird in der Regel dann vorliegen, wenn der bisherige Aufgaben- und Verantwortungsbereich des Arbeitnehmers verkleinert oder hierarchisch herabgestuft wird.[94] So ist keine Gleichwertigkeit gegeben, wenn ein Oberarzt im Bereitschafts- oder Stationsdienst Assistenzarzttätigkeiten zu verrichten hat.[95] Demgegenüber ist es vom Direktionsrecht gedeckt, einen Bereitschaftsdienst aus-

---

[90] ErfK/*Preis* GewO § 106 Rn. 22.
[91] BAG 28.6.2018 – 2 AZR 436/17, NZA 2018, 1259.
[92] BAG 14.7.1965 – 4 AZR 347/63, AP BGB § 611 Direktionsrecht Nr. 19; 30.8.1995 – 1 AZR 47/95, AP BGB § 611 Direktionsrecht Nr. 44; 29.10.1997 – 5 AZR 573/96, AP BGB § 611 Direktionsrecht Nr. 51; 11.4.2006 – 9 AZR 557/05, AP BGB § 307 Nr. 17.
[93] LAG Hamm 7.8.1962 – 2 Sa 182/62, BB 1962, 1160; BAG 30.8.1995 – 1 AZR 47/95, AP BGB § 611 Direktionsrecht Nr. 44.
[94] LAG Hamm 9.1.1997 – 17 Sa 1554/96, NZA-RR 1997, 337.
[95] BAG 19.12.1991 – 6 AZR 476/89, ZTR 1992, 331.

schließlich von einem Oberarzt durchführen zu lassen, auch wenn diese Aufgabe in der Regel durch einen Assistenzarzt unter Anleitung und Überwachung durch einen Oberarzt vorgenommen wird. Dies bedeutet nicht, dass diese nicht in weitergehender ärztlicher Verantwortung auch zum Aufgabengebiet des Oberarztes gehört. Entscheidend ist, dass die typischen Aufgaben der Tätigkeit weiterhin das Gepräge geben.[96] Nicht vom Direktionsrecht gedeckt ist es, wenn eine Redakteurin in eine Service- und Entwicklungsredaktion versetzt wird und dort nur Beiträge für Test- und Entwicklungszwecke gefertigt werden, ohne dass sie zur Veröffentlichung vorgesehen sind.[97]

Das Bundesarbeitsgericht hat auch klargestellt, dass selbst bei gleicher Bezahlung das Niveau der Art der neuen Tätigkeit nicht unter dem im Arbeitsvertrag vereinbarten liegen darf.[98] Nur wenn Führungsverantwortung nicht zu den Tätigkeitsmerkmalen des Arbeitnehmers gehört, kann eine solche Vorgesetztenfunktion entzogen werden.[99] Im öffentlichen Dienst kann der Arbeitnehmer nach § 4 TVöD für die Tätigkeit in der gesamten Vergütungsgruppe eingesetzt werden.

Neue Tätigkeiten können dem Arbeitnehmer zugewiesen werden, soweit sie die Merkmale der Vergütungsgruppe erfüllen.[100] Dabei wird das Direktionsrecht auch nicht dadurch beschränkt, dass dem Arbeitnehmer aus der bisherigen Fallgruppe heraus ein Bewährungsaufstieg möglich war, der aus der neu zugewiesenen Tätigkeit verwehrt ist.[101] Die Zuweisung von Tätigkeiten einer niedrigeren Entgeltgruppe ist dann vom Direktionsrecht des Arbeitgebers gedeckt, wenn der Arbeitnehmer die Höhergruppierung bei gleichbleibenden Qualifikationsmerkmalen nur aufgrund des Bewährungsaufstieges erzielt hat und die neu zugewiesene Tätigkeit den Qualifikationsmerkmalen entspricht.[102] Ist die Zuweisung einer Tätigkeit von einer solchen Klausel nicht gedeckt, bedarf es zur Übertragung höher- oder geringerwertiger Tätigkeiten einer einvernehmlichen Änderung des Arbeitsvertrages oder einer Änderungskündigung.[103] Eine befristete Übertragung einer höherwertigen Tätigkeit, die zu einer um ca. 9 % erhöhten monatlichen Vergütung führt, stellt keine unangemessene Benachteiligung nach § 307 Abs. 1 BGB dar, wenn die dauerhafte Besetzung ein umfangreiches Besetzungsverfahren voraussetzt, das zunächst abgewartet werden muss.[104]

Vorformulierte Versetzungsvorbehalte, die den Arbeitgeber zur einseitigen Leistungsbestimmung berechtigen, unterliegen **der Inhaltskontrolle der §§ 305 ff. BGB.** Das Bundesarbeitsgericht hat die frühere Rechtsprechung,[105] solche Regelungen an einer Umgehung des § 2 KSchG zu prüfen, aufgegeben.[106]

Die Versetzungsklauseln tragen dem im Arbeitsrecht bestehenden **spezifischen Anpassungs- und Flexibilisierungsbedürfnis** Rechnung. Der Arbeitsvertrag als Dauerschuldverhältnis bedarf einer ständigen, bei Vertragsschluss gedanklich nicht vorwegnehmbaren Anpassung. Zudem erhält der Arbeitnehmer im Gegenzug zur ihm abverlangten **Flexibilität** eine entsprechend **stärkere Sicherung** seines Arbeitsverhältnisses bei einer betriebsbedingten Kündigung. Das **Bundesarbeitsgericht** wendet § 308 Nr. 4 BGB auf arbeitsvertragliche Versetzungsklauseln **nicht** an. § 308 Nr. 4 BGB erfasst nur einseitige Bestimmungsrechte hinsichtlich der Leistung des Verwenders und ist damit nicht auf das Leistungsbestimmungs-

---

[96] BAG 16.10.2013 – 10 AZR 9/13, NZA 2014, 264.
[97] BAG 23.2.2010 – 9 AZR 3/09, AP GewO § 106 Nr. 9.
[98] BAG 23.6.1993 – 5 AZR 337/92, AP BGB § 611 Direktionsrecht Nr. 42; 24.4.1996 – 1 AZR 47/95, AP BGB § 611 Direktionsrecht Nr. 44.
[99] LAG Köln 5.2.1999 – 11 Sa 1146/98, BeckRS 1999, 30462449.
[100] BAG 14.4.2010 – 7 AZR 542/08, AP TzBfG § 14 Nr 72
[101] BAG 2.12.1981 – 4 AZR 383/79, AP BPersVG § 75 Nr. 6; 21.11.2002 – 6 AZR 82/01, AP BGB § 611 Direktionsrecht Nr. 63.
[102] LAG Niedersachsen 15.10.2010 – 6 Sa 282/10, LAGE GewO 2003 § 106 Nr. 8.
[103] Schaub ArbR-HdB/*Linck* § 46 Rn. 32.
[104] BAG 7.10.2015 – 7 AZR 945/13, NJW 2016, 499.
[105] BAG 14.11.1990 – 5 AZR 509/89, AP BGB § 611 Arzt-Krankenhaus-Vertrag Nr. 25; 7.10.1982 – 2 AZR 455/80, AP BGB § 620 Teilkündigung Nr. 5.
[106] BAG 12.1.2005 – 5 AZR 364/04, AP BGB § 308 Nr. 1; 7.12.2005 – 5 AZR 353/04, AP TzBfG § 12 Nr. 4.

recht des Arbeitgebers im Hinblick auf die Arbeitsleistung des Arbeitnehmers anzuwenden.[107]

42 Versetzungsklauseln in vorformulierten Arbeitsverträgen sind nach § 307 BGB grundsätzlich einer **Angemessenheitskontrolle** zu unterziehen und im konkreten Einzelfall bei Ausübung der Leistungsbestimmungen einer **Ausübungskontrolle** nach § 106 S. 1 GewO dahingehend, ob sie billigem Ermessen entsprechen.[108] Entspricht der Versetzungsvorbehalt nach einer Auslegung materiell-rechtlich aber nur dem Inhalt der gesetzlichen Festlegung des Direktionsrechts nach § 106 GewO, unterliegt die Klausel nur der Transparenzkontrolle nach § 307 Abs. 1 S. 2 BGB, der Überprüfung auf Unklarheit nach § 305 BGB und keiner Angemessenheitskontrolle iSd § 307 Abs. 1 S. 1 BGB.[109] Denn eine nicht über § 106 GewO hinausgehende Regelung kann den Grundgedanken der gesetzlichen Bestimmungen zum Direktionsrecht nicht entgegenstehen.[110] Es handelt sich um die Bestimmung des Inhalts der Hauptpflicht. Dabei ist unerheblich, wie weit oder eng die Leistungsbestimmung gefasst ist. Im Urteil vom 13.3.2007[111] betont der 9. Senat, dass dabei zu berücksichtigen sei, dass § 106 S. 1 GewO dem Arbeitgeber ein sehr weit reichendes Bestimmungsrecht einräumt und bereits zulässt, dass in Arbeitsverträgen eine nur rahmenmäßig umschriebene Leistungspflicht normiert wird. Ebenso ist es nicht notwendig, dass die Vertragsklausel Konkretisierungen zur Ausübung des Direktionsrechts enthält, beispielsweise also Angaben zum zulässigen Entfernungsradius oder Ankündigungsfristen.[112] Nach § 307 Abs. 1 S. 2 BGB ist es auch **nicht** erforderlich, **Zuweisungsgründe** zu vereinbaren.[113] Der 9. Senat meint, dass eine Konkretisierung dem Bedürfnis, auf im Zeitpunkt des Vertragsabschlusses nicht vorhersehbaren Veränderungen reagieren zu können, nicht gerecht werde. Der Arbeitnehmer könne dann auch nicht erkennen, welche wirtschaftlichen, betrieblichen und persönlichen Gründe eine Änderung rechtfertigen. Offen gelassen hat der 9. Senat, ob die Gründe für die Ausübung des Leistungsbestimmungsrechts ausnahmsweise genannt werden müssen, wenn es sich um eine **besonders schwerwiegende Änderung** handele.[114]

43 Soweit der Arbeitgeber durch die Versetzungsklausel berechtigt wird, dem Arbeitnehmer eine andere gleichwertige Tätigkeit zuzuweisen, hat das Bundesarbeitsgericht hiergegen keine Einwände.[115] Im Urteil vom 11.4.2006 hatte der 9. Senat sich mit einer Versetzungsklausel zu befassen, die materiell § 106 S. 1 GewO entsprach.[116] In diesem Fall durfte der Arbeitgeber als Verwender sich nicht allein von seinen Interessen leiten lassen, sondern hatte, da die Zuweisung einer anderen Tätigkeit unter dem Vorbehalt der Wahrung der Interessen des Arbeitnehmers stand, einen angemessenen Ausgleich der beiderseitigen Interessen vorzunehmen. Die Klausel wurde als nach § 307 Abs. 1 S. 1 BGB wirksam angesehen.

44 Demgegenüber hat der 9. Senat in der Klausel, wonach der Arbeitgeber berechtigt ist, die **Art** der vertraglich geschuldeten Tätigkeit als Personalsachbearbeiter zu ändern, einen Verstoß gegen § 307 Abs. 1 S. 1 BGB gesehen, denn hierin sei das unzulässige Recht des Arbeitgebers, in den Inhalt des Arbeitsvertrags einzugreifen, ohne dass die in § 1 Abs. 2 S. 1 bis 3, Abs. 3 S. 1 und 2 KSchG vorausgesetzten Bedingungen für eine soziale Rechtfertigung der Änderung der vertraglich vereinbarten Arbeitsbedingungen vorlagen, zu sehen.[117] Nach Auffassung des Senats verlangt der Wortlaut der Klausel („falls erforderlich ... nach Ab-

---

[107] BAG 11.4.2006 – 9 AZR 557/05, AP BGB § 307 Nr. 17; 9.5.2006 – 9 AZR 424/05, AP BGB § 307 Nr. 21; 13.3.2007 – 9 AZR 433/06, AP BGB § 307 Nr. 26.
[108] BAG 11.4.2006 – 9 AZR 557/05, AP BGB § 307 Nr. 17; 13.4.2010 – 5 AZR 517/09, AP BGB 2007 § 307 Nr. 47.
[109] BAG 25.8.2010 – 10 AZR 275/09, AP GewO § 106 Nr. 11; 13.4.2010 – 5 AZR 517/09, AP BGB 2007 § 307 Nr. 47.
[110] BAG 13.6.2012 – 10 AZR 296/11, NZA 2012, 1154.
[111] BAG 13.3.2007 – 9 AZR 433/06, AP BGB § 307 Nr. 26.
[112] BAG 13.4.2010 – 9 AZR 36/09, AP BGB § 307 Nr. 45.
[113] BAG 11.4.2006 – 9 AZR 557/05, AP BGB § 307 Nr. 17; 13.3.2007 – 9 AZR 435/06, AP BGB § 307 Nr. 26; 25.8.2010 – 10 AZR 275/09, AP GewO § 106 Nr. 11.
[114] *Hromadka* FS Dieterich, S. 275; *Fliss* NZA-RR 2008, 225.
[115] BAG 9.5.2006 – 9 AZR 424/05, AP BGB § 307 Nr. 21; 11.4.2006 – 9 AZR 557/05, AP BGB § 307 Nr. 17.
[116] BAG 11.4.2006 – 9 AZR 557/05, AP BGB § 307 Nr. 17.
[117] BAG 9.5.2006 – 9 AZR 424/05, AP BGB § 307 Nr. 21.

stimmung der beiderseitigen Interessen") kein Einvernehmen der Parteien, sondern den Versuch eines individuellen Interessenausgleichs. Dementsprechend wird der Vorbehalt eines Arbeitgebers, dem Arbeitnehmer gegebenenfalls auch eine geringwertige Tätigkeit zuzuweisen, als ein **schwerwiegender Eingriff** in den gesetzlich gewährleisteten Inhaltsschutz und als unangemessen iSd § 307 Abs. 1 S. 1 iVm § 307 Abs. 2 Nr. 1 BGB angesehen.[118]

Im Urteil vom 3.12.2008 befand der 5. Senat, dass die Begründung des Rechts des Arbeitgebers, dem Arbeitnehmer innerhalb des Unternehmens eine andere, seiner Ausbildung und beruflichen Entwicklung oder vorherigen Tätigkeit entsprechende Tätigkeit zu übertragen, soweit dies mit einem Wohnungswechsel nicht verbunden ist, der AGB-Kontrolle gem. § 307 Abs. 1 BGB standhält. Der Arbeitgeber behalte sich weder die einseitige Änderung der vertraglichen Tätigkeit unter Umgehung von § 2 KSchG noch das Recht zur Zuweisung einer geringerwertigen Tätigkeit vor. Schließlich lasse die Bestimmung die Ausübung billigen Ermessens zu und erwecke nicht den Eindruck, die diesbezügliche Kontrolle sei ausgeschlossen.[119]

Die Rechtsprechung nimmt sodann eine **Ausübungskontrolle vor,** ob der Arbeitgeber das Weisungsrecht nach **billigem Ermessen** ausgeübt hat und die beiderseitigen Interessen **angemessen** berücksichtigt sind. Maßgeblich ist dabei die Interessenlage der Parteien im **Zeitpunkt der Ausübung** des Direktionsrechts.[120] Weder sind nachträgliche Entwicklungen noch dem Arbeitgeber unbekannte persönliche Gründe des Arbeitnehmers zu berücksichtigen.[121] Beschreibt der Arbeitgeber nicht, welche Aufgaben der Arbeitnehmer nach einer Versetzung konkret ausüben soll, fehlt es an der erforderlichen Bestimmtheit, so dass die Ausübung des Direktionsrechts unwirksam ist. Die zukünftig geforderte Leistung muss genau angegeben werden.[122]

Formulierungsvorschläge:

Einseitiger Versetzungsvorbehalt:

Der Arbeitgeber behält sich unter Wahrung der Interessen des Arbeitnehmers die Zuweisung eines anderen gleichwertigen Arbeitsgebietes vor.[123]
oder:
Der Arbeitgeber kann den Arbeitnehmer entsprechend seinen Leistungen und Fähigkeiten mit einer anderen im Interesse des Arbeitgebers liegenden gleichwertigen Aufgabe betrauen, ihn an einen anderen Ort sowie vorübergehend auch bei einem anderen Unternehmen einsetzen[124]

Die Rechtsprechung zu der Frage, ob **Tarifverträge** das **Direktionsrecht** des Arbeitgebers **erweitern** können, ist in Bewegung. Das Bundesarbeitsgericht hat früher die Erweiterung des Direktionsrechts durch Tarifvertrag auch dann zugelassen, wenn dadurch dem Arbeitgeber das Recht eingeräumt wurde, die Arbeitsbedingungen des Arbeitnehmers einseitig so zu verändern, dass der Arbeitnehmer auf Dauer verpflichtet wird, eine geringer vergütete Tätigkeit zu übernehmen.[125] Die aktuelle Rechtsprechung **differenziert** bei der Beantwortung dieser Frage und berücksichtigt, dass auch die Rechtsetzungsbefugnis der Tarifvertragsparteien, die aus der in Art. 9 Abs. 3 GG normierten Tarifautonomie resultiert, **höherrangiges Gesetzesrecht** zu beachten hat. Das Bundesarbeitsgericht betont dabei, dass der Gesetzgeber davon abgesehen hat, den wesentlichen Kernbereich eines Arbeitsverhältnisses, der vor einseitigen Eingriffen des Arbeitgebers aus Gründen des Verfassungsrechts zu schützen ist, im Einzelnen

---

[118] BAG 25.8.2010 – 10 AZR 275/09, AP GewO § 106 Nr. 11; 13.4.2010 – 5 AZR 517/09, AP BGB 2007 § 307 Nr. 45.
[119] BAG 3.12.2008 – 5 AZR 62/08, AP BGB § 307 Nr. 42.
[120] BAG 17.8.2010 – 9 AZR 401/09, AP TVG § 1 Altersteilzeit Nr. 48; 15.9.2009 – 9 AZR 643/08, AP TVG § 1 Altersteilzeit Nr. 44.
[121] BAG 11.4.2006 – 9 AZR 557/05, AP BGB § 307 Nr. 17.
[122] LAG Köln 9.1.2007 – 9 Sa 1099/06, NZA-RR 2007, 343.
[123] BAG 11.4.2006 – 9 AZR 557/05, AP BGB § 307 Nr. 17.
[124] BAG 13.3.2007 – 9 AZR 433/09, AP BGB § 307 Nr. 26.
[125] BAG 22.5.1985 – 4 AZR 88/84, AP TVG § 1 Tarifverträge: Bundesbahn Nr. 6; 22.5.1985 – 4 AZR 427/83, AP TVG § 1 Tarifverträge: Bundesbahn Nr. 7.

festzulegen. Der 6. Senat betont, dass den Tarifvertragsparteien eine **Einschätzungsprärogative** in Bezug auf die tatsächlichen Gegebenheiten und betroffenen Interessen zukomme, mittels derer sie in die Lage versetzt werden, die jeweils kündigungsschutzrechtlichen Wertvorstellungen zu konkretisieren und einen angemessenen Ausgleich zwischen den Interessen des Arbeitnehmers an einem unveränderten Fortbestand seines Arbeitsverhältnisses und dem Interesse des Arbeitgebers an einer flexiblen Gestaltung der Arbeitsbedingungen zu finden.

49 An einem **angemessenen Interessenausgleich** fehlt es allerdings, wenn tarifliche Regelungen dem Arbeitgeber ohne jede Vorgabe Einschränkungen bis hin zur Suspendierung des Arbeitsverhältnisses gestatten. Dementsprechend sind Rechtsnormen, die den Arbeitgeber ermächtigen, durch einseitige Anordnung von Kurzarbeit in einem von ihm bestimmten Zeitpunkt und einem von ihm bestimmten Umfang den Beschäftigungs- und Lohnanspruch des Arbeitnehmers auf unbestimmte Zeit zu verkürzen oder gar auszuschließen, unwirksam.[126] Dagegen ist eine Erweiterung des **Direktionsrechts** mit kündigungsschutzrechtlichen Wertvorstellungen jedenfalls dann vereinbar, wenn dessen **Ausübung** nach **Grund** und **Umfang** an **konkrete Voraussetzungen** geknüpft ist und eine damit verbundene Entgeltminderung gemildert wird. In diesem Sinne wird eine tarifliche Regelung für zulässig erachtet, die den Arbeitgeber in einem tariflich vorgegebenen Rahmen zur Kürzung der Arbeitszeit oder zur Übertragung anderer niedriger zu vergütender Tätigkeiten berechtigt.[127] Die tarifvertragliche Regelung, die das Direktionsrecht des Arbeitgebers erweitert, muss nach Anlass und Umfang gerichtlich kontrollierbare Voraussetzungen bestimmen, die den Arbeitgeber zu einseitigen Eingriffen in das Arbeitsverhältnis berechtigen. Darüber hinaus ist bei der Ausübung des Gestaltungsrechts § 106 GewO grundsätzlich zu beachten und dementsprechend auch das billige Ermessen zu wahren.[128]

50 In der vorgenannten Entscheidung hat das Bundesarbeitsgericht dementsprechend die **Zuweisung** einer **niedrigeren Lohngruppe** als zulässig angesehen, da in der Tarifregelung festgelegt war, dass dies nur dann zulässig ist, wenn Arbeitsmangel oder ein an anderer Stelle dringend notwendiger Bedarf aus dienstlichen oder betrieblichen Gründen eine vorübergehende Personalumbesetzung erforderlich macht. Weiter normierte die Tarifregelung, dass in diesem Fall der Lohn der bisherigen Lohngruppe für zwei Wochen weitergezahlt wird, darüber hinaus die tariflich ordentlich unkündbaren Arbeitnehmer nur dann einer niedrigeren Lohngruppe zugewiesen werden dürfen, wenn kein geeigneter anderer Arbeitnehmer verfügbar sei. Zudem war der Arbeitgeber nach der tariflichen Regelung auch verpflichtet, den Arbeitnehmer in seine frühere Lohngruppe zurückzuführen, sobald die Gründe für die Zuweisung der neuen Gruppe entfallen sind.[129]

Muster: Schreiben für die Zuweisung einer anderen Tätigkeitsart

51 Sehr geehrte/r Frau/Herr ......,
gemäß Ziff. ...... des Arbeitsvertrages vom ...... sind wir berechtigt, Ihnen bei dringenden betrieblichen Erfordernissen eine andere, für Sie zumutbare und Ihrer Vorbildung und Ihren Kenntnissen entsprechende gleichwertige Tätigkeit zuzuweisen. Ab dem ...... werden Sie unter der Leitung von Frau/Herrn ...... als ...... tätig werden. Im Übrigen verbleibt es bei den Regelungen im Arbeitsvertrag vom ......, insbesondere erhalten Sie die Vergütung in der bisherigen Höhe. Die Versetzung ist aus folgenden Gründen erforderlich:
......
Der Betriebsrat wurde zur geplanten Versetzung nach § 99 Abs. 1 BetrVG um Zustimmung gebeten und hat der Versetzung am ...... zugestimmt.
Bitte bestätigen Sie mit Unterzeichnung dieses Schreibens Ihr Einverständnis mit der geplanten Versetzung. Bitte reichen Sie uns das unterzeichnete Doppel zurück.

Arbeitgeber

---

[126] BAG 27.1.1994 – 6 AZR 541/93, AP BAT-O § 15 Nr. 1.
[127] BAG 23.9.2004 – 6 AZR 442/03, NZA 2005, 475.
[128] BAG 23.9.2004 – 6 AZR 442/03, NZA 2005, 475.
[129] BAG 23.9.2004 – 6 AZR 442/03, NZA 2005, 475.

e) **Pflicht zur Ausübung des Direktionsrechts.** Der Arbeitgeber hat das Direktionsrecht 52 auszuüben. In vielen Fällen wird dem Arbeitnehmer dadurch die Leistungserbringung überhaupt erst möglich, da sie sich hinsichtlich Ort und Zeit näher konkretisiert.[130] Der Arbeitgeber gerät in Annahmeverzug, ohne dass es eines Angebots des Arbeitnehmers bedarf, wenn er dieser Obliegenheit nicht nachkommt.[131] Die Gesetzesbegründung zur Änderung der Gewerbeordnung geht von einem solchen **Anspruch des Arbeitnehmers** aus.[132]

In Einzelfällen ist der Arbeitgeber verpflichtet, sein Direktionsrecht auszuüben. Ist eine 53 Krankenschwester aus gesundheitlichen Gründen nicht in der Lage, Nachtdienste abzuleisten, aber ansonsten alle Arbeiten einer Krankenschwester in vollem zeitlichem Umfang weiter zu erbringen, hat der Arbeitgeber sein Direktionsrecht so auszuüben, dass Arbeitszeiten zugewiesen werden, bei denen Nachtarbeit ausgeklammert und durch andere Arbeitszeiten ersetzt wird.[133] Weiter besteht eine Verpflichtung zur Anpassung der Arbeitsbedingungen, wenn die Ausübung des Direktionsrechts gegenüber einer Änderungskündigung das mildere Mittel ist,[134] wenn der Mitarbeiter aus persönlichen Gründen die ihm bislang zugewiesenen Arbeiten nicht erledigen kann. Diesbezüglich kommen zum einen die Zusammenarbeit mit Kollegen[135] und zum anderen aus gesundheitlichen Gründen die Versetzung auf einen leidensgerechten Arbeitsplatz in Betracht.[136] Bei gesundheitlichen Gründen verlangt die Rücksichtnahmepflicht des § 241 Abs. 2 BGB vom Arbeitgeber, dem Arbeitnehmer eine andere Tätigkeit zuzuweisen. Die Rücksichtnahmepflicht verlangt hingegen nicht, die Belange des betroffenen Arbeitnehmers durchzusetzen und die Belange anderer Arbeitnehmer oder die eigenen Belange zurücktreten zu lassen.[137]

3. Beteiligungsrechte des Betriebsrats bei Änderung der Tätigkeit

An der originären Festlegung der Tätigkeitsart ist der Betriebsrat nicht zu beteiligen. Der 54 Betriebsrat ist nur bei der **Einstellung,** dh der tatsächlichen Tätigkeitsaufnahme des Arbeitnehmers im Betrieb, zu beteiligen.[138] Auch bei der Ausübung des Direktionsrechts ist der Arbeitgeber grundsätzlich frei und der Betriebsrat nur zu beteiligen, wenn ein Mitbestimmungstatbestand nach dem Betriebsverfassungsgesetz vorliegt. Es können Beteiligungsrechte nach § 87 Abs. 1 Nr. 1 BetrVG gegeben sein.[139] Von maßgeblicher Bedeutung ist allerdings das Beteiligungsrecht des Betriebsrats nach **§ 99 BetrVG.** Danach ist der Betriebsrat im Unternehmen mit in der Regel mehr als 20 wahlberechtigten Arbeitnehmern ua vor jeder Versetzung zu unterrichten, es sind die erforderlichen Unterlagen vorzulegen und dem Betriebsrat ist Auskunft über die Personen der Beteiligten zu geben.[140] Ferner hat der Arbeitgeber den Betriebsrat über die Auswirkungen der geplanten Maßnahmen zu unterrichten. Der Betriebsrat muss der geplanten Maßnahme zustimmen.[141] Im Einzelfall ist also jeweils zu prüfen, ob in der Ausübung des Direktionsrechts zugleich eine Versetzung iSd § 99 BetrVG zu sehen ist. Nach § 95 Abs. 3 S. 1 BetrVG ist eine **Versetzung iSd BetrVG** die Zuweisung eines anderen Arbeitsbereichs, die voraussichtlich die Dauer von einem Monat überschreitet oder die mit einer erheblichen Änderung der Umstände verbunden ist, unter denen die Arbeit zu leisten ist. § 95 Abs. 3 S. 2 BetrVG stellt klar, dass diejenigen Arbeitnehmer, die nach der Eigenart ihres Arbeitsverhältnisses üblicherweise nicht ständig an einem bestimmten Arbeitsplatz beschäftigt werden, nicht versetzt werden, wenn der jeweilige Arbeitsplatz bestimmt wird.

---

[130] ErfK/*Preis* GewO § 106 Rn. 8.
[131] BAG 19.1.1999 – 9 AZR 679/97, AP BGB § 615 Nr. 79.
[132] BT-Drs. 14/8796, S. 24.
[133] BAG 9.4.2014 – 10 AZR 637/13, NZA 2014, 719.
[134] BAG 28.4.1982 – 7 AZR 1139/79, AP KSchG 1969 § 2 Nr. 3.
[135] BAG 24.4.1996 – 5 AZR 1031/94, AP BGB § 611 Direktionsrecht Nr. 48; LAG Schleswig-Holstein 12.2.2002 – 5 Sa 409c/01, DB 2002, 1056.
[136] BAG 29.1.1997 – 2 AZR 9/96, AP KSchG 1969 § 1 Krankheit Nr. 32.
[137] BAG 19.5.2010 – 5 AZR 162/09, AP GewO § 106 Nr. 10.
[138] Vgl. hierzu → § 10 Rn. 254 ff.
[139] Vgl. hierzu → § 61 Rn. 40 ff.
[140] BAG 28.6.2005 – 1 ABR 26/05, NZA 2006, 111; 14.12.2004 – 1 ABR 55/03, NZA 2005, 827.
[141] Vgl. zum Procedere das Verfahren nach § 99 BetrVG im Einzelnen: → § 10 Rn. 259 ff.

55 Es ist zu beachten, dass der individualrechtliche Versetzungsbegriff, der bislang erörtert wurde,[142] und der Versetzungsbegriff des Betriebsverfassungsgesetzes **nicht identisch** sind. Eine individualrechtliche Änderung der Art der Tätigkeit muss keine Versetzung iSd § 95 Abs. 3 BetrVG sein. Umgekehrt kann bei einer Versetzung iSd § 95 Abs. 3 BetrVG individualrechtlich die Versetzung nicht nur durch Ausübung des Direktionsrechts, sondern auch durch eine Vertragsänderung vorgenommen werden, die einvernehmlich oder im Wege der Änderungskündigung durchgesetzt wird. Dementsprechend sind die Tatbestandsvoraussetzungen der Versetzung nach § 95 Abs. 3 BetrVG und der individualrechtlichen Versetzung jeweils getrennt zu prüfen. Handelt es sich um eine Versetzung sowohl im individual- als auch im kollektivrechtlichen Sinne, müssen alle Tatbestandsvoraussetzungen gegeben sein.[143] Das Bundesarbeitsgericht geht in ständiger Rechtsprechung davon aus, dass selbst dann, wenn der Arbeitgeber die Maßnahme individualrechtlich im Wege des Direktionsrechts anordnen kann, das Mitbestimmungsrecht nach § 99 BetrVG besteht.[144]

56 Umgekehrt heilt die Beteiligung des Betriebsrats nach § 99 BetrVG keine Mängel auf der individualrechtlichen Ebene.[145] Ist individualvertraglich für die Versetzung eine Änderungskündigung erforderlich, ist der Betriebsrat neben § 99 BetrVG auch nach § 102 BetrVG zu beteiligen.[146] Beide Beteiligungsverfahren sind rechtlich voneinander unabhängig und ggf. nebeneinander durchzuführen. Zeitlich ist die Zustimmung des Betriebsrats nach § 99 BetrVG vor der tatsächlichen Zuweisung des neuen Arbeitsbereiches zu erteilen bzw. durch das Arbeitsgericht zu ersetzen. Eine Versetzung nach Maßgabe der neuen Vertragsbedingungen, ohne dass das Verfahren nach § 99 BetrVG eingehalten wurde, ist nicht zulässig. Der Arbeitnehmer ist also an seinem bisherigen Arbeitsplatz weiterzubeschäftigen, bis die Voraussetzungen nach § 99 BetrVG vorliegen.[147] Demgegenüber kann der Betriebsrat seine Zustimmung nicht nach § 99 Abs. 2 Nr. 1 BetrVG bis zur endgültigen Entscheidung des Arbeitsgerichts über die Wirksamkeit einer Änderungskündigung verweigern.[148]

57 Nach dem betriebsverfassungsrechtlichen Versetzungsbegriff nach § 95 Abs. 3 BetrVG ist zunächst die tatsächliche Zuweisung eines anderen Arbeitsbereichs entscheidend.[149] Dieser Begriff ist weiter als der des (konkreten) Arbeitsplatzes und wird umschrieben durch den zugewiesenen Tätigkeitsbereich, der geschuldeten Arbeitsleistung und dem Inhalt der Arbeitsaufgabe.[150] In § 81 BetrVG findet sich der Begriff des **Arbeitsbereichs**, danach ist der Arbeitsbereich des Arbeitnehmers dessen Aufgabe und Verantwortung sowie die Art seiner Tätigkeit und ihre Einordnung in den Ablauf des Betriebs. Dementsprechend geht es also um den konkreten Arbeitsplatz und seine Beziehung zur betrieblichen Umgebung in räumlicher, technischer und organisatorischer Hinsicht.[151] Da in jedem Arbeitsbereich regelmäßig Änderungen eintreten, die eine Unterrichtungspflicht nach § 81 Abs. 2 S. 1 BetrVG auslösen, ist nicht jede Veränderung eine Versetzung iSd § 95 Abs. 3 BetrVG. Eine Versetzung liegt nur dann vor, wenn der Arbeitsbereich des Arbeitnehmers sich ändert, indem entweder die Art der Tätigkeit, die Stellung des Arbeitnehmers in der Betriebsorganisation oder der Arbeitsort verändert wird.[152]

58 Das Bundesarbeitsgericht geht davon aus, dass für den Arbeitnehmer aufgrund des angeordneten Wechsels ein in seinem konkreten Arbeitsalltag spürbares anderes „Arbeitsregime"

---

[142] Vgl. hierzu → Rn. 20 ff.
[143] BAG 26.5.1988 – 1 ABR 18/87, AP BetrVG 1972 § 95 Nr. 13; 26.1.1988 – 1 AZR 531/86, AP BetrVG 1972 § 99 Nr. 50; 30.9.1993 – 2 AZR 283/93, AP KSchG 1969 § 2 Nr. 33.
[144] BAG 30.9.1993 – 2 ZR 283/93, AP KSchG 1969 § 2 Nr. 33; 2.4.1996 – 1 AZR 743/95, AP BetrVG 1972 § 95 Nr. 34; 17.2.1998 – 9 AZR 130/97, AP BGB § 618 Nr. 27; *Fitting* § 99 Rn. 121.
[145] MHdB ArbR/*Matthes* § 264 Rn. 4.
[146] *Fitting* § 99 Rn. 122; MHdB ArbR/*Matthes* § 264 Rn. 3.
[147] BAG 30.9.1993 – 2 AZR 283/93, AP KSchG 1969 § 2 Nr. 33.
[148] BAG 10.8.1993 – 1 ABR 22/93, NZA 1994, 187; *Fitting* § 99 Rn. 122.
[149] BAG 19.2.1991 – 1 ABR 36/90, AP BetrVG 1972 § 95 Nr. 26.
[150] MHdB ArbR/*Matthes* § 264 Rn. 5.
[151] BAG 10.4.1984 – 1 ABR 67/82, AP BetrVG 1972 § 95 Nr. 4; 3.12.1985 – 1 ABR 58/83, AP BetrVG 1972 § 95 Nr. 8; 23.11.1993 – 1 ABR 38/93, AP BetrVG 1972 § 95 Nr. 33; 27.6.2006 – 1 ABR 38/05, AP BetrVG 1972 § 95 Nr. 47; 17.6.2008 – 1 ABR 38/07, AP BetrVG 1972 § 99 Versetzung Nr. 47.
[152] MHdB ArbR/*Matthes* § 264 Rn. 6.

gelten muss. Dies kann darauf beruhen, dass neue Arbeitskollegen mit dem betroffenen Arbeitnehmer zusammenarbeiten oder auch von dem unmittelbaren Vorgesetzen ausgehen, wenn diese über die Befugnis zur Erteilung bloßer Arbeitsanweisungen hinaus relevante Personalbefugnisse haben, insbesondere die Kompetenz zur Ausübung von Disziplinaraufgaben oder zur Leistungsbeurteilung besitzen und eigenverantwortlich wahrnehmen.[153]

Die tarifliche Stellenbeschreibung, die zwecks Eingruppierung die Hauptaufgaben des Arbeitnehmers wiedergibt, ist nicht ohne weiteres gleichbedeutend mit dem Arbeitsbereich. Der Arbeitsbereich ist anhand der konkreten Tätigkeit zu überprüfen.[154] **59**

Das Bundesarbeitsgericht verlangt für eine Änderung der Tätigkeitsart, dass sich das **Gesamtbild der Tätigkeit** ändert.[155] Es stellt darauf ab, ob die Tätigkeiten sich vor und nach der Zuweisung so voneinander unterscheiden, dass die neue Tätigkeit vom Standpunkt eines mit den betrieblichen Verhältnissen vertrauten Beobachters als eine andere angesehen werden kann.[156] Dementsprechend führt nicht jede Änderung im Arbeitsablauf, an Arbeitsmitteln und -material zu einer Änderung des Arbeitsbereichs.[157] Eine andere Tätigkeit liegt vor, wenn dem Arbeitnehmer sein bisheriger Tätigkeitsbereich entzogen, jedoch wesentliche Teilfunktionen neu übertragen werden, so dass das Gesamtgepräge auf eine neue Tätigkeit schließen lässt.[158] Im konkreten Fall sah das Bundesarbeitsgericht es als erforderlich an, dass 25 % der Tätigkeit entzogen und durch neue Tätigkeiten ersetzt werden.[159] Das Bundesarbeitsgericht hat insoweit klargestellt, dass quantitative und/oder qualitative Gesichtspunkte bedeutsam sein können.[160] Es spielt dabei keine Rolle, ob der neue Arbeitsbereich eine gleichwertige, höherrangige oder niedrigere Tätigkeit beinhaltet.[161] **60**

Zu einer Versetzung kann es auch kommen, indem zwar der Arbeitsbereich des Arbeitnehmers identisch bleibt, seine Arbeit aber in einer anderen organisatorischen Einheit erbracht werden muss.[162] Ferner liegt eine Versetzung auch bei der Änderung der räumlichen Lage des Arbeitsplatzes[163] und bei der Änderung der Arbeitsumstände vor.[164] Die bloße Verlagerung eines Betriebs oder eines räumlich gesonderten Betriebsteils um wenige Kilometer in eine politische Gemeinde ist keine mitbestimmungspflichtige Versetzung der davon betroffenen Arbeitnehmer, wenn keine weiteren Veränderungen hinzutreten.[165] **61**

So hat das Bundesarbeitsgericht eine erhebliche Änderung der äußeren Umstände bspw. bejaht, wenn der Arbeitnehmer seine bisherige Arbeit in einer anderen organisatorischen Einheit erbringt.[166] Das Bundesarbeitsgericht hat die Voraussetzungen einer Versetzung in dem Fall bejaht, in dem eine Altenpflegekraft für einen Monat auf eine andere Station in einem in mehrere Stationen gegliederten Seniorenheim versetzt werden soll. Das Gericht stellte auf die persönlichen Beziehungen und individuellen Wünsche der Heiminsassen ab und hat daraus auf eine individuelle Beziehung zur Pflegekraft geschlossen, die den bisherigen Tätigkeitsbereich maßgeblich prägt.[167] Nach einer aktuellen Entscheidung des LAG Hessen soll eine mitbestimmungspflichtige Versetzung durch Änderung der Position des Arbeitnehmers in der betrieblichen Organisation bei einem Home Office tätigen Arbeitnehmer auch dann vorliegen, wenn dieser zwar einem neuen Dienstort zugeordnet wird, der Inhalt seiner Tätigkeit, sein **62**

---

[153] BAG 17.6.2008 – 1 ABR 38/07, AP BetrVG 1972 § 99 Versetzung Nr. 47.
[154] BAG 13.3.2007 – 1 ABR 22/06, NZA-RR 2007, 581.
[155] BAG 23.11.1993 – 1 ABR 38/93, AP BetrVG 1972 § 95 Nr. 33; 2.4.1996 – 1 AZR 743/95, AP BetrVG 1972 § 95 Nr. 34; *Weber/Ehrich* BB 1996, 2246 (2249); *Fitting* § 99 Rn. 125.
[156] BAG 22.4.1997 – 1 ABR 74/96, AP BetrVG 1972 § 99 Nr. 18; 29.9.2004 – 1 ABR 39/03, AP BetrVG 1972 § 99 Versetzung Nr. 40.
[157] MHdB ArbR/*Matthes* § 264 Rn. 7.
[158] BAG 27.3.1980 – 2 AZR 506/78, AP BGB § 611 Direktionsrecht Nr. 26.
[159] BAG 2.4.1996 – 1 AZR 743/95, AP BetrVG 1972 § 95 Nr. 34.
[160] BAG 2.4.1996 – 1 AZR 743/95, AP BetrVG 1972 § 95 Nr. 34.
[161] MHdB ArbR/*Matthes* § 264 Rn. 8.
[162] BAG 10.4.1984 – 1 ABR 67/82, AP BetrVG 1972 § 95 Nr. 4; 16.1.2007 – 1 ABR 16/06, AP BetrVG 1972 § 99 Einstellung Nr. 52.
[163] Vgl. hierzu § 12.
[164] BAG 26.5.1988 – 1 ABR 18/87, AP BetrVG 1972 § 95 Nr. 13.
[165] BAG 27.6.2006 – 1 ABR 35/05, AP BetrVG 1972 § 95 Nr. 47.
[166] BAG 10.4.1984 – 1 ABR 67/82, AP BetrVG 1972 § 95 Nr. 4.
[167] BAG 29.2.2000 – 1 ABR 5/99, AP BetrVG 1972 § 95 Nr. 36.

Arbeitsort im Home Office und die Person seines Fachvorgesetzten aber unverändert bleiben.[168] Demgegenüber verneinte das Bundesarbeitsgericht bei der Zuweisung der Tätigkeit auf einer anderen Etage oder in einer anderen Abteilung in einem Warenhaus mit dem damit verbundenen Wechsel zwischen den Bereichen „Herrenabteilung", „Kinderabteilung" und „Damenoberbekleidung" eine Versetzung,[169] da die verschiedenen Abteilungen keine eigenständige betrieblichen Einheiten sind und das Arbeitsregime sich nicht ändert.

63 Eine Versetzung wird bei einem bloßen Wechsel des Vorgesetzten verneint.[170] Die Versetzung setzt in jedem Fall voraus, dass die Zuweisung des neuen Arbeitsbereichs **durch den Arbeitgeber** vorgenommen wird, also auf Initiative des Arbeitgebers übertragen wird.[171] Wird ein Arbeitnehmer von der Arbeitsleistung freigestellt, wird hierin kein Fall des § 95 Abs. 3 BetrVG gesehen.[172] Insofern hat der Arbeitgeber vor einer Freistellung unabhängig davon, ob die aus disziplinarrechtlichen Gründen oder bspw. bis zum Ablauf der Kündigungsfrist erklärt wird, den Betriebsrat zuvor nicht anzuhören. Beteiligungsrechte können sich allerdings wegen der Kündigung aus § 102 BetrVG ergeben.[173]

64 Das zweite gesetzliche Merkmal ist die Dauer der Versetzung. § 95 Abs. 3 S. 1 BetrVG verlangt, dass die Zuweisung eines anderen Arbeitsbereichs voraussichtlich die **Dauer von einem Monat überschreitet**. Der Zustimmung des Betriebsrats bedürfen deshalb alle Änderungen im Arbeitsbereich, die von vornherein auf eine Dauer von mehr als einem Monat ausgelegt sind.[174] Im Umkehrschluss ergibt sich, dass keine zustimmungspflichtige Versetzung vorliegt, wenn der andere Arbeitsbereich für voraussichtlich weniger als einen Monat zugewiesen wird. Dadurch ist sichergestellt, dass Urlaubs- und Krankheitsvertretungen nicht der Mitbestimmung des Betriebsrats nach § 99 BetrVG unterliegen.[175] Die Frage, ob die Maßnahme länger als einen Monat dauert oder nicht, wird nach einer objektiv sachlichen Beurteilung der wahrscheinlichen Dauer im **Zeitpunkt der Zuweisung** des neuen Arbeitsbereichs vorgenommen.[176] Unschädlich ist es deshalb, wenn sich die Einschätzung später als unrichtig darstellt.[177]

65 Die Zustimmung des Betriebsrats ist allerdings dann wieder erforderlich, wenn zwar eine kurzfristige Zuweisung eines anderen Arbeitsbereiches von weniger als einem Monat vorliegt, sie aber zu einer erheblichen Änderung der **Arbeitsumstände** iSd § 95 Abs. 1 S. 1 Alt. 2. BetrVG führt. Diese Arbeitsumstände sind die äußeren Umstände, unter denen der Arbeitnehmer seine – ohnehin andere – Tätigkeit zu verrichten hat. Dazu zählen etwa die zeitliche Lage der Arbeit, die Ausstattung des Arbeitsplatzes mit technischen Hilfsmitteln und zudem Faktoren wie Lärm, Schmutz, Hitze, Kälte oder Nässe.[178] Dabei muss die Veränderung der Arbeitsumstände erheblich sein und den Arbeitnehmer belasten.[179] Diese erhebliche Änderung der Arbeitsumstände muss neben der Zuweisung eines anderen Arbeitsbereichs vorliegen.[180] Nicht entscheidend für die Frage der Mitbestimmungspflichtigkeit ist der Umstand, ob der Arbeitnehmer auf Dauer oder nur kurzzeitig in den neuen Arbeitsbereich versetzt wird.[181] Nach einem Beschluss des Landesarbeitsgerichts Niedersachsen vom 29.4.2019 kann eine mitbestimmungspflichtige Versetzung aufgrund einer erheblichen Änderung der äußeren Arbeitsumstände bereits dann vorliegen, wenn der Arbeitgeber Mitar-

---

[168] LAG Hessen 14.1.2020 – 4 TaBV 5/19, NZA 2020, 1049; n. rkr.; Beschwerde beim BAG eingelegt unter dem Az. 1 ABR 13/20.
[169] BAG 17.6.2008 – 1 ABR 38/07, AP BetrVG 1972 § 99 Versetzung Nr. 47.
[170] BAG 31.3.1984 – 1 ABR 63/81, AP BetrVG 1972 § 95 Nr. 3.
[171] BAG 19.2.1991 – 1 ABR 36/90, AP BetrVG 1972 § 95 Nr. 26.
[172] BAG 22.1.1998 – 2 AZR 267/9, 7 AP BGB § 174 Nr. 11; 28.3.2000 – 1 ABR 17/99, AP BetrVG 1972 § 95 Nr. 39.
[173] BAG 22.1.1998 – 2 AZR 267/97, AP BGB § 174 Nr. 11.
[174] *Fitting* § 99 Rn. 145; MHdB ArbR/*Matthes* § 264 Rn. 17.
[175] MHdB ArbR/*Matthes* § 264 Rn. 18.
[176] *Fitting* § 99 Rn. 154.
[177] MHdB ArbR/*Matthes* § 264 Rn. 19.
[178] BAG 23.6.2009 – 1 ABR 23/08, NZA 2009, 1430.
[179] BAG 16.12.1986 – 1 ABR 52/85, AP BetrVG 1972 § 99 Nr. 40.
[180] BAG 10.4.1984 – 1 ABR 67/82, AP BetrVG 1972 § 95 Nr. 4.
[181] MHdB ArbR/*Matthes* § 264 Rn. 21.

beiter eines Möbelmarktes, die normalerweise Bürotätigkeiten ohne Kundenkontakt im Personal-, Marketing- oder Haustechnikbereich verrichten, an Tagen mit besonders hoher Kundenfrequenz kurzzeitig für eine Dauer von ein bis zwei Stunden in den Bereichen Kasse und Logistik einsetzt, um dort bestehende personelle Engpässe zu überbrücken.[182] Die erhebliche Änderung der äußeren Arbeitsumstände ergebe sich in diesem Fall daraus, dass die sonst im Büro tätigen Mitarbeiter ihre Tätigkeit in dem vergleichsweise zugigen, sehr lauten und weniger gleichmäßig temperierten Kassenbereich erbringen müssten. Auch im Logistikbereich seien sie starken Temperaturschwankungen und Zugluft ausgesetzt.[183] Außerdem sei die Tätigkeit an der Kasse bzw. im Logistikbereich nicht durch eine eigenständige Gestaltung des Arbeitsablaufs, sondern durch vollständige Fremdbestimmung gekennzeichnet, weil Kunde um Kunde abkassiert bzw. der Kommissionierungszettel abgearbeitet werden müsse, ohne dass insoweit irgendein Dispositionsspielraum bestehe.[184] Damit ist der Kreis der mitbestimmungsfreien Maßnahmen relativ eng. Ohne Beteiligung des Betriebsrats kann der Arbeitgeber kollektivrechtlich daher eine vorübergehende Zuweisung eines anderen Arbeitsbereichs für die Dauer von weniger als einen Monat nur dann vornehmen, wenn sich hinsichtlich des Arbeitsplatzes, der Arbeitsverrichtung oder der Arbeitsumgebung keine erheblichen Änderungen ergeben.[185]

Nach § 95 Abs. 3 S. 2 BetrVG besteht keine Pflicht, den Betriebsrat zu beteiligen, wenn nach der **Eigenart des Arbeitsverhältnisses** die Beschäftigung des Arbeitnehmers an einem bestimmten Arbeitsplatz üblicherweise nicht vorkommt. Der Gesetzgeber hat dabei diejenigen Arbeitnehmer im Auge, deren vertragsgemäße Tätigkeit einen ständigen Wechsel des Arbeitsplatzes mit sich bringt.[186] Dies betrifft insbesondere Außenmonteure und Vertreter im Außendienst, Arbeitnehmer im Baugewerbe sowie Leiharbeitnehmer.[187] Nach Auffassung des Bundesarbeitsgerichts ist entscheidend, dass der Wechsel gerade typisch für das Arbeitsverhältnis ist.[188] Nicht unter § 95 Abs. 3 S. 2 BetrVG werden jedoch die Fälle gefasst, in denen der Arbeitnehmer auf Grund der arbeitsvertraglichen Vereinbarung (Versetzungsklausel) verpflichtet ist, an auswärtigen Standorten tätig zu werden.[189] Mitbestimmungspflichtig ist es allerdings, wenn solchen Arbeitnehmern ein Arbeitsplatz zugewiesen wird, der nicht zu dem Arbeitsbereich gehört, in dem der Arbeitnehmer typischerweise wechselnd tätig wird.[190]

Muster: Antrag auf Zustimmung zur Versetzung eines Arbeitnehmers

An den Betriebsrat
z. Hd. des/der Betriebsratsvorsitzenden/in
Frau/Herrn ......

Datum

Versetzung von Frau/Herrn ......

Sehr geehrte Damen und Herren,
Sehr geehrte(r) Frau/Herr ......,
wir möchten Sie um Zustimmung zu der Versetzung von Frau/Herrn ...... bitten. Die Versetzung soll ab dem ...... vorgenommen werden. Im Einzelnen:

---

[182] LAG Niedersachsen 29.4.2019 – 12 TaBV 51/18, NZA-RR 2019, 477; n. rkr.; Rechtsbeschwerde beim BAG eingelegt unter dem Az. 1 ABR 21/19.
[183] LAG Niedersachsen 29.4.2019 – 12 TaBV 51/18, NZA-RR 2019, 477; n. rkr.; Rechtsbeschwerde beim BAG eingelegt unter dem Az. 1 ABR 21/19.
[184] LAG Niedersachsen 29.4.2019 – 12 TaBV 51/18, NZA-RR 2019, 477; n. rkr.; Rechtsbeschwerde beim BAG eingelegt unter dem Az. 1 ABR 21/19.
[185] *Fitting* § 99 Rn. 153.
[186] MHdB ArbR/*Matthes* § 264 Rn. 23.
[187] Fitting BetrVG § 99 Rn. 159b.
[188] BAG 18.2.1986 – 1 ABR 27/84, AP BetrVG 1972 § 99 Nr. 33; 8.8.1989 – 1 ABR 63/88, AP BetrVG 1972 § 95 Nr. 18; 19.6.2001 – 1 ABR 43/00, AP BetrVG 1972 § 87 Arbeitszeit Nr. 92.
[189] DKKW/*Bachner* BetrVG § 99 Rn. 124; *Fitting* § 99 Rn. 160.
[190] BAG 18.2.1986 – 1 ABR 27/84, AP BetrVG 1972 § 99 Nr. 33.

1. Angaben zur Person:
   Name, Vorname:
   Geburtsdatum:
   Wohnort:
   Familienstand:
   Zahl der unterhaltsberechtigten Kinder:
2. Herr/Frau ...... ist seit dem ...... in unserem Unternehmen als Krankenpfleger(in) angestellt. Derzeit ist Herr/Frau ...... in der Station 2a im II. Stock unseres Hauptgebäudes eingesetzt. Sie/er betreut pflegebedürftige männliche Patienten. Wir beabsichtigen, Frau/Herrn ...... in die Abteilung 7b im Nebengebäude zu versetzen und dort einzugliedern. Dieser Einsatz wird voraussichtlich bis zum ...... erforderlich sein.
3. In der Abteilung 7b, in der insgesamt 27 pflegebedürftige weibliche Bewohner betreut werden, ist ein Bedarf an Pflegekräften entstanden. Wie Sie wissen, befindet sich die Arbeitnehmerin Frau A derzeit bis zum ...... in der Elternzeit. Aktuell ist der Arbeitnehmer Herr B seit dem ......, mithin seit 3 Wochen, arbeitsunfähig erkrankt. Er teilte uns mit, dass mit einer Genesung nicht vor ...... zu rechnen ist, da er einen Sportunfall hatte und dadurch eine schwere Fraktur des Oberschenkels erlitten hat. Insofern wird er voraussichtlich erst in 6 Monaten seine Tätigkeit wieder aufnehmen können. Die verbleibenden 3 Pflegekräfte auf der Station 7b sind nicht in der Lage, die 27 Patienten zu versorgen. Dies beruht insbesondere darauf, ... Insofern ist der vorübergehende Einsatz von Frau/Herrn ...... auf der Station erforderlich.
4. Die Mitarbeiter der Station 2a werden dadurch keine Nachteile erfahren. Hier befinden sich nur insgesamt 20 bedürftige Patienten, von denen 5 schwer pflegebedürftig sind. In dieser Station sind derzeit mit Frau/Herrn ...... 6 Mitarbeiter beschäftigt. Die Arbeit wird aber auch von 5 Pflegekräften erledigt werden können.
5. Da Nachteile weder für Frau/Herrn ...... noch für andere Mitarbeiter ersichtlich sind, bitten wir Sie, dem Einsatz von Frau/Herrn ...... zuzustimmen.

Ort, Datum

Arbeitgeber

4. Kontrolle des Direktionsrechts

68 Da der Arbeitgeber bei der Ausübung des Direktionsrechts nicht frei ist, sondern den dargelegten vielfältigen Beschränkungen unterliegt, entstehen in der Praxis immer wieder Streitigkeiten über die Rechtmäßigkeit einer Weisung im Rahmen des Direktionsrechts. Der Arbeitnehmer kann nach der Rechtsprechung des Bundesarbeitsgerichts die Rechtmäßigkeit einer Weisung im Wege der **Feststellungsklage** klären lassen.[191] Eine Feststellungsklage kann sich auch auf die Verpflichtungen oder den Umfang der Leistungspflicht erstrecken und ist damit gegenüber der Leistungsklage auch nicht subsidiär. Sie ist für eine umfassende Klärung und damit sinnvolle und sachgemäße Erledigung geeignet.[192] Der Arbeitnehmer hat im Klageantrag die Maßnahmen genau zu bezeichnen, durch die das Direktionsrecht überschritten worden sein soll.[193]

69 Das Gericht kann die Maßnahme dann aufheben oder bestätigen. Wegen des Verbots der geltungserhaltenden Reduktion bei allgemeinen Geschäftsbedingungen ist bei rechtswidriger Ausübung des Direktionsrechts aufgrund einer zu weit gefassten Vertragsbestimmung über das Direktionsrecht die Maßnahme unwirksam. Das Aufrechterhalten der Maßnahme mit einem nach § 106 S. 1 GewO zulässigen Inhalt dürfte in dieser Konstellation nicht in Betracht kommen. Zur „teilweisen" Geltung der Klausel kann es nur kommen, wenn mit Hilfe

---

[191] BAG 17.1.1979 – 5 AZR 248/78, AP BGB § 613 Nr. 2; 26.4.1985 – 7 AZR 432/82, AP BGB § 611 Lehrer, Dozenten Nr. 48; 12.12.2006 – 9 AZR 747/06, NZA 2007, 396; 13.4.2010 – 9 AZR 36/09, AP BGB § 307 Nr. 45; 25.8.2010 – 10 AZR 275/09, AP GewO § 106 Nr. 11; 28.8.2013 – 10 AZR 569/12, NZA-RR 2014, 181.
[192] BAG 17.1.1979 – 5 AZR 248/78, AP BGB § 613 Nr. 2; 26.4.1985 – 7 AZR 432/82, AP BGB § 611 Lehrer, Dozenten Nr. 48; 27.3.1980 – 2 AZR 506/78, AP BGB § 611 Direktionsrecht Nr. 26.
[193] Schaub ArbR-HdB/*Linck* § 45 Rn. 21.

des sogenannten Blue-Pencil-Tests ein Versetzungsvorbehalt, der materiell nur dem Inhalt der gesetzlichen Regelung des § 106 GewO entspricht oder zugunsten des Arbeitnehmers davon abweicht, enthalten ist und einer Transparenzkontrolle nach § 307 Abs. 1 S. 2 BGB standhält, während der Teil der Klausel unwirksam ist, mit dem sich der Arbeitgeber einen Versetzungsvorbehalt über § 106 GewO hinaus zur Vertragsänderung vorbehalten hat und die Regelung einer Angemessenheitskontrolle nach § 307 Abs. 1 S. 1 BGB nicht standhält.[194] Der Arbeitnehmer ist bei der Erhebung der Klage nicht an die Frist des § 4 KSchG gebunden.[195] Das Recht auf Feststellung kann vom Arbeitnehmer verwirkt werden, so dass die Klage dann unzulässig ist.[196]

Außerdem kann der Arbeitnehmer auch Leistungsklage erheben und auf vertragsgemäße Beschäftigung mit bestimmten Tätigkeiten klagen. Es handelt sich um eine Klage auf künftige Leistung gemäß § 259 ZPO.[197] Bei der Prüfung des Beschäftigungsanspruchs ist die Wirksamkeit der Versetzung als Vorfrage zu beurteilen. Voraussetzung für eine solche Klage ist die Besorgnis, dass der Schuldner sich anderenfalls der rechtzeitigen Leistung entzieht. In **Eilfällen** kann der Arbeitnehmer Rechtsschutz im Wege der einstweiligen Verfügung erlangen.[198] Dies ist zulässig, wenn die Arbeitsvertragsparteien darüber streiten, ob das Direktionsrecht sich noch im Rahmen der vertraglichen Regelung hält.

Nach der Rechtsprechung des Bundesarbeitsgerichts hat das Arbeitsgericht nach § 315 Abs. 3 BGB voll zu prüfen, ob die Grenzen des billigen Ermessens durch die Weisung beachtet sind.[199] Hat der Arbeitgeber bei der Ermessensausübung einen Spielraum, reicht es aus, dass die konkrete Entscheidung billigem Ermessen genügt, auch wenn andere Entscheidungen denkbar wären.[200] Eine unbillige Leistungsbestimmung ist nach der Rechtsprechung des Bundesarbeitsgerichts nicht nichtig, sondern unverbindlich nach § 315 Abs. 3 S. 1 BGB. Folge ist, dass ein Arbeitnehmer sich über eine unbillige Ausübung des Direktionsrechts – sofern sie nicht aus anderen Gründen unwirksam ist – nicht hinwegsetzen darf, sondern die Gerichte für Arbeitssachen anrufen muss.[201] Aufgrund der das Arbeitsverhältnis prägenden Weisungsgebundenheit ist ein Arbeitnehmer an die durch Ausübung des Direktionsrechts erfolgte Konkretisierung unter anderem des Inhalts der Arbeitsleistung vorläufig gebunden, bis ein rechtskräftiges Urteil die Unverbindlichkeit der Leistungsbestimmung feststellt. Demgegenüber sind Weisungen, die aus anderen Gründen unwirksam sind, nichtig. Ein Arbeitnehmer hat einer derartigen Weisung nicht nachzukommen.[202] Der letzte Fall ist beispielsweise denkbar, wenn der Arbeitgeber Anweisungen erteilt, die gegen eine Betriebsvereinbarung oder ein Verbotsgesetz verstoßen.[203]

Der Arbeitgeber, der sich auf die Wirksamkeit einer Weisung beruft, trägt die **Darlegungs- und Beweislast** für das Vorliegen der Voraussetzungen des § 106 GewO.[204] Er muss nicht nur darlegen und gegebenenfalls beweisen, dass seine Weisung billigem Ermessen entspricht,[205] sondern auch, dass sie im Rahmen der gesetzlichen, arbeitsvertraglichen und kollektivrechtlichen Grenzen erfolgt ist.[206]

---

[194] BAG 25.8.2010 – 10 AZR 275/09, AP GewO § 106 Nr. 11; 21.7.2009 – 9 AZR 404/08, AP GewO § 106 Nr. 5; 13.3.2007 – 9 AZR 433/06, AP BGB § 307 Nr. 26.
[195] BAG 27.3.1980 – 2 AZR 506/78, AP BGB § 611 Direktionsrecht Nr. 26; 7.10.1982 – 2 AZR 455/80, AP BGB § 620 Teilkündigung Nr. 5; so auch Schaub ArbR-HdB/*Linck* § 45 Rn. 21.
[196] BAG 12.12.2006 – 9 AZR 747/06, NZA 2007, 396.
[197] BAG 25.8.2010 – 10 AZR 275/09, AP GewO § 106 Nr. 11.
[198] Schaub ArbR-HdB/*Linck* § 45 Rn. 21.
[199] BAG 22.2.2012 – 5 AZR 249/11, NZA 2012, 858.
[200] BAG 13.6.2012 – 10 AZR 296/11, NZA 2012, 1154; 26.9.2012 – 10 AZR 311/11, NZA-RR 2013, 403.
[201] BAG 22.2.2012 – 5 AZR 249/11, NZA 2012, 858; kritisch zur Rechtsprechung des BAG: Schaub ArbR-HdB/*Linck* § 45 Rn. 19; *Boemke* NZA 2013, 6; ErfK/*Preis* GewO § 106 Rn. 7a; *Preis* NZA 2015, 1 (7); LAG Hamm 17.3.2016 – 17 Sa 1660/15, DB 2016, 1642.
[202] BAG 22.2.2012 – 5 AZR 249/11, NZA 2012, 858.
[203] Schaub ArbR-HdB/*Linck* § 45 Rn. 19.
[204] BAG 12.12.2006 – 9 AZR 747/06, NZA 2007, 396; 18.4.2012 – 10 AZR 134/11, NZA 2012, 927.
[205] BAG 13.3.2007 – 9 AZR 433/06, AP BGB § 307 Nr. 26; 17.1.2006 – 9 AZR 226/05, AP BAT-O § 24 Nr. 6.
[206] BAG 12.12.2006 – 9 AZR 747/06, NZA 2007, 396; 18.4.2012 – 10 AZR 134/11, NZA 2012, 927.

Muster: Klage eines Arbeitnehmers auf Feststellung der Unwirksamkeit einer Weisung des Arbeitgebers

73 An das Arbeitsgericht
......

Klage
der/des Frau/Herrn ......
– Kläger(in) –
Prozessbevollmächtigte: Rechtsanwälte ......

gegen Bundesland ......

Prozessbevollmächtigte: Rechtsanwälte ......
– Beklagte –

namens und im Auftrag der/des Kläger(in)s Klägers erheben wir Klage und beantragen, festzustellen, dass die/der Kläger(in) von der Beklagten nicht verpflichtet werden kann, Klassenfahrten von ein- bis mehrtägiger Dauer als Klassenlehrer(in) oder begleitende(r) Lehrer(in) durchzuführen.[207]

Begründung:

1. Die/der Kläger(in) ist bei der Beklagten auf Grund des Arbeitsvertrages vom ...... seit dem ...... als angestellte(r) Lehrer(in) beschäftigt. Sie/er hat eine Unterrichtsverpflichtung von 19 Std. Nach § 3 des Arbeitsvertrages erhält sie/er entsprechend der Vergütungsgruppe ...... eine Bruttomonatsvergütung von EUR ...... Nach § 3 des Arbeitsvertrages gilt für das Dienstverhältnis der TVöD. Die/der Kläger(in) ist derzeit am A-Gymnasium in S eingesetzt.
2. Die von der/dem Kläger(in) betreute 7. Klasse des Gymnasiums fuhr in der 24. KW für eine Woche in das Schullandheim der Schule in ...... Der Vorgesetzte der/des Kläger(in)s, der Schulleiter des A-Gymnasiums, verlangte, dass die/der Kläger(in) als Klassenlehrer(in) an der Klassenfahrt als verantwortliche Begleitperson teilnehme. Die/der Kläger(in) weigerte sich unter Hinweis auf strafrechtliche und haftungsrechtliche Konsequenzen, an der Fahrt teilzunehmen und verwies darauf, dass sie/er alleinerziehend für vier minderjährige Kinder sei. Am ...... kam es zwischen dem Schulleiter und der/dem Kläger(in) zu einem Dienstgespräch. Der Schulleiter erklärte ihr/ihm, dass er bei einer erneuten Weigerung mit arbeitsrechtlichen Konsequenzen rechnen müsse.
3. Die/der Kläger(in) ist jedoch nicht verpflichtet, an Klassenreisen teilzunehmen. Sie/er kann mangels gesetzlicher Grundlage und wegen der erheblichen, insbesondere straf- und haftungsrechtlichen Risiken nicht verpflichtet werden, an Schulwanderungen oder Schulfahrten teilzunehmen. Zudem hat die Beklagte bei der Weisung nicht berücksichtigt, dass die/der Kläger(in) während der Klassenfahrt ihre minderjährigen Kinder nicht versorgen kann.

......

Nach alledem ist antragsgemäß zu entscheiden.

Rechtsanwalt/Rechtsanwältin

5. Zurückbehaltungsrecht des Arbeitnehmers

74   Da der Arbeitnehmer nicht verpflichtet ist, unwirksame Weisungen des Arbeitgebers, die nicht vom Direktionsrecht gedeckt sind,[208] zu befolgen, steht ihm nach Ansicht des Bundesarbeitsgerichts ein **Leistungsverweigerungsrecht** zu.[209] Solche Weisungen lassen die konkrete Arbeitspflicht entfallen.[210] Der Arbeitgeber gerät in Annahmeverzug und ist zur Fortzahlung der Vergütung verpflichtet.

---

[207] BAG 26.4.1985 – 7 AZR 432/82, AP BGB § 611 Lehrer, Dozenten Nr. 48.
[208] MHdB ArbR/*Reichold* § 36 Rn. 29.
[209] BAG 22.12.1982 – 2 AZR 282/82, AP BGB § 123 Nr. 23.
[210] BAG 22.12.1982 – 2 AZR 282/82, AP BGB § 123 Nr. 23.

Das Risiko des Arbeitnehmers liegt darin, dass der Arbeitgeber wegen **Arbeitsverweige-** 75
rung kündigt, wenn er sich weigert, die Aufgaben zu übernehmen. Die Verweigerung der
Arbeitsleistung kann eine ordentliche Kündigung, in besonderen Fällen aber auch eine fristlose Kündigung aus verhaltensbedingten Gründen rechtfertigen.[211] Erst im Kündigungsschutzprozess wird das Gericht dann feststellen, ob der Arbeitnehmer die Arbeit zu Recht
verweigert hat. Stellt das Gericht fest, dass der Arbeitnehmer die Weisung hätte befolgen
müssen, verliert der Arbeitnehmer zu Recht seinen Arbeitsplatz. Maßgebend für die Frage,
ob das Verhalten des Arbeitnehmers eine beharrliche Arbeitsverweigerung und damit eine
erhebliche Vertragspflichtverletzung darstellt, ist die objektive Rechtslage. Die Rechtsprechung des Bundesarbeitsgerichts will sicherstellen, dass sich ein Arbeitnehmer dem vertragsgemäßen Verlangen des Arbeitgebers nicht dadurch vorläufig entziehen können soll, dass er
ein gerichtliches Verfahren zur Klärung der umstrittenen Frage einleitet. Die Rechtsprechung will verhindern, dass das Direktionsrecht des Arbeitgebers in nicht gerechtfertigter
Weise eingeschränkt wird. Der Arbeitnehmer kann sich bei einer Leistungsverweigerung nur
ausnahmsweise auf einen unverschuldeten Rechtsirrtum berufen. Dies ist nur dann der Fall,
wenn er bei Beachtung der gebotenen Sorgfalt davon ausgehen konnte, dass die Rechtsauffassung, die er vertritt, richtig ist. Dabei werden an die Sorgfaltspflichten strenge Maßstäbe
gestellt. Es soll nicht ausreichen, dass sich der Arbeitnehmer seine eigene Rechtsauffassung
nach sorgfältiger Prüfung und sachgemäßer Beratung gebildet hat. Unverschuldet ist ein
Rechtsirrtum nur dann, wenn der Arbeitnehmer mit einem Unterliegen im Rechtsstreit nicht
zu rechnen brauchte. Im Rahmen der bei Ausspruch der Kündigung erforderlichen Interessenabwägung ändert auch der Umstand, dass ein vom Arbeitnehmer beauftragter Rechtsanwalt den gegenteiligen Standpunkt vertritt, nichts.[212] Stellt das Gericht das Gegenteil fest,
besteht das Arbeitsverhältnis zwar grundsätzlich fort; es wird aber zumindest durch den
Prozess nicht unerheblich belastet sein, wenn es nicht ohnehin zu einer einvernehmlichen
Trennung kommt. Der Arbeitnehmer kann das Risiko, seinen Arbeitsplatz zu riskieren, minimieren, indem er der Weisung unter **Vorbehalt** der gerichtlichen Überprüfung nachkommt
und zunächst die Tätigkeit aufnimmt.

---

[211] BAG 29.8.2013 – 2 AZR 273/12, NZA 2014, 533; MHdB ArbR/*Reichold* § 36 Rn. 30.
[212] BAG 29.8.2013 – 2 AZR 273/12, NZA 2014, 533.

§ 13 Arbeitsort

Übersicht

	Rn.
I. Begriff des Arbeitsorts	1
II. Festlegung des Leistungsorts	2–7
1. Bestimmung im Arbeitsvertrag	2/3
2. Bestimmung des Leistungsorts „aus den Umständen"	4/5
3. Bestimmungsrecht des Arbeitgebers	6/7
III. Flexibilisierung des Leistungsorts („Homeoffice")	8–21
1. Kein gesetzlicher Anspruch des Arbeitnehmers	9/10
2. Kein Recht des Arbeitgebers zur einseitigen Einführung	11
3. Typische Regelungsgegenstände von Homeoffice-Vereinbarungen	12–17
4. Mitbestimmungsrechte des Betriebsrats	18–21
IV. Versetzung	22–37
1. Individualrechtliche Grundlage	22–34
2. Mitbestimmungsrechte des Betriebsrats	35–38
V. Betriebsverlegung als kollektiver Wechsel des Einsatzorts	39–41
1. Individualrechtliche Zulässigkeit	39/40
2. Mitbestimmungsrechte des Betriebsrats	41

I. Begriff des Arbeitsorts

1 Der **geographische Ort**, an dem der Arbeitnehmer seine Arbeitsleistung zu erbringen hat, wird als sog. **Leistungsort** bezeichnet. An diesem Ort muss der Arbeitnehmer die zu erbringende Leistungshandlung vornehmen.[1] Der Leistungsort ist zugleich der **Erfüllungsort**, da der Arbeitnehmer grundsätzlich keinen Leistungserfolg sondern nur die Leistungshandlung schuldet.[2]

II. Festlegung des Leistungsorts

1. Bestimmung im Arbeitsvertrag

2 Ist der Leistungsort von den Arbeitsvertragsparteien im **Arbeitsvertrag** ausdrücklich festgelegt, ist dies auch zugleich der Erfüllungsort. Ist der Arbeitnehmer verpflichtet, seine Leistung in einem Betrieb zu erbringen, ist der Arbeitgeber grundsätzlich frei, den konkreten Arbeitsplatz im Betrieb über das Direktionsrecht zuzuweisen. Der Arbeitsort eines Reisenden ist dessen Wohnsitz, wenn er die Tätigkeit von dort ausübt. Es ist dabei nicht entscheidend, ob er dorthin täglich zurückkehrt.[3] Gemäß § 48 Abs. 1a ArbGG begründet der Ort, an dem die Arbeiten erbracht werden, auch die örtliche Zuständigkeit des Arbeitsgerichts bei arbeitsrechtlichen Streitigkeiten.

3 Ist im Arbeitsvertrag keine Regelung zum Arbeitsort aufgenommen bzw. wird zwischen den Parteien kein schriftlicher Arbeitsvertrag geschlossen, sollte in dem schriftlichen Nachweis über die wesentlichen Vertragsbedingungen nach § 2 Abs. 1 Nr. 4 NachwG der Arbeitsort aufgenommen werden (siehe auch **Art. 4 Abs. 2b**) der am 31.7.2019 in Kraft getretenen **Arbeitsbedingungenrichtlinie**[4]. Ist im Arbeitsvertrag kein Arbeitsort festgelegt, lässt sich daraus schließen, dass der Arbeitnehmer nicht nur an einem bestimmten Arbeitsort tätig sein soll. Dementsprechend wäre im Nachweis über die Vertragsbestimmungen ein Hin-

---

[1] MHdB ArbR/*Reichold* § 36 Rn. 46; Schaub ArbR-HdB/*Linck* § 45 Rn. 22.
[2] BAG 3.12.1985 – 4 AZR 325/84, AP TVG § 1 Tarifverträge: Großhandel Nr. 5.
[3] BAG 12.6.1986 – 2 AZR 398/85, AP Art. 5 Brüsseler Abkommen Nr. 1.
[4] Richtlinie 2019/1152/EU des Europäischen Parlaments und des Rates v. 20.6.2019 über transparente und vorhersehbare Arbeitsbedingungen in der Europäischen Union, ABl. EU 2019 L 186, 105.

weis darauf aufzunehmen, dass der Arbeitnehmer an verschiedenen Orten beschäftigt werden kann. Eine Vertragsklausel, die nur einen bestimmten Arbeitsort nennt und keine Versetzungsklausel enthält, ist regelmäßig so auszulegen, dass ein Einsatz an einem anderen Arbeitsort nicht im Wege des Direktionsrechts angeordnet werden kann und nur in Betracht kommt, wenn Einvernehmen besteht oder der Arbeitgeber eine wirksame Änderungskündigung ausspricht.[5]

2. Bestimmung des Leistungsorts „aus den Umständen"

Haben die Parteien arbeitsvertraglich keinen Arbeitsort festgelegt, kann sich der Arbeitsort „aus den Umständen" ergeben. Dies ist insbesondere dann der Fall, wenn der Arbeitnehmer nur auf einem bestimmten Arbeitsplatz in einem ganz bestimmten Betrieb beschäftigt werden kann. Ebenso ergibt sich der Arbeitsort bspw. aus der Tätigkeitsbeschreibung als Verkaufsfahrer, Kundendienstmitarbeiter oder Reinigungspersonal bei einem Reinigungsunternehmen.[6] Diesen Tätigkeiten ist immanent, dass sie nicht im Betrieb des Arbeitgebers erledigt werden.

In der Rechtsprechung des Bundesarbeitsgerichts ist anerkannt, dass sich Arbeitspflichten nach längerer Zeit auf bestimmte Arbeitsbedingungen konkretisieren können, so dass ausnahmsweise ein Arbeitsort auch dann vereinbart sein kann, wenn er im Arbeitsvertrag nicht ausdrücklich festgelegt ist, sich aber eine **Konkretisierung** auf einen bestimmten Arbeitsort ergeben hat. Dann liegt eine den Arbeitsvertrag abändernde Vereinbarung vor. Allerdings genügt die **Nichtausübung des Direktionsrechts** über einen längeren Zeitraum hierfür regelmäßig nicht. Die Nichtausübung des Direktionsrechts schafft keinen Vertrauenstatbestand, dass der Arbeitgeber von diesem vertraglich und/oder gesetzlich eingeräumten Recht keinen Gebrauch mehr machen will, und hat keinen Erklärungswert. Es kann nur dann zu einer vertraglichen Beschränkung der Ausübung des Direktionsrechts kommen, wenn besondere Umstände hinzutreten, aufgrund derer der Arbeitnehmer darauf vertrauen darf, dass er nicht in anderer Weise eingesetzt werden soll.[7]

3. Bestimmungsrecht des Arbeitgebers

Ferner kann sich sowohl aus dem Vertrag als auch aus den näheren „Umständen" ein **Bestimmungsrecht** des **Arbeitgebers** für den Leistungsort ergeben. Dies betrifft typischerweise die Tätigkeiten von Arbeitnehmern mit „wechselndem Einsatzort" wie dies bei Kundendienstmitarbeitern und Montagearbeitern der Fall ist. Es kann aber auch dann entstehen, wenn der Arbeitnehmer nach seiner Tätigkeitsart zur Dienstreise verpflichtet ist.[8]

Nach der vertraglichen Regelung oder auf Grund der äußeren Umstände kann der Arbeitnehmer auch **wechselnde Einsatzorte** haben. Welcher Einsatz konkret noch von der vertraglichen Regelung gedeckt ist, ist ggf. durch Auslegung zu ermitteln. Zur Auslegung können Vergütungs-, Wegezeiten und Wegegeldregelungen herangezogen werden. Schließlich ist es auch erforderlich, dass bei der Zuweisung das billige Ermessen gemäß §§ 106 S. 1 GewO, 315 BGB gewahrt wird. Dies ist im Rahmen der Ausübungskontrolle zu untersuchen.

III. Flexibilisierung des Leistungsorts („Homeoffice")

Im Zuge der fortschreitenden Digitalisierung der Arbeitswelt gewinnt – neben der Flexibilisierung der Arbeitszeit – auch die Flexibilisierung des Arbeitsorts zunehmend an Bedeutung. Im Mittelpunkt steht dabei die Möglichkeit des Arbeitnehmers, seine Arbeitsleistung nicht oder nicht ausschließlich im Betrieb des Arbeitgebers, sondern von zu Hause zu

---

[5] Schaub ArbR-HdB/*Linck* § 45 Rn. 16.
[6] MHdB ArbR/*Reichold* § 36 Rn. 48.
[7] BAG 13.3.2007 – 9 AZR 433/06, AP BGB § 307 Nr. 26; 11.4.2006 – 9 AZR 557/05, AP BGB § 307 Nr. 17; 17.8.2011 – 10 AZR 202/10, NZA 2012, 265; 13.6.2012 – 10 AZR 206 90/11, NZA 2012, 1154; 28.8.2013 – 10 AZR 569/12, NZA-RR 2014, 181.
[8] MHdB ArbR/*Reichold* § 36 Rn. 48.

erbringen („**Homeoffice**"). Durch die Ausbreitung des neuartigen Coronavirus (SARS-CoV-2), die im Jahr 2020 zu einer weltweiten Pandemie geführt hat, hat das Homeoffice sprunghaft an Bedeutung für die betriebliche Praxis gewonnen. Laut einer repräsentativen Umfrage des Branchenverbands Bitkom, deren Ergebnisse im März 2020 veröffentlicht wurden, arbeitete im Frühjahr 2020 jeder zweite Beschäftigte (49 %) zumindest teilweise im Homeoffice; knapp ein Fünftel der Befragten (18 %) war aufgrund der Corona-Pandemie erstmals im Homeoffice tätig.[9] Entsprechend steht das Homeoffice aktuell auch im Zentrum der arbeitsrechtlichen Diskussion.[10]

1. Kein gesetzlicher Anspruch des Arbeitnehmers

9   Es besteht derzeit **kein allgemeiner gesetzlicher Anspruch** des Arbeitnehmers auf Einrichtung eines Homeoffice-Arbeitsplatzes. Das SPD-geführte Bundesministerium für Arbeit und Soziales (BMAS) hat zwar jüngst angekündigt, einen gesetzlichen Anspruch auf Homeoffice einführen zu wollen, und hat zu diesem Zweck Anfang Oktober 2020 der Referentenentwurf eines „Mobile-Arbeit-Gesetzes" vorgelegt.[11] Im Koalitionsvertrag der aktuellen Bundesregierung haben CDU, CSU und SPD allerdings lediglich vereinbart, einen „rechtlichen Rahmen für mobiles Arbeiten" zu schaffen, zu dem „auch ein Auskunftsanspruch der Arbeitnehmer gegenüber ihrem Arbeitgeber über die Entscheidungsgründe der Ablehnung" eines Antrags auf mobiles Arbeiten gehöre.[12] Das Bundeskanzleramt hat den Gesetzentwurf des BMAS deshalb umittelbar nach seinem Bekanntwerden unter Berufung auf den Koalitionsvertrag abgelehnt.[13] Das ArbG Augsburg hat jüngst mit Urteil vom 7.5.2020 klargestellt, dass dem Arbeitnehmer auch in der Corona-Pandemie kein gesetzlicher Anspruch auf Einrichtung eines Homeoffice-Arbeitsplatzes aufgrund des Risikos einer Infektion mit dem neuartigen Coronavirus (SARS CoV-2) am Büroarbeitsplatz zusteht.[14] Es obliegt allein dem Arbeitgeber, zu entscheiden, wie er seinen Verpflichtungen aus § 618 BGB gerecht wird.

10 Auch aus spezialgesetzlichen Vorschriften folgt kein genereller Rechtsanspruch auf Einrichtung eines Homeoffice-Arbeitsplatzes für bestimmte Beschäftigtengruppen. **§ 16 Abs. 1 S. 2 BGleiG** gewährt den **Bundesbediensteten** keinen Rechtsanspruch auf die Einrichtung eines Homeoffice-Arbeitsplatzes.[15] Die Vorschrift verpflichtet die Dienststellen der Bundesgerichte, Behörden und Verwaltungsstellen der unmittelbaren Bundesverwaltung sowie Körperschaften, Anstalten und Stiftungen des öffentlichen Rechts des Bundes zwar dazu, Beschäftigten mit Familien- oder Pflegeaufgaben auch Telearbeitsplätze, mobile Arbeitsplätze oder familien- oder pflegefreundliche Arbeits- und Präsenzzeitmodelle anzubieten. Die Verpflichtung besteht jedoch nach dem Gesetzeswortlaut ausdrücklich nur „im Rahmen der dienstlichen Möglichkeiten". Sie begründet daher lediglich einen Anspruch des Bundesbediensteten auf ermessensfehlerfreie Entscheidung über den Antrag auf Einrichtung eines

---

[9] Vgl. die Meldung „Corona-Pandemie: Arbeit im Homeoffice nimmt deutlich zu" des Bitkom Bundesverbands Informationswirtschaft, Telekommunikation und neue Medien e. V. v. 18.3.2020; abrufbar unter https://bitkom.org/Presse/Presseinformation/Corona-Pandemie-Arbeit-im-Homeoffice-nimmt-deutlich-zu (letzter Abruf: 31.8.2020).

[10] Siehe zu Homeoffice und Mobile Office in der Corona-Krise *Krieger/Rudnik/Povedano* Peramato NZA 2020, 473 ff.

[11] Vgl. die Pressemeldung „Mobile Arbeit Gesetz: Heil will Anspruch auf 24 Tage Homeoffice im Jahr" der Rheinischen Post v. 5.10.2020, abrufbar unter https://rp-online.de/politik/deutschland/hubertus-heil-homeoffice-soll-gesetzlich-auf-24-tage-im-jahr-festgeschrieben-werden_aid-S3836127 (letzter Abruf: 16.10. 2020). Kritisch zu der von der SPD intendierten Einführung eines Rechtsanspruchs auf Homeoffice *Picker* ZfA 2019, 269 (284 ff.).

[12] „Ein neuer Aufbruch für Europa – Eine neue Dynamik für Deutschland – Ein neuer Zusammenhalt für unser Land – Koalitionsvertrag zwischen CDU, CSU und SPD" v. 12.3.2018, Rn. 363 f. und 1823 f.; abrufbar unter https://www.bundesregierung.de/breg-de/themen/koalitionsvertrag-zwischen-cducsu-und-spd-195906 (letzter Abruf: 30.1.2020).

[13] Vgl. die Pressemeldung „Mobile Arbeit: Kanzleramt blockiert Vorstoß für Anspruch auf Homeoffice" der Zeit Online v. 6.10.2020, abrufbar unter https://www.zeit.de/politik/deutschland/2020-10/mobile-arbeit-hubertus-heil-homeoffice-gesetzesentwurf-bundeskanzleramt (letzter Abruf: 16.10.2020).

[14] ArbG Augsburg 7.5.2020 – 3 Ga 9/20, NZA-RR 2020, 417.

[15] *Oberthür* MDR 2015, 1269, 1270; *Müller* Homeoffice S. 39.

Homeoffice-Arbeitsplatzes.[16] Auch **schwerbehinderte Arbeitnehmer** und diesen Gleichgestellte haben keinen allgemeinen gesetzlichen Anspruch auf die Einrichtung eines Homeoffice-Arbeitsplatzes. § 164 Abs. 4 S. 1 Nr. 4 SGB IX räumt ihnen zwar einen individuellen, einklagbaren Anspruch auf behinderungsgerechte Einrichtung und Gestaltung des Arbeitsplatzes ein. Der Anspruch ist jedoch nur dann auf die Einrichtung eines Homeoffice-Arbeitsplatzes gerichtet, wenn eine behinderungsgerechte Beschäftigung des schwerbehinderten Arbeitnehmers ausschließlich mittels der geltend gemachten Homeoffice-Tätigkeit erreicht werden kann.[17] Davon wird nur in absoluten Ausnahmefällen auszugehen sein.[18]

2. Kein Recht des Arbeitgebers zur einseitigen Einführung

Im Umgekehrten hat der Arbeitgeber keine rechtliche Handhabe, eine Tätigkeit seines Arbeitnehmers im Homeoffice einseitig anzuordnen. Der Arbeitgeber ist regelmäßig nicht berechtigt, dem Arbeitnehmer durch Ausübung seines arbeitsvertraglichen Direktionsrechts aus § 106 S. 1 GewO eine Tätigkeit im Homeoffice zuzuweisen.[19] Sieht der Arbeitsvertrag die Tätigkeit in einer Betriebsstätte des Arbeitgebers vor, so ist dem Direktionsrecht des Arbeitgebers im Hinblick auf den Arbeitsort eine klare Grenze gesetzt. Diese würde durch die Zuweisung eines Homeoffice-Arbeitsplatzes überschritten.[20] Hinzu kommt, dass die Umstände einer ausschließlich in der eigenen Wohnung zu verrichtenden Arbeit mit einer Tätigkeit, die in einer Betriebsstätte zusammen mit weiteren Mitarbeitern des Arbeitgebers auszuüben ist, nicht zu vergleichen sind. Der Arbeitnehmer verliert den unmittelbaren Kontakt zu seinen Kollegen und die Möglichkeit, sich mit ihnen auszutauschen, wird deutlich verringert. Auch werden die Grenzen von Arbeit und Freizeit fließend. Der Arbeitnehmer ist für die betriebliche Interessenvertretung und die im Betrieb vertretenen Gewerkschaften schwerer erreichbar.[21] Schließlich ist der grundrechtliche **Schutz der Wohnung** des Arbeitnehmers aus **Art. 13 Abs. 1 GG** zu berücksichtigen, dem aufgrund der mittelbaren Drittwirkung der Grundrechte insbesondere bei der Auslegung zivilrechtlicher Generalklauseln angemessen Rechnung zu tragen ist.[22] Er führt dazu, dass das Direktionsrecht des Arbeitgebers aus § 106 S. 1 GewO diesen nicht dazu berechtigt, den Arbeitnehmer zur Leistung von Arbeit in dessen Privatwohnung anzuweisen.[23] Dies gilt – entgegen vereinzelter Wortmeldungen aus dem arbeitsrechtlichen Schrifttum – auch in Anbetracht der besonderen Umstände der aktuellen Corona-Pandemie.[24] Der Verweis auf eine „vorübergehende" Tätigkeit im Home Office für die Dauer der Corona-Pandemie ist nicht geeignet, eine Verfügungsbefugnis des Arbeitgebers im Hinblick auf die grundrechtlich geschützte Wohnung des Arbeitnehmers zu begründen, da sowohl der weitere Verlauf als auch die Gesamtdauer der Pandemie zum gegenwärtigen Zeitpunkt gänzlich unvorhersehbar sind.[25] Davon zu trennen ist die Frage, ob dem Arbeitnehmer im Fall einer Weigerung, aufgrund der Corona-Pandemie im Home Office tätig zu werden, ein Anspruch auf Annahmeverzugslohn aus § 615 S. 1 BGB zusteht oder ein Fall des böswilligen Unterlassens der Erzielung anderweitigen Verdienstes im Sinne von § 615 S. 2 Var. 3 BGB vorliegt.[26] Letzteres ist angesichts der Rechtsprechung des Bundesarbeitsgerichts, dass ein böswilliges Unterlassen von Erwerb im Sinne von § 615 S. 2 3. Var. BGB auch darin liegen kann, dass der Arbeitnehmer eine vertraglich nicht geschuldete Arbeitsleistung ablehnt,[27] in Abhängigkeit von den Umständen des Einzelfalls durchaus denkbar.

---

[16] VG Koblenz 18.2.2015 – 2 K 719/14.KO, nv; *Oberthür* MDR 2015, 1269 (1270).
[17] *Müller* Homeoffice S. 41.
[18] *Oberthür* MDR 2015, 1269 (1272).
[19] LAG Berlin-Brandenburg 14.11.2018 – 17 Sa 562/18, nv; Hümmerich/Reufels Gestaltung ArbV/*Schiefer* § 1 Rn. 3747.
[20] LAG Berlin-Brandenburg 14.11.2018 – 17 Sa 562/18, nv.
[21] LAG Berlin-Brandenburg 14.11.2018 – 17 Sa 562/18, nv.
[22] Vgl. BVerfG 11.4.2018 – 1 BvR 3080/09, NJW 2018, 1667.
[23] *Richter* ArbR 2019, 142 (143); *Oberthür* MDR 2015, 1269; *Sievers* jM 2020, 189 (193).
[24] AA *Krieger/Rudnik/Poredano Peramato* NZA 2020, 473 (475); *Fuhlrott/Fischer* NZA 2020, 345 (349f.).
[25] AA *Fuhlrott/Fischer* NZA 2020, 345 (350).
[26] Siehe hier *Krieger/Rudnik/Poredano Peramato* NZA 2020, 473 (476); *Sievers* jM 2020, 189 (193).
[27] BAG 7.2.2007 – 5 AZR 422/06, NZA 2007, 561.

3. Typische Regelungsgegenstände von Homeoffice-Vereinbarungen

12 Da weder ein Recht des Arbeitnehmers auf eine Tätigkeit im Homeoffice noch eine diesbezügliche Pflicht besteht, ist für die Einrichtung eines Homeoffice-Arbeitsplatzes der Abschluss einer **Homeoffice-Vereinbarung** erforderlich. Diese wird in aller Regel von den Arbeitsvertragsparteien geschlossen.[28]

13 In der Homeoffice-Vereinbarung sind Regelungen zum **Arbeitsort** zu treffen. Es sollte geregelt werden, ob der Arbeitnehmer seine Tätigkeit vollständig im Homeoffice erbringt oder ob er sowohl von zu Hause aus als auch in der Betriebsstätte des Arbeitgebers arbeiten wird. Im letzteren Fall sollte die Aufteilung der Tätigkeit des Arbeitnehmers zwischen Homeoffice und Betriebsstätte des Arbeitgebers in der Vereinbarung konkretisiert werden (zB Homeoffice nur an bestimmten Wochentagen).[29] Außerdem empfiehlt sich eine Regelung, wonach der Arbeitnehmer bei betrieblichen Erfordernissen (Schulungen, Besprechungen oä) zu einer **Anwesenheit** in der Betriebsstätte des Arbeitgebers verpflichtet ist.[30]

14 Wie bei jedem anderen Arbeitsverhältnis bedarf es einer Regelung der **Arbeitszeit** in der Homeoffice-Vereinbarung.[31] Im Hinblick auf die **Dauer** der Arbeitszeit bestehen keine Besonderheiten gegenüber einer Tätigkeit des Arbeitnehmers in der Betriebsstätte des Arbeitgebers. Das Arbeitszeitvolumen kann unter Beachtung geltender Tarifverträge in Form einer Wochen-, Monats- oder Jahresarbeitszeit geregelt werden.[32] Zur **Lage** der Arbeitszeit können in Homeoffice-Vereinbarungen unterschiedliche Gestaltungsvarianten gewählt werden. Die Lage der Arbeitszeit kann unter Beachtung der Mitbestimmungsrechte des Betriebsrats aus § 87 Abs. 1 Nr. 2 BetrVG (→ § 14 Rn. 103 ff.) in der Homeoffice-Vereinbarung festgelegt werden.[33] Eine derartige Vertragsgestaltung gestattet dem Arbeitnehmer allerdings keine Selbstbestimmung hinsichtlich der Arbeitszeitlage, was häufig Sinn und Zweck des Abschlusses einer Homeoffice-Vereinbarung sein wird.[34] Alternativ kann dem Arbeitnehmer ein Spielraum hinsichtlich der Lage der Arbeitszeit eingeräumt werden, indem **Vertrauensarbeitszeit** (→ § 14 Rn. 92) vereinbart wird. Soll der Arbeitnehmer in der Festlegung der Lage seiner Arbeitszeit weitgehend frei sein, so ist er in der Homeoffice-Vereinbarung über die **Grenzen des ArbZG** zu unterrichten und zu deren Einhaltung zu verpflichten. Der Arbeitnehmer ist insbesondere darauf zu verpflichten, die gesetzlichen Höchstarbeitszeiten nach § 3 ArbZG, die Ruhepausen nach § 4 ArbZG und die Ruhezeiten nach § 5 ArbZG einzuhalten sowie das Sonn- und Feiertagsarbeitsverbot nach § 9 ArbZG zu beachten.[35] Gerade bei der regelmäßig im Homeoffice praktizierten selbstbestimmten Einteilung der Arbeitszeit besteht ansonsten die Gefahr, dass der Arbeitnehmer die Regelungen des zu seinen Gunsten normierten Arbeitszeitschutzrechts nicht beachtet.[36] Die Verpflichtung des Arbeitnehmers zu deren Einhaltung liegt vor diesem Hintergrund und in Anbetracht der bei Verstößen drohenden Sanktionen (Bußgelder nach § 22 ArbZG, Geld- oder Freiheitsstrafen nach § 23 ArbZG) im wohlverstandenen Arbeitgeberinteresse. Es bleibt freilich auch bei einer entsprechenden Selbstverpflichtung des Arbeitnehmers dabei, dass der Arbeitgeber weiterhin die Einhaltung der Vorgaben des Arbeitszeitschutzrechts sicherzustellen hat. Er kann seine diesbezügliche Verantwortung nicht auf den Arbeitnehmer abwälzen.[37] Es ist deshalb – unabhängig vom Urteil des EuGH in der Sache CCOO[38] und der daran anschließenden Diskussion, ob bereits *de lege lata* eine allgemeine Pflicht zur Arbeitszeiterfassung aufgrund unionsrechtskonformer Auslegung des § 16 Abs. 2 ArbZG be-

---

[28] Siehe zu Homeofficeregelungen in Tarifverträgen und Betriebsvereinbarungen *Müller* Homeoffice S. 47 ff.; *Krieger/Rudnik/Poredano Peramato* NZA 2020, 473 (477).
[29] *Richter* ArbR 2019, 166, 167.
[30] *Hümmerich/Reufels* Gestaltung ArbV/*Schiefer* § 1 Rn. 3775 f.
[31] *Küttner* Personalbuch 2020/*Röller,* Homeoffice Rn. 9.
[32] *Müller* Homeoffice S. 84.
[33] *Richter* ArbR 2019, 166 (167).
[34] *Müller* Homeoffice S. 85.
[35] *Schiefer/Worzalla* DB 2019, 1904 (1907).
[36] *Müller* Homeoffice S. 129.
[37] MHdB ArbR/*Schüren* § 47 Rn. 39.
[38] EuGH 14.5.2019 – C-55/18, NZA 2019, 683 – CCOO.

steht³⁹ – in der Homeoffice-Vereinbarung zu regeln, dass der Arbeitnehmer seine **Arbeitszeit** selbst in geeigneter Form **erfasst** und hierbei insbesondere alle Arbeitszeiten aufzeichnet, die über die gesetzliche Höchstarbeitszeit des § 3 ArbZG hinausgehen.⁴⁰ Für die Kontrolle der Arbeitszeiterfassung des Arbeitnehmers im Homeoffice stehen dem Arbeitgeber unterschiedliche technische Kontrollmaßnahmen zur Verfügung, die stets im Einklang mit den gesetzlichen Vorschriften zum Datenschutz und unter Beachtung einschlägiger Mitbestimmungsrechte des Betriebsrats zum Einsatz zu bringen sind.⁴¹

Die Homeoffice-Vereinbarung sollte eine Regelung zur **Kostentragung** enthalten. Ohne eine vertragliche Vereinbarung hängt die Pflicht zur Kostentragung davon ab, in wessen Interesse die Einrichtung des Homeoffice-Arbeitsplatzes liegt. Liegt die Einrichtung des Homeoffice-Arbeitsplatzes in erster Linie im Arbeitgeberinteresse, hat dieser die Kosten für die Einrichtung und Unterhaltung des Homeoffice (Anschaffung der Büroeinrichtung, Anschaffung, Wartung und Pflege der Kommunikationseinrichtung, dienstlicher Anteil der Raummiete, Beleuchtung, Heizung etc) auch ohne eine entsprechende vertragliche Regelung zu tragen. Dem Arbeitnehmer steht insoweit ein gesetzlicher Anspruch auf **Aufwendungsersatz gemäß § 670 BGB** zu.⁴² Etwas anderes gilt, wenn die Arbeit im Homeoffice allein oder überwiegend im Interesse des Arbeitnehmers liegt. Auch der Arbeitnehmer kann ein Interesse an einem häuslichen Arbeitsplatz haben. Die Einrichtung eines solchen Arbeitsplatzes hat zur Folge, dass sich der Arbeitnehmer Fahrtwege und damit Fahrtzeit und Fahrtkosten erspart. Tritt hinzu, dass der Arbeitgeber dem Arbeitnehmer freigestellt hat, an welchem Ort er einen wesentlichen Teil seiner Arbeitsleistung erbringt, ist dies ein wichtiges Indiz dafür, dass das Interesse des Arbeitnehmers an der Einrichtung des häuslichen Arbeitszimmers das Interesse des Arbeitgebers überwiegt. In diesem Fall kommt die Erstattung der durch die Einrichtung des häuslichen Arbeitszimmers entstehenden Kosten nur auf Grund einer Vereinbarung, nicht aber in entsprechender Anwendung des § 670 BGB in Betracht.⁴³ Zur Vermeidung der im Einzelfall schwierigen Abgrenzungsfrage, wessen Interesse an der Einrichtung des Homeoffice-Arbeitsplatzes überwiegt, empfiehlt sich im Hinblick auf die Kostenfrage eine klare Regelung.⁴⁴ Rechtlich zulässig und praxistauglich ist zB die Vereinbarung einer **Kostenpauschale**.⁴⁵

Die Homeoffice-Vereinbarung sollte sehr präzise **Zutrittsrechte** des Arbeitgebers sowie ggf. weiterer Personen regeln.⁴⁶ Die Regelung eines Zutrittsrechts ist notwendig, da ein Betreten der Privatwohnung des Arbeitnehmers aufgrund des Grundrechtsschutzes aus Art. 13 Abs. 1 GG ohne Zustimmung des Arbeitnehmers nicht möglich ist.⁴⁷ Um der Transparenz- und Angemessenheitskontrolle nach § 307 Abs. 1 S. 1 und 2 BGB standzuhalten, muss eine vorformulierte Homeoffice-Vereinbarung die Fälle, in denen der Arbeitgeber berechtigt sein soll, den Wohnraum des Arbeitnehmers zu betreten, möglichst präzise und in der Sache angemessen regeln.⁴⁸ Ein **berechtigtes Interesse** des Arbeitgebers, die außerbetriebliche Arbeitsstätte (Homeoffice-Arbeitsplatz) in der Wohnung des Arbeitnehmers zu betreten, besteht etwa dann, wenn der Arbeitgeber überprüfen möchte, ob der Homeoffice-Arbeitsplatz den gesetzlichen Anforderungen des **Arbeitsschutzes** entspricht.⁴⁹ Ein berechtigtes Zutrittsinteresse besteht auch hinsichtlich der Überprüfung der Verwendung von Arbeitsmitteln, die der

---

³⁹ Dafür *Oberthür* MDR 2019, 1029 f.; dagegen *Fuhlrott* NZA-RR 2019, 343; *Reinhard* NZA 2019, 1313 (1314).
⁴⁰ *Richter* ArbR 2019, 166 (168); Personalbuch 2019/*Röller* Homeoffice Rn. 9.
⁴¹ Siehe dazu *von Steinau-Steinrück/Burmann* NJW-Spezial 2018, 754.
⁴² BAG 14.10.2003 – 9 AZR 657/02, NZA 2004, 604; Küttner Personalbuch 2020/*Röller* Homeoffice Rn. 10; *Krieger/Rudnik/Poredano Peramato* NZA 2020, 473 (478 f.).
⁴³ BAG 12.4.2011 – 9 AZR 14/10, NZA 2012, 97.
⁴⁴ Hümmerich/Reufels Gestaltung ArbV/*Schiefer* § 1 Rn. 3773.
⁴⁵ Küttner Personalbuch 2020/*Röller* Homeoffice Rn. 10.
⁴⁶ *Schiefer/Worzalla* DB 2019, 1904 (1907); Hümmerich/Reufels Gestaltung ArbeitsV/*Schiefer*, 4. Auflage 2019, § 1 Rn. 3777 f.; kritisch zur Vereinbarung von Zutrittsrechten im Rahmen von Homeoffice-Vereinbarungen *Hidalgo* NZA 2019, 1449 (1452).
⁴⁷ Küttner Personalbuch 2020/*Röller* Homeoffice Rn. 13.
⁴⁸ *Schiefer/Worzalla* DB 2019, 1904 (1907).
⁴⁹ *Müller* Homeoffice S. 101.

Arbeitgeber dem Arbeitnehmer zur Verfügung stellt, sowie im Hinblick auf die Einhaltung des Datenschutzes.[50] Die Einräumung eines Zutrittsrechts dürfte auch zulässig sein zur Wartung von technischen Einrichtungen des Arbeitgebers sowie – im Fall der Beendigung der Homeoffice-Tätigkeit oder des gesamten Arbeitsverhältnisses – zu deren Inansichnahme.[51] Der **Kreis der Personen**, denen ein Zutrittsrecht eingeräumt wird, sollte in der Homeoffice-Vereinbarung möglichst abschließend benannt werden. In Betracht kommen in erster Linie der Arbeitgeber selbst bzw. dessen Vertreter sowie Mitglieder des Betriebsrats, der Betriebsarzt, der Datenschutzbeauftragte, die Vertrauensperson der Schwerbehindertenvertretung und Mitglieder eines BEM-Teams.[52]

17 Der Arbeitnehmer sollte in der Homeoffice-Vereinbarung in besonderer Weise zur **Einhaltung des Datenschutzes** angehalten werden. Der Arbeitnehmer sollte ggf. ausdrücklich dazu verpflichtet werden, dafür Sorge zu tragen, dass unbefugte Dritte (zB im Haushalt lebende Familienangehörige, Mitbewohner oder Haushaltskräfte) keinen Zugang zu personenbezogenen Daten erhalten. Dies kann es erfordern, dass das Homeoffice in einem abschließbaren Raum eingerichtet und der Arbeitnehmer dazu verpflichtet wird, den Raum nach dem Verlassen verschlossen zu halten.[53] Ähnlich gelagerte Pflichten können bestehen im Hinblick auf die **Wahrung von Geschäftsgeheimnissen (§ 23 GeschGehG)**.[54]

4. Mitbestimmungsrechte des Betriebsrats

18 Die grundsätzliche Entscheidung des Arbeitgebers, ob er seinen Arbeitnehmern die Möglichkeit zur Arbeit im Homeoffice eröffnen möchte oder nicht, ist **mitbestimmungsfrei**.[55] Der Betriebsrat kann dem Arbeitgeber gemäß § 92a Abs. 1 S. 1 BetrVG Vorschläge zur Sicherung und Förderung der Beschäftigung machen. Diese können gemäß § 92a Abs. 1 S. 2 BetrVG ua eine flexible Gestaltung der Arbeitszeit sowie neue Formen der Arbeitsorganisation zum Gegenstand haben. Die Einrichtung bzw. Erweiterung von Homeoffice-Arbeitsplätzen kann sowohl als neue Form der Arbeitsorganisation wie auch als Mittel zur flexiblen Arbeitszeitgestaltung angesehen werden.[56] Es handelt sich um ein bloßes Vorschlagsrecht, das gemäß § 92a Abs. 2 S. 1 und 2 BetrVG lediglich Beratungs- und Begründungspflichten des Arbeitgebers auslöst.[57] Der Betriebsrat kann die Einführung von Homeoffice-Arbeitsplätzen nicht erzwingen.

19 Die **Begründung** oder **Beendigung** einer Vereinbarung über eine Tätigkeit im Homeoffice ist eine **Versetzung** iSv § 95 Abs. 3 S. 1 BetrVG (siehe zum Begriff → § 12 Rn. 54), die in Unternehmen mit mehr als 20 Arbeitnehmern gemäß § 99 Abs. 1 S. 1 BetrVG der Zustimmung des Betriebsrats bedarf.[58] Dies ergibt sich regelmäßig bereits daraus, dass mit der Verlagerung des Arbeitsplatzes in das Homeoffice oder zurück in die Betriebsstätte des Arbeitgebers der individuelle **Arbeitsort** des Arbeitnehmers verändert wird.[59] Zudem beinhaltet die Begründung oder Beendigung einer Homeoffice-Tätigkeit auch unabhängig von der Veränderung des Arbeitsorts die **Zuweisung eines anderen Arbeitsbereichs** iSv § 95 Abs. 3 S. 1 BetrVG (siehe zum Begriff → § 12 Rn. 57). Die Aufgabe und Verantwortung des Arbeitnehmers sowie dessen Einordnung in den Arbeitsablauf des Arbeitgebers werden grundlegend geändert: Es wird in der Wohnung des Arbeitnehmers eine Arbeitsstätte vorgehalten, die den arbeitsschutzrechtlichen Anforderungen entsprechen muss. Der Arbeitnehmer ist als Wohnungsinhaber verkehrssicherungspflichtig für die außerbetriebliche Arbeitsstätte. Er muss außerdem den Datenschutz an der außerbetrieblichen Arbeitsstätte sicher-

---

[50] Hümmerich/Reufels Gestaltung ArbV/*Schiefer* § 1 Rn. 3778.
[51] *Schiefer/Worzalla* DB 2019, 1904 (1907).
[52] *Richter* ArbR 2019, 166 (168).
[53] *Schiefer/Worzalla* DB 2019, 1904 (1907).
[54] *Richter* ArbR 2019, 166 (168).
[55] *Richter* ArbR 2019, 142 (144).
[56] *Müller* Homeoffice S. 180.
[57] Richardi BetrVG/*Thüsing* § 92a Rn. 6, 9 ff.
[58] LAG Düsseldorf 10.9.2014 – 12 Sa 505/14, LAGE BGB 2002 § 307 Nr. 44; *Krieger/Rudnik/Poredano Peramato* NZA 2020, 473 (476 f.).
[59] *Oberthür* MDR 2015, 1269 (1272).

stellen.[60] Hinzu kommt, dass der Arbeitnehmer regelmäßig geänderten Berichts- und Meldepflichten unterliegt. Schließlich wird die Zusammenarbeit mit Vorgesetzten und Kollegen verändert, da an die Stelle des persönlichen Austauschs die virtuelle Kommunikation tritt.[61]

Die konkrete **Durchführung** des Homeoffice tangiert regelmäßig eine ganze Reihe von **sozialen Angelegenheiten** iSv § 87 Abs. 1 BetrVG. Zutrittsrechte des Arbeitgebers bzw. seiner Vertreter betreffen das mitbestimmungspflichtige Ordnungsverhalten iSv § 87 Abs. 1 Nr. 1 BetrVG.[62] Das Mitbestimmungsrecht des Betriebsrats nach § 87 Abs. 1 Nr. 2 BetrVG hinsichtlich der Verteilung der Arbeitszeit wird berührt, soweit die Arbeitnehmer nach den arbeitgeberseitigen Vorgaben – betriebsbestimmt – im Homeoffice feste Büro- bzw. Ansprechzeiten einhalten müssen bzw. soweit die Einführung, Änderung oder Ablösung von Regelungen zur Vertrauensarbeitszeit in Rede steht.[63] Die technischen Einrichtungen, über die der Homeoffice-Arbeitsplatz des Arbeitnehmers mit der Betriebsstätte des Arbeitgebers verbunden ist (PC, Telefon, Fax etc), ermöglichen regelmäßig die Erfassung personenbezogener Leistungs- und Verhaltensdaten des im Homeoffice tätigen Arbeitnehmers, zB Daten über Einschaltzeiten des PC, Geschwindigkeit der Eingabe von Daten bzw. deren Umfang, Fehler bzw. Qualität der Arbeitsergebnisse, Unterbrechungen der Bildschirmarbeit, Fehlbedienungen, Häufigkeit bzw. Länge von Anrufen oder Zeit und Dauer des Zugriffs auf betriebliche Datenbestände. Sie sind daher regelmäßig als mitbestimmungspflichtige technische Überwachungseinrichtungen iSv § 87 Abs. 1 Nr. 6 BetrVG einzustufen.[64] Da auch bei der Tätigkeit des Arbeitnehmers im Homeoffice die gesetzlichen Vorschriften zum Arbeits- und Gesundheitsschutz zu beachten sind, hat der Betriebsrat insoweit ein Mitbestimmungsrecht nach § 87 Abs. 1 Nr. 7 BetrVG, das sich insbesondere auf Regelungen zur Durchführung der Gefährdungsbeurteilung nach § 5 ArbSchG bezieht.[65]

Muster: Homeoffice-Vereinbarung[66]

Zwischen der XY GmbH, vertreten durch die Geschäftsführer
– Arbeitgeber –

und

Herrn/Frau ...... (Vorname, Name, Wohnanschrift)
– Arbeitnehmer –

wird folgende Vereinbarung geschlossen:

§ 1 Arbeitsort
1. Der Arbeitnehmer wird seine Arbeitsleistung ab dem ...... ausschließlich in seiner häuslichen Arbeitsstätte (nachfolgend „Homeoffice" genannt) erbringen. Das Homeoffice ist durch Kommunikations- und Informationsmittel mit des Betriebsstätte des Arbeitgebers verbunden und befindet sich in ...... (Straße, Hausnummer, PLZ, Ort).
2. Bei betrieblichen Erfordernissen (Schulungen, Besprechungen, Vertretung von Kollegen) ist der Arbeitnehmer zu einer Tätigkeit in der Betriebsstätte des Arbeitgebers verpflichtet.

oder:
1. Der Arbeitnehmer wird seine Arbeitsleistung ab dem ...... alternierend in seiner häuslichen Arbeitsstätte (nachfolgend „Homeoffice" genannt) und in der Betriebsstätte des Arbeitgebers erbringen. Das Homeoffice ist durch Kommunikations- und Informationsmittel mit des Betriebsstätte des Arbeitgebers verbunden und befindet sich in ...... (Straße, Hausnummer, PLZ, Ort).

---

[60] LAG Düsseldorf 10.9.2014 – 12 Sa 505/14, LAGE BGB 2002 § 307 Nr. 44.
[61] *Oberthür* MDR 2015, 1269 (1272).
[62] *Müller* Homeoffice S. 187.
[63] *Müller* Homeoffice S. 188.
[64] *Müller* Homeoffice S. 190.
[65] *Müller* Homeoffice S. 191.
[66] Vgl. Hümmerich/Reufels Gestaltung ArbeitsV/*Schiefer* § 1 Rn. 3775 ff.; *Müller* Homeoffice S. 215 ff.

2. Der Arbeitnehmer wird seine Arbeitsleistung an ...... (zB Montagen/Freitagen) in seinem Homeoffice und im Übrigen in der Betriebsstätte des Arbeitgebers erbringen.

§ 2 Arbeitszeit
1. Es gilt eine regelmäßige wöchentliche/monatliche/jährliche Arbeitszeit von ...... (Anzahl) Stunden.
2. Die Arbeit ist unabhängig davon, ob sie im Homeoffice oder in der Betriebsstätte des Arbeitgebers verrichtet wird, im Zeitraum von ...... (Uhrzeit) bis ...... (Uhrzeit) zu erbringen.

oder:

1. Es gilt eine regelmäßige wöchentliche/monatliche/jährliche Arbeitszeit von ...... (Anzahl) Stunden.
2. Die Lage der Arbeitszeit wird eigenverantwortlich vom Arbeitnehmer bestimmt (Vertrauensarbeitszeit).
3. Der Arbeitnehmer ist auch während seiner Tätigkeit im Homeoffice dazu verpflichtet, die Grenzen des Arbeitszeitgesetzes (ArbZG) einzuhalten. Er ist insbesondere dazu angehalten, die gesetzliche Höchstarbeitszeit von zehn Stunden pro Werktag (§ 3 ArbZG), die gesetzlichen Ruhepausen (§ 4 ArbZG), die gesetzliche Mindestruhezeit von elf Stunden (§ 5 Abs. 1 ArbZG) sowie das gesetzliche Verbot der Sonn- und Feiertagsarbeit (§ 9 Abs. 1 ArbZG) zu beachten.
4. Der Arbeitnehmer ist verpflichtet, sämtliche geleisteten Arbeitsstunden in einem vom Arbeitgeber zur Verfügung gestellten Arbeitszeiterfassungssystem zu dokumentieren. Dabei sind arbeitstäglich Beginn und Ende der Arbeitszeit/en sowie Zeiten, in denen keine Arbeit geleistet wurde (Pausen, Urlaub, Feiertage, Krankheit und sonstige Freistellungen) zu dokumentieren. Die Dokumentation erfolgt unverzüglich und tagesaktuell. Die Dokumentation des jeweiligen Arbeitsmonats ist dem Arbeitgeber jeweils unmittelbar nach Monatsende zur Verfügung zu stellen.

§ 3 Arbeitsmittel
1. Der Arbeitgeber stellt dem Arbeitnehmer die erforderlichen und den Arbeitsschutzbestimmungen entsprechenden Arbeitsmittel für den Homeoffice-Arbeitsplatz kostenlos zur Verfügung. Der Arbeitgeber trägt auch die Kosten für die Unterhaltung, Wartung und ggf. den Ersatz dieser Arbeitsmittel.
2. Die bei Aufnahme der Tätigkeit im Homeoffice dem Arbeitnehmer überlassenen Arbeitsmittel werden in einem Übergabeprotokoll aufgeführt, das von beiden Parteien dieser Vereinbarung unterzeichnet wird. Sie verbleiben im Eigentum des Arbeitgebers. Ein Zurückbehaltungsrecht des Arbeitnehmers an diesen Arbeitsmitteln ist ausgeschlossen.
3. Die Privatnutzung der überlassenen Arbeitsmittel durch den Arbeitnehmer sowie deren Weitergabe an dritte Personen – auch diejenigen, die mit dem Arbeitnehmer im Haushalt zusammenleben – ist untersagt. Der Arbeitnehmer wird durch geeignete Maßnahmen sicherstellen, dass Dritte keinen Zugriff auf die überlassenen Arbeitsmittel erhalten.
4. Der Arbeitnehmer wird den Arbeitgeber unverzüglich über technische und sonstige Störungen sowie Mängel oder Schäden an den überlassenen Arbeitsmitteln unterrichten.

§ 4 Aufwendungsersatz
Der Arbeitgeber zahlt monatlich einen Pauschalbetrag in Höhe von € ...... (Betrag) als Aufwendungsersatz für die durch die Tätigkeit im Homeoffice verursachten Anteile an der Miete der häuslichen Arbeitsstätte, in der die Tätigkeit im Homeoffice ausgeübt wird, an deren Beheizung und Reinigung sowie am Stromverbrauch.

§ 5 Zutrittsrecht
1. Der Arbeitnehmer verpflichtet sich, dem Arbeitgeber bzw. von diesem Beauftragten sowie folgenden Personen, die aufgrund gesetzlicher Verpflichtung Zugang zum Homeoffice-Arbeitsplatz haben müssen:
    - dem Arzt, der zur Durchführung der arbeitsmedizinischen Vorsorge beauftragt wurde,
    - dem Vorsitzenden des Betriebsrats,
    - dem betrieblichen Datenschutzbeauftragten,
    - der Vertrauensperson der Schwerbehindertenvertretung,
    - den Mitgliedern eines BEM-Teams

   Zutritt zum Homeoffice-Arbeitsplatz zu gewähren.

2. Dem Arbeitgeber bzw. einem von diesem Beauftragten ist der Zutritt auf Verlangen zu gewähren, wenn ein berechtigtes Interesse des Arbeitgebers am Zutritt besteht. Ein berechtigtes Interesse des Arbeitgebers besteht,
- wenn geprüft werden soll, ob der Homeoffice-Arbeitsplatz den gesetzlichen Anforderungen des Arbeitsschutzes entspricht,
- wenn geprüft werden soll, ob die gesetzlichen Vorschriften des Datenschutzes am Homeoffice-Arbeitsplatz eingehalten werden,
- wenn geprüft werden soll, ob der Arbeitnehmer die ihm vom Arbeitgeber überlassenen Arbeitsmittel im Einklang mit den Regelungen dieser Vereinbarung verwendet,
- wenn die überlassenen Arbeitsmittel gewartet, repariert oder ausgetauscht werden müssen.

3. Der Zutritt wird – mit Ausnahme dringender Fälle – mindestens 24 Stunden vorher angekündigt und mit dem Arbeitnehmer abgestimmt.
4. Der Arbeitnehmer bestätigt, dass die mit ihm in häuslicher Gemeinschaft lebenden Personen die vorstehenden Zugangsregelungen zur Kenntnis genommen haben und mit diesen einverstanden sind.

§ 6 Datenschutz und Verschwiegenheitspflicht
1. Der Datenschutz und die Verschwiegenheitspflicht des Arbeitnehmers richten sich nach den jeweils geltenden gesetzlichen Bestimmungen sowie diese ergänzenden unternehmensinternen Richtlinien. Der Arbeitgeber wird den Arbeitnehmer in geeigneter Weise über die Regelungen zum Datenschutz und zur Verschwiegenheit am Homeoffice-Arbeitsplatz unterrichten.
2. Der Arbeitnehmer ist verpflichtet, diese Regelungen zu beachten und anzuwenden. Er hat jegliche betrieblichen und geschäftlichen Daten, Informationen, Passwörter etc. gleich welcher Art so zu schützen, dass unbefugte Dritte – einschließlich der Familien- und Haushaltsangehörigen sowie der ggf. im Haushalt beschäftigten Personen – weder Einsicht noch Zugriff nehmen können.
3. Der Arbeitnehmer ist verpflichtet, über Betriebs- und Geschäftsgeheimnisse des Arbeitgebers, insbesondere ...... (zB Herstellungsverfahren, Vertriebswege, Preiskalkulationen, Gehaltslisten oÄ) gegenüber unbefugten Dritten – einschließlich der Familien- und Haushaltsangehörigen sowie der ggf. im Haushalt beschäftigten Personen – Stillschweigen zu bewahren.
4. Der Raum, in dem sich der Homeoffice-Arbeitsplatz befindet, ist abzuschließen, wenn sich der Arbeitnehmer nicht darin aufhält.

§ 7 Sonstiges
Alle sonstigen Rechte und Pflichten der Vertragsparteien aus dem Arbeitsvertrag vom ...... (Datum) bleiben unverändert bestehen.

....
Geschäftsführung der XY GmbH   Herr/Frau ......

IV. Versetzung

1. Individualrechtliche Grundlage

Die **individualrechtliche Versetzung,** die von der kollektivrechtlichen Begriffsbestimmung § 95 Abs. 3 BetrVG abzugrenzen ist,[67] wird als Zuweisung eines anderen Arbeitsplatzes verstanden, die mit einer Änderung der Tätigkeit nach Ort, Art oder Umfang im Zusammenhang steht.[68] Bekommt der Arbeitnehmer einen neuen Arbeitsplatz im Betrieb, wird vielfach von Umsetzung gesprochen.[69] Liegt der neue Arbeitsplatz außerhalb des Betriebs oder des Ortes, liegt eine Versetzung im eigentlichen Sinne vor. Die Rechtsgrundlagen für die Befugnis zur Änderung des Einsatzortes sowie deren Grenzen finden sich typischerweise im **individuellen Arbeitsvertrag.** Dort kann der Arbeitgeber sich das Recht vorbehalten, den Arbeit-

---
[67] *Hunold* NZA-RR 2001, 617.
[68] BAG 6.2.1985 – 4 AZR 155/83, AP TVG § 1 Tarifverträge: Textilindustrie Nr. 3.
[69] *Meisel* BB 1974, 559 (560).

nehmer an verschiedenen Orten einzusetzen. Zunächst ist zu prüfen, ob eine vertragliche Bestimmung lediglich den Umfang der geschuldeten Leistungen bestimmt oder ein Versetzungsvorbehalt ist.[70]

23 Das Bundesarbeitsgericht geht davon aus, dass die **Bestimmung eines Orts der Arbeitsleistung** in Kombination mit einer im Arbeitsvertrag durch Versetzungsvorbehalt geregelten Einsatzmöglichkeit im **gesamten Unternehmen,** die vertragliche Beschränkung auf den im Arbeitsvertrag genannten Ort der Arbeitsleistung regelmäßig verhindert.[71] Demnach ist es unerheblich, ob im Arbeitsvertrag auf eine Festlegung des Ortes der Arbeitsleistung verzichtet wird und diese dem Arbeitgeber im Rahmen von § 106 GewO vorbehalten bleibt oder ob der Ort der Arbeitsleistung bestimmt, aber die Möglichkeit der Zuweisung eines anderen Orts vereinbart wird. In diesem Fall wird lediglich klargestellt, dass sich der Umfang der Weisungsrechte des Arbeitgebers aus § 106 S. 1 GewO ergeben und eine Versetzungsbefugnis an andere Arbeitsorte bestehen soll. Auf die Zulässigkeit eines darüber hinaus vereinbarten Versetzungsvorbehalts kommt es nicht an.[72] Enthält der Vertrag eine bloß nähere Festlegung hinsichtlich Art und/oder Ort der Tätigkeit, unterliegt diese keiner Angemessenheitskontrolle iSv § 307 Abs. 1 S. 1 BGB. Es ist lediglich eine Transparenzkontrolle iSv § 307 Abs. 1 S. 2 BGB vorzunehmen, da eine Bestimmung des Inhalts der Hauptpflicht vorliegt.[73] Die von der Rechtsprechung an die Transparenz von örtlichen Versetzungsklauseln gestellten Anforderungen sind vergleichsweise niedrig. Das Bundesarbeitsgericht geht davon aus, dass in Versetzungsklauseln **weder Ankündigungsfristen noch Angaben zu einem zulässigen Entfernungsradius** enthalten sein müssen, da § 106 GewO und entsprechende Versetzungsklauseln dem im Arbeitsrecht bestehenden spezifischen Anpassungs- und Flexibilisierungsbedürfnis Rechnung tragen.[74] Auch ohne eine solche Klausel liegt keine unangemessene Benachteiligung iSv § 307 Abs. 1 S. 2 BGB vor. Ist im Arbeitsvertrag der Arbeitsort geregelt und keine Versetzungsklausel enthalten, wird das Direktionsrecht hingegen eingeschränkt. Dem Arbeitgeber steht die Möglichkeit zur Änderung des Arbeitsortes nur einvernehmlich oder durch eine Änderungskündigung zu.[75]

24 Das Bundesarbeitsgericht hat gemäß vorstehenden Grundsätzen die Vertragsklausel eines Außendienstmitarbeiters, in der das Arbeitsgebiet auf einen bestimmten Außendienstbezirk festgelegt ist und zusätzlich eine Domizilklausel enthalten ist, der Arbeitgeber sich aber dennoch die „Zuweisung eines anderen Gebietes" vorbehalten hat, als eine Regelung angesehen, in der die Parteien klargestellt haben, dass § 106 S. 1 GewO gelten und eine Versetzungsbefugnis in einen anderen Außenbezirk bestehen soll. Der Versetzungsvorbehalt verhindert die Beschränkung auf einen bestimmten Ort.[76]

25 **Fehlen Angaben** zum Arbeitsort im Arbeitsvertrag soll nach der Rechtsprechung des Bundesarbeitsgerichts das **volle Direktionsrecht** eröffnet sein.[77] Eine vertragliche Regelung, wonach der Arbeitsort „grundsätzlich" Frankfurt a. M. sein soll, der Arbeitgeber die Arbeitnehmerin aber auch „vorübergehend oder auf Dauer an einem anderen Ort einsetzen" kann, soll nach der Rechtsprechung des Bundesarbeitsgerichts lediglich eine erstmalige Ausübung des Direktionsrechts bezogen auf den Arbeitsort darstellen und keinen Arbeitsort festlegen.[78] Gleichermaßen soll eine Vertragsbestimmung, die mit „Beginn der Tätigkeit" überschrieben

---

[70] BAG 19.1.2011 – 10 AZR 738/09, AP BGB § 307 Nr. 50; 25.8.2010 – 10 AZR 275/09, AP GewO § 106 Nr. 11.
[71] BAG 13.4.2010 – 9 AZR 36/09, AP BGB § 307 Nr. 45; 26.9.2012 – 10 AZR 412/11, NZA 2013, 528; 28.8.2013 – 10 AZR 569/12, NZA-RR 2014, 181.
[72] BAG 26.1.2012 – 2 AZR 102/11, NZA 2012, 856; 13.6.2012 – 10 AZR 296/11, NZA 2012, 1154; 26.9.2012 – 10 AZR 412/11, NZA 2013, 528; 28.8.2013 – 10 AZR 569/12, NZA-RR 2014, 181; kritisch *Hromadka* NZA 2012, 896.
[73] BAG 19.1.2011 – 10 AZR 738/09, AP BGB § 307 Nr. 50; 25.8.2010 – 10 AZR 275/09, AP GewO § 106 Nr. 11.
[74] BAG 13.4.2010 – 9 AZR 36/09, AP BGB § 307 Nr. 45.
[75] BAG 19.1.2011 – 10 AZR 738/09, AP BGB § 307 Nr. 50; 25.8.2010 – 10 AZR 275/09, AP GewO § 106 Nr. 11; 26.1.2012 – 2 AZR 102/11, NZA 2012, 856.
[76] BAG 19.1.2011 – 10 AZR 738/09, AP BGB § 307 Nr. 50.
[77] BAG 11.4.2006 – 9 AZR 557/05, AP BGB § 307 Nr. 17.
[78] BAG 26.9.2012 – 10 AZR 412/11, NZA 2013, 528.

ist und einen bestimmten Beschäftigungsort nennt, keine vertragliche Einschränkung des Direktionsrechts auf den genannten Beschäftigungsort darstellen. Die Regelung soll nicht den Inhalt der geschuldeten Arbeitsleistung, sondern den Ort ihrer erstmaligen Ausübung bei Vertragsbeginn festlegen.[79] Ist das volle Direktionsrecht eröffnet, ergibt sich als Folge, dass grundsätzlich ein **bundesweiter** Einsatz des Arbeitnehmers in Betracht kommt.[80] Eine Grenze des Direktionsrechts bildet lediglich das billige Ermessen, welches im Rahmen der Ausübungskontrolle von den Gerichten überprüft werden kann.

Ein Versetzungsrecht bezogen auf verschiedene Betriebe des Arbeitgebers ist grundsätzlich zulässig. Der Arbeitnehmer wird als verpflichtet angesehen, nicht nur in einem Großbetrieb in eine andere Abteilung wechseln zu müssen. Er soll auch verpflichtet sein, in einem Filialunternehmen von einem Geschäft ins andere zu wechseln, soweit er die vertraglich vereinbarte Tätigkeit erledigt.[81] Einschränkungen können sich ergeben, wenn die örtliche Versetzung **zu Nachteilen** für den **Arbeitnehmer** führt und deshalb nicht billigem Ermessen entspricht. Eine Versetzungsklausel kann auch vorsehen, dass der Arbeitnehmer ins **Ausland** versetzt werden kann. Offen ist, ob ein Arbeitnehmer, der ohne nähere Vereinbarung des Arbeitsortes im Inland eingestellt und in einem im Inland gelegenen Betrieb beschäftigt wird, auf der Grundlage des Direktionsrecht aus § 106 GewO auch in ausländische Betriebe versetzt werden kann.[82]

Zweifelhaft ist, ob ein für den deutschen Betrieb eines amerikanischen Unternehmens eingestellter Arbeitnehmer allein kraft einseitiger Arbeitgeberzuweisung in die in den USA gelegene Zentrale versetzt werden kann. Andererseits dürfte nicht viel dagegen sprechen, einen Arbeitnehmer von einem in Aachen angesiedelten Betrieb in die nur wenige Kilometer entfernte Niederlande zu versetzen, wenn ohne Weiteres eine Versetzung von Aachen nach Frankfurt/Oder möglich sein soll.[83] Bei einer im Ausland beschäftigten Chefreiseleiterin, mit der explizit deutsches Arbeitsrecht vereinbart ist, dürfte § 106 GewO nicht dagegen sprechen, eine Versetzung in einen anderen ausländischen Staat vorzunehmen. Eine solche Versetzung sprengt nicht per se das billige Ermessen im Sinne des § 106 GewO.[84]

Hat der Arbeitgeber grundsätzlich das Recht zur Versetzung des Arbeitnehmers, bestehen Grenzen. Auch bei der Bestimmung des Arbeitsorts kann dem Arbeitnehmer ein Ausführungsspielraum zur Seite stehen,[85] so dass er selbst bestimmen kann, wo er die Arbeitsleistung erbringt. Darüber hinaus unterliegen sowohl das Recht zur Bestimmung des Arbeitsortes nach § 106 GewO als auch das Recht zur Versetzung aufgrund einer Vertragsklausel dem **billigen Ermessen** nach § 106 S. 1 GewO, § 315 BGB.[86] Die Weisung muss sich also im Rahmen der Angemessenheit halten. Hierzu sind die Vorteile aus einer Regelung, die Risikoverteilung zwischen den Vertragsparteien, die beiderseitigen Bedürfnisse, außervertragliche Vor- und Nachteile, Vermögens- und Einkommensverhältnisse sowie soziale Lebensverhältnisse, wie familiäre Pflichten und Unterhaltsverpflichtungen, abzuwägen.[87] Zum letzteren gehört es, die private Lebensführung des Arbeitnehmers unter Berücksichtigung von Wohnsitz und seiner familiären Verhältnisse ebenso wie die zeitlichen und finanziellen Mehraufwendungen, die mit einem Arbeitsortwechsel verbunden sind, sowie uU die Dauer der Betriebszugehörigkeit zu berücksichtigen.[88]

Die gesetzlichen Vorschriften über die Ausübung des billigen Ermessens sollen im Einzelfall eine Entscheidung herbeiführen, die den wechselseitigen Interessen der Arbeitsvertrags-

---

[79] BAG 28.8.2013 – 10 AZR 569/12, NZA-RR 2014, 181.
[80] *Fliss* NZA-RR 2008, 227; *Hunold* BB 2011, 693.
[81] Schaub ArbR-HdB/*Linck* § 45 Rn. 24; BAG 11.4.2006 – 9 AZR 557/05, AP BGB § 307 Nr. 17.
[82] BAG 24.9.2015 – 2 AZR 3/14, NZA 2015, 1457.
[83] LAG Düsseldorf 17.12.2010 – 10 Sa 972/10, BeckRS 2011, 70513.
[84] LAG Düsseldorf 17.12.2010 – 10 Sa 972/10, BeckRS 2011, 70513.
[85] Vgl. hierzu bei der Art der Tätigkeit → § 12 Rn. 22.
[86] BAG 23.1.1992 – 6 AZR 87/90, AP BGB § 611 Direktionsrecht Nr. 39 (zur alten Rechtslage); BAG 11.4.2006 – 9 AZR 557/05, AP BGB § 307 Nr. 17.
[87] BAG 13.4.2010 – 9 AZR 36/09, AP BGB § 307 Nr. 45; 17.8.2011 – 10 AZR 202/10, NZA 2012, 265; 13.6.2012 – 10 AZR 206 90/11, NZA 2012, 1154.
[88] BAG 21.7.2009 – 9 AZR 404/08, AP GewO § 106 Nr. 5; 28.8.2013 – 10 AZR 569/12, NZA-RR 2014, 181.

parteien angemessen Rechnung trägt. Hierzu ist eine **individuelle Abwägung** aller betroffenen Interessen erforderlich. Beruht die Ausübung des Direktionsrechts auf einer unternehmerischen Entscheidung, so kommt dieser besonderes Gewicht zu. Diese führt zwar nicht dazu, dass die Abwägung mit Interessen des Arbeitnehmers von vornherein ausgeschlossen ist und sich die Belange des Arbeitnehmers nur in dem vom Arbeitgeber durch die **unternehmerische Entscheidung** gesetzten Rahmen durchsetzen können. Das unternehmerische Konzept ist aber auch nicht auf seine Zweckmäßigkeit zu überprüfen, denn es kann vom Arbeitgeber nicht verlangt werden, von ihm nicht gewollte Organisationsentscheidungen zu treffen. Es kann sich lediglich ergeben, dass das Konzept auch unter Verzicht auf die beabsichtigte Versetzung durchsetzbar war. Das Interesse des Arbeitgebers an der Durchsetzung seiner Organisationsentscheidung rechtfertigt auch im Einzelfall eine Weisung, wenn die zugrunde liegende unternehmerische Entscheidung die Versetzung auch angesichts der für den Arbeitnehmer entstehenden Nachteile nahelegt und sie nicht willkürlich und rechtsmissbräuchlich erscheinen lässt.[89] Ob die Interessen des Arbeitnehmers angemessen berücksichtigt wurden, kann nur durch Abwägung mit den dienstlichen Gründen des Arbeitgebers ermittelt werden, die zur Ausübung des Direktionsrechts geführt haben.[90] Verlangt die Berücksichtigung schutzwürdiger Belange des Arbeitnehmers anlässlich der Ausübung des Direktionsrechts im Rahmen von Versetzungen eine personelle Auswahlentscheidung, ist die Leistungsbestimmung gegenüber demjenigen Arbeitnehmer zu treffen, dessen Interessen weniger schutzwürdig sind. Eine soziale Auswahl wie im Fall des § 1 Abs. 3 KSchG findet nicht statt.[91] Dabei entspricht es nicht billigem Ermessen, wenn der Arbeitgeber nur Beschäftigte in die Auswahl einbezieht, deren Arbeitsverhältnisse zunächst befristet waren und erst später entfristet wurden.[92]

30   Die erforderliche individuelle Abwägung der Interessen schließt eine starre Anwendung **sozialrechtlicher Zumutbarkeitsregelungen** gem. § 140 Abs. 4 S. 1 SGB III aus.[93] Die Norm betrifft das Rechtsverhältnis zwischen dem Arbeitslosen und der Arbeitsverwaltung und dient der Bekämpfung von Leistungsmissbrauch und der Erhöhung der Verantwortung des Arbeitslosen für die Beendigung der Arbeitslosigkeit. Die Versagung des Arbeitslosengeldes bei Ablehnung einer zumutbaren Beschäftigung ist eine öffentlich-rechtliche Sanktion für mangelnde eigene Leistungsbereitschaft des Leistungsempfängers beim Bezug einer sozialversicherungsrechtlichen Leistung. Aus den sozialrechtlichen Regeln über die Zumutbarkeit einer Beschäftigung kann jedoch kein belastbarer Maßstab für die arbeitsrechtliche Beurteilung des Ermessensgebrauchs nach § 106 S. 1 GewO, § 315 BGB bei einer Versetzung abgeleitet werden. Aus den starren Vorschriften des Sozialrechts kann nichts für die **Interessenabwägung** im Rahmen eines Arbeitsverhältnisses geschlossen werden. Das berechtigte Interesse des Arbeitnehmers an kurzen Pendelzeiten und geringem finanziellen Aufwand ist im Rahmen der Abwägung ein wesentliches Kriterium. Ob diese Interessen angemessen berücksichtigt wurden, kann allerdings nur durch Abwägung mit den Gründen des Arbeitgebers ermittelt werden, die zu der Ausübung des Direktionsrechts geführt haben. Liegen wichtige dienstliche Gründe vor, können längere Pendelzeiten zumutbar sein als bei Gründen von geringerem Gewicht. Dann können bereits geringere Pendelzeiten unzumutbar sein.[94] Verlagert ein öffentlich-rechtlicher Arbeitgeber im Rahmen einer **Verwaltungsreform** Arbeitsaufgaben, besteht regelmäßig ein berechtigtes Interesse des Arbeitgebers, diese Aufgaben am neuen Arbeitsort weiter von dem dafür qualifizierten und eingearbeiteten Personal wahrnehmen zu lassen. Diese Interessen können dazu führen, dass das Interesse des Arbeitnehmers an der Beibehaltung des Arbeitsplatzes zurücktreten muss.[95]

---

[89] BAG 13.6.2012 – 10 AZR 296/11, NZA 2012, 1154; 26.9.2012 – 10 AZR 412/11, NZA 2013, 528; 28.8.2013 – 10 AZR 569/12, NZA-RR 2014, 181.
[90] BAG 10.7.2013 – 10 AZR 915/12, NZA 2013, 1142.
[91] BAG 10.7.2013 – 10 AZR 915/12, NZA 2013, 1142.
[92] BAG 10.7.2013 – 10 AZR 915/12, NZA 2013, 1142.
[93] BAG 17.8.2011 – 10 AZR 202/10, NZA 2012, 265.
[94] BAG 17.8.2011 – 10 AZR 202/10, NZA 2012, 265.
[95] BAG 17.8.2011 – 10 AZR 202/10, NZA 2012, 265.

Im Rahmen der Entscheidung ist auch zu berücksichtigen, ob die Arbeitnehmer elterliche Sorge gegenüber minderjährigen Kindern haben und wie der zeitliche Aufwand für die Pendelzeiten individuell beeinflussbar ist. Wendet der Arbeitnehmer ein, es gebe konkrete alternative Beschäftigungsmöglichkeiten, ist der Arbeitgeber verpflichtet, diese zu prüfen und im Rahmen der Ausübung des billigen Ermessens in die Abwägung der wechselseitigen Interessen einzustellen. Er ist nicht von sich aus verpflichtet, nach alternativen Arbeitsplätzen zu suchen, weil regelmäßig das berechtigte Interesse besteht, besonders qualifizierte Aufgaben weiter von den eingearbeiteten Arbeitskräften wahrnehmen zu lassen.[96] Zudem wäre auch zu prüfen, ob Arbeitsleistungen zum Teil vom Wohnort aus erbracht werden können.

Formulierungsvorschläge:

(1) Frau/Herr ...... wird ab dem ...... in Hamburg eingestellt.

oder

(1) Der Tätigkeitsbereich von Frau/Herrn ...... umfasst die Postleitzahl-Bezirke ......

(2) Frau/Herr ...... ist verpflichtet, auf Verlangen der Firma entsprechend ihren/seinen Leistungen und Fähigkeiten mit einer anderen gleichwertigen Tätigkeit im Interesse des Arbeitgebers an einem anderen Ort tätig zu werden.

oder

(2) Frau/Herr ...... ist verpflichtet, entsprechend ihren/seinen Leistungen im Interesse des Arbeitgebers vorübergehend auch mit einer gleichwertigen Tätigkeit im Ausland tätig zu werden.

Dem Arbeitgeber, der sich auf die Wirksamkeit einer Versetzung beruft, obliegt die **Darlegungs- und Beweislast** für das Vorliegen der Voraussetzungen nach § 106 GewO. Er hat darzulegen und gegebenenfalls zu beweisen, dass seine Entscheidung billigem Ermessen entspricht.[97] Das Gericht prüft nach § 315 Abs. 3 BGB, ob der Arbeitgeber die Grenzen seines Bestimmungsrechts beachtet hat. Innerhalb des Gestaltungsspielraumes können dem Arbeitgeber als Bestimmungsberechtigten mehrere Entscheidungsmöglichkeiten zur Verfügung stehen.[98]

Erklärt der Arbeitgeber gegenüber dem Arbeitnehmer eine unwirksame Versetzung, verstößt er damit gegen seine arbeitsvertraglichen Verpflichtungen.[99] Befolgt der Arbeitnehmer die unwirksame Versetzung, ist der Arbeitgeber deshalb nach § 280 Abs. 1 S. 1 BGB dazu verpflichtet, dem Arbeitnehmer den hierdurch entstehenden **Schaden** (zB zusätzliche Reisekosten für die Fahrten vom Wohnort des Arbeitnehmers zu dem Arbeitsort, an den er versetzt wurde) **zu ersetzen.**[100] Der Umstand, dass nach der neueren Rechtsprechung des Bundesarbeitsgerichts keine – auch keine vorläufige – Bindung des Arbeitnehmers nach § 106 S. 1 GewO, § 315 BGB an unbillige Weisungen besteht,[101] führt nach Auffassung des Bundesarbeitsgerichts nicht dazu, dass der Schadensersatzanspruch wegen eines Mitverschuldens des Arbeitnehmers gemäß § 254 Abs. 1 BGB ausgeschlossen oder gemindert ist, wenn dieser eine unwirksame Versetzung befolgt. Dem Arbeitnehmer ist es im bestehenden Arbeitsverhältnis regelmäßig nicht zumutbar, einer Versetzung, deren Wirksamkeit oder Unwirksamkeit noch nicht rechtskräftig geklärt ist, nicht nachzukommen. Der Arbeitnehmer muss sich in einer derartigen Situation nicht der Gefahr einer arbeitsrechtlichen Sanktion in Gestalt einer Abmahnung oder sogar Kündigung aussetzen.[102]

---

[96] BAG 17.8.2011 – 10 AZR 202/10, NZA 2012, 265.
[97] BAG 13.3.2007 – 9 AZR 433/06, AP BGB § 307 Nr. 26; 26.9.2012 – 10 AZR 412/11, NZA 2013, 528.
[98] BAG 13.6.2012 – 10 AZR 296/11, NZA 2012, 1154.
[99] BAG 28.11.2019 – 8 AZR 125/18, NZA 2020, 589.
[100] BAG 28.11.2019 – 8 AZR 125/18, NZA 2020, 589.
[101] BAG 18.10.2017 – 10 AZR 330/16, NZA 2017, 1452.
[102] BAG 28.11.2019 – 8 AZR 125/18, NZA 2020, 589.

2. Mitbestimmungsrechte des Betriebsrats

35   Das Bundesarbeitsgericht geht in ständiger Rechtsprechung davon aus, dass Mitbestimmungsrechte des Betriebsrats nach § 99 Abs. 1 BetrVG schon bei einem – auch vorübergehenden – Ortswechsel zu beachten sind. Wird der Arbeitsort gewechselt, kommt es nicht darauf an, ob sich die Arbeitsaufgabe ändert oder ob der Arbeitnehmer in eine andere organisatorische Einheit eingegliedert wird.[103] Einschränkend formuliert allerdings das Bundesarbeitsgericht, dass nur ein **Ortswechsel** mitbestimmungspflichtig ist, der zu einer **erheblichen Änderung der Arbeitsumstände** führt.[104]

36   Ob eine solche erhebliche Änderung der Arbeitsumstände vorliegt, wird danach entschieden, ob sich die **äußeren Bedingungen der Arbeit** verändern. So hat das Bundesarbeitsgericht eine tägliche An- und Abreise von insgesamt 320 km pro Tag als Versetzung angesehen.[105] Wird hingegen der Arbeitnehmer nur ins Nachbarzimmer oder eine Etage tiefer umgesetzt, liegt darin noch keine Versetzung. Wird ein Betrieb oder Betriebsteil in einer politischen Gemeinde nur geringfügig ohne das Hinzutreten besonderer Umstände verlegt, verneint das Bundesarbeitsgericht eine Versetzung der Arbeitnehmer.[106]

37   Kein Mitbestimmungsrecht besteht, wenn der Arbeitnehmer voraussichtlich nicht länger als für einen Monat an einen anderen Ort versetzt wird, es sei denn, die Zuweisung des anderen Arbeitsorts ist gem. § 95 Abs. 3 S. 1 BetrVG mit einer erheblichen Änderung der Umstände verbunden. Das Vorliegen dieser Voraussetzungen kann bei einem kurzfristigen Auslandseinsatz nicht schlechthin vermutet werden.[107] Bei einer bloß vorübergehenden Versetzung mit Zustimmung des Betriebsrats bedarf es keiner erneuten Zustimmung des Betriebsrats, wenn der Arbeitnehmer in seinen „Ursprungsbetrieb" zurückkehrt.[108]

38   Wird der Arbeitnehmer von einem Betrieb in einen anderen Betrieb versetzt, ist **sowohl die Zustimmung des Betriebsrats des abgebenden als auch des aufnehmenden Betriebs erforderlich**. Der Betriebsrat des Ursprungsbetriebs kann allerdings von seinem Zustimmungsverweigerungsrecht nur Gebrauch machen, wenn Nachteile für die Arbeitnehmer des von ihm vertretenen Betriebs entstehen. Wird der Arbeitnehmer **vorübergehend** in einen anderen Betrieb versetzt, ist die Zustimmung des Betriebsrats auch dann erforderlich, wenn der Arbeitnehmer zustimmt.[109] Wird der Arbeitnehmer hingegen **auf Dauer** in einen anderen Betrieb versetzt und ist der Arbeitnehmer hiermit einverstanden, bedarf die Versetzung nicht der Zustimmung des Betriebsrats des abgebenden Betriebs.[110] Dies beruht darauf, dass der Betriebsrat das freiwillige Ausscheiden eines Arbeitnehmers aus dem Betrieb **auf Dauer** nicht verhindern kann. Allerdings ist das **Einverständnis des Arbeitnehmers** sorgfältig zu prüfen. Es reicht nicht, dass der Arbeitnehmer sich mit einer vertraglichen Versetzungsklausel bereiterklärt hat, in jedem Betrieb des Unternehmens tätig zu werden. Für den aufnehmenden Betrieb stellt der Wechsel des Arbeitnehmers eine Einstellung dar.[111] Der Betriebsrat eines stillgelegten Betriebs ist nicht im Rahmen seines Restmandats zu beteiligen, wenn der Arbeitnehmer nach der vollständigen Stilllegung des Betriebes versetzt werden soll.[112]

---

[103] BAG 18.2.1986 – 1 ABR 27/84, AP BetrVG 1972 § 99 Nr. 33; 8.8.1989 – 1 ABR 63/88, AP BetrVG 1972 § 95 Nr. 18; *Hromadka* DB 1972, 1533.
[104] BAG 28.9.1988 – 1 ABR 37/87, AP BetrVG 1972 § 99 Nr. 55; 18.10.1988 – 1 ABR 26/87, AP BetrVG 1972 § 99 Nr. 56.
[105] BAG 8.8.1989 – 1 ABR 63/88, AP BetrVG 1972 § 95 Nr. 18.
[106] BAG 27.6.2006 – 1 ABR 35/05, AP BetrVG 1972 § 95 Nr. 47.
[107] BAG 18.2.1986 – 1 ABR 27/84, AP BetrVG 1972 § 99 Nr. 33.
[108] BAG 18.2.1986 – 1 ABR 27/84, AP BetrVG 1972 § 99 Nr. 33.
[109] BAG 18.10.1988 – 1 ABR 26/87, AP BetrVG 1972 § 99 Nr. 56; 1.8.1989 – 1 ABR 51/88, AP BetrVG 1972 § 95 Nr. 17.
[110] BAG 20.9.1990 – 1 ABR 37/90, AP BetrVG 1972 § 99 Nr. 84.
[111] BAG 16.12.1986 – 1 ABR 52/85, AP BetrVG 1972 § 99 Nr. 40.
[112] BAG 8.12.2009 – 1 ABR 41/09, AP BetrVG 1972 § 99 Nr. 129.

V. Betriebsverlegung als kollektiver Wechsel des Einsatzortes

1. Individualrechtliche Zulässigkeit

Der Einsatzort des Arbeitnehmers kann sich auch dann ändern, wenn der **gesamte Betrieb** 39 oder **ein Betriebsteil** verlegt wird. Für den Begriff der Betriebsverlegung ist nicht von Bedeutung, wie weit die Distanz ist, um die der Betrieb umzieht. Wird der Betrieb am selben Ort oder in einen nahen Nachbarort verlegt, ist der Arbeitgeber in der Regel berechtigt, den Arbeitnehmer im Wege des Direktionsrechts an den neuen Betriebsort zu versetzen.[113] Dies beruht darauf, dass die Arbeitsleistungspflicht in der Regel vertraglich an einen bestimmten Betrieb und nicht an eine bestimmte Stelle in einem Ort gebunden ist.[114] Bei der Frage der Entfernung spielt weniger die Kommunalgrenze, als vielmehr die **Verkehrsanbindung** eine Rolle. Ein Umzug um nur wenige Kilometer kann dennoch unzumutbar sein, wenn der Arbeitnehmer auf Grund dieser Verkehrsanbindungen erheblich längere Wegezeiten in Kauf nehmen muss.[115] Grundsätzlich ist eine solche Verlagerung, ohne Hinzutreten weiterer Umstände allerdings keine Vertragsänderung und keine mitbestimmungspflichtige Versetzung.[116]

Wird der Betrieb hingegen an einen entfernten Ort verlegt, von dem der Arbeitnehmer 40 nach Arbeitsende nicht mehr in seine Wohnung zurückkehren kann, kann auch dies grundsätzlich vom Direktionsrecht gedeckt sein. Im Rahmen der Ausübung des billigen Ermessens sind dann die Interessen des Arbeitnehmers zu würdigen und gegen diejenigen des Arbeitgebers abzuwägen. Ist die Ausübung der Versetzung im Wege des Direktionsrechts aus diesen Gründen unwirksam, bleibt dem Arbeitgeber nur die Änderungskündigung; unter Umständen auch lediglich vorsorglich.[117] Grundsätzlich ist nur eine ordentliche Kündigung wirksam. Eine außerordentliche Kündigung scheidet grundsätzlich aus, da die Betriebsverlegung typischerweise vorhersehbar ist.[118] Kann der Arbeitgeber den Arbeitnehmer während des Ablaufs der Kündigungsfrist nicht mehr beschäftigen, da der Betrieb bereits verlegt ist, befindet er sich gem. § 615 BGB im Annahmeverzug.[119]

2. Mitbestimmungsrechte des Betriebsrats

Die Betriebsverlegung ist als Betriebsänderung nach **§ 111 S. 3 Nr. 2 BetrVG** mitbestim- 41 mungspflichtig. Sobald die berechtigten Interessen des Arbeitnehmers berührt werden, was bei einer wesentlichen Verlegung des Betriebs der Fall ist, werden die Mitbestimmungsrechte ausgelöst. Mittels des Interessenausgleichs sollen durch Vereinbarungen darüber, ob, wann und in welcher Weise der Betrieb verlegt wird, Nachteile für den Arbeitnehmer ausgeglichen werden. Mittels des Sozialplans sollen individuelle Nachteile wirtschaftlicher Art ausgeglichen werden.[120] Daneben sind gegebenenfalls die Beteiligungsrechte nach § 99 BetrVG zu beachten.[121]

---

[113] Schaub ArbR-HdB/*Linck* § 45 Rn. 28.
[114] MHdB ArbR/*Reichold* § 36 Rn. 57.
[115] MHdB ArbR/*Reichold* § 36 Rn. 57.
[116] BAG 27.6.2006 – 1 ABR 35/05, AP BetrVG 1972 § 95 Nr. 47.
[117] Schaub ArbR-HdB/*Linck* § 45 Rn. 28; MHdB ArbR/*Reichold* § 36 Rn. 57.
[118] Schaub ArbR-HdB/*Linck* § 45 Rn. 28.
[119] Schaub ArbR-HdB/*Linck* § 45 Rn. 28.
[120] MHdB ArbR/*Reichold* § 36 Rn. 58.
[121] Vgl. zum Bestehen des Mitbestimmungsrechts BAG 27.6.2006 – 1 ABR 35/05, AP BetrVG 1972 § 95 Nr. 47.

§ 14 Arbeitszeit

Übersicht

	Rn.
I. Begriffsbestimmungen zur Arbeitszeit	1–33
1. Arbeitszeit	1/2
2. Wege und Dienstreisezeiten	3–8
3. Arbeitsbereitschaft	9
4. Bereitschaftsdienst	10–18
5. Rufbereitschaft	19–22
6. Ruhezeiten und -pausen	23–29
a) Ruhezeiten	23–26
b) Ruhepausen	27/28
7. Umkleide- und Waschzeiten/Übergabezeiten	29–31
8. Nachtarbeit	32/33
II. Dauer der Arbeitszeit	34–84
1. Gesetzliche Höchstarbeitszeit	34–36
2. Vereinbarte Dauer der Arbeitszeit	37–44
3. Verlängerung und Verkürzung der Arbeitszeit	45–73
a) Vorübergehende Verlängerung der Arbeitszeit	45–62
b) Vorübergehende Verkürzung der Arbeitszeit	63–71
c) Dauerhafte Veränderung der Dauer der Arbeitszeit	72/73
4. Abrufarbeit als Sonderform zur Dauer der Arbeitszeit	74–84
a) Klassische Abrufarbeit	74–78
b) Abrufarbeit als Instrument zur Flexibilisierung der Dauer der Arbeitszeit	79–83
c) Mitbestimmungsrechte des Betriebsrats	84
III. Lage der Arbeitszeit	85–115
1. Begriffsbestimmung	85–89
2. Gestaltungsformen der Lage der Arbeitszeit (Flexibilisierung der Arbeitszeit)	90–108
a) Gleitende Arbeitszeit	91–98
b) Jahresarbeitsverträge und Arbeitszeitkonten	99–108
3. Mitbestimmungsrechte des Betriebsrats bei der Lage der Arbeitszeit	109–115

I. Begriffsbestimmungen zur Arbeitszeit

1. Arbeitszeit

1 Für das Synallagma im Arbeitsverhältnis ist neben der Art der Tätigkeit die Zeit maßgeblich, in der der Arbeitnehmer die geschuldete Leistung erbringt. Als **Arbeitszeit im vergütungsrechtlichen** Sinne wird die Dauer der täglichen, wöchentlichen oder monatlichen Arbeitsleistung des Arbeitnehmers bezeichnet. Der Arbeitnehmer ist verpflichtet, während der Arbeitszeit dem Arbeitgeber seine **Arbeitskraft zur Verfügung** zu stellen; nicht entscheidend ist, ob der Arbeitnehmer tatsächlich arbeitet.[1] Nach allgemeiner Ansicht gehören jedoch auch Arbeitsunterbrechungen, zB wegen Maschinenstillstand oder bei Just-in-time-Produktionen wegen fehlender Zulieferung, zur Arbeitszeit.[2] Neben diesem Begriff der Arbeitszeit im vergütungsrechtlichen Sinne findet sich der Begriff in verschiedenen Gesetzesbestimmungen. Die deutsche Kernregelung im arbeitsschutzrechtlichen Sinne findet sich im Arbeitszeitgesetz, dem die EG-Richtlinie 2003/88/EG v. 4.11.2003 (Arbeitszeitrichtlinie) zugrunde liegt.[3]

2 In § 2 Abs. 1 S. 1 ArbZG ist Arbeitszeit als „Zeit vom Beginn bis Ende der Arbeit ohne die Ruhepausen" legal definiert. Das Gesetz enthält keine Regelung, wann die Arbeitszeit

---

[1] MHdB ArbR/*Reichold* § 36 Rn. 59 f.
[2] Schaub ArbR-HdB/*Vogelsang* § 156 Rn. 14.
[3] ABl. EU L 299 v. 18.11.2003, die am 2.8.2004 in Kraft getreten ist und die vorangegangenen Richtlinien 93/104/EG und 2000/34/EG zusammengefasst hat.

beginnt und endet. In den meisten Fällen wird Beginn und Ende der Arbeitszeit nach den konkreten betrieblichen Verhältnissen festzulegen sein.[4] Die Arbeitszeit ist arbeitszeitrechtlich von verschiedenen anderen Zeiten abzugrenzen, in denen der Arbeitnehmer die Zeit nach seiner persönlichen Lebensgestaltung einteilen kann und dem Arbeitgeber „nicht zur Verfügung" stehen muss.

2. Wege- und Dienstreisezeiten

Die Zeit, die der Arbeitnehmer benötigt, um von seiner Wohnung zur Arbeitsstätte, an der seine Arbeitszeit beginnt und endet, zu gelangen und die Zeit für den Weg zurück, wird als **Wegezeit** bezeichnet.[5] Solche außerbetrieblichen Wegezeiten sind rechtlich **keine** Arbeitszeiten. Dies gilt sowohl im vergütungs- als auch arbeitszeitschutzrechtlichen Sinne.[6] Außerbetriebliche Wegezeiten sind auch keine betriebsverfassungsrechtliche „Arbeitszeit" im Sinne von § 87 Abs. 1 Nr. 2 BetrVG, wenn der Arbeitnehmer selbstbestimmt über Beginn und Verlauf der Wegstrecke sowie die Wahl des Fortbewegungsmittels entscheiden kann.[7] Die Tatsache, dass der Arbeitnehmer dazu verpflichtet ist, auf den außerbetrieblichen Wegen bestimmte betriebliche Arbeitsmittel mit sich zu führen, ist für die betriebsverfassungsrechtliche Bewertung der Wegezeiten ohne Belang.[8] Innerbetriebliche Wegezeiten können zur Arbeitszeit rechnen. Dies ist beispielsweise der Fall, wenn der Arbeitgeber einer Krankenschwester das Umkleiden nicht am Arbeitsplatz ermöglicht, sondern dafür eine vom Arbeitsplatz getrennte Umkleidestelle einrichtet, die die Krankenschwester zwingend benutzen muss.[9]

Eine andere Bewertung ist geboten, wenn der Arbeitnehmer seine Tätigkeit **außerhalb des Betriebs** zu erbringen hat. Das Fahren zur auswärtigen Arbeitsstelle gehört in diesem Fall zu den vertraglichen Hauptleistungspflichten des Arbeitnehmers.[10] Das wirtschaftliche Ziel der Gesamttätigkeit eines im Außendienst tätigen Arbeitnehmers ist darauf gerichtet, verschiedene Kunden aufzusuchen – sei es, um dort Dienstleistungen zu erbringen, sei es, um dort Geschäfte für den Arbeitgeber zu vermitteln oder abzuschließen. Dazu gehört zwingend die jeweilige Anreise. Das Bundesarbeitsgericht hat in den Urteilen vom 25.4.2018 und vom 18.3.2020 unterstrichen, dass nicht nur die Fahrten zwischen den Kunden, sondern auch die **Fahrten** des Arbeitnehmers **zum ersten Kunden und vom letzten Kunden zurück** mit der übrigen Tätigkeit eine Einheit bilden und demzufolge **vergütungspflichtige Arbeit** sind.[11] Dies gilt nach der Rechtsprechung des Bundesarbeitsgerichts unabhängig davon, ob Fahrtantritt und Fahrtende vom Betrieb des Arbeitgebers oder von der Wohnung des Arbeitnehmers aus erfolgen[12] und erst recht, wenn der Arbeitnehmer bei der An- und Abreise in einem Fahrzeug mit den für die auswärtige Tätigkeit erforderlichen Werkzeugen, Ersatzteilen uÄ führen muss.[13]

Der Europäische Gerichtshof hat in Bezug auf Art. 2 Nr. 1 der Arbeitszeitrichtlinie (RL 2003/88/EG) und damit zum öffentlichen Arbeitszeitrecht entschieden, dass Fahrten, die Arbeitnehmer ohne festen Arbeitsort zwischen ihrem Wohnort und dem ersten und letzten Kunden des Tages zurücklegen, zur Arbeitszeit im Sinne der Arbeitszeitrichtlinie gehören. Die Fahrten von Außendienstmitarbeitern, die Tätigkeiten bei den Kunden erbringen mussten, sind als Arbeitszeit zu bewerten, da sie das notwendige Mittel sind, damit die Leistungen beim Kunden erbracht werden können.[14] Gleichermaßen geht die Rechtsprechung des Bundesarbeitsgerichts davon aus, dass die Wegezeiten für die Fahrt vom Betriebssitz zu ei-

---

[4] MHdB ArbR/*Anzinger* § 298 Rn. 6.
[5] BAG 8.12.1960 – 5 AZR 304/58, AP BGB § 611 Wegezeit Nr. 1; 22.4.2009 – 5 AZR 292/08, AP BGB § 611 Wegezeiten Nr. 11.
[6] MHdB ArbR/*Reichold* § 36 Rn. 64; MHdB ArbR/*Anzinger* § 298 Rn. 13.
[7] BAG 22.10.2019 – 1 ABR 11/18, NZA 2020, 325.
[8] BAG 22.10.2019 – 1 ABR 11/18, NZA 2020, 325.
[9] BAG 19.9.2012 – 5 AZR 678/11, NZA-RR 2013, 63.
[10] BAG 25.4.2018 – 5 AZR 424/17, NZA 2018, 1211; BAG 18.3.2020 – 5 AZR 36/19, NZA 2020, 868.
[11] BAG 25.4.2018 – 5 AZR 424/17, NZA 2018, 1211; BAG 18.3.2020 – 5 AZR 36/19, NZA 2020, 868.
[12] BAG 22.4.2009 – 5 AZR 292/08, NZA-RR 2010, 231.
[13] BAG 25.4.2018 – 5 AZR 424/17, NZA 2018, 1211.
[14] EuGH 10.9.2015 – C-2 66/14, NZA 2015, 1177.

ner auswärtigen Arbeitsstätte arbeitsschutzrechtlich Arbeitszeit im Sinne von § 2 Abs. 1 ArbZG sind.[15]

6 Als **Dienstreisezeit** wird diejenige Zeit bezeichnet, die der Arbeitnehmer benötigt, um vom Betriebs- oder Wohnort an einen vom Arbeitgeber bestimmten Ort außerhalb der Gemeindegrenzen des Betriebs- oder Wohnorts zu gelangen, an dem die Dienstgeschäfte zu erledigen sind.[16] Die Zeit wird **arbeitszeitschutzrechtlich als Arbeitszeit** bewertet, wenn der Arbeitnehmer Arbeitsleistungen zu erbringen hat.[17] Bislang ging die Rechtsprechung des Bundesarbeitsgerichts davon aus, dass für den Fall, dass der Arbeitgeber dem Arbeitnehmer nur vorschreibe, für die Dienstreise öffentliche Verkehrsmittel zu nutzen, ohne weitere Anweisungen zu erteilen, wie die Reisezeit zu nutzen ist, die Dienstreisezeit nicht als Arbeitszeit iSd § 2 Abs. 1 ArbZG angesehen wird.[18] Dabei soll es nicht darauf ankommen, ob die Fahrt im Betrieb oder in der Wohnung des Arbeitnehmers beginnt.[19] Das Bundesarbeitsgericht hat sich jüngst in dem Urteil vom 17.10.2018 zu der Frage geäußert, unter welchen Voraussetzungen Reisezeiten als **Arbeitszeit im vergütungrechtlichen Sinne** anzusehen sind. Kennzeichnendes Merkmal vergütungspflichtiger Arbeit sei ihre **Fremdnützigkeit**. Von diesem Grundsatz ausgehend sind Reisezeiten, die für eine Dienstreise oder eine Entsendung erforderlich sind, dann Arbeitszeit im vergütungsrechtlichen Sinne, wenn sie **ausschließlich im Interesse des Arbeitgebers** erfolgen und **in untrennbarem Zusammenhang mit der arbeitsvertraglich geschuldeten Arbeitsleistung** stehen.[20] Eine Einschränkung erfährt die Vergütungspflicht von Dienstreisezeiten durch das **Kriterium der Erforderlichkeit**.[21] Nach Auffassung des Bundesarbeitsgerichts sind nur die erforderlichen Reisezeiten als Arbeitszeit zu vergüten. Hinsichtlich der Erforderlichkeit von Reisezeiten stellt das Bundesarbeitsgericht im Urteil vom 17.10.2018 folgende Unterscheidung auf: Gibt der Arbeitgeber das Reisemittel und den Reiseverlauf vor, ist diejenige Reisezeit erforderlich, die der Arbeitnehmer benötigt, um entsprechend den Vorgaben des Arbeitgebers das Reiseziel zu erreichen. Überlässt der Arbeitgeber dem Arbeitnehmer die Wahl des Reisemittels und/oder des Reiseverlaufs, ist der Arbeitnehmer aufgrund seiner arbeitsvertraglichen Rücksichtnahmepflicht dazu verpflichtet, **das kostengünstigste Reisemittel** und **den schnellstmöglichen zumutbaren Reiseverlauf** zu wählen.[22] Reisezeiten, die nach diesen Kriterien nicht erforderlich sind, sind danach auch nicht als Arbeitszeit zu vergüten. In dem Fall, der vom Bundesarbeitsgericht im Urteil vom 17.10.2018 entschieden wurde, betraf dies den zusätzlichen Zeitaufwand, der auf einer Dienstreise nach China für einen Umweg über Dubai einschließlich Zwischenlandung anfiel. Nach Auffassung des Bundesarbeitsgerichts wäre es dem Arbeitnehmer zumutbar gewesen, einen **Direktflug** nach China zu nehmen. Nur der für einen solchen Direktflug anfallende Zeitaufwand war deshalb „erforderlich" und mithin vergütungspflichtig. Im Übrigen seien grundsätzlich nur die für einen Flug in der **Economy Class** anfallenden Reisekosten „erforderlich", es sei denn, ein solcher sei dem Arbeitnehmer wegen besonderer Umstände ausnahmsweise nicht zumutbar.[23] Das Bundesarbeitsgericht hat im Urteil vom 17.10.2018 außerdem klargestellt, dass zu der erforderlichen Reisezeit neben den eigentlichen Beförderungszeiten **auch der mit der Beförderung zwingend einhergehende weitere Zeitaufwand** gehört.[24] Dies betrifft bei Flugreisen etwa die Wegezeiten zum und vom Flughafen sowie die Zeiten für den Check-In und die Gepäckausgabe. Nicht erforderlich ist demgegenüber rein eigennütziger Zeitaufwand des Arbeitnehmers im Zusammenhang mit der Dienstreise (zB Zeiten für das Kofferpacken oder Duschen). Eine Vertragsklausel in **allgemeinen Geschäftsbedingungen**, in der festgelegt ist, dass Reisezeiten mit der Bruttomo-

---

[15] BAG 12.12.2012 – 5 AZR 355/12, NZA 2013, 1158.
[16] BAG 11.7.2006 – 9 AZR 519/05, NZA 2007, 155; *Els* BB 1986, 2192; MHdB ArbR/*Krause* § 54 Rn. 19; Schaub ArbR-HdB/*Linck* § 45 Rn. 55.
[17] Schaub ArbR-HdB/*Linck* § 45 Rn. 55.
[18] BAG 11.7.2006 – 9 AZR 519/05, NZA 2007, 155; s. dazu auch *Ricken* DB 2016, 1255 (1259).
[19] BAG 22.4.2009 – 5 AZR 292/08, AP BGB § 611 Wegezeiten Nr. 11.
[20] BAG 17.10.2018 – 5 AZR 553/17, NZA 2019, 159.
[21] *Stöhr/Stolzenberg* NZA 2019, 505, 510 f.
[22] BAG 17.10.2018 – 5 AZR 553/17, NZA 2019, 159.
[23] BAG 17.10.2018 – 5 AZR 553/17, NZA 2019, 159.
[24] BAG 17.10.2018 – 5 AZR 553/17, NZA 2019, 159.

natsvergütung abgegolten sind, ist intransparent, wenn sich aus dem Arbeitsvertrag nicht ergibt, welche Reisetätigkeit von ihr in welchem Umfang erfasst werden soll. Eine die pauschale Vergütung von Reisezeiten regelnde Klausel ist nur dann klar und verständlich, wenn sich aus dem Arbeitsvertrag selbst ergibt, welche „Reisetätigkeit" von ihr in welchem Umfang erfasst werden soll. Der Arbeitnehmer muss bereits bei Vertragsschluss erkennen können, was gegebenenfalls „auf ihn zukommt" und welche Leistung er für die vereinbarte Vergütung maximal erbringen muss.[25] Zu berücksichtigen ist dabei, dass Arbeitszeit nicht nur jede Tätigkeit ist, die als solche der Befriedigung eines fremden Bedürfnisses dient. Arbeitszeit kann auch dann vorliegen, wenn es sich um vom Arbeitnehmer veranlasste Untätigkeit handelt, während derer der Arbeitnehmer am Arbeitsplatz anwesend sein muss und nicht frei über die Nutzung des Zeitraums bestimmen kann, er also weder eine Pause iSd Arbeitszeitgesetzes noch Freizeit hat. Dementsprechend kann die als Beifahrer verbrachte Zeit als gearbeitete und geschuldete, also auch zu vergütende Tätigkeit als Kraftfahrer anzusehen sein.[26] Durch § 21a Abs. 3 ArbZG wird eine bestimmte Zeitspanne zwar als keine Arbeitszeit iSd § 2 ArbZG bewertet. Über die Frage der Vergütungspflicht wollte der Gesetzgeber damit aber keine Regelung treffen.[27]

Nunmehr vertritt das Bundesarbeitsgericht die Auffassung, zu den „versprochenen Diensten" im Sinne von § 611 Abs. 1 BGB, an die die **Vergütungspflicht** des Arbeitgebers anknüpft, auch das vom Arbeitgeber angeordnete Fahren vom Betrieb zu einer **auswärtigen Arbeitsstelle** gehöre. Derartige Fahrten seien eine primär fremdnützige, den betrieblichen Belangen des Arbeitgebers dienende Tätigkeit und damit Arbeit. Durch das Anordnen der Fahrten mache der Arbeitgeber diese zu einer arbeitsvertraglichen Pflicht. Das Bundesarbeitsgericht stellt auch klar, dass damit noch nicht geklärt sei, **wie** diese Zeiten zu **vergüten** seien. Es sei zulässig, durch Arbeitsvertrag oder Tarifvertrag eine gesonderte Vergütungsregelung für eine andere als die eigentliche Tätigkeit und damit auch für Fahrzeiten vom Betrieb zur auswärtigen Arbeitsstelle zu treffen.[28] Kontrovers diskutiert wird im Moment die Frage, ob eine gesonderte Regelung zur Vergütung von Dienstreisezeiten auch **in einer Betriebsvereinbarung** getroffen werden kann. Das Bundesarbeitsgericht hat die Frage in seinem Urteil vom 17.10.2018 zunächst nicht thematisiert. Zwei Landesarbeitsgerichte haben jüngst Betriebsvereinbarungen, nach deren Bestimmungen die ersten 20 Minuten der Reisezeit eines Außendienstmitarbeiters von der Wohnstätte zum ersten Kunden und die ersten 20 Minuten der Rückfahrt vom letzten Kunden nach Hause nicht zur Arbeitszeit gehören, für wirksam erachtet.[29] Durch die Regelungen der Betriebsvereinbarungen werde der Grundsatz, dass erforderliche Reisezeiten von der ersten bis zur letzten Minute vergütungspflichtige Arbeit seien, verdrängt. Das Bundesarbeitsgericht hat demgegenüber im Urteil vom 18.3.2020 die Regelung in einer Betriebsvereinbarung, wonach die von Servicetechnikern für Fahrten zu und von Kunden aufgewendeten Wegezeiten bis zu einer Dauer von je 20 Minuten nicht zur vergütungspflichtigen Arbeit zählen, wegen Verstoßes gegen den **Tarifvorbehalt des § 77 Abs. 3 S. 1 BetrVG** als unwirksam angesehen, da die betreffenden Zeiten nach den Bestimmungen eines einschlägigen Tarifvertrags uneingeschränkt der entgeltpflichtigen Arbeitszeit zuzurechnen und mit der tariflichen Grundvergütung abzugelten seien.[30] Die vom Landesarbeitsgericht Düsseldorf in der Vorinstanz für maßgeblich erachtete und im Ergebnis bejahte Frage einer „Betriebsvereinbarungsoffenheit" der vorformulierten arbeitsvertraglichen Regelungen zur vergütungspflichtigen Arbeitszeit hat das Bundesarbeitsgericht im Urteil vom 18.3.2020 ausdrücklich offen gelassen.[31] Im Schrifttum werden durchaus erhebliche Einwände gegen eine „Betriebsvereinbarungsoffenheit" der Vergütungspflicht in Bezug auf erforderliche Reisezeiten erhoben. So wird darauf hingewiesen, dass in Betriebsvereinbarungen der vergü-

---

[25] BAG 20.4.2011 – 5 AZR 200/10, AP BGB § 307 Nr. 51.
[26] BAG 20.4.2011 – 5 AZR 200/10, AP BGB § 307 Nr. 51.
[27] BAG 20.4.2011 – 5 AZR 200/10, AP BGB § 307 Nr. 51.
[28] BAG 12.12.2012 – 5 AZR 355/12, NZA 2013, 1158; BAG 18.3.2020 – 5 AZR 36/19, NZA 2020, 868.
[29] LAG Düsseldorf 14.12.2018 – 10 Sa 193/18, BeckRS 2018, 35536; LAG Rheinland-Pfalz 25.9.2017 – 3 Sa 185/17, BeckRS 2017, 142151.
[30] BAG 18.3.2020 – 5 AZR 36/19, NZA 2020, 868.
[31] BAG 18.3.2020 – 5 AZR 36/19, NZA 2020, 868.

tungsrechtliche Arbeitszeitbegriff nicht zulasten der Arbeitnehmer abweichend bestimmt werden könne. Außerdem wird argumentiert, dass hinsichtlich der Entscheidung über die Vergütung oder Nichtvergütung von Reisezeiten kein Mitbestimmungsrecht eingreife, so dass es sich bei einer diese Frage regelnden Betriebsvereinbarung um eine freiwillige Betriebsvereinbarung handele. In einer freiwilligen Betriebsvereinbarung könne aber keine Regelung zulasten der Arbeitnehmer getroffen werden.[32] Angesichts der Unwägbarkeiten hinsichtlich der „Betriebsvereinbarungsoffenheit" arbeitsvertraglicher Regelungen und des Risikos eines Verstoßes gegen die Tarifsperre des § 77 Abs. 3 S. 1 BetrVG ist Arbeitgebern zu empfehlen, gesonderte Vergütungsregelungen für Dienstreisezeiten nicht in Betriebsvereinbarungen, sondern ausschließlich im Rahmen von Arbeits- oder Tarifverträgen zu vereinbaren. Sowohl im Hinblick auf die Entscheidung des Bundesarbeitsgerichts vom 17.10.2018 als auch im Hinblick auf die Entscheidung des Europäischen Gerichtshofs vom 10.9.2015[33] dürfte insgesamt eine Neubewertung der Dienstreisezeiten zu erwarten sein. Damit treten jedenfalls im Hinblick auf die Vergütung von Dienstreisezeiten die Regelungen in Tarifverträgen bzw. in einem Arbeitsvertrag entscheidend in den Vordergrund.

8   Bei der Anordnung einer Dienstreise, während derer der Arbeitnehmer keine Arbeitsleistungen zu erbringen hat, steht dem Betriebsrat kein Mitbestimmungsrecht nach § 87 Abs. 1 Nr. 2 oder Nr. 3 BetrVG zu.[34]

3. Arbeitsbereitschaft

9   Arbeitsbereitschaft liegt bei „wacher Achtsamkeit im Zustand der Entspannung"[35] vor. Die Art der vom Arbeitnehmer zu verrichtenden Tätigkeit **wechselt** zwischen Zeiten voller und geringer **Beanspruchung**.[36] Mit Arbeitsbereitschaft ist eine Aufenthaltsbeschränkung verbunden,[37] da der Arbeitnehmer sich an einem vom Arbeitgeber bestimmten Ort aufzuhalten und jederzeit bestimmte Tätigkeiten zu erbringen hat, wie bspw. der Pförtner in der Loge auf dem Betriebsgelände oder der Nachtportier im Hotel, der beim Klingeln die Hoteltür öffnet.[38] Der Unterschied gegenüber der Pause ist darin zu sehen, dass der Arbeitnehmer in der Pause den Aufenthaltsort frei wählen kann. Während der Pause muss der Arbeitnehmer sich auch nicht im Zustand der wachen Achtsamkeit befinden. Die Zeiten der Arbeitsbereitschaft müssen nicht zusammenhängend auftreten. Außer Betracht bleiben „Splitterzeiten" von wenigen Minuten, die keine Entspannung ermöglicht, die ins Gewicht fällt und deshalb gegenüber der Vollarbeit nur eine mindere Leistung darstellt. Bis zu welcher Zeitdauer eine Wartezeit als unerhebliche Splitterzeit angesehen werden kann, hängt von der Art der Tätigkeit ab.[39] Beim Rettungssanitäter hat das Bundesarbeitsgericht eine Zeit von bis zu 10 Minuten als unerheblich angesehen.[40] Im arbeitsschutzrechtlichen und im vergütungsrechtlichen Sinne wird Arbeitsbereitschaft grundsätzlich als **Arbeitszeit** angesehen.[41] In der Praxis besteht dann meist das Abgrenzungsproblem, ob tatsächlich Arbeitsbereitschaft vorliegt. Abzugrenzen ist dabei anhand der Arbeitsleistung, die der Arbeitnehmer aufgrund der vertraglichen Vereinbarung schuldet. Die Arbeitsbereitschaft stellt demgegenüber eine mindere Stufe der Arbeitsleistung dar; vom Arbeitnehmer wird eine geringere Stufe der geistigen und körperlichen Leistungsbereitschaft erwartet.[42] Nach § 7 Abs. 1 Nr. 1a, 4a ArbZG kann die Arbeitszeit über 10 Stunden hinaus täglich verlängert werden, wenn in der Arbeitszeit regelmäßig und in erheblichem Umfang Arbeitsbereitschaft enthalten ist.[43] Es ist dann für

---

[32] *Stöhr/Stolzenberg* NZA 2019, 505, 512.
[33] EuGH 10.9.2015 – C-266/14, NZA 2015, 1177.
[34] BAG 14.11.2006 – 1 ABR 5/06, NZA 2007, 458.
[35] RAG 3.11.1928 – 137/28, RAGE 2, 310; 25.1.1930 – 319/29, RAGE 5, 130.
[36] Schaub ArbR-HdB/*Vogelsang* § 156 Rn. 19.
[37] BAG 30.1.1985 – 7 AZR 446/82, AP BAT § 35 Nr. 2.
[38] MHdB ArbR/*Reichold* § 36 Rn. 73.
[39] BAG 17.3.2005 – 2 AZR 4/04, NZA 2005, 1016.
[40] BAG 12.2.1986 – 7 AZR 358/84, AP BAT § 15 Nr. 7.
[41] BAG 19.11.2014 – 5 AZR 1101/12, DB 2015, 253.
[42] MHdB ArbR/*Anzinger* § 298 Rn. 29.
[43] MHdB ArbR/*Reichold* § 36 Rn. 72.

einen Ausgleich zu sorgen. Einzel- oder tarifvertraglich kann die Arbeitsbereitschaft vergütungsrechtlich und zur Erfüllung der vertraglichen Arbeitszeit in die Arbeitszeit sowohl voll als auch anteilig eingerechnet werden. Es ist zulässig, eine geringere Vergütung festzulegen als für Vollarbeit.[44] Von dieser Möglichkeit ist in § 2 PflegeArbV kein Gebrauch gemacht.[45] Zulässig ist auch eine Pauschalabgeltung.[46] In Formulararbeitsverträgen muss dann aber erkennbar sein, für welche Anzahl von Stunden der Arbeitsbereitschaft die Pauschalvergütung gewährt wird.

4. Bereitschaftsdienst

Bereitschaftsdienst ist gesetzlich ebenfalls nicht definiert und von Arbeitsbereitschaft und Rufbereitschaft abzugrenzen.[47] Er liegt vor, wenn der Arbeitnehmer sich auf **Anweisung seines Arbeitgebers** im Betrieb oder außerhalb des Betriebs an einer festgelegten Stelle aufzuhalten hat und jederzeit bereit ist, auf Anforderung **unverzüglich tätig** zu werden.[48] Wache Aufmerksamkeit iSd Arbeitsbereitschaft ist nicht erforderlich.[49] Die Unvorhersehbarkeit der Arbeit ist im Unterschied zur Rufbereitschaft kein Tatbestandsmerkmal des Bereitschaftsdienstes.[50] Bereitschaftsdienst verlangt auch nicht, dass der Arbeitgeber davon ausgeht, dass nur unvorhersehbare Arbeiten anfallen.

10

Die Verpflichtung des Arbeitgebers zur Vergütung von Bereitschaftsdienst wird meist in Arbeits- oder Tarifverträgen geregelt sein. Da der Bereitschaftsdienst mit einer **geringeren Arbeitsbelastung** verbunden ist, kann eine **geringere Vergütung** vorgesehen werden als für Vollarbeit.[51] Der Europäische Gerichtshof hat festgestellt, dass die Richtlinie 93/104/EG (nunmehr Richtlinie 2003/88/EG vom 4.11.2003) auf die Vergütung der Arbeitnehmer im Bereitschaftsdienst nicht anwendbar ist.[52] Der gesamte Bereitschaftsdienst ist zu vergüten und nicht nur die Zeit, in der der Arbeitnehmer voll arbeitet.[53] Dabei wird die Pauschalierung der Vergütung als zulässig angesehen,[54] wobei in Formulararbeitsverträgen klar sein muss, in welchem Umfang solche Zeiten abgegolten sind. Tarifverträge sehen auch einen bezahlten Freizeitausgleich vor, der auch in der gesetzlichen Ruhezeit liegen darf.[55]

11

Nach **früherem Verständnis** gehörten die Zeiten des Bereitschaftsdienstes nicht zur Arbeitszeit im Sinne des Arbeitszeitgesetzes. Als Arbeitszeit wurde nur die Zeit innerhalb des Bereitschaftsdienstes angesehen, während derer der Arbeitnehmer tatsächlich zur Arbeit herangezogen wird. Dies wird auf Grundlage der Rechtsprechung des Europäischen Gerichtshofes mittlerweile anders bewertet. Der **Europäische Gerichtshof** hat zunächst in der **Simap-Entscheidung**[56] festgestellt, dass der Bereitschaftsdienst, der von Ärzten in einer spanischen Gesundheitseinrichtung zur medizinischen Grundversorgung vorgenommen werde und für den persönliche Anwesenheit erforderlich sei, insgesamt als **Arbeitszeit** iSd Richtlinie 93/104/EG anzusehen ist. Sodann hat der Europäische Gerichtshof klargestellt, dass jeder Bereitschaftsdienst, der in der Form erbracht wird, dass persönliche Anwesenheit am Arbeitsort erforderlich ist, insgesamt als Arbeitszeit im Sinne der Richtlinie zu bewerten ist.

12

---

[44] BAG 19.11.2014 – 5 AZR 1101/12, DB 2015, 253.
[45] BAG 19.11.2014 – 5 AZR 1101/12, DB 2015, 253.
[46] BAG 17.7.2008 – 6 AZR 505/07, PersV 2009, 27.
[47] BAG 13.11.1986 – 6 AZR 567/83, AP BGB § 242 Betriebliche Übung Nr. 27; 5.2.1997 – 10 AZR 639/96, NZA 1997, 1179.
[48] BAG 21.11.1991 – 6 AZR 551/89, NZA 1992, 545; 5.6.2003 – 6 AZR 114/02, NZA 2004, 164; 19.11.2014 – 5 AZR 1101/12, DB 2015, 253; MHdB ArbR/*Reichold* § 36 Rn. 74; vgl. der Überblick bei *Schliemann* NZA 2006, 1009.
[49] Zur Abgrenzung zum Bereitschaftsdienst vgl. BAG 25.4.2007 – 6 AZR 799/06, NZA 2007, 1108; 19.11.2014 – 5 AZR 1101/12, DB 2015, 253.
[50] BAG 25.4.2007 – 6 AZR 799/06, NZA 2007, 1108.
[51] BAG 18.11.2015 – 5 AZR 751/13, NZA 2016, BeckRS 2016, 66998.
[52] EuGH 1.12.2005 – C-14/04, NZA 2006, 89.
[53] BAG 28.1.2004 – 5 AZR 530/02, NZA 2004, 656; 28.1.2004 – 5 AZR 503/02, AP TVG § 1 Tarifverträge: DRK Nr. 18.
[54] BAG 28.1.2004 – 5 AZR 530/02, NZA 2004, 656.
[55] BAG 22.7.2010 – 6 AZR 78/09, AP TVG § 1 Tarifverträge: Arzt Nr. 14.
[56] EuGH 3.10.2000 – C 303/98, NZA 2000, 1227 – SIMAP.

13 Dabei sei es unbeachtlich, welche Arbeitsleistung der Arbeitnehmer während des Bereitschaftsdienstes erbringe.[57]

13 Dementsprechend sieht das Arbeitszeitgesetz in der Fassung des **Gesetzes zu Reformen am Arbeitsmarkt** seit dem 1.1.2004 vor, dass neben der Arbeitsbereitschaft auch der **Bereitschaftsdienst** mit der vollen Zeitdauer bei der **Ermittlung** der **täglichen** und **wöchentlichen Höchstarbeitszeit** einzubeziehen ist. Der Bereitschaftsdienst ist danach Arbeitszeit iSd § 2 Abs. 1 ArbZG.[58] Zugleich berücksichtigt der Gesetzgeber, dass es sich beim Bereitschaftsdienst um eine besondere Dienstform handelt, die gegenüber der Vollarbeit eine **geringere gesundheitliche Belastung** der einzelnen Arbeitnehmer mit sich bringt. Deshalb sieht es der Gesetzgeber als angemessen an, wenn unter bestimmten Voraussetzungen für die betroffenen Arbeitnehmer längere Arbeitszeiten zugelassen werden als für diejenigen, die ausschließlich Vollarbeit zu verrichten haben. Der Gesetzgeber hat zunächst die Bereitschaftsdienste in die Regelung des § 7 Abs. 1 Nr. 1a, 4a und Abs. 2a ArbZG aufgenommen und bestimmt, dass die dort genannten Grenzen stets unter Einbeziehung geleisteter Bereitschaftsdienste zu ermitteln sind. Die inaktiven Zeiten des Bereitschaftsdienstes sind keine Pausen nach § 4 ArbZG.[59]

14 Das Gesetz sieht ein **abgestuftes Modell** für Arbeitszeitverlängerungen über 8 Stunden vor und gibt damit der Praxis Möglichkeiten, um Arbeitszeitorganisationen unter Nutzung besonderer Dienstformen zu vereinbaren.[60] Die **erste Stufe** betrifft den Fall, dass die werktägliche Arbeitszeit über **8 Stunden** hinaus verlängert werden soll. Liegen die Voraussetzungen des § 7 Abs. 2a ArbZG vor, kann eine Arbeitszeitverlängerung ohne Ausgleich durchgeführt werden.[61] **§ 7 Abs. 2a ArbZG** verlangt, dass ein Tarifvertrag oder eine aufgrund eines Tarifvertrags abgeschlossene Betriebs- oder Dienstvereinbarung die Arbeitszeitverlängerung zulässt. Weiter muss in die Arbeitszeit regelmäßig und im erheblichen Umfang Arbeitsbereitschaft oder Bereitschaftsdienst fallen. Darüber hinaus muss eine besondere Regelung sicherstellen, dass die Gesundheit der Arbeitnehmer nicht gefährdet wird. Allgemeine Vorgaben des Arbeitsschutzrechts, wie etwa die Erstellung einer Gefährdungsanalyse gemäß § 5 ArbSchG reichen nicht aus. Es sind zusätzliche, über das Gesetz hinausgehende Regelungen erforderlich. Beispielsweise muss der Tarifvertrag Pausenvorschriften, besondere Ruhezeitregelungen oder spezielle arbeitsmedizinische Maßnahmen vorsehen.[62] Insofern ist eine tarifliche Regelung nicht zu beanstanden, die vorsieht, dass in unmittelbarem Anschluss an die 24-stündige Anwesenheitszeit im Betrieb eine Freizeit gleicher Länge folgen muss, so dass eine Kumulierung von mehreren hintereinander geschalteten Arbeitsphasen ausgeschlossen ist. Außerdem erhalten die Arbeitnehmer jährlich 35 weitere 24-stündige Freizeiten in möglichst gleichmäßiger Verteilung. Aufgrund des damit vorgegebenen Rhythmus wird gewährleistet, dass die Mitarbeiter in regelmäßigen Abständen eine dem Wochenende vergleichbare mehrtägige Freizeit haben.[63]

15 Eine Arbeitszeitverlängerung auf der **zweiten Stufe mit über 10 Stunden** ist nach § 7 Abs. 1 Nr. 1a ArbZG bei Vorliegen eines Tarifvertrages oder bei einer auf einem solchen zurückgehenden Betriebs- bzw. Dienstvereinbarung zulässig. Auch hier sind bei der Berechnung der Arbeitszeit Bereitschaftsdienste zu berücksichtigen. Nach § 7 Abs. 1 Nr. 1a ArbZG darf diese Grenze jedoch nur noch dann überschritten werden, wenn für die verlängerte Arbeitszeit ein **Ausgleichszeitraum** festgelegt wird. Nach § 7 Abs. 8 S. 1 ArbZG ist eine derartige Arbeitszeitverlängerung nur zulässig, wenn die Arbeitszeit 48 Stunden wöchentlich im Durchschnitt von 12 Kalendermonaten nicht überschreitet. Nach § 7 Abs. 8 S. 2 ArbZG darf die Arbeitszeit 48 Stunden wöchentlich im Durchschnitt von 6 Kalendermonaten oder 24 Wochen nicht überschreiten, wenn die Aufsichtsbehörde nach § 7 Abs. 5 ArbZG in einem Bereich, in dem entsprechende tarifliche Regelungen nicht üblich sind, eine Ausnahmeregelung erteilt hat.

---

[57] EuGH 14.10.2010 – C 243/09, NZA 2007, 1108.
[58] BAG 16.3.2004 – 9 AZR 93/03, NZA 2004, 927.
[59] BAG 16.12.2009 – 5 AZR 157/09, AP ArbZG § 4 Nr. 3.
[60] BT-Drs. 15 (9) 610 v. 10.9.2003, S. 2.
[61] Kritisch: *Reim* DB 2004, 186.
[62] BAG 23.6.2010 – 10 AZR 543/09, NZA 2010, 1081.
[63] BAG 23.6.2010 – 10 AZR 543/09, NZA 2010, 1081.

Bei einer Arbeitszeitverlängerung auf der **dritten Stufe über 12 Stunden** hinaus verlangt 16
§ 7 Abs. 9 ArbZG unmittelbar im Anschluss an die Beendigung der Arbeitszeit eine **Ruhezeit** von mindestens 11 Stunden.

§ 7 Abs. 7 ArbZG verlangt schließlich weiter, dass der Arbeitnehmer eine **schriftliche** 17
Einwilligung für die Verlängerung der Arbeitszeit erteilt hat. Der Arbeitgeber hat die Einwilligung des Arbeitnehmers vor der Einführung der Verlängerung der Arbeitszeit einzuholen. Liegt diese nicht vor, stellt die verlängerte Arbeitszeit einen Verstoß gegen die gesetzlichen Bestimmungen dar. Der Arbeitgeber hat neben der Dokumentation der verlängerten Arbeitszeit nach § 16 Abs. 2 ArbZG ein **Verzeichnis der Arbeitnehmer** zu führen, die einer Verlängerung der Arbeitszeit nach § 7 Abs. 7 ArbZG zugestimmt haben. Der Arbeitnehmer ist an eine einmal gegebene Einwilligung nicht zeitlich unbegrenzt gebunden. Er ist berechtigt, eine solche mit einer Frist von 6 Monaten jederzeit **schriftlich zu widerrufen**. Widerruft ein Arbeitnehmer seine Zustimmung oder erteilt er diese von vornherein nicht, darf er gem. § 7 Abs. 7 S. 3 ArbZG vom Arbeitgeber **nicht benachteiligt** werden.

Da Bereitschaftsdienst, den ein Arbeitnehmer in Form persönlicher Anwesenheit im Be- 18
trieb des Arbeitgebers leistet, in vollem Umfang Arbeitszeit iSd Art. 2 der Richtlinie 2003/88/EG ist, und zwar unabhängig davon, welche Arbeitsleistung der Arbeitnehmer in diesem Bereitschaftsdienst tatsächlich erbringt, wird Bereitschaftsdienst in der Nachtzeit in seiner gesamten Dauer nach § 6 Abs. 5 ArbZG auszugleichen sein, unabhängig davon, welche Arbeitsstunden tatsächlich Arbeitsleistungen enthalten.[64] Für jede Stunde des nächtlichen Bereitschaftsdienstes besteht deshalb ein gesetzlicher Anspruch auf einen Belastungsausgleich, den § 28 Abs. 3 TV-Ärzte/VKA näher bestimmt.[65]

5. Rufbereitschaft

Bei Rufbereitschaft hat der Arbeitnehmer sich an einem selbstbestimmten, aber dem Ar- 19
beitgeber anzugebenden Ort **auf Abruf zur Arbeit** bereitzuhalten. Anders als beim Bereitschaftsdienst kann der Arbeitnehmer den **Aufenthaltsort frei wählen**. Er muss dem Arbeitgeber entweder angeben, wo er sich aufhält oder mittels eines Mobiltelefons oder eines anderen technischen Geräts erreichbar sein.[66] Entscheidend ist also die jederzeitige Erreichbarkeit.[67]

Bei der Wahl seines Aufenthaltsorts hat der Arbeitnehmer darauf zu achten, dass er im 20
Bedarfsfall die Arbeit unverzüglich aufnehmen kann.[68] Dies betrifft bspw. einen Klempner, der Störungen beim Kunden des Arbeitgebers kurzfristig beseitigt. Rufbereitschaft besteht zwischen dem Zeitpunkt, in dem der Arbeitnehmer verpflichtet ist, auf Abruf die Arbeit aufzunehmen und endet mit dieser Verpflichtung.[69] Ist die Zeitspanne zwischen Abruf und tatsächlicher Arbeitsaufnahme sehr kurz, liegt Arbeitsbereitschaft vor. So hat das Bundesarbeitsgericht Arbeitsbereitschaft bejaht, wenn die Wegezeit 10 Minuten unterschreitet.[70]

Die Verpflichtung des Arbeitnehmers zur Rufbereitschaft kann auf den individuellen Ar- 21
beitsvertrag beruhen oder sich aus einem Tarifvertrag ergeben. In Zweifelsfällen muss durch Auslegung entschieden werden,[71] ob der Arbeitnehmer zum Ableisten von Rufbereitschaft verpflichtet ist. Sie kann sich aber auch aus der Art der vertraglich vereinbarten Tätigkeit ergeben, wie bspw. bei einem Betriebsschlosser, der betriebliche Anlagen auch außerhalb der normalen Arbeitszeit zu überwachen und Störungen zu beseitigen hat.[72]

---

[64] BAG 15.7.2009 – 5 AZR 867/08, AP ArbZG § 6 Nr. 10.
[65] BAG 23.2.2011 – 10 AZR 579/09, NZA 2011, 1176.
[66] BAG 29.6.2000 – 6 AZR 900/98, NZA 2001, 165.
[67] BAG 23.9.2010 – 6 AZR 330/09, AP TVG § 1 Tarifverträge: Arzt Nr. 19.
[68] BAG 26.2.1958 – 4 AZR 388/55, AP AZO § 7 Nr. 3 = ArbuR 1958, 349; BAG 3.12.1986 – 4 AZR 7/86, AP MTB II § 30 Nr. 1 = BB 1987, 478; BAG 23.9.2010 – 6 AZR 330/09, AP TVG § 1 Tarifverträge: Arzt Nr. 19.
[69] BAG 28.7.1994 – 6 AZR 76/94, NZA 1995, 999.
[70] BAG 19.12.1991 – 6 AZR 592/89, NZA 1992, 560.
[71] BAG 12.2.1992 – 5 AZR 566/90, AP BAT § 15 Nr. 20.
[72] BAG 6.7.1989 – 6 AZR 712/87, ZTR 1990, 20.

22 Teilweise gibt es Vereinbarungen, wonach Rufbereitschaft **vergütet** wird, dies ist auch durch eine Pauschale denkbar.[73] Die Arbeitsleistung während der Rufbereitschaft ist als solche zu vergüten.[74] Es bedarf einer ausdrücklichen Regelung, soll die Rufbereitschaftspauschale neben der Vergütung für die Arbeit in der Rufbereitschaft gezahlt werden.[75] Eine Inanspruchnahme während der Rufbereitschaft und die daraus resultierende Vergütung setzt nicht voraus, dass die Aufnahme der Arbeit auf Abruf an einen Ort erfolgt, an dem der Arbeitnehmer regelmäßig Arbeit erbringt. Es reicht, dass der Arbeitnehmer – auch an einem anderen Ort – zur Arbeitsleistung herangezogen wird.[76] Dabei zählt der Weg des Arbeitnehmers von seiner Wohnung bis zu der Stelle, an der er die Arbeit aufnimmt, grundsätzlich nicht zur vergütungspflichtigen Arbeitszeit, es ist aber zulässig, in einem Tarifvertrag eine abweichende Regelung zu treffen und die Wegezeit als vergütungspflichtige Tätigkeit zu bewerten.[77] Die Fahrtkosten, die während einer dienstplanmäßigen Rufbereitschaft entstehen, sind ebenfalls grundsätzlich nicht zu vergüten.[78] Nach einer aktuellen Entscheidung des EuGH können Zeiten der Rufbereitschaft in bestimmten Fällen als **Arbeitszeit im Sinne des öffentlich-rechtlichen Arbeitszeitrechts** einzuordnen sein. Der EuGH hat in der Rechtssache *Matzak* entschieden, dass die Bereitschaftszeit, die ein Arbeitnehmer zu Hause verbringt und während deren er der Verpflichtung unterliegt, einem Ruf des Arbeitgebers zum Einsatz innerhalb von acht Minuten Folge zu leisten, wodurch die Möglichkeit, anderen Tätigkeiten nachzugehen, erheblich eingeschränkt ist, als „Arbeitszeit" im Sinne von Art. 2 Nr. 1 der Arbeitszeitrichtlinie anzusehen ist.[79] Die Einordnung von Rufbereitschaft als Arbeits- oder Ruhezeit ist auf Grundlage der jüngsten EuGH-Rechtsprechung nicht abstrakt, sondern anhand der konkreten Umstände des Einzelfalls vorzunehmen. Es ist einzelfallbezogen zu prüfen, ob der Arbeitnehmer aufgrund der Rufbereitschaft auch während inaktiver Zeiten so **angespannt** ist, dass diese als Arbeitsleistung angesehen werden müssen. Dies ist zu bejahen, wenn der Arbeitnehmer durch die Rufbereitschaft so sehr an der Verfolgung seiner persönlichen und sozialen Interessen gehindert wird, dass sich die Situation letztlich nicht von derjenigen einer Anwesenheit im Betrieb unterscheidet.[80] In Tarifverträgen kann ausnahmsweise die Einbeziehung von Wegezeiten in die Berechnung des Entgelts für die Inanspruchnahme innerhalb der Rufbereitschaft eine gesonderte Vergütungsregelung für eine andere als die eigentliche Tätigkeit getroffen werden.[81]

6. Ruhezeiten und -pausen

23 a) **Ruhezeiten.** Die Ruhezeit wird im ArbZG nicht definiert. Im Allgemeinen wird darunter die Zeit zwischen der Beendigung und der Wiederaufnahme der Arbeit am gleichen oder nächsten Tag, also die Zeit zwischen „zwei Schichten" definiert.[82] Die Ruhezeit beginnt, wenn der Arbeitnehmer das Betriebsgelände verlässt und endet mit dem erneuten Betreten des Betriebsgeländes. Die Wegezeit vom Betrieb zur Wohnung des Arbeitnehmers rechnet also zur Ruhezeit.[83] Während der Ruhezeit soll der Arbeitnehmer sich gründlich **ausruhen, erholen und seine Arbeitskraft erhalten**. Er soll vor gesundheitsschädlicher Überanstrengung geschützt werden.[84] Maßgebliches Merkmal für die Ruhezeit ist der Umstand, dass der Arbeitnehmer während der Zeit unbeschränkt über seine Zeit und seine Person verfügen

---

[73] BAG 28.1.1981 – 4 AZR 892/78, AP MTL II § 18 Nr. 1.
[74] BAG 28.7.1994 – 6 AZR 76/94, NZA 1995, 999.
[75] BAG 20.5.2010 – 6 AZR 1015/08, AP TVG § 1 Tarifverträge: Deutsche Bahn Nr. 36.
[76] BAG 23.9.2010 – 6 AZR 330/09, AP TVG § 1 Tarifverträge: Arzt Nr. 19.
[77] BAG 20.8.2014 – 10 AZR 937/13, AP TVG § 1 TV: Ärzte Nr. 70.
[78] BAG 16.2.1989 – 6 AZR 289/87, AP BAT § 42 Nr. 9; 6.7.1989 – 6 AZR 712/87, ZTR 1990, 20.
[79] EuGH v. 21.2.2018 – C-518/15, NZA 2018, 293 – Matzak.
[80] *Bayreuther* NZA 2018, 348 (349); *Sura* EWiR 2018, 315 (316).
[81] BAG 12.12.2012 – 5 AZR 355/12, NZA 2013, 1158; 20.8.2014 – 10 AZR 937/13, AP TVG § 1 Tarifverträge: Ärzte Nr. 70.
[82] BAG 13.2.1992 – 6 AZR 638/89, NZA 1992, 891; 23.11.1960 – 4 AZR 257/59, AP AZO § 12 Nr. 6 = DB 1961, 207; BAG 5.7.1976 – 5 AZR 264/75, AP AZO § 12 Nr. 10 = DB 1976, 1868; ErfK/*Wank* ArbZG § 5 Rn. 1; MHdB ArbR/*Anzinger* § 299 Rn. 1.
[83] MHdB ArbR/*Anzinger* § 299 Rn. 1.
[84] BAG 13.2.1992 – 6 AZR 638/89, NZA 1992, 891.

kann,[85] und keine Arbeitsleistung zu erbringen hat.[86] Höchstrichterlich nicht geklärt, ist die Frage, wie geringfügige Unterbrechungen der Ruhezeit beispielsweise beim Lesen oder Versenden von E-Mails über das Smartphone zu bewerten sind.[87] Dabei dürfte auch danach zu differenzieren sein, ob dies ein seltener Ausnahmefall ist oder ob arbeitgeberseitig die Erwartung besteht, dass der Arbeitnehmer auch außerhalb seiner regulären Tätigkeit Nachrichten entgegennimmt oder versendet.

Nach § 5 Abs. 1 ArbZG haben Arbeitnehmer nach Beendigung der täglichen Arbeitszeit 24 eine Ruhezeit von **mindestens 11 Stunden**. Die Ruhezeit muss **ununterbrochen** gewährt werden. Die gesetzlich vorgeschriebene 11-stündige Ruhezeit berechnet sich nicht kalendertäglich, sondern ist im Anschluss an die tägliche Arbeitszeit zu gewähren. Dementsprechend kann daraus auf keine täglich maximal 13 Std. dauernde Arbeitszeit geschlossen werden.[88] Übt der Arbeitnehmer während dieser Ruhezeit betriebliche **Arbeitsleistungen** aus, wird die Ruhezeit **unterbrochen**. So zB wenn der Arbeitnehmer während der Rufbereitschaft zur Arbeitsleistung herangezogen wird. Im Anschluss an eine solche Arbeitsleistung ist dem Arbeitnehmer eine neue ununterbrochene Ruhezeit von 11 Stunden zu gewähren.[89] Die normale tägliche Arbeitszeit, die an sich nach Ablauf der Ruhezeit beginnen soll, wird verschoben und der Vergütungsanspruch entfällt.[90] Ruhezeit wird nicht nur gewährt, wenn ein Arbeitnehmer unentgeltlich von seiner Arbeitspflicht freigestellt wird. Materiell setzt Ruhezeit lediglich voraus, dass der Arbeitnehmer innerhalb dieser Zeit nicht in einem Umfang beansprucht wird, der eine Einstufung als Arbeitszeit erfordert. Dementsprechend kann Freizeitausgleich für geleisteten Bereitschaftsdienst auch in die gesetzliche Ruhezeit gelegt werden.[91]

Die Ruhezeit kann gemäß § 5 Abs. 2 ArbZG in den dort genannten Bereichen (Kranken- 25 häuser und andere Einrichtungen zur Behandlung, Pflege und Betreuung von Personen; Gaststätten und andere Einrichtungen zur Bewirtung und Beherbergung; Verkehrsbetriebe; Rundfunk; Landwirtschaft; Tierhaltung) um bis zu eine Stunde **verkürzt** werden, wenn jede Verkürzung der Ruhezeit innerhalb eines Ausgleichszeitraums von einem Kalendermonat oder innerhalb von 4 Wochen durch Verlängerung einer anderen Ruhezeit auf mindestens 12 Stunden ausgeglichen wird. Damit schreibt das Gesetz für jede Verkürzung der Ruhezeit, unabhängig davon, wie lange sie dauert, als Ausgleich eine Verlängerung einer anderen Ruhezeit um eine Stunde vor. Dementsprechend soll eine Überkompensation stattfinden.[92]

Weiter können die **Tarifvertragsparteien** gemäß § 7 Abs. 1 Nr. 3 ArbZG in einem Tarif- 26 vertrag oder aufgrund eines Tarifvertrages für eine Betriebsvereinbarung Abweichungen zulassen. Nach § 7 Abs. 1 Nr. 3 ArbZG darf die Ruhezeit nach § 5 Abs. 1 ArbZG um bis zu 2 Stunden auf bis zu 9 Stunden verkürzt werden, wenn dies durch die Art der Arbeit erforderlich ist und die Kürzung der Ruhezeit innerhalb eines festzulegenden Ausgleichszeitraums ausgeglichen wird. Weitere Sonderregelungen enthält § 5 **Abs. 3 ArbZG** für **Krankenhäuser** und andere Einrichtungen zur Behandlung, Pflege und Betreuung von Personen. Hierbei handelt es sich im Wesentlichen um die in § 107 Abs. 1 SGB V definierten Einrichtungen sowie die in § 107 Abs. 2 SGB V im Einzelnen bezeichneten Vorsorge- und Rehabilitationseinrichtungen. Dazu gehören stationäre und ambulante Einrichtungen, wie Alten- und Pflegeheime, Frauenhäuser, Obdachlosenheime etc.[93] Nach § 5 Abs. 3 ArbZG können dort Kürzungen der Ruhezeiten durch Inanspruchnahme während der Rufbereitschaft, die nicht mehr als die Hälfte der Ruhezeit betragen, zu anderen Zeiten ausgeglichen werden. Erst wenn die Inanspruchnahme während der Rufbereitschaft mehr als die Hälfte der Ruhezeit nach § 5 Abs. 1 ArbZG, also insgesamt mehr als 5,5 Stunden ausmacht, ist der Arbeit-

---

[85] Hueck/Nipperdey ArbR I S. 829; MHdB ArbR/*Anzinger* § 299 Rn. 1.
[86] BAG 9.3.2005 – 5 AZR 385/02, BeckRS 2005, 41710.
[87] *Bissels/Domke/Wisskirchen* DB 2010, 2052; *Wirtz* BB 2014, 1397; *Gaul* DB 2013, 60.
[88] MHdB ArbR/*Anzinger* § 299 Rn. 6.
[89] MHdB ArbR/*Anzinger* § 299 Rn. 2.
[90] BAG 5.7.1976 – 5 AZR 264/75, AP AZO § 12 Nr. 10 = DB 1976, 1868.
[91] BAG 22.7.2010 – 6 AZR 78/09, NZA 2010, 1194.
[92] *Erasmy* NZA 1994, 1105 (1108); *Junker* ZfA 1998, 105 (119).
[93] MHdB ArbR/*Anzinger* § 299 Rn. 8.

nehmer von der Arbeitsleistung des nachfolgenden Tages freizustellen.[94] In der Praxis finden sich noch weiter reichende Abweichungen, da für Krankenhäuser in der Regel Tarifverträge iSd § 7 Abs. 2 Nr. 3 ArbZG bestehen. Danach können die Regelungen der §§ 3, 4, 5 Abs. 1, 6 Abs. 2 ArbZG bei der Behandlung, Pflege und Betreuung von Personen der Eigenart dieser Tätigkeit und dem Wohl dieser Personen entsprechend angepasst werden. Voraussetzung ist, dass der Gesundheitsschutz des Arbeitnehmers durch einen Zeitausgleich gewahrt wird.

27   b) **Ruhepausen.** Nach ständiger Rechtsprechung des Bundesarbeitsgerichts sind Ruhepausen Unterbrechungen der Arbeitszeit von bestimmter Dauer, die der Erholung dienen. Es muss sich um im Voraus feststehende Unterbrechungen der Arbeitszeit handeln, in denen der Arbeitnehmer weder Arbeit zu leisten noch sich dazu bereitzuhalten hat und frei über die Nutzung des Zeitraums bestimmen kann.[95] Entscheidendes Merkmal der Ruhepause ist, dass der Arbeitnehmer von jeder Arbeitsverpflichtung und auch von jeder Verpflichtung, sich zur Arbeit bereitzuhalten, freigestellt ist.[96] Eine Unterbrechung der Arbeitsleistung ist dann keine Pause, wenn der Arbeitnehmer vorher nicht weiß, wie lange sie dauert.[97] Nach § 4 S. 1 ArbZG muss es sich um eine „im Voraus" feststehende Arbeitsunterbrechung handeln. Es ist nicht erforderlich, dass Lage und Dauer der gesetzlichen und etwaiger zusätzlicher Pausen vor Beginn der täglichen Arbeitszeit festgelegt werden. Zwar soll der Arbeitnehmer sich auf die Pause einrichten und sie auch tatsächlich zur Erholung nutzen können. Zu diesem Zwecke genügt es, wenn dem Arbeitnehmer Beginn und Dauer der Ruhepause zu Beginn der täglichen Arbeitszeit mitgeteilt wird.[98] Die Pause ist dann vorhersehbar, wenn die Ruhepause in einer zeitlichen Bandbreite genommen werden kann, wie bspw. in einem Zeitraum zwischen 12.00 und 14.00 Uhr.[99] Die gesetzlichen Pausen, die Mindestpausen darstellen, sind in § 4 ArbZG geregelt. Sowohl die Betriebsparteien im Rahmen des Mitbestimmungsrechts nach § 87 Abs. 1 Nr. 2 BetrVG als auch der Arbeitgeber sind befugt, längere Pausen festzulegen.[100] Die Festlegung der Pausen hat nach § 106 S. 1 GewO unter Berücksichtigung von billigem Ermessen stattzufinden. Dabei sind auch die Belange des Arbeitnehmers zu berücksichtigen. In einer Betriebsvereinbarung hat das Bundesarbeitsgericht es als zulässig angesehen, dass pro Schicht zusätzlich unbezahlte Ruhepausen von maximal 30 Minuten bei einer Arbeitszeit von mehr als 6 Stunden angeordnet werden, wenn innerhalb eines Kalenderjahres im Durchschnitt unbezahlte Pausen an nicht mehr als 10 Arbeitstagen monatlich gegenüber dem Mitarbeiter angeordnet werden.[101] Da der Arbeitnehmer während der Ruhepausen sich von der bisher erbrachten Arbeitsleistung erholen und neue Energie gewinnen soll, gehört die Ruhepause **nicht** zur **Arbeitszeit** nach § 2 Abs. 1 S. 1 ArbZG und ist dementsprechend idR auch nach § 611 Abs. 1 BGB **nicht** zu **vergüten**.[102] Die fehlende Vergütungspflicht besteht auch dann, wenn Pausen und Wartezeiten sich zeitlich überschneiden.[103] Nach § 4 ArbZG ist der Arbeitgeber im Umfang der gesetzlichen Mindestpausen von der Verpflichtung, Arbeitsleistung des Arbeitnehmers anzunehmen, entbunden. Der Arbeitnehmer ist während dieses Zeitraums auch außerstande nach § 297 BGB die Arbeitsleistung zu bewirken. Ein Arbeitnehmer kann nur dann Vergütung wegen Annahmeverzugs für die Zeit einer angeordneten und in Anspruch genommenen Pause verlangen, wenn ein vorheriger Protest des Arbeitnehmers erkennen lässt, dass er – unter Beachtung von § 4 ArbZG – an dem betreffenden Arbeitstag eine Ruhepause zu einem anderen Zeitpunkt oder mit kürzerer Dauer in Anspruch nehmen will.[104] Die Zeiten im Bereitschaftsdienst, in denen der Arbeitnehmer keine Leistungen erbringt, sind keine Pau-

---

[94] MHdB ArbR/*Anzinger* § 299 Rn. 15.
[95] BAG 25.2.2015 – 5 AZR 886/12, NZA 2015, 494; vgl. auch *Kleinebrink* DB 2015, 2023.
[96] BAG 17.7.2008 – 6 AZR 602/07, AP BMT-G-O § 4 Nr. 1; 13.10.2009 – 9 AZR 139/08, AP ArbZG § 2 Nr. 4.
[97] Schaub ArbR-HdB/*Vogelsang* § 158 Rn. 12.
[98] BAG 25.2.2015 – 5 AZR 886/12, NZA 2015, 494.
[99] BAG 28.9.1972 – 5 AZR 198/72, AP AZO § 12 Nr. 9; 23.9.1992 – 4 AZR 562/91, AP AZO Kr § 3 Nr. 6 = NZA 1993, 752; *Erasmy* NZA 1994, 1105 (1107); *Junker* ZfA 1998, 105 (115).
[100] BAG 16.12.2009 – 5 AZR 157/09, AP ArbZG § 4 Nr. 3; 25.2.2015 – 5 AZR 886/12, NZA 2015, 494.
[101] BAG 25.2.2015 – 5 AZR 886/12, NZA 2015, 494.
[102] BAG 25.2.2015 – 5 AZR 886/12, NZA 2015, 494; 19.8.2015 – 5 AZR 450/14, BeckRS 2016, 65017.
[103] BAG 28.1.2015 – 5 AZR 536/13, NZA 2015, 1280.
[104] BAG 25.2.2015 – 5 AZR 886/12, NZA 2015, 494.

senzeiten, da er sich ständig für die Aufnahme der Arbeit bereithalten muss.[105] Kurzpausen iSd § 7 Abs. 1 Nr. 2 ArbZG sind, sofern sie die allgemeinen Anforderungen an eine Pause erfüllen, Ruhepausen iSd § 4 ArbZG und keine Arbeitszeit. Durch die Gewährung solcher Kurzpausen erfüllt der Arbeitgeber seine gesetzliche Verpflichtung aus § 4 ArbZG.[106] Die Vorschrift erlaubt die Aufteilung der Gesamtdauer der Ruhepausen in Schicht- und Verkehrsbetrieben auf Kurzpausen von angemessener Dauer durch Tarifvertrag oder aufgrund eines Tarifvertrages durch Betriebs- oder Dienstvereinbarung. Da § 4 Abs. 2 ArbZG eine Aufteilung der Ruhepausen in Zeitabschnitten von jeweils mindestens 15 Minuten zulässt, sind Kurzpausen iSd § 7 Abs. 1 Nr. 2 ArbZG nur die Pausen, die eine Dauer von weniger als 15 Minuten haben. Die Vorschrift gestattet gerade die Aufteilung der Ruhepausen in kürzere Zeitabschnitte von angemessener Dauer. Hiervon ist bei Kurzpausen von mindestens 8 Minuten auszugehen.[107] Zu berücksichtigen ist hierbei, dass die in einem Dienstplan vorgesehenen Lenkzeitunterbrechungen iSd § 4 ArbZG im Voraus feststehen und damit als Pausenzeiten in Betracht kommen.

Nach § 4 S. 1 ArbZG muss eine mindestens 30-minütige Pause bei einer Arbeitszeit von mehr als 6 bis 9 Stunden und eine mindestens 45-minütige Pause bei einer Arbeitszeit von mehr als 9 Stunden im Voraus festgelegt werden. Der Arbeitgeber ist nach § 4 ArbZG verpflichtet, bei einer Vollarbeitszeit von mehr als 6 Stunden Dauer mit anschließendem Bereitschaftsdienst eine Pause von mindestens 45 Minuten Dauer anzuordnen, wenn die gesamte aus Vollarbeitszeit und Bereitschaftsdienst bestehende Arbeitszeit länger als 9 Stunden dauert, da Bereitschaftsdienst bei der Bestimmung der Dauer von gesetzlichen Ruhepausen als Arbeitszeit zu berücksichtigen ist.[108] Dabei können die Arbeitspausen gemäß § 4 S. 2 ArbZG in Zeitabschnitte von jeweils mindestens 15 Minuten aufgeteilt werden. Unzulässig ist es nach § 4 S. 3 ArbZG einen Arbeitnehmer ohne Ruhepausen länger als 6 Stunden zu beschäftigen. Das Mitbestimmungsrecht nach § 87 Abs. 1 Nr. 2 BetrVG umfasst auch die vergütungspflichtigen tariflichen Kurzpausen. Das Mitbestimmungsrecht ist bei solchen vergütungspflichtigen Pausen allerdings auf die bloße Festlegung ihrer zeitlichen Lage beschränkt.[109]

7. Umkleide- und Waschzeiten/Übergabezeiten

Die Zeit, die der Arbeitnehmer benötigt, um eine bestimmte **Kleidung an bzw. auszuziehen,** die zur Erbringung der vertraglich vereinbarten Arbeitsleistung erforderlich ist, wird als **Umkleidezeit** bezeichnet. Waschzeiten sind diejenigen Zeiten, die der Arbeitnehmer **zur körperlichen Reinigung** vor und nach der Arbeitsleistung benötigt. Gesetzliche Regelungen zu Umkleide- und Waschzeiten gibt es nicht. Diese wurden bislang, soweit arbeits- oder tarifvertraglich keine anderen Regelungen getroffen waren,[110] grundsätzlich vergütungsrechtlich nicht zur Arbeitszeit gerechnet.[111] Nur ausnahmsweise sollte das Umkleiden zum Inhalt der Arbeitsleistung gehören, bspw. bei einem Modell auf Modenschau.[112]

Das Bundesarbeitsgericht hat seine Rechtsprechung grundlegend geändert.[113] Das Bundesarbeitsgericht rechnet Umkleidezeiten zur vertraglich geschuldeten **Arbeitsleistung**, wenn das Umkleiden einem **fremden Bedürfnis** dient und nicht zugleich ein eigenes Bedürfnis erfüllt.[114] Das Ankleiden mit vorgeschriebener Dienstkleidung ist nicht lediglich fremdnützig und damit keine Arbeitszeit, wenn sie zu Hause angelegt und – ohne besonders auffällig zu sein – auch auf dem Weg zur Arbeitsstätte getragen werden kann. Eine ausschließliche Fremdnützigkeit liegt auch dann nicht vor, wenn es dem Arbeitnehmer gestattet ist, eine an

---

[105] BAG 16.12.2009 – 5 AZR 157/09, AP ArbZG § 4 Nr. 3.
[106] BAG 13.10.2009 – 9 AZR 139/08, AP ArbZG § 2 Nr. 4.
[107] BAG 13.10.2009 – 9 AZR 139/08, AP ArbZG § 2 Nr. 4.
[108] BAG 16.12.2009 – 5 AZR 157/09, AP ArbZG § 4 Nr. 3.
[109] BAG 1.7.2003 – 1 ABR 20/02, AP BetrVG 1972 § 87 Arbeitszeit Nr. 107.
[110] BAG 22.3.1995 – 5 AZR 934/93, AP BGB § 611 Arbeitszeit Nr. 8.
[111] BAG 11.10.2000 – 5 AZR 122/99, NZA 2001, 458.
[112] BAG 22.3.1995 – 5 AZR 934/93, NZA 1996, 107.
[113] Überblick hierzu: *Thönißen* ArbRB 2015, 276.
[114] BAG 10.11.2009 – 1 ABR 54/08, AP BetrVG 1972 § 87 Arbeitszeit Nr. 125; 12.11.2013 – 1 ABR 59/12, NZA 2014, 557.

sich auffällige Dienstkleidung außerhalb der Arbeitszeit zu tragen und er sich entscheidet, diese nicht im Betrieb an- und abzulegen. Dann dient das Umkleiden auch einem eigenen Bedürfnis, weil der Arbeitnehmer seine eigene Kleidung nicht für die Wege zur Arbeit einsetzen muss oder sich aus eigenen Motiven gegen das An- und Ablegen der Dienstkleidung im Betrieb entscheidet. Fremdnützigkeit soll nach einer aktuellen Entscheidung des Landesarbeitsgerichts Berlin-Brandenburg allerdings dann vorliegen, wenn der Arbeitnehmer eine besonders auffällige Dienstkleidung (Uniform mit großem Schriftzug „POLIZEI") zu Hause an- und ablegt, weil er dazu verpflichtet ist, seinen Dienst als Objektschützer in Uniform anzutreten und eine zumutbare Umkleidemöglichkeit an den jeweiligen Einsatzobjekten durch den Arbeitgeber nicht zur Verfügung gestellt wird.[115] Fremdnützigkeit liegt vor, wenn eine Krankenschwester verpflichtet ist, sich in den **Umkleideräumen** des Arbeitgebers ihre Berufskleidung anzuziehen, so dass diese Umkleidezeiten (inklusive der innerbetrieblichen Wegezeiten) geschuldete Arbeitszeit sind.[116] Gleichermaßen liegt Fremdnützigkeit vor, wenn das Fahrpersonal im Personennahverkehr Dienstkleidung mit Uniformcharakter verpflichtet ist zu tragen und diese im Betrieb an- und ablegt.[117] Schließlich hat das Bundesarbeitsgericht auch in dem Fall, in dem ein Straßenbahnfahrer verpflichtet war, die zu tragende Dienstkleidung **außerhalb seiner Dienstzeit** an einer **Ausgabestelle** abzuholen, eine Vergütungspflicht für das Zurücklegen des Weges vom Wohnort zu und von der Ausgabestelle bejaht und betont, dass diese auch unabhängig von der eigentlichen Arbeitszeit bestehen kann, wenn eine entsprechende Anordnung des Arbeitgebers besteht.[118] Folglich werden Umkleidezeiten betriebsverfassungsrechtlich dann auch zur Arbeitszeit iSd § 87 Abs. 1 Nr. 2 BetrVG gerechnet, wenn die Arbeitskleidung **besonders auffällig** ist und vom Arbeitnehmer deshalb noch nicht auf dem Arbeitsweg getragen werden muss.[119] Dagegen hat der Betriebsrat kein Mitbestimmungsrecht nach § 87 Abs. 1 Nr. 2 BetrVG bei der Festlegung von **Planzeiten für die Umkleidevorgänge** des Fahrpersonals, denn bei der Festlegung der Zeiten, die einem in Zeitlohn beschäftigten Arbeitnehmer für die Erledigung einzelner Arbeitsaufgaben voraussichtlich benötigt, handelt es sich nicht um eine Regelung von Beginn und Ende der Arbeitszeit.[120] Zweifelhaft ist vor diesem Hintergrund, ob das Umkleiden und Waschen vor und nach der Arbeit weiterhin iSd öffentlich-rechtlichen Arbeitszeitschutzes als keine Arbeitszeit iSd § 2 ArbZG bewertet werden kann.[121]

31 Zeiten, die der Arbeitnehmer für die Entgegennahme, die Abgabe und das Bereitmachen arbeitsnotwendiger Arbeitsmittel, wie zB mobiles Terminal, Zangendrucker, Zahlungsmittel, Mobiltelefon aufwendet, werden als Arbeitszeit gewertet.[122] Dies gilt auch dann, wenn die Arbeitgeberin den Arbeitnehmern gestattet, diese Arbeitsmittel außerhalb der Arbeitszeiten selbst zu verwahren und diese sich gleichwohl zur Rückgabe nach Dienstende entscheiden, so dass die Abgabe und die erneute Entgegennahme dieser Arbeitsmittel bei Dienstbeginn notwendig wird. Arbeitnehmer sind grundsätzlich nicht verpflichtet, Arbeitsmittel, die sie in der dienstfreien Zeit nicht nutzen, nach Beendigung ihrer Arbeitszeit für den Arbeitgeber zu verwahren.[123]

8. Nachtarbeit

32 § 6 ArbZG enthält Sonderregelungen zur Nachtarbeit. Nach § 2 Abs. 3 ArbZG ist Nachtzeit die Zeit von 23.00 Uhr bis 6.00 Uhr, in Bäckereien und Konditoreien die Zeit von

---

[115] LAG Berlin-Brandenburg 21.8.2019 – 15 Sa 575/19, ZTR 2020, 99; n. rkr.; Revision beim BAG eingelegt unter dem Az. 5 AZR 659/19.
[116] BAG 19.9.2012 – 5 AZR 678/11, NZA-RR 2013, 63.
[117] BAG 12.11.2013 – 1 ABR 59/12, NZA 2014, 557.
[118] BAG 19.3.2014 – 5 AZR 954/12, NZA 2014, 787.
[119] BAG 10.11.2009 – 1 ABR 54/08, AP BetrVG 1972 § 87 Arbeitszeit Nr. 125; 12.11.2013 – 1 ABR 59/12, NZA 2014, 557; 17.11.2015 – 1 ABR 76/13, NZA 2016, 247.
[120] BAG 12.11.2013 – 1 ABR 59/12, NZA 2014, 557; zum Auskunftsanspruch des Betriebsrates: LAG Berlin-Brandenburg 29.10.2015 – 10 TaBV 929/15, NZA-RR 2016, 262.
[121] BAG 25.4.1962 – 4 AZR 213/61, AP BGB § 611 Mehrarbeitsvergütung Nr. 6 = DB 1962, 874; für eine Bewertung als Arbeitszeit: Schaub ArbR-HdB/*Vogelsang* § 156 Rn. 14.
[122] BAG 12.11.2013 – 1 ABR 59/12, NZA 2014, 557.
[123] BAG 12.11.2013 – 1 ABR 59/12, NZA 2014, 557.

22.00 Uhr bis 5.00 Uhr. Nachtarbeit ist gemäß § 2 Abs. 4 ArbZG jede Arbeit, die mehr als 2 Stunden der Nachtzeit umfasst. Als Nachtarbeitnehmer sind gemäß § 2 Abs. 5 ArbZG Arbeitnehmer anzusehen, die entweder aufgrund ihrer Arbeitszeitgestaltung normalerweise Nachtarbeit in Wechselschicht zu leisten haben oder Nachtarbeit an mindestens 48 Tagen im Kalenderjahr leisten. Ist ein Arbeitnehmer aus gesundheitlichen Gründen nicht mehr in der Lage, die vertraglich geschuldeten Nachtdienste zu leisten, im Übrigen aber sehr wohl in der Lage, die vertraglich geschuldeten Arbeitsleistungen zu erbringen, sollen keine Arbeitsunfähigkeit und keine Unmöglichkeit nach § 275 Abs. 1 BGB vorliegen. Vielmehr sieht das Bundesarbeitsgericht in diesem Fall den Arbeitgeber als verpflichtet an, gemäß § 106 S. 1 GewO dem Arbeitnehmer Arbeitszeiten unter Ausklammerung von Nachtarbeit und Ersetzung durch andere Arbeitszeiten zuzuweisen.[124]

In § 6 Abs. 5 ArbZG ist ein allgemeiner Anspruch auf Ausgleich von Nachtarbeit vorgesehen. Soweit keine tarifvertraglichen Ausgleichsregelungen bestehen, hat danach der Arbeitgeber dem Nachtarbeitnehmer für die während der Nachtzeit geleisteten Arbeitsstunden eine angemessene Zahl bezahlter freier Tage oder einen angemessenen Zuschlag auf das ihm hierfür zustehende Bruttoentgelt zu gewähren. Dieser gesetzlich nur allgemein geregelte Anspruch kann durch einzelvertragliche Regelung näher ausgestaltet werden. Das Bundesarbeitsgericht geht dabei davon aus, dass der Arbeitgeber insoweit kein einseitiges Leistungsbestimmungsrecht im Sinne von § 315 BGB hat. Vielmehr handelt es sich bei der Bestimmung des angemessenen Ausgleichs um die Ausfüllung eines unbestimmten Rechtsbegriffs, die letztlich den Gerichten für Arbeitssachen obliegt, wenn Streit über dessen Umfang besteht.[125] Eine solche einzelvertragliche Regelung, die Art und Umfang des Ausgleichs regelt, kann Streit über die Angemessenheit des Ausgleichs verhindern. Dabei muss die vertragliche Gestaltung den Ausgleichszweck hinreichend erkennen lassen und die Regelung ist im Rahmen von § 6 Abs. 5 ArbZG zu treffen, dh der Ausgleich muss entweder in der Gewährung einer angemessenen Zahl bezahlter freier Tage und/oder einem angemessenen Zuschlag für die Nachtarbeit zustehenden Bruttoentgelts bestehen. Dabei ist zu berücksichtigen, dass aufgrund der Regelung in § 2 ArbZG auch nächtlicher Bereitschaftsdienst nach § 6 Abs. 5 ArbZG auszugleichen ist.[126] Das Bundesarbeitsgericht sieht **grundsätzlich** einen **Nachtarbeitszuschlag** in Höhe von 25 % des Bruttostundenlohns bzw. eine entsprechende Anzahl bezahlter freier Tage als angemessen im Sinne von § 6 Abs. 5 ArbZG an.[127] Erbringt ein Arbeitnehmer regulär Arbeitsleistung im Dauernachtdienst, erhöht sich der Ausgleichsanspruch regelmäßig auf 30 %.[128] Nächtlicher Bereitschaftsdienst ist ausgleichspflichtige Nachtarbeit nach § 6 Abs. 5 ArbZG. Eine tarifliche Regelung, die nächtlichen Bereitschaftsdienst bei der Gewährung von Zusatzurlaub für Nachtarbeitsstunden ausnimmt, verstößt gegen § 6 Abs. 5 ArbZG.[129] Es kann ein geringerer Ausgleich angemessen sein, wenn die Nachtarbeit beispielsweise bei Angehörigen des Rettungsdienstes zu einem erheblichen Teil Arbeitsbereitschaft enthält.[130] In allgemeinen Geschäftsbedingungen enthaltene Regelungen, wonach ein Anspruch auf Zusatzurlaub wegen Nachtarbeitsstunden ausgeschlossen ist, wenn die Nachtarbeitsstunden außerhalb der regelmäßigen Arbeitszeit geleistet werden, wie dies bei außerhalb der regelmäßigen Arbeitszeit geleisteten nächtlichen Bereitschaftsdiensten der Fall ist, sind unangemessen benachteiligend iSd § 307 Abs. 1 BGB und deshalb unwirksam.[131]

---

[124] BAG 9.4.2014 – 10 AZR 637/13, NZA 2014, 719.
[125] BAG 9.12.2015 – 10 AZR 420/14, BB 2016, 563.
[126] BAG 15.7.2009 – 5 AZR 867/08, AP ArbZG § 6 Nr. 10.
[127] Vgl. nur: BAG 16.4.2014 – 4 AZR 802/11, NZA 2014, 1277; 9.12.2015 – 10 AZR 423/14, BB 2016, 563.
[128] BAG 9.12.2015 – 10 AZR 423/14, BB 2016, 563.
[129] BAG 12.12.2012 – 10 AZR 192/1, NZA-RR 2013, 476.
[130] BAG 31.8.2005 – 5 AZR 545/04, AP ArbZG § 6 Nr. 8; 15.7.2009 – 5 AZR 867/08, AP ArbZG § 6 Nr. 10.
[131] BAG 15.7.2009 – 5 AZR 867/08, AP ArbZG § 6 Nr. 10.

II. Dauer der Arbeitszeit

1. Gesetzliche Höchstarbeitszeit

34 § 3 ArbZG regelt die gesetzlichen Höchstarbeitszeiten. Die werktägliche Arbeitszeit darf gemäß § 3 S. 1 ArbZG **8 Stunden** nicht überschreiten. Sie kann allerdings bis zu **10 Stunden verlängert** werden, wenn innerhalb von 6 Kalendermonaten (26 Wochen) oder innerhalb von 24 Wochen im Durchschnitt 8 Stunden werktäglich nicht überschritten werden (§ 3 S. 2 ArbZG). Werktage sind alle Tage, die nicht Sonn- oder Feiertag sind. Der Arbeitgeber kann frei entscheiden, ob er den **Ausgleichszeitraum** von 6 Kalendermonaten oder 24 Wochen wählt. Die gesetzliche Höchstarbeitszeit beträgt damit 6 x 8 Stunden = 48 Stunden. Dies ist im Jahr für 48 Wochen zulässig (52 Jahreswochen abzüglich 4 Wochen gesetzlicher Urlaub). Dementsprechend ist eine maximale Arbeitszeit von 2.304 Stunden zulässig. Die Arbeitszeit kann auf bis zu 60 Stunden wöchentlich erhöht werden, falls ein Ausgleich innerhalb des gesetzlichen Ausgleichszeitraums so möglich ist, dass die durchschnittliche Arbeitszeit werktäglich 8 Stunden beträgt.[132] Die Gesetzgeber hat mit dem ArbZG die gesetzliche Grundlage für die **Flexibilisierung der Arbeitszeit** geschaffen.[133]

35 Nach § 7 Abs. 1 Nr. 1a) ArbZG kann in einem Tarifvertrag oder aufgrund eines Tarifvertrages in einer Betriebsvereinbarung in Abweichung von § 3 ArbZG die Arbeitszeit über 10 Stunden werktäglich verlängert werden, wenn in die Arbeitszeit regelmäßig und in erheblichem Umfang **Arbeitsbereitschaft** oder **Bereitschaftsdienst** fällt oder ein anderer Ausgleichszeitraum festgelegt wird. Nach § 7 Abs. 8 ArbZG darf jedoch die Arbeitszeit 48 Stunden wöchentlich im Durchschnitt von 12 Kalendermonaten nicht überschreiten. Eine darüber hinausgehende tarifvertragliche Regelung kommt nur nach § 7 Abs. 2a ArbZG in Betracht.[134] Die gesetzliche Höchstdauer gilt nach § 18 ArbZG nicht für leitende Angestellte nach § 5 Abs. 3 BetrVG, Chefärzte sowie Dienststellen- und Personalleiter im öffentlichen Dienst. Ebenso nicht für die in § 18 Abs. 1 Nr. 3, 4, Abs. 3 ArbZG genannten Personengruppen.

36 Ein Arbeitnehmer, der im öffentlichen Dienst beschäftigt ist und eine durchschnittliche wöchentliche Arbeitszeit abgeleistet hat, die die in Art. 6 lit. b der Richtlinie 2003/88/EG des Europäischen Parlaments und des Rates vom 4.11.2003 vorgesehene wöchentliche Höchstarbeitszeit überschreitet, hat unmittelbar aufgrund von Art. 6 lit. b einen **Entschädigungsanspruch gegen den Arbeitgeber**. Der Anspruch besteht unabhängig davon, ob ein Verschulden des Arbeitgebers vorliegt, und auch dann, wenn der Arbeitnehmer nicht zuvor einen Antrag auf Einhaltung von Art. 6 lit. b der Richtlinie 2003/88/EG gestellt hat. Dem nationalen Gesetzgeber bleibt es vorbehalten, Regelungen zu treffen, ob dem Arbeitnehmer der Schaden in Form von Freizeitausgleich oder in Form einer finanziellen Entschädigung zu gewähren ist. Ferner ist er berechtigt, die Regeln für die Art und Weise der Berechnung der Anspruchshöhe festzulegen.[135] Dabei ist zu berücksichtigen, dass die Überschreitung der in Art. 6 lit. b der Richtlinie 2003/88/EG festgelegten durchschnittlichen wöchentlichen Arbeitszeit als solche einen Verstoß gegen diese Bestimmung darstellt, ohne dass es nötig wäre, darüber hinaus das Vorliegen eines spezifischen Nachteils nachzuweisen.[136]

2. Vereinbarte Dauer der Arbeitszeit

37 Vergütungsrechtlich bezieht sich die Dauer der Arbeitszeit auf den **zeitlichen Umfang** der vom Arbeitnehmer geschuldeten **Arbeitsleistung**. Die Dauer der Arbeitszeit steht im Synallagma mit dem Arbeitsentgelt.[137] Als Rechtsgrundlage für die Festlegung der Dauer der Arbeitszeit kommt zunächst eine Regelung im **Arbeitsvertrag** in Betracht. Diese kann aus-

---

[132] Schaub ArbR-HdB/*Vogelsang* § 156 Rn. 29.
[133] Schaub ArbR-HdB/*Vogelsang* § 156 Rn. 30.
[134] BAG 23.6.2010 – 10 AZR 543/09, NZA 2010, 1081.
[135] EuGH 25.11.2010 – C-429/09, NZA 2011, 53.
[136] EuGH 14.10.2010 – C-243/09, NZA 2010, 1344.
[137] MHdB ArbR/*Reichold* § 36 Rn. 59.

drücklich oder konkludent getroffen werden.[138] Die Bestimmung der Dauer der Arbeitszeit kann im Arbeitsvertrag nicht dem Arbeitgeber überlassen werden. Die vom Arbeitgeber einseitig abrufbare Arbeit des Arbeitnehmers darf nicht mehr als 25 % der vereinbarten wöchentlichen Mindestarbeitszeit betragen.[139] Fehlt eine individuelle vertragliche Regelung, ist die Arbeitszeit konkludent auf die **tarifliche Arbeitszeit** festgelegt. Ist die Arbeitszeit nicht geregelt und existiert auch keine tarifvertragliche Regelung, ist anzunehmen, dass die **betriebsübliche Arbeitszeit** vereinbart ist, da dies dem Vertragswillen verständiger und redlicher Vertragspartner entspricht. In der Entscheidung vom 15.5.2013 ging der 10. Senat des Bundesarbeitsgerichts davon aus, dass ein Mitarbeiter, der einen Arbeitsvertrag über ein Vollzeitarbeitsverhältnis abschließt, bei Fehlen einer ausdrücklichen arbeitsvertraglichen Regelung zum Umfang der Arbeitszeit redlicherweise davon ausgehen muss, dass er im gleichen Umfang wie andere Vollzeitarbeitnehmer zur Arbeitsleistung verpflichtet ist.[140] Demgegenüber geht der 5. Senat im Urteil vom 25.3.2015 davon aus, dass der durchschnittliche Arbeitnehmer die arbeitsvertragliche Formulierung „in Vollzeit" so verstehen darf, dass die regelmäßige Dauer der Arbeitszeit unter Zugrundelegung einer Fünftagewoche und der in § 3 Abs. 1 ArbZG vorgesehenen 8 Stunden Arbeit täglich – 40 Stunden pro Woche – nicht übersteigen soll. Soll hingegen mit der Formulierung in „Vollzeit" die nach dem geltenden Gesetz zulässige Höchstgrenze der Arbeitszeit ganz oder teilweise ausgeschöpft werden, müsse dies durch eine konkrete Stundenangabe oder zumindest eine hinreichend bestimmte Bezugnahme auf den arbeitsschutzrechtlich eröffneten Arbeitszeitrahmen gemäß § 307 Abs. 1 S. 1 BGB klar und deutlich zum Ausdruck gebracht werden.[141] Lässt sich auf diese Weise die Arbeitszeit durch Auslegung des Arbeitsvertrages ermitteln, soll es auf die Existenz einer betriebsüblichen Arbeitszeit im Sinne der Entscheidung des 10. Senats vom 15.5.2013 nicht ankommen.[142] Die betriebsübliche Arbeitszeit für Vollzeitkräfte ist die in dem jeweiligen Betrieb von Vollzeitkräften regelmäßig geleistete Arbeitszeit.[143] Bei Fehlen einer **Teilzeitvereinbarung** wird im Zweifel ein Vollzeitarbeitsverhältnis begründet.[144] Ist ausdrücklich keine Vollzeitbeschäftigung, sondern eine feste Beschäftigung mit **flexibler Arbeitszeit** vereinbart und der Umfang der dabei zu leistenden Arbeitszeit offen gelassen, verbunden mit dem Fehlen jeglichen Hinweises auf eine bestimmte Dauer der Arbeitszeit, so darf ein verständiger Arbeitnehmer redlicherweise nicht annehmen, es soll ein Vollzeitarbeitsverhältnis begründet werden.[145] Eine Vertragsklausel, nach der eine gesonderte Vergütung für die 36.–40. Arbeitsstunde pro Woche ausgeschlossen wird, betrifft die Vergütung der Arbeitsleistung und damit eine Hauptleistungsabrede. Sie regelt die Gegenleistung des Arbeitgebers für die vom Arbeitnehmer erbrachte Arbeitsleistung und unterliegt als Bestimmung des Preis-/Leistungs-Verhältnisses vorbehaltlich verbindlicher Mindestentgelte bis zur Grenze der Gesetz- und Sittenwidrigkeit der Parteivereinbarung.[146] Die arbeitsvertragliche Vereinbarung, wonach ein Fernfahrer die Arbeitsleistung schulde, die arbeitszeitrechtlich erlaubt sei, stellt eine Konkretisierung der Hauptleistungspflichten des Arbeitnehmers dahingehend dar, dass zeitdynamisch das jeweils geltende Arbeitszeitrecht für Kraftfahrer den Umfang der Arbeitspflicht bestimmen soll.[147]

Gemäß **§ 2 Abs. 1 Nr. 7 NachwG** ist die vereinbarte Arbeitszeit zu Beginn des Vertragsverhältnisses schriftlich zu fixieren. Vielfach findet sich in Einzelverträgen eine Verweisung auf den Tarifvertrag, denn gerade bei Vollzeitbeschäftigten wird die Dauer der Arbeitszeit im Arbeitsvertrag oft nicht geregelt.[148] Dadurch bleibt die Dauer der Arbeitszeit entsprechend etwaigen Änderungen im Tarifvertrag flexibel. Anderenfalls besteht die Gefahr, dass

---

[138] MHdB ArbR/*Reichold* § 36 Rn. 81.
[139] BAG 7.12.2005 – 5 AZR 535/04, NZA 2006, 423.
[140] BAG 15.5.2013 – 10 AZR 345/12, NZA-RR 2014, 519.
[141] BAG 25.3.2015 – 5 AZR 602/13, NZA 2015, 1002.
[142] BAG 25.3.2015 – 5 AZR 602/13, NZA 2015, 1002.
[143] BAG 15.5.2013 – 10 AZR 345/12, NZA-RR 2014, 519.
[144] BAG 21.6.2011 – 9 AZR 236/10, NZA 2011, 1274.
[145] BAG 24.9.2014 – 5 AZR 1024/12, NZA 2014, 1328.
[146] BAG 17.10.2012 – 5 AZR 792/11, NZA 2013, 266.
[147] BAG 18.4.2012 – 5 AZR 195/11, NZA 2012, 796.
[148] Anders allerdings bei Teilzeitarbeitsverhältnissen, → § 72.

individualvertraglich eine von zukünftig tariflichen Arbeitszeiten abweichende Regelung getroffen und der Weg für Flexibilisierung verbaut ist.

39 In der Praxis enthalten **Tarifverträge** üblicherweise Regelungen über die Dauer der Arbeitszeit und gelten damit auch anstelle einzelvertraglicher Vereinbarungen. Damit üben die Tarifvertragsparteien Einfluss auf die Vergütung des Arbeitnehmers aus, da diese regelmäßig mit der Dauer der Arbeitszeit in Synallagma steht. Deshalb ist es streitig, ob **einzelvertraglich eine längere Arbeitszeit** vereinbart werden kann, als im Tarifvertrag festgelegt ist.[149] Das Ergebnis hängt davon ab, ob die längere Arbeitszeit wegen der höheren Vergütung für den Arbeitnehmer als günstiger iSd § 4 Abs. 3 TVG angesehen wird. Grundsätzlich kann die Dauer der Arbeitszeit auch in **Betriebsvereinbarungen** geregelt werden. Hiergegen hat die Rechtsprechung des Bundesarbeitsgerichts keine Bedenken erhoben.[150] Allerdings kommt in weiten Teilen die Regelungssperre des § 77 Abs. 3 BetrVG zur Anwendung. Dementsprechend kann eine Betriebsvereinbarung nur dann die Dauer der Arbeitszeit regeln, wenn die Arbeitszeit üblicherweise tariflich nicht geregelt ist oder eine tarifliche Öffnungsklausel vorliegt.

40 In der Praxis sind heute **Öffnungsklauseln,** die eine andere Regelung zur Arbeitszeit durch Betriebsvereinbarung zulassen, gebräuchlich. Damit können die Betriebspartner die tarifliche Arbeitszeit auch auf nicht tarifgebundene Arbeitnehmer erstrecken.[151] Die Rechtsprechung des Bundesarbeitsgerichts ist allerdings unter dogmatischen Gesichtspunkten bedenklich, da sie tarifliche Regelungen auf die nicht tarifgebundenen Arbeitnehmer erstreckt.[152] Dies könnte im Hinblick auf § 3 TVG unwirksam sein.[153] Für die Praxis ist dies allerdings bedeutungslos, da das Bundesarbeitsgericht insoweit eine klare Linie vorgibt.

Formulierungsvorschläge:

41 Arbeitsvertragliche Regelung zur Dauer der Arbeitszeit
Die regelmäßige wöchentliche Arbeitszeit beträgt ...... Stunden.
oder:
Die Dauer der regelmäßigen wöchentlichen Arbeitszeit richtet sich nach den Bestimmungen des für den Betrieb jeweils geltenden Tarifvertrags.
oder:
Die regelmäßige wöchentliche Arbeitszeit beträgt ...... Stunden. Diese Arbeitszeit kann auf mehrere Wochen ungleichmäßig verteilt werden, wenn dies aus betrieblichen Gründen erforderlich ist. Ein Ausgleich muss in insgesamt ...... Wochen erreicht werden.[154]

42 Durch eine **befristete Arbeitszeiterhöhung** oder -verringerung kommt eine weitere Flexibilisierung der Dauer der Arbeitszeit durch eine **Bandbreitenregelung** in Betracht. Nach dem Urteil des Bundesarbeitsgerichts vom 27.7.2007 sind solche Arbeitsvertragsregelungen nach §§ 305 ff. BGB zu überprüfen. Eine Anwendbarkeit des TzBfG auf die Befristung einzelner Arbeitsbedingungen lehnt das Bundesarbeitsgericht grundsätzlich ab.[155] Findet allerdings eine befristete Erhöhung der Arbeitszeit in erheblichem Umfang statt, bedarf es zur Annahme einer nicht ungerechtfertigten Benachteiligung des Arbeitnehmers im Sinne von § 307 Abs. 1 S. 1 BGB solcher Umstände, die auch bei einem gesonderten Vertrag über die Arbeitszeitaufstockung dessen Befristung nach § 14 Abs. 1 TzBfG rechtfertigen würden. Diese Erheblichkeitsgrenze ist jedenfalls überschritten, wenn ein Teilzeitarbeitsverhältnis von $\frac{1}{2}$ der regelmäßigen durchschnittlichen Arbeitszeit eines Vollbeschäftigten für 3 Monate um $\frac{4}{8}$

---

[149] *Ehrmann/Schmidt* NZA 1995, 193; *Konzen* NZA 1995, 913 (919); *Zöllner* DB 1989, 2121 (2125).
[150] BAG 18.8.1987 – 1 ABR 30/86, NZA 1987, 779.
[151] BAG 18.8.1987 – 1 ABR 30/86, NZA 1987, 779.
[152] S. dazu: MHdB ArbR/*Reichold* § 36 Rn. 85.
[153] *Löwisch* NZA 1985, 170; *von Hoyningen-Huene* NZA 1985, 9 (11).
[154] Bei der Festlegung des Ausgleichszeitraums ist § 3 ArbZG zu beachten.
[155] BAG 27.7.2005 – 7 AZR 486/04, NZA 2006, 40; 8.8.2007 – 7 AZR 855/06, NZA 2008, 229; 15.12.2011 – 7 AZR 394/10, NZA 2012, 674.

aufgestockt wird.[156] Dagegen wird ein Arbeitnehmer, der unbefristet in Teilzeitbeschäftigung tätig ist, durch eine Befristung einer Arbeitszeiterhöhung regelmäßig nicht im Sinne von § 307 Abs. 1 BGB unangemessen benachteiligt, wenn die **Befristung auf Umständen** beruht, die die Befristung eines Arbeitsvertrages insgesamt nach § 14 Abs. 1 S. 2 Nr. 3 TzBfG **sachlich** rechtfertigen können.[157] Die arbeitsvertraglich vereinbarte Befristung einer Arbeitszeitverringerung ist nach § 307 Abs. 1 BGB unzulässig, wenn die Vertragsparteien mit dieser Abrede den gesetzlichen Anspruch auf Verringerung der Arbeitszeit nach § 8 TzBfG zeitlich beschränkt haben. Ob dies der Fall ist oder ob lediglich eine von der gesetzlichen Regelung unabhängige Vereinbarung getroffen wurde, richtet sich danach, ob der Arbeitnehmer über diese Befristungsabrede hinaus die unbefristete Verringerung seiner Arbeitszeit geltend gemacht hat und die Voraussetzungen des § 8 TzBfG vorlagen. Steht dem Arbeitnehmer kein Anspruch auf eine unbefristete Verringerung der Arbeitszeit nach § 8 TzBfG zu, ist eine Befristung der Arbeitszeitverringerung nicht unangemessen im Sinne des § 307 Abs. 1 S. 1 BGB.[158] Das Bundesarbeitsgericht führt im Rahmen des § **307 Abs. 1 BGB** als Angemessenheitskontrolle eine umfassende Interessenabwägung und die Bewertung einer Klausel zur Arbeitszeitreduzierung bzw. -erhöhung durch. Dabei betont das Gericht, dass ein Arbeitsverhältnis einem Arbeitnehmer dazu dient, ein dauerhaftes Auskommen zu haben und eine längerfristige Lebensplanung vorzunehmen. Vor diesem Hintergrund sind die Möglichkeiten eines Arbeitgebers, eine **einseitige Änderung der Dauer der Arbeitszeit** ohne Zustimmung des Arbeitnehmers durchzuführen, eingeschränkt.

Eine Vertragsklausel zum **Umfang der Arbeitszeit** und damit einer Hauptleistungspflicht unterliegt einer Überprüfung der Klausel auf Transparenz. Nach § 307 Abs. 3 S. 1 BGB unterliegen Bestimmungen in AGB nur insoweit der **uneingeschränkten Inhaltskontrolle,** wie durch sie von Rechtsvorschriften abweichende oder diese ergänzende Regelungen vereinbart werden. Andere Bestimmungen in AGB, durch die nicht von Rechtsvorschriften abgewichen wird, weil in ihnen frei von gesetzlicher Regulierung die Art der Arbeitsleistung, die Höhe des Arbeitsentgelts und der Umfang der Arbeitszeit festgelegt werden, also Klauseln, die den Umfang der von den Parteien geschuldeten Leistung festlegen, sind von der Angemessenheitskontrolle ausgenommen. Sie unterliegen jedoch der Transparenzkontrolle nach § 307 Abs. 3 S. 2, Abs. 1 S. 2 iVm Abs. 1 S. 1 BGB. Hierunter fallen Klauseln, die den Umfang der von den Parteien geschuldeten Vertragsleistungen festlegen.[159]

Eine Vertragsklausel, die bestimmt, dass „150 Stunden im monatlichen Durchschnitt" zu arbeiten sind, ist nicht hinreichend klar und verständlich. Es wird eine durchschnittliche Arbeitszeit festgelegt, ohne den Zeitraum zu bestimmen, der für die Ermittlung des Durchschnitts maßgeblich ist. Es bleibt offen, ob die durchschnittliche Arbeitszeit in Bezug auf ein Kalenderjahr, auf das jeweilige Beschäftigungsjahr des Arbeitnehmers oder in Bezug auf die Dauer des Arbeitsverhältnisses zu berechnen ist. Durch eine solche Vertragsklausel erhält der Arbeitgeber die Möglichkeit, den Arbeitnehmer über einen geraumen Zeitraum nicht zur Arbeit heranzuziehen, ohne dass sich der Arbeitnehmer dagegen wehren könnte. Somit würde sowohl die Durchsetzung des arbeitsvertraglichen Beschäftigungsanspruchs als auch die Geltendmachung von Annahmeverzugsansprüchen vereitelt werden. Eine solche Vertragsbestimmung benachteiligt den Arbeitnehmer noch stärker, wenn im Arbeitsvertrag der Parteien keine Mindestarbeitszeit und keine feste Monatsvergütung vorgesehen ist, sondern das Arbeitsentgelt sich allein nach dem vom Arbeitnehmer geleisteten Arbeitsstunden richtet.[160] Auf die Vertragsklausel ist auch nicht der sogenannte Blue-Pencil-Test anwendbar. Die Verbindung zwischen Stundenangabe und Bestimmung der Arbeitszeit als Durchschnittsarbeitszeit konstituiert eine Regelungseinheit, die nicht durch die Streichung der Worte „im monatlichen Durchschnitt" in eine Bestimmung der Stundenanzahl und eine Bestimmung des Berechnungszeitraums für die Ermittlung der durchschnittlichen Monatsarbeitszeit aufgebrochen werden kann. Die Vertragsklausel sah das Bundesarbeitsgericht als

---

[156] BAG 15.12.2011 – 7 AZR 394/10, NZA 2012, 674.
[157] BAG 8.8.2007 – 7 AZR 855/06, NZA 2008, 229.
[158] BAG 10.12.2014 – 7 AZR 1009/12, NZA 2015, 811.
[159] BAG 10.12.2014 – 7 AZR 1009/12, NZA 2015, 811.
[160] BAG 21.6.2011 – 9 AZR 236/10, NZA 2011, 1274; 21.6.2011 – 9 AZR 238/10, BB 2011, 2868.

eine solche an, die dem Arbeitgeber die Möglichkeit einräumen sollte, den klagenden Arbeitnehmer wie eine Vollzeitkraft einzusetzen und damit einen Arbeitszeitkorridor zu schaffen, der nach oben lediglich durch die gesetzlichen Bestimmungen im Arbeitszeitgesetz begrenzt war.[161]

3. Verlängerung und Verkürzung der Arbeitszeit

45 a) **Vorübergehende Verlängerung der Arbeitszeit.** *aa) Individualrechtliche Zulässigkeit.* Obwohl Arbeitnehmer in der Praxis in erheblichem Umfang mehr Arbeitsstunden ableisten als arbeitsvertraglich vereinbart, ist die juristische **Terminologie** uneinheitlich. Soweit der Arbeitnehmer Arbeitsleistungen erbringt, die über die einzel-, tarifvertraglich oder in Betriebsvereinbarungen festgelegte Arbeitszeit hinausgehen, wird von Überstunden, Überschichten oder Mehrarbeit gesprochen. Unter **Mehrarbeit** wird jede Arbeit verstanden, die über die regelmäßige werktägliche Arbeitszeit von 8 Stunden iSd § 3 S. 1 ArbZG und die zulässige Arbeitszeitverlängerung hinausgeht.[162] **Überstunden** sind die Arbeitszeiten, die über die vertraglich vereinbarte Arbeitszeit hinausgehen. Überstunden und Mehrarbeit können identisch sein, wenn durch die Arbeitsleistung sowohl die vertraglich vereinbarte als auch die regelmäßige gesetzliche Arbeitszeit überschritten wird.[163] Nach § 7 Abs. 8 Buchst. c TVöD können bei Stunden die im Schichtplan vorgesehen sind, Überstunden nur dann entstehen, wenn mehr Stunden vorgesehen sind, als sie ein Vollzeitbeschäftigter erbringen müsste. Ob tatsächlich Überstunden geleistet worden sind, ergibt sich in diesem Fall allerdings erst aus dem am Ende eines Schichtplanturnus vorzunehmenden Abgleich zwischen der tatsächlichen Arbeitsleistung und der von einem Vollzeitbeschäftigten in diesem Zeitraum geschuldeten Arbeit. Wird bezogen auf den Schichtplanturnus als Ausgleichszeitraum die regelmäßige wöchentliche Arbeitszeit eines Vollzeitbeschäftigten eingehalten, liegen bei im Schichtplan vorgesehenen Stunden keine Überstunden vor.[164]

46 Grundsätzlich ist der Arbeitnehmer nur verpflichtet, die vertraglich vereinbarten Arbeitsleistungen zu erbringen. Der Arbeitgeber ist nicht berechtigt, im Wege des Direktionsrechts Mehrarbeit anzuordnen.[165] Ist keine ausdrückliche Regelung zwischen den Arbeitsvertragsparteien getroffen, wonach der Arbeitnehmer zur Mehrarbeit verpflichtet ist, ist der Arbeitnehmer nur in **Notfällen** wegen drohender Gefahren für den Betrieb aufgrund von Treu und Glauben zu Überstunden verpflichtet.[166] Regelmäßig wird in Arbeitsverträgen die **Verpflichtung** des Arbeitnehmers begründet, auf **Aufforderung durch den Arbeitgeber** Mehr- oder Überarbeit zu leisten. Sowohl eine individualvertragliche Regelung als auch eine Regelung in Formulararbeitsverträgen ist zulässig, wenn bei besonderen, unvorhersehbaren Umständen vorübergehend zusätzliche Arbeitszeit angeordnet wird und hierfür betriebliche Erfordernisse gegeben sind. Umstritten ist, ob eine Begrenzung der Anzahl der abzuleistenden Überstunden enthalten sein muss. Sicherheitshalber sollte eine Begrenzung der zu leistenden zusätzlichen Arbeitsstunden – jedenfalls auf die gesetzlichen Höchstarbeitszeiten – aufgenommen werden. Das Bundesarbeitsgericht hat sich bislang auch nicht klar dazu geäußert, ob auch Voraussetzungen festgelegt werden müssen, unter denen der Arbeitnehmer verpflichtet ist, Überstunden abzuleisten. Insoweit ist offen, ob eine Formulierung „soweit Überstunden etwaig notwendig sind", ausreichend ist.[167] Das Bundesarbeitsgericht hat auch gerügt, dass eine Vertragsklausel, die vorsieht, dass ein Arbeitnehmer „in Fällen dringenden betrieblichen Bedarfs" vorübergehend Überstunden zu leisten hat und deren Vergütung mit dem Monatsgehalt erfolgte, nicht sage, wann „dringender betrieblicher Bedarf" vorliege.[168] Teilweise wird daraus abgeleitet, dass weder die Formulierung ausreicht, dass bei einer

---

[161] BAG 21.6.2011 – 9 AZR 236/10, NZA 2011, 1274.
[162] MHdB ArbR/*Reichold* § 36 Rn. 66; ErfK/*Preis* BGB § 611 Rn. 486.
[163] MHdB ArbR/*Reichold* § 36 Rn. 66.
[164] BAG 25.4.2013 – 6 AZR 800/11, NZA-RR 2014, 217.
[165] Schaub ArbR-HdB/*Linck* § 45 Rn. 43.
[166] ArbG Leipzig 4.2.2003 – 7 Ca 6866/02, NZA-RR 2003, 365; MHdB ArbR/*Reichold* § 36 Rn. 66.
[167] BAG 17.8.2011 – 5 AZR 406/10, NZA 2011, 1335.
[168] BAG 16.5.2012 – 5 AZR 331/11, NZA 2012, 908.

Notwendigkeit Überstunden abzuleisten sind, noch ausreichend ist, dass allein auf betriebliche Belange verwiesen wird.[169]

Fehlt eine ausdrückliche Regelung, kann sich die Verpflichtung des Arbeitnehmers zum Ableisten von Mehr- oder Überarbeit durch **Auslegung** ergeben. Es muss dann ermittelt werden, ob der Arbeitnehmer in besonderen Fällen zur Leistung von Überstunden verpflichtet ist. Anhaltspunkte können sich aus der Betriebsüblichkeit ergeben, die beim Eintritt in den Betrieb bestanden hat oder aus der Art der übernommenen Arbeitsaufgaben.[170] Typischerweise ist auch bei Führungskräften, die leitende Angestellte sind, davon auszugehen, dass sie sich zu einem höhen Maß an Arbeitsleistung verpflichtet haben, auch wenn dies vertraglich nicht ausdrücklich normiert ist.[171] Wird ein Arbeitnehmer vom Arbeitgeber für längere Zeit unter deutlicher **Überschreitung** der vertraglich vereinbarten Arbeitszeit eingesetzt, ergibt sich daraus noch keine Vereinbarung über eine längere Arbeitszeit oder die Verpflichtung der Ableistung von Überstunden.[172] Allein die bloße längere Tätigkeit führt zu keiner Vertragsänderung.[173] Bei einem entsprechenden längeren Arbeitseinsatz handelt es sich lediglich um ein tatsächliches Verhalten, dem kein rechtsgeschäftlicher Erklärungswert bezogen auf den Inhalt des Arbeitsverhältnisses zukommt. Die Annahme einer dauerhaften Vertragsänderung über eine erhöhte regelmäßige Arbeitszeit der Vertragsparteien setzt eine entsprechende Erklärung voraus, die insbesondere in Fällen, in denen ein Tarifvertrag eine Mindest- oder Regelarbeitszeit vorsieht, mit hohen Anforderungen versehen ist.[174] Eine dauerhafte Vertragsänderung setzt eine zumindest konkludente Vertragsänderung voraus.[175]

Erbringt der Arbeitnehmer mehr Arbeitsstunden als vertraglich vereinbart und handelt es sich um vom Arbeitgeber angeordnete, genehmigte, gebilligte, geduldete oder auch um unwissentlich geschuldete **Über- oder Mehrarbeit**, ist diese zu **vergüten**.[176] **Konkludent** ordnet der Arbeitgeber Überstunden an, wenn er dem Arbeitnehmer Arbeit in einem Umfang zuweist, der unter Ausschöpfung der persönlichen Leistungsfähigkeit des Arbeitnehmers nur durch die Leistung von Überstunden zu bewältigen ist.[177] Die **Billigung** von Überstunden setzt voraus, dass der Arbeitgeber zu erkennen gibt, mit der schon erfolgten Leistung bestimmter Überstunden einverstanden zu sein. Das muss nicht ausdrücklich erfolgen und kann insbesondere dann anzunehmen sein, wenn der Arbeitgeber oder ein für ihn handelnder Vorgesetzter des Arbeitnehmers eine bestimmte Anzahl von Stunden abzeichnet und damit sein Einverständnis mit einer Überstundenleistung ausdrückt. Dafür reicht die widerspruchslose Entgegennahme der vom Arbeitnehmer gefertigten Zeitaufzeichnungen nicht.[178] Überstunden werden vom Arbeitgeber **geduldet**, wenn er in Kenntnis einer Überstundenleistung diese hinnimmt und keine Vorkehrungen trifft, die Leistung von Überstunden zu unterbinden, er also nicht gegen die Leistung von Überstunden einschreitet, sie vielmehr entgegennimmt.[179]

Besteht über die Frage der Vergütung von Überstunden keine vertragliche Regelung, ist § 612 BGB heranzuziehen.[180] In weiten Teilen des Arbeitslebens, insbesondere dann, wenn der Arbeitnehmer kein herausgehobenes Entgelt bezieht, wird eine **objektive Vergütungserwartung** nach § 612 Abs. 1 BGB gegeben sein.[181] Es gibt jedoch keinen allgemeinen Rechts-

---

[169] *Salamon/Hoppe/Rogge* BB 2013, 1720.
[170] MHdB ArbR/*Reichold* § 36 Rn. 66.
[171] BAG 13.3.1967 – 2 AZR 133/66, AP BGB § 618 Nr. 15.
[172] BAG 22.4.2009 – 5 AZR 133/08, AP BGB § 611 Mehrarbeitsvergütung Nr. 51.
[173] BAG 22.4.2009 – 5 AZR 133/08, AP BGB § 611 Mehrarbeitsvergütung Nr. 51; 21.6.2011 – 9 AZR 236/10, NZA 2011, 1274.
[174] BAG 21.6.2011 – 9 AZR 236/10, NZA 2011, 1274.
[175] BAG 25.4.2007 – 5 AZR 504/06, NZA 2007, 801.
[176] BAG 17.4.2002 – 5 AZR 644/00, AP BGB § 611 Mehrarbeitsvergütung Nr. 40; 10.4.2013 – 5 AZR 122/12, NZA 2013, 1100; 25.3.2015 – 5 AZR 602/13, NZA 2015, 1002.
[177] BAG 19.9.2012 – 5 AZR 347/11, NZA 2012, 939; 10.4.2013 – 5 AZR 122/12, NZA 2013, 1100.
[178] BAG 10.4.2013 – 5 AZR 122/12, NZA 2013, 1100; LAG Köln 11.9.2015 – 4 Sa 425/15, ArbR 2016, 67.
[179] BAG 10.4.2013 – 5 AZR 122/12, NZA 2013, 1100.
[180] BAG 11.10.2000 – 5 AZR 122/99, NZA 2001, 458.
[181] BAG 22.2.2012 – 5 AZR 765/10, AP BGB § 612 Nr. 75.

satz, dass jede Mehrarbeitszeit oder jede dienstliche Anwesenheitszeit über die vereinbarte Arbeitszeit hinaus zu vergüten ist. Dies gilt insbesondere bei Diensten höherer Art bei Gewährung einer Vergütung, deren Höhe oberhalb der Beitragsbemessungsgrenze für die Sozialversicherung liegt.[182] Kerngedanke der Rechtsprechung des Bundesarbeitsgerichts ist, dass eine objektive Vergütungserwartung umso eher fehlt, je mehr der zum Dienst Verpflichtete aus einer gewöhnlichen Arbeitnehmerstellung heraus- und in eine selbständige Unternehmerposition hineinwächst.[183] Die Voraussetzungen des § 612 Abs. 1 BGB liegen nicht vor, wenn ein angestellter Rechtsanwalt in der Hoffnung, in die Partnerschaft aufgenommen zu werden, Überstunden leistet. Insofern handelt er auf eigenes Risiko.[184] Erhält ein Arbeitnehmer arbeitszeitbezogene Vergütung und zusätzlich für einen Teil seiner Arbeitsaufgaben in nicht unerheblichen Maße Provisionen, lässt sich das Bestehen einer objektiven Vergütungserwartung für Überstunden nicht ohne Hinzutreten besonderer Umstände oder einer entsprechenden Verkehrssitte begründen. Fehlt es daran, kann eine Überstundenvergütung nur verlangt werden, wenn sie arbeitsvertraglich vereinbart ist.[185] **Darlegungs- und beweispflichtig** für das Bestehen einer Vergütungserwartung ist nach allgemeinen Grundsätzen derjenige, der eine Vergütung begehrt.[186] Grundsätzlich hat der Arbeitgeber ein Wahlrecht, ob er dem Arbeitnehmer die Überstunden **gesondert vergüten** möchte oder ob sie durch **Freizeit** abgegolten werden sollen. Werden Überstunden vereinbarungsgemäß vorrangig durch regulär bezahlte Freizeit abgegolten, entsteht ohne entsprechende Absprache kein Anspruch auf Bezahlung eines Zuschlags, wie er bei nachrangig auf Wunsch des Arbeitnehmers auszuzahlender Überstundenvergütung hätte gewährt werden müssen.[187]

50   Häufig finden sich in Arbeitsverträgen auch Regelungen, dass eine bestimmte Anzahl von Überstunden mit dem Gehalt abgegolten ist (**Pauschalabgeltung**). Eine Vertragsklausel in Allgemeinen Geschäftsbedingungen, mit der die Vergütung der Überstunden festgelegt wird, ohne zugleich die Anordnungsbefugnis des Arbeitgebers zur Ableistung von Überstunden zu regeln, ist eine Hauptleistungsabrede, die nur die Gegenleistung des Arbeitgebers für die vom Arbeitnehmer erbrachte Arbeitsleistung betrifft.[188] Eine unklar abgefasste Pauschalierungsklausel soll die Gefahr mit sich bringen, dass der Arbeitnehmer einen Zahlungsanspruch gegenüber dem Arbeitgeber nicht geltend macht, in der Erwartung, er habe keinen Rechtsanspruch auf eine gesonderte Überstundenvergütung. Eine solche Pauschalabrede zur Vergütung in Allgemeinen Geschäftsbedingungen ist dahingehend zu überprüfen, ob sie im Sinne von § 305c Abs. 1 BGB nicht überraschend ist und ob sie im Sinne von § 307 Abs. 1 S. 2 BGB ausreichend transparent ist. Einer – weitergehenden – Inhaltskontrolle unterliegt sie nicht.[189] Eine isolierte Abgeltungsklausel, die nicht gegen das Bestimmtheitsgebot verstößt, enthält keine kontrollfähige Preisnebenabrede, sondern betrifft ausschließlich das Synallagma aus Leistung und Gegenleistung und ist daher aufgrund von § 307 Abs. 3 S. 1 BGB der Inhaltskontrolle entzogen.[190] Dabei kann auch eine mündliche oder durch betriebliche Übung begründete Vertragsbedingung, die der Arbeitgeber für eine Vielzahl von Arbeitsverhältnissen verwendet, eine Allgemeine Geschäftsbedingung sein.[191] Eine Verabredung anlässlich des mündlich abgeschlossenen Arbeitsvertrages, dass in dem jeweils vereinbarten monatlichen Gehalt die ersten 20 Überstunden im Monat „mit drin" seien, ist klar und verständlich und damit wirksam.[192] Eine AGB-Klausel „Die erforderlichen Überstunden sind mit dem Monatsgehalt abgegolten" ist iSd § 307 Abs. 1 S. 2 BGB hingegen nicht klar und verständlich und verstößt somit gegen das Transparenzgebot, da die Rege-

---

[182] BAG 17.8.2011 – 5 AZR 406/10, NZA 2011, 1335; 22.2.2012 – 5 AZR 765/10, NZA 2012, 861; 21.9.2011 – 5 AZR 629/10, NZA 2012, 145.
[183] *Moll/Katerndahl* Anm. zu AP BGB § 307 Nr. 55.
[184] BAG 17.8.2011 – 5 AZR 406/10, NZA 2011, 1335.
[185] BAG 27.6.2012 – 5 AZR 530/11, NZA 2012, 1147.
[186] BAG 17.8.2011 – 5 AZR 406/10, NZA 2011, 1335.
[187] LAG Rheinland-Pfalz 21.7.2005 – 1 Sa 36/05, MDR 2006, 340.
[188] BAG 16.5.2012 – 5 AZR 331/11, NZA 2012, 908.
[189] BAG 16.5.2012 – 5 AZR 331/11, NZA 2012, 908.
[190] *Moll/Katerndahl* Anm. zu AP BGB § 307 Nr. 55.
[191] BAG 16.5.2012 – 5 AZR 331/11, NZA 2012, 908.
[192] BAG 16.5.2012 – 5 AZR 331/11, NZA 2012, 908.

lung keine Angabe zur maximal zu leistenden Stundenzahl enthält und ist deshalb unwirksam.[193] Zudem ist eine Klausel in einem Formulararbeitsvertrag „Der Arbeitnehmer erhält für die Über- und Mehrarbeit keine weitergehende Vergütung" wegen Intransparenz nach § 307 Abs. 1 S. 2 BGB unwirksam, wenn der Arbeitnehmer vertraglich zur Mehrarbeit verpflichtet ist. So lässt der Arbeitsvertrag aus der Sicht eines verständigen Arbeitnehmers nicht erkennen, welche Arbeitsleistung der Arbeitnehmer für das regelmäßige Bruttoentgelt schuldet und er kann bei Vertragsschluss nicht absehen, was „auf ihn zukommt".[194] Ist in der Vertragsklausel eine Regelung enthalten, wonach alle Arbeitsstunden erfasst werden sollen, die die vertraglich vereinbarten Wochenstunden überschreiten, ist der Umfang im Arbeitsvertrag nicht bestimmt. Die Klausel lässt sich nicht dahingehend auslegen, dass im Übrigen eine Begrenzung auf die nach § 3 ArbZG zulässige Höchstarbeitszeit gegeben ist. Dies gilt insbesondere dann, wenn der Vertrag Anhaltspunkte dafür enthält, dass es zu Überschreitungen der gesetzlichen Höchstarbeitszeit kommen kann.[195] Früher war bereits vom Bundesarbeitsgericht entschieden, dass eine Abgeltungsklausel unzulässig ist, wenn sie die über das zulässige Maß des § 3 ArbZG hinausgehende Arbeit erfasst.[196]

Eine Vertragsklausel, die eine pauschale Vergütung von Mehrarbeit regelt, ist nur dann klar und verständlich, wenn sich aus dem Arbeitsvertrag selbst ergibt, welche Arbeitsleistungen von ihr erfasst werden sollen.[197] Aus ihr muss erkennbar sein, ab wann ein Anspruch auf **zusätzliche Vergütung** besteht. Der Umfang der Leistungspflicht muss so bestimmt oder zumindest durch die konkrete Begrenzung der Anordnungsbefugnis hinsichtlich des **Umfangs der zu leistenden Überstunden** so bestimmbar sein, dass der Arbeitnehmer bereits bei Vertragsschluss erkennen kann, welche Leistung er für die vereinbarte Vergütung maximal erbringen muss.[198] In der Vertragsklausel ist also anzugeben, welche Anzahl von Überstunden in welchem Zeitraum durch die Vergütung pauschal abgegolten sein soll. Ob dabei auch eine Höchstgrenze zu beachten ist, ist höchstrichterlich bislang nicht entschieden.

Eine solche Abgeltungsklausel betrifft die Hauptleistungsabrede, die nur die Gegenleistung des Arbeitgebers für die vom Arbeitnehmer erbrachte Arbeitsleistung betrifft und deshalb zu einer eingeschränkten AGB-Kontrolle führt. Im Hinblick darauf, dass das Bundesarbeitsgericht die Frage offen gelassen hat, ob eine Klausel, die eine Pauschalvergütung von Überstunden mit einer Abrede über die Befugnis des Arbeitgebers zur Anordnung von Überstunden kombiniert eine kontrollfähige Preisnebenabrede ist, sollte von einer entsprechenden Kombination bei der Vertragsgestaltung abgesehen werden.[199] Ist eine solche Vertragsregelung unwirksam, gilt **§ 612 Abs. 1 BGB entsprechend,** nämlich dann, wenn eine in bestimmter Höhe gewährte Arbeitsvergütung nicht den vollen Gegenwert für die erbrachte Dienstleistung darstellt, also Überstunden oder Mehrarbeit auf diese Weise vergütet werden sollen.

Formulierungsvorschlag:
Arbeitsvertragliche Regelung zu Mehrarbeit und Überstunden

I. Anordnung von Mehrarbeit und Überstunden
Frau/Herr ist verpflichtet, auf Anordnung des Arbeitgebers, soweit betriebliche Belange dies erfordern, Mehrarbeits- und Überstunden im gesetzlich zulässigen Umfang zu leisten.
oder:

---

[193] BAG 1.9.2010 – 5 AZR 517/09, NZA 2011, 575.
[194] BAG 22.2.2012 – 5 AZR 765/10, AP BGB § 612 Nr. 75.
[195] BAG 1.9.2010 – 5 AZR 517/09, AP BGB § 307 Nr. 47; 17.8.2011 – 5 AZR 406/10, NZA 2011, 1335.
[196] BAG 28.9.2005 – 5 AZR 52/05, NZA 2006, 149.
[197] BAG 18.11.2015 – 5 AZR 751/13, NZA 2016, 487.
[198] BAG 5.8.2009 – 10 AZR 483/08, AP BGB § 242 Betriebliche Übung Nr. 85; 1.9.2010 – 5 AZR 517/09, AP BGB § 307 Nr. 47; 17.8.2011 – 5 AZR 406/10, NZA 2011, 1335.
[199] BAG 16.5.2012 – 5 AZR 331/11, NZA 2012, 908; im Sinne einer kontrollfähigen Preisnebenabrede: Schaub ArbR-HdB/*Linck* § 35 Rn. 79.

Frau/Herr ist verpflichtet, auf Anordnung des Arbeitgebers, soweit betriebliche Belange dies erfordern, Mehrarbeits- und Überstunden im gesetzlich zulässigen Umfang, begrenzt auf 25 % der regelmäßigen monatlichen Arbeitszeit[200] zu leisten.
oder:
Frau/Herr ...... ist verpflichtet, auf Anordnung des Arbeitgebers, soweit betriebliche Belange dies erfordern, Mehrarbeits- und Überstunden bis zu ...... Stunden pro Monat zu leisten.
oder:
Frau/Herr ...... ist verpflichtet, auf Anordnung des Arbeitgebers, soweit betriebliche Belange dies erfordern, Mehrarbeits- und Überstunden bis zu ...... Stunden pro Monat, höchstens jedoch bis zu den Höchstgrenzen des Arbeitszeitgesetzes zu leisten.
oder:
Frau/Herr ...... ist verpflichtet, auf Anordnung des Arbeitgebers, soweit betriebliche Belange dies erfordern, Mehrarbeits- und Überstunden bis zu ...... Stunden pro Monat, höchstens jedoch bis zu den Höchstgrenzen des Arbeitszeitgesetzes, zu leisten. Betriebliche Belange, die die Anordnung von Mehrarbeits- und Überstunden rechtfertigen, liegen insbesondere vor, wenn
• Arbeiten binnen bestimmter Fristen erledigt werden müssen
• Arbeiten zu bestimmten Terminen fertiggestellt werden müssen
• vorübergehende Auftragsspitzen zusätzliche Arbeit erfordern
• unplanbare und unvorhersehbare Ausfälle von anderen Arbeitnehmern zu Vertretungsbedarf führen.

II. Vergütung von Mehrarbeit und Überstunden

Frau/Herr erhält für jede angeordnete und geleistete Mehrarbeits- oder Überstunde eine Vergütung von € ......
oder:
Frau/Herr erhält für jede angeordnete und geleistete Mehrarbeits- oder Überstunde einen Zuschlag von ...... % zu der in § ...... vereinbarten Vergütung.
oder:
Mehrarbeits- und Überstunden sind durch Freizeitausgleich mit dem Faktor ...... abzugelten.
oder:
Mit der in § ...... vereinbarten Bruttomonatsvergütung sind bis zu 20 angeordnete und geleistete Mehrarbeits- und/oder Überstunden monatlich abgegolten. Darüber hinausgehende angeordnete und geleistete Mehrarbeits- und/oder Überstunden sind nach der Entscheidung des Arbeitgebers zu vergüten oder durch Freizeit abzugelten.
oder:
Zur Abgeltung der gemäß § ...... geleisteten Mehrarbeits- und/oder Überstunden erhält Frau/Herr ...... eine monatliche Pauschalvergütung in Höhe von € ......[201]

54 Zahlt der Arbeitgeber die Überstundenvergütung nicht freiwillig, muss der Arbeitnehmer den Rechtsweg beschreiten. Der Arbeitnehmer, der **gerichtlich** die Vergütung von Überstunden fordert, muss im Einzelnen **darlegen und ggf. beweisen,** dass er Arbeit verrichtet hat oder einer der Tatbestände vorgelegen hat, der eine Vergütungspflicht ohne Arbeit regelt. Da die konkret zu leistende Arbeit in der Regel vom Arbeitgeber durch Weisungen bestimmt wird, genügt der Arbeitnehmer seiner Darlegungslast, indem er vorträgt, er habe sich zur rechten Zeit am rechten Ort bereitgehalten, um Arbeitsanweisungen des Arbeitgebers zu befolgen.[202] Somit muss der Arbeitnehmer im Einzelnen darlegen, an welchen Tagen und zu welchen Zeiten er über die übliche Normalarbeitszeit hinaus gearbeitet hat oder sich auf Weisung des Arbeitgebers zur Arbeit bereitgehalten hat. Damit behauptet er regelmäßig zugleich, während der Zeiten auch die vertraglich geschuldete Arbeitsleistung erbracht zu haben.[203] Er muss auch vortragen, von welcher Normalarbeitszeit er ausgeht, dass er tatsächlich gearbeitet hat und welche Tätigkeiten er ausgeführt hat.[204] Die Darlegung der Leis-

---
[200] *Bauer/Arnold/Willemsen* DB 2012, 1989.
[201] Maximal 25 % der wöchentlichen Arbeitszeit.
[202] BAG 18.4.2012 – 5 AZR 248/11, NZA 2012, 998.
[203] BAG 10.4.2013 – 5 AZR 122/12, NZA 2013, 1100.
[204] LAG Schleswig-Holstein 4.7.2014 – 3 Sa 57/12, AE 2013, 91.

tung von Überstunden durch den Arbeitnehmer hat entsprechend § 130 Nrn. 3 und 4 ZPO **schriftsätzlich** zu erfolgen.²⁰⁵ Beigefügte Anlagen können den schriftsätzlichen Vortrag nach der Rechtsprechung des Bundesarbeitsgerichts lediglich erläutern oder belegen, verpflichten das Gericht aber nicht, sich die unstreitigen oder streitigen Arbeitszeiten aus den Anlagen selbst zusammenzusuchen. Der Arbeitnehmer genügt seiner Darlegungslast im Überstundenprozess demnach **nicht** durch die bloße Bezugnahme **auf den Schriftsätzen als Anlagen beigefügte Stundenaufstellungen** oder sonstige Aufzeichnungen.²⁰⁶ Wird die Arbeitszeit des Arbeitnehmers (elektronisch) erfasst und **zeichnet der Arbeitgeber** oder für ihn ein Vorgesetzter des Arbeitnehmers die entsprechenden **Arbeitszeitnachweise ab,** kann der Arbeitnehmer im Überstundenprozess der ihm obliegenden Darlegungslast für die Leistung von Überstunden schon dadurch genügen, dass er schriftsätzlich die vom Arbeitgeber abgezeichneten Arbeitsstunden und den sich ergebenden Saldo vorträgt.²⁰⁷ Trägt der Arbeitnehmer *lege artis* zur Leistung von Überstunden vor, muss der Arbeitgeber auf diesen Vortrag im Rahmen einer **abgestuften Darlegungslast** substantiiert erwidern. Deshalb hat der Arbeitgeber im Einzelnen vorzutragen, welche Arbeiten er dem Arbeitnehmer zugewiesen hat und ob der Arbeitnehmer den Weisungen nachgekommen ist. Hat der Arbeitnehmer die Leistung von Überstunden durch schriftsätzlichen Vortrag der vom Arbeitgeber abgezeichneten Arbeitsstunden und des sich daraus ergebenden Saldos dargelegt, muss der Arbeitgeber darauf im Rahmen der abgestuften Darlegungslast substantiiert erwidern, dass, aus welchen Gründen und in welchem Umfang die von ihm oder einem für ihn handelnden Vorgesetzten des Arbeitnehmers abgezeichneten Arbeitsstunden **nicht geleistet** wurden oder der behauptete Saldo sich durch konkret darzulegenden Freizeitausgleich vermindert hat.²⁰⁸ Trägt er nichts vor oder lässt er sich nicht substantiiert ein, gelten die vom Arbeitnehmer vorgetragenen Arbeitsstunden als zugestanden. Gelingt dem Arbeitnehmer die Darlegung und im Falle substantiierten Bestreitens der Beweis nicht, muss er das Risiko des Prozessverlustes tragen, wenn sich die sein Begehren tragenden Tatsachen nicht feststellen lassen. Er trägt die Beweislast.²⁰⁹ Ist der Arbeitnehmer nach dem Arbeitsvertrag verpflichtet, nachvollziehbare **Tätigkeitsnachweise** zu erstellen, die sich auch auf die Art der Tätigkeit erstrecken, weil der Arbeitnehmer auf auswärtigen Baustellen in Abwesenheit von Vorgesetzten zu arbeiten hat, haben die vom Arbeitnehmer zu führenden Tätigkeitsnachweise die vom Arbeitgeber vorgegebenen Angaben zur „Art der Tätigkeit" und zu „etwaigen Gründen von Arbeitsausfällen" aufzunehmen. Der Arbeitnehmer hat die Möglichkeit, fehlende Angaben in solchen Tätigkeitsnachweisen im Prozess ergänzend vorzutragen.²¹⁰ Weiter setzt die Durchsetzung des Anspruchs auf Überstundenvergütung voraus, dass der Arbeitgeber die Überstunden **angeordnet, gebilligt** oder **geduldet** hat bzw. zur Erledigung der geschuldeten Arbeit notwendig waren.²¹¹ denn zur Vergütung von Arbeitsleistung ist der Arbeitgeber nur dann verpflichtet, wenn er die Überstunden veranlasst hat oder sie ihm zumindest zuzurechnen sind.²¹² Der Arbeitgeber muss sich Leistung und Vergütung von Überstunden **nicht aufdrängen** lassen, da der Arbeitnehmer nicht durch überobligatorische Mehrarbeit seinen Vergütungsanspruch selbst bestimmen kann. Auch dies hat der Arbeitnehmer darzulegen und zu beweisen.²¹³ Für eine **ausdrückliche Anordnung** von Überstunden muss der Arbeitnehmer vortragen, wer wann auf welche Weise wie viele Überstunden angeordnet hat.²¹⁴ Für eine **konkludente Anordnung** muss der Arbeitnehmer darlegen, dass eine bestimmte angewiesene Arbeit nicht innerhalb der Normalarbeitszeit zu leisten ist oder ihm zur Erledigung der aufgetragenen Arbeiten ein bestimmter Zeitraum vorgegeben war, der nur durch die Leistung von Über-

---

²⁰⁵ BAG 16.5.2012 – 5 AZR 347/11, NZA 2012, 939.
²⁰⁶ BAG 16.5.2012 – 5 AZR 347/11, NZA 2012, 939.
²⁰⁷ BAG 26.6.2019 – 5 AZR 452/18, NZA 2019, 1361.
²⁰⁸ BAG 26.6.2019 – 5 AZR 452/18, NZA 2019, 1361.
²⁰⁹ BAG 18.4.2012 – 5 AZR 248/11, NZA 2012, 998.
²¹⁰ BAG 18.4.2012 – 5 AZR 248/11, NZA 2012, 998.
²¹¹ BAG 25.11.1993 – 2 AZR 517/93, 4.5.1994 – 4 AZR 445/93, NZA 1994, 1035; 17.4.2002 – 5 AZR 644/00, NZA 2002, 1340.
²¹² BAG 10.4.2013 – 5 AZR 122/12, NZA 2013, 1100.
²¹³ BAG 10.4.2013 – 5 AZR 122/12, NZA 2013, 1100.
²¹⁴ BAG 10.4.2013 – 5 AZR 122/12, NZA 2013, 1100.

stunden eingehalten werden konnte.[215] Für eine **Billigung** von Überstunden durch den Arbeitgeber hat der Arbeitnehmer im Prozess darzulegen, wer wann auf welche Weise zu erkennen gegeben habe, mit der Leistung welcher Überstunden einverstanden zu sein.[216] Im Hinblick auf die **Duldung** von Überstunden muss der Arbeitnehmer darlegen, von welchen wann geleisteten Überstunden der Arbeitgeber auf welche Weise wann Kenntnis erlangt haben soll und dass es im Anschluss daran zu einer weiteren Überstundenleistung gekommen ist. Ggf. hat der Arbeitgeber gegenbeweislich darzulegen, welche Maßnahmen er zur Unterbindung der von ihm nicht gewollten Überstundenleistungen ergriffen hat.[217] Allein die Anwesenheit des Arbeitnehmers im Betrieb oder an einem anderen Ort außerhalb des Betriebes enthält keine Vermutung dafür, dass die Überstunden zur Erbringung der geschuldeten Leistung notwendig waren.[218] Ist eine monatliche Arbeitszeit vereinbart, muss der Arbeitnehmer zudem darlegen, dass einzelne zur Erledigung der zugewiesenen Arbeiten geleisteten Überstunden nicht innerhalb einer flexibel gehandhabten Monatsarbeitszeit ausgeglichen werden konnten.[219] Begehrt ein Arbeitnehmer die Abgeltung eines Arbeitszeitguthabens mit der Begründung, geleistete Überstunden seien in ein vereinbartes Arbeitszeitkonto einzustellen und hat der Arbeitgeber die Stunden und den sich unter ihrer Berücksichtigung ergebenden Saldo des Arbeitszeitkontos nicht streitlos gestellt, kann sich der Arbeitnehmer nicht auf die Darlegung der Überstundenleistung beschränken, sondern hat als weitere Voraussetzung für eine Gutschrift die arbeitgeberseitige Veranlassung und Zurechnung der behaupteten Überstunden darzulegen.[220]

55 Dem Arbeitnehmer steht gegebenenfalls ein **Auskunftsrecht** gegenüber dem Arbeitgeber zu. Nach der Rechtsprechung des Bundesarbeitsgerichts besteht ein solches Auskunftsrecht außerhalb der gesetzlich oder vertraglich besonders geregelten Rechnungslegung, wenn der Berechtigte in entschuldbarer Weise über Bestehen und Umfang seines Rechts im ungewissen ist und der Verpflichtete die zur Beseitigung der Ungewissheit erforderlichen tatsächlichen Angaben unschwer machen kann.[221] Insofern hat der Arbeitnehmer einen Auskunftsanspruch, wenn der Arbeitgeber im Besitz von Zeitaufzeichnungen ist. Denn soweit der Arbeitnehmer gearbeitet hat, steht ein Vergütungsanspruch auch für Überstunden und Mehrarbeit dem Grunde nach fest. Die Auskunft dient lediglich der Bezifferung des Anspruchs.[222] Dementsprechend kann der Arbeitnehmer, der keine Aufzeichnungen über die von ihm zusätzlich geleistete Arbeitszeit hat, im Wege der Stufenklage zunächst die Auskunftsansprüche und dann die Zahlungsansprüche geltend machen.

56 Der 5. Senat des Bundesarbeitsgerichts weist in einer Entscheidung, in der ein Busfahrer unter Benennung der einzelnen Bustouren mit Beginn und Ende einschließlich Wartezeiten, die er im Linienverkehr ausführen musste, darauf hin, dass für den Fall, dass im Sinne von § 286 ZPO feststeht, dass Überstunden auf Veranlassung des Arbeitgebers geleistet worden sind, der Arbeitnehmer seiner Darlegungs- oder Beweislast für jede einzelne Überstunde aber nicht in jeder Hinsicht genügen kann, das Arbeitsgericht dem Mindestumfang geleisteter Überstunden nach § 287 Abs. 2 in Verbindung mit Abs. 1 S. 1 und S. 2 ZPO schätzen kann.[223] Eine solche Überstundenschätzung soll in Betracht kommen, wenn aufgrund unstreitigen Parteivorbringens, eigenem Sachvortrag des Arbeitgebers oder wegen des für wahr erachteten Sachvortrags des Arbeitnehmers feststeht, dass Überstunden geleistet wurden, weil dem Arbeitnehmer vom Arbeitgeber zugewiesene Arbeit generell oder zumindest im Streitzeitraum nicht ohne die Leistung von Überstunden zu erbringen war. Kann in einem solchen Fall der Arbeitnehmer nicht jede einzelne Überstunde belegen, weil Arbeitszeitaufzeichnungen fehlen, der Arbeitgeber das Maß der Arbeit nicht kontrolliert hat oder Zeugen

---

[215] BAG 10.4.2013 – 5 AZR 122/12, NZA 2013, 1100.
[216] BAG 10.4.2013 – 5 AZR 122/12, NZA 2013, 1100.
[217] BAG 10.4.2013 – 5 AZR 122/12, NZA 2013, 1100.
[218] BAG 10.4.2013 – 5 AZR 122/12, NZA 2013, 1100.
[219] BAG 10.4.2013 – 5 AZR 122/12, NZA 2013, 1100.
[220] BAG 23.9.2015 – 5 AZR 767/13, NZA 2016, 295.
[221] BAG 21.1.2000 – 9 AZR 665/99, AP BGB § 242 Auskunftspflicht Nr. 35.
[222] *Müller* NZA 2008, 977.
[223] BAG 25.3.2015 – 5 AZR 602/13, NZA 2015, 1002.

nicht zur Verfügung stehen, kann und muss der Tatrichter nach pflichtgemäßem Ermessen das Mindestmaß geleisteter Überstunden schätzen, sofern dafür ausreichende Anknüpfungstatsachen vorliegen.[224] Dabei soll die Bewertung des Tatsachengerichts nur einer eingeschränkten Nachprüfung auf Ermessensüberschreitung zugänglich sein.[225] Die Entscheidung dehnt den Anwendungsbereich des § 287 ZPO über das Schadenersatzrecht hinaus aus und stellt die bisherigen Grundsätze der Rechtsprechung des Bundesarbeitsgerichts zur Darlegungs- und Beweislast in Überstundenprozessen in Frage. Aufgrund der Sachverhaltsgestaltung im entschiedenen Fall ist allerdings nicht auszuschließen, dass es auch angesichts dieser Entscheidung bei dem Grundsatz bleibt, dass der Arbeitnehmer für die Vergütung der Überstunden darlegungs- und beweisbelastet ist.

Muster: Zahlungsklage eines Arbeitnehmers auf Überstundenvergütung

An das
Arbeitsgericht ......

Klage
des Herrn ......
Prozessbevollmächtigte: RA ......
– Kläger –
gegen
XY GmbH, vertr. d. d. GF Herrn Sebastian Müller, ...
– Beklagte –
wegen: Überstundenvergütung

Namens und in Vollmacht des Klägers erheben wir Klage und beantragen,
  die Beklagte wird verurteilt, € ...... nebst 5 Prozentpunkte über dem Basiszinssatz seit dem 4.1.2016 an den Kläger zu zahlen.

Begründung:
1. Der Kläger ist bei der Beklagten seit dem ...... als Buchhalter beschäftigt. Die Bruttomonatsvergütung des Klägers beträgt € ...... Das Entgelt ist gem. § ...... des Arbeitsvertrages vom ...... bis spätestens zum 3. des Folgemonats fällig. Die regelmäßige wöchentliche Arbeitszeit des Klägers beträgt 40 Stunden. Überstunden werden gem. § ...... des Arbeitsvertrages mit einem Zuschlag von 25 % vergütet.
  Beweis: Arbeitsvertrag vom ...... als Anlage K 1
2. Der Kläger hat das Arbeitsverhältnis unter Beachtung der ordentlichen Kündigungsfrist am 28.11.2015 zum 31.1.2016 gekündigt.
3. In der Zeit vom 17.12. bis 23.12.2015 hat der Kläger Überstunden geleistet. Diese Überstunden wurden von dem Geschäftsführer der Beklagten, Herrn Sebastian Müller, am 14.12.2015 angeordnet. Er wies den Kläger an, die Vorbereitungen für den Jahresabschluss bis vor den Weihnachtsfeiertagen abzuschließen. Die Anweisung erteilte der Geschäftsführer, Herr Sebastian Müller, dem Kläger mündlich im Beisein seiner Kollegin, Frau Hannelore Meyer.
  Beweis: Zeugnis der Frau Hannelore Meyer, zu laden über die Beklagte.
  Der Kläger hat am 17.12., 18.12., 21.12., 22.12., 23.12.2015 jeweils von 09:00 bis 19:30 Uhr inkl. einer 30-minütigen Pause gearbeitet. Der Kläger hat seine Arbeitszeiten gemäß den betrieblichen Regularien elektronisch erfasst.
  Die Mitarbeiter der Beklagten sind verpflichtet, beim Betreten des Betriebes die Zeiterfassungsgeräte im Eingangsbereich zu nutzen und das Verlassen wiederum zu erfassen. Die Zeiten werden elektronisch verarbeitet und dem Mitarbeiter jeweils per elektronischem Kontoauszug zur Verfügung gestellt.
  Die Arbeitszeiten des Klägers am 17.12., 18.12., 21.12., 22.12., 23.12.2015 gestalteten sich danach wie folgt: ......
  Beweis: Auszug des elektronischen Kontoauszugs vom 31.12.2015 als Anlage K 2.

---

[224] BAG 25.3.2015 – 5 AZR 602/13, NZA 2015, 1002.
[225] BAG 25.3.2015 – 5 AZR 602/13, NZA 2015, 1002.

> Im Übrigen hat die Kollegin des Klägers, Frau Hannelore Meyer, in gleichem Umfang wie der Kläger Überstunden erbracht und war dementsprechend während der gesamten Arbeitszeit des Klägers vom 17.12. bis zum 23.12.2015 im Betrieb anwesend.
> Beweis: Zeugnis der Frau Hannelore Meyer, b. b.
> Insgesamt ergeben sich daher 10 Überstunden. Der Kläger hat an jedem genannten Tage 2 Überstunden geleistet. Der Kläger konnte die ihm übertragenen Aufgaben, die erforderlich waren, um den Jahresabschluss vollständig vorzubereiten, nur durch Ableistung dieser Überstunden erledigen. Ohne diese zusätzliche Arbeitszeit wäre die Aufgabe nicht vollständig zu bewältigen gewesen. Im Einzelnen: ......
> Beweis: Zeugnis der Frau Hannelore Meyer, b. b.
> Unter Berücksichtigung der Regelung im Arbeitsvertrag ergibt sich ein Betrag von € ...... Dieser wurden von der Beklagten mit dem Dezembergehalt nicht abgerechnet.
> Beweis: Gehaltsabrechnung für Dezember 2015 als Anlage K 3.
> 4. Mit Schreiben vom 5.1.2016 hat der Kläger die Beklagte aufgefordert, die Überstunden ordnungsgemäß abzurechnen und an ihn auszubezahlen.
> Beweis: Schreiben des Klägers vom 5.1.2016 als Anlage K 4.
> Die Beklagte hat mit Schreiben vom 15.1.2016 die Zahlung verweigert.
> Beweis: Schreiben der Beklagten vom 15.1.2016 als Anlage K 5.
> Der Zinsanspruch ergibt sich aus dem Gesichtspunkt des Verzugs.
>
> Rechtsanwalt

58 *bb) Mitbestimmungsrechte des Betriebsrats.* Nach § 87 Abs. 1 Nr. 3 BetrVG ist jede vorübergehende Verlängerung der betriebsüblichen, dh der regelmäßigen betrieblichen Arbeitszeit und damit auch die Anordnung von Überstunden mitbestimmungspflichtig. Überstunden iSd Vorschrift sind alle Arbeitsstunden, die über die regelmäßige Dauer der Arbeitszeit eines Tages hinausgehen, die nach Arbeitsvertrag oder Tarifvertrag zu leisten ist. Dabei spielt es keine Rolle, **ob** es sich arbeitsrechtlich um Mehr- oder Überarbeit handelt. Ebenso ist es unerheblich, ob sich die Veränderung der Arbeitszeit auf die Vergütung oder den Stand des Arbeitszeitkontos auswirkt.[226] Das Mitbestimmungsrecht erstreckt sich darauf, ob Mehrarbeit überhaupt im Betrieb geleistet werden soll,[227] in welchem Umfang und welche **konkrete Arbeitnehmergruppe** zu welchem **Zeitpunkt** und in welchem **Umfang** Überstunden leistet.[228] Soweit das Gesetz von der „betriebsüblichen" Arbeitszeit spricht, geht das Bundesarbeitsgericht davon aus, dass diese auch für verschiedene Arbeitnehmergruppen unterschiedlich sein kann.[229] Deshalb bestehen auch dann Mitbestimmungsrechte, wenn Überstunden für einen Arbeitnehmer angeordnet werden, der eine von der betriebsüblichen Arbeitszeit abweichende individuelle Arbeitszeit hat.[230] So zB wenn Teilzeitkräfte Überstunden erbringen und damit länger als vertraglich vereinbart tätig sind.[231] Wird hingegen die Arbeitszeit dauerhaft erhöht, besteht kein Mitbestimmungsrecht nach § 87 Abs. 1 Nr. 2 oder 3 BetrVG.[232] Es besteht auch dann kein Mitbestimmungsrecht, wenn Arbeitszeitregelungen über den Arbeitszeitbedarf betroffen werden, die sich nicht unmittelbar auf die Arbeitszeitdauer der Arbeitnehmer auswirken.[233]

59 Das Mitbestimmungsrecht des Betriebsrats besteht nach der Rechtsprechung des Bundesarbeitsgerichts immer dann, wenn ein **kollektiver Bezug** besteht.[234] Dieser liegt aber auch dann vor, wenn kein besonderer betrieblicher Anlass die Überstunden notwendig macht und zur Ableistung der Überstunden nur wenige oder ein einzelner Arbeitnehmer herangezogen

---

[226] BAG 1.7.2003 – 1 ABR 22/02, NZA 2003, 1209.
[227] MHdB ArbR/*Matthes* § 245 Rn. 24.
[228] BAG 21.12.1982 – 1 ABR 14/81, AP BetrVG 1972 § 87 Arbeitszeit Nr. 9; 8.11.1983 – 1 ABR 57/81, AP BetrVG 1972 § 87 Arbeitszeit Nr. 11; 14.1.2014 – 1 ABR 66/12, NZA 2014, 910; *Fitting* § 87 Rn. 142.
[229] BAG 16.7.1991 – 1 ABR 69/90, NZA 1992, 70; 19.6.2001 – 1 ABR 43/00, NZA 2001, 1263.
[230] MHdB ArbR/*Matthes* § 245 Rn. 12.
[231] BAG 16.7.1991 – 1 ABR 69/90, NZA 1992, 70; 23.7.1996 – 1 ABR 13/96, NZA 1997, 274.
[232] BAG 15.5.2007 – 1 ABR 32/06, NZA 2007, 1240.
[233] BAG 25.9.2012 – 1 ABR 49/11, NZA 2013, 159.
[234] BAG 18.11.1980 – 1 ABR 87/78, AP BetrVG 1972 § 87 Arbeitszeit Nr. 3 = DB 1981, 946.

werden sollen.[235] Das Mitbestimmungsrecht besteht auch dann, wenn der Arbeitnehmer **freiwillig** die angeordnete Mehrarbeit leistet und der Arbeitgeber diese duldet[236] oder der Arbeitnehmer **von sich aus** ohne Anordnung des Arbeitgebers die Mehrarbeit oder Überstunden ableistet.[237] Der Arbeitgeber darf die geleistete Mehrarbeit im zweiten Fall nicht entgegennehmen, wenn die Beteiligungsrechte des Betriebsrats vorher nicht gewahrt sind.[238] Das Mitbestimmungsrecht des Betriebsrats[239] besteht auch in **Eilfällen**, da im betrieblichen Alltag regelmäßig unvorhersehbar Überstunden erforderlich werden können. Solche Fälle sollen im Voraus von den Betriebspartnern geregelt werden. So können die Betriebspartner in einer Betriebsvereinbarung regeln, dass in besonderen außergewöhnlichen Fällen eine bestimmte Anzahl von Überstunden pauschal ohne ausdrückliche Einzelfallzustimmung des Betriebsrats angeordnet werden kann. Bei einer solchen vorsorglichen Regelung, die vom Arbeitgeber ggf. auch über die Einigungsstelle erzwungen werden kann, ist dann der Betriebsrat bei Anordnung jeder einzelnen Überstunde nicht zu beteiligen.[240] Die Regelung darf den Arbeitgeber allerdings nicht pauschal zur Anordnung von Überstunden ermächtigen.[241]

Muster: Betriebsvereinbarung zur Über- und Mehrarbeit

Die Firma XY GmbH
und
der Betriebsrat der Firma XY GmbH
vertr. d. d. Betriebsratsvorsitzenden, Herrn ......

schließen die folgende Betriebsvereinbarung:
1. Mit Schreiben vom ...... hat der Arbeitgeber für die Bauabteilung für die Zeit vom ...... bis ...... beantragt, Über- und Mehrarbeit einzuführen, da betriebliche Belange dies erfordern. Der Betriebsrat stimmt diesem Antrag zu, da dadurch eine termingerechte Fertigstellung der Bauzeichnungen für die Errichtung einer neuen Messehalle in Hamburg sichergestellt werden kann.
2. Die Mitarbeiter leisten die Über- und Mehrarbeit, indem sie
   a) von Montag bis Freitag ihre Arbeitszeit um jeweils bis zu 2 Stunden verlängern.
   b) Der Samstag als zusätzlicher Arbeitstag mit bis zu maximal 10 Arbeitsstunden eingeführt wird.
   Dabei gelten für jeden einzelnen Arbeitnehmer die gesetzlichen Höchstgrenzen nach § 3 ArbZG.
3. Bei der Festlegung der individuellen Über- und Mehrarbeit des einzelnen Arbeitnehmers wird der Betriebsrat vorab nicht mehr beteiligt. Die Geschäftsleitung unterrichtet den Betriebsrat jeweils am Dienstag der Folgewoche über die in der vorangegangenen Woche geleisteten Mehrarbeits- und Überstunden der betroffenen Arbeitnehmer.
4. Die Betriebsvereinbarung tritt mit ihrer Unterzeichnung in Kraft.

Hamburg, den ......

....
Firma XY   Betriebsrat

Die Einhaltung seines Mitbestimmungsrechts kann der Betriebsrat durch einen Anspruch auf Unterlassung von mitbestimmungswidrigem Verhalten verlangen. Besteht gar keine Re-

---
[235] BAG 10.6.1986 – 1 ABR 61/84, NZA 1986, 840.
[236] BAG 8.6.1982 – 1 ABR 56/80, AP BetrVG 1972 § 87 Arbeitszeit Nr. 7; 21.12.1982 – 1 ABR 14/81, AP BetrVG 1972 § 87 Arbeitszeit Nr. 9; 16.7.1991 – 1 ABR 69/90, NZA 1992, 70; *Fitting* § 87 Rn. 144.
[237] BAG 27.11.1990 – 1 ABR 77/89, NZA 1991, 382.
[238] MHdB ArbR/*Matthes* § 245 Rn. 19.
[239] BAG 2.3.1982 – 1 ABR 74/79, AP BetrVG 1972 § 87 Arbeitszeit Nr. 6 = DB 1982, 1115.
[240] BAG 12.1.1988 – 1 ABR 54/86, NZA 1988, 517; 23.6.1992 – 1 ABR 11/92, NZA 1992, 1095; *Fitting* § 87 Rn. 147.
[241] BAG 17.11.1998 – 1 ABR 12/98, NZA 1999, 662.

gelung, kann er dem Arbeitgeber untersagen, Überstunden anzuordnen oder entgegenzunehmen, solange er nicht zugestimmt hat bzw. keine Betriebsvereinbarung abgeschlossen ist. Besteht eine Betriebsvereinbarung und missachtet der Arbeitgeber diese, kann der Betriebsrat Unterlassung von Verstößen gegen die Betriebsvereinbarung verlangen.[242] Den Anspruch auf Unterlassung kann der Betriebsrat zum einen auf **§ 23 Abs. 3 BetrVG** stützen, wenn ein grober Verstoß des Arbeitgebers gegen die betriebsverfassungsrechtlichen Pflichten vorliegt.[243] Zum anderen kann er den Unterlassungsanspruch auf den allgemeinen betriebsverfassungsrechtlichen **Unterlassungsanspruch** stützen, den das Bundesarbeitsgericht für die Verletzung von Mitbestimmungsrechten bei sozialen Angelegenheiten entwickelt hat.[244] Bei der Antragsformulierung ist darauf zu achten, dass es sich um keinen **Globalantrag** handelt. Ein solcher liegt vor, wenn es sich um einen weitgefassten Leistungs- oder Unterlassungsantrag handelt, der eine Vielzahl verschiedener Fallgestaltungen umfassen soll. Nach der Rechtsprechung des Bundesarbeitsgerichts ist ein solcher Globalantrag zwar zulässig, aber **unbegründet**, wenn unter der Vielzahl der in Betracht kommenden Fallkonstellation nur ein Fall besteht, in dem das geltend gemachte Recht nicht besteht. Dann ist der Antrag insgesamt abzuweisen.[245] Dementsprechend sollte bei der Antragsformulierung entweder sorgfältig ermittelt werden, in welchen Fällen das Mitbestimmungsrecht ausnahmsweise nicht besteht und diese Fälle dann im Antrag ausgeklammert werden oder die Einzelfälle, in denen ein Verstoß gegen das Mitbestimmungsrecht besteht aufgelistet und dementsprechend eine Antragshäufung aufgenommen werden. Der Anspruch kann im Beschlussverfahren als Hauptsacheverfahren oder im einstweiligen Verfügungsverfahren gestellt werden.

Formulierungsvorschlag: Antrag des Betriebsrats auf Unterlassung von Überstunden ohne Zustimmung des Betriebsrats (allgemeiner Unterlassungsanspruch).

62   Der Antragsgegnerin wird aufgegeben, es zu unterlassen, Überstunden in der Abteilung ...... ohne Beachtung des Mitbestimmungsrechts des Betriebsrats nach § 87 Abs. 1 Nr. 3 BetrVG anzuordnen oder zu dulden, soweit kein Notfall oder nun Einzelfall vorliegt oder es sich um leitende Angestellte handelt.

63   **b) Vorübergehende Verkürzung der Arbeitszeit.** *aa) Individualrechtliche Zulässigkeit.* Soll die Arbeitszeit des Arbeitnehmers verringert werden, müssen die Arbeitsvertragsparteien wegen der grundsätzlich bestehenden Beschäftigungspflicht die Verkürzung **vereinbaren**. So können etwa Probleme im Zusammenhang mit der Sommerzeit bestehen, wenn sich „der Tag um eine Stunde verkürzt". Diese arbeitsrechtlichen Probleme sind oft tariflich geregelt. Bestehen keine Sonderregelungen, hat der Arbeitnehmer Vergütungsansprüche entsprechend seiner Arbeitsleistung. Das Bundesarbeitsgericht geht dabei davon aus, dass dies nur dann der Fall ist, wenn der Arbeitnehmer trotz der ausgefallenen Arbeitsstunde die vereinbarte Zahl von Arbeitsstunden und damit die geschuldete Arbeitsvergütung erreicht.[246]

64   Der darüber hinaus in der Praxis immer wieder auftretende Fall der Arbeitszeitverkürzung ist die **Kurzarbeit.** Sie wird definiert als die vorübergehende Kürzung der betriebsüblichen normalen Arbeitszeit bzw. als vorübergehende Kürzung des Volumens der regelmäßig geschuldeten Arbeitszeit bei anschließender Rückkehr zum vereinbarten Zeitumfang.[247] Bei Kurzarbeit reduziert der Arbeitgeber aus **wirtschaftlichen Gründen** oder bei einem unabwendbaren Ereignis, die zu einem erheblichen Arbeitsausfall führen, die Arbeitszeit in sei-

---

[242] LAG Köln 15.2.2001 – 10 TaBV 74/00, NZA-RR 2002, 140.
[243] BAG 7.2.2012 – 1 ABR 77/10, AP BetrVG 1972 § 87 Arbeitszeit Nr. 128.
[244] BAG 3.5.1994 – 1 ABR 24/93, NZA 1995, 40.
[245] BAG 10.3.1982 – 1 ABR 31/91, NZA 1992, 952.
[246] BAG 11.9.1985 – 7 AZR 276/83, AP BGB § 615 Nr. 38; MHdB ArbR/*Reichold* § 36 Rn. 80 f.; Schaub ArbR-HdB/*Vogelsang* § 160 Rn. 1.
[247] Schaub ArbR-HdB/*Linck* § 47 Rn. 1; BAG 18.11.2015 – 5 AZR 491/14, NZA 2016, 565.

nem Betrieb, um **Personalkosten** zu reduzieren. Hierdurch soll die Existenz des Betriebes oder Unternehmens gerettet werden. Die Kurzarbeit kann auf das gesamte Unternehmen, auf den gesamten Betrieb oder auf einzelne Betriebsabteilungen erstreckt werden. Dabei kann die Tages-, Wochen- oder Monatsarbeitszeit anteilig oder auf „Kurzarbeit 0" reduziert werden. Während der Kurzarbeit können die Arbeitnehmer **Kurzarbeitergeld** nach §§ 95 ff. SGB III von der Agentur für Arbeit beziehen. Damit wird ein Teil des Einkommensverlustes der Arbeitnehmer ausgeglichen.

Der Arbeitnehmer hat aufgrund des bestehenden Arbeitsverhältnisses grundsätzlich einen 65 Anspruch auf Beschäftigung, dementsprechend kann der Arbeitgeber ohne eine besondere **Rechtsgrundlage** keine Kurzarbeit einführen. Diese kann sich aus dem Arbeitsvertrag, aus einem Tarifvertrag oder einer Betriebsvereinbarung,[248] aus einer vom Arbeitsvertrag gesonderten Vereinbarung mit dem Arbeitnehmer oder aufgrund einer Änderungskündigung ergeben. Die Einführung bedarf also einer besonderen normativen oder vertraglichen Grundlage.[249] Der Arbeitgeber kann sie nicht einseitig aufgrund seines Direktionsrechts einführen.[250] Es kann auch zu einer **konkludenten Vereinbarung** zwischen den Arbeitsvertragsparteien kommen, wenn der Arbeitnehmer sich auf die Mitteilung des Arbeitgebers über die Verkürzung der Arbeitszeit nicht äußert und seine Arbeit widerspruchslos im verringerten Umfang fortsetzt. Dies soll nach der Rechtsprechung des Bundesarbeitsgerichts jedenfalls dann gelten, wenn der Arbeitnehmer durch die nachteiligen Folgen unmittelbar und sogleich betroffen ist.[251] Durch die Einführung von Kurzarbeit werden die **Arbeits-** und **Vergütungspflicht** des Arbeitsverhältnisses **suspendiert**.[252] Der Arbeitnehmer hat die normale Arbeitsleistung wieder dann zu erbringen, wenn die Kurzarbeit für eine bestimmte Zeit vereinbart war oder wenn ihre Voraussetzungen wegfallen.

Ob die Vereinbarung eines Vorbehalts zur Einführung von Kurzarbeit in **Formulararbeitsverträgen** zulässig ist, ist höchstrichterlich noch nicht entschieden. Sie müssen in jedem 66 Fall den Transparenz- und Angemessenheitserfordernissen in § 307 Abs. 1 BGB genügen. Eine Klausel, die dem Arbeitgeber die Möglichkeit gibt, jederzeit und ohne besondere Voraussetzungen Kurzarbeit einzuführen, ist unwirksam, da sie das Wirtschaftsrisiko in unangemessener Weise auf den Arbeitnehmer verlagert.[253] Wird ein solcher Vorbehalt an den von der Rechtsprechung aufgestellten Anforderungen eines Änderungsvorbehalts überprüft, dürfte eine Reduzierung der Arbeitszeit unter 25 % bis 30 % wirksam sein.[254] Will man sich hingegen an den Grenzen orientieren, die die Rechtsprechung des Bundesarbeitsgerichts im Zusammenhang mit der zulässigen Arbeitszeitreduzierung bei Abrufarbeit aufgestellt hat, wären 20 % zulässig.[255] Denkbar ist auch, von einer Angemessenheit dann auszugehen, wenn die Voraussetzungen der §§ 95 ff. SGB III gegeben sind.[256] Nach dem Landesarbeitsgericht Berlin-Brandenburg[257] stellen die Kurzarbeitsklauseln, die dem Arbeitgeber die einseitige Anordnung von Kurzarbeit ermöglichen, eine Abweichung von §§ 611 BGB, 2 KSchG dar. Sie sollen unwirksam sein, wenn sie nicht ausdrücklich eine Ankündigungsfrist für die Anordnung von Kurzarbeit vorsehen. Ohne eine solche Ankündigungsfrist wäre es dem Arbeitgeber nach dem Wortlaut der Klausel möglich, dem Arbeitnehmer gegenüber „von einem Tag auf den anderen" Kurzarbeit anzuordnen und damit den Arbeitnehmer zu seiner Existenzsicherung dienenden Vergütungsanspruch ganz oder teilweise sofort zu Fall zu bringen. Insofern habe die Arbeitsvergütung eine existenzsichernde Funktion, die nicht durch die Klausel konterkariert werden könne. Weiter sollen die Klauseln auch nach § 307 Abs. 1, 2 BGB unwirksam sein, wenn die Regelungen über Umfang und Ausmaß der Kurz-

---

[248] BAG 14.2.1991 – 2 AZR 415/90, NZA 1991, 607.
[249] BAG 10.10.2006 – 1 AZR 811/05, NZA 2007, 637.
[250] BAG 14.2.1991 – 2 AZR 415/90, NZA 1991, 607; 16.12.2008 – 9 AZR 164/08, NZA 2009, 689; 18.11.2015 – 5 AZR 491/14, NZA 2016, 565.
[251] BAG 20.5.1976 – 2 AZR 202/75, AP BGB § 305 Nr. 4 = DB 1976, 2478.
[252] Schaub ArbR-HdB/*Linck* § 47 Rn. 10.
[253] *Bauer/Günther* BB 2009, 662 (664).
[254] BAG 12.1.2005 – 5 AZR 364/04, NZA 2005, 465.
[255] BAG 12.1.2005 – 5 AZR 364/04, NZA 2006, 426.
[256] *Bauer/Günther* BB 2009, 665.
[257] LAG Berlin-Brandenburg 7.10.2010 – 2 Sa 1230/10, NZA-RR 2011, 65.

arbeit, Festlegung des betroffenen Personenkreises, Art und Weise der Einbeziehung des Personenkreises und ähnliches völlig offen lassen.[258]

Formulierungsvorschlag: Arbeitsvertragliche Regelung zur Einführung von Kurzarbeit

67 Der Arbeitgeber ist berechtigt, einseitig die vereinbarte Arbeitszeit vorübergehend für die Durchführung von Kurzarbeit gegebenenfalls auf bis zu 0 Stunden zu verringern. Voraussetzung hierfür ist, dass ein erheblicher Arbeitsausfall vorliegt, der auf wirtschaftlichen Gründen oder einem unabwendbaren Ereignis beruht, die gesetzlichen Voraussetzungen für die Gewährung von Kurzarbeitergeld vorliegen und der Arbeitsausfall der Bundesagentur für Arbeit angezeigt ist.
Die Einführung von Kurzarbeit mit der damit verbundenen Herabsetzung der Arbeitszeit ist dem Arbeitnehmer mindestens 3 Wochen vorher anzuzeigen. Die verkürzte Arbeitszeit führt zur Reduzierung der Vergütung gemäß § ...... im Verhältnis der ausgefallenen zur regelmäßigen Arbeitszeit.

68 bb) *Mitbestimmungsrechte des Betriebsrats.* Nach § 87 Abs. 1 Nr. 3 BetrVG ist auch eine vorübergehende Verkürzung der Arbeitszeit mitbestimmungspflichtig. Dies gilt insbesondere bei der Einführung von Kurzarbeit. Das Mitbestimmungsrecht erstreckt sich dabei auf die Frage, **ob** und wenn ja, in welchem **Umfang** und für welche **Arbeitnehmer** bzw. Arbeitnehmergruppen die Kurzarbeit eingeführt werden soll.[259] Es besteht sowohl dann, wenn die Arbeitszeit an den Arbeitstagen gleichmäßig verkürzt wird, als auch dann, wenn die Arbeitszeit ganze Tage oder Wochen ausfällt.[260] Der Betriebsrat hat auch bei der Verteilung der verkürzten Arbeitszeit auf die einzelnen Arbeitstage sowie Beginn und Ende der einzelnen Arbeitstage mitzubestimmen.[261] Es besteht unabhängig von den Gründen, aus denen Kurzarbeit in Betracht gezogen wird.[262] Der Betriebsrat hat sogar ein **Initiativrecht**, Kurzarbeit einzuführen.[263]

69 Das Mitbestimmungsrecht besteht auch unabhängig davon, ob die Arbeitnehmer für die Zeit der Arbeitszeitreduzierung nach §§ 95 ff. SGB III Anspruch auf Kurzarbeitergeld haben.[264] Zwar soll das Mitbestimmungsrecht die betroffenen Arbeitnehmer auch vor Entgelteinbußen schützen,[265] umstritten ist aber, ob das Mitbestimmungsrecht sich auch auf die finanzielle Milderung der Folgen der Kurzarbeit erstreckt.[266] Das Mitbestimmungsrecht besteht auch unabhängig davon, ob der Arbeitgeber einzelvertraglich Regelungen mit Arbeitnehmern über die Einführung von Kurzarbeit getroffen hat oder ob Regelungen zur Einführung von Kurzarbeit im Tarifvertrag enthalten sind.

70 Das **Mitbestimmungsrecht entfällt gemäß § 87 Abs. 1 ES BetrVG** nur dann, wenn alle mitbestimmungspflichtigen Fragen abschließend im Tarifvertrag geregelt sind.[267] Die betriebliche Regelung hat dabei die Vorgaben des Tarifvertrages zu beachten, wenn Gestaltungsspielräume verbleiben.[268] Zu beachten ist schließlich, dass neben der individualvertraglichen Regelung zur Kurzarbeit nur durch **Tarifvertrag** oder **Betriebsvereinbarung**, nicht hingegen durch Regelungsabrede, Kurzarbeit mit der Kürzung von Arbeitszeit und Lohn eingeführt werden kann.[269] Zur Änderung der Arbeitsbedingungen des Arbeitnehmers ist

---

[258] LAG Berlin-Brandenburg 7.10.2010 – 2 Sa 1230/10, NZA-RR 2011, 65.
[259] BAG 16.12.2008 – 9 AZR 164/08, NZA 2009, 689; *Fitting* § 87 Rn. 150; MHdB ArbR/*Matthes* § 245 Rn. 34.
[260] BAG 13.7.1977 – 1 AZR 336/75, AP BetrVG 1972 § 87 Kurzarbeit Nr. 2 = DB 1977, 2235.
[261] MHdB ArbR/*Matthes* § 245 Rn. 35.
[262] *Fitting* § 87 Rn. 154.
[263] BAG 4.3.1986 – 1 ABR 15/84, NZA 1986, 432; *Fitting* § 87 Rn. 159; *Gäbert* NZA 1986, 412; ErfK/*Kania* BetrVG § 87 Rn. 35.
[264] MHdB ArbR/*Matthes* § 245 Rn. 31.
[265] BAG 21.11.1978 – 1 ABR 67/76, AP BetrVG 1972 § 87 Arbeitszeit Nr. 2.
[266] Kein Mitbestimmungsrecht: ErfK/*Kania* BetrVG § 87 Rn. 37; *Fitting* § 87 Rn. 153; Für ein Mitbestimmungsrecht: DKKW/*Klebe* § 87 Rn. 129.
[267] BAG 25.11.1981 – 4 AZR 274/79, AP TVAL II § 9 Nr. 3 = DB 1982, 909.
[268] BAG 12.10.1994 – 7 AZR 398/93, NZA 1995, 641.
[269] BAG 14.2.1991 – 2 AZR 415/90, NZA 1991, 607; 16.12.2008 – 9 AZR 164/08, NZA 2009, 689.

eine **normative Regelung** erforderlich. Eine Betriebsvereinbarung über die Einführung von Kurzarbeit muss die sich daraus ergebenden Rechte und Pflichten so deutlich regeln, dass diese für die Arbeitnehmer zuverlässig zu erkennen sind und mindestens die Bestimmung von Beginn und Dauer der Kurzarbeit, die Lage und Verteilung der Arbeitszeit, die Auswahl der betroffenen Arbeitnehmer der Abteilung sowie auch die Zeiträume, in denen die Arbeit ganz ausfallen soll, enthalten, um eine normative Wirkung zu entfalten,[270] Hinsichtlich der Festlegung des Personenkreises, für den die Kurzarbeit gelten soll, ist eine verbindliche Festlegung in der Betriebsvereinbarung erforderlich. Die Auswahl der von der Kurzarbeit betroffenen Arbeitnehmer darf nicht in an mehr oder minder gebundenes Ermessen des Arbeitgebers gestellt werden.[271]

Muster: Betriebsvereinbarung über die Einführung von Kurzarbeit

Die Firma XY, vertr. d. d. Geschäftsführer, und der Betriebsrat der Firma XY, vertr. d. d. Betriebsratsvorsitzenden vereinbaren folgende Betriebsvereinbarung:

Präambel

Die gesamtwirtschaftliche Lage sowie insbesondere die Insolvenz unseres Hauptabnehmers der Firma A führt dazu, dass sich der Auftragsbestand in den vergangenen 2 Monaten um mehr als 80 % reduziert hat. Eine signifikante Besserung der Auftragslage wird derzeit nicht erwartet. Um unser Unternehmen zu retten, ist deshalb in verschiedenen Betriebsabteilungen Kurzarbeit erforderlich.

1. Einführung von Kurzarbeit
In den Betriebsabteilungen ...... wird ab dem ...... Kurzarbeit eingeführt. Die in den genannten Betriebsabteilungen beschäftigten und damit von der Kurzarbeit betroffenen Mitarbeiter sind in Anlage 1 zu dieser Betriebsvereinbarung aufgeführt. Die Anlage 1 ist Bestandteil dieser Betriebsvereinbarung. Die Arbeitszeit der Arbeitnehmer in diesen Abteilungen wird während der Kurzarbeit auf wöchentlich ...... Stunden reduziert.

2. Verteilung der verkürzten Arbeitszeit
Diese Arbeitszeit wird wie folgt verteilt:
a) Abteilung a
b) Abteilung b
......

3. Information des Betriebsrats
Die Geschäftsleitung informiert den Betriebsrat wöchentlich über den Auftragsbestand und die Geschäftsentwicklung. Die Geschäftsleitung stellt dem Betriebsrat hierfür geeignete Unterlagen über den Stand der Beschäftigung, den Auftragsbestand und die Umsatzentwicklung, jeweils auch im Vergleich zum Vormonat und den einzelnen Monaten des Vorjahrs zur Verfügung.

4. Zahlung von Kurzarbeitergeld
Die Geschäftsleitung wird bei der zuständigen Arbeitsagentur unverzüglich die erforderlichen Anträge zur Gewährung von Kurzarbeitergeld stellen. Das Unternehmen rechnet das Kurzarbeitergeld jeweils bei der üblichen Gehaltsabrechnung im Folgemonat ab.

5. Urlaub
Den Mitarbeitern, die von der Kurzarbeit betroffen sind, ist für die Zeit der Kurzarbeit auf Antrag Urlaub zu gewähren. Während dieser Zeit sind Urlaubsanträge abweichend von der Betriebsvereinbarung über die Urlaubsgewährung vom ...... mit einer Frist von einer Woche zu beantragen.

6. Überstunden
Während der Zeit der Kurzarbeit werden – außer in dringenden Notfällen – keine Überstunden geleistet. Liegt nach Ansicht der Geschäftsleitung ein solcher Ausnahmefall vor, hat er die vorherige Zustimmung des Betriebsrats einzuholen. Die Mitbestimmungsrechte nach § 87 BetrVG bleiben unberührt.

---

[270] BAG 18.11.2015 – 5 AZR 491/14, NZA 2016, 565; LAG Hessen 14.3.1997 – 17/13 Sa 162/96, NZA-RR 1997, 479; LAG Sachsen 31.7.2002 – 2 Sa 910/01, NZA-RR 2003, 366; LAG Hamm 1.8.2012 – 5 Sa 27/12, NZA-RR 2013, 244.
[271] BAG 18.11.2015 – 5 AZR 491/14, NZA 2016, 565.

> 7. Beendigung der Kurzarbeit
> Die Kurzarbeit endet, wenn sich die Auftragslage verbessert, spätestens jedoch am ...... Sollte die Kurzarbeit darüber hinaus verlängert werden müssen, schließen die Parteien hierüber eine gesonderte Vereinbarung.
>
> ......
> Geschäftsleitung der XY GmbH
>
> ......
> Betriebsrat der XY GmbH

72 c) **Dauerhafte Veränderung der Dauer der Arbeitszeit.** Soll während des bestehenden Arbeitsverhältnisses die Arbeitszeit verändert werden, ist dies grundsätzlich nur **einvernehmlich** zulässig, wie bei der erstmaligen Festlegung der Dauer der Arbeitszeit. Da die Dauer der Arbeitszeit die **Hauptleistungspflicht** des Arbeitnehmers betrifft, besteht nur eine eingeschränkte einseitige Änderungsbefugnis des Arbeitgebers.[272] Das Direktionsrecht kann immer nur die im Arbeitsvertrag enthaltenen Rahmen-Arbeitsbedingungen konkretisieren. Die Dauer der Arbeitspflicht gehört zu den beiderseitigen Hauptleistungspflichten, die gerade nicht dem Direktionsrecht unterliegen.[273] Möchte der Arbeitgeber sich bei Vertragsabschluss eine größere Flexibilität bewahren und zukünftigen Entwicklungen der Arbeitszeit offen gegenüberstehen, ist dies nur eingeschränkt, unter Beachtung der §§ 305 ff. BGB zulässig. Damit ist der Spielraum des Arbeitgebers in der Praxis stark eingeschränkt.[274]

73 Soweit kein einseitiges Leistungsbestimmungsrecht des Arbeitgebers individual- oder kollektivrechtlich vereinbart ist, kann der Arbeitgeber eine Änderung der Arbeitszeit nur **einvernehmlich** mit dem Arbeitnehmer herbeiführen. Ferner kommt eine **Änderungskündigung** in Betracht. In diesem Zusammenhang ist umstritten, ob einzelvertraglich die tariflich vorgesehene Höchstarbeitszeit überschritten werden kann.[275] Fraglich ist, ob eine solche Vereinbarung mit dem zu beachtenden Günstigkeitsprinzip des § 4 Abs. 3 TVG vereinbar ist.[276] Soweit ein auf einen individuellen, dh auf den konkreten Arbeitnehmer, bezogener Günstigkeitsvergleich durchgeführt wird, werden einzelvertragliche Verlängerungen tarifvertraglich festgelegter Höchstarbeitszeiten zulässig sein. Die individualvertragliche Verlängerung der tariflich festgeschriebenen Arbeitszeit führt zu einer höheren Vergütung und ist damit nach der subjektiven Beurteilung des Arbeitnehmers als günstiger anzusehen.

4. Abrufarbeit als Sonderform zur Dauer der Arbeitszeit

74 a) **Klassische Abrufarbeit.** § 12 TzBfG regelt die Arbeit auf Abruf. Danach ist eine Vereinbarung zwischen den Arbeitsvertragsparteien zulässig, wonach der Arbeitnehmer seine **Arbeitsleistung nach dem Arbeitsanfall** zu erbringen hat. Nach § 12 Abs. 1 S. 2 TzBfG soll die Vereinbarung einer Arbeit auf Abruf eine bestimmte Dauer der wöchentlichen und täglichen Arbeitszeit festlegen. Die Nichtvereinbarung einer bestimmten Dauer der wöchentlichen und täglichen Arbeitszeit bedingt nicht die Unwirksamkeit der Abrede, sondern führt dazu, dass zum Schutz des Arbeitnehmers nach § 12 Abs. 1 S. 3 TzBfG eine wöchentliche Arbeitszeit von **20 Stunden** als vereinbart gilt und der Arbeitgeber nach § 12 Abs. 1 S. 4 TzBfG die Arbeitsleistung des Arbeitnehmers jeweils für **mindestens 3 aufeinanderfolgende Stunden** in Anspruch nehmen muss.[277] Ein Dauerarbeitsverhältnis über Abrufarbeit kann auch dann zustande kommen, wenn der Arbeitnehmer über einen längeren Zeitraum vom Arbeitgeber jeweils aufgrund vorab verabredeter Einsätze tätig wird und der Arbeitnehmer darauf vertrauen kann, weiter zur Arbeitsleistung herangezogen zu werden.[278] Eine zulässige Gestaltung des bedarfsabhängigen Arbeitsverhältnisses liegt also dann vor, wenn die Dauer der

---

[272] Vgl. allerdings § 8 TzBfG, der ein einseitiges Recht des Arbeitnehmers vorsieht, die Arbeitszeit zu ändern, vgl. hierzu § 73.
[273] LAG Düsseldorf 30.8.2002 – 9 Sa 709/02, NZA-RR 2003, 407.
[274] Zu den Grenzen der Regelungsbefugnis → Rn. 69 ff.
[275] MHdB ArbR/*Reichold* § 36 Rn. 84.
[276] *Däubler* DB 1989, 2535; *Zachert* DB 1990, 987.
[277] BAG 24.9.2014 – 5 AZR 1024/12, NZA 2014, 1328.
[278] BAG 22.4.1998 – 5 AZR 92/97, NZA 1999, 82.

Arbeitszeit für eine Zeiteinheit im Voraus zwischen den Arbeitsvertragsparteien vereinbart wird. Bis maximal zum vereinbarten Zeitdeputat ist der Arbeitgeber dann berechtigt, die Arbeitsleistung des Arbeitnehmers abzurufen. Der Arbeitgeber kann mittels seines Direktionsrechts die Lage der Arbeitszeit durch Abruf festlegen. Dabei hat er grundsätzlich eine Entscheidung nach billigem Ermessen zu treffen.[279] Das Recht des Arbeitgebers, die Zeit, zu der der Arbeitnehmer seine Arbeitsleistung erbringt, einseitig zu bestimmen ist, durch das Leistungsverweigerungsrecht nach § 12 Abs. 3 TzBfG beschränkt. Danach ist der Arbeitnehmer nur dann zur Arbeitsleistung verpflichtet, wenn der Arbeitgeber ihm die Lage seiner Arbeitszeit mindestens **4 Tage** gem. §§ 187, 193 BGB im Voraus mitteilt. Der Arbeitnehmer kann allerdings freiwillig seine Arbeitsleistung erbringen.

Ein Abrufarbeitsverhältnis ist auch von einer bloßen **Rahmenvereinbarung** abzugrenzen, die keine Verpflichtung zur Arbeitsleistung begründet, sondern nur die Bedingung für beabsichtigte Arbeitsverträge wiedergibt.[280] In diesem zweiten Fall verneint das Bundesarbeitsgericht das Bestehen eines Arbeitsvertrages, weil ein solcher Vertrag noch keine Verpflichtung zur Dienstleistung begründe. Ob die Parteien eine Rahmenvereinbarung abgeschlossen haben, die keine Verpflichtung zur Arbeitsleistung begründet oder ein unbefristetes Arbeitsverhältnis gemäß § 12 Abs. 1 S. 1 TzBfG, ist durch Auslegung zu ermitteln. Die Parteien sind aber nicht verpflichtet, ein Abrufarbeitsverhältnis zu begründen. Vielmehr sind auch Rahmenverträge zulässig, die bestimmte Einzelheiten zukünftig abzuschließender Einzelverträge festlegen.[281] Wird in einem solchen Fall eine Befristung des Arbeitsverhältnisses gewählt, ist die Befristungskontrolle nach dem TzBfG durchzuführen.[282]

75

Der **Vergütungsanspruch** des Arbeitnehmers bei einer Vereinbarung über Abrufarbeit richtet sich nach allgemeinen Grundsätzen. Wird Abrufarbeit als Dauerarbeitsverhältnis ausgestaltet, wird die Vergütung typischerweise auf Grundlage des vereinbarten Arbeitszeitdeputats **fortlaufend monatlich** bezahlt.[283] Ruft der Arbeitgeber das vereinbarte Zeitdeputat nicht ab, kommt er nach § 615 BGB in Annahmeverzug und ist dennoch zur Zahlung der Vergütung verpflichtet.[284] Probleme bei der Bestimmung des Zeitfaktors im Rahmen eines Entgeltfortzahlungsanspruchs konnten bislang auftreten, wenn dem Arbeitnehmer **Entgeltfortzahlung im Krankheitsfall** zu zahlen ist. Es war insbesondere problematisch, nach welchen Maßstäben die der Entgeltfortzahlung zugrunde zu legende Arbeitszeit zu berechnen ist, wenn der Arbeitnehmer bereits vor Abruf der Arbeit durch den Arbeitgeber erkrankt.[285] Der Gesetzgeber hat die Berechnungsfrage im Jahr 2018 einer legislatorischen Klärung zugeführt. Durch das „Gesetz zur Weiterentwicklung des Teilzeitrechts – Einführung einer Brückenteilzeit"[286] vom 11.12.2018 wurde § 12 TzBfG ein neuer Absatz 4 hinzugefügt. Dieser legt fest, dass zur Bestimmung der regelmäßigen Arbeitszeit bei Arbeit auf Abruf eine vergangenheitsbezogene Betrachtung über einen Referenzzeitraum vorzunehmen ist: Gemäß § 12 Abs. 4 S. 1 TzBfG ist die maßgebende regelmäßige Arbeitszeit im Sinne von § 4 Abs. 1 EFZG für die Berechnung der Entgeltfortzahlung im Krankheitsfall die **durchschnittliche Arbeitszeit der letzten drei Monate** vor Beginn der Arbeitsunfähigkeit. Hat das Arbeitsverhältnis bei Beginn der Arbeitsunfähigkeit noch keine drei Monate bestanden, ist der Berechnung des Entgeltfortzahlungsanspruchs gemäß **§ 12 Abs. 4 S. 2 TzBfG** die durchschnittliche Arbeitszeit des kürzeren Zeitraums zugrunde zu legen, während dessen das Arbeitsverhältnis bestanden hat. § 12 Abs. 4 S. 3 TzBfG enthält die Klarstellung, dass **Zeiten von Kurzarbeit, unverschuldeter Arbeitsversäumnis, Arbeitsausfällen und Urlaub** im Referenzzeitraum **außer Betracht** bleiben. Gemäß § 12 Abs. 4 S. 4 TzBfG gehen für den Arbeitnehmer günstigere – gesetzliche, tarifvertragliche oder arbeitsvertragliche – Regelungen zur Berechnung

76

---

[279] MHdB ArbR/*Schüren* § 41 Rn. 22.
[280] BAG 31.7.2002 – 7 AZR 181/01, AP TzBfG § 12 Nr. 1.
[281] BAG 31.7.2002 – 7 AZR 181/01, AP TzBfG § 12 Nr. 1; 16.4.2003 – 7 AZR 187/02, NZA 2004, 40.
[282] BAG 16.4.2003 – 7 AZR 187/02, NZA 2004, 40.
[283] MHdB ArbR/*Schüren* § 41 Rn. 51.
[284] MHdB ArbR/*Schüren* § 41 Rn. 23.
[285] Siehe zur Berechnungsproblematik nach der Gesetzeslage bis zum 31.12.2018 ErfK/*Preis*, 19. Aufl. 2019, TzBfG § 12 Rn. 38 mwN.
[286] BGBl. 2018 I 2384.

der Entgeltfortzahlung im Krankheitsfall den Berechnungsvorschriften der ersten drei Sätze dieses Absatzes vor. Die Neuregelung dient ausweislich der Gesetzesbegründung dazu, für Arbeitnehmer, die Arbeit auf Abruf leisten, mehr Sicherheit in Bezug auf ihre Planung und ihr Einkommen zu erzielen.[287]

77 Durch die Reform des Teilzeitrechts ist im Jahr 2018 auch der Anspruch eines Arbeitnehmers, der Abrufarbeit leistet, auf **Feiertagsvergütung** einer gesetzlichen Regelung zugeführt worden. § 12 Abs. 5 TzBfG normiert, dass für die Berechnung der Entgeltzahlung an Feiertagen nach § 2 Abs. 1 EFZG § 12 Abs. 4 TzBfG entsprechend gilt. Für die Feststellung, welche Arbeitszeit bei Arbeit auf Abruf an einem gesetzlichen Feiertag ausfällt, ist mithin gleichermaßen eine vergangenheitsbezogene Betrachtung über einen Referenzzeitraum von drei Monaten vorzunehmen.[288] In der Gesetzesbegründung wird zur Klärung der Frage, ob ein Arbeitnehmer, der Arbeit auf Abruf leistet, ohne den gesetzlichen Feiertag gearbeitet hätte, auf die Rechtsprechung des Bundesarbeitsgerichts verwiesen.[289] Der Arbeitnehmer hat danach die tatsächlichen Umstände vorzutragen, aus denen sich eine hohe Wahrscheinlichkeit dafür ergibt, dass die Arbeit allein wegen des Feiertags ausgefallen ist. Der Arbeitgeber hat sich sodann hierzu konkret zu erklären und seinerseits tatsächliche Umstände dafür darzulegen, dass der Feiertag für den Arbeitsausfall nicht ursächlich war.[290]

78
Formulierungsvorschlag: Arbeitsvertragliche Regelungen über Abrufarbeit

§ 1 Arbeitszeit
(1) Die Lage der von Frau/Herr ...... zu erbringenden Arbeitszeit richtet sich nach den betrieblichen Bedürfnissen.
(2) Die wöchentliche/monatliche/jährliche Arbeitszeit beträgt ...... Stunden.
(3) Die tägliche Arbeitszeit für Frau/Herrn ...... beträgt mindestens 3, höchstens ...... Stunden.
(4) Die Firma teilt Frau/Herrn ...... den Arbeitseinsatz mindestens 4 Tage im Voraus mit.

§ 2 Vergütung
Frau/Herr ...... erhält eine monatliche Bruttovergütung in Höhe von € ......
oder
Frau/Herr ...... erhält einen Stundenlohn in Höhe von € ......

§ 3 Urlaub
Frau/Herr ...... hat einen Anspruch auf einen Jahresurlaub von ...... Werktagen. Das Urlaubsentgelt richtet sich nach dem Durchschnitt des Gesamtverdienstes der vorangegangenen 3 Monate/ 13 Wochen.

§ 4 Entgeltfortzahlung im Krankheitsfalle
Frau/Herr ...... erhält Entgeltfortzahlung im Krankheitsfalle nach den gesetzlichen Vorschriften. Die Höhe der Entgeltfortzahlung richtet sich nach dem Durchschnitt des Gesamtverdienstes der letzten drei Monate vor Beginn der Arbeitsunfähigkeit. Im Übrigen gelten die gesetzlichen Regelungen zur Berechnung der Entgeltfortzahlung im Krankheitsfall bei Arbeit auf Abruf (§ 12 Abs. 4 TzBfG).

79 **b) Abrufarbeit als Instrument zur Flexibilisierung der Dauer der Arbeitszeit.** Nach der Rechtsprechung des Bundesarbeitsgerichts ist auch eine Regelung denkbar, mit der die Arbeitsvertragsparteien dem Arbeitgeber nicht nur das Recht einräumen, die Lage der Arbeitszeit zu bestimmen, sondern auch deren **Umfang**.[291] Durch eine solche **Bandbreitenregelung**

---

[287] Begründung zum Regierungsentwurf eines Gesetzes zur Weiterentwicklung des Teilzeitrechts – Einführung einer Brückenteilzeit vom 19.7.2018, BT-Drs. 19/3452, 19.
[288] BeckOK ArbR/*Bayreuther* TzBfG § 12 Rn. 19.
[289] Begründung zum Regierungsentwurf eines Gesetzes zur Weiterentwicklung des Teilzeitrechts – Einführung einer Brückenteilzeit vom 19.7.2018, BT-Drs. 19/3452, 20.
[290] BAG 24.10.2001 – 5 AZR 245/00, AP EntgeltFG § 2 Nr. 8.
[291] BAG 7.12.2005 – 5 AZR 535/04, NZA 2006, 423; bestätigt durch BVerfG 23.11.2006 – 1 BvR 1909/06, NZA 2007, 85.

kann der Arbeitgeber eine Spanne für die Arbeitszeit festlegen. Einer solchen Gestaltung hat das Bundesarbeitsgericht[292] früher eine Absage erteilt und darin eine Umgehung des Kündigungsschutzes des Arbeitnehmers gesehen.

In dem Urteil vom 7.12.2005 hat das Bundesarbeitsgericht anerkannt, dass mit der Vereinbarung von Arbeit auf Abruf, die über eine vertragliche Mindestarbeitszeit hinausgeht, der Arbeitgeber abweichend von § 615 BGB einen Teil seines **Wirtschaftsrisikos** auf den Arbeitnehmer überträgt. Das Bundesarbeitsgericht hat im Urteil vom 7.12.2005 die Auffassung vertreten, dass eine unangemessene Benachteiligung des Arbeitnehmers iSv § 307 Abs. 1 BGB damit nicht verbunden sei. Zu Gunsten des Arbeitgebers sei zu berücksichtigen, dass starre Arbeitszeiten heute in der Arbeitswelt nicht mehr praktikabel seien und kurzfristige Auftragsschwankungen **flexible Arbeitszeitsysteme** erfordern. Das Bundesarbeitsgericht hat es im Fall einer vereinbarten wöchentlichen Mindestarbeitszeit für zulässig gehalten, dass die vom Arbeitgeber zusätzlich abrufbare Arbeitszeit bis zu 25 % der vereinbarten wöchentlichen Mindestarbeitszeit beträgt. Der Arbeitgeber könne sich auch das Recht vorbehalten, eine vereinbarte wöchentliche Arbeitszeit um bis zu 20 % zu reduzieren.[293] Der Gesetzgeber hat die vom Bundesarbeitsgericht im Urteil vom 7.12.2005 entwickelte „Korridorlösung" anlässlich der Refom des Teilzeitrechts im Jahr 2018 kodifiziert.[294] **§ 12 Abs. 2 S. 1 TzBfG nF** legt nunmehr ausdrücklich fest, dass der Arbeitgeber nur bis zu 25 % der wöchentlichen Arbeitszeit zusätzlich abrufen darf, wenn für die Dauer der wöchentlichen Arbeitszeit eine **Mindestarbeitszeit** vereinbart ist. Ist für die Dauer der wöchentlichen Arbeitszeit eine **Höchstarbeitszeit** vereinbart, darf der Arbeitgeber gemäß **§ 12 Abs. 2 S. 2 TzBfG nF** nur bis zu 20 % der wöchentlichen Arbeitszeit weniger abrufen. Mangels entgegenstehender Hinweise in den Gesetzgebungsmaterialien ist eine **Kombination** der beiden Gestaltungsmöglichkeiten zulässig.[295]

Es ist eine sorgfältige **Abgrenzung** der Arbeit auf Abruf und der **Anordnung von Überstunden** durch den Arbeitgeber vorzunehmen.[296] Eine Vereinbarung zur Leistung von Überstunden liegt danach vor, wenn sich der Arbeitnehmer verpflichtet, bei einem vorübergehenden zusätzlichen Arbeitsbedarf länger als vertraglich vereinbart zu arbeiten. Überstunden werden wegen **bestimmter besonderer Umstände vorübergehend zusätzlich** geleistet.[297] Demgegenüber handelt es sich um eine Vereinbarung der Arbeit auf Abruf iSv § 12 TzBfG, wenn dem Arbeitnehmer eine selbständige, nicht auf Unregelmäßigkeit oder Dringlichkeit beschränkte Verpflichtung auferlegt wird, auf Anforderungen des Arbeitgebers zu arbeiten.[298] Insofern ist bei der **Vertragsgestaltung** darauf zu achten, dass klar wird, dass es sich um Arbeit auf Abruf handelt, ansonsten geht die Unklarheit einer Formulierung nach § 305c Abs. 2 BGB zu Lasten des Arbeitgebers. Zur Wahrung des Transparenzgebots sollte in der Vertragsklausel auch festgehalten werden, dass sich bei einer Reduzierung der Arbeitszeit die Höhe der monatlichen **Vergütung** der Arbeitszeit entsprechend reduziert.[299]

Der Arbeitgeber ist bei der **Ausübung seines Festsetzungsrechtes** nicht frei. Das einseitige Leistungsbestimmungsrecht ist im **Rahmen billigen Ermessens** gemäß § 106 GewO auszuüben. Der Arbeitgeber hat die wesentlichen Umstände des Einzelfalles vor dem Abruf abzuwägen und die beiderseitigen Interessen angemessen zu berücksichtigen. Dabei hat er beispielsweise auch auf familiäre oder andere berufliche Verpflichtungen des Arbeitnehmers Rücksicht zu nehmen.[300]

---

[292] BAG 12.12.1984 – 7 AZR 509/83, NZA 1985, 321.
[293] BAG 7.12.2005 – 5 AZR 535/04, NZA 2006, 426.
[294] Vgl. Begründung zum Regierungsentwurf eines Gesetzes zur Weiterentwicklung des Teilzeitrechts – Einführung einer Brückenteilzeit vom 19.7.2018, BT-Drs. 19/3452, 20.
[295] BeckOK ArbR/*Bayreuther* TzBfG § 12 Rn. 9; *Löwisch* BB 2018, 3061 (3068); aA ErfK/*Preis*, 20. Auflage 2020, TzBfG § 12 Rn. 24.
[296] BAG 7.12.2005 – 5 AZR 535/04, NZA 2006, 426.
[297] BAG 21.11.2001 – 5 AZR 296/00, NZA 2002, 439.
[298] BAG 7.12.2005 – 5 AZR 535/04, NZA 2006, 426.
[299] *Hohenstatt/Schramm* NZA 2007, 230 (240).
[300] *Bauer/Günther* DB 2006, 950; ErfK/*Preis* TzBfG § 12 Rn. 33.

Formulierungsvorschlag für Abrufarbeit zur Flexibilisierung der Dauer der Arbeitsleistung

83 Die regelmäßige Arbeitszeit von Frau/Herr ...... beträgt mindestens 30 Wochenstunden. Frau/Herr ...... ist verpflichtet, auf Aufforderung der Firma – je nach Arbeitsanfall – bis zu 37,5 Stunden wöchentlich zu arbeiten. Die Firma teilt Frau/Herr ...... den erhöhten Arbeitseinsatz mindestens drei Wochen im Voraus schriftlich mit. Die Vergütung der/des Frau/Herrn ...... erhöht sich für die über 30 Wochenstunden hinausgehende Arbeitsleistung entsprechend nach der Anzahl der angeordneten Stunden.

und/oder

Die regelmäßige Arbeitszeit von Frau/Herr ...... beträgt 30 Wochenstunden. Die Firma ist berechtigt – abhängig vom Arbeitsanfall – die Arbeitszeit von Frau/Herr ...... auf bis zu 24 Wochenstunden zu verringern. Die Firma teilt Frau/Herrn ...... den verringerten Arbeitseinsatz mindestens drei Wochen im Voraus schriftlich mit. Die Vergütung von Frau/Herr ...... verringert sich im Falle einer Reduzierung der Wochenstunden entsprechend nach der Anzahl der angeordneten Stunden.

84 c) **Mitbestimmungsrechte des Betriebsrats.** Ein Mitbestimmungsrecht des Betriebsrats nach § 87 Abs. 1 Nr. 2 BetrVG bei der Festlegung von Beginn und Ende der täglichen Arbeitszeit einschließlich der Pausen sowie der Verteilung der Arbeitszeit auf die einzelnen Wochentage besteht auch bei der Einführung von Abrufarbeit.[301] § 12 TzBfG, wonach die individualvertragliche Vereinbarung von Abrufarbeit gesetzlich zulässig ist, schließt das Mitbestimmungsrecht nicht aus. Es handelt sich um keine Regelung iSd Eingangssatzes von § 87 Abs. 1 BetrVG.[302] Der Betriebsrat hat zunächst das Mitbestimmungsrecht hinsichtlich der Frage, **ob** und unter welchen **Voraussetzungen** im Betrieb überhaupt Abrufarbeit eingesetzt wird,[303] wenn es sich um eine kollektive Maßnahme handelt, die sich nicht nur auf einen Arbeitnehmer erstreckt. Weiter stellt sich die Frage, ob auch der einzelne Abruf von Arbeitsleistung mitbestimmungspflichtig ist. Die Frage, ob dann auch die konkrete **Festlegung des jeweiligen Einsatzes** mitbestimmungspflichtig ist, ist umstritten, wird allerdings überwiegend verneint.[304] Zu den Mitbestimmungsrechten des Betriebsrats bei der Festlegung der Dauer der Arbeitszeit bei **Bandbreiten** gibt es noch keine höchstrichterliche Entscheidung.

III. Lage der Arbeitszeit

1. Begriffsbestimmung

85 Mit der Festlegung der Lage der Arbeitszeit wird die tägliche Dauer der Arbeit konkretisiert und der Zeitpunkt definiert, zu dem die Arbeitszeit am Tage beginnt und endet und zu dem sie durch Pausen unterbrochen wird. Die Festlegung der Lage der Arbeitszeit führt dazu, dass die Arbeitspflicht in der Regel zur **Fixschuld** wird.[305] Die Konkretisierung der Lage der Arbeitszeit hat auch Auswirkungen auf die Entgeltberechnung, wenn der Arbeitnehmer wegen Krankheit, Feiertagen oder Urlaub Anspruch auf „Lohn ohne Arbeit" hat.[306] Die Lage der Arbeitszeit kann einzelvertraglich festgelegt werden. In der Praxis ist dies eher selten. Da es sich hierbei um den Kerngegenstand des Direktionsrechts handelt, müssen für eine konstitutive, das arbeitgeberseitige Direktionsrecht ausschließende Regelung konkrete Anhaltspunkte bestehen.[307] Damit würde der Arbeitgeber sich bis in alle Ewigkeiten an die vertraglich vereinbarten Arbeitszeiten binden und hätte nicht die Möglichkeit, den zeitlichen Einsatz des Arbeitnehmers flexibler zu gestalten. Der Arbeitgeber kann sich allerdings arbeitsvertraglich ein Leistungsbestimmungsrecht nach § 106 S. 1 GewO vorbehalten, um zu-

---

[301] *Fitting* § 87 Rn. 126.
[302] *Fitting* § 87 Rn. 126; *Lipke* NZA 1990, 764; MHdB ArbR/*Matthes* § 244 Rn. 33.
[303] BAG 28.9.1988 – 1 ABR 41/87, NZA 1989, 184; 13.10.1987 – 1 ABR 10/86, NZA 1988, 251.
[304] GK-BetrVG/*Wiese* § 87 Rn. 320.
[305] MHdB ArbR/*Reichold* § 36 Rn. 94.
[306] MHdB ArbR/*Reichold* § 36 Rn. 94.
[307] BAG 15.9.2009 – 9 AZR 757/08, AP GewO § 106 Nr. 7.

künftigen betrieblichen Erfordernissen gerecht zu werden. So kann der Arbeitgeber die arbeitsvertragliche Arbeitszeit auf die einzelnen Wochentage verteilen und Beginn und Ende der täglichen Arbeitszeit festlegen, die Verlängerung des Arbeitszeitrahmens beschließen und über die Einteilung und Dauer der Pausen entscheiden. Ebenso kann er bestimmen, ob Gleitzeit oder starre Arbeitszeiten bestehen, Dienst- und Schichtpläne aufstellen sowie einen Wechsel von Nacht- zur Tagarbeit anordnen.

Formulierungsvorschlag: Arbeitsvertragliche Bestimmungen zur Lage der Arbeitszeit
Die regelmäßige wöchentliche Arbeitszeit von Frau/Herrn ...... beträgt 40 Stunden. Die Firma bestimmt gemäß § 106 GewO die jeweilige Lage der Arbeitszeit nach den jeweiligen betrieblichen Belangen unter Berücksichtigung der Interessen von Frau/Herrn ...... Derzeit ist Frau/Herr ...... von Montag bis Freitag von 08:00 bis 16:30 Uhr inkl. 30 min. Pause in der Zeit von 12:30 bis 13:00 Uhr zur Arbeitsleistung verpflichtet, ohne dass hierauf ein Anspruch besteht.

86

Die Vereinbarung, an **welchen Wochentagen** die Arbeitsleistung zu erbringen ist, kann ausdrücklich oder konkludent geschlossen werden. Wird keine Festlegung getroffen, gehen die Vertragsparteien von der Arbeitszeitverteilung aus, die zur Zeit des Abschlusses des Arbeitsvertrages im Betrieb besteht. Treffen die Arbeitsvertragsparteien keine ausdrückliche Regelung zur Verteilung der Arbeitszeit oder treffen sie nur eine partielle Regel zur Verteilung der Arbeitszeit, gilt zunächst die bei Vertragsschluss betriebsübliche Arbeitszeit. Inhalt einer solchen Abrede ist lediglich, dass die vereinbarte Arbeitszeit zu den jeweils wirksam bestimmten betrieblichen Arbeitszeiten zu erbringen ist. Der Arbeitgeber ist in den Grenzen des Gesetzes des Kollektiv- und Individualvertragsrechts durch sein Weisungsrecht berechtigt, die im Arbeitsvertrag vereinbarte Arbeitspflicht unter anderem hinsichtlich der Verteilung der Arbeitszeit näher festzulegen.[308] Ein entsprechender Wille des Arbeitgebers ist für den Arbeitnehmer regelmäßig erkennbar. Dies gilt auch im Falle von nicht branchenüblicher **Sonn- und Feiertagsarbeit,** da die Arbeitsleistung im Betrieb zumindest in Teilbereichen zu gleichen Zeiten erbracht werden muss, was gegen den Willen des Arbeitgebers spricht, mit jedem Arbeitnehmer individuell eine unveränderbare Lage der Arbeitszeit zu vereinbaren. Vom arbeitgeberseitigen Direktionsrecht ist es auch gedeckt, Sonn- und Feiertagsarbeit anzuordnen, obwohl diese über eine 30-jährige Dauer das Arbeitsverhältnisses noch nicht stattgefunden hat.[309] Diesbezüglich ist allerdings im Hinblick auf die Entscheidung des Bundesverfassungsgerichts[310] zu betonen, dass der arbeitsfreie Sonntag der von der Verfassung vorgesehene Normalfall ist und die Sonntagsarbeit wegen ihres atypischen Charakters eine Sonderstellung innerhalb von § 106 GewO einnimmt. Zu einer Konkretisierung wird es regelmäßig nicht kommen.[311]

87

Eine dauerhafte Konkretisierung der Lage der Arbeitszeit entsteht nicht dadurch, dass der Arbeitnehmer über einen längeren Zeitraum hinweg stets zur selben Zeit gearbeitet hat. Auch hier müssen weitere Umstände hinzutreten.[312] Sogar wenn die Arbeitsvertragsparteien die im Betrieb geltende Arbeitszeit vereinbaren, ist hierin noch keine arbeitsvertragliche Festlegung zu sehen.[313] Dementsprechend kann Arbeitszeit durch Betriebsvereinbarung neu festgelegt werden, ohne dass das Günstigkeitsprinzip Anwendung findet und ohne dass eine Änderungskündigung erforderlich ist. Dabei ist ein Arbeitgeber grundsätzlich auch berechtigt, dem Arbeitnehmer Weisungen zu erteilen, die seine Verfügbarkeit über mobile Arbeitsmittel, wie zB Mobiltelefon, nach Büroschluss betreffen, soweit nicht im Arbeitsvertrag oder in einer tariflichen oder gesetzlichen Regelung eine Beschränkung enthalten ist.[314]

88

---

[308] BAG 23.6.1992 – 1 AZR 57/92, AP BGB § 611 Arbeitszeit Nr. 1; vgl. im Übrigen → § 10 Rn. 8 ff.
[309] BAG 15.9.2009 – 9 AZR 757/08, AP GewO § 106 Nr. 7; kritisch hierzu: *Preis/Ulber* NZA 2010, 729.
[310] BVerfG 1.12.2009 – 1 BvR 2857/07, NVwZ 2010, 507.
[311] LAG Berlin 29.4.1991 – 9 Sa 9/91, LAGE BGB § 611 Direktionsrecht Nr. 9.
[312] BAG 15.9.2009 – 9 AZR 757/08, AP GewO § 106 Nr. 7.
[313] BAG 23.6.1992 – 1 AZR 57/92, NZA 1993, 89.
[314] *Bissels/Domke/Wisskirchen* DB 2010, 2053.

89 Tarifvertragliche Regelungen über die Lage der Arbeitszeit sind eher selten. Dagegen bestehen im Hinblick auf das Mitbestimmungsrecht nach § 87 Abs. 1 Nr. 2 BetrVG häufig betriebliche Regelungen. Soweit allerdings solche individual- oder kollektivrechtlichen Regelungen zur Verteilung der Arbeitszeit nicht vorhanden sind, bestimmt der Arbeitgeber vorbehaltlich des Mitbestimmungsrechts des Betriebsrats die Lage der Arbeitszeit kraft seines **Direktionsrechts gemäß § 106 S. 1 GewO** nach billigem Ermessen.[315] Die Lage der Arbeitszeit hat der Arbeitgeber nach billigem Ermessen festzulegen. Dabei hat er nicht nur eigene Interessen, sondern auch die **berechtigten Interessen des Arbeitnehmers** angemessen zu berücksichtigen.[316] Stehen einer vom Arbeitnehmer wegen schutzwürdiger familiärer Belange gewünschten Verteilung der Arbeitszeit keine betrieblichen Gründe oder berechtigten Belange anderer Arbeitnehmer entgegen, hat der Arbeitgeber den Wunsch des Arbeitnehmers zu erfüllen.[317] Ist zur Verteilung der Arbeitszeit eine Auswahl zwischen mehreren Arbeitnehmern erforderlich, ist diese **Auswahlentscheidung** nicht an den Grundsätzen der Sozialauswahl bei betriebsbedingten Kündigungen vorzunehmen.[318]

2. Gestaltungsformen der Lage der Arbeitszeit (Flexibilisierung der Arbeitszeit)

90 In der Praxis existieren verschiedene Gestaltungsformen der Arbeitszeit. Die Gestaltungsmöglichkeiten ergeben sich daraus, dass der einzelne Arbeitnehmer einen unterschiedlichen Umfang der **Zeitsouveränität** hat. Soweit kein Betriebsrat besteht, kann der Arbeitgeber einseitig kraft Direktionsrecht flexible Arbeitszeiten einführen. Besteht ein Betriebsrat, sind dessen Mitbestimmungsrechte zu beachten.[319]

91 **a) Gleitende Arbeitszeit.** Gleitende Arbeitszeit liegt dann vor, wenn der Arbeitnehmer nicht an eine zeitlich genau festgelegte Arbeitszeit an einem Arbeitstag gebunden ist, sondern die Arbeit innerhalb einer gewissen Zeitspanne ableisten, dabei den Zeitpunkt des Beginns selbst wählen kann und nach Ablauf der betrieblichen Arbeitszeit die Arbeit beendet (**einfache Gleitarbeitszeit**).[320] **Gleitende Arbeitszeit mit Zeitausgleich**[321] liegt vor, wenn der Arbeitnehmer zusätzlich auch das Ende der Arbeitszeit am Abend innerhalb einer gewissen Gleitspanne selbst wählen kann und damit auch die Dauer der täglichen Arbeitszeit festlegen kann.[322] Um sicherzustellen, dass alle Arbeitnehmer während einer bestimmten Zeit anwesend sind, wird die **Kernarbeitszeit** festgelegt. Sie wird durch das Ende der Morgengleitspanne und dem Beginn der Abendzeitspanne bestimmt. Das Gleitzeitsystem kann weiter flexibilisiert werden, wenn die **Kernarbeitszeit entfällt**[323] (**variable Arbeitszeit**). Der einzelne Arbeitnehmer kann dann seine tägliche Arbeitszeit zwischen 0 und 10 Stunden variieren. Der Arbeitgeber legt bei diesen Modellen in der Regel eine „Funktionszeit" fest, in der eine bestimmte Anzahl von Arbeitnehmern im Betrieb anwesend sein muss, zB für betriebliche Öffnungszeiten oder Sprechstunden. Die Arbeitnehmer müssen untereinander abstimmen, wer wann arbeitet, damit die erforderliche Mindestbesetzung gegeben ist.[324] Dem einzelnen Arbeitnehmer wird dann nur die durchschnittliche Arbeitszeit pro Woche, Monat oder im Jahr vorgegeben. Ansonsten hat er die Möglichkeit, vollständig frei seine Arbeitszeit zu gestalten.[325]

92 Gleitzeit dient zum einen der **Bedarfsorientierung der Arbeitszeit**. Darüber hinaus ermöglicht sie dem Arbeitnehmer, seine Arbeitszeitwünsche schnell und ohne organisatorischen

---

[315] BAG 23.9.2004 – 6 AZR 567/03, NZA 2005, 359; 18.4.2012 – 5 AZR 195/11, NZA 2012, 796.
[316] Schaub ArbR-HdB/*Linck* § 45 Rn. 17.
[317] BAG 23.9.2004 – 6 AZR 567/03, NZA 2005, 359; LAG Rheinland-Pfalz 19.1.2005 – 10 Sa 820/04, DB 2005, 1522.
[318] BAG 23.9.2004 – 6 AZR 567/03, NZA 2005, 359.
[319] Schaub ArbR-HdB/*Vogelsang* § 160 Rn. 7.
[320] Schaub ArbR-HdB/*Vogelsang* § 160 Rn. 2.
[321] Schaub ArbR-HdB/*Vogelsang* § 160 Rn. 2.
[322] MHdB ArbR/*Matthes* § 244 Rn. 47 ff.; Schaub ArbR-HdB/*Vogelsang* § 160 Rn. 3.
[323] MHdB ArbR/*Schüren* § 43 Rn. 18; *Reichold* NZA 1998, 393 (396).
[324] MHdB ArbR/*Schüren* § 43 Rn. 29.
[325] *Heinze* NZA 1997, 681 (287); MHdB ArbR/*Schüren* § 43 Rn. 18.

Aufwand zu realisieren. Zugleich sollen auch Fehlzeiten gesenkt werden. Zur Organisation werden regelmäßig Arbeitszeitkonten eingerichtet.[326]

In einer **Regelung über gleitende Arbeitszeit** sollte die Normalarbeitszeit, die Gleitspanne am Morgen und am Nachmittag, innerhalb derer die Arbeit begonnen und beendet werden kann, die Kernarbeitszeit, während der alle Arbeitnehmer grundsätzlich am Arbeitsplatz anwesend sein müssen, die Größenordnung des Zeitguthabens bzw. Rückstandes, welche bei qualifizierter gleitender Arbeitszeit innerhalb einer bestimmten Frist für den Arbeitnehmer höchstens bestehen darf, der Ausgleichszeitraum, in dem Zeitguthaben und -rückstand auszugleichen sind, Regelungen für Zeitguthabenüberhang und Zeitrückstandsüberhang sowie die Kontrolle der Arbeitszeit festgelegt werden.[327]

Im Einzelfall kann das Verhältnis von Gleitzeit zu **Über- oder Mehrarbeit** problematisch sein. Es ist stets zu prüfen, ob der Arbeitnehmer von der Gleitzeitregelung Gebrauch macht und damit nur sein Zeitguthaben anspart oder ob tatsächlich Mehr- oder Überarbeit vorliegt.[328] Dieses kann insbesondere im Hinblick auf Über- oder Mehrarbeitszuschläge relevant werden. Tarifverträge regeln oft, dass die Zuschläge erst anfallen, wenn die tarifliche Höchstarbeitszeit individuell überschritten wird. In sonstigen Fällen dürften keine Zuschläge entstehen, da die tariflichen Zuschlagsregelungen die Erschwernis des Arbeitnehmers durch längere Arbeitszeit abgelten sollen. Entscheidet der Arbeitnehmer freiwillig aus persönlichen Gründen, länger als die tarifliche Höchstarbeitszeit zu arbeiten, hat er dies selbst in Kauf genommen und kann dementsprechend keinen Zuschlag beanspruchen.

Problematisch können auch die Zeiten der **Gehaltszahlung ohne Arbeitsleistung**, wie Krankheit, Urlaub und Feiertage sein, wenn das Gleitzeitsystem keine Kernarbeitszeit vorsieht. Es fehlt dann an einer ausdrücklichen Gestaltungserklärung, die der Leistungserbringung vorausgeht und die konkrete Lage der Arbeitszeit feststellt. Hochflexible Arbeitszeitgestaltungen müssen sicherstellen, dass der Arbeitnehmer den Anspruch auf **Entgeltfortzahlung im Krankheitsfall** erhält. Dementsprechend wird für jeden potentiellen Arbeitstag, an dem der Arbeitnehmer wegen Arbeitsunfähigkeit keine Arbeitsleistung erbringt, das Arbeitszeitdeputat um die durchschnittliche tägliche Arbeitszeit des Arbeitnehmers gekürzt und die Vergütung weitergezahlt.[329] Ist hingegen das geschuldete Arbeitszeitdeputat auch nicht bestimmt, was in der Regel bei Führungskräften der Fall ist, wird die arbeitstägliche Durchschnittsvergütung weiterbezahlt.[330]

§ 616 BGB, der die Fortzahlung der Vergütung bei **Unzumutbarkeit der Arbeitsleistung** festlegt, ist **bei einem flexiblen Gleitzeitmodell nicht anwendbar,** denn der Arbeitnehmer kann seine Arbeitspflicht selbst nur durch die tatsächliche Arbeitsaufnahme festlegen. Dementsprechend können Fälle der Unzumutbarkeit der Arbeitsleistung notwendigerweise nur außerhalb der Arbeitszeit liegen.[331] Sehen Tarifverträge allerdings die Freistellung von der Arbeitsleistung für besondere persönliche Anlässe wie zB den Trauerfall eines nahen Angehörigen, Eheschließung, Geburt eines Kindes vor, würde ein flexibles Gleitzeitmodell dem Arbeitnehmer das Recht auf Inanspruchnahme dieser Arbeitsbefreiung nehmen. Deshalb wird beim Vorliegen des Anlasses das Arbeitszeitdeputat reduziert.[332]

Im Hinblick auf § 2 EFZG ist das Entgelt an **Feiertagen** dann fortzuzahlen, wenn der Arbeitnehmer ohne die Feiertagsregelung an dem Tag gearbeitet hätte. Auch hier wird das Arbeitszeitdeputat des Arbeitnehmers nach dem Durchschnittsprinzip gekürzt.[333] Die Lage der **Urlaubszeit** ist vorher festzulegen. Dabei kann die Lage des Urlaubs ohne Verstoß gegen das Bundesurlaubsgesetz durchaus in das Belieben des Mitarbeiters gestellt werden und der

---

[326] MHdB ArbR/*Schüren* § 43 Rn. 1.
[327] Schaub ArbR-HdB/*Vogelsang* § 160 Rn. 9.
[328] MHdB ArbR/*Matthes* § 245 Rn. 22.
[329] MHdB ArbR/*Schüren* § 43 Rn. 39.
[330] MHdB ArbR/*Schüren* § 43 Rn. 40.
[331] MHdB ArbR/*Schüren* § 43 Rn. 42.
[332] MHdB ArbR/*Schüren* § 43 Rn. 43.
[333] BAG 22.10.1973 – 3 AZR 83/73, AP FeiertagslohnzahlungsG § 1 Nr. 31; 3.5.1983 – 3 AZR 100/81, AP FeiertagslohnzahlungsG § 1 Nr. 39; zur Feiertagsvergütung beim Arbeitszeitkonto: BAG 14.8.2002 – 5 AZR 417/01, EzA EntgeltfortzG § 2 Nr. 4 = DB 2003, 155.

Arbeitnehmer kann seine gewünschte Freizeitperiode vorab verbindlich als Urlaub deklarieren.[334] Selbstverständlich kann auch verlangt werden, dass der Arbeitnehmer die Abstimmung gemeinsam mit dem Arbeitgeber vornimmt. Soweit der Urlaubsanspruch tarifvertraglich geregelt ist, gelten die Grundsätze für den gesetzlichen Urlaub entsprechend.[335] Ist eine Kernarbeitszeit vorgesehen, ist grundsätzlich für die Berechnung von Krankheit, Feiertagen und Urlaub von der arbeitstäglichen Durchschnittsarbeitszeit auszugehen.

98 Eine weitere Steigerung der Arbeitszeitautonomie des einzelnen Arbeitnehmers wird durch sog. **Vertrauensarbeitszeit** erreicht,[336] bei der die Einhaltung der variablen Arbeitszeit nicht mehr kontrolliert wird.[337] Allerdings muss der Arbeitgeber seinen Betrieb so organisieren, dass die gesetzlichen und tariflichen Höchstarbeitszeitgrenzen eingehalten werden und er diese Vorgaben selbst überprüfen und gegebenenfalls korrigierend eingreifen kann.[338]

99 b) **Jahresarbeitsverträge und Arbeitszeitkonten.** In der Praxis weit verbreitet sind Arbeitszeitkonten, die zur Flexibilisierung der Arbeitszeit beitragen. Hier sind Regelungen sowohl auf betrieblicher als auch tariflicher Ebene üblich. Zum einen können diese als **Geldkonten** geführt werden. Hier werden Zeitguthaben und -verluste in Geldbeträgen aufgenommen. Zum anderen können Arbeitszeitkonten als **Zeitkonten** geführt werden. Ein Arbeitszeitkonto drückt im Allgemeinen aus, in welchem Umfang der Arbeitnehmer Arbeit geleistet hat und deshalb Vergütung beanspruchen kann bzw. in welchem Umfang er noch Arbeitsleistung für die vereinbarte Vergütung erbringen muss. Das Arbeitszeitkonto hält damit fest, in welchem zeitlichen Umfang der Arbeitnehmer seine Hauptleistungspflicht nach § 611a Abs. 1 BGB erbracht hat oder aufgrund eines Entgeltfortzahlungstatbestandes nicht erbringen musste.[339] Dabei können Arbeitsleistungen nach besonderen Regelungen, zB für Mehrarbeit und Feiertagsarbeit, höher oder zB bei Bereitschaftsdienst niedriger bewertet werden, als es ihrem zeitlichen Einsatz entspricht. Insgesamt hat das Arbeitszeitkonto damit eine Dokumentationsfunktion.

100 Nach § 611a Abs. 1 BGB kann der Arbeitnehmer einen Anspruch auf **korrekte Führung des Arbeitszeitkontos** haben, wenn dieses nach der zugrunde liegenden Abrede der Vertragsparteien den Vergütungsanspruch verbindlich bestimmt.[340] Zudem ist § 2 Abs. 2 MiLoG zu beachten. Der Arbeitgeber darf ohne Befugnis nicht korrigierend in ein Arbeitszeitkonto eingreifen und dort eingestellte Stunden streichen. Dies ist nur zulässig, wenn eine materiell-rechtliche Rechtfertigung vorliegt und die der Führung des Arbeitszeitkontos zu Grunde liegende Vereinbarung dem Arbeitgeber die Möglichkeit eröffnet, in das Arbeitszeitkonto eingestellte und damit grundsätzlich streitlos gestellte Arbeitsstunden wieder zu streichen.[341] Arbeitet der Arbeitnehmer länger oder kürzer als betriebsüblich, erarbeitet er ein Zeitguthaben oder einen Zeitverlust auf dem Zeitkonto.[342] Das Konto kann dabei **kurz- oder langfristig** geführt sein. Bei Kurzzeitkonten können typischerweise zwischen 50 und 100 Plusstunden angesammelt werden, die durch Freizeitausgleich abgebaut werden können. Der Arbeitnehmer erhält dann bezahlte Freizeit statt Arbeitszeit ableisten zu müssen; es wird also eine Reduzierung der Sollarbeitszeit vorgenommen.[343] Der Arbeitgeber legt den Zeitpunkt des **Freizeitausgleichs** nach billigem Ermessen gemäß § 315 BGB fest. Dazu gehört auch, dass er eine angemessene Ankündigungsfrist wahrt und der Arbeitnehmer sich auf die Freizeit einstellen kann.

101 Bei **Minusstunden** sind die meisten Regelungen restriktiver. Die Belastung eines Arbeitszeitkontos mit Minusstunden setzt voraus, dass der Arbeitgeber diese Stunden im Rahmen einer stetigen Vergütung entlohnt hat und der Arbeitnehmer zur Nachleistung verpflichtet

---

[334] MHdB ArbR/*Schüren* § 43 Rn. 47.
[335] MHdB ArbR/*Schüren* § 43 Rn. 48.
[336] MHdB ArbR/*Reichold* § 36 Rn. 80.
[337] *Reichold* NZA 1998, 393 (396); *Schlottfeldt/Hoff* NZA 2001, 530.
[338] BAG 6.5.2003 – 1 ABR 13/02, NZA 2003, 1348.
[339] BAG 21.3.2012 – 5 AZR 676/11, NZA 2012, 870; 26.6.2013 – 5 AZR 428/12, NZA 2013, 1262.
[340] BAG 19.3.2008 – 5 AZR 328/07, AP BGB § 611 Feiertagsvergütung Nr. 1.
[341] BAG 21.3.2012 – 5 AZR 676/11, NZA 2012, 870.
[342] Schaub ArbR-HdB/*Vogelsang* § 160 Rn. 37.
[343] BAG 17.3.2010 – 5 AZR 296/09, AP BGB § 611 Arbeitszeit Nr. 35.

ist, weil er die in Minusstunden ausgedrückte Arbeitszeit vorschussweise vergütet erhalten hat. Dies ist insbesondere der Fall, wenn der Arbeitnehmer allein darüber entscheiden kann, ob eine Zeitschuld entsteht und er damit einen Vorschuss erhält. Es kommt zu keinem Vergütungsvorschuss, wenn der Arbeitnehmer aufgrund eines Entgeltfortzahlungstatbestandes Vergütung ohne Arbeitsleistung beanspruchen kann oder sich der das Risiko der Einsatzmöglichkeit bzw. des Arbeitsausfalls tragende Arbeitgeber nach § 615 BGB in Annahmeverzug befunden hat.[344] Dabei ist zu beachten, dass der Arbeitgeber, der einen flexiblen Abruf zur Arbeit pflegt, mit Ablauf eines jeden Arbeitstages in Annahmeverzug gerät, wenn und soweit er die sich aus Arbeits- und Tarifvertrag ergebende Sollarbeitszeit nicht ausschöpft. Belastet ein Arbeitgeber das Arbeitszeitkonto eines Arbeitnehmers zu Unrecht mit Minusstunden, für die er die Vergütung bereits in Vormonaten geleistet hat, unterliegt der Einwand des Arbeitnehmers keinen Ausschlussfristen, die die Geltendmachung und den Verfall von Ansprüchen regeln. Der Arbeitnehmer verfolgt in diesem Fall keinen „Anspruch auf Korrektur des Arbeitszeitkontos", denn mit der vom Arbeitgeber erstellten Entgeltabrechnung erkennt der Arbeitnehmer nichts an. Ebenso wenig begründet er mit seinem Schweigen einen Anspruch des Arbeitgebers aus einer Vorschussabrede. Vielmehr unterlässt er lediglich die Erhebung einer Einwendung gegen den vom Arbeitgeber erhobenen Anspruch auf Rückzahlung überzahlter Vergütung bzw. eines nicht ins Verdienen gebrachten Vorschusses. Es handelt sich um kein Verlangen einer Gutschrift auf dem Arbeitszeitkonto.[345] Streicht oder kürzt der Arbeitgeber hingegen zu Unrecht ein Guthaben auf dem Arbeitszeitkonto, hat der Arbeitnehmer einen Anspruch auf (Wieder-)Gutschrift der auf dem Arbeitszeitkonto gestrichenen Stunden.[346]

Ist der Arbeitnehmer nach einem Arbeitszeitmodell verpflichtet, einen Negativsaldo zurückzuführen, ist der Arbeitgeber wiederum verpflichtet, dem Arbeitnehmer zum Ausgleich Arbeit zu übertragen. Ein Arbeitgeber, der seiner Verpflichtung zum Einsatz des Arbeitnehmers im arbeitsvertraglich festgelegten Umfang nicht nachkommt und die vertraglich vereinbarte Stundenzahl nicht abfordert, gerät in Annahmeverzug.[347] Aufbau und Abbau eines Arbeitszeitkontos können eigenen Regelungen folgen. Es gibt keinen Grundsatz, dass ein Arbeitszeitkonto spiegelbildlich zu seinem Aufbau abzubauen ist.[348]

Als langfristiges Arbeitszeitkonto kommt auch ein **Lebensarbeitszeitkonto** in Betracht, das dem Arbeitnehmer ein vorzeitiges Ausscheiden aus dem Erwerbsleben ermöglicht. Neben den Zeitguthaben und -verlusten können dann auf das Arbeitszeitkonto oft auch **Zuschläge für Über- und Mehrstunden** eingebracht werden sowie sonstige Zulagen und Zuschläge, die dann – je nach Ausgestaltung des Arbeitszeitkontos – auch in Freizeit ausgeglichen werden können.[349] Bei der Einführung von Arbeitszeitkonten sind die Vorgaben des Arbeitszeitgesetzes, insbesondere die Höchstarbeitszeit von 48 bzw. 60 Stunden nach § 3 ArbZG zu beachten.[350]

Bei **Vertragsbeendigung** werden Arbeitszeitkonten in der Regel aufgelöst und etwaige Minusstunden verrechnet[351] und Guthaben ausgezahlt. Verlangt ein Arbeitnehmer bei **Beendigung des Arbeitsverhältnisses** die Auszahlung des Guthabens auf seinem Arbeitszeitkonto, hat er prozessual nicht die einzelnen Tage und Tageszeiten vorzutragen, für die er weitere Vergütung fordert. Es ist für die Schlüssigkeit der **Klage** ausreichend, wenn der Arbeitnehmer vorträgt, dass ein Arbeitszeitkonto zwischen den Parteien vereinbart ist und darlegt, welches Guthaben zum vereinbarten Auszahlungszeitpunkt bestand.[352] Dies beruht darauf, dass das Zeitguthaben nur eine andere Form des Vergütungsanspruchs des Arbeitnehmers ist.[353] Die

---

[344] BAG 26.1.2011 – 5 AZR 819/09, AP BGB § 611 Arbeitszeit Nr. 36.
[345] BAG 26.1.2011 – 5 AZR 819/09, AP BGB § 611 Arbeitszeit Nr. 36.
[346] BAG 21.3.2012 – 5 AZR 676/11, NZA 2012, 870.
[347] LAG Hessen 2.6.2005 – 11 Sa 1207/04, NZA-RR 2006, 127.
[348] BAG 17.3.2010 – 5 AZR 296/09, AP BGB § 611 Arbeitszeit Nr. 35.
[349] Schaub ArbR-HdB/*Vogelsang* § 160 Rn. 43.
[350] Schaub ArbR-HdB/*Vogelsang* § 160 Rn. 46.
[351] BAG 13.12.2000 – 5 AZR 334/99, NZA 2002, 390.
[352] BAG 12.6.2002 – 10 AZR 503/01, NZA 2002, 1112.
[353] BAG 26.1.2011 – 5 AZR 819/09, AP BGB § 611 Arbeitszeit Nr. 36.

Gutschrift auf einem Arbeitszeitkonto setzt voraus, dass der Arbeitgeber für den Arbeitnehmer ein Zeitkonto führt, auf dem zum Zeitpunkt der Rechtskraft einer entsprechenden gerichtlichen Entscheidung nicht erfasste oder zu Unrecht gekürzte Arbeitsstunden noch gutgeschrieben werden können. Dies ist nach der Beendigung des Arbeitsverhältnisses und der regelmäßig damit einhergehenden **Schließung eines Arbeitszeitkontos** nicht mehr der Fall.[354] Führt ein Arbeitgeber ein Arbeitszeitkonto für einen Arbeitnehmer, auf dem zu erfassende Arbeitszeiten nicht aufgenommen wurden und noch gutgeschrieben werden müssen, kann der Arbeitnehmer klageweise einen Anspruch geltend machen, einem Arbeitszeitkonto Stunden „gutzuschreiben". Ein solcher Anspruch ist hinreichend bestimmt iSv § 253 Abs. 2 Nr. 2 ZPO.[355] Gleichermaßen kann der Arbeitnehmer die Korrektur eines oder mehrerer auf seinem Arbeitszeitkonto ausgewiesener Salden beantragen.[356] Die Gutschrift von Arbeitsstunden setzt voraus, dass die gutzuschreibenden Stunden nicht vergütet wurden oder die hierfür geleistete Vergütung vom Arbeitgeber wegen eines Entgeltfortzahlungstatbestands auch ohne tatsächliche Arbeitsleistung hätte erbracht werden müssen. Eine zu geringe Vergütung von geleisteten Arbeitsstunden begründet keinen Anspruch, diese Stunden auf einem Arbeitszeitkonto als Mehrarbeit zu verbuchen, sondern einen Anspruch auf Zahlung der Vergütungsdifferenz.[357] Verlangt ein Arbeitnehmer auf Grundlage einer Vereinbarung über ein Arbeitszeitkonto eine verstetigte Vergütung für einen bestimmten Zeitraum, obwohl er die geschuldete Arbeitsleistung in dem betreffenden Zeitraum nicht in vollem Umfang erbracht hat, muss der Vortrag im Prozess erkennen lassen, dass der Arbeitnehmer einen Vorschuss und nicht eine bereits verdiente Vergütung verlangt. Dies setzt insbesondere voraus, dass sich dem Vortrag des Arbeitnehmers entnehmen lässt, dass er zur Nachleistung der im betreffenden Zeitraum geschuldeten, aber freiwillig nicht erbrachten Leistungen verpflichtet und daher mit einer entsprechenden Belastung des Arbeitszeitkontos mit Minusstunden einverstanden ist.[358] Will der Arbeitgeber hingegen im Nachhinein den sich aus dem Arbeitszeitkonto zugunsten des Arbeitnehmers ergebenden Saldo erheblich bestreiten, obliegt es ihm ausgehend von einer gestuften Darlegungslast, im Einzelnen darzulegen, aufgrund welcher Umstände der ausgewiesene Saldo unzutreffend ist oder sich bis zur vereinbarten Schließung des Arbeitszeitkontos reduziert hat. Erst dann hat der Arbeitnehmer vorzutragen, wann er Arbeit verrichtet oder einer der Tatbestände vorgelegen habe, der eine Vergütungspflicht ohne Arbeit regelt.[359] Beruft sich der Arbeitnehmer zur Begründung seines Anspruchs auf Abgeltung eines Zeitguthabens auf selbst gefertigte Arbeitszeitaufstellungen, die sich der Arbeitgeber nicht zu eigen gemacht hat, hat er die den behaupteten Saldo begründenden Tatsachen im Einzelnen darzulegen. Erst wenn dies geschehen ist, hat sich der Arbeitgeber hierzu zu erklären.[360]

105   Ein Sonderfall des Arbeitszeitkontos ist ein **Jahresarbeitszeitvertrag**. Hierunter versteht man Arbeitszeitregelungen, bei denen zunächst nur das jährliche Gesamtvolumen der vom Arbeitnehmer zu erbringenden Arbeitszeit festgeschrieben ist. Der Arbeitsvertrag selbst regelt das Jahresdeputat des Arbeitnehmers, den Zeitraum, für den die Arbeitszeit festgelegt ist, das Verfahren zur Verteilung der Arbeit sowie die Zahlung der Vergütung.[361] Typischerweise erhält der Arbeitnehmer ein **regelmäßiges Arbeitsentgelt**, bemessen nach der regulären betrieblichen Arbeitszeit.[362] Durch die gleichmäßige Zahlung des Arbeitsentgelts nach der regulären durchschnittlichen monatlichen Arbeitszeit gewähren sich die Arbeitsvertragsparteien wechselweise Darlehen.[363] In diesem Fall sind also Arbeitsleistung und Vergütung voneinander abgekoppelt. Die Arbeitszeitverteilung konkretisiert die Verpflichtung des Arbeit-

---

[354] BAG 26.6.2013 – 5 AZR 428/12, NZA 2013, 1262.
[355] BAG 23.1.2008 – 5 AZR 1036/06, AP TVG § 1 Tarifverträge: Lufthansa Nr. 42; 10.11.2010 – 5 AZR 766/09, NZA 2011, 876; 21.3.2012 – 5 AZR 676/11, NZA 2012, 870.
[356] BAG 10.11.2010 – 5 AZR 766/09, NZA 2011, 876.
[357] BAG 10.11.2010 – 5 AZR 766/09, NZA 2011, 876.
[358] BAG 15.5.2013 – 10 AZR 345/12, NZA-RR 2014, 519.
[359] BAG 23.9.2015 – 5 AZR 767/13, NZA 2016, 295.
[360] BAG 23.9.2015 – 5 AZR 767/13, NZA 2016, 295.
[361] MHdB ArbR/*Schüren* § 42 Rn. 8.
[362] Schaub ArbR-HdB/*Vogelsang* § 160 Rn. 53.
[363] Schaub ArbR-HdB/*Vogelsang* § 160 Rn. 53.

nehmers, seine Arbeitsleistung zu erbringen, sagt aber nichts über den Gegenanspruch auf Entgelt.

Die Lage der Arbeitszeiten wird regelmäßig **neu vereinbart**. Zunächst wird die Lage der Arbeitszeit langfristig für eine Planperiode festgelegt. Bei dieser **Langzeitplanung** werden die auf längere Sicht vorhersehbaren Bedarfsschwankungen berücksichtigt. Sobald die Arbeitszeit festgelegt worden ist, hat der Arbeitgeber das Leistungsbestimmungsrecht verbraucht. Die Planung ist für beide Vertragspartner bindend. Ergänzend können die Arbeitsvertragsparteien auch auf **unvorhersehbare Veränderungen** des Bedarfs reagieren und einvernehmlich die Arbeitszeitverteilung neu regeln.[364] Sie kann auf **Initiative** von jeder Seite vorgenommen werden.[365] Ist keine einvernehmliche Änderung mit dem Arbeitnehmer herbeizuführen, muss der Arbeitgeber seinen Arbeitskräftebedarf über Überstunden decken.[366] Für den Arbeitnehmer hat das Zeitmodell den Vorteil, dass er den Anforderungen des Arbeitgebers nicht so stark ausgesetzt ist wie bei der Abrufarbeit. Für den Arbeitgeber besteht der Vorteil darin, dass er die Arbeitszeitlage der Mitarbeiter an seinem Bedarf ausrichten kann, ohne dass zuschlagspflichtige Mehrarbeit anfällt oder gar Kurzarbeit eingesetzt werden muss.[367] Existiert kein Betriebsrat, kann der Arbeitgeber die Lage der Arbeitszeit unter Beachtung der gesetzlichen Vorschriften und der arbeitsvertraglichen Regelungen festsetzen. Sein Direktionsrecht hat er allerdings unter Berücksichtigung der angemessenen Interessen des Arbeitnehmers gemäß § 106 GewO auszuüben.

Da Arbeitszeitkonten zu **sozialversicherungsrechtlichen Schwierigkeiten** führen, hat der Gesetzgeber hierzu Regelungen mit dem sog. **Flexigesetz** aufgestellt.[368] Bedeutsam sind zwei Regelungskomplexe. Zum einen hat der Gesetzgeber eine eindeutige Bestimmung zur Beitragspflicht zur Sozialversicherung geschaffen und damit **Versicherungsschutz** bei Flexibilisierungsregelungen hergestellt. Nach § 7 Abs. 3 S. 1 SGB IV gilt eine **Beschäftigung gegen Arbeitsentgelt** als fortbestehend, solange das Beschäftigungsverhältnis ohne Anspruch auf Arbeitsentgelt fortdauert, jedoch nicht länger als einen Monat. Um auch Zeiten der Freistellung durch **Verwendung von Zeitguthaben** der Sozialversicherungspflicht zu unterstellen, hat der Gesetzgeber § 7 Abs. 1a SGB IV eingeführt. Danach besteht eine Beschäftigung auch in Zeiten der Freistellung von der Arbeitszeit von mehr als einem Monat, wenn während der Freistellung **Arbeitsentgelt aus einem Wertguthaben** nach § 7b SGB IV fällig ist und die weiteren Voraussetzungen des § 7 Abs. 1a S. 1 SGB IV vorliegen. Dies gilt gem. § 7 Abs. 1a S. 2 SGB IV entsprechend, wenn während einer bis zu dreimonatigen Freistellung Arbeitsentgelt aus einer Vereinbarung zur flexiblen Gestaltung der werktäglichen oder wöchentlichen Arbeitszeit oder dem Ausgleich betrieblicher Produktions- und Arbeitszeitzyklen fällig ist. Darüber hinaus sind die weiteren Voraussetzungen gemäß § 7b SGB IV zu beachten. Dementsprechend besteht für die Zeit, in der der Arbeitnehmer nach Maßgabe vorstehender Regelungen unter Verrechnung von Zeitguthaben aus einer Vereinbarung über die Flexibilisierung von Arbeitszeit freigestellt wird, **Versicherungsschutz** und damit auch **Versicherungspflicht** in allen Zweigen der gesetzlichen Sozialversicherung.[369]

Zum anderen ist die in **§ 7e SGB IV** geschaffene Regelung zum **Insolvenzschutz bei Arbeitszeitkonten** von maßgeblicher Bedeutung.[370] Das Gesetz berücksichtigt, dass der Arbeitnehmer, der zunächst ein Zeitguthaben erwirtschaftet und einem Zeit- oder Geldkonto gutschreibt, eine Vorleistung erbringt. Gerät der Arbeitgeber vor Abschluss der Freistellungsphase des Arbeitnehmers in Insolvenz, besteht das Risiko, dass das Guthaben nicht mehr an den Arbeitnehmer ausgekehrt wird und er dadurch Schäden erfährt. Aus diesem Grunde sind die Arbeitsvertragsparteien nach § 7e SGB IV verpflichtet, Regelungen zu treffen, welche die Erfüllung des Wertguthabens inkl. der auf sie entfallenden Arbeitgeberanteile

---

[364] MHdB ArbR/*Schüren* § 42 Rn. 5.
[365] MHdB ArbR/*Schüren* § 42 Rn. 16.
[366] MHdB ArbR/*Schüren* § 42 Rn. 14.
[367] MHdB ArbR/*Schüren* § 42 Rn. 6.
[368] Gesetz zur sozialversicherungsrechtlichen Absicherung flexibler Arbeitszeiten v. 6.4.1998 BGBl. I S. 688.
[369] Vgl. zu den Einzelheiten Schaub ArbR-HdB/*Vogelsang* § 160 Rn. 54 ff.; BAG 24.9.2003 – 10 AZR 640/02, NZA 2004, 980.
[370] *Hanau/Artega* DB 1998, 2054; *Knospe* NZA 2006, 187.

zum Gesamtsozialversicherungsbeitrag bei Zahlungsunfähigkeit des Arbeitgebers sicherstellen. Diese Verpflichtung besteht allerdings nur dann, wenn kein Anspruch auf Insolvenzgeld besteht und das Wertguthaben des Arbeitnehmers inkl. des Arbeitgeberanteils am Gesamtsozialversicherungsbeitrag einen Betrag in Höhe der monatlichen Bezugsgröße übersteigt.

3. Mitbestimmungsrechte des Betriebsrats bei der Lage der Arbeitszeit

109 Das erzwingbare Mitbestimmungsrecht aus § 87 Abs. 1 Nr. 2 BetrVG ist umfassend. Das Mitbestimmungsrecht des Betriebsrats ist bei der Bestimmung von Beginn und Ende der täglichen Arbeitszeit, der Verteilung auf einzelne Tage und der Pausen zu beachten. Es soll die Interessen der Arbeitnehmer an der Lage der Arbeitszeit und damit zugleich ihrer freien Zeit für die Gestaltung ihres Privatlebens zur Geltung bringen.[371] Als gesetzliche Schranke des Mitbestimmungsrechts iSd Einleitungssatzes von § 87 Abs. 1 BetrVG gilt das Arbeitszeitrecht, insbesondere das ArbZG, aber auch sonstige gesetzliche Regelungen für besondere Arbeitnehmergruppen wie zB § 8 MuSchG und § 14 JArbSchG. Das Mitbestimmungsrecht erstreckt sich auf die Verteilung der Arbeitszeit auf die einzelnen Wochentage sowie Tage im Monat oder Jahr, wenn Monats- oder Jahresarbeitszeit vereinbart wird.[372] Diesbezüglich treffen die Betriebspartner bei der Einführung von Jahresarbeitszeitverträgen in der Regel eine Betriebsvereinbarung, die die Rahmenregelungen für das Verfahren zur Langzeitberechnung festlegt. Vom Mitbestimmungsrecht umfasst ist die Entscheidung, ob eine 4-, 5- oder 6-Tage-Woche gearbeitet wird.[373] Der Betriebsrat hat bei der Aufstellung von Dienstplänen[374] sowie bei der Einführung von Sonntagsarbeit[375] mitzubestimmen. Das Mitbestimmungsrecht betrifft die Lage der Grenze zwischen Arbeitszeit und Freizeit.[376] Arbeitszeit iSv § 87 Abs. 1 Nr. 2 BetrVG ist die Zeit, während derer der Arbeitnehmer die von ihm in einem bestimmten zeitlichen Umfang vertraglich geschuldete Arbeitsleistung tatsächlich zu erbringen hat. Dies umfasst jegliche Tätigkeiten, die einem fremden Bedürfnis dienen und nicht zugleich ein eigenes Bedürfnis des Arbeitnehmers erfüllen.[377] Damit bestimmt der Betriebsrat bei der Dauer der täglichen Arbeitszeit mit.[378] Demgegenüber ist die Dauer der wöchentlichen Arbeitszeit nicht mitbestimmungspflichtig.[379] Mitbestimmungspflichtig ist nicht nur die originäre Festlegung von Beginn und Ende der täglichen Arbeitszeit, sondern auch jede Änderung,[380] dh die Verlegung der Arbeitszeit auf einen anderen Tag oder die Veränderung der Dauer der täglichen Arbeitszeit.[381] Dem Betriebsrat steht bei Schichtarbeit ein Mitbestimmungsrecht zu.[382] Dies erstreckt sich auf die Frage, ob im Betrieb in mehreren Schichten gearbeitet wird, auf die Festlegung der zeitlichen Lage der einzelnen Schichten und die Abgrenzung des Personenkreises, der Schichtarbeit zu leisten hat. Ebenso ist der Schichtplan inklusive dessen nähere Ausgestaltung und die Zuordnung des Arbeitnehmers zu dem Schichtplan mitbestimmungspflichtig.[383] Die Betriebsparteien können dabei entweder für jeden Schichtplan die mitbestimmungsrechtlich relevanten Voraussetzungen im einzelnen regeln oder konkrete Grundregeln festlegen, die der Arbeitgeber bei der Aufstellung von Schichtplänen einzuhalten hat. Dies erfordert regelmäßig abstrakte unverbindliche Bestimmungen über die Ausgestaltung der unterschiedlichen Schichten und die Zuordnung von Arbeitnehmern zu den einzelnen Schichten. Der Mitbestimmungspflicht unterliegt auch, ob, wie und unter welchen Vorausset-

---

[371] BAG 28.5.2002 – 1 ABR 40/01, NZA 2003, 1352; 30.6.2015 – 1 ABR 71/13, ArbR 2015, 557.
[372] *Fitting* § 87 Rn. 106.
[373] BAG 31.1.1989 – 1 ABR 69/87, NZA 1989, 646.
[374] BAG 18.4.1989 – 1 ABR 2/88, NZA 1989, 807.
[375] BAG 25.2.1997 – 1 ABR 69/96, NZA 1997, 955.
[376] BAG 25.2.2015 – 1 AZR 642/13, NZA 2015, 442.
[377] BAG 12.11.2013 – 1 ABR 59/12, NZA 2014, 557; 30.6.2015 – 1 ABR 71/13, ArbR 2015, 557.
[378] BAG 28.9.1988 – 1 ABR 41/87, NZA 1989, 184.
[379] BAG 27.1.1998 – 1 ABR 35/97, NZA 1998, 835.
[380] *Fitting* § 87 Rn. 113.
[381] ErfK/*Kania* BetrVG § 87 Rn. 27; MHdB ArbR/*Matthes* § 244 Rn. 37; Richardi BetrVG/*Richardi* § 87 Rn. 282.
[382] BAG 27.6.1989 – 1 ABR 33/88, NZA 1990, 35; 28.5.2002 – 1 ABR 40/01, NZA 2003, 1352.
[383] BAG 9.7.2013 – 1 ABR 19/12, NZA 2014, 99; 8.12.2015 – 1 ABR 2/14, AP BetrVG 1972 § 87 Arbeitszeit Nr. 139.

zungen von den bereits mitbestimmten Schichtplänen abgewichen werden kann.[384] Mitbestimmungspflichtig ist auch die für einen Zeitraum von jeweils einem Monat vorgenommene halbstündige Verschiebung des täglichen Schichtbeginns bei gleich bleibendem Schichtende. Dies ist zum einen nach § 87 Abs. 1 Nr. 3 BetrVG mitbestimmungspflichtig, da es nicht darauf ankommt, ob die Vergütung reduziert wird oder sich die Veränderung nur im Arbeitszeitkonto niederschlägt. Zum anderen besteht auch das Mitbestimmungsrecht nach § 87 Abs. 1 Nr. 2 BetrVG.[385] Kommt zwischen den Betriebsparteien keine Einigung über die Ausgestaltung von Schichtarbeit zustande, entscheidet die Einigungsstelle. Dies gilt auch bei einem kurzfristigen unerwartet auftretenden Regelungsbedarf. Das Mitbestimmungsrecht des Betriebsrats ist in Eilfällen nicht ausgeschlossen. Die Betriebsparteien – und im Konfliktfall die Einigungsstelle – müssen daher regelmäßig Regelungen treffen, wie bei der Abweichung von einem beschlossenen Schichtplan verfahren werden soll.[386] Unzulässig ist es, dem Arbeitgeber zu gestatten, ohne feststehende Tatbestandsvoraussetzungen das im Dienstplan ausgewiesene Dienstende variabel und ohne Zustimmung des Betriebsrats „je nach Auslastungssituation" in Abhängigkeit von der Dienstlänge um bis zu 30 bzw. 45 Minuten verlängern zu dürfen. Es handelt sich um keine vorübergehende Verlängerung der im Dienstplan festgelegten Arbeitszeit. Für eine solche Regelung hat die Einigungsstelle keine Regelungskompetenz.[387] Gleichermaßen ist es unzulässig, eine an die §§ 99, 100 BetrVG angelegte Regelung zur Auflösung von Konflikten der Betriebsparteien im Rahmen des § 87 Abs. 2 BetrVG zu treffen. Weder bedarf die Äußerung des Betriebsrats gegenüber einem Ersuchen des Arbeitgebers einer bestimmten Form oder muss binnen einer bestimmten Frist erfolgen, noch ist eine für personelle Angelegenheiten vergleichbare Zustimmungsfiktion in § 87 Abs. 2 BetrVG vorgesehen. Gleichermaßen ist auch die Angabe von Gründen, auf denen das fehlende Einverständnis des Betriebsrats beruht, nicht vorgesehen. Eine einseitige Regelungsbefugnis des Arbeitgebers oder die Möglichkeit, eine von § 87 Abs. 1 BetrVG erfasste Maßnahme vorläufig durchzuführen, sieht das Gesetz im Bereich der sozialen Angelegenheiten nicht vor. Deshalb kann in einer erzwingbaren von der Einigungsstelle festgelegten Betriebsvereinbarung auch keine entsprechende Regelung getroffen werden.[388] Es bleibt den Betriebsparteien allerdings unbenommen, bei der Ausgestaltung der nach § 87 Abs. 1 Nr. 2 BetrVG mitbestimmten Angelegenheit – bei einer sehr kurzfristigen Änderung der Personaleinsatzplanung – spezifischen betrieblichen Bedürfnissen Rechnung zu tragen und in einer Betriebsvereinbarung das Vorliegen einer „Vorabzustimmung" des Betriebsrats festzulegen, wenn sich dies auf eine eng begrenzte, hinreichend konkret beschriebene und gegebenenfalls häufig auftretende Fallgestaltung bezieht.[389]

Grundsätzlich sind auch in Unternehmen mit mehreren Betrieben die Einzelbetriebsräte für die Regelung der davon erfassten Arbeitszeitfragen zuständig.[390] Fehlt es an einer zu verteilenden betrieblichen Arbeitszeit, weil die Dienstleistung vom Arbeitgeber in mehreren Betrieben erbracht wird, entfällt eine betriebliche Regelungsmöglichkeit. Es besteht damit keine betriebliche Arbeitszeit, die zu verteilen ist, so dass der Gesamtbetriebsrat nach § 50 Abs. 1 BetrVG für die Ausübung des Mitbestimmungsrechts zuständig ist.[391]

Dem Mitbestimmungsrecht des Betriebsrats unterliegt auch die Einführung von **gleitender Arbeitszeit**.[392] Mitbestimmungspflichtig sind die Zeiträume, in denen der Arbeitnehmer am Morgen bzw. am Nachmittag die Arbeit aufnehmen bzw. beenden kann sowie ggf. die Einführung einer Kernzeit.[393] Die in der Praxis gebräuchlichen Gleitzeitvereinba-

---

[384] BAG 29.9.2004 – 5 AZR 559/03, NZA 2005, 184.
[385] BAG 30.5.2006 – 1 ABR 21/05, NZA 2006, 1240.
[386] BAG 9.7.2013 – 1 ABR 19/12, NZA 2014, 99; 8.12.2015 – 1 ABR 2/14, AP BetrVG 1972 § 87 Arbeitszeit Nr. 139.
[387] BAG 9.7.2013 – 1 ABR 19/12, NZA 2014, 99.
[388] BAG 9.7.2013 – 1 ABR 19/12, NZA 2014, 99; 8.12.2015 – 1 ABR 2/14, AP BetrVG 1972 § 87 Arbeitszeit Nr. 139.
[389] BAG 22.10.2019 – 1 ABR 17/18, NZA 2020, 123.
[390] BAG 9.12.2003 – 1 ABR 49/02, NZA 2005, 234.
[391] BAG 19.6.2012 – 1 ABR 19/11, AP BetrVG 1072 § 50 Nr. 35.
[392] BAG 18.4.1989 – 1 ABR 3/88, AP BetrVG 1972 § 87 Arbeitszeit Nr. 33.
[393] *Fitting* BetrVG § 87 Rn. 115; Richardi BetrVG/*Richardi* § 87 Rn. 279.

rungen enthalten auch Regelungen darüber, wie die Zeitdifferenz ausgeglichen werden kann und Zeiträume, innerhalb welcher Zeitrückstände und Guthaben verrechnet werden, sowie das Verhältnis zur Überstundenvergütung[394] und Kontrollmechanismen für die Überwachung der Einhaltung der Arbeitszeit.[395] Die Betriebspartner haben dabei auch die Möglichkeit, die Gleitzeitregelung nur auf bestimmte Arbeitnehmergruppen zu erstrecken.[396] Zulässig ist auch, dass die Arbeitnehmer individuell ihre tägliche Arbeitszeit festlegen können, solange die Gleitzeitregelung insgesamt die Mitbestimmungsrechte beachtet.[397] Aus einer Betriebsvereinbarung über gleitende Arbeitszeit kann der Arbeitgeber auch verpflichtet sein, eine Überschreitung des Gleitzeitrahmens durch Arbeitnehmer zu verhindern.[398] Wird in einer Betriebsvereinbarung über Gleitzeit von den Betriebsparteien geregelt, dass die über 10 Stunden hinaus geleistete werktägliche Arbeitszeit gekappt und grundsätzlich nicht als zu verteilende Arbeitszeit behandelt wird, regelt dies Arbeitszeit im betriebsverfassungsrechtlichen Sinn und nicht die vergütungspflichtige Arbeitszeit. Die hiervon erfasste Arbeitszeit wird nicht als nach § 87 Abs. 1 Nr. 2 iVm Nr. 3 BetrVG zu verteilende Arbeitszeit behandelt.[399] Der Betriebsrat hat ein Mitbestimmungsrecht nach § 87 I Nr. 2 BetrVG, auch bei der Einführung und Ausgestaltung von **Arbeitszeitkonten**. In Betriebsvereinbarungen werden typischerweise die Rahmenregelungen für die Arbeitszeitkonten festgelegt. Die individuelle Entscheidung eines jeden Arbeitnehmers, Arbeitszeit anzusammeln oder durch Freizeitausgleich abzubauen, ist dann allerdings nicht mitbestimmungspflichtig.

112 Zeiten, in denen der Arbeitnehmer **Bereitschaftsdienst** und **Rufbereitschaft** absolviert, sind ebenfalls Arbeitszeiten iSd § 87 Abs. 1 Nr. 2 BetrVG.[400] Dementsprechend ist auch die Verteilung dieser Dienste auf die einzelnen Wochentage sowie Festlegung von Beginn und Ende mitbestimmungspflichtig.[401] Die Einführung von Bereitschaftsdienst und Rufbereitschaft ist hingegen nicht mitbestimmungspflichtig.[402] Die Betriebspartner sind deshalb nicht berechtigt, Bereitschaftsdienst oder Rufbereitschaft für Arbeitnehmer anzuordnen, in deren Arbeitsvertrag dies nicht geregelt ist. Diese Frage kann kollektivrechtlich nicht geregelt werden, ebenso ist die Frage, ob diese Zeiten vergütet werden, nicht vom Mitbestimmungsrecht umfasst.[403]

113 Das Mitbestimmungsrecht bei **Pausen** erstreckt sich auf Dauer, Beginn und Ende,[404] aber nur auf bezahlte Unterbrechungen der Arbeitszeit.[405] Mitbestimmungspflichtig ist schließlich die Lage der unbezahlten Ruhepausen. Sind in mitbestimmten Dienstplänen die Pausenzeiten für die einzelnen Mitarbeiter geregelt, stellt es einen groben Verstoß iSd § 23 Abs. 3 S. 1 BetrVG dar, wenn der Arbeitgeber die Dienstpläne einseitig ändert, indem er wiederholt die festgelegten Pausenzeiten aufhebt und die betreffenden Mitarbeiter anweist, in dieser Zeit zu arbeiten, oder der Arbeitgeber die in den Pausen erbrachte Arbeitsleistung duldend entgegennimmt.[406] Den Betriebspartnern steht keine Befugnis zu, Regelungen hinsichtlich der Pausengestaltung zu treffen. Der Arbeitnehmer kann grundsätzlich frei entscheiden, wo und wie er die Pausen verbringen will.[407]

---

[394] MHdB ArbR/*Matthes* § 244 Rn. 49.
[395] BAG 21.12.1982 – 1 ABR 14/81, AP BetrVG 1972 § 87 Arbeitszeit Nr. 9; *Fitting* BetrVG § 87 Rn. 115; MHdB ArbR/*Matthes* § 224 Rn. 49.
[396] *Fitting* BetrVG § 87 Rn. 115.
[397] Schaub ArbR-HdB/*Vogelsang* § 160 Rn. 7.
[398] BAG 29.4.2004 – 1 ABR 30/02, NZA 2004, 670.
[399] BAG 10.12.2013 – 1 ABR 40/12, NZA 2014, 675.
[400] *Fitting* BetrVG § 87 Rn. 96.
[401] BAG 21.12.1982 – 1 ABR 14/81, AP BetrVG 1972 § 87 Arbeitszeit Nr. 9; 23.1.2001 – 1 ABR 36/00, AP BPersVG § 75 Nr. 78 = NZA 2001, 741; BAG 29.2.2000 – 1 ABR 15/99, AP BetrVG § 87 Arbeitszeit Nr. 81 = NZA 2000, 1243.
[402] Schaub ArbR-HdB/*Koch* § 235 Rn. 42.
[403] *Fitting* BetrVG § 87 Rn. 96.
[404] BAG 28.7.1981 – 1 ABR 65/79, AP BetrVG 1972 § 87 Arbeitssicherheit Nr. 3.
[405] Schaub ArbR-HdB/*Koch* § 235 Rn. 41; ErfK/*Kania* BetrVG § 87 Rn. 25.
[406] BAG 7.2.2012 – 1 ABR 77/10, AP BetrVG 1972 § 87 Arbeitszeit Nr. 128.
[407] BAG 23.9.1992 – 4 AZR 562/91, NZA 1993, 752.

Muster: Betriebsvereinbarung über die Einführung von Gleitzeit

Zwischen der XY GmbH, vertreten durch die Geschäftsführer, und dem Betriebsrat der XY GmbH, vertreten durch den Betriebsratsvorsitzenden, wird folgende Betriebsvereinbarung abgeschlossen:

§ 1 Geltungsbereich
1. Diese Betriebsvereinbarung gilt für alle Mitarbeiter der XY GmbH bis auf die Mitarbeiter in der Abteilung .... soweit es sich um keine leitenden Angestellten handelt.
2. Von der Betriebsvereinbarung und damit von der gleitenden Arbeitszeit sind folgende Mitarbeiter ausgeschlossen:
   a) Jugendliche gem. § 8 JArbSchG
   b) Mitarbeiterinnen gem. § 8 MuSchG
   c) Praktikanten und Aushilfskräfte, die nicht länger als 6 Monate bei der Firma beschäftigt sind
   d) Auszubildende über 18 Jahre

§ 2 Gleitende Arbeitszeit
Jeder Arbeitnehmer, der an der Gleitzeit teilnimmt, kann innerhalb der Bandbreite Beginn und Ende seiner täglichen Arbeitszeit bestimmen. Dabei ist er auch berechtigt, die Dauer seiner täglichen Arbeitszeit festzulegen. Der Arbeitnehmer ist verpflichtet, die Kernarbeitszeit einzuhalten und die monatliche Sollzeit zu leisten.

§ 3 Gleitarbeitszeit
Jeder Arbeitnehmer leistet seine vertragliche Arbeitszeit unter Berücksichtigung der betrieblichen Anforderungen nach Abstimmung mit Vorgesetzten und Kollegen der Abteilung. Die Bandbreite der Arbeitszeit liegt täglich von 07:00 bis 19:00 Uhr.

§ 4 Kernzeit
Die Kernzeit beginnt montags bis freitags um 09:00 Uhr. Sie endet montags bis donnerstags um 15:00 Uhr, freitags um 13:00 Uhr. Jeder Arbeitnehmer ist verpflichtet, während der Kernzeit außerhalb der Pausen an seinem Arbeitsplatz anwesend zu sein, sofern nicht berechtigte oder mit dem Vorgesetzten abgestimmte Ausnahmen vorliegen.

§ 5 Pause
Die tägliche Pause beträgt 30 min. Sie ist in der Zeit von 11:30 bis 15:00 Uhr zu nehmen.

§ 6 Sollarbeitszeit
Die tägliche Sollarbeitszeit beträgt für jeden Arbeitnehmer $1/_5$ der vereinbarten durchschnittlichen Wochenarbeitszeit ausschließlich der Pausenzeiten. Die tägliche Sollarbeitszeit wird mit den bezahlten Arbeitstagen eines Kalendermonats multipliziert und ergibt die monatliche Sollarbeitszeit.

§ 7 Höchstarbeitszeit
Die Arbeitszeitgrenzen bestimmen sich nach dem Arbeitszeitgesetz. Der jeweilige Mitarbeiter und sein Vorgesetzter haben über die Einhaltung der gesetzlichen Vorschriften, insbesondere die tägliche Höchstarbeitszeit von 10 Stunden, zu wachen.

§ 8 Zeitguthaben/Zeitschulden
1. Erzielt der Arbeitnehmer auf Grund der Teilnahme an der gleitenden Arbeitszeit Zeitguthaben oder -rückstände gegenüber der monatlichen Sollarbeitszeit, so kann der Mitarbeiter diese unter Berücksichtigung von betrieblichen Erfordernissen und persönlichen Bedürfnissen innerhalb des laufenden Monats ausgleichen. Der Gleitzeitsaldo darf zu keinem Zeitpunkt mehr als 30 Plus- oder Minusstunden betragen. Der Mitarbeiter hat über die Einhaltung dieser Vorschrift selbst zu wachen.
2. Der Arbeitnehmer ist berechtigt, bis zu 20 Plus- oder Minusstunden in den Folgemonat zu übertragen. Das Gleitzeitkonto wird am Monatsende automatisch auf 20 Stunden festgelegt. Ein Zeitguthaben von mehr als 20 Stunden wird nur dann ausnahmsweise in den Folgemonat über-

tragen, wenn der Mitarbeiter aus Gründen, die er nicht zu vertreten hat, die Stunden nicht abbauen konnte. Hierbei handelt es sich z.B. um Krankheit, Urlaub, Dienstreisen, angeordnete Mehrarbeit etc. Die Übertragung von mehr als 20 Plusstunden bedarf der schriftlichen Genehmigung des Vorgesetzten. Hat der Mitarbeiter am Monatsende mehr als 20 Minusstunden, wird das Entgelt im Folgemonat entsprechend gekürzt.
3. Jeder Arbeitnehmer ist berechtigt, im Monat zwei halbe Gleittage zum Ausgleich von Zeitguthaben durchzuführen. Dies bedarf der vorherigen Zustimmung des Vorgesetzten. Der Mitarbeiter muss an den Gleittagen während der Kernarbeitszeit mindestens 2,5 Stunden anwesend sein.
4. Bei fristgemäßer Beendigung des Arbeitsverhältnisses hat der Arbeitnehmer dafür Sorge zu tragen, dass sein Gleitzeitkonto bis zum Tage des Ausscheidens ausgeglichen ist. Ist dies nicht möglich oder liegt eine außerordentliche Beendigung des Arbeitsverhältnisses vor, werden Zeitguthaben oder Zeitdefizite bei der Endabrechnung verrechnet.

§ 9 Überstunden
1. Zeitguthaben sind keine Überstunden.
2. Als Überstunde gilt jede Arbeitsstunde, die über die Sollarbeitszeit hinausgeht und vom Vorgesetzten aus zwingenden betrieblichen Gründen als Überstunde angeordnet ist.
3. Jeder Arbeitnehmer ist verpflichtet, bei betrieblichen Notwendigkeiten im rechtlich zulässigen Umfang Überstunden, in Ausnahmefällen auch Feiertags-, Sonntags- und Nachtarbeit zu leisten.
4. Die Beteiligungsrechte des Betriebsrats bei der Anordnung und Entgegennahme von Überstunden bleibt unberührt.

§ 10 Ausgleich von Überstunden
Der Mitarbeiter kann anstelle von Überstundenvergütung die bezahlte Freistellung von der Arbeit verlangen. Die Vergütung von Überstunden ergibt sich aus den tariflichen Bestimmungen.

§ 11 Ganztägige Abwesenheit
Bei ganztägiger Abwesenheit durch Urlaub, Krankheit, Wochenfeiertagen und bei Dienstreisen wird die Arbeitszeit nach der täglichen Sollarbeitszeit berechnet.

§ 12 Automatische Zeiterfassung
1. Beginn und Ende der täglichen Arbeitszeit sowie Beginn und Ende der Pausenzeiten werden durch das elektronische Zeiterfassungssystem des Betriebs dokumentiert.
2. Die Firma ist berechtigt, das Arbeitsverhältnis eines Arbeitnehmers außerordentlich zu kündigen, wenn der Arbeitnehmer die Einrichtungen der Zeiterfassung missbräuchlich benutzt.

......
Geschäftsführung der XY GmbH

......
Betriebsrat der XY GmbH

Muster: Betriebsvereinbarung über die Einführung von Arbeitszeitkonten

115 Zwischen der Firma XY, vertreten durch die Geschäftsführung, und dem Betriebsrat der Firma XY, vertreten durch den Betriebsratsvorsitzenden, wird folgende Betriebsvereinbarung abgeschlossen:

§ 1 Verteilung der Wochenarbeitszeit
Die regelmäßige wöchentliche Arbeitszeit von 37 Stunden kann der Arbeitnehmer nach Maßgabe der betrieblichen Erfordernisse im Rahmen der Jahresarbeitszeit anderweitig verteilen.

§ 2 Dauer der Wochenarbeitszeit
Die Wochenarbeitszeit des Arbeitnehmers muss zwischen 32 und 42 Stunden liegen. In einem 12-Monats-Ausgleichszeitraum, der dem Kalenderjahr entspricht, muss der Arbeitnehmer wöchentlich durchschnittlich 37 Stunden arbeiten.

§ 3 Vergütung
Die Vergütung wird an den Arbeitnehmer nach Maßgabe der regelmäßigen Wochenarbeitszeit bezahlt.

§ 4 Zeitkonto

1. Für jeden Mitarbeiter wird ein besonderes Zeitkonto geführt. Der Mitarbeiter wird über den Stand seines Zeitkontos (Plus- und Minusstunden) mit jeder Gehaltsabrechnung informiert.
2. Zum Ende des Ausgleichszeitraums wird das Zeitkonto abgerechnet. Weist das Zeitkonto Plusstunden auf, werden die über den jährlichen Ausgleichszeitraum hinausgehenden Stunden mit einem Zuschlag von ...... % pro Stunde abgerechnet und an den Arbeitnehmer mit der nächsten Gehaltsabrechnung ausgezahlt. Minusstunden werden in den nächsten Ausgleichszeitraum übertragen und sind vom Arbeitnehmer im Rahmen der betrieblichen Erfordernisse innerhalb der ersten 3 Monate des folgenden Ausgleichszeitraums auszugleichen. Geschieht dies nicht, wird die Vergütung entsprechend reduziert.
3. Bei Beendigung des Arbeitsverhältnisses hat der Arbeitnehmer dafür Sorge zu tragen, dass das Zeitkonto am Beendigungstag ausgeglichen ist. Verbleibt ein Zeitguthaben, werden die Stunden mit einem Zuschlag von ...... % vergütet. Weist das Arbeitskonto Minusstunden auf, sind diese durch einen Abzug von der Vergütung auszugleichen.

§ 5 Ganztätige Abwesenheit

Erbringt der Arbeitnehmer wegen Krankheit, Urlaub, Feiertag etc. an einem Tag keine Arbeitsleistung, wird der Tag mit einer regelmäßigen Arbeitszeit von 7,4 Stunden vergütet.

§ 6 Überstunden

Überschreitet die wöchentliche Arbeitszeit 42 Stunden und beruht dies auf einer Anordnung des Arbeitgebers oder des Vorgesetzten, sind die Stunden als Überstunden mit einem Zuschlag von ...... % zu vergüten und mit der nächsten Gehaltsabrechnung auszuzahlen. Die tägliche Höchstarbeitszeit beträgt 10 Stunden.

§ 7 Zeitausgleich

Der Arbeitnehmer ist berechtigt, einen ganzen freien Arbeitstag in Anspruch zu nehmen, soweit sein Arbeitskonto ein entsprechendes Plussaldo ausweist. Das Arbeitszeitkonto vermindert sich dann um die gewährten Stunden. Die Freistellung für einen gesamten Tag bedarf der vorherigen Genehmigung des Vorgesetzten.

......
Geschäftsführung der XY GmbH

......
Betriebsrat der XY GmbH

§ 15 Verhaltenspflichten

Übersicht

	Rn.
I. Begriff der Verhaltenspflicht	1–7
II. Mitbestimmungsrechte des Betriebsrats	8–10
III. Muster: Betriebsvereinbarung zum Rauchverbot	11

I. Begriff der Verhaltenspflicht

1 Für das Funktionieren eines Betriebes ist das Zusammenleben und Zusammenwirken der Arbeitnehmer im Betrieb unabdingbar, so dass das Verhalten der Mitarbeiter aufeinander abgestimmt werden muss. Sowohl im Interesse der Arbeitnehmer als auch im Interesse des Betriebs sind **Regeln** und **Ordnungen** von den Arbeitnehmern zu beachten. Diese bestehen unabhängig von der Verpflichtung des Arbeitnehmers, seine Arbeitsleistung zu erbringen.[1]

2 In vielen Fällen **ergänzen** die Verhaltenspflichten die Verpflichtung zur Leistungserbringung. Dogmatisch wurden solche Anweisungen früher nicht auf die Arbeits- und damit Hauptleistungspflicht des Arbeitnehmers bezogen, sondern als Konkretisierung seiner **Rücksichtnahmepflichten** als **Nebenpflicht** aus dem Arbeitsverhältnis gem. §§ 241 Abs. 2, 242 BGB angesehen.[2] Der Arbeitnehmer hat Handlungen zu unterlassen, die den Arbeitgeber oder den Betrieb schädigen. Solche Nebenleistungspflichten sind eng mit der Hauptleistungspflicht des Arbeitnehmers verknüpft.[3] Die Sorgfalts-, Obhuts-, Fürsorge-, Aufklärungs- und Anzeigepflichten dienen vorrangig dazu, die Erbringung der Hauptleistung vorzubereiten und zu fördern, die Leistungsmöglichkeit zu erhalten und den Leistungserfolg zu sichern. **§ 106 S. 2 GewO** stellt klar, dass das Weisungsrecht sich auch auf die **Ordnung** und das **Verhalten des Arbeitnehmers** im Betrieb erstreckt, so dass auch die das Ordnungsverhalten des Arbeitnehmers betreffenden Weisungen des Arbeitgebers aus dem **Direktionsrecht** resultieren. Hier wird auch von „generellen Weisungen" gesprochen, die die Ordnung des Betriebes betreffen[4] und damit das betriebliche Zusammenwirken und Zusammenleben.[5] Der Arbeitgeber ist dabei den in § 106 S. 1 GewO genannten Beschränkungen und dem Mitbestimmungsrecht des Betriebsrats nach § 87 Abs. 1 Nr. 1 BetrVG unterworfen.[6] Die vom Arbeitgeber erteilten Weisungen zum Verhalten des Arbeitnehmers müssen die gesetzlichen Vorschriften, aber auch **billigem Ermessen** entsprechen und das **Persönlichkeitsrecht** des Arbeitnehmers beachten. Eine arbeitgeberseitige Weisung, während der Zeit einer Arbeitsunfähigkeit an einem Personalgespräch zu sogenannten leistungssichernden Verhaltenspflichten teilzunehmen, besteht für den Arbeitnehmer nicht.[7]

3 In der Praxis betrifft dies bspw. ein allgemeines **Rauch-** oder **Alkoholverbot** im Betrieb.[8] Ein generelles **Alkoholverbot** wurde früher als Verstoß gegen das allgemeine Persönlichkeitsrecht und damit als unzulässig angesehen.[9] Heute wird angenommen, dass der Arbeitgeber grundsätzlich ein allgemeines Alkoholverbot erlassen kann.[10] Dies ist insbesondere zulässig, wenn die vertragliche Leistung des Arbeitnehmers nur möglich und/oder zulässig ist, wenn (zuvor) kein Alkohol konsumiert wurde, wie es zB bei Ärzten, Piloten oder Be-

---

[1] BAG 24.3.1981 – 1 ABR 32/78, AP BetrVG 1972 § 87 Arbeitssicherheit Nr. 2.
[2] MHdB ArbR/*Reichold* § 36 Rn. 21; ErfK/*Preis* BGB § 611 Rn. 708.
[3] ErfK/*Preis* § 611 Rn. 708.
[4] MHdB ArbR/*Reichold* § 36 Rn. 21.
[5] LAG Düsseldorf 24.3.2014 – 9 Sa 1207/13, LAGE GewO 2003 § 106 Nr. 18.
[6] *Bauer/Opolony* BB 2002, 1590 (1591); *Wisskirchen* DB 2002, 1886.
[7] LAG Nürnberg 1.9.2015 – 7 Sa 592/14, ZTR 2016, 153, nrkr.
[8] BAG 23.9.1986 – 1 AZR 83/85, AP BPersVG § 75 Nr. 20; 19.1.1999 – 1 AZR 499/98, AP BetrVG 1972 § 87 Ordnung des Betriebes Nr. 2E; *Schillo/Behling* DB 1997, 2022.
[9] BAG 23.9.1986 – 1 AZR 83/85, AP BPersVG § 75 Nr. 20.
[10] Schaub ArbR-HdB/*Linck* § 53 Rn. 13.

rufskraftfahrern der Fall ist.[11] Die Vereinbarung von absoluten Alkoholverboten soll gerade auch im Arbeitsvertrag wirksam sein.[12] Die Vereinbarung von solchen Alkoholverboten ist in den Grenzen billigen Ermessens zulässig.[13] Die Anordnung entspricht **billigem Ermessen,** wenn das Nichtkonsumieren von Alkohol zur Erfüllung der Arbeitspflicht oder zur Sicherstellung der Sicherheit im Betrieb erforderlich und angemessen ist. Dabei ist das Mitbestimmungsrecht des Betriebsrates zu beachten. So kann in einer mitbestimmten Betriebsvereinbarung ein absolutes Alkoholverbot vereinbart werden.[14]

In § 5 Abs. 1 S. 2 ArbStättV ist der Arbeitgeber unter Beachtung von Mitbestimmungsrechten ermächtigt, ein **Rauchverbot** zu erlassen, das sich auf den Betrieb insgesamt erstreckt oder einzelne Bereiche des Betriebes umfasst. Dadurch sollen die nicht rauchenden Arbeitnehmer wirksam vor Gesundheitsgefahren durch Tabakrauch geschützt werden. Eine Prüfung der Gefährdung der zu schützenden Nichtraucher muss im Einzelfall nicht mehr durchgeführt werden.[15] Durch die landesrechtlichen Gesetze zum Nichtraucherschutz ist der Ermessensspielraum des Arbeitgebers teilweise beseitigt worden. Arbeitnehmer haben unter den Voraussetzungen des § 618 Abs. 1 BGB in Verbindung mit § 5 Abs. 1 ArbStättV einen **Anspruch auf Zuweisung eines tabakfreien Arbeitsplatzes.**[16] Im Hinblick auf das Verbot, in Gaststätten zu rauchen, kann ein dort beschäftigter Arbeitnehmer auch verlangen, auf einem tabakfreien Arbeitsplatz beschäftigt zu werden.[17] Ein Rauchverbot kann durch Tarifvertrag, Betriebsvereinbarung, Arbeitsvertrag oder durch Ausübung des Weisungsrechtes während der Arbeitszeit oder des Aufenthalts im Betrieb eingeführt werden.[18] Die Erforderlichkeit derartiger Verbote ist im Hinblick auf die wissenschaftlich belegte Gefahr des Passivrauchens gegeben. Das Rauchverbot kann – bei Beachtung der Mitbestimmungsrechte – auch der Verhütung von Bränden, der Vermeidung der Verunreinigung von Arbeitserzeugnissen oder der Intensivierung der Arbeitsleistung dienen. Die Regelung muss aber unter Berücksichtigung der Persönlichkeitsrechte der Raucher angemessen sein.[19] Dem kann beispielsweise durch Raucherzonen Rechnung getragen werden. Daneben existieren in den Nichtraucherschutzgesetzen des Bundes und der Länder Raucherverbote für öffentliche Einrichtungen. Diese sind von in solchen Einrichtungen beschäftigten Arbeitnehmern zu beachten.

In der Praxis kommt auch das Verbot vor, am Arbeitsplatz Radio zu hören.[20] Ferner können vom Arbeitgeber auch Türkontrollen oder Leibesvisitationen angeordnet werden.[21] Das Direktionsrecht umfasst auch Anordnungen dazu, ob Arbeitnehmer einen Hund mit ins Büro bringen dürfen.[22] Ebenso betrifft es das Tragen von Arbeitskleidung.[23] So kann der Arbeitgeber aus Sicherheits- und Hygienegründen Anweisungen hinsichtlich der Arbeitskleidung erteilen. Weiter gibt es in der Praxis Anweisungen zum äußeren Erscheinungsbild. Ein Arbeitgeber kann von seinen Arbeitnehmern mit Kundenkontakt verlangen, sich nach dem Charakter des Handelsgeschäfts u. dessen Kundenstamm branchenüblich zu kleiden. Das berechtigten Interesse des Arbeitgebers nach einem einheitlichen Erscheinungsbild („corporate identity") kann ausnahmsweise auch das grundrechtlich geschützte Persönlichkeitsrecht des Arbeitnehmers mit der freien Gestaltung des Äußeren und der Kleidung weichen. Auf Seiten des Arbeitnehmers sind wiederum dessen Grundrechte zu berücksichtigen. So kann der Arbeitgeber einen im Verkauf tätigen Mitarbeiter verbieten, in Gegenwart von Kunden in Jeans, Turnschuhen, ohne Krawatte und ohne Sakko aufzutreten.[24] Die Anordnung gegen-

---

[11] MHdB ArbR/*Reichold* § 49 Rn. 21.
[12] *Fleck* BB 1987, 2029 (2030); *Willemsen/Braun* DB 1988, 2304 (2305).
[13] MHdB ArbR/*Reichold* § 49 Rn. 21.
[14] BAG 23.9.1986 – 1 AZR 83/85, AP BPersVG § 75 Nr. 20.
[15] MHdB ArbR/*Reichold* § 49 Rn. 23.
[16] BAG 19.5.2009 – 9 AZR 241/08, NZA 2009, 775.
[17] BAG 19.5.2009 – 9 AZR 241/08, NZA 2009, 775.
[18] Schaub ArbR-HdB/*Linck* § 53 Rn. 34.
[19] Schaub ArbR-HdB/*Linck* § 53 Rn. 34.
[20] BAG 14.1.1986 – 1 ABR 75/83, AP BetrVG 1972 § 87 Ordnung des Betriebes Nr. 10.
[21] BAG 26.5.1988 – 1 ABR 9/87, AP BetrVG 1972 § 87 Ordnung des Betriebes Nr. 14.
[22] LAG Düsseldorf 24.3.2014 – 9 Sa 1207/13, LAGE GewO 2003 § 106 Nr. 18.
[23] BAG 1.12.1992 – 1 AZR 260/92, AP BetrVG 1972 § 87 Ordnung des Betriebes Nr. 20.
[24] LAG Hamm 22.10.1991 – 13 Ta BV 36/91, DB 1992, 280.

über Piloten, in dem der Öffentlichkeit zugänglichen Teil des Flughafens eine Cockpit-Mütze zu tragen, ist dann unwirksam, wenn Pilotinnen hierzu nicht verpflichtet sind.[25] Der Arbeitgeber kann auch eine einheitliche Dienstkleidung vorschreiben. Bei einem Mitarbeiter, der hingegen nur im Innendienst tätig ist und keinen Kontakt mit Kunden hat, kann das Verbot, kurze Hosen zu tragen, einen unzulässigen Eingriff in das Persönlichkeitsrecht darstellen, wenn das Verbot nicht durch berechtigte Interessen des Arbeitgebers gedeckt ist.[26]

6 Beschränkungen für entsprechende Weisungen können sich auch aus dem Diskriminierungsverbot des **AGG** ergeben. So stellt das Verbot, als Verkäuferin im Kaufhaus ein „islamisches Kopftuch" zu tragen, sowohl einen Verstoß gegen Art. 4 GG dar[27] als auch eine Verletzung des Diskriminierungsverbots wegen der Religion. Eine solche Anordnung kann nur noch dann zulässig sein, wenn es wegen **beruflicher Anforderungen** nach § 8 Abs. 1 AGG gerechtfertigt ist. Deshalb ist beispielsweise bei der Erzieherin in einer in öffentlicher Trägerschaft unterhaltenen Kindertagesstätte das Verbot des Tragens des „islamischen Kopftuchs" berechtigt.[28] Eine muslimische Krankenschwester hat aufgrund ihrer arbeitsvertraglichen Loyalitätspflichten es zu unterlassen, in einem evangelischen Krankenhaus während der Arbeitszeit ein Kopftuch als Ausdruck ihres religiösen Bekenntnisses zu tragen und sich im Rahmen ihrer Aufgabenerfüllung neutral gegenüber der Kirche zu zeigen.[29]

> **Formulierungsvorschlag: Regelung eines Alkoholverbots im Arbeitsvertrag**
>
> **Alkoholverbot**
>
> 7 Frau/Herrn ...... ist es untersagt, während der Arbeitszeit Alkohol zu sich zu nehmen. Ferner ist es verboten, auf das Betriebsgelände alkoholhaltige Getränke mitzubringen. Sollte Frau/Herr ...... alkoholisiert die Arbeit antreten, ist der jeweilige Vorgesetzte berechtigt, Frau/Herrn ...... vom Arbeitsplatz zu entfernen. Für diese Zeiten entfällt der Vergütungsanspruch. Sollte Frau/Herr ...... infolge des Alkoholgenusses einen Unfall erleiden, so entfällt der Anspruch auf Entgeltfortzahlung im Krankheitsfalle.
>
> ......

II. Mitbestimmungsrechte des Betriebsrats

8 In Betrieben, in denen ein Betriebsrat besteht, muss der Arbeitgeber dessen Mitbestimmungsrechte beachten. Nach der **Theorie der Wirksamkeitsvoraussetzung** ist eine Weisung, die das Mitbestimmungsrecht nach § 87 Abs. 1 Nr. 1 BetrVG nicht beachtet, unwirksam, selbst wenn sie individualvertraglich zulässig wäre.[30] Beim Mitbestimmungstatbestand nach § 87 Abs. 1 Nr. 1 BetrVG, wonach der Betriebsrat bei Fragen der Ordnung des Betriebs und des Verhaltens der Arbeitnehmer mitzubestimmen hat, grenzt das Bundesarbeitsgericht das **Ordnungsverhalten,** das das Verhalten des Arbeitnehmers innerhalb der betrieblichen Ordnung anbelangt von dem sog. **Arbeitsverhalten** ab.[31] Das Arbeitsverhalten definiert das Bundesarbeitsgericht dabei als alle Verpflichtungen, die bei der Erbringung der Arbeitsleistung selbst zu beachten sind oder die in sonstiger Weise nur das einzelne Verhältnis zwischen Arbeitgeber und Arbeitnehmer betreffen.[32] Die Grenzziehung zwischen mitbestim-

---

[25] BAG 30.9.2014 – 1 AZR 1083/12, NZA 2015, 121.
[26] ArbG Mannheim 16.2.1989 – 7 Ca 222/88, BB 1989, 1201.
[27] BAG 10.10.2002 – 2 AZR 472/01, AP KSchG 1969 § 1 Verhaltensbedingte Kündigung Nr. 44.
[28] BAG 12.8.2010 – 2 AZR 593/09, AP GG Art. 4 Nr. 8.
[29] BAG 24.9.2014 – 5 AZR 611/12, NZA 2014, 1407.
[30] StRspr des BAG vgl. nur BAG 3.12.1991 – GS 2/90, AP BetrVG 1972 § 87 Lohngestaltung Nr. 51; 3.12.1991 – GS 1/90, AP BetrVG 1972 § 87 Lohngestaltung Nr. 52; 3.5.1994 – 1 ABR 24/93, AP BetrVG 1972 § 23 Nr. 23; 10.3.1998 – 1 AZR 658/97, AP ArbGG 1979 § 84 Nr. 5.
[31] *Gragert* NZA-RR 1999, 449 (450); MHdB ArbR/*Matthes* § 243 Rn. 2.
[32] BAG 24.3.1981 – 1 ABR 32/78, AP BetrVG 1972 § 87 Arbeitssicherheit Nr. 2; 14.1.1986 – 1 ABR 75/83, AP BetrVG 1972 § 87 Ordnung des Betriebes Nr. 10.

mungsfreien und mitbestimmungspflichtigen Regelungen kann im Einzelfall problematisch sein. So hat das Bundesarbeitsgericht die Ausgestaltung der Dienstkleidung des Bodenpersonals einer Fluggesellschaft als Weisung im Rahmen des Ordnungsverhaltens eingestuft und dem Betriebsrat ein Mitbestimmungsrecht eingeräumt.[33] Der Erlass eines Rauchverbots ist ebenfalls als mitbestimmungspflichtig anzusehen, soweit nicht schon gesetzliche Verbote bestehen oder die Arbeitsleistung selbst durch das Rauchen beeinträchtigt wird.[34]

Die Betriebspartner haben bei der Ausübung des Mitbestimmungsrechts die individualrechtlichen Schranken zu beachten.[35] So darf das **Persönlichkeitsrecht der Arbeitnehmer** gem. § 75 Abs. 2 BetrVG nicht verletzt werden. Die Regelung des Betriebspartner muss geeignet, erforderlich und unter Berücksichtigung der gewährleisteten Freiheitsrechte angemessen sein. Ein Verstoß gegen das Persönlichkeitsrecht ist bei der Anordnung einheitlicher Arbeitskleidung[36] oder bei einem generellen Rauchverbot auf dem gesamten Betriebsgelände[37] denkbar. So hat das Bundesarbeitsgericht das Verbot, auch auf dem Freigelände des Betriebsgeländes zu rauchen, als unverhältnismäßig und damit unwirksam gewertet. Insoweit hat es keinen Schutz der Nichtraucher vor Gefahren und Belästigungen anerkannt, anders als in den betrieblichen Räumen. Der Zweck eines Rauchverbots, die Raucher bei einem Verbot von Nikotin zu entwöhnen, wurde als unwirksam anerkannt, da den Betriebspartnern insoweit die Regelungsbefugnis fehlte. Ferner können dem Arbeitnehmer auch keine Kosten auferlegt werden.[38]

Checkliste: Anweisung des Arbeitgebers zu Verhaltenspflichten

☐ Betrifft die Anweisung, das Verhalten des Arbeitnehmers im Betrieb und bezieht sie sich nicht auf die Arbeitsleistung des Arbeitnehmers wenn ja:
☐ Hat der Arbeitgeber bei der Anweisung das billige Ermessen beachtet?
☐ Hat der Arbeitgeber dem Persönlichkeitsrecht des Arbeitnehmers hinreichend Rechnung getragen?
☐ Sind Beteiligungsrechte des Betriebsrats zu beachten? wenn ja:
☐ Haben die Betriebspartner die individualrechtlichen Schranken beachtet?

III. Muster: Betriebsvereinbarung zum Rauchverbot

Arbeitgeber X und der Betriebsrat schließen folgende Betriebsvereinbarung über ein

Rauchverbot im Betrieb
Präambel
Die Gesundheit der Mitarbeiterinnen und Mitarbeiter ist ein hohes Gut, welches durch die Betriebsparteien besonders geschützt werden soll. Nach wissenschaftlichen Erkenntnissen stellt das Passivrauchen eine Gesundheitsgefährdung dar. Der Arbeitgeber ist nach § 5 Arbeitsstättenverordnung verpflichtet, zum Nichtraucherschutz die erforderlichen Maßnahmen zu treffen, damit auch die nicht rauchenden Beschäftigten in Arbeitsstätten wirksam vor den Gesundheitsgefahren durch Tabakrauch geschützt werden. Die Betriebsparteien vereinbaren deshalb folgende Betriebsvereinbarung:

---

[33] BAG 8.8.1989 – 1 ABR 65/88, AP BetrVG 1972 § 87 Ordnung des Betriebes Nr. 15.
[34] BAG 19.1.1999 – 1 AZR 499/98, AP BetrVG 1972 § 87 Ordnung des Betriebes Nr. 28.
[35] *Fitting* § 87 Rn. 70.
[36] BAG 1.12.1992 – 1 AZR 260/92, AP BetrVG 1972 § 87 Ordnung des Betriebes Nr. 20. Kein erzwingbares Mitbestimmungsrecht bei der Kostenregelung der einheitlichen Arbeitskleidung: BAG 13.2.2007 – 1 ABR 18/06, AP BetrVG 1972 § 87 Ordnung des Betriebes Nr. 40.
[37] BAG 19.1.1999 – 1 AZR 499/98, AP BetrVG 1972 § 87 Ordnung des Betriebes Nr. 28.
[38] BAG 1.12.1992 – 1 AZR 260/92, AP BetrVG 1972 § 87 Ordnung des Betriebes Nr. 20.

§ 1 Geltungsbereich
Die Betriebsvereinbarung gilt für den gesamten Betrieb und für alle Arbeitnehmer im Sinne von § 5 Abs. 1 BetrVG.

§ 2 Rauchverbot
1. In allen feuer- und explosionsgefährdeten Werksabteilungen, die in Anlage 1 dieser Betriebsvereinbarung genannt und durch Verbotsschilder gesondert gekennzeichnet sind, besteht ein absolutes Rauchverbot.
2. Auf dem Betriebsgelände und in den Betriebsgebäuden gilt – vorbehaltlich der Regelung in § 3 – ein uneingeschränktes Rauchverbot. Dies erstreckt sich insbesondere auf folgende Räume im Betriebsgebäude:
   • Büroräume
   • Konferenzräume
   • Kantine, Pausenräume, Gänge, Aufzug, Umkleideräume, Toiletten

§ 3 Raucherräume
Das Rauchen ist ausschließlich in den eingerichteten Raucherräumen und in den Raucherzonen auf dem Betriebsgelände, die in der Anlage 2 dieser Betriebsvereinbarung genannt sind und durch entsprechende Beschilderungen kenntlich gemacht sind, zulässig.

§ 4 Durchführung der Betriebsvereinbarung
Die Geschäftsführung stellt die Umsetzung dieser Betriebsvereinbarung bei den Arbeitnehmern sicher und weist die im Betrieb und auf dem Betriebsgelände tätigen Fremdfirmen auf das bestehende Rauchverbot hin.

§ 5 Folgen beim Verstoß gegen das Rauchverbot
Wer dem Rauchverbot zuwider handelt, kann – vorbehaltlich individualrechtlicher Konsequenzen, wie Abmahnung und im Wiederholungsfall einer Kündigung – mit einer Geldbuße von € 100,00 belegt werden. Über die Geldbuße entscheiden Betriebsrat und Geschäftsführung gemeinsam. Die Geldbuße hat der Arbeitgeber im nächsten Gehaltsabrechnungszeitraum vom Gehalt des Arbeitnehmers einzubehalten und dem Betriebskindergarten zuzuleiten.

§ 6 Schlussbestimmungen
...

Ort, Datum

......
Arbeitgeber

......
Betriebsrat
vertr. d. d. Betriebsratsvorsitzenden

§ 16 Rechte am Arbeitsergebnis

Übersicht

	Rn.
I. Einführung	1–4
II. Erwerb des Sacheigentums	5–10
1. Arbeitsvertraglich geschuldete Ergebnisse	5–8
2. Arbeitsvertraglich nicht geschuldete Ergebnisse	9/10
III. Arbeitnehmererfindungen und Verbesserungsvorschläge	11–225
1. Einführung	11–18
2. Die Grundbegriffe „technische Erfindung", „Diensterfindung" und „Miterfinderschaft"	19–32
a) Begriff der technischen Erfindung	19
b) Begriff der Diensterfindung	20–23
c) Zeitpunkt	24/25
d) Patent- oder Gebrauchsmusterfähigkeit	26–28
e) Miterfinderschaft	29–32
3. Meldepflicht bei Diensterfindungen	33–47
a) Grundlegendes zur Meldung; Zeitpunkt und Form der Meldung	33–37
b) Inhalt der Meldung	38–42
c) Erfindungsmeldeformulare	43–47
4. Rechte an der Erfindung, Überleitung der Rechte, Freiwerden der Erfindung, Verpflichtung zur Schutzrechtsanmeldung, Betriebsgeheime Erfindung, Auslandsfreigabe, Anbieten bei Fallenlassen	48–78
a) Inanspruchnahme	48–56
b) Freiwerden einer Diensterfindung	57–63
c) Verpflichtung zur Schutzrechtsanmeldung im Inland	64–69
d) Betriebsgeheime Erfindung	70–72
e) Anmeldung im Ausland und Freigabe für das Ausland	73–75
f) Aufgabe des Schutzrechts	76–78
5. Vergütung	79–146
a) Grundsätze	79–87
b) Fälligkeit und Regelung der Vergütung	88–91
c) Anspruch auf Anpassung der Vergütung	92/93
d) Risikoabschlag	94–96
e) Bemessung der Vergütung	97–141
f) Anspruch auf Auskunftserteilung und Rechnungslegung	142–146
6. Freie Erfindungen	147–152
a) Mitteilungspflicht	148–150
b) Anbietungspflicht	151/152
7. Technische Verbesserungsvorschläge im ArbEG	153–158
a) Begriff	153/154
b) Mitteilungspflicht	155
c) Verwertungsrecht	156
d) Vergütung	157/158
8. Unabdingbarkeit, Unbilligkeit, Geheimhaltungspflicht, Verpflichtungen aus dem Arbeitsverhältnis	159–167
a) Unabdingbarkeit	159–161
b) Unbilligkeit	162–165
c) Geheimhaltungspflicht	166
d) Verpflichtungen aus dem Arbeitsverhältnis	167
9. Öffentlicher Dienst, Hochschulerfindungen	168–187
10. Streitigkeiten	188–194
a) Schiedsstelle	188–192
b) Gerichtliches Verfahren	193/194
11. Das betriebliche Vorschlagswesen (BVW)	195–225
a) Verbesserungsvorschläge	196–198
b) Zweck des BVW	199
c) Grundzüge eines BVW	200–203
d) Mitbestimmungsrechte	204–225

		Rn.

IV. Grundzüge des Arbeitnehmerurheberrechts 226–308
  1. Einführung 226–229
  2. Werke in Erfüllung von Verpflichtungen aus dem Arbeits- oder
     Dienstverhältnis (ohne Computerprogramme) 230–276
     a) Der Begriff des „Arbeits- oder Dienstverhältnisses" 230–232
     b) Der Begriff „in Erfüllung" 233
     c) Kein Erwerb der Urheberrechte 234
     d) Das Urhebernutzungsrecht 235–242
     e) Urheber-Persönlichkeitsrechte 243–253
     f) Vergütung 254–276
  3. Arbeitsvertraglich nicht geschuldete Werke (ohne Computerprogramme) .. 277
  4. Computerprogramme 278–305
     a) Arbeitsvertraglich geschuldete Computerprogramme 278–299
     b) Arbeitsvertraglich nicht geschuldete Computerprogramme 300–305
  5. Datenbanken 306, 307
  6. Verfahrensrecht 308
V. Sonstige schutzfähige Schöpfungen 309–324
  1. Designs (früher Geschmacksmuster) 309–314
  2. Pflanzenzüchtungen 315–318
  3. Halbleitererzeugnisse 319–322
  4. Marken 323/324

I. Einführung

1   Die arbeitsvertraglich geschuldeten Tätigkeiten des Arbeitnehmers münden in die Erzeugung von Arbeitsergebnissen. **Arbeitsergebnisse** sind körperlicher und/oder geistiger Natur, bestehen demnach aus körperlichen Gegenständen (Sachen)[1] und/oder geistigen Schöpfungen, an denen Immaterialgüterrechte bestehen können. Der Arbeitgeber ist zur umfassenden Nutzung und Verwertung der von den Arbeitnehmern erzielten Arbeitsergebnisse darauf angewiesen, die dazu erforderlichen Rechte zu erhalten. Die Rechtsordnung muss daher zur Herbeiführung der wirtschaftlichen Handlungsfähigkeit des Arbeitgebers Mechanismen vorsehen, nach denen dem Arbeitgeber Rechte an Arbeitsergebnissen von vornherein zugewiesen werden oder er die Erlangung solcher Rechte zumindest gegenüber dem Arbeitnehmer durchsetzen kann.

2   Den Arbeitsvertragsparteien stellen sich daher, wenn geistige Schöpfungen vorliegen, folgende Fragen:

- Welche Rechte gehen auf welche Weise – schon von Gesetzes wegen, aufgrund eines Willensakts des Arbeitgebers oder nur aufgrund einer Vereinbarung – auf den Arbeitgeber über und welche Rechte verbleiben möglicherweise dem Arbeitnehmer an einem als Ergebnis einer arbeitsvertraglich **geschuldeten** Tätigkeit erzielten Arbeitsergebnis? Wie sieht dies bei während der rechtlichen Zeitdauer des Bestehens des Arbeitsverhältnisses erarbeiteten, aber arbeitsvertraglich **nicht geschuldeten** Werken aus?
- Und: Schuldet der Arbeitgeber dem Arbeitnehmer im Zusammenhang mit der Überlassung der an arbeitsvertraglich geschuldeten schöpferischen Leistungen entstehenden Rechte über die regelmäßige Arbeitsvergütung hinaus eine **gesonderte Vergütung**? Wenn ja, wofür genau, für die Überlassung als solche, die Sonderleistung, die Nutzung, die Nutzbarkeit, ein evtl. Monopol? Wie sind diese Fragen bei arbeitsvertraglich nicht geschuldeten Werken zu beantworten, wenn diese im Arbeitsbereich des Arbeitgebers verwendbar sind, wie, wenn sie es nicht sind?

3   Daher sind neben den eingangs genannten Fällen auch diejenigen zu betrachten, in denen der Arbeitnehmer Arbeitsergebnisse bei **Tätigkeiten** erzielt hat, die **nicht arbeitsvertraglich geschuldet** bzw. nicht im Einzelfall angewiesen waren. Hier muss man ua sich die Frage stel-

---

[1] Zu denen der BGH auch Computerprogramme zählt, vgl. ua BGH 15.11.2006 – XII ZR 120/094, NJW 2007, 2394 (Rechtsnatur eines Computerprogramms als Sache im Rahmen eines Vertrages über Application Service Providing).

len, aus welchen Gründen und in welchem Umfang eine Rechtezuweisung zu Gunsten des Arbeitgebers angemessen und/oder ein Rechtserwerb durch den Arbeitgeber möglich ist. Da die arbeitsvertragliche Vergütung solche Leistungen idR nicht erfassen kann, stellt sich hier in besonderer Weise die Frage nach einer zusätzlichen Kompensation, sollte der Arbeitgeber Rechte erlangen (können).

Insbesondere im Zusammenhang mit **geistigen Schöpfungen** sehen einige Schutzstatute 4 (wie zB § 69b UrhG und § 7 Abs. 2 DesignG) ausdrückliche Regelungen zur Zuweisung von Rechten vor, bisweilen auch zur wirtschaftlichen Kompensation (§§ 32, 32a UrhG). Eine Sonderrolle nehmen hier technische Erfindungen ein, die einer sondergesetzlichen Regelung im ArbEG und nicht im Schutzstatut (PatG, GebrMG) zugeführt worden sind.

Nicht Gegenstand der Darstellung in § 16 sind (i) arbeitsrechtliche Bezüge des **Know-how-Schutzes**, also des Schutzes betrieblichen Erfahrungswissens außerhalb etablierter Schutzstatuten, dh in Form von Geschäftsgeheimnissen, vgl. auch das Gesetz zum Schutz von Geschäftsgeheimnissen (GeschGehG),[2] und (ii) anderes, möglicherweise wettbewerbsrechtlich relevantes Verhalten von (ausgeschiedenen) Arbeitnehmern im Zusammenhang mit geistigem Eigentum oder sonst Regelungen zu vertraglichen Geheimhaltungsverpflichtungen. Der Know-How-Schutz wurde, auch mit Wirkung für arbeitsrechtliche Belange, durch das GeschGehG, das auf der „Richtlinie (EU) 2016/943 des Europäischen Parlaments und des Rates über den Schutz vertraulichen Know-hows und vertraulicher Geschäftsinformationen (Geschäftsgeheimnisse) vor rechtswidrigem Erwerb sowie rechtswidriger Nutzung und Offenlegung"[3] beruht, europaweit (im Wesentlichen) vereinheitlicht. Ein Geschäftsgeheimnis im Sinne von § 2 Nr. 1 GeschGehG ist eine Information, die (1) weder in ihrer Gesamtheit noch in der genauen Anordnung und Zusammensetzung ihrer Bestandteile den Personen in den Kreisen, die üblicherweise mit dieser Art von Informationen umgehen, allgemein bekannt oder ohne weiteres zugänglich und daher von wirtschaftlichem Wert ist, die (2) Gegenstand von den Umständen nach angemessenen Geheimhaltungsmaßnahmen durch den rechtmäßigen Inhaber ist und (3) bei der ein berechtigtes Interesse an der Geheimhaltung besteht. Diese drei Voraussetzungen müssen kumulativ erfüllt sein. Einzelheiten zur Darstellung des Know-how-Schutzes im Arbeitsverhältnis und der Rechte und Pflichten der Arbeitsvertragsparteien mit Blick auf Geschäftsgeheimnisse, auch bei Ausscheiden aus dem Arbeitsverhältnis, finden sich in → § 30 Rn. 3 ff. *(Reinfeld)*.

II. Erwerb des Sacheigentums

1. Arbeitsvertraglich geschuldete Ergebnisse

Körperliche Gegenstände, die von dem Arbeitnehmer **in Erfüllung seiner arbeitsvertragli-** 5 **chen Verpflichtungen** geschaffen wurden, gehören nach allgemeiner Ansicht dem Arbeitgeber. Er erwirbt Sacheigentum nach bzw. entsprechend § 950 BGB (Spezifikation). In diesen Fällen gilt der Arbeitgeber als „Hersteller" iSd § 950 BGB, so dass er unmittelbar und originär Sacheigentum an den durch den Arbeitnehmer geschaffenen körperlichen Gegenständen erwirbt, denn die Herstellung erfolgt im Namen und im wirtschaftlichen Interesse des Arbeitgebers.[4] Dieser **Eigentumserwerb** erfolgt **von Gesetzes wegen**, so dass sogar ein ggf. entgegenstehender Wille des Arbeitnehmers unbeachtlich ist.[5] Entscheidend ist vielmehr die objektive Funktionsstellung, das Weisungsrecht für die Gestaltung der Produktion, das Eigentum an den Produktionsmitteln, die Risikoverteilung und die Eingliederung in den Wirtschaftsablauf.[6] Der Arbeitgeber hat folglich gegenüber dem Arbeitnehmer einen Anspruch auf Herausgabe des geschaffenen Werkstücks gem. § 985 BGB.

---

[2] Gesetz zum Schutz von Geschäftsgeheimnissen vom 18.4.2019, BGBl. 2019 I 466.
[3] ABl. 2016 L 157, 1 ff., nach Art. 20 in Kraft getreten am 6.7.2016.
[4] Palandt/*Bassenge* BGB § 950 Rn. 6 f.
[5] *Schaub* ArbRHdB § 114 II 2; auch im faktischen Arbeitsverhältnis.
[6] Anders ggf. im Bereich der Aufzeichnung von Patientendaten durch einen Chefarzt, die auch zur (eigenen) Forschung dienen sollen oder von Grabungsmaterialien durch einen Historiker/Archäologen, vgl. hierzu BGH 27.9.1990 – I ZR 244/80, NJW 1991, 1480; *Lippert* NJW 1993, 769.

6   Wenn der Arbeitnehmer im Rahmen seines Arbeitsverhältnisses körperliche Gegenstände erstellt, die **geschützte geistige Schöpfungen** enthalten, zB urheberrechtlich geschützte Werke gem. § 2 UrhG oder patent- oder gebrauchsmusterfähige Erfindungen gem. § 1 PatG bzw. § 1 GebrMG, erwirbt der Arbeitgeber das Eigentum an Sachen, die diese Rechte verkörpern. Daher wird der Arbeitgeber Eigentümer von zB Filmnegativen und Tonträgern, Manuskripten, technischen Zeichnungen, Datenträgern mit Computerprogrammen oder Datenbanken[7] bzw. von Sachen, deren erfinderischer Gehalt über ein Patent oder Gebrauchsmuster schützbar ist (zB Prototypen). Von dem Eigentumsrecht sind jedoch gem. dem **Schöpferprinzip** die an der Sache bestehenden **Immaterialgüterrechte**, zB das Urheberrecht bzw. die Rechte an der technischen Erfindung, streng zu unterscheiden.[8] Insbesondere kann nicht schon aus dem Eigentumsrecht bzgl. der Sache geschlossen werden, dass alle Immaterialgüterrechte, gleich ob auf dinglicher Ebene oder als (ausschließliche) Nutzungsrechte, ohne weiteres beim Arbeitgeber liegen, und aus dieser Zuordnung gleich auch ein Recht zur beliebigen Verwertung abgeleitet werden. Das Verwertungsrecht ergibt sich im urheberrechtlichen Bereich vielmehr allein aus dem Urheberrecht.[9] Dementsprechend **können Eigentumsrecht an einer Sache und Immaterialgüterrechte an der darin verkörperten geistigen Leistung auseinander fallen**. Dieses Auseinanderfallen ist jedoch **nur für solche Sachen problematisch** (bzw. regelungsbedürftig), **in denen sich immaterialgüterrechtlich geschützte Leistungen verwirklichen**; besteht zB lediglich (kraft allseitiger Geheimhaltung) ein Knowhow-Schutz[10] oder liegt ein nicht schutzfähiger technischer oder fachlicher Verbesserungsvorschlag vor, ist also keine Schutzfähigkeit gemäß einem Schutzstatut gegeben, gehören alle Eigentums- und immateriellen Rechte dem Arbeitgeber ohne Weiteres.

7   Im Bereich des ArbEG ist anerkannt, dass ein Arbeitnehmer ein Besitzrecht an Unterlagen haben kann, die er benötigt, um seinen Anspruch auf Vergütung darlegen zu können.[11] Dies gilt jedenfalls für Unterlagen, die der Arbeitgeber im Rahmen eines Begehrens nach Auskunft und Rechnungslegung (§ 242 BGB iVm §§ 9, 12 ArbEG) vorlegen müsste. Insoweit kann das Eigentumsrecht des Arbeitgebers eingeschränkt sein.

8   Hat ein Arbeitnehmer in Ausführung seiner Tätigkeit eine Sache **gefunden** (§§ 965 ff. BGB), ist der Arbeitnehmer nur Besitzdiener und der Arbeitgeber wird unmittelbarer Besitzer. Ein Eigentumserwerb nach § 973 BGB tritt dementsprechend unmittelbar beim Arbeitgeber ein.[12]

2. Arbeitsvertraglich nicht geschuldete Ergebnisse

9   An Gegenständen, die **nicht** in Erfüllung einer arbeitsvertraglichen Verpflichtung und nicht mit Material des Arbeitgebers vom Arbeitnehmer geschaffen wurden, erhält der **Arbeitgeber kein Sacheigentum**; selbst dann nicht, wenn der Gegenstand in der Arbeitszeit und am Arbeitsplatz hergestellt wurde.[13]

10 Diese rein sachenrechtliche Bewertung unterscheidet sich von der arbeitnehmererfinderrechtlichen;[14] hiernach können Sacheigentum (Arbeitgeber) und Inhaberschaft an der verkörperten Erfindung (Arbeitnehmer) auseinanderfallen. Denn in dem Gegenstand kann sich eine Diensterfindung gem. § 4 Abs. 2 ArbEG verkörpern.[15] Hat der Arbeitgeber die Rechte an einer solchen Diensterfindung nicht auf sich übergeleitet, darf er auch den Gegenstand nicht iSd § 9 PatG nutzen, in dem sich die Erfindung verkörpert.

---

[7] Wandtke/Bullinger/*Wandtke* UrhG § 43 Rn. 38.
[8] Vgl. zum Urheberrecht → Rn. 226 ff.
[9] Wandtke/Bullinger/*Wandtke* UrhG § 43 Rn. 38.
[10] Zum Know-How-Schutz vgl. → § 30 Rn. 3 ff. *(Reinfeld)*.
[11] BGH 21.12.1989 – X ZR 30/89, GRUR 1990, 515 – Marder. Dem Geheimhaltungsbedürfnis des Arbeitgebers wird insoweit durch eine strafbewehrte Unterlassungsverpflichtungserklärung Rechnung getragen.
[12] Anders mag dies bei einem (sehr seltenen) Schatzfund sein, vgl. BGH 20.1.1988 – VIII ZR 296/86, NJW 1988, 1204.
[13] MHdB ArbR/*Sack* § 98 Rn. 10 mwN.
[14] Zur Zuordnung der Rechte an der Diensterfindung nachfolgend → Rn. 48 ff.
[15] Vgl. zu diesem Begriff → Rn. 19 ff.

III. Arbeitnehmererfindungen und Verbesserungsvorschläge

1. Einführung

Für patent- oder gebrauchsmusterfähige Erfindungen sowie für sog. qualifizierte technische Verbesserungsvorschläge (§§ 2, 3, 20 Abs. 1 ArbEG), die von einem Arbeitnehmer bzw. Beamten im bestehenden Arbeitsverhältnis[16] bzw. Dienstverhältnis entwickelt werden, gilt das Gesetz über Arbeitnehmererfindungen (ArbEG). Im Hinblick auf einfache (technische) Verbesserungsvorschläge[17] verweist das ArbEG in § 20 Abs. 2 ArbEG auf das Tarifvertrags- und Betriebsverfassungsrecht (§ 87 Abs. 1 Nr. 12 BetrVG). Damit ist durch das ArbEG bzw. durch die Verweisung aus § 20 Abs. 2 ArbEG hinaus der gesamte Bereich im Arbeitsverhältnis bzw. beamtenrechtlichen Dienstverhältnis[18] entstehender technischer Schöpfungen erfasst.

Ziel des ArbEG im Sinne einer Art Kollisionsnorm[19] ist es, die **Interessen der Arbeitsvertragsparteien zum Ausgleich zu bringen**. Das ArbEG löst den Konflikt, der darin wurzelt, dass nach arbeitsrechtlichen Grundregeln das Arbeitsergebnis dem Arbeitgeber gehört, während Patent- und Gebrauchsmusterrecht gemäß dem Schöpferprinzip davon ausgehen, dass die Rechte an der technischen Erfindung dem Erfinder gebühren (vgl. zB § 6 PatG), wie folgt:

- Die Rechte an einer patent- oder gebrauchsmusterfähigen Erfindung stehen dem Schöpferprinzip entsprechend grundsätzlich dem Arbeitnehmererfinder zu.
- Der Arbeitnehmer hat eine Diensterfindung zu melden, eine freie Erfindung, vgl. §§ 18, 19 ArbEG, in den gesetzlich normierten Fällen mitzuteilen.
- Der Arbeitgeber hat die zeitlich auf eine Frist von vier Monaten nach Zugang der Meldung begrenzte Möglichkeit, ohne dass es auf einen etwa entgegenstehenden Willen des Arbeitnehmers ankommt, eine **Diensterfindung frei zu geben** oder **in Anspruch zu nehmen** (auch automatisch mit Fristablauf) und sich durch eine solche Inanspruchnahme sämtliche Nutzungs- und Verwertungsrechte zu sichern (§§ 6, 7 ArbEG). Bei einer **freien Erfindung** bestehen hingegen keine derartigen unmittelbaren Zugriffsrechte des Arbeitgebers (vgl. jedoch die Einzelheiten in §§ 18, 19 ArbEG).
- Als Ausgleich für die durch Inanspruchnahme übergeleitete Monopolstellung ist der Arbeitgeber verpflichtet, dem Arbeitnehmererfinder eine angemessene Vergütung zu zahlen (§ 9 ArbEG).

In den **persönlichen Anwendungsbereich** des ArbEG fallen ausschließlich **Arbeitnehmer im arbeitsrechtlichen Sinne**,[20] also keine (echten) freien Mitarbeiter, Ruheständler, Handelsvertreter, Organmitglieder[21] oder (reine) Gesellschafter oder Anteilseigner. Da insoweit das ArbEG nicht gilt, besteht Vertragsfreiheit mit der Möglichkeit, innerhalb allgemeiner zivilrechtlicher Grenzen beliebige Regelungen zur Zuweisung von Rechten an technischen Erfindungen und zur Vergütung zu treffen, zB – aus Sicht der Gesellschaft – eine Vorausabtre-

---

[16] Das ArbEG erfasst auch die Erfindungen von Arbeitnehmern im Öffentlichen Dienst sowie Beamten und Soldaten (§§ 40, 41 ArbEG).
[17] Ziff. 11 bzw. → Rn. 195 ff.
[18] Der Vereinfachung der Darstellung halber ist im Folgenden nur von einem „Arbeitsverhältnis" die Rede sowie von Arbeitnehmern und Arbeitgebern; das beamtenrechtliche Dienstverhältnis bzw. das Anstellungsverhältnis im Öffentlichen Dienst wird insoweit außen vor gelassen; auf eine Darstellung der §§ 40 bis 42 ArbEG wird daher verzichtet.
[19] So ausdrücklich das BVerfG 24.4.1988 – 1 BvR 587/88, NJW 1998, 3704 f. – Induktionsschutz von Fernmeldekabeln.
[20] Umstritten ist die Anwendung auf arbeitnehmerähnliche Personen (§ 12a TVG).
[21] Vgl. hierzu ausführlich *Trimborn* Erfindungen von Organmitgliedern, Diss. 1998; vgl. zur Erfinderstellung von Organmitgliedern und zur Vergütungspflicht BGH 17.10.2000 – X ZR 223/98, GRUR 2001, 226 – Rollenantriebseinheit; BGH 26.9.2006 – X ZR 181/03, GRUR 2007, 52 – Rollenantriebseinheit II. Nach Ansicht des BGH besteht eine Vergütungspflicht für Erfindungen eines Geschäftsführers gemäß § 612 Abs. 2 BGB nur, wenn im Dienstvertrag oder anderweitig keine abweichende Vereinbarung getroffen wurde. Auch ohne besondere Abbedingung kann eine Vergütungspflicht bei einem Geschäftsführer ausscheiden, wenn er gerade mit dem Ziel entgeltlich angestellt wurde, persönlich auf Neuerungen hinzuarbeiten, die zu Schutzrechten führen können (sa BGH 11.4.2000 – X ZR 185/97, GRUR 2000, 788 – Gleichstromsteuerschaltung).

Gennen

tungsregelung (mit notwendigerweise zumindest bestimmbarem Abtretungsgegenstand), mit oder ohne gesonderte Vergütung. Ein Fehler wäre es aus Sicht der Gesellschaft, vertraglich die Anwendung des ArbEG im Ganzen zu vereinbaren; auch die bloße Vereinbarung der Vergütungsvorschriften ist aus Sicht der Gesellschaft nicht anzuraten, da ein Vergütungsanspruch des Organmitgliedes abbedungen werden kann. Aus Sicht des Organmitglieds mag es empfehlenswert sein, die Anwendung des ArbEG zu vereinbaren.

Mit Blick auf den **räumlichen Anwendungsbereich** ist für die Anwendbarkeit des ArbEG das Arbeitsstatut entscheidend. Die Rechte und Pflichten, die sich aus einer Diensterfindung ergeben, bestimmen sich nach demselben Recht, an das auch sonst für das Arbeitsverhältnis zwischen dem Arbeitnehmererfinder und dem Arbeitgeber anzuknüpfen ist; das bezieht sich dementsprechend auch auf die Frage, wie die Rechte an einer Diensterfindung auf den Arbeitgeber übergehen.[22]

14 Steht der Arbeitnehmer gleichzeitig in **mehreren Arbeitsverhältnissen**, richtet sich die Zuordnung der von ihm geschaffenen Erfindung danach, in welcher Eigenschaft bzw. auf welcher Grundlage er die technische Neuerung entwickelt hat (**Sphärentheorie**), so dass der Schwerpunkt der Tätigkeit im Zeitpunkt der Fertigstellung der Erfindung maßgeblich ist.

15 Für den Fall der **gewerbsmäßigen Arbeitnehmerüberlassung** stellt § 11 Abs. 7 AÜG die Fiktion auf, dass der Entleiher als Arbeitgeber iSd ArbEG für solche Erfindungen gilt, die der Leiharbeitnehmer während der Dauer der Tätigkeit beim Entleiher fertig gestellt hat. Bei der nicht gewerblichen Arbeitnehmerüberlassung bleibt der Verleiher Arbeitgeber, so dass sich die Rechte und Pflichten des ArbEG in diesem Verhältnis bestimmen.

16 Wird das **Arbeits- bzw. Dienstverhältnis** nach Fertigstellung der Erfindung **beendet**, lässt das die wechselseitigen Rechte und Pflichten aus dem ArbEG unberührt (§§ 26, 41 ArbEG). Rechte und Pflichten aus dem ArbEG bestehen nur zwischen den Arbeitsvertrags- bzw. Dienstvertragsparteien (bzw. den Erben des Arbeitnehmers). Überträgt der Arbeitgeber eine übergeleitete Diensterfindung auf einen Dritten, so gehen die Rechte und Pflichten aus dem ArbEG nicht auf diesen über. Im Falle des **Betriebsübergangs** findet § 613a BGB grundsätzlich auch auf die Rechte und Pflichten nach dem ArbEG Anwendung, soweit auch die jeweiligen Erfindungen/Schutzrechtspositionen mit übertragen werden.[23]

17 § 27 ArbEG enthält für in Anspruch genommene Diensterfindungen eine **insolvenzrechtliche Sonderregelung** (→ Rn. 18 aE); auf Konkursfälle, bei denen vor dem 1.1.1999 Konkursantrag gestellt worden ist, findet § 27 ArbEG aF Anwendung, der dem Arbeitnehmer bestimmte Vorrechte gibt.

18 Durch das **Patentrechtsmodernisierungsgesetz**[24] wurde das ArbEG **mit Wirkung für ab dem 1.10.2009 gemeldete Diensterfindungen durchgreifend novelliert;** für vorher gemeldete Diensterfindungen gilt die alte Rechtslage fort (vgl. § 43 Abs. 3 ArbEG). Die wesentlichen Änderungen sind folgende:

- Die für einige nach dem ArbEG abzugebende Erklärungen als Wirksamkeitsvoraussetzung[25] geltende Schriftform (§ 126 BGB) wurde praktisch durchgehend durch die **Textform** (§ 126b BGB) als Mindestanforderung ersetzt. Die Textform ist ausreichend insbes. bei Meldung (§ 5 Abs. 1 S. 1 ArbEG), Inanspruchnahme- oder Freigabeerklärung (§§ 6 Abs. 2, 8 ArbEG), Festsetzung der Vergütung bzw. Widerspruch hiergegen (§ 12 Abs. 3 und 4 ArbEG), Mitteilungen nach § 18 ArbEG und bei der Erklärung der erheblichen Unbilligkeit (§ 23 Abs. 2 ArbEG). Wird von dem Erklärenden Schriftform gewählt obschon die Textform ausreichend ist, hindert das naturgemäß die Wirksamkeit der Erklärung nicht; die Textform ist insoweit (durchweg) eine Mindestform.
- Der für vor dem 1.10.2009 gemeldete Diensterfindungen bestehende Zwang des Arbeitgebers zur Inanspruchnahme innerhalb einer viermonatigen Ausschlussfrist nach Zugang

---

[22] BGH 4.9.2018 – X ZR 14/17, BeckRS 2018, 37254 – Drahtloses Kommunikationsnetz.
[23] Im Übrigen gelten folgende Grundsätze: Wird im Rahmen des Betriebsübergangs die Diensterfindung als Asset übertragen, geht aber das Arbeitsverhältnis nicht mit über, dann ist der Vorgang der Asset-Übertragung grundsätzlich vergütungspflichtig. Geht das Arbeitsverhältnis über, bleibt die Diensterfindung aber beim früheren Arbeitgeber, dann hat der Altarbeitgeber die Nutzung weiterhin zu vergüten.
[24] Gesetz zur Vereinbarung und Modernisierung des Patentrechts v. 31.7.2009, BGBl. 2009 I 2521.
[25] Vorbehaltlich eines wirksamen Verzichts auf die Einhaltung dieser Form.

der Erfindungsmeldung entfällt, weil das Gesetz eine **gesetzliche Fiktion der Inanspruchnahme** mit Ablauf einer viermonatigen Frist vorsieht: Hiernach gilt die Erfindung als in Anspruch genommen, wenn der Arbeitgeber sie nicht innerhalb der Frist freigibt (§ 6 Abs. 2 ArbEG).
- Die in der Praxis nahezu **bedeutungslose beschränkte Inanspruchnahme**[26] ist abgeschafft worden. Es gibt seit dem 1.10.2009 nur noch diejenige Form der Inanspruchnahme, die zuvor als „unbeschränkt" bezeichnet wurde.[27]
- Die Regelung über den **Erfinderberater** in § 21 ArbEG ist wegen ihrer geringen Bedeutung aufgehoben worden.
- Die Vorschrift zu **Arbeitnehmererfindungen in der Insolvenz** (§ 27 ArbEG) wurde geändert: Das bisher für bestimmte Fälle geltende Vorkaufsrecht des Arbeitnehmererfinders in der Insolvenz des Arbeitgebers in Bezug auf die Schutzrechtspositionen, die bzgl. seiner Erfindungen erwirkt wurden, setzte notwendig den Abschluss eines Vertrags über die Erfindung zwischen dem Insolvenzverwalter und einem Dritten voraus, was nicht immer der Fall war. Es ist daher ersetzt worden durch eine **Anbietungspflicht** des Insolvenzverwalters gegenüber dem Arbeitnehmererfinder (§ 27 Nr. 3 ArbEG).

2. Die Grundbegriffe „technische Erfindung", „Diensterfindung", und „Miterfinderschaft"

a) Begriff der technischen Erfindung. Das ArbEG kennt keinen eigenen Begriff der technischen Erfindung. Vielmehr greift es auf den Begriff der technischen Erfindung nach dem PatG bzw. dem GebrMG zurück. Auch diese beiden Statuten bieten jedoch keine Legaldefinition der technischen Erfindung, sondern setzen diese voraus. Der Begriff der technischen Erfindung wird dementsprechend von Rechtsprechung und Literatur geprägt. Gemeinsam ist der hM, dass die technische Erfindung **eine auf schöpferischer Leistung beruhende Lehre zum planmäßigen Handeln unter Ausnutzen beherrschbarer Naturkräfte zur Erreichung eines kausal übersehbaren Erfolges darstellt.**[28] Der Begriff der Technizität von Erfindungen ist in der Rechtsprechung dynamisch, wie zB an der nicht endenden Diskussion über die Schutzfähigkeit computerimplementierter Erfindungen abzulesen ist.

b) Begriff der Diensterfindung. (Technische) Erfindungen, die ein Arbeitnehmer während des Arbeitsverhältnisses entwickelt hat, stellen entweder **Diensterfindungen** gem. § 4 Abs. 2 ArbEG oder **freie Erfindungen** gem. § 4 Abs. 3 ArbEG dar. Erfindungen, die keine Diensterfindungen sind, sind freie Erfindungen. Wenn in diesem Kapitel nur von einer „Erfindung" die Rede ist, ist in aller Regel die Diensterfindung gemeint.
Bei den Diensterfindungen unterscheidet § 4 Abs. 2 ArbEG zwischen sog. **Aufgabenerfindungen** (§ 4 Abs. 2 Nr. 1 ArbEG) und **Erfahrungserfindungen** (§ 4 Abs. 2 Nr. 2 ArbEG).
Der Begriff der **Aufgabenerfindung** als einer **Erfindung, die aus der dem Arbeitnehmer im Betrieb** (gemeint ist: Unternehmen) **obliegenden Tätigkeit entstanden ist,** ist weit aufzufassen.[29] Dazu gehören sämtliche Erfindungen, die in einem engen Zusammenhang mit der Tätigkeit des Arbeitnehmers stehen, insbesondere die Entwicklung einer Erfindung auf Grund eines an den Arbeitnehmer ergangenen Forschungs- oder Entwicklungsauftrags. Für eine Beurteilung, ob eine Aufgabenerfindung vorliegt, ist der gesamte arbeitsvertragliche und arbeitsrechtliche Pflichtenkreis des Arbeitnehmers maßgeblich. Eine Aufgabenerfindung wurde beispielsweise (noch) in den folgenden Fällen angenommen,
- bei einem Volkswirt, der mit der Leitung eines neuen Produktbereichs betraut war und sich dabei intensiv in die technische Entwicklungsarbeit eingeschaltet hat;
- bei einem in einer Arbeitsbeschaffungsmaßnahme beschäftigten Diplomingenieur, der die Erfindung zwar außerhalb der Arbeitszeit während seiner Fahrt zur Arbeitsstätte entwickelt hatte, der Entwicklungsgegenstand aber im Bereich der ABM-Tätigkeit lag.

---

[26] Vgl. hierzu → Rn. 55 aE.
[27] Vgl. hierzu → Rn. 48 ff.
[28] Vgl. Nachweise bei Busse/Keukenschrijver/*Keukenschrijver*, PatG, 8. Aufl. 2016, § 1 Rn. 17 ff.; vgl. grundlegend auch BGH 27.3.1969 – X ZB 15/67, GRUR 1969, 272 – Rote Taube.
[29] *Bartenbach*/*Volz* § 4 Rn. 19; MHdB ArbR/*Sack* § 101 Rn. 11.

22   Demgegenüber wird man zB nicht mehr von einer Aufgabenerfindung ausgehen können, wenn der Arbeitnehmer die Erfindung (allein) im Rahmen einer ausdrücklich erlaubten **Nebentätigkeit** gemacht hat.

23   Eine **Erfahrungserfindung** liegt vor, wenn die Erfindung **maßgeblich** auf Erfahrungen oder Arbeiten des Betriebes beruht, dh, wenn der innere Stand der Technik des Unternehmens maßgeblich zur Erfindung beigetragen hat. Unter dem inneren Stand der Technik ist das gesamte dem Arbeitnehmer zugängliche Erfahrungswissen eines Unternehmens zu verstehen.[30] Die Begriffe „Erfahrungen" und „Arbeiten" sind weit auszulegen; hierunter fallen zB auch negative Erfahrungen des Unternehmens im Sinne einer erfolgten Fehlentwicklung. Eine Erfahrungserfindung wurde zB bejaht[31]

- bei einem Laborleiter für die Technologie der Faserverbundstoffe in einem mit Raum- und Luftfahrttechnik befassten Forschungsinstitut, der auf Grund seines Hobbys als Windsurfer in der Freizeit einen Gabelbaum für Segelbretter aus kohlefaserverstärktem Kunststoff entwickelte;
- bei einem Betriebsleiter, der im Rahmen seiner Tätigkeit von negativen Erfahrungen auf einem technischen Spezialgebiet Kenntnis erhielt und dessen Erfindung gerade zur Lösung dieser erkannten Probleme diente.

24   c) **Zeitpunkt.** Eine Diensterfindung unterfällt nur dem ArbEG, wenn sie **während des Bestehens eines Arbeitsverhältnisses** fertig gestellt worden ist. **Fertig gestellt** ist eine Erfindung dann, wenn sie **technisch ausführbar** ist. Dabei ist nicht auf die subjektive Sicht des Erfinders abzustellen, der sich sogar im Irrtum oder in Unkenntnis über die technische Ausführbarkeit der Erfindung befinden kann,[32] sondern auf den (objektiven) sog. **Durchschnittsfachmann**,[33] der in der Lage sein muss, nach den Angaben des Erfinders ohne eigene erfinderischer Überlegungen, notfalls mithilfe orientierender, das übliche Maß nicht übersteigender Versuche, mit Erfolg nach der Erfindung zu arbeiten. Eine Fabrikationsreife der Erfindung oder gar eine Aussicht auf eine gewinnbringende Verwertungsmöglichkeit hingegen sind nicht erforderlich.[34]

25   Eine Diensterfindung liegt auch dann vor, wenn wesentliche Vorbereitungen bereits vor Beginn des Arbeitsverhältnisses getätigt wurden. Die Erfindung muss nur während des rechtlichen Bestandes des Arbeitsverhältnisses in dem o. a. Sinne fertig gestellt werden. Die Beweislast dafür, dass die Erfindung während des Bestehens des Arbeitsverhältnisses entwickelt wurde, liegt beim Arbeitgeber;[35] allerdings spricht bei engem zeitlichen Zusammenhang zwischen dem rechtlichen Ende des Arbeitsverhältnisses und der zeitlich nachfolgenden Schutzrechtsanmeldung vonseiten des Arbeitnehmers eine tatsächliche Vermutung dafür, dass die Erfindung noch während des Arbeitsverhältnisses gemacht wurde.[36] Veranlasst der Arbeitnehmer kurz vor der Fertigstellung der Erfindung eine Auflösung des Arbeitsverhältnisses, um auf diese Weise seiner Verpflichtung zur Meldung zu entgehen, so ist der Arbeitgeber dennoch analog § 162 BGB zur Inanspruchnahme der Erfindung berechtigt.[37]

26   d) **Patent- oder Gebrauchsmusterfähigkeit.** Um in den sachlichen Anwendungsbereich des ArbEG zu fallen, muss die Erfindung gem. § 2 ArbEG patent- oder gebrauchsmusterfähig

---

[30] BGH 18.5.1971 – X ZR 68/67, NJW 1971, 1409, zugleich zur Fertigstellung einer Diensterfindung im Schlussurlaub.
[31] Weitere Beispiele bei *Bartenbach/Volz* § 4 Rn. 45.
[32] BGH 10.11.1970 – X ZR 54/67, GRUR 1971, 210 – Wildverbissverhinderung.
[33] Der Durchschnittsfachmann ist eine Kunstfigur bzw. Hilfsfigur. Abgestellt wird auf einen mit Entwicklungsarbeiten auf dem jeweiligen technischen Fachgebiet betrauten Fachmann, also einen praktischen Techniker/Naturwissenschaftler, der sein Augenmerk allein darauf richtet, welche praktischen Anweisungen zum Handeln er erhält. Dementsprechend ist der Durchschnittsfachmann für jede Erfindung gesondert zu bestimmen; Einzelheiten zum Begriff des Durchschnittsfachmanns vgl. Busse/Keukenschrijver/*Keukenschrijver*, Patentgesetz, 8. Aufl. 2016, § 4 Rn. 123 ff.
[34] MHdB ArbR/*Sack* § 101 Rn. 7.
[35] BGH 21.10.1980 – X ZR 56/78, GRUR 1981, 128 – Flaschengreifer; Busse/Keukenschrijver/*Keukenschrijver*, Patentgesetz, 8. Aufl. 2016, ArbEG § 4 Rn. 9; MHdB ArbR/*Sack*, Bd. 1, § 101 Rn. 8.
[36] *Bartenbach/Volz* § 4 Rn. 18.
[37] *Bartenbach/Volz* § 4 Rn. 16.

sein. Für die Patent- bzw. Gebrauchsmusterfähigkeit setzen § 1 PatG bzw. § 1 GebrMG voraus, dass die der Erfindung zugrunde liegende Lehre **neu ist, auf einer erfinderischen Tätigkeit** (Patent) bzw. **auf einem erfinderischen Schritt (Gebrauchsmuster) beruht und gewerblich anwendbar ist.** Gem. § 3 Abs. 1 PatG[38] gilt eine Erfindung als neu, wenn sie nicht zum Stand der Technik gehört, wobei der Stand der Technik alle Kenntnisse umfasst, die vor dem für den Zeitrang der Anmeldung maßgeblichen Tag (vielfach der Anmeldetag selbst) der Öffentlichkeit zugänglich gemacht worden sind. Nach § 4 PatG gilt eine Erfindung als auf einer erfinderischen Tätigkeit beruhend, wenn sie sich für den Fachmann (Durchschnittsfachmann) nicht in nahe liegender Weise aus dem Stand der Technik ergibt.[39] Nach § 5 PatG[40] gilt eine Erfindung als gewerblich anwendbar, wenn ihr Gegenstand auf irgendeinem gewerblichen Gebiet einschließlich der Landwirtschaft hergestellt oder benutzt werden kann.

Da naturgemäß bis zur rechtsbeständigen Versagung einer Erteilung oder Eintragung der Erfindung zum Patent bzw. Gebrauchsmuster die Frage der Schutzfähigkeit nicht feststeht, sind die Regelungen des ArbEG zunächst auch bei Zweifeln an der Schutzfähigkeit anzuwenden, soweit sie nicht auf ein erteiltes/eingetragenes Schutzrecht abstellen. Eine Ausnahme ist nach bestr. Auffassung[41] allenfalls dann geboten, wenn die Schutzfähigkeit im Einzelfall offensichtlich ausgeschlossen ist.

Die Schiedsstelle steht mit der überwiegenden Literatur[42] auf dem Standpunkt, dass eine **Schutzfähigkeit der Erfindung nach ausländischem Recht** für die Anwendbarkeit des ArbEG ausreicht, wenn in Deutschland ein Schutz nicht möglich ist.[43] Nach ihrer Ansicht eröffnet auch ein (lediglich) im Ausland erlangtes paralleles Schutzrecht den Anwendungsbereich des ArbEG.[44]

e) **Miterfinderschaft.** In den meisten Fällen wird eine Erfindung heutzutage angesichts der zumeist teamorientierten Forschungs- und Entwicklungstätigkeit nicht von einem einzelnen Arbeitnehmer gemacht, sondern von mehreren Personen. Eine Definition der Erfinderschaft findet sich im ArbEG nicht, diese folgt allgemeinen patent- bzw. gebrauchsmusterrechtlichen Grundsätzen. Nach ganz hM ist Erfinder derjenige, dessen individuelle geistige Tätigkeit zu der Erfindung geführt hat; Miterfinder ist derjenige, der einen schöpferischen Beitrag zu einer gemeinschaftlichen Erfindung geleistet hat.[45]

Der Miterfinderanteil wird als prozentualer Anteil an der Erfindung ausgedrückt. Ausgehend von der Erfindung sind zur Feststellung des Umfangs der Miterfinderschaft die Einzelbeiträge der Beteiligten am Zustandekommen der Erfindung festzustellen und im Verhältnis zueinander und zur erfinderischen Gesamtleistung abzuwägen, dh zu gewichten.[46] Beiträge von unter 10 % sind rechnerisch eher unwahrscheinlich, zumindest selten. Miterfinder, die einen Beitrag im einstelligen oder gerade eben zweistelligen Prozentbereich erhalten, werden vielfach von den eigentlichen Erfindern aus Dankbarkeit oder auf Druck (Phänomen der sog. „Vorgesetztenerfindung") oder aus Unkenntnis mit benannt, ohne eine im Sinne der Rechtsprechung hinreichende Beteiligung an der Lösung geleistet zu haben.

---

[38] Während § 3 PatG von einem absoluten Neuheitsbegriff ausgeht (die Erfindung darf weltweit nicht vor dem Prioritätstag der Öffentlichkeit zugänglich gemacht worden sein), stellt § 3 Abs. 1 S. 1 GebrMG im Sinne einer relativen Neuheit nur auf neuheitsschädliche Veröffentlichungen in der Bundesrepublik Deutschland ab. Außerdem sieht § 3 Abs. 1 S. 3 GebrMG eine dem PatG in dieser Form fremde Neuheitsschonfrist von 6 Monaten vor.
[39] § 1 Abs. 1 GebrMG spricht von einem „erfinderischen Schritt".
[40] Bzw. § 3 Abs. 2 GebrMG.
[41] *Bartenbach/Volz* § 2 Rn. 19; aA Schiedsstelle 8.2.1991 ArbErf. 36/90, GRUR 1991, 753 – Spindeltrieb; so auch *Reimer/Schade/Schippel* ArbEG § 13 Rn. 5.
[42] MHdB ArbR/*Sack* § 101 Rn. 15 f.; *Sack* RIW 1989, 612, 618 f.; *Straus* GRUR Int. 1990, 535.
[43] Schiedsstelle 19.1.1970, BlPMZ 1970, 426; 26.4.1976, BlPMZ 1977, 202.
[44] AA *Bartenbach/Volz* § 2 Rn. 25 f.; Einzelheiten s. dort.
[45] So schon BGH 16.11.1954 – I ZR 40/53, NJW 1955, 541 – Schnellkopiergerät; vgl. auch BGH 17.1.1995 – X ZR 130/93, BeckRS 9998, 78495 – Gummielastische Masse; BGH 17.10.2000 – X ZR 223/98, GRUR 2001, 226 – Rollenantriebseinheit; BGH 18.6.2013 – X ZR 103/11, Mitt. 2013, 551 – Flexibles Verpackungsbehältnis.
[46] BGH 20.2.1979 – X ZR 63/77, GRUR 1979, 540 – Biedermeiermanschetten.

31 Bedeutsam aus Sicht des Arbeitgebers ist, dass sich die Miterfinder recht früh über ihre Miterfinderanteile einigen, zumindest, damit es bei der Vergütung keinen Streit über die Verteilung aufgrund einer Auseinandersetzung über die Miterfinderanteile gibt. Aus diesem Grund sollte das Erfindungsmeldeformular (s. u.) ein Feld für eine vom Arbeitgeber inhaltlich **unbeeinflusste Miterfinderanteilsvereinbarung** enthalten. Wird diese abgeschlossen, kann sich der Arbeitgeber jedenfalls dann auf die Richtigkeit der Miterfinderanteile verlassen und sie der Erfindervergütungsberechnung zu Grunde legen, wenn für ihn keine Anhaltspunkte für eine Unrichtigkeit der Anteile oder Unverbindlichkeit der Abrede ersichtlich sind.[47] Die **Darlegungs- und Beweislast** für das Vorliegen der Miterfinderschaft trägt derjenige, der sich auf die Eigenschaft als Miterfinder beruft. Allerdings kann ein starkes Indiz für eine Miterfinderschaft die Benennung als Erfinder in den Schutzrechtsanmeldeunterlagen sein.[48] Derart frühe Benennungen sind oft noch von späteren Auseinandersetzungen unbelastet.

32 Zwischen den Miterfindern besteht eine **Bruchteilsgemeinschaft nach §§ 741 ff. BGB**. Leitet der Arbeitgeber alle Miterfinderanteile auf sich über, wird diese Bruchteilsgemeinschaft aufgehoben. Werden einzelne Anteile frei oder freigegeben,[49] so entsteht eine Bruchteilsgemeinschaft zwischen dem Arbeitgeber, insoweit die Anteile übergeleitet wurden, und den Miterfindern, deren Anteile frei (gegeben) wurden. Nach hM[50] hat jeder Mitinhaber der Bruchteilsgemeinschaft ein Verwertungsrecht gem. § 745 Abs. 2 BGB in den – bezogen auf das Patent – Formen des § 9 PatG. (Dingliche) Belastungen und Verfügungen, zB Lizenzvergaben, können nach hM nur gemeinschaftlich vorgenommen werden (§ 747 S. 2 BGB); jeder Mitinhaber kann seinen Bruchteil veräußern.[51] Soll in einer Bruchteilsgemeinschaft mit Stimmenmehrheit beschlossen werden (können), dass einem Dritten die Nutzung der Erfindung gegen Entgelt (lizenzweise) gestattet wird, muss die mit dem Dritten getroffene Vereinbarung so ausgestaltet sein, dass Teilhabern, die der Gestattung nicht zugestimmt haben, der Zugriff auf den ihnen gebührenden Anteil an den Nutzungen möglich bleibt.[52]

3. Meldepflicht bei Diensterfindungen

33 a) **Grundlegendes zur Meldung; Zeitpunkt und Form der Meldung.** Hat ein Arbeitnehmer eine Diensterfindung **gemacht**, so hat er diese gem. § 5 ArbEG unverzüglich dem Arbeitgeber zu melden. Die Erfindungsmeldung hat **gesondert und in Textform** zu erfolgen; eine **gesonderte Meldung** hat demnach von anderen Schriftstücken oder Informationen getrennt zu erfolgen.[53] Bei der Meldepflicht handelt es sich um eine **elementare Rechtspflicht** des Arbeitnehmers, an die zahlreiche Rechtsfolgen geknüpft sind. So löst der Zugang der Erfindungsmeldung die viermonatige Frist zur Inanspruchnahme der Erfindung durch den Arbeitgeber gem. § 6 Abs. 2 ArbEG aus. Auch ist der Arbeitgeber nach Eingang der Erfindungsmeldung – vorbehaltlich einer anderweitigen Abrede in Bezug auf die konkrete Erfindung – berechtigt und verpflichtet die Erfindung zum Schutzrecht anzumelden, § 13 Abs. 1 ArbEG. Nach der Erfindungsmeldung bestehen gem. § 24 Abs. 1 und Abs. 2 ArbEG sowohl für den Arbeitgeber als auch für den Arbeitnehmer besondere Geheimhaltungsverpflichtungen.

34 aa) *Zeitpunkt der Meldung.* Die Meldung ist **unverzüglich nach Fertigstellung** der Diensterfindung zu machen. Im Zeitpunkt der Meldung kommt es nicht darauf an, dass die

---

[47] BGH 17.5.1994 – X ZR 82/92, GRUR 1994, 898 – Copolyester.
[48] BGH 4.4.2006 – X ZR 155/03, GRUR 2006, 754 – Haftetikett.
[49] Vgl. zu einer solchen Konstellation nach altem Recht BGH 4.4.2006 – X ZR 155/03, GRUR 2006, 754 – Haftetikett; sa BGH 21.12.2005 – X ZR 165/04, GRUR 2006, 401 – Zylinderrohr.
[50] Vgl. statt vieler *Fischer* GRUR 1977, 313 ff.
[51] Einzelheiten zur Nutzung und Verwertung des gemeinschaftlichen Schutzrechts sind strittig, vgl. ua. BGH 22.3.2005 – X ZR 142/03, GRUR 2005, 663 – Gummielastische Masse II; BGH 21.12.2005 – X ZR 165/04, GRUR 2006, 401 – Zylinderrohr; BGH 16.5.2017 – X ZR 85/14, GRUR 2017, 890 – Sektionaltor II (Ablehnung von Ausgleichsansprüchen); BGH 14.2.2017 – X ZR 64/15, BeckRS 2017, 103552 – Lichtschutzfolie (zum Ausschluss eines Mitberechtigten von der Nutzung).
[52] BGH 9.6.2020 – X ZR 142/18, GRURS 2020, 15979 – Penetrometer.
[53] BGH 17.1.1995 – X ZR 130/93, BeckRS 9998, 78495 – Gummielastische Masse.

Schutzfähigkeit der Erfindung schon feststeht. Auch eine Erfindung, deren Schutzfähigkeit zweifelhaft ist, muss dem Arbeitgeber gemeldet werden.[54]

bb) Form der Meldung. (1) Frühere Rechtslage. Die für bis zum 30.9.2009 gemeldete 35 Diensterfindungen geltende **frühere Rechtslage**, die dem Gesetzeswortlaut nach die Schriftform von Erfindungsmeldung und Inanspruchnahmeerklärung[55] forderte, hielt für den Arbeitgeber in der praktischen Abwicklung einen Nachteil bereit. In zahlreichen Unternehmen existiert kein den früheren Anforderungen des ArbEG genügendes formelles Erfindungswesen. Vielfach wurden und werden technische Neuerungen in fachlichen Gesprächskreisen oder anderweitig formlos an den Arbeitgeber oder unmittelbare an dessen Patentanwalt mitgeteilt. Wurden bei einer solchen formlosen Mitteilung die bis zum 30.9.2009 geltende Schriftform des § 5 Abs. 1 ArbEG aF nicht beachtet, so hatte dies nach Ansicht des BGH zur Konsequenz,[56] dass jedenfalls das Datum der zeitlich nachfolgenden arbeitgeberseitigen Schutzrechtsanmeldung unter Benennung des Erfinders bzw. der Erfinder den Zeitpunkt darstellt, in dem die viermonatige Inanspruchnahmefrist zu laufen begann. Denn mit der Schutzrechtsanmeldung lässt der Arbeitgeber erkennen, dass er die gesetzlich geforderten Informationen kennt. Die Inanspruchnahmefrist nach früherem Recht hatte hierbei jedoch den Nachteil, dass bei ihrem Ablauf die Erfindung zugunsten des Arbeitnehmers **frei wurde**, während nach geltender Rechtslage die Erfindung mit Ablauf der Frist als **in Anspruch genommen gilt.** Seit dem 1.10.2009 bedeutet der Fristablauf also das Gegenteil von dem, was er zuvor bedeutete. Der BGH forderte aber nach dem früheren Recht die Schriftform der Inanspruchnahmeerklärung; die Erfindungsmeldung hingegen müsse nicht schriftlich erfolgen. Das führte dazu, dass bei einer beiderseits formlosen Handhabung von Meldung und Inanspruchnahme (vorbehaltlich eines idR nicht beweisbaren wirksamen Verzichts der Beteiligten auf die Einhaltung der Schriftform) die Erfindung bzw. der Miterfinderanteil zugunsten des Arbeitnehmererfinders frei wurde. Der verbreiteten Auffassung, mangels schriftlicher Erfindungsmeldung beginne die viermonatige Inanspruchnahmefrist nicht zu laufen, hat der BGH daher jedenfalls für solche Fälle eine Absage erteilt, in denen der Arbeitgeber „*dokumentiert, dass es keiner Erfindungsmeldung mehr bedarf, weil er über die Kenntnisse bereits verfügt, die ihm der Diensterfinder durch die Erfindungsmeldung verschaffen soll*".[57] Die diese Grundsätze schaffende BGH-Entscheidung „Haftetikett" wurde von Arbeitnehmern vielfach so verstanden, dass jede beliebige Art und Weise der Mitteilung von Erfindungselementen bzw. des Erfindungsgegenstandes gegenüber dem Arbeitgeber nunmehr als Ersatz für eine förmliche Erfindungsmeldung tauglich war, insbesondere eine mehr oder weniger versteckte Mitteilung in Arbeitsberichten oder anderen Unterlagen. Dem hat der BGH eine Absage erteilt. Entscheidend ist vielmehr, dass eine **Dokumentation des Arbeitgebers** vorliegt, aus der hervorgeht, dass **dieser selbst meint,** alle aus einer gesetzeskonformen Erfindungsmeldung sonst ableitbaren Mindestinformationen zu haben. Eine Zusammenstellung von Unterlagen durch den Arbeitnehmer oder ein Nachweis des Arbeitnehmers, er habe dem Arbeitgeber in verschiedenen Unterlagen oder in (irgend-) einer Unterlage eine Erfindung mitgeteilt, ist dementsprechend nicht ausreichend. Fallgestaltungen, die als problematisch erscheinen, um die Inanspruchnahmefrist aF auszulösen, waren ausweislich der BGH-Entscheidung „Initialidee" beispielsweise:

- **Arbeitsberichte** (in einem Entwicklungsprojekt) seien nicht tauglich, die Erfindungsmeldung zu ersetzen, weil sie einen anderen Zweck verfolgten. Es fehle an der „gesonderten" Meldung. Ein zusammenfassendes Schreiben hingegen kann ausreichend sein.[58]

---

[54] BGH 2.6.1987 – X ZR 97/86, GRUR 1987, 900 – Entwässerungsanlage.
[55] Vgl. hierzu → Rn. 48 ff.
[56] BGH 4.4.2006 – X ZR 155/03, GRUR 2006, 754 – Haftetikett; bestätigt durch BGH 12.4.2011 – X ZR 72/10, GRUR 2011, 733 – Initialidee; s. a. BGH 14.2.2017 – X ZR 64/15, BeckRS 2107, 103552 – Lichtschutzfolie zum Nachreichen einer schriftlichen Erfindungsmeldung, nachdem der Arbeitgeber bereits auf anderweitige Mitteilung der Erfindung hin eine Patentanmeldung getätigt hat; die dogmatische Grundlage lieferten bereits *Fricke/Meier-Beck* Mitt. 2000, 199.
[57] BGH 12.4.2011 – X ZR 72/10, GRUR 2011, 733 – Initialidee.
[58] Siehe auch BGH 17.12.2019 – X ZR 148/17, GRUR 2020, 388 – Fesoterodinhydrogenfumarat: Unschädlich ist es danach, wenn der Arbeitnehmer verschiedene Formulierungskonzepte, Verfahren und Darreichungs-

- **Mündliche Mitteilungen** seien ebenfalls nicht ausreichend, weil die Gefahr bestehe, dass sie in Vergessenheit gerieten.
- Wichtig sei auch, dass **alle etwaigen Miterfinder** bekannt werden, eine Mitteilung, die nicht die Erfinderschaft oder Miterfinderschaft des/der Betroffenen einschließe, sei daher ebenfalls nicht ausreichend. Bei Beteiligung mehrerer Mitarbeiter genügt jedoch die Meldung eines Mitarbeiters den Anforderungen nach § 5 Abs. 2 Satz 3 ArbNErfG aF, wenn der Arbeitgeber ihr entnehmen kann, dass Miterfinder beteiligt waren und wie er diese und deren Anteile ermitteln kann. Welchen Detaillierungsgrad die Meldung insoweit aufweisen muss, hängt insbesondere davon ab, welche Kenntnisse der Arbeitnehmer hat oder sich unschwer verschaffen kann. Danach ist der Arbeitnehmer in der Regel gehalten, die Miterfinder aus seinem eigenen Verantwortungsbereich konkret zu benennen. Hinsichtlich der Beteiligung von Mitarbeitern aus anderen Bereichen des Unternehmens genügt grundsätzlich die Angabe der betreffenden Organisationseinheit.
- Erfahre der Arbeitgeber von einer **Patentanmeldung des Arbeitnehmers**, der die (vermeintlich) frei gewordene Diensterfindung auf den eigenen Namen angemeldet hat, genüge dies schon deswegen nicht, weil der Arbeitgeber den Charakter der Erfindung als Diensterfindung (§ 4 Abs. 2 ArbEG) der fremden Anmeldung nicht entnehmen könne (sondern vielmehr davon ausgehen müsse, dass jedenfalls der anmeldende Erfinder meine, es sei seine eigene und keine dem Arbeitgeber zustehende Diensterfindung).

Noch mehr als zehn Jahre nach der durchgreifenden Gesetzesänderung gibt es damit grundlegende Entscheidungen zur alten Rechtslage – angesichts von Patentlaufzeiten von bis zu 20 Jahren und entsprechenden wirtschaftlichen Werten kein Wunder.

36 *(2) Rechtslage ab dem 1.10.2009.* Seit dem 1.10.2009 gibt das ArbEG die Möglichkeit, Wissens- und Willenserklärungen elektronisch auszutauschen, so lange (mindestens) die Form des § 126b BGB gewahrt ist. Dementsprechend wird man künftig in vermehrtem Maße Übermittlungswege und Systeme nutzen können, die auf **elektronisch übermittelten bzw. abgelegten Willenserklärungen** beruhen.

37 In praktischer Hinsicht ist es für den (Regel-)Fall der Miterfinderschaft erforderlich, eine Erfindungsmeldung zu erhalten, die in unveränderter Form von allen Miterfindern in Textform gebilligt und nach Billigung durch den letzten Miterfinder unverändert von diesem an den Arbeitgeber weitergeleitet wird, so dass für alle beteiligten Miterfinder die Form des § 126b BGB eingehalten ist. Die Gefahr, dass bei einer E-Mail-Weiterleitung der Erfindungsmeldungsdatei über alle Miterfinder Manipulationen erfolgen, ist nicht gering. Insoweit ist tunlichst ein Werkzeug einzusetzen, das die **Manipulation auf technischer Ebene verhindert**. Bei der Übersendung per E-Mail stellt sich ferner die Frage nach dem Geheimnisschutz zur Verhinderung einer neuheitsschädlichen Vorveröffentlichung. Insoweit ist anzuraten, die gesamte E-Mail, zumindest aber die Anhänge, die Erfindungsmeldung und etwa beigefügte Beschreibungen und Zeichnungen, zu verschlüsseln. Befürchtungen, die Aufhebung der Schriftform könne wegen des eher „legeren" Formulierens von E-Mails dazu führen, dass die Erfindungen nicht mehr hinreichend beschrieben würden, sind wegen der Verwendung von Formularen in der Praxis unbegründet. Unternehmen, die nicht über einen Formularsatz verfügten oder auf ein gewissenhaftes Ausfüllen bzw. eine detaillierte Beschreibung hinwirkten, waren schon bislang mit dem Problem konfrontiert, dass Erfindungsmeldungen eher knapp und bisweilen unverständlich formuliert waren; dies hat mit der Zulassung der Textform nichts zu tun.

38 b) **Inhalt der Meldung.** Welchen Inhalt und Umfang eine Erfindungsmeldung haben muss, erklärt § 5 Abs. 2 ArbEG. Dabei unterscheidet § 5 Abs. 2 ArbEG zwischen inhaltlichen Mindesterfordernissen und solchen Informationen, die in der Meldung enthalten sein sollen.

39 Zwingend muss der Arbeitnehmer in der Meldung gem. § 5 Abs. 2 S. 1 die **technische Aufgabe, ihre Lösung und das Zustandekommen der Erfindung** beschreiben. Der Umfang der Darstellung muss so beschaffen sein, dass der Arbeitgeber sich ein umfassendes Bild von

formen in einem Schreiben zusammenfasst, solange diese dasselbe technische Problem betreffen und auf einem gemeinsamen Lösungsansatz beruhen und die Erfindungsmeldung in der Fülle des innerbetrieblichen Schriftverkehrs als solche erkennbar ist.

der Erfindung machen kann, um seiner Anmeldeverpflichtung nach § 13 ArbEG nachkommen zu können und um eine Entscheidung über die Inanspruchnahme nach § 6 ArbEG treffen zu können. Der Arbeitgeber muss also auf Grund der Meldung das Wesen der Erfindung verstehen und die Brauchbarkeit der Erfindung beurteilen können.[59] Im Idealfall soll der Arbeitgeber aufgrund der mitgeteilten Informationen imstande sein, aus der Erfindungsmeldung ohne nennenswerte Rücksprache mit dem Arbeitnehmer eine Schutzrechtsanmeldung fertigen zu können.

In der Meldung enthalten sein **sollen** ferner gem. § 5 Abs. 2 S. 2 und 3 ArbEG die dem Arbeitnehmer dienstlich erteilten Weisungen oder Richtlinien, die benutzten Arbeiten oder Erfahrung des Betriebes, die beteiligten Mitarbeiter sowie Art und Umfang ihrer Mitarbeit. Diese Informationen sind insbesondere für die Bestimmung der im Rahmen der Vergütungsberechnung für die Parameter „Miterfinderanteil" und „Anteilsfaktor" bedeutsam.

Jedenfalls dann, wenn ein Arbeitnehmer eine bereits gemeldete Diensterfindung, an der er als Miterfinder beteiligt ist, in einer Weise fortentwickelt, die den Gegenstand der Erfindung durch eigenständig erfinderische oder zumindest schöpferische Ergänzungen wesentlich verändert und infolgedessen auch eine wesentliche Veränderung der Anteile der Miterfinder bewirkt, bedarf es auch einer erneuten Meldung der Diensterfindung.[60]

Genügt die Anmeldung nicht den inhaltlichen Anforderungen des § 5 Abs. 2 ArbEG, so kann der Arbeitgeber die Meldung beanstanden und in inhaltlicher Sicht **Ergänzungen** fordern. Dies muss innerhalb einer **Ausschlussfrist von zwei Monaten** geschehen, da sonst die Meldung nach § 5 Abs. 3 ArbEG als ordnungsgemäß gilt. Eine als ordnungsgemäß fingierte Meldung löst den Beginn der Frist nach § 6 Abs. 2 ArbEG aus. Diese Frist beginnt ex tunc zu laufen, also mit Zugang der nicht beanstandeten Erfindungsmeldung.[61] Nur wenn der Arbeitgeber die Meldung fristgerecht beanstandet hat, läuft die Frist des § 6 Abs. 2 ArbEG erst mit dem Zugang der ergänzten Erfindungsmeldung.[62]

c) **Erfindungsmeldeformulare.** Es empfiehlt sich, **Erfindungsmeldeformulare einzuführen**, um das Meldeverfahren zu formalisieren. Solche Formulare können auch auf elektronische Weise bereitgestellt, ausgefüllt und/oder übermittelt werden, solange das Textformerfordernis des § 126b BGB eingehalten wird. Aus Gründen der Beweissicherheit ist zu empfehlen, auf andere Weise sicherzustellen, dass der Arbeitgeber im Streitfall beweisen kann, welche Arbeitnehmererfinder welche Erklärung abgegeben hat, insbesondere im Zusammenhang mit der Miterfinderanteilsvereinbarung.

Empfohlen wird, das Formular so auszugestalten und, in den Fragen logisch aufeinander aufbauend, durchzustrukturieren, dass die Erfinder geneigt sind, es vollständig auszufüllen. Psychologisch bedeutsam kann es insoweit sein, hinter einer Frage durch Freilassen eines bestimmten Raumes für den Erfinder deutlich zu machen, in welcher Ausführlichkeit hier Informationen erwartet werden. Der Idealzustand ist erreicht, wenn allein auf Grund der ausführlichen Erfindungsmeldung sowohl ein erster Entwurf der Schutzrechtsanmeldung gefertigt werden kann wie auch sämtliche Informationen bekannt sind, die benötigt werden, um die Erfindervergütungsparameter zu bestimmen. Das ist insbesondere in den Fällen zu empfehlen, in denen damit gerechnet werden muss, dass ein Erfinder bald nach der Meldung aus dem Arbeitsverhältnis ausscheidet.

Ferner ist darauf zu achten, dass es bei Miterfinderschaft (so) einen allgemeinen Teil der Erfindungsmeldung bzw. des Formulars gibt, der die Erfindung als solche betrifft, und einen persönlichen Teil je Miterfinder gibt, in den jeder Miterfinder die Informationen einträgt, die nur ihn betreffen. Arbeitet man noch mit Papier, ist es denkbar, mit einem Mantelbogen zu arbeiten, der für alle Miterfinder die Informationen zur Erfindung enthält und von allen Miterfindern unterzeichnet wird, und ferner je Miterfinder ein nur von diesem auszufüllen-

---

[59] OLG Nürnberg 24.8.1967 – 3 W 107/66, GRUR 1968, 147 – Farbnebel.
[60] BGH 5.10.2005 – X ZR 26/03, GRUR 2006, 141 – Ladungsträgergenerator.
[61] *Bartenbach/Volz* § 5 Rn. 92; iE auch Schiedsstelle 19.4.1960 BlPMZ 1960, 282; 8.1.1986 BlPMZ 1986, 272.
[62] Schiedsstelle 12.7.1963 BlPMZ 1963, 342; 19.12.1988 BlPMZ 1989, 368; Busse/Keukenschrijver/*Keukenschrijver*, Patentgesetz, 8. Aufl. 2016, ArbEG § 6 Rn. 12.

des und zu unterzeichnendes Einlegeblatt vorzusehen, das die auf den jeweiligen Arbeitnehmer bezogenen Informationen enthält, deren Verwertung in die Bestimmung des Anteilsfaktors einfließen. Bei elektronischen Formularen wird man naturgemäß anders verfahren. Auch sollte die Erfindungsmeldung aus den bereits dargestellten Gründen eine (möglichst von allen Miterfindern gesondert zu unterzeichnende) **Miterfinderanteilsvereinbarung** enthalten.

Muster: Meldung einer Diensterfindung (§ 5 ArbEG)

46 VERTRAULICH Az. [zuständige Stelle]

Lfd. Nr. Erf.Meldg. . . . . . .

An die [zuständige Stelle]
[Geschäfts-/Betriebsleitung/Patentabteilung]

Erfindungsmeldung

Sehr geehrte Damen und Herren,
ich melde/wir melden hiermit folgende Diensterfindung:
Kurze Bezeichnung der Diensterfindung:

1. Erfindungsbezogen: Beschreibung der technischen Aufgabe der Erfindung
   - Welches technische Problem löst die Erfindung?
   - Auf welchem Stand der Technik baut die Erfindung auf?
   - Welche Nachteile der Technik sollen hierdurch gelöst werden?
   - usw.

2. Erfindungsbezogen: Beschreibung der erfinderischen Lösung
   - Wie, insbesondere mit welchen Mitteln und Merkmalen, wird das technische Problem gelöst?
   - Welche Gestaltungsmerkmale, Verfahrensschritte, Stoffkomponenten, vorteilhafte Wirkungen usw. weist die Erfindung auf?
   - Gibt es mehrere Lösungswege?
   - Sind Dritte (Unternehmensexterne) mit der Erfindung befasst gewesen (namentliche Nennung)?
   - Wird die Erfindung bereits im Unternehmen eingesetzt?
   - Welche Verwertungsmöglichkeiten gibt es?

3. Für jeden Miterfinder individuell: Beschreibung des Zustandekommens der Erfindung:
   - Gab es dienstlich erteilte Weisungen oder Richtlinien?
   - Ist die technische Aufgabe, die die Erfindung löst, vom Betrieb gestellt worden?
   - Wurde der beschrittene Lösungsweg ganz oder teilweise angegeben?
   - Beruht die Aufgabenstellung auf erkannten Mängeln und Bedürfnissen?
   - Wer hat diese festgestellt?
   - Konnten bei der technischen Lösung betriebliche Vorarbeiten, Erfahrungen oder Kenntnisse genutzt werden?
   - Welche technischen Hilfsmittel wurden eingesetzt?
   - Welche Personen haben beim Zustandekommen der Erfindung mitgewirkt?

   - Sind diese Personen Miterfinder?
   - Was sehen Sie als ihren eigenen Anteil an der Erfindung an?
   - Wie stellt sich ihre Mitarbeit und die der anderen Beteiligten dar, und zwar nach Art und Umfang?
   - usw.

4. Miterfinderanteilsvereinbarung, bezogen auf die gemeldete Erfindung:

	Erfinder 1	Erfinder 2	Erfinder 3	Erfinder 4
Namen der Erfinder	_____	_____	_____	_____
Jeweiliger Anteil in %	_____	_____	_____	_____
Unterschriften	_____	_____	_____	_____

5. Zum besseren Verständnis sind folgende Unterlagen [in Dateiform] beigefügt: (zB Funktionsbeschreibung der konstruktiven Merkmale, Laborberichte, Schaltpläne, Versuchsberichte, Zeichnungen usw.)
Ich bitte/wir bitten um eine Eingangsbestätigung.[63]
Mit freundlichen Grüßen
......
(Unterschrift/en)

Muster: Beanstandung einer Erfindungsmeldung (§ 5 Abs. 3 ArbEG)

Frau/Herrn ......

Ihre Erfindungsmeldung vom ......
Bezeichnung: ......
hier: Beanstandung

Sehr geehrte(r) ......,
wir beziehen uns auf Ihre Erfindungsmeldung vom ...... mit dem internen Aktenzeichen ...... und der o. a. Kurzbezeichnung.

Eine zwischenzeitliche Überprüfung der Erfindungsmeldung hat ergeben, dass diese noch folgender Ergänzungen bedarf: ......
Soweit erforderlich, werden wir Sie gerne bei der Ergänzung der Meldung unterstützen. Bitte reichen Sie uns die ergänzenden Informationen bis zum ...... nach.
Wir bitten Sie, uns den Zugang dieser Nachricht zu bestätigen.

Mit freundlichen Grüßen
......
(Unterschrift)

4. Rechte an der Erfindung, Überleitung der Rechte, Freiwerden der Erfindung, Verpflichtung zur Schutzrechtsanmeldung, Betriebsgeheime Erfindung, Auslandsfreigabe, Anbieten bei Fallenlassen

a) *Inanspruchnahme/Freigabe.* Das Recht an einer Erfindung steht auch im Arbeitsverhältnis im Grundsatz dem Erfinder zu. Der Arbeitgeber kann aber mit Erklärung in Textform (§ 126b BGB) die Diensterfindung innerhalb der viermonatigen Inanspruchnahmefrist des § 6 Abs. 2 ArbEG in Anspruch nehmen; mit ereignislosem Ablauf dieser Frist gilt die Diensterfindung zudem ohnehin als in Anspruch genommen. Die Inanspruchnahme ist ein einseitiges, gestaltendes, bedingungsfeindliches Rechtsgeschäft. Das Recht zur Inanspruchnahme einer Diensterfindung ist kein Anwartschaftsrecht, sondern ein höchstpersönliches Recht eigene Art des Arbeitgebers, das als solches nicht übertragbar, verwendbar oder pfändbar ist, und damit nicht in die Insolvenzmasse fällt.[64]
Der Arbeitgeber hat nach dem Gesetzeswortlaut die freie Wahl,

- die Diensterfindung innerhalb der viermonatigen Frist des § 6 Abs. 2 ArbEG durch eine ausdrückliche Erklärung in Anspruch zu nehmen, was beispielsweise der Fall sein mag, wenn der Arbeitgeber innerhalb extrem kurzer Frist nach Zugang der Erfindungsmeldung bereits eine Schutzrechtsanmeldung tätigen möchte (sa § 13 Abs. 1 ArbEG), in deren Rahmen er idR gegenüber dem Amt zu erklären hat, dass er Inhaber des Rechts an der Erfindung bzw. auf das Patent ist,

---

[63] Die Art und Weise der Bestätigung folgt der Übermittlungsform, bei Schriftform idR durch ein Bestätigungsschreiben, bei E-Mails idR durch Drücken des „Antworten"-Buttons (weitgehend manipulationsgeschützte E-Mail-Accounts vorausgesetzt), bei Collaboration-Software und Ablegen der Dokumente in einem bestimmten System entfällt die Bestätigung bzw. die Bestätigung ist wegen der elektronischen Registrierung des Dokuments nicht notwendig.
[64] OLG Karlsruhe 26.9.2012, 6 U 126/11, NZI 2012, 983.

50
- die viermonatige Frist des § 6 Abs. 2 ArbEG verstreichen zu lassen, was zur gesetzlichen Fiktion der Inanspruchnahme der Diensterfindung führt, also zum gleichen Ergebnis, oder
- innerhalb der Frist die Diensterfindung ausdrücklich frei zu geben.[65]

51 In der Inanspruchnahme, gleich ob aktiv oder kraft Fristablauf, liegt keine Anerkennung der Schutzfähigkeit einer gemeldeten Diensterfindung. Die Inanspruchnahmeerklärung ist gegenüber jedem einzelnen Miterfinder für dessen Anteil auszusprechen.

52 Mit Inanspruchnahme gehen gem. § 7 Abs. 1 ArbEG alle vermögenswerten Rechte an der Diensterfindung auf den Arbeitgeber über. Die **Erfinderpersönlichkeitsrechte**, insbesondere das Recht auf Erfinderbenennung gem. § 37 PatG bzw. Art. 62 EPÜ, verbleiben beim Arbeitnehmererfinder.

53 Mit Inanspruchnahme ist der Arbeitgeber Alleinberechtigter in Bezug auf die Diensterfindung. Der Arbeitnehmer hat keinen Einfluss mehr auf deren wirtschaftliche Verwertung;[66] sie ist seinem Einflussbereich gänzlich entzogen. Der Arbeitgeber kann die Diensterfindung in jeder erdenklichen Form (§§ 9 ff. PatG) auswerten, auch Lizenzen an der Diensterfindung vergeben oder die Rechte ganz oder teilweise auf Dritte übertragen, all dies auch schon vor einer evtl. Schutzrechtsanmeldung. Der Arbeitgeber kann die wirtschaftliche Auswertung der Diensterfindung auch unterlassen. Nach einer Rechtsübertragung auf Dritte, gleich ob eine noch nicht zum Schutzrecht angemeldete Erfindung, eine Schutzrechtsanmeldung oder ein erteiltes/eingetragenes Schutzrecht übertragen werden, gehen die Rechte und Pflichten aus dem ArbEG nicht mit auf den Dritten über, denn Verpflichtungen und Rechte aus dem ArbEG bestehen nur zwischen Arbeitnehmererfinder und Arbeitgeber.[67]

Muster: Erklärung der Inanspruchnahme § 6 ArbEG

54 Frau/Herrn ......

Ihre Erfindungsmeldung vom ......
Bezeichnung: ......

Sehr geehrte(r) ......,

die von ihnen am ...... (und durch Ihre Mitteilung vom ...... ergänzte) gemeldete Diensterfindung nehmen wir in Anspruch. Mit Zugang dieser Inanspruchnahmeerklärung bei Ihnen gehen alle vermögenswerten Rechte an der o. a. Diensterfindung auf uns über.

Die Ihnen obliegende gesetzliche [ggf.: und arbeitsvertragliche] Geheimhaltungspflicht besteht weiter.

Die Inanspruchnahme bedeutet kein Anerkenntnis der Schutzfähigkeit der Diensterfindung. Diese wird erst im amtlichen Erteilungsverfahren geklärt werden. Über das Schutzrechtserteilungsverfahren und dessen Fortgangwerden werden wir Sie unterrichten und Ihnen Abschriften der Anmeldeunterlagen zukommen lassen.[68]

[Bitte zum Zugangsbestätigung].

Mit freundlichen Grüßen

......

(Unterschrift)

---

[65] Insoweit ist nach Auffassung von *Bartenbach/Volz* GRUR 2009, 997, eine von der vorher geltenden Gesetzeslage, die eine Freigabe nur nach § 8 ArbEG aF vorsah, Art der Freigabe geschaffen worden. Vielmehr soll § 6 ArbEG nF eine eigenständige und abschließende Regelung für die Freigabe innerhalb der Inanspruchnahmefrist sein, während § 8 ArbEG bzw. § 16 ArbEG auf Freigaben vor bzw. nach Ablauf der Inanspruchnahmefrist (bezogen auf die jeweils erfassten Fallgestaltungen) anzuwenden sein soll.
[66] BGH 17.4.1973 – X ZR 59/69, GRUR 1973, 649 – Absperrventil.
[67] Amtl. Begr. BT-Drs. II/1648, 16 = BlPMZ 1957, 226; Schiedsstelle BlPMZ 1982, 56; Schiedsstelle 19.12.1991 ArbErf. 5/91, GRUR 1992, 847 – Geschäftsaktivitäten-Veräußerung.
[68] Entbehrlich, wenn mit dem Arbeitnehmererfinder eine Vereinbarung zum Verzicht auf die Schutzrechtsanmeldung vereinbart wurde, § 13 Abs. 2 Nr. 2 ArbEG.

Frühere Rechtslage. Die Rechtslage für vor dem 1.10.2009 gemeldete Diensterfindungen 55
war insoweit in mehrerlei Hinsicht eine grundlegend andere:

- Der gesamte Mechanismus im Zusammenspiel von Erfindungsmeldung und Inanspruchnahmefrist (§§ 5 bis 7 ArbEG aF) war, wie in Rz. 35 beschrieben, diametral entgegengesetzt: Der Fristablauf bewirkte ein **Freiwerden** der Diensterfindung bzw. des Miterfinderanteils zugunsten des Arbeitnehmererfinders, während er nach aktueller Rechtslage zur **gesetzlichen Fiktion der Inanspruchnahme** führt, also von Gesetzes wegen eine Überleitung aller vermögenswerten Rechte an der Diensterfindung auf den Arbeitgeber erfolgt. Während der Arbeitgeber nach früherer Rechtslage die Sorge haben musste, bei nicht fristgerechter Inanspruchnahme Rechte an einer Diensterfindung bzw. einem Anteil hieran zu verlieren (→ Rn. 35), muss er nun die Sorge haben, eine Diensterfindung bzw. einen Anteil an einer Diensterfindung, die er nicht übertragen haben möchte, mit Ablauf der Frist gleichsam „aufgedrängt" zu bekommen. Hiergegen kann er sich aber durch eine rechtzeitige (fristgerechte) Freigabe wehren. Insoweit kann man die viermonatige Frist eher als „**Freigabefrist**" denn als Inanspruchnahmefrist bezeichnen.
- Die Inanspruchnahmefrist war nach früherem Recht eine Ausschlussfrist im Rechtssinne, während die Materialien zum PatRModG nahelegen, dass die **Frist nunmehr (einvernehmlich) verlängert** werden kann. Ob es in Ansehung der mit dem Zugang der Erfindungsmeldung beim Arbeitgeber einsetzenden Verpflichtung zur Inlandsanmeldung (§ 13 ArbEG, → Rn. 64 ff.) sinnvoll ist, dass der Arbeitgeber von einer Verlängerung der Frist Gebrauch machen könnte, wenn er sich zum ursprünglichen Fristablauf noch nicht sicher wäre, ob er die Rechte an der Diensterfindung bzw. dem Miterfinderanteil auf sich überleiten will, ist zweifelhaft.
- Ferner musste die Inanspruchnahmeerklärung schriftlich erfolgen, während nunmehr die Textform des § 126b BGB ausreichend ist. Die Verpflichtung zur Einhaltung der Schriftform hatte in der Praxis, kombiniert mit dem Erfordernis zur Wahrung der Ausschlussfrist nach altem Recht, zu dem in → Rn. 35 geschilderten Problem geführt, das nunmehr beseitigt ist.
- Es war neben der Inanspruchnahme, die nach früherem Recht die sog. „unbeschränkte" Inanspruchnahme darstellte, noch eine sog. „beschränkte Inanspruchnahme" möglich, die jedoch 2009 beseitigt wurde, weil sie in der Praxis nur eine sehr geringe Rolle spielte.
Der Arbeitgeber konnte hiernach eine ihm gemeldete Diensterfindung auch lediglich beschränkt in Anspruch nehmen, § 7 Abs. 1 ArbEG aF. Er erwarb damit nur ein einfaches Benutzungsrecht, welches in seiner Wirkung einer einfachen Lizenz gleichgestellt war.[69] Das Recht, ein Patent oder Gebrauchsmuster anzumelden, verblieb bei dem Arbeitnehmererfinder. Das sich aus der beschränkten Inanspruchnahme ergebende einfache Benutzungsrecht konnte der Arbeitgeber nicht auf Dritte übertragen. Es kam nur ihm allein zugute und war betriebs- bzw. unternehmensbezogen.[70] Das Benutzungsrecht berechtigte den Arbeitgeber zu allen unmittelbaren Benutzungsarten, auf die sich ein Schutzrecht für die Erfindung bezog. Dagegen konnte der Arbeitnehmererfinder selbst weitere einfache Lizenzen an Dritte erteilen. Zu beachten war aber, dass er auf Grund des aus seiner Treupflicht abgeleiteten Wettbewerbsverbots dann nicht zur eigenen Verwertung der Erfindung berechtigt war, wenn er mit dem Arbeitgeber in Konkurrenz getreten wäre.[71]

Aus Sicht der Praxis gingen die Befürchtungen nach Abschaffung des Schriftformerfordernisses und Einführung der gesetzlichen Inanspruchnahmefiktion zunächst dahin, dass 56
sich der Arbeitnehmererfinder auf einen **fehlenden Zugang** (§ 130 BGB) einer elektronischen Freigabeerklärung berufen könnte und insoweit dem Arbeitgeber eine Diensterfindung bzw. ein Anteil aufgedrängt wird. Das hat sich jedoch nicht bewahrheitet. Fristgerecht abzugebende Freigabeerklärungen sollten ungeachtet dessen trotz kurzer Übertragungszeit mit ausreichendem Vorlauf übermittelt und die bestimmungsgemäßen Empfänger dazu an-

---

[69] BGH 23.4.1974 – X ZR 4/71, GRUR 1974, 463 f. – Anlagengeschäft.
[70] BGH 23.4.1974 – X ZR 4/71, GRUR 1974, 463 f. – Anlagengeschäft.
[71] *Bartenbach/Volz* § 8 Rn. 53; *Reimer/Schade/Schippel*, Das Recht der Arbeitnehmererfindungen, 8. Aufl. 2007, § 25 Rn. 21.

gehalten werden, den fristgerechten Zugang auf geeignete Weise zu bestätigen. Widrigkeiten bei der Übertragung müssen bei einer fristwahrenden Erklärung nach wie vor eingeplant werden. Notfalls muss eine Zustellung auf andere Weise bewerkstelligt werden, zum Beispiel durch Ausdruck der E-Mail und persönliche Überreichung derselben. Probleme mag es insoweit eher bei ausgeschiedenen denn bei noch aktiven Erfindern geben.

57 **b) Freiwerden einer Diensterfindung.** Dem Arbeitgeber bleibt neben der Inanspruchnahme und dem bloßen Abwarten des Fristablaufs des § 6 Abs. 2 ArbEG als weitere mögliche Reaktion auf die Meldung einer Diensterfindung die ausdrückliche Freigabe derselben. Hierneben sieht § 8 ArbEG ausdrücklich die Möglichkeit der Freigabe der Diensterfindung vor.[72] Und schließlich trifft § 16 ArbEG (→ Rn. 73 ff.) eine Regelung zur Übertragung einer Anmeldung bzw. eines Patents auf den Erfinder für den Fall, dass der Arbeitgeber die Anmeldung bzw. das Patent fallen lassen will – ebenfalls eine Form der (teilweisen) „Rückgabe" der Erfindung an den Arbeitnehmer.

58 Damit ist fraglich, wie sich die Erwähnung der Freigabe in § 6 Abs. 2 ArbEG zur Möglichkeit der Freigabe nach § 8 ArbEG verhält. Es ist unklar, ob die ausdrückliche Freigaberegelung des § 6 Abs. 2 ArbEG für den Zeitraum des Laufes der Inanspruchnahmefrist eine eigenständige und abschließende Regelung darstellt.[73] Wenn dies zutreffend ist, kann § 8 ArbEG nur noch die Freigabe **vor** Beginn des Fristlaufes und **nach** Ende des Fristlaufes betreffen, beides jedoch nur für den Fall, dass der Arbeitgeber auf die Diensterfindung **noch kein Schutzrecht angemeldet** hat, denn für diesen Fall sieht wiederum § 16 ArbEG eine eigenständige Regelung vor.

59 Dann würde – sieht man dies zeitlich gestaffelt – Folgendes gelten:
- Vor Beginn der Inanspruchnahmefrist, dh vor der Meldung einer dem Arbeitgeber ohnehin bereits bekannt gewordenen Diensterfindung, gilt die Freigabemöglichkeit nach § 8 ArbEG.
- Mit Fristbeginn und bis zum Fristende erfolgt die Freigabe nach § 6 Abs. 2 ArbEG, und zwar unabhängig davon, ob die Diensterfindung bereits zum Schutzrecht angemeldet wurde oder nicht.
- Nach Ablauf der Frist des § 6 Abs. 2 ArbEG kann die Diensterfindung, auf die kein Schutzrecht angemeldet wurde, nach § 8 ArbEG freigegeben werden.
- Wurde (pflichtgemäß, vgl. § 13 ArbEG) auf die in Anspruch genommene Diensterfindung ein Schutzrecht angemeldet, kommt eine Freigabe nur nach § 16 ArbEG in Betracht.

60 Nach der Freigabe kann der Arbeitnehmer eine etwa bereits vom Arbeitgeber getätigte Schutzrechtsanmeldung fortführen (§ 13 Abs. 4 S. 2 ArbEG) bzw. die Erfindung selbst zum Schutzrecht anmelden (§ 13 Abs. 4 S. 1 ArbEG) oder anderweit beliebig mit ihr verfahren und frei über sie verfügen. Für frei gewordene Erfindungen gelten die Beschränkungen der §§ 18, 19 ArbEG nicht,[74] denn der Arbeitgeber hatte ja bereits die Möglichkeit, Rechte an der Erfindung auf sich überzuleiten. Dem Arbeitnehmer ist es auch gestattet, die **Rechte** an der Erfindung auf **Dritte** zu übertragen, die in Konkurrenz zu seinem Arbeitgeber stehen. Lediglich eine Eigenverwertung ist auf Grund des während des Arbeitsverhältnisses bestehenden Wettbewerbsverbots (§ 25 ArbEG) ausgeschlossen, soweit der Arbeitnehmererfinder mit dieser Form der Verwertung selbst in Konkurrenz zum Arbeitgeber tritt.[75]

---

[72] Streitig, vgl. *Gärtner/Simon* BB 2011, 1909, die davon ausgehen, dass eine Freigabe nach § 8 ArbEG nach Eintreten der Inanspruchnahmefiktion mit Ablauf der Inanspruchnahmefrist nicht mehr möglich ist, sodass nur noch eine Übertragung nach § 16 ArbEG infrage kommt.

[73] So *Bartenbach/Volz* GRUR 2009, 997; *Bayreuther* NZA 2009, 1123; aA *Gärtner/Simon* BB 2011, 1909; gerichtliche Entscheidungen sind nicht ersichtlich. Zum dogmatischen Streit, ob eine unbeschränkt in Anspruch genommene Erfindung nach dem alten Recht arbeitgeberseits einseitig freigegeben werden kann vgl. ua Schiedsstelle 15.4.1993 – Arb. Erf. 12/92, Schiedsstelle 8.2.1991 ArbErf. 36/90, GRUR 1991, 753 – Spindeltrieb mHa den Stand der Literatur. In der Praxis melden Arbeitgeber die Diensterfindung ohnehin nicht sehr früh zum Schutzrecht an, obwohl § 13 Abs. 1 ArbEG dies fordert, sondern nur dann, wenn sie bereits entschieden haben, dass sie die Erfindung dauerhaft für sich behalten wollen.

[74] Vgl. zur freien Erfindung → Rn. 147 ff.

[75] Die Einzelheiten sind strittig; vgl. dazu *Reimer/Schade/Schippel*, Das Recht der Arbeitnehmererfindungen, 8. Aufl. 2007, § 25 Rn. 16 ff.; *Bartenbach/Volz* § 8 Rn. 51 ff.

Die Freigabe ist bedingungs- und auflagenfeindlich; Vereinbarungen im Zusammenhang mit einer Freigabe können im Rahmen der Vorgaben der §§ 22, 23 ArbEG getroffen werden. 61

Muster: Freigabe einer Diensterfindung §§ 6, 8 ArbEG

Frau/Herrn 62

Ihre Erfindungsmeldung vom ......
Az. Nr. ....
Bezeichnung: ......

hier: Freigabe

Sehr geehrte(r) ......,

an der von Ihnen am ...... gemeldeten [und durch Ihre Mitteilung vom ...... ergänzten] Diensterfindung machen wir keine Rechte aus dem ArbEG geltend und geben Ihnen die Erfindung hiermit ausdrücklich frei.

Es steht Ihnen frei, Ihre Erfindung zum Schutzrecht anzumelden bzw. hierüber zu verfügen.

[Alternativ: Die von uns unter dem ...... mit dem Az. ...... eingereichte ....-Anmeldung können Sie nunmehr übernehmen. Für die weiteren Einzelheiten der Übernahme setzen Sie sich bitte mit der Abteilung ...... in Verbindung. Es steht Ihnen frei, über die Anmeldung und Ihre Erfindung zu verfügen[76].]

Wir machen darauf aufmerksam, dass Sie bei der Verwertung der Erfindung nicht berechtigt sind, sonstige betriebliche Erfahrungen oder Betriebsgeheimnisse Dritten bekannt zu geben.

[Bitte um Zugangsbestätigung]

Mit freundlichen Grüßen

......
(Unterschrift)

Wird die Erfindung gegenüber allen Miterfindern freigegeben, so besteht die Bruchteilsgemeinschaft fort und die Rechte an der Erfindung verbleiben bei den Gemeinschaftern. Die Rechte und Pflichten bestimmen sich dann – vorbehaltlich einer anderweitigen Abrede unter den Miterfindern, die auch zur Gründung einer Gesellschaft führen kann – nach Gemeinschaftsrecht (§§ 741 ff. BGB). Werden nur einzelne von mehreren Miterfinderanteilen freigegeben, besteht idR eine Bruchteilsgemeinschaft zwischen dem Arbeitgeber und denjenigen Arbeitnehmererfindern, deren Bruchteil nicht freigeworden ist bzw. freigegeben wurde. 63

c) Verpflichtung zur Schutzrechtsanmeldung im Inland. Nach § 13 Abs. 1 ArbEG ist allein der Arbeitgeber berechtigt und verpflichtet, die Erfindung im Inland unverzüglich nach Zugang der Meldung zum Schutzrecht anzumelden. Diese **Verpflichtung** besteht bereits **auf Grund des Zugangs der Erfindungsmeldung** und daher **unabhängig von dem Ablauf der Inanspruchnahmefrist.** Sie dient der **Prioritätssicherung,** für den Fall der Inanspruchnahme zu Gunsten des Arbeitgebers, für den Fall des Freiwerdens zu Gunsten des Arbeitnehmers. Viele Arbeitgeber warten jedoch mit der Schutzrechtsanmeldung bis nach der Inanspruchnahme. Da vielfach durch ein geringfügiges Zuwarten kein Prioritätsverlust eintritt, spielt diese Lässlichkeit der Arbeitgeberseite oft keine Rolle, zumal dem Arbeitgeber wegen der nicht unerheblichen finanziellen Folgen einer Anmeldung zugestanden werden muss, intensiv zu prüfen, ob und inwiefern eine Anmeldung Aussicht auf Erfolg hat (Durchführen einer Neuheitsrecherche, Beratung durch den betreuenden Patentanwalt, ggf. Abstimmen im Konzernverbund). Der Arbeitgeber kann allerdings – will er einen evtl. Schadensersatzanspruch vermeiden – zur kurzfristigen Anmeldung gezwungen sein, wenn Anhaltspunkte für einen Prioritätsverlust oder neuheitsschädliche Vorbenutzungen drohen, zB bei Parallelentwick- 64

---

[76] Je nach Ansicht zu → Rn. 57.

lungen des Wettbewerbs oder bei einer geplanten eigenen Präsentation; diesem Problem kann er ggf. durch eine rechtzeitig getroffene Vereinbarung über eine Nichtanmeldung nach § 13 Abs. 2 Nr. 2 ArbEG ausweichen.

65 Die Schutzrechtsanmeldung muss **die gemeldete erfinderische Lehre vollständig ausschöpfen**; mit der Anmeldung ist **der weitestgehende Schutz zu beantragen**. Nur wenn Patentfähigkeit offensichtlich nicht gegeben ist, hat der Arbeitgeber die Möglichkeit, lediglich ein Gebrauchsmuster anzumelden oder von der Anmeldung abzusehen. Es empfiehlt sich, dem Arbeitnehmer die Schutzrechts-Anmeldeunterlagen vor der Einreichung zur Durchsicht und Stellungnahme und, sofern eine Stellungnahme nicht beabsichtigt ist, zur ausdrücklichen Freigabe zuzusenden und sich die Freigabe durch Unterschrift bzw. ausdrücklich bestätigen zu lassen. In dieser Bestätigung dürfte in aller Regel eine Vereinbarung über den Anmeldeumfang iSd § 13 Abs. 2 Nr. 2 ArbEG liegen; dies vermeidet die Problematik, die dadurch entsteht, dass nach Auffassung des BGH Basis für den Vergütungsanspruch nicht die angemeldete bzw. erteilte Erfindung ist, sondern der – ggf. weitergehende – schutzfähige Inhalt der Erfindungsmeldung.[77] Auch für den Fall der Nichtanmeldung auf Grund mangelnder Schutzfähigkeit ist es im Interesse des Arbeitgebers, eine beweisbare Vereinbarung über die Nichtanmeldung (§ 13 Abs. 2 Nr. 2 ArbEG) zu treffen.

66 Eine Anmeldung der Erfindung durch den Arbeitnehmer gibt dem Arbeitgeber ein Einspruchsrecht nach § 21 Abs. 1 Nr. 3 PatG; Kosten im Zusammenhang mit einer Umschreibung hat der Arbeitnehmer zu tragen.

67 Kommt der Arbeitgeber auch nach Inanspruchnahme seiner Verpflichtung zur Inlandsanmeldung nicht nach, hat der Arbeitnehmer das Recht zur Ersatzvornahme gem. § 13 Abs. 3 ArbEG.

68 Der Arbeitgeber ist Herr des Erteilungsverfahrens und trägt alle Kosten desselben. Er muss es allerdings ordnungsgemäß betreiben und seine Informationspflichten nach § 15 Abs. 1 ArbEG erfüllen, während den Arbeitnehmer Mitwirkungs- und Unterstützungspflichten nach § 15 Abs. 2 ArbEG treffen.

69 Eine Anmeldeverpflichtung entfällt lediglich
- bei Freiwerden der Erfindung,
- soweit eine Vereinbarung über eine Nichtanmeldung nach § 13 Abs. 2 Nr. 2 ArbEG getroffen wurde oder
- die Voraussetzungen einer betriebsgeheimen Erfindung nach § 17 ArbEG vorliegen.

70 **d) Betriebsgeheime Erfindung.** Bisweilen ist dem Arbeitgeber daran gelegen, eine Erfindung geheim zu halten und nicht zum Schutzrecht anzumelden. Daher sieht § 17 ArbEG für den Fall der Inanspruchnahme die Möglichkeit vor, arbeitgeberseits die Schutzfähigkeit der Erfindung anzuerkennen, von einer Anmeldung abzusehen und die Erfindung als Betriebsgeheimnis zu behandeln.

71 Möchte der Arbeitgeber die Erfindung nicht anmelden, sondern als Betriebsgeheimnis behandeln, zweifelt er aber (von vornherein) die Schutzfähigkeit an, muss er die Schiedsstelle unverzüglich anrufen (§ 17 Abs. 2 ArbEG). In der Praxis erfolgt in diesen Fällen anstelle der Anrufung der Schiedsstelle oft eine Patentanmeldung mit sofortiger Stellung des Prüfungsantrages und der Bitte um beschleunigte Prüfung. Damit versucht der Arbeitgeber, vor Ablauf der 18-Monats-Frist bis zur Offenlegung einen Prüfbescheid oder gar eine endgültige Entscheidung über die Erteilbarkeit zu erhalten (§§ 44, 45, 48, 19, 31 Abs. 2 Nr. 2 PatG). Dann wird die Anmeldung vor Offenlegung zurückgezogen, so dass der Arbeitgeber im Prinzip nachträglich von der Schutzrechtsanmeldung zum Betriebsgeheimnis wechselt.

72 Das Anerkenntnis der Schutzfähigkeit ist für den Arbeitgeber ein einseitiges verpflichtendes Rechtsgeschäft mit Gestaltungswirkung.[78] Schriftlichkeit ist nicht erforderlich. Das ein-

---

[77] BGH 29.11.1988 – X ZR 63/87, GRUR 1989, 205 – Schwermetalloxidationskatalysator; str.; nach anderer Auffassung ist dies keine Frage des Umfangs des Vergütungsanspruchs, sondern eine Frage des Schadensersatzes des Arbeitnehmererfinders bei Nichtausschöpfung des schutzfähigen Gehalts der Erfindungsmeldung, vgl. *Bartenbach/Volz*, 6. Aufl. 2019, § 9 Rn. 83 ff.
[78] *Bartenbach/Volz* GRUR 1982, 133.

mal ausgesprochene Anerkenntnis der Schutzfähigkeit (Patent- oder Gebrauchsmusterfähigkeit) kann (sofern der Arbeitgeber nicht anlässlich des Anerkenntnis einen wirksamen Vorbehalt erklärt hat) arbeitgeberseits nicht einseitig beseitigt werden; der Arbeitgeber bleibt daran gebunden.

e) Anmeldung im Ausland und Freigabe für das Ausland. Während die Anmeldung im Inland eine Verpflichtung des Arbeitgebers ist, steht ihm die Anmeldung im Ausland gem. § 14 ArbEG nach Inanspruchnahme frei. Soweit der Arbeitgeber eine Anmeldung im Ausland nicht beabsichtigt, ist er verpflichtet, **unaufgefordert** dem Arbeitnehmer die Erfindung für das (Rest-)Ausland **freizugeben** und ihm auf Verlangen den Erwerb von Auslandsschutzrechten zu ermöglichen (§ 14 Abs. 2 S. 1 ArbEG). Die Freigabe muss so rechtzeitig erfolgen, dass der Arbeitnehmer Prioritätsfristen zwischenstaatlicher Abkommen ausnutzen kann (insbes. 12-Monats-Frist des PVÜ).[79] Kommt der Arbeitgeber seiner Verpflichtung nicht nach, kann der Arbeitnehmer die Freigabe gerichtlich durchsetzen, ggf. im Wege der einstweiligen Verfügung nach §§ 939 ff. ZPO.

Der Arbeitgeber kann sich gem. § 14 Abs. 3 ArbEG gleichzeitig mit der Auslandsfreigabe für das freigebende Ausland ein **vergütungspflichtiges, nicht ausschließliches Benutzungsrecht vorbehalten,** das einer einfachen Lizenz entspricht.

In der Praxis wird das **Recht auf Auslandsfreigabe vielfach entgeltlich** (nach Erfindungsmeldung, § 22 S. 2 ArbEG) **abbedungen,** weil es für den Arbeitnehmer zumeist wirtschaftlich ohnehin wertlos ist, denn der Arbeitgeber wird üblicherweise in allen Ländern, in denen er Verwertungsmöglichkeiten sieht, die Erfindung selbst anmelden und dem Arbeitnehmer die Erfindung nur für das im konkreten Fall wirtschaftlich uninteressante Restausland freigeben. Die Schiedsstelle hat ein entgeltliches Abbedingen gegen Zahlung von ca. 250,00 EUR brutto je Erfindung als sehr verbreitet angesehen und gebilligt (kein Verstoß gegen § 23 ArbEG).

f) Aufgabe des Schutzrechts. § 16 ArbEG regelt den Fall, dass der Arbeitgeber eine Diensterfindung in Anspruch genommen hat und später (nach Ablauf der Frist des § 6 Abs. 2 ArbEG) die von ihm bewirkte **Schutzrechtsanmeldung nicht mehr weiterverfolgen** oder das **für die Erfindung erteilte Schutzrecht nicht aufrechterhalten** will. Ist der Vergütungsanspruch des Arbeitnehmererfinders noch nicht vollständig erfüllt, ist der Arbeitgeber verpflichtet, dem Arbeitnehmer sein Vorhaben mitzuteilen und ihm auf dessen Verlangen und auf dessen Kosten die Schutzrechtsanmeldung oder das bereits erteilte Schutzrecht zu übertragen. Verletzt der Arbeitgeber diese Pflichten, so macht er sich schadensersatzpflichtig.[80]

Dem Arbeitnehmererfinder steht eine **dreimonatige Frist** zu, innerhalb der er entscheiden kann, ob er das Schutzrecht übernehmen möchte, § 16 Abs. 2 ArbEG. Gleichzeitig mit der Mitteilung der Schutzrechtsaufgabe bzw. der Aufgabe der Anmeldung zum Schutzrecht kann sich der Arbeitgeber gem. § 16 Abs. 3 ArbEG ein einfaches Nutzungsrecht vorbehalten, was einer einfachen Lizenz gleichzusetzen ist.[81]

In der Praxis wird das **Recht nach § 16 ArbEG vielfach entgeltlich** (nach Erfindungsmeldung, § 22 S. 2 ArbEG) **abbedungen,** weil es für den Arbeitnehmer zumeist wirtschaftlich ohnehin wertlos ist, denn der Arbeitgeber wird eine Anmeldung oder ein Schutzrecht nur dann fallen lassen, wenn er selbst als derjenige, der den Markt üblicherweise beobachtet, die Aufrechterhaltung nicht mehr als wirtschaftlich sinnvoll ansieht. Die Schiedsstelle hat ein entgeltliches Abbedingen gegen Zahlung von ca. 300,– EUR brutto als sehr verbreitet angesehen und gebilligt (kein Verstoß gegen § 23 ArbEG). Für den Abkauf der Rechte nach §§ 14 (s.o.) und 16 ArbEG ergibt sich damit ein Betrag von rund 500,00 EUR brutto je Erfindung, ggf. aufzuteilen auf die Miterfinder.

---

[79] Zwei Monate vor Ablauf der Prioritätsfrist ist nach Ansicht der Schiedsstelle ausreichend (Schiedsstelle 16.4.2015 – Arb.Erf. 2/13, vgl. http://www.dpma.de/docs/dpma/schiedsstelle/arbeitnehmererfindungen/2015/arb_erf_02_13_ev_16042015.pdf.
[80] OLG Frankfurt a.M. 28.10.1965 – 6 U 39/61, GRUR 1966, 425 f. – Strophocor; OLG Frankfurt a.M. 19.12.1991 – 6 U 111/90, GRUR 1993, 910 f. – Bügelverschließmaschinen.
[81] Vgl. hierzu zuletzt Schiedsstelle 23.5.2014 – Arb.Erf. 38/12, http://www.dpma.de/docs/dpma/schiedsstelle/arbeitnehmererfindungen/2014/arb_erf_38_12_ev_23052014.pdf.

5. Vergütung

79 **a) Grundsätze.** Nimmt der Arbeitgeber eine Diensterfindung des Arbeitnehmers in Anspruch, so hat der Arbeitnehmererfinder als Ausgleich für den Verlust der vermögenswerten Rechte einen **Anspruch auf eine „angemessene" Vergütung**, § 9 ArbEG.[82] Zur Ausfüllung des Begriffs der „Angemessenheit" sind gem. § 11 ArbEG die Amtlichen Vergütungsrichtlinien (RL) ergangen. Sie haben weder Gesetzes- noch Verordnungscharakter; Schiedsstelle, BGH und betriebliche Praxis orientieren sich jedoch an den RL.

80 Der Erfindervergütungsanspruch beruht darauf, dass der Arbeitgeber durch die von dem Arbeitnehmer geschaffene technische Neuerung die Möglichkeit zum Erwerb eines Monopolrechts hat, folgt also dem **Monopolprinzip** und nicht dem Sonderleistungsprinzip.[83] Damit hat der Arbeitnehmererfinder im Grundsatz keinen Vergütungsanspruch, sofern und soweit nicht zugunsten seines Arbeitgebers ein Monopol besteht (mit entsprechenden Ausnahmen, zum Beispiel die sog. „vorläufige Vergütung", → Rn. 94 ff.).

81 Der Vergütungsanspruch stellt einen Anspruch eigener Art dar und ist von dem Entgeltanspruch aus dem Arbeitsverhältnis zu unterscheiden. Der Vergütungsanspruch kann daher auch nicht auf die Arbeitsvergütung angerechnet werden.[84] Sozialversicherungsrechtlich und steuerlich handelt es sich jedoch um Arbeitsentgelt.[85]

82 Gesetzlicher Schuldner des Vergütungsanspruchs ist stets das Unternehmen, das im Zeitpunkt der Fertigstellung und Meldung (§ 5 ArbEG) Arbeitgeber ist, und das bleibt es auch, wenn es die Erfindung auf einen Dritten überträgt, ohne dass zugleich das Arbeitsverhältnis mit übergeht.

83 Der Arbeitnehmererfinder ist an allen wirtschaftlichen und geldwerten Vorteilen, die dem Arbeitgeber (und nur diesem) aus der Erfindung zukommen, zu beteiligen (**allgemeiner Vergütungsgrundsatz**). Damit sind zwei Merkmale unabdingbar: Der Nutzen muss kausal auf der Erfindung beruhen und es sind nur die wirtschaftlichen Auswirkungen bedeutsam, die beim Arbeitgeber (und nicht bei Dritten) eintreten.[86]

84 Zwar schreibt das ArbEG die Art der Vergütung nicht vor, geht aber von Geldleistungen aus, die idR als laufende (jährliche) Zahlungen erfolgen. Denkbar ist – in den Grenzen der §§ 22, 23 ArbEG – auch eine Pauschalabfindung, ggf. auch unter Einschluss künftiger Nutzungen.[87]

85 Nach § 9 ArbEG entsteht der Anspruch auf angemessene Vergütung dem Grunde nach bereits in dem Zeitpunkt, in dem der Arbeitgeber die Erfindung in Anspruch nimmt, dh mit Zugang der wirksamen Inanspruchnahmeerklärung beim Arbeitnehmer[88] bzw. mit Ablauf der Frist des § 6 Abs. 2 ArbEG.

---

[82] § 10 ArbEG aF regelte die Vergütungspflicht für die bis zum 30.9.2009 nach damaliger Nomenklatur „beschränkt" in Anspruch genommene Diensterfindungen. Auf eine Darstellung der Vergütung bei beschränkter Inanspruchnahme nach dem früheren Recht wird wegen der geringen praktischen Bedeutung verzichtet. Im Grundsatz bedeutete die „beschränkte Inanspruchnahme" eine einfache Lizenz des Arbeitgebers und war – cum grano salis – wie eine einfache Lizenz zu vergüten, jedoch unter Berücksichtigung des Umstandes, dass es sich um eine Diensterfindung handelte und nicht um eine freie Erfindung. Bei beschränkter Inanspruchnahme entstand der Vergütungsanspruch mit tatsächlicher Verwertung durch den Arbeitgeber, ohne Rücksicht darauf, ob die Erfindung zum Schutzrecht angemeldet wurde oder darauf ein Schutzrecht erteilt worden ist – der Vergütungsanspruch endete erst mit amtlich bzw. gerichtlich festgestellter mangelnder Schutzfähigkeit (§ 10 Abs. 2 ArbEG).

[83] Vgl. aber auch BGH 13.11.1997 – X ZR 6/96, GRUR 1998, 684 – Spulkopf, wonach die wirtschaftliche Vorrangstellung des Arbeitgebers gegenüber den Mitbewerbern im Markt Maßstab der Erfindervergütung ist; dieser Vorrang resultiert aber idR zumindest auch aus dem rechtlichen Monopol.

[84] BGH 10.9.2002 – X ZR 199/01, GRUR 2003, 237 – Ozon. Zur Behandlung von Vergütungs- und Schadensersatzanspruch sa LAG Hessen 2.8.2010 – 7 Ta 203/10, BeckRS 2010, 73270.

[85] BSG 26.3.1988 – B 12 KR 17/97 R, NZA-RR 1998, 510.

[86] BGH 29.4.2003 – X ZR 186/01, GRUR 2003, 789 – Abwasserbehandlung.

[87] Vgl. zB BGH 20.11.1962 – I ZR 40/61 GRUR 1963, 315 – Pauschalabfindung.

[88] BGH 2.12.1960 – X ZR 23/59, GRUR 1961, 338 – Chlormethylierung; BGH 17.5.1994 – X ZR 82/92, GRUR 1994, 898 – Copolyester, Schiedsstelle 9.5.1985, BlPMZatt 1985, 383; 4.2.1993, BlPMZ 1994, 611; Busse/Keukenschrijver/Keukenschrijver, Patentgesetz, 8. Aufl. 2016, ArbEG § 9 Rn. 1, 13; Volmer/Gaul § 9 Rn. 21; aA Schiedsstelle 4.6.1993 – Arb.Erf. 101/92 GRUR 1994, 615: Anspruch entsteht erst mit Benutzung der Diensterfindung durch den Arbeitgeber.

Nach Auffassung des BGH können auch Verwertungshandlungen vor Inanspruchnahme 86
der Diensterfindung vergütungspflichtig sein.[89] Auf Grund des Monopolprinzips endet der
Vergütungsanspruch idR (für die Zukunft) mit dem Ende der Laufzeit des Schutzrechts.
Wird amtlich/gerichtlich die Schutzunfähigkeit der Diensterfindung festgestellt bzw. wird
das Schutzrecht widerrufen bzw. gelöscht oder für nichtig erklärt, entfällt zwar der Schutz
rückwirkend (§ 58 Abs. 2 PatG), der Vergütungsanspruch jedoch lediglich für die Zukunft.
Sind zu diesem Zeitpunkt schon Vergütungszahlungen erfolgt, können diese wegen der
faktischen Vorzugsstellung des Arbeitgebers nicht zurückgefordert werden (§ 12 Abs. 6 ArbEG).[90] Eine Ausnahme ergibt sich bei offenbar oder wahrscheinlich gewordener Vernicht-
barkeit des Schutzrechts (RL 43), wenn die wirtschaftlichen Vorteile nicht spürbar sind, so
dass es dem Arbeitgeber nach Treu und Glauben nicht zumutbar ist, eine Vergütung zu zahlen, insbesondere dann, wenn die Wettbewerber das Schutzrecht wegen dessen offenbar gewordener Nichtigkeit nicht (mehr) beachten.[91]

Seit dem 1.1.2002 gilt für Vergütungsansprüche die **dreijährige Verjährungsfrist** des § 195 87
BGB, beginnend gem. § 199 Abs. 1 BGB mit dem Schluss des Jahres, in dem der Vergütungsanspruch entstanden und fällig geworden ist und der Arbeitnehmer von den Umständen, die seinen Vergütungsanspruch begründen, und der Person des Schuldners (des Arbeitgebers) positive Kenntnis erlangt bzw. ohne grobe Fahrlässigkeit erlangen müsste.[92] Im
Übrigen gilt die zehnjährige, taggenau beginnende Höchstfrist des § 199 Abs. 3 BGB. Da
vor der Schuldrechtsreform für nicht festgestellte oder festgesetzte Vergütungsansprüche
eine 30-jährige Verjährungsfrist des § 195 BGB aF und für konkretisierte Ansprüche die
zweijährige Verjährungsfrist des § 196 BGB aF bestand, sind Art. 229 §§ 5, 6 EGBGB zu
beachten. Neben der Verjährung kommt auch eine **Verwirkung** der Ansprüche in Betracht,
deren Bedeutung in Anbetracht der kurzen Verjährungsfristen allerdings kaum Bedeutung
haben dürfte.

b) Fälligkeit und Regelung der Vergütung. Für eine Fälligkeit (§ 271 BGB) der Vergütung 88
der Höhe nach wird im Regelfall eine Nutzungsaufnahme vorausgesetzt. Eine Fälligkeit des
Vergütungsanspruchs ergibt sich idR – bei noch andauerndem Schutzrechtserteilungsverfahren – drei Monate nach Aufnahme der Benutzungshandlungen.

In einer (auch formlos und daher konkludent möglichen) **Vereinbarung** sollen Arbeitge- 89
ber und Arbeitnehmer gem. § 12 Abs. 1 ArbEG in einer angemessenen Frist die **Art und die
Höhe der Vergütung** festlegen.

Kommt eine solche Vereinbarung nicht in einer angemessenen Frist zustande, muss der 90
Arbeitgeber Art und Höhe der Vergütung einseitig **festsetzen** (§ 12 Abs. 3 ArbEG) und entsprechend der Festsetzung zahlen. Die Festsetzung muss mindestens in Textform erfolgen,
als solche erkennbar sein und begründet werden. Nicht ausreichend sind reine Vergütungs-
berechnungen,[93] Vergütungsabrechnungen[94] oder ein nur als Vergütungsangebot formulier-
tes Schreiben.[95] Die **Vergütungsfestsetzung** muss folgenden Inhalt haben: die Art der Vergü-
tung (laufende oder pauschale Vergütung), die Höhe der Vergütung und die wesentlichen
Kriterien der Vergütungsberechnung (Berechnungsparameter). Werden die wesentlichen Kriterien nicht dargelegt, ist die Festsetzung **unwirksam**.[96] Nach § 12 Abs. 4 ArbEG hat der
Arbeitnehmer das Recht, innerhalb einer Ausschlussfrist von zwei Monaten der Festsetzung
des Arbeitgebers mittels Erklärung in Textform zu **widersprechen**. Einer Begründung bedarf

---

[89] BGH 29.4.2003 – X ZR 186/01, GRUR 2003, 789 – Abwasserbehandlung; aA *Bartenbach/Volz* § 9 Rn. 11.
[90] BGH 28.6.1962 – I ZR 28/61, GRUR 1963, 135 – Cromegal; BGH 6.2.2002 – X ZR 215/00, GRUR 2002, 609 – Drahtinjektionseinrichtung.
[91] BGH 6.2.2002 – X ZR 215/00, GRUR 2002, 609 (610) – Drahtinjektionseinrichtung.
[92] Zur Verjährung vgl. Schiedsstelle 3.7.2015 – Arb.Erf. 18/13, http://www.dpma.de/docs/dpma/schiedsstelle/arbeitnehmererfindungen/2015/arb_erf_18_13_ev_03072015.pdf.
[93] Schiedsstelle 14.2.1995 – Arb.Erf. 46/93 (unveröffentlicht).
[94] Schiedsstelle 20.1.1997 – Arb.Erf. 34/93 (unveröffentlicht).
[95] Schiedsstelle 15.9.1994 – Arb.Erf. 172/92 (unveröffentlicht).
[96] Schiedsstelle 8.10.1991 – Arb.Erf. 59/90, GRUR 1992, 849. – Bewehrungsrollmatte; *Bartenbach/Volz* § 12 Rn. 53.

es nicht.⁹⁷ Der Arbeitnehmer kann den Widerspruch auch auf einzelne Berechnungsparameter beschränken (Teilwiderspruch). Erfolgt innerhalb der Frist kein Widerspruch, so ist die Festsetzung für beide Teile verbindlich. Unabhängig von einem Widerspruch begründet die Festsetzung eine **(Mindest-)Zahlungsverpflichtung** des Arbeitgebers hinsichtlich des festgesetzten Betrags. Diese Zahlungsverpflichtung stellt eine zusätzliche und eigenständige Folge der Festsetzung nach § 12 Abs. 3 S. 1 aE ArbEG dar.⁹⁸ Nach einem Widerspruch ist eine erneute Festsetzung nicht möglich; es besteht dann nur die Möglichkeit der Verhandlung oder die Möglichkeit der streitigen Auseinandersetzung bei der Schiedsstelle bzw. bei Gericht.

91 Bei **Miterfindern** ist die Festsetzung gegenüber jedem Miterfinder gesondert vorzunehmen, mit dem eine Feststellung nicht erreicht werden konnte. Etwaige Widersprüche einzelner Miterfinder lassen die Festsetzung gegenüber den anderen Miterfindern unberührt, soweit die Festsetzung nicht den Miterfinderanteil betrifft (§ 12 Abs. 5 S. 1 ArbEG, sog. „Quotenwiderspruch").

92 c) **Anspruch auf Anpassung der Vergütung.** § 12 Abs. 6 ArbEG gibt die Möglichkeit, eine Anpassung der ursprünglich vereinbarten Vergütungsregelung bzw. der Festsetzung zu verlangen und stellt gleichsam einen angewandten Fall der Störung der Geschäftsgrundlage dar. Ein Anspruch auf Einwilligung in eine Anpassung ist dann gegeben, wenn sich Umstände **„wesentlich"** ändern, die für die Feststellung oder Festsetzung der Vergütung maßgeblich waren. Dabei wird ein **objektiver Beurteilungsmaßstab** zugrunde gelegt. Es kommt nicht auf subjektiv enttäuschte Erwartungen an, vielmehr ist nur maßgeblich, ob tatsächliche Veränderungen dieser Umstände **nachträglich,** also nach Abschluss der Vereinbarung bzw. nach der Festsetzung, eingetreten sind, die objektiv zu einem groben Missverhältnis von Leistung und Gegenleistung geführt haben.⁹⁹ Dieser Anspruch soll eine Anpassung der Vergütung insbesondere dann ermöglichen, wenn eine **unerwartete Nutzungsentwicklung** nachträglich eingetreten ist.

93 Die Umstände haben sich immer dann **wesentlich** geändert, wenn anzunehmen ist, dass mindestens eine Vertragspartei bei Kenntnis der veränderten Umstände den Vertrag gar nicht oder nur mit einem anderen Inhalt geschlossen hätte. Bei einer Vergütungsregelung besteht ein erheblicher Anhaltspunkt für eine „wesentliche" Unterschreitung der angemessenen Vergütung, wenn die entsprechend den später eingetretenen Entwicklungen geschuldete Vergütung mehr als 50 % über der gewährten Vergütung liegt (und – im Grundsatz – umgekehrt bei Überschreitung).¹⁰⁰

94 d) **Risikoabschlag.** Aus dem Monopolprinzip müsste folgen, dass eine Vergütung erst bei Feststehen der Schutzfähigkeit geschuldet ist. Der BGH gesteht jedoch seit jeher eine sog. **„vorläufige Vergütung"** zu,¹⁰¹ die im Grundsatz den üblichen Berechnungskriterien folgt, jedoch, wenn und soweit Vergütung vor rechtsbeständiger Schutzrechtserteilung ausgezahlt

---

⁹⁷ Reimer/Schade/Schippel, Das Recht der Arbeitnehmererfindungen, 8. Aufl. 2007, § 12 Rn. 38.
⁹⁸ Wohl hM: BGH 13.11.1997 – X ZR 132/95, GRUR 1998, 689 – Copolyester II; Bartenbach/Volz § 12 Rn. 75; Reimer/Schade/Schippel/Kaube, Das Recht der Arbeitnehmererfindungen, 8. Aufl. 2007, § 12 Rn. 35.
⁹⁹ BGH 17.4.1973 – X ZR 59/69, GRUR 1973, 649 – Absperrventil; Busse/Keukenschrijver/Keukenschrijver, 8. Aufl. 2016, ArbEG § 12 Rn. 30.
¹⁰⁰ Beispiel aus der Perspektive des Arbeitnehmers: Die Parteien wollen (was zulässig ist) eine Pauschalvergütungsabrede für vergangene und künftige Umsätze abschließen und bemessen einvernehmlich die voraussichtlichen künftigen Umsätze anhand der Erfahrungen der Vergangenheit und des Innovationszyklus' auf einen bestimmten Betrag. Diesen legen sie der Vergütungsabrechnung zugrunde. Der sich ergebende angemessene Vergütungsbetrag soll 15.000,00 EUR betragen. Ein halbes Jahr nach Zustandekommen der Vereinbarung gehen sukzessive drei Konkurrenten des Arbeitgebers in Insolvenz, und ein erheblicher Teil der von diesen nicht mehr bewältigbaren Umsätze fällt unvorhergesehen dem Arbeitgeber zu. Der sich nunmehr ergebende künftige Umsatz ist deutlich höher als der ursprünglich angenommene und hätte, wenn man ihn was nicht möglich war – von vornherein als Grundlage angesehen hätte, zu einer Vergütung von 25.000,00 EUR geführt. Dann hat der Arbeitnehmer, wenn er nach § 12 Abs. 6 ArbEG vorgeht, einen Nachzahlungsanspruch. Keinen Anspruch hätte er, wenn die weiteren Umsätze zu einer weiteren Vergütung von lediglich 5.000,00 EUR, insgesamt also 20.000,00 EUR, geführt hätten; zur Anpassung eines Lizenzsatzes vergleiche zuletzt Schiedsstelle 15.6.2015 – Arb.Erf. 7/13, http://www.dpma.de/docs/dpma/schiedsstelle/arbeitnehmererfindungen/2015/arb_erf_02_13_ev_16042015.pdf.
¹⁰¹ BGH 28.6.1962 – I ZR 28/61, GRUR 1963, 135 – Cromegal.

wird, zusätzlich einen prozentualen Abschlag enthält, der das **Risiko der Schutzrechtsversagung** darstellt. Bis zur Schutzrechtserteilung handelt es sich hiernach bei dem Vergütungsanspruch nur um einen **vorläufigen Anspruch**. Bei dem reduzierten Betrag handelt es sich um ein **vorläufiges Benutzungsentgelt**.[102] Dieses Benutzungsentgelt ist solange zu zahlen, wie nicht feststeht, ob ein Schutzrecht erteilt wird oder nicht.

Wird das Schutzrecht in dem beantragten Schutzumfang vollumfänglich erteilt, wird der Risikoabschlag mit Bestandskraft (zinslos) nachgezahlt, bei teilweiser Erteilung eingeschränkt nachgezahlt. Wird das Schutzrechtrecht rechtkräftig versagt, erfolgt keine Nachzahlung, jedoch ist eine Rückforderung bereits ausgezahlter Beträge nicht möglich.[103]

Die Höhe des Risikoabschlags hängt vom Einzelfall ab und bemisst sich nach der Wahrscheinlichkeit einer Schutzrechtserteilung. Allgemein legt die Praxis, wenn keine besonderen Anhaltspunkte für einen höheren oder niedrigeren Abschlag bestehen, einen (Regel-)Risikoabschlag von 50 % zugrunde.[104] Wenn jedoch zu dem üblichen Schutzrechterteilungsrisiko besondere Umstände hinzutreten, kann dieser Prozentsatz in beide Richtungen variieren, auch während des Erteilungsverfahrens. Eine ex-post-Betrachtung etwa nach Versagung einer Schutzrechtserteilung verbietet sich,[105] denn dies würde immer auf einen Risikoabschlag von 100 % hinauslaufen. Dennoch legt die Spruchpraxis der Schiedsstelle bei der Beurteilung der Patentierungswahrscheinlichkeit den Stand der Technik zum Zeitpunkt der Patentanmeldung zu Grunde, selbst wenn er den Beteiligten möglicherweise nicht bekannt ist.

e) **Bemessung der Vergütung.** Ein Hauptfeld der in der Praxis vorkommenden Auseinandersetzungen betrifft Fragen der Bestimmung der angemessenen Vergütung. § 9 Abs. 2 ArbEG gibt einige wenige Kriterien vor, die zur Bemessung der Vergütung maßgeblich sind: die wirtschaftliche Verwertbarkeit, die Stellung des Arbeitnehmers im Betrieb und der Anteil des Betriebs am Zustandekommen der Diensterfindung.

Dieser Katalog ist nicht abschließend. Vielmehr ermächtigt § 11 ArbEG den Bundesminister für Arbeit, **Amtliche Richtlinien zur Bemessung der Vergütung** (RL) zu erlassen. Diese Richtlinien haben erhebliche Bedeutung und das daraus resultierende System der Bemessung wurde mit der Zeit von den Gerichten, der Schiedsstelle und Literatur fortentwickelt.

Dieses System ist wesentlich von **drei Faktoren,** nach denen sich die Vergütung bemisst, geprägt:
- dem Erfindungswert,
- dem Anteilsfaktor,
- und bei mehreren Erfindern dem Miterfinderanteil.

Das System wird in RL Nr. 2 beschrieben und in RL Nr. 39 als mathematische Formel zusammengefasst. Die Berechnungsformel lautet danach:

Vergütung = Erfindungswert × Anteilsfaktor (× Miterfinderanteil)

aa) *Erfindungswert.* Der Erfindungswert stellt eine **wirtschaftliche Größe** dar, die sich durch den Preis ermittelt, den der Arbeitgeber bei einer entsprechenden freien Erfindung auf dem Markt bezahlen würde,[106] der sich also ergäbe, wenn die Erfindung nicht im Unternehmen gemacht worden wäre, sondern der Arbeitgeber sie extern hätte erwerben bzw. einlizenzieren müssen. Der Wert orientiert sich daher am freien Markt, wobei dieser Preis einer betriebsbezogenen Überprüfung bedarf, da er auch die konkreten erfindungsbezogenen wirtschaftlichen Vorteile des Arbeitgebers berücksichtigen muss.

Bei der Bestimmung des Erfindungswerts wird grundlegend unterschieden zwischen sog. **betrieblicher Eigennutzung** und der **sonstigen Nutzung** (zB Lizenz-, Kauf- und Austauschverträge, Sperrpatente, Vorrats- und Ausbaupatente). Bei der betrieblichen Eigennutzung erfolgt eine Nutzung durch den Arbeitgeber, in dem dieser selbst von der technischen Lehre in

---

[102] Ständige Praxis der Schiedsstelle zB Schiedsstelle 7.2.1983, BlPMZ 1984, 218.
[103] *Bartenbach/Volz* § 12 Rn. 65.1.
[104] Ebenso die Praxis der Schiedsstelle vgl. Schiedsstelle 4.2.1993 – Arb.Erf. 10/92, GRUR 1994, 611 – Regelkreisanordnung; Schiedsstelle 13.5.1966, BlPMZ 1967, 80; 24.8.1964, BlPMZ 1964, 354.
[105] BGH 28.6.1962 – I ZR 28/61, GRUR 1963, 135 – Cromegal.
[106] BGH 13.11.1997 – X ZR 132/95, GRUR 1998, 689 – Copolyester II.

Gennen

den Formen des §§ 9 bis 10 PatG Gebrauch macht. Unter der sonstigen Nutzung sind alle anderen Nutzungsformen zu verstehen.

103 *(1) Erfindungswert bei betrieblicher Eigennutzung.* Zur Berechnung des Erfindungswertes bei betrieblicher Eigennutzung geben die RL **drei Modelle** vor: Lizenzanalogie (RL Nr. 5–11), **Berechnung nach erfassbarem betrieblichen Nutzen** (RL Nr. 12), **Schätzung** des Erfindungswertes (RL Nr. 13). Die Richtlinien verweisen zwar noch auf weitere Berechnungsmethoden, wie die Kaufpreisanalogie,[107] jedoch spielen diese für die Praxis bei betrieblicher Eigennutzung kaum eine Rolle.

104 *(a) Lizenzanalogie.* Die Berechnungsmethode der **Lizenzanalogie** geht von der Fragestellung aus, welchen Preis der Arbeitgeber an einen Dritten nach freier Verhandlung hätte zahlen müssen, wenn die Erfindung nicht im Betrieb entstanden wäre, sondern er die Erfindung hätte einlizenzieren müssen. Die Lizenzanalogie kommt wegen der im Verhältnis zu anderen Methoden geringeren Schätzungenauigkeit vorrangig in Betracht[108] und ist jedenfalls stets dann anzuwenden, wenn mit erfindungsgemäßen Gegenständen Umsatzgeschäfte getätigt werden. Bisweilen hat die Schiedsstelle sogar bei rein innerbetrieblicher Nutzung die Methode der Lizenzanalogie angewendet, weil diese gegenüber den Methoden nach RL Nr. 12 und 13 geringere Ungenauigkeiten aufwies und auch so eine angemessene Vergütung bestimmbar war.[109]

105 Bei der Lizenzanalogie ist eine (rechnerische) **Bezugsgröße** (RL Nr. 7) mit einem Lizenzsatz (RL Nr. 10) zu multiplizieren. Als rechnerische Bezugsgrößen kommen in der Regel der Umsatz und in Einzelfällen die Erzeugung[110] in Betracht. Umsatz ist im Regelfall das Entgelt aus dem Verkauf der erfindungsgemäßen Produkte und Waren. Entscheidend sind dabei die dem Arbeitgeber aus diesen Geschäften tatsächlich zufließenden Einnahmen (Nettopreis ab Werk abzüglich aller Kosten und Aufwendungen, die nicht unmittelbar mit der mit der Verwertung der Erfindung zusammenhängen, zB Abnehmervergünstigungen, Preisnachlässe, Rabatte, Skonti, Versicherungen, Vertriebskosten, Boni).[111]

106 Von wesentlicher Bedeutung für die Bestimmung der angemessenen Vergütung ist die Wahl der zutreffenden **technisch-wirtschaftlichen Bezugsgröße** (RL Nr. 8). Bei zusammengesetzten Vorrichtungen ist stets zu entscheiden, ob technisch-wirtschaftliche Bezugsgröße die gesamte Vorrichtung oder das **kleinste unmittelbar erfindungsbeeinflusste Teil** ist. So ist denkbar, dass eine Erfindung in einem Pkw als verkaufsfähiger Einheit Verwendung findet, dort aber nur eine fachlich extrem untergeordnete Teil-Steuerung zum Beispiel der Einspritzpumpe betrifft; in diesem Fall wäre es unangemessen, den Umsatz mit dem gesamten Pkw zu Grunde zu legen. Nach RL Nr. 8 S. 2 soll zunächst auf die Üblichkeit (**Verkehrsüblichkeit**) im betreffenden Industriezweig abgestellt werden,[112] ein Ansatz, der in der Praxis regelmäßig schwierig ist. Vielmehr ist fraglich, welcher Gegenstand durch die Erfindung das sog. „**kennzeichnende Gepräge**" erhält[113] bzw., in welche **technischen Problemkreise** das Produkt aufzuteilen ist und welche(r) dieser Problemkreise durch den Gegenstand der Erfindung beeinflusst werden.[114] Auch sieht der BGH vor darauf abzustellen, was vernünftige Lizenzvertragsparteien unter angemessener Berücksichtigung der beiderseitigen Interessen an Hand der besonderen Umstände des Einzelfalles bei dem gegebenen Benutzungssachverhalt vereinbart hätten.[115] Ausgangspunkt der Betrachtung sollte stets die **Patent- bzw. Ge-**

---

[107] Schiedsstelle BlPMZ 1982, 57.
[108] So jedenfalls *Bartenbach/Volz* § 9 Rn. 109.
[109] Schiedsstelle 25.11.1981 – Arb.Erf. 17/81 (unveröffentlicht).
[110] Dann unter Berücksichtigung eines sog. Gewinnaufschlags von idR 60 %, ggf. bis zu 100 %.
[111] Schiedsstelle, Mitt. 1996, 220 – Bedienungseinrichtung; ggf. auch pauschal mit einem bestimmten prozentualen Abschlag von ca. 5 bis 10 % zu berücksichtigen als sog. Erlösschmälerung, vgl. Schiedsstelle 11.5.1995 – Arb.Erf. 57/93, unveröffentlicht (dort 5 %).
[112] So – jedenfalls im Rahmen von Schutzrechtsverletzungsverfahren – auch der BGH 30.5.1995 – X ZR 54/93, GRUR 1995, 578 f. – Steuereinrichtung II), der ergänzend auf die „Zweckmäßigkeit" abstellt.
[113] Ständige Spruchpraxis der Schiedsstelle. Vgl. zB Schiedsstelle BlPMZ 1984, 250.
[114] Schiedsstelle 18.12.1996 – Arb.Erf. 34/95, auszugsweise zitiert bei Hellebrand/*Kaube*, Lizenzsätze für technische Erfindungen, S. 5.
[115] BGH 29.4.2003 – X ZR 186/01, GRUR 2003, 789 – Abwasserbehandlung.

brauchsmusterschrift sein. Es sollte nach der **kleinsten technisch-wirtschaftlichen (funktionellen) Einheit** gesucht werden, auf die sich die Erfindung bezieht, wesentlich auswirkt oder von ihr in erheblichem Maße geprägt wird.[116]

Weiterer Berechnungsfaktor bei der Lizenzanalogie ist der **angemessene Lizenzsatz**, der auf die Bezugsgröße in Ansatz gebracht wird. Zur Ermittlung eines angemessenen Lizenzsatzes wird regelmäßig in drei Schritten vorgegangen. Wenn der Arbeitgeber über die konkret zu vergütende Diensterfindung mit Dritten bereits Lizenzverträge abgeschlossen hat, so zeigen die dort vereinbarten Lizenzsätze idR den angemessenen Wert der Erfindung (**konkrete Lizenzanalogie**).[117] Ist eine solche konkrete Lizenzanalogie nicht möglich, so muss man sich an marktüblichen Lizenzsätzen (für ausschließliche Lizenzen) orientieren (**abstrakte Lizenzanalogie**). Häufig wird der Arbeitgeber bereits Erfahrungen hinsichtlich zumindest einer **Firmenüblichkeit** besitzen.[118] Fehlen auch für eine abstrakte Analogie die Ansätze, so gibt RL Nr. 10 einen Lizenzrahmen für **branchenübliche Lizenzsätze** an, der seit 1959 unverändert ist. Nach einhelliger Meinung sind jedoch die dort festgehaltenen Lizenzsätze auf Grund des schärfer werdenden Wettbewerbs ständig zurückgegangen, so dass die Lizenzsätze nicht mehr zeitgemäß sind.[119] Zudem ist der Lizenzrahmen so breit, dass eine Orientierung des Einzelfalls allein an Hand des Rahmens praktisch unmöglich ist.

RL Nr. 6 gibt vor, welche Einflussfaktoren auf den Lizenzsatz bestehen. Hierneben ergeben sich für die Praxis folgende Faustregeln zur Bestimmung des Lizenzsatzes:

- Lizenzsatz und Bezugsgröße stehen in einem **Wechselverhältnis** zueinander.[120] Daraus folgt grundsätzlich: je höher die Bezugsgröße desto niedriger der Lizenzsatz, und vice versa.
- Der Lizenzsatz muss sich im Rahmen der **Höchstbelastbarkeit** halten (→ Rn. 110).
- Je geringer der **Abstand der Erfindung zum allgemeinen und innerbetrieblichen Stand der Technik** ist, desto niedriger ist der Lizenzsatz – und vice versa.
- **Hochwertige Einzelexemplare** bedingen in aller Regel einen höheren Lizenzsatz als Serien-/Massenprodukte.
- Die **Wertigkeit des Schutzrechts** hat erheblichen Einfluss, dh dessen Rechtsbeständigkeit, Schutzumfang und ggf. Abhängigkeit von Rechten Dritter.
- Jeder Lizenzsatz ist **einzelfall- und unternehmensbezogen** zu ermitteln, muss also für das Unternehmen noch wirtschaftlich sein.
- Bedeutsam ist auch die **Abstaffelung nach RL Nr. 11** (→ Rn. 110).
- Der Lizenzsatz mag letztlich – jedoch nur als eine Art interner „Kontrollrechnung", nicht, weil dies eine von der Rechtsprechung anerkannte Alternativberechnung ist – auch als **Anteil am Gewinn** des Unternehmens zu verstehen sein, der unter Einsatz der Erfindung erzielt wird; wenn das Unternehmen einen hohen Gewinn mit dem Einsatz der Erfindung erzielt, kann auch eine höherer Lizenz gerechtfertigt sein – und vice versa.[121]

---

[116] *Bartenbach/Volz* RL 8 Rn. 30 ff.

[117] Schiedsstelle BlPMZ 1982, 277. Bisweilen besteht dabei die praktische Schwierigkeit, bei einem gemischten Lizenzvertrag mit einer Reihe von entgeltwerten Leistungen des Lizenzgebers (zB Lizenzierung von Patenten, Know-how und Marken, Überlassung von Weiterentwicklungen, Schulungen, Übernahme von Haftungsrisiken) den auf die zu vergütende Erfindung entfallenden (Teil-)Lizenzsatz bzw. (Teil-)Lizenzgebühren herauszulösen.

[118] *Reimer/Schade/Schippel*, 8. Aufl. 2007, RL § 11 Nr. 8 Rn. 3; *Hellebrand* GRUR 1993, 449 (454).

[119] BGH 30.5.1995 – X ZR 54/93, GRUR 1995, 578 (580) – Steuereinrichtung II; *Fischer* Mitt. 1987, 104; *Bartenbach/Volz*, 6. Aufl. 2019, Arbeitnehmererfindervergütung RL-Nr. 10 Rn. 25 ff. Eine hervorragende Sammlung von Lizenzsätzen (stets in Beziehung gesetzt zur technisch-wirtschaftlichen Bezugsgröße) findet sich bei *Hellebrand/Kaube*, Lizenzsätze für technische Erfindungen, 5. Aufl. 2017.

[120] *Bartenbach/Volz*, 4. Aufl. 2017, RL-Nr. 8 Rn. 71.

[121] Der Rahmen bewegt sich dabei nach der früheren Rechtsprechung des BGH von ca. 1/8 bis 1/3 des Gewinns vor Steuern mit einem Mittelwert von ca. 20–25 % (vgl. BGH 16.4.2002 – X ZR 127/99, GRUR 2002, 801 – Abgestuftes Getriebe; kritisch *Hellebrand* GRUR 2001, 678). Der BGH hat in späteren Entscheidungen (BGH 17.11.2009 – X ZR 137/07, GRUR 2010, 223 – Türinnenverstärkung; BGH 17.11.2009 – X ZR 60/07, BeckRS 2010, 02410 – Türbänder) dem Arbeitnehmer in Abkehr von der früheren Rechtsprechung einen regelmäßigen Anspruch auf Auskunft und Rechnungslegung in Bezug auf gewinnbezogene Aspekte nicht zugestanden, so dass dem Arbeitnehmer Zahlen zur internen Prüfung dieser Kontrollberechnung nicht mehr zugestanden; er lässt jedoch offen, ob es Fallgestaltungen geben kann, in denen ein solcher Anspruch bestehen mag; vgl. hierzu *Volz* GRUR 2010, 865.

109 Wenn in einem Produkt oder Verfahren mehrere Erfindungen zum Einsatz kommen, können die Lizenzsätze nicht einzeln bestimmt und schlicht aufaddiert werden, weil dann die **Höchstbelastbarkeit** des Produkts mit Lizenzgebühren, also das Maß, in dem das Produkt eine Belastung mit Lizenzgebühren aus wirtschaftlichen Gründen noch verträgt, überschritten sein kann. Hier ist gem. RL Nr. 19 festzustellen, welche Bezugsgröße für welche Erfindungen besteht, und in Bezug auf die jeweilige Bezugsgröße sind die darauf angreifenden Erfindungen unterhalb der Grenze der Höchstbelastung in ihrer Wertigkeit ins Verhältnis zu setzen und (lediglich) mit den sich dann ergebenden Lizenzsätzen zu vergüten.[122] Lizenzsatzanteile später wegfallender Erfindungen wachsen dem Höchstlizenzsatz nicht wieder an.

110 Werden mit der Erfindung hohe Umsätze (jenseits von 1.533.875,64 EUR bzw. 3 Mio. DM) erzielt, so stellt sich die Frage einer **Abstaffelung** (RL Nr. 11), die nach den RL zu einer Ermäßigung des Lizenzsatzes mit steigenden Umsätzen führt. In der Praxis werden jedoch die erfindungsgemäßen Umsätze abgestaffelt und der Lizenzsatz einheitlich gehalten. Die Abstaffelung greift bei höher werdenden Umsätzen immer stärker, und führt zB dazu, dass jenseits eines erfindungsgemäßen Umsatzes von 51.129.188,11 EUR (früher: 100 Mio. DM) nur noch 20 % des Umsatzes für die Vergütungsberechnung anzusetzen sind. So beträgt bei einem zu vergütenden erfindungsgemäßen Umsatz von 3 Millionen EUR der abgestaffelte Umsatz 2.809.033,51 EUR, bei 1 Milliarde EUR jedoch nur noch 212.935.684,59 EUR. Die Abstaffelung bezieht sich auf den **erfindungsgemäßen Gesamtumsatz** während der Nutzungsdauer der Erfindung.

111 Stark umstritten ist, wann eine Abstaffelung in Ansatz gebracht werden darf bzw. angemessen ist. Nach der Rechtsprechung des BGH[123] und eines erheblichen Teils des Schrifttums darf eine Abstaffelung – entsprechend dem Wortlaut von RL Nr. 11 – nur bei entsprechender Vereinbarung mit dem Arbeitnehmererfinder in Ansatz gebracht werden oder nach **nachgewiesener**[124] **Üblichkeit (ob und wie abgestaffelt wird)**. Hintergrund für die Abstaffelung ist demgegenüber aus Sicht der Schiedsstelle mehr die Überlegung, dass hohe Umsätze häufig auch auf Leistungen des Unternehmens beruhen, die nicht unmittelbar mit der Erfindung zusammenhängen.[125] Die Schiedsstelle geht dementsprechend davon aus, dass auf Grund einer sog. **Kausalitätsverschiebung** mit steigenden Umsätzen erfindungsferne Faktoren (Werbung, Ruf des Unternehmens, Vertriebsorganisation) an Einfluss gewinnen und die Umstzsteigerungen mit oder vorwiegend bestimmen.[126]

112 *(b) Betrieblicher Nutzen.* Der Erfindungswert wird durch Ermittlung des **erfassbaren betrieblichen Nutzens** (RL Nr. 12) ermittelt, wenn die Diensterfindung sich nicht direkt in Umsatz oder Verkauf erfindungsgemäßer Erzeugnisse niederschlägt. Diese Berechnungsmethode hat praktische Bedeutung, wenn sich die Diensterfindung **rein innerbetrieblich** auswirkt und nur innerbetrieblich eingesetzt wird, ohne dass sich dies in Verkauf oder Umsatz niederschlägt. Bei dieser Methode ist die **Differenz zwischen dem durch die Erfindung erziel-**

---

[122] Bsp.: Ein Produkt (eine Bezugsgröße) verträgt technisch und aufgrund der Marktsituation lediglich eine Höchstbelastung von 3 %. Auf das Produkt greifen 5 Erfindungen an, eine Grundlagenerfindung, die isoliert mit 2 % bewertet würde, eine bedeutende Erfindung, die für sich 1 % ausmachen würde, und drei eher einfache Verbesserungserfindungen, die jeweils mit 0,5 % Lizenzsatz anzusetzen wären. Die Summe beträgt dann 4,5 %, also das Eineinhalbfache der Höchstlizenzgrenze. Rechnerisch ergibt sich dann, bringt man die isoliert betrachteten Lizenzsätze in ihrem Verhältnis zueinander unterhalb der Grenze der Höchstbelastbarkeit unter, für die Grundlagenerfindung noch ein Lizenzsatz von 1,33 %, für die bedeutende Erfindung ein Satz von 0,67 % und für die drei einfachen Erfindungen ein Satz von jeweils 0,33 %, was in der Summe die Höchstbelastung von 3 % bedeutet. Tritt eine weitere zu vergütende Erfindung hinzu, sind die Sätze proportional weiter abzusenken. Behält sich der Arbeitgeber eine solche Absenkung in der Vergütungsabrede nicht vor, muss die Grenze des § 12 Abs. 6 ArbEG überschritten sein, sonst besteht kein arbeitgeberseitiger Anspruch auf Absenkung bei Hinzutreten weiterer Erfindungen.
[123] BGH 4.10.1988 – X ZR 71/86, GRUR 1990, 271 – Vinylchlorid.
[124] *Bartenbach/Volz* GRUR 2016, 225, versuchen, von diesem Üblichkeitsnachweis abzugehen und unterstellen die regelmäßige Anwendbarkeit der Abstaffelung. Das ist jedoch nicht gesichert.
[125] Schiedsstelle 22.6.1995, BlPMZ 1996, 220 – Bedienungseinrichtungen. Die Formel nach der RL Nr. 11 ist von *Kaube* GRUR 1986, 572 zu einer gut handhabbaren Tabelle umgerechnet worden, die bei *Bartenbach/Volz* § 9 Rn. 150 auch mit EUR-Werten verwendet worden ist.
[126] Vgl. Schiedsstelle Mitt. 1996, 220. Auch einige Gerichte neigen zu einer Herabsetzung des Lizenzsatzes jenseits gewisser Umsatzgrenzen aus Gründen der Kausalitätsverschiebung.

ten Nutzen und ihren Kosten zu bestimmen. Anwendungsbereich sind daher die sich rein innerbetrieblich auswirkenden sog. **Ersparnis- und Verbesserungserfindungen** (zB Erhöhung der Lebensdauer einer Maschine, Einsparung von Grundstoffen). Die Anwendung dieser auf den ersten Blick gerecht und einfach erscheinenden Berechnungsmethode stößt jedoch regelmäßig auf erhebliche Schwierigkeiten, insbesondere deswegen, weil die scheinbare Genauigkeit der Methode sich in der Praxis nicht darstellen lässt.

Zunächst ist ein Vergleich vorzunehmen zwischen dem Zustand bei Einsatz der Erfindung 113 und der rein fiktiven Situation ohne deren Einsatz. Bei der Ermittlung der Kosten, die im Zusammenhang mit dem Einsatz der Erfindung angefallen sind, ist eine Fülle von Kostenpositionen zu berücksichtigen.[127] Entsprechendes gilt für die (realen, nicht fiktiven) Erträge.[128] Schon hier ist man vielfach in erheblichem Umfang auf Schätzungen angewiesen, die die scheinbare Genauigkeit der Methode zweifelhaft erscheinen lassen.

Problematisch ist zudem die **Abgrenzung der durch die Erfindung vermittelten Vorzugs-** 114 **position von dem bereits vorhandenen Stand der Technik.** Denn für die Vergütung kann wegen des Monopolprinzips nur entscheidend sein, welchen Vorsprung die Erfindung dem Arbeitgeber über den bereits allgemein bekannten Stand der Technik hinaus vermittelt. War der innere Stand der Technik vor dem Erfindungseinsatz niedriger als der äußere, kann nur der Unterschied zwischen dem höheren äußeren Stand und dem durch die Erfindung vermittelten Stand entscheidend sein.[129]

Schließlich ist zu berücksichtigen, dass nicht die gesamte **Ersparnis** den Erfindungswert 115 bilden kann, denn auch einem freien Erfinder würde der Arbeitgeber nicht die ganze erzielte Ersparnis als Entgelt überlassen. Daher hat sich, obgleich in RL Nr. 12 nicht im Wortlaut angelegt, der sog. **Umrechnungsfaktor** herausgebildet, als prozentualer Anteil an dem Bruttonutzen den Erfindungswert darstellt. Der Erfindungswert beläuft sich bei patentfähigen Erfindungen auf zwischen $^1/_8$ und $^1/_3$ **des Bruttonutzens vor Steuern mit einem Regelfaktor bei 20 %.**[130] Bei hohen Nutzensbeträgen greifen auch hier die Abstaffelungsgrundsätze von RL Nr. 11 entsprechend, allerdings unter Ansatz von 20 % der jeweiligen Schwellenwerte für die entsprechende Stufe.

(c) Schätzung. Die dritte Methode der Berechnung des Erfindungswertes bei innerbetrieb- 116 licher Eigennutzung ist die **(reine) Schätzung nach RL Nr. 13.** Da die reine Schätzung sehr ungenau ist, kommt sie nur sehr selten in Betracht, und zwar, wenn mit der Erfindung weder ein Umsatz erzielt noch eine innerbetriebliche Ersparnis verbunden ist, zB bei Arbeitsschutzmitteln, Maßnahmen zur Unfallverhütung und dergleichen.[131] Als ein Anhalts-

---

[127] ZB Menge und Wert aller nach Fertigstellung der Diensterfindung angefallener (RL Nr. 12 Abs. 2, str.) und mit dem Einsatz der Diensterfindung tatsächlich verbrauchten Güter und erbrachten bzw. von Dritten in Anspruch genommenen Dienstleistungen des Arbeitgebers (zB Anschaffungspreis der eingesetzten Materialien, Einsatz- und Fertigungsstoffe, Zwischenerzeugnisse, von Dritten bezogene Fertigerzeugnisse, Hilfsstoffe, Arbeitsgeräte für den erfindungsgemäßen Einsatz, Verbrauch von Brennstoffen, Fremdleistungskosten, Löhne/Gehälter, sonstige Investitionskosten, die zur Erlangung der Fertigungsreife erforderlich waren und die Kosten des laufenden Betriebs der erfindungsgemäßen Anlage wie zB amtl. Prüfkosten, Kosten des Prototyps, Lizenzgebühren für Dritte, Zinsen/Finanzierungskosten, konkret mit dem Einsatz der Erfindung zusammenhängende Gemeinkosten).
[128] Hierunter fällt der Wert aller durch die Erfindung vermittelter wirtschaftlicher Vorteile, zB Einsparungen an Material, Senkung sonstiger Herstellungskosten, Einsparung von Personal/Lohn, geringere Kosten für Betriebsstoffe/Energien, wertsteigernde Verbesserungen vorhandener Vorrichtungen und Verfahren.
[129] Schiedsstelle Mitt. 1997, 373.
[130] Ständige Praxis der Schiedsstelle: vgl. Schiedsstelle BlPMZ 1990, 336; BlPMZ 1982, 57; so auch die hM vgl. *Reimer/Schade/Schippel*, 8. Aufl. 2007, § 11/RL-Nr. 12 Rn. 9 ff. mwN.
[131] In Einzelfällen hat die Schiedsstelle diese Methode auch in Fällen zur Anwendung gebracht, in denen die Erfindung Einzelkomponenten in großen Technologiefeldern betraf, beispielsweise in einem Fall, in dem ein Mitarbeiter eines Telekommunikationsunternehmens eine Technologie zur Verbesserung der Netzqualität geschaffen hat. Insoweit stellt die Schiedsstelle die Frage, welchen Preis die Erfindung gehabt hätte, wenn sie nicht im Unternehmen des Arbeitgebers entstanden wäre, sondern die die Erfindung aus machenden Einzelkomponenten von einem Dritten hätten eingekauft werden müssen. Wenn diese Summe insgesamt einen angemessenen Umsatz darstellt, wendet die Schiedsstelle fiktiv die Methode der Lizenzanalogie an, um den Wert einer solchen Erfindung zu bestimmen (Schiedsstelle 5.8.2015 – ArbErf. 26/12, veröffentlicht auf der Webseite des DPMA).

punkt für den Erfindungswert hat sich der Umfang der zur Umsetzung der Erfindung erforderlichen innerbetrieblichen Investitionen[132] herausgestellt und/oder der Entwicklungsaufwand.[133] Der so ermittelte Wert ist – wie bei RL Nr. 12 – mit einem **Umrechnungsfaktor** in entsprechender Höhe zu belegen. Die Praxis behilft sich, sofern im Unternehmen Regelungen zum Erfindungswesen existieren, bei der Konkretisierung von Schätzungen vielfach mit Punktsystemen, bei denen bei Erfüllung bestimmter Kriterien bestimmte Punktwerte vergeben werden, der sich aus allen Kriterien ergebende Gesamtpunktwert mit einem EUR-Betrag zur Ermittlung des Erfindungswerts multipliziert wird und bei denen auf dieser Basis eine abschließende Einmalzahlung vorgesehen ist. So ergibt sich statt einer latent mit dem Makel der Willkür behafteten reinen Schätzung eine zumindest formelle Gleichbehandlung von Erfindungen in der Form, dass sie durch dasselbe Punkteschema hindurchgeführt werden.

117 *(2) Erfindungswert bei sonstigen Nutzungen.* Bei den übrigen Nutzungsformen ergeben sich abweichende Methoden zur Bestimmung des Erfindungswerts.

118 *(a) Erfindungswert bei Lizenzeinnahmen und Lizenzaustauschverträgen.* Der Arbeitgeber kann als Verwertungsform auch die Lizenzvergabe wählen.[134] Dann besteht ein Anspruch des Arbeitnehmererfinders auf die **Beteiligung an den Nettolizenzeinnahmen** gem. RL Nr. 14, 15.

119 Ein Problem besteht hierbei regelmäßig in der **Bestimmung der** auf die zu vergütende Erfindung entfallenden **Nettolizenzeinnahme,** wobei Probleme auftauchen können zB bei gleichzeitiger Lizenzierung einer Mehrzahl von Schutzrechten und/oder von Know-how ohne ausgewiesene Aufteilung der Lizenzeinnahmen im Lizenzvertrag. Ein weiteres Problem ist die Abzugsfähigkeit bestimmter arbeitgeberseitig angefallener Kosten. Bei der Vergütungsermittlung sind zunächst die **Bruttolizenzeinnahmen** zu bestimmen, die aus Geldzahlungen, geldwerten Leistungen, Einmalzahlungen, Erstattungen von Entwicklungskosten ua bestehen können. Hernach ist zu prüfen, welche **Abzugsposten** bei der Ermittlung der Nettolizenzeinnahme aus der Bruttolizenzeinnahme zu berücksichtigen sind; dies sind insbesondere Kosten für Entwicklung und Lizenzreife, Kosten für Weiterentwicklungen, Kosten im Zusammenhang mit der Lizenzvergabe, anteilige Gemeinkosten, Kosten von Schutzrechtsverteidigung und Haftungsrisiken und (weil heutzutage die wenigsten Lizenzvergaben keine Schutzrechtslizenzen sind) der Anteil für **Know-how-Einnahmen.** Bei Letzterem ist nach der Spruchpraxis der Schiedsstelle ein Abzug von 25–90 % der Bruttolizenzeinnahme vorzunehmen bei einem Durchschnittsabzug zwischen 35 und 50 %.

120 Bei den arbeitgeberseitigen Kosten, die zur Ermittlung der Nettolizenzeinnahme abgezogen werden, muss für den Fall der gemischten Nutzung (Produktion und Lizenzvergabe) darauf geachtet werden, dass es ein Verbot der Doppelberücksichtigung gibt; so dürfen zB die Kosten der Entwicklung zur Betriebsreife kalkulatorisch nur einmal angesetzt werden.

121 Zur Vereinfachung der Ermittlung der Vergütung nach RL Nr. 14 geht die Schiedsstelle[135] so vor, dass sie von der mit der Erfindung erzielten Bruttolizenzeinnahme die Einnahmen für mitlizenzierte erfindungsfremde Leistungen abzieht (Know-how, Marke, Urheberrechte). Dann werden die weiteren, ohne weiteres ermittel- oder schätzbaren Kosten abgezogen, insbesondere die (weiteren) Kosten der Entwicklung der Erfindung nach ihrer Fertigstellung, die Kosten der Schutzrechtsverwaltung und ggf. -verteidigung und die Kosten des Vertrages. Diese Nettolizenzeinnahme wird zur Ermittlung des Erfindungswerts mit einem **Umrechnungsfaktor** multipliziert (wie bei RL 12), weil auch nicht die gesamte Lizenzeinnahme an einen Dritten gezahlt würde. Der **Regelsatz** der Schiedsstelle für den Umrechnungsfaktor **beträgt 30 %** der allerdings bereits um bestimmte Faktoren **verminderten** vorläufigen Nettolizenzeinnahme; die Spannbreite des Umrechnungsfaktors liegt zwischen 12,5 % und 40 %.

---

[132] Schiedsstelle 30.6.1980 – EGR Nr. 3 zu § 27 ArbnErfG.
[133] *Bartenbach/Volz* RL Nr. 13 Rn. 10 ff.
[134] Sonderfälle, deren Behandlung den Rahmen sprengen würde, sind dabei zB: Optionsverträge, Leasingverträge, Verkauf von Vorrichtungen unter Einräumung von Nutzungsrechten an Verfahrenserfindungen, Lizenzeinnahmen auf Grund Schutzrechtsverletzungen Dritter, Negativlizenz; wichtig: Sonderfall kostenlose Lizenzvergabe – auch und insbesondere innerhalb und außerhalb des Konzerns.
[135] Schiedsstelle Mitt. 1997, 91 – Apparatebau.

Das Bestimmungsmodell nach **RL Nr. 15** geht von einer **weitergehenden Pauschalierung** 122
aus und besteht aus einer pauschalen Belegung der Bruttolizenzeinnahme (für das Schutzrecht) mit einem Umrechnungsfaktor, der von der Praxis, anders als RL Nr. 15 dies vorgibt, idR bei 20 % angesetzt wird,[136] wenn keine Anhaltspunkte für eine abweichende Bewertung bestehen.

Bei **Lizenzaustauschverträgen** (wechselseitige Rechtseinräumung an Schutzrechtspositionen) wird gem. RL Nr. 17 darauf abgestellt, welche wirtschaftlichen Vorteile der Arbeitgeber aus den eingetauschten Fremdrechten (Nutzungsrechten an fremden Schutzrechten) zieht. Dementsprechend ist Basis für die Bestimmung der Erfindervergütung der unter Einsatz der Fremdrechte erzielte erfindungsgemäße Umsatz, berechnet wird nach der Lizenzanalogie. Nicht ausgenutzte Fremdrechte sind wie Vorratsschutzrechte zu vergüten.[137] 123

(b) Erfindungswert beim Verkauf der Erfindung. Eine weitere Verwertungsmöglichkeit ist 124
die dingliche Abtretung der (gesamten) Erfindungsrechte bzw. der **Verkauf der Erfindung** oder einzelner auf die Erfindung angemeldeter oder erteilter Schutzrechte. Zum Verkauf ist der Arbeitgeber nach Inanspruchnahme[138] – und ggf. schon vor Schutzrechtsanmeldung nach § 13 Abs. 1 ArbEG – berechtigt. Auch hier ist der Arbeitnehmererfinder – ähnlich der Beteiligung an Lizenzeinnahmen – an den aus dem Verkauf erzielten Nettoeinnahmen des Arbeitgebers zu beteiligen (RL Nr. 16). In entsprechender Weise wie bei den Lizenzeinnahmen nach RL Nr. 14 stellt sich auch hier die Frage der Entwicklung des Nettokaufpreises aus dem Bruttoverkaufspreis, was bisweilen, zB beim Verkauf gesamter Unternehmen einschließlich Schutzrechten oder bei Schutzrechtspaketen, ggf. einschließlich Know-how, Schwierigkeiten aufwirft. Auch sind bestimmte Kosten von der Bruttoeinnahme abzusetzen, zB die Kosten der **Entwicklung** nach Fertigstellung der Erfindung, Kosten für die **Herbeiführung der Betriebs-/Lizenzreife**, die Kosten der **Schutzrechtserlangung und -aufrechterhaltung**, Kosten der **Übertragung** auf den Erwerber, Kosten des **Vertrags** (zB Kosten der Rechtsberatung), sowie **Steuern** und **anteilige erfindungsbezogene Gemeinkosten**. Den mit Abstand größten Abzugsposten (zwischen 30 und 80 % des auf gewerbliche Schutzrechte entfallenden Kaufpreisanteils, im Mittel 60 %) stellt in der Spruchpraxis der Schiedsstelle[139] jedoch idR der Einnahmeanteil dar, der auf die Veräußerung bzw. endgültigen Überlassung von erfindungsbezogenem **Know-how** entfällt (vgl. RL Nr. 16 Abs. 2).

Nach der Entscheidungspraxis der Schiedsstelle beträgt der Umrechnungsfaktor bei verkauften Erfindungen zwischen 20 % und 50 % des Nettokaufpreisanteils, bei einem **Regelwert von 40 %**.[140] Verzichtet man auf die Aufschlüsselung der Einzelabzugsposten, so kann auch beim Verkauf – ähnlich wie bei RL Nr. 15 – die Bruttoeinnahme mit einem verminderten Umrechnungsfaktor von dann – im Mittel – 25 % multipliziert werden. Nimmt man einen Vorwegabzug nur des Know-how-Anteils vor, dürfte der Umrechnungsfaktor bei rund 35 % liegen. 125

Die Schiedsstelle nimmt, wenn ein Verkaufspreis für ein genutztes oder lizenziertes 126
Schutzrecht nicht einfach zu ermitteln ist, zB beim Verkauf eines Bündels oder bei fehlender Aufschlüsselung der einzelnen Verkaufspreisanteile für die einzelnen Schutzrechte, eine Wertbestimmung an Hand der für die Zukunft prognostizierten Nutzungen vor, jedenfalls wenn sich solche künftigen Nutzungen einigermaßen sicher prognostizieren lassen. Hier ist eine fiktive Fortschreibung der vor dem Verkauf getätigten Umsätze denkbar,[141] ebenso –

---

[136] OLG Frankfurt a. M. 17.1.1985 – 6 U 237/79, GRUR 1985, 436 – Chlorolyse-Verfahren; vgl. auch Schiedsstelle 16.4.1991, BlPMZ 1993, 114 – Austauschvertrag (dort allerdings 20 % Umrechnungsfaktor nach Vorwegabzug des Know-how-Anteils).
[137] Schiedsstelle 26.1.1988, BlPMZ 1988, 351.
[138] Ein Verkauf vor Inanspruchnahme führt aufseiten des Erwerbers mangels gutgläubigen Erwerbs von Rechten nach deutschem Recht nicht zum Rechtserwerb, dieser tritt vielmehr erst mit Inanspruchnahme ein.
[139] Schiedsstelle, Mitt. 1996, 176 – Patentverkauf.
[140] Schiedsstelle, Mitt. 1996, 176 – Patentverkauf.
[141] Dabei wird der bisherige Jahresdurchschnittsumsatz auf die künftige noch verbleibende Nutzungsdauer hochgerechnet und der sich so ergebende künftige Gesamtumsatz wird mit der Hälfte des nach der Methode der Lizenzanalogie angemessenen Lizenzsatzes multipliziert und dann wird der sich auf diese Weise ergebende (fiktive) Kaufpreis zur Berechnung des Erfindungswertes mit einem Umrechnungsfaktor von idR 40 % belegt (Schiedsstelle 27.7.1999 – Arb.Erf. 31/98, unveröffentlicht). Alternativ hierzu multipliziert die Schiedsstelle

bei Lizenzvergabe am verkauften Schutzrecht – eine Extrapolierung der in der Vergangenheit erzielten Lizenzeinnahmen über den voraussichtlichen Lizenzierungszeitraum, wobei ein (ggf. abzuzinsender) Regelwert von 50 % der künftigen Lizenzeinnahmen als angemessener Kaufpreis angesehen werden kann.

127 Ein **Risikoabschlag** ist bei der Vergütung nach RL Nr. 16 nicht zu machen, es sei denn, der Arbeitgeber unterliege besonderen Haftungsrisiken, die sich auch noch einen längeren Zeitraum nach dem Vertragsabschluss und der Zahlung des Kaufpreises verwirklichen können, so dass sich im Ergebnis seine Einnahmen noch einmal absenken. Bei hohen Risiken ist auch denkbar, dass die Erfindervergütung dann noch gar nicht fällig ist.

128 *(c) Erfindungswert bei Sperrpatenten.* Ein (seltenes) **Sperrpatent im Rechtssinne** liegt vor, wenn ein erteiltes Patent vom Arbeitgeber willentlich zum Schutz einer im Unternehmen bereits laufenden oder unmittelbar bevorstehenden Erzeugung eingesetzt wird, wenn insbesondere der Arbeitgeber nach einer älteren, aber noch profitablen Technik (zB wegen abgeschriebener Maschinen) produziert und Wettbewerber durch die Aufrechterhaltung des Sperrpatents, das eine gegenüber der vom Arbeitgeber durchgeführten Fertigung jüngere technische Alternative schützt, konkret davon abgehalten werden, ihrerseits nach der jüngeren alternativen Technologie zu produzieren. Für die **Bestimmung des Erfindungswerts** gilt Folgendes: Produziert der Arbeitgeber nach der veralteten Technologie, ist Ausgangspunkt für die Bestimmung des Erfindungswerts der Umsatz mit dieser alten Technologie; geprüft wird aber, welcher Anteil des Umsatzes bei tatsächlichem Einsatz des Sperrpatents in der Produktion auf dieses entfallen wäre. Nur der Teilumsatz mit der Altlösung kann Bezugsgröße sein, dessen Minderung durch das Sperrschutzrecht verhindert wird. Bei Produktion kann dann nach der Lizenzanalogie vorgegangen werden.

129 *(d) Erfindungswert bei Vorratspatenten und nicht verwerteten Erfindungen.* Ein Vorratspatent nach RL Nr. 21 liegt vor, wenn eine Erfindung patentgeschützt ist, die im Zeitpunkt der Patenterteilung noch nicht verwertet worden ist oder noch nicht verwertbar ist. Es muss also auch **begründete Erwartung der Verwertbarkeit** vorliegen (Abgrenzung zu RL Nr. 22). In der Praxis wird auf diesen Gesichtspunkt oft verzichtet und jedes über mehr als 7 Jahre aufrechterhaltene und nicht anderweit genutzte Patent wird als Vorratspatent betrachtet. Der **Erfindungswert** ist **frei zu schätzen.** Die **betriebliche Praxis** lehnt sich oft an fiktive Kaufpreise an; gezahlt werden Vergütungsbeträge zwischen 500,00 EUR und 750,00 EUR, vielfach (vorfällig) ein Teil bei Patenterteilung, ein weiterer nach dauerhafter Aufrechterhaltung (ca. 8. bis 10. Jahr der Laufzeit).

130 Viele Arbeitnehmer meinen, ihnen stünde wegen **unausgenutzter Verwertbarkeit** (RL Nr. 24) eine Vergütung stets zu, wenn der Arbeitgeber die Erfindung nicht nutzt. Dabei wird oft der Vorwurf erhoben, der Arbeitgeber nutze sehenden Auges, trotz angeblich hervorragender Verwertungsmöglichkeiten, die Erfindung nicht oder nicht hinreichend aus. Dies ist in aller Regel ein Irrtum, denn ein wirtschaftlich denkendes Unternehmen wird eine voraussichtlich Gewinn bringende Erfindung idR auch verwerten, und sei es (selten) als Sperrpatent. Daher werden in nahezu allen Fällen sachliche Gründe bei der Ablehnung der Verwertung durch den Arbeitgeber im Vordergrund stehen (zB hohe Investitions- oder Markteinführungskosten). Aus diesem Grund billigt die Schiedsstelle dem Arbeitgeber zu, im Rahmen des weiten unternehmerischen Beurteilungsspielraums über eine Verwertung der Erfindung zu entscheiden.[142] Die praktische Bedeutung von RL Nr. 24 ist daher gering.

131 *bb) Anteilsfaktor.* Der Anteilsfaktor (RL Nr. 30 ff.) berücksichtigt die Nähe des Arbeitgebers zur Erfindung, also den Umstand, dass der Arbeitnehmererfinder als im Arbeitsverhältnis stehender Erfinder nicht nur nicht die gleichen wirtschaftlichen Risiken tragen muss wie ein externer (freier) Erfinder, sondern zusätzlich auf Grund der Nähe des Arbeitgebers zur (patentrechtlichen) Aufgabenstellung und zu den bei der Lösung eingesetzten Kenntnissen

---

den hochgerechneten künftigen Gesamtumsatz mit einem Faktor von 4–8 Promille (Schiedsstelle 18.10.2001 – Arb.Erf. 37/00, unveröffentlicht; vgl. zuletzt Schiedsstelle 2.7.2015 – Arb.Erf. 60/12, veröffentlicht unter http://www.dpma.de/docs/dpma/schiedsstelle/arbeitnehmererfindungen/2015/arb_erf_60_12_ev_02072015.pdf).
[142] Schiedsstelle 24.5.1983, BlPMZ 1983, 78.

und Mitteln fachlich wertvolle Hilfestellung erhält. Daher steht dem Arbeitnehmererfinder nur ein Bruchteil dessen zu, was ein freier Erfinder als Vergütung bekommen würde. Dieser sog. **Anteilsfaktor,** der den Anteil des Betriebes am Zustandekommen der Diensterfindung berücksichtigt, ist für jede Erfindung, bezogen auf den Zeitpunkt ihrer Fertigstellung, und für jeden Miterfinder individuell zu bestimmen. Die RL ermitteln den Wert anhand von drei Teilwerten:

- Stellung der Aufgabe (RL Nr. 31), Wertzahl a
- Lösung der Aufgabe (RL Nr. 32), Wertzahl b
- Aufgaben und Stellung des Arbeitnehmers im Betrieb (RL Nr. 33–36), Wertzahl c.

Für jede dieser Wertzahlen a bis c werden Punktwerte vergeben, deren Addition in einer Gesamtpunktzahl endet, die wiederum gem. RL Nr. 37 in einer Tabelle prozentualen Werten gegenübergestellt werden. Der sich auf diese Weise ergebende Wert ist der Prozentsatz, mit dem der Erfindungswert zur Ermittlung der Vergütung (vorbehaltlich Miterfinderanteil und/oder Risikoabschlag) multipliziert wird. 132

Die **Wertzahl Stellung der Aufgabe (a)** soll das Maß der Einflussnahme des Betriebes bei der Stellung der durch die Erfindung gelösten Aufgabe berücksichtigen, sie fragt danach, auf welche Weise der Erfinder zu der Erfindung veranlasst worden ist, und zwar 133

1. weil der Betrieb ihm eine Aufgabe unter unmittelbarer Angabe des Lösungsweges gestellt hat,
2. weil der Betrieb ihm eine Aufgabe ohne unmittelbare Aufgabe des beschrittenen Lösungsweges gestellt hat,
3. ohne dass der Betrieb ihm eine Aufgabe gestellt hat, jedoch durch die infolge der Betriebszugehörigkeit erlangte Kenntnis von Mängeln und Bedürfnissen, wenn der Erfinder diese Mängel und Bedürfnisse nicht selbst festgestellt hat,
4. ohne dass der Betrieb ihm eine Aufgabe gestellt hat, jedoch durch die infolge der Betriebszugehörigkeit erlangte Kenntnis von Mängeln und Bedürfnissen, wenn der Erfinder diese Mängel und Bedürfnisse selbst festgestellt hat,
5. weil er sich innerhalb seines Aufgabenbereichs eine Aufgabe gestellt hat,
6. weil er sich außerhalb seines Aufgabenbereichs eine Aufgabe gestellt hat.

Die Gruppennummern geben gleichzeitig die Punktwerte wieder. Nach der Spruchpraxis der Schiedsstelle können Personen, die forschend und/oder entwickelnd in der FuE-Abteilung eines Unternehmens eingesetzt sind, kaum einen Wert a > 2 erreichen, weil dort stets eine latente Aufgabenstellung herrscht, um neue technische Lösungen bemüht zu sein. 134

Die **Wertzahl Lösung der Aufgabe (b)** bewertet den Umfang der geistigen und materiellen Hilfe des Betriebes bzw. Unternehmens bei der Lösung des technischen Problems. Auch die technische Vorbildung des Arbeitnehmererfinders findet hier ihre Berücksichtigung. Dabei sind drei Teilmerkmale von Bedeutung, die nicht, teilweise oder ganz erfüllt sein können: 135

- Die Lösung wird mit Hilfe der dem Erfinder beruflich geläufigen Überlegungen gefunden,
- sie wird auf Grund betrieblicher Arbeiten oder Kenntnisse gefunden,
- der Betrieb unterstützt den Erfinder mit technischen Hilfsmitteln.

Die Punktwerte sind dementsprechend: 6 (kein Merkmal erfüllt), 5 (1 teilweise), 4,5 (1 voll/2 teilweise), 3,5 (1 voll und 1 teilweise/3 teilweise), 2,5 (2 voll/1 voll und 2 teilweise), 2 (2 voll und 1 teilweise), 1 (3 voll).

Die dritte **Wertzahl (c)** bezieht sich auf den **tatsächlichen Aufgaben- und Pflichtenkreis** des Erfinders im Zeitraum der Fertigstellung der Erfindung. Daraus folgt, dass der Wert umso höher ist, je geringer die Leistungserwartung auf Grund der betrieblichen Stellung und der technischen Vorbildung des Arbeitnehmers zu bewerten ist. Die Punktwerte betragen hier 1 bis 8; Zwischenwerte sind möglich. Exemplarisch und auszugsweise seien genannt: 136

- 8. Gruppe: Arbeitnehmer im Wesentlichen ohne Vorbildung (ungelernte Arbeiter, Hilfsarbeiter, Angelernte),
 ...
- 4. Gruppe: die in der Fertigung leitend Tätigen und die in der Entwicklung tätigen Ingenieure und Chemiker,

Gennen

- 3. Gruppe: in der Fertigung der Leiter einer Fertigungsgruppe, in der Entwicklung die Gruppenleiter von Konstruktionsbüros und Entwicklungslaboratorien und in der Forschung die Ingenieure oder Chemiker,
- 2. Gruppe: Leiter der Entwicklungsabteilungen, Gruppenleiter in der Forschung,
- 1. Gruppe: Leiter der gesamten Forschungsabteilung eines Unternehmens, technische Leiter größerer Betriebe.

137 Die bei den drei Wertzahlen a bis c erzielten Punktwerte werden **aufaddiert** und **anhand der Tabelle in RL 37 einem Prozentsatz zugeordnet**. Beispiele sind:
- 5 Punkte = 7 %
- 6 Punkte = 10 %
- 7 Punkte = 13 %
- 8 Punkte = 15 %
- 9 Punkte = 18 %
- 10 Punkte = 21 %
- 11 Punkte = 25 %

138 Da die überwiegende Zahl der Erfindungen von technisch vorgebildeten Arbeitnehmern entwickelt qwerden, beträgt der durchschnittliche Anteilsfaktor zwischen 10 und 25 % mit einem Mittelwert von 15–18 %, wobei **akademisch gebildete Naturwissenschaftler in der FuE-Abteilung regelmäßig einen Anteilsfaktor um 10 % haben**, Leiter von FuE-Abteilungen idR 7 bis 10 %.

139 *cc) Beispielsfall.* Damit ergibt sich folgende rechnerische Ermittlung der Vergütung (hier: nur für die Lizenzanalogie):
- **Grundformel: Vergütung = Erfindungswert Anteilsfaktor**,
- wobei sich bei der Lizenzanalogie der Erfindungswert aus **Bezugsgröße** und **Lizenzsatz** zusammensetzt, was für die Lizenzanalogie folgende Formel ergibt:

$$V = B\ L\ A.$$

- Das führt bei der Lizenzanalogie zu folgender vollständiger Grundformel einschließlich **Miterfinderanteil** und (evtl.) **Risikofaktor**:

$$V = B\ L\ M\ A\ [R]$$

- Beispielsfall (Methode der Lizenzanalogie):
  - Es wird unterstellt, dass die Ermittlung der technisch-wirtschaftlichen Bezugsgröße nach RL Nr. 8 als – stets individuelle – Vorüberlegung erfolgt ist (die übrigens auch kein Vergütungsberechnungsprogramm erledigen kann) und aus dem Gesamtumsatz der erfindungsgemäße Umsatz bestimmt worden ist. Im Anschluss hieran ergeben sich:
  - **Erfindungsgemäßer Gesamtumsatz:** 51.129.188,11 EUR
  - **Abgestaffelter Gesamtumsatz** (RL Nr. 11): 23.008.134,80 EUR
  - Lizenzsatz L (hier beispielshalber angenommen): 1 %
  - Erfindungswert E damit 23.008.134,8 EUR × 1 % = 230.081,35 EUR
  - Miterfinderanteil M (hier beispielshalber angenommen) = 50 %
  - Anteilsfaktor A (a = 2, b = 1, c = 3, Summe 6) (hier beispielshalber angenommen) = 10 %
  - Erfindervergütung V: 11.504,07 EUR (brutto)
  - [ggf. Risikoabschlag 50 %: 5.752,03 EUR (brutto)]

140 Selbstverständlich können sich bei gleichen Ausgangswerten (Gesamtumsatz) auch ganz erheblich unterschiedliche Beträge ergeben, je nach Sachverhalt:
- Wenn man einmal annimmt, dass es sich um eine hochwertige, bereits zum Patent erteilte (kein Risikoabschlag) Diensterfindung im pharmazeutischen Bereich handelt, die einen Lizenzsatz von 6 % (L = 6 %) rechtfertigt und bei der die Abstaffelung (RL Nr. 11) (ausnahmsweise) nicht greift, es sich um einen Alleinerfinder handelt (M = 100 %) und um eine Person aus der FuE-Abteilung ohne jede Führungsverantwortung, bei der das Unternehmen nur einen eher geringen Anteil an der Lösung der Erfindung hatte (A = 15 %), so ergibt sich beim gleichen Gesamtumsatz eine Erfindervergütung von 460.163 EUR brutto.
- Geht man andererseits von einer Erfindung für ein Massenprodukt aus, beispielsweise für Plastikfolie (L = 0,4 %) unter Eingreifen der Abstaffelung, ferner von einem Miterfinder, der nur einen geringen Anteil hat (M = 10 %, A = 10 %) und von einer Erfindung, für die

im Erteilungsverfahren ein ganz erheblicher Stand der Technik aufgefunden wurde, der sehr wahrscheinlich der Erteilung entgegensteht (R = 75 %) so ergibt sich beim gleichen Gesamtumsatz ein Betrag von 230 EUR.

Muster: Vergütungsvereinbarung [beispielhaft] betreffend eine durch Verkauf von erfindungsgemäßen Produkten genutzte Erfindung (§ 12 Abs. 1 ArbEG)

Zwischen den unterzeichnenden Parteien wird folgende

Vergütungsvereinbarung

abgeschlossen.

1. Gegenstand dieser Vereinbarung ist die Vergütung der Diensterfindung …… (Kurzbeschreibung), Az. ……, die mit Schreiben/E-Mail vom …… in Anspruch genommen worden ist. Auf diese Erfindung ist unter dem …… in Deutschland und …… ein Patent angemeldet worden; die Erteilung steht noch aus. Die Nutzung der Erfindung ist im Laufe des Kalenderjahres …… aufgenommen worden.
2. Die Erfindervergütung wird nach der amtlichen Vergütungsrichtlinie für Arbeitnehmererfindungen im privaten Dienst (RL) ermittelt, und zwar nach der Methode der Lizenzanalogie. Die einzelnen Berechnungsfaktoren werden wie folgt vereinbart:
   a) Technisch-wirtschaftliche Bezugsgröße ist, weil die Erfindung nicht das gesamte ……-Maschine, sondern nur die Steuerung der …… beeinflusst, nicht die gesamte ……-Maschine, sondern lediglich ein Anteil von …… % hiervon, was nach Auffassung der Parteien dem Wertanteil der allein unmittelbar erfindungsbeeinflussten Steuerung entspricht.
   b) Wirtschaftliche Bezugsgröße, auf die dieser prozentuale Anteil in Ansatz gebracht wird, ist der vom Unternehmen im Vergütungszeitraum erlangte Werksabgabepreis der ……-Maschine, Artikelnummern ……, …… und …… Bei der Bestimmung bleiben Umsatzsteuer, Kosten für Verpackung, Fracht, Versicherungen und sonstige Steuern …… außer Ansatz. Erstattungsleistungen des Unternehmers auf Grund von Rücknahmen …… werden in Abzug gebracht.
   c) Es besteht Einigkeit, dass der während der Schutzdauer erlangte vergütungspflichtige Gesamtumsatz nach der Tabelle der RL Nr. 11 abgestaffelt wird.
   d) Der Lizenzsatz beträgt …… %.
3. Die Beteiligten gehen einvernehmlich von folgenden zwischen den Miterfindern vereinbarten Miterfinderanteilen aus:
   a) ……%
   b) ……%
   c) ……%[143]
4. Der Anteilsfaktor beträgt:
   a) Für ……% (Wertzahl a = ……, Wertzahl b = ……, Wertzahl c = ……)
   b) Für ……% (Wertzahl a = ……, Wertzahl b = ……, Wertzahl c = ……)
   c) Für ……% (Wertzahl a = ……, Wertzahl b = ……, Wertzahl c = ……)
5. Da das Schutzrecht noch nicht bestandskräftig erteilt ist, wird ein Risikoabschlag in Höhe von ……% vereinbart. Um diesen Abschlag wird die Erfindervergütung so lange gemindert, bis das (deutsche/europäische) Schutzrechtserteilungsverfahren bestandskräftig abgeschlossen ist. Wird das Schutzrecht in dem beantragten Schutzumfang erteilt, wird der Risikoabschlag mit Bestandskraft nachgezahlt, anderenfalls eingeschränkt nachgezahlt. Wird das Schutzrecht rechtskräftig versagt, erfolgt keine Nachzahlung. Diese vorläufige Vergütung endet mit der endgültigen Versagung des Schutzrechts.
   Die Firma behält sich das Recht vor, den Risikoabschlag bei Veränderung im Erteilungsverfahren nach billigem Ermessen (§ 315 BGB) anzupassen.
6. Für den bereits abgelaufenen Nutzungszeitraum vom …… bis zum …… (volle Kalenderjahre) ergeben sich folgende Vergütungsbeträge:

---

[143] Eine Miterfinderanteilsvereinbarung ist nur notwendig, wenn sich in der Erfindungsmeldung keine befindet oder wenn die Beteiligten der Auffassung sind, dass diese erste Miterfinderanteilsvereinbarung unzutreffend war. Im Übrigen kann Ziff. 3 der Vereinbarung entfallen.

> a) Für ...... € brutto
> b) Für ...... € brutto
> c) Für ...... € brutto
>
> Diese Beträge sind innerhalb einer Frist von ...... Tagen nach der Unterzeichnung dieser Vereinbarung durch alle Miterfinder, frühestens jedoch eine Woche nach Ablauf der Widerrufsfrist gem. Ziffer 9), fällig. Sie werden mit der auf den Fälligkeitszeitpunkt folgenden regelmäßigen Gehaltszahlung unter Berücksichtigung der gesetzlichen Abzüge ausgezahlt.
>
> 7. Für den Fall, dass die Erfindung außerbetrieblich (Lizenzvergabe, Austauschvertrag usw.) verwertet wird, behalten sich die Beteiligten eine gesonderte Vereinbarung vor, wobei jedoch die vorstehend festgelegten Miterfinderanteile und Anteilsfaktoren weiterhin Geltung haben. Bei Lizenzeinnahmen wird die auf die Diensterfindung entfallende Bruttolizenzeinnahme (nach Abzug eines etwaigen Know-how-Anteils) zur Ermittlung des Erfinderwertes mit einem Umrechnungsfaktor von ......% multipliziert.
>
> 8. Die vorstehenden Vergütungskriterien gelten auch für die laufenden und zukünftigen Verwertungshandlungen. Es besteht Einigkeit, dass die Vergütung für das laufende Geschäftsjahr und folgende Geschäftsjahre jeweils zum 30. Juni des Folgejahres abzurechnen und zu zahlen ist
>
> 9. Alle Beteiligten behalten sich ein Widerrufsrecht von dieser Vereinbarung vor, wenn nicht sämtliche Miterfinder diese Vereinbarung bis zum ...... unterzeichnet[144] haben. Das Widerrufsrecht ist durch [eingeschriebenen Brief] gegenüber allen anderen Vertragsparteien bis zum ...... auszuüben. Der Widerruf eines Beteiligten erfasst diese Vereinbarung im Ganzen, als auch die getroffenen Vereinbarungen zwischen den Beteiligten, die nicht von dem Widerrufsrecht Gebrauch gemacht haben.
>
> Ort, Datum
>
> ......
> Unterschriften

142 f) **Anspruch auf Auskunftserteilung und Rechnungslegung.** Eng verbunden mit der Ermittlung des Erfindungswertes ist die Frage des Umfanges eines Auskunfts- bzw. Rechnungslegungsanspruchs des Arbeitnehmererfinders gegenüber seinem Arbeitgeber.

143 Dieser Anspruch ist als Hilfsanspruch zum Anspruch auf Vergütung zu verstehen, der seine **rechtliche Grundlage** in dem Grundsatz von Treu und Glauben nach § 242 BGB findet.[145] Der Anspruch soll es dem Arbeitnehmer ermöglichen, die Informationen zu erlangen, die er nicht sich selbst verschaffen kann, um seinen Vergütungsanspruch berechnen zu können.

144 Grundsätzlich ist hinsichtlich des **Umfangs des Anspruchs** festzuhalten, dass die Auskunft alle Angaben enthalten muss, die der Arbeitnehmererfinder benötigt, um seine Erfindervergütung berechnen zu können, und um herauszufinden, ob und in welchem Umfang ihm ein Erfindervergütungsanspruch zusteht.[146] Der Umfang bemisst sich in einer Einzelfallprüfung nach Grundsätzen von Treu und Glauben mittels einer Abwägung der Interessen des Arbeitgebers einerseits und denen des Arbeitnehmererfinders andererseits.[147]

145 Der Arbeitnehmer hat jedoch keinen Anspruch auf alle Informationen, die nur in irgendeiner Art und Weise hilfreich für die Ermittlung des Vergütungsanspruchs sind, sondern sie müssen dazu erforderlich sein.[148] Nachdem die Rechtsprechung lange Zeit die gegenteilige Auffassung vertreten hat, steht der BGH seit der Entscheidung „Türinnenverstärkung" auf

---

[144] Auch wenn die Schriftform von Gesetzes wegen nicht erforderlich ist, werden die meisten Erfindervergütungsregelungen nach wie vor schriftlich getroffen.
[145] BGH 16.4.2002 – X ZR 127/99, GRUR 2002, 801 – abgestuftes Getriebe; BGH 23.10.2001 – X ZR 72/98, GRUR 2002, 149 – Wetterführungspläne II; BGH 13.11.1997 – X ZR 132/95, GRUR 1998, 698 – Copolyester II.
[146] BGH 17.5.1994 – X ZR 82/92, GRUR 1994, 898 – Copolyester.
[147] BGH 23.10.2001 – X ZR 72/98, GRUR 2002, 149 – Wetterführungspläne II; BGH 13.11.1997 – X ZR 132/95, GRUR 1998, 689 – Copolyester II; BGH 13.11.1997 – X ZR 6/96, GRUR 1998, 684 – Spulkopf.
[148] BGH 16.4.2002 – X ZR 127/99, GRUR 2002, 801 (803) – abgestuftes Getriebe; BGH 13.11.1997 – X ZR 132/95, GRUR 1998, 698 (692) – Copolyester II.

dem Standpunkt, dass gewinnbezogene Angaben vom Arbeitgeber, wenn die Erfindervergütung – wie zumeist bei Umsätzen mit erfindungsbeeinflussten Produkten – nach der Methode der Lizenzanalogie zu bemessen ist, nicht geschuldet sind;[149] damit wird versucht, den von der früheren Rechtsprechung deutlich ausgeweiteten Anspruch[150] inhaltlich zugunsten der Arbeitgeber erheblich zurückzufahren. Ebenfalls muss der Arbeitgeber die Informationen nicht zur Verfügung stellen, deren Beschaffung für ihn einen **unverhältnismäßigen Aufwand** bedeutet und zu der dadurch möglicherweise erzielten besseren Bemessung des Vergütungsanspruches durch den Arbeitnehmer in einem unvernünftigen Verhältnis steht.[151]

Das bedeutet, dass die Kriterien, nach denen sich der Umfang des Auskunftsanspruchs bemisst, die **Erforderlichkeit** und die **Zumutbarkeit** sind. Daraus folgt, dass je wichtiger eine geforderte Angabe für den Vergütungsanspruch ist, desto mehr ist dem Arbeitgeber hinsichtlich der Beschaffung dieser Information zuzumuten; andersherum je mehr Aufwand der Arbeitgeber betreiben muss, um eine bestimmte Information zu erlangen, desto sorgfältiger ist zu untersuchen, ob diese Informationen für die Ermittlung des Vergütungsanspruches auch wirklich erforderlich sind.[152] Aus Arbeitgebersicht ist zu empfehlen, den Anspruch auf Auskunft und Rechnungslegung wirksam vertraglich zu begrenzen.

6. Freie Erfindungen

Freie Erfindungen sind Erfindungen, die zwar während des Arbeitsverhältnisses gemacht worden sind, aber keine Diensterfindung iSd § 4 Abs. 2 ArbEG sind. Freie Erfindungen können nicht vom Arbeitgeber gem. § 6 ArbEG in Anspruch genommen werden. Es bestehen jedoch gem. § 4 Abs. 3 iVm §§ 18, 19 ArbEG Mitteilungs- und Anbietungspflichten des Erfinders.

a) Mitteilungspflicht. Macht der Arbeitnehmer während des Arbeitsverhältnisses eine freie Erfindung, so hat er sie dem Arbeitgeber unverzüglich und schriftlich mitzuteilen. Dem Arbeitgeber muss es auf Grund der Mitteilung möglich sein, beurteilen zu können, ob es sich um eine freie Erfindung handelt. Wenn der Arbeitgeber meint, es handele sich nicht um eine freie Erfindung, so muss er dies gegenüber dem Arbeitnehmer innerhalb einer Ausschlussfrist von drei Monaten nach Zugang der Mitteilung bestreiten. Lässt der Arbeitgeber diese Frist verstreichen, so kann er auch für den Fall, dass es sich um eine Diensterfindung handelt, diese nicht mehr in Anspruch nehmen. Dem Arbeitgeber, der die Qualifizierung der Erfindung als freie Erfindung bezweifelt, ist zu raten, dem Arbeitnehmer auch zu einer ordentlichen Erfindungsmeldung nach § 5 Abs. 1 ArbEG aufzufordern.

Können sich Arbeitgeber und Arbeitnehmer nicht einigen, ob es sich um eine freie Erfindung oder eine Diensterfindung handelt, so muss die Frage ggf. vor der Schiedsstelle oder vor den ordentlichen Gerichten geklärt werden.

Muster: Mitteilung einer freien Erfindung (§ 18 Abs. 1 ArbEG)

VERTRAULICH	Az. [zuständige Stelle]
	Lfd. Nr. Erf.Meldg. ......

An die [zuständige Stelle]
[Geschäfts-/Betriebsleitung/Patentabteilung]

                    Mitteilung einer freien Erfindung

Sehr geehrte Damen und Herren,

ich teile/wir teilen hiermit folgende von mir/uns gemachte freie Erfindung mit:

---

[149] BGH 17.11.2009 – X ZR 137/07, GRUR 2010, 223 – Türinnenverstärkung, sa BGH 17.11.2009 – X ZR 60/07, BeckRS 2010, 2410 – Türbänder; zum Anspruch auf Auskunft und Rechnungslegung nach Maßgabe dieser Entscheidungen vgl. *Volz* GRUR 2010, 865.
[150] BGH 13.11.1997 – X ZR 132/95, GRUR 1998, 689 – Copolyester II; BGH 13.11.1997 – X ZR 6/96, GRUR 1998, 684 – Spulkopf.
[151] BGH 16.4.2002 – X ZR 127/99, GRUR 2002, 801 – abgestuftes Getriebe.
[152] BGH 16.4.2002 – X ZR 127/99, GRUR 2002, 801 – abgestuftes Getriebe.

Kurzbezeichnung der freien Erfindung:

1. Summarische Beschreibung der technischen Aufgabe der Erfindung: *(entsprechend dem Muster Erfindungsmeldung)*
2. Summarische Beschreibung der erfinderischen Lösung: *(entsprechend dem Muster Erfindungsmeldung)*
3. Darstellung der Einzelheiten zum Zustandekommen der freien Erfindung:
Die Erfindung ist weder aus der mir/uns im Unternehmen obliegenden Tätigkeit entstanden, noch beruht sie maßgeblich auf Erfahrungen oder Arbeiten des Unternehmens. Anstoß für die Entwicklung der Erfindung war vielmehr ......
Auch wenn die Erfindung möglicherweise im Arbeitsbereich des Unternehmens genutzt werden kann, steht sie doch nicht in einem Zusammenhang mit den gegenwärtigen Tätigkeitsbereich des Unternehmens. Sie beruht nicht auf betrieblichen Arbeiten bzw. Erfahrungen, sondern auf ......
Technische Hilfsmittel des Unternehmens wurden (nicht) eingesetzt.
Folgende Personen haben an der Erfindung mitgewirkt: ......
Zum besseren Verständnis, insbesondere zur Beurteilung, dass es sich um eine freie und nicht um eine Diensterfindung im Sinne des § 4 Abs. 2 ArbEG handelt, sind folgende Unterlagen beigefügt: ......

Ich/wir bitte(n) Sie, die Mitteilung und die beigefügten Unterlagen vertraulich zu behandeln (§ 24 Abs. 1 ArbEG).

Ich/wir wäre(n) Ihnen dankbar, wenn sie mir/uns kurzfristig den Eingang dieser Mitteilung bestätigen würden.

Mit freundlichen Grüßen

......

(Unterschrift)

151 **b) Anbietungspflicht.** Fällt eine freie Erfindung in den vorhandenen oder vorbereiteten Arbeitsbereich des Unternehmens, muss der Arbeitnehmererfinder dem Arbeitgeber diese nicht nur mitteilen, sondern auch zur Nutzung anbieten. Der Arbeitgeber erhält in diesen Fällen ein gewisses **Vorrecht** gegenüber Dritten. Die **Anbietungspflicht** des § 19 Abs. 1 ArbEG besteht jedoch nur dann, wenn der Arbeitnehmer die freie Erfindung während der Dauer des Arbeitsverhältnisses anderweitig verwerten will (Eigenverwertung, Verkauf, Lizenzvergabe). Nimmt der Arbeitgeber das Angebot des Arbeitnehmers nicht innerhalb von drei Monaten an, so verliert er dieses Vorrecht, § 19 Abs. 2 ArbEG.

152 Ein solches Angebot des Arbeitnehmers muss mindestens auf die Einräumung eines nicht ausschließlichen Nutzungsrechts gerichtet sein und Vertragsbedingungen beinhalten, die angemessen sind. Was unter angemessenen Vertragsbedingungen zu verstehen ist, beurteilt sich nach der aktuellen Marktlage. Finden Arbeitgeber und Arbeitnehmer keine Einigung über angemessene Vertragsbedingungen, so können diese gerichtlich festgesetzt werden, § 19 Abs. 3 ArbEG.

7. Technische Verbesserungsvorschläge im ArbEG

153 **a) Begriff.** Technische Verbesserungsvorschläge sind gem. § 3 ArbEG Vorschläge für sonstige technische Neuerungen, die nicht patent- oder gebrauchsmusterfähig sind. Das Gesetz unterscheidet hierbei zwischen sog. qualifizierten (§ 20 Abs. 1 ArbEG) und einfachen technischen Verbesserungsvorschlägen (§ 20 Abs. 2 ArbEG).

154 Ein **qualifizierter Verbesserungsvorschlag** liegt vor, wenn er dem Arbeitgeber (kraft Geheimhaltung) eine ähnliche Vorzugsstellung einräumt wie ein gewerbliches Schutzrecht.[153] Dabei ist wegen der fehlenden Schutzfähigkeit nicht die rechtliche sondern die tatsächliche Verzugsstellung maßgeblich. Die Ähnlichkeit zum gewerblichen Schutzrecht muss darin be-

---

[153] Zur Abgrenzung zwischen Arbeitnehmererfindung und technischem Verbesserungsvorschlag vgl. OLG Karlsruhe 28.4.2010 – 6 U 147/08, BeckRS 2010, 28488 (Vorinstanz zu BGH 12.4.2011 – X ZR 72/10, GRUR 2011, 733 – Initialidee).

stehen, dass es dem Arbeitgeber tatsächlich möglich ist, den Gegenstand des Vorschlages unter Ausschluss der Mitbewerber zu verwerten.[154] Den Status als qualifizierter technischer Verbesserungsvorschlag hat der Arbeitgeber insofern allein in der Hand, als er frei darüber entscheiden kann, ob er den Vorschlag geheim hält und allein verwertet oder nicht; hierauf hat der Arbeitnehmer keinen Einfluss. **Einfache technische Verbesserungsvorschläge** verbessern zwar den betrieblichen Stand der Technik des Arbeitgebers, gewähren ihm aber keine schutzrechtsähnliche Vorzugsstellung.

b) **Mitteilungspflicht.** Der Arbeitnehmer, der einen technischen Verbesserungsvorschlag entwickelt, ist verpflichtet diesen seinem Arbeitgeber mitzuteilen, um dem Arbeitgeber die faktische Position des sich im technischen Verbesserungsvorschlag niedergeschlagenen Wissens um technische Vorgänge zu vermitteln.[155] Eine solche Verpflichtung ergibt sich aus den allgemeinen arbeitsrechtlichen Grundsätzen.[156] Auch geht das ArbEG selbst von der Mitteilungspflicht des Arbeitnehmers in § 22 ArbEG aus. Aus der Mitteilung an den Arbeitgeber muss ersichtlich werden, dass der Arbeitnehmer diesen technischen Verbesserungsvorschlag als **vergütungspflichtig** iSd § 20 Abs. 1 ArbEG ansieht. Die Mitteilung muss, ebenso wie die Meldung einer Diensterfindung, gesondert erfolgen und darf nicht in weiteren Unterlagen verborgen sein.[157]

c) **Verwertungsrecht.** Vorschläge, die von einem Arbeitnehmer während seines Arbeitsverhältnisses entwickelt wurden, stehen unstreitig als einfaches Arbeitsergebnis nach den in → Rn. 5 ff. angesprochenen Grundsätzen dem Arbeitgeber zu. Dieser erwirbt die Rechte daran, ohne dass es hierzu einer Rechtsübertragung bedarf.[158] Ebenfalls dürften auch solche Vorschläge dem Arbeitgeber zustehen, die vom Arbeitnehmer nur bei Gelegenheit seiner Aufgaben entwickelt wurden.[159]

d) **Vergütung.** Verwertet der Arbeitgeber sog. **qualifizierte technische Verbesserungsvorschläge,** so hat der entsprechende Arbeitnehmer einen Anspruch auf angemessene Vergütung, § 20 Abs. 1 ArbEG. Für die Bestimmung der Vergütung sind sinngemäß die §§ 9 bis 12 ArbEG anzuwenden.[160] Ob der Arbeitgeber eine Verwertung vornimmt oder nicht, steht in seinem Ermessen. Bei der Bemessung der Vergütung orientiert sich die Praxis oft an den früheren Vergütungsgrundsätzen für Gebrauchsmuster. Danach wird bei Umsatzgeschäften im Rahmen der Lizenzanalogie der Lizenzsatz regelmäßig mit der Hälfte (bis zu zwei Drittel) des für Patente üblichen Lizenzsatzes angesetzt. Bei rein innerbetrieblicher Nutzung wird der Umrechnungsfaktor zwischen $1/16$ und $1/6$ (zwischen $1/12$ und $2/9$) angesetzt. Regelmäßig beträgt er $1/10$ ($1/15$). Der entsprechend ermittelte Wert des Vorschlages wird ebenfalls mit dem Anteilsfaktor multipliziert.

§ 20 Abs. 1 ArbEG ordnet nur für qualifizierten Verbesserungsvorschläge eine Vergütungspflicht an. Gleichwohl besteht auch häufig für **einfache Verbesserungsvorschläge** eine Vergütungspflicht, die ihre Rechtsgrundlage regelmäßig in **Tarifverträgen** oder **Betriebsvereinbarungen** findet, s. nachfolgend Ziff. 11, → Rn. 195 ff. Fehlt eine kollektivrechtliche Regelung, so kann eine Vergütungspflicht nur nach allgemeinen arbeitsrechtlichen Prinzipien, wie etwa dem Sonderleistungsprinzip,[161] bestehen.

8. Unabdingbarkeit, Unbilligkeit, Geheimhaltungspflicht, Verpflichtungen aus dem Arbeitsverhältnis

a) **Unabdingbarkeit.** Nach § 22 S. 1 ArbEG können die Vorschriften des ArbEG nicht zuungunsten des Arbeitnehmers abbedungen werden. Nichtig (§ 134 BGB) wären mithin zB

---

[154] *Bartenbach/Volz* § 20 Rn. 11 ff.
[155] *Bartenbach/Volz* § 3 Rn. 28.
[156] MHdB ArbR/*Sack*, Bd. 1, § 101 Rn. 124.
[157] *Bartenbach/Volz* § 3 Rn. 30.1.
[158] MHdB ArbR/*Sack*, Bd. 1, § 101 Rn. 123.
[159] *Reimer/Schade/Schippel*, 8. Aufl. 2007, § 3 Rn. 7; *Bartenbach/Volz* § 3 Rn. 27; abweichend MHdB ArbR/*Sack*, Bd. 1, § 101 Rn. 123 der eine Differenzierung zwischen dienstlichen und freien Verbesserungsvorschlägen nach den Kriterien vornehmen will, die auch für die Abgrenzung der Diensterfindung von der freien Erfindung gelten.
[160] Vgl. dazu die Ausführung zur Vergütung einer Diensterfindung unter → Rn. 79 ff.
[161] BAG 20.1.2004 – 9 AZR 393/03, AP BetrVG § 87 Vorschlagswesen Nr. 3.

Regelungen im Arbeitsvertrag oder in Betriebsvereinbarungen, nach denen alle Rechte an technischen Erfindungen (insbesondere: ohne gesonderte Vergütung) an den Arbeitgeber abgetreten werden, Verzichtserklärungen abgegeben werden oder dergleichen mehr.

160 Zulässig sind jedoch Vereinbarungen über Diensterfindungen, freie Erfindungen und qualifizierte technischer Verbesserungsvorschläge **nach** deren Meldung bzw. Mitteilung (§ 22 S. 2 ArbEG). Daraus ergibt sich, dass Vereinbarungen zuungunsten des Arbeitnehmers zwar zulässig sind, aber nur für jede einzelne Erfindung nach deren Meldung/Mitteilung getroffen werden können. Bei solchen Vereinbarungen sind jedoch die sich aus § 23 ArbEG und aus allgemeinen Rechtsvorschriften ergebenden Grenzen zu beachten.

161 Die Schutz- und Kontrollbestimmungen der §§ 305 ff. BGB (Recht der Allgemeinen Geschäftsbedingungen) können ebenfalls einschlägig sein, insbesondere, wenn der Arbeitgeber unternehmenseinheitliche Vergütungsvereinbarungen einzuführen beabsichtigt. Zu beachten bleibt jedoch, dass nach § 310 Abs. 4 S. 2 BGB, der auch auf arbeitnehmererfinderrechtliche Vereinbarungen Anwendung finden dürfte, die im Arbeitsrecht geltenden Besonderheiten angemessen zu berücksichtigen sind. Damit dürften §§ 22, 23 ArbEG angesprochen sein mit der möglichen Folge, dass die Inhaltskontrollvorschriften der §§ 307 bis 309 BGB verdrängt werden und keine Anwendung finden.[162]

162 **b) Unbilligkeit.** Nach **§ 23 Abs. 1 ArbEG** sind während des bestehenden Arbeitsverhältnisses getroffene Vereinbarungen über Diensterfindungen, freie Erfindungen oder qualifizierte technische Verbesserungsvorschläge sowie Festsetzungen unwirksam, wenn sie „**in erheblichem Maße unbillig**" sind. Auf diese Unbilligkeit können sich die Arbeitsvertragsparteien gem. § 23 Abs. 2 ArbEG nur während einer **Ausschlussfrist** von sechs Monaten nach rechtlichem Ende des Arbeitsverhältnisses berufen. Die Regelung erstreckt sich auch auf gerichtliche oder außergerichtliche Vergleiche, allerdings mit den sich aus § 779 BGB ergebenden Einschränkungen. § 23 ArbEG findet Anwendung, wenn die Regelung nicht aus anderen, rechtlich vorgelagerten Gründen unwirksam oder nichtig ist, zB § 22 S. 1 ArbEG, §§ 134, 138 BGB.

163 Während es sich bei § 12 Abs. 6 ArbEG um eine gesetzliche Ausgestaltung der Lehre von der Störung der Geschäftsgrundlage handelt, stellt § 23 ArbEG eine Vorschrift zur **Inhaltskontrolle** dar;[163] § 12 Abs. 6 ArbEG erfasst Änderungen in der Vereinbarung/Festsetzung zugrunde liegenden Umständen, die **nach** Zustandekommen der Vereinbarung bzw. nach der Festsetzung eintreten, während § 23 ArbEG eine **von vornherein** bestehende Unbilligkeit erfasst.

164 Eine **erhebliche Unbilligkeit** ist dann anzunehmen, wenn sich bei einem Vergleich der vertraglichen Stellung des Einzelnen mit der ihm gesetzlich eingeräumten Position objektiv ein erhebliches Missverhältnis ergibt,[164] auf ein Verschulden der Parteien kommt es nicht an. Es können sich – bei Vorliegen der Unbilligkeit zu Lasten der entsprechenden Partei – sowohl Arbeitnehmer wie Arbeitgeber auf die Unbilligkeit berufen.

165 § 23 ArbEG wird zumeist im Zusammenhang mit Vergütungsregelungen relevant. Betrachtet man dies aus der Perspektive des Arbeitnehmers, liegt eine Unbilligkeit vor, wenn die **angemessene Vergütung um mehr als 100 %** über der tatsächlich gezahlten liegt (zB 6.000,– EUR statt 3.000,– EUR) bzw. aus der Perspektive des Arbeitgebers betrachtet, eine **Überschreitung der angemessenen Vergütung um mehr als 100 %**.[165] Nach Ansicht des BGH[166] ist die Erheblichkeitsschwelle mit Ansteigen der Vergütungsbeträge abzusenken und der absolute Unterschiedsbetrag zwischen geschuldeter und gezahlter Vergütung tritt in den Vordergrund.

166 **c) Geheimhaltungspflicht.** Nach § 24 ArbEG besteht eine Geheimhaltungsverpflichtung. Der Arbeitgeber hat nach § 24 Abs. 1 ArbEG die ihm gemeldete oder mitgeteilte Erfindung so lange geheim zu halten, als die berechtigten Belange des Arbeitnehmererfinders dies er-

---

[162] So jedenfalls *Bartenbach/Volz*, FS Tilmann, S. 431 (442 ff.).
[163] *Bartenbach/Volz* § 12 Rn. 104.
[164] *Bartenbach/Volz* § 23 Rn. 11 ff.
[165] Einzelheiten vgl. *Bartenbach/Volz* § 23 Rn. 21 ff.
[166] BGH 4.10.1988 – X ZR 71/86, GRUR 1990, 271 – Vinylchlorid.

fordern. Der Arbeitnehmer hat gem. § 24 Abs. 2 ArbEG eine Diensterfindung so lange geheim zu halten, wie diese nicht gem. § 8 Abs. 1 ArbEG frei geworden ist. Die Geheimhaltungspflicht dient in erster Linie dem Schutz des Berechtigten vor neuheitsschädlichen Vorveröffentlichungen. Hierneben können sich Geheimhaltungspflichten aus anderen Vorschriften oder den allgemeinen arbeitsrechtlichen Treuepflichten ergeben (s. nachstehend).

d) Verpflichtungen aus dem Arbeitsverhältnis. § 25 ArbEG normiert, dass das ArbEG **167** nicht in die den Arbeitsvertragsparteien aus allgemeinen arbeitsrechtlichen Grundregeln obliegenden Verpflichtungen eingreift. Dies gilt mit der Maßgabe, dass das ArbEG allgemeine Grundregeln verdrängt, soweit im ArbEG für Arbeitnehmererfindungen spezielle Normen enthalten sind. So ist denkbar, dass auf Grund des Gleichbehandlungsgrundsatzes unternehmensinterne Vergütungsrichtlinien, die die Arbeitnehmer gegenüber den RL besser stellen, nur einheitlich angewendet werden dürfen. Der BGH leitet den Anspruch auf Auskunft und Rechnungslegung nicht zuletzt auch aus der allgemeinen Fürsorgepflicht ab.[167] Aus der Treuepflicht des Arbeitnehmers kann sich eine Mitteilungspflicht über Erfolgsaussichten von Forschungsvorhaben ergeben, ferner ist unstreitig, dass hieraus während der Dauer des Arbeitsverhältnisses eine uneingeschränkte Nichtangriffspflicht des Arbeitnehmers hinsichtlich auf Diensterfindungen erteilter Schutzrechte folgt.

9. Öffentlicher Dienst, Hochschulerfindungen

Nach §§ 40, 41 ArbEG sind die Regelungen des ArbEG auch auf Erfindungen und techni- **168** sche Verbesserungsvorschläge anzuwenden, die im Bereich des öffentlichen Dienstes einschließlich der Bundeswehr entstehen. Allerdings wird, dem Zuschnitt der öffentlichen Hand als idR nicht technisch-produktiv und mit Gewinnerzielungsabsicht tätig folgend, durch Sonderregelungen die Möglichkeit der Eigenverwertung des Arbeitnehmers bzw. Beamten gestärkt. So kann der Arbeit-/Dienstgeber nach § 40 Nr. 1 ArbEG statt der Inanspruchnahme eine angemessene Beteiligung an dem vom Arbeitnehmer/Beamten erzielten Ertrag der Diensterfindung beanspruchen.

§ 42 ArbEG behandelt die sog. **Hochschulerfindungen.** Das bis 2002 geltende sog. Hoch- **169** schullehrerprivileg (§ 42 ArbEG aF) war seinerzeit abgelöst worden; diese ältere Regelung betraf alle Erfindungen von Professoren, Dozenten und wissenschaftlichen Assistenten bei den wissenschaftlichen Hochschulen; sie verlieh ihnen kraft Gesetzes den Charakter von **freien Erfindungen,** verbunden mit der freien Verfügungsbefugnis der Hochschulwissenschaftler über ihre Erfindungen. Das seit 2002 geltende Recht unterstellt demgegenüber die Erfindungen des gesamten Personals an Hochschulen (Hochschulbeschäftigte) den **allgemeinen Regelungen des ArbEG,** belässt es also bei den Vorgaben der §§ 40, 41 ArbEG für den öffentlichen Dienst und trifft in § 42 **Nr. 1–5** ArbEG lediglich **Sonderregelungen für den Wissenschaftsbereich** und die Erfindervergütung.

Der persönliche Anwendungsbereich ist entgegen dem älteren Recht nicht mehr begrenzt **170** auf Erfindungen von Professoren, Dozenten und wissenschaftlichen Assistenten. Vielmehr werden die **Erfindungen aller Beschäftigten an Hochschulen** erfasst. Allerdings betreffen die Ausnahmevorschriften in § 42 Nr. 1–3 ArbEG nur die Hochschulwissenschaftler.

Der erstmals im ArbEG verwandte Begriff des **Beschäftigten** umfasst alle in weisungsge- **171** bundener, persönlich abhängiger Stellung Tätigen, unabhängig davon, ob es sich um Beamte und Arbeitnehmer im öffentlichen Dienst bzw. um wissenschaftliches oder technisches Personal handelt. Maßgebend ist allein eine **Beschäftigung im öffentlichen Dienst.** Darauf, ob die Hochschule selbst oder eine andere Anstellungskörperschaft der Arbeitgeber bzw. Dienstherr ist, kommt es in Übereinstimmung mit dem bisherigen Recht nicht an. Der Begriff der **Hochschule** bestimmt sich nach **§ 1 HRG**.

Der Kreis der **Hochschulwissenschaftler** erstreckt sich auf die von § 43 HRG umfassten **172** Hochschullehrer, also auf Professoren und Juniorprofessoren (vgl. § 42 S. 1 HRG) wie auch die wissenschaftlichen Mitarbeiter (§ 53 HRG). Maßgebend ist stets, ob und inwieweit dieser Personenkreis in den Schutz des Art. 5 Abs. 3 GG einbezogen ist, was dann der Fall ist,

---

[167] BGH 13.11.1997 – X ZR 132/95, GRUR 1998, 689 – Copolyester II.

wenn wissenschaftliche Mitarbeiter selbstständig Aufgaben in Forschung und Lehre wahrnehmen (§ 53 Abs. 1 S. 4 HRG).

173 **Nicht erfasst** werden **Studenten, Doktoranden, Diplomanten**, es sei denn, sie sind zugleich Beschäftigte der Hochschule. Nicht unter die Beschäftigten fallen **freie Mitarbeiter** wie auch Personen, die auf Grund eines anderweitigen Rechtsverhältnisses bei der Hochschule tätig sind, wie etwa **Mitarbeiter des Hochschullehrers**, die er in einem privatrechtlichen Arbeitsverhältnis beschäftigt oder von ihm auf Grund **Privatdienstvertrages** ausnahmsweise im Zusammenhang mit drittmittelfinanzierten Forschungs- bzw. Entwicklungsvorhaben eingestellt werden (vgl. §§ 25 Abs. 5 S. 3, 26, 57c HRG). Gleiches gilt für Mitarbeiter, die von dritter Seite abgeordnet werden, wie zB **Arbeitnehmer eines privaten Auftraggebers oder Kooperationspartners**.

174 § 42 ArbEG betrifft nur Erfindungen der Hochschulbeschäftigten, **nicht erfasst** sind **technische Verbesserungsvorschläge** (§§ 3, 20 ArbEG). Hierfür gelten die allgemeinen Regeln des ArbEG (§§ 40, 41 iVm §§ 3, 20 ArbEG), so dass auch nur die üblichen Vergütungsregeln des ArbEG zur Anwendung kommen, nicht dagegen die besondere Vergütungsregelung des § 42 Nr. 4 ArbEG.

175 Während bei dem technischen und sonstigen **nichtwissenschaftlichen Personal** die Feststellung der Diensterfindung nach den allgemeinen Kriterien des § 4 Abs. 2 ArbEG keine besonderen Fragen aufwerfen dürfte, gilt dies nicht für den **Wissenschaftsbereich**. Bei Hochschullehrern gehört die Forschung zwar grundsätzlich zu deren klassischen dienstlichen Aufgaben (vgl. § 25 HRG). Dieser allgemeine Aufgabenkreis reicht jedoch nicht aus, eine Aufgabenerfindung iSd § 4 Abs. 2 Nr. 1 ArbEG zu begründen. Vielmehr setzt dies grundsätzlich die **Zuweisung eines bestimmten Forschungs- oder Entwicklungsauftrags oder entsprechender Tätigkeiten** voraus. Der Dienstherr kann dem Hochschullehrer keine Aufgabe zu innovativer Entwicklung im Rahmen seiner Forschung stellen, und wäre diese auch noch so abstrakt formuliert. Denn es ist allein Sache des Hochschullehrers im Rahmen der Wissenschaftsfreiheit des Art. 5 GG, wie er forscht. Reichen in der privaten Wirtschaft auch bei hoher Einordnung in die Unternehmenshierarchie bereits globale Hinweise der Geschäftsleitung, in der einen oder anderen Richtung entwickelnd tätig zu sein, für eine Aufgabenstellung aus, so fehlt für einen Hochschullehrer eine gleichwertige Hinweismöglichkeit des Dienstherrn wie auch überhaupt die hierarchische Einordnung hinsichtlich der Forschungstätigkeit.

176 Eine **Aufgabenerfindung** wird dann vorliegen, wenn sich der Hochschullehrer zur Durchführung eines Forschungsprojekts der Hochschule oder eines von der Hochschule übernommenen Forschungsauftrags **bereit erklärt** hat, ferner wenn er ein im Zusammenhang mit einer Erfindung stehendes **Forschungsvorhaben dienstlich betreut** oder wenn eine **einvernehmliche Einbeziehung bestimmter Forschungsaufgaben in seinen dienstlichen Tätigkeitsbereich** erfolgt.

177 **Übernimmt der Hochschulwissenschaftler selbst einen Forschungsauftrag**, zählt im Falle einer Drittmittelfinanzierung die Durchführung nach § 25 Abs. 1 HRG zum dienstlichen Aufgabenbereich und ist Teil der Hochschulforschung, was eine Diensterfindung begründet. Dies gilt jedenfalls dann, wenn das Forschungsvorhaben ausschließlich oder überwiegend in der Hochschule gemäß § 25 Abs. 2 HRG durchgeführt wird (vgl. auch § 25 Abs. 3 S. 2, Abs. 6 HRG).

178 Wird ein Hochschulwissenschaftler im Rahmen einer **wissenschaftlichen Nebentätigkeit** (vgl. §§ 42 HRG, 42 BRRG) außerhalb seiner Dienstaufgaben tätig, wird es regelmäßig an einer Aufgabenerfindung fehlen.

179 Auch die Einordnung einer Hochschullehrererfindung als **Erfahrungserfindung** wird auf Schwierigkeiten stoßen, weil zumindest immer dann, wenn ein Forschungsgebiet von dem Hochschullehrer neu betreten wird, Erfahrungen des Instituts oder auch nur Arbeiten auf diesem Gebiet nicht vorliegen werden. Zweifelhaft könnte sein, ob auf der **eigenen wissenschaftlichen Tätigkeit des Hochschullehrers** beruhende Kenntnisse, Erfahrungen und Arbeiten unter Berücksichtigung der durch Art. 5 Abs. 3 S. 1 GG gewährleisteten Wissenschaftsfreiheit als Erfahrungen und Arbeiten der Universität (des Dienstherrn) anzusehen sind. Raum für Erfahrungserfindungen bliebe in solchen Fällen nur dann, wenn die Erfindung

maßgeblich auf sonstigen Arbeiten und Erfahrungen zB anderer Angehöriger der Hochschule oder deren Kooperationspartner beruht. Dies ist auch bei einem vom Hochschulwissenschaftler übernommenen drittmittelfinanzierten Forschungsvorhaben denkbar.

Besondere Probleme können sich in der Praxis bei einer **Miterfinderschaft** ergeben. Hier 180 ist für jeden einzelnen Miterfinder zu prüfen, ob eine Diensterfindung vorliegt. So kann eine Erfindung für einen nichtwissenschaftlichen technischen Mitarbeiter der Hochschule eine Diensterfindung darstellen, nicht dagegen für den Hochschulwissenschaftler. Das Inanspruchnahmerecht des Dienstherrn würde sich also nur auf diesen Miterfinderanteil des nichtwissenschaftlichen Mitarbeiters erstrecken und die Hochschule würde in eine Bruchteilsgemeinschaft iSd §§ 741 ff. BGB mit dem Hochschulwissenschaftler einrücken.

§ 42 Nr. 1 und 2 ArbEG erkennen das aus der Forschungsfreiheit folgende Recht des 181 Hochschulwissenschaftlers auf sog. Publikationsfreiheit (vgl. auch § 4 Abs. 2 S. 1 HRG) an. Er hat also die freie Entscheidungsbefugnis, ob er die Ergebnisse seiner Forschungsarbeiten der Öffentlichkeit mitteilen will (positive Publikationsfreiheit) oder nicht (negative Publikationsfreiheit).

§ 42 Nr. 1 ArbEG soll gewährleisten, dass die positive Publikationsfreiheit des Hoch- 182 schullehrers nicht in unzumutbarer bzw. unzulässiger Weise beeinträchtigt und beschränkt wird. Losgelöst von der Geheimhaltungspflicht des § 24 Abs. 2 ArbEG braucht der Hochschulwissenschaftler nicht erst die Offenlegung einer Schutzrechtsanmeldung oder eine sonstige Offenkundigkeit seiner erfinderischen Lehre abzuwarten. Er kann vielmehr den Dienstherrn zu einer **beschleunigten Schutzrechtsanmeldung veranlassen,** falls die Diensterfindung noch nicht zum Schutzrecht angemeldet worden ist. Mit der **Anzeige seines Offenbarungswunsches** wird für den Dienstherrn eine **Frist von zwei Monaten** in Gang gesetzt, innerhalb derer er die bisher noch nicht durchgeführte Schutzrechtsanmeldung zu betreiben hat.[168] Lässt der Dienstherr diese Frist verstreichen, kann der Hochschulwissenschaftler ohne jede weitere Information die beabsichtigte Veröffentlichung durchführen, was unter Umständen eine Neuheitsschädlichkeit für nachfolgende Schutzrechtsanmeldungen begründen kann. Insoweit unterliegt er nicht mehr der Geheimhaltungspflicht des § 24 Abs. 2 ArbEG.

Auch bei dieser Fallsituation kann wiederum eine in Bezug auf eine solche Erfindung be- 183 stehende **Miterfinderschaft** problematisch sein. Ist der Hochschullehrer nur Miterfinder, würde es der Interessenlage bei einer Bruchteilsgemeinschaft widersprechen, wenn er durch eine Offenbarung vor Schutzrechtsanmeldung zulasten der übrigen Miterfinder eine Neuheitsschädlichkeit für die Diensterfindung begründen würde.

Über § 42 Nr. 2 ArbEG wird die sog. negative Publizitätsfreiheit des Hochschulwissen- 184 schaftlers gewährleistet, also sein Recht, eine **Veröffentlichung der Ergebnisse seiner Forschungsarbeiten, also auch seiner Diensterfindung, abzulehnen.** Dieses Recht auf Schweigen kann nicht durch eine Schutzrechtsanmeldung oder gar deren Veröffentlichung und Verwertung unterlaufen werden. Der Hochschulwissenschaftler hat das **Recht, von einer Erfindungsmeldung abzusehen, wenn er auf Grund seiner Lehr- und Forschungstätigkeit eine Veröffentlichung nicht wünscht.**

Auch hier ergibt sich eine Besonderheit bei **Miterfinderschaft.** Beruft sich bei einer Miter- 185 finderschaft ein Miterfinder auf die negative Publikationsfreiheit, während ein anderer dies nicht will oder – mangels Wissenschaftsstatus – nicht kann, ist diese Konfliktsituation seitens der Hochschule kaum lösbar. Eine Lösung kann sich nur durch eine Verständigung der Hochschulwissenschaftler untereinander ergeben oder auf der Basis der zwischen den Miterfindern bestehenden Bruchteilsgemeinschaft (§§ 741 ff. BGB).

§ 42 Nr. 4 ArbEG weicht vollständig von dem allgemeinen Vergütungsprinzip des ArbEG 186 und den dort geltenden Vergütungskriterien mit der Vorgabe einer **pauschalen Vergütung** ab. Die Höhe der Vergütung beträgt pauschal **30 %** der durch die Verwertung erzielten

---

[168] Nach Ansicht des BVerfG (12.3.2004 – 1 BvL 7/03, BeckRS 2004, 30340419) und des BGH (18.9.2007 – X ZR 167/05, BeckRS 2007, 19243 – selbststabilisierendes Kniegelenk) ist § 42 Nr. 1 ArbEG verfassungsrechtlich nicht zu beanstanden, verstößt insbesondere nicht gegen Art. 5 Abs. 3 GG. Diese Regelung betrifft die Verpflichtung des Hochschulwissenschaftlers, dem Dienstherrn seine Absicht, die Diensterfindung im Rahmen seiner Lehr- und Forschungstätigkeit zu offenbaren, rechtzeitig zuvor anzuzeigen.

(Brutto-)Einnahmen. Die sonstigen durch § 9 ArbEG zur Angemessenheit der Vergütung vorgegebenen Vergütungskriterien bleiben unberücksichtigt, nicht dagegen der Miterfinderanteil. Anspruch auf diese Vergütungspauschale haben **alle Hochschulbeschäftigten** als Erfinder bzw. Miterfinder.

187 Der Begriff der **Einnahmen** ist nicht unstreitig, insbesondere im Hinblick auf die Frage, ob die Übernahme von Schutzrechtskosten durch Lizenznehmer der Hochschule zu einer „Einnahme" führt. Zu den Einnahmen im Sinne von § 42 Nr. 4 ArbEG gehören, insoweit hat der BGH Stellung bezogen, nicht nur Geldzahlungen, die dem Dienstherrn aufgrund der Verwertung der Erfindung zufließen, sondern auch alle sonstigen geldwerten Vorteile, die der Dienstherr infolge der Verwertung erlangt. Ein solcher Vorteil fließt dem Dienstherrn zB auch dann zu, wenn es ein Lizenznehmer auf eigene Kosten übernimmt, zu Gunsten des Dienstherrn ein Schutzrecht zu begründen, aufrechtzuerhalten oder zu verteidigen. Zur Bewertung dieses Vermögensvorteils kann nach Ansicht des BGH[169] in der Regel auf die Kosten abgestellt werden, die dem Lizenznehmer für die Anmeldung, Erteilung, Aufrechterhaltung oder Verteidigung des Schutzrechts entstanden sind. Strittig ist auch, wie der 30%ige Anteil zu bemessen ist, wenn die Hochschule die Erfindung nicht selbst verwertet, sondern die Verwertung durch eine Verwertungsagentur oder durch eine Technologietransfergesellschaft vornehmen lässt.[170] Der Begriff der Einnahmen umfasst jedenfalls alle Vermögenswerte, die dem Dienstherrn/Arbeitgeber aus der Verwertung der Diensterfindung zufließen. Die Diensterfindung muss also für diese Einnahmen **kausal** gewesen sein. Insoweit sind staatliche Finanzierungsmittel oder von dritter Seite für eine bestimmte Entwicklung gegebene Drittmittel iSd § 25 HRG keine durch eine Erfindung bedingten Einnahmen, da sie zur Deckung der Entwicklungskosten bereitgestellt werden. Die erforderliche Kausalität zwischen Erfindung und Einnahmen fehlt stets, soweit eine Erstattung der Kosten **vor** Fertigstellung einer Erfindung vereinbart ist. Etwas anderes kann nur dann gelten, wenn **nach Fertigstellung einer Erfindung** zB ein Auftraggeber sich zu einer (weiteren) Beteiligung an den Entwicklungskosten bereit erklärt oder aber zu Vergütungen für die Überlassung der Erfindungsrechte.

10. Streitigkeiten

188 a) **Schiedsstelle.** Im Interesse der Erhaltung des Arbeitsfriedens und zur Vermeidung von gerichtlichen Auseinandersetzungen wurde für Streitigkeiten auf Grund des ArbEG zwischen Arbeitgebern und Arbeitnehmern **beim Deutschen Patent- und Markenamt eine Schiedsstelle für Arbeitnehmererfindungen** eingerichtet.

189 Gem. § 28 ArbEG kann sowohl vom Arbeitgeber als auch vom Arbeitnehmer die Schiedsstelle angerufen werden, um eine gütliche Einigung zu erzielen. Die Anrufung ist auch durch ausgeschiedene Arbeitnehmer möglich. Die Anrufung erfolgt durch einen Schriftsatz, in dem der Sach- und Streitstand dargestellt wird, zweckmäßigerweise verbunden mit einem konkreten Antrag. Die Schiedsstelle gestaltet das Verfahren selbst (§ 33 ArbEG). Auf den Antrag werden in aller Regel zwischen den Parteien Schriftsätze gewechselt, ggf. geleitet durch Zwischenbescheide der Schiedsstelle. Erachtet die Schiedsstelle eine Sache für ausgeschrieben (derzeit haben die Schiedsverfahren eine Dauer von im Mittel rund 18 Monaten), unterbreitet sie den Parteien einen schriftlichen **Einigungsvorschlag**, sie entscheidet jedoch **nicht einseitig verbindlich**, § 34 Abs. 2 ArbEG. Verbindlichkeit erlangt der Einigungsvorschlag erst dann, wenn ihm nicht von zumindest einer Partei innerhalb einer Frist von einem Monat nach Zustellung schriftlich widersprochen wird, § 34 Abs. 3 ArbEG. Die Schiedsstelle veröffentlicht die aus ihrer Sicht bedeutsamen Einigungsvorschläge und Zwischenbescheide ab dem Jahr 2009 auf ihrer Webseite;[171] die zuvor ergangenen sind lediglich über kommerzielle Datenbanken zu erlangen.

190 Die Schiedsstelle ist nur für Streitigkeiten aus dem ArbEG zuständig, dh zB Streitigkeiten, die aus Tarifverträgen oder Betriebsvereinbarungen iSd §§ 20 Abs. 2, § 40 Nr. 2 ArbEG be-

---

[169] BGH 5.2.2013 – X ZR 59/12 NZA 2013, 509 – Genveränderungen.
[170] Vgl. ua LG Düsseldorf 18.1.2011 – 4b O 7/10, BeckRS 2011, 20351; *Heerma/Maierhöfer* GRUR 2010, 682.
[171] http://www.dpma.de/amt/aufgaben/schiedsstelle_arbeitnehmererfindungen/suche/index.html.

stehen, fallen nicht in den Zuständigkeitsbereich der Schiedsstelle, wenn die Regelungen über das ArbEG hinausgehen.

Die (vorherige erfolglose) Anrufung der Schiedsstelle ist gem. § 37 Abs. 1 ArbEG Prozessvoraussetzung für gerichtliche Auseinandersetzungen zwischen den Arbeitsvertragsparteien zu Fragen aus dem ArbEG, soweit nicht einer der Ausnahmetatbestände des § 37 Abs. 2 bis 5 ArbEG vorliegt. Keine **Prozessvoraussetzung** ist das Schiedsstellenverfahren hiernach, wenn: 191

- mit der Klage Rechte aus einer Vereinbarung iSd §§ 12, 19, 22, 34 ArbEG geltend gemacht werden oder die Klage darauf gestützt wird, dass die Vereinbarung nicht rechtswirksam sei;
- seit der Anrufung der Schiedsstelle sechs Monate verstrichen sind, und zwar beginnend mit dem Eingang des Anrufungsantrages bei der Schiedsstelle;
- der Arbeitnehmer aus dem Betrieb des Arbeitgebers ausgeschieden ist;
- die Parteien nach Eintritt des Streitfalls schriftlich vereinbart haben, von einer Anrufung der Schiedsstelle abzusehen;
- beide Parteien zur Hauptsache mündlich verhandelt haben, ohne geltend zu machen, dass die Schiedsstelle nicht angerufen worden ist;
- es sich um Anträge auf Anordnung eines Arrests oder einer einstweiligen Verfügung handelt und wenn nach Erlass eines Arrests oder einer einstweiligen Verfügung der Partei nach den §§ 926, 936 ZPO eine Frist zur Erhebung der Klage bestimmt worden ist.

Für das Anrufen der Schiedsstelle fallen **keine amtlichen Kosten und Gebühren** an, es werden aber auf der anderen Seite auch keine Kosten und Auslagen erstattet, § 36 ArbEG. 192

Die Anrufung der Schiedsstelle hemmt die Verjährung nicht nach § 204 Abs. 1 Nr. 12 BGB, wohl aber in entsprechender Anwendung des § 204 Abs. 1 Nr. 4 BGB. Die Schiedsstelle steht insoweit einer durch die Landesjustizverwaltung eingerichteten oder anerkannten Gütestelle gleich.[172]

b) **Gerichtliches Verfahren.** Auseinandersetzungen aus und im Zusammenhang mit dem ArbEG sind nach § 39 Abs. 1 ArbEG ohne Rücksicht auf den Streitwert vor die für Patentstreitsachen zuständigen Gerichte zu bringen.[173] Hier bestehen durch Rechtsverordnung begründete Sonderzuständigkeiten von sog. **Patentstreitkammern.** Nach § 38 ArbEG besteht für den Arbeitnehmer die Möglichkeit, auf „angemessene" Vergütung zu klagen, also einen unbezifferten Leistungsantrag zu stellen, wie man es aus dem Bereich des Schmerzensgeldes kennt. Regelfall im Zusammenhang mit Vergütungsfragen ist die Stufenklage (§ 254 ZPO), bei der auf einer ersten Stufe auf Auskunft und Rechnungslegung geklagt wird, und hernach bei anschließender Bezifferung des Vergütungsanspruchs dieser auf einer folgenden Stufe klageweise eingefordert wird. 193

Nicht vor die Patentstreitkammern, sondern vor die **Arbeitsgerichtsbarkeit** zu bringen sind nach § 39 Abs. 2 ArbEG (Spezialvorschrift zu § 2 ArbGG und § 126 BRRG) Rechtsstreitigkeiten, die ausschließlich Ansprüche auf Leistung einer festgestellten oder festgesetzten Vergütung für eine Erfindung zum Gegenstand haben, also reine Zahlungsklagen. Sie sind in diesem Rahmen auch für Klagen, die eine Rechnungslegungs- bzw. Auskunftsanspruch zu Gegenstand haben, zuständig. 194

11. Das betriebliche Vorschlagswesen (BVW)

Arbeitnehmer entwickeln nicht nur patent- oder gebrauchsmusterfähige Erfindungen, sondern erzielen Innovationen auch in Form von technischen und nicht-technischen Verbesserungsvorschlägen, vgl. Ziff. 7 → Rn. 153 ff.). Das ArbEG enthält jenseits von §§ 3, 20 ArbEG keine Regelungen über qualifizierte bzw. einfache (technische) Verbesserungsvorschläge. Für nicht-technische Verbesserungsvorschläge besteht schon von vornherein keine gesetzliche Regelung. Das sog. „Betriebliche Vorschlagswesen" (BVW) wird – für (einfache) technische wie nicht-technische Verbesserungsvorschläge – auf betrieblicher Ebene geregelt, bei Bestehen eines Betriebsrats nach Maßgabe von § 87 Abs. 1 Nr. 12 BetrVG. 195

---

[172] BGH 26.11.2013 – X ZR 3/13, GRUR 2014, 357 – Profilstrangpressverfahren.
[173] Sa LAG Hessen 2.8.2010 – 7 Ta 203/10, BeckRS 2010, 73270.

196 **a) Verbesserungsvorschläge.** Begrifflich wird unter einem Verbesserungsvorschlag grundsätzlich ein konkreter Vorschlag für eine konkrete Verbesserung (Lösung eines Problems) im Betrieb verstanden, der im Falle seiner Umsetzung dazu geeignet ist, den derzeitigen Zustand im Betrieb zu optimieren, zB im Hinblick auf Kosten, Zeit, Leistungen oder Effektivität. Bloße Problembeschreibungen ohne Lösungsvorschläge sind keine Verbesserungsvorschläge. Betriebliche Verbesserungsvorschläge können auf technischen Gebieten (vgl. etwa die technischen Verbesserungsvorschläge iSd ArbEG), im organisatorischen und kaufmännischen Bereich und der Verwaltung erfolgen oder Verbesserungen betreffend den Arbeits- und Gesundheitsschutz, soziale oder sonstige Fragestellungen enthalten.[174] Gemeinsam ist allen Verbesserungsvorschlägen, dass sie zur Verbesserung des Ist-Zustands des Betriebs beitragen und eine realisierbare Lösung enthalten (müssen).

197 Entwickelt ein Mitarbeiter einen Verbesserungsvorschlag im Rahmen seiner arbeitsvertraglich geschuldeten Tätigkeit, steht dieser uneingeschränkt dem Arbeitgeber zu.[175] Bei Verbesserungsvorschlägen, die nicht im arbeitsvertraglich geschuldeten Bereich des Arbeitnehmers liegen, obliegt die Entscheidung über dessen Annahme und Verwertung im Vorschlagswesen dem Arbeitgeber.[176]

198 Der Arbeitnehmer hat in entsprechender Anwendung des § 612 BGB[177] (wohl: nur dann) einen **Anspruch auf Vergütung** eines Verbesserungsvorschlages unabhängig davon, ob ein betriebliches Vorschlagswesen besteht oder nicht, wenn der verwertete Verbesserungsvorschlag eine echte **Sonderleistung** darstellt und dem Arbeitgeber einen nicht nur unerheblichen wirtschaftlichen Vorteil bringt.[178]

199 **b) Zweck des BVW.** Unternehmen und öffentliche Einrichtungen errichten ein BVW, um Verbesserungsvorschläge der Mitarbeiter systematisch anzureizen und um erzeugte Vorschläge formalisiert zu erfahren und zu erfassen, einer Umsetzung zuführen und verwerten zu können. Das BVW stellt letztlich ein System bzw. eine Methode zur Handhabung von Verbesserungsvorschlägen dar. Ferner soll es dem Mitarbeiter ermöglichen, die Entscheidung über seinen Vorschlag und ggf. die Umsetzung seines Vorschlages nachzuvollziehen, das Verfahren für ihn transparent machen und eine Gleichbehandlung der Mitarbeiter sicherstellen.[179] Das BVW unterstützt die Entfaltung der Persönlichkeit der Mitarbeiter,[180] trägt zur Förderung des Unternehmens bei und dient als Impuls zur aktiven Gestaltung der Tätigkeit.[181] Besteht eine Betriebsvereinbarung zum betrieblichen Vorschlagswesen, kommt eine Vergütungserwartung iSd § 612 Abs. 1 BGB für einen Verbesserungsvorschlag regelmäßig nur in den in der Betriebsvereinbarung vorgesehenen Fällen in Betracht.[182]

200 **c) Grundzüge eines BVW.** Die Grundzüge eines BVW werden oft wie folgt aussehen:[183] Typischerweise wird mit der Etablierung des BVW ein **Formular** zur Einreichung von VV und eine Ansprechstelle geschaffen. Wird ein VV in dem oa Sinne eingereicht, wird dieser durch den **Sachbearbeiter** aufbereitet und der **Bewertungskommission,** die ggf. als paritätischer Ausschuss ausgebildet ist,[184] zugeleitet. Das BVW kann auch vorsehen, dass Verbesserungsvorschläge noch nach der Realisierung nachgereicht werden können, typischerweise aber enthalten Verbesserungsvorschläge noch nicht im Unternehmen des Arbeitgebers um-

---

[174] MHdB ArbR/*Matthes* § 342 Rn. 3; *Fitting* BetrVG § 87 Rn. 539; ErfK/*Kania* BetrVG § 87 Rn. 129.
[175] Vgl. → Rn. 5 ff.; MHdB ArbR/*Sack* § 100 Rn. 12.
[176] BAG 28.4.1981 – 1 ABR 53/79, AP BetrVG 1972 § 87 Vorschlagswesen Nr. 1; Richardi/*Richardi* BetrVG § 87 Rn. 930; MHdB ArbR/*Sack* § 342 Rn. 7.
[177] BAG 28.4.1981 – 1 ABR 53/79, AP BetrVG 1972 § 87 Vorschlagswesen Nr. 1.
[178] BAG 20.1.2004 – 9 AZR 393/03 , AP BetrVG 1972 § 87 Vorschlagswesen Nr. 3; vgl. auch *Schwab* NZA-RR 2015, 225 (226) mwN.
[179] BAG 28.4.1981 – 1 ABR 53/79, AP BetrVG 1972 § 87 Vorschlagswesen Nr. 1.
[180] BAG 28.4.1981 – 1 ABR 53/79, AP BetrVG 1972 § 87 Vorschlagswesen Nr. 1.
[181] Vgl. *Fitting* BetrVG § 87 Rn. 536; BAG 28.4.1981 – 1 ABR 53/79, AP BetrVG 1972 § 87 Vorschlagswesen Nr. 1; MHdB ArbR/*Matthes* § 342 Rn. 2; Richardi/*Richardi* BetrVG § 87 Rn. 925.
[182] BAG 19.5.2015 – 9 AZR 863/13, AP BetrVG 1972 § 87 Vorschlagswesen Nr. 4.
[183] Auszüge aus der Gestaltung des jeweils zugrunde liegenden BVW ergeben sich aus den Sachverhalten zu den Entscheidungen BAG 20.1.2004 – 9 AZR 393/03, AP BetrVG 1972 § 87 Vorschlagswesen Nr. 3 sowie BAG 30.7.2008 – 10 AZR 459/07, NZA 2009, 747.
[184] BAG 19.5.2015 – 9 AZR 863/13, AP BetrVG 1972 § 87 Vorschlagswesen Nr. 4.

gesetzte Lösungen. Die Kommission bewertet den Verbesserungsvorschlag anhand einer **fest stehenden, verobjektivierenden Matrix**, zB

- **Ausmaß der Verbesserung** (Arbeitsplatz, Organisationseinheit, Betrieb, Unternehmen, Konzern),
- **Art der Verbesserung** (Arbeitssicherheit, Umwelt, Geschäftsablauf),
- (positive) **Außenwirkung** (keine, mittel, groß),
- **Art des wirtschaftlichen Nutzens** (Materialeinsparung, Umweltschutz, vermiedene oder aufgeschobene Investitionen, Einsparung von Arbeitskraft),
- **Umfang des wirtschaftlichen Nutzens** (klein, mittel, groß, ggf. beziffert),
- **Nähe des Vorschlags zur Arbeitsaufgabe des Einreichers** (vollständige Deckung mit der Arbeitsaufgabe [idR Entfallen der Prämie], teilweise Deckung, keine Deckung).

Die Bewertungskommission bewertet den Verbesserungsvorschlag, ermittelt den Nutzen (bei Umsetzung) bzw. die Verwertungsmöglichkeiten (bei noch nicht gegebener Umsetzung) und macht einen **vollständig begründeten** Prämienvorschlag, den der Arbeitnehmer annehmen kann oder nicht. Ggf. wird der Verbesserungsvorschlag auch, vollständig begründet, negativ beschieden, zB, weil er den Begriff des Verbesserungsvorschlags nicht erfüllt, oder weil er in den vertraglichen Arbeitsbereich des Arbeitnehmers fällt und vorgesehen ist, dass solche Verbesserungsvorschläge nicht prämiert werden,[185] eine Verwertbarkeit nicht gegeben ist, oder aus anderen sachlichen Gründen. Nimmt der Arbeitnehmer die Entscheidung nicht an, kann er eine etwa vorhandene **Berufungskommission** anrufen, die endgültig entscheidet.[186] Inhaltlich ist der Prüfungsmaßstab die „**offenbare Unrichtigkeit**" und verfahrensmäßig das „**grob unbillige Zustandekommen**" bzw. **Verstöße gegen die Betriebsvereinbarung**. Allerdings ist bei Verfahrensverstößen gerichtlich in vollem Umfang zu prüfen, ob dem Arbeitnehmer ein Anspruch auf Vergütung für den Verbesserungsvorschlag zusteht oder nicht.

Die **Prämienhöhe** richtet sich nach dem Nutzen des umgesetzten Verbesserungsvorschlags für das Unternehmen. Damit bedarf es einer Definition des **Nutzens iSe wirtschaftlichen Vorteils**, der (in Anbetracht der für die Umsetzung des Verbesserungsvorschlags angefallenen Kosten) verbleibt. Hier kommt man oft nicht ohne Schätzungen aus. Die Prämie ist dann idR ein gewisser **Anteil des Nutzens**, allerdings nicht über einen gesamten möglichen Nutzungszyklus, sondern des im ersten Jahr der Nutzung wirklich oder in den ersten Jahren der Nutzung wirklich oder potenziell entstehenden Nutzens. Bei nicht umgesetzten, aber **verwertbaren Verbesserungsvorschlägen** wird oft eine **Anerkennung** ausgesprochen oder eine kleine Prämie gezahlt.

Nicht oder noch nicht umgesetzte Verbesserungsvorschläge gehen bisweilen mit ihrer unternehmensinternen Priorität in einen „**Ideenspeicher**" ein und werden nach einer gewissen Zeit einmal oder ggf. auch mehrmals daraufhin überprüft, ob sie nicht doch umgesetzt und dann prämiert werden sollen/können.

d) Mitbestimmungsrechte. Regelungen und Grundlagen über das betriebliche Vorschlagswesen finden sich (selten) in Tarifverträgen und (überwiegend) in Betriebs- bzw. Dienstvereinbarungen. Gem. § 87 Abs. 1 Nr. 12 BetrVG steht dem Betriebsrat für die Grundsätze über das betriebliche Vorschlagswesen ein Mitbestimmungsrecht zu. Eine entsprechende Regelung enthält § 75 Abs. 3 Nr. 12 BPersVG, wonach der Personalrat, soweit eine gesetzliche oder tarifliche Regelung nicht besteht, gegebenenfalls durch Abschluss von Dienstvereinbarungen über die Grundsätze über die Bewertung von anerkannten Vorschlägen im Rahmen des betrieblichen Vorschlagswesens mitzubestimmen hat. Entsprechende Regelungen über die Mitbestimmung im Vorschlagswesen finden sich auch in den Landespersonalvertretungsgesetzen. Gegenstand der nachfolgenden Ausführungen ist ausschließlich das Mitbestimmungsrecht des § 87 Nr. 12 BetrVG.

---

[185] Vgl. LAG Düsseldorf 23.7.2013 – 17 Sa 1400/22, BeckRS 2014, 65166.
[186] Nach zutreffender Ansicht des BAG 20.1.2004 – 9 AZR 393/03, AP BetrVG 1972 § 87 Vorschlagswesen Nr. 3) sind Entscheidungen einer paritätischen BVW-Kommission nur eingeschränkt gerichtlich überprüfbar.

205 *aa) Zuständigkeit, Initiativrecht.* Das Mitbestimmungsrecht nach § 87 Abs. 1 Nr. 12 BetrVG unterliegt dem **Initiativrecht** des Betriebsrats; dieser hat ein Initiativrecht, sobald für ein betriebliches Vorschlagswesen „ein Bedürfnis" besteht.[187] Ob dieses Bedürfnis auf betrieblicher Ebene, auf Unternehmensebene oder als formal konzerneinheitliches Bedürfnis betrachtet werden kann, ist eine Frage des Einzelfalls. Zumeist wird man konzerneinheitlich handeln wollen.

206 Das Initiativrecht des Betriebsrates wird auch nicht dadurch ausgeschlossen, dass dem Arbeitgeber durch die Errichtung und Durchführung eines betrieblichen Vorschlagswesens Kosten entstehen, da der Arbeitgeber nach allgemeinen arbeitsrechtlichen Grundsätzen zur Zahlung einer Vergütung für die Verwertung eines Verbesserungsvorschlages verpflichtet ist.[188]

297 Nicht dem Mitbestimmungsrecht unterliegen jedoch insbesondere der Umfang der insgesamt zur Verfügung zu stellenden finanziellen Mittel, die Gewährung einer freiwilligen Anerkennungsprämie für nicht durchgeführte Verbesserungsvorschläge, die Entscheidung über die Nutzung des Verbesserungsvorschlag als solche, die Entscheidung über die zu gewährende Höhe der Vorschlagsprämien Einzelfall. Grenze des Initiativrechts ist im Übrigen dessen rechtsmissbräuchliche Geltendmachung. Rechtsmissbräuchlich kann es etwa sein, wenn nach den konkreten Umständen im Betrieb ersichtlich keinerlei Bedürfnis für ein betriebliches Vorschlagswesen besteht.[189]

208 *bb) Gegenstand des Mitbestimmungsrechts.* Das betriebliche Vorschlagswesen erfasst grundsätzlich alle Arten von Verbesserungsvorschlägen. Gegenstand des Mitbestimmungsrechtes können jedoch gem. § 87 BetrVG nur solche Fragen sein, für die keine gesetzliche oder tarifliche Regelung bestehen. Aus diesem Grund findet das Mitbestimmungsrecht keine Anwendung, soweit es um die Vergütung von qualifizierten technischen Verbesserungsvorschlägen geht.[190] § 20 Abs. 1 ArbEG verweist für die Vergütung von qualifiziert technischen Verbesserungsvorschlägen auf die sinngemäße Anwendung der §§ 9 bis 12 ArbEG. In den Grenzen des § 22 ArbEG können jedoch freiwillige Betriebsvereinbarungen über die Vergütung qualifizierter technischer Verbesserungsvorschläge geschlossen werden.[191]

209 Technische Erfindungen im Sinne des § 2 ArbEG finden im ArbEG eine abschließende Regelung, so dass auch hier der Mitbestimmungstatbestand des § 87 Abs. 1 Nr. 12 BetrVG nicht eingreift (mit der weiteren Folge, dass bei der Einführung von unternehmensinternen Arbeitnehmererfinder- und insbesondere Arbeitnehmererfindervergütungsrichtlinien, die die gesetzlichen Vorgaben des ArbEG in zulässiger Weise variieren, ein Mitbestimmungsrecht des Betriebsrats nicht besteht).

210 Nach ganz überwiegender Auffassung sind Verbesserungsvorschläge, die der Arbeitnehmer im Rahmen seiner Tätigkeit entwickelt bzw. die arbeitsvertraglich geschuldet sind, nicht Gegenstand des Mitbestimmungsrechtes.[192]

211 Diskutiert wird, ob sich ein Mitbestimmungsrecht auch auf Verbesserungsvorschläge von Arbeitsgruppen (sog. Qualitätszirkel oder Quality-Circles) bezieht, deren Aufgabe ua die Entwicklung von Verbesserungsvorschlägen beinhaltet. Teils wird argumentiert, es handele sich dabei um „dienstliche" Verbesserungsvorschläge, die der Mitbestimmung nicht unterliegen.[193] Nach anderer Auffassung besteht ein Mitbestimmungsrecht für die Einrichtung solcher Arbeitsgruppen.[194]

212 *cc) Reichweite des Mitbestimmungstatbestands.* Gem. § 87 Abs. 1 Nr. 12 BetrVG besteht das Mitbestimmungsrecht für die „Grundsätze" des betrieblichen Vorschlagswesens. Dieser

---

[187] BAG 28.4.1981 – 1 ABR 53/79, AP BetrVG 1972 § 87 Vorschlagswesen Nr. 1.
[188] BAG 28.4.1981 – 1 ABR 53/79, AP BetrVG 1972 § 87 Vorschlagswesen Nr. 1.
[189] BAG 28.4.1981 – 1 ABR 53/79, AP BetrVG 1972 § 87 Vorschlagswesen Nr. 1.
[190] MHdB ArbR/*Matthes* § 342 Rn. 5; Richardi/*Richardi* BetrVG § 87 Rn. 929; ErfK/*Kania* BetrVG § 87 Rn. 129; *Fitting* BetrVG § 87 Rn. 544.
[191] *Bartenbach*/*Volz* § 22 Rn. 14.
[192] MHdB ArbR/*Matthes* § 342 Rn. 6; Richardi/*Richardi* BetrVG § 87 Rn. 930; ErfK/*Kania* BetrVG § 87 Rn. 130; *Fitting* BetrVG § 87 Rn. 541.
[193] MHdB ArbR/*Matthes* § 342 Rn. 6.
[194] *Fitting* BetrVG § 87 Rn. 548.

Formulierung lässt sich entnehmen, dass sich das Mitbestimmungsrecht lediglich auf abstrakt-generelle Regelungen bezieht,[195] jedoch die Entscheidung über einzelne Maßnahmen und konkrete Bestimmungen dem Arbeitgeber vorbehalten bleiben.[196] Dem Mitbestimmungsrecht unterliegen damit aber jedenfalls, Einzelheiten siehe nachfolgend, der Aufbau und die allgemeine Organisation des betrieblichen Vorschlagswesens die Ausgestaltung des Einreichungsverfahrens, die Festlegung des Teilnehmerkreises (Herausnahme leitender Angestellter), die Definition für etwaige einzelne Typen von Verbesserungsvorschlägen sowie die Begrenzung der Betriebsvereinbarung auf bestimmte Arten oder Gegenstände von Verbesserungsvorschlägen, die Prämierungsgrundsätze/Bewertungsmaßstäbe. Über die Durchführung der vereinbarten Grundsätze des betrieblichen Vorschlagswesens entscheidet allein der Arbeitgeber (vgl. § 77 BetrVG).

(1) Verfahren für das betriebliche Vorschlagswesen. Zunächst unterliegt die Organisation des BVW dem Mitbestimmungsrecht.[197] Darunter ist das Verfahren zu verstehen, das die Abläufe von der Einreichung über die Bewertung bis zur Entscheidung über den Verbesserungsvorschlag regelt. Dazu gehören grundlegende Entscheidungen über die für die Einreichung und Bewertung von Verbesserungsvorschlägen zuständige Stelle, generelle Vorgaben zum Entscheidungsprozess (paritätisch besetztes Gremium zur Beurteilung des Verbesserungsvorschlages,[198] Ablauf und Dauer, ggf. Zeitraum für die Realisierung)[199] und schließlich Vorgaben über die Möglichkeit für den Arbeitnehmer, gegen eine Entschließung über die Verwertung und Vergütung des Verbesserungsvorschlages vorzugehen (zB „Berufungskommission"[200]). Durch die Errichtung einer ordnungsgemäßen Ablauforganisation soll sichergestellt werden, dass die Verfahrensschritte für den Arbeitnehmer nachvollziehbar sind[201] und die Arbeitnehmer bei der Einreichung und Bewertung von Verbesserungsvorschlägen gleichbehandelt werden.[202]

(2) Vergütung bzw. Prämien. Der Arbeitgeber ist grundsätzlich zur Zahlung einer Vergütung, einer **Prämie**, für **verwertete** Verbesserungsvorschläge verpflichtet. Daher hat der Betriebsrat ein Mitbestimmungsrecht über grundlegende Bestimmungen zu der Prämie, jedoch nur, soweit die Grundsätze des BVW betroffen sind. Zu diesen Grundsätzen zählen das System bzw. die Methode zur Berechnung einer Prämie, die zugrundeliegenden Bemessungskriterien sowie Grundsätze über Art und Höhe der Prämie.[203] Darunter fällt auch die Bestimmung, wie eine Prämie für einen Verbesserungsvorschlag, dessen betrieblicher Nutzen nicht errechenbar ist, berechnet wird. Die Voraussetzungen für das Entstehen eines Prämienanspruchs können durch die Betriebspartner begrenzt werden, zB in zeitlicher Hinsicht.[204]

Für die Berechnung der Prämie sind die durch die Betriebspartner aufgestellten Grundsätze maßgebend. Deren Ausführung obliegt dem Arbeitgeber, so dass dieser über die Bewertung und die im Einzelfall zu zahlende Prämie zu entscheiden hat.[205] Die Ausführung dieser Grundsätze ist mithin mitbestimmungsfrei.[206] Auch die konkrete Höhe der Prämie unterliegt nicht der Mitbestimmung. Eine Regelung, die die Zahlung eines bestimmten Prozentsatzes vom Jahresnutzen des Verbesserungsvorschlags fordert, ist daher mitbestimmungsfrei.[207]

---

[195] BAG 28.4.1981 – 1 ABR 53/79, AP BetrVG 1972 § 87 Vorschlagswesen Nr. 1.
[196] Vgl. ErfK/*Kania* BetrVG § 87 Rn. 132.
[197] BAG 28.4.1981 – 1 ABR 53/79, AP BetrVG 1972 § 87 Vorschlagswesen Nr. 1.
[198] BAG 19.5.2015 – 9 AZR 863/13, FD-ArbR 2015, 373760.
[199] Richardi/*Richardi* BetrVG § 87 Rn. 932.
[200] Vgl. LAG Rheinland-Pfalz 25.2.2011 – 9 Sa 559/10, BeckRS 2011, 70832, zur BVW-Kommission als Schiedsrichter; sa ArbG Dortmund 10.7.2012 – 7 Sa 3327/11, BeckRS 2015, 71404.
[201] BAG 28.4.1981 – 1 ABR 53/79, AP BetrVG 1972 § 87 Vorschlagswesen Nr. 1.
[202] MHdB ArbR/*Matthes* § 342 Rn. 14.
[203] BAG 28.4.1981 – 1 ABR 53/79, AP BetrVG 1972 § 87 Vorschlagswesen Nr. 1.
[204] LAG Hamm 4.9.1996 – 14 Sa 2236/95, NZA-RR 1997, 258.
[205] *Misera* Anmerkungen zu BAG 16.3.1982 – 1 ABR 63/80, AP BetrVG 1972 § 87 Vorschlagswesen Nr. 2.
[206] BAG 16.3.1982 – 1 ABR 63/80, AP BetrVG 1972 § 87 Vorschlagswesen Nr. 2.
[207] BAG 28.4.1981 – 1 ABR 53/79, AP BetrVG 1972 § 87 Vorschlagswesen Nr. 1.

216 Die Zahlung einer **Anerkennungsprämie** für nicht verwertete Vorschläge ist nicht mitbestimmungspflichtig,[208] da dem Arbeitnehmer bei nicht verwendeten Verbesserungsvorschlägen kein Vergütungsanspruch zusteht. Eine Regelung über die Vergütung nicht verwerteter Verbesserungsvorschläge kann in einer freien Betriebsvereinbarung getroffen werden.

217 Bei **Gruppenvorschlägen**, dh Vorschlägen, die durch mehrere Arbeitnehmer entwickelt wurden, greift das Mitbestimmungsrecht für die Frage der Verteilung der Prämie.

218 Möchte der Arbeitgeber einen **Ideenwettbewerb** durchführen, so unterliegt dessen Gestaltung der Mitbestimmung.[209] Nach *Matthes* soll hingegen kein Mitbestimmungsrecht hinsichtlich der Frage bestehen, ob der Arbeitgeber einen solchen Wettbewerb durch die Überlassung von Mitteln unterstützen muss.[210] Nach einer weiteren Auffassung ist die Errichtung eines Ideenwettbewerbs mitbestimmungspflichtig.[211]

219 *(3) Bewertungsgrundlagen.* Das Mitbestimmungsrecht bezieht sich auch auf die Grundlagen der Bewertung von Verbesserungsvorschlägen, wodurch die Gleichbehandlung der Mitarbeiter gewährleistet werden soll. Lediglich die Bewertungsgrundsätze und Bewertungsmethoden unterliegen dem Mitbestimmungsrecht, während die Bewertung als solche in Ausführung der Betriebsvereinbarung mitbestimmungsfrei ist[212] Mitbestimmungspflichtig ist auch das Verfahren, durch welches die Bewertungskriterien ermittelt werden.[213] Die Bemessungsfaktoren können beispielsweise zwischen Prämien, deren betrieblicher Nutzen ermittelt werden kann und solchen Prämien, bei denen eine solche Ermittlung nicht möglich ist, unterscheiden. In der Praxis ist die Verwendung von Punktesystemen zur Bewertung von Verbesserungsvorschlägen mit nicht errechenbarem Nutzen üblich.

220 *(4) Organe.* Mitbestimmungspflichtig ist die Bestellung der Organe, welche den Verbesserungsvorschlag bewerten und ggf. die Prämie festsetzen. Der Betriebsrat hat ein Mitbestimmungsrecht bei der Zusammenstellung der Organe und der Beschreibung der Aufgaben des jeweiligen Organs.[214] Solche Organe sind etwa Sachbearbeiter, Beauftragte für das betriebliche Vorschlagswesen, Bewertungskommission/Berufungskommission, Prüfungsausschüsse, Gutachter etc. Bewertungsorgane können paritätisch besetzt werden.[215] Über die personelle Besetzung der Organe entscheidet hingegen der Arbeitgeber, soweit nicht gem. § 99 BetrVG eine Mitbestimmung durch den Betriebsrat erforderlich ist oder eine freiwillige Betriebsvereinbarung abgeschlossen wurde.

221 Dem Prüfungsorgan kann auch die Stellung eines Schiedsgutachters zukommen.[216] Voraussetzung dafür ist, dass dem Prüfungsorgan eine entsprechende Stellung eingeräumt wird[217] und eine den Arbeitgeber und den Betriebsrat bindende Entscheidung über die Prämie einschließlich deren Höhe getroffen wird.[218] Ein Verstoß gegen das Verbot der Schiedsgerichtsbarkeit gem. § 101 ArbGG ist erst dann gegeben, wenn sich die Vereinbarung nicht auf die bindende Feststellung von Tatsachen beschränkt, sondern darüber hinaus deren verbindliche Subsumtion unter bestimmte Tatbestandsmerkmale ermöglicht.[219]

222 Das Ergebnis des Schiedsgutachtens ist im Rahmen der §§ 317, 319 BGB gerichtlich überprüfbar.[220] Um eine grob unbillige Entscheidung handelt es sich, „wenn sich die Unrichtigkeit jedermann oder wenigstens dem sachkundigen unbefangenen Beobachter unmittelbar aufdrängt."[221] Überprüft werden kann auch, ob gegen zugrundeliegende verfahrens-

---

[208] BAG 28.4.1981 – 1 ABR 53/79, AP BetrVG 1972 § 87 Vorschlagswesen Nr. 1.
[209] *Fitting* BetrVG § 87 Rn. 553.
[210] MHdB ArbR/*Matthes* § 342 Rn. 20.
[211] *Fitting* BetrVG § 87 Rn. 553.
[212] Richardi/*Richardi* BetrVG § 87 Rn. 935.
[213] Richardi/*Richardi* BetrVG § 87 Rn. 935.
[214] BAG 28.4.1981 – 1 ABR 53/79, AP BetrVG 1972 § 87 Vorschlagswesen Nr. 1.
[215] BAG 16.3.1982 – 1 ABR 63/80, AP BetrVG 1972 § 87 Vorschlagswesen Nr. 2.
[216] Vgl. dazu LAG Baden-Württemberg 29.3.2001 – 21 Sa 83/00, BeckRS 2001, 30453034.
[217] BAG 20.1.2004 – 9 AZR 393/03, AP BetrVG 1972 § 87 Vorschlagswesen Nr. 3.
[218] Küttner Personalbuch 2020/*Reinecke* Verbesserungsvorschläge Rn. 9.
[219] BAG 20.1.2004 –9 AZR 393/03, AP BetrVG 1972 § 87 Vorschlagswesen Nr. 3.
[220] BAG 20.1.2004 – 9 AZR 393/03,, AP BetrVG 1972 § 87 Vorschlagswesen Nr. 3.
[221] BAG 20.1.2004 – 9 AZR 393/03, AP BetrVG 1972 § 87 Vorschlagswesen Nr. 3.

rechtliche Vorgaben verstoßen wurde oder das Verfahren grob unbillig ist. Ein sich auf das Ergebnis der Entscheidung auswirkender Verstoß gegen Verfahrensregeln und verfahrensmäßig grobe Unbilligkeiten führen zur Unverbindlichkeit der Entscheidung.

Das BAG hatte sich insbesondere mit der verfahrensmäßigen Unbilligkeit aufgrund einer lückenhaften Begründung der Entscheidung zu beschäftigen. Bei der Begründung einer schiedsgutachtlichen Entscheidung im BVW muss die Entscheidung für den Arbeitnehmer nachvollziehbar und durchschaubar sein. Daher muss die Begründung die zugrundeliegenden Tatsachen des Prüfungsorgans erkennen lassen und die Überprüfung ermöglichen, ob es sich tatsächlich nur um Tatsachenfeststellungen oder auch um rechtliche Beurteilungen handelt.[222] Genügt die Begründung diesen Anforderungen nicht, so ist sie gem. §§ 317, 319 BGB grob unbillig und daher unverbindlich. 223

(5) Einbezogene Verbesserungsvorschläge. Die Entscheidung über Annahme und Verwertung von Verbesserungsvorschlägen ist nicht mitbestimmungspflichtig, da diese Entscheidung ausschließlich dem Arbeitgeber zusteht.[223] Betriebsvereinbarungen sehen oft inhaltliche Beschränkungen der zu vergütenden Verbesserungsvorschläge vor, beispielsweise durch die Festlegung der Gebiete, auf welchen Verbesserungsvorschläge überhaupt prämiert werden.[224] Die Begrenzung auf bestimmte Arten von Verbesserungsvorschlägen, zB auf den Bereich der Geschäftspolitik oder den Gesundheits- und Arbeitsschutz, unterliegt der Mitbestimmung.[225] 224

(6) Einbezogene Arbeitnehmer. Von einem nach § 87 Abs. 1 Nr. 12 BetrVG etablierten BVW werden leitende Angestellte nicht erfasst, da diese gem. § 5 Abs. 3 BetrVG nicht unter den Geltungsbereich von Betriebsvereinbarungen fallen. Im Übrigen hat der Betriebsrat ein Mitbestimmungsrecht hinsichtlich der Frage, ob das betriebliche Vorschlagswesen alle Arbeitnehmer einbeziehen oder sich auf bestimmte Gruppen von Arbeitnehmern beschränken soll.[226] 225

IV. Grundzüge des Arbeitnehmerurheberrechts

1. Einführung

Im Gegensatz zur ausführlichen Regelung von im Arbeits- bzw. Dienstverhältnis gemachten technischen Erfindungen im ArbEG fehlt es an einer ausführlichen gesetzlichen Ausgestaltung des **Arbeitnehmerurheberrechts**.[227] Das Arbeitsvertragsrecht äußert sich zum Urheberrecht nicht, das UrhG selbst enthält mit §§ 43, 69b UrhG lediglich **Grundsätze der Behandlung des Arbeitnehmerurhebers** im Hinblick auf die Zuweisung von Rechten an Arbeitsergebnissen, auch die Vergütungsfrage ist mit §§ 32, 32a, 32c UrhG nach wie vor nur rudimentär geregelt. Dieses Regelungsdefizit verwundert, da die Mehrzahl der urheberrechtlich geschützten Werke in abhängiger Beschäftigung erstellt werden.[228] 226

Nach § 43 UrhG sind die Vorschriften der §§ 31 ff. UrhG auch auf Urheber in Arbeits- oder Dienstverhältnissen anwendbar, *„soweit sich aus dem Inhalt oder dem Wesen des Arbeits- oder Dienstverhältnisses nichts anderes ergibt"*. Die sich auf Grund der damit unzureichenden Regelung des Arbeitnehmerurheberrechts zwangsläufig ergebenen Lücken sind mit den allgemeinen Grundsätzen des Arbeits- und Urheberrechts zu schließen. Ein Schließen der Lücken unter einer analogen Anwendung der arbeitnehmererfindungsrechtlichen Vorschriften wird von der überwiegenden Mehrheit zu Recht abgelehnt.[229] Gem. §§ 32, 32a, 32c UrhG ist mit einem groben Rahmen klargestellt, dass auch der Arbeitnehmerurhe- 227

---

[222] BAG 20.1.2004 – 9 AZR 393/03, AP BetrVG 1972 § 87 Vorschlagswesen Nr. 3.
[223] MHdB ArbR/*Matthes* § 342 Rn. 7.
[224] LAG Hamm 4.9.1996 – 14 Sa 2236/95, NZA-RR 1997, 258.
[225] MHdB ArbR/*Matthes* § 342 Rn. 14.
[226] Richardi/*Richardi* BetrVG § 87 Rn. 934; MHdB ArbR/*Matthes* § 342 Rn. 14; *Fitting* BetrVG § 87 Rn. 553.
[227] *B. Schwab* AuR 1993, 129; zur historischen Einordnung vgl. *Wandtke* GRUR 2015, 831.
[228] *B. Schwab* AuR 1993, 129.
[229] *Sack* BB 1991, 2165 (2166); *Holländer* CR 1991, 614.

ber einen gesetzlichen Anspruch auf angemessene Vergütung für die Einräumung von Nutzungsrechten hat, einschließlich der Vergütung für bei Vertragsschluss unbekannte Nutzungsarten.

228 § 69b UrhG, der § 43 UrhG für den Bereich der Softwareerstellung vorgeht, bestimmt, dass – in Ermangelung einer etwa abweichenden Vereinbarung – ausschließlich der Arbeitgeber bzw. Dienstgeber zur Ausübung aller vermögenswerten Befugnisse an dem Computerprogramm berechtigt ist, wenn das Computerprogramm von dem Arbeitnehmer bzw. Beamten in Wahrnehmung seiner Aufgaben oder nach den Anweisungen des Arbeitgebers bzw. Dienstherrn geschaffen wurde.

229 Das Recht am Sacheigentum des Arbeitgebers erfährt durch § 25 UrhG jedoch eine gewisse Einschränkung. § 25 UrhG gewährt dem Urheber, auch dem Arbeitnehmerurheber, ein Zugangsrecht zu dem von ihm geschaffenen urheberrechtlich geschützten Werk.

2. Werke in Erfüllung von Verpflichtungen aus dem Arbeits- oder Dienstverhältnis (ohne Computerprogramme)

230 a) Der Begriff des „Arbeits- oder Dienstverhältnisses". Die mit § 43 UrhG nur eingeschränkte Geltung der urheberrechtlichen Vorschriften erklärt sich dadurch, dass das Arbeitsrecht auf dem Grundgedanken beruht, der Arbeitgeber zahle für die Erbringung einer bestimmten Leistung dem Arbeitnehmer einen Arbeitslohn und habe Anspruch auf das Arbeitsergebnis. Somit ist auch das aus der Arbeitsleistung des Arbeitnehmers resultierende Arbeitsergebnis grundsätzlich mit dem Gehalt abgegolten. Aufgrund dessen müssen die **Besonderheiten des Arbeits- und Dienstverhältnisses** bei der Anwendung der urheberrechtlichen Vorschriften berücksichtigt werden.

231 Das UrhG versteht die Begriffe Arbeits- und Dienstverhältnis ebenso wie das allgemeine Arbeits- bzw. Dienstrecht. Unter einem **Arbeitsverhältnis** ist die Beschäftigung eines Urhebers auf Grund eines Arbeitsvertrages zu verstehen, § 611a BGB. Dabei umfasst das Arbeitsverhältnis die Gesamtheit der Rechtsbeziehung zwischen Arbeitnehmer und Arbeitgeber, wozu auch die kollektiv-arbeitsrechtlichen Beziehungen zählen.[230] Letztere sind für den Arbeitnehmerurheber von besonderen Bedeutung, da in **Tarifverträgen** urheberrechtliche Fragen, wie zB die Einräumung von Nutzungsrechten, geregelt sein können.[231] Der Begriff **Dienstverhältnis** betrifft nur die öffentlich-rechtlichen Dienstverhältnisse der Beamten und sonstiger Arbeiter oder Angestellter im öffentlichen Dienst.[232] Keine Anwendung findet der § 43 UrhG auf **Werkverträge**.[233]

232 Auch Urheber mit einer Stellung als **arbeitnehmerähnliche Person** unterfallen nach bislang hM[234] nicht dem Anwendungsbereich des § 43 UrhG.[235] Insoweit besteht insbesondere im Rundfunkbereich eine nicht unerhebliche Lücke, weil dort sehr viele Personen als arbeitnehmerähnlich anzusehen sind. Diese Regelungslücke wird in Teilen durch Regelungen in Tarifverträgen über die Zuordnung von Rechten und die Vergütung von urheberrechtlich relevanten Leistungen ausgefüllt.[236]

233 b) Der Begriff „in Erfüllung". § 43 UrhG fordert, dass das Werk in **Erfüllung einer Verpflichtung** aus dem Arbeitsverhältnis geschaffen würde. Entscheidend ist in diesem Zusammenhang, welche Verpflichtungen in dem jeweiligen Arbeitsvertrag vereinbart worden sind.

---

[230] Wandtke/Bullinger/*Wandtke* UrhG § 43 Rn. 13.
[231] Vgl. insbesondere die Tarifverträge der Medienbranchen.
[232] Möhring/Nicolini/*Spautz*, 4. Aufl. 2018, UrhG § 43 Rn. 2; Schricker/Loewenheim/*Rojahn*, 6. Aufl. 2020, UrhG § 43 Rn. 10; zur urheberrechtl. Stellung des Dienstverpflichteten vgl. Czernik RdA 2014, 354 ff.
[233] LG München I 11.3.1988 – 21 O 15499/87, CR 1988, 556; Fromm/Nordemann/*Vinck* UrhG § 43 Rn. 2.
[234] Schricker/Loewenheim/*Rojahn* UrhG § 43 Rn. 18 aE mwN; für eine Einbeziehung Ory ZUM 2010, 506.
[235] Schricker/Loewenheim/*Rojahn* UrhG § 43 Rn. 18.
[236] Vgl. hierzu BAG 17.2.2009 – 9 AZR 611/07, ZUM 2009, 883; vgl. im Anschluss hieran – einschließlich eines Ausblicks auf eine etwa notwendige Anpassung des Arbeitnehmerurheberrechts im Hinblick auf digitale Medien – zum Arbeitnehmerurheberrecht im Rundfunkbereich (privat wie öffentlich-rechtlich) und Medienbereich ua *v. Olenhusen* ZUM 2009, 889; *v. Fintel* ZUM 2010, 483; *Ory* ZUM 2010, 506; *Wallraf* ZUM 2010, 492.

Entsteht das in Rede stehende Werk in Erfüllung einer arbeitsvertraglich **Hauptleistungspflicht**, so handelt es sich unzweifelhaft um ein Werk in Erfüllung einer arbeitsvertraglichen Verpflichtung. Dabei muss diese Hauptpflicht nicht ausdrücklich in dem Vertrag enthalten sein, vielmehr genügt es, wenn sich diese Leistungspflicht aus den allgemeinen Umständen, der Branchenbezeichnung oder Branchenüblichkeit ergibt.[237] In Erfüllung arbeits- oder dienstvertraglicher Verpflichtungen ist ein Werk auch dann entstanden, wenn es auf Grund von Weisungen des Arbeitgebers erfolgte. Das dem Arbeitgeber zustehende **Direktionsrecht** ist jedoch ebenfalls durch arbeitsrechtliche Grundsätze begrenzt, so dass der Arbeitgeber den Arbeitnehmer nicht beliebig zu einem Urheberschaffen verpflichten kann.[238] Für arbeitsvertraglich geschuldete Werke ist es unerheblich, ob sie am Arbeitsplatz, zuhause, in Arbeits- oder Freizeit geschaffen wurden. Mittels Ort und Zeit der Schaffung lassen sich „geschuldete" und „freie" Werke nicht voneinander abgrenzen.[239] Jedenfalls muss das Werk während des Arbeitsverhältnisse entstanden sein. Werke, die vor oder nach Beendigung eines Arbeitsverhältnisses geschaffen wurden, fallen nicht unter den Anwendungsbereich des § 43 UrhG.[240]

c) Kein Erwerb der Urheberrechte. Im Gegensatz zum Sacheigentum erwirbt der Arbeitgeber des Arbeitnehmerurhebers nicht auch durch gesetzliche Zuweisung das Urheberrecht. Dem UrhG liegt das sog. **Schöpferprinzip** zugrunde. Nach § 7 UrhG gilt der Schöpfer auch als Urheber. Dieses Urheberprinzip erfährt durch § 43 UrhG keine Einschränkung.[241] Somit erwirbt auch der **Arbeitnehmer** als Urheber originär sämtliche Urhebernutzungs- und Urheberpersönlichkeitsrechte.[242] Bei arbeitsvertraglich geschuldeten Werken kommt es somit zu einem Auseinanderfallen von Eigentumsrechten und Urheberrechten. Während der Arbeitgeber das Sacheigentum an dem hergestellten urheberrechtsschutzfähigen Werk erlangt,[243] verbleiben dem Arbeitnehmer die Urheberrechte.

d) Das Urhebernutzungsrecht. *aa) Übertragungsverpflichtung.* Der Arbeitgeber hat ein berechtigtes Interesse, die im Rahmen des Arbeitsverhältnisses geschaffenen Werke auch gewerblich verwerten zu können. Da das Eigentumsrecht an dem körperlichen Werk nicht das Recht beinhaltet, dieses auch zu verwerten, besteht grundsätzlich eine Verpflichtung zur Übertragung der Urhebernutzungsrechte des Arbeitnehmerurhebers auf seinen Arbeitgeber.[244] Diese Übertragungsverpflichtung kann verschiedene Rechtsgründe haben. Häufig finden sich solche Übertragungsverpflichtungen ausdrücklich in den jeweiligen **Arbeitsverträgen** oder resultieren – insbes. im Rundfunk- und im Bühnenbereich – aus **tarifvertraglichen** Vorschriften.[245] Besteht eine ausdrücklich vereinbarte Übertragungsverpflichtung nicht, was aus Arbeitgebersicht vermieden werden sollte, so wird davon ausgegangen, dass die Rechtseinräumung **stillschweigend** erfolgt oder zumindest eine entsprechende Verpflichtung besteht.[246] Spätestens mit der Übergabe des Werkes im Sinne einer üblichen Übermittlung des Arbeitsergebnisses im Rahmen der Betriebsabläufe überträgt der Arbeitnehmerur-

---

[237] BGH 11.11.1997 – I ZR 56/75, GRUR 1978, 244 – Ratgeber für Tierheilkunde; BGH 22.2.1974 – I ZR 128/72, GRUR 1974, 480 – Hummelrechte; BAG 24.11.1960 – 5 AZR 261/60, GRUR 1961, 491 – Nahverkehrschronik.
[238] Wandtke/Bullinger/*Wandtke* UrhG § 43 Rn. 19.
[239] BGH 10.5.1984 – I ZR 85/82, GRUR 1985, 129 – Elektrodenfabrik; OLG Nürnberg 18.2.1997 – 3 U 3053/96, ZUM 1999, 657 – Museumsführer.
[240] *Sack* BB 1991, 2165 (2166).
[241] Vgl. zur hM stellvertretend für viele Fromm/Nordemann/*Vinck*, 12. Aufl. 2018, UrhG § 43 Rn. 1; Möhring/Nicolini/*Spautz*, 4. Aufl. 2018, UrhG § 43 Rn. 1b; Schricker/Loewenheim/*Rojahn* UrhG § 43 Rn. 2, 5, 59.
[242] BGH 11.11.1997 – I ZR 56/75, GRUR 1978, 244 – Ratgeber für Tierheilkunde; BGH 22.2.1974 – I ZR 128/72, GRUR 1974, 480 – Hummelrechte; BAG 24.11.1960 – 5 AZR 261/60, GRUR 1961, 491 – Nahverkehrschronik; *Berger* ZUM 2003, 173.
[243] Vgl. → Rn. 5 ff.
[244] BAG 13.9.1983 – 3 AZR 371/81, NJW 1984, 1579 – Statikprogramme; BAG 24.11.1960 – 5 AZR 261/60, GRUR 1961, 491 – Nahverkehrschronik; BGH 22.2.1974 – I ZR 128/72, GRUR 1974, 480 – Hummelrechte.
[245] *Bayreuther* GRUR 2003, 570.
[246] Ständige Rechtsprechung; vgl. BAG 24.11.1960 – 5 AZR 261/60, GRUR 1961, 491 – Nahverkehrschronik; BGH 22.2.1974 – I ZR 128/72, GRUR 1974, 480 – Hummelrechte.

heber seine Urhebernutzungsrechte an dem Werk auf den Arbeitgeber.[247] Eine solche konkludente Rechtsübertragung kann angenommen werden, da der Arbeitnehmer, der im Rahmen eines Arbeitsverhältnisses ein urheberrechtlich geschütztes Werk erschafft, weiß, dass er dieses Werk nicht für sich sondern für den Arbeitgeber in Erfüllung seiner arbeitsvertraglichen Verpflichtungen herstellt.

236 Eine Rechtsübertragung **zukünftiger Nutzungsrechte** ist auch mittels einer **Vorausverfügung** möglich. Umstritten ist allerdings, ob eine Vorausverfügung auch **stillschweigend** erfolgen kann. Während dies bzgl. bereits spezifizierter Werke unbestritten möglich ist,[248] gilt mit § 40 UrhG für Werke, die nicht näher oder nur der Gattung nach bestimmt sind, der **Schriftformzwang**. Dies würde gegen die Möglichkeit einer stillschweigenden Vorausverfügung sprechen. Teilweise wird vertreten, dass dieses Schriftformerfordernis für Vorausverfügungen von Arbeitnehmern nicht gelte, denn der mit § 40 UrhG bezweckte Schutz sei bereits durch den Abschluss eines Arbeitsvertrages gewährleistet.[249] Dem wird entgegengehalten, dass das Schriftformerfordernis des § 40 UrhG zwingend sei, da es für Arbeitsverträge selbst keinen Formzwang gäbe, und somit auch Arbeitnehmerurheber schutzbedürftig seien.[250] Zudem erklärt § 43 UrhG den § 40 UrhG auch auf Arbeitnehmerurheber für anwendbar. Eine richterliche Entscheidung steht noch aus. Daher ist es zu raten, eine Vorausverfügung schriftlich im Arbeitsvertrag vorzunehmen.

237 *bb) Inhalt und Umfang der Rechtseinräumung.* Der Umfang der Rechtseinräumung ist im Arbeitsvertrag (ggf. im Tarifvertrag) zu regeln. Im Übrigen gilt die **Zweckübertragungslehre**. § 31 Abs. 5 UrhG bestimmt hierzu, dass, soweit vertraglich keine konkrete Festlegung erfolgt ist, der **Inhalt** und der **Umfang** der Rechtseinräumung aus dem **Vertragszweck** folgt. Dies bedeutet, dass Rechte in dem Umfang und mit dem Inhalt übertragen werden, wie dies entweder ausdrücklich in dem Vertrag vereinbart wurde oder sich aus dem Zweck des Vertrages ergibt. Aus § 43 UrhG ist zu folgern, dass dieser Grundsatz auch für Arbeitsverträge gilt, jedoch mit der Einschränkung, dass die Rechtseinräumung auf betriebliche Zwecke beschränkt bleibt. Fehlen arbeitsvertragliche oder tarifvertragliche Regelungen, ist davon auszugehen, dass nur diese Rechte mit dem erforderlichen Inhalt und in dem nötigen Umfang übertragen werden, die vom Arbeitgeber **zur Erfüllung der betrieblichen Aufgaben** benötigt werden.[251] In der Konsequenz bedeutet das, dass eine stillschweigende Rechtsübertragung über den **Betriebszweck** hinaus idR nicht angenommen werden kann. Grundsätzlich ist davon auszugehen, dass der Arbeitgeber die **ausschließlichen Nutzungsrechte** erlangt, soweit dies zur Erfüllung seiner betrieblichen Aufgaben erforderlich ist.

238 Ohne eine ausdrückliche oder stillschweigende Zustimmung des Arbeitnehmerurhebers ist der Arbeitgeber grundsätzlich nicht berechtigt, die Nutzungsrechte auf **Dritte** weiter zu übertragen.[252] So kann bspw. nicht ohne weiteres davon ausgegangen werden, dass ein Landesbediensteter, der seinem Dienstgeber ausschließliche Nutzungsrechte an einem urheberrechtlich geschützten Werk übertragen hat (Architekt/Entwürfe zu Lärmschutzwänden), diesem damit gleichzeitig das Recht eingeräumt oder seine Zustimmung dazu erteilt hat, Nutzungsrechte an diesen Arbeitsergebnissen an andere Bundesländer unterzulizenzieren oder auf diese weiter zu übertragen.[253] Eine solche Zustimmung des Arbeitnehmers zur Un-

---

[247] Vgl. Wandtke/Bullinger/*Wandtke* UrhG § 43 Rn. 51, der bereits eine stillschweigende Rechtseinräumung zum Zeitpunkt des Abschlusses des Arbeitsvertrages annimmt.
[248] *Balle* NZA 1997, 868; MHdB ArbR/*Sack*, Bd. 1, § 100; Wandtke/Bullinger/*Wandtke* UrhG § 43 Rn. 48.
[249] *Balle* NZA 1997, 868 (871).
[250] Wandtke/Bullinger/*Wandtke* UrhG § 43 Rn. 48; Fromm/Nordemann/*Vinck*, 12. Aufl. 2018, UrhG § 43 Rn. 3.
[251] BGH 6.2.1985 – I ZR 179/82, NJW 1985, 1633 – Happening; BGH 22.2.1974 – I ZR 128/72, GRUR 1974, 480 – Hummelrechte; BAG 21.8.1996 – 5 AZR 1011/94, NZA 1996, 1342.
[252] Fromm/Nordemann/*Vinck*, 12. Aufl. 2018, UrhG § 43 Rn. 3; Schricker/Loewenheim/*Rojahn*, 6. Aufl. 2020, UrhG § 43 Rn. 56, 60; *Sack* BB 1991, 2169; BGH 12.5.2010 – I ZR 209/07, BeckRS 2010, 28511 – Lärmschutzwand.
[253] BGH 12.5.2010 – I ZR 209/07, BeckRS 2010, 28511 – Lärmschutzwand mAnm *Ulrici* GRUR-Prax 2010, 557. Das hat im Grundsatz zur Folge, dass die Nutzungsrechte bei dem Dritten (im entschiedenen Fall ein anderes Bundesland), der meint, von den Rechten des Arbeitnehmerurhebers profitieren zu können, mangels einer Möglichkeit zum gutgläubigen Erwerb von Rechten im deutschen Recht nicht ankommen mit der

terlizenzierung oder zur Übertragung kann aber jedenfalls dann bereits ausdrücklich oder konkludent mit dem Abschluss des Arbeitsvertrages erfolgen, wenn vollkommen selbstverständlich ist, dass der Arbeitgeber Nutzungsrechte an urheberrechtsschutzfähigem Material auf einen Dritten übertragen muss, damit dieser die Materialien seinem Wunsch entsprechend einsetzen kann; dies ist zB der Fall bei Arbeitnehmern, die in Werbeagenturen arbeiten.

Der Arbeitnehmerurheber kann aber grundsätzlich die ihm verbleibenden Rechte selbst auf Dritte übertragen. Dabei ist jedoch, die aus dem Arbeitsverhältnis folgende **Treuepflicht** und das während des Arbeitsverhältnisses bestehende **Wettbewerbsverbot** des Arbeitnehmers zu berücksichtigen. 239

Aufgrund der mittels der Zweckübertragungstheorie vielfach nur recht ungenauen Ermittlung des Umfanges und Inhaltes der Rechtsübertragung ist es anzuraten, bereits im **Arbeitsvertrag** möglichst konkret sowohl den Umfang als auch den Inhalt der Rechtseinräumung festzulegen. Dabei umfasst der Begriff „Inhalt" die in den §§ 15 ff. UrhG genannten Verwertungsrechte wie zB Vervielfältigungs-, Verbreitungs-, Sende-, Ausstellungsrechte. Der „Umfang" der Rechtseinräumung umfasst die Reichweite einer Rechtsübertragung, wie zB das Recht zur Übertragung der Nutzungsrechte auf Dritte. Dies erfordert einen möglichst genauen Zuschnitt der arbeitsvertraglichen Regelung. 240

Die Einräumung von Nutzungsrechten für bisher **unbekannte Nutzungsarten** sowie die Verpflichtung dazu sind gem. § 31a UrhG wirksam, wenn sie schriftlich erfolgen; entsprechende Abreden dürften demnach im Arbeitsvertrag getroffen werden. Jedoch ist diese Einräumung nach § 31a Abs. 1 S. 3 UrhG widerruflich, und zwar bis zu einem Zeitpunkt von drei Monaten, nachdem der durch die Einräumung Berechtigte die Mitteilung über die Nutzungsaufnahme in der neuen Nutzungsart zur Versendung gebracht hat. Da auf die Rechte der Abs. 1 bis 3 nach Abs. 4 nicht im Voraus verzichtet werden kann, wird man sich schwertun, bereits in einem Arbeitsvertrag wirksam zu vereinbaren, dass ein Arbeitnehmer auch für unbekannte Nutzungsarten in Bezug auf noch unbekannte Werke wirksam auf sein Widerrufsrecht verzichten kann. Nach früherer Rechtslage war davon auszugehen (§ 31 Abs. 4 UrhG aF), dass in Arbeitsverträgen die Einräumung von Nutzungsrechten für unbekannte Nutzungsarten von vornherein unwirksam war. 241

Mit Blick auf die Regelung zur Zweitverwertung nach § 40a UrhG ist zu konzedieren, dass zwar einerseits das Arbeitsentgelt lediglich eine pauschale und keine nutzungsabhängige Vergütung ist, so dass der Anwendungsbereich von § 40a UrhG grundsätzlich eröffnet ist, andererseits aber Gesetzgeber wie Literatur auf dem Standpunkt stehen, dass von Arbeits- und Dienstverhältnissen in der Regel entgegenstehen.[254] Denn der Arbeitnehmer trägt nicht das wirtschaftliche Risiko der Verwertung und es dürften zumeist berechtigte Interessen des Arbeitgebers entgegenstehen, der das Werk regelmäßig für seinen Betriebszweck hat herstellen lassen.

**Muster: Formulierungsvorschlag (Grundmuster)
für eine Rechtseinräumungsregelung im Arbeitsvertrag**

§ ...... Rechte an Arbeitsergebnissen 242

1. *Für technische Neuerungen gilt das Gesetz über Arbeitnehmererfindungen.*
2. Im Übrigen gehören sämtliche Ergebnisse der arbeitsvertraglich geschuldeten Tätigkeiten und/oder durch den Arbeitgeber im Rahmen des Arbeitsverhältnisses veranlassten Tätigkeiten und/oder sonst auf Anregungen des Arbeitgebers beruhenden oder unter Nutzung von Mitteln, Leistungen und/oder Erfahrungen des Arbeitgebers erfolgenden Tätigkeiten des Arbeitnehmers mit Entstehung bzw. Fertigstellung auf dinglicher Ebene dem Arbeitgeber und werden hiermit im Voraus an den diese Abtretung annehmenden Arbeitgeber abgetreten.

---

weiteren Folge, dass der Urheber gegen diesen Dritten wegen Verletzung von Urheberrechten vorgehen kann (insbes. Schadensersatz nach § 97 UrhG fordern kann).

[254] *Klass* GRUR 2019, 1103 mHa BT-Drs. 18/8625, 30; *Dreier/Schulze* UrhG § 40a Rn 2; *Konertz* NZA 2017, 614; *Berger/Freyer* GRUR 2016, 13.

Dies betrifft insbesondere sonderrechtsschutzfähige Ergebnisse, zB Marken, Designs, Halbleitertopographien, geschützte Sorten, sowie nicht schutzfähige einfache technische und/oder organisatorische Verbesserungsvorschläge.

3. Für urheberrechtlich geschützte Arbeitsergebnisse und für verwandte Schutzrechte im Sinne des Urheberrechts gelten die folgenden Regelungen:

a) Der Arbeitgeber erhält hieran mit dem Zeitpunkt ihrer Erstellung vorbehaltlich etwaiger unverzichtbarer Persönlichkeitsrechte – zeitlich unbefristet und insbesondere durch die Beendigung des Arbeitsverhältnisses nicht berührt – räumlich unbeschränkt sämtliche Rechte, insbesondere Nutzungs- und Verwertungsrechte zu beliebigen eigenen und fremden Zwecken. Der Arbeitgeber darf diese Rechte insbesondere übertragen oder hieran Dritten Rechte vergeben. Der Arbeitnehmer darf diese Ergebnisse nur im Rahmen arbeitsvertraglicher Tätigkeiten und für den Arbeitgeber nutzen.

b) An urheberrechtsschutzfähigen Werken werden insbesondere folgende Nutzungs- und Verwertungsrechte übertragen:
(einzelfallbezogen und zweckentsprechend ausführlich zu beschreiben, zB vervielfältigen, verbreiten, einschl. elektronischer Verbreitungswege, bearbeiten/ändern [und in Bezug auf die bearbeiteten/geänderten Werke die sonstigen Nutzungsrechte auszuüben], arrangieren usw.)

c) Der Arbeitnehmer ist damit einverstanden, dass eine Benennung und Bezeichnung als Urheber im Rahmen der Verwertung der o. a. Rechte nicht erfolgt (§ 13 S. 2 UrhG).

d) *[ggf. Regelung zu unbekannten Nutzungsarten]*

e) § 69b UrhG bleibt unberührt.

4. Der Arbeitgeber ist nicht verpflichtet, auf ihn übertragene Rechte auszunutzen. Ein evtl. dem Arbeitnehmer zustehendes Rückrufsrecht wegen Nichtausübung der eingeräumten/übertragenen Nutzungsrechte ist für die Dauer von fünf Jahren ab Einräumung/Übertragung ausgeschlossen. Die Erklärung des Rückrufs kann erst dann erfolgen, wenn der Arbeitnehmer dem Arbeitgeber eine zweijährige Nachfrist unter Benennung der im Einzelnen bezeichneten Nutzungen gesetzt hat.

5. In Bezug auf sonderrechtsschutzfähige Ergebnisse ist der Arbeitnehmer verpflichtet, diese unverzüglich nach Entstehen dem Arbeitgeber schriftlich mitzuteilen, damit ggfs. zeitnah Sonderrechtsschutz erwirkt werden kann. Unbeschadet einer weitergehenden Geheimhaltungspflicht in § ...... [des Arbeitsvertrages] sind solche Arbeitsergebnisse jedenfalls so lange strikt geheim zu halten, wie Sonderrechtsschutz noch nicht angemeldet wurde.

6. Die o. a. Rechtsübertragungen gemäß Ziff. 2 bis 4 mit Ausnahme von Ziff. 4.d) werden mit der laufenden Arbeitsvergütung abgegolten, auch soweit es die Rechtseinräumung und -nutzung nach Beendigung des Arbeitsvertrages betrifft.

7. Auf die Geheimhaltungsverpflichtung und das Wettbewerbsverbot in § ...... und ...... [des Arbeitsvertrages] wird im Hinblick auf den Umgang mit solchen Ergebnissen verwiesen.

243 **e) Urheber-Persönlichkeitsrechte.** Grundsätzlich können die in §§ 12 ff., 25, 42 f. UrhG aufgeführten Urheber-Persönlichkeitsrechts **nicht** rechtsgeschäftlich **veräußert** oder **übertragen** werden, § 29 Abs. 1 UrhG. Die Besonderheiten der Arbeitsverhältnisse bringen es jedoch mit sich, dass dort auf die Geltendmachung von Urheber-Persönlichkeitsrechten in gewissen Grenzen verzichtet wird und auch die Möglichkeit bestehen muss, dass Urheber-Persönlichkeitsrechte des Arbeitnehmers **vom Arbeitgeber wahrgenommen** werden. In der Regel ist davon auszugehen, dass der Arbeitnehmer dem Arbeitgeber die Urheber-Persönlichkeitsrechte überlässt, welche dieser zur Ausübung seines Verwertungsrechts in Erfüllung des **betrieblichen Zwecks** benötigt.[255]

244 *aa) Veröffentlichungsrecht.* Das Veröffentlichungsrecht (§ 12 UrhG), also das Recht zu bestimmen ob, wann und welcher Weise ein urheberrechtlich geschütztes Werk veröffentlicht wird, steht dem Urheber zu. Daran ändert sich auch dem Grundsatz nach nichts, wenn der Urheber Arbeitnehmer ist. Da das Veröffentlichungsrecht **vermögens- und persönlich-**

---

[255] Wandtke/Bullinger/*Wandtke* UrhG § 43 Rn. 84.

keitsrechtlicher Natur** ist, kann dieses Recht übertragen werden.[256] Somit ist der Arbeitnehmerurheber, soweit er verpflichtet ist das Nutzungsrecht zu übertragen, auch verpflichtet das **Veröffentlichungsrecht dem Arbeitgeber einzuräumen**. In der Regel ist anzunehmen, dass mit der Übertragung des Nutzungsrechts auch das Veröffentlichungsrecht konkludent mit eingeräumt ist.[257]

bb) Das Recht auf Anerkennung der Urheberschaft und der Namensnennung des Urhebers. Auch der Arbeitnehmerurheber hat das Recht auf Anerkennung seiner Urheberschaft (§ 13 S. 1 UrhG) und auf Nennung seines Namens (§ 13 S. 2 UrhG). Während auf das Recht auf **Urheber-Anerkennung** nicht verzichtet werden kann,[258] ist das Recht auf **Namensnennung** des Urhebers schuldrechtlich abdingbar.[259] Ein solcher Verzicht wird häufig in **Arbeitsverträgen** geregelt. Findet sich dort kein ausdrücklicher Verzicht so kann auch ein **stillschweigender** Verzicht angenommen werden, wenn dies branchenüblich ist, den allgemeinen Verkehrsgewohnheiten entspricht und sich aus dem Wesen des Vertrages ergibt.[260] Solche Regelungen finden sich auch teilweise in **Tarifverträgen**.

cc) Das Änderungs- und Entstellungsverbot. Grundsätzlich unterliegt auch der Arbeitgeber, dem vom Arbeitnehmerurheber ein Nutzungsrecht eingeräumt wurde, dem **Änderungsverbot** des § 39 UrhG. Der Arbeitgeber darf ein Werk, dessen Titel oder Urheberbezeichnung nicht ändern. Vertraglich kann dem Arbeitgeber aber eine Änderungsbefugnis eingeräumt werden, § 39 Abs. 1 UrhG. § 39 Abs. 2 UrhG sieht für den Fall des Fehlens einer solchen Regelung im Vertrag auch die Möglichkeit der Annahme einer stillschweigenden Einräumung einer Befugnis zur Änderung vor, wenn dies sich nach Treu und Glauben ergibt. Für die Annahme einer stillschweigenden Einwilligung gilt es einerseits den Zweck des Arbeitsverhältnisses andererseits die Branchenüblichkeit zu berücksichtigen.[261]

Von dem Änderungsverbot ist das **Entstellungsverbot** des § 14 UrhG zu unterscheiden. Auch ein Arbeitnehmerurheber braucht es aber nicht hinzunehmen, dass „sein" Werk in einer Weise beeinträchtigt wird, die geeignet ist, seine berechtigten geistigen oder persönlichen Interessen am Werk zu gefährden, § 14 UrhG. In solchen Fällen hat er das Recht, seine Namensnennung zu untersagen.[262]

dd) Zugangsrecht. Auch dem Arbeitnehmerurheber steht das Zugangsrecht des § 25 UrhG zu, soweit dies zur Herstellung von Vervielfältigungsstücken oder Bearbeitungen des Werkes erforderlich ist und nicht **berechtigte Interessen** des Besitzers entgegenstehen. Ob berechtigte Interessen des Arbeitgebers entgegenstehen, ist mittels einer **Interessenabwägung** zwischen dem Anliegen des Arbeitnehmerurhebers einerseits und dem dafür erforderlichen Aufwand des Arbeitgebers andererseits zu ermitteln.[263] Nicht erforderlich ist, dass der Besitzer das Werkstück dem Urheber herausgibt, vielmehr genügt es, diesem einen Zugang zu dem Werk zu verschaffen, um tatsächlich die Möglichkeit zu erlangen, Vervielfältigungsstücke herzustellen oder Bearbeitungen vorzunehmen. Zu anderen Zwecken ist der Arbeitgeber nicht verpflichtet, dem Arbeitnehmerurheber Zugang zu dem Werk zu verschaffen.[264] Generell besteht das Zugangsrecht des Urhebers auch zeitlich **über das Arbeitsverhältnis hinaus**.[265]

Es bietet sich an, im **Arbeitsvertrag** bereits den Umfang des Zugangsrechts festzulegen. Ebenfalls sollte dort bereits eine Regelung getroffen werden, in welchem Zeitraum nach Beendigung des Arbeitsverhältnisses noch ein Zugangsrecht bestehen soll. Teilweise finden sich

---

[256] BGH 26.11.1954 – I ZR 266/52, GRUR 1955, 201 – Veröffentlichung nachgelassener Tagebücher.
[257] BGH 26.11.1954 – I ZR 266/52, GRUR 1955, 201 – Veröffentlichung nachgelassener Tagebücher.
[258] BGH 26.11.1954 – I ZR 266/52, GRUR 1955, 201 – Veröffentlichung nachgelassener Tagebücher.
[259] Wandtke/Bullinger/*Wandtke* UrhG § 43 Rn. 89; MHdB ArbR/*Sack*, Bd. 1, § 102 Rn. 23.
[260] BGH 16.6.1994 – I ZR 3/92, NJW 1994, 2621 – Namensnennungsrecht des Architekten; Fromm/Nordemann/*Vinck*, 12. Aufl. 2018, UrhG § 43 Rn. 3; Schricker/Loewenheim/*Rojahn* UrhG § 43 Rn. 49, 75.
[261] Fromm/Nordemann/*Hertin*, 12. Aufl. 2018, UrhG § 14 Rn. 9, 10; Schricker/Loewenheim/*Rojahn*, 6. Aufl. 2020, UrhG § 43 Rn. 8, 87.
[262] Schricker/Loewenheim/*Rojahn* UrhG § 43 Rn. 87; *Rehbinder* RdA 1968, 309 (314).
[263] Schricker/Loewenheim/*Rojahn* UrhG § 43 Rn. 97.
[264] KG 22.5.1981 – 5 U 2295/81, GRUR 1981, 742 – Totenmaske.
[265] So bereits vor dem UrhG 1965 BGH 26.10.1951 – I ZR 93/51, GRUR 1952, 257 – Krankenhauskartei.

Vorschriften, die das Zugangsrecht betreffen, auch in **Tarifverträgen**. Ein gänzlicher Verzicht auf das Zugangsrecht ist jedoch nicht möglich.

250 *ee) Rückrufsrechte.* Die Rückrufsrechte der §§ 34 Abs. 3 S. 2, 41 f. UrhG gelten grundsätzlich auch im **Arbeitsverhältnis**. Die Geltendmachung von Rückrufsrechten bedeutet keine Auflösung des Arbeitsverhältnisses. Vielmehr berührt der Rückruf nur die arbeitsvertraglich ausdrücklich oder konkludent vereinbarte Einräumung der **ausschließlichen Nutzungsrechte**. Der Rückruf beendet diese Rechtseinräumung ex nunc.

251 Das **Rückrufsrecht wegen Nichtausübung** gem. § 41 UrhG steht dem Arbeitnehmerurheber nur eingeschränkt zu. Aus wirtschaftlichen Gründen kann er kein Rückrufsrecht geltend machen, denn er wurde ja bereits wirtschaftlich durch das Arbeitsentgelt entlohnt. Auch kann durch Arbeitsvertrag das Rückrufsrecht beschränkt werden; ein genereller (unbefristeter) Ausschluss ist jedoch nicht möglich, da es sich um ein unabdingbares Urheber-Persönlichkeitsrecht handelt.[266] Häufig finden sich auch in Tarifverträgen Regelungen, innerhalb welcher Fristen ein Rückzug möglich ist.

252 Das **Rückrufsrecht wegen gewandelter Überzeugung** gem. § 42 UrhG findet insbesondere seine Anwendung im Bereich der Kunst und Wissenschaft. Grundsätzlich erscheint es Arbeitnehmern eher zumutbar, „ihre" Werke auch nach gewandelter Überzeugung verwertet zu sehen, sofern nicht ihr Name genannt wird. Dennoch kann ihnen dieses Recht nicht gänzlich vertraglich entzogen werden. Die Schwelle, ab wann ihnen eine Verwertung nicht mehr zugemutet werden kann, ist jedoch bei Arbeitnehmerurhebern höher.[267]

253 Der Arbeitnehmerurheber hat das Recht, bei Unternehmensveräußerung gegenüber seinem neuen Arbeitgeber die Nutzungsrechte zurückzurufen. Ein **Rückruf bei Unternehmensveräußerung** gem. § 34 Abs. 3 S. 2 UrhG ist jedoch nur dann möglich, wenn dem Arbeitnehmerurheber eine Nutzung des Werkes durch den neuen Arbeitgeber nicht zugemutet werden kann. Es ist jedoch davon auszugehen, dass, wenn das Arbeitsverhältnis mit dem neuen Arbeitgeber weiterbestehen bleibt, eine Nutzung durch den neuen Arbeitgeber in der Regel dem Arbeitnehmerurheber zumutbar sein wird. Geht das Arbeitsverhältnis auf Grund einer Vereinbarung oder auf Grund des § 613a BGB gesetzlich auf den Erwerber des Unternehmens über, besteht ohnehin wieder die Pflicht des Arbeitnehmerurhebers zur Einräumung der Nutzungsrechte.[268]

254 *f) Vergütung.* Problematisch und umstritten ist die Frage, ob dem angestellten Urheber für die Verwertung der Pflichtwerke innerhalb oder außerhalb des Betriebszwecks neben dem Lohnanspruch ein zusätzlicher Anspruch auf Vergütung zusteht (**Trennungstheorie**), oder ob mit dem Lohn grundsätzlich auch die Einräumung der Urhebernutzungsrechte und die Verwertung arbeitsvertraglich geschuldeter Werke abgegolten ist (**Abgeltungstheorie**).[269]

255 §§ 32, 32a UrhG bieten auf die Fragen keine Antwort, denn sie betreffen nur Korrekturansprüche, die dem Urheber zustehen, so dass das Verhältnis zwischen urheberrechtlicher und arbeitsrechtlicher Vergütung weiterhin unklar bleibt.[270]

256 *aa) Abgeltungstheorie.* Nach der wohl herrschenden Abgeltungstheorie ist die Einräumung der Nutzungsrechte durch den Arbeitnehmerurheber, zu der er arbeitsvertraglich verpflichtet ist, gänzlich **mit dem Arbeitslohn abgegolten**.[271] Dies gilt wenigstens solange der Arbeitgeber die Werke zu **betrieblichen Zwecken** nutzt. Ein zusätzlicher Vergütungsanspruch ist dem Arbeitnehmer dann zuzubilligen, wenn der Arbeitgeber das Werk über den

---

[266] Wandtke/Bullinger/*Wandtke* UrhG § 43 Rn. 116.
[267] Schricker/Loewenheim/*Rojahn* UrhG § 43 Rn. 92 ff.
[268] Wandtke/Bullinger/*Wandtke* UrhG § 43 Rn. 120.
[269] Vgl. ausführlich zum Verhältnis zwischen Arbeitsrecht und Urheberrecht *Bayreuther* GRUR 2003, 570.
[270] Wandtke/Bullinger/*Wandtke* UrhG § 43 Rn. 134; *Bayreuther* GRUR 2003, 570; *Stickelbrock* GRUR 2001, 1087.
[271] BAG 13.9.1983 – 3 AZR 371/81, NJW 1984, 1579 – Statikprogramme; BAG 12.3.1997 – 5 AZR 669/95, NZA 1997, 765 – Schaufensterdekoration; MHdB ArbR/*Sack*, Bd. 1, § 102 Rn. 31; Schricker/Loewenheim/*Rojahn* UrhG § 43 Rn. 64; Fromm/Nordemann/*Hertin* UrhG § 43 Rn. 3; *Schaub* ArbRHdB § 155 IX 2; *Balle* NZA 1997, 868.

betrieblichen Zweck hinaus verwertet,[272] es sei denn im Arbeitsvertrag ist der Arbeitgeber auch zu einer solchen Verwertung berechtigt oder es handelt sich um die Nutzung von freien Werken. Teilweise wird in der Rechtsprechung dem Arbeitnehmerurheber auch dann kein zusätzlicher Vergütungsanspruch zugesprochen, wenn das Werk zwar unter den Betriebszweck des Arbeitgebers fällt, die Schaffung des Werkes aber nicht zu den arbeitsvertraglichen Pflichten des Arbeitnehmers zählt.[273] Auch eine Verwertungshandlung **nach Beendigung des Arbeitsverhältnisses** begründet keinen zusätzlichen Vergütungsanspruch. Eine Verwertung zu diesem Zeitpunkt ist ebenfalls durch Lohnzahlungen während des Arbeitsverhältnisses mit abgegolten.[274]

Hat der Arbeitnehmer dagegen bereits **vor Abschluss des Arbeitsvertrages** ein Werk geschaffen, welches hinterher von dem Arbeitgeber verwertet wird, dann ist dieser zu einer zusätzlichen Vergütung verpflichtet.[275] Der Arbeitgeber wird ebenfalls dann sondervergütungspflichtig, wenn er ein für die innerbetriebliche Nutzung geschaffenes Werk an **Dritte** lizenziert. In diesen Fällen hat der Arbeitnehmer zwar keinen Anspruch auf einen höheren Lohn, aber es stehen ihm die Rechte aus §§ 97 ff. UrhG zu.[276]

Stimmt der Arbeitnehmer **nachträglich** einer außerbetrieblichen Nutzung zu oder nimmt der Arbeitgeber ein „**freies Werk**" des Arbeitnehmers in Anspruch, so kommt in der Regel ein Nutzungsvertrag zustande, so dass dem Arbeitnehmer ein Anspruch auf angemessene Vergütung nach § 32 UrhG zusteht.[277]

bb) Trennungstheorie. Die Trennungstheorie sieht in dem arbeitsrechtlichen und in dem urheberrechtlichen Vergütungsanspruch grundsätzlich **zwei verschiedene Ansprüche**,[278] die auf die Vergütung unterschiedlicher Leistungen des Arbeitnehmers gerichtet sind. Während der **arbeitsvertragliche Entgeltanspruch** auf die Tätigkeit als solche gerichtet ist, ist der **urheberrechtliche Vergütungsanspruch** die Gegenleistung für die Rechtseinräumung und Nutzungsbefugnis des geschaffenen Arbeitergebnisses.[279] Diese Auffassung räumt jedoch auch ein, dass das urheberechtliche Entgelt für die Rechtseinräumung und die Nutzungsbefugnis auch im Arbeitsentgelt mit enthalten sein kann, dies aber nicht zwangsläufig so sein muss.[280] Vielmehr sei der Arbeitgeber verpflichtet, einen Nachweis darüber zu erbringen, dass mit der Zahlung des Lohnes auch die urheberrechtlichen Vergütungsansprüche mit abgegolten sind.[281]

Aus diesem Streit folgt, dass es für die Vertragsgestaltung von besonderer Bedeutung ist, im Arbeitsvertrag genau festzuhalten, welche Leistungen und Ansprüche des Arbeitnehmers mit der Lohnzahlung abgegolten sind. Erfolgt eine eindeutige Quantifizierung des Umfanges, kommen beide Theorien praktisch zum gleichen Ergebnis, so dass man auch mögliche Beweisschwierigkeiten beseitigt. In den folgenden Ausführungen wird der herrschenden Abgeltungstheorie gefolgt.

cc) Anwendbarkeit der §§ 32, 32a UrhG auf Arbeitnehmerurheber. Leidlich **umstritten** ist die Frage, ob auch der Arbeitnehmerurheber einen Anspruch auf angemessene Vergütung

---

[272] BGH 11.10.1990 – I ZR 59/89, GRUR 1991, 133 – Videozweitauswertung; BGH 10.5.1984 – I ZR 85/82, GRUR 1985, 129 – Elektrodenfabrik; BGH 11.11.1977 – I ZR 56/75, GRUR 1978, 244 – Ratgeber für Tierheilkunde; LAG Hessen 8.3.1963 – 5 (2) Sa 349/63, GRUR 1965, 50 – Wirtschaftsjurist; Fromm/Nordemann/*Hertin* UrhG § 43 Rn. 3; Schricker/Loewenheim/*Rojahn* UrhG § 43 Rn. 65; *Stickelbrock* GRUR 2001, 1087 (1091).
[273] BAG 13.9.1983 – 3 AZR 371/81, NJW 1984, 1579 – Statikprogramme.
[274] *Schack* UrhR/UrhebervertragsR Rn. 987.
[275] BGH 10.5.1984 – I ZR 85/82, GRUR 1985, 129 – Elektrodenfabrik.
[276] Vgl. auch die Fallgestaltung in BGH 12.5.2010 – ZR 209/07, BeckRS 2010, 28511 – Lärmschutzwand.
[277] § 32 UrhG bezieht sich hier nur auf einen neben dem Arbeitsvertrag abgeschlossenen Nutzungsvertrag, nicht auf den Arbeitsvertrag.
[278] Wandtke/Bullinger/*Wandtke* UrhG § 43 Rn. 137; *Wandtke* K&R 2001, 601 (606); *Wandtke* ZUM 2012, 668; ähnlich *Schwab* AuR 1993, 129 (133).
[279] Wandtke/Bullinger/*Wandtke* UrhG § 43 Rn. 137.
[280] Wandtke/Bullinger/*Wandtke* UrhG § 43 Rn. 139.
[281] BGH 11.11.1977 – I ZR 56/75, GRUR 1978, 243 – Ratgeber für Tierheilkunde; so auch Wandtke/Bullinger/*Wandtke* UrhG § 43 Rn. 138.

gem. § 32 UrhG bzw. einen Anspruch auf eine weitere Beteiligung gem. § 32a UrhG hat. Während sich ein Großteil der Meinungen für die Anwendbarkeit des § 32a UrhG ausspricht,[282] gehen die Meinungen über § 32 UrhG stark auseinander.[283]

262 **Für eine Anwendbarkeit** wird angebracht, dass gem. § 43 UrhG der § 32 UrhG auch in Arbeits- und Dienstverhältnissen gilt.[284] Auch würde der Ausschluss der Ansprüche in § 32 Abs. 4 UrhG und § 32a Abs. 4 UrhG bei bestehender tarifvertraglicher Regelung der Vergütung nur wenig Sinn haben, wenn nicht auch im Umkehrschluss die §§ 32, 32a UrhG für Arbeitsverträge ohne Bindung an eine solche tarifvertragliche Vergütungsvereinbarung gelten würden.[285] Zwar sollen die Grundsätze der Rechtsprechung zu den Vergütungsabreden in Arbeits- und Dienstverhältnissen unberührt bleiben.[286] Diese Grundsätze beträfen aber nicht die Frage, ob Vergütungen unangemessen sein dürfen. Die Begründung nehme nur Bezug auf die Entscheidung zur Frage, ob und unter welchen Umständen sich eine von der Vergütungsabrede gar nicht erfasste Sondervergütung rechtfertige.[287] Auch die Tatsache, dass § 43 Abs. 3 UrhG-E, der den Vergütungsanspruch noch ausdrücklich für anwendbar erklärte, nicht übernommen wurde, besage nicht, dass §§ 32, 32a UrhG nicht dennoch auf Arbeitsverhältnisse anwendbar seien. Vielmehr sei dieser nur gestrichen worden, damit auch Tarifverträge gem. § 12a TVG die Wirkung der § 32 Abs. 4 und § 32a Abs. 4 UrhG erzielen.[288]

263 Teilweise wird auch eine **Anwendbarkeit** der §§ 32, 32a UrhG auf Arbeitverhältnisse **abgelehnt**.[289] Die Begründung orientiert sich hauptsächlich an der gesetzgeberischen Intention zur Reform des UrhG. Danach soll sich der Anspruch auf angemessene Vergütung auf die Absicherung freiberuflicher Urheber und Künstler beziehen, die rechtlich gesehen Unternehmer sind,[290] und eben nicht auf abhängig Beschäftigte. Bei ihnen werde das Gleichgewicht zwischen Arbeitgeber und Arbeitnehmer in andere Weise, nämlich mittels des Arbeitsvertrages, hergestellt.[291] Zwar würde dies noch nicht dazu führen, dass die Vergütung auch angemessen ist. Dem Arbeitnehmer stehen aber die Mittel des Arbeitskampfes zur Verfügung, um eine günstigere Vergütungsvereinbarung zu erzielen. Würde man den Arbeitnehmern mit §§ 32, 32a UrhG eine weitere Kontroll- und Eingriffsmöglichkeit einräumen, so wäre die Kampfparität zwischen Arbeitnehmer und Arbeitgeber gestört.[292] Auch fand sich für die Aufnahme einer Regelung in § 43 UrhG, welche die ausdrückliche Anwendbarkeit festgelegt hätte, keine Mehrheit.[293] Aus dem formalen Umkehrschluss der §§ 32 Abs. 4, 32a Abs. 4 UrhG sei auch nicht die Anwendbarkeit dieser Vorschriften auf Arbeitsverhältnisse zu folgern.[294] Nur für außervertragliche Leistungen bleibe damit ein Anwendungsbereich für die §§ 32, 32a UrhG.[295]

264 Außerdem würde eine Anwendbarkeit zu einem künstlichen Aufsplittern des Arbeitsentgelts führen, wenn der Arbeitnehmer neben den das Urheberrecht betreffenden relevanten Arbeiten noch andere Tätigkeiten zu verrichten hat. Denn § 32 UrhG könne sich nur auf den Teil beziehen, der die Vergütung für die Einräumung der Nutzungs- und Verwertungs-

---

[282] Wandtke/Bullinger/*Wandtke*, 5. Aufl. 2019, UrhG § 43 Rn. 145; Grobys/Foerstl NZA 2002, 1015; *Hilty/Peukert* GRUR Int. 2002, 643; *Berger* ZUM 2003, 173; *Bayreuther* GRUR 2003, 570; *Klass* GRUR 2019, 1103; aA *Ory* AfP 2002, 93.
[283] Für eine Anwendung Wandtke/Bullinger/*Wandtke* UrhG § 43 Rn. 145; Grobys/Foerstl NZA 2002, 1015; Hilty/Peukert GRUR Int. 2002, 643; aA *Berger* ZUM 2003, 173; *Bayreuther* GRUR 2003, 570; *Ory* AfP 2002, 93.
[284] Wandtke/Bullinger/*Wandtke* UrhG § 43 Rn. 145; Grobys/Foerstl NZA 2002, 1015.
[285] Grobys/Foerstl NZA 2002, 1015; Hilty/Peukert GRUR Int. 2002, 643.
[286] BT-Drs. 14/8058, 21.
[287] Grobys/Foerstl NZA 2002, 1015; Hilty/Peukert GRUR Int. 2002, 643.
[288] Hilty/Peukert GRUR Int. 2002, 643; wohl auch *Flechsig/Hendriks* ZUM 2002, 423.
[289] Ory AfP 2002, 93; differenzierend *Berger* ZUM 2003, 173 u. *Bayreuther* GRUR 2003, 570 die eine Anwendung des § 32 UrhG ablehnen aber die Anwendbarkeit des § 32a UrhG bejahen.
[290] BT-Drs. 14/6433, 9.
[291] *Ory* AfP 2002, 93; *Berger* ZUM 2003, 173.
[292] Vgl. dazu ausführlich *Berger* ZUM 2003, 173.
[293] BT-Drs. 14/8058, 16 f.
[294] *Berger* ZUM 2003, 173.
[295] *Ory* AfP 2002, 93.

rechte betrifft. Auf die rein arbeitsrechtliche Entgeltzahlung könne er keinen Einfluss haben, denn sie wird für die Tätigkeit und nicht das Werk gezahlt.[296]

Eine dritte Ansicht unterscheidet bei der Frage der Anwendbarkeit zwischen § 32 UrhG 265 und § 32a UrhG. Während sie § 32 UrhG nicht für anwendbar hält, stehe einer Anwendung des § 32a UrhG auf Arbeitsverhältnisse nichts entgegen.[297] Diese Ansicht fußt vor allem auf dem Argument, dass bereits vor der Urheberrechtsreform nach der herrschenden Meinung der „Bestsellerparagraph" § 36 UrhG aF über § 43 UrhG auf Arbeitsverhältnisse anwendbar war. Die rein formale Tatsache, dass der Bestsellerparagraph mit § 32a UrhG eine andere Ziffer erhalten habe, und dass er zugunsten des Urhebers modifiziert wurde, rechtfertige keine andere Beantwortung der Anwendungsfrage.[298]

dd) Anspruch auf angemessene Vergütung gem. § 32 UrhG. § 32 UrhG umfasst zwei An- 266 sprüche. Zum einen hat der Urheber, falls bisher keine Vergütungsvereinbarung getroffen wurde, einen **Anspruch auf eine angemessene Vergütung**, § 32 Abs. 1 S. 1 u. S. 2 UrhG. Zum anderen ermöglicht § 32 Abs. 1 S. 3 UrhG dem Urheber von seinem Vertragspartner eine **Zustimmung zu einer Anhebung der Vergütung** zu verlangen, falls die Vergütungsvereinbarung nicht angemessen war. Während der Anspruch auf angemessene Vergütung bereits in § 36 UrhG aF bestand, stellt der Korrekturanspruch des § 32a UrhG einen neuen Anspruch dar. Er erlaubt es dem Urheber nachträglich, seine Vergütungsvereinbarung zu korrigieren. Kann der Urheber darlegen, dass die bisherige Vergütung nicht angemessen ist, so ist der Vertragspartner verpflichtet die Vergütungsregelung anzupassen.[299]

Maßgeblicher Zeitpunkt für die Beurteilung der Frage, ob eine Vergütung gem. § 32 267 Abs. 1 S. 1 UrhqG angemessen ist oder nicht, ist der Zeitpunkt des Vertragsschlusses.[300] Somit spielen bei der Bewertung der Angemessenheit die tatsächlichen Verwertungen und die daraus tatsächlich erzielten Gewinne keine Rolle. Vielmehr kommt es auf eine objektive prognostizierende Betrachtung unter Berücksichtigung der Vorstellungen und Erwartungen der Parteien bei Vertragsschluss an.[301]

Als **angemessen** gilt dabei, was im Zeitpunkt des Vertragsschlusses üblicher- und redli- 268 cherweise zu erwarten war, § 32 Abs. 2 S. 2 UrhG. Dabei wird angenommen, dass **gemeinsame Vergütungsregelungen** iSd § 36 UrhG und **tarifvertragliche Regelungen** (§ 32 Abs. 4 UrhG) stets angemessen sind.

Generell ist auch nach der Urheberrechtsreform im Jahr 2002 weiterhin eine **Pauschal-** 269 **vergütung** möglich, jedoch besteht bei ihr die größere Gefahr einem späteren Korrekturanspruch ausgesetzt zu sein. Pauschalvergütungen lassen sich nur schwer für die Zukunft prognostizieren.[302] Gerade einmalige Zahlungen zur Abgeltung sämtlicher Nutzungsrechte und Nutzungsarten können die Grenze der Angemessenheit erreichen.[303] Insbesondere bei längerfristiger Nutzung ist es daher der Praxis zu empfehlen, laufende Beteiligungen zu vereinbaren.[304]

ee) Anspruch auf weitere Beteiligung gem. § 32a UrhG. § 32a UrhG ersetzt den als „Best- 270 sellerparagraphen" bekannten § 36 UrhG aF, der nach Auffassung des Gesetzgebers wegen seines nur engen Anwendungsbereichs unzureichend geeignet war, das Beteiligungsrecht des Urhebers durchzusetzen.[305] Bei § 32a UrhG handelt es sich um einen **Anspruch auf nachträgliche Vertragsanpassung**, wobei der Anspruch nicht unmittelbar auf die weitere Beteiligung des Urhebers iS eines Geldanspruchs gerichtet ist, sondern der Urheber (lediglich) einen Anspruch auf Einwilligung in eine Vertragsänderung erhält.

---

[296] *Bayreuther* GRUR 2003, 570.
[297] *Bayreuther* GRUR 2003, 570; *Berger* ZUM 2003, 173.
[298] *Berger* ZUM 2003, 173; im Ergebnis auch *Bayreuther* GRUR 2003, 570.
[299] *Ory* AfP 2002, 93 (96).
[300] *Ory* AfP 2002, 93; *Berger* ZUM 203, 521; *Erdmann* GRUR 2002, 923; aA Wandtke/Bullinger/*Grundert* UrhG § 32 Rn. 41 ff. (eingeschränkte ex-ante-Betrachtung).
[301] *Schmidt* ZUM 2002, 781; *Berger* ZUM 2003, 521.
[302] *Berger* ZUM 2003, 521.
[303] Wandtke/Bullinger/*Grundert* UrhG § 32 Rn. 38.
[304] *Berger* ZUM 2003, 521.
[305] BT-Drs. 14/8058, 45.

271 Aus § 32a UrhG hat der Urheber nicht nur einen solchen Anspruch gegenüber seinem direkten Vertragspartner (§ 32a Abs. 1 UrhG), ihm steht der Anspruch auch gegenüber einem **Dritten** zu, der die Nutzungsberechtigung von dem Vertragspartner des Urhebers erhalten hat (§ 32a Abs. 2 UrhG). Während der § 36 UrhG aF noch voraussetzte, dass ein **grobes Missverhältnis** zwischen der vereinbarten Gegenleistung und den Erträgen und Vorteilen, die aus der Nutzung gezogen werden, bestehen musste, reicht es nach § 32a UrhG aus, dass ein **auffälliges Missverhältnis** gegeben ist.

272 Im Unterschied zu § 32 UrhG geht es bei § 32a UrhG nicht um den Ausgleich einer schwächeren Verhandlungssituation. § 32a UrhG bezweckt eine weitere **Beteiligung an besonderen Gewinnen,** die erst im Verlauf der Verwertung des Werks entweder bei seinem Vertragspartner oder bei einem Dritten, der die Nutzungsrechte von dem Vertragspartner des Urhebers bekommen hat, entstanden sind.[306] Auch geht der Anspruch nicht nur auf die Beseitigung eines möglichen Missverhältnisses, sondern soll eine weitere angemessene Beteiligung des Urhebers sicherstellen.[307]

273 Ein **Missverhältnis** ist wegen des engen Zusammenhangs mit § 32 UrhG[308] dann anzunehmen, wenn sich die vereinbarte Gegenleistung nicht im Rahmen der Angemessenheit iSd § 32 Abs. 2 UrhG bewegt.[309] Dieses Missverhältnis muss „auffällig" sein. Die Schwelle der Auffälligkeit soll dabei unterhalb derer liegen, welche für ein grobes Missverhältnis iSd § 36 UrhG aF galt.[310] Nach der Gesetzesbegründung soll auf jeden Fall dann ein auffälliges Missverhältnis vorliegen, wenn die tatsächliche Gegenleistung von einer angemessenen Gegenleistung um 100 % abweicht, wobei in Einzelfällen auch schon eine geringere Abweichung für ausreichend angesehen werden kann.[311] Dabei bildet die 100 %-Schwelle keine starre Grenze,[312] vielmehr können die Urheber und Vertragspartner weitere Gründe darlegen, welche die Höhe der Vergütung rechtfertigen oder eben nicht rechtfertigen.[313] Genauere Kriterien hat der Gesetzgeber nicht gegeben und somit die Ausgestaltung weiterhin der Einzelfallrechtsprechung überlassen.[314] Die Beurteilung, ob ein auffälliges Missverhältnis vorliegt, erfolgt im Gegensatz zu § 32 UrhG anhand einer **ex-post-Betrachtung.**[315] Maßgeblicher Zeitpunkt ist daher nicht der Vertragsschluss sondern der Zeitpunkt, an dem der Ertrag bei dem Vertragspartner oder einem Dritten eingegangen ist.[316]

Ein Anspruch gem. § 32a UrhG steht dem Urheber dann nicht zu, wenn die Vergütung nach einer gemeinsamen Vergütungsregel (§ 36 UrhG) oder tarifvertraglich bestimmt worden ist und eben eine solche weitere Beteiligung dort geregelt ist, § 32a Abs. 4 UrhG. Um mögliche Ansprüche nach § 32a UrhG des Urhebers zu vermeiden, kann es empfehlenswert sein, ein **Vergütungsmodell** zu vereinbaren, welches sich aus einer **Pauschalvergütung** und einer **Beteiligungsvergütung** zusammensetzt. Diese Kombination der Modelle bietet den Vorteil, dass die Beteiligungsvergütung in den Fällen eingreifen kann, in denen außergewöhnliche Verwertungserlöse erzielt werden.

274 *ff) Zwingende Anwendung der §§ 32, 32a UrhG.* § 32b UrhG stellt sicher, dass nicht durch die **Wahl einer anderen Rechtsordnung** die Geltung der §§ 32, 32a UrhG umgangen wird. Gem. § 32b Nr. 1 UrhG gelten die §§ 32, 32a UrhG bei ausschließlicher Inlandsberührung auch dann, wenn insoweit nicht die Anwendung deutschen Rechts sondern eines anderen ausländischen Rechts vereinbart wurde. § 32b Nr. 2 UrhG geht noch einen Schritt weiter. Er legt zwingend fest, dass, selbst wenn wirksam für einen Nutzungsvertrag auslän-

---

[306] Berger GRUR 2003, 675.
[307] Hertin MMR 2003, 16.
[308] BT-Drs. 14/8058, 45.
[309] Wandtke/Bullinger/*Grunert* UrhG § 32a Rn. 17.
[310] BT-Drs. 14/8058, 45.
[311] BT-Drs. 14/8058, 45.
[312] Vgl. Wandtke/Bullinger/*Grunert* UrhG § 32a Rn. 120, der bereits dann ein auffälliges Missverhältnis annimmt, wenn die Vergütung lediglich 20 % bis 30 % des Üblichen erreicht.
[313] Berger GRUR 2003, 675.
[314] Hertin MMR 2003, 16.
[315] Schmidt ZUM 2002, 781.
[316] Berger GRUR 2002, 675.

disches Recht vereinbart wurde, auf alle Nutzungen innerhalb Deutschlands die Geltung der §§ 32, 32a UrhG erhalten bleibt.³¹⁷ Somit bleibt es aber weiterhin möglich, für Nutzungen im Ausland auch die Anwendung des jeweiligen ausländischen Rechts zu vereinbaren, so dass dann die §§ 32, 32a UrhG nicht anwendbar sind.

gg) Vergütung für unbenannte Nutzungsarten. § 32c UrhG sieht vor, dass für unbekannte Nutzungsarten nach Nutzungsaufnahme eine gesonderte angemessene Vergütung zu entrichten ist. Die vorstehend aufgezeigte Problematik der Geltung im Arbeitsverhältnis gilt auch insoweit. Nach § 32c Abs. 3 S. 1 UrhG kann der Urheber nicht im Voraus auf solche Ansprüche verzichten. Arbeitsvertragliche Abreden, die darauf hinauslaufen würden, einen Vergütungsverzicht des Arbeitnehmerurhebers im Hinblick auf unbekannte Nutzungsarten an künftigen Arbeitsergebnissen zu bewirken, sind daher unwirksam.

hh) Auskunft und Rechnungslegung. Die Bedeutung des § 32d UrhG folgt der Auseinandersetzung um die Anwendbarkeit der zuvor genannten Regelungen. Jedoch wird die Auffassung vertreten, dass es, außerhalb von Einzelfällen, als im Arbeitsverhältnis unpassend und nicht einschlägig angesehen wird³¹⁸. Das ist jedenfalls für § 32 UrhG richtig.

3. Arbeitsvertraglich nicht geschuldete Werke (ohne Computerprogramme)

Die Einschränkung der Urheberrechte des Arbeitnehmerurhebers über § 43 UrhG erfolgt nur soweit er seine Werke in Erfüllung seiner arbeitsvertraglichen Verpflichtungen geschaffen hat. Schafft der Arbeitnehmer Werke, die er dem Arbeitgeber nicht schuldet, **sog. freie Werke**, so stehen ihm sämtliche Nutzungsrechte an diesen zu. Teilweise wird angenommen, dass der Arbeitnehmer verpflichtet ist, dem Arbeitgeber auch freie Werke **zur Nutzung anzubieten**. Dies wird einerseits mit einer **analogen Anwendung der §§ 18, 19 ArbEG**³¹⁹ andererseits mit der arbeitsrechtlichen **Treuepflicht** begründet.³²⁰ Ein erheblicher Teil der Literatur lehnt dies jedoch ab;³²¹ höchstrichterliche Entscheidungen hierzu bestehen nicht. Verwertet der Arbeitgeber ein nicht geschuldetes Werk und zieht er daraus Vorteile, so ist er verpflichtet dem Arbeitnehmer eine **Sondervergütung** zu bezahlen.³²²

Diese Rechtsfolgen sind grundsätzlich der arbeitsvertraglichen Regelung zugänglich, allerdings mag es AGB-rechtlich bedenklich sein, für solche freien Werke eine zwangsweise Rechtseinräumung zugunsten des Arbeitgebers vorzusehen.

4. Computerprogramme

a) Arbeitsvertraglich geschuldete Computerprogramme. Eine besondere Regelung des urheberrechtlichen Verhältnisses von Arbeitnehmer und Arbeitgeber enthält § 69b UrhG für die Herstellung von Computerprogrammen iSd § 69a UrhG, die vom Arbeitnehmer in Wahrnehmung seiner Aufgaben oder nach den Anweisungen seines Arbeitgebers geschaffen werden. Nicht unter in den Anwendungsbereich fallen Handbücher etc. Für diese Werke gilt § 43 UrhG.³²³ Die Regelungen des § 69b UrhG weichen von denen des § 43 UrhG ab. § 69b UrhG ist gegenüber § 43 UrhG lex specialis und geht ihm insoweit vor.³²⁴ Im Anwendungsbereich des § 69b UrhG ist ausschließlich der Arbeitgeber zur Ausübung aller vermögensrechtlichen Befugnisse an dem Computerprogramm berechtigt.

---

[317] Vgl. ausführlich zu § 32b UrhG Wandtke/Bullinger/*v. Welser* UrhG § 32b Rn. 1 ff.
[318] *Klass* GRUR 2019, 1103 mHa Wandtke/Bullinger/*Stang* UrhG § 32d Rn. 12; *Konertz* NZA 2017, 614; *Berger/Freyer* GRUR 2016, 13.
[319] *Schmieder* GRUR 1963, 297; *Henkel* BB 1987, 833.
[320] *Holländer* CR 1991, 614; *Ullmann* GRUR 1987, 6.
[321] Vgl. ua *Schwab* NZA-RR 2015, 5 mwN in Fn. 22.
[322] BGH 10.5.1984 – I ZR 85/82, GRUR 1985, 129 – Elektrodenfabrik; BGH 11.11.1997 – I ZR 56/75, GRUR 1978, 244 – Ratgeber für Tierheilkunde; BAG 24.11.1960 – 5 AZR 261/60, GRUR 1961, 491 – Nahverkehrschronik.
[323] Möhring/Nicolini/*Hoeren*, 4. Aufl. 2018, UrhG § 69b Rn. 18; Wandtke/Bullinger/*Grützmacher* UrhG § 69b Rn. 18.
[324] MHdB ArbR/*Sack*, Bd. 1, § 102 Rn. 62; Wandtke/Bullinger/*Grützmacher* UrhG § 69b Rn. 1.

279 aa) „In Wahrnehmung seiner Aufgaben". Die Regelung gilt nur für Urheber, die vom Arbeitnehmer in einem Arbeits- oder Dienstverhältnis stehen. Die Begriffe des Arbeits- und Dienstverhältnisses werden in dem gleichen Sinne verstanden wie in § 43 UrhG, es geht um den Inhalt des Arbeitsvertrages, einzelne (wirksame) Anweisungen des Arbeitgebers, die betriebliche Funktion des Arbeitnehmers, das konkrete Berufsbild, Üblichkeiten und etwaige tarifvertragliche Regelungen.

280 Auch § 69b UrhG unterscheidet zwischen Werken, die im Rahmen eines Arbeitsverhältnisses geschaffen worden sind, und **„freien" Werken.** Die Abgrenzungen zwischen beiden dürfte in der gleichen Weise wie bei § 43 UrhG zu erfolgen haben; freie Werke unterliegen nach hM[325] regelmäßig keiner Anbietungspflicht. Die geschuldete Arbeitsleistung ist daher aus dem Arbeitsverhältnis, dem Betriebszweck und -funktion, dem Betätigungsfeld und dem Berufsbild des Urhebers und der Branchenüblichkeit zu ermitteln. Für die **Abgrenzung** spielt es keine Rolle, wann und wo im Rahmen des Arbeitsverhältnisses der Arbeitnehmer das Computerprogramm herstellt.[326] Auch ein in der Freizeit und zu Hause hergestelltes Programm kann von § 69b UrhG erfasst sein.[327] Nicht erfasst von § 69b UrhG sind Programme, welche vor Beginn oder nach Beendigung des Arbeitsverhältnisses fertig gestellt wurden.[328] Daher stehen auch Computerprogramme, die vor Beginn des neuen Arbeitsverhältnisses beim alten Arbeitgeber fertig gestellt worden sind, nicht dem neuen Arbeitgeber zu.[329]

281 Problematisch ist dagegen die Frage, wenn im Rahmen eines **Arbeitsplatzwechsels** das Computerprogramm bei dem alten Arbeitgeber begonnen, aber erst während des neuen Arbeitsverhältnisses fertig gestellt wurde. In diesem Fall stehen alle Rechte an den bis zur Beendigung des alten Arbeitsverhältnisses entwickelten Teilen dem früheren Arbeitgeber zu,[330] unabhängig davon ob sie urheberrechtlichen Schutz genießen oder nicht. Er hat auch das Recht diese in seinem Betrieb zu verwerten und weiterzuentwickeln.[331] Im Gegenzug ist dem neuen Arbeitgeber das Recht zuzusprechen, das fertig gestellte Computerprogramm urheberrechtlich zu nutzen.[332]

282 Neben der zeitlichen Komponente ist auch der **Inhalt der geschuldeten Aufgaben** des Arbeitnehmers ein **wichtiges Abgrenzungskriterium** für die Frage, ob der Arbeitnehmer in Wahrnehmung seiner Aufgaben ein Computerprogramm entwickelt hat. Unproblematisch sind die Sachverhalte, wenn der Arbeitnehmer als Programmierer von Computerprogrammen angestellt worden ist. Schwieriger sind die Fälle zu entscheiden, in denen der Arbeitnehmer Computerprogramme entwickelt, diese Tätigkeit aber nicht ausdrücklich dem im Arbeitsvertrag festgelegten Aufgabenbereich entspricht. Von der hM wird gefordert, dass ein **innerer Zusammenhang** zwischen der Tätigkeit als Programmierer und den aus dem Arbeitsvertrag resultierenden Pflichten des Arbeitnehmers bestehen muss. Ob es einer konkreten Anweisung des Arbeitgebers bedarf, ein Computerprogramm zu entwickeln,[333] oder ob es ausreicht, dass der Arbeitnehmer mit Billigung und auf Kosten des Arbeitgebers tätig wird,[334] wird nicht einheitlich beantwortet. Jedenfalls scheint es nicht ausreichend, wenn der Arbeitnehmer allein aus Eigeninitiative tätig wird.

---

[325] *Klass* GRUR 2019, 1103 mHa *Dreier/Schulze* UrhG § 69b Rn. 8.
[326] LG München 16.1.1997 – 7 O 15354/91, CR 1997, 351 f.; OLG München 25.11.1999 – 29 U 2437/97, CR 2000, 429 f.; *Sack* BB 1991, 2165.
[327] Möhring/Nicolini/*Hoeren*, 4. Aufl. 2018, UrhG § 69b Rn. 9.
[328] BGH 10.5.1984 – I ZR 85/82, GRUR 1985, 129 – Elektrodenfabrik; LAG München 16.5.1986 – 4 Sa 28/86, CR 1987, 509; Möhring/Nicolini/*Hoeren*, 4. Aufl. 2018, UrhG § 69b Rn. 9.
[329] BGH 10.5.1984 – I ZR 85/82, GRUR 1985, 129 – Elektrodenfabrik.
[330] *Schweyer* CR 1994, 684; *Ullmann* GRUR 1987, 6 (9); Wandtke/Bullinger/*Grützmacher* UrhG § 69b Rn. 74.
[331] *Sack* BB 1991, 2165.
[332] MHdB ArbR/*Sack*, Bd. 1, § 102 Rn. 74.
[333] OLG München 25.11.1999 – 29 U 2437/97, CR 2000, 429 f.; LAG München 16.1.1997 – 7 O 15354/91, CR 1997, 351 f.; Möhring/Nicolini/*Hoeren*, 4. Aufl. 2018, UrhG § 69b Rn. 9, 11; zu § 43 UrhG ebenso BAG 13.9.1983 – 3 AZR 371/81, GRUR 1984, 429 (431) – Statikprogramme.
[334] KG 28.1.1997 – 5 W 6232/96 NJW-RR 1997, 1405; *Sack* BB 1991, 2165 (2166 f.); Gaul/Bartenbach, Handbuch des Gewerblichen Rechtsschutzes, C Rn. 531; zu § 43 UrhG ebenso OLG Karlsruhe 27.5.1987 – 6 U 9/87, GRUR 1987, 845 (848).

Auch unter den Anwendungsbereich des § 69b UrhG fallen solche Computerprogramme, die der Arbeitnehmer nach **Anweisungen des Arbeitgebers** geschaffen hat. Handelt es sich dabei um Weisung, die der Arbeitgeber auf Grund seines arbeitsrechtlichen Direktionsrechts erteilt, so hat der Arbeitnehmer bereits in Wahrnehmung seiner Aufgaben gehandelt. Insoweit hat diese Formulierung nur eine deklaratorische Bedeutung. Darüber hinausgehend stellt dieses Merkmal klar, dass Computerprogramme, die auf Grund einer Anweisung entstanden sind, die nicht mehr von dem Direktionsrecht gedeckt ist, ebenfalls unter den Anwendungsbereich des § 69b UrhG fallen.[335] Eine andere Frage ist es, ob dann dem Arbeitnehmer ein Sondervergütungsrecht zusteht oder ob er das Recht hat, eine solche Anweisung nicht auszuführen.

bb) Erwerb der Nutzungsrechte. Die Rechtsfolge des § 69b UrhG besteht darin, dass ausschließlich der Arbeitgeber zur **Ausübung aller vermögensrechtlichen Befugnisse** an den Computerprogrammen berechtigt ist.[336] Im Umkehrschluss schließt diese Regelung den Arbeitnehmerurheber von der Nutzung des von ihm hergestellten Computerprogramms aus, so dass er selbst das Programm nicht zu eigenen Zwecken nutzen und auch nicht Dritten zur Nutzung überlassen darf.[337]

Aus § 69b UrhG ist jedoch nicht zu folgern, dass der Arbeitgeber originärer Erwerber aller **Urheberrechte** ist. Vielmehr bleibt auch im Anwendungsbereich des § 69b UrhG das **Schöpferprinzip** des § 7 UrhG erhalten. Auch an Computerprogrammen, die der Arbeitnehmer entwickelt, erwirbt er als Schöpfer originär sämtliche Urheberrechte. Der Arbeitgeber erhält lediglich eine **gesetzliche Lizenz,** die ihn zur ausschließlichen Nutzung des Computerprogramms berechtigt.[338]

Die im Rahmen des § 43 UrhG geltende **Zweckübertragungstheorie** findet auf § 69b UrhG keine Anwendung. Das hat zu Folge, dass der Arbeitgeber das Computerprogramm nicht nur in allen bekannten Nutzungsraten für betriebliche Zwecke nutzen kann, sondern inhaltlich unbeschränkt auch für außerbetriebliche Zwecke.[339] Ebenfalls kann er entgegen §§ 34, 35 UrhG ohne Zustimmung des Arbeitnehmers Dritten die Nutzungsrechte einräumen oder übertragen.[340]

In zeitlicher Hinsicht stehen dem Arbeitgeber die Rechte unbeschränkt zu. Er behält sie auch nach dem Ausscheiden des Arbeitnehmerurhebers aus dem Arbeitsverhältnis.

Problematisch ist die **Reichweite des Nutzungsrechts** des Arbeitgebers jedoch in räumlicher Hinsicht. Insbesondere stellt sich die Frage, ob das Nutzungsrecht auch eine Verwertung im Ausland umfasst, oder ob es hierzu einer ausdrücklichen rechtsgeschäftlichen Einräumung des Nutzungsrechts durch den Arbeitnehmer bedarf. Die hM verneint dieses Erfordernis. Zwar gelte grundsätzlich das **immaterialgüterrechtliche Territorialprinzip,** dieses werde jedoch durch Art. 30 EGBGB verdrängt. Nach dem Arbeitsstatut iSd Art. 30 EGBGB werde entschieden, mit welcher räumlichen Reichweite dem Arbeitgeber das Recht am Arbeitsergebnis eines Arbeitnehmers zustehe, der gewöhnlich seiner Arbeit in Deutschland nachgehe.[341]

§ 69b UrhG ist vertraglich und auch konkludent abdingbar, man wird sich aber schwertun, dies in einem Formulararbeitsvertrag tun zu können (§§ 305 ff. BGB). Daher sollte der Arbeitgeber sich nicht auf eine bestimmte Reichweite des § 69b UrhG verlassen, sondern, jedenfalls bei Verträgen mit herausragenden Programmierern und im Wege der Individual-

---

[335] *Sack* UFITA 121 (1993), 15 (20); Schricker/Loewenheim/*Loewenheim*, 6. Aufl. 2020, UrhG § 69b Rn. 7; aA *Gaul* RDV 1994, 1 (2 f.)
[336] Vgl. ausführlich zur Rechtseinräumung bei Software-Erstellung *Karger* CR 2001, 357.
[337] *Sack* BB 1991, 2165 (2169).
[338] MHdB ArbR/*Sack*, Bd. 1, § 102 Rn. 81; *Sack* BB 1991, 2165 (2169); *Lehmann* GRUR Int. 1991, 327 (330); *Karger* CR 2001, 357 (361).
[339] BGH 24.10.2000 – X ZR 72/98, GRUR 2001, 155 – Wetterführungspläne.
[340] OLG Frankfurt a. M. 9.9.1997 – 11 U 6/97, CR 1998, 525 – Software-Innovationen; *Gaul/Bartenbach*, Handbuch des Gewerblichen Rechtsschutzes, C Rn. 531; MHdB ArbR/*Sack*, Bd. 1, § 102 Rn. 84; *Sack* BB 1991, 2165 (2169).
[341] Vgl. zur hM MHdB ArbR/*Sack*, Bd. 1, § 102 Rn. 87; Wandtke/Bullinger/*Grützmacher* UrhG § 69b Rn. 20.

vereinbarung, im Arbeitsvertrag ausführlich die Regelungen bestimmen, die die Rechtseinräumung betreffen und dort die inhaltliche, zeitliche und räumliche Reichweite der Rechtseinräumung festlegen.

289 *cc) Die Urheberpersönlichkeitsrechte im Anwendungsbereich des § 69b UrhG.* Es wurde bereits im Zusammenhang mit § 43 UrhG erläutert, dass die Urheberpersönlichkeitsrechte des Arbeitnehmers gegenüber einem „freien" Urheber eingeschränkt sind. Infolge der Besonderheiten des § 69b UrhG erfolgt eine weitere **Einschränkung dieser Urheberrechte.** Zum einen besteht auf Grund der Eigenarten eines Computerprogramms in der Regel nur eine geringe ideelle Bindung zwischen Werk und Urheber,[342] zum anderen gehen auf Grund § 69b UrhG die vermögensrechtlichen Befugnisse des Arbeitgebers den Urheberpersönlichkeitsrechten des Arbeitnehmers vor, wenn diese sich überschneiden.[343] Grundsätzlich sind die Urheberpersönlichkeitsrechte nicht von § 69b UrhG umfasst.

290 Da das **Veröffentlichungsrecht** nach § 12 UrhG ein Teil der „vermögensrechtlichen Befugnisse" iSd § 69b UrhG darstellt,[344] ist davon auszugehen, dass der Arbeitnehmer mit Beginn des Arbeitsverhältnisses auf das Veröffentlichungsrecht zugunsten des Arbeitgebers verzichtet. Falls vertraglich keine andere Vereinbarung getroffen wurde, steht daher dem Arbeitgeber und nicht dem Arbeitnehmer das Veröffentlichungsrecht zu.[345]

291 Das **Recht auf Urheberanerkennung** iSd § 13 S. 1 UrhG ist unabdingbar,[346] so dass auch der Arbeitnehmerurheber von Computerprogrammen eine Veröffentlichung unter anderem Namen untersagen kann.

292 Dagegen kann auf das Recht der **Urheberbezeichnung** nach § 13 S. 2 UrhG verzichtet werden. Ein solcher Verzicht kann sich entweder direkt aus dem Arbeitsvertrag ergeben oder auch konkludent aus der betrieblichen Übung oder der Branchenüblichkeit.[347] Bei kommerziellen Programmen ist heute von einer entsprechenden Branchenüblichkeit auszugehen.[348]

293 Gänzlich entfällt für den Arbeitgeber das **Änderungsverbot** gem. § 39 UrhG, denn es gehört gerade zum Wesen von Computerprogrammen, dass sie weiterentwickelt bzw. verbessert werden.[349] Die Möglichkeit, Verbesserungen durchzuführen und die Programme an sich schnell verändernde Bedingungen anzupassen, hat für den Arbeitgeber eine erhebliche Bedeutung. Diese Rechte sind daher bereits zu den vermögensrechtlichen Befugnissen iSd § 69b UrhG zuzuordnen und gehören daher ausschließlich dem Arbeitgeber.

294 Das **Entstellungsverbot** nach § 14 UrhG kann nicht abbedungen werden. Es wird aber auch selten vorkommen, dass dieses Verbot im Zusammenhang mit Computerprogrammen einschlägig sein wird.

295 Das **Zugangsrecht** nach § 25 UrhG steht auch grundsätzlich dem Arbeitnehmer zu und besteht auch noch nach der Beendigung des Arbeitsverhältnisses. Aus zwei Gründen wird dem Arbeitnehmerurheber einer Software jedoch dieses Recht in der Regel nicht zustehen. Zum einen kann der Urheber sich nicht auf vermögensrechtliche Gründe bei der Geltendmachung von § 25 UrhG berufen, denn sämtliche vermögensrechtliche Befugnisse stehen nach § 69b UrhG dem Arbeitgeber zu. Auch dürften häufig berechtigte Interessen des Arbeitgebers einem Zugangsrecht des Arbeitnehmers entgegenstehen,[350] wenn der Arbeitgeber Angst haben muss, dass der Arbeitnehmer nach Beendigung des Arbeitsverhältnisses in einem Konkurrenzunternehmen arbeiten wird. Der Schutz von Betriebsgeheimnissen wird auch in der Regel ein solches berechtigtes Interesse der Arbeitgeber darstellen.[351]

296 Das **Rückrufsrecht** gem. § 41 UrhG wird dem Arbeitnehmer schon deswegen nicht zustehen, da alle vermögensrechtlichen Befugnisse und damit auch die Entscheidungen dar-

---

[342] *Holländer* CR 1992, 279.
[343] MHdB ArbR/*Sack*, Bd. 1, § 102 Rn. 98; Wandtke/Bullinger/*Grützmacher* UrhG § 69b Rn. 35.
[344] *Holländer* CR 1992, 279; *Sack* BB 1991, 2165.
[345] Wandtke/Bullinger/*Grützmacher* UrhG § 69b Rn. 35.
[346] HM *Holländer* CR 1992, 279; *Sack* BB 1991, 2165.
[347] *Rehbinder* ZUM 1991, 220 (226).
[348] Wandtke/Bullinger/*Grützmacher* UrhG § 69b Rn. 38.
[349] Wandtke/Bullinger/*Grützmacher* UrhG § 69b Rn. 41.
[350] Wandtke/Bullinger/*Grützmacher* UrhG § 69b Rn. 40; MHdB ArbR/*Sack*, Bd. 1, § 102 Rn. 104.
[351] *Holländer* CR 1992, 279 (283).

über dem Arbeitgeber zustehen. Ideelle Interessen scheiden bei Computerprogrammen im Regelfall ebenfalls aus. Die Vorraussetzungen für den **Rückruf wegen gewandelter Überzeugung** gem. § 42 UrhG dürften nur in Ausnahmefällen bei Software vorliegen.

dd) Vergütung. Grundsätzlich stand auch dem Arbeitnehmerurheber, der vor der Urheberrechtsreform im Jahr 2002 ein Computerprogramm entwickelt hat, **kein Anspruch auf eine Sondervergütung** zu.[352] Vielmehr war auch hier mit dem Arbeitsentgelt die Übertragung sämtlicher vermögensrechtlicher Befugnisse abgegolten. Dies gilt auch für die Fälle, in denen nachträglich die Nutzung ausgeweitet wird und für Nutzungen nach Beendigung des Arbeitsverhältnisses.[353] Hier besteht daher ein Unterscheid zu dem allg. Arbeitnehmerurheberrecht nach § 43 UrhG. 297

Ein Sondervergütungsanspruch kann sich nur aus arbeitsrechtlichen Gründen ergeben. Entweder hat der Arbeitnehmer zur Herstellung des Computerprogramms Überstunden geleistet, welche vergütungspflichtig sein können, oder es bedurfte einer Tätigkeit, die höhere Anforderungen an ihn stellte, als vertraglich vereinbart wurde.[354] Eine entsprechende Anwendung der arbeitnehmererfindungsrechtlichen Vorschriften kommt nicht in Betracht.[355] 298

Die Frage, ob die §§ 32, 32a UrhG auf Arbeitnehmerurheber anwendbar sind, ist, wie in → Rn. 261 ff. dargestellt, umstritten. Da der BGH entschieden hat, dass § 36 aF neben dem § 69b UrhG Anwendung findet,[356] muss wohl davon ausgegangen werden, dass auch der § 32a UrhG neben § 69a UrhG gelten wird und somit dem Arbeitnehmerurheber, der ein Computerprogramm entwickelt, auch – in Gesamtwürdigung aller Umstände – ein Anspruch auf weitere Beteiligung zustehen wird. 299

b) **Arbeitsvertraglich nicht geschuldete Computerprogramme.** Arbeitsvertraglich nicht geschuldete Computerprogramme, sog. „freie" Werke, gehören im Grundsatz dem Arbeitnehmer. Diesem stehen sämtliche Urheberrechte und Nutzungsrechte zu. Will der Arbeitgeber das Programm verwerten, kann der Arbeitnehmer dem Arbeitgeber die Rechte übertragen. Dies Rechtsübertragung bzw. Rechtseinräumung wird sich der Arbeitnehmer in der Regel vergüten lassen. Es wird in diesen Fällen ein Verwertungsvertrag zwischen Arbeitnehmer und Arbeitgeber geschlossen. 300

Bei solchen Computerprogrammen, die nicht unter den Anwendungsbereich des § 69b UrhG fallen und daher von Gesetzes wegen die vermögensrechtlichen Befugnisse nicht auf den Arbeitgeber übergehen, kann dennoch eine (vertragliche) **Pflicht** für den Arbeitnehmer bestehen, dem Arbeitgeber die **Nutzungsrechte einzuräumen** oder ihm diese zumindest anzubieten. Solche Verpflichtungen können in einem **Tarifvertrag** oder **Arbeitsvertrag** enthalten sein. Dabei ist aber zu beachten, dass auch einseitig vorformulierte Arbeitsverträge gem. § 310 Abs. 4 S. 2 BGB den Vorgaben der §§ 305 ff. BGB unterliegen. Dass eine Klausel, welche den Arbeitnehmer pauschal dazu verpflichtet, auch die Nutzungsrechte für sog. „freie" Werke[357] dem Arbeitgeber einzuräumen, im Hinblick auf § 307 Abs. 2 UrhG unwirksam ist, erscheint zumindest möglich.[358] 301

In Einzelfällen wird auch angenommen, dass eine Einräumung der Nutzungsrechte **konkludent** erfolgen kann, wenn das entsprechende Computerprogramm tatsächlich eingesetzt wird, dies zwar ohne ausdrückliche Anweisung des Arbeitgebers, aber mit dessen Billigung erfolgt.[359] 302

Teilweise wird ein Rechtsübergang in **analoger Anwendung von § 4 Abs. 2 Nr. 2 ArbEG** mit einer gleichzeitigen Vergütungspflicht des Arbeitgebers analog §§ 9 Abs. 1, 40 Abs. 1 303

---

[352] BGH 23.10.2001 – X ZR 72/98, GRUR 2002, 149 – Wetterführungspläne II.
[353] MHdB ArbR/*Sack*, Bd. 1, § 102 Rn. 91 f.; *Sack* BB 1991, 2165.
[354] MHdB ArbR/*Sack*, Bd. 1, § 102 Rn. 94 f.
[355] BGH 23.10.2001 – X ZR 72/98, GRUR 2002, 149 – Wetterführungspläne II.
[356] BGH 23.10.2001 – X ZR 72/98, GRUR 2002, 149 – Wetterführungspläne II.
[357] Wandtke/Bullinger/*Grützmacher* UrhG § 69b Rn. 24 spricht in diesen Fällen von sog. „gebundenen Freiwerken".
[358] Wandtke/Bullinger/*Grützmacher* UrhG § 69b Rn. 26.
[359] BAG 13.9.1983 – 3 AZR 371/81, NJW 1984, 1579 – Statikprogramme.

ArbEG befürwortet.[360] Diese Ansicht ist jedoch abzulehnen, denn der Gesetzgeber unterscheidet in § 69b UrhG eindeutig zwischen solchen Computerprogrammen, die während, und denen, die außerhalb eines Arbeits- oder Dienstverhältnisses entstanden sind. Eine für eine analoge Anwendung erforderliche Regelungslücke ist nicht zu erkennen.[361] Daher ist auch in den Fällen, in denen das Programm außerhalb eines Arbeits- bzw. Dienstverhältnisses und ohne Anweisung des Arbeitgebers entstanden ist, aber Arbeitsmittel des Arbeitgebers, Erkenntnisse und Erfahrung bei der Herstellung verwendet wurden, das Computerprogramm ohne „Inanspruchnahmerecht" des Arbeitgebers uneingeschränkt dem Arbeitnehmer zuzuordnen.[362]

304 Bleiben die Nutzungsrechte beim Arbeitnehmer, könnte dennoch eine Pflicht des Arbeitnehmers bestehen, die Nutzungsrechte dem Arbeitgeber anzubieten.[363] Eine solche **Anbietungspflicht** wird teilweise aus einer **analogen Anwendung der §§ 18, 19 ArbEG**[364] hergeleitet. Diese Ansicht ist jedoch abzulehnen, denn auch hier fehlt es wieder an einer planwidrigen Regelungslücke. Andere meinen eine Anbietungspflicht aus den arbeitsvertraglichen Pflichten, insbesondere der **Treuepflicht**, begründen zu können.[365] Dabei wir insbesondere auf das arbeitsvertragliche **Wettbewerbsverbot** zurückgegriffen.

305 Verwertet der Arbeitgeber ein Computerprogramm, welches nicht unter § 69b UrhG fällt, so steht dem Arbeitnehmerurheber grundsätzlich ein **Sondervergütungsanspruch** zu. Dieser Anspruch steht ihm auch dann zu, wenn der Arbeitnehmer das Computerprogramm dem Arbeitgeber zur Verwertung angeboten hat, ohne ihn ausdrücklich auf seinen Vergütungsanspruch hinzuweisen.[366]

5. Datenbanken

306 Eine Datenbank ist nach § 87a Abs. 1 UrhG eine Sammlung von Werken, Daten oder anderen unabhängigen Elementen, die systematisch oder methodisch angeordnet und einzeln mit Hilfe elektronischer Mittel oder auf andere Weise zugänglich sind und deren Beschaffung, Überprüfung oder Darstellung eine nach Art oder Umfang wesentliche Investition erfordert. Damit wird gesetzlicher Investitionsschutz zugunsten desjenigen geboten, der insoweit ins Risiko gegangen ist (sui-generis-Recht), kein Urheberrechtsschutz. Für Datenbankwerke (mit entsprechender Schöpfungshöhe) gilt § 4 Abs. 2 UrhG und damit die allgemeinen Vorschriften des UrhG – was bei Doppelschutz zu entsprechenden Herausforderungen führen kann.

307 Dementsprechend gilt nach § 87a Abs. 2 UrhG als Datenbankhersteller, dem die Rechte an der Datenbank zustehen, derjenige, der die Investition nach Abs. 1 vorgenommen hat. Es nimmt daher nicht weiter Wunder, dass die Rechte an im Arbeitsverhältnis geschaffenen Datenbanken dem Arbeitgeber ohne weiteres und ohne weitere Vergütung zustehen.[367]

6. Verfahrensrecht

308 Für Rechtsstreitigkeiten, die einen Anspruch aus dem UrhG betreffen, ist gem. § 104 UrhG der Rechtsweg zu den **ordentlichen Gerichten** eröffnet. Das gilt auch grundsätzlich für Rechtsstreitigkeiten aus einem Arbeits- oder Dienstverhältnis. Auch bei Streitigkeiten

---

[360] LG München I 16.1.1997 – 7 O 15354/91, CR 1997, 351 – Softwareentwicklung im Dienstverhältnis; aA Gaul/Bartenbach/*Bartenbach,* Handbuch des Gewerblichen Rechtsschutzes, C Rn. 531; Wandtke/Bullinger/ *Grützmacher* UrhG § 69b Rn. 28.
[361] Wandtke/Bullinger/*Grützmacher* UrhG § 69b Rn. 28.
[362] Gaul/Bartenbach/*Bartenbach,* Handbuch des Gewerblichen Rechtsschutzes, C 531.
[363] Vgl. zum Meinungsstand Schricker/Loewenheim/*Rojahn* UrhG § 43 Rn. 30 ff. u. 100 ff.; eine Anbietungspflicht gänzlich ablehnend Wandtke/Bullinger/*Wandtke* UrhG § 43 Rn. 34 ff.; differenzierend Wandtke/Bullinger/*Grützmacher* UrhG § 69b Rn. 31 ff.
[364] *Henkel* BB 1987, 833; *Schmieder* GRUR 1963, 297.
[365] *Holländer* CR 1991, 614 (616); *Ullmann* GRUR 1987, 6 (9).
[366] BGH 10.5.1984 – I ZR 85/82, GRUR 1985, 129 – Elektrodenfabrik; aA BAG 13.9.1983 – 3 AZR 371/81, NJW 1984, 1579 – Statikprogramme.
[367] Zur Zuordnung s. Dreier/*Schulze* UrhG § 87a Rn. 21 mHa BGH 6.5.1999 – I ZR 199/96, GRUR 1999, 923 – Tele-Info-CD.

zwischen Arbeitnehmer und Arbeitgeber über die Nutzung von Computerprogrammen gilt der Rechtsweg zu den ordentlichen Gerichten.[368] Betreffen die Streitsachen aus einem Arbeits- oder Dienstverhältnis jedoch **lediglich Vergütungsfragen**, bleibt es nach § 104 S. 2 UrhG bei dem **Rechtsweg zu den Arbeits- bzw. Verwaltungsgerichten**, vgl. auch § 2 Abs. 2 lit. a ArbGG.

V. Sonstige schutzfähige Schöpfungen

1. Designs (früher Geschmacksmuster)

Das Designgesetz weist mit § 7 Abs. 2 DesignG,[369] der Art. 14 Abs. 3 GGV nachgebildet ist, das Recht an Designs, die von einem Arbeitnehmer „*in Ausübung seiner Aufgaben oder nach den Weisungen seines Arbeitgebers entworfen*" worden sind, dem Arbeitgeber zu. Ein Design ist nach § 1 Nr. 1 DesignG eine zweidimensionale oder dreidimensionale Erscheinungsform eines ganzen Erzeugnisses oder eines Teils davon, die sich insbesondere aus den Merkmalen der Linien, Konturen, Farben, der Gestalt, Oberflächenstruktur oder der Werkstoffe des Erzeugnisses selbst oder seiner Verzierung ergibt.

Für die Vorläuferregelung des § 2 GeschmMG aF war es umstritten, ob das Nutzungsrecht originär beim Arbeitgeber entsteht oder ob es sich nur um einen derivativen Rechtserwerb des Arbeitgebers handelt.[370] § 7 Abs. 2 DesignG gibt im Hinblick auf die Rechte an im Arbeitsverhältnis entstandenen Designs im Ergebnis denselben rechtlichen Rahmen vor wie § 69b UrhG für Computerprogramme (und teilt dementsprechend auch entsprechende Probleme bei der Abgrenzung von gebundenen und freien Werken), allerdings mit dem Unterschied, dass nach § 69b UrhG alle „vermögensrechtlichen" Befugnisse dem Arbeitgeber zustehen, während nach § 7 Abs. 2 DesignG „das Recht an dem Design" dem Arbeitgeber zusteht. Dementsprechend geht man von einem **originären** Rechtserwerb des Arbeitgebers aus,[371] ungeachtet des Umstandes, dass zwar § 7 Abs. 1 DesignG von dem Recht „auf" das Design spricht, § 7 Abs. 2 DesignG aber von dem Recht „an" dem Design.

Der Arbeitnehmer ist ungeachtet des mit Fertigstellung erfolgenden Rechtsübergangs, der von der Mitteilung entkoppelt ist, verpflichtet, dem Arbeitgeber die **Fertigstellung** eines Designs iSd § 1 Nr. 1 DesignG **mitzuteilen,** damit der Arbeitgeber in der Lage ist, (frei) zu entscheiden, ob er das Design verwerten und/oder zum Schutz anmelden möchte.[372] Die Rechtszuweisung entsteht jedoch unabhängig von der Mitteilung.

In Anlehnung an § 4 ArbEG wird zum alten Recht (Geschmackmuster) die Auffassung vertreten, dass es neben den „gebundenen" Designs auch „freie" Designs geben kann; widersprüchlich werden jedoch die Kriterien für die Einordnung eines Designs als gebunden oder frei behandelt.[373] Unstreitig jedoch kann es freie Designs geben – hier ergeben sich im Wesentlichen dieselben Abgrenzungsprobleme wie bei der im Wortlaut im Wesentlichen parallelen Norm des § 69b UrhG (s. dort). Die Beweispflicht dafür, dass ein Design im privaten Bereich entstanden ist, liegt dabei beim Arbeitnehmer; die Beweispflict für die Reichweite der arbeitsvertraglichen Verpflichtungen bzw. der Weisungen beim Arbeitgeber.[374]

Ein gesonderter **Vergütungsanspruch** steht dem Arbeitnehmer grundsätzlich nicht zu, denn § 7 Abs. 2 DesignG geht davon aus, dass die Entwurfstätigkeit mit dem Arbeitsentgelt abgegolten ist. Obwohl seinerzeit das Gesetz zur Reform des Geschmacksmusterrechts nach den

---

[368] BAG 21.8.1996 – 5 AZR 1011/94, NJW 1997, 1025.
[369] Designgesetz idF d. Bekanntmachung vom 24.2.2014 (BGBl. 2014 I 122) mit nachfolgenden Änderungen.
[370] Vgl. zum Meinungsstand MHdB ArbR/*Sack*, Bd. 1, § 103 Rn. 28 ff.
[371] Nach Brückmann/Günther/*Beyerlein* GeschmMG § 7 Rn. 10, ist bereits für das GeschmMG von einem originären Erwerb des Arbeitgebers auszugehen.
[372] *Eichmann/Jestaedt/Fink/Meiser* DesignG § 7 Rn. 27.
[373] Zur früheren Rechtslage vgl. Brückmann/Günther/*Beyerlein* GeschmMG § 7 Rn. 17 sprechen eingangs davon, dass ein Muster, um frei zu sein, „sachlich oder zeitlich außerhalb eines Arbeitsverhältnisses" entstanden sein muss, in Rn. 18 wird jedoch herausgestellt, dass die Frage, ob der Entwurf außerhalb oder innerhalb der täglichen Arbeitszeit geschaffen wurde, keine Rolle spielt.
[374] *Eichmann/Jestaedt/Fink/Meiser* DesignG § 7 Rn. 26.

Urheberrechtsreformen in Kraft getreten ist, hat man seinerzeit im GeschmMG und dementsprechend im DesignG auf Regelungen wie in §§ 32, 32a UrhG verzichtet. Es kann daher nur eine (seltene) Vergütung nach dem Sonderleistungsprinzip in Betracht kommen.[375]

313 Da § 7 Abs. 2 DesignG ausdrücklich auf die Möglichkeit abweichender Vereinbarungen verweist, können die Arbeitsvertragsparteien sowohl bezüglich des Rechtserwerbs als auch bezüglich der Vergütung eine andere – auch stillschweigende – Vereinbarung treffen,[376] beispielsweise dahin, dass die Design dem Arbeitnehmer dinglich zustehen und der Arbeitgeber nur einfache Nutzungsrechte für die Dauer des Arbeitsverhältnisses hat, und dies nur gegen gesonderte Vergütung im Sinne einer Lizenzgebühr. Welche tatsächlichen Möglichkeiten für die Arbeitnehmerseite bestehen, von den gesetzlichen Vorgaben des § 7 Abs. 2 DesignG abweichende Vereinbarungen zu treffen, mag dahinstehen. Bisweilen wird darauf verwiesen, dass die Möglichkeit zur vertraglichen Gestaltung eher in anderer Weise – durch den Arbeitgeber – genutzt wird, beispielsweise dafür, sich arbeitsvertraglich Rechte an eigentlich freien Designs zu sichern.[377]

314 Jedenfalls ergibt sich aus dieser Anlehnung an § 69b UrhG auch, dass Designs, die nicht in Befolgung von Weisungen des Arbeitgebers bzw. nicht im Rahmen der übertragenen Aufgabenstellung gemacht worden sind, nicht dem Arbeitgeber zustehen. Dies führt zu arbeitsvertraglichem Regelungsbedarf, wenn Rechte an solchen Designs ebenfalls dem Arbeitgeber zustehen sollen. Hierbei ist allerdings, legt man eine solche Regelung in einem allgemein im Unternehmen verwendetem Arbeitsvertragsmuster nieder, das Recht der Allgemeinen Geschäftsbedingungen zu beachten (§§ 305 ff. BGB).

2. Pflanzenzüchtungen

315 Nach § 1 Sortenschutzgesetz[378] (SortenSchG) wird Sortenschutz für eine Pflanzensorte erteilt, wenn sie unterscheidbar, homogen, beständig, neu und durch eine eintragbare Sortenbezeichnung bezeichnet ist. Nach § 8 SortenSchG steht das Recht auf den Sortenschutz dem Ursprungszüchter oder Entdecker der Sorte oder seinem Rechtsnachfolger zu.

316 Die weitaus meisten Sorten werden von Arbeitnehmern geschaffen. Im SortenSchG findet sich keine Norm über die Rechte an von Arbeitnehmern geschaffenen Sorten. Nach Auffassung des BGH[379] richtet sich die Frage, welches Recht für die Zuordnung der Züchtung oder Entdeckung zum Arbeitgeber oder zum Arbeitnehmer maßgeblich ist, nach denselben Grundsätzen wie im ArbEG. Art. 11 Abs. 4 Gemeinschaftssortenverordnung verweist hierzu ebenfalls auf das für das Arbeitsverhältnis maßgebliche nationale Recht.

317 Eine unmittelbare Anwendung des ArbEG ist nach hM ausgeschlossen,[380] sofern nicht patentfähige Pflanzenzüchtungen nach § 2 Nr. 2, Hs. 2 PatG vorliegen. In Rechtsprechung und Literatur ist der Versuch unternommen worden, Züchtungen jedenfalls als qualifizierte technische Verbesserungsvorschläge gem. § 20 Abs. 1 ArbEG zu behandeln.[381] Unrichtig ist dies insoweit,[382] als eine eingetragene Sorte ein gesetzliches, registriertes Ausschließungsrecht bedeutet und nicht nur einen tatsächlichen Vorsprung kraft Geheimhaltung.

318 Jedenfalls geht man – auch bei Ablehnung der entsprechenden Anwendung des ArbEG – davon aus, dass das Recht auf den Sortenschutz auf Grund des Züchterprinzips beim Arbeitnehmer entsteht, der Arbeitgeber aber einen aus dem Arbeitsverhältnis folgenden und aus diesem zu konkretisierenden Rechtsanspruch auf Mitteilung und Übertragung der Züchtung hat.[383] Es kann sich daher empfehlen, vorsorglich in Arbeitsverträgen in entspre-

---

[375] Einzelheiten vgl. *Eichmann/Jestaedt/Fink/Meiser* DesignG § 7 Rn. 29, 30.
[376] Gaul/Bartenbach/*Bartenbach*, Handbuch des Gewerblichen Rechtsschutzes, C Rn. 520.
[377] Einzelheiten vgl. *Eichmann/Jestaedt/Fink/Meiser* DesignG § 7 Rn. 31.
[378] Sortenschutzgesetz idF der Bekanntmachung vom 19.12.1997, BGBl. 1997 I 3164, mit nachfolgenden Änderungen.
[379] BGH 27.11.1975 – X ZB 24/73, GRUR 1976, 385 – Rosenmutation.
[380] *Bartenbach*/Volz § 2 Rn. 8.
[381] Vgl. VGH München 31.3.1982 – 45 V 78, GRUR 1982, 559 – Albalonga; *Reimer/Schade/Schippel*, 8. Aufl. 2007, § 20 Rn. 4.
[382] Schiedsstelle 9.3.1972 – Arb.ErfK. 33/72, unveröffentlicht.
[383] *Keukenschrijver* Sortenschutzgesetz, § 8 Rn. 16.

chenden Branchen bzw. für Arbeitnehmer in entsprechenden Forschungsfeldern eine dingliche Zuordnung solcher Züchtungen zum Arbeitgeber vorzusehen. Macht der Arbeitgeber seinen Übertragungsanspruch geltend, soll hieraus auch zu folgern sein, dass ihn eine Pflicht trifft, Sortenschutz zu erwirken und dem Arbeitnehmer eine angemessene Vergütung zu zahlen, sofern nicht im Einzelfall durch das Arbeitsentgelt bereits eine Abgeltung erfolgt ist.[384]

3. Halbleitererzeugnisse

Im Halbleiterschutzgesetz[385] (HalbLSchG) werden dreidimensionale Strukturen von mikroelektronischen Halbleitererzeugnissen geschützt, die „Eigenart" aufweisen. Dort bestimmt § 2 Abs. 2 HalbLSchG, dass das Recht auf den Schutz der Topographien, welche im Rahmen eines Arbeitsverhältnisses oder im Auftrag eines anderen geschaffen worden sind, dem Arbeitgeber oder dem Auftraggeber zustehen, soweit durch Vertrag nichts anderes bestimmt ist. Dass eine solche Struktur „im Rahmen" eines Arbeitsverhältnisses geschaffen worden ist, dürfte der Regelfall sein. Dementsprechend ist nicht nur bei Arbeitnehmern, sondern auch zB bei freien Mitarbeitern, denen gezielt ein Auftrag zur Schaffung neuer Strukturen erteilt worden ist, ein Rechtsübergang auf den Auftraggeber gegeben. 319

Aus dem Gesetzeswortlaut geht nicht hervor, ob es sich bei dem Rechtserwerb um einen originären oder derivativen handelt. Die Begründung zum Regierungsentwurf zum HalbleiterschutzG geht jedoch von einem originären Rechtserwerb aus[386] so dass damit § 2 Abs. 2 HalbLSchG dem § 950 BGB in seiner Wirkung entspricht.[387] 320

Ein eigener **Vergütungsanspruch** steht dem Arbeitnehmer bzw. Auftragnehmer nicht zu, vielmehr ist die Schaffung von Topographien mit dem Arbeitsentgelt abgegolten, wenn die Arbeitsvertragsparteien nichts anderes vereinbart haben.[388] 321

Erfüllt die neue Struktur auch die Schutzvoraussetzungen anderer Schutzstatuten, zB des Patentrechts, gelten insoweit die Regeln dieses Schutzstatuts und die entsprechenden arbeitsrechtlichen Regelungen, in diesem Fall also das ArbEG. 322

4. Marken

Das nationale Markenrecht (MarkenG) enthält keine besondere Regelung der Fälle, in denen eine Marke, geschäftliche Bezeichnung oder geographische Herkunftsangabe von Arbeitnehmern entwickelt wurde, weder im Hinblick auf die Rechte an solchen Kennzeichen noch im Hinblick auf etwaige Vergütungen. Es ist jedoch auch im Anwendungsbereich des Markenrechts davon auszugehen, dass Arbeitsvertragsparteien – zumindest stillschweigend – dann die Zuordnung zum Arbeitgeber vereinbart haben, wenn der Arbeitnehmer damit innerhalb seines arbeitsvertraglichen Tätigkeitsbereichs befasst ist.[389] Zur Vermeidung von Missverständnissen und Abgrenzungsproblemen ist es empfehlenswert, die Rechte an im Arbeitsverhältnis geschaffenen Kennzeichen bereits im Arbeitsvertrag dem Arbeitgeber zuzuweisen; hierbei sind die Grenzen der §§ 305 ff. BGB zu beachten. 323

Eine Vergütungspflicht für die Herstellung besteht aber auch nur dann, wenn es sich um (seltene) Sonderleistungen des Arbeitnehmers handelt, die nicht bereits mit dem Arbeitsentgelt abgegolten sind. Arbeitnehmer, die zB in einer Werbeagentur permanent mit der Schaffung entsprechender Kreativleistungen befasst sind, werden für solche Leistungen einschließlich der Schaffung solcher Kennzeichen bezahlt, dürften also idR keinen Anspruch auf eine gesonderte Vergütung haben. Zur Klarstellung sollte man auch dies im Arbeitsvertrag entsprechend regeln. 324

---

[384] *Leßmann* GRUR 1986, 279 (282); *Straus* GRUR 1986, 767 (775 f.).
[385] Gesetz über den Schutz der Topographien von mikroelektronischen Halbleitererzeugnissen v. 22.10. 1987, BGBl. 1987 I 2294 mit nachfolgenden Änderungen.
[386] BT-Drs. 201/87 v. 15.5.1987, S. 47 f.
[387] MHdB ArbR/*Sack*, Bd. 1, § 103 Rn. 45.
[388] MHdB ArbR/*Sack*, Bd. 1, § 103 Rn. 45 f.
[389] Gaul/Bartenbach/*Bartenbach,* Handbuch des Gewerblichen Rechtsschutzes, C Rn. 535.

§ 17 Nicht- und Schlechtleistung

Übersicht

	Rn.
I. Allgemeines	1
II. Nichtleistung des Arbeitnehmers	2–81
1. Fallgruppen der Unmöglichkeit	3–28
a) Grundfall: Unmöglichkeit wegen Nichtarbeit und Zeitablauf	3–6
b) Naturgesetzliche/rechtliche Unmöglichkeit (§ 275 Abs. 1 BGB)	7–16
c) Leistungsverweigerungsrecht des Arbeitnehmers (§ 275 Abs. 3 BGB)	17–28
2. Reaktionsmöglichkeiten des Arbeitgebers	29–79
a) Klage auf Arbeitsleistung	30–33
b) Einbehaltung des Entgelts	34
c) Schadensersatz	35–42
d) Aufwendungsersatz	43
e) Vertragsstrafe	44–79
f) Kündigung	79
III. Schlechtleistung des Arbeitnehmers	80–140
1. Begriff und Anwendungsbereich	81–83
2. Reaktionsmöglichkeiten des Arbeitgebers	84–88
a) Einbehaltung des Entgelts	85
b) Schadensersatz	86/87
c) Kündigung	88
3. Haftungserleichterung des Arbeitnehmers	89–110
a) Anwendungsbereich	90/91
b) Haftungsquotierung	92–97
c) Abdingbarkeit	98
d) Mankohaftung	99–105
e) Mitverschulden	106–108
f) Darlegungs- und Beweislast	109/110
4. Haftung für Schäden bei Dritten	111–140
a) Haftung für Sachschäden	111–114
b) Haftung für Personenschäden	115–140

I. Allgemeines

1   Die Leistungsstörung im Arbeitsrecht besteht, ebenso wie im allgemeinen Schuldrecht, aus den Teilbereichen Nicht- und Schlechtleistung. Eine **Schlechtleistung** liegt dabei vor, wenn die geschuldete Arbeitsleistung vom Arbeitnehmer nicht ordnungsgemäß erbracht wird. **Nichtleistung** ist anzunehmen, wenn die Leistung entweder gar nicht oder mit zeitlicher Verspätung erbracht wird. Die Leistungsstörung in Form der Nichtleistung ist dabei wiederum zu unterteilen: Es ist zu differenzieren zwischen den Fällen der **Unmöglichkeit**, den Fällen, in denen die geschuldete Leistung gar nicht erbracht wird, obwohl sie erbringbar ist, und den Fällen des **Schuldnerverzugs,** in denen der Schuldner zwar leisten kann, dies aber schuldhaft und trotz Aufforderung zur Leistung nicht tut.

II. Nichtleistung des Arbeitnehmers

2   Nichtleistung liegt vor, wenn die Arbeitsleistung entweder **verspätet oder überhaupt nicht** erbracht wird.[1] Hierunter sind all diejenigen Fälle zu fassen, in denen der Arbeitnehmer seine Arbeitspflicht dadurch verletzt, dass er die Arbeit verspätet aufnimmt, mit ihr überhaupt nicht beginnt, sie nach einer berechtigten Unterbrechung verspätet oder überhaupt nicht mehr aufnimmt, vorzeitig einstellt oder seine Arbeitskraft zurückhält.[2]

---

[1] *Preis/Temming* ArbeitsR § 41.
[2] BAG 25.10.1984 – 2 AZR 417/83, AP BGB § 273 Nr. 3; BAG 9.5.1996 – 2 AZR 387/95, AP BGB § 273 Nr. 5.

1. Fallgruppen der Unmöglichkeit

a) Grundfall: Unmöglichkeit wegen Nichtarbeit und Zeitablauf. Für das Verhältnis zwischen Unmöglichkeit und Verzug als Unterfälle der Nichtleistung besteht im allgemeinen Schuldrecht der Grundsatz, dass sich **Unmöglichkeit und Verzug gegenseitig ausschließen**. Die Übertragung dieses Grundsatzes auf das Arbeitsrecht ist jedoch **problematisch**. Grund dafür ist die Möglichkeit der Nachholung der geschuldeten Leistung als Unterscheidungskriterium zwischen beiden Leistungsstörungen. Der Arbeitnehmer hat seine Arbeitsleistung in der Regel innerhalb eines festen und vom Arbeitgeber vorgegebenen Zeitrahmens zu erbringen. Die **Arbeitspflicht ist Fixschuld**, so dass eine Nichtleistung im Regelfall sofort zur Unmöglichkeit führen wird (**absolute Fixschuld**).[3] Die nachgeleistete Arbeit ist dann eine andere als die ursprünglich geschuldete Arbeit. Die nicht rechtzeitig geleistete Arbeit kann also nicht nachgeholt werden.

Etwas anderes gilt aber dann, wenn besondere Vereinbarungen über **flexible Arbeitszeiten** (Teilzeit, Arbeitszeitkonten, Gleitzeitarbeit, Nachleistungsklauseln in Tarifvertrag/Betriebsvereinbarung) getroffen wurden.[4] Hier kann unter Umständen eine **relative Fixschuld** im Sinne von § 323 Abs. 2 Nr. 2 BGB angenommen werden. Erst mit der Nichterfüllung in dem vereinbarten Erfüllungszeitraum tritt dann Unmöglichkeit ein.[5] In Zweifelsfällen wird jedoch eine absolute Fixschuld anzunehmen sein.[6]

Die **Anwendungsfälle des Schuldnerverzugs** des Arbeitnehmers nach § 286 BGB sind wegen des regelmäßig anzunehmenden **Charakters der Arbeitspflicht als absoluter Fixschuld** deshalb **auf die wenigen Fälle begrenzt,** in denen wegen flexibler Arbeitszeit nur eine relative Fixschuld nach § 323 Abs. 2 Nr. 2 BGB anzunehmen ist. Dabei ist jedoch zu bedenken, dass die Arbeitsleistung auch in diesen Fällen nur innerhalb desjenigen Zeitfensters nachgeholt werden kann, welches zur Leistungserbringung zur Verfügung steht. Bei einer täglichen Arbeitszeit von 8 Stunden und der Vereinbarung von gleitender Arbeitszeit kann deshalb die versäumte Arbeit nur am selben Tag innerhalb des Gleitzeitrahmens nachgeholt werden. Denn in diesem Fall ist der flexible Erfüllungszeitraum nur auf den jeweiligen Tag beschränkt.

Befindet sich der Arbeitnehmer mit seiner Arbeitsleistung im **Verzug**, kann der Arbeitgeber als Gläubiger der Leistung des Schuldners **neben der Erfüllung** des Arbeitsvertrages auch den **Ersatz des entstandenen Verzögerungsschadens** nach §§ 280 Abs. 2, 286 BGB verlangen. Danach ist der Gläubiger so zu stellen, wie er bei rechtzeitiger Leistung stehen würde.[7] Hierbei ist vor allem an Konventionalstrafen zu denken, die dadurch verhängt werden, dass durch die fehlende Mitarbeit des Arbeitnehmers ein Auftrag nicht rechtzeitig abgeschlossen werden konnte.[8] Ferner sind auch die Fälle erfasst, in denen dem Arbeitgeber ein Auftrag entgeht, weil der Arbeitnehmer nicht rechtzeitig zu Vertragsverhandlungen erscheint. Darüber hinaus besteht die Möglichkeit zur Geltendmachung von Schadensersatz statt der Leistung. Soweit der Arbeitsleistung der Charakter einer absoluten Fixschuld zukommt, lautet die Anspruchsgrundlage §§ 280 Abs. 1, 3, 283 BGB bzw. § 311a Abs. 2 S. 1 BGB. In den seltenen Fällen einer relativen Fixschuld ist Anspruchsgrundlage §§ 280 Abs. 1, 3, 281 BGB.

b) Naturgesetzliche/rechtliche Unmöglichkeit (§ 275 Abs. 1 BGB). Neben dem Grundfall der Unmöglichkeit, die **wegen** der Nichtarbeit des Arbeitnehmers eintritt, kann Unmöglichkeit eintreten, wenn dem Arbeitnehmer die Arbeitsleistung auf Grund anderer äußerer Umstände als dem eingetretenen Zeitablauf nicht möglich ist. Diese Fallgruppe regelt § 275 Abs. 1 BGB. Danach ist der Anspruch des Arbeitgebers auf Erbringung der Arbeitsleistung ausgeschlossen, wenn die Leistung von jedermann oder auch nur vom Arbeitnehmer nicht erbracht werden kann. Mit der Unmöglichkeit für jedermann sind die Fälle der echten objektiven Unmöglichkeit gemeint, in denen niemand in der Lage ist, die vom Arbeitnehmer geschul-

---

[3] *Richardi* NZA 2002, 1004 (1006 f.).
[4] Dazu BAG 17.3.1988 – 2 AZR 576/87, AP BGB § 626 Nr. 99; *Richardi* NZA 2002, 1004 (1006 f.); ErfK/*Preis* BGB § 611a Rn. 677; *Gotthardt* Rn. 90 f.
[5] Ebenso *Gotthardt* Rn. 90.
[6] ErfK/*Preis* BGB § 611a Rn. 677; *Gotthardt* Rn. 91.
[7] BGH 17.9.1964 – VII ZR 70/63, WM 1964, 1168 (1169).
[8] LAG Düsseldorf 19.10.1967 – 2 Sa 354/6, DB 1968, 90.

dete Arbeitsleistung zu erbringen. Die Nichterbringbarkeit der Leistung durch den Schuldner erfasst demgegenüber den Tatbestand der subjektiven Unmöglichkeit. Aufgrund der im Zweifelsfall anzunehmenden Höchstpersönlichkeit der Arbeitsleistung (§ 613 S. 1 BGB) ist diese Unterscheidung im Arbeitsrecht jedoch regelmäßig unerheblich. Die beiden Fallgruppen der echten Unmöglichkeit sind die naturgesetzliche und die rechtliche Unmöglichkeit.

8 **Naturgesetzliche Unmöglichkeit** liegt vor, wenn der Arbeitnehmer auf Grund tatsächlicher Gegebenheiten seine Arbeitsleistung nicht erbringen kann. Die Erbringung der Arbeitsleistung durch den Arbeitnehmer ist in jedem Fall ausgeschlossen, wenn ein **Wegfall des Leistungssubstrats** vorliegt. Der Arbeitnehmer hat dann nämlich keine Betriebsmittel oder Arbeitsgeräte an oder mit denen er seine Arbeitsleistung erbringen könnte; seine Arbeit hat keinen „Bezugspunkt" an dem sie erbringbar wäre. Die dieser Fallgruppe zuzuordnenden Konstellationen sind im Hinblick auf die Betriebsrisikolehre für die Frage nach dem Schicksal des Entgeltanspruchs des Arbeitnehmers von Bedeutung.[9] Das Freiwerden des Arbeitnehmers von der Arbeitspflicht tritt jedoch unabhängig von einem etwaigen Entgeltanspruch ein.

9 Im Falle der **rechtlichen Unmöglichkeit** steht der Leistungserbringung ein **rechtliches Hindernis** im Wege.[10] In diesen Fällen wird dem Arbeitnehmer kraft gesetzlicher Bestimmungen die Ausübung der Tätigkeit untersagt. Der Arbeitnehmer ist dabei zwar tatsächlich in der Lage, die von ihm geschuldeten Tätigkeiten auszuführen. Es fehlt ihm hierzu jedoch das rechtliche Dürfen, da die Rechtsordnung durch die Auferlegung eines Verbots den angestrebten Erfolg nicht anerkennt.[11]

10 In zeitlicher Hinsicht kann die Unmöglichkeit erst nach Aufnahme der Tätigkeit eintreten (**nachträgliche Unmöglichkeit**) oder bereits bei Vertragsschluss oder bei Aufnahme der Tätigkeit vorliegen (**anfängliche Unmöglichkeit**). Beide Formen der Unmöglichkeit sind von § 275 Abs. 1 BGB umfasst.

11 *aa) Nachträgliche Unmöglichkeit.* Die nachträgliche Unmöglichkeit bildet den **Regelfall bei der Nichtleistung durch den Arbeitnehmer,** da die Gründe für die Unmöglichkeit regelmäßig erst eintreten, nachdem das Arbeitsverhältnis in Vollzug gesetzt wurde; der Arbeitnehmer seine Arbeitsleistung also zumindest schon einmal erbracht hatte.

12 Unter die Fallgruppe der **nachträglichen naturgesetzlichen Unmöglichkeit** zu fassen sind diejenigen Fälle, in denen die Arbeitsleistung **auf Grund von außen auf die Arbeitsstätte des Arbeitnehmers einwirkender Umstände** nicht erbracht werden kann (Zerstörung des Betriebs durch Brand,[12] Arbeitserbringung wegen schlechten Wetters im Baugewerbe nicht möglich,[13] Naturkatastrophen, Stromausfall).[14] Ebenso fällt unter diese Fallgruppe der Ausfall der Arbeitsabläufe aus innerbetrieblichen Gründen (Absturz des Servers wegen Virusbefall).

13 Im Bereich der **nachträglichen rechtlichen Unmöglichkeit** ist vor allem an das Erlöschen und den Entzug von behördlichen Genehmigungen und Erlaubnissen zu denken. So ist bei einem ausländischen Arbeitnehmer beispielsweise an einen mangelnden Aufenthaltstitel zu denken. Im Hinblick auf die früher erforderliche Arbeitserlaubnis wurde die Auffassung vertreten, dass das Arbeitsverhältnis eines ausländischen Arbeitnehmers durch das Erlöschen einer Arbeitserlaubnis zwar nicht nichtig, dem Arbeitnehmer jedoch die Erbringung seiner Arbeitsleistung ohne diese Erlaubnis unmöglich sei.[15] Der Entzug der Fahrerlaubnis macht dem Berufskraftfahrer die Ausübung seiner Tätigkeit zwar nicht technisch unmöglich. Gleichwohl tritt durch das Verbot, ohne Fahrerlaubnis ein Kraftfahrzeug zu führen, rechtliche Unmöglichkeit ein.[16]

---

[9] Vgl. dazu ErfK/*Preis* BGB § 615 Rn. 120 ff., sowie die Bearbeitung von *Kolvenbach/Glaser* unter § 22.
[10] BT-Drs. 14/6040; *Gotthardt* Rn. 95; Palandt/*Grüneberg* BGB § 275 Rn. 16; aA *Richardi* NZA 2002, 1004 (1007).
[11] *Gotthardt* Rn. 95.
[12] BAG 17.12.1968 – 5 AZR 149/68 AP BGB § 324 Nr. 2; BAG 13.6.1990 – 5 AZR 350/89, EzA § 611 BGB Beschäftigungspflicht Nr. 44.
[13] BAG 18.5.1999 – 9 AZR 14/98, BB 1999, 1220; BAG 14.5.1986 – 4 AZR 77/85, AP FeiertagslohnzahlungsG § 1 Nr. 49.
[14] BAG 30.1.1991 – 4 AZR 338/90 AP BGB § 615 Betriebsrisiko Nr. 33.
[15] BAG 19.1.1977 – 3 AZR 66/75 AP AFG § 19 Nr. 3.
[16] BAG 5.6.2008 – 2 AZR 984/06, BeckRS 2008, 54973 Rn. 28.

Gleiches gilt für den Verlust der Fluglizenz.[17] Ebenso verhält es sich beim Entzug der Approbation des Krankenhausarztes. Auch hier ist dem Arzt durch den bloßen Entzug der Approbation die Behandlung seiner Patienten nicht faktisch unmöglich, er besitzt immer noch die erforderlichen Kenntnisse und technischen Fähigkeiten, wie in dem Moment vor dem Entzug der Approbation. Doch auch hier führt ihr Verlust zu rechtlicher Unmöglichkeit.[18]

bb) *Anfängliche Unmöglichkeit.* Wegen der Gleichstellung der anfänglichen und nachträglichen Unmöglichkeit in § 275 Abs. 1 BGB sind auch diejenigen Fallkonstellationen erfasst, in denen das Leistungshindernis – in tatsächlicher oder rechtlicher Form – bereits zum Zeitpunkt des Vertragsschlusses vorlag. In diesen Fällen ist **anfängliche Unmöglichkeit** gegeben. Gerade die Hindernisse in tatsächlicher Hinsicht dürften äußerst selten sein. Der Fall, dass der Arbeitgeber mit dem Arbeitnehmer den Arbeitsvertrag in Unkenntnis des kurzfristig vorher geschehenen Abbrennens seines Betriebs abschließt, ist eher den Lehrbüchern als der Praxis vorbehalten.

Bei den **Leistungshindernissen aus rechtlichen Gründen** sind die Anwendungsfälle dagegen ungleich häufiger. Vor allem im Bereich der Beschäftigungsverbote wegen fehlender Aufenthaltstitel bei ausländischen Arbeitnehmern oder ansteckender Krankheiten (Verstoß gegen § 42 InfektionsschutzG) ist das anfängliche Fehlen im Vergleich zum späteren Wegfall während des Arbeitsverhältnisses **eher die Regel als die Ausnahme.**

Zu beachten ist jedoch, dass der Ausschluss der Leistungspflicht wegen der tatsächlichen „objektiven" Unmöglichkeit des § 275 Abs. 1 BGB nur dann anzunehmen ist, wenn das rechtliche Hindernis einen völligen Ausschluss der Tätigkeit bewirkt. Verbleibt ein Rest an erlaubter Tätigkeit, besteht keine rechtliche Unmöglichkeit bezüglich der Erfüllbarkeit des Arbeitsvertrags.[19]

c) **Leistungsverweigerungsrechte des Arbeitnehmers (§ 275 Abs. 2 und Abs. 3 BGB).** Der Grund für die Unmöglichkeit muss nicht zwangsläufig darin liegen, dass der Arbeitnehmer seine Arbeitsleistung – wegen Zeitablaufs oder wegen tatsächlicher oder rechtlicher Umstände – nicht erbringen **kann.** Vielmehr ist vom Gesetzgeber anerkannt, dass der Arbeitnehmer in bestimmten Fallkonstellationen seine Arbeitsleistung nicht erbringen **muss**, obwohl ihm dies möglich wäre.[20]

Nach § 275 Abs. 2 BGB kann (= muss nicht) der Schuldner die Erbringung der Leistung verweigern, wenn dies für ihn mit einem Aufwand verbunden ist, der unter Beachtung der vertraglichen Vereinbarung und der Grundsätze von Treu und Glauben in einem groben Missverhältnis zum Leistungsinteresse des Gläubigers steht. **Absatz 3** demgegenüber gibt dem Schuldner ein Leistungsver-weigerungsrecht, wenn er die geschuldete Leistung persönlich zu erbringen hat, ihm die Erbringung aber unter Abwägung des entgegenstehenden Hindernisses mit dem Interesse des Gläubigers an der Leistung nicht zugemutet werden kann.

Obwohl das Leistungsverweigerungsrecht als Rechtsfolge der Absätze 2 und 3 identisch ist, findet auf das Leistungsverweigerungsrecht des Arbeitnehmers nur § 275 Abs. 3 BGB als für das Arbeitsrecht vorrangige Sonderregelung Anwendung.[21] Dieser Vorrang ergibt sich daraus, dass Abs. 3 speziell auf persönlich zu erbringende Leistungen zugeschnitten ist. Eine solche persönlich zu erbringende Leistung ist regelmäßig die Arbeitspflicht im Arbeitsverhältnis (§ 613 S. 2 BGB). Ebenso verzichtet Absatz 3 im Gegensatz zu Absatz 2 darauf, auch ein eventuelles Verschulden zu berücksichtigen. Im Gegenzug stellt Absatz 3 dafür eher auf das Schuldnerinteresse ab, während nach Absatz 2 für den Ausschluss der Leistungspflicht das Interesse des Gläubigers ausschlaggebend ist, da nach Absatz 2 erst ein „grobes Missverhältnis" zum Ausschluss berechtigen soll. Diese Gewichtungen zugunsten des Schuldners

---

[17] BAG 18.12.1986 – 2 AZR 34/86, AP BGB § 297 Nr. 2; BAG 25.4.1996 – 2 AZR 74/95, AP KSchG 1969 § 1 Personenbedingte Kündigung Nr. 18.
[18] BAG 6.3.1974 – 5 AZR 313/73, AP BGB § 615 Nr. 29.
[19] *Preis/Temming* ArbeitsR § 42 II 2; *Gotthardt* Rn. 95; *Richardi* NZA 2002, 1004 (1007).
[20] *Preis/Temming* ArbeitsR § 42 II 2.
[21] MüKoBGB/*Ernst* § 275 Rn. 115.

werden dem Charakter der Arbeitspflicht als persönlich zu erbringender Leistungspflicht besser gerecht.[22]

20 Signifikanter Unterschied zwischen den Unmöglichkeiten in Absatz 1 und Absatz 3 ist die **Wirkung der Unmöglichkeit.** Während nach Absatz 1 der Leistungsausschluss kraft Gesetz, also auch ohne und gegen den Willen des Arbeitnehmers eintritt, ist das Leistungsverweigerungsrecht in Absatz 3 als Einredetatbestand ausgeformt. Die Unmöglichkeit tritt hier also nur mit willentlichem Zutun des Arbeitnehmers ein.

21 Was die Anforderungen an die nach Absatz 3 vorausgesetzte „**Unzumutbarkeit**" anbelangt, so ist zu beachten, dass die Absätze 1 bis 3 in vielen Vorschriften gleich behandelt werden (zB §§ 283 S. 1, 285 Abs. 1, 311a Abs. 1, 326 Abs. 1, 2, 5 BGB). Aus diesem Grund muss die Unzumutbarkeit in ihrer Intensität mit der Unmöglichkeit des Absatz 1 vergleichbar sein.[23] Hauptanwendungsfälle des Leistungsverweigerungsrechts aus § 275 Abs. 3 BGB sind:
- Gewissenskonflikte,
- Krankheit des Arbeitnehmers,
- Pflichtenkollision.

22 Nach der herrschenden Meinung innerhalb der Literatur kann bei **Gewissens-/Glaubenskonflikten** die Leistung wegen Unzumutbarkeit gem. § 275 Abs. 3 BGB ausgeschlossen sein.[24] Die Rspr. hingegen verlagert die Problematik der Gewissens-/Glaubenskonflikte regelmäßig auf die Ebene des Weisungsrechts, da in Fällen von unüberwindbaren Gewissens-/Glaubenskonflikten der Arbeitgeber sein Weisungsrecht nicht ermessensfehlerfrei ausübt und es somit auf die Geltung des § 275 Abs. 3 BGB nicht ankommt.[25] Die Verortung von Gewissens-/Glaubenskonflikten auf der Ebene des Weisungs- oder aber des Leistungsstörungsrechts ist im Hinblick auf den Vergütungsanspruch von erheblicher praktischer Relevanz, hängt hiervon doch ab, ob das allgemeine Leistungsstörungsrecht mit der regelmäßigen Folge des Erlöschens des Vergütungsanspruchs Anwendung findet oder aber die besonderen schuldrechtlichen Bestimmungen gem. §§ 611a, 615 BGB mit der Folge des Fortbestands des Vergütungsanspruchs anzuwenden sind.[26] Je nach Verortung können auch schadensersatzrechtliche Folgen in Betracht kommen, bspw. wenn der Arbeitnehmer trotz Kenntnis eines Gewissens-/Glaubenskonflikts ein Arbeitsverhältnis eingeht. Die Notwendigkeit einer Differenzierung hat das BAG mit seiner Entscheidung vom 18.10.2017 anerkannt, ohne die hierbei auftretenden dogmatischen Folgen einer Lösung zuzuführen.[27] Richtigerweise wird man die jeweiligen Umstände des Einzelfalles betrachten und danach differenzieren müssen, ob dem Arbeitgeber die Gewissens-/Glaubenskonflikte bekannt sind und wie sie sich zeitlich zum ausgeübten Weisungsrecht und zum Abschluss des Arbeitsverhältnisses verhalten.[28]

23 Unabhängig von der soeben dargestellten Problematik nimmt der Arbeitnehmer im Falle von Gewissens-/Glaubenskonflikten das Risiko einer personenbedingten Kündigung in Kauf.[29]

24 Umstritten ist die rechtsdogmatische Einordnung der Krankheit des Arbeitnehmers in das System der Leistungsstörung.[30] Zutreffend ist es, danach zu differenzieren, ob die Arbeit aufgrund der Krankheit tatsächlich unmöglich (§ 275 Abs. 1 BGB) oder aber lediglich unzumutbar (§ 275 Abs. 3 BGB) ist. Im Ergebnis kommt es auf die genaue Einordnung jedoch

---

[22] Preis/Temming ArbeitsR § 42 II 2.
[23] BT-Drs. 14/6040, 130; ErfK/Preis BGB § 611a Rn. 685; Gotthardt Rn. 99.
[24] Vgl. statt aller ErfK/Preis BGB § 611a Rn. 687; vertiefend hierzu Eufinger RdA 2018, 224 (226 f.).
[25] BAG 20.12.1984 – 2 AZR 436/83, AP BGB § 611 Direktionsrecht Nr. 27 (Weigerung zur Herstellung von kriegsverherrlichenden Druckereierzeugnissen über den Zweiten Weltkrieg); BAG 24.5.1989 – 2 AZR 285/88, AP BGB § 611 Gewissenskonflikt Nr. 1 (Gewissenskonflikt bei Forschung an einem im Falle des Nuklearwaffeneinsatzes brechreizhemmenden Medikamentes); BAG 24.2.2011 – 2 AZR 636/09, NZA 2011, 1087; kritisch Schaub ArbR-HdB/Linck § 45 Rn. 41; diese Zweifel aufgreifend BAG 18.10.2017 – 10 AZR 330/16, NZA 2017, 1452 (1460 Rn. 68).
[26] AA ErfK/Preis BGB § 611a Rn. 688.
[27] BAG 18.10.2017 – 10 AZR 330/16, NZA 2017, 1452 (1460) mit Verweis auf Staudinger/Rieble BGB § 315 Rn. 444, 457 ff.
[28] Schaub ArbR-HdB/Linck § 45 Rn. 41.
[29] BAG 24.2.2011 – 2 AZR 636/09, NZA 2011, 108.
[30] Vgl. ErfK/Preis BGB § 611a Rn. 685 mwN.

nicht an, da der Arbeitnehmer in beiden Fällen gem. § 326 Abs. 1 BGB seinen Anspruch auf Gegenleistung verliert (**ohne Arbeit kein Lohn**). Aufgrund der Vorschriften zum Entgeltfortzahlungsgesetz wird dieses von der Rechtsordnung als unerwünscht erachtete Ergebnis indessen erheblich modifiziert.

Weiterer wichtiger Anwendungsfall ist die **Pflichtenkollision** des Arbeitnehmers. Zum einen sind diejenigen Fälle erfasst, in denen der Arbeitnehmer an Leben und Gesundheit gefährdet wäre, würde er seinen Pflichten nachkommen. Voraussetzung für die Bejahung des Leistungsverweigerungsrechts nach § 275 Abs. 3 BGB ist dann aber natürlich, dass der Arbeitnehmer das Tragen dieser Gefahr nicht selbst schuldet (Werksfeuerwehrmann, Sprengstoffexperte, Raubtierdompteur, Feuerwerker). Ebenfalls dem Anwendungsbereich des § 275 Abs. 3 BGB dürften diejenigen Sachverhalte unterfallen, in denen der Arbeitgeber seiner Pflicht zu Schutzmaßnahmen aus § 618 BGB nicht nachkommt.[31] Im Gegensatz zu § 618 BGB erfasst § 275 Abs. 3 BGB jedoch auch nicht schuldhaftes Verhalten des Arbeitgebers sowie Gefahren, die Bestandteil des allgemeinen Lebensrisikos sind.[32] Das Leistungsverweigerungsrecht ist dabei nicht erst bei konkretem Vorliegen der Gefahrenlage gegeben, sondern bereits bei ernsthaftem und objektiv begründetem Verdacht. Nicht ausreichend ist allerdings die rein subjektive Ansicht des Arbeitnehmers. Auch familiäre und persönliche Gründe können zur Unzumutbarkeit der Arbeitserbringung führen. Laut amtlicher Begründung[33] zählen hierzu insbesondere die Pflege schwer kranker Angehöriger, während der Arbeitszeit notwendige Arztbesuche und die Ladung zu Behörden und Gerichtsterminen.[34] Hinsichtlich der Entgeltzahlungspflicht des Arbeitgebers kann es bei der Pflege des erkrankten Kindes allerdings für den Arbeitnehmer unter Umständen vorteilhafter sein, sich nicht auf das Leistungsverweigerungsrecht zu berufen. Denn nach § 326 Abs. 1 BGB verliert der Arbeitnehmer in einem solchen Fall seinen Entgeltanspruch. Nach der arbeitsrechtlichen Sonderregelung des § 616 BGB iVm § 45 SGB V behält der Arbeitnehmer jedoch unter gewissen Voraussetzungen den Entgeltanspruch.[35]

Ebenfalls erfasst sind die Fälle, in denen ein Arbeitnehmer zum **ausländischen Wehrdienst** einberufen wurde. Noch zum alten Recht erkannte das BAG die Unmöglichkeit der Leistungserbringung bei einem türkischen Wehrpflichtigen zwar beim abgekürzten zweimonatigen Wehrdienst,[36] nicht aber beim regulären Wehrdienst[37] an.

Die Berufung auf den Leistungsbefreiungstatbestand des § 275 Abs. 3 BGB ist für den Arbeitnehmer allerdings nicht risikolos. So kann bei einer irrtümlichen Berufung auf ein tatsächlich nicht gegebenes Leistungsverweigerungsrecht der Arbeitgeber eine verhaltensbedingte Kündigung aussprechen.[38] Aber auch wenn sich der Arbeitnehmer zu Recht auf § 275 Abs. 3 BGB beruft (va bei unverschuldeten Gewissenskonflikten), kommt eine Kündigung aus personenbedingten Gründen in Betracht.[39]

Kein Fall der anfänglichen Unmöglichkeit ist der Abschluss zweier Arbeitsverträge durch den Arbeitnehmer mit unterschiedlichen Arbeitgebern mit der Folge, dass er nicht beide Verträge erfüllen kann.[40] Die Annahme von anfänglicher Unmöglichkeit scheitert daran, dass der Arbeitnehmer ja beide Verträge – wenn auch nur alternativ – erfüllen kann. Es ist deshalb eine Entscheidung des Arbeitnehmers erforderlich, welchen Vertrag er erfüllen möchte.

---

[31] Anders zum alten Recht BAG 8.5.1996 – 5 AZR 315/95, AP BGB § 618 Nr. 23: Leistungsverweigerungsrecht aus § 273 BGB.
[32] *Gotthardt* Rn. 110 führt als Beispiel Auslandsmitarbeiter in umkämpften Gebieten an.
[33] BT-Drs. 14/6040, 130.
[34] In diese Richtung BAG 13.12.2001 – 6 AZR 30/01, AP MTArb § 33 Nr. 1.
[35] So zutreffend *Wank* FS Schwerdtner S. 247 (250).
[36] BAG 22.12.1982 – 2 AZR 282/82, AP BGB § 123 Nr. 23; BAG 7.9.1983 – 7 AZR 101/82, AP KSchG 1969 § 1 Verhaltensbedingte Kündigung Nr. 7.
[37] BAG 20.5.1988 – 2 AZR 682/87, AP KSchG § 1 Personenbedingte Kündigung Nr. 9.
[38] BAG 29.11.1983 – 1 AZR 469/82, AP BGB § 626 Nr. 78 (Teilnahme an rechtswidrigem Streik; die Kündigung wurde jedoch nicht als sozial gerechtfertigt angesehen); ErfK/*Preis* BGB § 611a Rn. 688; *Gotthardt* Rn. 112, 118.
[39] BAG 24.2.2011 – 2 AZR 636/09, NZA 2011, 1087; BAG 24.5.1989 – 2 AZR 285/88, NZA 1990, 144; ErfK/*Preis* BGB § 611a Rn. 688; *Gotthardt* Rn. 112, 118.
[40] BAG 26.3.1965 – 3 AZR 248/63, AP BGB § 306 Nr. 1; *Richardi* NZA 2002, 1004 (1007).

Der nicht erfüllte Arbeitsvertrag wird aber erst durch Zeitablauf unmöglich, wenn der Arbeitnehmer innerhalb dieser Zeit den anderen Arbeitsvertrag erfüllt.

2. Reaktionsmöglichkeiten des Arbeitgebers

29   Durch die Unmöglichkeit wird der Arbeitnehmer von seiner Pflicht zur Arbeitsleistung befreit. Der Arbeitgeber kann seinerseits **folgende Rechte** geltend machen:
- Klage auf Arbeitsleistung,
- Einbehaltung des Entgelts,
- Schadensersatz,
- Aufwendungsersatz,
- Vertragsstrafe,
- Kündigung.

30   **a) Klage auf Arbeitsleistung.** Dem Arbeitgeber steht grundsätzlich die Möglichkeit offen, die Arbeitsleistung des unwilligen Arbeitnehmers einzuklagen. Ein solches Urteil dürfte sich jedoch regelmäßig in einem moralischen Appell und der Klärung der Rechtslage erschöpfen.[41] Vollstreckungsrechtlich trifft ein solches Urteil in der Praxis auf Schwierigkeiten, da es sich bei der Arbeitsleistung in der Regel um eine unvertretbare Leistung handelt und somit die Zwangsvollstreckung nach § 888 Abs. 3 ZPO ausgeschlossen ist.[42] Teilweise wird in der Literatur und in der Instanzrechtsprechung im Einzelfall auch eine Vertretbarkeit angenommen, wobei das wirschaftliche Interesse des Gläubigers in den Vordergrund gestellt wird.[43] Selbst wenn man mit dieser Auffassung davon ausgehen würde, dass eine Vollstreckung im Einzelfall nach § 887 Abs. 1 ZPO möglich ist, wäre im Ergebnis für den Arbeitgeber nicht viel gewonnen, da er materiell hierdurch keinen Vorteil erlangen würde. Lohnenswerter ist es einen **Antrag nach § 61 Abs. 2 ArbGG** zu stellen, wonach auf Antrag des Arbeitgebers für den Fall, dass der Arbeitnehmer die Handlung innerhalb einer Frist nicht vornimmt, der Arbeitnehmer zur Zahlung einer Entschädigung verurteilt wird.

31   Dieses Vorgehen bietet sich auch an, wenn der Arbeitgeber Schadensersatz verlangen möchte, da sich die gerichtliche Geltendmachung von Schadensersatz wegen Nichterfüllung aus Gründen des praktisch schwierigen Nachweises der Kausalität der Pflichtverletzung oftmals als problematisch erweist: Der Arbeitgeber **klagt auf Erfüllung** der Arbeitspflicht **und verbindet diese Klage mit der Festsetzung einer Entschädigung für den Fall des Zuwiderhandelns.** Dabei orientiert sich die vom Arbeitnehmer zu leistende Entschädigung an der Höhe des vom Arbeitgeber erwarteten Schadens. Diesen darf sie allerdings auch nicht übersteigen.[44] Voraussetzung für die Möglichkeit dieser Verfahrensweise ist natürlich, dass der Arbeitnehmer seiner Arbeitspflicht aktuell nicht nachkommt. Für die bereits verstrichene Zeit kommt nur der Weg über die Geltendmachung des Schadensersatzes in Betracht.

Muster: Klage auf Entschädigung gemäß § 61 Abs. 2 ArbGG

32   An das
Arbeitsgericht

Klage

der Firma X GmbH

......   – Klägerin –

gegen
Herrn Y

......   – Beklagter –

erheben wir Klage.

---

[41] Dazu Herbert/Oberrath NZA 2004, 121 (124).
[42] Schaub ArbR-HdB/*Linck* § 45 Rn. 66.
[43] Vgl. nur OLG Bamberg 2.2.1983 – 2 WF 14/83, MDR 1983, 499; LAG Hamburg 13.5.1977 – 8 TaBV 38/77, DB 1977, 1272; BLHAG ZPO § 887 Rn. 6; Stein/Jonas/Brehm ZPO § 888 Rn. 6; MüKoZPO/*Gruber* § 887 Rn. 9; MHdB ArbR/*Reichold* § 42 Rn. 1–13.
[44] ErfK/*Preis* BGB § 611a Rn. 701.

Namens und kraft Vollmacht der Klägerin wird beantragt,
1. der Beklagte wird verurteilt, seine arbeitsvertragliche Tätigkeit als Pkw-Verkäufer in den Geschäftsräumen der Klägerin in Z-Stadt zu erbringen;
2. der Beklagte wird für den Fall, dass er seiner Verpflichtung gemäß Klageantrag zu Ziffer 1) nicht binnen einer Frist von 6 Wochen nach Zustellung des Urteils nachkommt, zur Zahlung einer Entschädigung an die Klägerin in Höhe von ...... EUR verurteilt.

Begründung:

Der Beklagte ist auf Grund Anstellungsvertrages vom ...... als Pkw-Verkäufer zu einem monatlichen Festgehalt von ...... EUR brutto nebst verkaufsabhängiger Provisionsvereinbarung bei der Klägerin beschäftigt.
Beweis: Anstellungsvertrag vom ......
Provisionsvereinbarung vom ......
Gemäß § 10 des Anstellungsvertrages der Parteien ist das Anstellungsverhältnis beiderseits mit einer Kündigungsfrist von 6 Monaten zum jeweiligen Kalenderhalbjahresende kündbar.
Der Beklagte hat unter Missachtung der vertraglichen Kündigungsfrist am 10.7.2011 mit Wirkung zum 31.12.2011 gekündigt.
Beweis: Kündigungsschreiben des Beklagten.
Seit dem 1.1.2004 arbeitete der Beklagte bei der Firma K.
Die Eigenkündigung des Beklagten vom 10.7.2011 war nicht fristgerecht. Das Arbeitsverhältnis der Parteien besteht bis zum 30.6.2012 fort. Der Beklagte ist demzufolge verpflichtet, der Klägerin seine arbeitsvertraglich geschuldete Dienstleistung als Pkw-Verkäufer in deren Geschäftsräumen zu erbringen.
Mit dem Klageantrag zu Ziffer 2 begehrt die Klägerin Entschädigung für den Fall, dass der Beklagte seiner Verpflichtung gemäß Klageantrag zu Ziff. 1 nicht binnen 6 Wochen nach Zustellung des Urteils nachkommen sollte.
Kommt der Beklagte seiner vertraglich geschuldeten Arbeitsleistung nicht nach, entsteht der Klägerin ein Schaden in mindestens der Höhe der mit dem Klageantrag zu Ziffer 2 geforderten Entschädigungssumme.
Der Beklagte hat im Durchschnitt der letzten 5 Jahre mindestens 10 Pkw pro Monat für die Klägerin verkauft. Hieraus hat die Klägerin einen Gewinn in Höhe von ...... EUR pro Monat erwirtschaften können.
Beweis: 1. Vorlage der persönlichen Verkaufsstatistik des Beklagten von 2006 bis 2010
2. Betriebswirtschaftliche Auswertung der Klägerin für die Jahre 2006 bis 2010
3. Zeugnis des Steuerberaters der Klägerin S
Die geforderte Entschädigungssumme entspricht dem 6-fachen durchschnittlichen Monatsgewinn der Klägerin, den sie aus der Tätigkeit des Beklagten in den vergangenen 5 Jahren erwirtschaften konnte. Da die Verkaufszahlen stetig angestiegen sind, ist der Beklagte zumindest in Höhe des durchschnittlich entgangenen Gewinns der Klägerin zur Entschädigungsleistung verpflichtet.
Die Klägerin hat sich seit August 2011 wiederholt vergeblich bemüht, einen Nachfolger für den Beklagten zu finden.
Beweis: 1. Stellenanzeigen vom ......
2. Zeugnis des Pkw-Verkaufsleiters D
Der Beklagte ist daher antragsgemäß zur Entschädigungsleistung zu verurteilen.

......
Rechtsanwalt

Die Verpflichtung des Arbeitnehmers zur Arbeitsleistung ist nach herrschender Auffassung auch im Wege der **einstweiligen Verfügung** möglich.[45] Die Gegenauffassung lehnt den Erlass einer einstweiligen Verfügung unter Hinweis auf die nach § 888 Abs. 3 ZPO ausgeschlossene Vollstreckbarkeit bei unvertretbaren Handlungen bzw. den fehlenden Verfügungsgrund bei der Vollstreckung durch Ersatzvornahme nach § 887 ZPO ab. Dabei wird jedoch übersehen,

---

[45] LAG Baden-Württemberg 9.4.1963 – 6 Ta 4/63, DB 1963, 544; ArbG Frankfurt a. M. 22.8.1994 – 8 Ga 193/94, NZA 1995, 552.

dass die Vollstreckbarkeit der Klagbarkeit nicht entgegensteht. Da dies für das Klageverfahren anerkannt ist, kann für das Verfahren der einstweiligen Verfügung nichts anderes gelten.[46] Eine Entschädigung im Sinne von § 61 Abs. 2 ArbGG per einstweiliger Verfügung ist dagegen nicht möglich. Denn der Arbeitgeber wird kaum plausibel glaubhaft machen können, dass er gerade auf die Zahlung der Entschädigung und nicht auf die Arbeitsleistung des Arbeitnehmers angewiesen ist, weshalb es schon am Verfügungsgrund fehlt.[47]

34 **b) Einbehaltung des Entgelts.** Die Tatsache, dass der Arbeitnehmer auf Grund der Unmöglichkeit von seiner Pflicht zur Erbringung der geschuldeten Leistung frei wird, sagt noch nichts darüber aus, welches Schicksal der Vergütungsanspruch des Arbeitnehmers als Gegenleistung der Arbeitsleistung erleidet. Sofern es sich nicht um einen Sonderfall nach der Betriebsrisikolehre oder eine sonstige Ausnahme, wie zB nach EFZG bzw. BUrlG handelt, gilt der Grundsatz **„ohne Arbeit kein Lohn".**[48] Hierbei ist zu beachten, dass es sich bei dem Arbeitsverhältnis um ein **Dauerschuldverhältnis** handelt. Die Arbeitsleistung des Arbeitnehmers wird dabei in **Teilleistungen** erbracht. Hat der Arbeitnehmer aber auch nur einen geringen Teil dieser Arbeitsleistung erbracht, liegt keine vollständige, sondern nur Teilunmöglichkeit vor. Gemäß § 326 Abs. 1 S. 1 Hs. 2 BGB iVm § 441 Abs. 3 BGB führt die vom Arbeitnehmer zu vertretende Unmöglichkeit für den Zeitraum, in dem die Arbeitsleistung nicht erbracht wurde, zum Verlust des Anspruchs auf das Arbeitsentgelt für diese Zeit. Dabei ist zu berücksichtigen, dass die Pfändungsfreigrenzen der §§ 850a ff. ZPO in diesem Fall nicht gelten.[49] Der Arbeitgeber kann also grundsätzlich das Arbeitsentgelt im vollen Umfang für die nicht geleistete Arbeit einbehalten. Hat der Arbeitgeber das Arbeitsentgelt bereits gezahlt, finden über § 326 Abs. 4 BGB die Regelungen des Rücktrittsrechts nach §§ 346 ff. BGB Anwendung.[50]

35 **c) Schadensersatz.** Obwohl der Arbeitnehmer von der Pflicht zur Erbringung seiner Arbeitsleistung frei geworden ist, besteht die Möglichkeit seiner Haftung auf Schadensersatz. Im Falle der **nachträglichen Unmöglichkeit** kann der Arbeitgeber **Schadensersatz statt der Leistung nach §§ 280 Abs. 1, 3, 283 BGB** verlangen. Voraussetzung für das Bestehen des Anspruchs ist hier jedoch ebenfalls, dass der Arbeitnehmer die Nichtleistung zu vertreten hat. Für die **anfängliche Unmöglichkeit** stellt § 311a Abs. 2 BGB eine eigene Anspruchsgrundlage dar. Verstößt der Arbeitnehmer jedoch gegen ein allein in seiner Sphäre liegendes Verbotsgesetz, greift § 311a Abs. 2 BGB nicht ein. Insoweit ist § 134 BGB lex specialis mit der Folge der Nichtigkeit des abgeschlossenen Arbeitsvertrages. Der Arbeitnehmer haftet jedoch aus culpa in contrahendo (§§ 311 Abs. 2, 241 Abs. 2 BGB). Im Gegensatz zu § 311a Abs. 2 BGB beschränkt sich die Haftung jedoch auf das negative Interesse.[51]

36 Nach § 280 Abs. 1 S. 1 BGB trägt grundsätzlich der Schuldner die **Beweislast**, dass er die von ihm begangene Pflichtverletzung nicht zu vertreten hat. Insofern stellt das Gesetz eine Verschuldensvermutung zu Lasten des Schuldners auf.[52] Im Arbeitsrecht gilt hingegen die Regelung des § 619a BGB. Die Anwendung dieser Vorschrift auf sämtliche arbeitsvertraglichen Pflichtverletzungen wird jedoch als zu weitreichend erachtet und daher teilweise eine teleologische Reduktion gefordert. Dem ist zuzustimmen. Obwohl von seinem Wortlaut her anwendbar, gilt § 619a BGB in den Fällen, in denen die Pflichtverletzung nicht durch eine betrieblich veranlasste Tätigkeit verursacht worden ist, nicht.[53] Die Norm soll nach der Gesetzesbegründung[54] nur diejenigen Fälle erfassen, in denen der Arbeitnehmer in den Genuss

---

[46] So auch *Herbert/Oberrath* NZA 2004, 121 (124).
[47] LAG Baden-Württemberg 9.4.1963– 6 Ta 4/63, DB 1963, 554; LAG Hessen 19.10.1989 – 3 SaGa 1120/89, ZTR 1990, 442; ErfK/*Preis* BGB § 611a Rn. 701.
[48] Vgl. → § 24.
[49] ErfK/*Preis* BGB § 611a Rn. 697.
[50] *Richardi* NZA 2002, 1004 (1008); GmbH-HdB/*Moll* Rn. 186.6.
[51] *Joussen* NZA 2001, 745 (749); *Wank*, FS Schwerdtner, S. 247 (253 f.).
[52] Palandt/*Grüneberg*, BGB § 280 Rn. 34.
[53] MüKoBGB/*Henssler* § 619a Rn. 26; *Gotthardt* Rn. 175; *Lindemann* AuR 2002, 81 (85); *Henssler* RdA 2002, 129 (132), aA BAG 18.7.2006 – 1 AZR 578/05, NZA 2007, 462; Palandt/*Weidenkaff* BGB § 619a Rn. 3; Schaub ArbR-HdB/*Linck* § 52 Rn. 56, 59.
[54] BT-Drs. 14/7052, 204.

einer Haftungserleichterung kam. Das waren und sind aber nur Fälle sogenannter betrieblich veranlasster Tätigkeiten. Die Nichtleistung der Arbeit ist jedoch keine solche betrieblich veranlasste Tätigkeit, so dass es bei der Verschuldensvermutung bleibt.

Der **Umfang** des Schadensersatzes bestimmt sich grundsätzlich nach den §§ 249 ff. BGB. Gleichsam ist zu beachten, dass nur der Verfrühungsschaden ersetzt wird.[55] Der Schadensersatzanspruch ist also auf die Zeit bis zum ersten ordentlichen Kündigungstermin beschränkt.[56] 37

Häufig ist die Geltendmachung des Schadensersatzes für den **Arbeitgeber** jedoch außerordentlich schwierig. Denn obwohl den Arbeitnehmer die Exkulpationspflicht für die Pflichtverletzung trifft, hat der Arbeitgeber das Entstehen und den Umfang des Schadens, sowie den Kausalzusammenhang zwischen Pflichtverletzung und Schaden zu beweisen. Letzteres ist aber gerade bei komplexen Arbeitsabläufen immens schwierig. An dieser Problematik ändert auch die Tatsache wenig, dass dem Arbeitgeber die **Beweiserleichterung des § 287 ZPO** zur Hilfe kommt.[57] 38

Mögliche, aber nicht unbedingt praktikable Alternative ist die Aufnahme der Vereinbarung einer **Schadenspauschale in den Arbeitsvertrag**. Bei der Regelung in allgemeinen Arbeitsbedingungen ist § 309 Nr. 5a BGB zu beachten: Danach darf die Pauschale den in den geregelten Fällen nach dem gewöhnlichen Lauf der Dinge zu erwartenden Schaden nicht übersteigen. Da es aber kaum möglich ist, den bei Nichtleistung des Arbeitnehmers zu erwartenden Schaden im Voraus zu konkretisieren, scheidet die Pauschalierung faktisch aus;[58] zumindest wird sich die Pauschale in einer äußerst geringen Größenordnung bewegen müssen. Weitere Einschränkungen erfolgen durch § 309 Nr. 5b BGB. Danach muss dem Schuldner in der Klausel das Recht vorbehalten werden, gegebenenfalls zu beweisen, dass der behauptete Schaden entweder gar nicht eingetreten oder aber vom Umfang her wesentlich geringer als der Pauschalbetrag ist.[59] 39

Ersatzfähige Schäden sind: 40
- Entgangener Gewinn,
- Produktionsausfall,
- Mehrvergütungen,
- Entgeltdifferenzen,
- Kosten für die Anwerbung einer Ersatzkraft,
- Konventionalstrafen.

Können wegen der Nichtleistung des Arbeitnehmers Aufträge nicht angenommen werden, werden sie verspätet ausgeführt oder nicht zu Ende gebracht, kann der Arbeitgeber den dadurch **entgangenen Gewinn** ersetzt verlangen (§ 252 BGB).[60] Entgangener Gewinn kann dann als Schaden geltend gemacht werden, wenn dieser „nach dem gewöhnlichen Lauf der Dinge" mit Wahrscheinlichkeit entstanden wäre oder wenn dies aufgrund „getroffener Anstalten und Vorkehrungen" zu erwarten gewesen wäre.[61] Für den Fall, dass der Arbeitgeber Vorratsproduktion betreibt und sich der Warenbestand im Lager durch die Nichtleistung von demjenigen unterscheidet, der bei ordnungsgemäßer Arbeitsleistung anzutreffen wäre, ist auch der **Ersatz des Produktionsausfalls** möglich;[62] ebenso, wenn wegen der Nichtleistung des Arbeitnehmers die Produktionsmaschinen stillstehen müssen.[63] Hinsichtlich der Bemessung des Gewinnausfalls wird dabei in der Regel auf die Geschäftsbücher zurückzugreifen sein.[64] Lässt der Arbeitgeber die ausgefallene Arbeit durch Überstunden der übrigen Arbeitnehmer kompensieren oder werden andere Arbeitnehmer aus einer anderen Filiale 41

---

[55] *Gotthardt* Rn. 176.
[56] *Tschöpe/Schmalenberg* Teil 2 A Rn. 158.
[57] BAG 27.1.1972 – 2 AZR 172/71, AP BGB § 252 Nr. 2.
[58] Ebenso *Leder/Morgenroth* NZA 2002, 952 (955).
[59] BAG 27.7.2010 – 3 AZR 777/08, NZA 2010, 1237.
[60] *Löwisch* NZA 2001, 465 (466); *Gotthardt* Rn. 176.
[61] LAG Mecklenburg-Vorpommern 20.1.2015 – 2 Sa 59/14, BeckRS 2015, 70993.
[62] BAG 5.10.1962 – 1 AZR 51/61, AP BGB § 628 Nr. 2.
[63] *Frey* BB 1959, 744.
[64] BAG 27.1.1972 – 2 AZR 172/71, AP BGB § 252 Nr. 2.

zum Ausgleich abgeordnet,[65] kann deren Arbeitsvergütung als sogenannte **Mehrvergütung** als Schadensposten geltend gemacht werden. Muss der Arbeitgeber eine Ersatzkraft einstellen und ist diese nur gegen die Gewährung einer im Vergleich zum nicht leistenden Arbeitnehmer höheren Vergütung zur Arbeit bereit, gilt auch die **Differenz** zwischen den Entgelten als ersatzfähiger Schaden.[66] Übernimmt der Arbeitgeber selbst die Arbeit des vertragsbrüchigen Arbeitnehmers, ohne eine Ersatzkraft einzustellen, so besteht der zu ersetzende Schaden in der Einkommensminderung, die er infolge der Nichtleistung ohne seine schadensabwendende Tätigkeit erlitten hätte.[67] Wird der Ausfall der Arbeitskraft durch größere Anstrengungen der übrigen Arbeitnehmer aufgefangen, hat der Arbeitgeber auch Anspruch auf Schadensersatz. Er kann vom vertragsbrüchigen Arbeitnehmer das anteilige Gehalt derjenigen Arbeitnehmer verlangen, die seine Arbeiten mitverrichtet haben. Dabei muss sich der Arbeitgeber allerdings das anrechnen lassen, was er infolge der Vertragsverletzung an Lohn für den vertragsbrüchigen Arbeitnehmer eingespart hat.[68] Bezüglich der **Kosten für die Anwerbung einer Ersatzkraft** muss differenziert werden. Da nur der Verfrühungsschaden ersetzt wird, können auch nur diejenigen Kosten ersetzt werden, die bei ordnungsgemäßer Einhaltung der Kündigungsfrist vermeidbar gewesen wären. Aus diesem Grund können **Inserierungskosten** vom vertragsbrüchigen Arbeitnehmer nur dann als Schadensersatz gefordert werden, wenn diese Kosten bei der Einhaltung der Kündigungsfrist vermieden worden wären.[69] Dabei ist darauf zu achten, dass die anfallenden Kosten nicht unangemessen sein dürfen.[70] Können übernommene Aufträge gar nicht, nicht rechtzeitig oder nicht im erforderlichen Umfang und mit der erforderlichen Sorgfalt bearbeitet werden und wird deshalb eine vereinbarte **Konventionalstrafe** fällig, muss diese von dem auf Schadensersatz in Anspruch genommenen Arbeitnehmer beglichen werden.

42   Doch nicht nur bereits entstandene Vermögenseinbußen sind zu ersetzen, sondern auch diejenigen Kosten, die bei konkreten Verdachtsmomenten zur Abwehr drohender Nachteile als notwendig anzusehen sind. So hat der Arbeitnehmer dem Arbeitgeber die durch das Tätigwerden eines Detektivs entstandenen notwendigen Kosten zu ersetzen, wenn der Arbeitgeber anlässlich eines konkreten Tatverdachts gegen den Arbeitnehmer einem **Detektiv** die Überwachung des Arbeitnehmers überträgt und der Arbeitnehmer einer vorsätzlichen vertragswidrigen Handlung (zB Krankfeiern) überführt wird.[71]

43   d) **Aufwendungsersatz.** Alternativ kann nach § 284 BGB der Gläubiger auch Ersatz seiner Aufwendungen verlangen. Unter Aufwendungen sind dabei diejenigen Vermögensopfer zu verstehen, die der Arbeitgeber im Vertrauen auf den Erhalt der Arbeitsleistung gemacht hat, die aber wegen der Nichtausführung des Arbeitsvertrages nutzlos geworden sind.[72] Die Geltendmachung von Aufwendungsersatz wird bei Nichtleistung des Arbeitnehmers für den Arbeitgeber regelmäßig nicht viel Sinn ergeben. Ersatzfähig sind nämlich nur solche Aufwendungen, deren Zweck ohne die Pflichtverletzung erreicht worden wäre. Da aber das Arbeitsverhältnis – vor allem in der Probezeit – mit relativ kurzen Fristen kündbar ist (§ 622 Abs. 1, 3 BGB), wäre der wirtschaftliche Zweck der Aufwendung nur in den seltensten Fällen erreicht worden.[73] Insofern gilt dasselbe wie beim Verfrühungsschaden. Nicht ersatzfähig sind deshalb die **frustrierten, nutzlosen Aufwendungen,** da sie auch bei vertragstreuem Verhalten des Arbeitnehmers entstanden wären und der Vertragsbruch mithin nicht kausal für ihr Entstehen ist. Hat sich der Arbeitgeber zur Gewinnung des Arbeitnehmers beispielsweise eines **Headhunters** bedient und nimmt der neugewonnene Arbeitnehmer seine Tätig-

---

[65] BAG 24.4.1970 – 3 AZR 324/69, AP HGB § 60 Nr. 5.
[66] LAG Schleswig-Holstein 13.4.1972– 3 Sa 76/72, BB 1972, 1229; LAG Berlin 27.9.1973 – 7 Sa 59/73, DB 1974, 538.
[67] BAG 24.8.1967 – 5 AZR 59/67, AP BGB § 249 Nr. 7.
[68] BAG 24.4.1970 – 3 AZR 324/69, DB 1970, 1645.
[69] BAG 26.3.1981 – 3 AZR 485/78, AP BGB § 276 Vertragsbruch Nr. 7.
[70] BAG 30.6.1961 – 1 AZR 206/61, AP BGB § 276 Vertragsbruch Nr. 1.
[71] BAG 26.9.2013 – 8 AZR 1026/12, NZA 2014, 301; BAG 28.5.2009 – 8 AZR 226/08, NZA 2009, 1300; BAG 17.9.1998 – 8 AZR, AP BGB § 611 Haftung des Arbeitnehmers Nr. 133.
[72] *Gotthardt* Rn. 162.
[73] BAG 14.9.1984 – 7 AZR 11/82, AP BGB § 276 Vertragsbruch Nr. 10.

keit nicht auf, so können die für den Headhunter aufgewendeten Kosten nicht als Schadensersatz zurückgefordert werden. Denn diese fallen – ebenso wie die Kosten für das **Vorstellungsgespräch** des vertragsbrüchigen Arbeitnehmers – unabhängig davon an, ob der Arbeitnehmer überhaupt einen Anstellungsvertrag abschließt und ob er den Anstellungsvertrag wenigstens eine gewisse Mindestzeit ordnungsgemäß erfüllt. Aus diesem Grund sind die Kosten nicht durch den Vertragsbruch des Arbeitnehmers veranlasst oder verursacht worden.[74]

e) **Vertragsstrafe.** *aa) Allgemeines/Anwendbarkeit im Arbeitsrecht.* Um die Probleme bei der Geltendmachung des Schadensersatzes zu umgehen, wird häufig eine **Vertragsstrafe** für das Nichtantreten der Stelle (= die Nichtaufnahme der Arbeit) oder das Ausscheiden aus dem Arbeitsverhältnis ohne Einhaltung der Kündigungsfrist (= der Abbruch der Arbeit) im Sinne von § 340 BGB vereinbart. Da durch die Vereinbarung der Vertragsstrafe die Arbeitsleistung des Arbeitnehmers erzwungen werden soll, handelt es sich bei den vorgenannten Vertragsstrafen um **unselbstständige Strafversprechen**, auf welche die §§ 339 ff. BGB Anwendung finden. 44

Die Vertragsstrafe erfüllt eine **Doppelfunktion:** Zum einen besteht ihr Zweck in der Verhinderung eines vertragswidrigen und schuldhaften Verhaltens des Schuldners. Zum anderen erhält der Gläubiger eine Möglichkeit zum Schadensausgleich ohne seinerseits einen Schaden nachweisen zu müssen, denn selbst wenn tatsächlich kein Schaden eingetreten ist, schließt dies eine Vertragsstrafe nicht aus.[75] Gleichzeitig kann aber neben der Vertragsstrafe noch Schadensersatz geltend gemacht werden. Dabei ist jedoch der als Vertragsstrafe geschuldete Betrag auf die Schadensersatzforderung anzurechnen (§ 340 Abs. 2 BGB). 45

Die Vereinbarung solcher Vertragsstrafen im Arbeitsrecht ist – mit Ausnahme von Berufsausbildungsverhältnissen (§ 12 Abs. 2 Nr. 2 BBiG) – grundsätzlich zulässig.[76] Insbesondere wird die Unerzwingbarkeit der Arbeitsleistung nach § 888 Abs. 3 ZPO nicht ausgehebelt.[77] Dabei ist es üblich wie zulässig, dass Strafversprechen nur einseitig dergestalt vereinbart werden, dass vertragsbrüchiges Verhalten des Arbeitnehmers sanktioniert werden soll, während eine entsprechende Vereinbarung für Vertragsverletzungen durch den Arbeitgeber nicht in den Arbeitsvertrag aufgenommen wird.[78] 46

Die Verwirkung der Vertragsstrafe setzt nach § 339 S. 1 BGB zunächst voraus, dass der Schuldner in Verzug kommt; besteht die geschuldete Leistung in einem Unterlassen, so tritt die Verwirkung bereits mit der Zuwiderhandlung ein (§ 339 S. 2 BGB). Dass auf Grund des Fixschuldcharakters der Arbeitsleistung im Regelfall Unmöglichkeit und nicht Verzug eintritt, ist unerheblich. Durch die Regelung soll deutlich werden, dass in beiden Fällen ein Vertretenmüssen des Schuldners erforderlich ist, da der Verzug stets ein **Vertretenmüssen** voraussetzt.[79] Die Wirksamkeit der Vertragsstrafe hängt entscheidend davon ab, ob sie individuell vereinbart, oder die Klausel formularmäßig in den Arbeitsvertrag einbezogen ist. Im ersteren Fall findet ggf. nur eine punktuelle Einzelfallprüfung durch die Rechtsprechung statt, wohingegen bei formularmäßigen Vertragsstrafeversprechen eine gerichtliche Inhaltskontrolle nach den §§ 305 ff. BGB eingreift. 47

bb) Die individuell vereinbarte Vertragsstrafe. Die individuell vereinbarte Vertragsstrafenklausel stellt im Arbeitsrecht den absoluten Ausnahmefall dar. Hintergrund hierfür ist, dass für eine individuell vereinbarte Vertragsstrafe diese für den Arbeitnehmer erkennbar zur Disposition gestellt worden und dem Arbeitnehmer eine Gestaltungsfreiheit zur Wahrung seiner Interessen eingeräumt worden sein muss. Im Rahmen einer abgestuften Darle- 48

---

[74] Vgl. auch GmbH-HdB/*Moll* Rn. 186.10.
[75] BAG 27.4.2000 – 8 AZR 301/99, BeckRS 2009, 56447; BAG 5.2.1986 – 5 AZR 564/84, AP BGB § 339 Nr. 12; ErfK/*Müller-Glöge* BGB § 345 Rn. 9.
[76] BAG 27.4.2000 – 8 AZR 301/99, BeckRS 2009, 56447; BAG 23.5.1984 – 4 AZR 129/82, AP BGB § 339 Nr. 9; LAG Köln 16.11.2001 – 11 Sa 752/01, MDR 2002, 830; aA *Langheid* DB 1980, 1219 f.
[77] BAG 4.3.2004 – 8 AZR 196/03, NZA 2004, 727 (732); BAG 23.5.1984 – 4 AZR 129/82, AP BGB § 339 Nr. 9; ErfK/*Müller-Glöge* BGB § 345 Rn. 9; aA *Langheid* DB 1980, 1219 f.
[78] LAG Hessen 14.2.2001 – 1 Sa 1503/00, BeckRS 2001, 308791; LAG Berlin 19.5.1980 – 9 Sa 19/80, AP BGB § 339 Nr. 8.
[79] BGH 29.6.1972 – II ZR 101/70, AP BGB § 339 Nr. 6.

gungs- und Beweislast trägt der Arbeitgeber als Verwender die Darlegungslast für das Aushandeln der Vertragsstrafe.[80] Sollte dem Arbeitgeber im Einzelfall dieser Nachweis gelingen gilt das Folgende:

49 Die Formulierung der Vertragsstrafeklausel spielt eine entscheidende Rolle bei der Bestimmung des zur Verwirkung erforderlichen Verschuldensgrades. Die Formulierung, wonach allgemein der „Vertragsbruch" des Arbeitnehmers sanktioniert werden soll, beinhaltet zwar die praktisch wichtigsten Gründe für die Vereinbarung einer Vertragsstrafe – Nichtaufnahme der Arbeit durch den Arbeitnehmer, sowie das Ausscheiden aus dem Vertragsverhältnis vor Ablauf der vereinbarten Laufzeit oder ohne Einhaltung der Kündigungsfrist ohne rechtlichen Grund[81] – gleichzeitig aber macht eine solch allgemeine Formulierung Vorsatz des Arbeitnehmers zur Verwirkung erforderlich.[82] Demgegenüber bewirkt eine möglichst genaue Bezeichnung des sanktionsbewehrten Verhaltens wohl eine Absenkung des Mindestverschuldens auf einfache Fahrlässigkeit.[83] Die Vertragsstrafe muss ferner **bestimmt genug** sein, um dem betroffenen Arbeitnehmer Klarheit darüber zu verschaffen, welche Pflichten durch die Regelung tatsächlich gesichert werden sollen, wobei ausreichend ist, dass der Verwirklichungstatbestand im Wege der Auslegung bestimmbar ist.[84] Die angesprochene Formulierung, wonach jeder Vertragsbruch geahndet werden soll, erfüllte – im Bereich der individuell vereinbarten Vertragsstrafe – nach der früheren Rechtsprechung des BAG bereits diese Voraussetzungen.[85] Auch nach heutigem, engerem Verständnis des Bestimmtheitsgebots ist eine solche Formulierung nicht zu beanstanden.

50 Da die Vertragsstrafe ein erhebliches Druckmittel darstellt, welches in der Regel einer gestörten Vertragsparität entstammt, unterfällt ihre Vereinbarung grundsätzlich der arbeitsgerichtlichen Billigkeitskontrolle gem. §§ 138, 242 BGB.[86] Die Vertragsklausel muss einem begründeten und billigenswerten Interesse des Arbeitgebers entsprechen und dem Arbeitnehmer zumutbar sein.[87] Das billigenswerte Interesse des Arbeitgebers liegt bei der Beendigung des Arbeitsverhältnisses durch den Arbeitnehmer ohne Einhaltung der Kündigungsfristen und ohne wichtigen Grund oder dem Nichtantritt der Arbeit grundsätzlich vor, da durch das strafbewehrte Verhalten dem Arbeitgeber typischerweise erheblicher Schaden droht und ein Schadensnachweis nur schwer möglich ist.[88]

51 Die Höhe der Vertragsstrafe kann mit Hilfe unterschiedlicher Mechanismen festgelegt werden. Zum einen kann die Vertragsstrafenklausel selbst bestimmte Beträge bestimmen. Zum anderen kann die Bestimmung dem Gläubiger anheimgestellt werden (§ 315 Abs. 1 BGB). Schließlich kann auch ein Dritter die Höhe der Vertragsstrafe bestimmen (§ 317 Abs. 1 BGB). Es ist dagegen nicht möglich, dass von vornherein dem Gericht die Bemessung der Vertragsstrafe zugewiesen wird.[89]

52 Die Vertragsstrafe darf **nicht unangemessen** hoch sein. Die Bemessung kann nicht generell erfolgen, sondern muss sich nach den Umständen des jeweiligen Einzelfalls richten.[90] Bei der Festlegung der angemessenen Höhe muss jedoch bedacht werden, dass der angedrohte Betrag spürbar sein muss, will man den Arbeitnehmer wirklich davon abhalten, sich vertrags-

---

[80] BAG 18.12.2008 – 8 AZR 81/08, NZA-RR 2009, 519 (521).
[81] Vgl. BAG 18.9.1991 – 5 AZR 581/90, AP BGB § 339 Nr. 14.
[82] LAG Berlin 6.12.1966 – 5 Sa 96/66, AP BGB § 339 Nr. 4; ErfK/*Müller-Glöge* BGB § 345 Rn. 28; MüKo/*Gottwald* BGB § 339 Rn. 34; GmbH-HdB/*Moll* Rn. 188.3.
[83] ErfK/*Müller-Glöge* BGB § 345 Rn. 28.
[84] BAG 27.4.2000 – 8 AZR 301/99, BeckRS 2009, 56447; ErfK/*Müller-Glöge* BGB § 345 Rn. 12.
[85] Anschaulich BAG 18.9.1991 – 5 AZR 650/90, AP BGB § 339 Nr. 14; aA OLG Düsseldorf 18.10.1991 – 16 U 173/90, DB 1992, 86.
[86] BAG 27.4.2000 – 8 AZR 301/99, BeckRS 2009, 56447; BAG 23.5.1984 – 4 AZR 129/82, AP BGB § 339 Nr. 9.
[87] BAG 27.4.2000 – 8 AZR 301/99, BeckRS 2009, 56447; BAG 23.5.1984 – 4 AZR 129/82, AP BGB § 339 Nr. 9; BAG 18.9.1991 – 5 AZR 650/19, AP BGB § 339 Nr. 14.
[88] BAG 4.3.2004 – 8 AZR 196/03, NZA 2004, 727 (733); BAG 27.4.2000 – 8 AZR 301/99, BeckRS 2009, 56447; BAG 23.5.1984 – 4 AZR 129/82, AP BGB § 339 Nr. 9.
[89] BAG 25.9.1980 – 3 AZR 133/80, AP BGB § 339 Nr. 7.
[90] Zur Notwendigkeit einer umfassenden einzelfallbezogenen Interessenabwägung bei einer in AGB enthaltenen Vertragsstrafe: BAG 25.9.2008 – 8 AZR 717/07, NZA 2009, 370; BAG 4.3.2004 – 8 AZR 196/03, NZA 2004, 727 (733).

brüchig zu verhalten. Es dürfen deshalb keine zu geringen Maßstäbe angelegt werden.[91] Die aus Wiedergutmachung und Abschreckung bestehende Doppelfunktion der Vertragsstrafe muss deshalb auch bei der Berechnung der angemessenen Höhe zu berücksichtigen sein. Bezüglich der dem Rechtsgedanken des § 61 Abs. 2 ArbGG entspringenden Wiedergutmachungsfunktion[92] muss auf das konkrete Schadenspotential abgestellt werden, das ein Vertragsbruch des jeweiligen Arbeitnehmers im Einzelfall beinhalten würde.[93] Hinsichtlich des Abschreckungseffektes muss ein wirkungsvoller Druck erzeugt werden können. Gleichzeitig ist zu bedenken, dass dem Arbeitnehmer die Vertragsstrafe auch der Höhe nach gemäß den Grundsätzen von Treu und Glauben **zumutbar** sein muss, weshalb Einkommen und Unterhaltsverpflichtungen des Arbeitnehmers zu berücksichtigen sind.

Soll die Vertragsstrafe die Nichteinhaltung der Kündigungsfrist oder das Nichtabwarten 53 bis zum Ende der Vertragslaufzeit sanktionieren, so bietet sich für die Bemessung der angemessenenangemessenen Strafhöhe der jeweilige Zeitraum bis zur ordnungsgemäßen Beendigung an. Je länger dieser Zeitraum ausfällt, desto höher wird auch das Interesse des Arbeitgebers zu bewerten sein. Weiteres Kriterium für die Bemessung der angemessenen Höhe stellen die Bezüge des Arbeitnehmers dar.[94]

In den von der Rechtsprechung entschiedenen Fällen zur Beendigung der Tätigkeit ohne 54 Einhaltung der Kündigungsfrist bzw. zum Nichtantritt der Arbeit war überwiegend eine Vertragsstrafe in Höhe eines Bruttomonatsgehalts vereinbart[95] bzw. eingeklagt[96] worden. Gleichzeitig betonte das BAG, dass es keinen Rechtssatz gebe, wonach eine Vertragsstrafe die Höhe des für die Kündigungsfrist zu zahlenden Gehalts nicht übersteigen dürfe. Die angemessene Höhe könne nicht allgemein, sondern nur unter Berücksichtigung des Einzelfalles bestimmt werden.[97] So hat das BAG angedeutet, dass es auch Vertragsstrafen von bis zu zwei Bruttomonatsgehältern für grundsätzlich zulässig erachtet.[98]

Ist die **Höhe** der – individualvertraglich vereinbarten[99] – Vertragsstrafe **unangemessen**, 55 kann dies zweierlei Rechtsfolgen nach sich ziehen: Einerseits kann in extremen Fällen die Vereinbarung der Vertragsstrafe wegen Sittenwidrigkeit nach §§ 138, 242 BGB **nichtig** sein. Solche krassen Benachteiligungen sind beispielsweise gegeben, wenn der Betrag höher ist, als das für die normale gesetzliche Kündigungsfrist zu zahlende Entgelt[100] oder wenn bei einem Berufssportler im Falle der Vertragsbrüchigkeit dieser sämtliche bis zu diesem Zeitpunkt gezahlten Bezüge nebst Nebenkosten zu zahlen hat.[101] Liegen keine solchen Extremfälle vor, kann der Arbeitnehmer vom Gericht die **Herabsetzung der Strafe nach § 343 BGB** begehren. Das Gericht selbst bestimmt dann, welches die angemessene Höhe der Strafe ist. Das Recht auf Herabsetzung ist unabdingbar.[102] Da der Gesetzgeber selbst davon ausgegangen ist, dass auch unangemessene Vertragsstrafen grundsätzlich wirksam sind, muss auch hingenommen werden, dass dem Arbeitnehmer zur Ermittlung der angemessenen Höhe auf dem Prozessweg zusätzliche Kosten anfallen.[103]

cc) Die formularmäßig vereinbarte Vertragsstrafe. Die Vertragsstrafe kann nicht nur im 56 Einzelarbeitsvertrag, sondern auch in **Tarifvertrag** und Betriebs- oder Dienstvereinbarung geregelt werden. Das BAG hat bereits in seiner Entscheidung vom 18.8.1987 darauf erkannt, dass die Betriebspartner befugt seien, in einer Betriebsvereinbarung alle Fragen zu regeln, die auch Inhalt des Arbeitsvertrages sein können, soweit nicht der Vorbehalt einer

---

[91] BAG 4.3.2004 – 8 AZR 196/03, NZA 2004, 727 (733); *Heinze* NZA 1994, 244 (251).
[92] Dazu *Heinze* NZA 1994, 244 (251).
[93] *Bengelsdorf* BB 1989, 2390 (2393).
[94] *Heinze* NZA 1994, 244 (251).
[95] Vgl. BAG 27.4.2000 – 8 AZR 301/99, BeckRS 2009, 56447; BAG 23.5.1984 – 4 AZR 129/82, AP BGB § 339 Nr. 9.
[96] LAG Berlin 19.5.1980 – 8 Sa 19/80, AP BGB § 339 Nr. 8.
[97] BAG 25.10.1994 – 9 AZR 265/93, BeckRS 2009, 56449.
[98] BAG 23.5.1984 – 4 AZR 129/82, AP BGB § 339 Nr. 9.
[99] Für die formularmäßig vereinbarte Vertragsstrafe sind andere Maßstäbe anzulegen; dazu → Rn. 54.
[100] LAG Köln 26.9.1989 – 3 Sa 332/89, LAGE BGB § 339 Nr. 4.
[101] LAG Köln 9.4.1998 – 10 Sa 1483/97, LAGE BGB § 339 Nr. 13.
[102] LAG Baden-Württemberg 5.12.1995 – 7 Sa 105/95, AiB 1996, 65.
[103] LAG Köln 26.9.1989 – 3 Sa 332/89, LAGE BGB § 339 Nr. 4.

tariflichen Regelung nach § 77 Abs. 3 BetrVG eingreife.[104] Voraussetzung ist jedoch, dass die Betriebspartner ihre Regelungskompetenz nicht missbrauchen und das Regelungsinstrument der Betriebsvereinbarung nicht zweckwidrig einsetzen. Es widerspreche nämlich der Ordnungs- und Schutzfunktion der Betriebsvereinbarung, wenn sie nicht für die Arbeitnehmer einen Mindeststandard sichern solle. Mit dieser Zweckbestimmung unvereinbar ist eine Regelung in einer Betriebsvereinbarung, wonach von der dortigen Vertragsstrafenregelung abweichende einzelvertragliche Vereinbarungen auch dann vorrangig sein sollen, wenn sie für die Arbeitnehmer ungünstiger sind. In einem solchen Falle werde bezweckt, dass auch diejenigen Arbeitnehmer eine Vertragsstrafe zu zahlen hätten, mit denen bislang einzelvertraglich eine solche nicht vereinbart worden ist oder vereinbart werden konnte. Diese Zweckbestimmung sei zu missbilligen. In solchen Fällen ist die gesamte Betriebsvereinbarung unwirksam.[105]

57   Handelt es sich bei der Vertragsstrafe um eine für eine Vielzahl von Verträgen vorformulierte Vertragsbedingung – wovon heute regelmäßig auszugehen ist –,[106] greifen die §§ 305 ff. BGB ein. Damit greift die Vertragsinhaltskontrolle, es gelten **Transparenzgebot, Unklarheitenregel** und das **Verbot überraschender Klauseln.** Bei der Anwendung des AGB-Rechts sind allerdings die im Arbeitsrecht geltenden Besonderheiten angemessen zu berücksichtigen, § 310 Abs. 4 S. 2 BGB. Der maßgebliche Beurteilungszeitpunkt ist der Zeitpunkt des Vertragsschlusses, nicht dagegen der Zeitpunkt der Verwirkung der Vertragsstrafe.[107]

58   Die als Allgemeine Geschäftsbedingung im Sinne des § 305 Abs. 1 S. 1 BGB vereinbarte Vertragsstrafe ist grundsätzlich zulässig.[108] § 309 Nr. 6 BGB findet auf arbeitsvertragliche Vertragsstrafenabreden keine Anwendung.[109] Das BAG bejaht die grundsätzliche Zulässigkeit von Vertragsstrafenabreden in Formularverträgen mit Blick auf die nach § 310 Abs. 4 S. 2 BGB gebotene Berücksichtigung der im Arbeitsrecht geltenden Besonderheiten.[110] Dem steht auch nicht die Regelung des § 888 Abs. 3 ZPO entgegen[111] Eine unangemessene unangemessener Benachteiligung kann sich im Einzelfall aus § 307 BGB ergeben.[112] Zum Schutz des Arbeitnehmers sei dabei ein strenger Maßstab anzulegen.[113]

59   Das **Bestimmtheitsgebot** verlangt, dass die die Vertragsstrafe auslösende Pflichtverletzung so klar bezeichnet sein muss, dass sich der Schuldner, also der Arbeitnehmer, darauf einstellen kann. Die tatbestandlichen Voraussetzungen und Rechtsfolgen müssen so genau beschrieben werden, dass für den Verwender keine ungerechtfertigten Beurteilungsspielräume entstehen. Eine Klausel genügt dem Bestimmtheitsgebot des § 307 Abs. 1 S. 2 BGB, wenn sie im Rahmen des rechtlich und tatsächlich Zumutbaren die Rechte und Pflichten des Vertragspartners des Klauselverwenders so klar und präzise wie möglich beschreibt. Sie verletzt das Bestimmtheitsgebot, wenn sie vermeidbare Unklarheiten und Spielräume enthält.[114]

60   Globale Strafversprechen, die auf die Absicherung aller vertraglichen Pflichten zielen, sind unwirksam. So ist eine Klausel als zu unbestimmt und damit dem Arbeitnehmer unzumutbar verworfen worden, wonach die Vertragsstrafe verwirkt sein sollte durch „schuldhaft vertragswidriges Verhalten des Arbeitnehmers, das den Arbeitgeber zur fristlosen Kündigung des Arbeitsverhältnisses veranlasst".[115] Die Klausel lasse nämlich nicht erkennen, wel-

---

[104] BAG 18.8.1987 – 1 ABR 30/86, AP BetrVG 1972 § 77 Nr. 23.
[105] BAG 18.8.1987 – 1 ABR 30/86, AP BetrVG 1972 § 77 Nr. 23.
[106] Aus Inhalt und äußerer Gestaltung der im Arbeitsvertrag verwendeten Bedingungen kann sich ein vom Verwender zu widerlegender Anschein dafür ergeben, dass diese zur Mehrfachverwendung formuliert worden sind, BAG 1.3.2006 – 5 AZR 363/05, AP BGB § 308 Nr. 3.
[107] BAG 23.9.2010 – 8 AZR 897/98, NZA 2011, 89.
[108] BAG 4.3.2004 – 8 AZR 196/03, NZA 2004, 727; BAG 18.12.2008 – 8 AZR 81/08, NZA-RR 2009, 519.
[109] BAG 24.8.2017 – 8 AZR 378/16, NZA 2018, 100 (102); aA v. *Koppenfels* NZA 2002, 598 (602).
[110] BAG 24.8.2017 – 8 AZR 378/16, NZA 2018, 100 (102); BAG 18.12.2008 – 8 AZR 81/08, NZA-RR 2009, 519.
[111] BAG 21.4.2005 – 8 AZR 425/04, NZA 2005, 1053.
[112] BAG 21.4.2005 – 8 AZR 425/04, NZA 2005, 1053; BAG 18.12.2008 – 8 AZR 81/08, NZA-RR 2009, 519.
[113] BAG 28.5.2009 – 8 AZR 896/07, BB 2010, 447; BAG 14.8.2007 – 8 AZR 973/06, NZA 2008, 172.
[114] BAG 21.3.1014 – 8 AZR 130/13, NZA 2014, 777; BAG 14.8.2007 – 8 AZR 973/06, NZA 2008, 170.
[115] BAG 21.4.2005 – 8 AZR 425/04, NZA 2005, 1053; ähnlich auch LAG Mecklenburg-Vorpommern 20.1.2015 – 2 Sa 59/14, BeckRS 2015, 70993.

che konkrete Pflichtverletzung die Vertragsstrafe auslöse. Der Arbeitnehmer könne nicht erkennen, „was ggf. auf ihn zukomme".[116] „Schuldhaft vertragswidriges Verhalten" ohne weitere Präzisierung könne nicht die notwendige Warnfunktion entfalten und entspreche wegen des Strafcharakters des Vertragsstrafeversprechens auch nicht rechtsstaatlichen Grundsätzen.[117] Umgekehrt muss in der Vertragsklausel das Verschulden nicht zwingend als Voraussetzung für die Verwirkung genannt sein, da sich aus dem Charakter der Vertragsstrafenabrede ergibt, dass die Verwirkung ein Verschulden voraussetzt.[118]

61 Darüber hinaus bestehen weder Bedenken bezüglich des Bestimmtheitsgebotes noch erscheint der Arbeitgeber „unangemessen übersichert", wenn er sich für den Fall eine Vertragsstrafe versprechen lässt, weil der Arbeitnehmer „das Arbeitshältnis nicht antritt bzw. das Arbeitsverhältnis unter Vertragsbruch löst".[119]

62 Das BAG hat nämlich bereits im Jahr 1991 darauf erkannt, dass der Begriff des Vertragsbruchs in Rechtsprechung und Schrifttum eine feststehende Bedeutung erlangt habe. Danach liege ein Vertragsbruch immer dann vor, wenn der Arbeitnehmer die Arbeit überhaupt nicht aufnehme oder vor Ablauf der vereinbarten Vertragszeit oder ohne Einhaltung der Kündigungsfrist ohne rechtfertigenden Grund aus dem Vertragsverhältnis ausscheide. Der Vertragsbruch werde als eine vom Schuldner einseitig und ohne Willen des Gläubigers herbeigeführte faktische Vertragsauflösung gekennzeichnet.[120] An diesem Verständnis des „Vertragsbruchs" hält der 8. Senat mit seiner Entscheidung vom 21.4.2005 fest.

63 Das BAG sieht Vertragsstrafenabreden, die daran anknüpfen, dass der Arbeitgeber durch „ein schuldhaft vertragswidriges Verhalten des Arbeitnehmers, ... zur fristlosen Kündigung des Arbeitsverhältnisses veranlasst" war, als zu unbestimmt an.[121] In einer Entscheidung aus dem Jahre 2009 veranlasste eine Vertragsstrafenklausel, die inhaltlich daran anknüpfte, dass der „Arbeitgeber durch vertragswidriges Verhalten des Arbeitnehmers zur außerordentlichen Kündigung veranlasst" wird, das BAG hingegen nicht dazu, diese als unwirksam zu verwerfen.[122] Über die Wirksamkeit von Vertragsstrafenabreden, welche tatbestandlich an eine fristlose Kündigung durch den Arbeitgeber anknüpfen, ist in der Folge auch in der Instanzrechtsprechung unterschiedlich entschieden worden. Während das LAG Köln eine Vertragsstrafenabrede, die im Falle einer berechtigten fristlosen Kündigung verwirkt sein sollte, für angemessen hielt,[123] befand das ArbG Trier eine Vertragsklausel, die allein auf das Vorliegen einer fristlosen **Kündigungserklärung** abstellte, wegen Verstoßes gegen das Transparenzgebot sowie unangemessener Übersicherung des Arbeitgebers gemäß § 307 BGB für rechtsunwirksam.[124] Das LAG Mecklenburg-Vorpommern hat ebenfalls eine Vertragsstrafenklausel wegen Verstoßes gegen das Transparenzgebot für unwirksam erklärt, die daran anknüpfte, dass „der Arbeitgeber das Arbeitsverhältnis fristlos kündigt, weil ein wichtiger Grund von Seiten des Arbeitnehmers vorliegt".[125]

64 Ist eine Vertragsstrafe in einem Formulararbeitsvertrag zu hoch, kommt aufgrund des im AGB-Recht geltenden Verbot der **geltungserhaltenden** Reduktion ein Aufrechterhalten eines vermeintlich wirksamen Teils der Vertragsstrafe nicht in Betracht.[126]

Einzelfälle:
- **65** Eine unangemessene Benachteiligung des Arbeitnehmers im Sinne des § 307 BGB kann sich insbesondere aus der Höhe der Vertragsstrafe ergeben. Die Höhe der Vertragsstrafe hat sich regelmäßig an dem Arbeitsentgelt zu orientieren, das der Arbeitnehmer während der Kündigungsfrist erhält. Beträgt die Kündigungsfrist zB in der Probezeit nur zwei Wo-

---

[116] BAG 12.1.2005 – 5 AZR 364/04, NZA 2005, 465; BAG 21.4.2005 – 8 AZR 425/04, NZA 2005, 1053.
[117] BAG 21.4.2005 – 8 AZR 425/04, NZA 2005, 1053 – unter II. 3. d) bb) der Gründe.
[118] BAG 19.8.2010 – 8 AZR 645/09, NZA-RR 2011, 280.
[119] BAG 21.4.2005 – 8 AZR 424/04, NZA 2005, 465 – unter II. 3. e) der Gründe.
[120] BAG 18.9.1991 – 5 AZR 650/19, AP BGB § 339 Nr. 14 unter II. 2. b) der Gründe.
[121] BAG 21.4.2005 – 8 AZR 425/04, NZA 2005, 1053 (1055).
[122] BAG 28.5.2009 – 8 AZR 896/07, NZA 2009, 1337.
[123] LAG Köln 8.11.2010 – 2 Sa 612/10, BeckRS 2011, 65463.
[124] ArbG Trier 6.5.2010 – 3 Ca 986/09, ArbuR 2010, 482.
[125] LAG Mecklenburg-Vorpommern 20.1.2015 – 2 Sa 59/14, BeckRS 2015, 70993.
[126] BAG 13.12.2011 – 791/09, NZA 2012, 738.

chen, ist eine Vertragsstrafe in Höhe eines Monatsgehalts unangemessen und damit unwirksam.[127] Es handelt sich dabei um eine unzulässige „Übersicherung" des Arbeitgebers.[128]

66 • Dagegen benachteiligt eine Vertragsstrafenabrede, die eine Vertragsstrafe von einem Bruttomonatslohn für den Fall des Nichtantritts eines Dienstverhältnisses vorsieht, den Arbeitnehmer nicht unangemessen iSd § 307 Abs. 1 S. 1 BGB, wenn das Arbeitsverhältnis zur Probe auf sechs Monate befristet und mit einer Kündigungsfrist von einem Monat kündbar ist.[129]

67 • Weiterhin ist eine Regelung unangemessen und damit unwirksam, wenn „im Falle eines gravierenden Vertragsverstoßes (etwa gegen das Wettbewerbsverbot ...) in jedem Einzelfall eine Vertragsstrafe in Höhe des ein- bis dreifachen Monatsgehalts verwirkt wird."[130]

68 In dem der Entscheidung des BAG vom 18.8.2005 zugrunde liegenden Sachverhalt hatte sich der Arbeitgeber im Falle eines „gravierenden Vertragsverstoßes" (etwa gegen das Wettbewerbsverbot, die Geheimhaltungspflicht oder bei einem Überschreiten der Befugnisse aus den Vollmachten des Arbeitnehmers) für jeden Einzelfall eine Vertragsstrafe in Höhe des ein- bis dreifachen Betrages des jeweiligen Monatsgehaltes bzw. nach dem Ausscheiden des letzten Monatsgehaltes des Arbeitnehmers ausbedungen. Die genaue Höhe der Vertragsstrafe war von dem Arbeitgeber festzusetzen und richtete sich nach der Schwere des Verstoßes.

69 Das BAG hat zunächst Bedenken hinsichtlich des Transparenzgebotes erhoben, soweit die Vertragsstrafe auch „im Falle eines gravierenden Vertragsverstoßes" verwirkt sein sollte. Das dem Arbeitgeber eingeräumte Leistungsbestimmungsrecht hat das BAG verworfen, weil es an einem angemessenen Rahmen hierfür fehle. Eine Vertragsstrafe für jeden Einzelfall eines Wettbewerbsverstoßes in Höhe von einem bis drei Monatsgehältern könne nicht mehr als angemessen angesehen werden, es liege vielmehr eine unangemessene „Übersicherung" vor. Wenn die Vertragsstrafe aber in erster Linie zur bloßen Schöpfung neuer, vom Sachinteresse des Verwenders losgelöster Geldforderungen diene, so fehle es am berechtigten Interesse des Arbeitgebers.[131]

70 • Ob in dem Falle, dass der Arbeitnehmer vertragsbrüchig ohne Einhaltung der maßgeblichen Kündigungsfrist aus dem Arbeitsverhältnis ausscheidet, eine Vertragsstrafe in Höhe von zwei Monatsgehältern noch angemessen im Sinne des § 307 BGB sein kann, erscheint offen.[132] Das BAG betont, dass eine generelle Höchstgrenze für eine arbeitsvertraglich vereinbarte Vertragsstrafe § 307 Abs. 1 S. 1 iVm § 310 Abs. 3 Nr. 3 BGB widerspreche.[133]

71 • Eine Vertragsstrafe in Höhe von 3 Bruttomonatsgehältern für den Fall, dass der vertraglich vereinbarte Kündigungstermin nicht eingehalten wird, wurde als unangemessene Benachteiligung iSd § 307 Abs. 1 S. 1 BGB gewertet.[134]

72 • Eine unangemessene Benachteiligung im Sinne des § 307 BGB liegt auch dann vor, wenn unabhängig von der Höhe der Vertragsstrafe der **Grund der Verwirkung** der Vertragsstrafe zu unbestimmt ist. Die Vertragsstrafenabrede muss klar und verständlich sein. Das BAG hat eine Regelung, welche die Verwirkung der Vertragsstrafe an ein „schuldhaft vertragswidriges Verhalten des Arbeitnehmers, das den Arbeitgeber zur fristlosen Kündigung des Arbeitsverhältnisses veranlasst", knüpfte, für unangemessen befunden, weil sie nicht erkennen lasse, durch welche konkrete Pflichtverletzung die Vertragsstrafe verwirkt wird. Die auslösende Pflichtverletzung müsse so klar bezeichnet sein, dass sich der Verspre-

---

[127] BAG 4.3.2004 – 8 AZR 196/03, NZA 2004, 728.
[128] BAG 23.9.2010 – 8 AZR 897/08, NZA 2011, 89.
[129] BAG 19.8.2010 – 8 AZR 645/09, NZA-RR 2011, 280.
[130] BAG 18.8.2005 – 8 AZR 65/05, NZA 2006, 34.
[131] BAG 18.8.2005 – 8 AZR 65/05, NZA 2006, 34 – unter II. 3. b) bb) der Gründe; vgl. aber auch die Senatsentscheidung vom 14.8.2007 – 8 AZR 973/06, DB 2008, 66, bei der eine Vertragsstrafe pro Verstoß gegen das Wettbewerbsverbot in Höhe von zwei Bruttomonatseinkommen verwirkt sein sollte; Preis/*Stoffels* Arbeitsvertrag II. V. 30 Rn. 28 ff. im Anschluss an BGH 23.1.2003 – VII ZR 210/01, BGHZ 153, 311 (324) = NJW 2003, 1805.
[132] Vgl. auch BAG 14.8.2007 – 8 AZR 973/06, DB 2008, 66.
[133] BAG 25.9.2008 – 8 AZR 717/07, NZA 2009, 370.
[134] BAG 25.9.2008 – 8 AZR 717/07, NZA 2009, 370.

chende darauf einstellen kann. Globale Strafversprechen, die auf die Absicherung aller vertraglichen Pflichten zielen, seien unwirksam.[135] Nunmehr hat allerdings das LAG Köln entschieden, dass eine Klausel, nach der eine Vertragsstrafe in Höhe von einem Bruttomonatseinkommen zu zahlen ist, wenn der Arbeitnehmer wegen eines schuldhaft vertragswidrigen Verhaltens fristlos entlassen wird, das Transparenzgebot nicht verletzt.[136]

- Des Weiteren ist eine vom Arbeitgeber als Allgemeine Geschäftsbedingung verwendete **73** Vertragsstrafenabrede wegen Verstoßes gegen das Transparenzgebot (§ 307 Abs. 1 S. 2 BGB) unwirksam, wenn sie für jeden Fall der Zuwiderhandlung des Arbeitnehmers gegen ein Wettbewerbsverbot eine Vertragsstrafe in Höhe von zwei durchschnittlichen Bruttomonatseinkommen vorsieht und gleichzeitig bestimmt, dass im Falle einer dauerhaften Verletzung des Wettbewerbsverbots jeder angebrochene Monat als eine erneute Verletzungshandlung gilt.[137] Eine solche Kombination aus Verwirkungstatbeständen (Einzelverstoß und dauerhafte Verletzung), die nicht zugleich klarstellt, wie ihr Verhältnis zueinander zu sehen ist und die insbesondere nicht bestimmt, wann in typischen Anwendungsfällen eine längere Wettbewerbstätigkeit des Arbeitnehmers als „dauerhafte Verletzung" zu bewerten ist, ist nicht klar und verständlich. Sie benachteiligt den Arbeitnehmer daher unangemessen im Sinne des § 307 Abs. 1 S. 2 BGB und ist damit unwirksam. Dem von der Revision geltend gemachten Einwand, die Zusammenschau der Verwirkungstatbestände lasse erkennen, dass höchstens einmal pro Monat die Vertragsstrafe in Höhe von zwei Bruttomonatseinkommen verwirkt sein könne, erteilte der Senat in seiner Entscheidung vom 14.8.2007 eine klare Absage. Die Klausel enthalte keine Einschränkung, der Wortlaut sei vielmehr eindeutig, da für jeden Fall der dauerhaften Verletzung des Wettbewerbsverbotes sogar jeder angebrochene Monat als erneute Verletzungshandlung gelte. Damit liege keine Einschränkung, sondern eine Erweiterung der Vertragsstrafenabrede vor.[138]
- Das Senatsurteil vom 14.8.2007 ist aber noch unter einem weiteren Aspekt bemerkenswert: **74** Das LAG Köln hatte es in der Vorinstanz dahinstehen lassen, ob die Vertragsstrafenklausel wegen der unklaren Berechnungsgrundlage gegen das Transparenzgebot verstoße, sie sei jedenfalls nach § 307 Abs. 1 S. 1 BGB unwirksam, weil sie unangemessen hoch sei. Eine Regelung, die für jeden Fall der Zuwiderhandlung gegen das Wettbewerbsverbot eine Vertragsstrafe in Höhe von zwei Monatseinkommen festlege, führe zu einer unangemessenen „Übersicherung" des Arbeitgebers, die auch mit seinen schutzwürdigen Interessen nicht zu rechtfertigen sei. Dem ist der Senat nicht gefolgt und hat die Rechtsunwirksamkeit ausschließlich auf die Verletzung des Transparenzgebotes gestützt. Da der Senat aber auch im Übrigen vom Sachverhalt her nicht zwingende Rechtsfragen abgehandelt hat („keine überraschende Klausel gem. § 305c Abs. 1 BGB"), das LAG aber die Unwirksamkeit ausdrücklich mit der unangemessenen Übersicherung gem. § 307 Abs. 1 S. 1 BGB begründet hatte, hätte es nahegelegen, die Höhe des Vertragsstrafeversprechens zu thematisieren. Da dies unterblieben ist, darf wohl davon ausgegangen werden, dass die Höhe der Vertragsstrafe (zwei Bruttomonatseinkommen) wegen des grundsätzlich anzuerkennenden „angemessenen Abschreckungseffekts" die Billigung des BAG findet.
- Eine Vertragsstrafenabrede, die den Arbeitnehmer verpflichtet, die gesetzlichen Kündi- **75** gungsfristen einzuhalten, ist nicht verwirkt, wenn der Arbeitnehmer seiner Verpflichtung zur Erbringung der Arbeitsleistung nicht nachkommt.[139]
- Die Höhe einer Monatsvergütung kann den Arbeitnehmer im Einzelfall unangemessen **76** benachteiligen, wenn zB aufgrund einer kurzen Kündigungsfrist der Schaden vergleichsweise gering ist.[140] Nach dem gesetzlichen Modell des § 622 Abs. 1 BGB beträgt die Kündigungsfrist bei Beendigung des Arbeitsverhältnisses durch den Arbeitnehmer – sofern

---

[135] BAG 21.4.2005 – 8 AZR 425/04, NZA 2005, 1053 [Nr. 4 der Orientierungssätze].
[136] LAG Köln 8.11.2010 – 2 Sa 612/10, BeckRS 2011, 65463.
[137] BAG 14.8.2007 – 8 AZR 973/06, DB 2008, 66.
[138] BAG 14.8.2007 – 8 AZR 973/06, NZA 2008, 170 – unter I. 1. c) bb) der Gründe.
[139] BAG 22.10.2009 – 8 AZR 865/08, NZA-RR 2010, 565.
[140] BAG 25.9.2008 – 8 AZR 717/07, NZA 2009, 370; BAG 4.3.2004 – 8 AZR 196/03, NZA 2004, 724 (728); *Hauck* NZA 2006, 816.

keine abweichende Regelung eingreift – vier Wochen zum 15. oder zum Monatsende. Maximal kann sich die Kündigungsfrist somit auf sechs Wochen belaufen. Diese Umstände lassen es noch als angemessen erscheinen, im Falle des Vertragsbruchs in Form des plötzlichen Ausscheidens eine Vertragsstrafe von maximal zwei Monatsgehältern vorzusehen. Darüber hinaus ist zu beachten, dass ein Unterschied zwischen dem Vertragsbruch des Arbeitnehmers in Form des Nichtantritts und des plötzlichen Ausscheidens ohne Einhaltung der Kündigungsfrist besteht. Regelmäßig ist die Arbeitsleistung des eintretenden Arbeitnehmers innerhalb der Probezeit auf Grund der notwendigen Einarbeitung für den Arbeitgeber weniger wertvoll, wohingegen die Arbeitsleistung eines in den Betrieb integrierten, eingearbeiteten Arbeitnehmers mit eigenem Tätigkeitsbereich ungleich wertvoller ist.

Formulierungsvorschlag: Arbeitsverhältnis mit Probezeit[141]

77 Tritt der Arbeitnehmer seine Tätigkeit vertragswidrig nicht an, so wird eine Vertragsstrafe in Höhe von $0{,}5/12$ seines Jahresverdienstes[142] unter Berücksichtigung sämtlicher Verdienstbestandteile fällig. Beendet der Arbeitnehmer seine Tätigkeit unberechtigt ohne Einhaltung der maßgeblichen Kündigungsfrist, verweigert er vorübergehend unberechtigt die Arbeit oder wird der Arbeitgeber durch vertragswidriges Verhalten des Arbeitnehmers zur außerordentlichen Kündigung veranlasst, so hat der Arbeitnehmer an den Arbeitgeber eine Vertragsstrafe zu zahlen. Die Vertragsstrafe beträgt für die Fälle der verspäteten Aufnahme der Arbeit, der vorübergehenden Arbeitsverweigerung und der Auflösung des Arbeitsverhältnisses ohne Einhaltung der maßgeblichen Kündigungsfrist für jeden Tag der Zuwiderhandlung ein aus der vereinbarten Bruttomonatsvergütung errechnetes Bruttotagegeld, insgesamt jedoch nicht mehr als das in der gesetzlichen Mindestkündigungsfrist ansonsten zu zahlende Arbeitsentgelt. Im Übrigen beträgt die Vertragsstrafe $1/12$ des Jahresverdienstes des Arbeitnehmers unter Berücksichtigung sämtlicher Verdienstbestandteile.

Zugrunde zu legen sind diejenigen Bezüge, die der Arbeitnehmer in den dem Vertragsbruch vorausgehenden 12 Monaten erhalten hat. Hat das Arbeitsverhältnis noch keine 12 Monate bestanden oder noch nicht begonnen, so ist der Betrag zugrunde zu legen, der vertragsgemäß bis zum Ablauf von 12 Monaten bei ordnungsgemäßer Fortsetzung des Arbeitsverhältnisses erzielt worden wäre. Weitergehende Ansprüche des Arbeitgebers und insbesondere die Geltendmachung von Schadensersatzansprüchen bleiben unberührt. Gegenüber den Ansprüchen des Arbeitgebers aus dieser Vertragsstrafenregelung kann der Arbeitnehmer nicht aufrechnen.

Formulierungsvorschlag: Arbeitsverhältnis ohne Probezeit[143]

78 Tritt der Arbeitnehmer seine Tätigkeit vertragswidrig nicht an oder beendet er sie vertragswidrig unberechtigt ohne Einhaltung der maßgeblichen Kündigungsfrist, verweigert er vorübergehend unberechtigt die Arbeit oder wird der Arbeitgeber durch vertragswidriges Verhalten des Arbeitnehmers zur außerordentlichen Kündigung veranlasst, so hat der Arbeitnehmer an den Arbeitgeber eine Vertragsstrafe zu zahlen. Die Vertragsstrafe beträgt für die Fälle der verspäteten Aufnahme der Arbeit, der vorübergehenden Arbeitsverweigerung und der Auflösung des Arbeitsverhältnisses ohne Einhaltung der maßgeblichen Kündigungsfrist für jeden Tag der Zuwiderhandlung ein aus der vereinbarten Bruttomonatsvergütung errechnetes Bruttotagegeld, insgesamt jedoch nicht mehr als das in der gesetzlichen Mindestkündigungsfrist ansonsten zu zahlende Arbeitsentgelt. Im Übrigen beträgt die Vertragsstrafe $1/12$ des Jahresverdienstes unter Berücksichtigung sämtlicher Verdienstbestandteile.

Zugrunde zu legen sind diejenigen Bezüge, die der Arbeitnehmer in den dem Vertragsbruch vorausgehenden 12 Monaten erhalten hat. Hat das Arbeitsverhältnis noch keine 12 Monate bestanden oder noch nicht begonnen, so ist der Betrag zugrunde zu legen, der vertragsmäßig bis zum Ablauf von 12 Monaten bei ordnungsgemäßer Fortsetzung des Arbeitsverhältnisses erzielt worden

---

[141] In Anlehnung an BAG 28.5.2009 – 8 AZR 896/07, NZA 2009, 1337.
[142] Bei Vereinbarung einer von § 622 Abs. 3 BGB abweichenden Kündigungsfrist ist die Vertragsstrafe entsprechend anzupassen.
[143] In Anlehnung an BAG 28.5.2009 – 8 AZR 896/07, NZA 2009, 1337.

> wäre. Weitergehende Ansprüche des Arbeitgebers und insbesondere die Geltendmachung von Schadensersatzansprüchen bleiben unberührt. Gegenüber den Ansprüchen des Arbeitgebers aus dieser Vertragsstrafenregelung kann der Arbeitnehmer nicht aufrechnen.

f) Kündigung. Nach § 326 Abs. 5 BGB kann der Gläubiger vom Vertrag zurücktreten. Für den Bereich des Arbeitsrechts ist diese Regelung jedoch vom Kündigungsrecht – vor allem von § 626 BGB – verdrängt.[144] In diesem Fall kann der Arbeitgeber zusätzlich den entstehenden Schaden gemäß § 628 Abs. 2 BGB geltend machen. 79

III. Schlechtleistung des Arbeitnehmers

Neben der Nichterbringung der Arbeitsleistung besteht die Möglichkeit, dass der Arbeitnehmer seine Arbeitsleistung zwar erbringt, die Arbeit aber nicht den gestellten Anforderungen entspricht und damit **mangelhaft** ist. 80

1. Begriff und Anwendungsbereich

Unter Schlechtleistung sind alle Verletzungen arbeitsvertraglicher Pflichten zu verstehen, die weder Verzug noch Unmöglichkeit der Arbeitsleistung zur Folge haben oder zu einer darüber hinausgehenden Schädigung des Arbeitgebers führen.[145] 81

Da grundsätzlich alle arbeitsvertraglichen Pflichten umfasst sind, lässt sich der Anwendungsbereich der Schlechtleistung in die **Verletzung der Haupt- und Nebenpflichten untergliedern**. Die Schlechtleistung durch Verletzung der Arbeitspflicht als Hauptleistungspflicht besteht in einer mangelhaften Arbeitsleistung selbst. Diese liegt vor allem dann vor, wenn der Arbeitnehmer zu langsam oder zu flüchtig und ungenau arbeitet und auf diese Art fehlerhafte Arbeitsergebnisse produziert. Bei der Verletzung von Nebenpflichten tritt vor allem die Beschädigung der dem Arbeitnehmer zur Erfüllung seiner Arbeitspflicht überlassenen Gerätschaften, Werkzeuge und Maschinen hervor. 82

Dabei darf nicht aus dem Auge verloren werden, dass die vom Arbeitnehmer geschuldete Arbeitsquantität und -qualität vom **persönlichen Leistungsvermögen des Arbeitnehmers** bestimmt wird. Dies ergibt sich aus dem individuellen Bezug des Arbeitsverhältnisses als Schuldverhältnis mit persönlich zu erbringender Leistung (§ 613 S. 1 BGB). Dabei sind jedoch vertragliche Mindest-Standards einzuhalten.[146] 83

2. Reaktionsmöglichkeiten des Arbeitgebers

Die Schlechtleistung des Arbeitnehmers kann – auch kumulativ – zu drei denkbaren Folgen führen: 84
- Einbehaltung des Entgelts,
- Schadensersatz,
- Kündigung.

a) Einbehaltung des Entgelts. Das Arbeitsverhältnis unterfällt als Dienstverhältnis den §§ 611 ff. BGB. Diese sehen aber – im Gegensatz beispielsweise zum Werk- oder Kaufrecht – keinerlei Gewährleistungsrechte und damit auch kein Minderungsrecht bei mangelhafter Arbeitsleistung vor, die unabhängig vom Vertretenmüssen des Schuldners eingreifen. Das bedeutet, dass der Arbeitnehmer bei schuldlosem Handeln grundsätzlich Anspruch auf die volle Entlohnung hat; der Arbeitgeber die Vergütung in voller Höhe zu leisten hat und er keine Minderung vornehmen darf.[147] Etwas anderes gilt jedoch, wenn hinsichtlich Akkord- 85

---

[144] Schaub ArbR-HdB/*Linck* § 51 Rn. 10; Tschöpe/*Schmalenberg* Teil 2 A Rn. 162.
[145] ErfK/*Preis* BGB § 611a Rn. 682; *Kraft* NZA 1989, 777 (780).
[146] Tschöpe/*Schmalenberg* Teil 2 A Rn. 172.
[147] BAG 6.6.1972 – 1 AZR 438/71, AP BGB § 611 Haftung des Arbeitnehmers Nr. 71; BAD 17.7.1970 – 3 AZR 423/69, AP MuSchG § 11 Nr. 3.

oder Prämienentlohnung vereinbart wurde, dass nur mängelfreie Arbeit bezahlt wird.[148] Dabei muss dem Arbeitnehmer jedoch die Möglichkeit des Nachweises offen bleiben, dass die mangelhafte Arbeitsleistung auf Umständen beruht, die in den Verantwortungsbereich des Arbeitgebers fallen (fehlerhafte Rohstoffe, Maschinenfehler uä).[149] Der Ausschluss einer Lohnminderung kraft Gesetzes bedeutet jedoch nicht, dass der Arbeitgeber stets die vereinbarte Vergütung vollumfänglich zu zahlen hätte. Eine Minderungsmöglichkeit besteht für ihn selbstverständlich durch die Aufrechnung (§§ 387ff. BGB) mit einem Schadensersatzanspruch gegen den Arbeitnehmer. Dabei sind allerdings die Pfändungsgrenzen der §§ 850a ff. ZPO zu beachten.[150]

86 b) **Schadensersatz.** Grundlage für den Schadensersatzanspruch des Arbeitgebers ist § 280 Abs. 1 BGB. Daneben besteht jedoch auch die Möglichkeit, Schadensersatz wegen der ganzen Leistung geltend zu machen. Hierfür wären dann eigentlich die §§ 280 Abs. 1, 281 Abs. 1 S. 1 Var. 2 BGB bei leistungsbezogenen Pflichten bzw. §§ 280 Abs. 1, 282, 241 Abs. 2 BGB bei der Verletzung von nichtleistungsbezogenen Nebenpflichten einschlägig. Unter der ganzen Leistung ist hier dann das „ganze Arbeitsverhältnis" zu verstehen. Der Schadensersatzanspruch wird aber nur bei Kündigung gegeben sein, da nur in diesem Falle die „ganze" Leistung wegfällt. Für diese Fälle verdrängt aber § 628 Abs. 2 BGB die Ansprüche aus §§ 280 Abs. 1, 281 Abs. 1 Var. 2 BGB bzw. §§ 280 Abs. 1, 282, 241 Abs. 2 BGB als arbeitsrechtliche Sonderregelung.[151] Die Vorschrift wird auch dann entsprechend angewendet, wenn keine außerordentliche Kündigung ausgesprochen wurde, das Arbeitsverhältnis vielmehr durch Auflösungsvertrag oder ordentliche Kündigung beendet wurde und eine Vertragsverletzung vorausging, die so schwer ist, dass sie einen „wichtigen Grund" im Sinne von § 626 BGB darstellt.[152] Im Regelfall wird es aber bei dem „einfachen Schadensersatz" nach § 280 Abs. 1 BGB bleiben, wenn das Arbeitsverhältnis nicht unter diesen Voraussetzungen gekündigt wird. Daneben bestehen aber selbstverständlich unter Umständen auch noch Ansprüche aus Delikt (§§ 823ff. BGB, §§ 7, 8 StVG uä).

87 Der Arbeitnehmer macht sich gemäß § 280 BGB schadensersatzpflichtig, wenn er:
• eine Vertragsverletzung/eine unerlaubte Handlung begangen hat,
• er die Vertragsverletzung/die unerlaubte Handlung zu vertreten hat,
• dem Arbeitgeber daraus ein Schaden entstanden ist und
• ein Kausalzusammenhang zwischen Vertragsverletzung/unerlaubter Handlung und Schaden besteht.

88 c) **Kündigung.** Die Schlechtleistung des Arbeitnehmers kann schließlich auch dessen Kündigung zur Folge haben.[153] Im Einzelfall kann die Abgrenzung zwischen einer verhaltensbedingten oder einer personenbedingten Kündigung aufgrund einer Schlechtleistung schwerfallen. Ist der Arbeitnehmer auf Grund mangelnder persönlicher Fähigkeiten nicht in der Lage, die Arbeit ordnungsgemäß zu erbringen, kommt eine ordentliche personenbedingte Kündigung in Betracht. Das ist etwa dann der Fall, wenn bei einem über längere Zeit erheblich leistungsschwachen Arbeitnehmer auch für die Zukunft damit gerechnet werden muss, dass die Arbeitsleistung die berechtigte Erwartung des Arbeitgebers in einem Maße unterschreitet, dass ihm ein Festhalten an dem (unveränderten) Arbeitsvertrag unzumutbar wird.[154] Da diese Bestimmung im Einzelfall nicht immer leicht fällt, sollte bei Schlechtleistungen stets zunächst eine Abmahnung ausgesprochen werden.[155] Bei der Bestimmung, ob eine die verhaltensbedingte Kündigung rechtfertigende Schlechtleistung vorliegt, ist der subjektive Leistungsbegriff zu Grunde zu legen, wonach der Arbeitnehmer die ihm übertrage-

---

[148] BAG 15.3.1960 – 5 AZR 409/58, AP BGB § 611 Akkordlohn Nr. 13.
[149] Tschöpe/*Schmalenberg* Teil 2 A Rn. 174.
[150] Tschöpe/*Schmalenberg* Teil 2 A Rn. 177.
[151] *Gotthardt* Rn. 202.
[152] BAG 10.5.1971 – 3 AZR 125/70, AP BGB § 628 Nr. 6; BAG 11.2.1981 – 7 AZR 12/79, AP KSchG 1969 § 4 Nr. 8; LAG Düsseldorf 29.8.1972 – 8 Sa 310/72, DB 1972, 1879.
[153] BAG 3.6.2004 – 2 AZR 386/03, AP KSchG 1969 § 23 Nr. 33.
[154] LAG Düsseldorf 8.4.2009 – 7 Sa 1385/08, ArbR 2009, 123; LAG Rheinland-Pfalz 11.2.2010 – 11 Sa 582/09, BeckRS 2010, 69119.
[155] *Friemel/Walk* NJW 2010, 1557 (1560 f.).

nen Arbeiten im Rahmen eines optimalen Einsatzes seiner Fähigkeiten ordnungsgemäß zu erbringen hat.[156] Bei besonders schwerwiegenden Fehlleistungen kann in seltenen Ausnahmefällen auch eine außerordentliche Kündigung gerechtfertigt sein.[157] Hieran ist beispielsweise zu denken, wenn der Arbeitnehmer vorsätzlich seine Leistungskraft zurückhält.[158] Ausnahmsweise ist bei einer fahrlässigen Schlechtleistung dann an eine außerordentliche Kündigung zu denken, wenn es sich um ein besonders schweres und folgenreiches Versagen oder es sich um eine besonders verantwortungsvolle Tätigkeit handelt.[159]

3. Haftungserleichterung des Arbeitnehmers

Ist der Arbeitnehmer auf Grund einer von ihm zu vertretenen Schlechtleistung zum Schadensersatz verpflichtet, ist seine Haftung nach der Rechtsprechung des BAG begrenzt. Der Umfang der Erleichterung ist dabei abhängig vom Grad des Verschuldens. Rechtsgrund für die Haftungserleichterung ist nach Ansicht des BAG dabei § 254 BGB. Bei dieser Norm sei über ihren Wortlaut hinaus anerkannt, dass obwohl der Geschädigte bei der Entstehung des Schadens selbst nicht mitgewirkt habe, dieser für den entstandenen Schaden auf Grund einer von ihm zu vertretenen Sach- oder Betriebsgefahr mitverantwortlich sei. Dabei bewege sich der eigene Haftungsanteil des Geschädigten je nach den Umständen des Einzelfalls zwischen der vollen Entlastung und der vollen Haftung.[160] Diese Rechtsgrundsätze gelten jedoch auch im Arbeitsrecht und führen so zu einer Beschränkung der Arbeitnehmerhaftung. Dabei sei das Betriebsrisiko zu berücksichtigen. Das Betriebsrisiko sei jedoch begrifflich nicht mit demjenigen identisch, das das Lohnzahlungsrisiko des Arbeitgebers bei beiderseits nicht zu vertretender Unmöglichkeit regele. Unter dem Betriebsrisiko im Sinne der Haftungserleichterung sei vielmehr vor allem die Gefährlichkeit der Produktionsanlagen, der Produktion selbst oder die der hergestellten Produkte dem Arbeitgeber zuzurechnen und deshalb in die Abwägung nach § 254 BGB einzubeziehen. Dieses Risiko kann der Arbeitgeber nicht vollständig auf den Arbeitnehmer abwälzen.[161] Darüber hinaus trage der Arbeitgeber auch die Verantwortung für die Organisation des Betriebs und die Gestaltung der Arbeitsbedingungen in tatsächlicher und rechtlicher Hinsicht. Da dem Arbeitnehmer in diesem Bereich ebenfalls kaum Beeinflussungschancen eröffnet seien, müsse auch dieses Moment im Rahmen der Schadensverteilung bei § 254 BGB berücksichtigt werden. Schließlich stimme das Ergebnis der Ausdehnung der Haftungserleichterung auch mit den Wertungen der Art. 12 Abs. 1 und Art. 2 Abs. 1 GG überein. Denn die Berufsausübung stelle in hohem Maße die Verwirklichung des Persönlichkeitsrechts dar und diene zur Sicherung des allgemeinen Lebensbedarfs und des Existenzminimums. Mit diesen grundsätzlichen Ausprägungen sei es jedoch nicht vereinbar, wenn dem Arbeitnehmer einseitig eine unter Umständen ruinöse Haftungspflicht selbst bei leichter Fahrlässigkeit aufgebürdet würde. Der Arbeitgeber seinerseits müsse diese Einschränkung seiner durch Art. 12 Abs. 1 und Art. 2 Abs. 1 GG geschützten Interessen hinnehmen, weil er die Arbeits- und Betriebsbedingungen selbst eigenverantwortlich setze und dadurch die Schadensrisiken mitzuverantworten habe.[162]

a) Anwendungsbereich. Das BAG hat die Haftungserleichterung früher nur bei sogenannter „gefahrgeneigter Arbeit" anerkannt, also bei Tätigkeiten, bei denen auch dem sorgfältigsten Arbeitnehmer gelegentlich Fehler unterlaufen, die an sich vermeidbar sind, mit denen aber angesichts der menschlichen Unzulänglichkeit als mit einem typischen Abirren der Dienstleistung erfahrungsgemäß zu rechnen ist.[163]

---

[156] MüKoBGB/*Henssler* § 626 Rn. 164.
[157] BAG 28.9.1961 – 2 AZR 428/60, DB 1961, 1651; LAG Hamm 22.4.2010 – 17 Sa 1443/09, AE 2010, 169 LAG Berlin-Brandenburg 3.3.2011 – 25 Sa 2641/10, BeckRS 2011, 73356.
[158] MüKoBGB/*Henssler* § 626 Rn. 164.
[159] LAG Düsseldorf 25.11.2009 – 12 Sa 879/09, BeckRS 2012, 75408; LAG Rheinland-Pfalz 18.11.2009 – 8 TaBV 29/09, BeckRS 2010, 68038; LAG Rheinland-Pfalz 29.9.2010 – 8 Sa 229/10, BeckRS 2011, 69533.
[160] BAG GS 12.6.1992 – GS 1/89, AP BGB § 611 Haftung des Arbeitnehmers Nr. 102; BAG GS 27.9.1994 – GS 1/89 (A), AP BGB § 611 Haftung des Arbeitnehmers Nr. 103.
[161] *Walker* ZfA 2015, 515 (518).
[162] BAG GS 12.6.1992 – GS 1 (89), AP BGB § 611 Haftung des Arbeitnehmers Nr. 102.
[163] BAG GS 25.9.1957 – GS 4/56, GS 5/56, AP RVO §§ 898, 899 Nr. 4.

91 Diese Rechtsprechung wurde jedoch vom Großen Senat des BAG im Jahre 1994 endgültig aufgegeben. Er entschied, dass die Grundsätze über die Arbeitnehmerhaftung nicht nur bei den gefahrgeneigten Tätigkeiten, sondern grundsätzlich **bei jeder betrieblich veranlassten Tätigkeit** eingreifen sollten. Betrieblich veranlasst sind nach der Definition des BAG diejenigen Tätigkeiten, die dem Arbeitnehmer für den Betrieb übertragen sind, und solche, die er im betrieblichen Interesse ausführt, wenn sie nahe mit dem Betrieb und seinem betrieblichen Wirkungskreis zusammenhängen.[164]

92 b) **Haftungsquotierung.** Vom BAG bereits im Jahre 1957 entwickelt,[165] findet das System der Haftungsteilung noch heute Anwendung.[166] Demnach haftet der Arbeitnehmer in der Regel bei
- Leichtester Fahrlässigkeit: gar nicht,
- Mittlerer Fahrlässigkeit: anteilig,
- Grober Fahrlässigkeit/Vorsatz: voll.

93 Von **leichtester Fahrlässigkeit** kann in den Fällen des typischen Abirrens der Arbeitsleistung ausgegangen werden, indem sich der Arbeitnehmer beispielsweise verschreibt, vergreift oder verspricht.[167] Die **mittlere Fahrlässigkeit** ist gegeben, wenn der Arbeitnehmer die im Verkehr erforderliche Sorgfalt außer Acht gelassen hat und der rechtlich missbilligte Erfolg bei Anwendung der gebotenen Sorgfalt voraussehbar und vermeidbar gewesen wäre (§ 276 Abs. 1 S. 2 BGB). Bei der **groben Fahrlässigkeit** muss der Arbeitnehmer die im Verkehr erforderliche Sorgfalt nach den gesamten Umständen in einem ungewöhnlich hohen Grad verletzt und dasjenige unbeachtet gelassen haben, was im gegebenen Fall jedem hätte einleuchten müssen.[168] Dabei genügt nicht bloß der objektiv besonders schwerwiegende Pflichtverstoß, sondern den Arbeitnehmer muss zusätzlich auch subjektiv der Vorwurf treffen, in nicht entschuldbarer Weise gegen die an ihn im gegebenen Fall zu stellenden Anforderungen verstoßen zu haben.[169] Grobe Fahrlässigkeit wurde von der Rechtsprechung beispielsweise angenommen bei Alkoholeinfluss,[170] Liegenlassen einer Brieftasche durch den Kellner,[171] Verschweigen fehlender Fahrpraxis,[172] Geschwindigkeitsüberschreitung,[173] Nichtbeachtung des Rotsignals,[174] Übermüdung,[175] beim Telefonieren bei hoher Geschwindigkeit,[176] sowie bei der Freigabe von Kreditmitteln in erheblichem Umfang ohne vorherige Prüfung der Kreditwürdigkeit.[177] Eine unbeschränkte Haftung des Arbeitnehmers wegen Vorsatz kommt nur dann in Betracht, wenn sich der Vorsatz auch auf den Schadenseintritt bezieht.[178]

94 Die Quotierung wird jedoch von der Rechtsprechung nicht starr gehandhabt. Die Formulierungen des BAG, dass der Arbeitnehmer „in der Regel" nur eine bestimmte Haftungsquote erfüllen muss, liegen darin begründet, dass eine umfassende Einzelfallabwägung vorgenommen werden muss. Nach den im Beschluss des Großen Senats[179] aufgestellten Grundsätzen sind die Gesamtumstände von Schadensursache und Schadensfolgen zu beachten.

---

[164] BAG GS 12.6.1992 – GS 1/89, AP BGB § 611 Haftung des Arbeitnehmers Nr. 102.
[165] BAG GS 25.9.1957 – GS 4/56, GS 5/56, AP RVO §§ 898, 899 Nr. 4.
[166] BAG GS 27.9.1994 – GS 1/89 (A), AP BGB § 611 Haftung des Arbeitnehmers Nr. 103.
[167] ErfK/*Preis* BGB § 619a Rn. 17.
[168] BAG 23.3.1983 – 7 AZR 391/79, AP BGB § 611 Haftung des Arbeitnehmers Nr. 82.
[169] BAG 12.11.1998 – 8 AZR 221/97, AP BGB § 611 Haftung des Arbeitnehmers Nr. 117.
[170] BAG 15.11.2012 – 8 AZR 705/11, NJOZ 2013, 709; BAG 23.1.1997 – 8 AZR 893/95, NZA 1998, 140; BAG 21.11.1959 – 2 AZR 547/58, AP BGB § 611 Haftung des Arbeitnehmers Nr. 14; LAG Rheinland-Pfalz 15.7.2010 – 2 Sa 202/10, BeckRS 2011, 70585.
[171] BAG 15.11.2001 – 8 AZR 95/01, AP BGB § 611 Haftung des Arbeitnehmers Nr. 121.
[172] BAG 24.1.1974 – 3 AZR 488/72, AP BGB § 611 Haftung des Arbeitnehmers Nr. 74.
[173] BAG 7.7.1970 – 1 AZR 507/69, AP BGB § 611 Haftung des Arbeitnehmers Nr. 59.
[174] LAG Köln 15.9.1998 – 13 Sa 367/98, MDR 1999, 684; BAG 12.11.1998 – 8 AZR 221/97, AP BGB § 611 Haftung des Arbeitnehmers Nr. 117.
[175] BAG 23.1.1997 – 8 AZR 893/95, NZA 1998, 140.
[176] OLG Koblenz 14.5.1998 – 5 U 1639/97, NZA-RR 1999, 319.
[177] LAG Niedersachsen 7.7.2003 – 5 Sa 188/02, LAGE BGB § 611 Arbeitnehmerhaftung Nr. 28.
[178] BAG 18.4.2002 – 8 AZR 348/01, NZA 2003, 37 (Vorsatz verneint für die „Spaßfahrt" eines Auszubildenden mit dem Gabelstapler des Arbeitgebers); *Walker* ZfA 2015, 515 (519).
[179] BAG GS 27.9.1994 – GS 1/89 (A), AP BGB § 611 Haftung des Arbeitnehmers Nr. 103; BAG 12.6.1992 – GS 1/89, AP BGB § 611 Haftung des Arbeitnehmers Nr. 102.

Hierunter fallen insbesondere:
- der Grad des dem Arbeitnehmer zur Last fallenden Verschuldens,
- die Gefahrgeneigtheit der Arbeit,
- die Höhe des Schadens,
- ein vom Arbeitgeber einkalkuliertes oder durch eine Versicherung deckbares Risiko,
- die Stellung des Arbeitnehmers im Betrieb,
- die Höhe des Arbeitsentgelts, in dem möglicherweise eine Risikoprämie enthalten ist,
- unter Umständen auch die persönlichen Verhältnisse des Arbeitnehmers, wie die Dauer seiner Betriebszugehörigkeit, sein Lebensalter, seine Familienverhältnisse und sein bisheriges Verhalten.

Danach soll es möglich sein, dass der Arbeitnehmer bei normaler Fahrlässigkeit auf die volle Schadenssumme haftet und er uU bei grober Fahrlässigkeit nur mit einer quotalen Haftung belastet wird, wenn das gezahlte Arbeitsentgelt in deutlichem Missverhältnis zum Schadensrisiko steht.[180] In diesem Fall soll jedoch eine Haftungsmilderung ausscheiden, wenn der Schaden ein Monatsgehalt nicht deutlich übersteigt.[181] Andererseits verbiete sich auch bei grobem Missverhältnis eine Haftungsbegrenzung, wenn der Arbeitnehmer besonders grob fahrlässig („gröbste Fahrlässigkeit") handelt.[182]

Auch für den Fall, dass der Arbeitgeber gesetzlich nicht vorgeschriebene, aber übliche und zumutbare Versicherungen nicht abschließt, ist dies zu seinen Lasten bei der Haftungsbeschränkung zu berücksichtigen. Haftet der Arbeitnehmer, der als Fahrer eines Kraftfahrzeugs seines Arbeitgebers einen Unfall verschuldet hat, nach den Grundsätzen über den innerbetrieblichen Schadensausgleich für den an dem Kraftfahrzeug des Arbeitgebers entstandenen Schaden anteilig, so kann bei Abwägung aller für den Haftungsumfang maßgebenden Umstände zu Lasten des Arbeitgebers ins Gewicht fallen, dass dieser für das Unfallfahrzeug keine Kaskoversicherung abgeschlossen hatte. Dies kann dazu führen, dass der Arbeitnehmer nur in Höhe einer Selbstbeteiligung haftet, die bei Abschluss einer Kaskoversicherung zu tragen gewesen wäre.[183]

Eine **summenmäßige Beschränkung** der Arbeitnehmerhaftung lehnt das BAG jedoch in ständiger Rechtsprechung ab. Diese könne nur der Gesetzgeber vornehmen.[184]

c) **Abdingbarkeit.** Die Regeln über die Haftungserleichterung sind **einseitig zwingendes Recht**. Von ihnen darf nach der Auffassung des BAG nicht zu ungunsten des Arbeitnehmers abgewichen werden.[185] Eine Besserstellung des Arbeitnehmers durch entsprechende individual- oder kollektivrechtliche Vereinbarungen ist selbstverständlich zulässig.

d) **Mankohaftung.** Einen Sonderfall bildet die sogenannte **Mankohaftung**. Ihr liegen diejenigen Fallkonstellationen zugrunde, in denen der Arbeitgeber dadurch einen Schaden erleidet, dass ein dem Arbeitnehmer anvertrauter Waren- oder Finanzmittelbestand eine Fehlmenge, bzw. einen Fehlbetrag aufweist.[186] Unter Manko versteht man hierbei die Differenz zwischen dem Ist- und dem Sollbestand der anvertrauten Mittel.[187]

Grund für die Vereinbarung von Mankoabreden ist vor allem die Haftungsprivilegierung des Arbeitnehmers. Durch die Mankoabrede soll der Arbeitnehmer für Fehlbestände der ihm anvertrauten Mittel **verschuldensunabhängig** haften.[188] Die Rechtsprechung lässt solche Mankovereinbarungen zwar grundsätzlich zu, knüpft jedoch wegen des zwingenden Cha-

---

[180] BAG 12.10.1989 – 8 AZR 276/88, AP BGB § 611 Haftung des Arbeitnehmers Nr. 97; BAG 23.1.1997 – 8 AZR 893/95, NZA 1998, 140; LAG Niedersachsen 7.7.2003 – 5 Sa 188/02, LAGE BGB § 611 Arbeitnehmerhaftung Nr. 28.
[181] BAG 12.11.1998 – 8 AZR 221/97, AP BGB § 611 Haftung des Arbeitnehmers Nr. 117.
[182] BAG 25.9.1997 – 8 AZR 288/96, AP BGB § 611 Haftung des Arbeitnehmers Nr. 111.
[183] BAG 24.11.1987 – 8 AZR 66/82, AP BGB § 611 Haftung des Arbeitnehmers Nr. 92.
[184] BAG 15.11.2012 – 8 AZR 705/11, NJOZ 2013, 709; BAG 12.10.1989 – 8 AZR 276/88, AP BGB § 611 Haftung des Arbeitnehmers Nr. 97; BAG 23.1.1997 – 8 AZR 893/95, NZA 1998, 140.
[185] BAG 5.2.2004 – 8 AZR 91/03, NZA 2004, 649; BAG 17.9.1998 – 8 AZR 175/97, AP BGB § 611 Mankohaftung Nr. 2.
[186] *Pauly* BB 1996, 2038.
[187] *Schaub* ArbR-HdB/*Linck* § 59 Rn. 54.
[188] Vgl. *Tschöpe/Westhoff* Teil 2 I Rn. 49.

rakters der Regeln zu Haftungserleichterung im Arbeitsrecht zugleich strenge Voraussetzungen an ihre Zulässigkeit.[189]

101 So muss dem Arbeitnehmer vor allem ein angemessenes **Mankogeld** gewährt werden. Dieser regelmäßig zu zahlende Betrag stellt die Obergrenze für die Haftung des Arbeitnehmers dar. Jeglicher Schaden, der das Mankogeld übersteigt, ist vom Arbeitnehmer nicht mehr verschuldensunabhängig zu tragen, sondern nur nach den allgemeinen Regeln der Haftungserleichterung. Dabei ist es jedoch zulässig, auch im Falle der monatlichen Gewährung des Mankogeldes mittel- und langfristige Ausgleichszeiträume (zB von einem Kalenderjahr) zu vereinbaren.[190] Ist der innerhalb dieses Zeitrahmens auf Grund der Fehlbeträge eingetretene Schaden allerdings geringer als die Summe des vom Arbeitnehmer empfangenen Mankogeldes, verbleibt ihm die Differenz. Er muss erzielte Überschüsse also nicht zurückgewähren.[191]

102 Die früher vom BAG geforderte „Bereichsbeschränkung" dergestalt, dass die Mankovereinbarung nur für Bereiche getroffen werden durfte, bei denen der Arbeitnehmer unbeachtet auf die ihm anvertrauten Mittel zugreifen kann,[192] wurde aufgegeben. So hat das BAG entschieden, dass für Angestellte einer Spielbank, die für das Wechseln von Bargeld zuständig sind und bei dieser Tätigkeit an Kassen arbeiten, die noch von anderen Arbeitnehmern benutzt werden, die Vereinbarung einer Mankohaftung grundsätzlich zulässig ist.[193]

103 Weiterhin erforderlich ist jedoch, dass die Mankovereinbarung der Sicherung einer berechtigten Rechtsposition des Arbeitgebers dient. Die Vereinbarung darf nicht dazu dienen, beliebig von der an sich zwingenden Regelung zur Haftungsbeschränkung des Arbeitnehmers abzuweichen. Dieses besondere Interesse des Arbeitgebers muss sich dabei aus der Eigenart der Beschäftigung und der damit verbundenen erhöhten Risikolage des Arbeitgebers ergeben.[194]

104 Wenn auch die Mankoabrede zu einer verschuldensunabhängigen Haftung des Arbeitnehmers bei Fehlbeständen in dem von ihm zumindest mitverantworteten Bereich führt, muss dem Arbeitnehmer die Möglichkeit des Entlastungsbeweises gegeben sein.[195] Kann er nachweisen, dass nicht er, sondern ein Dritter den Schaden verursacht hat, so haftet er nicht. Gleichsam kann die durch die Mankoabrede eintretende Beweislastumkehr nur dazu führen, dass dem Arbeitgeber der Beweis des Verschuldens des Arbeitnehmers abgenommen wird. Die Beweislast hinsichtlich des Bestehens der Mankoabrede und vor allem des Schadens obliegt ihm trotz Mankoabrede auch weiterhin.[196]

105 Besteht keine Mankoabrede, verbleibt es in der Regel bei der Haftung nach § 280 Abs. 1 iVm § 619a BGB. Dabei findet die Haftungserleichterung des Arbeitnehmers volle Anwendung. In seltenen Ausnahmefällen kann sich eine Mankohaftung statt der Leistung jedoch aus Auftrags- und Verwahrungsrecht nach §§ 667, 688, 280 Abs. 1, 283 BGB ergeben, wenn die anvertrauten Mittel nicht herausgegeben werden können. Zu beachten ist, dass die Beweislastumkehr zugunsten des Arbeitnehmers aus § 619a BGB nicht eingreift, da es sich nicht um eine Tätigkeit aus dem Arbeitsverhältnis, sondern aus dem Auftrags- bzw. Verwahrungsverhältnis handelt.[197] Voraussetzung hierfür ist jedoch, dass der Arbeitnehmer selbst unmittelbarer Besitzer der Mittel und nicht – wie im Regelfall[198] – bloß Besitzdiener ist. Der unmittelbare Besitz des Arbeitnehmers setzt zumindest den alleinigen Zugang zu der Sache und deren selbstständige Verwaltung voraus. Dazu gehört, dass der Arbeitnehmer wirtschaftliche Überlegungen anzustellen und Entscheidungen über die Verwendung der Mittel zu treffen hat. Denn nur in diesen Fällen hat der Arbeitnehmer einen eigenständigen Spiel-

---

[189] BAG 17.9.1998 – 8 AZR 175/97, AP BGB § 611 Mankohaftung Nr. 2.
[190] BAG 17.9.1998 – 8 AZR 175/97, AP BGB § 611 Mankohaftung Nr. 2.
[191] BAG 17.9.1998 – 8 AZR 175/97, AP BGB § 611 Mankohaftung Nr. 2.
[192] BAG 27.2.1970 – 1 AZR 150/69, AP BGB § 611 Haftung des Arbeitnehmer Nr. 54; BAG 29.1.1985 – 3 AZR 570/82, AP BGB § 611 Haftung des Arbeitnehmers Nr. 87.
[193] BAG 17.9.1998 – 8 AZR 175/19, AP BGB § 611 Mankohaftung Nr. 2.
[194] BAG 29.1.1985 – 3 AZR 570/82, AP BGB § 611 Haftung des Arbeitnehmers Nr. 87.
[195] BAG 17.9.1998 – 8 AZR 175/19, AP BGB § 611 Mankohaftung Nr. 2.
[196] BAG 13.2.1974 – 4 AZR 13/73, AP BGB § 611 Haftung des Arbeitnehmers Nr. 77.
[197] Tschöpe/*Westhoff* Teil 2 I Rn. 61.
[198] Zu dieser Feststellung BAG 17.9.1998 – 8 AZR 175/97, AP BGB § 611 Mankohaftung Nr. 2.

raum, der es rechtfertigt, ihm die Verantwortung für die Herausgabe der verwalteten Sache aufzuerlegen. In diesem Sinne wirtschaftlich tätig werden kann der Arbeitnehmer, wenn seine Tätigkeit von kaufmännischen Aufgaben geprägt ist (zB eigenes Vertriebsbemühen, eigene Preiskalkulationen).[199]

e) Mitverschulden. Über die Berücksichtigung des Verhaltens des Arbeitgebers bei der Gesamtabwägung im Rahmen der Berechnung der Haftungsquoten hinaus ist ein eventuelles Mitverschulden nach § 254 BGB zu beachten. Das Fehlverhalten des Arbeitgebers kann also nicht nur über die Grundwertungen des § 254 BGB eingebracht werden (so ja bei der Berechnung der Quoten), sondern die Norm kann auch direkt zur Anwendung kommen, wenn der Arbeitgeber schuldhaft den Schaden mitverursacht (§ 254 Abs. 1 BGB) oder er seiner Schadensminderungspflicht nicht nachkommt (§ 254 Abs. 2 S. 1 BGB). Beides gilt auch, wenn einem Erfüllungsgehilfen des Arbeitgebers eine schuldhafte Mitverursachung des Schadens angelastet werden kann.[200] § 254 Abs. 2 S. 2 BGB ist insoweit wie ein eigener Absatz 3 zu lesen.[201] Ein Mitverschulden des Arbeitgebers ist vor allem anzunehmen, wenn der Arbeitnehmer erkennbar überfordert wird,[202] der Arbeitnehmer nicht ordnungsgemäß überwacht wurde,[203] die Arbeitszeiten unbeachtet bleiben,[204] die Arbeit nicht hinreichend organisiert wird[205] oder der Verdienst des Arbeitnehmers in keinem Verhältnis zum Schadensrisiko steht.[206]

Obwohl für die Frage der Einschlägigkeit der Haftungserleichterung nicht mehr erforderlich, ist die **Gefahrgeneigtheit der Arbeit** im Rahmen des Mitverschuldens zu beachten. Gefahrgeneigte Arbeit liegt dann vor, wenn die Eigenart der von dem Arbeitnehmer zu leistenden Tätigkeit es mit großer Wahrscheinlichkeit mit sich bringt, dass auch dem sorgfältigsten Arbeitnehmer gelegentlich Fehler unterlaufen, die für sich betrachtet zwar jedes Mal vermeidbar sind, mit denen aber wegen der menschlichen Unzulänglichkeit erfahrungsgemäß zu rechnen ist.[207] Dabei ist auf die konkrete Gefahrenlage im Einzelfall abzustellen.[208]

Es ist jedoch darauf zu achten, dass Umstände, die bei der Gesamtabwägung zur Ermittlung der Haftungsquote berücksichtigt wurden, nicht auch zur Bestimmung des Mitverschuldens herangezogen werden dürfen. Dem Arbeitgeber darf sein eigenes Fehlverhalten also nicht doppelt nachteilig angelastet werden.[209]

f) Darlegungs- und Beweislast. Die Beweislast für sämtliche Voraussetzungen seines geltend gemachten Anspruchs einschließlich Verschulden und Verschuldensgrad obliegt nach § 619a BGB dem Arbeitgeber.[210] Dadurch wird die allgemeine Exkulpationspflicht des Schuldners nach § 280 Abs. 1 S. 2 BGB modifiziert. Bislang galt es allerdings nach der Rechtsprechung im Rahmen einer gestuften Beweislast als Indiz für ein Verschulden, wenn der Arbeitnehmer die alleinige Kontrolle über einen bestimmten Arbeitsbereich innehatte.[211] Diese Rechtsprechung wird wohl auch im Rahmen von § 619a BGB ihre Gültigkeit behalten.

Die Beweislast für ein Mitverschulden des Arbeitgebers gem. § 254 BGB trägt der Arbeitnehmer. Er kann jedoch verlangen, dass der geschädigte Arbeitgeber an der Beweisführung mitwirkt, soweit es sich um Umstände handelt, die aus dessen Sphäre stammen.[212]

---

[199] BAG 17.9.1998 – 8 AZR 175/97, AP BGB § 611 Mankohaftung Nr. 2; BAG 29.1.1985 – 3 AZR 570/82, AP BGB § 611 Haftung des Arbeitnehmers Nr. 87.
[200] BAG 21.5.2015 – 8 AZR 116/14, NZA 2015, 1517.
[201] Ganz hM vgl. nur Palandt/*Grüneberg* BGB § 254 Rn. 48.
[202] BAG 18.1.1972 – 1 AZR 125/71, AP BGB § 611 Haftung des Arbeitnehmers Nr. 69.
[203] BAG 26.1.1971 – 1 AZR 252/70, AP BGB § 611 Haftung des Arbeitnehmers Nr. 64.
[204] BAG 16.2.1995 – 8 AZR 493/93, AP BGB § 611 Haftung des Arbeitnehmers Nr. 106.
[205] BAG 18.6.1970 – 1 AZR 520/69, AP BGB § 611 Haftung des Arbeitnehmers Nr. 57.
[206] BAG 12.10.1989 – 8 AZR 276/88, AP BGB § 611 Haftung des Arbeitnehmers Nr. 97.
[207] BAG 29.9.1961 – 1 AZR 505/59, AP BGB § 611 Haftung des Arbeitnehmers Nr. 26; BAG 11.9.1975 – 3 AZR 561/74, AP BGB § 611 Haftung des Arbeitnehmers Nr. 78.
[208] BAG 11.11.1976 – 3 AZR 266/75, AP BGB § 611 Haftung des Arbeitnehmers Nr. 80.
[209] Tschöpe/*Westhoff* Teil 2 I Rn. 44.
[210] BAG 21.5.2015 – 8 AZR 116/14, NZA 2015, 1517.
[211] BAG 17.9.1998 – 8 AZR 175/97, AP BGB § 611 Mankohaftung Nr. 2.
[212] BAG 21.5.2015 – 8 AZR 116/14, NZA 2015, 1517.

4. Haftung für Schäden bei Dritten

111 **a) Haftung für Sachschäden.** Schädigt der Arbeitnehmer einen anderen als den Arbeitgeber, so greift die Haftungserleichterung im Außenverhältnis nicht ein. Er hat also für jegliches Verschulden im Sinne von § 276 BGB dem Geschädigten gegenüber zu haften, ohne dass er in den Genuss der Haftungserleichterung gelangt.[213] Im Regelfall wird dabei mangels vertraglicher Beziehung zwischen Arbeitnehmer und Geschädigtem nur eine **deliktische Haftung** in Frage kommen. Dabei ist die Gefahr dieser unbeschränkten Haftung durch die moderne Betriebsmittelbeschaffung und den gestiegenen Wert der Mittel für den Arbeitnehmer in den letzten Jahren drastisch gewachsen. Man denke nur an die Ausbreitung des Leasings, der Miete oder an die unter Eigentumsvorbehalt stehenden oder zur Sicherheit übereigneten Maschinen und Rohstoffe. In all diesen Fällen haftet der Arbeitnehmer dem Eigentümer selbst für leichteste Fahrlässigkeit bei der Beschädigung der in fremdem Eigentum stehenden Sachen.

112 Der Arbeitnehmer ist jedoch nicht völlig schutzlos. War die schadenstiftende Tätigkeit, eine **betrieblich veranlasste Tätigkeit,** greifen die Grundsätze über die **Haftungserleichterung im Innenverhältnis** Arbeitnehmer – Arbeitgeber ein. Der Arbeitnehmer hat dabei einen Anspruch gegen seinen Arbeitgeber auf Befreiung vom gegen ihn gerichteten Schadensersatzanspruch des Dritten (sog. **Freistellungsanspruch**). Dadurch entsteht eine Dreieckskonstellation: Der Arbeitnehmer haftet dem Dritten bei verschuldeter Schädigung in voller Höhe; im Verhältnis zum Arbeitgeber hat der Arbeitnehmer nach den Grundsätzen der Haftungsquotierung (Faustregel: leichte Fahrlässigkeit = keine Haftung; normale Fahrlässigkeit = anteilige Haftung; grobe Fahrlässigkeit/Vorsatz = volle Haftung) den Anspruch auf Freistellung. Der Geschädigte muss sich allerdings nicht zwingend an den Arbeitnehmer halten, sondern kann sich direkt an den Arbeitgeber wenden, indem er sich den Freistellungsanspruch des Arbeitnehmers nach § 829 Abs. 2, Abs. 3, § 835 Abs. 3 ZPO pfänden und überweisen lässt.[214] Dabei wirkt sich allerdings ein hoher Verschuldensgrad des Arbeitnehmers eher nachteilig aus: In diesem Fall haftet der Arbeitnehmer nach den Grundsätzen der Haftungserleichterung in der Regel in vollem Umfang, so dass gar kein Freistellungsanspruch besteht, den sich der Geschädigte pfänden lassen könnte. Aber auch für den Arbeitnehmer birgt die Dreieckskonstellation Risiken: Obwohl er durch den Freistellungsanspruch gegen den Arbeitgeber bei leichtester Fahrlässigkeit grundsätzlich schadlos bleibt, trägt er das Insolvenzrisiko seines Arbeitgebers.[215]

113 Der Freistellungsanspruch des Arbeitnehmers gegen den Arbeitgeber muss rechtzeitig geltend gemacht werden: Er unterliegt den arbeits- oder tarifvertraglich vereinbarten Verfallsfristen und wird fällig, sobald feststeht, dass der Schädiger vom Geschädigten erfolgreich in Anspruch genommen werden kann.[216]

114 Für die Berücksichtigung von zumutbaren und üblichen, aber nicht abgeschlossenen Versicherungen bei Betriebsmitteln, die nicht im Eigentum des Arbeitgebers stehen, ist Folgendes zu beachten: Der Eigentümer ist grundsätzlich nicht verpflichtet, die Sache zu versichern. Eine solche Verpflichtung kann sich jedoch unter Umständen aus ergänzender Vertragsauslegung ergeben, wenn der Eigentümer Kenntnis von der Tatsache hat, dass die ihm gehörende Sache durch Arbeitnehmer seines Vertragspartners benutzt werden wird.[217] Der Arbeitgeber dagegen muss es sich als Ausfluss seiner Fürsorgepflicht im Rahmen des Freistellungsanspruchs anrechnen lassen, wenn er seinerseits die dem Dritten gehörende Sache nicht entsprechend versichert hat und er so seine Arbeitnehmer in Haftungsrisiken bringt.[218]

---

[213] BGH 21.12.1993 – VI ZR 103/93, AP BGB § 611 Haftung des Arbeitnehmers Nr. 104; BGH 19.9.1989 – VI ZR 349/88, AP BGB § 611 Haftung des Arbeitnehmers Nr. 99.
[214] BAG 11.2.1969 – 1 AZR 280/68, AP BGB § 611 Haftung des Arbeitnehmers Nr. 45.
[215] So auch der Sachverhalt bei BGH 19.9.1989 – VI ZR 349/88, AP BGB § 611 Nr. 99.
[216] BAG 25.6.2009 – 8 AZR 236/08, NJOZ 2010, 455.
[217] BGH 19.9.1989 – VI ZR 349/88, AP BGB § 611 Nr. 99.
[218] Letztlich offen gelassen, aber angedeutet bei BGH 19.9.1989 – VI ZR 349/88, AP BGB § 611 Nr. 99; ausdrücklich bejaht von LAG Köln 7.5.1992 – 5 Sa 448/91, NZA 1992, 1032 Arbeitnehmerhaftung für den Fall einer Betriebshaftpflichtversicherung, die nicht bei Schäden an Sachen von Dritten einspringt.

b) Haftung für Personenschäden. Der Arbeitnehmer, der einen Dritten in Ausübung der 115 betrieblich veranlassten Tätigkeit schädigt, haftet – wie oben dargestellt – grundsätzlich nach den allgemeinen Regeln des § 280 Abs. 1 BGB, bzw. des Deliktsrechts. Ausgeschlossen ist hingegen seine Haftung im Falle von Personenschäden bei anderen Arbeitnehmern oder einigen sonstigen Dritten, die sich aufgrund eines **Arbeitsunfalls** ergeben. Dieser früher in den §§ 636–642 RVO geregelte Haftungsausschluss ist jetzt in den §§ 105–113 SGB VII aufgegangen.

Grund für den Haftungsausschluss ist zum einen die Tatsache, dass den Geschädigten in 116 Gestalt der Berufsgenossenschaften, die von den Arbeitgebern mit Beiträgen finanziert werden (§ 150 SGB VII) und die für entstandene Personenschäden einstehen, ein solventer Schuldner gegeben ist. Zum anderen sollen Rechtsstreitigkeiten zwischen Arbeitgebern und Arbeitnehmern vermieden und somit der Rechtsfrieden erhalten werden.[219]

Vom Haftungsausschluss erfasst sind sämtliche Ansprüche des Geschädigten, seiner An- 117 gehörigen und seiner Hinterbliebenen wegen Personenschäden. Diese umfassen neben dem Schadensersatz auch das Schmerzensgeld.[220] Ebenso ausgeschlossen sind Ansprüche auf Ersatz der Beerdigungskosten.[221] Bezüglich der Sachschäden, die der Verletzte erlitten hat, besteht dagegen kein Haftungsausschluss.

aa) Haftungsfreistellung betrieblich Tätiger. Von der Haftung freigestellt sind nach § 105 118 SGB VII die im Betrieb tätigen Personen.[222] Dazu zählen nicht nur die Arbeitskollegen des Geschädigten, sondern auch die sogenannten „Wie-Beschäftigten" des § 2 Abs. 2 S. 1 SGB VII. Damit sind diejenigen Personen erfasst, die keine Betriebsangehörigen sind, aber eine dem Unternehmen dienende Tätigkeit mit dem mutmaßlichen Willen des Unternehmers ausüben, dabei nicht selbst unternehmerisch, sondern abhängig tätig sein wollen und deren Tätigkeit typischerweise von Arbeitnehmern ausgeübt wird.[223] Dabei ist es unerheblich, ob diese Tätigkeit nur vorübergehend, unentgeltlich und aus Gefälligkeit ausgeübt wird.[224] Nicht geschützt sind jedoch die „unternehmerähnlichen" Tätigkeiten, bei denen eher eine selbstständige Tätigkeit vorliegt.[225]

Die Haftungsfreistellung wirkt nach § 105 Abs. 1 SGB VII gegenüber den Versicherten 119 desselben Betriebs. Der Kreis der versicherten Personen ergibt sich aus §§ 2, 3, 6 SGB VII. Unterschieden werden kann danach zwischen den Versicherten kraft Gesetzes (§ 2 SGB VII), den Versicherten kraft Satzung (§ 3 SGB VII) und den freiwillig Versicherten (§ 6 SGB VII).

Zu beachten ist, dass gemäß § 2 Abs. 2 SGB VII auch Personen versichert sind, die „wie 120 nach Absatz 1 Nr. 1 Versicherte" (= Beschäftigte) tätig werden. Voraussetzung nach § 105 Abs. 1 S. 1 SGB VII ist, dass sowohl Schädiger als auch Geschädigter demselben Betrieb angehören. Demnach besteht kein Haftungsausschluss, wenn Betriebsfremde verletzt wurden.

Diese Grundvoraussetzung wird jedoch durch § 106 SGB VII erheblich aufgeweicht. Da- 121 nach wird der Haftungsausschluss auch auf andere als die in § 105 SGB VII genannten Betriebsangehörigen erstreckt. Von besonderer praktischer Wichtigkeit sind dabei die Fälle des § 106 Abs. 3, sowie des § 106 Abs. 4 SGB VII.

Nach § 106 Abs. 3 Var. 3 SGB VII ist es für einen Haftungsausschluss ausreichend, wenn 122 Versicherte mehrerer Unternehmen vorübergehend betriebliche Tätigkeiten in einer gemein-

---

[219] *Schwab* NZA-RR 2016, 230 (234).
[220] BGH 4.9.2009 – III ZR 229/07, NJW 2009, 2956; BVerfG 8.2.1995 – 1 BvR 753/94, NJW 1995, 1607; BAG 14.3.1967 – 1 AZR 310/66, AP RVO § 636 Nr. 1; BAG 8.12.1970 – 1 AZR 81/70, AP RVO § 636 Nr. 4.
[221] Schaub ArbR-HdB/*Koch* § 61 Rn. 65.
[222] Vgl. *Waltermann* NJW 2002, 1225 (1228).
[223] BGH 18.11.2014 – VI ZR 47/13, NZA 2015, 689 zur haftungsrechtlichen Zuordnung eines Leiharbeitnehmers zum Betrieb des Entleihers; BAG 19.2.2009 – 8 AZR 188/08., NZA-RR 2010, 123; BSG 17.3.1992 – 2 RU 22/91, NZA 1992, 862; ähnlich auch BAG 24.2.2000 – 8 AZR 163/99, BeckRS 2000, 30783405 (Freiräumen einer Baustelle durch den Mitarbeiter eines Glaserunternehmens auf Grund Weisung der Bauleitung); LSG Rheinland-Pfalz 25.6.2002 – L 3 U 205/01, BeckRS 2002, 30976969.
[224] OLG Köln 5.6.2001 – 3 U 17/00, BeckRS 2001, 30184407 (Helfen beim Freischleppen eines liegengebliebenen LKW).
[225] BSG 17.3.1992 – 2 RU 22/91, NZA 1992, 862 (selbstständige, über Jahre hinweg erfolgte Autoreparaturen); LSG Rheinland-Pfalz 25.6.2002 – L 3 U 205/01, BeckRS 2002, 30976969 (keine unternehmerähnliche Tätigkeit bei mehrtägiger unentgeltlicher Mithilfe beim Dachbau).

samen Betriebsstätte verrichten. Dabei ist allerdings nicht ausreichend, dass die Versicherten rein zufällig an derselben Betriebsstelle nebeneinander arbeiten. Eine gemeinsame Betriebsstätte liegt vielmehr nur dann vor, wenn ein bewusstes Miteinander im Arbeitsablauf vorliegt, das zwar nicht nach einer rechtlichen Verfestigung oder auch nur ausdrücklichen Vereinbarung verlangt, sich aber zumindest tatsächlich als ein aufeinander bezogenes betriebliches Zusammenwirken mehrerer Unternehmen darstellt.[226] Erfasst sind damit diejenigen betrieblichen Aktivitäten von Versicherten mehrerer Unternehmen, die bewusst und gewollt bei einzelnen Maßnahmen ineinandergreifen, miteinander verknüpft sind, sich ergänzen oder unterstützen.[227] Ausreichend ist dafür, dass die gegenseitige Verständigung stillschweigend durch bloßes Tun erfolgt.[228]

123 Einen Ausschluss der Ansprüche Dritter, die sich lediglich in der Betriebsstätte aufhalten, ohne dort betrieblich tätig zu sein, kann sich aus § 106 Abs. 4 SGB VII ergeben, wenn die Dritten kraft Satzung nach § 3 Abs. 1 Nr. 2 SGB VII versichert sind.[229]

124 Ausgeschlossen sind auch Ansprüche wegen Personenschäden des verletzten Arbeitgebers gegen den schädigenden Arbeitnehmer. Für den nicht versicherten Arbeitgeber folgt das aus § 105 Abs. 2 S. 1 SGB VII. Für den freiwillig (§ 6 SGB VII) oder kraft Satzung (§ 3 Abs. 1 Nr. 1 SGB VII) versicherten Unternehmer ist ein Ausschluss umstritten. Richtigerweise besteht dieser wegen eines erst-Recht-Schlusses aus § 105 Abs. 1 Nr. 5 SGB VII, da diese Unternehmer „Versicherte" sind.[230]

125 Obwohl von der gesetzlichen Unfallversicherung nach § 4 Nr. 1 SGB VII ausgeschlossen, sind auch Ansprüche der Beamten und ihnen gleichgestellten Personen (§ 105 Abs. 1 S. 2 SGB VII) von der Haftungsbefreiung betroffen. Der Grund hierfür liegt darin, dass diese Personengruppe Leistungen nach beamtenrechtlichen Vorschriften erhält.[231]

126 *bb) Versicherungsfall auf Grund betrieblicher Tätigkeit.* Versicherungsfälle sind Arbeitsunfälle und Berufskrankheiten (§ 7 Abs. 1 SGB VII). Nach der Legaldefinition des § 8 Abs. 1 SGB VII ist ein Arbeitsunfall ein Unfall eines Versicherten infolge einer den Versicherungsschutz begründenden Tätigkeit. Ein Unfall ist dabei ein zeitlich begrenztes, von außen auf den Körper einwirkendes Ereignis, das zu einem Gesundheitsschaden oder zum Tod (§ 8 Abs. 1 S. 2 SGB VII) oder zum Verlust oder zur Beschädigung eines Hilfsmittels (Prothese uä aber: keine Brillen,[232] § 8 Abs. 3 SGB VII) führt.

127 Der Unfall ist dabei „infolge der den Versicherungsschutz begründenden Tätigkeit" erfolgt, wenn die Tätigkeit wesentliche Bedingung für ihn war. Dies ist dann der Fall, wenn die Tätigkeit in einem inneren Zusammenhang zum Unfall stand und wesentlich zu ihm beigetragen hat.[233] Da der Unfall ein zeitlich begrenztes Ereignis darstellt, darf sich das schädigende Ereignis nur innerhalb eines relativ kurzen Zeitraumes zutragen. Das BSG geht davon aus, dass nur solche Schädigungen erfasst sind, die sich innerhalb einer „Arbeitsschicht", also in der Regel innerhalb eines Arbeitstags, ereignen.[234]

128 Als Arbeitsunfälle gelten gemäß § 8 Abs. 2 Nr. 5 SGB VII ebenfalls Unfälle, die bei der Verwahrung, Beförderung, Instandhaltung und Erneuerung des Arbeitsgeräts eintreten. Dies

---

[226] BGH 17.10.2000 – VI ZR 67/00, NJW 2001, 443 f. (nicht gegeben bei Verletzung eines Mitarbeiters einer Reinigungsfirma auf dem Rückweg von der Tätigkeit bei der Deutschen Bahn durch Rangierarbeiten der Deutschen Bahn); OLG Köln 5.6.2001 – 3 U 17/00, BeckRS 2001, 30184407 (Gemeinsames Freischleppen zweier liegen gebliebenen LKW); BGH 23.1.2001 – VI ZR 70/00, AP SGB VII § 106 Nr. 2 (nicht gegeben bei Verletzung eines LKW-Fahrers während des Abladens durch schädigenden LKW-Fahrer, der seinerseits auf eine Beendigung der Tätigkeit des Geschädigten wartete, damit er mit dem Aufladen beginnen konnte).
[227] Bejaht bei BGH 15.11.2011 – VI ZR 152/10, NJW 2011, 3296; BGH 22.1.2008 – VI ZR 17/07, NJW 2008, 2116; BAG 19.2.2009 – 8 AZR 188/08, NZA-RR 2010, 123; verneint bei BGH 30.4.2013 – VI ZR 155/10, NZA 2013, 1218.
[228] BGH 17.10.2000 – VI ZR 67/00, NJW 2001, 443 f.
[229] Tschöpe/*Westhoff* Teil 2 I Rn. 94.
[230] *Waltermann* NJW 2002, 1225 (1227); aA *Rolfs* DB 2001, 2294 (2299).
[231] *Waltermann* NJW 2002, 1225 (1227).
[232] BSG 10.12.1975 – 8 RU 66/75, BSGE 41, 61.
[233] BSG 28.6.1988 – 2/9b RU 28/87, BSGE 63, 277.
[234] BSG 28.1.1966 – 2 RU 151/63, BSGE 24, 216.

gilt auch dann, wenn das Arbeitsgerät vom Versicherten zu stellen ist, da es auf die Eigentumsverhältnisse nicht ankommt.[235]

Auch erfasst sind nach § 8 Abs. 2 Nr. 1–4 SGB VII die Unfälle auf Betriebswegen und wegebezogene Arbeitsunfälle (früher: Wegeunfälle). Hauptanwendungsfall ist dabei das Zurücklegen des Weges von der Wohnung zur Arbeitsstätte und zurück (§ 8 Abs. 2 Nr. 1 SGB VII). Der Weg beginnt dabei jeweils beim Durchschreiten der Haustür (auch bei Mehrfamilienhaus mit mehreren Wohnungen)[236] bzw. des Werkstores.[237] Erforderlich ist auch hier ein unmittelbarer Zusammenhang zwischen Weg und versicherter Tätigkeit. Andererseits folgt daraus nicht, dass der Versicherte ausschließlich auf dem entfernungsmäßig kürzesten Weg von und zu der Arbeitsstätte geschützt ist. Ganz kleine, privaten Zwecken dienende Umwege, die nur zu einer unbedeutenden Verlängerung des Weges führen, sind für den Versicherungsschutz unschädlich.[238] Eine unbedeutende Verlängerung liegt dabei beispielsweise im Umgehen einer verkehrstechnisch schlechten Strecke[239] oder weil sich der Versicherte verfahren hat.[240]

Auch bei bedeutenden Abweichungen vom unmittelbaren Weg liegt ein versicherter Weg vor, wenn Kinder des Versicherten, die mit dem Versicherten in gemeinsamem Haushalt leben, wegen der beruflichen Tätigkeit des Versicherten oder dessen Ehegatten oder Lebenspartner in fremde Obhut gegeben werden (§ 8 Abs. 2 Nr. 2a SGB VII) oder weil im Rahmen einer Fahrgemeinschaft die Mitfahrer noch zu deren Wohnung befördert werden (§ 8 Abs. 2 Nr. 2b SGB VII).[241] Auch wenn wegen der weiten Entfernung von Arbeitsstelle und Familienwohnung der Versicherte am Arbeitsort oder in der unmittelbaren Umgebung eine Wohnung bezogen hat, ist der Weg zur Familienwohnung versichert (§ 8 Abs. 2 Nr. 4 SGB VII).

Berufskrankheiten sind Krankheiten, die die Bundesregierung durch Rechtsverordnung mit Zustimmung des Bundesrates als Berufskrankheiten bezeichnet und die Versicherte infolge einer den Versicherungsschutz begründenden Tätigkeit erleiden (§ 9 Abs. 1 S. 1 SGB VII). Die Bundesregierung hat von der Ermächtigung in § 9 Abs. 1 SGB VII Gebrauch gemacht und am 31.12.1997 die BerufskrankheitenVO[242] erlassen, welcher eine umfangreiche Liste von Berufskrankheiten beigefügt ist. Zusätzlich neben dem Vorliegen einer anerkannten Berufskrankheit muss diese aber auch durch eine den Versicherungsschutz nach §§ 2, 3 oder 6 SGB VII begründende Tätigkeit ausgelöst worden sein. Wie beim Arbeitsunfall muss dafür ein ursächlicher innerer Zusammenhang zwischen Krankheit und Tätigkeit vorliegen.

Neben dem tatsächlichen Vorliegen des Versicherungsfalls muss dieser wiederum noch durch eine betriebliche Tätigkeit verursacht worden sein. Dies ist nur dann der Fall, wenn der Schädiger den Versicherungsfall durch eine Tätigkeit verursacht hat, die ihm von dem Betrieb oder für den Betrieb übertragen war oder die von ihm im Betriebsinteresse ausgeführt wurde.[243] Die betriebliche Tätigkeit ist dabei abzugrenzen von der privaten Tätigkeit. Diese liegt vor allem bei eigenwirtschaftlichen Tätigkeiten des Arbeitnehmers vor. Ist die Abgrenzung im Einzelfall schwierig, ist darauf abzustellen, ob die Tätigkeit durch die Organisation des Betriebs bedingt war, oder ob sie sich als reine Privatsache der Beteiligten darstellte.[244] Stellt die verrichtete Tätigkeit eine gemischte Tätigkeit dar, besteht der Versicherungsschutz, wenn die Verrichtung im Einzelfall betrieblichen Tätigkeiten wesentlich gedient hat. Bei der Unterbrechung der versicherten Tätigkeit endet auch der Versicherungsschutz, wenn es sich nicht um eine zeitlich geringfügige Unterbrechung handelt.[245]

---

[235] Schaub ArbR-HdB/*Koch* § 61 Rn. 31.
[236] BSG 7.11.2000 – B 2 U 39/99 R, NJW 2002, 84.
[237] BAG 14.12.2000 – 8 AZR 92/00, AP SGB VII § 105 Nr. 1.
[238] BSG 11.9.2001 – B 2 U 34/00 R, NZS 2002, 161 f.
[239] BSG 9.12.1993 – 2 BU 87/93, SozR 3–2200 § 550 Nr. 7.
[240] BSG 2.6.1959 – 2 RU 3/57, AP RVO § 543 Nr. 6.
[241] So schon früher BSG 15.6.1983 – 9b/8 RU 56/81, AP RVO § 550 Nr. 4.
[242] BGBl. I 2623; zuletzt geändert am 23.10.2002 (BGBl. I 554).
[243] BAG 9.8.1966 – 1 AZR 426/65, BB 1966, 1310; BAG 14.3.1974 – 2 AZR 155/73, DB 1975, 1582.
[244] BGH 11.5.1993 – VI ZR 279/92, AP RVO § 637 Nr. 23.
[245] BSG 20.5.1976 – 8 RU 134/75, SozR 2200 § 539 Nr. 21.

Eisenbeis

133 cc) *Ausnahmen vom Haftungsausschluss.* Der Haftungsausschluss des Arbeitnehmers greift nicht ein, wenn er den Versicherungsfall vorsätzlich herbeigeführt hat, oder wenn es sich um einen Wegeunfall nach § 8 Abs. 2 Nr. 1–4 SGB VII handelt (§ 105 Abs. 1 S. 1 SGB VII).

134 Für die Annahme von Vorsatz reicht bedingter Vorsatz aus.[246] Umstritten ist jedoch, ob sich der Vorsatz auch auf die Schadensfolgen[247] oder nur auf die Verursachung des Unfalls[248] beziehen muss. Nach der Entscheidung des BAG vom 10.10.2002[249] wird man wohl davon ausgehen können, dass nicht nur die Schädigungshandlung, sondern auch der Schaden selbst vom Vorsatz umfasst sein müssen.

135 Grund für den Ausschluss der Haftung bei Wegeunfällen nach § 8 Abs. 2 Nr. 1–4 SGB VII ist, dass der Arbeitnehmer hier wie jedermann am Straßenverkehr teilnimmt und dessen Gefahren nicht aus der betrieblichen Sphäre rühren.[250] Hier wäre es unbillig, den geschädigten Versicherten im Vergleich zu allen anderen Verkehrsteilnehmern dadurch schlechter zu stellen, dass der Schädiger gerade für seine Verletzungen von der Haftung befreit wäre.[251] Handelt es sich dagegen um einen betrieblich angeordneten Weg (Dienstreise, Botengänge, Lieferfahrten uä) bleibt der betriebliche Bezugspunkt bestehen, der einen Haftungsausschluss rechtfertigt.

136 dd) *Regress des Sozialversicherungsträgers.* Hat der Schädiger den Versicherungsfall vorsätzlich oder grob fahrlässig herbeigeführt, kann der Sozialversicherungsträger gegen ihn gemäß § 110 SGB VII Rückgriff nehmen. Im Gegensatz zu § 105 Abs. 1 S. 1 SGB VII regelt § 110 Abs. 1 S. 3 SGB VII ausdrücklich, dass sich der Vorsatz nur auf die Schädigungshandlung beziehen muss.[252]

137 In den Fällen, in denen der Sozialversicherungsträger eine Kapitalrente zahlt, kann er vom Schädiger den Kapitalwert der Rente nach § 110 Abs. 1 S. 2 SGB VII ersetzt verlangen. Gemäß Abs. 2 kann der Sozialversicherungsträger von einem Regress nach billigem Ermessen Abstand nehmen. Hierbei sind insbesondere die wirtschaftlichen Verhältnisse des Schädigers (§ 110 Abs. 2 S. 2 SGB VII), aber auch der Grad des Verschuldens und ein eventuelles Mitverschulden des Geschädigten oder des Sozialversicherungsträgers zu berücksichtigen.[253] Zuständig für die Durchsetzung der Regressansprüche sind die Zivilgerichte.[254]

138 ee) *Gemeinschaftliche Haftung.* Hat neben dem nach § 105 SGB VII privilegierten schädigenden Arbeitnehmer noch ein Dritter an der Verletzung mitgewirkt, besteht ein Problem bei der Bestimmung der Einstandspflicht der beiden Schuldner. Nach dem Grundmodell des § 426 Abs. 1 BGB haftet jeder einzelne Schädiger dem Geschädigten gegenüber auf die volle Haftungssumme. Die Berücksichtigung der einzelnen Verschuldensanteile wird dann im Rahmen des Innenverhältnisses geklärt: Hier kann der zahlende Schädiger von seinen Mitschädigern anteilig Regress nehmen (sog. Gesamtschuldausgleich, § 426 Abs. 2 BGB). Tritt nun aber zugunsten eines Schädigers eine Haftungsbeschränkung ein, so liegt ein „gestörter Gesamtschuldausgleich" vor, der die Frage aufwirft, zu wessen Lasten sich die Haftungsbefreiung auswirkt.

139 In den Fällen des § 105 SGB VII geht der Haftungsausschluss zu Lasten des geschädigten Versicherten. Zwischen den Schädigern wird kein Gesamtschuldausgleich vorgenommen. Dem Geschädigten ist wegen § 105 SGB VII die Inanspruchnahme des privilegierten Arbeitnehmers verwehrt; gleichzeitig kann aber auch der mitschädigende Dritte nur auf den

---

[246] Tschöpe/*Westhoff* Teil 2 I Rn. 101.
[247] OLG Celle 6.10.1999 – 9 U 24/99, MDR 2000, 521; LG Hamburg 29.7.1999 – 313 O 25/99, r+s 2000, 329; OLG Hamburg 17.2.2000 – 6 U 205/99, r+s 2000, 329; KassKomm/*Ricke* SGB VII § 104 Rn. 12; Schaub ArbR-HdB/*Koch* § 61 Rn. 64.
[248] LG Stendal 23.11.2000 – 22 S 67/00, VersR 2001, 1294; *Rolfs* DB 2001, 2294 (2297).
[249] BAG 10.10.2002 – 8 AZR 103/02, DB 2003, 724 f.
[250] BGH 8.5.1973 – VI ZR 148/72, AP RVO § 636 Nr. 7; KassKomm/*Ricke* SGB VI § 104 Rn. 13.
[251] BGH 8.5.1973 – VI ZR 148/72, AP RVO § 636 Nr. 7.
[252] BAG 10.10.2002 – 8 AZR 103/02, DB 2003, 724 f.; KassKomm/*Ricke* SGB VII § 110 Rn. 9.
[253] KassKomm/*Ricke* SGB VII § 110 Rn. 8.
[254] StRspr vgl. BGH 30.4.1968 – VI ZR 32/67, NJW 1968, 1429; OLG Dresden 28.10.2012 – 5 W 939/11, NZS 2012, 307.

§ 17 Nicht- und Schlechtleistung

Betrag in Anspruch genommen werden, den er im Innenverhältnis mit dem privilegierten Arbeitnehmer zu zahlen hätte. Grund für diese Lösung ist, dass durch die Haftungsprivilegierung nach § 105 SGB VII der mitschädigende Dritte nicht benachteiligt werden soll.[255]

Beispiel:
Arbeitskollegen A und B befinden sich mit dem betriebseigenen Wagen auf dem Weg zu einem Kunden. A steuert das Fahrzeug. Dabei stößt A mit dem Fahrzeug des D zusammen. Bei dem Unfall wird B erheblich verletzt. Der Verschuldensanteil des A beträgt 60; der des D 40 %.

Hier kann B von A wegen der Haftungsprivilegierung aus § 105 Abs. 1 S. 1 SGB VII keinen Ersatz verlangen. Von D kann er nicht den vollen Schaden ersetzt verlangen, sondern nur 40 % des Schadens entsprechend dessen Verschuldensanteil im Innenverhältnis A–D.

140

---

[255] BGH 12.6.1973 – VI ZR 163/71, NJW 1973, 1648 f.; BGH 17.2.1987 – VI ZR 81/86, NJW 1987, 2669.

§ 18 Abmahnung

Übersicht

	Rn.
I. Begriff und Funktion	1–7
II. Rechtsgrundlage und Anwendungsbereich	8–10
III. Erforderlichkeit	11–22
1. Grundsatz: Abmahnung bei jeder verhaltensbedingten Kündigung	11–14
2. Entbehrlichkeit der Abmahnung	15–21
a) Grundfall Arbeitnehmer	15–20
b) Übertragung auf Organmitglieder wegen § 314 BGB?	21
3. Verhältnismäßigkeit der Abmahnung	22
IV. Voraussetzungen	23–33
1. Anhörung des Arbeitnehmers/Betriebsrats	23–26
2. Abmahnungsberechtigter	27
3. Zugang	28–31
4. Frist	32/33
V. Wirkungen der Abmahnung	34–44
1. Verlust des konkret beanstandeten Fehlverhaltens als Kündigungsgrund	34–36
2. Kündigung nur bei gleichartigen Wiederholungsfällen	37–39
3. Wirkungsdauer	40/41
4. Mehrmalige Abmahnung bei geringfügigen Verstößen	42/43
5. Keine präjudizielle Wirkung der Abmahnung	44
VI. Gegenrechte des Abgemahnten	45–53
1. Entfernung aus der Personalakte	45–50
2. Gegendarstellung	51
3. Beschwerde	52/53
VII. Streitigkeiten	54–57
VIII. Abgrenzung	58–61
IX. Exkurs: Die betriebsverfassungsrechtliche Abmahnung	62–65

I. Begriff und Funktion

1 Von einer Abmahnung wird gesprochen, wenn der Arbeitgeber in einer für den Arbeitnehmer hinreichend deutlich erkennbaren Art und Weise Leistungs- oder Verhaltensmängel beanstandet und damit den Hinweis verbindet, dass im Wiederholungsfall der Inhalt oder der Bestand des Arbeitsverhältnisses gefährdet ist.[1]

2 Mit einer Abmahnung übt der Arbeitgeber seine arbeitsvertraglichen Gläubigerrechte aus. Er weist den Arbeitnehmer als seinen Schuldner auf dessen vertragliche Pflichten hin und macht ihn auf die Verletzung dieser Pflichten aufmerksam. Zugleich fordert er ihn für die Zukunft zu einem vertragstreuen Verhalten auf und droht, weil ihm dies angebracht erscheint, individualvertragliche Konsequenzen für den Fall einer erneuten Pflichtverletzung an.[2]

Die Abmahnung erfüllt dadurch im Wesentlichen folgende Zwecke:
- Rügefunktion,
- Warnfunktion,
- Dokumentationsfunktion.

3 Durch das Vorhalten des arbeitsvertragswidrigen Verhaltens erfüllt die Abmahnung zunächst die **Rügefunktion** (auch: Erinnerungs-, Ermahnungs-, Hinweis- oder Beanstandungsfunktion). Dabei soll dem Arbeitnehmer deutlich gemacht werden, dass sein Verhalten vom Arbeitgeber als vertragswidrig angesehen wird. Dem Arbeitnehmer wird das vertragsgemä-

---

[1] BAG 18.1.1980 – 7 AZR 75/78, AP KSchG § 1 Verhaltensbedingte Kündigung Nr. 3; 17.2.1994 – 2 AZR 616/93, AP BGB § 626 Nr. 116.

[2] BAG 30.5.1996 – 6 AZR 537/95, NZA 1997, 145; BAG 11.12.2001 – 9 AZR 464/00, NZA 2002, 965.

ße Verhalten sowie der konkrete Verstoß hiergegen aufgezeigt.[3] Eine nur schlagwortartige Umschreibung der Verfehlung („Minderleistung", „Unpünktlichkeit", „Unzuverlässigkeit", „Vertrauensverlust", „schlechte Zusammenarbeit", „mangelhafte Leistungen") genügt den Anforderungen an die Rügefunktion nicht.[4]

Durch die Ankündigung von Konsequenzen wird die **Warnfunktion** (auch: Ankündigungs- oder Androhungsfunktion) erfüllt.[5] Dem Arbeitnehmer wird deutlich gemacht, dass bei wiederholtem, gleichartigem Fehlverhalten Inhalt oder Bestand seines Arbeitsverhältnisses gefährdet sind. Hierbei ist nicht erforderlich, dass ausdrücklich die ordentliche oder außerordentliche Kündigung angedroht wird. Ausreichend ist es nach der Rechtsprechung des BAG, wenn „arbeitsrechtliche Konsequenzen" angedroht werden.[6]

Zum Dritten soll die Abmahnung die sog. **Dokumentationsfunktion** erfüllen. Mit der Abmahnung soll das beanstandete Verhalten für eine im Wiederholungsfall auszusprechende Kündigung festgehalten werden.[7] Die Einhaltung der Schriftform ist hierbei die Regel und – wegen der Beweislast des Arbeitgebers für die Tatsachen, auf die er eine eventuelle Kündigung stützen möchte und damit auch für das Vorliegen einer ordnungsgemäßen Abmahnung[8] – auch erforderlich, zwingend ist sie indessen nicht, es sei denn Arbeitsvertrag oder Tarifvertrag sehen dies vor. In der Vergangenheit wurde die Auffassung vertreten, dass eine Abmahnung an schwarzen Brett oder im Intranet veröffentlich sein sollte.[9] Hierbei handelt es sich jedoch um die Verarbeitung personenbezogener Daten.[10] Mangels einer Erforderlichkeit im Sinne des § 26 Abs. 1 S. 1 BDSG, stellt sich eine derartige Abmahnung als datenschutzrechtlich unzulässig dar.[11]

Auch eine unwirksame[12] oder zurückgenommene[13] Kündigung kann die Funktion einer Abmahnung erfüllen. Voraussetzung ist jedoch, dass die Tatsachen, auf welche die Kündigung gestützt wurde, feststehen und sich die Unwirksamkeit aus anderen Gründen ergibt (Schriftformerfordernis missachtet, fehlerhafte Betriebsratsanhörung, etc).

Da durch die Abmahnung der Arbeitnehmer lediglich zu vertragsgemäßen Verhalten angehalten werden soll, erfüllt sie **keinerlei Sanktionsfunktion**.[14] Der Arbeitnehmer soll nicht für sein Fehlverhalten bestraft werden. Diese Funktion übernimmt die Betriebsbuße.[15]

II. Rechtsgrundlage und Anwendungsbereich

Die Rechtsgrundlage der Abmahnung ergibt sich aus den im Kündigungsrecht geltenden Grundprinzipien des **Verhältnismäßigkeitsgrundsatzes** und des **Ultima-ratio-Prinzips**.[16]

Die Abmahnung kommt vor allem im Bereich der **Kündigung aus verhaltensbedingten Gründen** in Betracht. Bei der personen- oder betriebsbedingten Kündigung ist die Abmahnung grundsätzlich nicht erforderlich, da sie ihren Zweck (Veranlassung des Arbeitnehmers zu vertragsgemäßen Verhalten) in diesen Fällen nicht erfüllen kann.[17] Nur bei der verhal-

---

[3] *Hoß* MDR 1999, 333 (335).
[4] LAG Baden-Württemberg 17.10.1990 – 12 Sa 98/89, LAGE BGB § 611 Abmahnung Nr. 25.
[5] BAG 10.11.1988 – 2 AZR 215/88, NZA 1989, 633.
[6] BAG 18.5.1994 – 2 AZR 626/93, NZA 1995, 65.
[7] BAG 26.1.1995 – 2 AZR 649/94, NZA 1995, 517.
[8] LAG Hessen 23.12.1986 – 7 Sa 1084/86, BB 1987, 1463.
[9] LAG Köln 6.8.1999 – 11 Sa 1085/98, NZA-RR 2000, 24; so auch die Vorauflage.
[10] So auch NK-DatenschutzR/*Seifert* DS-GVO Art. 88 Rn. 183.
[11] BeckOK DatenschutzR/*Riesenhuber* BDSG § 26 Rn. 181; NK-DatenschutzR/*Seifert* DS-GVO Art. 88 Rn. 183.
[12] BAG 31.8.1989 – 2 AZR 13/89, NZA 1990, 433. LAG Düsseldorf 6.3.1986 – 5 Sa 1224/85, NZA 1986.
[13] BAG 21.5.1992 – 2 AZR 10/92, AP KSchG 1969 § 1 Verhaltensbedingte Kündigung Nr. 29; LAG Düsseldorf 6.3.1986 – 5 Sa 1224/85, NZA 1986, 431.
[14] HaKo-KSchR/*Zimmermann*, KSchG § 1 Rn. 250.
[15] Dazu → Rn. 57 ff.
[16] BAG 17.2.1994 – 2 AZR 616/93, NZA 1994, 656; *Hunold* NZA-RR 2000, 169 (170).
[17] LAG Brandenburg 21.3.1994 – 4 (5/4 Sa 369/92, LAGE KSchG § 1 Personenbedingte Kündigung Nr. 12; aA BAG 15.8.1984 – 7 AZR 228/82, NJW 1985, 2158 – Abmahnerfordernis bei Eignungs- und Leistungs-

tensbedingten Kündigung hat es der Arbeitnehmer selbst in der Hand, durch eine willentlich gesteuerte Verhaltensänderung der Kündigung zu entgehen. Es ist dabei ausreichend, wenn das Verhalten des Arbeitnehmers nur **objektiv pflichtwidrig** war. Es kommt nicht darauf an, ob der Pflichtverstoß dem Arbeitnehmer subjektiv vorwerfbar ist.[18]

10 Das Erfordernis einer vorherigen Abmahnung besteht grundsätzlich sowohl bei der ordentlichen als auch bei der außerordentlichen Kündigung,[19] Fällt das Arbeitsverhältnis jedoch nicht in den Anwendungsbereich des KSchG (§§ 1 Abs. 1, 23 Abs. 1 KSchG), ist eine Abmahnung grundsätzlich nicht erforderlich.[20] Dies ist vor allem bei Arbeitsverhältnissen in der Probezeit der Fall, sofern diese die Regeldauer von sechs Monaten nicht übersteigt. Ist die Probezeit jedoch länger als sechs Monate (vor allem bei Arbeitsverhältnissen im wissenschaftlichen oder künstlerischen Bereich), so ändert dies nichts an der Anwendbarkeit des KSchG ab diesem Zeitpunkt, so dass eine Abmahnung erforderlich wird.[21]

III. Erforderlichkeit

1. Grundsatz: Abmahnung bei jeder verhaltensbedingten Kündigung

11 Wegen des im Kündigungsrecht geltenden Ultima-Ratio-Prinzips darf in der Regel nicht bereits beim ersten Fehlverhalten gekündigt werden.[22] Dies gilt für sämtliche Bereiche, also den Leistungs-, den Betriebs- und den Vertrauensbereich.[23]

12 Zum **Leistungsbereich** zählen die gegenseitigen Hauptleistungspflichten aus dem Arbeitsverhältnis. Umfasst sind der Umfang, die Qualität und die Art und Weise der Erbringung der Arbeitsleistung. Der Leistungsbereich ist in allen Fällen der Nicht- und Schlechtleistung des Arbeitnehmers betroffen (Schlechtleistung durch mangelhafte Erledigung der übertragenen Arbeiten,[24] Arbeitsbummelei,[25] eigenmächtige Urlaubsverlängerung,[26] wiederholte Unpünktlichkeit[27] oder der wiederholten Nichtanzeige oder nicht rechtzeitigen Anzeige der Arbeitsunfähigkeit nach § 5 EFZG).[28]

13 Bei Störungen im **betrieblichen Bereich** geht es um die Verletzung von Vorschriften, die das Verhalten der Arbeitnehmer untereinander regeln. Eine solche Störung liegt beispielsweise vor, wenn der Arbeitnehmer sich nicht an ein betriebliches Rauch-[29] oder Alkoholverbot[30] hält; ebenso bei provozierender parteipolitischer Betätigung im Betrieb.[31]

14 Die früher von der Rechtsprechung vertretene Entbehrlichkeit der Abmahnung für Pflichtverletzungen, die den **Vertrauensbereich** betreffen,[32] wird mittlerweile nicht mehr verfolgt. Auch bei Vorfällen, die den Glauben des Arbeitgebers an die Gutwilligkeit, Loyalität und Red-

---

mängeln; LAG Hessen 18.3.2014 – 13 Sa 1207/13, BeckRS 2014, 70656 – Abmahnung vor krankheitsbedingter Kündigung.
[18] BAG 29.11.1983 – 1 AZR 469/82, NZA 1984, 34; 7.9.1988 – 5 AZR 625/87, NZA 1989, 272; 30.5.1996 – 6 AZR 537/95, AP BGB § 611 Nebentätigkeit Nr. 2; 11.12.2001 – 9 AZR 464/00, AP BGB § 611 Nebentätigkeit Nr. 8.
[19] BAG 17.2.1994 – 2 AZR 616/93, AP BGB § 626 Nr. 116.
[20] BAG 21.2.2001 – 2 AZR 579/99, AP BGB § 611 Abmahnung Nr. 26; LAG Hamm 19.1.1988 – 7 Sa 1595/87, BeckRS 9998, 80571.
[21] BAG 15.8.1984 – 7 AZR 228/82, AP BGB § 626 Nr. 99; LAG Berlin 12.8.1996 – 9 Sa 47/96, LAGE KSchG § 1 Verhaltensbedingte Kündigung Nr. 55.
[22] Das gilt auch für die außerordentliche Kündigung durch den Arbeitnehmer, vgl. LAG Niedersachsen 17.1.2003 – 10 Sa 1034/02, MDR 2004, 218; LAG Hamm 18.6.1991 – 11 Sa 527/91, LAGE BGB § 626 Nr. 59.
[23] BAG 4.6.1997 – 2 AZR 526/96, AP BGB § 626 Nr. 137; 11.3.1999 – 2 AZR 507/98, AP BGB § 626 Nr. 149.
[24] BAG 18.11.1986 – 7 AZR 674/84, AP KSchG 1969 § 1 Verhaltensbedingte Kündigung Nr. 17.
[25] BAG 27.1.1988 – 5 AZR 604/86, ZTR 1988, 309.
[26] BAG 9.8.1984 – 2 AZR 400/83, AP KSchG 1969 § 1 Verhaltensbedingte Kündigung Nr. 12.
[27] BAG 17.3.1988 – 2 AZR 576/87, AP BGB § 626 Nr. 99; LAG Berlin 12.8.1996 – 9 Sa 47/96, LAGE KSchG § 1 Verhaltensbedingte Kündigung Nr. 55.
[28] BAG 16.8.1991 – 2 AZR 604/90, AP KSchG 1969 § 1 Verhaltensbedingte Kündigung Nr. 27.
[29] LAG Düsseldorf 17.6.1997 – 16 Sa 346/97, LAGE KSchG § 1 Verhaltensbedingte Kündigung Nr. 58.
[30] BAG 22.7.1982 – 2 AZR 30/81, AP KSchG 1969 § 1 Verhaltensbedingte Kündigung Nr. 5; LAG Hamm 11.11.1996 – 10 Sa 1789/95, LAGE KSchG § 1 Verhaltensbedingte Kündigung Nr. 56.
[31] BAG 9.12.1982 – 2 AZR 620/80, AP BGB § 626 Nr. 73.
[32] BAG 9.1.1986 – 2 ABR 24/85, AP BGB § 626 Ausschlussfrist Nr. 20.

lichkeit des Arbeitnehmers, oder die Annahme, dass sich der Arbeitnehmer nicht unlauter gegen seine Interessen stellt und dass er sich nicht falsch, unaufrichtig oder hinterhältig gegen ihn stellen wird, betreffen, ist eine Abmahnung grundsätzlich erforderlich, wenn das beanstandete Verhalten vom Arbeitnehmer gesteuert werden kann.[33] Bei einem steuerbaren Verhalten kann davon ausgegangen werden, dass die Abmahnung ihr Ziel – die Herstellung künftiger Vertragstreue und Vermeidung künftiger Vertragsstörungen – erreichen kann.[34]

2. Entbehrlichkeit der Abmahnung

a) **Grundfall Arbeitnehmer.** Trotz des für alle Bereiche grundsätzlichen Erfordernisses einer Abmahnung kann die verhaltensbedingte Kündigung in Ausnahmefällen aber auch ohne vorherige Abmahnung wirksam, die **Abmahnung entbehrlich** sein.[35] Das BAG knüpft an den in den §§ 314 Abs. 2 S. 2, 323 Abs. 2 BGB zum Ausdruck kommenden Verhältnismäßigkeitsgrundsatz an, wonach eine Fristsetzung bzw. Abmahnung immer dann entbehrlich ist, wenn der Schuldner die Leistung ernsthaft und endgültig verweigert oder besondere Umstände vorliegen, die die Beendigung des Vertragsverhältnisses rechtfertigen.[36] Eine Abmahnung des Arbeitnehmers ist somit dann entbehrlich, wenn ex ante entweder eine Verhaltensänderung in der Zukunft trotz Abmahnung nicht erwartet werden kann oder es sich um eine so schwere Pflichtverletzung handelt, dass selbst deren erstmalige Hinnahme dem Arbeitgeber nach objektiven Maßstäben unzumutbar und damit offensichtlich, für den Arbeitnehmer erkennbar, ausgeschlossen ist.[37]

Dies ist zum einen dann der Fall, wenn der **Arbeitnehmer nicht in der Lage oder nicht willens ist, sich vertragsgerecht zu verhalten.**[38] Eine solche Fallgestaltung ist insbesondere dann anzunehmen, wenn er sich hartnäckig weigert, die ihm übertragenen Aufgaben auszuführen[39] oder er uneinsichtig über einen längeren Zeitraum seiner Arbeitspflicht nicht nachkommt. Der Arbeitnehmer gibt damit zu erkennen, dass er unwillig ist, sich zu ändern.[40] In diesem Zusammenhang kann auch das Nach-Tat-Verhalten des Arbeitnehmers Bedeutung für die Frage erlangen, ob – selbst bei gravierenden Pflichtverstößen – eine Abmahnung gerade nicht entbehrlich war. Sieht der Arbeitnehmer sein Fehlverhalten und dessen Schwere noch vor Ausspruch einer Kündigung ein, ist davon auszugehen, dass sich das Verhalten nicht wiederholen wird oder zumindest eine Abmahnung das ihre dazu beigetragen hätte, die Wiederholungsgefahr auszuschließen.[41]

Die Abmahnung ist ebenfalls entbehrlich, wenn der Vertragsverstoß **so schwerwiegend ist, dass der Arbeitnehmer weiß oder wissen musste, dass der Arbeitgeber sein Verhalten unter keinen Umständen hinnehmen wird.**[42] In diesen Fällen ist dem Arbeitgeber der vorherige Ausspruch einer Abmahnung unzumutbar. Hierunter fallen vor allem vorsätzlich begangene Straftaten oder besonders schwere Vertragsverletzungen im Leistungs-, Betriebs-, oder Vertrauensbereich.[43]

Dieser Grundsatz hat jedoch durch die sog. „Emmely" Entscheidung[44] des BAG Einschränkungen erfahren. Das Gericht hat in der Entscheidung betont, dass die Weiterbeschäf-

---

[33] BAG 25.10.2012 – 2 AZR 495/11, NZA 2013, 319; 4.6.1997 – 2 AZR 526/96, NZA 1997, 1281; *Joussen* NZA 2016, 1.
[34] BAG 28.1.2010 – 2 AZR 764/08, NZA 2010, 625.
[35] Vgl. auch ErfK/*Niemann* BGB § 626 Rn. 29c.
[36] BAG 12.1.2006 – 2 AZR 179/05, NZA 2006, 980.
[37] BAG 20.11.2014 – 2 AZR 651/13, NZA 2015, 294.
[38] BAG 17.2.1994 – 2 AZR 616/93, AP BGB § 626 Nr. 116.
[39] BAG 18.5.1994 – 2 AZR 626/93, AP BPersVG § 108 Nr. 3.
[40] *Hunold* BB 1986, 2050 (2053).
[41] BAG 20.11.2014 – 2 AZR 651/13, NZA 2015, 294; LAG Hamburg 30.7.2014 – 5 Sa 22/14, BeckRS 2014, 71869.
[42] BAG 23.1.2014 – 2 AZR 638/13, NZA 2014, 965; 19.4.2012 – 2 AZR 156/11, NZA 2012, 1274; 12.7.1984 – 2 AZR 320/83, AP BetrVG 1972 § 102 Nr. 32; 31.3.1993 – 2 AZR 492/92, AP BGB § 626 Ausschlussfrist Nr. 32; 10.2.1999 – 2 ABR 31/98, AP KSchG 1969 § 1 Nr. 42.
[43] Vgl. dazu insbesondere die Beispiele unter → Rn. 14 (Störung des Vertrauensbereichs), sowie die Übersicht bei ErfK/*Niemann* BGB § 626 Rn. 29e.
[44] BAG 10.6.2010 – 2 AZR 541/09, AP BGB § 626 Nr. 229.

Eisenbeis

tigung eines Arbeitnehmers trotz schwerwiegendem Pflichtenverstoß im Vertrauensbereich zumutbar sei, soweit durch jahrelange beanstandungsfreie Beschäftigung ein Vertrauenskapital erdient wurde. In solchen Fällen sei der Arbeitgeber zunächst gehalten, auf das mildere Mittel der Abmahnung zurückzugreifen. Einen „Automatismus" dahingehend, dass bei schweren Pflichtverletzungen eine Abmahnung stets entbehrlich sei, gibt es nicht.[45] Unter Berufung auf dieses Urteil haben auch Teile der Instanzrechtsprechung angenommen, dass in Fällen langjähriger, beanstandungsfreier Beschäftigung der Arbeitgeber zunächst eine Abmahnung aussprechen müsse.[46]

19 Das heißt auf der anderen Seite auch, dass der Arbeitgeber bei Fehlverhalten gehalten ist, auch tatsächlich eine Abmahnung auszusprechen, damit nicht infolge vermeintlich beanstandungsfreien Arbeitsverhaltens entsprechendes Vertrauenskapital aufgebaut werden kann. Insoweit wird von der Literatur zum Teil angenommen, dass auf Grund dieser Funktion im Falle einer späteren verhaltensbedingten Kündigung, die Abmahnung nicht schon allein durch Zeitablauf ihre Wirkung einbüße und aus der Personalakte entfernt werden müsse.[47] Aus den gleichen Gründen sprechen sich diese Autoren teilweise für die Zulässigkeit einer sog. Verdachtsabmahnung aus.[48]

20 Einen Sonderfall bildet die **vorweggenommene Abmahnung**. Bei diesen Fallgestaltungen kündigt der Arbeitgeber durch Aushang am schwarzen Brett oder durch arbeitsvertragliche Vereinbarung an, bei Verstößen gegen bestimmte Verbote (Alkohol-/Drogenmissbrauch, Verstoß gegen Unfallverhütungsvorschriften, etc), eine Kündigung ohne vorherige Abmahnung auszusprechen. Ob in diesen Fällen die Abmahnung tatsächlich entbehrlich ist, ist umstritten. Teilweise wird dies mit der Begründung bejaht, dass der Arbeitnehmer aus den Umständen entnehmen könne, dass sein Verhalten kündigungsrelevant sei.[49] Richtigerweise wird man die Entbehrlichkeit in diesen Fällen aber verneinen müssen. Zum einen wird die vorweggenommene Abmahnung nicht dem Übermaßverbot gerecht, weil dem Arbeitnehmer keinerlei Gelegenheit mehr gegeben wird, sein Verhalten zu ändern. Zum anderen wird der Warn- und Rügefunktion nicht entsprochen. Denn diese setzte voraus, dass ein im konkreten Einzelfall missbilligtes Verhalten genau dargelegt und Konsequenzen angedroht werden. Durch eine vorweggenommene und generalisierende Androhung kann dem aber nicht entsprochen werden, da ein konkretes Verhalten nicht für die Zukunft gerügt werden kann.[50]

21 **b) Übertragung auf Organmitglieder wegen § 314 BGB?** Bislang war nach der ständigen Rechtsprechung des BGH die außerordentliche Kündigung von Organmitgliedern stets ohne vorherige Abmahnung möglich.[51] Nachdem der Gesetzgeber durch die Schuldrechtsreform in § 314 Abs. 2 BGB bei der Kündigung von Dauerschuldverhältnissen aus wichtigem Grund zu deren Wirksamkeit zunächst den fruchtlosen Ablauf einer zur Abhilfe bestimmten Frist bzw. eine erfolglose Abmahnung gesetzt hat, stellt sich die Frage, inwiefern diese Neuregelung auch für die Bewertung der Kündigung von Organmitgliedern Bedeutung haben kann. Dabei ist zunächst zu beachten, dass § 626 BGB eine Sonderregelung des Rechtes zur außerordentlichen Kündigung von Arbeits- und Dienstverhältnissen gegenüber der allgemeineren Regelung des § 314 BGB darstellt und § 626 BGB deswegen grundsätzlich Anwendungsvorrang vor dem allgemeineren § 314 BGB hat. Aus diesem Grund gilt die speziellere 2-Wochen-Frist des § 626 Abs. 2 BGB und nicht die allgemeine „angemessene Frist" des § 314 Abs. 3 BGB. Ein Abmahnungserfordernis enthält die Spezialnorm des § 626 BGB im Gegensatz zu § 314 BGB aber nicht. Teilweise wird vertreten, dass hieraus kein „beredtes Schweigen" des Gesetzgebers gesehen werden könne mit der Folge der grundsätzlichen Entbehrlichkeit einer Abmahnung und damit letztlich der Beibehaltung der Rechtsprechung des BGH.[52] Hierbei wird betont, dass der Gesetzgeber vielmehr durch die Einführung einer all-

---

[45] *Binkert* NZA 2016, 721 (726).
[46] LAG Berlin-Brandenburg 16.9.2010 – 2 Sa 509/10, NZA-RR 2010, 633.
[47] *Ritter* DB 2011, 175; *Schrader* NZA 2011, 180.
[48] *Ritter* DB 2011, 175.
[49] LAG Hamm 16.12.1982 – 10 Sa 965/82, BB 1983, 1601.
[50] Schaub ArbR-HdB/*Linck* § 132 Rn. 15.
[51] Vgl. nur BGH 14.2.2000 – II ZR 218/98, BB 2000, 844; 10.9.2001 – II ZR 14/00, DB 2001, 2438.
[52] So auch *Schmacher-Mohr* DB 2002, 1606; *Schneider* GmbHR 2003, 1.

gemeinen gesetzlichen Grundlage für das Recht der außerordentlichen Kündigung ein Fundament für die spezielleren Regelungen im besonderen Schuldrecht schaffen wollte. Die Einfügung von § 314 BGB diene somit lediglich der Vervollständigung des allgemeinen Schuldrechts im Zuge der Reform.[53] Nur wo im besonderen Schuldrecht vom Leitbild des § 314 BGB durch ausdrückliche Regelung abgewichen werde, könne von einer Sonderregelung ausgegangen werden. Aus diesem Grund sei wegen fehlenden ausdrücklichen Ausschlusses des Abmahnungserfordernisses bei der Kündigung von Dienstverhältnissen auf die Regelung des allgemeinen Schuldrechts und damit auf § 314 Abs. 2 BGB zurückzugreifen. Deshalb erfordere nach neuer Rechtslage auch die Kündigung von Organmitgliedern grundsätzlich eine Abmahnung nach dem Vorbild der Abmahnung von Arbeitnehmern.[54] Der BGH ist dieser Auffassung allerdings nicht gefolgt. Mit Urteil vom 2.7.2007 hat der II. Zivilsenat nochmals betont, dass es vor Ausspruch einer außerordentlichen Kündigung des Dienstverhältnisses mit einem organschaftlichen Vertreter einer Kapitalgesellschaft keiner Abmahnung bedarf.[55] Dies entspreche der gefestigten Rechtsprechung des Senats, die entscheidend darauf abstelle, dass der organschaftliche Vertreter Arbeitgeberfunktionen wahrnimmt. § 314 Abs. 2 BGB gebe keinen Anlass, hiervon abzuweichen, da die genannte Funktionszuweisung ein besonderer Umstand iSv § 323 Abs. 2 Nr. 3 BGB sei, auf den § 314 Abs. 2 S. 2 BGB verweise.[56]

3. Verhältnismäßigkeit der Abmahnung

Nach ständiger Rechtsprechung muss die Abmahnung ebenso wie die Kündigung verhältnismäßig sein.[57] Zwischen dem Fehlverhalten und dem Ausspruch der Abmahnung muss ein vertretbares Verhältnis bestehen, woran es dann fehlt, wenn der Ausspruch der Abmahnung dem Arbeitnehmer unverhältnismäßig große Nachteile zufügt und andere, weniger schwerwiegende Maßnahmen möglich gewesen wären.[58] Das **Verhältnismäßigkeitsprinzip** ist hierbei nicht bereits dann verletzt, wenn das abgemahnte Verhalten im Wiederholungsfall nicht ausreichend für eine Kündigung ist. Da dies vom Arbeitgeber nicht beurteilt werden kann, sondern erst durch das Arbeitsgericht im Kündigungsschutzprozess überprüft werden muss, ist es ausreichend, wenn der Arbeitgeber im Fall eines erneuten Vertragsverstoßes ernsthaft an eine Kündigung denken kann.[59] Insbesondere bei gering wiegenden Verstößen kann es sich wegen des Verhältnismäßigkeitsgrundsatzes empfehlen, zunächst auf eine Abmahnung zu verzichten und es stattdessen bei einer Ermahnung[60] zu belassen. Bei einer Häufung von geringfügigen Pflichtverletzungen kommt jedoch eine Abmahnung in Betracht, wenn der Arbeitnehmer auf vorherige Ermahnungen nicht reagiert hat.[61]

IV. Voraussetzungen

1. Anhörung des Arbeitnehmers/Betriebsrats/Schwerbehindertenvertretung

Grundsätzlich besteht keine Pflicht den Arbeitnehmer vor Ausspruch einer Abmahnung anzuhören. **Arbeitnehmer im öffentlichen Dienst der Länder** haben gemäß § 3 Abs. 6 S. 4 TV-L einen Anspruch darauf, vor der Aufnahme von Behauptungen und Beschwerden in die

---

[53] Vgl. BT-Drs. 14/6040, 177.
[54] Ebenso iE *Schumacher-Mohr* DB 2002, 1606; *Schneider* GmbHR 2003, 1.
[55] BGH 2.7.2007 – II ZR 71/06, NJW-RR 2007, 1520 f.
[56] BGH 2.7.2007 – II ZR 71/06, NJW-RR 2007, 1520 f.; vgl. auch OLG Saarbrücken 31.7.2006 – 8 U 269/03, WM 2006, 2364: Das OLG betont, dass das Institut der Abmahnung im Arbeitsrecht im Hinblick auf die soziale Schutzbedürftigkeit abhängig Beschäftigter entwickelt worden sei; dieser Schutzaspekt sei aber bei Organmitgliedern von Kapitalgesellschaften nicht ausschlaggebend, diese hätten sich auch ohne Abmahnung und von sich aus im Rahmen ihres Pflichtenkreises dem Standard eines ordentlichen Geschäftsmannes entsprechend zu verhalten.
[57] BAG 27.11.2008 – 2 AZR 675/07, NZA 2009, 842.
[58] LAG Hessen 22.6.2010 – 12 Sa 829/09, BeckRS 2010, 72545.
[59] BAG 13.11.1991 – 5 AZR 74/91, AP BGB § 611 Abmahnung Nr. 7.
[60] Dazu noch → Rn. 60.
[61] Küttner Personalbuch 2020/*Schmidt* Abmahnung Rn. 28; ähnlich *Hoß* MDR 1999, 333 (340).

Personalakte, die für sie ungünstig sind oder nachteilig sein können, angehört zu werden. Hält sich der Arbeitgeber nicht an diese Anhörungspflicht, so ist die Abmahnung unwirksam.[62] Der Arbeitgeber kann die formell unwirksame Abmahnung nach korrekter Anhörung jedoch wiederholen.[63] Ebenso kann die formell unwirksame Abmahnung im späteren Kündigungsschutzprozess geltend gemacht werden, wenn sie materiell zutreffend war, da die Warnfunktion trotz Verstoßes gegen § 3 Abs. 6 TV-L nicht verloren geht.[64] Für **im öffentlichen Dienst des Bundes beschäftigte Arbeitnehmer** besteht ein Anhörungsrecht dagegen nicht mehr.[65] Ausserhalb des öffentlichen Dienstes ist eine entsprechende Anhörungspflicht beispielsweise auch in einigen kirchlichen Richtlinien für Arbeitsverträge vorgesehen.[66]

24 Dem **Betriebsrat** stehen hinsichtlich der Abmahnung keine Anhörungs-, Mitwirkungs- oder Mitbestimmungsrechte zu.[67] Etwas anderes gilt jedoch, wenn die Abmahnung der Sache nach eine Betriebsbuße darstellt. In diesen Fällen steht dem Betriebsrat nach § 87 Abs. 1 Nr. 1 BetrVG ein Mitbestimmungsrecht zu.[68]

25 Vom Ausschluss der Beteiligung des Betriebsrats unberührt bleibt dessen Recht und die entsprechende Vewrpflichtung des Arbeitgebers, im Anhörungsverfahren bezüglich der verhaltensbedingten Kündigung sowohl über die Abmahnung, als auch über eventuelle Reaktionen des Arbeitnehmers informiert zu werden.[69] Der Betriebsrat kann jedoch weder eine Kopie, noch eine Durchschrift der Abmahnung verlangen.[70]

26 Gem. § 178 Abs. 2 S. 1 SGB IX ist die **Schwerbehindertenvertretung** unverzüglich und umfassend zu unterrichten und anzuhören, soweit es um eine einen schwerbehinderten Arbeitnehmer betreffende Angelegenheit geht. Ein Verstoß hiergegen führt jedoch nicht zur Unwirksamkeit. Dies folgt unmittelbar aus einem Umkehrschluss zu § 178 Abs. 2 S. 3 SGB IX.

2. Abmahnungsberechtigter

27 Abmahnungsberechtigt ist jedenfalls, wer kündigungsberechtigt ist. Jedoch beschränkt sich der Kreis der Abmahnungsberechtigten nicht auf diese Personen. Da mit dem Ausspruch der Abmahnung noch nicht in den Bestand des Arbeitsverhältnisses eingegriffen werden kann, sondern eine Verhaltensänderung beim Arbeitnehmer bewirkt werden soll, müssen auch andere Personen miteinbezogen werden: Abmahnungsberechtigt ist **jeder Mitarbeiter, der auf Grund seiner Aufgabenstellung dazu befugt ist, verbindliche Anweisungen bezüglich des Ortes, der Zeit sowie der Art und Weise der vertraglich geschuldeten Arbeitsleistung zu erteilen.**[71] Dies kann auch der vom Arbeitgeber dazu ermächtigte **Rechtsanwalt** sein.[72]

3. Zugang

28 Die Abmahnung kann nur dann ihrer Warn- und Rügefunktion gerecht werden, wenn sie dem Arbeitnehmer nicht nur gemäß § 130 Abs. 1 BGB zugeht, also in seinen Machtbereich gelangt, sondern er auch tatsächlich von ihrem Inhalt Kenntnis genommen hat. Nur dann kann der Arbeitnehmer sein Verhalten auf die vom Arbeitgeber geforderte Weise ändern.

29 So hat das BAG in seiner Entscheidung vom 9.8.1984[73] die schriftliche Abmahnung einer griechischen Arbeitnehmerin – Analphabetin und der deutschen Sprache nicht mächtig – für

---

[62] BAG 16.11.1989 – 6 AZR 64/88, AP BAT § 13 Nr. 2.
[63] BAG 16.11.1989 – 6 AZR 64/88, AP BAT § 13 Nr. 2.
[64] BAG 21.5.1992 – 2 AZR 551/91, AP KSchG 1969 § 1 Nr. 28.
[65] Vgl. § 3 Abs. 5 TVöD; aA HK-TVöD/TV-L/*Howald* TVöD § 3 Rn. 67.
[66] Vgl. zB § 6 Abs. 3 AVR Caritas.
[67] BAG 17.10.1989 – 1 ABR 100/88, AP BetrVG 1972 § 87 Betriebsbuße Nr. 12.
[68] BAG 7.11.1979 – 5 AZR 962/77, AP BetrVG 1972 § 87 Betriebsbuße Nr. 3.
[69] BAG 31.8.1989 – 2 AZR 453/88, AP LPVG Schleswig-Holstein § 77 Nr. 1.
[70] LAG Schleswig Holstein 27.5.1983 – 3 (4) TaBV 31/82, BB 1983, 1282.
[71] BAG 10.11.1988 – 2 AZR 215/88, AP KSchG 1969 § 1 Abmahnung Nr. 3.
[72] BAG 15.7.1992 – 7 AZR 466/91, AP BGB § 611 Abmahnung Nr. 9.
[73] BAG 9.8.1984 – 2 AZR 400/83, AP KSchG § 1 Verhaltensbedingte Kündigung Nr. 12.

unwirksam gehalten. Dennoch hielt das Gericht die ausgesprochene Kündigung für wirksam, da sich die Arbeitnehmerin nach Treu und Glauben nicht auf die fehlende Kenntnis berufen konnte. Sie hätte es nicht bei der Entgegennahme des Schreibens bewenden lassen dürfen, sondern hätte wegen ihrer fehlenden Sprach- und Lesekenntnisse für eine Übersetzung sorgen müssen.

Kernaussage der Entscheidung ist jedoch, dass es Aufgabe des Arbeitgebers ist, dafür Sorge zu tragen, dass der Arbeitnehmer Kenntnis vom Inhalt der Abmahnung erlangt und die Abmahnung dadurch ihre verhaltensändernde Funktion erfüllen kann. Es empfiehlt sich daher grundsätzlich bei der Abmahnung von Mitarbeitern, die der deutschen Sprache nicht mächtig sind und/oder unter Leseschwäche leiden, eine entsprechende Übersetzung in die Muttersprache beizufügen und ggf. zusätzlich für eine mündliche Übersetzung zu sorgen. 30

Da der **Arbeitgeber für das Vorliegen einer wirksamen Abmahnung beweispflichtig** ist, empfiehlt es sich grundsätzlich – wie bei der Kündigung – das Abmahnungsschreiben per Boten oder auf sonstige Art und Weise zuzustellen und sich den Empfang quittieren zu lassen.[74] In Fällen wie dem og Beispiel sollte das Abmahnungsschreiben nach Übersetzung zusätzlich verlesen und dies ebenfalls vom Arbeitnehmer durch Unterschrift/Zeichen bestätigt werden. 31

4. Frist

Die Ausübung des Abmahnungsrechts (Recht auf Abmahnung) ist an **keine Frist** gebunden.[75] Die Frist des § 626 Abs. 2 BGB ist nicht anwendbar, da es sich bei der Kündigung um ein Gestaltungsrecht handelt, während die Abmahnung die Ausübung des vertraglichen Rügerechts darstellt.[76] Auch **tarif- oder einzelarbeitsvertragliche Ausschlussfristen** finden keine Anwendung, da durch sie nur die Geltendmachung von Ansprüchen begrenzt werden soll.[77] Grundsätzlich kann deshalb der Arbeitgeber auch Vorfälle abmahnen, die schon länger zurückliegen. 32

Einzige zeitliche Einschränkung des Rechts auf Abmahnung ist die Grenze zur **Verwirkung**.[78] Diese ist jedoch nicht allein an den Ablauf einer bestimmten Zeitspanne geknüpft (**Zeitmoment**), sondern erfordert darüber hinaus noch das Vorliegen bestimmter Umstände des Einzelfalles, die eine Geltendmachung des Abmahnungsrechtes als rechtsmissbräuchlich erscheinen ließen (**Umstandsmoment**). Hier wird vor allem auf die Art und die Schwere der Verfehlung des Arbeitnehmers abzustellen sein. 33

V. Wirkungen der Abmahnung

1. Verlust des konkret beanstandeten Fehlverhaltens als Kündigungsgrund

Durch die Abmahnung wird der konkret gerügte Sachverhalt untauglich für eine Kündigung; der Sachverhalt „verbraucht" sich. Der Arbeitgeber kann den Pflichtverstoß, den er bereits wirksam abgemahnt hat, nicht zusätzlich als Grundlage für eine Kündigung verwenden.[79] Denn durch die Abmahnung hat der Arbeitgeber zu erkennen gegeben, dass er erst aus weiterem Fehlverhalten arbeitsrechtliche Konsequenzen ziehen will und damit konkludent auf sein Kündigungsrecht bezüglich des abgemahnten Fehlverhaltens verzichtet.[80] Offen ist bisher, ob gleiches auch im Falle einer Ermahnung gilt.[81] Mangels einer mit der Ermahnung verbundenen Warnfunktion ist dies abzulehnen. Der Arbeitnehmer kann im Falle der Ermahnung nicht davon ausgehen, dass aus seinem Verhalten keine weiteren Konse- 34

---

[74] So auch *Becker-Schaffner* BB 1995, 2526.
[75] BAG 15.1.1986 – 5 AZR 70/84, AP BGB § 611 Fürsorgepflicht Nr. 96.
[76] BAG 12.1.1988 – 1 AZR 219/86, AP GG Art. 9 Arbeitskampf Nr. 90.
[77] BAG 14.12.1994 – 5 AZR 137/94, AP BGB § 611 Abmahnung Nr. 15.
[78] BAG 13.10.1988 – 6 AZR 144/85, AP BGB § 611 Abmahnung Nr. 4.
[79] BAG 10.11.1988 – 2 AZR 215/88, AP KSchG 1969 § 1 Abmahnung Nr. 3; LAG Hessen 24.2.2000 – 14 Sa 957/99, BeckRS 2000, 30878640.
[80] BAG 10.11.1988 – 2 AZR 215/88, AP KSchG 1969 § 1 Abmahnung Nr. 3; LAG Hessen 24.2.2000 – 14 Sa 957/99, BeckRS 2000, 30878640.
[81] BAG 6.3.2003 – 2 AZR 128/02, NZA 2003, 1388.

quenzen mehr für das Arbeitsverhältnis folgen. Konsequenterweise muss dies auch für die Frage gelten, ob durch eine Ermahnung das Recht zur Abmahnung verbraucht wird.[82] Etwas anderes wird man nur dann annehmen können, wenn der Arbeitgeber im Rahmen der Ermahnung ausdrücklich oder zumindest erkennbar auf sein Kündigungs- oder Abmahnungsrecht verzichtet.

35 Der Grundsatz, dass der Arbeitgeber mit dem Ausspruch der Abmahnung zugleich auf das Recht zur Kündigung aus den Gründen verzichtet, wegen derer die Abmahnung erfolgt ist, gilt auch bei einer Abmahnung, die während der Wartezeit des § 1 Abs. 1 KSchG ausgesprochen wird.[83]

36 Der Arbeitgeber kann allerdings umgekehrt im Falle einer unwirksamen Kündigung wegen des zur Rechtfertigung einer Kündigung nicht ausreichenden Sachverhaltes abmahnen.[84] In diesem Falle hat sich der Sachverhalt noch nicht „verbraucht".

2. Kündigung nur bei gleichartigen Wiederholungsfällen

37 Eine Kündigung des Arbeitsverhältnisses aus verhaltensbedingten Gründen kann der Arbeitgeber grundsätzlich nur mit dem Vorliegen einer vorherigen erfolglosen Abmahnung rechtfertigen. Sie ist eng mit dem Prognoseprinzip verknüpft und dient der Objektivierung der negativen Prognose für eine störungsfreie Fortführung des Arbeitsverhältnisses.[85] Nicht jede Abmahnung kann jedoch als dafür tauglich herangezogen werden. Da durch die Abmahnung das Fehlverhalten im konkreten Fall gerügt und gleichzeitig das vertragsgemäße Verhalten aufgezeigt werden soll, muss dasjenige Verhalten, welches zur Kündigung führen soll, mit demjenigen Verhalten, weswegen bereits abgemahnt wurde, vergleichbar sein.[86] Mit anderen Worten: Abmahnung und Kündigungsgrund müssen in engem Zusammenhang stehen; die Abmahnung muss „einschlägig" sein. Dabei ist aber nicht erforderlich, dass die Pflichtverstöße identisch sind. Es reicht aus, wenn sie denselben Pflichtenkreis betreffen, also auf einer Ebene liegen und unter einem einheitlichen Gesichtspunkt zusammengefasst werden können.[87]

38 Vergleichbarkeit ist beispielsweise gegeben, wenn die Abmahnung wegen Nichtanzeige der Arbeitsunfähigkeit erfolgte, die Kündigung aber auf Grund der Weigerung zur Rücksprache mit dem Arbeitgeber ausgesprochen wurde, da beide Fälle eine Missachtung des Direktionsrechts des Arbeitgebers darstellen.[88] Ebenso vergleichbar sind Verletzungen der Arbeitspflicht als geschuldeter Hauptleistungspflicht: Verspätungen und verfrühtes Verlassen des Arbeitsplatzes einerseits sind daher auch mit Kartenspielen während der Arbeitszeit andererseits vergleichbar.[89]

39 An der Vergleichbarkeit fehlt es dagegen, wenn wegen verspäteter Einreichung von Arbeitsunfähigkeitsbescheinigungen abgemahnt wurde, die Kündigung aber wegen Beschwerden der Restaurantgäste und Fehlbeträgen in der Kasse erfolgt.[90]

3. Wirkungsdauer

40 Ebenso wie das Recht auf Abmahnung nicht an Ausschlussfristen gebunden ist, verliert sie ihre Wirkung (Recht aus der Abmahnung) **nicht allein durch Zeitablauf.** Dies hat das

---

[82] LAG Rheinland-Pfalz 8.7.2014 – 7 Sa 135/14, BeckRS 2014, 73122.
[83] BAG 13.12.2007 – 6 AZR 145/07, EzA BGB 2002 § 623 Nr. 9.
[84] BAG 7.9.1988 – 5 AZR 625/87, AP BGB § 611 Abmahnung Nr. 2; ArbG Köln 17.12.1993 – 2 Ca 7959/93, BB 1994, 580.
[85] BAG 12.1.2006 – 2 AZR 179/05, NZA 2006, 980.
[86] BAG 16.1.1992 – 2 AZR 412/91, NZA 1992, 1023.
[87] LAG Hessen 7.7.1997 – 16 Sa 2328/96, LAGE BGB § 626 Nr. 115.
[88] LAG Hessen 7.7.1997 – 16 Sa 2328/96, LAGE BGB § 626 Nr. 115.
[89] LAG Berlin 18.1.1988 – 9 Sa 118/87, LAGE BGB § 626 Nr. 31.
[90] BAG 16.1.1992 – 2 AZR 412/91, NZA 1992, 1023 (allerdings wurde hier keine Kündigung ausgesprochen, sondern ein Aufhebungsvertrag geschlossen, der wegen widerrechtlicher Drohung nach § 123 BGB angefochten wurde. Der Senat verwies jedoch darauf, dass eine Drohung mit einer Kündigung bereits dann widerrechtlich ist, wenn ein verständiger Arbeitgeber eine Kündigung nicht ernsthaft in Erwägung ziehen durfte. Eine Kündigung durfte aber mangels einschlägiger Abmahnung nicht in Erwägung gezogen werden).

BAG in seinem Urteil vom 18.11.1986[91] ausdrücklich klargestellt. Es hat damit gleichzeitig der Auffassung des LAG Hamm[92] widersprochen, wonach eine Abmahnung in der Regel nach Ablauf von zwei Jahren wirkungslos werde mit der Folge, dass sie der Arbeitgeber nicht mehr zur Rechtfertigung einer verhaltensbedingten Kündigung heranziehen könne. Das BAG wies darauf hin, dass eine Abmahnung zwar grundsätzlich durch Zeitablauf wirkungslos werden könne. Dies lasse sich aber nicht anhand von Regelfristen entscheiden, sondern erfordere eine **genaue Betrachtung der Umstände des Einzelfalles**. Insbesondere sei dabei auf die Art der Verfehlung und auf das Verhalten des Arbeitnehmers im Anschluss an die Abmahnung abzustellen.[93]

Im Hinblick auf die Rechtsprechung des BAG im sog. „Emmely" Fall,[94] wird in der Literatur vertreten, dass eine Verwirkung der Abmahnung durch Zeitablauf nicht mehr in Betracht komme, da es dem Arbeitgeber ansonsten nicht möglich, sei im Falle einer verhaltensbedingten Kündigung nachzuweisen, dass nicht durch ein jahrelang beanstandungsfreies Arbeitsverhältnis ein Vertrauenskapital aufgebaut wurde.[95]

4. Mehrmalige Abmahnung bei geringfügigen Verstößen

Praktisch problematisch sind diejenigen Fälle, in denen der Arbeitgeber den Arbeitnehmer wegen vergleichbarem Fehlverhalten mehrmals abgemahnt hat, ohne arbeitsrechtliche Konsequenzen zu ziehen. Denn gerade bei für sich genommen geringfügigen Pflichtverletzungen eines Arbeitnehmers mit hohem sozialen Besitzstand befindet sich der Arbeitgeber in einem Konflikt. Er muss einerseits damit rechnen, dass möglicherweise eine einzige Abmahnung nicht ausreicht, um den Arbeitnehmer hinreichend zu warnen, dass er bei weiteren gleichartigen Pflichtverletzungen sein Arbeitsverhältnis aufs Spiel setzt.[96] Gerade bei leichterem Fehlverhalten sind mehrmalige Abmahnungen auch erforderlich, da bei erstmaligem Fehlverhalten unter Umständen noch keine negative Zukunftsprognose aufgestellt werden kann.[97] Sind jedoch mehrere Abmahnungen erforderlich, droht andererseits beim Ausspruch zu vieler Abmahnungen der Verlust des Kündigungsrechts. Denn durch die mehrfache aber konsequenzlose Beanstandung schwächt sich die Warnfunktion der Abmahnung ab. Dieser Konflikt ist nur dadurch zu lösen, dass von dem Arbeitgeber, der durch zahlreiche Abmahnungen deren Warnfunktion zunächst abgeschwächt hat, verlangt werden muss, dass er die **letzte Abmahnung besonders eindringlich gestaltet**.[98] Dies kann dergestalt geschehen, dass die letzte Abmahnung auch **als solche in der Überschrift bezeichnet** wird oder indem innerhalb der einzelnen Abmahnungen Ton und Inhalt verschärft werden.[99]

Muster: Letztmalige Abmahnung

Sehr geehrter Herr/sehr geehrte Frau ......
Sie sind am ...... erneut erst um 10:00 Uhr und damit erheblich verspätet zur Arbeit erschienen. Arbeitsbeginn ist um 9:00 Uhr.
Wir haben Sie wegen verspäteten Arbeitsbeginns in den letzten 12 Monaten bereits dreimal abmahnen müssen, so am 5.3., 21.6. und 10.9.2003.
Wir weisen Sie darauf hin, dass wir nicht mehr bereit sind, diese Pflichtverletzungen hinzunehmen und mahnen Sie hiermit letztmalig ab. Sollte sich ein vergleichbarer Vorfall wiederholen, werden

---

[91] BAG 18.11.1986 – 7 AZR 674/84, AP KSchG 1969 § 1 Verhaltensbedingte Kündigung Nr. 17; ebenso BAG 21.5.1987 – 2 AZR 313/86, DB 1987, 2367.
[92] LAG Hamm 14.5.1986 – 2 Sa 320/86, LAGE BGB § 611 Abmahnung Nr. 2.
[93] BAG 18.11.1986 – 7 AZR 674/84, AP KSchG 1969 § 1 Verhaltensbedingte Kündigung Nr. 17.
[94] BAG 10.6.2010 – 2 AZR 541/09, AP BGB § 626 Nr. 229.
[95] *Ritter* DB 2011, 175; *Schrader* NZA 2011, 180.
[96] BAG 15.11.2001 – 2 AZR 609/00, AP KSchG 1969 § 1 Abmahnung Nr. 4; LAG Hamm 25.9.1997 – 8 Sa 557/97, LAGE KSchG § 1 Verhaltensbedingte Kündigung Nr. 59; KR/*Fischermeier* BGB § 626 Rn. 270; *von Hoyningen-Huene* RdA 1990, 193 (208).
[97] Vgl. *von Hoyningen-Huene* RdA 1990, 193 (208).
[98] BAG 15.11.2001 – 2 AZR 609/00, AP KSchG 1969 § 1 Abmahnung Nr. 4.
[99] So auch *Hoß* MDR 1999, 333 (335): „arbeitsrechtliche Konsequenzen bis hin zur Kündigung", „Kündigung des Anstellungsverhältnisses", „unausweichlich die sofortige Kündigung".

> wir das Arbeitsverhältnis mit Ihnen kündigen. Eine weitere Abmahnung erhalten Sie nicht mehr! Diese letztmalige Abmahnung wird – wie bereits die vorangegangenen Abmahnungen – in Ihre Personalakte aufgenommen.
> Mit freundlichen Grüßen
> ....

5. Keine präjudizielle Wirkung der Abmahnung

44 Nimmt der Arbeitnehmer die ihm gegenüber ausgesprochene Abmahnung hin, so hindert ihn dies nicht daran, in einem späteren Kündigungsschutzprozess die Richtigkeit der Abmahnung zu bestreiten.[100] Denn nach § 1 Abs. 2 KSchG ist es allein Sache des Arbeitgebers, die Tatsachen zu beweisen, auf die er seine Kündigung stützen will. Dieser Beweis kann ihm nicht dadurch genommen werden, dass der Arbeitnehmer sich nicht gegen die Abmahnung gewehrt hat. Die Funktion der Abmahnung liegt allein darin, dem Arbeitnehmer durch das Vorhalten seines konkreten Fehlverhaltens die Gefahr der Änderung oder Beendigung seines Arbeitsverhältnisses vor Augen zu halten. Es ist nicht ihre Aufgabe, dem Arbeitgeber den Beweis für eine vom Arbeitnehmer angeblich begangene Verfehlung zu erleichtern.[101] Der Arbeitnehmer kann deshalb im Kündigungsschutzprozess uU durch erfolgreiches Angreifen der Abmahnung auch die ordentliche Kündigung zu Fall bringen.

VI. Gegenrechte des Abgemahnten

1. Entfernung aus der Personalakte

45 Befindet sich die Abmahnung unberechtigterweise in der Personalakte, steht dem Arbeitnehmer ein **Anspruch auf Entfernung** der Abmahnung aus §§ 242, 1004 BGB zu. Dieser Anspruch wurde bislang aus §§ 242, 1004 BGB hergeleitet. Seit Einführung der DS-GVO wird sich dieser Anspruch im Falle einer unberechtigten Abmahnung während des laufenden Arbeitsverhältnisses auch über Art. 17 DS-GVO durchsetzen lassen. Die Erforderlichkeit eines solchen Beseitigungsanspruchs ergibt sich daraus, dass eine zur Personalakte genommene Abmahnung geeignet ist, den Arbeitnehmer in seinem beruflichen Fortkommen und seinem Persönlichkeitsrecht zu beeinträchtigen.[102]

46 Eine Abmahnung ist dann ungerechtfertigt und damit beseitigungsfähig, wenn (jeweils **alternativ**):
- sie formell nicht ordnungsgemäß zustande gekommen ist,[103]
- sie unrichtige Tatsachenbehauptungen enthält,[104]
- der Grundsatz der Verhältnismäßigkeit verletzt wird,[105]
- das Recht zum Ausspruch der Abmahnung unter Berücksichtigung der verstrichenen Zeit und der Umstände des Einzelfalls verwirkt ist,[106]
- sie durch ihre Formulierung die Ehre des Arbeitnehmers verletzt, indem sie Unwerturteile beinhaltet, die über das mit einem Tadel notwendige Maß hinausgehen,[107]
- sie auf einer unzutreffenden rechtlichen Bewertung des Verhaltens des Arbeitnehmers beruht.[108]

---

[100] BAG 13.3.1987 – 7 AZR 601/85, AP KSchG 1969 § 1 Verhaltensbedingte Kündigung Nr. 18.
[101] LAG Hessen 23.12.1986 – 7 Sa 1084/86, BB 1987, 1463; *Hunold* NZA-RR 2000, 169 (174).
[102] BAG 19.7.2012 – 2 AZR 782/11, NZA 2013, 91; 30.5.1996 – 6 AZR 537/95, AP BGB § 611 Nebentätigkeit Nr. 2; 11.12.2001 – 9 AZR 464/00, AP BGB § 611 Nebentätigkeit Nr. 8.
[103] BAG 16.11.1989 – 6 AZR 64/88, AP BAT § 13 Nr. 2.
[104] BAG 27.11.1985 – 5 AZR 101/84, AP BGB § 611 Fürsorgepflicht Nr. 93.
[105] BAG 13.11.1991 – 5 AZR 74/91, AP BGB § 611 Abmahnung Nr. 7; 10.11.1993 – 7 AZR 682/92, AP BetrVG 1972 § 78 Nr. 4; 31.8.1994 – 7 AZR 893/93, AP BetrVG 1972 § 37 Nr. 98.
[106] Küttner Personalbuch 2020/*Schmidt* Abmahnung Rn. 32.
[107] Küttner/*Schmidt* Rn. 38; angedeutet auch von BAG 27.11.1985 – 5 AZR 101/84, AP BGB § 611 Fürsorgepflicht Nr. 93.
[108] BAG 30.5.1996 – 6 AZR 537/95, AP BGB § 611 Nebentätigkeit Nr. 2; 11.12.2001 – 9 AZR 464/00, AP BGB § 611 Nebentätigkeit Nr. 8.

Bis auf die Verwirkung ist in den genannten Fallvarianten der Ausspruch der Abmahnung schon ursprünglich ungerechtfertigt. Ein Beseitigungsanspruch des Arbeitnehmers besteht aber auch dann, wenn die Abmahnung ursprünglich gerechtfertigt war, aber mittlerweile das Recht, eine verhaltensbedingte Kündigung auf das abgemahnte Verhalten zu stützen (Recht **aus** der Abmahnung), verwirkt ist, weil zB das gerügte Verhalten für das Arbeitsverhältnis in jeder Hinsicht bedeutungslos geworden ist.[109] Eine fest bemessene Dauer, nach deren Ablauf der Arbeitgeber kein berechtigtes Interesse am Verbleib der Abmahnung in der Personalakte mehr haben soll, gibt es nicht. Maßgeblich sind die Umstände des Einzelfalls, insbesondere die Schwere und Qualität des gerügten Fehlverhaltens.[110]

Besteht der Beseitigungsanspruch des Arbeitnehmers, muss die ungerechtfertigte Abmahnung aus der Personalakte entfernt werden. Gleichzeitig entsteht ein **Verwertungsverbot**, so dass die ungerechtfertigte Abmahnung weder beim beruflichen Fortkommen des Arbeitnehmers eine Rolle spielen darf, noch im Kündigungsrechtsstreit verwertet werden kann.[111]

Werden in einem Abmahnungsschreiben mehrere Verfehlungen gerügt und besteht der Beseitigungsanspruch des Arbeitnehmers nur hinsichtlich einzelner dieser Verfehlungen, so muss die Abmahnung insgesamt aus der Personalakte entfernt werden (**keine geltungserhaltende Reduktion**). Der Arbeitgeber kann aber eine erneute Abmahnung wegen der verbleibenden wirksamen Verstöße aussprechen.[112] Eine „Aufsplittung" in mehrere Einzelabmahnungen kann jedoch problematisch sein, wenn die Verfehlungen jede für sich nur von geringem Gewicht sind, deshalb eine Einzelabmahnung unverhältnismäßig wäre und nur eine summenmäßige Betrachtung der Verfehlungen eine Abmahnung verhältnismäßig erscheinen ließe.

Vor Einführung der DS-GVO wurde die Auffassung vertreten, dass nach der Beendigung des Arbeitsverhältnisses grundsätzlich auch der Beseitigungsanspruch des Arbeitnehmers entfallen sollte, da eine entsprechende Abmahnung sich sodann nicht mehr negativ auf das berufliche Fortkommen auswirken könne.[113] Hieran kann mit Blick auf das mit der DS-GVO bezweckte „Recht auf Vergessenwerden" nicht festgehalten werden.[114] Abmahnungen sind danach regelmäßig, unabhängig davon, ob die Abmahnung zu Recht erfolgte oder nicht, nach der Beendigung des Arbeitsverhältnisses aus der Personalakte zu entfernen. Allenfalls mit Blick auf möglicherweise noch anstehende bzw. bereits laufende arbeitsgerichtliche Auseinandersetzung besteht im Einzelfall ein geschütztes Interesse an einer Aufbewahrung der Abmahnung über das Ende des Arbeitsverhältnisses hinaus.[115] Diesem Aspekt ist bei der Gestaltung von datenschutzrechtlichen Löschkonzepten Rechnung zu tragen. Eine Orientierung können hierbei je nach den konkreten Umständen des Einzelfalles vertragliche oder tarifvertragliche Ausschluss- und Verfallfristen sowie die Verjährungsvorschriften bieten.

2. Gegendarstellung

Der Arbeitnehmer hat gemäß § 83 Abs. 2 BetrVG die Möglichkeit, eine **Gegendarstellung** zu dem abgemahnten Vorgang anzufertigen und der Abmahnung in der Personalakte beizufügen. Dabei gelten die Rechtsgrundsätze der Vorschrift als Ausfluss der Fürsorgepflicht des Arbeitgebers auch für Arbeitnehmer in nicht betriebsratsfähigen und betriebsratslosen Betrieben.[116] Die Erklärung muss vom Arbeitgeber auch dann eingefügt werden, wenn er sie für unzutreffend hält.[117]

---

[109] BAG 19.7.2012 – 2 AZR 782/11, NZA 2013, 91; 21.5.1987 – 2 AZR 313/86, DB 1987, 2367; 27.1.1988 – 5 AZR 604/86, ZTR 1988, 309.
[110] BAG 19.7.2012 – 2 AZR 782/11, NZA 2013, 91.
[111] BAG 5.8.1992 – 5 AZR 531/91, AP BGB § 611 Abmahnung Nr. 8.
[112] BAG 13.3.1991 – 5 AZR 133/90, AP BGB § 611 Abmahnung Nr. 5.
[113] BAG 14.9.1994 – 5 AZR 632/93, NZA 1995, 220.
[114] So auch LAG Sachsen-Anhalt 23.11.2018 – 5 Sa 7/17, NZA-RR 2019, 355.
[115] LAG Sachsen-Anhalt 23.11.2018 – 5 Sa 7/17, NZA-RR 2019, 355.
[116] *Fitting* BetrVG § 83 Rn. 1.
[117] *Fitting* BetrVG § 83 Rn. 14.

3. Beschwerde

52 Besteht ein Betriebsrat, so steht es dem Arbeitnehmer frei, diesem gemäß § 85 Abs. 1 Hs. 1 BetrVG seine **Beschwerde** vorzutragen. Hält der Betriebsrat die Beschwerde für gerechtfertigt, wirkt er beim Arbeitgeber auf Abhilfe hin (§ 85 Abs. 1 Hs. 2 BetrVG).

53 Zu beachten ist, dass im Fall der Beschwerde über die Aufnahme der Abmahnung in die Personalakte die Regelung des § 85 Abs. 2 S. 1, 2 BetrVG über die Einleitung eines Verfahrens vor der Einigungsstelle nicht anzuwenden ist. Dies folgt daraus, dass es sich bei dem Recht des Arbeitnehmers auf Entfernung einer ungerechtfertigten Abmahnung um einen Anspruch im Sinne von § 85 Abs. 2 S. 3 BetrVG handelt. Bei Meinungsverschiedenheiten zwischen Betriebsrat und Arbeitgeber über die Rechtmäßigkeit der Abmahnung kann deshalb kein die Einigung ersetzender Spruch der Einigungsstelle herbeigeführt werden.[118]

VII. Streitigkeiten

54 Den Anspruch auf Beseitigung der Abmahnung aus der Personalakte kann der Arbeitnehmer vor dem Arbeitsgericht mittels **Leistungsklage** gegen seinen Arbeitgeber durchsetzen.[119] Unzulässig ist dagegen eine Klage mit dem Antrag festzustellen, dass die Abmahnung unwirksam ist, da mit der **Feststellungsklage** nach § 256 ZPO nur die Wirksamkeit oder Unwirksamkeit von Rechtsverhältnissen festgestellt werden kann.[120] Die Wirksamkeit einer Abmahnung ist jedoch kein Rechtsverhältnis, sondern eine Tatsache. Eine **vorbeugende Unterlassungsklage** gegen den Arbeitgeber ist nur zulässig, wenn objektiv die ernstliche Besorgnis weiterer Störungen des Arbeitsverhältnisses durch zusätzliche ungerechtfertigte Abmahnungen vorliegt.[121]

55 Hat der Arbeitnehmer davon abgesehen, gegen die Abmahnung vorzugehen, ist er im Kündigungsschutzprozess nicht gehindert, die Wirksamkeit der Abmahnung zu bestreiten. Insofern tritt keine Präklusion ein.[122]

56 Ein **Nachschieben von Abmahnungsgründen** ist unzulässig.[123] Dies ergibt sich aus der Warn- und Rügefunktion der Abmahnung. Wenn dem Arbeitnehmer sein Fehlverhalten nicht genau vor Augen geführt wird, ist er auch nicht in der Lage, sein zukünftiges Verhalten vertragsgemäß ausrichten. Dem Arbeitgeber bleibt aber die Möglichkeit, wegen der nicht aufgenommenen Gründe innerhalb der Grenzen der Verwirkung erneut abzumahnen. Der vom LAG Berlin[124] vertretene „Erst-Recht-Schluss", dass wenn schon Kündigungsgründe nachgeschoben werden könnten, dies auch für die Abmahnung als kündigungsvorbereitender Handlung gelten müsse, verkennt, dass die Abmahnung im Gegensatz zur Kündigung auch nicht die Dokumentationsfunktion besitzt.[125]

57 Die Höhe des **Streitwertes** wird bei Entfernungsstreitigkeiten uneinheitlich bewertet. Grundsätzlich soll er bei einem Bruttomonatsgehalt liegen,[126] teilweise wird er bei einem halben Monatsgehalt angesetzt.[127] Liegen mehrere Abmahnungen vor, wird vereinzelt eine Addition vorgenommen,[128] teilweise wird auch bei mehreren kurz hintereinander erfolgen-

---

[118] LAG Rheinland-Pfalz 17.1.1985 – 5 Ta BV 36/84, NZA 1985, 190; LAG Hamm 16.4.1986 – 12 TaBV 170/85, BB 1986, 1359; LAG Berlin 19.8.1988 – 2 TaBV 4/88, LAGE ArbGG 1972 § 98 Nr. 11; *Hoß* MDR 1999, 333 (339).
[119] BAG 22.2.1978 – 5 AZR 801/76, AP BGB § 611 Fürsorgepflicht Nr. 84.
[120] BAG 17.10.1989 – 1 ABR 100/88, AP BetrVG 1972 § 87 Betriebsbuße Nr. 12.
[121] ArbG Bochum 17.5.1996 – 4 Ca 250/95, NZA-RR 1997, 82.
[122] LAG Hessen 23.12.1986 – 7 Sa 1084/86, BB 1987, 1463.
[123] Schaub ArbR-HdB/*Linck* § 132 Rn. 33; aA LAG Berlin 21.8.1989 – 9 Sa 45/89, LAGE BGB § 611 Abmahnung Nr. 19.
[124] LAG Berlin 21.8.1989 – 9 Sa 45/89, LAGE BGB § 611 Abmahnung Nr. 19.
[125] So auch Schaub ArbR-HdB/*Linck* § 132 Rn. 33.
[126] LAG Hamm 16.8.1989 – 2 Sa 308/89, DB 1989, 2032; LAG Nürnberg 11.11.1992 – 6 Ta 153/92, NZA 1993, 430; LAG Hamburg 12.8.1991 – 1 Ta 6/91, LAGE ArbGG § 12 Streitwert Nr. 94.
[127] LAG Schleswig-Holstein 6.7.1994 – 6 Ta 28/94juris.
[128] ArbG Köln 17.12.1993 – 2 Ca 7959/93, BB 1994, 580 (Bei zwei Abmahnungen erhöht sich der Streitwert auf zwei Monatsverdienste).

den Abmahnungen der Streitwert auf insgesamt ein Monatsgehalt festgelegt[129] (was angesichts der Bedeutung mehrfacher, in kurzen Abständen erteilter Abmahnungen für den Bestand des Arbeitsverhältnisses nur wenig überzeugend wirkt). Zum Teil wird für die erste Abmahnung ein Monatsgehalt festgesetzt, für jede weitere 1/3 Monatsgehalt.[130]

VIII. Abgrenzung

Abzugrenzen ist die Abmahnung von der Betriebsbuße und der Ermahnung:
Betriebsbußen sind kollektivrechtliche Maßnahmen zur Sanktionierung von Verstößen gegen die betriebliche Ordnung.[131] Sie unterliegen der Mitbestimmung des Betriebsrats nach § 87 Abs. 1 Nr. 1 BetrVG.[132] Während die Abmahnung den Arbeitnehmer zu vertragsgemäßem Verhalten anhalten soll, um eine Kündigung zu vermeiden, dient die Betriebsbuße der Ahndung vergangener Verstöße. Bei der Betriebsbuße überwiegt daher der Sanktionscharakter.[133]

Da Abmahnung und Betriebsbuße von Art und Zielrichtung her unterschiedlich sind, können sie nebeneinander angewendet werden. Der Arbeitgeber kann wegen derselben Verfehlung gleichzeitig abmahnen und eine Betriebsbuße verhängen.[134]

Die Einordnung als Betriebsbuße oder als Abmahnung ist unabhängig von deren Bezeichnung durch den Arbeitgeber. Selbst wenn er eine Maßnahme als „Abmahnung" bezeichnet, diese jedoch darüber hinausgehenden Sanktionscharakter aufweist, handelt es sich um eine Betriebsbuße.[135]

Übt der Arbeitgeber das aus seiner Gläubigerstellung folgende Rügerecht aus, ohne gleichzeitig arbeitsrechtliche Konsequenzen anzudrohen, liegt eine bloße **Ermahnung** (auch: Rüge, Verwarnung oder Verweis) vor. Da auch die Abmahnung nach ständiger Rechtsprechung des BAG dem Verhältnismäßigkeitsgrundsatz unterliegt, empfiehlt es sich, bei Bagatellverstößen zunächst nur auf die Ermahnung zurückzugreifen (vgl. → Rn. 20). Der Arbeitnehmer kann allerdings auch gegen eine rechtswidrige Ermahnung im Wege der Leistungsklage vorgehen.

IX. Exkurs: Die betriebsverfassungsrechtliche Abmahnung

Umstritten ist sowohl in der Literatur als auch in der Instanzenrechtsprechung nach wie vor die Zulässigkeit und/oder die Erforderlichkeit einer sog. betriebsverfassungsrechtlichen Abmahnung.[136] Die **Unzulässigkeit** solle daraus folgen, dass die Regelung des § 78 BetrVG, die eine Einmischung in die Betriebsratstätigkeit verbiete, und der Grundsatz der vertrauensvollen Zusammenarbeit, einer solchen Abmahnung entgegenstünden.[137] Diese Argumente überzeugen nicht. Es sind keine Gründe ersichtlich, warum es dem Arbeitgeber verwehrt sein soll, gegenüber einem Betriebsratsmitglied im Falle einer Pflichtverletzung seine Missbilligung kundzutun. Das Gebot der vertrauensvollen Zusammenarbeit spricht nicht gegen, sondern für die betriebsverfassungsrechtliche Abmahnung, stellt sie sich doch gegenüber

---

[129] LAG Düsseldorf 4.9.1995 – 7 Ta 245/95, NZA-RR 1996, 391 (bei in kurzem Abstand [innerhalb von drei Monaten] aufeinander folgenden Abmahnungen ist der Streitwert niedriger als ein Monatseinkommen).
[130] LAG Rheinland-Pfalz 6.7.2010 – 1 TA 135/10, AE 2010, 267; LAG Düsseldorf 22.3.2004 – 17 Ta 140/04, BeckRS 2010, 67941.
[131] BAG 17.1.1991 – 2 AZR 375/90, AP KSchG 1969 § 1 Verhaltensbedingte Kündigung Nr. 25; 17.10.1989 – 1 ABR 100/88, AP BetrVG 1972 § 87 Betriebsbuße Nr. 12; *Fitting* BetrVG § 87 Rn. 76.
[132] *Fitting* BetrVG § 87 Rn. 76 ff.
[133] BAG 17.10.1989 – 1 ABR 100/88, AP BetrVG 1972 § 87 Betriebsbuße Nr. 12.
[134] BAG 17.10.1989 – 1 ABR 100/88, AP BetrVG 1972 § 87 Betriebsbuße Nr. 12.
[135] BAG 17.10.1989 – 1 ABR 100/88, AP BetrVG 1972 § 87 Betriebsbuße Nr. 12.
[136] Dafür zuletzt ArbG Solingen 18.2.2016 – 3 BV 15/15 lev; dagegen ArbG Stuttgart 30.4.2019 – 4 BV 251/18, ArbR 2019, 348; umfassend zum Meinungsstand in der Instanzrechtsprechung LAG Bremen 2.7.2013 – 1 TABV 35/12, BeckRS 2015, 73236; bzgl. des Meinungsstandes in der Literatur vgl. *Fitting* BetrVG § 23 Rn. 17a.
[137] *Fitting* BetrVG § 23 Rn. 17a.

dem scharfen Schwert des § 23 Abs. 1 BetrVG als milderes Mittel dar.[138] Erkennt man die Zulässigkeit einer betriebsverfassungsrechtlichen Abmahnung an, gilt dies konsequenterweise in beide Richtungen. Auch dem Betriebsrat steht es mit Blick auf das Verfahren nach § 23 Abs. 3 BetrVG damit zu, den Arbeitgeber abzumahnen.[139]

63 Von der Frage der grundsätzlichen Zulässigkeit der betriebsverfassungsrechtlichen Abmahnung ist die Frage zu unterscheiden, ob eine solche als Vorstufe zu einem Ausschlussverfahrens des § 23 Abs. 1 BetrVG **erforderlich** ist. Das ist zu verneinen. Da die Einleitung des Amtsenthebungsverfahrens nach § 23 Abs. 1 BetrVG nur möglich ist, wenn eine besonders schwerwiegende Pflichtverletzung in Rede steht, kann das betroffene Betriebsratsmitglied schon auf Grund des Ausmaßes der Pflichtwidrigkeit von vorneherein nicht damit rechnen, dass sein Verhalten gebilligt werde. Bei einem solchen Verhalten ist eine „gelbe Karte" weder notwendig noch förderlich.

64 Ausgehend von dem Ergebnis, dass die betriebsverfassungsrechtliche Abmahnung zwar zulässig aber eben nicht erforderlich ist, stellt sich die Frage nach ihrer Zweckmäßigkeit. Die Zweckmäßigkeit kann zunächst ganz allgemein darin gesehen werden, dass dem Arbeitgeber ein Mittel an die Hand gegeben wird, das sich gegenüber dem Ausschlussverfahren nach § 23 Abs. 1 BetrVG als milderes Mittel erweist und somit im Hinblick auf den Grundsatz der vertrauensvollen Zusammenarbeit einer zukünftigen gedeihlichen Zusammenarbeit förderlich ist. Ähnlich der „normalen" Abmahnung kann der betriebsverfassungsrechtlichen Abmahnung eine Dokumentations-, Warn- und Rügefunktion zukommen. Aufgrund dieser Funktionen kann die betriebsverfassungsrechtliche Abmahnung daneben auch dazu geeignet sein, ein zukünftiges Ausschlussverfahren nach § 23 Abs. 1 BetrVG zu erleichtern. Zutreffend wird nämlich die Auffassung vertreten, dass die grobe Pflichtverletzung im Rahmen des § 23 Abs. 1 BetrVG **schuldhaft** begangen worden sein muss.[140] Eben hier entfaltet die betriebsverfassungsrechtliche Abmahnung Wirkung, da sich beispielsweise bei einer objektiv groben Pflichtverletzung bei der das Betriebsratsmitglied jedoch einem Rechtsirrtum unterlag und somit nicht schuldhaft handelte, ein Betriebsratsmitglied sich bei einem weiteren Verstoß nicht erneut auf den entsprechenden Rechtsirrtum berufen könnte. Auch im Falle von wiederholten „leichten Pflichtverletzungen", die jedoch mit einer Beharrlichkeit ausgeübt werden, erfüllt die betriebsverfassungsrechtliche Abmahnung aufgrund ihrer Dokumentations- und Rügefunktion einen Zweck.

65 Erkennt man die betriebsverfassungsrechtliche Abmahnung wie vorliegend an, muss die strenge Trennung zwischen Betriebsratstätigkeit und Arbeitsverhältnis strikt eingehalten werden. Die Androhung arbeitsrechtlicher Konsequenzen im Rahmen einer betriebsverfassungsrechtlichen Abmahnung ist ebenso sehr wie die Aufnahme der Abmahnung in die Personalakte vor diesem Hintergrund zu unterlassen.[141]

---

[138] So auch ArbG Solingen 18.2.2016 – 3 BV 15/15 lev; HaKo-BetrVG/*Düwell*, BetrVG § 23, Rn. 15.
[139] LAG Sachsen 7.12.2012 – 3 TaBV 15/12 (juris).
[140] *Fitting* BetrVG § 23 Rn. 16.
[141] BAG 9.9.2015 – 7 ABR 69/13, NZA 2016, 57.

Teil E. Entgelt im Arbeitsverhältnis

§ 19 Bestimmung und Grundlagen des Entgelts

Übersicht

	Rn.
I. Einleitung	1/2
II. Anspruchsgrundlagen und Bestimmungsfaktoren	3–22
1. Arbeitsvertrag	3/4
2. Tarifvertrag	5
3. Betriebsvereinbarung	6
4. Gleichbehandlungsgrundsatz	7–10
5. Betriebliche Übung	11–19
6. Gesamtzusage	20
7. § 612 Abs. 2 BGB	21
8. Abrechnungspflicht § 108 GewO	22
III. Entgelthöhe	23–56
1. Vertragliche Regelungen	23/24
2. Gesetzlicher Mindestlohn (MiLoG)	25–39
a) Neues MiLoG	25–27
b) Persönlicher Anwendungsbereich	28–30
c) Sonderregelungen für Praktikanten	31/32
d) Räumlicher Anwendungsbereich	33
e) Zu vergütende Arbeitszeit	34/35
f) Berücksichtigungsfähige Leistungen	36–38
g) Folgen der Unterschreitung des Mindestlohns	39
3. Lohnwucher (§ 138 BGB)	40–49
4. Entgelttransparentgesetz	50–63
a) Neues EntgTranspG	50
b) Individueller Auskunftsanspruch	51–54
c) Erteile der Auskunft	55–58
d) Folgen der Auskunftserteilung und mögliche Beweislastumkehr	59–63
5. Equal Pay für Leiharbeitnehmer	64/65
6. Brutto-/Nettoentgelt	66–70

I. Einleitung

Die **Hauptleistungspflicht des Arbeitgebers** ist die Zahlung des Entgelts. Sie ist die Gegenleistung für die von dem Arbeitnehmer zu erbringenden oder bereits geleisteten Dienste. Beide Rechtspflichten stehen in einem **Gegenseitigkeitsverhältnis**. Dementsprechend kommt ein Zurückbehaltungsrecht des Arbeitnehmers an seiner Arbeitsleistung in Betracht, wenn der Arbeitgeber seiner Entgeltzahlungspflicht nicht nachkommt. Umgangssprachlich sind die **Bezeichnungen** für das Entgelt vielfältig. Traditionell wird die Vergütung bei Arbeitern als Lohn und bei Angestellten als Gehalt bezeichnet. Gebräuchlich sind auch die Begriffe Vergütung, Entgelt, Bezüge, Gage, Honorar oder Salär. Rechtliche Unterschiede folgen aus der unterschiedlichen Bezeichnung nicht. Gemeint ist jeweils die Gegenleistung des Arbeitgebers für die Arbeitsleistung, die der Arbeitnehmer zu erbringen hat. Zum **Entgelt im weiteren Sinne** gehören alle vermögenswerten Leistungen aus dem Arbeitsverhältnis, auch wenn sie nicht unmittelbar im Synallagma mit einer konkreten Arbeitsleistung des Arbeitnehmers stehen, so zum Beispiel Gratifikationen oder Ruhegelder.[1] Auch diese Leistungen werden mit Rücksicht auf das Arbeitsverhältnis und die vom Arbeitnehmer insgesamt erbrachte Gegenleistung gewährt. Das BAG[2] geht – ebenso wie § 14 SGB IV – von einem weiten Entgelt-

1

---

[1] GmbH-Handbuch/*Reufels* Rn. IV 201.1.
[2] BAG 18.5.2011 – 5 AZR 213/09, ZTR 2011, 564 Rn. 13.

begriff aus. Der Begriff des Entgeltes ist nicht durchweg einheitlich belegt und wird etwa in § 87 Abs. 1 Nr. 10 BetrVG weiter verstanden als im EFZG. Eine Legaldefinition des Begriffs fehlt. Zum Entgelt zählen neben den üblichen Grund- oder Mindestlöhnen und -gehältern alle sonstigen Vergütungen, die der Arbeitgeber auf Grund des Dienstverhältnisses dem Arbeitnehmer unmittelbar oder mittelbar in bar oder in Sachleistungen zahlt.[3] Abzugrenzen ist der Begriff des Entgelts von Leistungen, die nicht im engeren Sinne im Austauschverhältnis stehen. Arbeitsbedingungen sind daher nicht schon deswegen Entgelt im beschriebenen Sinn, weil sie finanzielle Auswirkungen haben. Erforderlich ist ein enger Zusammenhang zwischen der Art der Arbeitsleistung und der Höhe des Arbeitsentgelts.[4]

2   **Nicht zum Entgelt** gehören Schadenersatzleistungen, etwa für die vorzeitige Vertragsbeendigung nach § 628 Abs. 2 BGB, oder Abfindungen. Ebenso wenig zählen zum Entgelt der Ersatz von Aufwendungen, etwa für Bewirtungs- oder Reisekosten, oder subventionierte Plätze in Kindertagesstätten. Die Frage, ob eine Zahlung als Entgelt einzuordnen ist, ist für die Mitbestimmung des Betriebsrates nach § 87 Abs. 1 Nr. 10 BetrVG von Belang, aber auch für die lohnsteuerrechtliche Behandlung. Umstritten ist die Behandlung von Verzugszinsen auf verspätet gezahltes Arbeitsentgelt. Teilweise werden sie den Einkünften aus nichtselbständiger Arbeit zugerechnet.[5] Die Finanzgerichte sehen sie als Einnahmen aus Kapitalvermögen wegen erzwungener Kapitalüberlassung[6] und damit nicht als Arbeitsentgelt an.

II. Anspruchsgrundlagen und Bestimmungsfaktoren

1. Arbeitsvertrag

3   Grundlage der Vergütung ist gem. des neu eingefügten § 611a Abs. 2 BGB die zwischen den Arbeitsvertragsparteien getroffene **Vereinbarung**. Die Verpflichtung zur Zahlung des Arbeitsentgeltes in der konkreten Höhe ergibt sich regelmäßig aus den arbeitsvertraglichen Vereinbarungen. § 2 Abs. 1 Ziff. 6 NachwG schreibt vor, dass der Arbeitgeber das Arbeitsentgelt, dessen Höhe und die Zusammensetzung, einschließlich der Zuschläge, Zulagen, Prämien und Sonderzahlungen sowie anderer Bestandteile des Arbeitsentgelts und deren Fälligkeit schriftlich niederzulegen hat. Erfasst sind danach alle Leistungen, sofern sie Entgeltcharakter haben, auch und insbesondere Provisionen, Tantiemen, Beiträge zur betrieblichen Altersversorgung, vermögenswirksame Leistungen und Naturalleistungen. Die Niederschrift nach dem Nachweisgesetz hat jedoch lediglich deklaratorischen Charakter, ein allgemeines Schriftformerfordernis für den Abschluss von Arbeitsverträgen wird dadurch nicht begründet. Deshalb können Vereinbarungen über die Vergütung auch konkludent getroffen werden, sei es bei der Einstellung, sei es später im Rahmen von Gehaltsveränderungen. Auch wenn das Direktionsrecht die Hauptleistungspflichten nicht umfasst, wird es als möglich angesehen, die Festsetzung des Entgelts oder zumindest von Teilen dem Arbeitgeber zu überlassen, der sich dann an § 315 BGB zu halten hat (Ermessensbonus, vgl. → § 20 Rn. 44). Eine Vereinbarung, nach der die Verpflichtung des Arbeitgebers zur Zahlung einer Vergütung ganz oder teilweise abbedungen wird, ist regelmäßig sittenwidrig. Auch die Vereinbarung, wonach der Arbeitnehmer auf künftig fällig werdende Gehaltsansprüche „verzichtet", ist als unwirksam angesehen worden, weil dadurch das **Geschäftsrisiko** auf den Arbeitnehmer abgewälzt wird.[7] Es ist mit dem Leitbild des Arbeitsvertrages unvereinbar, auf diese oder andere Weise das unternehmerische Risiko abzuwälzen. Deshalb scheitern auch Entlohnungsvereinbarungen, die vorsehen, dass ausschließlich ein bestimmter Arbeitserfolg vergütet wird, ohne dass dem Arbeitnehmer im Falle des Misserfolgs für seine ordnungsgemäß geleisteten Dienste zumindest eine Grundvergütung garantiert wird. Eine zu geringe Vergütung kann zur Strafbarkeit wegen Wuchers führen.[8]

---

[3] BAG 14.8.2007 – 9 AZR 943/06, NZA 2008, 99 Rn. 15.
[4] BAG 14.8.2007 – 9 AZR 943/06, NZA 2008, 99 Rn. 16.
[5] LAG Rheinland-Pfalz 1.7.2008 – 3 Sa 79/08, BeckRS 2008, 55914 Rn. 22.
[6] BFH 13.11.2007 – VIII R 36/05, NJW 2008, 1839 (1840).
[7] LAG Berlin 17.2.1997 – 9 Sa 124/96, NZA-RR 1997, 371 (372).
[8] BGH 22.4.1997 – 1 StR 701/96, NZA 1997, 1167 (2/3 des Tariflohns bei tschechischen Grenzgängern).

§ 19 Bestimmung und Grundlagen des Entgelts

Eine Entgeltvereinbarung kann bei zu geringer Höhe nach § 138 Abs. 1 BGB nichtig sein[9] (→ Rn. 49). Auch die Vereinbarung, nach der eine Vergütungspflicht für eine vierzehntätige Probezeit nur für den Fall des Abschlusses eines endgültigen Arbeitsvertrages entstehen soll, ist als sittenwidrig eingestuft worden.[10] Ausnahmen von der Vergütungspflicht sind nur in besonderen Fällen denkbar, wenn ein Leistungsaustausch nicht stattfindet, zB im Rahmen eines Einfühlungsverhältnisses,[11] bei Gefälligkeitsdiensten auf der Grundlage verwandtschaftlicher Beziehungen oder wenn die bloße Information über Arbeitsmöglichkeiten und -fähigkeiten im Vordergrund steht. Dies wird jeweils nur für die Dauer weniger Tage angenommen werden können. Gemäß § 107 Abs. 3 GewO darf die Zahlung eines regelmäßigen Arbeitsentgeltes auch nicht in den Fällen ausgeschlossen werden, in denen der Arbeitnehmer von Dritten für seine Tätigkeit ein **Trinkgeld** erhält. Unabhängig von der steuerlichen Behandlung ist Trinkgeld nicht die Gegenleistung für die dem Arbeitgeber geschuldete Tätigkeit, sondern eine von einem Dritten ohne rechtliche Verpflichtung zusätzlich dem Arbeitnehmer unmittelbar zugewendete Leistung (§ 107 Abs. 3 S. 2 GewO).

2. Tarifvertrag

Neben der individuellen Vereinbarung sind Tarifverträge eine der wichtigsten Grundlagen für die Bestimmung der Vergütungshöhe.[12] Tarifbestimmungen über die Vergütungshöhe gelten unmittelbar und zwingend, wenn Arbeitgeber und Arbeitnehmer tarifgebunden sind oder der Tarifvertrag für allgemeinverbindlich erklärt worden ist. Von diesen Regelungen kann nur zugunsten des Arbeitnehmers abgewichen werden (§ 4 Abs. 3 TVG). Häufig wird in der **Praxis bei fehlender Tarifbindung** oder Allgemeinverbindlichkeit die **Inbezugnahme** durch eine einzelvertragliche Vereinbarung vorgenommen. Grundlage für die Höhe der Vergütung ist dann aber der Einzelarbeitsvertrag, nicht unmittelbar der Tarifvertrag. Die Verweisung auf die einschlägigen Vergütungstarifverträge machen jedoch die tariflichen Bestimmungen zum Inhalt des Individualarbeitsvertrages. In diesem Fall gehen die speziellen Regelungen im Arbeitsvertrag dem Tarifvertrag vor, selbst wenn die Arbeitsvertragsregelungen schlechter sind. Denn die Tarifregelungen gelten nicht unmittelbar und zwingend und sind nur insoweit in Bezug genommen, als der Arbeitsvertrag selbst nichts Abweichendes vorsieht.[13]

3. Betriebsvereinbarung

Betriebsvereinbarungen können Grundlage des Arbeitsentgelts sein. In der Praxis kommt ihnen geringe Bedeutung zu. Insbesondere, weil Tarifverträge in allen Branchen üblicherweise Regelungen zu Arbeitsentgelten und Vergütungsleistungen enthalten, sind sie gemäß der **Regelungssperre des § 77 Abs. 3 BetrVG** ebenso wie nach den einschlägigen Vorschriften des Personalvertretungsrechts vorrangig.[14]

4. Gleichbehandlungsgrundsatz

Der Grundsatz der Lohngleichheit als Anwendungsfall des Gleichbehandlungs- und Gleichberechtigungsgrundsatzes gewinnt zunehmend Einfluss auf die Vergütungshöhe einzelner Arbeitnehmer. Der arbeitsrechtliche Gleichbehandlungsgrundsatz besagt, dass es dem Arbeitgeber verwehrt ist, einzelne Arbeitnehmer oder Gruppen von Arbeitnehmern von allgemeinbegünstigenden Regelungen auszunehmen oder schlechter zu behandeln. Dieser Grundsatz wird durch eine Vielzahl spezialgesetzlicher Regelungen überlagert und steht ne-

---

[9] BAG 24.5.2017 – 5 AZR 251/16, BeckRS 2017, 128351 Rn. 39; 18.4.2012 – 5 AZR 630/10, NZA 2012, 978; LAG Berlin 20.2.1998 – 6 Sa 145/97, NZA-RR 1998, 392 (10 DM für einen Heizungsmonteur im Jahre 1996); LAG Hessen 28.10.1999 – 5 Sa 169/99, NZA-RR 2000, 521 (Monatseinkommen eines Rechtsanwalts von 610,00 DM bzw. 1.300,00 DM durch die übliche Vergütung nach § 612 Abs. 2 BGB ersetzt).
[10] LAG Köln 18.3.1998 – 8 Sa 1662/97, LAGE BGB § 138 Nr. 10.
[11] LAG München 9.5.2016 – 10 Sa 690/15, LAGE ZPO 2002 § 373 Nr. 1; LAG Schleswig-Holstein 17.3.2005 – 4 Sa 11/05, BeckRS 2005, 41256 Rn. 22 f.; s. aber auch LAG Rheinland-Pfalz 5.8.2015 – 7 Sa 170/15, BeckRS 2015, 72009.
[12] Dazu näher: Henssler/Moll/Bepler TarifV-HdB/*Hexel* Teil 4 Rn. 21 ff.
[13] Vgl. BAG 8.7.2015 – 4 AZR 51/14, NZA 2015, 1462 Rn. 22.
[14] Vgl. zu Einzelheiten: *Roloff* RdA 2014, 228 (230 f.); Henssler/Moll/Bepler TarifV-HdB/*Henssler* Teil 10 Rn. 7 f.

ben den positivrechtlich geregelten **Diskriminierungsverboten und Gleichbehandlungspflichten** (insbes. §§ 1, 2 Abs. 2, 8 Abs. 2 AGG). Neu hinzugekommen sind im Juli 2017 die Regelungen des Entgelttransparenzgesetzes (→ Rn. 50 ff.), die auf eine Beseitigung nicht gerechtfertigter Unterschiede beim Entgelt von Männern und Frauen für gleiche oder gleichwertige Arbeit abzielen, vgl. § 1 EntgTranspG.

8 Im Grundsatz gilt im Bereich der Vergütung der Vorrang der Vertragsfreiheit vor dem Gleichbehandlungsgrundsatz,[15] denn es gibt außerhalb der Benachteiligungsverbote der §§ 1, 2 Abs. 2, 8 Abs. 2 AGG keine generelle Anspruchsgrundlage mit dem Inhalt „gleicher Lohn für gleiche Arbeit". Dies gilt jedoch nur, wenn es sich um individuell vereinbarte Regelungen handelt, der Arbeitgeber also nicht nach gruppenspezifischen Merkmalen vorgeht und Arbeitsentgelte durch eine betriebliche Einheitsregelung generell anhebt.[16] Der Gleichbehandlungsgrundsatz verpflichtet den Arbeitgeber nicht zur Aufstellung abstrakter Regelungen.[17] Geht der Arbeitgeber im Zusammenhang mit Vergütungserhöhungen aber nach abstrakten Regeln vor, greift der Gleichbehandlungsgrundsatz.[18] Einzelne Arbeitnehmer dürfen dann nicht ohne sachlichen Grund von allgemeinen Vergütungserhöhungen ausgenommen werden.[19] Das gilt auch, wenn verschiedene Vorgesetzte dezentral die Entscheidungen über eine Gehaltserhöhung treffen. Erhöht der Arbeitgeber für einen Teil seiner Arbeitnehmer die Vergütung, ist er im Prozess verpflichtet, sowohl sämtliche Zwecke für seine freiwillige Leistung an (nur) eine Gruppe von Arbeitnehmern als auch die Grundsätze für die Verteilung der freiwilligen Leistung innerhalb der begünstigten Gruppe substantiiert offen zulegen.[20] Ein sachlicher Grund für eine Ungleichbehandlung kann auch der angestrebte Ausgleich unterschiedlicher Arbeitsbedingungen zwischen verschiedenen Gruppen von Arbeitnehmern sein. In diesem Fall muss der Ausgleich nachvollziehbar durchgeführt werden und darf nicht zu Überkompensation führen.[21] Wendet der Arbeitgeber eine generelle Regelung auf alle oder mehrere Betriebe eines Unternehmens an, ist auch der **Gleichbehandlungsgrundsatz betriebsübergreifend** zu beachten. Die unterschiedliche Behandlung verschiedener Betriebe ist nur zulässig, wenn sie durch sachliche Gründe gerechtfertigt ist.[22] Der Gleichbehandlungsgrundsatz verbietet nicht nur die willkürliche Schlechterstellung einzelner Arbeitnehmer innerhalb einer Gruppe, sondern auch eine sachfremde Gruppenbildung.[23] Arbeitnehmer werden nicht sachfremd benachteiligt, wenn nach dem Zweck der Leistung Gründe vorliegen, die es unter Berücksichtigung aller Umstände rechtfertigen, ihnen Leistungen, die anderen Arbeitnehmern gewährt werden, vorzuenthalten. Im Wege der Stufenklage können Ansprüche auf Auskunft und Zahlung verfolgt werden.[24]

9 Der arbeitsrechtliche Gleichbehandlungsgrundsatz kann demgegenüber nicht zur Begründung eines Zahlungsanspruches herangezogen werden, wenn es sich um individuell vereinbarte Löhne und Gehälter handelt und der Arbeitgeber nur einzelne Arbeitnehmer besser stellt, ohne dass dies auf eine entsprechende Gruppenbildung, also ein entsprechendes Vergütungssystem, schließen lässt.[25] Der Arbeitgeber selbst bleibt seinerseits an eine einzelvertraglich vereinbarte höhere Vergütung in jedem Fall gebunden und kann nicht unter Berufung auf den Gleichbehandlungsgrundsatz eine Änderungskündigung mit dem Ziel der Gehaltsreduzierung durchsetzen.[26]

---

[15] BAG 12.10.2011 – 10 AZR 510/10, NZA 2012, 680 Rn. 13; 30.5.1984 – 4 AZR 146/82, AP MTL II § 21 Nr. 2 (Begründung des Arbeitsverhältnisses).
[16] BAG 17.3.2010 – 5 AZR 168/09, NZA 2010, 696 Rn. 19.
[17] BAG 15.11.1994 – 5 AZR 682/93, NZA 1995, 939 (940).
[18] BAG 21.5.2014 – 4 AZR 50/13, NZA 2015, 115 Rn. 27; 27.4.2016 – 5 AZR 311/15, BeckRS 2016, 73335 Rn. 35.
[19] Dazu näher: GmbH-Handbuch/*Reufels* Rn. IV 205; BAG 5.8.2009 – 10 AZR 666/08, NZA 2009, 1135.
[20] BAG 23.2.2011 – 5 AZR 84/10, NZA 2011, 693 Rn. 20.
[21] BAG 3.9.2014 – 5 AZR 6/13, NZA 2015, 222.
[22] BAG 3.12.2008 – 5 AZR 74/08, NZA 2009, 367 Rn. 16.
[23] BAG 15.7.2009 – 5 AZR 486/08, NZA 2009, 1202 Rn. 11 ff.
[24] BAG 27.7.2010 – 1 AZR 874/08, NZA 2010, 1369; 1.12.2004 – 5 AZR 664/03, NZA 2005, 289.
[25] BAG 13.2.2002 – 5 AZR 713/00, NZA 2003, 215 (216).
[26] BAG 26.6.2008 – 2 AZR 139/07, NZA 2008, 1182 Rn. 28; s. auch BAG 20.10.2017 – 2 AZR 783/16, NZA 2018, 440 Rn. 50.

Das **Gleichbehandlungsgebot von Männern und Frauen** ist ungeachtet der Vertragsfreiheit auch bei der Entgeltfestsetzung zu beachten (§ 8 Abs. 2 AGG, früher: § 612 Abs. 3 BGB). Das Gebot zur Anwendung des Grundsatzes der gleichen Entgelts für Männer und Frauen bei gleicher oder gleichwertiger Arbeit ist europarechtlich in Art. 157 AEUV verankert.[27] Für gleiche oder gleichwertige Arbeit darf aber nur wegen des Geschlechts eine geringere Vergütung nicht vereinbart werden. Das Entgelttransparenzgesetz (→ Rn. 50 ff.) soll helfen, geschlechtsbezogene Benachteiligungen beim Entgelt abzuschaffen. Auch eine schlechtere Vergütung wegen eines anderen in § 1 AGG genannten Merkmales ist gesetzlich unzulässig. Eine Konkretisierung des Gleichbehandlungsgebotes enthält insoweit § 4 Abs. 1 S. 1 TzBfG. Danach ist **teilzeitbeschäftigten Arbeitnehmern** das Entgelt mindestens in dem Umfang zu gewähren, der dem Anteil ihrer Arbeitszeit an derjenigen eines vollzeitbeschäftigten Arbeitnehmers entspricht. Die Dauer der Arbeitszeit ist im Übrigen kein zulässiges Differenzierungskriterium. Ebenso wenig darf bei der Höhe des Entgelts danach unterschieden werden, ob der Arbeitnehmer haupt- oder nebenberuflich oder zum Beispiel als Student oder Rentner arbeitet. Unterschieden werden darf jedoch etwa nach Ausbildung, Verantwortung, Leistung, Qualifikation und Dauer der Betriebszugehörigkeit. Bei Verstoß gegen das Gleichbehandlungsgebot hat der Arbeitnehmer einen unmittelbaren Erfüllungsanspruch auf Zahlung der dem Gleichheitsprinzip entsprechenden Vergütung.[28]

5. Betriebliche Übung

Eine betriebliche Übung kann maßgebend für die Höhe der Vergütung sein. Betriebliche Übung ist die **regelmäßige Wiederholung eines bestimmten gleichförmigen Verhaltens des Arbeitgebers, aus der der Arbeitnehmer schließen kann, ihm solle auf Dauer eine Leistung oder Vergünstigung gewährt werden.** Rechtscharakter und dogmatische Einordnung der betrieblichen Übung werden kontrovers diskutiert. Nach der gängigen Vertragstheorie enthält die regelmäßige gleichförmige Wiederholung bestimmter Verhaltensweisen des Arbeitgebers eine konkludente Willenserklärung, die vom Arbeitnehmer gemäß § 151 BGB stillschweigend angenommen wird. Insoweit erwachsen vertragliche Ansprüche, ohne dass es darauf ankommt, ob der Arbeitgeber tatsächlich einen Verpflichtungswillen hatte. Es kommt nach Treu und Glauben (§ 242 BGB) mit Rücksicht auf die Verkehrssitte vielmehr auf die objektivierte Sicht des Erklärungsempfängers an. Wenn der Arbeitnehmer aus dem Verhalten seines Arbeitgebers auf einen Rechtsbindungswillen schließen durfte, führt dies zur vertraglichen Bindung. Ein solches Verhalten wird beispielsweise seit jeher in der mindestens dreimaligen vorbehaltlosen Gewährung einer Gratifikation, insbesondere zu Weihnachten, gesehen.[29]

Unter welchen Voraussetzungen Freiwilligkeitsvorbehalte das Entstehen einer betrieblichen Übung verhindern können, wurde zuletzt in Rechtsprechung und Literatur intensiv diskutiert. Heute ist selbst fraglich, ob ein **konkreter Freiwilligkeitsvorbehalt** (→ § 25 Rn. 12 ff.) im Arbeitsvertrag etwa des Inhalts, dass die Gewährung einer bestimmten im Vertrag – ausdrücklich unverbindlich – als fakultativ und auf einer freiwilligen Entscheidung beruhend angekündigten Leistung oder Vergünstigung

> **Formulierungsvorschlag:**
> ......, soweit sie etwaig gewährt wird, auch bei wiederholter und langjähriger Gewährung freiwillig und ohne Anerkennung einer Rechtspflicht erfolgt,
> oder:
> ......, falls sie geleistet werden sollte, auch für die Zukunft keinen Rechtsanspruch begründet,

---

[27] Zur Rechtsprechung des EuGH *von Roetteken* NZA-RR 2019, 177.
[28] BAG 11.12.2007 – 3 AZR 249/06, NZA 2008, 532 Rn. 45; kritisch dazu: *Zundel* NJW 2014, 195 (197).
[29] Ständige Rechtsprechung vgl. zB BAG 13.5.2015 – 10 AZR 266/14, NZA 2015, 992 Rn. 18; 1.4.2009 – 10 AZR 393/08, BeckRS 2009, 65971; s. hierzu auch → § 1 Rn. 34.

nach den jüngeren Entwicklungen der Rechtsprechung des BAG der Begründung eines Anspruchs auf der Grundlage einer betrieblichen Übung noch entgegenstehen kann.³⁰ Jedenfalls dürfte ein vorsorglicher genereller, „salvatorischer" Freiwilligkeitsvorbehalt in einem Standardarbeitsvertrag den Arbeitgeber angesichts der neuen Tendenzen heute nicht mehr sicher vor dem Entstehen einer betrieblichen Übung bewahren.³¹ Der weiteren Frage, ob bei einer wirksamen vertraglichen Abrede der **Freiwilligkeitsvorbehalt bei der Leistung** später jeweils nochmals ausdrücklich wiederholt werden muss,³² kommt danach nur noch eine verhältnismäßig geringe Bedeutung zu.

14 Ein **einfaches gewillkürtes Schriftformerfordernis**³³ genügt zur Verhinderung des Entstehens einer betrieblichen Übung nicht, sondern kann seinerseits durch eine entgegenstehende Individualabrede, ja sogar durch betriebliche Übung, formlos abgedungen werden.

15 Die Vereinbarung eines sog. **doppelten Schriftformerfordernisses** sollte nach älterer Auffassung einer Vertragsänderung durch betriebliche Übung entgegenstehen. Schriftformklauseln in Arbeitsverträgen sind üblich und daher nicht überraschend iSd § 305c Abs. 1 BGB. Problematisch war stets, ob doppelte Schriftformklauseln einer AGB-Kontrolle nach § 307 Abs. 1 und Abs. 2 Nr. 1 BGB standhalten. Nach der Rechtsprechung des BGH³⁴ verstoßen Klauseln in AGB, die Vertragsänderungen nach Abschluss des Vertrages von der Einhaltung der Schriftform abhängig machen, gegen § 307 Abs. 1 BGB. Das gilt erst recht für doppelte Schriftformklauseln. Das **Bundesarbeitsgericht** hat mit Urteil vom 20.5.2008³⁵ **eine in AGB verwendete doppelte Schriftformklausel gemäß § 307 Abs. 1 S. 1 BGB als unwirksam angesehen**, da sie beim Arbeitnehmer den unzutreffenden Eindruck erwecke, auch eine nachfolgende mündliche individuelle Abrede sei wegen der mangelnden Schriftform gemäß § 125 S. 2 BGB unwirksam. Individuelle Abreden haben jedoch Vorrang vor Allgemeinen Geschäftsbedingungen. Die Rechtsprechung des BAG stimmt nunmehr mit derjenigen des BGH überein. Klauseln, mit denen ein Arbeitgeber sich gegen das Entstehen einer betrieblichen Übung zu schützen versucht, entsprechen ungeachtet dessen weiterhin dem berechtigten Bedürfnis, schleichende Veränderungen nach Vertragsschluss zu verhindern. Die Verwendung doppelter oder qualifizierter Schriftformklauseln erscheint nach der neueren Rechtsprechung allenfalls noch gangbar, wenn zusätzlich klarstellend darauf hingewiesen wird, dass individuelle Vertragsabreden trotz doppelter Schriftformklauseln gemäß § 305b BGB Vorrang haben (→ § 10 Rn. 243 ff. mit Formulierungsbeispiel → § 10 Rn. 249).³⁶ Auf diese Weise könnte das ungewollte Entstehen einer betrieblichen Übung möglicherweise verhindert werden, weil Ansprüche aus betrieblicher Übung wegen ihres kollektiven Ursprungs nicht die Voraussetzungen einer Individualvereinbarung gemäß § 305b BGB erfüllen. Ob derartige Klauseln von der Rechtsprechung als transparent und widerspruchsfrei bestätigt werden, bleibt abzuwarten. Hält die Klausel der AGB-Kontrolle nicht stand, läuft der Arbeitgeber in der Konsequenz Gefahr, dass nur er selbst als Verwender der AGB an die Klausel gebunden ist und die vereinbarte Schriftform damit zu seinen Lasten einseitig gegen sich gelten lassen muss.³⁷

16 Beachtenswert ist im Hinblick auf die Versuche der Vermeidung von Ansprüchen aus betrieblicher Übung eine Entscheidung des BAG vom 17.4.2013.³⁸ Ein Arbeitnehmer machte einen Anspruch auf Tantieme geltend. Ihm war vertraglich für das erste Jahr eine Tantieme

---

³⁰ Siehe BAG 20.2.2013 – 10 AZR 177/12, NZA 2013, 1015 und BAG 17.4.2013 – 10 AZR 281/12, NZA 2013, 787 Rn. 16 ff. zur Problematik der Klarheit und Transparenz bei der Formulierung; s. auch *Preis/Sagan* NZA 2012, 697.
³¹ BAG 13.11.2013 – 10 AZR 848/12, NZA 2014, 368 Rn. 39; 14.9.2011 – 10 AZR 526/10, NZA 2012, 81; zustimmend: *Preis/Sagan* NZA 2012, 697; kritisch dazu: *Bauer/von Medem* NZA 2012, 894.
³² So ErfK/*Preis* BGB §§ 305–310 Rn. 72 ff.; aA LAG Hamm 1.12.2011 – 8 Sa 1245/11, BeckRS 2012, 65791 Rn. 39; *Hunold* DB 2012, 1096.
³³ Zu Schriftformklauseln in Arbeitsverträgen vgl.: *Hromadka* DB 2004, 1261.
³⁴ Umfassende Nachweise bei: *Hromadka* DB 2004, 1261 (1264).
³⁵ BAG 20.5.2008 – 9 AZR 382/07, NZA 2008, 1233.
³⁶ Vgl. Hinweise bei BAG 20.5.2008 – 9 AZR 382/07, NZA 2008, 1233 Rn. 42; *Preis* NZA 2009, 281; *Karlsfeld* ArbRB 2008, 222 (223).
³⁷ → § 8 Rn. 81.
³⁸ BAG 17.4.2013 – 10 AZR 251/12, NJOZ 2013, 1705.

zugesagt worden. Danach erhielt er die Tantieme ohne nähere vertragliche Absprachen weiterhin, in drei aufeinanderfolgenden Jahren sogar in gleicher Höhe. Da das Gericht kein kollektives Element sah, lehnte es einen Anspruch aus betrieblicher Übung ab. Die Revision des Klägers war dennoch erfolgreich und führte zur Zurückverweisung. Das BAG kam zu der Überzeugung, dass es naheliegend (und wahrscheinlich) sei, dass nach §§ 133, 157 BGB die Annahme gerechtfertigt sei, die Beklagte habe sich zumindest kraft konkludenter Abrede dem Grunde nach zur Zahlung einer Tantieme verpflichtet und sich lediglich vorbehalten, nach § 315 BGB jährlich über deren Höhe zu bestimmen.[39] Die Praxis wird sich also unter Umständen darauf einzustellen haben, dass mögliche Vorteile aus einer erfolgreichen Vermeidung von Ansprüchen aus betrieblicher Übung unter Umständen durch die großzügigere Annahme konkludenter individualrechtlicher Abreden wieder verloren gehen.[40]

Problematisch ist des Weiteren, ob und inwieweit eine bestehende betriebliche Übung 17 auch für Arbeitnehmer gilt, mit denen ein **Arbeitsverhältnis neu begründet** wird. Das BAG nimmt dies seit langem an.[41] Nach richtiger Ansicht dürfte es dem Arbeitgeber aber zumindest unbenommen sein, eine betriebliche Übung gegenüber später eingestellten Arbeitnehmern durch eindeutige einseitige Erklärung zu beenden oder in diesem Vertragsverhältnis gar nicht erst entstehen zu lassen.[42]

Die **betriebliche Übung** kann sich nur in Ausnahmefällen dahingehend auswirken, dass 18 ein Anspruch auf Erhöhung der Vergütung entsteht. Häufig knüpfen Arbeitgeber die Entwicklung der Gehälter insbesondere auch von außertariflichen Angestellten an die Tarifentwicklung. Dies begründet regelmäßig **keinen Anspruch auf eine Gehaltserhöhung** in der Zukunft, etwa über § 315 BGB,[43] wobei im Einzelfall einer Gesamtschau konkreter Anhaltspunkte auch ein anderes Ergebnis denkbar ist.[44] Bei einem nicht tarifgebundenen Arbeitgeber kann eine betriebliche Übung, die Löhne und Gehälter entsprechend der Tarifentwicklung zu erhöhen, nur angenommen werden, wenn es deutliche Anhaltspunkte im Verhalten des Arbeitgebers gibt, dass er regelmäßig und auf Dauer die von den Tarifvertragsparteien ausgehandelten Ergebnisse übernehmen will. In der Regel ist ein entsprechender objektiv erkennbarer Wille des Arbeitgebers wegen der nicht vorhersehbaren Dynamik der künftigen Entwicklung und der hierdurch verursachten Personalkosten nicht anzunehmen.[45] Auch wenn übertarifliche Gehaltsbestandteile über einen längeren Zeitraum vorbehaltlos gezahlt und nicht mit Tariferhöhungen verrechnet wurden, führt ein solches tatsächliches Verhalten nicht ohne weiteres zur Annahme einer betrieblichen Übung.[46] Der Arbeitnehmer im **öffentlichen Dienst** muss davon ausgehen, dass sein Arbeitgeber nur die Leistungen bezahlen will, zu denen er rechtlich verpflichtet ist. Das hindert regelmäßig das Entstehen einer betrieblichen Übung selbst bei langjähriger Gewährung einer Leistung.[47]

Da die **betriebliche Übung** Vertragsbestandteil wird, ist ihre **Änderung** regelmäßig nur 19 durch Vertrag oder Änderungskündigung möglich.[48] Nach früherer Rechtsprechung[49] konnte eine betriebliche Übung auch durch eine sogenannte negative oder gegenläufige betriebliche Übung abgeändert werden, wenn der Arbeitgeber klar und unmissverständlich zum Ausdruck brachte, dass er sich von der bisherigen Übung lösen will, und die Arbeitnehmer

---

[39] BAG 17.4.2013 – 10 AZR 251/12, NJOZ 2013, 1705 Rn. 17; s. auch BAG 13.5.2015 – 10 AZR 266/14, NZA 2015, 992 Rn. 11.
[40] S. auch *Schmitt-Rolfes* AuA 2013, 503 und BAG 23.3.2017 – 6 AZR 264/16, NZA 2017, 779 Rn. 16.
[41] BAG 10.8.1988 – 5 AZR 571/87, NZA 1989, 57; zuletzt bestätigt in BAG 15.5.2012 – 3 AZR 610/11, NZA 2012, 1279 Rn. 59.
[42] ErfK/*Preis* BGB § 611a Rn. 227; MüKoBGB/*Spinner* § 611a Rn. 348.
[43] BAG 24.2.2016 – 4 AZR 990/13, BeckRS 2016, 67367; 4.9.1985 – 7 AZR 262/83, NZA 1986, 521 (522 f.).
[44] BAG 19.9.2018 – 5 AZR 439/17, NZA 2019, 106; 27.2.2019 – 5 AZR 354/18, NZA 2019, 989.
[45] BAG 24.2.2016 – 4 AZR 990/13, BeckRS 2016, 67367 Rn. 22; 19.10.2011 – 5 AZR 359/10, NZA-RR 2012, 344 Rn. 14 ff.; 16.1.2002 – 5 AZR 715/00, NZA 2002, 632.
[46] BAG 22.9.1992 – 1 AZR 405/90, NZA 1993, 668 (669).
[47] BAG 29.9.2004 – 5 AZR 528/03, NZA-RR 2005, 501; 10.4.1985 – 7 AZR 36/83, NZA 1986, 604.
[48] LAG Rheinland-Pfalz 16.8.2011 – 3 Sa 167/11, NZA-RR 2012, 5 auch zu den Anforderungen an eine konkludente Vertragsänderung.
[49] BAG 26.3.1997 – 10 AZR 612/96, NZA 1997, 1007.

nicht widersprachen.[50] Diese Rechtsprechung hat das BAG ausdrücklich aufgegeben.[51] Nach § 308 Nr. 5 BGB gilt auch im Arbeitsrecht bei vorformulierten Arbeitsbedingungen das Verbot fingierter Erklärungen. Auch ein dreimaliges Schweigen des Arbeitnehmers auf einen Freiwilligkeitsvorbehalt des Arbeitgebers kann daher nach neuer Auffassung des BAG nicht mehr als Annahmeerklärung für eine Vertragsänderung gewertet werden. Der einmal aus betrieblicher Übung entstandene Anspruch werde nicht dadurch aufgehoben, dass der Arbeitgeber später bei der Leistung erkläre, die Zahlung erfolge freiwillig und begründe keinen Rechtsanspruch, auch wenn der Arbeitnehmer dieser neuen Handhabung über einen Zeitraum von drei Jahren hinweg nicht widerspreche.

6. Gesamtzusage

20   Eine Gesamtzusage führt vergleichbar der betrieblichen Übung dazu, dass der Arbeitgeber sich einseitig bindet. Anders als bei der betrieblichen Übung erklärt er dies aber ausdrücklich im Rahmen eines konkreten Vertragsangebotes **mit Rechtsbindungswillen**.[52] Dies kann etwa durch Aushang am schwarzen Brett oder im Intranet erfolgen. In diesem Fall kann die Zusage ohne weiteres auch an den Eintritt bestimmter Bedingungen geknüpft werden. Die Gesamtzusage enthält das Angebot auf Abänderung des Arbeitsvertrages, welches die Arbeitnehmer, da begünstigend, regelmäßig konkludent annehmen.

7. § 612 Abs. 2 BGB

21   Lässt sich die Höhe der Vergütung weder aus dem Arbeitsvertrag noch aus einem Tarifvertrag entnehmen, weil die Parteien entweder eine Vergütungsabrede nicht getroffen haben oder sich die Vergütungsabrede als unwirksam erweist, so kann der Arbeitnehmer gemäß § 612 Abs. 2 BGB die übliche Vergütung verlangen. Üblich ist die in dem gleichen oder in einem ähnlichen Gewerbe und Beruf an dem betreffenden Ort für entsprechende Arbeit normalerweise gezahlte Vergütung.[53] Anhaltspunkte dafür können auch Tarifverträge geben, die auf entsprechende andere Arbeitsverhältnisse anzuwenden sind.[54] § 612 Abs. 1 BGB bildet nicht nur in den Fällen die Rechtsgrundlage für den Anspruch auf Vergütung, in denen überhaupt keine Vergütungsvereinbarung getroffen wurde, sondern auch dann, wenn der Arbeitnehmer auf Veranlassung des Arbeitgebers quantitativ mehr arbeitet als von der Vergütungsabrede erfasst.[55] Genauso ist im Zweifel die Vergütung einer von den Parteien unzutreffend als nicht sozialversicherungspflichtig angesehenen Tätigkeit in (vermeintlich) freier Mitarbeit nach § 612 Abs. 1 BGB zu bestimmen, wenn das Vertragsverhältnis wegen nachträglicher Feststellung der Sozialversicherungspflicht nach Bereicherungsrecht rückabzuwickeln ist. Die übliche Vergütung, die Arbeitnehmer für diese Tätigkeit erhalten, tritt in solchen Fällen regelmäßig an die Stelle der von den Parteien für die freie Mitarbeit vereinbarten Vergütung.[56]

8. Abrechnungspflicht § 108 GewO

22   § 108 GewO bestimmt eine **Abrechnungspflicht** bezüglich des Arbeitsentgeltes. Dem Arbeitnehmer ist bei Zahlung eine Abrechnung in Textform gemäß § 126b BGB zu erteilen. Die Abrechnung muss mindestens Angaben über den Abrechnungszeitraum und die Zusammensetzung des Arbeitsentgeltes, insbesondere über Art und Höhe der Zuschläge, Zulagen, sonstige Vergütungen, Art und Höhe der Abzüge, Abschlagszahlungen sowie Vorschüsse, enthalten. Dazu gehört nicht die Mitteilung über den Umfang von Zeitguthaben.[57] Umstritten ist die Frage, welche Rechtsfolgen eine Verletzung der Vorschrift hat. Teilweise

---

[50] BAG 4.5.1999 – 10 AZR 290/08, NZA 1999, 1162.
[51] BAG 18.3.2009 – 10 AZR 281/08, NZA 2009, 601.
[52] BAG 15.5.2012 – 3 AZR 610/11, NZA 2012, 1279 Rn. 53.
[53] BAG 20.4.2011 – 5 AZR 171/10, NZA 2011, 1173 Rn. 16.
[54] Zum untertariflichen Arbeitsentgelt vgl. *v. Hoyningen-Huene/Wagner* NZA 1995, 969 ff.
[55] BAG 24.8.2016 – 5 AZR 129/16, NZA 2017, 58.
[56] BAG 26.6.2019 – 5 AZR 178/18, NZA 2019, 1558 Rn. 38 f.; → § 7 Rn. 77 ff.
[57] BAG 15.12.2015 – 9 AZR 611/14, NZA 2016, 772 Rn. 13.

wird vertreten, die Vorschrift sei sanktionslos.[58] Andererseits liegt die Annahme nahe, dass § 108 GewO ein gesetzliches Schuldverhältnis begründet, dessen Rechtsfolgen sich insbesondere im Falle der Verletzung nach den §§ 241 ff. BGB richten, woraus Schadensersatzansprüche resultieren können.[59] Die Abrechnungspflicht ist eine nicht vertretbare Handlung. Sie ist nach § 888 ZPO zu vollstrecken. Im Einzelfall kann sogar der Erlass eines Haftbefehls unter Beachtung des Verhältnismäßigkeitsgrundsatzes nach § 901 ZPO in Betracht kommen.[60]

III. Entgelthöhe

1. Vertragliche Regelungen

Gemäß dem neu eingefügten § 611a Abs. 2 BGB bestimmt sich die Höhe der Vergütung nach der Vereinbarung der Arbeitsvertragsparteien. Diese **Vergütungsvereinbarung** kann ausdrücklich oder konkludent getroffen werden, sei es bei der Einstellung, sei es später im Rahmen einer Gehaltsanpassung.

Häufig richtet sich die Höhe der Vergütung nicht nach den individuellen Absprachen, sondern nach den Bestimmungen einschlägiger Vergütungstarifverträge. Sind Arbeitnehmer und Arbeitgeber tarifgebunden (§ 3 Abs. 1 iVm § 4 Abs. 1 S. 1 TVG) oder ist der Tarifvertrag für allgemeinverbindlich erklärt worden (§ 5 TVG), so gelten die Tarifbestimmungen über die Vergütungshöhe für das Arbeitsverhältnis unmittelbar und zwingend. In diesem Fall kann von der tarifvertraglichen Regelung nur zu Gunsten des Arbeitnehmers abgewichen werden (§ 4 Abs. 3 TVG). Sind Arbeitnehmer oder Arbeitgeber nicht tarifgebunden, so können sie im Hinblick auf die Höhe der Vergütung durch eine **einzelvertragliche Bezugnahme auf** den einschlägigen **Lohn- oder Gehaltstarifvertrag** die tarifliche Bestimmung zum Inhalt des Arbeitsvertrags machen. Die tarifvertragliche Regelung gilt in diesem Fall aber nicht unmittelbar und zwingend, so dass Grundlage für die Gewährung dieser bestimmten Vergütung nicht der Tarifvertrag, sondern der Einzelvertrag ist.[61]

2. Gesetzlicher Mindestlohn (MiLoG)

a) MiLoG. Lange Zeit war die Vertragsfreiheit im Arbeitsrecht nicht durch unmittelbare gesetzliche Mindestlohnvorgaben eingeschränkt. Es gab **tarifvertragliche Mindestlöhne** (Beispiel: Arbeitnehmer-Entsendung) und daneben lediglich eine richterliche Billigkeitskontrolle nach §§ 138, 242 BGB (→ Rn. 40 ff.).

Die Entgelthöhe als **Regelung der Hauptleistung** unterliegt **keiner AGB-Kontrolle**. Es fand insoweit in der Vergangenheit lediglich eine Sittenwidrigkeits-, nicht aber eine strengere Inhalts- und Angemessenheitskontrolle statt. Als Nebenabreden sind nur einseitige Leistungsbestimmungsrechte nach AGB-Recht kontrollfähig, wie zB Anrechnungs-, Widerrufs-, und Freiwilligkeitsvorbehalte,[62] auch wenn sie sich auf die Hauptleistungspflicht beziehen.

Seit dem 1.1.2015 gilt in Deutschland das Mindestlohngesetz (MiLoG), das zum Zeitpunkt seiner Einführung zunächst einen **Mindestlohn in Höhe von brutto 8,50 EUR je Zeitstunde** vorschrieb, § 1 Abs. 2 S. 1 MiLoG. Gemäß § 9 Abs. 1 S. 1 MiLoG hatte die Mindestlohnkommission bis zum 30.6.2016 erstmals über die Erhöhung des Mindestlohns gem. § 1 Abs. 2 S. 2 MiLoG zu entscheiden (und seitdem alle zwei Jahre). Zuletzt hat sie in ihrem zweiten Beschluss einstimmig entschieden und vorgeschlagen, den Mindestlohn mit Wirkung **ab dem 1.1.2020 auf 9,35 EUR** zu erhöhen. Dem ist die Bundesregierung auf der Grundlage dieses Vorschlags mit der Zweiten Mindestlohnanpassungsverordnung vom 13.11.2018[63] (nach § 11 Abs. 1 MiLoG) gefolgt. Der jüngste dritte Beschluss der Mindest-

---

[58] *Schöne* NZA 2002, 829.
[59] So auch Hensssler/Willemsen/Kalb/*Lembke* GewO § 108 Rn. 29.
[60] BAG 7.9.2009 – 3 AZB 19/09, NZA 2010, 61.
[61] Vgl. BAG 8.7.2015 – 4 AZR 51/14, NZA 2015, 1462 Rn. 22.
[62] Vgl. dazu *Reinecke* BB 2008, 554 ff.; im Einzelnen dazu näher → § 10 Rn. 156 ff.
[63] BGBl. I 1876.

lohnkommission vom 30.6.2020 sieht weitere Erhöhungen wie folgt vor: zum 1.1.2021: 9,50 EUR; zum 1.7.2021: 9,60 EUR; zum 1.1.2022: 9,82 EUR und zum 1.7.2022: 10,45 EUR.

28 **b) Persönlicher Anwendungsbereich.** Gemäß § 22 Abs. 1 S. 2 MiLoG erfasst der **Geltungsbereich des Gesetzes alle Arbeitnehmer.** Generelle Ausnahmen sind in § 22 MiLoG vorgesehen für Praktikanten (§ 22 Abs. 1 S. 2 MiLoG, → Rn. 31), für Minderjährige ohne abgeschlossene Berufsausbildung (§ 22 Abs. 2 MiLoG) sowie für Auszubildende im Sinne des BBiG (§ 17 BBiG ist Spezialnorm)[64] und für ehrenamtlich tätige Personen (§ 22 Abs. 3 MiLoG). § 22 Abs. 4 MiLoG macht eine weitere Ausnahme für Langzeitarbeitslose (iSv § 18 Abs. 1 SGB III), allerdings beschränkt auf die ersten sechs Monate ihrer Beschäftigung. Vorübergehende Ausnahmeregelungen für die Zeit bis zum 31.12.2017 sah das Gesetz für **Zeitungszusteller** vor, § 24 Abs. 2 MiLoG.

29 Eine Legaldefinition des Arbeitnehmerbegriffs enthält das MiLoG (wenig überraschend) nicht, so dass jenseits der gesetzlich geregelten Ausnahmen vom allgemeinen Arbeitnehmerbegriff (→ § 6 Rn. 1 ff.) auszugehen ist. Die Regelungen des Gesetzes gelten demzufolge unter anderem für geringfügig Beschäftigte, für Aushilfen (§ 622 Abs. 5 S. 1 Nr. 2 BGB) und für Werksstudenten[65] sowie auch für **Leiharbeitnehmer,** wobei letztere gemäß § 24 Abs. 1 MiLoG in der Übergangszeit bis zum 31.12.2017 primär von Rechtsverordnungen nach § 3a AÜG erfasst wurden.[66] Das Gesetz gilt demgegenüber weder für in Heimarbeit Beschäftigte, noch für arbeitnehmerähnliche Personen, noch für Beamte, Richter, Soldaten etc.[67] Da das Gesetz nicht auf europarechtlichen Vorgaben beruht und seine Auslegung somit nicht dem europäischen Primärrecht folgen muss, gilt es in aller Regel auch **nicht für die Organmitglieder von Kapitalgesellschaften,** einschließlich der Fremdgeschäftsführer.[68]

30 Die Vorschriften des MiLoG gelten auch für Arbeitnehmer, deren vereinbarte **Vergütung** (ohnehin) **oberhalb der Mindestlohngrenze** liegt, so dass deren Vergütung jedenfalls in Höhe des Mindestlohns den Regelungen des MiLoG unterliegt,[69] was zB Bedeutung für Dokumentationspflichten (vgl. § 17 MiLoG), für die Fälligkeit der Entgeltzahlung (vgl. § 2 MiLoG) oder für die Einschränkungen hinsichtlich der Möglichkeiten des Verzichts und der Verwirkung (vgl. § 3 MiLoG) hat.

31 **c) Sonderregelungen für Praktikanten.** In § 22 Abs. 1 S. 2 Nr. 1 bis 4 MiLoG enthält das Gesetz umfassende Regelungen dazu, unter welchen Voraussetzungen Praktikantinnen und Praktikanten iSd § 26 BBiG, auf die das Gesetz grundsätzlich gemäß der **Fiktion des § 22 Abs. 1 S. 2 MiLoG** Anwendung findet,[70] von den gesetzlichen Vorschriften auszunehmen sind. Das Gesetz definiert in § 22 Abs. 1 S. 3 MiLoG den Begriff des Praktikanten. Er gilt unabhängig von der Bezeichnung, die die Parteien für das Praktikumsverhältnis wählen. Im Vordergrund des Praktikums, das auf begrenzte Dauer angelegt sein muss, steht danach der **Erwerb praktischer Kenntnisse und Erfahrungen** einer bestimmten betrieblichen Tätigkeit zur Vorbereitung auf eine berufliche Tätigkeit. Anders als bei Auszubildenden nach dem BBiG oder vergleichbaren praktischen Ausbildungen erfolgt die Wissens- und Erfahrungsvermittlung bei Praktikanten nicht in Rahmen eines geordneten oder sonst allgemein anerkannten Ausbildungsgangs und ist auch nicht auf einen konkreten Lehrberuf fokussiert.[71] Praktika von bereits fertigen Absolventen eines einschlägigen Studiums, die lediglich dem Einstieg in den Arbeitsmarkt dienen, jedoch überwiegend mit üblichen Arbeitsaufgaben von Arbeitnehmern verbunden sind, sind **Scheinpraktika** und somit Arbeitsverhältnisse.[72]

---

[64] Vgl. zur allgemeinen Angemessenheitsprüfung der Ausbildungsvergütung zuletzt BAG 12.4.2016 – 9 AZR 744/14, BeckRS 2016, 69711.
[65] HK-MiLoG/*Dobmann* § 22 Rn. 9.
[66] Moll/Päßler/Reich MDR 2015, 125 (128).
[67] HK-MiLoG/*Dobmann* § 22 Rn. 9.
[68] NK-ArbR/*Forst* MiLoG § 22 Rn. 7.
[69] BAG 30.1.2019 – 5 AZR 43/18, NZA 2019, 768 Rn. 18; Schaub ArbR-HdB/*Vogelsang* § 66 Rn. 5.
[70] S. zum Mindestlohn bei als „Praktikum" bezeichneter Tätigkeit auch LAG München 13.6.2016 – 3 Sa 23/16, BeckRS 2016, 117871.
[71] Schaub ArbR-HdB/*Vogelsang* § 66 Rn. 11.
[72] LAG Berlin-Brandenburg 20.5.2016 – 6 Sa 1787/15, BeckRS 2016, 72890.

Unter bestimmten Voraussetzungen sieht das Gesetz in § 22 Abs. 1 S. 2 MiLoG Ausnahmen von der Regel vor, dass in Praktikumsverhältnissen der gesetzliche Mindestlohn zu zahlen ist. So findet das MiLoG keine Anwendung auf Pflichtpraktika, zB gemäß einer geregelten Ausbildungsordnung oder auf Grund hochschulrechtlicher Bestimmungen (§ 22 Abs. 1 S. 2 Nr. 1 MiLoG), auf bis zu drei Monate während Praktika zur Berufsorientierung (§ 22 Abs. 1 S. 2 Nr. 2 MiLoG), auf bis zu drei Monate während Praktika, die begleitend zu einer Berufs- oder Hochschulausbildung geleistet werden (§ 22 Abs. 1 S. 2 Nr. 3 MiLoG), und auch nicht auf sog. Einstiegsqualifizierungen nach § 54a SGB III oder auf Berufsausbildungsvorbereitungen nach §§ 68 bis 70 BBiG (§ 22 Abs. 1 S. 2 Nr. 4 MiLoG).[73] Wird dabei ein Orientierungspraktikum iSd § 22 Abs. 1 S. 2 Nr. 2 MiLoG aus Gründen in der Person des Praktikanten rechtlich oder tatsächlich unterbrochen, kann es um die Zeit der Unterbrechung verlängert werden, wenn zwischen den einzelnen Praktikumsabschnitten ein sachlicher und zeitlicher Zusammenhang besteht und die tatsächliche Tätigkeit die Höchstdauer von insgesamt drei Monaten nicht überschreitet.[74]

d) Räumlicher Anwendungsbereich. Gemäß § 20 MiLoG gilt das Gesetz für im In- und Ausland ansässige Arbeitgeber gleichermaßen. Es gilt in Bezug auf Arbeitnehmer, die **in Deutschland beschäftigt** werden. Das MiLoG gilt bei dem durch die Tätigkeit in Deutschland vermittelten Inlandsbezug unabhängig davon, welche Rechtswahl die Parteien ansonsten für das Arbeitsverhältnis getroffen haben. Das MiLoG enthält **Eingriffsnormen iSv Art. 9 Rom-I-VO**, die einer Rechtswahl der Parteien vorgehen.[75] Noch nicht geklärt ist die Anwendbarkeit des MiLoG auf sog. Transitfälle. Insbesondere im Transport- und Logistikgewerbe kommt es häufig vor, dass (ausländische) Arbeitnehmer, die im Ausland angestellt sind, nur einen Teil ihrer Arbeitszeit in Deutschland verbringen, während sie auf der „Durchreise" sind. In diesen Fällen kollidiert zumindest innerhalb der Europäischen Union der Eingriffscharakter des MiLoG, der für eine Erstreckung auf **Transitfälle** spricht,[76] mit der Dienstleistungsfreiheit nach Art. 56 ff. AEUV und der Warenverkehrsfreiheit der Art. 28 ff. AEUV, die möglicherweise unzulässig beschränkt würden.[77] Die für Rechtsfragen im Zusammenhang mit der Durchsetzung von Arbeitgeberpflichten zuständigen Finanzgerichte gehen überwiegend von einem weiteren Anwendungsbereich aus,[78] haben sich aber bezüglich reiner Transitfahrten noch nicht festlegen müssen. Für solche reinen Transitfahrten hat die Zollverwaltung im Übrigen bis zu einer Klärung die Kontrollen sowie die Ahndung von Verstößen gegen das Mindestlohngesetz durch die Behörden zur Überprüfung des Mindestlohngesetzes ausgesetzt.

e) Zu vergütende Arbeitszeit. Das MiLoG normiert in § 1 Abs. 2 S. 1, dass der Mindestlohn „je Zeitstunde" zu zahlen ist. Das Gesetz möchte damit ein angemessenes Verhältnis zwischen **Leistung und Gegenleistung** erreichen.[79] Zu zahlen ist der Mindestlohn für jede **tatsächlich geleistete Arbeitsstunde**, unabhängig davon, ob sie vertraglich vereinbart oder geschuldet war oder nicht.[80] Da der Mindestlohn nach § 2 MiLoG **monatlich fällig** wird, muss das im Rahmen des MiLoG berücksichtigungsfähige Entgelt (→ Rn. 36 ff.) für einen Kalendermonat mindestens so hoch sein wie es die Summe der von dem Arbeitnehmer in dem fraglichen Monat tatsächlich geleisteten Arbeitsstunden erfordert.[81]

---

[73] Vgl. Einzelheiten bei Schaub ArbR-HdB/*Vogelsang* § 66 Rn. 12 ff.; *Moll/Päßler/Reich* MDR 2015, 125 (125 f.); s. zum Ganzen auch *Greiner* NZA 2016, 594.
[74] BAG 30.1.2019 – 5 AZR 556/17, NZA 2019, 773.
[75] Thüsing Diskriminierungsschutz/*Bayreuther* MiLoG § 1 Rn. 67.
[76] Schaub ArbR-HdB/*Vogelsang* § 66 Rn. 21.
[77] *Sittard* NZA 2015, 78 (81 f.); *Bissels/Falter/Evers* ArbR 2015, 4; *Moll/Päßler/Reich* MDR 2015, 125 (126); vgl. auch BVerfG 25.6.2015 – 1 BvR 555/15, NZA 2015, 864; *Sittard/Sassen* NJW 2016, 364 (365).
[78] FG Berlin-Brandenburg 16.1.2019 – 1 K 1161/17, RdTW 2020, 63 Rn. 39 ff.; FG Baden-Württemberg 17.7.2018 – 11 K 544/16, DStRE 2019, 519 Rn. 47 ff.
[79] BAG 25.5.2016 – 5 AZR 135/16, NZA 2016, 1327 Rn. 26; Schaub ArbR-HdB/*Vogelsang* § 66 Rn. 22.
[80] BAG 25.5.2016 – 5 AZR 135/16, NZA 2016, 1327; *Bayreuther* NZA 2014, 865 (867); *Sittard/Sassen* NJW 2016, 364 (365).
[81] BAG 6.9.2017 – 5 AZR 441/16, BeckRS 2017, 129435 Rn. 19; 24.6.2020 – 5 AZR 93/19 BeckRS 2020, 23314; *Moll/Päßler/Reich* MDR 2015, 125 (126); *Sittard/Sassen* NZA 2016, 364 (365); *Bayreuther* NZA 2014, 865 (866); differenzierend nach der vertraglichen Vergütungsvereinbarung *Lembke* NZA 2016, 1 (4).

35 Als Ableistung von Arbeitsstunden im Sinne des MiLoG ist regelmäßig auch die **Erbringung von Bereitschaftszeiten** (→ § 14 Rn. 8 ff.) anzusehen.[82] Wegezeiten oder Dienstreisezeiten unterfallen dem MiLoG jedenfalls dann, wenn sie nach den allgemeinen Regeln (→ § 14 Rn. 3 ff.) vergütungspflichtig sind.[83] Zeiten der Rufbereitschaft (→ § 14 Rn. 19 ff.), in denen kein Einsatz erfolgt, werden nicht erfasst.[84] Nicht dem unmittelbaren Schutz des MiLoG unterliegen nach richtiger Auffassung Vergütungsansprüche für Zeiten, in denen der Arbeitgeber Entgelt trotz nicht erbrachter Arbeitsleistung schuldet (zB an Feiertagen, im Krankheitsfall, während des Urlaubs oder im Annahmeverzug).[85] Im Rahmen der Berechnung der Höhe von **Lohnersatzleistungen** ist der nach MiLoG geforderte Mindestlohn dennoch zu berücksichtigen, so dass die Vorschriften über die Höhe des Mindestlohns mittelbar zugunsten des Arbeitnehmers wirken,[86] nicht jedoch die weiteren Verfahrens- und Schutzvorschriften. Die Berücksichtigung des MiLoG im Hinblick auf die Berechnung des Urlaubsabgeltungsanspruchs ist demgegenüber – auch mit Blick auf das Ziel der Existenzsicherung im laufenden Arbeitsverhältnis – wohl nicht geboten.[87]

36 f) **Berücksichtigungsfähige Leistungen.** Nicht alle Leistungen, die der Arbeitgeber seinen Arbeitnehmern gewährt, sind auf deren Mindestlohnansprüche anrechenbar. **Sachleistungen** (→ § 20 Rn. 5 ff.) sind nach überwiegender Auffassung, die sich vor allem am Wortlaut des Gesetzes orientiert, **kein „gezahltes" Entgelt** im Sinne des MiLoG.[88] Geldleistungen des Arbeitgebers führen nur unter bestimmten Voraussetzungen zur Erfüllung der Ansprüche des Arbeitnehmers aus dem MiLoG. Einzelheiten hierzu sind teilweise noch umstritten. Die Gesetzesbegründung[89] verwies wegen der Bestimmung, welche Vergütungsbestandteile in den Mindestlohn einzubeziehen sind, ausdrücklich auf die Vorgaben des Europäischen Gerichtshofs zur Entsende-Richtlinie. Es geht daher bei der Beurteilung, ob eine Zahlung anrechenbar ist, darum zu prüfen, ob die vom Arbeitgeber erbrachte Leistung ihrem Zweck nach, diejenige Arbeitsleistung des Arbeitnehmers entgelten soll, die mit dem Mindestlohn zu vergüten ist. Daher ist dem Zweck des gesetzlichen Mindestlohns, den der Arbeitnehmer als unmittelbare Leistung für die verrichtete Tätigkeit begehrt, der zu ermittelnde Zweck der jeweiligen Leistung des Arbeitgebers, die dieser aufgrund anderer (individual- oder kollektivrechtlicher) Regelungen erbracht hat, gegenüberzustellen.[90] Besteht danach – ähnlich wie bei einem Günstigkeitsvergleich mit Sachgruppenbildung nach § 4 Abs. 3 TVG – eine funktionale Gleichwertigkeit der zu vergleichenden Leistungen, ist die erbrachte Leistung auf den zu erfüllenden Anspruch anzurechnen. Zur Beurteilung dieser **„funktionalen Gleichwertigkeit"** ist es erforderlich, die „Funktion" zu bestimmen, die die reale Leistung des Arbeitgebers hat, um sodann festzustellen, ob sie sich auf diejenige vom Arbeitnehmer geleistete oder zu leistende Arbeit bezieht, die mit dem gesetzlichen Mindestlohn abgegolten sein soll.[91] Uneinigkeit bestand zunächst darüber, ob mit dem Mindestlohngesetz lediglich die „Normalleistung" abgegolten werden soll, oder ob der Gedanke der Existenzsicherung im Vordergrund steht.[92]

---

[82] BAG 11.10.2017 – 5 AZR 591/16, NZA 2018, 32; 29.6.2016 – 5 AZR 716/15, NZA 2016, 1332 Rn. 27 ff.; ähnlich bereits zu § 2 Abs. 1 PflegeArbbV BAG 19.11.2014 – 5 AZR 1101/12, BeckRS 2014, 74316.
[83] Schaub ArbR-HdB/*Vogelsang* § 66 Rn. 23.
[84] LAG Rheinland-Pfalz 6.3.2019 – 7 Sa 312/18, BeckRS 2019, 7604 Rn. 67 ff.; LAG Hessen 21.11.2016 – 16 Sa 1257/15, BeckRS 2016, 116469 Rn. 23; Schaub ArbR-HdB/*Vogelsang* § 66 Rn. 23.
[85] BAG 20.9.2017 – 10 AZR 171/16, NZA 2018, 53 Rn. 24; Schaub ArbR-HdB/*Vogelsang* § 66 Rn. 35; *Lembke* NZA 2016, 1 (5) mwN; aA *Waltermann* AuR 2015, 166 (170).
[86] BAG 30.1.2019 – 5 AZR 43/18, NZA 2019, 768 Rn. 38; 20.6.2018 – 5 AZR 377/17, NZA 2018, 1494 Rn. 11 f.; 6.12.2017 – 5 AZR 699/16, NZA 2018, 582 Rn. 17.
[87] LAG Nürnberg 29.5.2019 – 4 Sa 1/19 BeckRS 2019, 25322 (Revision eingelegt: BAG 9 AZR 531/19); LAG Hamm 13.2.2019 – 5 Sa 524/18, BeckRS 2019, 3554 (Revision eingelegt: BAG 9 AZR 323/19).
[88] Schaub ArbR-HdB/*Vogelsang* § 66 Rn. 31; *Lembke* NZA 2016, 1 (6) mwN; s. auch BAG 25.5.2016 – 5 AZR 135/16, NZA 2016, 1327 Rn. 29; aA ErfK/*Franzen* MiLoG § 1 Rn. 6.
[89] BT-Drs. 18/1558, 67 Anlage 4.
[90] Vgl. zum AEntG BAG 16.4.2014 – 4 AZR 802/11, NZA 2014, 1277 Rn. 39.
[91] Vgl. BAG 16.4.2014 – 4 AZR 802/11, NZA 2014, 1277 Rn. 40; kritisch dazu *Sittard/Sassen* NJW 2016, 364 (365); *Bayreuther* NZA 2014, 865 (868 f.).
[92] Vgl. *Weigert* NZA 2017, 745; *Moll/Päßler/Reich* MDR 2015, 125 (127).

Das BAG geht nunmehr davon aus, dass zur Erfüllung des gesetzlichen Mindestlohns **alle** **37** **im Synallagma stehenden Geldleistungen** des Arbeitgebers geeignet sind. Von den im arbeitsvertraglichen Austauschverhältnis erbrachten Entgeltzahlungen des Arbeitgebers fehlt danach nur solchen Zahlungen die Erfüllungswirkung, die der Arbeitgeber ohne Rücksicht auf eine tatsächliche Arbeitsleistung des Arbeitnehmers erbringt oder die auf einer besonderen gesetzlichen Zweckbestimmung beruhen. Der Begriff der „Normalleistung" hat keinen Eingang in das Mindestlohngesetz gefunden.[93] Das **Ziel der Existenzsicherung** steht im Vordergrund.[94] Anrechenbar sind daher regelmäßig Leistungszulagen/Akkordzulagen,[95] Wechselschichtzulagen,[96] Anwesenheitsprämien[97] oder auch Sonn- und Feiertagszuschläge[98] und ggf. Ausgleichs-/Besitzstandszulagen.[99] Auch monatlich in Raten gezahlte Jahressonderleistungen, die vorbehaltlos und unwiderruflich gezahlt werden, dabei jedoch von der Erbringung von Arbeitsleistung im fraglichen Monat abhängig sind, sind danach zur Erfüllung des Anspruchs auf den Mindestlohn geeignet.[100] Anders ist es bei Nachtarbeitszuschlägen, die der gesetzlich geforderten Kompensation und damit einer besonderen Zweckbestimmung nach § 6 Abs. 5 ArbZG dienen.[101] Mangels „funktionaler Gleichwertigkeit" nicht anrechnungsfähig sind Entgeltbestandteile, die anderen Zwecken als der unmittelbaren Gegenleistung für die vom Arbeitnehmer geleistete Arbeit dienen (**Entgelt im weiteren Sinne**), wie zB vermögenswirksame Leistungen, Leistungen der betrieblichen Altersversorgung oder Leistungen, mit denen erbrachte Betriebstreue honoriert oder ein Anreiz für zukünftige Betriebstreue geschaffen werden soll.[102]

Des Weiteren ist von Bedeutung, dass nur solche Zahlungen auf den gesetzlichen Min- **38** destlohnanspruch anrechenbar sind, die auch tatsächlich innerhalb des in § 2 Abs. 1 MiLoG vorgeschriebenen Zeitraums fällig werden.[103] Daher können **Sonderzahlungen** (→ § 20 Rn. 123 ff.), auch wenn sie im Synallagma stehen und reinen Entgeltcharakter[104] haben (13. Monatsgehalt, Weihnachtsgeld, Leistungsbonus), nur im Monat ihrer Fälligkeit angerechnet werden, es sei denn, sie werden vereinbarungsgemäß und ohne Möglichkeit der Rückforderung in monatlichen Raten geleistet.[105] Arbeitgeber haben daher in Reaktion auf die Einführung des MiLoG versucht, die Fälligkeit von bestimmten jährlichen Sonderleistungen auf eine monatlich ratierliche Zahlweise umzustellen. Im Rahmen einer Änderungskündigung ist dies jedoch nur bei Vorliegen einer entsprechenden sozialen Rechtfertigung wirksam möglich, an der es regelmäßig fehlen wird; die Einführung des MiLoG rechtfertigt als solche eine Änderungskündigung nicht.[106] Denkbar ist es aber, die Anrechenbarkeit von Sonderleistungen herzustellen, die auf einer Betriebsvereinbarung beruhen, indem die Betriebsparteien sich über neue Fälligkeitsregelungen verständigen.[107]

---

[93] BAG 6.12.2017 – 5 AZR 864/16, NZA 2018, 525 Rn. 26 f.; 6.12.2017 – 5 AZR 699/16, NZA 2018, 582 Rn. 23.
[94] BAG 21.12.2016 – 5 AZR 374/16, NZA 2017, 378 Rn. 23; 25.5.2016 – 5 AZR 135/16, NZA 2016, 1327 Rn. 29.
[95] BAG 6.9.2017 – 5 AZR 317/16, NZA 2017, 1463.
[96] BAG 21.12.2016 – 5 AZR 374/16, NZA 2017, 378.
[97] BAG 6.12.2017 – 5 AZR 864/16, NZA 2018, 525; s. auch BAG 8.11.2017 – 5 AZR 692/16, BeckRS 2017, 139328 zu divesen anderen „Prämien".
[98] BAG 17.1.2018 – 5 AZR 69/17, NZA 2018, 781; 24.5.2017 – 5 AZR 431/16, NZA 2017, 1387.
[99] BAG 6.12.2017 – 5 AZR 699/16, NZA 2018, 582.
[100] BAG 25.5.2016 – 5 AZR 135/16, NZA 2016, 1327.
[101] BAG 6.12.2017 – 5 AZR 699/16, NZA 2018, 582 Rn. 26; s. auch BAG 20.9.2017 – 10 AZR 171/16, NZA 2018, 53 Rn. 16.
[102] LAG Hamm 22.4.2016 – 16 Sa 1627/15, BeckRS 2016, 68881 Rn. 30 unter Verweis auf *Lembke* NZA 2016, 1 (6).
[103] Schaub ArbR-HdB/*Vogelsang* § 66 Rn. 31.
[104] Anders, wenn (auch) Betriebstreue honoriert werden soll, s. dazu LAG Berlin-Brandenburg 2.10.2015 – 9 Sa 570/15, BeckRS 2015, 73252.
[105] BAG 25.5.2016 – 5 AZR 135/16, NZA 2016, 1327 Rn. 33; *Bayreuther* NZA 2014, 865 (868); Schaub ArbR-HdB/*Vogelsang* § 66 Rn. 22.
[106] LAG Berlin-Brandenburg 11.8.2015 – 19 Sa 819/15, NZA-RR 2016, 125: Es gelten die gleichen Maßstäbe wie bei der Entgeltsenkung.
[107] LAG Berlin-Brandenburg 12.1.2016 – 19 Sa 1851/15, NZA-RR 2016, 237; bestätigt durch BAG 25.5.2016 – 5 AZR 135/16, BeckRS 2016, 69232.

39 g) **Folgen der Unterschreitung des Mindestlohns.** Erreicht die vereinbarte Vergütung nicht den gesetzlichen Mindestlohn, ist die Vergütungsvereinbarung nach § 3 S. 1 MiLoG unwirksam. Es gilt § 134 BGB.[108] Nicht unumstritten ist, ob der Arbeitnehmer demzufolge (nur) Anspruch auf Vergütung in Höhe des gesetzlichen Mindestlohns hat. Dies wird mitunter aus dem Wortlaut der Vorschrift („insoweit" unwirksam) hergeleitet.[109] Überzeugender wäre es wohl, zugunsten der vom MiLoG geschützten Arbeitnehmer deren Vergütungsanspruch an der üblichen Vergütung zu bemessen, § 612 BGB.[110] Das BAG, das beim MiLoG das Ziel der Existenzsicherung im Vordergrund sieht, hat bislang den Klägern freilich jeweils immer **nur die Differenz** der erhaltenen Vergütung **zum gesetzlichen Mindestlohn** zugesprochen.[111]

3. Lohnwucher (§ 138 BGB)

40 Eine arbeitsvertragliche Entgeltvereinbarung kann bei zu geringer Höhe nach § 138 Abs. 1 BGB nichtig sein.[112] Schwierigkeiten bereitet die Festlegung eines Maßstabes der **Sittenwidrigkeit**. Eine bloße Unangemessenheit führt noch nicht zur Sittenwidrigkeit.[113] Ob Leistung und Gegenleistung in einem auffälligen Missverhältnis stehen, wird sich in aller Regel weniger nach dem Nutzen der Arbeit für den Unternehmer als vielmehr danach beurteilen, ob die Arbeitsleistung nach Dauer, Schwierigkeitsgrad, körperlicher oder geistiger Beanspruchung, sowie hinsichtlich der Arbeitsbedingungen schlechthin noch ausreichend entlohnt wird. Bei einer solchen Prüfung ist nach Auffassung des BAG nicht allein auf einen **Vergleich mit den Tariflöhnen** des jeweiligen Wirtschaftszweiges abzuheben.[114] In § 138 BGB kommen elementare Gerechtigkeitsanforderungen, die der gesamten Rechtsordnung zugrunde liegen, zum Ausdruck. Auch Tarifverträge sind hieran zu messen. Dazu ist unter Berücksichtigung der Besonderheiten der von dem jeweiligen Tarifvertrag erfassten Beschäftigungsbetriebe und der dort zu verrichtenden Tätigkeiten festzustellen, ob das tarifliche Arbeitsentgelt für die nach dem Tarifvertrag jeweils geschuldete Arbeitsleistung dem Anstandsgefühl aller billig und gerecht Denkenden widerspricht. Den tarifvertraglich ausgehandelten Löhnen und Gehältern wird von Verfassungs wegen eine Richtigkeitsgewähr eingeräumt. Auf Grund dieser Wertung kann die Höhe eines tarifvertraglich vereinbarten Arbeitsentgelts nur dann von den Gerichten beanstandet werden, wenn der Tariflohn unter Berücksichtigung aller Umstände des räumlichen, fachlichen und persönlichen Geltungsbereichs des Tarifvertrags sowie der im Geltungsbereich des Tarifvertrags zu verrichtenden Tätigkeiten einen „Hungerlohn" darstellt.[115]

41 Die Tariflöhne des jeweiligen Wirtschaftszweigs sind jedenfalls dann Ausgangspunkt für die Feststellung des Wertes der Arbeitsleistung, wenn in dem Wirtschaftsgebiet üblicherweise der Tariflohn gezahlt wird. Entspricht der Tariflohn nicht der verkehrsüblichen Vergütung, sondern liegt diese unterhalb des Tariflohns, ist zur Ermittlung des Wertes der Arbeitsleistung von dem allgemeinen Lohnniveau im Wirtschaftsgebiet auszugehen. Tarifvertragliche Entgeltvereinbarungen müssen den in Art. 2 Abs. 1, Art. 20 Abs. 1 GG zum Ausdruck

---

[108] Schaub ArbR-HdB/*Vogelsang* § 66 Rn. 40.
[109] So *Lembke* NZA 2016, 1 (9); differenzierend: *Forst/Degen* DB 2015, 863 (865 f.).
[110] Schaub ArbR-HdB/*Vogelsang* § 66 Rn. 40; *Bayreuther* NZA 2014, 865 (866); *Moll/Päßler/Reich* MDR 2015, 125 (128).
[111] Vgl. zB BAG 20.6.2018 – 5 AZR 377/17, NZA 2018, 1494 Rn. 28; 17.1.2018 – 5 AZR 69/17, NZA 2018, 781 Rn. 12.
[112] LAG Berlin 20.2.1998 – 6 Sa 145/97, NZA-RR 1998, 392 (10 DM für einen Heizungsmonteur im Jahre 1996); ArbG Bad Hersfeld 4.11.1998 – 2 Ca 255/98, NZA-RR 1999, 629; LAG Hessen 28.10.1999 – 5 Sa 169/99, NZA-RR 2000, 521 (Monatseinnahme eines Rechtsanwalts von 610 DM bzw. 1.300 DM: Ersetzung durch übliche Vergütung nach § 612 Abs. 2 BGB iHv 2.800 DM pro Monat); BAG 24.3.2004 – 5 AZR 303/03, NZA 2004, 971: Stundenlohn von 6,13 EUR in der Zeitarbeitsbranche war in 2001 nicht sittenwidrig).
[113] 20 % Abweichung vom vergleichbaren Tariflohn können noch zulässig sein: ArbG Göttingen 8.12.1960 – Ca 528/60, DB 1961, 882; 40 % Abweichung jedoch sittenwidrig: LAG Düsseldorf 23.8.1977 – 11 Sa 466/77, BeckRS 1977, 01117.
[114] BAG 11.1.1973 – 5 AZR 322/72, AP BGB § 138 Nr. 30.
[115] BAG 24.3.2004 – 5 AZR 303/03, NZA 2004, 971; s. auch LAG Berlin-Brandenburg 20.4.2016 – 15 Sa 2258/15, BeckRS 2016, 68134.

kommenden elementaren Gerechtigkeitsanforderungen genügen.[116] Ein **auffälliges Missverhältnis zwischen Leistung und Gegenleistung** iSv § 138 Abs. 2 BGB liegt vor, wenn die Arbeitsvergütung nicht einmal 2/3 eines in der betreffenden Branche und Wirtschaftsregion üblicherweise gezahlten Tariflohns erreicht.[117] Entscheidend ist dabei, dass **im Rahmen einer Gesamtbetrachtung** zu beurteilen ist, ob der Wert der Arbeitsleistung in einem auffälligen Missverhältnis zur versprochen Vergütung steht, nicht ob einzelne Elemente der Vergütungsvereinbarung für sich genommen unangemessen sind.[118] Maßgebend ist, was der Arbeitgeber dem Arbeitnehmer für die abverlangte Arbeit nach der arbeitsvertraglichen Vereinbarung und der Rechtsordnung schuldet. Der Sittenwidrigkeitsprüfung unterliegen dabei nur diejenigen Teile der arbeitsvertraglichen Vergütungsvereinbarung, die – die zu prüfende Sittenwidrigkeit hinweg gedacht – ansonsten rechtswirksam sind.[119] Zur Feststellung des auffälligen Missverhältnisses zwischen Leistung und Gegenleistung kann im Übrigen nicht auf einen bestimmten Abstand zwischen dem Arbeitsentgelt und dem Sozialhilfesatz abgestellt werden.[120] Ebenso wenig kann aus den Pfändungsfreigrenzen des § 850c ZPO auf ein Missverhältnis zwischen Leistung und Gegenleistung geschlossen werden.[121]

Mit Blick auf die oben dargestellten Grundsätze wird klar, dass auch nach Einführung des MiLoG eine **Vergütungszusage in Höhe des gesetzlichen Mindestlohns** für sich genommen die Sittenwidrigkeit der Vergütungsvereinbarung nicht ausschließt.[122] Es gibt naturgemäß Branchen und Positionen mit einem üblichen Vergütungsniveau, das ganz erheblich über dem gesetzlichen Mindestlohn liegt. Somit kann auch eine Vergütungsvereinbarung, die im Einklang mit dem MiLoG steht, sittenwidrig sein.[123]

Die Festlegung einer Zwei-Drittel-Regel entbindet die Praxis im Übrigen nicht von der Schwierigkeit der Ermittlung einer üblichen Tarifvergütung des jeweiligen Wirtschaftszweigs. Hinzukommen muss als **subjektives Element** die **Ausnutzung der Zwangslage oder Unerfahrenheit**. Dieses Tatbestandsmerkmal muss der betroffene Arbeitnehmer nachweisen. Die Wirksamkeit der Entgeltabrede ist nicht allein im Zeitpunkt des Vertragsschlusses zu überprüfen. Eine zunächst noch wirksame Vereinbarung kann im Laufe der Entwicklung des Lohn- und Gehaltsgefüges sittenwidrig werden.[124] Der BGH[125] hat bei einem Missverhältnis zwischen dem Wert der Leistung und der Gegenleistung von 50 % den Rückschluss auf eine verwerfliche Gesinnung des Begünstigten zugelassen. Dieser Rechtsgedanke wird im Einzelfall als übertragbar angesehen.[126] Auch das BAG geht davon aus, dass regelmäßig von einer Indizierung der Sittenwidrigkeit auszugehen ist, wenn die tatsächlich gezahlte Vergütung nicht einmal 50 % der üblichen Vergütung bzw. des Werts der Arbeitsleistung erreicht.[127]

---

[116] BAG 24.3.2004 – 5 AZR 303/03, NZA 2004, 971.
[117] BAG 24.5.2017 – 5 AZR 251/16, BeckRS 2017, 128351 Rn. 39; 22.4.2009 – 5 AZR 436/08, NZA 2009, 837; 18.11.2015 – 5 AZR 751/13, NZA 2016, 487 Rn. 12; der maßgebliche Wirtschaftszweig ist nach der Klassifikation der Wirtschaftszweige durch das Statistische Bundesamt zu bestimmen, die auf Unionsrecht beruht: BAG 18.4.2012 – 5 AZR 630/10, NZA 2012, 978 Rn. 12.
[118] BAG 17.10.2012 – 5 AZR 792/11, NZA 2013, 266 Rn. 20; 18.11.2015 – 5 AZR 751/13, NZA 2016, 487 Rn. 16.
[119] BAG 18.11.2015 – 5 AZR 751/13, NZA 2016, 487 Rn. 17.
[120] LAG Mecklenburg-Vorpommern 2.11.2010 – 5 Sa 91/10, BeckRS 2011, 65752; aA ArbG Bremen 30.8.2000 – 5 Ca 5152, 5198/00, NZA-RR 2001, 27; NK-TVG/*Lakies* § 5 Anhang 1 Rn. 47 f.
[121] LAG Mecklenburg-Vorpommern 2.11.2010 – 5 Sa 91/10, BeckRS 2011, 65752.
[122] Vgl. Nachweise bei *Forst/Degen* DB 2015, 863 (864); aA Schubert/Jerchel/Düwell Neues MiLoG Rn. 152 ff.
[123] Schaub ArbR-HdB/*Vogelsang* § 66 Rn. 26; *Däubler* NJW 2014, 1924 (1927); *Forst/Degen* DB 2015, 863 (864 f.).
[124] LAG Rheinland-Pfalz 17.2.2011 – 11 Sa 566/10, BeckRS 2011, 71736.
[125] BGH 13.6.2001 – XII ZR 49/99, NJW 2002, 55.
[126] LAG Rheinland-Pfalz 17.2.2011 – 11 Sa 566/10, BeckRS 2011, 71736; LAG Mecklenburg-Vorpommern 2.11.2010 – 5 Sa 91/10, BeckRS 2011, 65752; Auch der Anwaltssenat des BGH nimmt in diesem Fall einen Verstoß gegen die guten Sitten an: BGH 30.11.2009 – AnwZ (B) 11/08, NZA 2010, 595: Das übliche Einstiegsgehalt eines Berufsanfängers ohne Spezialisierung, Zusatzqualifikation und Prädikatexamen von im Jahr 2006 als üblich angenommenen 2.300,00 EUR darf nicht um die Hälfte unterschritten werden, geringer qualifizierte Bewerber dürfen jedenfalls nicht weniger als das durchschnittliche Anfangsgehalt eines RENO-Fachangestellten verdienen.
[127] BAG 16.5.2012 – 5 AZR 268/11, NZA 2012, 974; 18.11.2015 – 5 AZR 751/13, NZA 2016, 487 Rn. 42 f.

44 In einem durch Zuschüsse der Bundesagentur für Arbeit finanzierten Ausbildungsverhältnis kann eine Ausbildungsvergütung noch angemessen sein, obwohl sie das Tarifniveau um deutlich mehr als 20 % unterschreitet.[128] Die Sittenwidrigkeit einer Entgeltvereinbarung ist nicht allein nach der vereinbarten Entgelthöhe zu beurteilen. Das von den guten Sitten Zugelassene erschließt sich aus dem Gesamtzusammenhang der Rechtsordnung. Eine 75 % vergleichbarer Lehrkräfte unterschreitende Vergütung entspricht danach nicht den guten Sitten, zumal wenn die Privatschule als Arbeitgeber aus Steuermitteln überwiegend finanziert wird.[129]

45 Eine zu geringe Vergütung kann zur **Strafbarkeit wegen Wuchers** und Untreue nach § 291 Abs. 1 S. 1 Nr. 3, § 266a Abs. 1 StGB führen.[130] Eine Strafbarkeit nach § 266a Abs. 1 StGB resultiert aus der Annahme, dass im Falle des Lohndumpings weniger Sozialversicherungsbeiträge abgeführt werden, als auf der Grundlage des geschuldeten Lohnes hätten gezahlt werden müssen.[131]

46 Wird in einem Arbeitsvertrag eine **Verlustbeteiligung des Arbeitnehmers** vereinbart, so ist nach Ansicht des Bundesarbeitsgerichts diese arbeitsvertragliche Vergütungsregelung jedenfalls dann gemäß § 138 Abs. 1 BGB nichtig, wenn dafür kein angemessener Ausgleich gezahlt wird.[132] Es soll nicht möglich sein, den Arbeitnehmer mit dem Betriebs- und Wirtschaftsrisiko zu belasten.

47 Eine Vereinbarung, der zufolge der Arbeitnehmer auf künftig fällig werdende Gehaltsansprüche „verzichtet", ist als unwirksam angesehen worden, wenn dadurch das Geschäftsrisiko auf den Arbeitnehmer abgewälzt wird.[133]

48 Es ist als eine mit dem Leitbild des Arbeitsvertrages unvereinbare **Abwälzung des unternehmerischen Marktrisikos** angesehen worden, wenn ausschließlich ein bestimmter Arbeitserfolg entlohnt wird, ohne dass dem Arbeitnehmer im Falle des Misserfolges für seine ordnungsgemäß geleisteten Dienste eine Vergütung garantiert wird. Eine derartige Vereinbarung sei sittenwidrig, § 138 BGB. Das gelte auch für hauptberuflich im Außendienst beschäftigte Arbeitnehmer.[134] Die Vereinbarung, nach der eine **Vergütungspflicht für eine 14-tägige Probezeit** nur für den Fall des Abschlusses eines endgültigen Arbeitsvertrages entstehen soll, ist ebenfalls sittenwidrig.[135]

49 Die **Folge der Sittenwidrigkeit** einer Vergütungsvereinbarung ist deren Unwirksamkeit. Diese führt nicht zur Unwirksamkeit des Arbeitsvertrags insgesamt. Welche Folgen das seit Einführung des MiLoG für den Vergütungsanspruch des Arbeitnehmers hat, ist noch nicht abschließend geklärt. **Vor Inkrafttreten des MiLoG** war das BAG in ständiger Rechtsprechung davon ausgegangen, dass sich der Vergütungsanspruch des Arbeitnehmers im Falle einer sittenwidrigen Vergütungsabrede nach § 612 Abs. 2 BGB richtet, so dass der Arbeitnehmer die übliche Vergütung beanspruchen konnte.[136] Dieser Grundsatz muss auch weiterhin gelten, wenn die vereinbarte Vergütung oberhalb des gesetzlichen Mindestlohns liegt, aber dennoch entgegen der guten Sitten zu niedrig bemessen ist. Dann bleibt das MiLoG in diesen Konstellationen letztlich ohne Relevanz.[137] Unterschiedliche Auffassungen werden zu der Frage vertreten, ob § 612 Abs. 2 BGB **nach Inkrafttreten des MiLoG** auch greift, wenn die vereinbarte sittenwidrige Vergütung unterhalb des gesetzlichen Mindestlohns liegt. Da nicht davon auszugehen ist, dass der Gesetzgeber mit dem MiLoG für „unterbezahlte" Arbeitnehmer eine Schlechterstellung herbeiführen wollte, ist auch in diesen Fällen nach wie

---

[128] BAG 22.1.2008 – 9 AZR 999/06, NJW 2008, 1833; zur Angemessenheit der Ausbildungsvergütung im Allgemeinen: BAG 12.4.2016 – 9 AZR 744/14, BeckRS 2016, 69711.
[129] BAG 26.4.2006 – 5 AZR 549/05, NZA 2006, 1354.
[130] BAG 24.3.2004 – 5 AZR 303/03, NZA 2004, 971; BGH 22.4.1997 – 1 StR 701/96, DB 1997, 1670: ²⁄₃ des Tariflohns bei tschechischen Grenzgängern.
[131] LG Magdeburg 29.6.2010 – 21 Ns 17/09, BeckRS 2011, 689; *Reufels* ArbRB 2010, 308.
[132] BAG 10.10.1990 – 5 AZR 404/89, NJW 1991, 860; GmbH-Handbuch/*Reufels* Rn. IV 202.4.
[133] LAG Berlin 17.2.1997 – 9 Sa 124/96, NZA-RR 1997, 371.
[134] LAG Hamm 16.10.1989 – 19 (13) Sa 1510/88, BeckRS 1989, 31151897.
[135] LAG Köln 18.3.1998 – 8 Sa 1662/97, BeckRS 1998, 30774278.
[136] Vgl. zuletzt BAG 18.11.2015 – 5 AZR 751/13, NZA 2016, 487 Rn. 44; 26.4.2006 – 5 AZR 549/05, NZA 2006, 1354 Rn. 26.
[137] ErfK/*Franzen* MiLoG § 1 Rn. 1; *Bayreuther* NZA 2014, 865; *Forst/Degen* DB 2015, 863 (864).

vor von einem Anspruch nach § 612 Abs. 2 BGB auszugehen.[138] Demgegenüber wird teilweise vertreten, aus dogmatischen Gründen komme bei einer Kollision des MiLoG mit § 138 BGB nur ein Anspruch auf den gesetzlichen Mindestlohn in Betracht.[139]

4. Entgelttransparenzgesetz

a) Neues EntgTranspG. Dass es in Deutschland aktuell noch geschlechtsspezifische Entgeltunterschiede, sog. **Gender Pay Gaps** gibt, ist unbestritten, auch wenn die Angaben dazu, wie groß die Unterschiede konkret sind, aufgrund unterschiedlichster denkbarer Berechnungsweisen und Methoden zur „Bereinigung" der Werte stark schwanken. Laut einer Pressemitteilung des statistischen Bundesamtes vom 16.3.2020 haben Frauen im Jahr 2019 in Deutschland 20 % weniger verdient als Männer. Der unbereinigte Verdienstunterschied zwischen Frauen und Männern war nach dieser Mitteilung damit lediglich um 1 Prozentpunkt geringer als in den Vorjahren. Im Juli 2017 ist das EntgTransG in Kraft getreten, dessen – gesetzgeberisch erklärtes – Ziel es ist, das Gebot des gleichen Entgelts für Frauen und Männer bei gleicher oder gleichwertiger Arbeit durchzusetzen. Dazu bestimmt das Gesetz, dass ein vom Arbeitgeber verwendetes Entgeltsystem als Ganzes und auch hinsichtlich der einzelnen Entgeltbestandteile so ausgestaltet sein muss, dass eine Benachteiligung wegen des Geschlechts ausgeschlossen ist, § 4 Abs. 4 EntgTranspG. Um den gesetzlichen Anforderungen zu genügen muss das Entgeltsystem insbesondere (i) die Art der zu verrichtenden Tätigkeit objektiv berücksichtigen, (ii) auf für weibliche und männliche Beschäftigte gemeinsamen Kriterien beruhen, (iii) die einzelnen Differenzierungskriterien diskriminierungsfrei gewichten sowie (iv) insgesamt durchschaubar sein. Die Eignung der gesetzlichen Regelungen zu Erreichung dieses Ziels wird vielfach angezweifelt.[140] Blickt man auf die rund drei Jahre nach Inkrafttreten des Gesetzes nach wie vor sehr überschaubare Anzahl von kaum mehr als 20 in juristischen Publikationen veröffentlichten arbeitsgerichtlichen Entscheidungen zum EntgTranspG, so scheint sich die Befürchtung zu bestätigen, dass die gewünschten Auswirkungen des Gesetzes in der Praxis ausbleiben könnten.

b) Individueller Auskunftsanspruch. Neben einem Appell an private Arbeitgeber mit in der Regel mehr als 500 Beschäftigen, freiwillig betriebliche Verfahren zur regelmäßigen Überprüfung und Herstellung von Entgeltgleichheit zu implementieren (vgl. §§ 17 ff. EntgTranspG),[141] und einer damit korrespondierenden, allerdings obligatorischen, Berichtspflicht im Lagebericht des Unternehmens (soweit dieser zu erstellen ist, vgl. §§ 21 f. EntgTranspG),[142] hält § 10 EntgTranspG zugunsten des einzelnen Beschäftigten einen individuellen Auskunftsanspruch vor. Der Beschäftigtenbegriff ist in § 5 Abs. 2 EntgTranspG definiert. Er schließt neben Arbeitnehmerinnen und Arbeitnehmern auch öffentlich Dienstverpflichtete des Bundes (Beamten, Richter, Soldaten) sowie Auszubildende und Heimarbeiter ein. Er ist nach dem **unionsrechtlichen Arbeitnehmerbegriff** zu bestimmen.[143] Der Auskunftsanspruch besteht erst ab einer Betriebsgröße von mehr als 200 in der Regel Beschäftigten, § 12 Abs. 1 EntgTranspG. Aus dem Gesetzeswortlaut ergibt sich, dass in Gemeinschaftsbetrieben nur die Beschäftigten desselben Arbeitgebers zu zählen sind.[144] Da **Leiharbeitnehmer** ihr Entgelt von ihrem Vertragsarbeitgeber erhalten und nicht vom Entleiher, dürften sie bei der Schwellenwertermittlung im Entleiherbetrieb im Kontext des EntgTranspG nicht zu berücksichtigen sein.[145]

---

[138] ErfK/*Preis* BGB § 612 Rn. 3c; Schaub ArbR-HdB/*Vogelsang* § 66 Rn. 40; *Bayreuther* NZA 2014, 865 (866); wohl auch: LAG München 13.6.2016 – 3 Sa 23/16, BeckRS 2016, 117871 Rn. 17; LAG Berlin-Brandenburg 20.5.2016 – 6 Sa 1787/15, BeckRS 2016, 72890 Rn. 29 f.
[139] *Forst/Degen* DB 2015, 863 (865 f.) mwN.
[140] Kritikpunkte zusammengefasst von *Behrendt/Witzke* BB 2017, 3060 (3060 f.) mwN.
[141] ErfK/*Schlachter* EntgTranspG § 17 Rn. 1 ff.; *Becker/Hjort* ArbR 2018, 359.
[142] ErfK/*Schlachter* EntgTranspG § 17 Rn. 1 f.; *Schweigert/Burth/Hachmeister* IRZ 2019, 165 (169 f.).
[143] ErfK/*Schlachter* EntgTranspG § 5 Rn. 6 f.; *Oberthür* NJW 2017, 2228 (2229); *Brune/Brune* BB 2019, 436 (439); auch arbeitnehmerähnliche Personen sind enzubeziehen: BAG 25.6.2020 – 8 AZR 145/19, becklink 2016714 (Pressemitteilung).
[144] *Grimm/Freh* ArbRB 2017, 182; ErfK/*Schlachter* EntgTranspG § 12 Rn. 1 mwN.
[145] Str., wie hier: *Kuhn/Schwindling* DB 2017, 785 (786); *Grimm/Freh* ArbRB 2017, 182; aA HK-AGG/*Oda Hinrichs* EntgTranspG § 12 Rn. 7 mwN.

52 Inhaltlich ist der Auskunftsanspruch einerseits bezogen auf die Kriterien und Verfahren der Entgeltfindung (§ 11 Abs. 2 EntgTranspG) sowie andererseits auf die Angabe des Vergleichsentgeltes (§ 11 Abs. 2 EntgTranspG). Der Anspruch besteht dabei nur im Hinblick auf Personen des anderen Geschlechts.[146] Er ist von dem Auskunftsersuchenden auf eine sog. **Vergleichstätigkeit** zu beziehen, dh die Auskunft muss auf Angaben zu Beschäftigten des anderen Geschlechts abzielen, die eine **gleiche Tätigkeit** (§ 4 Abs. 1 EntgTranspG) oder eine **gleichwertige Tätigkeit** (§ 4 Abs. 2 EntgTranspG) erbringen, vgl. § 10 Abs. 1 S. 2 EntgTranspG. Aus § 4 Abs. 3 EntgTranspG ergibt sich, dass ein Vergleich nur innerhalb der Beschäftigungsgruppen nach § 5 Abs. 2 EntgTranspG beansprucht werden kann. Der Beschäftigte hat in seinem Auskunftsersuchen in zumutbarer Weise selbst die Vergleichstätigkeit zu benennen. Dies soll dem Arbeitgeber die Bearbeitung des Anspruchs erleichtern und zählt somit zu den Voraussetzungen der Ordnungsgemäßheit des Antrags. Im Rahmen der Beantwortung der Anfrage hat der Arbeitgeber die Angaben zu prüfen und, wenn die Vergleichbarkeit mit der benannten Gruppe nicht gegeben ist, ggf. seine Auskunft mit entsprechender Erläuterung auf die richtige Gruppe zu beziehen.[147] Soweit im Betrieb entweder ein Entgelttarifvertrag normativ gilt (tarifgebundener Arbeitgeber, vgl. § 5 Abs. 4 EntgTranspG) oder vom Arbeitgeber kraft Bezugnahme tatsächlich angewendet wird (tarifanwendender Arbeitgeber, vgl. § 5 Abs. 5 EntgTranspG), bedarf es lediglich der Bezeichnung der eigenen Entgelt- bzw. Besoldungsgruppe, weil dann das Vergleichsentgelt dieser Gruppe maßgeblich ist, vgl. § 11 Abs. 3 S. 2 Nr. 1 EntgTranspG.

53 Der Beschäftigte darf in seinem Auskunftsersuchen konkrete Angaben verlangen zu dem **durchschnittlichen, monatlichen Bruttoentgelt** (dies erfasst alle Grund- oder Mindestarbeitsentgelte sowie alle sonstigen Vergütungen, die unmittelbar oder mittelbar in bar oder in Sachleistungen aufgrund eines Beschäftigungsverhältnisses gewährt werden, vgl. § 5 Abs. 1 EntgTranspG) sowie darüber hinaus zu bis zu zwei **einzelnen Vergütungsbestandteilen**, § 10 Abs. 1 S. 3 EntgTranspG. In Anlehnung an die Rechtsprechung des EuGH zur Entgeltgleichheit kann dies alle gegenwärtigen oder künftigen in bar oder in Sachleistungen gewährten Vergütungen erfassen, sofern sie der Arbeitgeber dem Arbeitnehmer wenigstens mittelbar auf Grund des Beschäftigungsverhältnisses gewährt.[148] Das kann auch Ansprüche auf betriebliche Altersvorsorge umfassen.[149]

54 In rein formeller Hinsicht bedarf der Antrag der **Textform** nach § 126b BGB, § 10 Abs. 2 S. 1 EntgTranspG. Falls sich nicht die Voraussetzungen für den Entgeltvergleich wesentlich ändern, was der Auskunftsersuchende darlegen müsste,[150] darf ein neuer Antrag frühestens zwei Jahre nach Einreichen eines bereits geäußerten Auskunftsverlangens gestellt werden, § 10 Abs. 2 S. 2 EntgTranspG (vorbehaltlich längerer Fristen in den ersten Jahren nach Inkrafttreten des Gesetzes gemäß den Übergangsbestimmungen in § 25 Abs. 1 EntgTranspG).

55 c) **Erteilen der Auskunft.** Einzelheiten des Verfahrens der Auskunftserteilung unterscheiden sich zum einen danach, ob der Arbeitgeber tarifgebunden bzw. tarifanwendend ist oder nicht (→ Rn. 52), sowie darüber hinaus danach, ob im Betrieb ein Betriebsrat besteht oder nicht. Letzteres wird in Betrieben mit in der Regel mehr als 200 Beschäftigten häufig der Fall sein. Das **Verfahren** ist im Kontext der **Beteiligungsrechte des Betriebsrats** beim Entgelt in → § 23 Rn. 221 ff. beschrieben.

56 Inhaltlich hat der Arbeitgeber zunächst die zutreffende Vergleichstätigkeit zu bestimmen. Sodann hat er hinsichtlich der Kriterien und des Verfahrens der Entgeltfindung jeweils für das monatliche Bruttoentgelt sowie für etwaig vom Auskunftsersuchen erfasste Engeltbestandteile Angaben zu machen, die sich auf das eigene Entgelt des Beschäftigten einerseits und auf die Findung des Vergleichsentgelts andererseits erstrecken, § 11 Abs. 2 S. 1 EntgTranspG. Soweit die Kriterien und Verfahren der Entgeltfindung auf gesetzlichen Regelungen, auf tarifvertraglichen Entgeltregelungen oder auf einer bindenden Festsetzung

---

[146] Das Gesetz geht nur von einem Vergleich zwischen Männern und Frauen aus. Die Frage des Umgangs mit sog. diversen Personen („drittes Geschlecht"), vgl. BVerfG 10.10.2017 – 1 BvR 2019/16, NJW 2017, 3643, ist noch ungeklärt, worauf *Brune/Brune* BB 2019, 436 zu Recht hinweisen.
[147] ErfK/*Schlachter* EntgTranspG § 10 Rn. 3; *Roloff* RdA 2019, 28 (33).
[148] EuGH 27.5.2004 – C-285/02, NZA 2004, 783 Rn. 14 – Elsner-Lakeberg.
[149] ErfK/*Schlachter* EntgTranspG § 10 Rn. 2.
[150] S. Beispiele bei ErfK/*Schlachter* EntgTranspG § 10 Rn. 5.

nach § 19 Abs. 3 HAG beruhen, sind gemäß § 11 Abs. 2 S. 1 EntgTranspG als Antwort auf das Auskunftsverlangen die Nennung dieser Regelungen und die Angabe, wo die Regelungen einzusehen sind, ausreichend. Aus dem Gesetzestext („soweit") und mit Blick auf das gesetzgeberische Ziel der Transparenz ist zu schließen, dass diese Vereinfachung nicht in Bezug auf Entgelte greift, die der Arbeitgeber zusätzlich zum Tarifentgelt gewährt sowie gleichermaßen nicht in Bezug auf die Vergütung von **AT-Angestellten**.[151] In Bezug auf alle Entgelte, die er nicht nach den vorgenannten Regelungen gewährt, hat der Arbeitgeber daher **im Einzelnen zu erläutern**, wie das Entgelt mit all seinen Bestandteilen berechnet wird.[152] Für die Angaben des Arbeitgebers zum Vergleichsentgelt sieht § 11 Abs. 3 S. 2 EntgTranspG eine spezielle Berechnungmethode vor, nach der das Entgelt anzugeben ist, als auf Vollzeitäquivalente hochgerechneter **statistischer Median**[153] des durchschnittlichen monatlichen Bruttoentgelts sowie der benannten Entgeltbestandteile, jeweils bezogen auf ein Kalenderjahr.[154] Die Angaben zum Vergleichsentgelt sind nach dem Gesetzeswortlaut innerhalb der Vergleichsgruppe auf die Beschäftigten des Geschlechts zu beschränken, dem der Auskunftssuchende nicht angehört. Es ist unter anderem die fehlende Aussagekraft der Mitteilung des statistischen Medians, die als wesentlicher Grund dafür anzusehen ist, dass dem spezialgesetzlichen Auskunftsanspruch bei dem Bemühen um die Beseitigung von geschlechtsbezogenen Entgeltunterschieden in der Praxis keine maßgebliche Wirkung zukommt (→ Rn. 62). Kritisiert wird in diesem Zusammenhang überdies auch die Privilegierung der tarifgebundenen oder tarifanwendenden Arbeitgeber bei der Auskunftserteilung zum Vergleichsentgelt. Sie können ihre Angaben auf die Beschäftigten des jeweils anderen Geschlechts beschränken, die in die gleiche Entgelt- oder Besoldungsgruppe eingruppiert sind wie der oder die auskunftverlangende Beschäftigte, § 11 Abs. 3 S. 2 Nr. 1 EntgTranspG. Dies kann Entgeltunterschiede unentdeckt lassen, die unter Umständen daraus resultieren, dass Personen trotz gleicher oder gleichwertiger Tätigkeit ggf. unterschiedlich eingruppiert sein können.[155]

In § 12 Abs. 3 EntgTranspG finden sich Regelungen zum **Datenschutz**. Unter anderem ist zum Schutz des Persönlichkeitsrechts der im Betrieb tätigen Kolleginnen bzw. Kollegen die Auskunftspflicht des Arbeitgebers eingeschränkt, wenn die maßgebliche Vergleichstätigkeit von weniger als sechs Beschäftigten des jeweils anderen Geschlechts ausgeübt wird, § 11 Abs. 3 S. 2 EntgTranspG. Der Arbeitgeber hat dann nur über die Kriterien zur Entgeltfindung Auskunft zu geben, nicht jedoch zur Höhe des Entgelts.

Wie viel Zeit der Arbeitgeber für die Beantwortung des Auskunftsersuchens hat, hängt wiederum davon ab, ob es um einen tarifgebundenen bzw. tarifanwenden Arbeitgeber geht oder nicht. Der nicht tarifgebundene und nicht tarifanwendende Arbeitgeber (bzw. ggf. der zuständige Betriebsrat) hat gemäß § 15 Abs. 3 S. 1 EntgTranspG die **Auskunft innerhalb von drei Monaten** ab Zugang des Auskunftsverlangens zu erteilen. Das Gesetz schreibt dafür die **Textform** (§ 126b BGB) vor. Droht Fristversäumnis, hat der Arbeitgeber oder der Betriebsrat die auskunftverlangende Beschäftigte oder den auskunftverlangenden Beschäftigten darüber zu informieren und die Antwort ohne weiteres Verzögern zu erteilen, § 15 Abs. 3 S. 2 EntgTranspG. Auch an dieser Stelle möchte das Gesetz offenbar für eine Privilegierung der tarifgebundenen oder tarifanwendenden Arbeitgeber sorgen. Für diese gibt es im Gesetz keine eindeutigen Vorgaben hinsichtlich Form und Frist zur Beantwortung des Auskunftsersuchens. Aufgrund des wiederkehrenden Prinzips der **Privilegierung der tarifgebundenen oder tarifanwendenden Arbeitgeber** und angesichts der deutlichen Abgrenzung der Regelungen in § 14 und § 15 EntgTranspG zueinander, wird man davon ausgehen

---

[151] *Roloff* RdA 2019, 28 (35); HK-AGG/*Oda Hinrichs* EntgTranspG § 11 Rn. 2; *Franzen* NZA 217, 814 (817).
[152] *Brune/Brune* BB 2019, 436 (441).
[153] S. zu Berechnungsbeispielen und zur Differenzierung zwischen „Median" und „Durchschnitt" *Roloff* RdA 2019, 28 (35); *Brune/Brune* BB 2019, 436 (442).
[154] Praktische Erwägungen sprechen dafür, auf das letzte abgeschlossene Kalenderjahr abzustellen, ErfK/*Schlachter* EntgTranspG § 11 Rn. 3; etwas weiter gehend *Brune/Brune* BB 2019, 436 (442), die auch Angaben für das laufende Kalenderjahr vorschlagen.
[155] ErfK/*Schlachter* EntgTranspG § 11 Rn. 6 mwN.

müssen, dass dies so beabsichtigt ist. Damit fehlt es für eine analoge Anwendung von § 15 Abs. 3 EntgTranspG an einer Lücke[156] (zu den Folgen: → Rn. 60).

59 **d) Folgen der Auskunftserteilung und mögliche Beweislastumkehr.** Hinsichtlich der Folgen der Auskunft sind verschiedene Szenarien zu betrachten. Erteilt der nicht tarifgebundene und nicht tarifanwendende Arbeitgeber überhaupt keine Auskunft oder hat er zu vertreten, dass der ggf. zuständige Betriebsrat die Auskunft nicht erteilen kann, so ist die Rechtsfolge in § 15 Abs. 5 S. 1 EntgTranspG geregelt. Der Arbeitgeber trägt im Streitfall die Beweislast dafür, dass kein Verstoß gegen das Entgeltgleichheitsgebot vorliegt.[157] Gelingt ihm der Gegenbeweis nicht, kann somit der Arbeitnehmer, der die Auskunft verlangt hat, im Sinne einer „**Angleichung nach oben**" einen Anspruch auf höheres Arbeitsentgelt begründen. Die Rechtsgrundlage für den Anspruch auf das höhere Entgelt wird entweder unmittelbar in § 7 EntgTranspG[158] oder in einer Kombination mit den Regelungen in §§ 2 Abs. 1 Nr. 2, 8 Abs. 2, 7 AGG gesehen.[159]

60 Da das Gesetz die Rechtsfolge der **Beweislastumkehr** nur im Falle des „Unterlassens" der Auskunft vorsieht, führt eine nicht vollständige oder eine verspätete Auskunft nicht per se zu einer Umkehr der Beweislast.[160] Ob und inwieweit (offensichtliche) **Mängel der Auskunft** bzw. Fehler, die dem Arbeitgeber im Zuge der Auskunftserteilung unterlaufen, als ein mögliches Indiz für eine Diskriminierung herangezogen werden können und somit nach § 22 AGG zu Beweiserleichterungen führen können, ist noch nicht geklärt.[161]

61 Ebenso besteht noch Klärungsbedarf hinsichtlich der Konsequenzen, die aus dem Umstand herzuleiten sind, dass § 14 EntgTranspG für tarifgebundene oder tarifanwendende Arbeitgeber weder Vorgaben für die Bearbeitungszeit von Auskunftsersuchen vorsieht, noch eine Regelung wie die des § 15 Abs. 5 EntgTranspG für den Fall der Verletzung der Auskunftspflichten durch den Arbeitgeber. Da man ein Redaktionsversehen des Gesetzgebers hier wohl ausschließen muss, spricht viel dafür, dass damit auch in diesem Punkt eine gezielte Privilegierung der tarifgebundenen oder tarifanwendenden Arbeitgeber gewollt ist. Bei ihnen dürften demnach Mängel bei der Auskunftserteilung nicht zu einer Beweislastumkehr oder zu sonstigen Beweiserleichterungen für den Arbeitnehmer führen.[162]

62 Ein ganz wesentlicher Nachteil des Entgelttransparenzgesetzes im Hinblick auf seine „Durchschlagskraft" in der Praxis dürfte schließlich darin zu sehen sein, dass auch eine rechtzeitig und ordnungsgemäß erteilte Auskunft dem (vermeintlich) benachteiligten Mitarbeiter selten nützen wird. Bestenfalls ergibt sich aus der Auskunft, dass der Median des Vergleichsentgelts der Mitarbeiter des anderen Geschlechts höher ist als das eigene Entgelt des Anspruchstellers. Alleine daraus soll sich jedoch nach ersten instanzgerichtlichen Entscheidungen noch keine Beweiserleichterung ergeben.[163] Denn eine solche Auskunft enthalte keine Information über die Durchschnittswerte des eigenen oder des anderen Geschlechts. Sie habe selbst dann kein erhebliches Gewicht, wenn die Vergütungsdifferenz erheblich sei.[164] Die **Aussagekraft** der Schlussfolgerungen, die sich alleine aus den Angaben über den statistischen Median ziehen lassen, ist in der Tat **nicht ausreichend**, um daraus schon ein Indiz für das tatsächliche Vorliegen einer geschlechtsbezogenen Benachteiligung zu ziehen.[165]

---

[156] *Brune/Brune* BB 2019, 436 (446); ErfK/*Schlachter* EntgTranspG § 15 Rn. 3.
[157] *Brune/Brune* BB 2019, 436 (446); ErfK/*Schlachter* EntgTranspG § 15 Rn. 10.
[158] LAG Niedersachsen 1.8.2019 – 5 Sa 196/19, NZA-RR 2019, 629 Rn. 35.
[159] Offen gelassen von LAG Berlin-Brandenburg 12.11.2019 – 7 Sa 1086/19, BeckRS 2019, 35213 Rn. 17; s. auch ErfK/*Schlachter* EntgTranspG § 7 Rn. 1; *Behrendt/Witzke* BB 2017, 3060 (3062).
[160] ErfK/*Schlachter* EntgTranspG § 15 Rn. 10; *Franzen* NZA 2017, 814 (818).
[161] ErfK/*Schlachter* EntgTranspG § 15 Rn. 10; *Behrendt/Witzke* BB 2017, 3060 (3062); *Oberthür* NJW 2017, 2228 (2233).
[162] *Brune/Brune* BB 2019, 436 (447); *Franzen* NZA 2017, 814 (819); kritisch: *Behrendt/Witzke* BB 2017, 3060 (3062) mwN.
[163] LAG Niedersachsen 1.8.2019 – 5 Sa 196/19, NZA-RR 2019, 629.
[164] LAG Niedersachsen 1.8.2019 – 5 Sa 196/19, NZA-RR 2019, 629 Rn. 40 unter Verweis auf *Bauer/Romero* NZA 2017, 411.
[165] *Franzen* NZA 2017, 814 (816); *Behrendt/Witzke* BB 2017, 3060 (3063); *Oberthür* NJW 2017, 2228 (2233).

Beruht die geringere Vergütung einer Arbeitnehmerin mit einem vergleichbaren Arbeit- 63
nehmer allein auf dem **Vollzug tariflicher Normen** zugunsten dieses Arbeitnehmers, die der
Erhaltung in der Vergangenheit erworbener Vergütungsbesitzstände dienen, liegt hierin nach
Auffassung des LAG Berlin-Brandenburg im Übrigen von vornherein keine geschlechtsbezogene Ungleichbehandlung im Sinne von § 7 EntgTranspG.[166]

5. Equal Pay für Leiharbeitnehmer

Für Arbeitnehmer, die im Rahmen einer Arbeitnehmerüberlassung (→ § 66) tätig werden, 64
können sich gesetzlich normierte **Vergütungsansprüche aus §§ 9 Nr. 2, 10 Abs. 4 AÜG** ergeben. Nach dem dort gesetzlich verankerten Grundsatz des sog. Equal Pay („gleicher Lohn
für gleiche Arbeit") ist der Verleiher verpflichtet, dem Leiharbeitnehmer für die Zeit der
Überlassung an den Entleiher die im Betrieb des Entleihers für einen vergleichbaren Arbeitnehmer des Entleihers geltenden wesentlichen Arbeitsbedingungen einschließlich des Arbeitsentgelts zu gewähren. Da von dem Grundsatz des § 10 Abs. 4 S. 1 AÜG in Tarifverträgen abgewichen werden kann, handelt es sich um eine **tarifdispositive gesetzliche Entgeltregelung**.[167] Seitdem das AÜG mit dem Ziel der Bekämpfung des Missbrauchs bei
Leiharbeit und Werkverträgen mit Wirkung ab dem 1.4.2017 geändert wurde, sind die tariflichen Möglichkeiten zur Abweichung vom Equal Pay-Grundsatz eingeschränkt worden.
Spätestens nach neun Monaten Einsatztätigkeit bei einem Entleiher ist nunmehr selbst eine
tarifliche Abweichung vom Gleichbehandlungsgrundsatz nur noch unter bestimmten Voraussetzungen zulässig. Nach 15 Monaten Einsatzdauer muss die Entgeltgleichstellung gewährleistet sein (vgl. → § 66 Rn. 81 ff. zu Einzelheiten).

In der Praxis hat die Einführung des Equal Pay-Grundsatzes in der Arbeitnehmerüberlas- 65
sung im Jahr 2003 zur Aufarbeitung **zahlreicher Rechtsprobleme** geführt. Für viel Aufmerksamkeit hat der Streit um die am Ende nicht bestätigte **Tariffähigkeit** der Tarifgemeinschaft
Christlicher Gewerkschaften für Zeitarbeit und PersonalService-Agenturen (CGZP) geführt
(→ § 66 Rn. 81). Weitgehend geklärt ist inzwischen auch die Frage, unter welchen Voraussetzungen ggf. im Rahmen der Geltendmachung von Equal Pay-Ansprüchen **Ausschlussfristen** (→ § 22 Rn. 139 ff.) zu wahren sind. Das BAG kommt hier nur in seltenen Fällen zu
dem Ergebnis, dass Ausschlussfristen AGB-wirksam einbezogen oder direkt vereinbart wurden.[168] Erweist sich ein in Bezug genommener Tarifvertrag als unwirksam, sind jedenfalls
auch die dort geregelten Ausschlussfristen nicht maßgeblich.[169] Die im Entleiherbetrieb geltenden Ausschlussfristen gehören nach Auffassung des BAG nicht zu den wesentlichen Arbeitsbedingungen iSv § 10 Abs. 4 AÜG und müssen somit bei der Geltendmachung von
Equal Pay-Ansprüchen nicht beachtet werden.[170] Schwierigkeiten bereitet Leiharbeitnehmern in der Praxis häufig die **ausreichende Substantiierung** ihrer Ansprüche. Die **Auskunftsansprüche nach § 13 AÜG** (→ § 66 Rn. 77 ff.)[171] geben den Arbeitnehmern Material
an die Hand, das sie dann aber selbst auswerten müssen.[172]

6. Brutto-/Nettoentgelt

Der Anspruch auf Arbeitsvergütung ist eine gewöhnliche Geldschuld des Arbeitgebers ge- 66
genüber dem Arbeitnehmer. Soweit nichts anderes vereinbart, ist im **Regelfall** die Vergütung

---

[166] LAG Berlin-Brandenburg 12.11.2019 – 7 Sa 1086/19, BeckRS 2019, 3523.
[167] Schüren/Hamann/*Schüren* AÜG § 9 Rn. 32.
[168] Vgl. BAG 24.9.2014 – 5 AZR 506/12, BeckRS 2014, 73280; eher restriktiv zB BAG 28.1.2015 – 5 AZR 122/13, BeckRS 2015, 67437 (mwN).
[169] BAG 23.11.2016 – 5 AZR 53/16, NZA 2017, 380 Rn. 20 mwN.
[170] BAG 16.10.2019 – 4 AZR 66/18, NZA 2020, 260 Rn. 55; 23.3.2011 – 5 AZR 7/10, NZA 2011, 850 Rn. 14 ff.
[171] Vgl. dazu BAG 25.3.2015 – 5 AZR 368/13, NZA 2015, 877; 28.5.2014 – 5 AZR 422/12, NZA 2014, 1264 (Auskunftsanspruch bei Auslandseinsatz); 24.4.2014 – 8 AZR 1081/12, NZA 2014, 968 (Entstehung und Verjährung des Anspruchs).
[172] BAG 21.10.2015 – 5 AZR 506/14, NZA 2016, 422; Durch die bloße Aussage, der Entleiher vergüte seine Stammarbeitnehmer nach den Tarifverträgen der IG Metall, ist die Höhe der Vergütung vergleichbarer Stammarbeitnehmer nicht substantiiert dargelegt: BAG 23.10.2013 – 5 AZR 667/12, BeckRS 2014, 66797.

als **Bruttoentgelt** geschuldet.[173] Die Brutto-Gesamtvergütung enthält nicht nur den Nettoauszahlungsbetrag, sondern beinhaltet auch die den Arbeitnehmer betreffenden Steuern und die auf ihn entfallenden Sozialversicherungsabgaben. Deren Höhe hängt von den individuellen Verhältnissen des betroffenen Arbeitnehmers ab. Da der Arbeitgeber diese nicht beeinflussen kann, soll seine wirtschaftliche Belastung hiervon unberührt bleiben. Auch wenn der Arbeitgeber zur Einbehaltung und Abführung von Steuern und Sozialversicherungsabgaben verpflichtet ist, kann der Arbeitnehmer grundsätzlich die Bruttovergütung einklagen. Von der Bruttosumme kann er die gesetzlichen Zinsen gemäß § 288 BGB verlangen.[174]

67 Vom Bruttolohn kommt regelmäßig nur ein Nettobetrag an den Arbeitnehmer zur Auszahlung, da der Arbeitgeber öffentlich-rechtlich verpflichtet ist, **Steuern und Sozialversicherungsbeiträge einzubehalten.** Gemäß § 38 Abs. 3 S. 1 EStG hat der Arbeitgeber die Lohnsteuer vom Bruttoentgelt einzubehalten und an das zuständige Finanzamt abzuführen. Er ist zur sorgfältigen und richtigen Berechnung der Abzüge auf Grund der ihm gegenüber dem Arbeitnehmer obliegenden Fürsorgepflicht gehalten.[175] Auch wenn der Arbeitgeber zum Abzug verpflichtet ist, bleibt Steuerschuldner der Arbeitnehmer (§ 38 Abs. 2 S. 1 EStG).[176] Die Einkommen-/Lohnsteuer wird durch Abzug von der Arbeitsvergütung erhoben. Der Arbeitgeber behält sie für Rechnung des Arbeitnehmers von der Arbeitsvergütung ein (§ 38 Abs. 3 S. 1 EStG). Die Abführung an das Finanzamt nach § 41a EStG erfolgt zugunsten des Arbeitnehmers als Vorauszahlung auf dessen zu erwartende Einkommensteuerschuld. Materiellrechtlich handelt es sich um eine Leistung an den Arbeitnehmer, die wegen der Formalien des Steuerrechts vom Arbeitgeber unmittelbar an das Finanzamt gezahlt wird. Ausnahmsweise ist nicht der Arbeitnehmer Steuerschuldner, wenn die Lohnsteuer nach §§ 40–40b EStG pauschaliert wird und der Arbeitgeber die Lohnsteuer gemäß § 40 Abs. 3 EStG übernimmt. Gegenüber dem Finanzamt haftet der Arbeitgeber jedoch im Außenverhältnis, wenn er Lohnsteuer in zu geringer Höhe einbehält oder nicht in voller Höhe abführt (§ 42d Abs. 1 Nr. 1 EStG). Da Steuerschuldner der Arbeitnehmer bleibt, steht dem Arbeitgeber, wenn er als Haftungsschuldner in Anspruch genommen wird, die Möglichkeit des Rückgriffs gegenüber dem Arbeitnehmer offen.[177]

68 **Sozialversicherungsrechtlich** ist hingegen der Arbeitgeber Schuldner des Gesamtsozialversicherungsbeitrags (§ 28e Abs. 1 S. 1 SGB IV). Dieser umfasst die Arbeitgeber- ebenso wie die Arbeitnehmeranteile. Der Arbeitgeber kann von dem Arbeitnehmer wiederum die Erstattung des von dem Arbeitnehmer zu tragenden Teils des Gesamtsozialversicherungsbeitrags verlangen. Dieser Anspruch ist aber in mehrfacher Hinsicht begrenzt (§ 28g S. 2 SGB IV). Zum einen kann er nur durch Abzug vom Arbeitsentgelt durchgesetzt werden. Außerdem kann ein unterbliebener Abzug lediglich bei den drei nächsten Lohn- und Gehaltszahlungen erfolgen. Der Versicherungsschutz des pflichtversicherten Arbeitnehmers ist in der Sozialversicherung von der Beitragszahlung, die allein dem Arbeitgeber obliegt, abgekoppelt worden. Der Arbeitnehmer trägt insoweit kein Ausfall- oder Insolvenzrisiko. Für den Versicherungsschutz kommt es allein auf die ordnungsgemäße Meldung der Vergütung und der Beschäftigungszeiten an. Zugunsten des pflichtversicherten Arbeitnehmers wird auf dieser Grundlage unwiderleglich vermutet, dass der Beitrag wirksam gezahlt worden ist (§ 199 SGB VI). Vor diesem Hintergrund versteht sich die Strafbarkeit des Arbeitgebers, der die Sozialversicherungsbeiträge nicht abführt (§ 266a Abs. 1 StGB).[178]

69 Nur in seltenen Ausnahmefällen, wenn der Arbeitgeber Beiträge deswegen nicht oder zu niedrig ermittelt und abgeführt hat, weil der Arbeitnehmer vorsätzlich oder grob fahrlässig seiner Mitteilungsverpflichtung aus § 28o Abs. 1 SGB IV nicht nachgekommen ist, kann ausnahmsweise ein Rückgriffsanspruch des Arbeitgebers gem. § 28g S. 4 SGB IV gegeben sein.

---

[173] BAG 21.7.2009 – 1 AZR 167/08, NZA 2009, 1213 Rn. 14 f.; 17.2.2016 – 5 AZN 981/15, NJW 2016, 1262 Rn. 5.
[174] BAG 7.3.2001 – GS 1/00, NZA 2001, 1195.
[175] BAG 11.10.1989 – 5 AZR 585/88, NZA 1990, 309.
[176] BAG 17.10.2018 – 5 AZR 538/17, NZA 2019, 796 Rn. 22; 14.11.2018 – 5 AZR 301/17, NZA 2019, 250.
[177] BAG 9.12.1976 – 3 AZR 371/75, NJW 1977, 862; 17.10.2018 – 5 AZR 538/17, NZA 2019, 796.
[178] Schönke/Schröder/*Perron* StGB § 266a Rn. 2.

Bei der **Vereinbarung einer Nettovergütung** verpflichtet sich der Arbeitgeber ausnahms- 70
weise, die Steuern des Arbeitnehmers im Innenverhältnis zu tragen, die der Arbeitgeber
sonst für Rechnung des Arbeitnehmers vom Bruttoentgelt abführen müsste.[179] Im Streitfall
ist der Arbeitnehmer darlegungs- und beweispflichtig für die Behauptung, der Arbeitgeber
habe ausnahmsweise die Lasten der Steuern und der Arbeitnehmeranteile zur Sozialversicherung zusätzlich zur vereinbarten Vergütung zu Gunsten des Arbeitnehmers übernommen.[180] Nach § 14 Abs. 2 S. 2 SGB IV gilt bei illegaler Beschäftigung für die Berechnung des
nachzufordernden Gesamtsozialversicherungsbeitrags ein Nettoentgelt als vereinbart. Diese
Fiktion gilt aber nur für das Sozialversicherungsrecht und führt arbeitsrechtlich zu keiner
Nettolohnabrede.[181] Denn mit einer Schwarzgeldabrede wird die Hinterziehung von Steuern
und Sozialabgaben bezweckt, nicht jedoch deren Übernahme durch den Arbeitgeber. Problematisch ist, ob der Arbeitnehmer im Falle der zulässigen Vereinbarung einer Nettovergütung den hochgerechneten Bruttolohn einklagen kann oder ob die Vereinbarung einer Nettovergütung von vornherein die Forderung auf das um die gesetzlichen Lohnabzüge
verminderte Arbeitsentgelt reduziert.[182] Der Arbeitnehmer hat nach Auffassung des BAG
nur Anspruch auf den Nettolohn und kann nicht einen entsprechend hochgerechneten Bruttoverdienst beanspruchen.[183] Bei diesem Verständnis der Nettovergütung kommt es zu einer
Aufspaltung der den Arbeitgeber treffenden Leistungspflichten in eine Pflicht zur Zahlung
des Nettolohnes einerseits und zur Freistellung des Arbeitnehmers von der Lohnsteuer und
dem Verzicht auf den sozialversicherungsrechtlichen Beitragsabzug andererseits.[184] Letztlich
muss der dem Arbeitnehmer zufließende Betrag durch ein Berechnungsprogramm im Wege
des „Abtastverfahrens" unter Einbeziehung der Abgaben und Beiträge ermittelt werden.
Schon deshalb bleibt die Nettolohnvereinbarung die Ausnahme.

---

[179] Zur Auslegung vgl. BAG 26.8.2009 – 5 AZR 616/08, BeckRS 2010, 71478.
[180] BAG 27.7.2010 – 3 AZR 615/08, BeckRS 2010, 74962; 17.2.2016 – 5 AZN 981/15, NJW 2016, 1262 Rn. 6; 18.1.1974 – 3 AZR 183/73, DB 1974, 778.
[181] BAG 17.3.2010 – 5 AZR 301/09, NZA 2010, 881; 22.6.2016 – 10 AZR 806/14, NZA 2016, 1218.
[182] So *Matthes* DB 1969, 1339.
[183] BAG 17.2.2016 – 5 AZN 981/15, NZA 2016, 574; 8.4.1987 – 5 AZR 60/86, BeckRS 1987, 30721005; 18.1.1974 – 3 AZR 183/73, DB 1974, 778; 6.7.1970 – 5 AZR 523/69, NJW 1970, 1893.
[184] Kritisch dazu *Ziemann* FS Schwerdtner, 716 f.

§ 20 Arten und Formen der Vergütung

Übersicht

	Rn.
I. Geld- und Naturalvergütung	1–29
1. Einleitung	1–4
2. Formen der Naturalvergütung	5–29
a) Dienstwagen	5–15
b) Dienstwohnung	16–19
c) Personalrabatte	20–22
d) Deputate	23
e) Trinkgelder	24
f) Sozialversicherungsrechtliche Aspekte	25
g) Steuerrechtliche Aspekte	26–29
II. Leistungsbezogene Entgelte	30–35
1. Akkordlohn	30–32
2. Prämienlohn	33
3. Leistungslohn	34/35
III. Ergebnisbezogene Entgelte	36–42
1. Provision	36–39
2. Tantieme	40–42
IV. Zielabhängige variable Vergütung	43–93
1. Begriff	43–48
2. Rechtsgrundlagen	49–52
3. Grundsätze der Zielfestlegung	53–60
a) Zielvereinbarung- oder -vorgabe	53–58
b) Inhalt und Reichweite	59/60
4. Festlegung der Zielerreichung	61–63
5. Rechtsprechung der fehlenden Zielvereinbarung	64–71
a) Schadensersatzanspruch des Arbeitnehmers	65/66
b) Vertretenmüssen	67/68
c) Höhe des Schadensersatz	69–71
6. Auswirkungen krankheitsbedingter Fehlzeiten	72–77
a) Krankheit innerhalb des Entgeltfortzahlungszeitraums	73–75
b) Krankheit außerhalb des Entgeltfortzahlungszeitraums	76/77
7. Auswirkungen sonstiger Fehlzeiten	78/79
8. Vorzeitiges Ausscheiden des Arbeitnehmers	80–86
9. Zielanpassung bei verschlechterten Rahmenbedingungen	87–89
10. Mitbestimmungsrechte und -pflichten des Betriebsrats	90–93
V. Aktienoptionen	94–121
1. Begriff	95–97
2. Rechtsnatur der Aktienoptionen	98–101
a) Rechtliche Grundlagen	98–100
b) Phantom Stocks (= Virtuelle Anteilsrechte)	101
3. Verhältnis von Aktienoptionen und Festgehalt	102–104
4. Aktienoptionen und Gleichbehandlungsgrundsatz	105–109
5. Kürzung wegen Fehlzeiten im Bezugszeitraum	110
6. Bindungs- und Verfallklauseln	111–116
7. Steuerliche Behandlung auf Arbeitnehmerseite	117–119
8. Aktienoptionen und Betriebsübergang	120
9. Mitbestimmungsrechte des Betriebsrats	121
10. Rechtswegzuständigkeit	122
VI. (Jahres-)Sonderzahlungen	123–163
1. Grundlagen	123–133
2. Betriebstreueleistungen	134–147
a) Jubiläumsleistungen	134
b) Weitere Betriebstreueleistungen	135/136
c) Stichtagsklauseln	137–141
d) Rückzahlungsklauseln	142–146
e) Abwesenheitszeiten	147

		Rn.
3.	Entgeltleistungen/Leistungen mit Mischcharakter	148–163
	a) Folgen des Ausscheidens	148/149
	b) Weihnachtsgeld	150
	c) 13. Monatsgehalt	151
	d) Kürzung bei Abwesenheit	152–160
	e) Urlaubsgeld	161/162
4.	Mitbestimmungsrechte des Betriebsrats	163
VII.	Überstundenvergütung und Zulagen	164–177
1.	Übertarifliche Zulagen	168/169
2.	Anrechnungsmöglichkeit	170–175
3.	Effektivklauseln	176
4.	Mitbestimmung des Betriebrats	177
VIII.	Vorschuss/Arbeitgeberdarlehen	178–183
1.	Entgeltcharakter	178–180
2.	Auswirkungen bei Beendigung des Arbeitsverhältnisses	181–183
IX.	Anwesenheitsprämien	184–195

I. Geld- und Naturalvergütung

1. Einleitung

Die erbrachte Arbeitsleistung ist zu quantifizieren, um die Höhe der Vergütung bemessen 1 zu können. Dabei ist die Entlohnung nach Zeiteinheiten die Regel. Beim **Zeitlohn** richtet sich das Entgelt nach den Stunden, Wochen oder Monaten oder einer Jahresleistung und zwar ohne Rücksicht auf die Produktivität oder die innerhalb des Bemessungszeitraums erbrachte Intensität und Qualität der Arbeit. Allerdings muss der Arbeitnehmer unter angemessener Ausschöpfung seiner persönlichen Leistungsfähigkeit arbeiten. Auch bei Minderleistung oder Schlechtleistung muss der Arbeitgeber die vereinbarte Vergütung zahlen. Der Vorteil für den Arbeitnehmer liegt in der Erzielung eines gleichmäßigen Einkommens. Es fehlen unmittelbare Anreize zur Erreichung eines überdurchschnittlichen Ergebnisses. Demgegenüber wird beim System des **Leistungslohnes** die Höhe des Entgeltes durch die konkrete Leistung des Arbeitnehmers beeinflusst. Musterbeispiele sind der Stück- oder Akkordlohn, aber auch Prämiensysteme. In der Praxis häufig anzutreffen sind Kombinationen eines garantierten rein zeitbezogenen Mindestlohnes mit leistungsbezogenen Prämien. Diese können an unterschiedlichste Kriterien angeknüpft werden, wie etwa Anwesenheit, Pünktlichkeit, Menge, Qualität, Ersparnis, Ausnutzung von Rohstoffen und Ressourcen, Termintreue, jeweils für den einzelnen Arbeitnehmer oder auch bezogen auf eine Gruppe.

Unter **Naturalvergütung** ist jede Lohnform zu verstehen, die nicht in Geld geleistet wird. 2 Die Hingabe von Schecks oder Wechseln sowie die bargeldlose Lohnzahlung sind jedoch Geldvergütung. Die Überlassung von Firmenfahrzeugen zur privaten Nutzung, das Stellen von Dienstwohnungen oder von Kost und Logis, die Gewährung von Personalrabatten, Deputaten in der Landwirtschaft und im Bergbau (Hausbrand), Haustrunk der Brauereien, Heizung und Beleuchtung stellen Naturalvergütung dar. Die Naturalvergütung kann auch darin bestehen, einem Arzt als Arbeitnehmer die „Erwerbschance" mittels Tätigkeiten mit eigener Liquidationsmöglichkeit zu eröffnen.[1] Eine Naturalvergütung muss besonders vereinbart werden und unterliegt den Beschränkungen aus § 107 Abs. 2 GewO. Gemäß § 107 Abs. 2 S. 2 GewO ist es grundsätzlich nicht erlaubt, gewerblichen Arbeitnehmern Waren zu kreditieren. Noch nicht geklärt ist, wie die neuen **Kryptowährungen** einzuordnen sind. Solange sie sich noch nicht als allgemein übliches und im Alltag anerkanntes Zahlungsmittel etabliert haben, wird man sie den Sachbezügen zuordnen müssen.[2] Als Lohnbestandteile sind Sachleistungen im Rahmen der gesetzlichen Entgeltfortzahlungsbestimmungen wie zB §§ 615, 616 BGB grundsätzlich zu berücksichtigen.[3] Hat der Arbeitnehmer einen Anspruch

---

[1] BAG 15.9.2011 – 8 AZR 846/09, NZA 2012, 377.
[2] Vgl. *Tölle* NZA 2019, 141.
[3] MHdB ArbR/*Krause* § 67 Rn. 2.

auf Entgeltfortzahlung und ist ihm für den Entgeltfortzahlungszeitraum die Annahme der Naturalvergütung nicht möglich oder unzumutbar, so ist ihm sein Anspruch in bar abzugelten. Die Höhe des **Abgeltungsanspruches** richtet sich nach dem objektiven Wert der Leistung auf dem freien Markt.[4] Um die Personalnebenkosten zu reduzieren, erbringen viele Unternehmen Sachleistungen an ihre Arbeitnehmer. Auf diesem Wege können Leistungen unter Anwendung steuerlich vorteilhafter Regelungen gewährt werden. Oft werden den Arbeitnehmern verschiedene Entgeltbestandteile im Rahmen eines bestimmten Budgets zur freien Auswahl angeboten.[5] Innerhalb dieser sogenannten „**Cafeteria Systeme**" werden als Leistungen vor allem Dienstwagen, Verpflegung, Risikovorsorge bei Krankheit, Altersvorsorge, Finanzdienstleistungen und Mitarbeiterbeteiligungen gewährt. Da die Zusage einer Naturalvergütung einen Lohnbestandteil darstellt, kann sie nicht einseitig widerrufen werden, es sei denn, die Arbeitsvertragsparteien haben einen Widerrufsvorbehalt (→ § 25 Rn. 22 ff.) wirksam vereinbart.[6]

3   Von der Naturalvergütung abzugrenzen sind Sachzuwendungen, die „in überwiegend eigenbetrieblichem Interesse" gewährt werden, da diese nicht die Leistungen des Arbeitnehmers vergüten sollen.[7] Dazu zählen zB die Teilnahme an Betriebsveranstaltungen, Kantinenverpflegung, Überlassung spezieller Dienst- oder Arbeitskleidung.[8]

4   Sachzuwendungen gehören gemäß § 851 Abs. 2 ZPO auf Grund der Unübertragbarkeit nach § 399 BGB nicht zum pfändbaren Arbeitseinkommen. Die Unübertragbarkeit nach § 399 BGB ergibt sich aus der Zweckgebundenheit des Anspruchs auf Sachleistung, welche wiederum wegen der Anpassung der jeweiligen Leistungen an die individuellen Bedürfnisse der begünstigten Arbeitnehmer besteht.[9] Allerdings sind die Naturalbezüge gem. § 850e Ziff. 3 ZPO ihrem Geldwert nach dem Bargeldbezug zuzurechnen.[10] Hierbei ist zu beachten, dass dieser geldwerte Vorteil nicht mit demjenigen Geldwert identisch sein muss, der für die Berechnung des Lohnsteuer- und Sozialversicherungsanteils angesetzt wird.[11]

2. Formen der Naturalvergütung

5   a) **Dienstwagen**. Eine der häufigsten Formen des Sachbezuges ist die Überlassung eines Dienstwagens an den Arbeitnehmer auch zur privaten Nutzung.[12] Es handelt sich um eine zusätzliche Gegenleistung für geschuldete Arbeitsleistung mit Entgeltcharakter.[13]

6   *aa) Recht zur privaten Nutzung.* Die Verpflichtung des Arbeitgebers zur Überlassung eines Dienstwagens zur privaten Nutzung ist meist ausdrücklich im Arbeitsvertrag geregelt, kann jedoch auch konkludent erfolgen. Bereits die Überlassung des Dienstwagens für den Arbeitsweg zwischen Wohnung und Arbeitsstätte stellt eine private Nutzung dar und ist somit Naturalbezug.[14] Die private Nutzungsmöglichkeit des Firmenfahrzeugs ist ein Teil des auf das Tarifgehalt anzurechnenden Gesamteinkommens.[15] Wird hingegen der Wagen ausschließlich zu dienstlichen Zwecken zur Verfügung gestellt, zählt er zu den Arbeitsmitteln. Eine eigene Besitzposition des Angestellten wird hierdurch nicht begründet, der Arbeitnehmer ist als Besitzdiener jederzeit zur Herausgabe verpflichtet.[16] Demgegenüber begründet die Überlassung zur privaten Nutzung des PKW ein Besitzmittlungsverhältnis iSd § 868 BGB.[17] Der Anspruch auf private Nutzung des Fahrzeugs an sich, welche Arten von PKW-

---

[4] BAG 22.9.1960 – 2 AZR 507/59, AP BGB § 616 Nr. 27; Schaub ArbR-HdB/*Linck* § 98 Rn. 84.
[5] *Mölders* DB 1996, 213.
[6] Vgl. zur Privatnutzung eines Dienst-KFZ BAG 21.3.2012 – 5 AZR 651/10, NJW 2012, 1756.
[7] BFH 30.4.2009 – VI R 55/07, BeckRS 2009, 24003689; 5.5.1994 – VI R 55/92, DB 1994, 1802.
[8] Vgl. LAG Köln 20.3.1996 – 7 Sa 1017/95, AP BGB § 670 Nr. 26; vgl. aber auch BFH 21.11.2018 – VI R 10/17, DStR 2019, 665, zu einer sog. „Sensibilisierungswoche".
[9] MHdB ArbR/*Krause* § 67 Rn. 4.
[10] Musielak/Voit/*Flockenhaus* ZPO § 850e Rn. 14; BAG 24.3.2009 – 9 AZR 733/07, NZA 2009, 861.
[11] LAG Hamm 10.4.1991 – 2 (16) Sa 619/90, BB 1991, 1496.
[12] Vgl. dazu: *Nägele*, Der Dienstwagen, 2002.
[13] BAG 21.3.2012 – 5 AZR 651/10, NJW 2012, 1756; 24.3.2009 – 9 AZR 733/07, NZA 2009, 861.
[14] Schaub ArbR-HdB/*Linck* § 68 Rn. 30.
[15] MüKoBGB/*Spinner* § 611a Rn. 624.
[16] *Lohr* MDR 1999, 1353.
[17] *Becker-Schaffner* DB 1993, 2078 (2079).

Kategorien der Anspruch umfasst und wer den PKW auswählt, ist sinnvollerweise im Arbeitsvertrag zu regeln. Ist der Arbeitnehmer zur Auswahl berechtigt, sollte der Arbeitgeber eine obere Preisgrenze festlegen. Gehören Sachbezüge zum Arbeitsentgelt und sind sie nicht widerruflich, besteht demgemäß auch bei Nichtarbeit während Zeiten der Entgeltfortzahlungsverpflichtung der **Anspruch auf Nutzung** des Pkw (Urlaub, Krankheit, Freistellung, Mutterschutzfristen) fort.[18] Die Gewährung der Privatnutzung wird nur solange geschuldet, wie ein Vergütungsanspruch besteht.[19] Nach **Ende des Entgeltfortzahlungszeitraumes** erlischt das Recht des Arbeitnehmers auf private Nutzung des Fahrzeugs.[20] Wenn das Fahrzeug während der Arbeitsverhinderung des Arbeitnehmers anderweitig benötigt wird (beispielsweise von einer Ersatzkraft), kann sich aus der arbeitsvertraglichen Treuepflicht ergeben, dass es während dieser Zeit dem Arbeitgeber zur Verfügung gestellt werden muss.[21] Es setzt sich die Auffassung durch, dass der Arbeitnehmer in diesem Fall einen Anspruch auf Wertersatz hat.[22] Nach Ablauf des Zeitraumes der Entgeltfortzahlung ist der Arbeitgeber berechtigt, dem Arbeitnehmer den PKW entschädigungslos zu entziehen, sofern sich aus dem Arbeitsvertrag nichts anderes ergibt.[23] Die Verpflichtung zur Rückgabe des Fahrzeugs während der Nichtarbeit des Arbeitnehmers kann arbeitsvertraglich vereinbart werden, etwa für den Fall der (wirksamen) Freistellung des Arbeitnehmers nach Ausspruch einer Kündigung unter Fortzahlung der Vergütung.[24] Eine Klausel, die den Widerruf des Rechts zur Privatnutzung zulässt, ist nicht nur dann unbedenklich, wenn der Arbeitgeber sich zur Zahlung von Wertersatz verpflichtet, sondern auch dann, wenn den allgemeinen Anforderungen an einen Widerrufsvorbehalt Rechnung getragen ist. Dies ist insbesondere der Fall, wenn die Widerrufsgründe ausreichend deutlich bekannt sind, zB Freistellung während der Kündigungsfrist oder bei Kündigungserklärung. Steht nach dem Willen der Parteien erkennbar die dienstliche Nutzung eines Firmenfahrzeugs im Vordergrund, so kann nach vertraglicher Vereinbarung dem Arbeitnehmer die private Nutzungsmöglichkeit entzogen werden, wenn die Voraussetzungen für die Nutzung des Firmenfahrzeugs für Dienstreisen entfallen sind. Ein derartiger Widerrufsvorbehalt kann wirksam vereinbart werden.[25]

> **Formulierungsvorschlag vertragliche Dienstwagenklausel:**
>
> Der ArbGeb stellt dem ArbN für die Dauer des Arbeitsverhältnisses einen Dienstwagen (Marke, Typ, Baureihe, Preisspanne oÄ) zur Verfügung, den dieser auch zu Privatfahrten nutzen darf. Betriebs- und Unterhaltungskosten des Fahrzeugs trägt der Arbeitgeber. Die Versteuerung des geldwerten Vorteils für die private Nutzung geht zu Lasten des Arbeitnehmers. Entsteht eine Schadensersatzpflicht des Arbeitgebers wegen Nichtüberlassung/Entzug des Pkw bzw. des Arbeitnehmers wegen Nichtherausgabe des Pkw, gelten für die Höhe eines Schadensersatzanspruchs die Festlegungen über die Versteuerung des geldwerten Vorteils.

bb) Entzug des Fahrzeugs. Es steht den Arbeitsvertragsparteien frei, ein Widerrufsrecht des Arbeitgebers hinsichtlich der privaten Nutzung des Dienstfahrzeugs im Rahmen der allgemeinen Voraussetzungen für einen Widerrufsvorbehalt (→ § 25 Rn. 27 ff.) zu vereinbaren.[26] Das Transparenzgebot des § 307 Abs. 1 S. 2 BGB verbietet aber, dass der Vertrags-

---

[18] BAG 11.10.2000 – 5 AZR 240/99, NZA 2001, 445.
[19] BAG 14.12.2010 – 9 AZR 631/09, NZA 2011, 569, vgl. dazu auch: *Höser* BB 2012, 573 ff.
[20] BAG 14.12.2010 – 9 AZR 631/09, NZA 2011, 569; LAG Köln 29.11.1995 – 2 Sa 843/95, BeckRS 1995, 30908827; MHdB ArbR/*Krause* § 67 Rn. 7.
[21] MHdB ArbR/*Krause* § 67 Rn. 7; ErfK/*Preis* BGB § 611a Rn. 523.
[22] ErfK/*Preis* BGB § 611a Rn. 523; MHdB ArbR/*Krause* § 67 Rn. 7; ablehnend noch: MHdB ArbR/*Hanau*, 2. Aufl. 2000, § 70 Rn. 12; ArbG Braunschweig 5.9.1963 – 3 Ca 1114/63, WA 1964, 54.
[23] BAG 14.12.2010 – 9 AZR 631/09, NZA 2011, 569; *Meier* NZA 1997, 298; LAG Köln 29.11.1995 – 2 Sa 843/95, BeckRS 1995, 309088276; MHdB ArbR/*Krause* § 67 Rn. 7.
[24] BAG 21.3.2012 – 5 AZR 651/10, NJW 2012, 1756 Rn. 13; 17.9.1998 – 8 AZR 791/96, BeckRS 1998, 30371143.
[25] BAG 21.3.2012 – 5 AZR 651/10, NJW 2012, 1756.
[26] BAG 21.3.2012 – 5 AZR 651/10, NJW 2012, 1756 Rn. 13; 17.9.1998 – 8 AZR 791/96, BeckRS 1998, 30371143; *Lohr* MDR 1999, 1353 f.

partner im Unklaren über die konkreten Voraussetzungen der Ausübung eines Vorbehalts gelassen wird. Die Widerrufsgründe müssen deshalb in der Klausel benannt werden. Die Vereinbarung eines jederzeitigen Widerrufs nach freiem Ermessen verstößt gegen §§ 307, 308 Nr. 4 BGB.[27] Auch ein wirksamer Widerrufsvorbehalt darf nur nach billigem Ermessen iSd § 315 BGB ausgeübt werden.[28] Die Vereinbarung der entschädigungslosen Rückgabeverpflichtung des Wagens bei Freistellung des Arbeitnehmers ist vom 8. Senat vor der Schuldrechtsreform als zulässiger Widerrufsvorbehalt angesehen worden.[29] Dies sollte auch dann gelten, wenn der Arbeitgeber den Firmen-Pkw gar nicht benötigt. Bereits das Interesse des Arbeitgebers, den Firmenwagen dem Arbeitnehmer nach Ausspruch der Kündigung und während der Freistellung nicht zur privaten Nutzung zu überlassen, reiche aus, um die Ausübung des Widerrufsrechts nicht unbillig erscheinen zu lassen.[30]

9 Von dem Widerrufsvorbehalt abzugrenzen ist die Vereinbarung einer **Ersetzungsbefugnis** iSd § 365 BGB. Der Arbeitnehmer hat Anspruch auf ein gleichwertiges Fahrzeug. Will der Arbeitgeber den Dienstwagen in Fällen eines zulässigen Widerrufs der Nutzungserlaubnis gegen ein uU geringerwertiges Fahrzeug austauschen, bedarf es einer entsprechenden Klausel im Arbeitsvertrag. Vereinbaren die Parteien, dass der Arbeitgeber auch ein solches geringerwertiges Fahrzeug überlassen kann und lehnt der Arbeitnehmer dieses Fahrzeug ab, kann er keinen Schadensersatz geltend machen.[31]

Formulierungsvorschlag Entzug- und Ersetzungsbefugnisklausel:

10 Der Arbeitgeber behält sich vor,
- nach Kündigung des Arbeitsverhältnisses bei Freistellung des Arbeitnehmers, bei einer Arbeitsverhinderung von mehr als sechs Wochen oder bei Bestehen eines Beschäftigungsverbotes das Fahrzeug herauszuverlangen. In diesem Fall erhält der Mitarbeiter eine Nutzungsentschädigung in Höhe von …
- oder stattdessen das überlassene Fahrzeug in den vorgenannten Fällen gegen ein anderes, nicht notwendig gleichwertiges, auszutauschen. Lehnt der Mitarbeiter die Nutzung des Austauschfahrzeugs ab, stehen ihm keine Ersatzansprüche wegen eines Nutzungsausfalls zu.

11 *cc) Herausgabe/Nutzungsentschädigung.* Entzieht der Arbeitgeber den Dienstwagen rechtswidrig und schuldhaft, ist er dem Arbeitnehmer zum Schadensersatz verpflichtet.[32] Der Anspruch des Arbeitnehmers auf Nutzung des PKW besteht bis zur Beendigung des Arbeitsverhältnisses. Danach hat er das Fahrzeug herauszugeben, unabhängig davon, ob es rein dienstlich oder auch zur Privatnutzung überlassen wurde. Dies gilt selbst dann, wenn die Beendigung des Arbeitsverhältnisses streitig ist und der Arbeitnehmer die Kündigung durch eine Kündigungsschutzklage angefochten hat,[33] es sei denn, die Kündigung ist offensichtlich unwirksam.[34] Insoweit gelten die Grundsätze, die für den allgemeinen Anspruch auf tatsächliche Weiterbeschäftigung bei Kündigung entwickelt worden sind.[35] Die in ihrer Wirksamkeit bestrittene Kündigung ist solange als „schwebend wirksam" zu behandeln, bis sie erstinstanzlich gegebenenfalls für unwirksam erklärt wird. Erweist sich die Kündigung allerdings im Nachhinein als unwirksam, hat der Arbeitnehmer einen Schadensersatzanspruch nach § 280 Abs. 1, 3 BGB mit der Folge, dass der Arbeitgeber dem Arbeitnehmer den Wert der entgangen Möglichkeit der Privatnutzung zu erstatten hat.[36] Teilweise wird vertreten, es handele sich bei

---

[27] BAG 19.12.2006 – 9 AZR 294/06, NZA 2007, 809.
[28] BAG 21.3.2012 – 5 AZR 651/10, NZA 2012, 1756 Rn. 22; 17.9.1998 – 8 AZR 791/96, BeckRS 1998, 30371143 Rn. 31; 7.1.1971 – 5 AZR 92/70, AP BGB § 315 Nr. 12; ErfK/*Preis* BGB § 611a Rn. 522.
[29] BAG 17.9.1998 – 8 AZR 791/96, BeckRS 1998, 30371143.
[30] BAG 17.9.1998 – 8 AZR 791/96, BeckRS 1998, 30371143. Im Einzelfall ist bei der Rückforderung eine Auslauffrist einzuräumen, vgl. BAG 21.3.2012 – 5 AZR 651/10, NJW 2012, 1756 Rn. 23.
[31] LAG Sachsen 9.4.1997 – 10 Sa 936/96, BB 1997, 1693; s. auch *Meier* NZA 1997, 298.
[32] BAG 25.1.2001 – 8 AZR 412/00, BeckRS 2001, 30789401 Rn. 15; MHdB ArbR/*Krause* § 67 Rn. 9.
[33] ArbG Stuttgart 18.5.2010 – 16 Ga 50/10, sAnm *Eckert* DStR 2011, 2106.
[34] ArbG Wetzlar 1.8.1986 – 2 Ga 1/86, NZA 1987, 163.
[35] Vgl. dazu BAG 27.2.1985 – GS 1/84, NZA 1985, 702.
[36] BAG 25.1.2001 – 8 AZR 412/00, BeckRS 2001, 30789401 Rn. 15; MHdB ArbR/*Krause* § 67 Rn. 9.

dem Anspruch auf Nutzungsausfallentschädigung nicht um einen Schadensersatzanspruch wegen zu vertretender Unmöglichkeit, sondern um den von einem Naturallohnanspruch in einen Zahlungsanspruch umgewandelten Erfüllungsanspruch.[37] Nach dieser Rechtsprechung wird der Naturalvergütungsanspruch nicht zum Schadensersatzanspruch. Auf die Frage des Verschuldens bzw. Vertretenmüssens kommt es somit nicht an. Auch die Frage des Mitverschuldens des Arbeitnehmers stellt sich bei diesem Lösungsansatz nicht.[38]

Die **Berechnung der Nutzungsentschädigung** ist umstritten. Das BAG geht davon aus, dass der Arbeitnehmer seinen Schaden **abstrakt** berechnen darf, die **konkrete** Schadensberechnung allerdings Vorrang hat.[39] Wenn der Arbeitnehmer einen gleichwertigen privaten PKW nutzt, soll sich der Nutzungsausfallanspruch auf die konkret hierfür aufgewendeten Kosten (Wertverlust, Steuern, Versicherung, Kosten notwendiger und nützlicher Reparaturen und Wartungsarbeiten, Treibstoff) beschränken. Denn der Arbeitnehmer verfüge über einen gleichwertigen Pkw und habe damit keinen Nutzungsausfall erlitten.[40]

Im Fall der zulässigen **abstrakten Berechnung** der Nutzungsausfallentschädigung soll nach der aktuellen Rechtsprechung des BAG ein Arbeitgeber, der dem Arbeitnehmer einen auch zur privaten Nutzung überlassenen Dienst-PKW unberechtigt entzogen hat, nur zur Entschädigung in Höhe der steuerlichen Bewertung der privaten Nutzungsmöglichkeit (§ 6 Abs. 1 Nr. 4 EStG) verpflichtet sein.[41] Demnach sind für jeden Monat 1 % des inländischen Listenpreises im Zeitpunkt der Erstzulassung zzgl. der Kosten für Sonderausstattungen einschließlich Umsatzsteuer anzusetzen.[42] Zugunsten des Arbeitnehmers wird man auch dann von diesem Wert auszugehen haben, wenn dem Arbeitnehmer ein Auto mit elektrischem Antrieb zur Verfügung gestellt wird, für das derzeit nach § 6 Abs. 1 Nr. 4 S. 2 EStG steuerliche Privilegien gelten. Die Ermittlung der Schadenshöhe nach der Tabelle von *Sanden/Danner/Küppersbusch* ist nach Auffassung des BAG nicht möglich, da sich diese nicht am Wert der Gebrauchsmöglichkeiten des eigenen PKW, sondern an dem Wert eines Mietwagens orientiert und ausschließlich von der privaten Nutzung ausgeht.[43] Auch kann zur abstrakten Schadensbewertung nicht auf die ADAC-Kostentabellen zurückgegriffen werden, weil diese ebenfalls davon ausgehen, dass die Nutzung ausschließlich privat erfolgt. Bei dem Zusammentreffen dienstlicher und privater Nutzung kann ein Nutzungswert nicht in gleicher Höhe wie bei ausschließlich privater Nutzung unterstellt werden.[44]

Es erscheint auch unter Berücksichtigung der AGB-Kontrolle möglich, den Schadensersatzanspruch des Arbeitnehmers vertraglich zu regeln. Eine Schadensbegrenzungsklausel dürfte jedenfalls dann der Inhaltskontrolle Stand halten, wenn die Begrenzung sich an dem Schadenswert orientiert, der sich aus der steuerrechtlichen Bemessung ergeben würde.[45]

Formulierungsvorschlag Schadensbegrenzungsklausel:

Macht der Mitarbeiter Nutzungsentschädigungsansprüche wegen rechtswidrigen schuldhaften Entzugs des Dienstwagens geltend, erfolgt vorrangig eine konkrete Schadensberechnung, wenn der Mitarbeiter über ein eigenes Fahrzeug verfügt. Er muss in diesem Fall die Schadensposten belegen. Im Falle einer abstrakten Schadensberechnung wird eine Nutzungsentschädigung in Höhe der steuerlichen Bewertung der privaten Nutzung geleistet.

---

[37] BAG 2.12.1999 – 8 AZR 849/98, BeckRS 1999, 30781843; offengelassen in BAG 5.9.2002 – 8 AZR 702/01, NZA 2003, 973 Rn. 38 f. (mwN).
[38] *Meier* NZA 1999, 1083 (1084), zum Verhältnis § 615 BGB zu § 325 BGB; siehe auch Palandt/*Weidenkaff*, 79. Aufl. 2020, BGB § 615 Rn. 4.
[39] BAG 16.11.1995 – 8 AZR 240/95, NZA 1996, 415; s. auch *Lohr* MDR 1999, 1353 (1357).
[40] BAG 16.11.1995 – 8 AZR 240/95, NZA 1996, 415.
[41] BAG 21.3.2012 – 5 AZR 651/10, NZA 2012, 616 Rn. 26; 19.12.2006 – 9 AZR 294/06, NZA 2007, 809; 2.12.1999 – 8 AZR 849/98, BeckRS 1999, 30781843.
[42] *Lohr* MDR 1999, 1353 (1357); BAG 21.3.2012 – 5 AZR 651/10, NJW 2012, 1756 Rn. 26.
[43] BAG 27.5.1999 – 8 AZR 415/98, NZA 1999, 1038 Rn. 16; Gegenansicht: *Gruss* BB 1994, 71; *Becker-Schaffner* DB 1993, 2078 (2080 f.); *Schroeder* NZA 1994, 342 (344 f.).
[44] Anders noch LAG Rheinland-Pfalz 23.3.1990 – 6 Sa 32/90, BeckRS 1990, 30902596; BAG 23.6.1994 – 8 AZR 537/92, NJW 1995, 348: ADAC Kostentabelle, mablAnm *Nägele* BB 1994, 2277.
[45] So vor Geltung des AGB-Rechts im Arbeitsrecht *Lohr* MDR 1999, 1353 (1357).

15 Im **Bereich der betrieblichen Altersversorgung** kann der Nutzungswert im Einzelfall Berücksichtigung finden, wenn es um die Bestimmung des ruhegeldfähigen Einkommens in der Versorgungsordnung geht, etwa wenn in der Versorgungszusage pauschal von „den zuletzt gewährten Bezügen" die Rede ist und sich aus anderen Bestimmungen kein Ausschluss der Sachleistungen ergibt.[46] Die private Nutzung eines Dienstwagens ist hingegen kein ruhegeldfähiges Einkommen, wenn die Versorgungsordnung den Begriff des ruhegeldfähigen Einkommens eng fasst, um die Bemessungsgrundlage von Zufälligkeiten und Einflussnahmen des Arbeitnehmers freizuhalten. Werden dort zum Beispiel Zuschläge und Urlaubsgeld ausgeklammert, ist auch der Wert der Privatnutzung des Dienstwagens nicht ruhegehaltfähig.[47] Als Sachbezug wird der geldwerte Vorteil für die Privatnutzung des Dienstwagens in aller Regel nicht vom Begriff des „Bruttomonatsgehalts" umfasst.[48]

16 **b) Dienstwohnung.** Die Überlassung einer Wohnung ist nur dann Sachbezug, wenn sie als Gegenleistung für geleistete Dienste des Arbeitnehmers gewährt wird, dieser jedoch mit Rücksicht auf das Arbeitsverhältnis keine besondere oder nur eine weit unter der ortsüblichen Miete liegende Vergütung für die Wohnung zu entrichten hat.[49]

17 Eine solche **Werkdienstwohnung** ist dadurch gekennzeichnet, dass ihre Nutzung arbeitsvertraglich vereinbart ist und Lohnbestandteil sein soll. Zu unterscheiden ist die Werkdienstwohnung von der Werkmietwohnung iSd §§ 576 ff. BGB, bei der über das Arbeitsverhältnis und das Mietverhältnis zwei getrennte von einander unabhängige Verträge vorliegen und der Arbeitnehmer für die Wohnung seinerseits Miete zahlen muss.[50] Handelt es sich um eine Werkdienstwohnung, kann das Mietverhältnis nicht unter Fortbestand des Arbeitsverhältnisses gekündigt werden. Aufgrund des einheitlichen Vertragsverhältnisses stellt dies eine unzulässige Teilkündigung dar.[51]

18 Die Veränderung des als Teil des Nutzungsentgelts einbehaltenen Vergütungsbestandteils ist als Eingriff in die Arbeitsvergütung des Arbeitnehmers nur durch Änderungsvertrag oder Änderungskündigung möglich.[52]

19 Das Recht zur Nutzung der Wohnung verliert der Arbeitnehmer mit Beendigung des Arbeitsverhältnisses. Aufgrund von § 576b BGB sind die Mieterschutzvorschriften jedoch entsprechend anwendbar, wenn der Arbeitnehmer die Wohnung mit seiner Familie bewohnt oder überwiegend mit eigenen Einrichtungsgegenständen ausgestattet hat, mit der Folge, dass das Mietverhältnis dann nur unter den mietrechtlichen Voraussetzungen und Fristen gelöst werden kann. Ausschließlich zuständig für Rechtsstreitigkeiten in Bezug auf Werkdienstwohnungen sind gem. § 2 Abs. 1 Nr. 3a ArbGG die Arbeitsgerichte.[53] Demgegenüber sind bei Werkmietwohnungen gem. § 29a ZPO die Amtsgerichte zuständig.

20 **c) Personalrabatte.** Personalrabatte stellen eine wichtige Form der Naturalvergütung dar und gehören ebenfalls zum Arbeitsentgelt.[54] Unter ihnen versteht man die Einräumung von Preisnachlässen beim Kauf von im Unternehmen hergestellten oder von dort vertriebenen Produkten bzw. erbrachten Dienstleistungen. Nur teilweise wird die Einordnung von Personalrabatten als Arbeitsentgelt mit dem Hinweis abgelehnt, ihnen stehe keine messbare Arbeitsleistung gegenüber.[55] Dies ist jedoch für den Entgeltcharakter nicht zwingend notwendig. Entscheidend ist vielmehr, dass mit Preisnachlässen oder sonstigen Vorteilen, welche Arbeitnehmern gewährt werden, die erbrachte oder zu erbringende Arbeitsleistung der Arbeitnehmer allgemein abgegolten werden soll, ebenso wie fortlaufende Betriebstreue. Solche

---

[46] *Lohr* MDR 1999, 1353 (1353 f.).
[47] Vgl. BAG 14.8.1990 – 3 AZR 321/89, NZA 1991, 104.
[48] BAG 21.1.2014 – 3 AZR 362/11, BeckRS 2014, 68285 Rn. 43; 13.11.2012 – 3 AZR 557/10, BeckRS 2014, 69180 Rn. 29.
[49] Schaub ArbR-HdB/*Koch* § 81 Rn. 28.
[50] Tschöpe AnwHdB ArbR/*Straube/Rasche* Teil 2 A Rn. 518; s. auch BAG 2.11.1999 – 5 AZB 18/99, NZA 2000, 277 Rn. 12; s. auch LAG Köln 12.7.2018 – 9 Ta 102/18, BeckRS 2018, 16353.
[51] BAG 23.8.1989 – 5 AZR 569/88, NZA 1990, 191.
[52] ArbG Hannover 14.11.1990 – 10 Ca 379/90, BB 1991, 554.
[53] BAG 2.11.1999 – 5 AZB 18/99, NZA 2000, 277; 24.1.1990 – 5 AZR 749/87, NZA 1990, 539.
[54] ErfK/*Preis* BGB § 611a Rn. 519 mwN.
[55] LAG Bremen 28.7.1987 – 1 Sa 155/86, NZA 1987, 815.

Leistungen fallen unter den Begriff des Arbeitsentgelts.[56] Dies entspricht auch der lohnsteuerrechtlichen Bewertung von Personalrabatten.[57] Die Einräumung eines sog. Personalrabatts steht regelmäßig unter dem vertraglichen Vorbehalt, dass der Arbeitgeber die preisgeminderten Waren selbst herstellt. Ein Anspruch des Arbeitnehmers auf verbilligten Bezug dieser Waren geht daher nicht ohne weiteres nach § 613a Abs. 1 S. 1 BGB bei einem (Teil-)**Betriebsübergang** über.[58] Personalrabatte können auch nach dem Eintritt in den Ruhestand weiter gewährt werden.[59] Die Zusage von Personalrabatten kann unter Vereinbarung eines Widerrufsvorbehaltes erfolgen. Hat der Arbeitgeber jedoch Personalrabatte zugesagt, ohne sich den Widerruf vorzubehalten, so kann er die Vergünstigung nicht ohne weiteres einstellen.[60] In der Automobilbranche ist es üblich, Fahrzeuge an Mitarbeiter verbilligt abzugeben (**Werksangehörigenrabatt**). In den hierbei regelmäßig vereinbarten Nachzahlungsklauseln verpflichten sich die Arbeitnehmer gegenüber dem Arbeitgeber bei Ausscheiden aus dem Unternehmen vor Ablauf einer bestimmten Bindungsfrist die zum vollen Kaufpreis bestehende Differenz zu zahlen.[61] Schon nach der früheren Rechtslage war das AGB-Gesetz auf diese PKW-Kaufverträge mit Arbeitnehmern anwendbar.[62] Dies gilt erst recht, nachdem der Anwendungsbereich der Normen über die Kontrolle Allgemeiner Geschäftsbedingungen auf das Arbeitsrecht (§ 310 Abs. 4 BGB) erweitert worden ist.[63] Eine in einem solchen Kaufvertrag enthaltene **Rückzahlungsklausel** für den Fall vorzeitigen Ausscheidens aus dem Arbeitsverhältnis hält dem Transparenzgebot des § 307 BGB nicht stand, wenn die Höhe des Personalrabattes im PKW-Kaufvertrag nicht angegeben ist.[64] Im Übrigen richtet sich die Wirksamkeit von derartigen Klauseln danach, ob sie eine Kündigungserschwerung enthalten. Hierbei ist zu beachten, dass die bei Rückzahlungsklauseln von Weihnachtsgratifikationen anerkannte Staffelung nicht übertragbar ist.[65]

21 Steuerpflichtiger für den in dem Rabatt enthaltenen Geldwert ist der Arbeitnehmer, es sei denn es wurde diesbezüglich explizit eine anderslautende Regelung getroffen.[66]

22 Zuständig für Streitigkeiten im Zusammenhang mit Personalrabatten sind gemäß § 2 Abs. 1 Nr. 4a ArbGG die Arbeitsgerichte.[67]

23 **d) Deputate.** Zur Naturalvergütung zählen ferner die Ansprüche der Arbeitnehmer auf die Leistung von Deputaten. Ein Deputatanspruch hat, sofern die ihn tragende Regelung nichts anderes besagt, die Lieferung von Gütern aus der eigenen Produktion des Arbeitgeberbetriebes an den Arbeitnehmer zum Inhalt.[68] Dazu zählen zB Hausbrandlieferungen im Bergbau, der „Haustrunk" in Brauereien, Stromlieferungen von Energieunternehmen und die früher übliche Überlassung von landwirtschaftlichen Erzeugnissen in der Landwirtschaft, aber auch die Möglichkeit des vergünstigten Erwerbs von Flugleistungen durch Angestellte einer Fluggesellschaft.[69] Es ist früher angenommen worden, der Anspruch auf Hausbrandkohle wurzele letztlich in der Fürsorgepflicht des Arbeitgebers, der nach altem Herkommen die Versorgung der aktiven und invaliden bzw. pensionierten Bergbauarbeiter übernimmt.[70] Dies ändert nichts am Charakter einer Naturalvergütung.[71] Probleme bereitet der Hausbrandanspruch auf Grund der Umstellung der Kohleheizung auf andere Energiequellen. Die tarifliche Umgestaltung des Deputatanspruchs von der Lieferung von Haus-

---

[56] Schaub ArbR-HdB/*Linck* § 68 Rn. 16; BAG 7.9.2004 – 9 AZR 631/03, NZA 2005, 941 Rn. 38.
[57] ErfK/*Preis* BGB § 611a Rn. 519; BFH 2.10.1968 – VI R 64/68, BeckRS 1968, 21001199.
[58] BAG 13.12.2006 – 10 AZR 792/05, NZA 2007, 325; 7.9.2004 – 9 AZR 631/03, NZA 2005, 941.
[59] BAG 11.12.1996 – 5 AZR 336/95, NZA 1997, 442.
[60] BAG 14.6.1995 – 5 AZR 126/94, NZA 1995, 1194.
[61] Tschöpe AnwHdB ArbR/*Straube/Rasche* Teil 2 A Rn. 518a.
[62] BAG 26.5.1993 – 5 AZR 219/92, NZA 1993, 1029.
[63] ErfK/*Preis* BGB § 611a Rn. 520.
[64] So schon BAG 26.5.1993 – 5 AZR 219/92, NZA 1993, 1029 für § 9 AGBG.
[65] MHdB ArbR/*Krause* § 67 Rn. 13.
[66] BAG 19.12.1963 – 5 AZR 174/63, NJW 1964, 837.
[67] Tschöpe AnwHdB ArbR/*Straube/Rasche* Teil 2 A Rn. 536; MHdB ArbR/*Krause* § 67 Rn. 14.
[68] BAG 14.12.1977 – 5 AZR 673/76, DB 1978, 846.
[69] BAG 13.12.2006 – 10 AZR 792/05, NZA 2007, 325.
[70] BAG 14.12.1977 – 5 AZR 673/76, DB 1978, 846; *Boldt*, Das Recht des Bergmanns, S. 368 f.
[71] BAG 24.10.1979 – 5 AZR 1088/77, DB 1980, 1126.

brandkohle zu einer Zuwendung von Energiebeihilfe im Zuge der Energiewende war ein zulässiger Schritt.[72] Die Bezugsberechtigten, deren Verwendungsmöglichkeit für Kohle infolge dieser Umstellung ersatzlos weggefallen ist, können unter Umständen eine Barabgeltung ihres Hausbrandanspruches verlangen.[73] Zuständig für Streitigkeiten aus der Lieferung sind die Zivilgerichte, wenn die aus dem Arbeitsverhältnis herrührenden Ansprüche auf Sachleistungen durch Barabgeltung abgelöst und damit erloschen sind, aber die Lieferung der gleichen Ware oder Dienste gegen Zahlung eines Entgelts fortgesetzt wird.[74] Rechte und Pflichten hinsichtlich der weiteren Belieferung sind dann aus dem Arbeitsverhältnis herausgelöst und allgemeinen zivilrechtlichen Regeln unterstellt worden.

24 e) **Trinkgelder.** Naturalbezug eines Arbeitnehmers kann auch die Verschaffung einer Verdienstmöglichkeit sein, insbesondere die Möglichkeit, Trinkgelder in Empfang zu nehmen. Hingegen stellen die Trinkgelder an sich, welche die Gäste dem Bedienungspersonal in der Gastronomie freiwillig aushändigen (§ 107 Abs. 3 GewO), keine zum Arbeitsentgelt gehörenden Sachbezüge dar.[75] Nur bei entsprechender arbeitsvertraglicher Vereinbarung können Trinkgelder Vergütungsbestandteil und damit Anspruchsinhalt des Arbeitnehmers gegen den Arbeitgeber sein. In diesem Fall ist das Trinkgeld zwar Vergütungsbestandteil, es findet jedoch keine Anrechnung auf das tarifliche Mindesteinkommen statt.[76] Der Arbeitgeber ist deshalb auch nicht verpflichtet, während einer Krankheit oder des Urlaubs des Arbeitnehmers das Trinkgeld fortzuzahlen.[77] Bei im Spielbankenbereich anzutreffenden **Tronc-Systemen** wird die Vergütung ausschließlich aus dem Trinkgeldaufkommen bestritten.[78] Der Inhalt des Tronc darf nur für Personalaufwendungen verwendet werden, auch für Arbeitgeberanteile zur Sozialversicherung,[79] auch zur Entgeltfortzahlung anderer Mitarbeiter im Krankheitsfall,[80] jedoch nicht für andere Zwecke, zB Schwerbehindertenabgabe, und auch nicht für Sachaufwendungen des Betriebsrats.[81] Freiwillige vom Kunden gezahlte Trinkgelder sind gemäß § 3 Nr. 51 EStG steuerfrei.

25 f) **Sozialversicherungsrechtliche Aspekte.** Naturalbezüge sind als geldwerter Vorteil dem Arbeitsentgelt im Sinne von Art. 14 Abs. 1 SGB IV zuzurechnen. Zur Vereinfachung der Ermittlung des Sozialversicherungsbeitrages ist seit 2007 die **Sozialversicherungsentgeltverordnung – SvEV**[82] heranzuziehen, die die Sachbezugsverordnung abgelöst hat. Diese hat den Zweck, den Wert der Sachbezüge nach dem tatsächlichen Verkehrswert im Voraus für jedes Kalenderjahr zu bestimmen. Die Sozialversicherungsentgeltverordnung unterscheidet weiterhin zwischen dem Sachbezug der freien Verpflegung, Unterkunft und Wohnung sowie sonstigen Sachbezügen. Bei der freien Verpflegung, Unterkunft und Wohnung werden in § 2 SvEV als Werte amtliche Sachbezugswerte festgesetzt. Diese gelten auch dann, wenn in Tarifvertrag, Betriebsvereinbarung oder Arbeitsvertrag andere Werte eingesetzt sind.[83] Wohnung im Sinne der SvEV ist eine in sich geschlossene Einheit von Räumen, in denen ein selbstständiger Haushalt geführt werden kann. Sind diese Voraussetzungen nicht erfüllt, handelt es sich um Unterkünfte. Bei den sonstigen Sachbezügen ist gemäß § 3 SvEV grundsätzlich der um übliche Preisnachlässe geminderte übliche Endpreis am Abgabeort anzusetzen. Gemäß § 3 Abs. 1 S. 2 bis 4 SvEV gelten für einige der „sonstigen Sachbezüge" die gemäß § 8 Abs. 2 EStG festgesetzten Durchschnittswerte. Trinkgelder sind sozialversiche-

---

[72] LAG Hamm 2.7.2019 – 9 Sa 1173/17, BeckRS 2019, 29444; BVerfG 20.2.2020 – 1 BvR 2071/18, BeckRS 2020, 7003.
[73] So bereits BAG 24.10.1979 – 5 AZR 1088/77, DB 1980, 1126.
[74] BAG 14.6.1983 – 3 AZR 619/80, nv – für Fernwärmelieferung.
[75] BAG 28.6.1995 – 7 AZR 1001/94, NZA 1996, 252.
[76] Schaub ArbR-HdB/*Linck* § 68 Rn. 20; ähnlich in Bezug auf den Mindestlohn: *Sagan* NJW 2019, 1977 (1980).
[77] BAG 28.6.1995 – 7 AZR 1001/94, NZA 1996, 252.
[78] Küttner Personalbuch 2020/*Griese* Trinkgeld Rn. 4.
[79] BAG 3.3.1999 – 5 AZR 363/98, NZA 1999, 884.
[80] Zur personenbedingten Kündigung in solchen Fällen: BAG 8.11.2007 – 2 AZR 292/06, NZA 2008, 593; s. auch BAG 20.3.2014 – 2 AZR 825/12, NZA 2014, 1089 Rn. 24 f.
[81] BAG 11.3.1998 – 5 AZR 567/96, NZA 1999, 387; 14.8.2002 – 7 ABR 29/01, NZA 2003, 626.
[82] 21.12.2006, BGBl. 2006 I 3385; s. dazu *Marburger* PersV 2007, 387.
[83] Schaub ArbR-HdB/*Linck* § 68 Rn. 25.

rungsrechtlich kein Arbeitsentgelt und somit beitragsfrei. Beteiligt ein liquidationsberechtigter Chefarzt eines Universitätsklinikums Mitarbeiter an der aus der Privatbehandlung bezogenen Vergütung, enthalten die gezahlten Beträge regelmäßig auch die Arbeitgeberanteile zur Sozialversicherung.[84]

g) **Steuerrechtliche Aspekte.** Naturalbezüge sind grundsätzlich steuerpflichtig. Sie sind abzugrenzen von bloßen, steuerfreien Annehmlichkeiten. Um steuerpflichtige Sachbezüge handelt es sich bei auf Grund des Dienstverhältnisses gewährten, aber nicht in Geld bestehenden Leistungen des Arbeitgebers. Die **steuerliche Bewertung von Sachbezügen** erfolgt nach dem Vorteilscharakter der Leistung für den Begünstigten, **§ 8 Abs. 2 EStG**. Bei den einzelnen Bewertungsarten sind die Bewertung mit dem üblichen Endpreis am Abgabeort gemäß § 8 Abs. 2 S. 1 EStG, die Sonderbewertung bei der unentgeltlichen Überlassung von PKW zur privaten Nutzung gemäß § 8 Abs. 2 S. 2 ff. EStG, die Pauschalbewertung mit Durchschnittswerten bei Arbeitnehmern, deren Sachbezüge unter eine auf Grund von Art. 17 Abs. Nr. 3 SGB IV geschaffene Rechtsverordnung fallen, die Regelung nach § 8 Abs. 2 S. 6–8 EStG und die Sonderbewertung von Personalrabatten mit einer Wertfiktion gemäß § 8 Abs. 3 EStG zu unterscheiden. 26

Gemäß § 8 Abs. 2 S. 11 EStG müssen Sachbezüge, die nach § 8 Abs. 2 S. 1 EStG bewertet werden, nicht erfasst werden, wenn ihr Wert einen bestimmten Betrag (2020: 44 EUR im Kalendermonat) nicht übersteigt.[85] 27

Es handelt sich nicht um einen Freibetrag, sondern eine sog. **Freigrenze,** weil bereits bei einem geringfügigen Überschreiten nicht nur der übersteigende, sondern der gesamte Betrag zu erfassen ist.[86] Sachbezüge, für die Werte nach der SvEV oder von der Verwaltung bestimmte Durchschnittswerte gelten, bei denen die Personalrabattsregelung des § 8 Abs. 3 EStG anwendbar ist, die nach § 19a Abs. 8 EStG zu bewerten sind und die Fahrzeugnutzung iSd § 8 Abs. 2 S. 2 ff. EStG fallen nicht unter diese Freigrenze. 28

Gemäß § 8 Abs. 3 S. 2 EStG sind die in einem Kalenderjahr gewährten Personalrabatte insgesamt bis zu einer bestimmten Summe (2020: 1.080 EUR im Kalenderjahr) steuerfrei. 29

II. Leistungsbezogene Entgelte

1. Akkordlohn

Der Leistungslohn wird unabhängig von der tatsächlich benötigten Zeit nach dem erzielten Arbeitserfolg bemessen.[87] Hingegen ist **Bezugsgröße** für den Arbeitserfolg beim Akkordlohn die **geleistete Arbeitsmenge.** Das kann die Zahl be- oder verarbeiteter Gegenstände sein (Stückakkord), das Gewicht transportierten oder verarbeiteten Materials oder das Ausmaß bestimmter bearbeiteter Flächen oder Gegenstände (Flächen- oder Maßakkord). In Anbetracht der Tatsache, dass es nicht auf die Arbeitszeit, sondern auf den innerhalb der Zeit erzielten Leistungserfolg ankommt, hat der Arbeitnehmer die Möglichkeit, die Vergütungshöhe entsprechend dadurch zu beeinflussen, dass er schneller oder langsamer arbeitet. Dies bringt die Möglichkeit mit sich, die Vergütung zu steigern, während der Arbeitgeber den Vorteil besserer Ausnutzung von Anlagen und Kapital erzielt. Es bleibt die Gefahr, dass der Arbeitnehmer auf diese Weise veranlasst wird, sich aus finanziellen Gründen zu überfordern. Deshalb ist Akkordarbeit für Jugendliche (§ 23 Abs. 1 Nr. 1 JArbSchG) und Schwangere (§ 4 Abs. 3 S. 1 Nr. 1 MuSchG) verboten. 30

Bei der Errechnung des Akkordlohns wird zwischen Geld- und Zeitakkord unterschieden. Der historisch ältere **Geldakkord** besteht in der Zusage eines bestimmten Geldbetrages pro Leistungseinheit. Durch Multiplikation der Zahl der vom Arbeitnehmer erbrachten Leistungseinheiten mit dem Geldbetrag errechnet sich sein Vergütungsanspruch. Der Nachteil dieser Akkordform liegt darin, dass die für die Entgeltbemessung entscheidende Größe, 31

---

[84] BAG 28.9.2005 – 5 AZR 408/04, NZA-RR 2006, 329.
[85] Instruktiv dazu die Ausführungen in: LAG Hamburg 9.2.2016 – 4 Sa 47/15, BeckRS 2016, 68315 Rn. 24.
[86] Küttner Personalhandbuch 2020/*Thomas* Sachbezug Rn. 16.
[87] Dazu: BAG 15.5.2001 – 1 ABR 39/00, NZA 2001, 1154.

nämlich die Zeit, die für die Erbringung der Leistungseinheit der Berechnung zugrunde gelegt wird, nicht offen ausgewiesen wird. Die Anpassung des Geldakkords stößt daher bei Lohnerhöhungen auf Schwierigkeiten.

32 Beim **Zeitakkord** werden hingegen die beiden Elemente getrennt ausgewiesen. Der Zeitfaktor (Vorgabezeit) ist die von einem Arbeitnehmer normalerweise für die Erbringung der Leistungseinheit benötigte Zeit. Der Geldfaktor ist der normale Verdienst eines Akkordarbeitnehmers pro Arbeitsminute. Die Ermittlung dieses normalen Verdienstes geht vom Akkordrichtsatz aus, der sich daraus errechnet, dass zum Tarifstundenlohn eines nicht im Akkord beschäftigten Arbeitnehmers (Akkordbasis) ein **Zuschlag (Akkordzuschlag)** gemacht wird, der regelmäßig 15 % beträgt. Der Akkordlohn ergibt sich sodann aus der Multiplikation von Arbeitsmenge, Zeitfaktor und Geldfaktor.

Beispiel:[88]
Der tarifliche Stundenlohn (Akkordbasis) beträgt 10,00 EUR, der Akkordrichtsatz 115 % = 11,50 EUR. Der Geldfaktor ist dann 11,50 EUR : 60 = 0,192 EUR. Wenn der Zeitfaktor pro Leistungseinheit 2 Minuten beträgt, so erhält der Arbeitnehmer pro Leistungseinheit 2 × 0,192 EUR = 0,384 EUR. Arbeitet der Arbeitnehmer der Zeitvorgabe entsprechend genau 2 Minuten pro Leistungseinheit, so schafft er 30 Leistungseinheiten je Stunde und verdient in der Stunde 30 × 0,384 EUR = 11,52 EUR, also den Betrag des Akkordrichtsatzes. Wenn der Arbeitnehmer hingegen pro Stunde statt 30 zB 40 Leistungseinheiten schafft, so verdient er 40 × 0,384 EUR = 15,36 EUR. Ein Vorteil des Zeitakkords liegt darin, dass bei Tariferhöhungen nur der Geldfaktor geändert werden muss, während der Zeitfaktor, der arbeitswissenschaftlich bestimmt wird und kaum Gegenstand von Tarifverhandlungen sein kann, unbeeinflusst bleibt.

2. Prämienlohn

33 Prämienlohnsysteme sind mit dem Akkord verwandt. Es muss ein zur Arbeitsleistung in Bezug stehendes **Ergebnis oder** ein **Erfolg** erreicht werden. Prämien können für die Arbeitsmenge (Mengenprämie), ebenso für die Qualität des Arbeitsproduktes (Güteprämie), die Einhaltung von Zeiten (Terminprämie) oder für die Materialsparsamkeit bei der Arbeit (Ersparnisprämie) gezahlt werden. Die Prämienvergütung bietet dabei die Möglichkeit einer variablen Anpassung an die betrieblichen Gegebenheiten. Die Interessenlage des Arbeitgebers einerseits und das Schutzbedürfnis des Arbeitnehmers anderseits können in unterschiedlicher Art berücksichtigt und in Übereinstimmung gebracht werden, indem die Prämienleistungskurve nicht nur linear, sondern auch degressiv oder progressiv gestaltet werden kann.[89] Prämienlohn ist wie Akkordlohn für Jugendliche und für Arbeitnehmerinnen im Mutterschutz verboten, soweit die Prämie die höhere Arbeitsgeschwindigkeit honoriert, vgl. § 23 Abs. 1 JArbSchG und § 11 Abs. 6 MuSchG.

3. Leistungslohn

34 Leistungsbezogene Entgelte (oder deren Teile, wie zB Zulagen) sind nach der ständigen Rechtsprechung des BAG solche Vergütungen, bei denen die Leistung des Arbeitnehmers gemessen und mit einer Bezugsleistung verglichen wird, und bei denen sich die Höhe der Vergütung unmittelbar nach dem Verhältnis beider Leistungen zueinander bestimmt.[90] Eine Leistungsprämie, bei der allein die in einem Beurteilungszeitraum von drei Monaten erbrachte Leistung die Höhe der Vergütung in den folgenden zwölf Monaten bestimmt, ist hingegen kein leistungsbezogenes Entgelt (iSd § 87 Abs. 1 Nr. 11 BetrVG). Es fehlt an der Vergleichbarkeit einer leistungsbezogenen Vergütungsform mit Akkord- und Prämienlohn, wenn eine in der Vergangenheit kurzfristig gezeigte Mehrleistung später unabhängig von der dann jeweils aktuellen Arbeitsleistung die Höhe des Entgelts bestimmt. In diesen Fällen fehlt eine **kontinuierliche Messung der Arbeitsleistung** und ein darauf bezogener Leistungsanreiz und Leistungsdruck, über dessen Angemessenheit der Betriebsrat zum Schutz des Arbeitnehmers vor Überlastung mitbestimmen soll.[91]

---

[88] Nach GmbH-Handbuch/*Moll* Rn. IV 215.2 (Stand 2016).
[89] *Moll,* Die Mitbestimmung des Betriebsrats beim Entgelt, 1977, S. 54 mwN.
[90] BAG 26.7.1988 – 1 AZR 54/87, NZA 1989, 109; 29.2.2000 – 1 ABR 4/99, NZA 2000, 1066.
[91] BAG 15.5.2001 – 1 ABR 39/00, NZA 2001, 1154.

Eine Sonderform des Leistungslohns findet sich im Bergbau in der Form des Gedinge- 35
lohns.[92] Er reicht bis ins Mittelalter zurück und ist heute im Einzelnen tarifvertraglich geregelt.[93]

III. Ergebnisbezogene Entgelte

1. Provision

Provision ist eine in Prozenten ausgedrückte Beteiligung des Arbeitnehmers am Wert von 36
Geschäften, die auf seine Tätigkeit zurückzuführen sind. Es handelt sich um den klassischen Fall einer erfolgsabhängigen Vergütung mit der nicht nur an die Arbeitsleistung sondern an einen Erfolg angeknüpft wird. Mit der Provision wird der Arbeitnehmer am Wert solcher Geschäfte beteiligt, die er entweder vermittelt hat oder die in einem bestimmten **Bezirk** oder mit bestimmten **Kunden** abgeschlossen werden.[94] Regelmäßig wird die Provision neben einer Grundvergütung gewährt. Nicht selten muss diese Grundvergütung „ins Verdienen" gebracht werden, also durch Provisionen abgedeckt werden. Wird jedoch ein bestimmtes Mindesteinkommen garantiert, ist die Verrechnung von Minderverdiensten in einem Monat mit Verdienstspitzen in einem anderen Monat regelmäßig ausgeschlossen.[95]

Bei der Abschluss- bzw. Vermittlungsprovision wird an die von dem Arbeitnehmer per- 37
sönlich abgeschlossenen oder vermittelten Geschäfte angeknüpft. Die Gebietsprovision bringt eine Beteiligung des Arbeitnehmers an allen in einem bestimmten Gebiet zustande gekommenen Geschäften. Die Provision ist die typische Vergütung der Handelsvertreter und Außendienstmitarbeiter. Nach § 65 HGB sind die für Handelsvertreter geltenden Vorschriften (§ 87 Abs. 1 und 3 HGB sowie §§ 87a–c HGB) auf Arbeitnehmer entsprechend anwendbar.

Ob der Anspruch eines Arbeitnehmers auf eine Überhangprovision nach § 87 Abs. 1 S. 1 38
HGB abbedungen werden kann, wie dies nach Auffassung des BGH beim freien Handelsvertreter individualvertraglich zulässig sein soll,[96] wird vom BAG in Zweifel gezogen. Jedenfalls ist eine vorformulierte Klausel, wonach dem Arbeitnehmer nach Beendigung des Arbeitsverhältnisses lediglich die Hälfte der vereinbarten Provision als Überhangprovision zustehen soll, gem. § 307 Abs. 1 BGB unwirksam.[97]

Die als **Umsatzprovision** bezeichnete Vergütung knüpft an die Geschäftsumsätze des Ar- 39
beitgebers an, ggf. auf bestimmte Geschäfts- und Produktbereiche beschränkt. Grundlage dieser Vergütung ist nicht der konkret vom Arbeitnehmer veranlasste Erfolg, sondern das Ergebnis des Gesamtunternehmens. Es handelt sich also nicht um eine Provision im engeren Sinne.

2. Tantieme

Eine Tantieme ist eine Erfolgsbeteiligung des Arbeitnehmers am **Geschäftsergebnis** des 40
Unternehmens. Sie kann je nach Vereinbarung an den in der Handelsbilanz ausgewiesenen Gewinn, an den ausgeschütteten Gewinn, den Umsatz, an bestimmte Kostenersparnisse oder an definierte Produktionsergebnisse anknüpfen. Mischformen sind in der Praxis nicht selten. Bei Leitenden Angestellten ist die Gewinnbeteiligung in Form einer Tantieme häufige Praxis.

Die einem leitenden Angestellten zugesagte Beteiligung am Jahresgewinn des von ihm ge- 41
führten Betriebs (Tantieme) ist eine Erfolgsvergütung. Der Anspruch erlischt, wenn der An-

---

[92] Vgl. dazu näher Schaub ArbR-HdB/*Vogelsang* § 67 Rn. 57 ff.
[93] ZB MTV Steinkohlebergbau NRW v. 14.11.1989.
[94] GmbH-Handbuch/*Reufels* Rn. IV 215; Schaub ArbR-HdB/*Vogelsang* § 75 Rn. 17.
[95] BAG 22.9.1975 – 3 AZR 114/75, VersR 1976, 1188; LAG Hamm 3.11.2009 – 14 Sa 1690/08, BeckRS 2010, 67194.
[96] BGH 11.7.1960 – VII ZR 225/59, NJW 1960, 1996, vgl. aber auch 21.10.2009 – VIII ZR 286/07, NJW 2010, 298.
[97] BAG 20.2.2008 – 10 AZR 125/07, NZA 2008, 1124.

gestellte während des gesamten Geschäftsjahres arbeitsunfähig erkrankt ist und keine Entgeltfortzahlung beanspruchen kann.[98]

42 Eine zusätzlich zum Gehalt gewährte prozentuale Beteiligung an dem von dem Angestellten erzielten Umsatz ist keine widerrufbare Sonderleistung, sondern Teil des Entgelts für die vertraglich geschuldete Arbeitsleistung. Die Vereinbarung, dass diese Umsatzbeteiligung im Folgejahr in monatlichen gleichen Raten ausgezahlt werden soll, regelt nur die Leistungszeit. Sie bewirkt nicht, dass der Anspruch untergeht, wenn das Arbeitsverhältnis im folgenden Jahr nicht mehr besteht.[99]

IV. Zielabhängige variable Vergütung

1. Begriff

43 Die Bemessung von Provisionen und Tantiemen ist regelmäßig unmittelbar an eine bestimmte Größe (zB generierter Umsatz, Handelsergebnis) gebunden. Der Erfolg eines Unternehmens lässt sich jedoch, selbst wenn man nur auf den finanziellen Erfolg abstellt, meist nicht allein an einer einzelnen Größe messen. Hoher Umsatz allein ist genauso wenig Garant für den Erfolg eines Unternehmens wie die – oft nur einmalig und aufgrund von Sondereffekten – erreichten Ergebniszahlen. Anderseits kann ein einzelner Mitarbeiter durchaus auch dann erfolgreich gewesen sein, wenn das Unternehmen insgesamt ein „schlechtes Jahr" hatte. Immer häufiger wird Arbeitnehmern deswegen neben oder anstelle von Teilen der festen Grundvergütung eine variable Vergütung gewährt, deren Höhe von dem **Grad der Erreichung von Zielen** abhängig gemacht wird. Vergütungssysteme mit Zielvorgaben haben den Vorteil, dass sie großen Raum für vielfältige Gestaltungsmöglichkeiten lassen.[100] Gegenstand der nachfolgenden Ausführungen sind Vergütungsmodelle, bei denen die **Zielfestlegung im Vorhinein** erfolgt.

44 Davon abzugrenzen sind Vergütungsmodelle, bei denen der Arbeitgeber Bonuszahlungen für eine zurückliegende Periode nach billigem Ermessen (§ 315 BGB) bestimmt und im Rahmen der Bonusbemessung – rückblickend – auch die persönliche Leistung einzelner Mitarbeiter berücksichtigt. Solche Bonusmodelle, bei denen, abhängig von wirtschaftlichen Ergebnissen, alljährlich ein bestimmter Bonuspool zur Verfügung gestellt und dann unter Einbeziehung persönlicher Leistungsbeurteilungen verteilt wird, sind unter anderem im Bereich der Banken zu finden. Hierzu hat sich aufgrund der **Bankenkrise** eine gewisse **Kasuistik** entwickelt, in der es insbesondere um die Frage geht, unter welchen Voraussetzungen ein solcher **Ermessensbonus**, insbesondere bei starken Verlusten, ggf. auch noch nachträglich, herabgesetzt werden kann.[101] Danach kann im Einzelfall die Festsetzung des Leistungsbonus auf „Null" trotz Erreichens vereinbarter persönlicher Ziele ausnahmsweise billigem Ermessen iSv § 315 Abs. 1 BGB entsprechen, wenn für ein Geschäftsjahr besonders gewichtige, außergewöhnliche Umstände vorgelegen haben, weil zB der Arbeitgeber staatliche Liquiditätshilfen in Milliardenhöhe in Anspruch genommenen hat.[102]

45 Zielerreichungsabhängige Vergütungselemente kennzeichnen sich ganz allgemein formuliert dadurch, dass mündliche oder schriftliche **Absprachen oder Vorgaben** für einzelne Arbeitnehmer oder für Arbeitnehmergruppen definierte Leistungsziele vorsehen, die in einem bestimmten, kalendermäßig abgrenzbaren Zeitraum zu erreichen sind.[103] Der Anspruch auf

---

[98] BAG 8.9.1998 – 9 AZR 273/97, NZA 1999, 824.
[99] BAG 8.9.1998 – 9 AZR 223/97, NZA 1999, 420; siehe zur Koppelung der Entgelte an den Gewinn und den Unternehmenserfolg ausführlich *Loritz* RdA 1998, 257; *Ricken* NZA 1999, 236.
[100] Zur Abgrenzung verschiedener Zielbonussysteme *Mauer* NZA 2002, 540; allgemein zu Mitarbeiterbeteiligungsprogrammen vgl. ergänzend *Schanz* NZA 2000, 626.
[101] LAG Hessen 20.9.2010 – 7 Sa 2082/09, NZA-RR 2011, 68; BAG 12.10.2011 – 10 AZR 746/10, NZA 2012, 450; 29.8.2012 – 10 AZR 385/11, NZA 2013, 148; s. zuletzt BAG 3.8.2016 – 10 AZR 710/14, NZA 2016, 1334 zur gerichtlichen Leistungsfestsetzung.
[102] BAG 20.3.2013 – 10 AZR 8/12, NZA 2013, 970; s. aber auch BAG 19.3.2014 – 10 AZR 622/13, NZA 2014, 595, s. zum Ermessensbonus auch: *Sura* ArbRAktuell 2019, 349.
[103] *Köppen* DB 2002, 374; Tschöpe AnwHdB ArbR/*Straube/Rasche* Arbeitsrecht Teil 2 A Rn. 429.

die Vergütung des Arbeitnehmers richtet sich später danach, ob diese Ziele erreicht werden, wobei häufig auch bei nur teilweiser Zielerreichung zumindest eine gewisse Vergütung und/oder bei Zielüberschreitung eine entsprechend höhere Vergütung vorgesehen wird. Größere, einheitlich strukturierte Unternehmensorganisationen können anhand schematisierter und gezielt ausgearbeiteter Zielbonussysteme einen Anreiz für die Belegschaft schaffen, um die Erreichung der strategischen Unternehmensziele zu fördern. Um dem **Motivationsgedanken** einer zielorientierten Vergütung Rechnung zu tragen, ist es üblich, die maßgeblichen Ziele mit dem Mitarbeiter einvernehmlich zu vereinbaren oder ihn zumindest bei der Bestimmung der ihm gesetzten Ziele mit einzubeziehen.

Den **wirtschaftswissenschaftlichen Hintergrund** für eine solche leistungsorientierte Vergütungsform bildet die **Balanced Scorecard**, die als strategisches Managementsystem im Jahre 1992 von *Robert S. Kaplan* und *David P. Norton* entwickelt worden ist. Die damalige Devise war *„transform strategy into action"*. Einfach beschrieben ist die Balanced Scorecard („BSC") ein Instrument, das die einzelnen Elemente der Strategie(n) eines Unternehmens in ein Kennzahlensystem übersetzt. Dieses Kennzahlensystem wird herangezogen, um die Managementprozesse (Kommunikation und Weiterentwicklung der Strategie, Unternehmensplanung, Anreizsysteme) des Unternehmens zu steuern und systematisch im Sinne der Strategie weiterzuentwickeln.[104] 46

Das Kennzahlensystem eines Unternehmens wird typischer Weise in vier Bereiche gegliedert:[105] 47
- die finanzielle Perspektive,
- die Kundenperspektive,
- die interne Geschäftsprozessperspektive
- die Lern- und Entwicklungsperspektive.

Diese **Kennzahlenperspektiven** werden innerhalb der gesamten Organisation des Unternehmens auf die einzelnen Arbeitnehmerebenen „heruntergebrochen", dh es werden mit den jeweiligen Arbeitnehmern konkrete, die genannten Perspektiven unterstützende Unternehmensziele vereinbart.[106] Während des Geltungszeitraums der Zielvereinbarung haben die Arbeitnehmer weitgehende Freiheit bei der **Wahl der Methode** zur Zielerreichung. Als äußerst differenziertes Zusatzvergütungssystem bietet die BSC die Möglichkeit, auf Veränderungen des Marktes flexibel zu reagieren.[107] Aufgrund des nicht unerheblichen Verwaltungsaufwandes kommt ein solch umfassendes, strategisch geprägtes System in erster Linie für Großunternehmen bzw. größere mittelständische Unternehmen in Betracht. Empirische Daten belegen, dass sich das Konzept der BSC innerhalb deutscher Unternehmen durchaus etabliert hat,[108] jedoch zunehmend durch flexiblere zielabhängige Entgeltsysteme ersetzt bzw. modifiziert wird.[109] 48

2. Rechtsgrundlagen

Eine von der Erreichung von Zielen abhängige Vergütung fußt regelmäßig auf zwei Elementen. Den Rahmen für dieses Vergütungsmodell bildet die Festlegung der wesentlichen Grundsätze der variablen Vergütung, wie insbesondere der Art der maßgeblichen Ziele (→ Rn. 59), des maßgeblichen Bemessungszeitraums und der erreichbaren Höhe der Vergütung. Solche **Rahmenregelungen** sind, weil durch zielorientierte Vergütungssysteme meist verschiedene Mitbestimmungsrechte des Betriebsrats berührt sind (→ Rn. 90 ff.), häufig Ge- 49

---

[104] *Weber* in Lück, Lexikon der Betriebswirtschaft, Balanced Scorecard (BS C), S. 53; *Zdrowomyslaw/v. Eckern/Meißner* BuW 2003, 265.
[105] *Range-Ditz* ArbRB 2003, 123; *Weber* in Lück, Lexikon der Betriebswirtschaft, Balanced Scorecard (BS C), S. 53.
[106] *Geffken* NZA 2000, 1033 (1034); *Mauer* NZA 2002, 540; *Weber* in Lück, Lexikon der Betriebswirtschaft, Balanced Scorecard (BS C), S. 53.
[107] Zur Umsetzung von Balanced Scorecard (BS C) siehe insbesondere *Horvath & Partner* (Hrsg.), Balanced Scorecard umsetzen, 2. Aufl. 2001; *Pietsch/Memmler*, Balanced Scorecard erstellen, 2003, sowie *Preißner*, Balanced Scorecard anwenden, 2003.
[108] *Zdrowomyslaw/v. Eckern/Meißner* BuW 2003, 356 (359).
[109] So auch *Salamon*, Entgeltgestaltung, A. I. Rn. 5 ff.

genstand von Betriebsvereinbarungen. Tarifverträge enthalten hingegen, insbesondere wenn sie nicht firmenbezogen sind, selten detaillierte Regelungen über eine zielorientierte Vergütung. Sie könnten den unternehmensbezogenen Besonderheiten, die bei der Bestimmung eines geeigneten Zielsystems zu berücksichtigen sind, nicht angemessen Rechnung tragen. Die grundsätzliche Möglichkeit der Implementierung zielorientierter variabler Vergütungselemente auf betrieblicher oder individualvertraglicher Basis wird jedoch in tariflichen Regelungen in zunehmendem Maße – häufig in Firmen- oder Haustarifverträgen – vorgesehen.[110]

50 Soweit es keine kollektivrechtlichen Vorgaben gibt, werden Absprachen über den Rahmen und die wesentlichen Eckpunkte der zielorientierten Vergütung meist als **Teil des Arbeitsvertrages,** der heute ungeachtet eines fehlenden generellen Schriftformerfordernisses (→ § 10 Rn. 15) in aller Regel schriftlich niedergelegt wird, vereinbart.[111] Die einvernehmliche Änderung bestehender Entgeltabsprachen im laufenden Arbeitsverhältnis zwecks Einführung einer zielvereinbarungsgestützten Vergütungsregelung ist rechtlich grundsätzlich problemlos möglich. Gegen den Willen des Arbeitnehmers können dagegen bestehende Arbeitsverträge im Wege der Direktionsrechtsausübung nicht geändert werden, um ein Zielbonussystem einzuführen.[112] Auch eine Änderungskündigung mit dem Ziel der Einführung eines Zielbonussystems dürfte regelmäßig an der mangelnden sozialen Rechtfertigung scheitern.

51 Den in der maßgeblichen Vereinbarung festgelegten Rahmen der zielorientierten Vergütung gilt es danach auszufüllen. Die **Festlegung der jeweils maßgeblichen Ziele** sowie, je nachdem, wie viel oder wenig Spielraum innerhalb des Rahmens verbleibt, auch die Bestimmung des Einflusses des Erreichungsgrades einzelner Ziele auf die Höhe der variablen Vergütung, bilden dabei das zentrale Element dieser Form der Vergütung. Der Prozess der Zielbestimmung sollte sinnvoller Weise vor, jedenfalls aber unmittelbar nach Beginn einer jeweils neuen Bemessungsperiode liegen. Die Bestimmung der konkreten Ziele erfolgt typischerweise **auf individualrechtlicher Ebene.** Dies macht es möglich, dem Gedanken der individuellen Zielorientierung folgend Zielvorgaben ganz konkret auf den einzelnen Mitarbeiter bezogen zu definieren. Rechtlich gesehen konkretisieren diese Zielvorgaben als aufschiebende Bedingung im Sinne des § 158 Abs. 1 BGB den arbeitsvertraglichen Vergütungsanspruch.[113]

52 Denkbar ist im Bereich der variablen zielorientierten Vergütung auch ein **Anspruch aus betrieblicher Übung.**[114] Trifft ein Arbeitgeber mit einem Arbeitnehmer in **drei aufeinander folgenden** Jahren jeweils eine Zielvereinbarung, kann die ansonsten als Rechtsgrund dienende ausdrückliche Rahmenvereinbarung über die Verpflichtung des Arbeitgebers zur Zahlung einer zielabhängigen Vergütung und zum Abschluss entsprechender Zielvereinbarungen durch eine betriebliche Übung ersetzt werden. Der Inhalt dieser Grund- bzw. Rahmenvereinbarung muss in diesem Falle im Wege der Auslegung des Parteiwillens aus den bisher abgeschlossenen Zielvereinbarungen der vergangenen Jahre ermittelt werden und gilt auf Grund der betrieblichen Übung dann als Bestandteil des Arbeitsverhältnisses für die Zukunft weiter.[115] Auch eine stillschweigende Vereinbarung über die Fortführung einer Praxis jährlich vereinbarter Ziele dürfte je nach den Umständen des Einzelfalls in Betracht kommen.[116]

3. Grundsätze der Zielfestlegung

53 a) **Zielvereinbarung oder -vorgabe.** Die Steuerungseffekte, die Arbeitgeber mit einer zielorientierten Vergütung verfolgen, beruhen auf der Idee, den Mitarbeitern durch das Inaussichtstellen einer erhöhten Vergütung einen Anreiz zur besseren Leistung und so zur Erreichung der Ziele zu schaffen. Der Erfolg des Modells lebt dabei nicht zuletzt von der Akzeptanz der Arbeitnehmer. Es ist deswegen üblich, dass Arbeitgeber und Arbeitnehmer die konkret für einen Bemessungszeitraum maßgeblichen **Ziele und Zielwerte gemeinsam**

---

[110] Vgl. *Steffan* in Henssler/Moll/Bepler TV, Teil 5 (3) Rn. 7.
[111] *Berwanger* BB 2003, 1499 (1501).
[112] *Mauer* NZA 2002, 540 (543); *Bauer/Chwalisz* ZfA 2007, 339 (357).
[113] Vgl. BAG 12.12.2007 – 10 AZR 97/07, NZA 2008, 409 Rn. 20; *Bauer/Diller/Göpfert* BB 2002, 882 (883); *Berwanger* BB 2003, 1499 (1501).
[114] *Lindemann/Simon* BB 2002, 1807; *Riesenhuber/v. Steinau-Steinrück* NZA 2005, 785 (793).
[115] *Mauer* NZA 2002, 540 (543).
[116] In Anlehnung an BAG 21.4.2010 – 10 AZR 163/09, NZA 2010, 808.

bestimmen und in einer individuellen Zielvereinbarung fixieren. So kann am ehesten sichergestellt werden, dass der Mitarbeiter die für seine variable Vergütung maßgeblichen Ziele als richtig und angemessen anerkennt. Dieses auf einem konsensualen Prozess beruhende Vorgehen ist nicht zwingend.

Der Arbeitgeber kann die **Zielvorgaben** vielmehr auch **einseitig** bestimmen.[117] Eine solche einseitige Festlegung wird zwar dem Sinn einer Zielvereinbarung als partizipatorisches Führungsinstrument nicht wirklich gerecht.[118] Der Wirksamkeit einer einseitigen Zielvorgabe steht dies jedoch nicht entgegen,[119] wie auch Ausführungen des BAG zur Unterscheidung von Zielvereinbarungen und Zielvorgaben zeigen.[120] Die Freiheit des Arbeitgebers bei der Zielgestaltung mittels Ausübung seines **Direktionsrechts** ist allerdings begrenzt, weil die Festlegung der Ziele Bestandteil einer Vereinbarung über eine Vergütungskomponente ist. Grundsätzlich gehören aber Entgeltfragen zum Kernbestand des Arbeitsverhältnisses und können deswegen nicht einseitig gesteuert werden.[121] Die **Unterscheidung zwischen vertraglicher Zielvereinbarung und einseitiger Zielvorgabe** hat damit Auswirkungen auf den Umfang der gerichtlichen Kontrolle der Zielfestlegung. Die Zielvorgabe unterliegt als einseitiges Leistungsbestimmungsrecht des Arbeitgebers grundsätzlich der Billigkeitskontrolle gemäß § 315 Abs. 3 BGB.[122] Eine vertraglich vereinbarte Vergütungsregelung unterliegt hingegen als gegenseitige Bestimmung einer Hauptleistungspflicht grundsätzlich keiner allgemeinen Billigkeits- oder Inhaltskontrolle nach den §§ 307 ff. BGB.[123] Es finden die Grundsätze über die freie Entgeltvereinbarung uneingeschränkt Anwendung.[124]

Die Zielvereinbarung muss allerdings dem **Transparenzgebot** (§ 307 Abs. 3 S. 2 iVm § 307 Abs. 1 S. 2 BGB) entsprechen.[125] Soweit es dabei um die Definition der Ziele und die Ausgestaltung der Berechnung der Zielfaktoren geht, legen die Instanzgerichte bisher offenbar noch keine allzu strengen Maßstäbe an. Alleine der Umstand, dass der Arbeitnehmer keine oder nur eine erschwerte Möglichkeit hat, die betreffende Regelung zu verstehen, soll noch nicht als Verstoß gegen das Transparenzgebot zu werten sein. Erst in der Gefahr, dass der Vertragspartner des Klauselverwenders wegen unklar abgefasster allgemeiner Vertragsbedingungen seine Rechte nicht wahrnimmt, liegt eine unangemessene Benachteiligung.[126] Die mangelnde Transparenz einer Vereinbarung über eine variable Vergütung kann sich deswegen insbesondere auch aus dem Zusammenspiel der Bonusvereinbarung mit anderen Regelungen des Arbeitsvertrags ergeben. So liegt beispielsweise nach Auffassung des BAG ein Verstoß gegen das Gebot, Vertragsklauseln klar und verständlich zu formulieren, vor, wenn der Arbeitgeber sich in einem von ihm vorformulierten Arbeitsvertrag zu einer Bonuszahlung verpflichtet und im **Widerspruch** dazu **in einer anderen Vertragsklausel** einen Rechtsanspruch des Arbeitnehmers auf eine Bonuszahlung ausschließt.[127]

In dem vom BAG zu entscheidenden Fall wurde arbeitsvertraglich vereinbart, dass der Arbeitnehmer am hausüblichen Bonussystem teilnimmt und damit neben dem vereinbarten Bruttogehalt einen gewinn- und leistungsabhängigen Bonus erhält, der jeweils im Frühjahr des Folgejahres zur Auszahlung kommen soll. Darüber hinaus wurde jedoch klargestellt, dass die Zahlung des Bonus in jedem Fall freiwillig erfolge und insbesondere keinen Rechtsanspruch für die Zukunft begründe. Nach Ansicht des Gerichts handelt es sich hierbei um

---

[117] *Köppen* DB 2002, 374; *Salamon* NZA 2014, 465 (469).
[118] *Geffken* NZA 2000, 1033 (1036); *Riesenhuber/v. Steinau-Steinrück* NZA 2005, 785 (786).
[119] *Geffken* NZA 2000, 1033.
[120] Vgl. BAG 12.12.2007 – 10 AZR 97/07, NZA 2008, 409 mwN.
[121] *Köppen* DB 2002, 374; *Derwanger* BB 2003, 1499 (1501); *Salamon* NZA 2014, 465.
[122] *Salamon/Wessels* BB 2017, 885; *Bauer/Diller/Göpfert* BB 2002, 882 (884); vgl. BAG 12.12.2007 – 10 AZR 97/07, NZA 2008, 409 Rn. 16.
[123] BAG 12.12.2007 – 10 AZR 97/07, NZA 2008, 409 Rn. 16; *Annuß* NZA 2007, 290; *Wisskirchen/Schwindling* ArbRAktuell 2017, 155 (156).
[124] BAG 12.12.2007 – 10 AZR 97/07, NZA 2008, 409 Rn. 16; *Bauer/Diller/Göpfert* BB 2002, 882 (884).
[125] BAG 12.12.2007 – 10 AZR 97/07, NZA 2008, 409 Rn. 16; *Däubler* ZIP 2004, 2209 (2212); *Bauer/Chwalisz* ZfA 2007, 339 (351).
[126] BAG 14.11.2012 – 10 AZR 783/11, NZA 2013, 1150 Rn. 31.
[127] BAG 24.10.2007 – 10 AZR 825/06, NZA 2008, 40 Rn. 12; zur Transparenz bei Freiwilligkeitsvorbehalten auch → § 25 Rn. 18 ff.

missverständlich abgefasste Vertragsklauseln. Es bestehe die Gefahr, dass die Arbeitnehmer des Arbeitgebers in der Annahme, sie hätten keinen Rechtsanspruch auf eine Bonuszahlung, ihren Anspruch auf den Bonus nicht geltend machen und insoweit ihre Rechte nicht wahrnehmen.[128]

57 Allerdings soll die Bonusregelung in diesen Fällen gemäß § 306 Abs. 1 BGB nicht insgesamt unwirksam sein, sondern nur insoweit, als der Arbeitnehmer durch den Ausschluss eines Rechtsanspruchs auf die Bonuszahlung benachteiligt wird.[129]

58 In der jüngeren Literatur wird zunehmend in Zweifel gezogen, ob Zielvereinbarungsvergütungen einem Freiwilligkeitsvorbehalt zugänglich sind. Die überwiegende Auffassung im Schrifttum lehnt diese Möglichkeit ab.[130] Nunmehr hat auch das BAG in verschiedenen Entscheidungen hervorgehoben, dass eine Zahlung, die als Teil einer leistungsorientierten Zielvergütung in Aussicht gestellt wird, Teil des arbeitsvertraglichen Synallagmas zwischen Leistung und Bezahlung ist. Damit dürfte auch nach Ansicht des BAG ein Freiwilligkeitsvorbehalt bezogen auf eine Zahlung aufgrund einer Zielvereinbarung AGB-rechtlich unzulässig sein (→ § 25 Rn. 15).

59 **b) Inhalt und Reichweite.** Die arbeitsrechtlichen Grenzen von Zielvereinbarungen oder Zielbestimmungen sind weit. Im Hinblick auf § 275 Abs. 1 BGB sollten die Ziele **objektiv erreichbar** sein.[131] Dabei müssen nicht alle Ziele vom Arbeitnehmer selbst beeinflussbar sein. Es ist auch zulässig und entspricht der Praxis insbesondere von größeren Unternehmensgruppen, als Zielkomponenten auch Unternehmensziele aufzunehmen, zu deren Erreichung der einzelne Arbeitnehmer nicht unmittelbar beitragen kann.[132] Um ihren eigentlichen Sinn als Führungsinstrument sinnvoll zu erfüllen, sollten die persönlichen Ziele mit den **Unternehmenszielen** übereinstimmen. Damit sind **quantifizierbare** Leistungsergebnisse, wie zum Beispiel eine möglichst geringe Anzahl von Kundenbeschwerden, die Kostenquote, die Anzahl von erfolgreichen Qualifizierungsmaßnahmen für bestimmte Arbeitnehmer oder gar konkrete Bilanzkennzahlen ebenso denkbar wie „weiche" Ziele nichtfinanzieller Natur, beispielsweise Personalführungskompetenz, Kundenzufriedenheit oder Teamgeist. Die Beurteilung dieser „weichen" Kriterien im Hinblick auf die Zielerreichung obliegt üblicherweise dem jeweiligen Vorgesetzten, der anhand eines **Beurteilungs- und Punkteschemas** vorgehen kann.[133]

Praxistipp:
Zielvereinbarungen sind grundsätzlich in schriftlicher und verständlicher Form abzufassen, um zum einen den Arbeitnehmern Klarheit über die Leistungserwartung des Arbeitgebers zu verschaffen und zum anderen die spätere Zielfeststellung zu erleichtern.

60 Nach wie vor nicht abschließend geklärt ist, wie weit die Flexibilisierung des Entgelts gehen darf bzw. wie hoch der von der Zielerreichung abhängige Entgeltanteil sein darf. Bei tarifunterworfenen Arbeitsverhältnissen sollen flexible Vergütungsbestandteile nach überwiegend vertretener Ansicht nur dann wirksam sein, wenn feststeht, dass der Arbeitgeber stets die tarifliche Mindestvergütung zahlt.[134] Außerhalb anwendbarer Tarifverträge stellt sich die Frage, ob unter Umständen sogar die gesamte Vergütung variabel ausgestaltet werden kann. Das Gesetz trifft hierzu keine konkrete Aussage. Eine Inhaltskontrolle nach den §§ 307 ff. BGB kommt nicht in Betracht, da sich diese grundsätzlich nicht auf Entgeltabreden als Teil der gegenseitigen Hauptleistungsbestimmung bezieht.[135] Allerdings haben auch

---

[128] BAG 24.10.2007 – 10 AZR 825/06, NZA 2008, 40 Rn. 20.
[129] Lingemann/Gotham NZA 2008, 509.
[130] ErfK/Preis BGB § 310 Rn. 72b; Riesenhuber/v. Steinau-Steinrück NZA 2005, 785 (792); aA Salamon NZA 2014, 465.
[131] Bauer/Diller/Göpfert BB 2002, 882 (884).
[132] LAG Hessen 14.8.2008 – 20 Sa 1172/07, BeckRS 2008, 57219.
[133] Lindemann/Simon BB 2002, 1807.
[134] Mauer NZA 2002, 540 (542); Annuß NZA 2007, 290 (291); Bauer/Chwalisz ZfA 2007, 339 (357).
[135] BAG 21.6.2011 – 9 AZR 236/10, NZA 2011, 1274 Rn. 42; Palandt/Grüneberg § 307 Rn. 46.

flexible Entgeltleistungen die Grenzen der Rechtsordnung einzuhalten, so dass insbesondere die Schwelle zur Sittenwidrigkeit nicht überschritten werden darf.[136] Es muss folglich sichergestellt werden, dass der Arbeitnehmer bei normaler Leistung ein angemessenes Entgelt erzielen kann. Im Rahmen der Bestimmung eines solchen nicht sittenwidrigen Entgelts wird zwischen unternehmenserfolgsbezogenen und leistungsabhängigen variablen Entgeltsbestandteilen zu unterscheiden sein. Ist die Zielerreichung abhängig von der Arbeitsleistung des Arbeitnehmers und kann ein durchschnittlicher Arbeitnehmer eine Leistung erzielen, die mindestens zwei Drittel der tariflichen- bzw. üblichen Vergütung für vergleichbare Tätigkeiten entspricht, so soll die Entgeltvereinbarung als nicht sittenwidrig anzusehen sein.[137] Unwirksam soll eine Vergütungsvereinbarung hingegen dann sein, wenn der Arbeitnehmer aus von ihm nicht beeinflussbaren Gründen, ein die Sittenwidrigkeit überschreitendes Entgelt nicht erzielen kann.[138] Eine vollständig variable und in vollem Umfang von der Erreichung bestimmter Ziele abhängige Vergütung ist demgemäß unzulässig, weil damit der Arbeitgeber sein unternehmerisches Risiko vollständig auf den Arbeitnehmer abwälzen könnte. Nicht zuletzt setzen auch die **Vorgaben des Mindestlohngesetzes** einer vollständig variablen Vergütung Grenzen.

4. Feststellung der Zielerreichung

Probleme stellen sich in der Praxis häufig, wenn am Ende der Zielvereinbarungsperiode 61 unklar ist, ob und inwieweit die vorher definierten Ziele vom Arbeitnehmer erreicht worden sind. Die **Zielbewertung** erfolgt in der Regel nach **Noten bzw. Punkten** in üblicherweise drei- bis fünfstufigen Bewertungsskalen, jedenfalls wenn keine „harten" Kennzahlen maßgeblich sind. Zumeist wird die Zielbewertung durch den unmittelbaren Vorgesetzten vorgenommen.[139] Bei der Feststellung der Erreichung der „weichen" Ziele wie zB Personalentwicklung oder Kundenzufriedenheit empfiehlt es sich, auftretende Probleme außergerichtlich durch die Anrufung einer hierfür im Unternehmen eingerichteten Schlichtungskommission („**Clearingstelle**") aufzufangen. Indizien zum Beweis der Zielerreichung sind die Wahrnehmung von Weiterbildungsmöglichkeiten, erfolgreich getätigte Geschäfte sowie die Bestätigung durch andere Arbeitnehmer.

Unklarheiten bei der Feststellung, welchen Bedeutungsinhalt die Zielvorgaben haben, sei- 62 en sie vereinbart oder einseitig durch den Arbeitgeber festgelegt worden, gehen in aller Regel zu Lasten des Arbeitgebers.[140] Es fällt meist auf den Arbeitgeber zurück, wenn er zB Begrifflichkeiten verwendet, die nicht eindeutig definiert sind.[141] Dies kann sich einerseits aus einer entsprechenden Anwendung der Unklarheitsregel des § 305c Abs. 2 iVm § 310 Abs. 4 S. 2 BGB ergeben, wonach Zweifel bei der Auslegung Allgemeiner Geschäftsbedingungen zu Lasten des Verwenders gehen. Darüber hinaus entspricht eine solche Verteilung der Darlegungs- und Beweislast auch dem Rechtsgedanken des § 2 Abs. 1 NachwG.[142]

Im gerichtlichen Verfahren liegt die **Darlegungs- und Beweislast** für die Zielerreichung 63 nach den allgemeinen Grundsätzen beim Arbeitnehmer, wenn er sich auf die ihm günstige Tatsache der Zielerreichung beruft und seinen Bonus einklagt.[143] Naturgemäß kann der Arbeitnehmer nur insoweit Beweis führen, wie ihm dies mit Hilfe der aus seiner Sphäre stammenden Beweismittel möglich ist. Bei Tatsachen aus der Sphäre des Arbeitgebers ist daher entsprechend der Rechtsprechung zu Zeugnisrechtsstreitigkeiten eine abgestufte Darlegungs- und Beweislast zu Grunde zu legen.[144] Auch ist dem Arbeitnehmer in diesen Fällen ein Auskunftsanspruch gegen den Arbeitgeber zuzusprechen, den er gegebenenfalls

---

[136] Schaub ArbR-HdB/*Linck* § 77 Rn. 2; *Heiden* DB 2006, 2401.
[137] *Annuß* NZA 2007, 290 (291); zu der Grenze vgl. BAG 26.4.2006 – 5 AZR 549/05, NZA 2006, 1354; 22.4.2009 – 5 AZR 436/08, NZA 2009, 837; 18.11.2015 – 5 AZR 751/13, BeckRS 2016, 66998 Rn. 12.
[138] *Heiden* DB 2006, 2401; *Riesenhuber/v. Steinau-Steinrück* NZA 2005, 785 (791).
[139] *Bauer/Diller/Göpfert* BB 2002, 882 (883).
[140] LAG Hessen 29.1.2002 – 7 Sa 836/01, BeckRS 2002, 30448607.
[141] Vgl. BAG 11.12.2013 – 10 AZR 364/13, BeckRS 2014, 67282 zum Begriff des „EBITDA".
[142] LAG Hessen 29.1.2002 – 7 Sa 836/01, BeckRS 2002, 30448607.
[143] LAG Hessen 29.1.2002 – 7 Sa 836/01, BeckRS 2002, 30448607; *Salomon* NZA 2014, 465 (470).
[144] *Mauer* NZA 2002, 540 (549); *Annuß* NZA 2007, 290 (294).

im Wege einer Stufenklage mit der Geltendmachung des Zahlungsanspruchs verbinden kann.[145]

5. Rechtsprechung zur fehlenden Zielvereinbarung

64 Die Rechtsprechung hat zunächst uneinheitlich zu der Frage Stellung genommen, welche **Rechtsfolgen** sich für die Vertragsparteien ergeben, wenn konkrete Ziele nicht vereinbart bzw. nicht einseitig durch den Arbeitgeber festgelegt wurden.[146] Dabei stellt sich insbesondere die Frage, unter welchen Voraussetzungen und in welcher Höhe dem Arbeitnehmer in derartigen Fällen ein Bonus zusteht oder er zumindest einen Anspruch auf Schadensersatz hat. Weitgehend Einigkeit bestand bald, dass der bloße Umstand, dass Ziele nicht (rechtzeitig) definiert wurden, als solcher nicht automatisch dazu führt, dass der Arbeitnehmer keinen Bonus beanspruchen kann.[147] Da aber jedenfalls mit Ablauf der Zielperiode die Festlegung von Zielen gemäß § 275 Abs. 1 BGB unmöglich wird, liegt es nahe, dem Arbeitnehmer statt der Festlegung von Zielen einen Schadensersatzanspruch nach § 280 Abs. 1, 3 BGB iVm § 283 S. 1 BGB zuzuerkennen.[148]

65 a) **Schadenersatzanspruch des Arbeitnehmers.** Den in diesem Zusammenhang diskutierten Lösungsansätzen des LAG Hessen[149] und des LAG Köln[150] hat das BAG eine Absage erteilt.[151]

66 Haben die Arbeitsvertragsparteien vereinbart, die Ziele und deren Gewichtung gemeinsam aufzustellen, entspricht es bei fehlender Zielvereinbarung entgegen der Auffassung des LAG Hessen nicht ihrem Willen, dass die Ziele durch einen der Vertragsschließenden allein bestimmt werden. Die in § 315 Abs. 3 S. 2 BGB geregelte richterliche Ersatzleistungsbestimmung ist nicht für eine allgemeine richterliche Vertragshilfe nutzbar zu machen. Nur soweit sich die Parteien einer richterlichen Schlichtung durch Ersatzleistungsbestimmung ausdrücklich unterworfen haben, soll die Vertragshilfe gemäß § 315 BGB greifen.[152] Bei einer Rahmenvereinbarung, die festlegt, dass die Ziele und deren Gewichtung gemeinsam festgelegt werden, ist dies nicht der Fall. Nicht zuletzt ist die nachträgliche Ermittlung angemessener, fallbezogener Ziele durch die Gerichte angesichts der Vielzahl und der unterschiedlichen Gewichtung möglicher Ziele und auf Grund sich ständig ändernder Rahmenbedingungen in der Regel zumindest mit erheblichen Schwierigkeiten verbunden oder überhaupt nicht möglich.[153] Entgegen der Auffassung des LAG Köln kann im Fall eines bloßen Unterbleibens einer Zielvereinbarung nicht auf den Rechtsgedanken des § 162 Abs. 1 BGB zurückgegriffen werden. Dahinter steht die Überlegung, dass eine zusätzliche Motivation des Arbeitnehmers und das Erreichen der vereinbarten Ziele vor allem auch im Interesse des Arbeitgebers liegen. Gegen die analoge Anwendung des § 162 Abs. 1 BGB spricht nach Auffassung des BAG weiter, dass eine unterbliebene Zielvereinbarung einen **Schadensersatzanspruch des Arbeitnehmers** auslösen kann und damit eine Analogie zur Schließung einer planwidrigen Regelungslücke nicht erforderlich ist.

67 b) **Vertretenmüssen.** Zu den möglichen Ansprüchen des Arbeitnehmers auf Schadenersatz im Falle fehlender Vorgaben bzw. Vereinbarung von Zielen hat das BAG Grundsätze entwickelt. Soll gemäß der getroffenen Vereinbarung die **Vorgabe der Ziele durch den Arbeitgeber** erfolgen, so kommt er in Verzug, wenn er die notwendigen einseitigen Vorgaben nicht

---

[145] LAG Düsseldorf 9.11.2010 – 17 Sa 278/10, BeckRS 2011, 68713; *Annuß* NZA 2007, 290 (294); BAG 1.12.2004 – 5 AZR 664/03, NZA 2005, 289 Rn. 23; vgl. aber auch LAG Hessen 30.5.2011 – 7 Sa 1646/10, BeckRS 2011, 75756.
[146] Siehe dazu *Moll/Reufels* in FS Bartenbach, 559 ff.
[147] Vgl. Nachweise bei BAG 12.12.2007 – 10 AZR 97/07, NZA 2008, 409 Rn. 21.
[148] So auch LAG Köln 26.1.2018 – 4 Sa 433/17, BeckRS 2018, 9782.
[149] LAG Hessen 29.1.2002 – 7 Sa 836/01, BeckRS 2002, 30448607.
[150] LAG Köln 23.5.2002 – 7 Sa 71/02, NZA-RR 2003, 305.
[151] BAG 12.12.2007 – 10 AZR 97/07, NZA 2008, 409.
[152] BAG 12.12.2007 – 10 AZR 97/07, NZA 2008, 409 Rn. 24; *Riesenhuber/von Steinau-Steinrück* NZA 2005, 785 (792).
[153] BAG 12.12.2007 – 10 AZR 97/07, NZA 2008, 409 Rn. 26.

rechtzeitig macht. Er trägt insoweit nach Auffassung des BAG die **alleinige Initiativlast**.[154] Anders ist die Lage zu beurteilen, wenn die Auslegung der Rahmenabrede ergibt, dass die Parteien die maßgeblichen Ziele gemeinsam definieren wollten. Ob einem Arbeitnehmer in diesem Fall bei nicht getroffener Zielvereinbarung ein Schadensersatzanspruch wegen der ihm entgangenen erfolgsabhängigen Vergütung zusteht, kann nach der Rechtsprechung des BAG nur unter Berücksichtigung der Gründe für das **Nichtzustandekommen der Zielvereinbarung** entschieden werden.[155] Maßgeblich ist, wer das Unterbleiben einer Zielvereinbarung **zu vertreten** hat. In diesem Zusammenhang ist zu berücksichtigen, aufgrund wessen Initiative das Gespräch über eine Zielvereinbarung zu führen ist. Soweit dies weder in der Rahmenvereinbarung ausdrücklich festgeschrieben noch durch Auslegung der Bonusregelung zu ermitteln ist, kann nicht per se davon ausgegangen werden, dass nur der Arbeitgeber die Initiative zu ergreifen und aufgrund seines Direktionsrechts das Gespräch mit dem Arbeitnehmer über mögliche Ziele zu suchen hat. Vielmehr obliegt in derartigen Fällen auch dem Arbeitnehmer die Nebenpflicht, den Arbeitgeber zu Verhandlungen über eine Zielvereinbarung aufzufordern. Wenn der Arbeitgeber dem nicht nachkommt, verletzt er seinerseits seine Nebenpflicht.[156] Ansonsten ist nicht nur von einer Pflichtverletzung des Arbeitgebers, sondern auch von einer solchen des Arbeitnehmers auszugehen. Allerdings braucht der Arbeitnehmer, der Verhandlungen über die Ziele anregt, dem Arbeitgeber nicht seinerseits schon mögliche Ziele zu nennen.[157] Soweit nach diesen Grundsätzen auch den Arbeitnehmer ein Verschulden am Unterbleiben einer Zielvereinbarung trifft, schließt dies einen Schadensersatzanspruch gegenüber dem Arbeitgeber regelmäßig nicht gänzlich aus. Das Mitverschulden ist jedoch gemäß § 254 BGB angemessen zu berücksichtigen.

War ausdrücklich vereinbart, dass die Initiativlast zur Zielfestsetzung beim Arbeitgeber liegt oder hat der Arbeitnehmer seinerseits die Initiative für Gespräche über eine gemeinsame Zielfestlegung ergriffen, sind die Voraussetzungen einer Verpflichtung des Arbeitgebers zur Leistung von Schadensersatz dem Grunde nach erfüllt, wenn dieser seiner Nebenpflicht nicht nachkommt und insoweit gemäß § 280 Abs. 1 S. 2 BGB den Nachweis schuldig bleibt, dass ein arbeitgeberseitiges Vertretenmüssen am Nicht-Zustandekommen einer Zielvereinbarung ausscheidet. Um sich zu entlasten, muss der Arbeitgeber im Übrigen nicht nur nachweisen, dass er überhaupt das Gespräch gesucht und Ziele vorgeschlagen hat. Für einen **Entlastungsbeweis des Arbeitgebers** ist es vielmehr auch entscheidend, dass er nachweisen kann, Ziele vorgeschlagen zu haben, die der Arbeitnehmer nach einer auf den Zeitpunkt des Angebots bezogenen Prognose auch hätte erreichen können.[158] Unzureichend ist der Einwand des Arbeitgebers, er habe von Verhandlungen über eine Zielvereinbarung deswegen abgesehen, weil der Arbeitnehmer bisher die festgelegten Ziele nie erreicht habe.[159] Wie das BAG nunmehr festgestellt hat, gelten diese Grundsätze selbst dann, wenn die Parteien bei der Zielfestlegung für einen Bezugszeitraum vereinbart haben, dass die Vereinbarung „bis zur Unterzeichnung einer neuen Zielvereinbarung" gelten soll. Selbst diese vereinbarte Weitergeltung soll die (gegenseitige) Pflicht zur Verhandlung einer neuen Zielvereinbarung für spätere Bezugszeiträume nicht entfallen lassen; vielmehr sei zwischen der Vereinbarung einer einstweiligen Weitergeltung und der dennoch weiter bestehenden Verhandlungspflicht zu trennen.[160] Diese Argumentation des BAG trägt der Grundidee variabler zielorientierter Vergütungssysteme Rechnung. Sie können ihren gewünschten Effekt regelmäßig nur erzielen, wenn für jeden maßgeblichen Bezugszeitraum nach Möglichkeit „passende" Ziele definiert werden, die auch etwaig veränderten äußeren Umständen Rechnung tragen. Dies ist bei der Auslegung der Rahmenregelung zu berücksichtigen.

---

[154] BAG 12.12.2007 – 10 AZR 97/07, NZA 2008, 409 Rn. 17.
[155] BAG 12.12.2007 – 10 AZR 97/07, NZA 2008, 409 Rn. 43 ff.; 10.12.2008 – 10 AZR 889/07, NZA 2009, 256.
[156] BAG 10.12.2008 – 10 AZR 889/07, NZA 2009, 256 Rn. 22.
[157] BAG 12.12.2007 – 10 AZR 97/07, NZA 2008, 409 Rn. 53.
[158] BAG 10.12.2008 – 10 AZR 889/07, NZA 2009, 256 Rn. 15.
[159] BAG 12.12.2007 – 10 AZR 97/07, NZA 2008, 409 Rn. 45; 10.12.2008 – 10 AZR 889/07, NZA 2009, 256.
[160] BAG 12.5.2010 – 10 AZR 390/09, NZA 2010, 1009.

69 **c) Höhe des Schadenersatzes.** Grundlage und Ausgangspunkt für die Schadensberechnung ist nach der Rechtsprechung der für den Fall der Zielerreichung zugesagte Bonus als entgangener Gewinn nach § 252 S. 2 BGB.[161] Hierbei ist im Rahmen der notwendigen **Schadensschätzung** nach § 287 Abs. 1 ZPO dem Umstand Rechnung zu tragen, dass Zielbonussysteme der Mitarbeitermotivation dienen und der Bonus seine Funktion als zusätzlicher Anreiz nur erfüllen kann, wenn realistische Ziele vereinbart werden, die der Arbeitnehmer grundsätzlich auch erfüllen kann. Soweit es dem Arbeitgeber also nicht gelingt, besondere Umstände nachzuweisen, ist nach Auffassung des BAG zu vermuten, dass der Arbeitnehmer die definierten Ziele auch erreicht hätte, so dass regelmäßig der gemäß der Vereinbarung bei **100 % Zielerreichung** vorgesehene Bonus („Zielbonus") zu zahlen ist.[162] Einer der Umstände, die bei der Schadensschätzung berücksichtigt werden und unter Umständen zu einem geringeren Schaden führen mag, kann sein, dass der Arbeitnehmer in den Vorjahren die mit ihm vereinbarten Ziele jeweils nicht in vollem Umfang erreicht hat.[163] Soweit es um Unternehmens- oder Gruppenziele geht, kann sich unter Umständen ein Hinweis aus etwaigen Bonuszahlungen an andere Mitarbeiter in vergleichbarer Situation ergeben, falls nicht bei ihnen auch die Festlegung der Ziele unterblieben ist.

70 Unbeantwortet bleibt nach wie vor die Frage, wie sich der Anspruch des Arbeitnehmers bestimmen lässt, wenn anders als in den vom BAG bisher zu entscheidenden Fällen in der Rahmenregelung keine konkrete Zielhöhe für den Bonus bei voller Zielerreichung vereinbart wurde, wenn also neben den konkreten Zielen für einen Bemessungszeitraum auch die Höhe des Zielbonus einer jährlich neu abzuschließenden Vereinbarung überlassen ist. Anknüpfungspunkt könnten hier die in der Vergangenheit vereinbarten Boni bei voller Zielerreichung sein.[164] Dem Rechtsgedanken des § 612 Abs. 2 BGB folgend könnte ein Blick auf etwaig von dem Arbeitgeber mit anderen Arbeitnehmern getroffene Zielvereinbarungen Hinweise auf die übliche und damit ohne besondere Umstände „wahrscheinliche" Bonushöhe liefern.

> **Praxistipp:**
> Die Entscheidungen des BAG machen deutlich, dass es sich empfiehlt, bereits in der Rahmenvereinbarung einen Konfliktlösungsmechanismus für den Fall des Nichtzustandekommens der Zielvereinbarung aufzunehmen.[165]

71 Denkbar wäre beispielsweise die Einschaltung einer betrieblichen Schlichtungsstelle.[166] Ebenso kann eine Ersatz-Entgeltregelung, zB die Zahlung eines fixen Bonus für Bemessungszeiträume, für die es keine Zielvereinbarung gibt, in Erwägung gezogen werden. Wenn solche Ersatzregelungen individualvertraglich vereinbart und dabei nicht individuell verhandelt werden, müssen sie mit Blick auf das AGB-Recht freilich sehr ausgewogen formuliert und am besten an der oben skizzierten Rechtsprechung des BAG zum Vertretenmüssen orientiert werden.

6. Auswirkungen krankheitsbedingter Fehlzeiten

72 Krankheitsbedingte Fehlzeiten können sich auf Bonuszahlungen auswirken, die einer Zielvereinbarung unterliegen. Angesichts der Unabdingbarkeit der Lohnfortzahlungsvorschriften des EFZG (→ § 24 Rn. 4ff.) ist zwischen krankheitsbedingter Arbeitsunfähigkeit außerhalb und innerhalb des gesetzlichen Entgeltfortzahlungszeitraums zu differenzieren.

---

[161] BAG 12.12.2007 – 10 AZR 97/07, NZA 2008, 409 Rn. 50; 10.12.2008 – 10 AZR 889/07, NZA 2009, 256 Rn. 22.
[162] Vgl. BAG 12.12.2007 – 10 AZR 97/07, NZA 2008, 409 Rn. 47f.; 10.12.2008 – 10 AZR 889/07, NZA 2009, 256; 12.5.2010 – 10 AZR 390/09, NZA 2010, 1009.
[163] BAG 12.5.2010 – 10 AZR 390/09, NZA 2010, 1009 Rn. 24.
[164] Vgl. BAG 12.12.2007 – 10 AZR 97/07, NZA 2008, 409 Rn. 48.
[165] *Annuß* NZA 2007, 290.
[166] *Annuß* NZA 2007, 290.

a) **Krankheit innerhalb des Entgeltfortzahlungszeitraums.** Während des sechswöchigen 73 Entgeltfortzahlungszeitraums hat der Arbeitnehmer einen Rechtsanspruch auf die Fortzahlung des laufenden Arbeitsentgelts (§§ 3, 4 EFZG). Da es sich bei der Bonuszahlung um Arbeitsentgelt handelt, sind Kürzungen wegen Fehlzeiten mit zwingender Entgeltfortzahlung unzulässig und unwirksam.[167]

Sofern krankheitsbedingte Fehlzeiten dazu führen, dass die in der Zielvereinbarung nie- 74 dergelegten Aufgaben nicht erfüllt werden können, muss wegen des zwingenden Charakters der §§ 3, 4 EFZG und der fehlenden Kürzungsmöglichkeit für den Sechs-Wochen-Zeitraum im Streitfall **fiktiv** errechnet werden, wie hoch der Bonus ohne die Fehlzeit gewesen wäre.[168]

Eine Kürzungsmöglichkeit ergibt sich auch nicht aus § 4a EFZG (→ § 24 Rn. 138 ff.). 75 Nach der in dieser Norm enthaltenen Legaldefinition besteht nur bei Sondervergütungen, die der Arbeitgeber zusätzlich zum laufenden Arbeitsentgelt erbringt, eine Kürzungsmöglichkeit. Bei einem arbeitsleistungsbezogenen **Zielbonus** handelt es sich nicht um eine Sondervergütung in diesem Sinne, sondern um Arbeitsentgelt. Die beim Zielbonus übliche jährliche nachträgliche Auszahlung stellt eine reine Fälligkeitsregelung dar.[169] Ein Arbeitsentgelt, dessen Fälligkeit lediglich hinausgeschoben ist, lässt sich nicht unter den Begriff der Sondervergütung iSv § 4a EFZG fassen.[170]

b) **Krankheit außerhalb des Entgeltfortzahlungszeitraums.** Für Krankheitszeiten jenseits 76 des gesetzlichen Entgeltfortzahlungszeitraums besteht ein proportionales **Kürzungsrecht des Arbeitgebers** für jene Zeiten, in denen der Arbeitnehmer keine Arbeitsleistung erbringt.[171] Der Bonus hat reinen Entgeltcharakter. Sein Leistungszweck liegt in der Belohnung der Arbeitsleistung. Der Bonus dient nicht der Honorierung der Betriebstreue des Arbeitnehmers, von der angenommen werden kann, dass sie auch während Fehlzeiten andauert.[172] Die **Kürzung** kann einerseits schon in der **Vereinbarung** ausdrücklich festgelegt werden, indem beispielsweise für solche Zeiten eine anteilige Kürzung des ansonsten erdienten Bonus vereinbart wird. Andererseits kann sich eine Kürzung auch alleine aufgrund der **Nichterreichung** der vereinbarten **Ziele** wegen der langen Abwesenheitszeit ergeben.

Für den Bereich der **Tantieme** hat das BAG[173] entschieden, dass bei Arbeitsunfähigkeit 77 während des gesamten Jahres ohne Anspruch auf Entgeltfortzahlung der Gewinnbeteiligungsanspruch auch ohne Kürzungsvereinbarung erlischt. Die Tantieme ist eine Erfolgsvergütung, mit der die besondere Leistung des Arbeitnehmers für das Geschäftsergebnis, also den wirtschaftlichen Ertrag des Arbeitgebers, honoriert wird und die als zusätzliches Entgelt zu den sonstigen Bezügen hinzu tritt. Fehlt jegliche Arbeitsleistung in dem für die Berechnung der Tantieme maßgeblichen Zeitraum, besteht kein Grund, den Arbeitnehmer trotzdem am Gewinn zu beteiligen.[174] Diese Argumentation muss a maiore ad minus auch dann greifen, wenn sich die Arbeitsleistung nicht nur mittelbar auf das Unternehmensergebnis auswirkt, sondern selbst Maßstab der Zielvergütung ist.[175] Dennoch ist eine ausdrückliche Regelung im Arbeitsvertrag zum Einfluss längerer Fehlzeiten wegen Krankheit auf die Bonushöhe empfehlenswert. Dies kann insbesondere deswegen sinnvoll sein, weil es bei bestimmten Zielen durchaus denkbar ist, dass der Arbeitnehmer diese trotz lang andauernder Krankheit erreicht; dennoch wird es dann oft im Interesse des Arbeitgebers liegen, die variable Vergütung angesichts der Fehlzeiten kürzen zu können. Das sollte entsprechend transparent geregelt werden.

---

[167] *Lindemann/Simon* BB 2002, 1807 (1812 f.); *Mauer* NZA 2002, 540 (544); *Annuß* NZA 2007, 290 (293).
[168] *Lindemann/Simon* BB 2002, 1807 (1812); sa → § 24 Rn. 154 f.
[169] *Mauer* NZA 2002, 540 (544 f.); aA *Lindemann/Simon* BB 2002, 1807 (1812 f.).
[170] Schaub ArbR-HdB/*Linck* § 79 Rn. 6.
[171] *Wisskirchen/Schwindling* ArbRAktuell 2017, 155 (157); *Lindemann/Simon* BB 2002, 1807 (1812); *Mauer* NZA 2002, 540 (544).
[172] *Lindemann/Simon* BB 2002, 1807 (1812).
[173] BAG 8.9.1998 – 9 AZR 273/97, NZA 1999, 824.
[174] BAG 8.9.1998 – 9 AZR 273/97, NZA 1999, 824 Rn. 28.
[175] *Mauer* NZA 2002, 540 (545); aA *Annuß* NZA 2007, 290 (293).

7. Auswirkungen sonstiger Fehlzeiten

78 Die für krankheitsbedingte Fehlzeiten entwickelten Grundsätze gelten nicht bei Fehlzeiten auf Grund Mutterschutzes. Dies wäre mit dem **Schutzzweck des Mutterschutzgesetzes** nicht vereinbar.[176] Der Arbeitgeber kann sich nicht darauf berufen, dass die Zeiten der Beschäftigungsverbote während der Mutterschutzfristen zu einer Kürzung führen und dies damit begründen, dass sich das ergebnisbezogene Entgelt nur nach dem regelmäßig gezahlten Monatsgeld richte und dieses in den Mutterschutzfristen nicht anfalle.[177] Nach Auffassung des BAG steht der betroffenen Arbeitnehmerin ein Anspruch auf das ergebnisbezogene Entgelt zu, das sie erzielt hätte, wenn ihr während der Mutterschutzfristen ihr regelmäßiges Monatsentgelt weitergezahlt worden wäre. Bei der **Elternzeit** nach dem BEEG ist nur die überproportionale Kürzung rechtswidrig.[178]

79 Bei **anderweitiger unentgeltlicher berechtigter** Abwesenheit kann hingegen eine entsprechende Kürzung vorgenommen werden, wenn eine ausdrückliche Vereinbarung hierüber vorliegt. Soweit Kürzungsvereinbarungen getroffen wurden, sind diese abschließend.[179] AGB-rechtlich unzulässig soll es nach einer Entscheidung des LAG Hamm sein, den Entfall des Anspruchs auf eine von der Erreichung bestimmter Ziele abhängige variable Vergütung im Falle der **Freistellung des Arbeitnehmers** zu vereinbaren, wenn entweder der entfallende Teil der Vergütung mehr als 25 % betragen kann oder der Entfall bzw. die Kürzung bei jeder Freistellung,[180] auch ohne Sachgrund, erfolgen soll. Eine solche Abrede sei inhaltlich ein Widerrufsvorbehalt, der nicht mit § 308 Nr. 4 BGB vereinbar sei.[181]

8. Vorzeitiges Ausscheiden des Arbeitnehmers

80 Die in einer Zielbonusvereinbarung niedergelegte Vergütung ist im Falle des Erreichens der Ziele regelmäßig auch beim Ausscheiden des Arbeitnehmers am Ende oder während eines laufenden Bemessungszeitraums – im letzten Fall gegebenenfalls anteilig – zu bezahlen.[182] Der **Bonus** stellt eine besondere **Gegenleistung für die Arbeitsleistung** des Arbeitnehmers dar. Je nach Beschäftigungszeit und bisheriger Erfüllung der einzelnen Ziele ist der Bonus bei einem Ausscheiden während des Bemessungszeitraums lediglich **anteilig** *pro rata temporis* zu kürzen.[183]

81 **Vereinbarungen** der Parteien, die auf einen **Entfall oder eine Kürzung** der variablen Vergütung bei vorzeitigem Ausscheiden gerichtet sind, sind nicht uneingeschränkt zulässig. So unterliegt eine vom Arbeitgeber vorformulierte Klausel, die den Anspruch des Arbeitnehmers auf eine gewinn- und leistungsabhängige Bonuszahlung an ein an einem. bestimmten Stichtag ungekündigtes Arbeitsverhältnis knüpft, der Inhaltskontrolle nach § 307 BGB. In einem vom BAG zu entscheidenden Fall ließ eine **Stichtagsregelung** im Arbeitsvertrag die Bonuszahlung für das zurückliegende Jahr dann entfallen, wenn der Arbeitnehmer am 1.4. des Folgejahres nicht mehr in einem ungekündigten Arbeitsverhältnis stand.[184] Das BAG hielt diese Stichtagsklausel in mehrfacher Hinsicht für problematisch und im Ergebnis für AGB-widrig. Offen ließ das Gericht, ob die Regelung schon deswegen eine unangemessene Benachteiligung des Arbeitnehmers iSv § 307 Abs. 1 S. 1 BGB darstelle, weil die Klausel nicht zwischen einer vom Arbeitgeber ausgesprochenen Kündigung gegenüber einer Eigenkündigung des Arbeitnehmers unterscheide.[185] Die Stichtagsklausel sei unabhängig davon in jedem Falle zu weit gefasst. Nach den für die **Rückzahlungsklauseln aufgestellten Grundsät-**

---

[176] EuGH 21.10.1999 – C-333/97, NZA 1999, 1325 Rn. 42; *Mauer* NZA 2002, 540 (545).
[177] BAG 2.8.2006 – 10 AZR 425/05, NZA 2006, 1411 Rn. 16.
[178] EuGH 21.10.1999 – C-333/97, NZA 1999, 1325 Rn. 50; *Mauer* NZA 2002, 540 (545).
[179] *Mauer* NZA 2002, 540 (545).
[180] Siehe zu Gestaltungsmöglichkeiten bei Freistellung (→ § 24 Rn. 316 ff.).
[181] LAG Hamm 11.10.2011 – 14 Sa 543/11, BeckRS 2011, 77471; kritisch dazu: *Richter/Lange* NZA-RR 2012, 57 (59).
[182] *Lindemann/Simon* BB 2002, 1807 (1813).
[183] *Mauer* NZA 2002, 540 (545); *Horcher* BB 2007, 2065 (2067).
[184] BAG 24.10.2007 – 10 AZR 825/06, NZA 2008, 40.
[185] BAG 24.10.2007 – 10 AZR 825/06, NZA 2008, 40.

zen[186] hängt die Dauer der zulässigen Bindung von der Höhe der Sonderzahlung ab. Eine Regelung, die überhaupt nicht nach der Höhe der Bonuszahlung differenziert, ist nach Auffassung des Gerichts keinesfalls interessengerecht. Soweit das „Ob" und die Höhe der Bonuszahlung ungewiss sind, werde der Arbeitnehmer durch eine Stichtagsregelung, die den Anspruch auf die Bonuszahlung an ein am 1.4. des Auszahlungsjahres ungekündigtes Arbeitsverhältnis knüpfe und den Arbeitnehmer damit bei einer Kündigungsfrist von drei Monaten bis zum 30.9. des Folgejahres binde, in unzulässiger Weise in seiner Berufsfreiheit behindert und schon damit iSd § 307 BGB unangemessen benachteiligt.[187]

Viel Beachtung hat eine Entscheidung des 10. Senats des BAG gefunden, nach der bei wechselseitiger Berücksichtigung und Bewertung der rechtlich anzuerkennenden Interessen des Arbeitgebers und der an dessen Bonussystem teilnehmenden Arbeitnehmer letztere durch die Bindung des Anspruchs auf die Bonuszahlung an das Bestehen eines Arbeitsverhältnisses im gesamten Geschäftsjahr nicht in unzulässiger Weise in ihrer durch Art. 12 GG garantierten Berufsfreiheit behindert und nicht iSv § 307 Abs. 1 S. 1 BGB unangemessen benachteiligt würden.[188] Träfen Arbeitsvertragsparteien eine entgeltrelevante Zielvereinbarung und bestimmten sie als Zielperiode das Geschäftsjahr, sei dies interessengerecht. Der Wille der Arbeitsvertragsparteien, für den Anspruch auf den Bonus Jahresziele und nicht Tages-, Wochen- oder Monatsziele gemeinsam festzulegen, sei zu achten. Dies legt die Vermutung nahe, das BAG erkenne bei der **Vereinbarung von Jahreszielen** regelmäßig das ungekündigte Fortbestehen des Anstellungsverhältnisses bis zum Jahresende als Voraussetzung für den Bonusanspruch an. Der Senat hat in den Urteilsgründen jüngerer Entscheidungen nochmals ausdrücklich bestätigt, dass bei einem Bonus, der auf das Geschäftsjahresergebnis bezogen ist, der Anspruch an das Bestehen des Arbeitsverhältnisses im Geschäftsjahr geknüpft werden kann.[189]

Die Zahlung eines Bonus an die Voraussetzung zu knüpfen, dass der Arbeitnehmer das Arbeitsverhältnis nicht durch eine vor dem Ende des Bemessungszeitraums (Kalenderjahres) wirksam werdende **Eigenkündigung** beendet, wurde teilweise von Instanzgerichten generell nicht als unangemessene Benachteiligung angesehen.[190]

Inzwischen hat allerdings der 1. Senat des BAG in mehreren Entscheidungen, in denen es um Stichtagsklauseln in Betriebsvereinbarungen über zielorientierte variable Vergütungssysteme ging, hervorgehoben, dass unmittelbar und individuell leistungsbezogene Vergütungsbestandteile, die vom Erreichen von persönlichen Zielen und dem Unternehmenserfolg abhängen, keine anlass- oder stichtagsbezogenen Sonderzuwendungen des Arbeitgebers seien, sondern unmittelbare Gegenleistung für eine vom Arbeitnehmer zu erbringende Leistung, die dieser als Arbeitsentgelt für den vereinbarten Zeitraum erhalte.[191] Der Anspruch auf eine solche variable Erfolgsvergütung entstehe mit Ablauf des monatlichen Leistungszeitraums. Sie werde in den einzelnen Monaten anteilig verdient, jedoch aufgespart und am vereinbarten Fälligkeitstag ausgezahlt. Dies folge im konkreten Fall aus ihrer Einbindung in das vertragliche Synallagma und einer Regelung für bestimmte Fälle des vorzeitigen Ausscheidens und des unterjährigen Eintritts. In diesen hatten die Betriebsparteien die Zahlung eines anteiligen Bonus ebenso wie bei einem unterjährigem Eintritt „pro rata temporis" festgelegt. Die **Stichtagsregelung**, die den ungekündigten Bestand des Arbeitsverhältnisses zum Auszahlungszeitpunkt zur Zahlungsvoraussetzung machte, werde dem, so das BAG, nicht gerecht. Sie entspreche in ihrer Wirkung einer auflösenden Bedingung, durch die dem vorleistungspflichtigen Arbeitnehmer der Anspruch auf die Gegenleistung rückwirkend entzogen werde, wenn dieser vor dem Auszahlungstag des Bonus sein Arbeitsverhältnis selbst kündige. Darüber hinaus sei die in der Stichtagsregelung enthaltene auflösende Bedingung

---

[186] Zu Einzelheiten → Rn. 154 ff.
[187] BAG 24.10.2007 – 10 AZR 825/06, NZA 2008, 40; *Lingemann/Gotham* NZA 2008, 509.
[188] BAG 6.5.2009 – 10 AZR 443/08, NZA 2009, 783.
[189] BAG 18.1.2012 – 10 AZR 667/10, BeckRS 2012, 68196; s. auch 13.11.2013 – 10 AZR 848/12, NZA 2014, 368; *Henssler/Moll* AGB Rn. 144 ff.
[190] LAG Köln 8.2.2010 – 5 Sa 1204/09, BeckRS 2010, 68826.
[191] BAG 12.4.2011 – 1 AZR 412/09, NZA 2011, 989; 7.6.2011 – 1 AZR 807/09, NZA 2011, 1234; 5.7.2011 – 1 AZR 94/10, BeckRS 2011, 77830.

auch deswegen unwirksam, weil sie die durch Art. 12 Abs. 1 GG geschützte Berufsfreiheit des Arbeitnehmers übermäßig beschränke. Sie halte der gebotenen Verhältnismäßigkeitsprüfung nicht stand. Schließlich sei die Vorenthaltung einer bereits verdienten Arbeitsvergütung stets ein **unangemessenes Mittel,** die selbstbestimmte Arbeitsplatzaufgabe zu verzögern oder zu verhindern.[192]

85 Es liegt auf der Hand, dass unter Zugrundelegung dieser Beurteilung des 1. Senats des BAG auch eine entsprechende Stichtagsklausel in Individualverträgen als unwirksam, in jedem Falle aber als AGB-widrig einzustufen wäre.[193] Auch der 10. Senat hat inzwischen wiederholt entschieden, dass eine Sonderzahlung, die (auch) Gegenleistung für in einem Bezugszeitraum laufend erbrachte Arbeit darstellt, in Allgemeinen Geschäftsbedingungen regelmäßig nicht vom Bestand des Arbeitsverhältnisses am Ende des betreffenden Bezugszeitraums abhängig gemacht werden kann.[194] Selbst wenn der **Stichtag** am Ende oder gar **innerhalb des Bezugsjahres** liege und die Sonderzahlung – auch – Arbeitsleistung abgelten solle, bestehe kein im Austausch von Arbeit und Vergütung liegender Grund für die Kürzung der Vergütung. Die Kürzung erfolge, so das BAG, vielmehr auf Grund einer aus Sicht des Arbeitgebers nicht hinreichend erwiesenen Betriebstreue. Irgendeine Störung des Austauschverhältnisses sei damit jedoch nicht verbunden. Der Wert der Arbeitsleistung für den Arbeitgeber hänge von ihrer Qualität und vom Arbeitserfolg ab, regelmäßig jedoch nicht von der reinen Verweildauer des Arbeitnehmers im Arbeitsverhältnis.[195]

86 Soweit also nicht ausnahmsweise aufgrund der Natur der vereinbarten Ziele eine Feststellung der Zielerreichung erst am Ende des Bezugszeitraums möglich ist, wie zB im Falle des Jahresergebnisses der Gesellschaft (→ Rn. 82), werden Stichtagsklauseln auch bei Stichtagen innerhalb des Bezugszeitraums einer AGB-Kontrolle nicht mehr standhalten. Zulässig bleibt es weiterhin, in entsprechend transparenten Regelungen eine ratierliche **Kürzung des Bonus** bei unterjährigem Ausscheiden vorzusehen.[196]

> **Formulierungsvorschlag:**
> Endet das Arbeitsverhältnis vor Ablauf des Geschäftsjahres, so besteht ein Anspruch des Arbeitnehmers nur anteilig für den Zeitraum des Bestands des Arbeitsverhältnisses im maßgeblichen Geschäftsjahr.

9. Zielanpassung bei verschlechterten Rahmenbedingungen

87 Die Notwendigkeit einer **Zielanpassung** kann sich ergeben, wenn sich die der Zielvereinbarung zu Grunde liegenden wirtschaftlichen Rahmenbedingungen unerwartet positiv oder negativ verändern. Dies kann zum Beispiel bei einem unvorhergesehenen Weggang von umsatzstarken Stammkunden der Fall sein, so dass ursprüngliche Umsatzziele nicht mehr erreicht werden. Umgekehrt könnte beispielsweise der Zukauf eines komplett neuen großen Geschäftsbereichs dazu führen, dass die auf das EBIT des Unternehmens mit seinem bisherigen Geschäft ausgerichteten Ziele keinen angemessenen Leistungsanreiz mehr bieten.

88 Die Lösung dieses Problems ist in den Grundsätzen über die **Störung der Geschäftsgrundlage** gemäß § 313 BGB zu suchen.[197] Entscheidend ist, in wessen **Risikosphäre** der eingetretene Umstand einzuordnen ist. Der unerwartete Wegfall von Stammkunden einer Vertriebsabteilung fällt nicht alleine in den Risikobereich des Arbeitgebers und führt somit

---

[192] BAG 12.4.2011 – 1 AZR 412/09, NZA 2011, 989; 7.6.2011 – 1 AZR 807/09, NZA 2011, 1234; 5.7.2011 – 1 AZR 94/10, BeckRS 2011, 77830.
[193] Zur AGB-Kontrolle von Bindungsklauseln auch → § 10 Rn. 204 ff.
[194] BAG 18.1.2012 – 10 AZR 667/10, NZA 2012, 620 Rn. 11; 13.11.2013 – 10 AZR 848/12, NZA 2014, 368.
[195] BAG 13.11.2013 – 10 AZR 848/12, NZA 2014, 368 Rn. 30 f.; kritisch dazu: *Salamon* NZA 2013, 590; s. auch *Roggel/Neumann* BB 2014, 1909; *Salamon* NZA 2011, 1328; *Grau/Sittard* BB 2011, 2815.
[196] Vgl. LAG Rheinland-Pfalz 17.2.2011 – 10 Sa 574/10, BeckRS 2011, 71398.
[197] *Bauer/Diller/Göpfert* BB 2002, 882 (884); *Mauer* NZA 2002, 540 (546); *Däubler* ZIP 2004, 2209 (2213); *Annuß* NZA 2007, 290 (292).

nicht zu einer Anpassungspflicht im Hinblick auf ein gemeinsames Umsatzziel. Dies gilt je nach Inhalt der Zielvereinbarung selbst dann, wenn die Stammkunden wegen zahlreicher Produkthaftungsfälle keine Aufträge erteilen. Man wird in diesen Fällen danach differenzieren müssen, inwieweit nach der Vorstellung der Parteien bei Abschluss der Zielvereinbarung der berechtigte Mitarbeiter die „Störung" individuell hätte verhindern oder deren Verlauf hätte ändern können, ob die Ziele also eher handlungsbezogen oder erfolgsbezogen waren.[198]

Auf jeden Fall besteht eine **Hinweisobliegenheit des Arbeitnehmers**, während der Zielvereinbarungsperiode unverzüglich auf solche Umstände hinzuweisen, die gegebenenfalls zu einer Anpassungspflicht führen können.[199] Aber auch der Arbeitgeber ist gut beraten, auf besondere Umstände, die maßgeblichen Einfluss auf bestehende Zielvereinbarungsgrößen haben, proaktiv zu reagieren. Dies gilt naturgemäß besonders dann, wenn die ursprünglich vereinbarten Ziele aufgrund veränderter äußerer Umstände schon ganz „ohne Zutun" des berechtigten Mitarbeiters erreicht werden. Je früher ein Einvernehmen im Hinblick auf eine notwendige Zielanpassung noch während des Bemessungszeitraums gefunden werden kann, desto besser kann die Zielvereinbarung ihren gewünschten Motivationseffekt behalten.

10. Mitbestimmungsrechte und -pflichten des Betriebsrats

Die Durchführung von Arbeitnehmerführungsgesprächen zum Zwecke oder als Grundlage einer Zielvereinbarung ist mitbestimmungspflichtig gemäß § 87 Abs. 1 Nr. 1 BetrVG,[200] soweit es nicht um die bloße Verwirklichung sogenannter arbeitsnotwendiger Maßnahmen geht, sondern um die kollektive und verbindliche Einbeziehung der Arbeitnehmer in eine übergreifende Unternehmensstrategie.[201] Dies wird bei Mitarbeitergesprächen mit Zielvereinbarungen oftmals der Fall sein. Der Arbeitgeber bezweckt regelmäßig mit den vereinbarten Zielen, ein das ganze Unternehmen oder zumindest bestimmte Arbeitnehmergruppen erfassendes Leistungsanreizsystem zu schaffen.[202] Häufig geht es gerade bei „weichen" Zielen (Soft Skills) unter anderem darum, gezielt Einfluss auf das Verhalten der Mitarbeiter untereinander zu nehmen.

Gegebenenfalls entsteht eine **Mitbestimmungspflicht** auch nach § 87 Abs. 1 Nr. 6 BetrVG, wenn die mit Zielvereinbarungen verbundenen Daten elektronisch verarbeitet werden.[203] Dies gilt zwar nur insoweit, als sich die technischen Einrichtungen dazu eignen, die Leistung der Arbeitnehmer zu überwachen. Dieses – nach Auffassung des BAG weit zu beurteilende – Kriterium wird aber von fast allen Datenbankprogrammen erfüllt, die zur Sammlung und Berechnung von Daten und zur Ermittlung der sich daraus ergebenden Zielerreichungsgrade verwendet werden. Die Mitbestimmung nach § 87 Abs. 1 Nr. 6 BetrVG beschränkt sich dabei nicht nur auf das „Ob" des Einsatzes technischer Mittel, sondern umfasst auch die Frage, wie die Einrichtung konkret genutzt wird.[204]

Die Gesichtspunkte der zielvereinbarungsabhängigen Vergütung sind überdies nach § 87 Abs. 1 Nr. 10 BetrVG relevant.[205] Es handelt sich bei der zielorientierten variablen Vergütung um einen Aspekt der betrieblichen Lohngestaltung. Uneinheitlich wird hingegen beantwortet, ob ein Mitbestimmungsrecht auch aus § 87 Abs. 1 Nr. 11 BetrVG besteht, soweit in dem Zielvereinbarungssystem ein arbeitsleistungsbezogenes Entgelt geregelt werden soll.[206] Der wesentliche Unterschied liegt darin, dass Nr. 11 dem Betriebsrat auch ein Mitbestimmungsrecht hinsichtlich der Geldfaktoren gibt, er also die Auswirkungen der Zielerreichung auf die Höhe der Vergütung mit gestalten kann. In der Praxis wird mit dem Betriebs-

---

[198] Vgl. Beispiele bei *Annuß* NZA 2007, 290 (292 f.); s. aber auch *Bauer/Diller/Göpfert* BB 2002, 882 (884).
[199] *Bauer/Diller/Göpfert* BB 2002, 882 (884).
[200] Vgl. zur Mitbestimmung bei Ordnung im Betrieb → § 15 Rn. 8 ff.
[201] LAG Baden-Württemberg 12.6.1995 – 16 TaBV 12/94, BeckRS 1995, 30927871; *Annuß* NZA 2007, 290 (296).
[202] *Lindemann/Simon* BB 2002, 1807 (1813).
[203] *Geffken* NZA 2000, 1033 (1037).
[204] *Fitting* § 87 Rn. 248 ff.; Schaub ArbR-HdB/*Koch* § 235 Rn. 64.
[205] *Fitting* § 87 Rn. 414; Schaub ArbR-HdB/*Linck* § 77 Rn. 23.
[206] Dahin tendierend *Annuß* NZA 2007, 290 (296); Preis Arbeitsvertrag/*Greiner* II Z 5 Rn. 52.

rat häufig vereinbart, welchen Anteil an der Gesamtvergütung der variable Teil der Vergütung haben soll, dessen Höhe vom Erreichen bestimmter Ziele abhängig ist.

93 Das **Mitbestimmungsrecht** nach § 94 Abs. 2 BetrVG greift ein, wenn die Zielvereinbarungen Bestandteil eines betrieblichen Beurteilungssystems sind. Die Aufstellung allgemeiner Beurteilungsgrundsätze bedarf der Zustimmung des Betriebsrats.[207] Korrespondierend mit den Mitbestimmungsrechten hat der Betriebsrat nach § 80 Abs. 2 BetrVG ein Recht auf Auskunft über die Durchführung eines betrieblich vereinbarten Zielvereinbarungssystems bis hin zur Mitteilung über die konkret mit einzelnen Mitarbeitern getroffenen Zielvereinbarungen.[208] Dies gilt auch dann, wenn den Zielvereinbarungen eine mit dem Gesamtbetriebsrat getroffenen Gesamtbetriebsvereinbarung zugrunde liegt.[209]

V. Aktienoptionen

94 Als flexibilisierte Form eines Vergütungssystems haben insbesondere vor dem weltweiten Kurseinbruch in der „New Economy" sogenannte **Stock Option Plans (Aktienoptionspläne)** an Bedeutung gewonnen.

1. Begriff

95 Bei der Ausgabe von Aktienoptionen durch ein Unternehmen an die Arbeitnehmer werden regelmäßig nichtübertragbare **Optionen oder Wandelungsrechte** ausgegeben. Diese Optionen berechtigen die Arbeitnehmer, zu einem im Voraus festgelegten Wandelungs- bzw. Optionspreis nach Ablauf bestimmter Fristen Aktien der Gesellschaft zu erwerben.[210] Eine Kaufverpflichtung wird für den Berechtigten damit nicht begründet. Er wird die Option oder das Wandelungsrecht vielmehr nur dann ausüben, wenn der Börsenkurs den Basispreis zum Fälligkeitszeitpunkt übersteigt.[211]

96 Den Hintergrund für die Einführung bildet in erster Linie die **Shareholder Value** Orientierung.[212] Die Aussicht, bei günstiger Kursentwicklung der Aktie einen erheblichen Vermögensvorteil zu erwerben, begründet einen für das Unternehmen begrüßenswerten Motivationseffekt und eine gesteigerte Identifikation der Belegschaft mit dem Unternehmen, wodurch Eigenverantwortung und unternehmerisches Denken gezielt gefördert werden.[213] Trotz des weltweiten Kurseinbruchs für Technologiewerte haben Aktienoptionen bzw. Wandelungsrechte ihren Stellenwert als **modernes Vergütungs- und Führungsinstrument** nicht verloren.[214] Für junge Unternehmen, für die in der Gründungsphase exorbitante Gehälter für Führungskräfte nicht vertretbar sind, stellen Beteiligungspläne nach wie vor eine günstige Alternative für die Akquisition von Fachkräften dar. Auf diesem Weg können qualifizierte Mitarbeiter, die sich in der Gründungsphase engagieren, am wirtschaftlichen Erfolg einer Gründung beteiligt werden, ohne dass sie von Beginn an gesellschaftsrechtliche Teilhaberechte haben.[215] Häufig dienen in diesem Zusammenhang Aktienoptionsprogramme auch dem Ziel, die Führungskräfte im Falle einer Veräußerung oder eines Börsengangs (sog. IPO) an der damit verbundenen Realisierung des Unternehmenswerts zu beteiligen.

97 In arbeitsrechtlicher Hinsicht werfen Aktienoptionen eine Vielzahl von Problemen auf, die von der Frage nach der Rechtsnatur der Aktienoptionen über die Wirksamkeit von Verfallklauseln bis zu der Diskussion reichen, wie das Verhältnis von Aktienoptionen und Festgehalt zulässigerweise bemessen sein darf.[216]

---

[207] *Geffken* NZA 2000, 1033 (1037); *Lindemann/Simon* BB 2002, 1807 (1813); *Bauer/Chwalisz* ZfA 2007, 339 (352).
[208] BAG 21.10.2003 – 1 ABR 39/02, NZA 2004, 936.
[209] BAG 24.4.2018 – 1 ABR 6/16, NZA 2018, 1565 Rn. 25.
[210] *Baeck/Diller* DB 1998, 1405.
[211] *Schanz* NZA 2000, 626 (629).
[212] *Kau/Leverenz* BB 1998, 2269.
[213] *Baeck/Diller* DB 1998, 1405; *Schanz* NZA 2000, 626.
[214] Zum Sinn der Aktienoptionen als Vergütungsinstrument nach Bilanzskandalen und Kursstürzen *Steppan* PersF 2002, 98 ff.; *Loritz* ZTR 2002, 258 (263).
[215] *Röder/Göpfert* BB 2001, 2002.
[216] Zu gesellschaftsrechtlichen Fragen vgl. *Kau/Leverenz* BB 1998, 2269 ff.

2. Rechtsnatur der Aktienoptionen

a) Rechtliche Grundlagen. Rechtliche **Grundlage** für die Ausgabe von Aktienoptionen 98 können neben dem Arbeitsvertrag auch ein **Tarifvertrag** oder eine **Betriebsvereinbarung** sein.[217] In der Praxis steht die individualrechtliche Ebene deutlich im Vordergrund. Rechtsgrundlage etwaiger Arbeitnehmeransprüche auf die Ausgabe von Aktienoptionen kann darüber hinaus eine **betriebliche Übung** bilden.[218]

Die kollektiv- bzw. individualrechtliche Zusage verschafft dem Arbeitnehmer nur einen 99 **Anspruch auf Gewährung** des entsprechenden Rechts (Option oder Aktie). Zur Herbeiführung des Erwerbs muss zwischen den Vertragsparteien eine zusätzliche privatrechtliche Vereinbarung (**Gewährungs- oder Optionsvertrag**) geschlossen werden.[219] Dogmatisch am überzeugendsten lässt sich dieser Gewährungsvertrag als **Kaufvertrag** verstehen. Dieser kann – direkt – auf den Aktienerwerb gerichtet sein. Er kann aber auch eine bloße Option beinhalten, wobei der Aktienerwerb unter der aufschiebenden Potestativbedingung der Optionsausübung durch den Bezugsberechtigten steht.[220]

Sagt ein ausländisches Unternehmen einem Arbeitnehmer einer **deutschen Tochtergesell-** 100 **schaft** unmittelbar Aktienoptionen zu, so werden Ansprüche auf die Optionen nicht Bestandteil des Arbeitsverhältnisses mit der deutschen Tochtergesellschaft. Vielmehr muss der Arbeitnehmer etwaige Ansprüche aus der Aktienoptionsvereinbarung unmittelbar gegenüber der ausländischen Muttergesellschaft geltend machen.[221] Dies gilt zumindest, wenn die Vertragsparteien nicht – ausdrücklich oder konkludent – etwas anderes vereinbaren.[222] Wenn auch selten praktiziert, ist es denkbar, dass die Tochtergesellschaft die Aktienoptionen zunächst selbst von der Muttergesellschaft erwirbt, um sie dann im eigenen Namen ihren Arbeitnehmern zu gewähren.[223] Wann immer die Gewährung von Aktien oder Optionsrechten durch einen Dritten (Konzernmutter) nach der Abrede der Vertragsparteien anstelle oder neben dem vereinbarten Arbeitsentgelt erfolgt, kann es sich dabei um Arbeitsentgelt im Sinne von § 37 Abs. 4 BetrVG handeln, das Betriebsratsmitglieder als Teil des ihnen zu gewährenden Mindestentgelts beanspruchen können.[224]

b) Phantom Stocks (= Virtuelle Anteilsrechte). Phantom Stocks stellen schuldrechtliche 101 Nachbildungen von Aktien dar. Sie gewähren allein einen Geldzahlungsanspruch auf Ausgleich der Differenz zwischen dem Aktienkurs im Zeitpunkt ihrer Einräumung und demjenigen im Zeitpunkt ihrer Ausübung.[225] Der Rechtsinhaber nimmt hierbei sowohl an der positiven wie auch an der negativen Entwicklung des Aktienkurses teil.[226] Außerdem enthalten sie eine Dividendenkomponente. Da hier den Mitarbeitern fiktive Aktien gutgeschrieben werden, berücksichtigen sie regelmäßig auch die seit dem Zeitpunkt ihrer Gewährung an die Aktionäre ausgeschütteten Dividenden. Als bloße Nachbildung verkörpern sie keine mitgliedschaftliche Rechtsstellung und berechtigen auch nicht zum Bezug von Mitgliedschaftsrechten.[227] Daher haben sie keinen direkten Einfluss auf die Zusammensetzung des Gesellschafterkreises und bewirken auch keine unmittelbare Verwässerung des Aktienkurses. Da es sich um eine rein schuldrechtliche Konstruktion handelt, sind weder die §§ 71 ff. noch die §§ 192 ff. AktG direkt oder analog anwendbar.[228] Die auf Phantom

---

[217] *Baeck/Diller* DB 1998, 1405 (1406).
[218] *Baeck/Diller* DB 1998, 1405 (1406); *Legerlotz/Laber* DStR 1999, 1658 (1660); *Schanz* NZA 2000, 626 (632).
[219] *Baeck/Diller* DB 1998, 1405 (1406); *Lingemann/Diller/Mengel* NZA 2000, 1191 (1193); *Röder/Göpfert* BB 2001, 2002 (2003).
[220] *Lembke* BB 2001, 1469 (1470).
[221] BAG 16.1.2008 – 7 AZR 887/06, NZA 2008, 836;; LAG München 12.2.2009 – 3 Sa 833/08, NZG 2009, 1238; OLG Hamm 5.12.2018 – 8 U 50/17, NZG 2019, 232; *Häferer/Burger* NZA 2020, 143 (145 f.).
[222] BAG 16.1.2008 – 7 AZR 887/06, NZA 2008, 836; *Müller-Bonanni/Nieroba* Der Konzern 2010, 143 (144).
[223] *Lingemann/Diller/Mengel* NZA 2000, 1191 (1194).
[224] BAG 16.1.2008 – 7 AZR 887/06, NZA 2008, 836.
[225] MüKoAktG/*Fuchs* § 192 Rn. 85.
[226] MüKoAktG/*Spindler* § 87 Rn. 117.
[227] MüKoAktG/*Fuchs* § 192 Rn. 85.
[228] MüKoAktG/*Fuchs* § 192 Rn. 86.

Stocks zu leistenden Zahlungen stellen für die Gesellschaft Personalaufwand dar und führen zu einem Abfluss von Liquidität, so dass Rückstellungen nach § 249 Abs. 1 HGB zu bilden sind.[229]

3. Verhältnis von Aktienoptionen und Festgehalt

102 Aktienoptionen sind Arbeitsentgelt im weiteren Sinne. Sie sollen nicht allein die bereits erbrachte Arbeitsleistung vergüten,[230] sondern auch Betriebstreue belohnen, was sich ua im Erfordernis einer Wartezeit manifestiert.[231] Aktienoptionen stellen folglich eine Gewährung „on top" dar.[232] Sie sind Arbeitgeberleistungen, die als mit Rücksicht auf das bestehende Arbeitsverhältnis gewährte Zuwendungen über die periodische Abgeltung der Arbeitsleistung hinausgehen.[233] Sie können je nach Gestaltung im Einzelfall auch Arbeitsentgelt im engeren Sinne sein. Arbeitsentgelt im engeren Sinne umfasst jede Leistung eines geldwerten Vorteils durch den Arbeitgeber, die ausschließlich die unmittelbare Abgeltung der in einem bestimmten Zeitraum erbrachten Arbeitsleistung zum Gegenstand hat und damit in das vertragliche Synallagma eingebunden ist.[234] Indizien hierfür sind insbesondere die Gewährung von Optionsrechten als Belohnung für bestimmte persönliche Erfolge, Kürzungsregelungen für Zeiten fehlender Arbeitsleistung, zB wegen Krankheit, sowie die Substituierung anderer Entgeltbestandteile im engeren Sinne durch Optionsrechte anstelle einer Gewährung „on top".[235] Stets sind die konkreten vertraglichen Vereinbarungen maßgeblich. So sind Fallkonstellationen denkbar, in denen Aktienoptionsgewährung arbeitsvertraglich als Teil der geschuldeten Vergütung vereinbart werden; eine rechtliche Verpflichtung oder eine tatsächliche Vermutung für eine solche Vertragsgestaltung besteht aber nicht.[236]

103 Wenn Aktienoptionen **Arbeitsentgelt** darstellen,[237] führt dieser Umstand insbesondere angesichts der wiederholten Kurseinbrüche an den Aktienmärkten in der jüngeren Vergangenheit zu der Frage, in welchem **Verhältnis Festgehalt und Aktienoptionen** zulässigerweise zueinander stehen dürfen. Weder die Rechtsprechung noch die Literatur haben feste Grundsätze für die Verteilung von Festgehalt und gewinnabhängigen Vergütungsbestandteilen aufgestellt. Maßstab für die Prüfung der Zulässigkeitsgrenzen kann daher nur **§ 138 BGB** sein.[238] Ein erfolgsabhängiger Vergütungsbestandteil von über 50 % der Gesamtvergütung ist nicht per se sittenwidrig, wenn dem Verdienstrisiko entsprechende tatsächlich realisierbare Verdienstchancen gegenüberstehen.[239] Die **Grenze der Sittenwidrigkeit** ist erst erreicht, wenn der Arbeitnehmer unter Ausnutzung seiner wirtschaftlichen Unerfahrenheit erhebliche Anteile seiner Vergütung durch Aktienoptionen akzeptiert, ohne dass dem erkennbar eine durch die Geschäftsidee gerechtfertigte Gewinnchance gegenübersteht. Beweisbelastet ist insoweit der Arbeitnehmer.[240] So lange andererseits die Grundvergütung für sich genommen bereits eine angemessene Leistung für die erbrachten Dienste darstellt und die Optionen lediglich „on top" versprochen werden, kann selbst die Möglichkeit, mit den Optionen ein vielfaches des Grundgehalts zu verdienen, nicht dazu führen, dass aufgrund eines unausgewogenen Verhältnisses die Vergütungsabrede insgesamt sittenwidrig ist.

104 Auch bei einem vergleichsweise niedrigen Grundgehalt und einer entsprechend höher dotierten Aktienoption kann nicht davon ausgegangen werden, dass der Arbeitnehmer die an-

---

[229] MüKoAktG/*Fuchs* § 192 Rn. 85; umstritten ist, um welche Art von Rückstellungen es sich handelt. Näher dazu *Roß/Baumunk* in Kessler/Sauter, Handbuch Stock Options, Rn. 687 ff.
[230] ArbG Düsseldorf 22.8.2005 – 7 Ca 2689/05, BeckRS 2005, 43033.
[231] *Pulz* BB 2004, 1107 (1110).
[232] *Pulz* BB 2004, 1107 (1110).
[233] *Lembke* BB 2001, 1469 (1470).
[234] *Lembke* BB 2001, 1469 (1470).
[235] *Pulz* BB 2004, 1107 (1110).
[236] BAG 12.2.2003 – 10 AZR 299/02, NZA 2003, 487 Rn. 56.
[237] Küttner Personalhandbuch 2020/*Röller* Aktienoptionen Rn. 5; *Lembke* BB 2001, 1469 (1471); *Moll*, FS 50 Jahre BAG, 2004, 59 (62).
[238] *Röder/Göpfert* BB 2001, 2002 (2004).
[239] Vgl. BAG 20.6.1989 – 3 AZR 504/87, NZA 1989, 843 (Handelsvertreterprovision); *Röder/Göpfert* BB 2001, 2002 (2004).
[240] *Röder/Göpfert* BB 2001, 2002 (2005).

gebotenen Aktienoptionen lediglich erfüllungshalber im Hinblick darauf akzeptiert hat, dass damit zumindest seine marktübliche Vergütung erreicht würde. Sofern eine derartige Abrede nicht ausdrücklich getroffen wurde, trägt vielmehr der Arbeitnehmer das mit den Aktienoptionen notwendigerweise verbundene Kursrisiko. Für die Annahme einer stillschweigenden Abrede über eine Leistung erfüllungshalber ist kein Raum.[241]

4. Aktienoptionen und Gleichbehandlungsgrundsatz

Bei der Ausgabe von Aktienoptionen ist, soweit im konkreten Falle nicht die Entgeltvereinbarungsfreiheit vorgeht, der arbeitsrechtliche **Gleichbehandlungsgrundsatz** zu beachten.[242] Der Arbeitgeber muss seine Arbeitnehmer im Hinblick auf im Wesentlichen gleiche Sachverhalte auch gleich behandeln. Der **Gleichbehandlungsgrundsatz** gilt zwar in bestimmten Fällen nicht nur betriebsweit, sondern auch unternehmensweit, wenn die verteilende Entscheidung des Arbeitgebers nicht auf einzelne Betriebe beschränkt ist.[243] Innerhalb einer Unternehmensgruppe gilt das Gebot der Gleichbehandlung jedoch nicht über ein Unternehmen hinaus, also nicht konzernweit.[244] Der Gleichbehandlungsgrundsatz findet keine Anwendung, wenn die Parteien die Arbeitsvergütung individuell ausgehandelt haben.[245] Dies wird regelmäßig bei Abschluss des Gewährungsvertrags anlässlich der Aufnahme des Arbeitsverhältnisses der Fall sein, so dass sich Gleichbehandlungsprobleme im Wesentlichen bei Gewährung von **Aktienoptionen im laufenden Arbeitsverhältnis** ergeben. Will ein Arbeitgeber nur Führungskräften bestimmter Hierarchieebenen Aktienoptionen gewähren, muss sich die Gruppe der Bezugsberechtigten klar von der Gruppe der vom Bezugsrecht Ausgenommenen abgrenzen lassen.[246] Eine besondere Rolle bei der Beurteilung der Frage, ob es ausreichende Differenzierungskriterien gibt, spielt dabei die Kommunikation des Arbeitgebers im Zusammenhang mit der Gewährung der Leistung. Impliziert er, dass die Zugehörigkeit zur Gruppe der Führungskräfte auf bestimmten Ebenen ein Kriterium für die Zuteilung von Optionen ist, kann er später nicht ohne Weiteres neue Kriterien vorbringen, um einem Arbeitnehmer aus diesem Kreis die Optionen vorzuenthalten.[247]

Probleme stellen sich daneben im Hinblick auf Teilzeitbeschäftigte und befristet Beschäftigte. Gemäß § 4 Abs. 1 S. 1 bzw. Abs. 2 S. 1 TzBfG dürfen weder **teilzeitbeschäftigte** Arbeitnehmer noch **befristet beschäftigte** Arbeitnehmer wegen der Teilzeitarbeit oder der Befristung des Arbeitsvertrages schlechter behandelt werden als vergleichbare vollzeitbeschäftigte Arbeitnehmer bzw. unbefristet Beschäftigte. Die zitierte Vorschrift regelt ausdrücklich, dass einem Teilzeit- bzw. befristet Beschäftigten Arbeitsentgelt oder eine andere teilbare geldwerte Leistung mindestens in dem Umfang zu gewähren ist, der dem Anteil seiner Arbeitszeit an der Arbeitszeit eines vergleichbaren Vollzeitbeschäftigten bzw. dem Anteil seiner Beschäftigungsdauer am Bemessungszeitraum entspricht. Die Gewährung von Aktienoptionen an Arbeitnehmer ist Arbeitsentgelt, mindestens aber eine „andere teilbare geldwerte Leistung" im Sinne von § 4 Abs. 1 S. 2 bzw. § 4 Abs. 2 S. 2 TzBfG. Teilzeitbeschäftigte und befristet Beschäftigte haben dementsprechend grundsätzlich einen verhältnismäßigen Anspruch auf Aktienoptionen.[248] Sachliche Gründe, die der Gewährung von Optionen an Teilzeitbeschäftigte entgegenstehen könnten, wird es in aller Regel nicht geben. Befristet Beschäftigte werden rein tatsächlich häufig die Anforderungen an die Zeiten der Betriebszugehörigkeit nicht erfüllen, die regelmäßig mit der Optionsgewährung und der Optionsausübung verbunden sind, und deswegen aus den Optionen keine Rechte herleiten können.

---

[241] Röder/Göpfert BB 2001, 2002 (2005).
[242] BAG 21.10.2009 – 10 AZR 664/08, NZA-RR 2010, 289; Baeck/Diller DB 1998, 1405 (1408); Schanz NZA 2000, 626 (633); auch → § 1 Rn. 38.
[243] BAG 18.5.2010 – 1 ABR 96/08, NZA 2011, 171.
[244] BAG 20.8.1986 – 4 AZR 272/85, BeckRS 9998, 153877; 25.4.1995 – 9 AZR 690/93, NZA 1995, 1063; Lingemann/Diller/Mengel NZA 2000, 1191 (1196).
[245] Lingemann/Diller/Mengel NZA 2000, 1191 (1196); Schaub ArbR-HdB/Linck § 112 Rn. 5.
[246] BAG 21.10.2009 – 10 AZR 664/08, NZA-RR 2010, 289.
[247] BAG 21.10.2009 – 10 AZR 664/08, NZA-RR 2010, 289; Müller-Bonanni/Nieroba Der Konzern 2010, 143 (147).
[248] Lembke BB 2001, 1469 (1472).

Dem steht § 4 Abs. 2 S. 4 TzBfG nicht entgegen.[249] Die Einbeziehung von befristet Beschäftigten, bei denen absehbar ist, dass sie aufgrund der Befristung erforderliche Haltefristen/Wartezeiten nicht erfüllen werden, ist dennoch nicht von Vornherein sinnlos; immerhin kann es jederzeit zu einer Verlängerung der Befristung oder zur dauerhaften Anstellung kommen.

107 Aktienoptionen stellen **Arbeitsentgelt im Sinne des Allgemeinen Gleichbehandlungsgesetzes (AGG)** dar. Der Entgeltbegriff des AGG orientiert sich an Art. 141 EGV. Danach sind alle gegenwärtigen oder künftigen, in bar oder in Sachleistungen gewährten Zuwendungen, sofern sie wenigstens mittelbar im Zusammenhang mit dem Arbeitsverhältnis geleistet werden, Arbeitsentgelt. Der Rechtsgrund, aufgrund dessen die Leistungen erbracht werden, ist unerheblich. Gemäß § 2 Abs. 1 Nr. 2 AGG iVm § 7 Abs. 1 AGG bezieht sich das im AGG enthaltene **Benachteiligungsverbot** auch auf das Arbeitsentgelt und erfasst sowohl unmittelbare als auch mittelbare Benachteiligungen bezogen auf sämtliche Entgeltforderungen.[250]

108 Eine Staffelung von Aktienoptionen darf nicht in Abhängigkeit vom **Alter** erfolgen. Das Kriterium der **Betriebszugehörigkeit** ist dagegen als Anknüpfungspunkt der Staffelung denkbar, wenn zB die Berufserfahrung als zusätzliche Rechtfertigung für eine höhere Vergütung berücksichtigt wird. Nach dem EuGH ist die Honorierung der Berufserfahrung ein legitimes Ziel der Entgeltpolitik, das durch die Berücksichtigung des Dienstalters oder der Betriebszugehörigkeit erreicht werden kann.[251] Eine Diskriminierung von Frauen kommt bei Vertragsgestaltungen in Betracht, bei denen der Arbeitgeber auf die ununterbrochene Betriebszugehörigkeit abstellt, die von Frauen statistisch betrachtet oft nicht oder erst später erreicht wird. Da der EuGH jedoch die Vermutung akzeptiert, dass mit dem höheren Dienstalter zumeist auch eine größere Erfahrung und bessere Arbeit einhergehen,[252] kann der Arbeitgeber weiterhin im Rahmen von Entgeltsystemen auf das Kriterium des Dienstalters zurückgreifen, was inzwischen auch das BAG ausdrücklich bestätigt hat.[253] Ist dagegen eine Belohnung der Arbeitsleistung oder der erworbenen Kenntnisse nicht beabsichtigt oder führt die längere Berufserfahrung tatsächlich nicht zu einer qualitativ hochwertigeren Arbeit, dürften Erziehungszeiten bei der Berechnung der Betriebszugehörigkeit einzubeziehen sein, um nicht gegen das Diskriminierungsverbot zu verstoßen.[254] Diesbezüglich würden die gleichen Erwägungen greifen, aufgrund derer das BAG die Nichtberücksichtigung von Zeiten des Erziehungsurlaubs bei der Bemessung von Sozialplanabfindungen für diskriminierend erachtet.[255]

109 Kritisch beleuchtet wurden zuletzt auch Fragen im Hinblick auf mögliche Verstöße gegen das Allgemeine Gleichbehandlungsgesetz, zB im Hinblick auf die Privilegierung von Arbeitnehmern, die aus Altersgründen aus dem Arbeitsverhältnis ausscheiden, als sog. „Good Leaver"[256] oder im Hinblick auf die Hemmung des sog. Vesting von Optionen in Zeiten von **Mutterschutz oder Elternzeit**.[257]

5. Kürzung wegen Fehlzeiten im Bezugszeitraum

110 Da die Arbeitsverhältnisse von **Beschäftigten in der Elternzeit** oder von **Arbeitnehmern bei Wehr- oder Zivildienst** (soweit nach dem 30.6.2011 noch relevant) während der genannten Zeiten ruhen, stellt sich für den Arbeitgeber die Frage, ob diese Arbeitnehmer während dieser Zeit von der Gewährung der Optionen ohne Verstoß gegen den Gleichheitsgrundsatz ausgeschlossen werden können. Für die Zulässigkeit eines Ausschlusses spricht, dass bei Aktienoptionsmodellen neben der Honorierung der Betriebstreue auch Leistungsgesichtspunkte eine Rolle spielen. Beschäftigte in der Elternzeit oder Arbeitnehmer im Wehr-

---

[249] *Lembke* BB 2001, 1469 (1472).
[250] *Schrader* DB 2006, 2571 (2574).
[251] EuGH 3.10.2006 – C-17/05, NZA 2006, 1205 – Cadman; *Lingemann/Müller* BB 2007, 2006 (2007).
[252] EuGH 3.10.2006 – C-17/05, NZA 2006, 1205 – Cadman.
[253] BAG 27.1.2011 – 6 AZR 526/09, NZA 2011, 1361.
[254] *Lingemann/Müller* BB 2007, 2006 (2010).
[255] Vgl. BAG 21.10.2003 – 1 AZR 407/02, NZA 2004, 559 Rn. 13 ff.
[256] *Hornung* DB 2019, 1566.
[257] *Stiegler* NZA 2019, 1116.

oder Zivildienst erbringen keine Leistungen für das Unternehmen. Wenn der Aktienoptionsplan eine ausdrücklich den Leistungsaspekt betonende Klausel enthält, können jene Arbeitnehmer daher von der Gewährung der Optionen ausgeschlossen werden.[258] Ebenso kann der Leistungsplan bei **Langzeitkranken** eine Kürzung oder einen Wegfall der Ansprüche vorsehen.[259]

6. Bindungs- und Verfallklauseln

Für den Fall des – vorzeitigen – Ausscheidens des Arbeitnehmers sehen regelmäßig **Bindungs- und Verfallklauseln** in den Planbedingungen einen Verfall von Ansprüchen oder Optionen vor. Dies ist im Grundsatz bei Aktienoptionen zulässig, selbst wenn sie – wie in den meisten Fällen – neben der Betriebstreue auch die Arbeitsleistung honorieren sollen.[260] Das BAG hat inzwischen auch bestätigt, dass solche Verfallklauseln, wenn sie ausreichend transparent verfasst sind, einer Inhaltskontrolle nach AGB-Maßstäben (§§ 305 ff. BGB) standhalten können.[261] Die vom Bundesarbeitsgericht für bestimmte Sonderleistungen, insbesondere Gratifikationen,[262] entwickelten Rechtsgrundsätze könnten bezüglich der Zulässigkeit von Bindungsfristen und Verfallklauseln nicht uneingeschränkt auf Aktienoptionen übertragen werden, weil diese im Gegensatz zu anderen Sondervergütungen einen ungleich größeren **spekulativen Charakter** haben. Ungewiss sei, ob und gegebenenfalls in welcher Höhe eine sich im Aktienkurs widerspiegelnde Wertsteigerung der emittierenden Gesellschaft eintrete und der bezugsberechtigte Arbeitnehmer überhaupt einen finanziellen Vorteil erlange. Unabhängig von ihrer Anzahl seien Optionsrechte auf Grund ihres ungewissen Wertes anders als der Höhe nach feststehende Sonderzahlungen deshalb als maßgebliches Kriterium für eine zulässige Bindungsdauer nicht geeignet. Die Rechnung „je mehr Optionsrechte, desto länger die zulässige Bindungsdauer" gehe nicht auf.[263]

Bei einer Beendigung des Arbeitsverhältnisses durch **Kündigung** des Arbeitsvertrages wird überwiegend eine **Bindungsdauer von bis zu fünf Jahren** in Anlehnung an § 624 BGB für zulässig gehalten, innerhalb derer der Verfall von Aktienoptionen vorgesehen werden kann.[264] Dabei ist insbesondere zu berücksichtigen, dass § 193 Abs. 2 Nr. 4 AktG eine Mindestwartezeit von zwei Jahren vorsieht und somit der Zweck der Aktienoptionen unterstützt wird, Arbeitnehmer langfristig an das Unternehmen zu binden.[265] Der Gesetzgeber hat eine zeitliche Obergrenze der Wartezeit nicht festgelegt. Insofern weicht auch eine mehrjährige Bindung des bezugsberechtigten Arbeitnehmers bei einer aktienkursorientierten Vergütung jedenfalls nicht von wesentlichen Grundgedanken der gesetzlichen Regelung iSv § 307 Abs. 2 Nr. 1 BGB ab.[266]

Unzulässig sind hingegen Klauseln, die den Verfall der Aktienoptionen vorsehen, wenn der Arbeitnehmer auch nach zulässigen Zeiträumen ausscheidet und sodann zu einem Konkurrenzunternehmen wechselt. Eine solche Bestimmung stellt ein sogenanntes indirektes Wettbewerbsverbot dar, das auf Grund der Umgehung der Voraussetzungen der §§ 74 ff. HGB für nachvertragliche Wettbewerbsverbote unwirksam ist (§ 75d HGB).[267]

Es wurden im Übrigen herkömmlich Klauseln als zulässig angesehen, die den Verfall der Optionen vorsahen, wenn der Arbeitnehmer eine **Vertragsverletzung** (Bsp.: Begehung bestimmter Straftaten) begeht. Da Aktienoptionen Entgeltcharakter haben, liegt insoweit eine sogenannte **Lohnverwirkungsabrede** vor, die als Vertragsstrafe im Sinne der §§ 339 ff. BGB

---

[258] Baeck/Diller DB 1998, 1405 (1409); Legerlotz/Laber DStR 1999, 1658 (1662).
[259] Baeck/Diller DB 1998, 1405 (1409); Legerlotz/Laber DStR 1999, 1658 (1662); Lembke BB 2001, 1469 (1472).
[260] Lembke BB 2001, 1469 (1474).
[261] BAG 28.5.2008 – 10 AZR 351/07, NZA 2008, 1066 mzustAnm Mehrens EWiR 2009, 229.
[262] Vgl. zur AGB-Kontrolle insoweit → Rn. 133 ff.
[263] BAG 28.5.2008 – 10 AZR 351/07, NZA 2008, 1066.
[264] Baeck/Diller DB 1998, 1405 (1408); Lembke BB 2001, 1469 (1473); Mechlem/Melms DB 2000, 1614 (1615); Moll, FS 50 Jahre BAG, 2004, 59 (62); jetzt auch BAG 28.5.2008 – 10 AZR 351/07, NZA 2008, 1066.
[265] Lembke BB 2001, 1469 (1473); Mechlem/Melms DB 2000, 1614; Schaub ArbR-HdB/Linck § 80 Rn. 5.
[266] LAG München 17.4.2018 – 7 Sa 752/17, BeckRS 2018, 22839; BAG 28.5.2008 – 10 AZR 351/07, NZA 2008, 1066; sa Staake NJOZ 2010, 2494; Sura DB 2018, 2878..
[267] Lembke BB 2001, 1469 (1474); vgl. auch LAG Hessen 14.8.2000 – 10 Sa 982/99, NJOZ 2001, 45 Rn. 57.

einzuordnen ist.²⁶⁸ Damit gelten für Regelungen zum Verfall von Aktienoptionen bei Vertragsverstößen die AGB-rechtlichen Grenzen für Vertragsstrafen, die in § 17 dieses Handbuchs beschrieben sind (→ § 17 Rn. 44 ff.), entsprechend. Zumindest sollte also der Verfall ausdrücklich auf vorsätzliche oder grob fahrlässige Verstöße beschränkt werden.

115 Die Übertragbarkeit der Aktienoptionen kann ausgeschlossen werden, unabhängig davon, ob man eine Ausgestaltung als (bloßes) bindendes Angebot oder als vertraglich begründetes Recht annimmt. § 399 BGB gilt in beiden Fällen.²⁶⁹

116 Die rechtlichen Möglichkeiten **zur Übertragung von Mitgliedschaften an Aktiengesellschaften** sind in den §§ 53a bis 75 AktG abschließend und zwingend geregelt. Veräußerungshindernisse darüber hinaus sind unzulässig.²⁷⁰ Dies lässt schuldrechtliche Abreden unberührt, die dem Arbeitnehmer für einen gewissen Zeitraum untersagen, die Aktie zu veräußern. Ein Verstoß macht die Veräußerung der Aktie durch den Arbeitnehmer nicht unwirksam, kann aber mit schuldrechtlichen Sanktionen belegt werden.²⁷¹

7. Steuerliche Behandlung auf Arbeitnehmerseite

117 Ob eine **Besteuerung** bereits im Zeitpunkt der Optionsgewährung oder erst bei der Ausübung der Option erfolgt, war lange umstritten.²⁷² Nach der zwischenzeitlich wiederholt bestätigten Rechtsprechung des Bundesfinanzhofs erhält der Arbeitnehmer bei der Gewährung eines nicht handelbaren Optionsrechts auf den späteren Erwerb von Aktien zunächst nur die Einräumung einer Chance. Ein steuerbarer geldwerter Vorteil fließt dem Berechtigten erst zu, wenn er die Option ausübt und der Kurswert der Aktien den Übernahmepreis übersteigt. Der Lohnsteuer unterliegt daher nicht der Wert des Optionsrechts bei dessen Gewährung, sondern die Differenz zwischen Kurswert und Übernahmepreis zum **Zeitpunkt der Ausübung** der Option.²⁷³ Etwas anderes gilt, wenn der Arbeitnehmer schon vor Ausübung des Optionsrechts darüber verfügt, indem er es zB (wirksam) an einen Dritten überträgt.²⁷⁴

118 Da die Einkünfte aus der Optionsausübung in der Regel geballt in einem Veranlagungszeitraum entstehen und damit bei höheren Beträgen schnell der Spitzensteuersatz erreicht ist, war des Weiteren streitig, ob wenigstens eine ermäßigte Besteuerung nach § 34 EStG in Betracht kommt. Der BFH hat diesbezüglich grundlegend klargestellt, dass geldwerte Vorteile aus einem Aktienoptionsprogramm im Regelfall als Anreizlohn eine Vergütung für eine mehrjährige Tätigkeit in Sinne des § 34 Abs. 3 EStG aF darstellen und insoweit einer ermäßigten Besteuerung unterliegen.²⁷⁵ Mehrjährigkeit ist regelmäßig dann anzunehmen, wenn zwischen Einräumung und Erfüllung des Optionsrechts mehr als zwölf Monate liegen und der Arbeitnehmer in diesem Zeitraum auch beschäftigt war. Darüber hinaus hat der BFH bereits wiederholt bestätigt, dass diese zu § 34 Abs. 3 EStG aF aufgestellten Grundsätze für die ermäßigte Besteuerung der geldwerten Vorteile aus der Ausübung von Aktienoptionen in gleicher Weise für die nunmehr maßgebliche Neuregelung der Vergütungen für mehrjährige Tätigkeiten in § 34 Abs. 2 Nr. 4 EStG gelten.²⁷⁶

119 Wird das Optionsrecht von einem Dritten, zB einer ausländischen Konzernobergesellschaft, gewährt, stellt sich die Frage, ob der inländische Arbeitgeber zum Einbehalt der bei Ausübung des Optionsrechts auf die Zuwendung entfallenden Lohnsteuer verpflichtet ist. Nach Auffassung des BFH ist dies grundsätzlich zu bejahen.²⁷⁷ Dies gilt jedoch nur insoweit, als die Konzerntochter in den Vorgang der Vorteilsgewährung eingeschaltet war oder

---

²⁶⁸ *Lembke* BB 2001, 1469 (1475).
²⁶⁹ *Pulz* BB 2004, 1107 (1109).
²⁷⁰ *Baeck/Diller* DB 1998, 1405 (1407); *Legerlotz/Laber* DStR 1999, 1658 (1663).
²⁷¹ *Baeck/Diller* DB 1998, 1405 (1407); *Legerlotz/Laber* DStR 1999, 1658 (1663).
²⁷² *Baeck/Diller* DB 1998, 1405; *Kau/Leverenz* BB 1998, 2269.
²⁷³ BFH 24.1.2001 – I R 119/98, NZA-RR 2001, 376; 23.7.1999 – VI B 116/99, NZA-RR 2000, 37; sa *Binnewies/Ruske* AG 2016, 853.
²⁷⁴ BFH 18.9.2012 – VI R 90/10, NZA-RR 2013, 206.
²⁷⁵ BFH 19.12.2006 – VI R 136/01, NJW 2007, 1230; 10.7.2008 – VI R 70/06, HFR 2009, 130; 27.7.2011 – VI B 160/10, BeckRS 2011, 96313.
²⁷⁶ BFH 18.12.2007 – VI R 62/05, NJOZ 2009, 245; 10.7.2008 – VI R 70/06, HFR 2009, 130.
²⁷⁷ BFH 4.4.2006 – VI R 11/03, NJW 2006, 3167.

die Arbeitnehmer sie über die Vorteile unterrichtet haben. Demzufolge hat der BFH eine Lohnsteuerabzugspflicht für den Fall verneint, dass die inländische Konzerntochter keine Kenntnis von der Zuwendung hat.[278]

8. Aktienoptionen und Betriebsübergang

Das Schicksal von Aktienoptionen im Falle eines Betriebsübergangs, insbesondere auch in Bezug auf die häufige Konstellation, in der Aktienoptionen von der (ausländischen) Konzernmuttergesellschaft ausgegeben werden, ist in § 54 dieses Handbuchs behandelt (→ § 54 Rn. 10 ff.). 120

9. Mitbestimmungsrechte des Betriebsrats

Gemäß § 87 Abs. 1 Nr. 10 BetrVG unterliegen die Einführung und Ausgestaltung von Aktienoptionen grundsätzlich der **Mitbestimmung** des Betriebsrats.[279] Werden die Aktienoptionen unmittelbar von einer (ausländischen) Muttergesellschaft gewährt, so kann dies zu einer abweichenden Beurteilung führen. Sofern dem (deutschen) Arbeitgeber in diesem Fall nicht Mitsprache- oder Vorschlagsrechte im Rahmen der konzerninternen Regelung der Optionsgewährung eingeräumt wurden, hat der Arbeitgeber (Inlandsgesellschaft) keinen Gestaltungsspielraum, so dass der Betriebsrat bereits aus tatsächlichen Gründen nicht mitbestimmen kann.[280] Mit der gleichen Argumentation wird man bei echten Aktienoptionsplänen (anders als bei Phantom Stocks) die Mitbestimmung beschränken müssen, soweit die Hauptversammlung im Rahmen der Beschlussfassung nach § 193 Abs. 2 AktG bestimmte Vorgaben gemacht hat.[281] Soweit in solchen Konstellationen noch Regelungsspielraum verbleibt, den der Arbeitgeber beeinflussen kann, ist der Betriebsrat zu beteiligen. Dieser hat zur Prüfung der Frage, ob ein **Mitbestimmungsrecht** besteht, Anspruch darauf, dass ihm die erforderlichen Unterlagen zur Verfügung gestellt werden.[282] 121

10. Rechtswegzuständigkeit

Die **Rechtswegzuständigkeit** der Arbeitsgerichte für Streitigkeiten zwischen Arbeitnehmer und Arbeitgeber aus einem Aktienoptionsplan oder dem Aktienkaufvertrag folgt wegen deren unmittelbaren Zusammenhangs mit dem Arbeitsverhältnis aus § 2 Abs. 1 Nr. 4a ArbGG bzw. wegen des Entgeltcharakters der Optionen grundsätzlich aus § 2 Abs. 1 Nr. 3a ArbGG.[283] Besonderheiten können sich auch hier ergeben, wenn die Optionszusagen unmittelbar und ohne Einbeziehung des Vertragsarbeitgebers von einem Dritten, häufig der **Konzernmuttergesellschaft**, gegeben wurden. Für Streitigkeiten aus der dann nach der Rechtsprechung des BAG[284] bestehenden eigenständigen Rechtsbeziehungen ist die Zuständigkeit der Arbeitsgerichte nicht eröffnet.[285] 122

VI. (Jahres-)Sonderzahlungen

1. Grundlagen

Sonderzahlungen kennzeichnen sich dadurch, dass sie, anders als das Grundentgelt und unmittelbar leistungsbezogene Zahlungen (wie Prämienlöhne → § 20 Rn. 33 oder Provisionen → § 20 Rn. 36 ff.) nicht fortlaufend gezahlt werden, sondern typischerweise **anlassbezogen zu bestimmten Zeitpunkten**, oft einmal jährlich. 123

---

[278] BFH 24.1.2001 – I R 119/98, NZA-RR 2001, 376.
[279] *Baeck/Diller* DB 1998, 1405 (1410); *Lingemann/Diller/Mengel* NZA 2000, 1191 (1197).
[280] BAG 12.6.2019 – 1 ABR 57/17, BeckRS 2019, 18930; 20.3.2018 – 1 ABR 15/17, NZA 2018, 1017 Rn. 21 ff.; *Lingemann/Diller/Mengel* NZA 2000, 1191 (1200); sa *Reiter/Sura* ZIP 2020, 252.
[281] *Otto/Mückl* DB 2009, 1594 (1595 f.).
[282] LAG Nürnberg 22.1.2002 – 6 TaBV 19/01, NZA-RR 2002, 247.
[283] Küttner Personalhandbuch 2020/*Röller* Aktienoptionen Rn. 18; *Lembke* BB 2001, 1469 (1476).
[284] BAG 12.2.2003 – 10 AZR 299/02, NZA 2003, 487.
[285] OLG Hamm 5.12.2018 – 8 U 50/17, NZG 2019, 232; LAG München 19.1.2008 – 11 Ta 356/07, BeckRS 2009, 67637; LAG Hamm 25.11.2009 – 2 Ta 275/09, BeckRS 2010, 67135.

124 Ein allgemeiner Anspruch auf Zahlung von derartigen Gratifikationen und ähnlichen Leistungen besteht nicht. Für ihre Inanspruchnahme muss eine besondere Rechtsgrundlage vorhanden sein. In den meisten Wirtschaftszweigen sind tarifvertragliche Regelungen und Betriebsvereinbarungen über Sonderzuwendungen des Arbeitgebers üblich. Auch vertragliche Vereinbarungen über Gratifikationen – sei es in Gestalt echter Individualabsprachen, sei es in Gestalt vertraglicher Einheitsregelungen oder in Gestalt von **Gesamtzusagen** – sind in der Praxis vorzufinden.[286]

125 Daneben sind besonders die **betriebliche Übung** (→ § 1 Rn. 34 sowie → § 19 Rn. 11 ff.) und der **Gleichbehandlungsgrundsatz** als Anspruchsgrundlage für eine Gratifikation zu erwähnen. Eine Betriebsübung liegt vor, wenn seitens der Arbeitnehmer aus einer regelmäßigen Wiederholung bestimmter Verhaltensweisen des Arbeitgebers geschlossen werden kann, dass ihnen Leistungen oder Vergünstigungen auf Dauer gewährt werden sollen. Entscheidend ist, ob der Arbeitnehmer aus dem Erklärungsverhalten des Arbeitgebers auf einen Verpflichtungswillen für die Zukunft schließen kann und darf. Eine wiederholte Gewährung von Leistungen oder Vergünstigungen führt nicht ohne weiteres zu Verpflichtungen für die Zukunft. Es kann nicht angenommen werden, dass ein Arbeitgeber sich voraussetzungslos für die Zukunft zur Weitergewährung von Leistungen oder Vergünstigungen verpflichtet. Kraft Betriebsübung entsteht ein Gratifikationsanspruch, wenn der Arbeitgeber eine Gratifikation wiederholt und vorbehaltlos gewährt und hierdurch für die Arbeitnehmer ein Vertrauenstatbestand entsteht, der Arbeitgeber wolle sich auch für die Zukunft binden. Ein derartiger Vertrauenstatbestand ist nach der Rechtsprechung regelmäßig nach dreimaliger Zahlung anzunehmen, falls nicht besondere Umstände hiergegen sprechen oder der Arbeitgeber bei jeder Zahlung seinen Bindungswillen für die Zukunft ausgeschlossen hat.[287] Ein in den engen Grenzen der AGB-Kontrolle zulässiger **Freiwilligkeitsvorbehalt** (→ § 25 Rn. 12 ff.) kann Rechtsansprüche des Arbeitnehmers auf zukünftige Leistungen ausschließen. Solange der Arbeitgeber für das laufende Jahr die Zahlung einer Gratifikation noch nicht konkret in Aussicht gestellt oder versprochen hat, kann er sich die Entscheidung offen halten.[288] Bringt der Arbeitgeber gegenüber seinen Arbeitnehmern unmittelbar bei Erbringung einer Leistung – ohne vorherige Ankündigung oder weitere Absprachen – ausdrücklich klar zum Ausdruck, dass es sich bei der Zahlung einer Sonderzuwendung um eine freiwillige Leistung handelt, bei der auch durch wiederholte Zahlungen ein Rechtsanspruch für die Zukunft nicht erworben wird, verhindert dies weiterhin das Entstehen einer betrieblichen Übung.[289]

126 Die der Aufzählung von Gratifikationen (konkret: Urlaubs- und Weihnachtsgeld) vorangestellte arbeitsvertragliche Klausel „Außerdem erhält der Arbeitnehmer folgende freiwillige Leistungen" ist jedoch im Zweifel nicht als Freiwilligkeitsvorbehalt auszulegen mit der Folge, dass hiermit ein Rechtsanspruch begründet wird.[290] Zudem ist eine solche **Kombination aus Zusage und Freiwilligkeitsvorbehalt** widersprüchlich und intransparent.[291]

127 Nach **früherer Rechtsprechung** sollte keine betriebliche Übung auf zukünftige Gewährung von Weihnachtsgeld entstehen, wenn – für den Arbeitnehmer erkennbar – die Zuwendung nach Gutdünken des Arbeitgebers dreimalig in unterschiedlicher Höhe gezahlt wird. Der Arbeitnehmer müsse in einem solchen Fall davon ausgehen, dass der Arbeitgeber die Zuwendung nur für das jeweilige Jahr gewähren will.[292] Diese Rechtsprechung hat das BAG inzwischen im Ergebnis deutlich **relativiert** und sich von der älteren Rechtsprechung distanziert. In solchen Fällen könne sich ungeachtet der unterschiedlichen Höhe der Zahlungen dennoch aufgrund einer konkludent geschlossenen arbeitsvertraglichen Abrede dem Grunde

---

[286] Zur Mitbestimmung des Betriebsrats vgl. *Thüsing* DB 1997, 1130.
[287] BAG 6.3.1956 – 3 AZR 175/55, BeckRS 9998, 120408; 4.10.1956 – 2 AZR 213/54, BeckRS 9998, 120787; 26.6.1975 – 5 AZR 421/74, BeckRS 1975, 00090.
[288] BAG 21.1.2009 – 10 AZR 219/08, NZA 2009, 310 Rn. 16; 18.10.1961 – 1 AZR 75/61, NJW 1962, 220; 26.6.1975 – 5 AZR 412/74, BeckRS 1975, 00090.
[289] BAG 18.3.2009 – 10 AZR 289/08, NZA 2009, 535.
[290] LAG Köln 7.8.1998 – 11 Sa 620/98, NZA-RR 1998, 529.
[291] BAG 24.10.2007 – 10 AZR 825/06, NZA 2008, 40; 30.7.2008 – 10 AZR 606/07, NZA 2008, 1173; 20.2.2013 – 10 AZR 177/12, NZA 2013, 1015.
[292] BAG 18.3.2009 – 10 AZR 289/08, NZA 2009, 535.

nach ein Anspruch auf eine anteilige Sonderzahlung ergeben, deren Höhe der Arbeitgeber nach billigem Ermessen zu bestimmen habe.²⁹³ Zahlt der Arbeitgeber mehrfach jährlich einen Bonus, kann darin im Zusammenhang mit Äußerungen und schlüssigem Verhalten gleichermaßen die konkludente **Individualzusage** liegen, auch künftig einen Bonus zu zahlen. Dies scheitert nicht alleine daran, dass die Höhe der Zahlungen wechselt, ohne dass für den Arbeitnehmer eine Regelhaftigkeit erkennbar ist. Denkbar ist auch hier eine Zusage durch konkludentes Verhalten dem Grunde nach. Die Höhe des Anspruchs bestimmt sich dann nach § 315 BGB.²⁹⁴ Gleichermaßen hat der Arbeitgeber auch die Möglichkeit, sich von vornherein ausdrücklich ein Ermessen hinsichtlich der Bestimmung der Höhe einer Jahressonderleistung vorzubehalten, wenn er dies nur ausreichend transparent im Arbeitsvertrag regelt.²⁹⁵

128 Wenn aufgrund betrieblicher Übung erst einmal ein Anspruch des Arbeitnehmers auf die Gratifikation entstanden ist, kann sich der Arbeitgeber davon nicht mehr einseitig lösen, sondern ist auf eine einvernehmliche Vertragsänderung (ggf. eine Änderungskündigung → § 25 Rn. 58 ff.) angewiesen. Teilt der Arbeitgeber etwa den Arbeitnehmern durch Aushang mit, er könne auf Grund der wirtschaftlichen Lage des Betriebs in diesem Jahr kein Weihnachtsgeld zahlen, so liegt darin jedoch kein Angebot an die Arbeitnehmer, die bestehende betriebliche Übung zu ändern. In der – zunächst – widerspruchslosen Weiterarbeit der Arbeitnehmer kann daher auch keine Annahme eines Änderungsangebots gesehen werden.²⁹⁶

129 Die früher mögliche gegenläufige oder **negative betriebliche Übung** hat das BAG ausdrücklich **aufgegeben**, da nach § 305 Nr. 5 BGB auch im Arbeitsrecht das Verbot fingierter Erklärungen eingreift.²⁹⁷ Ein Anspruch aus betrieblicher Übung kann nicht dadurch beseitigt werden, dass der Arbeitgeber gegenüber anderen Arbeitnehmern die betriebliche Übung einstellt und der nicht betroffene Arbeitnehmer dazu schweigt. Dies gilt selbst dann, wenn der Anspruchsteller noch nie in den Genuss der Leistungen gekommen ist.²⁹⁸

130 Ein Anspruch auf Gratifikationszahlung kann sich für einzelne Arbeitnehmer oder Gruppen von Arbeitnehmern aus den **Grundsätzen der Gleichbehandlung und Gleichberechtigung** ergeben.²⁹⁹ Hält der Arbeitgeber die durch Gleichbehandlung und Gleichberechtigung gezogenen Grenzen ein, kann er vorbehaltlich etwaiger gesetzlicher Vorgaben die Anspruchsvoraussetzungen frei gestalten. Der arbeitsrechtliche Gleichbehandlungsgrundsatz wird nicht allein dadurch verletzt, dass der Arbeitgeber in einem Vergütungssystem mit einzelnen Faktoren für einzelne Arbeitnehmergruppen zusätzliche Leistungen gewährt, um bestehende erhebliche Vergütungsunterschiede auszugleichen.³⁰⁰ Gewährt eine Betriebsvereinbarung ein zusätzliches Entgelt für unfallfreies Fahren im Bezugszeitraum, so können die Betriebspartner darüber hinaus weitere anspruchsbegründende Voraussetzungen für den Bezug der Sonderzahlung festlegen, zB ein im Bezugszeitraum durch Eigenkündigung des Arbeitnehmers nicht beendetes Arbeitsverhältnis.³⁰¹

131 Es ist möglich, dass die Gratifikationsregelung eine **Anrechnung anderer Sonderleistungen** vorsieht. Bestimmt beispielsweise ein Tarifvertrag, dass auf die Jahressonderzahlung alle betrieblichen Leistungen wie Weihnachtsgratifikationen, Jahresabschlussvergütungen, Jahresprämien, Ergebnisbeteiligungen, Tantiemen etc angerechnet werden können, so ist eine auf Grund Betriebsübung jährlich zahlbare „Treueprämie" anrechenbar. Von einer tariflich

²⁹³ BAG 13.5.2015 – 10 AZR 266/14, NZA 2015, 992.
²⁹⁴ BAG 21.4.2010 – 10 AZR 163/09, NZA 2010, 808; 17.4.2013 – 10 AZR 251/12, NJOZ 2013, 1705.
²⁹⁵ BAG 23.8.2017 – 10 AZR 376/16, NZA 2017, 1595.
²⁹⁶ BAG 14.8.1996 – 5 AZR 69/96, NZA 1996, 1323.
²⁹⁷ Jetzt: BAG 25.11.2009 – 10 AZR 779/08, NZA 2010, 283; 18.3.2009 – 10 AZR 281/08, NZA 2009, 601; früher: 26.3.1997 – 10 AZR 612/96, NZA 1997, 1007; 4.5.1999 – 10 AZR 290/98, NZA 1999, 1162.
²⁹⁸ → § 1 Rn. 37.
²⁹⁹ Vgl. dazu schon → § 1 Rn. 38 sowie → § 19 Rn. 7 ff.; zum gleichheitswidrigen Ausschluss einer bestimmten Gruppe von Arbeitnehmern (Obstsortierern) von einer Sonderzahlung: BAG 27.10.1998 – 9 AZR 299/97, NZA 1999, 700.
³⁰⁰ BAG 12.10.2011 – 10 AZR 510/10, NZA 2012, 680.
³⁰¹ BAG 10.1.1991 – 6 AZR 205/89, NZA 1991, 689.

vorgesehenen Anrechnungsmöglichkeit kann allerdings nur Gebrauch gemacht werden, wenn dies nach den arbeitsvertraglichen Abreden für die Sonderleistung möglich ist, diese also nicht „tariffest" ist.

132 Wegen der anlassbezogenen Fälligkeit von Sonderleistungen stellt sich regelmäßig die Frage, ob und inwieweit der Arbeitnehmer einen Anspruch auf die Sonderleistung hat, wenn sein **Anstellungsverhältnis** zum Zeitpunkt der Auszahlung **gekündigt** ist oder überhaupt nicht mehr besteht. Bei der Zusage von Sonderleistungen sehen Arbeitgeber darüber hinaus mitunter auch Rückzahlungspflichten des Arbeitnehmers für den Fall vor, dass er relativ kurz nach Erhalt der Sonderzahlung aus dem Arbeitsverhältnis ausscheidet.

133 Ausgehend von der jüngeren Rechtsprechung des BAG sind, wenn es um die Frage der **Abhängigkeit** der Jahressonderzahlung **vom Fortbestand des Arbeitsverhältnisses** geht, im Wesentlichen zwei Kategorien von Leistungen zu unterscheiden. Es gibt Leistungen, die ausschließlich dazu dienen, die bereits erbrachte oder auch die zukünftig erwartete Betriebstreue des Arbeitnehmers zu belohnen. Diese reinen **Betriebstreueleistungen**[302] unterliegen nach der Rechtsprechung des BAG, jedenfalls soweit sie als Allgemeine Geschäftsbedingungen anzusehen sind, anderen Prüfungsmaßstäben als Leistungen, die – ggf. neben der Honorierung erbrachter oder erwarteter Betriebstreue – **zumindest auch Entgelt** für erbrachte Arbeitsleistung darstellen (Leistungen mit **Mischcharakter**).[303] Während Betriebstreueleistungen selbst in AGB wirksam Stichtagsregelungen und Rückzahlungsvorbehalten unterworfen werden können, ist dies den Arbeitsvertragsparteien bei Leistungen mit Mischcharakter nicht mehr möglich. Dies wird im Folgenden in Bezug auf typische Arten von (Jahres-)Sonderleistungen näher dargestellt.

2. Betriebstreueleistungen

134 a) **Jubiläumsleistungen.** Zu den klassischen Leistungen, die ganz gezielt der Honorierung der Betriebstreue in der Vergangenheit dienen, zählen Jubiläumsleistungen.[304] Es liegt typischerweise in der Natur solcher Zuwendungen, dass ein Anspruch auf diese Leistungen nur dann besteht, wenn das Arbeitsverhältnis des Arbeitnehmers auch tatsächlich bis zum **Erreichen des maßgeblichen Stichtags** besteht.[305] Ungeachtet dessen kann einer Jubiläumsleistung im weiteren Sinne Entgeltcharakter zukommen, so dass es keine unzulässige Benachteiligung von Teilzeitbeschäftigten darstellt, wenn die Höhe der Jubiläumsleistung in Abhängigkeit von dem durchschnittlichen Beschäftigungsgrad des Leistungsempfängers variiert.[306]

135 b) **Weitere Betriebstreueleistungen.** Auch Gratifikationen und Weihnachtsgelder können je nach ihrer Ausgestaltung als reine Betriebstreueleistungen anzusehen sein.[307] Die entsprechende Intention des Arbeitgebers muss jedoch angesichts des AGB-rechtlichen Transparenzgebots hinreichend deutlich zum Ausdruck kommen. Sonderzuwendungen können als **Treueprämie** erwiesene Betriebstreue oder als „**Halteprämie**" künftige Betriebstreue honorieren.[308] Ist die Honorierung künftiger Betriebstreue bezweckt, wird dies regelmäßig dadurch sichergestellt, dass die Sonderzuwendung nur bei Fortbestand des Arbeitsverhältnisses über einen **Stichtag** hinaus bis zum Ende eines dem Arbeitnehmer noch zumutbaren **Bindungszeitraums** gezahlt wird oder der Arbeitnehmer diese zurückzuzahlen hat, wenn das Arbeitsverhältnis vor Ablauf zumutbarer Bindungsfristen endet.[309] Ist die Honorierung erwiesener Betriebstreue bezweckt, wird dies regelmäßig dadurch sichergestellt, dass die Zahlung der Sonderzuwendung vom (ungekündigten) Bestand des Arbeitsverhältnisses am Auszahlungstag abhängig gemacht wird. Die Zahlung solcher Sonderzuwendungen hängt nicht von einer bestimmten Arbeitsleistung, sondern regelmäßig nur vom Bestand des Arbeitsverhältnisses ab.[310]

---

[302] S. dazu BAG 18.1.2012 – 10 AZR 667/10, NZA 2012, 620.
[303] BAG 18.1.2012 – 10 AZR 612/10, NZA 2012, 561.
[304] LAG Rheinland-Pfalz 22.3.2018 – 2 Sa 368/17, BeckRS 2018, 19192 Rn. 27.
[305] BAG 24.10.2017 – 1 AZR 846/15, NJOZ 2018, 1278 Rn. 27.
[306] LAG Hamm 28.3.2019 – 15 Sa 1147/18.
[307] BAG 18.1.2012 – 10 AZR 667/10, NZA 2012, 620.
[308] BAG 28.3.2007 – 10 AZR 261/06, NZA 2007, 687 Rn. 18.
[309] BAG 21.5.2003 – 10 AZR 390/02, NZA 2003, 1032.
[310] BAG 18.1.2012 – 10 AZR 667/10, NZA 2012, 620 Rn. 13.

136 Welche Intentionen ein Arbeitgeber mit der Zusage einer bestimmten Sonderzuwendung verfolgt, ist letzten Endes durch Auslegung der jeweiligen Regelung zu ermitteln. Nach den Maßstäben des AGB-Rechts muss man heute transparente Formulierungen fordern.[311] Wird in einem Arbeitsvertrag allein die Zahlung eines „Weihnachtsgeldes" in bestimmter Höhe zugesagt, so konnte diese Zusage nach früherer Rechtsprechung durchaus noch dahin verstanden werden, dass ein Anspruch auf dieses Weihnachtsgeld nur gegeben sein sollte, wenn auch das Arbeitsverhältnis zu Weihnachten noch besteht.[312] Heute ist dies nicht mehr ausreichend. Wird unter der Überschrift „Bezüge" neben dem Monatsgehalt auch ein Weihnachtsgeld erwähnt, welches mit dem Novembergehalt auszuzahlen sei, so wird dies im Zweifel eher so zu verstehen sein, dass die Anknüpfung an das Novembergehalt lediglich eine Fälligkeitsabrede ist und eine (anteilige) Zahlung nicht vom Bestehen des Arbeitsverhältnisses im Dezember oder November abhängig sein soll.[313] Die Intention der Honorierung der Betriebstreue kommt hier nicht ausreichend deutlich zum Ausdruck. Sobald der Arbeitgeber im Übrigen durch die Bestimmung der Voraussetzung für die Leistungserbringung oder durch deren Berechnungsweise zum Ausdruck bringt, dass die Leistung nicht nur die Betriebstreue, sondern auch die Arbeitsleistung des Arbeitnehmers honorieren soll, gilt die Leistung als eine solche mit Mischcharakter und unterliegt im Rahmen der AGB-Prüfung anderen Maßstäben (→ Rn. 146 ff.).

137 **c) Stichtagsklauseln.** Soweit sich eine Leistung als reine Betriebstreueleistung qualifizieren lässt, können Stichtagsklauseln weiterhin auch AGB-rechtlich zulässig sein. Sie müssen jedoch in ihrer Ausgestaltung angemessen sein. Das Bundesarbeitsgericht hatte in diesem Zusammenhang zunächst entschieden, dass es bei Stichtagsklauseln unzulässig sei, solchen Arbeitnehmern die Jahresprämie zu verweigern, die auf Grund einer **betriebsbedingten Kündigung** am Stichtag in einem gekündigten Arbeitsverhältnis stehen. Es sei rechtsmissbräuchlich, einem Arbeitnehmer, der die ihm obliegende Arbeitsleistung im Bezugszeitraum voll erbracht habe, die erwartete Gegenleistung aus Gründen, auf die er keinen Einfluss habe, zu verweigern.[314] Diesen Standpunkt hat das BAG zunächst für tarifvertragliche Klauseln – jedenfalls bei Stichtagen innerhalb des Bezugszeitraumes – wieder aufgegeben. Ein widersprüchliches und treuwidriges Verhalten könne dem Arbeitgeber im Falle einer betriebsbedingten Kündigung nicht ohne weiteres unterstellt werden. Die Anwendung des Grundsatzes von Treu und Glauben setze eine Auflösung des Arbeitsverhältnisses durch den Arbeitgeber voraus, um die Entstehung des Gratifikationsanspruchs zu vereiteln. Dem stehe jedoch entgegen, dass die betriebsbedingte Kündigung nicht beliebig, sondern nur unter den von der Rechtsprechung aufgestellten Voraussetzungen ausgesprochen werden könne.[315] In einer weiteren Entscheidung hat das Bundesarbeitsgericht diese Grundsätze auf Klauseln in Betriebsvereinbarungen übertragen und diese ebenfalls für zulässig erklärt.[316] Nunmehr hat es seinen Standpunkt auch für Vereinbarungen in AGB bestätigt und sieht in ihnen keine unangemessene Benachteiligung nach § 307 Abs. 1 S. 1 BGB. Soweit eine Stichtagsklausel sich auf eine Leistung bezieht, die nicht (auch) die erbrachte Arbeitsleistung vergüten, sondern ausschließlich fortgesetzte Betriebstreue honorieren soll, hat diese Rechtsprechung also weiterhin Bestand.[317]

138 Die Unwirksamkeit einer an und für sich zulässigen Stichtagsklausel kann sich aus deren nicht hinreichend deutlicher Formulierung ergeben, aber auch aus einer intransparenten Kombination einer Stichtagsklausel mit einer Rückzahlungsverpflichtung.[318]

139 Sieht ein Tarifvertrag vor, dass die Arbeitnehmer eine Jahres-Sonderzahlung in Höhe von 95% des tariflichen Monatsentgelts erhalten, die am 1.12. eines Jahres in einem un-

---

[311] BAG 13.5.2015 – 10 AZR 266/14, NZA 2015, 992 Rn. 25.
[312] BAG 30.3.1994 – 10 AZR 134/93, NZA 1994, 651.
[313] BAG 18.1.2012 – 10 AZR 612/10, NZA 2012, 561.
[314] BAG 13.9.1974 – 5 AZR 48/74, NJW 1975, 278.
[315] BAG 4.9.1985 – 5 AZR 655/84, NZA 1986, 225.
[316] BAG 25.4.1991 – 6 AZR 183/90, NZA 1991, 765.
[317] BAG 18.1.2012 – 10 AZR 667/10, NZA 2012, 620; LAG Schleswig-Holstein 15.11.2017 – 4 Sa 340/17, BeckRS 2017, 142642.
[318] LAG Düsseldorf 15.2.2017 – 7 Sa 397/16, BeckRS 2017, 103562.

gekündigten Arbeitsverhältnis stehen, und kündigt der Arbeitgeber wegen einer beabsichtigten Stilllegung vor dem 1.12. des Jahres, obwohl dies zur Wahrung der Kündigungsfrist nicht erforderlich gewesen wäre, verstößt dies nicht zwingend gegen den Rechtsgedanken des § 162 BGB, wenn die **Kündigung im Rahmen einer Massenentlassung** erfolgt ist, bei der alle Kündigungen zeitgleich ausgesprochen worden sind und der Arbeitgeber in diesem Zusammenhang erreichen will, dass alle Arbeitnehmer von der Sonderzahlung gleichermaßen ausgeschlossen werden.[319] Dies ist sicherlich anders zu bewerten, wenn der – frühe – Kündigungszeitpunkt alleine dazu dienen soll, die Grundlage für die Gratifikation zu beseitigen.

140 Haben die Arbeitsvertragsparteien vereinbart, dass die Gratifikation dem Arbeitnehmer nicht zusteht, wenn das Arbeitsverhältnis durch Kündigung endet, so ist alleine die bevorstehende einvernehmliche Beendigung des Arbeitsverhältnisses aufgrund eines **Aufhebungsvertrages** grundsätzlich nicht gratifikationsschädlich. Das Bundesarbeitsgericht legt das tarifliche Erfordernis des Bestehens eines ungekündigten Arbeitsverhältnisses an einem bestimmten Stichtag regelmäßig eng aus, so dass ein vor dem Stichtag geschlossener Aufhebungsvertrag einer Kündigung nicht gleichsteht.[320] Einige Instanzgerichte sind im Falle einer solchen Klausel dagegen zuweilen davon ausgegangen, dass die Gratifikation dann nicht zu zahlen sei, wenn das Arbeitsverhältnis zwar nicht durch Kündigung, sondern durch Aufhebungsvertrag sein Ende finde, der Aufhebungsvertrag aber lediglich im Interesse des Arbeitnehmers die Kündigung ersetze.[321]

141 Macht eine tarifvertragliche Regelung den Anspruch auf eine Jahressonderzuwendung davon abhängig, dass das Arbeitsverhältnis am Stichtag „ungekündigt" ist, steht auch eine **Befristung** des Arbeitsverhältnisses einer Kündigung nicht gleich.[322] Arbeitnehmer, die mit einem befristeten Arbeitsvertrag beschäftigt sind, der vor dem für eine Jahressonderzahlung maßgebenden Stichtag endet, sollen jedoch nach Auffassung des BAG auch dann keinen Anspruch auf eine anteilige Jahressonderzahlung haben, wenn die Zahlung für Arbeitnehmer vorgesehen ist, die auf Grund einer betriebsbedingten Kündigung vor dem Stichtag ausscheiden.[323]

142 d) **Rückzahlungsklauseln.** Der Arbeitgeber kann sich unter bestimmten Voraussetzungen und innerhalb von der Rechtsprechung entwickelter Grenzen die Rückzahlung von Gratifikationen vorbehalten, wenn der Arbeitnehmer nach Erhalt der Zahlung vor einem bestimmten Zeitpunkt aus dem Arbeitsverhältnis ausscheidet. Nachdem des BAG seine Rechtsprechung zur Möglichkeit, Leistungen mit Mischcharakter vom Bestand des Arbeitsverhältnisses zu einem Stichtag außerhalb des Bezugszeitraumes abhängig zu machen, aufgegeben hat, kommen heute wirksame Rückzahlungsklauseln nur noch in Betracht, wenn Sonderleistungen ausschließlich der **Honorierung der Betriebstreue** dienen. Meist werden Rückzahlungsklauseln nur für den Fall einer arbeitnehmerseitigen Kündigung vereinbart. Damit soll der Arbeitnehmer für eine gewisse Zeit an den Betrieb gebunden werden. Eine entsprechende Regelung muss eindeutig formuliert werden. Insbesondere muss der Bindungszeitraum eindeutig geregelt sein. Anders als bei der Beurteilung von Stichtagsklauseln, die nach überwiegender Auffassung nicht **nach dem Grund** einer etwaig zu frühen Beendigung des Arbeitsverhältnisses **differenzieren** müssen, sollte eine Rückzahlungsklausel angemessene Differenzierungen nach dem Verantwortungsbereich für die Vertragsbeendigung enthalten.[324] Eine arbeitsvertragliche Rückzahlungsklausel hinsichtlich eines Weihnachtsgeldes ist unwirksam, wenn sie weder Voraussetzungen für die Rückzahlungspflicht noch einen eindeutig bestimmten Zeitraum für die Bindung des Arbeitnehmers festlegt. Sind keine entspre-

---

[319] BAG 4.5.1999 – 10 AZR 417/98, NZA 1999, 1053; LAG Hamburg 5.3.1998 – 5 Sa 69/97, BeckRS 1998, 30459080.
[320] BAG 7.12.1989 – 6 AZR 324/88, NZA 1990, 490; 7.10.1992 – 10 AZR 186/91, NZA 1993, 948.
[321] LAG Berlin 10.11.1967 – 3 Sa 90/67, AP BGB § 611 Gratifikation Nr. 65; LAG München 25.10.1990 – 4 Sa 22/90, LAGE BGB § 611 Gratifikation Nr. 4.
[322] BAG 14.12.1993 – 10 AZR 661/92, NZA 1994, 463.
[323] BAG 6.10.1993 – 10 AZR 477/92, NZA 1994, 465.
[324] LAG Rheinland-Pfalz 26.4.2018 – 2 Sa 392/17, BeckRS 2018, 22500 Rn. 64; LAG München 19.1.2017 – 3 Sa 492/16, BeckRS 2017, 152340.

chenden Anhaltspunkte gegeben, kommt die ergänzende Auslegung einer solchen allgemeinen Rückzahlungsklausel dahin, dass die Rückforderung im Rahmen der von der Rechtsprechung entwickelten Grenzen erfolgen könne, nicht in Betracht.[325]

Die Zulässigkeit von Rückzahlungsvorbehalten hat die Rechtsprechung seit jeher differenziert beurteilt; dies vor dem Hintergrund, dass solche Klauseln keine unzumutbare Kündigungserschwerung mit sich bringen dürfen (Art. 12 GG).[326] Heute gehen zumindest die Instanzgerichte offenbar davon aus, dass die ursprünglich einmal **für Leistungen mit Mischcharakter entwickelte Rechtsprechung**, die sich an der Höhe der Leistung orientierte, weiterhin auch für die Beurteilung der Angemessenheit im Falle reiner Betriebstreueleistungen heranzuziehen ist.[327] Somit gilt:

- Für Gratifikationen, die 100,00 EUR nicht übersteigen, darf keine Rückzahlung vereinbart werden.[328]
- Gratifikationen, die mehr als 100,00 EUR, aber weniger als einen Monatsverdienst betragen, können mit einer Rückzahlungsverpflichtung bis zum 31.3. des folgenden Jahres festgelegt werden.[329]
- Beträgt die Gratifikation einen Monatsverdienst und hat der Arbeitnehmer bis zum 31.3. des folgenden Jahres nur eine Kündigungsmöglichkeit, ist ihm zuzumuten, diese Kündigungsmöglichkeit auszulassen, wenn er die Gratifikation behalten will. Hat der Arbeitnehmer mehrere Kündigungsmöglichkeiten, so ist ihm zuzumuten, den Betrieb erst nach dem 31.3. zum nächst zulässigen Kündigungstermin zu verlassen.[330]
- Liegt die Gratifikation über einem, beträgt aber weniger als zwei Monatsverdienste, ist die Bindung jedenfalls bis zum 30.6. des Folgejahres als zulässig angesehen worden.[331]

Ob eine Sonderzahlung (Jahresprämie) eine Monatsvergütung übersteigt, bestimmt sich nicht nach der im Jahr erzielten durchschnittlichen Vergütung, sondern nach dem Vergütungsanspruch des Arbeitnehmers für den Monat der Sonderzahlung.[332] Erhält ein Angestellter im Dezember eine Jahresprämie in Höhe eines Monatsgehalts, kann der Arbeitgeber ihn nicht ohne weiteres bis zum 30.6. des Folgejahres binden. Eine frist- und termingerechte Kündigung des Arbeitnehmers zu einem Termin innerhalb des 2. Quartals des Folgejahres begründet dann keinen Rückzahlungsanspruch des Arbeitgebers. Die **Anknüpfung an Quartalsfristen** wird teilweise kritisiert, weil sie nicht mehr mit den Fristen des § 622 BGB korrespondiert.[333]

Die Rechtsprechung hat in der Vergangenheit zu weitgehende Rückzahlungsklauseln auf ein zulässiges Maß reduziert. Unter Geltung der §§ 307, 309 Nr. 6 BGB kommt dies bei im Einzelarbeitsvertrag enthaltenen Klauseln nicht mehr in Betracht.[334] Eine **geltungserhaltende Reduktion scheidet** im Zusammenhang mit der Kontrolle von AGB grundsätzlich **aus**. Mit Rücksicht auf das Transparenzgebot muss im Übrigen die Rückzahlungsverpflichtung besonders eindeutig, überschaubar und nachvollziehbar geregelt sein.

---

[325] So bereits vor Anwendbarkeit des AGB-Rechts auf Arbeitsverträge: BAG 14.6.1995 – 10 AZR 25/94, NZA 1995, 1034; nachfolgend: LAG Düsseldorf 22.4.2009 – 7 Sa 1628/08, BeckRS 2009, 67084.
[326] Grundlegend BAG 10.5.1962 – 5 AZR 452/61, NJW 1962, 1537; ebenso unter Verweis auf § 307 BGB BAG 28.3.2007 – 10 AZR 261/06, NZA 2007, 687.
[327] LAG Düsseldorf 15.2.2017 – 7 Sa 397/16, BeckRS 2017, 103562; LAG Nürnberg 1.7.2016 – 3 Sa 426/15. BeckRS 2016, 73002.
[328] BAG 21.5.2003 – 10 AZR 390/02, NZA 2003, 1032; s. aber auch Küttner/*Griese* Einmalzahlungen Rn. 17: Mindestsumme von 1.000,00 EUR aufgrund der Geldentwertung.
[329] BAG 21.5.2003 – 10 AZR 390/02, NZA 2003, 1032; 25.4.2007 – 10 AZR 634/06, NZA 2007, 875.
[330] BAG 28.4.2004 – 10 AZR 356/03, NZA 2004, 924; 9.6.1993 – 10 AZR 529/92, NZA 1993, 935; LAG Düsseldorf 25.3.1997 – 16 Sa 1724/96, NZA-RR 1997, 457.
[331] BAG 13.11.1969 – 5 AZR 232/69, NJW 1970, 582; 12.12.1962 – 5 AZR 324/62, AP BGB § 611 Gratifikation Nr. 25; *Lakies* DB 2014, 659 (661 f.).
[332] BAG 28.4.2004 – 10 AZR 356/03, NZA 2004, 924.
[333] Küttner Personalhandbuch 2020/*Griese* Einmalzahlungen Rn. 19.
[334] Vgl. BAG 28.5.2013 – 3 AZR 103/12, NZA 2013, 1419 (Rückzahlung von Fortbildungskosten); BAG 12.12.2013 – 8 AZR 829/12, NZA 2014, 905 (Rückzahlung eines Darlehens).

Formulierungsvorschlag Rückzahlungsklausel:

146 Der Arbeitnehmer erhält mit seinem Dezembergehalt eine Jahresabschlussvergütung, deren Höhe der Arbeitgeber von Jahr zu Jahr nach eigenem Ermessen bestimmt. Diese Gratifikation bezweckt ausschließlich eine Belohnung für künftige Betriebstreue und soll einen Anreiz zu weiterer engagierter Mitarbeit setzen.

Die Jahresabschlussvergütung ist im Falle einer Eigenkündigung in Abhängigkeit von ihrer Höhe und dem Zeitpunkt eines späteren Ausscheidens unter den nachfolgend geregelten Voraussetzungen zurück zu zahlen.

- Beträgt sie 250,00 EUR oder weniger, besteht unabhängig vom Zeitpunkt des Ausscheidens keine Rückzahlungspflicht.
- Beträgt sie mehr als 250,00 EUR, aber nicht mehr als ein Bruttomonatsgehalt zum Zeitpunkt ihrer Zahlung, besteht eine Rückzahlungspflicht, wenn der Arbeitnehmer vor dem 31.3. des folgenden Kalenderjahres ausscheidet.
- Ist die Gratifikation höher als ein Monatsgehalt zum Zeitpunkt ihrer Zahlung, muss sie bei Ausscheiden vor dem 30.6. des folgenden Kalenderjahres zurückgezahlt werden.

147 **e) Abwesenheitszeiten.** Reine Betriebstreueleistungen werden dadurch geprägt, dass sie alleine die (erwiesene oder erwartete) Treue des Arbeitnehmers honorieren, indem sie nur den Bestand des Arbeitsverhältnisses zu einem bestimmten Stichtag oder darüber hinaus bis zu einem angemessenen Zeitpunkt nach der Auszahlung zur Leistungsvoraussetzung machen. Somit würde es sich mit der Natur dieser Sonderleistungen nicht vertragen, bei solchen Leistungen Kürzungen für Abwesenheitszeiten vorzunehmen.[335] Auch hier kommt damit der Unterschied zwischen Betriebstreueleistungen und Leistungen mit Mischcharakter oder reinem Entgeltcharakter zum Tragen, bei deren Ermittlung Fehlzeiten Berücksichtigung finden können (→ Rn. 133 ff.).

3. Entgeltleistungen/Leistungen mit Mischcharakter

148 **a) Folgen des Ausscheidens.** Anders als Leistungen mit reinem Betriebstreuecharakter (→ Rn. 133 ff.) unterliegen Sonderleistungen, die zumindest auch als Gegenleistung für erbrachte Arbeit anzusehen sind und denen damit **zumindest ein Mischcharakter** zukommt, einer strengeren Angemessenheitskontrolle nach AGB-Recht. Es ist demgemäß zu unterscheiden, ob eine zusätzliche Vergütung der Arbeitsleistung bezweckt wird oder ob lediglich eine entweder in der Vergangenheit oder auch in der Zukunft liegende Betriebstreue belohnt werden soll. Nach der **aktuellen Rechtsprechung** des 10. Senats kommt dem Umstand, dass Leistungen mit Mischcharakter jedenfalls zum Teil auch eine Gegenleistung für erbrachte Arbeit darstellen, eine ganz entscheidende Bedeutung zu, wenn sie an Stichtagsklauseln gebunden werden sollen.[336] Wenn solche Leistungen wegen vorzeitigen Ausscheidens des Arbeitnehmers gekürzt werden sollen, bestehe kein im Austausch von Arbeit und Vergütung liegender Grund für die Kürzung der Vergütung. Die Kürzung erfolge vielmehr aufgrund einer aus Sicht des Arbeitgebers nicht hinreichend erwiesenen Betriebstreue. Dieser Gesichtspunkt ändert nach Auffassung des BAG aber nichts daran, dass der Arbeitnehmer die nach dem Vertrag geschuldete Leistung erbracht hat.[337] **Stichtagsregelungen in Allgemeinen Geschäftsbedingungen,** wonach der Anspruch auf eine Jahressonderzahlung davon abhängig ist, dass der Arbeitnehmer am Jahresende noch in einem – gekündigten oder ungekündigten – Arbeitsverhältnis steht, sind demgemäß nach § 307 Abs. 1 S. 1 BGB nicht zulässig, wenn zumindest auch bereits erbrachte Arbeitsleistung vergütet wird.[338] Ungeachtet des vorzeitigen Ausscheidens des Arbeitnehmers entsteht in diesen Fällen ein anteiliger **ratierlicher Anspruch** für die Dauer des Arbeitsverhältnisses im Bezugsjahr.[339] Eine Sonderzahlung mit

---

[335] LAG Schleswig-Holstein 5.11.2017 – 4 Sa 340/17, BeckRS 2017, 142642 Rn, 36.
[336] BAG 13.11.2013 – 10 AZR 848/12, NZA 2014, 368.
[337] BAG 13.11.2013 – 10 AZR 848/12, NZA 2014, 368 Rn. 30.
[338] BAG 18.1.2012 – 10 AZR 612/10, NZA 2012, 561; 13.11.2013 – 10 AZR 848/12, NZA 2014, 368 Rn. 30.
[339] BAG 13.11.2013 – 10 AZR 848/12, NZA 2014, 368 Rn. 13.

Mischcharakter, die jedenfalls auch Vergütung für bereits erbrachte Arbeitsleistung darstellt, kann in Allgemeinen Geschäftsbedingungen erst recht nicht wirksam vom ungekündigten Bestand des Arbeitsverhältnisses zu einem **Zeitpunkt außerhalb des Bezugszeitraums** der Sonderzahlung abhängig gemacht werden.[340] Eine solche Stichtagsklausel steht im Widerspruch zum Grundgedanken des § 611a Abs. 1 BGB, indem sie den Arbeitnehmern bereits erarbeiteten Lohn entzieht. Sie verkürzt außerdem in nicht zu rechtfertigender Weise die nach Art. 12 GG geschützte Berufsfreiheit des Arbeitnehmers, weil sie die Ausübung seines Kündigungsrechts unzulässig erschwert. Im Zusammenhang mit Bonuszahlungen aufgrund jährlicher Zielvereinbarung können auf das Geschäftsjahresende bezogene Stichtagsregelungen unter Umständen zulässig sein, wenn sich die Zielerreichung nur auf der Grundlage des Gesamtjahresergebnisses bemessen lässt (→ Rn. 82).

Nur **Stichtagsregelungen in Tarifverträgen**, die nicht dem AGB-Recht unterliegen, können 149 weiterhin dazu führen, dass die Jahresleistung insgesamt entfällt, wenn das Arbeitsverhältnis vor dem Stichtag endet, auch wenn bis dahin in vollem Umfang gearbeitet worden ist. Den Tarifvertragsparteien wird ein größerer Gestaltungsspielraum eingeräumt.[341]

b) **Weihnachtsgeld.** Zu den Leistungen, die häufig Mischcharakter aufweisen, zählt das 150 sog. Weihnachtsgeld. Der Begriff wird nicht immer explizit verwendet. Ebenso ist häufig von einem 13. Monatsgehalt oder von einer (Weihnachts-)Gratifikation die Rede. Im Einzelfall ist die Zwecksetzung durch Auslegung zu ermitteln. Als reine Betriebstreueleistungen sind Weihnachtsgelder in der Praxis eher selten ausgestaltet. Meist dient das Weihnachtsgeld in mehr oder weniger starkem Maße auch der Honorierung der erbrachten Arbeitsleistung. Dies ist insbesondere auch für die Beantwortung der Frage relevant, ob Kürzungen wegen Fehlzeiten (→ Rn. 152 ff.) zulässig sind.

c) **13. Monatsgehalt.** Die Bezeichnung einer Leistung als 13. Monatsgehalt deutet ihrem 151 Wortlaut nach darauf hin, dass es sich um „echtes" zusätzliches Arbeitsentgelt handelt, dass also lediglich eine hinausgeschobene Fälligkeit geregelt werden soll. Manchmal enthalten Vereinbarungen über ein 13 Monatsgehalt aber auch Elemente zur Honorierung der Betriebstreue, so dass die Sonderzahlung Mischcharakter hat.[342] Die Bezeichnung indiziert zwar, dass es sich um „echtes" zusätzliches Entgelt handelt, mit dem alleine die Arbeitsleistung zusätzlich vergütet werden soll. Maßgeblich ist jedoch stets nicht nur die Bezeichnung, sondern der sich durch Auslegung ergebende Inhalt der Vereinbarung.[343] Soweit keinerlei Anzeichen dafür bestehen, dass mit der Jahressonderzahlung auch die Betriebstreue belohnt oder gefördert werden soll, kann es sich bei der Bezeichnung als 13. Monatsgehalt um eine reine Fälligkeitsregelung handeln. Nach neuerer Rechtsprechung hat diese **Differenzierung teilweise an Relevanz verloren,** weil in beiden Fällen (reines Entgelt oder Mischcharakter) der Anspruch im Laufe des Jahres ratierlich entsteht, er aber erst zum Ende des Jahres fällig wird.[344] Es kann AGB-rechtlich in beiden Fällen nicht zur zusätzlichen Voraussetzung gemacht werden, dass das Arbeitsverhältnis im Fälligkeitszeitpunkt überhaupt noch besteht.

Auf der anderen Seite entsteht auf Zahlungen, die **ausschließlich als Vergütung** für geleistete Arbeit anzusehen sind, von vornherein kein Anspruch in Zeiten, in denen zB wegen Elternzeit das Arbeitsverhältnis suspendiert ist.[345]

d) **Kürzung bei Abwesenheit.** Es ist jeweils im Einzelfall anhand des Zwecks einer Leis- 152 tung zu beurteilen, inwieweit Kürzungsrechte bei Arbeitsunfähigkeitszeiten, während des Mutterschutzes (§§ 3 Abs. 2, 6 Abs. 1 MuSchG) und der Elternzeit (§§ 15 ff. BEEG) anspruchsmindernd berücksichtigt werden können.[346]

---

[340] BAG 18.1.2012 – 10 AZR 612/10, NZA 2012, 561.
[341] BAG 3.7.2019 – 10 AZR 300/18, NZA 2019, 1440; 27.6.2018 – 10 AZR 290/17, NZA 2018, 1344 Rn. 48; 13.11.2013 – 10 AZR 848/12, NZA 2014, 368 Rn. 35 mwN.
[342] BAG 18.8.1999 – 10 AZR 613/98, BeckRS 1999, 30780148; 14.3.2012 – 10 AZR 112/11, BeckRS 2012, 68844.
[343] BAG 13.6.1991 – 6 AZR 421/89, EzA BGB § 611 Gratifikation, Prämie Nr. 86.
[344] BAG 18.1.2012 – 10 AZR 612/10, NZA 2012, 561; 13.11.2013 – 10 AZR 848/12, NZA 2014, 368 Rn. 30.
[345] BAG 22.10.1997 – 10 AZR 44/97, BeckRS 1997, 30940926.
[346] Vgl. *Dörner* RdA 1993, 24; *Hanau/Vossen* DB 1992, 213; *Hauck* RdA 1994, 358; *Schiefer* NZA 1993, 1015 (1018); *Schwarz* NZA 1996, 571; *Vossen* FS Stahlhacke, 1995, 617 (625 ff.).

153 Nur bei **reinem Entgeltcharakter einer Sonderleistung** ist eine Kürzung für Zeiten, in denen das Arbeitsverhältnis ruht, ohne weiteres und auch ohne ausdrückliche Regelung möglich. Bereits aus dem Entgeltzweck ergibt sich das Kürzungsrecht. Es muss in diesem Fall nicht gesondert vereinbart sein.[347] Der Entgeltcharakter kann dadurch verdeutlicht werden, dass die Zusage eine Regelung enthält, nach der eine anteilige Zahlung bei Beginn und Beendigung des Arbeitsverhältnisses im Bezugsjahr erfolgt.[348] Die Betriebstreue soll mit einer solchen Abrede erkennbar nicht zusätzlich honoriert werden, weil der erst nach Beginn des Bezugsjahres in den Betrieb des Arbeitgebers eintretende Arbeitnehmer in der Vergangenheit noch keine Betriebstreue gezeigt hat und er im Falle des Ausscheidens keinen Anreiz zur Fortsetzung des Arbeitsverhältnisses hat.[349]

154 Wird eine Sonderleistung ohne Nennung weiterer Anspruchsvoraussetzungen gezahlt, ist im Zweifel davon auszugehen, dass mit ihr lediglich eine zusätzliche Vergütung für die geleistete Arbeit innerhalb des Bezugszeitraums bezweckt wird. Das Auszahlungsdatum ist dann nur Fälligkeitstermin.[350]

155 Wenn es sich nicht um eine Entgeltleistung mit direktem Arbeitsleistungsbezug handelt, kann eine Gratifikation für Zeiten fehlender Arbeitsleistung nur ausgeschlossen oder gekürzt werden, wenn die Gratifikationsregelung (Tarifvertrag, Betriebsvereinbarung oder Arbeitsvertrag einschließlich betrieblicher Übung) eine ausdrückliche oder im Wege der Auslegung zu ermittelnde Bestimmung enthält, aus der hervorgeht, welche Zeiten ohne Arbeitsleistung sich anspruchsausschließend oder anspruchsmindernd auf die Sonderzahlung auswirken sollen.[351] Es gibt in diesem Fällen **kein allgemeines Rechtsprinzip,** wonach der Anspruch auf eine Sonderleistung entfällt, wenn während des Bezugszeitraums keine oder keine nennenswerte Arbeitsleistung erbracht worden ist.[352]

156 Soweit eine Sonderleistung sowohl der Abgeltung geleisteter Arbeit als auch der Belohnung für erwiesene Betriebstreue bzw. dem Anreiz für künftige Betriebstreue dient (Mischcharakter), kommt es nicht darauf an, welchem Zweck eine untergeordnete und welchem Zweck eine übergeordnete Bedeutung beizumessen ist.[353] Zwischen den verschiedenen Zwecken besteht kein Rangverhältnis. Deshalb müssen sämtliche Anspruchsvoraussetzungen gegeben sein, um den Anspruch entstehen zu lassen.[354]

157 Insbesondere während Zeiten der Mutterschutzfristen gem. §§ 3 ff. MuSchG muss die Kürzungsmöglichkeit ausdrücklich vereinbart werden.[355] Umstritten ist, ob ein Kürzungsrecht überhaupt wirksam vereinbart werden kann oder ob dies dem Schutzzweck des Mutterschutzgesetzes zuwider läuft.[356] Jedoch kann ein Anspruch auf Sonderzahlung für die Zeiten, in denen sich der Arbeitnehmer in Elternzeit befindet, gekürzt werden.[357] Eine **Kürzungsklausel,** die die Reduzierung einer Sonderleistung durch Zeiten des **Erziehungsurlaubs** vorsieht, verstößt nicht gegen Art. 6 Abs. 4 GG, § 15 Abs. 4 BErzGG, § 612a BGB oder Art. 119 EWG Vertrag (Art. 141 EGV).[358] Der EuGH hat dies bestätigt.[359]

158 Art. 141 EGV untersagt es, dass ein Arbeitgeber Arbeitnehmerinnen vollständig von der Gewährung einer freiwillig als Sonderzuwendung zu Weihnachten gezahlten Gratifikation

---

[347] BAG 7.8.2002 – 10 AZR 709/01, NZA 2002, 1284; 24.10.1990 – 6 AZR 156/89, NZA 1991, 318.
[348] BAG 24.10.1990 – 6 AZR 156/89, NZA 1991, 318.
[349] *Hanau/Vossen* DB 1992, 213 (214).
[350] BAG 25.4.1991 – 6 AZR 532/89, NZA 1991, 763; *Dörner* RdA 1993, 24 (25); *Hanau/Vossen* DB 1992, 213 (213 f.).
[351] BAG 25.9.2013 – 10 AZR 850/12, NZA 2014, 52.
[352] BAG 5.8.1992 – 10 AZR 171/91, NZA 1993, 132; 24.3.1993 – 10 AZR 487/92, NZA 1993, 1042; kritisch *Henssler* Anm. zu BAG 25.4.1991 – 6 AZR 183/90, EzA BGB § 611 Gratifikation/Prämie Nr. 85.
[353] BAG 24.10.1990 – 6 AZR 341/89, NZA 1991, 317; 10.1.1991 – 6 AZR 205/89, NZA 1991, 689.
[354] BAG 10.1.1991 – 6 AZR 205/89, NZA 1991, 689.
[355] BAG 25.11.1998 – 10 AZR 595/97, NZA 1999, 766; 24.2.1999 – 10 AZR 258/98, NZA 1999, 772.
[356] Offen gelassen in BAG 25.11.1998 – 10 AZR 595/97, NZA 1999, 766; gegen die Kürzungsmöglichkeit EuGH 21.10.1999 – C-333/97, NZA 1999, 1325; sa BAG 4.12.2002 – 10 AZR 138/02, AP BGB § 611 Gratifikation Nr. 245; *Vossen* NZA 2005, 734 (736).
[357] BAG 22.10.1997 – 10 AZR 44/97, BeckRS 1997, 30940926.
[358] BAG 24.10.1990 – 6 AZR 156/89, NZA 1991, 318; *Hanau/Vossen* DB 1992, 213 (218); *Sowka* DB 1992, 2080; anders *Mauer/Schmidt* BB 1991, 1782.
[359] EuGH 21.10.1999 – C-333/97, NZA 1999, 1325.

ausschließt, ohne im Jahr der Gewährung der Gratifikation geleistete Arbeit oder Mutterschutzzeiten (Beschäftigungsverbote) zu berücksichtigen, wenn diese Gratifikation eine Vergütung für in diesem Jahr geleistete Arbeit sein soll. Dagegen verbieten es weder Art. 141 EGV noch Art. 11 Nr. 2 der Richtlinie 92/85, noch § 2 Abs. 6 des Anhangs der Richtlinie 96/34 des Rates vom 3.6.1996 zu der von UNICE, CEEP und EGB geschlossenen Rahmenvereinbarung über Elternurlaub, gegenüber einer Frau im Erziehungsurlaub die Gewährung dieser Zuwendung von der Voraussetzung abhängig zu machen, dass sie sich zum Zeitpunkt der Gewährung im aktiven Beschäftigungsverhältnis befindet. Art. 141 EGV, Art. 11 Abs. 2 Buchst. b) der Richtlinie 92/85 und § 2 Abs. 6 des Anhangs der Richtlinie 96/34 untersagen es nicht, dass ein Arbeitgeber bei der Gewährung einer Weihnachtsgratifikation an eine Frau, die sich im Erziehungsurlaub befindet, Zeiten des Erziehungsurlaubs anteilig leistungsmindernd berücksichtigt.[360]

Hat der Arbeitgeber in allgemeinen Arbeitsbedingungen die Zahlung von **Urlaubsgeld** 159 ohne jede Einschränkung und unabhängig von der Urlaubsgewährung zugesagt, ist er hingegen nicht berechtigt, den Anspruch wegen der Inanspruchnahme von Erziehungsurlaub zu kürzen.[361]

Ein **überproportionales Kürzungsrecht** ist in jedem Fall **ausgeschlossen,** weil der damit 160 verbundene Entzug bereits verdienten Entgelts eine unzulässige Kündigungserschwerung darstellen würde.[362]

e) **Urlaubsgeld.** Während des Erholungsurlaubs ist das Entgelt fortzuzahlen. Häufig wird 161 daneben eine zusätzliche Vergütung in Form eines Urlaubsgelds gezahlt. Der Begriff ist nicht eindeutig definiert. Rechtsgrund für die Zahlung eines zusätzlichen Urlaubsgeldes kann eine einzelvertragliche Abrede, aber auch ein Tarifvertrag oder eine Betriebsvereinbarung sein. Ein Anspruch auf Urlaubsgeld kann sich auch aus einer betrieblichen Übung herleiten.[363]

Zu prüfen ist in jedem Einzelfall nach Maßgabe der Anspruchsgrundlage, ob der An- 162 spruch auf Urlaubsgeld fester Gehaltsbestandteil ist und zumindest auch der Vergütung der Arbeitsleistung dienen soll. Er kann ganz oder teilweise vom Umfang des Urlaubs abhängig gemacht werden. Er kann Gratifikationscharakter haben und insoweit im AGB-rechtlich zulässigen Rahmen unter einem Freiwilligkeitsvorbehalt (→ § 25 Rn. 12 ff.) stehen. Einzel- oder tarifvertraglich können die Anspruchsvoraussetzungen eingeschränkt, etwa von einer Wartezeit abhängig gemacht werden. Fällig ist der Anspruch auf Urlaubsgeld mangels gegenteiliger Festlegungen mit dem Antritt des Urlaubs. Das lässt sich mit dem Sinn und Zweck des Ausgleichs erhöhter Aufwendungen während des Urlaubs begründen.[364] Wird ein Urlaubsgeld pro genommenen Urlaubstag gezahlt, spricht dies gegen eine vom Urlaubsantritt unabhängige Sonderzahlung. Zudem verdeutlicht die Anknüpfung an den genommenen Urlaubstag, dass das Urlaubsgeld dem **Erholungszweck des Urlaubs** und nicht der Vergütung einer Arbeitsleistung dienen soll. In diesem Fall kann der Anspruch auf das Urlaubsgeld an eine Stichtagsklausel geknüpft werden.[365]

4. Mitbestimmungsrechte des Betriebsrats

Die Einführung jeglicher Form der (Jahres-)Sonderleistung unterliegt einem Mitbestim- 163 mungsrecht des Betriebsrats nach **§ 87 Abs. 1 Nr. 10 BetrVG,** der eine Beteiligung des Betriebsrats bei allen (Sonder-)Leistungen mit Entgeltcharakter vorsieht, unabhängig von deren genauer Ziel- und Zwecksetzung und auch unabhängig vom konkreten Anlass der Vergütungszusage.[366] Soweit es sich bei den Sonderleistungen um freiwillige Leistungen des

---

[360] BAG 24.3.1993 – 10 AZR 160/92, NZA 1993, 1043.
[361] BAG 18.3.1997 – 9 AZR 84/96, NZA 1997, 1168; ebenso bei Aufnahme einer geringfügigen Beschäftigung bei demselben Arbeitgeber während des Erziehungsurlaubs BAG 24.2.1999 – 10 AZR 5/98, NZA 1999, 830.
[362] BAG 13.9.1974 – 5 AZR 48/74, NJW 1975, 278.
[363] Vgl. BAG 28.3.2000 – 1 AZR 366/99, NZA 2001, 49 Rn. 39.
[364] BAG 15.11.1990 – 8 AZR 283/89, NZA 1991, 346; aA *Sibben* DB 1997, 1178 (1180).
[365] BAG 22.7.2014 – 9 AZR 981/12, NZA 2014, 1136.
[366] So schon BAG 30.3.1982 – 1 ABR 55/80, AP BetrVG 1972 § 87 Lohngestaltung Nr. 10.

Arbeitgebers handelt, kann die Mitbestimmung des Betriebsrats nach allgemeinen Grundsätzen eingeschränkt sein (→ § 23 Rn. 37).

VII. Überstundenvergütung und Zulagen

164 Zuschläge werden gezahlt, um besondere Leistungen des Arbeitnehmers zu vergüten, um besondere Erschwernisse auszugleichen oder um soziale Belastungen zu mildern. Hierzu zählen etwa die Überstundenzuschläge, die Leistungszulage, die Nachtarbeits- sowie die Sonn- und Feiertagszuschläge, die Schmutz-, Hitze- und Lärmzulagen, die Gefahrenzulagen, die Verheirateten-, Kinder- und Ortszuschläge. Im Unterschied zu Gratifikationen oder Leistungen der betrieblichen Altersversorgung, die als zusätzliche Elemente neben dem Arbeitsentgelt im engeren Sinne gezahlt werden, erhöhen die Vergütungszuschläge das im Gegenseitigkeitsverhältnis zur Arbeitsleistung stehende Arbeitsentgelt.[367]

165 **Überstunden** sind unter Umständen auch ohne besondere gesetzliche Vorschriften durch Bezahlung oder Freizeit abzugelten, wenn sie nach Anordnung oder mit Duldung und Wissen des Arbeitgebers geleistet worden sind. Die in Kenntnis des Arbeitgebers geleisteten Überstunden sind in diesem Fall auch dann abzugelten, wenn deren Dokumentation vereitelt wurde. Die Schaffung von Dienstplänen bleibt Pflicht des Arbeitgebers. Er kann sich im Verhältnis zu seinen Arbeitnehmern weder zur Rechtfertigung, noch zur Entschuldigung auf die Unwilligkeit oder Uneinsichtigkeit seiner leitenden Angestellten zurückziehen, denen die Aufstellung von Dienstplänen im Verhältnis zum Arbeitgeber obliegt. Die Hauptleistungspflicht des Arbeitgebers gebietet es, zugunsten der Überstunden leistenden Arbeitnehmer für klare Verhältnisse zu sorgen.[368] Viele Tarifverträge regeln, dass Überstunden mit Zuschlägen zu vergüten sind. Ein generelles Gebot, Überstunden besser zu bezahlen als die innerhalb des vereinbarten Rahmens geleisteten Arbeitsstunden besteht nicht.[369]

166 Im Übrigen sieht § 612 BGB ohnehin nicht für jede Dienstleistung, die über die vertraglichen Pflichten hinaus erbracht wird, eine Vergütung vor. Vielmehr setzt die Norm stets voraus, dass die Leistung den Umständen nach nur gegen eine Vergütung zu erwarten ist, so dass der Arbeitnehmer eine **berechtigte Vergütungserwartung** hat. Einen allgemeinen Rechtsgrundsatz, dass *jede* Mehrleistung zusätzlich zu vergüten ist, gibt es nach Auffassung des BAG nicht.[370] Ein Anspruch auf Überstundenvergütung erfordert außerdem grundsätzlich die Darlegung des Arbeitnehmers, dass Arbeitsstunden über die vertraglich vereinbarte Arbeitszeit hinaus an den konkret zu benennenden Arbeitstagen geleistet worden sind, diese angeordnet oder betriebsnotwendig waren und billigend entgegengenommen worden sind.[371] Zwischen einem Arbeitgeber und einem Arbeitnehmer in Leitungsposition, dem keine festen Arbeitszeiten vorgegeben sind, kann vereinbart werden, dass der Arbeitnehmer durch entsprechende Gestaltung seines Arbeitsablaufs Überstunden abfeiert.[372] Ob Freizeitausgleich oder Bezahlung erfolgt, bedarf der Vereinbarung, von der nicht einseitig abgewichen werden kann. Allein die Verabredung einer Vertrauensarbeitszeit schließt nicht von vornherein einen Anspruch auf Überstundenvergütung aus.[373] Eine **Pauschalierung der Abgeltung** von Überstunden im Arbeitsvertrag ist nur wirksam, wenn sie transparent und widerspruchsfrei formuliert ist, insbesondere Anzahl und Zeitraum präzise umfasst und den Arbeitnehmer nicht unangemessen benachteiligt.[374] Im Falle der Unwirksamkeit der Pau-

---

[367] Vgl. zur Überstundenbezahlung etwa LAG Hessen 29.10.1992 – 13 Sa 1365/91, DB 1994, 382.
[368] LAG Hessen 29.10.1992 – 13 Sa 1365/91, DB 1994, 382.
[369] Küttner Personalhandbuch 2020/*Poeche* Überstunden Rn. 9.
[370] BAG 23.9.2015 – 5 AZR 626/13, öAT 2016, 38.
[371] Vgl. BAG 25.3.2015 – 5 AZR 602/13, NZA 2015, 1002 Rn. 18 mwN; zu Reisezeiten bei Dienstreisen: BAG 17.10.2018 – 5 AZR 553/17, NZA 2019, 159; zur erleichterten Darlegungslast bei fehlender Zeiterfassung jüngst: ArbG Emden 20.2.2020 – 2 Ca 94/19, BeckRS 2020, 5213.
[372] Vgl. dazu BAG 4.5.1994 – 4 AZR 445/93, NZA 1994, 1035; siehe zu Überstundenbezahlung und -zuschlägen auch *Slupik* BB 1994, 1631 (1633); zum Widerrufsvorbehalt bei Überstundenpauschalen vgl. LAG Köln 3.11.1998 – 13 (9) Sa 683/98, BeckRS 1998, 30776563.
[373] BAG 26.6.2019 – 5 AZR 452/18, NZA 2019, 1361; 23.9.2015 – 5 AZR 767/13, NZA 2016, 295.
[374] BAG 16.5.2012 – 5 AZR 331/11, NZA 2012, 908 Rn. 21 mwN; 18.11.2015 – 5 AZR 751/13, NZA 2016, 487 Rn. 23.

schalabrede kann eine berechtigte Vergütungserwartung des Arbeitnehmers bestehen, wobei dies jedenfalls bei hochbezahlten Arbeitnehmern, deren Bezüge jenseits der Beitragsbemessungsgrenze der gesetzlichen Rentenversicherung liegen, nicht immer der Fall sein muss.[375]

Folgt aus einer an sich zulässigen Bezugnahme auf beamtenrechtliche Bestimmungen, dass ein Arbeitnehmer des öffentlichen Dienstes bei Beendigung des Arbeitsverhältnisses einen Anspruch auf Mehrarbeitsvergütung verliert, so ist die entsprechende vom Arbeitgeber des öffentlichen Dienstes einseitig vorformulierte und daher der Inhaltskontrolle unterliegende Vertragsklausel unbillig und damit unwirksam, weil sie zu einer unangemessenen und sachlich nicht gerechtfertigten Benachteiligung des Arbeitnehmers führt.[376]

1. Übertarifliche Zulagen

Es entspricht der Praxis, dass die effektiv gezahlten Vergütungen die Tarifentgelte übersteigen. Übertarifliche Vergütungsbestandteile treten in unterschiedlichsten Formen auf. Bei der Erhöhung der tariflichen Vergütung stellt sich regelmäßig die Frage, ob die übertariflichen Vergütungsbestandteile im Falle einer Tariferhöhung erhalten bleiben, oder ob sie angerechnet, aufgesaugt oder verrechnet werden.

Unabhängig von der Begrifflichkeit geht es jeweils darum, dass sich die Effektivvergütung im Ergebnis nicht weiter erhöht, wenn sie wegen der übertariflichen Entgeltbestandteile ohnehin höher ist als die neue tarifliche Vergütung. Zu klären ist, ob die Anrechnung überhaupt möglich ist, ob eine Anrechnung tarifrechtlich ausgeschlossen werden kann sowie ob und in welcher Weise der Betriebsrat zu beteiligen ist.

2. Anrechnungsmöglichkeit

Eine Entgeltabrede im Zusammenhang mit der Zahlung übertariflicher Vergütung kann sich aus drei rechtlich unterschiedlichen Gestaltungsvarianten ergeben.[377]

Nach dem **Einheitsprinzip** wird dem Arbeitnehmer eine Gesamtvergütung zugesagt. Sie setzt sich aus tariflichen und übertariflichen Bestandteilen zusammen. Auf deren Gesamthöhe sind tarifliche Veränderungen grundsätzlich ohne Auswirkung. Eine solche Zusage ist anzunehmen, wenn ausdrücklich eine Gesamtvergütung ohne Trennung nach tariflichen und übertariflichen Vergütungsbestandteilen vereinbart ist. Aber auch wenn eine Zulage als Vergütungsbestandteil zwar optisch getrennt ausgewiesen ist, jedoch nicht eindeutig vereinbart ist, dass sie bei Tariferhöhungen beizubehalten ist, also in unveränderter Höhe fortzugewähren ist, kann es sich um eine Vereinbarung nach dem Einheitsprinzip handeln.

Beim **Trennungsprinzip** wird dem Arbeitnehmer eine feste, unveränderliche Zulage zugesagt, die zur jeweiligen Tarifvergütung unveränderlich hinzutritt.

Das **Vorbehaltsprinzip** bezeichnet Regelungen, die dem Arbeitgeber ein Gestaltungsrecht einräumen, so dass er von Fall zu Fall eine Entscheidung über eine Kürzung der übertariflichen Entgeltbestandteile anlässlich von Tariferhöhungen vornehmen kann.

Das Bundesarbeitsgericht geht in ständiger Rechtsprechung davon aus, dass eine Anrechnung im Zweifel, dh grundsätzlich möglich ist, es sei denn, dass die Arbeitsvertragsparteien ausnahmsweise entsprechend dem Trennungsprinzip eine Abrede getroffen haben, die dem Arbeitnehmer eine feste, selbstständige Zulage neben dem jeweiligen Tarifentgelt zusichert. Darlegungs- und beweispflichtig hierfür ist der Arbeitnehmer.[378] Eine Anrechnung ist als zulässig angesehen worden, soweit es sich um Tarifänderungen handelt, die zum Ausgleich von Arbeitszeitverkürzungen gewährt werden.[379] Eine Anrechnung ist nach einer Höhergruppie-

---

[375] BAG 22.2.2012 – 5 AZR 765/10, NZA 2012, 861 Rn. 21 mwN; 27.6.2012 – 5 AZR 530/11, NZA 2012, 1147 Rn. 19.
[376] Vgl. zur Frage des Verlustes von Mehrarbeitsvergütung bei Beendigung des Arbeitsverhältnisses BAG 24.11.1993 – 5 AZR 153/93, NZA 1994, 759.
[377] Vgl. dazu GmbH-Handbuch/*Reufels* Rn. IV 228.
[378] Vgl. schon BAG 28.10.1964 – 4 AZR 266/63, DB 1965, 399 sowie zuletzt Nachweise in BAG 23.2.2016 – 1 AZR 73/14, NZA 2016, 906 Rn. 13; 18.5.2011 – 10 AZR 206/10, NZA 2011, 1289 Rn. 39.
[379] Vgl. BAG 3.6.1987 – 4 AZR 44/87, NZA 1987, 848.

rung als möglich angesehen worden.[380] Die jahrelange vorbehaltlose Weitergabe von Tariferhöhungen durch den Arbeitgeber lässt nicht die konkludente Vereinbarung einer festen unveränderlichen Zulage erkennen und begründet auch nicht eine die Anrechnung ausschließende betriebliche Übung.[381] Eine langjährige vorbehaltlose Zahlung oder das Unterbleiben von Anrechnungen bei Tariflohnerhöhungen kann für sich allein keine betriebliche Übung begründen, nach der die Zulage anrechnungsfest wäre. Das folgt aus dem Zweck einer neben dem Tarifentgelt gezahlten Zulage. Eine solche Zulage greift künftigen Tariflohnerhöhungen vor. Die Anrechnungsbefugnis folgt regelmäßig daraus, dass die Tarifverträge im Allgemeinen branchenbezogen abgeschlossen werden und auf die konkreten wirtschaftlichen Verhältnisse einzelner Betriebe nicht eingehen. Es ist daher für den Arbeitgeber regelmäßig nicht absehbar, ob er bei künftigen Tariflohnerhöhungen aus wirtschaftlichen Gründen weiterhin in der Lage ist, eine bisher gewährte Zulage in unveränderter Höhe fortzuzahlen.[382]

175 Ausnahmsweise sind zweckbestimmte Leistungszulagen, die ausdrücklich neben dem an sich geschuldeten Tarifentgelt für besonders qualifizierte Leistungen oder für erschwerte Bedingungen gewährt werden, von der Anrechnung ausgenommen.[383] Wenn eine Zulage der Mehrheit von Arbeitnehmern in ähnlicher oder gleicher Höhe gezahlt wird, spricht dies dafür, dass die Zulage nicht für besondere Leistungen oder Bedingungen gewährt wird, also anrechnungsfähig ist.[384] Wird die übertarifliche Vergütung aus Gründen der Motivation oder um Arbeitsqualität, Fleiß und Zuverlässigkeit zu belohnen, gezahlt, liegt eine allgemeine, anrechnungsfähige und keine leistungsbezogene selbstständige Zulage vor. Das BAG geht in ständiger Rechtsprechung davon aus, dass ein einheitlicher Vergütungsanspruch besteht, der sich juristisch aus der tariflichen Vergütung und dem übertariflichen Bestandteil zusammensetzt. Die beiden Bestandteile sind nicht gesonderter Gegenstand eines Vergütungsanspruchs. Danach soll sich im Falle der Veränderung der tariflichen Vergütung lediglich das rechnerische Gefüge verändern, es jedoch bei dem einheitlichen Vergütungsanspruch verbleiben, auch wenn dieser sich aus den Anspruchsgrundlagen der §§ 611 Abs. 1 BGB und 4 Abs. 1 TVG zusammensetzt.[385]

3. Effektivklauseln

176 Die Tarifvertragsparteien haben wiederholt versucht, mit Hilfe sog. Effektivklauseln zu gewährleisten, dass die gezahlten höheren Vergütungen sich um die Tarifsteigerung erhöhen. Solche Effektivgarantieklauseln sind unwirksam.[386] Sie führen letztlich im Ergebnis dazu, dass die Tarifvertragsparteien übertarifliche Vergütungen zum Bestandteil der Tarifvergütung machen, indem sie diese tariflich absichern. Verdienstsicherungsklauseln sind hingegen zulässig.[387] Dabei handelt es sich um Klauseln, die auf Grund einer vertraglichen Abrede die Zulage als selbstständigen Vergütungsbestandteil neben dem jeweiligen Tariflohn absichern. Eine tarifliche Regelung, wonach die Mitgliedschaft in der tarifschließenden Gewerkschaft zum Tatbestandsmerkmal des Anspruchs gemacht wird, (**einfache Differenzierungsklausel**) ist tarifrechtlich und verfassungsrechtlich zulässig.[388] Unwirksam ist hingegen eine tarifvertragliche Regelung (**Spannensicherungsklausel**), die darauf gerichtet ist, durch Gewährung eines Zuschlags einen definierten Mindestabstand für Gewerkschaftsmitglieder zur niedrigeren, jeweils individuell vereinbarten Vergütung für Arbeitnehmer sicherzustellen, die nicht

---

[380] Vgl. BAG 16.4.1986 – 5 AZR 115/85, BeckRS 1986, 30716521; aA BAG 3.6.1998 – 5 AZR 616/97, NZA 1999, 208.
[381] Vgl. BAG 4.6.1980 – 4 AZR 530/78, NJW 1981, 1006; 22.9.1992 – 1 AZR 405/90, NZA 1993, 668; 23.9.2009 – 5 AZR 973/08, NJOZ 2010, 856.
[382] BAG 7.2.1995 – 3 AZR 402/94, NZA 1995, 894.
[383] Vgl. BAG 23.1.1980 – 5 AZR 780/78, AP TVG § 4 Übertarifl. Lohn u. Tariflohnerhöhung Nr. 12; 4.6.1980 – 4 AZR 530/78, NJW 1981, 1006.
[384] Vgl. BAG 1.11.1956 – 2 AZR 194/54, NJW 1957, 119; 6.3.1958 – 2 AZR 457/55, NJW 1958, 1061.
[385] Vgl. dazu näher GmbH-Handbuch/*Reufels* Rn. IV 228.
[386] Vgl. BAG 21.7.1993 – 4 AZR 468/92, NZA 1994, 181.
[387] Vgl. BAG 7.2.1995 – 3 AZR 402/94, NZA 1995, 894.
[388] BAG 18.3.2009 – 4 AZR 64/08, NZA 2009, 1028.

4. Mitbestimmung des Betriebsrats

Bei einer Anrechnung der Tariferhöhung auf übertarifliche Zulagen und dem (teilweisen) 177
Widerruf solcher Zulagen im Zusammenhang mit einer Tariferhöhung ist grundsätzlich das
Mitbestimmungsrecht nach § 87 Abs. 1 Nr. 10 BetrVG zu beachten. Es spielt keine Rolle, ob
die Anrechnung durch gestaltende Erklärung des Arbeitgebers erfolgt oder sich automatisch
durch rechnerische Verschiebung der Vergütungsbestandteile vollzieht. Eine Änderung der
Verteilungsgrundsätze kann ein Mitbestimmungsrecht des Betriebsrats auslösen. Reduziert
sich jedoch durch die Anrechnung die Zulage auf Null, besteht ein tatsächliches Hindernis
für die Mitbestimmung des Betriebsrates. Ebenso liegt ein rechtliches Hindernis vor bei einer gleichmäßigen und vollständigen Anrechnung einer Tariferhöhung auf die übertariflichen Zulagen. Die Anrechnung ist daher mitbestimmungsfrei, wenn sie das Zulagenvolumen völlig aufzehrt. Gleiches gilt, wenn die Tariferhöhung im Rahmen des rechtlich und
tatsächlich Möglichen vollständig und gleichmäßig auf die übertarifliche Zulage angerechnet wird.[390] Rechnet der Arbeitgeber dagegen eine Tariferhöhung nur teilweise auf die freiwilligen übertariflichen Zulagen an, hat er den Betriebsrat nach § 87 Abs. 1 Nr. 10 BetrVG
zu beteiligen, da in diesem Fall ein Regelungsspielraum des Arbeitgebers für eine andere
Verteilungsentscheidung verbleibt.[391] Die Anrechnung ist jedoch mitbestimmungsfrei, wenn
sie auf einer bereits mitbestimmten Regelung beruht oder es sich lediglich um eine einzelfallbezogene Maßnahme handelt. Dies ist jedoch nicht der Fall, wenn Anrechnungen bei
Arbeitnehmern wegen krankheitsbedingter Beeinträchtigungen[392] oder wegen unzureichender Arbeitsleistungen erfolgen. Weil in diesen Fällen die Leistungen einzelner Arbeitnehmer
zueinander ins Verhältnis gesetzt werden müssen, liegt ein kollektiver Tatbestand vor.

VIII. Vorschuss/Arbeitgeberdarlehen

1. Entgeltcharakter

Während der Vorschuss eine Vorauszahlung auf noch nicht fälliges, aber demnächst zu 178
verdienendes Arbeitsentgelt in Erwartung einer künftigen Gegenleistung des Arbeitnehmers
ist,[393] steht beim Darlehen die Kapitalüberlassung zur Erreichung eines bestimmten Zwecks
im Vordergrund. Im Einzelfall ist durch Auslegung zu ermitteln, ob ein Darlehen oder Vorschuss gewährt worden ist. Für die Annahme eines Darlehens spricht es, wenn der ausgezahlte Betrag die jeweilige Entgeltzahlung erheblich übersteigt, eine Rückzahlung in Raten
vereinbart worden ist oder die Erreichung eines bestimmten Zwecks vereinbart wurde, der
mit den normalen Bezügen nicht oder nicht sofort erreicht werden kann und für den auch
sonst üblicherweise Kreditmittel eingesetzt werden.[394] Die Vereinbarung einer Verzinsung
oder das Verlangen von Sicherheiten spricht für ein Arbeitgeberdarlehen. Auch für den Vorschuss ist aber die Vereinbarung von Rückzahlungsmodalitäten und der Fälligkeit denkbar.
In Zweifelsfällen ist der Rückzahlungszeitraum eher ein ungeeignetes Indiz und ermöglicht
keine eindeutige Abgrenzung. Die Unterscheidung zwischen Vorschuss und Arbeitgeberdarlehen wird relevant, wenn es um die Aufrechnung geht. Bei der Aufrechnung mit Darlehensrückzahlungsansprüchen sind die Pfändungsfreigrenzen zu beachten. Die als Vorschuss
gewährte Zahlung – auf die kein Anspruch besteht, weil der Arbeitnehmer vorleistungspflichtig ist (§ 614 BGB) – darf bei Fälligkeit verrechnet werden.[395] Jedoch wird vertreten,

---

[389] BAG 23.3.2011 – 4 AZR 366/09, NZA 2011, 920.
[390] Vgl. BAG 24.10.2017 – 1 AZR 346/16, NZA 2018, 957 Rn. 23; 21.9.1999 – 1 ABR 59/98, NZA 2000, 898; 21.1.2003 – 1 AZR 125/02, NJOZ 2003, 2499.
[391] BAG 21.1.2003 – 1 AZR 125/02, NJOZ 2003, 2499.
[392] BAG 22.9.1992 – 1 AZR 460/90, NZA 1993, 568.
[393] BAG 21.1.2015 – 10 AZR 84/14, NZA 2015, 871.
[394] MHdB ArbR/*Krause* § 70 Rn. 20.
[395] BAG 14.3.1984 – 5 AZR 453/83, BeckRS 1984, 04542.

dass dem Arbeitnehmer auch in diesem Fall ein Betrag zur Auszahlung verbleiben muss, der den notwendigen Lebensbedarf deckt.[396]

179 Arbeitgeberdarlehen haben nicht unmittelbar Entgeltcharakter. Beim Arbeitgeberdarlehen wird unabhängig von Entgeltansprüchen durch den Darlehensvertrag wie sonst auch die Verpflichtung begründet, dem Darlehensnehmer einen Geldbetrag in der vereinbarten Höhe zur Verfügung zu stellen, während dieser verpflichtet ist, einen geschuldeten Zins zu zahlen und bei Fälligkeit das Darlehen zurückzuerstatten (§ 488 BGB). Arbeitgeberdarlehen sind in der Praxis gängig. Gegenüber Bankkrediten haben sie für Arbeitnehmer häufig den Vorteil, dass die Konditionen hinsichtlich Zins- und Sicherheiten günstiger sind als auf dem freien Kreditmarkt. Aus Sicht des Arbeitgebers soll durch die Darlehensgewährung regelmäßig eine Bindungswirkung erzeugt und die Betriebstreue des Arbeitnehmers belohnt werden. Die Kapitalüberlassung erfolgt also mit Rücksicht auf das Arbeitsverhältnis. Deshalb ist bei der Gewährung und hinsichtlich der Konditionen (Bsp. Zinsvergünstigungen) der Gleichbehandlungsgrundsatz zu beachten. Der Kredit darf nicht dazu verwendet werden, Produkte des Arbeitgebers zu erwerben (§ 107 GewO).

180 Probleme ergeben sich aus dem Zusammenspiel und der Überlagerung der zivilrechtlichen Vorschriften des BGB und des Verbraucherkreditgesetzes einerseits sowie der Besonderheiten arbeitsrechtlicher Regelungen andererseits. Arbeitgeberdarlehen unterliegen nicht den strengeren Vorschriften des Verbraucherkreditgesetzes, wenn ein Arbeitgeber mit seinem Arbeitnehmer einen Darlehensvertrag abschließt, bei dem Zinsen und sonstige Kosten im Einzelfall unter den marktüblichen Sätzen liegen (§ 491 Abs. 2 Nr. 2 BGB). Der Ausnahmetatbestand ist im Streitfall vom Arbeitgeber zu beweisen. Als Vergleichsmaßstab soll die sog. MFI-Zinsstatistik herangezogen werden.[397] Die Regelungen des Darlehensvertrages unterliegen jedoch, wenn sie vom Arbeitgeber gestellt werden, der AGB-Kontrolle (§§ 305–310 BGB).

2. Auswirkungen bei Beendigung des Arbeitsverhältnisses

181 Scheidet ein Arbeitnehmer aus, wird das Darlehen nicht automatisch zur Rückzahlung fällig. Fehlt es an einer Rückzahlungsvereinbarung, ist das Darlehen jedenfalls nicht wegen Wegfalls der Geschäftsgrundlage ohne weiteres zur Rückzahlung fällig.[398] Vielmehr folgt das Recht zur ordentlichen Kündigung des Darlehens allgemeinen Regeln (§ 488 Abs. 3 S. 2 BGB). Danach kann im Allgemeinen der Darlehensgeber mit Frist von drei Monaten kündigen. Regelmäßig ist jedoch abweichend hiervon die Rückzahlung des Darlehens in monatlichen Raten vereinbart. Für den Fall der Beendigung des Arbeitsverhältnisses kann die Fälligkeit, dh vorzeitige Rückzahlbarkeit des Darlehens, vereinbart werden. Rückzahlungsklauseln für den Fall der **Beendigung des Arbeitsverhältnisses** sind grundsätzlich zulässig.[399] Die für die Rückzahlung von Gratifikationen entwickelte Rechtsprechung ist nicht unmittelbar übertragbar, weil der Arbeitnehmer mit der Rückforderung rechnen musste. Rückzahlungsklauseln finden ihre Grenzen in dem Verbot unzulässiger Kündigungserschwerung, das unter anderem dann eingreift, wenn dem Arbeitnehmer die Rückzahlung praktisch wirtschaftlich nahezu unmöglich ist. Im Übrigen unterliegen Rückzahlungsklauseln, wie überhaupt Darlehensverträge mit Arbeitgebern, der **Inhaltskontrolle** nach §§ 305 ff. BGB. Bei der Ausgestaltung des Kündigungsrechts sind zumindest die Fälle, in denen eine vom Arbeitgeber veranlasste Eigenkündigung des Arbeitnehmers vorliegt, auszunehmen. Dem Arbeitgeber ist es in solchen Fällen zuzumuten, den Darlehensvertrag auch nach dem Ausscheiden des Arbeitnehmers wie vorgesehen abzuwickeln, dh unter Einhaltung der Tilgungs- und Zinspläne.[400] Gleiches gilt im Fall einer arbeitgeberseitigen Kündigung, deren Gründe nicht im Verhalten des Beschäftigten liegen.[401] Grundsätzlich unproblematisch sind danach Klauseln,

---

[396] Vgl. Nachweise bei Schaub ArbR-HdB/*Linck* § 70 Rn. 14; sa BAG 29.1.2014 – 6 AZR 345/12, NZA 2014, 1266 Rn. 21 ff.
[397] MüKoBGB/*Schürnbrand/Weber* § 491 Rn. 79.
[398] LAG Baden-Württemberg 15.7.1969 – 7 Sa 20/69, DB 1969, 1580.
[399] BAG 28.9.2017 – 8 AZR 67/15, NZA 2018, 589 Rn. 30.
[400] BAG 12.12.2013 – 8 AZR 829/12, NZA 2014, 905.
[401] BAG 28.9.2017 – 8 AZR 67/15, NZA 2018, 589 Rn. 32.

die das Kündigungsrecht entsprechend einschränken und sich im Übrigen an der Drei-Monats-Frist des § 488 Abs. 3 S. 2 BGB orientieren. Die Vorschrift ist jedoch disponibel, so dass eine Verkürzung auf einen Monat möglich sein dürfte.

> **Formulierungsvorschlag Beendigungsklausel:**
>
> Bei Beendigung des Arbeitsverhältnisses darf der Arbeitgeber das Darlehen mit einer Frist von einem Monat kündigen. Dies gilt nicht für den Fall einer vor Arbeitgeber veranlassten Eigenkündigung des Arbeitnehmers und ebensowenig im Falle einer arbeitgeberseitigen Kündigung, deren Gründe nicht im Verhalten des Arbeitnehmers liegen.
> Wird das Darlehen in den zulässigen Fällen nicht gekündigt, ist es ab dem Zeitpunkt der Beendigung des Arbeitsverhältnisses statt mit jährlich x % Zinsen mit y % zu verzinsen und in monatlichen Raten von ...... zu tilgen.

182

Je nach Ausgestaltung der Darlehensvereinbarung kann der Rückzahlungsanspruch des Arbeitgebers von **tariflichen Ausschlussfristen** erfasst werden. Das BAG nimmt dies an,[402] weil es sich in der Regel um solche Ansprüche handele, die mit dem Arbeitsverhältnis in Verbindung stehen. Dagegen wurde zu Recht eingewandt, dass Ausschlussfristen ihrem Sinn nach kurzfristig Rechtsklarheit schaffen, aber keine Vermögensverschiebungen herbeiführen sollen. Eine individualvertragliche Ausschlussklausel kann, wenn sie entsprechend weit gefasst und transparent formuliert ist, auch Rückzahlungsansprüche aus einem Arbeitgeberdarlehen erfassen.[403]

183

IX. Anwesenheitsprämien

Anwesenheitsprämien werden als Leistungen zusätzlich zum laufenden Arbeitsentgelt oder in der Form von Einmalzahlungen aus besonderem Anlass (zB Weihnachtsfest oder Jahreswechsel) für den Fall versprochen, dass der Arbeitnehmer keine oder nur ein bestimmtes Maß nicht überschreitende Fehlzeiten hat. Ein Anspruch auf Gewährung von Anwesenheitsprämien kann sich aus allen das Entgelt betreffenden Anspruchsgrundlagen ergeben, also aus dem Einzelarbeitsvertrag, aber auch aus betrieblicher Übung, einer Betriebsvereinbarung oder aus einem Tarifvertrag. Die Zusage einer Anwesenheitsprämie muss unter Berücksichtigung des **Gleichbehandlungsgrundsatzes** erfolgen.[404] Sie ist beitragspflichtig gemäß § 14 SGB IV. Steuerrechtlich sind Anwesenheitsprämien in vollem Umfang als Arbeitslohn steuerpflichtig und unterliegen im Zeitpunkt ihres Zuflusses dem Lohnsteuerabzug.

184

§ 4a EFZG lässt die Vereinbarung einer Kürzung der Anwesenheitsprämie im **Krankheitsfall** für jeden Tag der Arbeitsunfähigkeit bis zu einem Viertel des Arbeitsentgeltes zu, das der Arbeitnehmer im Jahresdurchschnitt an diesen Tag verdient hätte. Die Vorschrift lautet:

185

> Eine Vereinbarung über die Kürzung von Leistungen, die der Arbeitgeber zusätzlich zum laufenden Arbeitsentgelt erbringt (Sondervergütungen), ist auch für Zeiten der Arbeitsunfähigkeit infolge Krankheit zulässig. Die Kürzung darf für jeden Tag der Arbeitsunfähigkeit infolge Krankheit ein Viertel des Arbeitsentgelts, das im Jahresdurchschnitt auf einen Arbeitstag entfällt, nicht überschreiten.

Die Vorschrift des § 4a **EFZG** stellt selbst keine Rechtsgrundlage für eine automatische Kürzung einer Sonderzahlung dar. Sie stellt lediglich klar, dass im Falle der Vereinbarung einer solchen **Kürzungsmöglichkeit** diese innerhalb der normierten Grenzen auch für Zeiten der Krankheit zulässig ist. Eine Kürzungsvereinbarung muss ausdrücklich, etwa im Arbeitsvertrag, vorgesehen sein. Auch wenn sich ein Arbeitgeber – soweit AGB-rechtlich überhaupt

186

---

[402] BAG 20.2.2001 – 9 AZR 11/00, BeckRS 2001, 30162659; sa OLG Düsseldorf 9.7.1997 – 3 U 11/97, NZA-RR 1998, 1 (GmbH-Geschäftsführer).
[403] BAG 28.9.2017 – 8 AZR 67/15, NZA 2018, 589 Rn. 44.
[404] Vgl. Grundsätze in BAG 26.9.2007 – 10 AZR 569/06, NZA 2007, 1424.

zulässig – eine Kürzung nach „freiem Ermessen" vorbehalten hat, ist die Kürzung wegen krankheitsbedingter Fehlzeiten nur im Rahmen des § 4a EFZG zulässig. Wenn eine Anwesenheitsprämie regelmäßig monatlich zusammen mit dem laufenden Arbeitsentgelt gezahlt wird, kann dies ein Anhaltspunkt dafür sein, dass es sich nicht um einer Sonderzahlung im Sinne des § 4a EFZG, sondern doch um laufendes Entgelt handelt, das für die Dauer der geschuldeten Entgeltzahlung überhaupt keiner Kürzung zugänglich ist.[405]

187 Im Ergebnis beantwortet die gesetzliche Regelung die umstrittene Frage, ob Vereinbarungen über die Kürzung von Sondervergütungen wegen krankheitsbedingter Fehlzeiten einen Verstoß gegen das Maßregelungsverbot des § 612a BGB darstellen.

188 Gewährt der Arbeitgeber eine Anwesenheitsprämie für ein Quartal nur dann, wenn in diesem Zeitraum kein krankheitsbedingter Fehltag liegt, enthält diese Zusage die Kürzung einer Sondervergütung im Sinne des § 4a EFZG. Dem Arbeitnehmer steht deshalb bei krankheitsbedingten Fehlzeiten zumindest ein den gesetzlichen Kürzungsmöglichkeiten entsprechender, anteiliger Anspruch auf die Anwesenheitsprämie zu.[406] Liegen der Zusage Allgemeine Geschäftsbedingungen zugrunde, wird der Arbeitnehmer wegen des Verbots der geltungserhaltenden Reduktion regelmäßig sogar die volle Prämie beanspruchen können.[407]

189 Umstritten ist, ob auch kleinere Gratifikationen gekürzt werden können, selbst wenn diese dann nach wenigen Tagen aufgezehrt sind. Der Gesetzeswortlaut lässt dies ohne weiteres zu, ebenso die herrschende Meinung.[408]

190 Der Gesetzeswortlaut lässt offen, auf welchen Zeitraum bei der Berechnung der Kürzung abzustellen ist (Kalenderjahr, laufendes, vergangenes oder Zeitjahr). Zweckmäßigerweise wird man auf das vergangene Zeit- oder Kalenderjahr abstellen, wenn nicht der Verdienst des laufenden Kalenderjahres bereits sicher berechnet werden kann. In der Kürzungsvereinbarung sollten die Vertragsparteien die Berechnungsgrundlage zum Jahresdurchschnitt deshalb klarstellen.

191 Unklar ist nach dem Wortlaut des Gesetzes auch die Berechnung des Arbeitsentgeltes bei der Berücksichtigung des Jahresdurchschnitts. Zu Grunde zu legen ist laufendes Entgelt ebenso wie Einmalvergütungen, also auch die zu kürzende Sondervergütung selbst. Insoweit ist auch die Vereinbarung von Berechnungsformeln zweckmäßig, wenn diese im Ergebnis den gesetzlichen Rahmen einhalten.

Formulierungsvorschlag Anwesenheitsprämie:

192 Sie erhalten mit dem Januargehalt für jeden vollen Kalendermonat, den das Arbeitsverhältnis im vorangegangenen Kalenderjahr bestanden hat, eine Anwesenheitsprämie in Höhe von ...... EUR brutto. Pro Krankheitstag kann die Anwesenheitsprämie in entsprechender Anwendung von § 4a EFZG um ein Viertel des Arbeitsentgelts gekürzt werden, das im Durchschnitt des jeweils vergangenen Kalenderjahres auf einen Arbeitstag entfiel.

193 Streitig war seit jeher, ob krankheits- oder **mutterschutzbedingte Fehlzeiten** anspruchsmindernd berücksichtigt werden durften. Gesetzlich geregelt ist inzwischen in § 4a EFZG nur die Frage der Möglichkeit der Kürzung bei krankheitsbedingten Fehlzeiten. Die bisherige Rechtsprechung bleibt daher relevant, soweit zB wegen mutterschutzbedingter Fehlzeiten gekürzt werden soll. Die Rechtsprechung des Bundesarbeitsgericht unterlag bis zur Einführung der Regelung über die Kürzung von Sondervergütung in dem arbeitsrechtlichen Beschäftigungsförderungsgesetz vom 25.9.1996 (heute: § 4a EFZG) erheblichen Veränderungen.

---

[405] LAG München 11.8.2009 – 8 Sa 131/09, BeckRS 2009, 72473.
[406] BAG 25.7.2001 – 10 AZR 502/00, BeckRS 2001, 30195783.
[407] So LAG Hamm 13.1.2011 – 16 Sa 1521/09, NZA-RR 2011, 289; s. auch LAG Düsseldorf 10.5.2010 – 16 Sa 235/10, BeckRS 2010, 71469.
[408] Henssler/Willemsen/Kalb/*Schliemann* EFZG § 4a Rn. 8; *Bauer/Lingemann* BB 1996 Beilage 17; aA ErfK/*Dörner* EFZG § 4a Rn. 7 (unter Bezugnahme auf die frühere Rechtsprechung des BAG 15.2.1990 – 6 AZR 381/88, NZA 1990, 601).

Zunächst hatte das Bundesarbeitsgericht die Kürzung der Anwesenheitsprämie für rechtlich unbedenklich gehalten, weil sie nicht zum fortzuzahlenden Arbeitsentgelt zähle, sondern eine freiwillige soziale Leistung sei, auch wenn dadurch unverschuldet erkrankte Mitarbeiter im Ergebnis schlechter gestellt würden als gesunde Arbeitnehmer.[409] Später hat das Bundesarbeitsgericht die laufend gezahlte Anwesenheitsprämie zum Arbeitsentgelt gerechnet. Eine prämienschädliche Berücksichtigung mutterschutz- oder krankheitsbedingter Fehlzeiten sei wegen Verstoßes gegen den Sinn und Zweck des Mutterschutzgesetzes bzw. des Lohnfortzahlungsgesetzes unzulässig.[410] Für jährlich zu zahlende Anwesenheitsprämien hat das Bundesarbeitsgericht danach entschieden, auch diese dürften wegen krankheitsbedingter Fehlzeiten nicht gekürzt werden. Anderenfalls werde der Zweck der gesetzlichen Lohnfortzahlungsbestimmungen, den erkrankten Arbeitnehmer wirtschaftlich so zu stellen wie den gesunden Arbeitnehmer, unterlaufen. Entgegenstehende Vereinbarungen seien deshalb nichtig.[411] Eine Berücksichtigung krankheitsbedingter Fehlzeiten könne nur insoweit in Betracht kommen, wie der Arbeitnehmer zB wegen selbst verschuldeter Krankheit oder wegen Überschreitens der 6-Wochen-Frist keinen Entgeltfortzahlungsanspruch habe.[412]

In seiner neueren Rechtsprechung hat das Bundesarbeitsgericht sodann darauf abgestellt, dass eine jährlich gezahlte Anwesenheitsprämie nicht gegen die Bestimmungen der Vergütungsfortzahlung und auch nicht gegen den Schutzzweck dieser Normen verstoße. Eine vertragliche Vereinbarung, nach der eine vom Arbeitgeber freiwillig gewährte Jahressonderzuwendung durch Krankheits- und Fehlzeiten gemindert werden könne, sei deshalb nicht rechtsunwirksam. Dies gelte auch insoweit, als Fehlzeiten berücksichtigt würden, für die der Arbeitgeber Entgeltfortzahlung zu gewähren habe. Allerdings hat das Bundesarbeitsgericht die Ausgestaltung und Handhabung einer vertraglichen Kürzungsvorschrift für Fehlzeiten der richterlichen Inhaltskontrolle gemäß § 315 BGB unterworfen. Danach durfte nach der damaligen Rechtsprechung die Kürzungsrate pro Fehltag $1/60$ des versprochenen Betrages nicht übersteigen.[413]

---

[409] Vgl. BAG 21.1.1963 – 2 AZR 373/62, AP BGB § 611 Anwesenheitsprämie Nr. 3; 15.5.1964 – 1 AZR 432/63, AP BGB § 611 Gratifikation Nr. 35; 30.3.1967 – 5 AZR 359/66, NJW 1967, 1530 (Schwangerschaft).
[410] Vgl. BAG 29.1.1971 – 3 AZR 97/69, NJW 1971, 959; 11.2.1976 – 5 AZR 9615/74, AP BGB § 611 Anwesenheitsprämie Nr. 10.
[411] BAG 19.5.1982 – 5 AZR 466/80, NJW 1982, 2789.
[412] BAG 23.5.1984 – 5 AZR 500/81, NZA 1985, 89; s. auch LAG Köln 18.12.1986 – 8 Sa 880/86, NZA 1987, 746 (Streik).
[413] BAG 15.2.1990 – 6 AZR 381/88, NZA 1990, 601; 26.10.1994 – 10 AZR 482/93, NZA 1995, 266.

§ 21 Ein- und Umgruppierung

Übersicht

	Rn.
I. Allgemeines zur Eingruppierung und Umgruppierung	1–37
1. Begriff	1–6
2. Abhängigkeit der Eingruppierung von der Ausgestaltung der kollektiven Vergütungsordnung	7–27
a) Vergütungsordnung als Grundlage	8–14
b) Anknüpfungspunkte für die Eingruppierung	15–27
3. Einzelfälle der Ein- und Umgruppierung	28–37
a) Fälle der Eingruppierung	28
b) Fälle der Umgruppierung	29–33
c) Kein Ausschluss der Eingruppierung durch individuelle (günstigere) Vergütungsvereinbarungen	34
d) Eingruppierung von AT-Angestellten	35–37
II. Bedeutung der Eingruppierung für den Arbeitnehmer	38–44
1. Zusammenhang von Eingruppierung und Vergütungshöhe	38–40
2. Klage des Arbeitnehmers gegen zu niedrige Eingruppierung	41–44
III. Öffentlicher Dienst	45
IV. Mitbestimmungsrecht des Betriebsrates	46–75
1. Voraussetzungen des Mitbestimmungsrechtes	46–49
2. Ausgestaltung des Mitbestimmungsrechtes	50–69
a) Zweck und Bedeutung des Mitbestimmungsrechtes	50
b) Keine Einschränkung des Mitbestimmungsrechtes durch Tarifvertrag	51
c) Unterrichtung des Betriebsrats durch den Arbeitgeber	52–55
d) Kein Ausschluss des Mitbestimmungsrechtes bei günstigerer Eingruppierung	56
e) Handlungsmöglichkeiten des Betriebsrates	57–69
3. Zustimmungsersetzungsverfahren	70
4. Beendigung des Zustimmungsersetzungsverfahrens	71/72
5. Erzwingbarkeit der Durchführung des Zustimmungsverfahrens durch den Betriebsrat	73–75
a) Unterlassung der Eingruppierung	73/74
b) Kein „Initiativrecht" des Betriebsrates	75
V. Bedeutung des betriebsverfassungsrechtlichen Mitbestimmungsverfahren für den Arbeitnehmer	76–78
1. Keine Bindung des Arbeitnehmers	76/77
2. Bindung des Arbeitgebers	78

I. Allgemeines zur Eingruppierung und Umgruppierung

1. Begriff

1 Das Mitbestimmungsrecht des Betriebsrats bei der **Eingruppierung** und **Umgruppierung** ist abschließend in § 99 BetrVG geregelt. Eine Legaldefinition der beiden Tatbestände enthält das Gesetz dennoch nicht.

2 Die **Eingruppierung** ist die **Einordnung des einzelnen Arbeitnehmers in eine kollektive Vergütungsordnung** (auch kollektives Entgeltschema oder Entgeltsystem genannt).[1] Unter einer Vergütungsordnung wird ein kollektives, mindestens zwei Vergütungsgruppen enthaltendes Entgeltschema verstanden, das eine Zuordnung der Arbeitnehmer nach bestimmten, generell beschriebenen Merkmalen vorsieht.[2] Ein Arbeitgeber hat bei jeder Einstellung und Versetzung eine entsprechende rechtliche Beurteilung vorzunehmen.[3] Eine Neueinstellung ist nur dann

---
[1] Allg. Meinung und ständ. Rspr. vgl. zB BAG 27.7.1993 – 1 ABR 11/93, NZA 1994, 952; 12.1.2011 – 7 ABR 34/09, NZA 2011, 1297.
[2] BAG 26.10.2004 – 1 ABR 37/03, NZA 2005, 367.
[3] BAG 13.8.2019 – 1 ABR 10/18, NZA 2019, 1651.

nicht mit einer Eingruppierung verbunden, wenn keine neue Tätigkeit aufgenommen wird und die maßgebende Vergütungsordnung unverändert geblieben ist.[4] Dies gilt auch, wenn ein Arbeitnehmer im Anschluss an seine vorherige befristete Beschäftigung keine andere Tätigkeit aufnimmt und die für ihn maßgebende Vergütungsordnung unverändert geblieben ist.[5]

Stellt man sich das bei dem Arbeitgeber existierende Entgeltschema als Kommode mit Schubladen vor, dann geht es bei der Eingruppierung darum, dass der Arbeitnehmer in die richtige „Schublade" einsortiert wird. In aller Regel wird die Tätigkeit des Arbeitnehmers mit vergleichbaren Tätigkeiten in der Vergütungsgruppenordnung abgeglichen. Auf welche Gesichtspunkte es dabei ankommt, kann nicht allgemein bestimmt werden, sondern richtet sich nach der Ausgestaltung der Vergütungsordnung. 3

Der Arbeitnehmer hat oft, aber nicht immer, **Kenntnis über die Eingruppierung**, die der Arbeitgeber vornehmen will, entweder durch einen ausdrücklichen Hinweis oder eine entsprechende Regelung im Arbeitsvertrag oder durch die Erörterung der Höhe der Vergütung im Rahmen der Anbahnung des Arbeitsverhältnisses. Eine Verpflichtung des Arbeitgebers, dem Arbeitnehmer ohne Aufforderung die beabsichtigte oder vorgenommene Eingruppierung zu benennen oder ihn hierüber zu informieren, existiert aber nicht. Auch das Nachweisgesetz verpflichtet den Arbeitgeber dazu nicht, weil nach § 2 Abs. 1 Nr. 6 Nachweisgesetz nicht über die Eingruppierung, sondern über die Zusammensetzung und die Höhe des Arbeitsentgeltes schriftlich zu informieren ist. In vielen Fällen weiß der Arbeitnehmer über die Eingruppierung Bescheid, weil er beispielsweise in der Branche bereits tätig ist und die einschlägigen Tarifverträge kennt. Der Arbeitnehmer erfährt in aller Regel auch dann von seiner Eingruppierung, wenn es im betriebsverfassungsrechtlichen Verfahren nach § 99 BetrVG zu Meinungsverschiedenheiten zwischen Arbeitgeber und Betriebsrat kommt. Der Arbeitgeber ist in jedem Fall verpflichtet, dem Arbeitnehmer auf dessen Verlangen hin Auskunft über die vorgenommene Eingruppierung zu erteilen. 4

Die **Umgruppierung** ist die erneute Einreihung eines Arbeitnehmers in eine kollektive Vergütungsordnung.[6] Weist der Arbeitgeber einem Arbeitnehmer, der bereits zu Beginn seiner Tätigkeit eingruppiert wurde, eine veränderte Tätigkeit zu, sollte er die bis dahin erfolgte Eingruppierung überprüfen. Stellt der Arbeitgeber dabei fest, dass der Arbeitnehmer aufgrund der geänderten Tätigkeit einer anderen Vergütungsgruppe zuzuordnen ist, liegt eine **Umgruppierung** vor.[7] Der **Begriff der Umgruppierung umfasst** sowohl **die Höhergruppierung** in eine höhere wie **die Rückgruppierung** in eine niedrigere Vergütungsgruppe. Die Umgruppierung ist also einer Eingruppierung nachgelagert. 5

Die **Eingruppierung** (und die Umgruppierung) ist **kein Gestaltungsakt**, mit dem eine rechtliche Festlegung getroffen wird. Es handelt sich vielmehr um einen **Vorgang der Rechtsanwendung**.[8] Der Arbeitgeber **beurteilt** in einem Abgleich mit der anzuwendenden kollektiven Vergütungsordnung, welche Eingruppierung für den Arbeitnehmer zutreffend ist. Die Eingruppierung erfolgt dabei nach den in der Vergütungsordnung festgelegten Kriterien, so dass dem Arbeitgeber insofern kein Gestaltungsspielraum verbleibt. Eine Ein- oder Umgruppierung ist stets Normenvollzug.[9] Der Betriebsrat kann also in einem Beschlussverfahren nach § 101 BetrVG nicht vom Arbeitgeber verlangen, eine der Vergütungsordnung widersprechende Maßnahme vorzunehmen.[10] 6

2. Abhängigkeit der Eingruppierung von der Ausgestaltung der kollektiven Vergütungsordnung

Die **Eingruppierung hängt** von dem oder den **Merkmalen ab**, die die Eingruppierung des einzelnen Arbeitnehmers nach dem jeweiligen System bestimmen. Grundsätzlich sind ver- 7

---

[4] BAG 1.7.2009 – 4 ABR 17/08, RDG 2018, 161.
[5] BAG 13.8.2019 – 1 ABR 10/18, NZA 2019, 1651.
[6] BAG 23.1.2019 – 4 ABR 56/17, NJOZ 2019, 611.
[7] BAG 16.3.2016 – 4 ABR 8/14, BeckRS 2016, 73325.
[8] Vgl. Richardi BetrVG/*Thüsing* § 99 Rn. 88; BAG 27.7.1993 – 1 ABR 11/93, NZA 1994, 952 (953); 3.5.2006 – 1 ABR 2/05, NZA 2007, 47; 12.1.2011 – 7 ABR 34/09, NZA 2011, 1297.
[9] LAG München 27.2.2018 – 7 TaBV 91/17, öAT 2019, 16.
[10] BAG 9.3.1993 – 1 ABR 47/92, BeckRS 1993, 30744142.

schiedenartige Ausgestaltungen denkbar und lassen sich nach verschiedenen Gesichtspunkten klassifizieren: Einmal nach dem Gesichtspunkt, welche rechtliche Grundlage für die Vergütungsordnung maßgeblich ist, zum Zweiten danach, welche maßgeblichen Anknüpfungspunkte für die Eingruppierung nach der Vergütungsordnung bestehen, dh ob die Eingruppierung (primär) tätigkeitsbezogen oder leistungsbezogen ist oder ob sie an sonstige Gesichtspunkte, wie die Betriebszugehörigkeit oder das Alter anknüpft und zum Dritten danach, wie detailliert das Entgeltsystem ausgestaltet ist.

8   a) **Vergütungsordnung als Grundlage.** Es spielt grundsätzlich keine Rolle, auf welcher rechtlichen Grundlage die kollektive Vergütungsordnung geregelt wurde. Entscheidend für die Eingruppierung ist, dass eine kollektive Vergütungsordnung im Betrieb zur Anwendung kommt oder zur Anwendung kommen muss.[11] Es können auch mehrere Vergütungsordnungen in einem Betrieb bestehen, beispielsweise dann, wenn für spezielle Arbeitnehmergruppen besondere Vergütungsordnungen gelten, zB für Außendienstmitarbeiter, oder in gemeinsamen Betrieben mehrerer Unternehmen in Form unterschiedlicher Vergütungsordnungen bei den am gemeinsamen Betrieb beteiligten Arbeitgebern, sowie weiterhin wenn ein von einem anderen Unternehmen abgespaltener und im Wege eines Betriebsübergangs übernommener Betriebsteil mit einem Betrieb des erwerbenden Unternehmens zusammengelegt wird.

9   *aa) Tarifliches Entgeltsystem.* Bei vielen Arbeitgebern beruht die Vergütungsordnung auf tariflichen Regelungen. **Die Geltung der tariflichen** Vorschriften kann Folge der **unmittelbaren Tarifbindung des Arbeitgebers** durch Mitgliedschaft im tarifschließenden Arbeitgeberverband sein[12] oder Kraft Allgemeinverbindlichkeitserklärung, aber auch dadurch, dass der Arbeitgeber **durch Verweisungsklauseln in den Arbeitsverträgen** auf Tarifverträge Bezug nimmt. Schließlich können die tariflichen Eingruppierungsregelungen durch **betriebliche Übung** zur Grundlage des kollektiven Entgeltschemas geworden sein.[13] Auf die Tarifbindung des Arbeitnehmers kommt es nicht an, dh der Arbeitgeber muss, wenn ein tarifliches Entgeltsystem besteht, die Arbeitnehmer ohne Rücksicht auf eine Tarifbindung des Arbeitnehmers in das tarifliche Entgeltsystem eingruppieren.[14]

10 *bb) Fortwirkendes tarifliches Entgeltsystem nach Ablauf des Tarifvertrages:* Auch das den Arbeitgeber nicht mehr tariflich bindende sondern lediglich aufgrund vormaliger, abgelaufener Tarifbindung weiter bestehende Entgeltsystem ist für die Eingruppierung maßgeblich.[15]

11 *cc) Weitergeltendes tarifliches Entgeltsystem nach Betriebsübergang auf einen nicht tarifgebundenen Arbeitgeber.* Die bislang beim Betriebsveräußerer geltende tarifliche Vergütungsordnung besteht nach dem Betriebsübergang auf einen nicht tarifgebundenen Arbeitgeber weiter.[16]

12 *dd) Betriebsvereinbarung als Grundlage des Entgeltsystems.* Wegen des Mitbestimmungsrechtes des Betriebsrates nach § 87 Abs. 1 Nr. 10 BetrVG beim Entgelt kann bei einem **nicht tarifgebundenen Arbeitgeber die Vergütungsordnung** auch durch **Betriebsvereinbarung** bzw. Gesamtbetriebsvereinbarung geregelt sein.

13 *ee) Einseitig vom Arbeitgeber aufgestelltes Entgeltsystem.* Möglich ist auch, dass die Vergütungsordnung einseitig vom Arbeitgeber vorgegeben wird, zB in Form einer Arbeitsordnung oder einer Entgeltordnung.[17] Es genügt aber auch, dass faktisch vom Arbeitgeber ein entsprechendes Entgeltsystem praktiziert wird.

14 *ff) Fehlen einer Vergütungsordnung.* Schließlich ist vorstellbar, dass der Arbeitgeber überhaupt keine Vergütungsordnung aufgestellt hat, sondern **die Vergütung in jedem Arbeitsvertrag gesondert und individuell geregelt wird.** Faktisch wird sich der Arbeitgeber je-

---

[11] BAG 23.11.1993 – 1 ABR 34/93, NZA 1994, 461.
[12] BAG 18.10.2011 – 1 ABR 25/10, NZA 2012, 393.
[13] BAG 23.11.1993 – 1 ABR 34/93, NZA 1994, 461.
[14] BAG 18.10.2011 – 1 ABR 25/10, NZA 2012, 392.
[15] BAG 15.4.2008 – 1 AZR 65/07, NZA 2008, 888.
[16] BAG 8.12.2009 – 1 ABR 66/08, NZA 2010, 404.
[17] BAG 28.1.1986 – 1 ABR 8/84, NZA 1986, 537.

doch an bestimmten Gesichtspunkten oder Kennziffern orientieren. Deshalb ist eine Handhabung, der kein System zugrunde liegt, nur in kleinen Betrieben denkbar.

b) Anknüpfungspunkte für die Eingruppierung. Als Anknüpfungspunkt für die Eingruppierung kommen unterschiedliche Gesichtspunkte in Betracht, vor allem die Tätigkeit bzw. die Wertigkeit der Tätigkeit des Arbeitnehmers (insbesondere in Tarifverträgen), die Leistung, weiter die Berufserfahrung verbunden mit der Betriebszugehörigkeit. Soweit die Eingruppierung mit dem Lebensalter eines Arbeitnehmers zusammenhängt, ist dies grundsätzlich altersdiskriminierend.[18] In der Praxis wird man deshalb als maßgebendes Bewertungskriterium grundsätzlich die vom Arbeitnehmer tatsächlich auszuübende Tätigkeit heranziehen können.[19]

aa) Anknüpfung an die Tätigkeit. Die **Tätigkeit des Arbeitnehmers** als hauptsächlicher **Anknüpfungspunkt** wird häufig mit der für die Ausübung notwendigen Qualifikationen durch Ausbildung und/oder Berufserfahrung verknüpft. Durch die Aufstellung einer Vergütungsgruppenordnung (oder einer Lohngruppen- und einer Gehaltsgruppenordnung) werden die **Tätigkeiten der Arbeitnehmer zueinander ins Verhältnis gesetzt und gewichtet.** Durch die damit verbundene Gruppen- und Reihenfolgenbildung wird ein entsprechendes System etabliert. Dieses System ist seinerseits wiederum mit einer Entgeltregelung oder einem definierten Entgelt verbunden ist.

Das Entgeltsystem kann sich darauf beschränken, **Tätigkeiten abstrakt zu umschreiben** und zu definieren, **dh Tätigkeitsmerkmale** oder Oberbegriffe festzulegen.

Beispiel:

Tätigkeiten von erhöhter Schwierigkeit oder größerer Wichtigkeit, die in weitgehender Selbstständigkeit und entsprechender Verantwortlichkeit erledigt werden.

In der Praxis kann sich daher das Problem stellen, dass die abstrakte Beschreibung einer Tätigkeit einen entsprechenden Interpretationsspielraum zur Folge hat. Dies kann insbesondere durch die Verwendung von unbestimmten Rechtsbegriffen bedingt sein.

Die Eingruppierung eines Arbeitnehmers anhand seiner Tätigkeit ist bei der Auslegung von unbestimmten Rechtsbegriffen ein komplizierter Vorgang, der eine Reihe von Zweifels- und damit Streitfragen nach sich ziehen kann. Deshalb werden die abstrakten Definitionen häufig durch eine **nähere Umschreibung von Tätigkeiten** oder die Nennung branchentypischer Funktionen bzw. Berufsbezeichnungen ergänzt, sog. **Tätigkeitsbeispiele.**[20]

Beispiel (unter Fortsetzung des obigen Beispiels)
- Gestalten und Auswerten von schwierigen Versuchen
- Ausarbeiten oder Kalkulieren schwieriger Projekte und/oder Angebote
oder
- Entwicklungsingenieur mit mehrjähriger Berufserfahrung

bb) Vorgang der Eingruppierung bei tätigkeitsbezogenem Anknüpfungspunkt. Regelmäßig wird insbesondere in den tariflichen Eingruppierungsregelungen die Tätigkeit sowohl durch abstrakte Tätigkeitsmerkmale umschrieben wie auch durch konkrete Tätigkeitsbeispiele ergänzt.

Lässt sich die Tätigkeit eines Arbeitnehmers unter eine konkrete Tätigkeitsbezeichnung oder ein konkretes Tätigkeitsbeispiel subsumieren, ist grundsätzlich anzunehmen, dass auch die abstrakt definierten allgemeinen Tätigkeitsmerkmale als erfüllt anzusehen sind.[21] Dies gilt aber nur, wenn das Tätigkeitsbeispiel oder die branchentypische Funktionsbezeichnung nur einmal in einer Vergütungsgruppe genannt wird. Wird das Tätigkeitsbeispiel bzw. die Funktionsbezeichnung mehrfach erwähnt – wie zB die Bezeichnung „Sachbearbeiter" bei mehreren Vergütungsgruppen – ist das Tätigkeitsbeispiel bzw. die Funktionsbezeichnung ohne Aussagewert. In diesem Fall muss anhand der abstrakten Definition durch Auslegung

---

[18] Vgl. EuGH 8.9.2011 – C-297/10 und C-298/10, C-297/10, C-298/10, NZA 2011, 1100; BAG 10.11.2011 – 6 AZR 148/09, NZA 2012, 161.
[19] HaKo-BetrVG/*Düwell* § 99 Rn. 34.
[20] BAG 25.9.1991 – 4 AZR 87/91, NZA 1992, 273.
[21] BAG 8.3.2006 – 10 AZR 129/05, NZA 2007, 159.

der unbestimmten Rechtsbegriffe eine Subsumtion erfolgen, die Nennung von Tätigkeitsbeispielen ist lediglich eine Orientierungshilfe.[22]

22 **Übt der Arbeitnehmer** nicht nur eine, sondern **mehrere und insbesondere mehrere unterschiedliche Tätigkeiten** aus, ist grundsätzlich die **überwiegende Tätigkeit** zu ermitteln, dh diejenige Tätigkeit oder diejenigen hinsichtlich ihrer Wertigkeit vergleichbaren Tätigkeiten, die der Arbeitnehmer **regelmäßig zu mehr als der Hälfte seiner Tätigkeit** ausführt. Diese bestimmen dann die Eingruppierung. Dieser Grundsatz findet sich durchweg in den tariflichen Regelungen zur tätigkeitsbezogenen Eingruppierung.[23]

23 Ein Abgrenzungsproblem kann sich dabei auch dann ergeben, wenn die auszuübende Tätigkeit des neu einzustellenden Arbeitnehmers teilweise der Tätigkeit eines gewerblichen Arbeiters und teilweise der Tätigkeit eines Angestellten entspricht und somit unterschiedlichen Vergütungsordnungen zugeordnet werden kann. Für die Einordnung der gemischten Tätigkeit ist es entscheidend, wo der Schwerpunkt der Tätigkeiten liegt und somit prägend für das Arbeitsverhältnis ist.[24] Entscheidend ist dabei nicht der Zeitaufwand der jeweils ausübenden Tätigkeiten, sondern es ist vielmehr eine umfassende Betrachtung vorzunehmen.[25]

> **Praxistipp:**
> Eine Reihe von Tarifverträgen sehen die Schaffung von sogenannten paritätischen Kommissionen vor, die im Rahmen von Eingruppierungen spezielle Aufgaben zugewiesen erhalten, zB bei Meinungsverschiedenheiten über die Eingruppierung angerufen werden müssen oder aber als betriebliches Hilfsorgan dabei unterstützen, durch nähere Beschreibungen die im Betrieb vorhandenen konkreten Tätigkeiten auf abstrakte Tätigkeitsmerkmale zu beziehen und so die Eingruppierung zu erleichtern und Streit zu vermeiden.
>
> Arbeitgebern und Betriebsräten, die – mangels Tarifbindung – ein betriebliches oder unternehmensweites Eingruppierungssystem etablieren, ist unbedingt zu empfehlen, eine Kommission oder einen Ausschuss einzusetzen, der die Aufgabe hat, die im Unternehmen bzw. Betrieb existierenden Tätigkeiten zu beschreiben und dem betrieblichen Entgeltschema zuzuordnen sowie insbesondere bei der Veränderung von Tätigkeiten und neu entstehenden Tätigkeiten die Beschreibung und Zuordnung vorzunehmen.

24 *cc) Weitere Anknüpfungspunkte für die Eingruppierung.* Zusätzlich zu den tätigkeitsbezogenen Eingruppierungsmerkmalen knüpfen Vergütungsordnungen in vielen Fällen an die **Berufserfahrung der Arbeitnehmer** an. Dies kann in der Form geschehen, dass im Hinblick auf ein und dieselbe Tätigkeit verschiedene Gruppen gebildet werden zB für die Vergütungsgruppe A die Untergruppe A 1 für die ersten beiden Tätigkeitsjahre, die Untergruppe A 2 für die Tätigkeitsjahre 3–5 und die Untergruppe A 3 für die Tätigkeit ab dem 6. Jahr.

25 In einer Reihe von Fällen ist auch die **Leistung des Arbeitnehmers** ein Eingruppierungsmerkmal.

Beispiel:
Die Vergütungsgruppe ist in zwei Untergruppen aufgespalten. In die zweite Untergruppe mit der höheren Vergütung gelangt der Arbeitnehmer nur, wenn er in einem definierten Zeitraum im Rahmen des Bewertungssystems eine bestimmte Anzahl an guten Bewertungen oder eine entsprechende Punktanzahl erreicht hat.

26 Häufig wird zusätzlich zu der Anknüpfung an Tätigkeiten, Berufserfahrung oder Leistung auf **Kriterien wie den Familienstand, den Standort als Lebenshaltungskostenfaktor oder die Betriebszugehörigkeit** angeknüpft.

---

[22] BAG 25.9.1991 – 4 AZR 87/91, NZA 1992, 273.
[23] BAG 25.9.1991 – 4 AZR 87/91, NZA 1992, 273.
[24] LAG Niedersachsen 12.8.2019 – 8 TaBV 19/19, BeckRS 2019, 28200.
[25] LAG Niedersachsen 12.8.2019 – 8 TaBV 19/19, BeckRS 2019, 28200.

Beispiel:
Ein lediger Arbeitnehmer erhält im Vergleich zu einem verheirateten Arbeitnehmer (gleiche Ausbildung, gleiche Berufserfahrung und identische Tätigkeit) weniger, weil im Rahmen der Eingruppierung unter Berücksichtigung des Familienstandes und der Anzahl der Kinder differenziert wird.

dd) Berücksichtigung aller eingruppierungsrelevanten Gesichtspunkte. Auch sonstige, für die Eingruppierung bedeutsame, oft auf den ersten Blick aber scheinbar neutrale Gesichtspunkte sind im Rahmen der Eingruppierung zu berücksichtigen. Dies gilt beispielsweise für **Zulagen**, die Arbeitnehmern einer bestimmten Vergütungsgruppe gewährt werden und die an Tätigkeitsmerkmale anknüpfen, die für die Eingruppierung in die Vergütungsgruppe nicht maßgebend sind.[26] Dies gilt aber nur für **Zulagen, die für die Stellung innerhalb der Vergütungsordnung Bedeutung haben**, nicht für Zulagen, die an sonstige Gesichtspunkte anknüpfen, zB für Mehrarbeit bezahlt werden. Eingruppierungsrelevant sind auch die so genannten **Fallgruppen einer Vergütungsgruppe**, die nicht aktuell, sondern erst in Zukunft Auswirkungen auf die Eingruppierung haben.[27] Dagegen sind andere Faktoren, die die Vergütung erheblich beeinflussen können, wie beispielsweise die Länge der wöchentlichen Arbeitszeit nicht eingruppierungsrelevant, weil sie keine Aussage über die Stellung des Arbeitnehmers im Rahmen der Vergütungsordnung treffen.[28]

3. Einzelfälle der Ein- und Umgruppierung

a) Fälle der Eingruppierung. Neben der **erstmaligen Einstellung eines Arbeitnehmers** ist eine Eingruppierung insbesondere in folgenden Fällen vorzunehmen:
- Bei der Übernahme eines Auszubildenden von einem Ausbildungsverhältnis in ein Arbeitsverhältnis
- Bei der Einstellung eines geringfügig beschäftigten Arbeitnehmers[29]
- Bei der Einstellung eines Leiharbeitnehmers für die Zeit der Überlassung in das beim Entleiher geltende Entgeltsystem, sofern nicht ein auf das Leiharbitsverhältnis anwendbarer Tarifvertrag gilt.[30]
- Bei der Gewährung von zusätzlichen Leistungen und insbesondere Zulagen, soweit sie nicht einen individuellen Einzelfall betreffen, sondern für eine Gruppe von Arbeitnehmern gelten oder auf Grund einer generellen Handhabung gewährt werden und soweit sie die Stellung des Arbeitnehmers innerhalb der kollektiven Vergütungsordnung beeinflussen.[31] Eine Eingruppierung liegt in jedem Fall vor, wenn die Zulage in ein Vergütungsgruppensystem eingebunden ist.[32] Im Umkehrschluss bedeutet dies folglich, dass gerade keine Eingruppierung vorliegt, wenn eine Zulage nichts über die Stellung des Arbeitnehmers innerhalb der Vergütungsordnung aussagt.[33]
- **Keine Eingruppierung** ist jedoch mit der bloßen Verlängerung von befristeten Arbeitsverhältnissen oder der Änderung der Arbeitszeit verbunden.[34] Keine Eingruppierung sind Arbeitsplatzbewertungen oder Tätigkeitsbeschreibungen, solange sie nicht mit der Zuordnung eines Arbeitnehmers zu einer bestimmten Vergütungsgruppe verbunden sind.[35]
- **Es bedarf ebenfalls keiner Eingruppierung** bei der Einstellung eines Arbeitnehmers im Anschluss an seine vorherige befristete Beschäftigung, wenn dieser keine andere Tätigkeit aufnimmt und die maßgebende Vergütungsordnung unverändert geblieben ist.[36]

---

[26] BAG 24.6.1986 – 1 ABR 31/84, NZA 1987, 31; vgl. auch BAG 2.4.1996 – 1 ABR 50/95, NZA 1996, 1105.
[27] BAG 27.7.1993 – 1 ABR 11/93, NZA 1994, 952.
[28] BAG 30.10.2001 – 1 ABR 8/01, NZA 2002, 919.
[29] BAG 18.6.1991 – 1 ABR 60/90, NZA 1991, 903.
[30] *Fitting* BetrVG § 99 Rn. 83.
[31] BAG 27.6.2000 – 1 ABR 36/99, NZA 2001, 626.
[32] BAG 15.5.2019 – 7 ABR 46/17, NJOZ 2019, 1485.
[33] BAG 2.4.1996 – 1 ABR 50/95, NZA 1996, 1105.
[34] BAG 11.11.1997 – 1 ABR 29/97, BB 1998, 380.
[35] BAG 12.1.2011 – 7 ABR 34/09, NZA 2011, 1297.
[36] BAG 13.8.2019 – 1 ABR 10/18, NZA 2019, 1651.

29 b) **Fälle der Umgruppierung.** aa) *Änderung der Einstufung im Rahmen einer Entgeltgruppe nach Tätigkeitsjahren, auch soweit sich diese automatisch vollzieht.*[37]

> **Praxistipp:**
> Viele Tarifverträge enthalten Regelungen, nach welchen innerhalb einer Entgeltgruppe nach 2, 4, 6 und 10 Jahren Tätigkeit oder in ähnlicher Weise die Vergütung innerhalb der Entgeltgruppe erhöht wird. Nach der vorstehend zitierten Rechtsprechung des BAG handelt es sich jeweils um eine Umgruppierung. Es ist in der Praxis kaum möglich, den Betriebsrat jeweils gem. § 99 BetrVG zu unterrichten. Sinnvoll ist es, mit dem Betriebsrat zu vereinbaren, dass zu definierten Stichtagen (zB Ende eines Quartals oder Halbjahres) der Betriebsrat eine Sammelinformation über diese Umgruppierungen (Name des Arbeitnehmers, neue Stufe, Wirksamkeitszeitpunkt) erhält und der Betriebsrat dies überprüft.

30 *bb) Änderung des kollektiven Entgeltschemas.* Neben dem **Regelfall einer Umgruppierung im Zusammenhang mit einer Versetzung** auf Grund einer Tätigkeitsänderung ist eine Umgruppierung insbesondere erforderlich, wenn die **Vergütungsordnung in ihrer Struktur geändert** wird, beispielsweise wenn die Vergütungsgruppen neu definiert und verändert werden oder wenn **zusätzliche Vergütungsgruppen** hinzukommen oder **Zwischengruppen** gebildet werden.[38] Ändert sich das Vergütungssystem nur teilweise, dann beschränkt sich die Umgruppierung auf die betroffenen Vergütungsgruppen bzw. Arbeitnehmer. Keine Umgruppierung ist erforderlich, wenn sich lediglich die Bezeichnungen der Vergütungsgruppen ändern.

31 *cc) Korrektur einer zu hohen Eingruppierung.* Ein Sonderfall der Umgruppierung (sog. korrigierende Rückgruppierung) ist eine ungerechtfertigte, zu hohe Eingruppierung. Diese kann ihre Ursache darin haben, dass der Arbeitgeber bewusst zu Gunsten des Arbeitnehmers von der an und für sich richtigen Eingruppierung abgewichen ist. In diesem Falle bleibt der Arbeitgeber an die höhere Eingruppierung vertraglich gebunden. Anders verhält es sich – je nach den Umständen des Einzelfalles – wenn der Arbeitgeber **irrtümlich eine zu hohe Eingruppierung** vorgenommen hat. Es kann dem Arbeitgeber also aufgrund des Verbots widersprüchlichen Verhaltens (Ausprägung von § 242 BGB) verwehrt sein, sich auf die Fehlerhaftigkeit der bisherigen Eingruppierung zu berufen, wenn besondere Umstände die Rechtsausübung als treuwidrig erscheinen lassen.[39]

32 Ob die Änderung einer zu hohen, irrtümlich vom Arbeitgeber vorgenommenen Eingruppierung **automatisch eine Änderung der Vergütung** nach sich zieht oder ob der Arbeitgeber auf eine eventuelle Anfechtung bzw. eine einvernehmliche Änderung oder eine Änderungskündigung verwiesen ist, hängt von der **Auslegung des im Arbeitsvertrag Vereinbarten** ab. Haben die Parteien im Arbeitsvertrag geregelt, dass eine der tariflichen Vergütung für die Tätigkeit des Arbeitnehmers entsprechende Vergütung gezahlt werden soll, kann der Arbeitgeber grundsätzlich die Vergütung anpassen, weil die Auslegung des Vertrages ergibt, dass der Arbeitgeber nur die tariflich festgelegte Vergütung bei zutreffender Eingruppierung der Tätigkeit des Arbeitnehmers bezahlen wollte. Ist jedoch im Arbeitsvertrag eine bestimmte Gehaltssumme vereinbart, besteht keine Anpassungsmöglichkeit.

33 Eine wiederholte korrigierende Rückgruppierung wegen fehlerhafter erster Rückgruppierung ist regelmäßig unzulässig, weil der Arbeitnehmer davon ausgehen kann, dass der Arbeitgeber anlässlich der ersten Rückgruppierung die Eingruppierung mit besonderer Sorgfalt überprüft hat.[40]

34 c) **Kein Ausschluss der Eingruppierung durch individuelle (günstigere) Vergütungsvereinbarungen.** Die **Verpflichtung des Arbeitgebers zur Eingruppierung** wird nicht dadurch aus-

---
[37] BAG 6.4.2011 – 7 ABR 136/09, BeckRS 2011, 75222.
[38] BAG 14.11.1989 – 1 ABR 87/88, NZA 1990, 359; 9.3.1993 – 1 ABR 48/92, NZA 1993, 1045; 18.1.1994 – 1 ABR 42/93, NZA 1994, 901.
[39] BAG 13.12.2017 – 4 AZR 576/16, NZA 2018, 601.
[40] BAG 23.8.2006 – 4 AZR 417/05, NZA 2007, 516.

geschlossen, dass er trotz der Existenz eines kollektiven Entgeltschemas eine **individuelle Vereinbarung** über die Vergütung mit dem Arbeitnehmer abschließt und dabei insbesondere eine deutlich über der sich aus der an und für sich zutreffenden Eingruppierung ergebenden Vergütung liegende Vergütung vereinbart. Praktisch relevant wird die dennoch bestehende Verpflichtung des Arbeitgebers in aller Regel nur im Rahmen des betriebsverfassungsrechtlichen Mitbestimmungsverfahrens.

d) **Eingruppierung von AT-Angestellten.** Auch **AT-Angestellte sind einzugruppieren.** Die 35 Eingruppierung eines AT-Angestellten bezieht sich in erster Linie auf die Frage, ob der AT-Angestellte unabhängig von dieser Bezeichnung unter das im Betrieb geltende kollektive Entgeltschema fällt, dh im Falle der Geltung einer tariflichen Regelung der höchsten tariflichen Vergütungsgruppe wegen Erfüllung von deren Eingruppierungsmerkmalen zuzuordnen ist oder ob der Arbeitnehmer eine höherwertige Tätigkeit verrichtet, die nicht mehr von der Definition dieser höchsten tariflichen Vergütungsgruppe erfasst wird.[41] Besteht für die Gruppe der AT-Angestellten **ein differenzierendes kollektives Entgeltschema**, bezieht sich die Eingruppierung auch darauf, welcher der Vergütungsgruppen des kollektiven AT-Entgeltsystems der AT-Angestellte zuzuordnen ist.[42]

Handelt es sich um einen Betrieb oder ein Unternehmen, in dem abgesehen von den lei- 36 tenden Angestellten und den der allgemeinen betrieblichen Vergütungsordnung unterliegenden Angestellten nur eine handvoll AT-Angestellte beschäftigt werden, existiert in der Regel kein entsprechendes System. Die Eingruppierung erschöpft sich dann in der Zuordnung des Arbeitnehmers zu den AT-Angestellten.

Um eine Umgruppierung handelt es sich, wenn der Arbeitgeber einen bisher der **allgemei-** 37 **nen betrieblichen Vergütungsordnung** unterliegenden **Angestellten künftig als AT-Angestellten** einstufen will. Das Gleiche gilt für den umgekehrten Fall, dh der AT-Angestellte soll wieder in eine Gruppe der allgemeinen betrieblichen Vergütungsordnung eingruppiert werden, weil er die Voraussetzungen für den AT-Status nicht mehr erfüllt.[43] Veränderungen in der Tätigkeit des AT-Angestellten können eine Umgruppierung beinhalten, auch wenn sich der AT-Status nicht ändert.[44]

II. Bedeutung der Eingruppierung für den Arbeitnehmer

1. Zusammenhang von Eingruppierung und Vergütungshöhe

Die Eingruppierung hat für die **Vergütung des Arbeitnehmers eine entscheidende Bedeu-** 38 **tung.** In vielen Fällen – dies gilt insbesondere für tarifliche Eingruppierungs- und Vergütungsregelungen – ist der **Eingruppierung unmittelbar eine konkret bezifferte Vergütung zugeordnet.** Aber auch dann, wenn das betriebliche Entgeltsystem eine Bandbreite vorsieht oder nur Orientierungswerte vom Arbeitgeber genannt werden, kann der Arbeitnehmer **unter Zuhilfenahme des Gleichbehandlungsgrundsatzes** unter Berufung auf die für ihn **zutreffende Eingruppierung** die damit in untrennbarem Zusammenhang stehende Vergütung einfordern. Die Richtigkeit der Eingruppierung ist selbst dann von Bedeutung, wenn der Arbeitnehmer auf Grund einer entsprechend starken Verhandlungsposition eine individuelle, deutlich höhere Vergütung vereinbaren kann. Denn die gleichwohl vom Arbeitgeber durchzuführende Eingruppierung ist für den Arbeitnehmer auf längere Sicht gesehen ein wichtiger Orientierungspunkt für die Bemessung seiner Vergütung.

Grundsätzlich kann der Arbeitnehmer die **Vergütung fordern**, die seiner **zutreffenden** 39 **Eingruppierung** entspricht, **unabhängig** von dem, was im **Arbeitsvertrag als Eingruppierung** genannt oder als Vergütung vereinbart ist. Dies bedeutet zwar nicht automatisch, dass der Arbeitnehmer Anspruch auf die seiner richtigen Eingruppierung entsprechende Vergütung hat, doch hat er mit der richtigen Eingruppierung einen wesentlichen Hebel in der Hand,

---

[41] BAG 31.10.1995 – 1 ABR 5/95, NZA 1996, 890; 26.10.2004 – 1 ABR 37/03, NZA 2005, 367.
[42] BAG 26.10.2004 – 1 ABR 37/03, NZA 2005, 367.
[43] BAG 28.1.1986 – 1 ABR 8/84, NZA 1986, 536.
[44] BAG 12.12.2006 – 1 ABR 13/06, NZA 2007, 348.

um eine zu niedrig im Arbeitsvertrag vereinbarte Vergütung zu seinen Gunsten zu korrigieren. Gilt für den Arbeitgeber Kraft Tarifgebundenheit ein tarifliches Entgeltsystem, so kann der Arbeitnehmer bei zu geringer Bezahlung bezogen auf seine Eingruppierung durch Beitritt zur tarifschließenden Gewerkschaft die rechtliche Grundlage für die Durchsetzung seiner Forderung auf eine höhere Vergütung entsprechend seiner Eingruppierung herbeiführen.

40 Wird das Entgeltsystem durch eine Betriebsvereinbarung oder ein einseitig vom Arbeitgeber vorgegebenes Entgeltsystem geregelt, hat der Arbeitnehmer, der zu niedrig vergütet wird, unter dem Gesichtspunkt der Gleichbehandlung einen entsprechenden Anspruch.

> **Praxistipp:**
> Da das Mitbestimmungsrecht des Betriebsrats grundsätzlich nicht die Entgelthöhe umfasst, kann kein unmittelbarer Anspruch auf ein bestimmtes Entgelt aus einer Betriebsvereinbarung hergeleitet werden. Dies gilt auch dann, wenn die Betriebsvereinbarung den entsprechenden Euro-Wert enthält. Oftmals hat die Erwähnung des Euro-Wertes in einer Betriebsvereinbarung lediglich deklaratorischen Charakter und spiegelt die dem Arbeitgeber überlassene Entscheidung über die Höhe der Vergütung wieder. Sollten die Betriebsparteien jedoch die Höhe der Vergütung in einer Betriebsvereinbarung festgelegt haben, ist diese Regelung nichtig. In beiden Fällen kann der Arbeitnehmer nicht unmittelbar aus der Betriebsvereinbarung seinen Anspruch auf eine bestimmte Vergütung herleiten.

2. Klage des Arbeitnehmers gegen zu niedrige Eingruppierung

41 Von wesentlicher Bedeutung ist, ob der **Betriebsrat die Position des Arbeitnehmers** im Rahmen des **betriebsverfassungsrechtlichen Mitbestimmungsverfahrens** unterstützt (vgl. dazu → Rn. 37).

42 Ist dies nicht der Fall oder nicht möglich, dann verfügt der Arbeitnehmer über eine ungünstige Rechtsposition. Dem Arbeitnehmer obliegt nach allgemeinen prozessualen Grundsätzen die **Darlegungs- und Beweislast** dafür, dass eine **höhere Eingruppierung zutreffend** ist.[45] Der Arbeitnehmer muss **substantiiert und detailliert darlegen**, welche Tätigkeiten er ausführt und welchen durchschnittlichen Anteil diese Tätigkeiten an seiner Gesamttätigkeit haben. Der Arbeitnehmer muss ggf. darüber hinausgehend auch die Tatsachen vortragen, die eine vergleichende Bewertung mit der nächsten Vergütungsgruppe ermöglichen, zu der die Tätigkeit abzugrenzen ist.[46] Nur dann, wenn die höherwertigen, die verlangte Eingruppierung rechtfertigenden Tätigkeiten über 50 % seiner Gesamttätigkeit ausmachen, hat er Anspruch auf die höhere Eingruppierung und damit die höhere Vergütung. Ist streitig, ob der Arbeitnehmer mit Aufgaben betraut ist, die die Merkmale einer höherwertigen Vergütungsgruppe erfüllen, trägt der Arbeitnehmer die Darlegungs- und Beweislast dafür, dass der Arbeitgeber ihm diese höherwertigen Aufgaben übertragen oder deren Erledigung ausdrücklich oder auch stillschweigend gebilligt hat.[47] Sollte ein Arbeitnehmer also in einem Rechtsstreit keine entsprechenden Beweisangebote für seinen Vortrag anbieten, geht dies im Ergebnis zu seinen Lasten.[48]

43 Es erfolgt nur dann eine **pauschale und summarische Prüfung der Ausgangsvergütungsgruppe** durch das erkennende Gericht, wenn die Tätigkeitsmerkmale zwischen Arbeitgeber und AT-Angestellten unstreitig sind.[49] Um etwaige Streitigkeiten zu vermeiden, sollten daher die Tätigkeitsmerkmale zwischen den Parteien vorab schriftlich festgehalten werden.

44 Der Arbeitnehmer kann sich auf eine **Feststellungsklage** hinsichtlich der Eingruppierung beschränken (sog. Eingruppierungsfeststellungsklage). Diese ist nach der Rechtsprechung des BAG auch im Bereich der **Privatwirtschaft allgemein üblich und begegnet keinen Bedenken**.[50] Dies gilt zumal mit Rücksicht darauf, dass aus einer geänderten, höheren Eingruppierung unmittelbar oder auch nur mittelbar ein höherer Vergütungsanspruch folgen kann.

---

[45] BAG 20.10.1993 – 4 AZR 47/93, NZA 1994, 514.
[46] BAG 20.10.1993 – 4 AZR 47/93, NZA 1994, 514 (515).
[47] BAG 8.3.2006 – 10 AZR 129/05, NZA 2007, 159.
[48] LAG Mecklenburg-Vorpommern 4.9.2019 – 3 Sa 21/19, BeckRS 2019, 26649.
[49] LAG Mecklenburg-Vorpommern 12.12.2018 – 3 Sa 101/18, BeckRS 2018, 37568.
[50] BAG 25.9.1991 – 4 AZR 87/91, NZA 1992, 273.

III. Öffentlicher Dienst

Im öffentlichen Dienst, dh im Anwendungsbereich der Tarifverträge des öffentlichen Dienstes, existiert eine **unübersehbare Rechtsprechung zu einer Vielzahl von Einzelfragen**. Besonderheiten gelten insoweit nach der Rechtsprechung vor allem in Form des **so genannten Tarifautomatismus**, der ausgehend von der These, dass die Arbeitgeber des öffentlichen Dienstes stets nur die sich aus der zutreffenden Eingruppierung ergebende Vergütung bezahlen wollen, schlussfolgert, dass der Arbeitnehmer unmittelbar Anspruch auf die der Eingruppierung entsprechende tarifliche Vergütung hat, aber auch im Falle einer irrtümlich zu hohen Eingruppierung den Anspruch auf die bisherige höhere, jedoch auf einer falschen Eingruppierung beruhende Vergütung verliert und der Arbeitgeber des öffentlichen Dienstes grundsätzlich zu einer so genannten korrigierenden Rückgruppierung berechtigt ist. Nur bei Vorliegen besonderer Umstände kann der korrigierenden Rückgruppierung ein Vertrauenstatbestand entgegenstehen.[51]

IV. Mitbestimmungsrecht des Betriebsrates

1. Voraussetzungen des Mitbestimmungsrechtes

Das **Mitbestimmungsrecht** nach § 99 BetrVG setzt voraus, dass das **Unternehmen** regelmäßig **mehr als 20 wahlberechtigte Arbeitnehmer** beschäftigt (§ 99 Abs. 1 S. 1). Die Wahlberechtigung ist in § 7 BetrVG definiert. Leitende Angestellte zählen demnach bei der Berechnung nicht mit. Aus Arbeitgebersicht sollte daher, sofern keine Rechtssicherheit darüber besteht, ob ein leitender Angestellter betroffen ist, vorsorglich auch eine Mitteilung nach § 105 BetrVG an den Betriebsrat erfolgen. Entscheidender ist es jedoch, eine Unterrichtung nach § 99 BetrVG vorzunehmen, weil die Umdeutung einer Mitteilung nach § 105 BetrVG in eine Unterrichtung nach § 99 BetrVG nicht möglich ist.[52] **Teilzeitbeschäftigte zählen nach Köpfen.** Zu den Arbeitnehmern, die für die Zahlengrenze zu beachten sind, gehören auch die **Leiharbeitnehmer**, sofern sie **länger als 3 Monate** im Betrieb eingesetzt werden.[53] Angesichts der Rechtsprechung des BAG zu den §§ 9, 38, 111 BetrVG sowie der Einführung von § 14 Abs. 2 S. 4 AÜG ist davon auszugehen, dass Leiharbeitnehmer bei der Berechnung der Unternehmensgröße mitzuzählen sind.[54]

Es wird nicht auf eine zufällige Zahl der Arbeitnehmer am Tage des Beginns des Mitbestimmungsverfahrens abgestellt, sondern auf die in der Regel Beschäftigten. Dies bedeutet, **dass Aushilfen und befristet beschäftigte Arbeitnehmer nach Durchschnittswerten** in die Arbeitnehmeranzahl einbezogen werden. Gleiches gilt für **vorübergehend nicht besetzte Arbeitsplätze**, zB weil ein Arbeitnehmer auf Grund Eigenkündigung ausgeschieden ist und noch kein Nachfolger eingestellt wurde.[55]

Die gesetzliche Regelung knüpft an den **Begriff des Unternehmens** und nicht mehr an den Betrieb an. Dies hat zur Folge, dass das **Mitbestimmungsrecht auch in einem Betrieb mit weniger als 20 Arbeitnehmern** besteht, wenn der Arbeitgeber noch über einen oder mehrere weitere Betriebe verfügt, durch deren Hinzurechnung die notwendige Mindestanzahl von 20 Arbeitnehmern im Unternehmen überschritten wird. Voraussetzung ist jedoch stets das Bestehen eines Betriebsrates.

In einem gemeinsamen Betrieb mehrerer Unternehmen werden die Arbeitnehmerzahlen der an dem gemeinsamen Betrieb beteiligten Unternehmen zusammengezählt, sodass das Mitbestimmungsrecht des Betriebsrates des gemeinsamen Betriebes nach § 99 BetrVG auch dann besteht, wenn die an dem gemeinsamen Betrieb beteiligten Unternehmen jeweils weniger als 20 Arbeitnehmer aufweisen.[56] Umstritten ist, ob alle Arbeitnehmer eines gemeinsa-

---

[51] BAG 15.6.2011 – 4 AZR 737/09, NZA 2012, 471.
[52] ErfK/*Kania* BetrVG § 99 Rn. 1.
[53] BeckOK ArbR/*Mauer* BetrVG § 99 Rn. 1.
[54] Richardi BetrVG/*Thüsing* § 99 Rn. 15.
[55] Zu Einzelheiten vgl. auch Richardi BetrVG/*Thüsing* § 99 Rn. 14 f.; *Fitting* BetrVG § 99 Rn. 8 ff.
[56] BAG 29.9.2004 – 1 ABR 39/03, NZA 2005, 420.

men Betriebes mitgerechnet werden, wenn eines der an dem gemeinsamen Betrieb beteiligten Unternehmen über einen weiteren Betrieb verfügt, der weniger als 20 Arbeitnehmer aufweist oder ob insoweit nur die dem Unternehmen im gemeinsamen Betrieb zuzurechnende Arbeitnehmeranzahl mitgezählt wird.[57]

2. Ausgestaltung des Mitbestimmungsrechtes

50 **a) Zweck und Bedeutung des Mitbestimmungsrechtes.** Das Mitbestimmungsrecht des Betriebsrates ist entsprechend dem Akt der Eingruppierung nicht als konstitutive Mitwirkung an einem rechtlichen Gestaltungsakt verfasst, sondern **als Mitbeurteilungsrecht. Es dient dazu,** die vom Arbeitgeber vorgenommene Beurteilung der Eingruppierung auf **ihre Richtigkeit hin zu überprüfen.**[58] Die Einbindung des Betriebsrates in den Eingruppierungsakt ist von **wesentlicher Bedeutung für die Rechtsposition des Arbeitnehmers** und dient damit der Verwirklichung der Lohngerechtigkeit im Betrieb. Der neueingestellte Arbeitnehmer vermag oftmals nicht zu beurteilen, ob die ihm vom Arbeitgeber im Rahmen des Vorstellungsgespräches oder der Vertragsverhandlungen genannte Eingruppierung die Richtige ist. Ein betriebliches Entgeltsystem ist für den neueintretenden Arbeitnehmer zunächst nicht durchschaubar. Je komplizierter das tarifliche oder betriebliche Entgeltssystem ist, umso weniger ist der Arbeitnehmer in der Lage, die Richtigkeit der Eingruppierung zu überprüfen. Die hieraus resultierende mögliche Benachteiligung des Arbeitnehmers in einem für ihn sehr wesentlichen Punkt, nämlich der Vergütung, soll das Mitbestimmungsrecht des Betriebsrates verhindern. Trotz seines nicht rechtsgestaltenden, sondern lediglich beurteilenden Charakters, hat es deshalb eine wichtige Funktion in Bezug auf eine Eingruppierung.

51 **b) Keine Einschränkung des Mitbestimmungsrechtes durch Tarifvertrag.** Das Mitbestimmungsrecht kann nicht durch Tarifvertrag ausgeschlossen oder beschränkt werden, das BetrVG enthält insoweit Mindestbestimmungen über die Beteiligungsrechte des Betriebsrats.[59]

52 **c) Unterrichtung des Betriebsrats durch den Arbeitgeber.** Der Arbeitgeber hat nach § 99 Abs. 1 S. 1 BetrVG den Betriebsrat **vor jeder Eingruppierung und Umgruppierung zu unterrichten.** Eine **besondere Form ist gesetzlich nicht vorgeschrieben,** es ist jedoch schon aus Beweisgründen zweckmäßig, dass der Arbeitgeber den Betriebsrat schriftlich oder in Textform (per E-Mail) informiert. Außer dass die Information des Betriebsrats vor jeder Eingruppierung oder Umgruppierung zu erfolgen hat, ist **keine konkrete Frist** bestimmt. Eine **Mindestfrist** ergibt sich aus § 99 Abs. 3 S. 1 BetrVG, der dem **Betriebsrat eine Woche Frist zur Reaktion** einräumt. Ein Arbeitgeber sollte also die Reaktionsfrist des Betriebsrats von einer Woche stets beachten und rechtzeitig den Betriebsrat zu unterrichten, damit es zu keiner Verzögerung bei der Eingruppierung bzw. Umgruppierung kommt.

> **Praxistipp:**
> In der Praxis sind die meisten Fälle einer Eingruppierung und Umgruppierung mit einer Einstellung bzw. Versetzung verbunden. Der Arbeitgeber informiert deshalb zweckmäßiger Weise den Betriebsrat im Zusammenhang mit der Einstellung bzw. Versetzung auch über die damit verbundene Eingruppierung bzw. Umgruppierung. Versäumt es der Arbeitgeber, im Zusammenhang mit einer Einstellung oder einer, eine Versetzung oder eine Umgruppierung beinhaltenden Änderungskündigung, den Betriebsrat auch über die Eingruppierung bzw. Umgruppierung zu unterrichten, dann kann er dies noch rechtzeitig vor der Einstellung des Arbeitnehmers bzw. dem Ablauf der Kündigungsfrist bei einer Änderungskündigung nachholen.

53 Informiert der **Arbeitgeber den Betriebsrat nicht, nicht vollständig oder verspätet,** so hat dies zur Folge, dass die **Anhörung nicht ordnungsgemäß** ist und **die Frist zur Stellungnahme**

---

[57] Vgl. hierzu *Fitting* BetrVG § 99 Rn. 10.
[58] Vgl. etwa Richardi BetrVG/*Thüsing* § 99 Rn. 88 f.; *Fitting* BetrVG § 99 Rn. 96; BAG 9.2.1993 – 1 ABR 51/92, NZA 1993, 664.
[59] BAG 12.1.2011 – 7 ABR 34/09, NZA 2011, 1297 (1301).

gem. § 99 Abs. 2 BetrVG **nicht läuft.** Außerdem kann der Tatbestand einer **Ordnungswidrigkeit nach § 121 BetrVG** erfüllt sein. Ein Arbeitgeber sollte, auch wenn über Jahre stets ein unverändertes Anhörungsschreiben verwendet wurde, die inhaltliche Richtigkeit überprüfen. Denn § 99 BetrVG ist nicht abdingbar, so dass die Betriebsparteien an die inhaltlichen Vorgaben zwingend gebunden sind.[60]

> **Praxistipp:**
> Bei Änderungskündigungen, die eine Versetzung und Umgruppierung beinhalten, ergeben sich immer wieder Probleme, weil die Informationen zur Umgruppierung dürftig sind und die Arbeitgeber es versäumen, die Anhörung auch auf die Versetzung bzw. Umgruppierung zu erstrecken. Der Arbeitgeber sollte im Rahmen der Betriebsratsanhörung entsprechende Ausführungen machen und den Betriebsrat ausdrücklich dazu auffordern, zu der beabsichtigten Änderungskündigung sowie der damit verbundenen Versetzung und Umgruppierung Stellung zu nehmen bzw. seine Zustimmung zu erteilen.

Der **Inhalt der Anhörung** erstreckt sich auf **alle ein- bzw. umgruppierungsrelevanten Tatsachen und Merkmale,** insbesondere auf die **Beschreibung der künftigen Tätigkeit,** die der neueingestellte oder der von einer Versetzung betroffene Arbeitnehmer wahrnehmen soll sowie die konkrete Angabe der Vergütungsgruppe. Setzt sich diese aus mehreren Elementen zusammen, zB einer bestimmten Stufe der Betriebszugehörigkeit oder werden die Berufsjahre, auch soweit sie bei anderen Arbeitgebern zurückgelegt wurden, bei der Eingruppierung berücksichtigt, hat sich die Information auch auf diese Merkmale der Eingruppierung zu erstrecken. Weitere Angaben über die Person des Arbeitnehmers sind hingegen nicht erforderlich.[61] 54

Sofern ein **zusätzliches betriebliches, übertarifliches Zulagensystem** existiert, hat der Arbeitgeber den Betriebsrat auch über die Höhe und ggf. Art der **Zulage zu unterrichten,** soweit diese **eingruppierungsrelevant** ist. **Nicht mitteilungspflichtig ist die Vereinbarung einer höheren Vergütung**[62] oder die **Zusage sonstiger finanzieller Vergünstigungen.** Die Eingruppierung oder Umgruppierung (verbunden mit einer Einstellung oder Versetzung) **verpflichtet den Arbeitgeber nicht,** die mit dem Arbeitnehmer im Einzelnen vereinbarten **Arbeitsbedingungen** mündlich oder durch Vorlage des Arbeitsvertrages zu **offenbaren.**[63] 55

d) **Kein Ausschluss des Mitbestimmungsrechtes bei günstigerer Eingruppierung.** Die Pflicht zur Durchführung des Mitbestimmungsverfahrens entfällt nicht dadurch, dass der Arbeitgeber mit dem Arbeitnehmer **individual-vertraglich eine höhere Vergütung** vereinbart. Denn es ist Sinn und Zweck des Mitbestimmungsrechtes, die richtige Eingruppierung jedes Arbeitnehmers unabhängig von den im Arbeitsvertrag enthaltenen Vergütungsregelungen festzulegen bzw. die vom Arbeitgeber getroffene Eingruppierungsentscheidung zu überprüfen. Der Arbeitgeber kann sich dem Mitbestimmungsverfahren auch nicht dadurch entziehen, indem er eine höhere Eingruppierung als die zutreffende gegenüber dem Betriebsrat nennt. Weil der **Betriebsrat** ein Mitbeurteilungsrecht im Hinblick auf das anzuwendende kollektive Entgeltschema hat, kann er auch unabhängig von den Festlegungen im Arbeitsvertrag eine **niedrigere Eingruppierung als zutreffend ansehen.**[64] Auch die **Zustimmung des Arbeitnehmers** zu der vom Arbeitgeber für richtig gehaltenen Eingruppierung **hat keinen Einfluss auf die Durchführung des Mitbestimmungsverfahrens.**[65] 56

e) **Handlungsmöglichkeiten des Betriebsrates.** *aa) Zustimmung.* Der Betriebsrat hat die vom Arbeitgeber intendierte Eingruppierung zu überprüfen. Stimmt er zu, kann er dies aus- 57

---

[60] *Kempter/Steinat,* NZA-RR 2017, 630 (631).
[61] ErfK/*Kania* BetrVG § 99 Rn. 20.
[62] BAG 3.10.1989 – 1 ABR 73/88, NZA 1990, 231.
[63] BAG 18.10.1988 – 1 ABR 33/87, NZA 1989, 355.
[64] BAG 28.4.1999 – 1 ABR 50/97, NZA 1999, 52.
[65] Richardi BetrVG/*Thüsing* § 99 Rn. 105.

drücklich dem Arbeitgeber mitteilen, wobei hierfür keine besondere Form vorgeschrieben ist.[66] Der Betriebsrat muss dies aber nicht tun, weil nach § 99 Abs. 3 S. 2 BetrVG die **Zustimmung des Betriebsrats als erteilt gilt,** wenn der Betriebsrat nicht innerhalb der Wochenfrist schriftlich seine Verweigerung gem. § 99 Abs. 2 BetrVG mitteilt. Ist eine dieser Voraussetzungen gegeben, kann der Arbeitgeber die Eingruppierung bzw. Umgruppierung vornehmen.

58 *bb) Verweigerung der Zustimmung.* Stimmt er nicht zu, muss er gem. § 99 Abs. 2 BetrVG die Zustimmung verweigern. Hierfür hat der Betriebsrat grundsätzlich **eine Woche Zeit.**

59 **Die Wochenfrist kann – auch erheblich – verlängert werden.**[67] Den entsprechenden Anspruch wird man dem Betriebsrat im Falle einer erheblichen Anzahl von Umgruppierungen zubilligen müssen, zB wenn sich das betriebliche Entgeltschema ändert und alle oder viele Arbeitnehmer umgruppiert werden müssen. Wenn der Arbeitgeber neben der Zustimmung zur Einstellung auch die Zustimmung zur Eingruppierung beantragt, kann der Betriebsrat der Einstellung zustimmen, aber seine Zustimmung zur Eingruppierung verweigern. In diesem Fall wäre zwar die Einstellung möglich, allerdings müsste der Arbeitgeber gemäß § 99 Abs. 4 BetrVG ein Zustimmungsersetzungsverfahren hinsichtlich der Eingruppierung durchführen.[68]

60 *cc) Begründung der Verweigerung der Zustimmung.* Der Betriebsrat muss die **Verweigerung der Zustimmung begründen** und nach § 99 Abs. 3 dem Arbeitgeber **schriftlich** mitteilen. Die **Schriftform** wird auch **durch Telefax**[69] **eingehalten,** weil es sich nicht um eine Willenserklärung handelt. Damit wahrt auch die in der Praxis immer häufiger anzutreffende **Kommunikation per E-Mail** zwischen Arbeitgeber und Betriebsrat **die gesetzlich verlangte Form.**[70]

61 **Die Begründung für die Zustimmungsverweigerung** muss nicht detailliert sein. Sie **muss** jedoch **erkennen** lassen, aus **welchem Grund** die Zustimmung verweigert wird. Der **Grund für die Verweigerung** muss sich einem der **Katalogtatbestände des § 99 Abs. 2 BetrVG zuordnen** lassen. Es genügt, wenn die **Begründung des Betriebsrats es möglich erscheinen lässt,** dass einer der in § 99 Abs. 2 genannten Zustimmungsverweigerungsgründe geltend gemacht wird.[71] Begründungen, die auf keinen der Katalogtatbestände des § 99 Abs. 2 BetrVG Bezug nehmen oder den Wortlaut eines Zustimmungsverweigerungsgrundes pauschal wiederholen, genügen deshalb nicht. Dem Betriebsrat kann insbesondere nicht die Darlegung von Rechtsansichten oder eine rechtliche Argumentation abverlangt werden.

62 Die Verweigerung der Zustimmung und ihre Begründung muss nicht zusammen erfolgen, sondern kann auch in zwei Schriftstücken und zu unterschiedlichen Zeitpunkten innerhalb der Wochenfrist erfolgen.

Beispiel für unbeachtliche Zustimmungsverweigerung:
Der Betriebsrat verweigert hiermit die Zustimmung zur Eingruppierung des Arbeitnehmers X in die Tarifgruppe Y, weil er mehr Geld erhalten muss.

63 Diese Zustimmungsverweigerung ist zu pauschal und lässt sich keinem der Verweigerungsgründe des § 99 Abs. 2 BetrVG zuordnen.

Beispiel für wirksame Zustimmungsverweigerung:
Der Betriebsrat verweigert die Zustimmung zur Eingruppierung des Arbeitnehmers X in die Tarifgruppe 8. Nach Auffassung des Betriebsrates ist die Tarifgruppe 9 maßgeblich.[72]

Weiteres Beispiel für wirksame Zustimmungsverweigerung:
Der Betriebsrat verweigert die Zustimmung zur Eingruppierung des Arbeitnehmers A in die Tarifgruppe X. Die tarifliche Regelung wurde inzwischen geändert und lässt betriebliche Regelungen zu. Eine ent-

---

[66] *Kempter/Steinat* NZA-RR 2017, 630 (631).
[67] BAG 3.5.2006 – 1 ABR 2/05, NZA 2007, 47; 12.1.2011 – 7 ABR 25/09, NZA 2011, 1304 (1308).
[68] *Kempter/Steinat* NZA-RR 2017, 630 (632).
[69] BAG 11.6.2002 – 1 ABR 43/01, NZA 2003, 226; 11.6.2002 – 1 ABR 43/01, BB 2003, 310.
[70] BAG 10.3.2009 – 1 ABR 93/07, NZA 2009, 622.
[71] BAG 26.1.1988 – 1 AZR 531/86, NZA 1988, 476.
[72] Vgl. BAG 12.1.1993 – 1 ABR 42/92, BB 1993, 1088 = DB 1993, 1094; 20.3.1990 – 1 ABR 20/89, NZA 1990, 699; 27.7.1993 – 1 ABR 11/93, NZA 1994, 952.

sprechende Betriebsvereinbarung wurde unter dem ...... abgeschlossen. Für die Eingruppierung des Arbeitnehmers X ist deshalb nicht der Tarifvertrag, sondern die Betriebsvereinbarung ...... maßgeblich.

dd) *Verstreichen der Wochenfrist/Nachschieben von Gründen.* Lässt der **Betriebsrat die Wochenfrist verstreichen,** indem er keine begründete Verweigerung der Zustimmung erklärt oder seine Gründe nur mündlich äußert, **gilt die Zustimmung** gem. § 99 Abs. 3 S. 2 BetrVG **als erteilt.** Hat der Betriebsrat jedoch form- und fristgerecht die Zustimmung verweigert, kann er seine Begründung auch nach Ablauf der Wochenfrist ergänzen.[73] Er kann jedoch nicht den von ihm genannten Zustimmungsverweigerungsgrund durch einen anderen, neuen Zustimmungsverweigerungsgrund ersetzen. Das heißt, mit außerhalb der Wochenfrist des § 99 Abs. 3 S. 1 BetrVG mitgeteilten Gründen ist der Betriebsrat im Verfahren nach § 99 Abs. 4 BetrVG ausgeschlossen.[74] Der Betriebsrat kann allerdings außerhalb der Wochenfrist geltend machen, dass die vom Arbeitgeber angewandte rechtliche Grundlage für die Eingruppierung, beispielsweise die tarifliche Regelung, überhaupt nicht rechtswirksam ist.[75] 64

ee) *Einzelne Zustimmungsverweigerungsgründe des § 99 Abs. 2 BetrVG.* Die Zustimmungsverweigerungsgründe bei Eingruppierung und Umgruppierung sind beschränkt, weil die Zustimmungsverweigerungsgründe des § 99 Abs. 2 Nr. 3, 5 und 6 von vorne herein ausscheiden und der Zustimmungsverweigerungsgrund der Nr. 2 allenfalls in Ausnahmefällen vorliegen kann. 65

Die in der Praxis am häufigsten vorkommenden Zustimmungsverweigerungsgründe bei einer Eingruppierung und einer Umgruppierung sind **§ 99 Abs. 2 Nr. 1 geregelt.** Hat der Betriebsrat Bedenken gegen die Eingruppierung und sieht sie nicht als richtig an, muss denknotwendig eine – aus der Sicht des Betriebsrates – **fehlerhafte Abweichung von dem geltenden kollektiven Entgeltschema** vorliegen. Wird dieses durch Tarifvertrag oder (Gesamt-)Betriebsvereinbarung gebildet, ist die Nr. 1 von ihrem Wortlaut her bereits anwendbar. 66

Der Betriebsrat kann die Zustimmung jedoch nicht nur mit der Begründung verweigern, dass der Arbeitgeber innerhalb des betrieblichen Entgeltschemas eine falsche Zuordnung getroffen hat, sondern auch mit der Begründung, dass der Arbeitgeber **nicht dasjenige Entgeltschema zugrunde gelegt** hat, das im Betrieb im Hinblick auf Ein- und Umgruppierungen zur Anwendung kommen muss.[76] 67

Unter die Nr. 1 fällt auch, wenn der Arbeitgeber **einseitig eine kollektiv geltende Vergütungsordnung** eingeführt oder geändert hat und den betroffenen Arbeitnehmer entsprechend der von ihm **unzulässiger Weise vorgenommenen Änderung** eingruppieren will. Der Betriebsrat kann dieser Eingruppierung, die bezogen auf das geänderte Entgeltschema zutreffend wäre, ebenfalls mit der Begründung widersprechen, dass der Arbeitgeber der Eingruppierung nicht die Vergütungsordnung zugrunde gelegt habe, die richtigerweise heranzuziehen gewesen wäre.[77] 68

Dem Zustimmungsverweigerungsgrund der Nr. 1 unterfällt auch die Fallgestaltung, dass im Betrieb ein einseitig vom Arbeitgeber vorgegebenes Entgeltsystem existiert. Weicht der Arbeitgeber von diesem Entgeltsystem ab, kann der Betriebsrat mit der Begründung widersprechen, dass der Arbeitgeber nicht die richtige Vergütungsordnung zugrunde gelegt hat, des Rückgriffs auf den Zustimmungsverweigerungsgrund der Nr. 3 bedarf es nicht. 69

> **Praxistipp:**
> Der Betriebsrat kann nicht der Einstellung eines Arbeitnehmers mit der Begründung widersprechen, dass die vorgesehene Eingruppierung unzutreffend sei oder der Arbeitgeber keine Eingruppierung vorgenommen habe.[78]

---

[73] BAG 15.4.1986 – 1 ABR 55/84, NZA 1986, 755; 28.4.1998 – 1 ABR 50/97, NZA 1999, 52.
[74] BAG 14.4.2015 – 1 ABR 58/13, NZA 2015, 1081.
[75] BAG 6.8.2002 – 1 ABR 49/01, NZA 2003, 386.
[76] BAG 27.1.1987 – 1 ABR 66/85, NZA 1987, 489; 12.8.1997 – 1 ABR 13/97, NZA 1998, 378.
[77] BAG 27.6.2000 – 1 ABR 36/99, NZA 2001, 628.
[78] BAG 20.12.1988 – 1 ABR 68/87, NZA 1989, 518; 9.3.2011 – 7 ABR 127/09, NZA 2011, 880.

3. Zustimmungsersetzungsverfahren

70 Hat der Betriebsrat der beantragten Ein- oder Umgruppierung gemäß § 99 Abs. 4 BetrVG widersprochen, hat der Arbeitgeber verschiedene Reaktionsmöglichkeiten:
- Der Arbeitgeber kann nach nochmaliger Überprüfung die Richtigkeit der Gründe der Zustimmungsverweigerung anerkennen. Er hat dann den Betriebsrat darüber, dh über die nunmehr von ihm beabsichtigte Ein- oder Umgruppierung zu informieren.
- Bleiben die Meinungsverschiedenheiten bestehen, dh hält der Arbeitgeber an seiner beabsichtigten Eingruppierung bzw. Umgruppierung und der Betriebsrat an seiner Verweigerung der Zustimmung fest, muss der Arbeitgeber das **Zustimmungsersetzungsverfahren nach § 99 Abs. 4 BetrVG** betreiben. Für die Einleitung des Verfahrens gibt es **keine Fristregelung**. Ob es möglich ist, eine Ein- oder Umgruppierung nach § 100 Abs. 1 BetrVG als vorläufige personelle Maßnahme durchzuführen, lies das Bundesarbeitsgericht offen.[79] Hiervon ist im Ergebnis nicht auszugehen, weil es bei der Ein- oder Umgruppierung um die Umsetzung einer kollektiven Vergütungsordnung geht. Es handelt sich also um Rechtsanwendung und gerade nicht um eine Maßnahme.[80] Vorläufige Maßnahmen einschließlich des Verfahrens über § 100 BetrVG scheiden somit aus. Der Arbeitgeber ist vielmehr verpflichtet, den Arbeitnehmer entsprechend der von ihm zunächst intendierten und vorgenommenen Eingruppierung zu vergüten.

> **Praxistipp:**
> Im Rahmen des Zustimmungsersetzungsverfahrens kommt es oft zu Streit darüber, ob der Betriebsrat rechtzeitig und formgerecht sowie mit ausreichender Begründung widersprochen hat.
> Dem Arbeitgeber ist deshalb zu empfehlen, nicht nur den Antrag auf Ersetzung der Zustimmung zu stellen, sondern auch den Antrag auf Feststellung, dass die Zustimmung als erteilt gilt, auch wenn es an und für sich dieses Antrages nicht bedarf, sondern von Amtswegen eine entsprechende Feststellung zu treffen ist.[81]
> Wenn der Arbeitgeber bei Überprüfung des Falles zu der Auffassung kommt, dass ihm möglicherweise bei der Information des Betriebsrats Fehler unterlaufen sind, sollte er die Information des Betriebsrats vorsorglich nochmals nachholen. Dies kann auch im Rahmen des Zustimmungsersetzungsverfahrens geschehen.[82] Es sollte jedoch explizit darauf hingewiesen werden, dass die entsprechenden Ausführungen in einem Schriftsatz im Rahmen des Zustimmungsersetzungsverfahrens als ergänzende abschließende Unterrichtung aufzufassen sind, auch wenn das BAG dies nicht als erforderlich ansieht, sondern darauf abstellt, ob der Betriebsrat die entsprechenden Ausführungen als ergänzende Unterrichtung verstehen musste.[83]

4. Beendigung des Zustimmungsersetzungsverfahrens

71 **Wird die Zustimmung durch die Arbeitsgerichtsbarkeit rechtskräftig ersetzt**, hat der Arbeitgeber die Eingruppierung richtig vorgenommen. Wird sie **nicht ersetzt, ist das betriebsverfassungsrechtliche Verfahren nicht zu Ende**. Der Arbeitgeber hat vielmehr unter Beachtung der sich aus dem Verfahren bzw. den Entscheidungen ergebenden Gesichtspunkten **das betriebsverfassungsrechtliche Zustimmungsverfahren erneut durchzuführen**. Dabei ist es möglich, dass erneut Streit über die Ein- bzw. Umgruppierung entsteht und ein weiteres Zustimmungsersetzungsverfahren notwendig wird. Das **betriebsverfassungsrechtliche Zustimmungsverfahren ist erst dann abgeschlossen**, wenn **Arbeitgeber und Betriebsrat** hinsichtlich der Eingruppierung bzw. Umgruppierung übereinstimmen oder aber die Zustimmung zu der vom Arbeitgeber beabsichtigten Eingruppierung **rechtskräftig ersetzt** worden ist.[84]

---

[79] BAG 11.10.2016 – 1 ABR 49/14, NZA 2017, 135.
[80] ErfK/*Kania* BetrVG § 99 Rn. 1 mwN.
[81] BAG 18.10.1988 – 1 ABR 33/87, NZA 1989, 355.
[82] BAG 20.12.1988 – 1 ABR 68/87, NZA 1989, 518.
[83] BAG 12.1.2011 – 7 ABR 25/09, NZA 2011, 1304; 1.6.2011 – 7 ABR 18/10, NZA 2012, 472 Rn. 55.
[84] BAG 3.5.1994 – 1 ABR 58/93, NZA 1995, 484.

Das betriebsverfassungsrechtliche Zustimmungsverfahren und auch ein arbeitsgerichtliches Zustimmungsersetzungsverfahren endet, wenn der **Arbeitnehmer aus dem Betrieb ausscheidet.**[85] Gleiches gilt, wenn der Arbeitnehmer zwar noch im Betrieb beschäftigt wird, jedoch eine **erneute Eingruppierung wegen einer zwischenzeitlich veränderten Tätigkeit** vorzunehmen ist.[86] Dies ist allerdings dann nicht der Fall, wenn die Neueingruppierung auf der vorherigen, strittigen Eingruppierung aufbaut oder in einem solchen Zusammenhang steht, dass die Neueingruppierung durch die strittige, vorangehende Eingruppierung beeinflusst wird. In diesem Fall umfasst das betriebsverfassungsrechtliche bzw. arbeitsgerichtliche Verfahren die Eingruppierung von Anfang an.[87]

5. Erzwingbarkeit der Durchführung des Zustimmungsverfahrens durch den Betriebsrat

a) **Unterlassung der Eingruppierung.** Unterlässt der Arbeitgeber es, den Arbeitnehmer einzugruppieren, oder führt er, ohne die Zustimmung des Betriebsrats einzuholen, Ein- oder Umgruppierungen durch, so ist die **Sanktion in § 101 BetrVG** enthalten. Von seinem Wortlaut her ist dieses, auf die Aufhebung einer personellen Maßnahme abzielende Verfahren nicht auf die Verpflichtungen des Arbeitgebers bei einer Ein- bzw. Umgruppierung zugeschnitten.[88] Denn es geht nicht um die Aufhebung einer Eingruppierung, sondern um die Durchführung des betriebsverfassungsrechtlichen Verfahrens, in dessen Rahmen der Betriebsrat mit beurteilen soll, ob der Arbeitgeber den Arbeitnehmer zutreffend eingruppiert hat oder nicht. Der Betriebsrat kann deshalb vom Arbeitgeber **nicht die Aufhebung einer Eingruppierung, sondern gem. § 101 BetrVG die Einleitung des betriebsverfassungsrechtlichen Verfahrens** bzw. seine Beteiligung durch nachträgliche Einholung der Zustimmung und bei Verweigerung der Zustimmung **die Durchführung des arbeitsgerichtlichen Zustimmungsersetzungsverfahrens** verlangen.[89] Verweigert der Betriebsrat seine Zustimmung und leitet der Arbeitgeber das Zustimmungsersetzungsverfahren nicht ein, so kann ihn der Betriebsrat ebenfalls über das Verfahren nach § 101 BetrVG zur Fortsetzung des Mitbestimmungsverfahrens zwingen.[90] Gleiches gilt, wenn der Arbeitgeber die Eingruppierung unvollständig durchführt, dh lediglich eine sog. Teileingruppierung vornimmt.[91] Zusammenfassend bedeutet dies also, dass § 101 BetrVG gerade auch dann Anwendung findet, wenn der Arbeitgeber es unterlassen hat, eine Ein- oder Umgruppierung eines Arbeitnehmers vorzunehmen. Als Reaktionsmöglichkeit kann der Betriebsrat in entsprechender Anwendung des § 101 S. 1 BetrVG beim Arbeitsgericht beantragen, den Arbeitgeber zur Durchführung des Zustimmungsverfahrens nach § 99 BetrVG zu verpflichten und im Falle der Zustimmungsverweigerung das Zustimmungsersetzungsverfahren nach § 99 Abs. 4 BetrVG einzuleiten und durchzuführen.[92]

Die Möglichkeit, das Verfahren nach § 101 einzuleiten, **schließt nicht aus**, dass der Betriebsrat nach § 23 Abs. 3 BetrVG vorgeht.[93] Dagegen scheidet ein **allgemeiner Unterlassungsanspruch** jedenfalls bei Ein- und Umgruppierungen aus.[94]

b) **Kein „Initiativrecht" des Betriebsrates.** Die Möglichkeit des Betriebsrates, den Arbeitgeber zur Durchführung des Zustimmungsverweigerungsverfahrens zu zwingen, besteht jedoch **nur bei der erstmaligen Eingruppierung** eines Arbeitnehmers oder bei **der möglichen Änderung einer Eingruppierung** durch Zuweisung einer anderen Tätigkeit oder bei Änderung des betrieblichen Entgeltschemas.[95] Ohne eine vom Arbeitgeber vorgenommene Ein-

---

[85] BAG 10.2.1999 – 10 ABR 42/98, NZA 1999, 1225.
[86] BAG 10.2.1999 – 10 ABR 49/98, NZA 1999, 1226.
[87] LAG Hessen 27.8.2002 – 4 TaBV 65/02, BeckRS 2002, 30451189; vgl. auch BAG 9.2.1993 – 1 ABR 51/92, NZA 1993, 664 (667).
[88] Richardi BetrVG/*Thüsing* § 101 Rn. 12.
[89] BAG 9.2.1993 – 1 ABR 51/92, NZA 1993, 664; 9.3.1993 – 1 ABR 48/92, NZA 1993, 1045; 23.9.2003 – 1 ABR 35/02, NZA 2004, 800; 11.9.2013 – 7 ABR 29/12, NZA 2014, 388.
[90] BAG 9.2.1993 – 1 ABR 51/92, NZA 1993, 664.
[91] BAG 27.6.2000 – 1 ABR 36/99, NZA 2001, 626.
[92] LAG Hamm 16.2.2016 – 7 TaBV 65/15, ArbRAktuell 2016, 290.
[93] Vgl. Richardi BetrVG/*Thüsing* § 101 Rn. 4 f.; BAG 23.6.2009 – 1 ABR 23/08, NZA 2009, 1430.
[94] BAG 23.6.2009 – 1 ABR 23/08, NZA 2009, 1430.
[95] BAG 18.6.1991 – 1 ABR 53/90, NZA 1991, 852.

gruppierung bzw. Umgruppierung oder ohne einen Eingruppierungsanlass kann der Betriebsrat nicht die Überprüfung einer Eingruppierung oder ihre Aufhebung verlangen, der er in der Vergangenheit zugestimmt hat bzw. im Hinblick auf welche Zustimmung des Betriebsrates als erteilt gilt.[96] Das hat zur Folge, dass trotz einer unrichtigen Eingruppierung auf Initiative des Betriebsrates keine Korrektur vorgenommen werden kann. Es besteht also kein Inititativrecht des Betriebsrats für Ein- oder Umgruppierungen, die in der Vergangenheit liegen und einen bereits abgeschlossenen Zeitraum betreffen.[97] Denn das Mitbestimmungsrecht nach § 101 BetrVG ist auf die Aufhebung oder Beseitigung einer betriebsverfassungswidrigen Maßnahme gerichtet.[98] Es ist aber nicht der Regelungszweck von § 101 BetrVG, einen nicht mehr anhaltenden betriebsverfassungsrechtlichen Zustand nachträgliche zu korrigieren.[99]

V. Bedeutung des betriebsverfassungsrechtlichen Mitbestimmungsverfahren für den Arbeitnehmer

1. Keine Bindung des Arbeitnehmers

76 Das Ergebnis des betriebsverfassungsrechtlichen Mitbestimmungsverfahrens und auch eines Zustimmungsersetzungsverfahrens nach § 99 Abs. 4 BetrVG bindet den Arbeitnehmer nicht. Er ist weder am betriebsverfassungsrechtlichen Verfahren noch am Zustimmungsersetzungsverfahren vor der Arbeitsgerichtsbarkeit beteiligt.[100]

77 Der **Arbeitnehmer** kann deshalb **eine höhere Eingruppierung verlangen** und im Klagewege durchzusetzen versuchen, auch **wenn Arbeitgeber und Betriebsrat** dahingehend **übereinstimmen**, dass der Arbeitnehmer richtig eingruppiert ist. Dies gilt auch dann, wenn die Arbeitsgerichtsbarkeit die Zustimmung zur beabsichtigten Eingruppierung rechtskräftig ersetzt hat.[101] Mangels Beteiligung des Arbeitnehmers an dem Arbeitgeber und Betriebsrat betreffenden Zustimmungsersetzungsverfahren tritt keine Rechtskrafterstreckung ein.

2. Bindung des Arbeitgebers

78 Ergibt sich aus der Durchführung des arbeitsgerichtlichen Zustimmungsersetzungsverfahrens eine **günstigere Eingruppierung,** kann der **Arbeitnehmer** dies unmittelbar aus dem Ergebnis des Zustimmungsersetzungsverfahrens herleiten.[102] Die im Rahmen des **Zustimmungsersetzungsverfahrens** als zutreffend festgestellte Eingruppierung ist **für den Arbeitgeber verbindlich,** dh er kann sich gegenüber dem Arbeitnehmer nicht auf deren Unrichtigkeit berufen.[103] Der Arbeitnehmer kann sich deshalb auf das Ergebnis des im Wege des Beschlussverfahrens durchgeführten Zustimmungsersetzungsverfahrens nach § 99 Abs. 4 stützen, wenn er dies will und obwohl er an diesem Verfahren nicht beteiligt ist. Dies kann nicht für eine Übereinstimmung bzw. Einigung des Arbeitgebers und des Betriebsrates im Rahmen des Mitbestimmungsverfahrens nach § 99 ohne Zustimmungsersetzungsverfahren nach § 99 Abs. 4 angenommen werden. Denn die Übereinstimmung von Arbeitgeber und Betriebsrat hinsichtlich einer dem Arbeitnehmer günstigeren Eingruppierung kann auch andere Ursachen haben, zB Nachgeben des Arbeitgebers hinsichtlich der Eingruppierung eines Arbeitnehmers oder einer bestimmten Arbeitnehmergruppe im Wege eines sog. Koppelungsgeschäftes.

---

[96] BAG 3.5.1994 – 1 ABR 58/93, NZA 1995, 484.
[97] BAG 11.9.2013 – 7 ABR 29/12, NZA 2014, 388.
[98] BAG 11.9.2013 – 7 ABR 29/12, NZA 2014, 388.
[99] BAG 11.9.2013 – 7 ABR 29/12, NZA 2014, 388.
[100] BAG 22.3.1983 – 1 ABR 49/81, BB 1983, 1986 = DB 1983, 2313; Richardi BetrVG/*Thüsing* § 99 Rn. 311.
[101] BAG 3.5.1994 – 1 ABR 58/93, NZA 1995, 484 (487).
[102] BAG 3.5.1994 – 1 ABR 58/93, NZA 1995, 484.
[103] BAG 3.5.1994 – 1 ABR 58/93, NZA 1995, 484.

§ 22 Abwicklung und Durchsetzung der Entgeltzahlung

Übersicht

	Rn.
I. Erfüllung	1–28
1. Empfangsberechtigte	1–3
2. Leistungsort	4
3. Art der Auszahlung	5–9
4. Fälligkeit	10–18
5. Abrechnung	19–28
a) Lohnabrechnung	19
b) Quittung	20
c) Ausgleichsquittung	21–28
II. Lohnsicherung	29–82
1. Verfügungsverbote/Abtretung	30–42
2. Aufrechnung	43–51
3. Zurückbehaltungsrecht	52–56
4. Pfändungsschutz	57–82
a) Grundsätze	57/58
b) Arbeitseinkommen	59/60
c) Pfändbarkeit der einzelnen Bezüge	61–63
d) Umfang der Pfändbarkeit	64–74
e) Pfändung und Überweisung	75–82
III. Gerichtliche Durchsetzung	83–138
1. Rechtswegzuständigkeit	83–88
2. Örtliche Zuständigkeit	89–99
3. Klageart	100–129
a) Leistungsklage	100–122
b) Feststellungsklage	123–125
c) Zwischenfeststellungsklage	126
d) Streitwert	127–129
4. Einstweiliger Rechtsschutz	130–138
a) Verfügungsgrund	131–134
b) Dauer der Leistungsverfügung	135
c) Glaubhaftmachung	136
d) Rückforderungsanspruch des Arbeitgebers	137/138
IV. Ausschluss- oder Verfallfristen	139–154
V. Verjährung	155–161
VI. Verwirkung	162–164

I. Erfüllung

1. Empfangsberechtigte

Gläubiger des Entgeltanspruches ist grundsätzlich der Arbeitnehmer, **empfangsberechtigt** 1 kann aber auch ein Bevollmächtigter sein. Der Vergütungsanspruch ist mit Eingang der Vergütung erfüllt. Eine **Erfüllung** tritt nicht ein, wenn lediglich auf Grund eines vorläufig vollstreckbaren Titels zur Abwendung der Zwangsvollstreckung an den Arbeitnehmer gezahlt wird. Stattdessen bleibt in diesem Fall die Erfüllung in der Schwebe.[1] Aufgrund einer Vereinbarung zwischen Arbeitnehmer und Arbeitgeber kann auch ein **Dritter** unmittelbar Gläubiger des Vergütungsanspruches sein, zB zur Sicherung von Unterhaltsansprüchen. Diesem steht dann aus § 328 BGB ein eigener Erfüllungsanspruch zu. Allerdings wird die Forderung des Dritten gemäß § 850h Abs. 1 ZPO von einer ausgebrachten Lohnpfändung erfasst. Im häufigeren Fall der **Abtretung** des Entgeltanspruches durch den Arbeitnehmer an

---

[1] BGH 22.5.1990 – IX ZR 229/89, NJW 1990, 2756.

einen Dritten nach § 398 BGB geht die vorherige Abtretung einer später eingehenden Lohnpfändung vor.

2   Im Fall der **Geschäftsunfähigkeit** nach § 104 BGB oder der **beschränkten Geschäftsfähigkeit** nach § 106 BGB muss das Entgelt an den gesetzlichen Vertreter gezahlt werden. Ein **Minderjähriger** wird zwar Eigentümer der Vergütungszahlung, da diese rechtlich vorteilhaft iSd § 107 BGB ist. Allerdings tritt keine Erfüllungswirkung ein, da wegen des Erlöschens der Lohnforderung der Vergütungsempfang nicht nur vorteilhaft ist. Eine Ausnahme stellt der minderjährige Arbeitnehmer dar, der **nach § 113 BGB ermächtigt** ist, das Arbeitsverhältnis einzugehen. Die Zahlung hat in diesem Fall zwingend an den Minderjährigen zu erfolgen, eine Zahlung an den gesetzlichen Vertreter ist unwirksam. Verlangt der gesetzliche Vertreter Zahlung an sich, ist darin regelmäßig eine Rücknahme oder Einschränkung der Ermächtigung nach § 113 Abs. 2 BGB zu sehen.[2] Eine solche Beschränkung „aus erzieherischen Gründen" kann in Ausnahmefällen rechtsmissbräuchlich und damit unwirksam sein.

3   Der Arbeitnehmer kann nach §§ 164ff. BGB Dritten eine **Vollmacht** erteilen, die zum Empfang des Entgeltes berechtigt. Der Arbeitgeber braucht nach §§ 167, 172 BGB an Dritte nur zu zahlen, wenn ihm der Arbeitnehmer die Bevollmächtigung entweder mitteilt oder der Dritte seine Vollmacht mit einer schriftlichen Vollmachtsurkunde nachweist. Der Arbeitgeber ist im Lohnzahlungsprozess für die Empfangsbevollmächtigung des Dritten **darlegungs- und beweisbelastet**.

Verstirbt der Arbeitnehmer, so geht der Lohnanspruch nach erbrechtlichen Bestimmungen auf den oder die **Erben** über.

2. Leistungsort

4   Der **Erfüllungsort** für die Pflicht zur Entgeltzahlung kann sich aus kollektiv- oder einzelvertraglichen Regelungen ergeben. Fehlt eine ausdrückliche Vereinbarung, so ist der Erfüllungsort nach § 269 Abs. 1 BGB aus den besonderen Umständen des Arbeitsverhältnisses zu bestimmen. Grundsätzlich ist das Entgelt, auch das Ruhegeld, am Sitz des Betriebes des Arbeitgebers zu zahlen.[3] Die Entgeltzahlungspflicht ist grundsätzlich eine **Holschuld**. Nach dem Erfüllungsort der Vergütung bestimmt sich auch der Gerichtsstand für die Erhebung von Lohnzahlungsklagen (dazu Einzelheiten → Rn. 90ff.).

3. Art der Auszahlung

5   Die Art der Entgeltzahlung unterliegt der Parteivereinbarung. Ist keine andere Bestimmung getroffen, ist die Vergütung **im Zweifel bar** auszuzahlen. Die Zahlung mit Scheck, Wechsel, Wertpapieren oder die Abtretung von Forderungen stellt keine Erfüllung nach § 362 Abs. 1 BGB dar, sondern ist nach § 364 BGB lediglich eine Leistung erfüllungshalber, so dass eine Erfüllungswirkung erst mit Gutschrift auf dem Konto des Arbeitnehmers eintritt. Demzufolge kann der Arbeitnehmer die Annahme einer solchen Zahlungsweise ablehnen.[4] Die Parteien des Arbeitsverhältnisses könnten, etwa für Montagearbeiter, gemäß § 270 Abs. 1 BGB auch eine **Übersendung des (Bar-)Entgeltes** vereinbaren. Jedoch sind Lohntüte und Barzahlung in der Praxis heute bedeutungslos geworden. Die **bargeldlose Lohnzahlung** hat sich durchgesetzt. Einzelvertraglich oder kollektivrechtlich kann bestimmt werden, dass der Arbeitgeber, statt das Arbeitsentgelt bar auszuzahlen, die Überweisung auf ein Konto des Arbeitnehmers bis zu einem bestimmten Zeitpunkt vorzunehmen und der Arbeitnehmer seinerseits ein Konto, auf das die Überweisung durchgeführt werden kann, bei einem Kreditinstitut seiner Wahl einzurichten hat.[5] Der Arbeitgeber ist in diesen Fällen verpflichtet, die Vergütung auf seine Kosten und auf seine Gefahr zu überweisen. Erst mit Gutschrift auf

---

[2] Schaub ArbR-HdB/*Linck* § 32 Rn. 29 und § 70 Rn. 2.
[3] LAG Berlin 19.5.1960 – 2 Sa 14/60, AP BGB § 269 Nr. 3; ArbG Göttingen 11.1.1962 – Ca 520/61, DB 1962, 1116; ebenso BGH 26.11.1984 – II ZR 20/84, NJW 1985, 1286: Geldforderungen aus einem Dienstvertrag sind dort zu erfüllen, wo der Zahlungsverkehr abrechnet, buchmäßig erfasst und abwickelt wird; das ist regelmäßig der Sitz der Gesellschaft.
[4] LAG Rheinland-Pfalz 14.9.2006 – 4 Sa 416/06, BeckRS 2007, 42376.
[5] BAG 15.12.1976 – 4 AZR 531/75, BeckRS 9998, 148625.

dem Arbeitnehmerkonto tritt Erfüllung ein. Der Arbeitgeber trägt die Gefahr, dass die Überweisung nicht ordnungsgemäß ausgeführt wird oder „verloren" geht. Der Erfüllungsort verändert sich jedoch nicht (§ 270 Abs. 4 BGB).

Kontoführungsgebühren sind, soweit keine andere Vereinbarung getroffen wurde, vom Arbeitnehmer zu tragen. Dies gilt auch, wenn nach Einführung der bargeldlosen Lohnzahlung die Bank nachträglich Kontoführungsgebühren erhebt,[6] da nach § 270 BGB vom Arbeitgeber nur die Kosten der Überweisung zu tragen sind. War die Kostentragungspflicht zum Zeitpunkt der Einführung jedoch bereits geregelt, so treten diese Regelungen nicht ohne weiteres außer Kraft.[7]

Dem Mitbestimmungsrecht des Betriebsrates nach § 87 Abs. 1 Nr. 4 BetrVG unterliegt sowohl die Einführung bargeldloser Lohnzahlung als auch als Annexkompetenz die Frage der Kostentragung.[8] Daher kann der Arbeitgeber im Rahmen der erzwingbaren Mitbestimmung durch die Einigungsstelle zur Zahlung der Kontoführungsgebühren gezwungen werden.[9] Auch eine Pauschalierung der Gebühren ist zulässig.[10] Die den Arbeitgeber hieraus treffenden Belastungen müssen sich jedoch im Rahmen des Erforderlichen und Zumutbaren halten.[11] Eine tarifliche Regelung über die Einführung der bargeldlosen Lohn- und Gehaltszahlung ist nicht allein deswegen unvollständig und daher für eine ergänzende Regelung durch die Betriebspartner offen, weil sie die Tragung der Kontoführungskosten nicht besonders regelt. Auch ohne eine solche besondere Regelung entfaltet sich eine Sperre für das sonst gegebene Mitbestimmungsrecht des Betriebsrats hinsichtlich der Frage, wer die durch die bargeldlose Lohnzahlung anfallenden Kontoführungskosten tragen soll, wenn die mit der bargeldlosen Lohnzahlung in Zusammenhang stehenden Fragen im Übrigen geregelt sind.[12]

Sachbezüge (→ § 20 Rn. 5 ff.) dürfen nach § 107 Abs. 2 S. 1 GewO als Teil des Arbeitsentgeltes vereinbart werden, wenn der Arbeitnehmer ein Interesse an Sachbezügen hat, zB Überlassung eines PKW's auch zu privaten Zwecken, oder wenn die Gewährung der Eigenart des Arbeitsverhältnisses entspricht. Kraft individueller Vereinbarung käme auch die Auszahlung jedenfalls von Teilen der Vergütung (oberhalb des Mindestlohns) in einer **Kryptowährung** in Betracht.[13]

§ 107 Abs. 2 S. 2 GewO verbietet die **Kreditierung** der Entgeltzahlung durch Warenlieferung. Der Arbeitgeber darf dem Arbeitnehmer aber nach Vereinbarung Waren in Anrechnung auf das Arbeitsentgelt überlassen, wenn die Anrechnung zu den durchschnittlichen Selbstkosten erfolgt. Die geleisteten Gegenstände müssen mittlerer Art und Güte sein, soweit nicht ausdrücklich eine andere Vereinbarung getroffen worden ist. Der Wert der vereinbarten Sachbezüge oder die Anrechnung der überlassenen Waren auf das Arbeitsentgelt darf die Höhe des pfändbaren Teils des Arbeitsentgelts nicht übersteigen (§ 107 Abs. 2 S. 3 GewO).

4. Fälligkeit

Die Fälligkeit der Vergütung richtet sich gemäß § 271 BGB nach den im Einzel- oder Kollektivvertrag getroffenen Vereinbarungen. Bei Fehlen einer Regelung bestimmt § 614 BGB die Fälligkeit, der abdingbar ist. Die Vorschrift statuiert eine **Vorleistungspflicht des Arbeitnehmers**. Wenn die Vergütung nach Zeitabschnitten bemessen ist, ist sie gemäß § 614 S. 2 BGB erst nach Ablauf des einzelnen Zeitabschnittes (Woche, Monat) zu entrichten. Nach § 614 S. 1 BGB ist eine Leistungsentlohnung nach Fertigstellung der Arbeit zu zahlen. Gemäß § 270 BGB muss das Geld bei Fälligkeit nur abgesandt, nicht aber schon angekommen sein.

---

[6] BAG 15.12.1976 – 4 AZR 531/75, BeckRS 9998, 14862.
[7] BAG 31.7.1984 – 3 AZR 246/82, AP BMT-G II § 26a Nr. 1.
[8] Schaub ArbR-HdB/*Koch* § 235 Rn. 56; BAG 8.3.1977 – 1 ABR 33/75, BeckRS 9998, 149884; BAG 10.8.1993 – 1 ABR 21/93, NZA 1994, 326; BAG 15.1.2002 – 1 ABR 10/01, NZA 2002, 988.
[9] BAG 31.1.1969 – 1 ABR 11/68, BeckRS 1969, 00002; BAG 21.2.1967 – 1 ABR 2/66, NJW 1967, 1342.
[10] BAG 8.3.1977 – 1 ABR 33/75, BeckRS 9998, 149884; BAG 5.3.1991 – 1 ABR 41/90, NZA 1991, 611.
[11] BVerfG 18.10.1986 – 1 BvR 1426/83, NJW 1988, 1135; BAG 5.3.1991 – 1 ABR 41/90, NZA 1991, 611.
[12] BAG 31.8.1982 – 1 ABR 8/81, NJW 1983, 2284; BVerwG 20.7.1998 – 6 P 13/97, ZTR 1999, 141.
[13] *Tölle* NZA 2019, 141.

11 **Urlaubsentgelt** ist nach § 11 Abs. 2 BUrlG vor Antritt des Urlaubes zu gewähren. Eine **Ausbildungsvergütung** ist nach § 18 Abs. 2 BBiG für den laufenden Kalendermonat bis zum letzten Arbeitstag des Monats zu zahlen.

12 **Abschläge** sind Zahlungen auf bereits verdiente, aber noch nicht abgerechnete Bezüge.[14] Abschläge können idR nach Fälligkeit der Vergütung verlangt werden. Für den Akkordlohn wird aus Verkehrssitte eine Pflicht zur Abschlagzahlung abgeleitet.[15] Abschlagzahlungen können bei der endgültigen Lohnabrechnung ohne Aufrechnung oder Beachtung der Pfändungsfreigrenzen abgezogen werden. Allerdings sind im Fall der Vergütungsabtretung oder der Lohnpfändung Abschlagzahlungen über die Höhe der Pfändungsfreigrenze hinaus gegenüber dem Gläubiger unwirksam.[16]

13 **Vorschüsse** sind dagegen Zahlungen auf noch nicht verdiente Bezüge.[17] Der Fälligkeitstermin wird vorverlegt, um dem Arbeitnehmer das Bestreiten seines Lebensunterhaltes oder von Sonderbelastungen bis zur regulären Entgeltzahlung zu ermöglichen. Außer bei gesetzlicher Anordnung, Vereinbarung, zB Tarifvertrag, oder im Ausnahmefall aus der Fürsorgepflicht des Arbeitgebers,[18] besteht kein Rechtsanspruch des Arbeitnehmers auf einen Vorschuss. Aus der Fürsorgepflicht entsteht ein Anspruch nur bei Vorliegen einer erheblichen Notlage des Arbeitnehmers, zB Erkrankung. Ein negatives Guthaben auf einem Arbeitszeitkonto stellt einen Vorschuss dar.[19] Für die auf Provisionsbasis angestellten Handlungshilfen gilt die nicht abdingbare gesetzliche Anordnung des § 65 HGB iVm § 87a Abs. 1 S. 2 HGB (Vorschussanspruch).[20]

14 Beide Parteien müssen sich darüber einig sein, dass ein Teil der Vergütung vorschussweise ausgezahlt und bei Fälligkeit mit der Lohnforderung verrechnet wird.[21] Bestimmt ein Tarifvertrag, dass bestimmte Beträge bis auf weiteres vorschussweise zu gewähren sind, so ist der tarifgebundene Arbeitgeber zur Zahlung, allerdings nur zur vorschussweisen, verpflichtet. Bei der Auszahlung bedarf es jedoch der Bestimmung, dass die Leistung nur als Vorschuss gewährt wird,[22] da ansonsten dem Arbeitnehmer die Einrede des Wegfalls der Bereicherung gemäß § 818 Abs. 3 BGB genommen würde.

15 Wer Geld als Vorschuss annimmt, ist **zur Rückzahlung verpflichtet,** wenn die bevorschusste Forderung nicht entsteht.[23] Dasselbe gilt auch für Abschlagszahlungen. Der Rückgewähranspruch des Arbeitgebers beruht direkt auf der Vorschuss-/Abschlagsvereinbarung. Damit kann keine Entreicherung nach § 818 Abs. 3 BGB eintreten.[24] Wird eine Überzahlung vom Arbeitgeber forciert, um im Fall des Ausscheidens des Arbeitnehmers einen Rückforderungsanspruch entstehen zu lassen und den Arbeitnehmer auf diesem Wege von der Beendigung des Arbeitsverhältnisses abzuhalten, stellt dies eine wegen Verletzung des Art. 12 GG unzulässige Kündigungserschwerung dar.[25] Der Rückzahlungsanspruch verjährt gemäß § 195 BGB nach 3 Jahren. Ausschlussfristen aus TV, BV oder Arbeitsvertrag finden auf ihn Anwendung.

16 Die **Beweislast** für die Zahlung eines Vorschusses liegt beim Arbeitgeber,[26] da Vorschüsse eine vorweggenommene Lohntilgung darstellen. Aus demselben Grund können sie bei der

---

[14] BAG 11.2.1987 – 4 AZR 144/86, NZA 1987, 485; BAG 8.12.1998 – 9 AZR 624/97, BeckRS 1998, 13948.
[15] Staudinger/*Richardi/Fischinger* BGB § 614 Rn. 14.
[16] Schaub ArbR-HdB/*Koch* § 88 Rn. 33.
[17] BAG 11.2.1987 – 4 AZR 144/86, NZA 1987, 485.
[18] Staudinger/*Richardi/Fischinger* BGB § 614 Rn. 28.
[19] BAG 13.12.2000 – 5 AZR 334/99, NZA 2002, 390; BAG 26.1.2011 – 5 AZR 819/09, NZA 2011, 640 Rn. 13.
[20] BAG 16.2.1962 – 5 AZR 211/61, AP HGB § 87a Nr. 1.
[21] BAG 31.3.1960 – 5 AZR 441/57, NJW 1960, 1589.
[22] BAG 11.7.1961 – 3 AZR 216/60, BeckRS 1961, 30700978; BAG 25.2.1993 – 6 AZR 334/91, NZA 1994, 705.
[23] BAG 10.3.1960 – 5 AZR 426/58, BeckRS 1960, 31396748; BAG 21.1.2015 – 10 AZR 84/14, NZA 2015, 871 Rn. 21 (zur AGB-Kontrolle von Vorschussvereinbarungen).
[24] BAG 25.2.1993 – 6 AZR 334/91, NZA 1994, 705; BAG 13.3.1991 – 5 AZR 161/90, BeckRS 1991, 30736903 Rn. 32; keine Vorschussvereinbarung bei Einrichtung eines Arbeitszeitkontos LAG Hamm 22.2.2001 – 16 Sa 1328/00, BeckRS 2001, 31009820.
[25] ArbG Bochum 1.4.1970 – 1 Ca 265/70, DB 1970, 1545; Staudinger/*Richardi/Fischinger* BGB § 614 Rn. 37.
[26] LAG München 28.9.1989 – 4 Sa 241/89, BeckRS 1989, 30464394.

Lohnabrechnung auch von der unpfändbaren Arbeitsvergütung ohne Aufrechnung in Abzug gebracht werden. Nach überwiegender Ansicht muss dem Arbeitnehmer jedoch ein Betrag zur Bestreitung seines notwendigen Lebensunterhaltes iSd § 850d ZPO verbleiben.[27] Dagegen liegt die Beweislast beim Arbeitnehmer, wenn streitig ist, ob der Vorschuss überhaupt durch Vergütungsansprüche verdient ist und damit die Vergütungshöhe umstritten ist.[28]

Vorschüsse und Abschlagszahlungen sind vom **Darlehen** nach objektiven Kriterien abzugrenzen. Ein Darlehen liegt vor, wenn es sich um einen die jeweilige Entgeltzahlung erheblich übersteigenden Betrag handelt, der zur Erreichung eines bestimmten Zweckes gewährt wird, mit normalen Bezügen nicht ohne weiteres erreicht werden kann und zu dessen Befriedigung auch sonst üblicherweise Kreditmittel in Anspruch genommen werden.[29] Charakteristisch für das Arbeitgeberdarlehen ist, dass es unabhängig vom Arbeitsentgelt gezahlt wird und von einer Kreditvereinbarung getragen, also Rückzahlung vereinbart wird.

Naturalleistungen, wie zB Unterkunft und Verpflegung, sind wegen der Natur der Sache schon mit Dienstbeginn zu gewähren.

Besteht keine tarifliche Regelung, kann der **Betriebsrat** die **Mitbestimmung** hinsichtlich der Festlegung der Fälligkeit, dh Festlegung der Zahlungszeit, des Ortes und der Zahlungsabschnitte nach § 87 Abs. 1 Nr. 4 BetrVG erzwingen.

5. Abrechnung

a) **Lohnabrechnung.** Bei Zahlung der Vergütung ist dem Arbeitnehmer gemäß § 108 GewO eine **Lohnabrechnung** in Textform zu erteilen. Die Abrechnung muss nach § 108 Abs. 1 S. 2, 3 GewO Angaben über Abrechnungszeitraum und Zusammensetzung des Arbeitsentgeltes enthalten; dies aufgeschlüsselt nach Art und Höhe von Zuschlägen, Zulagen, Vorschüssen, Abzügen und Abschlagszahlungen. Bei zeitbestimmter Entlohnung ist die Angabe der Zahl der geleisteten Stunden und des Stundensatzes ausreichend. Dagegen ist bei der leistungsabhängigen Vergütung grundsätzlich eine genaue Berechnung des Entgeltes vorzunehmen. Hierzu gehört nach Auffassung des BAG nicht das Aufmaß einer **Akkordarbeit**.[30] Da die Abrechnung die Information über die erfolgte Zahlung bezweckt, entsteht der Abrechnungsanspruch erst, wenn das Arbeitsentgelt gezahlt wird.[31] Nach umstrittener Rechtsprechung soll dem Arbeitnehmer im **öffentlichen Dienst** der Abrechnungsanspruch nur dann zustehen, wenn der Arbeitnehmer ohne Schuld Bestehen und Umfang des Anspruches nicht kennt und der Arbeitgeber ohne Schwierigkeit Auskunft geben kann.[32] Jeder Arbeitnehmer kann nach § 82 Abs. 2 BetrVG verlangen, dass ihm die Berechnung und Zusammensetzung seiner Vergütung **erläutert** wird.

Heimarbeiter haben nach § 9 HAG einen Anspruch auf Aushändigung von Entgeltbüchern.

b) **Quittung.** Der Arbeitnehmer hat dem Arbeitgeber auf dessen Verlangen nach § 368 S. 1 BGB gegen Empfang des Entgeltes eine **Quittung** auszustellen. Die Quittung stellt lediglich ein schriftliches Empfangsbekenntnis und damit ein reines Beweismittel dar. Ein Gegenbeweis ist zulässig. Hat der Arbeitnehmer eine Quittung vor Empfang der Vergütung erteilt, so ist deren Beweiskraft entkräftet, wenn er die Vorauserteilung beweist.

c) **Ausgleichsquittung.** Von der Quittung zu unterscheiden ist die **Ausgleichsquittung**. Die Ausgleichsquittung enthält im Kern eine Bestätigung, dass die Parteien keine Ansprüche mehr gegeneinander haben. Die Rechtsnatur der Ausgleichsquittung ist durch Auslegung zu ermitteln.[33] Ein **Vergleich** nach § 779 BGB liegt vor, wenn die Parteien über das Bestehen

---

[27] Schaub ArbR-HdB/*Koch* § 90 Rn. 29.
[28] BAG 28.6.1965 – 3 AZR 86/65, AP BGB § 614 Gehaltsvorschuss Nr. 3.
[29] LAG Düsseldorf 14.7.1955 – 2a Sa 158/55, AP BGB § 614 Gehaltsvorschuss Nr. 1; LAG Bremen 21.12.1960 – 1 Sa 147/60, BB 1961, 448.
[30] BAG 10.3.1987 – 8 AZR 610/84, NZA 1987, 557.
[31] BAG 16.12.2015 – 5 AZR 567/14, NZA 2016, 438; s. auch BAG 26.4.2017 – 5 AZR 962/13, BeckRS 2017, 119890.
[32] BAG 15.6.1972 – 5 AZR 32/72, AP BGB § 242 Auskunftspflicht Nr. 14 mAnm *Herschel*.
[33] LAG München 24.4.1997 – 2 Sa 1004/96, NZA-RR 1998, 198; BAG 23.10.2013 – 5 AZR 135/12, NZA 2014, 200 Rn. 14 ff.

von Ansprüchen im Streit sind und die Unstimmigkeiten durch gegenseitiges Nachgeben beseitigen wollen. Ein **Erlassvertrag** nach § 397 BGB besteht, wenn die Parteien vom Bestand einer Forderung ausgehen, diese aber nicht mehr erfüllt werden soll. Wenn feststeht, dass eine Forderung entstanden ist, verbietet dieser Umstand im Allgemeinen die Annahme, der Gläubiger habe sein Recht nach § 397 Abs. 1 oder Abs. 2 BGB einfach wieder aufgegeben. Ein Erlass liegt im Zweifel nicht vor.[34] Die Ausgleichsquittung kann auch ein **negatives Schuldanerkenntnis** iSd § 397 Abs. 2 BGB enthalten. Und zwar ein **deklaratorisches**,[35] wenn die Parteien davon ausgehen, dass keine Ansprüche mehr bestehen, und ein **konstitutives**, wenn die Parteien beabsichtigen, alle bekannten und unbekannten Ansprüche zum Erlöschen zu bringen.

22 Der Rechtscharakter und der Umfang der Ausgleichsquittung sind durch Auslegung unter Berücksichtigung aller Umstände festzustellen. Der Verzicht in einer Ausgleichsquittung auf unabdingbare gesetzliche Ansprüche, auf Ansprüche aus einem Tarifvertrag (§ 4 Abs. 4 TVG) oder auf Ansprüche aus einer Betriebsvereinbarung (§ 77 Abs. 4 BetrVG) ist unwirksam.

23 In der Regel ergibt die Auslegung der Ausgleichsquittung, dass Ansprüche auf Ruhegeld und Anwartschaften,[36] auf Zeugniserteilung,[37] aus dem ArbNErfG,[38] Rechte aus einem nachvertraglichen Wettbewerbsverbot[39] sowie sachenrechtliche Ansprüche[40] **nicht einbezogen** werden sollen. Das gemeinsame Merkmal der Ansprüche ist, dass sie erst bei oder nach Beendigung des Arbeitsverhältnisses fällig werden.

24 Bei der **Auslegung** von Ausgleichsklauseln ist folgendes zu berücksichtigen. Aus dem Wortlaut der Ausgleichquittung und den Begleitumständen muss sich eindeutig ergeben, ob und in welchem Umfang der Arbeitnehmer mögliche Ansprüche aufgibt. Nach der Lebenserfahrung ist ein weitreichender Verzichtswille des Arbeitnehmers nicht regelmäßig zu vermuten.[41] Aus einer weitgefassten Klausel kann deswegen nicht unbedingt ein weitgehender Verzicht hergeleitet werden. So folgt aus der Formulierung, dass dem Arbeitnehmer aus dem beendeten Arbeitsverhältnis keine Ansprüche mehr zustehen, allenfalls die Quittierung des Erhalts der Arbeitspapiere und die Anerkennung der Richtigkeit der Lohnabrechnung und kein weitergehender Verzicht.[42] Daher kann nur **empfohlen** werden, die **Ansprüche**, die von der Ausgleichsquittung erfasst sein sollen, **genau zu bezeichnen**, und die Klausel von weiteren Erklärungen drucktechnisch oder räumlich zu trennen.[43]

25 Die Ausgleichsquittung tritt meist in Form der **formularmäßigen Verzichtserklärung** auf. Demnach unterfällt sie der **Inhaltskontrolle** nach §§ 305 ff. BGB. Beschränkt sich die Ausgleichsquittung auf einen einseitigen Rechtsverzicht des Arbeitnehmers, ist sie unangemessen benachteiligend.[44]

Ist die Ausgleichsquittung in einem **gerichtlichen Vergleich** enthalten, so werden alle Ansprüche erfasst, die nicht ausdrücklich als weiterbestehend bezeichnet werden.[45]

---

[34] BAG 7.11.2007 – 5 AZR 880/06, NZA 2008, 355.
[35] BAG 23.10.2013 – 5 AZR 135/12, NZA 2014, 200 Rn. 17.
[36] BAG 9.11.1973 – 3 AZR 66/73, AP BGB § 242 Ruhegehalt Nr. 163; BAG 17.10.2000 – 3 AZR 69/99, NZA 2001, 203; LAG Hamm 30.10.1979 – 6 Sa 91/79, BeckRS 2010, 71779.
[37] BAG 16.9.1974 – 5 AZR 255/74, NJW 1975, 407; s. auch LAG Düsseldorf 23.5.1995 – 3 Sa 253/95, NZA-RR 1996, 42 (Zeugnisberichtigung).
[38] S. BAG 21.6.1979 – 3 AZR 855/78, AP ArbNErfG § 9 Nr. 4 (zu Ausschlussfristen).
[39] BAG 20.10.1991 – 3 AZR 1013/78, AP HGB § 74 Nr. 39 mAnm *Stumpf*; enger: BAG 31.7.2002 – 10 AZR 558/01, BeckRS 2002, 41593.
[40] LAG Berlin 5.6.1996 – 13 Sa 41/96, NZA-RR 1997, 124.
[41] BAG 20.8.1980 – 5 AZR 759/78, NJW 1981, 1285; LAG Brandenburg 16.12.1992 – 5 (3) 397/92, BeckRS 1992, 30456286 bzgl. Abfindungsansprüchen; Versorgungsansprüche/-anwartschaften: LAG Hamm 24.11.1998 – 6 Sa 416/98, BeckRS 1998, 31015596.
[42] BAG 20.8.1980 – 5 AZR 759/78, NJW 1981, 1285.
[43] Vgl. dazu LAG Köln 22.11.1996 – 4 Sa 905/96, NZA-RR 1997, 123.
[44] BAG 21.6.2011 – 9 AZR 203/10, NZA 2011, 1338; BAG 25.9.2014 – 2 AZR 788/13, NZA 2015, 350; vgl. auch *Reinecke* DB 2002, 583 (586).
[45] BAG 10.5.1978 – 5 AZR 97/77, AP ZPO § 794 Nr. 25; BAG 14.12.1983 – 5 AZR 450/81, zitiert nach juris; 27.5.2015 – 5 AZR 137/14, NZA 2015, 1125; s. aber auch LAG Hamm 28.4.1995 – 10 Sa 1386/94, NZA-RR 1996, 286 (keine Erstreckung auf rechtlich selbständigen Darlehensvertrag).

Nach der **Rechtsnatur der Ausgleichsquittung** richtet sich, inwieweit Forderungen geltend 26
gemacht werden können, deren Bestehen sich erst nach Erteilung der Ausgleichsquittung
herausstellt. Im Fall des **deklaratorischen negativen Anerkenntnisses** können Forderungen,
falls bewiesen,[46] geltend gemacht werden, da dieses Anerkenntnis eine reine Wissenserklärung darstellt. Anders ist dies bei einem negativen konstitutiven Schuldanerkenntnis.[47] Beim
Vergleich nach § 779 BGB ist zu unterscheiden. Der Vergleich ist unwirksam, wenn der
zugrunde gelegte Sachverhalt nicht der Wirklichkeit entspricht und der Streit bei Kenntnis
der wahren Sachlage nicht aufgekommen wäre.[48] Der Vergleich ist dagegen nur anfechtbar,
wenn die Parteien bei Abgabe der Erklärungen einem Irrtum iSd §§ 119, 123 BGB unterlegen sind.

Das in der Ausgleichsquittung enthaltene Rechtsgeschäft kann sowohl nach § 119 Abs. 1 27
BGB wegen Inhaltsirrtums als auch nach § 123 BGB wegen Drohung oder arglistiger Täuschung **angefochten** werden. Zur Anfechtung nach § 119 Abs. 1 BGB ist derjenige berechtigt, der beweist, dass er sich über den Wortlaut seiner Erklärung bzw. den **Inhalt** seiner Erklärung **geirrt** hat, zB wenn er glaubt, nur eine schlichte Quittung zu unterschreiben.[49] In
der Rechtsprechung umstritten ist die Frage, ob der der deutschen Sprache nicht mächtige
ausländische Arbeitnehmer die Ausgleichsquittung wegen Irrtums anfechten kann.[50]

Eine Anfechtung wegen **arglistiger Täuschung** nach § 123 BGB kommt in Betracht, wenn 28
der Arbeitgeber dem Arbeitnehmer vorspiegelt, er unterschreibe lediglich eine einfache Quittung. Eine widerrechtliche Drohung liegt vor, wenn der Arbeitgeber die Herausgabe von
Arbeitspapieren von der Unterzeichnung abhängig macht oder die Einleitung eines Strafverfahrens androht.

II. Lohnsicherung

Die Vergütung als Existenzgrundlage des Arbeitnehmers wird durch den Gesetzgeber in 29
vielfältiger Form gegen Verfügungen des Arbeitgebers, aber auch gegen eigene leichtfertige
Verfügungen des Arbeitnehmers geschützt.

1. Verfügungsverbote/Abtretung

Der Arbeitnehmer ist grundsätzlich berechtigt, seine Vergütung nach § 398 BGB abzutre- 30
ten. Als **Folge der Abtretung** ist der Arbeitgeber verpflichtet, den abgetretenen Teil der Vergütungsforderung an den Zessionar auszuzahlen. Eine Verpflichtung des Arbeitgebers gegenüber dem neuen Gläubiger zur Zahlung besteht, wenn dieser ihm gemäß § 410 Abs. 1
S. 1 BGB eine vom Arbeitnehmer ausgestellte Abtretungsurkunde aushändigt oder der Arbeitnehmer dem Arbeitgeber als Schuldner die Abtretung schriftlich angezeigt hat (§ 410
Abs. 2 BGB). Umstritten ist, ob eine Fotokopie der Urkunde ausreicht.[51] Aus § 404 BGB
folgt, dass der Arbeitgeber dem Zessionar gegenüber alle Einwendungen entgegensetzen
kann, die ihm gegenüber dem Arbeitnehmer zustehen würden. Nach § 406 BGB kann der
Arbeitgeber gegenüber dem neuen Gläubiger mit Gegenforderungen aufrechnen.

Auch eine Abtretung **zukünftigen Arbeitsentgeltes** mit der Wirkung, dass die Abtretung 31
späteren Pfändungen vorgeht, ist möglich. Die **Vorausabtretung** muss aber den Grundsatz

---

[46] BAG 7.11.2007 – 5 AZR 880/06, NZA 2008, 355 Rn. 20.
[47] LAG München 24.4.1997 – 2 Sa 1004/96, NZA-RR 1998, 198; LAG Köln 22.11.1996 – 4 Sa 905/96, NZA-RR 1997, 123.
[48] LAG Hessen 6.10.1969 – 1 Sa 362/69, NJW 1970, 1703; BAG 17.4.1970 – 1 AZR 302/69, AP BGB § 133 Nr. 32.
[49] BAG 27.8.1970 – 2 AZR 519/69, NJW 1971, 639.
[50] Zum „Sprachrisiko" insbes. bei Aufhebungsverträgen und Ausgleichsquittung vgl. näher *Moll/Reichel* RdA 2001, 308 (316); LAG Baden-Württemberg 16.3.1967 – 4 Sa 16/67, BeckRS 1967, 30701762; LAG Hamm 14.12.1984 – 16 Sa 670/84, NZA 1985, 292; LAG Hessen 1.4.2003 – 13 Sa 1240/02, BeckRS 2003, 31154463; *Stahlhacke* NJW 1968, 582.
[51] Bejahend BAG 27.6.1968 – 5 AZR 312/67, AP BGB § 398 Nr. 3; LAG Hessen 11.9.1987 – 13 Sa 87/87, BeckRS 1987, 30451341; kritisch: Palandt/*Grüneberg* BGB § 410 Rn. 2; MüKoBGB/*Roth/Kieninger* § 410 Rn. 5.

der Bestimmtheit[52] und das Verbot der Übersicherung beachten.[53] Eine Vorausabtretungsklausel ist an § 307 BGB zu messen und hält einer Überprüfung nur stand, wenn aus ihr Zweck und Umfang der Abtretung sowie die Voraussetzungen der Verwertungsbefugnis eindeutig hervorgehen.

32   Nach § 400 BGB ist eine **Abtretung ausgeschlossen,** soweit der Entgeltanspruch nach §§ 850a–i ZPO unpfändbar ist.[54] Eine Abtretungsvereinbarung, die sich auf eine unpfändbare Vergütung bezieht, ist nichtig (§ 134 BGB). Dementsprechend, wie auch nach § 307 Abs. 1 S. 1 BGB, ist eine Sicherungsabtretung, die **formularmäßig** erfolgt und alle Ansprüche des Arbeitnehmers aus dem Arbeitsverhältnis erfasst, unwirksam.

33   Andere Maßnahmen, die gegen den Schutzzweck des § 400 BGB verstoßen, weil sie zu demselben wirtschaftlichen Ergebnis führen, werden von dem in § 400 BGB angeordneten Verbot ebenfalls erfasst. Hierzu gehören zB die **unwiderrufliche Inkassozession**[55] oder die **Einziehungsermächtigung**[56] und Vereinbarungen über die Verwaltung unpfändbaren Einkommens.[57] Weist der Arbeitnehmer seinen Arbeitgeber an, laufende Darlehensraten von seiner Vergütung an seinen Darlehensgläubiger zu überweisen, so erstreckt sich der Auftrag nicht auf den unpfändbaren Teil seines Entgeltes.[58] Wirksam ist dagegen die Bevollmächtigung eines Dritten zum Forderungseinzug.

34   Eine **Ausnahme vom Abtretungsverbot** besteht, wenn der Dritte, an den die Forderung abgetreten wurde, an den Arbeitnehmer Leistungen in Höhe der abgetretenen Forderung erbracht hat.[59] In diesem Fall wird § 400 BGB trotz des eindeutigen Wortlautes **einschränkend ausgelegt,** weil der Schuldnerschutz durch den vorherigen Zufluss einer Leistung gewährleistet ist. Dies gilt nach Ansicht des **BAG** jedoch nicht für den Fall, dass die Arbeitsvergütung über den Pfändungsschutz hinaus an einen Vermieter abgetreten wurde, soweit in dem pfändungsgeschützten Vergütungsteil Anteile für die Vermietung enthalten sind.[60]

35   Zu berücksichtigen ist, dass das Abtretungsverbot des § 400 BGB auf den **gesetzlichen Forderungsübergang** nur Anwendung findet, wenn der Gutglaubensschutz dies erfordert.[61] Erbringt ein Sozialversicherungsträger an den Arbeitnehmer, der keine Vergütung erhält, eine Sozialleistung, so geht der Vergütungsanspruch in Höhe der Sozialleistung auf den Sozialversicherungsträger über. § 400 BGB findet nach § 115 Abs. 2 SGB X keine Anwendung.

36   Eine Vereinbarung über einen **Ausschluss der Abtretung** kann sowohl durch Einzelvereinbarung als auch durch Betriebsvereinbarung oder Tarifvertrag erfolgen. **Durch Einzelvertrag** kann die Abtretung nach § 399 BGB ausgeschlossen werden.[62] Ein stillschweigender Abtretungsausschluss ist auch bei Arbeitsverhältnissen in Großunternehmen nicht zu vermuten.[63] Die Mehrbelastung des Arbeitgebers bei der Lohnabrechnung begründet allein noch nicht den Einwand der unzulässigen Rechtsausübung gegenüber dem Abtretungsempfänger.[64] Hat der Arbeitnehmer zukünftigen Lohn im Voraus abgetreten, kann er nach hM trotzdem mit seinem Arbeitgeber ein Abtretungsverbot vereinbaren.[65] Dieses erfasst auch

---

[52] BGH 20.9.2012 – IX ZR 208/11, NJW-RR 2013, 248 Rn. 8.
[53] BGH 20.9.2012 – IX ZR 208/11, NJW-RR 2013, 248 Rn. 11; BGH 22.6.1989 – III ZR 72/88, NJW 1989, 2383; s. auch ErfK/*Preis* BGB § 611a Rn. 463 f.
[54] BAG 21.11.2000 – 9 AZR 692/99, NJW 2001, 1443; BAG 21.2.2013 – 6 AZR 553/11, NZA-RR 2013, 590.
[55] MHdB ArbR/*Krause* § 73 Rn. 3.
[56] BGH 10.12.1951 – GSZ 3/51, NJW 1952, 337.
[57] OLG Celle 30.9.1970 – 13 U 47/70, OLGZ 1971, 344.
[58] BAG 23.11.1988 – 5 AZR 723/87, NJW 1989, 1501.
[59] BAG 21.2.2013 – 6 AZR 553/11, NZA-RR 2013, 590; BAG 10.6.1980 – 1 AZR 331/79, NJW 1980, 1653 (Arbeitskampfunterstützung durch Gewerkschaft); BAG 2.6.1966 – 2 AZR 322/65, NJW 1966, 1727 (Leistungen eines Versicherungsträgers).
[60] BAG 21.11.2000 – 9 AZR 692/99, NZA 2001, 654; aA LG Hagen 22.7.1988 – 13 T 76/88, NJW-RR 1988, 1232.
[61] BGH 31.5.1954 – GSZ 2/54, NJW 1954, 1153.
[62] LAG Niedersachsen 16.6.2014 – 13 Sa 1327/13, NZA-RR 2014, 524.
[63] BGH 20.12.1956 – VII ZR 279/56, NJW 1957, 498.
[64] BGH 20.12.1956 – VII ZR 279/56, NJW 1957, 498.
[65] Vgl. BGH 18.6.1980 – VII ZR 119/79, NJW 1980, 2245; LAG Düsseldorf 29.9.1975 – 3 Sa 483/75, DB 1976, 440; aA *Hennrichs* JZ 1993, 230.

die bereits abgetretene Forderung, es sei denn, diese ist schon entstanden. **Durch Tarifvertrag** und **Betriebsvereinbarung** kann auch die Abtretung erst erwachsender Vergütungsansprüche ausgeschlossen werden.[66] Ein Abtretungsverbot, das in einer Betriebsvereinbarung enthalten ist, erfasst auch die Ansprüche der Arbeitnehmer, die erst nach ihrem Abschluss in den Betrieb eintreten.[67] Es entfaltet zudem Wirksamkeit gegenüber einer zeitlich vorangehenden Vorausabtretung.[68]

Beispiel für eine Vertragsklausel zum Abtretungsverbot:
„Die Abtretung und Verpfändung von Forderungen aus dem Arbeitsverhältnis ist unzulässig und dem Arbeitgeber gegenüber unwirksam."

Da durch diese Klausel gemäß § 851 Abs. 2 ZPO keine Pfändung vermieden werden kann und die Kosten der Mehrarbeit keinen Erstattungsanspruch gegenüber dem Arbeitnehmer begründen, haben Arbeitgeber versucht, den Arbeitnehmer mit den hieraus erwachsenden **Kosten** zu belasten. Den Betriebsparteien fehlt dazu die Regelungsbefugnis.[69] Eine einzelvertragliche Vereinbarung einer Kostenpauschale für die Bearbeitung von Lohnpfändungen ist zwar denkbar,[70] sie wird jedoch, zumindest soweit sie in Allgemeinen Geschäftsbedingungen enthalten ist, sehr kritisch bewertet.[71]

Formulierungsvorschlag (für Individualabrede):
Im Fall der Pfändung von Forderungen aus dem Arbeitsverhältnis werden dem Arbeitnehmer zur Kostendeckung 1% des einbehaltenen und an den Gläubiger abgeführten Betrages, höchstens jedoch 50,00 EUR berechnet, soweit nicht nachweislich die tatsächlichen Kosten des Arbeitgebers geringer waren. Dieser Anspruch gilt jeweils als vor der Gehaltszahlung entstanden.

Die entgegen dem Abtretungsverbot erfolgte Abtretung ist unwirksam. Zahlt der Arbeitgeber trotz Abtretungsverbots das Gehalt an den Abtretungsempfänger, so ist diese Leistung ebenfalls unwirksam. Grundsätzlich muss der Arbeitgeber dann nochmals an den Arbeitnehmer zahlen, soweit ihm nicht ausnahmsweise die Einrede der Arglist zusteht. Gegen den Abtretungsempfänger steht ihm ein Bereicherungsanspruch unter dem Gesichtspunkt der Leistungskondiktion (§ 812 Abs. 1 1. Alt. BGB) zu.

Wenn der Arbeitgeber einer abredewidrig getroffenen Verfügung über die Forderung nachträglich zustimmt, so ist darin die Aufhebung des Abtretungsverbotes oder der Verzicht auf die Einrede nach § 399 BGB zu sehen. Da der Verzicht nicht zurück wirkt, bleibt eine zwischenzeitliche Pfändung wirksam.[72]

Der **Lohnverzicht** stellt einen Erlassvertrag iSd § 397 BGB dar. Seine Grenzen sind für viele Ansprüche gesetzlich geregelt. Auf tarifliche Ansprüche kann nur in einem von den Tarifvertragsparteien gebilligten Vergleich verzichtet werden (§ 4 Abs. 4 S. 1 TVG), während auf Ansprüche aus einer Betriebsvereinbarung nur mit Zustimmung des Betriebsrates (§ 77 Abs. 4 S. 2 BetrVG)[73] verzichtet werden kann. Für die Entgeltfortzahlung im Krankheitsfall (§ 12 EFZG) und das Urlaubsentgelt (§ 13 Abs. 1 BUrlG) ist der Verzicht gesetzlich ausgeschlossen. Auf Ansprüche nach dem Mindestlohngesetz (→ § 19 Rn. 25 ff.) kann der Arbeitnehmer ausschließlich durch gerichtlichen Vergleich verzichten, § 3 S. 2 MiLoG. Der Erlassvertrag über den Anteil der **unpfändbaren Arbeitsvergütung** ist nach richtiger,[74] aber umstrittener Ansicht nach dem Rechtsgedanken der §§ 394, 400 BGB unwirksam. Bestehen

---
[66] BAG 20.12.1957 – AP BGB § 399 Nr. 1; BAG 5.9.1960 – 1 AZR 509/57, AP BGB § 399 Nr. 4; BAG 2.6.1966 – 2 AZR 322/65, NJW 1966, 1727.
[67] BAG 5.9.1960 – 1 AZR 509/57, AP BGB § 39 Nr. 4.
[68] LAG Düsseldorf 29.9.1975 – 3 Sa 483/75, DB 1976, 440.
[69] BAG 18.7.2006 – 1 AZR 578/05, NZA 2007, 462.
[70] LAG München 10.8.2005 – 9 Sa 239/05, BeckRS 2009, 68053.
[71] Preis/*Preis* II A 10 Rn. 41 ff. mwN.
[72] BGH 1.2.1978 – VIII ZR 232/75, NJW 1978, 813.
[73] Zu den Anforderungen an den Verzicht: BAG 15.10.2013 – 1 AZR 405/12, NZA 2014, 217 Rn. 27.
[74] Schaub ArbR-HdB/*Linck* § 73 Rn. 3; LAG Berlin 17.2.1997 – 9 Sa 124/96, NZA-RR 1997, 371.

keine zwingenden gesetzlichen Vorschriften, kann der **formularmäßige Verzicht** immer noch wegen unangemessener Benachteiligung nach §§ 307 ff. BGB unwirksam sein. An einen **stillschweigenden Verzicht** auf individualrechtliche Ansprüche sind strenge Anforderungen zu stellen.[75]

42   Die grundsätzlich zulässige **Lohnverwendungsabrede**[76] ist eine Vereinbarung, in der sich der Arbeitnehmer gegenüber dem Arbeitgeber verpflichtet, die Vergütung zugunsten bestimmter Personen oder zu einem bestimmten Zweck zu verwenden. Für sie gelten die Schranken des § 107 GewO.

2. Aufrechnung

43   Durch die Aufrechnung werden zwei sich gegenüberstehende Forderungen durch Verrechnung wechselseitig getilgt. Sie kann durch eine **einseitige, empfangsbedürftige und bedingungsfeindliche Willenserklärung** (§ 388 BGB) erfolgen oder durch **Aufrechnungsvertrag**. Nach § 389 BGB gelten die Forderungen, soweit sie deckungsgleich sind, in dem Moment als erloschen, in dem sie sich zur Aufrechnung geeignet gegenüberstehen. Voraussetzung ist, dass sich zwei Personen wechselseitig Leistungen schulden (**Gegenseitigkeit**), die ihrem Gegenstand nach **gleichartig** sind, desweiteren die **Fälligkeit der Forderung**, mit der aufgerechnet wird, sowie die **Erfüllbarkeit der Gegenforderung**. Rechnet der Arbeitgeber gegen eine Krankengeldforderung des Arbeitnehmers gegen die Krankenkasse auf, fehlt es an der Gegenseitigkeit.[77]

44   In der Regel kann der Arbeitgeber nur gegen den Nettolohnanspruch des Arbeitnehmers aufrechnen. Er bleibt trotz Aufrechnung zur Abführung der Steuern und Sozialversicherungsbeiträge verpflichtet.[78] Eine Aufrechnung des Arbeitgebers mit Schadenersatzansprüchen gegen den Bruttolohn verstößt gegen § 394 BGB, weil sonst Steuern und Sozialversicherungsbeiträge verkürzt würden.[79] Ausnahmsweise kann bei der Rückforderung von Lohnbestandteilen die Bruttoüberzahlung gegen die Bruttoforderung aufgerechnet werden.

45   Ein **gesetzlicher Aufrechnungsausschluss** kann sich aus §§ 390 bis 395 BGB ergeben. Demnach ist die Aufrechnung unzulässig, wenn die **Gegenforderung aus einer vorsätzlich begangenen unerlaubten Handlung** erwachsen ist (§ 393 BGB). In der **Praxis** wichtig ist das Aufrechnungsverbot des § 394 S. 1 BGB. Dieses besagt, dass eine Lohnforderung nur bis zur Höhe der Unpfändbarkeit nach §§ 850 ff. ZPO aufgerechnet werden kann. Daraus folgt, dass der Arbeitgeber immer verpflichtet ist, den unpfändbaren Teil der Vergütung auszuzahlen. Lohnvorschüsse müssen auf den unpfändbaren Teil der später fällig werdenden Vergütung angerechnet werden.[80]

46   Die **Berufung auf ein Aufrechnungsverbot** kann ausnahmsweise gegen **Treu und Glauben** verstoßen (§ 242 BGB), so zB wenn die Forderung gegen die aufgerechnet wird, auf einer vorsätzlich unerlaubten Handlung[81] oder, so die Ansicht des **BAG**, auf einer vorsätzlichen Vertragsverletzung beruht.[82] Auch hier kann der Arbeitnehmer fordern, dass ihm der nach § 850d ZPO zu bestimmende Selbstbehalt auszuzahlen ist.[83] Anderes gilt dagegen, wenn der Arbeitnehmer bereits aus dem Arbeitsverhältnis ausgeschieden ist.[84]

---

[75] BAG 18.12.1984 – 3 AZR 125/84, NZA 1986, 95.
[76] Zu den Grenzen: BAG 11.7.2000 – 1 AZR 551/99, NZA 2001, 462; BAG 18.7.2006 – 1 AZR 578/05, NZA 2007, 462.
[77] LAG Köln 3.2.1994 – 10 Sa 978/93, ArbuR 1994, 309.
[78] BAG 13.11.1980 – 5 AZR 572/78, zitiert nach juris; LAG Nürnberg 2.3.1999 – 6 Sa 1137/96, NZA-RR 1999, 626; LAG Köln 18.9.2013 – 11 Sa 227/13, BeckRS 2014, 66994; LAG Mecklenburg-Vorpommern 21.7.2015 – 2 Sa 140/14, NZA-RR 2016, 133.
[79] LAG München 3.3.2011 – 3 Sa 755/10, BeckRS 2011, 78665.
[80] BAG 9.2.1956 – 1 AZR 329/55, NJW 1956, 926; BAG 11.2.1987 – 4 AZR 144/86, NZA 1987, 485; s. auch LAG Rheinland-Pfalz 24.4.2007 – 9 SaGa 1/07, BeckRS 2007, 45762.
[81] BGH 22.4.1959 – IV ZR 255/58, NJW 1959, 1275; BAG 16.6.1960 – 5 AZR 121/60, NJW 1959, 1275; BGH 16.6.1993 – XII ZR 6/92, NJW 1993, 2105.
[82] BAG 31.3.1960 – 5 AZR 441/57, NJW 1960, 1589; BAG 28.8.1964 – 1 AZR 414/63, NJW 1965, 70.
[83] BAG 18.3.1997 – 3 AZR 756/95, NZA 1997, 1108; LAG Hamm 7.6.2005 – 19 (9) Sa 232/05, BeckRS 2005, 42861.
[84] BAG 28.8.1964 – 1 AZR 414/63, NJW 1965, 70.

Auch für die Ansprüche auf Zahlung einer **Karenzentschädigung** aus einem Wettbe- 47 werbsverbot[85] gilt das Aufrechnungsverbot des § 394 BGB. Der **Urlaubsabgeltungsanspruch** (§ 7 Abs. 4 BUrlG) als pfändbarer Vergütungsanteil unterfällt ebenfalls dem Aufrechnungsverbot des § 394 BGB.[86]

Das Aufrechnungsverbot des § 394 BGB gilt auch für den **Aufrechnungsvertrag**, wenn er 48 vor Fälligkeit der unpfändbaren Forderung geschlossen wird.[87] Zulässig ist die Aufrechnung jedoch, wenn die Parteien in einem Werkswohnungsvertrag vorsehen, dass der Arbeitgeber die Miete vom Arbeitsentgelt abziehen darf.[88]

Die Aufrechnung ist unzulässig, wenn sie **durch Kollektiv- oder Einzelvertrag ausge-** 49 **schlossen** ist. Der Ausschluss kann sich auch aus einer Auslegung des Vertrages ergeben, insbesondere wenn noch nicht fällige Forderungen, wie zB Ruhegeldansprüche, betroffen sind.[89] Ist die Abtretung nach § 399 BGB ausgeschlossen, bleibt die Aufrechnung insoweit zulässig, wie die Gegenforderung gepfändet werden kann (§§ 393, 394 BGB, § 851 Abs. 2 ZPO).[90] Zu beachten ist, dass dieses Aufrechnungsverbot für den Arbeitnehmer nicht gilt. Ausnahmsweise kann die **Aufrechnung** auch nach den Grundsätzen von **Treu und Glauben** (§ 242 BGB) ausgeschlossen sein, wenn sich ein Aufrechnungsausschluss entweder aus der Natur des Rechtsverhältnisses oder dem Zweck der geschuldeten Leistung ergibt.

Unzulässig ist die **Aufrechnung mit Forderungen, denen eine Einrede entgegensteht**. Nach 50 § 215 BGB, der § 390 S. 2 BGB aF inhaltlich entspricht, ist die Aufrechnung **mit einer verjährten Forderung** nicht ausgeschlossen, wenn der Anspruch in dem Zeitpunkt noch nicht verjährt war, in dem sich die Forderungen erstmals aufrechenbar gegenüberstanden.

Die Lohnanrechnung ist **rechtlich keine Aufrechnung**. Deshalb gelten die Aufrechnungs- 51 verbote, insbes. § 394 BGB, nicht für sie. Eine Lohnanrechnung liegt vor, wenn Leistungen anderer Arbeitgeber oder Sozialleistungsträger auf die Vergütung angerechnet werden, zB anderweitige Einkommen im Annahmeverzugszeitraum (§ 615 S. 2 BGB; § 11 KSchG), im Krankheitsfall (§ 616 S. 2 BGB; § 617 Abs. 1 S. 3 BGB) oder bei Karenzentschädigung im Fall eines Wettbewerbsverbots (§ 74c HGB).

3. Zurückbehaltungsrecht

Erfüllt der Arbeitgeber seine Hauptpflicht aus dem Arbeitsvertrag – die Vergütungszah- 52 lung – nicht, steht dem **Arbeitnehmer** unter Umständen ein **Zurückbehaltungsrecht** zu. Umstritten ist die **Rechtsgrundlage**. Nach richtiger Ansicht ergibt sie sich idR, wegen der aus § 614 BGB resultierenden Vorleistungspflicht für einen Vergütungszeitraum, aus § 273 BGB,[91] nach anderer Ansicht im Fall des Entgeltrückstandes aus der Einrede des nichterfüllten Vertrages gem. § 320 BGB.[92]

Das Zurückbehaltungsrecht nach § 273 Abs. 1 BGB setzt eine **erfüllbare Schuld**, einen 53 **fälligen Gegenanspruch** und **Konnexität** des Gegenanspruches voraus. Konnexität ist gegeben, wenn Anspruch und Gegenanspruch aus demselben rechtlichen Verhältnis stammen.

Voraussetzung für die Ausübung ist, dass der Arbeitnehmer gegenüber dem Arbeitgeber 54 die fälligen Ansprüche genau bezeichnet und darlegt, dass seine Arbeitsverweigerung wegen dieser erfolgt.[93] Damit ist dem Arbeitgeber noch die Möglichkeit eröffnet, durch Erfüllung der Forderung das Zurückhalten der Arbeitsleistung abzuwenden. Ihm muss zur Prüfung der Ansprüche uU ein angemessener Zeitraum eingeräumt werden. Ein Zurückbehaltungs-

---

[85] Vgl. LAG Niedersachsen 14.11.2003 – 16 Sa 1213/03, NZA-RR 2004, 490.
[86] BAG 28.8.2001 – 9 AZR 611/99, NZA 2002, 323.
[87] BAG 18.8.1976 – 5 AZR 95/75, NJW 1977, 1168; Palandt/*Grüneberg* BGB § 387 Rn. 20, BGB § 394 Rn. 1.
[88] BAG 1.8.1959 – 2 AZR 56/57, AP BGB § 392 Nr. 1; BAG 15.5.1974 – 5 AZR 395/73, AP BGB § 387 Nr. 2.
[89] BAG 16.12.1986 – 3 AZR 198/85, AP BetrAVG § 8 Nr. 1.
[90] LAG Hessen 2.3.1971 – 7 (4) Sa 537/70, DB 1972, 243.
[91] BAG 25.10.1984 – 2 AZR 417/83, NZA 1985, 355; BAG 9.5.1996 – 2 AZR 387/95, NZA 1996, 1085; s. zum Streitstand: Preis/*Preis* II Z 20 Rn. 8 ff. mwN.
[92] Schaub ArbR-HdB/*Linck* § 50 Rn. 3.
[93] BAG 19.1.2016 – 2 AZR 449/15, NZA 2016, 1144 Rn. 54; LAG Hamm 15.11.2012 – 15 Sa 239/12, BeckRS 2013, 67312.

recht kann sich insbesondere aus Verzug des Arbeitgebers mit der Vergütungszahlung ergeben. Das Leistungsverweigerungsrecht besteht nicht, wenn der Rückstand verhältnismäßig geringfügig ist, nur eine kurzfristige Auszahlungsverzögerung vorliegt, dem Arbeitgeber durch Ausübung des Rechtes ein unverhältnismäßiger Schaden entstehen kann oder der Vergütungsanspruch abgesichert ist.[94] Ein Zurückbehaltungsrecht kann sich aus der Nichteinhaltung von Arbeitsschutzvorschriften ergeben.

Auch der Arbeitgeber kann gegenüber dem Lohnanspruch des Arbeitnehmers sein Zurückbehaltungsrecht aus § 273 BGB ausüben, etwa um Eigentumsherausgabeansprüche durchzusetzen.

55 Um eine Umgehung des **Aufrechnungsverbotes** aus § 394 BGB zu vermeiden, ist bei **Geldansprüchen** das Geltendmachen eines Zurückbehaltungsrechtes im selben Umfang wie bei der Aufrechnung nach § 394 BGB ausgeschlossen.[95] Im Unterschied zur Aufrechnung kann das Zurückbehaltungsrecht auch wegen ungleichartiger Forderungen ausgeübt werden. Ist die Gegenforderung im Verhältnis zur Restlohnforderung nur gering, kann die Geltendmachung eines Zurückbehaltungsrechtes jedoch gegen Treu und Glauben verstoßen. Ein formularmäßiger Ausschluss des Zurückbehaltungsrechtes ist nach § 309 Nr. 2b BGB unwirksam.[96]

Solange der Arbeitnehmer zur Arbeitsverweigerung berechtigt ist, steht ihm weiterhin seine Vergütung unter dem Gesichtspunkt des **Annahmeverzuges** (§§ 615, 298 BGB) zu.

56 Bevor die Ausübung des Zurückbehaltungsrechtes empfohlen werden kann, ist der Sachverhalt wegen der Folgen, die sich aus einer **rechtswidrigen Leistungsverweigerung** ergeben können, wie zB Verlust der Entgeltansprüche, Schadensersatzansprüche, Kündigung,[97] sorgfältig zu prüfen. Selbst der Rechtsirrtum (irrtümliche Annahme eines Zurückbehaltungsrechts), der auf falsche anwaltliche Beratung zurück geht, führt in schweren Fällen nicht zur Unwirksamkeit der außerordentlichen Kündigung.[98]

4. Pfändungsschutz

57 a) **Grundsätze.** Das Arbeitseinkommen unterliegt nach § 850 Abs. 1 ZPO nur beschränkt, im Rahmen der §§ 850a bis k ZPO, der Pfändung. Diese sozialpolitischen Schutzvorschriften sollen zum einen die Existenzgrundlage des Arbeitnehmers und seiner Unterhaltsgläubiger sichern und zum anderen im öffentlichen Interesse die Sozialhilfe entlasten. Arbeitsentgelt wird über einen Pfändungs- und Überweisungsbeschluss des Amtsgerichtes gepfändet (§§ 828 ff. ZPO).

58 Die **Bestimmung der Pfändungsgrenzen**[99] ist im Wesentlichen abhängig von den Unterhaltspflichten des Arbeitnehmers (§ 850c Abs. 1 ZPO), der Höhe der Bezüge des Arbeitnehmers (§ 850c Abs. 3 ZPO) und der Art der Gläubigerforderung (§ 850d Abs. 1 ZPO). Ist die Vergütung bereits bar ausgezahlt, so ist bei der Sachpfändung des Geldes der Vollstreckungsschutz nach § 811 Nr. 8 ZPO zu berücksichtigen. Ist eine Überweisung auf das Bankkonto des Arbeitnehmers erfolgt, so ist auf dessen Antrag hin § 850k ZPO anzuwenden.

59 b) **Arbeitseinkommen.** Der Begriff des Arbeitseinkommens ist **weit auszulegen**. Nach § 850 Abs. 4 ZPO zählen zum Arbeitseinkommen alle Vergütungen, die dem Arbeitnehmer aus dem Arbeitsverhältnis zustehen, unabhängig von ihrer Bezeichnung oder Berechnungsart. Ein Pfändungs- und Überweisungsbeschluss von Arbeitseinkommen erfasst deshalb auch Schadenersatzansprüche des Arbeitnehmers, weil der Arbeitgeber seine Nachweispflichten verletzt hat und Vergütungsansprüche aufgrund einer tariflichen Ausschlussfrist

---

[94] BAG 25.10.1984 – 2 AZR 417/83, NZA 1985, 355; LAG Thüringen 19.1.1999 – 5 Sa 895/97, LAGE BGB § 273 Nr. 1.
[95] BAG 16.10.1967 – 5 AZR 464/66, NJW 1968, 565.
[96] ErfK/*Preis* BGB § 611a Rn. 458.
[97] BAG 22.10.2015 – 2 AZR 569/14, NZA 2016, 417.
[98] LAG Düsseldorf 29.8.2001 – 12 Sa 827/01, BeckRS 2001, 30458393.
[99] Zur Regelung der Freigrenzen ab 1.7.2015 vgl. *Helwich* JurBüro 2015, 340 ff.; zu den zuvor ab 1.7.2011 geltenden Grenzen: *Ahrens* NZI 2011, 440.

verfallen sind.[100] Insofern sind die in § 850 Abs. 2 und 3 ZPO aufgezählten Arten des Einkommens lediglich Beispielsfälle. Es kommt nicht darauf an, ob es sich um eine fortlaufende Vergütung oder um eine Einmalzahlung handelt. Im Fall der Einmalzahlung wird Pfändungsschutz allerdings nur auf Antrag nach § 850i ZPO gewährt.

Ändern Arbeitgeber und Arbeitnehmer ihre Lohnvereinbarung dahingehend, dass in Zukunft der Arbeitgeber anstelle der monatlichen Vergütung eine Versicherungsprämie auf einen Lebensversicherungsvertrag zugunsten des Arbeitnehmers (Direktversicherung) zahlt (Gehaltsumwandlung), entstehen insoweit keine pfändbaren Ansprüche auf Arbeitseinkommen (§ 850 Abs. 2 ZPO). 60

c) **Pfändbarkeit der einzelnen Bezüge.**[101] Der Pfändungsschutz von Einkünften aus dem Arbeitsverhältnis ist dreiteilig. 61

Unpfändbar sind die in § 850a ZPO aufgeführten Bezüge, zB Urlaubsgeld, 50 % des Überstundenverdienstes, Aufwandsentschädigungen. Sie werden bei der Berechnung des pfändbaren Einkommens nicht mitgerechnet (§ 850e Nr. 1 ZPO) und können nicht abgetreten, verpfändet oder zur Aufrechnung gebracht werden (§§ 394, 400, 1274 BGB). Im Fall der **Pfändung zur Durchsetzung von Unterhaltsansprüchen** sind nach § 850d Abs. 1 S. 1 ZPO auch die in § 850d Abs. 1, 2 und 4 ZPO genannten Bezüge pfändbar. Dem Schuldner muss dennoch mindestens die Hälfte der an sich unpfändbaren Bezüge verbleiben (§ 850d Abs. 1 S. 2 Hs. 2 ZPO).

Bedingt pfändbar sind die in § 850b ZPO aufgeführten Bezüge, zB Renten, fortlaufende Einkünfte aus Lebensversicherungen. Diese Bezüge sind grundsätzlich unpfändbar. Sie können jedoch nach § 850b Abs. 2 ZPO wie Arbeitseinkommen, entweder nach §§ 850c oder d ZPO, gepfändet werden. Diese Vorschrift bezweckt neben dem Schuldnerschutz auch den Gläubigerschutz. Der Gläubiger kann eine Rente ausnahmsweise dann pfänden, wenn die Zwangsvollstreckung in das sonstige bewegliche Vermögen nicht zum Erfolg geführt hat und wenn die Rentenpfändung der Billigkeit entspricht. Entgegen § 834 ZPO soll vor der Entscheidung der Schuldner gehört werden (§ 850b Abs. 3 ZPO). 62

Relativ pfändbar sind die in § 850c ZPO erwähnten Bezüge, dh sie können im Rahmen der Pfändungsfreigrenzen gepfändet werden.

Im Einzelnen stellt sich damit die **Pfändbarkeit der nachfolgenden Bezüge** wie folgt dar: 63

- **Abfindungen** (§§ 9, 10 KSchG, §§ 112, 113 BetrVG) sind Arbeitseinkommen im Sinne der Pfändungsschutzvorschriften.[102] Da es sich idR um eine einmalige Zahlung handelt, kann Pfändungsschutz nur auf Antrag des Arbeitnehmers nach § 850i ZPO erlangt werden. Den Arbeitgeber trifft im Allgemeinen keine Fürsorgepflicht, den Arbeitnehmer über die Möglichkeit eines Vollstreckungsschutzantrages nach § 850i ZPO zu belehren.[103]
- **Arbeitslosengeld** und -hilfe, **Kurzarbeiter-** und **Insolvenzgeld** sind nach Maßgabe der §§ 54 Abs. 2 und 4, 55 SGB I pfändbar. Drittschuldner für Pfändungsmaßnahmen ist das Arbeitsamt.
- **Aufwandsentschädigungen,** zB Reisekosten, Kilometergeld, Gefahren- sowie Schmutz- und Erschwerniszulagen, Erstattungsansprüche von Betriebsratsmitgliedern (§ 40 BetrVG) sind nach § 850a Nr. 3 ZPO unpfändbar, soweit der Rahmen des Üblichen nicht überschritten wird.
- **Dienst- und Versorgungsbezüge** von Beamten sind nach § 850 Abs. 2 ZPO Arbeitseinkommen und relativ pfändbar nach § 850c ZPO.
- **Entgeltfortzahlungen im Krankheitsfall** nach dem Entgeltfortzahlungsgesetz stellen Arbeitseinkommen dar und sind nach § 850c ZPO relativ pfändbar. **Krankengeld** unterfällt der Pfändung nach § 54 SGB I. Bezüge, die von privaten Krankenkassen geleistet und im Wesentlichen zu Unterstützungszwecken gewährt werden, sind nach § 850b Abs. 1 Nr. 4 ZPO nur bedingt nach § 850b Abs. 2 ZPO pfändbar.

---

[100] BAG 6.5.2009 – 10 AZR 834/08, NZA 2009, 805.
[101] Zur Behandlung von Pfändungen aus Arbeitgebersicht vgl. *Seel* MDR 2011, 526 ff.
[102] LAG Niedersachsen 14.11.2003 – 16 Sa 1213/03, NZA-RR 2004, 490.
[103] BAG 13.11.1991 – 4 AZR 20/91, NZA 1992, 384; ebenso im Ergebnis: LAG Bremen 30.8.2007 – 3 Sa 75/07, BeckRS 2007, 47788.

- **Erfindervergütungen** werden nur dann dem Arbeitseinkommen zugerechnet, wenn es sich um Diensterfindungen nach §§ 2, 6, 9, 10 ArbNErfG handelt. Sie gehören dann zu den relativ pfändbaren Bezügen nach § 850c ZPO.
- **Erschwerniszulagenn** sind nach § 850a Nr. 3 ZPO und damit im Rahmen des Üblichen unpfändbar. Dies kann auch Zulagen für Sonntags-, Feiertags- und Nachtarbeit erfassen, nicht hingegen Zulagen für Schicht-, Samstags- oder sog. Vorfestarbeit.[104]
- **Gewinnbeteiligungen** gehören zum relativ pfändbaren Arbeitseinkommen nach § 850c ZPO.
- Für **Heimarbeitervergütungen** gilt die Gleichstellung mit dem Arbeitseinkommen nach § 27 HeimArbG. Demnach sind sie relativ unpfändbar nach § 850c ZPO.
- **Heirats- und Geburtsbeihilfen** sind nach § 850a ZPO absolut unpfändbar, soweit nicht die Vollstreckung wegen einer Forderung erfolgt, die aus Anlass der Heirat oder der Geburt entstanden ist.
- **Hinterbliebenenbezüge** iSv Witwen und Waisengeldern (§ 850 Abs. 2 ZPO) gehören zum Arbeitseinkommen und sind relativ pfändbar (§ 850c ZPO).
- **Jubiläumszuwendungen** sind, soweit sie den Rahmen des Üblichen nicht übersteigen, absolut unpfändbar (§ 850a Nr. 2 ZPO). Erfolgt die Vollstreckung jedoch wegen gesetzlicher Unterhaltsforderungen, so sind nur 50 % unpfändbar (§ 850d ZPO). Üblich sind Jubiläumszuwendungen, wenn sie nicht der Lohnsteuer unterliegen.
- **Karenzentschädigungen**, die zum Ausgleich von Wettbewerbsbeschränkungen nach §§ 74 Abs. 2, 74b HGB gezahlt werden, sind Arbeitseinkommen (§ 850 Abs. 3 lit. a ZPO). Erfolgen sie wie üblich als wiederkehrende Leistung, sind sie nach § 850c ZPO relativ pfändbar.
- **Kindergeld** kann nach § 54 Abs. 5 SGB I nur wegen der gesetzlichen Unterhaltsansprüche eines Kindes, das bei der Festsetzung der Geldleistungen berücksichtigt wird, gepfändet werden. Für die Arbeitnehmer im **öffentlichen Dienst** gilt jedoch, dass auch das Kindergeld Teil des Arbeitseinkommens und damit relativ pfändbar (§ 850c ZPO) ist.[105]
- Der **Lohnsteuerjahresausgleich** zählt nach umstrittener Meinung zum Arbeitseinkommen, wenn der Arbeitgeber den Lohnsteuerausgleich nach § 42b EStG selbst durchführt.[106] Nach umstrittener Ansicht besteht ein Pfändungsschutz für diese einmalige, nicht wiederkehrende Vergütung nur, wenn ihn der Arbeitnehmer nach § 850i ZPO beantragt.[107] Führt das Finanzamt den Lohnsteuerjahresausgleich durch, muss der Erstattungsanspruch gegenüber dem Finanzamt gepfändet werden (§ 46 AO).
- **Mankogelder** sind als Arbeitseinkommen nach § 850c ZPO relativ pfändbar.
- **Mehrarbeits-/Überstundenverdienste** sind Arbeitseinkommen. Sie sind grundsätzlich nach § 850a ZPO zu 50 % unpfändbar, es sei denn, es werden Unterhaltsforderungen vollstreckt. Dann sind sie nach § 850d Abs. 1 S. 2 Hs. 2 ZPO nur noch zu einem Viertel unpfändbar. Nach umstrittener Ansicht bezieht sich die Hälfte des Arbeitsentgeltes iSd § 850a ZPO auf den Nettobetrag der Mehrarbeitsverdienste.[108] **Mehrarbeit** iSv § 850a ZPO ist jede über die gesetzliche, tarifliche oder betriebliche Arbeitszeit hinaus geleistete Arbeit in einem Stammarbeitsverhältnis. Daher kann Mehrarbeit auch die sonst nicht zu leistende Sonn- und Feiertagsarbeit sein.[109]
- Das **Mutterschaftsgeld** nach § 13 MuSchG als Sozialleistung der Krankenkasse und das Erziehungsgeld sind kein Arbeitseinkommen. Es gilt der Pfändungsschutz des § 54 Abs. 1, 3 Nr. 2 SGB I.[110] Der vom Arbeitgeber weiterzuzahlende **Mutterschutzlohn** (§ 11 MuSchG) ist nach § 850c ZPO relativ pfändbares Arbeitseinkommen.
- **Naturalbezüge** sind an sich nach § 399 BGB iVm § 851 ZPO unpfändbar. Im Fall der Pfändung des Arbeitseinkommens sind die Nettobezüge jedoch nach § 850e Nr. 3 ZPO

---

[104] BAG 23.8.2017 – 10 AZR 859/16, NZA 2017, 15 Rn. 22 ff.
[105] Schaub ArbR-HdB/*Koch* § 90 II Rn. 11.
[106] LAG Hamm 12.2.1988 – 16 Sa 1834/87, NZA 1989, 529; aA Schaub ArbR-HdB/*Koch* § 90 II Rn. 13; s. auch BFH 13.7.1995 – VII S 1/95, BeckRS 1995, 11680.
[107] *Schall* NJW 1959, 519; *Rewolle* DB 1962, 936; BLHAG/*Lauterbach* ZPO § 850i Rn. 7.
[108] Schaub ArbR-HdB/*Koch* § 90 II Rn. 15.
[109] OLG Hamm 17.5.1955 – 16 W 210/55, AP ZPO § 850a Nr. 3.
[110] Schaub ArbR-HdB/*Koch* § 90 II Rn. 16.

mit dem Wert der Naturalbezüge zusammenzurechnen. Bei der Berechnung des pfändbaren Einkommens ist der geldwerte Vorteil der privaten Nutzung nach der steuerlichen „Ein-Prozent-Regel" zu berücksichtigen.[111] Der nach § 850c ZPO unpfändbare Betrag ergibt sich dann aus der Summe des Gesamteinkommens. Für die Berechnung des Nettowertes der Naturalbezüge sind die Richtsätze des Sozialversicherungs- und Steuerrechtes maßgeblich (Sozialversicherungsentgeltverordnung – SvEV nach § 17 Abs. 1 S. 1 Nr. 3 SGB IV ergänzt durch § 8 Abs. 2 EStG → § 20 Rn. 25 ff.). Jedoch bestimmt § 107 Abs. 2 S. 5 GewO, dass der Wert der vereinbarten Sachbezüge oder die Anrechnung der überlassenen Waren auf das Arbeitsentgelt die Höhe des pfändbaren Teils des Arbeitsentgelts nicht übersteigen darf. Arbeitnehmer sollen nicht in eine Lage geraten, Gegenstände, die sie als Naturalvergütung erhalten haben, erst verkaufen zu müssen, bevor ihnen Geld zur Verfügung steht. Das kann zur Unwirksamkeit der gem. § 850e Nr. 3 S. 1 ZPO vorgesehenen Zusammenrechnung von Geld- und Naturalleistungen führen, wenn die Summe beider Leistungen nach § 850c Abs. 1, § 850e Nr. 3 ZPO unpfändbar ist.[112]

- **Provisionen** zählen zum pfändbaren Arbeitseinkommen (§ 850 Abs. 2 ZPO, § 850c ZPO).
- **Prozente/Bedienungsgelder** werden dem Arbeitseinkommen zugerechnet. Es ist Sache des Arbeitgebers als Schuldner der gepfändeten Forderung, eine sichere Feststellung des Arbeitseinkommens seines Arbeitnehmers zu erreichen. Zum Zwecke der Berechnung der zu pfändenden Vergütung muss er die Bekanntgabe der Trinkgelder erzwingen, notfalls unter Androhung einer fristlosen Kündigung.[113]
- **Ruhegelder** sowie ähnliche nach dem Ausscheiden aus dem Dienstverhältnis gewährte fortlaufende Einkünfte, zählen nach § 850 Abs. 2 ZPO zum Arbeitseinkommen. Unerheblich ist, ob die Ruhegeldverpflichtung auf Tarifvertrag, Betriebsvereinbarung, einzelvertraglicher Abrede oder betrieblicher Übung beruht. Der Pfändungsschutz erfasst auch das Vorruhestandsgeld. Dem Pfändungsschutz des § 850 Abs. 3 lit. b ZPO unterfallen sowohl Renten, die auf Grund von Versicherungsverträgen gezahlt werden, wenn sie Versorgungsfunktion haben, als auch Direktversicherungen des Arbeitgebers im Rahmen der betrieblichen Altersvorsorge.[114]
- **Privatrenten**, die wegen einer Verletzung des Körpers oder der Gesundheit zu entrichten sind, zB aus § 7 HaftpflichtG oder § 13 StVG, sind nach § 850b ZPO bedingt pfändbar.
- **Sozialversicherungsrenten** sind nach § 54 SGB I beschränkt pfändbar.
- **Sozialleistungsansprüche** stellen kein Arbeitseinkommen dar. Ihre Pfändbarkeit ist in § 54 SGB I geregelt.[115]
- Die **Urlaubsvergütung** ist nach **Ansicht des BAG** nichts anderes als die vereinbarte Arbeitsvergütung, die während des Urlaubes fortgezahlt wird. Dies folgt konsequent aus der Betrachtung, dass Urlaub als Freistellung von der Arbeit zu sehen ist.[116] Demnach ist die Urlaubsvergütung in den Grenzen des § 850c ZPO pfändbar. Auch der **Anspruch auf Urlaubsabgeltung** gem. § 7 Abs. 4 BUrlG wird nun als pfändbar betrachtet.[117]
- Das **Urlaubsgeld** ist nach § 850a Nr. 2 ZPO absolut unpfändbar, solange es den Rahmen des Üblichen nicht übersteigt. Unter Urlaubsgeld sind Bezüge zu verstehen, die zusätzlich zum Arbeitsentgelt anlässlich des Urlaubes gezahlt werden.
- **Vermögenswirksame Leistungen** sind als nicht übertragbare Forderungen iSd § 851 Abs. 1 ZPO nicht der Pfändung unterworfen. Dies gilt nicht für Teile der Arbeitsvergütung, für die Arbeitgeber und Arbeitnehmer nachträglich nach Vorliegen eines Pfändungs- und Überweisungsbeschlusses eine Anlage als vermögenswirksame Leistung vereinbart haben, da durch den Pfändungs- und Überweisungsbeschluss dem Arbeitnehmer die Ver-

---

[111] BAG 24.3.2009 – 9 AZR 733/07, NZA 2009, 861; LAG Hessen 15.10.2008 – 6 Sa 1025/07, NZI 2009, 526.
[112] BAG 24.3.2009 – 9 AZR 733/07, NZA 2009, 861.
[113] LAG Düsseldorf 8.6.1972 – 3 Sa 205/72, DB 1972, 1540; ArbG Köln 29.9.1969 – 7 Ca 2773/69, BB 1969, 1539.
[114] BAG 17.2.1998 – 3 AZR 611/97, NZA 1998, 707 Rn. 8.
[115] Schaub ArbR-HdB/*Koch* § 90 II Rn. 22, 25.
[116] BAG 20.6.2000 – 9 AZR 405/99, NZA 2001, 100.
[117] BAG 20.8.2001 – 9 AZR 611/99, NZA 2002, 323.

fügungsbefugnis über den Lohn entzogen wird.[118] Die vermögenswirksamen Leistungen sind nach überwiegender Ansicht bei der **Berechnung des pfändbaren Einkommens** gem. § 850e ZPO nicht zu berücksichtigen.[119] Von vorneherein nicht zum Arbeitseinkommen gehört die **Arbeitnehmersparzulage** nach § 13 Abs. 3, 5 5. VermBG. Damit unterliegt sie nicht dem Pfändungsschutz der §§ 850 ff. ZPO.[120]

- **Weihnachtsgratifikationen**[121] sind nach § 850a Nr. 4 ZPO bis zur Hälfte der monatlichen Arbeitsvergütung, höchstens jedoch bis zu einem Betrag von 500,00 EUR, pfändbar. Im Fall der **Vollstreckung wegen gesetzlicher Unterhaltsansprüche** nach § 850d ZPO sind sie zu 75 % pfändbar. Der unpfändbare Anteil wird bei der Berechnung des pfändbaren Arbeitseinkommens nach § 850e ZPO nicht miteingerechnet. Nach richtiger Ansicht unterfallen auch **andere Gratifikationen,** die anlässlich Weihnachten gezahlt werden, zB ein 13. Monatsgehalt, der Regelung des § 850a Nr. 4 ZPO, auch wenn sie nicht ausdrücklich als Weihnachtsgeld bezeichnet werden.[122]

64   **d) Umfang der Pfändbarkeit.** Das pfändbare Arbeitseinkommen wird nach § 850e ZPO auf der Basis des Nettolohnes berechnet. Der Arbeitgeber hat die Gesamtbezüge des Arbeitnehmers aus dem Arbeitsverhältnis zu ermitteln. Nicht einzurechnen sind die nach § 850a ZPO unpfändbaren Bezüge und die vom Arbeitgeber einzubehaltenden Steuern und Sozialversicherungsbeiträge.[123] Nicht zu berücksichtigen sind Steuern, die nicht vom Arbeitgeber einbehalten werden, weil sie der Arbeitnehmer wegen seines Wohnsitzes im Ausland direkt entrichten muss.[124] Eine Erhöhung des pfändungsfreien Betrages durch das Vollstreckungsgericht ist dann aber möglich. Beiträge für Berufsorganisationen (zB Gewerkschaftsbeiträge), Beiträge zur betrieblichen Altersversorgung und Prämien für Lebensversicherungen sind nicht vorab in Abzug zu bringen.[125]

65   Der Umfang der Pfändbarkeit hängt davon ab, ob die Vollstreckung wegen bevorrechtigter oder wegen anderer Forderungen erfolgt. Im Fall der bevorrechtigten Forderung nach § 850d ZPO setzt das Vollstreckungsgericht den pfändungsfreien Betrag in einem Beschluss fest.[126] Bei Änderung der Verhältnisse des Schuldners kann der Drittschuldner nach § 850g ZPO bis zur Zustellung eines neuen Beschlusses nach dem alten Beschluss vorgehen.

66   Das Arbeitseinkommen und die in § 850a Nr. 1, 2 und 4 ZPO genannten Bezüge sind ohne die in § 850c ZPO enthaltenen Beschränkungen pfändbar, wenn die **Pfändung wegen Unterhaltsansprüchen** erfolgt, die kraft Gesetzes einem Verwandten, dem Ehegatten, einem früheren Ehegatten oder nach §§ 1615l, 1615n BGB der Mutter eines nichtehelichen Kindes zustehen. Nach § 850d Abs. 1 ZPO muss dem Arbeitnehmer ein **gewisser Selbstbehalt** verbleiben, den er für seinen eigenen notwendigen Unterhalt sowie vorgehende und gleichrangige Unterhaltspflichten bedarf. Die Praxis orientiert sich an dem nach §§ 22, 23 BSHG notwendigen Lebensbedarf.

67   Die Pfändungsfreibeträge bei der Vollstreckung nicht bevorrechtigter Forderungen werden gemäß § 850c ZPO errechnet und sind aus der Anlage zu § 850c ZPO ersichtlich. Die Pfändungsfreibeträge steigen mit dem Einkommen des Arbeitnehmers. Übersteigt dieses eine bestimmte Höchstgrenze, so ist das die Höchstgrenze übersteigende Einkommen voll pfändbar (§ 850c Abs. 2 ZPO). Der Pfändungsfreibetrag erhöht sich gemäß § 850 Abs. 1 S. 2 ZPO), wenn der Arbeitnehmer auf Grund einer gesetzlichen Verpflichtung Unterhalt leistet. Die unpfändbaren Beträge werden nach § 850c Abs. 2a ZPO alle zwei Jahre entsprechend der prozentualen Entwicklung des Grundfreibetrages nach § 32a EStG **angepasst.**

---

[118] MHdB ArbR/*Krause* § 74 Rn. 101.
[119] Schaub ArbR-HdB/*Koch* § 90 II Rn. 28.
[120] BAG 23.7.1976 – 5 AZR 474/75, NJW 1977, 75; kritisch *Koch* RdA 1979, 150.
[121] Zur Begriffbestimmung BAG 14.3.2012 – 10 AZR 778/10, NZA 2012, 1246; BAG 18.5.2016 – 10 AZR 233/15, NZA 2016, 840.
[122] Schaub ArbR-HdB/*Koch* § 90 II Rn. 30; MHdB ArbR/*Krause* § 74 Rn. 103.
[123] *Bengelsdorf* NZA 1996, 176 (179 f.).
[124] BAG 15.10.1985 – 3 AZR 502/83, NJW 1986, 2208.
[125] Schaub ArbR-HdB/*Koch* § 90 II Rn. 19.
[126] Schaub ArbR-HdB/*Koch* § 89 VI Rn. 20.

Bei der Vollstreckung wegen **Ansprüchen aus vorsätzlich begangener unerlaubter Hand-** 68
lung kann das Vollstreckungsgericht nach § 850f Abs. 2 ZPO auf Antrag des Gläubigers den
pfändbaren Anteil des Arbeitseinkommens ohne Rücksicht auf § 850c ZPO bestimmen.

Das Vollstreckungsgericht kann auf **Antrag des Arbeitnehmers** unter bestimmten Voraus- 69
setzungen den nach §§ 850c, d ZPO unpfändbaren Teil des Arbeitseinkommens nach § 850f
ZPO erhöhen.

Der Pfändungsfreibetrag erhöht sich, wenn der Arbeitnehmer auf Grund gesetzlicher Ver- 70
pflichtungen **Unterhalt gewährt** (§ 850c Abs. 1 S. 2 ZPO), dh tatsächlich leistet. Umfang
und Grenzen der gesetzlichen Unterhaltspflicht ergeben sich aus den Regelungen des
BGB.[127] Der Arbeitgeber kann zur Feststellung der Unterhaltspflichten grundsätzlich von
den Eintragungen auf der Lohnsteuerkarte ausgehen,[128] solange keine Anhaltspunkte dafür
vorliegen, dass Angaben falsch sind. Der Zähler des Kinderfreibetrages ist jedoch nicht
mehr aussagekräftig für die Anzahl der **Kinder.** Der Arbeitgeber muss den Arbeitnehmer
nach der Anzahl fragen. Dem Arbeitgeber ist nicht zuzumuten, Ermittlungen darüber anzustellen, ob der Arbeitnehmer seinen Unterhaltspflichten auch nachkommt.[129]

Der Unterhalt an **nicht eheliche Lebensgefährten** ist im Rahmen des § 850c ZPO nicht zu 71
berücksichtigen.[130] Hier kommt nur ein Antrag nach § 850f ZPO in Betracht. Der **Ehegatte**
dagegen ist bei der Berechnung als Unterhaltsgläubiger zu berücksichtigen. Dies gilt sowohl
für den Fall, dass sein Einkommen höher ist als das des Arbeitnehmers, als auch für den
Fall, dass sein Einkommen geringer ist.[131] Das Interesse des Gläubigers wird berücksichtigt,
indem er nach § 850c Abs. 4 ZPO einen Beschluss erwirken kann, in dem die Pfändungsfreigrenze unter Berücksichtigung der Tatsache, dass der Unterhaltsberechtigte eigenes Einkommen hat, festgesetzt wird. Dem Beschluss kommt keine Rückwirkung zu. Er wirkt auch
nur zu Gunsten des Gläubigers, der den Beschluss erwirkt hat.[132]

Erhält der Arbeitnehmer von demselben Arbeitgeber mehrere Einkommen, sind diese zu- 72
sammenzurechnen. Der Pfändungsfreibetrag ist aus der Gesamtsumme zu ermitteln. Erhält
der Arbeitnehmer mehrere **Einkommen von verschiedenen Arbeitgebern,** so ist auf **Antrag
des Gläubigers** vom Vollstreckungsgericht der pfändbare Betrag festzusetzen.[133] Der Pfändungsfreibetrag ist in erster Linie dem Arbeitseinkommen zu entnehmen, das die wesentliche Grundlage der Lebenshaltung des Arbeitnehmers ist (§ 850e Nr. 2 ZPO). So wird ausgeschlossen, dass dem Arbeitnehmer für jedes Einkommen der Pfändungsfreibetrag zu Gute
kommt. Ebenso werden Arbeitseinkommen und **laufende Sozialleistungen** nach dem Sozialgesetzbuch zusammengerechnet (§ 850e Nr. 2a ZPO). Der Beschluss muss die Höhe der Sozialleistungen erkennen lassen.[134] Er wirkt nur zu Gunsten des Vollstreckungsgläubigers, der
den Beschluss beantragt hat.

Der Gläubiger wird gegen Manipulationen der Summe des pfändbaren Arbeitseinkom- 73
mens durch Lohnschiebung iSd § 850h Abs. 1 ZPO und durch Lohnverschleierung iSd
§ 850h Abs. 2 ZPO geschützt, indem dieses Arbeitseinkommen auch der Pfändung unterworfen wird. Von einem **verschleierten Arbeitseinkommen** ist nach § 850h Abs. 2 ZPO auszugehen, wenn der Arbeitnehmer arbeitet, hierfür aber angeblich keine oder eine unverhältnismäßig geringe Vergütung erhält. Leistet der Insolvenzschuldner einem Dritten in
einem ständigen Verhältnis Arbeiten gegen eine unverhältnismäßig geringe Vergütung iSd
§ 850h Abs. 2 ZPO, kann der Insolvenzverwalter fiktives Arbeitseinkommen[135] zur Masse
ziehen. Der Eröffnungsbeschluss wirkt wie ein Pfändungs- und Überweisungsbeschluss im
Einzelvollstreckungsverfahren.[136]

---

[127] BAG 26.11.1986 – 4 AZR 786/85, NJW 1987, 1573; s. auch BSG 27.11.1991 – 4 RA 80/90, BeckRS 1991, 30739561.
[128] LAG Hamm 15.4.2015 – 2 Sa 1325/14, VuR 2016, 155.
[129] *Liese* DB 90, 2065.
[130] LG Schweinfurt 17.10.1983 – 2 T 93/83, NJW 1984, 374; *Thran* NJW 1995, 1458.
[131] BAG 16.6.1960 – 5 AZR 121/60, AP ZPO § 850d Nr. 5.
[132] BAG 20.6.1984 – 4 AZR 339/82, AP ZPO § 850c Nr. 6 mAnm *Grunsky*.
[133] *Grunsky* ZIP 1983, 908.
[134] LAG Düsseldorf 18.6.1985 – 16 Sa 552/85, DB 1986, 649.
[135] Vgl. dazu BAG 23.4.2008 – 10 AZR 168/07, NZA 2008, 896.
[136] BAG 12.3.2008 – 10 AZR 148/07, NZA 2008, 779.

74 Trotz der Regelung in § 850h ZPO hat der **Gläubiger substantiiert darzulegen und zu beweisen,** dass dem Arbeitnehmer Arbeitseinkommen aus einer Tätigkeit zusteht. Im Fall der Mitarbeit des Arbeitnehmers in einem Familienbetrieb sind an die Darlegungs- und Beweislast allerdings nach der **Rspr. mildere Anforderungen** zu stellen. Auf den fiktiven Vergütungsanspruch nach § 850 Abs. 2 ZPO sind die gesetzlichen Verjährungsvorschriften anzuwenden, nicht jedoch tarifliche Verfallsfristen.[137] Nach hM bleibt es bei der **Rangfolge der Gläubiger,** wenn der vorrangige Gläubiger nicht auf das gepfändete Einkommen zugreifen will.[138] Bei Vorliegen eines **Ehegattenarbeitsverhältnisses** ist bei der Bemessung der angemessenen Vergütung nach § 850h Abs. 2 ZPO zu Gunsten des Drittschuldners zu berücksichtigen, dass ihm der Schuldner einen Teil seiner Arbeitsleistung unentgeltlich zuwenden will, um Schulden abzuarbeiten. Dann darf die gewährte Vergütung jedoch nicht in einem **auffälligen Missverhältnis** zur erbrachten Arbeitsleistung stehen. Ein solches Missverhältnis liegt vor, wenn in einem Wirtschaftsbereich mit niedrigem Lohnniveau die Differenz zum üblichen Tariflohn mehr als 30 % beträgt.[139]

75 e) **Pfändung und Überweisung.** Die Pfändung ist zulässig zur Vollstreckung in Geldforderungen und richtet sich nach §§ 828 ff. ZPO. Im vom Gläubiger zu stellenden **Antrag** muss die **Forderung** bezeichnet werden, in die vollstreckt werden soll. Ausreichend ist, wenn als Anspruchsziel die „**Zahlung aller jetzigen und künftigen Bezüge an Arbeitseinkommen**" oder die Zahlungsansprüche aus dem Arbeitsverhältnis angegeben werden.[140] Hohe Ansprüche an die Bezeichnung der zu pfändenden Ansprüche können nicht verlangt werden, da der Gläubiger idR die Verhältnisse des Schuldners nur oberflächlich klären kann.[141]

76 Der Pfändungsbeschluss nach § 829 ZPO wird in der Praxis meist als **Blankettbeschluss** erlassen, wobei sich der Umfang des pfändungsfreien Betrages durch Bezugnahme auf die Tabelle ergibt (§ 850c Abs. 3 S. 2 ZPO). Der Arbeitgeber muss dann als Drittschuldner, den pfändbaren Teil des Arbeitseinkommens festsetzen. Dies geschieht idR nach den Angaben in der Lohnsteuerkarte oder durch andere vom Arbeitnehmer erbrachte Nachweise. Eine weitergehende Erkundigungspflicht trifft den Arbeitgeber nicht. Es gehört zum Pflichtbereich des Arbeitnehmers, etwaige gesetzliche Unterhaltspflichten nach § 850c Abs. 1 S. 2 ZPO nachzuweisen. Der Gläubiger trägt das Risiko bezüglich des Wahrheitsgehaltes der Angaben des Arbeitnehmers. Gläubiger, Arbeitnehmer und Arbeitgeber können durch eine Erinnerung eine Entscheidung des Vollstreckungsgerichtes herbeiführen, wenn zweifelhaft ist, ob eine Person unterhaltsberechtigt nach § 850c Abs. 1 S. 2 ZPO ist.

77 Der Arbeitgeber schuldet als Drittschuldner nach § 840 ZPO **Auskunft** über Bestand und Höhe der Forderung. Aus einer Pflichtverletzung resultiert eine Schadensersatzpflicht des Arbeitgebers. Der zu ersetzende Schaden umfasst auch die Anwalts- und die Gerichtskosten im Falle eines nutzlos geführten Prozesses.[142]

78 Aufgrund des Pfändungs- und Überweisungsbeschlusses muss der Arbeitgeber als Drittschuldner den Betrag, der zu Gunsten des Gläubigers gepfändet und überwiesen wurde, an diesen auszahlen. Eine Zahlung an den Arbeitnehmer hat keine Erfüllungswirkung. § 836 Abs. 2 ZPO gewährt dem Arbeitgeber **Gutglaubensschutz,** dh der Arbeitgeber darf von der Richtigkeit des Pfändungs- und Überweisungsbeschlusses ausgehen, auch wenn dieser zu Unrecht erlassen wurde. Auf den Gutglaubensschutz kann sich allerdings nur der Arbeitgeber berufen, der den Pfändungs- und Überweisungsbeschluss auch beachtet.[143]

79 Leistet der Arbeitgeber als Drittschuldner aus dem pfändbaren Teil des Arbeitseinkommens trotz wirksamen Pfändungs- und Überweisungsbeschlusses an den Arbeitnehmer, so kann er sich nicht auf den Ablauf tariflicher Ausschlussfristen berufen, wenn der Gläubiger ihn auf Zahlung dieses Anteiles in Anspruch nimmt.[144]

---

[137] LAG Düsseldorf 10.3.1994 – 12 Sa 1976/93, MDR 1994, 1020.
[138] BAG 15.6.1994 – 4 AZR 317/93, NZA 1995, 47.
[139] LAG Hamm 22.9.1992 – 2 Sa 1823/91, ZIP 1993, 610.
[140] BAG 10.2.1962 – 5 AZR 77/61, NJW 1962, 1221.
[141] BGH 26.1.1983 – VIII ZR 258/81, NJW 1983, 886.
[142] BAG 16.5.1990 – 4 AZR 56/90, NZA 1991, 27.
[143] BAG 16.5.1990 – 4 AZR 56/90, NZA 1991, 27; BAG 6.2.1991 – 4 AZR 419/90, NZA 1991, 506.
[144] LAG Köln 9.7.1991 – 4 Sa 338/91, NZA 1992, 82.

Treffen **Pfändung und Abtretung** zusammen, gilt das **Prioritätsprinzip**. Dementsprechend 80 entfaltet der Pfändungs- und Überweisungsbeschluss keine Wirkung, wenn die Forderung im Zeitpunkt der Forderung bereits abgetreten war. Eine spätere Rückabtretung führt nicht zur Entstehung eines Pfändungspfandrechtes. Eine formularmäßige Sicherungsabtretung aller Ansprüche eines Kreditnehmers aus dem Arbeitsverhältnis ist unwirksam, wenn für die Verwertung § 20 AGB Banken (Verwertung bei Fälligkeit ohne Androhung) vereinbart ist.[145] Werden künftige fortlaufende Vergütungsansprüche eines Arbeitnehmers, die bereits im Voraus abgetreten wurden, gepfändet und zur Einziehung überwiesen, so entsteht im Fall der Zurückabtretung ein Pfandrecht. Denn nach § 823 ZPO genügt es für die Pfändung fortlaufender Bezüge, dass deren Entstehungsgrund gesetzt ist.[146]

Sobald das **Arbeitsverhältnis beendet** ist, wird der Pfändungs- und Überweisungsbeschluss gegenstandslos. Entsteht in der Zukunft ein weiteres Arbeitsverhältnis mit demselben Arbeitnehmer, werden Ansprüche hieraus nur dann erfasst, wenn das neue mit dem alten Arbeitsverhältnis in einem inneren Zusammenhang steht.[147] 81

Nach einem **Betriebsübergang** bleiben sowohl die Pfandverstrickung als auch die Reihenfolge der Pfändungen erhalten. Es müssen keine neuen Pfändungs- und Überweisungsbeschlüsse gegen den neuen Betriebsinhaber erlassen werden.[148] 82

III. Gerichtliche Durchsetzung

1. Rechtswegzuständigkeit

Die Zuständigkeit der Arbeitsgerichte (→ § 77 Rn. 31 ff.) bestimmt sich ausschließlich, dh 83 zwingend, nach den §§ 2–5 ArbGG. Damit sind die Arbeitsgerichte nach § 2 Abs. 1 Nr. 3a ArbGG für bürgerliche Rechtsstreitigkeiten zwischen Arbeitnehmern und Arbeitgebern aus dem Arbeitsverhältnis zuständig. Die Streitigkeit muss aus einem Arbeitsverhältnis resultieren, das zwischen den Parteien besteht, bestanden hat oder begründet werden sollte. Dabei ist gleichgültig, ob dieses wirksam begründet wurde oder nichtig ist.[149] Streitigkeiten über die Vergütung unterfallen unproblematisch § 2 Abs. 1 Nr. 3a ArbGG.

Der Arbeitnehmer kann Vergütungsansprüche, die wegen der Zahlung von Arbeitslosengeld an die **Bundesagentur für Arbeit** übergegangen sind, im Wege der gewillkürten Prozessstandschaft für die Bundesagentur geltend machen.[150] 84

Klagt der Arbeitnehmer die Vergütung als Bruttobetrag ein, die auch die sozialversicherungsrechtlichen und steuerrechtlichen Beiträge umfasst, ist der Streitgegenstand bürgerlichrechtlicher Natur. Der auf den neuen § 611a Abs. 2 BGB gestützte Anspruch ergibt sich sowohl dem Grund als auch der Höhe nach aus dem zivilrechtlichen Arbeitsverhältnis der Parteien. Folgerichtig behält der Anspruch seine zivilrechtliche Grundlage. 85

Die **Sozial- oder Finanzgerichte** sind dagegen nach § 33 Abs. 1 Nr. 1, Abs. 2 FGO bzw. § 51 Abs. 1 SGG zuständig, wenn über die sozialversicherungs- oder lohnsteuerrechtliche Frage unmittelbar selbst als Streitgegenstand entschieden wird und die Entscheidung damit insoweit der Rechtskraft fähig ist.[151] Nach älterer Rechtsprechung des **Bundessozialgerichts** soll der Arbeitnehmer bei Streitigkeiten über die Beitragspflicht ein Wahlrecht haben, ob er gegen den Arbeitgeber die sozialgerichtliche Feststellungsklage oder die arbeitsgerichtliche Klage auf Vergütung erhebt. Daraus resultiert, dass Arbeits- und Sozial- bzw. Finanzgerichte teilweise über dieselbe Rechtsfrage entscheiden.[152] Nach wie vor gibt es keine Allzuständigkeit eines Rechtsweges, sondern es kommt auf die Natur des Anspruchs an, auf den die Kla- 86

---

[145] BGH 7.7.1992 – XI ZR 274/91, NJW 1992, 2626.
[146] BAG 17.2.1993 – 4 AZR 161/92, NZA 1993, 813.
[147] BAG 3.10.1957 – 2 AZR 41/57, AP ZPO § 832 Nr. 2; BAG 24.3.1993 – 4 AZR 258/92, NZA 1993, 792; BAG 16.5.2003 – 6 AZR 556/11, NZA 2013, 1079.
[148] LAG Hessen 22.7.1999 – 5 Sa 13/99, NZA 2000, 615; BAG 16.5.2003 – 6 AZR 556/11, NZA 2013, 1079 (für den Fall der Umwandlung).
[149] BAG 25.4.1963 – 5 AZR 398/62, AP BGB § 611 Faktisches Arbeitsverhältnis Nr. 2.
[150] BAG 19.3.2008 – 5 AZR 432/07, NJW 2008, 2204.
[151] BSG 7.6.1979 – 12 RK 13/78, AP RVO §§ 394, 395 Nr. 4.
[152] BSG 7.6.1979 – 12 RK 13/78, AP RVO §§ 394, 395 Nr. 4.

ge gestützt wird. Das BAG unterscheidet danach, ob der zur Klagebegründung vorgetragene Sachverhalt für die aus ihm hergeleitete Rechtsfolge von Rechtssätzen des bürgerlichen Rechts oder des öffentlichen Rechts geprägt wird.[153] Der Anspruch auf Gewährung von Zuschüssen zu Sozialversicherungsbeiträgen wie Kranken- und Pflegeversicherung ist sozialrechtlicher Natur (§ 257 SGB V) und daher vor den Sozialgerichten geltend zu machen.[154] Dies gilt auch für einen Rückzahlungsanspruch.[155]

87   Der Weg zur Arbeitsgerichtsbarkeit ist eröffnet, wenn der Arbeitnehmer den Arbeitgeber auf Zahlung von Lohnsteuern an das Finanzamt oder von Pflichtbeiträgen an den jeweiligen Versicherungsträger verklagt. Auch in diesem Fall klagt der Arbeitnehmer seinen Lohnanspruch ein, da die öffentlich-rechtliche Pflicht zur Abführung erst im Zeitpunkt des Lohnzuflusses, zB nach § 38 Abs. 2 S. 2 EStG,[156] entsteht.

88   Damit ist die **Zuständigkeit des Arbeitsgerichtes** im Einzelfall gegeben für die Klage eines Arbeitnehmers auf Zahlung eines höheren Netto-Betrages mit der Begründung, es seien zu hohe Sozialversicherungsabgaben gezahlt worden,[157] auf Verurteilung des Arbeitgebers zur Abführung von Lohnsteuern an das Finanzamt,[158] auf Unterwerfung bestimmter Entgeltanteile unter die Pauschalversteuerung.[159] Das Arbeitsgericht ist auch für die Klärung der Frage zuständig, ob die Parteien eine Nettolohnvereinbarung geschlossen haben.[160] Bei der Anfechtung von Vergütungszahlungen durch einen Insolvenzverwalter ist ebenfalls der Rechtsweg zu den Arbeitsgerichten eröffnet.[161]

2. Örtliche Zuständigkeit

89   Die örtliche Zuständigkeit[162] ist im ArbGG nicht besonders geregelt und richtet sich gemäß § 46 Abs. 2 S. 1 ArbGG nach den §§ 12 ff. ZPO:
Der **allgemeine Gerichtsstand** des Arbeitgebers liegt, wenn er eine **natürliche Person** ist, nach § 13 ZPO iVm § 7 BGB an seinem Wohnsitz, wenn er eine **juristische Person** ist, liegt er an deren Sitz. Der Sitz ist nach § 17 ZPO im Allgemeinen der Ort, wo sich die Verwaltung befindet. Der **Staat als Arbeitgeber** hat nach § 18 ZPO den allgemeinen Gerichtsstand am Sitz der Behörde, die zu seiner Vertretung im Rechtsstreit zuständig ist.

90   Für die **Entgeltklage** ist nach § 29 Abs. 1 ZPO regelmäßig das **Gericht des Erfüllungsortes** zuständig. Der Erfüllungsort bestimmt sich für Arbeitsverträge nach § 269 BGB und damit nach materiellem Recht.[163] Der Erfüllungsort ist aus den Umständen und der Natur des Arbeitsverhältnisses zu entnehmen. Grundsätzlich ist von einem einheitlichen Erfüllungsort auszugehen.[164] Daher ist der Erfüllungsort idR, dh wenn der Arbeitnehmer am Sitz des Betriebes ständig beschäftigt wird,[165] der Ort, an dem der Arbeitnehmer seine Leistung erbringt. Es kommt nicht darauf an, von wo die Arbeitsvergütung gezahlt wird oder wo sich die Arbeitnehmervertretung befindet.[166] Maßgeblich ist, wo der **Schwerpunkt des Arbeits-**

---

[153] BAG 14.5.2018 – 9 AS 2/18, NJW 2018, 3197; BAG 5.10.2005 – 5 AZB 27/05, NZA 2005, 1429.
[154] BAG 1.6.1999 – 5 AZB 34/98, NZA 1999, 1174; s. auch Beschl. Gem. Senat der obersten Gerichtshöfe des Bundes 4.6.1974 – GmS-OGB 2/73, NJW 1974, 2087.
[155] BAG 19.8.2008 – 5 AZB 75/08, NZA 2008, 1313.
[156] BFH 29.6.1993 – VI B 108/92, BeckRS 1993, 22010755; Tipke/Kruse/*Krumm* FGO § 33 Rn. 47; aA LAG München 21.8.1985 – 5 Sa 62/85, LAGE ArbGG 1979 § 2 Nr. 4.
[157] BAG 21.3.1984 – 5 AZR 320/82, BeckRS 9998, 148164; LAG Hamm 16.6.1988 – 17 Sa 2204/87, BeckRS 1988, 30461061.
[158] LAG Baden-Württemberg 10.4.1986 – 4 Sa 2/85, BeckRS 1986, 30453084.
[159] LAG Sachsen-Anhalt 1.9.1995 – 5 Ta 104/95, NZA-RR 1996, 308.
[160] BFH 29.6.1993 – VI B 108/92, BeckRS 1993, 22010755.
[161] BAG 27.2.2008 – 5 AZB 43/07, NZA 2008, 549; Gemeinsamer Senat der obersten Gerichtshöfe des Bundes 27.9.2010 – GmS-OGB 1/09, NZA 2011, 534.
[162] Vgl. zur internationalen und örtlichen Zuständigkeit näher → § 77 Rn. 31 f. und 214 ff.
[163] Germelmann/Matthes/Prütting/*Germelmann/Künzl* ArbGG § 48 Rn. 40; BAG 9.10.2002 – 5 AZR 307/01, NZA 2003, 339; s. auch BGH 20.5.1981 – VIII ZR 270/80, NJW 1981, 2642.
[164] BAG 3.11.1993 – 5 AS 20/93, NZA 1994, 479; BAG 9.10.2002 – 5 AZR 307/01, NZA 2003, 339; Grunsky/Waas/Benecke/Greiner/*Benecke* ArbGG § 48 Rn. 25.
[165] BAG 3.12.1985 – 4 AZR 325/84, AP TVG § 1 Tarifverträge: Großhandel Nr. 5.
[166] BAG 3.11.1993 – 5 AS 20/93, NZA 1994, 479; aA *Krasshöfer/Molkenbur* NZA 1988, 236 (237 f.); *Ostrop/Zumkeller* NZA 1994, 644.

verhältnisses liegt.[167] Für die Bestimmung des Schwerpunktes kommt es auf alle Umstände des Einzelfalls an, zB Ort des Arbeitsvertragsschlusses, Steuerung der Einsätze.[168] Die Beurteilung des Erfüllungsortes bei Arbeitsverhältnissen mit **Montage- und Außendienstmitarbeitern** ist umstritten. Das **BAG** steht auf dem Standpunkt, dass in diesen Fällen der Schwerpunkt des Arbeitsverhältnisses regelmäßig der Wohnsitz des Arbeitnehmers sei.[169] Nach anderer Ansicht findet diese Rechtsauffassung keine ausreichende gesetzliche Grundlage.[170] Wenn der Schwerpunkt sich nicht eindeutig bestimmen lasse, sei der Ort entscheidend, von dem die tatsächliche Arbeitsleistung gelenkt werde.[171] Bestehe ein Bündel von gleichwertigen Leistungspflichten, scheide der Gerichtsort des Erfüllungsortes aus.[172] Erfüllungsort für die Arbeitsleistung eines Reisenden, dessen Zuständigkeit sich auf einen größeren Bezirk erstreckt, der mehrere Arbeitsgerichtsbezirke übersteigt, ist nach § 269 Abs. 1 BGB sein Wohnsitz, wenn er von dort aus seine Reisetätigkeit ausübt. Das gilt unabhängig davon, ob er täglich nach Hause zurückkehrt und in welchem Umfang er vom Betrieb Anweisungen für die Gestaltung seiner Reisetätigkeit erhält.[173]

Durch die **Neuregelung des § 48 ArbGG** ist dem Meinungsstreit über den Gerichtsstand des Erfüllungsortes bei Außendienstmitarbeitern in der Praxis die Bedeutung weitgehend entzogen. § 48 Abs. 1a ArbGG gibt eine weitere örtliche Zuständigkeit. Danach ist für Streitigkeiten nach § 2 ArbGG auch das Arbeitsgericht zuständig, in dessen Bezirk der Arbeitnehmer gewöhnlich seine Arbeit verrichtet oder zuletzt gewöhnlich verrichtet hat. Soweit ein **gewöhnlicher Arbeitsort** nicht feststellbar ist, ist das Arbeitsgericht örtlich zuständig, von dessen Bezirk aus der Arbeitnehmer gewöhnlich seine Arbeit verrichtet oder zuletzt gewöhnlich verrichtet hat. Es handelt sich nicht um eine ausschließliche Zuständigkeit. Die allgemeinen Gerichtsstände (§§ 13, 17 ZPO), ebenso wie die besonderen Gerichtsstände der Niederlassung (§ 21 ZPO) und des Erfüllungsortes (§ 29 ZPO), bleiben unberührt. Es besteht ein Wahlrecht. Nach der Neuregelung kommt es nicht darauf an, ob am Arbeitsort Betriebsstrukturen des Arbeitgebers bestehen, Arbeitsanweisungen erteilt werden oder die Zahlung der Vergütung erfolgt. Maßgebend ist nur, wo der Arbeitnehmer tatsächlich die geschuldete Arbeitsleistung erbringt.[174] Maßgeblich sind die tatsächlichen Verhältnisse, nicht etwa ein vertraglich vereinbarter Ort der Leistungserbringung.[175] Das Gesetz verwendet den Begriff des *gewöhnlichen* Arbeitsortes. Wann dieses Tatbestandsmerkmal bei kurzfristiger Tätigkeit an einem Arbeitsort erreicht ist, lässt sich aus dem Wortlaut des Gesetzes nicht ohne Weiteres begründen. Es reicht aber wohl schon eine kurze Tätigkeit an dem Arbeitsort aus, jedoch darf dieser nicht zufällig sein, sondern es muss sich um denjenigen handeln, an dem der Arbeitnehmer üblicherweise seine Tätigkeit verrichtet.

Kann ein Schwerpunkt der Arbeitstätigkeit nicht ermittelt werden, weil der Arbeitnehmer vertragsgemäß in mehreren Gerichtsbezirken tätig zu sein hat, ist auf den Ort abzustellen, von dem aus der Arbeitnehmer die Arbeitsleistung erbringt. Deshalb kann für einen **Außendienstmitarbeiter** Arbeitsort **auch der Wohnort** sein, wenn er von dort aus seine Reisetätigkeit plant oder andere Hilfstätigkeiten ausübt.[176] Andererseits ist der Wohnort kein Arbeitsort im Sinne der Regelung, wenn sich ein Montagearbeiter oder Kraftfahrer im Rahmen einer Vielzahl einzelner weisungsgebundener Entsendungen vom Wohnort zum jeweiligen Einsatzort begibt.[177]

---

[167] LAG Rheinland-Pfalz 29.11.1984 – 8 Sa 694/84, NZA 1985, 540.
[168] LAG Rheinland-Pfalz 29.11.1984 – 8 Sa 694/84, NZA 1985, 540.
[169] BAG 12.6.1986 – 2 AZR 398/85, NJW-RR 1988, 482; EuGH 9.1.1997 – C-383/95, BeckRS 2004, 76909; *Schulz* NZA 1995, 16.
[170] *Krasshöfer-Pidde/Molkenbur* NZA 1988, 237; *Ostrop/Zumkeller* NZA 1994, 644; *Fhler* BB 1995, 1849.
[171] ArbG Regensburg 16.3.1994 – 5 Ca 324/94, NZA 1995, 96.
[172] ArbG Bamberg 8.11.1994 – 3 Ca 741/94, NZA 1995, 864.
[173] BAG 23.10.1996 – 5 As 6/96, BeckRS 1996, 30924475; BAG 11.12.1995 – 5 AS 27/95, BeckRS 1995, 30758531; BAG 3.11.1993 – 5 AS 20/93, NZA 1994, 479; ebenso die überwiegende Mehrheit der Instanzgerichte, zB LAG Hessen 10.2.1983 – 3 Ta 296/82, AuR 1983, 348; ArbG Bayreuth 11.8.1993 – 4 Ca 653/93, NZA 1993, 1055.
[174] Vgl. LAG Sachsen-Anhalt 23.7.2014 – 5 SHa 6/14, BeckRS 2014, 71686.
[175] Germelmann/Matthes/Prütting/*Germelmann/Künzl* § 48 Rn. 35.
[176] LAG Hamm 12.8.2013 – 1 Ta 397/13, BeckRS 2013, 72475.
[177] LAG Bremen 9.10.2014 – 1 SHa 4/14, BeckRS 2014, 73128.

93 Der Erfüllungsort bleibt auch nach Beendigung des Arbeitsverhältnisses maßgeblich.[178] Er ist nicht nur für **Klagen auf Erfüllung** einer Verbindlichkeit, sondern auch für positive und negative **Feststellungsklagen**, hinsichtlich des Bestehens eines Vertragsverhältnisses oder einzelner Verbindlichkeiten aus diesem, gegeben.[179]

94 Der Arbeitgeber kann nach § 21 ZPO auch am besonderen Gerichtsstand der selbstständigen **Niederlassung** verklagt werden. Eine selbstständige Niederlassung ist jede vom Arbeitgeber an einem anderen Ort als den seines Sitzes für eine gewisse Dauer errichtete, auf seinen Namen und seine Rechnung betriebene und in der Regel zum selbstständigen Geschäftsabschluss und Handeln berechtigte Geschäftsstelle.[180] Voraussetzung ist, dass der Klagegegenstand zum Geschäftsbetrieb der Niederlassung einen **Bezug** aufweist. Das ist dann der Fall, wenn der Arbeitsvertrag von der Niederlassung abgeschlossen wurde und auch das Arbeitsverhältnis, zumindest mittelbar, von der Niederlassung aus gelenkt wurde.[181]

95 Die **Vereinbarung** des Erfüllungsortes, nach dem sich dann der Gerichtsstand bestimmt, scheidet für arbeitsrechtliche Streitigkeiten praktisch aus. Dies liegt darin begründet, dass die Vereinbarung des Erfüllungsortes durch die Vertragsparteien nach § 29 Abs. 2 ZPO den Gerichtsstand des Erfüllungsortes nur begründen kann, wenn die Parteien Vollkaufleute, juristische Personen des öffentlichen Rechts oder öffentlich-rechtliche Sondervermögen sind.[182] Dem entspricht die Anordnung des § 38 Abs. 1 ZPO.

96 Das an sich unzuständige Gericht kann im arbeitsrechtlichen Verfahren nach allgemeinen Vorschriften der ZPO durch **Gerichtsstandsvereinbarung** zuständig werden.[183] Hierfür gelten jedoch die **Grenzen** des § 38 Abs. 1, 2, 3 ZPO. Demzufolge ist eine Vereinbarung nur möglich, wenn eine der Parteien im Inland über keinen allgemeinen Gerichtsstand verfügt und die weiteren Voraussetzungen des § 38 Abs. 2 ZPO erfüllt sind. Ferner kann nach Entstehen der Streitigkeit, aber vor Anhängigkeit des Rechtsstreites nach § 38 Abs. 3 Nr. 1 ZPO, eine Gerichtsstandsvereinbarung geschlossen werden, wenn sie ausdrücklich und schriftlich erfolgt.[184]

97 Nach § 48 Abs. 2 ArbGG können die Tarifvertragsparteien im normativen Teil des Tarifvertrages eine **tarifvertragliche Zuständigkeitsregelung** treffen. Auf diesem Wege kann sowohl eine ausschließliche als auch eine zusätzliche Zuständigkeit getroffen werden.

98 Die Vereinbarung unterliegt nicht dem Schriftformerfordernis des § 38 Abs. 2, 3 ZPO und kann im Voraus getroffen werden. Die abweichende Zuständigkeitsregelung ist nach § 48 Abs. 2 Nr. 1 ArbGG nur zulässig für bürgerlich-rechtliche Rechtsstreitigkeiten zwischen Arbeitnehmer und Arbeitgeber und aus Verhandlungen über das Eingehen eines Arbeitsverhältnisses, das sich nach einem Tarifvertrag bestimmt.

99 Nach Rechtshängigkeit kann die Zuständigkeit des an sich unzuständigen Gerichtes auch durch **rügelose Einlassung** in der Hauptverhandlung begründet werden, sofern die beklagte Partei gemäß § 39 ZPO über die Unzuständigkeit des Gerichtes und die Bedeutung ihrer rügelosen Einlassung nach § 504 ZPO belehrt wurde.

3. Klageart

100 a) **Leistungsklage.** Der Arbeitnehmer kann vor dem Arbeitsgericht Leistungsklage auf Entgeltzahlung erheben. Für die Leistungsklage auf Entgeltzahlung gelten nur wenige arbeitsrechtliche Besonderheiten.

---

[178] LAG Düsseldorf 19.11.1963 – 8 Ta 32/63, BB 1964, 393; Germelmann/Matthes/Prütting/*Germelmann/Künzl* ArbGG§ 48 Rn. 43.
[179] BAG 18.6.1971 – 5 AZR 13/71, NJW 1971, 2143; Germelmann/Matthes/Prütting/*Germelmann/Künzl* ArbGG § 48 Rn. 44.
[180] LAG Hessen 31.7.1987 – 13 Sa 1678/86, BeckRS 1987, 30886067.
[181] Germelmann/Matthes/Prütting/*Germelmann/Künzl* ArbGG § 48 Rn. 46.
[182] Germelmann/Matthes/Prütting/*Germelmann/Künzl* ArbGG § 48 Rn. 41; *Thomas/Putzo* ZPO § 29 Rn. 10; *Vollkommer* RdA 1974, 206; *Krasshöfer-Pidde/Molkenbur* NZA 1988, 237; Schaub/Künzl ArbGVerf § 9 Rn. 31; Grunsky/Waas/Benecke/Greiner/*Benecke* ArbGG § 48 Rn. 25.
[183] BAG 15.11.1972 – 5 AZR 276/72, NJW 1973, 727.
[184] Einzelheiten s. Germelmann/Matthes/Prütting/*Germelmann/Künzl* ArbGG § 48 Rn. 55 ff.

Es ergibt sich zB die Frage, ob **Brutto- oder Nettolohnklage** zu erheben ist. Bei einem ver- 101
einbarten Bruttoentgelt ist grundsätzlich auf den Bruttobetrag zu klagen.[185] Nach umstrittener Ansicht ist die Klage auf den Nettobetrag im Fall der Bruttolohnabrede jedoch ebenfalls zulässig.[186] Bedenken dagegen werden erhoben,[187] da sich die Höhe der steuer- und sozialversicherungsrechtlichen Abzüge nach dem Zeitpunkt des Zuflusses der Geldleistung richtet und damit bei Klageerhebung nicht vorhersehbar ist. Eine **Drittschuldnerklage** ist immer netto zu beziffern.[188]

Soweit nichts anderes vereinbart ist, schuldet der Arbeitgeber im Übrigen grundsätzlich 102
den Bruttolohn. Daher ist die Klage idR auf den Bruttobetrag zu richten.[189] Der Arbeitgeber ist zwar verpflichtet, Steuern und Sozialversicherungsbeiträge abzuführen, dies ändert jedoch nichts daran, dass der Arbeitgeber primär die Bruttovergütung schuldet. Auch im Titel nicht näher bezeichnete Beträge stellen **im Zweifel Bruttobeträge** dar.

Eine Nettolohnklage ist in jedem Fall zulässig, wenn eine Nettolohnvereinbarung getroffen 103
wurde. Dies stellt allerdings in der Praxis die Ausnahme dar. Ein entsprechender Parteiwille muss klar zum Ausdruck gekommen sein.[190] Ist eine **Nettolohnvereinbarung** getroffen, kann die Vergütung netto eingeklagt werden. Zur schlüssigen Begründung einer Nettolohnklage hat der Kläger die für den Tag des Zuflusses des Arbeitsentgelts geltenden Besteuerungsmerkmale im Einzelnen darzulegen.[191] Der Arbeitgeber muss die Bruttosumme aus der vereinbarten Nettosumme errechnen und ist darüber hinaus mit der Unsicherheit der Veränderung der Steuerabgaben und Sozialversicherungsbeiträge belastet.[192] Die Nettolohnklage kann für den Arbeitnehmer **erhebliche Nachteile** mit sich bringen. Nach der **Rspr. des BFH**[193] wird der vom Arbeitnehmer erstrittene Nettobetrag, steuerrechtlich als Bruttolohn behandelt, so dass der Arbeitnehmer aus dem Nettobetrag Einkommenssteuer und Sozialversicherungsbeiträge entrichten muss, wenn der Arbeitgeber diese noch nicht geleistet hat. In diesem Fall ist der Arbeitnehmer gezwungen, eine weitere Klage gegen den Arbeitgeber anzustrengen, um den restlichen Anteil des Bruttobetrages einzuklagen. Dies stellt sich offensichtlich als unökonomisch dar. **Umstritten** ist, ob darüber hinaus auch der Bruttobetrag geltend gemacht werden kann.[194]

Die auf den Bruttolohn gerichtete Klage hat für Arbeitnehmer den **Vorteil**, dass ein et- 104
waiger Titel auch Sozialversicherungsbeiträge und die Lohnsteuer erfasst und eine erneute Klage wegen Abführung dieser Beträge nicht notwendig ist.

Bereits **gezahlte Nettobeträge** sind, genauso wie **abgetretene** oder **kraft Gesetzes überge-** 105
gangene Ansprüche, als solche vom Klageantrag abzusetzen. Die Abführung von Lohnbestandteilen für die Sozialversicherung durch den Arbeitgeber begründet einen besonderen Erfüllungseinwand, den der Arbeitgeber einem Entgeltanspruch des Arbeitnehmers entgegenhalten kann, ohne dass es einer Aufrechnung bedürfte.[195] Es kann der Bruttobetrag abzüglich eines evtl. bereits gezahlten bestimmten und bezifferten Nettobetrages eingeklagt werden.[196] Dies genügt dem Bestimmtheitserfordernis (§ 253 Abs. 2 Nr. 2 ZPO), wenn die Forderung **exakt beziffert** ist, so dass sich der Nettobetrag berechnen lässt. Unzureichend ist

---

[185] BAG 26.5.1998 – 3 AZR 96/97, NZA 1998, 1124; s. auch zu Einzelheiten *Blomeyer* RdA 2011, 203 ff.
[186] BAG 7.3.2001 – GS 1/00, NZA 2001, 1195; Germelmann/Matthes/Prütting/*Germelmann/Künzl* ArbGG § 46 Rn. 55.
[187] *Berkowsky* DB 2000, 1710; *Berkowsky* BB 1982, 1120 (1121); LAG München 21.8.1979 – 4 Sa 470/79, DB 1980, 886.
[188] MHdB ArbR/*Krause* § 70 Rn. 26; zur Drittschuldnerklage bei verschleiertem Arbeitseinkommen: BAG 22.10.2008 – 10 AZR 703/07, NZA 2009, 163.
[189] So bereits BAG 14.1.1964 – 3 AZR 55/63, NJW 1964, 1338; BGH 21.4.1966 – VII ZB 3/66, BeckRS 1966, 31008808; zuletzt BAG 21.12.2016 – 5 AZR 273/16, NJW 2017, 1260.
[190] BAG 27.7.2010 – 3 AZR 615/08, BeckRS 2010, 74962 Rn. 27 mwN.
[191] BAG 26.2.2003 – 5 AZR 223/02, NZA 2003, 922.
[192] BFH 18.6.1993 – VI R 67/90, BeckRS 1993, 22010746 zu steuerl. Aspekten.
[193] BFH 18.6.1993 – VI R 67/90, BeckRS 1993, 22010746; *Kaiser/Sigrist* DB 1994, 178.
[194] Dagegen ErfK/*Koch* ArbGG § 46 Rn. 15; Schaub ArbR-HdB/*Linck* § 71 Rn. 9; BAG 8.4.1987 – 5 AZR 60/86, BeckRS 1987, 30721005; BAG 26.5.1998 – 3 AZR 96/97, NZA 1998, 1124 zuletzt bestätigt durch BAG 17.2.2016 – 5 AZN 981/15, NJW 2016, 1262; dafür MHdB ArbR/*Krause* § 70 Rn. 26; Germelmann/Matthes/Prütting/*Germelmann/Künzl* ArbGG § 46 Rn. 55.
[195] BAG 30.4.2008 – 5 AZR 725/07, NZA 2008, 884; BAG 20.4.2011 – 5 AZR 184/10, NJOZ 2012, 1695.
[196] BAG 15.11.1978 – 5 AZR 199/77, NJW 1979, 2634; *Berkowsky* BB 1982, 1120.

es, den abzuziehenden Nettobetrag nur zu umschreiben, da dann offen bleibt, welcher Teil der Entgeltforderung dem Arbeitnehmer zusteht und welcher Teil an einen anderen Empfänger abzuführen ist.[197] Ein zwischenzeitlicher Anspruchsübergang auf die Sozialversicherungsträger ist zu berücksichtigen, zB wenn der Arbeitnehmer im Anspruchszeitraum Arbeitslosengeld erhalten hat. Mangels exakter Bezifferung ist die Antragsformulierung „abzüglich erhaltenen Arbeitslosengeldes" nicht bestimmt genug.[198]

106 Das Bestimmtheitserfordernis (§ 253 Abs. 2 Nr. 2 ZPO) ist, insbesondere auch bei der Erklärung der **Aufrechnung gegenüber einem Bruttobetrag mit einem Nettobetrag** zu berücksichtigen. Da nach § 322 Abs. 2 ZPO die Entscheidung über die zur Aufrechnung gestellte Forderung der Rechtskraft fähig ist, muss das Gericht feststellen können, in welchem Umfang nach § 398 BGB die Gegenforderung durch die Aufrechnung erlischt. Der Aufrechnende muss dem Gericht den Nettobetrag, der sich aus dem Bruttobetrag ergibt, mitteilen und gegenüber diesem die Aufrechnung erklären.[199] Die Aufrechnung eines Arbeitgebers mit Schadenersatzansprüchen darf nicht gegen den Brutto- sondern muss gegen den Netto-Lohnanspruch erklärt werden, da sonst Steuern und Sozialversicherungsbeiträge verkürzt würden (§ 394 BGB).[200] Soll gegen den pfändbaren Teil der Netto-Lohnansprüche aufgerechnet werden, muss das deutlich erklärt werden.

107 Die **Vollstreckung** des Bruttobetrages ist ohne weiteres möglich. Die Lohnsteuerabgaben und die sozialversicherungsrechtlichen Beiträge sind entweder vom Arbeitgeber oder vom Gerichtsvollzieher an die empfangsberechtigten Stellen abzuführen.[201]

108 In der Praxis zieht der Gerichtsvollzieher häufig den gesamten Bruttobetrag ein, dann muss der **Arbeitnehmer** selbst die **Steuern und Sozialversicherungsbeiträge** abführen. Unterlässt er die Abführung, macht er sich gegenüber dem Arbeitgeber nach § 826 BGB schadensersatzpflichtig, wenn das Finanzamt oder die Krankenkasse die Beiträge beim Arbeitgeber beitreibt.[202]

109 Hat der Arbeitnehmer einen Anspruch auf Auskunft oder Rechnungslegung kann auch im Wege der **Stufenklage** nach § 254 ZPO iVm § 495 ZPO, § 46 Abs. 2 S. 1 ArbGG vorgegangen werden. Ein solcher Anspruch steht dem Arbeitnehmer nach §§ 259, 260, 242 BGB oder nach einer spezielleren Norm, zB §§ 87c, 92 Abs. 2 HGB, zu, wenn er auf Grund der Art der Vergütung, zB Provision, nicht ohne Mitwirkung des Arbeitgebers feststellen kann, ob und in welcher Höhe ihm Vergütung zusteht. Ebenso kann eine Stufenklage der Durchsetzung eines Ermessensbonus dienen. Der Arbeitnehmer kann zunächt über die Höhe des Bonus eine Ermessensentscheidung des Gerichts beantragen, um dann den festgesetzten Betrag einzuklagen.[203] Befindet sich der Arbeitgeber im **Annahmeverzug**, kann die Entgeltklage auch mit der **Klage auf Weiterbeschäftigung** verbunden werden.

110 Mit der Entgeltzahlungsklage kann auch ein Anspruch auf Zahlung von **Verzugsschäden**, insbesondere **Verzugs- und Rechtshängigkeitszinsen** (§§ 288, 291 BGB), verbunden werden. Lange Zeit war in der Rechsprechung umstritten, ob ein Arbeitnehmer die gesetzlichen **Zinsen aus dem Bruttovergütungsanspruch** fordern kann.[204] Der große Senat hat mit seinem Beschl. v. 7.3.2001 im Sinne der „**Bruttolösung**" entschieden, dass der Arbeitnehmer die Verzugszinsen nach § 288 Abs. 1 S. 1 BGB aus der geschuldeten Bruttovergütung verlangen kann, wenn er sich auf den gesetzlichen Zinssatz beschränkt.[205]

---

[197] BAG 15.11.1978 – 5 AZR 199/77, NJW 1979, 2634.
[198] BAG 15.11.1978 – 5 AZR 199/77, NJW 1979, 2634.
[199] BAG 20.11.2018 – 9 AZR 349/18, NJW 2019, 1477; Germelmann/Matthes/Prütting/*Germelmann/Künzl* ArbGG § 46 Rn. 56.
[200] LAG Berlin-Brandenburg 20.11.2013 – 21 Sa 866/13, BeckRS 2014, 68419; LAG Schleswig-Holstein 15.1.2019 – 1 Sa 334/18, BeckRS 2019, 12715.
[201] BAG 21.12.2016 – 5 AZR 273/16, NJW 2017, 1260.
[202] LAG Berlin 16.5.1990 – 13 Sa 23/90, BeckRS 1990, 30734121; LAG Baden-Württemberg 28.4.1993 – 12 Sa 15/93, NZA 1994, 509.
[203] BAG 3.8.2016 – 10 AZR 710/14, NZA 2016, 133.
[204] BAG 20.4.1983 – 4 AZR 497/80, BeckRS 9998, 153561; BAG 13.2.1985 – 4 AZR 295/83, AP TVG § 1 Tarifverträge: Presse Nr. 3; BAG 11.8.1998 – 9 AZR 122/95 (A), NZA 1999, 85; *Griebeling* NZA 2000, 1249; *Pairan* FA 2001, 98; *Walker/Raichenbach* FA 2001, 290.
[205] BAG 7.3.2001 – GS 1/00, NZA 2001, 1195.

Nach § 288 Abs. 1 S. 2 BGB können **gesetzliche Zinsen** iHv fünf Prozentpunkten über dem Basiszinssatz des § 247 BGB als pauschalierter Schadensersatz geltend gemacht werden. Die aktuellen und die vorhergehenden Zinssätze werden von der Bundesbank, zB im Internet, publiziert. Da der Arbeitnehmer als Verbraucher iSd § 13 BGB angesehen wird, kann er nicht den höheren Zinssatz des § 288 Abs. 2 BGB verlangen. Der Hinweis auf die gesetzlichen Prozesszinsen im Klageantrag genügt dem Bestimmtheitserfordernis des § 253 Abs. 2 Nr. 2 ZPO.[206] Einem Anspruch auf eine **Verzugspauschale** nach § 288 Abs. 5 BGB steht hingegen nach inzwischen gefestigter Rechtsprechung des BAG im Arbeitsrecht die Spezialvorschrift des § 12a Abs. 1 S. 1 ArbG entgegen.[207]

Macht der Arbeitnehmer einen auf einen höheren Schaden gestützten Zinssatz nach § 288 Abs. 3 oder 4 BGB geltend, ist bei der Berechnung der Nettobetrag zu Grunde zu legen. Denn nur die Auszahlung des Nettobetrages hätte den vom Kläger behaupteten weiter gehenden Zinsverlust vermeiden können.[208] Auch hier ist der Nettobetrag wegen § 253 Abs. 2 Nr. 2 ZPO exakt anzugeben. Dem Bestimmtheitserfordernis kann meist nur durch Erhebung einer Stufenklage entsprochen werden. Dementsprechend könnten die **Klageanträge** zur **Bruttoklage** wie folgt formuliert werden:

Formulierungsvorschlag: Bruttoklage mit Verzugszinsen

Die Beklagte wird verurteilt, an den Kläger ...... EUR brutto nebst Zinsen in Höhe von 5 Prozentpunkten über dem Basiszinssatz gemäß §§ 288 Abs. 1, 247 BGB seit dem ...... zu zahlen.

Formulierungsvorschlag: Stufenklage mit weitergehenden Zinsen

1. Die Beklagte wird verurteilt, an den Kläger ...... EUR brutto nebst Zinsen in Höhe von 5 Prozentpunkten über dem Basiszinssatz des §§ 288 Abs. 1, 247 BGB seit dem ...... zu zahlen.
2. Im Wege der Stufenklage wird die Beklagte verurteilt,
   a) dem Kläger Abrechnung über den sich aus Ziff. 1 ergebenden Bruttobetrag zu erteilen;
   b) an den Kläger weitere Zinsen in Höhe von ......% aus dem sich aus der Abrechnung gemäß Ziff. 2a ergebenden Nettobetrag seit dem ...... zu zahlen.

Hat der Arbeitgeber bereits auf die rückständigen Gehaltsforderungen Nettobeträge geleistet, ergibt sich folgender

Formulierungsvorschlag:

Die Beklagte wird verurteilt, an den Kläger ...... EUR brutto nebst ......% Zinsen (hier handelt es sich um einen zurückliegenden Zeitraum, so dass der Zinssatz nach §§ 288 Abs. 1, 247 BGB genau zu beziffern ist) für die Zeit vom ...... bis ...... abzüglich am ...... geleisteter ...... EUR netto sowie Zinsen in Höhe von 5 Prozentpunkten über dem Basiszinssatz seit dem ...... auf ...... EUR zu zahlen.

Bei einer Verurteilung zu künftigen Leistungen nach § 259 ZPO kann der Arbeitnehmer die Zinsen erst ab Fälligkeit der Vergütung verlangen. Um dem **Bestimmtheitserfordernis** des § 253 Abs. 2 Nr. 2 ZPO zu genügen, müssen die Zeiträume, für die Vergütung gefordert wird, kalendermäßig bezeichnet werden.[209] Zu unbestimmt ist es auch, von einem ursprünglich bestimmten Vergütungsanspruch nur noch einen nicht genauer bezifferten Teilbetrag

---

[206] Zöller/*Greger* ZPO § 253 Rn. 16a; *Treber* NZA 2001, 190 mwN; HK-ZPO/*Saenger* § 253 Rn. 15; BLHAG/*Lauterbach* ZPO § 253 Rn. 99; **Vorwerk** ProzFormB S. 186.
[207] BAG 25.9.2018 – 8 AZR 26/18, NZA 2019, 121; BAG 24.10.2019 – 8 AZR 528/18, NZA 2020, 469 Rn. 23 mwN.
[208] Ähnl. Schaub ArbR-HdB/*Linck* § 71 Rn. 12.
[209] BAG 5.9.1995 – 3 AZR 58/95, NZA 1996, 266.

geltend zu machen, da dann der Gegenstand des Anspruches und somit die Grenzen der Rechtskraft nicht mehr klar erkennbar sind.[210]

117   Zahlt ein Arbeitgeber die Arbeitsvergütung verspätet aus, obwohl er auf die Wirksamkeit einer von ihm ausgesprochenen Kündigung nicht vertrauen durfte, muss er dem Arbeitnehmer den hieraus entstandenen **Steuerschaden** ersetzen. Die Höhe des Schadens bestimmt sich aus einem Vergleich der steuerlichen Lage bei verspäteter Zahlung mit der bei rechtzeitiger Zahlung. Zu den zu erstattenden Kosten gehören dabei grundsätzlich auch die Kosten für die Einschaltung eines Steuerberaters, der die Höhe des Schadens ermittelt. Ein solcher Steuerschaden ist ein Anspruch „aus dem Arbeitsverhältnis". In der Erhebung einer Kündigungsschutzklage liegt keine Geltendmachung von Steuerverzögerungsschäden. Ein Steuerverzögerungsschaden wird frühestens mit Bekanntgabe des Steuerbescheides fällig, mit der die – progressionsbedingt erhöhte – Steuer gefordert wird. Die Geltendmachung eines Anspruchs verlangt lediglich eine Spezifizierung nach Grund und Höhe. Dem genügt grundsätzlich auch eine übersetzte Forderung, es sei denn, die Geltendmachung wird hierdurch gänzlich unbestimmt.[211]

118   Die Leistungsklage ist zulässig, wenn der Vergütungsanspruch fällig ist. Für die Klage auf Zahlung eines zukünftig fällig werdenden Entgeltes gelten die §§ 257–259 ZPO. Die Voraussetzungen der §§ 257, 258 ZPO liegen idR im Arbeitsverhältnis nicht vor, da der Anspruch, wie bei Vergütungsansprüchen regelmäßig der Fall, nicht von einer Gegenleistung abhängen darf. Diese stellen auch keine wiederkehrende Leistung iSd § 258 ZPO dar.[212]

119   **Künftig fällig werdende Ansprüche** können jedoch nach Maßgabe des § 259 ZPO eingeklagt werden,[213] wobei der 5. Senat des BAG dies zuletzt wiederholt anders entschieden hat, weil Vergütungsansprüche überhaupt erst mit Erbringung der Arbeitsleistung entstünden, § 259 ZPO aber nur für bereits entstandene künftig fällig werdende Ansprüche gelte.[214] Als künftig fällig werdende Ansprüche werden solche betrachtet, die nach dem Schluss der mündlichen Verhandlung im gerichtlichen Verfahren fällig werden. Ansprüche, die vor Schluss der mündlichen Verhandlung fällig sind, werden wie Ansprüche behandelt, die vor Klageeingang fällig werden.[215] § 259 ZPO setzt voraus, dass nach den Umständen die **Besorgnis** gerechtfertigt ist, der Schuldner werde sich der rechtzeitigen Zahlung entziehen.[216] Umstritten ist, wann das im Einzelnen der Fall ist. Ausreichend dürfte sein, dass der Schuldner den Anspruch ernstlich bestreitet.[217] Die **Rechtsprechung** nimmt dies zum Teil bereits an, wenn der Arbeitgeber in gutem Glauben erklärt, er sei zur Zahlung nicht verpflichtet.[218] Auf eine Böswilligkeit oder -gläubigkeit des Arbeitgebers kommt es demnach nicht an. Nicht ausreichend ist es, wenn der Arbeitgeber mit einer Gegenforderung **aufrechnet**,[219] anders bei einer **Eventualaufrechnung**, da hier das Bestreiten des Anspruches verbunden wird mit einer Ankündigung der Aufrechnung für den Fall des Bestehens der Forderung. Wehrt sich der Arbeitgeber gegen eine vom Arbeitnehmer beanspruchte andere Eingruppierung, soll dies jedenfalls im öffentlichen Dienst für die Geltendmachung zukünftiger höherer Vergütungsansprüche noch nicht ausreichen. Insoweit gilt die Vermutung, der Arbeitgeber werde die sich aus einer bloßen rechtskräftigen Feststellung ergebenden konkreten Leistungsverpflichtungen auch ohne gesondertes Leistungsurteil erfüllen.[220]

---

[210] BAG 20.1.1960 – 4 AZR 501/57, NJW 1960, 1364.
[211] BAG 20.6.2002 – 8 AZR 488/01, NZA 2003, 268.
[212] BAG 20.6.1984 – 4 AZR 208/82, AP TVG § 1 Tarifverträge: Großhandel Nr. 2.
[213] MHdB ArbR/*Krause* § 70 Rn. 25 mit Hinweisen zur Antragstellung; s. dazu auch BAG 13.3.2002 – 5 AZR 755/00, BeckRS 2002, 4126.
[214] BAG 22.10.2014 – 5 AZR 731/12, NZA 2015, 501 Rn. 42; BAG 19.2.2020 – 5 AZR 180/18, BeckRS 2020, 7773 Rn. 10 f.
[215] MHdB ArbR/*Krause* § 70 Rn. 16.
[216] BGH 7.10.1977 – V ZR 131/75, NJW 1978, 1262; BAG 22.3.2017 – 10 AZR 448/15, NZA 2017, 845 Rn. 16.
[217] MüKoZPO/*Lüke* § 259 Rn. 13; aA BAG 22.10.2014 – 5 AZR 731/12, NZA 2015, 501 Rn. 43.
[218] BAG 19.11.1962 – 5 AZR 131/62, AP ZPO § 776 Nr. 1; LAG Düsseldorf 14.12.2000 – 11 Sa 1356/00, NZA-RR 2001, 406.
[219] MüKoZPO/*Lüke* § 259 Rn. 14.
[220] BAG 9.4.2008 – 4 AZR 104/07, NZA-RR 2009, 79; noch enger: BAG 22.10.2014 – 5 AZR 731/12, NZA 2015, 501 Rn. 42.

Ausreichend ist es auch, wenn der Arbeitgeber das wirksame **Zustandekommen oder** 120
Fortbestehen des Arbeitsvertrages bestreitet, solange ein den Fortbestand des Arbeitsverhältnisses feststellendes Urteil noch nicht rechtskräftig ist.[221] Der Arbeitnehmer kann in diesem Fall wahlweise auch eine Feststellungsklage (→ Rn. 123 ff.), gerichtet auf die Feststellung des Bestehens des Arbeitsverhältnisses erheben.[222] Wegen der Rechtskraftwirkung der Feststellungsklage sichert dieses Vorgehen dem Arbeitnehmer alle Ansprüche aus dem Arbeitsverhältnis, auch wenn der Arbeitnehmer keinen vollstreckbaren Titel erhält. Die Möglichkeit einer Klage auf zukünftige Leistung steht der Zulässigkeit der Feststellungsklage nicht entgegen.[223]

Der Arbeitgeber muss, wenn er zu zukünftigen Zahlungen verurteilt wird, eventuell ent- 121
stehende **Einwendungen** wegen künftiger Nichtleistung von Diensten im Wege der Vollstreckungsgegenklage nach § 767 ZPO geltend machen.[224]

Die Erhebung einer **Drittschuldnerklage**[225] auf zukünftige Lohnforderungen erfolgt eben- 122
falls nach § 259 ZPO.

b) Feststellungsklage. Mit der Feststellungsklage nach § 256 Abs. 1 ZPO kann der Ar- 123
beitnehmer eine Klage erheben, mit der er die Feststellung erstrebt, dass der Arbeitgeber zur Leistung einer bestimmten Vergütung verpflichtet ist. Die Feststellungsklage nach § 256 Abs. 1 ZPO iVm § 46 Abs. 2 S. 1 ArbGG muss sich nämlich nicht notwendig auf das Rechtsverhältnis als Ganzes erstrecken, sondern kann auch einzelne Beziehungen und Folgen solcher Rechtsbeziehungen, zB einzelne Ansprüche, betreffen.[226] Die Erhebung der Feststellungsklage erfordert das Vorliegen eines **besonderen Feststellungsinteresses** nach § 256 Abs. 1 ZPO. Feststellungsfähig können auch **in der Vergangenheit liegende Rechtsverhältnisse** sein, zB wenn die exakte Berechnung von Ansprüchen noch nicht in vollem Umfang möglich war[227] oder Berechnungsschwierigkeiten für die Vergangenheit nicht auszuschließen sind.[228] Das Rechtsschutzinteresse für eine auf Feststellung eines beendeten Rechtsverhältnisses gerichtete Feststellungsklage ist nur gegeben, wenn sich aus der Feststellung Folgen für die Vergangenheit oder Zukunft ergeben.[229] Dies ist der Fall, wenn es um Statusprozesse geht, in denen über die Arbeitnehmerschaft gestritten wird.[230] In diesen Fällen darf nicht vergessen werden darzulegen, dass eine obsiegende Entscheidung zu **konkreten arbeitsrechtlichen oder sozialversicherungsrechtlichen Konsequenzen** führt. Ein Hinweis auf nicht näher bezeichnete Ansprüche ist nicht ausreichend.[231]

Grundsätzlich besteht ein **Vorrang der Leistungsklage.** Aus Gründen der Prozessökono- 124
mie macht die Rechtsprechung jedoch einige **Ausnahmen** hiervon, wenn sie zu einer abschließenden oder prozesswirtschaftlich sinnvolleren Entscheidung führen als eine mögliche Leistungsklage. Die Feststellungsklage ist zulässig, wenn die Parteien lediglich über ein Element des Zahlungsanspruches streiten, eine Leistungsklage komplizierte Berechnungen erfordern würde und das Feststellungsurteil zu einer endgültigen Klärung führt[232] oder wenn feststeht, dass das Feststellungsurteil den Rechtsstreit beendet.[233] Weiterhin wird im Ein-

---

[221] MHdB ArbR/*Krause* § 70 Rn. 21.
[222] Vgl. zum Fehlen des Vorrangs der Leistungsklage bei künftigen Leistungen BAG 10.1.1989 – 3 AZR 308/87, 3 AZR 308/87, NZA 1989, 683.
[223] BGH 7.2.1986 – V ZR 201/84, NJW 1986, 2507 mwN.
[224] BAG 23.2.1983 – 4 AZR 508/81, ZIP 1983, 1247; kritisch zur Zulässigkeit der Klage nach § 259 ZPO bei Arbeitsentgelt daher BAG 9.4.2008 – 4 AZR 104/07, NZA-RR 2009, 79 Rn. 28.
[225] BAG 23.2.1983 – 4 AZR 508/81, ZIP 1983, 1247; Vgl. zur Drittschuldnerklage und verschleiertem Arbeitseinkommen: BAG 22.1.2008 – 10 AZR 703/07, NZA 2009, 163.
[226] BGH 3.5.1983 – VI ZR 79/80, NJW 1984, 1556; BAG 28.11.1984 – 5 AZR 123/83, BeckRS 9998, 154005; BAG 24.5.2006 – 7 AZR 365/05, BeckRS 2009, 67935 Rn. 14; BAG 15.5.2013 – 10 AZR 325/12, NZA-RR 2014, 519 Rn. 14.
[227] BAG 18.1.1966 – 1 AZR 158/65, AP BGB § 242 Ruhegehalt Nr. 106; BAG 1.10.2002 – 9 AZR 298/01, BeckRS 2002, 31049325.
[228] BAG 11.9.1974 – 4 AZR 560/73, AP BAT § 44 Nr. 5.
[229] BAG 23.4.1998 – 5 AZR 727/96, NZA 1997, 1246; BAG 5.3.1999 – 5 AZR 275/98, NZA 1999, 669.
[230] BAG 10.5.1974 – 3 AZR 523/73, AP ZPO § 256 Nr. 48; BAG 23.4.1998 – 5 AZR 727/95, NZA 1997, 1246.
[231] BAG 24.9.1997 – 4 AZR 429/95, AP TVG § 1 Tarifverträge Nr. 1.
[232] BAG 8.5.1984 – 3 AZR 68/82, NZA 1985, 155.
[233] BAG 15.1.1991 – 1 AZR 105/90, AP BPersVG § 4 Nr. 4.

zelfall die isolierte Feststellung von Statusfragen eines Vertragsverhältnisses selbst dann für zulässig gehalten, wenn ersichtlich ist, dass im Anschluss noch über einzelne Arbeitsbedingungen gestritten wird.[234] Zulässig ist die Feststellungsklage auch, wenn eine Eingruppierungsfeststellungsklage erhoben wird[235] oder die Klage sich gegen eine Körperschaft des öffentlichen Rechts richtet.[236]

Formulierungsvorschlag: Klageantrag Feststellungsklage

125
1. Es wird festgestellt, dass zwischen dem Kläger und der Beklagten seit dem ...... ein Arbeitsverhältnis besteht.
2. Es wird festgestellt, dass die Beklagte verpflichtet ist, an den Kläger ein monatliches Bruttogehalt iHv ...... EUR zu zahlen.

126 c) **Zwischenfeststellungsklage.** Die Zwischenfeststellungsklage stellt einen Sonderfall der Feststellungsklage dar (§ 256 Abs. 2 ZPO). Voraussetzung ist, dass zwischen den Parteien ein **Rechtsverhältnis** streitig ist, von dem die Entscheidung des Hauptantrages ganz oder teilweise abhängig ist. Sinn und Zweck der Zwischenfeststellungsklage ist die **Ausdehnung der Rechtskraft** auf das streitige Rechtsverhältnis, von dem die Entscheidung über den Hauptantrag abhängt.[237] Daher ist zu beachten, dass die Zwischenfeststellungsklage als **zusätzlicher Antrag** neben den Hauptantrag tritt. Das **Feststellungsinteresse** liegt bereits vor, wenn die Entscheidung über den Hauptantrag ganz oder teilweise vom Bestehen des streitigen Rechtsverhältnisses abhängt.[238] Die Zwischenfeststellungsklage kann von vorneherein mit der Hauptklage im Wege der objektiven Klagehäufung nach § 260 ZPO oder später im rechtshängigen Verfahren nach § 261 Abs. 2 ZPO erhoben werden. Nicht vergessen werden darf, dass der letzte mögliche Zeitpunkt für die Erhebung der **Schluss der mündlichen Verhandlung** ist und dass die Klageerhebung im Revisionsrechtzug unzulässig ist.[239]

127 d) **Streitwert.** Der **Streitwert**[240] der **Vergütungsklage** bestimmt sich nach § 42 Abs. 4 S. 1 GKG, da die Vergütung eine **wiederkehrende Leistung** darstellt. Der Streitwert für die Feststellung von Zahlungsansprüchen und für Eingruppierungsklagen ist nach § 42 Abs. 3 S. 1 GKG nach dem Wert des 3-jährigen Bezuges zu bemessen, wenn nicht der Gesamtbetrag der geforderten Leistung geringer ist. Eine Einschränkung gilt bei der Geltendmachung von Entgeltansprüchen, die bereits zum Zeitpunkt der Klageerhebung fällig waren. Bereits fällige Entgeltansprüche werden gem. § 42 Abs. 5 S. 2 GKG in Arbeitssachen dem Streitwert nicht hinzugerechnet. Der Arbeitgeberanteil zur Sozialversicherung ist bei der Berechnung des Streitwertes nicht zu berücksichtigen.[241]

128 Die Höchstgrenze des 3-jährigen Bezuges gilt auch für **Differenzbeträge, Zulagen** und wiederholt zu zahlende Prämien. Maßgeblich ist dann der Bezug der Teilbeträge des Entgelts. Wiederkehrende Leistungen iSd § 42 Abs. 3 GKG sind auch Schadensersatzansprüche wegen künftig entgehender Gehaltsbezüge.[242] Der Streitwert wird auch bei Erhebung einer Klage auf wiederkehrende Leistung in Form der **Feststellungsklage** nach § 42 Abs. 3 GKG berechnet. In der Regel ist jedoch ein Abschlag von 20 % angemessen.[243] Nach Ansicht des

---

[234] BAG 20.7.1994 – 5 AZR 169/93, NZA 1995, 190.
[235] Vgl. BAG 9.7.1980 – 4 AZR 579/78, AP BAT § 23a Nr. 14; BAG 28.1.1998 – 4 AZR 473/96, BeckRS 1998, 30368506; Germelmann/Matthes/Prütting/*Germelmann/Künzl* ArbGG § 46 Rn. 106.
[236] BAG 27.7.1988 – 5 AZR 244/87, AP BGB § 242 Gleichbehandlung Nr. 83.
[237] Germelmann/Matthes/Prütting/*Germelmann/Künzl* ArbGG § 46 Rn. 81 f.
[238] BAG 24.4.1996 – 4 AZR 876/94, NZA 1997, 50; BAG 27.6.1989 – 1 AZR 404/88, NZA 1989, 969.
[239] BAG 25.6.1981 – 2 AZR 219/79, AP ZPO 1977 § 256 Nr. 1; BGH 21.12.1960 – VIII ZR 145/59, NJW 1961, 777.
[240] Zu Streitwerten im Urteilsverfahren vgl. im Einzelnen: → § 77 Rn. 725 ff.
[241] LAG Düsseldorf 23.10.1990 – 3 Sa 1078/90, LAGE ArbGG 1979 § 64 Nr. 26.
[242] LAG Hamm 27.9.1990 – 8 Ta 222/90, LAGE ArbGG 1979 § 12 Streitwert Nr. 86.
[243] LAG Schleswig-Holstein 12.1.1989 – 6 Ta 46/88, BeckRS 1989, 30816397; BAG 18.4.1961 – 3 AZR 313/59, NJW 1961, 1788; Grunsky/Waas/Benecke/Greiner/*Waas* ArbGG § 12 Rn. 35.

BAG hat die **negative Feststellungsklage**, die wiederkehrende Leistungen zum Gegenstand hat, den gleichen Streitwert wie die entsprechende Leistungsklage.[244]

Im Fall der **Verbindung einer Kündigungsschutzklage mit der Klage auf** (zukünftigen) **Lohn**, berechnet die hM den Streitwert nur nach § 42 Abs. 4 GKG. Es wird wegen der Identität der Streitgegenstände nur der jeweils höhere Wert berücksichtigt.[245] Sind die Vergütungsansprüche allerdings vom Ausgang des Kündigungsschutzverfahrens unabhängig, sind die Streitwerte wegen der prozessualen Eigenständigkeit zu addieren.[246]

4. Einstweiliger Rechtsschutz

Die einstweilige Verfügung auf Entgeltzahlung führt meist zu einer endgültigen Befriedigung des Arbeitnehmers und stellt damit eine Leistungsverfügung nach § 940 ZPO dar, die nur unter strengen Voraussetzungen möglich ist.

a) **Verfügungsgrund.** Die Durchsetzung des Entgeltanspruches im Wege der einstweiligen Verfügung kommt in Frage, wenn der Arbeitnehmer darlegt und glaubhaft macht, dass er sich ohne die Lohnzahlung in einer **Notlage** befindet.[247] Dabei sind an den Verfügungsgrund **strenge Anforderungen** zu stellen. Der Vergütungsanspruch kann nur soweit mit der Leistungsverfügung durchgesetzt werden, wie der Arbeitnehmer zum Bestreiten seines Lebensunterhaltes zwingend auf eine sofortige Lohnzahlung angewiesen ist.[248] Für notwendig, aber auch ausreichend wird in der Regel ein Betrag betrachtet, der dem der Pfändungsfreigrenze entspricht.[249] Die Pfändungsfreigrenze kann im Einzelfall bei höheren Verpflichtungen des Arbeitnehmers überschritten werden.[250]

Stehen dem Arbeitnehmer sofort **andere Mittel** zur Verfügung, zB eigenes Vermögen oder realisierbare Unterhaltsansprüche, ist die Durchsetzung des Entgeltanspruches im Wege der einstweiligen Verfügung ausgeschlossen.[251] Umstritten ist, ob der Arbeitnehmer auf **Ansprüche gegen die öffentliche** Hand verwiesen werden kann. Ausgeschlossen ist dies für die Sozialhilfe wegen ihrer, sich aus § 2 Abs. 1 BSHG ergebenden, Subsidiarität. Die Rspr. hält aber den Bezug von Arbeitslosengeld für vorrangig vor einer Leistungsverfügung gegen den Arbeitgeber.[252]

Zu beachten ist, dass im **Antrag auf Erlass einer einstweiligen Verfügung** ein **Nettobetrag** anzugeben ist, da sich die Pfändungsfreigrenze aus § 850c ZPO aus dem Nettoverdienst errechnet.

Formulierungsvorschlag: Verfügungsantrag

... zeigen wir die Vertretung der Klagepartei an und beantragen unter Abkürzung der Ladungsfrist die Anberaumung eines Termins zur mündlichen Verhandlung und den Erlass folgender einstweiliger Verfügung:

---

[244] BAG 19.7.1961 – 3 AZR 387/60, DB 1961, 1428.
[245] Vgl. dazu näher → § 77 Rn. 725 ff.; BAG 16.1.1968 – 2 AZR 156/66, AP ArbGG § 12 Nr. 17; Grunsky/Waas/Benecke/Greiner/*Waas* ArbGG § 12 Rn. 31; diff. Germelmann/Matthes/Prütting/*Germelmann/Künzl* ArbGG § 12 Rn. 113 ff.; aA LAG Hamburg 15.5.1990 – 2 Ta 21/89, BeckRS 1990, 30939739; LAG Hessen 1.8.1994 – 6 Ta 139/94, LAGE ArbGG § 12 Streitwert Nr. 101.
[246] Germelmann/Matthes/Prütting/*Germelmann/Künzl* ArbGG § 12 Rn. 112 mwN.
[247] LAG Bremen 5.12.1997 – 4 Sa 258/97, NZA 1998, 902; LAG Düsseldorf 20.1.1976 – 11 Sa 1555/75, DB 1976, 587.
[248] LAG Schleswig-Holstein 26.8.1958 – 1 Ta 30/58, AP ZPO § 940 Nr. 1; LAG Bremen 20.4.1961 – 1 Sa 48/61, BB 1961, 1130.
[249] LAG Bremen 5.12.1997 – 4 Sa 258/97, NZA 1998, 902; Germelmann/Matthes/Prütting/*Germelmann/Schleusener* ArbGG § 62 Rn. 104; aA LAG Baden-Württemberg 24.11.1967 – 7 Sa 114/67, DB 1968, 536 (Arbeitslosengeld als Anknüpfungspunkt).
[250] *Vossen* RdA 1991, 216 (221).
[251] LAG Rheinland-Pfalz 7.8.2012 – 3 SaGa 9/12, BeckRS 2012, 74140; Germelmann/Matthes/Prütting/*Germelmann/Schleusener* ArbGG § 62 Rn. 104.
[252] LAG Baden-Württemberg 24.11.1967 – 7 Sa 114/67, DB 1968, 536; LAG Köln 26.6.2002 – 8 Ta 221/02, BeckRS 2002, 41071; kritisch Germelmann/Matthes/Prütting/*Germelmann/Schleusener* ArbGG § 62 Rn. 104.

> Der Antragsgegner wird verurteilt, als Abschlag auf die Entgeltansprüche des Antragstellers an diesen bis zur erstinstanzlichen Entscheidung über den Rechtsstreit Az....... monatlich einen angemessenen Betrag zur Sicherung des Lebensunterhaltes zu zahlen, dessen Höhe in das Ermessen des Gerichts gestellt wird, mindestens jedoch ...... EUR netto, nebst 5 Prozentpunkten über dem Basiszinssatz nach §§ 288 Abs. 1, 247 BGB seit dem ....

135 **b) Dauer der Leistungsverfügung.** In Bezug auf die **Vergangenheit** besteht idR kein Bedürfnis für eine einstweilige Verfügung auf Entgeltzahlung, da die Notlage bereits überstanden ist. Aus diesem Grund kann mit der einstweiligen Verfügung nur das zuletzt fällig gewordene Arbeitsentgelt geltend gemacht werden.[253] Die Leistungsverfügung kann jedoch nach Maßgabe des § 259 ZPO auch auf erst **künftig fällige Leistungen** gerichtet werden.[254]

136 **c) Glaubhaftmachung.** Nach § 920 Abs. 2 ZPO iVm § 936 ZPO sind die Voraussetzungen für den Erlass der einstweiligen Verfügung glaubhaft zu machen. Nach hM[255] richtet sich die Verteilung der Darlegungs- und Beweislast im einstweiligen Verfügungsverfahren, zumindest bei Anberaumung einer mündlichen Verhandlung, nicht nach § 920 Abs. 2 ZPO iVm § 936 ZPO sondern **nach den für das Hauptverfahren geltenden Grundsätzen**. Der Arbeitnehmer muss demnach die Anspruchsvoraussetzungen darlegen und beweisen, während der Arbeitgeber als Antragsgegner die Voraussetzungen seiner Einwendungen und Einreden geltend machen muss. Demnach gilt der Grundsatz, dass derjenige, der die Beendigung des Arbeitsverhältnisses behauptet, dies beweisen muss, dh die Last der Glaubhaftmachung trifft hier meist den Arbeitgeber.[256]

137 **d) Rückforderungsanspruch des Arbeitgebers.** Steht endgültig fest, dass dem Arbeitnehmer kein Anspruch auf Vergütung zustand, kommen Rückforderungsansprüche des Arbeitgebers aus § 945 ZPO und ungerechtfertigter Bereicherung (§ 812 BGB) in Betracht.

138 § 945 ZPO begründet einen **verschuldensunabhängigen Schadensanspruch**. Ausreichend ist, dass der **Schaden durch die Vollziehung der einstweiligen Verfügung** entstanden ist.[257] Zum Ersatz des Vollstreckungsschadens gehört auch die vom Arbeitgeber an das Finanzamt abgeführte Lohnsteuer.[258] Liegen die Voraussetzungen des § 945 ZPO nicht vor, können aber noch Ansprüche aus ungerechtfertigter Bereicherung in Betracht kommen.[259] Sie bestimmen sich nach den Regeln der Leistungskondiktion gemäß § 812 Abs. 1 S. 1 Alt. 1 BGB,[260] wenn der Arbeitgeber zur Abwendung der drohenden Vollstreckung gezahlt hat und nach den Regeln der Eingriffskondiktion gemäß § 812 Abs. 1 S. 1 Alt. 2 BGB, wenn der Arbeitnehmer die Vergütung durch Vollstreckung beigetrieben hat.[261]

IV. Ausschluss- oder Verfallfristen

139 Ausschlussfristen (→ § 10 Rn. 187 ff.)[262] finden sich sehr häufig in Tarifverträgen, Betriebsvereinbarungen oder Arbeitsverträgen. Besonders risikoträchtig für den Rechtsanwender ist in diesem Zusammenhang die Möglichkeit der einzelvertraglichen Inbezugnahme von Kollektivvereinbarungen. Die vertragliche Bezugnahme auf tarifvertragliche Regelungen

---

[253] Vgl. LAG Rheinland-Pfalz 7.8.2012 – 3 SaGa 9/12, BeckRS 2012, 74140.
[254] MHdB ArbR/*Hanau*, 2. Aufl. 1999, § 72 Rn. 38; vgl. auch LAG Tübingen 19.4.1961 – 7 Ta 4/61, NJW 1961, 2178.
[255] Zöller/*Vollkommer* ZPO vor §§ 916–945b Rn. 6a mwN; OLG Celle 30.12.1964 – 2 U 264/64, WRP 1965, 186; *Vossen* RdA 1991, 216 (224); aA LAG Tübingen 19.4.1961 – 7 Ta 4/61, NJW 1961, 2178; *Hirtz* NJW 1986, 110.
[256] MüKoZPO/*Drescher* vor § 916 Rn. 20; aA Germelmann/Matthes/Prütting/*Germelmann*/*Schleusener* ArbGG § 62 Rn. 104.
[257] MüKoZPO/*Drescher* § 945 Rn. 21.
[258] BAG 25.9.2003 – 8 AZR 427/02, BeckRS 2004, 40381.
[259] MHdB ArbR/*Hanau*, 2. Aufl. 1999, § 72 Rn. 50 ff.; s. zum Ganzen auch *Keßler* WIB 1996, 706 (707).
[260] BGH 11.3.1983 – V ZR 287/81, NJW 1984, 126.
[261] Palandt/*Sprau* BGB § 812 Rn. 37 und Rn. 41.
[262] Dazu umfassend: *Krause* RdA 2004, 36 und RdA 2004, 106; s. auch Henssler/*Moll* AGB Rn. 342 ff.

ist nicht an eine Form gebunden. Sie kann sich auch aus einer betrieblichen Übung oder konkludentem Verhalten der Arbeitsvertragsparteien ergeben.[263] Ausschlussfristen enthalten **rechtsvernichtende Inhaltsnormen.** Dies bedeutet, dass ein bestehendes Recht erlischt, wenn es nicht innerhalb der Frist geltend gemacht wird, und zwar unabhängig davon, ob die Fristen den Parteien bekannt sind. Die Gerichte haben Ausschluss- und Verfallfristen von Amts wegen und nicht erst auf Einwand hin zu berücksichtigen.[264] Der Arbeitgeber ist nicht verpflichtet, die Unkenntnis des Arbeitnehmers von der Existenz derartiger Fristen zu beseitigen. Er kann sich allerdings schadensersatzpflichtig machen, wenn er unter Verstoß gegen das Nachweisgesetz nicht auf die Geltung eines Tarifvertrages mit darin enthaltenen Ausschlussfristen hinweist.[265]

Beispiel für eine einstufige Ausschlussfrist ist § 37 TVöD:
Ansprüche aus dem Arbeitsverhältnis verfallen, wenn sie nicht innerhalb einer Ausschlussfrist von sechs Monaten nach Fälligkeit vom Angestellten oder vom Arbeitgeber schriftlich geltend gemacht werden.

Häufig finden sich zweistufige Ausschlussfristen, etwa nach folgendem

Beispiel:
Alle Ansprüche aus dem Arbeitsverhältnis oder solche, die mit ihm in Verbindung stehen, sind innerhalb von sechs Monaten nach Fälligkeit schriftlich geltend zu machen. Lehnt die Gegenpartei den Anspruch ab oder erklärt sie sich nicht innerhalb von zwei Wochen nach der schriftlichen Geltendmachung, ist dieser innerhalb einer Frist von drei Monaten einzuklagen. Verfristete Ansprüche sind **verfallen.**

Probleme ergeben sich oft bei der Bestimmung der **inhaltlichen Reichweite von Verfallfristen.** Gesetzliche Rechte, auf die der Arbeitnehmer arbeitsvertraglich zu seinen Ungunsten verzichten kann, werden ohne weiteres erfasst. Die Rechtsprechung hat darüber hinaus aber auch den Verfall einiger unabdingbarer gesetzlicher Ansprüche anerkannt.[266] Begründet wird dies damit, dass die gesetzliche Unabdingbarkeit sich nur auf Art und Umfang beziehe, einer der Rechtsklarheit dienenden zeitlichen Beschränkung hingegen nicht entgegenstehe. Erfasst sind danach auch Ansprüche auf Urlaubsentgelt,[267] Urlaubsgeld,[268] Urlaubsabgeltung,[269] Feiertagslohn,[270] Entgeltfortzahlung,[271] Übergangsgelder, Nachteilsausgleich,[272] Karenzentschädigung,[273] Ansprüche aus einem Sozialplan,[274] wenn die Ausschlussfrist in einem Tarifvertrag oder einer Betriebsvereinbarung geregelt ist,[275] auf Zahlung einer Abfindung, nicht jedoch einer solchen mit Versorgungscharakter[276] und der Zeugnisanspruch.[277] Nicht erfasst werden nach Auffassung des BAG hingegen Ansprüche aus vorsätzlichem Handeln,[278] aus der Verletzung des Persönlichkeitsrechts, des Eigentums, auf Beseitigung einer Abmahnung, Eingruppierung, aus der Tätigkeit als Betriebsratsmitglieds, auf Ruhegeld, auf Beschäftigung. Auf

---

[263] BAG 19.1.1999 – 1 AZR 606/98, NZA 1999, 879; vgl. auch BAG 6.7.2011 – 4 AZR 706/09, NZA 2012, 100 Rn. 31.
[264] BAG 17.3.2016 – 6 AZR 133/15, BeckRS 2016, 68498 Rn. 36.
[265] BAG 17.4.2002 – 5 AZR 89/01, NZA 2002, 1096.
[266] Dazu kritisch: *Ulber* DB 2011, 1808.
[267] BAG 30.1.2019 – 5 AZR 43/18 NZA 2019, 768 Rn. 42.
[268] BAG 28.10.1960 – 1 AZR 43/59, AP BGB § 611 Urlaubsrecht Nr. 81.
[269] BAG 18.9.2012 – 9 AZR 1/11, NZA 2013, 216; BAG 17.10.2017 – 9 AZR 80/17, NZA 2018, 57.
[270] BAG 12.3.1971 – 3 AZR 224/70, AP FeiertagslohnzahlungsG § 1 Berlin Nr. 9.
[271] BAG 16.1.2001 – 5 AZR 430/00, NZA 2002, 746; s. auch BAG 20.6.2018 – 5 AZR 377/17, NZA 2018, 1494 zur Herausnahme von Ansprüchen in Höhe des gesetzlichen Mindestlohns.
[272] BAG 20.6.1978 – 1 AZR 102/76, NJW 1979, 126; BAG 22.2.1983 – 1 AZR 260/81, NJW 1984, 323.
[273] BAG 17.6.1997 – 9 AZR 801/95, NZA 1998, 258; BAG 22.6.2005 – 10 AZR 459/04, NJOZ 2005, 4750.
[274] BAG 30.11.1994 – 10 AZR 79/94, NZA 1995, 643; BAG 10.5.1995 – 10 AZR 589/94, BeckRS 1995, 30754781.
[275] BAG 13.10.2015 – 1 AZR 765/14, BeckRS 2016, 66655 Rn. 38.
[276] BAG 3.4.1990 – 1 AZR 131/89, BeckRS 1990, 30733743.
[277] BAG 23.2.1983 – 5 AZR 515/80, BeckRS 9998, 148683; LAG Rheinland-Pfalz 19.12.2018 – 7 Sa 208/18, BeckRS 2018, 38087.
[278] BAG 20.6.2013 – 8 AZR 280/12, NZA 2013, 1265 Rn. 20; anders jedoch für tarifliche Ausschlussfristen, insbesondere bei Allgemeinverbindlichkeit: BAG 18.8.2011 – 8 AZR 187/10, NJOZ 2012, 697.

Hexel

Urlaubsansprüche sind tarifliche Ausschlussfristen nach Auffassung des BAG regelmäßig nicht anwendbar.[279] Vom Schuldner innerhalb der Frist anerkannte, insbesondere vorbehaltlos abgerechnete Ansprüche können nicht mehr verfallen.[280] Es verstößt gegen Treu und Glauben, wenn der Schuldner sich gegenüber einem Anspruch, den er zuvor deklaratorisch anerkannt hat, auf eine Ausschlussfrist beruft. Ein deklaratorisches Schuldanerkenntnis kann gem. § 607 Abs. 2 BGB aF auch als Darlehensvertrag ausgestaltet werden.[281] In einem gerichtlichen Vergleich geregelte Ansprüche sind ebenfalls abgerechnet, anerkannt und sollen danach nicht verfallen können.[282] Aufgrund des klaren Wortlauts von § 3 S. 1 MiLoG werden Ansprüche auf den gesetzlichen Mindestlohn (→ § 19 Rn. 25 ff.) nicht erfasst.[283] Ausschlussfristen von Ansprüchen aus und in Verbindung mit einem Arbeitsverhältnis erfassen im Übrigen alle Ansprüche, die auch nur entfernt in tatsächlichem und rechtlichem Zusammenhang mit dem Arbeitsverhältnis stehen, solange sie sich nicht aus anderen, selbstständig neben dem Arbeitsvertrag abgeschlossenen zivilrechtlichen Verträgen ergeben, wie dies zB bei Forderungen aus Werkmietverträgen oder Kaufverträgen der Fall ist.[284]

141 Regelmäßig beginnen Verfallfristen mit Fälligkeit (§ 271 BGB) zu laufen. Dies betrifft insbesondere Ansprüche aus Annahmeverzug. Sie werden zum selben Zeitpunkt fällig, zu dem sie auch bei Leistung der Arbeit fällig geworden wären. Teilweise wird vertreten, dass die Entgeltforderung erst mit Abrechnung fällig wird.[285] Auf den Fristbeginn hat dies aber nur dann Einfluss, wenn der Arbeitnehmer eine Abrechnung benötigt, um sich über die Höhe seiner Forderungen Klarheit zu verschaffen.[286] Durch eine Kündigungsschutzklage wird die Fälligkeit derartiger Ansprüche nicht etwa hinausgeschoben. Im Einzelfall können weitere Anknüpfungspunkte für den **Beginn der Verfallfrist** in Betracht kommen, so die Entstehung des Anspruchs, die Ablehnung durch den Gegner oder die rechtliche Beendigung des Arbeitsverhältnisses. Eine Klausel, die für den Beginn der Ausschlussfrist nicht die Fälligkeit der Ansprüche berücksichtigt, sondern allein auf die Beendigung des Arbeitsverhältnisses abstellt, benachteiligt den Arbeitnehmer unangemessen und ist deshalb gem. § 307 Abs. 1 S. 1 BGB unwirksam.[287]

142 Wenn und soweit der Arbeitgeber verpflichtet ist, abzurechnen und ohne diese Abrechnung die Überprüfung der Richtigkeit der Höhe gezahlter Beträge nicht möglich ist, beginnt eine tarifliche Ausschlussfrist erst mit Erteilung der Abrechnung zu laufen.[288] Jedoch kann auch der Anspruch auf Erteilung einer Abrechnung verfallen. Die Wirkungen einer tariflichen Ausschlussfrist treten grundsätzlich auch dann ein, wenn ein Arbeitnehmer erst später infolge einer Entscheidung des Bundesverfassungsgerichts Kenntnis von dem Bestehen seines Anspruchs erlangt. Hat der Arbeitgeber einen vertretbaren Rechtsstandpunkt eingenommen, darf er sich ohne Verstoß gegen Treu und Glauben auf die Ausschlussfrist berufen.[289] Die Unkenntnis der Rechtslage auf Seiten des Arbeitnehmers hat grundsätzlich ebenso wenig wie eine rechtliche Fehleinschätzung Einfluss auf den Beginn der Ausschlussfrist. Dem Anspruchsteller sind in dieser Konstellation die Tatsachen, die seinen Anspruch begründen, uneingeschränkt bekannt. Er erkennt lediglich die sich daraus ergebenden rechtlichen Konsequenzen nicht und macht darum den Anspruch nicht geltend.[290]

---

[279] BAG 12.11.2013 – 9 AZR 727/12, BeckRS 2014, 65869.
[280] BAG 21.4.1993 – 5 AZR 399/92, NZA 1993, 1091; s. auch BAG 3.12.2019 – 9 AZR 44/19, NJW 2020, 1317.
[281] BAG 10.10.2002 – 8 AZR 8/02, NZA 2003, 329.
[282] BAG 13.1.1982 – 5 AZR 546/79, NJW 1982, 2207.
[283] Siehe nur BAG 22.10.2019 – 9 AZR 532/18, NZA 2020, 513 Rn. 39 mwN; *Lembke* NZA 2016, 1 (9) mwN.
[284] BAG 19.1.2011 – 10 AZR 873/08, NZA 2011, 1159.
[285] *Krause* RdA 2004, 106 (108) mwN.
[286] BAG 27.2.2002 – 9 AZR 543/00, BeckRS 2002, 41022; BAG 19.11.2014 – 5 AZR 121/13, NZA-RR 2015, 255 Rn. 35.
[287] BAG 1.3.2006 – 5 AZR 511/05, NZA 2006, 2205; s. aber auch LAG Köln 13.6.2013 – 7 Sa 101/13, BeckRS 2013, 71618 zur Möglichkeit der Aufrechterhaltung anderer Teile der Klausel durch sog. „blue pencil"-Test (→ Rn. 152).
[288] BAG 18.1.1969 – 3 AZR 451/67, BeckRS 1969, 00024; BAG 6.11.1985 – 4 AZR 233/84, NZA 1986, 429.
[289] BAG 13.12.2007 – 6 AZR 222/07, NZA 2008, 478.
[290] BAG 18.2.2016 – 6 AZR 628/14, NZA-RR 2016, 330.

Zur **Unterbrechung** der Frist muss der Anspruch geltend gemacht werden. Die Form ergibt sich häufig aus der Klausel selbst. In Betracht kommen die formlose, die schriftliche, gerichtliche und häufig auch zweistufige Geltendmachung. Dazu bedarf es der Spezifizierung nach Grund und Höhe, jedoch keiner weiteren Begründung. Der Anspruchsgegner muss wissen, welche Forderung erhoben wird.[291] Nicht ausreichend ist der Hinweis, die Verfolgung von Ansprüchen bleibe vorbehalten. Eine ordnungsgemäße Geltendmachung setzt voraus, dass der Anspruch bereits entstanden ist. Auf die Fälligkeit des Anspruchs kommt es nicht an.[292] Die neuere Rechtsprechung des BAG erleichtert daher die Geltendmachung von bereits entstandenen Ansprüchen. Die Fälligkeit muss nicht mehr abgewartet werden. Allerdings wahrt die einmalige Geltendmachung nur ausnahmsweise, etwa wenn die Ansprüche aus einer Eingruppierungsentscheidung resultieren, auch die Ausschlussfrist für zukünftige Ansprüche.[293] 143

Leistungsansprüche müssen nicht nur geltend gemacht, sondern auch **beziffert** werden. Ein unbezifferter Leistungsantrag genügt nur, wenn dies gesetzlich ausdrücklich zugelassen ist (zB § 113 BetrVG, § 11 KSchG). Begehrt ein Arbeitnehmer gemäß § 256 ZPO die Feststellung, dass der Arbeitgeber für zukünftige, noch nicht bezifferbare Schäden haftet, kommt vor dem Eintritt dieser Schäden ein Verfall des Schadenersatzanspruchs aufgrund einer Ausschlussfrist nicht in Betracht, auch wenn die Rechtsgutverletzung zu einem früheren Zeitpunkt eingetreten ist.[294] 144

Die Erhebung der **Kündigungsschutzklage** ist bei einfacher Verfallfrist (zB formlose oder schriftliche Geltendmachung nach § 37 TVöD) für die Geltendmachung von Zahlungsansprüchen ausreichend. Insbesondere bei zweistufiger Klausel mit Verpflichtung zur gerichtlichen Geltendmachung von Zahlungsansprüchen genügte sie nach früherer Rechtsprechung nicht. Anderes gilt, wenn – wie fast regelmäßig – die Ausschlussfrist in AGB enthalten ist. Die **Kündigungsschutzklage** wahrt eine zweistufige **Ausschlussfrist in AGB** auch für Verzugslohnansprüche.[295] Diese Sichtweise hat das BAG nunmehr auch auf tarifliche Ausschlussfristen erstreckt.[296] Offen ist, ob das auch dann gilt, wenn die Klausel ausdrücklich die Erhebung einer Zahlungsklage vorsieht. Eine allgemeine Statusklage wahrt nicht einmal die einfache Verfallfrist für Zahlungsansprüche. Zur Fristunterbrechung ist der Zugang der Erklärung erforderlich. Die Einreichung der Klage bei Gericht genügt nicht, da die Vorschrift des § 167 ZPO (Rückwirkung bei Zustellung demnächst) nicht gilt. 145

Ein Telefaxschreiben reicht zur Wahrung der schriftlichen Geltendmachung aus.[297] Die Vorschrift des § 174 BGB über die Zurückweisung einseitiger empfangsbedürftiger Willenserklärung ohne Vorlage einer Originalvollmachtsurkunde ist **nicht anwendbar**. Denn der Schuldner wird lediglich zur Erfüllung eines Anspruchs aufgefordert. Die Erklärung hat keine weitergehende gestaltende Rechtsfolge, weshalb der Schutzzweck des § 174 BGB nicht eingreift. Nach Eingang der Erklärung auch durch einen Bevollmächtigten kann sich der Schuldner nicht mehr darauf verlassen, dass nach Ablauf der Frist gegen ihn keine Ansprüche mehr geltend gemacht werden.[298] 146

Mit verfallenen Ansprüchen kann nicht die **Aufrechnung** erklärt werden. Da der Anspruch vernichtet ist, kommt eine entsprechende Anwendung des § 215 BGB nicht in Frage. 147

Eine **Wiedereinsetzung** in den vorigen Stand kommt bei schuldloser Versäumung einer Frist zur gerichtlichen Geltendmachung weder unmittelbar noch in analoger Anwendung des § 233 ZPO in Betracht.[299] 148

---

[291] BAG 18.2.2016 – 6 AZR 628/14, NZA-RR 2016, 330.
[292] BAG 11.12.2003 – 6 AZR 539/02, AP BMT-G II § 63 Nr. 1.
[293] BAG 18.2.2016 – 6 AZR 628/14, NZA-RR 2016, 330.
[294] BAG 14.12.2006 – 8 AZR 628/05, NZA 2007, 262.
[295] BAG 19.3.2008 – 5 AZR 429/07, NZA 2008, 757.
[296] BAG 19.9.2012 – 5 AZR 627/11, NZA 2013, 101 Rn. 28 ff.; BAG 24.9.2014 – 5 AZR 593/12, NZA 2015, 35 Rn. 28.
[297] BAG 11.10.2000 – 5 AZR 313/99, NZA 2001, 231.
[298] BAG 14.8.2002 – 5 AZR 341/01, NZA 2002, 1344.
[299] BAG 18.11.2004 – 6 AZR 651/03, NZA 2005, 516.

149 Verfallfristen in Individualarbeitsverträgen unterliegen der **Inhaltskontrolle nach § 309 Nr. 13 BGB.** Das betrifft vor allem die Dauer der Verfallfrist. Mit Urteil vom 13.12.2000[300] hatte das BAG eine arbeitsvertragliche Verfallklausel von nur einem Monat mit der Verpflichtung zur gerichtlichen Geltendmachung innerhalb eines weiteren Monats nach Ablehnung oder Nichtäußerung binnen zwei Wochen noch als zulässig angesehen. Der Gesetzgeber hat gerade diese Entscheidung zum Anlass genommen, eine Inhaltskontrolle von Allgemeinen Geschäftsbedingungen nun auch auf Arbeitsverträge zu erstrecken.[301] Vor dem Hintergrund der Rechtsprechung des BGH zur Abkürzung von Verjährungsfristen auf mindestens sechs Monate, konnte die bisherige Rechtsprechung des BAG keinen Bestand behalten.[302] Problematisch bei der Verwendung kürzerer Fristen ist ferner, dass bei der Überprüfung nach AGB-Regeln eine geltungserhaltende Reduktion ausscheidet, während das BAG in seiner Rechtsprechung vor Geltung des Schuldrechtsmodernisierungsgesetzes eine Rückführung auf ein zulässiges Maß durchaus vornahm.

150 Verfallfristen als solche gehören zu den Besonderheiten des Arbeitsrechts gem. § 310 Abs. 4 S. 2 BGB. Daraus wird gefolgert, dass die Überprüfung von Ausschlussfristen in Individualarbeitsverträgen sich allein auf die Inhaltskontrolle nach § 307 BGB beschränkt.[303] Wendet man hingegen auch die Klauselverbote ohne Wertungsmöglichkeiten an, könnte § 309 Nr. 13 BGB zweistufigen Ausschlussfristen entgegenstehen, wenn und soweit sie die **gerichtliche Geltendmachung** vorsehen. Diskutiert wurde die Frage, ob die Notwendigkeit der gerichtlichen Geltendmachung in zweistufigen Ausschlussfristen nicht unzulässig ist, weil sie eine strengere Form als die Schriftform vorsieht. Dagegen spricht, dass die zweite Stufe der Ausschlussfrist lediglich eine Frist für die gerichtliche Geltendmachung, nicht jedoch eine bestimmte Form vorschreibt.[304] Die gerichtliche Geltendmachung ist eine Prozesshandlung und keine Äußerung rechtsgeschäftlicher, geschäftsähnlicher oder rein tatsächlicher Art. Es handelt sich – entgegen § 309 Nr. 13 BGB – auch nicht um eine Anzeige oder Erklärung gegenüber dem Vertragspartner/Arbeitgeber, sondern gegenüber dem Gericht als Adressat. Das Gericht steht sicher nicht im Lager des Verwenders von AGB. Es kommt hinzu, dass zur Klageerhebung die Schriftform erforderlich aber auch ausreichend ist (§ 46 Abs. 2 ArbGG, § 253 Abs. 1 ZPO). Die Klageerhebung ist im Übrigen auch mündlich zu Protokoll der Geschäftsstelle möglich. Strengere Anforderungen als die Schriftform sind daher nicht gegeben.

151 Seit dem **1.10.2016** gilt § 309 Nr. 13 BGB in einer **neuen Fassung,** die es für unzulässig erklärt, Anzeigen oder Erklärungen, die dem Verwender oder einem Dritten gegenüber abzugeben sind, an eine strengere Form als die **Textform** zu binden. Zumindest bei Verträgen, die nach dem 30.9.2016 geschlossen wurden, droht daher eine Unwirksamkeit nach AGB-Recht, wenn sie (weiterhin) eine schriftliche Geltendmachung vorsehen, weil nicht sicher vorhergesagt werden kann, ob solche Klauseln so interpretiert werden können, dass „schriftlich" lediglich die Textform und nicht die gesetzliche Schriftform bedeuten soll.[305]

152 Das BAG[306] hat **zweistufige Ausschlussfristen** im Grundsatz als zulässig angesehen, aber klargestellt, dass für **beide Stufen** in Anlehnung an § 61b ArbGG jeweils eine **Mindestfrist von 3 Monaten** vorzusehen ist. Eine Verfallklausel als solche ist weder überraschend noch ungewöhnlich iSd § 305c Abs. 1 BGB, wenn sie der Arbeitsvertrag als eigenständige Ziffer mit der Überschrift „Verfallklausel" besonders hervorhebt. Die Mindestfrist für die gerichtliche Geltendmachung der Ansprüche beträgt gemäß § 307 Abs. 1 S. 1 iVm Abs. 2 Nr. 1 BGB drei Monate. Zweistufige Ausschlussfristen können geteilt werden. Die Teilbarkeit der Klausel ist mittels einer Streichung des unwirksamen Teils mit einem „blauen Stift" zu ermitteln *(blue-pencil-Test).* Ist die verbleibende Regelung weiterhin verständlich, bleibt sie

---

[300] BAG 13.12.2000 – 10 AZR 168/00, NZA 2001, 723; s. auch BAG 27.1.20106 – 5 AZR 277/14, BeckRS 2016, 68737 Rn. 19.
[301] Vgl. BT-Drs. 14/6857, 54.
[302] Vgl. dazu *Schrader* NZA 2003, 345 (351); *Krause* RdA 2004, 106 (111).
[303] *Schrader* NZA 2003, 345 (351).
[304] *Gotthard* ZIP 2002, 277 (285); aA *Däubler* NZA 2001, 1329 (1336).
[305] So *Lingemann/Otte* NZA 2016, 519 (521) auch → § 10 Rn. 170 ff.
[306] BAG 25.5.2005 – 5 AZR 572/04, NZA 2005, 1111.

bestehen. Maßgeblich ist, ob sie mehrere sachliche Regelungen enthält und der unzulässige Teil sprachlich eindeutig abtrennbar ist. Gegenstand der Inhaltskontrolle sind dann für sich jeweils verschiedene, nur formal verbundene AGB-Bestimmungen.[307]

Ausgleichsklauseln, die **einseitig** nur **Ansprüche des Arbeitnehmers** erfassen und dafür keine entsprechende Gegenleistung gewähren, sind unangemessen benachteiligend und damit unwirksam (§ 307 Abs. 1 S. 1 BGB).[308] Nach dem gegenwärtigen Stand der Rechtsprechung wird folgende Formulierung empfohlen:[309]

> **Formulierungsvorschlag:**
>
> Alle wechselseitigen Ansprüche aus dem Arbeitsverhältnis verfallen, wenn sie nicht innerhalb einer Ausschlussfrist von drei Monaten von einer der Vertragsparteien in Textform geltend gemacht werden. Die Versäumung der Frist führt zum Verlust des Anspruchs. Die Ausschlussfrist beginnt, wenn der Anspruch entstanden ist und der Gläubiger von den anspruchsbegründenden Umständen Kenntnis erlangt oder ohne grobe Fahrlässigkeit Kenntnis erlangen müsste, jedoch nicht vor Fälligkeit des Anspruchs.
>
> Lehnt die andere Partei innerhalb eines Monats nach ordnungsgemäßer Geltendmachung den gegen sie erhobenen Anspruch in Textform ab oder erklärt sie sich nicht in Textform oder nicht eindeutig, so verfällt dieser, wenn er nicht innerhalb von weiteren drei Monaten nach Ablehnung oder dem Fristablauf gerichtlich geltend gemacht wird.
>
> Diese Ausschlussfristen gelten nicht bei Haftung wegen Vorsatzes und bei Verletzung von Leben, Körper oder Gesundheit sowie bei grobem Verschulden. Sie gelten auch nicht für Ansprüche, die dem Schutz des Mindestlohngesetzes unterliegen oder die aus anderen Gründen einer Vereinbarung der Parteien über einen Anspruchsausschluss entzogen sind.

V. Verjährung

Die Verjährungsvorschriften der §§ 194–213 BGB, die durch das Gesetz zur Modernisierung des Schuldrechts seit dem 1.1.2002 geändert sind, gelten uneingeschränkt auch im Arbeitsrecht. Sie finden nicht von Amts wegen, sondern erst auf die **Einrede des Schuldners** Anwendung, soweit nicht bereits die Geltendmachung des Rechts aus anderen Gründen, etwa wegen des Eingreifens von Verfallfristen (→ Rn. 139 ff.), ausgeschlossen ist.

Die **regelmäßige Verjährungsfrist** beträgt **3 Jahre**. Der regelmäßigen Verjährungsfrist des § 195 BGB unterliegen alle vertraglichen und gesetzlichen Ansprüche, insbesondere auf Zahlung, also wegen des Arbeitsentgelts, Abfindungen, Auslagenersatz, Provisionen, Karenzentschädigung, Lohnfortzahlung, Rückforderungsansprüche aller Art, Annahmeverzugslohn, Ersatz von Vorstellungskosten sowie der Zeugnisanspruch. Die dreißigjährige Verjährungsfrist greift gem. § 197 Abs. 1 Ziff. 1 BGB für Eigentumsherausgabeansprüche, für rechtskräftig festgestellte Ansprüche und Schadenersatzansprüche, die auf einer Verletzung des Lebens, des Körpers, der Gesundheit oder der Freiheit beruhen.

Die regelmäßige Verjährungsfrist beginnt mit dem Schluss des Jahres, in dem der Anspruch entstanden ist, regelmäßig also mit seiner Fälligkeit. Außerdem muss der Gläubiger von den anspruchsbegründenden Tatsachen und der Person des Schuldners **Kenntnis** erlangt haben oder ohne grobe Fahrlässigkeit erlangen können. Spezialregelungen finden sich für Schadenersatzansprüche in § 199 Abs. 2 und 3 BGB. Andere Ansprüche als Schadenersatzansprüche verjähren ohne Rücksicht auf die Kenntnis oder grob fahrlässige Unkenntnis in zehn Jahren von ihrer Entstehung an (§ 199 Abs. 4 BGB).

---

[307] BAG 12.3.2008 – 10 AZR 152/07, NZA 2008, 699; BAG 27.1.2016 – 5 AZR 277/14, BeckRS 2016, 68737 Rn. 19; s. zu Grenzen des blue-pencil-Tests aber auch BAG 16.5.2012 – 5 AZR 251/11, NZA 2012, 971 Rn. 36 ff.; BAG 3.12.2019 – 9 AZR 44/19, NZA 2020, 586 Rn. 25 ff.
[308] BAG 21.6.2011 – 9 AZR 203/10, NZA 2011, 1338.
[309] In Anlehnung an *Laber/Goetzmann* ArbRB 2005, 219 (219 ff.); umfassend zur gerichtlichen Kontrolle von Ausschlussfristen: *Salamon* NZA 2019, 1529; *Reinecke* BB 2005, 378 (378 ff.); *Reinecke* BB 2005, 1388.

158 Eine Reihe von Tatbeständen führen zur **Hemmung der Verjährung**. Sie sind in den §§ 203–208 BGB im Einzelnen aufgezählt. Gemäß § 203 BGB hemmen insbesondere Verhandlungen zwischen dem Schuldner und dem Gläubiger die Verjährung. Problematisch ist die Bestimmung des Zeitpunktes, ab dem die Verjährungsfrist wieder zu laufen beginnt. Eher selten wird eine eindeutige Erklärung des Schuldners sein. Wenn Verhandlungen „einschlafen", beginnt die Verjährung ab dem Zeitpunkt, zu dem spätestens nach Treu und Glauben der nächste Verhandlungsschritt zu erwarten gewesen wäre. Die Verjährung tritt jedoch frühestens drei Monate nach dem Ende der Hemmung ein, um dem Gläubiger noch genügend Zeit für die Erhebung einer Klage zu geben.

159 Die Hemmung der Verjährung durch Rechtsverfolgung ist im Einzelnen in § 204 Abs. 1 Ziff. 1–14 BGB geregelt. Anders als für die Wahrung von Ausschlussfristen (→ Rn. 145) genügt für die Hemmung der Verjährung von Zahlungsansprüchen die Erhebung einer Kündigungsschutzklage nicht.[310] Hemmung der Verjährung bedeutet nach allgemeinen Regeln, dass der Zeitraum, in dem die Verjährung gehemmt ist, in die Frist nicht eingerechnet wird. Sie verlängert sich mithin um den Zeitraum der Hemmung.

160 Die Verjährung kann gem. § 212 BGB erneut beginnen, wenn der Schuldner dem Gläubiger gegenüber den Anspruch durch Abschlagszahlung, Zinszahlung, Sicherheitsleistung oder in anderer Weise anerkennt oder wenn eine gerichtliche oder behördliche Vollstreckungshandlung vorgenommen oder beantragt wird.

161 Nur ganz ausnahmsweise kann dem Berufen des Schuldners auf die Verjährung der Einwand unzulässiger Rechtsausübung (Verstoß gegen Treu und Glauben gem. § 242 BGB) entgegengehalten werden.[311] Dies gilt nur dann, wenn der Schuldner eine ihn treffende Hinweispflicht verletzt und die darauf beruhende Unkenntnis des Gläubigers ursächlich zur Verjährung führt.[312] Auch der Arbeitgeber des öffentlichen Dienstes darf sich auf Verjährung berufen.[313] Auch sonst ist es nicht ehrenrührig, geschweige denn treuwidrig, wenn der Schuldner sich auf Verjährung beruft, obwohl sein Ansehen in der Öffentlichkeit auf die pünktliche Erfüllung der Ansprüche hindeutet.[314] Die Fürsorgepflicht des Arbeitgebers gebietet es nicht, seine Arbeitnehmer auf den bevorstehenden Eintritt der Verjährung hinzuweisen.[315]

VI. Verwirkung

162 Auch schon vor Ablauf der Verjährungsfrist kann die Geltendmachung eines Rechts insbesondere im Arbeitsrecht treuwidrig sein. Wegen der kurzen regelmäßigen Verjährungsfrist von drei Jahren wird dies allerdings nur in Ausnahmefällen der Fall sein. Das Recht, eine Klage zu erheben oder einen Anspruch geltend zu machen, kann verwirkt werden.[316] Ein Recht ist verwirkt, wenn der Gläubiger es längere Zeit nicht ausgeübt hat (**Zeitmoment**) und der Schuldner darauf vertraut hat, er werde nicht mehr in Anspruch genommen werden, so dass ihm die Erfüllung unter Berücksichtigung aller Umstände nach Treu und Glauben auch nicht mehr zuzumuten ist (**Umstandsmoment**).[317] Für das Zeitmoment ist Voraussetzung, dass der Gläubiger seinen Anspruch über längere Zeit nicht verfolgt.

163 Das bloße Vorliegen des Zeitmoments indiziert nicht das so genannte Umstandsmoment, sondern es bedarf besonderer Umstände für die berechtigte Erwartung des Schuldners, er werde nicht mehr gerichtlich in Anspruch genommen werden. Der Zeitablauf und die Untätigkeit des Anspruchsberechtigten reichen nach ständiger Rechtsprechung für sich allein

---

[310] BAG 24.9.2014 – 5 AZR 593/12, NZA 2015, 35; BAG 24.6.2015 – 5 AZR 509/13, NZA 2015, 1256.
[311] BAG 19.1.2010 – 3 AZR 191/08, NZA 2011, 520 Rn. 38 ff.
[312] BAG 18.3.1997 – 9 AZR 130/96, NZA 1997, 1232.
[313] BAG 17.12.1964 – 5 AZR 90/64, AP BGB § 196 Nr. 2.
[314] BAG 29.7.1966 – 3 AZR 20/66, NJW 1967, 174.
[315] BAG 7.5.1986 – 4 AZR 556/83, BeckRS 9998, 148635; BAG 4.11.1992 – 5 AZR 75/92, BeckRS 1992, 30919462.
[316] BAG 20.5.1988 – 2 AZR 711/87, NZA 1989, 16.
[317] BAG 24.8.2016 – 5 AZR 129/16, NZA 2017, 58 Rn. 59 ff.; 21.2.2018 – 7 AZR 587/16, BeckRS 2018, 13924 Rn. 35.

noch nicht aus, das Umstandsmoment auszufüllen. Neben dem Zeitablauf allein, der zudem nicht zu kurz bemessen sein darf, wird gefordert, dass durch das Verhalten des Berechtigten eine Situation geschaffen wird, auf die der Gegner vertrauen, sich einstellen und einrichten darf. Zum Zeitablauf müssen grundsätzlich besondere Umstände sowohl im Verhalten des Berechtigten als auch des Verpflichteten hinzukommen.[318]

Hinsichtlich des Umstandsmoments kann zu differenzieren sein nach der **Art des verwirkten Rechts.** Das Umstandsmoment kann schon bei kurzem Zeitablauf in den Vordergrund treten, etwa gegenüber einem Zeugnisanspruch, wenn der Vorgesetzte, der zur Beurteilung in der Lage war, inzwischen ausgeschieden ist und die Personalakte vernichtet wurde. Andererseits werden Vergütungsansprüche regelmäßig nicht verwirken, weil ein Gläubiger ohne zusätzliche gravierende Momente stets damit rechnen muss, dass Zahlungsansprüche weiter verfolgt werden. Das Gesetz differenziert beispielsweise hinsichtlich der Frage der Verwirkung des Klagerechts bei einer Arbeitgeberkündigung einerseits gegenüber der Verwirkung eines Anfechtungsrechts wegen widerrechtlicher Drohung gemäß § 123 BGB andererseits.[319] Letztlich ist immer zu prüfen, ob das Interesse des Berechtigten an einer sachlichen Prüfung des von ihm behaupteten Anspruchs derart überwiegt, dass dem Gegner die Einlassung auf die nicht innerhalb angemessener Frist erhobene Klage nicht mehr zuzumuten ist.[320]

164

---

[318] BAG 22.2.2012 – 4 AZR 579/10, BeckRS 2012, 71097 Rn. 43 ff.; 13.11.2014 – 6 AZR 869/13, NZA 2015, 1259.
[319] S. dazu die Ausführungen des BAG 6.11.1997 – 2 AZR 162/97, NZA 1998, 374.
[320] Zu den Besonderheiten bei der Verwirkung des Widerspruchsrechts beim Betriebsübergang vgl. BAG 24.2.2011 – 8 AZR 699/09, BeckRS 2011, 72476; 10.11.2011 – 8 AZR 430/10, NJOZ 2012, 860; 17.10.2013 – 8 AZR 974/12, NJW 2014, 2461; 28.2.2019 – 8 AZR 201/18, BeckRS 2019, 16663, jeweils mwN.

§ 23 Mitbestimmung beim Entgelt

Übersicht

	Rn.
I. Allgemeines zum Mitbestimmungsrecht des Betriebsrates	1–21
1. Überblick	1–4
2. Gegenstand des Mitbestimmungsrechtes des § 87 Abs. 1 Nr. 10 BetrVG	5
3. Zweck des Mitbestimmungsrechtes	6/7
4. Entgeltbegriff	8–15
5. Arbeitnehmer	16/17
6. Kollektiver Tatbestand	18–21
II. Reichweite des Mitbestimmungsrechtes des § 87 Abs. 1 Nr. 10 BetrVG	22–38
1. Tarifvorrang	23–31
a) Tarifgebundener Arbeitgeber	27–30
b) Nicht tarifgebundener Arbeitgeber	31
2. AT-Angestellte	32–35
3. Mitbestimmungsfreie Entscheidungen des Arbeitgebers	36–38
III. Mitbestimmungsrecht bei Grundentscheidungen der betrieblichen Lohngestaltung	39–77
1. Begriffsdefinitionen	39–45
2. Vom Mitbestimmungsrecht nicht erfasste Gegenstände	46–62
a) Kein Mitbestimmungsrecht bei der Entgelthöhe	47–49
b) Kein Mitbestimmungsrecht bei allgemeinen lohnpolitischen Komponenten	50–55
c) Kein Mitbestimmungsrecht bei Umrechnungsfaktoren	56/57
d) Kein Mitbestimmungsrecht bei der Erhöhung bzw. Reduzierung der Vergütung	58/59
e) Freiheit der Arbeitsvertragsgestaltung	60–62
3. Mitbestimmungsrecht bei einzelnen Grundsatzentscheidungen	63–77
a) Mitbestimmungsrecht bei der Vergütungsgruppenordnung	64–72
b) Mitbestimmungsrecht bei der Festlegung der Grundlagen der Vergütung	73/74
c) Mitbestimmungsrecht bei Strukturfragen der Vergütung	75–77
IV. Mitbestimmungsrecht des Betriebsrates im freiwilligen Bereich	78/79
V. Einzelfälle	80–113
1. Sonderzahlungen	81–85
2. Zulagen, Zuschläge und Zeitgutschriften	86–89
3. Gewinn- und Ergebnisbeteiligung	90/91
4. Sachleistungen, insbesondere private Nutzung eines dienstlichen Kfz	92–98
5. Mitbestimmungsrecht bei Aktienoptionsplänen	99–107
6. Betriebliche Altersversorgung	108–113
VI. Besondere Vergütungsformen	114–167
1. Leistungsbezogene Entgelte nach § 87 Abs. 1 Nr. 11 BetrVG	114–127
a) Akkord und Prämie	115–122
b) Zielvorgaben und Zielvereinbarungen als leistungsbezogene Entgelte?	123/124
c) Leistungszulagen als leistungsbezogene Entgelte?	125
d) Einzelheiten der Mitbestimmung bei Leistungsentgelten	126/127
2. Provision	128–130
3. Variable zielorientierte Vergütungssysteme	131–148
a) Grundlegende Merkmale	131–135
b) Mitbestimmungsrechte des Betriebsrates	136–142
c) Mitbestimmung des Betriebsrates bei der Ausgestaltung des variablen Teils der Vergütung	143
d) Mitbestimmungsrecht des Betriebsrates bei den Zielvereinbarungen bzw. Zielvorgaben	144–148
4. Bandbreitensysteme	149–164
a) Einzelmerkmale eines Bandbreitensystems	151–155
b) Erhöhung der Vergütung	156/157
c) Entwicklung der Vergütung des Arbeitnehmers	158/159
d) Mitbestimmungsrechte des Betriebsrats	160–164
5. Vergütungsregelungen bei vorübergehender Entsendung in das Ausland	165–167

	Rn.
VII. Mitbestimmungsrechte nach § 87 Abs. 8 und 9 BetrVG	168–179
1. Allgemeines	168/169
2. Mitbestimmungsfreie Vorentscheidungen des Arbeitgebers	170
3. Sozialeinrichtung	171/172
4. Einzelfragen	173–177
5. Zuweisung und Kündigung von Wohnungen	178/179
VIII. Mitbestimmung bei der Änderung von Entgeltleistungen	180–212
1. Änderung von freiwilligen Leistungen – Grundsatz	186/187
2. Wegfall von freiwilligen Leistungen als mitbestimmungspflichtige Änderung des Vergütungssystems	188–192
3. Besonderheiten bei der Änderung der betrieblichen Altersversorgung	193–196
4. Grundlegende Änderungen des Vergütungssystems	197–202
5. Anrechnung von Lohnerhöhungen auf über- und außertarifliche Zulagen	203–210
6. Trennung von Mitbestimmungsverfahren und Änderung des Arbeitsvertrages	211/212
IX. Initiativrecht	213–219
X. Mitbestimmungsrecht bei den Auszahlungsmodalitäten der Arbeitsentgelte	220
XI. Einblicksrecht des Betriebsrats in Bruttoentgeltlisten	221–228
XII. Durchführung der Mitbestimmung	229–238
XIII. Zuständigkeit	239–242
XIV. Meinungsverschiedenheiten	243
XV. Sicherung des Mitbestimmungsrechtes des Betriebsrats	244/245
XVI. Rechte der Arbeitnehmer bei mitbestimmungswidrigem Verhalten des Arbeitgebers	246/247
XVII. Textmuster	248–251

I. Allgemeines zum Mitbestimmungsrecht des Betriebsrates

1. Überblick

Das Mitbestimmungsrecht des Betriebsrats beim Entgelt ist im Wesentlichen in § 87 BetrVG geregelt, wobei § 87 Abs. 1 Nr. 10 und 11 BetrVG den Schwerpunkt bilden. Darüber hinaus ist der Betriebsrat im Rahmen der personellen Angelegenheiten bei der Ein- und Umgruppierung von Arbeitnehmern beteiligt (vgl. § 19). 1

§ 87 Abs. 1 regelt in Nr. 10 und Nr. 11 zwei Mitbestimmungstatbestände. Die Regelung in § 87 Abs. 1 Nr. 10 BetrVG stellt den Grundtatbestand dar und hat den Charakter einer Generalklausel,[1] § 87 Abs. 1 Nr. 10 BetrVG enthält ein Mitbestimmungsrecht bei der betrieblichen Lohngestaltung, insbesondere bei der Aufstellung von Entlohnungsgrundsätzen und der Einführung und Anwendung von neuen Entlohnungsmethoden sowie deren Änderung. § 87 Abs. 1 Nr. 11 BetrVG ist hierzu eine ergänzende Spezialregelung für die Festsetzung der Akkord- und Prämiensätze und vergleichbarer leistungsbezogener Entgelte, einschließlich der Geldfaktoren. Werden Leistungen durch eine Sozialeinrichtung erbracht, gilt der spezielle Mitbestimmungstatbestand des § 87 Abs. 1 Nr. 8 BetrVG. § 87 Abs. 1 Nr. 9 BetrVG regelt das Mitbestimmungsrecht des Betriebsrates bei der Vermietung von Wohnräumen an die Arbeitnehmer. Schließlich enthält § 87 Abs. 1 Nr. 4 BetrVG ein Mitbestimmungsrecht hinsichtlich der Modalitäten der Auszahlung des Arbeitsentgelts. 2

Das Mitbestimmungsrecht des Betriebsrates im Rahmen des Grundtatbestandes des § 87 Abs. 1 Nr. 10 BetrVG bezieht sich auf das **Entgeltsystem als solches** und auf die **Ausgestaltung des Systems** im Einzelnen. **Das Mitbestimmungsrecht umfasst nicht die Festlegung der Entgelthöhe.** 3

Bei der Ausgestaltung des Entgeltsystems können andere Mitbestimmungstatbestände berührt werden. So kommt ein Eingreifen des Mitbestimmungsrechts nach § 87 Abs. 1 Nr. 6 BetrVG in Betracht, wenn für die Entlohnung relevante Daten durch eine technische Ein- 4

---

[1] BAG 3.12.1991 – GS 2/90, NZA 1992, 749.

richtung bzw. per EDV erhoben oder verarbeitet werden. Hängt die Entlohnung von Beurteilungen ab, so wird auch das Mitbestimmungsrecht des § 94 Abs. 2 BetrVG berührt.

2. Gegenstand des Mitbestimmungsrechtes des § 87 Abs. 1 Nr. 10 BetrVG

5 Nach seinem Wortlaut erstreckt sich der Grundtatbestand des § 87 Abs. 1 Nr. 10 BetrVG auf Fragen der betrieblichen Lohngestaltung, insbesondere die Aufstellung von Entlohnungsgrundsätzen und die Einführung und Anwendung von neuen Entlohnungsmethoden sowie deren Änderung. Der Gesetzeswortlaut macht deutlich, dass das Mitbestimmungsrecht des Betriebsrates **umfassend und weitgehend** ist. Es bezieht sich nicht nur auf die Aufstellung von Entlohnungsgrundsätzen und die Einführung und Anwendung von neuen Entlohnungsmethoden sowie deren Änderung, sondern **auf die betriebliche Lohngestaltung schlechthin**. Der Begriff der betrieblichen Lohngestaltung macht aber auch deutlich, dass sich das Mitbestimmungsrecht nicht auf die individuelle Vereinbarung der Vergütungshöhe im Arbeitsvertrag zwischen Arbeitgeber und Arbeitnehmer erstreckt. Das bedeutet also, dass Regelungen mit Rücksicht auf besondere Umstände des einzelnen Arbeitnehmers, die keinen kollektiven Zusammenhang aufweisen, nicht dem Mitbestimmungsrecht unterliegen.[2]

3. Zweck des Mitbestimmungsrechtes

6 Zweck des Mitbestimmungsrechtes ist die Gewährleistung der Verteilungsgerechtigkeit. Das Mitbestimmungsrecht des Betriebsrates dient dazu, das betriebliche Entlohnungssystem durchschaubar zu gestalten und seine Ausgewogenheit sicherzustellen. **Es soll den Arbeitnehmer vor einseitigen und willkürlichen Lohngestaltungen schützen.**[3]

7 Zweck der Mitbestimmung ist nicht die Festlegung der individuellen Vergütung des einzelnen Arbeitnehmers. Nach fast einhelliger Meinung bezieht sich das **Mitbestimmungsrecht des Betriebsrates nicht auf die Vergütungshöhe** (vgl. aber zu § 87 Abs. 1 Nr. 11 → Rn. 127).[4] Dies ergibt sich daraus, dass die individuelle Vereinbarung der Vergütung zwischen Arbeitgeber und Arbeitnehmer weder dem Mitbestimmungsrecht noch der Nachkontrolle des Betriebsrates unterliegt. Dies folgt weiter auch aus § 77 Abs. 3 BetrVG, denn die Festlegung der Höhe der Entgelte bzw. ihre Änderung ist einer der zentralen, klassischen Regelungsbereiche, die den Tarifvertragsparteien zugewiesen sind. Das Mitbestimmungsrecht des Betriebsrats erstreckt sich vielmehr auf die innerbetrieblichen Grundsätze der Entlohnung. Es beinhaltet nicht die Befugnis zu lohnpolitischem Handeln. Es soll aber sichergestellt werden, dass der Betriebsrat an den Entscheidungen beteiligt wird, um ein angemessenes und durchsichtiges Gehaltsgefüge innerhalb des Betriebs zu gewährleisten.[5]

4. Entgeltbegriff

8 Der Entgeltbegriff ist weit gefasst.[6] Er bezieht sich nicht nur auf den Lohn bzw. das Gehalt, dh die Vergütung des Arbeitnehmers im engeren Sinne, sondern auf **sämtliche vermögenswerten Leistungen und Zuwendungen des Arbeitgebers.**[7] Es ist dabei jedoch nicht notwendig, dass die Leistungen auch im Gegenseitigkeitsverhältnis stehen.[8] Es liegt somit auch ein Entgeltcharakter vor, wenn beispielsweis die Betriebstreue oder geringe Anzahl an krankheitsbedingten Fehlzeiten belohnt werden.[9] Die betriebliche Lohngestaltung erstreckt sich folglich nicht nur auf die laufenden Entgelte einschließlich der übertariflichen Entgelt-

---

[2] BAG 3.12.1991 – GS 2/90, NZA 1992, 749.
[3] Richardi BetrVG/*Richardi* § 87 Rn. 752 mwN; *Fitting* BetrVG § 87 Rn. 407; DKKW/*Klebe* BetrVG § 87 Rn. 296.
[4] Richardi BetrVG/*Richardi* § 87 Rn. 792 mwN; *Fitting* BetrVG § 87 Rn. 419; stRspr zB BAG 15.5.2001 – 1 ABR 39/00, NZA 2001, 1154; 11.6.2002 – 1 AZR 390/01, NZA 2003, 570 mwN; 21.3.2013 – 1 ABR 5/02, NZA 2003, 810; 30.10.2012 – 1 ABR 61/11, NZA 2012, 522; aA DKKW/*Klebe* BetrVG § 87 Rn. 311.
[5] Richardi BetrVG/*Richardi* § 87 Rn. 753.
[6] BAG 31.5.2005 – 1 ABR 22/04, DB 2005, 2585.
[7] BAG 31.5.2005 – 1 ABR 22/04, DB 2005, 2585.
[8] Richardi BetrVG/*Richardi* § 87 Rn. 761.
[9] Richardi BetrVG/*Richardi* § 87 Rn. 764.

bestandteile, sondern auch auf Einmalzahlungen, die betriebliche Altersversorgung, sonstige Sozialleistungen des Arbeitgebers bis hin zu der Gewährung von Arbeitgeberdarlehen, der Möglichkeit des verbilligten Bezuges von Produkten des Arbeitgebers, einer Gewinn- und Ergebnisbeteiligung sowie Sachleistungen wie die Einräumung der Privatnutzung eines Firmen-Pkw.[10] Es spielt keine Rolle, ob der Arbeitgeber zu entsprechenden Leistungen verpflichtet ist, beispielsweise auf Grund betrieblicher Übung, oder ob die Leistungen freiwillig gewährt werden. Alle Leistungen des Arbeitgebers, die Entgelt- oder Belohnungscharakter haben, werden in den Mitbestimmungstatbestand einbezogen. Davon ist typischerweise bei Zahlungen auszugehen, die nach Leistungsgesichtspunkten erfolgen.[11]

Es ist auch nicht von Bedeutung, ob die Leistungen vom Arbeitgeber selbst oder von Dritten erbracht werden. Dies gilt jedenfalls dann, wenn dem Arbeitgeber ein Gestaltungs- und Verteilungsspielraum verbleibt. Dies ist beispielsweise der Fall, wenn die Verteilung der von Dritten stammenden Trinkgelder zu regeln ist[12] oder eine ausländische Konzernobergesellschaft einen bestimmten Anteil an einer weltweit ermittelten Gewinnbeteiligung der deutschen Tochtergesellschaft zur Verteilung zur Verfügung stellt.

Nicht unter den Entgeltbegriff fallen Leistungen des Arbeitgebers, die keinen Entgeltcharakter haben. Dies gilt insbesondere für den **Aufwendungsersatz**, dh die Erstattung von Reisekosten und sonstigen Spesen.[13]

Beispiel 1:
Der Arbeitgeber bezahlt an die Arbeitnehmer bei Geschäftsreisen die steuerfreien Pauschalbeträge für Verpflegungsmehraufwendungen, wobei er allerdings die Mindestabwesenheit von 8 auf 6 Stunden absenkt, den entsprechenden Betrag von 6,- EUR auf 8,- EUR erhöht und den Betrag bei Abwesenheit von mindestens 14 Stunden auf 18,- EUR festlegt.

Beispiel 2:
Der Arbeitgeber bezahlt Monteuren im weltweiten Einsatz einen Pauschalbetrag von 300,- EUR, wenn sie Sonntags die Flugreise nach einem Einsatzort außerhalb von Europa antreten.

Beispiel 3:
Der Arbeitgeber gewährt für Samstagsarbeit eine Zeitgutschrift von 25 % pro geleisteter Arbeitsstunde.

In Beispiel 1 besteht kein Mitbestimmungsrecht, weil es sich um Aufwendungsersatz handelt. Dies gilt auch mit Rücksicht darauf, dass der Arbeitgeber die Pauschalbeträge zugunsten des Arbeitnehmers verbessert.[14]

Die Zahlung der Pauschale im Beispiel 2 stellt keinen Aufwendungsersatz dar, sondern einen Anreiz, den Reisebeginn in die Freizeit vorzuverlegen. Dies ist eine Frage der Vergütung, das Mitbestimmungsrecht besteht. Auch im Beispiel 3 stellt der Arbeitgeber einen Entlohnungsgrundsatz auf.[15] Es handelt sich zwar um keine unmittelbare finanzielle Leistung, jedoch einen vermögenswerten Vorteil.

Dem Mitbestimmungsrecht unterfallen auch nicht **Leistungen des Arbeitgebers, die dem Gebot der Höflichkeit oder einer sittlichen Pflicht entsprechen**, soweit sie zu keinem nennenswerten Vermögensvorteil führen, wie beispielsweise einem Blumenstrauß anlässlich des Geburtstages des Arbeitnehmers. Soweit jedoch aus einem solchen Anlass, zB einem „runden" Geburtstag oder einem Jubiläum der Betriebszugehörigkeit Vermögensvorteile in erheblicher Höhe („goldene Uhr") zugewendet werden, dann greift das Mitbestimmungsrecht des Betriebsrates ein, weil davon auszugehen ist, dass über die Geste der Höflichkeit hinaus auch erbrachte Dienste belohnt werden.

Ebenso fallen aus dem Mitbestimmungstatbestand **Leistungen des Arbeitgebers heraus, bei denen der Vergütungscharakter offensichtlich hinter anderen Zwecken**, wie zB der För-

---

[10] *Fitting* BetrVG § 87 Rn. 412 ff.; Richardi BetrVG/*Richardi* § 87 Rn. 756 ff.; DKKW/*Klebe* BetrVG § 87 Rn. 300 ff.
[11] BAG 29.2.2000 – 1 ABR 4/99, NZA 2000, 1066.
[12] Richardi BetrVG/*Richardi* § 87 Rn. 850.
[13] Richardi BetrVG/*Richardi* § 87 Rn. 765; *Fitting* BetrVG § 87 Rn. 416; DKKW/*Klebe* BetrVG § 87 Rn. 302; BAG 27.10.1998 – 1 ABR 3/98, NZA 1999, 381.
[14] BAG 27.10.1998 – 1 ABR 3/98, NZA 1999, 381 (383).
[15] BAG 18.3.2014 – 1 ABR 75/12, NZA 2014, 98.

derung des Zusammengehörigkeitsgefühls der Belegschaft (corporate identity) **zurücktritt und der Vergütungsvorteil gering zu veranschlagen ist**. Hierzu zählen beispielsweise Betriebsausflüge, auch soweit sie vollständig vom Arbeitgeber finanziert und die lohnsteuerfreien Grenzen überschritten werden, Sommerfeste und Weihnachtsessen oder Freibiermarken für das örtliche Volksfest. Wenn jedoch damit besondere Leistungen prämiert werden sollen, kann das Mitbestimmungsrecht des Betriebsrates bestehen.[16]

15   Nicht Gegenstand der betrieblichen Lohngestaltung sind Abfindungen für den Verlust des Arbeitsplatzes.[17] Der Betriebsrat hat nur dann mitzubestimmen, wenn es sich um einen mitbestimmungspflichtigen Sozialplantatbestand nach § 112 BetrVG handelt.

5. Arbeitnehmer

16   Das Mitbestimmungsrecht des Betriebsrats umfasst die **Regelung der Entgeltfragen aller Arbeitnehmer,** die betriebsverfassungsrechtlich **vom Betriebsrat repräsentiert werden**. Damit unterfällt die Regelung des Entgeltsystems der leitenden Angestellten nicht dem Mitbestimmungstatbestand, da der Anwendungsbereich nicht eröffnet ist (vgl. § 5 BetrVG).

17   Das **Mitbestimmungsrecht des Betriebsrats** erstreckt sich insbesondere auch **auf das Entgeltsystem der AT-Angestellten (außertarifliche Angestellte)**,[18] soweit sie nicht leitende Angestellte sind (vgl. → Rn. 32 ff.). Selbst wenn hier einzelvertragliche Regelungen mit den AT-Angestellten getroffen werden müssen, lässt dieser Umstand das Mitbestimmungsrecht nicht entfallen.

6. Kollektiver Tatbestand

18   Voraussetzung für das Eingreifen des Mitbestimmungsrechtes ist ein sogenannter **kollektiver Tatbestand**.[19] Ein solcher ist **stets gegeben**, soweit es sich um die **Grundfragen und die Ausgestaltung des betrieblichen Vergütungssystems** handelt. Der kollektive Bezug ist auch ohne weiteres herstellbar, wenn der Arbeitgeber gegenüber einer bestimmten Arbeitnehmergruppe oder einer Vielzahl von Arbeitnehmern eine zusätzliche Leistung gewährt. Die Anzahl der betroffenen Arbeitnehmer stellt ein Indiz dar.[20] Auch im umgekehrten Fall kann ein Mitbestimmungsrecht bestehen, wenn Arbeitnehmer einer bestimmten Abteilung von einer Gehaltserhöhung herausgenommen werden.[21] Denn auch in diesem Fall ändert sich der relative Abstand der jeweiligen Vergütungen der Arbeitnehmer des Betriebs zueinander.[22]

19   Das Mitbestimmungsrecht bezieht sich **nicht auf die Festlegung der individuellen Vergütung im Rahmen des Arbeitsvertrages**.[23] Zweifelhaft ist damit der das Mitbestimmungsrecht auslösende kollektive Bezug in den Fällen, in denen der Arbeitgeber einigen wenigen Arbeitnehmern zusätzliche Leistungen zusagt oder gewährt. In diesen Fällen muss zwischen der **mitbestimmungsfreien Ausgestaltung des Arbeitsvertrages** einerseits, einer das Mitbestimmungsrecht des Betriebsrats **missachtenden Vorgehensweise des Arbeitgebers** andererseits unterschieden werden. Die Beurteilung, ob es sich bei der zwischen Arbeitgeber und Arbeitnehmer vereinbarten Vergütung um eine individuelle Festlegung oder einen Entlohnungsgrundsatz handelt, ist schwierig, weil die individuelle, mitbestimmungsfreie Vereinbarung der Vergütung zwischen Arbeitgeber und Arbeitnehmer zulässigerweise von der üblicherweise an vergleichbare Arbeitnehmer bezahlten Vergütung abweichen kann.

20   So kann der Arbeitgeber wegen eines knappen Angebotes von Arbeitskräften auf dem Arbeitsmarkt dazu gezwungen sein, eine individuelle Entgeltvereinbarung zu treffen, mit der das bisherige Vergütungsniveau deutlich überschritten wird.[24] Er kann auch einem einzelnen

---

[16] BAG 27.1.1998 – 1 ABR 35/97, NZA 1998, 836 (837).
[17] Richardi BetrVG/*Richardi* § 87 Rn. 766.
[18] *Fitting* BetrVG § 87 Rn. 488 ff.; Richardi BetrVG/*Richardi* § 87 Rn. 805 ff.; BAG 21.9.1990 – 1 ABR 72/89, NZA 1991, 434.
[19] *Fitting* BetrVG § 87 Rn. 420 ff.
[20] BAG 27.10.1992 – 1 ABR 17/92, NZA 1993, 561 (563).
[21] BAG 21.2.2017 – 1 ABR 12/15, NZA 2017, 801.
[22] BAG 21.2.2017 – 1 ABR 12/15, NZA 2017, 801.
[23] Richardi BetrVG/*Richardi* § 87 Rn. 771.
[24] BAG 14.6.1994 – 1 ABR 63/93, NZA 1995, 543.

Arbeitnehmer eine Prämie für eine herausragende Leistung gewähren. Geschieht dies jedoch in mehreren Fällen, so kann ein Mitbestimmungstatbestand begründet sein.[25] Entscheidend ist, ob ein innerer Zusammenhang zwischen den Zahlungen besteht. Wird also mit einem Arbeitnehmer eine Vereinbarung getroffen, die ausschließlich auf den individuellen Einzelfall des Arbeitnehmers zurückzuführen ist, ohne dass ein innerer Zusammenhang zur Entlohnung anderer Arbeitnehmer besteht, scheidet ein Mitbestimmungsrecht des Betriebsrats aus.[26]

Dem Betriebsrat steht zum Zwecke der Überprüfung zweifelhafter Sachverhalte das Einsichtsrecht in die Bruttolohn- und Gehälter zur Verfügung (§ 80 Abs. 2 S. 2 BetrVG). Der Arbeitgeber ist dem Betriebsrat gegenüber auch auskunftspflichtig (§ 80 Abs. 2 S. 1 BetrVG iVm dem Grundsatz der vertrauensvollen Zusammenarbeit gemäß § 2 Abs. 1 BetrVG). 21

II. Reichweite des Mitbestimmungsrechtes des § 87 Abs. 1 Nr. 10 BetrVG

Die Reichweite des Mitbestimmungsrechtes des Betriebsrates ist auf der einen Seite davon abhängig, ob eine tarifliche Regelung im Sinne des § 87 Abs. 1 BetrVG besteht und wie diese im Einzelnen ausgestaltet ist, zum anderen davon, dass der Arbeitgeber mitbestimmungsfreie Vorgaben treffen kann. 22

1. Tarifvorrang

Der **Umfang der Mitbestimmungsrechte des Betriebsrates** ist insbesondere nach § 87 Abs. 1 Eingangssatz **davon abhängig, ob für den Arbeitgeber eine tarifliche Regelung besteht**,[27] dh ob der Arbeitgeber durch Mitgliedschaft im tarifschließenden Arbeitgeberverband an einen einschlägigen Tarifvertrag gebunden ist oder einen Haustarifvertrag abgeschlossen hat oder einem für allgemeinverbindlich erklärten Tarifvertrag unterliegt. Darauf, ob auch nur ein einziger Arbeitnehmer tarifgebunden ist, kommt es nicht an. Deshalb ist ein tarifgebundener Arbeitgeber in seiner Entscheidung frei, ob er beispielsweise die tarifliche Vergütungsordnung im Betrieb anwenden möchte.[28] 23

Im Rahmen der sogenannten **Zwei-Schranken-Theorie**[29] wurde die Auffassung vertreten, dass neben der Tarifvorrangregelung in § 87 Abs. 1 BetrVG die Vorschrift des § 77 Abs. 3 BetrVG zusätzlich Anwendung findet. Da § 77 Abs. 3 BetrVG den Abschluss von Betriebsvereinbarungen mit Inhalten verbietet, die durch Tarifvertrag geregelt sind oder üblicherweise geregelt werden, hätte dies für nicht tarifgebundene Arbeitgeber und deren Betriebsräte bedeutet, dass ein Vergütungssystem nicht durch Betriebsvereinbarung regelbar gewesen wäre, sofern der Tarifvertrag ein Vergütungssystem regelte, was nahezu ausnahmslos der Fall ist. Das BAG ist der Zwei-Schranken-Theorie nicht gefolgt, sondern hat entschieden,[30] dass **im Anwendungsbereich des § 87 BetrVG ausschließlich der Tarifvorrang des § 87 Abs. 1 BetrVG** zur Anwendung kommt. Dies bedeutet aber nicht, dass Arbeitgeber und Betriebsrat durch und in Betriebsvereinbarungen tarifersetzende Regelungen treffen können. Vielmehr sind Arbeitgeber nur befugt, Regelungen durch Betriebsvereinbarungen im Rahmen der durch § 87 BetrVG geregelten Mitbestimmungstatbestände und der dort zu beachtenden Grenzen aufzustellen. 24

Beispiel:
Das Mitbestimmungsrecht nach § 87 Abs. 1 Nr. 2 BetrVG bezieht sich auf die Verteilung der Arbeitszeit. Es enthält jedoch nicht die Befugnis der Betriebsparteien, die regelmäßige wöchentliche Arbeitszeit für den Betrieb und die darin beschäftigten Arbeitnehmer verbindlich festzulegen.

---

[25] BAG 29.2.2000 – 1 ABR 4/99, NZA 2000, 1066.
[26] BAG 3.12.1991 – GS 2/90, NZA 1992, 749.
[27] Allg. hierzu Richardi BetrVG/*Richardi* § 87 Rn. 150 ff.
[28] BAG 13.8.2019 – 1 ABR 10/18, NZA 2019, 1651.
[29] Vgl. dazu Richardi BetrVG/*Richardi* § 77 Rn. 263.
[30] BAG 24.2.1987 – 1 ABR 18/85, NZA 1987, 639.

25 Gleiches gilt grundsätzlich für das Entgelt. § 87 Abs. 1 Nr. 10 BetrVG beinhaltet das Mitbestimmungsrecht des Betriebsrats bei dem Entgeltsystem, gibt jedoch nicht die Befugnis zur Festlegung der Entgelthöhe durch Arbeitgeber und Betriebsrat im Wege einer entsprechenden Betriebsvereinbarung.

26 Die **Reichweite** des Mitbestimmungsrechtes des § 87 Abs. 1 Nr. 10 BetrVG ist deshalb für tarifgebundene und nicht tarifgebundene Arbeitgeber signifikant **unterschiedlich:**

27 **a) Tarifgebundener Arbeitgeber.** Ist der Arbeitgeber an einen einschlägigen Tarifvertrag gebunden, so sind die **Mitbestimmungsrechte des Betriebsrates ausgeschlossen, soweit die tarifliche Regelung reicht.**[31] Ein vollständiger Ausschluss der Mitbestimmungsrechte des Betriebsrates auch im übertariflichen Bereich wegen Vorliegens einer abschließenden tariflichen Regelung ist nicht vorstellbar, weil Tarifverträge regelmäßig nur Mindestvergütungen festlegen und Arbeitgeber und Betriebsrat eine Vielzahl von Anknüpfungspunkten für die Gewährung übertariflicher Entgelte haben. Voraussetzung ist allerdings, dass der Arbeitgeber übertarifliche Leistungen gewährt oder bereit ist, solche zu gewähren. **Eine bloße Aufstockung der tariflichen Vergütung** in einer Betriebsvereinbarung – auch durch übertarifliche Zulagen ohne zusätzliche Anknüpfungspunkte – **verstößt gegen den Tarifvorbehalt des § 77 Abs. 3 BetrVG.**[32] Dies soll auch für einen Zuschlag gelten, der zusätzlich nach Erreichen einer bestimmten Betriebszugehörigkeit zum Tariflohn gezahlt wird. Diese Auffassung ist jedenfalls dann zu weitgehend, wenn das Anknüpfungskriterium „Betriebszugehörigkeit" keine Rolle bei der tariflichen Regelung der Vergütung spielt. Gerade weil die tariflichen Vergütungsbestimmungen Mindestregelungen darstellen, ist es auch dem tarifgebundenen Arbeitgeber unbenommen, auf freiwilliger Basis übertarifliche Leistungen zu gewähren. Da mit Rücksicht auf § 77 Abs. 3 BetrVG keine bloße Aufstockung der tariflichen Vergütung erfolgen darf, müssen Arbeitgeber und Betriebsrat entsprechende Verteilungskriterien festlegen.[33] So können Arbeitgeber und Betriebsrat zwar eine übertarifliche Zulage um denselben Prozentsatz wie die Tariferhöhung anheben, aber nicht vereinbaren, dass sich das Effektivgehalt um den Prozentsatz der Tariferhöhung erhöht.[34]

28 In vielen Fällen **enthalten Tarifverträge Öffnungsklauseln,** beispielsweise, dass Einzelheiten leistungsbezogener Entgelte durch Betriebsvereinbarung festzulegen sind. Aber auch die Auslegung der tariflichen Regelung kann ergeben, dass sie mitbestimmungsoffen ausgestaltet ist.

29 Die tarifvertraglichen Vorgaben, die ein tarifgebundener Arbeitgeber und der Betriebsrat zu beachten haben, bestehen in aller Regel in einer **tariflichen Regelung des Eingruppierungssystems,** dh der Tarifvertrag definiert anhand von Tätigkeitsmerkmalen und/oder typischen Tätigkeiten unterschiedliche Vergütungsgruppen. Zumeist regeln die Tarifverträge auch **zusätzliche Vergütungsbestandteile,** beispielsweise Zulagen für Mehrarbeit, Schichtarbeit, gefährliche oder besonders schmutzige Arbeiten. Insbesondere zu echten Leistungsentgelten wie Prämie und Akkord enthalten viele Tarifverträge detaillierte Bestimmungen, während sie sich bei unechten Leistungsentgelten wie Leistungszulagen, auf allgemeine Vorgaben beschränken, zB, dass die Summe der Leistungszulagen 10 % der Summe der im Betrieb bezahlten Tarifentgelte nicht unterschreiten darf.

30 Das **Mitbestimmungsrecht des Betriebsrates** besteht jedoch auch bei einem tarifgebundenen Arbeitgeber **dann in vollem Umfang,** wenn die **Tarifgeltung** nach § 3 Abs. 3 TVG beendet ist und der Tarifvertrag lediglich nur noch gem. § 4 Abs. 5 TVG nachwirkt, weil der Tarifvertrag damit die mitbestimmungspflichtige Angelegenheit nicht mehr mit zwingender Wirkung für den Arbeitgeber regelt.[35] Gleiches gilt, wenn ein Betriebsinhaberwechsel durch **Betriebsübergang auf einen nicht tarifgebundenen Arbeitgeber** erfolgt und die Tarifnormen lediglich nach § 613a Abs. 1 S. 2 BGB fortgelten.[36] Insbesondere im Zusammenhang mit einem Betriebsübergang oder nach einem solchen versucht der neue Arbeitgeber häufig, die

---

[31] Richardi BetrVG/*Richardi* § 87 Rn. 160, 165.
[32] BAG 9.12.1987 – 1 AZR 319/97, NZA 1998, 661 (665) mwN; vgl. auch BAG 24.9.2003 – 5 AZR 282/02, NZA 2003, 1332 (1334).
[33] BAG 24.9.2003 – 5 AZR 282/02, NZA 2003, 1332 (1333).
[34] BAG 30.5.2006 – 1 AZR 111/05, NZA 2006, 1170.
[35] Richardi BetrVG/*Richardi* § 87 Rn. 152 mwN.
[36] Richardi BetrVG/*Richardi* § 87 Rn. 152.

Arbeitsbedingungen zu verändern. Im Hinblick auf die betriebliche Lohngestaltung besteht in einem solchen Fall das Mitbestimmungsrecht des Betriebsrates in vollem Umfang.

b) Nicht tarifgebundener Arbeitgeber. Das Mitbestimmungsrecht des Betriebsrates reicht bei fehlender Tarifgebundenheit des Arbeitgebers weit. Die Regelungssperre des § 77 Abs. 3 BetrVG umfasst nur die Entgelthöhe. Der **nicht tarifgebundene Arbeitgeber und der Betriebsrat** sind befugt, ein **maßgeschneidertes**, den besonderen Bedürfnissen des Unternehmens und der Arbeitnehmer angepasstes, von branchenüblichen Tarifverträgen abweichendes **Vergütungssystem zu schaffen**. Der nicht tarifgebundene Arbeitgeber und der Betriebsrat können aber auch die mangels Tarifgebundenheit nicht geltende tarifliche Regelung Wort für Wort abschreiben, dh faktisch die tariflichen Bestimmungen in eine Betriebsvereinbarung transferieren und diese übernehmen. Sie können sogar einen existierenden Tarifvertrag durch Verweisung in eine Betriebsvereinbarung übernehmen, unzulässig ist aber die Übernahme durch eine sogenannte dynamische Blankettverweisung.[37]

2. AT-Angestellte

Im Hinblick auf die Mitbestimmungsrechte des Betriebsrates bei AT-Angestellten gelten dieselben Grundsätze wie bei den anderen, vom Betriebsrat repräsentierten Arbeitnehmern auch. Es sind jedoch Besonderheiten zu beachten.

Echte AT-Angestellte sind solche Angestellte, die **nicht vom Geltungsbereich eines Tarifvertrages** erfasst werden. Eine Reihe von Tarifverträgen beschränkt sich auf die Regelung des Entgeltes von Arbeitnehmern, die nicht über einen bestimmten Euro-Betrag im Monat oder im Jahr verdienen. Damit gilt für diese echten AT-Angestellten keine tarifliche Regelung und es besteht auch keine Tarifüblichkeit. Das Mitbestimmungsrecht des Betriebsrats entfaltet im Hinblick auf diesen Personenkreis auch bei einem tarifgebundenen Arbeitgeber seine volle Wirkung. Das Mitbestimmungsrecht erstreckt sich aber nicht auf die Bestimmung des Abstandes zur höchsten Tarifgruppe.[38]

Arbeitgeber und Betriebsrat können im Hinblick auf echte AT-Angestellte Festlegungen treffen, die ansonsten durch § 77 Abs. 3 BetrVG gesperrt werden, weil es eben gerade an tariflichen oder tarifüblichen Regelungen fehlt. Der Arbeitgeber kann sich verpflichten, Gehaltserhöhungen zu gewähren oder dem Betriebsrat ein entsprechendes Mitbestimmungsrecht einräumen.[39]

Dagegen ist mit Rücksicht auf die Regelung in § 77 Abs. 3 BetrVG hinsichtlich der sogenannten **ÜT-Angestellten** (übertarifliche Angestellte) Vorsicht bei entsprechenden Regelungen geboten. Dabei handelt es sich um Angestellte, die an und für sich unter den Geltungsbereich des Tarifvertrages fallen, für deren Tätigkeit es jedoch an eingruppierungsrelevanten Definitionsmerkmalen fehlt und die eine deutlich über der höchsten Tarifgruppe liegende Vergütung beziehen. Bei vielen größeren Unternehmen besteht das Bedürfnis, für diese Gruppe von Arbeitnehmern übertarifliche Vergütungssysteme zu etablieren, also nicht nur übertarifliche Zulagen zu bezahlen, sondern (weit) übertarifliche Gehälter differenziert nach verschiedenen Gruppen und Anknüpfungsmerkmalen. Das Mitbestimmungsrecht erstreckt sich auch auf ein solches **übertarifliches Entlohnungssystem**.

3. Mitbestimmungsfreie Entscheidungen des Arbeitgebers

Dem Arbeitgeber stehen bei der Erbringung von Leistungen an die Arbeitnehmer **mitbestimmungsfreie Vorentscheidungen** zu. Der Arbeitgeber entscheidet mitbestimmungsfrei darüber, **ob er bestimmte Leistungen erbringt**, mit **welchen finanziellen Mitteln er die Leistung versieht** (so genannte **Dotierung oder „Topf"**), welchen **Zweck** er mit seiner Leistung verfolgt und **welchen Personenkreis er begünstigen will**.[40] Letzteres allerdings unter Beachtung der im Hinblick auf den Gleichbehandlungsgrundsatz geltenden Grundsätze.[41] Dh dem

---

[37] BAG 23.6.1992 – 1 ABR 9/92, NZA 1993, 229.
[38] BAG 27.10.1992 – 1 ABR 17/92, NZA 1993, 561; 28.9.1994 – 1 AZR 870/93, NZA 1995, 277.
[39] BAG 27.1.2003 – 1 ABR 5/02, NZA 2003, 810 (811).
[40] BAG 13.12.2011 – 1 AZR 508/10, NZA 2012, 876.
[41] Richardi BetrVG/*Richardi* § 87 Rn. 795; *Fitting* BetrVG § 87 Rn. 445 f.

Arbeitgeber steht die alleinige Entscheidung darüber zu, ob er Gratifikationen, übertarifliche Entgelte, Weihnachtsgeld oder ein zusätzliches Urlaubsgeld zahlen will.[42] Dem Betriebsrat steht dann jedoch innerhalb dieser vom Arbeitgeber gesetzten Vorgaben ein Mitbestimmungsrecht zu.[43] Dies gilt insbesondere auch dann, wenn der Arbeitgeber später die von ihm mitbestimmungsfrei aufgestellten Vorgaben ändern möchte.[44]

37 Die mitbestimmungsfreien Festlegungsbefugnisse des Arbeitgebers spielen nicht nur bei den sogenannten freiwilligen Leistungen eine Rolle und sie erschöpfen sich keineswegs nur in der Festlegung eines finanziellen Dotierungsrahmens, der dann unter Beachtung des Mitbestimmungsrechtes des Betriebsrates zu verteilen ist. Vielmehr kommt insbesondere der mitbestimmungsfreien Festlegung des Leistungszweckes und auch der mitbestimmungsfreien Abgrenzung des begünstigten Personenkreises eine ganz erhebliche Bedeutung zu. Gerade weil der Zweck und der Personenkreis eine große Rolle spielen, vermag der Arbeitgeber auch mittelbar die Verteilungskriterien zu beeinflussen. Die Reichweite des Mitbestimmungsrechtes des Betriebsrates ist deshalb nicht abstrakt-generell bestimmbar, sondern hängt davon ab, inwieweit der Arbeitgeber von seiner Befugnis, mitbestimmungsfreie Vorabentscheidungen zu treffen, Gebrauch macht oder nicht.

Beispiel 1:
Der Arbeitgeber stellt einen bestimmten Betrag in der Form eines Gesamtvolumens oder in der Form eines pro Kopf-Betrages pro Mitarbeiter zur Verfügung und bestimmt lediglich, dass „jedem das Seine zugemessen werden solle".

Beispiel 2:
Der Arbeitgeber stellt das Gesamtvolumen mit der Maßgabe zur Verfügung, dass nur die Leistungsträger zusätzliche Zahlungen erhalten sollen.

Abwandlung des Beispiels 2:
Er bestimmt zusätzlich, dass 50 % des Gesamtvolumens den Leistungsträgern unter den AT-Angestellten zugutekommen sollen.

Beispiel 3:
Der Arbeitgeber stellt das Gesamtvolumen mit der Maßgabe zur Verfügung, dass er schwerpunktmäßig die Betriebstreue belohnen wolle.

38 In Beispiel 1 kann der Betriebsrat weitgehende Vorstellungen hinsichtlich der anzuwendenden allgemeinen Verteilungskriterien entwickeln. In Beispiel 2 hat er die Zweckbestimmung zugunsten der Leistungsträger zu respektieren. Er kann nicht verlangen, dass auch die leistungsschwachen Arbeitnehmer etwas erhalten müssten. Im abgewandelten Beispiel 2 ist der Betriebsrat auch an die Aufteilung des Volumens auf die Arbeitnehmergruppen der AT-Angestellten und der anderen Arbeitnehmer gebunden. Er kann nicht eine Verteilung beispielsweise zu 75 % auf die unteren Vergütungsgruppen und zu 25 % auf die übrigen Arbeitnehmer einschließlich der AT-Angestellten fordern. In Beispiel 3 hat der Betriebsrat ebenfalls die arbeitgeberseitige Vorgabe der besonderen Honorierung der Betriebstreue zu beachten. Trotz der in den Beispielen 2 und 3 vom Betriebsrat zu respektierenden Vorgaben hinsichtlich des Zweckes bzw. des Personenkreises bleibt für das Mitbestimmungsrecht des Betriebsrates bei den Verteilungsgrundsätzen ein erheblicher Spielraum.

III. Mitbestimmungsrecht bei Grundentscheidungen der betrieblichen Lohngestaltung

1. Begriffsdefinitionen

39 Das Mitbestimmungsrecht des Betriebsrats bezieht sich auf die betriebliche Lohngestaltung, die, wie das Wort „insbesondere" verdeutlicht, der weitergehende Begriff ist. Es handelt sich insofern um den Oberbegriff.[45]

---

[42] ErfK/*Kania* BetrVG § 87 Rn. 109.
[43] BAG 13.12.2011 – 1 AZR 508/10, NZA 2012, 876.
[44] BAG 21.2.2017 – 1 ABR 12/15, NZA 2017, 801.
[45] Richardi BetrVG/*Richardi* § 87 Rn. 770 mwN.

Unter **betrieblicher Lohngestaltung** wird die **Festlegung abstrakt-genereller Grundsätze** 40
zur Lohnfindung verstanden.[46] Dem Mitbestimmungsrecht unterliegen insbesondere die
Aufstellung von Entlohnungsgrundsätzen und die Festlegung der Entlohnungsmethoden.
Dies gilt auch für die Änderung von Entlohnungsgrundsätzen.[47]

Unter **Entlohnungsgrundsatz** wird das System verstanden, **nach dem das Arbeitsentgelt** 41
bemessen werden soll.[48] Hierzu gehört, ob **das Arbeitsentgelt zeitbezogen oder leistungsbezogen** bemessen wird.[49] Die Entlohnungsgrundsätze stellen das System dar, nach welchem
das Arbeitsentgelt für Arbeitnehmer bzw. Teile der Arbeitnehmer ermittelt werden soll.[50]
Durch die Entlohnungsgrundsätze wird beispielsweise festgelegt, ob eine Vergütungsgruppenordnung[51] aufgestellt wird oder ob Leistungsbeurteilungen[52] maßgeblich sein sollen. Zu
den Entlohnungsgrundsätzen zählt auch die Entscheidung, **ob und inwieweit eine erfolgsbezogene Vergütung erfolgt**.[53]

Unter dem Begriff der **Entlohnungsmethode** wird die Art und Weise verstanden, **wie der** 42
gewählte Entlohnungsgrundsatz durchgeführt wird.[54] Hierzu gehört die Frage, nach welchen Grundsätzen leistungsbezogene Vergütungssysteme oder Vergütungsbestandteile ermittelt werden, sei es durch Messung nach einem definierten berechenbaren System, sei es
durch Schätzung oder durch Bewertung.[55] Hierbei können natürlich auch weitere Mitbestimmungsrechte des Betriebsrats betroffen sein, beispielsweise bei einer technischen Kontrolle § 87 Abs. 1 Nr. 6 BetrVG.

Der Betriebsrat hat **sowohl bei der Einführung wie auch bei der Anwendung von neuen** 43
Entlohnungsmethoden mitzubestimmen. Damit wird das Mitbestimmungsrecht auf die
praktische Durchführung erstreckt. Dies bedeutet jedoch nicht, dass der Betriebsrat ein
Mitbestimmungsrecht bei der Anwendung im Einzelfall hat.[56]

Schließlich stellt der Gesetzestext klar, dass **auch jede Änderung der Entlohnungsgrund-** 44
sätze und -methoden von dem Mitbestimmungsrecht des Betriebsrats erfasst wird. Trotz des
nicht ganz klaren Gesetzeswortlauts unterliegt es unter dem Blickwinkel von Sinn und
Zweck des Mitbestimmungsrechts keinem Zweifel, dass sich das Mitbestimmungsrecht bei
der Änderung auch auf die Entlohnungsgrundsätze und nicht nur die Entlohnungsmethoden
erstreckt.[57]

Zusammenfassend bedeutet dies, dass ein Mitbestimmungsrecht des Betriebsrats bei den 45
Strukturformen des Entgelts einschließlich ihrer näheren Vollzugsformen besteht.[58]

2. Vom Mitbestimmungsrecht nicht erfasste Gegenstände

Das umfassende Mitbestimmungsrecht des Betriebsrates im Hinblick auf das Entloh- 46
nungssystem einerseits, das Herausfallen der Festlegung der Vergütungshöhe aus dem Mitbestimmungstatbestand andererseits, führt dazu, dass **der Betriebsrat in lohnpolitischen**
Fragen kein Mitentscheidungsrecht hat. Lohnpolitische Fragen sind neben der Festlegung
der Vergütungshöhe allgemeine sozialpolitische Anknüpfungspunkte. Das Mitbestimmungsrecht aus § 87 Abs. 1 BetrVG dient gerade nur der Lohnfindung unter dem Gesichtspunkt der Lohngerechtigkeit.[59] Es soll aber nicht der Ermittlung der Höhe des Ent-

---

[46] BAG 29.3.1977 – 1 ABR 123/74, NJW 1977, 1654.
[47] BAG 7.5.2019 – 1 ABR 53/17, NZA 2019, 1218.
[48] Richardi BetrVG/*Richardi* § 87 Rn. 774 mwN.
[49] Richardi BetrVG/*Richardi* § 87 Rn. 775; DKKW/*Klebe* BetrVG § 87 Rn. 305; BAG 20.11.1990 – 1 AZR 643/89, NZA 1991, 426.
[50] BAG 22.6.2010 – 1 AZR 853/08, NZA 2010, 1243.
[51] *Fitting* BetrVG § 87 Rn. 425; BAG 14.12.1993 – 1 ABR 31/93, NZA 1994, 809.
[52] Richardi BetrVG/*Richardi* § 87 Rn. 776.
[53] Richardi BetrVG/*Richardi* § 87 Rn. 775; DKKW/*Klebe* BetrVG § 87 Rn. 305; BAG 16.12.1988 – 1 ABR 44/87, NZA 1989, 479.
[54] BAG 29.3.1977 – 1 ABR 123/74, NJW 1977, 1654.
[55] Richardi BetrVG/*Richardi* § 87 Rn. 783 ff.; DKKW/*Klebe* BetrVG § 87 Rn. 308 ff.
[56] Richardi BetrVG/*Richardi* § 87 Rn. 787; *Fitting* BetrVG § 87 Rn. 418.
[57] Richardi BetrVG/*Richardi* § 87 Rn. 789 f.
[58] BAG 11.4.2019 – 3 AZR 305/18, BeckRS 2019, 12261.
[59] BAG 14.11.1974 – 1 ABR 65/73, DB 1975, 647.

gelts dienen.⁶⁰ Diese unternehmerische Freiheit des Arbeitsgebers bleibt also uneingeschränkt bestehen.

47 **a) Kein Mitbestimmungsrecht bei der Entgelthöhe.** Das Mitbestimmungsrecht des Betriebsrates umfasst insbesondere **nicht die Zuordnung von EUR-Werten zu den einzelnen Vergütungsgruppen.** Ein Mitbestimmungsrecht des Betriebsrats lässt sich auch nicht im Wege einer sogenannten Annex-Kompetenz damit begründen, dass Betriebsrat und Arbeitgeber schwerlich Fragen des Vergütungssystems ohne Einbeziehung der geldlichen Seite erörtern und festlegen können. Betriebsvereinbarungen und auch Einigungsstellensprüche sind ganz oder teilweise unwirksam, wenn sie unzulässigerweise die Entgelthöhe zum Gegenstand der Regelung machen.⁶¹

Beispiel:
Eine Betriebsvereinbarung regelt, dass die Vergütung um 4 % erhöht wird und die Weihnachtsgratifikation von 50 % auf 60 % eines Monatsgehaltes erhöht wird.

48 Das Mitbestimmungsrecht umfasst dennoch wichtige Fragen, die die Geldseite betreffen. Es bezieht sich nämlich auf die Festlegung des **Abstandes zwischen den einzelnen Vergütungsgruppen.**⁶² Das Mitbestimmungsrecht umfasst weiter auch **die Festlegung des Verhältnisses von festem und variablem Vergütungsanteil** (vgl. aber → Rn. 127 ff.).⁶³

49 Da in der betrieblichen Praxis die Entgelthöhe mit der Ausgestaltung des Systems eng verknüpft ist, ergeben sich schwierige Abgrenzungsfragen. Ein genereller Rückgriff auf den Bereich der freiwilligen Mitbestimmung ist wegen der hinsichtlich der Festlegung der Entgelthöhe immer zu beachtenden Regelung des § 77 Abs. 3 BetrVG überaus problematisch. Der Grundsatz, dass das Mitbestimmungsrecht des Betriebsrates im Rahmen der Nr. 10 die Entgelthöhe nicht umfasst, wird auch bei den Leistungsentgelten der Nr. 11 durchbrochen.

50 **b) Kein Mitbestimmungsrecht bei allgemeinen lohnpolitischen Komponenten.** An dem Ausschluss des Mitbestimmungsrechtes des Betriebsrates bei der Entgelthöhe nehmen auch sonstige lohnpolitische Komponenten teil. Würde man lediglich die Entgelthöhe als solche, dh die Zuordnung von Euro-Beträgen zu den einzelnen Vergütungsgruppen oder anderen Merkmalen der Vergütung aus dem Mitbestimmungsrecht herausnehmen, hätte der Betriebsrat die Möglichkeit, im Rahmen seines Mitbestimmungsrechtes durch die Forderung nach anderen Verteilungskriterien weitgehende Umverteilungsprozesse zugunsten bestimmter Arbeitnehmergruppen zu initiieren. Insofern umfasst der Mitbestimmungstatbestand jedenfalls insoweit nicht sonstige lohnpolitische Komponenten, die dem sozialpolitischen Bereich zuzuordnen sind, als der Arbeitgeber nicht bereit ist, entsprechende Komponenten einzuführen. Dieser Auffassung kann nicht entgegengehalten werden, dass das Mitbestimmungsrecht nach der Nr. 10 sehr weitgehend ist und auch die Frage umfasst, ob die Vergütung zeit- oder leistungsbezogen ist. Denn dabei handelt es sich um Kriterien, die an die Tätigkeit der Arbeitnehmer anknüpfen und nicht um allgemeine lohnpolitische Komponenten. Dies bedeutet im Ergebnis, dass der Arbeitgeber einseitig durch den Betriebsrat dazu gezwungen werden kann, Gehaltsanpassungen vorzunehmen.⁶⁴

51 **Lohnpolitische Komponenten** sind **Bemessungskriterien der Vergütung nach Alter und Betriebszugehörigkeit,** dh einer Bemessung oder Staffelung der Entgelthöhe nach einem bestimmten Lebensalter oder einer bestimmten Betriebszugehörigkeit.

Hinweis: Zur unzulässigen Altersdiskriminierung durch die Bemessung der Vergütung nach dem Alter vgl. EuGH 8.9.2011 – C-297/10, C-298/10, NZA 2011, 1100 und BAG 10.11.2011 – 6 AZR 148/09, NZA 2012, 161.

52 Dies gilt auch für die **so genannte Alterssicherung,** dh die Festlegung, dass der erreichte Verdienst oder ein bestimmter Teil des erreichten Verdienstes eines Arbeitnehmers ab einem

---

⁶⁰ BAG 22.1.1980 – 1 ABR 48/77, NJW 1981, 75.
⁶¹ BAG 24.1.1996 – 1 AZR 597/95, NZA 1996, 948.
⁶² BAG 27.10.1992 – 1 ABR 17/92, NZA 1993, 561; 28.9.1994 – 1 AZR 870/93, NZA 1995, 277.
⁶³ BAG 16.12.1988 – 1 ABR 44/87, NZA 1989, 479; *Fitting* BetrVG § 87 Rn. 427.
⁶⁴ Richardi BetrVG/*Richardi* § 87 Rn. 796.

bestimmten Lebensalter nicht mehr gemindert werden darf, auch wenn eine abnehmende Leistung des Arbeitnehmers an und für sich zu einer Verdienstminderung führen würde oder eine Herabgruppierung vorgenommen werden müsste, weil der Arbeitnehmer die Tätigkeitsmerkmale der höheren Vergütungsgruppe nicht mehr erfüllt.

Ebenso wenig umfasst das Mitbestimmungsrecht des Betriebsrates die Regelung eines **„Bewährungsaufstiegs"**, dh dass ein Arbeitnehmer, der so und so lange eine Vergütungsgruppe innehat, automatisch in eine höhere Vergütungsgruppe umgruppiert wird, ohne dass sich die Tätigkeit geändert hat. 53

Gleiches gilt grundsätzlich für **Familien-, Kinder- und Ballungsraumzulagen.** Dh die Gewährung übertariflicher Zulagen ist grundsätzlich eine freiwillige Leistung des Arbeitgebers, so dass das Mitbestimmungsrecht des Betriebsrats eingeschränkt ist. Es besteht gerade kein Mitbestimmungsrecht in Bezug auf die Höhe des finanziellen Aufwandes für diese Zulagen (Dotierungsrahmen). Etwas anderes kann sich jedoch ergeben, wenn die Zulagen beispielsweise auf Tariflohnerhöhungen angerechnet werden. Der Betriebsrat hat dann darüber mitzubestimmen, wie die Verteilung des gekürzten Zulagenvolumens auf die Arbeitnehmer verteilt werden soll.[65] 54

Dass der Mitbestimmungstatbestand diese lohnpolitischen Komponenten nicht umfasst, bedeutet jedoch nicht, dass der Arbeitgeber in der Ausgestaltung frei wäre. Vielmehr wird **nur ausgeschlossen,** dass der Betriebsrat im Rahmen des Mitbestimmungsverfahrens **die Einführung solcher lohnpolitischen Komponenten erzwingen kann.** Entschließt sich der Arbeitgeber jedoch dazu, die Vergütung nach der Betriebszugehörigkeit bzw. einer mit der Betriebszugehörigkeit verbundenen Berufserfahrung zu staffeln, oder Kinderzulagen zu gewähren, dann setzt **das Mitbestimmungsrecht** wegen des Gesichtspunktes der Lohngerechtigkeit **an der Verteilung der vom Arbeitgeber zur Verfügung gestellten Mittel** an. 55

c) **Kein Mitbestimmungsrecht bei Umrechnungsfaktoren.** Die Umrechnungs- oder Anpassungsfaktoren in internationalen Vergütungssystemen unterliegen ebenfalls **nicht der Mitbestimmung des Betriebsrates.** Internationale Vergütungssysteme sind solche, die Vergütungsgruppen welt- oder europaweit einheitlich definieren, dh die italienischen, französischen, englischen, japanischen, deutschen, amerikanischen usw Arbeitnehmer werden bei vergleichbarer Tätigkeit in ein und dieselbe Vergütungsgruppe eingruppiert. Die Vergütungshöhe wird jedoch in den einzelnen Ländern unterschiedlich bemessen, wobei insbesondere die landesübliche Vergütung und der Lebenshaltungskostenindex für den Tätigkeitsort einbezogen werden. 56

Die Berücksichtigung solcher und anderer Faktoren ändert nichts daran, dass es sich um die nicht vom Mitbestimmungsrecht des Betriebsrats umfasste Festlegung der Vergütungshöhe handelt. 57

d) **Kein Mitbestimmungsrecht bei der Erhöhung bzw. Reduzierung der Vergütung.** Das Mitbestimmungsrecht des Betriebsrats umfasst **nicht die Frage der Erhöhung der Arbeitsentgelte.**[66] Gleiches gilt für eine **Reduzierung der Arbeitsentgelte.** Dies gilt jedenfalls für eine lineare Erhöhung der Vergütung, dh die Erhöhung der bisherigen Vergütung um einen bestimmten Prozentsatz.[67] Denn dadurch bleiben die mitbestimmten Abstände zwischen den einzelnen Vergütungsgruppen gleich. Dabei kann der Arbeitgeber auch mitbestimmungsfrei unterschiedliche Arbeitnehmergruppen unterschiedlich behandeln, zB den AT-Angestellten einen höheren Prozentsatz zubilligen. Da der Arbeitgeber mitbestimmungsfrei über den Abstand zur höchsten Tarifgruppe frei entscheiden kann, beinhaltet diese Gestaltungsfreiheit auch die mitbestimmungsfreie Entscheidung über die Frage, ob der Abstand beibehalten, erhöht oder vermindert werden soll. Das im Betrieb angewandte Lohnsystem wird durch eine solche Anpassung gerade nicht berührt oder verändert.[68] 58

---

[65] BAG 13.2.1990 – 1 AZR 171/87, NZA 1990, 654.
[66] BAG 27.1.2003 – 1 ABR 5/02, NZA 2003, 810 (zu AT-Angestellten).
[67] AA BAG 21.8.1990 – 1 ABR 72/89, NZA 1991, 434 für den Fall, dass kein mitbestimmtes System besteht.
[68] BAG 24.1.1996 – 1 AZR 597/95, NZA 1996, 948.

59 Das Mitbestimmungsrecht des Betriebsrats wird aber ausgelöst, sofern der Arbeitgeber die von ihm ins Auge gefasste Erhöhung unterschiedlich verteilen will. Dies ist ohne Weiteres dann gegeben, wenn der Arbeitgeber ein von ihm festgelegtes Budget für Vergütungserhöhungen zur Verfügung stellt, das er nur zu einem Teil als allgemeine Vergütungserhöhung und zum anderen Teil bevorzugt den Leistungsträgern zukommen lassen will. Der Verteilungsgrundsatz wird auch berührt, wenn der Arbeitgeber die unteren Vergütungsgruppen stärker anheben will als die höheren Vergütungsgruppen oder wenn er innerhalb eines bestimmten Vergütungsgruppenbereichs die einzelnen Vergütungsgruppen in unterschiedlicher Höhe anhebt.[69]

60 **e) Freiheit der Arbeitsvertragsgestaltung.** Das Mitbestimmungsrecht berührt nicht die Vertragsfreiheit von Arbeitgeber und Arbeitnehmer bei der Vereinbarung der Vergütung, dh Arbeitgeber und Arbeitnehmer können im Arbeitsvertrag mitbestimmungsfrei eine übertarifliche oder über den durch den Arbeitgeber für eine bestimmte Tätigkeit festgelegten Betrag hinausgehende Vergütung vereinbaren. Arbeitnehmer und Arbeitgeber können aber auch eine untertarifliche oder unter der nach dem betrieblichen Vergütungssystem sich ergebenden Vergütung liegende Vergütung vereinbaren, soweit nicht eine gegen die guten Sitten verstoßende, zu niedrige Vergütung vereinbart wird.

61 Die Arbeitgeber und Arbeitnehmer eingeräumte Vertragsfreiheit ermöglicht es dem Arbeitgeber nicht, durch arbeitsvertragliche Gestaltungen unter weitgehender Ausschaltung des Mitbestimmungsrechts des Betriebsrats einseitig das betriebliche Entlohnungssystem festzulegen.[70]

62 Das Mitbestimmungsrecht aus § 87 Abs. 1 Nr. 10 BetrVG führt jedoch nicht dazu, dass der Betriebsrat bei dem arbeitsvertraglich vereinbarten Entgelt der Arbeitnehmer mitbestimmen kann.[71]

3. Mitbestimmungsrecht bei einzelnen Grundsatzentscheidungen

63 Das Mitbestimmungsrecht des Betriebsrats erstreckt sich auf die grundlegenden Fragen des Entlohnungssystems.

64 **a) Mitbestimmungsrecht bei der Vergütungsgruppenordnung.** Das Mitbestimmungsrecht des Betriebsrates umfasst **die Aufstellung und Änderung einer Vergütungsgruppenordnung.**[72] Darunter versteht man die Festlegung abstrakter kollektiver Regelungen, die der betrieblichen Lohngestaltung und Lohngerechtigkeit dienen.[73] Praktisch kommt dies in vollem Umfang allerdings nur bei nicht tarifgebundenen Arbeitgebern zum Tragen, während es sich bei tarifgebundenen Arbeitgebern auf die AT- und ÜT-Angestellten beschränkt.

65 Das Mitbestimmungsrecht des Betriebsrates bezieht sich insofern auf die Frage, wie viele Vergütungsgruppen geschaffen werden, welche Kriterien für die einzelne Vergütungsgruppe maßgeblich sind und welche typischen Tätigkeiten einer Vergütungsgruppe zugeordnet werden.[74] Dies gilt auch für die Frage des Aufbaus von Vergütungsgruppen sowie die Festlegung der Vergütungsgruppenmerkmale.[75] In diesem Zusammenhang erstreckt sich das Mitbestimmungsrecht auch auf die Frage der Abstände zwischen den einzelnen Vergütungsgruppen.[76]

66 Obwohl diese Frage eng mit der Frage der Festlegung der Höhe der Vergütung verknüpft ist, muss berücksichtigt werden, dass mit der Frage des Abstandes zwischen einzelnen Vergütungsgruppen die Frage der Verteilungsgerechtigkeit angesprochen wird.[77] Allerdings verengt sich das Recht des Arbeitgebers auf mitbestimmungsfreie Festlegung der Vergütungshöhe nicht auf die Festlegung des Euro-Betrages für die niedrigste Vergütungsgruppe, während infolge des Mitbestimmungsrechtes bei der Bestimmung der Abstände alle weite-

---

[69] BAG 28.9.1994 – 1 AZR 870/93, NZA 1995, 277.
[70] BAG 3.12.1991 – GS 2/90, NZA 1992, 749 (757).
[71] BAG 14.1.2014 – 1 ABR 57/12, NZA 2014, 922.
[72] *Fitting* BetrVG § 87 Rn. 426; BAG 2.3.2004 – 1 AZR 271/03, NZA 2004, 852.
[73] BAG 28.4.1992 – 1 ABR 68/91, NZA 1993, 31.
[74] BAG 14.12.1993 – 1 ABR 31/93, NZA 1994, 809.
[75] BAG 30.10.2012 – 1 ABR 61/11, NZA 2013, 522.
[76] BAG 14.12.1993 – 1 ABR 31/93, NZA 1994, 809 (811).
[77] BAG 18.10.2011 – 1 ABR 25/10. NZA 2012, 392.

ren Vergütungsgruppen hinsichtlich der jeweiligen Entgelthöhe gleichsam vom Mitbestimmungsrecht des Betriebsrats voll umfasst werden. Der Arbeitgeber bleibt vielmehr berechtigt, unterschiedlichen Arbeitnehmergruppen mitbestimmungsfrei andere Euro-Beträge zuzuweisen und auch insofern die Abstände mitbestimmungsfrei festzulegen. Dies gilt nicht nur für den Abstand zwischen der höchsten tariflichen Vergütungsgruppe und der ersten AT-Vergütungsgruppe, sondern auch beispielsweise für die Zuweisung von Euro-Beträgen zu Vergütungsgruppen, die eine völlig andere Tätigkeit betreffen.

Das Mitbestimmungsrecht umfasst dabei auch die inhaltliche Ausgestaltung der Entgeltgruppen nach abstrakten Kriterien. Dies schließt die abstrakte Festsetzung der Wertunterschiede nach Prozentsätzen oder anderen Bezugsgrößen ein.[78] 67

Die **Mitbestimmungspflichtigkeit der Abstände** zwischen den einzelnen Vergütungsgruppen kann sich deshalb nur auf **Vergütungsgruppen** beziehen, **die aufeinander aufbauen oder sachlich miteinander verknüpft sind.**[79] In einem Betrieb können mehrere voneinander unabhängige Vergütungssysteme bestehen, soweit die Gruppenbildung auf sachlichen Gründen beruht.[80] Dies gilt insbesondere auch in einem sogenannten Gemeinschaftsbetrieb.[81] 68

Beispiel:
Der Arbeitgeber beabsichtigt, das Vergütungssystem im Vertrieb abweichend zu regeln und eine eigenständige Vergütungsgruppenordnung zu schaffen, die nicht mit der ansonsten geltenden Vergütungsgruppenordnung verknüpft wird.

Dies kann der Betriebsrat nicht unter Berufung auf sein Mitbestimmungsrecht verhindern. Er hat jedoch mitzubestimmen, wie viele Vergütungsgruppen im Vertrieb gebildet werden und wie diese voneinander abgegrenzt werden. 69

Auch bei der inhaltlichen Ausgestaltung und der Festlegung von Kriterien für die Ersteingruppierung kann dem Betriebsrat trotz bestehenden Tarifvertrags ein Mitbestimmungsrecht zustehen, wenn die Tarifvertragsparteien hierzu keine abschließenden Regelungen getroffen haben.[82] 70

Das Mitbestimmungsrecht erstreckt sich auch auf Fragen **der Durchlässigkeit der Vergütungsordnung,** dh ob und unter welchen Voraussetzungen ein Arbeitnehmer von einer Vergütungsgruppe in die andere umgruppiert wird, soweit tätigkeits- und/oder leistungsbezogene Kriterien herangezogen werden. 71

Das Mitbestimmungsrecht besteht auch bei der Frage, ob eine Vergütungsgruppe grundsätzlich in eine Eingangsgruppe und ein oder zwei Leistungsgruppen aufgespalten wird, die trotz gleichbleibender Tätigkeit den Erwerb von weiteren Kenntnissen und Fertigkeiten und damit einer vertieften Berufserfahrung widerspiegeln sollen. Voraussetzung für die Ausübung des Mitbestimmungsrechtes ist insoweit eine Anknüpfung an die fortschreitende Berufserfahrung. 72

b) Mitbestimmungsrecht bei der Festlegung der Grundlagen der Vergütung. Das Mitbestimmungsrecht des Betriebsrates umfasst die **Grundentscheidung** darüber, ob die **Vergütung** des Arbeitnehmers **zeitbezogen** ist (Zeitlohn) oder ob sie **leistungsbezogen** ist (beispielsweise Akkord) oder ob eine **Mischform aus beiden Anknüpfungspunkten** gewählt wird. In gleicher Weise unterliegt dem Mitbestimmungsrecht des Betriebsrats die Frage, ob eine **erfolgsbezogene Vergütung** oder eine erfolgsbezogene Komponente als Teil der Vergütung eingeführt wird. Das heißt, sowohl die Bezugsgröße als auch die Bezugsbasis unterliegen der Mitbestimmung.[83] 73

Dieser Teil des Mitbestimmungsrechtes kommt regelmäßig auch bei tarifgebundenen Arbeitgebern zum Tragen, weil die Tarifverträge es in den allermeisten Fällen der Entscheidung von Arbeitgeber und Betriebsrat überlassen, ob Zeitlohn oder Leistungslohn eingeführt wird. 74

---

[78] BAG 30.10.2012 – 1 ABR 61/11, NZA 2013, 522.
[79] BAG 18.11.2003 – 1 AZR 604/02, NZA 2004, 803.
[80] BAG 18.11.2003 – 1 AZR 604/02, NZA 2004, 803 (806).
[81] BAG 12.12.2006 – 1 ABR 38/05, NZA 2007, 712.
[82] LAG Düsseldorf 10.8.2016 – 4 TaBV 135/15, BeckRS 2016, 72745.
[83] Richardi BetrVG/*Richardi* § 87 Rn. 777.

75 **c) Mitbestimmungsrecht bei Strukturfragen der Vergütung.** Das Mitbestimmungsrecht des Betriebsrates umfasst die Frage, ob eine feste (fixe) Vergütung gezahlt wird, oder ob zu einer bestimmten festen Vergütung (Grundgehalt) variable Vergütungsbestandteile, wie beispielsweise eine zusätzliche leistungsbezogene oder an weitere Kriterien geknüpfte variable Vergütung hinzukommen soll.[84] Hierbei muss auch stets ein kollektiver Bezug bestehen. Die Abgrenzung zur Einzelfallgestaltung richtet sich dabei danach, ob es um die Strukturformen des Entgelts einschließlich ihrer näheren Vollzugsformen geht.[85]

76 Das Mitbestimmungsrecht des Betriebsrates erstreckt sich auf die Frage **des Verhältnisses zwischen dem festen und dem variablen Vergütungsanteil**[86] und es umfasst die **Festlegung der Kriterien**, nach welchen die variable Vergütung oder eine zusätzliche leistungsbezogene Vergütung bemessen werden soll.[87]

77 Soweit die zusätzliche variable oder leistungsbezogene Vergütung auf periodischen Leistungsbeurteilungen beruht, greift auch das Mitbestimmungsrecht nach § 94 Abs. 2 BetrVG ein. Das Mitbestimmungsrecht nach § 87 Abs. 1 Nr. 10 BetrVG ist jedoch vorrangig,[88] weil die Beurteilungsgrundsätze mit Entgeltfragen verknüpft werden. Das Mitbestimmungsrecht schließt die Festlegung der Beurteilungsmerkmale, die Bewertungsmaßstäbe und die Zuordnung einer auf dieser Grundlage durchgeführten Beurteilung zu einer bestimmten Leistungsgruppe ein.

IV. Mitbestimmungsrecht des Betriebsrates im freiwilligen Bereich

78 Das Mitbestimmungsrecht des Betriebsrates, auch soweit der Arbeitgeber tarifgebunden ist, spielt in der Praxis eine große Rolle im sogenannten freiwilligen Bereich, dh im Hinblick auf Leistungen, die der Arbeitgeber über die tariflich festgelegten und/oder vertraglich vereinbarten Leistungen hinaus erbringt. Allerdings ist nicht jede freiwillige Leistung, die als solche bezeichnet wird auch eine solche. Vergütungsbestandteile, die die Leistung des Arbeitnehmers belohnen, wie ein erfolgsbezogener Teil der Vergütung oder auch Leistungszulagen, sind Teil der als Gegenleistung für die erbrachten Dienste geschuldeten Vergütung. Nicht jede zu einer Grundvergütung hinzutretende Leistung des Arbeitgebers hat deshalb Freiwilligkeitscharakter.[89] Hierunter sind solche Leistungen zu verstehen, die völlig neu eingeführt werden, ohne dass hierauf ein irgendwie gearteter Anspruch der Arbeitnehmer besteht.[90]

79 Das Mitbestimmungsrecht des Betriebsrates bezieht sich auf die Verteilung der zur Verfügung stehenden Mittel[91] (des Dotierungsrahmens oder „Topfes"), nachdem der Arbeitgeber über das „Ob", dh die mitbestimmungsfreien Grundentscheidungen über die Erbringung einer freiwilligen Leistung und ihre Dotierung gefällt hat. **Praktisch relevant ist das Mitbestimmungsrecht** des Betriebsrates bei Sonderzahlungen und insbesondere bei den **sogenannten freiwilligen Zulagen**. Es spielt keine Rolle, ob der Arbeitgeber solche Zulagen an jeden Arbeitnehmer bezahlt und entsprechende Regelungen im Arbeitsvertrag (einschließlich des Hinweises auf die Freiwilligkeit der Leistung) vereinbart sind oder ob die Zahlung von Zulagen anlassbezogen erfolgt, zB für Mehrarbeit, Nacht-, Sonn- und Feiertagsarbeit, Tätigkeit im In- oder Ausland, die mit einer Abwesenheit vom Wohnort verbunden ist.

V. Einzelfälle

80 Bei den verschiedenen, häufig anzutreffenden Leistungen des Arbeitgebers, die zumeist dem freiwilligen Bereich zuzuordnen sind, stellen sich unterschiedliche Fragen und Proble-

---

[84] *Fitting* BetrVG § 87 Rn. 427.
[85] *Roloff* RdA 2014, 228.
[86] BAG 16.12.1988 – 1 ABR 44/87, NZA 1989, 479.
[87] BAG 16.12.1988 – 1 ABR 44/87, NZA 1989, 479 (481).
[88] Richardi BetrVG/*Thüsing* § 94 Rn. 61.
[89] BAG 8.9.1998 – 9 AZR 223/97, NZA 1999, 420.
[90] ErfK/*Kania* BetrVG § 87 BetrVG Rn. 108.
[91] Richardi BetrVG/*Richardi* § 87 Rn. 796; *Fitting* BetrVG § 87 Rn. 445.

me der Anknüpfungspunkte des Mitbestimmungsrechts des Betriebsrats und seiner Ausübung.

1. Sonderzahlungen

Das Mitbestimmungsrecht des Betriebsrats kommt nicht nur bei tarifungebundenen Arbeitgebern zum Tragen, sondern in vielen Fällen auch bei tarifgebundenen Arbeitgebern. Eine Reihe von Tarifverträgen enthalten die Regelung, dass im Kalenderjahr eine Sonderzahlung in einer bestimmten Höhe geleistet werden muss, überlässt aber die nähere Ausgestaltung Arbeitgeber und Betriebsrat bzw. bestimmt, dass Sonderzahlungen des Arbeitgebers auf den tariflichen Anspruch auf eine Sonderzahlung angerechnet werden. Soweit der tarifgebundene Arbeitgeber eine zusätzliche, über die tariflich festgelegte oder abgesicherte Sonderzahlung hinausgehende Leistung erbringen will, besteht ebenfalls das Mitbestimmungsrecht des Betriebsrats.

Typische Sonderzahlungen sind das **Weihnachtsgeld, das zusätzliche Urlaubsgeld, Jahresprämien und Jubiläumsgelder**. Keine Sonderzahlung ist ein echtes 13. Gehalt. Bei der vertraglichen Vereinbarung zwischen Arbeitgeber und Arbeitnehmer, dass eine bestimmte Jahresvergütung in 13 Teilen zur Auszahlung gelangt bzw. eine bestimmte Monatsvergütung 13 Mal gezahlt wird, ohne dass diese Regelung mit zusätzlichen Freiwilligkeitsvorbehalten verbunden ist, handelt es sich um eine Fälligkeitsregelung.

Grundsätzlich entscheidet der Arbeitgeber darüber, ob und in welcher Höhe und aus welchem Anlass oder zu welchen Zwecken er eine oder mehrere Sonderzahlungen leisten will. Mitbestimmungsfrei ist deshalb die Dotierung, dh der Umfang der zur Verfügung gestellten Mittel. Das Mitbestimmungsrecht des Betriebsrats setzt an der **Verteilung der Mittel** an.

Mitbestimmungsfrei ist die Festlegung der **Voraussetzungen für die Auszahlung und ggf. die Rückgewähr freiwilliger Leistungen** in Form von Auszahlungsvorbehalten, zB die Auszahlung der Sonderzahlung, mit der die Betriebstreue belohnt werden soll, wird an das Bestehen eines ungekündigten Arbeitsverhältnisses zu diesem Stichtag geknüpft, oder in Form von Rückzahlungsbestimmungen, dh der Arbeitnehmer hat die geleistete Sonderzahlung zurückzuzahlen, falls er über den Auszahlungszeitpunkt hinaus nicht eine weitere, definierte Betriebszugehörigkeit zurücklegt.[92]

Bei einem tarifungebundenen Arbeitgeber besteht für den Betriebsrat zudem ein Mitbestimmungsrecht, wenn er vor der Wahl eines Betriebsrats den Arbeitnehmern eine Sonderzahlung zusagt, die jeweils jährlich von ihm gegenüber den Arbeitnehmern bekanntgegeben wird. Das dem Arbeitgeber durch die Regelung eingeräumte Ermessen führt nicht zu einem Mitbestimmungsrecht des Betriebsrats, weil die Festsetzung der Höhe der Sonderzahlung keine mitbestimmungspflichtigen Änderung des bestehenden Entlohnungssystems nach § 87 Abs. 1 Nr. 10 BetrVG darstellt.[93] Es bedarf auch keiner Zustimmung des Betriebsrats, wenn dieser erst nach Inkrafttreten der Regelung gewählt wird.[94] Der Betriebsrat kann nur dann mitbestimmen, wenn bereits bestehende Entlohnungsgrundsätze vom Arbeitgeber geändert werden.[95]

2. Zulagen, Zuschläge und Zeitgutschriften

Das Mitbestimmungsrecht des Betriebsrates besteht auch dann, wenn der Arbeitgeber sich entschließt, zusätzliche **Zulagen oder Zuschläge** zu bezahlen, beispielsweise für **Mehrarbeit**, für **Schichtarbeit**, für **Nachtarbeit** oder für **Wochenendarbeit**, weiter für besonders belastende Tätigkeiten (**Erschwerniszuschläge**)[96] oder für besonders gefährliche (**Gefahrenzulagen**) oder schmutzige Arbeiten (**Schmutzzuschläge**) oder für Tätigkeiten, die außerhalb des Betriebes erbracht werden und den Arbeitnehmer vorübergehend nicht an seinen Wohn-

---

[92] Richardi BetrVG/*Richardi* § 87 Rn. 764; BAG 12.4.2011 – 1 AZR 412/09, NZA 2011, 989 (990).
[93] BAG 23.8.2017 – 10 AZR 136/17, NZA 2018, 44.
[94] BAG 23.8.2017 – 10 AZR 136/17, NZA 2018, 44.
[95] BAG 25.4.2017 – 1 AZR 427/15, NZA 2017, 1346.
[96] BAG 4.7.1989 – 1 ABR 40/88, NZA 1990, 29.

sitz zurückkehren lassen (**Montagezuschläge**). Dies gilt auch, wenn der Arbeitgeber anstelle einer Zahlung Zeitgutschriften gewährt.

87 Bei der Anrechnung einer Tarifgehaltserhöhung auf übertarifliche Zulagen bestimmt der Betriebsrat ebenfalls mit, wenn es zu einer Änderung der bestehenden Verteilungsrelationen kommt und innerhalb des vorgegebenen Dotierungsrahmens ein Gestaltungsspielraum besteht.[97]

88 Der Arbeitgeber bestimmt allerdings mitbestimmungsfrei darüber, ob er entsprechende Leistungen erbringen will und mit welchen finanziellen Mitteln er sie dotiert. Dies gilt auch für welche Fälle und Tätigkeiten er entsprechende finanzielle Mittel zur Verfügung stellen will.

89 Der Betriebsrat kann deshalb im Rahmen des Mitbestimmungstatbestandes nicht verlangen, dass das finanzielle, für Mehrarbeit zur Verfügung stehende Volumen zugunsten höherer Nachtzuschläge oder Montagezulagen umgeschichtet wird. Im Rahmen des für Mehrarbeit vom Arbeitgeber zur Verfügung gestellten Volumens kann der Betriebsrat jedoch darüber mitbestimmen, ob die Zuschläge linear auf Mehrarbeitsstunden verteilt werden oder ob ab einer bestimmten Belastung mit Mehrarbeit höhere Zuschläge bezahlt werden.

3. Gewinn- und Ergebnisbeteiligung

90 Der Arbeitgeber entscheidet **mitbestimmungsfrei** darüber, ob er eine **Gewinn- oder Ergebnisbeteiligung** zusätzlich an die Mitarbeiter ausbezahlt und **wie hoch die Dotierung sein soll**, dh er legt mitbestimmungsfrei den Anteil der Arbeitnehmer an dem Gewinn oder dem Ergebnis fest. Es handelt sich hierbei um einen Fall der vertraglich vereinbarten Gesamtvergütung.[98] Soweit der Arbeitgeber den Anteil der Arbeitnehmer am Gewinn oder Ergebnis nach einem Berechnungsverfahren ermittelt, entscheidet er auch mitbestimmungsfrei über die Berechnungsfaktoren, beispielsweise ob vom Bilanzergebnis oder vom operativen Ergebnis ausgegangen wird, ob außerordentliche Erträge berücksichtigt werden oder nicht etc. Der Arbeitgeber kann weiterhin **mitbestimmungsfrei** darüber entscheiden, welchen **Anteil die leitenden Angestellten** erhalten. Mitbestimmungsfrei ist auch die Entscheidung des Arbeitgebers, bestimmten, vom Betriebsrat repräsentierten Arbeitnehmergruppen, beispielsweise den AT-Angestellten, einen höheren Anteil an dem zur Verfügung gestellten Volumen zukommen zu lassen. Das Mitbestimmungsrecht des Betriebsrates bezieht sich im Rahmen der mitbestimmungsfreien Vorgaben auf die Verteilung des zur Verfügung gestellten Volumens. Der Betriebsrat kann darüber mitbestimmen, wie das zur Verfügung stehende Volumen auf die Arbeitnehmer verteilt wird, beispielsweise auch unter Berücksichtigung der Betriebszugehörigkeit.

91 Mitbestimmungsfrei ist jedoch nicht die Entscheidung des Arbeitgebers, den Arbeitnehmern für die Beseitigung des Anspruchs auf die Gewinnbeteiligung eine Einmalzahlung anzubieten. Denn dies führt zu einer Änderung der bis dahin geltenden Entlohnungsgrundsätze.[99]

4. Sachleistungen, insbesondere private Nutzung eines dienstlichen Kfz

92 Bei Sachleistungen handelt es sich in aller Regel um freiwillige Leistungen des Arbeitgebers und nicht um Teile des vertraglich geschuldeten Entgeltes. Gesetzliche Vorgaben, zB die Regelung in § 107 Abs. 2 Gewerbeordnung sowie insbesondere die steuerlichen Vorschriften über Steuerfreiheit (zB bei PC-Nutzung) oder Versteuerung nach vorgegebenen Werten (1 %-Regelung bei PKW-Nutzung) müssen im Rahmen der Ausübung der Mitbestimmungsrechte beachtet werden.

93 Für das Einsetzen des Mitbestimmungsrechtes des Betriebsrats ist es erforderlich, dass eine **nennenswerte Leistung des Arbeitgebers** erfolgt. Die gelegentliche Privatnutzung eines dienstlichen Telefons oder Handys oder des Internet-Zugangs löst das Mitbestimmungsrecht

---

[97] BAG 10.3.2009 – 1 AZR 55/08, NZA 2009, 684.
[98] BAG 14.1.2014 – 1 ABR 57/12, NZA 2014, 922.
[99] BAG 14.1.2014 – 1 ABR 57/12, NZA 2014, 922.

des Betriebsrats nicht aus. Anders verhält es sich, wenn durch die Gestattung der Privatnutzung eines Handys auf Kosten des Arbeitgebers dem Arbeitnehmer ein nennenswerter Vermögensvorteil zugewendet wird. Bei PCs ist eine umfangreiche Privatnutzung in der Regel ausgeschlossen, es wird teilweise der Internetzugang zum Zwecke der Privatnutzung gestattet. Wenn die Privatnutzung durch den Arbeitgeber gegen Kostenerstattung ermöglicht wird (zB Abrechnung der privaten Telefon- oder Handy-Kosten), dann handelt es sich nicht um eine Regelung, die dem Mitbestimmungsrecht nach § 87 Abs. 1 Nr. 10 BetrVG unterfällt. In Betracht kommen allerdings Mitbestimmungsrechte nach § 87 Abs. 1 Nr. 1 und Nr. 6 BetrVG. Das Mitbestimmungsrecht setzt ferner voraus, dass die Bereitstellung des Dienstwagens an den Mitarbeiter auch einen kollektiven Tatbestand erfüllt.[100]

94 Hauptanwendungsfall von Sachleistungen ist die **Gestattung der privaten Nutzung eines Firmen-PKW**. Es spielt keine Rolle, ob der Arbeitgeber dem Arbeitnehmer einen PKW als echten Vergütungsbestandteil zur Verfügung stellt oder ob die Privatnutzung des PKW ein Reflex aus der für die Tätigkeit notwendigen Nutzung eines PKW ist. Um einen echten Vergütungsbestandteil handelt es sich, wenn der Arbeitnehmer für die Ausübung seiner Tätigkeit an und für sich keinen PKW benötigen würde. Um einen zusätzlichen, reflexartigen Vergütungsbestandteil handelt es sich, wenn der Arbeitnehmer für die Erfüllung seiner Arbeitsaufgabe einen PKW benötigt, zB als Vertriebs- oder Servicemitarbeiter.

95 Der Arbeitgeber entscheidet **mitbestimmungsfrei** darüber, **ob er dem Arbeitnehmer einen privatnutzbaren PKW zur Verfügung stellt** bzw. ob der Arbeitnehmer einen dienstlich benötigten, ihm zur Verfügung gestellten PKW privat nutzen darf.[101] Der Arbeitgeber entscheidet weiterhin **mitbestimmungsfrei über den Umfang der Privatnutzung**, dh ob dem Arbeitnehmer für die Privatnutzung Kilometerbegrenzungen auferlegt werden oder er sich an der Privatnutzung mit einem bestimmten Kostenanteil beteiligen muss. Insofern kann der Arbeitgeber auch mitbestimmungsfrei festlegen, dass ein Arbeitnehmer den dienstlich benötigten PKW zwar für die Fahrten von zuhause zum ersten Kunden und vom letzten Kunden nach Hause nutzen kann, ansonsten aber eine Privatnutzung zu unterbleiben hat.

96 Der Arbeitgeber entscheidet weiterhin **mitbestimmungsfrei** darüber, **welchen PKW-Typ er zur Verfügung stellt**.[102] Dies gilt auch für die Frage, ob der Arbeitgeber diesen selbst beschafft oder least sowie über die **Ausstattung des PKW**. Deshalb kann der Arbeitgeber auch **mitbestimmungsfrei Höchstbeträge** festlegen, soweit er die Auswahl unter mehreren PKW-Typen und unter mehreren Ausstattungsvarianten zulässt sowie mitbestimmungsfrei darüber bestimmen, dass der Arbeitnehmer, sofern er zulässigerweise über die vom Arbeitgeber festgelegte Ausstattungsvariante hinausgehende Sonderausstattungen ordert, dem Arbeitgeber die entsprechenden Beträge bzw. die Erhöhung der Leasing-Rate zu erstatten hat.

97 Auch Fragen des **Entzugs** des Kfz oder einer erhöhten **Eigenbeteiligung** bei vom Arbeitnehmer verschuldeten Unfällen sowie bei Schadensersatzleistungen des Arbeitnehmers in Form der Erstattung oder Beteiligung an höheren Versicherungsleistungen, **unterfallen nicht dem Mitbestimmungsrecht**.

98 Soweit der Arbeitgeber allerdings dem Arbeitnehmer im Rahmen bestimmter Preisbegrenzungen die **Auswahl des PKW-Typs** und der Sonderausstattungen **überlässt**, hat der Betriebsrat über die entsprechenden Verfahrensweisen **mitzubestimmen**.

5. Mitbestimmungsrecht bei Aktienoptionsplänen

99 Die Bedeutung von Aktienoptionsplänen (stock options) unterliegt einem ständigen Wandel, je nach Entwicklung der Börse. **Aktienoptionspläne sind in aller Regel zusätzliche, freiwillige Leistungen** des Arbeitgebers, die nicht Teil der geschuldeten Vergütung sind.[103] **Soweit sie Bestandteil der Vergütung sein sollen oder sind**, scheidet in vielen Fällen das Mitbestimmungsrecht des Betriebsrats deshalb aus, weil sich der entsprechende Plan auf lei-

---

[100] *Moll/Roebers* DB 2010, 2672.
[101] *Moll/Roebers* DB 2010, 2672.
[102] *Moll/Roebers* DB 2010, 2672.
[103] *Häferer/Burger* NZA 2020, 143.

tende Angestellte beschränkt. Geht jedoch der Personenkreis über die leitenden Angestellten hinaus und erfasst Teile der AT-Angestellten, so besteht das Mitbestimmungsrecht des Betriebsrates. Es erstreckt sich insbesondere auf die Bestimmung des Anteils der Vergütung, der von Aktienoptionen abgedeckt werden soll, sowie auf Regelungen, die eingreifen, wenn sich die Börse allgemein und/oder der Börsenkurs des Unternehmens wider Erwarten abweichend (negativ) entwickeln. Allerdings sind die der Hauptversammlung der Aktiengesellschaft zugewiesenen Kompetenzen zur Beschlussfassung als solcher und deren näherer inhaltlicher Ausgestaltung zu beachten.

100 Soweit Aktienoptionen als freiwillige, zusätzliche Leistungen gewährt werden, umfasst die **mitbestimmungsfreie Entscheidung** des Arbeitgebers die Grundfrage, **ob überhaupt Aktienoptionen gewährt werden,** die Bestimmung des **Umfangs der Optionspläne** sowie die **Auswahl der Mitarbeitergruppen,** die entsprechende Aktienoptionen erhalten sollen.[104] Das Mitbestimmungsrecht des Betriebsrates bezieht sich hingegen auf die **Verteilung des zur Verfügung gestellten Volumens** auf die Arbeitnehmer bzw. innerhalb der Arbeitnehmergruppen sowie die **Regularien über die Ausübung.**

101 Bei deutschen Aktiengesellschaften ist bei der Ausübung des Mitbestimmungsrechtes zu beachten, dass die **Entscheidung über Aktienoptionspläne** nicht von dem Vorstand der Aktiengesellschaft getroffen wird, sondern gem. §§ 182 ff. AktG **die Hauptversammlung über die Erhöhung des Kapitals** durch Ausgabe neuer Aktien sowie die damit verbundene Änderung der Satzung der Aktiengesellschaft ausschließlich entscheidungsbefugt ist.[105] Nach § 192 Abs. 2 Nr. 3 iVm § 193 Abs. 2 Nr. 4 AktG beschließt **die Hauptversammlung über die Aufteilung der Bezugsrechte** auf Mitglieder der Geschäftsführung und Arbeitnehmer, **Erfolgsziele, Erwerbs- und Ausübungszeiträume und die Wartezeit für die erstmalige Ausübung.** Bei diesen Konkretisierungen handelt es sich um den zwingenden Mindestinhalt des Hauptversammlungsbeschlusses. Die Aufzählung der regelungsbedürftigen Punkte hindert die Hauptversammlung auch nicht, weitere Einzelheiten zu beschließen.[106] Soweit deshalb vertreten wird, dass – ebenso wie allgemein bei freiwilligen Leistungen – das Mitbestimmungsrecht des Betriebsrats sich zwar nicht auf die grundlegenden Leistungen erstreckt, jedoch hinsichtlich der Verteilung auf den vorgegebenen Adressatenkreis, Ermäßigung beim Erwerb, Halte- und Ausübungsfristen, die keinen Einfluss auf die finanzielle Gesamtbelastung haben besteht und die aktienrechtlichen Vorgaben sich nicht auf das Außenverhältnis zum Betriebsrat auswirken,[107] werden die aktienrechtlichen zwingenden Vorgaben verkannt. Es verhält sich nicht so, dass der Betriebsrat in Ausübung seines Mitbestimmungsrechtes die Regelungen des Hauptversammlungsbeschlusses modifizieren kann. Dies gilt auch für einen Zustimmungs- und Ermächtigungsbeschluss nach § 192 Abs. 2 Nr. 3 AktG, der die Hauptversammlung nicht von der Beschlussfassung über die in § 193 Abs. 2 Nr. 4 AktG geregelten Festlegungen entbindet.[108]

102 Die Hauptversammlung ist indes nicht Verhandlungs- und Ansprechpartner des Betriebsrates. Der Betriebsrat kann nicht verlangen, dass die Hauptversammlung entsprechende Vertreter wählt oder benennt, die mit ihm über den beabsichtigten Aktienoptionsplan in Verhandlungen treten. Die AG wird vielmehr im Verhältnis zum Betriebsrat vom Vorstand repräsentiert. Der Betriebsrat kann sich deshalb **nur mit dem Vorstand einer AG auf den Vorschlag eines Aktienoptionsplans** und dessen Bestimmungen verständigen, der dann vom Vorstand der AG auf der Hauptversammlung zur Abstimmung der Aktionäre gestellt wird, die dem Vorschlag entweder zustimmen oder ihn ablehnen können und ihn auch in veränderter Form beschließen können.

103 Die Mitbestimmungsrechte des § 87 BetrVG setzen voraus, dass dem Arbeitgeber ein Gestaltungsspielraum verbleibt, der im Rahmen des Mitbestimmungsverfahrens durch den Betriebsrat mit ausgefüllt wird. Die der **Hauptversammlung zugewiesenen Kompetenzen und Entscheidungsbefugnisse** sind als das **Mitbestimmungsrecht des Betriebsrats ausschließende**

---

[104] *Fitting* BetrVG § 87 Rn. 451.
[105] MüKo AktG/*Fuchs* § 192 Rn. 17.
[106] MüKo AktG/*Fuchs* § 193 Rn. 18.
[107] *Fitting* BetrVG § 87 Rn. 451.
[108] MüKo AktG/*Fuchs* § 192 Rn. 18.

gesetzliche Regelung iSd Eingangssatzes des § 87 Abs. 1 BetrVG aufzufassen.[109] Nur soweit die Entscheidung der Hauptversammlung dem Vorstand und damit dem Arbeitgeber einen Gestaltungsspielraum belässt, besteht das Mitbestimmungsrecht des Betriebsrates bei der Verteilung und der Regelung von weiteren Einzelheiten.[110]

Bei Optionen an den Anteilen einer ausländischen Konzernobergesellschaft fehlt es ebenfalls an einer rechtlichen oder tatsächlichen Möglichkeit der Beeinflussung der Entscheidung dieser Gesellschaft durch das deutsche Konzernunternehmen. Es liegt dann also keine notwendige Handlung der Konzerntochter vor, die jedoch für ein Mitbestimmungsrecht nach § 87 Abs. 1 Nr. 10 BetrVG erforderlich ist.[111] Die Konzerntochter hat dann keinen Einfluss auf die Verteilung der Aktienoptionen und übt somit auch hat keine Überwachungspflichten aus.[112] Die Entscheidung der ausländischen Konzernobergesellschaft entfaltet damit **faktisch dieselbe Wirkung wie eine gesetzliche oder tarifliche Regelung im Sinne des § 87 Abs. 1 S. 1 BetrVG**, denn deren Organe/Anteilseigner treffen die entsprechende Entscheidung, auf die die Geschäftsführung der deutschen Konzerntochter regelmäßig keinen Einfluss nehmen kann. Zudem handelt es sich nicht um ein von der Mitbestimmung des Betriebsrats beeinflussbares Rechtsverhältnis zwischen dem deutschen Arbeitgeber und dem Arbeitnehmer, sondern um einen Anspruch, den ein Dritter einräumt.[113] Sofern also keine Gestaltungsmöglichkeit verbleibt, fehlt es somit auch an der Möglichkeit, dass die Betriebspartner eigenständige Regelungen treffen. Es besteht also eine untrennbare Verbindung zwischen Mitbestimmung und Regelungsmöglichkeit.[114] Ein Auskunftsanspruch des Betriebsrats aus § 80 Abs. 2 BetrVG iVm § 75 Abs. 1 BetrVG scheidet ebenfalls aus.[115]

Anders verhält es sich nur dann, wenn dem deutschen Arbeitgeber ein eigener Gestaltungsspielraum verbleibt, beispielsweise wenn der deutschen Konzerngesellschaft eine bestimmte Anzahl von Aktienoptionen zugeteilt wird und ihr die Verteilung auf die Arbeitnehmer überlassen wird. Dann ist das Mitbestimmungsrecht des Betriebsrats zu beachten.[116]

Von Aktienoptionsplänen sind **Aktiensparpläne** oder **Zuschüsse zu Aktienkäufen** zu unterscheiden. Diese haben zum Inhalt, dass der Arbeitgeber den Aktienkauf durch einen Mitarbeiter subventioniert mit dem Ziel, dass Mitarbeiter Aktien erwerben und so die Verbundenheit zwischen Arbeitnehmer und Arbeitgeber verstärkt wird. Solche Zuschüsse werden entweder in Form eines Prozentsatzes zum jeweils aktuellen Kurs oder in Form der Bezuschussung der Differenz zwischen einem festgelegten Kurs und dem aktuellen Kurs gewährt. Sie werden in den allermeisten Fällen mit Rückzahlungsklauseln für den Fall eines Ausscheidens des Arbeitnehmers vor einem definierten Stichtag verbunden.

Der Arbeitgeber entscheidet hierüber mitbestimmungsfrei, weil nicht nur die Frage, ob er überhaupt entsprechende Zuschüsse gewährt, sondern auch die Frage, für wie viele Aktienkäufe er Zuschüsse gewährt und in welcher Höhe er diese Zuschüsse gewährt, mitbestimmungsfrei ist. Gleiches gilt für die Festlegung von Rückzahlungsbedingungen.

6. Betriebliche Altersversorgung

Die betriebliche Altersversorgung unterfällt ebenfalls dem Mitbestimmungstatbestand des § 87 Abs. 1 Nr. 10 BetrVG. Soweit sie jedoch im Rahmen einer Sozialeinrichtung, dh im Wege einer Unterstützungs- oder Pensionskasse geleistet wird, greift das speziellere Mitbestimmungsrecht des § 87 Abs. 1 Nr. 8 BetrVG ein.

Die betriebliche Altersversorgung hat zwar keinen unmittelbaren Entgeltcharakter, weil ihre Leistungen nicht im Zusammenhang mit der Tätigkeit des Arbeitnehmers stehen, sondern vom Arbeitgeber erst dann erbracht werden, wenn der Arbeitnehmer im Rentenalter ausscheidet bzw. eine gesetzliche Rente bezieht, soweit er vorher mit einer unverfallbaren

---

[109] AA *Fitting* BetrVG § 87 Rn. 451; wie hier *Otto/Mückl* DB 2009, 1594 (1596).
[110] *Otto/Mückl* DB 2009, 1594 (1596).
[111] BAG 12.6.2019 – 1 ABR 57/17, BeckRS 2019, 18930.
[112] BAG 12.6.2019 – 1 ABR 57/17, BeckRS 2019, 18930.
[113] Vgl. *Otto/Mückl* DB 2009, 1594 (1596 f.).
[114] LAG München 11.8.2017 – 9 TaBV 34/17, BeckRS 2017, 124513.
[115] BAG 20.3.2018 – 1 ABR 15/17, NZA 2018, 1017.
[116] BAG 12.6.2019 – 1 ABR 57/17, BeckRS 2019, 18930.

Anwartschaft ausgeschieden ist. Die **betriebliche Altersversorgung belohnt jedoch die erbrachte Betriebstreue** und die **vom Arbeitnehmer erbrachten Leistungen insgesamt,** weswegen ihr ein **geldwerter Charakter** zugesprochen wird.[117] Hieran knüpft das Mitbestimmungsrecht an.

110 Der Arbeitgeber entscheidet im Rahmen der betrieblichen Altersversorgung **mitbestimmungsfrei** darüber, **ob er eine betriebliche Altersversorgung** zugunsten der Arbeitnehmer einführt und weiter, wenn er diese Entscheidung getroffen hat, **welche Mittel er zur Verfügung stellt** (sogenannter Dotierungsrahmen). Der Arbeitgeber kann folglich frei darüber entscheiden, ob er auch ein finanzielles Volumen für die Anpassung der zu gewährenden Betriebsrenten zur Verfügung stellen will.[118] Die gleichmäßige prozentuale Steigerung aller Renten führt nicht zu einem Mitbestimmungsrecht des Betriebsrats, weil sich dadurch der relative Abstand der Betriebsrenten zueinander nicht verändert.[119] Der Arbeitgeber berührt dabei nicht die von § 87 Abs. 1 Nr. 10 BetrVG geschützte Verteilungsgerechtigkeit.[120] Der Arbeitgeber **entscheidet auch frei über den Personenkreis,** dh welche Arbeitnehmer oder Arbeitnehmergruppen an der betrieblichen Altersversorgung teilhaben sollen. Der Arbeitgeber kann auch **frei darüber entscheiden,** welche **Formen der betrieblichen Altersversorgung** er gewähren will, dh ob er sich auf eine Invalidenrente beschränkt oder Alters-, Invaliden- und Hinterbliebenenrenten oder lediglich eine Altersvorsorge und keine Invaliden- und/oder Hinterbliebenenversorgung erbringen will.[121] Dies ist eine Frage des Zweckes, der vom Arbeitgeber mitbestimmungsfrei bestimmt werden kann. Der Arbeitgeber entscheidet schließlich **frei über die Wahl des Durchführungsweges,**[122] dh ob er die betriebliche Altersversorgung in Form einer Direktzusage, einer Lebensversicherung oder einer Pensions- oder Unterstützungskasse durchführt, wobei wegen der Unterschiede zwischen beiden Kassen auch die Entscheidung zwischen einer Pensionskasse und einer Unterstützungskasse nicht von der Mitbestimmung umfasst wird.[123]

111 Grundsätzlich mitbestimmungsfrei ist ebenfalls die Frage der Entgeltumwandlung nach § 1a BetrAVG, weil es sich um einen Individualanspruch des Arbeitnehmers handelt. Anderes gilt nur, falls eine durch Entgeltumwandlung finanzierte betriebliche Altersversorgung besteht (§ 1a Abs. 2 BetrAVG). Die Entscheidung über eine (teilweise) Beitragsbeteiligung der Arbeitnehmer unterfällt dem Mitbestimmungsrecht des Betriebsrates.[124]

112 Das Mitbestimmungsrecht des Betriebsrates erstreckt sich bei der **betrieblichen Altersversorgung auf den Leistungsplan,**[125] dh nach welchen Kriterien die Ansprüche der Arbeitnehmer bemessen werden sollen. Der Betriebsrat kann beeinflussen, inwieweit die Betriebszugehörigkeit den Anspruch auf Altersrente prägend mitgestaltet, ob beispielsweise die ersten 10 Jahre Betriebszugehörigkeit stärker gewichtet werden als danach liegende Zeiten der Betriebszugehörigkeit. Der Betriebsrat kann im Rahmen seines Mitbestimmungsrechtes auch mitgestalten, ob durch die Einführung von Sockelbeiträgen für geringer verdienende Arbeitnehmer eine relativ höhere betriebliche Altersversorgung gewährt wird. Die Einfluss- und Gestaltungsmöglichkeiten des Betriebsrates sind mit Rücksicht auf sein Mitbestimmungsrecht auf der einen Seite vielfältig und können an den unterschiedlichsten Gesichtspunkten ansetzen. Auf der anderen Seite sind den Gestaltungsmöglichkeiten jedoch **faktisch relativ enge Grenzen gesetzt,** weil der **Dotierungsrahmen nicht überschritten werden darf** bzw. der Arbeitgeber durch weitere, mitbestimmungsfreie Vorgaben, zB die Konzentration der betrieblichen Altersversorgung auf einzelne Personengruppen, der Verteilung des zur Verfügung stehenden Dotierungsrahmens Grenzen setzen kann.

---

[117] *Höfer* BetrAVG I Kap. 2 Rn. 46.
[118] BAG 11.4.2019 – 3 AZR 92/18, BeckRS 2019, 7959.
[119] BAG 11.4.2019 – 3 AZR 290/18, BeckRS 2019, 12258.
[120] BAG 11.4.2019 – 3 AZR 290/18, BeckRS 2019, 12258.
[121] BAG 29.7.2003 – 3 ABR 34/02, NZA 2004, 1344.
[122] Zu den mitbestimmungsfreien Vorentscheidungen *Höfer* BetrAVG I Kap. 2 Rn. 38; Richardi BetrVG/*Richardi* § 87 Rn. 861 ff.
[123] Richardi BetrVG/*Richardi* § 87 Rn. 869.
[124] BAG 18.3.1976 – 3 ABR 32/75, AP BetrVG 1972 § 87 Altersversorgung Nr. 4.
[125] Richardi BetrVG/*Richardi* § 87 Rn. 867.

> **Praxistipp:**
> Was die praktische Durchführung des Mitbestimmungsrechtes anbetrifft, so können die im Rahmen der Ausübung des Mitbestimmungsrechtes zu beachtenden Gesichtspunkte, insbesondere die Wahrung des Dotierungsrahmens und die Entwicklung der Verteilungskriterien nicht ohne Sachverständige, insbesondere Versicherungsmathematiker, diskutiert und gelöst werden.

Die Anpassung der Versorgungsleistungen der Betriebsrentner unterfällt nicht der Mitbestimmung des Betriebsrates, weil der Betriebsrat nicht für die Betriebsrentner zuständig ist.[126] Die Betriebsrentner sind nicht Teil der vom Betriebsrat repräsentierten Belegschaft. Im Übrigen könnte über die gesetzliche Überprüfungs- und Anpassungsverpflichtung des § 16 BetrAVG hinaus keine Anpassungsleistungen erzwungen werden.

VI. Besondere Vergütungsformen

1. Leistungsbezogene Entgelte nach § 87 Abs. 1 Nr. 11 BetrVG

Das Mitbestimmungsrecht des Betriebsrats nach § 87 Abs. 1 Nr. 11 BetrVG ist stärker und weitreichender ausgestaltet als das in der Nr. 10. Es erstreckt sich auf die Festsetzung von Akkord- und Prämiensätzen einschließlich der Geldfaktoren. Dies gilt auch für vergleichbare leistungsbezogene Entgelte.

a) **Akkord und Prämie.** Bei Akkord- und Prämienlöhnen wirkt sich jede Änderung der Arbeitsleistung des Arbeitnehmers unmittelbar auf die Höhe des gezahlten Entgelts aus.[127] Während **Akkordsysteme**, bei denen sich die Höhe nach dem Arbeitsergebnis richtet,[128] zunehmend an Bedeutung verlieren, existieren **Prämiensysteme** in vielfältiger Form, wobei es sich auch stets um eine Form der Leistungsentlohnung handelt.[129] Die Unterscheidung zwischen Akkordlohn und Prämiensystem besteht vor allem darin, dass die vom Mitarbeiter innerhalb der vorgegebenen Zeiteinheit erbrachte Leistungsmenge nicht die einzige Bezugsgröße für die Berechnung des Lohns ist.[130] Beim Prämienlohn haben jedoch zusätzliche Kriterien (zB Qualität der Arbeitsleistung) Einfluss auf die Höhe des Lohns. Der Schwerpunkt soll nachfolgend auf den in der Praxis häufiger vorkommenden Prämiensystemen liegen, da ein reiner Akkordlohn angesichts der fortschreitenden Automatisierung, Mechanisierung und Maschinisierung weniger relevant geworden ist.

Nicht jede Prämie, die so genannt wird, unterfällt auch dem Mitbestimmungsrecht der Nr. 11. Grundlegende Voraussetzung für das Mitbestimmungsrecht des Betriebsrats nach der Nr. 11 ist die **Beeinflussbarkeit der Leistung durch den Arbeitnehmer, die Mess- und Berechenbarkeit der Leistung und vor allem die direkte Relation zwischen der individuellen Leistung des Arbeitnehmers und einer Bezugsleistung.**[131]

Was damit gemeint ist, wird anhand der Rechtsprechung des BAG zur Provision deutlich. Zunächst hatte das BAG die Abschlussprovision als Leistungsentgelt iSd § 87 Abs. 1 Nr. 11 BetrVG angesehen.[132] Einer Superprovision (der Beteiligung des Vorgesetzten an den Abschlussprovisionen der ihm zugeordneten Arbeitnehmer) wurde jedoch der Leistungsentgeltcharakter mit der Begründung abgesprochen, dass bei der Superprovision der direkte Bezug der Leistung des anspruchsberechtigten Vorgesetzten zu derjenigen des das provisionspflichtige Geschäft abschließenden Arbeitnehmers fehlt.[133] In einer nachfolgenden Entscheidung hat das BAG dann die Ansicht aufgegeben, dass die Abschlussprovision (gleiches gilt auch für die Vermittlungsprovision) ein vergleichbares leistungsbezogenes Entgelt im Sinne der

---

[126] LAG Rheinland-Pfalz 24.9.2019 – 6 Sa 384/17, BeckRS 2019, 37852.
[127] BAG 15.5.2001 – 1 ABR 39/00, NZA 2001, 1154.
[128] Richardi BetrVG/*Richardi* § 87 Rn. 907.
[129] Richardi BetrVG/*Richardi* § 87 Rn. 840.
[130] ErfK/*Kania* BetrVG § 87 Rn. 125.
[131] BAG 15.5.2001 – 1 ABR 39/00, NZA 2001, 1154 mwN.
[132] BAG 29.3.1977 – 1 ABR 123/74, AP BetrVG 1972 § 87 Provision Nr. 1.
[133] BAG 28.7.1981 – 1 ABR 56/78, AP BetrVG 1972 § 87 Provision Nr. 2.

Nr. 11 ist und dies damit begründet, dass es an einer messbaren Relation zu einer Bezugsleistung fehlt.[134] Das BAG stellt darauf ab, dass der provisionsauslösende Geschäftsabschluss zwar auch auf die Leistung des Arbeitnehmers zurückgeführt werden kann, jedoch auch von sonstigen Faktoren wie beispielsweise der Qualität des Produktes, dem Preis-Leistungsverhältnis sowie dem Agieren der Konkurrenz abhängig sein kann mit der Folge, dass keine unmittelbare Relation zwischen Leistung und Bezugsleistung besteht.

118 Von einer eingehenden Darlegung von Akkord und Akkordsystemen wird abgesehen.[135] Die hoch automatisierte Massenproduktion auf der einen Seite (zB die Herstellung von PKW), die zunehmende Spezialanfertigung auf der anderen Seite (zB Maschinenbau) sowie Fertigungsmethoden wie just in time-Produktion lassen kein System mehr zu, bei dem wie im Akkordsystem der Arbeitnehmer die von ihm produzierte Menge bestimmen kann.

119 Dagegen können Prämien an andere oder zusätzliche Gesichtspunkte wie die Qualität oder die Maschinenlaufzeit anknüpfen. Auch hier ist jedoch das Vorhandensein einer mess- und berechenbaren Bezugsbasis im Verhältnis zu einer Bezugsleistung sowie deren Beeinflussbarkeit durch den Arbeitnehmer Voraussetzung für die Einbeziehung in den Mitbestimmungstatbestand der Nr. 11.[136] Dabei kann nicht nur die Menge der Arbeitsleistung, beispielsweise die Anzahl produzierter Teile, als Bezugsleistung dienen, sondern auch die Qualität in Form einer geringen Ausschussquote, und es können andere Bezugsgrößen (Auslastungsgrad einer Maschine) als Bezugsleistung herangezogen werden.[137]

120 Vielfach werden Leistungen als Prämien bezeichnet, die den Prämienbegriff der Nr. 11 nicht erfüllen, so zB Anwesenheitsprämien.[138] Teilweise wird insofern auch der Begriff des Bonus verwendet. Ein direkter Bezug zwischen der Leistung des Arbeitnehmers und einer Bezugsleistung fehlt bei einer Prämie, mit der Anwesenheit oder Pünktlichkeit honoriert wird.[139] Die gilt auch bei der Termintreue und Qualität, dh dass zu einem bestimmten Zeitpunkt ein bestimmtes Produkt oder eine Anzahl bestimmter Produktteile in einer definierten Qualität vorliegen (die festgelegte Stückzahl).

Beispiel:
Ein Hersteller von Schlafzimmermöbeln legt fest, dass nach Produktionsende am Montag exakt 78 Schlafzimmer, am Dienstag 81 Schlafzimmer (etc) jeweils ohne Mängel und komplett bestehend aus Schrank, Kommode, Doppelbett und Nachttischen zur Verladung bereitstehen müssen. Es soll kein Nachttisch fehlen aber auch keiner zu viel sein.

121 Hier ist die Bezugsleistung zwar messbar, aber die Leistung ist nicht beeinflussbar. Es müssen eben exakt 78 Schlafzimmer am Montag und 81 Schlafzimmer am Dienstag produziert sein, nicht 77 und nicht 79.

122 Auch Prämien oder Boni, mit denen Ergebnisse belohnt werden, beispielsweise eine bestimmte Rendite oder eine bestimmte Anzahl von hinzugewonnenen Kunden oder die Erreichung eines bestimmten Umsatzzieles sind keine leistungsbezogenen Entgelte iSd Nr. 11 weil auch insofern – vergleichbar mit der Provision – andere oder zusätzlich zur Leistung hinzutretende Faktoren das Ergebnis bestimmen. Bei der Zahlung einer Tantieme besteht ebenfalls kein Mitbestimmungsrecht nach Nr. 11. Es liegt kein leistungsbezogenes Entgelt vor, weil auch hier kein Ist-Vergleich mit dem Soll-Vergleich stattfindet, um die Höhe des Lohns festzusetzen.[140]

123 **b) Zielvorgaben und Zielvereinbarungen als leistungsbezogene Entgelte?** Mit der zunehmenden Verbreitung von Zielvorgaben und Zielvereinbarungen ist die Diskussion über die Frage der Leistungsentgelte im Sinne der Nr. 11 wieder angestoßen worden.[141] Die Bezeichnung bzw. Ausgestaltung als Zielvorgabe oder als Zielvereinbarung ist nicht entscheidend

---

[134] BAG 13.3.1984 – 1 ABR 57/82, NZA 1984, 296.
[135] Ausführlich *Fitting* BetrVG § 87 Rn. 501 ff.
[136] *Fitting* BetrVG § 87 Rn. 525; BAG 15.5.2001 – 1 ABR 39/00, NZA 2001, 1154.
[137] Richardi BetrVG/*Richardi* § 87 Rn. 841.
[138] Richardi BetrVG/*Richardi* § 87 Rn. 840.
[139] Richardi BetrVG/*Richardi* § 87 Rn. 905.
[140] LAG München 1.7.2004 – 3 TaBV 53/03, BeckRS 2009, 66911.
[141] Ablehnend zB *Berwanger* BB 2003, 1499 (1502); bejahend wohl *Mauer* NZA 2002, 540 (544); differenzierend *Däubler* NZA 2005, 793 (796); vgl. auch BAG 21.10.2003 – 1 ABR 39/02, NZA 2004, 936 (938 f.).

für die Bestimmung des Mitbestimmungstatbestandes. Bei vielen zielorientierten Vergütungssystemen geht der Grad der Erreichung einer Zielvorgabe oder Zielvereinbarung in ein Beurteilungsergebnis ein, welches die Höhe der Vergütung bestimmt. Der Grad der Zielerreichung ist damit nur ein Faktor unter mehreren und prägt nicht unmittelbar die Vergütung. Gleiches gilt für in der Praxis ebenfalls häufige Systeme, bei welchen nur ein Teil der variablen Vergütung von dem individuellen Zielerreichungsgrad abhängig ist, jedoch auch andere Faktoren wie der Gesamtgewinn des Unternehmens und/oder die Entwicklung einer bestimmten Sparte in die Ermittlung der variablen Vergütung einbezogen werden. Ein Mitbestimmungsrecht nach Nr. 11 scheidet somit insbesondere dann aus, wenn der Arbeitnehmer gar keine Einflussmöglichkeit auf die Erreichung der festgelegten Ziele hat.[142]

Damit werden allenfalls **Zielvereinbarungs- bzw. Zielvorgabesysteme von dem Mitbestimmungstatbestand der Nr. 11 berührt, die ausschließlich eine messbare und individuell beeinflussbare Zielgröße** zum Gegenstand haben, wie beispielsweise das Erreichen eines bestimmten Umsatzzieles oder definierter Verkaufsziele im Hinblick auf ein oder mehrere Produkte. Diese Parameter weisen jedoch, auch wenn es sich um Ziele handelt, die sich auf Umsatz, Verkaufszahlen oder hinzugewonnene oder gehaltene Kunden beziehen, keine unmittelbare Relation zwischen Leistung und Bezugsleistung auf. Sie sind ohne Weiteres mit der Provision in ihren unterschiedlichen Erscheinungsformen vergleichbar. Eine **Erstreckung des Mitbestimmungstatbestandes der Nr. 11 auf Zielvorgabe- oder Zielvereinbarungssysteme ist abzulehnen.**[143] Allein dadurch, dass Zielvorgaben bzw. Zielvereinbarungen dazu dienen sollen, die Leistung des Arbeitnehmers zu steigern bzw. ihn zu einer hohen Leistung anzureizen, verleiht solchen Vergütungssystemen noch nicht die Qualität eines vergleichbaren Leistungsentgeltsystems. Denn sonst müssten alle Entgeltkomponenten, die einen Leistungsanreiz beinhalten, dieser Regelung zugeordnet werden. Die Konsequenz daraus wäre zudem, dass in einem solchen Fall der Betriebsrat letztendlich nicht nur bei den Verteilungsgrundsätzen, sondern auch bei der Höhe der leistungsbezogenen Entgelte mitbestimmen könnte.

c) Leistungszulagen als leistungsbezogene Entgelte? Auch **Leistungszulagen, die keinen direkten Bezug zwischen der Leistung des Arbeitnehmers und einer Bezugsgröße haben,** fallen trotz ihrer Bezeichnung als Leistungszulagen und einem nicht zu verkennenden Zusammenhang mit der Leistung des Arbeitnehmers **nicht unter die leistungsbezogenen Entgelte im Sinne der Nr. 11.**[144] Dies gilt insbesondere für Leistungszulagen, bei denen im Rahmen eines definierten Verfahrens der Arbeitnehmer in verschiedenen Kategorien (zB Arbeitsmenge und Arbeitsqualität) von Vorgesetzten mit einer Note oder mit Punkten beurteilt wird und dann nach Addierung der Punkte oder der Bildung von Durchschnittswerten eine bestimmte Leistungsstufe errechnet wird, die mit einem Geldwert verbunden ist. Erst recht fallen Leistungszulagen nicht unter die Nummer 11, bei welchen in das Verfahren Gesichtspunkte wie Beachtung von Arbeitssicherheit oder Teamfähigkeit eingehen, die keiner messbaren Leistungsbewertung zugänglich sind. Dh es besteht kein Mitbestimmungsrecht bei Leistungen, die unverändert gleichbleiben, selbst wenn von den Arbeitnehmern hierfür besondere Leistungen, wie etwa Nacht- oder Schichtzulagen, Gratifikationen, Überstunden, Abschluss etc., erwartet werden.[145]

d) Einzelheiten der Mitbestimmung bei Leistungsentgelten. Die Vergütungssysteme, die der Mitbestimmung der Nr. 11 unterfallen, sind damit Akkord- und Prämiensysteme. Wegen der Regelung in der Nr. 11, dass es sich um vergleichbare leistungsbezogene Entgelte handeln muss, kann das Mitbestimmungsrecht nach der Nr. 11 nicht auf Systeme mit Leistungsbezug ausgedehnt werden, die nicht die Grundkriterien von Akkord- und Prämiensysteme erfüllen.

Das Mitbestimmungsrecht nach der Nr. 11 bezieht sich auf die **Einführung solcher Systeme**, weil es sich um einen Entlohnungsgrundsatz handelt.[146] Es bezieht sich weiterhin auf

---

[142] *Annuß* NZA 2007, 290.
[143] AA *Fitting* BetrVG § 87 Rn. 498; *Däubler* NZA 2005, 793 (796).
[144] ErfK/*Kania* BetrVG § 87 Rn. 127.
[145] ErfK/*Kania* BetrVG § 87 Rn. 127.
[146] Richardi BetrVG/*Richardi* § 87 Rn. 832.

alle Faktoren, mit denen Leistung, Bezugsleistung und Mess- und Berechenbarkeit der Relation zwischen Leistung und Bezugsleistung festgelegt werden.[147] Da das Mitbestimmungsrecht die Bestimmung über die **Geldfaktoren** einschließt, hat der Betriebsrat insbesondere über die **Akkordsätze** und die **Prämienkurve** mitzubestimmen.[148] Das BAG interpretiert die Erwähnung der Geldfaktoren im Mitbestimmungstatbestand der Nr. 11 dahingehend, dass der Betriebsrat auch über die Lohnhöhe mitbestimmen könne. Insofern billigt das BAG dem Betriebsrat ein Mitbestimmungsrecht bei der Festlegung der Vergütung für die Bezugs- bzw. die Ausgangsleistung zu, beim Akkord also für die Festlegung des so genannten Akkordrichtsatzes, bei der Prämie für den Eckwert oder Ausgangswert der Prämienkurve.[149]

2. Provision

128   Die Provision spielt besonderes im Handelsvertreterrecht eine besondere Rolle. **Die Provision unterfällt** nicht dem **Mitbestimmungstatbestand** der Nr. 11, sondern dem **der Nr. 10**.[150] Provisionen werden für den Abschluss- oder für Vermittlung von Geschäften gewährt (Abschluss- bzw. Vermittlungsprovision), wobei es sich dabei gerade nicht um vergleichbare leistungsbezogene Entgelte handelt.[151] Denn die Provision bemisst sich ausschließlich am Erfolg, der sich letztendlich ausschließlich nach dem Umsatz richtet, unabhängig davon, ob dieser wert- oder stückmäßig bestimmt wird.[152] In der Versicherungsbranche sind auch Provisionen für das Halten des Versichertenstammes (Bestands- oder Bestandspflege-Provision) häufig. In einer Vielzahl von Fällen werden Provisionen als Bonus oder Boni bezeichnet.

129   Die **Einführung eines Provisionssystems** ist die **Aufstellung eines Entlohnungsgrundsatzes.** Mitbestimmungspflichtig ist die Festlegung der Art der Provision und ihr Verhältnis zum Fixum oder garantierten Gehalt und insbesondere die Festsetzung der Bezugspunkte der Provision und der Provisionssätze, dh ob die Provision linear verläuft oder bei Über- oder Unterschreiten bestimmter Werte erhöht oder abgesenkt wird.[153] Dies gilt auch für die Frage inwieweit Margen oder andere Gesichtspunkte berücksichtigt werden, wie eine Provision auf mehrere Beteiligte aufgeteilt wird, wann sie fällig wird und wie Stornierungen und Zahlungsausfälle berücksichtigt werden. Das Mitbestimmungsrecht bezieht sich aber nicht auf die Festlegung des Euro-Betrages, der dem/oder den Ausgangsprovisionssätzen zugeordnet wird bzw. soweit die Ergebnisse in ein Punktesystem einfließen, aus dem dann die Provision berechnet wird, die Zuordnung eines Euro-Betrages zu einem Punktwert.[154]

130   Obwohl das Vertriebs- bzw. Verkaufsgebiet eines Arbeitnehmers, das ihm grundsätzlich zugeteilt ist, die Höhe der erzielbaren Provisionen erheblich beeinflusst, unterfällt es nicht der Mitbestimmung.[155]

3. Variable zielorientierte Vergütungssysteme

131   a) **Grundlegende Merkmale.** Immer mehr Arbeitnehmer unterliegen **variablen Vergütungssystemen.** Der wesentliche Unterschied zu anderen Arbeits- und Vergütungssystemen besteht darin, dass die Arbeitsleistung und das Arbeitsergebnis des einzelnen Arbeitnehmers oder eines Teams von Arbeitnehmern nicht mehr durch direkte Anweisungen, Überwachung und Kontrolle der Vorgesetzten gesteuert wird oder versucht wird, über Leistungsanreize wie Prämien und Provisionen die Effektivität und Produktivität des Arbeitnehmers zu steigern, sondern dass über die **Definition von konkreten und überprüfbaren Zielen** versucht wird, die **Arbeitsintensität** und das **Arbeitsergebnis des einzelnen Arbeitnehmers** oder **eines Teams von Arbeitnehmern zu steuern und zu steigern,** wobei ihm jedoch ein erheblicher

---

[147] Richardi BetrVG/*Richardi* § 87 Rn. 840.
[148] Richardi BetrVG/*Richardi* § 87 Rn. 891, 945.
[149] BAG 19.3.1983 – 1 ABR 32/81, AP BetrVG 1972 § 87 Prämie Nr. 3; kritisch dazu Richardi BetrVG/*Richardi* § 87 Rn. 904 ff.
[150] So jetzt auch *Fitting* BetrVG § 87 Rn. 535.
[151] BAG 26.7.1988 – 1 AZR 54/87, NZA 1989, 109.
[152] BAG 26.7.1988 – 1 AZR 54/87, NZA 1989, 109.
[153] Richardi BetrVG/*Richardi* § 87 Rn. 847.
[154] BAG 13.3.1984 – 1 ABR 57/82, NZA 1984, 296.
[155] BAG 16.7.1991 – 1 ABR 66/90, NZA 1992, 178.

Gestaltungsspielraum hinsichtlich der Arbeitszeit und der Individualität und Kreativität seiner Arbeitsleistung verbleibt (MBO-Systeme = Management by objectives = Führung durch Zielsetzungen).[156] Die Leistungen des Arbeitnehmers werden dadurch mit den Unternehmenszielen verknüpft.[157]

Obwohl mannigfaltige Erscheinungsformen bestehen, sind **variable, von Zielen bestimmte Vergütungssysteme** dadurch gekennzeichnet, dass ein **Zielgehalt definiert** wird (On Target Earning – OTE oder Target Income) und dieses Zielgehalt in ein **Basis- oder Grundgehalt** (Base Salary, Base Pay) und **eine variable Vergütung** (Incentive, Commission, Variable Pay) aufgeteilt wird. Für die **Höhe der variablen Vergütung ist der Grad der Zielerreichung maßgeblich** (Target oder Quota Achievement). Die Ziele können nicht nur quantitativer Art (zB umsatzbezogen oder Hinzugewinn einer definierten Anzahl von Neukunden) sein, sondern beinhalten in vielen Fällen auch qualitative Ziele (führen Sie Informationsveranstaltungen zu dem Produkt XY durch) oder weisen ein aus mehreren Elementen bestehendes Ziel (erfolgreiche Durchführung eines Projektes) aus. In der Praxis sind – auch zunehmend im Vertriebsbereich – häufig mehrere Ziele mit unterschiedlicher Gewichtung anzutreffen, wobei ebenfalls häufig eine Mischung aus harten mathematisch messbaren Zielen und „weichen" Zielen festgelegt wird. 132

Zielorientierte variable Vergütungssysteme lassen sich grob **danach einteilen**, ob der **variable Vergütungsanteil in einer Relation zur Erreichung bestimmter Ziele** oder eines bestimmten Zielerreichungsgrades steht oder ob **die Erreichung von Zielen** bzw. eines entsprechenden Grades **zunächst noch in eine zusammenfassende Beurteilung einfließt** und die Höhe der variablen Vergütung von deren Ergebnis abhängig ist. Weiter kann danach unterschieden werden, **ob die Ziele einseitig vom Arbeitgeber vorgegeben werden können (Zielvorgaben)** oder ob sie **einvernehmlich zwischen Arbeitgeber und Arbeitnehmer festgelegt werden (Zielvereinbarung)**. Für Ansatzpunkt und Reichweite des Mitbestimmungsrechtes des Betriebsrates macht es keinen signifikanten Unterschied, ob das System mit Zielvereinbarungen oder Zielvorgaben arbeitet. Denn durch den Abschluss von periodischen Zielvereinbarungen bzw. einer entsprechenden Rahmenvereinbarung, die dann periodisch durch Einzelvereinbarungen konkretisiert wird, kann das Mitbestimmungsrecht des Betriebsrats beim Vergütungssystem und seinen Einzelelementen nicht umgangen werden. Faktisch wird der betroffene Arbeitnehmer auch bei einem arbeitgeberseitig dominierten Zielvorgabesystem in den Prozess der Festlegung der Zielvorgabe schon aus Gründen der Akzeptanz und Motivation einbezogen. 133

Der Zielerreichungsgrad und seine Verknüpfung mit der Vergütung spielt die entscheidende Rolle. Das System kann linear ausgestaltet sein, dh bei 60 % Zielerreichung erhält der Arbeitnehmer 60 % des variablen Vergütungsbestandteils, bei 90 % dann 90 % und bei 120 % eben 120 %. In einer Reihe von Fällen wird eine Untergrenze gebildet sowie eine Deckelung des maximal erreichbaren Betrages (Capping) eingeführt. Häufig erfolgt eine nicht lineare Staffelung. Beispielsweise erhält der Arbeitnehmer keine variable Vergütung, wenn die Zielerreichung unter 60 % liegt und er erhält eine degressive variable Vergütung bis zu einem Zielerreichungsgrad von 90 %, im Bereich zwischen 90 % und 110 % dann eine lineare variable Vergütung, über 110 % eine progressive, mit Multiplikatoren (Akzeleratoren) versehene, ab 150 % eine sich abschwächende, nicht mehr lineare variable Vergütung. Dies geht so weit, dass dem Arbeitnehmer in bestimmten Grenzen ein Wahlrecht eingeräumt wird, ob er ein relativ niedriges oder relativ hohes abgesichertes Grundgehalt wählt. Wählt er ein niedriges Grundgehalt, dann kann er eine höhere variable Vergütung erzielen als ein Arbeitnehmer, der – auf Sicherheit bedacht – ein relativ hohes Grundgehalt wählt, auch wenn beide Arbeitnehmer exakt den gleichen Zielerreichungsgrad erreichen. 134

Für Arbeitnehmer, die in herausragender Weise ihre Ziele übertreffen, werden zusätzlich besondere Leistungen vorgesehen (eine Woche Club-Urlaub in der Karibik mit Familie, Upgrade bei Firmen PKW etc). 135

---

[156] Es handelt sich keineswegs nur um Vergütungssysteme, sondern um umfassende Organisations- und Managementkonzepte instruktiv *Geffken* NZA 2000, 1033; vgl. auch *Däubler* AiB 2001, 208.
[157] *Bauer/Diller/Göpfert* BB 2002, 882.

136 b) **Mitbestimmungsrechte des Betriebsrates.** Das Mitbestimmungsrecht des Betriebsrates umfasst die Frage, **ob überhaupt ein variables Vergütungssystem eingeführt** wird.[158] In dieser Grundfrage kommt es aber in der Praxis nicht zu Streitigkeiten, weil die Mehrzahl der Arbeitnehmer den mit einem variablen Vergütungssystem verbundenen finanziellen Anreizen nicht widerstehen und der Betriebsrat sich dem entsprechenden Druck der Arbeitnehmer nicht entziehen kann.

137 Das Mitbestimmungsrecht des Betriebsrats erstreckt sich insoweit nach **Auffassung des BAG auch auf die Frage der Festlegung des Verhältnisses des Grundgehaltes zu den variablen Einkommensbestandteilen, wobei sich das Mitbestimmungsrecht allein aus Nr. 10 ergeben soll.**[159] Das Verhältnis von Festgehalt zu Provision könne in verschiedenster Weise festgelegt werden, ohne eine Veränderung der Höhe des Gesamteinkommens herbeizuführen. Ein Mitbestimmungsrecht endet also erst dann, wenn die Gesamthöhe des Einkommens betroffen ist. Ein Mitbestimmungsrecht bestehe daher bei der Festlegung des Verhältnisses (zB 40 % Festgehalt, 40 % variables erfolgsabhängiges Einkommen und 20 % Quartals- bzw. Kontinuitätsprämien) der einzelnen Gehaltsbestandteile zueinander.[160]

138 Dieser Auffassung kann nicht uneingeschränkt zugestimmt werden. Mit der Entscheidung des Arbeitgebers für einen erheblichen variablen Vergütungsanteil, mit dem der Arbeitnehmer seine Vergütung signifikant steigern, manchmal sogar verdoppeln oder vervielfachen kann, beteiligt der Arbeitgeber den Mitarbeiter am Geschäftserfolg. Die Entscheidung zu einer solchen Beteiligung ist nicht erzwingbar, sie obliegt ausschließlich dem Arbeitgeber. Der Arbeitgeber entscheidet mitbestimmungsfrei darüber, ob er zusätzlich Mittel zur Verfügung stellt, um überdurchschnittliche Leistungen zu honorieren. Das Mitbestimmungsrecht des Betriebsrates bezieht sich insofern nicht auf die Dotierung, sondern nur auf die Verteilungsgrundsätze. Bei variablen Vergütungssystemen ist es einem überdurchschnittlich oder herausragend leistendem Arbeitnehmer möglich, Vergütungen zu erzielen, die deutlich über dem Durchschnittswert bzw. vergleichbaren tariflichen Entgelten liegen. Will der Arbeitgeber das variable Vergütungssystem so ausgestalten, dass bei Vorliegen von bestimmten Voraussetzungen der Arbeitnehmer einen hohen Jahresverdienst erzielen kann, dann kann die Bejahung des Mitbestimmungsrechtes des Betriebsrates im Hinblick auf die Bestimmung des Verhältnisses des fixen und des variablen Vergütungsanteils nicht einschließen, dass der Betriebsrat im Wege seines Mitbestimmungsrechtes fordern und ggf. durchsetzen kann, dass 95 % der erreichbaren Vergütung fix und nur 5 % variabel gezahlt werden und damit auch ein nur durchschnittlich oder deutlich unterdurchschnittlich leistender Arbeitnehmer in den Genuss einer hohen Grundvergütung gelangt. Abgesehen davon, dass sich die Lohn- und Gehaltskosten des Arbeitgebers dadurch drastisch erhöhen würden, erhielte der Betriebsrat damit eine weitgehende Beeinflussungsmöglichkeit der Entgelthöhe, die vom Mitbestimmungsrecht nicht umfasst wird.

139 Deshalb ist die Bestimmung des 100 % Zielgehaltes mitbestimmungsfrei. Auch muss es dem Arbeitgeber überlassen bleiben, **das Volumen an Vergütung festzulegen,** das er für diejenigen Arbeitnehmer ausschütten will, **die über 100 % liegen.** Letzteres ist allerdings nur in Form eines Prognosewertes auf der Basis von Musterberechnungen möglich, weil der Arbeitgeber das Ergebnis der Zielerreichung bei der Festlegung nicht kennt.

140 Dem BAG ist auch nicht zuzustimmen, wenn es dem **Mitbestimmungsrecht des Betriebsrates das Verhältnis von Grundgehalt und variabler Vergütung unterstellt.** Es kommt vielmehr darauf an, welche Vorgaben der Arbeitgeber macht. Beabsichtigt der Arbeitgeber, zusätzlich zu den Grundgehältern variable Vergütungsbestandteile zu bezahlen, wobei die Grundgehälter eine definierte Höhe haben und die variablen Vergütungsbestandteile bei 100 % Zielerreichung eine ebenfalls definierte Höhe, dann handelt es sich – ähnlich wie bei der Regelung einer zusätzlichen Provision – um zwei voneinander getrennte Gehaltsbestandteile. Anders verhält es sich, wenn der Arbeitgeber bei seinen Überlegungen und insbesondere bei der Berechnung des Volumens nicht zwischen Fixgehalt und variablem Anteil trennt.

---

[158] BAG 29.3.1977 – 1 ABR 123/74, AP BetrVG 1972 § 87 Provision Nr. 1.
[159] BAG 16.12.1988 – 1 ABR 44/87, NZA 1989, 479 (481).
[160] BAG 16.12.1988 – 1 ABR 44/87, NZA 1989, 479 (481).

In diesem Fall erstreckt sich das Mitbestimmungsrecht des Betriebsrates auch auf die Bestimmung des Verhältnisses von Grundgehalt und variabler Vergütung. Allerdings hat der Betriebsrat bei der Ausübung seines Mitbestimmungsrechtes der Zweckbestimmung eines variablen Vergütungssystems Rechnung zu tragen. Der garantierte Teil muss signifikant unter dem 100 % Zielgehalt liegen und kann auch nicht strikt an irgendeine, als vergleichbar angesehene tarifliche Vergütung angebunden werden.

Mit dieser Abgrenzung des mitbestimmten vom mitbestimmungsfreien Teil der Vergütungsfestlegung wird sichergestellt, dass der Arbeitgeber auch bei einem variablen Vergütungssystem im Wesentlichen frei über die Entgelthöhe entscheiden kann. **141**

Da der Arbeitgeber das **Volumen des variablen Vergütungsanteils (jedenfalls über 100 % Zielgehalt) grundsätzlich mitbestimmungsfrei** festlegen kann, muss bei der Durchführung des Mitbestimmungsverfahrens der Dotierungsrahmen eingehalten werden. Man wird deshalb dem Arbeitgeber zugestehen müssen, dass er **mitbestimmungsfrei einen Mindestzielerreichungsgrad** festlegen, ab dem, Ansprüche auf variable Vergütung bestehen, und eine Deckelung des maximal erreichbaren Betrages mitbestimmungsfrei festlegen kann. **142**

> **Praxistipp:**
> In der Praxis sind Arbeitgeber und Betriebsrat letztendlich aufeinander und damit auf Kompromisse angewiesen, wenn ein leistungsgerechtes, variables Vergütungssystem angestrebt wird. Rechnerisch kann zwar die finanzielle Belastung des Arbeitgebers bzw. finanzielle Ausschüttung an die Arbeitnehmer simuliert werden, das Marktgeschehen lässt sich jedoch nicht exakt prognostizieren.

c) **Mitbestimmung des Betriebsrates bei der Ausgestaltung des variablen Teils der Vergütung.** Das Mitbestimmungsrecht des Betriebsrates umfasst die nähere Ausgestaltung des variablen Teils des Vergütungssystems. Der Betriebsrat hat darüber mitzubestimmen, ob die variable Vergütung linear entsprechend dem Zielerreichungsgrad ausgestaltet wird oder ob ein nicht lineares, gestaffeltes System der variablen Vergütung etabliert wird einschließlich der Ausgestaltung der Staffelung im Einzelnen. **143**

d) **Mitbestimmungsrecht des Betriebsrates bei den Zielvereinbarungen bzw. Zielvorgaben.** Das Mitbestimmungsrecht des Betriebsrates **umfasst einmal die formellen Merkmale des Zielvereinbarungs- bzw. Vergabeprozesses.** Dazu gehören der Zeitraum, in dem bzw. ein Stichtag, bis zu welchem die Ziele erstellt sein müssen, weiter die Festlegung des Verfahrens, mit dem die Ziele festgelegt werden, die Einbeziehung des Arbeitnehmers, die Dokumentation der Zielvorgaben und schließlich auch die Festlegung, wie verfahren wird, wenn es zu keiner einvernehmlichen Zielfestlegung kommt. **144**

Das Mitbestimmungsrecht des Betriebsrats **erstreckt sich zum anderen auf Teile der Inhalte der Zielvereinbarungen bzw. -vorgaben,** dh wie viele Ziele für den einzelnen Arbeitnehmer vergeben werden können und auf die konkrete Ausgestaltung der Gewichtung der Ziele.[161] Das Mitbestimmungsrecht bezieht sich in diesem Zusammenhang auch darauf, ob Team- oder Gruppenziele vergeben werden können. **145**

Dabei vermischen sich jedoch mitbestimmungsfreie Elemente mit mitbestimmten Elementen. Der Arbeitgeber muss mitbestimmungsfrei den Inhalt und die Schwerpunkte der Ziele für einzelne Bereiche, Produkte oder Arbeitnehmergruppen setzen können, beispielsweise im Hinblick auf ein neues Produkt mitbestimmungsfrei festlegen können, dass nicht der Umsatz, sondern die Markteinführung durch entsprechende Präsentationen auf Kundenveranstaltungen und Messen im Vordergrund steht. Weiter muss der Arbeitgeber mitbestimmungsfrei bestimmte Grundbedingungen bei der Gewichtung setzen können, beispielsweise dass die individuelle Zielerreichung von dem Ergebnis des Unternehmens oder der Sparte relativiert wird, dh entweder ein Teil des Gesamtzieles entsprechend definiert wird (zB 25 % des Gesamtzieles sind abhängig von der Erfüllung der Unternehmensziele) oder aber ein **146**

---

[161] AA iSv gänzlich mitbestimmungsfrei *Bauer/Diller/Göpfert* BB 2002, 882.

Faktor eingeführt wird (zB bei Erreichen der Unternehmensziele zu 95 % der Faktor 0,95). Dem Arbeitgeber ist insoweit ein einseitiges Entscheidungsrecht zuzubilligen. Der Mitbestimmung unterliegt jedoch die konkrete Ausgestaltung der Gewichtung. Dazu gehört insbesondere eine abgestufte, dem Verantwortungsbereich angemessene Gewichtung. Es liegt auf der Hand, dass bei einem für ein bestimmtes Vertriebsgebiet zuständigen Vertriebsmitarbeiter die individuellen Ziele im Vordergrund stehen, während bei Führungskräften, denen eine Anzahl von Vertriebsmitarbeitern zugewiesen ist, die Zielerreichung des Bereiches und Sparten- oder Unternehmensziele eine stärkere Betonung finden.

147 Das Mitbestimmungsrecht erstreckt sich **weiter auf das Verfahren**, mit dem nach Ablauf des Zeitraumes, für den die Ziele vergeben wurden, der **Grad der Zielerreichung durch einen Abgleich zwischen der Zielvorgabe und der erreichten Ziele bewertet** wird einschließlich Festlegung eines Überprüfungsverfahrens bei Nichteinverständnis des Arbeitnehmers mit der Bewertung.

148 Der kollektiv rechtliche Charakter des Mitbestimmungsrechtes schließt aber aus, dass der Betriebsrat die Zielvorgabe und den Zielvergabeprozess sowie die Überprüfung der Zielerreichung bezogen auf jeden einzelnen Arbeitnehmer mitbestimmen kann.

4. Bandbreitensysteme

149 Wesentliche Elemente solcher Vergütungssysteme sind:
- Die **starre oder enge Relation** zwischen der Bewertung einer Tätigkeit bzw. einer **Eingruppierung** und der sich ergebenden Vergütung wird **zugunsten von Bandbreiten** aufgegeben.
- **Bandbreitensysteme** kommen mit **relativ wenig Vergütungsgruppen aus** (zwischen 6 und 10). Die Trennung zwischen gewerblichen Arbeitern und Angestellten ist im Rahmen dieser Vergütungssysteme längst aufgegeben worden. Die Vergütungsgruppe wird vorwiegend nach der für die Ausübung der Tätigkeit notwendigen Grundqualifikation definiert.
- Die **relative Lage des Arbeitnehmers im Rahmen der Bandbreite** wird durch die **Leistungsbewertung** bestimmt, ebenso die Frage der Erhöhung der Vergütung.
- Die **Arbeitszeit** als Element der Vergütungsfindung spielt keine oder eine geringe Rolle.

150 Solche Vergütungssysteme lassen sich sowohl auf feste Bezüge (Fixum) wie auch auf eine Kombination von fixer und variabler Vergütung, letztere verknüpft mit Zielvorgaben und Zielvereinbarungen, anwenden.

a) Einzelmerkmale eines Bandbreitensystems
- Vergütungsgruppen

151 Es existieren zB 8 Vergütungsgruppen. Diese sind nach der für die Tätigkeit benötigten Qualifikation definiert (Gruppe 1: ohne Berufsabschluss, geringe Einarbeitungszeit, Gruppe 2: ohne Berufsabschluss, längere Einarbeitungszeit, Gruppe 3: einfacher Berufsabschluss, Gruppe 4: qualifizierter Berufsabschluss, Gruppe 5: qualifizierter Berufsabschluss zzgl. Zusatzausbildung, Gruppe 6: Fachhochschulabschluss, Gruppe 7: Universitätsabschluss, Gruppe 8: definierter, weitgehender Verantwortungsbereich mit oder ohne Personalführung, über Gruppe 8: Führungspositionen.

- Bandbreiten

152 Die Bandbreite der Gruppe 1 beginnt bei 1.500 EUR und reicht bis 2.200 EUR, die Bandbreite der Gruppe 2 beginnt bei 1.800 EUR und reicht bis 2.500 EUR, die Bandbreite der Gruppe 3 beginnt bei 2.100 EUR und endet bei 2.900 EUR, usw. Für jede Bandbreite wird ein Bezugspunkt (meistens der Mittelpunkt) definiert, der zum einen Anknüpfungspunkt für die Fortentwicklung der Bänder bei einer allgemeinen Vergütungserhöhung ist, zum anderen Orientierungspunkt für die Lage der Arbeitnehmer im Rahmen des Bandes. Häufig wird das Band auch weitergehend in Drittel oder Viertel aufgeteilt.

- Tätigkeitsbeschreibungen

153 Um das Eingruppierungsverfahren zu erleichtern, werden alle oder eine Vielzahl von im Unternehmen vorkommenden typischen Tätigkeiten im Rahmen von Tätigkeitsbeschreibun-

gen dokumentiert (Job Description). Die in der Tätigkeitsbeschreibung inhaltlich festgelegte Tätigkeit wird einer bestimmten Vergütungsgruppe zugeordnet (Job Level).

- **Eingruppierung**

Neu eintretende Arbeitnehmer werden, soweit es sich um Berufsanfänger oder Arbeitnehmer mit wenig Berufserfahrung handelt, in den unteren Bereich des Bandes eingruppiert, Arbeitnehmer mit Spezialqualifikation und Berufserfahrung können je nach Arbeitsmarktsituation eine höhere Vergütung und damit eine höhere Lage im Band erreichen.

Bei **erstmaliger Einführung eines Bandbreitensystems** bestimmt die bisherige Vergütung, die beibehalten wird, **die Lage des Arbeitnehmers im Band.** Die Entwicklung der Vergütung des Arbeitnehmers steht in einem engen Zusammenhang mit dem Verfahren bei der Vergütungserhöhung.

b) Erhöhung der Vergütung. Das Verfahren bei der **Vergütungserhöhung** ist dadurch gekennzeichnet, dass der **Arbeitgeber ein Erhöhungsbudget** festlegt. Dieses Erhöhungsbudget wird nicht linear an die Arbeitnehmer weitergegeben, sondern allenfalls **zu einem Teil als lineare Erhöhung** gewährt und im **Übrigen individuell** verteilt.

Als Kriterium für die individuelle Verteilung dient die **Leistungsbewertung** oder **Beurteilung des Arbeitnehmers.** Diese findet in regelmäßigen Zeitabständen statt. Die Bewertung ist dabei meistens mit Zielvorgaben oder Zielvereinbarungen verknüpft. Diese werden entweder in einem gesonderten Verfahren vergeben und überprüft oder im Zusammenhang mit der Leistungsbewertung überprüft und neu vergeben. Ein wesentliches Element der Bewertung ist der **Zielerreichungsgrad.** Zumeist existieren 4 bis 6 Stufen (verfehlt die Ziele/verfehlt die Ziele teilweise/erreicht die Ziele/übertrifft die Ziele/übertrifft die Ziele häufig/übertrifft die Ziele ganz erheblich). Die Arbeitnehmer, die der schlechtesten Kategorie angehören („Schlechtleister", „low performer") erhalten keine Erhöhung der Vergütung. In vielen Fällen werden sie einem Prozess unterworfen, der präzise Arbeitsvorgaben einschließlich notwendiger Fortbildung und eine enge Führung beinhaltet (Performance improvement). Die Arbeitnehmer der besten Bewertungskategorie („Überflieger", „high oder key performer") können mit einer überdurchschnittlichen Erhöhung der Vergütung rechnen.

c) Entwicklung der Vergütung des Arbeitnehmers. Die Erhöhung der Vergütung und damit die Entwicklung des Arbeitnehmers im Rahmen der Bandbreite hängt **nicht nur von der Leistungsbewertung,** sondern auch **von seiner bisherigen, relativen Lage im Band ab.** Grundsätzlich gilt, dass die Erhöhung der Vergütung umso höher ist, je niedriger die Lage im Band ist und je höher die Leistungsbewertung ausfällt. Umgekehrt wird keine oder nur eine geringe Vergütungserhöhung gewährt, je höher die relative Lage der Vergütung im Band ist und die Leistungsbewertung zu einem nur durchschnittlichen oder gar unterdurchschnittlichen Ergebnis führt. In vielen Fällen werden für die Erhöhung der Vergütung je nach relativer Lage im Band Mindest- und Maximalerhöhungen, dh wiederum Bandbreiten für die Erhöhungsvolumina vorgegeben und Arbeitnehmer, die deutlich über der an und für sich zutreffenden Position im Band liegen (paid over rank) von Erhöhungen der Vergütung ausgeschlossen.

Beispiel:
Fünf Arbeitnehmer sind in einer Gruppe, sie sind alle in Band x eingestuft, dessen Minimum 3.000 EUR und dessen Maximum 4.000 EUR beträgt.
A (jüngerer Arbeitnehmer), verdient 3.200 EUR, B (mittelaltrig) verdient 3.300 EUR, C (mittelaltrig) verdient 3.500 EUR, D (älter) verdient 3.600 EUR und E (älter) verdient 3.750 EUR.

Bild 1 (vor Erhöhung):

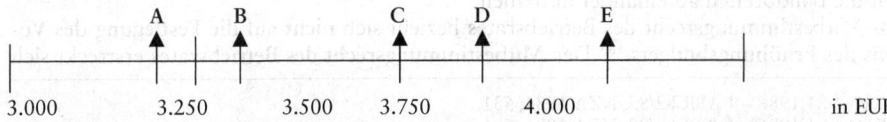

Das Gehaltserhöhungsbudget beträgt 4 %. Mit dem Betriebsrat wurde ua vereinbart, dass ohne Rücksicht auf die Bewertung mindestens 30 EUR Gehaltserhöhung gewährt werden, bei der Durchschnittsbewertung 3 um mindestens 2 % des Mittelwertes des Bandes, maximal aber 90 EUR (im Beispielsfall 2 % von 3.500 EUR = 70 EUR) erhöht wird. Aufgrund entsprechender Berechnungen beträgt das Gehaltserhöhungsbudget im Band pro Kopf 150 EUR. Weiter ist bestimmt, dass bei Vergabe der schlechtesten Bewertung das pro-Kopf-Budget der Arbeitnehmergruppe um den entsprechenden Betrag gekürzt wird (120,– EUR), dh die Gruppe wird für einen schlecht leistenden Arbeitnehmer „bestraft".

Die Arbeitnehmer haben folgende Beurteilungen in Noten erhalten:

A: 2 von 5; B: 3 von 5; C: 1 von 5; D: 3 von 5; E: 5 von 5
(1 = beste Note, 5 = schlechteste Note)

Das für fünf Arbeitnehmer sich errechnende Budget von 750 EUR wird um 120 EUR für die Bewertung 5 bei E gekürzt. Das Budget beträgt damit 630 EUR, 30 EUR entfallen auf E, alle anderen müssen mindestens 70 EUR erhalten.

Der Vorgesetze verteilt die noch zur Verfügung stehenden 600 EUR unter Berücksichtigung der Beurteilungen auf A mit 210 EUR, auf B mit 80 EUR und auf C mit 240 EUR, D und E erhalten die ihnen zustehenden Minimalwerte von 70 EUR bzw. 30 EUR. A verdient nunmehr 3.410 EUR, B 3.380 EUR, C 3.740 EUR, D 3.670 EUR und E 3.780 EUR.

Bild 2 (nach Erhöhung):

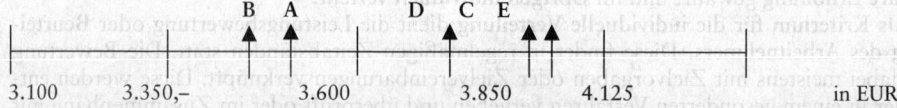

Die Bandeckwerte werden nicht um 150 EUR verschoben, weil die vorangehenden Bänder sonst entweder überproportional erhöht werden müssten oder aber die Bandüberdeckungen sich verringern würden.

Es zeigt sich, dass die gut bewerteten Arbeitnehmer A und C jetzt die schlechter bewerteten Arbeitnehmer B und D hinter sich lassen, jedoch noch nicht den Mittelwert des Bandes bzw. den oberen Viertelwert erreicht haben. Die Arbeitnehmer B und D verharren in ihrer relativen Lage, die relative Lage von E im Rahmen des Bandes verschlechtert sich merklich.

159 Ein Arbeitnehmer, der durchschnittliche bis überdurchschnittliche Leistungsbewertungen erhält, wird über die Jahre hinweg gesehen um den Mittelpunkt des Bandes liegen, ein Arbeitnehmer, der durchschnittliche bis unterdurchschnittliche Leistungen zeigt, wird über die Jahre hinweg in den unteren Teil des Bandes abrutschen. Ein Arbeitnehmer, der ständig überdurchschnittliche Leistungen zeigt, wird über die Jahre hinweg tendenziell im oberen Teil des Bandes liegen. Er wird aber nur dann, wenn er mehrfach herausragende Leistungsbewertungen erzielt, an die Bandobergrenze vorrücken.

160 d) **Mitbestimmungsrechte des Betriebsrats.** Das **Mitbestimmungsrecht** des Betriebsrats bezieht sich auf die Frage, **wie viele Vergütungsgruppen etabliert** werden und wie diese definiert und zueinander abgegrenzt werden. Bei der Erstellung der Funktionsbeschreibungen besteht zunächst kein Mitbestimmungsrecht.[162] Dh die äußere Gestaltung obliegt allein dem Arbeitgeber. Das Mitbestimmungsrecht umfasst allerdings die **Zuordnung von Tätigkeitsbeschreibungen zu den einzelnen Vergütungsgruppen,** wenn dies auch entsprechend umgesetzt wird. Allein die Verwendungsabsicht reicht hierfür nicht. Die Funktionsbeschreibung wird somit Teil der betrieblichen Lohngestaltung, wenn zwischen der so beschriebenen Tätigkeit und der Entlohnung eine Verbindung hergestellt wird.[163] Die Festlegung der **Eckwerte (unterster und oberster Wert) der ersten Bandbreite** wird dagegen **nicht vom Mitbestimmungsrecht des Betriebsrates umfasst,** weil es sich um die Festlegung der Vergütungshöhe handelt. Dagegen hängen die Festlegung der Wertunterschiede der einzelnen Bänder und die Bestimmung der Bandbreiten vom Mitbestimmungsrecht des Betriebsrats ab.[164] Dies gilt jedenfalls, soweit die Bandbreiten aufeinander aufbauen.

161 Das Mitbestimmungsrecht des Betriebsrates bezieht sich **nicht auf die Festlegung des Volumens des Erhöhungsbudgets.**[165] Das **Mitbestimmungsrecht des Betriebsrates** erstreckt sich

---

[162] BAG 14.1.1986 – 1 ABR 82/83, NZA 1986, 531.
[163] BAG 14.1.1986 – 1 ABR 82/83, NZA 1986, 531.
[164] BAG 28.9.1994 – 1 AZR 870/93, NZA 1995, 277 (278).
[165] BAG 21.8.1990 – 1 ABR 72/89, NZA 1991, 434 (436 f.).

insofern auch nicht auf die Aufteilung des Erhöhungsbudget in einen Teil, mit dem die **Vergütung eines jeden Arbeitnehmers linear erhöht** wird und in **einen anderen Teil, der die Erhöhung der Vergütung des Arbeitnehmers nach individuellen Kriterien bestimmen soll.**[166] Die Festlegung eines Erhöhungsbudgets stellt nämlich keine freiwillige Leistung des Arbeitgebers dar. Vielmehr soll mit den finanziellen Mitteln des Erhöhungsbudgets die Vergütung der Arbeitnehmer, wenn auch in unterschiedlicher Weise, erhöht werden, dh der Arbeitnehmer wird nicht nur an einer freiwilligen, unter bestimmten Voraussetzungen wieder in Wegfall geratenden Leistung des Arbeitgebers beteiligt, sondern er hat auch in Zukunft Anspruch auf den erhöhten Verdienst. Dies bedeutet also, der Arbeitgeber bleibt in seiner Entscheidung frei, inwieweit Gehälter erhöht werden. Ein Arbeitnehmer kann somit auch nicht gemäß § 87 Abs. 1 Nr. 10 BetrVG die Erhöhung seines Grundgehaltes als Folge einer Bandlinienanpassung verlangen. Ein Arbeitnehmer genießt keinen Schutz davor, dass sich die Lage seines Gehalts bei gleichbleibender Vergütungshöhe innerhalb der Bandlinien nicht ändert.[167]

Der Betriebsrat hat aber **hinsichtlich des Teils des Erhöhungsbudgets ein Mitbestimmungsrecht, das individuell auf die Arbeitnehmer verteilt werden soll.** Der Betriebsrat kann insoweit die Verteilungskriterien beeinflussen und beispielsweise fordern, dass Arbeitnehmer, die eine durchschnittliche Leistung erbringen, stärker an dem Erhöhungsbudgets partizipieren, obwohl der Arbeitgeber grundsätzlich die überdurchschnittlich leistenden Arbeitnehmer überproportional bevorzugen will. Der Betriebsrat kann damit infolge seines Mitbestimmungsrechtes eine stärker linear orientierte Verteilung des Erhöhungsbudgets erreichen, obwohl der Arbeitgeber das Erhöhungsbudget als solches mitbestimmungsfrei in einen linearen Teil und in einen individuell zu verteilenden Teil aufgesplittet hat.

Das Mitbestimmungsrecht des Betriebsrats **erstreckt sich** schließlich **auf das Leistungsbewertungs- oder Beurteilungsverfahren,** sowohl hinsichtlich der formalen Ausgestaltung dieses Verfahrens wie auch hinsichtlich der Beurteilungsstufen und der maßgeblichen Kriterien für die Beurteilung. Soweit das Beurteilungssystem im Zusammenhang mit einem Zielvereinbarungs- oder Zielvorgabeprozess steht, verfügt der Betriebsrat auch hier über entsprechende Mitbestimmungsrechte (vgl. → Rn. 145 ff.).

Mit seinen Mitbestimmungsrechten kann der Betriebsrat damit zwar mittelbar, aber durchaus spürbar die Lage der Arbeitnehmer einer bestimmten Beurteilungsstufe im Rahmen des Bandes sowie deren Veränderung beeinflussen.

5. Vergütungsregelungen bei vorübergehender Entsendung in das Ausland

Der räumliche Geltungsbereich des Betriebsverfassungsgesetzes ist nicht gleichzusetzen mit dem persönlichen Geltungsbereich. Bei nur vorübergehend ins Ausland entsandten Arbeitnehmern ist die Auslandstätigkeit eine „Ausstrahlung" des Inlandsbetriebs.[168] Fälle einer kurzfristigen Tätigkeit sind beispielsweise Monteure bei der Reparatur oder Aufstellung einer Maschine. Inwieweit auch längerfristige Tätigkeiten erfasst werden (zB Errichtung einer Fabrik und Inbetriebnahme des Maschinenparks/Abwicklung von Projekten im Ausland/vorübergehende Tätigkeit für ein Tochterunternehmen), ist bislang nicht entschieden. Dies wird von den Umständen des Einzelfalls abhängen.

Entscheidend für das Mitbestimmungsrecht des deutschen Betriebsrates ist jedoch stets, dass die betriebsverfassungsrechtliche Zuordnung zum deutschen Betrieb erhalten bleibt.[169] Soweit dies nicht der Fall ist und auch dann, wenn das deutsche Arbeitsverhältnis ruhend gestellt und mit der ausländischen Konzerngesellschaft ein neues Arbeitsverhältnis begründet wird, fehlt es an einem Ansatzpunkt für die Mitbestimmung des Betriebsrats.

Das Mitbestimmungsrecht des Betriebsrats erstreckt sich insoweit auf zusätzliche Vergütungsformen oder Bestandteile, die der Arbeitgeber aus Anlass der Auslandsentsendung gewährt. Entsprechende Bestandteile sind sowohl Geldleistungen angefangen von Montagezu-

---

[166] AA BAG 21.9.1990 – 1 ABR 72/89, NZA 1991, 434; aA wohl auch BAG 28.9.1994 – 1 AZR 870/93, NZA 1995, 277.
[167] BAG 27.4.2016 – 5 AZR 314/15, BeckRS 2016, 73337.
[168] BAG 30.1.1990 – 1 ABR 2/89, NZA 1990, 571.
[169] BAG 30.1.1990 – 1 ABR 2/89, NZA 1990, 571.

schlägen über Pauschalen für Reisezeiten, Trennungsentschädigungen[170] bis hin zu einer allgemeinen Erhöhung der Vergütung. Nicht dazu gehören Leistungen, die keinen Vergütungscharakter haben, wie beispielsweise ein Aufwendungsersatz.[171] Mietkostenzuschüsse zu Wohnungen oder Häusern oder die Zahlung von Auslandspauschalen, die auf der Basis von höheren Lebenshaltungskosten berechnet werden, haben von ihrem Zweck und Schwerpunkt her betrachtet keinen Vergütungscharakter.

> **Praxistipp:**
> Arbeitgeber und insbesondere auch Betriebsrat sollten sich über die landes- oder regionaltypischen Besonderheiten kundig machen. Es macht beispielsweise wenig Sinn, bei Entsendungen in die USA über PKW-Regelungen zu verhandeln, weil die Zurverfügungstellung eines PKW zur Privatnutzung in den USA untypisch ist. Von sehr viel größerer Bedeutung ist in den USA beispielsweise die Übernahme der Mitgliedsbeiträge in einem Golf- und Country-Club. Mitgliedschaften in bestimmten Clubs oder Vereinigungen spielen in vielen Ländern eine große soziale und geschäftliche Rolle, sie sind teuer und beschränken sich keineswegs nur auf höhere Führungskräfte wie Organmitglieder oder leitende Angestellte. In einer Reihe von Ländern gehört auch die Beschäftigung von Hauspersonal (zB Koch) zum Sozialprestige.

VII. Mitbestimmungsrechte nach § 87 Abs. 1 Nr. 8 und 9 BetrVG

1. Allgemeines

168 Die Mitbestimmung des Betriebsrats bei Sozialeinrichtungen und Wohnräumen nach § 87 Abs. 1 Nr. 8 und 9 BetrVG weist einen direkten Zusammenhang zu der Mitbestimmung bei Entgeltfragen nach § 87 Abs. 1 Nr. 10 BetrVG auf. Denn auch Sozialleistungen des Arbeitgebers oder die Zurverfügungstellung von Wohnräumen haben Entgeltcharakter. Der Betriebsrat soll auch hierbei mitbestimmen, um eine gerechte Verteilung sicherzustellen.

169 Der Arbeitgeber kann zusätzliche Leistungen insbesondere auch über Sozialeinrichtungen erbringen. Dies gilt nicht nur für Leistungen, die ohne Weiteres dem Entgeltbegriff unterfallen, wie die betriebliche Altersversorgung, sondern auch für Leistungen, die im weiteren Sinne dem Entgeltbegriff unterfallen wie zB Erholungseinrichtungen oder Betriebskantinen, soweit etwa auf Grund einer Bezuschussung des Essens dem Arbeitnehmer nennenswerte Vermögensvorteile erwachsen.[172]

2. Mitbestimmungsfreie Vorentscheidungen des Arbeitgebers

170 Der Arbeitgeber entscheidet mitbestimmungsfrei darüber, ob er eine Sozialeinrichtung errichtet und auch wieder auflöst, er entscheidet mitbestimmungsfrei über die Höhe der zur Verfügung gestellten Mittel (sogenannte Dotierung) und auch über die Reduzierung der Mittel. Er entscheidet weiterhin über den Zweck, den er mit der Sozialeinrichtung verfolgen will und den begünstigten Personenkreis.[173] Im Übrigen entscheidet der Arbeitgeber auch frei über eine etwaige Schließung der Sozialeinrichtung.[174]

3. Sozialeinrichtung

171 Die Sozialeinrichtung setzt ein zweckgebundenes Sondervermögen voraus.[175] Hierfür bedarf es einer organisatorischen Eigenständigkeit.[176] Diese liegt sowohl dann vor, wenn das

---

[170] BAG 30.1.1990 – 1 ABR 2/89, NZA 1990, 571.
[171] BAG 30.1.1990 – 1 ABR 2/89, NZA 1990, 571.
[172] Richardi BetrVG/*Richardi* § 87 Rn. 641.
[173] Richardi BetrVG/*Richardi* § 87 Rn. 648 ff.; ErfK/*Kania* BetrVG § 87 Rn. 86.
[174] ErfK/*Kania* BetrVG § 87 Rn. 86.
[175] BAG 15.9.1987 – 1 ABR 31/86, NZA 1988, 104.
[176] ErfK/*Kania* BetrVG § 87 Rn. 68.

Sondervermögen rechtlich verselbstständigt wird wie auch dann, wenn es gesondert verwaltet wird.[177] Der Wirkungsbereich dieses Sondervermögens muss sich auf den Betrieb, das Unternehmen oder den Konzern beziehen, da es ansonsten am sozialen Charakter der Einrichtung fehlt.[178] Wird also ein unbestimmter Personenkreis begünstigt, liegt keine Sozialeinrichtung vor.[179]

Das Mitbestimmungsrecht des Betriebsrats bezieht sich auf die Frage, in welcher Form die Sozialeinrichtung errichtet und betrieben werden soll, dh ob sie als rechtlich selbstständige oder als rechtlich unselbstständige Einrichtung betrieben werden soll.[180] Das Mitbestimmungsrecht bezieht sich weiter auf die Ausgestaltung der Sozialeinrichtung. Damit sind die Grundsätze und Richtlinien gemeint, die für die Arbeitsweise der Sozialeinrichtung gelten sollen. Das Mitbestimmungsrecht bezieht sich schließlich auf die Verwaltung der Sozialeinrichtung, dh die alltäglich anfallenden Maßnahmen.[181]

4. Einzelfragen

Je nach Ausgestaltung der Sozialeinrichtung ergeben sich unterschiedliche Ansatzpunkte und Formen der Mitbestimmung.

- **Rechtlich selbstständige Sozialeinrichtungen**

Bei einer juristisch selbstständigen Sozialeinrichtung kann die sogenannte organschaftliche Lösung verwirklicht werden, dh Betriebsrat und Arbeitgeber entsenden paritätisch Vertreter in die satzungsgemäßen Organe der rechtlich selbstständigen Einrichtung.[182] Dies birgt jedoch die Gefahr von Patt-Situationen und damit von Handlungsunfähigkeit.[183]

Alternativ hierzu ist die 2-stufige Lösung denkbar.[184] Diese beinhaltet, dass die mitbestimmungspflichtigen Angelegenheiten direkt zwischen Arbeitgeber und Betriebsrat erörtert und entschieden werden und der Arbeitgeber anschließend die Umsetzung der gemeinsam getroffenen Entscheidung sicherstellen muss.[185]

- **Rechtlich unselbstständige Sozialeinrichtung**

Bei einer rechtlich unselbstständigen Sozialeinrichtung kann entweder ein paritätisch besetzter Ausschuss (§ 28 Abs. 3 BetrVG) gegründet werden, in dem die anstehenden mitbestimmungsrechtlichen Fragen erörtert und entschieden werden[186] oder die mitbestimmungspflichtige Angelegenheit wird in direktem Kontakt zwischen Arbeitgeber und Betriebsrat einer Entscheidung zugeführt, deren Umsetzung der Arbeitgeber dann anschließend sicherstellen muss.

Wird die Sozialeinrichtung von Dritten, beispielsweise aufgrund einer Verpachtung der Kantine, betrieben, dann findet das Mitbestimmungsverfahren ausschließlich im Verhältnis zwischen Arbeitgeber und Betriebsrat statt.[187] Der Arbeitgeber muss sicherstellen, dass die zwischen ihm und dem Betriebsrat getroffenen Vereinbarungen im Rahmen des Vertragsverhältnisses mit dem Dritten geregelt und beachtet werden. Der Betriebsrat ist selbst nicht rechtsfähig und somit auch nicht der Vertragspartner des Dritten (Pächter).[188]

- **Sozialeinrichtung mit eigenem Betriebsrat**

Besonderheiten ergeben sich hinsichtlich der Abgrenzung der Mitbestimmungsrechte des Betriebsrats des Arbeitgebers und des Betriebsrats der Sozialeinrichtung, wenn die Sozialein-

---

[177] Richardi BetrVG/*Richardi* § 87 Rn. 625, 628.
[178] ErfK/*Kania* BetrVG § 87 Rn. 70.
[179] BAG 10.2.2009 – 1 ABR 94/07, NZA 2009, 562.
[180] Richardi BetrVG/*Richardi* § 87 Rn. 655 ff.
[181] Richardi BetrVG/*Richardi* § 87 Rn. 659 ff.
[182] ErfK/*Kania* BetrVG § 87 Rn. 80.
[183] Richardi BetrVG/*Richardi* § 87 Rn. 681.
[184] BAG 13.7.1978 – 3 ABR 108/77, NJW 1979, 2534.
[185] Richardi BetrVG/*Richardi* § 87 Rn. 677.
[186] ErfK/*Kania* BetrVG § 87 Rn. 78.
[187] ErfK/*Kania* BetrVG § 87 Rn. 79.
[188] ErfK/*Kania* BetrVG § 87 Rn. 79.

richtung einen eigenen Betrieb unterhält und in diesem ein Betriebsrat gebildet ist.[189] Dh der in diesem Betrieb gewählte Betriebsrat ist dann auch für die Arbeitnehmer der Sozialeinrichtungen zuständig.[190]

5. Zuweisung und Kündigung von Wohnungen

178 Das Mitbestimmungsrecht nach § 87 Abs. 1 Nr. 9 BetrVG besteht unabhängig davon, ob die vermieteten Wohnräume im Rahmen einer Sozialeinrichtung vermietet werden oder nicht. Es besteht auch unabhängig davon, ob den Arbeitnehmern Vergünstigungen eingeräumt werden oder nicht. Wird der Wohnraum zu marktüblichen Konditionen und Bedingungen vermietet, handelt es sich allerdings nicht mehr um Entgelt. Das Mitbestimmungsrecht besteht nur, wenn ein innerer Zusammenhang zwischen Arbeitsverhältnis und Mietverhältnis besteht.[191] Dies wird in der Regel angenommen, wenn ein Arbeitgeber eine Wohnung an einen Arbeitnehmer oder dessen Angehörige vermietet.[192] Das Mitbestimmungsrecht des Betriebsrats bezieht sich dabei insbesondere auf die Zuweisung und die Kündigung sowie auf die Festlegung der Nutzungsbedingungen.[193] Dazu gehörten auch die Grundsätze der Mietzinsbildung einschließlich Mieterhöhungen.[194] Ein vom Arbeitgeber vorgegebener Dotierungsrahmen ist jedoch zu beachten.

179 Ein Mitbestimmungsrecht des Betriebsrats scheidet hingegen aus, wenn es um die Zurverfügungstellung einer Werkdienstwohnung geht, weil diese bereits aus dienstlichen Gründen an den Arbeitnehmer überlassen wird (zB Schulleiter im Internat oder Hausmeister auf dem Werksgelände).[195]

VIII. Mitbestimmung bei der Änderung von Entgeltleistungen

180 Das Mitbestimmungsrecht des Betriebsrats soll die Mitarbeiter auch bei der Änderung von Entgeltleistungen vor einer einseitig an den Interessen des Arbeitgebers orientierten Lohngestaltung schützen.[196] Große praktische Relevanz hat das Mitbestimmungsrecht des Betriebsrats vor allem bei der **Änderung von Vergütungssystemen**, sei es nun ein grundlegender Systemwandel oder eine Korrektur in Randbereichen.

181 Die Änderung des Vergütungssystems unterfällt ausschließlich § 87 Abs. 1 Nr. 10 BetrVG und nicht den gesetzlichen, für die Betriebsänderung iSd § 111 BetrVG geltenden Regelungen. Deshalb kann der Betriebsrat auch nicht gestützt auf § 112 BetrVG Ausgleichszahlungen oder die Absicherung der bisherigen Vergütung durch Zulagen verlangen, wenn sich durch die Änderung des Vergütungssystems die Vergütung des Arbeitnehmers vermindert. Anders verhält es sich, wenn eine Betriebsänderung iSd § 111 BetrVG zu einer Tätigkeitsveränderung führt und dadurch die Eingruppierung des Arbeitnehmers geändert und die Vergütung verschlechtert wird.

182 Das Mitbestimmungsrecht des Betriebsrats setzt – von den mitbestimmungsfreien Grund- und Vorentscheidungen des Arbeitgebers abgesehen – **grundsätzlich an allen Stufen der vom Arbeitgeber beabsichtigten Änderung des Entgeltsystems an.** Dies gilt von dem zu den Grundsatzentscheidungen gehörenden Übergang von einem Leistungsentgeltsystem (zB Akkord) in ein zeitabhängiges Vergütungssystem,[197] dies gilt für die Veränderung der Anzahl und der Definition der Vergütungsgruppen, dies gilt auch für die Änderung von Zulagen und Zuschlägen.

---

[189] Richardi BetrVG/*Richardi* § 87 Rn. 691 ff.
[190] ErfK/*Kania* BetrVG § 87 Rn. 82.
[191] Richardi BetrVG/*Richardi* § 87 Rn. 714.
[192] ErfK/*Kania* BetrVG § 87 Rn. 84.
[193] Richardi BetrVG/*Richardi* § 87 Rn. 720 ff.
[194] Richardi BetrVG/*Richardi* § 87 Rn. 723 ff.
[195] ErfK/*Kania* BetrVG § 87 Rn. 85.
[196] BAG 17.5.2011 – 1 AZR 797/09, NZA-RR 2011, 644.
[197] BAG 27.6.2000 – 1 ABR 36/99, NZA 2001, 626 sowie damit zusammenhängend BAG 11.6.2002 – 1 AZR 390/01, NZA 2003, 57 und BAG 2.3.2004 – 1 AZR 271/03, NZA 2004, 852.

183 Eine Änderung des Vergütungssystems ist nicht nur ein unmittelbarer Eingriff in die Vergütungsstruktur zB durch Veränderung der Definition von Vergütungsgruppen oder dem Hinzufügen oder Dazwischenschieben von neuen Vergütungsgruppen. Auch eine sonstige Maßnahme des Arbeitgebers, die sich unmittelbar auf die Vergütung und auf deren weitere Entwicklung entsprechend der im Betrieb anwendbaren Vergütungsstruktur auswirkt, unterliegt dem Mitbestimmungsrecht. Die Veränderung kann auch darin bestehen, dass der Arbeitgeber – an und für sich in zulässiger Weise – die Vergütungsstruktur als solche unberührt lässt, jedoch gegenüber neu eingestellten Arbeitnehmern in Abkehr von den bisherigen Regelungen in den Arbeitsverträgen bestimmte Zulagen und auch Sonderzahlungen nicht mehr erbringt.[198] Auch wenn der Arbeitgeber eine von ihm gewährte Leistung durch eine andersartige Leistung ersetzt, mag diese auch gleichwertig oder günstiger sein, handelt es sich um eine Änderung der Entlohnungsgrundsätze.[199] Auch eine Aufspaltung einer Gesamtvergütung in mehrere Vergütungsbestandteile schließt das Mitbestimmungsrecht nicht aus.[200]

184 Zu Streit bzw. zu Meinungsverschiedenheiten zwischen Arbeitgeber und Betriebsrat kommt es in vielen Fällen dann, wenn mit der Veränderung des Vergütungssystems eine Verschlechterung der Leistungen einhergehen soll. Soweit das Mitbestimmungsrecht besteht bzw. reicht, kann der Betriebsrat die künftige Ausgestaltung beeinflussen. Die Position des Betriebsrates (und der Arbeitnehmer) ist allerdings in denjenigen Fällen schwächer, in welchen der Arbeitgeber durch mitbestimmungsfreie Entscheidungen die Frage, ob eine Leistung erbracht wird oder deren Höhe, einseitig gestalten kann. Dies gilt insbesondere für den freiwilligen Bereich.

185 Arbeitgeber haben hierbei stets zu berücksichtigen, dass die Verletzung aufgrund einer eigenmächtigen und mit dem Betriebsrat nicht abgestimmten Änderung einer im Betrieb geltenden Vergütungsordnung zur Folge haben kann, dass die betroffenen Arbeitnehmer eine Vergütung auf der Grundlage der zuletzt mitbestimmten Entlohnungsgrundsätze verlangen können.[201] Dies bedeutet für einen Arbeitgeber beispielsweise nach einem Verbandsaustritt, dass die im Betrieb geltenden Entlohnungsgrundsätze weiterhin bis zu ihrer mitbestimmungsgemäßen Änderung im Betrieb maßgebend sind.[202]

Praxistipp:

Der Arbeitgeber, der eine Veränderung des Vergütungssystems beabsichtigt, hat nicht nur die rechtlichen Aspekte wie die Reichweite des Mitbestimmungsrechtes des Betriebsrats und vor allem auch die einer Einigung mit der Betriebsrat nachfolgende individualrechtliche Umsetzung zu bedenken. Er muss in seine Überlegungen vielmehr auch die möglichen „Kollateralschäden" einbeziehen. So kann die vollständige Streichung einer freiwilligen Leistung dazu führen, dass der Betriebsrat in anderen Bereichen wie etwa Mehrarbeit, ihm zustehende Mitbestimmungsrechte sehr viel stärker betont. Bei den Arbeitnehmern kann es zu Unmut mit allen negativen Folgen kommen.

Weiterer Praxistipp:

Soweit Arbeitgeber und Betriebsrat grundlegende Änderungen des Vergütungssystems vereinbaren, zB den Übergang zu einer stärker leistungsorientierten Vergütung verbunden mit der Neueinführung eines Zielvorgabe- und/oder Leistungsbewertungssystems ist unbedingt eine Pilotphase zu empfehlen, die von einer entsprechenden Projektgruppe unter Einbeziehung des Betriebsrates bzw. Delegierten des Betriebsrates begleitet und kritisch bewertet wird. Erfahrungsgemäß sind bei Zielvorgabe- und/oder Leistungsbewertungssystemen die für die Zielvorgabe bzw. die Leistungsbewertung zuständigen Vorgesetzten die „kritischen" Stellen. Um eine einheitliche und objekti-

---

[198] BAG 28.2.2006 – 1 ABR 4/05, NZA 2006, 1426.
[199] BAG 14.1.2014 – 1 ABR 57/12, NZA 2014, 922.
[200] BAG 25.4.2017 – 1 AZR 427/15, NZA 2017, 1346.
[201] BAG 22.6.2010 – 1 AZR 853/08, NZA 2010, 1243.
[202] BAG 25.4.2017 – 1 AZR 427/15, NZA 2017, 1346.

vierte Handhabung sicherzustellen, müssen entsprechende Schulungen/Fortbildungen durchlaufen werden. Andernfalls besteht die Gefahr, dass sich die Vorgesetzten von starken subjektiven Gesichtspunkten leiten lassen, zB besonderen Sympathien oder Antipathien gegenüber bestimmten Arbeitnehmern oder den entstehenden Konflikten durch zu positive Bewertungen ausweichen. Viel wichtiger als eine von Anfang an „perfekte" Betriebsvereinbarung ist das Testen der Praktikabilität der von den Betriebsparteien beabsichtigten Regelungen im Rahmen der Pilotphase. Den Interessen der Arbeitnehmer kann für die Pilotphase durch entsprechende Regelungen zur Absicherung der bisherigen oder einer bestimmten Vergütung Rechnung getragen werden.

1. Änderung von freiwilligen Leistungen – Grundsatz

186 Grundsätzlich kann der Arbeitgeber ohne Beachtung des Mitbestimmungsrechtes des Betriebsrates freiwillige Leistungen durch die ihm vorbehaltene Entscheidung auf Grund eines wirksamen Freiwilligkeitsvorbehaltes für die Zukunft einstellen bzw. – soweit sie in Form einer Betriebsvereinbarung oder Regelungsabrede bestehen – durch Kündigung nach Ablauf der Kündigungsfrist beseitigen. Auch die Aufnahme eines Widerrufsvorbehalts ist möglich.[203]

187 Beabsichtigt der **Arbeitgeber** allerdings **nicht den vollständigen Wegfall der freiwilligen Leistung**, sondern will diese zu verschlechterten Bedingungen aufrechterhalten, dann entscheidet der Arbeitgeber **mitbestimmungsfrei über die Veränderung bzw. Reduzierung des Dotierungsrahmens**. Das heißt, wenn eine Veränderung beim relativen Abstand der freiwilligen Leistungen untereinander eintritt, besteht ein Mitbestimmungsrecht des Betriebsrats.[204] Hat ein Arbeitgeber freiwillige Leistungen für unterschiedliche Gehaltsgruppen in gleicher Höhe vorgesehen, stellt jedenfalls die vollständige Streichung dieser Leistungen für neu eingestellte Arbeitnehmer eine mitbestimmungspflichtige Änderung der bestehenden Entlohnungsgrundsätze dar.[205] Der Betriebsrat bestimmt also bei der **Neugestaltung der Verteilungsgrundsätze** infolge der Veränderung des Dotierungsrahmens mit. Beachtet der Arbeitgeber das Mitbestimmungsrecht des Betriebsrats nicht und gewährt eine reduzierte Leistung an die Arbeitnehmer, dann bleibt der Arbeitgeber bei Kündigung einer Betriebsvereinbarung, deren Dotierungsrahmen reduziert werden soll, Kraft Nachwirkung dieser sogenannten teilmitbestimmten Betriebsvereinbarung zur Aufrechterhaltung der ursprünglichen Leistungen verpflichtet.[206]

2. Wegfall von freiwilligen Leistungen als mitbestimmungspflichtige Änderung des Vergütungssystems

188 Auch bei der vollständigen Streichung von einzelnen freiwilligen Leistungen kann eine mitbestimmungspflichtige Veränderung der Entlohnungsgrundsätze bzw. des Vergütungssystems vorliegen.

189 Das BAG ist der Auffassung, dass ein nicht tarifgebundener Arbeitgeber grundsätzlich sämtliche Vergütungsbestandteile freiwillig leistet, weil er hierzu normativ nicht verpflichtet ist. Alle Vergütungsbestandteile bilden bei einem nicht tarifgebundenen Arbeitgeber in ihrer Gesamtheit das Vergütungssystem.[207] Dies gilt auch, wenn der Arbeitgeber vormals tarifgebunden war. Die in den nicht mehr geltenden Tarifverträgen geregelten Gegenstände der Vergütung wie zB Grundvergütung, Zulagen, Sonderzahlungen, bilden das weitergehende Vergütungssystem.[208] Gleiches gilt bei einem Betriebsübergang auf einen neuen Arbeitgeber, der nicht tarifgebunden ist.[209]

---

[203] *Bayreuther*, NZA 2019, 735.
[204] *Bayreuther*, NZA 2019, 735.
[205] BAG 28.2.2006 – 1 ABR 4/05, NZA 2006, 1426.
[206] BAG 26.10.1993 – 1 AZR 46/93, NZA 1994, 572; 17.1.1995 – 1 ABR 29/94, NZA 1995, 1010; 26.8.2008 – 1 AZR 354/07, NZA 2008, 1426.
[207] BAG 26.8.2008 – 1 AZR 354/07, NZA 2008, 1426 (1429).
[208] BAG 15.4.2008 – 1 AZR 65/07, NZA 2008, 888 (890).
[209] BAG 8.12.2009 – 1 ABR 66/08, NZA 2010, 404.

Bei tarifgebundenen Arbeitgebern bilden nach Auffassung des BAG sämtliche freiwilligen, übertariflichen Leistungen das übertarifliche Gesamtvergütungssystem, das der Mitbestimmung des Betriebsrats unterliegt.[210]

Ändert der Arbeitgeber das Vergütungssystem nicht durch eine von ihm beabsichtigte Reduzierung des Dotierungsrahmens, sondern dadurch, dass er einzelne Leistungen (zB Weihnachtsgeld) vollständig nicht mehr gewährt, dann ändert er nach Auffassung des BAG dennoch die im Betrieb geltenden Entlohnungsgrundsätze und hat das Mitbestimmungsrecht des Betriebsrats zu beachten.[211] Dies gilt insbesondere auch dann, wenn er die Leistung nur im Hinblick auf neu eingestellte Arbeitnehmer in Wegfall bringen will.[212] Selbst wenn die bestehende Vergütungsstruktur im Übrigen unverändert bleibt, hat der Betriebsrat aufgrund des Wegfalls von Entgeltbestandteilen für bestimmte Arbeitnehmer und des dadurch veränderten relativen Abstands der jeweiligen Gesamtvergütungen ein Mitbestimmungsrecht.[213]

Im Hinblick auf Leistungen aus Betriebsvereinbarungen, die den freiwilligen Bereich betreffen, hat das BAG die Nachwirkung verneint. Voraussetzung ist aber, dass die Leistung, die der Arbeitgeber durch Kündigung der Betriebsvereinbarung ersatzlos in Wegfall bringen will, alleiniger Gegenstand der Betriebsvereinbarung ist.[214] Problematisch bleiben damit die Fälle, in denen in einer Betriebsvereinbarung mehrere unterschiedliche freiwillige Leistungen geregelt sind und zwar unabhängig davon, ob sich nach Auslegung der Betriebsvereinbarung ein Teilkündigungsrecht ergibt oder ein solches ausdrücklich vereinbart ist.[215]

Praxistipp:
Bei der Kündigung von Betriebsvereinbarungen, die den freiwilligen Bereich betreffen bzw. der Einstellung von freiwilligen Leistungen, die nicht durch Betriebsvereinbarung geregelt sind, sollte die entsprechende Erklärung sowohl an den Betriebsrat wie an die Arbeitnehmer gerichtet werden. Aus Gründen der Vorsicht müssen in denjenigen Fallkonstellationen, die nicht eindeutig vom BAG entschieden sind, Verhandlungen mit dem Betriebsrat geführt und notfalls die Einigungsstelle angerufen werden. Dies gilt insbesondere dann, wenn die freiwilligen Leistungen für künftig eintretende Arbeitnehmer geändert werden sollen, für die bisherige Belegschaft jedoch nicht.

3. Besonderheiten bei der Änderung der betrieblichen Altersversorgung

Obwohl die betriebliche Altersversorgung grundsätzlich eine freiwillige Leistung ist, ist ihre Änderung unter Verschlechterung der Leistungen nur mit Einschränkungen möglich, wobei das Mitbestimmungsrecht des Betriebsrats eine erhebliche Rolle spielt. Keine Besonderheit besteht hingegen bei der Möglichkeit des Arbeitgebers, eine prozentual gleichmäßige, unterhalb der Entwicklung der gesetzlichen Renten liegende Anpassung aller Betriebsrenten vornehmen.[216] Zu den Besonderheiten kurz Folgendes:

- Handelt es sich bei der betrieblichen Altersversorgung um eine Zusage mit kollektivem Bezug, kann diese unter Beachtung des Mitbestimmungsrechtes des Betriebsrats in eine Betriebsvereinbarung übergeführt werden.[217] Es handelt sich um eine sog. umstrukturierende Betriebsvereinbarung. Dabei muss jedoch der Dotierungsrahmen insgesamt gewahrt werden.[218]

---

[210] BAG 26.8.2008 – 1 AZR 354/07, NZA 2008, 1426.
[211] BAG 15.4.2008 – 1 AZR 65/07, NZA 2008, 888 kritisch *Salomon* NZA 2010, 745.
[212] BAG 28.2.2006 – 1 ABR 4/05, NZA 2006, 1426; 15.4.2008 – 1 AZR 65/07, NZA 2008, 888.
[213] BAG 24.1.2017 – 1 AZR 772/14, NZA 2017, 931.
[214] BAG 5.10.2010 – 1 ABR 20/09, NZA 2011, 598.
[215] Bejahend *Salomon* NZA 2011, 549.
[216] BAG 25.9.2018 – 3 AZR 402/17, BeckRS 2018, 32672.
[217] *Schnitker/Sittard* NZA 2011, 331.
[218] Grundlegend BAG 28.2.2006 – 1 ABR 4/05, NZA 87, 168; zu Einzelheiten: *Höfer* BetrAVG I Kap. 5 Rn. 301 ff.

195 • Beruht die betriebliche Altersversorgung auf einer Betriebsvereinbarung, dann kann im Rahmen des Mitbestimmungsverfahrens auf Grund eines verschlechterten Dotierungsrahmens ein geänderter Leistungsplan erstellt werden. Die neue Betriebsvereinbarung löst die alte ab und kann die Leistungen verschlechtern. Es findet eine Billigkeitskontrolle statt, die Ansprüche des Arbeitnehmers werden in abgestufter Weise geschützt.[219]

196 • Einigt sich der Arbeitgeber mit dem Betriebsrat nicht, dann kann er der Arbeitgeber die Betriebsvereinbarung kündigen. Er bewirkt damit grundsätzlich, dass Arbeitnehmer, die nach Ablauf der Kündigungsfrist ein Arbeitsverhältnis mit dem Arbeitgeber begründen, keinerlei Anwartschaften erwerben, und dass in noch nicht erdiente Besitzstände bei Vorliegen sachlich-proportionaler Gründe auch ohne Einigung mit dem Betriebsrat eingegriffen werden kann.[220]

4. Grundlegende Änderungen des Vergütungssystems

197 Grundlegende Änderungen des Vergütungssystems haben in der Regel unabweisbare Gründe. So kann die Entlohnung im Akkord sinnvollerweise mit Rücksicht auf die entstehenden Kosten für die Erhebung und Pflege der Daten und Zeiten nur dann weitergeführt werden, wenn die Tätigkeit durch sich ständig wiederholende Arbeitsabläufe und Arbeitshandlungen geprägt wird. Die Entscheidung, ob im Zeitlohn oder Akkordlohn, gearbeitet werden soll, unterliegt dem Mitbestimmungsrecht des Betriebsrats.[221]

198 Fehlen die Voraussetzungen für die Fortführung eines Akkordsystems, wird sich der Betriebsrat, jedenfalls aber die Einigungsstelle, einer Überführung des Akkordlohnsystems in ein Zeitlohnsystem mit Leistungszulagen oder ein anderes Vergütungssystem nicht verschließen können. Die entscheidende Frage besteht darin, ob und wie drohende Verschlechterungen für die Arbeitnehmer abgefedert werden. Arbeitgeber haben hierbei zwingend zu berücksichtigen, dass bei einer fehlenden Beteiligung des Betriebsrats bei der Umstellung von Akkordlohn auf Zeitlohn für die betroffenen Arbeitnehmer der Anspruch auf die bisherige Vergütung bestehen bleiben würde.[222]

Beispiel 1:
Die Akkorde sind dem Arbeitgeber im Laufe der Jahre auf Grund von Veränderungen in der Produktion und wegen mangelnder Pflege der Daten davongelaufen. Die individuellen Akkordsätze bewegen sich zwischen 140 % und 180 %, der Durchschnitt liegt bei 155 %. Die finanzielle Belastung ist für den Arbeitgeber erheblich, hinzu kommen innerhalb der Belegschaft als ungerechtfertigt empfundene Vergütungsdifferenzen zu Sachbearbeitern im Angestelltenbereich. Der Betriebsrat ist grundsätzlich mit einer Überführung in ein Zeitlohnsystem mit Leistungszulagen einverstanden, verlangt aber eine Absicherung der Mitarbeiter auf Dauer auf einem Niveau, das 90 % der individuell in einem definierten Zeitraum erreichten Akkordvergütung entspricht.

199 Dem Kern nach handelt es sich bei dieser Forderung des Betriebsrats um das Verlangen nach Mitbestimmung bei der Entgelthöhe, die vom Mitbestimmungsrecht gerade nicht umfasst wird. Allerdings ist der Betriebsrat über § 87 Abs. 1 Nr. 10 BetrVG hinausgehend nach der Nr. 11 nach der Rechtsprechung des BAG an der Festlegung der Entgelthöhe beteiligt. Dennoch erstreckt sich in diesem Fall das Mitbestimmungsrecht des Betriebsrats nicht auf die Festlegung des Abschmelzungs- und Abfederungsvorganges, weil es nicht um die Festlegung eines Leistungsentgeltes geht.[223] Der Arbeitgeber ist jedoch nicht gehindert, auf freiwilliger Basis entsprechende Besitzstandszulagen und ihre weitere Behandlung mit dem Betriebsrat festzulegen.[224]

200 Praktisch relevant sind vor allem Veränderungen des Vergütungssystems von einer starren zu einer flexiblen Vergütungsregelung.

---

[219] BAG 17.3.1987 – 3 AZR 64/84, NZA 1987, 855; zu Einzelheiten vgl. *Höfer* BetrAVGl Kap. 5 Rn. 306 ff.
[220] BAG 18.9.2001 – 3 AZR 728/00, NZA 2002, 1164.
[221] BAG 24.8.2004 – 1 AZR 419/03, NZA 2005, 51.
[222] LAG Hamm 17.6.2009 – 19 Sa 392/09, BeckRS 2009, 73448.
[223] Offengelassen BAG 16.4.2002 – 1 AZR 363/01, NZA 2003, 224 (225).
[224] Vgl. etwa zur Zulässigkeit einer Betriebsvereinbarung über die Nichtanrechnung von Tariferhöhungen auf übertarifliche Zulagen, BAG 9.12.1997 – 1 AZR 319/97, NZA 1998, 661.

Beispiel 2:
Es existiert ein ausdifferenziertes Vergütungssystem mit über 20 Vergütungsgruppen. Die Vergütung erhöht sich automatisch nach Erreichen des 30. Lebensjahres und jeweils weiterer 5 vollendeter Lebensjahre. Der Arbeitgeber beabsichtigt, die Vergütungsgruppen auf 10 zu reduzieren und die Erhöhung der Vergütung nach Lebensalter einzustellen, alle Mitarbeiter auf die Grundvergütung zurückzuführen und zusätzlich einen leistungsbezogenen Vergütungsanteil einzuführen. Der Mitarbeiter soll künftig zwar auch deutlich mehr bei entsprechender Leistung, aber auch weniger als sein bisheriges Entgelt erreichen können. Der Betriebsrat ist mit der Reduzierung der Vergütungsgruppen einverstanden und auch damit, dass in der Zukunft die Anhebung nach Erreichen bestimmter Altersgrenzen entfällt, fordert jedoch die Beibehaltung der erreichten Vergütung als ewige Garantie.

Die Forderung des Betriebsrats stellt ein vom Mitbestimmungsrecht nicht umfasstes Verlangen nach einer bestimmten Entgelthöhe dar. Das Mitbestimmungsrecht des Betriebsrats deckt die Forderung auch mit Rücksicht auf den Vorgang der Ablösung des bisherigen Entlohnungssystems nicht, da der Arbeitgeber einseitig unter Beibehaltung des bisherigen Vergütungssystems den Grundbetrag bei der ersten Vergütungsgruppe und damit bei allen Vergütungsgruppen entsprechend absenken könnte.

In der Praxis wird der Arbeitgeber dem Betriebsrat allerdings ein weitgehendes Mitgestaltungsrecht bei den Überführungs-, Abschmelzungs- und Abfederungsregelungen einräumen und Mittel für sogenannte Besitzstandszulagen zur Verfügung stellen, weil er die Zustimmung und auch Unterstützung des Betriebsrates bei der Einführung des neuen Vergütungssystems unter Ablösung des alten Vergütungssystems benötigt, um ohne größere Unruhen und emotionsgeladene Reaktionen im Betrieb die Veränderung durchführen zu können.

5. Anrechnung von Lohnerhöhungen auf über- und außertarifliche Zulagen

Die rechtliche Bedeutung und praktische Relevanz des Mitbestimmungsrechtes des Betriebsrats wird bei der Anrechnung einer tariflichen oder auch vom Arbeitgeber beschlossenen Erhöhung der Arbeitsentgelte auf übertarifliche Vergütungsbestandteile wie insbesondere freiwillige Zulagen deutlich.

Der typische Anlass für eine Verrechnung ist in der Praxis die Erhöhung der Vergütung, insbesondere auf Grund von Tariferhöhungen, zu der der Arbeitgeber entweder Kraft Tarifgebundenheit oder wegen arbeitsvertraglicher Bezugnahmeklauseln verpflichtet ist. Da der Wegfall oder die Reduzierung eines Vergütungsbestandteils „freiwillige Zulage" unweigerlich zu Änderungen im Vergütungssystem führt, wird grundsätzlich das Mitbestimmungsrecht des Betriebsrats ausgelöst. Dies ist beispielsweise bei einer teilweisen Anrechnung einer Tariflohnerhöhung auf Zulagen der Fall, wenn sich der rechnerisch prozentuale Verteilungsschlüssel für den Arbeitnehmer ändert.[225] **Das Spannungsverhältnis zwischen mitbestimmungsfreier Festlegung der Vergütungshöhe** sowie mitbestimmungsfreier Entscheidung über das „Ob" und den Dotierungsrahmen freiwilliger Leistungen auf der einen Seite, **dem am System und den Verteilungsgrundsätzen ansetzenden Mitbestimmungsrecht** des Betriebsrats andererseits, wird dadurch vom BAG gelöst, dass **bei einer vollständigen Anrechnung der Tariferhöhung auf die Zulagen das Mitbestimmungsrecht des Betriebsrats verneint wird, weil kein Gestaltungsspielraum verbleibt, an dem das Mitbestimmungsrecht ansetzen kann.**

Fehlt es an einer Änderung der Verteilungsgrundsätze, entfällt das Mitbestimmungsrecht, weil der Arbeitgeber den bisherigen Verteilungsschlüssel nicht ändert (so genanntes rechtliches Hindernis). Das Mitbestimmungsrecht entfällt auch dann, wenn der Arbeitgeber das Zulagenvolumen auf Null reduziert, weil es dann nichts mehr zu verteilen gibt (so genanntes tatsächliches Hindernis). Allerdings kann das Mitbestimmungsrecht des Betriebsrats wegen Änderung des Vergütungssystems in Betracht kommen. Gleiches gilt bei einer **teilweisen Anrechnung auf die freiwilligen Zulagen,** wenn durch die Anrechnung das rechnerische Verhältnis der Zulagen zueinander, dh **der Verteilungsschlüssel nicht geändert wird.**[226] Eine mitbestimmungsfreie Anrechnung liegt aber auch dann vor, wenn bei einzelnen Arbeitnehmern die Tariferhöhung die Höhe der Zulage überschreitet und faktisch weniger als bei an-

---
[225] Richardi BetrVG/*Richardi* § 87 Rn. 821.
[226] Grundlegend BAG 3.12.1991 – GS 2/90, NZA 1992, 749.

deren Arbeitnehmern angerechnet wird, die Zulage jedoch infolge der Anrechnung vollständig entfällt. Erfolgt die Anrechnung einer umgruppierungsbedingten Tarifentgeltsteigerung auf eine übertarifliche Zulage, ist diese Maßnahme ebenfalls mitbestimmungsfrei, wenn der Arbeitgeber die Anrechnung gleichmäßig bei allen umgruppierten Arbeitnehmern vornimmt.[227] Das Mitbestimmungsrecht des Betriebsrats wird auch nicht dadurch ausgelöst, dass der Arbeitgeber voneinander sachlich abgrenzbare Arbeitnehmergruppen unterschiedlich behandelt, beispielsweise bei Arbeitnehmern, die dem Geltungsbereich eines Tarifvertrages unterfallen, eine vollständige Anrechnung vornimmt, bei AT-Angestellten jedoch keine Anrechnung erfolgt oder sogar die Vergütung erhöht wird.[228] Das bedeutet im Ergebnis, dass ein Mitbestimmungsrecht des Betriebsrats ausscheidet, wenn für den Arbeitgeber keine rechtliche (oder tatsächliche) Möglichkeit einer anderweitigen Verteilung besteht.[229]

Beispiel:
Der Verteilungsschlüssel ändert sich nicht, wenn der Arbeitgeber die Tariferhöhung mit der Maßgabe anrechnet, dass alle Zulagen auf 50 % ihrer bisherigen Höhe reduziert werden. Beträgt beispielsweise die Tariferhöhung 50 EUR und liegen die Zulagen bei 25 EUR, 50 EUR, 70 EUR und 100 EUR, dann wahrt die Kürzung der Zulagen auf 50 EUR, 35 EUR, 25 EUR und 12,50 EUR das bisherige Verhältnis der Zulagen zueinander.

206 Eine Reduzierung aller Zulagen auf 50 % ihrer bisherigen Höhe ist jedoch bereits dann nicht mehr möglich, wenn die Tariferhöhung bei einer Zulage nicht ausreicht, um diese auf 50 % ihrer bisherigen Höhe zu reduzieren, dh die Zulage im Beispielsfall 125 EUR beträgt. Das Verhältnis dieser Zulage zur Zulage von 100 EUR nach Kürzung um jeweils 50 EUR in Höhe von 75 EUR zu 50 EUR ist ein anderes als vorher 125 EUR zu 100 EUR.

207 Es liegt auf der Hand, dass andere Anrechnungsmodelle, beispielsweise eine geringere Anrechnung der Tariferhöhung bei den unteren Vergütungsgruppen, eine stärkere oder vollständige bei den höheren Vergütungsgruppen unweigerlich zu einer Änderung des Verteilungsschlüssels führt. Erfolgt durch die vom Arbeitgeber beabsichtigte Weise der Anrechnung eine Änderung der Verteilungsgrundsätze, besteht das Mitbestimmungsrecht des Betriebsrates.

Praxistipp:
Der Arbeitgeber kann, um Schwierigkeiten aus dem Weg zu gehen und insbesondere das Risiko zu vermeiden, Änderungen der Verteilungsgrundsätze zu übersehen, die Tariferhöhung vollständig anrechnen.

208 Wenn sich der Arbeitgeber aber zunächst zu einer Teilanrechnung entschließt und mit dem Betriebsrat verhandelt und in den Verhandlungen den Betriebsrat mit der Alternative konfrontiert, der Betriebsrat solle entweder dem vom Arbeitgeber beabsichtigten neuen Verteilungsschlüssel zustimmen oder es finde eine Vollanrechnung statt und der Arbeitgeber rechnet schließlich voll mangels Einlenken des Betriebsrates an, soll diese Vorgehensweise unwirksam sein.[230]

209 Voraussetzung für die **Anrechnung** ist die **individualrechtliche Zulässigkeit der Anrechnung**.[231] Diese kann sich aus einer Betriebsvereinbarung ergeben oder aus dem Individualarbeitsvertrag. Arbeitsvertraglich ist eine eindeutige, die Freiwilligkeit bzw. Zulässigkeit der Anrechnung betreffende Regelung denkbar, es ist jedoch auch möglich, dass man im Wege der Auslegung des Arbeitsvertrages dazu gelangt, dass die Vergütung in einen tariflichen oder festen Teil und eine anrechenbare, freiwillige Zulage aufzuspalten ist. Das BAG geht

---

[227] BAG 24.10.2017 – 1 AZR 346/16, NZA 2018, 957.
[228] BAG 19.9.1995 – 1 ABR 20/95, NZA 1996, 484.
[229] BAG 24.10.2017 – 1 AZR 346/16, NZA 2018, 957.
[230] BAG 26.5.1998 – 1 AZR 704/97, NZA 1998, 1292.
[231] Richardi BetrVG/*Richardi* § 87 Rn. 814; *Fitting* BetrVG § 87 Rn. 470; BAG 21.1.2003 – 1 AZR 125/02, NZA 2003, 1056.

grundsätzlich davon aus, dass ein Anrechnungsvorbehalt konkludent vereinbart ist, wenn der Arbeitnehmer eine übertarifliche Vergütung bezieht.[232] Sollte der Arbeitgeber dennoch eine Zulage vertragswidrig anrechnen, folgt daraus kein Mitbestimmungsrecht des Betriebsrats.[233]

Weiter ist **Voraussetzung**, dass es sich um **einen kollektiven Tatbestand** handelt. Ein kollektiver Tatbestand liegt immer vor, wenn der Arbeitgeber die Tariferhöhung unterschiedlich anrechnen will, zB die unteren Vergütungsgruppen stärker verschonen will als die oberen. Ein kollektiver Tatbestand liegt auch vor, wenn das durch die Anrechnung eingesparte Zulagenvolumen nicht endgültig wegfallen soll, sondern künftig nach anderen Grundsätzen verteilt werden soll.[234] Das Vorliegen eines kollektiven Tatbestandes knüpft das BAG daran, ob nach allgemeinen Kriterien angerechnet wird oder ob die Anrechnungsentscheidung ausschließlich von individuellen Besonderheiten geprägt wird.[235]

6. Trennung von Mitbestimmungsverfahren und Änderung des Arbeitsvertrages

Die ordnungsgemäße Durchführung des Mitbestimmungsverfahrens bedeutet nicht, dass sich automatisch die Vergütung bzw. die Zusammensetzung der Vergütung der Arbeitnehmer ändert. Die tarifvertragliche Ebene ist somit von der individualvertraglichen Ebene zu unterscheiden.[236] Es hängt also davon ab, ob eine Änderung individualrechtlich zulässig und möglich ist. Ist dies nicht der Fall, dann ist der Arbeitgeber trotz Durchführung des Mitbestimmungsverfahrens auf die Zustimmung des Arbeitnehmers angewiesen oder auf das Mittel der Änderungskündigung verwiesen, für die allerdings im Entgeltbereich hohe Hürden bestehen. Soweit die Regelungen jedoch vor und nach der Änderung kollektiv in einer Betriebsvereinbarung oder durch Regelungsabsprache geregelt waren, wirkt sich die Änderung unmittelbar auf den Arbeitnehmer aus.

Umgekehrt ist trotz individualrechtlicher Zulässigkeit bei kollektiven Tatbeständen und mitbestimmungspflichtigen Änderungen das Mitbestimmungsrecht des Betriebsrats zu beachten. Bei Änderungskündigungen gilt die Besonderheit, dass diese bei Nichtbeachtung des Mitbestimmungsrechtes nicht von vornherein unwirksam sind, sondern die (sozial gerechtfertigte) Änderung der Vertragsbedingungen nur lediglich so lange nicht durchgeführt werden kann, als das Mitbestimmungsverfahren nicht abgeschlossen ist.[237]

IX. Initiativrecht

Der Betriebsrat verfügt im **Rahmen der Mitbestimmungstatbestände** des § 87 BetrVG über **ein Initiativrecht**. Dies gilt somit auch für das Mitbestimmungsrecht nach § 87 Abs. 1 Nr. 10 BetrVG.[238] Das **Initiativrecht reicht grundsätzlich soweit, wie das Mitbestimmungsrecht besteht**.[239] Der Betriebsrat kann deshalb verlangen, dass der Arbeitgeber von einem Zeitlohnsystem zu einem Leistungslohnsystem übergeht oder umgekehrt.[240] Dies gilt allerdings nicht für die Entgelthöhe. Hier besteht kein Initiativrecht des Betriebsrats, da insoweit kein Mitbestimmungsrecht besteht.[241]

Aufgrund des Initiativrechts hat der Betriebsrat die Möglichkeit, eigenständig Regelungen in mitbestimmungspflichtigen Angelegenheiten anzustreben und gegebenenfalls die Einigungsstelle anrufen.[242]

---

[232] BAG 22.9.1992 – 1 AZR 405/90, NZA 1993, 668; 7.2.1992 – 1 AZR 657/95, NZA 1996, 832.
[233] Richardi BetrVG/*Richardi* § 87 Rn. 831.
[234] BAG 11.8.1992 – 1 AZR 279/90, NZA 1993, 418.
[235] *Hoß* NZA 1997, 1129 mit einer Auswertung der Rechtsprechung; vgl. auch *Fitting* BetrVG § 87 Rn. 484; Richardi BetrVG/*Richardi* § 87 Rn. 803.
[236] Richardi BetrVG/*Richardi* § 87 Rn. 814.
[237] BAG 17.6.1998 – 2 AZR 336/97, NZA 1998, 1225.
[238] BAG 18.5.2010 – 1 ABR 96/08, NZA 2011, 171.
[239] Richardi BetrVG/*Richardi* § 87 Rn. 878.
[240] Richardi BetrVG/*Richardi* § 87 Rn. 879.
[241] Richardi BetrVG/*Richardi* § 87 Rn. 878.
[242] ErfK/*Kania* BetrVG § 87 Rn. 9.

215 Das Initiativrecht unterliegt Einschränkungen. Diese resultieren insbesondere aus den mitbestimmungsfreien Vorgaben des Arbeitgebers. Wenn nämlich das Initiativrecht nicht weiter gehen kann als das Mitbestimmungsrecht und die Festlegung der Entgelthöhe einerseits, der Dotierungsrahmen freiwilliger Leistungen andererseits nicht unter das Mitbestimmungsrecht des Betriebsrates fällt, sondern in der alleinigen Entscheidungsbefugnis des Arbeitgebers liegt, dann kann der Betriebsrat mittels des Initiativrechts den Arbeitgeber nicht zu einer Ausweitung des Dotierungsrahmens zwingen. Dies gilt nicht nur für die Entgeltleistungen, die den Arbeitnehmern zufließen, sondern auch für sonstige erhebliche finanzielle Belastungen. Somit kann der Betriebsrat beispielsweise nicht die Einführung von Leistungslohn verlangen, weil der Arbeitgeber dann nicht mehr einseitig den Dotierungsrahmen festlegen könnte.[243]

Beispiel:
Der Betriebsrat verlangt an Stelle des bestehenden Zeitlohnsystems mit Leistungszulagen ein Akkordsystem. Die tatsächliche Basis für ein Akkordsystem wäre vorhanden, der Aufwand für die Aufnahme und Pflege der Daten sowie die Abrechnung wäre jedoch infolge von notwendigen Personaleinstellungen etc erheblich. Zu einem solchen zusätzlichen Aufwand kann der Arbeitgeber nicht gezwungen werden.[244]

216 Der Betriebsrat kann unter Berufung auf sein Initiativrecht **nicht die vom Arbeitgeber mit einer bestimmten Vergütungsform verfolgten Zwecke** ändern.

Beispiel:
Der Arbeitgeber bezahlt auch im Vertrieb eine relativ hohe fixe Vergütung. Arbeitnehmer, die ein sehr gutes Vertriebsergebnis erzielen, fühlen sich hierdurch benachteiligt. Der Betriebsrat verlangt die Einführung eines erheblichen variablen Anteils an der Vergütung. Der Arbeitgeber lehnt dies mit der Begründung ab, dass er mit der Zahlung einer hohen fixen Vergütung eine entsprechende Intensität der Kundenbetreuung und damit die langfristige Kundenbindung erreichen will. Der Arbeitgeber sieht die Gefahr, dass bei einem erheblichen variablen Vergütungsanteil dieser Gesichtspunkt durch die „Jagd nach einem schnellen Euro" verdrängt wird. Der vom Arbeitgeber mitbestimmungsfrei gesetzte und im Rahmen der unternehmerischen Entscheidungsfreiheit mögliche Zweck verhindert eine entsprechende, auf die Initiative des Betriebsrats zurückgehende Änderung des Vergütungssystems.

217 Der Betriebsrat kann aus dem gleichen Grund nicht verlangen, dass allen Arbeitnehmern die Wahlmöglichkeit eingeräumt wird, anstelle eines Teils der Vergütung einen privat nutzbaren PKW zur Verfügung gestellt zu erhalten, auch wenn die Einräumung einer solchen Möglichkeit selbst mit Rücksicht auf die zusätzlich entstehenden Verwaltungskosten den Dotierungsrahmen des Entgelts unverändert ließe.

218 Der Betriebsrat kann im Rahmen seines Initiativrechtes nicht erreichen, dass **Entgeltvolumina von unterschiedlich behandelten Arbeitnehmergruppen** von der einen auf die andere Gruppe **verlagert werden**.

Beispiel:
Der Arbeitgeber vergütet die Mitarbeiter in der Fertigung und die in der Sachbearbeitung tätigen Mitarbeiter im Zeitlohn mit zusätzlicher Zahlung von Leistungszulagen, deren Gesamtvolumen vom Betriebsrat als ungenügend empfunden wird. Mitarbeiter in Vertrieb und Service, spezialisierte Sachbearbeiter sowie Positionen mit Führungsaufgaben erhalten jedoch nicht nur eine höhere Vergütung, sondern auch Tantiemen in nicht unerheblicher Höhe (der Betriebsrat wird an der Verteilung dieser Tantiemen beteiligt). Der Betriebsrat kann nicht unter Berufung auf sein Initiativrecht Teile des Tantiemevolumens in das von ihm als zu gering empfundene Leistungszulagenvolumen zum Zwecke der Aufbesserung transferieren.

219 **Das Initiativrecht des Betriebsrates hat damit die mitbestimmungsfreien Entscheidungen des Arbeitgebers zu beachten.** Nur innerhalb der vom Arbeitgeber mitbestimmungsfrei festgelegten Vorgaben hinsichtlich der Entgelthöhe bzw. der Dotierung, des Zweckes und der begünstigten Arbeitnehmergruppe kann der Betriebsrat sein Initiativrecht ausüben. Dh dem Betriebsrat steht beispielsweise bei der Entscheidung, ob freiwillige Leistungen gewährt werden, kein Initiativrecht zu.[245]

---

[243] ErfK/*Kania* BetrVG § 87 Rn. 100.
[244] AA wohl Richardi BetrVG/*Richardi* § 87 Rn. 879.
[245] Richardi BetrVG/*Richardi* § 87 Rn. 70.

X. Mitbestimmungsrecht bei den Auszahlungsmodalitäten der Arbeitsentgelte

Der Betriebsrat hat nach § 87 Abs. 1 Nr. 4 BetrVG ein Mitbestimmungsrecht im Hinblick auf Zeit, Ort und Art der Auszahlung der Arbeitsentgelte. Zu Einzelheiten sei auf die einschlägigen Kommentierungen verwiesen.[246] Der Betriebsrat hat insbesondere mitzubestimmen, auf welche Art und Weise (bar oder bargeldlos) die Vergütung gezahlt wird.[247] Das Mitbestimmungsrecht des Betriebsrats erstreckt sich dabei auch auf die Frage, inwieweit die Kontengebühren für die Einführung der bargeldlosen Entlohnung vom Arbeitgeber zu tragen sind.[248] Das BAG hat die Frage, ob der Arbeitgeber bei Überweisung der Nettovergütung auf ein Bankkonto des Arbeitnehmers die Kontogebühren zu tragen hat, mehrfach bejaht.[249] Die Rechtsprechung dürfte überholt sein. Abgesehen davon, dass gebührenlose Konten angeboten werden, ist nicht mehr der Arbeitgeber der Verursacher der Einrichtung eines Bankkontos durch einen Arbeitnehmer, sondern ganz überwiegend dessen Wunsch – um nicht zu sagen der Zwang – zur bargeldlosen Abwicklung von Zahlungen über das Konto bzw. via EC- oder Kreditkarte.

XI. Einblicksrecht des Betriebsrats in Bruttoentgeltlisten

Seit dem 6.7.2017 ist das Gesetz zur Förderung der Transparenz von Entgeltstrukturen (EntgTranspG) (BGBl. I 2017, BGBl Jahr 2017 I Seite 2152) in Kraft. Die Zielsetzung des Gesetzes besteht darin, zwischen Männern und Frauen eine Entgeltgleichheit herzustellen (BT-Drs. 18/11133, 1). Nach § 10 EntgTranspG haben Arbeitnehmer zur Überprüfung der Einhaltung des Entgeltgleichheitsgebots einen Auskunftsanspruch nach Maßgabe der §§ 11 bis 16 EntgTranspG. Dem Betriebsrat fällt hierbei eine besondere Rolle zu, wobei durch die Einführung des Gesetzes zur Förderung der Transparenz von Entgeltstrukturen die Mitbestimmungsrechte des Betriebsrats nicht erweitert werden sollten.[250]

Der Auskunftsanspruch besteht gemäß § 12 Abs. 1 EntgTranspG in Betrieben mit in der Regel mehr als 200 Arbeitnehmern bei demselben Arbeitgeber. Inhaltlich können die Arbeitnehmer Auskunft über die Kriterien und Verfahren der Entgeltfindung und zum Vergleichsentgelt verlangen (§ 11 Abs. 1 EntgTranspG). Der Betriebsrat hat im Rahmen seiner Aufgabe nach § 80 Abs. 1 Nr. 2a BetrVG die Durchsetzung der Entgeltgleichheit von Frauen und Männern im Betrieb zu fördern. Ist in dem Betrieb ein Betriebsrat gewählt, ist dieser ferner gemäß § 14 Abs. 1 EntgTranspG zur Auskunft gegenüber den Arbeitnehmern verpflichtet. Der Hintergrund dieser Regelung besteht vor allem darin, die Arbeitnehmer nicht davon abzuschrecken, von dem Auskunftsverlangen Gebrauch zu machen.[251] Zu beachten ist jedoch, dass der Betriebsrat in das Auskunftsverlangen eingebunden ist, jedoch nicht zum Klagegegner werden kann.[252]

Der Betriebsrat hat gemäß § 13 Abs. 1 S. 1 BetrVG im Rahmen seiner Aufgabe nach § 80 Absatz 1 Nummer 2a BetrVG die Durchsetzung der Entgeltgleichheit von Frauen und Männern im Betrieb zu fördern. Inhaltlich geht § 13 Abs. 1 S. 1 BetrVG aber nicht über die bereits bestehende Regelung in § 80 Abs. 1 BetrVG nicht hinaus.[253]

Besondere Bedeutung gewinnt § 13 Abs. 3 EntgTransG beim Einblick in die Listen über die Bruttolöhne und -gehälter der Arbeitnehmer. Danach hat der Arbeitgeber dem Betriebsausschuss Einblick in die Listen über die Bruttolöhne und -gehälter zu gewähren und diese nach Geschlecht aufzuschlüsseln sowie entsprechend aufzubereiten. Der „Betriebsau-

---

[246] Richardi BetrVG/*Richardi* § 87 Rn. 422 ff.; *Fitting* BetrVG § 87 Rn. 179 ff.
[247] Richardi BetrVG/*Richardi* § 87 Rn. 433.
[248] BAG 8.3.1977 – 1 ABR 33/75, DB 1977, 1464.
[249] BAG 24.11.1987 – 1 ABR 25/86, NZA 1988, 405 mwN; vgl. auch Richardi BetrVG/*Richardi* § 87 Rn. 427.
[250] *Kania* NZA 2017, 819.
[251] *Günther/Heup/Mayr* NZA 2018, 546.
[252] BeckOK ArbR/*Roloff* EntgTranspG § 13 Rn. 2.
[253] BeckOK ArbR/*Roloff* EntgTranspG § 13 Rn. 2.

schuss" (so der Gesetzeswortlaut) soll dadurch in die Lage versetzt werden, die Auskunft nach § 10 EntgTranspG gegenüber den Arbeitnehmern ordnungsgemäß erfüllen zu können.[254] Durch § 13 Abs. 3 EntgTransG sind die Entgeltlisten zudem nach Geschlecht aufzuschlüsseln. Ferner müssen in den Entgeltlisten alle Entgeltbestandteile enthalten sein, also auch übertarifliche Zulagen und solche Zahlungen, die individuell ausgehandelt und gezahlt werden.[255] Es spielt dabei auch keine Rolle, auf welcher Grundlage die Entgeltbestandteile – individualvertraglich oder kollektivrechtlich – gezahlt werden.[256]

225 Der Unterschied zwischen § 13 Abs. 3 EntgTranspG und § 80 Abs. 2 S. 2 BetrVG besteht vor allem darin, dass dem Betriebsrat nicht nur ein Einblick in die vorhandenen Listen über die Bruttolöhne und -gehälter zu gewähren ist, sondern der Arbeitgeber diese Listen gegebenenfalls entsprechend aufbereiten bzw. erstmalig herstellen muss.[257]

226 Der Betriebsrat kann sich bei der Einsichtnahme Notizen von den Listen machen. Dem Betriebsrat ist es jedoch nicht gestattet, die Listen zu kopieren, einzuscannen oder abzufotografieren.[258] Das bedeutet, die Einführung des Gesetzes zur Förderung der Transparenz von Entgeltstrukturen hat nicht zur Folge, dass ein Anspruch des Betriebsrats auf Überlassung von Entgeltlisten besteht.[259]

227 Das Einblicks- und Auswertungsrecht des Betriebsrats ist nicht anlassbezogen, sondern kann jederzeit vom Betriebsrat geltend gemacht werden. Dadurch soll sichergestellt werden, dass der Betriebsrat sein Überwachungsrecht gemäß § 13 Abs. 1 BetrVG ordnungsgemäß ausüben kann.[260]

228 Abschließend ist darauf hinzuweisen, dass der Arbeitgeber sich nicht darauf beschränken kann, nur anonymisierte Entgeltlisten vorzulegen. Dies folgt nicht aus den rechtlichen Wertungen des Gesetzes zur Förderung der Transparenz von Entgeltstrukturen.[261]

XII. Durchführung der Mitbestimmung

229 Der Betriebsrat ist bei mitbestimmungspflichtigen Fragen beim Entgelt unmittelbar zu beteiligen. Es ist also nicht möglich, dass der Betriebsrat dem Arbeitgeber das alleinige Gestaltungsrecht über die zu klärende mitbestimmungspflichtige Angelegenheit überlässt.[262] Vielmehr muss eine Einigung zwischen Arbeitgeber und Betriebsrat erzielt werden. Dies geschieht in der praktischen Umsetzung in der Regel durch den Abschluss einer Betriebsvereinbarung, damit die getroffenen Regelungen unmittelbar auf das Arbeitsverhältnis der Arbeitnehmer Anwendung finden.[263]

230 Wegen der Verzahnung von tariflichen Regelungen mit betrieblicher Entlohnung und wegen der Vielfalt der tatsächlich existierenden Vergütungssysteme sehen sich die Betriebsräte höchst unterschiedlichen Gegebenheiten gegenüber.

231 Bei einem **tarifgebundenen Arbeitgeber beschränkt sich das Mitbestimmungsrecht des Betriebsrats auf den von den tariflichen Regelungen nicht erfassten Teil des Vergütungssystems.** Dem Betriebsrat steht jedoch im Hinblick auf die außertariflichen Arbeitnehmer ein uneingeschränktes Mitbestimmungsrecht zu.[264] Endet die zwingende Wirkung der tariflichen Regelungen, bilden diese zunächst das Vergütungssystem.[265] Bei einer Änderung hat der Arbeitgeber den Betriebsrat zu beteiligen, jedoch kann auch der Betriebsrat die Initiative

---

[254] BAG 7.5.2019 – 1 ABR 53/17, NZA 2019, 1218.
[255] BeckOK ArbR/*Roloff* EntgTranspG § 13 Rn. 3.
[256] BeckOK ArbR/*Roloff* EntgTranspG § 13 Rn. 8.
[257] BAG 7.5.2019 – 1 ABR 53/17, NZA 2019, 1218.
[258] *Kania* NZA 2017, 819.
[259] LAG Düsseldorf 23.10.2018 – 8 TaBV 42/18, BeckRS 2018, 36105.
[260] BeckOK ArbR/*Roloff* EntgTranspG § 13 Rn. 5.
[261] BAG 7.5.2019 – 1 ABR 53/17, NZA 2019, 1218.
[262] Richardi BetrVG/*Richardi* § 87 Rn. 75.
[263] Richardi BetrVG/*Richardi* § 87 Rn. 890.
[264] BAG 22.1.1980 – 1 ABR 48/77, NJW 1981, 75.
[265] BAG 11.6.2002 – 1 AZR 390/01, NZA 2003, 570 (572); 2.3.2004 – 1 AZR 271/03, NZA 2004, 852; 15.4.2008 – 1 AZR 65/07, NZA 2008, 888.

ergreifen. Die Sperrwirkung entfällt jedoch ab dem Zeitpunkt, ab dem der Arbeitgeber nicht mehr tarifgebunden ist.²⁶⁶

Bei **nicht tarifgebundenen Arbeitgebern** besteht das **Mitbestimmungsrecht in vollem Umfang**.²⁶⁷ Dies gilt auch dann, wenn der Arbeitgeber durch dynamische Verweisungsklauseln in den Arbeitsverträgen faktisch das tarifliche Vergütungssystem übernimmt. Der Betriebsrat ist nicht gehindert, initiativ zu werden und Änderungen zu fordern.

Bildet sich **erstmals ein Betriebsrat in einem Betrieb**, gilt das vom Arbeitgeber **bisher einseitig festgelegte und praktizierte Vergütungssystem** weiter. Dies ist auch dann der Fall, wenn das Vergütungssystem nicht klar oder schriftlich fixiert ist und ein gewisser Wildwuchs existierte. Der Betriebsrat kann sein Initiativrecht ausüben.

Das Mitbestimmungsverfahren ist durch die Besonderheit gekennzeichnet, dass der Betriebsrat durch sein Mitbestimmungsrecht grundsätzlich die Entgelthöhe bzw. die Dotierung nicht beeinflussen kann. Faktisch müssen jedoch zwischen Arbeitgeber und Betriebsrat die geldlichen Auswirkungen bei der Schaffung oder Änderung eines Vergütungssystems oder von Teilen eines Vergütungssystems bzw. der Verteilung eines „Topfes" erörtert und in die Überlegungen mit einbezogen werden. Dieses praktische Erfordernis ändert jedoch nichts daran, dass der Arbeitgeber über die Geldwerte entscheidet bzw. die Dotierung einseitig festlegt.

Die Frage, ob die dem Mitbestimmungsrecht immanenten Grenzen, dh die dem Inhalt und der Reichweite von Betriebsvereinbarungen, insbesondere aber von Einigungsstellensprüchen, durch § 77 BetrVG gezogenen Grenzen sowie die mitbestimmungsfreien Vorgaben des Arbeitgebers eingehalten wurden, wird im Streitfall von der Rechtsprechung eingehend geprüft.²⁶⁸

Die Durchführung des Mitbestimmungsverfahrens ist von Arbeitgeber und Betriebsrat unter Beachtung des Grundsatzes der vertrauensvollen Zusammenarbeit durchzuführen. Dies ist letztendlich die Konkretisierung des Gebots von Treu und Glauben in der Zusammenarbeit zwischen Arbeitgeber und Betriebsrat.²⁶⁹ Daraus folgt insbesondere, dass der Arbeitgeber nicht befugt ist, dem Betriebsrat ein Ultimatum zu stellen. Der Betriebsrat kann im Gegenzug nicht mit einer Blockadedrohung den Arbeitgeber zu weitergehenden Leistungen, beispielsweise zu einer Erhöhung des Dotierungsrahmens, zwingen. Zwar sind in der betrieblichen Praxis entsprechende Koppelungsgeschäfte oder auf Drohung und Druckausübung der Arbeitgeber- oder der Betriebsratsseite zustande gekommene Regelungen häufig anzutreffen. Kommt es jedoch zum Streit, können Ultimatum oder Blockadedrohung erhebliche Nachteile haben.²⁷⁰ Ein Arbeitgeber, der dem Betriebsrat damit droht, Tariferhöhungen auf eine übertarifliche Zulage vollständig anzurechnen, falls der Betriebsrat abweichende Vorstellungen bei den Verteilungsgrundsätzen verhandeln möchte, kann sich später nicht auf die Anrechnungen berufen.²⁷¹ Diese wären wegen der Verletzung des Grundsatzes der vertrauensvollen Zusammenarbeit unwirksam.²⁷²

> **Praxistipp:**
> Um Bedenken gegen die Wirksamkeit einer Regelung und insbesondere einer Betriebsvereinbarung zu vermeiden, sollten Arbeitgeber und Betriebsrat die Geldwerte entweder in einer Anlage zu der entsprechenden Betriebsvereinbarung regeln und vermerken, dass diese nicht vom Mitbestimmungsrecht des Betriebsrates umfasst, sondern einseitig vom Arbeitgeber festgelegt wurden oder – wenn sie sie der besseren Übersichtlichkeit halber in die entsprechende Betriebsvereinbarung aufnehmen – vermerken, dass die nicht vom Mitbestimmungsrecht umfassten Geldwerte einseitig vom Arbeitgeber festgelegt wurden.

---

[266] Richardi BetrVG/*Richardi* § 87 Rn. 885.
[267] BAG 26.8.2008 – 1 AZR 354/07, NZA 2008, 1426.
[268] Vgl. einerseits BAG 20.7.1999 – 1 ABR 66/98, NZA 2000, 495; andererseits BAG 14.8.2001 – 1 AZR 619/00, NZA 2002, 276 (279).
[269] ErfK/*Koch* BetrVG § 2 Rn. 1.
[270] BAG 26.5.1998 – 1 AZR 704/97, NZA 1998, 1292.
[271] BAG 26.5.1998 – 1 AZR 704/97, NZA 1998, 1292.
[272] BAG 26.5.1998 – 1 AZR 704/97, NZA 1998, 1292.

237 Das Ergebnis der Einigung von Arbeitgeber und Betriebsrat kann auch beinhalten, dass dem Arbeitgeber innerhalb einer Betriebsvereinbarung ein Gestaltungsspielraum überlassen wird, den dieser nach billigem Ermessen auszufüllen hat.[273] Die Voraussetzungen, unter denen der Arbeitgeber das ihm übertragene Gestaltungsrecht ausüben kann, sind ebenfalls in der Betriebsvereinbarung festzulegen.[274] Alternativ kann das Gestaltungsrecht auch einer Kommission übertragen werden, in der Arbeitgeber und Betriebsrat paritätisch vertreten sind.[275]

238 Die Einigung im Rahmen des Mitbestimmungsverfahrens kann entweder in den Abschluss einer Betriebsvereinbarung oder in eine Betriebsabsprache/Regelungsabrede münden.

Praxistipp:
Die Betriebsparteien sollten das Entgeltsystem in einem ausreichenden Detaillierungsgrad in einer Betriebsvereinbarung niederlegen, um eine klare, transparente und verbindliche Basis zu schaffen und deren normative Wirkung sicher zu stellen.

Praxistipp:
Beiden Betriebspartnern ist anzuraten, die Regelung eines Mitbestimmungsgegenstandes zu dokumentieren. Der Arbeitgeber sollte dokumentieren, dass er den Regelungsgegenstand an den Betriebsrat herangetragen hat, der Betriebsrat sollte seine Befassung mit dem Regelungsgegenstand und die Beschlussfassung dokumentieren sowie die Information hierüber an den Arbeitgeber. Das bloße schweigende Zusehen des Betriebsrats bei einer bestimmten Handhabung bedeutet grundsätzlich keine konkludente Zustimmung.[276]

XIII. Zuständigkeit

239 Zuständig ist primär der örtliche Einzelbetriebsrat.[277] Im Bereich der **Mitbestimmungsrechte beim Entgelt** kann allerdings auch eine originäre Zuständigkeit des **Gesamtbetriebsrates** nach § 50 Abs. 1 BetrVG in Betracht kommen. Die originäre Zuständigkeit ist dann gegeben, wenn der Arbeitgeber bei der Gewährung freiwilliger Leistungen nur zu einer unternehmenseinheitlichen Regelung bereit ist (vor allem die betriebliche Altersversorgung und Sonderzahlungen).[278] Die Zuständigkeit des Gesamtbetriebsrats kann deshalb beispielsweise bei der praktisch relevanten Einführung einer zentralen computergesteuerten Entgeltabrechnung gegeben sein.[279]

240 In gleicher Weise kann die ansonsten eher seltene originäre Zuständigkeit des Konzernbetriebsrates gegeben sein, zB bei Einführung eines konzernweiten Systems der betrieblichen Altersversorgung.

241 Dagegen steht das Mitbestimmungsrecht dem örtlichen Betriebsrat auch dann zu, wenn eine unternehmenseinheitliche Regelung aus Sicht des Arbeitgebers und möglicherweise auch nach Auffassung der Mehrheit der örtlichen Betriebsräte sinnvollerweise in einer Gesamtbetriebsvereinbarung geregelt werden sollte, so beispielsweise bei den Vergütungsgrundsätzen für AT-Angestellte oder bei der Vergütung der Mitarbeiter im Vertrieb.[280]

---

[273] BAG 28.11.1989 – 3 AZR 118/88, NZA 1990, 559.
[274] BAG 26.7.1988 – 1 AZR 54/87, NZA 1989, 109.
[275] BAG 26.7.1988 – 1 AZR 54/87, NZA 1989, 109.
[276] BAG 10.11.1992 – 1 AZR 183/92, NZA 1993, 570.
[277] Richardi BetrVG/*Richardi* § 87 Rn. 82.
[278] BAG 23.3.2010 – 1 ABR 82/08, NZA 2011, 642.
[279] *Werner* NZA-RR 2019, 1.
[280] BAG 23.3.2010 – 1 ABR 82/08, NZA 2011, 642; aA noch für Außendienstmitarbeiter BAG 6.12.1988 – 1 ABR 44/87, NZA 1989, 479.

242 Aus Arbeitgebersicht ist stets darauf zu achten, mit dem zuständigen Betriebsrat zu verhandeln. Denn führt der Arbeitgeber Änderungen bei einer bestehenden Vergütungsordnung ohne Einschaltung des zuständigen Betriebsrats durch, stehen den Arbeitnehmern weiterhin die Ansprüche aus der ursprünglichen – und für den Arbeitgeber ggf. ungünstigeren – Vergütungsordnung zu.[281]

> **Praxistipp:**
> Auch wenn alle Betriebsräte eines Unternehmens das Vergütungssystem für AT-Angestellte oder den Vertriebsaußendienst einheitlich über den Gesamtbetriebsrat regeln wollen, sollten Arbeitgeber und Gesamtbetriebsrat darauf achten, dass eine ordnungsgemäße Beauftragung nach § 50 Abs. 2 BetrVG erfolgt. Dies gilt auch dann, wenn die überwiegende Anzahl der Betriebsräte eine unternehmenseinheitliche Regelung über den Gesamtbetriebsrat anstrebt. Der Arbeitgeber sollte in diesem Fall mit dem Gesamtbetriebsrat eine entsprechende Regelung für die diesen beauftragenden Betriebsräte abschließen. Im Hinblick auf die Betriebsräte, die keine entsprechende Beauftragung beschließen, ist der Arbeitgeber aber zu gesonderten Verhandlungen mit jedem einzelnen örtlichen Betriebsrat gezwungen.

XIV. Meinungsverschiedenheiten

243 **Meinungsverschiedenheiten** zwischen Arbeitgeber und Betriebsrat **über das Bestehen oder Nichtbestehen des Mitbestimmungsrechtes** in Entgeltfragen werden im **Beschlussverfahren** geklärt. **Meinungsverschiedenheiten in der Sache** werden im Rahmen des Mitbestimmungstatbestandes durch die Einigungsstelle bzw. **im Rahmen des Einigungsstellenverfahrens** entschieden. Die Einigungsstelle muss auch notwendige Vorfragen wie das Bestehen eines Mitbestimmungsrechts und dessen Reichweite beantworten.

XV. Sicherung des Mitbestimmungsrechtes des Betriebsrats

244 Der Betriebsrat kann gegen **einseitige Maßnahmen insbesondere durch Geltendmachung** seines ihm vom BAG zugebilligten **allgemeinen Unterlassungsanspruchs** vorgehen.[282] Der Unterlassungsanspruch ist auf die Zukunft gerichtet, damit die Folgen des mitbestimmungswidrigen Verhaltens des Arbeitgebers beseitigt werden. Er dient also der Wiederherstellung eines betriebsverfassungsgemäßen Zustands.[283] Dem Betriebsrat steht dabei zur Sicherung seines Mitbestimmungsrechts die Möglichkeit zur Verfügung, den Unterlassungsanspruch durch eine einstweilige Verfügung geltend zu machen, sofern er – je nach den Umständen des Falls – einen Verfügungsgrund darlegen kann.[284]

245 Der Unterlassungsanspruch des § 23 Abs. 3 steht dem Betriebsrat ebenfalls zur Verfügung. Für die Ausübung des Mitbestimmungsrechtes des Betriebsrates ist das allgemeine Informationsrecht des § 80 Abs. 2 BetrVG und insbesondere das Einsichtsrecht in die Bruttolohn- und Gehaltslisten nach § 80 Abs. 2 S. 2 Hs. 2 BetrVG von Bedeutung. Die Einhaltung der tarifvertraglichen und betrieblichen Entgeltregelung kann der Betriebsrat über § 80 Abs. 1 BetrVG kontrollieren.

XVI. Rechte der Arbeitnehmer bei mitbestimmungswidrigem Verhalten des Arbeitgebers

246 Die Arbeitnehmer können sich eigenständig gegen willkürliche, einseitige oder ansonsten das Mitbestimmungsrecht des Betriebsrates missachtende Maßnahmen des Arbeitgebers, die

---

[281] BAG 5.5.2015 – 1 AZR 435/13, NZA 2015, 1207.
[282] BAG 28.2.2006 – 1 ABR 4/05, NZA 2006, 1426.
[283] BAG 12.3.2019 – 1 ABR 42/17, NZA 2019, 843.
[284] ErfK/*Kania* BetrVG § 87 Rn. 138.

mit finanziellen Nachteilen für sie verbunden sind, zur Wehr setzen. Ihnen steht insbesondere die **sogenannte Theorie der Wirksamkeitsvoraussetzung zur Seite**. Das BAG hat betont, dass die Theorie der Wirksamkeitsvoraussetzung dazu dient, den Arbeitgeber zur Beachtung der Mitbestimmungsrechte des Betriebsrates anzuhalten. Unter Berufung auf die Theorie der Wirksamkeitsvoraussetzung kann der Arbeitnehmer, dessen Entgelt mitbestimmungswidrig verändert und insbesondere geschmälert werden soll, die Beibehaltung des bisherigen Zustandes und ggf. auch die Zahlung einer eventuellen Differenz verlangen.[285] Hierdurch können jedoch nicht Ansprüche begründet werden, die vorher nicht bestanden haben, auch wenn dem Arbeitgeber mitbestimmungswidriges Verhalten zur Last fällt.[286]

> **Praxistipp:**
> Bei Änderungen der Vergütung bzw. von Entgeltbestandteilen und auch bei dem Wegfall oder der Schmälerung von freiwilligen Leistungen muss neben der individualrechtlichen Zulässigkeit insbesondere auch die Einhaltung der kollektiv-rechtlichen Punkte geprüft werden, um die Rechtsposition des Arbeitnehmers beurteilen zu können.

247 Die **folgenden Textmuster** konzentrieren sich auf die jeweils wesentlichen Elemente und enthalten keine Detailregelungen. Wie üblich dienen die Muster nur der Orientierung und müssen jeweils entsprechend neu formuliert, angepasst und geändert werden.

XVII. Textmuster

1. Muster: Betriebsvereinbarung über Vergütungsgruppen

248 Zwischen

der Firma XY GmbH, vertreten durch die Geschäftsführung

und

dem Betriebsrat X/Gesamtbetriebsrat[287] der Firma Y GmbH

wird folgende

Betriebsvereinbarung

abgeschlossen:

Vorbemerkung:[288]

Die örtlichen Betriebsräte A, B, C und D der Firma Y haben den Gesamtbetriebsrat gem. § 50 Abs. 2 BetrVG mit der Verhandlung und dem Abschluss der in dieser Betriebsvereinbarung geregelten Angelegenheit beauftragt. Die Beauftragungen sind zum Zeitpunkt des Abschlusses dieser Gesamtbetriebsvereinbarung nicht widerrufen.

§ 1 Geltungsbereich

Diese Betriebsvereinbarung gilt für alle Betriebe und Arbeitnehmer der Firma XY GmbH mit Ausnahme der Auszubildenden sowie vergleichbarer Ausbildungsverhältnisse (Diplomanden, Studenten der Dualen Hochschule), der in Heimarbeit Beschäftigten und von Aushilfsarbeitsverhältnissen bis zu einer Beschäftigungsdauer von 3 Monaten.

Sie gilt weiterhin nicht für leitende Angestellte sowie für die Abteilungsleiter ohne Rücksicht darauf, ob diese leitende Angestellte sind oder nicht. Die Firma XY GmbH ist berechtigt, mit Abtei-

---

[285] BAG 15.4.2008 – 1 AZR 65/07, NZA 2008, 888 (892).
[286] BAG 2.3.2004 – 1 AZR 271/03, NZA 2004, 852; 15.4.2008 – 1 AZR 65/07, NZA 2008, 888 (892); 22.6.2010 – 1 AZR 853/08, NZA 2010, 1243; 3.9.2014 – 5 AZR 109/13, NZA 2015, 1083.
[287] Vgl. → Rn. 214 f.
[288] Vgl. → Rn. 214 f.

lungsleitern, auch soweit sie nicht leitende Angestellte sein sollten, die Vergütung und ihre Systematik frei zu vereinbaren.

§ 2 Gegenstand
Die Betriebsvereinbarung regelt die Eingruppierung als Grundlage für das Entgelt der Arbeitnehmer.

§ 3 Vergütungsgruppen
Es werden folgende Vergütungsgruppen gebildet:
Vergütungsgruppe 1:
Arbeiten einfacher Art, die ohne vorherige Kenntnisse und nach kurzer Anweisung sofort oder nach kurzer Übung ausgeführt werden können.
Vergütungsgruppe 2:
Arbeiten einfacher Art, die ohne Ausbildung oder Vorkenntnisse und nach eingehender Anweisung und einer Einarbeitungszeit von 1 bis 2 Wochen ausgeführt werden können.
Vergütungsgruppe 3:
Arbeiten, die entweder einschlägige Vorkenntnisse und eine entsprechende Erfahrung oder eine mehrwöchige bis mehrmonatige Einarbeitungszeit erfordern.
Vergütungsgruppe 4:
Arbeiten, die eine einschlägige anerkannte Berufsausbildung oder bei Fehlen einer solchen eine entsprechend lange Berufserfahrung voraussetzen.
Vergütungsgruppe 5:
Arbeiten, die neben einer einschlägigen Berufsausbildung zusätzliche Berufserfahrung und/oder zusätzliche Ausbildungen voraussetzen.
Vergütungsgruppe 6:
Arbeiten, die einen höheren Ausbildungsabschluss (zB Techniker, Meister) voraussetzen oder eine nachhaltige, mit zusätzlichen Fortbildungen verbundene Berufserfahrung in Tätigkeiten der Vergütungsgruppe 5.
Vergütungsgruppe 7:
Arbeiten, die sich aus der Vergütungsgruppe 6 durch ihren Schwierigkeitsgrad und ihre Komplexität herausheben und im Wesentlichen selbstständig durchgeführt werden.
Vergütungsgruppe 8:
Arbeiten, die den Abschluss einer Fachhochschule oder einer Universität voraussetzen.
Vergütungsgruppe 9:
Arbeiten der Vergütungsgruppe 8, die eine mehrjährige Berufserfahrung sowie eine entsprechende Spezialisierung voraussetzen, einen hohen Grad an Schwierigkeit und Komplexität aufweisen und im Wesentlichen selbstständig ausgeführt werden.

Führungsaufgaben
Arbeitnehmer, die in eine der vorstehenden Vergütungsgruppen eingruppiert sind und keine Abteilungsleiter sind, erhalten, falls sie mindestens 3 andere Mitarbeiter dauerhaft fachlich anweisen, koordinieren und überwachen und dabei auch personelle Aufgaben wie die Organisation von Krankheitsvertretung, Urlaubsregelung etc. wahrnehmen, eine zusätzliche Zulage, die die Hälfte der Differenz zwischen ihrer Vergütungsgruppe und der nächst höheren Vergütungsgruppe beträgt.

§ 4 Grundlagen der Eingruppierung
Der Gegenstand der Eingruppierung ist der dem Arbeitnehmer zugewiesene Arbeitsbereich, dh der festgelegte Umfang aller dem Arbeitnehmer übertragenen Arbeiten.
Der Arbeitsbereich wird durch die Bewertung der Anforderungen entsprechend einer summarischen Arbeitsbewertung festgelegt.
Die in der Firma XY GmbH bestehenden wesentlichen Arbeitsbereiche sind als Richtbeispiele dieser Vereinbarung in Anlage 1* beigefügt. Bei nachhaltigen Veränderungen oder dem Entstehen neuer Arbeitsbereiche ist die Anlage 1 entsprechend zu ergänzen.

§ 5 Paritätische Kommission

Zusammensetzung

Es wird eine paritätische Kommission gebildet, die aus je 3 Mitgliedern der Arbeitgeber- und der Beschäftigtenseite besteht. Mindestens ein Mitglied der Arbeitnehmerseite muss dem Betriebsrat angehören.

Arbeitgeber und Betriebsrat benennen jeweils die Mitglieder ihrer Seite sowie eine entsprechende Anzahl von Ersatzmitgliedern. Der jederzeitige Austausch von Mitgliedern ist zulässig.

Die Mitglieder der paritätischen Kommission sind für ihre Aufgaben einschließlich einer eventuell notwendigen Schulung ohne Minderung des Entgelts freizustellen.

Aufgaben der paritätischen Kommission

Die paritätische Kommission hat die Aufgabe die Aktualität und Richtigkeit der Richtbeispiele gemäß Anlage 1 zu dieser Betriebsvereinbarung zu prüfen und ggf. Änderungen in den Richtbeispielen bzw. neue Richtbeispiele festzulegen.

Die paritätische Kommission hat weiterhin die Aufgabe, Einsprüche von Arbeitnehmern gegen eine Ein- oder Umgruppierung zu überprüfen und Meinungsverschiedenheiten zu entscheiden.

Die paritätische Kommission hat schließlich die Aufgabe Einsprüche gegen die Leistungsbewertung zu überprüfen und zu bescheiden.

Die Mitbestimmungsrechte des Betriebsrats nach § 99 BetrVG bleiben unberührt. Der Rechtsweg bleibt offen.

Entscheidungsverfahren

zB

Jedes Mitglied der paritätischen Kommission hat eine Stimme. Bei Abstimmungen entscheidet die Mehrheit der abgegebenen Stimmen. Ergibt sich bei der ersten Abstimmung keine Mehrheit, dann wird durch Los entweder für die Arbeitgeber- oder die Arbeitnehmerseite eine zusätzliche Stimme festgelegt.

Entscheidung:

Die Kommission hat ihre Entscheidung schriftlich niederzulegen und kurz zu begründen.

§ 6 Vergütungshöhe

Dieser Betriebsvereinbarung ist eine Anlage 2 beigefügt, aus der die den Vergütungsgruppen zugeordneten Euro-Werte ersichtlich sind. Es wird klargestellt, dass diese Werte einseitig von der XY-GmbH festgelegt wurden. Die XY-GmbH entscheidet auch eigenständig über eine eventuelle Veränderung dieser Werte, insbesondere eine Erhöhung durch eine entsprechende allgemeine Erhöhung der Vergütung.

§ 7 Leistungszulagen

Für Leistungszulagen gilt eine gesonderte Betriebsvereinbarung.

§ 8 Verfahren der Eingruppierung der bisher beschäftigten Mitarbeiter

Alle bisher beschäftigten Mitarbeiter, die dem Geltungsbereich dieser Betriebsvereinbarung unterfallen, werden innerhalb der nächsten 12 Monate in eine der Vergütungsgruppen eingereiht. Die Frist für die Stellungnahme des Betriebsrats nach § 99 Abs. 3 BetrVG wird auf 3 Wochen für jeden Einzelfall verlängert.

Ergibt sich bei der Eingruppierung eine Differenz zugunsten des Arbeitnehmers, wird die Vergütung des Arbeitnehmers innerhalb eines Jahres auf die richtige Vergütung angehoben und zwar alle drei Monate um ein Viertel der Differenz. Ist die bisherige Vergütung des Arbeitnehmers höher, so wird eine Besitzstandszulage in Höhe der Differenz gebildet. Auf diese Besitzstandszulage sind Erhöhungen der Vergütung anrechenbar. Die Besitzstandszulage vermindert sich nach einem Jahr auf 80%, nach weiteren 2 Jahren auf 50% und entfällt spätestens nach 5 Jahren. Besitzstandszulagen, die nicht mehr als 100,– betragen, kann der Arbeitgeber durch Zahlung des 28-fachen Differenzbetrages mit sofortiger Wirkung ablösen.

§ 9 Schlussbestimmungen

Diese Betriebsvereinbarung tritt am ...... in Kraft und kann mit einer Frist von 6 Monaten zum Kalenderjahresende gekündigt werden. Sie wirkt im Falle einer Kündigung nach.

Ort, Datum, Unterschriften

* Anlagen 1 und 2: nicht ausgearbeitet

2. Muster: Betriebsvereinbarung über Leistungsbeurteilung

Zwischen

der Firma XY GmbH, vertreten durch die Geschäftsführung

und

dem Betriebsrat X/Gesamtbetriebsrat der Firma Y GmbH

wird folgende

Gesamtbetriebsvereinbarung

abgeschlossen:

Vorbemerkung:[289]

Die örtlichen Betriebsräte A, B, C und D der Firma Y haben den Gesamtbetriebsrat gem. § 50 Abs. 2 BetrVG mit der Verhandlung und dem Abschluss der in dieser Betriebsvereinbarung geregelten Angelegenheit beauftragt. Die Beauftragungen sind zum Zeitpunkt des Abschlusses dieser Gesamtbetriebsvereinbarung nicht widerrufen.

§ 1 Geltungsbereich

Diese Betriebsvereinbarung gilt für alle Betriebe und Arbeitnehmer der Firma XY GmbH mit Ausnahme der Auszubildenden sowie vergleichbarer Ausbildungsverhältnisse (Diplomanden, Studenten der Dualen Hochschule), der in Heimarbeit Beschäftigten und von Aushilfsarbeitsverhältnissen bis zu einer Beschäftigungsdauer von 3 Monaten.

Sie gilt weiterhin nicht für leitende Angestellte sowie für die Abteilungsleiter ohne Rücksicht darauf, ob diese leitende Angestellte sind oder nicht. Die Firma XY GmbH ist berechtigt, mit Abteilungsleitern, auch soweit sie nicht leitende Angestellte sein sollten, die Vergütung und ihre Systematik frei zu vereinbaren.

§ 2 Gegenstand

Diese Betriebsvereinbarung regelt die Leistungszulagen der Arbeitnehmer.

§ 3 Anspruch auf eine Leistungszulage

Arbeitnehmer, die nach Zeit vergütet werden, erhalten nach 6 Monaten Betriebszugehörigkeit eine Leistungszulage. Die Leistungszulage wird in Euro- bzw. Cent-Beträgen pro Stunde ausgewiesen.

Jedem Arbeitnehmer muss die Möglichkeit eröffnet werden, durch Erfüllung der höchsten Anforderungen im Rahmen der zugewiesenen Arbeitsaufgabe die höchste Leistungszulage zu erreichen.

§ 4 Grundsätze für die Leistungsbeurteilung

Die Leistungszulage wird auf Grund einer Leistungsbeurteilung durch den Arbeitgeber oder seine Beauftragten ermittelt.

Die Ermittlung richtet sich nach den in Anlage 1 aufgeführten Beurteilungsmerkmalen und Beurteilungsstufen.

Das Beurteilungsergebnis ergibt sich aus der Summe der Punktzahlen, die dem bei der Beurteilung ermittelten Stufen der einzelnen Merkmale zugeordnet sind.

---

[289] Vgl. → Rn. 213 f.

§ 5 Höhe der Leistungszulage
Jeder Punkt entspricht einem Euro- bzw. Cent-Wert. Der Euro-Wert ist von der XY-GmbH auf ...... Euro pro Punkt festgelegt worden. Es wird klargestellt, dass die XY-GmbH über den Euro-Wert und seine eventuelle Veränderung einseitig und mitbestimmungsfrei entscheidet.

§ 6 Überprüfung der Leistungszulagen
Die Überprüfung der Leistungszulagen erfolgt im 4. Quartal eines Kalenderjahres.

§ 7 Beurteilungsgespräche
Nach der erstmaligen sowie nach jeder weiteren Leistungsbeurteilung wird mit dem Arbeitnehmer ein Beurteilungsgespräch durchgeführt. Darin wird dem Arbeitnehmer erläutert, wie sich seine Beurteilung nach dem Beurteilungsbogen zusammensetzt und welche Gründe seiner Leistungsbeurteilung zugrunde gelegt worden sind.

§ 8 Änderung der Leistungszulage
Ändert sich die Leistungszulage, so ist eine sich zugunsten des Arbeitnehmers ergebende Differenz ab dem Abrechnungszeitraum, der dem folgt, in dem das Beurteilungsgespräch geführt wurde, zu bezahlen.

Ergibt sich eine Verschlechterung der Leistungszulage, wird diese für eine Karenzzeit von 4 Kalendermonaten einschließlich des Monats, in dem das Beurteilungsgespräch stattfand, weiterbezahlt. Im 4. Monat wird ein erneutes Beurteilungsgespräch durchgeführt. Wird die Verschlechterung der Leistungszulage in diesem Beurteilungsgespräch bestätigt, dann wird ab dem 5. Monat die sich neu errechnende, geringere Leistungszulage bezahlt. Dies gilt auch dann, falls während des Karenzzeitraums eine Verbesserung erreicht wurde, jedoch das Ergebnis dennoch unterhalb der vormaligen Beurteilung bzw. Leistungszulage liegt.

§ 9 Einspruchsrecht
Ist der Arbeitnehmer mit seiner Leistungsbeurteilung nicht einverstanden, so muss er dies spätestens innerhalb von 10 Arbeitstagen dem Arbeitgeber und dem Betriebsrat schriftlich oder in Textform mitteilen. Für die Erledigung der Reklamation ist die paritätische Kommission zuständig.

§ 10 Inkrafttreten
Diese Betriebsvereinbarung tritt mit Wirkung zum ...... in Kraft. Sie kann mit einer Frist von 6 Monaten zum Ende eines Kalenderjahres gekündigt werden. Nach Kündigung wirkt sie nach. Kommt innerhalb des Ablaufs von einem Jahr nach Kündigung keine neue Vereinbarung oder anderweitige Regelung zustande, kann der Arbeitgeber das Leistungsbeurteilungsverfahren einstellen.

Ort, Datum, Unterschriften

Anlage 1

	entspricht nicht der Erwartung	entspricht im Großen und Ganzen der Erwartung	entspricht und übertrifft teilweise die Erwartung	liegt meistens über der Erwartung	liegt weit und deutlich über der Erwartung
Arbeitsmenge	0	2	4	7	10
Arbeitsqualität	0	1	3	5	6
Arbeitssorgfalt	0	1	2	3	4
Zusammenwirken in der Gruppe oder im Team	0	1	2	3	5
Arbeitssicherheit	0	1	2	3	3
					28 max. Punkte

3. Muster: Verfahren bei Erhöhung der Vergütung auf der Grundlage eines Budgets

Zwischen
der XY AG, vertreten durch den Arbeitsdirektor
und
dem Gesamtbetriebsrat der XY AG
wird folgende

Vereinbarung

betreffend das Verfahren bei Erhöhung der Vergütungen vereinbart:

§ 1 Geltungsbereich

Diese Gesamtbetriebsvereinbarung gilt für alle Arbeitnehmer mit Ausnahme der leitenden Angestellten, der Auszubildenden und diesen vergleichbaren Beschäftigungsverhältnissen (zB Diplomanden, Studenten an der Dualen Hochschule).

§ 2 Allgemeine Erhöhung

1. Das Unternehmen verpflichtet sich, im 12. Monat nach dem Wirksamwerden der letzten allgemeinen Erhöhung, zu prüfen, ob und in welchem Umfang eine allgemeine Erhöhung der Vergütungen erfolgen kann.
2. In den Überprüfungsprozess fließen Gehaltsvergleiche mit anderen, der Branche angehörender Firmen ein.
3. Weiter fließen in die Prüfung die Gewinn- und Verlustrechnung des Unternehmens nach der Letzten allgemeinen Erhöhung, die Entwicklung der Lebenshaltungskosten nach der letzten Erhöhung und eine Prognose der zu erwartenden Marktentwicklung für die nächsten 12 Monate ein.
4. Das Ergebnis der Prüfung sowie die daraus resultierende beabsichtigte Festlegung eines Erhöhungsbudgets wird mit dem Gesamtbetriebsrat im Sinne eines konstruktiven Dialoges beraten. Danach legt das Unternehmen das Gehaltserhöhungsbudget fest.

§ 3 Verteilung des Gehaltserhöhungsbudgets

Das Gehaltserhöhungsbudgets wird zu 25 % als allgemeine Gehaltserhöhung auf jeden Mitarbeiter verteilt. Einzelheiten regelt die Anlage 1 (Anlage 1 nicht ausgearbeitet).
75 % des Gehaltserhöhungsbudgets werden als individuelle Erhöhung der Vergütung ausgeschüttet. Das individuelle Budget wird zu 30 % auf die Arbeitnehmer mit der höchsten Bewertungsstufe 1, zu 40 % auf die Arbeitnehmer mit der zweithöchsten Bewertungsstufe 2 und zu 30 % auf die Arbeitnehmer mit der Bewertungsstufe 3 verteilt. Arbeitnehmer mit der Bewertungsstufe 4 erhalten keine individuelle Gehaltserhöhung.

§ 4 Ermittlung der individuellen Verteilungsbeträge

Den Vorgesetzten wird ein entsprechendes, auf der Basis der ihnen zugeordneten Mitarbeiter und deren Bewertung errechnetes Budgets zugewiesen. Die Vorgesetzten erarbeiten einen Verteilungsvorschlag, der alle ihnen zugeordneten Mitarbeiter berücksichtigt. Dieser Verteilungsvorschlag wird dem nächst höheren Vorgesetzten zur Genehmigung vorgelegt. Die Verteilungsentscheidung des Vorgesetzten hat sich an den allgemeinen Vorgaben für die Verteilung auf die Arbeitnehmer der verschiedenen Bewertungsstufen zu orientieren. Der Vorgesetzte kann in begründeten Ausnahmefällen hiervon abweichen. Er ist bei Vorliegen besonderer Umstände berechtigt, auch einem Arbeitnehmer mit der Bewertungsstufe 4 eine zusätzliche individuelle Erhöhung zuzubilligen. Diese darf jedoch nicht mehr als die allgemeine Erhöhung ausmachen.

§ 5 Beteiligung des Betriebsrats und der Schwerbehindertenvertretung

Die von dem nächst höheren Vorgesetzten genehmigten Verteilungsvorschläge der Vorgesetzten werden dem Gesamtbetriebsrat und der Schwerbehindertenvertretung zugeleitet. Diese haben drei Wochen Zeit für die Überprüfung.

Stimmen Gesamtbetriebsrat bzw. Schwerbehindertenvertretung einem Verteilungsvorschlag ganz oder teilweise nicht zu, tritt eine paritätische Kommission zusammen.

§ 6 Information der Mitarbeiter
Der Vorgesetzte teilt den ihm zugeordneten Arbeitnehmern die jeweilige individuelle Erhöhung unter kurzer Begründung seiner Entscheidung mit.

§ 7 Erhöhung der Bandmittelwerte und der Bandeckwerte
– ggf. ergänzen –

§ 8 Beschwerdeverfahren
Arbeitnehmer, die mit ihrer individuellen Gehaltserhöhung nicht einverstanden sind, können bei dem nächst höheren Vorgesetzten eine Überprüfung ihrer individuellen Erhöhung beantragen. Sie können zusätzlich die Einbeziehung eines Betriebsratsmitglieds des örtlich zuständigen Betriebsrats verlangen. Über die Beschwerde entscheidet der nächst höhere Vorgesetzte nach Anhörung des zuständigen Vorgesetzten, des beschwerdeführenden Arbeitnehmers und des ggf. vom Arbeitnehmer hinzugezogenen Betriebsratsmitglieds.
Der Rechtsweg wird hierdurch nicht ausgeschlossen.

§ 9 Schlussbestimmungen
Diese Betriebsvereinbarung gilt auf unbestimmte Zeit und kann mit einer Frist von 3 Monaten zum 31.12. eines Jahres gekündigt werden. Es wird klargestellt, dass nach Ablauf der Kündigungsfrist keine Nachwirkung besteht. Weiterhin gilt, dass diese Gesamtbetriebsvereinbarung als gekündigt gilt, falls die Gesamtbetriebsvereinbarung „Vergütungssystem" vom ...... gekündigt werden sollte.

Ort, Datum, Unterschriften

4. Muster: Variable Vergütung (Zielgehalt)

Zwischen
der Z GmbH, vertreten durch den Geschäftsführer ......
und
dem Betriebsrat der Z GmbH
wird folgende

Betriebsvereinbarung
über eine variable Vergütung im Vertrieb abgeschlossen.

§ 1 Geltungsbereich
Diese Betriebsvereinbarung gilt für die Arbeitnehmer der Vertriebsbereiche ......
Hinsichtlich der Zielvergabe gelten die Regelungen der Betriebsvereinbarung ......

§ 2 Basis- und Zielgehalt der Vertriebsbeauftragten
Das Basisgehalt und damit das garantierte Gehalt des einzelnen Vertriebsmitarbeiters beträgt 80% des Gehalts der jeweiligen Vergütungsgruppe. Bei 100% Zielerreichung wird von der Z GmbH 110% des Gehalts der jeweiligen Vergütungsgruppe gezahlt.
Der Grad der Zielerreichung korrespondiert mit folgenden Werten:
- Zielerreichung bis 80%: 80% des Gehalts der Vergütungsgruppe
- Zielerreichung über 80% bis 90%: pro 1% mehr Zielerreichung über 80% 0,5% mehr Gehalt
- Zielerreichung über 90% bis 99%: pro 1% mehr Zielerreichung 1% mehr Gehalt
- Zielerreichung 100% = 110% Gehalt der Vergütungsgruppe
- Zielerreichung bis 110%: pro 1% mehr Zielerreichung 1% zusätzlich zu 110% Gehalt

- Zielerreichung 111 % bis 130 %: pro 1 % mehr Zielerreichung 2 % mehr Vergütung
- Zielerreichung über 130 %: pro 1 % Zielerreichung 3 % mehr Vergütung

Bruchteile von % bleiben außer Betracht.

Maximal sind 200 % erreichbar.

Beispiel 1:

Zielerreichung 96,85 %

80 % (bis 80 %) + 0,5 x 10 % = 5 % (bis 90 %) + 6 % (für 91–96 %) = 91 % Gehalt

Beispiel 2:

Zielerreichung 133,38 %

100 % = 110 % + 10 % (bis 110 %) + 2 x 20 % = 40 % (bis 130 %) + 3 x 3 = 9 % (bis 133 %) = 169 % Gehalt

§ 3 Basis- und Zielgehalt der Distriktleiter

Den Distriktleitern werden 70 % ihrer Grundvergütung garantiert. Bei Zielerreichung unter 90 % jedoch über 70 % erhalten sie für jeden 1 %-Punkt über 70 % einen zusätzlichen Gehaltswert von 0,5 %. Bei Zielerreichung über 90 % jedoch unter 100 % erhalten sie den entsprechenden Gehaltswert – 5 % (zB Zielerreichung 96 % = 91 % Gehalt). Bei Zielerreichung 100 % erhalten sie 100 %. Zwischen 100 % und 130 % wird für jeden %-Punkt die Vergütung um 1,5 %-Punkte, für jeden %-Punkt über 130 % um 2 %-Punkte angehoben. Maximal sind 200 % erreichbar.

§ 4 Schlussbestimmungen

Diese Betriebsvereinbarung gilt auf unbestimmte Zeit und kann mit einer Frist von 3 Monaten zum 31.12. eines Jahres gekündigt werden. Es wird klargestellt, dass nach Ablauf der Kündigungsfrist keine Nachwirkung besteht. Weiterhin gilt, dass diese Betriebsvereinbarung als gekündigt gilt, falls die Betriebsvereinbarung „Vergütungssystem" vom . . . . . . gekündigt wird.

Ort, Datum, Unterschriften

§ 24 Entgelt bei Leistungsstörungen

Übersicht

	Rn.
I. Nichterfüllung der Arbeitsleistung	1–3
II. Entgeltfortzahlung im Krankheitsfall	4–188
1. Allgemeine Voraussetzungen	5–9
2. Krankheitsbedingte Arbeitsunfähigkeit	10–25
a) Krankheit	11/12
b) Arbeitsunfähigkeit	13–25
3. Kausalität	26–35
a) Keine Doppelkausalität	27
b) Hypothetische Ursachen	28–31
c) Beispiele	32–35
4. Verschuldete Arbeitsunfähigkeit	36–57
a) Ärztliche Eingriffe	37/38
b) Sportunfälle	39–44
c) Weitere Beispiele	45–55
d) Beweislast	56/57
5. Anzeige- und Nachweispflichten	58–104
a) Arbeitsunfähigkeit bei Aufenthalt im Inland	59–67
b) Arbeitsunfähigkeit bei Aufenthalt im Ausland	68–75
c) Beweiswert der Arbeitsunfähigkeitsbescheinigung	76–90
d) Mitwirkung der Krankenkassen	91–95
e) Rechtsfolgen einer Nachweispflichtverletzung	96–103
f) Sonderfall: Nachweispflicht bei Erkrankung an dem SARS-CoV-2-Virus	104
6. Zeitraum der Entgeltfortzahlung	105–130
a) Beginn des Sechswochenzeitraums	107–109
b) Ende des Sechswochenzeitraums	110–113
c) Arbeitsunfähigkeit infolge einer neuen Krankheit	114–117
d) Fortsetzungskrankheit	118–130
7. Höhe der Entgeltfortzahlung	131–166
a) Entgeltausfallprinzip	133–141
b) Bestimmung der maßgeblichen Arbeitszeit	142–149
c) Berechnung des Fortzahlungsentgelts	150–157
d) Tarifliche Regelungen	158–161
e) Anwendbarkeit des gesetzlichen Mindestlohns	162–164
f) Verhältnis zur Kurzarbeit	165/166
8. Forderungsübergang	167–175
a) Forderungsübergang bei Dritthaftung	167–170
b) Konkurrierende Ansprüche der Krankenkasse	171–174
c) Ansprüche der Krankenkasse gegen den Arbeitgeber	175
9. Unabdingbarkeit	176–181
10. Sonderfall: Organ- und Gewebespenden	182–188
III. Entgeltfortzahlung an Feiertagen	189–205
1. Kausalität	191–196
2. Höhe des fortzuzahlenden Feiertagsentgelts	197–201
3. Anspruchsausschluss bei unentschuldigtem Fehlen	202/203
4. Beweispflicht	204/205
IV. Entgeltzahlung bei persönlicher Arbeitsverhinderung	206–220
1. Sonderfall: Pflege naher Angehöriger	213–215
2. Verhältnismäßigkeit	216
3. Betreuung der Kinder bei Schul- und Kindergartenschließungen	217–220
V. Sonderfall: Lohnfortzahlung in Zeiten von Corona	221–251
1. Entgeltfortzahlung im Krankheitsfall	222–224
2. Berufsausübungsverbot oder Quarantäne, § 56 IfSG	225–232
a) Anspruchsvoraussetzungen	229–231
b) Anspruchsinhalt	232
3. Kinderbetreuung	233–247
a) Erkrankung eines betreuungspflichtigen Kindes am Corona-Virus	233

	Rn.
b) Schul- und Kindergartenschließungen	234–247
4. Betriebsschließungen	248–251
VI. Annahmeverzug des Arbeitgebers	252–331
1. Voraussetzungen	254–285
a) Angebot des Arbeitnehmers	256–259
b) Hauptfall: Kündigung	260–264
c) Sonderfall: Arbeitskampf	265–269
d) Leistungsbereitschaft und Leistungsmöglichkeit	270–273
e) Nichtannahme durch den Arbeitgeber	274–285
2. Beendigung des Annahmeverzugs	286–291
3. Rechtsfolgen	292–327
a) Anrechnung anderweitigen Verdiensts	297–302
b) Böswillig unterlassener Erwerb	303–310
c) Anrechnung des Ersparten und anderweitiger Erwerb	311–313
d) Abzug von Fortbildungskosten	314
e) Abweichende Vereinbarungen	315–326
f) Entschädigung wegen Nichtbeschäftigung	327
4. Darlegungs- und Beweislast	328–331
VII. Betriebs- und Wirtschaftsrisiko	332–338
VIII. Schlecht- und Mindererfüllung der Arbeitsleistung	339–342

I. Nichterfüllung der Arbeitsleistung

1 Erfüllt ein Arbeitnehmer seine Arbeitsleistung nicht, indem er entweder **überhaupt nicht oder nur teilweise arbeitet**, verletzt er die vertraglich geschuldete Leistungspflicht des Arbeitsvertrages. Dies ist beispielsweise der Fall, wenn ein Arbeitnehmer trotz Abschlusses eines wirksamen Arbeitsvertrages eine neue Arbeitsstelle zum vereinbarten Zeitpunkt nicht antritt oder die Arbeitsleistung rechtswidrig vor dem Ende des Arbeitsverhältnisses beendet. Die herrschende Meinung qualifiziert die Arbeitsleistung als **absolute Fixschuld** mit der Folge, dass die Nichterfüllung als **Unmöglichkeit** einzuordnen ist. Der Arbeitnehmer wird gemäß **§ 275 BGB** von seiner Leistungspflicht befreit. Er ist demnach grundsätzlich nicht zur Nachholung der versäumten Arbeitsleistung verpflichtet.[1] Etwas anderes gilt jedoch, wenn eine Möglichkeit zur Nachholung besteht.[2] In diesem Fall liegt begrifflich **Verzug** vor.[3]

2 Der Arbeitgeber hat bei Nichterfüllung der Arbeitspflicht grundsätzlich ein **Leistungsverweigerungsrecht** aus § 273 Abs. 1 bzw. § 320 Abs. 1 S. 1 BGB. Nach dem **Prinzip „Entgelt nur für geleistete Arbeit"** ist er nach den Gefahrtragungsregeln des BGB nicht verpflichtet, dem vertragsbrüchigen Arbeitnehmer das Entgelt zu zahlen (§§ 614, 275, 320 Abs. 1 S. 1, 326 Abs. 1 S. 1 BGB).[4] Bereits gezahltes Entgelt kann der Arbeitgeber nach den Vorschriften der **ungerechtfertigten Bereicherung** zurückfordern. Ist streitig, ob der Arbeitnehmer die vertraglich vereinbarte Regelarbeitszeit abgeleistet hat, für die er die Vergütung verlangt, trägt der Arbeitgeber für sein Bestreiten die **Beweislast**. Für die Ableistung der Regelarbeitszeit spricht die **Vertragstreuevermutung**.[5]

3 **Ausnahmen** vom Grundsatz „Entgelt nur für geleistete Arbeit" ergeben sich aus den **§§ 615, 616 BGB** sowie aus speziellen Normen über die Fortzahlung des Arbeitsentgelts in bestimmten Fällen der **Arbeitsverhinderung**. Diese sind insbesondere die **Entgeltfortzahlung bei Krankheit** (§ 3 EFZG) und an **Feiertagen** (§ 2 EFZG), **Freistellungen nach dem BetrVG** wegen der Betriebsrats-, Personalrats-, Sprecherausschuss- und Wahlvorstandstätigkeit, die **Wahrnehmung der Funktion der Arbeitnehmervertreter** in Aufsichtsräten und der Wahlvorstände, die **Regelungen** in § 179 Abs. 4 S. 1 SGB IX, §§ 2 Abs. 3, 5 Abs. 3 ASiG, §§ 18, 20, 23 MuSchG, § 9 Abs. 3 JArbSchG, § 14 Abs. 2 KatSG-LSA, § 11 BUrlG sowie nach den Bildungsurlaubsgesetzen und Hausarbeitstagegesetzen der Länder.

---

[1] Schaub ArbR-HdB/*Linck* § 51 Rn. 3.
[2] BAG 19.8.2015 – 5 AZR 975/13, NZA 2015, 1460 Rn. 23.
[3] Schaub ArbR-HdB/*Linck* § 49 Rn. 5.
[4] BAG 17.7.1970 – 3 AZR 423/69, DB 1970, 2226.
[5] LAG Köln 18.7.1997 – 11 Sa 368/97, BeckRS 1997, 30769655; 22.7.1994 – 13 Sa 414/94, AuR 1995, 104; aA allerdings LAG Nürnberg 9.4.2002 – 7 Sa 518/01, BeckRS 2002, 30795402 mwN.

II. Entgeltfortzahlung im Krankheitsfall

4   Die wichtigste Ausnahme vom Grundsatz „Entgelt nur für geleistete Arbeit" ist die **Entgeltfortzahlung im Krankheitsfall**. Sie ist **Entgelt im Arbeitsverhältnis** und damit kein Bestandteil des Systems der sozialen Sicherheit. Die Entgeltfortzahlung im Krankheitsfall dient primär einer Verlagerung der wirtschaftlichen Folgen von den Krankenkassen auf den Arbeitgeber[6] und führt dazu, dass die Krankenkassen entlastet werden.[7] Der Schutz des Arbeitnehmers wird schon mit der Zahlung von Krankengeld (§§ 44 ff. SGB V) durch die Krankenkassen erreicht. Ein Anspruch gegen den Arbeitgeber auf Entgeltfortzahlung im Krankheitsfall entsteht, wenn der Arbeitnehmer **infolge Krankheit an der Arbeitsleistung verhindert ist, ohne dass ihn ein Verschulden** trifft (§ 3 Abs. 1 S. 1 EFZG).

1. Allgemeine Voraussetzungen

5   Nach §§ 1 Abs. 1 und 2, 3 Abs. 1 S. 1 EFZG haben **alle Arbeiter und Angestellten sowie die zu ihrer Berufsbildung Beschäftigten** Anspruch auf Entgeltfortzahlung im Krankheitsfall gegenüber ihrem Arbeitgeber. Voraussetzung ist ein **vierwöchiger ununterbrochener Bestand des Arbeitsverhältnisses** (§ 3 Abs. 3 EFZG). Wird ein Auszubildender im Anschluss an das Berufsausbildungsverhältnis in ein Arbeitsverhältnis übernommen, entsteht keine neue Wartezeit gemäß § 3 Abs. 3 EFZG.[8] Ist das Arbeitsverhältnis bei arbeitsunfähiger Erkrankung des Arbeitnehmers bereits beendet, kommt ein Anspruch nach dem EFZG nicht mehr in Betracht.[9] Mit jedem neuen Arbeitsverhältnis entsteht der Entgeltfortzahlungsanspruch neu.[10] Für Arbeitsverhältnisse, die deutschem Sozialversicherungsrecht unterliegen, gilt § 3 Abs. 1 EFZG als Eingriffsnorm im Sinne des Art. 34 EGBGB aF (jetzt: Art. 9 Abs. 1 Rom I-VO) auch dann, wenn die **Arbeitsverhältnisse ausländischem Recht** unterliegen.[11]

6   Bei **Krankheit innerhalb der vierwöchigen Wartezeit** des § 3 Abs. 3 EFZG erhält der Arbeitnehmer Krankengeld von der Krankenkasse. Dauert die Arbeitsunfähigkeit über den Ablauf der Wartezeit hinaus an, entsteht ein Anspruch auf Entgeltfortzahlung nach § 3 Abs. 1 EFZG für die Dauer von sechs Wochen, ohne dass die in die Wartezeit fallenden Krankheitstage anzurechnen sind.[12]

7   Der **Anspruch** auf Entgeltfortzahlung **besteht** gem. § 8 Abs. 1 S. 1 EFZG ebenso bei einer **Kündigung aus Anlass der Arbeitsunfähigkeit** durch den Arbeitgeber. Dies gilt auch, wenn das Arbeitsverhältnis noch innerhalb der Wartezeit aus Anlass der Arbeitsunfähigkeit gekündigt wird (§ 8 Abs. 2 EFZG)[13] oder wenn der Arbeitnehmer das Arbeitsverhältnis aus einem vom Arbeitgeber zu vertretenden Grund kündigt, der den Arbeitnehmer zur außerordentlichen fristlosen Kündigung berechtigt (§ 8 Abs. 1 S. 2 EFZG). Eine Anlasskündigung liegt vor, wenn die Arbeitsunfähigkeit wesentliche Bedingung der Kündigung ist.[14] Nach ständiger Rechtsprechung reicht es aus, dass die Kündigung ihre objektive Ursache und wesentliche Bedingung in der Arbeitsunfähigkeit des Arbeitnehmers hat und den entscheidenden Anstoß für den Kündigungsentschluss gegeben hat.[15] Wenn die Kündigung im unmittelbaren zeitlichen Zusammenhang mit dem Eintritt der Arbeitsunfähigkeit erfolgt, wird eine Anlasskündigung vermutet.[16] Wird ein Arbeitnehmer gekündigt, weil er aufgrund der Ar-

---

[6] GmbH-HdB/*Moll/Reufels* Rn. IV 250.
[7] BAG 18.4.2012 – 10 AZR 200/11, NZA 2012, 1152; 12.12.2001 – 5 AZR 255/00, NZA 2002, 734.
[8] BAG 20.8.2003 – 5 AZR 436/02, NZA 2004, 205.
[9] BAG 17.4.2002 – 5 AZR 2/01, NZA 2002, 899.
[10] BAG 2.3.1983 – 5 AZR 194/90, DB 1983, 1445; weiterentwickelt durch BAG 6.9.1989 – 5 AZR 621/88, DB 1990, 124.
[11] BAG 18.4.2012 – 10 AZR 200/11, NZA 2012, 1152; 12.12.2001 – 5 AZR 255/00, NZA 2002, 734.
[12] BAG 26.5.1999 – 5 AZR 476/98, NZA 1999, 1273.
[13] BAG 26.5.1999 – 5 AZR 476/98, NZA 1999, 1273; *Schaub* NZA 1999, 177; siehe zur Kündigung aus Anlass der Arbeitsunfähigkeit (§ 8 EFZG) während der Wartezeit *Gaumann/Schafft* NZA 2000, 811.
[14] BAG 17.4.2002 – 5 AZR 2/01, NZA 2002, 899.
[15] BAG 17.4.2002 – 5 AZR 2/01, NZA 2002, 899; LAG Nürnberg 4.7.2019 – 5 Sa 115/19, NZA-RR 2020, 16.
[16] LAG Nürnberg 4.7.2019 – 5 Sa 115/19, NZA-RR 2020, 16.

beitsunfähigkeit die Teilnahme an nicht nachholbaren Schulungen zur Einarbeitung verpasst hat, liegt eine Kündigung aus Anlass der Arbeitsunfähigkeit vor.[17] Eine **Kündigung aus Anlass einer bevorstehenden Arbeitsunfähigkeit** des Arbeitnehmers lässt den Anspruch auf Fortzahlung des Arbeitsentgeltes unberührt, wenn der Arbeitgeber mit der bevorstehenden Arbeitsunfähigkeit sicher rechnen musste.[18]

Bei einer **wiederholten Einstellung durch denselben Arbeitgeber** wird in dem neuen Arbeitsverhältnis der Lauf der Wartezeit nach § 3 Abs. 3 EFZG nicht erneut ausgelöst, wenn zwischen dem beendeten und dem neu begründeten Arbeitsverhältnis ein enger zeitlicher und sachlicher Zusammenhang besteht.[19]

Gibt ein **Tarifvertrag** die bei seinem Abschluss geltende Gesetzeslage zur Entgelt- und Gehaltsfortzahlung wieder, bedarf es der Auslegung, ob es sich dabei um eine konstitutive oder deklaratorische Regelung handelt. Im letzteren Fall stellt die Wartezeit des § 3 Abs. 3 EFZG eine zusätzliche Voraussetzung des Entgeltfortzahlungsanspruches dar.[20]

2. Krankheitsbedingte Arbeitsunfähigkeit

Weiterhin ist erforderlich, dass der Arbeitnehmer **infolge Krankheit arbeitsunfähig** und dadurch **an der Erbringung seiner Arbeitsleistung gehindert** ist.

a) **Krankheit.** Der arbeitsrechtliche **Krankheitsbegriff** wird definiert als **regelwidriger körperlicher oder geistiger Zustand, der als Folge die Arbeitsunfähigkeit verursacht**.[21] Regelwidrig in diesem Sinne ist ein körperlicher oder geistiger Zustand, wenn er nach allgemeiner Erfahrung unter Berücksichtigung eines natürlichen Verlaufes des Lebensganges nicht bei jedem anderen Menschen gleichen Alters und Geschlechts zu erwarten ist.[22] Die Regelwidrigkeit bestimmt sich nach dem Stand der medizinischen Wissenschaft.[23] Demnach kann auch in einer Alkoholabhängigkeit eine Krankheit iSd § 3 Abs. 1 S. 1 EFZG gesehen werden.[24]

Keine Krankheiten sind daher eine normale Schwangerschaft,[25] Altersschwäche[26] sowie die monatliche Menstruation der Frau, soweit nicht über das übliche Maß hinausgehende Beschwerden auftreten. Weder die **Heilbedürftigkeit** noch die **Heilbarkeit** sind für die Krankheitsdefinition beachtlich.[27] Ebenso **unbeachtlich** sind die **Ursache** und die **Gelegenheit des Krankheitseintritts**.

b) **Arbeitsunfähigkeit.** Der Begriff der Krankheit ist vom Begriff der Arbeitsunfähigkeit zu trennen. Die Krankheit löst den Entgeltfortzahlungsanspruch erst aus, wenn sie zur Arbeitsunfähigkeit führt.[28]

aa) Begriff und Voraussetzungen. Die **Krankheit bedingt die Arbeitsunfähigkeit**, wenn es dem Arbeitnehmer auf Grund der Erkrankung nicht möglich ist, die nach dem Arbeitsvertrag geschuldete Leistung zu erbringen oder die Arbeit nur unter der Gefahr fortgesetzt werden könnte, dass sich der Zustand in absehbar naher Zukunft verschlimmert.[29] Für die Frage, ob eine Krankheit Arbeitsunfähigkeit zur Folge hat, ist die konkrete, arbeitsvertrag-

---

[17] LAG Nürnberg 4.7.2019 – 5 Sa 115/19, NZA-RR 2020, 16.
[18] BAG 17.4.2002 – 5 AZR 2/01, NZA 2002, 899.
[19] BAG 22.8.2001 – 5 AZR 699/99, NZA 2002, 610; 2.3.1983 – 5 AZR 194/80, DB 1983, 1445.
[20] BAG 12.12.2001 – 5 AZR 248/00, BB 2002, 1966.
[21] BAG 9.4.2014 – 10 AZR 637/13, NZA 2014, 719; 7.12.2005 – 5 AZR 228/05, NJOZ 2006, 2632; 9.1.1985 – 5 AZR 415/82, NZA 1985, 562; 5.4.1976 – 5 AZR 387/75, DB 1976, 1386.
[22] BAG 7.12.2005 – 5 AZR 228/05, NJOZ 2006, 2632.
[23] BAG 9.4.2014 – 10 AZR 637/13, NZA 2014, 719.
[24] BAG 1.6.1983 – 5 AZR 536/80, NJW 1983, 2659.
[25] BAG 14.11.1984 – 5 AZR 394/82; aber nur, wenn das mutterschutzrechtliche Beschäftigungsverbot die alleinige Ursache der Arbeitsunfähigkeit ist. Eine zeitgleich bestehende Krankheit unterfällt § 3 EFZG, BAG 17.10.2013 – 8 AZR 742/12, NJW 2014, 1032.
[26] BAG 7.12.2005 – 5 AZR 228/05, NJOZ 2006, 2632.
[27] BAG 9.4.2014 – 10 AZR 637/13, NZA 2014, 719; 7.12.2005 – 5 AZR 228/05, NJOZ 2006, 2632.
[28] BAG 26.7.1989 – 5 AZR 301/88, NZA 1990, 140; 9.1.1985 – 5 AZR 415/82, NZA 1985, 562.
[29] BAG 23.1.2008 – 5 AZR 393/07, NZA 2008, 595; 29.1.1992 – 5 AZR 37/91, NZA 1992, 643; 9.1.1985 – 5 AZR 415/82, NZA 1985, 562.

lich geschuldete Tätigkeit zu berücksichtigen.[30] Entscheidend ist die Arbeitsfähigkeit im Betrieb des konkreten Arbeitgebers.[31] Es führt daher nicht jede Krankheit in jedem Beruf zur Arbeitsunfähigkeit. So gibt es je nach Einzelfall auch Krankheiten, die etwa nur Tätigkeiten im Stehen unmöglich machen.[32] Eine krankheitsbedingte Arbeitsunfähigkeit liegt auch dann vor, wenn der Arbeitnehmer zurzeit zwar noch arbeitsfähig ist, ohne vorbeugende ärztliche Behandlung aber **in Kürze mit einer Arbeitsunfähigkeit gerechnet** werden muss, dh dass sich der Zustand verschlimmert oder es zu einem Rückfall kommt.[33] Die Arbeitsunfähigkeit kann also entweder unmittelbar durch die **Art und Schwere der Krankheit** oder erst infolge der durch die Krankheit erforderlichen **Krankenpflege oder Schonung** eintreten.

15   **Medizinisch indizierte Operationen** auf ärztlichen Rat können ebenso eine krankheitsbedingte Arbeitsunfähigkeit bedeuten wie **Nachbehandlungen** nach Ausheilen einer Krankheit oder **regelmäßige ärztliche Kontrolluntersuchungen** eines an sich wieder arbeitsfähigen Arbeitnehmers.

16   **Maßnahmen der medizinischen Vorsorge oder Rehabilitation**, die von einem sozialen Leistungsträger bewilligt worden sind und in einer Einrichtung der medizinischen Vorsorge oder Rehabilitation durchgeführt werden, stehen gemäß § 9 Abs. 1 EFZG einer Arbeitsunfähigkeit gleich. Das frühere Tatbestandmerkmal „stationär" ist zwischenzeitlich gestrichen worden, so dass auch ambulant durchgeführte Maßnahmen den Entgeltfortzahlungsanspruch auslösen. Der Arbeitnehmer muss nicht in die Einrichtung aufgenommen werden, in der die medizinischen Anwendungen erfolgen.

17   Die Beurteilung kann nicht nur darauf abstellen, ob ein Körperteil betroffen ist, dessen **Funktionsfähigkeit** für die vertraglich geschuldete Arbeitsleistung notwendig ist oder nicht. Die Arbeitsunfähigkeit kann auch dadurch gegeben sein, dass der Arzt im Hinblick auf die Erkrankung des nicht arbeitsnotwendigen Körperteils eine **häusliche Heilbehandlung** anordnet.[34] Die Arbeitsunfähigkeit ist nach **objektiven Kriterien** zu bestimmen. Maßgeblich ist die vom Arzt nach objektiven medizinischen Gesichtspunkten anzustellende Wertung.[35]

18   Das **Erscheinen am Arbeitsplatz** fällt als **Wegerisiko** in die Sphäre des Arbeitnehmers. Arbeitsunfähigkeit wird deshalb nicht dadurch begründet, dass der arbeitsfähige Arbeitnehmer lediglich außer Stande ist, den Arbeitsweg zurückzulegen, beispielsweise wegen eines eingegipsten Fußes.[36]

19   *bb) Teilarbeitsunfähigkeit.* Liegt eine Arbeitsunfähigkeit im Sinne des § 3 Abs. 1 EFZG vor, ist eine **Zuweisung anderer Tätigkeiten** im **Rahmen des Direktionsrechtes des Arbeitgebers** oder **einvernehmlich** möglich, an deren Ausübung der Arbeitnehmer durch die Krankheit nicht gehindert wäre. Gegebenenfalls sind die Mitbestimmungsrechte des Betriebsrates zu beachten.

20   Eine **Teilarbeitsunfähigkeit** ist gesetzlich nicht geregelt und wird **von der Rechtsprechung abgelehnt**.[37] Danach ist es arbeitsrechtlich unerheblich, ob der Arbeitnehmer seine arbeitsvertragliche Verpflichtung ganz oder nur teilweise nicht erbringt. In beiden Fällen ist der Arbeitnehmer arbeitsunfähig. Eine durch Krankheit bedingte Arbeitsunfähigkeit wird nicht dadurch ausgeschlossen, dass der Arbeitnehmer seine Arbeitspflicht noch teilweise erfüllen kann. Der Arbeitgeber ist umgekehrt auch nicht zur Annahme von Teilleistungen verpflichtet.[38] Das **BAG**[39] sprach einem Arbeitnehmer, der krankheitsbedingt in Übereinkunft mit

---

[30] BAG 9.4.2014 – 10 AZR 637/13, NZA 2014, 719; 23.1.2008 – 5 AZR 393/07; 29.1.1992 – 5 AZR 37/91, NZA 1992, 882.
[31] BAG 23.1.2008 – 5 AZR 393/07, NZA 2008, 595.
[32] *Hunold* DB 2014, 1679 (1680); ähnlich *Merkel* DB 2012, 2691 (2692).
[33] BAG 9.10.2002 – 5 AZR 443/01, NZA 2004, 259; 9.1.1985 – 5 AZR 415/82, NZA 1985, 562.
[34] LAG Hessen 17.1.1990 – 1 Sa 923/89, DB 1990, 1727 (Bruch des Mittelfußknochens bei einem Arbeiter in einer Fotosetzerei).
[35] BAG 26.7.1989 – 5 AZR 301/88, NZA 1990, 140.
[36] BAG 7.8.1970 – 3 AZR 484/69, DB 1970, 1980; ErfK/*Reinhard* EFZG § 3 Rn. 13.
[37] BAG 9.4.2014 – 10 AZR 637/13, NZA 2014, 720; 29.1.1992 – 5 AZR 37/91, NZA 1992, 643; 25.6.1981 – 6 AZR 940/78, DB 1981, 2638.
[38] BAG 9.4.2014 – 10 AZR 637/13, NZA 2014, 720; 18.7.2007 – 5 AZN 610/07, NZA 2007, 1015; 29.1.1992 – 5 AZR 37/91.
[39] BAG 25.10.1973 – 5 AZR 141/73, DB 1974, 342.

dem Arbeitgeber nur halbtags arbeitete, weshalb ihm nur das halbe Gehalt zahlte, das volle Gehalt zu. Es sah in dem Angebot zur teilweisen Arbeitsleistung keinen Abänderungsvertrag zu einem Teilzeitarbeitsverhältnis. Der Arbeitnehmer erhält dann in entsprechendem Verhältnis zum Teil Entgelt und zum Teil die Entgeltfortzahlung gem. § 3 Abs. 1 EFZG.

Eine **Teilleistung** kommt als vertraglich geschuldete Leistung nur in Betracht, wenn es dem Arbeitgeber nach dem Arbeitsvertrag möglich ist, dem Arbeitnehmer eine Teilarbeit zuzuweisen oder wenn die Parteien einverständlich den Arbeitsvertrag in entsprechendem Verhältnis zum ursprünglichen Arbeitszeit geändert haben.[40]

cc) **Wiedereingliederung.** Die Grundsätze über die **stufenweise Wiedereingliederung** (§ 74 SGB V, § 44 SGB IX) ergänzen die herkömmliche Beurteilung der Arbeitsfähigkeit bzw. Arbeitsunfähigkeit.[41] Danach besteht die Möglichkeit, arbeitsunfähige Arbeitnehmer, die ihre bisherige Tätigkeit nach ärztlicher Feststellung teilweise verrichten können, **stufenweise wieder in den Arbeitsprozess einzugliedern.**[42]

Durch die Beschäftigung zur Wiedereingliederung wird die Arbeitsunfähigkeit nicht berührt. Der an einer **Wiedereingliederungsmaßnahme** nach § 74 SGB V teilnehmende Arbeitnehmer ist **arbeitsunfähig im Rechtssinne.** Das Wiedereingliederungsverhältnis ist ein **Rechtsverhältnis sui generis,** welches selbstständig neben den fortbestehenden Arbeitsvertrag tritt. Der Abschluss eines Wiedereingliederungsvertrages ist den Parteien freigestellt. Es gelts der Krankengeldanspruch des Versicherten ruht. Die Nebenpflichten bestehen auch während des Wiedereingliederungsverhältnisses. Ein Urlaubsanspruch des Arbeitnehmers besteht nicht. In **Bezug auf das Wiedereingliederungsverhältnis** genießt der Arbeitnehmer **keinen Kündigungsschutz.** Arbeitnehmer und Arbeitgeber können das Wiedereingliederungsverhältnis jederzeit durch einseitige Erklärung beenden. Es ist regelmäßig nach Maßgabe des zu Grunde liegenden Stufenplans befristet und steht zudem unter der auflösenden Bedingung einer Neu- oder Wiedererkrankung des Arbeitnehmers.

Der Anspruch des wiedereinzugliedernden Arbeitnehmers gegen den Arbeitgeber auf **Fahrtkostenerstattung** setzt eine entsprechende ausdrückliche oder stillschweigende Vereinbarung voraus. Je nach den Umständen kann eine solche stillschweigende Vereinbarung mit Rücksicht auf den Fortbestand des Arbeitsverhältnisses darin liegen, dass der Arbeitgeber nur erklärt, kein Arbeitsentgelt zu zahlen und er dem wiedereinzugliedernden Arbeitnehmer einen bestimmten Arbeitsplatz zuweist.[45]

3. Kausalität

a) **Keine Doppelkausalität.** Die krankheitsbedingte Arbeitsunfähigkeit muss **allein und ausschließlich** kausal für den Arbeitsausfall sein. Dies ergibt sich aus dem Wortlaut „durch"

Der Anspruch auf Entgeltfortzahlung besteht dagegen nicht, wenn auch im Falle der Arbeitsfähigkeit tatsächlich keine Arbeit geleistet worden wäre.[46]

---

[40] BAG 25.6.1981 – 6 AZR 940/78, DB 1981, 2638; 25.10.1973 – 5 AZR 141/73, DB 1974, 342.
[41] Dazu näher *Berenz* NZA 1992, 1019; *Compensis* NZA 1992, 631; *Gagel* NZA 2001, 988; *Gitter* ZfA 1995, 123; *Glaubitz* NZA 1992, 402; v. *Hoyningen-Huene* NZA 1992, 49 (50).
[42] BAG 13.6.2006 – 9 AZR 229/05, NZA 2007, 91.
[43] BAG 21.3.2007 – B 1 a AL 31/06 R, NZS 2008, 160; BAG 9.1.1992 – 5 AZR 37/91, NZA 1992, 643; *GmbH-HdB*/*Moll*/*Reufels* Rn. IV 253.
[44] BSG 21.3.2007 – B 11a AL 31/06 R, NZS 2008, 160; BAG 9.1.1992 – 5 AZR 37/91, NZA 1992, 643.
[45] BAG 28.7.1999 – 4 AZR 192/98, NZA 1999, 1295.
[46] BAG 10.2.1972 – 5 AZR 330/71, DB 1972, 831.

in § 3 Abs. 1 S. 1 EFZG. Der Vergütungsanspruch wird nur insoweit gewährt, wie er auch ohne die Arbeitsunfähigkeit bestünde. Der Arbeitnehmer kann daher keine Entgeltfortzahlung bei Kombination zweier realer Leistungshindernisse verlangen (**Doppelkausalität**).[47] Sobald alle anderen Gründe wegfallen und die krankheitsbedingte Arbeitsunfähigkeit nur noch alleinige Ursache für die Arbeitsverhinderung ist, besteht der Anspruch nach dem EFZG. Ein **Annahmeverzug des Arbeitgebers** wird bei krankheitsbedingter Arbeitsunfähigkeit nach § 297 BGB beendet, so dass ein Vergütungsanspruch gemäß der Entgeltfortzahlung im Krankheitsfall besteht.

28 **b) Hypothetische Ursachen.** Nichts anderes kann in den Fällen gelten, in denen die Ursache für einen Ausschluss der Entgeltfortzahlung im Krankheitsfall nur hypothetischer Natur ist. Voraussetzung ist auch hier, dass die krankheitsbedingte Arbeitsunfähigkeit, also das zur Entgeltfortzahlung berechtigende Leistungshindernis, tatsächlich vorliegt. Die Berücksichtigung hypothetischer Ursachen wird in der Rechtsprechung uneinheitlich beurteilt.[48]

29 Die **Beachtung** hypothetischer Ursachen könnte sich aus dem Sinn und Zweck der Entgeltzahlung im Krankheitsfall ergeben: Warum soll der Arbeitnehmer nur weil er arbeitsunfähig ist, die Vergütung beziehen, obwohl er als Gesunder nichts verdient hätte, weil er beispielsweise „blau gemacht" hätte?

30 Demgegenüber spricht für eine **Nichtbeachtung** hypothetischer Ursachen, dass derartige Hinderungsgründe nicht hinzugedacht werden können. Das Entgeltausfallprinzip bedeutet nicht, dass auch hypothetische Ursachen zu berücksichtigen sind.

31 Demnach ist nur darauf abzustellen, ob die Arbeitsunfähigkeit die einzige Ursache für den Arbeitsausfall ist oder ob bereits auf Grund anderer bestehender Ursachen ein Anspruch auf Arbeitsentgelt entfällt.[49] Ein Anspruch auf Entgeltfortzahlung besteht dann nicht, wenn auch im Falle der Arbeitsfähigkeit (tatsächlich) keine Arbeit geleistet worden wäre.[50]

32 **c) Beispiele.** Im Arbeitskampf stellt die Rechtsprechung beim Verhältnis zwischen Arbeitsunfähigkeit und Streikteilnahme darauf ab, ob der Arbeitnehmer tatsächlich gestreikt hat, und nicht darauf, ob er gestreikt hätte.[51] Die Rechtsprechung hat also hypothetische Erwägungen unberücksichtigt gelassen. Ein vor Streikbeginn erkrankter Arbeitnehmer bleibt anspruchsberechtigt, wenn er trotz des Streikes hätte weiterbeschäftigt werden können, nicht dagegen, wenn der Streik zur Stilllegung des Betriebes führt oder eine Aussperrung erklärt wird.[52] Dies gilt auch dann, wenn die Erkrankung vor dem Streik und während des Urlaubs des Arbeitnehmers eingetreten ist. Erst wenn der Arbeitnehmer ausdrücklich oder konkludent zu verstehen gibt, dass er sich am Streik beteilige, entfällt der Anspruch auf Krankenbezüge.[53]

33 Ob das **Fehlen einer erforderlichen Genehmigung, Arbeitserlaubnis oder Arbeitsberechtigung** (§§ 284ff. SGB III) einer Entgeltfortzahlung im Krankheitsfall entgegensteht, ist nach den gesamten Umständen des Einzelfalls anhand des hypothetischen Kausalverlaufs zu prüfen. Das Fehlen der Arbeitserlaubnis für den Arbeitsausfall ist dann nicht kausal, wenn die Prüfung ergibt, dass die Arbeitserlaubnis sofort erteilt worden wäre. Dies gilt auch, wenn der Arbeitnehmer bisher trotz des Fehlens oder ohne Rücksicht auf das Vorliegen einer Genehmigung beschäftigt wurde. Die später eingetretene tatsächliche Entwicklung kann in die Prüfung des hypothetischen Kausalverlaufs mit einbezogen werden.[54]

34 **Kein Anspruch** nach § 3 EFZG besteht trotz Arbeitsunfähigkeit bei bezahlter Arbeitsfreistellung,[55] während der Elternzeit,[56] an Freischichttagen,

---

[47] BAG 28.1.2004 – 5 AZR 58/03, NJOZ 2005, 2340; 20.3.1985 – 5 AZR 229/83, NZA 1986, 193; Belling/Hartmann ZfA 1994, 519 (521f.).
[48] Dazu näher Belling/Hartmann ZfA 1994, 519 (523).
[49] BAG 1.10.1991 – 1 AZR 147/91, NZA 1992, 163; 17.10.1990 – 5 AZR 10/90, NZA 1991, 320.
[50] GmbH-HdB/Moll/Reufels Rn. IV 254.
[51] BAG 1.10.1991 – 1 AZR 147/91, NZA 1992, 163.
[52] BAG 13.12.2011 – 1 AZR 495/10, NZA 2012, 995; 7.6.1988 – 1 AZR 597/86, NZA 1988, 890; 8.3.1973 – 5 AZR 491/72, DB 1973, 152.
[53] BAG 1.10.1992 – 1 AZR 147/91, NZA 1992, 163.
[54] BAG 26.6.1996 – 5 AZR 872/94, NZA 1996, 1087.
[55] BAG 29.9.2004 – 5 AZR 558/03, NZA 2005, 225; 22.6.1988 – 5 AZR 526/87, NZA 1989, 13.
[56] BAG 21.8.1991 – 5 AZR 91/91, NZA 1992, 76; 18.12.1990 – 1 ABR 11/90, NZA 1991, 484.

schutzfristen,[57] bei **unbezahltem Sonderurlaub**,[58] bei gänzlich ruhender Arbeit während der **Kurzarbeit** (sonst gilt § 4 Abs. 3 EFZG), bei **Vereinbarung von ersatzlosem Arbeitsausfall**[59] oder bei bereits bestehendem **Beschäftigungsverbot**, zB nach § 30 IfSG.

Dagegen **besteht ein Anspruch** des Arbeitnehmers auf Entgeltfortzahlung im Krankheitsfall an **Feiertagen**,[60] während **Schulungs- und Bildungsveranstaltungen**, für **Schwangere außerhalb der Schutzfristen**, bei **bezahltem Erholungs-**[61] bzw. **Betriebsurlaub**[62] oder trotz hinzutretender **Verhinderung aus persönlichen oder sonstigen Gründen**, wenn ein Anspruch auf Vergütung der Ausfallzeit bestanden hätte.

4. Verschuldete Arbeitsunfähigkeit

Der Vergütungsfortzahlungsanspruch entfällt, wenn den Arbeitnehmer ein Verschulden im Sinne des § 3 Abs. 1 EFZG an der Arbeitsunfähigkeit trifft. Der **Verschuldensbegriff im Entgeltfortzahlungsrecht** ist nicht als Verschulden im Sinne des § 276 Abs. 1 BGB zu verstehen, sondern im Sinne eines **Verschuldens gegen sich selbst** (§ 254 BGB).[63] Ein solches Verschulden liegt vor, wenn die krankheitsbedingte Arbeitsunfähigkeit kausal auf einem gröblichen Verstoß gegen das von einem verständigen Menschen im eigenen Interesse zu erwartende Verhalten beruht.[64] Dies gilt ebenso, wenn der Arbeitnehmer seine Genesung durch unverständliches, ungewöhnlich leichtfertiges oder mutwilliges Verhalten verzögert.

a) Ärztliche Eingriffe. Ein nicht rechtswidriger **Schwangerschaftsabbruch** oder eine nicht rechtswidrige **Sterilisation** stellt nach § 3 Abs. 2 S. 1 EFZG eine unverschuldete Arbeitsunfähigkeit dar. Dies gilt nach § 3 Abs. 2 S. 2 EFZG ebenso für den Fall eines Schwangerschaftsabbruchs innerhalb der ersten zwölf Wochen nach der Empfängnis, wenn die schwangere Frau den Abbruch verlangt und dem Arzt durch eine Bescheinigung nachgewiesen hat, dass sie sich mindestens drei Tage vor dem Eingriff von einer anerkannten Beratungsstelle hat beraten lassen.[65]

Die Annahme einer unverschuldeten Arbeitsunfähigkeit auch in derartigen Fällen ist verfassungsrechtlich nicht zu beanstanden. Das Bundesverfassungsgericht hat entschieden, dass es der verfassungsrechtlichen Schutzpflicht für das ungeborene menschliche Leben nicht widerspreche, wenn arbeitsrechtliche Regelungen dahingehend ausgelegt und angewendet werden, dass eine Verpflichtung zur Vergütungsfortzahlung auch dann besteht, wenn die Arbeitsunfähigkeit die Folge eines auf der Grundlage der Beratungsregelung erfolgten Schwangerschaftsabbruchs ist.[66]

b) Sportunfälle. Nach dem **BAG** ist ein **Verschulden von Verletzungen bei Sportunfällen** anzunehmen, wenn entweder eine besonders gefährliche Sportart ausgeübt, in besonders grober Weise und leichtsinnig gegen anerkannte Regeln der jeweiligen Sportart verstoßen oder sich in einer die eigenen Kräfte und Fähigkeiten deutlich übersteigenden Weise sportlich betätigt wird.[67]

aa) Gefährliche Sportart. Verletzungen, die sich der Arbeitnehmer bei der Ausübung einer **besonders gefährlichen Sportart** zuzieht und durch die die Arbeitsunfähigkeit ausgelöst wird, können verschuldet im Sinne des § 3 Abs. 1 EFZG sein. Eine Sportart ist als besonders

---

[57] BAG 12.3.1997 – 5 AZR 226/96, NZA 1997, 763.
[58] BAG 25.5.1983 – 5 AZR 236/80, DB 1983, 2526; 13.8.1980 – 5 AZR 296/78, DB 1981, 479.
[59] BAG 9.5.1984 – 5 AZR 412/81, NZA 1984, 162.
[60] BAG 19.4.1989 – 5 AZR 248/88, NZA 1989, 715.
[61] BAG 23.12.1971 – 1 AZR 217/71, DB 1972, 831; 22.6.1961 – 5 AZR 236/60, BB 1961, 902.
[62] BAG 16.3.1972 – 5 AZR 357/71, DB 1972, 782.
[63] BAG 18.3.2015 – 10 AZR 99/14, NZA 2015, 801; 27.5.1992 – 5 AZR 297/91, BeckRS 1992, 30741372; 5.4.1962 – 2 AZR 182/61, DB 1962, 971; LAG Rheinland-Pfalz 15.1.2019 – 8 Sa 247/18; GmbH-HdB/*Moll/Reufels* Rn. IV 255.
[64] BAG 18.3.2015 – 10 AZR 99/14, NZA 2015, 801; 30.3.1988 – 5 AZR 42/87, NJW 1988, 2323; 28.2.1979 – 5 AZR 611/77, DB 1979, 1803; LAG Rheinland-Pfalz 15.1.2019 – 8 Sa 247/18.
[65] Dazu näher *Pallasch* NZA 1993, 973; zu den krankenversicherungsrechtlichen Aspekten *v. Einem* BB 1994, 1704.
[66] BVerfG 28.5.1994 – 2 BvF 2/90, NJW 1993, 1751.
[67] BAG 7.10.1981 – 5 AZR 338/79, DB 1982, 706.

gefährlich zu qualifizieren, wenn das Verletzungsrisiko bei objektiver Betrachtung so groß ist, dass selbst ein gut ausgebildeter Sportler bei sorgfältiger Beachtung aller Regeln dieses Risiko nicht vermeiden kann, sondern **unbeherrschbaren Gefahren** ausgesetzt ist.[68] Ausgehend davon wurden als besonders gefährliche Sportarten bisher lediglich **Kickboxen**[69] und **Bungee-Springen**[70] bewertet.

41 Als **nicht gefährliche Sportarten** wurden dagegen **Skisport**,[71] **Skispringen**,[72] **Fallschirmspringen**,[73] **Motorradrennen**,[74] **Moto-Cross-Rennen**,[75] **Inline-Skating**,[76] **Fußball**,[77] **Amateurboxport**, sofern er unter ständiger Trainerbetreuung ausgeübt wird,[78] **Fingerhakeln**, sofern keine schwachen oder verletzungsanfälligen Fingerknochen vorliegen,[79] und **Drachenfliegen**[80] angesehen.

42 Teilweise wird von Instanzgerichten die Auffassung vertreten, dass es nicht primär auf die Gefährlichkeit der Sportart als solche ankomme. Maßgeblich sei vielmehr, ob der Arbeitnehmer die erforderliche **Eignung, Übung und Ausrüstung** hat und ob der Sport auf einer ordnungsgemäßen Anlage betrieben wird.[81]

43 bb) *Grober Regelverstoß*. Ein Verschulden wird vom BAG ebenso angenommen, wenn der Arbeitnehmer in besonders **grober Weise und leichtsinnig gegen anerkannte Regeln der jeweiligen Sportart** verstößt. Dies gilt auch, wenn der Ort der Ausübung für die Sportart ungeeignet ist, Sportgeräte erkennbar defekt sind oder Sicherheitsvorkehrungen missachtet werden.[82]

44 cc) *Selbstüberschätzung*. Darüber hinaus wird ein Verschulden angenommen, wenn sich der Arbeitnehmer **in einer seine Kräfte und Fähigkeiten deutlich übersteigenden Weise sportlich betätigt** und dadurch gesundheitlichen Schaden erleidet.[83] Dies kann der Fall sein, wenn die Betätigung an die Grenzen der **persönlichen Leistungsfähigkeit** führt, so dass hierdurch gesundheitliche Schäden eintreten.[84] Diese Art der Selbstüberschätzung kann bei jeder Sportart vorkommen, ohne dass eine sogenannte gefährliche Sportart betrieben werden muss. Insbesondere bei Verletzungen, die trotz bekannter Verletzungsanfälligkeit oder bei übertrieben häufiger sportlicher Betätigung eintreten, liegt unter Umständen Verschulden vor.

45 c) **Weitere Beispiele.** **Arbeitsunfälle** sind bei grob fahrlässiger Verletzung von Unfallverhütungsvorschriften oder der auf ihrer Grundlage getroffenen Maßnahmen verschuldet, wobei der Arbeitgeber den Arbeitnehmer über besondere Gefahren belehrt haben muss.[85] Dies kann bei **verbotswidriger Benutzung** von Maschinen bzw. Geräten[86] oder beim **Nichttragen von erforderlicher Arbeitsschutzkleidung**[87] vorliegen. Trifft den Arbeitgeber ein **Mitverschulden**, steht dem Arbeitnehmer nur dann kein uneingeschränkter Anspruch auf Entgeltfortzahlung zu, wenn er selbst **gröbst fahrlässig** gehandelt hat.[88]

---

[68] BAG 7.10.1981 – 5 AZR 338/79, DB 1982, 706.
[69] ArbG Hagen 15.9.1989 – 4 Ca 648/87, NZA 1990, 311.
[70] *Gerauer* NZA 1994, 496 (497), ohne dass jedoch eine gerichtliche Entscheidung hierzu ergangen wäre.
[71] LAG Baden-Württemberg 30.9.1953 – II Sa 94/53, AP HGB § 63 Nr. 1.
[72] LAG München 3.5.1972 – 4 Sa 536/71, BB 1972, 1324.
[73] LAG Berlin 3.7.1969 – 5 Sa 57/68, BB 1969, 1223.
[74] LAG Hessen 9.7.1973 – 1 Sa 236/72, BB 1973, 1358.
[75] BAG 25.2.1972 – 5 AZR 471/71, DB 1972, 977.
[76] LAG Saarland 2.7.2003 – 2 Sa 147/02, NZA-RR 2003, 568.
[77] BAG 21.1.1976 – 5 AZR 593/74, DB 1976, 1162.
[78] BAG 1.12.1976 – 5 AZR 601/75, DB 1977, 639.
[79] LAG Hessen 11.3.1974 – 1 Sa 27/74, BB 1974, 1164; LAG Baden-Württemberg 6.11.1986 – 4 Sa 53/86, NZA 1987, 852.
[80] BAG 7.10.1981 – 5 AZR 338/79, DB 1982, 706.
[81] LAG München 20.2.1979 – 3 (4) Sa 1065/77, BB 1979, 1453.
[82] BAG 7.10.1981 – 5 AZR 338/79, DB 1982, 706.
[83] BAG 7.10.1981 – 5 AZR 338/79, DB 1982, 706; 1.12.1976 – 5 AZR 601/75, DB 1977, 639; 30.5.1958 – 2 AZR 451/55, NJW 1958, 1204.
[84] Kaiser/Dunkl/Hold/Kleinsorge/*Dunkl* EFZG § 3 Rn. 106.
[85] LAG Hamm 7.3.2007 – 18 Sa 1839/06, BeckRS 2007, 44243.
[86] BAG 25.6.1964 – 2 AZR 421/63, DB 1964, 1268 (Kreissäge).
[87] LAG Baden-Württemberg 26.9.1978 – 7 Sa 18/78, DB 1979, 1044 (Sicherheitsschuhe); LAG Hessen 6.9.1965 – 1 Sa 237/65, BB 1966, 497 (Schutzhelm).
[88] LAG Hamm 30.10.2002 – 18 Sa 1174/02, LAG-Report 2003, 102.

Verletzungen aus Verkehrsunfällen sind verschuldet, wenn der Arbeitnehmer **vorsätzlich** 46 **oder grob fahrlässig Verkehrsvorschriften der StVO verletzt** und hierbei sein Leben oder seine Gesundheit leichtfertig aufs Spiel setzt.[89] Die nur fahrlässige Nichtbeachtung der Bestimmungen der StVO ist nicht ausreichend. Das Befahren des Nürburgrings mit überhöhter Geschwindigkeit ist im Hinblick auf ein Wegrutschen in einer Kurve nicht als grob fahrlässig angesehen worden, weil ein Wegrutschen in der Kurve auch bei nur leicht erhöhter Geschwindigkeit eintreten könne.[90]

Ein **Alkoholabhängiger** muss sich der **Gefahr einer Trunkenheitsfahrt** und der gesteigerten 47 Möglichkeit von Unfällen mit Verletzungsfolgen bewusst sein.[91] Verletzt sich ein alkoholabhängiger Arbeitnehmer, der während der Arbeit regelmäßig trinkt, bei einem Verkehrsunfall auf dem Weg nach Hause, ist ihm der Vorwurf zu machen, dass er sich am Morgen, als er noch nicht unter Alkoholeinfluss stand, überhaupt in seinen Wagen gesetzt und in den Straßenverkehr begeben hat. Fährt er mit dem Auto zur Arbeit, setzt er sich bewusst der erheblichen Gefahr von Verletzungen bei Unfällen aus, wenn er weiß, dass er betrunken zurück fahren wird.[92] Das Verschulden liegt in der voraussehbaren Trunkenheitsfahrt, nicht im Trinken während der Arbeit.

Alkoholkonsum ist nach den konkreten Umständen des Einzelfalles zu würdigen. 48

Einen Arbeitnehmer trifft ein Verschulden an einer **an ihm begangenen schweren Körper-** 49 **verletzung,** wenn ihm die Körperverletzung von einer Person zugefügt worden ist, mit der er zuvor Alkohol in großen Mengen konsumiert hat. Ein Arbeitnehmer, der es zulässt, dass sich ein anderer in seiner Wohnung exzessiv betrinkt und ihm hierfür grenzenlos Alkohol zur Verfügung stellt, geht unter Umständen ein nicht kalkulierbares Risiko ein, da bekannterweise der Genuss von erheblichen Mengen an Alkohol die Steuerungsfähigkeit des Menschen beeinträchtigt und ein vorhandenes Aggressionspotential freisetzen oder verstärken kann.[93]

Ein **Sturz bei Volltrunkenheit**[94] ist ebenso verschuldet wie ein **Verkehrsunfall eines alko-** 50 **holkranken** und **erst recht eines alkoholisierten,** jedoch nicht alkoholkranken Arbeitnehmers.

Alkoholabhängigkeit dagegen ist eine Krankheit, so dass ein Verschulden nicht bereits 51 aufgrund eines Erfahrungssatzes angenommen werden kann.[95] Einen entsprechenden Erfahrungssatz, wonach bei Rückfällen regelmäßig ein Verschulden angenommen werden kann, hat das BAG – unter Abkehr von seiner bisherigen Rechtsprechung – ausdrücklich abgelehnt.[96] Ein **Rückfall nach einer Entziehungskur** kann im Einzelfall ein Verschulden begründen, wenn der Arbeitnehmer sich nach mehreren Monaten Abstinenz abermals dem Alkohol zuwendet und deshalb erneut arbeitsunfähig erkrankt.[97] Anders liegt es, wenn der Arbeitnehmer sich weiterhin in einem **Zustand mangelnder Steuerungsfähigkeit** befindet, in dem er auf sein Verhalten keinen Einfluss nehmen kann. In diesem Fall kann ihm ein Rückfall nicht im Sinne eines Verschuldens gegen sich selbst vorgeworfen werden.[98]

Die Aufnahme einer **Nebentätigkeit** oder die **Durchführung selbstständiger Arbeit** be- 52 gründet für sich als solches **kein Verschulden** im Sinne des § 3 Abs. 1 S. 1 EFZG.[99] Ein anspruchsausschließendes **Verschulden** des Arbeitnehmers ist nur dann anzunehmen, wenn es sich bei der ausgeübten Nebentätigkeit um eine besonders gefährliche Tätigkeit handelt,[100] wenn der Arbeitnehmer bei Ausübung der Nebentätigkeit gegen Arbeitsschutzvorschriften

---

[89] BAG 7.10.1981 – 5 AZR 1113/79, DB 1982, 496 (Nichtanlegen des Sicherheitsgurts).
[90] LAG Köln 2.3.1994 – 7 Sa 1311/93, NZA 1994, 797 (bedenklich).
[91] BAG 30.3.1988 – 5 AZR 42/87, DB 1988, 1403; 11.3.1987 – 5 AZR 739/85, NZA 1987, 452.
[92] BAG 30.3.1988 – 5 AZR 42/87, DB 1988, 1403.
[93] LAG Baden-Württemberg 30.3.2000 – 4 Sa 108/99, NZA-RR 2000, 349.
[94] BAG 11.3.1987 – 5 AZR 739/85, NZA 1987, 452.
[95] BAG 18.3.2015 – 10 AZR 99/14, NZA 2015, 801; 7.8.1991 – 5 AZR 410/90, NZA 1992, 69; 1.6.1983 – 5 AZR 536/8, DB 1983, 2420; zur Diskussion einer arbeitsvertraglichen Nebenpflicht zur Durchführung einer Alkoholtherapie *Künzl* NZA 1998, 122.
[96] BAG 18.3.2015 – 10 AZR 99/14, NZA 2015, 801 Rn. 26.
[97] BAG 18.3.2015 – 10 AZR 99/14, NZA 2015, 801 Rn. 26; 27.5.1992 – 5 AZR 297/91, BeckRS 1992, 30741372; 11.11.1987 – 5 AZR 497/86, NZA 1988, 197.
[98] BAG 27.5.1992 – 5 AZR 297/91, BeckRS 1992, 30741372.
[99] BAG 19.10.1983 – 5 AZR 195/81, DB 1984, 411; *Boecken* NZA 2001, 233.
[100] BAG 19.10.1983 – 5 AZR 195/81, DB 1984, 411.

verstößt[101] oder wenn der Arbeitnehmer die zusätzliche Tätigkeit in einer seine Kräfte übersteigenden Weise ausübt und hierauf der Arbeitsunfall sowie die dadurch verursachte krankheitsbedingte Arbeitsunfähigkeit zurückgeführt werden können.[102]

53 Der **Umgang mit Tieren** kann ebenfalls ein Verschulden begründen. Streichelt ein Arbeitnehmer einen Hund, obwohl er vom Hundehalter davor gewarnt und auf die Bissigkeit des Hundes hingewiesen worden ist, handelt er schuldhaft, sodass er den Anspruch auf Entgeltfortzahlung verliert.[103] Anders jedoch, wenn der Arbeitnehmer als Hundehalter in eine Hunderauferei eingreift, um seinen Hund zu beschützen und hierbei Bissverletzungen erleidet.[104]

54 Auf **Schlägereien** basierende Verletzungen waren nach früherer Rechtsprechung in der Regel selbst verschuldet.[105] Nach heute hM existiert kein solcher Erfahrungssatz. Ob Verschulden vorliegt, bestimmt sich nach den Umständen des Einzelfalls, namentlich danach, ob der Arbeitnehmer den anderen Teil provoziert hat.[106]

55 **Selbstmordversuche** begründen regelmäßig kein Verschulden, wenn die freie Willensbestimmung ausgeschlossen oder erheblich gemindert ist.[107]

56 **d) Beweislast.** Die **Beweislast für das Verschulden** des Arbeitnehmers trägt der Arbeitgeber, wodurch dieser grundsätzlich das Risiko der Unaufklärbarkeit trägt.[108] Es sind die Grundsätze des Anscheinsbeweises heranzuziehen.[109] Problematisch ist in der Regel die Kenntniserlangung von den Tatsachen, die ein Verschulden begründen.[110]

57 Der Arbeitgeber muss im Prozess alles vortragen, was ein Verschulden des Arbeitnehmers begründet. Ist ihm dies mangels Kenntnis von den Lebensumständen des Arbeitnehmers nicht möglich, so muss er sich an den Arbeitnehmer wenden und Mitwirkung bei der Aufklärung verlangen. Aufgrund der Treuepflicht ist der **Arbeitnehmer zur Aufklärung und Mitwirkung verpflichtet.**[111] Er muss sich zum Beispiel dazu äußern, ob ein Rückfall in die Alkoholabhängigkeit vorliegt. Hingegen steht dem Arbeitgeber kein Fragerecht und keine Auskunftspflicht des Arbeitnehmers zu den Gründen des Rückfalls zu.[112]

5. Anzeige- und Nachweispflichten

58 Die Anzeige- und Nachweispflichten des arbeitsunfähig erkrankten Arbeitnehmers sind in § 5 EFZG geregelt. Der Arbeitgeber hat ein **berechtigtes Interesse an einer möglichst frühzeitigen Unterrichtung** über die Arbeitsunfähigkeit, da durch den Ausfall eines Arbeitnehmers unverzügliche betriebsinterne Dispositionen notwendig werden können. Die Pflichten des § 5 EFZG treffen deshalb **auch Arbeitnehmer ohne Anspruch auf Entgeltfortzahlung im Krankheitsfall**, etwa nach Ablauf der sechswöchigen Entgeltfortzahlung.[113]

59 **a) Arbeitsunfähigkeit bei Aufenthalt im Inland.** *aa) Anzeigepflichten.* Nach § 5 Abs. 1 S. 1 EFZG hat der Arbeitnehmer die **Verpflichtung**, dem Arbeitgeber **unverzüglich die Arbeitsunfähigkeit** und deren **voraussichtliche Dauer** anzuzeigen. Er darf mit der Anzeige nicht warten, bis eine ärztliche Diagnose vorliegt.[114] Vielmehr hat er die Dauer der Krankheit zunächst nach seinem subjektiven Kenntnisstand zu schätzen (**Selbstdiagnose**) und einen zügi-

---

[101] *Boecken* NZA 2001, 233 (235).
[102] BAG 19.10.1983 – 5 AZR 195/81, DB 1984, 411; 21.4.1982 – 5 AZR 1019/79, BB 1982, 1424.
[103] ArbG Wetzlar 4.4.1995 – 1 Ca 589/94, DB 1995, 1468.
[104] ArbG Freiburg 13.1.2010 – 2 Ca 215/09, AA 2010, 162.
[105] LAG Hamm 6.4.1971 – 3 Sa 150/71, DB 1971, 873.
[106] BAG 13.11.1974 – 5 AZR 54/74, AP BGB § 616 Nr. 45; LAG Köln 14.2.2006 – 9 Sa 1303/05, BeckRS 2006, 41820; LAG Hamm 24.9.2003 – 18 Sa 785/03, NZA-RR 2004, 68.
[107] BAG 28.2.1979 – 5 AZR 611/77, DB 1979, 1803.
[108] BAG 18.3.2015 – 10 AZR 99/14, NZA 2015, 801 Rn. 16, 29 aE; 23.11.1971 – 1 AZR 404/70, DB 1972, 394.
[109] BAG 18.3.2015 – 10 AZR 99/14, NZA 2015, 801 Rn. 29; 23.11.1971 – 1 AZR 404/70, DB 1972, 394.
[110] *Stückmann* DB 1996, 1822.
[111] BAG 7.8.1991 – 5 AZR 410/90, NZA 1992, 69.
[112] BAG 18.3.2015 – 10 AZR 99/14, NZA 2015, 801 Rn. 29, insoweit unter Verwerfung von BAG 7.8.1991 – 5 AZR 410/90, NZA 1992, 69.
[113] LAG Sachsen-Anhalt 24.4.1996 – 3 Sa 449/95, NZA 1997, 772.
[114] BAG 16.8.1991 – 2 AZR 604/90, NZA 1993, 17; 31.8.1989 – 2 AZR 13/89, NZA 1990, 433.

gen Übermittlungsweg, wie zB Telefon, Telefax oder Email, zu wählen. Denkbar ist auch, dass der Arbeitgeber für die Anzeige ein bestimmtes Kommunikationsmittel vorgibt, soweit dies dem Arbeitnehmer zuzumuten ist.[115] Adressat der Anzeige ist – sofern nicht der Arbeitgeber eine autorisierte Person benannt hat – der unmittelbare Vorgesetzte des Arbeitnehmers. Eine Meldung an andere Mitarbeiter des Arbeitgebers macht diese lediglich zu Übermittlungsboten des Arbeitnehmers.[116] In der Regel wird eine derart umständlich übermittelte Anzeige nicht mehr als unverzüglich anzusehen sein, da in der Einschaltung des Boten eine vom Arbeitnehmer verschuldete Verzögerung liegt.

bb) Nachweispflichten. Dauert die Arbeitsunfähigkeit **länger als drei Kalendertage**, hat der Arbeitnehmer spätestens am darauffolgenden Arbeitstag eine **ärztliche Bescheinigung** über das Bestehen sowie deren voraussichtliche Dauer vorzulegen (§ 5 Abs. 1 S. 2 EFZG). Ob die Arbeitsunfähigkeitsbescheinigung am vierten oder fünften Tag vorzulegen ist, ist umstritten.[117] Da es auf Kalendertage ankommt, zählen auch Sonn- und Feiertage mit.[118] 60

Den **Nachweis** der krankheitsbedingten Arbeitsunfähigkeit hat der Arbeitnehmer regelmäßig durch Vorlage eines **ärztlichen Attestes** zu erbringen.[119] Der Arbeitnehmer kann den Nachweis allerdings auch mit jedem **anderen Beweismittel** führen.[120] 61

Inhaltlich muss eine ärztliche Bescheinigung den **Namen** des arbeitsunfähig erkrankten **Arbeitnehmers**, die **Unterschrift des behandelnden Arztes** (kein Heilpraktiker), die **Feststellung der Arbeitsunfähigkeit** und deren **voraussichtliche Dauer** sowie den Vermerk enthalten, dass die Krankenkasse unverzüglich gem. § 5 Abs. 1 S. 5 EFZG informiert wird. Den **Krankheitsbefund** oder die **Krankheitsursache** muss die Arbeitsunfähigkeitsbescheinigung nicht enthalten, es sei denn, der Arbeitnehmer entbindet den Arzt ausdrücklich von der Schweigepflicht.[121] 62

Der Arbeitgeber ist nach § 5 Abs. 1 S. 3 EFZG berechtigt, die **Vorlage** der ärztlichen Bescheinigung auch **vor Ablauf des dritten Kalendertages** nach Beginn der Arbeitsunfähigkeit zu verlangen. Für das Verlangen einer früheren Vorlage ist eine Begründung nicht erforderlich.[122] Diese Pflicht des Arbeitnehmers kann bereits im Arbeitsvertrag vereinbart[123] oder durch eine formlose Mitteilung für die Zukunft angeordnet[124] werden. Wird eine solche Pflicht im Arbeitsvertrag vereinbart, wird dadurch nicht zwangsläufig die gesetzliche Regelung des § 5 Abs. 1 S. 3 EFZG abbedungen. Vielmehr bleibt es dem Arbeitgeber mangels entgegenstehender Anhaltspunkte möglich, eine noch frühere Vorlage der Arbeitsunfähigkeitsbescheinigung durch Weisung gegenüber dem einzelnen Arbeitnehmer zu verlangen.[125] 63

Es handelt sich um eine Frage der betrieblichen Ordnung, die ein **Mitbestimmungsrecht des Betriebsrats** auslöst, wenn der Arbeitgeber einen Arbeitsunfähigkeitsnachweis generell vor Ablauf des dritten Kalendertages nach Beginn der Arbeitsunfähigkeit vorschreibt,[126] verlangt im Falle einer Krankheit ein (weiteres) ärztliches Attest vorzulegen, oder vertrauensärztliche Untersuchungen durchzuführen sind, ohne dass eine solche Pflicht gesetzlich oder tarifvertraglich festgelegt ist.[127] Dasselbe gilt für die Einführung eines Formulars durch 64

---

[115] *Notzon* öAT 2014, 134 (136).
[116] ErfK/*Reinhard* EFZG § 5 Rn. 8; *Notzon* öAT 2014, 134 (136).
[117] *Diller* NJW 1994, 1690 (1691); *Hanau/Kramer* DB 1995, 94 (95); *Schaub* BB 1994, 1629; *Schmitt* EFZG § 5 Rn. 55 f.
[118] *Notzon* öAT 2014, 134 (136).
[119] BAG 1.10.1997 – 5 AZR 726/96, NZA 1998, 369.
[120] BAG 1.10.1997 – 5 AZR 726/96, NZA 1998, 369; LAG Rheinland-Pfalz 4.8.2011 – 10 Sa 156/11, BeckRS 2011, 76989.
[121] BAG 12.3.1997 – 5 AZR 766/95, NZA 1997, 882.
[122] BAG 14.11.2012 – 5 AZR 886/11, NZA 2013, 322.
[123] BAG 1.10.1997 – 5 AZR 726/96, NZA 1998, 369; uU einschränkend *Hanau/Kramer* DB 1995, 94 (96); *Schaub* BB 1994, 1629.
[124] Vgl. BAG 14.11.2012 – 5 AZR 886/11, NZA 2013, 322.
[125] LAG München 13.12.2018 – 4 Sa 514/18, NZA-RR 2019, 351.
[126] BAG 23.8.2016 – 1 ABR 43/14, NZA 2016, 1483; 25.1.2000 – 1 ABR 3/99, NZA 2000, 665; aA OVG Berlin-Brandenburg 17.3.2011 – 60 PV 3/10, NZA-RR 2012, 55.
[127] BAG 23.8.2016 – 1 ABR 43/14, NZA 2016, 1483; 5.5.1992 – 1 ABR 69/91, ZTR 1992, 527; 27.6.1990 – 5 AZR 314/89, DB 1990, 2327.

den Arbeitgeber, auf dem die Arbeitnehmer die Notwendigkeit eines Arztbesuchs während der Arbeitszeit vom Arzt bescheinigen lassen sollen.[128] Der Betriebsrat ist hingegen nicht mitbestimmungspflichtig, soweit die Anordnung der vorzeitigen Vorlage des Attestes keinen kollektiven Bezug aufweist, zB wenn nur einzelnen Arbeitnehmern eine solche Pflicht auferlegt wird.[129]

65 **Rückwirkend** kann der Arbeitgeber von seinem Recht, einen Nachweis schon für die ersten drei Tage zu verlangen, nicht ohne weiteres noch Gebrauch machen.[130] Der Arbeitnehmer ist nicht verpflichtet, im Fall einer fortdauernden, erst ab dem dritten Tag attestierten Erkrankung für die ersten Tage seines Fernbleibens allein auf Grund eines einfachen Bestreitens durch den Arbeitgeber eine Erkrankung nachzuweisen. Es ist dann vielmehr Sache des Arbeitgebers, entsprechend der Rechtsprechung zur Entkräftung der Vermutungswirkung einer Arbeitsunfähigkeitsbescheinigung, konkret begründete Zweifel am Vorliegen einer Erkrankung darzulegen und im Streitfalle zu beweisen.

66 Bei Überschreitung der in der Bescheinigung angegebenen Dauer der Arbeitsunfähigkeit hat der Arbeitnehmer einen neuen Nachweis durch ein ärztliches Attest vorzulegen (§ 5 Abs. 1 S. 4 EFZG). Dies muss erfolgen, sobald feststeht, dass die Arbeitsunfähigkeit länger dauert als erwartet und der Arzt die Bescheinigung ausgestellt hat. **Nach Ablauf der ersten sechs Krankheitswochen** kann der Arbeitgeber weitere ärztliche Atteste verlangen, da er ein berechtigtes Interesse hat, zu wissen, wie lange die Arbeitsunfähigkeit noch andauern wird.[131]

67 Ist der Arbeitnehmer **Mitglied einer gesetzlichen Krankenkasse,** so ist auch dieser eine Arbeitsunfähigkeitsbescheinigung vorzulegen, die Angaben über die voraussichtliche Dauer der Arbeitsunfähigkeit und über den Befund enthält (§ 5 Abs. 1 S. 5 EFZG). Umgekehrt muss aber auch der Arbeitnehmer, der noch **vor Ablauf** der auf der Arbeitsunfähigkeitsbescheinigung angegebenen Zeitspanne **wieder arbeitsfähig** wird, unverzüglich seine Arbeit **wieder aufnehmen.**[132] Die Arbeitsunfähigkeitsbescheinigung beinhaltet **kein Arbeitsverbot.**[133]

68 **b) Arbeitsunfähigkeit bei Aufenthalt im Ausland.** Die Anzeige- und Nachweispflichten gelten grundsätzlich bei **Erkrankungen im Ausland** gleichermaßen wie im Inland. Das Gesetz trifft darüber hinaus in § 5 Abs. 2 EFZG Sonderregelungen über erweiterte Anzeigepflichten.

69 *aa) Anzeigepflichten.* Die Erfüllung der Anzeigepflicht ist durch die **schnellstmögliche Art der Übermittlung** vorzunehmen (§ 5 Abs. 2 S. 1 EFZG). Eine Mitteilung durch einfachen Brief genügt hierzu nicht. Es sind Übermittlungsformen wie Telefon, Email, Telefax oder Telegramm zu wählen.[134] Diese sind als geeigneter anzusehen als ein Einschreiben.[135] Denkbar ist auch, dass der Arbeitgeber ein bestimmtes Kommunikationsmittel vorgibt, soweit dies dem Arbeitnehmer zuzumuten ist.[136] Mitzuteilen ist die **Arbeitsunfähigkeit,** deren **Dauer** und die **Adresse am Urlaubsort,** unter welcher der Arbeitnehmer während der Arbeitsunfähigkeit erreicht werden kann. Die durch die Mitteilung entstehenden Kosten hat der Arbeitgeber zu tragen (§ 5 Abs. 2 S. 2 EFZG). Die Anzeigepflicht kann tarifvertraglich aufgehoben oder anderweitig geregelt werden.[137]

70 Teilt der Arbeitnehmer dem Arbeitgeber seine im Ausland eingetretene Arbeitsunfähigkeit telefonisch mit und fragt der Arbeitgeber nicht nach der Urlaubsanschrift, so kann er die Entgeltfortzahlung nicht mit der Begründung verweigern, ihm sei die Möglichkeit genommen worden, die Arbeitsunfähigkeit überprüfen zu lassen.

---

[128] BAG 21.1.1997 – 1 ABR 53/96, NZA 1997, 785.
[129] LAG München 13.12.2018 – 4 Sa 514/18, NZA-RR 2019, 351.
[130] LAG Nürnberg 18.6.1997 – 4 Sa 139/95, NZA-RR 1998, 51.
[131] BAG 11.7.2013 – 2 AZR 241/12, NZA 2013, 1259; LAG Köln 16.8.2018 – 7 Sa 793/17.
[132] LAG Rheinland-Pfalz 11.7.2013 – 10 Sa 100/13, BeckRS 2013, 71999; *Hunold* DB 2014, 1679 (1680, 1682).
[133] *Hunold* DB 2014, 1679 (1680).
[134] *Schmitt* EFZG § 5 Rn. 142.
[135] LAG Köln 12.5.2000 – 4 Sa 310/00, NZA-RR 2001, 22.
[136] *Notzon* öAT 2014, 134 (136).
[137] BAG 27.6.1990 – 5 AZR 314/89, NZA 1991, 103.

Kehrt der Arbeitnehmer ins Inland zurück, hat eine **Anzeige der Rückkehr** zu erfolgen 71
(§ 5 Abs. 2 S. 7 EFZG). Ab diesem Zeitpunkt ist § 5 Abs. 1 EFZG ohne Einschränkungen
oder Modifikationen anzuwenden. Für privat krankenversicherte Arbeitnehmer ist auch bei
Erkrankungen im Ausland lediglich der Nachweis gem. § 5 Abs. 1 EFZG erforderlich.

bb) Anzeigepflichten gegenüber der Krankenkasse. Ist der Arbeitnehmer Mitglied einer 72
gesetzlichen Krankenkasse, muss er auch aus dem Ausland unverzüglich **der deutschen
Krankenkasse** die Arbeitsunfähigkeit und deren Dauer bzw. eine etwaige Verlängerung anzeigen (§ 5 Abs. 2 S. 3 EFZG).[138]

Dauert die **Arbeitsunfähigkeit länger als angezeigt,** hat der Arbeitnehmer auch die vor- 73
aussichtliche Fortdauer der Arbeitsunfähigkeit der deutschen Krankenkasse mitzuteilen (§ 5
Abs. 2 S. 4 EFZG). Die gesetzlichen Krankenkassen können festlegen, dass der Arbeitnehmer die Anzeigepflicht gegenüber einem ausländischen Sozialversicherungsträger erfüllen
kann (§ 5 Abs. 2 S. 5 EFZG). Der ausländische Sozialversicherungsträger ist verpflichtet, die
deutsche Krankenkasse zu unterrichten.

Erkrankt der Arbeitnehmer in einem Land, das zur **Europäischen Union** gehört oder mit 74
dem ein **Sozialversicherungsabkommen**[139] besteht, wird die Nachweispflicht durch ein **vereinfachtes Verfahren** ersetzt. Dieses Verfahren gilt gemäß VO (EG) 883/2004 und Art. 27
der VO (EG) 987/2009 für die Mitglieder der EU-Mitgliedstaaten sowie gemäß Sozialversicherungsabkommen für die davon erfassten Staaten.[140] Hierbei genügt es, wenn der Arbeitnehmer das in den **Merkblättern der gesetzlichen Krankenkassen für den Auslandsaufenthalt**[141] vorgesehene Verfahren über Meldung, Nachweis und Überprüfung befolgt, um
seinen Pflichten aus § 5 Abs. 2 EFZG nachzukommen.

cc) Nachweispflichten. Die **Nachweispflichten** des Arbeitnehmers bei Erkrankungen im 75
Ausland sind nach § 5 Abs. 2 S. 6 iVm § 5 Abs. 1 S. 2 EFZG **identisch mit denen eines
Krankheitsfalls im Inland.** Innerhalb der gesetzlichen oder der arbeitsvertraglich verlangten
Fristen ist dem Arbeitgeber eine ärztliche Bescheinigung über die Arbeitsunfähigkeit und deren voraussichtliche Dauer vorzulegen. Die Arbeitsunfähigkeitsbescheinigung aus dem Ausland muss für den Arbeitgeber bzw. die deutsche Krankenkasse **lesbar** sein.

c) Beweiswert der Arbeitsunfähigkeitsbescheinigung. Nach den allgemeinen Regeln der 76
Beweislast hat der Arbeitnehmer, der den Anspruch auf Entgeltfortzahlung im Krankheitsfall geltend machen will, darzulegen und zu beweisen, dass er arbeitsunfähig erkrankt ist.
Im Regelfall wird dies durch die Vorlage einer Arbeitsunfähigkeitsbescheinigung erfolgen.
Jedoch kann sich der Arbeitnehmer sämtlicher Beweismittel bedienen, die ihm zur Verfügung stehen.

aa) Inländische Arbeitsunfähigkeitsbescheinigung. Die **Arbeitsunfähigkeitsbescheinigung** 77
des Arztes genügt grundsätzlich, um die Voraussetzungen für den Entgeltfortzahlungsanspruch zu belegen.[142] Die Rechtsprechung hält insbesondere aus praktischen Gründen am
hohen Beweiswert des ärztlichen Attestes fest, weil Krankheitsfälle kaum anders als durch
Vorlage einer Arbeitsunfähigkeitsbescheinigung nachweisbar sind.[143] Der Arbeitgeber darf
sich entsprechend dem Rechtsgedanken des § 5 Abs. 1 S. 2 EFZG auf die Richtigkeit der
ohne zeitliche Lücke vorgelegten Arbeitsunfähigkeitsbescheinigungen verlassen, wenn nicht
tatsächliche Umstände **ernsthafte Zweifel an der Glaubhaftigkeit** des Inhalts der ärztlichen
Zeugnisse begründen.[144]

---

[138] Hierzu ausführlich *Berenz* DB 1995, 1462 (1463); *Hanau/Kramer* DB 1995, 94 (95).
[139] Vollständige Auflistung in der Loseblattsammlung von *Plöger/Wortmann*, Deutsche Sozialversicherungsabkommen mit ausländischen Staaten, 1953; Überblick bei *Rehwald* AiB 1998, 301.
[140] *Berenz* DB 1995, 1462 (1463).
[141] Die Merkblätter sind frei zugänglich auf der Internetseite des GKV-Spitzenverbands – Deutsche Verbindungsstelle Krankenversicherung – Ausland – unter www.dvka.de.
[142] Zur Arbeitsunfähigkeitsbescheinigung und deren Beweiswert näher *Borchert* AuR 1990, 375; *Clausen*
AuR 1989, 330; *Hanau/Kramer* DB 1995, 94; *Kaiser/Dunkl/Hold/Kleinsorge/Kleinsorge* EFZG § 5 Rn. 50 ff.;
Lambeck NZA 1990, 88; *Lepke* DB 1993, 2025; *Reinecke* DB 1989, 2069; *Schaub* BB 1994, 1629.
[143] BAG 26.2.2003 – 5 AZR 112/02, DB 2003, 1395; 15.7.1992 – 5 AZR 312/91, NZA 1993, 23;
18.10.1976 – 3 AZR 376/75, DB 1977, 260.
[144] BGH 16.10.2001 – VI ZR 408/00, NZA 2002, 40.

78 Während der Corona-Pandemie wurden telefonische Krankschreibungen erlaubt. In diesem Zusammenhang tauchte die Frage auf, ob diesen Arbeitsunfähigkeitsbescheinigungen der gleiche hohe Beweiswert zukomme. Dies muss bejaht werden. Ziel der telefonischen Krankschreibungen war eine Entlastung der Hausärzte. Zudem wurden Patienten mit Verdacht auf eine Erkrankung an dem Virus dazu angehalten, zu Hause zu bleiben. Dem Zweck der telefonischen Krankschreibung würde es aber widersprechen, wenn dieser ein geringerer Beweiswert zukommen würde. Arbeitnehmer sollen nicht dadurch benachteiligt werden, dass sie den Empfehlungen der Politiker folgten und bei Symptomen zu Hause blieben.[145]

79 Auch bei **psychischen Erkrankungen,** deren Diagnose im Wesentlichen nicht auf objektiven Befunden, sondern auf subjektiven Angaben des Patienten beruht, bringt das ärztliche Attest in der Regel ausreichenden Beweis für die Arbeitsunfähigkeit. Ein anderes Beweismittel steht dem Arbeitnehmer häufig nicht zur Verfügung. Der Gefahr, dass Erkrankungen dieser Art leichter vorgetäuscht werden können, ist im Rahmen der Prüfung Rechnung zu tragen, ob objektive Umstände zu ernsthaften Zweifeln an der Arbeitsunfähigkeit Anlass geben.[146]

80 *bb) Ausländische Arbeitsunfähigkeitsbescheinigung.* Der Arbeitsunfähigkeitsbescheinigung, die von einem ausländischen **Arzt im Ausland** ausgestellt wurde, kommt in der Regel der gleiche **Beweiswert** zu wie der eines in Deutschland niedergelassenen Arztes.[147] Sie muss allerdings erkennen lassen, dass der ausländische Arzt zwischen einer bloßen Erkrankung und einer mit Arbeitsunfähigkeit verbundenen Krankheit unterschieden und damit **eine dem deutschen Arbeits- und Sozialversicherungsrechts entsprechende Beurteilung** vorgenommen hat.[148] Der Nachweis einer krankheitsbedingten Arbeitsunfähigkeit kann auch, wenn die Erkrankung im Ausland aufgetreten ist, durch andere Beweismittel geführt werden.[149]

81 Für den **Bereich der Europäischen Union** hatte der EuGH zunächst entschieden, dass **Arbeitsunfähigkeitsbescheinigungen** aus einem Mitgliedstaat der EU nicht nur **für die Sozialversicherungssysteme** in einem anderen Mitgliedstaat, sondern auch **für den Arbeitgeber in tatsächlicher und rechtlicher Hinsicht verbindlich** sind, wenn dieser nicht vor Ort eine weitere Untersuchung durch einen Arzt seiner Wahl veranlasst.[150] Dadurch schien er eine **Bindungswirkung** statuiert zu haben, die **über eine inländische Arbeitsunfähigkeitsbescheinigung hinausgeht.** Während der Beweiswert inländischer Arbeitsunfähigkeitsbescheinigungen erschüttert werden kann, wird die ausländische Arbeitsunfähigkeitsbescheinigung als bindend angesehen.

82 In einer weiteren Entscheidung hat der **EuGH** diesen Eindruck teilweise **korrigiert.**[151] Dem Arbeitgeber ist es danach nicht verwehrt, gegebenenfalls **Nachweise** zu erbringen, anhand derer die Arbeitsgerichte **betrügerisches oder missbräuchliches Verhalten des Arbeitnehmers** feststellen können. Die Anwendung der Grundsätze über die Erschütterung des Beweiswerts von Arbeitsunfähigkeitsbescheinigungen hat der EuGH dagegen ausdrücklich verneint, da dies mit den Zielen von Art. 18 VO (EWG) Nr. 574/72 nicht vereinbar sei. Der Arbeitnehmer könne in Beweisschwierigkeiten kommen, welche die Gemeinschaftsregelung zu vermeiden bezwecke.

83 Nach dem **BAG** müssen die Tatsachengerichte nunmehr auf Grund aller Gesichtspunkte und Umstände prüfen, ob ein **Missbrauch der Arbeitsunfähigkeit** vorliegt.[152] Der bloße Nachweis von Zweifelsumständen genügt nicht. Das Gericht muss sich dabei mit einem für

---

[145] So auch *Sievers* jM 5 (2020), 189 (201).
[146] LAG Sachsen-Anhalt 8.9.1998 – 8 Sa 676/97, NZA-RR 1999, 460.
[147] GmbH-HdB/*Moll/Reufels* Rn. IV 252.4.
[148] BAG 20.2.1985 – 5 AZR 180/83, NZA 1985, 737.
[149] BAG 26.2.2003 – 5 AZR 112/02, DB 2003, 1395; 1.10.1997 – 5 AZR 499/96, NZA 1998, 372.
[150] EuGH 3.6.1992 – C-45/90, NZA 1992, 735 („System der sozialen Sicherheit"); dagegen *Berenz* DB 1992, 2442; *Gaul* NZA 1993, 865; *Leipold* in FS Kissel, 629; *Schiefer* DB 1993, 38 (42); zur Arbeitsunfähigkeitsbescheinigung als europäisches Rechtsproblem ausführlich *Peter* RdA 1999, 374.
[151] EuGH 2.5.1996 – C-26/94, NZA 1996, 635; siehe dazu *Abele* NZA 1996, 631; *Heinze/Giesen* BB 1996, 1830.
[152] BAG 19.2.1997 – 5 AZR 747/93, NZA 1997, 705.

das praktische Leben brauchbaren Grad von Gewissheit begnügen. Gemäß § 286 Abs. 1 S. 1 ZPO hat es unter Berücksichtigung des gesamten Inhalts der Verhandlungen und des Ergebnisses einer etwaigen Beweisaufnahme nach freier Überzeugung zu entscheiden, ob eine tatsächliche Behauptung für wahr oder für nicht wahr zu erachten sei. Das Gericht hat dabei auch die prozessualen und vorprozessualen Handlungen, Erklärungen und Unterlassungen der Parteien und ihrer Vertreter zu würdigen.

Bei Arbeitsunfähigkeitsbescheinigungen aus **Nicht-EU-Staaten** steht es dem Arbeitgeber **84** offen, deren Beweiswert zu erschüttern. Er ist weder an die Arbeitsunfähigkeitsbescheinigung noch an die Meldung des Versicherungsträgers gebunden.[153] Die Rechtsprechung des EuGH betrifft nur EU-Staaten.

cc) Bestreiten der Arbeitsunfähigkeit. Wegen der tatsächlichen **Vermutung der Richtigkeit** **85** **der Arbeitsunfähigkeitsbestätigung** trägt der **Arbeitgeber** die **Beweislast** dafür, dass der Arbeitnehmer trotz entsprechender ärztlicher Bescheinigung nicht arbeitsunfähig erkrankt war. Bei im **Inland** und **außerhalb der EU** ausgestellten Arbeitsunfähigkeitsbescheinigungen reicht es aus, dass der Arbeitgeber Umstände beweist, die zu **ernsthaften Zweifeln** an der krankheitsbedingten Arbeitsunfähigkeit Anlass geben. Gegenüber Arbeitsunfähigkeitsbescheinigungen aus dem **EU-Ausland** kann der Arbeitgeber nur den **Missbrauchseinwand** geltend machen. Allerdings ist der Arbeitgeber nicht darauf beschränkt, den Beweis dafür, dass der Arbeitnehmer nicht arbeitsunfähig krank war, unmittelbar, dh etwa durch Vernehmung des Arztes zu führen. Vielmehr ist entsprechend den allgemeinen Beweisregeln auch ein **Indizienbeweis** zulässig, also ein Beweis über (Hilfs-)Tatsachen, aus denen auf das Vorliegen der zu beweisenden rechtserheblichen Tatsache zu schließen ist.[154]

Bei Anhaltspunkten für **Zweifel an dem Nachweismittel** kann sich der Arbeitgeber nicht **86** darauf beschränken, die Arbeitsunfähigkeit allein mit Nichtwissen (§ 138 Abs. 4 ZPO) zu bestreiten. Er muss Umstände darlegen und gegebenenfalls beweisen, die **zu ernsthaften Zweifeln** an der Arbeitsunfähigkeit führen, um dadurch **den hohen Beweiswert eines Attestes zu erschüttern.**[155]

Zweifel an der Arbeitsunfähigkeit können sich bereits aus der **Ausstellung oder dem Inhalt** **87** **der Arbeitsunfähigkeitsbescheinigung** ergeben oder aus **Erklärungen oder dem Verhalten des Arbeitnehmers vor oder während der Fehlzeiten** erwachsen.[156] Anhaltspunkte sind Gefälligkeitsatteste, Bescheinigungen ohne vorangegangene Untersuchung,[157] Rückdatierungen um mehr als zwei Tage,[158] die Anordnung einer im Hinblick auf die Diagnose ungewöhnlichen Therapie[159] oder die Nichtberücksichtigung der Krankheitsauswirkungen auf die vom Arbeitnehmer zu leistende Arbeit.[160] Die Glaubwürdigkeit eines ärztlichen Attestes, das im Nachhinein ausgestellt worden ist, kann zudem durch die Drohung mit einer Krankheit für den Fall der Nichtgewährung einer bestimmten Leistung erheblich erschüttert werden.[161] Das Schrifttum hat aber auf verschiedene Gesichtspunkte hingewiesen, mit deren Hilfe der Verdacht eines Missbrauchs der Arbeitsunfähigkeitsregeln ausgeräumt werden kann.[162]

---

[153] Zur „Krankenkontrolle" ausführlich *Edenfeld* DB 1997, 2273.
[154] BAG 19.2.1997 – 5 AZR 747/93, NZA 1997, 705.
[155] BAG 26.8.1993 – 2 AZR 154/93, NZA 1994, 63; 15.7.1992 – 5 AZR 312/91, NZA 1993, 23; LAG Hessen 28.11.2012 – 18 Sa 695/12, BeckRS 2013, 67417.
[156] BAG 26.8.1993 – 2 AZR 154/93, NZA 1994, 63; 5.11.1992 – 2 AZR 147/92, NZA 1993, 308; 4.10.1978 – 5 AZR 326/77, DB 1979, 653; Beispiele: Der Arbeitnehmer arbeitet während der ärztlich bestätigten Arbeitsunfähigkeit; der Arbeitnehmer, der wegen eines Tennisarmsyndroms arbeitsunfähig krankgeschrieben ist, verrichtet während der Zeit der attestierten Arbeitsunfähigkeit nicht nur gelegentlich schwere Gartenarbeit; der Arbeitnehmer kündigt die Arbeitsunfähigkeit als Reaktion auf eine Nichterfüllung seiner Wünsche an; Androhung der Arbeitsunfähigkeit im Fall der Ablehnung eines Urlaubsverlängerungsgesuchs.
[157] BAG 11.8.1976 – 5 AZR 422/75, DB 1977, 119.
[158] LAG Köln 21.11.2003 – 4 Sa 588/03, NZA-RR 2004, 572.
[159] LAG München 29.11.1988 – 2 Sa 673/88, NZA 1989, 599 (Anordnung einer vierwöchigen Bettruhe wegen eines LWS-Syndroms).
[160] LAG Hessen 11.6.1993 – 9 Sa 123/93, NZA 1994, 886.
[161] LAG Mecklenburg-Vorpommern 24.3.2010 – 2 Sa 309/09, BeckRS 2010, 71572.
[162] *Gaul* DB 1992, 2189; *Hunold* DB 1992, 2633: Information des Arztes über die Aufgaben des Arbeitnehmers, Berücksichtigung des Zusammenhangs zwischen Arbeitsleistung und Krankheit in der Arbeitsunfä-

88 Es ist zulässig, dass der Arbeitgeber den Arbeitnehmer bei einer anderweitigen Arbeit während der Arbeitsunfähigkeit fotografiert, um den Beweiswert der Arbeitsunfähigkeitsbescheinigung zu erschüttern. Der konkrete Verdacht der vorgetäuschten Arbeitsunfähigkeit stellt ein berechtigtes Interesse des Arbeitgebers dar, welches in der Güterabwägung Vorrang vor dem allgemeinen Persönlichkeitsrecht des Arbeitnehmers genießt.[163]

89 Eine **Erschütterung der Beweiskraft des Arbeitsunfähigkeitsattests eines ausländischen Arztes** ist möglich, wenn Umstände zusammenwirken, wie etwa die teilweise Nichtgewährung des erbetenen Urlaubs, die gemeinsame Urlaubsreise mit dem Ehepartner, der zeitgleich (mehr) Urlaub erhalten hatte, das Ende der angeblichen Arbeitsunfähigkeit mit Ablauf von zwei Monaten ab Urlaubsantritt, die widersprüchlichen Angaben des Ehepartners zur Krankheitsursache oder wenn die ärztliche Diagnose im Wesentlichen auf Grund subjektiver Angaben durch einen Arzt außerhalb seines Fachgebiets und in einem EU-Land ohne Einschaltung des ausländischen Sozialversicherungsträgers erfolgte.[164] Erschüttert werden kann der Wert der (ausländischen) Arbeitsunfähigkeitsbescheinigung zum Beispiel auch, wenn der erkrankte Arbeitnehmer keinen Erstattungsanspruch gegen die Krankenversicherung richtet, obwohl ihm versicherte Kosten entstanden sind und der Arzt in einer Folgebescheinigung das Fortbestehen einer Erkrankung bestätigt, deren Existenz er in der Erstbescheinigung gar nicht angegeben hat.[165]

90 Ist die **Beweiskraft der Arbeitsunfähigkeitsbescheinigung erschüttert**, obliegt es dem Arbeitnehmer, den Beweis für die Arbeitsunfähigkeit **auf andere Weise** (zB durch Vernehmung des behandelnden Arztes oder Zeugen) zu erbringen, um den Anspruch aus § 3 Abs. 1 S. 1 EFZG geltend zu machen.[166] Hierzu hat der Arbeitnehmer den behandelnden Arzt von der Schweigepflicht zu entbinden.[167]

91 **d) Mitwirkung der Krankenkassen.** Die Krankenkassen sind nach § 275 Abs. 1 Nr. 3b SGB V verpflichtet, zur Beseitigung von begründeten Zweifeln, die der Arbeitgeber darlegen muss, eine **gutachterliche Stellungnahme des Medizinischen Dienstes der Krankenversicherung** einzuholen.[168]

92 Das Gesetz nennt als Beispiele für Anlässe zu Zweifeln die Häufung von Arbeitsunfähigkeit am Beginn oder Ende der Woche, häufige kurzfristige Arbeitsunfähigkeitszeiten oder die Häufung der von einem Arzt ausgestellten Bescheinigungen (§ 275 Abs. 1a S. 1 SGB V). Der Arbeitgeber kann die Einholung einer gutachterlichen Stellungnahme verlangen (§ 275 Abs. 1a S. 3 SGB V), wovon die Krankenkasse nur unter bestimmten Voraussetzungen absehen kann (§ 275 Abs. 1a S. 4 SGB V).

93 Dieses Recht des Arbeitgebers, eine Überprüfung zu verlangen, hat Anlass zu Überlegungen gegeben, wonach der Arbeitgeber zunächst eine solche Überprüfung verlangen müsse, um die Arbeitsunfähigkeit später in Zweifel zu ziehen. Insbesondere soll er nach diesen Überlegungen die Entgeltfortzahlung nur verweigern können, wenn er das Überprüfungsverfahren eingeleitet hat.[169]

94 Allerdings gibt es **weder eine Rechtspflicht noch eine Obliegenheit** des Arbeitgebers, von dem Recht nach § 275 Abs. 1a S. 3 SGB V Gebrauch zu machen.[170] Die Gesetzesregelung will Maßnahmen zur Überprüfung und Verhinderung vorgetäuschter Arbeitsunfähigkeit erweitern und verstärken, nicht jedoch vorhandene arbeitsrechtliche Grundsätze – sogenannte „Indizienrechtsprechung" zur Erschütterung des Beweiswerts – verdrängen. Der Ge-

---

higkeitsbescheinigung, Feststellung einer objektivierbaren Diagnose, Einsatz des Direktionsrechts, Besuche, Erkundigungen, Krankengespräche.

[163] LAG Rheinland-Pfalz 11.7.2013 – 10 SaGa 3/13, BeckRS 2013, 71272.
[164] LAG Düsseldorf 25.8.1999 – 17 Sa 812/99, NZA-RR 2000, 13.
[165] LAG Hannover 14.5.1996 – 7 Sa 2214/95, LAGE EFZG § 7 Nr. 1.
[166] GmbH-HdB/*Moll/Reufels* Rn. IV 252.1; *Kühn* NZA 2012, 1249 (1251).
[167] LAG Rheinland-Pfalz 24.6.2010 – 11 Sa 178/10, BB 2010, 2172 unter Verweisung auf BAG 13.7.2005 – 5 AZR 389/04, BB 2005, 2642.
[168] *Hanau/Kramer* DB 1995, 94 (97); *Schaub* BB 1994, 1629 (1630); zum Verfahren der Überprüfung durch den Medizinischen Dienst siehe *Kühn* NZA 2012, 1249 (1252).
[169] LAG Sachsen-Anhalt 8.9.1998 – 8 Sa 676/97, NZA-RR 1999, 460; *Hanau/Kramer* DB 1995, 94 (99).
[170] *Hunold* DB 1995, 676 mwN.

setzeszweck würde ins Gegenteil verkehrt. Zusammenhänge zwischen Arbeits- und Sozialrecht geben nichts dafür her, ein In-Frage-Stellen der Arbeitsunfähigkeit von der Betätigung oder gar der Einhaltung der sozialrechtlichen Mechanismen der Krankenkassen abhängig zu machen. Zur rechtlichen Unbegründbarkeit der Gegenansicht treten gravierende praktische Einwände. Zum einen sind die Möglichkeiten des Medizinischen Dienstes mengenmäßig und zeitlich begrenzt. Zum anderen gehen die Verfahren der Krankenkassen gegenüber solchen Arbeitnehmern ins Leere, die nicht Mitglied einer gesetzlichen Krankenkasse sind. Denn für **Privatversicherte** gibt es kein vergleichbares Verfahren. Wird allerdings der Medizinische Dienst einmal eingeschaltet und verneint dieser in seinem Gutachten die Arbeitsunfähigkeit, so ist nicht nur der Beweiswert der Arbeitsunfähigkeitsbescheinigung erschüttert. Vielmehr ist dann der Beweis dafür erbracht, dass der Arbeitnehmer nicht (mehr) arbeitsunfähig ist.[171]

Seit dem 1.10.1991 sind **Arbeitsunfähigkeitsrichtlinien**[172] in Kraft. Sie bezwecken eine einheitliche Handhabung bei der Beurteilung der Arbeitsunfähigkeit durch den Arzt. **Rechtsgrundlage** ist § 92 Abs. 1 S. 2 Nr. 7 SGB V. Die Arbeitsunfähigkeitsrichtlinien sind für den Kassenarzt verbindlich (§ 81 Abs. 3 Nr. 2 SGB V). 95

e) **Rechtsfolgen einer Nachweispflichtverletzung.** § 5 EFZG begründet **keine selbstständige Verpflichtung des Arbeitnehmers**, sondern lediglich **unselbstständige Nebenpflichten**. Dennoch kommt nach § 7 Abs. 1 Nr. 1 EFZG ein **Leistungsverweigerungsrecht** hinsichtlich der Fortzahlung des Arbeitsentgelts in Betracht. Es ist jedoch auf **vom Arbeitnehmer zu vertretende Pflichtverletzungen** (§ 7 Abs. 2 EFZG) und nur auf Verletzung einzelner Pflichten des § 5 EFZG beschränkt. 96

aa) Leistungsverweigerungsrecht. Kommt der Arbeitnehmer der Pflicht zur Vorlage der Arbeitsunfähigkeitsbescheinigung (§ 5 Abs. 1 S. 2, 3 EFZG) nicht oder nicht rechtzeitig nach, so steht dem Arbeitgeber gemäß § 7 Abs. 1 Nr. 1 EFZG ein **Leistungsverweigerungsrecht** zu. Dies gilt auch, wenn der Arbeitnehmer den Verpflichtungen nach § 5 Abs. 2 EFZG bei Erkrankung im Ausland nicht nachkommt; nicht dagegen, wenn bloße Anzeigepflichten nach § 5 Abs. 1 S. 1 EFZG verletzt sind. Das Leistungsverweigerungsrecht ist jedoch nicht endgültig (§ 7 Abs. 1 Nr. 1 EFZG), sondern räumt dem Arbeitgeber nur das Recht ein, die Entgeltfortzahlung zeitweilig zu verweigern. Es erlischt rückwirkend, wenn der Arbeitnehmer anderweitig beweisen hat, arbeitsunfähig krank gewesen zu sein.[173] 97

Das Recht zur Leistungsverweigerung kann dauerhaft wirken, wenn der Arbeitnehmer sich auf Dauer weigert, die Arbeitsunfähigkeit nachzuweisen oder eine Überprüfung durch den medizinischen Dienst zu ermöglichen.[174] Das Gleiche gilt, wenn der Arbeitnehmer im Ausland erkrankt und ohne Beachtung der gebotenen Mitteilungen und Nachweise aus dem Ausland zurückkehrt, da die nachträgliche Einholung einer ausländischen Arbeitsunfähigkeitsbescheinigung nur ausnahmsweise möglich sein dürfte.[175] Das **BAG** hat dem zumindest für den Fall widersprochen, dass ein Arbeitnehmer die Urlaubsadresse nicht mitgeteilt hat.[176] 98

bb) Kündigung. Wiederholte Verstöße gegen Anzeige- und Nachweispflichten können nach vorheriger Abmahnung ein Recht zur **ordentlichen Kündigung** begründen.[177] Eine **außerordentliche Kündigung** ist nur ausnahmsweise gerechtfertigt, wenn im Einzelfall erschwerende Umstände zu der Verletzung der Anzeige- und Nachweispflichten hinzutreten.[178] 99

Der Arbeitnehmer, **der** eine **Arbeitsunfähigkeit** vortäuscht, begeht regelmäßig einen Betrug zum Nachteil des Arbeitgebers (§ 263 StGB). Dieses Verhalten kann je nach den Um- 100

---

[171] So mit ausführlicher Herleitung *Kühn* NZA 2012, 1249 (1253).
[172] BArbBl. 1991, Heft 11, 28; *Wanner* DB 1992, 93.
[173] BAG 1.10.1997 – 5 AZR 726/96, NZA 1998, 369.
[174] ErfK/*Reinhard* EFZG § 7 Rn. 9; MüKoBGB/*Müller-Glöge* EFZG § 7 Rn. 7.
[175] LAG Düsseldorf 12.10.1989 – 5 Sa 588/89, DB 1990, 488; LAG Hannover 14.5.1996 – 7 Sa 2214/95, LAGE EFZG § 7 Nr. 1; ErfK/*Reinhard* EFZG § 7 Rn. 9.
[176] BAG 19.2.1997 – 5 AZR 83/96, NZA 1997, 652.
[177] BAG 16.8.1991 – 2 AZR 604/90, NZA 1993, 17; LAG Sachsen-Anhalt 24.8.2010 – 6 Sa 13/10, BeckRS 2010, 75224.
[178] BAG 15.1.1986 – 7 AZR 128/83, AP BGB § 626 Nr. 93.

ständen des Einzelfalls einen Grund für eine **außerordentliche Kündigung** darstellen.[179] Eine vorherige Abmahnung ist bei derartigen Pflichtverletzungen des Arbeitnehmers, insbesondere in extremen Fällen, regelmäßig nicht erforderlich.[180] Das wurde etwa angenommen bei der außerordentlichen (Verdachts-)Kündigung eines Arbeitnehmers, der während der Gültigkeitsdauer einer Arbeitsunfähigkeitsbescheinigung auf der Baustelle im Haus seiner Tochter tätig wurde. Die Arbeit auf der Baustelle begründete den dringenden Verdacht, dass der Arbeitnehmer auch in seiner Tätigkeit als Masseur wieder arbeitsfähig war.[181]

101 Geht der Arbeitnehmer Freizeitaktivitäten nach, die mit seiner Arbeitsunfähigkeit nur schwer in Einklang zu bringen sind, kann darin ein pflichtwidriger, zur außerordentlichen Kündigung berechtigender Verstoß gegen die vertraglichen Rücksichtnahmepflichten liegen. Ein arbeitsunfähig erkrankter Arbeitnehmer muss sich so verhalten, dass er bald wieder gesund wird und an seinen Arbeitsplatz zurückkehren kann. Er hat alles zu unterlassen, was seine Genesung verzögern könnte. Deshalb kann ein pflichtwidriges Verhalten vorliegen, wenn ein Arbeitnehmer bei bescheinigter Arbeitsunfähigkeit den Heilungserfolg durch gesundheitswidriges Verhalten gefährdet. Dies ist beispielsweise der Fall, wenn der Arbeitnehmer trotz bescheinigter Arbeitsunfähigkeit in den Urlaub fährt, es sei denn, dies wurde ihm ärztlich angeraten.[182] Erst recht muss dies gelten, wenn sich der Arbeitnehmer im Urlaub erhebliche Verletzungen zuzieht. Andererseits ist der Arbeitnehmer nicht in jedem Fall verpflichtet, zu Hause oder gar im Bett zu bleiben. Welches Verhalten die Genesung noch zulässt, bestimmt sich nach der jeweiligen Krankheit.[183]

102 Auch bei einer **Nebenbeschäftigung** trotz tatsächlicher Arbeitsunfähigkeit kann je nach den Umständen eine fristlose Kündigung ohne vorherige Abmahnung gerechtfertigt sein,[184] wenn der Arbeitnehmer dadurch die Genesung verzögert und den Entgeltfortzahlungszeitraum verlängert. Dabei ist eine Tätigkeit während der Arbeitsunfähigkeit als solche kein Kündigungsgrund. In Betracht kommen jedoch die Kündigungsgründe eines **Wettbewerbsverstoßes**, die **Vortäuschung der Krankheit**, das **Erschleichen der Entgeltfortzahlung** sowie die **Gefährdung des Heilungsverlaufs** und damit eine **Verlängerung der Arbeitsunfähigkeit**.[185] Führt der Arbeitnehmer in den letzten Tagen seiner Arbeitsunfähigkeit leichte Tätigkeiten wie Autofahren aus, so ist darin kein genesungswidriges Verhalten zu sehen, wenn der behandelnde Arzt dem Arbeitnehmer keine besonderen Verhaltensmaßregeln oder Verbote auferlegt hat.[186]

103 Im **Kündigungsrechtsstreit** muss der Arbeitnehmer konkret darlegen, weshalb er gesundheitlich nicht in der Lage war, im Hauptarbeitsverhältnis zu arbeiten, obwohl er einer anderweitigen Tätigkeit nachgegangen ist.[187] Wenn der Beweiswert der Arbeitsunfähigkeitsbescheinigung erschüttert ist, steht damit noch keineswegs fest, dass der Arbeitnehmer arbeitsfähig war.[188] Vielmehr hat der Arbeitnehmer weiterhin die Möglichkeit, Tatsachen vorzutragen und zu beweisen, die belegen, dass er bzgl. der einen Tätigkeit arbeitsfähig, bzgl. der anderen aber noch arbeitsunfähig war.[189] Als Beweismittel kommt etwa die Vernehmung des – von der Schweigepflicht entbundenen – Arztes in Betracht.[190] Soweit der Vortrag des Arbeitnehmers substantiiert ist, trägt wiederum der Arbeitgeber die Beweislast

---

[179] BAG 17.6.2003 – 2 AZR 123/02, NZA 2004, 564; 26.8.1993 – 2 AZR 154/93, DB 1993, 2534; LAG Rheinland-Pfalz 13.7.2017 – 5 SA 49/17; GmbH-HdB/*Moll*/*Reufels* Rn. IV 252.2.
[180] BAG 26.8.1993 – 2 AZR 154/93, DB 1993, 2534.
[181] LAG Rheinland-Pfalz 11.7.2013 – 10 Sa 100/13, BeckRS 2013, 71999.
[182] BAG 2.3.2006 – 2 AZR 53/05, NZA-RR 2006, 636 [Skiurlaub bei Arbeitsunfähigkeit durch Hirnhautentzündung].
[183] LAG Mecklenburg-Vorpommern 5.3.2013 – 5 Sa 106/12, BeckRS 2013, 67292; LAG Hessen 28.11.2012 – 18 Sa 695/12, BeckRS 2013, 67417.
[184] BAG 26.8.1993 – 2 AZR 154/93, NZA 1994, 63 (Erwerbstätigkeit bei einem anderen Arbeitgeber).
[185] LAG Köln 9.10.1998 – 11 Sa 400/9, NZA-RR 1999, 188 (Wohnungsrenovierung); zu Pflichtverletzungen des Arbeitnehmers bei Krankheit als Kündigungsgrund ausführlich *Lepke* NZA 1995, 1084.
[186] LAG Rheinland-Pfalz 13.7.2017 – 5 Sa 49/17.
[187] BAG 26.8.1993 – 2 AZR 154/93, NZA 1994, 63.
[188] Diesem Irrtum erliegen in der Praxis viele Arbeitgeber, *Kühn* NZA 2012, 1249 (1250).
[189] LAG Rheinland-Pfalz 8.10.2013 – 6 Sa 188/13, NZA-RR 2014, 127.
[190] *Kühn* NZA 2012, 1249 (1251).

für die Arbeitsfähigkeit des Arbeitnehmers. Er muss – über das Vorbringen, mit dem er die Arbeitsunfähigkeitsbescheinigung zu Fall gebracht hat, hinaus – den neuen Sachvortrag des Arbeitnehmers widerlegen.[191]

f) Sonderfall: Informationspflicht bei Erkrankung an dem SARS-CoV-2-Virus. Als sich der SARS-CoV-2-Virus Anfang des Jahres 2020 rasant um den Globus verbreitete und mit allen Mitteln versucht wurde, dessen Verbreitung einzudämmen, forderten viele Arbeitgeber ihre Arbeitnehmer auf, zu melden, ob sie nachweislich an dem Virus erkrankt seien oder ob sie für den Virus typische Symptome aufwiesen. Ebenso sollten sie teilweise melden, wenn sie Kontakt zu Personen aus dem Risikogebiet hatten oder selbst vor kurzem aus einem zurückgekehrt seien. Aus § 5 Abs. 1 EFZG kann eine solche Informationspflicht nicht hergeleitet werden. Eine solche Verpflichtung kann sich aber aus dem Rücksichtnahmegebot aus §§ 241 Abs. 2, 242 BGB ergeben. Danach ist der Arbeitnehmer verpflichtet, Schäden und sonstige Nachteile von seinem Arbeitgeber abzuwenden. Einer Pflicht zur Mitteilung der Krankheitsdiagnose und -symptome steht jedoch das Datenschutzrecht entgegen. Anders schaut es bezüglich eines Fragerechts des Arbeitgebers aus. Dessen Reichweite wird grundsätzlich von der im Einzelfall geschuldeten Arbeitsleistung abhängig sein. Je größer die Ansteckungsgefahr bei dieser Tätigkeit für die anderen Arbeitnehmer oder Kunden, desto weiter wird das Fragerecht gehen. Auch aus fürsorgerechtlichen Aspekten ist der Arbeitgeber dazu befugt, seine Arbeitnehmer zu befragen, ob sie sich in Risikogebieten aufgehalten haben oder Kontakt zu Personen hatten, die aus diesen Gebieten kamen. Schließlich muss der Arbeitgeber seinerseits seinen Fürsorgepflichten gegenüber den übrigen Arbeitnehmern und seinen Schutzpflichten gegenüber den Kunden genügen. Insofern ist anerkannt, dass der Arbeitgeber den Arbeitnehmer nach ansteckenden Krankheiten befragen darf.[192]

6. Zeitraum der Entgeltfortzahlung

Der **Anspruch** des Arbeitnehmers auf Entgeltfortzahlung **entsteht mit dem objektiven Eintritt der krankheitsbedingten Arbeitsunfähigkeit**, sofern der Arbeitnehmer ohne Verschulden seine Leistung nach vierwöchiger ununterbrochener Dauer des Arbeitsverhältnisses nicht erbringen kann (§ 3 Abs. 1 S. 1 iVm Abs. 3 EFZG).[193] Er endet, wenn der Arbeitnehmer wieder **arbeitsfähig** ist. Dies ist in der Regel der letzte Tag der in der Arbeitsunfähigkeitsbescheinigung attestierten Periode. Die Entgeltfortzahlung wird gemäß § 3 Abs. 1 EFZG für die **Zeit der Arbeitsunfähigkeit** gewährt, jedoch nur für **längstens sechs Wochen bzw. 42 Kalendertage**.

Ein über sechs Wochen hinausgehender Anspruch auf Entgeltfortzahlung kann sich aus §§ 280 ff. BGB ergeben, wenn **der Arbeitgeber die Krankheit** des Arbeitnehmers beispielsweise durch Belastung mit unzulässiger Mehrarbeit **verschuldet** hat. Handelt es sich bei der vom Arbeitgeber verschuldeten krankheitsbedingten Arbeitsunfähigkeit um einen **Arbeitsunfall**, ist ein derartiger Anspruch wegen § 104 SGB VII ausgeschlossen.

a) Beginn des Sechswochenzeitraums. Der Beginn des Sechswochenzeitraums bestimmt sich nach § 187 Abs. 1 BGB. Tritt die **Arbeitsunfähigkeit nach oder während der Arbeitsschicht** ein, wird der Tag, an dem der Arbeitnehmer erkrankt, nicht mitgerechnet.[194] Der Arbeitnehmer hat die Arbeitsunfähigkeit jedoch für die ausgefallene Arbeitszeit zu beweisen, um vergütet zu werden.[195] Erkrankt der Arbeitnehmer jedoch **vor Beginn seiner Arbeitsschicht**, ist dieser Tag hinsichtlich des Sechswochenzeitraums mitzurechnen.[196]

Ruhen die beiderseitigen Hauptpflichten aus dem Arbeitsverhältnis, beginnt die Sechswochenfrist erst an dem Tag zu laufen, an dem das Arbeitsverhältnis voll wirksam wird und die krankheitsbedingte Arbeitsunfähigkeit fortdauert.[197] Tritt das Ruhen des Arbeitsverhält-

---

[191] LAG Rheinland-Pfalz 8.10.2013 – 6 Sa 188/13, NZA-RR 2014, 127.
[192] MüKoBGB/*Spinner* § 611a Rn. 1002; MüKoBGB/*Müller-Glöge* EFZG § 5 Rn. 8.
[193] Zur Wartezeit Kaiser/Dunkl/Hold/Kleinsorge/*Dunkl* EFZG § 3 Rn. 124; *Vossen* NZA 1998, 354.
[194] BAG 4.5.1971 – 1 AZR 305/70, AP LohnFG § 1 Nr. 3.
[195] BAG 26.2.2003 – 5 AZR 112/02, AP EntgeltFG § 5 Nr. 8.
[196] BAG 21.9.1971 – 1 AZR 65/71, DB 1971, 2485.
[197] BAG 26.8.1960 – 1 AZR 202/59, DB 1961, 170.

nisses während einer krankheitsbedingten Arbeitsunfähigkeit ein, wird die Pflicht zur Entgeltfortzahlung sowie der Sechswochenzeitraum unterbrochen. Von einem Ruhen ist dann auszugehen, wenn auf Grund von Gesetz oder kollektiv- bzw. einzelvertraglicher Vereinbarung die wesentlichen Pflichten aus dem Arbeitsverhältnis ausgesetzt sind, das rechtliche Band aber nicht unterbrochen ist. Dies gilt nach § 1 Abs. 1 ArbPlSchG bei **Wehrübungen**,[198] während der **Beschäftigungsverbote** nach §§ 3 Abs. 1, 2 MuSchG und der **Elternzeit** nach § 15 BEEG,[199] bei **unbezahltem Sonderurlaub**[200] sowie bei **Arbeitsausfall infolge Aussperrung und Streik**.[201]

109 Ist der Arbeitnehmer **neben der Arbeitsunfähigkeit auch aus anderen Gründen** an der Erbringung der Arbeitsleistung gehindert, ohne dass ein Ruhen des Arbeitsverhältnisses im oben genannten Sinne vorliegt, besteht für diese Zeit kein Entgeltfortzahlungsanspruch nach dem EFZG. Die Sechswochenfrist beginnt mit Eintritt der krankheitsbedingten Arbeitsunfähigkeit. Die Tage, an denen Entgeltfortzahlung nicht zu leisten war, werden bei der Berechnung des Sechswochenzeitraumes mitgerechnet.[202] Der Zeitraum verlängert sich somit nicht um die Tage, an denen der arbeitsunfähig erkrankte Arbeitnehmer, wäre er arbeitsfähig geblieben, aus anderen Gründen nicht hätte arbeiten können. Dies gilt beispielsweise bei **witterungsbedingtem Arbeitsausfall**[203] oder beim **Arbeitskampf**.[204] Etwas anderes gilt nur, wenn mit dem Eintritt der witterungsbedingten Unterbrechung das Arbeitsverhältnis nicht fortbesteht, so dass der Arbeitnehmer keinen Lohnanspruch hat.[205]

110 **b) Ende des Sechswochenzeitraums.** Das Ende des Sechswochenzeitraums bestimmt sich nach § 188 Abs. 2 BGB.[206] § 193 BGB ist nicht anzuwenden.

111 **Bei durchgehender Erkrankung** endet der Entgeltfortzahlungsanspruch mit Ablauf desjenigen Tages der sechsten Woche, der durch seine Benennung dem Tage entspricht, an welchem die Arbeitsunfähigkeit eintrat. Nach dem Grundsatz der **Einheit des Verhinderungsfalles** hat der Arbeitnehmer nur einmal Anspruch auf sechs Wochen Entgeltfortzahlung, auch wenn er während einer bestehenden Arbeitsunfähigkeit anderweitig erkrankt, wodurch er ebenfalls arbeitsunfähig wird.[207] Der Entgeltfortzahlungsanspruch ist in **jeder Arbeitsunfähigkeitsperiode auf sechs Wochen** beschränkt. Weitere Krankheiten sind nicht ursächlich für die Arbeitsverhinderung. Dies gilt unabhängig davon, ob die verschiedenen Krankheiten für sich je kürzer als sechs Wochen sind. Die Sechs-Wochen-Grenze stellt eine **Zumutbarkeitsgrenze** dar, die allein an der Dauer der Arbeitsverhinderung infolge Krankheit und unabhängig von der Ursache orientiert ist. Es genügt, dass innerhalb der sechs Wochen ständig irgendeine zur Arbeitsunfähigkeit führende Krankheit vorliegt. Ob und wie lange zusätzlich andere Krankheiten bestehen, ist unerheblich.[208] Der Grundsatz der Einheit des Verhinderungsfalls gilt aber nicht, wenn sich eine Maßnahme der medizinischen Vorsorge und Rehabilitation nach § 9 Abs. 1 EFZG an eine Arbeitsunfähigkeit in Folge Krankheit nach § 3 Abs. 1 EFZG anschließt oder einer solchen vorausgeht.[209]

112 Erkrankt der Arbeitnehmer **nicht durchgehend** für sechs Wochen, liegen aber mehrere Zeiträume der Arbeitsunfähigkeit infolge **derselben** Krankheit vor, so wird der Sechswochenzeitraum ermittelt, indem **die einzelnen Zeiten der Arbeitsunfähigkeit zusammengerechnet** werden, bis 42 Kalendertage verbraucht sind.[210]

---

[198] BAG 2.3.1971 – 1 AZR 284/70, DB 1971, 1627.
[199] BAG 29.9.2004 – 5 AZR 558/03, NZA 2005, 225; 10.2.1993 – 10 AZR 450/91, NZA 1993, 801.
[200] BAG 25.5.1983 – 5 AZR 236/80, NJW 1984, 686; 14.6.1974 – 5 AZR 467/73, RdA 1974, 315.
[201] BAG 13.2.2007 – 9 AZR 52/06; 1.10.1991 – 1 AZR 147/91, NZA 1992, 163; 7.6.1988 – 1 AZR 597/86, NZA 1988, 890.
[202] BAG 8.3.1973 – 5 AZR 491/72, DB 1973, 152.
[203] BAG 22.8.2001 – 5 AZR 699/99, NZA 2002, 610; 27.8.1971 – 1 AZR 68/71, DB 1972, 679.
[204] BAG 8.3.1973 – 5 AZR 491/72, DB 1973, 152.
[205] BAG 22.8.2001 – 5 AZR 699/99, NZA 2002, 610.
[206] So auch *Schmitt* EFZG § 3 Rn. 238 mwN.
[207] BAG 10.9.2014 – 10 AZR 651/12, NZA 2014 1139; 26.2.1992 – 5 AZR 120/91; 2.12.1981 – 5 AZR 89/80, DB 1982, 601.
[208] BAG 14.9.1983 – 5 AZR 70/81, DB 1983, 2783; 27.7.1977 – 5 AZR 318/76, DB 1977, 2238.
[209] BAG 10.9.2014 – 10 AZR 651/12, NZA 2014, 1139 Rn. 18 ff.
[210] BAG 22.8.2001 – 5 AZR 699/99, NZA 2002, 610.

Nach Ablauf der Sechs-Wochen-Frist hat der Arbeitnehmer einen **Anspruch auf Kranken-** 113
geld gegen die gesetzliche Krankenkasse. Nach § 48 SGB V wird das Krankengeld ohne zeitliche Begrenzung gewährt, jedoch längstens für 78 Wochen innerhalb von je drei Jahren für den Fall der Arbeitsunfähigkeit wegen derselben Krankheit.

c) **Arbeitsunfähigkeit infolge einer neuen Krankheit.** Für jede **Krankheit**, die medizinisch 114
unabhängig von einer Vorerkrankung ist und zu einem Zeitpunkt ausbricht, in dem der Arbeitnehmer arbeitsfähig ist, hat der Arbeitnehmer einen Entgeltfortzahlungsanspruch gemäß § 3 Abs. 1 S. 1 EFZG für **erneut sechs Wochen**.

Verschiedene krankheitsbedingte Arbeitsunfähigkeitszeiträume liegen nur bei **einer Un-** 115
terbrechung vor, die jeweils einen **selbstständigen Entgeltfortzahlungsanspruch** auslöst. Eine solche Unterbrechung ist zu bejahen, wenn der Arbeitnehmer die Arbeit wieder aufgenommen hat oder wenn er arbeitsfähig ist, aber tatsächlich nicht gearbeitet hat, weil er nur wenige, außerhalb der Arbeitszeit liegende Stunden arbeitsfähig gewesen ist.[211] Die Entgeltfortzahlungspflicht des Arbeitgebers lebt dann neu auf.[212] **Keine Unterbrechung** liegt vor, wenn der Arbeitnehmer von der Ersterkrankung nicht genesen ist, bevor die Zweiterkrankung auftrat.[213] Es ist zwingend notwendig, dass die erste krankheitsbedingte Arbeitsverhinderung bereits zu dem Zeitpunkt beendet war, zu dem der Arbeitnehmer an der Zweiterkrankung erkrankte.[214] Eine Unterbrechung liegt auch dann nicht vor, wenn ein bloßer **Arbeitsversuch** vorliegt.[215]

Eine neue krankheitsbedingte Arbeitsunfähigkeit ist auch dann gegeben, wenn der Ar- 116
beitnehmer erneut an der Krankheit, welche die vorherige Arbeitsunfähigkeit verursacht hat, erkrankt, nachdem diese **medizinisch völlig ausgeheilt** ist.[216]

Hierbei trägt der Arbeitnehmer die **Beweislast** sowohl für den Beginn als auch für das 117
Ende der Arbeitsunfähigkeit.[217] Er muss darlegen und beweisen, dass er von der Ersterkrankung genesen war, bevor die zweite Erkrankung auftrat. Ein neuer Anspruch entsteht nur, wenn keine Einheit des Verhinderungsfalles besteht. Dessen Nichtvorliegen ist somit eine Voraussetzung für die Geltendmachung des Anspruchs auf Entgeltfortzahlung.[218] Das Vorliegen der Anspruchsvoraussetzungen hat der Arbeitnehmer zu beweisen.[219] Dabei reicht es nicht aus, wenn eine ärztliche Erstbescheinigung eines Arztes einer gänzlich anderen Fachrichtung vorgelegt wird.[220]

d) **Fortsetzungskrankheit.** Ein **Entgeltfortzahlungsanspruch bei wiederholter Arbeitsunfä-** 118
higkeit infolge derselben Krankheit besteht nur für sechs Wochen, sofern nicht die Ausnahmetatbestände von § 3 Abs. 1 S. 2 EFZG eingreifen.[221]

Für das Bestehen der Fortsetzungserkrankung trägt nach ursprünglicher Rechtsprechung 119
des BAG der Arbeitgeber die **Beweislast**. Diese Linie hat das BAG jedoch teilweise aufgegeben, um der Unkenntnis des Arbeitgebers von den Krankheitsursachen bei der Verteilung der Darlegungslast zum Bestehen Rechnung zu tragen.[222] Um die Voraussetzungen einer Fortsetzungskrankheit mit Hilfe des Anscheinsbeweises belegen zu können, fehlt es dem Arbeitgeber regelmäßig an den notwendigen Detailkenntnissen von den Krankheitsursachen.[223] Bestreitet der Arbeitgeber das Vorliegen einer neuen Krankheit, obliegt dem Arbeit-

---

[211] BAG 14.9.1983 – 5 AZR 70/81, DB 1983, 2783; 27.7.1977 – 5 AZR 318/76, DB 1977, 2238.
[212] BAG 2.12.1981 – 5 AZR 89/80, DB 1982, 601.
[213] BAG 11.12.2019 – 5 AZR 505/18.
[214] BAG 11.12.2019 – 5 AZR 505/18.
[215] BAG 1.6.1983 – 5 AZR 468/80, DB 1983, 2203; LAG Rheinland-Pfalz 23.11.2004 – 2 Sa 666/04, AE 2006, 95.
[216] BAG 18.5.1957 – 2 AZR 600/56, BAGE 4, 111.
[217] BAG 22.5.2016 – 5 AZR 318/15, BB 2016, 2042; LAG Köln 15.11.2016 – 12 Sa 453/16; LAG Niedersachsen 26.9.2018 – 7 Sa 336/18.
[218] BAG 11.12.2019 – 5 AZR 505/18; 22.5.2016 – 5 AZR 318/15, BB 2016, 2042.
[219] BAG 13.7.2005 – 5 AZR 389/04, DB 2005, 2359.
[220] BAG 11.12.2019 – 5 AZR 505/18.
[221] BAG 13.7.2005 – 5 AZR 389/04, DB 2005, 2359.
[222] BAG 10.9.2014 – 10 AZR 651/12, NZA 2014, 1139 Rn. 27; 13.7.2005 – 5 AZR 389/04, DB 2005, 2359; LAG Niedersachsen 13.4.2007 – 3 Sa 1620/06, BeckRS 2011, 66877.
[223] *Müller-Glöge* RdA 2006, 105 (116).

nehmer die Darlegung der Tatsachen, die den Schluss erlauben, es habe keine Fortsetzungserkrankung vorgelegen. Dazu hat der Arbeitnehmer den Arzt von der Schweigepflicht zu entbinden.[224] Die Folgen der Nichtbeweisbarkeit trägt allerdings der Arbeitgeber, den nach § 3 Abs. 1 S. 2 Nr. 1 und 2 EFZG die objektive Beweislast trifft.

120   Den Arbeitgeber trifft schließlich eine **Erkundigungspflicht,** wenn sich objektive Anhaltspunkte für eine Fortsetzungskrankheit ergeben. Der Arbeitnehmer hat dabei die Pflicht zur Mitwirkung an der Aufklärung aller für die Rechtslage erheblichen Umstände. Insbesondere ist er dazu verpflichtet, den Arzt oder die Krankenkasse von der Schweigepflicht zu befreien (allerdings nur hinsichtlich der Frage, ob eine Fortsetzungserkrankung vorliegt). Lehnt der Arbeitnehmer die Mitwirkung ab, kann der Arbeitgeber die Entgeltfortzahlung verweigern.[225]

121   *aa) Dieselbe Krankheit.* Eine **wiederholte Arbeitsunfähigkeit** infolge **derselben Krankheit** liegt vor, wenn die Krankheit, auf der die frühere Arbeitsunfähigkeit beruhte, in der Zeit zwischen dem Ende der vorausgegangenen und dem Beginn der neuen Arbeitsunfähigkeit medizinisch nicht völlig ausgeheilt war, sondern vielmehr **latent als Grundleiden fortbestanden** hat. Die neue Erkrankung stellt dann an sich lediglich eine Fortsetzung der früheren Erkrankung dar.[226] Das nicht behobene Grundleiden kann auch durch verschiedene Symptome zutage treten. Die Annahme einer Fortsetzungskrankheit wird nicht dadurch ausgeschlossen, dass neben derselben Krankheit eine weitere mit Arbeitsunfähigkeit verbundene Krankheit besteht. Ebenso wird die **Kombination von krankheitsbedingter Arbeitsunfähigkeit und** wegen dieser Krankheit erforderlichen **Maßnahmen der medizinischen Vorsorge oder Rehabilitation** nach § 9 EFZG als Fortsetzungskrankheit behandelt.[227]

122   Der Fortsetzungszusammenhang wird auch nicht dadurch unterbrochen, dass der Arbeitnehmer zwischen zwei auf demselben Grundleiden basierenden Krankheiten anderweitig arbeitsunfähig erkrankt, ohne dass sich die Zeiträume überschneiden.

123   *bb) Überschneidungen von Krankheiten.* Die Berechnung des Sechswochenzeitraums kann Probleme aufwerfen, wenn sich die **Fortsetzungskrankheit mit anderen Krankheiten** überschneidet. In diesen Fällen gilt, dass die Fortsetzungskrankheit aus einer früheren Arbeitsunfähigkeitsperiode bei der späteren Berechnung des Sechswochenzeitraums herangezogen wird, wenn sie in der früheren Arbeitsunfähigkeitsperiode für die eine Entgeltfortzahlungspflicht begründende Arbeitsunfähigkeit **ursächlich** gewesen ist. Dies wird in unterschiedlichen Situationen relevant.

124   Der Arbeitnehmer erkrankt, nachdem er wieder arbeitsfähig geworden ist, an einer anderen Krankheit, die mit der ersten Krankheit nicht zusammenhängt. **Während dieser zweiten Krankheit tritt die frühere Krankheit wieder auf.** Solange beide Krankheiten nebeneinander zur Arbeitsunfähigkeit führen, fehlt es an einem Fortsetzungszusammenhang, so dass ein neuer Verhinderungsfall vorliegt, der einen neuen Entgeltfortzahlungsanspruch begründet.

Beispiel:
Der Arbeitnehmer ist vom 1.4. bis zum 22.5. sowie vom 3.7. bis zum 15.7. wegen derselben Krankheit arbeitsunfähig. Noch vor der zweiten Krankheitsperiode (1.7.) erkrankt der Arbeitnehmer an einer anderen Krankheit und ist deswegen bis zum 30.7. arbeitsunfähig. Dadurch besteht keine Fortsetzungskrankheit, so dass für beide Zeiträume ein Entgeltfortzahlungsanspruch besteht.

125   Andererseits kann **während eines bestehenden Entgeltfortzahlungszeitraums eine zweite Krankheit** die Arbeitsunfähigkeit begründen, ohne eine eigene Entgeltfortzahlung auszulösen. **Endet** die zweite Krankheit **gleichzeitig** oder **vor der Ersten,** so dass sie nicht allein die Arbeitsunfähigkeit begründet und **erkrankt der Arbeitnehmer nochmals an der zweiten Krankheit,** liegt **keine Fortsetzungskrankheit** vor. Für diese zweite Zeit der Arbeitsunfähig-

---

[224] BAG 22.5.2016 – 5 AZR 318/15, BB 2016, 2042; 10.9.2014 – 10 AZR 651/12, NZA 2014, 1139 Rn. 27; 13.7.2005 – 5 AZR 389/04, DB 2005, 2359.
[225] BAG 19.3.1986 – 5 AZR 86/85, DB 1986, 1877.
[226] BAG 4.12.1985 – 5 AZR 656/84, NZA 1986, 289; 14.11.1984 – 5 AZR 394/82, DB 1985, 710; 18.5.1957 – 2 AZR 600/56, BAGE 4, 111.
[227] BAG 10.9.2014 – 10 AZR 651/12, NZA 2014, 1139 Rn. 26; 22.8.1984 – 5 AZR 489/81, NZA 1985, 359.

keit wird der sechswöchige Entgeltfortzahlungsanspruch erneut ausgelöst. Die Tage, an denen der Arbeitnehmer früher an dieser Fortsetzungskrankheit erkrankt war, werden bei der Berechnung des neuen Entgeltfortzahlungszeitraums nicht in Abzug gebracht, da an diesen Tagen nicht die Fortsetzungskrankheit, sondern die zuerst aufgetretene Krankheit ursächlich für die Arbeitsunfähigkeit war.[228]

Beispiel:
Der Arbeitnehmer war vom 25.5. bis 30.6. wegen eines Zwölffingerdarmgeschwürs arbeitsunfähig krank (37 Tage). Vom 20.6. bis 30.6. (11 Tage) und vom 7.9. bis 18.10. erkrankte der Arbeitnehmer an einer Lumbalgie (Wirbelsäulenerkrankung). Der Arbeitgeber zahlte für die Zeit vom 25.5. bis 30.6. für 37 Tage und vom 7.9. bis 18.10. für 31 Tage (42 – 11 = 31 Tage) das Entgelt fort. Das BAG verurteilte den Arbeitgeber, ab dem 7.9. insgesamt 42 Tage Entgeltfortzahlung zu leisten.

Schließlich kann **während des Entgeltfortzahlungszeitraums eine zweite Krankheit hinzukommen und später enden.** Ist für die zweite und später endende Krankheit Entgelt fortgezahlt worden, weil nach dem Ende der ersten Krankheit die Frist von sechs Wochen noch nicht abgelaufen gewesen ist, ist der insoweit mit Entgeltfortzahlung belegte Zeitraum für die Fortsetzungserkrankung bei Berechnung des neuen Entgeltfortzahlungszeitraums in Abzug zu bringen.[229]

Beispiel:
Der Arbeitnehmer erkrankte vom 21.1. bis 2.3. an einer Rippenfraktur. Vom 19.2. bis 12.3., 17.4. bis 9.5. und 7.11. bis 19.11. erkrankte er an einem ebenfalls zur Arbeitsunfähigkeit führenden Handekzem. Der Arbeitgeber muss zunächst das Entgelt für die Arbeitsunfähigkeit infolge der Rippenfraktur (21.1. bis 2.3.) und damit für 41 Tage zahlen und für einen weiteren Tag auf Grund der Arbeitsunfähigkeit infolge des Handekzems (3.3.). Damit ist Vergütungsfortzahlung für den ersten 6-Wochen-Zeitraum geleistet. Vom 4.3. bis 12.3. entfällt die Entgeltfortzahlung nach dem Grundsatz der Einheit des Verhinderungsfalls. Für die weiteren Arbeitsverhinderungen in der Zeit vom 17.4. bis 9.5. und 7.11. bis 19.11. kann der Arbeitnehmer noch 41 Tage Entgeltfortzahlung verlangen. Ab dem 3.3. (Beginn des Handekzems) beginnt ein neuer Entgeltfortzahlungszeitraum von 42 Tagen, auf den ein Tag (3.3.) anzurechnen ist.

cc) Ausnahmetatbestände gemäß § 3 Abs. 1 S. 2 EFZG. Ausnahmsweise wird für weitere sechs Wochen Entgeltfortzahlung für dieselbe Krankheit gewährt, wenn der Arbeitnehmer vor der erneuten Arbeitsunfähigkeit **mindestens sechs Monate nicht infolge derselben Krankheit arbeitsunfähig** gewesen ist (§ 3 Abs. 1 S. 2 Nr. 1 EFZG) oder wenn seit Beginn der ersten Arbeitsunfähigkeit **infolge derselben Krankheit eine Frist von 12 Monaten abgelaufen** ist (§ 3 Abs. 1 S. 2 Nr. 2 EFZG). Entgeltfortzahlung wird dagegen nicht gewährt, wenn der Arbeitnehmer vor Ablauf der Frist erneut arbeitsunfähig wird und über deren Ablauf hinaus arbeitsunfähig bleibt.[230]

Der **Sechsmonatszeitraum** (§ 3 Abs. 1 S. 2 Nr. 1 EFZG) berechnet sich gemäß §§ 187 Abs. 1, 188 Abs. 2, 3 BGB nach der **Methode der Rückberechnung.**[231] Das Ende der vorausgegangenen auf derselben Krankheit beruhenden Arbeitsunfähigkeit muss also mindestens sechs Monate zurückliegen. Eine Unterbrechung der Sechsmonatsfrist erfolgt nicht, wenn dieselbe Krankheit neben eine andere zur Arbeitsunfähigkeit führende Krankheit tritt, ohne selbst den Entgeltfortzahlungsanspruch auszulösen.[232]

Bei dem **Zwölfmonatszeitraum** (§ 3 Abs. 1 S. 2 Nr. 2 EFZG) ist jeweils auf den Beginn der einzelnen Krankheitsperioden abzustellen.[233] Die Berechnung erfolgt gemäß §§ 187 Abs. 1, 188 Abs. 2 BGB, so dass die Frist mit Ablauf desjenigen Tages des folgenden zwölften Monats endet, der durch seine Benennung oder Zahl dem Tage entspricht, an welchem die erstmalige Arbeitsunfähigkeit eintrat.

Erwirbt der Arbeitnehmer bei einer Fortsetzungserkrankung nach Ablauf der Sechsmonatsfrist einen neuen Entgeltfortzahlungsanspruch, wird die Zwölfmonatsfrist unterbrochen

---

[228] BAG 19.6.1991 – 5 AZR 304/90, NZA 1991, 894.
[229] BAG 2.2.1994 – 5 AZR 345/93, NZA 1994, 547.
[230] BAG 14.3.2007 – 5 AZR 514/06, DB 2007, 1360.
[231] BAG 29.9.1982 – 5 AZR 130/80, DB 1983, 233; 30.8.1973 – 5 AZR 202/73, BB 1973, 1533.
[232] BAG 22.8.1994 – 5 AZR 489/81, NZA 1985, 359; 19.6.1991 – 5 AZR 304/90, DB 1991, 2291.
[233] BAG 16.12.1987 – 5 AZR 510/86, NZA 1988, 365; 30.8.1973 – 5 AZR 202/73, BB 1973, 1533.

und mit Beginn der außerhalb des Sechsmonatszeitraums liegenden, auf der Fortsetzungserkrankung beruhenden Arbeitsunfähigkeit in Gang gesetzt.[234]

7. Höhe der Entgeltfortzahlung

131 Für den Zeitraum der Entgeltfortzahlung hat der Arbeitnehmer Anspruch auf das Arbeitsentgelt, welches ihm bei der für ihn maßgebenden regelmäßigen Arbeitszeit zusteht (§ 4 Abs. 1 EFZG). Bei dem Entgeltfortzahlungsanspruch handelt es sich um einen **aufrechterhaltenen Entgeltanspruch**. Der Arbeitgeber ist verpflichtet, das fortzuzahlende Arbeitsentgelt als **Bruttolohn** zu bezahlen sowie die anfallende Lohnsteuer und die Sozialabgaben abzuführen, sofern keine für den Arbeitnehmer günstigeren Abreden – beispielsweise ein festgeschriebenes Nettoentgelt – getroffen werden.[235]

132 Die **Fälligkeit** des Entgeltfortzahlungsanspruchs richtet sich nach der Fälligkeit der Entgeltforderung.[236] Gleiches gilt hinsichtlich des Erfüllungsortes.

133 a) **Entgeltausfallprinzip.** Das fortzuzahlende Arbeitsentgelt ist in erster Linie nach dem **Entgeltausfallprinzip** zu bemessen.[237] Dieses wird durch § 4 Abs. 1a S. 1 EFZG modifiziert.[238] Dem liegt zu Grunde, dass es bei und wegen Schwankungen der Arbeitszeit letztlich kaum möglich ist, im Einzelfall auf die jeweiligen, unregelmäßigen Verhältnisse im Erkrankungszeitraum abzustellen. Stattdessen muss der für den Arbeitnehmer regelmäßige und übliche Zustand ermittelt werden.[239]

134 *aa) Fortzuzahlendes Arbeitsentgelt.* Das **fortzuzahlende Arbeitsentgelt** umfasst insbesondere die **Grundvergütung** (inkl. **Mindestlohn**[240]), die **Arbeitgeberanteile zur Sozialversicherung**, laufende **Sozialzulagen** wie Kinder- Familien-, Wohnungs- oder Ortszulagen, ebenso laufende **Lohn- und Gehaltszulagen** wie Erschwernis-, Gefahren- und Nachtdienstzulagen,[241] Sonn- und Feiertagszuschlägen,[242] **Provisionen**,[243] **Gewinnbeteiligungen** bzw. **Tantiemen**, **Leistungsprämien** bzw. **Leistungsentgelt** wie Inkasso-,[244] Zuverlässigkeits-, Anwesenheits-[245] oder Pünktlichkeitsprämien,[246] Antrittsgebühren,[247] **Wege- und Fahrgelder**,[248] sofern sie unabhängig von Aufwendungen gewährt werden, **Trinkgelder**, wenn der Arbeitnehmer nur ein geringes Grundentgelt erhält und deshalb auf Trinkgeld angewiesen ist, **Bedienungsgelder**, **Natural-** bzw. **Sachleistungen** des Arbeitgebers wie freie Kost und Unterkunft, Waren, Kleidung sowie **vermögenswirksame Leistungen**.

135 Erbringt ein Arbeitnehmer auf Grund einer besonderen Vereinbarung regelmäßig **zusätzlich vergütete Arbeitsleistungen**, hat der Arbeitgeber nach §§ 3 Abs. 1, 4 Abs. 1 EFZG das hierfür vereinbarte Arbeitsentgelt fortzuzahlen, wenn der Arbeitnehmer durch Arbeitsunfähigkeit infolge Krankheit an der Arbeitsleistung verhindert ist. Die Arbeitsvertragsparteien können diesen Entgeltfortzahlungsanspruch des Arbeitnehmers nicht ausschließen, da es

---

[234] BAG 16.12.1987 – 5 AZR 510/86, NZA 1988, 365; 9.11.1983 – 5 AZR 204/81, DB 1984, 351.
[235] BAG 14.1.2009 – 5 AZR 89/0, NZA-RR 2009, 580; 31.5.1978 – 5 AZR 116/77, DB 1978, 1652.
[236] BAG 20.8.1980 – 5 AZR 218/78, DB 1981, 111.
[237] BAG 16.7.2014 – 10 AZR 242/13, NZA 2015, 499 Rn. 16; 14.1.2009 – 5 AZR 89/0, NZA-RR 2009, 580; MHdB ArbR/*Greiner* § 81 Rn. 1; HK-EFZR/*Malkmus* EFZG § 4 Rn. 1, 10.
[238] BAG 16.7.2014 – 10 AZR 242/13, NZA 2015, 499 Rn. 16; 15.2.1978 – 5 AZR 739/76, DB 1978, 1351 (1352); MHdB ArbR/*Greiner* § 81 Rn. 14; HK-EFZGR/*Malkmus* EFZG § 4 Rn. 2, 10; *Treber* EFZG § 4 Rn. 1.
[239] MHdB ArbR/*Schlacher* § 74 Rn. 3; Kaiser/Dunkl/Hold/Kleinsorge/*Hold* EFZG § 4 Rn. 8.
[240] BAG 13.5.2015 – 10 AZR 191/14, NJOZ 2015, 1584; 13.5.2015 – 10 AZR 335/14, AP EntgeltFG § 2 Nr. 15; 13.5.2015 – 10 AZR 495/14, NZA 2015, 1127; BeckOK ArbR/*Ricken* EFZG § 4 Rn. 7; *Greiner/Strippelmann* BB 2015, 949 (951).
[241] BAG 12.9.1959 – 2 AZR 50/59, DB 1959, 1290; LAG Köln 12.3.2009 – 7 Sa 1258/08, AuR 2010, 132.
[242] BAG 14.1.2009 – 5 AZR 89/08, NZA-RR 2009, 580.
[243] BAG 5.6.1985 – 5 AZR 459/83, NZA 1986, 290; 30.6.1960 – 5 AZR 48/59, DB 1960, 1044.
[244] BAG 11.1.1978 – 5 AZR 829/76, DB 1978, 942.
[245] BAG 26.10.1994 – 10 AZR 482/93, BB 1995, 312; 15.2.1990 – 6 AZR 381/88, NZA 1990, 601; 4.10.1978 – 5 AZR 886/77, NJW 1979, 2119.
[246] LAG Düsseldorf 28.7.1971 – 4 Sa 526/71, DB 1971, 1870.
[247] BAG 13.7.1994 – 7 AZR 477/93, NZA 1995, 588; 21.9.1971 – 1 AZR 336/70, DB 1971, 2486.
[248] BAG 11.2.1976 – 5 AZR 615/74, DB 1976, 875.

sich dabei um eine gem. § 12 EFZG unzulässige Abweichung von der Pflicht des Arbeitgebers zur Entgeltfortzahlung handelt.[249]

§ 4 Abs. 1a S. 1 EFZG nimmt bestimmte Leistungen von der Entgeltfortzahlung aus. **Nicht berücksichtigt** werden danach **Vergütungen für Überstunden**, also Grundvergütungen oder Zuschläge für über die betriebliche Arbeitszeit hinaus gehende Arbeitsstunden. Ebenso nicht zum fortzuzahlenden Arbeitsentgelt gehören Leistungen bzw. Zulagen als **Ersatz für Aufwendungen und Aufwand**, die während der Arbeitsunfähigkeit nicht entstehen, wie Auslösungen, Schutzzulagen, Fahrtkostenzuschüsse, Tage- und Übernachtungsgelder, **Trinkgelder**,[250] die kein Bedienungsgeld darstellen, **Einmalzahlungen**[251] wie Jubiläumszuwendungen, Weihnachtsgratifikationen[252] oder zusätzliche Monatsgehälter, solange sie keine pauschalierte Lohn- oder Gehaltserhöhung darstellen. Der Arbeitnehmer, der außerhalb seiner Arbeitszeit Arbeit für den Betriebsrat leistet, erhält kein Arbeitsentgelt gemäß § 4 Abs. 1a S. 1 EFZG.[253] Ausnahmsweise kann er jedoch Entgeltzahlung verlangen, wenn er immer zusätzlich zu seiner eigenen Arbeitszeit für den Betriebsrat tätig wird und ihm eine bezahlte Arbeitsbefreiung in Anwendung des § 37 Abs. 3 BetrVG regelmäßig nicht gewährt werden kann.[254] 136

Ob es sich im Einzelfall um Arbeitsentgelt oder um Aufwendungen handelt, bestimmen die inhaltliche Ausgestaltung und der objektive Zweck der gewährten Leistung. Oftmals werden derartige Vereinbarungen im Tarifvertrag geregelt. 137

bb) Kürzung von Sondervergütungen. Nach § 4a EFZG können **Leistungen, die der Arbeitgeber zusätzlich zum laufenden Arbeitsentgelt erbringt** (Sondervergütungen) bei Fehlzeiten des Arbeitnehmers aus Anlass von Arbeitsunfähigkeit infolge Krankheit gekürzt werden. Die Kürzung darf für jeden Tag der krankheitsbedingten Arbeitsunfähigkeit ein Viertel des Arbeitsentgelts, das im Jahresdurchschnitt auf einen Arbeitstag entfällt, nicht überschreiten (§ 4a S. 2 EFZG). 138

Sondervergütungen im Sinne des § 4a EFZG sind auch quartalsweise gezahlte **Anwesenheitsprämien**,[255] Gratifikationen, Weihnachts- und Urlaubsgeld, Leistungsprämien, zusätzliche Monatsgehälter und **Gewinnbeteiligungen**. Entscheidend ist, dass die Zahlung zumindest Mischcharakter hat. Sie darf also nicht nur Gegenleistung für erbrachte Arbeit sein, sondern muss einen darüberhinausgehenden Zweck erfüllen, etwa Belohnung der Betriebstreue.[256] In der Regel sind dies – wiederum in Abgrenzung zum Arbeitsentgelt – keine Zahlungen, die regelmäßig monatlich gewährt werden, sondern **aus besonderen Gründen oder Anlässen**. Diese Prämien können wegen der Fehltage gekürzt, nicht aber gänzlich verweigert werden. 139

Nach dem Gesetzeswortlaut muss die Kürzung auf einer (kollektiv- oder individualrechtlichen) **Vereinbarung** beruhen. Einseitige Bestimmungen durch den Arbeitgeber sind unzulässig. Dem Arbeitgeber bliebe nur der Weg über eine Änderungskündigung. Sieht die Regelung eine Kürzung der Sonderzahlung nur bei „Ruhen" des Arbeitsverhältnisses vor, so fällt der Krankheitsfall nicht darunter. Denn auch nach Ablauf des Sechs-Wochen-Zeitraumes ruht das Arbeitsverhältnis nicht, sondern es liegt auf Seiten des Arbeitnehmers eine Leistungsstörung vor.[257] 140

Die **Berechnung der Kürzung** erfolgt, indem zunächst das durchschnittliche tägliche Arbeitsentgelt ermittelt wird. Dazu wird der monatliche Bruttolohn mit 12 (Monate) multipliziert und durch die Jahresarbeitstage dividiert. Bei schwankenden Monatsgehältern ist ein Referenzzeitraum heranzuziehen. Von dem errechneten arbeitstäglichen Arbeitsentgelt kann 141

---

[249] BAG 16.1.2002 – 5 AZR 303/00, NZA 2002, 1163.
[250] BAG 28.6.1995 – 7 AZR 1001/94, DB 1996, 226.
[251] BAG 26.10.1994 – 10 AZR 482/93, NZA 1995, 266; 15.2.1990 – 6 AZR 381/88, NZA 1990, 601.
[252] BAG 30.9.2008 – 1 AZR 684/07, NZA 2009, 386.
[253] BAG 8.11.2017 – 5 AZR 11/17, NZA 2018, 528.
[254] BAG 8.11.2017 – 5 AZR 11/17, NZA 2018, 528.
[255] BAG 25.7.2001 – 10 AZR 502/00, DB 2001, 2608.
[256] *Reinartz* NZA 2015, 83; ErfK/*Reinhard* EFZG § 4a Rn. 8; vgl. zum Begriff auch BAG 13.11.2013 – 10 AZR 848/12, NZA 2014, 368.
[257] BAG 25.9.2013 – 10 AZR 850/12, NZA 2014, 52.

für jeden Fehltag infolge einer krankheitsbedingten Arbeitsunfähigkeit maximal ein Viertel der im Jahr gewährten Sondervergütungen abgezogen werden. Von § 4a S. 2 EFZG zu Lasten des Arbeitnehmers abweichende vertragliche Vereinbarungen sind nach § 307 Abs. 1, Abs. 2 Nr. 1 BGB unwirksam bzw. nach § 134 BGB nichtig.[258]

142 **b) Bestimmung der maßgeblichen Arbeitszeit. Maßgeblich** für die Höhe der Entgeltfortzahlung ist die **individuelle regelmäßige Arbeitszeit** des Arbeitnehmers, wie sie sich aus seinem Arbeitsvertrag ergibt. Die betriebsübliche oder tarifliche Arbeitszeit ist nur dann von Bedeutung, wenn die regelmäßige individuelle Arbeitszeit hiervon nicht abweicht.[259]

143 Es ist grundsätzlich auf die konkreten, tatsächlichen Verhältnisse im Ausfallzeitraum abzustellen.[260] Maßgeblich ist die **Prognose** für die Krankheitsperiode. Soweit sicher feststeht, in welchem Umfang der Arbeitnehmer während dieser Zeit mehr oder weniger gearbeitet hätte, ist dies zugrunde zu legen.[261] Eine **Veränderung der maßgeblichen individuellen Arbeitszeit während der Erkrankung** ist allerdings von ihrem Beginn an als entsprechend geänderte Arbeitszeit zugrunde zu legen, weil als maßgebliche regelmäßige Arbeitszeit nur das berücksichtigt werden kann, was letztlich tatsächlich ausfällt.[262]

144 Die maßgebliche **Regelmäßigkeit der Arbeitszeit** nach § 4 Abs. 1 S. 1 EFZG ergibt sich aus einer **Gleichförmigkeit des Geschehens** über eine bestimmte Stetigkeit und Dauer hinweg, aus der sich schlussfolgern lässt, dass sich die Arbeitszeit ebenso gleichförmig auch im Krankheitszeitraum fortgesetzt hätte.[263] Die Rechtsprechung stellt darauf ab, dass dem tatsächlichen Geschehen eine bestimmte feste Ordnung zugrunde liegen müsse.[264] Bei Schwankungen der individuellen Arbeitszeit ist eine vergangenheitsbezogene Betrachtung zulässig und geboten, wobei normalerweise der Durchschnitt der letzten 12 Monate zugrunde zu legen ist.[265]

145 Dieser Grundsatz gilt auch für die Entgeltfortzahlung bei Krankheit in den Fällen von Arbeit auf Abruf. Etwas anderes gilt aber, wenn der Arbeitgeber die Arbeitszeiten für den Zeitraum der Erkrankung konkretisiert und festgelegt hat, bevor der Arbeitnehmer arbeitsunfähig wurde. In diesem Falle kann der Umfang der ausgefallenen Arbeitszeit unproblematisch festgestellt werden.[266]

146 Verändern sich die Aufgaben des Arbeitnehmers vereinbarungsgemäß in mehr oder weniger großen Abständen mit Auswirkung auf die Arbeitszeitdauer (zB Saisonarbeit bei Gastronomie- und Hotelbetrieben), kann die durch die krankheitsbedingte Arbeitsunfähigkeit ausgefallene Arbeitszeit vielfach konkret bestimmt werden. In Saisonbetrieben wird je nach Saison eine unterschiedliche individuelle regelmäßige Arbeitszeit anzunehmen sein.[267]

147 Die Berücksichtigung von **entschuldigten oder unentschuldigten Fehltagen,** an denen kein Vergütungsanspruch besteht, ist problematisch. Dies liegt daran, dass letztlich eine Vereinbarung über eine kürzere Arbeitszeit unterstellt werden müsste. Derartige Fehltage sind jedenfalls so lange ohne Einfluss auf die Entgeltfortzahlung, wie sie eher zufällig sind und keine Gleichförmigkeit aufweisen.[268] Nach dem BAG sind entschuldigte Fehlzeiten grundsätzlich bei der Berechnung der Krankenvergütung nicht zu berücksichtigen.[269] Es hat jedoch betont, dass dies dann anders sei, wenn die Fehlstunden so regelmäßig auftreten, dass nach den gesamten Umständen nicht die längere, ursprünglich vereinbarte, sondern die kürzere, tatsächlich geleistete Arbeitszeit Inhalt des Arbeitsvertrags geworden sei. Ganz unregelmäßige Fehlzeiten bleiben unbeachtlich, weil die Vergangenheit keine Prognose ermög-

---

[258] Vertiefend hierzu *Reinartz* NZA 2015, 83 (84 f.).
[259] BAG 16.1.2002 – 5 AZR 303/00, NZA 2002, 1163.
[260] BAG 15.2.1978 – 5 AZR 739/76, DB 1978, 1351.
[261] MüKoBGB/*Müller-Glöge* EFZG § 4 Rn. 3 f.
[262] Schmitt EFZG/*Küfner-Schmitt* § 4 Rn. 34.
[263] BAG 7.11.1984 – 5 AZR 378/82, NZA 1985, 360; 15.2.1978 – 5 AZR 738/76, DB 1978, 1351 (1352).
[264] BAG 3.5.1989 – 5 AZR 249/88, NZA 1989, 885.
[265] BAG 20.6.2002 – 5 AZR 592/00, DB 2002, 2439; Schmitt EFZG/*Küfner-Schmitt* § 4 Rn. 33.
[266] LAG Sachsen, 12.9.2018 – 5 SA 434/17.
[267] BAG 21.11.2001 – 5 AZR 296/00, NZA 2002, 439.
[268] Schmitt EFZG/*Küfner-Schmitt* § 4 Rn.64.
[269] BAG 20.10.1966 – 2 AZR 455/65, DB 1967, 289.

licht und auch die Annahme eines Eintritts solcher Fehlzeiten während des Erkrankungszeitraums mangels Tatsachengrundlage nicht in Betracht kommt.[270]

Die Anwendung von **Schichtmodellen** führt dazu, dass für die Entgeltfortzahlung auf die Arbeitszeitdauer an dem Arbeitstag abzustellen ist, an dem wegen der Krankheit nicht gearbeitet wird.[271] Diese ergibt sich aus dem **Schichtplan**. Tarifliche oder vertragliche Vereinbarungen können abweichende Regelungen treffen.[272]

In **flexiblen Arbeitszeitmodellen** bestimmt sich die regelmäßige Arbeitszeit bei **zeitlichen Schwankungen** nach dem **Durchschnitt der vergangenen 12 Monate**. Dieser Vergleichszeitraum bezweckt die sichere Erfassung dessen, was die Arbeitsvertragsparteien als regelmäßige Arbeitszeit des Arbeitnehmers gewollt haben. Es handelt sich nicht lediglich um einen Referenzzeitraum zur praktikablen Berechnung des Entgeltausfalls, sondern um die rechtsgeschäftliche Bestimmung der beständigen Arbeitszeit. Wird regelmäßig eine bestimmte, erhöhte Arbeitszeit abgerufen und geleistet, ist diese Ausdruck der vertraglich geschuldeten Leistung. Deshalb genügt es nicht, einen Zeitraum von drei Monaten zugrunde zu legen.[273]

c) **Berechnung des Fortzahlungsentgelts.** Auf der Grundlage des modifizierten Entgeltausfallprinzips ist das fortzuzahlende Arbeitsentgelt unter Berücksichtigung der individuell maßgeblichen regelmäßigen Arbeitszeit und des für diese Arbeitszeit maßgebenden Arbeitsentgelts zu berechnen. Dabei ist zwischen **Zeitentgelt** und **Leistungsentgelt** zu unterscheiden.

aa) Zeitentgelt. Arbeitet der Arbeitnehmer in einem **Arbeitsplan mit festen gleich bleibenden Arbeitszeiten**, erhält er während der krankheitsbedingten Arbeitsunfähigkeit das laufende Arbeitsentgelt weiter. Während der Arbeitsunfähigkeit des Arbeitnehmers eintretende Veränderungen, wie Lohnerhöhungen oder Kürzungen der Arbeitszeit, sind zu berücksichtigen.

Endet der Sechswochenzeitraum an einem Tag während des laufenden Monats, erfolgt die **Berechnung des anteiligen Entgeltanspruchs** in der Weise, dass das monatliche Bruttoentgelt durch die in den Monaten tatsächlich angefallenen Arbeitstage einschließlich der gesetzlichen Feiertage geteilt und der sich danach ergebende Betrag mit der Anzahl der krankheitsbedingten Arbeitstage multipliziert wird.[274] Ansprüche aus einer Betriebsvereinbarung über eine längerfristige Entgeltfortzahlung im Krankheitsfall begründen für den Arbeitnehmer keinen rechtlich geschützten und von Art. 14 GG erfassten Besitzstand. Die Verschlechterung der Ansprüche durch eine nachfolgende Betriebsvereinbarung ist rechtlich grundsätzlich unbedenklich.[275]

Freischichttage sind im Referenzzeitraum bei der Bemessung des Teilers mitzuzählen. Sie verringern die rechnerisch pro Tag geleisteten Arbeitsstunden.[276] Sind freie Tage zum **Ausgleich von Zeitguthaben** aus dem Unterschied zwischen der tariflichen Arbeitszeit und der betrieblichen Nutzungszeit festgelegt, sind diese nicht nachzugewähren.[277]

bb) Leistungsentgelt. Erhält der Arbeitnehmer eine auf das Ergebnis der Arbeit abgestellte Vergütung, ist nach § 4 Abs. 1a S. 2 EFZG für die Berechnung des fortzuzahlenden Arbeitsentgelts der **Durchschnittsverdienst** zugrunde zu legen, der in der für den Arbeitnehmer maßgebenden regelmäßigen Arbeitszeit erzielbar ist. Leistungsentgelt liegt dann vor, wenn das **quantitative Arbeitsergebnis** maßgeblicher Bestimmungsfaktor für das Arbeitsentgelt ist. Dies ist insbesondere anzunehmen, wenn der Arbeitnehmer auf Provisionsbasis oder mit einem Prämienlohn vergütet wird.

Bei der **Bestimmung des erzielbaren Durchschnittsverdienstes** ist die Berechnungsmethode anzuwenden, die dem Entgeltausfallprinzip am besten gerecht wird.[278] Der heranzuziehende

---

[270] Vgl. Schmitt EFZG/*Küfner-Schmitt* § 4 Rn. 64.
[271] LAG Köln 27.4.2009 – 5 Sa 1362/08, BeckRS 2009, 66753; Kaiser/Dunkl/Hold/Kleinsorge/*Hold* EFZG § 4 Rn. 65 ff.; Schmitt EFZG/*Küfner-Schmitt* § 4 Rn. 61 f.; *Treber* EFZG § 4 Rn. 15 f.; *Veit* NZA 1990, 249.
[272] BAG 15.5.1991 – 5 AZR 440/90, NZA 1991, 775 – MTV Metall NRW; LAG Köln 27.4.2009 – 5 Sa 1362/08, BeckRS 2009, 66753.
[273] BAG 26.6.2002 – 5 AZR 592/00, DB 2002, 2439; 21.11.2001 – 5 AZR 296/00, NZA 2002, 439.
[274] BAG 14.8.1985 – 5 AZR 384/84, NZA 1986, 231.
[275] BAG 15.11.2000 – 5 AZR 310/99, NZA 2001, 900.
[276] BAG 7.7.1996 – 5 AZR 284/95, NZA 1997, 208.
[277] BAG 21.8.1991 – 5 AZR 91/91, NZA 1992, 76; 2.12.1987 – 5 AZR 652/86, NZA 1988, 739.
[278] BAG 22.10.1980 – 5 AZR 438/78, DB 1981, 480.

zurückliegende Berechnungszeitraum kann daher je nach Einzelfall unterschiedlich ausfallen.[279] Bei schwankenden **Gratifikationen** und **Prämien** sowie Provisionen ist deren Höhe gegebenenfalls nach § 287 Abs. 2 ZPO zu schätzen.

156 *cc) Feiertage und Kurzarbeit*. Fällt ein Arbeitnehmer an einem **Feiertag** gleichzeitig krankheitsbedingt wegen Arbeitsunfähigkeit aus, gilt als maßgebliche Ursache für die Arbeitsverhinderung die krankheitsbedingte Arbeitsunfähigkeit. Allerdings wird die Entgeltfortzahlung gemäß § 4 Abs. 3 EFZG in Höhe des Feiertagsentgelts nach § 2 EFZG geleistet. Dies gilt nicht, wenn der Arbeitnehmer trotz Feiertag gearbeitet hätte.

157 Treffen **Kurzarbeit** und krankheitsbedingte Arbeitsunfähigkeit zusammen, ist für die Berechnung des fortzuzahlenden Entgelts für die Dauer der Kurzarbeit von der verkürzten Arbeitszeit als maßgebende regelmäßige Arbeitszeit auszugehen. Die **Anordnung von Kurzarbeit** während des Krankheitszeitraums ist, falls generell und nachweisbar erfolgt, auch dann zu berücksichtigen, wenn die Arbeitszeit vor Beginn des Krankheitszeitraums abweichend geregelt war. § 4 Abs. 3 EFZG ordnet ausdrücklich an, dass die konkret verkürzte Arbeitszeit für den Arbeitnehmer die maßgebende regelmäßige Arbeitszeit ist.

158 **d) Tarifliche Regelungen.** Von den **Inhalten des Entgeltfortzahlungsanspruchs** kann nach § 12 EFZG durch die Tarifvertragsparteien, durch Betriebsvereinbarungen oder durch den Arbeitsvertrag **zu Gunsten der Arbeitnehmer abgewichen** werden. Enthält ein Tarifvertrag Regelungen zur Höhe des im Krankheitsfall fortzuzahlenden Entgelts bzw. zum Beginn des Entgeltfortzahlungsanspruchs in neu begründeten Arbeitsverhältnissen, ist durch Auslegung zu ermitteln, ob diese Regelungen einen über die gesetzlichen Bestimmungen hinausgehenden Anspruch begründen.[280] Eine für den Arbeitnehmer günstige Abweichung wäre beispielsweise die Entbindung von Anzeige- und Nachweispflichten.

159 Aus einem Vergleich mit dem Wortlaut des § 4 Abs. 3 TVG lässt sich schließen, dass allein abweichende Regelungen zu Ungunsten des Arbeitnehmers unwirksam sind (**Unabdingbarkeitsgrundsatz**).[281] Daher sind solche vom EFZG abweichende Regelungen wirksam, bei denen nach objektiven Maßstäben nicht zweifelsfrei festgestellt werden kann, dass sie für den Arbeitnehmer ungünstiger sind.[282] Konkret handelt es sich dabei um im Verhältnis zur gesetzlichen Vorschrift ambivalenten oder neutralen Regelungen. Ambivalent sind solche Regelungen, bei denen es von den Umständen des Einzelfalls abhängig ist, ob sie für den Arbeitnehmer günstiger oder ungünstiger wirken.[283]

160 Nach dem **Unabdingbarkeitsgrundsatz** des § 12 EFZG sind **Regelungen zu Ungunsten der Arbeitnehmer ausgeschlossen.** Unwirksam ist eine Tarifregelung, die dem Arbeitgeber das Recht einräumt, für jeden Tag der Entgeltfortzahlung im Krankheitsfall den Arbeitnehmer 1,5 Stunden nacharbeiten zu lassen oder von einem vorhandenen Zeitkonto 1,5 Stunden in Abzug zu bringen.[284] Gleichfalls **unwirksam** ist eine **betriebliche Regelung** zur flexiblen Verteilung der Arbeitszeit, nach der die in der Phase der verkürzten Arbeitszeit sich ergebende Zeitschuld nur durch tatsächliche Arbeitsleistung, nicht aber bei krankheitsbedingter Arbeitsunfähigkeit in der Phase der verlängerten Arbeitszeit ausgeglichen wird.[285] Wenn am Tag vor einem Feiertag beginnende Schichten ausfallen, weil sie in den Feiertag hineinragen, kann ein Tarifvertrag nicht bestimmen, die Arbeitszeit sei nicht wegen des Feiertags ausgefallen.[286]

---

[279] BAG 22.10.1980 – 5 AZR 438/78, DB 1981, 480 (13 Wochen); 29.9.1971 – 3 AZR 164/71, DB 1972, 442.
[280] BAG 14.3.2012 – 10 AZR 112/11, AP BGB § 611 Gratifikation Nr. 293 – RTV Glaserhandw. NRW 1992; 30.8.2000 – 5 AZR 510/99, NZA 2001, 1092 – MTV Elektrohandwerk Pfalz; 12.4.2000 – 5 AZR 228/98, NZA 2001, 1028 – MTV Brauereien Nordrhein-Westfalen; 12.4.2000 – 5 AZR 372/98, NZA 2002, 226 – MTV Berliner Holzindustrie; 8.9.1999 – 5 AZR 671/98, NZA 2000, 489 – MTV Holzbearbeitungs- und Sägeindustrie Bayern; 4.8.1999 – 5 AZR 642/98, NZA 2000, 154 – MTV Papierindustrie.
[281] BAG 6.12.2017 – 5 AZR 118/17, NZA 2018, 597.
[282] BAG 6.12.2017 – 5 AZR 118/17, NZA 2018, 597.
[283] BAG 15.4.2015 – 4 AZR 587/13, NZA 2015, 1274.
[284] BAG 26.9.2001 – 5 AZR 539/00, NZA 2002, 387.
[285] BAG 13.2.2002 – 5 AZR 470/00, NZA 2002, 683.
[286] BAG 15.5.2013 – 5 AZR 139/12, NZA 2013, 974 – MTV Druck.

Dieser Unabdingbarkeitsgrundsatz gilt nach § 4 Abs. 4 EFZG nicht für **vom Gesetz abweichende Berechnungsgrundlagen** bezüglich des fortzuzahlenden Arbeitsentgelts durch die Tarifvertragsparteien. Nach dieser Tariföffnungsklausel kann auch **zu Ungunsten** der Arbeitnehmer abgewichen werden, etwa durch Festlegung eines Durchschnittslohns.[287] Bei Vereinbarungen über die Berechnungsgrundlage darf aber auch nicht mittelbar gegen nach § 12 EFZG zwingendes Recht verstoßen werden.[288] Zudem bedarf die Festlegung einer abweichenden Bemessungsgrundlage stets einer klaren tariflichen Regelung.[289] Dementsprechend können auch **tarifliche Zuschläge**, die im Arbeitsverhältnis regelmäßig anfallen, von der Entgeltfortzahlung im Krankheitsfall ausgenommen werden. Bei einer Mehrzahl tariflicher Zuschläge müssen nicht einzelne hiervon bei der Entgeltfortzahlung bestehen gelassen werden.[290]   161

e) Anwendbarkeit des gesetzlichen Mindestlohns. Unstrittig umfasst die Höhe des Entgelts, an das nach §§ 3 Abs. 1 S. 1, 4 Abs. 1 EFZG der Entgeltfortzahlungsanspruch anknüpft, auch den **Mindestlohn**. Nach Inkrafttreten des MiLoG wurde in der Literatur darüber diskutiert, ob der Anspruch auf Mindestlohn nach § 1 Abs. 1 MiLoG auch zu Zeiten der Entgeltfortzahlung unmittelbar gilt.   162

Diese Frage ist durchaus praxisrelevant: Sie entscheidet über die Anwendbarkeit der Haftung des Auftraggebers nach § 13 MiLoG iVm § 14 AEntG, die Geltung vertraglicher Ausschlussfristen sowie das Eingreifen des Ordnungswidrigkeitstatbestandes in §§ 21 Abs. 2 Nr. 1, 20 MiLoG.[291] Wird von § 4 Abs. 4 EFZG Gebrauch gemacht, so kann es dazu kommen, dass das nach vorstehenden Regeln berechnete fortzuzahlende Entgelt hinter dem von § 1 Abs. 2 S. 1 MiLoG geforderten zurückbleibt.[292] Dann entscheidet die Anwendbarkeit des MiLoG darüber, ob der Arbeitnehmer ein Gehalt in Höhe des Mindestlohns oder nur in Höhe des sich nach § 4 Abs. 4 EFZG ergebenden Betrages erhält.   163

In einem ersten Fall, der dem BAG vorgelegt wurde, entschied dieses, dass der Arbeitgeber den Mindestlohn nach § 2 PflegeArbbV für alle Stunden zu zahlen hat, während derer der Arbeitnehmer gemäß § 611 Abs. 1 BGB die geschuldete Arbeit erbringt oder aufgrund gesetzlicher Entgeltfortzahlungstatbestände davon befreit ist.[293] Dem wurde in der Literatur teilweise entnommen, das BAG habe sich für eine unmittelbare Anwendbarkeit der Mindestlohntatbestände neben dem EFZG ausgesprochen.[294] In einer Serie weiterer Entscheidungen hat das BAG einen tarifvertraglichen Mindestlohnanspruch dahingehend ausgelegt, dass dieser nicht für Zeiten der Arbeitsunfähigkeit bzw. an Feiertagen gelte. Gleichwohl ergebe sich ein Anspruch in gleicher Höhe aus § 2 Abs. 1 bzw. §§ 3 Abs. 1 S. 1, 4 Abs. 1 EFZG.[295] Dies lässt sich auf den Anspruch nach § 1 Abs. 1 MiLoG übertragen, da das MiLoG selbst keine Regelung zur Entgeltfortzahlung trifft.[296] Demnach besteht ein Anspruch des Arbeitnehmers auf Entgeltfortzahlung in Höhe des Mindestlohns.   164

f) Verhältnis zur Kurzarbeit. Mit der Ausbreitung des Corona-Virus in 2020 und der damit einhergehenden Beschränkungen des alltäglichen Lebens mussten viele Arbeitgeber ihre Arbeitnehmer in Kurzarbeit schicken. Infolgedessen stellte sich auch die Frage, wie sich Kurzarbeit und Entgeltfortzahlung im Krankheitsfalle zueinander verhalten. Maßgebliche Arbeitszeit für die Berechnung der Höhe der Entgeltfortzahlung ist gem. § 4 Abs. 3 EFZG die verkürzte Arbeitszeit. Wenn überhaupt nicht gearbeitet wird, so wird, auch im Krankheitsfalle, nur das Kurzarbeitergeld gezahlt.   165

---

[287] BAG 20.8.2014 – 10 AZR 583/13, NZA 2015, 58 Rn. 23; 16.7.2014 – 10 AZR 242/13, NZA 2015, 499 Rn. 18; 3.3.1993 – 5 AZR 132/92, NZA 1993, 699; 8.3.1989 – 5 AZR 116/88, NZA 1989, 688.
[288] BAG 20.8.2014 – 10 AZR 583/13, NZA 2015, 58 Rn. 23; 18.11.2009 – 5 AZR 975/08, NJOZ 2010, 1060.
[289] BAG 14.11.2012 – 5 AZR 886/1, NZA 2013, 322; 20.1.2010 – 5 AZR 53/09, NZA 2010, 455.
[290] BAG 13.3.2002 – 5 AZR 648/00, NZA 2002, 744.
[291] *Boemke* JuS 2015, 389.
[292] *Greiner/Strippelmann* BB 2015, 949 (951).
[293] BAG 19.11.2014 – 5 AZR 1101/12, BeckRS 2014, 74316 Rn. 15.
[294] *Boemke* JuS 2015, 389.
[295] BAG 13.5.2015 – 10 AZR 191/14, NJOZ 2015, 1584; 13.5.2015 – 10 AZR 335/14, AP EntgeltFG § 2 Nr. 15; 13.5.2015 – 10 AZR 495/14, NZA 2015, 1127.
[296] *Bayer* GWR 2015, 217.

166 Die Modalitäten der Entgeltfortzahlung hängen davon ab, wann der Arbeitnehmer arbeitsunfähig erkrankt ist. War er bereits vor der Anordnung der Kurzarbeit krank, so bestimmt sich die Entgeltfortzahlung nach § 47b Abs. 4 S. 1 SGB V. Der Arbeitnhmer hat Anspruch auf die gekürzte Entgeltfortzahlung in Höhe der verkürzten Arbeitszeit sowie auf Krankengeld in Höhe des Kurzarbeitergeldes, welches er im Falle seiner Arbeitsfähigkeit erhalten hätte. Ist er länger als sechs Wochen arbeitsunfähig, so wird im Anschluss das Krankengeld in normaler Höhe ausgezahlt. Erkrankt der Arbeitnehmer während der Kurzarbeitsphase, so gilt § 98 Abs. 3 SGB III. Der ausgefallene Lohn wird durch das Kurzarbeitergeld ersetzt. Grund für die unterschiedliche Regelung ist, dass, für den Fall der Erkrankung des Arbeitnehmers vor der Anordnung der Kurzarbeit, ein kurzfristiger Wechsel des Sozialleistungsträgers vermieden werden soll.[297]

8. Forderungsübergang

167 a) **Forderungsübergang bei Dritthaftung.** Hat der **Arbeitnehmer gegen einen Dritten nach gesetzlichen Vorschriften** einen Schadensersatzanspruch wegen des Verdienstausfalls, geht dieser Anspruch nach **§ 6 Abs. 1 EFZG** im Wege der *cessio legis* insoweit auf den **Arbeitgeber** über, als dieser während der Arbeitsunfähigkeit die Vergütung nach dem Entgeltfortzahlungsgesetz und die darauf entfallenden Sozialbeiträge zahlt.[298] Schadensersatzansprüche kommen insbesondere aus **unerlaubter Handlung** (§§ 823 ff. BGB), aus **Gefährdungshaftung** (§ 833 BGB, § 7 StVG) oder aus **vertraglichen Pflichtverletzungen** (§§ 280 ff. BGB) in Betracht. Der Schadensersatzanspruch geht nur insoweit auf den Arbeitgeber über, wie dem geschädigten Arbeitnehmer ein Verdienstausfall ohne Entgeltfortzahlung entstanden wäre. Für den **gesetzlichen Forderungsübergang** kommt es nicht darauf an, ob der Arbeitgeber zur Entgeltfortzahlung verpflichtet ist, sondern allein darauf, ob er die Vergütung tatsächlich fortgezahlt hat, wobei der Schadensersatzanspruch des Arbeitnehmers im Zeitpunkt der Erfüllung der Entgeltfortzahlungspflicht noch bestehen muss.[299] Die Vorschriften der §§ 399–404, 406–410 BGB finden nach § 412 BGB entsprechende Anwendung.

168 **Dritter** im Sinne des § 6 Abs. 1 EFZG ist jede andere natürliche oder juristische Person außer dem Arbeitgeber oder Arbeitnehmer. Eine **Ausnahme** vom Forderungsübergang besteht bei Ansprüchen gegen **Familienangehörige**, die mit dem Arbeitnehmer in einer häuslichen Gemeinschaft leben, wenn der Arbeitnehmer gegen diese Ansprüche wegen nicht vorsätzlicher Schädigung hat (Rechtsgedanke der §§ 86 Abs. 3 VVG, 116 Abs. 6 SGB X).[300] Bei **Arbeitskollegen** besteht ein Schadensersatzanspruch des Arbeitnehmers, der auf den Arbeitgeber übergehen könnte, nur, wenn die Voraussetzungen für den Haftungsausschluss nach § 105 Abs. 1 S. 1 SGB VII nicht gegeben sind. Nach dieser Norm beschränkt sich die Haftung des Kollegen bei „betrieblicher Tätigkeit" auf Fälle von **Vorsatz** sowie **Wegeunfälle** auf einem nach § 8 Abs. 2 Nr. 1–4 SGB VII versicherten Weg. Der Begriff der „betrieblichen Tätigkeit" entspricht dabei den von der Arbeitnehmerhaftung her bekannten Begriff der „betrieblich veranlassten Tätigkeit".[301]

169 Nach § 6 Abs. 2 EFZG ist der Arbeitnehmer verpflichtet, dem Arbeitgeber unverzüglich die **zur Geltendmachung des Schadensersatzanspruches erforderlichen Angaben** zu machen. Verhindert der Arbeitnehmer den Übergang des Schadensersatzanspruchs gegen den Dritten auf den Arbeitgeber, steht diesem ein **Leistungsverweigerungsrecht** nach § 7 Abs. 1 Nr. 2 EFZG zu. Ein solcher Fall liegt beispielsweise vor, wenn der Arbeitnehmer gegenüber dem Schädiger den **Verzicht** auf Ersatz des Verdienstausfalls erklärt. Auch ein Vergleich mit dem Schädiger über die Abfindung aller Ansprüche aus dem Schadensfall verhindert den Übergang des Schadensersatzanspruches. Der Arbeitnehmer hat diesen gescheiterten Übergang dann im Sinne von § 7 Abs. 2 EFZG zu vertreten, wenn im Zeitpunkt des Vergleichsschlus-

---

[297] *Sievers* jM 5 (2020), 189 (196).
[298] Dazu umfassend *Schlünder* NZA 2012, 1126 ff. sowie *Sieg* BB 1996, 1766; zur Entgeltfortzahlung und Dritthaftung *Benner* DB 1999, 482; zum Schadensersatzanspruch des Arbeitgebers gegen den Schädiger BGH 22.11.2016 – VI ZR 40/16, MDR 2017, 336; 7.5.1996 – VI ZR 102/95, NZA 1996, 972.
[299] BAG 23.6.1994 – 8 AZR 292/93, BeckRS 1994, 30918767.
[300] BGH 4.3.1976 – VI ZR 60/75, DB 1976, 874.
[301] *Schlünder* NZA 2012, 1126.

ses mit weiteren Folgen aus dem Schaden gerechnet werden musste, die zu einer Arbeitsunfähigkeit des Arbeitnehmers führen und somit einen Entgeltfortzahlungsanspruch gegenüber dem Arbeitgeber begründen würden.[302]

Der Arbeitgeber kann allerdings auf Grund des Forderungsübergangs nur dann gegen den Schädiger vorgehen, wenn die **verbliebenen sonstigen Ansprüche des geschädigten Arbeitnehmers durch den Dritten vollständig erfüllt** worden sind (§ 6 Abs. 3 EFZG).

b) Konkurrierende Ansprüche der Krankenkasse. Daneben erwirbt die **Krankenkasse** den Schadensersatzanspruch des Arbeitnehmers gegen den Dritten (Schädiger) gemäß § 116 Abs. 1 SGB X kraft *cessio legis* bereits im Zeitpunkt des Schadeneintritts, soweit diese auf Grund des Schadensereignisses Sozialleistungen zu erbringen hat. Der spätere Forderungsübergang zu Gunsten des Arbeitgebers kann daher im Einzelfall ganz oder teilweise ins Leere gehen, weil der **Forderungsübergang zu Gunsten der Krankenkasse vorrangig** ist, soweit gleichartige Schadenspositionen betroffen sind.

Ein solcher Fall tritt ein, wenn der Schädiger gegenüber dem Schadensersatzbegehren der Krankenkasse geltend macht, dass Krankenhauskosten nicht voll, sondern nur unter Abzug ersparter normaler **Verpflegungsaufwendungen** des Arbeitnehmers zu ersetzen seien. Die Krankenkasse kann von dem Schädiger allerdings die Erstattung der tatsächlichen Kosten der standörtlichen Behandlung verlangen und somit auch die Verpflegungskosten, die der Arbeitnehmer normalerweise von seinem Arbeitsentgelt hätte bestreiten müssen. Der Forderungsübergang nach § 116 Abs. 1 SGB X tritt wegen aller Schadenpositionen ein, hinsichtlich derer eine Kongruenz zwischen dem Schaden des Arbeitnehmers und der Versicherungsleistung der Krankenkasse vorliegt.

Eine derartige **Gläubigerkongruenz** im Hinblick auf die Abdeckung der ersparten Verpflegungsaufwendungen des Arbeitnehmers durch die von der Krankenkasse getragenen Krankenhauskosten einerseits und dem Verdienstausfallschaden andererseits führt dazu, dass der Arbeitgeber diesen Teilbetrag nicht mit Hilfe von § 6 Abs. 1 EFZG gegen den Schädiger geltend machen kann. Der Ersatzanspruch des Arbeitgebers vermindert sich um die erforderlichen Verpflegungskosten.[303] Hat der Arbeitgeber die volle Entgeltzahlung an den Arbeitnehmer erbracht, dh den Verdienstausfallschaden diesem gegenüber voll ausgeglichen, hat er in Höhe der ersparten Aufwendungen an einen Nichtberechtigten geleistet. Der Arbeitnehmer ist wegen § 116 Abs. 1 SGB X nicht mehr Anspruchsinhaber gewesen. Dem Arbeitgeber steht gegen den Arbeitnehmer insoweit nach § 812 Abs. 1 S. 1 BGB ein Bereicherungsanspruch zu. § 6 Abs. 3 EFZG steht diesem Bereicherungsanspruch nicht entgegen.[304]

Bei **begrenzter Haftung des Schädigers** (zB § 12 StVG, § 37 LuftverkehrsG) geht der Schadensersatzanspruch gemäß § 116 Abs. 2 SGB X auf den Versicherungsträger über, soweit er nicht zum Ausgleich des Schadens des Geschädigten oder seiner Hinterbliebenen erforderlich ist. Bei einer **Schadensbegrenzung wegen Mithaftung** des Arbeitnehmers nach § 254 BGB geht der Anspruch in der entsprechenden Quote über (§ 116 Abs. 3 SGB X). Schließlich kann die Krankenkasse ihren Anspruch gegenüber dem Schädiger nach § 116 Abs. 4 SGB X nur durchsetzen, sofern der Geschädigte oder die Hinterbliebenen vollständig befriedigt sind.

c) Ansprüche der Krankenkasse gegen den Arbeitgeber. Soweit der Arbeitgeber trotz gesetzlicher Verpflichtung den Entgeltfortzahlungsanspruch des Arbeitnehmers nicht erfüllt, kann der Arbeitnehmer von der Krankenversicherung Zahlung von Krankengeld verlangen, wobei der Anspruch des Arbeitnehmers gegen den Arbeitgeber auf Entgeltfortzahlung **in Höhe des tatsächlich gezahlten Krankengeldes** auf die Krankenkasse übergeht (§ 115 Abs. 1 SGB X).[305] Eine Klage der Krankenkasse gegen den Arbeitgeber ist vor dem Arbeitsgericht zu erheben. Nach § 412 BGB finden die Vorschriften der §§ 399–404, 406–410 BGB entsprechende Anwendung.

---

[302] BAG 7.12.1988 – 5 AZR 757/87, NZA 1989, 306; *Gussen* Anwaltsblatt 1993, 29 (Beratungspflicht und Regressrisiko des Rechtsanwalts); GmbH-HdB/*Moll/Reufels* Rn. IV 259.1.
[303] BGH 3.4.1984 – VI ZR 253/82, NJW 1984, 2628.
[304] Siehe aber *Kleb-Braun* NJW 1985, 663 (664); *Klimke* NJW 1986, 2355 (2356).
[305] BAG 19.9.2012 – 5 AZR 924/11, NZA 2013, 156; 20.8.1980 – 5 AZR 218/78, DB 1981, 111.

9. Unabdingbarkeit

176 Die **Ansprüche nach dem Entgeltfortzahlungsgesetz** sind während des Bestehens des Arbeitsverhältnisses durch einzel- oder kollektivvertragliche Regelungen nicht **zu Ungunsten des Arbeitnehmers abdingbar** (§ 12 EFZG). **Ausnahmen** bestehen nur für **Heimarbeiter** nach § 10 Abs. 4 EFZG sowie hinsichtlich der **Bemessungsgrundlage** des fortzuzahlenden Arbeitsentgelts nach § 4 Abs. 4 EFZG.

177 **Unzulässig** sind **Verpflichtungen zu weiteren Arbeitsunfähigkeitsbescheinigungen** oder zum **Aufsuchen bestimmter Ärzte, längere Wartezeiten** bzw. das Erfordernis einer **Mindestbetriebszugehörigkeit**, abweichende **Fälligkeitszeitpunkte**, gesteigerte **Leistungsverweigerungsrechte** sowie **Begrenzungen der Anspruchshöhe**.

178 Zulässig ist dagegen eine **tarifliche Ausschlussfrist**, wonach der Entgeltfortzahlungsanspruch nach Ablauf einer bestimmten Frist erlischt, wenn er nicht rechtzeitig gerichtlich geltend gemacht wird.[306] An der früheren Rechtsprechung, nach der die Ausschlussfrist nur gewahrt wurde, wenn der Arbeitnehmer vor ihrem Ablauf Zahlungsklage erhob,[307] konnte das BAG nach einer Entscheidung des BVerfG nicht mehr uneingeschränkt festhalten. Das BVerfG hatte entschieden, dass eine solche Obliegenheit zur gerichtlichen Geltendmachung eines Anspruchs auf Annahmeverzugslohn das Grundrecht des Arbeitnehmers auf effektiven Rechtsschutz aus Art. 2 Abs. 1 GG iVm Art. 20 Abs. 3 GG unangemessen beschränken könne. Im Fall eines Kündigungsrechtsstreits werde der Arbeitnehmer genötigt, den behaupteten Anspruch auf Annahmeverzugslohn unter entsprechender Erhöhung des Kostenrisikos schon im **Kündigungsschutzverfahren** gerichtlich geltend zu machen um die **Ausschlussfrist zu wahren**.[308] Zur Lösung dieses Konflikts änderte das BAG seine Rechtsprechung dahingehend, dass nunmehr schon die Kündigungsschutzklage die Ausschlussfrist wahrt. Bestehende Tarifvertragsklauseln seien in diesem Sinne **verfassungskonform auszulegen**.[309] Eine Verjährungshemmung nach § 204 Abs. 1 Nr. 1 BGB tritt durch die Kündigungsschutzklage nicht ein. Hierfür ist auch nach aktueller Rechtsprechung die Erhebung einer Zahlungsklage auf den Annahmeverzugslohn erforderlich.[310]

179 Die tarifliche Ausschlussfristenregelung hat nach der Rechtsprechung aber nur insoweit Wirkung, als sie nicht die Geltendmachung des Anspruchs auf den gesetzlichen Mindestlohn beschränkt oder ausschließt.[311] Die teilweise Unwirksamkeit einer entsprechenden Tarifklausel werde durch § 3 S. 1 MiLoG selbst angeordnet.[312] Diese Lösung sei auch im Hinblick auf die Tarifautonomie unbedenklich, denn der Anspruch auf den gesetzlichen Mindestlohn trete eigenständig neben den tarifvertraglichen Entgeltanspruch.[313] Gesetzt der Fall, der gesetzliche Mindestlohn werde unterschritten, führe § 3 MiLoG zu einem Differenzanspruch, der nur dem gesetzlichen Verjährungsrecht unterliege.[314]

180 Ein wirksamer **Verzicht bereits entstandener und fälliger Ansprüche** durch den Arbeitnehmer ist, auch nach Beendigung des Arbeitsverhältnisses, möglich.[315] Jedoch kann der Arbeitnehmer gemäß § 3 S. 2 MiLoG auf den entstandenen Anspruch auf Zahlung eines Arbeitsentgelts mindestens in Höhe des Mindestlohns nur durch **gerichtlichen Vergleich** verzichten.

181 **Zu Gunsten** des Arbeitnehmers ist es möglich, die Voraussetzungen für den Entgeltfortzahlungsanspruch zu verringern sowie günstigere Regelungen für Fortsetzungs- und Wiederholungskrankheiten, eine längere Anspruchsdauer, höheres fortzuzahlendes Arbeitsentgelt und erhöhte oder nicht gekürzte Sondervergütungen zu vereinbaren.

---

[306] BAG 19.9.2012 – 5 AZR 924/11, NZA 2013, 156; 26.4.2006 – 5 AZR 403/05, NZA 2006, 845; 16.1.2001 – 5 AZR 430/00, NZA 2002, 746.
[307] BAG 26.4.2006 – 5 AZR 403/05, NZA 2006, 845; 16.1.2001 – 5 AZR 430/00, NZA 2002, 746.
[308] BVerfG 1.12.2010 – 1 BvR 1682/07, NZA 2011, 354 Rn. 25.
[309] BAG 19.9.2012 – 5 AZR 924/11, NZA 2013, 156 Rn. 22 ff.
[310] BAG 24.9.2014 – 5 AZR 593/1, NZA 2015, 35.
[311] BAG 20.6.2018 – 5 AZR 377/17, NZA 2018, 1494.
[312] BAG 20.6.2018 – 5 AZR 377/17, NZA 2018, 1494.
[313] BAG 20.6.2018 – 5 AZR 377/17, NZA 2018, 1494.
[314] BAG 20.6.2018 – 5 AZR 377/17, NZA 2018, 1494.
[315] BAG 20.8.1980 – 5 AZR 227/79, DB 1981, 111; 11.6.1976 – 5 AZR 506/75, DB 1976, 2118.

10. Sonderfall: Organ- und Gewebespenden

Früher war umstritten, ob **Organ- und Gewebespenden** als Krankheiten iSd § 3 EFZG 182
anzusehen sind. Heute kommt es auf diese Frage nicht mehr an, denn nach § 3a Abs. 1
EFZG hat ein Arbeitnehmer Anspruch auf Entgeltfortzahlung durch den Arbeitgeber bis zur
Dauer von 6 Wochen für Zeiten der Arbeitsunfähigkeit infolge der Spende von Organen
oder Geweben, die nach den §§ 8 und 8a TPG erfolgt.

Nach § 1a Nr. 1 TPG sind **Organe,** mit Ausnahme der Haut, alle aus verschiedenen Ge- 183
weben bestehenden, differenzierten Teile des menschlichen Körpers, die in Bezug auf Struktur, Blutgefäßversorgung und Fähigkeit zum Vollzug physiologischer Funktionen eine funktionale Einheit bilden. § 1a Nr. 4 TPG definiert **Gewebe** als alle aus Zellen bestehenden
Bestandteile des menschlichen Körpers, die keine Organe nach Nr. 1 sind, einschließlich einzelner menschlicher Zellen. Für die Praxis relevant ist dabei vor allem die Spende von
Stammzellen aus dem Knochenmark.[316]

Ausweislich des Wortlauts des § 3a Abs. 1 EFZG muss die Spende nach den §§ 8, 8a des 184
Transplantationsgesetzes erfolgen.[317] Gemäß § 8 Abs. 1 S. 1 TPG muss die Spende zum
Zwecke der Übertragung auf eine andere Person erfolgen. Eine Entnahme zum Zwecke des
Organhandels verstößt gegen § 17 TPG und fällt daher nicht unter § 3a Abs. 1 EFZG.[318]
Wird das Spenderorgan bzw. das gespendete Gewebe hingegen ohne Kenntnis des Arbeitnehmers zweckwidrig verwandt, so bleibt der Anspruch auf Entgeltfortzahlung bestehen.[319]
Unerheblich ist auch, ob die Organ- oder Gewebespende im **In- oder Ausland** stattfindet[320]
oder ob sie **erfolgreich** ist.[321]

Infolge der Organ- oder Gewebeentnahme muss der Arbeitnehmer **arbeitsunfähig** gewor- 185
den sein. Abgrenzungsschwierigkeiten ergeben sich, wenn es nach der Spende zu Folgeerkrankungen des Arbeitnehmers kommt. Betrachtet man die vom Gesetzgeber intendierte
Förderung der Organ-/Gewebespende, so liegt es nahe, § 3a Abs. 1 EFZG weit zu verstehen.
Daher fällt jede **Folgeerkrankung** darunter, soweit noch ein Bezug zur Spende hergestellt
werden kann.[322]

Im Gegensatz zu § 3 Abs. 1 S. 1 EFZG kennt § 3a EFZG aber **kein Verschuldenserforder-** 186
nis. Ein Eigenverschulden des Spenders an der Arbeitsunfähigkeit steht daher dem Anspruch
auf Entgeltfortzahlung nicht im Wege.[323] Auch der Ablauf einer Wartezeit ist nach dem
Wortlaut des § 3a EFZG nicht erforderlich.[324]

Rechtsfolge des § 3a Abs. 1 EFZG ist eine Entgeltfortzahlung, die derjenigen im **Krank-** 187
heitsfall nach § 3 Abs. 1 S. 1 EFZG entspricht.[325] Es kann daher auf die dortigen Ausführungen verwiesen werden.

Der Arbeitgeber hat nach § 3a Abs. 2 EFZG die Möglichkeit, **Rückgriff bei der Kranken-** 188
kasse des Empfängers des Organs/Gewebes zu nehmen. Der Erstattungsanspruch umfasst
bei gesetzlicher Krankenversicherung nach § 3a Abs. 2 S. 1 EFZG die **vollen Lohnkosten,**
also neben dem fortgezahlten Arbeitsentgelt auch die hierauf entfallenden vom Arbeitgeber
zu tragenden Beiträge zur Sozialversicherung und zur betrieblichen Alters- und Hinterbliebenenversorgung. Ist der Empfänger bei einer privaten Krankenkasse versichert, so erhält
der Arbeitgeber Erstattung der genannten Kosten nach dem tariflichen Erstattungssatz (§ 3a
Abs. 2 S. 2 EFZG). Das ist der Prozentsatz, zu dem der Empfänger gemäß seines Versicherungsvertrages im Krankheitsfall Kostenerstattung erhielte, wobei vertraglich vereinbarte

---

[316] *Knorr* NZA 2012, 1132.
[317] ErfK/*Reinhard* EFZG § 3a Rn. 2a; BeckOK ArbR/*Ricken* EFZG § 3a Rn. 3a; aA *Knorr* NZA 2012, 1132 (1135).
[318] BeckOK ArbR/*Ricken* EFZG § 3a Rn. 5; *Knorr* NZA 2012, 1132 (1135).
[319] ErfK/*Reinhard* EFZG § 3a Rn. 2a.
[320] BeckOK ArbR/*Ricken* EFZG § 3a Rn. 4.
[321] *Greiner* NZS 2013, 241 (243); *Knorr* NZA 2012, 1132 (1134).
[322] BeckOK ArbR/*Ricken* EFZG § 3a Rn. 7; *Knorr* NZA 2012, 1132 (1133); aA *Greiner* NZS 2013, 241 (244).
[323] ErfK/*Reinhard* EFZG § 3a Rn. 3; BeckOK ArbR/*Ricken* EFZG § 3a Rn. 9.
[324] ErfK/*Reinhard* EFZG § 3a Rn. 4; BeckOK ArbR/*Ricken* EFZG § 3a Rn. 9.
[325] ErfK/*Reinhard* EFZG § 3a Rn. 4; BeckOK ArbR/*Ricken* EFZG § 3a Rn. 10.

Selbstbehalte außer Betracht bleiben.³²⁶ Beihilfeträger des Bundes und sonstige öffentlich-rechtliche Träger von Kosten in Krankheitsfällen auf Bundesebene leisten nach § 3a Abs. 2 S. 3 EFZG Erstattung, soweit der Empfänger beihilfeberechtigt ist.

III. Entgeltfortzahlung an Feiertagen

189 Das Entgeltfortzahlungsgesetz regelt auch die **Entgeltzahlung an Feiertagen**. Der Arbeitgeber hat dem Arbeitnehmer gemäß § 2 Abs. 1 EFZG das Arbeitsentgelt fortzuzahlen, wenn Arbeitszeit infolge eines gesetzlichen Feiertags ausfällt. Arbeitnehmer iS dieser Vorschrift sind Arbeiter, Angestellte und Auszubildende. Teilzeitarbeitnehmer und geringfügig Beschäftigte sind ebenso uneingeschränkt anspruchsberechtigt. Die Norm gilt nur für Arbeitsverhältnisse, die deutschem Recht unterliegen. Sie ist keine Eingriffsnorm im Sinne des Art. 34 EGBGB aF (jetzt: Art. 9 Abs. 1 Rom I-VO). Denn – anders als § 3 Abs. 1 EFZG – dient sie nicht der Entlastung der deutschen Sozialversicherung.³²⁷ Auch lässt sich auf § 2 Abs. 1 EFZG kein Anspruch auf Arbeitsbefreiung am Feiertag stützen.³²⁸

190 **Gesetzliche Feiertage** im gesamten Gebiet der Bundesrepublik Deutschland sind: Neujahr, Karfreitag, Ostermontag, 1.5., Christi Himmelfahrt, Pfingstmontag, 3.10., 1. und 2. Weihnachtsfeiertag. Der Pfingstsonntag ist bundesweit kein gesetzlicher Feiertag.³²⁹ Weitere, nur in verschiedenen Bundesländern geltende gesetzliche Feiertage sind: Heilige Drei Könige, Fronleichnam, Mariä Himmelfahrt, Reformationstag, Allerheiligen, Buß- und Bettag. Einen lokalen Feiertag gibt es für den Stadtkreis Augsburg (8.8. – Friedensfest). Ob ein Kalendertag als Feiertag im Sinne des § 2 Abs. 1 EFZG anzusehen ist, richtet sich nach den **Verhältnissen am Beschäftigungsort**, insbesondere dem **Feiertagsgesetz** des jeweiligen Bundeslandes.³³⁰ Ein Anspruch aus § 2 Abs. 1 EFZG kann nur an einem gesetzlichen Feiertag entstehen. Darf der Arbeitnehmer an anderen Feier- und Gedenktagen der Arbeit fernbleiben, so kann nur ein Anspruch aus § 616 BGB gegeben sein.

1. Kausalität

191 Grundsätzlich muss der Arbeitsausfall durch den Feiertag **ausschließlich kausal** bedingt sein. Es kommt nach dem BAG darauf an, welche Arbeitszeit für den betreffenden Tag gegolten hätte, wenn der betreffende Tag kein Feiertag gewesen wäre.³³¹ Sowohl andere tatsächliche Arbeitshindernisse als auch hypothetische Ursachen schließen den Entgeltanspruch nach § 2 EFZG aus.³³² Eine Zahlungspflicht des Arbeitgebers aus anderen Gründen bleibt unberührt.

192 Bei **krankheitsbedingter Arbeitsunfähigkeit am Feiertag** löst die Krankheit gemäß § 4 Abs. 2 EFZG einen Anspruch nach § 3 EFZG aus, allerdings mit der Maßgabe, dass sich die Höhe dieses Anspruchs nach § 2 EFZG bemisst. Wird zusätzlich noch in Kurzarbeit gearbeitet, steht dem Arbeitnehmer lediglich ein Anspruch in Höhe des Kurzarbeitergeldes zu.

193 Fällt ein Feiertag in den **Erholungsurlaub** des Arbeitnehmers, wird nach § 3 Abs. 2 BUrlG der gesetzliche Feiertag nicht auf den Urlaub angerechnet. Der Feiertag ist somit die alleinige Ursache für den Arbeitsausfall. Fallen hingegen Freischichten oder sonstige Freistellungen und gesetzliche Feiertage zusammen, so entfällt eine Feiertagslohnfortzahlungspflicht nach dem EFZG.³³³

194 **Dienstplanmäßige Freistellungen** des Arbeitnehmers am Feiertag, zB bei Schichtarbeit schließen dessen Anspruch auf Entgeltfortzahlung nur dann aus, wenn sich die Arbeitsbe-

---

³²⁶ ErfK/*Reinhard* EFZG § 3a Rn. 6; *Knorr* NZA 2012, 1132 (1135).
³²⁷ BAG 18.4.2012 – 10 AZR 200/11, NZA 2012, 1152.
³²⁸ BAG 20.9.2000 – 5 AZR 20/99, NZA 2001, 735.
³²⁹ BAG 13.4.2005 – 5 AZR 475/04, NZA 2005, 882.
³³⁰ BAG 17.3.2010 – 5 AZR 317/09, AP TVG § 1 Tarifverträge: Brotindustrie Nr. 9 Rn. 18; 13.4.2005 – 5 AZR 475/04, NZA 2005, 882.
³³¹ BAG 24.10.2001 – 5 AZR 245/00, AP EntgeltFG § 2 Nr. 8; 19.4.1989 – 5 AZR 248/88, NZA 1989, 715; zur Arbeitsunfähigkeit an Feiertagen vgl. *Raab* NZA 1997, 1144.
³³² *Belling/Hartmann* ZfA 1994, 519 (536, 539).
³³³ LAG Berlin-Brandenburg 11.3.2011 – 13 Sa 2707/10, ArbR 2011, 337.

freiung aus einem Schema ergibt, das von der Feiertagsruhe an bestimmten Tagen unabhängig ist.[334] Will also der Arbeitgeber die Arbeitszeit so verlegen, dass der Arbeitnehmer anstatt am Feiertag an einem anderen Tag arbeitet, muss dafür ein weiterer Grund als der Arbeitsausfall durch den Feiertag bestehen, so dass der Feiertag nicht mehr als für die Plangestaltung bestimmend anzusehen ist.[335] Besteht ein solcher Grund nicht, ist die Weisung des Arbeitgebers, an einem anderen Tag zu arbeiten, zwar wirksam, beseitigt aber nicht den Anspruch auf Entgeltfortzahlung. Der Arbeitnehmer erhält für den Feiertag und zusätzlich für den Tag, an dem er vor- oder nachgearbeitet hat, das volle Entgelt.[336] Denn eine tatsächliche Verringerung der in der Woche geleisteten Arbeitszeit ist ebenso wenig Tatbestandsmerkmal des § 2 EFZG wie eine ansonsten drohende tatsächliche Gehaltseinbuße des Arbeitnehmers.[337] Auch Tarifverträge können zwar wirksam anordnen, dass Feiertage nachzuarbeiten sind, jedoch muss diese Nacharbeit dann zusätzlich vergütet werden.[338] Anders verhält sich das bei **flexiblen Arbeitszeitsystemen,** nach denen auch unabhängig davon, dass in bestimmten Wochen Feiertage liegen, im wöchentlichen Wechsel an verschiedenen Tagen gearbeitet wird. Fällt in einem solchen System ein gesetzlicher Feiertag auf einen hiernach **arbeitsfreien Tag,** löst dies keinen Anspruch auf Zahlung von Feiertagsvergütung aus.[339] Fällt ein Feiertag in einen Zeitraum, in dem ein (Leih-)Arbeitnehmer von seinem Arbeitgeber nicht eingesetzt werden kann und erhält er in den Tagen vor und nach dem Feiertag eine Vergütung unter Minderung der angesammelten Stunden auf einem Arbeitszeitkonto, so fehlt es an einem monokausalen Zusammenhang.[340]

Einem Zeitungszusteller ist das Entgelt dann fortzuzahlen, wenn wegen des Feiertags keine Zeitungen produziert werden und deshalb keine Zeitungen ausgetragen werden müssen, während dies ohne den Feiertag hätte erfolgen müssen.[341] Etwas anderes ergibt sich auch nicht daraus, dass es dem Arbeitgeber gem. § 10 Abs. 1 Nr. 8 ArbZG grundsätzlich erlaubt ist, Arbeitnehmer an Feiertagen mit dem Austragen der Zeitungen zu beschäftigen.[342] Er schuldet dem Arbeitnehmer Entgeltfortzahlung, wenn er von den Möglichkeiten des § 10 ArbZG keinen Gebrauch macht – auch wenn diese Entscheidung darauf beruht, dass aufgrund des Feiertags kein Arbeitskräftebedarf besteht.[343] Der Entgeltfortzahlungsanspruch besteht unabhängig davon, ob der Arbeitgeber einer Branche angehört, in der die Beschäftigung von Arbeitnehmern arbeitszeitrechtlich unter bestimmten Voraussetzungen ausnahmsweise eröffnet ist.[344] Der Arbeitgeber kann der Verpflichtung zur Entgeltfortzahlung nicht dadurch entgehen, dass er für den Feiertag von vornherein keine Arbeit einplant.[345]

Fallen **Streik oder Aussperrung** auf einen Feiertag, basiert der Arbeitsausfall der unmittelbar betroffenen Arbeitnehmer **auf dem Arbeitskampf** und nicht auf dem Feiertag,[346] beispielsweise wenn Pfingstmontag innerhalb einer Streikperiode liegt. Dagegen muss Feiertagslohn gezahlt werden, wenn der Arbeitskampf unmittelbar vor dem Feiertag endet. Dann ist der gesetzliche Feiertag als alleinige Ursache für den Arbeitsausfall anzusehen.[347] Erklärt eine Gewerkschaft die Aussetzung eines Streiks lediglich für Tage, an denen ohnehin keine Arbeitspflicht besteht, liegt keine Streikunterbrechung vor. Eine Unterbrechung des Streiks

---

[334] BAG 24.9.2015 – 6 AZR 510/14, NZA-RR 2016, 45 Rn. 17; 9.10.1996 – 5 AZR 345/95, DB 1997, 480.
[335] Vgl. BAG 24.9.2015 – 6 AZR 510/14, NZA-RR 2016, 45 Rn. 17.
[336] StRspr BAG 6.12.2017 – 5 AZR 118/17, NZA 2018, 597; 10.7.1996 – 5 AZR 113/95, NZA 1996, 1324 Rn. 2c); 26.3.1966 – 3 AZR 453/65, AP FeiertagslohnzahlungsG § 1 Nr. 20; 9.7.1959 – 1 AZR 4/58 Rn. 13; 19.7.1957 – 1 AZR 143/56 Rn. 10; MüKoBGB/*Müller-Glöge* EFZG § 2 Rn. 10.
[337] BAG 10.7.1996 – 5 AZR 113/95, NZA 1996, 1324 Rn. 2c.
[338] BAG 31.1.1989 – 1 ABR 67/87, AP BetrVG 1972 § 87 Tarifvorrang Nr. 15 Rn. I 3; 25.6.1985 – 3 AZR 347/83, AP FeiertagslohnzahlungsG § 1 Nr. 48.
[339] BAG 24.1.2001 – 4 AZR 538/99, NZA 2001, 1026; 16.11.2000 – 6 AZR 338/99, NZA 2001, 796.
[340] LAG Baden-Württemberg 29.4.2009 – 17 Sa 4/09.
[341] BAG 16.10.2019 – 5 AZR 352/18.
[342] BAG 16.10.2019 – 5 AZR 352/18.
[343] BAG 16.10.2019 – 5 AZR 352/18.
[344] BAG 16.10.2019 – 5 AZR 352/18.
[345] BAG 16.10.2019 – 5 AZR 352/18.
[346] BAG 1.3.1995 – 1 AZR 786/94, NZA 1995, 996; 31.5.1988 – 1 AZR 589/86, NZA 1988, 886.
[347] BAG 23.10.1996 – 1 AZR 269/96, NZA 1997, 397.

setzt einen Beschluss der Gewerkschaft voraus, der eine vorübergehende Wiederaufnahme der Arbeit zum Ziel hat. Handelt es sich um gesetzliche Feiertage, besteht kein Anspruch auf Feiertagsentgeltzahlung.[348] Eine **Beendigung des Streikes vor einem Feiertag** ist dem Arbeitgeber von der streikführenden Gewerkschaft oder den streikbeteiligten Arbeitnehmern mitzuteilen.[349] Bei **Kurzarbeit** gilt die Arbeitszeit gemäß § 2 Abs. 2 EFZG als infolge des gesetzlichen Feiertags ausgefallen, mit der Folge, dass der Arbeitgeber und nicht die Agentur für Arbeit das Entgelt zu zahlen hat.

2. Höhe des fortzuzahlenden Feiertagsentgelts

197 Nach § 2 Abs. 1 EFZG hat der Arbeitgeber für Arbeitszeit, die infolge eines gesetzlichen Feiertags ausfällt, dem Arbeitnehmer das Arbeitsentgelt zu zahlen, welches er ohne den Arbeitsausfall erhalten hätte. Die **Höhe des fortzuzahlenden Feiertagsentgelts** richtet sich nach dem **Entgeltausfallprinzip** und umfasst das regelmäßige Arbeitsentgelt in voller Höhe. Der Arbeitnehmer ist so zu stellen, als hätte er an dem Feiertag planmäßig gearbeitet.[350]

198 Unproblematisch ist die Höhe, wenn der Arbeitnehmer ein monatlich gleich bleibendes Arbeitsentgelt erhält. Bei erfolgs- oder leistungsbezogenem Arbeitsentgelt wird die Höhe des fortzuzahlenden Feiertagsentgelts durch Schätzung entsprechend § 287 Abs. 2 ZPO bestimmt. Dabei kann ein repräsentativer Referenzzeitraum für ein sachgerechtes Ergebnis herangezogen werden. Unregelmäßige Schwankungen bezüglich der Arbeitszeit und eine fortzuzahlende Stückvergütung erfordern eine hypothetische Betrachtung, die die Eigenarten der geschuldeten Tätigkeit und spezifische Abrechnungsmethoden in den Blick nimmt.[351] Das BAG hat eine Heranziehung des Referenzzeitraums von drei Monaten aus § 12 Abs. 4 und 5 TzBfG für eine Entgeltfortzahlung im Jahre 2015 mit der Begründung verneint, dass diese erst im Januar 2019 eingefügt worden seien und dass nach der Gesetzesbegründung vor Inkrafttreten der Regelung eine vergangenheitsbezogene Entgeltberechnung nicht statthaft gewesen sei.[352] Vielmehr habe der Arbeitnehmer darzulegen und ggf. zu beweisen, warum ein Referenzzeitraum von drei Monaten repräsentativ sei. Bei Zeitungszustellern liege es nahe, einen Zeitraum als repräsentativ zu wählen, der nahe an dem jeweiligen Feiertag liege. Dem Arbeitgeber obliege es dann, sich zur Maßgeblichkeit der vom Arbeitnehmer benannten Tatsachen zu erklären.

199 Das Feiertagsentgelt umfasst folglich **Überstundenvergütungen,**[353] soweit sie ohne den Feiertag geleistet worden wären, **regelmäßig zusätzlich vergütete Arbeitsleistungen auf Grund besonderer Vereinbarung**[354] sowie **alle sonstigen Zulagen**, wie Provisionen,[355] Mietbeihilfen, Auslösungen,[356] Sachbezüge, Gratifikationen oder Ortszuschläge. **Ausgenommen** sind Leistungen mit Aufwendungsersatzcharakter, wie zB Schmutzzulagen oder Verpflegungskosten.[357]

200 Der Arbeitgeber darf bei feiertagsbedingtem Arbeitsausfall auf einem für den Arbeitnehmer geführten **Zeitkonto** keine Negativbuchungen vornehmen und damit das vorhandene Zeitguthaben kürzen, wenn das Zeitkonto den Vergütungsanspruch des Arbeitnehmers nur in anderer Form ausdrückt.[358]

201 Im Falle von Kurzarbeit ist das Entgelt nur in Höhe des Kurzarbeitergeldes auszuzahlen. Dabei hat der Arbeitgeber, anders als beim Kurzarbeitergeld, die Lohnsteuer für das Feiertagsentgelt abzuführen. Die für den Feiertag anfallenden Sozialversicherungsbeiträge hat er hingegen alleine zu tragen.[359] In Zeiten von Corona erließ die Bundesregierung eine Rege-

---

[348] BAG 1.3.1995 – 1 AZR 786/94, NZA 1995, 996.
[349] BAG 23.10.1996 – 1 AZR 269/96, NZA 1997, 397.
[350] BAG 14.8.2002 – 5 AZR 417/01, DB 2003, 155.
[351] BAG 16.10.2019 – 5 AZR 352/18.
[352] BAG 16.10.2019 – 5 AZR 352/18.
[353] BAG 26.3.1985 – 3 AZR 239/83, NZA 1986, 397.
[354] BAG 16.1.2002 – 5 AZR 303/00, NZA 2002, 1163.
[355] BAG 17.4.1975 – 3 AZR 289/74, DB 1975, 1948.
[356] BAG 1.2.1995 – 5 AZR 847/93, DB 1996, 97; 24.9.1986 – 4 AZR 543/85, NZA 1987, 315.
[357] LAG Berlin 6.1.2003 – 7 Sa 1826/02 = BeckRS 2003, 16969.
[358] BAG 14.8.2002 – 5 AZR 417/01, DB 2003, 155.
[359] BAG 8.5.1984 – 3 AZR 194/82, NZA 1985, 62.

lung, wonach die Arbeitgeber eine Erstattung dieser Sozialversicherungsbeiträge beantragen konnten, vgl. § 109 Abs. 5 SGB III.

3. Anspruchsausschluss bei unentschuldigtem Fehlen

Das Gesetz sieht gemäß § 2 Abs. 3 EFZG einen **Anspruchsausschluss** vor, wenn Arbeitnehmer **am letzten Arbeitstag vor oder am ersten Arbeitstag nach dem Feiertag unentschuldigt** von der Arbeit fernbleiben. Den Arbeitnehmer trifft ein Verschulden an der Arbeitsversäumnis, wenn er keinen „triftigen Grund"[360] für sein Fehlen hat.

Welches der letzte Arbeitstag vor und der erste nach dem Feiertag ist, richtet sich nach der **individuellen Arbeitsverpflichtung** des Arbeitnehmers. Somit kann ein Anspruch nach § 2 EFZG auch dann entfallen, wenn zwischen dem unentschuldigten Fehlen und dem Feiertag aus anderen Gründen arbeitsfrei ist, beispielsweise durch ein Wochenende oder urlaubsbedingt.

4. Beweispflicht

Der **Arbeitnehmer** hat die tatsächlichen anspruchsbegründenden Voraussetzungen des § 2 Abs. 1 EFZG darzulegen und im Streitfall zu beweisen, wenn er vom Arbeitgeber die Bezahlung von Feiertagsvergütung fordert. Für die Frage, ob der Feiertag die alleinige Ursache für den Arbeitsausfall war, kommt dem Arbeitnehmer jedoch eine abgestufte **Darlegungs- und Beweislast** zu Gute.[361]

Der Arbeitnehmer hat die tatsächlichen Umstände darzulegen, aus denen sich mit einer hohen Wahrscheinlichkeit ergibt, dass die Arbeit allein wegen des Feiertags ausgefallen ist. Der Arbeitgeber hat sich hierzu konkret zu erklären (§ 138 Abs. 2 ZPO) und tatsächliche Umstände dafür darzulegen, dass der Feiertag für den Arbeitsausfall nicht ursächlich war. Gibt es nach den Darstellungen des Arbeitnehmers für den Arbeitsausfall keine objektiven Gründe außer dem, dass an einem Wochenfeiertag nicht gearbeitet werden darf, ist davon auszugehen, dass die Arbeit wegen des Feiertags ausgefallen ist. In diesem Fall besteht ein Anspruch auf Feiertagsvergütung.[362] Ein unentschuldigtes Fernbleiben hat der Arbeitgeber zu beweisen.

IV. Entgeltzahlung bei persönlicher Arbeitsverhinderung

Der Arbeitnehmer behält gemäß § 616 S. 1 BGB seinen Anspruch auf Vergütung, wenn er für eine verhältnismäßig nicht erhebliche Zeit durch **einen in seiner Person liegenden Grund ohne sein Verschulden an der Arbeitsleistung verhindert** wird. Damit weicht § 616 S. 1 BGB aus sozialpolitischen Gründen vom Grundsatz des § 275 BGB ab, nach dem bei gegenseitigen Verträgen auch der Gegenleistungsanspruch mit dem Ausschluss der Leistungspflicht entfällt. Die Höhe der Fortzahlung richtet sich nach dem **Entgeltausfallprinzip**. Nach § 616 S. 2 BGB muss sich der Arbeitnehmer den Betrag anrechnen lassen, welcher ihm für die Zeit der Verhinderung aus einer auf Grund gesetzlicher Verpflichtung bestehenden Kranken- oder Unfallversicherung zukommt.

Die Vorschrift des § 616 BGB ist **dispositiv**[363] und wird beispielsweise durch Tarifverträge abbedungen. Derartige Tarifverträge stellen regelmäßig den Grundsatz auf, dass Entgelt nur für geleistete Arbeit gezahlt wird und geben gleichzeitig einen Katalog von Ausnahmen vor, die teilweise auch die Dauer der Arbeitsbefreiung fixieren. Eine Abbedingung ist auch durch Einzelverträge möglich.[364]

Der Grund für die Arbeitsverhinderung muss nicht unmittelbar in der Person des Arbeitnehmers liegen und braucht ihm die Arbeitsleistung nicht unmöglich zu machen. Es kommt darauf an, dass der Hinderungsgrund der **persönlichen Sphäre des Arbeitnehmers** zuzuord-

---

[360] BAG 14.6.1957 – 1 AZR 97/56, BB 1957, 967.
[361] BAG 24.10.2001 – 5 AZR 245/00, BB 2002, 1154.
[362] BAG 24.10.2001 – 5 AZR 245/00, BB 2002, 1154.
[363] BAG 7.2.2007 – 5 AZR 270/06, NZA 2007, 1072; 18.1.2001 – 6 AZR 492/99, NZA 2002, 47; 17.4.1959 – 1 AZR 189/58, DB 1959, 766; MHdB ArbR/*Boewer* § 70 Rn. 3; *Moll* RdA 1980, 138.
[364] BAG 7.2.2007 – 5 AZR 270/06, ZTR 2007, 391.

nen und ihm im Hinblick darauf die Arbeitsleistung **unzumutbar** ist.[365] Grundsätzlich darf der Arbeitnehmer wegen der aus Art. 2 Abs. 1, 12 Abs. 1 und 14 Abs. 1 GG grundrechtlich geschützten Belange des Arbeitgebers seinen Arbeitsplatz nicht ohne Rücksprache mit seinem Vorgesetzten verlassen.[366]

209 Auch die Krankheit des Arbeitnehmers ist ein persönlicher Hinderungsgrund im Sinne von § 616 BGB.[367] Mit Einführung des EFZG wurde durch die Vorschrift des § 3 EFZG für Arbeits- und Ausbildungsverhältnisse eine abschließende Sonderregelung geschaffen.[368] Der persönliche Hinderungsgrund der Krankheit kommt daher lediglich bei Dienstverpflichteten in Betracht, die keine Arbeitnehmer sind, wie zB freie Mitarbeiter.

210 Gründe für die persönliche Arbeitsverhinderung sind beispielsweise die eigene **Heirat**,[369] die **Geburt eines Kindes**,[370] der **Tod oder eine schwere Erkrankung naher Angehöriger**,[371] die **Erkrankung und Pflege von Kindern**,[372] die Teilnahme an wichtigen **Familienfeiern**,[373] **Zeugenaussagen**[374] sowie **Anordnung des persönlichen Erscheinens vor Gericht**[375] oder **Schöffentätigkeit**, soweit nicht eine Entschädigung erfolgt, vom Arbeitnehmer nicht verschuldete **Untersuchungshaft**,[376] die **Erfüllung religiöser Pflichten**[377] oder einer **öffentlich-rechtlichen Verpflichtung**,[378] **Arztbesuche**[379] oder **Behördengänge**, die nur während der Arbeitszeit möglich sind, sowie ihn betreffende sonstige Hinderungsgründe, etwa **persönliche Unglücksfälle**[380] wie Einbrüche, Brände oder unverschuldete Verkehrsunfälle. Auch eine Tätigkeit als **ehrenamtlicher Richter** kann ein persönlicher Verhinderungsgrund iSd § 616 BGB sein.[381] Dies gilt jedoch nur insoweit, als die Ausübung dieser Tätigkeit – etwa bei Gleitzeitmodellen – notwendigerweise in die Arbeitszeit des Arbeitnehmers fällt.

211 **Keine Verhinderungsgründe** im Sinne von § 616 S. 1 BGB sind solche, die nicht in der Person des Arbeitnehmers liegen, sondern die **Allgemeinheit** betreffen, wie beispielsweise Smogalarm, Witterung,[382] oder aber die Erkrankung naher Angehöriger, die eine stationäre Unterbringung und die stellvertretende Haushaltsführung des Arbeitnehmers zur Versorgung der minderjährigen Kinder erforderlich macht.[383]

212 Der Anspruch auf Entgeltzahlung nach § 616 S. 1 BGB besteht nur, wenn die persönliche Verhinderung die **alleinige Ursache** der Nichtleistung ist.[384] Wird die Arbeitsleistung auch aus anderen Gründen nicht erbracht, findet § 616 S. 1 BGB keine Anwendung.

1. Sonderfall: Pflege naher Angehöriger

213 Nach dem zum 1.7.2008 in Kraft getretenem Pflegezeitgesetz haben Beschäftigte für Zeiten der Pflege naher Angehöriger **Ansprüche auf unbezahlte Freistellung** gegenüber dem

---

[365] BAG 8.12.1982 – 4 AZR 134/80, DB 1983, 395.
[366] LAG Hamm 26.2.2002 – 5 Sa 1582/01, NZA 2002, 1090.
[367] BAG 7.2.2007 – 5 AZR 270/06, NZA 2007, 1072.
[368] Kießling/Jünemann DB 2005, 1684 (1685).
[369] BAG 14.2.1962 – 4 AZR 37/61, DB 1962, 575; LAG Rheinland-Pfalz 21.9.2010 – 3 Sa 265/10 (ggf. auch am Tag vor der Eheschließung).
[370] BAG 26.2.1964 – 4 AZR 257/63, DB 1964, 664; aA BAG 18.1.2001 – 6 AZR 492/99, NZA 2002, 47 bei Niederkunft der Lebensgefährtin.
[371] BAG 19.4.1978 – 5 AZR 834/76, DB 1978, 1595; 20.7.1977 – 5 AZR 325/76, DB 1977, 2332.
[372] BAG 20.6.1979 – 5 AZR 361/78, BB 1979, 1452; 19.4.1978 – 5 AZR 834/76, DB 1978, 1595.
[373] BAG 11.2.1993 – 6 AZR 98/92, NZA 1993, 1003.
[374] BAG 13.12.2001 – 6 AZR 30/01, NZA 2002, 1105.
[375] LAG Hamm 2.12.2009 – 5 Sa 710/09, ArbR 2010, 327.
[376] BAG 11.8.1988 – 8 AZR 721/85, NZA 1989, 54.
[377] BAG 27.4.1983 – 4 AZR 506/80, DB 1983, 2201; LAG Hamm 26.2.2002 – 5 SA 1582/01, NZA 2002, 1090.
[378] BAG 20.6.1995 – 3 AZR 857/94, NZA 1996, 383 (nicht bei Ratsherrentätigkeit).
[379] BAG 29.2.1984 – 5 AZR 92/82, DB 1984, 1405; LAG Sachsen-Anhalt 23.6.2010 – 5 Sa 340/09, BeckRS 2010, 75187.
[380] ErfK/Preis BGB § 616 Rn. 4 mwN.
[381] BAG 22.1.2009 – 6 AZR 78/08, NZA 2009, 735.
[382] BAG 8.12.1982 – 4 AZR 134/80, AP BGB § 616 Nr. 58 (Eisglätte); 8.9.1982 – 5 AZR 283/80, NJW 1983, 1078 (Fahrverbot wegen Schneefall).
[383] LAG Düsseldorf 20.3.2007 – 3 Sa 30/07, ZTR 2007, 496 (zum MTV der Chemischen Industrie).
[384] Henssler/Willemsen/Kalb/Krause BGB § 616 Rn. 36.

Arbeitgeber. **Nahe Angehörige** sind folgende Verwandte oder verschwägerte Personen: Großeltern, Eltern, Geschwister, Kinder und Enkelkinder sowie Schwiegereltern und Schwiegerkinder. Nahe Angehörige sind auch Ehegatten und Lebenspartner, die Partner einer eheähnlichen Gemeinschaft sowie Kinder-, Adoptiv- und Pflegekinder des Ehegatten und Lebenspartners und eigene Pflegekinder. Gemäß § 7 Abs. 4 PflegeZG sind **pflegebedürftige Personen** die Personen, die nach dem Elften Sozialgesetzbuch pflegebedürftig sind. Der Begriff der Pflegebedürftigkeit wird in den §§ 14, 15 SGB XI definiert.

Nach § 2 Abs. 1 PflegeZG haben Beschäftigte das Recht bis zu **10 Arbeitstage** (nicht Kalendertage) der Arbeit fernzubleiben, um für einen pflegebedürftigen nahen Angehörigen in einer **akut aufgetretenen Pflegesituation** eine bedarfsgerechte Pflege zu organisieren oder eine pflegerische Versorgung in dieser Zeit sicherzustellen. Der Gesetzgeber begrenzt die Arbeitsbefreiung auf 10 Arbeitstage; es ist nicht erforderlich, dass diese Arbeitstage aneinander anschließen, vielmehr ist auch eine Verteilung auf mehrere Zeitabschnitte möglich. Der Arbeitgeber ist gemäß § 2 Abs. 3 PflegeZG zur **Fortzahlung der Vergütung** nur verpflichtet, wenn sich die Verpflichtung aus einem anderen Gesetz oder aus einer kollektivrechtlichen oder individuellen Vereinbarung ergibt. Das PflegeZG selbst bildet keine Grundlage für einen Anspruch auf Entgeltfortzahlung. Soweit keine andere Anspruchsgrundlage in Betracht kommt, ist § 616 S. 1 BGB einschlägig. 214

Nach § 3 Abs. 1 S. 1 PflegeZG sind Beschäftigte für die Pflege eines pflegebedürftigen nahen Angehörigen in **häuslicher Umgebung** von der Arbeitsleistung teilweise oder vollständig **unbezahlt freizustellen** (Pflegezeit). Für die Dauer der Inanspruchnahme der Pflegezeit besteht keine Entgeltfortzahlungspflicht des Arbeitgebers. Abgesehen von einer sozialversicherungsrechtlichen Absicherung für pflegende Angehörige durch Leistungen der Pflegeversicherung (§§ 44, 44a SGB XI, 28a SGB III) sind im Rahmen der Pflegeversicherung keine Regelungen vorhanden, die den Einkommensverlust durch Pflege unmittelbar kompensieren. Der Gesetzgeber geht davon aus, dass der Pflegebedürftige das Pflegegeld als Zeichen der Anerkennung an die Pflegeperson weiterleitet. 215

2. Verhältnismäßigkeit

Die Feststellung, ob die Arbeitsverhinderung eine **verhältnismäßig unerhebliche Zeit** nach § 616 S. 1 BGB betrifft, ist unter Berücksichtigung der Umstände des Einzelfalls zu treffen. Die Betrachtung kann dabei belastungsbezogen, also im Hinblick auf das Verhältnis der Verhinderungszeit zur Gesamtdauer des Arbeitsverhältnisses, oder ereignisbezogen auf die Art des Verhinderungsgrundes erfolgen.[385] In der Regel sind das nur wenige Tage. Hinsichtlich der bis zu zehntägigen Pflegezeit nach § 2 Abs. 1 PflegeZG wird die Frage der Verhältnismäßigkeit dieser Zeit unterschiedlich beurteilt. Die überwiegende Meinung im Schrifttum[386] lehnt eine Ausdehnung des Entgeltfortzahlungszeitraums auf zehn Arbeitstage ab und hält an den zur Rechtslage vor Einführung des PflegeZG aufgestellten Richtwerten fest. Eine richterliche Klärung ist bisher noch nicht erfolgt. Ist der Verhinderungszeitraum erheblich, entfällt der Anspruch nach § 616 S. 1 BGB ganz.[387] Jedoch ist er auf jeden Verhinderungsfall neu anzuwenden. 216

3. Betreuung der Kinder bei Schul- und Kindergartenschließungen

Mit der rasanten Ausbreitung des SARS-CoV-2 um den Globus und den damit einhergehenden Schul- und Kindergartenschließungen in Deutschland sind neue Fragestellungen rund um die Anwendung des § 616 BGB aufgetreten. Ist § 616 BGB auf die nunmehr notwendig gewordene Betreuung durch das Elternteil anwendbar? 217

Nach einer in der Literatur vertretenen Ansicht begründet eine Epidemie, aufgrund derer Schulen geschlossen werden und Eltern ihre Kinder betreuen müssen, ein subjektives Leis- 218

---

[385] Dazu näher GmbH-HdB/*Moll/Reufels* Rn. IV 264.2.
[386] *Preis/Nehring* NZA 2008, 729 (732 f.); Hensseler/Willemsen/Kalb/*Krause* BGB § 616 Rn. 42; *Hexel/Lüders* NZS 2009, 264; *Müller/Stuhlmann* ZTR 2008, 290 (291); *Linck* BB 2008, 2738 (2741); *Freihube/Sasse* DB 2008, 1320 (1321); aA: ErfK/*Preis* BGB § 616 Rn. 10 f.
[387] BAG 18.12.1959 – GS 8/58, DB 1960, 357.

tungshindernis. Entscheidend für das Fernbleiben sei nicht die Schließung der Schulen und Kindergärten, sondern dass die Eltern ihrer Elternpflicht nachkommen. Nach anderer Ansicht begründet die Pandemie selbst zwar kein subjektives Leistungshindernis, aber ein solches entsteht, wenn man aufgrund der Pandemie seine Kinder betreuen muss.[388] Dabei liege ein subjektives Leistungshindernis nur dann vor, wenn auf gesunde Kinder, die jünger als 12 Jahre seien, aufgepasst werden müsse, in Anlehnung an § 45b Abs. 1 SGB V. Dem kann jedoch nicht zugestimmt werden. Würde man dieser Begründung folgen, so könnten Eltern sich zB auch dann auf § 616 BGB berufen, wenn die Kinder Ferien haben. Auch in diesem Fall würden sie der Betreuung ihrer Elternpflicht nachkommen. Weiterhin spricht die Schaffung des § 56 Abs. 1a IfSG gegen die Anwendbarkeit des § 616 BGB. § 56 Abs. 1a IfSG schafft einen neuen Entschädigungsanspruch für Eltern, die aufgrund der behördlichen Schul- und Kitaschließungen nicht mehr arbeiten können. Zwar soll die Vorschrift gegenüber anderen gesetzlichen Vorschriften subsidiär sein, jedoch zeigt sie auch, dass § 616 BGB zumindest nicht länger als wenige Tage anwendbar sein kann. Anderenfalls hätte es keiner neuen Vorschrift bedurft.

219 Es ist vielmehr der Auffassung zu folgen, dass § 616 BGB nicht auf behördlich angeordnete Schul- und Kindergartenschließungen anzuwenden ist. Es handelt sich hierbei um ein objektives Leistungshindernis: Anders als im Falle einer Erkrankung des Kindes rührt die Ursache der vorübergehenden Verhinderung des Arbeitnehmers nicht aus seiner privaten Sphäre. Würde man die Anwendbarkeit des § 616 BGB bejahen, so würde die Gefahrtragung im Falle einer Pandemie auf den Arbeitgeber verlagert werden. Eine solche Gefahrverlagerung ist jedoch in § 616 BGB so nicht angelegt. Die Schließung von Schulen und Kindergärten findet ihre Ursache in behördlichen Anordnungen und eben nicht in der privaten Sphäre des Arbeitnehmers.

220 Für endgültige Klarheit können hier nur die Arbeitsgerichte sorgen.

V. Sonderfall: Lohnfortzahlung in Zeiten von Corona

221 In beispielloser Geschwindigkeit verbreitete sich im Jahr 2020 das SARS-CoV-2-Virus über den gesamten Globus. Im Zusammenhang mit dem Pandemiegeschehen sind unterschiedlichste Sachverhaltskonstellationen aufgetreten, in denen es Arbeitnehmern nicht möglich war, in ihrem Betrieb zu arbeiten. Vor diesem Hintergrund stellte sich für Arbeitgeber sowie Arbeitnehmer in unterschiedlichsten Situationen immer wieder die Frage, inwiefern der Arbeitgeber zur Lohnfortzahlung verpflichtet ist.

1. Entgeltfortzahlung im Krankheitsfall

222 Für den Zeitraum der tatsächlichen Erkrankung des Arbeitnehmers am Corona-Virus bestimmt sich die Entgeltfortzahlung nach § 3 EFZG. § 3 EFZG greift unabhängig von der Leistungsfähigkeit des Arbeitnehmers bereits bei dessen bloßer Ansteckungsgefahr.[389]

223 Der Anspruch auf Entgeltfortzahlung im Krankheitsfall setzt jedoch – wie bereits dargestellt – voraus, dass die Arbeitsunfähigkeit unverschuldet ist.[390] Die Arbeitsunfähigkeit ist verschuldet, wenn der Arbeitnehmer in erheblichem Maße gegen die von einem verständigen Menschen im eigenen Interesse zu erwartende Verhaltensweise verstoßen hat.[391]

224 Ein Verschulden des Arbeitnehmers im Hinblick auf die Corona-Erkrankung ist gegeben, wenn der Arbeitnehmer in Bezug auf das Pandemiegeschehen besonders leichtfertig oder vorsätzlich gehandelt hat.[392] Dies dürfte beispielsweise anzunehmen sein, wenn der Arbeitnehmer gegen innerbetriebliche Schutzmaßnahmen zur Eindämmung des Pandemiegesche-

---

[388] So *Sievers* jM (5) 2020, 189 (191).
[389] MüKoBGB/*Müller-Glöge* EFZG § 3 Rn. 10.
[390] Siehe → § 24 Rn. 4 ff.
[391] BAG 18.3.2015 – 10 AZR 99/14, NZA 2015, 801; 30.3.1988 – 5 AZR 42/87, NJW 1988, 2323; 28.2.1979 – 5 AZR 611/77, DB 1979, 1803.
[392] *Fuhlrott/Fischer* NZA 2020, 347.

hens besonders leichtfertig verstoßen hat.[393] Der Entgeltfortzahlungsanspruch dürfte ferner ausgeschlossen sein, wenn sich der Arbeitnehmer die Infektion in einem Corona-Risikogebiet zugezogen hat, für welches das Auswärtige Amt vor Reiseantritt eine Reisewarnung herausgegeben hat und kein triftiger (zB beruflicher oder familiärer) Grund für die Reise bestand.[394]

2. Berufsausübungsverbot und Quarantäne, § 56 IfSG

Das IfSG erlaubt auf Grundlage der §§ 28 ff. IfSG bereits bei Vorliegen eines Corona-Verdachts (beispielsweise Fieber, trockener Husten, Kontakt mit einer infizierten Person) die Anordnung notwendiger Schutzmaßnahmen gegen Ansteckungs- und Krankheitsverdächtige. 225

Dahingehende behördliche Maßnahmen gegen Ansteckungs- bzw. Krankheitsverdächtige, insbesondere die Anordnung einer vorsorglichen Quarantäne nach § 30 Abs. 1 S. 2 IfSG mit Verbot der Ausübung einer Erwerbstätigkeit nach § 31 S. 1 IfSG, waren während der Corona-Pandemie in Jahr 2020 keine Seltenheit. 226

§ 3 EFZG greift bei Vorliegen eines bloßen Corona-Verdachts mangels nachweisbarer Erkrankung gerade nicht. 227

Der Gesetzgeber hat jedoch mit § 56 Abs. 1 IfSG eine ausgleichende Regelung geschaffen, wonach Ansteckungs- und Krankheitsverdächtigen, denen es aufgrund einer behördlichen Anordnung verboten ist, ihrer Erwerbstätigkeit nachzugehen, einen öffentlich-rechtlichen Anspruch auf Entschädigung in Geld in Höhe des Arbeitsentgelts erhalten. 228

a) **Anspruchsvoraussetzungen.** Der Arbeitnehmer muss Betroffener einer behördlich angeordneten Quarantänemaßnahme nach § 30 Abs. 1 S. 2 IfSG oder eines beruflichen Tätigkeitsverbotes iSd § 31 S. 1 IfSG sein. Die genannte Maßnahme muss von der jeweils nach § 54 IfSG zuständigen Landesbehörde durch Verwaltungsakt angeordnet werden. Ein Entschädigungsanspruch kommt hingegen nicht in Betracht, wenn sich der Betroffene allein auf Weisung seines Hausarztes oder allgemeiner Empfehlung in Selbstisolation begibt.[395] 229

Der Betroffene muss durch die angeordnete Maßnahme einen Verdienstausfall erleiden. Der Verdienstausfall muss allein auf der durch die Behörde verordneten Quarantänemaßnahme beruhen. Der Entschädigungsanspruch nach § 56 Abs. 1 IfSG besteht hingegen nicht, soweit der Arbeitgeber bereits anderweitig gesetzlich zur Lohnfortzahlung verpflichtet ist.[396] Der Anspruch aus § 56 Abs. 1 IfSG ist insoweit subsidiär.[397] In diesem Zusammenhang ist Folgendes zu beachten: steht nachweisbar fest, dass der Arbeitnehmer positiv am Corona-Virus erkrankt ist, entsteht eine Lohnfortzahlungspflicht des Arbeitgebers nach § 3 EFZG. § 56 IfSG findet sodann keine Anwendung (mehr). 230

Eine wichtige Rolle dürfte in Zukunft auch der aufgrund des Masernschutzgesetzes am 1.3.2020 in Kraft getretene § 56 Abs. 1 S. 3 IfSG spielen. Nach § 56 Abs. 1 S. 3 IfSG ist ein Entschädigungsanspruch des Arbeitnehmers ausgeschlossen, wenn durch eine Schutzimpfung, welche gesetzlich vorgeschrieben oder öffentlich empfohlen wurde, ein berufliches Tätigkeitsverbot hätte vermieden werden können. § 56 Abs. 1 S. 3 IfSG dürfte vor dem Hintergrund der Corona-Pandemie praxisrelevant werden, sobald der in naher Zukunft zu erwartende Impfstoff gegen das SARS-CoV-2-Virus in Deutschland zugelassen und eine entsprechende Impfung öffentlich empfohlen wird.[398] 231

b) **Anspruchsinhalt.** Die Höhe des Entschädigungsanspruchs bemisst sich nach dem Netto-Arbeitsentgelt, § 56 Abs. 3 S. 1 IfSG. Bei Selbstständigen ist ein Zwölftel des Arbeitseinkommens nach § 15 SGB IV, also der Gewinn aus der selbstständigen Tätigkeit, zugrunde zu legen, § 56 Abs. 3 S. 4 IfSG. Der Entschädigungsanspruch ist vom Arbeitgeber an den Arbeitnehmer auszuzahlen. Der Arbeitgeber hat wiederum gem. § 56 Abs. 5 IfSG einen Reg- 232

---

[393] *Fuhlrott/Fischer* NZA 2020, 347.
[394] *Weller/Lieberknecht/Habrich* NJW 2020, 1019.
[395] *Stöß/Putzer* NJW 2020, 1466.
[396] *Hohenstatt/Kois* NZA 2020, 417.
[397] *Hohenstatt/Kois* NZA 2020, 418.
[398] *Fulrott/Fischer* NZA 2020, 348.

ressanspruch gegenüber der zuständigen Gesundheitsbehörde in Höhe des an den Arbeitnehmer ausgezahlten Betrages.

3. Kinderbetreuung

233 a) **Erkrankung eines betreuungspflichtigen Kindes am Corona-Virus.** Für die notwendige Betreuung erkrankten Kinder besteht nach § 45 Abs. 3 S. 1 SGB V bis zur Vollendung des zwölften Lebensjahres des Kindes ein Anspruch auf Freistellung von der Arbeitsleistung. Ein Lohnfortzahlungsanspruch des Arbeitnehmers ist bei Vorliegen der unter IV. beschriebenen Voraussetzungen des § 616 BGB zu bejahen.[399] Erkrankte ein betreuungspflichtiges Kind des Arbeitnehmers am SARS-CoV-2-Virus, war auf die vorgenannten Regelungen zurückzugreifen.

234 b) **Schul- und Kindergartenschließungen.** Im Zusammenhang mit der rasanten Ausbreitung SARS-CoV-2-Virus in Deutschland und den einhergehenden Schul- und Kindergartenschließungen, war die Frage aufgetreten, inwiefern Arbeitnehmer zur Arbeitsleistung verpflichtet sind, wenn nicht erkrankte Kinder von deren Eltern zu Hause betreut werden müssen, weil der Kindergarten oder die Schule aufgrund behördlicher Anordnung in Hinblick auf das Pandemiegeschehens geschlossen sind.

235 Für den Fall der notwendigen Betreuung gesunder Kinder fehlte es bis zum 30.3.2020 an einer spezialgesetzlichen Regelung.

236 Wie bereits unter IV. Ziffer 3 ausgeführt[400] ist § 616 S. 1 BGB nicht auf behördlich angeordnete Schul- und Kindergartenschließungen anzuwenden. Es handelt sich hierbei um ein objektives Leistungshindernis: Anders als im Falle der tatsächlichen Erkrankung eines Kindes ist Ursache der Verhinderung des Arbeitnehmers die behördliche Anordnung und eben nicht die private Sphäre des Arbeitnehmers.

237 Mit dem „Gesetz zum Schutz der Bevölkerung bei einer epidemischen Lage von nationaler Tragweite" hat der Gesetzgeber durch Schaffung des § 56 Abs. 1a IfSG einen Entschädigungsanspruch für Sorgeberechtigte eingeführt, wenn diese aufgrund von Schul- und Kindergartenschließungen einen Verdienstausfall erleiden, weil sie die Betreuung ihrer Kinder aufgrund fehlender zumutbarer Alternativen selbst wahrnehmen müssen.

238 Durch Schaffung der Neuregelung hat der Gesetzgeber auf eine bisher nie dagewesene Situation – der Schließung von Schulen und Kindergärten aufgrund einer Pandemie – reagiert.

239 Es handelte sich bei der Neuregelung des § 56 Abs. 1a IfSG um eine bis zum 31.12.2020 befristete Maßnahme.

240 *aa) Anspruchsvoraussetzungen.* Werden Einrichtungen zur Betreuung von Kindern oder Schulen aus infektionsrechtlichen Gründen geschlossen oder wird deren Betreten untersagt, haben sorgeberechtigte Erwerbstätige gem. § 56 Abs. 1a IfSG einen Anspruch auf Gewährung einer Entschädigung, wenn nachfolgende tatbestandliche Voraussetzungen kumulativ erfüllt sind.

241 Erste Voraussetzung des Entschädigungsanspruches ist die vorübergehende Schließung einer Einrichtung zur Betreuung von Kindern oder Schulen durch behördliche Anordnung, die aus Anlass eines Infektionsgeschehens bzw. zu dessen Verhinderung erfolgt. Der Anspruch ist gem. § 56 Abs. 1a S. 3 IfSG hingegen für die Zeiten der Schulferien ausgeschlossen, soweit die Schließung während der Schulferien ohnehin erfolgen würde.

242 Der Anspruchssteller muss für mindestens ein Kind, das zwölfte Lebensjahr noch nicht vollendet hat oder behindert und auf Hilfe angewiesen ist, sorgeberechtigt sein.

243 Weiterhin muss der Anspruchssteller im Zeitpunkt der Schließung von Schulen oder Betreuungseinrichtungen erwerbstätig sein und aufgrund der nunmehr erforderlichen Kinderbetreuung einen Verdienstausfall erleiden.

244 An einem Verdienstausfall fehlt es, wenn aufgrund Gesetz, Tarifvertrag, arbeitsvertraglicher oder betrieblicher Vereinbarung ein Entgeltfortzahlungsanspruch besteht. § 56 Abs. 1a IfSG ist insoweit subsidiär.

---

[399] Siehe → § 24 Rn. 206 ff.
[400] Siehe hierzu → § 24 Rn. 217 ff.

Ein Verdienstausfall entsteht beispielsweise nicht, wenn zugunsten des Anspruchsstellers ein 245 Zeitguthaben in Form von Freizeitausgleich besteht. Nach dem Willen des Gesetzgebers ist es dem Arbeitnehmer zunächst zumutbar, vorhandene Überstunden abzubauen.[401] Selbes gilt für den Resturlaubsanspruch aus dem Vorjahr.[402] Dem Anspruchssteller entsteht ferner kein kausaler Verdienstausfall aufgrund der behördlich angeordneten Schul- und Kindergartenschließung, wenn er selbst Adressat einer behördlich angeordneten Quarantänemaßnahme nach § 30 Abs. 1 S. 2 IfSG oder eines beruflichen Tätigkeitsverbotes iSd § 31 S. 1 IfSG ist.[403] Aus der Gesetzesbegründung folgt außerdem, dass ein Entschädigungsanspruch nach § 56 Abs. 1a IfSG für Zeiten der Kurzarbeit, zu denen der Anspruchssteller keine Arbeitsleistung erbringen muss, nicht besteht.[404] Ferner schließt das Weiterarbeiten im Homeoffice einen Entschädigungsanspruch nach § 56 Abs. 1a InfSG aus, da hier schon kein Verdienstausfall entsteht.

Schließlich darf keine andere, zumutbare Betreuungsmöglichkeit bestehen. Dies ist beispielsweise zu verneinen, soweit der andere Elternteil oder sonstige Familienmitglieder zur Betreuung der Kinder bereit sind, sofern diese Personen keiner Risikogruppe in Bezug auf die übertragbare Krankheit angehören.[405] Der Entschädigungsanspruch ist darüber hinaus ausgeschlossen, wenn ein Anspruch auf Notbetreuung besteht.[406] 246

bb) Anspruchsinhalt. Liegen die tatbestandlichen Voraussetzungen des § 56 Abs. 1a IfSG 247 vor, besteht ein gebundener Anspruch in Geld iHv 67 % des entstandenen Verdienstausfalles; maximal jedoch in Höhe von 2016 EUR pro Monat. Der Anspruch ist auf eine Höchstdauer von 10 Wochen[407] beschränkt.

4. Betriebsschließungen

Die rasante Ausbreitung des SARS-CoV-2-Virus im Jahr 2020 hatte deutschlandweit Betriebsschließungen, beispielsweise durch Unterbrechung von Lieferketten, wegen eines Ausfalls weiter Teile der Belegschaft oder aufgrund behördlicher Anordnungen, zur Folge. Das Corona-Virus hatte zahlreiche Arbeitgeber zu Betriebsunterbrechungen aufgrund des Pandemiegeschehens gezwungen. 248

Nach der Rechtsprechung des BAG trägt der Arbeitgeber das Betriebs- und Wirtschaftsrisiko.[408] Der Arbeitgeber trägt gem. § 615 S. 1 und S. 2 BGB das Vergütungsrisiko für alle Störungen, die dem betrieblichen Bereich, dh der Risikosphäre des Arbeitgebers, zuzurechnen sind.[409] 249

Kann der Arbeitgeber aus betriebstechnischen Gründen seine Arbeitnehmer nicht beschäftigen, ist er zur Lohnfortzahlung gem. § 615 S. 1 BGB verpflichtet. Inwiefern die behördliche Anordnung der Betriebsschließung während der Corona-Pandemie zum Betriebsrisiko zu zählen ist, ist umstritten.[410] Teilweise wird vertreten, dass eine solche Anordnung uneingeschränkt zum Betriebsrisiko zu zählen ist.[411] Nach anderer Auffassung ist eine behördlich angeordnete Schließung des Betriebes nur dann dem Betriebsrisiko zuzurechnen, wenn die Arbeitnehmer die geschuldete Arbeitsleistung noch andernorts hätten erbringen können.[412] Richtigerweise sollte dem Arbeitgeber jedoch das Betriebsrisiko nur dann auferlegt werden, wenn die Erbringung der Arbeitsleistung durch den Arbeitnehmer und deren Entgegennahme durch den Arbeitgeber aus betrieblichen Gründen unmöglich sind.[413] Konkret bedeutet 250

---

[401] Vgl. BT-Drs. 19/18111, 25.
[402] *Stöß/Putzer* NJW 2020, 1469.
[403] *Stöß/Putzer* NJW 2020, 1469.
[404] Vgl. BT-Drs. 19/18111, 25.
[405] *Stöß/Putzer* NJW 2020, 1469.
[406] *Stöß/Putzer* NJW 2020, 1469.
[407] Bei Alleinerziehenden maximal 20 Wochen.
[408] Grundlegend RAG 20.6.1928 – RAG 72/28, ARS 3, 116 (120); BAG 24.11.1960 – 5 AZR 545/69, BAGE 10, 202 (207).
[409] *Junker* GK ArbR Rn. 291.
[410] *Kleinebrink* DB 2020, 1457 (1459).
[411] *Fulhrott/Fischer* NZA 2020, 345 (348).
[412] *Hohenstattt/Krois* NZA 2020, 413.
[413] *Kleinebrink* DB 2020, 1457 (1459).

dies, dass der Betrieb aufgrund seiner Organisation oder Arbeitsweise von den behördlichen Maßnahmen in ganz besonderer Weise betroffen sein muss.[414] Wurde der Betrieb während der Corona-Pandemie also ohne Rücksicht auf seine Eigenart geschlossen, sondern aufgrund allgemeiner präventiver Überlegungen zur Eindämmung des Virus, liegt kein Betriebsrisiko vor. Wenn die Arbeit im Betrieb jedoch eine besonders hohe Infektionsgefahr mit sich bringt, zB weil enger persönlicher Kontakt der Arbeitnehmer untereinander oder zu Dritten, wie Kunden, unvermeidbar ist, realisiert sich das Betriebsrisiko und der Arbeitgeber muss die Löhne seiner Arbeitnehmer fortzahlen.[415]

Von der Pflicht zur Lohnfortzahlung gem. § 615 S. 1 BGB macht die Rechtsprechung jedoch eine Ausnahme, wenn durch die Entgeltfortzahlungspflicht des Arbeitgebers die Existenz des Unternehmens gefährdet ist.[416] Zudem dürfte dem Arbeitgeber ein Entschädigungsanspruch nach § 56 Abs. 1 IfSG analog gegen den Träger des Gesundheitsamtes zustehen, wenn sein Betrieb aufgrund behördlicher Maßnahmen geschlossen wurde.[417] Dafür spricht, dass die behördliche Anordnung der Betriebsschließung einen ähnlichen schweren Eingriff in die Grundrechte der Art. 12 und 14 GG des Arbeitgebers bzw. des Unternehmensinhabers darstellt wie das in § 56 Abs. 1 IfSG ausdrücklich erwähnte Tätigkeitsverbot.[418]

251 Vielen Arbeitgebern gelang es während der Corona-Pandemie, die aus dem Betriebs- und Wirtschaftsrisiko resultierende Entgeltfortzahlungspflicht gem. § 615 S. 1 BGB, durch Anordnung von Kurzarbeit abzumildern.

VI. Annahmeverzug des Arbeitgebers

252 Der Arbeitgeber gerät in **Annahmeverzug**, wenn er die ihm vom Arbeitnehmer **am rechten Ort, zur rechten Zeit und in der rechten Weise angebotene und mögliche Arbeitsleistung** nicht annimmt. Kommt der Arbeitgeber seiner Pflicht, dem Arbeitnehmer **die Leistungserbringung zu ermöglichen**, nicht nach und ist das Unterbleiben der Arbeitsleistung auf dessen Nichtannahme zurückzuführen, gerät der Arbeitgeber in Annahmeverzug. **Unmöglichkeit** liegt dagegen vor, wenn die Arbeitsleistung trotz Annahmebereitschaft des Arbeitgebers und Erbringung einer eventuellen Mitwirkungshandlung nicht erbracht werden kann.

253 Nimmt der Arbeitgeber die ihm ordnungsgemäß angebotene Arbeitsleistung nicht an und kommt er deshalb in Annahmeverzug, kann der Arbeitnehmer nach § 615 S. 1 BGB die vereinbarte Vergütung verlangen. Wegen des **Fixschuldcharakters der Arbeitsleistung** ist er nicht zur Nachleistung verpflichtet. Der Arbeitnehmer muss sich jedoch auf seinen Vergütungsanspruch gemäß § 615 S. 2 BGB das anrechnen lassen, was er infolge des Unterbleibens der Arbeitsleistung erspart, durch anderweitige Verwendung seiner Arbeitskraft erwirbt oder zu erwerben böswillig unterlässt.[419] Praktische Bedeutung hat dies vor allem bei **Produktionseinschränkungen** ohne Kurzarbeitvereinbarung, **im Zusammenhang mit Kündigungen**, wenn der Arbeitgeber den Arbeitnehmer schon vor Ablauf der Kündigungsfrist nicht mehr beschäftigt oder wenn sich die **Kündigung als unwirksam** erweist bzw. wenn die Kündigung zwar grundsätzlich wirksam ist, der Arbeitgeber jedoch eine zu kurze Kündigungsfrist gewählt hat.[420]

1. Voraussetzungen

254 Während § 615 BGB nur die Rechtsfolgen regelt, sind die Voraussetzungen den **allgemeinen Regeln über den Gläubigerverzug** zu entnehmen (§§ 293 ff. BGB). Danach erfordert der

---

[414] *Bonanni* ArbRB 2020, 110 (115 f.); *Kleinebrink* DB 2020, 1457 (1459).
[415] So auch *Kleinebrink* DB 2020, 1457 (1459) mwN.
[416] BAG 28.9.1972 – 4 AZR 301/80; 23.6.1994 – 6 AZR 853/93, NZA 1995, 468.
[417] *Kleinebrink* DB 2020, 1457 (1459).
[418] *Kleinebrink* DB 2020, 1457 (1459).
[419] LAG Hamm 8.11.2006 – 10 Sa 927/06, BeckRS 2007, 41361; zur Geltendmachung des Annahmeverzugslohnanspruchs siehe *Groeger* NZA 2000, 793.
[420] LAG Kiel 10.12.2003 – 3 Sa 395/03, MDR 2004, 516.

Annahmeverzug grundsätzlich das Vorliegen eines rechtswirksamen Arbeitsvertrags, das Angebot der Arbeitsleistung, das Leistungsvermögen und die Leistungsbereitschaft des Arbeitnehmers sowie die Nichtannahme der Leistung durch den Arbeitgeber.

Zunächst ist ein **erfüllbares Arbeitsverhältnis** erforderlich. Klagt ein Arbeitnehmer auf 255 rückwirkende Begründung eines Arbeitsverhältnisses, so ist dieses erst in dem Moment erfüllbar, in dem faktisch zwei übereinstimmende Willenserklärungen vorliegen. Dass das Arbeitsverhältnis rückwirkend zu einem früheren Zeitpunkt in Kraft getreten ist, bleibt für die Frage der Erfüllbarkeit außer Betracht. Für den Zeitraum der Rückwirkung ist aufgrund des Fixschuldcharakters des Arbeitsverhältnisses regelmäßig eine Nachleistung ausgeschlossen, so dass nicht Annahmeverzug, sondern Unmöglichkeit vorliegt.[421] Umgekehrt ist nach den Grundsätzen des faktischen Arbeitsverhältnisses ein einmal wirksam begründetes Arbeitsverhältnis so lange als wirksam zu betrachten, bis sich eine Partei auf die Unwirksamkeit beruft oder die Anfechtung erklärt.[422] Hat ein Arbeitgeber den Arbeitnehmer **rechtswirksam von der Arbeitspflicht befreit**, etwa Urlaub erteilt oder Freizeitausgleich angeordnet, kommen für diesen Zeitraum Ansprüche des Arbeitnehmers auf Annahmeverzugsentgelt nicht in Betracht. Ebenso liegen die Voraussetzungen des Annahmeverzugs bei einer unwiderruflichen Freistellung des Arbeitnehmers von der Arbeitspflicht unter Anrechnung sämtlicher Urlaubsansprüche nicht vor, da in diesem Fall bereits keine Arbeitsleistung von Seiten des Arbeitnehmers geschuldet ist.[423] Eine während der Freistellung erklärte rechtsunwirksame fristlose Kündigung des Arbeitgebers lässt die Arbeitsbefreiung unberührt. Das Arbeitsverhältnis besteht unverändert fort.[424]

a) **Angebot des Arbeitnehmers.** Nach Maßgabe der §§ 294 ff. BGB ist zu beantworten, wie 256 der Arbeitnehmer die vertraglich geschuldete Arbeitsleistung anzubieten hat oder ob ein Angebot unter Umständen entbehrlich ist.

Ein Angebot der Arbeitsleistung hat grundsätzlich als **tatsächliches Angebot** durch recht- 257 zeitiges vertragsgemäßes Erscheinen am Leistungsort zu erfolgen (§ 294 BGB).[425] Ein tatsächliches Angebot ist insbesondere **nach einer Unterbrechung der Arbeitsleistung** durch Krankheit, Urlaub oder Umstände sonstiger Art erforderlich. Dies ist beispielsweise dann der Fall, wenn der Arbeitgeber die Arbeitsleistung des Arbeitnehmers unter der **Bedingung** ablehnt, dass ihm die Arbeitsfähigkeit durch ärztliche Bescheinigung nachgewiesen wird.[426] Es ist auch notwendig, wenn sich Arbeitgeber und Arbeitnehmer vergleichsweise darauf geeinigt haben, dass die Kündigung unwirksam ist. Dann hat der Arbeitnehmer vom Zeitpunkt der Rechtsverbindlichkeit des Vergleichs an dem Arbeitgeber seine Leistung vertragsgemäß anzubieten, ohne dass der Arbeitgeber ihn dazu auffordern muss.[427]

Nach § 295 BGB genügt auch ein **wörtliches Angebot**, wenn der Arbeitgeber erklärt hat, 258 er werde die Leistung nicht annehmen oder wenn zur Bewirkung der Leistung eine Mitwirkungshandlung des Arbeitgebers erforderlich ist.[428] Die **Annahmeverweigerung** durch den Arbeitgeber muss dem wörtlichen Angebot des Arbeitnehmers zeitlich vorausgehen. Sie muss zudem eindeutig und vorbehaltlos sein, kann aber auch konkludent erfolgen. Ein wörtliches Angebot ist in Kündigungsfällen darin zu sehen, dass sich der Arbeitnehmer gegen die Kündigung wehrt. In der schriftlichen Geltendmachung von Entgeltansprüchen liegt ebenso ein Weiterbeschäftigungsverlangen.[429]

Nur in wenigen Ausnahmen hält das BAG das Angebot der Arbeitsleistung für entbehrlich. 259 Dies ist im Fall einer unwirksamen arbeitgeberseitigen Kündigung anzunehmen oder im Fall einer einseitigen Freistellung, da der Arbeitgeber insoweit auf das Angebot der Arbeitsleistung

---

[421] BAG 19.8.2015 – 5 AZR 975/13, NZA 2015, 1460 Rn. 22 f.
[422] BAG 15.11.1957 – 1 AZR 189/57, BAGE 5, 58.
[423] ArbG Düsseldorf 3.11.2009 – 7 Ca 4108/09, im Anschluss an BAG 19.3.2002 – 9 AZR 16/01, NZA 2002, 1055 und entgegen BAG 23.1.2008 – 5 AZR 393/07, NZA 2008, 595.
[424] BAG 23.1.2001 – 9 AZR 26/00, NZA 2001, 597.
[425] BAG 30.4.2008 – 5 AZR 502/07, NZA-RR 2008, 551.
[426] LAG Köln 25.4.1997 – 11 Sa 760/96, FA 1997, 53.
[427] LAG Rheinland-Pfalz 3.11.1992 – 7 Sa 562/92, LAGE BGB § 615 Nr. 34.
[428] BAG 24.2.2016 – 4 AZR 950/13, ZTR 2016, 507; 25.2.2015 – 5 AZR 886/12, NZA 2015, 494.
[429] LAG Nürnberg 25.2.2000 – 8 Sa 128/99, NZA-RR 2001, 197.

verzichtet.[430] Außerdem entschied das BAG zunächst, dass ein Angebot für die Begründung des Annahmeverzugs **entbehrlich** sei, wenn der Arbeitgeber zu flexibler Arbeitsanforderung berechtigt ist und die vertraglich vereinbarte Mindeststundenzahl nicht erreicht wird, da die Verantwortung für die Arbeitseinteilung in diesen Fällen allein beim Arbeitgeber liegt.[431] In einer jüngeren Entscheidung hingegen forderte der BAG ein Angebot des Arbeitnehmers um den Verzug des Arbeitgebers zu begründen, wenn letzterer dem Arbeitnehmer bei der Festlegung der Lage der Arbeitszeit weniger Arbeitsstunden zuwies als vertraglich vereinbart.[432] Es sei zumindest ein wörtliches Angebot erforderlich. Ob der BAG damit seiner vorherigen Position den Rücken kehrt oder hier einzelfallabhängig entschied, bleibt abzuwarten.

260   b) **Hauptfall: Kündigung.** Früher wurde nach Ausspruch einer Kündigung die Erhebung der **Kündigungsschutzklage** als konkludentes wörtliches Angebot zur Begründung des Annahmeverzugs als ausreichend und erforderlich angesehen.[433] Nunmehr bedarf es gemäß der Rechtsprechung des BAG nach Ausspruch einer Kündigung durch den Arbeitgeber keines wörtlichen Angebots, weil der Arbeitgeber dem Arbeitnehmer einen **funktionsfähigen Arbeitsplatz** zur Verfügung stellen und ihm Arbeit zuweisen muss.[434] Es handelt sich um eine **kalendermäßig bestimmte, verpflichtende Mitwirkungshandlung** im Sinne von § 296 BGB.[435] Mit der Kündigung macht der Arbeitgeber deutlich, seiner Mitwirkungspflicht im Sinne einer (Wieder-)Eröffnung der Arbeitsmöglichkeit, der fortlaufenden Planung und Konkretisierung des Arbeitseinsatzes und der Ausübung seines Direktionsrechts nicht nachkommen zu wollen. Aufgrund dieser Zäsur ist der Arbeitnehmer jedenfalls solange von den ihm sonst obliegenden Anzeige- und Nachweispflichten befreit, bis der Arbeitgeber von sich aus die Kündigung zurücknimmt oder wenigstens eine Arbeitsmöglichkeit – gegebenenfalls unter Vorbehalt – eröffnet bzw. bis er den Arbeitnehmer zur Fortsetzung oder Aufnahme der Arbeit auffordert.[436]

261   Stellt der Arbeitgeber **trotz eines Streits über die Wirksamkeit der Kündigung** bereits einen anderen Arbeitnehmer ein, bedarf es, um den Annahmeverzug zu begründen, keines wörtlichen Angebots (§ 295 BGB) gegenüber dem Arbeitgeber. Dieser lässt in diesem Fall in der Regel erkennen, dass er unter keinen Umständen zur weiteren Beschäftigung des gekündigten Arbeitnehmers bereit ist.[437]

262   Im Falle der **Kündigungsrücknahme** durch den Arbeitgeber ist der Arbeitsvertrag hinsichtlich des fällig gewordenen Vergütungsanspruchs so abzuwickeln, als ob Annahmeverzug bestanden hätte. Mit der Rücknahme der Kündigung bei fehlendem Vorbehalt erkennt der Arbeitgeber auch zugleich die Voraussetzungen des Annahmeverzuges an.[438]

263   Gehen Arbeitgeber und Arbeitnehmer nach einer ordentlichen Kündigung übereinstimmend davon aus, dass das Arbeitsverhältnis beendet ist, gerät der Arbeitgeber nach späterer Feststellung der **Unwirksamkeit der Kündigung wegen eines Verstoßes gegen § 17 MuSchG** erst dann in Annahmeverzug, wenn ihm die auf § 17 MuSchG gestützte Kündigungsschutzklage zugestellt wird oder die Dienste vorher in anderer Weise angeboten werden. Ein Ver-

---

[430] BAG 18.11.2015 – 5 AZR 814/14, NZA 2016, 494; 18.11.2015 – 5 AZR 491/14, NZA 2016, 565; 20.6.2013 – 2 AZR 370/12, NZA 2014, 139; 23.1.2008 – 5 AZR 393/07, NJW 2008, 1550.
[431] BAG 26.1.2011 – 5 AZR 819/09, NZA 2011, 640; 8.10.2008 – 5 AZR 715/07, NZA 2009, 920; LAG Köln 4.3.2010 – 6 Sa 117/10, AuR 2010, 444.
[432] BAG 18.11.2015 – 5 AZR 814/14, NZA 2016, 494.
[433] BAG 23.7.1981 – 6 AZR 1034/78.
[434] BAG 24.2.2016 – 4 AZR 950/13, ZTR 2016, 507; 25.2.2015 – 5 AZR 886/12, NZA 2015, 494; 19.1.1999 – 9 AZR 679/97, NZA 1999, 925; 24.11.1994 – 2 AZR 179/94, NZA 1995, 263; 21.1.1993 – 2 AZR 309/92, NZA 1993, 550; 24.10.1991 – 2 AZR 112/91, NZA 1992, 403; 19.4.1990 – 2 AZR 591/89, NZA 1991, 228; siehe dazu *Bauer/Hahn* NZA 1991, 216 (217); *Stephan* NZA 1992, 585.
[435] BAG 19.1.1999 – 9 AZR 679/97, NZA 1999, 925; 24.11.1994 – 2 AZR 179/94, NZA 1995, 263; 21.1.1993 – 2 AZR 309/92, NZA 1993, 550; 24.10.1991 – 2 AZR 112/91, NZA 1992, 403; 21.3.1985 – 2 AZR 201/84, NZA 1985, 778; 9.8.1984 – 2 AZR 374/83, NZA 1985, 119; *Waas* NZA 1994, 151 (Anwendung des § 296 BGB aufgrund Erfüllungsverweigerung des Arbeitgebers); zum Annahmeverzug im Kündigungsschutzprozess siehe näher *Stück* MDR 1999, 1483.
[436] LAG Düsseldorf 13.2.1998 – 9 (13) Sa 1726/97, MDR 1998, 784.
[437] BGH 9.10.2000 – II ZR 75/99, NZA 2001, 36.
[438] BAG 17.4.1986 – 2 AZR 308/85, NZA 1987, 17.

trauen auf eine nicht erforderliche Mitwirkungshandlung kann bei Nichteinhaltung der Klagefrist des § 4 KSchG nicht entstehen, zumal aus den Gründen des § 13 Abs. 3 KSchG die Fiktion des § 7 KSchG nicht greift.[439]

Ist der Arbeitnehmer bei Ablauf der Kündigungsfrist oder später **arbeitsunfähig krank**, kommt der Arbeitgeber auch ohne besondere Anzeige der Arbeitsfähigkeit in Annahmeverzug, wenn der Arbeitnehmer durch Einreichung einer Kündigungsschutzklage oder durch Widerspruch gegen die Kündigung seine Leistungsbereitschaft deutlich gemacht hat. Für die Dauer der Arbeitsunfähigkeit wird der Annahmeverzug zwar unterbrochen, setzt aber automatisch mit der Genesung des Arbeitnehmers wieder ein. Die Verzugsfolgen treten nach unwirksamer Arbeitgeberkündigung unabhängig davon ein, ob der arbeitsunfähig erkrankte Arbeitnehmer seine wiedergewonnene Arbeitsfähigkeit dem Arbeitgeber anzeigt. 264

c) Sonderfall: Arbeitskampf. Der Arbeitgeber gerät nach § 293 BGB in Annahmeverzug, wenn er die ihm angebotene Arbeitsleistung nicht annimmt.[440] An einem Angebot fehlt es, wenn Streikposten den arbeitswilligen Arbeitnehmer (**Streikbrecher**) am Aufsuchen des Betriebes oder des Dienstgebäudes hindern. Der Arbeitgeber ist nicht verpflichtet gegen Streikposten vorzugehen, um zu gewährleisten, dass arbeitswillige Arbeitnehmer ihre Arbeitsplätze auch tatsächlich erreichen. Gelingt es dem Arbeitnehmer, seine Arbeitskraft tatsächlich anzubieten, hängt der Eintritt des Annahmeverzugs mit der Folge der Erhaltung des Entgeltanspruchs davon ab, wie sich der Arbeitgeber gegenüber dem Streik verhält. 265

Die **Betriebsstilllegung** anlässlich des Streiks führt zur **Suspendierung der beiderseitigen Hauptpflichten aus dem Arbeitsverhältnis**, so dass arbeitswillige Arbeitnehmer ihren Vergütungsanspruch verlieren.[441] Die Stilllegung des Betriebs im Umfang des Streikaufrufs bedarf einer Erklärung des Arbeitgebers gegenüber den Arbeitnehmern. An einer Stilllegungserklärung fehlt es, solange sich der Arbeitgeber nicht festlegt, sondern die rechtliche Möglichkeit offen hält, die Arbeitsleistung jederzeit in Anspruch zu nehmen.[442] Die Arbeitswilligen verlieren trotz aufrechterhaltener Betriebsteile auch ihren Entgeltanspruch, wenn ihre **Beschäftigung** dem Arbeitgeber infolge des Streiks **unmöglich** oder **unzumutbar** wird. Ein Anspruch auf Einsatz im Notdienst außerhalb des zwischen Arbeitgeber und Gewerkschaft vereinbarten Notdienstplans besteht nicht.[443] 266

Die **Aussperrung** bedarf ebenso einer eindeutigen Erklärung des Arbeitgebers. Die Erklärung ist nicht eindeutig, wenn bei der Schließung des Betriebes unklar bleibt, ob der Arbeitgeber auf streikbedingte Betriebsstörungen reagieren oder selbst eine Kampfmaßnahme ergreifen will.[444] Die Voraussetzungen von Aussperrungsmaßnahmen liegen nicht vor, wenn der Arbeitgeber eine **Ersatzmannschaft** beschäftigt, um möglichen Arbeitsniederlegungen seiner „streikanfälligen" Stammbelegschaft vorzubeugen.[445] 267

Dagegen ist ein Arbeitgeber berechtigt, den Betriebslauf durch Einsatz einer Ersatzmannschaft aufrechtzuerhalten, wenn er bei sogenannten **Wellenstreiks** mit **punktuellen und unvorhersehbaren Arbeitsniederlegungen** in verschiedenen Produktionsbereichen und/oder Schichten zu unterschiedlichen Zeiten überzogen wird.[446] Er gerät dann nicht in Annahmeverzug, wenn die streikenden Arbeitnehmer nach Beendigung ihrer Kurzstreiks ihre Arbeitsleistung anbieten, die ihnen obliegenden Tätigkeiten jedoch von einer Ersatzmannschaft erledigt werden bzw. bereits erledigt worden sind.[447] Die Arbeitnehmer verlieren insoweit nach den Grundsätzen des Arbeitskampfrisikos ihren Entgeltanspruch, wenn dem Arbeitgeber eine andere Planung unmöglich oder unzumutbar war. Die Weiterbeschäftigung einer Ersatzmannschaft ist als Abwehrmaßnahme gegen Kampfmaßnahmen zu werten, die sich nicht ohne weiteres begrenzen lassen. 268

---

[439] LAG Hamm 14.3.1995 – 7 Sa 2309/94, LAGE BGB § 615 Nr. 43.
[440] GmbH-HdB/*Moll/Reufels* Rn. IV 269.
[441] BAG 13.12.2011 – 1 AZR 495/10, DB 2012, 1818; 31.1.1995 – 1 AZR 142/94, NZA 1995, 958.
[442] BAG 11.7.1995 – 1 AZR 161/95, NZA 1996, 209.
[443] BAG 31.1.1995 – 1 AZR 142/94, NZA 1995, 958.
[444] BAG 27.6.1995 – 1 AZR 1016/94, NZA 1996, 212.
[445] BAG 15.12.1998 – 1 AZR 289/98, NZA 1999, 552.
[446] BAG 15.12.1998 – 1 AZR 216/98, NZA 1999, 550.
[447] BAG 12.11.1996 – 1 AZR 364/96, NZA 1997, 393.

269 Die Unsicherheit darüber kann jedoch im Zusammenhang mit der **Verteilung des arbeitskampfbedingten Entgeltrisikos** bei der Frage der Zumutbarkeit ihres Einsatzes eine Rolle spielen.[448] Ist es dem Arbeitgeber möglich und zumutbar, wenigstens einen Teil der Arbeitnehmer nach Beendigung des Streiks zur Arbeitsaufnahme heranzuziehen, hat er insoweit regelmäßig in Ausübung seines Direktionsrechts eine Auswahl zu treffen. Unterlässt er dies, gerät er gegenüber allen Arbeitnehmern, die ihre Arbeit ordnungsgemäß anbieten, in Annahmeverzug.[449]

270 **d) Leistungsbereitschaft und Leistungsmöglichkeit.** Fehlende **Leistungsbereitschaft** und **Leistungsmöglichkeit** schließen den Annahmeverzug des Arbeitgebers aus. Der Arbeitgeber kommt nicht in Annahmeverzug, wenn der **Arbeitnehmer außer Stande ist, die Arbeitsleistung zu erbringen** (§ 297 BGB). Kann die Arbeitsleistung trotz hypothetischer Annahmebereitschaft des Arbeitgebers und Erbringung der Mitwirkungshandlung nicht erbracht werden, fehlt es an der **Leistungsmöglichkeit** des Arbeitnehmers.

271 Eine derartige **Unmöglichkeit der Leistungserbringung** liegt beispielsweise vor, wenn der Arbeitnehmer wegen **Freiheitsentzugs** nicht erscheinen kann,[450] wegen des Wegerisikos zu Lasten des Arbeitnehmers bei **Nichterreichbarkeit der Arbeitsstätte**,[451] beim **Fehlen** einer für die Tätigkeit **erforderlichen Genehmigung**,[452] beim **Führerscheinentzug**,[453] da der Arbeitgeber nicht verpflichtet ist, die Heranziehung Dritter zur Erfüllung der Arbeitspflicht zu dulden,[454] wenn der Arbeitnehmer **arbeitsunfähig erkrankt**[455] oder infolge **starken Alkoholgenusses** seine Arbeit nicht leisten kann[456] oder wenn der Arbeitnehmer aus **Gewissensgründen** die von ihm erwartete Arbeitsleistung nicht erbringt. An der Leistungsfähigkeit fehlt es auch, wenn der Arbeitnehmer die geschuldete Leistung nicht **vollumfänglich** erbringen kann.[457] Die Leistungserbringung ist dem Arbeitnehmer grundsätzlich dann unmöglich, wenn er die arbeitsvertraglich vereinbarte Tätigkeit aufgrund öffentlich-rechtlicher Verbote nicht ausüben darf.[458] Solche Verbote können sich sowohl aus Gesetz als auch aus behördlichen Verboten sowie aus nicht kontrollfähigen ausländischen Rechtsakten ergeben.[459] Andererseits kann ein dem Arbeitgeber auferlegtes Verbot aus einem Vertrag mit einem Kunden oder Auftraggeber, einen bestimmten Arbeitnehmer einzusetzen, keine Unmöglichkeit dieses Arbeitnehmers zur Erbringung der Arbeitsleistung begründen.[460]

272 Ist ein Arbeitnehmer **objektiv aus gesundheitlichen Gründen außer Stande**, die arbeitsvertraglich geschuldete Leistung zu erbringen, kann das **fehlende Leistungsvermögen** nicht durch die subjektive Einschätzung des Arbeitnehmers ersetzt werden, er sei gesundheitlich in der Lage, einen Arbeitsversuch zu unternehmen.[461]

273 Von § 297 BGB ist auch die **fehlende Leistungsbereitschaft** des Arbeitnehmers umfasst. Ein nicht leistungswilliger Schuldner setzt sich selbst außer Stande, die geschuldete Leistung zu erbringen.[462] Eine **fehlende Leistungsbereitschaft** ist jedoch nicht anzunehmen, wenn der Arbeitnehmer nach Zugang einer Kündigung, die der Arbeitgeber mit völliger Unfähigkeit begründet, seine Weiterarbeit im Betrieb in der Klageschrift und weiteren Schriftsätzen als

---

[448] BAG 12.11.1996 – 1 AZR 364/96, NZA 1997, 393.
[449] BAG 17.2.1998 – 1 AZR 386/97, NZA 1998, 896; zur Folge der Stilllegung eines Betriebs bei Streik grundsätzlich *Thüsing* DB 1995, 2607.
[450] BAG 18.8.1961 – 4 AZR 132/60, DB 1961, 1360.
[451] BAG 8.12.1982 – 4 AZR 134/80, DB 1983, 395.
[452] BAG 6.3.1974 – 5 AZR 313/73, DB 1974, 1168 (Approbation eines Arztes); 7.2.1990 – 2 AZR 359/89, DB 1990 203 und 13.1.1977 – 2 AZR 423/75, NJW 1977, 1023 und LAG Rheinland-Pfalz 22.6.2006 – 11 Sa 933/05, BeckRS 2007, 45672 (Arbeitserlaubnis eines Ausländers); BAG 25.6.1970 – 2 AZR 376/69, DB 1970, 1933 (Gesundheitszeugnis).
[453] BAG 18.12.1986 – 2 AZR 34/86, NZA 1987, 377.
[454] LAG Köln 19.5.1993 – 8 Sa 60/93, LAGE BGB § 615 Nr. 37.
[455] BAG 23.1.1985 – 2 AZR 201/84, NZA 1985, 778.
[456] LAG Schleswig-Holstein 28.11.1988 – 4 Sa 382/88, NZA 1989, 472.
[457] BAG 28.6.2017 – 5 AZR 263/16, NZA 2017, 1528.
[458] BAG 27.5.2015 – 5 AZR 88/14, NZA 2015, 1053; 18.3.2009 – 5 AZR 192/08, NZA 2009, 611.
[459] BAG 21.10.2015 – 5 AZR 843/14, BAGE 153, 85; 23.9.2015 – 5 AZR 146/14, BAGE 152, 327.
[460] BAG 21.10.2015 – 5 AZR 843/14, BAGE 153, 85.
[461] BAG 29.10.1998 – 2 AZR 666/97, NZA 1999, 377; zum Problem des Annahmeverzugs angesichts eventuell unwirksamer Kündigungsfristen vgl. *Hohmeister* NZA 1992, 826.
[462] BAG 22.2.2012 – 5 AZR 249/11, DB 2012, 1628; 7.6.1973 – 5 AZR 563/72, DB 1973, 1605.

unmöglich und unzumutbar bezeichnet, weil das Vertrauensverhältnis gestört sei.[463] Dagegen fehlt die Leistungsbereitschaft, wenn der Arbeitnehmer durch Zustimmung zu einem Aufhebungsvertrag dokumentiert, ab einem darin bestimmten Zeitpunkt keine Arbeitsleistung mehr erbringen zu wollen, wenn der Aufhebungsvertrag mangels Schriftform nichtig ist.[464] Eine **unterlassene Fortbildung** kann jedenfalls dann als Unvermögen nach § 297 BGB zu werten sein, wenn diese durch eindeutige gesetzliche Bestimmung vorgeschrieben ist.[465] Nimmt ein Arbeitnehmer die ihm vom Arbeitgeber zur Vermeidung der eingeleiteten Zwangsvollstreckung aus einem Weiterbeschäftigungstitel angebotene urteilsgemäße Beschäftigung nicht wahr, belegt dies seinen fehlenden Leistungswillen.[466] Ebenso ist der Leistungswille zu verneinen, wenn der Arbeitnehmer nach einer unwirksamen außerordentlichen Kündigung an einem Streik teilnimmt.[467]

e) **Nichtannahme durch den Arbeitgeber.** Der Annahmeverzug wird nach § 293 BGB dadurch begründet, dass der Arbeitgeber die ihm angebotene Arbeitsleistung nicht annimmt. Die Nichtannahme kann durch **jedes die Arbeitsleistung verhindernde Verhalten des Arbeitgebers** erfolgen. Es ist unerheblich, ob sich der Arbeitgeber über die Leistungsfähigkeit des Arbeitnehmers irrt oder ob ihn ein Verschulden trifft.[468] Eine Annahme liegt aber vor, wenn der Arbeitgeber davon ausgehen darf, der Arbeitnehmer werde auch ohne Anweisung im Einzelfall seine vertraglich geschuldete Arbeitszeit erbringen, so etwa bei Vertrauensarbeitszeit.[469] Ebenso liegt eine Annahme vor, wenn der Vertrag erst gar keine feste Arbeitszeit regelt, sondern der Arbeitnehmer nur auf Abruf arbeiten soll („Null-Stunden-Vertrag").[470]

Die Nichtannahme kann **ausdrücklich oder konkludent** erfolgen. Sie liegt vor, wenn der **Arbeitgeber eine notwendige Mitwirkungshandlung nicht erbringt**, er es also unterlässt, dem Arbeitnehmer einen funktionsfähigen Arbeitsplatz einzurichten und vertragsgemäße Arbeit zuzuweisen.[471] Ferner stellt eine mit dem Arbeitsvertrag nicht zu vereinbarende Zuweisung eine Nichtannahme der angebotenen Arbeitsleistung dar.

Nichtannahme tritt ein, wenn der Arbeitgeber dem Arbeitnehmer mitteilt, dass er von einer Beendigung des Arbeitsverhältnisses ausgeht und damit zu erkennen gibt, dass er ihm keinen Arbeitsplatz zur Verfügung stellen will,[472] wenn er den **Betrieb schließt** und den Arbeitnehmer deshalb nicht beschäftigen kann,[473] bei **Nichtbeschäftigung** eines nicht urlaubsberechtigten Arbeitnehmers **während der Betriebsferien,**[474] bei Nichtbeschäftigung zur gewohnten Arbeitszeit **nach rechtswidriger Verlegung der Arbeitszeit,** bei **unwirksamer Anordnung der Kurzarbeit,** bei **rechtswidriger Aussperrung**[475] oder bei Ausspruch einer **unwirksamen außerordentlichen Kündigung.**[476] Eine Nichtannahme liegt nach **§ 298 BGB** auch dann vor, wenn der Arbeitgeber zwar die angebotene Leistung des Arbeitnehmers anzunehmen bereit ist, das zu zahlende **Arbeitsentgelt aber nicht anbietet**. Eine Nichtannahme ist wegen des entsprechenden Zurückbehaltungsrechts des Arbeitnehmers ebenso anzunehmen, wenn der Arbeitgeber rückständiges Entgelt für einen bereits abgelaufenen Annahmeverzugszeitraum **nicht nachzuzahlen** bereit ist.[477] Der Arbeitnehmer muss hierzu nicht zunächst einen Anspruch auf Krankengeld gegenüber der Krankenkasse geltend gemacht haben.[478] Bei flexiblen Arbeitszeitmodellen wie Arbeitszeitkonten tritt Nichtannahme erst ein, wenn bei Ablauf des ver-

---

[463] LAG Nürnberg 20.10.1992 – 2 (4) Sa 123/92, NZA 1994, 270.
[464] LAG Thüringen 27.1.2004 – 5 Sa 131/02, ArbR 2004, 198.
[465] BAG 18.3.2009 – 5 AZR 192/08, NZA 2009, 611.
[466] BAG 17.8.2011 – 5 AZR 251/10, NZA-RR 2012, 342.
[467] BAG 17.7.2012 – 1 AZR 563/11, DB 2012, 2817.
[468] BAG 10.5.1973 – 5 AZR 493/72, NJW 1973, 1949.
[469] *Hanau/Hoff* NZA 2015, 1170.
[470] *Forst* NZA 2014, 998 (999).
[471] BAG 24.11.1994 – 2 AZR 179/94, NZA 1995, 263; 19.4.1990 – 2 AZR 591/89, NZA 1991, 228.
[472] LAG Köln 28.5.1990 – 6 Sa 213/90, LAGE BGB § 615 Nr. 23.
[473] BAG 23.6.1994 – 6 AZR 853/93, NZA 1995, 468.
[474] LAG Köln 1.8.1997 – 11 (7) Sa 152/97, NZA-RR 1998, 393.
[475] BAG 31.10.1995 – 1 AZR 217/95, DB 1996, 578; LAG Hamm 21.8.1980 – 8 Sa 66/80, DB 1981, 482.
[476] BAG 17.7.2012 – 1 AZR 563/11, DB 2012, 2817.
[477] BAG 21.5.1981 – 2 AZR 95/79, BB 1982, 308.
[478] LAG Köln 20.1.2010 – 9 Sa 991/09, AuR 2010, 269.

traglichen Ausgleichszeitraums nicht die komplette für diese Zeit vereinbarte Arbeitszeit abgerufen wurde.[479]

277 Der **Gleichbehandlungsgrundsatz** verbietet es, ohne sachlichen Grund Arbeitnehmer, die **Mehrarbeit** leisten wollen, davon auszuschließen, wenn Mehrarbeit für vergleichbare Arbeitnehmer angeordnet oder angenommen wird. Der arbeitswillige Arbeitnehmer, der zu Unrecht zu Mehrarbeit nicht herangezogen wurde, kann dafür unter dem Gesichtspunkt des Annahmeverzugs Vergütung verlangen.[480]

278 *aa) Andere Zuweisung bei Unvermögen.* Zu beachten ist, dass der Arbeitgeber dem Arbeitnehmer, der zu bestimmter Arbeitsleistung unvermögend ist, auf Grund seiner **Fürsorgepflicht** zur Vermeidung des Annahmeverzuges eine **mögliche und zumutbare andere Beschäftigung anbieten** muss.[481] Ein den Annahmeverzug ausschließendes Unvermögen liegt daher nicht vor, wenn der Arbeitnehmer infolge eines **Hausverbots** an seinem alten Arbeitsplatz nicht eingesetzt werden kann und der Arbeitgeber trotz der Möglichkeit, ihn anderweitig zu beschäftigen, keinen anderen Arbeitsplatz zur Verfügung stellt.[482] Die geschuldete Arbeitsleistung bestimmt sich nach der zulässigen Ausübung des Weisungsrechts des Arbeitgebers iSv § 315 BGB.

279 Kann ein **Schwerbehinderter** aus gesundheitlichen Gründen seine arbeitsvertraglich geschuldete Leistung nicht mehr erbringen, lässt sich weder aus dem Gesichtspunkt des Annahmeverzugs (§ 615 BGB)[483] noch aus dem Schwerbehindertenrecht ein Anspruch auf Fortzahlung der Arbeitsvergütung herleiten.[484] Für den Annahmeverzug des Arbeitgebers ist zudem das Angebot einer „leidensgerechten" Arbeit ohne Belang, solange der Arbeitgeber nicht durch eine **Neuausübung seines Direktionsrechts** eine andere – im Rahmen der arbeitsvertraglichen Vereinbarung liegende und durch den Schwerbehinderten verrichtbare – Tätigkeit zu der iSv **§ 294 BGB** zu bewirkenden Arbeitsleistung bestimmt hat.[485] Das Unterlassen der Zuweisung einer leidensgerechten Tätigkeit kann jedoch eine Schadensersatzpflicht nach § 280 Abs. 1 BGB auslösen.[486] Der Arbeitgeber ist nach § 164 SGB IX verpflichtet, den Schwerbehinderten so zu fördern, dass er seine eingeschränkte Arbeitskraft noch einsetzen kann. Steht im Betrieb die **Möglichkeit einer leidensgerechten Beschäftigung** zur Verfügung, verstößt der Arbeitgeber gegen seine arbeitsvertraglichen Verpflichtungen, wenn er die ihm mögliche und zumutbare Umsetzung des Arbeitnehmers bzw. die leidensgerechte Anpassung der Arbeitsbedingungen unterlässt. Dies löst bei schuldhaftem Verhalten einen Schadensersatzanspruch wegen einer Fürsorgepflichtverletzung aus.[487] Gemäß § 164 Abs. 4 S. 3 SGB IX steht der Anspruch des schwerbehinderten Menschen auf behindertengerechte Beschäftigung und Gestaltung von Arbeitsplatz und Arbeitsumgebung unter dem Vorbehalt, dass eine Erfüllung für den Arbeitgeber zumutbar und nicht mit unverhältnismäßigen Aufwendungen verbunden ist.[488] Eine erforderliche Maßnahme ist nicht mehr zumutbar, wenn die Kosten für den Arbeitgeber – trotz der möglichen finanziellen Unterstützung durch die Bundesagentur für Arbeit und das Integrationsamt – unverhältnismäßig hoch wären.

280 Eine dringende **ärztliche Empfehlung zum Arbeitsplatzwechsel** aus gesundheitlichen Gründen berechtigt den Arbeitgeber regelmäßig, dem Arbeitnehmer einen anderen Arbeitsbereich zuzuweisen, nicht jedoch, die Arbeitsleistung des arbeitswilligen und -fähigen Arbeitnehmers abzulehnen und die Zahlung des Arbeitsentgelts einzustellen.[489]

---

[479] *Hanau/Hoff* NZA 2015, 1169.
[480] LAG Hessen 12.9.2001 – 8 Sa 1122/00, NZA-RR 2002, 348.
[481] BAG 18.12.1986 – 2 AZR 34/86, NZA 1987, 377.
[482] LAG Hessen 26.4.2000 – 13 SaGa 3/00, NZA-RR 2000, 633.
[483] BAG 23.1.2001 – 9 AZR 287/99, NZA 2001, 1020 (zur Rechtslage vor der Novellierung des Schwerbehindertenrechts); seit der Geltung des SGB IX bestätigt durch LAG Rheinland-Pfalz 7.3.2008 – 6 Sa 665/07.
[484] BAG 14.10.2003 – 9 AZR 100/03, NZA 2004, 614; zuvor bereits BAG 10.7.1991 – 5 AZR 383/90, NZA 1992, 27 zum damaligen SchwbG.
[485] BAG 19.5.2010 – 5 AZR 162/09, NZA 2010, 1119.
[486] BAG 19.5.2010 – 5 AZR 162/09, NZA 2010, 1119.
[487] LAG Hamm 20.4.1999 – 5 Sa 1000/97, BeckRS 1999 30460641.
[488] LAG Baden-Württemberg 22.6.2005 – 2 Sa 11/05, Behindertenrecht 2006, 82.
[489] BAG 17.2.1998 – 9 AZR 130/9, NZA 1999, 33; siehe auch *Kleinebrink* NZA 2002, 716 zur Bedeutung von Verschlimmerungsattesten.

bb) Zurückweisungsrechte des Arbeitgebers. Der Arbeitgeber ist zur Annahme der Arbeitsleistung nur im Rahmen dessen verpflichtet, was die Parteien **arbeitsvertraglich vereinbart** haben. Ein **Zurückweisungsrecht** besteht bei wirksam eingeführter **Kurzarbeit** oder soweit die Pflichten aus dem Arbeitsverhältnis für die Dauer eines **Streiks** wirksam suspendiert worden sind. 281

Ebenso kann der Arbeitgeber **die Arbeitsleistung ablehnen,** wenn die (Weiter-)Beschäftigung unter Berücksichtigung der dem Arbeitnehmer zuzurechnenden Umstände **nach den Grundsätzen von Treu und Glauben unzumutbar** ist.[490] Der Arbeitgeber gerät dann nicht in Annahmeverzug, wenn er die angebotene Arbeitsleistung des Arbeitnehmers ablehnt. 282

Eine **Suspendierung** genügt hierfür allerdings nicht, auch wenn sie berechtigt ist. Der Arbeitgeber bleibt zur Zahlung der Annahmeverzugsvergütung verpflichtet, bis das Arbeitsverhältnis entweder durch außerordentliche oder durch ordentliche Kündigung endet.[491] Ebenso ist allein ein Grund zur **außerordentlichen Kündigung** (§ 626 Abs. 1 BGB) **nicht ausreichend.** Zum wichtigen Kündigungsgrund muss hinzukommen, dass bei Annahme der Arbeitsleistung Rechtsgüter gefährdet werden, deren Schutz Vorrang vor dem Interesse des Arbeitnehmers an der Verdienstsicherung hat.[492] Daraus ist erkennbar, dass eine die Unzumutbarkeit begründende Pflichtverletzung schwerer wiegen muss als der wichtige Grund für die außerordentliche Kündigung. 283

Der Arbeitgeber darf nach einer **krankheitsbedingten Arbeitsunfähigkeit** die Annahme der vom Arbeitnehmer angebotenen Arbeitskraft ohne Hinzutreten besonderer Umstände nicht von der Vorlage einer „**Gesundschreibung**" abhängig machen.[493] Kehrt ein Arbeitnehmer nach langer Arbeitsunfähigkeit mit anschließender Kur in den Betrieb zurück und lehnt der Arbeitgeber das Angebot des Arbeitnehmers auf Weiterbeschäftigung mit der Begründung ab, der Arbeitnehmer sei weiterhin aus gesundheitlichen Gründen außer Stande, die von ihm geschuldete Arbeitsleistung zu erbringen, ist er nach § 615 BGB zur Zahlung verpflichtet, wenn sich eine unverschuldete Fehlbeurteilung des Gesundheitszustandes des Arbeitnehmers herausstellt.[494] 284

Jedoch kann der Arbeitgeber die Arbeitsleistung ablehnen, ohne in Annahmeverzug zu geraten, wenn durch die Annahme ein **Verstoß gegen ein gesetzliches Beschäftigungsverbot** vorliegen würde.[495] 285

2. Beendigung des Annahmeverzugs

Der **Annahmeverzug endet,** wenn der Arbeitgeber die erforderliche Mitwirkungshandlung vornimmt und die Leistung des Arbeitnehmers als Erfüllung des mit ihm abgeschlossenen Arbeitsvertrags entgegennimmt bzw. entgegenzunehmen bereit ist.[496] Er entfällt ebenso, wenn das **Arbeitsverhältnis endet** oder dem Arbeitnehmer die **Arbeitsleistung nachträglich unmöglich** wird. 286

Im Falle einer **unwirksamen Kündigung** kann der Arbeitgeber nach dem BAG den Annahmeverzug nur dadurch beenden, dass er die Leistungen des Arbeitnehmers nach Zugang der außerordentlichen Kündigung bzw. bei einer ordentlichen Kündigung nach Ablauf der 287

---

[490] GmbH-HdB/*Moll/Reufels* Rn. IV 277.
[491] LAG Hamm 18.7.1991 – 17 Sa 827/91, BB 1991, 1940; zum Verhältnis von Annahmeverzug und Streik BAG 17.7.2012 – 1 AZR 563/11, DB 2012, 2817; 22.3.1994 – 1 AZR 622/93, NZA 1994, 1097; aA 14.12.1993 – 1 AZR 550/93, NZA 1994, 331.
[492] BAG 29.10.1987 – 2 AZR 144/87, NZA 1988, 465 (Der Arbeitnehmer hat aus dem Betrieb Waren im Wert von 80.000,– DM entwendet; das BAG nimmt an, dass es dem Arbeitgeber zumutbar sei, den Arbeitnehmer weiter zu beschäftigen, da keine besonderen Umstände, die für die Kündigung als wichtiger Grund maßgeblichen Sachverhalt hinausgehen, ersichtlich seien); 26.4.1956 – GS 1/56, BAGE 3, 66 (Die Arbeitnehmerin war mit einem Beil auf einen Kollegen losgegangen und beleidigte den Arbeitgeber und seine Ehefrau schwer); LAG Berlin 27.11.1995 – 9 Sa 85/95, NZA-RR 1996, 283 (Verdacht des sexuellen Missbrauchs von Kleinkindern in einer Kindertagesstätte durch einen Erzieher).
[493] LAG Düsseldorf 17.7.2003 – 11 Sa 183/03, DB 2003, 2603; LAG Berlin 10.5.2001 – 10 Sa 2695/00, NZA-RR 2002, 23.
[494] LAG Düsseldorf 20.12.1989 – 4 Sa 1150/89, DB 1990, 844.
[495] BAG 6.3.1974 – 5 AZR 313/73, DB 1974, 1168.
[496] BAG 14.11.1985 – 2 AZR 98/84, NZA 1986, 637.

Kündigungsfrist als Erfüllung des abgeschlossenen Arbeitsvertrags akzeptiert und unmissverständlich klarstellt, dass die Kündigung unwirksam ist.[497] Hatte der Arbeitgeber den Arbeitnehmer zuvor freigestellt, so muss er dem Arbeitnehmer mit hinreichender Deutlichkeit erklären, dass er zu einem bestimmten Zeitpunkt an einem bestimmten Ort die Arbeit wieder aufnehmen soll.[498]

288 **Bis zur Feststellung der Rechtswirksamkeit einer Kündigung** kann der Arbeitgeber einen Annahmeverzug nicht durch Maßnahmen ausschließen. Der Annahmeverzug endet nicht, wenn der Arbeitgeber den Arbeitnehmer ohne Übergangsregelung während des Kündigungsschutzprozesses nur faktisch weiterbeschäftigen will oder wenn der Arbeitgeber dem Arbeitnehmer für die Dauer des Kündigungsschutzprozesses vorsorglich einen befristeten neuen Arbeitsvertrag zu den alten Bedingungen bzw. eine bis zur rechtskräftigen Feststellung der Wirksamkeit der Kündigung auflösend bedingte Fortsetzung des Vertrags anbietet und der Arbeitnehmer dieses Angebot ablehnt. Allerdings kann Böswilligkeit iSd § 615 S. 2 BGB vorliegen.[499] Wird die Wirksamkeit der Kündigung gerichtlich bestätigt, hat der Annahmeverzug nach Ablauf der Kündigungsfrist von Anfang an nicht bestanden.

289 Ist der Arbeitgeber **nach einer unwirksamen Kündigungserklärung** mit der Annahme der Dienste des Arbeitnehmers in Verzug gekommen, ist zur Beendigung des Annahmeverzugs **die versäumte Arbeitsaufforderung nachzuholen**.[500] Der Arbeitgeber kann folglich den Annahmeverzug nur durch ein **Weiterbeschäftigungsangebot verhindern** bzw. **beenden**.

290 Diese Rechtsprechung ist bei der fristlosen Kündigung nicht unproblematisch, weil der Arbeitgeber durch die Aufforderung zur (uneingeschränkten) Arbeitsaufnahme seine Kündigung unglaubwürdig macht bzw. sie praktisch zurücknimmt, da er eine weitere Zusammenarbeit für möglich hält.

291 Nach § 102 Abs. 5 S. 1 BetrVG hat der Arbeitgeber im Falle einer ordentlichen Kündigung, welcher der Betriebsrat form- und fristgerecht widersprochen hat, auf Verlangen des Arbeitnehmers eine über die Kündigungsfrist hinausgehende **Beschäftigungspflicht**.

3. Rechtsfolgen

292 Liegen die Voraussetzungen des Annahmeverzuges vor, wird der Arbeitnehmer von seiner Arbeitspflicht frei und behält dennoch den **vollen Vergütungsanspruch** gegenüber seinem Arbeitgeber, ohne zur Nachleistung verpflichtet zu sein (§ 615 S. 1 BGB). Die Höhe des Verzugsentgelts wird nach dem **Entgeltausfallprinzip** unter Beachtung des § 615 S. 2 BGB berechnet.[501] Der Arbeitnehmer soll so gestellt werden, als hätte er während des Annahmeverzugs gearbeitet. Das Verzugsentgelt umfasst alle **Leistungen mit Entgeltcharakter,** die nicht an die tatsächliche Erbringung der Arbeitsleistung anknüpfen oder einen besonderen Aufwand abgelten, der während des Annahmeverzugs nicht entsteht. **Fortzuzahlen** sind demnach auch **Sondervergütungen, Erschwernis-, Funktions-, Gefahren-** und **Sozialzulagen**,[502] Vergütung nicht geleisteter **Überstunden**,[503] **Gratifikationen**,[504] **Provisionen**,[505] **Anwesenheitsprämien** sowie **Sachleistungen**, die angemessen abzugelten sind.[506] Anders als zuvor von einigen Landesarbeitsgerichten angenommen, findet nach Ansicht des BAG § 288 Abs. 5 S. 1 BGB keine Anwendung im Arbeitsverhältnis, da § 12a Abs. 1 S. 1 ArbGG insofern lex specialis ist.[507]

293 Bei **arbeitszeitabhängiger Vergütung** ist das regelmäßige, vereinbarte Stunden-, Tage-, Wochen- oder Monatsentgelt zu bezahlen. Dagegen ist bei **leistungsbezogener Vergütung**

---

[497] BAG 14.11.1985 – 2 AZR 98/84, NZA 1986, 637; kritisch *Waas* NZA 1994, 151 (156).
[498] BAG 24.5.2017 – 5 AZR 251/16; 12.12.2012 – 5 AZR 93/12, EzA BGB 2002 § 818 Nr. 3.
[499] BAG 14.11.1985 – 2 AZR 98/84, NZA 1986, 637; 21.5.1981 – 2 AZR 95/79, DB 1981, 2496.
[500] BAG 19.1.1999 – 9 AZR 678/97, NZA 1999, 925.
[501] Hierzu ausführlich *Opolony* DB 1998, 1714.
[502] BAG 18.6.1958 – 4 AZR 590/55, AP BGB § 615 Nr. 6.
[503] BAG 18.9.2001 – 9 AZR 307/00, NZA 2002, 268.
[504] BAG 18.1.1963 – 5 AZR 200/62, DB 1963, 554.
[505] BAG 11.8.1998 – 9 AZR 410/97, DB 1998, 1719.
[506] LAG Hamm 10.4.1991 – 2 (16) Sa 619/90, BB 1991, 1496 hinsichtlich des Werts für die Bereitstellung eines Firmenfahrzeugs zur privaten Nutzung.
[507] BAG 25.9.2018 – 8 AZR 26/18, NZA 2019, 121.

dasjenige an Entgelt zu leisten, was der Arbeitnehmer bei Weiterarbeit erzielt hätte, wobei ein repräsentativer Bezugsraum als Vergleich heranzuziehen ist. Während des Annahmeverzuges eintretende **Veränderungen der Verhältnisse,** beispielsweise hinsichtlich der Entgelthöhe oder der Arbeitszeit, sind zu berücksichtigen.

Die **Fälligkeit der Entgeltansprüche** aus § 615 S. 1 BGB richtet sich ebenso wie die Verjährung (§ 195 BGB) und der Untergang des Anspruchs auf Grund tariflicher Ausschlussfristen nach der Fälligkeit der Entgeltansprüche bei ordnungsgemäßer Abwicklung des Arbeitsverhältnisses.[508]

Haben die Parteien in einem **Aufhebungsvertrag** die **Freistellung des Arbeitnehmers** bis zur rechtlichen Beendigung des Arbeitsverhältnisses oder das Recht des Arbeitnehmers, das Arbeitsverhältnis vorzeitig zu kündigen, vereinbart, **entfällt** die Pflicht des Arbeitgebers nach § 615 BGB zur **Entgeltfortzahlung,** wenn der Arbeitnehmer ein **neues Arbeitsverhältnis** eingeht.[509]

Gemäß § 615 S. 2 BGB muss sich der Arbeitnehmer auf seinen Vergütungsanspruch jedoch das anrechnen lassen, was er infolge des Unterbleibens der Arbeitsleistung erspart oder durch anderweitige Verwendung seiner Arbeitskraft erwirbt. Findet das Kündigungsschutzgesetz auf das Arbeitsverhältnis Anwendung, wird § 615 S. 2 BGB durch die **Sonderregelung des § 11 KSchG** verdrängt.[510] Danach ist für den Fall der gerichtlichen Feststellung der Sozialwidrigkeit einer Kündigung auf das Arbeitsentgelt, das der Arbeitgeber dem Arbeitnehmer für die Zeit nach der Entlassung schuldet, anzurechnen, was der Arbeitnehmer durch anderweitige Arbeit verdient hat (Nr. 1), was er hätte verdienen können, wenn er es nicht böswillig unterlassen hätte, eine ihm zumutbare Arbeit anzunehmen (Nr. 2) und was ihm an öffentlich-rechtlichen Leistungen infolge Arbeitslosigkeit aus der Sozialversicherung, der Arbeitslosenversicherung, der Arbeitslosenhilfe oder der Sozialhilfe für die Zwischenzeit gezahlt worden ist (Nr. 3). Trotz des unterschiedlichen Wortlauts sind die beiden Vorschriften inhaltsgleich.[511]

a) **Anrechnung anderweitigen Verdiensts.** Nach § 615 S. 2 BGB muss sich der Arbeitnehmer auf den Entgeltanspruch des § 615 S. 1 BGB anrechnen lassen, was er durch anderweitige Verwendung seiner Arbeitsleistung erwirbt.

Zwischen den ersparten Aufwendungen und der Arbeitsleistung muss ein **Zusammenhang** bestehen. Dabei ist der Verdienst anzurechnen, der **kausal** durch das Freiwerden der Arbeitskraft ermöglicht worden ist, wobei sich Anhaltspunkte für die Kausalität sowohl aus objektiven als auch aus subjektiven Umständen ergeben können. **Leistungen für Überstunden** im Rahmen der anderweitigen, neuen Beschäftigung sind erkennbar dadurch kausal ermöglicht, dass der Arbeitnehmer von seiner Arbeitspflicht bei seinem eigentlichen Arbeitgeber nicht in Anspruch genommen wird und somit anzurechnen. Der Arbeitnehmer muss sich auch ihm gewährte **Naturalvergütungen,** wie die private Nutzung eines Dienst-Pkw, die er aus einer anderweitigen Erwerbstätigkeit erhält, nach ihrem Nutzungswert anrechnen lassen.

Der **erzielte Verdienst** in einem neuen Arbeitsverhältnis führt zu einer Anrechnung, wenn objektiv und subjektiv Indizien dafür sprechen, dass der Arbeitnehmer das neue Arbeitsverhältnis als **Ersatz für das bisherige** versteht.[512] Wird der **Verdienst durch Arbeitsleistung in der eigentlich freien Zeit** (Feierabend- bzw. Wochenendarbeit) erzielt, unterliegen diese **Nebeneinnahmen** nicht der Anrechnung.[513]

Der anzurechnende anderweitige **Zwischenverdienst,** einschließlich Leistungen der Arbeitsverwaltung, ist **auf die gesamte vertragsgemäße Annahmeverzugsvergütung anzurechnen** und nicht nur für den Zeitabschnitt, in dem der anderweitige Verdienst erzielt worden

---

[508] BAG 11.10.2017 – 5 AZR 694/16, NJW 2018, 1038; 24.9.2014 – 5 AZR 593/12, NZA 2015, 35; 9.3.1966 – 4 AZR 87/65, DB 1966, 867.
[509] LAG Hessen 2.12.1993 – 13 Sa 283/93, EzA BGB § 615 Nr. 86.
[510] BAG 6.9.1990 – 2 AZR 165/90, NZA 1991, 221.
[511] BAG 16.6.2004 – 5 AZR 508/03, DB 2004, 2166.
[512] BAG 6.9.1990 – 2 AZR 165/90, NZA 1991, 221.
[513] BAG 24.2.2016 – 5 AZR 425/15, NJW 2016, 1674; 14.5.1969 – 3 AZR 137/68, DB 1970, 257 (Einnahmen aus wissenschaftlicher Nebentätigkeit).

ist.[514] Dadurch verbleibt dem Arbeitnehmer nicht der in einzelnen Zeitabschnitten erzielte „Überschuss", wenn er zu anderen Zeiten weniger verdient hat. Erzielte der Arbeitnehmer nach der Gesamtbetrachtung mehr, als er bei dem bisherigen Arbeitgeber verdient hätte und hat dieser der Arbeitsverwaltung ihre Leistungen an den Arbeitnehmer erstattet, dann hat der Arbeitgeber seinerseits **keinen Erstattungsanspruch wegen des Mehrverdienstes** gegen den Arbeitnehmer. Hierfür gibt es keine rechtliche Grundlage. Weder ist der Arbeitnehmer ungerechtfertigt bereichert, noch hat er etwas unmittelbar auf Kosten des Arbeitgebers erlangt.[515]

301 Wird der Arbeitgeber rechtskräftig verurteilt, für einen bestimmten Zeitraum des Annahmeverzugs nach § 615 BGB die vereinbarte Vergütung zu zahlen und erfährt er später von einem anrechenbaren Verdienst des Arbeitnehmers in dieser Zeit, ist er durch das rechtskräftige Urteil nicht gehindert, den überbezahlten Betrag nach Bereicherungsrecht gemäß §§ 812 ff. BGB **zurückzufordern** bzw. bei der Endabrechnung über die restliche Zeit des Annahmeverzugs zur Anrechnung zu bringen.[516]

302 Hat der Arbeitnehmer während des Kündigungsschutzprozesses ein **neues Arbeitsverhältnis** begründet und übt er gegenüber dem bisherigen Arbeitgeber das ihm nach § 12 S. 1 KSchG zustehende **Sonderkündigungsrecht** aus, ist dem Arbeitnehmer nach § 12 S. 4 KSchG entgangener Verdienst nur für die Zeit zwischen der Entlassung und dem Tag des Eintritts in das neue Arbeitsverhältnis zu gewähren.[517]

303 **b) Böswillig unterlassener Erwerb.** Gemäß § 615 S. 2 BGB bzw. § 11 S. 1 Nr. 2 KSchG muss sich der Arbeitnehmer auf seinen Vergütungsanspruch auch dasjenige anrechnen lassen, was er zu erwerben **böswillig** unterlässt (**hypothetischer Verdienst**). Es ist nach beiden Bestimmungen zu überprüfen, ob dem Arbeitnehmer nach Treu und Glauben (§ 242 BGB) sowie unter Beachtung des Grundrechts auf freie Arbeitsplatzwahl (Art. 12 GG) die Aufnahme einer anderweitigen Arbeit zumutbar ist.[518]

304 **Böswilliges Verhalten** liegt dann vor, wenn der Arbeitnehmer in der Kenntnis, dass für ihn eine **anderweitige und zumutbare Arbeitsmöglichkeit** besteht, grundlos untätig bleibt, die Arbeitsaufnahme vorsätzlich unterlässt oder vorsätzlich verhindert, dass ihm zumutbare Arbeit angeboten wird. Eine Schädigungsabsicht seitens des Arbeitnehmers ist nicht erforderlich. Ausreichend ist das vorsätzliche Außer-Acht-Lassen einer Gelegenheit zur Erwerbsarbeit, die dem Arbeitnehmer bekannt ist.[519] Ein böswilliges Verhalten kann sich auch daraus ergeben, dass der Arbeitnehmer bezüglich einem Weiterbeschäftigungsangebot seines bisherigen Arbeitgebers nur solche Änderungswünsche äußert, die auf eine Beendigung des Kündigungsschutzprozesses hinauslaufen. Alleiniges Ziel einer solchen Bedingung sei, die Zahlungsansprüche aus Annahmeverzug in voller Höhe aufrechtzuerhalten und das Anliegen des Arbeitgebers, eine Prozessbeschäftigung anzubieten, zu konterkarieren.[520]

305 Wann eine **andere Arbeit zumutbar** ist, bestimmt sich unter Berücksichtigung aller Umstände des Einzelfalls nach Treu und Glauben.[521] Eine Unzumutbarkeit kann sich etwa aus der Art der Arbeit, den sonstigen Arbeitsbedingungen oder der Person des Arbeitgebers ergeben.[522]

306 Dem Arbeitnehmer ist es unter Umständen **zumutbar**, eine **weitere Dienstleistung beim bisherigen Arbeitgeber** zu erbringen, wenn ihm bis zur endgültigen Entscheidung des Kündigungsrechtsstreits eine **befristete Weiterbeschäftigung vom bisherigen Arbeitgeber** zu denselben Arbeitsbedingungen angeboten wird.[523] Voraussetzung ist ein Angebot des Arbeitgebers

---

[514] BAG 22.11.2005 – 1 AZR 407/04, NZA 2006, 736: 29.7.1993 – 2 AZR 110/93, NZA 1994, 116; 1.3.1958 – 2 AZR 533/55, BAGE 5, 217; dagegen *Boecken* NJW 1995, 3218.
[515] BAG 29.7.1993 – 2 AZR 110/93, NZA 1994, 116.
[516] BAG 29.7.1993 – 2 AZR 110/93, NZA 1994, 116.
[517] BAG 19.7.1978 – 5 AZR 748/77, DB 1978, 2417
[518] BAG 11.10.2006 – 5 AZR 754/05, NZA 2007, 1392.
[519] BAG 22.3.2017 – 5 AZR 337/16, NZA 2017, 988; 11.1.2006 – 5 AZR 98/05, DB 2006, 787; anders jedoch bei bloßer Fahrlässigkeit BAG 24.2.1981 – 6 AZR 55/78.
[520] LAG Nürnberg 12.11.2019 – 7 Sa 81/19.
[521] BAG 11.1.2006 – 5 AZR 98/05, DB 2006, 787.
[522] BAG 7.2.2007 – 5 AZR 422/06, DB 2007, 974; LAG Nürnberg 12.11.2019 – 7 Sa 81/19.
[523] BAG 14.11.1985 – 2 AZR 98/84, NZA 1986, 637.

an den Arbeitnehmer, die Arbeit jedenfalls vorläufig für die Dauer des Kündigungsschutzrechtsstreits aufzunehmen.[524] Die Zumutbarkeit hängt dabei von der Art der Kündigung und ihrer Begründung sowie dem Verhalten des Arbeitgebers im Prozess ab.[525] Deshalb ist es für den Arbeitnehmer **unzumutbar**, das Arbeitsverhältnis bis zur rechtskräftigen Feststellung der Wirksamkeit der Kündigung fortzusetzen, wenn er bereits durch die Art der ausgesprochenen Kündigungen (**Vorwurf der völligen Unfähigkeit**) in seinem Ansehen beeinträchtigt ist.[526] Allein eine verhaltensbedingte Kündigung reicht für die Begründung der Unzumutbarkeit nicht, wenn der Arbeitnehmer grundsätzlich zur Weiterbeschäftigung bereit ist.[527] Eine Weiterbeschäftigung beim bisherigen Arbeitgeber ist dem Arbeitnehmer auch dann unzumutbar, wenn sie eine dauerhafte Änderung der vertraglichen Bedingungen bewirken.[528]

Nach Rechtsprechung des BAG kann ein böswilliges Unterlassen iSd § 615 S. 2 BGB auch darin liegen, dass der Arbeitnehmer eine vertraglich nicht geschuldete Arbeitsleistung ablehnt, die der Arbeitgeber von ihm in einem unstreitig bestehenden Arbeitsverhältnis verlangt.[529] Das Gericht begründet seine Entscheidung damit, dass § 615 S. 2 BGB gerade nicht die Rechte und Pflichten aus dem Arbeitsvertrag regelt, sondern vielmehr die nach anderen Maßstäben zu beurteilende Obliegenheit, aus Rücksichtnahme gegenüber dem Arbeitgeber einen zumutbaren Zwischenverdienst zu erzielen. Anders als bei § 615 S. 2 BGB kommt es bei § 11 S. 1 Nr. 2 KSchG im Fall der Prozessbeschäftigung nicht darauf an, dass dringende Gründe für das Angebot des Arbeitgebers, den Arbeitnehmer bis zum rechtskräftigen Abschluss des Kündigungsschutzprozesses nicht mit der arbeitsvertraglichen geschuldeten, sondern einer anderen Tätigkeit zu beschäftigen, vorliegen.[530]

Ein Arbeitnehmer handelt aber generell nicht böswillig, wenn er während des Annahmeverzugs des Arbeitgebers kein anderweitiges Dauerarbeitsverhältnis eingeht, das ihm die Rückkehr an den bisherigen Arbeitsplatz erschweren könnte.[531] Es obliegt ihm aber, auf das Angebot eines anderen Arbeitgebers mit einem Gegenangebot zu antworten.[532]

Ein böswilliges Unterlassen liegt nicht vor, wenn der Arbeitnehmer in der Zeit des Aufbaus einer selbstständigen Existenz weniger verdient als bei einer abhängigen Beschäftigung im konkurrenzfreien Bereich.[533] Ebenso ist ein böswilliges Unterlassen zu verneinen, wenn ein Arbeitnehmer, der bereits bei einem neuen Arbeitgeber einen Arbeitsvertrag abgeschlossen hat, sein **altes Arbeitsverhältnis kündigt**, obwohl der neue Arbeitgeber ihm vorher mitgeteilt hat, er werde ihn nicht beschäftigen.[534] Der Arbeitnehmer kann in diesem Fall erwarten, dass es zur Erfüllung des geschlossenen Vertrages kommen werde. Dann muss er das bisherige Arbeitsverhältnis rechtzeitig kündigen, um die Pflichten im neuen Arbeitsverhältnis erfüllen zu können und seine Leistungserbringung zu ermöglichen.

Umstritten ist, ob der Arbeitnehmer sich bei der Agentur für Arbeit als **arbeitslos** zu melden hat. Das BAG verneint eine entsprechende Pflicht bzw. Obliegenheit, sodass ein Unterlassen der Meldung beim Arbeitsamt keine Böswilligkeit begründet.[535]

c) Anrechnung des Ersparten und anderweitiger Erwerb. Schließlich muss sich der Arbeitnehmer auf seinen Vergütungsanspruch nach § 615 S. 2 BGB dasjenige anrechnen lassen,

---

[524] BAG 14.11.1985 – 2 AZR 98/84, NZA 1986, 637; bestätigt durch BAG 22.2.2000 – 9 AZR 194/99, NZA 2000, 817.
[525] Ähnlich LAG Rheinland-Pfalz 5.5.1998 – 5 Sa 1073/97, BB 1998, 2479.
[526] LAG Nürnberg 12.11.2019 – 7 Sa 81/19; LAG Nürnberg 20.10.1992 – 2 (4) Sa 123/92, NZA 1994, 270.
[527] LAG Nürnberg 12.11.2019 – 7 Sa 81/19.
[528] LAG Nürnberg 12.11.2019 – 7 Sa 81/19.
[529] BAG 7.2.2007 – 5 AZR 422/06, NZA 2007, 561 unter Aufgabe der bisherigen Rspr. (s. noch BAG 3.12.1980 – 5 AZR 477/78, DB 1981, 799).
[530] BAG 17.11.2011 – 5 AZR 564/10, NZA 2012, 260 Rn. 21.
[531] BAG 18.6.1965 – 5 AZR 351/64, DB 1965, 1405.
[532] BAG 22.3.2017 – 5 AZR 337/16, NZA 2017, 988.
[533] BAG 13.11.1975 – 3 AZR 38/75, DB 1976, 439; 18.10.1958 – 2 AZR 291/58, BAGE 6, 306.
[534] BAG 2.11.1973 – 5 AZR 147/73, DB 1974, 540.
[535] BAG 16.5.2000 – 9 AZR 203/99, NZA 2001, 26; LAG Berlin 3.9.2003 – 17 Sa 808/03, MDR 2004, 401; aA noch die 2. Instanz LAG Sachsen-Anhalt 12.8.1998 – 5 (3) Sa 188/97, DB 2000, 480; siehe auch *Spirolke* NZA 2001, 707.

was er **infolge des Unterbleibens der Arbeitsleistung unmittelbar erspart.** Erspart sind alle Aufwendungen, die mit der Arbeitsleistung in Zusammenhang stehen, wie Arbeitskleidung, Fahrtkosten, Materialien oder Werkzeuge. **Nicht anzurechnen** sind nur mittelbare Ersparnisse für nicht erfolgte Ausgaben, die der Arbeitnehmer nicht tätigt, weil ihm der Arbeitgeber das Entgelt nicht zahlt.

312 Ebenfalls anzurechnen sind anderweitige Vorteile, die der Arbeitnehmer durch den Einsatz seiner Arbeitskraft erlangt, bzw. solche, die er böswillig nicht erlangt hat.[536]

313 Eine Anrechnung ersparter Aufwendungen findet im Anwendungsbereich des § 11 KSchG nicht statt. Diese Unterscheidung, durch die Arbeitnehmer im Kleinbetrieb benachteiligt werden, ist vor dem Hintergrund des Art. 3 Abs. 1 GG verfassungsrechtlich bedenklich.[537]

314 **d) Abzug von Fortbildungskosten.** Bei der Anrechnung anderweitigen Verdienstes nach § 11 Nr. 1 KSchG können von dem anderweitigen Verdienst solche Aufwendungen abgezogen werden, die erforderlich sind, um den anderweitigen Verdienst überhaupt erzielen zu können.[538] Anrechenbar sind dabei aber solche Aufwendungen, die sich im Rahmen der bisherigen Qualifikation des Arbeitnehmers halten und seine weitere Erwerbstätigkeit fachkundig und sachgerecht unterstützen.[539] Aufwendungen hingegen, die der Weiterbildung des Arbeitnehmers dienen und damit seinen Wert auf dem Arbeitsmarkt erhöhen, sind nicht anrechenbar, wenn die im Rahmen der Qualifikation erworbenen Kenntnisse und Fähigkeiten dem Arbeitgeber nicht unmittelbar zugutekommen.[540] Dabei handelt es sich insbesondere um Fortbildungen, bei denen der Arbeitnehmer Qualifikationen erwirbt, die er nicht zur Ausübung der arbeitsvertraglich geschuldeten Tätigkeit benötigt.[541] Konsequenterweise verneint das BAG in diesem Zusammenhang das Vorliegen eines böswilligen Unterlassens, wenn eine zumutbare Arbeit nicht angenommen wird, weil für dessen Erfüllung der erfolgreiche Abschluss einer Qualifizierungsmaßnahme vorausgesetzt wird, deren finanzielle Kosten der Arbeitnehmer zu tragen hat.[542] Diese Rechtsprechung dürfte entsprechend auf § 615 S. 2 BGB übertragbar sein.[543]

315 **e) Abweichende Vereinbarungen.** § 615 S. 1, 2 BGB sind vertraglich **abdingbar,** da der Arbeitnehmer durch einen Wegfall der Anrechnung des Ersparten und des anderweitigen Erwerbs begünstigt wird.[544] Abweichende Vereinbarungen können durch einzelvertragliche oder kollektivrechtliche Regelungen erfolgen.[545] Die entsprechenden Vereinbarungen müssen jedoch eindeutig und klar sein.[546] Die Abbedingung muss unzweideutig feststehen, wenn auf die Anrechnung von Zwischenverdienst verzichtet werden soll.[547] Beispiel für eine Abweichung von § 615 BGB ist die Vereinbarung eines **Arbeitszeitkontos,** bei dem Fehlstunden zunächst mit Überstunden verrechnet werden. Wenn der Arbeitsvertrag regelt, dass Überstunden nur vergütet werden, wenn sie nicht bis zum Ende eines bestimmten Vergleichszeitraums durch Freizeit ausgeglichen werden, so wollen die Parteien eine von § 615 BGB abweichende Rechtsfolge anordnen: Die Vereinbarung ist dahingehend zu verstehen, dass innerhalb des Vergleichszeitraumes anfallende Plus- und Minusstunden miteinander verrechnet werden. Erst wenn am **Ende des Zeitraumes** (also trotz aller Verrechnung mit Überstunden) noch ein Minus bleibt, kommt § 615 BGB zur Anwendung.[548] § 615 BGB wird dadurch aber nicht allgemein abbedungen, weshalb die vorgenannte Gestaltung trotz § 11

---

[536] LAG Hamm 8.11.2006 – 10 Sa 927/06, BeckRS 2007, 41361; zur Geltendmachung des Annahmeverzugslohnanspruchs siehe *Groeger* NZA 2000, 793.
[537] LAG Nürnberg 9.3.2010 – 7 Sa 430/09, DB 2010, 1070.
[538] BAG 2.10.2018 – 5 AZR 376/17, NZA 2018, 1544.
[539] BAG 2.10.2018 – 5 AZR 376/17, NZA 2018, 1544.
[540] BAG 2.10.2018 – 5 AZR 376/17, NZA 2018, 1544.
[541] BAG 2.10.2018 – 5 AZR 376/17, NZA 2018, 1544.
[542] BAG 2.10.2018 – 5 AZR 376/17, NZA 2018, 1544.
[543] *Krieger* ArbRAktuell 2018, 574.
[544] BAG 10.1.2007 – 5 AZR 84/06, NZA 2007, 384; 5.9.2002 – 8 AZR 702/01, NZA 2003, 973.
[545] BAG 6.11.1968 – 4 AZR 186/68, DB 1969, 399.
[546] BAG 22.4.2009 – 5 AZR 310/08, NZA 2009, 913.
[547] BAG 9.3.1983 – 4 AZR 301/80, DB 1983, 1496; 6.11.1968 – 4 AZR 186/68, DB 1969, 399; 6.2.1964 – 5 AZR 93/63, BB 1964, 552; 4.7.1958 – 1 AZR 559/57.
[548] *Hanau/Hoff* NZA 2015, 1169, (1170).

Abs. 4 S. 2 AÜG **auch bei Arbeitnehmerüberlassung** zulässig ist.[549] Denn dem Arbeitnehmer wird sein Gehalt ja auch in dem Monat, in dem er Minusstunden ansammelt, in voller Höhe fortgezahlt (Gehaltsvorschuss).[550] Die Ansammlung der Minusstunden hat allein den Zweck, eine ansonsten ggf. anfallende Überstundenvergütung auszuschließen. Ein Ausschluss des § 615 BGB für den Fall, dass am Ende des Vergleichszeitraumes ein Minus verbleibt, ist unbeschränkt nur in Tarifverträgen zulässig, da diese keiner Inhaltskontrolle unterliegen. Im Arbeitsvertrag ist eine Abbedingung von § 615 BGB vor § 307 Abs. 1 BGB nur dann zulässig, wenn der Arbeitnehmer allein darüber entscheiden kann, ob und in welchem Umfang das negative Guthaben entsteht.[551]

Eine von § 615 BGB abweichende Vereinbarung kann auch eine Freistellung des Arbeitnehmers von der Arbeitsleistung darstellen. Dabei ist zwischen einer einvernehmlichen und einer einseitigen Freistellung zu unterscheiden. 316

Bei einer **einvernehmlichen**, zweiseitig vereinbarten **Freistellung** scheidet zugunsten des Arbeitnehmers eine Anwendung von § 615 BGB mangels Gläubigerstellung des Arbeitgebers aus.[552] Es wird somit eine vom Grundsatz „ohne Arbeit kein Lohn" abweichende Vereinbarung getroffen, da der Arbeitgeber, ohne Anspruch auf Arbeitsleistung zu haben, zur Entgeltfortzahlung verpflichtet bleibt. Das bedeutet, eine Anrechnung des während der Freistellung erzielten Mehrverdienstes findet nicht statt. Die einvernehmliche Freistellung ist hinsichtlich der Ansprüche des Arbeitgebers auf Arbeitsleistung und des Arbeitnehmers auf Beschäftigung entweder als Erlassvertrag nach § 397 BGB oder als einvernehmliche Suspendierung auszulegen.[553] Während der Erlassvertrag zum Erlöschen der wechselseitigen Ansprüche führt und daher nur in den Fällen der **unwiderruflichen Freistellung** in Betracht kommt, bewirkt die Suspendierung ein bloßes Ruhen der wechselseitigen Ansprüche, welche abhängig von zu bestimmenden Voraussetzungen wieder aufleben können. Fehlt es an einer hinreichenden Präzisierung, bedarf es der Auslegung der Vereinbarung. Bei der unwiderruflichen Freistellung ist der Arbeitnehmer nicht mehr verpflichtet, seine Arbeitsleistung zu erbringen und der Arbeitgeber kann nicht mehr über die Arbeitsleistung des Arbeitnehmers verfügen. Mit der Vereinbarung einer unwiderruflichen Freistellung von der Arbeit unter Fortzahlung der Vergütung wird jedoch regelmäßig kein Rechtsgrund für eine Entgeltfortzahlungspflicht des Arbeitgebers geschaffen, die über die gesetzlich geregelten Fälle der Entgeltfortzahlung hinausgeht.[554] 317

Die **einseitige Freistellung** seitens des Arbeitgebers ist regelmäßig nicht anders zu beurteilen, als wenn der Arbeitgeber den Arbeitnehmer nach Hause schickt, weil er ihn nicht mehr beschäftigen will.[555] Dies dürfte auch auf den Fall der widerruflichen einseitigen Freistellung übertragbar sein.[556] Auf der Arbeitnehmerseite hat diese widerrufliche Freistellung jedoch zur Folge, dass der Arbeitgeber ihn jederzeit wieder zur Arbeitsleistung verpflichten könnte. 318

Die Freistellung begründet **keine Unmöglichkeit**, sondern Annahmeverzug.[557] Dieser wird automatisch begründet und bedarf keines wörtlichen Angebotes der Arbeitsleistung durch den Arbeitnehmer.[558] Der Arbeitgeber lasse vielmehr erkennen, unter keinen Umständen zur Weiterbeschäftigung des Arbeitnehmers bereit zu sein. Folge davon ist gem. § 615 S. 2 BGB die Anrechnung des Verdienstes, den der Arbeitnehmer infolge des Unterbleibens der Arbeitsleistung erwirbt. Etwas anderes gilt jedoch dann, wenn die unwiderrufliche Freistellung 319

---

[549] *Hanau/Hoff* NZA 2015, 1169 (1170).
[550] Vgl. BAG 13.12.2000 – 5 AZR 334/99, NZA 2002, 390.
[551] BAG 13.12.2000 – 5 AZR 334/99, NZA 2002, 390; LAG Mecklenburg-Vorpommern 26.3.2008 – 2 Sa 314/07, BeckRS 2008, 52946; LAG Hessen 2.6.2005 – 11 Sa 1207/04, NZA-RR 2006, 127; *Hanau/Hoff* NZA 2015, 1169 (1170).
[552] BAG 22.11.2005 – 1 AZR 407/04, NZA 2006, 736; 19.3.2002 – 9 AZR 16/01, NZA 2002, 1055.
[553] *Bauer* NZA 2007, 409 (411).
[554] BAG 29.9.2004 – 5 AZR 99/04, NZA 2005, 104 zum Fall der krankheitsbedingten Arbeitsunfähigkeit während der Freistellung.
[555] BAG 6.9.2006 – 5 AZR 703/05, NZA 2007, 36.
[556] *Bauer* NZA 2007, 409 (410).
[557] BAG 6.9.2006 – 5 AZR 703/05, NZA 2007, 36; 23.1.2001 – 9 AZR 26/00, NZA 2001, 597.
[558] LAG Berlin-Brandenburg 6.5.2010 – 2 Sa 2778/09, in Fortführung des BAG 23.1.2008 – 5 AZR 393/07, NZA 2008, 595.

unter Anrechnung sämtlicher Urlaubsansprüche erfolgt, ohne dass der Urlaubszeitraum näher bestimmt wird. In diesem Fall ist der Arbeitnehmer frei darin, die zeitliche Lage des Urlaubs innerhalb des Freistellungszeitraums festzulegen. Der während des Urlaubs erzielte anderweitige Verdienst kann dann nicht nach § 615 S. 2 BGB angerechnet werden.[559] Will der Arbeitgeber seine Rechte möglichst optimal wahren und kann er bis zur Beendigung des Arbeitsverhältnisses auf die Dienste des Arbeitnehmers verzichten, ist besonderes Augenmerk auf die Formulierung der einseitigen Freistellungserklärung zu legen.

Formulierungsvorschlag:

320   Hiermit kündigen wir Ihr Arbeitsverhältnis ordentlich zum ...... Beginnend ab morgen teilen wir Ihnen zunächst Ihren restlichen Urlaub für die Zeit bis zum ...... zu. Im Anschluss an die vollständige Urlaubsgewährung werden Sie für die verbleibende Zeit bis zum Ende des Arbeitsverhältnisses unter Fortzahlung der Vergütung von der Arbeit freigestellt, wobei § 615 S. 2 BGB anzuwenden ist. Vor Ablauf der Kündigungsfrist ist es Ihnen untersagt, für ein Konkurrenzunternehmen tätig zu werden.

321   Bei einer **unwiderruflichen Freistellung** unter dem Vorbehalt der Anrechnung etwaigen anderweitigen Verdienstes kann der Arbeitnehmer gem. § 157 BGB in der Regel davon ausgehen, in der Verwertung seiner Arbeitsleistung frei und nicht mehr an vertragliche **Wettbewerbsverbote** (§ 60 HGB) gebunden zu sein.[560] Dies ergibt sich aus der bei der Auslegung der Freistellungserklärung zu berücksichtigenden beiderseitigen Interessenlage. Der Arbeitnehmer kann auf Grund seiner beruflichen Kenntnisse und Fähigkeiten für den Arbeitgeber erkennbar oftmals einen Verdienst nur durch eine Tätigkeit erzielen, die im Wettbewerb zum Geschäftsfeld des Arbeitgebers steht. Führt der Arbeitgeber jedoch durch die Freistellung den Annahmeverzug mit Verdienstanrechnung herbei, so macht er zugleich deutlich, dass ihn Wettbewerbshandlungen des Arbeitnehmers in der relevanten Zeit nicht stören. Kommt die Auslegung der Freistellungserklärung des Arbeitgebers jedoch zu dem Ergebnis, dass eine Anrechnung anderweitigen Verdienstes nicht erfolgen soll, kann der Arbeitnehmer redlicherweise nicht ohne ausdrückliche Erklärung des Arbeitgebers Wettbewerbshandlungen vornehmen.

322   Bis Ende 2005 wurde davon ausgegangen, dass sich bei der Freistellung der **sozialversicherungsrechtliche Status** des Arbeitnehmers nicht verändert. Er blieb bis zur Beendigung der Zahlung des Arbeitslohnes in der Kranken-, Pflege-, Renten- und Arbeitslosenversicherung pflichtversichert. Der Arbeitgeber führte dementsprechend für die Dauer der Freistellung seine Sozialversicherungsbeiträge und die des Arbeitnehmers an die Einzugsstelle ab. Diese Situation schien sich durch den von Seiten der Literatur heftig kritisierten[561] **Beschluss der Spitzenverbände** der Sozialversicherungsträger[562] vom 5. und 6.7.2005 maßgeblich geändert zu haben. Diese waren übereingekommen, dass das versicherungsrechtliche Beschäftigungsverhältnis bei einer einvernehmlichen, unwiderruflichen Freistellung von der Arbeitsleistung mit dem letzten tatsächlichen Arbeitstag ende, wobei unerheblich sein sollte, ob das Arbeitsverhältnis als solches weiterbestehe und dem Arbeitnehmer bis zum Ende des Arbeitsverhältnisses das geschuldete Arbeitsentgelt fortgezahlt werde.[563] Bei einer einvernehmlichen, unwiderruflichen Freistellung sollte das versicherungspflichtige Beschäftigungsverhältnis somit bereits mit dem ersten Tag der Freistellung und nicht – wie bisher angenommen – erst am letzten Tag der Kündigungsfrist enden. Den daraus resultierenden

---

[559] ArbG Düsseldorf 3.11.2009 – 7 Ca 4108/09, BeckRS 2009, 74835 im Anschluss an BAG 19.3.2002 9 AZR 16/01, NZA 2002, 1055 und entgegen BAG 23.1.2008 – 5 AZR 393/0, NZA 2008, 595.
[560] BAG 6.9.2006 – 5 AZR 703/05, NZA 2007, 36.
[561] *Lindemann/Simon* BB 2005, 2462; *Bauer/Günther* DStR 2008, 2422 (2426); *Bauer/Krieger* DB 2005, 2242 (2243); *Schlegel* SozSich 2005, 334.
[562] Die Spitzenverbände der gesetzlichen Krankenkassen, des Verbands Deutscher Rentenversicherungsträger und der Bundesagentur für Arbeit.
[563] *Thomas/Weidmann* NJW 2006, 257.

erheblichen Folgen für den betroffenen Arbeitnehmer (mögliche Sperrzeiten für das Arbeitslosengeld, Verlust des Schutzes der Sozialversicherung, keine Anwartschaftszeit in der Renten- und der Arbeitslosenversicherung, Erforderlichkeit der freiwilligen Weiterversicherung) versuchte die Praxis dadurch entgegenzuwirken, dass die Freistellung von da an überwiegend einvernehmlich widerruflich oder einseitig unwiderruflich erfolgte.[564]

Durch zwei Entscheidungen des **BSG** vom 24.9.2008[565] hat das Gericht jedoch klargestellt, dass – entgegen dem Ergebnis der Besprechung der Spitzenverbände der Sozialversicherungsträger im o. g. Beschluss – das beitragsrechtliche Beschäftigungsverhältnis auch bei einer einvernehmlichen, unwiderruflichen Freistellungsvereinbarung **erst mit Ende des Arbeitsverhältnisses** endet. Diese Entscheidungen haben in der Praxis großen Zuspruch erfahren.[566] 323

Nach einer erneuten Besprechung des GKV-Spitzenverbandes, der Deutschen Rentenversicherung und der Bundesagentur für Arbeit am 30./31.3.2009 haben diese erklärt, nicht länger an ihrem Besprechungsergebnis aus dem Jahr 2005 festhalten zu wollen, und sich dem BSG angeschlossen. Aufgrund der hierdurch eingetretenen Rechtssicherheit können somit nun wieder unbedenklich unwiderrufliche Freistellungen vereinbart werden.[567] 324

Damit hat sich auch die vormals problematische Frage, ob den Arbeitgeber bei Vereinbarung einer unwiderruflichen Freistellung eine **Aufklärungspflicht** über die sozialrechtlichen Folgen trifft, und die damit einhergehende Frage nach der Schadensersatzpflichtigkeit des Arbeitgebers bei unterlassener Aufklärung erledigt.[568] 325

Haben die Arbeitsvertragsparteien in einem **Vergleich die Freistellung des Arbeitnehmers von der Arbeitsleistung und die Fortzahlung der Vergütung** vereinbart, muss sich der Arbeitnehmer den **anderweitigen Verdienst** während des Freistellungszeitraums nicht nach § 615 S. 2 BGB anrechnen lassen.[569] Auch wenn der Vergleich keine umfassende Ausgleichsklausel enthält, die Regelungen aber abschließend sind, kommt eine Anrechnungsverpflichtung auf Grund einer ergänzenden Vertragsauslegung nicht in Betracht, wenn die Parteien die Möglichkeit eines etwaigen anderweitigen Erwerbs des Arbeitnehmers während des Freistellungszeitraums bedacht haben.[570] 326

f) Entschädigung wegen Nichtbeschäftigung. In seinem Grundsatzurteil von 1955 hat das BAG einen Beschäftigungsanspruch des Arbeitnehmers aus §§ 611, 613 BGB iVm § 242 BGB und aus dem allgemeinen Persönlichkeitsrecht des Arbeitnehmers aus Art. 1 und 2 GG hergeleitet und in seiner weiteren Rechtsprechung bestätigt.[571] Dementsprechend ist der Arbeitgeber verpflichtet, dem Arbeitnehmer auch tatsächlich Arbeit zur Verfügung zu stellen. Diese Pflicht entfällt nur, wenn der Arbeitgeber überwiegende und schutzwürdige Interessen für die Nichtbeschäftigung geltend macht.[572] Gibt der Arbeitgeber dem Arbeitnehmer also keine Aufgaben, gerät er zunächst in Annahmeverzug. Ist die Nichtbeschäftigung nicht nur vorübergehender Art, so begeht der Arbeitgeber außerdem eine Pflichtverletzung und damit einhergehend eine **Verletzung des allgemeinen Persönlichkeitsrechts** des Arbeitnehmers.[573] 327

---

[564] So auch noch – mwN – in der Auflage von 2012.
[565] BSG 24.9.2008 – B 12 KR 22/07 R, NZA-RR 2009, 272; 24.9.2008 – B 12 KR 27/07 R, NZA-RR 2009, 269; so zuvor auch schon BAG 10.2.2004 – 9 AZR 401/02, NZA 2004, 606.
[566] *Panzer* NJW 2010, 11 (14); iE (wenn auch mit dogmatischen Bedenken) *Bergwitz* NZA 2009, 518 (523); *Schwede* dbr 3 (2010), 20; *Kock/Fandel* DB 2009, 2321.
[567] Vorsichtiger noch *Bergwitz* NZA 2009, 518 (524) vor der Bekanntmachung des Besprechungsergebnisses vom 30./31.3.2009.
[568] *Panzer* NJW 2010, 11 (14); *Bauer/Günther* DStR 2008, 2422 (2426).
[569] BAG 30.9.1982 – 6 AZR 802/79; LAG Köln 29.8.2000 – 13 Sa 525/00; LAG Köln 21.8.1991 – 7/5 Sa 385/91, NZA 1992, 123; LAG Hamm 27.2.1991 – 2 Sa 1289/90, DB 1991, 1577; aA LAG Thüringen 21.11.2000 – 5 Sa 352/99, LAGE BGB § 615 Nr. 62.
[570] LAG Brandenburg 17.3.1998 – 2 Sa 670/97, MDR 1998, 1417; LAG Hamm 11.10.1996 – 10 Sa 104/96, NZA-RR 1997, 287; LAG Baden-Württemberg 21.6.1994 – 8 Sa 33/94, EzA BGB § 615 Nr. 87.
[571] BAG 9.4.2014 – 10 AZR 637/13, DB 2014, 1434; 19.8.1976 – 3 AZR 173/75, DB 1976, 2308; 10.11.1955 – 2 AZR 591/54; LAG Berlin-Brandenburg 7.6.2018 – 26 Sa 1246/17.
[572] BAG 27.2.1985 – GS 1/84, DB 1985, 2197; 19.8.1976 – 3 AZR 173/75, DB 1976, 2308; 10.11.1955 – 2 AZR 591/54, BAGE 2, 221; LAG Berlin-Brandenburg 7.6.2018 – 26 Sa 1246/17, ArbR 2019, 205.
[573] BAG 10.11.1955 – 2 AZR 591/54, BAGE 2, 221.

Kann die Beeinträchtigung des allgemeinen Persönlichkeitsrechts nicht aufgefangen werden, so steht dem Arbeitnehmer ein Anspruch auf Schadensersatz zu.[574]

4. Darlegungs- und Beweislast

328 Der **Arbeitnehmer** hat sowohl den **Fortbestand des Arbeitsverhältnisses** darzulegen und zu beweisen als auch das **ausreichende und erforderliche Angebot der Arbeitsleistung**. Ihn trifft ebenfalls die Darlegungs- und Beweislast betreffend die Frage, ob ein wörtliches Angebot ausreichend oder ein Angebot ganz entbehrlich war sowie ob eine **Nichtannahme der Arbeitsleistung** durch den Arbeitgeber vorliegt.

329 Die Darlegungslast des **Arbeitgebers** umfasst den **fehlenden Leistungswillen und das fehlende Leistungsvermögen** des Arbeitnehmers,[575] die **Kürzungen des Vergütungsanspruchs**, die Beendigung des Annahmeverzugs sowie die **Kausalität der anzurechnenden Einnahmen oder Ersparnisse** des Arbeitnehmers. Hierbei genügt es, wenn er Indizien vorträgt, die für das Vorliegen eines Kausalzusammenhangs sprechen.[576]

330 Der **Arbeitnehmer** trägt schließlich die Darlegungs- und Beweislast für eine von § 615 BGB abweichende Gestaltung.[577] Erhebt der Arbeitnehmer im Wege der objektiven Klagehäufung (§ 260 ZPO) Zahlungsklage auf mehrere Ansprüche wegen Annahmeverzugs, so hat er vorzutragen, wie er die Gesamtsumme ziffernmäßig auf die verschiedenen Ansprüche verteilt wissen will. Andernfalls ist die Klage wegen unzureichender Individualisierung des Anspruchs nach § 253 Abs. 2 Nr. 2 ZPO unzulässig.[578]

331 Hat der Arbeitgeber dargelegt und bewiesen, dass der Arbeitnehmer einer anderen Erwerbstätigkeit nachgegangen ist, steht ihm in entsprechender Anwendung des § 74c Abs. 2 HGB ein selbstständig einklagbarer **Auskunftsanspruch** gegenüber dem Arbeitnehmer bezüglich der Höhe des anderweitigen Arbeitsverdienstes zu. Wenn der Arbeitnehmer die Auskunft nicht oder nicht ausreichend erteilt hat, kann der Arbeitgeber die Zahlung solange verweigern bis er die Auskunft erhält.[579] Gegebenenfalls kann der Arbeitgeber verlangen, dass der Arbeitnehmer seine Angaben zusätzlich belegt,[580] jedoch nur in Höhe des anderweitigen Verdienstes aus den Zeitabschnitten, für die der Arbeitnehmer fortlaufend seit Beginn des Annahmeverzugs Entgelt geltend gemacht hat.[581] Ein **Leistungsverweigerungsrecht** hat der Arbeitgeber allerdings nur, soweit von einer Nichterfüllung der Auskunftspflicht auszugehen ist. Ist die erteilte Auskunft lediglich in einzelnen Punkten unvollständig, kommt nur eine Verpflichtung des Arbeitnehmers zur Ableistung einer eidesstattlichen Versicherung in Betracht (§§ 259 Abs. 2, 260 Abs. 2 BGB analog).[582]

VII. Betriebs- und Wirtschaftsrisiko

332 Der **Arbeitgeber** trägt grundsätzlich das **Betriebs- und Wirtschaftsrisiko**. Das bedeutet, dass er das Entgelt auch dann zahlen muss, wenn die Arbeitsleistung aus Gründen nicht erbracht werden kann, die weder vom Arbeitgeber noch vom Arbeitnehmer zu vertreten sind.[583]

333 Durch das am 1.1.2002 in Kraft getretene Schuldrechtsmodernisierungsgesetz wurde in § 615 BGB ein Satz 3 eingefügt, der die Entgeltfortzahlung wie beim Annahmeverzug auch

---

[574] LAG Berlin-Brandenburg 7.6.2018 – 26 Sa 1246/17, ArbR 2019, 205.
[575] BAG 22.8.2018 – 5 AZR 592/17, NZA 2019, 30; 23.1.2008 – 5 AZR 393/07, NZA 2008, 595.
[576] BAG 6.9.1990 – 2 AZR 165/90, NZA 1991, 221; bestätigt durch BAG 17.8.2011 – 5 AZR 251/10, DB 2012, 238.
[577] BAG 6.2.1964 – 5 AZR 93/63, BB 1964, 552.
[578] BAG 24.9.2014 – 5 AZR 593/12, NZA 2015, 35.
[579] BAG 29.7.1993 – 2 AZR 110/93, NZA 1994, 116; 19.7.1978 – 5 AZR 748/77, NJW 1979, 285; 27.3.1974 – 5 AZR 258/73, DB 1974, 1167.
[580] BAG 29.7.1993 – 2 AZR 110/93, NZA 1994, 116; 2.6.1987 – 3 AZR 626/85, NZA 1988, 130.
[581] BAG 24.8.1999 – 9 AZR 804/98, NZA 2000, 818.
[582] BAG 29.7.1993 – 2 AZR 110/93, NZA 1994, 116.
[583] BAG 22.12.1980 – 1 ABR 2/79, DB 1981, 321; 30.5.1963 – 5 AZR 282/62, DB 1963, 836; 7.12.1962 – 1 AZR 134/61, DB 1963, 591.

für den Fall vorsieht, dass der Arbeitgeber das **Risiko des Arbeitsausfalls** trägt. Dieser neue § 615 S. 3 BGB trifft allerdings keine Aussage darüber, wann das Risiko des Arbeitsausfalls beim Arbeitgeber liegt.[584] Nach Auffassung des Gesetzgebers soll vielmehr die Rechtsprechung diesen Grundsatz wie bisher konkretisieren und den Besonderheiten der denkbaren Fallgestaltungen Rechnung tragen.[585]

Der Arbeitgeber hat den Arbeitnehmern auf Grund des ihn treffenden Risikos das Entgelt fortzuzahlen, wenn aus betriebstechnischen Gründen nicht gearbeitet werden kann. Dies sind insbesondere **Naturkatastrophen**, Arbeitsausfall infolge von **Witterungseinflüssen**,[586] **Zerstörung des Betriebes**[587] oder **Ausbleiben von Rohstoffen, Betriebsstörungen** durch Stromausfall,[588] Ausfall der Ölheizung,[589] bankenaufsichtsrechtliche Maßnahmen,[590] **Landestrauer**[591] (Betriebsrisiko) oder wenn die Fortsetzung des Betriebes wegen Auftrags- oder Absatzmangels **wirtschaftlich sinnlos** wird[592] oder der Betrieb **dauerhaft und vollständig eingestellt** wird[593] (**Wirtschaftsrisiko**). Ebenso liegt ein Betriebsrisiko vor, wenn der Betrieb aufgrund öffentlich-rechtlicher Vorschriften oder Anordnungen, wie beispielsweise während der Corona-Pandemie geschehen, geschlossen werden muss.[594] 334

Das **Betriebsrisiko** geht zu Lasten des Arbeitgebers, weil er den Betrieb organisiert, verantwortlich leitet und ihm die erwirtschafteten Gewinne zustehen. Er muss deshalb seinen Arbeitnehmern dafür einstehen, dass der Betriebsablauf funktioniert. Selbst wenn die Störung im Betriebsablauf nicht aus einer vom Arbeitgeber beeinflussbaren Gefahrenzone kommt, ist er dennoch zur Entgeltzahlung verpflichtet. Sein Unternehmen mag gegen die Auswirkungen öffentlicher Unglücksfälle erfahrungsgemäß anfällig sein, so dass der Arbeitgeber deshalb deren finanzielle Nachteile einkalkulieren und durch Bildung von Rücklagen auffangen kann.[595] Eine Regelung über Arbeit auf Abruf verstößt daher gegen § 307 BGB, wenn dem Arbeitgeber das Recht eingeräumt wird, den Zeitpunkt und den Einsatz des Arbeitnehmers entsprechend dem jeweiligen Arbeitsanfall **gänzlich** zu bestimmen, ohne dass eine regelmäßige wöchentliche Mindestarbeitszeit feststeht.[596] 335

Eine **Ausnahme** ist in der Rechtsprechung allerdings bei **Existenzgefährdung** des Betriebs erwogen worden, wenn die Betriebsstörung so schwerwiegend ist, dass die Zahlung der vollen Vergütung den Fortbestand des Betriebes gefährden würde.[597] Grundsätzlich entgeht der Arbeitgeber der Vergütungsfortzahlung erst und nur durch **betriebsbedingte Kündigung**. 336

Die Entgeltzahlung nach Betriebsrisiko- oder Wirtschaftsrisikogrundsätzen gilt nicht, wenn die Ursache der Störung auf **Arbeitskampfmaßnahmen** zurückzuführen ist, die aus der Sphäre der Arbeitnehmer entstammen.[598] Insoweit hat auch der neu eingefügte § 615 S. 3 BGB keine Änderung der bisherigen Rechtslage hervorgebracht.[599] Nach der Paritätslehre tragen Arbeitnehmer und Arbeitgeber insoweit das auf sie entfallende Arbeitskampfrisiko. Dies gilt auch dann, wenn der Arbeitgeber nicht direkt betroffen ist, sondern es sich um eine Fernwirkung von Arbeitskämpfen handelt, also mittelbare Störungen auftreten. Hält der Arbeitgeber trotz des Streiks seinen Betrieb aufrecht und besteht die Beschäftigungsmöglichkeit fort, wird der Arbeitgeber nicht von der Entgeltzahlung befreit.[600] 337

---

[584] *Däubler* NZA 2001, 1329 (1332).
[585] BT-Drs. 14/6857, 48.
[586] BAG 9.7.2008 – 5 AZR 810/07, NZA 2008, 1407; 18.5.1999 – 9 AZR 13/98, NZA 1999, 1166.
[587] LAG Köln 26.7.2010 – 5 Sa 485/10, AuR 2010, 526.
[588] BAG 30.1.1991 – 4 AZR 338/90, NZA 1991, 519.
[589] BAG 9.3.1983 – 4 AZR 301/80, DB 1983, 1496.
[590] LSG Hessen 20.8.2010 – L 7 AL 165/06, ZIP 2010, 2019.
[591] BAG 30.5.1963 – 5 AZR 282/62, DB 1963, 836.
[592] BAG 10.7.1969 – 5 AZR 323/68, DB 1969, 1512; 8.3.1961 – 4 AZR 223/59, DB 1961, 747.
[593] BAG 23.6.1994 – 6 AZR 853/93, NZA 1995, 468.
[594] *Sievers* jM 5 (2020), 189 (190).
[595] BAG 30.5.1963 – 5 AZR 282/62, DB 1963, 836.
[596] LAG Sachsen 16.7.2009 – 5 Sa 407/08.
[597] BAG 28.9.1972 – 2 AZR 506/71, DB 1973, 187; 30.5.1963 – 5 AZR 282/62, DB 1963, 836; ablehnend MHdB ArbR/*Boewer* § 76 Rn. 87.
[598] BAG 22.12.1980 – 1 ABR 2/79, DB 1981, 321.
[599] *Däubler* NZA 2001, 1329 (1332).
[600] BAG 14.12.1993 – 1 AZR 550/93, NZA 1994, 331.

338 § 615 BGB und § 616 Abs. 1 BGB enthalten dispositives Recht.[601] Die von der Rechtsprechung entwickelten Grundsätze gelten daher nicht, wenn sie hinreichend deutlich kollektiv- oder einzelvertraglich abgedungen worden sind.[602] Das Ausmaß und die Möglichkeit einzelvertraglicher Regelungen sind unklar. Die Rechtsprechung scheint eine **generelle Abdingbarkeit** zuzulassen. Das Schrifttum kritisiert, dass dies dem Arbeitnehmerschutzgedanken widerspreche.[603] Es sei daher im Einzelfall erforderlich, dass der Arbeitnehmer mit der Suspendierung von Arbeits- und Vergütungspflicht einverstanden ist.

VIII. Schlecht- und Mindererfüllung der Arbeitsleistung

339 Schlechterfüllung der Arbeitsleistung liegt vor, wenn der Arbeitnehmer der Arbeitsverpflichtung zwar nachkommt, die **Arbeitsleistung aber mit Mängeln behaftet** ist. Dies betrifft die Fälle, in denen das Arbeitsergebnis misslingt, weil zum Beispiel Arbeitsprodukte fehlerhaft sind, eine andere Arbeitsleistung als die geschuldete erbracht wird oder das Eigentum des Arbeitgebers beschädigt wird. **Mindererfüllung** bedeutet dagegen, dass der Arbeitnehmer **zu langsam oder zu gering** arbeitet. Es ist umstritten, ob bei Minderleistung Schlechterfüllung oder teilweise Nichterfüllung vorliegt.[604]

340 In **Abgrenzung zum Werkvertrag** schuldet der Arbeitnehmer im Rahmen eines Dienstvertrages nur die Erbringung der Arbeitsleistung, nicht aber einen bestimmten Erfolg. Ein Arbeitnehmer genügt also grundsätzlich seiner Vertragspflicht, wenn er unter angemessener Ausschöpfung seiner persönlichen Leistungsfähigkeit arbeitet. Er verstößt gegen seine Arbeitspflicht also nicht allein dadurch, dass er die durchschnittliche Fehlerhäufigkeit aller Arbeitnehmer überschreitet.[605]

341 Daher kann der Arbeitgeber bei unverschuldeter Schlechterfüllung **keine Entgeltminderung** vornehmen.[606] Eine dahingehende Malusklausel verstößt gegen § 307 BGB.[607] Eine schlechte Arbeitsleistung berechtigt den Arbeitgeber nicht, ein Zurückbehaltungsrecht hinsichtlich der Vergütungszahlung des Arbeitnehmers auszuüben.[608] Ausnahmsweise ist eine Entgeltkürzung möglich, wenn der Vergütungsanspruch wie beispielsweise beim Akkordlohn nicht entstanden ist. Trifft den Arbeitnehmer dagegen ein **Verschulden an der Schlechtleistung**, ist er nach den allgemeinen Regeln zum Schadensersatz verpflichtet. Abweichend von **§ 280 Abs. 1 BGB** hat der Arbeitnehmer gemäß **§ 619a BGB** dem Arbeitgeber Ersatz für den aus der Verletzung einer Pflicht aus dem Arbeitsverhältnis entstehenden Schaden nur dann zu leisten, wenn er die Pflichtverletzung zu vertreten hat. Der Arbeitgeber trägt also insoweit nicht nur die Beweislast für die Pflicht- bzw. Rechtsgutverletzung, sondern auch für die haftungsbegründende und haftungsausfüllende Kausalität sowie den Schaden.[609] Ist eine bestimmte Fehlerquote arbeitsplatzspezifisch, so muss der Arbeitgeber daher auch zur Fehlerquote des Arbeitnehmers und zur durchschnittlichen Fehlerquote der mit dem Kläger vergleichbaren Einrichter substantiiert vortragen.[610] Der Arbeitgeber kann gegen den Entgeltanspruch in den Grenzen des § 394 BGB aufrechnen.[611] Dabei ist die Haftungsbegrenzung nach dem **Grundsatz des innerbetrieblichen Schadensausgleichs** zu beachten. Anspruchsgrundlage hierfür ist § 280 Abs. 1 S. 1 BGB, gegebenenfalls in Verbindung mit § 281 bzw. § 283 BGB.

---

[601] BAG 8.12.1982 – 4 AZR 134/80, DB 1983, 395.
[602] BAG 25.1.2012 – 5 AZR 671/10, AP TVG § 1 Tarifverträge: Bau Nr. 337; 30.1.1991 – 4 AZR 338/90, NZA 1991, 519; 9.3.1983 – 4 AZR 301/80, DB 1983, 1496.
[603] Lieb in FS 25 Jahre BAG, 347.
[604] BAG 17.7.1970 – 3 AZR 423/69, DB 1970, 2226.
[605] LAG Sachsen-Anhalt 14.4.2010 – 5 Sa 277/09, BeckRS 2010, 75238.
[606] BAG 18.7.2007 – 5 AZN 610/07, BB 2007, 1903; 6.6.1972 – 1 AZR 438/71, DB 1972, 1731; Schaub ArbR-HdB/Linck § 52 Rn. 4; zum freien Dienstvertrag siehe Kramer MDR 1998, 324.
[607] LAG Hamm 25.11.2010 – 17 Sa 1185/10, BeckRS 2011, 68560.
[608] BAG 17.7.1970 – 3 AZR 423/69, DB 1970, 2226.
[609] LAG Schleswig-Holstein 26.10.2010 – 3 Sa 315/10, AE 2011, 34; LAG Rheinland-Pfalz 7.9.2009 – 5 Sa 269/09, BeckRS 2010, 67049.
[610] LAG Hamm 20.11.2009 – 10 Sa 875/09, ArbRB 2010, 301.
[611] Schaub ArbR-HdB/Linck § 52 Rn. 7.

Allerdings können Fragen der Schlechtleistung auch durch abweichende bzw. konkretisierende Arbeits- oder Tarifvertragsregelungen festgelegt werden. Im Leistungsentgeltbereich gibt es regelmäßig **Kollektiv- oder Individualvereinbarungen,** nach denen **Entgelt nur für einwandfreie Produkte** gezahlt wird. In diesen Fällen kann eine mangelhafte Arbeitsleistung Entgeltkürzungen zur Folge haben. Dem Arbeitnehmer muss allerdings der **Beweis** offen bleiben, dass der Fehler nicht auf ihn zurückzuführen ist, sondern auf Umständen beruht, die in den Verantwortungsbereich des Arbeitgebers fallen.[612] Selbstverständlich können schuldhafte Schlechtleistungen auch eine **personen- oder verhaltensbedingte Kündigung** rechtfertigen.[613] Eine personenbedingte Kündigung kommt etwa in Betracht, wenn bei einem über längere Zeit erheblich leistungsschwachen Arbeitnehmer auch für die Zukunft damit zu rechnen ist, dass die Arbeitsleistung die berechtigte Erwartung des Arbeitgebers in einem Maße unterschreitet, dass ihm ein Festhalten an dem (unveränderten) Arbeitsvertrag unzumutbar wird.[614] Bei besonders schwerwiegenden Fehlleistungen kann in seltenen Ausnahmefällen eine außerordentliche Kündigung gerechtfertigt sein.[615] Dies kann – ausnahmsweise auch bei einer einmaligen Fehlleistung[616] – der Fall sein, wenn in Folge der Fehlleistungen ein erheblicher Schaden entsteht und bei Fortsetzung des Arbeitsverhältnisses ähnliche Fehlleistungen des Arbeitnehmers zu befürchten sind. Bei besonders verantwortungsvollen Tätigkeiten kann allein das Risiko des Eintritts eines hohen Schadens bei fahrlässigen Pflichtverletzungen schon eine fristlose Kündigung rechtfertigen.[617]

---

[612] BAG 15.3.1960 – 1 AZR 301/57, DB 1960, 613.
[613] LAG Rheinland-Pfalz 11.2.2010 – 11 Sa 582/09; LAG Düsseldorf 8.4.2009 – 7 Sa 1385/08, ArbR 2009, 123.
[614] LAG Düsseldorf 8.4.2009 – 7 Sa 1385/08, ArbR 2009, 123.
[615] BAG 28.9.1961 – 2 AZR 428/60, DB 1961, 1651; LAG Berlin-Brandenburg 3.3.2011 – 25 Sa 2641/10, NRZ-RR 2011, 522; LAG Hamm 22.4.2010 – 17 Sa 1443/09, AE 2010, 169.
[616] LAG Düsseldorf 25.11.2009 – 12 Sa 879/09, AiB 2010, 269.
[617] LAG Rheinland-Pfalz 29.9.2010 – 8 Sa 229/10; 18.11.2009 – 8 TaBV 29/09.

§ 25 Änderung und Flexibilisierung von Entgeltzahlungen

Übersicht

	Rn.
I. Einleitung	1–4
II. Individualrechtliche Instrumente	5–69
1. Direktionsrecht	6–11
2. Freiwilligkeitsvorbehalte	12–21
a) Inhaltskontrolle und Transparenz	13–17
b) Gestaltung der Klausel	18–21
3. Widerrufsvorbehalt	22–40
a) Wirksamkeit der Klausel	24–31
b) Rechtswirksame Ausübung des Widerrufs	32–35
c) Vertrauensschutz bei Altverträgen	36–39
d) Gerichtliche Überprüfbarkeit	40
4. Anrechnung übertariflicher Vergütungsbestandteile	41
5. Befristung von Vergütungsbestandteilen	42–50
6. Einvernehmliche Vertragsänderung	51–53
7. Negative betriebliche Übung	54–57
8. Änderungskündigung zur Vergütungsreduzierung	58–69
a) Allgemeines	58
b) Betriebsweite Lohnsenkung auf Grund von Unrentabilität	59–65
c) Senkung übertariflicher Vergütung	66–69
III. Arbeitsvertragsbedingungen mit kollektivem Bezug	70–77

I. Einleitung

1 Die verschiedenen Entgeltformen sowie in der Praxis häufig zu findende typische Vergütungsmodelle sind Gegenstand der Ausführungen in § 20 dieses Handbuchs. Einige der dort beschriebenen Vergütungsformen, wie zB leistungsbezogene Entgelte (→ § 20 Rn. 30 ff.), ergebnisbezogene Entgelte (→ § 20 Rn. 36 ff.) oder auch zielabhängige variable Vergütungsbestandteile (→ § 20 Rn. 43 ff.) beinhalten regelmäßig **von vornherein flexible Elemente**. Ihnen ist gemeinsam, dass die Höhe des letztlich an den Arbeitnehmer zu zahlenden Entgelts jeweils von verschiedenen Faktoren abhängig ist, die regelmäßig erst im Nachhinein feststellbar sind und die sich im Laufe der Zeit ändern können. Schon damit wird dem Arbeitgeber im Hinblick auf die Höhe des Entgelts seiner Arbeitnehmer ein gewisser Grad an Flexibilität eingeräumt. Der Bedarf auf Arbeitgeberseite, sich im Bereich der Vergütung eine **noch weiter reichende Flexibilität** zu erhalten, besteht in der Praxis dennoch. Gerade im Falle von stärkeren Einbrüchen bei Umsatz und Ertrag oder bei sonstigen nachhaltig negativen Entwicklungen – zum Beispiel ganz aktuell aufgrund der durch die Covid 19-Pandemie bedingten Maßnahmen und Einschränkungen – wird aus Sicht des Arbeitgebers eine Senkung der Personalkosten häufig einen notwendigen Schritt darstellen. Der Arbeitgeber möchte noch nachhaltiger reagieren können. Der Arbeitgeber hat regelmäßig den Wunsch, sich das Recht vorzubehalten, in bestimmten Situationen – auch außerhalb der Möglichkeiten subventionierte Kurzarbeit (→ § 50) – die **vereinbarte Vergütung kürzen** oder gar **einzelne Vergütungselemente ganz entfallen lassen** zu können.

2 Die Frage, ob und in welchem Umfang sich der Arbeitgeber im Hinblick auf Vereinbarungen zum Entgelt und dessen einzelnen Bestandteilen eine Flexibilität in dem oben beschriebenen Sinne wirksam bewahren kann, ist vor allen Dingen **abhängig von der Rechtsgrundlage** des jeweiligen Entgeltbestandteils. Geht es um die Inhalte von individualrechtlichen Vereinbarungen mit Arbeitnehmern, können Vorbehalte, die der Flexibilität des Arbeitgebers dienen sollen, schnell in Konflikt mit den **Grundsätzen des Kündigungsschutzes** geraten. Dieser schützt den Arbeitnehmer nicht nur vor einer sozial nicht gerechtfertigten Vertragsbeendigung, sondern auch vor einseitigen Vertragsänderungen durch den Ar-

beitgeber. Seit der Schuldrechtsmodernisierung ist die vor diesem Hintergrund gebotene Prüfung arbeitsvertraglicher Leistungsbestimmungsklauseln nach den **Maßstäben des AGB-Rechts** vorzunehmen.[1] Nachfolgend wird dargestellt, welche Möglichkeiten dem Arbeitgeber innerhalb dieser Schranken noch verbleiben und wie sich der Arbeitgeber von bestehenden einzelvertraglichen Vereinbarungen über bestimmte Vergütungselemente, zumindest hinsichtlich ihrer vereinbarten Höhe, wieder lösen kann.

Behandelt werden in diesem Kapitel auch individualrechtliche Vereinbarungen, die **kollektiven Bezug** haben. 3

Soweit Ansprüche auf Vergütung unmittelbar in Kollektivvereinbarungen (Tarifvertrag, Betriebsvereinbarung) geregelt sind, gelten in Bezug auf entgeltrelevante Bestimmungen die allgemeinen Regelungen zum Ablösungsprinzip. Diese sind in den entsprechenden Kapiteln dieses Handbuchs beschrieben[2] und werden an dieser Stelle nicht weiter vertieft. Gleiches gilt für Fragen der Mitbestimmungsrechte des Betriebsrats im Hinblick auf (flexible) Vergütungsmodelle.[3] 4

II. Individualrechtliche Instrumente

Soweit die Arbeitsvertragsparteien sich individuell über die Höhe und Zusammensetzung des Entgelts verständigt haben, bildet der zwischen ihnen geschlossene **Arbeitsvertrag** die **Rechtsgrundlage** für die Vergütung. Damit der Arbeitgeber nach Vertragsschluss das Entgelt des Arbeitnehmers weiterhin flexibel gestalten kann, müssen in den Arbeitsvertrag entsprechende Regelungen aufgenommen werden. Im Hinblick auf solche Regelungen verfolgen die Vertragsparteien bei den Vertragsverhandlungen meist unterschiedliche Interessen. Im Interesse des Arbeitgebers liegt es, bereits in den Arbeitsvertrag Regelungselemente aufzunehmen, die ihm später eine **möglichst flexible Ausgestaltung** des Entgelts erlauben. Dagegen wird der Arbeitnehmer in aller Regel ein starkes Interesse daran haben, im Arbeitsvertrag möglichst wenige oder gar keine flexiblen Vergütungsbestandteile zu vereinbaren, da meist das Arbeitsentgelt einen entscheidenden Bestandteil der persönlichen Finanz- und Lebensplanung darstellt. Zu dieser Planung passen allzu starke Schwankungen des zu erwartenden Entgelts nicht, selbst wenn eine bestimmte Mindestvergütung „garantiert" ist. 5

1. Direktionsrecht

Das Direktionsrecht erweist sich nur sehr bedingt und in wenigen Fällen als geeignetes Mittel des Arbeitgebers zur einseitigen Entgeltreduzierung. Das Direktionsrecht umfasst nach § 106 S. 1 GewO das Recht des Arbeitgebers, die im Arbeitsvertrag nur rahmenmäßig umschriebene Arbeitspflicht durch **einseitige Weisungen** zu Zeit, Ort und Art der Tätigkeit näher auszugestalten, wobei dieses Recht nur nach billigem Ermessen ausgeübt werden darf.[4] Das Direktionsrecht bezieht sich **nicht** auf die **Vergütungsregelungen** des Arbeitsvertrages als solche, weil diese nicht die „Arbeitsleistung" konkretisieren. Zudem würde ein umfassendes Recht des Arbeitgebers zur einseitigen Entgeltfestlegung den rechtlich geschützten Kernbereich des Arbeitsverhältnisses berühren.[5] 6

Auch eine Änderung von Arbeitsbedingungen im Sinne von § 106 S. 1 GewO kann jedoch die Höhe der Vergütung des Arbeitnehmers **mittelbar beeinflussen.** Problematisch sind beispielsweise die Fälle, in denen sich der Arbeitgeber im Arbeitsvertrag das Recht vorbehält, durch einseitige Erklärung den Umfang der Arbeitszeit oder auch den Inhalt der Tätigkeit neu zu bestimmen und so indirekt auch die Vergütung zu beeinflussen. Ein solches einseitiges Leistungsbestimmungsrecht wurde früher nach der gefestigten Rechtsprechung des BAG regelmäßig mit der Begründung für unwirksam erachtet, dass es in unzulässiger Weise 7

---

[1] Zum Zusammenspiel von Änderungsschutz und AGB-Recht → § 46 Rn. 13 ff.
[2] Vgl. zu Betriebsvereinbarungen → § 63 Rn. 37 ff.; zu Tarifverträgen → § 68 Rn. 162.
[3] → § 23 Rn. 167 ff.
[4] BAG 7.12.2000 – 6 AZR 444/99, NZA 2001, 780; vgl. im Einzelnen auch → § 12 Rn. 21 ff.
[5] BAG 12.12.1984 – 7 AZR 509/83, NZA 1985, 321; BAG 21.4.1993 – 7 AZR 297/92, NZA 1994, 476; Linck/Krause/Bayreuther/*Krause* KSchG § 2 Rn. 33.

in den kündigungsschutzrechtlich geschützten Kernbereich des Arbeitsverhältnisses eingreife.[6] Seit der Schuldrechtsmodernisierung und dem Einzug der **AGB-Kontrolle** in das Arbeitsrecht misst das BAG arbeitsvertragliche Klauseln zur näheren Leistungsbestimmung an den §§ 305 ff. BGB.[7] Dies führt nicht zu grundlegend anderen Ergebnissen, wohl aber zu einer abweichenden Herleitung in der Begründung.

8 So kann der Arbeitgeber alleine auf Grund seines Direktionsrechts keine **Kurzarbeit** (→ § 14 Rn. 63 ff.) mit entsprechender Lohnminderung einführen.[8] Spätestens aufgrund der im Rahmen der Covid 19-Pandemie massenhaft eingeführten Kurzarbeit wird nunmehr sicherlich die bisher noch offene Frage gerichtlich geklärt werden, ob und unter welchen Voraussetzungen ein im Arbeitsvertrag vereinbarter Vorbehalt der Einführung von Kurzarbeit einer AGB-Kontrolle standhält. Diskutiert wird beispielsweise, ob in einem solchen Fall besondere Ankündigungsfristen oder Konkretisierungen zum Umfang der Kurzarbeit zu vereinbaren sind.[9] Für eine Betriebsvereinbarung zur Einführung von Kurzarbeit gilt, dass diese zumindest die Bestimmung von Beginn und Dauer der Kurzarbeit, die Regelung der Lage und Verteilung der Arbeitszeit sowie die Auswahl der betroffenen Arbeitnehmer deutlich regeln muss.[10]

9 Die Möglichkeit einer Absenkung der Vergütung durch eine Versetzung des Arbeitnehmers auf einen Arbeitsplatz mit geringerer Entlohnung lässt sich gleichermaßen nicht wirksam durch einen vertraglichen Vorbehalt sichern. Solche **Versetzungsklauseln** (→ § 12 Rn. 40 ff.) halten einer AGB-Kontrolle selbst dann nicht stand, wenn trotz der geringerwertigen Tätigkeit die bisherige Vergütung fortgezahlt werden soll.[11]

10 Das BAG hat auch AGB-Klauseln über **Abrufarbeit** (→ § 14 Rn. 69 ff.), mittels derer der Arbeitgeber mittelbar das Vergütungsvolumen steuern kann, nach Maßgabe der §§ 305 ff. BGB daraufhin überprüft, ob eine unangemessene Benachteiligung des Arbeitnehmers vorliegt.[12] Die vom Arbeitgeber abrufbare über die vereinbarte Mindestarbeitszeit hinausgehende Arbeitsleistung darf danach nicht mehr als 25 Prozent der vereinbarten wöchentlichen Mindestarbeitszeit betragen, um noch angemessen im Sinne des § 307 BGB zu sein.

11 Das Direktionsrecht des Arbeitgebers kann nach der Rechtsprechung **durch Tarifvertrag erweitert** werden.[13] Nach § 310 Abs. 4 S. 3 BGB iVm § 307 Abs. 3 BGB sind Tarifverträge, Betriebs- und Dienstvereinbarungen und somit auch dort geregelte Direktionsrechte von der Inhaltskontrolle der §§ 307 ff. BGB ausgenommen. Die Tarifvertragsparteien können das Direktionsrecht des Arbeitgebers zur einseitigen Änderung der Arbeitsbedingungen insbesondere erweitern, wenn sie zugleich eine Regelung über einen Ausgleich der eintretenden Verdienstminderung treffen.[14] Ebenso ist eine Tarifregelung als zulässig angesehen worden, welche den Arbeitgeber in einem tariflich vorgegebenen Rahmen einseitig zur **Kürzung oder Verlängerung der Arbeitszeit** oder zur **Übertragung einer anderen, auch niedriger zu vergütenden Tätigkeit** berechtigt.[15] Tarifverträge können somit dem Arbeitgeber ermöglichen, mittels der Zuweisung anderer Tätigkeiten auch Änderungen der Vergütung zu Lasten des Arbeitnehmers durchzusetzen. Die Erweiterung des Direktionsrechts mit dem primären Zweck, die Vergütung zu senken, erweist sich jedoch angesichts der engen Voraussetzungen, an welche die

---

[6] BAG 21.4.1993 – 7 AZR 297/92, NZA 1985, 321; vgl. auch → § 12 Rn. 41 ff.
[7] BAG 7.12.2005 – 5 AZR 535/04, NZA 2006, 423.
[8] BAG 16.12.2008 – 9 AZR 164/08, NZA 2009, 689; BAG 18.11.2015 – 5 AZR 491/14, BeckRS 2016, 66488; Linck/Krause/Bayreuther/*Krause* KSchG § 2 Rn. 33; vgl. auch → § 12 Rn. 49.
[9] LAG Berlin-Brandenburg 7.10.2010 – 2 Sa 1230/10, NZA-RR 2011, 65; LAG Berlin-Brandenburg 19.1.2011 – 17 Sa 2153/10, BeckRS 2011, 69844; *Maaß* ZAP 2020, 595.
[10] BAG 18.11.2015 – 5 AZR 491/14, BeckRS 2016, 66488.
[11] BAG 24.4.1996 – 4 AZR 976/94, NZA 1997, 104; BAG 9.5.2006 – 9 AZR 424/05, NZA 2007, 145; BAG 25.8.2010 – 10 AZR 275/09, NZA 2010, 1355.
[12] BAG 7.12.2005 – 5 AZR 535/04, NZA 2006, 423; vgl. auch LAG Mecklenburg-Vorpommern 6.4.2006 – 1 Sa 37/06, BeckRS 2007, 41813 und BAG 9.7.2008 – 5 AZR 810/07, NZA 2008, 1407.
[13] BAG 16.12.2004 – 6 AZR 658/03, NJOZ 2005, 2690; weitere Nachweise bei Ascheid/Preis/Schmidt/*Künzl* KSchG § 2 Rn. 97 ff.
[14] LAG München 27.9.2001 – 4 Sa 348/00, BeckRS 2001, 30793353; nachgehend BAG 19.11.2002 – 3 AZR 591/01, NJOZ 2003, 1878.
[15] BAG 26.6.1985 – 4 AZR 585/83, BeckRS 9998, 153565; BAG 22.5.1985 – 4 AZR 88/84, AP TVG § 1 Tarifverträge: Bundesbahn Nr. 6; LAG Düsseldorf 28.9.2007 – 10 Sa 1078/07, BeckRS 2008, 50045.

Rechtsprechung die Wirksamkeit kollektivrechtlicher Erweiterungen des Direktionsrechts knüpft, als nicht praktikabel. Einzelheiten zu neueren Entwicklungen in der Rechtsprechung zu tariflichen Versetzungsklauseln sind in § 12 dieses Handbuchs erörtert (→ § 12 Rn. 48 ff.).

2. Freiwilligkeitsvorbehalte

Ein Weg für den Arbeitgeber, sich bei der Gewährung von Leistungen die Flexibilität der Entscheidung zu bewahren, ob er diese Leistungen in Zukunft weiter erbringen möchte, besteht seit jeher darin, bestimmte Leistungen als „freiwillig" zu deklarieren. Der Arbeitgeber kann auf diese Weise in einem gewissen – wenn auch zunehmend enger werdenden – Rahmen verhindern, dass eine von ihm einmal gewährte Leistung dauerhaft geschuldet wird. Wenn ein Arbeitgeber klar und verständlich darauf hinweist, dass er eine bestimmte Leistung erbringen möchte, ohne dazu verpflichtet zu sein, und dass auf diese Leistung auch zukünftig **kein Rechtsanspruch** entstehen soll, kann er damit vom Grundsatz her eine Rechtsbindung sowohl für die Zukunft wie auch schon in Bezug auf die erstmals angekündigte Leistung verhindern.[16] Erteilt der Arbeitgeber diesen Hinweis nicht im Vorhinein, beispielsweise schon im Arbeitsvertrag,[17] sondern erst zum Zeitpunkt der erstmaligen Gewährung der Leistung, so kann er der Begründung von Ansprüchen auf weitere Leistungen vorbeugen. Er hat damit die Möglichkeit, das **Entstehen einer betrieblichen Übung auszuschließen**. Der Arbeitgeber bewahrt seine Freiheit, von Fall zu Fall über das Ob und das Wie der Leistung zu entscheiden, weil der Arbeitnehmer aufgrund der Erklärungen des Arbeitgebers stets damit rechnen muss, dass der Arbeitgeber die Leistung einstellen oder von neuen Bedingungen abhängig machen könnte.[18] Vor der Geltung des AGB-Rechts im Arbeitsrecht wurden an entsprechende Freiwilligkeitsvorbehalte keine allzu großen Anforderungen gestellt, wenngleich die Rechtsprechung schon immer forderte, dass die Freiwilligkeit der Leistung mit ausreichender **Klarheit und Eindeutigkeit** zum Ausdruck gebracht werden musste.[19] Nicht ausreichend war es beispielsweise schon vor der Schuldrechtsmodernisierung, einen Anspruch auf Urlaubsgeld schlicht im Arbeitsvertrag unter „freiwillige soziale Leistungen" aufzuführen. Dies könne auch so verstanden werden, dass sich der Arbeitgeber „freiwillig" zur Erbringung dieser Leistungen verpflichte, ohne dazu durch Tarifvertrag, Betriebsvereinbarung oder Gesetz gezwungen zu sein.[20] Der Arbeitgeber muss nach der Schuldrechtsreform weiterhin seinen Vorbehalt nicht zwingend ausdrücklich formulieren, aber doch klar und deutlich zum Ausdruck bringen, dass er keine in die Zukunft wirkende Bindung beabsichtigt.[21] Um die notwendige Klarheit sicher zustellen, sollte der Arbeitgeber unmissverständlich auf das „Fehlen einer Rechtspflicht" hinweisen oder darauf, dass aus der Leistung „kein Rechtsanspruch hergeleitet" werden kann.[22]

a) **Inhaltskontrolle und Transparenz.** Seit der Geltung der in §§ 305 ff. BGB kodifizierten **strengen AGB-Maßstäbe** im Arbeitsrecht hat die Rechtsprechung die Anforderungen sowohl an die Transparenz des Inhalts von Freiwilligkeitsvorbehalten wie auch an deren Angemessenheit im Hinblick Blick auf die konkret in Rede stehende Leistung deutlich verschärft.[23]

Als einem Freiwilligkeitsvorbehalt zugängliche Leistungen wurden in der Vergangenheit **Jahressonderzahlungen, Gratifikationen, Jubiläumszuwendungen, Leistungszulagen** und

---

[16] So schon BAG 6.12.1995 – 10 AZR 198/95, NZA 1996, 1027; BAG 11.4.2000 – 9 AZR 255/99, NZA 2001, 24; BAG 21.1.2009 – 10 AZR 221/08, NZA 2009, 310.
[17] Dazu → Rn. 16.
[18] BAG 5.6.1996 – 10 AZR 883/95, NZA 1996, 1028; BAG 1.3.2006 – 5 AZR 363/05, NZA 2006, 746; BAG 21.1.2009 – 10 AZR 219/08, NZA 2009, 310.
[19] Vgl. zur Rechtsprechung vor der Schulrechtsmodernisierung: BAG 5.6.1996 – 10 AZR 883/95, NZA 1996, 1028; BAG 12.1.2000 – 10 AZR 840/98, NZA 2000, 944; BAG 11.4.2000 – 9 AZR 255/99, NZA 2001, 24.
[20] BAG 11.4.2000 – 9 AZR 255/99, NZA 2001, 24.
[21] BAG 16.2.2010 – 3 AZR 118/08, NZA 2011, 104; BAG 13.5.2015 – 10 AZR 266/14, NZA 2015, 992 Rn. 22.
[22] BAG 11.4.2000 – 9 AZR 255/99, NZA 2001, 24; BAG 21.1.2009 – 10 AZR 219/08, NZA 2009, 310; ähnlich zum Widerrufsvorbehalt auch BAG 23.10.2002 – 10 AZR 48/02, NZA 2003, 557; BAG 14.9.2011 – 10 AZR 526/10, NZA 2012, 81.
[23] Zur AGB-Kontrolle von Vorbehaltsklauseln auch → § 10 Rn. 267 ff.; *Henssler/Moll* AGB Rn. 82 ff.

Prämien anerkannt.[24] Für ein typisches Weihnachtsgeld, das einmalig mit dem Novembergehalt ausgezahlt wird, hat das BAG seine Rechtsprechung zuletzt nochmals bestätigt.[25] Zunehmend kritisch steht die Rechtsprechung nunmehr der Vereinbarung von Freiwilligkeitsvorbehalten in Bezug auf Leistungen gegenüber, die nicht Gratifikationscharakter haben, sondern eine Vergütung für geleistete Arbeit darstellen. Solange sie trotzdem den Charakter einer „Sonderzahlung" aufweisen, worauf beispielsweise eine jährliche oder auf einen konkreten Anlass (zB Jubiläum) bezogene Gewährung hinweisen kann, soll dies einem Freiwilligkeitsvorbehalt nicht entgegenstehen.[26] Auf die Höhe der Sonderzahlung kommt es dabei nicht an. Auch beträchtliche Leistungen können unter dem Vorbehalt der Freiwilligkeit gewährt werden.[27]

15   Laufende Entgelte können hingegen im Regelfall nicht wirksam einem Freiwilligkeitsvorbehalt unterworfen werden. Der Ausschluss jeden Rechtsanspruchs würde hier die Verwirklichung des Prinzips der Vertragsbindung verhindern und die synallagmatische Verknüpfung der Leistungen beider Vertragsparteien lösen.[28] Dies gilt selbst dann, wenn es sich bei den unter Vorbehalt gewährten Leistungen nicht um die eigentliche Grundvergütung, sondern um eine zusätzliche Abgeltung der Arbeitsleistung, beispielsweise in Form einer monatlichen Zulage, handelt. Auch derartige Zulagen stellen laufendes Arbeitsentgelt dar, sind also in das vertragliche Synallagma eingebunden.[29] Eine Einbindung in das **Synallagma** kann sich auch bei **variablen Erfolgsvergütungen** ergeben, wenn diese gerade der Leistungssteigerung des einzelnen Arbeitnehmers durch die Förderung seiner Motivation dienen sollen. Vergütungsbestandteile, die als besonderer Anreiz für die Erreichung eines vertraglich festgelegten Leistungsziels oder allgemein der Erzielung von überdurchschnittlichen Arbeitsergebnissen eines Mitarbeiters im Bezugszeitraum dienen, werden – unabhängig vom vereinbarten Fälligkeitstermin – in den einzelnen Monaten anteilig verdient.[30] Dies schließt es in der Konsequenz aus, solche erfolgsbezogenen variablen Vergütungen wirksam einem Freiwilligkeitsvorbehalt zu unterstellen.[31] Seit jeher ausgeschlossen ist ein individualvertraglicher Vorbehalt der Freiwilligkeit in Bezug auf Leistungen der **betrieblichen Altersvorsorge**. Nach ständiger Rechtsprechung des BAG ist sogar die Möglichkeit der freien Kündbarkeit von Betriebsvereinbarungen über Pensionszusagen durch das sog. Dreistufenmodell (→ § 40 Rn. 45 ff.) eingeschränkt. Diesen Grundsätzen liefe es ersichtlich zuwider, würde man einen Freiwilligkeitsvorbehalt gestatten.

16   Deutlich verschärft hat das BAG seine Rechtsprechung zur Zulässigkeit und Reichweite allgemeiner Freiwilligkeitsvorbehalte, die sich zB in Arbeitsverträgen finden. Solche „**salvatorischen**" oder „**vorbeugenden**" **Vorbehalte** werden heute angesichts der Tendenzen in der Rechtsprechung zum Teil schon dem Grunde nach nicht mehr für zulässig erachtet.[32] Jedenfalls ist ein vertraglicher Freiwilligkeitsvorbehalt, der alle zukünftigen Leistungen unabhängig von ihrer Art und ihrem Entstehungsgrund erfasst, unwirksam, weil er den Arbeitnehmer regelmäßig unangemessen iSv § 307 Abs. 1 S. 1, Abs. 2 Nr. 1 und Nr. 2 BGB benachteiligt.[33] Das BAG war bislang davon ausgegangen, dass nicht nur Freiwilligkeitsvorbe-

---

[24] BAG 26.10.1994 – 10 AZR 109/93, NZA 1995, 307; BAG 2.9.1992 – 10 AZR 536/90, BeckRS 1992, 30742336; zur Bedeutung von Freiwilligkeitsvorbehalten für Rückstellungen im Steuerrecht: BFH 18.1.2007 – IV R 42/04, DStR 2007, 385; vgl. zu Gratifikationen auch → § 20 Rn. 122 ff.
[25] BAG 21.1.2009 – 10 AZR 219/08, NZA 2009, 310; s. auch LAG Hessen 23.5.2011 – 7 Sa 1556/10, BeckRS 2011, 76295 und BAG 16.1.2013 – 10 AZR 26/12, NZA 2013, 1013.
[26] BAG 30.7.2008 – 10 AZR 606/07, NZA 2008, 1173.
[27] BAG 18.3.2009 – 10 AZR 289/09, NZA 2009, 535; anders LAG Hessen 4.5.2009 – 7 Sa 1607/08, BeckRS 2011, 71574: Grenze bei 25 % des Jahresentgelts.
[28] *Bauer/Chwalisz* ZfA 2007, 339 (340 f.).
[29] BAG 25.4.2007 –5 AZR 627/06, NZA 2007, 853; *Schramm* NZA 2007, 1325 (1327).
[30] BAG 12.4.2011 – 1 AZR 412/09, NZA 2011, 989; BAG 7.6.2011 – 1 AZR 807/09, NZA 2011, 1234; BAG 5.7.2011 – 1 AZR 94/10, BeckRS 2011, 77830.
[31] BAG 19.3.2014 – 10 AZR 622/13, NZA 2014, 595 Rn. 52; s. auch bereits LAG Düsseldorf 18.8.2011 – 5 Sa 490/11, BeckRS 2011, 76974; *Schramm* NZA 2007, 1325.
[32] *Lakies* DB 2014, 659 unter Verweis auf BAG 13.11.2013 – 10 AZR 848/12 NZA 2014, 368 Rn. 39; ähnlich kritisch: *Hromadka* DB 2012, 1037; *Preis/Preis* II V 70 Rn. 46; aA *Bauer/v. Medem* NZA 2012, 894; LAG Hamm 1.12.2011 – 8 Sa 1245/11, BeckRS 2012, 65791.
[33] BAG 14.9.2011 – 10 AZR 526/10, NZA 2012, 81; BAG 16.1.2013 – 10 AZR 26/12, NZA 2013, 10.

halte, die bei der jeweiligen Zahlung erklärt werden, sondern auch **vertragliche Freiwilligkeitsvorbehalte** dazu führen können, dass das spätere konkludente Verhalten des Arbeitgebers entgegen seiem gewöhnlichen Erklärungswert nicht als Angebot zur dauerhaften Leistungserbringung zu verstehen ist. Vertragliche Freiwilligkeitsvorbehalte wurden grundsätzlich als wirksam im Hinblick auf eine Inhaltskontrolle nach §§ 305 ff. BGB angesehen. In den entschiedenen Fällen ging es jeweils um Ansprüche auf Leistungen, die als „Weihnachtsgeld" oder „Weihnachtsgratifikation" bezeichnet waren, auch wenn die Vertragsklauseln teilweise auch andere Leistungen erfassten. Nach der jetzt vom BAG vertretenen Auffassung muss diese Rechtsprechung in den Fällen eingeschränkt werden, in denen ein vertraglicher Freiwilligkeitsvorbehalt alle zukünftigen Leistungen unabhängig von ihrer Art und ihrem Entstehungsgrund erfassen soll. Ein solcher Freiwilligkeitsvorbehalt bezieht unzulässigerweise laufende Leistungen ein und verstößt sowohl gegen den in § 305b BGB bestimmten Vorrang der Individualabrede als auch gegen den allgemeinen Rechtsgrundsatz, dass vertragliche Regelungen einzuhalten sind.[34] Das LAG Hamm hat eine ähnliche Klausel ebenfalls für unwirksam erachtet, sich dabei aber wegen mangelnder Transparenz auf § 307 Abs. 1 S. 2 BGB gestützt.[35]

Die Umdeutung eines unzulässigen Freiwilligkeitsvorbehalts in einen Widerrufsvorbehalt ist entgegen früherer BAG-Rechtsprechung[36] im Lichte der AGB-Kontrolle nicht mehr möglich.[37]

b) Gestaltung der Klausel. Besondere Sorgfalt ist angesichts der immer kritischeren Prüfung von Vertragsklauseln bei der konkreten Ausformulierung von Freiwilligkeitsvorbehalten angezeigt.[38] Für intransparent und damit unwirksam erachtet die Rechtsprechung die **Kombination eines Freiwilligkeits- und eines Widerrufsvorbehalts** in Bezug auf dieselbe Leistung.[39] Entsprechende Formulierungen sind widersprüchlich, weil der Freiwilligkeitsvorbehalt darauf gerichtet ist, schon die Entstehung eines Anspruchs auszuschließen, während der Widerrufsvorbehalt die Beseitigung eines entstandenen Anspruchs ermöglichen soll.[40] Vom BAG zuletzt ausdrücklich offen gelassen wurde dabei die Frage, ob die Kombination beider Vorbehalte zur Unwirksamkeit der gesamten Klausel führt[41] oder ob in diesen Fällen wenigstens der Widerrufsvorbehalt Bestand haben kann.[42] Von Bedeutung ist dies letztlich nur für Altverträge, für die nach der Rechtsprechung des BAG noch Vertrauensschutz in Anspruch genommen werden kann. In aller Regel werden die kombinierten Widerrufsklauseln ihrerseits die neuen Anforderungen des § 308 Nr. 4 BGB (→ Rn. 26 ff.) nicht erfüllen.

Formulierungsvorschläge:

Erklärung bei Leistungsgewährung:

Sie erhalten mit ihrem nächsten Monatsgehalt als freiwillige Leistung zusätzlich einmalig ...... Ein Rechtsanspruch auf diese Zahlung besteht nicht und wird auch bei wiederholter Gewährung der Leistung nicht begründet, selbst wenn bei der Gewährung zukünftig nicht nochmals ausdrücklich auf die Freiwilligkeit hingewiesen wird.

---

[34] BAG 14.9.2011 – 10 AZR 526/10, NZA 2012, 81; BAG 16.1.2013 – 10 AZR 26/12, NZA 2013, 10.
[35] LAG Hamm 20.10.2011 – 8 Sa 463/11, LAGE BGB 2002 § 307 Nr. 27.
[36] BAG 22.10.1980 – 5 AZR 825/78, BeckRS 2009, 55086.
[37] BAG 25.4.2007 – 5 AZR 627/06, NZA 2007, 853; *Bauer/Chwalisz* ZfA 2007, 339 (342); vgl. auch BAG 14.9.2011 – 10 AZR 526/10, NZA 2012, 81.
[38] S. auch *Kössel* DB 2016, 2963 (2963 f.).
[39] LAG Berlin 13.5.2005 – 13 Sa 213/05, BeckRS 2005, 42210; BAG 8.12.2010 – 10 AZR 671/09, NZA 2011, 628; BAG 14.9.2011 – 10 AZR 526/10, NZA 2012, 81.
[40] Preis/*Preis* II V 70 Rn. 48; differenzierend noch LAG Düsseldorf 31.1.2006 – 6 Sa 1441/05, BeckRS 2006, 42306.
[41] So unter anderem LAG Hamm 27.7.2005 – 6 Sa 29/05, NZA-RR 2006, 125; LAG Hamm 5.11.2009 – 15 Sa 794/09, BeckRS 2010, 66073.
[42] *Moll* FS 25 Jahre ARGE ArbR im DAV, S. 91 (102); LAG Berlin 19.8.2005 – 6 Sa 1106/05, NZA-RR 2006, 68; vgl. auch LAG Köln 24.9.2007 – 14 Sa 539/07, BeckRS 2008, 51324.

> **Kritisch:**
> Erbringt der Arbeitgeber über die hier geregelten Leistungen hinaus Gratifikationen oder vergleichbare Sonderleistungen, die nicht Teil des laufenden Arbeitsentgelts darstellen, handelt es sich dabei jeweils um freiwillige Zuwendungen, auf die kein Rechtsanspruch entsteht, auch wenn sie wiederholt geleistet werden.
> **Nicht:** Die Leistung erfolgt freiwillig unter dem Vorbehalt jederzeitigen Widerrufs.
> **Nicht:** Diese Zahlung stellt eine freiwillige und jederzeit widerrufliche Leistung dar.
> **Nicht:** Jegliche über die hier vereinbarten Leistungen hinaus gewährten Vergünstigungen stellen eine freiwillige Leistung dar, auf die auch nach mehrmaliger Gewährung kein Rechtsanspruch entsteht.

20   Wichtig ist zu beachten, dass die Gerichte nicht nur den Wortlaut des Freiwilligkeitsvorbehalts an sich prüfen, sondern auch die damit in Zusammenhang stehenden anderen Vertragsklauseln betrachten und dabei den **Kontext der Vereinbarung** insgesamt nach seiner Schlüssigkeit beurteilen. **Widersprüchlich** ist es, wenn ein Arbeitgeber einem Arbeitnehmer in einem vorformulierten Vertragstext einerseits ausdrücklich zusagt, jedes Jahr ein Weihnachtsgeld zu zahlen, die Zahlung des Weihnachtsgeldes jedoch in derselben oder in einer anderen Vertragsklausel an einen Freiwilligkeitsvorbehalt bindet.[43] Mit der Formulierung „darüber hinaus erhalten Sie einen gewinnabhängigen Bonus, der ... im Frühjahr des Folgejahres zur Auszahlung kommt." begründen die Parteien einen Anspruch des Arbeitnehmers, der selbst durch einen im Übrigen klar formulierten Freiwilligkeitsvorbehalt im nachfolgenden Satz nicht berührt wird. Dieser Freiwilligkeitsvorbehalt ist nach § 306 Abs. 1 BGG wegen Widersprüchlichkeit unwirksam.[44] Je präziser die Vertragsparteien eine bestimmte Leistung, insbesondere auch ihrer Höhe nach, bestimmen, desto eher ist nach Auffassung des BAG davon auszugehen, dass die Parteien einen Anspruch begründen wollten, so dass sich ein anschließender Freiwilligkeitsvorbehalt als widersprüchlich und damit intransparent darstellen kann.[45]

21   Das Leistungsversprechen eines Arbeitgebers, dass die Vergütung des Arbeitnehmers aus einem Grundgehalt und einem auf das Geschäftsjahr bezogenen Bonus besteht, wird nicht durch den Vorbehalt, der Bonus werde auf der Grundlage einer Betriebsvereinbarung als „freiwillige variable Vergütung" gezahlt, eingeschränkt.[46] Alle vertraglichen Regelungen, die sich auf eine freiwillige Leistung beziehen, sollten dies entsprechend zum Ausdruck bringen, indem insbesondere Formulierungen wie „Sie haben Anspruch auf ..." oder „Ihnen steht ... zu" vermieden werden. Wie kritisch die Rechtsprechung seit der Schuldrechtsmodernisierung Freiwilligkeitsvorbehalte prüft, zeigt eine Entscheidung des BAG, in der die Reichweite eines Freiwilligkeitsvorbehalts im Wege der **verwenderfeindlichen Auslegung** nach § 305c Abs. 2 BGB angesichts eines nicht eindeutigen Klammerzusatzes in der geprüften Klausel beschränkt wurde. Der Vorbehalt an sich wurde zwar für wirksam erachtet, erfasste jedoch nach der für den Arbeitnehmer günstigsten Auslegungsvariante des Gerichts nicht die in Streit stehende Weihnachtsgratifikation, so dass dem Kläger die begehrte Zahlung zugesprochen wurde.[47] Abzugrenzen ist ein Freiwilligkeitsvorbehalt auch von einem dem Arbeitgeber eingeräumten einseitigen Leistungsbestimmungsrecht nach § 315 BGB, dass sich nur auf Modalitäten und die Höhe einer Leistung bezieht, nicht jedoch auf das „Ob" der Leistungsgewährung.[48]

3. Widerrufsvorbehalt

22   Der im Arbeitsvertrag oder spätestens bei Beginn der Erbringung einer bestimmten Leistung vereinbarte **Widerrufsvorbehalt**[49] gibt dem Arbeitgeber die Möglichkeit, eine **Leistung**

---

[43] BAG 10.12.2008 – 10 AZR 1/08, NZA-RR 2009, 576; 20.2.2013 – 10 AZR 177/12, NZA 2013, 1015.
[44] BAG 24.10.2007 – 10 AZR 825/06, NZA 2008, 40.
[45] BAG 30.7.2008 – 10 AZR 606/07, NZA 2008, 1173.
[46] BAG 7.6.2011 – 1 AZR 807/09, NZA 2011, 1234; BAG 5.7.2011 – 1 AZR 94/10, BeckRS 2011, 77830.
[47] BAG 20.1.2010 – 10 AZR 914/08, NZA 2010, 445.
[48] LAG Hamm 24.11.2011 – 8 Sa 1021/11, BeckRS 2012, 65795; s. auch BAG 16.1.2013 – 10 AZR 26/12, NZA 2013, 1013; BAG 3.8.2016 – 10 AZR 710/14, NZA 2016, 1334.
[49] Zur AGB-Kontrolle von Vorbehaltsklauseln auch → § 10 Rn. 232 ff.

durch Ausübung des Widerrufsrechts für die **Zukunft** zu beenden. Im Gegensatz zum Freiwilligkeitsvorbehalt, der die Begründung eines Anspruchs von vornherein verhindern soll, ist der Widerruf auf den Wegfall eines entstandenen Anspruchs gerichtet (→ Rn. 18).

Der Bedarf, sich den Widerruf bestimmter versprochener Leistungen vorzubehalten, ist vor dem Hintergrund der ständigen Rechtsprechung zur Teilkündigung von Arbeitsverhältnissen nachvollziehbar. Danach ist die isolierte **Kündigung einzelner Arbeitsbedingungen** unter Fortbestand des Arbeitsverhältnisses im Übrigen nicht möglich. Eine solche **Teilkündigung** ist **unzulässig**, da sie zu einer Störung des zwischen den Parteien vereinbarten Verhältnisses von Leistung und Gegenleistung führen würde.[50] Keinem Vertragspartner soll es möglich sein, sich der Bindung aus dem Arbeitsvertrag in Teilen zu entziehen, ohne zugleich den anderen Partner aus der Vertragsbindung insgesamt zu entlassen.[51] Die Prüfung der rechtmäßigen **Ausübung** eines im Arbeitsvertrag vorbehaltenen **Widerrufsrechts** erfolgt seit jeher auf zwei Stufen. Auf der ersten Stufe wird ermittelt, ob die jeweilige Vorbehaltsklausel überhaupt rechtswirksam ist.[52] Die zweite Stufe der Rechtmäßigkeitsprüfung betrifft die konkrete Ausübung des wirksam vorbehaltenen Widerrufsrechts im Einzelfall.[53]

a) **Wirksamkeit der Klausel.** Zunächst einmal muss festgestellt werden, ob überhaupt ein Widerrufsvorbehalt vereinbart ist. In Zweifelsfällen erfordert dies eine Auslegung der Vereinbarung nach §§ 133, 157 BGB.[54]

Die Wirksamkeit von Änderungs- bzw. Widerrufsvorbehalten im Arbeitsvertrag wurde vor der Schuldrechtsreform an den §§ 138, 134 BGB gemessen.[55] Die Vereinbarung eines Widerrufsvorbehaltes ist insbesondere dann als nichtig angesehen worden, wenn sie zu einer **Ausschaltung des zwingenden Kündigungsschutzes** führte.[56] Dies ist angenommen worden, wenn wesentliche Elemente des Arbeitsvertrages einer einseitigen Änderungsmöglichkeit unterlagen, durch die das Gleichgewicht zwischen Leistung und Gegenleistung gestört und damit der **Kernbereich des Arbeitsverhältnisses** angetastet werden konnte.[57] Ein Eingriff in diesen Kernbereich ist nach dieser Rechtsprechung beispielsweise in einem Fall bejaht worden, in dem der Arbeitsvertrag dem Arbeitgeber ermöglichte, die Arbeitszeit einseitig zu reduzieren, obwohl die Vergütung von der Arbeitszeitdauer abhing.[58]

Seit Inkrafttreten des Schuldrechtsmodernisierungsgesetzes ist die Wirksamkeit des **Widerrufsrechts an § 308 Nr. 4 BGB** als der gegenüber § 307 Abs. 1, 2 BGB spezielleren Norm zu messen.[59] Dabei sind nach § 310 Abs. 4 S. 2 BGB die im Arbeitsrecht geltenden Besonderheiten grundsätzlich angemessen zu berücksichtigen,[60] wobei die Rechtsprechung arbeitsrechtlichen Besonderheiten im Ergebnis meist keine erhebliche Bedeutung beimisst.[61]

---

[50] BAG 7.10.1982 – 2 AZR 455/80, ZIP 1983, 719; BAG 23.8.1989 – 5 AZR 569/88, NZA 1990, 191.
[51] BAG 7.9.1982 – 3 AZR 5/80, BeckRS 9998, 153575; BAG 23.8.1989 – 5 AZR 569/88, NZA 1990, 191.
[52] BAG 7.9.1982 – 3 AZR 5/80, BeckRS 9998, 153575; siehe auch Küttner/*Kania* Änderungsvorbehalte Rn. 4 ff.
[53] BAG 7.9.1982 – 3 AZR 5/80, BeckRS 9998, 153575; *Preis/Lindemann* NZA 2006, 632 (634); s. auch *Kössel* DB 2016, 2963 (2964).
[54] Vgl. BAG 15.11.1995 – 2 AZR 521/95, NZA 1996, 603; LAG Köln 15.2.2008 – 4 Sa 1179/07, BeckRS 2008, 53617; BAG 11.2.2009 – 10 AZR 222/08, NZA 2009, 428; LAG Hamm 24.2.2011 – 8 Sa 1649/10, BeckRS 2011, 71205; Linck/Krause/Bayreuther/*Krause* KSchG § 2 Rn. 60.
[55] BAG 15.11.1995 – 2 AZR 521/95, NZA 1996, 603; *Strick* NZA 2005, 723.
[56] BAG 7.10.1982 – 2 AZR 455/80, ZIP 1983, 719; *Strick* NZA 2005, 723.
[57] BAG 7.1.1971 – 5 AZR 92/70, AP BGB § 315 Nr. 12; BAG 7.9.1982 – 3 AZR 5/80, BeckRS 9998, 153575; BAG 13.5.1987 – 5 AZR 125/86, NZA 1988, 95.
[58] BAG 21.4.1993 – 7 AZR 297/92, NZA 1994, 476.
[59] BAG 11.10.2006 – 5 AZR 721/05, NZA 2007, 87; BAG 11.2.2009 – 10 AZR 222/08, NZA 2009, 428; BAG 24.1.2017 – 1 AZR 774/14, NZA 2017, 777 Rn. 22; BAG 18.5.2017 – 2 AZR 721/16, NZA 2017, 1195 Rn. 28; zT wird vertreten, das Widerrufsrecht sei lediglich an § 307 Abs. 1 BGB zu messen: *Hanau/Hromadka* NZA 2005, 73 (75); *Moll* FS ARGE ArbR im DAV 2006, S. 91 (98); *Preis/Lindemann* NZA 2006, 632 (634).
[60] BAG 12.1.2005 – 5 AZR 364/04, NZA 2005, 465; BAG 11.2.2009 – 10 AZR 222/08, NZA 2009, 428; BAG 24.1.2017 – 1 AZR 774/14, NZA 2017, 777 Rn. 22; BAG 18.5.2017 – 2 AZR 721/16, NZA 2017, 1195 Rn. 28; *Hanau/Hromadka* NZA 2005, 73 (77).
[61] BAG 12.1.2005 – 5 AZR 364/04, NZA 2005, 465; BAG 11.2.2009 – 10 AZR 222/08, NZA 2009, 428; LAG Hamm 11.10.2011 – 14 Sa 543/11, BeckRS 2011, 77471.

27　Nach der Rechtsprechung des BAG ist die Vereinbarung eines **Widerrufsrechts** gemäß § 308 Nr. 4 BGB **in materieller Hinsicht zumutbar, wenn der Widerruf nicht grundlos** erfolgen soll, sondern wegen der unsicheren Entwicklung der Verhältnisse als Instrument der Anpassung notwendig ist.[62] Die Vereinbarung eines **Widerrufsvorbehaltes nach freiem Ermessen** ist somit unzulässig. Dem liegt folgende Wertung des BAG zugrunde: Im Grundsatz hat der Arbeitgeber wegen der Ungewissheit der wirtschaftlichen Entwicklungen des Unternehmens ein anerkennenswertes Interesse daran, bestimmte Leistungen, insbesondere „Zusatzleistungen", flexibel auszugestalten. Dadurch darf aber das Wirtschaftsrisiko des Unternehmers nicht auf den Arbeitnehmer verlagert werden. Eingriffe in den Kernbereich des Arbeitsvertrages sind nach der Wertung des § 307 Abs. 2 BGB nicht zulässig. Insofern ist die bisherige Rechtsprechung zur Zulässigkeit eines Widerrufs weiterhin heranzuziehen.[63]

28　In formeller Hinsicht verlangt das BAG, dass die Widerrufsregelung nicht nur **klar und verständlich** ist (§ 307 Abs. 1 S. 2 BGB), sondern **auch ihre Angemessenheit und Zumutbarkeit erkennen** lässt. Dazu muss sich aus der Regelung selbst ergeben, dass der Widerruf nicht grundlos erfolgen darf. So ist nach Auffassung des BAG eine in einem Formularvertrag getroffenen Abrede gemäß § 308 Nr. 4 BGB unwirksam, nach der der Arbeitgeber berechtigt sein soll, die Überlassung eines auch zur privaten Nutzung zur Verfügung gestellten Dienstwagens „jederzeit" zu widerrufen.[64] Der Arbeitnehmer muss wissen, in welchen Fällen er mit der Ausübung des Widerrufs rechnen muss. Dazu soll es im Regelfall genügen, wenn der Arbeitgeber die Richtung angibt, aus der die Gründe für einen Widerruf kommen können (zB wirtschaftliche Gründe).[65] Maßgeblich für die Angemessenheit und damit die Wirksamkeit der Klausel ist, welche Möglichkeiten sie dem Arbeitgeber einräumt, unabhängig davon, ob er im konkreten Fall von einer bestimmten Möglichkeit Gebrauch macht. Im Rahmen der Prüfung nach § 307 BGB ist eine generelle, typisierende Prüfung vorzunehmen. Nach den Grundsätzen des AGB-Rechts kommt dabei eine geltungserhaltende Reduktion nicht in Betracht.[66]

29　Der **Grad der Störung,** die zum Widerruf berechtigen soll, ist dann näher zu konkretisieren, wenn der Arbeitgeber hierauf abstellen möchte und nicht schon Gründe, die allgemein auf die wirtschaftliche Entwicklung, die Leistung oder das Verhalten des Arbeitnehmers gestützt sind, nach dem Umfang des Änderungsvorbehalts ausreichen und nach dem Inhalt der Vertragsklausel auch ausreichen sollen. Als Vorschläge für eine mögliche Differenzierung des Grades der Störung werden von der Rechtsprechung „wirtschaftliche Notlage des Unternehmens, negatives wirtschaftliches Ergebnis der Betriebsabteilung, nicht ausreichender Gewinn, Rückgang oder Nichterreichen der erwarteten wirtschaftlichen Entwicklung, unterdurchschnittliche Leistungen des Arbeitnehmers und schwerwiegende Pflichtverletzungen" aufgeführt.[67]

30　In **materieller Hinsicht** ist im Rahmen der Angemessenheitskontrolle nach § 307 BGB eine **typisierende Interessenabwägung** vorzunehmen, in die insbesondere die Art und die Höhe der Leistung, die widerrufen werden soll, die Höhe des verbleibenden Verdienstes und die Stellung des Arbeitnehmers im Unternehmen einzubeziehen sind.[68] Die Grundvergütung darf nicht unter Widerrufsvorbehalt gestellt werden. Hierzu gelten die schon vor der Schuldrechtsmodernisierung entwickelten Grundsätze weiterhin.[69]

---

[62] BAG 12.1.2005 – 5 AZR 364/04, NZA 2005, 465; BAG 11.10.2006 – 5 AZR 721/05, NZA 2007, 87; BAG 11.2.2009 – 10 AZR 222/08, NZA 2009, 428; BAG 20.4.2011 – 5 AZR 191/10, NZA 2011, 796.

[63] BAG 12.1.2005 – 5 AZR 364/04, NZA 2005, 465; BAG 20.4.2011 – 5 AZR 191/10, NZA 2007, 87.

[64] BAG 19.12.2006 – 9 AZR 294/06, NZA 2007, 809; BAG 13.4.2010 – 9 AZR 113/09, NZA-RR 2010, 457; zum Entzug des Dienstwagens → § 20 Rn. 8 ff.

[65] BAG 12.1.2005 – 5 AZR 364/04, NZA 2005, 465; BAG 20.4.2011 – 5 AZR 191/10, NZA 2011, 796; BAG 21.3.2012 – 5 AZR 651/10, NZA 2012, 616 Rn. 16; BAG 24.1.2017 – 1 AZR 774/14, NZA 2017, 777 Rn. 19; zustimmend: *Pfronger* BB 2019, 2228.

[66] BAG 11.2.2009 – 10 AZR 222/08, NZA 2009, 428; BAG 13.4.2010 – 9 AZR 113/09, NZA-RR 2010, 457.

[67] BAG 12.1.2005 – 5 AZR 364/04, NZA 2005, 465; BAG 11.10.2006 – 5 AZR 721/05, NZA 2007, 87; BAG 24.1.2017 – 1 AZR 774/14, NZA 2017, 777 Rn. 20.

[68] BAG 11.10.2006 – 5 AZR 721/05, NZA 2007, 87.

[69] BAG 30.8.1972 – 5 AZR 140/72, AP BGB § 611 Lohnzuschläge Nr. 6; BAG 15.11.1995 – 2 AZR 521/95, NZA 1996, 603; LAG Hamm 19.4.1999 – 16 Sa 562/98, NZA-RR 1999, 568.

Hinsichtlich der Art der Leistung sind einer Widerrufsklausel insbesondere zugänglich **31** **Nebenleistungen,** übertariflich gewährte Vergütungsbestandteile, Weihnachtsgeld,[70] Gratifikationen, Treueprämien,[71] Jubiläumszuwendungen,[72] Personalrabatte,[73] Leistungszulagen,[74] Provisionen[75] oder Zulagen. Ebenso kann die vorübergehende Übertragung einer Zusatzaufgabe mit einer erhöhten Vergütung mit Widerrufsvorbehalt vereinbart werden.[76] Wenn die Zusatzaufgabe entfällt, kann der Arbeitgeber die zusätzliche Vergütung widerrufen, wenn die Zulage nur einen bestimmten Prozentsatz der Gesamtbezüge des Arbeitnehmers ausmacht. Zur **Höhe der Leistung,** die unter den Vorbehalt eines möglichen Widerrufs gestellt werden soll, hat die Rechtsprechung im Zuge der Anwendung der §§ 307ff. BGB ihre Leitlinien für die Beurteilung der Angemessenheit konkretisiert. Danach gilt, dass die Vereinbarung eines Widerrufsrechts zulässig ist, soweit der im Gegenseitigkeitsverhältnis stehende widerrufliche Teil des Gesamtverdienstes unter 25% liegt und der Tariflohn nicht unterschritten wird. Sind darüber hinaus Zahlungen des Arbeitgebers widerruflich, die nicht eine unmittelbare Gegenleistung für die Arbeitsleistung darstellen, sondern Ersatz für Aufwendungen, die an sich der Arbeitnehmer selbst tragen muss, erhöht sich der widerrufliche Teil der Arbeitsvergütung auf bis zu 30% des Gesamtverdienstes.[77] Inwieweit sich weiterhin argumentieren lässt, dass bei **Spitzenpositionen mit Spitzenverdiensten,** beispielsweise in Chefarztverträgen, ein erweiterter Gestaltungsraum als zulässig anzusehen ist, wird in Reaktion auf die Rechtsprechung in der Literatur kontrovers beurteilt.[78]

b) Rechtswirksame Ausübung des Widerrufs. Das BAG hat in ständiger Rechtsprechung **32** judiziert, dass der Arbeitgeber, wenn er von einem wirksam vereinbarten Widerrufsrecht Gebrauch machen möchte, **billiges Ermessen im Sinne des § 315 BGB zu wahren** hat und dass dabei die beiderseitigen Interessen angemessen berücksichtigt werden müssen.[79] Dabei stellt das BAG auf die **Zumutbarkeit des Widerrufs für den Betroffenen** ab.[80] Die besonderen tatsächlichen Gegebenheiten des Einzelfalls sind festzustellen und zu würdigen,[81] die **beiderseitigen** Interessenlagen sind gegeneinander abzuwägen.[82] Die Gesamtbewertung der beiderseitigen Interessen kann beispielsweise dazu führen, dass der Arbeitgeber einen Dienstwagen nur unter Einräumung einer Auslauffrist zurückfordern darf.[83] Die Ausübungskontrolle im Einzelfall ergänzt die Inhaltskontrolle gemäß §§ 307–309 BGB. Denn anders als die Inhaltskontrolle, die als Rechtskontrolle die Wirksamkeit der vertraglichen Regelung als solche betrifft, prüft die Ausübungskontrolle die Zulässigkeit der Berufung auf die wirksame vertragliche Bestimmung im Einzelfall.[84] Das BAG hält im Rahmen der Ausübungskontrolle an seiner ständigen Rechtsprechung fest.[85] Der Kontrollmaßstab liegt unterhalb der Anforderungen des § 2 KSchG. Das im Vertrag aufgeführte Widerrufs-

---

[70] BAG 24.1.2017 – 1 AZR 774/14, NZA 2017, 777.
[71] LAG Hamm 19.4.1999 – 16 Sa 562/98, NZA-RR 1999, 568.
[72] BFH 18.1.2007 – IV R 42/04, DStR 2007, 385.
[73] BAG 11.12.1996 – 5 AZR 336/95, NZA 1997, 442.
[74] BAG 7.1.1971 – 5 AZR 92/70, AP BGB § 315 Nr. 12.
[75] BAG 7.9.1982 – 3 AZR 5/80, BeckRS 9998, 153575.
[76] BAG 15.11.1995 – 2 AZR 521/95, NZA 1996, 603.
[77] BAG 11.10.2006 – 5 AZR 721/05, NZA 2007, 87; ähnl. BAG 13.4.2010 – 9 AZR 113/09, NZA-RR 2010, 457; BAG 7.7.2011 – 6 AZR 151/10, BeckRS 2011, 75962; BAG 24.1.2017 – 1 AZR 774/14, NZA 2017, 777 Rn. 25; siehe auch LAG Hamm 11.10.2011 – 14 Sa 543/11, BeckRS 2011, 77471 mwN.
[78] *Lindemann/Simon* BB 2002, 1807 (1811); *Willemsen/Grau* NZA 2005, 1137 (1139); *Bauer/Chwalisz* ZtA 2007, 339 (344); *Henssler/Moll* AGB Rn. 62 ff.
[79] StRspr BAG 13.5.1987 – 5 AZR 125/86, NZA 1988, 95; BAG 26.5.1992 – 9 AZR 174/91, NZA 1993, 67; BAG 15.11.1995 – 2 AZR 521/95, NZA 1996, 603; BAG 23.9.2004 – 6 AZR 567/03, NZA 2005, 359; BAG 22.7.2010 – 6 AZR 847/07, NZA 2011, 634.
[80] BAG 15.11.1995 – 2 AZR 521/95, NZA 1996, 603.
[81] BAG 13.5.1987 – 5 AZR 125/86, NZA 1988, 95.
[82] BAG 26.5.1992 – 9 AZR 174/91, NZA 1993, 67.
[83] BAG 21.3.2012 – 5 AZR 651/10, NZA 2012, 616.
[84] *Lingemann* NZA 2002, 181 (190 Fn. 135).
[85] BAG 11.10.2006 – 5 AZR 721/05, NZA 2007, 87; BAG 7.7.2011 – 6 AZR 151/10, BeckRS 2011, 75962 mwN; BAG 24.1.2017 – 1 AZR 772/14, NZA 2017, 931 Rn. 24.

recht mindert das Vertrauen des Arbeitnehmers in die Verfestigung dieses Lohnbestandteils.[86]

33 **Ein sachlicher Grund,** der für die Einhaltung des billigen Ermessens erforderlich ist, liegt vor, wenn der Widerruf in einem angemessenen Verhältnis zum **Zweck der Leistung** steht und außerdem der **Gleichbehandlungsgrundsatz** beachtet wird.[87] Der Widerruf kann der **Herbeiführung der Gleichbehandlung** dienen, wenn eine bestimmte Arbeitnehmergruppe bislang eine Zulage erhielt, um eine im Vergleich zu anderen Arbeitnehmern angemessene Vergütung zu erreichen, und nach einer Tariferhöhung die Beibehaltung der Zulage zu einer ungerechtfertigten **Besserstellung** der Gruppe führen würde.[88] Das Ziel, innerbetriebliche Lohngerechtigkeit zu wahren, kann die Ausübung eines Widerrufsrechts rechtfertigen.[89] Auch wenn ohne die Streichung von übertariflichen Zulagen auf Grund der wirtschaftlichen Situation des Arbeitgebers betriebsbedingte Kündigungen drohen, kann der Gleichbehandlungsgrundsatz als sachlicher Grund herangezogen werden. Ein **Widerruf aus wirtschaftlichen Gründen** kann auch dann auf die wirtschaftlich schlechte **Lage des Betriebes** gestützt werden, wenn es dem Gesamtunternehmen gut geht und es nach vorangegangenen Verlusten einen deutlichen Gewinn erwirtschaftet.[90] Dagegen kann der Gleichbehandlungsgrundsatz auch einem Widerruf entgegenstehen, wenn aus wirtschaftlichen Gründen die **Sonderleistungen** nur einer Arbeitnehmergruppe **gestrichen** werden sollen und dieser Gruppe damit ein „Sonderopfer" zugemutet wird.[91] Kein sachlicher Grund für die Ausübung des Widerrufs bei der Prüfung des Leistungszweckes besteht beispielsweise, wenn eine Leistungszulage für überdurchschnittliche Qualität der Arbeit wegen krankheitsbedingter Fehlzeiten widerrufen wird, obwohl der Arbeitnehmer während der Arbeitsfähigkeit überdurchschnittliche Qualität geleistet hat.[92]

34 Nach **Entstehen des Anspruches** auf die Leistung für einen bestimmten Bezugsraum kann der Arbeitgeber **nicht** mehr von dem **Widerrufsvorbehalt Gebrauch** machen. Der Anspruch des Arbeitnehmers ist dann entstanden und fällig. Der Widerruf kann gestaltende Wirkung nur für die Zukunft haben.[93]

Formulierungsvorschläge:[94]

35 Die Zahlung der Gratifikation erfolgt unter dem Vorbehalt des Widerrufs. Der Widerruf ist aus wirtschaftlichen Gründen möglich.

Die Zahlung der Zulage erfolgt unter dem Vorbehalt des Widerrufs. Die Ausübung des Widerrufsrechts kann erfolgen, wenn ein betriebliches Erfordernis vorliegt, insbesondere wenn der Jahresgewinn des Unternehmens unter ......% des Jahresumsatzes sinkt. Für den Widerruf ist eine Ankündigungsfrist von ...... Monaten einzuhalten.

Der Arbeitnehmer wird als ...... in Wechselschicht eingestellt. Während der Tätigkeit in Wechselschicht erhält er eine Wechselschichtzulage in Höhe von ...... EUR/......% der Bruttovergütung. Wird der Arbeitnehmer nicht mehr im Wechselschichtdienst beschäftigt, kann der Arbeitgeber die Wechselschichtzulage widerrufen.

Praxistipp:

Es kommt nicht entscheidend auf den Wortlaut „Widerrufsvorbehalt" an. So ist auch die Benutzung des Wortes „Teilkündigung" nicht schädlich, wenn deutlich wird, was die Parteien inhaltlich

---

[86] LAG Hamm 19.4.1999 – 16 Sa 562/98, NZA-RR 1999, 568.
[87] BAG 22.12.1970 – 3 AZR 52/70, AP BGB § 305 Billigkeitskontrolle Nr. 2.
[88] BAG 30.8.1972 – 5 AZR 140/72, AP BGB § 611 Lohnzuschläge Nr. 6.
[89] BAG 7.7.2011 – 6 AZR 151/10, NJOZ 2012, 413.
[90] LAG Hamm 19.4.1999 – 16 Sa 562/98, NZA-RR 1999, 568.
[91] BAG 25.1.2000 – 3 AZR 862/98, BeckRS 2000, 30782653.
[92] BAG 1.3.1990 – 6 AZR 447/88, AP BMT-G II § 20 Nr. 2; vgl. auch BAG 7.1.1971 – 5 AZR 92/70, AP BGB § 315 Nr. 12.
[93] BAG 2.9.1992 – 10 AZR 536/90, BeckRS 1992, 30742336; BAG 11.4.2000 – 9 AZR 255/99, NZA 2001, 24.
[94] Weitere Formulierungsvorschläge in → § 10 Rn. 238 ff.

gewollt haben. Alleine Die Bezeichnung von Zuwendungen als „freiwillige Sozialleistung" lässt aber in der Regel **nicht** den Schluss zu, die entsprechende Zusage des Arbeitgebers stehe unter einem Widerrufsvorbehalt.[95]

c) **Vertrauensschutz bei Altverträgen.** Nach der Rechtsprechung des BAG können Arbeitgeber sich in Bezug auf Vereinbarungen, die **vor dem 1.1.2002** geschlossen wurden, auf Vertrauensschutz berufen. Da die Arbeitgeber bis zu diesem Zeitpunkt nicht davon ausgehen mussten, den strengen inhaltlichen und formellen Anforderungen der §§ 307 ff. BGB Rechnung tragen zu müssen, wäre es unbillig, die nach AGB-Recht unwirksamen Klauseln gemäß § 306 Abs. 2 BGB ersatzlos wegfallen zu lassen. Deswegen können Klauseln in Altverträgen, die (lediglich) in formeller Hinsicht nicht den neuen Anforderungen genügen, im Wege der **ergänzenden Vertragsauslegung** dennoch Wirkung entfalten. Nach der Rechtsprechung kann der Arbeitgeber in diesen Fällen ungeachtet der nicht ausdrücklich im Vertrag benannten Widerrufsgründe sein Widerrufsrecht auf solche Gründe stützen, die die Parteien als redliche Vertragspartner vereinbart hätten, wenn ihnen die gesetzlich angeordnete Unwirksamkeit der Klausel bekannt gewesen wäre.[96] 36

Wenn es um den Widerruf von übertariflichen Zulagen geht, können insbesondere „**wirtschaftliche Verluste**" als fiktiv vereinbarter Widerrufsgrund in Betracht kommen.[97] Eine ergänzende Auslegung darf jedoch nicht dazu führen, dass dem Arbeitgeber das Risiko der Unwirksamkeit der Klausel gänzlich genommen wird. Wenn sich kein fiktiver Widerrufsgrund ermitteln lässt, der den Interessen beider Parteien Rechnung tragen würde, scheidet eine ergänzende Vertragsauslegung aus und die Klausel bleibt ersatzlos unwirksam.[98] Aufgrund unterschiedlicher Auffassungen innerhalb verschiedener Senate des BAG ist nicht geklärt, ob der Arbeitgeber, der sich im Hinblick auf eine ältere Vertragsklausel auf Vertrauensschutz berufen möchte, innerhalb der **Übergangsfrist** von einem Jahr nach Einführung des AGB-Rechts im Arbeitsrecht, mithin bis zum 31.12.2002 (vgl. Art. 229 § 5 S. 2 EGBGB), zumindest den **Versuch unternommen** haben muss, eine **Vertragsanpassung** zu erreichen.[99] 37

Von Bedeutung können in diesem Zusammenhang auch Vereinbarungen über die Änderung anderer Vertragsbedingungen sein, welche die Parteien nach dem 1.1.2002 vereinbart haben. Je nach dem, wie weit reichend die Parteien im Rahmen der Vereinbarung einer Vertragsänderung auf den ursprünglichen Vertrag Bezug genommen und seine einzelnen Regelungen in diesem Zusammenhang ausdrücklich nochmals zum Gegenstand ihrer Willensbildung gemacht haben, gilt auch ein ursprünglich vor dem 1.1.2002 vereinbarter Vertrag je nach den Umständen nicht mehr als „Altvertrag".[100] Es hängt von einer Auslegung der Vereinbarung über die **Vertragsänderung** im Einzelfall ab, ob die in Rede stehende Vertragsklausel in der nachfolgenden Vertragsänderung zum Gegenstand der rechtsgeschäftlichen Willensbildung der beteiligten Vertragsparteien gemacht worden ist.[101] 38

Soweit Vertrauensschutz besteht, soll dieser zeitlich nicht beschränkt sein, so dass der Arbeitgeber sich auch Jahre nach dem 1.1.2002 noch darauf berufen kann.[102] 39

d) **Gerichtliche Überprüfbarkeit.** Hält ein Arbeitnehmer einen erklärten Widerruf des Arbeitgebers für unwirksam, so kommen verschiedene Möglichkeiten in Betracht, die Rechtmäßigkeit des Widerrufs gerichtlich prüfen zu lassen. Denkbar ist, dass der Arbeitnehmer 40

---

[95] BAG 23.10.2002 – 10 AZR 48/02, NZA 2003, 557.
[96] BAG 12.1.2005 – 5 AZR 364/04, NZA 2005, 465; BAG 11.10.2006 – 5 AZR 721/05, NZA 2007, 87.
[97] BAG 12.1.2005 – 5 AZR 364/04, NZA 2005, 465; BAG 11.10.2006 – 5 AZR 721/05, NZA 2007, 87.
[98] BAG 19.12.2006 – 9 AZR 294/06, NZA 2007, 809; BAG 11.2.2009 – 10 AZR 222/08, NZA 2009, 428.
[99] Für ein solches Erfordernis: BAG 19.12.2006 – 9 AZR 294/06, NZA 2007, 809 (9. Senat); tendenziell zustimmend BAG 11.2.2009 – 10 AZR 222/08, NZA 2009, 428 (10. Senat); gegen ein solches Erfordernis: BAG 12.1.2005 – 5 AZR 364/04, NZA 2005, 465; BAG 20.4.2011 – 5 AZR 191/10, NZA 2011, 796 (5. Senat, mwN).
[100] Zu Einzelheiten: BAG 30.7.2008 – 10 AZR 606/07, NZA 2008, 1173; BAG 18.11.2009 – 4 AZR 514/08, NZA 2010, 170; BAG 19.10.2011 – 4 AZR 811/09, BeckRS 2011, 78372; auch → § 10 Rn. 126 ff.
[101] Vgl. BAG 24.2.2016 – 4 AZR 990/13, BeckRS 2016, 67367 Rn. 34 ff. (zur Gleichstellungsabrede).
[102] BAG 14.12.2011 – 4 AZR 79/10, AP TVG § 1 Bezugnahme auf Tarifvertrag Nr. 104 Rn. 29.

unmittelbar **Klage auf Zahlung** bzw. Weitergewährung **der widerrufenen Leistung** in unveränderter Höhe erhebt. Die Rechtskraft eines Zahlungsurteils würde sich dann aber nur auf den bestimmten Zeitabschnitt beziehen, für den die Leistung geltend gemacht wird. Um eine umfassende Klärung zu ermöglichen, hat der Arbeitnehmer deswegen ein ausreichendes Feststellungsinteresse, um die Ausübung des Widerrufsrechts im Wege der allgemeinen **Feststellungsklage** gerichtlich überprüfen lassen zu können.[103] Hierbei ist er nicht an die Klagefrist des § 4 KSchG gebunden, da die Ausübung des Widerrufsrechts, auch wenn sie zu Unrecht erfolgt, regelmäßig nicht als Änderungskündigung anzusehen ist.[104] Die einseitige Änderung stellt eine einseitige Leistungsbestimmung des Arbeitgebers nach billigem Ermessen gemäß § 315 BGB dar. Wendet sich der Arbeitnehmer nicht gegen das Widerrufsrecht dem Grunde nach, sondern hält er die Ermessensausübung durch den Arbeitgeber für falsch, kann er die Klage auch auf Feststellung der billigen Leistung durch das Gericht nach § 315 Abs. 3 S. 2 BGB richten.[105] Die **Beweislast** für die Einhaltung des billigen Ermessens trägt in diesen Fällen nach allgemeinen Grundsätzen der Arbeitgeber als derjenige, der das Leistungsbestimmungsrecht ausübt.[106]

4. Anrechnung übertariflicher Vergütungsbestandteile

41   Flexibilität ist für Arbeitgeber regelmäßig auch dort von Bedeutung, wo Arbeitnehmern ein übertarifliches Grundentgelt oder andere über den Tarif hinausgehende Leistungen gewährt werden. Kommt es später zu einer Erhöhung des Tarifentgelts, stellt sich die Frage der Anrechenbarkeit solcher übertariflicher Leistungen. Ob und inwieweit sich eine **Tariflohnerhöhung** auf den **übertariflichen** Lohn auswirkt, der auch nach der Tariferhöhung nicht geringer als der Tariflohn ist, hängt vom Inhalt des Arbeitsvertrages bzw. von der Vereinbarung ab, auf der die übertarifliche Vergütung beruht.[107] Einzelheiten zu den sich daraus ergebenden Fragen und Folgen sind in § 20 dieses Handbuchs behandelt (→ § 20 Rn. 167ff.).

5. Befristung von Vergütungsbestandteilen

42   Die Befristung von Vergütungsbestandteilen ist geeignet, bei Veränderungen der tatsächlichen Verhältnisse, insbesondere der wirtschaftlichen Rahmenbedingungen, eine **Anpassung des Entgelts** zu erreichen.

43   Die Vorschriften des Teilzeit- und Befristungsgesetzes sind nicht einschlägig, da diese nach inzwischen gefestigter Rechtsprechung des BAG auf die Befristung einzelner Arbeitsbedingungen nicht – auch nicht entsprechend – anwendbar sind.[108]

44   Dies bedeutet aber nicht, dass sich sämtliche Arbeitsbedingungen beliebig befristen lassen. Die Rechtsprechung hat herkömmlich die Befristung einzelner Arbeitsbedingungen bei einer **Umgehung des kündigungsrechtlichen Änderungsschutzes** (§ 2 KSchG), dh bei einem befristungsbedingten **Eingriff in den Kernbereich** des Arbeitsverhältnisses, einem Sachgrunderfordernis unterworfen.[109] So konnte es für die sachliche Rechtfertigung einer befristeten Gratifikation ausreichend sein, dass im Zeitpunkt der Zusage die weitere wirtschaftliche Entwicklung des Unternehmens oder Betriebes nicht absehbar war. Keinen unzulässigen Eingriff hat das BAG früher bei der einjährigen Befristung einer Provisionszulage gesehen,

---

[103] BAG 12.1.2005 – 5 AZR 364/04, NZA 2005, 465; Linck/Krause/Bayreuther/*Krause* KSchG § 2 Rn. 62.
[104] KR/*Kreft* KSchG § 2 Rn. 86.
[105] BAG 7.10.1982 – 2 AZR 455/80, ZIP 1983, 719; Linck/Krause/Bayreuther/*Krause* KSchG § 2 Rn. 33.
[106] BAG 11.10.1995 – 5 AZR 1009/94, NZA-RR 1996, 313; BAG 16.9.1998 – 5 AZR 183/97, NZA 1999, 384; BAG 17.4.2002 – 4 AZR 174/01, NZA 2003, 159.
[107] BAG 15.3.2000 – 5 AZR 557/98, NZA 2001, 105; BAG 17.9.2003 – 4 AZR 533/02, NZA 2004, 437; BAG 27.8.2008 – 5 AZR 820/07, NZA 2009, 49.
[108] BAG 27.7.2005 – 7 AZR 486/04, NZA 2006, 40; BAG 8.8.2007 – 7 AZR 855/06, NZA 2008, 229; BAG 2.9.2009 – 7 AZR 233/08, NZA 2009, 1253; BAG 15.12.2011 – 7 AZR 394/10, NZA 2012, 674 Rn. 16ff.; siehe auch *Annuß/Thüsing* TzBfG § 14 Rn. 15.
[109] BAG 15.4.1999 – 7 AZR 734/97, NZA 1999, 1115; BAG 23.1.2002 – 7 AZR 563/00, NZA 2003, 104; BAG 4.6.2003 – 7 AZR 406/02, NJOZ 2003, 3482; kritisch *Annuß/Thüsing* TzBfG § 14 Rn. 16; Bauer/*Chwalisz* ZfA 2007, 339 (347).

die 15 % der Gesamtvergütung ausmachte.[110] In derselben Entscheidung wurde ein unzulässiger Eingriff hingegen in einer vorübergehenden Erhöhung der Arbeitszeit einer Teilzeitkraft um 1/3 trotz vollen Lohnausgleichs gesehen.[111]

Seit Inkrafttreten des Schuldrechtsmodernisierungsgesetzes prüft das BAG die Befristung von Vertragsbedingungen mittels einer **Inhaltskontrolle** am Maßstab der §§ 305 ff. BGB.[112] Dabei geht das BAG davon aus, dass eine unangemessene Benachteiligung des Arbeitnehmers nicht immer schon deswegen zu verneinen sei, weil die Befristung auf einem Sachverhalt beruht, der die Befristung eines Arbeitsvertrages insgesamt rechtfertigen würde.[113] Andererseits seien die Wertungen des TzBfG bei der Auslegung und Anwendung des § 307 Abs. 1 BGB bei der befristeten Änderung von Arbeitsbedingungen zu berücksichtigen,[114] was für die Inhaltskontrolle nach S. 1 gleichermaßen gelte wie für das Transparenzgebot nach S. 2 der Vorschrift.[115] 45

Der Arbeitnehmer darf aufgrund einer zeitlichen Befristung seines Anspruchs nicht entgegen Treu und Glauben unangemessen benachteiligt werden. Die Instanzgerichte und das BAG hatten sich bisher überwiegend mit der **Befristung des Umfangs der Arbeitszeit** auseinanderzusetzen und haben dabei folgende Grundsätze aufgestellt. Ein schützenswertes Interesse des Arbeitnehmers wird durch eine Vertragsgestaltung beeinträchtigt, bei der er seinen Lebensstandard auf Grund der Befristung nicht an einem mit weitgehender Sicherheit kalkulierbaren, in etwa gleich bleibenden Einkommen ausrichten kann. Diese Beeinträchtigung aufgrund einer Befristung können billigenswerte Interessen des Arbeitgebers, insbesondere nur vorübergehende Erschwernisse der Arbeitsbedingungen oder die zeitlich befristete Übernahme zusätzlicher Aufgaben, rechtfertigen.[116] Eine unangemessene Benachteiligung des Arbeitnehmers wird folglich zu verneinen sein, wenn die befristete Leistung eines Entgeltbestandteils an eine konkrete Mehrarbeitsverpflichtung oder erschwerte Arbeitsbedingungen geknüpft ist, der Arbeitnehmer vertraglich seine Bereitschaft dazu erklärt hat und zudem absehbar ist, dass die Befristung auf einen bestimmten Zeitraum begrenzt ist. Es zeichnet sich ab, dass die früher im Rahmen der Sachgrundkontrolle relevanten Erwägungen letztlich auch im Rahmen der Inhaltskontrolle relevant bleiben werden. Mehrfach hat das BAG entschieden, dass insbesondere die befristete Erhöhung der Arbeitszeit zum Zwecke der Vertretung – bei Vorliegen der Voraussetzungen von § 14 Abs. 1 S. 2 Nr. 3 TzBfG – einer Inhaltskontrolle standhält.[117] Dabei sind die Anforderungen an den Sachgrund jedoch auch abhängig vom Umfang der vereinbarten Arbeitszeiterhöhung.[118] 46

Wesentliche Grundgedanken dieser Rechtsprechung zur Inhaltskontrolle wird man auf Vereinbarungen über die **Befristung von Entgeltbestandteilen** übertragen können. So wurde in der Entscheidung eines LAG eine Vereinbarung für wirksam erachtet, gemäß der eine tariflich nicht mehr geschuldete Funktionszulage unter bestimmten geänderten Bedingungen außertariflich bis zu einer tariflichen Neuregelung weiter gezahlt werden sollte.[119] Dieser Entscheidung liegt erkennbar die Wertung zugrunde, dass eine Befristungskontrolle nach §§ 307 f. BGB vom Grundsatz her unabhängig von der Höhe des einer Befristungsabrede unterworfenen Entgeltbestandteils vorzunehmen ist, da die Zulage in dem entschiedenen 47

---

[110] BAG 21.4.1993 – 7 AZR 297/92, NZA 1994, 476.
[111] BAG 21.4.1993 – 7 AZR 297/92, NZA 1994, 476.
[112] BAG 27.7.2005 – 7 AZR 486/04, NZA 2006, 40; BAG 2.9.2009 – 7 AZR 233/08, NZA 2009, 1253; BAG 25.4.2018 – 7 AZR 520/16, NZA 2018, 1061 Rn. 20 ff; siehe auch *Moll* FS 25 Jahre ARGE ArbR im DAV, S. 91 (106); *Schmalenberg* FS 25 Jahre AG ArbR im DAV, S. 115 ff.; *Schmidt* NZA 2014, 760; *Fuhlrott* NZA 2016, 1000.
[113] BAG 4.6.2003 – 7 AZR 406/02, NJOZ 2003, 3482.
[114] BAG 15.12.2011 – 7 AZR 394/10, NZA 2012, 674.
[115] BAG 2.9.2009 – 7 AZR 233/08, NZA 2009, 1253.
[116] BAG 14.11.2007 – 4 AZR 945/06, NZA-RR 2008, 358.
[117] BAG 8.8.2007 – 7 AZR 855/06, NZA 2008, 229; BAG 4.6.2003 – 7 AZR 406/02, NJOZ 2003, 3482; BAG 2.9.2009 – 7 AZR 233/08, NZA 2009, 1253.
[118] BAG 15.12.2011 – 7 AZR 394/10, NZA 2012, 674 Rn. 27; BAG 23.3.2016 – 7 AZR 828/13, NZA 2016, 881 Rn. 56; BAG 25.4.2018 – 7 AZR 520/16, NZA 2018, 1061 Rn. 40.
[119] LAG Berlin-Brandenburg 9.12.2009 – 20 Sa 1136/09, BeckRS 2011, 67167 (Revision verworfen durch BAG 18.5.2011 – 10 AZR 346/10, NZA 2011, 878).

Fall nur einen verhältnismäßig geringen Teil der Gesamtvergütung der klagenden Arbeitnehmerin ausmachte. Auch bei der befristeten Vereinbarung einer erhöhten Arbeitszeit soll es nach Auffassung eines LAG nicht auf die Frage ankommen, ob das Erhöhungskontingent mehr oder weniger als 25 % der regulären Arbeitszeit ausmacht,[120] wohingegen es im Bereich der befristeten Arbeitszeiterhöhung nach Auffassung des BAG durchaus auf diesen Richtwert ankommen soll.[121] Ob eine solche Grenze in einer Größenordnung von 25 % der Gesamtvergütung auch dazu führen kann, dass die Gerichte entsprechend den Wertungen des § 2 KSchG eine Befristungskontrolle erst und nur dann vornehmen, wenn ein solcher kündigungsschutzrelevanter Entgeltanteil erreicht wird, bleibt weiterhin abzuwarten.[122]

48 Entschieden hat das BAG zwischenzeitlich, dass es bei einer Befristung von Arbeitsbedingungen grundsätzlich keiner Aufführung von Gründen im Vertrag bedarf, weil es andernfalls zu einem Wertungswiderspruch mit dem TzBfG käme. Zwar weise die Transparenzforderung nach § 307 Abs. 1 S. 1 BGB gegenüber den Bestimmungen des TzBfG eigenständige Voraussetzungen auf. Jedoch seien die Wertungen des TzBfG, das kein Zitiergebot enthalte, bei der Auslegung und Anwendung der Vorschriften der Inhaltskontrolle zu berücksichtigen.[123]

49 Die Befristungsabrede unterliegt nicht der Mitbestimmung des Betriebsrats.

Formulierungsvorschlag:

50 Bis zur Beendigung des Großauftrages mit ...... erhält der Arbeitnehmer eine monatliche Zulage in Höhe von ......

Der Arbeitnehmer erhält eine monatliche Zulage in Höhe von .... Diese ist befristet bis zur Inbetriebnahme der Maschine XY am ......, durch die der Arbeitsanfall deutlich zurückgehen wird. Um betriebsbedingte Kündigungen zu vermeiden, entfällt ab diesem Zeitpunkt die Zulage.

Die Wechselschichtzulage ist befristet auf die Zeit, in welcher der Arbeitnehmer in Wechselschicht beschäftigt wird.

6. Einvernehmliche Vertragsänderung

51 Nach dem Grundsatz der Vertragsfreiheit ist eine einvernehmliche Änderung der vereinbarten Vergütung jederzeit möglich. Eine **Erhöhung des Arbeitsentgeltes** wird naturgemäß in der Praxis kaum je Schwierigkeiten bereiten. Eine dahingehende Veränderung des Arbeitsvertrages kann regelmäßig schon dadurch zustande kommen, dass der Arbeitgeber eine erhöhte Vergütung gewährt und der Arbeitnehmer die Erhöhung (stillschweigend) gemäß § 151 BGB annimmt. Wenn das Angebot eines Arbeitgebers dem Arbeitnehmer nur Vorteile bringt, ist eine ausdrückliche Annahmeerklärung des Arbeitnehmers nicht zu erwarten.[124]

52 Problematisch hingegen ist eine durch den Arbeitgeber initiierte **Reduzierung** der Vergütung. Zu deren Wirksamkeit bedarf es der Annahme eines entsprechenden Reduzierungsangebots durch den Arbeitnehmer. Nach der vom BAG entwickelten „Spürbarkeitstheorie" kam bei verschlechternden Änderungsangeboten des Arbeitgebers eine stillschweigende Annahme durch den Arbeitnehmer nur in engen Grenzen in Betracht.[125] Nunmehr werden solchen „fingierten Erklärungen" aufgrund von § 308 Nr. 5 BGB und der darin normierten Hinweis- und Belehrungspflichten in der Vertragspraxis noch engere Grenzen gesetzt.[126]

---

[120] LAG Köln 5.2.2009 – 7 Sa 1088/08, BeckRS 2009, 68398; s. aber auch BAG 15.12.2011 – 7 AZR 394/10, NZA 2012, 674 Rn. 27 (befristete Arbeitszeiterhöhung).
[121] BAG 23.3.2016 – 7 AZR 828/13, NZA 2016, 881 Rn. 54; BAG 25.4.2018 – 7 AZR 520/16, NZA 2018, 1061 Rn. 40.
[122] Für eine solche Grenzziehung: *Moll* FS 25 Jahre ARGE ArbR im DAV, S. 91 (107) mwN; ähnlich auch LAG Hessen 3.7.2008 – 14 Sa 1863/07, BeckRS 2008, 58168; s. auch *Schwarze* RdA 2012, 321 (327 f.).
[123] BAG 2.9.2009 – 7 AZR 233/08, NZA 2009, 1253.
[124] LAG Schleswig-Holstein 6.11.1997 – 4 Sa 253/97, BeckRS 1997, 30772014; BAG 24.11.2004 – 10 AZR 202/04, NZA 2005, 349; in diese Richtung auch BAG 21.4.2010 – 10 AZR 163/09, NZA 2010, 808.
[125] BAG 30.7.1985 – 3 AZR 405/83, NZA 1986, 474; BAG 1.8.2001 – 4 AZR 129/00, NZA 2003, 924; BAG 24.11.2004 – 10 AZR 202/04, NZA 2005, 349.
[126] BAG 18.3.2009 – 10 AZR 281/08, NZA 2009, 601.

Zudem sind schließlich etwaig vereinbarte Schriftformerfordernisse zu beachten, da bei Verschlechterungen der Vertragskonditionen kaum je von einer konkludenten Aufhebung der vereinbarten Formerfordernisse ausgegangen werden kann.[127]

Gelingt eine Einigung nicht, kommt grundsätzlich nur die Erklärung einer Änderungskündigung, an deren Rechtfertigung hohe Anforderungen gestellt werden (→ Rn. 58 ff.), oder in eng begrenzten Ausnahmefällen die Berufung auf die Lehre von der Störung der Geschäftsgrundlage in Betracht.[128] Selbst in der aktuellen Krisensituation aufgrund der Auswirkungen der Maßnahmen zum Schutz vor der Ausbreitung des Corona-Virus konnten Arbeitgeber nicht davon ausgehen, dass die Mitarbeiter – rechtlich – unter einem Zwang zur Einigung über eine Entgeltreduzierung standen. 53

7. Negative betriebliche Übung

Das Rechtsinstitut der betrieblichen Übung, gerade auch mit Blick auf das Entstehen von Entgeltansprüchen, ist in § 19 dieses Handbuchs näher beschrieben (→ § 19 Rn. 11 ff.). Das BAG hat seine **Rechtsprechung zur gegenläufigen betrieblichen Übung aufgegeben.** Danach konnte sich ein Arbeitgeber von einer betrieblichen Übung wieder lösen, wenn die betroffenen Arbeitnehmer eine Einstellung der „geübten" Leistung oder ein der Übung widersprechendes Verhalten des Arbeitgebers ihrerseits mehrmals bzw. über einen längeren Zeitraum hinweg widerspruchslos hinnahmen.[129] Nach nunmehriger Auffassung des BAG lässt sich das ursprünglich einmal entwickelte Rechtsinstitut der negativen betrieblichen Übung nicht mit dem **Verbot fingierter Erklärungen nach § 308 Nr. 5 BGB** in Einklang bringen. Damit dem Schweigen des Arbeitnehmers nach einer Umstellung einer betrieblichen Übung durch den Arbeitgeber ein Erklärungswert zukommen könnte, müssten die Vertragsparteien dies zuvor ausdrücklich vereinbaren. Im Rahmen dieser Vereinbarung müsste sich der Arbeitgeber verpflichten, den Arbeitnehmer auf die Bedeutung seines Schweigens und auf die angemessene Frist zur Abgabe einer ausdrücklichen Erklärung besonders hinzuweisen. Erfolgt der Hinweis, ohne dass der Arbeitgeber sich zuvor dazu verpflichtet hat, genügt dies den gesetzlichen Anforderungen nicht.[130] Praktisch erscheint es kaum denkbar, dass der Arbeitgeber schon bei Begründung einer betrieblichen Übung darauf hinweisen wird, dass er sich später unter Umständen durch gegenläufiges Verhalten wieder lösen möchte, falls die Arbeitnehmer dieser gegenläufigen Übung zu gegebener Zeit nicht rechtzeitig widersprechen. Stattdessen wird ein umsichtiger Arbeitgeber zukünftig von vornherein die Leistungen einem Freiwilligkeitsvorbehalt (→ Rn. 12 ff.) unterstellen und sich so ein jederzeitiges Lösungsrecht bewahren. 54

Seit der Schuldrechtsmodernisierung können für eine **Ablösung der betrieblichen Übung** wie auch für die Ablösung von Rechten aus einer Gesamtzusage durch Betriebsvereinbarung die zuvor dazu entwickelten Grundsätze der Rechtsprechung nicht mehr unbesehen herangezogen werden.[131] Nach wie vor gilt, dass es sich in beiden Fällen jeweils um individualvertragliche Rechtspositionen handelt, die grundsätzlich nicht durch kollektivvertragliche Regelungen verschlechtert werden können, weil das **Günstigkeitsprinzip** die vertraglich erlangte Rechtsposition auch im Verhältnis zu Betriebsvereinbarungen schützt. Das BAG hat zuletzt nochmals ausdrücklich betont und hervorgehoben, dass es sich bei Rechtsansprüchen, die aus betrieblicher Übung entstanden sind, nicht um Ansprüche „minderer Rechtsbeständigkeit" handelt.[132] Die Änderung von Ansprüchen aus betrieblicher Übung durch den Arbeitgeber ist somit nur unter den gleichen engen Voraussetzungen möglich, wie sie für sonstige individualvertragliche Ansprüche gelten.[133] 55

---

[127] BAG 24.11.2004 – 10 AZR 202/04, NZA 2005, 349.
[128] BAG 25.2.1988 – 2 AZR 346/87, NZA 1988, 769 zur Anpassung des Arbeitsvertrages eines Krankenhausarztes wegen der gesetzlichen Neuregelung der Kostenerstattungspflicht bei Privatliquidation.
[129] Vgl. nur BAG 26.3.1997 – 10 AZR 612/96, NZA 1997, 1007; BAG 24.11.2004 – 10 AZR 202/04, NZA 2005, 349.
[130] BAG 18.3.2009 – 10 AZR 281/05, NZA 2009, 601; BAG 25.11.2009 – 10 AZR 779/08, NZA 2010, 283.
[131] Zur alten Rechtslage: BAG 18.3.2003 – 3 AZR 101/02, NZA 2004, 1099.
[132] BAG 5.8.2009 – 10 AZR 483/08, NZA 2009, 1105.
[133] So auch: LAG Rheinland-Pfalz 16.8.2011 – 3 Sa 167/11, NZA-RR 2012, 5.

56 Von der sich aus dem Günstigkeitsprinzip ergebenden Unwirksamkeit verschlechternder Kollektivregelungen gegenüber vertraglichen Ansprüchen aus betrieblicher Übung oder Gesamtzusage ließ das BAG[134] in ständiger Rechtsprechung **Ausnahmen** zu. Unter anderem waren verschlechternde Ablösungen bisher möglich, wenn in der einzelvertraglichen Rechtsgrundlage selbst die Möglichkeit für die kollektivrechtliche Verschlechterung eröffnet worden war, was auch stillschweigend erfolgen konnte.[135] Dies kann unter Berücksichtigung der Anforderungen des AGB-Rechts nicht mehr uneingeschränkt gelten. Vielmehr wird man nun mit dem BAG davon ausgehen müssen, dass an mögliche Vorbehalte des Arbeitgebers, eine durch betriebliche Übung begründete Leistung später ändern oder einstellen zu können, die gleichen Anforderungen zu stellen sind wie im Hinblick auf andere individualvertraglich begründete Ansprüche.

57 Möchte ein Arbeitgeber eine Sonderzahlung **unter den Vorbehalt einer ablösenden Betriebsvereinbarung** stellen, muss dieser Vorbehalt ebenso wie ein Widerrufsvorbehalt (→ Rn. 22 ff.) oder ein Freiwilligkeitsvorbehalt (→ Rn. 12 ff.) dem Transparenzgebot des § 307 Abs. 1 S. 2 BGB genügen. Er muss klar und verständlich zum Ausdruck bringen, dass die Zusage „betriebsvereinbarungsoffen" sein soll.[136] Im Bereich der **betrieblichen Altersversorgung** hält das BAG in diesem Zusammenhang an seiner Rechtsprechung fest, dass sich ein Arbeitgeber, der die Altersversorgung durch eine Unterstützungskasse erbringt, regelmäßig den bei diesem Versorgungsweg aus dem Ausschluss eines Rechtsanspruchs zu folgernden Widerrufsvorbehalt wirksam zu eigen macht.[137] Aus den Entscheidungen des BAG im Bereich der betrieblichen Altersvorsorge ergibt sich auch sonst noch kein eindeutiger Hinweis darauf, dass es von seiner Rechtsprechung abweichen möchte, nach der sich schon aus der transparenten Einbeziehung des Betriebsrats die Offenheit des Versorgungssystems für zukünftige Änderungen durch Betriebsvereinbarungen ergeben soll.[138] Auch hat das BAG[139] jüngst bestätigt, dass im Bereich der betrieblichen Altersversorgung der Arbeitgeber mit einer Gesamtzusage im Regelfall nur eine Versorgung nach den jeweils bei ihm geltenden Versorgungsregeln zusage. Nur so werde eine einheitliche Anwendung der Versorgungsordnung auf alle Arbeitnehmer und Versorgungsempfänger des Arbeitgebers, für die die Versorgungsordnung gelten soll, sichergestellt. Dem Arbeitgeber stehe daher auch ohne Änderungskündigung eine Neuregelung offen. Es bleibt abzuwarten, inwieweit sich diese relativ großzügige Rechtsprechung auf Leistungen außerhalb der betrieblichen Altersvorsorge zukünftig noch übertragen lässt. Angesichts der erkennbaren Tendenz, gerade den Transparenzgeboten, die sich aus den §§ 307 ff. BGB ergeben, besondere Beachtung zu schenken, sind Zweifel angebracht. Jeglicher Vorbehalt sollte auch bei Regelungen mit kollektivem Bezug klar und verständlich erklärt werden.[140]

8. Änderungskündigung zur Vergütungsreduzierung

58 **a) Allgemeines.** Die Allgemeinen Grundlagen der Änderungskündigung sind in → § 46 dieses Handbuchs ausführlich beschrieben. Zur Möglichkeit des Arbeitgebers, durch eine Änderungskündigung gezielt eine Verringerung der Vergütungsansprüche seiner Arbeitnehmer durchzusetzen, insbesondere um ganz allgemein Personalkosten zu senken oder um ein existierendes Tarifsystem durchzusetzen, hat sich eine gewisse Kasuistik entwickelt. Die gezielte und isolierte Herabsetzung der Vergütung eines einzelnen Arbeitnehmers, insbesondere wegen qualitativer oder quantitativer Minderleistung, aus **personen- oder verhaltens-**

---

[134] BAG 16.9.1986 – GS 1/82, NZA 1987, 168; BAG 23.10.2001 – 3 AZR 74/01, NZA 2003, 986; BAG 18.3.2003 – 3 AZR 101/02, NZA 2004, 1099.
[135] BAG 16.9.1986 – GS 1/82, NZA 1987, 168; BAG 23.10.2001 – 3 AZR 74/01, NZA 2003, 986.
[136] BAG 5.8.2009 – 10 AZR 483/08, NZA 2009, 1105.
[137] BAG 15.2.2011 – 3 AZR 196/09, BeckRS 2011, 73996; zu Besonderheiten bei der Änderung von Zusagen der betrieblichen Altersversorgung auch → § 40 Rn. 17 ff.
[138] BAG 10.12.2002 – 3 AZR 92/02, NZA 2004, 271, auch → § 40 Rn. 26 ff.
[139] BAG 23.2.2016 – 3 AZR 960/13, BeckRS 2016, 67746 Rn. 31 ff.; s. auch BAG 10.3.2015 – 3 AZR 56/14, NZA-RR 2015, 371 Rn. 33; BAG 23.2.2016 – 3 AZR 44/14, BeckRS 2016, 68158.
[140] Zur Änderung von Zusagen mit kollektivem Bezug auch → Rn. 70 ff.

bedingten Gründen ist zwar theoretisch **denkbar**.[141] In Einzelfällen kann sogar eine ordentliche Änderungskündigung wegen krankheitsbedingter Leistungsminderung sozialgerechtfertigt sein.[142] Solche Kündigungen werden aber mitunter im Ergebnis zu Recht wegen der damit verbundenen Unwägbarkeiten und Rechtsunsicherheiten als nicht praktikabel angesehen.[143] Als milderes Mittel gegenüber einer Beendigungskündigung wegen individueller Minderleistung (→ § 43 Rn. 418 u. 447 ff.) kommt eine Änderungskündigung zur individuellen Entgeltsenkung damit regelmäßig nicht in Betracht. Im Falle einer betriebsbedingten Versetzung eines Arbeitnehmers auf einen anderen Arbeitsplatz ist eine entsprechende Änderung der Vergütung nicht ohne weiteres im Wege der Änderungskündigung durchsetzbar. Soweit sich die neue Vergütung nicht automatisch aufgrund eines im Betrieb geltenden Tarifsystems vollzieht (sog. Tarifautomatik), ist die Herabsetzung der Vergütung anlässlich einer Veränderung der Tätigkeit vielmehr für sich genommen auf Verhältnismäßigkeit zu prüfen.[144] Großzügigere Maßstäbe gelten nach Auffassung des BAG bei der Anpassung vertraglicher Nebenabreden (zB kostenlose Beförderung zum Betriebssitz, Fahrtkostenzuschuss, Mietzuschuss) an geänderte Umstände.[145]

b) Betriebsweite Lohnsenkung auf Grund von Unrentabilität. Eine betriebsbedingte Änderungskündigung mit dem Ziel, die allgemeinen Lohnkosten auf Grund von Unrentabilität zu senken, ist nur eingeschränkt möglich. Alleine die Absicht des Arbeitgebers, die Lohnkosten zu senken, stellt für sich genommen keine unternehmerische Entscheidung dar, die der gerichtlichen Überprüfung entzogen wäre.[146] Sofern sich die bisherige Tätigkeit des Arbeitnehmers nicht verändert, ist eine isolierte Reduzierung der vereinbarten Vergütung durch eine betriebsbedingte Änderungskündigung nur unter besonderen Voraussetzungen zulässig. Geldmangel allein ist kein zulässiger betriebsbedingter Grund für eine (Änderungs-)Kündigung. Die Unrentabilität des Betriebs kann einer Weiterbeschäftigung des Arbeitnehmers zu unveränderten Bedingungen entgegenstehen und ein dringendes betriebliches Erfordernis zur Änderung der Arbeitsbedingungen sein. Dazu muss der Arbeitgeber darlegen und gegebenenfalls beweisen, dass bei Aufrechterhaltung der bisherigen Personalkostenstruktur betrieblich nicht mehr auffangbare Verluste entstehen, die absehbar zu einer **Reduzierung der Belegschaft** bzw. zur **Schließung des Betriebes** führen würden.[147]

Wenn andere Maßnahmen zur Kostensenkung möglich sind, um solche Einschnitte zu vermeiden, sind Änderungskündigungen regelmäßig als sozial ungerechtfertigt anzusehen.[148] Der Arbeitgeber muss zur Gewissheit des Gerichts darlegen, dass nach vernünftigen, objektiv nachvollziehbaren, betriebswirtschaftlichen Maßstäben ein Wegfall der entsprechenden Arbeitsplätze unvermeidbar ist, wenn die Vergütungsbelastung nicht in einer bestimmten Weise verändert wird.[149] Es ist danach zu fragen, ob ohne die Änderungskündigung Arbeitsplätze wegfielen.[150] Eine solche Situation setzt einen **umfassenden Sanierungsplan** voraus, der alle gegenüber der beabsichtigten Änderungskündigung milderen Mittel ausschöpft.[151] Hierzu hat

---

[141] Vgl. LAG Sachsen 7.4.2006 – 3 Sa 425/05, BeckRS 2009, 54506; BAG 11.12.2003 – 2 AZR 667/02, NZA 2004, 784 (unter B. III.2.d) der Gründe); *Friemel/Walk* NJW 2005, 3669 (3671).
[142] BAG 22.10.2015 – 2 AZR 550/14, BeckRS 2016, 67466; s. aber auch BAG 20.3.2014 – 2 AZR 825/12, NZA 2014, 1089: regelmäßig kein ausreichender Grund für außerordentliche Änderungskündigung.
[143] BAG 17.1.2008 – 2 AZR 536/06, NZA 2008, 693 (unter B. I.3.b) der Gründe).
[144] BAG 3.4.2008 – 2 AZR 500/06, NZA 2008, 812; BAG 27.11.2008 – 2 AZR 757/07, NZA 2009, 481; BAG 9.9.2010 – 2 AZR 936/08, BeckRS 2011, 69019.
[145] BAG 27.3.2003 – 2 AZR 74/02, NZA 2003, 1029.
[146] BAG 20.3.1986 – 2 AZR 294/85, NZA 1986, 824; LAG Berlin 30.6.1997 – 9 Sa 56/97, NZA-RR 1998, 257.
[147] BAG 16.5.2002 – 2 AZR 292/01, NZA 2003, 147; BAG 12.1.2006 – 2 AZR 126/05, NZA 2006, 587; BAG 1.3.2007 – 2 AZR 580/05, NZA 2007, 1445; BAG 26.6.2008 – 2 AZR 139/07, NZA 2008, 1182.
[148] BAG 20.8.1998 – 2 AZR 84/88, NZA 1999, 255; BAG 26.1.1995 – 2 AZR 371/94, NZA 1995, 626 (627 f.).
[149] Linck/Krause/Bayreuther/*Krause* KSchG § 2 Rn. 163; LAG Hamm 3.4.2014 – 17 Sa 1387/13, BeckRS 2014, 68509.
[150] KR/*Kreft* KSchG § 2 Rn. 181.
[151] BAG 27.9.2001 – 2 AZR 236/00, NZA 2002, 750; LAG Schleswig-Holstein 30.1.2007 – 5 Sa 357/06, BeckRS 2007, 41465; BAG 1.3.2007 – 2 AZR 580/05, NZA 2007, 1445; BAG 20.10.2017 – 2 AZR 783/16 (F), NZA 2018, 440 Rn. 41.

der Arbeitgeber die Finanzlage, den Anteil der Personalkosten sowie die Auswirkung der erstrebten Kostensenkung widerspruchsfrei[152] darzustellen und ferner darzulegen, warum andere Maßnahmen nicht in Betracht kommen.[153] Dazu gehört auch, dass der Arbeitgeber konkret darlegt, welches Einsparvolumen er mit seinem Sanierungsplan konkret erreichen möchte.[154]

61 Jeder Bestandteil der Entgeltreduzierung muss Auswirkungen auf die Unternehmenssanierung haben. Zu hohe Anforderungen sind an diese Prüfung allerdings nicht zu stellen. Da oftmals die Änderungskündigung das einzige dem Arbeitgeber zur Verfügung stehende Mittel ist, braucht dieser mit dem Ausspruch einer Änderungskündigung insbesondere nicht zu warten, bis sein Ruin unmittelbar bevorsteht. Als Prüfungsmaßstab ist heranzuziehen, ob die schlechte Geschäftslage einer Weiterbeschäftigung des Arbeitnehmers zu unveränderten Bedingungen entgegensteht.[155]

62 Maßgeblicher Vergleichsmaßstab ist nicht die wirtschaftliche Situation der Betriebsabteilung, in der der betroffene Arbeitnehmer beschäftigt ist. Abzustellen ist vielmehr auf die wirtschaftliche Situation im **Gesamtbetrieb**.[156] Dies schließt eine Reaktion des Arbeitgebers auf die Unrentabilität einer Betriebsabteilung nicht aus, wenn diese so auf das Ergebnis des Gesamtbetriebs durchschlägt, dass ohne Änderungskündigungen Beendigungskündigungen erforderlich würden.[157]

63 Liegt ein diesen Grundsätzen entsprechendes Sanierungskonzept vor, das eine Entgeltreduzierung dem Grunde nach indiziert und eine ausreichende soziale Rechtfertigung für eine Änderungskündigung liefert, darf der Arbeitgeber dies jedoch nicht zum Anlass nehmen zu versuchen, mit seinem Änderungsangebot auch weitere Vertragsänderungen durchzusetzen. Eine mit Sanierungsbedarf begründete Änderungskündigung ist insgesamt sozial ungerechtfertigt, wenn ihr Änderungsangebot neben Entgeltkürzungen Änderungen vorsieht, deren Sanierungseffekt weder ersichtlich noch vorgetragen ist, wie beispielsweise die Einführung einer bislang nicht vorgesehenen Vertragsstrafe oder die Unterwerfung unter eine jeweilige „Arbeitsordnung".[158] Es gilt auch insoweit der vom BAG in ständiger Rechtsprechung bestätigte allgemeine Grundsatz, dass der Arbeitgeber sich bei der Änderungskündigung darauf beschränken muss, lediglich solche Änderungen anzubieten, die der Arbeitnehmer billigerweise hinnehmen muss. Die angebotenen Änderungen dürfen sich nicht weiter vom Inhalt des bisherigen Arbeitsverhältnisses entfernen, als dies **zur Erreichung des angestrebten Ziels erforderlich ist**.[159]

64 Die in der **Änderungskündigung** angebotene neue, reduzierte Vergütung darf nach dem **Grundsatz der Verhältnismäßigkeit** nur soweit abgesenkt werden, wie dies zur Sanierung des Betriebes **unabwendbar notwendig ist**.[160] Dabei ist nicht der Einzelbeitrag eines Arbeitnehmers für sich genommen ins Verhältnis zum Gesamtsanierungsbedarf zu setzen, sondern es ist zu prüfen, ob der Einzelbeitrag als Anteil an allen Sanierungsbeiträgen geeignet und erforderlich ist.[161] Als **mildere Mittel** statt der Reduzierung der Grundvergütung kommen die Nichtgewährung freiwilliger Leistungen, der Widerruf von Leistungen, andere Rationalisierungsmaßnahmen und sonstige Einsparungen in Betracht, wobei auch die Sanierungsfähigkeit des Unternehmens und eigene Sanierungsbeiträge des Arbeitgebers bzw. Dritter (Banken) zu bewerten sind. Außerdem hat der Arbeitgeber zu überprüfen, ob er die Lohnreduzierung **zeitlich beschränken** kann, beispielsweise bei einem nur vorübergehend zu verzeichnenden Verlust.[162]

---

[152] BAG 27.9.2001 – 2 AZR 236/00, NZA 2002, 750.
[153] BAG 12.11.1998 – 2 AZR 91/98, NZA 1999, 471; BAG 11.10.1989 – 2 AZR 60/89, BeckRS 1989, 30732187.
[154] LAG Rheinland-Pfalz 30.6.2010 – 7 Sa 48/10, BeckRS 2011, 70614.
[155] BAG 20.3.1986 – 2 AZR 294/85, NZA 1986, 824; BAG 26.1.1995 – 2 AZR 371/94, NZA 1995, 626; BAG 12.11.1998 – 2 AZR 91/98, NZA 1999, 471; BAG 1.3.2007 – 2 AZR 580/05, NZA 2007, 1445.
[156] BAG 20.8.1998 – 2 AZR 84/98, NZA 1999, 255; BAG 12.11.1998 – 2 AZR 91/98, NZA 1999, 471.
[157] BAG 20.8.1998 – 2 AZR 84/98, NZA 1999, 255; BAG 12.11.1998 – 2 AZR 91/98, NZA 1999, 471.
[158] LAG Köln 21.6.2002 – 11 Sa 1418/01, NZA-RR 2003, 247.
[159] Vgl. nur BAG 2.3.2006 – 2 AZR 64/05, NZA 2006, 985 (mwN); auch → § 46 Rn. 160 ff.
[160] LAG Hamm 29.11.2000 – 18 Sa 174/00, BeckRS 2000, 30788324.
[161] BAG 26.6.2008 – 2 AZR 139/07, NZA 2008, 1182.
[162] BAG 12.11.1998 – 2 AZR 91/98, NZA 1999, 471; BAG 20.8.1998 – 2 AZR 84/98, NZA 1999, 255.

Änderungskündigungen dürfen nicht gegen den **Gleichbehandlungsgrundsatz** verstoßen. 65
Dieser gebietet dem Arbeitgeber, die bei ihm beschäftigten Arbeitnehmer oder Gruppen von
Arbeitnehmern gleich zu behandeln, wenn nicht sachliche Gründe für eine Ungleichbehandlung sprechen. Ausgeschlossen ist nicht nur die sachgrundlose (willkürliche) Schlechterstellung einzelner Arbeitnehmer innerhalb einer Gruppe,[163] sondern vor allem eine sachfremde
Gruppenbildung. Die oben dargestellten Anforderungen an ein umfassendes und ausgewogenes Sanierungskonzept tragen diesem Grundsatz Rechnung. Ein Konzept, das bestimmte
Arbeitnehmergruppen übermäßig mit Vergütungskürzungen belastet und diese Gruppen auf
diese Weise gegenüber Anderen ohne sachlichen Grund benachteiligt, kann eine Änderungskündigung nicht rechtfertigen.[164]

c) Senkung übertariflicher Vergütung. Die Gleichbehandlung mit anderen Arbeitnehmern 66
stellt nach Ansicht des BAG kein „dringendes betriebliches Erfordernis" iSv § 1 Abs. 2
S. 1 KSchG für eine die arbeitsvertragliche Vergütungsregelung verschlechternde Änderungskündigung dar.[165] Dazu bedürfe es betriebsbedingter Gründe.[166] Einem Arbeitgeber,
der mit einzelnen Arbeitnehmern einzelvertraglich eine höhere Vergütung vereinbart hat, als
sie dem betrieblichen Niveau entspricht, ist es verwehrt, unter Berufung auf den Gleichbehandlungsgrundsatz diese Vergütung dem Lohn der übrigen Arbeitnehmer anzupassen, mit
denen er eine solche höhere Lohnvereinbarung nicht getroffen hat.[167] Hat der Arbeitgeber
also in Zeiten des Arbeitskräftemangels mit einigen Arbeitnehmern ein verhältnismäßig hohes Gehalt vereinbart, so bleibt er an diese vertragliche Vereinbarung gebunden, auch wenn
er bei geänderter Wirtschaftslage die Möglichkeit hat, spätere Neueinstellungen wieder zu
schlechteren Arbeitsbedingungen vorzunehmen. Auch eine spätere Neuordnung der tariflichen Vergütungsstruktur begründet für sich genommen kein dringendes betriebliches Erfordernis für eine Änderung der Arbeitsbedingungen.[168]

Eingruppierungen in eine zu hohe Vergütungsgruppe können je nach den Umständen ge- 67
ändert werden.[169] Ob dies durch Änderungskündigung oder Umgruppierung erfolgen kann,
hängt von der jeweils konkreten Sachlage ab.[170] Bei der Beurteilung ist zu berücksichtigen,
ob die unrichtige Eingruppierung bewusst erfolgte oder irrtümlich. Die **Änderung einer offensichtlich und daher bewusst zu hohen Eingruppierung** kommt nur in Betracht, wenn die
Tätigkeitsmerkmale der bisherigen Einstufung durch Veränderung der tatsächlichen Verhältnisse nicht mehr zutreffen und eine anderweitige Beschäftigungsmöglichkeit im Rahmen
der bisherigen Tätigkeitsmerkmale nicht besteht.[171]

Hinsichtlich einer irrtümlichen Eingruppierung lässt die Rechtsprechung verhältnismäßig 68
großzügig die Vertragsanpassung nach unten durch einfache Arbeitgebererklärung, die sog.
„korrigierende Rückgruppierung" zu. Dabei ist zu beachten, dass eine wiederholte korrigierende Rückgruppierung bei unveränderter Tätigkeit und Tarifrechtslage regelmäßig unzulässig ist.[172] Die Eingruppierungsentscheidung hat im Übrigen lediglich deklaratorische Bedeutung und wird nicht Inhalt des Arbeitsvertrages. Daher hat der Arbeitnehmer auch nur
Anspruch auf das richtige, tarifgerechte Entgelt. Dieser Anspruch kann jederzeit durch Umgruppierung verwirklicht werden.[173] Der Arbeitgeber trägt die Darlegungs- und Beweislast
für eine zu hohe Eingruppierung.[174] Die irrtümliche Eingruppierung eines einzelnen Arbeitnehmers in eine zu hohe Vergütungsgruppe kann aber auch zu einem dringenden betriebli-

---

[163] LAG Hamm 29.11.2000 – 18 Sa 174/00, BeckRS 2000, 30788324; auch → § 46 Rn. 162.
[164] LAG Hessen 6.5.2008 – 13 Sa 1739/07, BeckRS 2011, 71652.
[165] BAG 21.1.2000 – 2 ABR 40/99, NZA 2000, 592; s. zusammenfassend auch *Zwanziger* NJW 1995, 916.
[166] BAG 12.1.1961 – 2 AZR 171/59, NJW 1961, 939.
[167] BAG 1.7.1999 – 2 AZR 826/98, NZA 1999, 1336; BAG 12.1.2006 – 2 AZR 126/05, NZA 2006, 587.
[168] BAG 8.10.2009 – 2 AZR 235/08, NZA 2010, 465.
[169] BAG 15.3.1991 – 2 AZR 582/90, NZA 1992, 120.
[170] Vgl. hierzu ausführlich → § 21 Rn. 31 ff.
[171] LAG Niedersachsen 13.3.1981 – 3 Sa 126/08, AuR 1982, 99; ähnlich auch BAG 8.10.2009 – 2 AZR 235/08, NZA 2010, 465.
[172] BAG 23.8.2006 – 4 AZR 417/05, NZA 2007, 516; BAG 23.9.2009 – 4 AZR 220/08, ZTR 2010, 298.
[173] GmbH-Handbuch/*Moll* Teil IV Rn. 209 mwN.
[174] BAG 15.6.2011 – 4 AZR 737/09, BeckRS 2011, 77667; BAG 11.7.2018 –4 AZR 488/17, BeckRS 2018, 29823 Rn. 22.

chen Erfordernis für eine Änderungskündigung zum Zwecke der Rückgruppierung in die tariflich richtige Vergütungsgruppe führen.[175] Das gilt auch für die irrtümliche tarifwidrige Eingruppierung einer größeren Gruppe von Arbeitnehmern durch einen öffentlichen Arbeitgeber, bei der das Gebot der sparsamen Haushaltsführung die richtige tarifliche Vergütung grundsätzlich dringend erforderlich macht.[176]

69 Die **Einführung einer neuen Lohnfindungsmethode** wie beispielsweise die Umstellung auf eine leistungsbezogene Vergütung stellt nach einem Urteil des LAG Rheinland-Pfalz **keinen betriebsbedingten** Kündigungsgrund gegenüber einem Arbeitnehmer dar, dessen Lohn sich aus Grundlohn und widerruflicher Gewinnbeteiligung zusammensetzt. Eine solche Kündigung findet selbst dann nicht auf Grund des Gleichbehandlungsgrundsatzes ihre Rechtfertigung, wenn 90 % der Belegschaft der Änderung bereits zugestimmt hatte.[177]

III. Arbeitsvertragsbedingungen mit kollektivem Bezug

70 Eine etwas weiter reichende Flexibilisierung von Arbeitsbedingungen kann der Arbeitgeber im Rahmen individualrechtlicher Vereinbarungen erreichen, wenn er einen kollektiven Bezug herstellt und so – zumindest in Teilen – von den Vorteilen kollektiver Flexibilisierungselemente profitieren kann. Als Mittel kommen namentlich die Inbezugnahme kollektiver Regelungswerke, aber auch die kollektive Gewährung von Sozialleistungen unter Einbeziehung des Betriebsrats in Betracht.

71 Die Rechtsprechung stellt an die Transparenz von Bezugnahmeklauseln seit der Schuldrechtsmodernisierung höhere Anforderungen.[178] An der grundsätzlichen Zulässigkeit von **Verweisungsklauseln** hat sich dadurch nichts geändert. Soweit ein Tarifwerk insgesamt und ohne Abweichungen in Bezug genommen wird, sind die tariflichen Regelungen gemäß § 310 Abs. 4 S. 3 BGB iVm § 307 Abs. 3 BGB in aller Regel einer Inhaltskontrolle entzogen (→ § 10 Rn. 234 ff.). Sofern im Arbeitsvertrag eine **dynamische** Verweisung auf den **jeweils gültigen** Tarifvertrag vereinbart worden ist, kann sich dies auch weiterhin zu Ungunsten der Vergütung auswirken, wenn ein neu ausgehandelter Tarifvertrag eine Reduzierung der Vergütung vorsieht.[179] Der Zeitpunkt der Änderung richtet sich nach dem Inkrafttreten des Tarifvertrages. Selbst eine **rückwirkende Absenkung von Gratifikationen** ist auf diese Weise möglich. Tarifvertragliche Regelungen tragen den immanenten Vorbehalt ihrer nachträglichen Änderung durch Tarifvertrag in sich.[180]

72 Die Gestaltungsfreiheit der Tarifvertragsparteien zur rückwirkenden Änderung tarifvertraglicher Regelungen ist jedoch durch den Grundsatz des **Vertrauensschutzes** der Normunterworfenen begrenzt. Das Vertrauen in die Fortgeltung einer Tarifnorm ist nicht mehr schutzwürdig, wenn und sobald der normunterworfene Arbeitnehmer mit deren Änderung rechnen muss.[181] In einem vom BAG entschiedenen Fall durften die Arbeitnehmer wegen der schwierigen wirtschaftlichen Lage des Arbeitgebers bei einer Gesamtbetrachtung des Geschehensablaufes und seiner Ursachen nicht auf den unveränderten Fortbestand der tarifvertraglichen Regelung der Weihnachtsgratifikation für das laufende Jahr vertrauen.

73 Im Bereich der Kirchen kann eine ähnliche Flexibilität durch die umfassende **Inbezugnahme kirchlicher Arbeitsvertragsregelungen** erreicht werden. Bei der Inhaltskontrolle kirchlicher Arbeitsvertragsregelungen gemäß § 310 Abs. 4 S. 2 BGB ist als eine im Arbeitsrecht geltende Besonderheit angemessen zu berücksichtigen, dass kirchliche Arbeitsvertragsregelungen auf dem sog. Dritten Weg entstehen und von einer paritätisch besetzten Arbeits-

---

[175] BAG 19.10.1961 – 2 AZR 457/90, AP KSchG § 1 Betriebsbedingte Kündigung Nr. 13; BAG 15.3.1991 – 2 AZR 582/90, NZA 1992, 120.
[176] BAG 15.3.1991 – 2 AZR 582/90, NZA 1992, 120.
[177] LAG Rheinland-Pfalz 9.1.1997 – 5 Sa 992/96, NZA 1998, 598.
[178] Dazu → § 10 Rn. 234 ff. und → § 68 Rn. 106 ff.
[179] BAG 9.7.1997 – 4 AZR 635/95, NZA 1998, 494; BAG 28.11.2007 – 6 AZR 390/07, NJOZ 2008, 4397; BAG 24.9.2008 – 6 AZR 7607, NZA 2009, 154.
[180] BAG 2.2.2006 – 2 AZR 58/05, NZA 2006, 868; LAG Schleswig-Holstein 4.9.2007 – 5 Sa 61/07, BeckRS 2007, 48087; BAG 28.11.2007 – 6 AZR 390/07, NJOZ 2008, 4397.
[181] BAG 17.5.2000 – 4 AZR 216/99, NZA 2000, 1297; auch → § 68 Rn. 160.

rechtlichen Kommission beschlossen werden. Dies kann dazu führen, dass in kirchlichen Arbeitsvertragsregelungen Gestaltungen zulässig sind, die von den allgemeinen Grundsätzen abweichen.[182]

Nach einer grundlegenden Entscheidung des Großen Senats des BAG können vertraglich begründete Ansprüche der Arbeitnehmer **auf freiwillige Neben- bzw. Sozialleistungen,** die auf eine vom Arbeitgeber gesetzte Einheitsregelung oder Gesamtzusage oder auf eine betriebliche Übung zurückgehen, durch nachfolgende Betriebsvereinbarungen in den Grenzen von Recht und Billigkeit beschränkt werden, wenn die Neuregelungen insgesamt bei kollektiver Betrachtung nicht ungünstiger sind.[183] Solche den einzelnen Arbeitnehmern zukommenden Leistungen bilden untereinander ein Bezugssystem. Dieses beruht auf zwei Grundentscheidungen, die der Einzelregelung vorangehen müssen. Es geht einerseits um die Entscheidung über die **Höhe der** insgesamt einzusetzenden **finanziellen Mittel** und andererseits um die Bestimmung der **Verteilungsgrundsätze.** Beide Entscheidungen sind nur in einem geschlossenen Regelungssystem erreichbar und ihre gemeinsame Zielsetzung kann nicht erreicht werden, wenn einzelne Ansprüche der begünstigten Arbeitnehmer isoliert betrachtet werden. Durch eine umstrukturierende Betriebsvereinbarung werden daher solche vertraglichen Ansprüche der Arbeitnehmer abgelöst, die in einem entsprechenden Bezugssystem zueinander stehen und damit einen kollektiven Bezug zueinander aufweisen. In diesen Fällen kann von einem Dotierungsrahmen gesprochen werden, bei dem sich die Frage stellt, wie die durch den Dotierungsrahmen vorgegebenen finanziellen Mittel verteilt werden.[184] Die umstrukturierende Betriebsvereinbarung löst die bisherige Einheitsregelung ab und tritt an deren Stelle.[185] An dieser besonderen Möglichkeit eines **kollektiven Günstigkeitsvergleichs** im oben beschriebenen Sinne hält die Rechtsprechung auch nach der Schuldrechtsmodernisierung fest.[186]

Auf andere arbeitsvertragliche Ansprüche treffen diese Überlegungen nicht zu. Das gilt vor allem für Ansprüche auf das eigentliche Arbeitsentgelt als Gegenleistung für die geschuldete Arbeitsleistung, für Ansprüche auf Bezahlung von Mehrarbeit, Nachtarbeit und Feiertagsarbeit, für Ansprüche auf Urlaub und Urlaubsvergütung und Ansprüche auf Fortzahlung des Lohnes bei Arbeitsverhinderung, aber auch für andere Regelungen, die den Inhalt des Arbeitsverhältnisses bestimmen, wie die Dauer der wöchentlichen Arbeitszeit oder die Kündigungsfristen. Derartige Ansprüche werden nicht aus einer vorgegebenen Finanzierungsmasse befriedigt, die nach bestimmten Verteilungsgrundsätzen zu verteilen ist. Für sie kommt ein kollektiver Günstigkeitsvergleich daher nicht in Betracht.[187] Sie können also vom Grundsatz her nicht von vornherein durch eine nachfolgende Betriebsvereinbarung abgelöst werden. Soweit allerdings Normen einer Betriebsvereinbarung für die Arbeitnehmer günstiger sind als die arbeitsvertragliche Vereinbarung, verdrängen sie diese für die Dauer ihrer Wirkung, machen sie aber nicht nichtig.[188] In Bezug auf derartige Ansprüche kommt eine spätere Ablösung durch eine – ggf. auch verschlechternde – Betriebsvereinbarung aber dennoch in Betracht, wenn schon die Einheitsregelung, auf der sie beruhen, erkennbar „**betriebsvereinbarungsoffen"** ausgestaltet ist.[189] Nach der Schuldrechtsmodernisierung ist insoweit das Transparenzgebot zu beachten. Will ein Arbeitgeber seinen Arbeitnehmern eine Leistung unter dem Vorbehalt einer ablösenden Betriebsvereinbarung gewähren, sollte er ebenso wie bei einem Widerrufs- oder Freiwilligkeitsvorbehalt hinreichend klar und verständlich zum Ausdruck bringen, dass er die Leistung „betriebsvereinbarungsoffen" gewähren will. Andernfalls kann unter Umständen ein „durchschnittlicher", verständiger Arbeit-

---

[182] BAG 22.7.2010 – 6 AZR 170/08, BeckRS 2010, 73442; BAG 26.9.2013 – 8 AZR 1013/12, NZA-RR 2014, 177 Rn. 25; BAG 30.10.2019 – 6 AZR 465/18, NZA 2020, 379 Rn. 34.
[183] BAG 16.9.1986 – GS 1/82, NZA 1987, 168.
[184] BAG 28.3.2000 – 1 AZR 366/99, NZA 2001, 49.
[185] BAG 16.9.1986 – GS 1/82, NZA 1987, 168.
[186] Vgl. BAG 19.2.2008 – 3 AZR 61/06, NZA-RR 2008, 597; BAG 21.4.2010 – 4 AZR 768/08, AP BGB § 613a Nr. 387 Rn. 38; BAG 16.11.2011 – 10 AZR 60/11, NZA 2012, 349 Rn. 16.
[187] BAG 21.9.1989 – 1 AZR 454/88, NZA 1990, 351; s. dazu auch *Richardi* NZA 1990, 331.
[188] BAG 21.9.1989 – 1 AZR 454/88, NZA 1990, 351.
[189] BAG 19.2.2008 – 3 AZR 61/09, NZA-RR 2008, 597 Rn. 34; BAG 17.7.2012 – 1 AZR 476/11, NZA 2013, 338 Rn. 29; vgl. auch *Moderegger* ArbRB 2009, 239 (241).

nehmer dies nicht erkennen.[190] Im Sinne des Flexibilisierungsinteresses des Arbeitgebers positiv zu werten sind in diesem Kontext die Entscheidungen des 1. Senats des BAG, der davon ausgeht, dass eine konkludente Vereinbarung einer Betriebsvereinbarungsoffenheit regelmäßig bereits dann anzunehmen ist, wenn der Vertragsgegenstand in Allgemeinen Geschäftsbedingungen enthalten ist und einen kollektiven Bezug hat.[191] Mit der Verwendung von Allgemeinen Geschäftsbedingungen mache der Arbeitgeber für den Arbeitnehmer erkennbar deutlich, dass im Betrieb einheitliche Vertragsbedingungen gelten sollen. Eine betriebsvereinbarungsfeste Gestaltung der Arbeitsbedingungen stünde dem entgegen. Ganz ähnlich hat nunmehr der 5. Senat des BAG entschieden, dass regelmäßig von der Möglichkeit einer Abänderung durch betriebliche Normen auszugehen sei, wenn der Vertragsgegenstand in Allgemeinen Geschäftsbedingungen enthalten sei und – wie stets bei Gesamtzusagen – einen kollektiven Bezug habe.[192] Dann könne aus Sicht eines verständigen und redlichen Arbeitnehmers nicht zweifelhaft sein, dass es sich bei den vom Arbeitgeber gestellten Arbeitsbedingungen um solche handele, die einer, möglicherweise auch verschlechternden, Änderung durch Betriebsvereinbarung zugänglich seien.

Formulierungsvorschlag:

76   Der Anspruch auf ...... richtet sich ausschließlich und ohne Rücksicht auf Günstigkeit nach den Regelungen der jeweils geltenden Betriebsvereinbarung. Er entfällt, wenn er nicht mehr in einer Betriebsvereinbarung geregelt ist.

oder:

Der Anspruch auf ...... besteht nur, solange und soweit er nicht durch eine spätere Betriebsvereinbarung verändert oder ganz aufgehoben wird.

77   Allgemein etwas großzügiger bei der Annahme, dass sich schon aus den Gesamtumständen ein Vorbehalt verschlechternder betrieblicher Regelungen ergeben kann, hatte sich das BAG schon zuvor in Bezug auf **Zusagen einer betrieblichen Altersversorgung** gezeigt, wo schon der Hinweis darauf, dass die maßgeblichen Richtlinien mit dem Betriebsrat abgestimmt seien, zur „Betriebsvereinbarungsoffenheit" führen kann.[193] Eine Verschlechterung betrieblicher Versorgungswerke durch Betriebsvereinbarungen ist jedoch, auch wenn eine Ablösung grundsätzlich in Betracht kommt, anhand der **Grundsätze des Vertrauensschutzes und der Verhältnismäßigkeit** daraufhin zu untersuchen, ob es für sie entsprechend der Intensität des Eingriffs in die bereits begründeten Besitzstände einen Rechtfertigungsgrund gibt (→ § 40 Rn. 45 ff.).[194] Je nachdem, ob die Neuregelung in bereits erdiente Besitzstände, in eine erdiente Dynamik oder in die eingeräumte Möglichkeit, noch dienstzeitabhängige Zuwächse zu erdienen, eingreifen will, bedarf es zu deren Rechtfertigung nach dem sog. **Dreistufenmodell** zwingender, triftiger oder doch zumindest sachlich-proportionaler Eingriffsgründe.[195]

---

[190] BAG 5.8.2009 – 10 AZR 483/08, NZA 2009, 1105.
[191] BAG 5.3.2013 – 1 AZR 417/12, NZA 2013, 916 Rn. 60; BAG 24.10.2017 – 1 AZR 846/15, BeckRS 2017, 142553 Rn. 18.
[192] BAG 30.1.2019 – 5 AZR 450/17, NZA 2019, 1065 Rn. 60; BAG 30.1.2019 – 5 AZR 442/17, NZA 2019, 1076 Rn. 60.
[193] BAG 15.12.2011 – 3 AZR 35/09, NZA-RR 2011, 541; 10.3.2015 – 3 AZR 56/14, NZA-RR 2015, 371.
[194] BAG 18.3.2003 – 3 AZR 101/02, NZA 2004, 1099.
[195] BAG 16.7.1996 – 3 AZR 398/95, NZA 1997, 533; 23.10.2001 – 3 AZR 74/01, NZA 2003, 986; zuletzt: BAG 23.2.2016 – 3 AZR 960/13, BeckRS 2016, 67746 Rn. 39; auch → § 40 Rn. 45 ff.

§ 26 Bildungs- und Umzugsbeihilfen

Übersicht

	Rn.
I. Aus- und Fortbildungsbeihilfen	1–97
1. Definition der Beihilfen	1/2
2. Arbeitsvertragliche Rückzahlungsklauseln	3–66
a) Allgemeine Zulässigkeitsgrundsätze	4–6
b) Bereichsvorbehalt im Berufsausbildungsverhältnis	7–12
c) Grenzen des Vertragsfreiheit	13
d) Inhaltliche Anforderungen	14–65
e) Rückzahlungsklauseln als Darlehen oder Schuldbestätigungsvertrag	66
3. Beendigung des Arbeitsverhältnisses	67–74
4. Inhalt und Umfang der Rückzahlungspflicht	75–81
5. Tarifvertragliche Rückzahlungsklauseln	82–86
6. Rückzahlungsklauseln in Betriebsvereinbarungen	87
7. Rechtsprechungs-Zusammenfassung	88–95
II. Umzugsbeihilfen	96–112
1. Definition	96
2. Anspruch auf Umzugsbeihilfen	97–102
3. Rückzahlungsklauseln	103–109
4. Tarifvertragliche Rückzahlungsklauseln	110–112
III. Willkommensprämie	113/114

I. Aus- und Fortbildungsbeihilfen

1. Definition der Beihilfen

Ausbildungskosten sind alle Aufwendungen, die **durch eine berufliche Bildungsmaßnahme veranlasst** sind. Erfasst werden neben der beruflichen Fortbildung, der beruflichen Umschulung und der Berufsausbildung nach § 1 Abs. 1 BBiG auch berufliche Weiterbildungen. Zur **Aus- oder Fortbildung** gehört jede Maßnahme zur **Entwicklung von Fähigkeiten und Kenntnissen,** die generell für den Arbeitnehmer **beruflich von Nutzen** sind.[1] Die Berufsausbildung ist bei der erstmaligen Vermittlung von Grundkenntnissen und Grundfertigkeiten anzunehmen, sie kann aber im Anschluss an eine Erstausbildung stattfinden.[2] Unter Fortbildung versteht man nach § 1 IV BBiG eine Maßnahme, deren Ziel es ist, die berufliche Handlungsfähigkeit sowie bereits **vorhandene Kenntnisse** zu erhalten, anzupassen oder zu erweitern und beruflich aufzusteigen. Aus- und Fortbildungsbeihilfen des Arbeitgebers fallen **nicht** unter den **Entgeltbegriff.** Die Begriffe „Ausbildung" und „Fortbildung" sind nicht auf besondere Kenntnisse oder Fähigkeiten begrenzt, die der Arbeitnehmer durch die Bildungsmaßnahme erst erlangen soll und die er dann vereinbarungsgemäß weiterhin im Betrieb einsetzt.[3] Vielmehr kann die Aus- oder Fortbildung auch darin bestehen, bereits **vorhandene Kenntnisse zu verbessern** oder durch tatsächliche praktische Übungen zu optimieren.[4] 1

Beihilfen werden vom Arbeitgeber meist mit dem Ziel gewährt, **qualifizierte Arbeitskräfte im Betrieb zu halten.**[5] Dies geschieht regelmäßig in der Erwartung, dass der Arbeitgeber nach Beendigung der Aus- und Fortbildung die Arbeitskraft des aus- oder fortgebildeten Arbeitnehmers für einen gewissen Zeitraum tatsächlich nutzen kann. Um zu verhindern, dass die Erwartungen des Arbeitgebers enttäuscht werden und der Arbeitnehmer nach Beendigung der Aus- und Fortbildung seine Stelle nicht antritt oder vor Ablauf einer gewissen Zeit aus dem Arbeitsverhältnis ausscheidet, wird vielfach vereinbart, dass der Arbeitnehmer 2

---

[1] BAG 30.11.1994 – 5 AZR 715/93, NZA 1995, 727.
[2] BAG 3.6.1987 – 5 AZR 285/86, NZA 1988, 66; *Dorth* RdA 2013, 287 (289).
[3] BAG 30.11.1994 – 5 AZR 715/93, NZA 1995, 727.
[4] BAG 30.11.1994 – 5 AZR 715/93, NZA 1995, 727.
[5] *Dorth* RdA 2013, 287; *Straube* NZA-RR 2012, 505.

in diesem Fall die vom Arbeitgeber aufgewandten Aus- oder Fortbildungskosten zurückzuzahlen hat.

2. Arbeitsvertragliche Rückzahlungsklauseln

3   Grundsätzlich sind einzelvertragliche Vereinbarungen zulässig, durch die sich ein Arbeitnehmer zur Rückzahlung von Aus- oder Fortbildungskosten für den Fall verpflichtet, dass er vor Ablauf einer bestimmten Frist das Arbeitsverhältnis beendet.[6] Die **Vertragsfreiheit** erlaubt die Vereinbarung derartiger **Rückzahlungsklauseln** in arbeitsvertraglichen Vereinbarungen zwischen Arbeitgeber und Arbeitnehmer. Die Rückzahlungsklausel kann dabei rechtlich unterschiedlich konstruiert werden: Denkbar ist, die Rückzahlung der Ausbildungskosten gem. § 158 Abs. 1 BGB unter die aufschiebende Bedingung der Beendigung des Arbeitsverhältnisses zu stellen. Ebenso kann die Ausbildungsfinanzierung als arbeitgeberisches Darlehen gewährt werden oder aber für den Fall der vorzeitigen Beendigung des Arbeitsverhältnisses eine Vertragsstrafe nach § 339 BGB in Höhe der Ausbildungskosten vereinbart werden.[7] Allerdings ergeben sich Einschränkungen durch Gesetz, Tarifverträge oder Betriebsvereinbarungen. Weiter ist die Zulässigkeit an der Frage zu messen, ob der Arbeitnehmer durch die Klausel entgegen den Geboten von Treu und Glauben in seinen Grundrechten aus Art. 12 GG beeinträchtigt wird. Diese Zulässigkeitsgrundsätze gelten unabhängig davon, ob die Rückzahlungspflicht rechtlich als Bedingung, Darlehen oder Vertragsstrafe konstruiert wird.[8]

4   **a) Allgemeine Zulässigkeitsgrundsätze.** Die Wirksamkeit der Verpflichtung zur Rückzahlung von Ausbildungskosten beurteilt sich grundsätzlich nach den Umständen im Zeitpunkt des Vertragsschlusses. Spätere Entwicklungen können nur herangezogen werden, wenn sie beim Vertragsschluss vorhersehbar waren.[9]

5   Grundsätzlich unzulässig und mithin **unwirksam** sind – insbesondere im Hinblick auf das Gebot, dass eine Rückzahlungsvereinbarung nicht unter Druck geschlossen werden darf – **nach Beginn der Ausbildungsmaßnahme** vereinbarte Rückzahlungsklauseln.[10] Dem Arbeitgeber obliegt zudem eine **Hinweispflicht**. Er muss den Arbeitnehmer zu Beginn der vereinbarten Bildungsmaßnahme klar und unmissverständlich auf die Folgen hinweisen.[11]

6   Eine „generelle Erstattungsregelung", also eine solche, die pauschal die Erstattungspflicht begründet, ohne sich auf eine Fortbildungsmaßnahme zu beziehen oder zwischen mehreren zu differenzieren, ist wegen **Verstoßes gegen Treu und Glauben** unwirksam.[12] Zudem muss die Rückzahlungsverpflichtung hinsichtlich ihres Grundes und ihres Umfangs eindeutig sein. Der Arbeitnehmer muss die Folgen, die sich für ihn aus dem Abschluss einer solchen Vereinbarung ergeben, erkennen können.[13]

7   **b) Bereichsvorbehalt im Berufsausbildungsverhältnis.** Nach § 12 Abs. 1 BBiG sind Vereinbarungen nichtig, die den Auszubildenden und Personen in gleichgestellten Ausbildungsgängen (§ 26 BBiG) für die Zeit nach Beendigung des Berufsausbildungsverhältnisses in der Ausübung einer beruflichen Tätigkeit beschränken. Diese Bestimmung gilt nur bei betrieblicher, nicht bei schulischer Ausbildung. Sie setzt voraus, dass der Auszubildende in einen Be-

---

[6] BAG 5.6.2007 – 9 AZR 604/06, NZA-RR 2008, 107; 21.7.2005 – 6 AZR 452/04, NZA 2006, 542; 24.6.2004 – 6 AZR 383/03, NZA 2004, 1035; 21.11.2001 – 5 AZR 158/00, NZA 2002, 551.
[7] *Dorth* RdA 2013, 287 (289); vgl. auch *Schmidt/Radermacher* MDR 2014, 316 (320); zur Gewährung von Fortbildungskosten als Darlehen siehe zudem unten → Rn. 55.
[8] *Dorth* RdA 2013, 287 (289); vgl. auch *Hennige* NZA-RR 2000, 617; *Schmidt/Radermacher* MDR 2014, 316 (320); *Stück* DStR 2008, 2020 (2021); vgl. auch BAG 18.3.2014 – 9 AZR 545/12, NZA 2014, 957 Rn. 20.
[9] BAG 24.6.2004 – 6 AZR 383/03, NJW 2004, 3059; 13.11.1991 – 5 AZR 105/91, BeckRS 1991, 30739317; 24.7.1991 – 5 AZR 430/9, NZA 1992, 211.
[10] BAG 9.12.1992 – 5 AZR 158/92, BeckRS 2010, 65616; zustimmend *Dorth* RdA 2013, 287 (300); *Jesgarzewski* RdA 2013, 52 (57); aA *Schmidt/Radermacher* MDR 2014, 316 (317).
[11] BAG 19.3.1980 – 5 AZR 362/78, BB 1980, 1470; LAG Rheinland-Pfalz 27.7.2004 – 5 Sa 219/04, PflR 2005, 452.
[12] BAG 28.5.2013 – 3 AZR 103/12, NZA 2013, 1419 Rn. 18; 21.11.2002 – 6 AZR 77/01, NZA 2003, 991 im Fall der gleichzeitigen Vereinbarung einer Fortbildungspflicht.
[13] BAG 6.8.2013 – 9 AZR 442/1, NZA 2013, 1361; 21.8.2012 – 3 AZR 698/10, NZA 2012, 1428; 19.3.1980 – 5 AZR 362/78, BB 1980, 1470.

trieb eingegliedert ist, in einer dem Arbeitsverhältnis nahe stehenden Rechtsbeziehung zum Ausbildenden steht und für den Betrieb mit einer vom Ausbildungszweck bestimmten Zielrichtung arbeitet.[14]

Ein ausdrückliches **Verbot mit Nichtigkeitsfolge** für Rückzahlungsvereinbarungen über die Verpflichtung des Auszubildenden, für die Berufsausbildung eine Entschädigung zu zahlen, enthält § 12 Abs. 2 Nr. 1 BBiG. Die Regelung ist als **Konkretisierung des** in Art. 12 GG verankerten **Rechts auf Berufsfreiheit** zu verstehen. Dem Auszubildenden dürfen danach keine Kosten auferlegt werden, die bei der Ausbildung entstehen.[15] 8

Zu den **Kosten der Berufsausbildung** nach § 12 Abs. 2 Nr. 1 BBiG zählen **alle** im Rahmen der **Berufsausbildung notwendigen Kosten.** Hierzu gehören auch Kosten außerbetrieblicher Lehrgänge, soweit sie in den Aus- oder Fortbildungsgang integriert sind[16] sowie Kosten für die Verpflegung und Unterkunft des Auszubildenden, die dadurch entstehen, dass die praktische Berufsausbildung nicht im Ausbildungsbetrieb, sondern an einem anderen Ort vorgenommen wird. Dies gilt auch, wenn sich die gesamte praktische Ausbildung außerhalb des Ausbildungsbetriebs vollzieht.[17] **Nicht** erfasst sind die **Aufwendungen,** die bei einer **dualen Ausbildung** im Zusammenhang mit dem Besuch der Berufsschule anfallen. In diesem Zusammenhang entstehende Kosten der theoretischen Ausbildung, wie etwa Lehrmittel oder die Fahrtkosten zur Berufsschule, hat allein der Auszubildende zu tragen, da dieser Ausbildungsteil nicht vom Betrieb zu erbringen ist.[18] Das BBiG findet auch keine Anwendung, wenn die **praktische Tätigkeit** Teil eines dualen Studiums ist.[19] In diesem Falle treten die für das Studium geltenden Regeln an Stelle des BBiG (§ 3 Abs. 2 Nr. 1 BBiG). 9

Das BAG hat **Inhalt und Reichweite** von § 12 Abs. 1 S. 1 und Abs. 2 Nr. 1 BBiG stärker konkretisiert. Danach ist eine Vereinbarung, wonach der Arbeitgeber die Studiengebühren einer dualen Ausbildung darlehensweise übernimmt und die Tilgung durch eine zweijährige Tätigkeit des Auszubildenden im Anschluss an die Ausbildung erfolgt, wirksam. Denn die Kosten der Berufsakademie (BA) gehören nicht zur betrieblichen Berufsausbildung, so dass keine Entschädigungszahlung im Sinne des § 12 Abs. 2 Nr. 1 BBiG vorliegt.[20] Selbst wenn die Anwendbarkeit des BBiG bejaht wird, ist die Ausbildung an einer BA vergleichbar mit dem „schulischen Bereich" im Rahmen einer dualen Ausbildung.[21] Da § 12 Abs. 1 S. 1 BBiG den Art. 12 GG konkretisiert, verbietet sich nicht generell jede mittelbar wirkende Beeinträchtigung der Entscheidungsfreiheit des Auszubildenden.[22] 10

Ebenso nicht unter § 12 Abs. 2 Nr. 1 BBiG fällt ein Ausbildungszuschuss, der zusätzlich zur regulären Ausbildungsvergütung bezahlt wird. Das gilt jedenfalls dann, wenn die dem Auszubildenden gezahlte Ausbildungsvergütung gemessen am Üblichen nicht derart gering ist, dass die Aufspaltung der tatsächlichen Zahlungen in eine Ausbildungsvergütung und einen daneben gezahlten Zuschuss bei lebensnaher Betrachtung als Umgehung des Entschädigungsverbots gewertet werden muss.[23] 11

Ein Arbeitsverhältnis, in dem Rückzahlungsklauseln möglich sind, ist in Abgrenzung zur Berufsausbildung dann anzunehmen, wenn es neben der Arbeitsleistung auch eine berufliche Fortbildung des Arbeitnehmers zum Gegenstand hat, wobei die Elemente des Arbeitsverhältnisses jedoch überwiegen müssen.[24] Eine analoge Anwendung des § 12 BBiG auf Ausbildungen im Rahmen eines Arbeitsverhältnisses ist mangels vergleichbarer Interessenlage abzulehnen.[25] 12

---

[14] BAG 21.11.2001 – 5 AZR 158/0, NZA 2002, 551; 16.10.1974 – 5 AZR 575/73, BB 1975, 184.
[15] BAG 25.7.2002 – 6 AZR 381/00, BB 2003, 316; 21.9.1995 – 5 AZR 994/94, NZA 1996, 205; 29.6.1988 – 5 AZR 450/87, BeckRS 1988, 30726712; 25.4.1984 – 5 AZR 386/83, NZA 1985, 184.
[16] BAG 21.9.1995 – 5 AZR 994/94, NZA 1996, 205.
[17] BAG 21.9.1995 – 5 AZR 994/94, NZA 1996, 205; 29.6.1988 – 5 AZR 450/87, BeckRS 1988, 30726712.
[18] So BAG 25.4.2001 – 5 AZR 509/99, NZA 2002, 1396 = RdA 2002, 184 (186) mAnm *Schlachter*.
[19] BAG 18.11.2008 – 3 AZR 192/07, NZA 2009, 435.
[20] BAG 25.4.2001 – 5 AZR 509/99, NZA 2002, 1396; vgl. auch *Günther* öAT 2014, 137.
[21] BAG 25.4.2001 – 5 AZR 509/99, NZA 2002, 1396.
[22] BAG 25.4.2001 – 5 AZR 509/99, NZA 2002, 1396.
[23] LAG Düsseldorf 21.6.2013 – 10 Sa 206/13, BeckRS 2013, 71218.
[24] BAG 5.12.2002 – 6 AZR 216/0, NZA 2003, 880.
[25] *Dorth* RdA 2013, 287 (289).

13   c) **Grenzen der Vertragsfreiheit.** Die **Vertragsfreiheit** gilt nicht uneingeschränkt. Zahlungsverpflichtungen, die an eine vom Arbeitnehmer ausgehende Kündigung anknüpfen, stellen einen **Eingriff** in das **Grundrecht auf freie Wahl des Arbeitsplatzes** aus Art. 12 GG dar. Derartige Zahlungsverpflichtungen können unter dem Gesichtspunkt einer übermäßigen Beeinträchtigung dieses Grundrechts unwirksam sein. Entscheidend ist, dass den **möglichen Nachteilen** für den Arbeitnehmer ein **angemessener Ausgleich** gegenübersteht. Die Rückzahlungspflicht muss vom Standpunkt eines verständigen Betrachters einem begründeten und billigenswerten Interesse des Arbeitgebers entsprechen. Der Arbeitnehmer muss mit der Aus- oder Fortbildungsmaßnahme eine angemessene Gegenleistung für die Rückzahlungsverpflichtung erhalten haben.[26] Insgesamt muss dem Arbeitnehmer die Erstattungspflicht zumutbar sein. Rückzahlungsvereinbarungen dürfen daher nicht dem **Verhältnismäßigkeitsgrundsatz** widersprechen. Aus den speziellen Regelungen des § 12 Abs. 2 BBiG ergeben sich die bei der Verhältnismäßigkeitsprüfung heranzuziehenden Maßstäbe.[27]

14   d) **Inhaltliche Anforderungen.** In der Praxis finden sich heute fast ausschließlich Rückzahlungsregelungen in Form von AGB.[28] In diesem Fall findet eine **AGB-Kontrolle** statt. Alle Gesichtspunkte, die außerhalb dessen entwickelt worden sind, finden auch hier Berücksichtigung.[29] Die AGB-Kontrolle führt somit zu **weitergehenden Beschränkungen** als die Inhaltskontrolle bei Individualarbeitsverträgen.

15   Soweit Formulararbeitsverträge verwandt werden, gelten nach der Streichung der Bereichsausnahme von § 23 Abs. 1 AGBG die **§§ 305 ff. BGB** auch im Arbeitsrecht, wobei nach § 310 Abs. 4 S. 2 BGB die arbeitsrechtlichen Besonderheiten angemessen zu berücksichtigen sind. Dies gilt selbst dann, wenn die Vertragsklauseln nur zur einmaligen Verwendung bestimmt sind. Denn der Arbeitnehmer ist Verbraucher im Sinne des § 13 BGB.[30] Die §§ 305 ff. BGB finden gem. § 310 Abs. 3 Nr. 2 BGB auch dann Anwendung, wenn die Vertragsklauseln nicht für eine Vielzahl von Verträgen vorformuliert sind.[31] Ebenso wenig entzieht § 307 Abs. 3 BGB Rückzahlungsklauseln von der AGB-Kontrolle. Unter § 307 Abs. 3 BGB fallen solche Klauseln, die lediglich den Inhalt der vertraglichen Hauptleistungspflichten bestimmen.[32] Rückzahlungsklauseln gehen darüber hinaus, indem sie die Umstände des vom Verwender gemachten Hauptleistungsversprechens ausgestalten.[33] Gemäß Art. 229 § 5 S. 2 EGBGB findet das neue AGB-Recht seit dem 1.1.2003 im Übrigen auch auf Verträge Anwendung, die vor dem 1.1.2002 geschlossen wurden.[34] Seit der Streichung der Bereichsausnahme braucht die Rechtsprechung bei der Inhaltskontrolle von arbeitsrechtlichen Vertragsklauseln nicht mehr auf die §§ 242, 315 BGB zurückzugreifen.[35] Allerdings sind im Rahmen der AGB-Kontrolle die von der Rechtsprechung zu § 242 und § 315 BGB entwickelten Grundsätze auch weiterhin zu berücksichtigen.[36]

16   Ausgenommen von der AGB-Kontrolle sind nach § 310 Abs. 4 S. 1 BGB Klauseln in Betriebsvereinbarungen oder Tarifverträgen. Das gilt auch, wenn diese durch einen Arbeitsvertrag in Bezug genommen werden.[37] Anders liegt der Fall aber, wenn nur einzelne Klauseln eines Tarifvertrages in einem Arbeitsvertrag übernommen werden. Diese sind als normale Vertragsklauseln zu werten und unterliegen vollumfänglich der AGB-Kontrolle.[38]

---

[26] BAG 18.3.2014 – 9 AZR 545/12, NZA 2014, 957 Rn. 19; 11.4.2006 – 9 AZR 610/05, NJW 2006, 3083; 16.3.1994 – 5 AZR 339/92, NZA 1994, 937.
[27] BAG 25.4.2001 – 5 AZR 509/99, NZA 2002, 1396.
[28] *Dimsic* RdA 2016, 106 (107).
[29] *Schönhöft* NZA-RR 2009, 625 (626).
[30] BAG 18.3.2014 – 9 AZR 545/12, NZA 2014, 957 Rn. 14; 25.5.2005 – 5 AZR 572/04, NZA 2005, 1111.
[31] BAG 18.3.2008 – 9 AZR 186/07, DB 2008, 1805.
[32] MüKoBGB/*Wurmnest* § 307 Rn. 13.
[33] BAG 13.12.2011 – 3 AZR 791/09, AP BGB § 611 Ausbildungsbeihilfe Nr. 45 Rn. 14; LAG Rheinland-Pfalz 3.3.2015 – 8 Sa 561/14, BeckRS 2015, 70516 Rn. 43.
[34] BAG 17.11.2005 – 6 AZR 160/05, NZA 2006, 872; *Straube* NZA-RR 2012, 505.
[35] MüKoBGB/*Basedow* § 310 Rn. 130.
[36] *Schmidt* NZA 2004, 1002; *Schönhöft* NZA-RR 2009, 625 (626); *Straube* NZA-RR 2012, 505.
[37] → Rn. 82.
[38] BAG 6.8.2013 – 9 AZR 442/12, NZA 2013, 1361.

Anders als bei den §§ 242 und 315 BGB findet im Rahmen des § 307 BGB allerdings keine Einzelfallprüfung im Hinblick auf die Frage, ob der Arbeitnehmer im konkreten Fall schutzwürdig ist, statt. Denn im Gegensatz zu einer solchen am konkreten Einzelfall ausgerichteten Rechtsprechung beruht die zum Recht der Allgemeinen Geschäftsbedingungen gehörende Inhaltskontrolle nunmehr auf einer **typisierenden Betrachtung** einer Klausel, die ohne Rücksicht auf individuelle Besonderheiten der Vertragsparteien und des konkreten Einzelfalles vorzunehmen ist.[39] Das hat zur Folge, dass die Klausel auch dann unwirksam ist, wenn sich ihr Übermaß in dem konkret zu entscheidenden Fall gar nicht auswirkt.[40]

Die früher durch die Rechtsprechung bei unzumutbar langer Bindung vorgenommene Anpassung der jeweiligen Vertragsklausel ist bei Formularverträgen heute grundsätzlich nicht mehr möglich. Für Formularverträge besteht nämlich nach § 306 Abs. 2 BGB das **Verbot der geltungserhaltenden Reduktion**.[41] Eine Aufrechterhaltung mit eingeschränktem Inhalt wäre nicht mit dem Zweck der §§ 305 ff. BGB vereinbar.[42] Dem Verwendungsgegner soll die Möglichkeit sachgerechter Information über die ihm aus dem vorformulierten Vertrag erwachsenen Rechte und Pflichten verschafft werden. Wenn die unzulässige Klausel auf einen mit dem Recht der Allgemeinen Geschäftsbedingungen zu vereinbarenden Regelungsgehalt zurückgeführt werden könnte, würde der Vertragspartner des Verwenders mit überzogenen Klauseln konfrontiert werden. Für den Verwender bliebe lediglich die Möglichkeit, in einem Prozess seine Rechten und Pflichten zu erfahren. Wer die Möglichkeit nutzt, die ihm der Grundsatz der Vertragsfreiheit für die Aufstellung von AGB eröffnet, muss auch das vollständige Risiko einer Klauselunwirksamkeit tragen.[43] Eine andere Rechtsfolge kann auch nicht durch die AGB selbst angeordnet werden. Eine Klausel, die eine von § 306 BGB abweichende Rechtsfolge der Unwirksamkeit normiert, ist ihrerseits unwirksam nach § 307 Abs. 1 BGB.[44]

Die Anwendung des § 306 Abs. 2 BGB bereitet allerdings bei Formulararbeitsverträgen insoweit Probleme, als dass geschriebenes dispositives Arbeitsrecht, welches an die Stelle der unwirksamen Klausel treten könnte, nur begrenzt existiert. Zudem sind auch dispositive richterrechtliche Regeln oftmals nicht hinreichend gesichert.[45]

Auch eine **ergänzende Vertragsauslegung** kommt bei Rückzahlungsklauseln grundsätzlich nicht in Betracht. Diese würde ebenfalls den Regelungszweck der §§ 305 ff. BGB unterlaufen.[46] Zweck ist nämlich, dem Verwendungsgegner sachgerechte Informationen über die ihm aus dem vorformulierten Vertrag erwachsenden Rechte und Pflichten zu verschaffen. Dieses Ziel würde nicht erreicht werden, wenn jeder Verwender von Allgemeinen Geschäftsbedingungen zunächst die Grenze dessen überschreitet, was er zu seinen Gunsten in gerade noch vertretbarer Weise vereinbaren durfte. Der Vertragspartner würde den Umfang seiner Rechte und Pflichten dann erst zuverlässig im Prozess erfahren. Somit würde das Risiko der Verwendung unwirksamer Klauseln entgegen dem Gesetzeszweck vom Verwender weg verlagert.[47]

Unter Umständen kommt eine ergänzende Vertragsauslegung allerdings in Betracht, wenn das Festhalten an dem Vertrag für eine Vertragspartei eine unzumutbare Härte darstellen würde.[48] Eine Interessenabwägung muss zu Gunsten des Arbeitgebers ausfallen.[49] Das ist

---

[39] BAG 23.1.2007 – 9 AZR 482/0, NZA 2007, 748 (750); 11.4.2006 – 9 AZR 610/05, NZA 2006, 1042.
[40] BAG 28.5.2013 – 3 AZR 103/12, NZA 2013, 1419 Rn. 21; 13.12.2011 – 3 AZR 791/09, NZA 2012, 738 Rn. 39.
[41] Vgl. BAG 14.1.2009 – 3 AZR 900/07, NZA 2009, 666.
[42] BAG 23.1.2007 – 9 AZR 482/06, NZA 2007, 748; 11.4.2006 – 9 AZR 610/05, NZA 2006, 1042; LAG Mecklenburg-Vorpommern 23.8.2011 – 5 Sa 44/11, NZA-RR 2012, 181.
[43] BAG 23.1.2007 – 9 AZR 482/06, NZA 2007, 748; 11.4.2006 – 9 AZR 610/05, NZA 2006, 1042; LAG Mecklenburg-Vorpommern 23.8.2011 – 5 Sa 44/11, NZA-RR 2012, 181.
[44] BAG 28.5.2013 – 3 AZR 103/12, NZA 2013, 1419; 13.12.2011 – 3 AZR 791/09, NZA 2012, 738.
[45] Dazu ausführlich *Willemsen/Grau* RdA 2003, 321 (324) mwN.
[46] BAG 18.3.2014 – 9 AZR 545/12, NZA 2014, 957 Rn. 22; 6.8.2013 – 9 AZR 442/12, NZA 2013, 1361 Rn. 20 ff.; 21.8.2012 – 3 AZR 698/1, NZA 2012, 1428; 23.1.2007 – 9 AZR 482/06, NZA 2007, 748.
[47] Vgl. BAG 14.1.2009 – 3 AZR 900/07, NZA 2009, 666.
[48] Vgl. BAG 18.3.2014 – 9 AZR 545/12, NZA 2014, 957 Rn. 22; 14.1.2009 – 3 AZR 900/07, NZA 2009, 666.
[49] Vgl. LAG Rheinland-Pfalz 26.1.2015 – 2 Sa 397/14, BeckRS 2015, 68013.

etwa anzunehmen, wenn sich in der überlangen Bindungsdauer einer Klausel nur das Prognoserisiko niedergeschlagen hat.[50] Hat sich nämlich der Arbeitgeber hinreichend bemüht, die korrekte maximal zulässige Bindungsdauer vorherzusehen, so wäre es unbillig, ihn dennoch mit der unrettbaren Unwirksamkeit der ganzen Klausel zu konfrontieren.[51]

22 Allgemein kann im Übrigen eine **teilweise unwirksame Klausel** mit ihrem zulässigen Teil aufrechterhalten werden (blue-pencil-test). Erforderlich ist, dass der unzulässige Teil sprachlich eindeutig abtrennbar ist. Es wird eine sprachlich und inhaltlich teilbare Klauselfassung vorausgesetzt, die ohne ihre unzulässigen Bestandteile mit ihrem zulässigen Inhalt aufrechterhalten werden kann. Gegenstand der Inhaltskontrolle sind dann für sich jeweils verschiedene, nur formal verbundene AGB-Bestimmungen.[52]

23 Eine Rückzahlungsklausel ist jedoch nicht insoweit teilunwirksam, sofern sie eine Rückzahlungsverpflichtung für Gründe normiert, die in den Risiko- und Verantwortungsbereich des Arbeitgebers fallen. Nach Auffassung des BAG ist die Klausel insoweit nicht teilbar.[53]

24 Rückzahlungsklauseln dürfen nach **§ 307 Abs. 1 S. 1 BGB** den Vertragspartner **nicht unangemessen benachteiligen**. Dabei haben die Gerichte den konkurrierenden Grundrechtspositionen des Arbeitnehmers und des Arbeitgebers ausgewogen Rechnung zu tragen.[54] Die für den Arbeitnehmer tragbaren Bindungswirkungen sind dabei auf Grund einer **Güter- und Interessensabwägung** nach Maßgabe des **Verhältnismäßigkeitsgrundsatzes** unter Heranziehung der Umstände des Einzelfalls zu ermitteln.[55]

25 Vereinbarungen, nach denen sich ein Arbeitnehmer an den Kosten einer vom Arbeitgeber finanzierten Ausbildung zu beteiligen hat, soweit er vor Ablauf bestimmter Fristen aus dem Arbeitsverhältnis ausscheidet, sind danach nur zulässig, wenn die Aus- und Fortbildungsmaßnahme für den Arbeitnehmer von **geldwertem Vorteil**[56] ist, sei es, dass bei seinem bisherigen Arbeitgeber die Voraussetzungen einer höheren Vergütung erfüllt sind oder sich die erworbenen Kenntnisse auch anderweitig nutzbar machen lassen.[57]

26 Daneben kommt es entscheidend auf die Dauer der Bindung, den Umfang der Aus- bzw. Fortbildungsmaßnahme sowie auf die Höhe des Rückzahlungsbetrags und dessen Abwicklung an.[58] Im Rahmen der Interessenabwägung ist insbesondere das Recht auf einen Arbeitsplatzwechsel des Arbeitnehmers nach Art. 12 GG sowie dessen ausbildungsbezogener beruflicher Vorteil gegen das Interesse des Arbeitgebers an der Amortisierung der Investition, also die Erwartung, sich die erworbene Qualifikation des Arbeitnehmers zumindest für eine bestimmte Zeit nutzbar zu machen, ins Verhältnis zu setzen.[59]

27 *aa) Betriebsbezogene Bildungsmaßnahmen.* Rückzahlungsklauseln sind **unzulässig**, wenn Bildungsmaßnahmen allein den Zweck haben, vorhandene Kenntnisse und Fertigkeiten aufzufrischen oder zu vertiefen, ohne dem Arbeitnehmer neue berufliche Chancen zu eröffnen oder sonstige Vorteile zu bringen.[60] Hierzu gehört beispielsweise die Teilnahme an einem

---

[50] BAG 14.1.2009 – 3 AZR 900/07, NZA 2009, 666; LAG Mecklenburg-Vorpommern 23.8.2011 – 5 Sa 44/11, NZA-RR 2012, 181.
[51] LAG Mecklenburg-Vorpommern 23.8.2011 – 5 Sa 44/11, NZA-RR 2012, 181.
[52] BAG 23.1.2007 – 9 AZR 482/06, NZA 2007, 748; 11.4.2006 – 9 AZR 610/05, NZA 2006, 1042.
[53] BAG 18.3.2014 – 9 AZR 545/12, NZA 2014, 957 Rn. 21; 23.1.2007 – 9 AZR 482/06, NZA 2007, 748; eingehend zur Teilbarkeit BAG 11.4.2006 – 9 AZR 610/05, NZA 2006, 1042 Rn. 31 f.
[54] So die Grundsatzentscheidung des BAG 16.3.1994 – 5 AZR 339/92, NZA 1994, 937; im Anschluss an BVerfG 19.10.1993 – 1 BvR 567/89, 1 BvR 1044/89, BB 1994, 16.
[55] BAG 14.1.2009 – 3 AZR 900/07, NZA 2009, 666; 11.4.2006 – 9 AZR 610/0, NJW 2006, 3083; 24.6.2004 – 6 AZR 383/03, NJW 2004, 3059; 5.12.2002 – 6 AZR 539/01, NZA 2003, 559; 16.3.1994 – 5 AZR 339/92, NZA 1994, 937.
[56] Vgl. dazu ausführlich → Rn. 29 ff.
[57] BAG 15.9.2009 – 3 AZR 173/08, NJW 2010, 550.
[58] BAG 30.11.1994 – 5 AZR 715/93, NZA 1995, 727; 16.3.1994 – 5 AZR 339/92, NZA 1994, 937; 15.12.1993 – 5 AZR 279/93, NZA 1994, 835; 24.7.1991 – 5 AZR 430/90, NZA 1992, 211 (Pilot/Boeing 737-300); 11.4.1990 – 5 AZR 308/89, NZA 1991, 178; 18.8.1976 – 5 AZR 399/75, BB 1976, 1514; 29.6.1962 – 1 AZR 350/61, DB 1962, 1312.
[59] BAG 18.3.2014 – 9 AZR 545/12, NZA 2014, 957 Rn. 19; 13.12.2011 – 3 AZR 791/09, NZA 2012, 738; vgl. zudem *Jesgarzewski* BB 2011, 1594; *Straube* NZA-RR 2012, 505.
[60] BAG 5.12.2002 – 6 AZR 539/01, NZA 2003, 559; LAG Hessen 7.9.1988 – 2 Sa 359/88, DB 1989, 887.

dreiwöchigen reinen Vertiefungs- und Auffrischungslehrgang für Mitarbeiter einer Bank.[61] Gleiches gilt, wenn die Schulungskosten zur **Einarbeitung für einen bestimmten Arbeitsplatz** aufgewandt werden; und zwar unabhängig davon, ob es sich um einen Berufsanfänger, einen neu eingestellten Branchenfremden oder aus einem anderen Bereich versetzten Arbeitnehmer handelt.[62] Unwirksam wäre daher eine Klausel, die die Kosten für Fortbildungen erfasst, die allein diesem einen Unternehmen nützen (etwa für eine nur in diesem Unternehmen verwendete Software).[63]

Ebenfalls im überwiegenden Interesse des Arbeitgebers liegt eine Schulung, innerhalb derer der Arbeitnehmer lediglich den **Nachweis** über bereits **vorhandene Fähigkeiten** erbringen soll.[64] Unwirksam ist daher beispielsweise in der Regel die Kostenübertragung auf den Arbeitnehmer für ein **TÜV-Schweißerzeugnis,** soweit nicht ausnahmsweise die Einstellung bereits von der Vorlage eines Prüfzeugnisses abhängig gemacht wird.[65] Die am Lehrgangsende erteilte Erlaubnis stellt eine öffentlich-rechtliche Gestattung dar, ohne die der Arbeitgeber die Arbeitnehmer nicht entsprechend einsetzen darf und deshalb auf dem Markt nicht tätig werden kann.[66] Mit einem solchen Nachweis ist regelmäßig auch keine Lohnerhöhung verbunden.

28

bb) Geldwerter Vorteil. Im Rahmen der Interessenabwägung ist zunächst darauf abzustellen, ob und inwieweit der Arbeitnehmer mit der Aus- oder Fortbildung einen **geldwerten Vorteil** erlangt.[67] Nur in diesem Falle kann der Arbeitgeber ein berechtigtes Interesse an der Bindung des Arbeitnehmers haben. Abzustellen ist darauf, ob bei dem Arbeitgeber eine höhere Vergütung erreicht werden kann, ob sich die Berufs- und Verdienstaussichten des Arbeitnehmers auf dem Arbeitsmarkt verbessert haben und ob die erworbenen Kenntnisse im weiteren Arbeitsleben nutzbar sind.[68] Demnach liegt kein geldwerter Vorteil vor, wenn die Ausbildung zB nur innerbetrieblich von Nutzen ist oder nur bereits vorhandene Kenntnisse aufgefrischt werden oder die Kenntnisse des Arbeitnehmers an vom Arbeitgeber veranlasste neuere betriebliche Gegebenheiten angepasst werden.[69]

29

Eine Kostenbeteiligung ist dem Arbeitnehmer umso eher zuzumuten, je größer für ihn der mit der Aus- oder Fortbildung verbundene berufliche Vorteil ist. Andererseits scheidet eine Beteiligung an Kosten in der Regel aus, wenn die **Interessen des Arbeitnehmers** an der Aus- oder Fortbildung im Vergleich zu denen des Arbeitgebers gering sind. Dies ist idR anzunehmen, wenn die Aus- oder Fortbildungsmaßnahmen im Wesentlichen auf die Bedürfnisse des Arbeitgebers und dessen Interessen im Rahmen seiner konkreten Betriebsorganisation ausgerichtet sind, wenn die Aus- und Fortbildung also etwa nur innerbetrieblich von Vorteil ist oder nur der Auffrischung von vorhandenen Kenntnissen und Fähigkeiten dient.[70] Denn Kosten der personellen Instandhaltung des Unternehmens muss stets der Arbeitgeber tragen.[71]

30

Das BAG zieht den **Kreis der möglichen Vorteile** für den Arbeitnehmer sehr weit. Als beruflicher Vorteil wird nicht mehr nur die Einstellung bei dem Arbeitgeber oder der Erwerb von Berufserfahrung angesehen; ein solcher kann vielmehr bereits vorliegen, wenn dem Arbeitnehmer durch die Fortbildung nicht gänzlich fernliegende berufliche Möglichkeiten er-

31

---

[61] LAG Hessen 7.9.1988 – 2 Sa 359/88, DB 1989, 887.
[62] LAG Düsseldorf 29.3.2001 – 11 Sa 1760/00, NZA-RR 2002, 292; *Klinkhammer/Peters* ArbRAktuell 2015, 369 (370).
[63] *Elking* BB 2014, 885 (888).
[64] *Huber/Blömeke* BB 1998, 2157 (2158).
[65] LAG Düsseldorf 7.11.1990 – 4 Sa 1295/90, DB 1991, 708; kritisch *Schmidt/Radermacher* MDR 2014, 316 (318).
[66] Küttner Personalbuch 2020/*Poeche* Rückzahlungsklausel Rn. 8.
[67] BAG 14.1.2009 – 3 AZR 900/07, NZA 2009, 666; LAG Nürnberg 20.8.2014 – 4 Sa 96/14, NZA-RR 2015, 123.
[68] LAG Rheinland-Pfalz 31.7.2014 – 3 Sa 203/14, BeckRS 2014, 72731.
[69] BAG 16.3.1994 – 5 AZR 339/92, NZA 1994, 937.
[70] BAG 16.3.1994 – 5 AZR 339/92, NZA 1994, 937; 24.7.1991 – 5 AZR 443/90, NZA 1992, 405 (Umschulung auf einen anderen Flugzeugtyp); 18.8.1976 – 5 AZR 399/75, BB 1976, 1514; 20.2.1975 – 5 AZR 240/74, BB 1975, 1206.
[71] Vertiefend hierzu *Schmidt/Radermacher* MDR 2014, 316 (319).

schlossen werden.⁷² Ausreichend ist insoweit bereits die Möglichkeit einer **kontinuierlichen Berufsentwicklung** auf Seiten des Arbeitnehmers.⁷³ Wird in der Fortbildungsvereinbarung umschrieben, dass und inwiefern die Maßnahme dem Arbeitnehmer einen beruflichen Vorteil bringt, verschafft das dem Arbeitgeber in einem späteren Rechtsstreit eine bessere argumentative Ausgangslage.⁷⁴

32 Eine Rückzahlungsklausel in Bezug auf vom Arbeitgeber vorgeschossene Kosten, die dem Arbeitnehmer zwar einen Vorteil bringen, sich letztlich aber als Investitionen in das Unternehmen darstellen, ist jedoch nur dann interessengerecht, wenn dem Arbeitnehmer die Möglichkeit gegeben wird, der Rückzahlungspflicht durch Betriebstreue zu entgehen.⁷⁵ Daher verbietet es sich, die Übernahme der Kosten von Faktoren abhängig zu machen, die ausschließlich dem Verantwortungs- und Risikobereich des Arbeitgebers zuzurechnen sind.⁷⁶ Der Arbeitnehmer würde andernfalls letztlich in unzulässiger Weise mit den Kosten einer fehlgeschlagenen Investition des Arbeitgebers belastet.⁷⁷

33 *cc) Maßstäbe für die Bindungsdauer.* Nach der Rechtsprechung des BAG müssen die Vorteile der Ausbildung und die Dauer der Bindung in einem **angemessenen Verhältnis** zueinander stehen.⁷⁸ Das ist in erster Linie nach der Dauer der Aus- und Fortbildungsmaßnahme, aber auch anhand der Qualität der erworbenen Qualifikationen sowie der vom Arbeitgeber aufgewendeten Mittel zu beurteilen.⁷⁹

34 Grundsätzlich gilt dabei Folgendes: Bei einer Fortbildungsdauer von bis zu einem Monat ohne Verpflichtung zur Arbeitsleistung unter Fortzahlung der Bezüge ist eine Bindungsdauer bis zu sechs Monaten zulässig, bei einer Fortbildungsdauer von bis zu zwei Monaten eine einjährige Bindung, bei einer Fortbildungsdauer von drei bis vier Monaten eine zweijährige Bindung, bei einer Fortbildungsdauer von sechs Monaten bis zu einem Jahr keine längere Bindung als drei Jahre und bei einer mehr als zweijährigen Dauer eine Bindung von fünf Jahren. Abweichungen davon sind jedoch möglich. Es geht nicht um rechnerische Gesetzmäßigkeiten, sondern um richterrechtlich entwickelte Regelwerte, die einzelfallbezogenen Abweichungen zugänglich sind.⁸⁰ Genaue Einschätzungen der Rechtslage sind daher zum Scheitern verurteilt.⁸¹ Als Abweichungen begründende Kriterien kommen etwa die Freistellung des Arbeitnehmers für die Fortbildung, die Kosten der Fortbildung, der Inhalt der Fortbildung oder auch die Größe des Unternehmens in Betracht.⁸² Hat der Arbeitgeber kein Interesse daran, die weitere Qualifikation des Arbeitnehmers zu nutzen, so ist dessen Bindung unangemessen.⁸³ Das betrifft in der Praxis vor allem Fortbildungen, die allein als **Incentive** angeboten werden.

35 Die Bindung an das Arbeitsverhältnis bis zum Abschluss der Aus- oder Fortbildung ist dabei nicht nur dann zumutbar, wenn die Aus- oder Weiterbildung „in einem Block" absol-

---

⁷² *Düwell/Ebeling* DB 2008, 406 (408).
⁷³ BAG 21.11.2001 – 5 AZR 158/00, NZA 2002, 551.
⁷⁴ Vgl. *Olbertz/Sturm* GWR 2015, 510 (511); *Klinkhammer/Peters* ArbRAktuell 2015, 369 (370).
⁷⁵ Vgl. dazu BAG 18.3.2014 – 9 AZR 545/12, NZA 2014, 957 Rn. 18; 14.1.2009 – 3 AZR 900/07, NZA 2009, 666 mwN; LAG Baden-Württemberg 24.5.2012 – 9 Sa 30/12, AE 2012, 224.
⁷⁶ BAG 18.11.2003 – 3 AZR 192/07, NZA 2009, 435.
⁷⁷ BAG 18.3.2014 – 9 AZR 545/12, NZA 2014, 957 Rn. 18; LAG Baden-Württemberg 24.5.2012 – 9 Sa 30/12, AE 2012, 224; *Schönhöft* NZA-RR 2009, 625 (627).
⁷⁸ BAG 18.3.2014 – 9 AZR 545/12, NZA 2014, 957 Rn. 19; 19.1.2011 – 3 AZR 621/08, NZA 2012, 85; 15.9.2009 – 3 AZR 173/08, NZA 2010, 342; 14.1.2009 – 3 AZR 900/07, NZA 2009, 666; *Straube* NZA-RR 2012, 505.
⁷⁹ BAG 18.3.2014 – 9 AZR 545/12, NZA 2014, 957; 19.1.2011 – 3 AZR 621/08, NZA 2012, 85; 15.9.2009 – 3 AZR 173/08, NZA 2010, 342; 14.1.2009 – 3 AZR 900/07, NZA 2009, 666; *Straube* NZA-RR 2012, 505.
⁸⁰ Vgl. dazu BAG 18.3.2014 – 9 AZR 545/12, NZA 2014, 957 Rn. 19; 19.1.2011 – 3 AZR 621/08, NZA 2012, 85; 15.9.2009 – 3 AZR 173/08, NZA 2010, 342; 14.1.2009 – 3 AZR 900/0, NZA 2009, 666 mwN; 21.7.2005 – 6 AZR 452/04, NZA 2006, 542; 5.12.2002 – 6 AZR 539/01, NZA 2003, 559; *Dimsic* RdA 2016, 106 (108); *Dorth* RdA 2013, 287 (294); aA *Jesgarzewski* BB 2011, 1594 (1597); *Jesgarzewski* RdA 2013, 52 (57).
⁸¹ Kritisch *Hoffmann* NZA-RR 2015, 337 (339) [„Blindflug mit sehr ungewissem Ausgang"].
⁸² *Hoffmann* NZA-RR 2015, 337 (339); *Sassel/Häcker* DB 2014, 600; *Schmidt/Radermacher* MDR 2014, 316 (320).
⁸³ BAG 18.3.2014 – 9 AZR 545/12, NZA 2014, 957 Rn. 19.

viert wird, sondern auch in Fällen, in denen sie in mehreren, zeitlich voneinander getrennten Abschnitten erfolgt.[84]

Die **Höhe** der aufgewandten und zurückzuzahlenden **Aus- und Fortbildungskosten** sowie die während der Freistellung des Arbeitnehmers gezahlte Vergütung spielen demnach eine untergeordnete Rolle.[85] Sie sagen nichts über die maßgeblichen Vorteile aus, die der Arbeitnehmer erhält, und hängen letztlich von Umständen ab, die ohnehin bereits bei der Vorteilsbewertung in die Abwägung einzubeziehen sind (etwa von der früheren Vergütung des Arbeitnehmers und der Dauer des Lehrgangs).[86] Sowohl die Dauer als auch die Kosten der Aus- bzw. Fortbildung stellen daher nur mehr oder weniger **schlüssige Indizien** dar. Besitzt der Arbeitnehmer schon Vorkenntnisse, so verkürzt dies nicht die Ausbildungsdauer, wenn die Dauer der Fortbildung gesetzlich bestimmt ist. Das gilt etwa dann, wenn die Zulassung zu einer staatlichen Abschlussprüfung von einer Mindestdauer der Fortbildung abhängt.[87]

Dennoch können die aufgewendeten Mittel eine **Verlängerung der zulässigen Bindungsdauer** rechtfertigen. Dies kann etwa dann der Fall sein, wenn der Arbeitgeber „ganz erhebliche Mittel aufwendet oder die Teilnahme an der Fortbildung dem Arbeitnehmer überdurchschnittlich große Vorteile bringt".[88] Das BAG addiert bei der Bestimmung der Erheblichkeit des Aufwandes die tatsächlich angefallenen externen Aufwendungen mit der dem Arbeitnehmer in der Freistellungsphase gewährten Bruttovergütung.[89] Eine exakte Grenze für die Höhe der Aufwendungen wird durch das BAG nicht definiert. Ein Aufwand von 5.000 EUR soll für ein mittelständisches Unternehmen aber jedenfalls keine außergewöhnliche Belastung darstellen.[90] Für ein kleines Unternehmen hat das BAG dies bei einem Betrag von 3.200 EUR abgelehnt.[91]

Einen Grundsatz, nach dem die Bindungsdauer höchstens sechs Mal so lang sein darf wie die Dauer der Bildungsmaßnahme, gibt es nicht.[92] Ein **gesetzliches Höchstmaß** von fünf Jahren ergibt sich aber aus § 624 BGB.

dd) Abwesenheitszeiten. **Abwesenheitszeiten** verlängern die Bindungsfristen grundsätzlich nicht. Allerdings ist die Zulässigkeit einer entsprechenden Klausel im Einzelfall zu prüfen. Eine übermäßig lange Bindung kann wegen Verletzung von Art. 12 GG unwirksam sein.[93] Nicht wirksam ist die Vereinbarung der Verlängerung nach den oben dargestellten Grundsätzen jedenfalls dann, wenn der Grund für die Abwesenheit aus der Sphäre des Arbeitgebers stammt oder gesetzliche Schutzzwecke dem widersprechen.[94] Dies ist im Bereich des Mutterschutzes, der Eltern- und Pflegezeiten der Fall.[95]

ee) Rückzahlungsklauseln im Individualvertrag. Sofern Rückzahlungsklauseln – ausnahmsweise[96] – individualvertraglich vereinbart werden, gelten hinsichtlich der Abwägung und der Verhältnismäßigkeit im Hinblick auf Art. 12 GG sämtliche oben dargestellte Gesichtspunkte. Sie finden über § 242 BGB grundsätzlich auch Eingang in Individualvereinbarungen.[97] Allerdings kann hier – anders als bei den durch AGB vereinbarten Rückzahlungsklauseln[98] – eine Aufrechterhaltung von Bestimmungen durch **salvatorische Klauseln** erreicht werden. Ebenso finden die Grundsätze der **ergänzenden Vertragsauslegung** in Weiterführung der vor der Schuldrechtsreform entwickelten Rechtsprechung Anwendung.

---

[84] BAG 19.1.2011 – 3 AZR 621/08, NZA 2012, 85.
[85] AA *Jesgarzewski* BB 2011, 1594 (1597); *Jesgarzewski* RdA 2013, 52 (57).
[86] BAG 24.7.1991 – 5 AZR 430/90, NZA 1992, 211; 15.5.1985 – 5 AZR 161/84, RiA 1986, 11; 18.8.1976 – 5 AZR 399/75, BB 1976, 1514.
[87] LAG Düsseldorf 2.9.2013 – 9 Sa 519/13, nv.
[88] BAG 14.1.2009 – 3 AZR 900/07, NZA 2009, 666.
[89] BAG 14.1.2009 – 3 AZR 900/07, NZA 2009, 666.
[90] BAG 14.1.2009 – 3 AZR 900/07, NZA 2009, 666.
[91] BAG 15.9.2009 – 3 AZR 173/08, NZA 2010, 342.
[92] BAG 6.9.1995 – 5 AZR 241/94, NZA 1996, 314.
[93] LAG Niedersachsen 11.5.2004 – 13 Sa 1765/03, BeckRS 2005, 41636.
[94] *Schönhöft* NZA-RR 2009, 625 (630).
[95] *Dimsic* RdA 2016, 106 (109); *Dorth* RdA 2013, 287 (296); *Schönhöft* NZA-RR 2009, 625 (630).
[96] *Olbertz/Sturm* GWR 2015, 510.
[97] *Dorth* RdA 2013, 287 (288).
[98] → Rn. 18–19.

41 *ff) Darlegungs- und Beweislast.* Die **Darlegungs- und Beweislast** für die Tatsachen, aus denen sich ergibt, dass der Arbeitnehmer durch die Weiterbildung einen beruflichen Vorteil erlangt hat, liegt beim **Arbeitgeber**. Er muss darlegen und beweisen, dass für entsprechend ausgebildete Arbeitskräfte auf dem Arbeitsmarkt in nennenswertem Umfang Bedarf besteht.[99] Der Arbeitgeber trägt auch die Beweislast dafür, dass der Arbeitnehmer gesteigerte **außerbetriebliche Verdienstchancen** durch die Ausbildungsbeihilfe erworben hat.

42 Er genügt seiner Darlegungslast, wenn er substantiiert vorträgt, dass der Arbeitnehmer durch die Weiterbildung eine **anerkannte Qualifikation** erworben und ihm diese **innerbetriebliche Vorteile** gebracht hat. Dabei kann der Vorteil auch in der Einstellung selbst liegen.

43 Dem Arbeitgeber kommen jedoch **Beweiserleichterungen** zu Gute. Das BAG hat in einer Grundsatzentscheidung[100] eingeräumt, dass an die Darlegungs- und Beweislast des Arbeitgebers im Hinblick auf den beruflichen Vorteil bislang von der Rechtsprechung zu hohe Anforderungen gestellt wurden. Der Umstand, dass dem Arbeitgeber eine Zukunftsprognose hinsichtlich der künftigen Verhältnisse auf dem Arbeitsmarkt abverlangt werde, rechtfertige insoweit Einschränkungen. Der Arbeitgeber muss demnach nur Umstände darlegen, aus denen sich ergibt, dass im Zeitpunkt der Vereinbarung der Rückzahlungsklausel durch die Aus- und Fortbildung „ein **beruflicher Vorteil** für den Arbeitnehmer mit **überwiegender Wahrscheinlichkeit** erwartet werden konnte". Der Arbeitnehmer muss die Wahrscheinlichkeitsbeurteilung des Arbeitgebers dann entkräften.[101]

44 *gg) Beispiele aus der Rechtsprechung.* Eine Klausel, die den **ratierlichen Abbau** eines Studiendarlehens für jeden Monat der späteren Tätigkeit vorsieht, ist nach Auffassung des BAG nach § 307 Abs. 1 S. 1 BGB unangemessen, wenn sie keine Verpflichtung des Darlehensgebers enthält, den Studierenden nach erfolgreichem Abschluss des Studiums zu beschäftigen.[102]

45 Die Überwälzung der Ausbildungskosten für den Fall, dass dem Auszubildenden **kein adäquater Arbeitsplatz** angeboten wird, kann ebenfalls gegen § 307 Abs. 1 S. 1 BGB verstoßen.[103] Denn der Arbeitnehmer soll die Chance haben, der Rückzahlungsverpflichtung durch Betriebstreue zu entgehen. Das aber ist ihm unmöglich, wenn ihm nach Abschluss der Ausbildung kein adäquater Arbeitsplatz angeboten wird.[104]

46 Eine Rückzahlungsklausel für Ausbildungskosten eines **dualen Studiums,** die dann eingreifen soll, wenn der Student das ihm nach Abschluss des Studiums angebotene Anschlussarbeitsverhältnis vorzeitig beendet, kann dann eine unangemessene Benachteiligung beinhalten, wenn die Konditionen des Angebots – insbesondere hinsichtlich der zu erwartenden Vergütung – nicht näher bestimmt sind.[105]

47 Auch eine vereinbarte **Bindungsdauer** von drei Jahren bei einer knapp zweimonatigen Fortbildung eines Schweißers zum Auftragsschweißer benachteiligt den Arbeitnehmer unangemessen iSv § 307 Abs. 1 S. 1 BGB.[106] Gleiches gilt wohl für einen Fortbildungsvertrag, in dem für eine Fortbildung von 63 Tagen eine Bindungsdauer von drei Jahren festgesetzt wird.[107]

48 Eine **Lehrgangsdauer von bis zu zwölf Monaten** rechtfertigt in der Regel nur dann eine längere Bindung als drei Jahre nach Abschluss der Ausbildung, wenn durch die Teilnahme

---

[99] BAG 24.7.1991 – 5 AZR 443/90, NZA 1992, 405; 11.4.1990 – 5 AZR 308/8, NZA 1991, 178; 30.11.1994 – 5 AZR 715/93, NZA 1995, 727; LAG Düsseldorf 7.11.1990 – 4 Sa 1295/90, DB 1991, 708; GmbH-HdB/*Moll/Reufels* Rn. IV 232.1; Küttner Personalbuch 2020/*Poeche* Rückzahlungsklausel Rn. 22 zur Darlegungs- und Beweislast des AG.
[100] BAG 16.3.1994 – 5 AZR 339/92, NZA 1994, 937.
[101] BAG 30.11.1994 – 5 AZR 715/93, NZA 1995, 727; 16.3.1994 – 5 AZR 339/92, NZA 1994, 937.
[102] BAG 18.3.2008 – 9 AZR 186/07, DB 2008, 1805.
[103] BAG 18.11.2008 – 3 AZR 192/07, NZA 2009, 435; LAG Hamm 14.1.2011 – 7 Sa 1615/10, BeckRS 2011, 71491.
[104] BAG 13.12.2011 – 3 AZR 791/09, NZA 2012, 738 Rn. 26; 18.11.2008 – 3 AZR 192/07, NZA 2009, 435 Rn. 35; zustimmend *Koch-Rust/Rosentreter* NZA 2013, 879 (883); kritisch zu dieser Rechtsprechung *Sasse/Häcker* DB 2014, 600 (601).
[105] LAG Köln 27.5.2010 – 7 Sa 23/10, NZA-RR 2011, 11.
[106] LAG Schleswig-Holstein 23.9.2008 – 5 Sa 203/08, AuR 2009, 103.
[107] LAG Köln 15.4.2010 – 13 Sa 1405/09, PflR 2011, 126.

am Lehrgang eine besonders hohe Qualifikation verbunden mit überdurchschnittlichen Vorteilen für den Arbeitnehmer entsteht.[108]

Die Teilnahme an einem **halbjährigen Sparkassenfachlehrgang** auf Kosten des Arbeitgebers lässt eine auf drei Jahre befristete Verpflichtung des Arbeitnehmers zur Rückzahlung der vom Arbeitgeber getragenen Kosten zu.[109]

Ein **sechsmonatiger Sprachaufenthalt** unter Mitarbeit in einem Unternehmen im Ausland kann eine Bindung des Arbeitnehmers an den Arbeitgeber von bis zu zwei Jahren rechtfertigen.[110]

Eine **Lehrgangsdauer** von **drei bis vier Monaten** kann eine Bindungsdauer von **zwei Jahren** rechtfertigen.[111] Eine zweijährige Bindungsdauer ist dagegen unangemessen lang, wenn die Ausbildung (zum Handelsfachwirt) nur ca. drei Monate gedauert, Kosten von ca. 9.000 EUR (entsprechend vier Monatsgehältern) verursacht und dem Arbeitnehmer **keine überdurchschnittlichen Vorteile** gebracht hat.[112]

Eine Lehrgangsdauer von **bis zu zwei Monaten** rechtfertigt in der Regel nur dann eine längere Bindung als ein Jahr nach Abschluss der Ausbildung, wenn durch die Teilnahme am Lehrgang eine **besonders hohe Qualifikation** verbunden mit **überdurchschnittlichen Vorteilen** für den Arbeitnehmer entsteht oder wenn die Fortbildung besonders **kostenintensiv** ist.[113] Eine **praktische Unterweisung** des Arbeitnehmers ist bei der Berechnung der Lehrgangsdauer nur dann mit zu berücksichtigen, wenn sie einen erheblichen Anteil der Arbeitszeit ausmacht und der Arbeitnehmer dadurch keine der Vergütung angemessene Arbeitsleistung erbringt.

Eine arbeitsvertragliche Klausel, in der sich der Arbeitnehmer verpflichtet, nach gut **zweimonatiger Ausbildung** nicht vor Ablauf von 36 vollen Beschäftigungsmonaten das Arbeitsverhältnis mit dem Arbeitgeber zu kündigen, ist rechtswirksam, wenn hierin zugleich eine **zeitanteilige Kürzung** des Rückzahlungsbetrags je nach Dauer der Arbeitsleistung vereinbart ist, der Arbeitnehmer durch die abgeschlossene Ausbildung in die Lage versetzt wird, seine beruflichen Chancen auf dem Arbeitsmarkt generell zu erhöhen und ein schützenswertes Interesse des Arbeitgebers an der vereinbarten Bindung infolge der aufgewandten Ausbildungskosten besteht.

Eine **einmonatige** Ausbildung für den Erwerb der Fahrerlaubnis für Omnibusse (Kosten 2.500 EUR) rechtfertigt eine Bindung von bis zu einem Jahr.[114]

Die Teilnahme an mehreren **Wochenendseminaren** mit einer Gesamtdauer von insgesamt einem Monat rechtfertigt eine einjährige Bindung des Arbeitnehmers.[115]

Wegen der Besonderheiten der **Musterberechtigungen** zum **Führen von Flugzeugen** ist unabhängig von deren Art und der vom Arbeitgeber aufgewandten Kosten regelmäßig nur eine Bindungsdauer von **einem Jahr** zulässig.[116] Dagegen ist eine Vereinbarung wirksam, wonach der Arbeitnehmer die Ausbildungskosten zunächst selbst trägt und der Arbeitgeber sich bereit erklärt, dem Arbeitnehmer die Kosten innerhalb von **drei Jahren** zurückzuzahlen, wobei jeweils nach Ablauf eines Beschäftigungsjahres ein Drittel der Kosten fällig sind.[117]

Bei einer Fortbildungsmaßnahme von **etwas mehr als einer Arbeitswoche,** durch die der Arbeitnehmer keine besonders bedeutsamen Arbeitsmarktchancen erworben hat und die mit Gesamtkosten von 3.122,50 EUR auch für ein kleines Unternehmen keinen besonders erheblichen Aufwand darstellt, kommt lediglich eine zulässige Bindung von sechs Monaten in Betracht (hier stellte die Bindungsdauer von über sechs Monaten eine unangemessene Benachteiligung des Arbeitnehmers dar).[118]

---

[108] BAG 24.7.1991 – 5 AZR 430/90, NZA 1992, 211.
[109] BAG 5.6.2007 – 9 AZR 604/06, NZA-RR 2008, 107; 23.4.1986 – 5 AZR 159/85, NZA 1986, 741; 23.2.1983 – 5 AZR 531/80, DB 1983, 1210.
[110] BAG 30.11.1994 – 5 AZR 715/93, NZA 1995, 727.
[111] BAG 6.9.1995 – 5 AZR 241/94, NZA 1996, 314.
[112] LAG Köln 10.9.1992 – 5 Sa 476/92, BB 1993, 223.
[113] BAG 5.6.2007 – 9 AZR 604/06, NZA-RR 2008, 107; 15.12.1993 – 5 AZR 279/93, NZA 1994, 835.
[114] LAG Hessen 21.11.1994 – 16 Sa 940/94, LAGE BGB § 611 Ausbildungsbeihilfe Nr. 10.
[115] LAG Hessen 20.3.1986 – 9 Sa 165/85, NZA 1986, 753.
[116] BAG 26.10.1994 – 5 AZR 390/92, NZA 1995, 305; 16.3.1994 – 5 AZR 339/92, NZA 1994, 937.
[117] BAG 19.2.2004 – 6 AZR 552/02, MDR 2004, 1244.
[118] BAG 15.9.2009 – 3 AZR 173/08, NJW 2010, 550.

58 Eine unangemessene Benachteiligung liegt regelmäßig auch dann vor, wenn die Rückzahlungsklausel keine **Staffelung** enthält, die bewirkt, dass sich der Rückzahlungsbetrag bei fortdauerndem Arbeitsverhältnis nach Beendigung der Aus- oder Fortbildung vermindert.[119] Andernfalls würde nicht berücksichtigt, dass sich die Bildungsinvestition bereits teilamortisiert hat. Die fehlende Staffelung kann jedoch durch eine Beschränkung der Rückzahlung auf einen verhältnismäßig geringen Teil der Ausbildungskosten kompensiert werden. Unklar ist, ob die Staffelung auch jährlich erfolgen kann, oder ob nur eine monatliche Staffelung vor § 307 Abs. 1 BGB zulässig ist. Während die ältere Rechtsprechung des BAG die jährliche Staffelung noch billigte,[120] wurde eine solche in der jüngeren Instanzrechtsprechung verworfen.[121] In den jeweiligen Revisionsverfahren hat das BAG sich nicht bezüglich dieser Frage geäußert, sondern die Unwirksamkeit der Rückzahlungsvereinbarungen unter Heranziehung einer anderen Begründung bestätigt.[122]

59 Eine unangemessene Benachteiligung liegt hingegen **nicht** vor, wenn die Klausel vorsieht, dass der Arbeitnehmer dem Arbeitgeber die Kosten der Aus- und Fortbildung zu erstatten hat, wenn er vor dem Abschluss der Ausbildung auf **eigenen Wunsch** aus dem Arbeitsverhältnis ausscheidet.[123] Das gilt auch dann, wenn die Aus- und Weiterbildung in mehreren Abschnitten erfolgt, sofern die vertragliche Vereinbarung dem Arbeitgeber nicht die Möglichkeit einräumt, allein nach seinen Interessen die Teilnahme an den jeweiligen Abschnitten oder deren zeitliche Lage festzusetzen.

60 Des Weiteren liegt **keine** unangemessene Benachteiligung durch eine Rückzahlungsklausel vor, wenn die **Fortbildung auf Wunsch und im Interesse des Arbeitnehmers** ohne ein eigenes unmittelbares betriebliches Interesse des Arbeitgebers erfolgt ist.[124]

61 Die unangemessene Benachteiligung kann sich auch aus einem Verstoß gegen das in **§ 307 Abs. 1 S. 2 BGB** enthaltene **Transparenzgebot** ergeben. Dieses verlangt die klare und verständliche Gestaltung der Rückzahlungsklausel. Voraussetzungen und Rechtsfolgen müssen genau beschrieben werden, damit der Arbeitnehmer sich mit seinem Verhalten darauf einstellen kann. Die tatbestandlichen Voraussetzungen und Rechtsfolgen einer Vertragsbestimmung müssen so genau beschrieben werden, dass keine ungerechtfertigten Beurteilungsspielräume entstehen.[125] Es muss klar erkennbar sein, für welche Fälle von Ausbildungsabbrüchen und Vertragsbeendigungen Ausbildungskosten geschuldet werden.[126] Zudem muss ersichtlich sein, in welcher Höhe der Arbeitnehmer Rückzahlungskosten zu erwarten hat.[127] Eine Klausel, mit der Fort- und Ausbildungskosten zurückgefordert werden sollen, genügt nur dann dem Transparenzgebot, wenn die Zahlungsverpflichtung so weit wie möglich aus den Angaben in der Klausel selbst errechnet werden kann.[128] Sie muss die gegebenenfalls zu erstattenden Kosten dem Grunde und der Höhe nach im Rahmen des Möglichen angeben.[129] Das erfordert zum einen die Angabe der einzelnen Positionen, aus denen sich die Gesamtforderung zusammensetzen soll (zB Fahrt- oder Lehrgangskosten). Zum anderen sind die Parameter anzugeben, nach denen die einzelnen Positionen berechnet werden (zB Kilometerpauschale für Fahrtkosten, Tagessätze für Übernachtungs- und Verpflegungskosten).[130]

---

[119] LAG Schleswig-Holstein 25.5.2005 – 3 Sa 84/05, BB 2006, 560; zur Staffelung ratend *Stück* DStR 2008, 2020 (2022).

[120] BAG 23.4.1986 – 5 AZR 159/85, NZA 1986, 741; LAG Baden-Württemberg 12.9.2013 – 16 Sa 24/13 Rn. 61 – insoweit vom BAG nicht beanstandet, vgl. BAG 22.9.2015 – 9 AZR 143/14, AP BGB § 394 Nr. 33.

[121] LAG Rheinland-Pfalz 3.3.2015 – 8 Sa 561/14, BeckRS 2015, 70516; LAG Hamm 9.3.2012 – 7 Sa 1500/11, BeckRS 2012, 69038; vertiefend hierzu *Sasse/Häcker* DB 2014, 600 (602).

[122] BAG 10.5.2016 – 9 AZR 434/15, USK 2016, 93; 6.8.2013 – 9 AZR 442/12, NZA 2013, 1361.

[123] BAG 19.1.2011 – 3 AZR 621/08, NZA 2012, 85; 5.6.2007 – 9 AZR 604/06, NZA-RR 2008, 107.

[124] LAG Hamm 14.1.2011 – 7 Sa 1386/10, BeckRS 2011, 69913.

[125] BAG 6.8.2013 – 9 AZR 442/12, NZA 2013, 1361; 21.8.2012 – 3 AZR 698/10, NZA 2012, 1428; 19.1.2011 – 3 AZR 621/08, NZA 2012, 85; LAG Niedersachsen 30.10.2018 – 10 Sa 268/18, ZMV 2019, 167.

[126] LAG Rheinland-Pfalz 31.7.2014 – 3 Sa 203/14, BeckRS 2014, 72731; *Stück* DStR 2008, 2020.

[127] LAG Schleswig-Holstein 23.5.2007 – 3 Sa 28/07, NZA-RR 2007, 514.

[128] LAG Hamm 10.9.2010 – 7 Sa 633/10, LAGE BBiG 2005 § 12 Nr. 1.

[129] BAG 21.8.2012 – 3 AZR 698/10, NZA 2012, 1428; LAG Niedersachsen 30.10.2018 – 10 Sa 268/18, ZMV 2019, 167.

[130] BAG 6.8.2013 – 9 AZR 442/12, NZA 2013, 1361; 21.8.2012 – 3 AZR 698/10, NZA 2012, 1428; vgl. hierzu auch *Elking* BB 2014, 885 (890); LAG Niedersachsen 30.10.2018 – 10 Sa 268/18, ZMV 2019, 167.

Es genügt allerdings, wenn diese in einer mündlichen Zusatzvereinbarung angegeben werden.[131] Um das Risiko des Arbeitgebers, die Ausbildungskosten genau beziffern zu müssen, abzumildern, bietet sich die Vereinbarung einer Pauschale an.[132] Werden in einer Ausbildungskostenrückzahlungsklausel die zurückzuzahlenden Kosten auf einen bestimmten Festbetrag pauschaliert, so muss aber die Zusammensetzung des Betrags transparent gemacht und darüber hinaus dem Studenten die Möglichkeit eingeräumt werden, den Nachweis zu führen, dass tatsächlich nur Kosten in niedrigerer Höhe entstanden sind.[133]

Auch eine Rückzahlungsklausel, die den Arbeitnehmer im Unklaren über die **tatsächlichen Ausbildungskosten** lässt, auf die sich die Rückzahlungspflicht allenfalls beziehen kann, entspricht nicht dem Transparenzgebot des **§ 307 Abs. 1 S. 2 BGB**. Im entschiedenen Fall hatte der Arbeitgeber die Ausbildungskosten ohne Einschränkung mit 15.000,00 EUR beziffert, obgleich diese nur 6.540,30 EUR betrugen.[134] Wird allerdings der Betrag, auf den sich die Rückzahlungspflicht allenfalls beziehen kann, zu niedrig angegeben, so ist der Rückzahlungsanspruch auf diese vertraglich festgelegte Größe beschränkt.[135]

In der Literatur wird angeführt, eine derartige Nennung von Einzelpositionen in der Rückzahlungsklausel führe dazu, dass solche Klauseln nicht mehr für eine Vielzahl von Fällen vorformuliert werden könnten. Sie seien daher in Zukunft oftmals nicht mehr als AGB, sondern als Individualvereinbarung zu klassifizieren.[136] Allerdings wird dabei übersehen, dass Fortbildungsvereinbarungen in der Regel für eine Vielzahl von Arbeitnehmern stattfinden. Auch Einzelausbildungen folgen zudem regelmäßig einem exakten Ausbildungsplan. Die genaue Bezifferung hilft daher nicht ohne weiteres über die Annahme von AGB hinweg.

Rückzahlungsklauseln, die eine **sachwidrige Kündigungsbeschränkung** enthalten, sind unwirksam. Die geltungserhaltende Reduktion einer unzulässigen Rückzahlungsklausel in AGB ist nicht zulässig.[137]

Keine Bedeutung im Zusammenhang mit der Erstattung von Fortbildungskosten hat dagegen die neueste Rechtsprechung des 10. Senats des BAG. Dieser hatte entschieden, dass Klauseln in AGB nach § 307 Abs. 1 BGB unwirksam sind, die eine Rückzahlung von Sonderzahlungen mit Mischcharakter regeln, die auch eine Vergütung für bereits erbrachte Arbeitsleitung darstellen.[138] Denn die Übernahme von Fortbildungskosten stellt keine Vergütung für erbrachte Arbeitsleistung dar.[139]

e) **Rückzahlungsklauseln als Darlehen oder Schuldbestätigungsvertrag.** Die Rechtsprechungsgrundsätze zur Zulässigkeit von Rückzahlungsklauseln lassen sich weder dadurch umgehen, dass der Arbeitgeber ein **Darlehen** gewährt, welches nur unter bestimmten Voraussetzungen erlassen wird, noch dadurch, dass der Schuldbetrag bei Beendigung des Arbeitsverhältnisses in ein Darlehen umgewandelt wird.[140] Die vom BAG entwickelten Grundsätze zur Zulässigkeit von Vereinbarungen über die Rückzahlung von Ausbildungskosten gelten regelmäßig auch dann, wenn vereinbart wird, dass der Rückzahlungsbetrag als Darlehen geschuldet werden soll (§ 488 Abs. 1 BGB).[141] Ein **Schuldbestätigungsvertrag**, der unabhängig von der arbeitsvertraglichen Rückzahlungsklausel gelten soll, kann nur ausnahmsweise angenommen werden. Er setzt voraus, dass die Parteien den Streit oder die beiderseitige Ungewissheit über die Wirksamkeit der Rückzahlungsklausel beenden wollen.[142]

---

[131] LAG Nürnberg 20.8.2014 – 4 Sa 96/14, NZA-RR 2015, 123.
[132] *Koch-Rust/Rosentreter* NZA 2013, 879 (882).
[133] LAG Köln 27.5.2010 – 7 Sa 23/10, NZA-RR 2011, 11.
[134] LAG Schleswig-Holstein 23.9.2008 – 5 Sa 203/08, AuR 2009, 103.
[135] LAG Nürnberg 20.8.2014 – 4 Sa 96/14, NZA-RR 2015, 123.
[136] *Elking* BB 2014, 885 (888).
[137] → Rn. 18.
[138] BAG 18.1.2012 – 10 AZR 612/10, NZA 2012, 561.
[139] Vgl. *Dorth* RdA 2013, 287.
[140] BGH 17.9.2009 – III ZR 207/08, NZA 2010, 37; BAG 26.10.1994 – 5 AZR 390/92, NZA 1995, 305 (Musterberechtigung); kritisch *Hennige* NZA-RR 2000, 617.
[141] BAG 18.11.2008 – 3 AZR 192/07, NZA 2009, 435; LAG Baden-Württemberg 24.5.2012 – 9 Sa 30/12, AE 2012, 224; *Dorth* RdA 2013, 287; *Straube* NZA-RR 2012, 505.
[142] Vgl. BAG 26.10.1994 – 5 AZR 390/92, NZA 1995, 305.

3. Beendigung des Arbeitsverhältnisses

67 Eine Rückzahlungsklausel ist unwirksam, wenn in dieser im Hinblick auf die Rückzahlungsverpflichtung nicht nach dem Grund für die Beendigung des Arbeitsverhältnisses unterschieden wird. Insoweit muss die Klausel eine Differenzierung nach der **Sphäre** der die vorfristige Beendigung **auslösenden Umstände** enthalten.

68 Wirksam vereinbart werden kann grundsätzlich die Rückzahlungsverpflichtung für **Kündigungen durch den Arbeitnehmer**. Gleiches gilt für den Fall, dass der Arbeitnehmer aus persönlichen Gründen die Initiative zum Abschluss eines Auflösungsvertrages ergreift und diesen veranlasst.[143] Die Klausel muss aber immer differenzieren und den Fall ausnehmen, in dem der Kündigungsgrund ausschließlich aus der Sphäre des Arbeitgebers stammt.[144] Schon die mangelnde Differenzierung führt zu einem Verstoß gegen § 307 Abs. 1 S. 1 BGB und zur Unwirksamkeit der Klausel.[145] Allerdings kann es genügen, wenn die Umstände beim Vertragsschluss (zB eine dabei erfolgte Erläuterung) zu einer derart differenzierten Auslegung der Klausel führen.[146] Ein Verstoß gegen § 307 Abs. 1 S. 1 BGB liegt auch vor, wenn dem Arbeitnehmer die Erstattungspflicht bei einer typisierenden, die rechtlich anzuerkennenden Interessen beider Vertragspartner berücksichtigenden Betrachtung nach Treu und Glauben nicht zumutbar ist.[147]

69 Eine Ausnahme berechtigter Eigenkündigungen nach § 626 Abs. 1 BGB genügt nicht. Auch berechtigte ordentliche Eigenkündigungen müssen von der Rückzahlungspflicht ausgenommen werden.[148] Die Klausel muss klarstellen, dass eine Rückzahlungsverpflichtung jedenfalls dann nicht eintritt, wenn der Arbeitgeber den Grund für die Eigenkündigung des Arbeitnehmers zu vertreten hat. Im Prozess trägt der Arbeitnehmer für das Vertretenmüssen des Arbeitgebers die Beweislast. Erforderlich ist ein konkreter substantiierter Tatsachenvortrag, gerichtet auf eine die Eigenkündigung begründendes schuldhaftes Verhalten des Arbeitgebers.[149] Der Fall einer berechtigten personenbedingten Eigenkündigung ist zum Beispiel auszunehmen, wenn der Arbeitnehmer das Arbeitsverhältnis kündigt, weil die beiderseitigen Hauptleistungspflichten aufgrund eines nicht von ihm verschuldeten, dauerhaften Wegfalls seiner medizinischen Tauglichkeit für die zu verrichtende Tätigkeit suspendiert sind.[150] Dem Arbeitgeber ist es nämlich in diesem Fall auch bei Fortbestehen des Arbeitsverhältnisses unmöglich, die dem Arbeitnehmer durch die Fortbildungsmaßnahme vermittelte Qualifikation zu nutzen und so die aufgewendeten Kosten für die Fortbildung auszugleichen.[151]

70 Bei **Kündigungen durch den Arbeitgeber** ist nach den jeweiligen Gründen für die Kündigung zu differenzieren. Eine Rückzahlungsverpflichtung kann wirksam vereinbart werden für den Fall der **verhaltensbedingten Kündigung** durch den Arbeitgeber. In diesen Fällen hat der Arbeitnehmer die Beendigung des Arbeitsverhältnisses zu vertreten.[152] Hinsichtlich der Inhaltskontrolle diesbezüglicher Rückzahlungsklauseln gelten die gleichen Grundsätze wie

---

[143] BAG 5.7.2000 – 5 AZR 883/98, NZA 2001, 394.
[144] BAG 18.3.2014 – 9 AZR 545/12, NZA 2014, 957; 28.5.2013 – 3 AZR 103/12, NZA 2013, 1419; 13.12.2011 – 3 AZR 791/09, NZA 2012, 738; 6.5.1998 – 5 AZR 535/97, NZA 1999, 79; *Dorth* RdA 2013, 287 (298); *Meier/Schulz* NZA 1996, 742; für den Fall des Scheiterns der Fortbildung LAG Niedersachsen 29.10.2014 – 17 Sa 274/14, EzTöD TVöD-AT § 5 Rückzahlungsklausel Nr. 14.
[145] BAG 11.12.2018 – 9 AZR 383/18, NZA 2019, 781; 18.3.2014 – 9 AZR 545/12, NZA 2014, 957; 28.5.2013 – 3 AZR 103/12, NZA 2013, 1419; 13.12.2011 – 3 AZR 791/09, NZA 2012, 738; LAG Rheinland-Pfalz 16.6.2014 – 2 Sa 58/14, BeckRS 2014, 73112.
[146] BAG 21.8.2012 – 3 AZR 698/10, NZA 2012, 1428 Rn. 27; LAG Rheinland-Pfalz 3.3.2015 – 8 Sa 561/14, BeckRS 2015, 70516 Rn. 50.
[147] BAG 11.12.2018 – 9 AZR 383/18, NZA 2019, 781.
[148] LAG Schleswig-Holstein 17.9.2014 – 6 Sa 106/14, BeckRS 2014, 73928; LAG Hamm 18.5.2018 – 1 Sa 49/18, NZA-RR 2018, 404.
[149] LAG Düsseldorf 2.9.2013 – 9 Sa 519/13, nv.
[150] BAG 11.12.2018 – 9 AZR 383/18, NZA 2019, 781; aA noch: LAG Niedersachsen 31.10.2008 – 10 Sa 346/08, EzB BGB § 307 Nr. 16.
[151] BAG 11.12.2018 – 9 AZR 383/18, NZA 2019, 781.
[152] So auch LAG Düsseldorf 8.5.2003 – 11 Sa 1584/02, PflR 2004, 66; BAG 24.6.2004 – 6 AZR 383/03, NJW 2004, 3059.

bei der Beendigung des Arbeitsvertrages auf Initiative des Arbeitnehmers. **Beweispflichtig** für das vertragswidrige Verhalten des Arbeitnehmers ist der Arbeitgeber.

Unwirksam sind **einzelvertragliche** Abreden über die Rückzahlung von Aus- oder Fortbildungskosten, soweit sie eine Erstattung auch für den Fall einer **betriebsbedingten Kündigung** durch den Arbeitgeber vorsehen.[153] In diesem Fall gibt der Arbeitgeber zu erkennen, dass er trotz der aufgewandten Kosten nicht bereit bzw. zumindest nicht in der Lage ist, dem Betrieb die Qualifikation des Arbeitnehmers zu erhalten. Damit entfällt die sachliche Grundlage für eine Kostenbeteiligung des seinerseits vertragstreuen Arbeitnehmers, so dass diesem bei Abwägung der beiderseitigen Interessen eine Rückzahlung der Aus- oder Fortbildungskosten nicht zumutbar ist.[154] An diesem Ergebnis ändert sich auch dann nichts, wenn der Arbeitgeber dem Arbeitnehmer nach der betriebsbedingten Kündigung ein Wiedereinstellungsangebot unterbreitet und der Arbeitnehmer dieses Angebot ablehnt.[155] Dem Arbeitnehmer ist nicht zum Vorwurf zu machen, dass er sich nach der Kündigung um eine andere Arbeitsstelle bemüht und im weiteren Verlauf an dieser festgehalten hat.[156] Entscheidend bleibt die Beendigungswirkung der arbeitgeberseitigen Kündigung und wer diese zu vertreten hat.

Keine Rückzahlungsverpflichtung besteht auch bei **personenbedingter Kündigung**.[157] In einer solchen Konstellation würde es der verhaltenssteuernden Funktion der Rückzahlungsklausel widersprechen, dem Arbeitgeber einen Kostenerstattungsanspruch zuzubilligen. Mangelnde körperliche oder geistige Eignung, Erkrankungen oder das fortgeschrittene Alter sind regelmäßig Umstände, die der Arbeitnehmer nicht beeinflussen kann. Das Auswahlrisiko kann der Arbeitgeber gerade nicht auf den Arbeitnehmer übertragen.[158] Nur wenn der Arbeitnehmer die Umstände, die eine personenbedingte Kündigung begründen, zu vertreten hat, kann eine Rückzahlungsverpflichtung zulässig sein.[159] Das kommt etwa bei verschuldeten Krankheiten (vgl. § 3 Abs. 1 EFZG) oder bestimmten formalen Eignungsmängeln (zB Verlust der Fahrerlaubnis,[160] behördliches Beschäftigungsverbot) in Betracht.

Vereinbarungen über die Beteiligung von Arbeitnehmern an Kosten für den Fall der **vorzeitigen oder erfolglosen Beendigung** einer länger dauernden Aus- oder Fortbildung sind nur zulässig, wenn sie unter Berücksichtigung aller Umstände des Einzelfalles nach Treu und Glauben dem Arbeitnehmer zuzumuten sind und einem begründeten und zu billigenden Interesse des Arbeitgebers entsprechen.[161] Vereinbaren die Parteien die Rückzahlung der Aus- oder Fortbildungskosten für den Fall, dass der Arbeitnehmer innerhalb eines bestimmten Zeitraumes aus dem Arbeitsverhältnis ausscheidet, der sich an den erfolgreichen Abschluss des Lehrganges anschließt, besteht keine Rückzahlungsverpflichtung, wenn der **Arbeitnehmer vor dem Abschluss des Lehrgangs ausscheidet**. Dem Arbeitnehmer erwächst der mit der erfolgreichen Teilnahme an der Ausbildung vorgesehene **geldwerte Vorteil** gerade **nicht** und zwar auch dann nicht, wenn der Arbeitnehmer die Ausbildung während eines nachfolgenden Arbeitsverhältnisses abschließt. Zudem verlangt die Rechtsprechung bei „länger dauernden Ausbildungsmaßnahmen" zur Ausübung eines Berufs, dass dem Arbeitnehmer eine **Überlegungsfrist** eingeräumt wird, in der er die Ausbildungsmaßnahme ohne Kostenrisiko abbrechen kann.[162] Einer solchen Überlegungsfrist bedarf es nicht bei einer bloßen Fortbildungsmaßnahme für den Erwerb einer zusätzlichen Qualifikation innerhalb eines Berufsbildes, da sich der Arbeitnehmer schon vor Beginn der Fortbildung von der Geeignetheit der

---

[153] BAG 18.11.2008 – 3 AZR 312/07, AP BGB § 611 Ausbildungsbeihilfe Nr. 43 Rn. 34; 24.6.2004 – 6 AZR 383/03, NJW 2004, 3059; 6.5.1998 – 5 AZR 535/97, NZA 1999, 79.
[154] BAG 6.5.1998 – 5 AZR 535/97, NZA 1999, 79.
[155] BAG 6.5.1998 – 5 AZR 535/97, NZA 1999, 79.
[156] *Zeranski* NJW 2000, 336.
[157] *Hoffmann* NZA-RR 2015, 337 (341); *Koch-Rust/Rosentreter* NZA 2013, 879 (884); *Meier/Schulz* NZA 1996, 742; *Olbertz/Sturm* GWR 2015, 510 (512).
[158] *Schönhöft* NZA-RR 2009, 625 (627); vgl. auch *Dimsic* RdA 2016, 106 (107).
[159] *Sasse/Häcker* DB 2014, 600 (601); *Olbertz/Sturm* GWR 2015, 510 (512).
[160] *Sasse/Häcker* DB 2014, 600 (601).
[161] BAG 20.2.1975 – 5 AZR 240/74, BB 1975, 1206.
[162] BAG 19.1.2011 – 3 AZR 621/08, NZA 2012, 85; 20.2.1975 – 5 AZR 240/74, BB 1975, 1206; LAG Niedersachsen 30.10.2018 – 10 Sa 268/18, ZVM 2019, 167; kritisch *Dorth* RdA 2013, 287 (299).

Fortbildung für ihn ein Bild machen kann.[163] Die Länge der Überlegungsfrist ist durch die Rechtsprechung bislang nicht abschließend geklärt,[164] doch wurde bei einer Ausbildungsdauer von 4 Jahren eine Überlegungsfrist von einem Jahr für zulässig befunden.[165] Auch bleibt schwammig, was eine „länger dauernde Ausbildungsmaßnahme" sein soll.

74 Denkbar ist zudem, dass eine Rückzahlungsverpflichtung an ein **Nichtbestehen von Abschlussprüfungen** bei Fortbestand des Arbeitsverhältnisses anknüpfen kann. Eine solche Rückzahlungsvereinbarung unterliegt den gleichen Anforderungen wie eine solche, die erst an die erfolgreich beendete Ausbildung anknüpft.[166] Nach der Rechtsprechung ist sie vor dem Hintergrund des § 307 Abs. 1 BGB wirksam, wenn sie voraussetzt, dass der Abbruch bzw. die erfolglose Beendigung der Ausbildung **vom Arbeitnehmer zu vertreten** ist.[167] Das ist etwa bei unzureichender Prüfungsvorbereitung der Fall,[168] was aber im Prozess schwer nachweisbar ist.[169] Denn für Nichtbestehen und Vertretenmüssen trägt der **Arbeitgeber die Beweislast**.[170] **Nicht vom Arbeitnehmer zu vertreten** sind Krankheiten oder intellektuelle Überforderung als Gründe für das Scheitern.[171]

4. Inhalt und Umfang der Rückzahlungspflicht

75 Der Höhe nach ist die Rückzahlungsverpflichtung in doppelter Hinsicht begrenzt. Der Arbeitgeber kann höchstens den Betrag zurückverlangen, den er **tatsächlich aufgewandt** hat.[172] Hierzu gehören das für die Zeit der Freistellung gezahlte Entgelt, Zusatzversicherungsbeiträge, Schulgeld sowie Fahrt- und Unterbringungskosten.[173] Anderenfalls handelt es sich nicht mehr nur um die Rückzahlung von Ausbildungskosten, sondern um eine nach § 12 Abs. 2 Nr. 2 BBiG unzulässige Vertragsstrafe. Weiter hat der Arbeitnehmer höchstens den **vereinbarten Betrag** zurückzuzahlen. Das gilt auch dann, wenn die Kosten der Aus- oder Weiterbildung höher liegen.[174] Vereinbart der Arbeitgeber in Unkenntnis der Kosten eine zu niedrige Rückzahlungspflicht, so ist er auch daran gebunden.[175]

76 Vereinbaren die Arbeitsvertragsparteien für den Fall der **vorzeitigen Auflösung** des Arbeitsvertrages die Pflicht des Arbeitnehmers zur Erstattung von Kosten, die der Arbeitgeber für die Teilnahme eines Arbeitnehmers an einem Lehrgang, die dortige Unterkunft und die Vollverpflegung erbracht hat, dann ist der Arbeitnehmer nicht verpflichtet, die ihm vom Arbeitgeber während der Lehrgangsdauer fortgezahlte Vergütung zu erstatten.

77 Nicht zu den erstattungsfähigen Kosten der Fort- und Weiterbildung zählen die auf die Personalkosten entfallenden **Arbeitgeberanteile zur Sozialversicherung.** Eine Regelung, nach der ein Arbeitnehmer dem Arbeitgeber auch die (anteiligen) Sozialversicherungsbeiträge zu erstatten hat, ist gemäß § 32 SGB I wegen Verstoßes gegen die zwingenden Bestimmungen der §§ 20, 22 SGB IV nichtig.[176] Die für den Fall des vorzeitigen Ausscheidens vertraglich vereinbarte **Rückerstattung von Ausbildungskosten** ist daher unwirksam, wenn sie die vom Arbeitgeber für die Ausbildungszeit als Arbeitgeberanteil gezahlten Sozialversicherungsbeiträge einbezieht. Ebenso nicht erstattungsfähig sind Kosten für die Unterrichtung des Ar-

---

[163] BAG 19.1.2011 – 3 AZR 621/08, NZA 2012, 85; LAG Niedersachsen 30.10.2018 – 10 Sa 268/18, ZVM 2019, 167.
[164] Offenlassend BAG 19.1.2011 – 3 AZR 621/08, NZA 2012, 85 Rn. 30.
[165] BAG 20.2.1975 – 5 AZR 240/74, BB 1975, 1206; *Koch-Rust/Rosentreter* NZA 2013, 879 (883).
[166] BAG 20.2.1975 – 5 AZR 240/74, BB 1975, 1206; *Meier/Schulz* NZA 1996, 742.
[167] LAG Niedersachsen 29.10.2014 – 17 Sa 274/14, EzTöD TVöD-AT § 5 Rückzahlungsklausel Nr. 14; unter Abstellung auf § 242 BGB auch schon BAG 12.12.1979 – 5 AZR 1056/77, DB 1980, 1704.
[168] *Koch-Rust/Rosentreter* NZA 2013, 879 (883); *Straube* NZA-RR 2012, 505 (507).
[169] *Schönhöft* NZA-RR 2009, 628.
[170] LAG Niedersachsen 29.10.2014 – 17 Sa 274/14, EzTöD TVöD-AT § 5 Rückzahlungsklausel Nr. 14.
[171] BAG 11.12.2018 – 9 AZR 383/18, NZA 2019, 781; LAG Niedersachsen 29.10.2014 – 17 Sa 274/14, EzTöD TVöD-AT § 5 Rückzahlungsklausel Nr. 14.
[172] BAG 21.7.2005 – 6 AZR 452/04, NZA 2006, 542; 16.3.1994 – 5 AZR 339/92, NZA 1994, 937.
[173] Küttner Personalbuch 2020/*Poeche* Rückzahlungsklausel Rn. 16.
[174] BAG 21.7.2005 – 6 AZR 452/04, NZA 2006, 542; 16.3.1994 – 5 AZR 339/92, NZA 1994, 937.
[175] BVerfG 9.2.1994 – 1 BvR 169/92, AuR 1994, 308.
[176] BAG 17.11.2005 – 6 AZR 160/05, NZA 2006, 872; 23.4.1997 – 5 AZR 29/96, NZA 1997, 1002; diese Rechtsprechung verkennend *Dorth* RdA 2013, 287 (290).

beitnehmers über dessen Aufgabe und Verantwortung sowie über die Art seiner Tätigkeit und ihre Einordnung in den Arbeitsablauf des Betriebs nach § 81 Abs. 1 S. 1 BetrVG, da diese der Fürsorgepflicht des Arbeitgebers entspringen.[177] Gleiches gilt für Betriebsratsschulungen nach § 37 Abs. 6 BetrVG, da der Arbeitgeber nach § 40 Abs. 1 BetrVG die Kosten der Betriebsratstätigkeit trägt.[178] Ungeklärt ist noch die Frage, ob eine Kostenerstattungspflicht bei Fortbildungen zur Vermeidung der personenbedingten Kündigung nach § 1 Abs. 2 S. 3 KSchG wirksam vereinbart werden kann.[179] Sonstige vertragliche Leistungen wie etwa Gratifikationen und vom Arbeitgeber aufgewandte Beiträge zu Zusatzversorgungskassen können von Rückzahlungsklauseln dagegen mitberücksichtigt werden.[180]

Bei Rückzahlungsklauseln in **Formularverträgen** müssen die einzelnen Positionen, aus denen sich die Gesamtforderung zusammensetzen soll (zB Fahrt- oder Lehrgangskosten), ebenso angegeben werden wie die Parameter, nach denen diese berechnet werden (zB Kilometerpauschale für Fahrtkosten, Tagessätze für Übernachtungs- und Verpflegungskosten). Andernfalls ist die Rückzahlungsklausel wegen Verstoßes gegen das **Transparenzgebot** nach § 307 Abs. 1 S. 2 BGB unwirksam.[181] 78

Ist eine Rückzahlungsklausel nichtig oder unwirksam, so lässt sich eine Verpflichtung zur Erstattung der Fortbildungskosten auch nicht aus Bereicherungsrecht herleiten. § 812 Abs. 1 S. 1 Var. 1 BGB setzt voraus, dass der Rechtsgrund für die Leistung der Fortbildungskosten entfallen ist. Die Unwirksamkeit der Rückzahlungsklausel lässt aber den Rechtsgrund der Kostentragung durch den Arbeitgeber unberührt. Auch wenn die Rückzahlungsklausel unwirksam ist, bleibt nämlich nach § 306 Abs. 1 BGB die Fortbildungsvereinbarung im Übrigen wirksam.[182] § 812 Abs. 1 S. 2 Var. 2 BGB setzt wiederum eine Einigung der Parteien über den mit der Leistung bezweckten Erfolg voraus. Das darf aber keine vertragliche Einigung sein. Denn dann ist auch die Rückabwicklung nach Vertragsrecht vorzunehmen. Jedenfalls dann, wenn die Fortbildungsvereinbarung ausdrücklich einen Zweck (zB Ausbildung zwecks späterer Festanstellung) nennt, ist daher § 812 Abs. 1 S. 2 Var. 2 BGB nicht einschlägig.[183] 79

Schließlich folgt ein Erstattungsanspruch auch nicht aus **Schadensersatzansprüchen** (zB § 280 Abs. 1 BGB), denn diese wären nach § 249 Abs. 1 BGB darauf gerichtet, den Zustand herzustellen, der bestehen würde, wenn der zum Ersatz verpflichtende Umstand nicht eingetreten wäre. Wäre der Arbeitnehmer aber nicht vorzeitig aus dem Arbeitsverhältnis ausgeschieden, so wäre die Klausel immer noch unwirksam.[184] Die **Beendigung des Arbeitsverhältnisses** ist also **nicht kausal** dafür, dass der Arbeitgeber keinen Erstattungsanspruch hat. 80

Bei Arbeitsverhältnissen im öffentlichen Dienst ist die Ausschlussfrist des § 37 Abs. 1 TVöD/TV-L zu beachten. Da es sich bei dem Rückzahlungsanspruch um einen „Anspruch aus dem Arbeitsverhältnis" handelt, muss der Arbeitgeber ihn binnen 6 Monaten nach Abbruch der Fortbildung geltend machen.[185] 81

5. Tarifvertragliche Rückzahlungsklauseln

Von der Rechtsprechung werden Rückzahlungsklauseln in Tarifverträgen grundsätzlich großzügig anerkannt.[186] Tarifverträge unterliegen nur einer **beschränkten gerichtlichen Inhaltskontrolle**. Tarifvertragsparteien vereinbaren schon wegen ihrer Sachnähe eine für beide Teile zumutbare und sachgerechte Lösung.[187] Tarifverträge werden von gleichberechtigten 82

---

[177] BAG 16.3.1994 – 5 AZR 339/92, NZA 1994, 937; *Dorth* RdA 2013, 287 (290).
[178] BAG 6.11.1973 – 1 ABR 26/73, AP BetrVG 1972 § 37 Nr. 6; *Dorth* RdA 2013, 287 (290).
[179] Offenlassend BAG 16.3.1994 – 5 AZR 339/92, NZA 1994, 937, 940; dafür *Dorth* RdA 2013, 287 (291); dagegen *Hennige* NZA-RR 2000, 617 (619).
[180] LAG Köln 27.5.2010 – 7 Sa 23/10; LAG Düsseldorf 23.1.1989 – 4 Sa 1518/88, DB 1989, 1295.
[181] BAG 6.8.2013 – 9 AZR 442/12, NZA 2013, 1361; 21.8.2012 – 3 AZR 698/10, NZA 2012, 1428.
[182] BAG 28.5.2013 – 3 AZR 103/12, NZA 2013, 1419; 21.8.2012 – 3 AZR 698/10, NZA 2012, 1428.
[183] BAG 28.5.2013 – 3 AZR 103/12, NZA 2013, 1419; 21.8.2012 – 3 AZR 698/10, NZA 2012, 1428.
[184] BAG 28.5.2013 – 3 AZR 103/12, NZA 2013, 1419.
[185] *Günther* öAT 2014, 137 (140).
[186] BAG 6.9.1995 – 5 AZR 174/94, NZA 1996, 437.
[187] BAG 6.6.1984 – 5 AZR 605/82.

Partnern des Arbeitslebens ausgehandelt und genießen eine **Institutsgarantie** gemäß Art. 9 Abs. 3 GG. Wegen der Gleichgewichtigkeit der Tarifvertragsparteien besteht eine **materielle Richtigkeitsgewähr** für die tariflichen Regelungen. Dies wird durch § 310 Abs. 3 S. 3 BGB bestätigt. Es ist nicht Sache der Gerichte zu prüfen, ob jeweils die gerechteste und zweckmäßigste Regelung gefunden wurde. Tarifverträge sind allein daraufhin zu untersuchen, ob sie gegen die **Verfassung,** anderes **höherrangiges zwingendes Recht** oder die **guten Sitten** verstoßen.[188] Die tariflichen Vorschriften sind in ihren tatbestandlichen Voraussetzungen abschließend. Wenn ihre Voraussetzungen vorliegen, ist insbesondere nicht mehr zusätzlich zu prüfen, ob der Arbeitnehmer im Einzelfall berufliche oder finanzielle oder geldwerte Vorteile erlangt hat.[189]

83 § 30 TVN-BA (Tarifvertrag zur Regelung der Rechtsverhältnisse der Nachwuchskräfte der Bundesagentur für Arbeit) ist beispielsweise wirksam.[190]

84 Für die Inhaltskontrolle **kirchlicher Arbeitsvertragsrichtlinien** sind – als arbeitsrechtliche Besonderheit (§ 310 Abs. 4 S. 2 BGB) – **die für Tarifverträge anzuwendenden Maßstäbe** heranzuziehen.[191] Das BAG hat in früherer Rechtsprechung gefordert, dass in die Arbeitsvertragsrichtlinien die entsprechenden Tarifvertragsregelungen ganz oder mit im Wesentlichen gleichen Inhalten übernommen werden.[192] Die Regelung über die Rückzahlung der Kosten einer Weiterbildung zum Fachkrankenpfleger in **§ 10a AVR-Caritas** war daher schon seit jeher wirksam, denn sie entspricht der Regelung in SR 2a Nr. 7 BAT.[193] Inzwischen fordert das BAG nicht mehr, dass einschlägige tarifvertragliche Regelungen des öffentlichen Dienstes ganz oder mit im Wesentlichen gleichen Inhalten übernommen werden. Entscheidend ist vielmehr, dass die Arbeitsvertragsregelung von einer paritätisch mit weisungsunabhängigen Mitgliedern besetzten Arbeitsrechtlichen Kommission beschlossen wurde („**Dritter Weg**").[194]

85 Unerheblich ist, ob der Tarifvertrag auf Grund von Tarifbindungen oder auf Grund von einzelvertraglichen Vereinbarungen anzuwenden ist.[195] Bezugnahmeklauseln auf Tarifverträge sind allgemein üblich und haben auch vor § 307 Abs. 1 S. 2 BGB Bestand. Das gilt selbst für dynamische Bezugnahmen, solange der in Bezug genommene Inhalt bestimmbar ist.[196]

86 Unklare Klauseln in Tarifverträgen bedürfen der **Auslegung.** So sind im Rahmen einer einzelvertraglichen Klausel an das Merkmal der Fortbildung „im Rahmen des Personalbedarfs" keine strengen Anforderungen zu stellen. Es genügt, dass mit einiger Wahrscheinlichkeit im Rahmen der Bindungsdauer eine Stelle zu besetzen ist, für die eine Fortbildung erforderlich ist.[197]

6. Rückzahlungsklauseln in Betriebsvereinbarungen

87 Die von der Rechtsprechung für tarifvertragliche Rückzahlungsklauseln entwickelten Grundsätze sind auf Rückzahlungsklauseln in Betriebsvereinbarungen zu übertragen. Das ergibt sich aus der Gleichstellung der Betriebsautonomie und der Tarifautonomie, wie sie auch in § 310 Abs. 4 S. 1 BGB zum Ausdruck kommt.[198] Das LAG Niedersachsen äußerte in einem obiter dictum Bedenken an der Zulässigkeit von Rückzahlungsklauseln in Betriebsvereinbarungen, ließ die Frage aber letztlich aufgrund der Unverhältnismäßigkeit der streitgegenständlichen Klausel offen.[199]

---

[188] BAG 6.9.1995 – 5 AZR 174/94, NZA 1996, 437.
[189] BAG 23.4.1997 – 5 AZR 29/96, NZA 1997, 1002; 6.11.1996 – 5 AZR 498/95, NZA 1997, 663; Hennige NZA-RR 2000, 617.
[190] LAG Hamm 11.10.2013 – 1 Sa 1006/13, LAGE BGB 2002 § 611 Ausbildungsbeihilfe Nr. 6.
[191] BAG 22.7.2010 – 6 AZR 847/07, NZA 2011, 634; 6.11.1996 – 5 AZR 498/95, NZA 1997, 663.
[192] BAG 6.11.1996 – 5 AZR 498/95, NZA 1997, 663.
[193] BAG 6.11.1996 – 5 AZR 498/95, NZA 1997, 663.
[194] BAG 22.7.2010 – 6 AZR 847/07, NZA 2011, 634.
[195] BAG 15.3.2000 – 5 AZR 584/98, NZA 2001, 39.
[196] LAG Hamm 11.10.2013 – 1 Sa 1006/13, LAGE BGB 2002 § 611 Ausbildungsbeihilfe Nr. 6.
[197] BAG 15.3.2000 – 5 AZR 584/98, NZA 2001, 39.
[198] Vertiefend zu Rückzahlungsklauseln in Betriebsvereinbarungen *Löwisch* NZA 2013, 549 (550).
[199] LAG Niedersachsen 29.10.2014 – 17 Sa 274/14, EzTöD TVöD-AT § 5 Rückzahlungsklausel Nr. 14.

7. Rechtsprechungs-Zusammenfassung

Die Gerichte haben im Rahmen der Inhaltskontrolle der Rückzahlungsklauseln den konkurrierenden **Grundrechtspositionen** beider Parteien ausgewogen Rechnung zu tragen. 88

Soweit **Formulararbeitsverträge** verwendet werden, gelten die §§ 305 ff. BGB auch im Arbeitsrecht, wobei nach § 310 Abs. 4 S. 2 BGB die arbeitsrechtlichen Besonderheiten angemessen zu berücksichtigen sind. 89

Die **Darlegungs- und Beweislast** für die Tatsachen, aus denen sich der berufliche Vorteil des Arbeitnehmers ergibt, liegt beim Arbeitgeber. Dieser muss substantiiert vortragen, dass der Arbeitnehmer anerkannte Qualifikationen erworben hat. 90

Für die **Bindungsdauer** ist in erster Linie auf die Dauer der Fortbildungsmaßnahme abzustellen; im Übrigen auf die Höhe der Kosten und die erlangten Vorteile. 91

Die **Erstattungspflicht** entsteht in Fällen der Beendigung des Arbeitsverhältnisses durch den Arbeitnehmer, aber auch in Folge verhaltensbedingter Kündigung oder Kündigung aus wichtigem Grund im Sinne von § 626 Abs. 1 BGB. 92

Der Arbeitgeber kann nur den Betrag zurückverlangen, den er **tatsächlich aufgewandt** hat, höchstens jedoch den **vereinbarten** Betrag. Der Arbeitgeber hat substantiiert vorzutragen, wie sich die Forderung zusammensetzt. Die einverständliche Festlegung eines bestimmten Betrags ändert nichts daran. Bei Rückzahlungsklauseln in Formularverträgen muss die Rückzahlungsklausel angeben, welche Positionen eine Rückzahlungspflicht umfasst und nach welchen Parametern diese sich berechnen. 93

Formulierungsvorschlag:

Sollte der/die Arbeitnehmer/in vor Ablauf von zwei Jahren nach Abschluss einer Aus- und Fortbildungsmaßnahme das Arbeitsverhältnis durch eine Kündigung beenden, ohne dass er/sie für die Kündigung einen wichtigen Grund hat, oder wird das Arbeitsverhältnis aus einem von dem/der Arbeitnehmer/in zu vertretenden Grund vom Arbeitgeber gekündigt, verpflichtet der/die Arbeitnehmer/in sich, die von dem Unternehmen getragenen Aus- und Fortbildungskosten einschließlich der gezahlten Entgelte zu erstatten. Dieselbe Verpflichtung trifft den/die Arbeitnehmer/in bei schuldhafter Nichterreichung des Fortbildungsziels.

Der Rückzahlungsbetrag vermindert sich um 1/24 pro Monat, den das Arbeitsverhältnis nach Beendigung der Ausbildung fortbesteht.

Die Rückzahlung entfällt in Folge von arbeitgeberseitiger personen- bzw. betriebsbedingter Kündigung, sofern dieser nicht eine vom Arbeitnehmer selbst verschuldete Krankheit zu Grunde liegt. 94

Die Bindungsdauer muss in einem angemessenen Verhältnis zu den durch die Ausbildung erlangten Vorteilen stehen (im Einzelnen → Rn. 33 ff.). 95

II. Umzugsbeihilfen

1. Definition

Umzugsbeihilfen können in Form einer kompletten Kostenübernahme oder eines Zuschusses gewährt werden, wenn der Arbeitnehmer aus beruflichen Gründen in eine andere Wohnung oder ein anderes Haus zieht und dabei seinen Lebensmittelpunkt verschiebt. Derartige Umzugsbeihilfen werden **vom Entgeltbegriff nicht erfasst**. Von arbeitsrechtlicher Relevanz sind zum einen die Frage nach der Kostenerstattungspflicht des Arbeitgebers und zum anderen die Frage nach Inhalt und Umfang möglicher Rückzahlungsklauseln. 96

2. Anspruch auf Umzugsbeihilfen

Grundsätzlich ist der Arbeitgeber nicht zur Tragung von Umzugskosten verpflichtet. Ein Umzug gehört zum **privaten Lebensbereich** des Arbeitnehmers, selbst wenn dieser aus beruf- 97 lichen Gründen erfolgt. **Ausnahmen** bestehen bei tarifvertraglicher Verpflichtung[200] zur Kostenübernahme bzw. bei der Begründung von Arbeitsverhältnissen im öffentlichen Dienst.[201] Den Parteien bleibt es im Übrigen unbenommen, die Kostenerstattungspflicht ausdrücklich zu vereinbaren.

98 Allerdings bietet **§ 670 BGB** eine Rechtsgrundlage für alle die Fälle, in denen der Umzug aus betrieblichen Gründen notwendig wird und der Arbeitnehmer die hierfür getätigten Aufwendungen für erforderlich halten durfte. Ein Arbeitnehmer hat insbesondere einen Anspruch auf Erstattung der Umzugskosten, wenn aus dienstlichen Gründen eine **Versetzung** an einen entfernten Ort erfolgt und der Arbeitnehmer aus diesem Grund umzieht.[202] Die **betriebliche Notwendigkeit** eines Umzugs ist weiter zu bejahen, wenn der neue Arbeitsort beispielsweise nach einer **Betriebsverlegung** nicht mehr zumutbar durch tägliche Fahrten von der bisherigen Wohnung erreicht werden kann.[203] Im Falle einer Betriebsverlagerung besteht für den Betriebsrat nach § 111 Nr. 2 BetrVG das Recht, Verhandlungen über einen Interessenausgleich und den Abschluss eines Sozialplans zu erzwingen und dadurch Regelungen zur Umzugskostenerstattung zu erreichen.[204] Eine Kostentragungspflicht ist schließlich anzunehmen, wenn der Arbeitgeber aus betrieblichen Gründen eine **Residenzpflicht** verlangt.[205]

99 **Kein Anspruch** auf Erstattung der Umzugskosten besteht hingegen dann, wenn der neue Arbeitsplatz nur unerheblich weiter entfernt ist als der alte, da in diesen Fällen ein tägliches Pendeln zumutbar ist. Mangels betrieblicher Notwendigkeit besteht auch kein Anspruch auf Erstattung von Umzugskosten, wenn die Versetzung auf Wunsch des Arbeitnehmers erfolgt.[206]

100 Ein Vertrag, der die jederzeit widerrufliche Versetzung eines Arbeitnehmers in das entfernte **Ausland** (zB Hongkong) und die Erstattung der Umzugskosten vorsieht, enthält im Zweifel auch die Zusage, die **Kosten des Rückumzugs** zu erstatten. Das gilt auch dann, wenn die Erstattung die Feststellung einer dienstlichen Notwendigkeit voraussetzt, diese Feststellung aber nicht getroffen wird, weil der Arbeitnehmer das Arbeitsverhältnis mit Rücksicht auf die bevorstehende Schließung der ausländischen Niederlassung zum Schließungstermin gekündigt hat.[207]

101 Soweit die **Höhe** der Umzugsbeihilfen nicht vertraglich vereinbart wurde, besteht nach § 670 BGB ein Anspruch in Höhe der **tatsächlichen Aufwendungen.** Für den öffentlichen Dienst legt das Bundesumzugskostengesetz (BUKG)[208] die Höhe der Kostenerstattung fest.

102 Daneben sind bei der Gewährung eines „Umzugskostenvorschusses" auch unbedingt und uneingeschränkt rückzahlbare **Arbeitgeberdarlehen** möglich.[209] Für diese gelten die in diesem Kapitel dargestellten Grundsätze nicht. Jene Darlehen stehen nicht unter der auflösenden Bedingung einer Mindestverweildauer.

3. Rückzahlungsklauseln

103 Verpflichtet sich der Arbeitgeber zur Umzugskostenerstattung, wird oftmals vereinbart, dass der Arbeitnehmer diese Leistungen zurückzuzahlen hat, wenn er vorzeitig oder innerhalb bestimmter Zeiten aus dem Unternehmen ausscheidet. Die Formulierung einer Rückzahlungsklausel muss dem **Transparenzgebot** des § 307 Abs. 1 S. 2 BGB entsprechen. Einer **Rückzahlungsvereinbarung** sind vor dem Hintergrund der Berufsfreiheit aus **Art. 12 GG** im

---

[200] So zB § 9 des Rahmentarifvertrags für technische Angestellte des Baugewerbes.
[201] Vgl. § 44 BAT, der im öffentlichen Dienst die Erstattung bei einem aus Anlass der Einstellung erfolgten Umzug ermöglicht, vorausgesetzt, die Einstellung lag im dringlichen dienstlichen Interesse; Schaub ArbR-HdB/*Koch* § 82 Rn. 8.
[202] BAG 21.3.1973 – 4 AZR 187/72, BB 1973, 983.
[203] Schaub ArbR-HdB/*Koch* § 82 Rn. 8.
[204] Küttner Personalbuch 2020/*Griese* Umzugskosten Rn. 6.
[205] Küttner Personalbuch 2020/*Griese* Umzugskosten Rn. 3.
[206] BAG 18.3.1992 – 4 AZR 374/91, NZA 1992, 987.
[207] BAG 26.7.1995 – 5 AZR 216/94, NZA 1996, 30.
[208] BGBl. 1997 I 322.
[209] LAG Köln 25.6.1999 – 11 Sa 46/99, FA 2000, 97.

Hinblick auf Umfang, zeitliche Dauer und Geltungsbereich **Grenzen** gesetzt. Das Grundrecht aus Art. 12 GG schützt das Recht jedes Arbeitnehmers, Beruf und Arbeitsstätte frei zu wählen und folglich auch den Arbeitsplatz zu wechseln.

Für vertragliche Rückzahlungsklauseln hinsichtlich gezahlter Umzugsbeihilfen ist anerkannt, dass **ähnliche Abwägungsgrundsätze** gelten, wie sie für die Wirksamkeit einer Rückzahlungsverpflichtung von **Aus- und Fortbildungskosten** entwickelt worden sind.[210] Maßgeblich entscheiden daher **drei Kriterien** über die Wirksamkeit der Rückzahlungsklausel: **Bindungsdauer, Höhe** des Rückzahlungsbetrages und **Grund** für die Auslösung der Rückzahlungsverpflichtung.[211] 104

Im Rahmen des Interessenausgleichs wird für Rückzahlungsklauseln eine **Bindungsdauer** von bis zu **drei Jahren** für zulässig erachtet.[212] Erfolgt die Vereinbarung einer Rückzahlungsverpflichtung nicht anlässlich der Begründung eines Arbeitsverhältnisses, sondern um dem Arbeitnehmer im Rahmen eines bestehenden Arbeitsverhältnisses einen Anreiz für einen Ortswechsel zu bieten, so wird lediglich eine Bindungsdauer von **zwei Jahren** für zulässig erachtet.[213] Angemessen ist für eine monatliche Tilgung eine Rate von $1/36$ ab dem Zeitpunkt des Umzugs, für jährliche Tilgungen jeweils $1/3$.[214] 105

Bei **Formulararbeitsverträgen** ist hinsichtlich einer unzumutbaren Bindung des Arbeitnehmers durch eine Rückzahlungsklausel zu beachten, dass zwar grundsätzlich gemäß § 306 Abs. 2 BGB das Verbot der geltungserhaltenden Reduktion gilt. Bei Arbeitsverträgen sind jedoch nach § 310 Abs. 4 S. 2 BGB die im Arbeitsrecht geltenden Besonderheiten angemessen zu berücksichtigen, so dass eine geltungserhaltende Reduktion auf ein angemessenes Maß zuzulassen ist.[215] Die arbeitsrechtliche Rechtsprechung erlaubt insoweit bestimmte Spielräume, als sie zwischen der generellen Wirksamkeit einer AGB-Norm und deren Ausübung im Einzelfall unterscheidet. Auch wenn die Regelung eines Widerrufsrechts in AGB vor § 307 Abs. 1 BGB wirksam ist, kann die Ausübung des Widerrufs im Einzelfall iSd § 315 Abs. 3 BGB unbillig und daher unwirksam sein.[216] Dieser Gedanke lässt sich auf Rückzahlungsklauseln in AGB übertragen. 106

Die **Höhe** des Rückzahlungsbetrages darf nicht über den tatsächlich zu erstattenden Kosten liegen, da eine anders lautende Rückzahlungsvereinbarung einer **unzulässigen Vertragsstrafe** gleichen würde. Weiterhin muss die Rückzahlung dem Arbeitnehmer **zumutbar** sein. Dies ist in der Regel dann der Fall, wenn die Umzugskosten nicht mehr als **ein Monatsgehalt** ausmachen und der Stellenwechsel auch im Interesse des Arbeitnehmers lag.[217] Generell **unzulässig** sind Rückzahlungsklauseln, wenn der Umzug **ausschließlich im Interesse des Arbeitgebers** lag und keinerlei Interesse des Arbeitnehmers bestand.[218] Verpflichtet sich der Arbeitgeber, über die effektiven Umzugskosten hinaus weitere Mehraufwendungen, die sich durch den Ortswechsel ergeben (zB Maklerkosten, Kautionen oder Mietzinszahlungen für das alte Mietverhältnis), zu übernehmen, so müssen auch diese ausdrücklich in der Rückzahlungsklausel aufgeführt werden.[219] 107

Klauseln, die eine **personen- oder betriebsbedingte Kündigung** als **Grund** für die Auslösung der Rückzahlungsverpflichtung festsetzen, sind unzulässig.[220] Gleiches gilt für Eigen- 108

---

[210] BAG 22.8.1990 – 5 AZR 556/89, BeckRS 1990, 30917208; LAG Kiel 15.12.1972 – 4 Sa 329/72, BB 1973, 383; LAG Hessen 18.7.2014 – 10 Sa 187/13, BeckRS 2015, 70399.
[211] LAG Hessen 18.7.2014 – 10 Sa 187/13, BeckRS 2015, 70399 Rn. 54.
[212] BAG 5.6.2007 – 9 AZR 604/06, NZA-RR 2008, 107; 23.2.1983 – 5 AZR 531/80, DB 1983, 1210 (betrifft Rückzahlung von Ausbildungskosten); LAG Kiel 15.12.1972 – 4 Sa 329/72, BB 1973, 383; LAG Düsseldorf 3.12.1971 – 9 Sa 785/71, DB 1972, 1587.
[213] LAG Düsseldorf 3.12.1971 – 9 Sa 785/71, DB 1972, 1587.
[214] BAG 23.4.1986 – 5 AZR 159/85, NZA 1986, 741.
[215] MüKoBGB/*Basedow* § 310 Rn. 98.
[216] So für das Widerrufsrecht bzgl. der Nutzung eines Dienstwagens BAG 21.3.2012 – 5 AZR 651/10, NZA 2012, 616.
[217] BAG 24.2.1975 – 5 AZR 235/74, DB 1975, 1083.
[218] BAG 24.2.1975 – 5 AZR 235/74, DB 1975, 1083.
[219] ErfK/*Preis* BGB § 611 Rn. 43.
[220] BAG 6.5.1998 – 5 AZR 535/97, NZA 1999, 79; LAG Hessen 18.7.2014 – 10 Sa 187/13, BeckRS 2015, 70399 Rn. 55; Schaub ArbR-HdB/*Koch* § 82 Rn. 14.

kündigungen des Arbeitnehmers, wenn der **Arbeitgeber** diese **zu vertreten** hat, wobei die Beweislast für das Fehlen dieses Vertretenmüssens beim Arbeitgeber liegt.[221] Haben die Parteien vereinbart, der Arbeitnehmer habe die Umzugskostenbeihilfe bei einem „Ausscheiden" innerhalb eines Jahres voll zurückzuzahlen, so war die Vereinbarung nach altem Schuldrecht im Zweifel geltungserhaltend dahingehend zu reduzieren, dass sie den Fall einer betriebsbedingten Kündigung innerhalb der Bindungsfrist nicht mit einschließt.[222] Nach heutiger Rechtslage hingegen verbietet sich eine geltungserhaltende Reduktion.[223] Folgerichtig geht die jüngere Rechtsprechung von der Unwirksamkeit der Rückzahlungsklausel aus, wenn diese nicht danach unterscheidet, ob der Grund für die Beendigung des Arbeitsverhältnisses der Sphäre des Arbeitgebers oder der des Arbeitnehmers zuzurechnen ist.[224]

109   Die **Darlegungs- und Beweislast** für die tatsächlichen Voraussetzungen der Wirksamkeit der Rückzahlungsklausel hat der Arbeitgeber.[225]

4. Tarifvertragliche Rückzahlungsklauseln

110   Tarifverträge sind zumindest dann nichtig, wenn sie nach Kündigung durch den Arbeitnehmer diesen zur Rückzahlung verpflichten, obgleich der Umzug aus dienstlichen Gründen erfolgte und der Arbeitnehmer insofern einen Anspruch aus § 670 BGB auf die Zahlung hatte. Dies verstößt gegen Art. 12 GG.[226] Bei einer freiwillig gewährten Umzugskostenvergütung ist dagegen eine Bindungsdauer von zwei Jahren auch vor Art. 12 GG zulässig.[227] Die von der Rechtsprechung für die vertragliche Einführung aufgestellten Kriterien gelten im Grundsatz auch für tarifvertragliche Rückzahlungsklauseln.[228]

> **Formulierungsvorschlag:**
>
> 111   Sollte der/die Arbeitnehmer/in vor Ablauf von … nach dem Umzug das Arbeitsverhältnis durch eine Kündigung beenden, ohne dass er/sie für die Kündigung einen wichtigen Grund hat, verpflichtet er/sie sich, die von dem Unternehmen getragenen Umzugskosten maximal in Höhe eines Monatsgehaltes zu erstatten.
>
> Der Rückzahlungsbetrag vermindert sich ab dem Zeitpunkt des Umzugs monatlich um je $1/36$.
>
> Die Rückzahlung entfällt bei arbeitgeberseitiger personen- bzw. betriebsbedingter Kündigung, sofern dieser nicht eine vom Arbeitnehmer selbst verschuldete Krankheit zu Grunde liegt.

112   Die Länge der Bindungsfrist muss verhältnismäßig sein (im Einzelnen → Rn. 103 f.).

III. Willkommensprämie

113   Eine Willkommensprämie wird in der Regel zu Beginn des Beschäftigungsverhältnisses ausgezahlt und soll den Arbeitnehmer über die Begründung des Arbeitsverhältnisses hinaus zu dessen Fortführung für eine gewisse Dauer bewegen. Um diesen Zweck zu erreichen, wird im Arbeitsvertrag geregelt, dass die Prämie zurückzuzahlen sei, wenn das Arbeitsverhältnis vor Ablauf eines bestimmten Zeitraums endet.

---

[221] So noch zum alten Schuldrecht LAG Bremen 25.2.1994 – 4 Sa 13/93, MDR 1994, 597.
[222] LAG Düsseldorf 1.4.1975 – 8 Sa 62/75, BzA BGB § 157, 1.
[223] ErfK/*Preis* BGB § 611 Rn. 434.
[224] LAG Hessen 18.7.2014 – 10 Sa 187/13, BeckRS 2015, 70399 Rn. 55.
[225] BAG 16.3.1994 – 5 AZR 339/92, NZA 1994, 937; LAG Niedersachsen 29.10.2014 – 17 Sa 274/14; Küttner Personalbuch 2020/*Poeche* Rückzahlungsklausel Rn. 22.
[226] BAG 21.3.1973 – 4 AZR 187/72, AP BAT § 44 Nr. 4.
[227] BAG 18.2.1981 – 4 AZR 944/78, AP BAT § 44 Nr. 6; LAG Baden-Württemberg 19.1.2000 – 3 Sa 64/99 Rn. 23 (beide Entscheidungen zu § 44 Abs. 4 S. 1 BAT).
[228] BAG 21.3.1973 – 4 AZR 187/72, AP BAT § 44 Nr. 4.

Die Wirksamkeit einer solchen Klausel ist an § 307 Abs. 1 BGB zu messen.[229] Sie ist dann unwirksam, wenn sie eine Rückzahlung für den Fall vorsieht, dass der Arbeitnehmer eine berechtigte fristlose Eigenkündigung ausspricht.[230] Andernfalls sei der Arbeitnehmer in seinem grundrechtlich geschützten Recht auf den Wechsel des Arbeitsplatzes eingeschränkt.[231]

---

[229] LAG Schleswig-Holstein 24.9.2019 – 1 Sa 108/19.
[230] LAG Schleswig-Holstein 24.9.2019 – 1 Sa 108/19.
[231] LAG Schleswig-Holstein 24.9.2019 – 1 Sa 108/19.

Teil F. Urlaub

§ 27 Erholungsurlaub

Übersicht

	Rn.
I. Urlaubsanspruch	1–71
1. Rechtsgrundlagen	2
2. Entstehen des gesetzlichen Urlaubsanspruches	3–10
a) Bestehen eines Arbeitsverhältnisses	4
b) Wartezeit	5–8
c) Urlaubsjahr	9/10
3. Tiefgreifende Veränderungen im deutschen Urlaubsrecht infolge der Rechtsprechung des EuGH	11–17
a) Schultz-Hoff	11–13
b) Dicu	14
c) Max-Planck-Gesellschaft und Kreuziger	15/16
d) Bollacke und Bauer/Wilmeroth	17
4. Mitwirkungsobliegenheiten des Arbeitgebers	18–31
a) Grundlagen	18
b) Inhalt und Form	19–21
c) Zeitpunkt und Häufigkeit	22/23
d) Rechtsfolge: (Grenzenlose) Fortschreibung des Urlaubs bei Nichterfüllung	24/25
e) Grenzen und Verjährung	26
f) Rechtswidrige Urlaubsverweigerung	27–29
g) Tarif- oder individualvertraglicher Mehrurlaub	30
h) Kein Vertrauensschutz	31
5. Höchstpersönlichkeit des Urlaubs	32–41
a) Vererblichkeit	32–38
b) Abtretbarkeit	39–41
6. Zweck des Urlaubs	42–46
7. Erlöschen des Urlaubsanspruches	47–59
a) Erfüllung	47
b) Tod des Arbeitnehmers	48
c) Ablauf des Urlaubsjahres	49–52
d) Mehr-Urlaubsanspruch	53–55
e) Rechtsmissbrauch	56
f) Verzicht	57–59
8. Ausschlussfristen und Verjährung	60–62
a) Ausschlussfristen	60
b) Verjährung	61/62
9. Urlaubsanspruch im ruhenden Arbeitsverhältnis	63–70
a) Unionsrechtliche Grundsätze	63/64
b) Entscheidungen des BAG	65–70
10. Vertrauensschutz im Zusammenhang mit der *Schultz-Hoff*-Entscheidung	71
II. Festlegung des Urlaubszeitpunktes	72–101
1. Geltendmachung	73–76
2. Freistellungserklärung	77–89
3. Urlaubswünsche des Arbeitnehmers	90
4. Nachträgliche Veränderung	91–93
5. Zusammenhängende Gewährung	94
6. Mitbestimmung des Betriebsrats	95–101
a) Allgemeine Urlaubsgrundsätze	96/97
b) Urlaubspläne	98/99
c) Festlegung des Urlaubs im Einzelfall	100
d) Grenzen der Mitbestimmung	101
III. Dauer des Urlaubs	102–131
1. Gesetzliche Mindestdauer	102–118
a) Fünf-Tage-Woche	104

	Rn.
b) Urlaubsdauer bei Teilzeitarbeit	105–107
c) Flexible Arbeitszeit	108–110
d) Schichtbetrieb	111–113
e) Urlaubsdauer bei Sonntagsarbeit	114
f) Urlaub nach Stunden	115
g) Unterjährige Änderung der Arbeitstage	116/117
h) Kurzarbeit	118
2. Krankheit im Urlaub	119–123
3. Verhältnis zu anderen Nichtarbeitszeiten	124–131
a) Medizinische Vorsorge und Rehabilitation	124–126
b) Arbeitskämpfe	127/128
c) Zusammentreffen mit anderen Freistellungsansprüchen	129
d) Kurzarbeit	130/131
IV. Voll- und Teilurlaub	132–144
1. Gesetzlicher Vollurlaub	132
2. Teilurlaub	133–141
a) Nichterfüllung der Wartezeit im Urlaubsjahr	134/135
b) Ausscheiden vor erfüllter Wartezeit	136/137
c) Ausscheiden in der ersten Jahreshälfte (nach erfüllter Wartezeit)	138
d) Berechnung	139–141
3. Rückforderungsverbot	142–144
V. Vermeidung von Doppelansprüchen	145–149
VI. Anspruch auf Urlaubsentgelt	150–162
1. Berechnung des Urlaubsentgelts	150–157
a) Begriff des „Arbeitsverdienstes"	151
b) Durchschnittlicher Arbeitsverdienst	152–154
c) Verdiensterhöhungen und -kürzungen	155–157
2. Fälligkeit des Anspruchs auf Urlaubsentgelt	158/159
3. Urlaubsgeld	160
4. Übertragbarkeit des Urlaubsentgelt- und Urlaubsgeldanspruches	161/162
a) Urlaubsentgelt	161
b) Urlaubsgeld	162
VII. Abgeltung des Urlaubsanspruchs	163–184
1. Entstehung des Abgeltungsanspruchs	164–171
2. Inhalt des Abgeltungsanspruchs	172–174
3. Vererblichkeit, Pfändbarkeit und Abtretbarkeit	175–179
4. Sozialversicherungs- und steuerrechtliche Fragen	180/181
5. Ausschlussfristen und Verjährung	182/183
6. Exkurs: Personenbedingte Kündigung bei dauerhafter Arbeitsunfähigkeit	184
VIII. Besondere Urlaubsregelungen	185–256
1. Urlaub für jugendliche Arbeitnehmer und Auszubildende	185–195
a) Geltungsbereich des Jugendurlaubs	186/187
b) Urlaubsanspruch	188
c) Dauer des Jugendurlaubs	189/190
d) Lage des Jugendurlaubs	191
e) Jugendliche Heimarbeiter	192
f) Anwendung der Vorschriften des BUrlG	193/194
g) Ordnungswidrigkeiten und Straftaten	195
2. Zusatzurlaub für Schwerbehinderte	196–215
a) Geltungsbereich des Zusatzurlaubs	197/198
b) Entstehen des Anspruchs auf Zusatzurlaub	199–202
c) Dauer des Zusatzurlaubs	203–205
d) Teilurlaubsansprüche	206
e) Geltendmachung des Zusatzurlaubs	207–209
f) Übertragung und Abgeltung des Zusatzurlaubs	210–212
g) Vergütung des Zusatzurlaubs	213
h) Zusatzurlaub für schwerbehinderte Heimarbeiter	214/215
3. Urlaub im Bereich der Heimarbeit	216–231
a) Anwendungsbereich des § 12 BUrlG	217/218
b) Unanwendbare Vorschriften	219–223
c) Anwendbare Vorschriften	224–231
4. Urlaub nach dem Seearbeitsgesetz	232–256
a) Geltungsbereich des Seearbeitsgesetzes	234

	Rn.
b) Urlaubsanspruch	235/236
c) Urlaubsdauer	237–239
d) Urlaubsgewährung	240–247
e) Reisekosten	248/249
f) Erkrankung während des Urlaubs	250
g) Urlaubsentgelt	251
h) Teilurlaub	252–254
i) Urlaubsabgeltung	255/256
IX. Verhältnis zu kollektiv-rechtlichen und einzelvertraglichen Regelungen	257–269
1. Verhältnis zum Tarifvertrag	258–265
a) Günstigere Regelungen	259/260
b) Ungünstigere Regelungen	261–264
c) Sonderregelungen	265
2. Verhältnis zur Betriebsvereinbarung	266/267
3. Verhältnis zum Arbeitsvertrag	268/269
X. Urlaub bei Betriebsübergang	270–280
1. Ansprüche gegen den Veräußerer	271–274
2. Ansprüche gegen den Erwerber	275–278
3. Ausgleich zwischen Erwerber und Veräußerer	279/280
XI. Urlaub bei Insolvenz	281–288
1. Bei Eröffnung des Insolvenzverfahrens	282/283
2. Vor Eröffnung des Insolvenzverfahrens	284/285
3. Insolvenzgeld	286
4. Betriebsübergang in der Insolvenz	287/288
XII. Prozessuale Geltendmachung	289–313
1. Klage	290–302
a) Klage auf Urlaubsgewährung	291–298
b) Klage auf Feststellung des Urlaubsumfangs	299–302
2. Einstweilige Verfügung	303–306
3. Selbstbeurlaubung	307–310
4. Klage auf Urlaubsabgeltung	311–313

I. Urlaubsanspruch

Ansprüche auf Urlaub ergeben sich auf Grund der Regelungen des BUrlG, gesetzlicher Sonderregelungen, auf Grund Tarifvertrags oder einzelvertraglicher Vereinbarung. Urlaub ist die **Befreiung des Arbeitnehmers von den vertraglich geschuldeten Arbeitspflichten** für einen bestimmten Zeitraum. 1

1. Rechtsgrundlagen

Die gesetzlichen Grundlagen des Urlaubsanspruchs finden sich im Wesentlichen in den Regelungen des BUrlG, § 19 JArbSchG, in den §§ 56 ff. SeeArbG, in § 208 SGB IX, in § 4 ArbPlSchG, in § 6 EignungsübungsG iVm der Verordnung zum EignungsübungsG vom 15.2.1956 sowie in § 17 BEEG. Unionsrechtlich bedeutsam ist Art. 7 der RL 2003/88/EG des Europäischen Parlaments und des Rates vom 4.11.2003 über bestimmte Aspekte der Arbeitszeitgestaltung (Arbeitszeitrichtlinie), der einen bezahlten Mindesturlaub von vier Wochen vorgibt. Zu berücksichtigen ist ferner das Übereinkommen der IAO Nr. 132 über den bezahlten Jahresurlaub in der Fassung vom 24.6.1970. Das Übereinkommen, das am 1.10.1970 in Kraft getreten ist, ist von der Bundesrepublik Deutschland durch Gesetz vom 30.4.1975 ratifiziert worden.[1] 2

2. Entstehen des gesetzlichen Urlaubsanspruches

Anspruch auf Erholungsurlaub hat gemäß § 1 BUrlG jeder Arbeitnehmer. 3

---

[1] Inzwischen ist auch das IAO-Übereinkommen Nr. 172 durch Gesetz vom 13.6.1923 ratifiziert worden, das in Art. 5 Nr. 2 und 3 den Urlaubsanspruch in Hotels, Gaststätten und ähnlichen Bereichen regelt; vgl. dazu *Fenski* DB 2007, 686.

4   a) **Bestehen eines Arbeitsverhältnisses.** Anspruch auf Erholungsurlaub haben nach § 1 BUrlG „Arbeitnehmer". Die **Legaldefinition** des § 2 S. 1 BUrlG stellt dazu klar, dass Arbeitnehmer im Sinne des BUrlG Arbeiter und Angestellte sowie die zu ihrer Berufsausbildung Beschäftigten sind. Der Urlaubsanspruch besteht gleichermaßen in Vollzeit- wie in Teilzeitarbeitsverhältnissen. Gemäß § 2 S. 2 BUrlG sind darüber hinaus auch arbeitnehmerähnliche Personen als Arbeitnehmer im Sinne des BUrlG anzusehen.[2] Als arbeitnehmerähnliche Personen gelten solche Personen, die, ohne in einem Arbeitsverhältnis zu stehen, als wirtschaftlich unselbstständig und sozial schutzbedürftig einzustufen sind. Hierzu gehören in der Regel Handelsvertreter im Sinne von § 92a HGB und freie Mitarbeiter, die zwar nicht persönlich, aber wirtschaftlich abhängig sind.[3] Ihre Rechtfertigung erfährt die Gleichstellung daraus, dass arbeitnehmerähnliche Personen auf Grund ihrer wirtschaftlichen Abhängigkeit ebenso schutzbedürftig wie Arbeitnehmer erscheinen. Für in **Heimarbeit Beschäftigte** und die ihnen nach § 1 Abs. 2a-d des Heimarbeitsgesetzes Gleichgestellten gilt die Sonderregelung des § 12 BUrlG. Auch wenn das BUrlG nach § 2 S. 1 früher auf **Geschäftsführer** für nicht anwendbar gehalten wurde,[4] wird heute die Anwendbarkeit jedenfalls für Fremdgeschäftsführer und Minderheitsgesellschafter-Geschäftsführer anzunehmen sein. Dies folgt aus der Danosa-Entscheidung und dem insoweit unionsrechtlich auszulegenden Arbeitnehmerbegriff.[5]

> **Praxistipp:**
> In Geschäftsführeranstellungsverträgen sollte der Urlaubsanspruch ausdrücklich geregelt werden. Die Regelung sollte auch bestimmen, ob der Urlaubsanspruch in das Folgejahr übertragbar ist und wann er verfällt. Bei Fremdgeschäftsführern und Minderheitsgesellschafter-Geschäftsführern erscheint dabei eine Differenzierung zwischen dem (gesetzlichen) Mindesturlaub und dem vertraglichen Mehrurlaub ratsam.

5   b) **Wartezeit.** Der Urlaubsanspruch steht gemäß § 4 BUrlG erstmalig nach dem Ablauf einer Wartezeit von sechs Monaten. Das Erfordernis der Wartezeit gilt nicht gemäß § 12 BUrlG für die in Heimarbeit beschäftigten Personen.

6   Die Wartezeit ist eine Frist im Sinne von §§ 186 ff. BGB. Für den Beginn der Wartezeit ist der Tag maßgeblich, an dem das Arbeitsverhältnis nach dem Arbeitsvertrag beginnt: Dieser Tag ist bei der Berechnung der Frist mitzuberechnen (§ 187 Abs. 2 S. 1 BGB).

7   Da für die Wartezeit der **rechtliche Bestand des Arbeitsverhältnisses** maßgeblich ist, führt eine rechtliche Beendigung des Arbeitsverhältnisses zu einer Unterbrechung der Wartezeit. Keine Unterbrechung stellt es dar, wenn der Arbeitnehmer der Arbeit unerlaubt fernbleibt, arbeitsunfähig erkrankt ist, streikt oder ausgesperrt wird oder das Arbeitsverhältnis aus einem sonstigen Grund ruht. Ist ein Arbeitsverhältnis dagegen rechtlich beendet worden und wird es neu begründet, wurde uneinheitlich beurteilt, ob eine kurze rechtliche Unterbrechung vor Erfüllung der Wartezeit ohne Bedeutung bleibt. Das Bundesarbeitsgericht hat jetzt entschieden, dass grundsätzlich beide Arbeitsverhältnisse urlaubsrechtlich getrennt zu behandeln sind. Nur bei einer sehr kurzen, etwa einer eintägigen Unterbrechung bliebe dies für die Erfüllung der Wartezeit unschädlich.[6]

8   Nach Ablauf der Wartezeit entsteht der volle Urlaubsanspruch für das gesamte jeweilige Kalenderjahr. Dies gilt auch dann, wenn der Arbeitnehmer in dem laufenden Kalenderjahr zwar mehr als sechs Monate, aber nicht über das gesamte Urlaubsjahr beschäftigt ist.[7] Eine

---

[2] § 7 Abs. 1 BUrlG findet auf arbeitnehmerähnliche Personen keine entsprechende Anwendung, BAG 20.8.2003 – 5 AZR 610/02, NJW 2004, 461.
[3] *Leinemann/Linck* Einl. Rn. 26.
[4] Vgl. BGH 3.12.1962 – II ZR 201/61, NJW 1963, 535 sowie *Haase* GmbHR 2005, 265.
[5] EuGH 11.11.2010 – C 232/09, NZA 2011, 143 – Danosa; ErfK/*Gallner* BUrlG § 1 Rn. 15.
[6] BAG 20.10.2015 – 9 AZR 224/14, NZA 2016, 159.
[7] Vgl. zur Problematik der Beendigung des Arbeitsverhältnisses mit Ablauf der Wartezeit → Rn. 76.

Zwölftelung erfolgt nur in den Fällen des § 5 BUrlG, der den **Teilurlaubsanspruch** abschließend regelt.

c) Urlaubsjahr. Nach § 1 BUrlG entsteht der Urlaubsanspruch für jedes **Kalenderjahr**. Von dieser Vorschrift kann nur nach § 13 Abs. 3 BUrlG für den Bereich der Deutschen Bahn AG sowie einer gemäß § 2 Abs. 1 und § 3 Abs. 3 des Deutsche Bahn Gründungsgesetzes vom 27.12.1993 ausgegliederten Gesellschaft und für den Bereich der Deutschen Bundespost durch Tarifvertrag abgewichen werden.[8]

Der Urlaubsanspruch ist grundsätzlich im Urlaubsjahr zu erfüllen. Dies folgt aus § 7 Abs. 3 BUrlG, wonach der Urlaub im laufenden Kalenderjahr gewährt und genommen werden muss und eine Übertragung auf die ersten drei Monate des nächsten Kalenderjahres statthaft ist, wenn dringende betriebliche oder in der Person des Arbeitnehmers liegende Gründe dies rechtfertigen.

3. Tiefgreifende Veränderungen im deutschen Urlaubsrecht infolge der Rechtsprechung des EuGH

a) Schultz-Hoff. Das Urteil des Europäischen Gerichtshofs in dem Vorabentscheidungsverfahren *Schultz-Hoff*[9] aus dem Jahr 2009 hat zu einer grundlegenden Umgestaltung des deutschen Urlaubsrechts geführt. Das Gericht hatte unter Berücksichtigung des Artikels 7 der Richtlinie 2003/88/EG (Arbeitszeitrichtlinie) entschieden, dass ein Arbeitnehmer seinen Anspruch auf bezahlten Urlaub nicht einbüßt, wenn er diesen Urlaub wegen Arbeitsunfähigkeit nicht in Anspruch nehmen konnte. Der nicht genommene Urlaub sei nachzugewähren oder – im Fall der Beendigung des Arbeitsverhältnisses – abzugelten. Der Europäische Gerichtshof stellte sich damit gegen die ständige Rechtsprechung des Bundesarbeitsgerichts.

Während in der Literatur die *Schultz-Hoff*-Entscheidung nachhaltig kritisiert wurde,[10] folgte das Bundesarbeitsgericht den Vorgaben des Europäischen Gerichtshofs und entschied erstmals mit Urteil vom 24.3.2009,[11] dass der Anspruch auf Urlaubsabgeltung nicht erlischt, wenn der Arbeitnehmer bis zum Ende des Urlaubsjahres oder des Übertragungszeitraums arbeitsunfähig ist.

Eine gewisse Begrenzung der weitreichenden Folgen der *Schultz-Hoff*-Entscheidung – diese Auswirkungen sind nachfolgend jeweils im konkreten Zusammenhang dargestellt – für das deutsche Urlaubsrecht brachte die im November 2011 ergangene *KHS*-Entscheidung des Europäischen Gerichtshofs mit sich.[12] In dieser Sache ging es um die Abgeltung der Urlaubsansprüche für drei Jahre, die wegen Arbeitsunfähigkeit nicht gewährt werden konnten. Der Europäische Gerichtshof stellte fest, dass die Arbeitszeitrichtlinie nicht verlange, den Urlaub unbegrenzt anzusammeln. Damit erklärte der Europäische Gerichtshof einen tariflichen Übertragungszeitraum von 15 Monaten mit der Arbeitszeitrichtlinie 2003/88/EG für vereinbar. In jüngster Zeit wird aber auch diese Begrenzung vor dem Hintergrund der Mitwirkungsobliegenheiten des Arbeitgebers in Frage gestellt.[13]

b) Dicu. In Fortführung der *Schutz-Hoff*-Rechtsprechung schuf der EuGH im Oktober 2018 mit der *Dicu*-Entscheidung[14] Klarheit über den Urlaubsanspruch bei Suspendierung der Hauptleistungspflichten. Zwar betraf die Entscheidung konkret die Urlaubskürzung während der Elternzeit; gleichzeitig verwies der Gerichtshof aber auf die grundsätzliche Abhängigkeit des Anspruchs auf bezahlten Jahresurlaub von der tatsächlichen Arbeitsleistung. Unter Heranziehung der Anspruchszwecke bestehe gemäß Art. 7 Abs. 1 RL 2003/88/EG (Arbeitszeitrichtlinie) für Zeiträume, in denen der Arbeitnehmer nicht tatsächlich gearbeitet

---

[8] Weitere Ausnahmevorschrift § 56 Abs. 1 SeeArbG: Urlaubsjahr ist das Beschäftigungsjahr bei dem jeweiligen Reeder.
[9] EuGH 20.1.2009 – C-350/06 und C-520/06, NZA 2009, 135 – Schultz-Hoff.
[10] Vgl. nur *Leinemann* DB 2009 Nr. 8 S. I.
[11] BAG 24.3.2009 – 9 AZR 983/07, NZA 2009, 538.
[12] EuGH 22.11.2011 – C-214/10, NZA 2011, 1333 – KHS.
[13] ArbG Berlin 13.6.2019 – 42 Ca 3229/19, BeckRS 2019, 32686; dagegen LAG Hamm 24.7.2019 – 5 Sa 676/19, NZA-RR 2019, 584; *Buck* DB 2020, 562.
[14] EuGH 4.10.2018 – C-12/17, NZA 2018, 1323 – Dicu.

hat, grundsätzlich kein Anspruch auf bezahlten Jahresurlaub, da dann auch kein abstraktes Erholungs- und Entspannungsbedürfnis des Arbeitnehmers vorhanden sei.[15] Nur ausnahmsweise seien Zeiträume, in denen der Arbeitnehmer nicht gearbeitet hat, solchen tatsächlicher Arbeitsleistung gleichzustellen, wodurch der Urlaubsanspruch nicht entfällt. Das soll der Fall sein, wenn der Arbeitnehmer aus für ihn unvorhersehbaren, von seinem Willen unabhängigen Gründen tatsächlich nicht gearbeitet hat.[16] Die Grundsätze der *Dicu*-Entscheidung finden sich in der daran anknüpfenden BAG-Rechtsprechung zu mehreren Themengebieten wieder, die sowohl das Verhältnis von Urlaubsanspruch zum unbezahlten Sonderurlaub („Sabbatical"),[17] zur Elternzeit,[18] zur Altersteilzeit im Blockmodell[19] als auch die Berechnung der jeweiligen Höhe des Urlaubsanspruchs in Abhängigkeit zum Umfang der Arbeitspflicht betreffen.

15 **c) Max-Planck-Gesellschaft und Kreuziger.** Eine weitere tiefgreifende Veränderung erfuhr das deutsche Urlaubsrecht im November 2018 durch die EuGH-Entscheidungen in Sachen *Max-Planck-Gesellschaft*[20] und *Kreuziger*,[21] deren Vorgaben das BAG im Wege der richtlinienkonformen Auslegung von § 7 Abs. 1 S. 1 und § 7 Abs. 3 S. 1 BUrlG in einer Serie von vier Urteilen am 19.2.2019 umgesetzt hat.[22] Der EuGH warf die Frage auf, ob der Arbeitnehmer selbst oder der Arbeitgeber für die tatsächliche Verwirklichung eines Urlaubsanspruchs verantwortlich ist. Unerwartet wies das Gericht dem Arbeitgeber die aktive Rolle im Sinne einer Mitwirkungsobliegenheit zu.[23] Der Gerichtshof sah dies dadurch begründet, dass der Arbeitnehmer als schwächere Partei des Arbeitsvertrags davon abgeschreckt sein könne, seine Rechte geltend zu machen. Dem Arbeitgeber sei es bei Einforderung des Urlaubsanspruchs nämlich möglich, Maßnahmen gegenüber dem Arbeitnehmer zu ergreifen, die sich zu dessen Nachteil auf das Arbeitsverhältnis auswirken könnten.[24]

16 Demnach würden die Grenzen des Art. 7 RL 2003/88/EG (Arbeitszeitrichtlinie) dann verkannt, wenn der Arbeitnehmer seinen Urlaubsanspruch auch dann am Ende des Bezugszeitraums automatisch verlöre, wenn er zwar keinen Antrag auf Wahrnehmung seines Jahresurlaubes gestellt habe, aber auch nicht durch den Arbeitgeber in die Lage versetzt wurde, den diesbezüglichen Anspruch wahrzunehmen.[25] Hierfür müsse der Arbeitgeber nach den Vorgaben des EuGH „konkret und in völliger Transparenz" sorgen, indem er seine Arbeitnehmer zum einen „erforderlichenfalls förmlich" auffordert, den Urlaub zu nehmen und zum anderen ihnen „klar und rechtzeitig" mitteilt, dass der Urlaub andernfalls am Ende des Bezugs- oder Übertragungszeitraums oder am Ende des Arbeitsverhältnisses verfallen wird. Die Beweislast trage insofern der Arbeitgeber. Zeige sich hingegen, dass der Arbeitnehmer aus freien Stücken und in Kenntnis der sich ergebenden Konsequenzen darauf verzichtet habe, seinen bezahlten Jahresurlaub zu nehmen, stehe Art. 7 RL 2003/88 (Arbeitszeitrichtlinie) dem Verlust dieses Urlaubsanspruchs und – bei Beendigung des Arbeitsverhältnisses – dem entsprechenden Wegfall der finanziellen Vergütung für den nicht genommenen bezahlten Jahresurlaub nicht entgegen.[26] Durch den Gleichlauf von Art. 7 RL 2003/88/EG (Ar-

---

[15] EuGH 4.10.2018 – C-12/17, NZA 2018, 1323 Rn. 27 ff. – Dicu.
[16] EuGH 4.10.2018 – C-12/17, NZA 2018, 1323 Rn. 32 – Dicu mit Verweis auf EuGH 20.1.2009 – C-350/06 und C-520/06, NZA 2009, 135 – Schultz-Hoff.
[17] BAG 19.3.2019 – 9 AZR 406/17, NZA 2019, 1435; BAG 19.3.2019 – 9 AZR 315/17, BeckRS 2019, 4803.
[18] BAG 19.3.2019 – 9 AZR 495/17, NZA 2019, 1136; BAG 19.3.2019 – 9 AZR 362/18, NZA 2019, 1141.
[19] BAG 24.9.2019 – 9 AZR 481/18; 3.12.2019 – 9 AZR 33/19.
[20] EuGH 6.11.2018 – C-684/16, NZA 2018, 1474 – Max-Planck-Gesellschaft.
[21] EuGH 6.11.2018 – C-619/16, NZA 2018, 1612 – Kreuziger.
[22] BAG 19.2.2019 – 9 AZR 541/15, NZA 2019, 982; 19.2.2019 – 9 AZR 278/16, BeckRS 2019, 12128; 19.2.2019 – 9 AZR 321/16, NZA 2019, 1043; 19.2.2019 – 9 AZR 423/16, NZA 2019, 977.
[23] Vgl. *Jacobs/Münder* RdA 2020, 13; *Gooren* NZA 2016, 1374 (1376) mwN. zum damaligen Meinungsstand in der instanzgerichtlichen Judikatur.
[24] EuGH 6.11.2018 – C-684/16, NZA 2018, 1474 Rn. 41 – Max-Planck-Gesellschaft; EuGH 6.11.2018 – C-619/16, NZA 2018, 1612 Rn. 48 – Kreuziger. Da die Begründung des EuGH in beiden Entscheidungen wortgleich ist, wird in der Folge nur noch auf das in dieser Fußnote erstgenannte Urteil verwiesen.
[25] EuGH 6.11.2018 – C-684/16, NZA 2018, 1474 Rn. 61 – Max-Planck-Gesellschaft; vgl. bereits zuvor und in Fortführung von Schutz-Hoff EuGH 29.11.2017 – C-214/16, NZA 2017, 1591 Rn. 63 – King.
[26] EuGH 6.11.2018 – C-684/16, NZA 2018, 1474 Rn. 45 f. – Max-Planck-Gesellschaft.

beitszeirichtlinie) und Art. 31 Abs. 2 der Charta der Grundrechte der Europäischen Union (GRCh) sei diesen Vorgaben auch in Rechtsverhältnissen mit Privatpersonen eine sog. unmittelbare Horizontalwirkung zuzuerkennen.[27]

d) Bollacke und Bauer/Wilmeroth. Am gleichen Tage wie die Entscheidungen in den Rechtsachen *Max-Planck-Gesellschaft* und *Kreuziger*, ergingen im November 2018 die Entscheidungen in Sachen *Bauer/Wilmeroth*,[28] wodurch die Klarstellungen des EuGH in Bezug auf die erbrechtlichen Fragestellungen des Urlaubsrechts ihren vorläufigen Abschluss gefunden haben. Bereits im Jahre 2014 hatte der EuGH in der Rechtssache *Bollacke* entschieden, dass der Anspruch auf bezahlten Jahresurlaub mit dem Tod des Arbeitnehmers nicht untergehen dürfe, ohne dass ein Abgeltungsanspruch entstehe.[29] Dennoch rückte das BAG in der Folge nicht vollständig von seiner bisherigen Rechtsprechung ab, da der EuGH seiner Auffassung nach nicht darüber entschieden habe, ob der Abgeltungsanspruch auch Teil der Erbmasse werde, wenn das nationale Erbrecht dies ausschließe. Demnach könne § 7 Abs. 4 BUrlG iVm § 1922 Abs. 1 BGB eben nicht dahingehend ausgelegt werden, dass der Urlaubsanspruch oder Urlaubsabgeltungsanspruch auf die Erben übergigne. Schließlich habe der EuGH in seiner *KHS*-Entscheidung[30] den Verfall eines Urlaubsanspruchs eines dauerhaft kranken Arbeitnehmers nach einem 15-monatigen Übertragungszeitraumes angenommen, da die Wirkung als Erholungszeit fehle. Erst Recht könne ein solcher Erholungszweck auch nicht mehr in der Person eines verstorbenen Arbeitnehmers verwirklicht werden.[31] In den verbundenen Vorabentscheidungsverfahren in Sachen *Bauer* und *Wilmeroth* stellte der EuGH fest, dass zwar der Urlaubsanspruch eines verstorbenen Arbeitnehmers nicht mehr dem Ziel dienen könne, Entspannungs- oder Erholungszeiten zu bieten. Dies könne aber nicht dazu führen, dass der Arbeitnehmer rückwirkend seinen bereits erworbenen Anspruch verliere. Indes umfasse der Anspruch auf bezahlten Jahresurlaub gleichberechtigt auch den Anspruch auf Bezahlung. Dieser vermögensrechtliche Anspruchsbestandteil könne weder dem Vermögen des Arbeitnehmers, noch dem Vermögen des Erben rückwirkend durch den Tod des Arbeitnehmers entzogen werden.[32] Das BAG setzte die Vorgaben des EuGH in vier Urteilen vom 22.1.2019 um und äußerte sich zur Vererblichkeit des Urlaubsabgeltungsanspruch in Verbindung mit dem gesetzlichen Mindesturlaub, dem gesetzlichen Zusatzurlaub für schwerbehinderte Menschen, dem tarifvertraglichen Mehr- oder Zusatzurlaub, sowie dem arbeitsvertraglichen Mehrurlaub.[33]

4. Mitwirkungsobliegenheiten des Arbeitgebers

a) Grundlagen. Nach den beiden EuGH-Urteilen in Sachen *Max-Planck-Gesellschaft* und *Kreuziger* hat das BAG in seinen vier Urteilen vom 19.2.2019[34] entschieden, dass der Arbeitgeber die Initiativlast bei der Verwirklichung des Urlaubsanspruchs nach § 7 Abs. 1 S. 1 BUrlG trägt. Hieraus erwachsen dem Arbeitgeber Mitwirkungsobliegenheiten, wonach er den Arbeitnehmer in die Lage zu versetzten habe, seinen Urlaubsanspruch auch tatsächlich wahrzunehmen. Dies ergebe sich aus einer richtlinienkonformen Auslegung des § 7 Abs. 1 S. 1 BUrlG. Zudem sei § 7 Abs. 3 S. 1 BUrlG richtlinienkonform dahingehend auszulegen, dass der Urlaubsanspruch des Arbeitnehmers gemäß dem „normalen" urlaubsrechtlichen Fristenregime nur dann erlischt, wenn der Arbeitgeber seine Mitwirkungsobliegenheiten erfüllt und der Arbeitnehmer den Urlaub dennoch aus freien Stücken nicht genommen hat.[35]

---

[27] EuGH 6.11.2018 – C-684/16, NZA 2018, 1474 Rn. 76 f. – Max-Planck-Gesellschaft.
[28] EuGH 6.11.2018 – C-569/16, C-570/16, NZA 2018, 1467.
[29] EuGH 12.6.2014 – C-118/13, NZA 2014, 651 Rn. 30 – Bollacke.
[30] EuGH 22.11.2011 – C-214/10, NZA 2011, 1333 – KHS.
[31] BAG 18.10.2016 – 9 AZR 45/16, BeckRS 2016, 74836; 18.10.2016 – 9 AZR 196/16 (A), NZA 2017, 207; ausführlich zur Entwicklung der BAG-Rechtsprechung vgl. *Jacobs/Münder* RdA 2019, 332 (334 f.).
[32] EuGH 6.11.2018 – C-569/16, C-570/16, NZA 2018, 1467 Rn. 46 ff. – Bauer/Wilmeroth.
[33] BAG 22.1.2019 – 9 AZR 45/16, NZA 2019, 829; 22.1.2019 – 9 AZR 328/16, NZA 2019, 835; 22.1.2019 – 9 AZR 10/17, NZA 2019, 833; 22.1.2019 – 9 AZR 149/17, NZA 2019, 985.
[34] BAG 19.2.2019 – 9 AZR 541/15, NZA 2019, 982; 19.2.2019 – 9 AZR 278/16, BeckRS 12128; 19.2.2019 – 9 AZR 321/16, NZA 2019, 1043; 19.2.2019 – 9 AZR 423/16, NZA 2019, 977.
[35] BAG 19.2.2019 – 9 AZR 278/16, BeckRS 12128 Rn. 31.

Die Erfüllung seiner Mitwirkungsobliegenheiten habe der Arbeitgeber darzulegen und gegebenenfalls zu beweisen, weil er hieraus eine für sich günstige Rechtsfolge ableite.[36]

19 **b) Inhalt und Form.** Der Arbeitgeber muss sich bei Erfüllung seiner Mitwirkungsobliegenheiten auf einen „**konkret**" bezeichneten Urlaubsanspruch eines bestimmten Jahres beziehen und den Anforderungen an eine „**völlige Transparenz**" genügen. Gemäß dem BAG kann der Arbeitgeber seine Mitwirkungsobliegenheiten regelmäßig zum Beispiel dadurch erfüllen, dass er dem Arbeitnehmer zu Beginn des Kalenderjahres in Textform **mitteilt**, wie viele Arbeitstage Urlaub ihm im Kalenderjahr zustehen, ihn **auffordert**, seinen Jahresurlaub so rechtzeitig zu beantragen, dass er innerhalb des laufenden Urlaubsjahres genommen werden kann und ihn über die Konsequenz des Verfalls des Urlaubsanspruchs zum Ende des Kalenderjahres bei Nichtbeantragung **belehrt**. Abstrakte Hinweise im Arbeitsvertrag oder in einer Kollektivvereinbarung, sowie die Ausgabe eines Merkblattes an die Belegschaft genügen in der Regel nicht den Anforderungen einer konkreten und transparenten Unterrichtung.[37]

20 Bezüglich der **Form der Mitteilung** gilt es zu beachten, dass eine solche desto eher als intransparent gelten dürfte, je weiter sich diese von einem separaten und in sich geschlossenen Unterrichtungsschreiben entfernt. Sollte die Unterrichtung also mit der Mitteilung anderer Sachverhalte verbunden werden, bedarf es zumindest einer drucktechnischen Hervorhebung. Als eher unzureichend kann ein Aushang am schwarzen Brett bzw. eine dahingehende Information im betrieblichen Intranet betrachtet werden, selbst wenn sie mit dem Hinweis auf die in der Gehaltsabrechnung einsehbaren Urlaubsansprüche verbunden wird.[38]

> **Praxistipp:**
> Zusammenfassend muss eine Unterrichtung durch den Arbeitgeber die folgenden inhaltlichen Anforderungen erfüllen:
> (1) Individualisierte Information über die Zahl der dem Arbeitnehmer für das laufende Kalenderjahr zustehenden Urlaubstage.
> (2) Aufforderung, den Urlaub so rechtzeitig zu beantragen, dass er noch im laufenden Urlaubsjahr genommen werden kann.
> (3) Belehrung über den Verfall des Urlaubsanspruchs, für den Fall der Nichtbeantragung trotz Möglichkeit.

> **Formulierungsbeispiel:**
21 *„Sie haben in diesem Kalenderjahr XX Tage Urlaub. Bitte beantragen Sie Ihren Jahresurlaub so rechtzeitig, dass Sie ihn noch im laufenden Urlaubsjahr nehmen können. Es wird ausdrücklich darauf hingewiesen, dass nicht genommener Urlaub zum 31.12. des aktuellen Kalenderjahres verfällt."*

22 **c) Zeitpunkt und Häufigkeit.** Als **Zeitpunkt** sollte eine Information zu Beginn des Kalenderjahrs grundsätzlich ausreichend sein. Bezüglich der **Häufigkeit der Unterrichtung** verlangt das BAG grundsätzlich nicht die ständige Aktualisierung dieser Mitteilungen, anlässlich jeder Änderung des Umfangs des Urlaubsanspruchs. Da aber letztlich die Umstände des Einzelfalles entscheiden, sollte hier nach den gegebenen Beschäftigungsverhältnissen diffe-

---

[36] BAG 19.2.2019 – 9 AZR 541/15, NZA 2019, 982 Rn. 42; 19.2.2019 – 9 AZR 278/16, BeckRS 12128; 19.2.2019 – 9 AZR 321/16, NZA 2019, 1043; 19.2.2019 – 9 AZR 423/16, NZA 2019, 977.
[37] Vgl. BAG 19.2.2019 – 9 AZR 541/15, NZA 2019, 982 Rn. 43 f., sowie textidentisch 19.2.2019 – 9 AZR 321/16, NZA 2019, 1043; weiterhin 19.2.2019 – 9 AZR 278/16, BeckRS 12128 Rn. 41 f.; 19.2.2019 – 9 AZR 423/16, NZA 2019, 977 Rn. 25.
[38] Vgl. *Bayreuther* NZA 2019, 945 (946).

renziert werden. Ist ein solches arbeitszeittechnsich eher offen gestaltet, kann ein erneuter Hinweis mit einigem zeitlichen Abstand zum Jahresende dennoch geboten sein. Entsprechendes gilt, wenn der Arbeitnehmer im Verlauf des Jahres noch keinerlei Jahresurlaub genommen hat und damit eine große Anzahl von Urlaubstagen zu verfallen droht. Eine **zweite bzw. weitergehende Unterrichtung** ist dann erforderlich, wenn wegen betrieblicher oder in der Person des Arbeitnehmers liegender Gründe nach § 7 Abs. 3 S. 2 BUrlG Urlaub auf das nächste Jahr übertragen worden ist. Die Unterrichtung des Arbeitnehmers zu Beginn des neuen Jahres muss dann sowohl die Information über die Fortschreibung des Urlaubs, als auch die Belehrung über den Verfall desselbigen schon zum 31.3. enthalten.[39]

Weiterhin bleiben die Mitwirkungsobliegenheiten des Arbeitgebers auch dann bestehen, wenn dieser das Arbeitsverhältnis gekündigt hat und der damit verbundene **Kündigungsschutzprozess** noch nicht rechtskräftig abgeschlossen ist. Maßgeblich ist allein die objektive Rechtslage, nach der die betreffende Entscheidung rückwirkend kein neues Arbeitsverhältnis schafft, sondern lediglich feststellt, ob ein solches fortbesteht.[40] Zur Erfüllung seiner Mitwirkungsobliegenheiten hat der Arbeitgeber den Arbeitnehmer in diesem Fall zusätzlich darauf hinzuweisen, dass er auch im gekündigten Arbeitsverhältnis bereit ist, bezahlten Urlaub zu gewähren. Dies entspricht dem Gedanken, dass der Arbeitnehmer als schwächere Partei des Arbeitsvertrages besonders schützenswert ist, weshalb eine Situation zu vermeiden ist, in der ein Arbeitnehmer – vom Arbeitgeber veranlasst – davon abgehalten werden kann, seine Rechte geltend zu machen.[41]

d) Rechtsfolge: (Grenzenlose) Fortschreibung des Urlaubs bei Nichterfüllung. Erfüllt der Arbeitgeber seine Mitwirkungsobliegenheiten nicht oder ist seine Unterrichtung unvollständig oder intransparent, ist der Urlaubsanspruch des Arbeitnehmers gemäß der richtlinienkonformen Auslegung des § 7 Abs. 3 S. 1 BUrlG nicht zum 31.12. des Urlaubsjahres befristet. Der übernommene Urlaub besteht dann im Folgejahr fort und tritt zu dem am 1.1. des neuen Urlaubsjahrs entstehenden Anspruch hinzu. Der übertragene Anspruch ist dabei nicht gegenüber dem Anspruch aus dem aktuellen Urlaubsjahr privilegiert. Dies bedeutet, dass er allen Regelungen unterliegt, die auch für den „neuen" Urlaubsanspruch gelten. Demnach kann es zu einer uneingeschränkten Kumulation von Urlaubsansprüchen aus mehreren Jahren kommen, wenn der Arbeitgeber nicht seine Mitwirkungsobliegenheiten nachholt, indem er den Arbeitnehmer – und zwar unter Einbeziehung des übertragenen Anspruchs aus dem Vorjahr – nunmehr korrekt über Bestand und Verfall des Urlaubs informiert.[42]

Die Frage, ob eine Befristung des gesetzlichen Urlaubsanspruchs bei unterlassener Erfüllung der Mitwirkungsobliegenheiten auf 15 Monate nach Ablauf des jeweiligen Urlaubsjahrs zum Schutz überwiegenden Interesses des Arbeitgebers vor dem Ansammeln von Urlaubsansprüchen geboten sein kann, hat das BAG bisher noch offengelassen, nunmehr aber dem EuGH vorgelegt.[43]

e) Grenzen und Verjährung. Eine zeitliche **Grenze** für die Urlaubsfortschreibung ergibt sich mittelbar aus § 7 Abs. 4 BUrlG durch Beendigung des Arbeitsverhältnisses und Abgeltung des Urlaubsanspruchs. Urlaubsabgeltungsansprüche unterliegen als gewöhnliche Geldansprüche der **regelmäßigen** dreijährigen **Verjährungsfrist** des § 195 BGB.[44] Zudem gelten

---

[39] Vgl. *Bayreuther* NZA 2019, 945 (946).
[40] BAG 19.2.2019 – 9 AZR 321/16, NZA 2019, 1043 Rn. 55.
[41] BAG 19.2.2019 – 9 AZR 321/16, NZA 2019, 1043 Rn. 56; so auch *Jacobs/Münder* RdA 2020, 13 (20), vgl. zum Fall eines befristeten Arbeitsverhältnisses BAG 22.10.2019 – 9 AZR 98/19, NJW 2020, 705.
[42] Vgl. BAG 19.2.2019 – 9 AZR 541/15, NZA 2019, 982 Rn. 46, sowie textidentisch 19.2.2019 – 9 AZR 278/16, BeckRS 12128 Rn. 44; 19.2.2019 – 9 AZR 423/16, NZA 2019, 977 Rn. 44; zustimmend *Bayreuther* NZA 2019, 945 (946 f.); aA *Jacobs/Münder* RdA 2020, 13 (19), die es für die Befristung des übertragenen Urlaubsanspruchs als ausreichend ansehen, wenn der Arbeitgeber bereits zu Beginn des Jahres (vorab) auf die Übertragungsvoraussetzungen hinweist und über den Verfall zum Ende des Übertragungszeitraumes belehrt.
[43] BAG 22.10.2019 – 9 AZR 98/19, NJW 2020, 705; Vorlagebeschlüsse: BAG 7.7.2020 – 9 AZR 401/19 [A] und 9 AZR 245/19 [A].
[44] Vgl. BAG 11.4.2006 – 9 AZR 523/05, NJOZ 2007, 115; sowie *Boecken/Jacobsen* ZTR 2011, 267 (275); *Höpfner* RdA 2013, 65 (68); *Schubert* RdA 2014, 9 (14); *Bayreuther* NZA 2019, 945 (946); *Jacobs/Münder* RdA 2020, 13 (22); ErfK/*Gallner* BUrlG § 7 Rn. 84.

individual- bzw. tarifvertragliche Ausschlussfristen, sofern diese wirksam formuliert sind.[45] Die Nichterfüllung der arbeitgeberseitigen Mitwirkungspflichten während des Bestehens des Arbeitsverhältnisses ändert hieran nichts.

27 **f) Rechtswidrige Urlaubsverweigerung.** Auch für den Fall, dass der Arbeitgeber einen Urlaubsantrag des Arbeitgebers ablehnt, ohne sich auf die Gründe in § 7 Abs. 1 S. 1 BUrlG zu beziehen, hat die Rechtsprechung des EuGH zu tiefgreifenden Änderungen geführt. Unter diesen Umständen war das BAG bisher davon ausgegangen, dass sich der Urlaubsanspruch in einen Schadensersatzanspruch nach den §§ 275, 280 Abs. 1 und 2, 283 S. 1, 286 Abs. 1, 287 S. 2, 249 BGB und damit in einen Anspruch auf Naturalrestitution in Form der Gewährung von Ersatzurlaub umwandelt.[46] Dies lag darin begründet, dass man – außer in den Fällen des § 7 Abs. 3 S. 2 BUrlG – davon ausging, dass der Urlaubsanspruch zwingend zum 31.12. des Kalenderjahres untergeht. Um aber den Fortfall von Urlaubsansprüchen in den Fällen zu verhindern, in denen der Arbeitgeber Urlaubsanträge der Belegschaft grundlos blockiert, stellte der Anspruch auf Gewährung von Ersatzurlaub eine geeignete Hilfskonstruktion dar. Solche Konstruktionen erweisen sich aber nunmehr als Relikt aus der Vor-*Schultz-Hoff*-Ära. Denn der Primäranspruch geht nicht mehr unter.[47] Aus den Vorgaben des BAG in seinen Urteilen vom 19.2.2019 ergibt sich zum einen, dass der Arbeitgeber den Arbeitnehmer in die Lage zu versetzen hat, seinen Urlaubsanspruch auch tatsächlich wahrzunehmen. Spiegelbildlich leitet das BAG aus der Rechtsprechung des EuGH[48] zum anderen ab, dass der Arbeitgeber den Eintritt einer Situation zu vermeiden habe, in der ein Arbeitnehmer auf Veranlassung des Arbeitgebers davon abgehalten werden kann, seine Rechte gegenüber dem Arbeitgeber geltend zu machen.[49] Diese Situation kann aber bei einer unberechtigten Urlaubsverweigerung eintreten, wenn beim Arbeitnehmer der Eindruck entsteht, vom Arbeitgeber ohnehin keinen Urlaub gewährt zu bekommen und er infolgedessen nicht mehr „aus freien Stücken" auf seinen Urlaub verzichtet. Aufgrund eines Verstoßes gegen Art. 7 RL 2003/88/EG (Arbeitszeitrichtlinie) würde der Arbeitnehmer dann seinen Urlaubsanspruch am Ende des Bezugs- oder Übertragungszeitraums in richtlinienwidriger Weise verlieren.[50]

28 Folglich ist in diesen Fällen der **Urlaubsanspruch** eines Arbeitnehmers **nicht** gemäß § 7 Abs. 3 BUrlG **befristet**. Der Urlaub schreibt sich ohne weiteres in das nächste Kalenderjahr fort, wenn der Arbeitgeber dessen Urlaubsantrag unberechtigt ablehnt.[51] Sofern keine weiteren Informationshandlungen des Arbeitgebers erfolgen, gelten für die (grenzenlose) Fortschreibung fortan die oben dargestellten allgemeinen Grundsätze. Um die Befristung iSd § 7 Abs. 3 BUrlG „wiederherzustellen", muss der Arbeitgeber seine Mitwirkungshandlungen – gegebenenfalls erneut – vornehmen.[52]

29 Die Fortschreibung des Urlaubs in das nächste Kalenderjahr kann der Arbeitgeber im Einzelfall insbesondere durch **„Nachholung" des verweigerten Urlaubs** verhindern, sodass es zu einem Verfall noch zum 31.12. des aktuellen Kalenderjahres kommt. Dies setzt die Er-

---

[45] BAG 22.1.2019 – 9 AZR 149/17, NZA 2019, 985 Rn. 31 ff. (tarifvertragliche Ausschlussfristen); *Bayreuther* NZA 2019, 945 (946); ErfK/*Gallner* BUrlG § 7 Rn. 86.
[46] So zuletzt BAG 19.6.2018 – 9 AZR 615/17, NZA 2018, 1480 Rn. 14.
[47] So *Bayreuther* NZA 2019, 945 (947 f.) für die Urteile BAG 19.2.2019 – 9 AZR 541/15, NZA 2019, 982 Rn. 16; 19.2.2019 – 9 AZR 423/16, NZA 2019, 977 Rn. 12, in denen die betreffenden Normen des Schadensersatzanspruchs in der Vergangenheitsform erwähnt werden.
[48] EuGH 22.5.2014 – C-539/12, NZA 2014, 593 Rn. 23 – Lock; EuGH 29.11.2017 – C-214/16, NZA 2017, 1591 Rn. 39 – King; EuGH 6.11.2018 – C-684/16, NZA 2018, 1474 Rn. 42 – Max-Planck-Gesellschaft.
[49] BAG 19.2.2019 – 9 AZR 541/15, NZA 2019, 982 Rn. 42, sowie textidentisch in den Urteilen unter Fn. 32.
[50] *Jacobs/Münder* RdA 2020, 13 (18 f.).
[51] Vgl. BAG 19.2.2019 – 9 AZR 541/15, NZA 2019, 982 Rn. 44, sowie textidentisch in den Urteilen unter Fn 32. Rechtliche Begründung des BAG wohl gemäß § 242 BGB durch widersprüchliches Verhalten des Arbeitgebers, wenn er einerseits zur Urlaubsnahme auffordert, diesen dann aber nicht gewährt; *Jacobs/Münder* RdA 2020, 13 (19) sieht daneben das In-die Lage-versetzen iSe einer arbeitgeberseitigen Dauer-Obliegenheit als Möglichkeit einer rechttechnischen Begründung an.
[52] BAG 19.2.2019 – 9 AZR 541/15, NZA 2019, 982 Rn. 44, sowie textidentisch in den Urteilen unter Fn. 32.

klärung des Arbeitgebers voraus, dass er nun doch bereit ist, den Urlaub zu gewähren. Hinzutreten muss die Unterrichtung des Arbeitnehmers über den Umfang seines Resturlaubs samt Hinweis, dass dieser untergeht, wenn er nicht bis Jahresende genommen wird. Weiterhin muss dem Arbeitnehmer im aktuellen Kalenderjahr noch ausreichend Zeit verbleiben, um erneut einen Urlaubsantrag zu stellen.[53]

> **Praxistipp:**
> Betrachtet man das Verhältnis von Aufwand zu den drohenden Rechtsfolgen, ist es dem Arbeitgeber stets zu empfehlen, seine Mitwirkungsobliegenheiten zeitnah erneut vorzunehmen, wenn er zuvor einen Urlaubsantrag des Arbeitnehmers abgelehnt hat. Für den Fall, dass die Ablehnung rechtswidrig war, stellt er damit zumindest sicher, dass dessen Urlaubsanspruch wieder nach § 7 Abs. 3 BUrlG befristet ist, wobei der Befristungszeitpunkt einzelfallabhängig ist. War die Ablehnung rechtmäßig, dient die Erklärung lediglich der Klarstellung, dass der Urlaubsanspruch – nach wie vor – zum 31.12. erlischt.

g) Tarif- oder individualvertraglicher Mehrurlaub. Die unionsrechtlichen Vorgaben treffen ausschließlich den gesetzlichen Mindesturlaub von vier Wochen. Grundsätzlich können die Tarif- oder Arbeitsvertragsparteien somit Regelungen treffen, die von den Vorgaben des Unionsrecht und des BUrlG abweichen, was insbesondere Bestimmungen betrifft, wonach Mehrurlaub grundsätzlich und ohne einen entsprechenden Hinweis des Arbeitgebers mit Ablauf des Kalenderjahres respektive am Ende des Übertragungszeitraumes verfällt.[54] Für einen dahingehenden Reglungswillen braucht es aber „deutliche Anhaltspunkte" im maßgeblichen Arbeits- bzw. Tarifvertrag. Ein bloßes vom BUrlG abweichendes Fristenregime reicht dem BAG nicht aus, um vom Gleichlauf des Mindest- mit dem Mehrurlaub im Hinblick auf die arbeitgeberseitigen Mitwirkungsobliegenheiten zu unterbrechen.[55] Sind der vertraglichen Regelung also keine deutlichen Anhaltspunkte bezüglich eines anderweitigen Regelungswillen dahingehend zu entnehmen, dass der Verfall des Urlaubs an **bestimmte Tatbestandsmerkmale** geknüpft wurde, gelten die Mitwirkungsobliegenheiten gemäß § 7 Abs. 1 S. 1 BUrlG auch für den Mehrurlaub, der sich bei Nichtvornahme (grenzenlos) fortschreiben kann.

> **Praxistipp:**
> Dem Arbeitgeber ist zu empfehlen, in seiner Unterrichtung zu Erfüllung seiner Mitwirkungsobliegenheiten vorsorglich auch den Mehrurlaub mit einzubeziehen. Aufgrund der Transparenzanforderungen des EuGH sollte er den Arbeitnehmer zudem darüber informieren, in welcher Reihenfolge Mindest- und Mehrurlaub erfüllt werden.
> Alternativ kann in dem jeweiligen Arbeitsvertrag eine Vertragsbestimmung aufgenommen werden, wonach der Mehrurlaub zum 31.12. untergeht und der Verfall auch ohne gesonderte Unterrichtung eintreten wird. Fälle rechtswidriger Urlaubsverweigerung sollten wegen § 308 Nr. 4 BGB ausgenommen werden.

h) Kein Vertrauensschutz. Das BAG hat entschieden, dass kein Vertrauensschutz für sog. Altfälle unterlassener Mitwirkung besteht. Aufgrund der richtlinienkonformen Auslegung des § 7 BUrlG, wirkt die aktuelle Rechtsprechung auf den Ablauf der Umsetzungsfrist der (früheren) Arbeitszeitrichtlinie 93/104/EG (23.11.1996) zurück. Im Extremfalle können Arbeitnehmer ihren Urlaub bis zu diesem Zeitpunkt nachfordern, sofern sie von ihrem Arbeit-

---

[53] Vgl. im Ansatz BAG 19.2.2019 – 9 AZR 541/15, NZA 2019, 982 Rn. 44, ausführlich *Bayreuther* NZA 2019, 945 (948).
[54] BAG 19.2.2019 – 9 AZR 541/15, NZA 2019, 982 Rn. 35.
[55] BAG 19.2.2019 – 9 AZR 541/15, NZA 2019, 982 Rn. 36; 14.2.2017 – 9 AZR 386/16, NZA 2017, 655 Rn. 15; vgl. auch *Jacobs/Münder* RdA 2020, 13 (19).

geber bislang nicht ausreichend unterrichtet und über den Verfall ihres Urlaubsanspruchs zum Jahresende bzw. zum Ende eines (zulässigen) Übertragungszeitraums belehrt worden sind.[56] Folglich kommt auch die „automatische" Ausbuchung von Resturlaubsansprüchen am Jahresende nicht mehr in Betracht, weshalb Arbeitgeber künftig bilanztechnisch Rückstellungen bilden müssen.[57] Der Arbeitgeber kann aber das uneingeschränkte Kumulieren von Urlaubsansprüchen vermeiden und damit gleichzeitig Altfälle bereinigen, indem er seine Mitwirkungsobliegenheiten für den Urlaub aus zurückliegenden Urlaubsjahren im aktuellen Kalenderjahr nachholt. Nimmt der Arbeitnehmer dann den kumulierten Urlaubsanspruch im laufenden Urlaubsjahr nicht wahr, obwohl es ihm möglich gewesen wäre, verfällt der Urlaub am Ende des Kalenderjahres bzw. eines (zulässigen) Übertragungszeitraums.[58]

5. Höchstpersönlichkeit des Urlaubs

32 a) Vererblichkeit. Der Urlaubsanspruch ist **nicht vererblich**.[59] Mit dem Tod kann der Arbeitgeber den Arbeitnehmer nicht mehr von seiner Arbeitspflicht befreien. Die Arbeitspflicht ist gemäß § 613 BGB grundsätzlich höchstpersönlich, so dass der Urlaubsanspruch mit dem Tod des Arbeitnehmers untergeht.

33 Dasselbe gilt infolge der Aufgabe der Surrogationstheorie und unter Berücksichtigung der EuGH-Rechtsprechung in Sachen *Bollacke* und *Bauer/Wilmeroth*[60] aber nicht für den Urlaubsabgeltungsanspruch nach § 7 Abs. 4 BUrlG, der auch im Fall des Todes des Arbeitnehmers entsteht.

34 Vor dem EuGH-Urteil in Sachen *Schultz-Hoff*[61] vertrat das BAG die Auffassung, dass der Abgeltungsanspruch als Surrogat des Urlaubsanspruchs den gleichen Voraussetzungen unterliegt, wonach der Urlaubsabgeltungsanspruch voraussetzte, dass der Freistellungsanspruch im fiktiv fortbestehenden Arbeitsverhältnis noch hätte gewährt werden können. Da ein verstorbener Arbeitnehmer demnach keinen Abgeltungsanspruch mehr erwerben konnte, war auch die Vererblichkeit ausgeschlossen. Zudem ging das BAG von einer umfassenden Höchstpersönlichkeit des Urlaubsanspruchs aus, was auch den Abgeltungsanspruch betraf. Bei einem verstorbenen Arbeitnehmer konnte kein Abgeltungsanspruch entstehen, da bereits bestehende Ansprüche mit dem Tod untergehen sollen.[62]

35 Dies gilt nicht mehr, da das BAG in seinen vier Urteilen vom 22.1.2019 und im Einklang mit dem EuGH den Urlaubsanspruch in die Bestandteile Freistellungs- und Vergütungsanspruch aufspaltet.[63] Im bestehenden Arbeitsverhältnis sei die Vergütungskomponente des Anspruchs auf bezahlten Jahresurlaub fest mit dem Freistellungsanspruch verbunden. Einen Urlaub durch Geldzahlung abzugelten, ohne den Arbeitnehmer freizustellen, sei aufgrund des Abgeltungsverbots in § 7 Abs. 4 BUrlG nicht möglich. Denn im laufenden Arbeitsverhältnis soll dem Arbeitnehmer der Erholungszweck und der damit verbundene Gesundheitsschutz nicht „abgekauft" werden können.[64] Endet das Arbeitsverhältnis, ist die Verbindung

---

[56] BAG 19.2.2019 – 9 AZR 423/16, NZA 2019, 977 Rn. 34; sowie *Bayreuther* NZA 2019, 945 (948) der aufgrund der Deckungsgleichheit des jeweiligen Art. 7 in der Zitierung der heute maßgeblichen RL 2003/88/EG zutreffend ein Redaktionsversehen sieht.

[57] *Arnold* ArbRAktuell 2019, 119.

[58] BAG 19.2.2019 – 9 AZR 541/15, NZA 2019, 982 Rn. 35; 19.2.2019 – 9 AZR 278/16, BeckRS 12128 Rn. 44; 19.2.2019 – 9 AZR 423/16, NZA 2019, 977 Rn. 44; zuletzt LAG Köln 9.4.2019 – 4 Sa 242/18, FD-ArbR 2019, 418551.

[59] BAG 20.9.2011 – 9 AZR 416/10, BeckRS 2012, 327550; 23.6.1992 – 9 AZR 111/91, NZA 1992, 1088. Beachte aber: EuGH 12.6.2014 – C-118/13, NZA 2014, 651 – Bollacke.

[60] EuGH 12.6.2014 – C-118/13, NZA 2014, 651 – Bollacke; EuGH 6.11.2018 – C-569/16, C-570/16, NZA 2018, 1467 – Bauer/Wilmeroth.

[61] EuGH v. 20.1.2009 – C-350/06 und C-520/06, NZA 2009, 135 – Schultz-Hoff.

[62] Vgl. BAG 19.11.1996 – 9 AZR 376/95, NZA 1997, 879 (880), ausführlich *Jacobs/Münder* RdA 2019, 332 (334).

[63] BAG 22.1.2019 – 9 AZR 45/16, NZA 2019, 829; 22.1.2019 – 9 AZR 10/17, NZA 2019, 833; 22.1.2019 – 9 AZR 328/16, NZA 2019, 835; 22.1.2019 – 9 AZR 149/17, NZA 2019, 985.

[64] BAG 22.1.2019 – 9 AZR 45/16, NZA 2019, 829 Rn. 23; vgl. bereits EuGH 6.4.2006 – C-124/05, NZA 2006, 719 Rn. 32 – Federatie Nederlandse Vakbeweging; *Kamanabrou* RdA 2017, 162; so auch *Jacobs/Münder* RdA 2019, 332 (334).

der beiden Komponenten zur Verwirklichung des übergeordneten Schutzzwecks nicht mehr erforderlich, da die Freistellungskomponente erlischt. Die Vergütungskomponente bleibt hingegen nach § 7 Abs. 4 BUrlG als spezialgesetzliche Regelung des Leistungsstörungsrechts in Gestalt des Abgeltungsanspruchs selbständig aufrechterhalten. Folglich stehe bei richtlinienkonformer Auslegung der §§ 1, 7 Abs. 4 BUrlG auch den Erben eines im laufenden Arbeitsverhältnis verstorbenen Arbeitnehmers ein Anspruch auf Abgeltung des vom Erblasser nicht genommenen Urlaubs nach den §§ 1922 Abs. 1 BGB iVm § 7 Abs. 4 BUrlG zu.[65]

Auch der **gesetzliche Zusatzurlaub für schwerbehinderte Arbeitnehmer** (§ 208 Abs. 1 SGB IX) ist vererbbar, da diesem derselbe Urlaubsbegriff wie der Bestimmung des § 1 BUrlG zugrunde liegt und daher das rechtliche Schicksal des gesetzlichen Mindesturlaubs teilt, sofern § 208 SGB IX keine speziellere Regelung und der Tarif- oder Arbeitsvertrag keine für den Arbeitnehmer günstigeren Regelungen enthält.[66]

Bei **tarif- oder arbeitsvertraglichem Mehr- oder Zusatzurlaub** soll die finanzielle Komponente des Urlaubsanspruchs grundsätzlich ebenfalls nicht erlöschen.[67] Nach dem BAG stehe es den Tarif- und Arbeitsvertragsparteien frei, Urlaubs- und Urlaubsabgeltungsansprüche eigenständig zu regeln. Für eine Bestimmung, wonach der Mehr- oder Zusatzurlaub mit dem Tod des Arbeitnehmers erlischt, müssen zum einen deutliche Anhaltspunkte für einen derartigen Regelungswillen vorhanden sein und zum anderen sich diese Anhaltspunkte auch auf die Vererbbarkeit des Anspruchs beziehen. Ansonsten bestehe ein Gleichlauf zwischen dem gesetzlichen Mindest- und dem vertraglichen Mehr- oder Zusatzurlaub.[68] Deshalb ist bei der Vertragsgestaltung zu empfehlen, in einem eigenständigen Regelungskomplex ausdrücklich zu bestimmen, dass der Vertragsurlaub nicht als Abgeltungsanspruch auf die Erben des Arbeitnehmers übergeht. Ist nach dem Willen der Vertragsparteien hingehen ein teilweiser Übergang angedacht, sollte geregelt werden, unter welchen Voraussetzungen und in welcher Höhe den Erben ein Abgeltungsanspruch zusteht.[69]

Nach dem Grundsatz der Universalsukzession gemäß § 1922 Abs. 1 BGB geht der Urlaubsabgeltungsanspruch mit demselben Inhalt und Zustand über, wie er beim Erblasser bestanden hat oder hätte. Hierzu zählen auch **tarif- oder individualvertragliche Ausschlussfristen**.[70] Demnach kann es erforderlich sein, dass Erben zeitnah nach dem Erbfall beim Arbeitgeber vorstellig werden und den Abgeltungsanspruch in der gebotenen Form geltend machen.[71]

b) Abtretbarkeit. Der **Urlaubsanspruch** ist nicht in dem Sinne gemäß § 398 BGB **abtretbar**, dass der Abtretungsempfänger für sich (zusätzlichen) Urlaub vom Arbeitgeber verlangen könnte.[72] Da die Arbeitspflicht nach § 613 BGB in aller Regel an die Person des Arbeitnehmers gebunden ist, kann der Urlaubsanspruch nur durch Befreiung von Arbeitspflicht gegenüber dem betreffenden Arbeitnehmer beseitigt werden. Würde dennoch der Urlaubsanspruch an einen Dritten abgetreten, könnte dieser lediglich die Erfüllung der fälligen Schuld – nämlich die Arbeitsbefreiung des Abtretenden – verlangen. Im Ergebnis erlangte der Zessionar damit keinen Anspruch auf Freistellung von etwaigen eigenen Arbeitspflichten.[73] Für Dritte ist somit die Abtretung des Urlaubsanspruchs nicht von Interesse.[74] Nicht anders verhält es sich bei einer Pfändung. Der Urlaubsanspruch ist grundsätzlich **pfänd-**

---

[65] BAG 22.1.2019 – 9 AZR 45/16, NZA 2019, 829 Rn. 23.
[66] BAG 22.1.2019 – 9 AZR 45/16, NZA 2019, 829 Rn. 24.
[67] BAG 22.1.2019 – 9 AZR 328/16, NZA 2019, 835 Rn. 17.
[68] BAG 22.1.2019 – 9 AZR 328/16, NZA 2019, 835 Rn. 33.
[69] Vgl. BAG 22.1.2019 – 9 AZR 328/16, NZA 2019, 985 Rn. 33; so auch *Bayreuther* NZA 2019, 945 (949); *JacobsMünder* RdA 2019, 332 (339).
[70] Vgl. BAG 22.1.2019 – 9 AZR 149/17, NZA 2019, 985 Rn. 34 (tarifliche Ausschlussfristen); *Bayreuther* NZA 2019, 945 (949).
[71] *Bayreuther* NZA 2019, 945 (949), der auf das nach Art. 229 § 37 EGBGB iVm § 309 Nr. 13 Buchst. b BGB bis zum 30.9.2016 bestehende Schriftformerfordernis für Altverträge hinweist.
[72] *Leinemann/Linck* BUrlG § 1 Rn. 122; ErfK/*Gallner* BUrlG § 1 Rn. 22.
[73] *Leinemann/Linck* BUrlG § 1 Rn. 123; aA *Pfeifer* NZA 1996, 738.
[74] § 399 BGB stünde der Abtretung des Urlaubsanspruchs nicht entgegen, vgl. ErfK/*Gallner* BUrlG § 1 Rn. 22: nicht der Urlaubsanspruch, sondern nur die Arbeitspflicht, von der zur Urlaubsgewährung befreit wird, ist höchstpersönlicher Natur.

bar.[75] Wirtschaftlich ist die Pfändung des Urlaubsanspruchs aber uninteressant, weil der Pfändungsgläubiger damit nur das Recht erwirbt, vom Arbeitgeber die Freistellung des persönlich verpflichteten Arbeitnehmers von seiner Arbeitspflicht zu verlangen.

40 Der Anspruch auf **Urlaubsabgeltung** ist pfändbar und verpfändbar sowie in diesem Rahmen – § 400 BGB – abtretbar.[76] Der Anspruch auf **Urlaubsentgelt** ist nach Maßgabe des § 850c ZPO pfändbar und verpfändbar. Mit derselben Maßgabe kann der Anspruch nach § 400 BGB abgetreten werden.

41 Wird dem Arbeitnehmer – sei es auf Grund individualvertraglicher Vereinbarung, Betriebsvereinbarung oder Tarifvertrag – ein Urlaubsgeld gewährt, ist der Anspruch auf das **Urlaubsgeld** vererblich, wenn der Anspruch im Zeitpunkt des Todes des Arbeitnehmers bereits entstanden war. Urlaubsgeld ist indessen nach § 850a Nr. 2 ZPO unpfändbar. Ein Anspruch auf Urlaubsgeld kann daher gemäß § 400 BGB auch nicht abgetreten werden.

6. Zweck des Urlaubs

42 Der Erholungsurlaub dient der Erholung und Wiederherstellung der Gesundheit und der Leistungsfähigkeit des Arbeitnehmers. Deshalb verbietet es § 8 BUrlG dem Arbeitnehmer, während des Urlaubs einer Erwerbstätigkeit nachzugehen, die dem Erholungszweck zuwiderläuft und diesen vereiteln könnte. Dabei ist unerheblich, ob die urlaubszweckwidrige Tätigkeit im Rahmen eines Arbeits- oder eines anderen Vertragsverhältnisses ausgeübt wird.[77] Die Rechtsprechung lässt allerdings auch Erwerbstätigkeiten in einem gewissen Umfang zu.[78]

43 Ist ein Arbeitnehmer allerdings in **mehreren Teilzeitarbeitsverhältnissen** beschäftigt und wird ihm in einem dieser Arbeitsverhältnisse Urlaub erteilt, verstößt es nicht gegen § 8 BUrlG, wenn er in dem anderen Arbeitsverhältnis weiter tätig ist. Hintergrund ist, dass § 8 BUrlG nur Erwerbstätigkeiten verbietet, die im Urlaub anstelle der geschuldeten Arbeitsleistung erbracht werden. Bei Mehrfacharbeitsverhältnissen würde sich der Arbeitnehmer nur dann urlaubszweckwidrig verhalten, wenn er den Urlaub zur Aufstockung seiner Arbeitszeit in einem anderen Arbeitsverhältnis nutzt.[79]

44 Die Bestimmung des § 8 BUrlG enthält **kein gesetzliches Verbot** im Sinne von § 134 BGB, so dass vom Arbeitnehmer mit Dritten abgeschlossene Verträge über die Erwerbstätigkeit während des Urlaubs in ihrer Rechtswirksamkeit unberührt bleiben.[80]

45 Die **Rechtsfolgen** eines Verstoßes des Arbeitnehmers gegen das Verbot der Erwerbstätigkeit sind in § 8 BUrlG nicht beschrieben. Mit Urteil vom 25.2.1988 hat das Bundesarbeitsgericht[81] unter Aufgabe seiner früheren Rechtsprechung[82] entschieden, dass eine urlaubszweckwidrige Erwerbstätigkeit des Arbeitnehmers weder dessen Anspruch auf eine Urlaubsvergütung entfallen lässt noch dessen Kürzung ermöglicht. Aus § 8 BUrlG kann keine Befugnis abgeleitet werden, von der gemäß § 13 BUrlG unabdingbaren Vergütungsfortzahlungspflicht der §§ 1, 11 BUrlG abzuweichen. Ebenso wenig ist eine Rückzahlungspflicht des Urlaubsentgelts gemäß § 812 Abs. 1 S. 2 BGB gegeben, da der Urlaubszweck durch das BUrlG vorgegeben ist und nicht auf einer Willensübereinstimmung der Parteien des Arbeitsverhältnisses beruht.[83] Eine **abweichende Regelung** kann durch Tarifvertrag allerdings insoweit wirksam getroffen werden, als es um die Urlaubsvergütung für den gesetzlichen Mindesturlaub **übersteigenden tariflichen Urlaub** geht.

46 Der Arbeitgeber, der eine Urlaubszweckwidrigkeit sanktionieren will, ist auf einen **Unterlassungsanspruch**, der gegebenenfalls im Wege eines einstweiligen Verfügungsverfahrens durchgesetzt werden kann, sowie **Schadensersatzansprüche** verwiesen. Von der gerichtlichen

---

[75] *Leinemann/Linck* BUrlG § 1 Rn. 125; abweichend *Pfeifer* NZA 1996, 738 f.
[76] BAG 28.8.2001 – 9 AZR 611/99, NZA 2002, 323.
[77] BAG 20.10.1983 – 6 AZR 590/80, AP BAT § 47 Nr. 5.
[78] LAG Köln 21.9.2009 – 2 Sa 674/09, BeckRS 2009, 73681.
[79] Vgl. dazu *Leinemann/Linck* BUrlG § 8 Rn. 8.
[80] BAG 25.2.1988 – 8 AZR 596/85, NZA 1988, 607.
[81] Vgl. BAG 25.2.1988 – 8 AZR 596/85, NZA 1988, 607.
[82] BAG 19.7.1973 – 5 AZR 73/73, NJW 1973, 1995.
[83] BAG 25.2.1988 – 8 AZR 596/85, NZA 1988, 607.

Geltendmachung des Unterlassungsanspruches wird der Arbeitgeber im Regelfall wegen der damit verbundenen Kosten der anwaltlichen Vertretung in erster Instanz absehen; für den aus der verbotswidrigen Erwerbstätigkeit des Arbeitnehmers folgenden Schadensersatzanspruch gemäß § 280 BGB wird ein kausaler Schaden in aller Regel nicht nachzuweisen sein. Es bleibt die Möglichkeit, wegen der Erwerbstätigkeit – gegebenenfalls nach vorheriger Abmahnung – das Arbeitsverhältnis durch ordentliche oder außerordentliche **Kündigung** zu beenden.[84] So wird eine Kündigung insbesondere dann in Betracht zu ziehen sein, wenn sich die Erwerbstätigkeit trotz Abmahnung wiederholt und eine wirksame Unterbindung durch einstweilige Verfügung – etwa bei wechselnden oder kurzfristigen Tätigkeiten – ausscheidet.

7. Erlöschen des Urlaubsanspruches

a) **Erfüllung.** Der Urlaubsanspruch erlischt gemäß § 362 Abs. 1 BGB durch Erfüllung. 47
Hat der Arbeitgeber dem Arbeitnehmer Urlaub gewährt und der Arbeitnehmer gemäß § 7 Abs. 3 S. 1 BUrlG den Urlaub genommen, tritt Erfüllung ein. Dabei erbringt der Arbeitgeber seine für die Erfüllung des Urlaubsanspruchs erforderliche Leistungshandlung bereits mit der Festlegung von Beginn und Ende des Urlaubs.[85]

b) **Tod des Arbeitnehmers.** Der Urlaubsanspruch ist auf Beseitigung der Arbeitspflicht ge- 48
richtet und die Verpflichtung zur Erbringung der Arbeitsleistung gemäß § 613 S. 1 BGB im Zweifel an die Person des Arbeitnehmers gebunden. Hieraus folgt, dass mit dem Tod des Arbeitnehmers der Urlaubsanspruch erlischt.[86]

c) **Ablauf des Urlaubsjahres.** Der Urlaubsanspruch ist nach ständiger Rechtsprechung des 49
Bundesarbeitsgerichts auf das Kalenderjahr bzw. den Übertragungszeitraum des § 7 Abs. 3 BUrlG **befristet**. Eine spätere Geltendmachung ist nach neuer Rechtsprechung jedenfalls in solchen Fällen ausgeschlossen, in denen der Arbeitnehmer „nicht aus von ihm nicht zu vertretenden Gründen an der Urlaubsnahme gehindert"[87] gewesen ist. Eine spätere Geltendmachung bleibt weiterhin auch dann möglich, wenn die Nichtgewährung des Urlaubs auf Verschulden des Arbeitgebers beruht. Macht der Arbeitnehmer den Urlaubsanspruch gegenüber dem Arbeitgeber nicht geltend, und gewährt der Arbeitgeber den Urlaub auch nicht unaufgefordert, so erlischt nach § 1 BUrlG der Urlaubsanspruch mit dem Ende des Kalenderjahres oder bei Vorliegen der Voraussetzungen des § 7 Abs. 3 BUrlG mit dem Ende des Übertragungszeitraumes am 31.3. des Folgejahres.[88] Wird einzelvertraglich eine zeitlich unbegrenzte Urlaubsübertragung vereinbart, so ist dies nach Ansicht des LAG Düsseldorf rechtswirksam.[89] Solch eine Regelung verstößt nicht gegen § 13 Abs. 1 S. 3 BUrlG und auch nicht gegen § 7 Abs. 3 BUrlG.

Nach neuer Rechtsprechung erlischt der Urlaubsanspruch auch dann nicht, wenn der Ar- 50
beitnehmer **arbeitsunfähig** gewesen ist. Allerdings sind hierbei zwei Fälle zu unterscheiden: War der Arbeitnehmer arbeitsunfähig, wurde aber so rechtzeitig wieder gesund und arbeitsfähig, dass er in der verbleibenden Zeit seinen Urlaub nehmen kann, so erlischt der Urlaubsanspruch, sofern der Arbeitgeber seinen Mitwirkungspflichten nachgekommen ist. Erfolgte die Genesung nicht rechtzeitig, so findet eine Übertragung des Urlaubsanspruchs in das nächste Urlaubsjahr statt. Hat ein Arbeitnehmer seinen Urlaub am Ende des Übertragungszeitraums angetreten und wird er nach Ablauf des Übertragungszeitraumes während

---

[84] Vgl. BAG 25.2.1988 – 8 AZR 596/85, NZA 1988, 607 unter I. 3. der Gründe.
[85] ErfK/*Gallner* BUrlG § 1 Rn. 25.
[86] BAG 23.6.1992 – 9 AZR 111/91, NZA 1992, 1088; 12.3.2013 – 9 AZR 532/11, NZA 2013, 678; der Urlaubsanspruch erlischt allerdings nicht ersatzlos, er wandelt sich in einen Urlaubsabgeltungsanspruch um.
[87] BAG 9.8.2011 – 9 AZR 425/10, BeckRS 2011, 78374.
[88] BAG 28.11.1990 – 8 AZR 570/89, NZA 1991, 423; 23.6.1992 – 9 AZR 57/91, AP BUrlG § 1 Nr. 22; aA LAG Berlin-Brandenburg 12.6.2014 – 21 Sa 221/14, NZA-RR 2014, 631; LAG Köln 22.4.2016 – 4 Sa 1095/15, NZA-RR 2016, 466.
[89] LAG Düsseldorf 31.3.2010 – 12 Sa 1512/09, BeckRS 2010, 68823.

des Urlaubs krank, würde dies nunmehr ebenfalls den Verfall des Urlaubsanspruchs für die wegen Krankheit nicht anzurechnenden Urlaubstage hindern.[90]

51 In Fällen, in denen der Arbeitnehmer vor Beendigung des Arbeitsverhältnisses nach einer über Jahre andauernden Erkrankung wieder arbeitsfähig wird, kann der Arbeitnehmer Urlaubsansprüche mehrerer Jahre angesammelt haben. Die KHS-Entscheidung bot schließlich dem EuGH Gelegenheit, sich mit dem Risiko einer endlosen Ansammlung von Urlaubsansprüchen zu befassen.[91] In dieser Entscheidung billigte der EuGH einen tarifvertraglichen Übertragungszeitraum von 15 Monaten nach dem Ende des Urlaubsjahrs. Das Bundesarbeitsgericht knüpfte in seiner Rechtsprechung an die KHS-Entscheidung an und legte in mehreren Entscheidungen § 7 Abs. 3 S. 3 BUrlG unionsrechtskonform dahingehend aus, dass die Vorschrift zu einem Verfall von Urlaubsansprüchen bei krankheitsbedingter Arbeitsunfähigkeit nach Ablauf von 15 Monaten nach Ende des Urlaubsjahrs führt. Aufgrund der zwischenzeitlich ergangenen Entscheidungen des Bundesarbeitsgerichts kann somit von einer gefestigten Rechtsprechung gesprochen werden.[92]

52 Angesammelte Urlaubsansprüche können somit erlöschen: Der jeweils im Sinne der *Schultz-Hoff* Entscheidung übertragene Urlaubsanspruch stellt gesetzlichen Mindesturlaub im Sinne von § 3 Abs. 1 BUrlG dar. Dieser ist wie gesetzlicher Mindesturlaub zu behandeln, für den das Fristregime nach § 7 Abs. 3 S. 3 und S. 4 BUrlG gilt. Wird der Arbeitnehmer also im Kalenderjahr einschließlich des Übertragungszeitraums so rechtzeitig wieder gesund und arbeitsfähig, dass er in der verbleibenden Zeit seinen Urlaub nehmen kann, so erlischt der Urlaubsanspruch trotz langwieriger krankheitsbedingter Arbeitsunfähigkeit.[93] Reicht die verbleibende Zeit nicht aus, um den gesamten Urlaub zu nehmen, erfolgt wiederum eine Übertragung, wobei diese auch den bereits im Sinne der *Schultz-Hoff*-Entscheidung übertragenen Anspruch erfassen kann.[94] Die Grenze bildet der Übertragungszeitraum von höchstens 15 Monaten.

53 **d) Mehr-Urlaubsanspruch.** Das Bundesarbeitsgericht hat festgestellt, dass die Tarifvertragsparteien einen etwaigen Mehrurlaub frei regeln können.[95] Gleiches gilt für die Arbeitsvertragsparteien.[96] Sie dürfen also auch bei fortdauernder Arbeitsunfähigkeit den Verfall von tariflichen oder vertraglichen Mehrurlaubsansprüchen am Ende des Urlaubsjahres und/oder des Übertragungszeitraums vorsehen. Allerdings sind eine Differenzierung und ein früherer Verfall des Mehrurlaubs nicht ohne Weiteres anzunehmen. Im Gegenteil greift die Rechtsprechung zur Übertragung bei fortdauernder Arbeitsunfähigkeit auch bei tariflichem oder vertraglichem Mehrurlaub ein, wenn nicht erkennbar ist, dass die Vertragsparteien den Mehrurlaub anders regeln wollten als den Mindesturlaub.[97] Es sollte also in den Tarif- und Arbeitsverträgen deutlich zwischen der Behandlung des Mehrurlaubs und des Mindesturlaubs getrennt werden. Sofern Regelungen für einen übergesetzlichen Mehrurlaub im Arbeitsvertrag getroffen werden, findet keine Angemessenheitskontrolle nach § 307 Abs. 1 S. 1 BGB statt; die Regelungen sind nur daraufhin zu überprüfen, ob sie klar und verständlich sind, § 307 Abs. 1 S. 2 BGB.[98]

54 Grundsätzlich ist davon auszugehen, dass Arbeitnehmer immer zunächst den gesetzlichen Urlaub in Anspruch nehmen.[99] Dennoch ist es zu empfehlen, dies im Vertrag ausdrücklich festzulegen.[100]

---

[90] Anders noch die Rechtsprechung vor EuGH 20.1.2009 – C-350/06 und C-520/06, NZA 2009, 135 – Schultz-Hoff; BAG 19.3.1996 – 9 AZR 67/95, NZA 1996, 942.
[91] EuGH 22.11.2011 – C-214/10, NZA 2011, 1333 – KHS.
[92] Vgl. BAG 7.8.2012 – 9 AZR 353/10, NZA 2012, 1216; 18.9.2012 – 9 AZR 623/10, AP BUrlG § 7 Rn. 62; 11.6.2013 – 9 AZR 855/11, AP BUrlG § 7 Rn. 67; 12.11.2013 – 9 AZR 646/12, NZA-RR 2014, 658; 12.11.2013 – 9 AZR 551/12, NZA 2014, 383 sowie BAG 12.11.2013 – 9 AZR 727/12, AP BUrlG § 7 Abgeltung Nr. 100.
[93] Vgl. BAG 9.8.2011 – 9 AZR 425/10, BeckRS 2011, 78374.
[94] *Gaul/Bonanni/Ludwig* DB 2009, 1013 (1016).
[95] BAG 12.4.2011 – 9 AZR 80/10, NZA 2011, 1050.
[96] BAG 4.5.2010 – 9 AZR 183/09, NZA 2010, 1011; 24.3.2009 – 9 AZR 983/07, NZA 2009, 538.
[97] BAG 12.4.2011 – 9 AZR 80/10, NZA 2011, 1050; 4.5.2010 – 9 AZR 183/09, NZA 2010, 1011.
[98] BAG 24.3.2009 – 9 AZR 983/07, NZA 2009, 538.
[99] BAG 5.9.2002 – 9 AZR 244/01, NZA 2003, 726 (730); aA LAG Düsseldorf 30.9.2010 – 5 Sa 353/10, BeckRS 2010, 75799.
[100] *Gaul/Bonanni/Ludwig* DB 2009, 1013.

> **Formulierungsvorschlag:**
>
> (1) Der Arbeitnehmer hat Anspruch auf den gesetzlichen Mindesturlaub von vier Wochen.
>
> (2) Der Arbeitgeber gewährt dem Arbeitnehmer einen zusätzlichen Urlaubsanspruch von zwei weiteren Wochen, der dem gesetzlichen Mindesturlaub zeitlich nachfolgt. Abweichend von den Bestimmungen für den gesetzlichen Mindesturlaub verfällt der zusätzliche Urlaubsanspruch nach Ablauf des Übertragungszeitraums (31.3. des Folgejahres) auch dann, wenn dieser Urlaub im Übertragungszeitraum wegen Arbeitsunfähigkeit des Arbeitnehmers oder aus sonstigen, vom Arbeitgeber nicht zu vertretenden Gründen nicht genommen werden kann.

e) **Rechtsmissbrauch.** Theoretisch ist denkbar, dass der Urlaubsanspruch im Einzelfall wegen Rechtsmissbrauchs gemäß § 242 BGB ausgeschlossen ist. Langanhaltende Krankheit im Urlaubsjahr rechtfertigt nach der Rechtsprechung des Bundesarbeitsgerichts allerdings nicht den Einwand des Rechtsmissbrauchs.[101] Dies würde auch der neuen Rechtsprechung nach *Schultz-Hoff* widersprechen, so dass eine Versagung eines urlaubsrechtlichen Anspruchs wegen Rechtsmissbrauchs nicht aus diesem Grund möglich ist. Das Bundesarbeitsgericht hat bislang in keinem Fall zugunsten eines Arbeitgebers entschieden, mithin nicht einen urlaubsrechtlichen Anspruch wegen Rechtsmissbrauchs versagt.[102] In der Rechtspraxis sind daher kaum Fallkonstellationen denkbar, in denen ausnahmsweise ein individueller Rechtsmissbrauch den Ausschluss des Anspruchs auf Urlaubsgewährung einmal rechtfertigen könnte.

f) **Verzicht.** Da der Urlaubsanspruch gemäß § 13 Abs. 1 S. 1 BUrlG unabdingbar ist, ist der gesetzliche Urlaubsanspruch für den Arbeitnehmer weder verzichtbar noch kann der gesetzliche Urlaubsanspruch durch einen Erlassvertrag nach § 397 BGB erlassen werden.[103] Dies hat in der anwaltlichen Praxis bedeutsame Folgen für die Formulierung gerichtlicher und außergerichtlicher Vergleichsvereinbarungen zur Aufhebung oder Abwicklung von Arbeitsverhältnissen. Der in einer Ausgleichs- oder Generalquittung erklärte Verzicht auf restliche gesetzliche und tarifliche Urlaubsansprüche, ist, sofern die Geltung des Tarifvertrages auf beiderseitiger Tarifbindung beruht oder der Tarifvertrag gemäß § 5 TVG für allgemeinverbindlich erklärt ist, unwirksam. Soll dennoch Streit oder Ungewissheit über etwaige restliche Urlaubsansprüche rechtsverbindlich ausgeräumt werden, ist ein **Tatsachenvergleich** abzuschließen:

> **Formulierungsvorschlag:**
>
> Die Vertragsparteien sind sich einig, dass dem Arbeitnehmer zustehende Urlaubsansprüche in Natur gewährt worden sind.

Voraussetzung für einen wirksamen Tatsachenvergleich ist stets, dass ein Streit oder eine Ungewissheit über die noch offenen Urlaubstage besteht. Ist die Anzahl der offenen Urlaubstage außer Streit, würde ein Tatsachenvergleich gegen § 13 Abs. 1 BUrlG verstoßen und wäre damit unwirksam.[104]

8. Ausschlussfristen und Verjährung

a) **Ausschlussfristen.** Der Urlaubsanspruch unterliegt, anders als der Abgeltungsanspruch, im fortbestehenden Arbeitsverhältnis zumindest bei dauerhafter Arbeitsunfähigkeit nicht

---

[101] BAG 28.1.1982 – 6 AZR 571/79, NJW 1982, 1548; 18.3.2003 – 9 AZR 190/02, NZA 2003, 1111 (schon vor EuGH 20.1.2009 – C-350/06 und C-520/06, NZA 2009, 135 – Schultz-Hoff).
[102] Vgl. MHdB ArbR/*Leinemann* § 89 Rn. 32.
[103] BAG 20.1.1998 – 9 AZR 812/96, NZA 1998, 816.
[104] Vgl. GK-BUrlG/*Bleistein* § 1 Rn. 105; *Leinemann/Linck* BUrlG § 13 Rn. 37; vgl. ferner BAG 31.7.1967 – 5 AZR 112/67, NJW 1967, 2376; 20.1.1998 – 9 AZR 812/96, NZA 1998, 816.

der Ausschlussfrist eines Tarifvertrags.[105] Dies gilt nicht, soweit die tarifliche Regelung im Einklang mit der KHS-Entscheidung die Übertragbarkeit auf einen Zeitraum von 15 Monaten begrenzt.[106]

61 b) **Verjährung.** Wegen seiner Befristung[107] scheidet eine Verjährung des Urlaubsanspruchs regelmäßig aus.[108] War der Arbeitnehmer dagegen aus sonstigen von ihm zu vertretenden Gründen an der Urlaubsnahme gehindert, verfällt der Urlaubsanspruch spätestens mit Ablauf des Übertragungszeitraums.[109] Für den Fall der Dauererkrankung über mehrere Jahre wurde das Problem der Verjährung des Urlaubsanspruchs diskutiert und vertreten, dass der dadurch weiterhin bestehende Urlaubsanspruch wie sonstige Ansprüche in drei Jahren verjährt.[110]

62 Für den Praktiker hat diese Fragestellung an Interesse verloren. War der Arbeitnehmer aus von ihm zu vertretenden Gründen an der Urlaubsnahme gehindert, verfällt der Anspruch mit dem Ende des Kalenderjahres, spätestens am 31.3. des Folgejahres. War der Arbeitnehmer infolge Arbeitsunfähigkeit an der Urlaubsnahme gehindert, tritt der Verfall dieser Urlaubsansprüche 15 Monate nach Ablauf des Urlaubsjahrs ein.

9. Urlaubsanspruch im ruhenden Arbeitsverhältnis

63 a) **Unionsrechtliche Grundsätze.** Mit der *Dicu*-Entscheidung[111] hat der EuGH unter Fortführung der *Schultz-Hoff*-Rechtsprechung Klarheit über den Urlaubsanspruch im ruhenden Arbeitsverhältnis bzw. bei Suspendierung der Hauptleistungspflichten geschaffen. Der Gerichtshof stellt auf die grundsätzliche Abhängigkeit des Anspruchs auf bezahlten Jahresurlaub von der tatsächlichen Arbeitsleistung ab. Unter Heranziehung des Gesundheitsschutzes als übergeordneten Zweck besteht gemäß Art. 7 Abs. 1 RL 2003/88/EG (Arbeitszeitrichtlinie) für Zeiträume, in denen der Arbeitnehmer nicht tatsächlich gearbeitet hat, zumindest **kein unionsrechtlicher Anspruch auf bezahlten Jahresurlaub,** da dann auch kein abstraktes Erholungs- und Entspannungsbedürfnis des Arbeitnehmers vorhanden sei.[112] Dies betreffe maßgeblich die Fälle der „**Kurzarbeit null**" und der **Elternzeit,**[113] da es für den Arbeitnehmer vorhersehbar sei, dass er tatsächlich keine Arbeitsleistung erbringen werde.[114] Während der Kurzarbeitsphase sei es dem Arbeitnehmer zudem möglich, sich auszuruhen oder anderen Freizeitaktivitäten nachzugehen.[115]

64 Ausnahmsweise sind aber Zeiträume, in denen der Arbeitnehmer nicht tatsächlich gearbeitet hat, solchen tatsächlicher Arbeitsleistung **gleichzustellen,** wodurch der Urlaubsanspruch nicht entfällt. Das soll der Fall sein, wenn der Arbeitnehmer aus für ihn unvorhersehbaren, von seinem Willen unabhängigen Gründen tatsächlich nicht gearbeitet hat.[116] Dies betrifft nach der EuGH-Rechtsprechung Fälle, in denen der Arbeitnehmer **arbeitsunfähig erkrankt** ist oder sich im **Mutterschaftsurlaub** befindet.[117]

---

[105] LAG Baden-Württemberg 2.12.2010 – 22 Sa 59/10, BeckRS 2011, 66408; LAG Hessen 7.12.2010 – 19 Sa 939/10, NZA-RR 2011, 120.
[106] EuGH 22.11.2011 – C-214/10, NZA 2011, 1333 – KHS.
[107] → Rn. 27.
[108] *Leinemann/Linck* BUrlG § 7 Rn. 229.
[109] BAG 9.8.2011 – 9 AZR 425/10, BeckRS 2011, 78374; vgl. auch BAG 24.3.2009 – 9 AZR 983/07, NZA 2009, 538.
[110] LAG Düsseldorf 18.8.2010 – 12 Sa 650/10, BeckRS 2010, 73376; *Bauer/Arnold* NJW 2009, 631 (635).
[111] EuGH 4.10.2018 – C-12/17, NZA 2018, 1323 – Dicu.
[112] EuGH 4.10.2018 – C-12/17, NZA 2018, 1323 Rn. 27 ff. – Dicu.
[113] EuGH 13.12.2018 – C-385/17, NZA 2019, 47 – Hein (Kurzarbeit): EuGH 4.10.2018 – C-12/17, NZA 2018, 1323 – Dicu (Elternzeit).
[114] Bereits EuGH 8.11.2012 – C-229/11, C-230/11, NZA 2012, 1273 Rn. 29 – Heimann und Toltschin (Kurzarbeit); EuGH 4.10.2018 – C-12/17, NZA 2018, 1323 Rn. 32 – Dicu (Elternzeit).
[115] EuGH 8.11.2012 – C-229/11, C-230/11, NZA 2012, 1273 Rn. 29 – Heimann und Toltschin.
[116] EuGH 4.10.2018 – C-12/17, NZA 2018, 1323 Rn. 32 – Dicu mit Verweis auf EuGH 20.1.2009 – C-350/06 und C-520/06, NZA 2009, 135 – Schultz-Hoff.
[117] EuGH 20.1.2009 – C-350/06, C-520/06, NZA 2009, 135 Rn. 40 – Schultz-Hoff; EuGH 4.10.2018 – C-12/17, NZA 2018, 1323 Rn. 29 – Dicu (Erkrankung); EuGH 18.3.2004 – C-342/01, NZA 2004, 535 Rn. 41 – Merino Gómez.

b) Entscheidungen des BAG. Unter dem Einfluss der *Dicu*-Entscheidung des EuGH setzte 65 sich das BAG in seinen Urteilen vom 19.3.2019 sowohl mit dem Verhältnis von Urlaubsanspruch und **unbezahltem Sonderurlaub**,[118] als auch mit dem Verhältnis von Urlaubsanspruch und **Elternzeit** auseinander.[119]

Demnach besteht für Zeiten des unbezahlten **Sonderurlaubs** grundsätzlich kein gesetzli- 66 cher Anspruch des Arbeitnehmers auf bezahlten Erholungsurlaub. Dies gilt vor allem dann, wenn sich der Arbeitnehmer im gesamten Kalenderjahr in einem unbezahlten **Sabbatical** befindet, bei dem es zu einer wechselseitigen Suspendierung der arbeitsvertraglichen Hauptpflichten kommt. Entgegen seiner früheren Rechtsprechung gestattet es das BAG, dass Arbeitgeber unbezahlte Auszeiten (Sonderurlaub) bei der Berechnung der Urlaubsdauer berücksichtigen, sofern es zu einem unterjährigen Wechsel der Anzahl der Arbeitstage in der Kalenderwoche komme.[120] Der Urlaubsanspruch sei dann für das betreffende Kalenderjahr unter Berücksichtigung der einzelnen Zeiträume der Beschäftigung und der auf sie entfallenden Wochentage mit Arbeitspflicht (Referenzzeitraum) umzurechnen. Bei der Berechnung ist also nicht mehr auf die zum Zeitpunkt der Urlaubsgewährung geltende Arbeitszeitregelung (Referenzzeitpunkt) abzustellen. Zeiträume ohne Arbeitsplicht wie solche unbezahlten Sonderurlaube, mindern entsprechend den Umfang des Urlaubsanspruchs.[121]

Wendet man diese allgemeinen Berechnungsgrundsätze für den Zeitraum der **Elternzeit** 67 an, bestünde im Einklang mit den unionsrechtlichen Grundsätzen kein Urlaubsanspruch; Elternzeittage sind grundsätzlich Tage ohne Arbeitspflicht. Da § 17 Abs. 1 S. 1 BEEG aber dem Arbeitgeber ein Kürzungsrecht zugesteht, besteht ein Urlaubsanspruch für den Zeitraum der Elternzeit. Für die Berechnung des Anspruchs wird Elternzeit folglich als Beschäftigungszeit behandelt, wobei der Arbeitgeber den Erholungsurlaub, der den Arbeitnehmern für das Urlaubsjahr zusteht, für jeden vollen Monat der Elternzeit um 1/12 kürzen kann. Das BAG sieht § 17 Abs. 1 S. 1 BEEG richtigerweise als europarechtskonform an, denn die Norm verschlechtert die Situation des Arbeitnehmers nicht und führt auch nicht dazu, dass er ein bereits erworbenes Recht verliert. Ist es für Mitgliedsstaaten möglich zu regeln, dass für die Elternzeit bereits kein Urlaub entsteht, so müssen diese ebenso vorsehen können, dass der entstandene Urlaubsanspruch nachträglich gekürzt werden kann.[122] Der Urlaub der vom Kürzungsrecht des § 17 Abs. 1 S. 1 BEEG betroffen ist, unterliegt während der Elternzeit nicht dem Fristenregime des § 7 Abs. 3 BUrlG und verfällt damit nicht mit Ablauf des Urlaubsjahres oder des Übertragungszeitraums.[123] Das Kürzungsrecht erstreckt sich allerdings nicht auf einen Urlaubsabgeltungsanspruch nach § 7 Abs. 4 BUrlG, da es nur im bestehenden Arbeitsverhältnis durch Abgabe einer (empfangsbedürftigen) rechtsgeschäftlichen Erklärung ausgeübt werden kann.[124]

Entsprechendes trifft auf den Fall der **Altersteilzeit im Blockmodell** zu. Einem Arbeitneh- 68 mer, der sich in der Freistellungsphase befindet und im gesamten Kalenderjahr von der Arbeitspflicht entbunden ist, steht mangels Arbeitspflicht kein gesetzlicher Anspruch auf Erholungsurlaub zu. Vollzieht sich der Wechsel von der Arbeits- in die Freistellungsphase im Verlauf des Kalenderjahres, muss der Urlaubsanspruch nach Zeitabschnitten entsprechend der Anzahl der Tage mit Arbeitspflicht berechnet werden. Tage, die in die Freistellungsphase fallen, sind also weder als Tage mit Arbeitspflicht anzusehen, noch solchen gleichzustellen.[125]

---

[118] BAG 19.3.2019 – 9 AZR 406/17, NZA 2019, 1435; BAG 19.3.2019 – 9 AZR 315/17, BeckRS 2019, 4803.
[119] BAG 19.3.2019 – 9 AZR 495/17, NZA 2019, 1136; BAG 19.3.2019 – 9 AZR 362/18, NZA 2019, 1141.
[120] BAG 19.3.2019 – 9 AZR 406/17, NZA 2019, 1435 Rn. 20; BAG 19.3.2019 – 9 AZR 315/17, BeckRS 2019, 4803 Rn. 17.
[121] BAG 19.3.2019 – 9 AZR 406/17, NZA 2019, 1435 Rn. 27 ff.; textidentisch 19.3.2019 – 9 AZR 315/17, BeckRS 2019, 4803 Rn. 22 ff.; ausführlich auch *Jacobs/Münder* RdA 2019, 332 (341 ff.).
[122] BAG 19.3.2019 – 9 AZR 495/17, NZA 2019, 1136 Rn. 19 ff.; textidentisch 19.3.2019 – 9 AZR 362/18, NZA 2019, 1141 Rn. 19 ff.; ausführlich auch *Jacobs/Münder* RdA 2019, 332 (343 ff.).
[123] BAG 19.3.2019 – 9 AZR 495/17, NZA 2019, 1136 Rn. 12; 19.3.2019 – 9 AZR 362/18, NZA 2019, 1141 Rn. 17.
[124] BAG 19.3.2019 – 9 AZR 495/17, NZA 2019, 1136 Rn. 30 ff.; 19.3.2019 – 9 AZR 362/18, NZA 2019, 1141 Rn. 31 ff.
[125] BAG 24.9.2019 – 9 AZR 481/18, FD-ArbR 2019, 421104.

69 Auch im Falle der **Kurzarbeit** sind Urlaubsansprüche nach § 3 Abs. 1 BUrlG umzurechnen und der Urlaubsanspruch um die Tage, in denen die Arbeitspflicht aufgehoben ist, zu vermindern.[126]

70 Hingegen kommt eine Kürzung des Urlaubsanspruchs nicht in Betracht, wenn das Ruhen des Arbeitsverhältnisses darauf zurückzuführen ist, dass der Arbeitnehmer seine Verpflichtung zur Arbeitsleistung aus gesundheitlichen Gründen nicht erfüllen kann. Im Anschluss an die *KHS*-Entscheidung des EuGH und aufgrund der unionrechtskonformen Auslegung des § 7 Abs. 3 S. 3 BUrlG verfällt der in Folge einer **längeren Erkrankung** „angesparte" bzw. fortgeschriebene Urlaub 15 Monate nach Ende des Urlaubsjahres, also zum 31.3. des übernächsten Jahres.[127] Gleiches gilt, wenn das Arbeitsverhältnis wegen des Bezuges einer (**befristeten**) **Erwerbsminderungsrente** ruht.[128]

10. Vertrauensschutz im Zusammenhang mit der *Schultz-Hoff*-Entscheidung

71 In dem Urteil vom 24.3.2009 hatte das Bundesarbeitsgericht noch festgestellt, Vertrauensschutz der Arbeitgeber sei zumindest seit Bekanntwerden des Vorabentscheidungsersuchens des LAG Düsseldorf vom 2.8.2006 in der Sache *Schultz-Hoff* zu verneinen.[129] Später schränkte das Bundesarbeitsgericht den Vertrauensschutz weiter ein. Die Vertrauensgrundlage sei mit dem Ende der Umsetzungsfrist für die erste Arbeitszeitrichtlinie 93/104/EG am 23.11.1996 entfallen. Seit dem 24.11.1996 sei das Vertrauen von Arbeitgebern auf die Fortdauer der ausschließlich zum nationalen Recht ergangenen Rechtsprechung nicht länger schutzwürdig.[130] Eine praktische Bedeutung kommt dem Gesichtspunkt des Vertrauensschutzes daher nicht zu.

II. Festlegung des Urlaubszeitpunktes

72 Die konkrete zeitliche Festlegung des Urlaubs erfolgt durch den Arbeitgeber, der hierbei gemäß § 7 Abs. 1 BUrlG die Urlaubswünsche des Arbeitnehmers zu berücksichtigen hat.

1. Geltendmachung

73 Die gesetzliche Regelung gemäß § 7 Abs. 1 S. 1 BUrlG verpflichtet den Arbeitgeber nicht dazu, den Urlaub von sich aus anzubieten.[131] Der Arbeitgeber schuldet keinen Schadensersatz, wenn der Arbeitnehmer seinen Urlaub nicht rechtzeitig gefordert hat.[132] Macht dagegen der Arbeitnehmer den Urlaub geltend und gewährt der Arbeitgeber den Urlaub vor Ablauf des Urlaubsjahres bzw. des Übertragungszeitraumes nicht, obwohl ihm dies möglich ist, tritt nach Zeitablauf an dessen Stelle als Schadensersatzanspruch ein Urlaubsanspruch in gleicher Höhe.[133]

74 Den fälligen Urlaubsanspruch muss der Arbeitnehmer gegenüber dem Arbeitgeber durch die Aufforderung geltend machen, den Urlaub festzusetzen. Eine Fristsetzung oder die Androhung bestimmter Folgen ist nicht notwendig. Für den Arbeitgeber muss aber erkennbar sein, dass der Arbeitnehmer seinen Urlaub **endgültig fordert**; die Geltendmachung des Urlaubs muss nicht auf einen bestimmten, vom Arbeitnehmer festgelegten Zeitraum gerichtet sein. Allerdings muss die Geltendmachung so **rechtzeitig** erfolgen, dass dem Arbeitgeber die Urlaubsgewährung noch vor Ablauf des Urlaubsjahres oder – bei Vorliegen der Vorausset-

---

[126] *Jacobs/Münder* RdA 2019, 332 (347); *Mehrens/Witschen* EuZA 2019, 326 (339).
[127] BAG 7.8.2012 – 9 AZR 353/10, NZA 2012, 1216 Rn. 23 ff.
[128] BAG 7.8.2012 – 9 AZR 353/10, NZA 2012, 1216 Rn. 12 ff.
[129] BAG 24.3.2009 – 9 AZR 983/07, NZA 2009, 538 (545); so auch *Gaul/Bonanni/Ludwig* DB 2009, 1013 (1014); Vertrauensschutz für die Urlaubsjahre bis einschließlich 2007 forderten *Bauer/Arnold* NJW 2009, 631 (634).
[130] BAG 23.3.2010 – 9 AZR 128/09, NZA 2010, 810 (821).
[131] BAG 24.3.2009 – 9 AZR 983/07, NZA 2009, 538; 15.9.2011 – 8 AZR 846/09, NZA 2012, 377.
[132] BAG 6.8.2013 – 9 AZR 956/11, NZA 2014, 545; aA LAG Berlin-Brandenburg 12.6.2014 – 21 Sa 221/14, NZA-RR 2014, 631; LAG München 6.5.2015 – 8 Sa 982/14, ZTR 2015, 35; LAG Köln 22.4.2016 – 4 Sa 1095/15, NZA-RR 2016, 466.
[133] Vgl. BAG 7.11.1985 – 6 AZR 169/84, NZA 1986, 392; 7.11.1985 – 6 AZR 62/84, NZA 1986, 394.

zungen gemäß § 7 Abs. 3 S. 2 BUrlG – des Übertragungszeitraums gewähren kann. Insbesondere genügt es nicht, dass der Urlaub noch vor Ende des Urlaubsjahres/Übertragungszeitraums angetreten werden kann. Der Urlaub muss in vollem Umfang vor Ende des Urlaubsjahres/Übertragungszeitraums gewährt werden können. Anderenfalls ist die Erfüllung des Urlaubs nur teilweise möglich und der Urlaubsanspruch im Übrigen erloschen.[134]

Der Arbeitnehmeranwalt im Kündigungsschutzprozess muss zur Vermeidung von Haftungsfolgen auch daran denken, restliche oder auflaufende Urlaubsansprüche im Kalenderjahr, also bis zum 31.12., geltend zu machen.[135]   75

> **Praxistipp:**
> Bei Mandatserteilung den Urlaubsanspruch schriftlich gegenüber dem Arbeitgeber geltend machen! Bei längerer Prozessdauer muss der Urlaub für jedes Jahr gesondert geltend gemacht werden.

Der Arbeitgeber ist gemäß § 7 Abs. 1 BUrlG verpflichtet, die Urlaubszeit festzulegen. Mit   76
der Festlegung des Urlaubszeitraums entsprechend der Wünsche des Arbeitnehmers hat der Arbeitgeber als Schuldner des Urlaubsanspruchs das erforderliche nach § 7 Abs. 1 BUrlG getan, mithin die für die Erfüllung des Urlaubsanspruchs **erforderliche Leistungshandlung vorgenommen** und den Anspruch des Arbeitnehmers konkretisiert.[136] Wird die so gewährte Freistellung nachträglich unmöglich, wird der Arbeitgeber von der Freistellungsverpflichtung nach § 275 BGB frei, soweit die Unmöglichkeit nicht auf krankheitsbedingter Arbeitsunfähigkeit beruht (§ 9 BUrlG).

2. Freistellungserklärung

Die Erklärung des Arbeitgebers, mit der der Arbeitgeber seine Verpflichtung zur Urlaubs-   77
gewährung erfüllt, muss sich hinreichend deutlich auf diese Verpflichtung beziehen.[137] Dies ist namentlich im Beendigungsfall von Bedeutung:

Wird der Arbeitnehmer nach Ausspruch einer Kündigung bis zum Ablauf der Kündi-   78
gungsfrist von seinen Arbeitspflichten freigestellt, muss sich aus der Freistellungsvereinbarung oder der **Erklärung des Arbeitgebers eindeutig** ergeben, dass damit zugleich der Urlaubsanspruch erfüllt wird.[138] Zudem muss deutlich werden, in welchem Umfang der Arbeitgeber welchen Urlaubsanspruch des Arbeitnehmers erfüllen will. Erklärt sich der Arbeitgeber nicht mit der erforderlichen Deutlichkeit, geht dies zu seinen Lasten.[139]

Ist ein Arbeitsverhältnis gekündigt, muss grundsätzlich der **Urlaub in die Kündigungsfrist**   79
gelegt werden. Meist hat der Arbeitgeber ein Interesse daran, dem Arbeitnehmer den Urlaub bis zum Ende des Arbeitsverhältnisses zu gewähren, um die finanzielle Belastung einer Urlaubsabgeltung zu vermeiden. Umgekehrt kann aber auch der Fall eintreten, dass bis zur Beendigung des Arbeitsverhältnisses wichtige Restarbeiten zu erledigen sind und der Arbeitgeber der Erbringung der tatsächlichen Arbeitsleistung gegenüber der Urlaubsabgeltung den Vorzug gibt; richten sich die Urlaubswünsche des Arbeitnehmers auf Urlaubsgewährung noch innerhalb der Kündigungsfrist, ist entscheidend, ob diesen Wünschen dringende be-

---

[134] BAG 13.11.1986 – 8 AZR 212/84, NZA 1987, 390 auf Grundlage der früheren Rechtsprechung.
[135] Die Erhebung der Kündigungsschutzklage beinhaltet nicht die Geltendmachung von Urlaubsansprüchen, BAG 18.9.2001 – 9 AZR 570/00, NZA 2002, 895.
[136] BAG 9.8.1994 – 9 AZR 384/92, NZA 1995, 174.
[137] Ständige Rechtsprechung des BAG, zB BAG 17.5.2011 – 9 AZR 189/10, NZA 2011, 1032 (1034).
[138] Eine Formulierung, wonach die Freistellung zugleich auch „zur Arbeitsvermittlung durch das zuständige Arbeitsamt" erfolgt, ist unschädlich, weil sie nur so zu verstehen ist, dass der Arbeitgeber vom Arbeitnehmer keine Arbeitsbereitschaft mehr fordert, BAG 18.12.1986 – 8 AZR 481/84, NZA 1987, 633; dagegen sind Erklärungen des Arbeitgebers, er „entbinde den Arbeitnehmer von der Arbeitspflicht" oder er „verzichte auf die Anwesenheit" keine hinreichend eindeutige Freistellung zur Urlaubsgewährung. Nach BAG 20.6.2000 – 9 AZR 405/99, NZA 2001, 100 kann sich der Arbeitgeber bei Freistellung zur Urlaubsgewährung einen Widerruf nicht wirksam vorbehalten.
[139] BAG 17.5.2011 – 9 AZR 189/10, NZA 2011, 1032 (1034).

triebliche Belange oder Urlaubswünsche anderer Arbeitnehmer im Sinne von § 7 Abs. 1 S. 1 BUrlG entgegenstehen.

80　Ist noch keine Festlegung des Urlaubszeitraums erfolgt, die in den Lauf der Kündigungsfrist fällt und hat der Arbeitnehmer auch noch keinen Urlaubswunsch geäußert, ergreift in der Praxis meist der Arbeitgeber die Initiative. Der Arbeitgeber ist nicht verpflichtet, aber durchaus berechtigt, Urlaub zu erteilen. Nimmt der Arbeitnehmer den so erteilten Urlaub, tritt Erfüllungswirkung ein.[140] Was gilt aber dann, wenn der Arbeitnehmer widerspricht und anderweitige Urlaubswünsche hat? Grundsätzlich sind bei der zeitlichen Festlegung gemäß § 7 Abs. 1 BUrlG die Urlaubswünsche des Arbeitnehmers zu berücksichtigen. Dann kommt es darauf an, ob dringende betriebliche Belange oder Urlaubswünsche anderer Arbeitnehmer entgegenstehen. Bestehen solche Hinderungsgründe nicht und macht die Gewährung des Urlaubs nach Maßgabe der Wünsche des Arbeitnehmers in der Kündigungsfrist die Urlaubsgewährung nicht in Natur unmöglich, ist der Arbeitgeber gehalten, diese Urlaubswünsche zu berücksichtigen. Macht der Arbeitnehmer geltend, der Urlaub sei **außerhalb der Kündigungsfrist** zu gewähren (lehnt also der Arbeitnehmer die Urlaubsgewährung innerhalb der Kündigungsfrist ab), läuft dies auf eine Abgeltung des Urlaubs nach § 7 Abs. 4 BUrlG hinaus. Aus diesem Grund obliegt es dem Arbeitnehmer darzulegen, dass es ihm nicht zuzumuten ist, den Urlaub noch während der verbleibenden Dauer des Arbeitsverhältnisses zu nehmen.[141] War der Urlaub bereits zuvor – etwa im Rahmen der jährlichen Urlaubsplanung – für einen Zeitpunkt nach Beendigung des Arbeitsverhältnisses festgelegt worden, ist der Arbeitgeber daran nicht gebunden. Jede Festlegung des Urlaubstermins steht unter dem Vorbehalt, dass das Arbeitsverhältnis zum festgesetzten Termin noch besteht.[142] Allerdings können in einem solchen Fall Zumutbarkeitsgründe dafürsprechen, dass sich der Arbeitnehmer nicht auf eine Vorverlegung seines Urlaubs in die Kündigungsfrist einlassen muss. Dies kann dann der Fall sein, wenn der Arbeitnehmer die Kündigung nicht veranlasst hat und sich vorher auf einen bestimmten Termin für einen Familienurlaub festgelegt hatte.[143]

81　Um von vornherein Diskussionen um die Lage des Resturlaubs aus dem Weg zu gehen, erfolgt häufig eine unwiderrufliche **Freistellung unter Anrechnung auf Urlaubsansprüche.**

Beispiel:
Hiermit stellen wir Sie mit sofortiger Wirkung (alternativ: ab dem …) unter Anrechnung auf restliche Urlaubsansprüche unwiderruflich frei.

82　Erreichen die restlichen Urlaubstage nicht die Dauer des Freistellungszeitraums, erweist sich eine derartige Freistellungserklärung als problematisch. Denn die Rechtsprechung geht davon aus, dass der Arbeitnehmer selbst die zeitliche Lage des abgegoltenen Urlaubs innerhalb einer längeren Freistellungsphase bestimmen kann, wenn der Arbeitgeber dies – wie im Beispielsfall – nicht ausdrücklich vornimmt.[144] So kann ein Arbeitnehmer theoretisch geltend machen, er habe seinen Urlaub in den letzten drei Wochen der Freistellung nehmen wollen, sei aber eben in dieser Zeit arbeitsunfähig erkrankt; dann stünde dem Arbeitnehmer ein Urlaubsabgeltungsanspruch zu. Aus diesem Grund empfiehlt es sich aus Arbeitgebersicht, den Urlaubsanspruch zu **Beginn der Freistellungsphase** zu erfüllen. Aus Sicht des Arbeitnehmers birgt eine unwiderrufliche Freistellung, die über den restlichen Urlaubsanspruch hinausgeht, seit der Entscheidung des Bundessozialgerichts vom 24.9.2008 keine Risiken mehr mit sich. Folgerichtig betrachten die Spitzenverbände der Sozialversicherung die **Vereinbarung**[145] einer unwiderruflichen Freistellung nicht mehr als Beendigung des sozialversicherungspflichtigen Beschäftigungsverhältnisses betrachten.[146] Erklärt sich also ein

---

[140] ErfK/*Gallner* BUrlG § 7 Rn. 11.
[141] BAG 26.10.1956 – 1 AZR 248/55, AP BGB § 611 Urlaubsrecht Nr. 14; 10.1.1974 – 5 AZR 208/73, AP BUrlG § 7 Nr. 6.
[142] BAG 10.1.1974 – 5 AZR 208/73, AP BUrlG § 7 Nr. 6.
[143] Vgl. *Ernst* NZA-RR 2007, 561 (563).
[144] BAG 9.11.1999 – 9 AZR 922/98, BeckRS 2008, 56102; 19.3.2002 – 9 AZR 16/01, NZA 2002, 1055; 6.9.2006 – 5 AZR 703/05, NZA 2007, 36.
[145] Nicht die einseitige unwiderrufliche Freistellung.
[146] BSG 24.9.2008 – B 12 KR 22/07 R, NZA-RR 2009, 272 (273); 24.9.2008 – B 12 KR 27/07 R, NZA-RR 2009, 269.

Arbeitnehmer mit der unwiderruflichen Freistellung einverstanden oder stimmt er ihr im Rahmen eines Vergleiches oder Aufhebungsvertrages zu, hat dies zur Folge, dass nach der geltenden Rechtsprechung das Beschäftigungsverhältnis im sozialversicherungsrechtlichen Sinn bis zur Beendigung des Arbeitsverhältnisses fortbesteht.

Urlaubsrechtlich ist bedeutsam, dass Urlaub in Form der Befreiung von der Arbeitspflicht 83 gewährt werden kann. Denn nur mit einer unwiderruflichen Freistellung für die Dauer des Urlaubs ist es dem Arbeitnehmer möglich, anstelle der geschuldeten Arbeitsleistung die ihm aufgrund des Urlaubsanspruchs zustehende Freizeit uneingeschränkt zu nutzen.[147]

Andererseits führt die **Nichterwähnung der Unwiderruflichkeit** nicht dazu, dass von einer 84 widerruflichen Freistellung auszugehen ist. Die Unwiderruflichkeit ist Rechtsfolge der Urlaubserteilung und muss vom Arbeitgeber daher nicht gesondert erklärt werden.

Beispiel:[148]
Bis zur Beendigung des Anstellungsverhältnisses werden Sie unter Fortzahlung der Bezüge und unter Anrechnung noch offener Urlaubsansprüche sowie noch nicht abgegoltener Zeitguthaben von der Arbeitsleistung freigestellt.

Da sich der Arbeitgeber bei dieser Urlaubserteilung den Widerruf nicht vorbehält, führt 85 die Freistellungserklärung zur Erfüllung des Urlaubsanspruchs.

Stellt der Arbeitgeber den Arbeitnehmer zur Urlaubsabgeltung (unwiderruflich) einseitig 86 frei und behält er sich während der verbleibenden Zeit der Freistellung die Anrechnung anderweitigen Erwerbs vor, kann darin ein konkludenter Verzicht auf das Wettbewerbsverbot gemäß § 60 HGB liegen.[149] Aus diesem Grund empfiehlt es sich für den Arbeitgeber, der sich in der Zeit der Freistellung, die nicht der Urlaubsabgeltung dient, die Anrechnung anderweitigen Erwerbs vorbehalten möchte, klarzustellen, dass das vertragliche Wettbewerbsverbot unberührt bleibt. Dabei ist zu berücksichtigen, dass § 615 S. 2 BGB während der einvernehmlichen[150] Freistellung grundsätzlich nicht gilt.[151] Wenn aber der Arbeitnehmer die Freistellung mit dem Vorbehalt der Anrechnung widerspruchslos akzeptiert, kann von einer konkludenten Vereinbarung der Anrechenbarkeit ausgegangen werden.[152]

Zugleich lehnt der Arbeitgeber in der Regel mit der über die Erfüllung der Urlaubsansprü- 87 che hinausgehenden **einseitigen** Freistellung von der Arbeitspflicht die Annahme der vom Arbeitnehmer geschuldeten Arbeitsleistung ab und gerät so gem. § 293 BGB in Annahmeverzug. Während des Annahmeverzugs hat sich der Arbeitnehmer zwar gem. § 615 S. 2 BGB anderweitigen Verdienst anrechnen zu lassen. Gerade deswegen macht der Arbeitgeber aber deutlich, dass der Arbeitnehmer in der Verwertung seiner Arbeitsleistung frei sein soll und nicht mehr an vertragliche Wettbewerbsverbote gebunden sein soll. Eine Klarstellung, dass das vertragliche Wettbewerbsverbot unberührt bleibt, ist daher dringend anzuraten.

> **Formulierungsvorschlag:**
> Wir stellen Sie hiermit mit sofortiger Wirkung (alternativ: ab dem ......) frei. Die Freistellung erfolgt unter Anrechnung auf restliche Urlaubsansprüche (ggf.: Urlaubs- und Freizeitausgleichsansprüche), wobei Ihnen der restliche Urlaub unwiderruflich zu Beginn des Freistellungszeitraums gewährt wird. Sie unterliegen während der Freistellung weiter dem vertraglichen Wettbewerbsverbot. Anderweitiger Verdienst während der Freistellung, die nicht mehr der Urlaubsgewährung dient, wird entsprechend § 615 S. 2 BGB auf Ihre vertragliche Vergütung angerechnet.

88

---

[147] BAG 6.9.2006 – 5 AZR 703/05, NZA 2007, 36, vgl. auch BAG 19.5.2009 – 9 AZR 433/08, NZA 2009, 1211. In letzterem Urteil wurde auch festgestellt, dass eine widerrufliche Freistellung allerdings geeignet ist, den Anspruch auf Freizeitausgleich zum Erlöschen zu bringen.
[148] Nach BAG 6.9.2006 – 5 AZR 703/05, NZA 2007, 36.
[149] BAG 6.9.2006 – 5 AZR 703/05, NZA 2007, 36.
[150] § 615 S. 2 BGB ist bei einer *einseitigen* Freistellungserklärung des Arbeitgebers weiterhin anwendbar, dazu BAG 6.9.2006 – 5 AZR 703/05, NZA 2007, 36.
[151] BAG 23.1.2001 – 9 AZR 26/00, NZA 2001, 597; 22.11.2005 – 1 AZR 407/04, NZA 2006, 736; dazu auch *Meyer* NZA 2011, 1249 (1250 f.).
[152] BAG 9.11.1999 – 9 AZR 922/98, BeckRS 2008, 56102; 19.3.2002 – 9 AZR 16/01, NZA 2002, 1055.

89 Bislang stand das Bundesarbeitsgericht auf dem Standpunkt, dass im Fall einer außerordentlichen, hilfsweise ordentlichen Kündigung eine **vorsorgliche Freistellung unter Anrechnung auf Urlaubsansprüche** erfolgen kann.[153] Der Arbeitgeber könnte den Urlaub vorsorglich für den Fall gewähren kann, dass eine von ihm erklärte ordentliche oder außerordentliche Kündigung das Arbeitsverhältnis nicht auflöst. Diese Rechtsprechung hat das Bundesarbeitsgericht aufgegeben. Mit seiner Entscheidung aus dem Jahr 2015[154] hat das Gericht festgestellt, dass der Arbeitgeber nur dann wirksam Urlaub gewähre, wenn er die Urlaubsvergütung gleichzeitig gewähre oder jedenfalls vorbehaltlos zusage. Die frühere Praxis, vorsorglich für den Fall der Unwirksamkeit der fristlosen Kündigung Urlaub bis zum Ablauf der ordentlichen Kündigungsfrist zu gewähren, hat damit ihre Grundlage verloren. Einen Ausweg kann es bilden, dass der Arbeitgeber das Urlaubsentgelt sofort zahlt, dies aber mit Erklärung verbindet, im Fall der Wirksamkeit der außerordentlichen Kündigung die erbrachte Leistung als Urlaubsabgeltung gemäß § 7 Abs. 4 BUrlG zu gewähren.

3. Urlaubswünsche des Arbeitnehmers

90 Nach § 7 Abs. 1 S. 1 BUrlG sind bei der zeitlichen Festlegung des Urlaubs die Urlaubswünsche des Arbeitnehmers zu berücksichtigen, es sei denn, dass ihrer Berücksichtigung dringende betriebliche Belange oder Urlaubswünsche anderer Arbeitnehmer, die unter sozialen Gesichtspunkten Vorrang genießen, entgegenstehen. Der Arbeitnehmer kann mithin grundsätzlich die Berücksichtigung seiner Urlaubswünsche verlangen. Ein Leistungsverweigerungsrecht steht dem Arbeitgeber nur in den in § 7 Abs. 1 S. 1 BUrlG genannten Fällen zu. Im Streitfall hat also der Arbeitgeber zu beweisen, dass Urlaubswünsche des Arbeitnehmers nicht berücksichtigt werden können, weil dem dringende betriebliche Belange oder vorrangige Urlaubswünsche anderer Arbeitnehmer entgegenstehen.

Beispiele:
- In Universitäten sprechen dienstliche Belange dafür, den Urlaub in die vorlesungsfreie Zeit zu legen.[155]
- In Saison- und Kampagnezeiten kann das Urlaubsbegehren innerhalb der Saison meist unter Hinweis auf dringende betriebliche Belange verweigert und der Arbeitnehmer auf Zeiten der Nachsaison verwiesen werden.[156]
- Einhaltung festgelegter Betriebsferien.[157]
- Fristgerechte Erledigung wichtiger Aufträge.
- Urlaubswünsche anderer Arbeitnehmer.[158]

4. Nachträgliche Veränderung

91 Ist der Zeitpunkt des Urlaubs einmal festgelegt, sind sowohl **Arbeitgeber** als auch **Arbeitnehmer** hieran **gebunden**. Dies gilt auch während der Pandemie.[159] Der Arbeitgeber kann den erteilten Urlaub nicht mehr einseitig widerrufen. Die Änderung eines einmal erteilten Urlaubs ist nur im Einvernehmen möglich.[160] Hat der Arbeitgeber den Arbeitnehmer zur Erfüllung des Anspruchs auf Erholungsurlaub freigestellt, kann er den Arbeitnehmer nicht auf Grund einer vor Urlaubsantritt getroffenen Vereinbarung aus dem Urlaub zurückrufen. Eine solche Vereinbarung verstößt gegen § 13 BUrlG und ist damit rechtsunwirksam.[161] Auch

---

[153] BAG 14.8.2007 – 9 AZR 934/06, NZA 2008, 473.
[154] BAG 10.2.2015 – 9 AZR 455/13, NZA 2015, 998 ff.
[155] LAG Berlin 20.5.1985 – 9 Sa 38/85, AuR 1986, 217.
[156] Vgl. LAG Köln 17.3.1995 – 13 Sa 1282/94, NZA 1995, 1200.
[157] LAG Düsseldorf 20.6.2002 – 11 Sa 378/02, DB 2002, 2171.
[158] Wenn der Urlaub aus betrieblichen Gründen nicht gleichzeitig erteilt werden kann, ist eine Interessenabwägung unter Berücksichtigung sozialer Gesichtspunkte vorzunehmen. Zu berücksichtigen sind insbesondere Alter, Dauer der Betriebszugehörigkeit, Zahl und Schulpflicht der Kinder, Berufstätigkeit des Ehegatten oder die aus einer Krankheit des Arbeitnehmers folgende Notwendigkeit der Erholung in einer bestimmten Jahreszeit.
[159] Vgl. zur einseitigen Urlaubsgewährung: *Bayreuther* NZA 2020, 1057 ff.
[160] BAG 26.4.1960 – 1 AZR 134/58, NJW 1960, 1734; LAG Hamm 11.12.2002 – 18 Sa 1475/02, NZA-RR 2003, 347; vgl. auch *Lepke* DB 1990, 1231 ff.
[161] BAG 20.6.2000 – 9 AZR 405/99, NZA 2001, 100.

eine der Urlaubsbewilligung nachfolgende Aussperrung des Arbeitnehmers stellt keinen rechtswirksamen Widerruf eines bewilligten Urlaubs dar, lässt mithin den bewilligten Urlaub unberührt.[162]

Allenfalls in **zwingenden Notfällen** ist der Arbeitgeber berechtigt, den Urlaubszeitpunkt nachträglich zu verändern. In derartigen, gravierenden Ausnahmefällen kann ein Arbeitnehmer möglicherweise dazu verpflichtet sein, einen bereits angetretenen Urlaub auf Aufforderung des Arbeitgebers hin abzubrechen. Ein solcher seltener Ausnahmefall kann aber nur dann vorliegen, wenn Gefahr im Verzug ist, die einen anderen Ausweg nicht zulässt.[163] Die mit einem vorzeitigen Abbruch des Urlaubs verbundenen Mehrkosten hat der Arbeitgeber zu tragen. Angesichts der jüngsten Entscheidung des Neunten Senats des Bundesarbeitsgerichts[164] wird der Arbeitgeber jedoch gut beraten sein, auch in dringenden Fällen eine einvernehmliche Lösung mit dem benötigten Arbeitnehmer anzustreben.[165]

Auf der anderen Seite ist eine **Selbstbeurlaubung** des Arbeitnehmers nach ganz herrschender Meinung unzulässig und ein solches Verhalten an sich geeignet, einen wichtigen Grund zur fristlosen Kündigung darzustellen.[166] Ebenso wenig ist eine **nachträgliche Anrechnung** von Zeiten der Nichtbeschäftigung auf den Urlaub möglich. Eine nachträgliche Vereinbarung, Tage, an denen der Arbeitnehmer nicht gearbeitet hat, auf den Urlaub anzurechnen, ist rechtsunwirksam. In einer solchen Anrechnung kann jedoch im Einzelfall eine „Verzeihung" gesehen werden, die zur Unwirksamkeit einer anschließenden, auf unerlaubte Fehlzeiten gestützten Kündigung führt.[167]

5. Zusammenhängende Gewährung

Gemäß § 7 Abs. 2 BUrlG ist der Urlaub zusammenhängend zu gewähren. Ausnahmen sind nur dann möglich, wenn zwingende betriebliche Belange oder Gründe, die in der Person des Arbeitnehmers liegen, eine Teilung des Urlaubs erforderlich machen. In jedem Fall muss einer der Urlaubsteile mindestens zwölf aufeinander folgende Werktage umfassen. Motiv dieses Verbotes der Zerstückelung der Urlaubszeiten ist das Erholungsbedürfnis des Arbeitnehmers, dem nach der Intention des Gesetzgebers nur durch eine mindestens zweiwöchige Urlaubszeit Rechnung getragen werden kann.

6. Mitbestimmung des Betriebsrats

Nach § 87 Abs. 1 Nr. 5 BetrVG hat der Betriebsrat mitzubestimmen bei der Aufstellung allgemeiner Urlaubsgrundsätze und des Urlaubsplanes sowie der Festsetzung der zeitlichen Lage des Urlaubs für einzelne Arbeitnehmer, wenn zwischen dem Arbeitgeber und den beteiligten Arbeitnehmern kein Einverständnis erzielt wird. Die Vorschrift stellt eine Ausnahmeregelung dar, weil sich das Mitbestimmungsrecht ausdrücklich auch auf den Einzelfall erstreckt, wenn nämlich über die zeitliche Lage des Urlaubs für einzelne Arbeitnehmer kein Einvernehmen erzielt wird.

a) **Allgemeine Urlaubsgrundsätze.** Allgemeine Urlaubsgrundsätze sind Richtlinien, nach denen dem einzelnen Arbeitnehmer vom Arbeitgeber im Einzelfall Urlaub zu gewähren ist, nicht gewährt werden darf oder nicht gewährt werden soll.[168] Hierzu zählt auch eine Regelung, wonach der Urlaub einheitlich durch Betriebsferien gewährt werden soll.[169]

---

[162] BAG 31.5.1988 – 1 AZR 200/87, NZA 1988, 887.
[163] Vgl. BAG 19.12.1991 – 2 AZR 367/91, RZK I 6a Nr. 82; aA jetzt wohl BAG 20.6.2000 – 9 AZR 405/99, NZA 2001, 100.
[164] BAG 20.6.2000 – 9 AZR 405/99, NZA 2001, 100.
[165] Vgl. auch ArbG Ulm 29.7.2004 – 1 Ca 118/03, NZA-RR 2004, 627: bei außergewöhnlichen Umständen kann Wegfall der Geschäftsgrundlage die Arbeitsvertragsparteien dazu verpflichten, eine einvernehmliche Verlegung des Urlaubs zu vereinbaren.
[166] Vgl. BAG 20.1.1994 – 2 AZR 521/93, NZA 1994, 548; LAG Schleswig-Holstein 6.1.2011 – 5 Sa 459/10, BeckRS 2011, 68301; ArbG Nürnberg 28.7.1998 – 6 Ca 492/98, NZA-RR 1999, 79; für fristgerechte Kündigung: LAG Berlin 5.12.1994 – 9 Sa 92/94, NZA 1995, 1043; im Einzelnen unter → Rn. 260 ff.
[167] Vgl. LAG Düsseldorf 6.3.1985 – 13 Sa 174/85, nV.
[168] BAG 14.1.1992 – 9 AZR 148/91, NZA 1992, 759.
[169] BAG 28.7.1981 – 1 ABR 79/79, AP BetrVG 1972 § 87 Urlaub Nr. 2.

Weitere Beispiele:
- Brückentag
- Urlaubssperre
- Verfahren über die Beantragung und Gewährung von Urlaub einschließlich einer Urlaubsliste für Urlaubswünsche[170]
- Grundsätze über unbezahlten Sonderurlaub in unmittelbarem Anschluss an den Erholungsurlaub
- Änderung und Aufhebung der Urlaubsgrundsätze.

97 Dem **Betriebsrat** steht ein **Initiativrecht** zu. Er ist berechtigt, die Aufstellung allgemeiner Urlaubsgrundsätze zu verlangen.[171]

98 **b) Urlaubspläne.** Unter dem Urlaubsplan ist die Festlegung der zeitlichen Lage des Urlaubs der einzelnen Arbeitnehmer für das jeweilige Urlaubsjahr zu verstehen.[172] Der Betriebsrat kann die Aufstellung eines **Urlaubsplans erzwingen,** hat also ein Initiativrecht.[173] Ist in dem als Betriebsvereinbarung zustande gekommenen Urlaubsplan der Urlaub der einzelnen Arbeitnehmer zeitlich festgesetzt worden, ist dadurch der Urlaub erteilt. Einer gesonderten Urlaubserteilung bedarf es dann nicht mehr.

99 Vom Urlaubsplan zu unterscheiden ist die **Urlaubsliste,** in der die Urlaubswünsche der Arbeitnehmer gesammelt werden. Die Führung einer Urlaubsliste betrifft das Verfahren der Urlaubsgewährung und ist deshalb als „Urlaubsgrundsatz" im Sinne von § 87 Abs. 1 Nr. 5 BetrVG mitbestimmungspflichtig.

100 **c) Festlegung des Urlaubs im Einzelfall.** Der Betriebsrat hat nach § 87 Abs. 1 Nr. 5 BetrVG auch dann mitzubestimmen, wenn zwischen einem einzelnen Arbeitnehmer und dem Arbeitgeber keine Einigung über die zeitliche Lage seines Urlaubs zustande kommt.[174] Die Beteiligung des Betriebsrates führt nicht dazu, dass Arbeitgeber und Betriebsrat die zeitliche Lage des Urlaubs für den einzelnen Arbeitnehmer mit verbindlicher Wirkung auch entgegen dessen Wünschen festlegen können. Bedeutung kommt diesem Mitbestimmungsrecht dann zu, wenn ein Arbeitnehmer der einseitigen Urlaubsfestsetzung durch den Arbeitgeber widersprochen hat und zwischen Arbeitnehmer und Arbeitgeber eine Einigung über die abweichende Lage des Urlaubs nicht erzielt worden ist. Dann ist die Urlaubsfestsetzung durch den Arbeitgeber mangels Zustimmung des Betriebsrats nach § 87 Abs. 1 Nr. 5 BetrVG unwirksam.[175] Es bedarf einer Einigung zwischen Arbeitgeber und Betriebsrat oder einer Entscheidung der **Einigungsstelle.** Die Einigungsstelle hat ihrerseits die Regelung in § 7 Abs. 1 BUrlG zu beachten.[176] Ein Spruch der Einigungsstelle bindet den Arbeitnehmer allerdings nicht. Er kann auch nach Einigung zwischen Betriebsrat und Arbeitgeber oder einer Entscheidung der Einigungsstelle auf gerichtlichem Weg eine anderweitige Festsetzung des Urlaubs erzwingen.[177]

101 **d) Grenzen der Mitbestimmung.** Die **Dauer des Urlaubs** unterliegt nicht dem Mitbestimmungsrecht des Betriebsrats nach § 87 Abs. 1 Nr. 5 BetrVG. Die Dauer ergibt sich aus den gesetzlichen Vorschriften, den Regelungen der im Rahmen des § 13 BUrlG zulässigen Tarifverträge und etwaig günstigeren Individualvereinbarungen. Ebenfalls mitbestimmungsfrei ist die **Höhe des Urlaubsentgeltes** und die Zahlung eines zusätzlichen **Urlaubsgeldes.** Schließlich kann über § 87 Abs. 1 Nr. 5 BetrVG auch nicht ein Anspruch auf Bildungs- oder Sonderurlaub[178] begründet werden. Solche Ansprüche können sich nur auf gesetzlicher oder tariflicher Grundlage oder auf Grund freiwilliger Betriebsvereinbarung unter Beachtung der Regelung des § 77 Abs. 3 BetrVG ergeben.

---

[170] BAG 14.1.1992 – 9 AZR 148/91, NZA 1992, 759.
[171] Der Betriebsrat kann allerdings nicht die Schließung des Betriebs über die Einigungsstelle durchsetzen, damit der Urlaub in dieser Zeit von allen Arbeitnehmern genommen wird; so die hM, vgl. *Richardi* BetrVG § 87 Rn. 453.
[172] *Richardi* BetrVG § 87 Rn. 448.
[173] *Richardi* BetrVG § 87 Rn. 453.
[174] LAG München 23.3.1988 – 8 Sa 1060/88, LAGE BGB § 611 Abmahnung Nr. 13; *Richardi* BetrVG § 87 Rn. 464.
[175] Vgl. *Richardi* BetrVG § 87 Rn. 469.
[176] MHdB ArbR/*Leinemann* § 89 Rn. 90.
[177] *Richardi* BetrVG § 87 Rn. 474.
[178] Vgl. aber BAG 18.6.1974 – 1 ABR 25/73, AP BetrVG 1972 § 87 Urlaub Nr. 1.

III. Dauer des Urlaubs

1. Gesetzliche Mindestdauer

Der gesetzliche, unabdingbare Mindesturlaub beträgt gemäß § 3 Abs. 1 BUrlG 24 Werktage.[179] Nach dem BUrlG können nur **Werktage Urlaubstage** sein. Werktage sind die Tage der Woche von Montag bis Sonnabend einschließlich, soweit nicht einer dieser Tage ein gesetzlicher Feiertag ist. Dabei kommt es nicht darauf an, ob der Arbeitnehmer tatsächlich von Montag bis Sonnabend zur Erbringung seiner Arbeitsleistung verpflichtet ist.

Von Werktagen sind **Arbeitstage** strikt zu unterscheiden. Hat ein Arbeitnehmer bei einer Fünf-Tage-Woche einen arbeitsvertraglichen Urlaubsanspruch von 25 Arbeitstagen, ist dieser Anspruch mit dem gesetzlichen Urlaubsanspruch nicht identisch: Vielmehr geht der arbeitsvertragliche Anspruch um fünf Arbeitstage über den gesetzlichen Urlaubsanspruch hinaus. Eine altersabhängige Staffelung der arbeits- oder tarifvertraglichen Urlaubsdauer verstößt allerdings gegen § 7 Abs. 1 und 2 AGG. Der Verstoß wird in der Weise beseitigt, dass die Dauer des Urlaubs nach Maßgabe der bestehenden Staffelung „nach oben" angepasst wird.[180]

a) **Fünf-Tage-Woche.** Für die Berechnung der Urlaubsdauer bei einer Fünf-Tage-Woche müssen Arbeitstage und Werktage zueinander rechnerisch in Beziehung gesetzt werden.[181] Dies gilt generell, wenn die Arbeitszeit auf weniger als sechs Werktage in der Woche verteilt ist. Bei der Fünf-Tage-Woche ist zur Umrechnung die Gesamtdauer des gesetzlichen Urlaubs durch die Zahl 6 zu teilen und mit der Zahl der für den Arbeitnehmer maßgeblichen Arbeitstage einer Woche zu multiplizieren.

Allgemein gilt folgende **Umrechnungsformel**:

$$\frac{\text{Urlaubsanspruch in Werktagen} \times \text{Arbeitstage}}{\text{Werktage}} = \text{Arbeitstage/Urlaub}$$

b) **Urlaubsdauer bei Teilzeitarbeit.** Ist die Arbeitszeit gleichmäßig verkürzt und arbeitet der Teilzeitarbeiternehmer wie ein Vollzeitarbeitnehmer an 5 oder 6 Tagen, ergeben sich keine Abweichungen zu Vollzeitarbeitnehmern. Arbeitet ein Teilzeitarbeitnehmer zwei Tage in der Woche und besteht keine tarifliche Umrechnungsregelung, sind die für vollzeitbeschäftigte Arbeitnehmer maßgeblichen Arbeitstage und die Arbeitstage, an denen ein teilzeitbeschäftigter Arbeitnehmer zu arbeiten hat, rechnerisch zu einander in Beziehung zu setzen.[182]

Beispiel:
Die regelmäßige Arbeitszeit vollzeitbeschäftigter Arbeitnehmer beträgt 5 Arbeitstage/Woche. Der Teilzeitmitarbeiter arbeitet 2 Tage/Woche. Der Urlaubsanspruch vollzeitbeschäftigter Arbeitnehmer ist durch die Zahl der Arbeitstage zu teilen und mit der für den Teilzeitbeschäftigten maßgeblichen Zahl der Arbeitstage einer Woche zu multiplizieren:

$$\frac{30 \text{ Arbeitstage/Urlaub} \times 2 \text{ Arbeitstage/Arbeit}}{5 \text{ Arbeitstage/regelmäßige Vollarbeitszeit}} = 12 \text{ Arbeitstage/Urlaub}$$

Der Teilzeitarbeitnehmer hat 12 Arbeitstage Urlaub im Jahr, an denen er sonst zu arbeiten hätte.

Beträgt die Gesamtdauer des Urlaubs für vollzeitbeschäftigte Arbeitnehmer dagegen 30 Werktage, gilt:

$$\frac{30 \text{ Werktage} \times 2 \text{ Arbeitstage}}{6 \text{ Werktage}} = 10 \text{ Urlaubstage}$$

---

[179] Die Erhöhung auf 24 Werktage (zuvor 18) geht auf die Richtlinie 93/104/EG des Rates über bestimmte Aspekte der Arbeitszeitgestaltung zurück (jetzt: Richtlinie 2003/88/EG v. 4.11.2003).
[180] BAG 20.3.2012 – 9 AZR 529/100, NZA 2012, 803.
[181] BAG 14.2.1991 – 8 AZR 97/90, NZA 1991, 777; 22.10.1991 – 9 AZR 621/90, NZA 1993, 79.
[182] BAG 14.2.1991 – 8 AZR 97/90, NZA 1991, 777; 5.9.2002 – 9 AZR 244/01, NZA 2003, 727.

107 Eine entsprechende Umrechnung muss regelmäßig bei geringfügig Beschäftigten im Sinne von § 8 SGB IV erfolgen, die (zumindest) einen Urlaubsanspruch nach § 3 Abs. 1 BUrlG haben.

108 c) **Flexible Arbeitszeit.** Weitergehende Berechnungsfragen können sich bei **Arbeitszeitsystemen mit flexibilisierter Arbeitszeit** ergeben. Ist nämlich die Arbeitszeit so verteilt, dass unterschiedlich viele Arbeitstage auf einzelne Wochen entfallen, ist eine auf eine Woche bezogene Umrechnung der Urlaubsdauer nicht möglich. Einigkeit besteht darüber, dass in den Fällen, in denen die regelmäßige Arbeitszeit über einen längeren Zeitraum als eine Kalenderwoche verteilt ist, für die Umrechnung eines nach Arbeitstagen bemessenen Urlaubsanspruches auf **längere Zeitabschnitte und gegebenenfalls sogar auf ein Kalenderjahr** abgestellt werden muss.[183]

109 Ist bei einem tariflichen Urlaubsanspruch eine eigenständige Berechnungsregelung für den Urlaubsanspruch nicht bestimmt,[184] errechnet sich die Urlaubsdauer in der Weise, dass die Anzahl der individuellen Arbeitstage des Jahres und die Jahresarbeitstage eines Vollzeitbeschäftigten ins Verhältnis zueinander gesetzt und mit der gesetzlichen oder tariflichen Nominalurlaubsdauer Vollzeitbeschäftigter multipliziert werden. Bei einer Fünf-Tage-Woche ist von 260 möglichen Arbeitstagen im Jahr (52 Wochen × 5 Tage), bei einer Sechs-Tage-Woche von 312 Arbeitstagen (52 Wochen × 6 Tage) auszugehen.

Beispiel:
Die Urlaubsdauer eines Vollzeitbeschäftigten bei einer Fünf-Tage-Woche beträgt 30 Urlaubstage. Die individuellen Arbeitstage im Jahr betragen 210. Die Urlaubsdauer errechnet sich wie folgt:

$$\frac{30 \times 210}{260} = 24{,}23 \text{ Urlaubstage}$$

Bruchteile von Urlaubstagen sind weder auf- noch abzurunden.[185]

110 Wird die Arbeitszeit in kürzeren Zeitabschnitten[186] verteilt, sind diese kürzeren Zeitabschnitte für die Umrechnung der Urlaubsdauer bei Arbeitsverhältnissen mit unterschiedlich verteilter Arbeitszeit heranzuziehen.[187]

111 d) **Schichtbetrieb.** Im Schichtbetrieb ist ebenfalls zunächst festzustellen, in welchem Zeitraum die regelmäßige Arbeitszeit nach den bestehenden vertraglichen oder tarifvertraglichen Bestimmungen erreicht werden soll. Sodann sind zur Bestimmung der Urlaubsdauer die Jahreswerk- oder -arbeitstage und die individuell geschuldeten Arbeitstage (Schichten) rechnerisch zueinander in Beziehung zu setzen.[188]

Formel:

$$\frac{\text{gesetzliche oder tarifliche Urlaubsdauer} \times \text{individuelle Arbeitstage}}{\text{Jahreswerk/arbeitstage}}$$

Ist der Urlaubsanspruch nach Arbeitstagen bemessen, muss der Divisor „Jahresarbeitstage" (= 260) heißen.

Beispiel:[189]
Der Verteilungszeitraum beträgt 12 Monate. Hat der Arbeitnehmer 210 Schichten im Jahr zu leisten, ergibt sich bei einem Tarifurlaub von 30 Arbeitstagen folgende Berechnung:

$$\frac{210 \text{ Schichten} \times 30 \text{ Urlaubstage}}{260 \text{ Arbeitstage}} = 24{,}23 \text{ Urlaubstage}$$

---

[183] BAG 22.10.1991 – 9 AZR 621/90, NZA 1993, 79; 3.5.1994 – 9 AZR 165/91, NZA 1995, 477; *Leinemann/Linck* DB 1999, 1498 (1500 f.).
[184] Dies ist vorrangig zu prüfen.
[185] Nach BAG 14.2.1991 – 8 AZR 97/90, NZA 1991, 777.
[186] Etwa monatlich, vierteljährlich oder halbjährlich.
[187] BAG 22.10.1991 – 9 AZR 621/90, NZA 1993, 79.
[188] Nach BAG 18.2.1997 – 9 AZR 738/95, NZA 1997, 1123.
[189] Instruktiv zur Berechnung im rollierenden Arbeitszeitsystem: BAG 20.8.2002 – 9 AZR 261/01, NZA 2003, 1047.

In Tarifverträgen kann für die Bemessung der Entgeltfortzahlung auf einen anderen Referenzzeitraum als auf die letzten 13 Wochen abgestellt werden,[190] was Auswirkungen auf den Divisor haben kann. So kann das Jahr nach § 191 BGB mit 365 Kalendertagen und für die in der Fünf-Tage-Woche beschäftigten Arbeitnehmer mit 261 statt 260 Arbeitstagen anzusetzen sein.[191]

Knüpft eine tarifliche Regelung nicht an die Anzahl der Schichten (s. oben „Beispiel"), sondern an das sogenannte Tagesprinzip an, haben tagesüberschreitende Schichten Einfluss auf die Berechnung; tagesüberschreitende Schichten sind dann als zwei Arbeitstage zu berücksichtigen. Deshalb gab das Bundesarbeitsgericht einem Arbeitnehmer Recht, der unter Berücksichtigung von Nachtschichten im Durchschnitt an 5,44 Tagen/Woche arbeitete.[192] Die sich auf Arbeitstage beziehende Formel des Bundesarbeitsgerichts lautet:

$$\frac{\text{Urlaubstage} \times \text{Arbeitstage im Jahr bei abweichender Verteilung}}{\text{Arbeitstage im Jahr bei einer Fünftagewoche}}$$

e) Urlaubsdauer bei Sonntagsarbeit. Ist ein Arbeitnehmer verpflichtet, in seinem Betrieb an Sonn- und Feiertagen zu arbeiten, sind diese **Sonn- und Feiertage urlaubsrechtlich als Werktage** zu behandeln.[193] Die Arbeitnehmer haben dann auch Anspruch auf Urlaubsentgelt für diese Urlaubstage. Dem steht § 3 Abs. 2 BUrlG nicht entgegen. Denn nach dieser Vorschrift sind Sonn- und Wochenfeiertage nur dann nicht auf den Urlaub anzurechnen, wenn sie ohnehin arbeitsfrei wären. Bei Arbeitnehmern, die zur Sonn- und Feiertagsarbeit verpflichtet sind, ist dies aber nicht der Fall.

f) Urlaub nach Stunden. Die unregelmäßige Verteilung der Arbeitszeit namentlich in Teilzeitarbeitsverhältnissen auf einzelne Arbeitstage hat zu der Überlegung geführt, den Urlaubsanspruch in Stunden umzurechnen.[194] Aus Arbeitgebersicht liegt eine solche Umrechnung nahe, um zu verhindern, dass Arbeitnehmer nicht für besonders lange Arbeitstage Urlaubsansprüche geltend machen. Für den unabdingbaren Mindesturlaubsanspruch nach dem BUrlG wäre eine **Umrechnung in Stunden unzulässig.** Der Urlaubsanspruch ist auf die Befreiung von der Arbeitspflicht an Tagen gerichtet, und zwar unabhängig davon, für wie viele Stunden an diesem Tag eine Arbeitspflicht besteht.[195] Damit lässt sich eine Umrechnung in Urlaubsstunden nicht in Einklang bringen.

g) Unterjährige Änderung der Arbeitstage. Bei einer unterjährigen Änderung der Arbeitstage, etwa bei **Sonderurlaub** oder einem **Wechsel von Vollzeit in Teilzeit,** sowie bei der Berechnung des Urlaubsanspruchs bei **Altersteilzeit im Blockmodell,** ist nach neuer Rechtsprechung des BAG nicht mehr auf einen Referenzzeitpunkt, sondern auf einen Referenzzeitraum abzustellen. Maßgeblich ist nicht mehr, welche Arbeitszeitregelung im Zeitpunkt der Urlaubsgewährung besteht, sondern wie die Arbeitszeit im gesamten Urlaubsjahr auf die Wochentage verteilt ist. Dieser Wechsel folgt aus der Erkenntnis, dass der Anspruchsumfang vom Umfang der Arbeitspflicht abhängt, was die Berechnung unter Einbezug des gesamten Kalenderjahres erforderlich macht. Sei die Arbeitszeit ungleichmäßig über das Kalenderjahr verteilt, müsse die Zahl der Arbeitstage mit der Zahl der Werktage ins Verhältnis gesetzt werden. Bei einer Sechs-Tage-Woche geht das BAG von 312, bei einer Fünf-Tage-Woche von 260 möglichen Arbeitstagen im Jahr aus. Dies ergibt folgende Umrechnungsformel:[196]

$$24 \text{ Werktage} \times \frac{\text{Anzahl der Arbeitstage mit Arbeitspflicht}}{312 \text{ Werktage (Sechs-Tage-Woche)}}$$
$$260 \text{ Werktage (Fünf-Tage-Woche)}$$

---

[190] Für das Urlaubsentgelt stellt die Berechnungsvorschrift des § 11 Abs. 1 S. 1 BUrlG auf 13 Wochen für ein Vierteljahr ab.
[191] BAG 15.3.2011 – 9 AZR 799/09, DB 2011, 1814.
[192] BAG 21.7.2015 – 9 AZR 145/14, ZTR 2016, 23.
[193] *Leinemann/Linck* DB 1999, 1498 (1502).
[194] Vgl. *Bengelsdorf* DB 1988, 1161.
[195] BAG 28.11.1989 – 1 ABR 94/88, NZA 1990, 445.
[196] BAG 24.9.2019 – 9 AZR 481/18, FD-ArbR 2019, 421104 (Altersteilzeit); BAG 19.3.2019 – 9 AZR 315/17, BeckRS 2019, 4803 Rn. 26; BAG 19.3.2019 – 9 AZR 406/17, NZA 2019, 1435 Rn. 31 (Sonderurlaub).

117 Nicht als Tage mit Arbeitspflicht zählen dabei gesetzliche Feiertage, sowie sonstiger Arbeitsausfall, etwa wegen krankheitsbedingter Arbeitsunfähigkeit. Der Anspruchsumfang ist nicht zu verringern, wenn ein Arbeitnehmer das Ruhen des Arbeitsverhältnisses vereinbart, weil er krankheitsbedingt arbeitsunfähig ist. Die Ausfallzeiten im Rahmen eines Beschäftigungsverbots nach § 24 MSchG sind zudem als Beschäftigungszeiten zu behandeln. Im Rahmen von § 13 BUrlG können Kollektiv- und Arbeitsverträge abweichende Regelungen vorsehen. Überdies sind die Besonderheiten in Bezug auf Kürzungsregelungen wie § 4 ArbPlSchG, § 17 Abs. 1 BEEG oder § 4 PflegeZG zu berücksichtigen.[197]

118 **h) Kurzarbeit.** Wenn die Arbeitspflicht an manchen Tagen infolge der Kurarbeit aufgehoben ist, sind Urlaubsansprüche nach § 3 Abs. 1 BUrlG umzurechnen. Arbeitstage, die aufgrund von Kurzarbeit ausfallen mindern den Urlaubsanspruch. Nach der Rechtsprechungsänderung des BAG in Bezug zum unbezahlten Sonderurlaub, kommt es nunmehr nicht mehr darauf an, wie die Arbeitszeit während der Kurzarbeitsphase auf die Wochentage verteilt ist. Besteht die Arbeitszeit an nur zwei, anstatt ursprünglich an fünf Wochentagen ist der Urlaubsanspruch nicht mehr mit 2/5 zu multiplizieren. Maßgeblich ist, wie die Arbeitszeit im Arbeitsverhältnis im gesamten Urlaubsjahr auf die Wochentage verteilt ist. Der Urlaubsanspruch ist während der Kurzarbeitsphase nach der folgenden Umrechnungsformel umzurechnen:[198]

$$20 \text{ Werktage} \times \frac{312 \text{ Werktage (Fünf-Tage-Woche)}/260 \text{ Werktage (Sechs-Tage-Woche)} - \text{Anzahl der ausgefallenen Arbeitstage}}{260 \text{ Arbeitstage}}$$

2. Krankheit im Urlaub

119 Der Urlaub setzt nach dem gesetzlich vorgesehenen Erholungszweck voraus, dass der Arbeitnehmer in der Lage ist, sich zu erholen. Demgemäß bestimmt die Vorschrift des § 9 BUrlG, dass Zeiten der Arbeitsunfähigkeit, die während eines Urlaubs eintreten und durch ein ärztliches Attest nachgewiesen sind, nicht auf den Urlaub angerechnet werden. Während der Arbeitsunfähigkeit kann der Urlaubsanspruch nicht erfüllt werden.[199] Die infolge der Krankheit nicht anzurechnenden Urlaubstage sind dem Arbeitnehmer vom Arbeitgeber **nachzugewähren.** Der Erholungsurlaub verlängert sich daher nicht automatisch um die durch Krankheit ausgefallenen Tage. Auch ist der Arbeitnehmer nicht zur selbstständigen Verlängerung des Urlaubs um die Tage der Arbeitsunfähigkeit berechtigt. Der Arbeitnehmer muss mit Ablauf des Urlaubs die Arbeit wieder antreten, wenn er arbeitsfähig ist.

120 Umgekehrt setzt der Urlaubsanspruch nicht voraus, dass der Arbeitnehmer während des Urlaubsjahres tatsächlich gearbeitet hat. Ein **Erholungsbedürfnis** ist nicht Voraussetzung des Urlaubsanspruchs. Dem Arbeitnehmer kann nicht der Einwand des Rechtsmissbrauchs entgegengesetzt werden, wenn er während des Urlaubsjahres krankheitsbedingt überhaupt nicht oder nur in einem kurzen Zeitraum gearbeitet hat.[200]

121 Eine **Nachgewährung der infolge Arbeitsunfähigkeit** nicht anzurechnenden Urlaubstage scheidet dann aus, wenn der Arbeitnehmer nicht von seiner Arbeitspflicht wirksam freigestellt werden kann. So ist eine Urlaubsgewährung im Wiedereingliederungsverhältnis nach § 74 SGB V nicht möglich, weil während dieser Zeit grundsätzlich die arbeitsvertraglichen Hauptleistungspflichten ruhen. Der Arbeitgeber kann den Arbeitnehmer nicht von der Arbeitspflicht befreien.[201] Eine Nachgewährung der infolge Arbeitsunfähigkeit noch geschuldeten Urlaubstage kann auch dann ausscheiden, wenn nach Wiederherstellung der Arbeitsfähigkeit der Urlaubsanspruch wegen des Ablaufs des Urlaubsjahres bzw. des Übertragungszeitraums erloschen ist. Wird ein nach § 7 Abs. 3 BUrlG übertragener Urlaub im

---

[197] Jacobs/Münder RdA 2019, 332 (342).
[198] Jacobs/Münder RdA 2019, 332 (347).
[199] Dies gilt auch bei Arbeitsunfähigkeit während der Betriebsferien, BAG 16.3.1972 – 5 AZR 357/71, AP BUrlG § 9 Nr. 2.
[200] → Rn. 34.
[201] BAG 19.4.1994 – 9 AZR 462/92, NZA 1995, 123.

Übertragungszeitraum gewährt und wird der Arbeitnehmer während seines Urlaubs bis zum Ablauf des Übertragungszeitraums arbeitsunfähig krank, verfallen die während der Krankheit nach § 9 BUrlG nicht anzurechnenden Urlaubstage nicht,[202] es sei denn, es sind 15 Monate seit Ablauf des Urlaubsjahrs verstrichen.

Folglich wirkt sich die Arbeitsunfähigkeit auf den **Urlaubsabgeltungsanspruch** aus. Eine Urlaubsabgeltung wegen Arbeitsunfähigkeit nicht anzurechnender Urlaubstage hat nunmehr nicht nur dann zu erfolgen, wenn das Arbeitsverhältnis endet, bevor der Urlaub nachgewährt wurde und die Wiederherstellung der Arbeitsfähigkeit eintritt, so dass bei unterstelltem Fortbestehen des Arbeitsverhältnisses der Urlaub vor Ablauf des Befristungszeitraumes hätte genommen werden können.[203] Vielmehr kann ein Urlaubsabgeltungsanspruch auch in dem Fall der dauerhaften Arbeitsunfähigkeit bis zum Ende des hypothetischen Übertragungszeitraums entstehen.[204]

Wird der Arbeitnehmer **vor Urlaubsantritt** arbeitsunfähig krank und dauert die Erkrankung den vorgesehenen Urlaubszeitraum über an, muss der Urlaub neu festgesetzt werden. Der Arbeitgeber muss den Urlaub neu gewähren, soweit der Arbeitnehmer wieder zur Erfüllung der Arbeitspflicht in der Lage ist und der Urlaubsanspruch – unter den Voraussetzungen des § 7 Abs. 3 S. 2 BUrlG – durch Ablauf des Übertragungszeitraums noch nicht erloschen ist. Betrifft die Arbeitsunfähigkeit nur einige Tage des Urlaubs, ist der Arbeitgeber nicht verpflichtet, den Urlaub insgesamt neu festzusetzen.[205] Erkrankt der Arbeitnehmer **vor Festsetzung des Urlaubs** durch den Arbeitgeber, ist eine Urlaubsgewährung nicht möglich. Eine Arbeitspflicht, von der der Arbeitnehmer durch Urlaubsgewährung befreit werden könnte, besteht in diesem Fall nicht. Hält die Arbeitsunfähigkeit auch im Übertragungszeitraum[206] an, erlischt der Urlaubsanspruch mit dem Ende des Übertragungszeitraums nicht mehr[207]

3. Verhältnis zu anderen Nichtarbeitszeiten

a) **Medizinische Vorsorge und Rehabilitation.** Nach der Vorschrift des § 10 BUrlG werden Maßnahmen der medizinischen Vorsorge oder Rehabilitation nicht auf den Urlaub angerechnet, soweit ein Anspruch auf Fortzahlung des Arbeitsentgeltes nach den gesetzlichen Vorschriften über die **Entgeltfortzahlung im Krankheitsfall** besteht. Das BUrlG verweist damit auf § 9 Abs. 1 EFZG, der wiederum die §§ 3 bis 4a EFZG für die Arbeitsverhinderung auf Grund einer Maßnahme der medizinischen Vorsorge oder Rehabilitation für entsprechend anwendbar erklärt. Die Anrechnung ist gemäß § 10 BUrlG ausgeschlossen, soweit ein gesetzlicher Anspruch auf Entgeltfortzahlung besteht. Die Anrechnung ist regelmäßig auch dann ausgeschlossen, wenn auf Grund Tarifvertrag, Betriebsvereinbarung oder Einzelarbeitsvertrag **für längere Zeiträume als sechs Wochen Entgeltfortzahlung** geleistet wird.[208]

Ist der **Urlaubszeitraum bereits festgelegt** worden und wird erst danach eine Maßnahme der medizinischen Vorsorge oder Rehabilitation bewilligt, erlischt gemäß § 10 BUrlG die Leistungspflicht des Arbeitgebers nicht, sondern ist der Arbeitgeber verpflichtet, die Tage, die infolge der Kur nicht gewährt werden können, dem Arbeitnehmer nachzugewähren. Dasselbe gilt, wenn der Arbeitnehmer seinen Urlaub bereits angetreten hat und erst nach Urlaubsantritt eine Maßnahme der medizinischen Vorsorge oder Rehabilitation bewilligt wird, die mit dem laufenden Urlaub zusammenfällt. Hat der Arbeitgeber dagegen den **Urlaubszeitraum noch nicht festgelegt**, ist während der Dauer der Maßnahme eine Urlaubs-

---

[202] Anders noch: BAG 7.6.1990 – 6 AZR 52/89, NZA 1990, 945. Diese Ansicht ist seit der *Schultz-Hoff*-Entscheidung des EuGH nicht mehr aufrecht zu halten.
[203] Anders noch: BAG 14.5.1986 – 8 AZR 604/84, NZA 1986, 834; 7.11.1985 – 6 AZR 202/83, NZA 1986, 391. Diese Ansicht ist seit der *Schultz-Hoff*-Entscheidung des EuGH überholt.
[204] Vgl. BAG 9.8.2011 – 9 AZR 352/10, BeckRS 2011, 79280.
[205] *Leinemann/Linck* BUrlG § 9 Rn. 5503.
[206] Wegen der dauernden Arbeitsunfähigkeit des Arbeitnehmers sind die Voraussetzungen des § 7 Abs. 3 S. 2 BUrlG gegeben.
[207] BAG 24.3.2009 – 9 AZR 983/07, NZA 2009, 538.
[208] MHdB ArbR/*Leinemann* § 89 Rn. 59.

bewilligung nicht möglich. Dies folgt aus § 9 Abs. 1 EFZG iVm § 3 Abs. 1 EFZG, weil der Arbeitnehmer in dieser Zeit kraft Gesetzes von der Erbringung seiner Arbeitsleistung freigestellt ist. Eine Freistellung zum Zweck der Urlaubsgewährung ist damit nicht möglich.

126 Besteht bei einer Kur für den Arbeitnehmer kein Anspruch auf Entgeltfortzahlung, steht § 10 BUrlG einer Anrechnung der Zeit auf den Urlaub nicht entgegen. Allerdings kann in diesem Fall eine Anrechnung an § 9 BUrlG scheitern: Ist der Arbeitnehmer arbeitsunfähig krank, ist die Anrechnung einer Maßnahme der medizinischen Vorsorge oder Rehabilitation ausgeschlossen. Der Arbeitgeber kann dem Urlaubsanspruch während der Zeit der Arbeitsunfähigkeit des Arbeitnehmers nicht erfüllen, weil der Arbeitnehmer von seiner Arbeitspflicht befreit ist.

127 **b) Arbeitskämpfe.** Grundsätzlich kann während eines Arbeitskampfes Arbeitnehmern, die streiken oder ausgesperrt sind, kein Urlaub erteilt werden. Es fehlt an der Möglichkeit des Arbeitgebers, den Arbeitnehmer von seiner Arbeitspflicht zu befreien, weil durch Teilnahme an einem rechtmäßigen Streit die **Hauptleistungspflichten suspendiert** sind.[209] Etwas anderes kann ausnahmsweise dann gelten, wenn ein streikender Arbeitnehmer sich zur Wiederaufnahme der Arbeit erklärt und damit die Streikteilnahme endet.[210] Aus Sicht des Arbeitnehmers wird die Beendigung der Streikteilnahme insbesondere dann in Erwägung zu ziehen sein, wenn das Jahresende oder der Ablauf des Übertragungszeitraumes bevorsteht und damit das Erlöschen des Urlaubsanspruches droht.[211]

128 Ist dagegen die **Urlaubszeit bereits vor Beginn eines Arbeitskampfes festgelegt** worden oder beginnt ein Streik erst während des Urlaubs, wird der Urlaub davon nicht berührt.[212] Allerdings soll der Arbeitnehmer berechtigt sein, seinen Urlaub wegen des Arbeitskampfes abzubrechen, um sich am Streik zu beteiligen.[213] Der Arbeitgeber ist grundsätzlich auch während des Streiks verpflichtet, das **Urlaubsentgelt** zu zahlen. Eine Ausnahme davon gilt nur dann, wenn der Arbeitnehmer sich für eine aktive Teilnahme am Streik entscheidet oder der Arbeitgeber die Abwehraussperrung erklärt und dabei solche Arbeitnehmer einbezieht, die sich im Urlaub befinden.[214]

129 **c) Zusammentreffen mit anderen Freistellungsansprüchen.** Das Bundesurlaubsgesetz enthält mit den Vorschriften der §§ 9 und 10 BUrlG die gesetzliche Wertung, dass nur die Fälle der Erkrankung und Maßnahmen der medizinischen Vorsorge oder Rehabilitation es rechtfertigen, nicht auf den Urlaub angerechnet zu werden. Daraus leitet das Bundesarbeitsgericht ab, dass sonstige Ereignisse, die den Urlaubsanspruch stören, nicht durch Nachgewährung auszugleichen sind.[215] Durch die Urlaubsgewährung ist die Arbeitspflicht des Arbeitnehmers beseitigt. Ein weiterer Anspruch auf Arbeitsbefreiung für die betreffende Zeit kann nicht erfüllt werden. Dies ist der Risikosphäre des Arbeitnehmers zuzurechnen.[216] Im Ergebnis besteht in Fällen, in denen während des Erholungsurlaubs ein Ereignis eintritt, für das ein gesetzlicher oder tariflicher Anspruch auf Arbeitsbefreiung besteht, **kein Anspruch auf Nachgewährung von Urlaub**. Bei tariflichen Ansprüchen kann allerdings durch den **Tarifvertrag** selbst bestimmt sein, dass entgegen der gesetzlichen Lage eine Anrechnung von Zeiten sonstiger Freistellungsansprüche auf den Urlaub ausgeschlossen ist und ein **Anspruch auf Nachgewährung** von Urlaub besteht.

130 **d) Kurzarbeit.** Fallen durch Kurzarbeit ganze Arbeitstage aus, können diese Arbeitstage nicht auf den Erholungsurlaub angerechnet werden.[217] Da an arbeitsfreien Tagen keine Arbeitspflicht besteht, kann der Arbeitgeber den Arbeitnehmer an diesen Tagen nicht durch

---

[209] BAG 21.4.1971 – GS 1/68, GS NJW 1971, 1668.
[210] BAG 24.9.1996 – 9 AZR 364/95, NZA 1997, 507.
[211] Vgl. *Leinemann/Linck* BUrlG § 1 Rn. 97.
[212] BAG 9.2.1982 – 1 AZR 567/79, NJW 1982, 2087; 9.2.1982 – 1 AZR 567/79, NZA 1988, 887; ErfK/*Gallner* BUrlG § 1 Rn. 40.
[213] BAG 9.2.1982 – 1 AZR 567/79, NJW 1982, 2087; aA *Leinemann/Linck* BUrlG § 2 Rn. 199.
[214] BAG 15.1.1991 – 1 AZR 178/90, AP GG Art. 9 Arbeitskampf Nr. 114; 7.4.1992 – 1 AZR 377/91, AP GG Art. 9 Arbeitskampf Nr. 122.
[215] BAG 9.8.1994 – 9 AZR 384/92, NZA 1995, 174.
[216] BAG 9.8.1994 – 9 AZR 384/92, NZA 1995, 174.
[217] *Bayreuther* NZA 2020, 1057 (1061).

Urlaubsgewährung befreien. Weil die arbeitsfreien Tage nicht in den Urlaub einzurechnen sind, müssen sie zu den Urlaubstagen **rechnerisch ins Verhältnis gesetzt** werden.[218] Wurde dem Arbeitnehmer vor Anordnung der Kurzarbeit bereits Urlaub gewährt, ist dies bei der Umrechnung zu berücksichtigen. Genommene Urlaubstage sind voll abzusetzen. Fällt der Urlaub in die Kurzarbeitsphase, sind nur die Tage als Urlaubstage zur berücksichtigen, an denen Arbeitspflicht besteht. Im Anschluss an die Kurzarbeit ist für die Berechnung des Urlaubsanspruches auf die Grundsätze der Urlaubsberechnung bei Vollbeschäftigung zurückzukehren und sind die gewährten Urlaubstage (hochgerechnet auf die Dauer bei Vollbeschäftigung) abzusetzen.[219]

Ist der Urlaub zeitlich bereits festgelegt worden, wird also Kurzarbeit erst nachfolgend eingeführt, erlischt der Urlaubsanspruch an den Tagen, an denen der Arbeitnehmer zur Urlaubsgewährung von der Arbeitspflicht freigestellt wurde. An den Tagen, an denen eine Freistellung von der Arbeitspflicht im Nachhinein **wegen Einführung der Kurzarbeit unmöglich** wird, wird der Arbeitgeber von seiner Leistungspflicht frei. Denn eine den §§ 9, 10 BUrlG entsprechende Regelung, die die Aufrechterhaltung des Urlaubsanspruchs beim nachträglichen Zusammentreffen von Urlaubsanspruch und Arbeitsunfähigkeit regelt, besteht hier nicht.[220] 131

IV. Voll- und Teilurlaub

1. Gesetzlicher Vollurlaub

Der gesetzliche Urlaubsanspruch von 24 Werktagen (§ 3 Abs. 1 BUrlG) entsteht gemäß § 4 BUrlG erstmalig nach dem **Ablauf der Wartezeit** von sechs Monaten. Die Wartezeit muss nur einmal zurückgelegt werden. Bei Beginn des Arbeitsverhältnisses am 1.7. eines Jahres ist die Wartezeit am 31.12. nach Ansicht des Bundesarbeitsgerichts noch nicht erfüllt.[221] Ist sie erfüllt, kommt es in den Folgejahren nicht auf eine erneute Erfüllung der Wartezeit an. Der volle **Urlaubsanspruch entsteht dann mit dem Beginn des betreffenden Kalenderjahres**.[222] Zu unterscheiden von der Entstehung des Urlaubsanspruches ist dessen Fälligkeit. Die Fälligkeit des Urlaubsanspruchs bestimmt sich mangels gesetzlicher Regelung nach § 271 Abs. 1 BGB. Der gesetzliche Urlaubsanspruch des Arbeitnehmers ist (nach erfüllter Wartezeit) bereits mit dem Beginn der Arbeitspflicht am Anfang des Kalenderjahres fällig.[223] 132

2. Teilurlaub

Das BUrlG ordnet nicht für jeden Fall, in dem ein Arbeitnehmer nur während eines Teiles des Urlaubsjahres in einem Arbeitsverhältnis mit dem Arbeitgeber steht, einen Teilurlaubsanspruch an. Vielmehr sind die Tatbestände, in denen ein Teilurlaubsanspruch besteht, in § 5 Abs. 1 BUrlG **abschließend geregelt**. 133

a) **Nichterfüllung der Wartezeit im Urlaubsjahr.** Die Vorschrift des § 5 Abs. 1a BUrlG sieht einen Teilurlaubsanspruch in dem Fall vor, in dem wegen **Nichterfüllung der Wartezeit** gemäß § 4 BUrlG **in dem laufenden Urlaubsjahr** der volle Urlaubsanspruch nicht erworben wird. Die Regelung zielt damit auf die Konstellation ab, dass das Arbeitsverhältnis im Eintrittsmit oder nach dem 1.7. beginnt. Denn dann kann der Arbeitnehmer im laufenden Urlaubsjahr den vollen Urlaubsanspruch nicht mehr erwerben. Dieser entsteht gemäß § 4 BUrlG erst nach Ablauf der Wartezeit im folgenden Urlaubsjahr. 134

---

[218] → Rn. 65 ff. und *Schubert* NZA 2013, 1105.
[219] Vgl. *Leinemann/Linck* BUrlG § 3 Rn. 66.
[220] → Rn. 90 ff. und 95 ff.
[221] BAG 17.11.2015 – 9 AZR 179/15, NZA 2016, 309.
[222] Der unentstandene Urlaubsanspruch kann sich aber verkürzen, wenn der Arbeitnehmer nach Erfüllung der Wartezeit in der ersten Hälfte des Jahres ausscheidet, → Rn. 107.
[223] *Leinemann/Linck* BUrlG § 1 Rn. 78.

Beispiel:
Ein Arbeitnehmer, dessen Arbeitsverhältnis mit dem 1.8. beginnt, hat gemäß § 5 Abs. 1a BUrlG für dieses Jahr ein Teilurlaubsanspruch in Höhe von $5/12$ des gesetzlichen Jahresurlaubs.
Beginnt das Arbeitsverhältnis dagegen bereits am 1.6., ist die Wartezeit am 1.12. erfüllt. Der volle Urlaubsanspruch entsteht mit dem 1.12. noch im laufenden Urlaubsjahr. § 5 Abs. 1a BUrlG ist nicht anwendbar.

135 Der Teilurlaub nach § 5 Abs. 1a BUrlG kann abweichend von den Anforderungen nach § 7 Abs. 3 S. 1–3 BUrlG übertragen werden. Diese Übertragung auf das gesamte nächste Kalenderjahr setzt gem. § 7 Abs. 3 S. 4 BUrlG aber ein „Verlangen des Arbeitnehmers" voraus. Der bloße Verzicht auf die Stellung eines Urlaubsantrages im Urlaubsjahr genügt nicht.[224]

136 **b) Ausscheiden vor erfüllter Wartezeit.** Scheidet der Arbeitnehmer **vor erfüllter Wartezeit** aus dem Arbeitsverhältnis aus, hat er gemäß § 5 Abs. 1b BUrlG einen Teilurlaubsanspruch nach dem Zwölftelungsprinzip für jeden vollen Monat des Bestehens des Arbeitsverhältnisses. Dies betrifft alle Arbeitsverhältnisse, die insgesamt nicht mehr als volle sechs Monate bestehen. Die Vorschrift des § 5 Abs. 1b BUrlG geht § 5 Abs. 1a BUrlG vor. Geht ein Arbeitsverhältnis über zwei Kalenderjahre, wird die Wartezeit aber nicht erfüllt, berechnet sich der Teilurlaubsanspruch nach § 5 Abs. 1b BUrlG und nicht gesondert für beide Jahre.[225]

Beispiel:
Das Arbeitsverhältnis beginnt am 10.10.2001 und endet am 15.2.2002. Es besteht ein einheitlicher Teilurlaubsanspruch vom 10.10.2001 bis zum 15.2.2002 (= $4/12$ des Jahresurlaubs) und nicht ein Teilurlaubsanspruch 2001 ($2/12$) zuzüglich eines Teilurlaubsanspruchs 2002 ($1/12 = 3/12$).

137 Die Fälle, in denen ein Arbeitsverhältnis **mit Ablauf** der Wartezeit endet, werden seinem Wortlaut nach von § 5 Abs. 1b BUrlG nicht erfasst („vor erfüllter Wartezeit"). Andererseits wird gemäß § 4 BUrlG der volle Urlaubsanspruch erst **nach** sechsmonatigem Bestehen des Arbeitsverhältnisses erworben. Nach Ansicht des Bundearbeitsgerichts ist die Bestimmung des § 5 Abs. 1b BUrlG deshalb auch auf den Fall des Ausscheidens mit Ablauf der Wartezeit anzuwenden.[226]

138 **c) Ausscheiden in der ersten Jahreshälfte (nach erfüllter Wartezeit).** Gemäß § 5 Abs. 1c BUrlG hat ein Arbeitnehmer Anspruch auf $1/12$ des Jahresurlaubs für jeden vollen Monat des Bestehens des Arbeitsverhältnisses, wenn er nach erfüllter Wartezeit in der ersten Hälfte eines Kalenderjahres aus dem Arbeitsverhältnis ausscheidet. Dies gilt auch dann, wenn das Arbeitsverhältnis mit Ablauf des 30.6. endet.[227] Der Arbeitnehmer hat in diesem Fall einen Anspruch auf $6/12$ des gesetzlichen Jahresurlaubs. Etwas anderes gilt allerdings dann, wenn der Arbeitnehmer erst am 1.7. oder zu einem späteren Zeitpunkt ausscheidet: In diesem Fall erhält er den vollen Urlaubsanspruch.

139 **d) Berechnung.** Nach der Vorschrift des § 5 Abs. 1 BUrlG erhält ein Arbeitnehmer $1/12$ des vollen Urlaubsanspruchs für jeden vollen Monat des Bestehens des Arbeitsverhältnisses. Maßgebend sind die Monate, in denen das Arbeitsverhältnis rechtlich bestanden hat.[228] Dies bedeutet, dass nicht vollendete Monate für die Berechnung außer Betracht bleiben. Eine Aufrundung nicht vollendeter Monate scheidet also aus. Hat etwa ein Arbeitsverhältnis nur drei Wochen bestanden, besteht überhaupt kein Teilurlaubsanspruch.[229]

Formel für Teilurlaubsanspruch:

$$\frac{\text{Jahresurlaub} \times \text{volle Monate des Arbeitsverhältnisses}}{12} = \text{Teilurlaubsanspruch}$$

Diese Formel gilt auch für einen über den gesetzlichen Urlaubsanspruch hinausgehenden tariflichen oder einzelvertraglichen Urlaubsanspruch, für den keine anderweitige Regelung getroffen ist.

---

[224] BAG 29.7.2003 – 9 AZR 270/02, NZA 2004, 385.
[225] BAG 23.9.1965 – 5 AZR 335/64, NJW 1966, 221.
[226] BAG 17.11.2015 – 9 AZR 179/15, NZA 2016, 309.
[227] BAG 16.6.1966 – 5 AZR 521/65, NJW 1966, 2081.
[228] BAG 26.1.1989 – 8 AZR 730/87, NZA 1989, 756.
[229] Vgl. dazu auch BAG 26.1.1989 – 8 AZR 730/87, NZA 1989, 756.

Ergeben sich bei der Berechnung des Teilurlaubs nach dem Zwölftelungsprinzip Bruchteile von Urlaubstagen, sind diese gemäß § 5 Abs. 2 BUrlG auf volle Urlaubstage aufzurunden, wenn die Bruchteile mindestens einen halben Tag ergeben.[230] Ergeben sich **geringere Bruchteile als ein halber Tag**, sind derartige Bruchteile nicht etwa abzurunden.[231] Geringere Bruchteile sind durch entsprechende Befreiung von der Arbeitspflicht zu gewähren. 140

Die Vorschrift des § 5 Abs. 2 BUrlG ist nur anwendbar, soweit die Voraussetzungen von § 5 Abs. 1a bis c BUrlG gegeben sind. Andere Bruchteile von Urlaubstagen, insbesondere solche, die sich bei der Umrechnung der Urlaubsdauer von Teilzeitbeschäftigten oder Arbeitnehmern in flexiblen Arbeitszeitsystemen ergeben, werden von § 5 Abs. 2 BUrlG nicht erfasst.[232] 141

3. Rückforderungsverbot

Die Bestimmung des § 5 Abs. 3 BUrlG ordnet für den Fall, dass der Arbeitnehmer nach erfüllter Wartezeit in der ersten Hälfte eines Kalenderjahres aus dem Arbeitsverhältnis ausscheidet und mehr als den ihm zustehenden Teilurlaub erhalten hat, ein Verbot der Rückforderung zu viel gezahlten Urlaubsentgelts an. Das Rückforderungsverbot nach § 5 Abs. 3 BUrlG setzt voraus, dass der Arbeitnehmer den **Urlaub tatsächlich bereits erhalten** hat. Durch die bloße Festlegung des Urlaubs ist der Arbeitgeber noch nicht gehindert, sich auf eine Verkürzung des Urlaubsanspruches zu berufen. Ergibt sich erst nach Festlegung des Urlaubszeitraums, dass der Urlaubsanspruch infolge vorzeitigen Ausscheidens des Arbeitnehmers gemäß § 5 Abs. 1c BUrlG zu reduzieren ist, hindert das Rückforderungsverbot nach § 5 Abs. 3 BUrlG den Arbeitgeber nur den Teil des Urlaubsentgelts zurückzufordern, der auf den bereits tatsächlich genommenen Teil des Urlaubs entfällt. Im Übrigen bleibt die Rückforderung möglich. 142

Die engen Voraussetzungen von § 5 Abs. 3 BUrlG werden auch in dem Fall deutlich, in dem das Urlaubsentgelt nicht vor Antritt des Urlaubs, sondern mit der laufenden Vergütung am Monatsende ausgezahlt wird. Hat der Arbeitnehmer mehr Urlaub angetreten als ihm nach § 5 Abs. 1c BUrlG zusteht, **begründet § 5 Abs. 3 BUrlG keinen Anspruch auf Zahlung von Urlaubsentgelt.** Der Arbeitnehmer kann das Urlaubsentgelt nach § 5 Abs. 3 BUrlG nicht vom Arbeitgeber für zu viel gewährten Urlaub fordern.[233] 143

§ 5 Abs. 3 BUrlG gilt nicht für die Fälle nach § 5 Abs. 1a und b BUrlG. Wurde einem Arbeitnehmer Urlaub vor Ablauf der Wartezeit gewährt, schließt § 5 Abs. 3 BUrlG ein Rückforderungsbegehren des Arbeitgebers nicht aus. Dieses bleibt nach den Grundsätzen über die ungerechtfertigte Bereicherung möglich.[234] Von § 5 Abs. 3 BUrlG kann nicht durch Individualvereinbarung zu Ungunsten des Arbeitnehmers abgewichen werden. Tarifvertragliche Regelungen, die vom Rückforderungsverbot des § 5 Abs. 3 zu Ungunsten Arbeitnehmer abweichen, sind jedoch gemäß § 13 Abs. 1 S. 1 BUrlG möglich.[235] 144

V. Vermeidung von Doppelansprüchen

Jedem Arbeitnehmer soll grundsätzlich nur einmal im Urlaubsjahr ein voller Erholungsurlaubsanspruch zustehen. Da der volle Urlaubsanspruch nach erfüllter Wartezeit jeweils zu Beginn des Kalenderjahres entsteht, kann es vorkommen, dass ein Arbeitnehmer mehr als einen vollen Urlaubsanspruch erwirbt. 145

---

[230] Die Regelung gilt auch für den gesetzlichen Urlaub übersteigende tarifliche oder vertragliche Urlaubsansprüche, soweit keine anderweitige Bestimmung getroffen worden ist. Sie ist auch für die Berechnung des Urlaubsabgeltungsanspruches maßgebend.
[231] BAG 26.1.1989 – 8 AZR 730/87, NZA 1989, 756.
[232] BAG 22.10.1991 – 9 AZR 373/90, NZA 1992, 797; 23.1.2018 – 9 AZR 200/17, NZA 2018, 653.
[233] BAG 23.1.1996 – 9 AZR 554/93, NZA 1996, 1101.
[234] Freilich ist § 814 BGB zu beachten, wonach meist ein bereicherungsrechtlicher Anspruch ausgeschlossen sein wird.
[235] Vgl. BAG 23.1.1996 – 9 AZR 554/93, NZA 1996, 1101.

Beispiel 1:

Der Arbeitnehmer ist seit Anfang 2001 bei Arbeitgeber X beschäftigt. Seinen Jahresurlaub 2002 nimmt er vom 4.2. bis zum 8.3.2002. Am 30.4.2002 scheidet er aus dem Arbeitsverhältnis aus und nimmt am 1.5.2002 eine Tätigkeit bei Arbeitgeber Z auf. Bei Arbeitgeber Z hat er am 1.11.2002 den vollen Jahresurlaubsanspruch aus dem Arbeitsverhältnis mit Z erworben.

Beispiel 2:

Der Arbeitnehmer ist bei Arbeitgeber X seit 3 Jahren beschäftigt und scheidet am 31.8.2002 aus dem Arbeitsverhältnis aus. Er hat zuvor den vollen Jahresurlaub von 30 Arbeitstagen erhalten. Ab dem 1.9.2002 arbeitet er in einem neuen Arbeitsverhältnis und erwirbt gegen den neuen Arbeitgeber Z einen Teilurlaubsanspruch nach § 5 Abs. 1a BUrlG.

146 Deshalb ist in § 6 Abs. 1 BUrlG eine **Anrechnung** vorgesehen. Der Anspruch auf Urlaub besteht nicht, soweit dem Arbeitnehmer für das laufende Kalenderjahr bereits von einem vorhergehenden Arbeitgeber Urlaub gewährt worden ist.[236]

147 Dem ersten Arbeitgeber steht keine Kürzungsbefugnis zu, wenn er erfährt, dass der Arbeitnehmer noch einen weiteren Urlaubsanspruch erwirbt. Das **Anrechnungsrecht** steht nur dem **zweiten Arbeitgeber** zu. Scheidet ein Arbeitnehmer beim bisherigen Arbeitgeber im ersten Halbjahr eines Jahres aus und macht er wegen seines Teilurlaubsanspruches nach § 5 Abs. 1c BUrlG einen Urlaubsabgeltungsanspruch geltend, kann der bisherige Arbeitgeber den Arbeitnehmer nicht auf einen gegen den späteren Arbeitgeber entstehenden Urlaubsanspruch verweisen. Da jedoch wegen der Wartezeit von sechs Monaten der Urlaubsanspruch gegen den neuen Arbeitgeber noch nicht entstanden ist, kann sich der bisherige Arbeitgeber dem Urlaubsabgeltungsanspruch nicht mit Erfolg entziehen.[237] Eine Anrechnung kommt auch dann nicht in Betracht, wenn die **Urlaubsansprüche** nicht **aus dem selben Kalenderjahr** stammen. Gelten in den verschiedenen Arbeitsverhältnissen unterschiedliche Bemessungsgrundlagen für den Urlaub (Werktage/Arbeitstage), so muss vor der Verrechnung eine Umrechnung erfolgen. Gewährt der neue Arbeitgeber einen höheren Urlaubsanspruch, findet eine Anrechnung des schon gewährten Urlaubs auf den höheren Teilurlaubsanspruch insoweit statt, als beide Urlaubsansprüche sich aufdeckende Teile des Kalenderjahres beziehen.[238]

148 Damit eine doppelte Urlaubsinanspruchnahme vermieden werden kann, ist der bisherige Arbeitgeber gemäß § 6 Abs. 2 BUrlG verpflichtet, dem Arbeitnehmer bei Beendigung des Arbeitsverhältnisses eine Bescheinigung über den im laufenden Kalenderjahr gewährten oder abgegolten Urlaub auszuhändigen. Auf die Erteilung der Urlaubsbescheinigung hat der Arbeitnehmer einen vor dem Arbeitsgericht durch Leistungsklage durchsetzbaren Anspruch, der nach § 888 ZPO vollstreckt wird.[239]

149 Streitig war, ob der neue Arbeitgeber vom Arbeitnehmer die Vorlage der Urlaubsbescheinigung beanspruchen kann, § 6 Abs. 1 BUrlG eine Einwendung oder negative Anspruchsvoraussetzung darstellt. Das Bundesarbeitsgericht hat dies verneint und § 6 Abs. 1 BUrlG als negative Anspruchsvoraussetzung qualifiziert.[240] Wenn der Arbeitnehmer dem neuen Arbeitgeber die Urlaubsbescheinigung des früheren Arbeitgebers nicht vorlegt und dem neuen Arbeitgeber aus diesem Grund unbekannt ist, in welchem Umfang der Arbeitnehmer bereits Urlaub erhalten hat, geht die Darlegungs- und Beweislast auf den Arbeitnehmer über: Der Arbeitnehmer muss im Rahmen der abgestuften Darlegungs- und Beweislast nachweisen, wie viele Tage Urlaub ihm bereits vom vorherigen Arbeitgeber gewährt worden sind.[241]

---

[236] Vgl. BAG 17.2.1966 – 5 AZR 447/65, NJW 1966, 996: entscheidend ist, ob der Urlaub tatsächlich gewährt oder abgegolten wurde. Ebenso sind Doppelansprüche bei unwirksamer Kündigung, wenn der Arbeitnehmer ein anderweitiges Arbeitsverhältnis eingeht, ausgeschlossen, BAG 21.2.2012 – 9 AZR 487/10, BeckRS 2012, 70379.

[237] BAG 28.2.1991 – 8 AZR 196/90, NZA 1991, 944: der Arbeitnehmer kann selbst dann vom bisherigen Arbeitgeber Urlaubsabgeltung verlangen, wenn die tatsächliche Urlaubsgewährung beim neuen Arbeitgeber möglich wäre.

[238] BAG 6.11.1969 – 5 AZR 29/69, NJW 1970, 678.

[239] *Leinemann/Linck* BUrlG § 6 Rn. 44 f.

[240] BAG 16.12.2014 – 9 AZR 295/13, NZA 2015, 827.

[241] BAG 16.12.2014 – 9 AZR 295/13, NZA 2015, 827.

VI. Anspruch auf Urlaubsentgelt

1. Berechnung des Urlaubsentgelts

Gemäß §§ 1, 11 BUrlG ist das Arbeitsentgelt während des Urlaubs fortzuzahlen. Der Vergütungsanspruch wird trotz Nichtleistung der geschuldeten Arbeit aufrechterhalten. Der Anspruch des Arbeitnehmers auf Urlaubsentgelt stellt also nichts anderes als die **Fortzahlung der Arbeitsvergütung für die Zeit der urlaubsbedingten Freistellung** von der Arbeitspflicht dar.[242] Dementsprechend begründet die Vorschrift des § 11 BUrlG keinen eigenständigen Anspruch auf Urlaubsvergütung, sondern regelt nur die Art und Weise der Berechnung des fortzuzahlenden Arbeitsentgelts.

a) Begriff des „Arbeitsverdienstes". Arbeitsverdienst ist die vom Arbeitgeber erbrachte Gegenleistung für das Tätigwerden des Arbeitnehmers im Berechnungszeitraum.[243] Unter den Begriff „Arbeitsverdienst" fallen alle Lohn- und Entgeltarten, wie etwa Stunden-, Tage-, Wochen-, Monats-, Schicht- und Jahresentgelt. Zu berücksichtigen ist ferner auch das Entgelt, das ein Arbeitnehmer für Zeiten der Arbeitsunfähigkeit als Entgeltfortzahlung im Krankheitsfall nach §§ 3 und 4 EFZG erhält, sowie das für regelmäßige Sonn- und Feiertagsarbeit bezahlte Entgelt einschließlich dazugehöriger Zuschläge.[244]

Beispiele:
Akkordlohn ist mit dem tatsächlichen Akkordverdienst der letzten 13 Wochen zu berücksichtigen.[245]
Aufwandsentschädigungen wie Spesen und Fahrgelder sind nicht zu berücksichtigen, und zwar selbst dann nicht, wenn bei der Abrechnung Pauschalen angesetzt werden.[246]
Auslösungen sind Arbeitsverdienst, soweit sie versteuert werden;[247] Fernauslösungen sind dagegen Aufwandsentschädigungen und deshalb nicht zu berücksichtigen.[248]
Gratifikationen sind nicht zu berücksichtigen, da diese Leistungen auf Grund der Gesamtarbeitsleistung gewährt werden.[249]
Prämien sind Arbeitsverdienst, wenn sie für Leistungen während des Bezugszeitraums gewährt werden.[250]
Provisionen sind einzubeziehen.[251]
Sachbezüge sind Arbeitsverdienst und müssen, sofern sie während des Urlaubs nicht weiter gewährt werden, gemäß § 11 Abs. 1 S. 4 BUrlG angemessen in bar abgegolten werden.
Trinkgelder gehören nicht zum Arbeitsverdienst.[252]
Überstundenvergütung ist mit dem Grundbetrag aber ohne den Überstundenzuschlag/Mehrarbeitszuschlag zu berücksichtigen.[253]
Zuschläge gehören zum Arbeitsverdienst, wenn sie nicht nur konkreten Aufwand ersetzen.[254]

b) Durchschnittlicher Arbeitsverdienst. Nach § 11 Abs. 1 BUrlG kommt es für die Berechnung der Urlaubsvergütung auf das Entgelt an, das der Arbeitnehmer im Bezugszeitraum – 13 Wochen – als Gegenleistung für seine Tätigkeit erhalten hat.[255]

---

[242] BAG 24.11.1992 – 9 AZR 564/91, NZA 1993, 750.
[243] BAG 24.11.1992 – 9 AZR 564/91, NZA 1993, 750.
[244] BAG 8.6.1977 – 5 AZR 97/96, AP BUrlG § 11 Nr. 13.
[245] ErfK/*Gallner* BUrlG § 11 Rn. 6; *Leinemann/Linck* BUrlG § 11 Rn. 22.
[246] BAG 9.12.1965 – 5 AZR 175/65, NJW 1966, 612.
[247] BAG 10.3.1988 – 8 AZR 188/85, NZA 1989, 111.
[248] BAG 28.1.1982 – 6 AZR 911/78, AP LohnFG § 2 Nr. 11.
[249] BAG 17.1.1991 – 8 AZR 644/89, NZA 1991, 778.
[250] BAG 24.11.1992 – 9 AZR 564/91, NZA 1993, 750.
[251] Vgl. BAG 11.4.2000 – 9 AZR 266/99, NZA 2001, 153 sowie *Leinemann/Linck* BUrlG § 11 Rn. 24–28.
[252] BAG 28.6.1995 – 7 AZR 1001/94, NZA 1996, 252; anders dagegen Bedienungsgelder: ErfK/*Gallner* BUrlG § 11 Rn. 10.
[253] BAG 9.11.1999 – 9 AZR 771/98, NZA 2000, 1335; 22.2.2000 – 9 AZR 107/99, NZA 2001, 268; 5.11.2002 – 9 AZR 658/00, NZA 2003, 1042.
[254] Vgl. für Nachtzuschläge BAG 12.1.1989 – 8 AZR 404/87, NZA 1989, 758.
[255] Befindet sich der Arbeitgeber mit der Zahlung der Vergütung in Verzug, führt dies nicht zum Fortfall des Anspruchs auf Urlaubsentgelt, BAG 11.4.2000 – 9 AZR 266/99, NZA 2001, 153.

153 Da die Berechnungsregelung nach dem BUrlG auf eine Arbeitswoche mit sechs Arbeitstagen abzielt, ist der Arbeitsverdienst[256] der letzten 13 Wochen vor Urlaubsbeginn durch die auf den Abrechnungszeitraum entfallene Zahl von Werktagen zu teilen und mit der Zahl der Urlaubstage zu multiplizieren.[257] Bei der Fünf-Tage-Woche ist so zu verfahren, dass der im Referenzzeitraum erzielte Arbeitsverdienst durch die in diesem Zeitraum liegenden Arbeitstage zu dividieren und mit der Zahl der Urlaubstage zu multiplizieren ist.[258]

154 Bei **flexiblen Arbeitszeitsystemen** finden sich für die Berechnung des Urlaubsentgelts Regelungen in Tarifverträgen, wie Geld- und Zeitfaktoren zu ermitteln sind.[259] Bestehen keine tariflichen Regelungen, ist der Arbeitsverdienst der letzten dreizehn Wochen durch die Zahl der Arbeitstage zu teilen. Ist die Arbeitszeit an den einzelnen Arbeitstagen unterschiedlich lang, ist zur Ermittlung des Geldfaktors der im Berechnungszeitraum erzielte Arbeitsverdienst durch die Anzahl der in dieser Zahl geleisteten Arbeitsstunden zu teilen.[260] Entspricht die im Urlaub ausfallende Arbeitszeit nicht der regelmäßigen Arbeitszeit des Arbeitnehmers, ist eine konkrete Berechnung der Arbeitszeit während des Urlaubs vorzunehmen (Zeitfaktor). Da nicht auf die regelmäßige Arbeitszeit abzustellen ist (anders bei § 4 Abs. 1 EFZG), muss nach der Zahl der Arbeitsstunden, die im Urlaubszeitraum angefallen wäre, der zeitliche Umfang ermittelt werden. Die Höhe des Urlaubsentgelts errechnet sich sodann aus dem Produkt, das aus dem gegebenenfalls nach Stunden errechneten Zeitfaktor und dem auf Stunden bezogenen Geldfaktor gebildet wird.[261]

155 c) **Verdiensterhöhungen und -kürzungen.** Nach § 11 Abs. 1 S. 2 BUrlG sind Verdiensterhöhungen nicht nur vorübergehender Natur, die während des Berechnungszeitraums oder des Urlaubs eintreten, zu berücksichtigen. Verdiensterhöhungen stellen insbesondere **turnusgemäße Entgelterhöhungen,** Höhergruppierungen, Entgelterhöhungen infolge einer Beförderung und der Übergang von einem Ausbildungs- in ein Arbeitsverhältnis dar.[262] Für die Berücksichtigung der Verdiensterhöhung ist es nach § 11 Abs. 1 S. 2 BUrlG unerheblich, ob die **Verdiensterhöhung während des Berechnungszeitraums oder während des Urlaubs** eintritt. Die Berechnung ist so vorzunehmen, als sei die Erhöhung mit Beginn des Referenzzeitraumes bereits eingetreten.[263]

156 **Verdienstkürzungen,** die im Berechnungszeitraum infolge von Kurzarbeit, Arbeitsausfällen oder unverschuldeter Arbeitsversäumnis eintreten, bleiben gemäß § 11 Abs. 1 S. 3 BUrlG für die Berechnung des Urlaubsentgelts außer Betracht. Im Grundsatz ist der Arbeitnehmer also so zu stellen, als hätte er im Berechnungszeitraum voll gearbeitet. **Kurzarbeit** im Bezugszeitraum berührt die Höhe des Urlaubsentgelts nicht. Für die Berechnung des Geldfaktors ist ein **ungekürzter Arbeitsverdienst** im Berechnungszeitraum gemäß § 11 Abs. 1 S. 3 BUrlG **zu unterstellen.** Kurzarbeit im Urlaubszeitraum selbst kann dagegen zu verschiedenen Rechtsfolgen führen, je nach dem, ob Kurzarbeit bereits eingeführt worden ist und sodann Urlaub begehrt wird (eine Urlaubsgewährung kommt dann nur für Tage in Betracht, an denen Arbeitspflicht besteht), Kurzarbeit eingeführt wird, nachdem der Urlaub bereits zeitlich festgelegt war (in diesem Fall wird die Befreiung von der Arbeitspflicht an arbeitsfreien Tagen nachträglich unmöglich, so dass ein Anspruch auf Urlaubsentgelt nicht entsteht) oder die Arbeitspflicht lediglich an einzelnen oder allen Arbeitstagen verkürzt wird (Urlaub kann gewährt werden, der Geldfaktor bleibt unverändert, der Zeitfaktor ist jedoch entsprechend zu reduzieren).[264]

157 Als sonstige Arbeitsausfälle, die nach § 11 Abs. 1 S. 3 BUrlG ebenfalls nicht zu berücksichtigen sind, sind **Betriebsunterbrechungen** wegen Stromausfällen, Maschinenschäden,

---

[256] Aus § 11 Abs. 1 S. 2 und 3 BUrlG können sich Veränderungen ergeben.
[257] BAG 24.11.1992 – 9 AZR 564/91, NZA 1993, 750.
[258] BAG 24.11.1992 – 9 AZR 564/91, NZA 1993, 750: gesetzliche Feiertage werden im Divisor nicht abgezogen.
[259] Vgl. etwa BAG 23.8.1995 – 5 AZR 942/93, NZA 1995, 580.
[260] Vgl. näher *Busch* NZA 1996, 1246 (1247).
[261] Vgl. *Busch* NZA 1996, 1246; *Leinemann/Linck* BUrlG § 11 Rn. 77.
[262] BAG 29.11.1984 – 6 AZR 238/82, NZA 1985, 598.
[263] BAG 3.11.1965 – 5 AZR 157/65, NJW 1966, 612; ErfK/*Gallner* BUrlG § 11 Rn. 22.
[264] Vgl. näher *Leinemann/Link* BUrlG § 11 Rn. 63 bis 66; ErfK/*Gallner* BUrlG § 11 Rn. 24 sowie BAG 16.12.2008 – 9 AZR 164/08, NZA 2009, 689; 17.11.2009 – 9 AZR 844/08, NZA 2010, 1020.

Bränden, Rohstoffmangel oder sonstigen Betriebsstörungen zu nennen. Bei **unverschuldeter Arbeitsversäumnis** des Arbeitnehmers im Bezugszeitraum bleiben die dadurch entstehenden Abwesenheitszeiten bei der Bemessung des Urlaubsentgelts ebenfalls außer Betracht. Zeiten unverschuldeter Arbeitsversäumnis sind Abwesenheitszeiten, die durch Arbeitsunfähigkeit, Maßnahmen der medizinischen Vorsorge oder Rehabilitation, die Wahrnehmung staatsbürgerlicher Pflichten oder auch die Vereinbarung unbezahlten Sonderurlaubs[265] entstehen. Ein Arbeitnehmer, der im Referenzzeitraum an einem **rechtmäßigen Streik** teilnimmt oder ausgesperrt wird, hat gemäß § 11 Abs. 1 S. 3 BUrlG Anspruch auf ungekürztes Urlaubsentgelt; bei der Berechnung des Geldfaktors muss die Streikteilnahme oder Aussperrung also außer Ansatz bleiben.[266] Bei rechtswidrigem Streik ist wie bei Zeiten verschuldeter Arbeitsversäumnis das Urlaubsentgelt zu kürzen.[267] Eine rechtswidrige Aussperrung lässt den Entgeltanspruch des Arbeitnehmers unberührt, so dass auch im Rahmen von § 11 BUrlG keine Kürzung eintritt.[268] Bei einem Teilstreik soll sich der Wegfall des Entgeltanspruchs[269] nicht auf den Urlaubsentgeltanspruch des vom Teilstreik indirekt betroffenen Arbeitnehmers auswirken.[270]

2. Fälligkeit des Anspruchs auf Urlaubsentgelt

Gemäß § 11 Abs. 2 BUrlG ist das Urlaubsentgelt **vor Antritt des Urlaubs** auszuzahlen. 158
Die Regelung weicht von der gesetzlichen Fälligkeitsregelung für die Arbeitsvergütung in § 614 BGB ab, nach der die Vergütung zeitlich nach Erbringung der Arbeitsleistung zu entrichten ist.[271] Zahlt der Arbeitgeber das Urlaubsentgelt nicht vor Antritt des Urlaubs aus, ist dies für die Wirksamkeit der Erteilung des Urlaubs ohne Bedeutung. Der Urlaubsanspruch wird auch ohne vorherige Zahlung des Urlaubsentgelts wirksam erfüllt.[272]

Bei Gehaltsempfängern entspricht es der betrieblichen Praxis, das Urlaubsentgelt zusammen mit dem Gehalt am Ende des Monats auszuzahlen. Hierin wird eine stillschweigende Vereinbarung zwischen Arbeitgeber und Arbeitnehmer gesehen, die überwiegend für zulässig erachtet wird, weil eine solche Vereinbarung nicht ungünstiger (vgl. § 13 Abs. 1 S. 1 u. 3 BUrlG) als die gesetzliche Regelung sei.[273] 159

3. Urlaubsgeld

Vom Urlaubsentgelt zu unterscheiden ist das Urlaubsgeld. Ein solches, über das Urlaubs- 160
entgelt hinausgehendes Urlaubsgeld als Zuschuss zu den erhöhten Ausgaben, die während eines Urlaubs anfallen, ist in vielen **Tarifverträgen, Betriebsvereinbarungen und Arbeitsverträgen** gesondert vereinbart. Dieses Urlaubsgeld ist regelmäßig vor Antritt des Urlaubs fällig.[274]

4. Übertragbarkeit des Urlaubsentgelt- und Urlaubsgeldanspruchs

a) **Urlaubsentgelt.** Rechtlich stellt das Urlaubsentgelt das während des Urlaubs weiter zu 161
zahlende Arbeitsentgelt dar. Das Urlaubsentgelt ist daher wie Arbeitsentgelt pfändbar nach §§ 850 ff. ZPO.[275] Soweit der Anspruch auf Urlaubsentgelt der Pfändung unterliegt, kann er auch gemäß § 400 BGB abgetreten werden. Der Anspruch auf Urlaubsentgelt ist vererblich; der Anspruch geht gemäß § 1922 BGB auf die Erben über.

---

[265] Vgl. BAG 21.5.1970 – 5 AZR 421/69, AP BUrlG § 11 Teilzeitarbeit Nr. 1.
[266] ErfK/*Gallner* BUrlG § 11 Rn. 26.
[267] ErfK/*Gallner* BUrlG § 11 Rn. 26.
[268] *Leinemann/Linck* BUrlG § 11 Rn. 69.
[269] BAG 22.12.1980 – 1 ABR 76/79, NJW 1981, 942.
[270] BAG 9.2.1982 – 1 AZR 567/79, NJW 1982, 2087.
[271] BAG 18.12.1986 – 8 AZR 481/84, NZA 1987, 633.
[272] BAG 18.12.1986 – 8 AZR 481/84, NZA 1987, 633; inzwischen fraglich, vgl. BAG 10.2.2015 – 9 AZR 455/13, NZA 2015, 998.
[273] MHdB ArbR/*Leinemann* § 90 Rn. 43; aA ErfK/*Gallner* BUrlG § 11 Rn. 27.
[274] Vgl. *Sibben* DB 1997, 1178 ff.
[275] BAG 20.6.2000 – 9 AZR 405/99, NZA 2001, 100.

162 **b) Urlaubsgeld.** Das Urlaubsgeld ist ebenfalls Arbeitsentgelt und daher vererblich. Das Urlaubsgeld ist aber gemäß § 850a Nr. 2 ZPO unpfändbar und infolgedessen (§ 400 BGB) nicht abtretbar.

VII. Abgeltung des Urlaubsanspruchs

163 Der Urlaubsabgeltungsanspruch für nicht gewährten Erholungsurlaub ist in § 7 Abs. 4 BUrlG geregelt.

1. Entstehung des Abgeltungsanspruchs

164 Das Bundesurlaubsgesetz geht von einem grundsätzlichen **Abgeltungsverbot** aus. Die Abgeltung des Urlaubs ist nur im Ausnahmefall des § 7 BUrlG zulässig. Die verbreitete Praxis, den Urlaub während des bestehenden Arbeitsverhältnisses „abzukaufen", ist unzulässig. Solche Vereinbarungen sind gemäß § 134 BGB nichtig. Ein Arbeitgeber, der sich dennoch auf derartige Abreden einlässt, läuft nicht nur Gefahr, den Urlaub durch Freistellung tatsächlich gewähren zu müssen, sondern dafür auch das Urlaubsentgelt (erneut) zu zahlen.[276]

165 Eine Urlaubsabgeltung ist gemäß § 7 Abs. 4 BUrlG dann vorzunehmen, wenn der Urlaub wegen Beendigung des Arbeitsverhältnisses ganz oder teilweise nicht mehr gewährt werden kann.[277]

166 **Checkliste: Voraussetzungen der Urlaubsabgeltung gem. § 7 Abs. 4 BUrlG**

☐ Dem Arbeitnehmer steht ein (restlicher) Urlaubsanspruch zu.
☐ Das Arbeitsverhältnis ist beendet.
☐ Wegen der Beendigung konnte der Urlaub nicht mehr in Natur gewährt werden.
☐ Hinweis: gegebenenfalls Leistungsbestimmung vornehmen.[278]

167 Früher wurde der Abgeltungsanspruch als Erfüllungssurrogat für den Urlaubsanspruch gesehen, sodass der Abgeltungsanspruch nur dann zu erfüllen war, wenn der Arbeitnehmer bei Fortdauer des Arbeitsverhältnisses seine Arbeitspflicht hätte erfüllen können. War diese Erfüllbarkeit nicht gegeben, entfiel der Anspruch. Diese sogenannte Surrogationstheorie hat das Bundesarbeitsgericht mittlerweile jedoch aufgegeben.[279] Nach der neuen Rechtsprechung handelt es sich bei dem Abgeltungsanspruch um eine reine Geldforderung, die kein Äquivalent mehr zum früheren Urlaubsanspruch darstellt.[280]

168 Für die Urlaubsgeltung ist es unerheblich, wie es zur Beendigung des Arbeitsverhältnisses gekommen ist. Darauf, ob das Arbeitsverhältnis durch Kündigung, Aufhebungsvertrag oder Bedingung/Befristung endete, kommt es nicht an. Geht der Betrieb nach § 613a BGB auf den neuen Inhaber über, fehlt es an der erforderlichen Beendigung des Arbeitsverhältnisses. Setzt der Arbeitnehmer das Arbeitsverhältnis mit dem neuen Inhaber des Betriebs fort, hat der bisherige Arbeitgeber den Urlaub des Arbeitnehmers auch dann nicht abzugelten, wenn er wirksam betriebsbedingt gekündigt hatte.[281]

---

[276] Den Einwand des Rechtsmissbrauchs wird der Arbeitgeber gegenüber dem Anspruch auf Urlaubsentgelt nur dann erheben können, wenn der Arbeitnehmer ihn zur unzulässigen Urlaubsabgeltung gedrängt hat.
[277] Daher keine Abgeltung beim Wechsel in die Freistellungsphase im Blockmodell, BAG 10.5.2005 – 9 AZR 196/04, NZA 2005, 1432 und BAG 15.3.2005 – 9 AZR 143/04, NZA 2005, 994.
[278] BAG 15.10.2013 – 9 AZR 302/12, AP BUrlG § 7 Abgeltung Nr. 102: Mit der bloßen Angabe „Urlaubsabgeltung/Tag" soll jeglicher etwaig bestehender Abgeltungsanspruch erfüllt werden. Deshalb ist in der Leistungsbestimmung ggf. eine differenzierte Angabe zu Urlaubsjahren und zu gesetzlichem Urlaub bzw. vertraglichem/tarifvertraglichem Mehrurlaub ratsam.
[279] BAG 9.8.2011 – 9 AZR 352/10, BeckRS 2011, 79280 sowie BAG 9.8.2011 – 9 AZR 365/10, BeckRS 2010, 78483.
[280] Zuletzt BAG 22.9.2015 – 9 AZR 170/14, NZA 2016, 37.
[281] BAG 2.12.1999 – 8 AZR 774/98, NZA 2000, 480.

Die Beendigung des Arbeitsverhältnisses führt per se dazu, dass sich ein noch nicht erfüll- 169
ter Urlaubsanspruch des Arbeitnehmers in einen Abgeltungsanspruch nach § 7 Abs. 4
BUrlG umwandelt. Irgendwelcher Handlungen des Arbeitnehmers oder des Arbeitgebers
bedarf es dazu nicht.[282]

Früher war stets bedeutsam, dass der Urlaub nur **wegen der Beendigung des Arbeitsver-** 170
hältnisses nicht mehr in Natur genommen werden kann. Der Anspruch setzte damit immer
voraus, dass der Urlaubsanspruch noch hätte erfüllt werden können, wenn das Arbeitsverhältnis fortbestünde. Auf die Erfüllbarkeit kann es nicht mehr ankommen, nachdem das
BAG die Surrogationstheorie vollständig aufgegeben hat.

Auch hier beziehen sich die soeben gemachten Aussagen auf die Abgeltung des gesetzli- 171
chen Mindesturlaubs. Das Bundesarbeitsgericht hat festgestellt, dass die Tarifvertragspartei-
en einen etwaigen Mehrurlaub und damit auch dessen Abgeltung frei regeln können.[283]
Gleiches gilt auch für die Arbeitsvertragsparteien.[284] Sie dürfen also auch bei fortdauernder
Arbeitsunfähigkeit den Verfall von vertraglichen oder tariflichen Mehrurlaubsansprüchen
am Ende des Urlaubsjahres und/oder des Übertragungszeitraums vorsehen, was wiederum
Auswirkungen auf den Abgeltungsanspruch hat. Allerdings muss erkennbar sein, dass die
Arbeits- oder Tarifvertragsparteien den Mehrurlaub anders regeln wollten als den Mindest-
urlaub.[285] Es sollte also in den Tarif- bzw. Arbeitsverträgen deutlich zwischen der Behandlung des Mehrurlaubs und des Mindesturlaubs getrennt werden.

2. Inhalt des Abgeltungsanspruchs

Obwohl der Urlaubsabgeltungsanspruch von der Rechtsprechung nicht länger als Surro- 172
gat des Urlaubsanspruchs angesehen wird,[286] beansprucht die früher aus der Surrogationstheorie gezogene Folgerung, dass der Arbeitnehmer Anspruch auf Zahlung eines Geldbetrages hat, der ihm als Urlaubsentgelt zustünde, wenn das Arbeitsverhältnis weitergeführt
würde, aber dennoch Geltung. Der Höhe nach berechnet sich der Abgeltungsanspruch nach
§ 11 BUrlG.

Früher war das Kriterium der Erfüllbarkeit maßgeblich. Danach war der Abgeltungsan- 173
spruch nur dann durch den Arbeitgeber erfüllbar, wenn der Arbeitnehmer arbeitsfähig und
arbeitsbereit war.[287] Auf solch eine Erfüllbarkeit kommt es nach der neuen Rechtsprechung
nicht mehr an. Vielmehr entsteht der Urlaubsabgeltungsanspruch hier mit der Beendigung
des Arbeitsverhältnisses und wird sofort fällig.[288]

Die frühere[289] Rechtsprechung des Bundesarbeitsgerichts zur Erfüllbarkeit des Urlaubs- 174
abgeltungsanspruches war mit den Regelungen des IAO-Übereinkommens Nr. 132 vereinbar.[290] Dies gilt erst Recht für die neue Rechtsprechung des Bundesarbeitsgerichts, wonach
es nicht mehr auf die (Un-)Erfüllbarkeit ankommt, sondern entscheidend ist, dass der Arbeitnehmer nicht aus von ihm nicht zu vertretenden Gründen an der Urlaubnahme gehindert ist.

3. Vererblichkeit, Pfändbarkeit und Abtretbarkeit

Der Urlaubsanspruch ist darauf gerichtet, die Arbeitspflichten des Arbeitnehmers für die 175
Dauer des Urlaubs zu beseitigen. Diese Pflichten können nach dem Tod des Arbeitnehmers
zwar nicht mehr fortbestehen. Dennoch wandelt sich der Urlaubsabgeltungsanspruch nach

---

[282] BAG 21.9.1999 – 9 AZR 705/98, AP BUrlG § 7 Abgeltung Nr. 77.
[283] BAG 12.4.2011 – 9 AZR 80/10, NZA 2011, 1050; ebenso LAG Köln 16.11.2010 – 12 Sa 375/10, BeckRS 2011, 66068.
[284] BAG 4.5.2010 – 9 AZR 183/09, NZA 2010, 1011; 24.3.2009 – 9 AZR 983/07, NZA 2009, 538.
[285] BAG 12.4.2011 – 9 AZR 80/10, NZA 2011, 1050; 4.5.2010 – 9 AZR 183/09, NZA 2010, 1011; 24.3.2009 – 9 AZR 983/07, NZA 2009, 538.
[286] BAG 9.8.2011 – 9 AZR 352/10, BeckRS 2011, 79280; 9.8.2011 – 9 AZR 365/10, BeckRS 2011, 78483.
[287] So noch BAG 20.1.1998 – 9 AZR 812/96, NZA 1998, 816.
[288] BAG 9.8.2011 – 9 AZR 352/10, FD-ArbR 2011, 321960.
[289] Damit ist in diesem Fall die Rechtsprechung vor der *Schultz-Hoff*-Entscheidung des EuGH gemeint.
[290] BAG 9.5.1995 – 9 AZR 552/93, NZA 1996, 149.

§ 7 Abs. 4 BUrlG in einen Urlaubsabgeltungsanspruch um, der den Erben gem. § 1922 Abs. 1 BGB zusteht.[291]

176 Ebenso ist die Rechtslage zu beurteilen, wenn das Arbeitsverhältnis endet und der Arbeitnehmer erst danach stirbt. In diesem Fall entsteht der Urlaubsabgeltungsanspruch mit Beendigung und ist sofort fällig. Auch hier kommt es, der neuen Rechtsprechung nach *Schultz-Hoff* folgend, nicht mehr darauf an, ob der Arbeitnehmer nach Beendigung des Arbeitsverhältnisses jedenfalls für die Dauer des ihm nicht gewährten Urlaubs noch gelebt hat, arbeitsfähig und arbeitsbereit war.

177 Vererblich war außerdem ein Schadensersatzanspruch wegen Nichtgewährung des Urlaubsabgeltungsanspruchs durch den Arbeitgeber. Voraussetzung nach früherer Betrachtungsweise war, dass die Geltendmachung der Urlaubsabgeltung erfolglos geblieben ist. Die danach entstandene Unmöglichkeit der Erfüllung des Urlaubsabgeltungsanspruchs hat in einem solchen Fall der Arbeitgeber nach § 287 S. 2 BGB zu vertreten; auf sein Verschulden kommt es also nicht an, wenn er im Schuldnerverzug ist, §§ 280 Abs. 1 und Abs. 2, 286 in Verbindung mit 287 S. 2 BGB.[292]

178 Nach heutiger Betrachtungsweise ist die Erfüllbarkeit weder für den Abgeltungs- noch einen Schadensersatzanspruch von Bedeutung.

179 Der Urlaubsabgeltungsanspruch kann nach § 850c ZPO gepfändet und verpfändet werden. Nach § 400 BGB ist er in diesem Rahmen abtretbar.

4. Sozialversicherungs- und steuerrechtliche Fragen

180 Der Anspruch auf Arbeitslosengeld ruht gemäß § 157 Abs. 2 SGB III für die Zeit, in der ein Arbeitsloser Urlaubsabgeltung erhalten oder zu beanspruchen hat. Hat der Arbeitnehmer Arbeitslosengeld erhalten, geht der Anspruch auf Urlaubsabgeltung nur in Höhe der erbrachten Sozialleistungen nach § 115 SGB X auf die Bundesagentur für Arbeit über.[293]

181 Die Urlaubsabgeltung ist sozialversicherungspflichtig und unterliegt als Einmalzahlung gemäß § 14 Abs. 1 SGB IV der Beitragspflicht. Als sonstiger Bezug ist die Urlaubsabgeltung einkommens- und lohnsteuerpflichtig gemäß §§ 19 Abs. 1, 39b Abs. 3 EStG.

5. Ausschlussfristen und Verjährung

182 Der Urlaubsabgeltungsanspruch ist kein Surrogat des Urlaubsanspruches, sondern reine Geldforderung. Deswegen unterliegt der Abgeltungsanspruch wie andere Ansprüche aus dem Arbeitsverhältnis einzel- und tarifvertraglichen Ausschlussfristen.[294] Das gilt auch für die Abgeltung des nach § 13 Abs. 1 S. 1 in Verbindung mit § 3 Abs. 1 BUrlG unabdingbaren gesetzlichen Mindesturlaubs.[295] Für die Geltendmachung ist zu beachten, dass der Anspruch mit Beendigung des Arbeitsverhältnisses entsteht. Eine Geltendmachung ist damit erst ab diesem Zeitpunkt möglich; eine frühere Geltendmachung wahrt die Ausschlussfrist nicht.[296] Auch in der Erhebung einer Bestandsschutzklage liegt nicht die schriftliche Geltendmachung des Urlaubsabgeltungsanspruchs im Sinne einer arbeitsvertraglichen Verfallklausel.[297] Auch Teilurlaubsabgeltungsansprüche nach § 5 Abs. 1a und b BUrlG[298] und die den gesetzlichen Urlaub übersteigenden tariflichen Ansprüche auf Urlaubsabgeltung können einer tariflichen Ausschlussfrist unterworfen sein.[299]

183 Wegen der grundsätzlichen Befristung des Urlaubsabgeltungsanspruches auf das Urlaubsjahr und – unter den Voraussetzungen des § 7 Abs. 3 S. 2 BUrlG – des Übertragungszeit-

---

[291] BAG 22.1.2019 – 9 AZR 149/17, NZA 2019, 985.
[292] Vgl. zum alten Recht: BAG 22.10.1991 – 9 AZR 433/90, NZA 1993, 28.
[293] BAG 7.11.1985 – 6 AZR 626/84, NZA 1986, 396.
[294] BAG 19.6.2012 – 9 AZR 652/10, NZA 2012, 1087.
[295] BAG 9.8.2011 – 9 AZR 352/10, BeckRS 2011, 79280; LAG Köln 16.11.2010 – 12 Sa 375/10, BeckRS 2011, 66068; LAG Niedersachsen 13.8.2010 – 6 Sa 409/10, BeckRS 2010, 75885; LAG Baden-Württemberg 2.12.2010 – 22 Sa 59/10, BeckRS 2011, 66408.
[296] LAG Baden-Württemberg 2.12.2010 – 22 Sa 59/10, BeckRS 2011, 66408.
[297] BAG 17.10.2017 – 9 AZR 80/17, NJW 2018, 250.
[298] BAG 3.12.1970 – 5 AZR 68/70, AP TVG § 4 Ausschlussfristen Nr. 45.
[299] BAG 20.4.1989 – 8 AZR 475/87, NZA 1989, 761.

raumes war eine Verjährung des Anspruchs nach der alten Rechtsprechung nicht möglich.[300] Da dieser Anspruch aber nunmehr als reiner Geldanspruch angesehen wird, müssen konsequenterweise auch die allgemeinen Verjährungsregeln gemäß § 195 BGB eingreifen.[301] Dem können allerdings gem. § 212 Abs. 1 Nr. 1 BGB Entgeltabrechnungen entgegenstehen, die zwar kein konstitutives Anerkenntnis im Sinne von § 781 BGB darstellen, indes als tatsächliches Anerkenntnis nach § 212 BGB gewertet werden können.[302]

6. Exkurs: Personenbedingte Kündigung bei dauerhafter Arbeitsunfähigkeit

Im Zuge der neuen Rechtsprechung zur Übertragung des Urlaubs(abgeltungs)anspruchs bei dauerhafter Arbeitsunfähigkeit wurden die Auswirkungen für den Arbeitgeber. Dieser muss – so die Überlegungen in der Literatur – müsse den Arbeitnehmer möglicherweise für einen langen Zeitraum nach dessen Genesung von der Arbeit freistellen oder den gesammelten Urlaub abgelten. Dies könne durchaus als erhebliche Beeinträchtigung betrieblicher Interessen angesehen werden und somit unter Umständen die Voraussetzungen einer personenbedingten Kündigung begründen.[303] Derartige, erhebliche finanzielle Belastungen haben sich in der Praxis nicht bestätigt. Grund ist die Rechtsprechung des Bundesarbeitsgerichts zur unionskonformen Auslegung von § 7 Abs. 3 BUrlG und die Befristung des Übertragungszeitraums auf höchstens 15 Monate. Eine spürbare Auswirkung im Bereich der personenbedingten Kündigungen ist nicht feststellbar.

VIII. Besondere Urlaubsregelungen

1. Urlaub für jugendliche Arbeitnehmer und Auszubildende

Für Jugendliche ist der Urlaub, unabhängig davon, ob sie als Arbeitnehmer oder Auszubildende beschäftigt sind, in § 19 JArbSchG spezialgesetzlich geregelt. Dennoch finden über die Verweisung in § 19 Abs. 4 JArbSchG einige Vorschriften des BUrlG Anwendung auf den Jugendurlaub.

a) **Geltungsbereich des Jugendurlaubs.** Der persönliche Geltungsbereich der Urlaubsregelungen in § 19 JArbSchG erstreckt sich auf alle Jugendlichen einschließlich teilzeitbeschäftigter Jugendlicher im Sinne von § 2 Abs. 2, § 1 Abs. 1 JArbSchG, also auf alle jungen Menschen ab 15 bis höchstens 18 Jahren. Da § 19 Abs. 2 JArbSchG bei der Bemessung des Jugendurlaubs auf das **Alter zu Beginn des Kalenderjahres** abstellt, ist auch für den Anspruch auf Jugendurlaub auf das Alter des Arbeitnehmers zu Beginn des Kalenderjahres abzustellen.[304]

Während § 19 JArbSchG auf in der Binnenschifffahrt beschäftigte Jugendliche gemäß § 20 JArbSchG Anwendung findet, gilt das JArbSchG einschließlich § 19 JArbSchG **nicht für jugendliche Besatzungsmitglieder auf Kauffahrteischiffen** im Sinne von § 3 SeeArbG. Für diese Jugendlichen gelten ausschließlich die Vorschriften des SeeArbG. Allerdings enthält § 57 Abs. 2 SeeArbG eine § 19 Abs. 2 JArbSchG ähnelnde Regelung zur Dauer des Urlaubs für jugendliche Arbeitnehmer und Auszubildende.

b) **Urlaubsanspruch.** Jugendliche haben für jedes Kalenderjahr Anspruch auf einen bezahlten Erholungsurlaub, während dessen sie von allen Arbeitspflichten und sämtlichen Pflichten zur Teilnahme an der Berufsbildung im Betrieb freizustellen sind. Nicht auf den Jugendurlaub angerechnet werden Freistellungen, die nicht zur Erholung des Jugendlichen gewährt werden, insbesondere die in § 12 BBiG geregelten, ausbildungsspezifischen Freistel-

---

[300] Dazu *Leinemann/Linck* BUrlG § 7 Rn. 229.
[301] So im Ergebnis auch *Bauer/Arnold* NJW 2009, 631 (635); vgl. auch BAG 19.6.2012 – 9 AZR 652/10, NZA 2012, 1087.
[302] BAG 19.3.2019 – 9 AZR 881/16, NZA 2019, 1046.
[303] *Bauer/Arnold* NJW 2009, 631 (635); *Gaul/Bonanni/Ludwig* DB 2009, 1013 (1017).
[304] Abweichend in § 56 SeeArbG: im Anwendungsbereich des Seearbeitsgesetzes ist für die Gewährung des Jugendurlaubs auf den Beginn des Beschäftigungsjahres als Stichtag abzustellen, vgl. dazu → Rn. 168.

lungstatbestände. Da § 19 Abs. 4 JArbSchG auf § 4 BUrlG verweist, entsteht auch der Anspruch auf Jugendurlaub erstmals nach Ablauf der sechsmonatigen Wartezeit.

189   c) **Dauer des Jugendurlaubs.** Die Dauer des Jugendurlaubs ist in § 19 Abs. 2 JArbSchG nach dem Lebensalter der Jugendlichen **gestaffelt.** Wer zu Beginn des Kalenderjahres[305] noch nicht 16 Jahre alt ist (das sind alle Jugendlichen, die nach dem 1.1. Geburtstag haben und 16 werden), hat Anspruch auf mindestens 30 Werktage Urlaub im Kalenderjahr, wer zu Beginn des Kalenderjahres noch nicht 17 Jahre alt ist hat Anspruch auf 27 Tage Urlaub und Jugendliche, die bei Beginn des Kalenderjahres noch nicht 18 Jahre alt sind, erhalten mindestens 25 Werktage Urlaub. Bei der **Berechnung des Jugendurlaubs** ist zu beachten, dass gemäß § 19 Abs. 4 JArbSchG § 3 Abs. 2 BUrlG Anwendung findet. Jugendliche, die in einer fünf-Tage-Woche arbeiten haben daher Anspruch auf 25, 22,5 bzw. 20,83 Urlaubstage. Eine Aufrundung dieser Urlaubsansprüche auf volle Urlaubstage kommt nicht in Betracht, weil es sich bei dem Urlaub gemäß § 19 Abs. 2 JArbSchG nicht um Teilurlaub im Sinne von § 5 Abs. 2 BUrlG handelt.

190   In Ausnahmefällen kann die **Urlaubsdauer des Jugendlichen verkürzt** werden. Wenn ein jugendlicher Arbeitnehmer **Wehrdienst** leistet, kann der Arbeitgeber für jeden vollen Kalendermonat, in dem der Arbeitnehmer Wehrdienst leistet, den Jugendurlaub nach § 4 Abs. 1 ArbPlSchG um ein Zwölftel kürzen. Hat der Arbeitnehmer bereits vor seiner Einberufung mehr Urlaub erhalten, als ihm nach der Kürzung zustehen würde, kann der Arbeitgeber den Urlaub, der dem Arbeitnehmer nach seiner Entlassung aus dem Wehrdienst zusteht, gemäß § 4 Abs. 4 ArbPlSchG um die zu viel gewährten Urlaubstage kürzen. Auch Jugendlichen, die **Elternzeit** in Anspruch nehmen, kann der Arbeitgeber den Jugendurlaub für jeden vollen Monat, den der Jugendliche Elternzeit in Anspruch nimmt, gemäß § 17 Abs. 1 BEEG um ein Zwölftel kürzen, es sei denn, der Jugendliche ist bei dem Arbeitgeber während der Inanspruchnahme der Elternzeit weiterhin teilzeitbeschäftigt. Nach dem Ende der Elternzeit kann der Arbeitgeber gemäß § 17 Abs. 4 BEEG den Jugendurlaub um den vor dem Antritt der Elternzeit zu viel gewährten Urlaub kürzen.

191   d) **Lage des Jugendurlaubs.** Bei der zeitlichen Festlegung des Jugendurlaubs ist neben § 7 Abs. 1 BUrlG, der gemäß § 19 Abs. 4 JArbSchG auch auf den Jugendurlaub anzuwenden ist, § 19 Abs. 3 JArbSchG zu beachten. Jugendliche Berufsschüler haben grundsätzlich Anspruch auf Urlaub während den Berufsschulferien. Nur aus triftigen Gründen darf von der Sollvorschrift des § 19 Abs. 2 S. 1 JArbSchG abgewichen werden.[306] Für diesen Fall sieht § 19 Abs. 2 S. 2 JArbSchG vor, dass der Jugendliche für jeden Berufsschultag, an dem er die Berufsschule während seines Urlaubs **tatsächlich besucht** hat, einen Anspruch auf einen weiteren Urlaubstag hat. Wenn der Jugendliche dem Berufsschulunterricht während seines Urlaubs aus krankheitsbedingten Gründen fernbleibt, ist kein zusätzlicher Urlaubstag gemäß § 19 Abs. 3 S. 2 JArbSchG zu gewähren, da es nicht darauf ankommt, ob der Jugendliche dem Unterricht entschuldigt oder unentschuldigt fernbleibt.[307] Allerdings werden durch ärztliches Attest nachgewiesene Tage der Krankheit gemäß § 9 BUrlG nicht auf den Jahresurlaub angerechnet,[308] so dass dem Jugendlichen durch eine Erkrankung im Ergebnis kein Urlaubstag verloren geht.

192   e) **Jugendliche Heimarbeiter.** Für jugendliche Heimarbeiter gilt auf Grund der Verweisung des § 19 Abs. 4 S. 1 JArbSchG § 12 BUrlG, soweit § 19 Abs. 4 S. 2 JArbSchG keine Sonderregelungen enthält. In den Anwendungsbereich des § 19 Abs. 4 S. 2 JArbSchG sind alle dem § 12 BUrlG entsprechenden Jugendlichen, also die Heimarbeiter und Hausgewerbetreibenden sowie die Gleichgestellten, einbezogen.[309] Die in Heimarbeit tätigen Jugendlichen haben einen Anspruch auf Erholungsurlaub in der für alle übrigen Jugendlichen geltenden Dauer gemäß § 19 Abs. 2 JArbSchG. Dem **erhöhten Jugendurlaub** entsprechend legt § 19 Abs. 4 S. 2 JArbSchG für diese Jugendlichen ein **höheres Urlaubsgeld** als in § 12 BUrlG fest. Da-

---

[305] *Zmarzlik/Anzinger* JArbSchG § 19 Rn. 7.
[306] *Leinemann/Linck* BUrlG Teil II A Rn. 15.
[307] *Leinemann/Linck* BUrlG Teil II A Rn. 16.
[308] *Zmarzlik/Anzinger* JArbSchG § 19 Rn. 23.
[309] *Leinemann/Link* BUrlG Teil II. A. Rn. 20.

nach beträgt das Urlaubsgeld bei einem Urlaub von 30 Werktagen 11,6 %, bei einem Urlaub von 27 Werktagen 10,3 % und bei einem Urlaub von 25 Werktagen 9,5 % des in der Zeit vom 1.5. des Urlaubsjahres bis zum 30.4. des darauf folgenden Jahres oder bis zur Beendigung verdienten Entgelts, wobei als Entgelt der Bruttoverdienst vor Abzug der Steuern und Sozialversicherungsbeiträge zugrundezulegen ist.

f) Anwendung der Vorschriften des BUrlG. Aufgrund der Verweisung des § 19 Abs. 4 S. 1 JArbSchG sind die Regelungen in § 3 Abs. 2, §§ 4 bis 12 und § 13 Abs. 3 BUrlG auf den Jugendurlaub anzuwenden. Der Jugendurlaub ist gesetzlicher Mindesturlaub, sodass die hierzu bereits gemachten Aussagen, insbesondere die neue Rechtsprechung nach der *Schultz-Hoff*-Entscheidung, ebenso gelten.

Eine Anwendung des § 13 Abs. 1 und 2 BUrlG scheidet mangels entsprechender Verweisung aus. Daher kann für Jugendliche von den Vorschriften des § 19 JArbSchG sowie § 3 Abs. 2 und §§ 4 bis 12 BUrlG nicht durch Tarifvertrag, Betriebsvereinbarung oder Einzelarbeitsvertrag abgewichen werden. Günstigere Regelungen sind auch für den Jugendurlaub zulässig.

g) Ordnungswidrigkeiten und Straftaten. Ein Arbeitgeber, der einem Jugendlichen den ihm gemäß § 19 JArbSchG zustehenden Urlaub fahrlässig oder vorsätzlich nicht oder nicht in der vorgeschriebenen Dauer gewährt, handelt gemäß § 58 Abs. 1 Ziff. 16 JArbSchG **ordnungswidrig.** Wenn die Nichtgewährung des Jugendurlaubs die Gefährdung der Gesundheit oder der Arbeitskraft des Jugendlichen zur Folge hat oder die Ordnungswidrigkeit beharrlich wiederholt wird, liegt gemäß § 58 Abs. 5 JArbSchG eine **Straftat** vor. Ebenfalls strafbar ist gemäß § 58 Abs. 6 JArbSchG die fahrlässige Gefährdung der Gesundheit oder der Arbeitskraft eine Jugendlichen durch die Nichtgewährung oder die nicht vollständige Gewährung des Jugendurlaubs. Von einer Gefährdung der Arbeitskraft oder Gesundheit des Jugendlichen wird grundsätzlich ausgegangen, wenn der Jugendurlaub überhaupt nicht gewährt wurde. Die Nichtzahlung des Urlaubsentgelts oder der Urlaubsabgeltung werden dagegen weder als Ordnungswidrigkeit noch als Straftat geahndet.

2. Zusatzurlaub für Schwerbehinderte

Schwerbehinderte Menschen haben seit dem 1.1.1987 einen gesetzlich geregelten Anspruch gegen ihren Arbeitgeber auf einen **bezahlten Zusatzurlaub** in Höhe von fünf Arbeitstagen pro Urlaubsjahr, wenn sich ihre Arbeitszeit auf fünf Arbeitstage in der Woche verteilt. Bis zum 30.6.2001 war dieser Zusatzurlaub in § 47 SchwbG geregelt. Mit Wirkung zum 1.7.2001 ist das Neunte Buch Sozialgesetzbuch – Rehabilitation und Teilhabe behinderter Menschen (SGB IX)[310] in Kraft getreten, durch das das Schwerbehindertengesetz abgelöst wurde. Die Regelungen zum Schwerbehindertenrecht im SGB IX entsprechen im Wesentlichen dem bisherigen Schwerbehindertengesetz. Der Zusatzurlaub für Schwerbehinderte ist in § 208 SGB IX geregelt. Durch das Gesetz zur Förderung der Ausbildung und Beschäftigung schwerbehinderter Menschen vom 23.4.2004[311] wurde die Bestimmung durch Regelungen zur Zwölftelung und zur Rundung des Zusatzurlaubes ergänzt.

a) Geltungsbereich des Zusatzurlaubs. Anspruch auf Zusatzurlaub gemäß § 208 SGB IX haben **schwerbehinderte Menschen** im Sinne von § 2 Abs. 2 SGB IX. Schwerbehinderte Menschen sind nach § 2 Abs. 2 SGB IX Menschen, die einen Behinderungsgrad von mindestens 50 aufweisen und ihren Wohnsitz, ihren gewöhnlichen Aufenthaltsort oder ihre Beschäftigung auf einem Arbeitsplatz rechtmäßig im Geltungsbereich des SBG IX haben.

Gleichgestellte behinderte Menschen im Sinne von § 2 Abs. 3 SGB IX, die einen Grad der Behinderung von weniger als 50 aber mehr als 30 haben und bei denen im Übrigen die Voraussetzungen des § 2 Abs. 2 SGB IX vorliegen, haben wegen der ausdrücklichen Ausnahme der Anwendung des § 208 SGB IX in § 151 Abs. 3 SGB IX keinen Anspruch auf Zusatzurlaub.

b) Entstehen des Anspruches auf Zusatzurlaub. Der Anspruch auf Zusatzurlaub für schwerbehinderte Menschen ist von dem Grundurlaubsanspruch nach dem BUrlG

---

[310] BGBl. 2001 I 1046.
[311] BGBl. 2004 I 606.

oder entsprechender tarifvertraglicher Regelungen abhängig (sog. Akzessorietät zwischen Grundurlaub und Zusatzurlaub). Aufgrund dieser Abhängigkeit ist Voraussetzung für den Zusatzurlaub, dass dem schwerbehinderten Arbeitnehmer ein Anspruch auf Grundurlaub nach den allgemeinen urlaubsrechtlichen Grundsätzen zusteht. Der Anspruch auf Zusatzurlaub entsteht in einem neuen Arbeitsverhältnis gemeinsam mit dem Anspruch auf Grundurlaub erstmals nach Ablauf der Wartezeit des § 4 BUrlG. Dagegen entsteht der Anspruch auf Zusatzurlaub ohne eine zusätzliche Wartezeit, wenn die Voraussetzungen der Schwerbehinderung erst nach sechsmonatigem Bestehen des Arbeitsverhältnisses vorliegen.[312]

200 So wie die Erbringung von Arbeitsleistungen im Urlaubsjahr keine Voraussetzung für das Entstehen des Grundurlaubsanspruchs ist,[313] hat die Arbeitsunfähigkeit eines schwerbehinderten Menschen keine Auswirkungen auf das Entstehen oder den Bestand des Zusatzurlaubes.[314] Wenn ein schwerbehinderter Arbeitnehmer im gesamten Urlaubsjahr arbeitsunfähig ist und bereits seinen Grundurlaub deshalb nicht verwirklichen kann, hat dies keine Folgen für die Entstehung des Anspruches auf Zusatzurlaub,[315] und führt nach der neuen Rechtsprechung auch nicht zu einem Erlöschen des Anspruchs.[316]

201 Für die Schwerbehinderteneigenschaft kommt es nicht auf die behördliche Feststellung durch einen Bescheid gemäß § 152 SGB IX an. Sobald die in § 2 Abs. 2 SGB IX genannten Voraussetzungen bei einem Arbeitnehmer tatsächlich vorliegen, folgt die Schwerbehinderteneigenschaft unmittelbar aus dem Gesetz. Der Bescheid gemäß § 152 SGB IX hat demgegenüber **nur deklaratorische Wirkung.**[317] Ebenso wenig kommt es für den Anspruch auf Zusatzurlaub gemäß § 208 SGB IX auf die Kenntnis des Arbeitgebers von der Schwerbehinderteneigenschaft des Arbeitnehmers an.

202 Besteht die Schwerbehinderteneigenschaft nicht während des gesamten Kalenderjahres, hat der schwerbehinderte Mensch nach § 208 Abs. 2 S. 1 SGB IX für jeden vollen Monat der im Beschäftigungsverhältnis vorliegenden Schwerbehinderteneigenschaft einen Anspruch auf ein Zwölftel des Zusatzurlaubes. Der Anspruch auf Zusatzurlaub verkürzt sich also automatisch von Gesetzes wegen, sobald die Voraussetzungen des § 2 Abs. 2 SGB IX entfallen.[318] Bruchteile von Zusatzurlaubstagen, die mindestens einen halben Tag ergeben, sind gemäß § 208 Abs. 1 S. 2 SGB IX auf volle Tage aufzurunden.

203 **c) Dauer des Zusatzurlaubs.** Wenn die individuelle Arbeitszeit des schwerbehinderten Arbeitnehmers auf eine Fünf-Tage-Woche aufgeteilt ist, beträgt der Zusatzurlaub gemäß § 208 SGB IX **fünf Arbeitstage.** Der Zusatzurlaub erhöht oder vermindert sich entsprechend, wenn die Arbeitszeit des Arbeitnehmers auf mehr oder weniger Wochenarbeitstage aufgeteilt ist. Verteilt sich die Arbeitszeit des Arbeitnehmers abwechselnd auf eine unterschiedliche Anzahl an Arbeitstagen, bestimmt sich die Höhe des Zusatzurlaubs anhand des Mittelwertes der Wochenarbeitstage.[319]

204 Der Zusatzurlaub für schwerbehinderte Menschen dient der Aufstockung des einem nicht schwerbehinderten Menschen zustehenden Grundurlaubs. Wenn der Arbeitgeber allen Arbeitnehmern über den gesetzlichen Mindesturlaub hinaus freiwillig zusätzlichen Urlaub gewährt, muss dieser erhöhte Urlaub durch den Zusatzurlaub aufgestockt werden. Eine Verrechnung von freiwillig gewährtem Urlaub mit dem gesetzlichen Zusatzurlaub ist ausgeschlossen.[320]

---

[312] MHdB ArbR/*Leinemann* § 92 Rn. 17.
[313] BAG 13.5.1982 – 6 AZR 12/80, NJW 1982, 1548; 13.5.1982 – 6 AZR 584/80, AP BUrlG § 7 Nr. 4; 24.10.1989 – 8 AZR 5/89, NZA 1990, 486.
[314] BAG 7.8.2012 – 9 AZR 353/10, NZA 2012, 1216.
[315] BAG 26.6.1986 – 8 AZR 75/83, NZA 1987, 98.
[316] BAG 23.3.2010 – 9 AZR 128/09, NZA 2010, 810. Für Auswirkungen auf die Erfüllbarkeit nach alter Rechtsprechung noch BAG 26.5.1983 – 6 AZR 273/82, NJW 1984, 1834.
[317] Vgl. BAG 21.2.1995 – 9 AZR 166/94, NZA 1995, 839.
[318] Anders noch zur früheren Rechtslage BAG 21.2.1995 – 9 AZR 166/94, NZA 1995, 839.
[319] BAG 31.5.1990 – 8 AZR 296/89, NZA 1991, 105: für den Fall, dass der Arbeitnehmer abwechselnd an 2 und 3 Tagen pro Woche arbeitet, beträgt der Zusatzurlaub 2,5 Arbeitstage.
[320] BAG 4.10.1962 – 5 AZR 2/62, AP SchwBeschG § 34 Nr. 1.

Eine Abweichung von der in § 208 SGB IX vorgesehenen Dauer des Zusatzurlaubes **205**
durch Tarifvertrag ist nur zugunsten des Arbeitnehmers zulässig. Eine Verkürzung des gesetzlichen Zusatzurlaubs durch einen Tarifvertrag ist ebenso unzulässig und unwirksam wie die Regelung einer Höchstgrenze für die Gesamturlaubsdauer.[321]

d) Teilurlaubsansprüche. Auch hinsichtlich der Entstehung von Teilurlaubsansprüchen **206**
unterliegt der Zusatzurlaub den Vorschriften über den Grundurlaubsanspruch. Der Teilurlaubsanspruch errechnet sich anhand einer Zwölftelung des Gesamturlaubs einschließlich des Zusatzurlaubs. Die gesetzlichen Vorschriften über die Wartezeit und die Zwölftelung des Mindesturlaubs nach §§ 4 und 5 BUrlG sind auf den Zusatzurlaub gemäß § 208 SGB IX nur insoweit anwendbar, als nicht mit § 208 Abs. 2 SGB IX eine spezielle Regelung besteht.

e) Geltendmachung des Zusatzurlaubs. Um zu verhindern, dass der Anspruch auf Zu- **207**
satzurlaub mit Ablauf des Urlaubsjahres untergeht, muss der schwerbehinderte Arbeitnehmer den Anspruch geltend machen. Wenn der Arbeitnehmer den Zusatzurlaub erstmals geltend macht, muss er den Arbeitgeber auf seine Schwerbehinderung hinweisen, damit der Arbeitgeber das Vorliegen der Anspruchsvoraussetzungen für den Zusatzurlaub überprüfen kann.[322]

Der Arbeitnehmer muss dem Arbeitgeber klar zu erkennen geben, dass er die Erfüllung **208**
des Anspruches auf Zusatzurlaub verlangt. Nicht ausreichend für die Geltendmachung des Anspruches ist die Mitteilung des Arbeitnehmers über seinen Antrag, als Schwerbehinderter anerkannt zu werden.[323]

Der Arbeitnehmer kann den Anspruch auf Zusatzurlaub **unabhängig von dem Vorliegen** **209**
eines Bescheids über die Behinderung im Sinne von § 208 SGB IX geltend machen.[324] In diesem Fall bleibt dem Arbeitnehmer der Zusatzurlaub als Ersatzurlaubsanspruch über das Urlaubsjahr bzw. über den Übertragungszeitpunkt hinaus erhalten, wenn der Arbeitgeber die Erfüllung des Anspruchs ablehnt.[325] Dagegen kann der Arbeitnehmer **keine nachträgliche ("rückwirkende") Gewährung** des Zusatzurlaubs verlangen, wenn er den Anspruch nicht innerhalb des Urlaubsjahres geltend gemacht hat.[326] Ebenso wenig kann sich der Arbeitnehmer auf den Zusatzurlaub berufen, wenn er seine Schwerbehinderteneigenschaft erst nach Ablauf des Arbeitsverhältnisses bekannt gibt.[327]

f) Übertragung und Abgeltung des Zusatzurlaubs. Eine Übertragung des Zusatzurlaubs **210**
auf das darauffolgende Urlaubsjahr ist, wie die Übertragung des Mindesturlaubs, unter den Voraussetzungen des § 7 Abs. 3 S. 2 BUrlG möglich. Kein in der Person des Arbeitnehmers liegender Grund im Sinne von § 7 Abs. 3 BUrlG ist die Ungewissheit über die Schwerbehinderteneigenschaft des Arbeitnehmers.[328] Allerdings hat eine nachträgliche Gewährung des Zusatzurlaubs zu erfolgen, wenn der Arbeitgeber die Gewährung des Zusatzurlaubs verweigert hat, weil noch kein Schwerbehindertenbescheid vorlag.[329] An dieser Rechtslage hat die Neuregelung in § 208 Abs. 3 SGB IX nichts geändert.

Bei Beendigung des Arbeitsverhältnisses wandelt sich der ursprünglich auf Arbeitsbefrei- **211**
ung gerichtete Anspruch in Höhe des noch ausstehenden Zusatzurlaubs in einen Abgeltungsanspruch um. Der Abgeltungsanspruch entsteht unabhängig von einer vorherigen Geltendmachung des Freistellungsanspruchs auch dann, wenn der Arbeitnehmer auf seine Schwerbehinderung erstmals nach Beendigung des Arbeitsverhältnisses hinweist.[330]

---

[321] BAG 10.2.1956 – 1 AZR 76/54, AP SchwBeschG § 33 Nr. 1; 18.10.1957 – 1 AZR 437/56, AP SchwBeschG § 33 Nr. 2.
[322] BAG 28.1.1982 – 6 AZR 636/79, AP SchwbG § 44 Nr. 3; 26.6.1986 – 8 AZR 75/83, NZA 1987, 98.
[323] BAG 28.1.1982 – 6 AZR 636/79, AP SchwbG § 44 Nr. 3; 26.6.1986 – 8 AZR 75/83, NZA 1987, 98.
[324] BAG 26.6.1986 – 8 AZR 75/83, NZA 1987, 98; 26.6.1986 – 8 AZR 266/84, AP SchwbG § 44 Nr. 6; 21.12.1995 – 5 ABR 20/95, AP SchwbG § 47 Nr. 8.
[325] BAG 26.6.1986 – 8 AZR 75/83, NZA 1987, 98.
[326] *Leinemann/Linck* BUrlG Teil II B Rn. 128.
[327] BAG 26.6.1986 – 8 AZR 75/83, NZA 1987, 98; LAG Baden-Württemberg 24.2.1966 – 4 Sa 24/65, AuR 1966, 221.
[328] BAG 21.2.1995 – 9 AZR 675/93, NZA 1995, 746.
[329] BAG 21.2.1995 – 9 AZR 675/93, NZA 1995, 746.
[330] BAG 25.6.1996 – 9 AZR 182/95, NZA 1996, 1153.

212 Die neue Rechtsprechung nach *Schultz-Hoff* gilt auch für den Sonderurlaub von Schwerbehinderten, sodass dieser ebenfalls nicht bei einer Langzeiterkrankung erlischt. Folglich ist auch der Anspruch nach dem Ende des Arbeitsverhältnisses abzugelten, wenn er bis dahin nicht gewährt werden konnte, weil der Arbeitnehmer arbeitsunfähig erkrankt war.[331]

213 **g) Vergütung des Zusatzurlaubs.** Während des Zusatzurlaubs erhält der schwerbehinderte Arbeitnehmer seine Vergütung als **Urlaubsentgelt** in gleicher Weise wie während des Grundurlaubs.[332] Ob schwerbehinderte Arbeitnehmer daneben einen Anspruch auf tarifliches **Urlaubsgeld** haben, hängt von dem Inhalt der jeweiligen tariflichen Regelung ab. Ein Anspruch auf Urlaubsgeld für den Zusatzurlaub scheidet aus, wenn der Urlaubsgeldanspruch im Tarifvertrag auf die tariflich festgelegte Urlaubsdauer begrenzt ist.[333]

214 **h) Zusatzurlaub für schwerbehinderte Heimarbeiter.** Schwerbehinderte Heimarbeiter haben ebenfalls einen Anspruch auf einen Zusatzurlaub unter den Voraussetzungen des § 208 SGB IX. Hinsichtlich der Vergütung des Zusatzurlaubs enthält § 210 Abs. 3 SGB IX eine Sonderregelung. Nach § 210 Abs. 3 S. 1 SGB IX erhalten schwerbehinderte Heimarbeiter und den Heimarbeitern Gleichgestellte schwerbehinderte Menschen das gleiche **Urlaubsentgelt wie für den Grundurlaub** nach § 12 Nr. 1 BUrlG. Danach ist als Berechnungsgrundlage das im Zeitraum vom 1.5. des laufenden bis 30.4. des folgenden Jahres verdiente Bruttoentgelt maßgebend.

215 Zusätzlich zu diesem Urlaubsentgelt erhalten schwerbehinderte Heimarbeiter und den Heimarbeitern Gleichgestellte schwerbehinderte Menschen ein Urlaubsgeld in Höhe von 2 % des in der Zeit vom 1.5. des vergangenen Jahres bis zum 30.4. des laufenden Jahres verdienten Arbeitsentgelts gemäß § 210 Abs. 3 S. 2 SGB IX, sofern eine besondere Regelung nicht besteht.

3. Urlaub im Bereich der Heimarbeit

216 In Heimarbeit Beschäftigte im Sinne des Heimarbeitsgesetztes sind wegen ihrer wirtschaftlichen Abhängigkeit arbeitnehmerähnliche Personen.[334] Im Unterschied zu allen übrigen arbeitnehmerähnlichen Personen (§ 2 Abs. 2 S. 2 BUrlG) enthält § 12 BUrlG für Heimarbeiter und ihnen Gleichgestellte sowie für Hausgewerbetreibende und Zwischenmeister besondere Urlaubsregelungen.

217 **a) Anwendungsbereich des § 12 BUrlG.** Der persönliche Anwendungsbereich des § 12 BUrlG erstreckt sich auf in Heimarbeit Beschäftigte im Sinne von § 1 Abs. 1 HAG, also Heimarbeiter (§ 2 Abs. 1 HAG) und Hausgewerbetreibende (§ 2 Abs. 2 HAG) mit nicht mehr als zwei fremden Hilfskräften oder Heimarbeitern, und ihnen gleichgestellte Personen im Sinne von § 1 Abs. 2 lit. a bis c HAG.

218 Heimarbeitnehmerähnliche Personen, Hausgewerbetreibende mit mehr als zwei Hilfskräften, Lohngewerbetreibende und Zwischenmeister können den in Heimarbeit Beschäftigten nach § 1 Abs. 2 HAG gleichgestellt werden. Die Einbeziehung dieser Personen erfolgt durch die Gleichstellungsentscheidung des zuständigen Heimarbeitsausschusses im Sinne von § 4 HAG. Die Urlaubsregelung in § 12 S. 1 BUrlG findet, wenn die Gleichstellung die Anwendung des § 12 BUrlG einbezieht, auf die Gleichgestellten mit Ausnahme der Zwischenmeister Anwendung. Die Ausnahme für die Zwischenmeister folgt daraus, dass § 12 S. 1 BUrlG nur auf § 1 Abs. 1 lit. a bis c HAG Bezug nimmt. Für gleichgestellte Zwischenmeister (§ 1 Abs. 2 lit. d HAG) gilt daher nur § 12 Nr. 5 BUrlG.

219 **b) Unanwendbare Vorschriften.** Die in Heimarbeit Beschäftigten erhalten gemäß § 12 BUrlG grundsätzlich den gleichen Anspruch auf bezahlten Urlaub, wie ihn Arbeitnehmer haben. Allerdings sind einige Vorschriften des BUrlG ausdrücklich von der Geltungsanordnung für die in Heimarbeit Beschäftigten und die ihnen Gleichgestellten ausgenommen. Hierbei handelt es sich um die Regelungen über die Wartezeit (§ 4), den Teilurlaub (§ 5),

---

[331] BAG 23.3.2010 – 9 AZR 128/09, NZA 2010, 810.
[332] BAG 30.7.1986 – 8 AZR 241/83, NZA 1986, 835.
[333] BAG 30.7.1986 – 8 AZR 241/83, NZA 1986, 835.
[334] ErfK/*Gallner* BUrlG § 12 Rn. 1.

den Ausschluss von Doppelansprüchen (§ 6), die Übertragung des Urlaubs (§ 7 Abs. 3), die Urlaubsabgeltung (§ 7 Abs. 4) und die Berechnung des Urlaubsentgelts sowie dessen Fälligkeit (§ 11). Auch die übrigen Vorschriften des BUrlG gelten nur nach Maßgabe der in § 12 Nr. 1 bis 8 getroffenen Sonderregelungen, die eine Anpassung des Urlaubsrechts an die besonderen Verhältnisse der Heimarbeit vorsehen.

aa) Wartezeit. Die Anwendung des § 4 BUrlG ist für Heimarbeiter ausdrücklich ausgenommen. Nach herrschender Ansicht wird aus der Regelung zur Berechnung des Urlaubsentgelts in § 12 Nr. 1 BUrlG darauf geschlossen, dass der Urlaubsanspruch von den in Heimarbeit Beschäftigten erst „verdient" werden muss.³³⁵ Der Anspruch auf Urlaub entsteht erst, wenn er durch Einkünfte gedeckt ist („**Ansammlungsprinzip**"). Der Anspruch auf den Jahresurlaub in voller Höhe entsteht somit erst nach Ablauf eines Jahres. Tarifverträge sehen regelmäßig günstigere Regelungen vor.³³⁶ 220

bb) Teilurlaub. In Heimarbeit Beschäftigte haben keinen Anspruch auf Teilurlaub, weil die Vorschrift des § 5 BUrlG ausdrücklich aus dem Geltungsbereich für in Heimarbeit Beschäftigte ausgenommen ist und auch die Sonderregelungen in § 12 Nr. 1 bis 8 BUrlG keinen Anspruch auf Teilurlaub normieren. Die tariflichen Regelungen und bindenden Festsetzungen, auf Grund derer die in Heimarbeit Beschäftigten das Urlaubsentgelt als laufenden Entgeltzuschlag erhalten, führen in der Praxis zu einer **Durchbrechung des Teilurlaubsausschlusses** zugunsten der in Heimarbeit Beschäftigten.³³⁷ 221

cc) Befristung. Obwohl § 7 Abs. 3 BUrlG nicht auf den Urlaub für in Heimarbeit Beschäftigte anzuwenden ist, erhalten auch diese nur einen **befristeten Urlaubsanspruch**, da sich die Befristung des Urlaubsanspruchs bereits aus § 1 BUrlG ergibt.³³⁸ Daher ist für die in Heimarbeit Beschäftigten nur die Übertragung gemäß § 7 Abs. 3 S. 2 BUrlG ausgeschlossen.³³⁹ 222

dd) Urlaubsabgeltung. Einen Anspruch auf Urlaubsabgeltung entsprechend § 7 Abs. 4 BUrlG besteht für in Heimarbeit Beschäftigte nicht.³⁴⁰ Nur wenn die Urlaubsgewährung während der Beschäftigungszeit verweigert wird, kann das Urlaubsentgelt gemäß § 12 BUrlG auch nach Beendigung des Heimarbeitsverhältnisses als Verzugsschaden geltend gemacht werden.³⁴¹ 223

c) Anwendbare Vorschriften. Bis auf die in § 12 BUrlG ausdrücklich ausgenommenen Vorschriften des BUrlG sind die übrigen Urlaubsregelungen auf die in Heimarbeit Beschäftigten anwendbar. Im Rechtsverhältnis der Auftraggeber und Zwischenmeister zu den in Heimarbeit Beschäftigten sind daher die Vorschriften des § 1 BUrlG über den Urlaubsanspruch, des § 3 BUrlG über die Dauer sowie des § 7 Abs. 1 und 2 BUrlG über die Lage des Urlaubs, des § 8 BUrlG über die Erwerbstätigkeit während des Urlaubs, des § 9 BUrlG über die Erkrankung während des Urlaubs, des § 10 BUrlG über Maßnahmen der Rehabilitation und des § 13 BUrlG über die Unabdingbarkeit anzuwenden. Daneben sind die Sonderregelungen des § 12 Nr. 1 bis 8 BUrlG zu beachten. 224

aa) Urlaubsanspruch, Urlaubsdauer und zeitliche Lage. Der Urlaubsanspruch der in Heimarbeit Beschäftigten beträgt 24 Werktage und ist auf Freistellung von der Pflicht zur Dienst- und Werkleistung gerichtet. Bei der Urlaubsgewährung ist zu berücksichtigen, dass die in Heimarbeit Beschäftigten in der Gestaltung ihrer Arbeitszeit frei sind. Vielfach wird der Urlaub deshalb nur nominell erteilt, ohne dass der in Heimarbeit Beschäftigte seinen Arbeitsrhythmus ändert. Wenn die Parteien jedoch zuvor einen bestimmten Fertigstellungstermin vereinbart haben, ist der Urlaubsanspruch auf Freistellung von der Pflicht zur rechtzeitigen Bearbeitung von Aufträgen im Urlaubszeitraum gerichtet.³⁴² 225

---

³³⁵ *Leinemann/Linck* BUrlG § 12 Rn. 19; *Wachter* DB 1982, 1406.
³³⁶ *Leinemann/Linck* BUrlG § 12 Rn. 20.
³³⁷ Vgl. *Leinemann/Linck* BUrlG § 12 Rn. 20.
³³⁸ BAG 28.11.1990 – 8 AZR 570/89, NZA 1991, 423.
³³⁹ *Leinemann/Linck* BUrlG § 12 Rn. 23.
³⁴⁰ ErfK/*Gallner* BUrlG § 12 Rn. 19; *Leinemann/Linck* BUrlG § 12 Rn. 24; fraglich nach *Schultz-Hoff*.
³⁴¹ *Leinemann/Linck* BUrlG § 12 Rn. 24; vgl. auch ErfK/*Gallner* BUrlG § 12 Rn. 19.
³⁴² *Leinemann/Linck* BUrlG § 12 Rn. 26.

226 *bb) Urlaubsentgelt.* Das Urlaubsentgelt für Heimarbeiter und ihnen Gleichgestellte ist in § 12 Nr. 1 BUrlG geregelt. Danach erhalten diese ein **Urlaubsentgelt von 9,1 %** des in der Zeit vom 1.5. des laufenden bis zum 30.4. des folgenden Jahres oder bis zur Beendigung des Beschäftigungsverhältnisses verdienten Arbeitsentgelts vor Abzug von Steuern und Sozialversicherungsbeiträgen aber unter Abrechnung von Unkostenzuschlägen und Lohnausfallkosten.[343] Der Prozentsatz von 9,1 orientiert sich an dem Verhältnis von 24 Urlaubstagen zu 276 möglichen Arbeitstagen.[344]

227 Der Gesetzeswortlaut legt den Berechnungszeitraum unmissverständlich auf den 1.5. des laufenden Jahres bis zum 30.4. des folgenden Jahres fest.[345] Da das Urlaubsentgelt regelmäßig auf Grund entsprechender tariflicher Regelungen und bindender Festsetzungen als fester Zuschlag zum regulären Entgelt gezahlt wird, treten Berechnungsschwierigkeiten nicht auf. Dabei sind nur Tage einzubeziehen, an denen der Heimarbeiter Anspruch auf Arbeitsentgelt hat, weil er tatsächlich gearbeitet hat. Gesetzliche Feiertage und Krankheitstage sind daher nicht zu berücksichtigen.[346]

228 Für **nicht ständig Beschäftigte gilt** die Urlaubsentgeltregelung des § 12 Nr. 2 BUrlG. Nicht in den Anwendungsbereich des § 12 Nr. 2 BUrlG fallen Teilzeitbeschäftigte, die sich in einem dauerhaften Rechtsverhältnis zu ihrem Auftraggeber befinden und regelmäßig zur Erledigung von Aufträgen in einem geringeren Umfang verpflichtete sind.[347] Der Umfang des Urlaubs der nicht ständig Beschäftigten ist entsprechend ihrer durchschnittlichen Tagesverdienste zu berechnen.[348] Anhand des im Bezugszeitraum verdienten Arbeitsentgelts und der geleisteten Arbeitstage ist der durchschnittliche Tagesverdienst zu ermitteln. Daneben ist das Urlaubsentgelt nach § 12 Nr. 1 BUrlG zu ermitteln. Die Zahl der Urlaubstage ergibt sich aus der Division des errechneten Urlaubsentgelts durch den durchschnittlichen Tagesverdienst (ohne Rundung).

229 **Hausgewerbetreibende und ihnen gleichgestellte Lohngewerbetreibende** erhalten als Urlaubsentgelt nach § 12 Nr. 4 BUrlG ebenfalls 9,1 % des an sie ausgezahlten Arbeitsentgelts. Dieses Urlaubsentgelt erhalten sie nicht ausschließlich als eigenes, sondern auch zur Sicherung der Urlaubsansprüche der von ihnen Beschäftigten, da das Entgelt der Haus- und Lohngewerbetreibenden die Vergütung dieser Personen umfasst.

230 *cc) Zwischenmeister.* **Gleichgestellte Zwischenmeister** haben keinen eigenen Anspruch auf bezahlten Urlaub. Ihr Anspruch beschränkt sich nach § 12 Nr. 5 BUrlG auf Inanspruchnahme ihrer Auftraggeber wegen der von ihnen gemäß § 12 Nr. 1 und 4 BUrlG an die von ihnen in Heimarbeit Beschäftigten zu zahlende Beträge.

231 *dd) Abweichende tarifvertragliche Bestimmungen.* Tarifdispositiv sind alle Regelungen in § 12 BUrlG, soweit nicht von den §§ 1, 2 und 3 BUrlG abgewichen wird.[349]

4. Urlaub nach dem Seearbeitsgesetz

232 Das Seearbeitsgesetz hat mit Wirkung ab dem 1.8.2013 das Seemannsgesetz abgelöst. Anlass war insbesondere die Umsetzung der Richtlinien 1999/63/EG vom 21.6.1999 und 2009/13/EG vom 16.2.2009.

233 Die §§ 56 ff. SeeArbG regeln die Urlaubs- und Urlaubsentgeltansprüche der Besatzungsmitglieder von Kauffahrteischiffen (Handelsschiffen) sowie deren Kapitänen.[350] Das BUrlG findet gemäß § 56 Abs. 2 SeeArbG nur insoweit Anwendung, als das SeemG keine abweichenden Bestimmungen betrifft. § 56 Abs. 2 SeeArbG schließt die Anwendung des BUrlG auf die in dem Geltungsbereich des SeeArbG fallenden Beschäftigungsverhältnisse nur im

---

[343] Diese Regelung stellt keinen Verstoß gegen EU-Recht dar, vgl. *Fenski* DB 2007, 686 (689).
[344] Vgl. *Leinemann/Link* BUrlG § 12 Rn. 29.
[345] MHdB ArbR/*Leinemann* § 92 Rn. 39 f.; aA ErfK/*Dörner* BUrlG § 12 Rn. 12.
[346] *Leinemann/Linck* BUrlG § 12 Rn. 33; MHdB ArbR/*Leinemann* § 92 Rn. 42.
[347] ErfK/*Gallner* BUrlG § 12 Rn. 9.
[348] ErfK/*Gallner* BUrlG § 12 Rn. 9; *Leinemann/Linck* BUrlG § 12 Rn. 38.
[349] *Leinemann/Linck* BUrlG § 12 Rn. 31, 43; § 12 Nr. 7 ist überflüssig, weil § 12 und § 13 insgesamt tarifdispositiv sind.
[350] Vgl. zum Urlaubsanspruch nach dem früheren Seemannsgesetz die Vorauflage, dort → § 27 Rn. 201 ff.

Hinblick auf die im SeeArbG abweichend geregelten Tatbestände aus.[351] Daher sind auf die unter das SeeArbG fallenden Beschäftigungsverhältnisse die Vorschriften des § 6 BUrlG über die Behandlung von Doppelansprüchen bei einem Arbeitsplatzwechsel sowie die Auswirkungen von Maßnahmen der medizinischen Vorsorge und Rehabilitation gemäß § 10 BUrlG anwendbar.

a) Geltungsbereich des Seearbeitsgesetzes. Die Vorschriften des SeemG gelten nach § 1 SeeArbG für Seeleute aller Kauffahrteischiffe, die die Bundesflagge führen. Die Urlaubsvorschriften des SeeArbG gelten somit auch für der Kapitäne. **234**

b) Urlaubsanspruch. Der Urlaubsanspruch der Besatzungsmitglieder und Kapitäne richtete sich abweichend von § 1 BUrlG gemäß § 56 Abs. 1 SeeArbG nicht nach dem Kalenderjahr, sondern nach dem **Beschäftigungsjahr**. Das Beschäftigungsjahr beginnt mit dem Tag der vereinbarten Aufnahme der Arbeit im Heuerverhältnis. In der Konsequenz besteht im Anwendungsbereich des SeeArbG kein einheitliches, sondern für jedes Besatzungsmitglied ein individuelles Urlaubsjahr. **235**

Mit Beginn des Heuerverhältnisses entsteht sofort der volle Urlaubsanspruch, da Wartezeiten im SeeArbG nicht vorgesehen sind.[352] Bei einem Ausscheiden während des Beschäftigungsjahres verkürzt sich der Urlaubsanspruch allerdings gemäß § 63 SeeArbG. **236**

c) Urlaubsdauer. Die Höhe des Urlaubsanspruches beträgt nach § 57 Abs. 1 S. 1 SeeArbG mindestens 30 Kalendertage (somit für eine Sieben-Tage-Woche). **237**

Nicht auf den Urlaubsanspruch anzurechnen gem. § 57 Abs. 3 SeeArbG ist der **Landgang** (§ 35 SeeArbG).[353] Dieser Anspruch besteht neben dem Erholungsurlaub. **238**

Für jugendliche Besatzungsmitglieder enthält § 57 Abs. 2 SeeArbG eine dem § 19 JArbSchG ähnelnde Regelung. Sie erhalten einen nach dem Alter gestaffelten Mindesturlaub von längerer Dauer; für die altersmäßige Einstufung ist der Beginn des Beschäftigungsjahres maßgeblich. **239**

d) Urlaubsgewährung. aa) Festsetzung des Urlaubs. Der Urlaub wird nach § 58 Abs. 1 SeeArbG vom Reeder als Arbeitgeber und Schuldner des Urlaubsanspruches oder vom Kapitän als Vertreter des Reeders gewährt. Ist der Reeder nicht der Arbeitgeber, ist nach § 58 Abs. 1 S. 3 SeeArbG der Reeder berechtigt, im Namen und mit Wirkung für den Vertragsarbeitgeber den Urlaub zu gewähren. Bei der Festsetzung des Urlaubs sind die Wünsche des Besatzungsmitglieds zu berücksichtigen. Anders als nach früherer Rechtslage ist § 58 Abs. 1 SeeArbG der Regelung des § 7 Abs. 1 BUrlG nunmehr nachgebildet worden. **240**

Der Urlaub ist gemäß § 58 Abs. 1 SeeArbG möglichst nach sechsmonatigem, ununterbrochenem Dienst an Bord, spätestens aber bis zum Schluss des Beschäftigungsjahres zu gewähren. **241**

bb) Mitbestimmung bei der Urlaubsfestsetzung. Für die Aufstellung von Urlaubsgrundsätzen und Urlaubsplänen besteht auch in der Seeschifffahrt ein Mitbestimmungsrecht gemäß § 87 Abs. 1 Nr. 5 BetrVG, für das gemäß § 116 BetrVG der **Seebetriebsrat** zuständig ist. Soweit dagegen der Urlaub eines einzelnen Besatzungsmitgliedes oder aller Besatzungsmitglieder eines bestimmten Schiffes geregelt werden soll, ist die **Bordvertretung** gemäß § 115 Abs. 7 Nr. 1 BetrVG zuständig. Kommt eine Einigung zwischen dem Reeder bzw. dem Kapitän und der Bordvertretung nicht zustande, kann die Bordvertretung die Angelegenheit gemäß § 115 Abs. 7 Nr. 2 BetrVG an den Seebetriebsrat abgeben. Wenn kein Seebetriebsrat vorhanden ist, können die Bordvertretung und der Kapitän gemäß § 115 Abs. 7 Nr. 2 S. 3 BetrVG direkt die Einigungsstelle anrufen. **242**

cc) Urlaubsort. Bei der Festlegung des Urlaubs ist gemäß § 58 Abs. 4 SeeArbG zu berücksichtigen, dass der **Urlaub** frühestens mit dem Tag, der dem Tag der Ankunft des Besatzungsmitglieds am Urlaubsort nachfolgt, beginnt. Die möglichen Urlaubsorte sind in § 59 SeeArbG legal definiert. Nach Wahl des Besatzungsmitglieds kann der Urlaubsort der **243**

---

[351] *Bubenzer/Noltin/Peetz* SeeArbG § 56 Rn. 23.
[352] *Neumann/Fenski/Kühn* SeeArbG Anhang F Rn. 7.
[353] *Bubenzer/Noltin/Peetz* SeeArbG § 57 Rn. 9.

Wohnort, der Ort, an dem der Heuervertrag geschlossen wurde,[354] ein durch Tarifvertrag festgelegter Ort oder ein im Heuervertrag vereinbarter Ort sein. Dennoch lässt diese Neuregelung verschiedene Fragen offen, etwa wann der Urlaub als angetreten gilt, wenn das Besatzungsmitglied nicht erst den gesetzlichen Urlaubsort aufsucht, sondern direkt zu einem frei gewählten Urlaubsziel reist.[355]

244   dd) *Befristung des Urlaubsanspruches.* Der Urlaubsanspruch nach dem SeeArbG ist gemäß § 58 Abs. 1 S. 2 SeeArbG befristet. Er ist grundsätzlich **während des Beschäftigungsjahres** zu erfüllen. Mit Ablauf des Beschäftigungsjahres erlischt der Anspruch auf den bis dahin nicht genommenen Urlaub.[356]

245   Eine Übertragung des Urlaubsanspruches ist im SeeArbG nicht vorgesehen.[357] Nach § 58 Abs. 1 S. 2 SeeArbG muss der Urlaub bis spätestens zum Schluss des Beschäftigungsjahres gewährt werden. Der Urlaubsanspruch erlischt ersatzlos, wenn die Besatzungsmitglieder ihren Anspruch nicht vor Ablauf des Beschäftigungsjahres geltend gemacht haben. Dies folgt aus der entsprechenden Anwendung von § 7 Abs. 3 S. 2 u. 3 BUrlG iVm § 56 Abs. 2 BUrlG.[358]

246   Für den Fall, dass sich der Reeder bzw. der Kapitän weigert, dem Besatzungsmitglied den rechtzeitig geltend gemachten Urlaub zu erteilen, steht dem Besatzungsmitglied nach Ablauf der Befristung ein Urlaubsersatzanspruch zu.

247   Ein Erlöschen des Urlaubsanspruchs wird vor Ablauf von 15 Monaten ab Ende des Beschäftigungsjahrs nicht angenommen werden können, wenn vom Besatzungsmitglied nicht zu beeinflussende Hinderungsgründe bestehen, also insbesondere bei langanhaltender Arbeitsunfähigkeit. Hier ist die Rechtsprechung des Bundesarbeitsgerichts zu § 7 Abs. 3 BUrlG entsprechend heranzuziehen.[359]

248   e) **Reisekosten.** Der Urlaubsort (§ 59 SeeArbG) und der Ort der Wiederaufnahme des Dienstes an Bord (§ 58 Abs. 4 SeeArbG) sind auch für die Kostentragungspflicht des Reeders bedeutsam. Der Reeder trägt die Reisekosten zum Urlaubsort und vom Urlaubsort zum Ort der Wiederaufnahme des Dienstes an Bord oder zu einem anderen vom Reeder bestimmten Ort gemäß § 60 SeeArbG. Dabei hat das Besatzungsmitglied in dem Fall, dass der Ort der Wiederaufnahme des Dienstes an Bord oder ein anderer vom Reeder zur Wiederaufnahme des Dienstes bestimmter Ort nicht der Urlaubsort ist, die Reise an dem Tag anzutreten, der auf das Ende des Urlaubs folgt (§ 58 Abs. 4 S. 2 SeeArbG).

249   Für die **Kostentragung** nach § 60 SeeArbG ist unerheblich, ob der Urlaubsort (§ 59 SeeArbG) im Inland oder Ausland liegt. Der Umfang der Kostentragung richtet sich nach § 31 SeeArbG.[360]

250   f) **Erkrankung während des Urlaubs.** Für die Erkrankung während des Urlaubs gelten gemäß § 62 SeeArbG die gleichen Grundsätze wie nach § 9 BUrlG, auch wenn der Wortlaut über den des § 9 BUrlG hinausgeht.[361] Daher sind diejenigen Tage, für die eine Arbeitsunfähigkeit durch ärztliches Attest nachgewiesen ist, nicht auf den Urlaub anzurechnen.

251   g) **Urlaubsentgelt.** Das Urlaubsentgelt wird gemäß § 61 SeeArbG nach dem **Lohnausfallprinzip** berechnet. Die Heuer, die während des Urlaubs weiter zu zahlen ist, umfasst nach § 37 SeeArbG alle auf Grund des Heuerverhältnisses gewährten Vergütungen einschließlich aller Zuschläge, soweit es sich nicht um Auslagenersatz handelt. Für jeden Urlaubstag und für jeden in den Urlaub fallenden Feiertag ist ein Dreißigstel der monatlichen Heuer zu zahlen. Es

---

[354] Aus Beratersicht zu beachten: Der Ort des Vertragsschlusses liegt dort, wo die Annahme des Vertrags erfolgt.
[355] Vgl. im Einzelnen *Kühn* NZA 2016, 875.
[356] Vgl. zur früheren Rechtslage BAG 19.1.1993 – 9 AZR 79/92, NZA 1993, 1129; *Neumann/Fenski/Kühn* SeeArbG Anhang F Rn. 30.
[357] Vgl. BAG 19.1.1993 – 9 AZR 79/92, NZA 1993, 1129.
[358] *Bubenzer/Noltin/Peetz* SeeArbG § 56 Rn. 17 sowie *Neumann/Fenski/Kühn* SeeArbG Anhang F Rn. 30, die indes eine Übertragbarkeit in die drei Folgemonate verneinen.
[359] Vgl. näher *Bubenzer/Noltin/Peetz* SeeArbG § 56 Rn. 19.
[360] *Bemm/Lindemann* SeemG, 6. Aufl. 2007, § 56 Rn. 12; *Leinemann/Linck* BUrlG Teil II D Rn. 50; *Schwedes/Franz* SeemG § 56 Rn. 4.
[361] Vgl. BAG 10.11.1976 – 5 AZR 570/75, AP SeemG § 60 Nr. 3 sowie *Neumann/Fenski/Kühn* SeeArbG Anhang F Rn. 55 u. 56.

kommt insoweit nicht darauf an, ob der Urlaubsmonat 28, 29, 30 oder 31 Tage umfasst. Für Sachbezüge wird nach § 61 Abs. 1 S. 2 SeeArbG ein angemessener Abgeltungsbetrag gewährt. Dies gilt nur für Sachbezüge, die während des Urlaubs nicht gewährt werden, wie zB die Verpflegung. Heueranteile, deren Höhe sich nach dem Ausmaß der Arbeit, dem Erfolg oder ähnlichen nicht gleichbleibenden Bemessungsgrundlagen richten, sind bei der Berechnung des Urlaubsentgelts gem. § 61 Abs. 2 S. 2 SeeArbG angemessen zu berücksichtigen.

h) Teilurlaub. Eine mit § 5 Abs. 1 BUrlG vergleichbare Vorschrift zur Regelung eines Teilurlaubs enthält das SeemG nur für die Beendigung des Heuerverhältnis vor Ablauf des Beschäftigungsjahres in § 63 Abs. 1 SeeArbG. 252

Für den Beginn des Heuerverhältnisses ist dagegen keine Teilurlaubsregelung erforderlich. Dies folgt daraus, dass für den Urlaubsanspruch das Beschäftigungsjahr maßgeblich ist und der Urlaubsanspruch nach dem SeeArbG keine erfüllte Wartezeit voraussetzt.[362] 253

Da der volle Urlaubsanspruch mangels Wartezeit grundsätzlich mit Beginn des Beschäftigungsverhältnisses entsteht, ist in der Praxis die Konstellation denkbar, dass dem vor Ablauf des Beschäftigungsverhältnisses aus dem Heuerverhältnis ausscheidendem Besatzungsmitglied bereits mehr Urlaub gewährt wurde, als ihm auf Grund der Zwölftelung nach § 63 Abs. 1 SeeArbG zustünde. Für diesen Fall enthält § 63 Abs. 2 SeeArbG ein **Rückforderungsverbot**. Eine Durchbrechung des Rückforderungsverbotes hat das ArbG Hamburg allerdings für den Fall der sittenwidrigen Urlaubserschleichung durch das Besatzungsmitglied angenommen.[363] 254

i) Urlaubsabgeltung. Die Abgeltung des Urlaubs ist gemäß § 64 SeeArbG nur möglich, wenn der Urlaub wegen der Beendigung des Arbeitsverhältnisses nicht mehr in Natur gewährt werden kann. Die Besonderheit der Urlaubsabgeltung gemäß § 64 SeeArbG besteht darin, dass die Gewährung des Urlaubs wegen der Beendigung des Heuerverhältnisses nicht nur tatsächlich nicht mehr möglich sein muss, sondern darüber hinaus auch eine **Verlängerung des Heuerverhältnisses** für die Dauer des noch zu gewährenden Urlaubs **nicht mehr möglich** ist, weil das Besatzungsmitglied ein neues Heuer- oder Arbeitsverhältnis eingegangen ist. Auch eine andere Tätigkeit des Besatzungsmitglieds im direkten Anschluss an die Beendigung des Heuerverhältnisses, zB eine freiberufliche oder gewerbliche Tätigkeit, macht eine Verlängerung des Heuerverhältnisses unmöglich.[364] Wenn eine Verlängerung nicht möglich ist, darf die Urlaubsabgeltung erfolgen. 255

Die Verlängerungspflicht bezieht sich nur auf den gesetzlichen Mindesturlaub und **nicht auf weitergehende einzelvertragliche oder tarifliche Urlaubsansprüche**.[365] Der Abgeltungsanspruch entfällt, wenn die Parteien nicht versuchen, sich über die Verlängerung des Heuerverhältnisses zu einigen oder das Besatzungsmitglied eine Verlängerung trotz der bestehenden Möglichkeit ablehnt.[366] Bei einer **Erkrankung** des Besatzungsmitglieds während der Verlängerung des Heuerverhältnisses werden die Krankheitstage gemäß § 62 Abs. 1 SeeArbG nicht auf den Urlaub angerechnet. In diesem Fall ist das Heuerhältnis nicht ein weiteres Mal um die restlichen Urlaubstage zu verlängern (§ 64 Abs. 1 Nr. 2 SeeArbG). Vielmehr ist der Resturlaub abzugelten.[367] 256

IX. Verhältnis zu kollektiv-rechtlichen und einzelvertraglichen Regelungen

Das BUrlG beinhaltet die gesetzlichen Mindestregelungen für die Urlaubsansprüche von Arbeitnehmern. Abweichungen **zu Gunsten** der Arbeitnehmer sind deshalb zulässig. **Zu Ungunsten** kann von den Regelungen über den gesetzlichen Urlaub mit Ausnahme des Rege- 257

---

[362] *Neumann/Fenski/Kühn* SeeArbG Anhang F Rn. 7.
[363] ArbG Hamburg 9.3.1977, SeeAE § 59 Nr. 1.
[364] BAG 19.1.1993 – 9 AZR 79/92, NZA 1993, 1129.
[365] BAG 21.10.1982 – 6 AZR 934/79, AP SeemG § 60 Nr. 4.
[366] BAG 21.10.1982 – 6 AZR 934/79, AP SeemG § 60 Nr. 4.
[367] BAG 10.11.1976 – 5 AZR 570/75, AP SeemG § 60 Nr. 3, etwas anderes soll dann gelten, wenn die Verlängerung an Seediensttauglichkeit scheitert: BAG 24.6.2003 – 9 AZR 423/02, AP SeemG § 60 Nr. 5. Da in diesem Urteil noch auf die Erfüllbarkeit abgestellt wird, ist die Vereinbarkeit mit der neuen Rechtsprechung nach *Schultz-Hoff* zweifelhaft.

lungsbereiches des § 7 Abs. 2 S. 2 BUrlG nur durch Tarifvertrag abgewichen werden; ein Eingriff in die §§ 1, 2, 3 Abs. 1 BUrlG ist aber auch durch Tarifvertrag unzulässig.

1. Verhältnis zum Tarifvertrag

258   Von dem gesetzlichen Urlaubsrecht kann durch Tarifvertrag abgewichen werden, soweit die Vorschriften der §§ 1, 2 und 3 Abs. 1 BUrlG unberührt bleiben. Mit Ausnahme dieses tariffesten Kernbereichs können die Tarifvertragsparteien also auch ungünstigere Bestimmungen über den Urlaub treffen (tarifvertragliches Vorrangprinzip).[368]

259   a) **Günstigere Regelungen.** Stets zulässig sind Regelungen, die zugunsten des Arbeitnehmers von den gesetzlichen Vorschriften abweichen. Anzutreffen sind Bestimmungen über die Erhöhung des Urlaubsanspruchs, eine Ausdehnung des Übertragungszeitraums, die Erhöhung des Urlaubsentgelts, Ausschluss der Befristung des Urlaubsanspruchs im Krankheitsfall sowie Gewährung eines Urlaubsgeldes.

260   Allerdings setzt der Günstigkeitsvergleich im Rahmen des BUrlG – anders als § 4 Abs. 3 TVG – nicht voraus, dass die tarifliche Regelung günstiger ist. Auch solche Bestimmungen, die von den Vorschriften der §§ 1, 2 und 3 Abs. 1 BUrlG abweichen, aber **nicht ungünstiger** als die gesetzliche Regelung sind, sind gemäß § 13 Abs. 1 S. 3 BUrlG zulässig. Ob eine Regelung in diesem Sinne neutral oder günstiger ist, ist durch einen **Günstigkeitsvergleich** festzustellen. Dabei kommt es nach § 13 Abs. 1 S. 3 BUrlG auf einen Einzelvergleich zwischen der gesetzlichen und der davon abweichenden Regelung an.[369]

261   b) **Ungünstigere Regelungen.** Von den Bestimmungen des BUrlG zu Ungunsten des Arbeitnehmers abweichende Regelungen sind unzulässig, wenn sie sich auf §§ 1, 2 und 3 Abs. 1 BUrlG beziehen.[370] Tarifverträge, die von diesen gesetzlichen Vorschriften ungünstig abweichen, sind unwirksam. Stattdessen gilt die gesetzliche Regelung.[371]

262   Im Übrigen sind tariflich auch ungünstigere Regelungen möglich, sofern zwischen den Arbeitsvertragsparteien die einschlägige tarifliche Urlaubsregelung gilt (§ 13 Abs. 1 S. 2 BUrlG). Dies ist nach § 4 Abs. 1 S. 1 TVG der Fall, wenn die Arbeitsvertragsparteien beiderseits **tarifgebunden** sind. Ferner kann der einschlägige Tarifvertrag gemäß § 5 TVG für **allgemeinverbindlich** erklärt sein, so dass seine Bestimmungen gemäß § 5 Abs. 4 TVG für die Arbeitsverhältnisse nicht tarifgebundener Arbeitsvertragsparteien gelten. Schließlich kommt gemäß § 13 Abs. 1 S. 2 BUrlG auch eine einzelvertragliche Vereinbarung zwischen dem nicht tarifgebundenen Arbeitnehmer und dem Arbeitgeber in Betracht, mit der auf einen vom BUrlG abweichenden Tarifvertrag Bezug genommen wird. Dazu ist nicht die Übernahme des gesamten Tarifvertrages erforderlich. Nach § 13 Abs. 1 S. 2 BUrlG ist es ausreichend, wenn die einschlägige tarifliche Urlaubsregelung vereinbart wird.[372]

263   Der Vorrang des Tarifvertrages gemäß § 13 Abs. 1 S. 2 BUrlG gilt auch dann, wenn die tariflichen Bestimmungen nach einer Kündigung oder dem Auslaufen des Tarifvertrages gemäß § 4 Abs. 5 TVG nur noch kraft Nachwirkung gelten.[373] Wird die einzelvertragliche Übernahme der tariflichen Urlaubsregelung erst im Nachwirkungszeitraum vereinbart, ist dies unschädlich.[374] Voraussetzung für eine Vereinbarung im Sinne von § 13 Abs. 1 S. 2 BUrlG ist stets, dass eine einschlägige tarifliche Urlaubsregelung übernommen wird. Es muss also auf einen Tarifvertrag Bezug genommen werden, der nach seinem zeitlichen, räumlichen, persönlichen, fachlichen und betrieblichen Geltungsbereich Anwendung fände, wenn die Arbeitsvertragsparteien tarifgebunden wären.[375]

---

[368] BAG 9.7.1964 – 5 AZR 463/63, NJW 1964, 2033.
[369] BAG 10.2.1987 – 8 AZR 529/84, NZA 1987, 675; 22.2.2000 – 9 AZR 107/99, NZA 2001, 268; 22.1.2002 – 9 AZR 601/00, NZA 2002, 1042; ErfK/*Gallner* BUrlG § 13 Rn. 6.
[370] BAG 10.2.2004 – 9 AZR 116/03, DB 2004, 1318.
[371] Vgl. BAG 8.3.1984 – 6 AZR 442/83, NZA 1984, 160.
[372] vgl. ErfK/*Gallner* BUrlG § 13 Rn. 2.
[373] Vgl. BAG 27.1.1987 – 1 ABR 66/85, NZA 1987, 489.
[374] BAG 27.6.1978 – 6 AZR 59/77, AP BUrlG § 13 Nr. 12.
[375] *Leinemann/Linck* BUrlG § 13 Rn. 19.

Die Übernahme einer tariflichen Urlaubsregelung durch Betriebsvereinbarung ist dagegen 264
unzulässig. Eine derartige Übernahme materieller Arbeitsbedingungen durch Betriebsvereinbarung verstößt gegen § 77 Abs. 3, § 87 Abs. 1 BetrVG.[376]

c) Sonderregelungen. Einen erweiterten Gestaltungsspielraum räumt das Gesetz in § 13 265
Abs. 2 und 3 BUrlG für den Bereich des Baugewerbes,[377] vergleichbarer Wirtschaftszweige, der Deutschen Bahn AG und Nachfolgeunternehmen der Deutschen Bundespost ein. Von der weiten gesetzlichen Regelung des § 13 Abs. 2 BUrlG haben die Tarifvertragsparteien der Bauwirtschaft, des Gerüstbaugewerbes und des Maler- und Lackierhandwerks Gebrauch gemacht.[378] Nach § 13 Abs. 2 BUrlG kann die Dauer des jährlichen Mindesturlaubs von vier Wochen durch Tarifvertrag verringert werden. Fraglich ist allerdings, ob diese Regelung mit Art. 31 GRC und Art. 7 Abs. 1 der Arbeitszeitrichtlinie vereinbar ist. Diese Frage hat das LAG Berlin-Brandenburg dem EuGH vorgelegt.[379]

2. Verhältnis zur Betriebsvereinbarung

Urlaubsrechtliche Regelungen in Betriebsvereinbarungen sind nur insoweit möglich, so- 266
weit tarifliche Regelungen nicht oder üblicherweise nicht bestehen.[380] Anderenfalls ist eine Betriebsvereinbarung wegen Verstoßes gegen § 77 Abs. 3, § 87 Abs. 1 Eingangssatz BetrVG unwirksam.[381]

Soweit § 77 Abs. 3, § 87 Abs. 1 Eingangssatz BetrVG nicht sperrt, kann durch Betriebs- 267
vereinbarung nicht zu Ungunsten des Arbeitnehmers von den Regelungen des BUrlG abgewichen werden. Eine Ausnahme gilt nach § 13 Abs. 1 S. 3 BUrlG, der die Regelung des § 7 Abs. 2 S. 2 BUrlG für abdingbar erklärt.

3. Verhältnis zum Arbeitsvertrag

Durch einzelvertragliche Regelung können gemäß § 13 Abs. 1 S. 2 BUrlG die Arbeitsver- 268
tragsparteien von den gesetzlichen Vorschriften abweichende Tarifverträge einzelvertraglich vereinbaren (→ Rn. 199). Sie können aber auch eine eigene einzelvertragliche Regelung schaffen, die allerdings von den gesetzlichen Bestimmungen – mit Ausnahme der Vorschrift des § 7 Abs. 2 S. 2 BUrlG – nicht zu Ungunsten des Arbeitnehmers abweichen darf.

Soweit die Arbeitsvertragsparteien günstigere, über die gesetzlichen Urlaubsvorschriften 269
hinausgehende Regelungen schaffen, sind sie an die zwingenden Vorschriften des BUrlG nicht gebunden. Für einen den gesetzlichen Mindesturlaub übersteigenden einzelvertraglichen Urlaubsanspruch ist den Arbeitsvertragsparteien überlassen, die Voraussetzungen und die Ausgestaltung dieses Anspruchs zu regeln und auch hinsichtlich des Urlaubsentgelts eine von §§ 1, 11 BUrlG abweichende Bestimmung zu treffen.[382]

X. Urlaub bei Betriebsübergang

Geht ein Betrieb oder Betriebsteil durch Rechtsgeschäft auf einen neuen Betriebsinhaber 270
über, tritt dieser gemäß **§ 613a Abs. 1 S. 1 BGB** kraft Gesetzes in die Rechte und Pflichten aus dem Arbeitsverhältnis ein. Gemäß § 613a Abs. 2 BGB haften der Veräußerer und Erwerber für Verbindlichkeiten, die vor dem Betriebsübergang entstanden sind und spätestens

---

[376] Vgl. BAG 23.6.1992 – 1 ABR 9/92, NZA 1993, 229.
[377] Vgl. zu einer tarifvertraglichen Urlaubsabgeltungsregelung im Baugewerbe: BAG 26.6.2001 – 9 AZR 347/00, NZA 2002, 680.
[378] Vgl. *Leinemann/Linck* BUrlG § 13 Rn. 118.
[379] LAG Berlin-Brandenburg 16.6.2011 – 2 Sa 3/11, BeckRS 2011, 74594; Rechtssache beim EuGH gestrichen – C-317/11, BeckEuRS 2012, 694205.
[380] Ein solcher Fall lag der Entscheidung BAG 19.4.1994 – 9 AZR 478/92, NZA 1995, 86 zugrunde. Anderenfalls ist eine Betriebsvereinbarung wegen Verstoßes gegen § 77 Abs. 3, § 87 Abs. 1 Eingangssatz BetrVG unwirksam.
[381] BAG 20.8.1991 – 1 ABR 85/90, NZA 1992, 317.
[382] BAG 18.11.2003 – 9 AZR 35/03, NZA 2004, 654.

in einem Jahr nach Übergang fällig werden, gesamtschuldnerisch. Werden solche Verpflichtungen nach dem Zeitpunkt des Übergangs fällig, haftet der bisherige Arbeitgeber für sie jedoch nur in dem Umfang, der dem im Zeitpunkt des Übergangs abgelaufenen Teil ihres Bemessungszeitraums entspricht. Für die erst nach dem Betriebsübergang entstehenden Verpflichtungen aus dem Arbeitsverhältnis haftet der Erwerber allein. Für Urlaubs- und Urlaubsentgeltansprüche hat dies folgende Auswirkungen:

1. Ansprüche gegen den Veräußerer

271 Solange der Veräußerer Betriebsinhaber ist und der Urlaub vor Betriebsübergang beginnt, ergeben sich für den **Urlaubsanspruch** keine Besonderheiten: Der Anspruch auf Freistellung wird durch den Veräußerer als Arbeitgeber erfüllt. Nach dem Betriebsübergang ist der Veräußerer jedoch nicht mehr Schuldner des Urlaubsanspruchs. Da der Urlaubsanspruch allein auf die Befreiung von der Arbeitspflicht gerichtet und Gläubiger der Arbeitspflicht nach erfolgtem Betriebsübergang der Erwerber ist, kann nur der Erwerber den Urlaubsanspruch erfüllen.[383] Eine gesamtschuldnerische Haftung des Veräußerers gemäß § 613a Abs. 2 BGB für die Erfüllung scheidet aus, weil nach dem Betriebsübergang nur der Erwerber in der Lage ist, die Freistellungsverpflichtung tatsächlich zu erfüllen.

272 Stehen dem Arbeitnehmer **zum Zeitpunkt des Betriebsübergangs** fällige und noch nicht erfüllte **Urlaubsentgeltansprüche** zu, kann er den Veräußerer gemäß § 613a Abs. 2 BGB (neben dem Erwerber) in Anspruch nehmen. Veräußerer und Erwerber haften dem Arbeitnehmer als Gesamtschuldner.

273 Entstehen Urlaubsentgeltansprüche erst **nach einem Betriebsübergang**, haftet der Veräußerer dafür nicht. Schuldner des erst nach dem Betriebsübergang entstehenden Urlaubsentgeltanspruchs ist allein der Betriebserwerber.

274 Da ein Betriebsübergang gemäß § 613a BGB nicht zur Beendigung des Arbeitsverhältnisses führt, kann der Betriebsübergang als solcher nicht zum Entstehen eines **Urlaubsabgeltungsanspruches** nach § 7 Abs. 4 BUrlG führen. Wird ein Arbeitsverhältnis im Vorfeld eines Betriebsübergangs beendet, haftet für den Urlaubsabgeltungsanspruch allein der Veräußerer. Endet das Arbeitsverhältnis erst nach Betriebsübergang, richtet sich ein etwaiger Urlaubsabgeltungsanspruch allein gegen den Erwerber. Eine Haftung des Veräußerers gemäß § 613a Abs. 2 BGB kommt nicht in Betracht, weil der Anspruch erst mit dem Ausscheiden des Arbeitnehmers nach Betriebsübergang entsteht und fällig wird.[384]

2. Ansprüche gegen den Erwerber

275 Da der **Urlaubsanspruch** nur gegenüber dem jeweiligen Gläubiger der Arbeitspflicht bestehen kann, richtet sich der Anspruch auf Erholungsurlaub **nach Betriebsübergang** allein gegen den Betriebserwerber. Dies schließt übertragende Urlaubsansprüche aus dem Vorjahr, soweit sie noch nicht verfallen sind, ein.[385]

276 Eine rechtzeitige Geltendmachung des Urlaubs – auch vor dem Zeitpunkt des Betriebsübergangs – muss der Erwerber gemäß § 613a Abs. 1 S. 1 BGB gegen sich gelten lassen. Erlischt der rechtzeitig geltend gemachte Urlaubsanspruch mit Ablauf des Übertragungszeitraums gemäß § 7 Abs. 3 S. 3 BUrlG und hat zu diesem Zeitpunkt ein Betriebsübergang stattgefunden, entsteht ein **Ersatzurlaubsanspruch** gegen den Erwerber. Da der Ersatzurlaubsanspruch auf Freistellung des Arbeitnehmers von der Arbeitspflicht gerichtet ist, kann allein der Erwerber den Ersatzurlaubsspruch erfüllen.

277 Der Erwerber haftet für **Urlaubsentgeltansprüche**, die aus der Zeit vor dem Betriebsübergang resultieren, gemäß § 613a Abs. 1 S. 1 BGB. Insoweit kann der Erwerber allenfalls im Innenverhältnis Regress gegen den Veräußerer nehmen. Für Urlaubsentgeltansprüche, die sich auf Urlaubszeiträume nach dem Beginn des Betriebsübergangs gründen, haftet der Erwerber allein.

---

[383] *Leinemann/Linck* BUrlG § 1 Rn. 44.
[384] Vgl. *Leinemann/Lipke* DB 1988, 1217 (1219).
[385] Auch in der Insolvenz: BAG 18.11.2003 – 9 AZR 95/03, NZA 2004, 651.

Urlaubsabgeltungsansprüche gegen den Betriebserwerber können nur dann entstehen, wenn ein Arbeitsverhältnis nach Betriebsübergang endet. Wird das Arbeitsverhältnis dagegen vor dem Zeitpunkt des Betriebsübergangs beendet, sind noch nicht erfüllte Urlaubsansprüche allein vom Veräußerer als dem bisherigen Arbeitgeber abzugelten. Zum Zeitpunkt des Betriebsübergangs bereits beendete Arbeitsverhältnisse gehen nicht nach § 613a BGB auf den Erwerber über.

3. Ausgleich zwischen Erwerber und Veräußerer

Die Vorschrift des § 613a BGB regelt in ihren Absätzen 1 und 2 die Haftung für Ansprüche des Arbeitnehmers, mithin das so genannte **Außenverhältnis**. Mit welcher Maßgabe sich Veräußerer und Erwerber im Innenverhältnis bei einer Haftung nach § 613a Abs. 2 S. 1 BGB auseinander zu setzen haben, regelt die Vorschrift nicht. Soweit es um den auf Freistellung von der Arbeit gerichteten **Urlaubsanspruch** geht, besteht **kein Gesamtschuldverhältnis** zwischen Erwerber und Veräußerer.[386] Dies gilt entsprechend für den Ersatzurlaubsanspruch als auch den Anspruch auf Urlaubsabgeltung.[387]

Nach richtiger Auffassung können Ausgleichsansprüche aber dann entstehen, wenn der Arbeitnehmer Urlaub durch **Freistellung** noch **vom Veräußerer** erhalten hat, die **Urlaubsentgeltansprüche** aber erst vom Erwerber erfüllt worden sind. Denn insoweit haftet der Veräußerer im Außenverhältnis gegenüber dem Arbeitnehmer nach § 613a Abs. 2 S. 1 BGB als Gesamtschuldner. Wird der Erwerber wegen des rückständigen Urlaubsentgelts in Anspruch genommen, kann er gemäß § 426 BGB im Innenverhältnis Ausgleich verlangen. Haben Veräußerer und Erwerber keine Regelung über das Innenverhältnis (etwa eine Abgrenzung zu einem bestimmten Stichtag) getroffen, kann der Erwerber – im Zweifelsfall – nur die Hälfte des nicht gewährten Urlaubsentgelts nach § 426 Abs. 1 S. 1 BGB vom Veräußerer zurückfordern.

XI. Urlaub bei Insolvenz

Der **Urlaubsanspruch** des Arbeitnehmers wird durch die Eröffnung des Insolvenzverfahrens über das Vermögen des Arbeitgebers **nicht berührt**,[388] weil der Anspruch auf die Freistellung von der Arbeitspflicht gerichtet ist. Der Urlaubsanspruch ist vom Insolvenzverwalter bis zur Beendigung des Arbeitsverhältnisses zu erfüllen. Für die Ansprüche auf **Urlaubsentgelt und Urlaubsabgeltung** ergeben sich – je nach Zeitpunkt der Entstehung – Besonderheiten:

1. Bei Eröffnung des Insolvenzverfahrens

Der Anspruch des Arbeitnehmers auf Freistellung von der Arbeitsleistung bleibt von der Eröffnung des Insolvenzverfahrens unberührt. Urlaubsentgeltansprüche, die auf die Urlaubsgewährung nach Eröffnung des Involvenzverfahrens entfallen, sind Masseverbindlichkeiten iSv § 55 Abs. 1 Nr. 2 Hs. 2 InsO.[389] Erfüllt der Insolvenzverwalter den Urlaubsanspruch des Arbeitnehmers, ist der Anspruch auf Urlaubsentgelt als fortbestehender Vergütungsanspruch **Masseschuld nach § 55 Abs. 1 Nr. 2 InsO**.[390] Gewährt der Insolvenzverwalter den Urlaub nicht bis zur Beendigung des Arbeitsverhältnisses, steht dem Arbeit-

---

[386] Leinemann/Linck BUrlG § 1 Rn. 167; ErfK/Gallner BUrlG § 1 Rn. 35.
[387] Für ein Gesamtschuldverhältnis dagegen BGH 4.7.1985 – IV ZR 172/84, AP BGB § 613a Nr. 50 auf Grundlage der vom BAG seit 1982 aufgegebenen Auffassung des Urlaubsanspruchs als Einheitsanspruch: Der BGH kommt auf dieser Grundlage zu einer Ausgleichspflicht zwischen Erwerber und Veräußerer wegen Urlaubsansprüchen der vom Betriebsübergang betroffenen Arbeitnehmer – bestätigt durch BGH 25.3.1999 – III ZR 27/98, NZA 1999, 817. Um hier von vornherein Unklarheiten zu vermeiden, ist es dringend zu empfehlen, im Vertrag zwischen Veräußerer und Erwerber den Innenausgleich in Bezug auf die finanziellen Folgen der Urlaubsansprüche übergehender Arbeitnehmer ausdrücklich zu regeln.
[388] BAG 25.3.2003 – 9 AZR 174/02, NZA 2005, 1142.
[389] BAG 25.3.2003 – 9 AZR 174/02, NZA 2004, 43; 18.11.2003 – 9 AZR 95/03, NZA 2004, 651; 15.2.2005 – 9 AZR 78/04, NZA 2005, 1124; 21.6.2005 – 9 AZR 295/04, AP InsO § 55 Nr. 12.
[390] BAG 21.11.2006 – 9 AZR 97/06, NZA 2007, 696.

nehmer ein Urlaubsabgeltungsanspruch zu. Dieser Anspruch ist ebenso Masseschuld nach § 55 Abs. 1 Nr. 2 InsO.[391] Dabei kommt es nicht darauf an, ob die Dauer des Arbeitsverhältnisses ausgereicht hätte, den Urlaubsanspruch zu erfüllen.[392]

283 Wird der Arbeitnehmer vom Insolvenzverwalter nach **Anzeige der Massenunzulänglichkeit** zur Arbeitsleistung herangezogen, hat der Insolvenzverwalter offene Urlaubsansprüche nach Maßgabe des § 7 Abs. 1 BUrlG durch Freistellung von der Arbeitspflicht zu erfüllen. Für den gewährten Urlaub gilt allerdings, dass der Anspruch auf Urlaubsentgelt bei vollständiger Freistellung nicht als Neumassenverbindlichkeit zu qualifizieren ist. Wird der Arbeitnehmer vom Insolvenzverwalter zu weiterer Arbeitsleistung herangezogen, begründen die Urlaubsansprüche nur anteilig Neumasseverbindlichkeiten. Zur Berechnung des Urlaubsentgeltanspruches ist der in Geld ausgedrückte Jahresurlaub ins Verhältnis zu der Dauer der nach der Anzeige der Masseunzulänglichkeit erbrachten Arbeitsleistung zu setzen. Für den Anspruch auf Urlaubsabgeltung ist entsprechend zu verfahren.[393]

2. Vor Eröffnung des Insolvenzverfahrens

284 Rückständige Urlaubsentgeltansprüche aus der Zeit vor Eröffnung des Insolvenzverfahrens sind ebenso wie alle anderen rückständigen Vergütungsansprüche **Insolvenzforderungen** im Sinne von § 38 InsO. Dies gilt auch für Urlaubsabgeltungsansprüche. Anders als noch unter Geltung der Konkursordnung sind solche rückständigen Ansprüche also weder Masseschulden (so früher § 59 Abs. 1 Nr. 3a KO) noch bevorrechtigte Konkursforderungen (so früher nach § 61 Abs. 1 Nr. 1 KO).

285 Fällt die Eröffnung des Insolvenzverfahrens in den Urlaub des Arbeitnehmers, so richtet sich das rechtliche Schicksal des Anspruchs auf Urlaubsentgelt danach, wie die Urlaubsentgeltansprüche jeweils den Tagen **vor oder nach Insolvenzeröffnung** zugeordnet werden können.[394] Nach der Rechtsprechung sind Urlaubsentgeltansprüche aus der Zeit vor Insolvenzeröffnung damit Insolvenzforderungen im Sinne von § 38 InsO, aus der Zeit ab Insolvenzeröffnung Masseschulden gemäß § 55 Abs. 1 Nr. 2 InsO. Eine Zuordnung von Zeiträumen vor oder nach Insolvenzeröffnung scheidet für den Urlaubsabgeltungsanspruch dagegen aus. Wurde das Arbeitsverhältnis vor Insolvenzeröffnung beendet, ist der Abgeltungsanspruch Insolvenzforderung, wurde das Arbeitsverhältnis danach beendet, Masseverbindlichkeit gemäß § 55 Abs. 1 Nr. 2 InsO.[395]

3. Insolvenzgeld

286 Für die letzten **drei Monate vor Eröffnung des Insolvenzverfahrens** hat der Arbeitnehmer wegen des nicht gezahlten Urlaubsentgelts Anspruch auf Insolvenzgeld nach § 165 Abs. 1 SGB III.[396] Ob Insolvenzgeldansprüche bestehen, wenn die Beendigung in den geschützten Zeitraum vor Insolvenzeröffnung fällt, war streitig.[397] Das BSG hat dazu entschieden, dass der Anspruch auf Urlaubsabgeltung vom Ausschluss des (früheren) § 184 Abs. 1 Nr. 1 SGB III erfasst wird.[398]

4. Betriebsübergang in der Insolvenz

287 Bestehen bei Betriebsübergang noch Urlaubsansprüche, sind diese Ansprüche Masseverbindlichkeiten und vom Betriebserwerber zu erfüllen. Für Ansprüche auf Urlaubsentgelt und

---

[391] Vgl. zu § 59 Abs. 1 Nr. 2 KO; BAG 15.5.1987 – 8 AZR 506/85, NZA 1988, 58 sowie BAG 25.3.2003 – 9 AZR 174/02, NZA 2004, 43.
[392] BAG 25.3.2003 – 9 AZR 174/02, NZA 2004, 43; schon vor der *Schultz-Hoff*-Entscheidung des EuGH war dies die Ansicht der Rechtsprechung.
[393] BAG 21.11.2006 – 9 AZR 97/06, NZA 2005, 354; 21.11.2006 – 9 AZR 97/06, NZA 2007, 696; keine Neumasseverbindlichkeit, wenn Freistellung „unter Anrechnung auf offenen Urlaub" gewährt wird, vgl. BAG 15.6.2004 – 9 AZR 431/03, NZA 2005, 354.
[394] BAG 4.6.1977 – 5 AZR 663/75, NJW 1978, 182; 15.6.2004 – 9 AZR 431/03, NZA 2005, 354.
[395] Vgl. BAG 25.3.2003 – 9 AZR 174/02, NZA 2004, 43.
[396] Vgl. zum Fall der Gewährung eines zusätzlichen Urlaubsgeldes *Düwell/Pulz* NZA 2008, 786.
[397] Vgl. zum Problem *Gagel* ZIP 2000, 257 ff.
[398] BSG 20.2.2002 – B 11 AL 71/01 R, NZA-RR 2003, 209; vgl. heute § 166 Abs. 1 Nr. 1 SGB III.

Urlaubsgeld hat der Betriebserwerber ebenfalls einzustehen, wenn diese Ansprüche nach Insolvenzeröffnung entstanden und somit Masseverbindlichkeiten sind.

Nach Anzeige der Masseunzulänglichkeit ist eine Haftung des Betriebserwerbers unter Berücksichtigung der in §§ 208 ff. InsO festgelegten Verteilungsgrundsätze für Altmasseverbindlichkeiten nicht gegeben.[399]

XII. Prozessuale Geltendmachung

Entsteht zwischen Arbeitgeber und Arbeitnehmer über Lage oder Umfang des Urlaubs Streit, kann das Bestehen oder Nichtbestehen des Anspruchs vor dem gemäß § 2 Abs. 1 Nr. 2 ArbGG **zuständigen Arbeitsgericht** geltend gemacht werden.

1. Klage

Die Durchsetzung des Urlaubsanspruches durch Klagerhebung wird für den Arbeitnehmer im Streitfall deshalb in Betracht zu ziehen sein, weil ihnen **kein Recht zur Selbstbeurlaubung** zusteht.

a) Klage auf Urlaubsgewährung. Häufig wird zwischen den Arbeitsvertragsparteien Streit über die zeitliche Lage des Urlaubs entstehen. Für diesen Fall lässt das Bundesarbeitsgericht eine Leistungsklage auf Urlaubsgewährung zu.[400] Dabei empfiehlt es sich, die Lage des Urlaubs im Antrag konkret festzulegen:

> **Formulierungsvorschlag:**
> ...... den/die Beklagte/n zu verurteilen, dem/der Kläger/in ...... Arbeitstage Urlaub in der Zeit vom ...... bis zum ...... einschließlich zu gewähren.

Da der Urlaubsanspruch befristet ist, fällt das Rechtsschutzbedürfnis für eine Leistungsklage ohne zeitliche Festlegung mit Ablauf des Urlaubsjahres, spätestens mit Ablauf des Übertragungszeitraumes grundsätzlich weg. Dies gilt allerdings dann nicht, wenn ein Fall der dauerhaften Erkrankung bis zum Ende des Urlaubsjahres bzw. des Übertragungszeitraums vorliegt und ebenso nicht, wenn sich der Arbeitgeber mit der Erfüllung des Urlaubsanspruches in Verzug befindet und an die Stelle des Urlaubsanspruches ein Ersatzurlaubsanspruch als Schadensersatz getreten ist.

Das BAG hat daneben auch eine Leistungsklage auf Urlaubsgewährung ohne zeitliche Festlegung für zulässig gehalten.[401] Der Klagantrag würde lauten:

> **Formulierungsvorschlag:**
> ...... den/die Beklagte/n zu verurteilen, dem/der Kläger/in ...... Arbeitstage Urlaub zu gewähren.

Kann nicht davon ausgegangen werden, dass der Arbeitgeber ohne Vollstreckungsmaßnahmen nach Verurteilung zur Erfüllung des Urlaubsanspruchs bereit ist, empfiehlt sich ein solcher Antrag aber nicht. Gegen die Vollstreckbarkeit eines solchen unbestimmten Antrages sind in der Literatur berechtigte Zweifel angemeldet worden.[402]

Hat der Arbeitnehmer eine Leistungsklage für einen bestimmten Zeitraum erhoben, ist es unter Berücksichtigung von § 7 Abs. 1 BUrlG Sache des Arbeitgebers, darzulegen und zu

---

[399] Vgl. *Düwell/Pulz* NZA 2008, 786 (789).
[400] BAG 18.12.1986 – 8 AZR 502/84, NZA 1987, 379; aA *Hiekel* NZA 1990 Beilage 2, 32 (36).
[401] BAG 26.5.1988 – 8 AZR 774/85, NZA 1989, 362.
[402] GK-BUrlG/*Bachmann* § 7 Rn. 62.

beweisen, dass dringende betriebliche Belange oder nach sozialen Gesichtspunkten vorrangige Urlaubsansprüche anderer Arbeitnehmer dem konkreten Urlaubswunsch entgegenstehen. Wenn die Gründe für ein solches **Leistungsverweigerungsrecht** erst nach der Verurteilung des Arbeitgebers entstehen, sollen diese auch noch im Vollstreckungsverfahren zu beachten sein.[403]

298 Die **Vollstreckung** eines den Urlaub konkret festlegenden Urteils erfolgt nach § 894 ZPO. Erst nach Rechtskraft ist also der Kläger berechtigt, den Urlaub anzutreten. Dies erweist sich bei längerer Prozessdauer in aller Regel als Nachteil. Ist nämlich der vom Kläger begehrte Zeitraum zum Zeitpunkt der letzten mündlichen Verhandlung bereits abgelaufen, ist die Klage – jedenfalls – unbegründet.[404]

299 **b) Klage auf Feststellung des Urlaubsumfangs.** Besteht zwischen den Arbeitsvertragsparteien Streit über den Umfang des Urlaubsanspruchs, kann dieser Streit inzident im Rahmen einer **Klage auf Urlaubsgewährung oder durch eine Feststellungsklage** geklärt werden. Die Feststellungsklage soll jedenfalls dann zulässig sein, wenn der Arbeitgeber erklärt, einem Feststellungsurteil nachkommen zu wollen.[405]

> **Formulierungsvorschlag:**
>
> 300 ...... festzustellen, dass dem/der Kläger/in für das Urlaubsjahr ...... noch ...... Werktage/Arbeitstage Erholungsurlaub zustehen.

301 Eine Feststellung für einen in der **Vergangenheit** abgeschlossenen Vorgang, insbesondere ein vergangenes Urlaubsjahr kann regelmäßig nicht begehrt werden, weil dafür das nach § 256 ZPO erforderliche Feststellungsinteresse fehlt. Feststellungsklagen auf das Bestehen eines vergangenen Rechtsverhältnisses sind nur zulässig, wenn sich daraus Rechtsfolgen für die Gegenwart oder Zukunft ergeben. Unzulässig ist deshalb ein Feststellungsantrag, dass eine in der Vergangenheit erteilte Freistellung ohne Anrechnung auf den Jahresurlaub erfolgte.[406]

302 Richtet sich der Feststellungsantrag auf die Feststellung eines Erfüllungsanspruchs und nach dessen Untergang auf die Feststellung eines Urlaubsersatzanspruchs, kann ein Feststellungsinteresse bestehen.[407] Ebenso kann ein Feststellungsantrag, dass dem Kläger bestimmte Urlaubstage im vergangenen Jahr zustanden, ausnahmsweise als zulässige Zwischenfeststellungsklage nach § 256 Abs. 2 ZPO zulässig sein.[408]

2. Einstweilige Verfügung

303 Meist wird der Arbeitnehmer bei Geltendmachung der Urlaubsbewilligung im Hauptsacheverfahren keinen effektiven Rechtsschutz erlangen können, weil ein vollstreckbares Leistungsurteil bis zum begehrten Urlaubszeitraum nur in seltenen Fällen ergehen wird. Der Antrag auf Erlass einer einstweiligen Verfügung zur Gewährung von Erholungs- oder Bildungsurlaub zielt auf Erlass einer Befriedigungsverfügung ab, so dass an die Glaubhaftmachung von Verfügungsanspruch und -grund strenge Anforderungen zu stellen sind.[409] Der Antrag muss in jedem Fall konkret gefasst sein.

---

[403] BAG 18.12.1986 – 8 AZR 502/84, NZA 1987, 379.
[404] Für Unzulässigkeit: BAG 18.12.1986 – 8 AZR 502/84, NZA 1987, 379; für Unbegründetheit: *Leipold* Anm. AP BUrlG § 7 Nr. 10 zu BAG 18.12.1986 – 8 AZR 502/84, NZA 1987, 379.
[405] BAG 23.7.1987 – 8 AZR 20/86, AP BUrlG § 7 Nr. 11; 9.5.1995 – 9 AZR 552/93, NZA 1996, 149.
[406] BAG 8.12.1992 – 9 AZR 113/92, NZA 1993, 475.
[407] BAG 18.5.1999 – 9 AZR 381/98, NZA 2000, 98.
[408] BAG 5.9.1995 – 9 AZR 481/94, NZA 1996, 546.
[409] HdBVR/*Baur* B Rn. 26; LAG Rheinland-Pfalz 7.3.2002 – 7 Ta 226/02, NZA-RR 2003, 130.

Formulierungsvorschlag:

...... Dem/der Antragsgegner/in wird im Wege der einstweiligen Verfügung – der Dringlichkeit halber ohne mündliche Verhandlung durch den Vorsitzenden allein –, hilfsweise unter größtmöglicher Abkürzung der Ladungs- und Einlassungsfristen, aufgegeben, dem/der Antragsteller/in in der Zeit vom ...... bis zum ...... einschließlich Erholungsurlaub zu gewähren.

Der Antrag setzt also voraus, dass angegeben wird, für welchen Zeitraum der Erholungs- Bildungsurlaub begehrt wird.[410]

Prozessual stellt sich insbesondere die Frage, unter welchen Umständen ein **Verfügungsgrund** gegeben ist. Eine einstweilige Verfügung auf Verurteilung des Arbeitgebers zur Gewährung von Erholungs-/Bildungsurlaub setzt als Verfügungsgrund voraus, dass der Arbeitnehmer auf die sofortige Erfüllung des Urlaubsanspruchs zur Abwendung wesentlicher Nachteile im Sinne von § 940 ZPO dringend angewiesen ist.

Beispiele:

- Die Eilbedürftigkeit darf nicht vom Arbeitnehmer selbst verursacht worden sein.[411]
- Hat der Arbeitgeber Urlaub gewährt, ist der Arbeitgeber aber der Ansicht, zum Widerruf berechtigt zu sein, wird man einen Verfügungsantrag auf Gestattung des Fernbleibens von der Arbeit für zulässig halten müssen.[412]
- Bei einer Bildungsveranstaltung ist ein Verfügungsgrund dann gegeben, wenn der Arbeitnehmer ohne stattgebende Entscheidung die Möglichkeit an der Teilnahme verlieren würde und eine entsprechende Veranstaltung in absehbarer Zeit nicht mehr angeboten wird.[413]
- Der Arbeitnehmer ist vorrangig gehalten, eine zeitliche Festlegung des Urlaubs bei Bestehen eines Betriebsrats/Personalrates über § 87 Abs. 1 Nr. 5 BetrVG oder die entsprechende Vorschrift im Personalvertretungsrecht zu erwirken.[414]
- Ein Verfügungsgrund kann sich daraus ergeben, dass das Ende des Arbeitsverhältnisses unmittelbar bevorsteht, der Freistellungsanspruch unterzugehen droht oder der Arbeitnehmer aufgrund einer vorläufigen Zusage des Arbeitgebers eine feste Buchung vorgenommen hat, auf Grund derer ihm erhebliche wirtschaftliche Schäden drohen.[415]
- Ein Verfügungsgrund ist dann nicht gegeben, wenn der Arbeitnehmer nur für einen unbestimmten Zeitraum Urlaubsgewährung begehrt.

3. Selbstbeurlaubung

Unter Berücksichtigung einer häufig langen Prozessdauer und der strengen Anforderungen an den Verfügungsgrund im Rahmen eines einstweiligen Verfügungsverfahrens wird der Arbeitnehmer sich häufig mit der Überlegung tragen, sich selbst zu beurlauben. Damit setzt sich der Arbeitnehmer aber dem Risiko der fristgerechten, möglicherweise aber auch außerordentlichen Kündigung seines Arbeitsverhältnisses aus. Eine Selbstbeurlaubung ist nach ganz herrschender Meinung grundsätzlich unzulässig.

Der Arbeitnehmer hat kein Recht, sich – auch nicht für die Dauer der Kündigungsfrist – selbst zu beurlauben.[416] Vielmehr steht dem Arbeitnehmer bei ergebnisloser Geltendmachung des Urlaubsanspruchs ein Schadensersatzanspruch auf Ersatzurlaub zu. Notfalls muss er seinen Urlaubsanspruch gerichtlich geltend machen.

Tritt der Arbeitnehmer dennoch eigenmächtig einen vom Arbeitgeber nicht genehmigten Urlaub an, ist ein solches Verhalten an sich geeignet, einen wichtigen Grund zur fristlosen Kündigung darzustellen.[417]

---

[410] Beim Bildungsurlaub ist der Antrag darauf zu richten, dem Kläger für die Teilnahme an einer konkret bezeichneten Bildungsveranstaltung in einem bestimmten Zeitraum Arbeitsbefreiung unter Fortzahlung der Vergütung zu gewähren, vgl. HdBVR/*Baur* Rn. 26b; MHdB ArbR/*Boewer* § 91 Rn. 17.
[411] HdBVR/*Baur* B Rn. 26d; *Corts* NZA 1998, 357.
[412] Vgl. zur Problematik: *Corts* NZA 1998, 357.
[413] LAG Hessen 7.6.1993 – 11 SaGa 629/93, NZA 1994, 267.
[414] HdBVR/*Baur* B Rn. 26c.
[415] Vgl. LAG Rheinland-Pfalz 7.3.2002 – 7 Ta 226/02, NZA-RR 2003, 130.
[416] BAG 26.4.1960 – 1 AZR 134/58, NJW 1960, 1734; 20.1.1994 – 2 AZR 251/93, NZA 1994, 548.
[417] BAG 20.1.1994 – 2 AZR 521/93, NZA 1994, 548; ArbG Nürnberg 28.7.1998 – 6 Ca 492/98, NZA-RR 1999, 79; fristgerechte Kündigung: LAG Berlin 5.12.1994 – 9 Sa 92/94, NZA 1995, 1043.

310 Allerdings kann es im Rahmen der nach § 626 BGB erforderlichen Interessenabwägung zugunsten des Arbeitnehmers zu berücksichtigen sein, dass der Arbeitgeber einen Urlaubsantrag zu Unrecht abgelehnt hat, insbesondere wenn eine tatsächliche Inanspruchnahme des Urlaubs wegen Beendigung des Arbeitsverhältnisses vereitelt zu werden droht.[418]

4. Klage auf Urlaubsabgeltung

311 Kann der Urlaubsanspruch wegen Beendigung des Arbeitsverhältnisses nicht vollständig gewährt werden, steht dem Arbeitnehmer ein gerichtlich durchsetzbarer Anspruch auf Urlaubsabgeltung zu.

Formulierungsvorschlag:

312 den/die Beklagte/n zu verurteilen, an den/die Kläger/in ...... brutto nebst Zinsen in Höhe von 5%-Punkten über dem Basiszinssatz seit dem ...... zu zahlen.

313 Bei erfolgloser Geltendmachung im bestehenden Arbeitsverhältnis hat der Arbeitgeber für die infolge Zeitablaufs eingetretene Unmöglichkeit, einzustehen. An die Stelle des ursprünglichen Urlaubsanspruchs tritt deshalb ein Schadensersatzanspruch als Ersatzurlaubsanspruch.[419] Erst dann, wenn der als Schadensersatz geschuldete Urlaub wegen Beendigung des Arbeitsverhältnisses nicht mehr gewährt werden kann, ist der Arbeitnehmer in Geld zu entschädigen.[420] Der Schadensersatzanspruch berechnet sich der Höhe nach ebenso wie der Anspruch auf Urlaubsabgeltung.[421] Der Ersatzurlaubsanspruch besteht nicht, wenn der Urlaubsanspruch zum Zeitpunkt der Geltendmachung bereits gem. § 7 Abs. 3 BUrlG verfallen war.[422]

---

[418] Vgl. BAG 20.1.1994 – 2 AZR 521/93, NZA 1994, 548, wobei ein Verfall der Urlaubsansprüche im entschiedenen Fall jedoch nicht drohte; vgl. ferner LAG Rheinlang-Pfalz 25.1.1991 – 6 Sa 829/90, NZA 1991, 600; LAG Hamm 21.10.1997 – 4 Sa 707/97, NZA-RR 1999, 76.
[419] Grundsatz der Naturalrestitution; der Schadensersatz wird grundsätzlich nicht in Geld im Sinne von § 251 Abs. 1 BGB gewährt.
[420] BAG 26.6.1986 – 8 AZR 75/83, NZA 1987, 98.
[421] Vgl. BAG 17.1.1995 – 9 AZR 664/93, NZA 1995, 531.
[422] BAG 18.2.2003 – 9 AZR 563/01, NZA 2004, 52.

§ 28 Mutterschaftsurlaub, Elternzeit, Pflege- und Familienpflegezeit

Übersicht

	Rn.
I. Mutterschaftsurlaub, Gesetzesentwicklung	1
II. Elternzeit	2–37
1. Anspruchsvoraussetzungen gemäß § 15 Abs. 1 BEEG	3–7
a) Arbeitsverhältnis	3–5
b) Weitere Voraussetzungen	6/7
2. Inanspruchnahme der Elternzeit	8–12
a) Geltendmachung	9–11
b) Gemeinsame Elternzeit beider Elternteile	12
3. Dauer	13–15
4. Wirkungen der Elternzeit	16–37
a) Ruhen des Arbeitsverhältnisses	17–25
b) Teilzeitarbeit	26–29
c) Sonstige Leistungen	30–32
d) Kündigungsschutz	33–37
III. Pflegezeit	38–60
1. Kurzzeitige Freistellung	41–47
a) Anspruchsvoraussetzung gem. § 2 PflegeZG	42–45
b) Vergütung während der Freistellung	46/47
2. Pflegezeit gemäß § 3 PflegeZG	48–55
a) Anspruchsvoraussetzungen	49–53
b) Vergütung	54/55
3. Sonderkündigungsschutz gemäß § 5 PflegeZG	56–59
4. Befristete Vertretung	60
IV. Familienpflegezeit	61–70
1. Begriff	62/63
2. Voraussetzungen	64–67
a) Vereinbarung über Familienpflegezeit	65
b) Pflegebedürftigkeit	66
c) Vorzeitige Beendigung	67
d) Durchsetzung	68
3. Darlehensanspruch des Beschäftigten	69
4. „Arbeitsrechtliche Regelungen" des FPfZG	70
5. Familienpflegezeit und Pflegezeit	71

I. Mutterschaftsurlaub, Gesetzesentwicklung

An die Stelle des früher in § 8a bis § 8d MuSchG geregelten Mutterschaftsurlaubs trat ab dem 1.1.1986 die in §§ 15 ff. BErzGG geregelte **Elternzeit** (bis zur Neufassung des BErzGG mit Wirkung ab 2.1.2001: „Erziehungsurlaub").[1] Mit Inkrafttreten des BEEG am 1.1.2007 sind die Regelungen zur Elternzeit in die **§§ 15 ff. BEEG** integriert worden, die im Wesentlichen die Bestimmungen des BErzGG übernommen haben. Mit Bekanntmachung vom 27.1.2015 wurde das BEEG neugefasst und das Elterngeld weiter flexibilisiert, mit dem Ziel, die Vereinbarkeit von Familie und Beruf weiter zu stärken.[2] Die Neufassung gilt seit dem 1.1.2015 jedoch nur für Kinder, die ab dem 1.7.2015 geboren wurden.[3] Für den Erholungsurlaub werdender Mütter ist im MuSchG die Vorschrift des § 24 bedeutsam. Die Bestimmung stellt klar, dass mutterschutzrechtliche Beschäftigungsverbote den Anspruch auf

1

---

[1] Siehe hierzu *Sowka* BB 2001, 935.
[2] BGBl. 2015 I 33 f.
[3] Zur Gesetzesänderung ausführlich: *Fecker/Scheffzeck* NZA 2015, 778; *Kalenbach* öAT 2015, 114; *Urban* ArbAktuell 2015, 168.

Urlaub nicht verkürzen und verlängert in Satz 2 den Bestand des Urlaubsanspruchs über das Urlaubsjahr und den Übertragungszeitraum (31.3.) hinaus.[4]

II. Elternzeit

2   Am 1.1.2007 ist das Gesetz zum Elterngeld und zur Elternzeit (Bundeselterngeld- und Elternzeitgesetz – BEEG)[5] in Kraft getreten. Hinsichtlich des Anspruchs auf Elternzeit haben die §§ 15 ff. BEEG die entsprechenden Regelungen des BErzGG mit Inkrafttreten ersetzt. Die Neuregelungen gelten auch für Eltern, deren Kinder vor dem 1.1.2007 geboren worden sind oder die sich zum Zeitpunkt des Inkrafttretens des Gesetzes bereits in Elternzeit befunden haben (§ 27 Abs. 2 S. 1 BEEG). Für Kinder, die ab dem 1.7.2015 geboren wurden gilt das BEEG in der Neufassung vom 1.1.2015. Die Neufassung hatte unter anderem die §§ 15, 16 und 18 BEEG zum Gegenstand. Inhaltlich sieht die Neufassung Erleichterungen bei der Elternteilzeit vor, so wie eine Verlängerung der Elternzeit zwischen dem dritten und dem vollendeten achten Lebensjahr des Kindes von bisher zwölf auf nun mehr 24 Monate (§ 15 Abs. 2 S. 2 BEEG).[6]

1. Anspruchsvoraussetzungen gemäß § 15 Abs. 1 BEEG

3   a) **Arbeitsverhältnis.** Gemäß § 15 Abs. 1 BEEG steht Arbeitnehmerinnen und Arbeitnehmern ein Anspruch auf Elternzeit zu. Nur wer in einem Arbeitsverhältnis steht, kann Elternzeit beanspruchen.[7] Gemäß § 20 BEEG gilt der Anspruch auf Elternzeit auch für die zur Berufsausbildung Beschäftigten, sowie für die in Heimarbeit Beschäftigten und ihnen Gleichgestellte. Das BEEG findet keine unmittelbare Anwendung auf Selbständige, Beamte, Richter und Soldaten. Auch Beamte, Richter und Soldaten haben aber aus den jeweils für sie anwendbaren Vorschriften einen Anspruch auf Elternzeit. Die entsprechenden Vorschriften verweisen meist auf die Regelungen des BEEG. Schüler und Studenten können dann einen Anspruch auf Elternzeit haben, wenn sie auch in einem Arbeitsverhältnis stehen. Leitende Angestellte im Sinne des § 5 Abs. 3 BetrVG sind Arbeitnehmer und somit Elternzeitberechtigt. Sie behalten ihren Status als leitende Angestellte auch während der Elternzeit, wenn mit ihrer Rückkehr in den Betrieb und damit in die Leitungsfunktion zu rechnen ist.[8]

4   Das BEEG setzt die Vorgaben der Richtlinie RL 2010/18/EU vom 8.3.2010 um, welche wiederum auf die überarbeitete Rahmenvereinbarung über den Elternurlaub, die von den europäischen branchenübergreifenden Organisationen der Sozialpartner (BUSINESSEUROPE, UEAPME, CEEP und EGB) am 18.6.2009 geschlossen wurde, verweist und diese in Kraft setzt. Gemäß § 1 Abs. 2 dieser Rahmenvereinbarung ist der jeweils mitgliedstaatliche Arbeitnehmerbegriff zu Grunde zu legen. Die Erwägungen aus der Danosa Entscheidung des EuGH,[9] wonach auch Geschäftsführer als Arbeitnehmer anzusehen sein können, sind somit jedenfalls auf das BEEG nicht übertragbar, da dem BEEG nicht der unionsrechtliche Arbeitnehmerbegriff zu Grunde zu legen ist. Für die Anwendbarkeit des BEEG bleibt es somit bei dem anerkannten Grundsatz, dass Geschäftsführer grundsätzlich keine Arbeitnehmer sind.

5   Das Arbeitsverhältnis muss zu Beginn der Inanspruchnahme der Elternzeit bestehen. Es muss nicht bereits zum Zeitpunkt der Geburt des Kindes bestanden haben. Elternzeit kann somit auch in einem nach der Geburt während des Anspruchszeitraums begründeten Ar-

---

[4] Siehe hierzu *Friese* NZA 2003, 597; vgl. aber ArbG Marburg 11.1.2008 – 2 Ga 1/08, BeckRS 2008, 50956 zur Übertragbarkeit von Erholungsurlaub in das erste Quartal des Folgejahres bei einem nicht zur Arbeitsunfähigkeit führenden ärztlichen Beschäftigungsverbot nach § 7 Abs. 3 BUrlG; § 24 MuSchG entspricht § 17 MuSchG aF.
[5] BGBl. 2007 I 2748.
[6] Vgl. zum Ganzen auch ErfK/*Gallner* BEEG § 15 Rn. 1 mwN.; BEEG zuletzt geändert durch Artikel 36 des Gesetzes vom 12.12.2019.
[7] Vgl. zum Arbeitnehmerbegriff B §§ 5 und 6.
[8] Dazu ausführlich *Verstege* RDA 2011, 99 ff.; vgl. auch ErfK/*Gallner* BEEG § 15 Rn. 1.
[9] EuGH 11.11.2010 – C 232/09, NZA 2011, 143 – Dita Danosa/LKB Līzings SIA.

beitsverhältnis verlangt werden. Der Anspruch auf Elternzeit endet, wenn das Arbeitsverhältnis endet.[10]

b) Weitere Voraussetzungen. Die weiteren Voraussetzungen des § 15 Abs. 1 BEEG sind gegeben, wenn sie mit ihrem Kind oder mit einem Kind, zu dem sie in einem Betreuungsverhältnis gemäß § 15 Abs. 1 Nr. 1 Buchst. b und c BEEG stehen, in einem Haushalt leben und dieses Kind selbst betreuen und erziehen. Sind sie für ihr leibliches Kind selbst nicht sorgeberechtigt oder stehen sie zu dem Kind in einem Betreuungsverhältnis gemäß § 15 Abs. 1 Nr. 1 Buchst. b und c BEEG, bedürfen sie der Zustimmung des sorgeberechtigten Elternteils (§ 15 Abs. 1 S. 2 BEEG). Gemäß § 15 Abs. 1a BEEG können auch Großeltern Elternzeit beanspruchen, wenn diese ein Enkelkind in ihren Haushalt aufnehmen und das Kind selbst betreuen und erziehen und die weiteren Voraussetzungen des § 15 Abs. 1a Nr. 1 oder Nr. 2 BEEG erfüllt sind. Demnach ist zusätzliche Voraussetzung, dass ein Elternteil des Enkelkindes minderjährig ist oder zwar volljährig ist, aber sich in Ausbildung befindet und diese Ausbildung noch während der Minderjährigkeit des Elternteils begonnen wurde. Das Recht für Großeltern entsteht nicht, wenn ein Elternteil selbst Elternzeit nimmt.

Der Anspruch auf Elternzeit entsteht für jedes Kind. Der Anspruch ist gemäß § 15 Abs. 2 S. 6 BEEG unabdingbar.

2. Inanspruchnahme der Elternzeit

Die Höchstdauer der Elternzeit beträgt drei Jahre für jedes Kind.[11] Es ist jedoch mit Zustimmung des Arbeitgebers möglich, einen Anteil von bis zu zwölf Monaten auf die Zeit bis zur Vollendung des 8. Lebensjahres des Kindes zu übertragen (§ 15 Abs. 2 S. 4 BEEG aF). Für Kinder, die vor dem 1.7.2015 geboren wurden und für die somit das BEEG in seiner alten Fassung anzuwenden ist, setzt die Übertragung von höchstens 12 Monaten auf die Zeit bis zur Vollendung des 8. Lebensjahres die Zustimmung des Arbeitgebers voraus. Der Arbeitgeber darf die Zustimmung jedoch nicht beliebig verweigern sondern muss bei seiner Entscheidung über die Zustimmung die Grundsätze des billigen Ermessens iSv § 315 BGB beachten.[12] Mit dem Gesetz zur Einführung des Elterngeld Plus mit Partnerschaftsbonus und einer flexibleren Elternzeit[13] gilt für die Eltern der ab dem 1.7.2015 geborenen oder mit dem Ziel der Adoption aufgenommenen Kinder eine flexiblere Elternzeit. Demnach können diese Eltern ohne jegliche Zustimmung des Arbeitgebers einen Anteil von bis zu vierundzwanzig Monaten übertragen (vgl. § 15 Abs. 2 S. 2 BEEG). Für Eltern, deren Kinder vor dem 1.7.2015 geboren worden sind oder mit dem Ziel der Adoption aufgenommen worden sind, ist die bis zum 31.12.2004 geltende Fassung anzuwenden (vgl. § 27 Abs. 1 S. 2 BEEG). Bei einem angenommenen Kind und bei einem Kind in Vollzeit- oder Adoptionspflege kann die Elternzeit von insgesamt bis zu drei Jahren ab der Aufnahme, längstens bis zur Vollendung des 8. Lebensjahres des Kindes genommen werden.[14]

a) Geltendmachung. Nach der Regelung in § 16 Abs. 1 S. 1 BEEG aF müssen Arbeitnehmer die Elternzeit spätestens sieben Wochen vor Beginn schriftlich[15] vom Arbeitgeber verlangen und gleichzeitig erklären, für welchen Zeitraum innerhalb von zwei Jahren sie Elternzeit nehmen werden. Dies gilt auch, wenn die Elternzeit unmittelbar nach der Geburt des Kindes oder nach der Mutterschutzfrist beginnen soll. Für Eltern, deren Kinder nach dem 1.7.2015 geboren oder mit dem Ziel der Adoption aufgenommen worden sind, beträgt die Frist dreizehn Wochen, wenn die Elternzeit nach dem dritten Lebensjahr des Kindes in Anspruch genommen wird. (vgl. § 16 Abs. 1 S. 1 Nr. 2 BEEG) Die Frist für die Inanspruchnahme der Elternzeit vor dem dritten Lebensjahr bleibt auch nach der Neuregelung bei sieben Wochen (vgl. § 16 Abs. 1 S. 1 Nr. 1) Bei dringenden Gründen ist ausnahmsweise gemäß § 16 Abs. 1 S. 3 BEEG eine angemessene kürzere Frist möglich.

---

[10] BAG 11.3.1999 – 2 AZR 19/98, NZA 1999, 1047.
[11] Unter Anrechnung der Mutterschutzfrist nach § 6 Abs. 1 MuSchG.
[12] BAG 24.5.2012 – 6 AZR 586/10, NZA 2012, 1304.
[13] BGBl. 2014 I 2325.
[14] Zur Gefahr eines möglichen Verfalls übertragener Elternzeit vgl. *Reiserer/Lemke* MDR 2001, 241 (242).
[15] Gesetzliches Schriftformerfordernis, vgl. BAG 10.5.2016 – 9 AZR 145/15, NJW 2016, 2906.

10 Die Geltendmachung der Elternzeit und die Festlegung des beanspruchten Zeitraums sind Voraussetzung für eine wirksame Inanspruchnahme der Elternzeit.[16] Dem Arbeitnehmer steht es frei, auch bereits bis zur Vollendung des dritten Lebensjahres des Kindes über die Inanspruchnahme der Elternzeit zu verfügen. Macht er von diesem Recht Gebrauch, ist er allerdings, genau wie für den Zweijahreszeitraum, an seine Erklärung gebunden.[17]

11 Sind die Anspruchsvoraussetzungen für die Elternzeit erfüllt, bedarf es keiner besonderen, zusätzlichen Freistellungs- oder Einverständniserklärung des Arbeitgebers.

12 **b) Gemeinsame Elternzeit beider Elternteile.** Die Elternzeit kann gemäß § 15 Abs. 3 BEEG von jedem Elternteil allein oder von beiden Elternteilen gemeinsam genommen werden, und zwar auch anteilig. Dabei kann auch im Fall gleichzeitiger Inanspruchnahme der Elternzeit jeder Elternteil gemäß § 15 Abs. 3 S. 1 BEEG drei Jahre voll ausschöpfen und ist nicht etwa auf eineinhalb Jahre beschränkt.[18]

3. Dauer

13 Die Elternzeit beginnt frühestens mit der Geburt des Kindes, bei der Mutter mit Ablauf der Mutterschutzfrist, im Übrigen zum beantragten Zeitpunkt. Dabei wird die Mutterschutzfrist auf die Gesamtdauer der Elternzeit angerechnet (§ 15 Abs. 2 S. 3 BEEG iVm § 3 Abs. 2 und 3 MuSchG). Im Ergebnis bedeutet dies, dass die Elternzeit – vorbehaltlich einer Übertragungsvereinbarung nach § 15 Abs. 2 S. 5 BEEG – drei Jahre ab der Geburt beträgt.

14 Die Elternzeit endet mit Ablauf der Zeit, für die sie verlangt worden ist. Im Fall des Todes des Kindes endet die Elternzeit gemäß § 16 Abs. 4 BEEG spätestens drei Wochen nach diesem Zeitpunkt. Eine vorzeitige Beendigung ist gemäß § 16 Abs. 3 BEEG mit Zustimmung des Arbeitgebers möglich. Die vorzeitige Beendigung wegen der Geburt eines weiteren Kindes oder wegen eines besonderen Härtefalles kann der Arbeitgeber gemäß § 16 Abs. 3 S. 2 BEEG nur innerhalb einer Frist von vier Wochen aus dringenden betrieblichen Gründen schriftlich ablehnen.[19] Eine Verlängerung kann gemäß § 16 Abs. 3 S. 4 BEEG verlangt werden, wenn ein vorgesehener Wechsel in der Anspruchsberechtigung (gemeint ist ein vorgesehener Wechsel der Inanspruchnahme der Elternzeit durch die Berechtigten) aus einem wichtigen Grund nicht erfolgen kann. Andernfalls hat der Arbeitgeber gem. § 315 Abs. 1 BGB zu entscheiden, ob er die zur Verlängerung der Elternzeit nach § 16 Abs. 3 S. 1 BEEG erforderliche Zustimmung erteilt.[20]

15 Nach der Neuregelung des § 16 Abs. 1 S. 6 BEEG in der für ab dem 1.7.2015 geborenen Kinder geltenden Fassung kann jeder Elternteil seine Elternzeit auf drei Zeitabschnitte verteilen. Eine Verteilung auf weitere Zeitabschnitte ist nur mit Zustimmung des Arbeitgebers möglich. Nach § 16 Abs. 1 S. 7 BEEG kann der Arbeitgeber die Inanspruchnahme eines dritten Abschnitts aus dringenden betrieblichen Gründen ablehnen, wenn dieser Zeitraum nach dem vollendeten dritten Lebensjahr des Kindes liegen soll. Für vor dem 1.7.2015 geborene Kinder verbleibt es bei der alten Regelung, wonach eine Verteilung der Elternzeit auf nur zwei Abschnitte ohne Zustimmung des Arbeitgebers möglich ist.

4. Wirkungen der Elternzeit

16 Während der Elternzeit bleibt das Arbeitsverhältnis im Grundsatz bestehen. Die Inanspruchnahme der Elternzeit führt aber zum Ruhen der Hauptleistungspflichten.

17 **a) Ruhen des Arbeitsverhältnisses.** Das Arbeitsverhältnis ruht während der Dauer der Elternzeit mit der Maßgabe, dass die Arbeitsvertragsparteien von ihren Hauptleistungspflichten befreit sind.[21] Die Suspendierung der Hauptleistungspflichten lässt die vertraglichen

---

[16] BAG 17.2.1994 – 2 AZR 616/93, NZA 1994, 656.
[17] BAG 17.2.1994 – 2 AZR 616/93, NZA 2005, 1354; 9.5.2006 – 9 AZR 278/05, NZA 2006, 1413.
[18] Zutreffend *Sowka* NZA 2000, 1185 (1187); NZA 2004, 82; *Gaul/Wisskirchen* BB 2000, 2466 (2467).
[19] BAG 21.4.2009 – 9 AZR 391/08, NZA 2010, 155.
[20] BAG 18.10.2011 – 9 AZR 315/10, NZA 2012, 262.
[21] BAG 24.10.1990 – 6 AZR 418/98, NZA 1991, 275; 10.2.1993 – 10 AZR 450/91, NZA 1993, 801; 12.1.2000 – 10 AZR 840/98, NZA 2000, 944.

Nebenpflichten wie die Interessenwahrnehmungspflicht, insbesondere Verschwiegenheitspflichten und Wettbewerbsverbote unberührt.

Zu Streitigkeiten führt während der Elternzeit häufig die Frage, ob dem Arbeitnehmer 18 Ansprüche auf Gratifikationen oder sonstige **Sonderleistungen** während der Elternzeit zustehen. Dies hängt zunächst von der zugrundeliegenden Regelung im Einzelarbeitsvertrag, der Betriebsvereinbarung oder dem Tarifvertrag ab. Zeiten der Elternzeit können den Anspruch auf Gratifikationen und Sonderleistungen mindern.[22] Fehlt eine Regelung über die (anteilige) Kürzung für die Dauer der Elternzeit, wird dem Arbeitnehmer die Sonderzahlung im Zweifel zustehen, es sei denn, dass es sich bei der Sonderzahlung um Arbeitsentgelt handelt, das im Austauschverhältnis steht.[23]

Da während des Erziehungsurlaubs das Arbeitsverhältnis fortbesteht, **laufen die Fristen** 19 **nach §§ 1 und 2 BetrAVG weiter.** Der Arbeitgeber ist allerdings nicht gehindert, Zeiten des Erziehungsurlaubs von Steigerungen der Versorgung auszunehmen. Eine solche Regelung stellt insbesondere auch keine verbotene Diskriminierung wegen des Geschlechts dar.[24]

Das Zusammentreffen von **Erholungsurlaub** und Elternzeit ist in § 17 BEEG geregelt. Für 20 jeden vollen Kalendermonat, den der Arbeitnehmer Elternzeit nimmt, kann der Arbeitnehmer den Erholungsurlaub um $^{1}/_{12}$ kürzen. Die Kürzung tritt also nicht automatisch ein. Will der Arbeitgeber sein Kürzungsrecht ausüben, ist eine empfangsbedürftige, rechtsgeschäftliche Erklärung des Arbeitgebers gegenüber dem Arbeitnehmer erforderlich.[25] Die Ausübung kann auch in einem schlüssigen Verhalten des Arbeitgebers liegen.[26] Die Kürzung kann frühestens ab dem Zeitpunkt des Elternzeitverlangens erklärt werden, später ist eine solche Erklärung während der Elternzeit oder danach möglich.[27] Die Kürzungsmöglichkeit ist jedoch nur bis zur Beendigung des Arbeitsverhältnisses gegeben.[28] Der Arbeitgeber muss also bei einer Kündigung bzw. bei Abschluss eines Aufhebungsvertrags nach der Elternzeit spätestens während der Kündigungsfrist und vor dem Beendigungsdatum die Kürzung gem. § 17 Abs. 2 BEEG erklären. Eine nach rechtlicher Beendigung des Arbeitsverhältnisses erklärte Kürzung des Urlaubsanspruchs ist unwirksam und hindert das Entstehen eines vollen Urlaubsabgeltungsanspruchs auch für die während der Elternzeit erworbenen Urlaubsansprüche nicht.[29] Die grundsätzliche Frage, ob auch beim Ruhen des Arbeitsverhältnisses Urlaubsansprüche entstehen können,[30] ist für die Elternzeit aufgrund des § 17 Abs. 1 S. 1 BEEG zu bejahen, da nur ein entstandener Urlaubsanspruch gekürzt werden kann.[31]

Erholungsurlaub im Sinne von § 17 BEEG ist jeder Urlaub, ungeachtet der Rechtsgrund- 21 lage. Auch der gesetzliche Urlaubsanspruch kann also gekürzt werden:[32]

Beispiel:
Nimmt eine Arbeitnehmerin ab dem 1.9.2016 bis zum 31.8.2016 Elternzeit und hatte die Arbeitnehmerin Anspruch auf 27 Arbeitstage Urlaub, kann der Arbeitgeber den Erholungsurlaub um $^{4}/_{12}$ von 27, also um 9 Arbeitstage Erholungsurlaub für 2016 kürzen.

Ob die Kürzungsbefugnis unionsrechtskonform ist, ist noch nicht entschieden. Das BAG hat diese Frage in seinen Entscheidungen bislang offenlassen.[33]

---

[22] Vgl. BAG 28.9.1994 – 10 AZR 697/93, NZA 1995, 176; 12.1.2000 – 10 AZR 840/98, NZA 2000, 944; 21.5.2008 – 5 AZR 187/07, NZA 2008, 955.
[23] BAG 19.4.1995 – 10 AZR 49/94, NZA 1995, 1098.
[24] BAG 15.2.1994 – 3 AZR 708/93, NZA 1994, 794.
[25] BAG 27.11.1986 – 8 AZR 221/84, AP MuSchG 1968 § 8d Nr. 4; 28.7.1992 – 9 AZR 340/91, NZA 1994, 27; *Leinemann/Linck* BErzGG § 17 Rn. 5.
[26] BAG 28.7.1992 – 9 AZR 340/91, AP BErzGG § 17 Nr. 3 sowie BAG 19.3.2019 – 9 AZR 362/18, NZA 2019, 1141.
[27] LAG Niedersachsen 16.11.2010 – 3 Sa 1288/10, BeckRS 2011, 68526.
[28] BAG 19.3.2019 – 9 AZR 495/17; NJW 2019, 2719; BAG 19.3.2019 – 9 AZR 362/18, NZA 2019, 1141.
[29] BAG 19.5.2015 – 9 AZR 725/13, NZA 2015, 989.
[30] Vgl. hierzu die Ausführungen in → § 27 Erholungsurlaub.
[31] BAG 17.5.2011 – 9 AZR 197/10, BeckRS 2011, 75611.
[32] Vgl. *Fiedler* FPR 2007, 340.
[33] BAG 17.5.2011 – 9 AZR 197/10, BeckRS 2011, 75611; 22.7.2014 – 9 AZR 449/12, BeckRS 2014, 72180; 19.5.2015 – 9 AZR 725/13, NZA 2015, 989.

22 Leistet der Arbeitnehmer **bei seinem Arbeitgeber Teilzeitarbeit** während der Elternzeit, besteht nach § 17 Abs. 1 S. 2 BEEG kein Kürzungsrecht des Arbeitgebers. Der Erholungsurlaub bleibt in einem solchen Fall ungekürzt bestehen. Dies gilt allerdings dann nicht, wenn der Arbeitnehmer während der Elternzeit Teilzeitarbeit **bei einem anderen Arbeitgeber** ausübt oder eine sonstige nach § 15 Abs. 4 BEEG zulässige Erwerbstätigkeit ausübt.[34] Schadlos für den Erholungsurlaub bleibt also nur eine Teilzeittätigkeit des Arbeitnehmers bei seinem Arbeitgeber.

23 Nach § 17 Abs. 2 BEEG hat der Arbeitgeber den Resturlaub nach der Elternzeit im laufenden oder im nächsten Urlaubsjahr zu gewähren. Diese gesetzliche Sonderregelung geht der Vorschrift des § 7 Abs. 3 BUrlG und entsprechenden tariflichen Bestimmungen vor[35] und soll sicherstellen, dass die Inanspruchnahme von Elternzeit nicht zum Verfall des Erholungsurlaubs führt. Die in § 17 Abs. 2 BEEG vorgesehene Nachgewährung von Urlaub gilt aber nur für solchen Erholungsurlaub, der bei Beginn der Elternzeit noch erfüllbar[36] und nicht verfallen war. Erfasst werden aber nach Rechtsprechung des BAG gerade auch solche Urlaubsansprüche, die bereits vor der Elternzeit entstanden waren, aber aufgrund von Beschäftigungsverboten und daran anschließender Elternzeit nicht mehr genommen werden konnten, da ein solcher Urlaubsanspruch gerade noch nicht verfallen ist. Wird von einer Arbeitnehmerin unmittelbar im Anschluss an das Beschäftigungsverbot nach § 6 Abs. 1 MuSchG Elternzeit nach § 15 BEEG in Anspruch genommen, richtet sich mit Beginn der Elternzeit das Fristenregime für den nicht genommenen Erholungsurlaub allein nach § 17 Abs. 2 BEEG, auch wenn er bereits nach § 24 S. 2 MuSchG „übertragen" worden ist.[37]

Beispiel:
War übertragener Urlaub aus dem Kalenderjahr 2015 im ersten Quartal 2016 nicht genommen worden und begann die Elternzeit am 26.3.2016, ist lediglich ein Resturlaubsanspruch von drei Arbeitstagen übertragbar, weil der Urlaubsanspruch nur in diesem Umfang vom 26.3. bis zum 31.3.2016 erfüllbar und im Übrigen erloschen war.[38]

24 Endet das Arbeitsverhältnis während der Elternzeit oder setzt der Arbeitnehmer im Anschluss an die Elternzeit das Arbeitsverhältnis nicht fort, ist der Urlaub nach § 17 Abs. 3 BEEG abzugelten. Auch eine nachträgliche Kürzungsmitteilung nach der Beendigung gemäß § 17 Abs. 2 BEEG ist dann nicht mehr möglich.[39] Allerdings gewährt § 17 Abs. 3 BEEG eine Urlaubsabgeltung nur im Umfang des nach der Elternzeit noch durch Freistellung von der Arbeitspflicht zu erteilenden Urlaubs. Auch im Rahmen von § 17 Abs. 3 BEEG kann nunmehr zumindest im Fall der dauerhaften Erkrankung bis zum Ende des Urlaubsjahres bzw. des Übertragungszeitraums nicht mehr davon ausgegangen werden, dass der Urlaubsabgeltungsanspruch ein Surrogat des Urlaubsanspruchs ist und damit der gleichen oder gemäß § 17 Abs. 2 BEEG verlängerten Befristung wie der Urlaubsanspruch selbst unterliegt.[40] Eine Ausnahme von dem Grundsatz des Gleichlaufs der Befristung wurde aufgrund verfassungs- und europarechtskonformer Auslegung allerdings schon vor der *Schultz-Hoff*-Entscheidung für den Fall anerkannt, dass der übertragene Urlaub wegen einer zweiten Elternzeit nicht genommen werden kann.[41]

25 Hat der Arbeitnehmer vor Beginn der Elternzeit zu viel Erholungsurlaub erhalten, kann der Arbeitgeber gemäß § 17 Abs. 4 BEEG den Urlaub, der dem Arbeitnehmer nach dem Ende der Elternzeit zusteht, um die zu viel gewährten Urlaubstage kürzen. Diese **Kürzungsbefugnis** erweitert das dem Arbeitgeber nach § 17 Abs. 1 BEEG zustehende Kürzungs-

---

[34] Vgl. zur Teilzeitarbeit bei einem fremden Arbeitgeber: *Joussen* NZA 2003, 644.
[35] BAG 23.4.1996 – 9 AZR 165/95, NZA 1997, 44.
[36] Dabei ist die neue Rechtsprechung nach *Schultz-Hoff* zu beachten, vgl. dazu → § 25, Erholungsurlaub.
[37] BAG 15.12.2015 – 9 AZR 52/15, NZA 2016, 433.
[38] Beispiel nach BAG 1.10.1991 – 9 AZR 365/90, NZA 1992, 419 – anders ist dies nach heutiger Gesetzeslage allerdings dann, wenn wegen § 17 S. 2 MuSchG ein verlängerter Übertragungszeitraum gilt, BAG 15.12.2015 – 9 AZR 51/15, NZA 2016, 433.
[39] BAG 19.5.2015 – 9 AZR 725/13, NZA 2015, 989.
[40] So noch allgemein zur alten Rechtsprechung BAG 23.4.1996 – 9 AZR 165/95, NZA 1997, 44.
[41] BAG 20.5.2008 – 9 AZR 219/07, NZA 2008, 1237. Die Unionsrechtskonformität bestätigend EuGH 22.4.2010 – C-486/08, NZA 2010, 557.

recht.⁴² Kann der Arbeitgeber wegen Beendigung des Arbeitsverhältnisses mit der Elternzeit von der Kürzungsmöglichkeit keinen Gebrauch machen, ist er berechtigt zu viel gewährten Urlaub nach den Vorschriften über das Bereicherungsrecht zurückzufordern.⁴³

b) **Teilzeitarbeit.** Während der Elternzeit ist nach § 15 Abs. 4 BEEG eine Erwerbstätigkeit zulässig, wenn die vereinbarte wöchentliche Arbeitszeit für jeden Elternteil, der eine Elternzeit nimmt, 30 Stunden nicht übersteigt. Teilzeitarbeit **bei einem anderen Arbeitgeber** oder **als Selbstständiger** bedarf indes nach § 15 Abs. 4 S. 3 BEEG der **Zustimmung des Arbeitgebers.** Der Arbeitgeber kann die Zustimmung allerdings nur innerhalb von vier Wochen aus dringenden betrieblichen Gründen schriftlich versagen.

Nach § 15 Abs. 5 bis 7 BEEG kann der Arbeitnehmer gegenüber seinem Arbeitgeber – gemäß § 15 Abs. 6 BEEG in bis zu zwei Stufen – eine Verringerung der Arbeitszeit verlangen, wenn die Voraussetzungen des § 15 Abs. 7 BEEG vorliegen.

Voraussetzungen für Teilzeitanspruch:
- Der Arbeitgeber beschäftigt in der Regel mehr als 15 Arbeitnehmer ohne Berücksichtigung von Auszubildenden
- Das Arbeitsverhältnis besteht länger als sechs Monate
- Die Arbeitszeit soll für mindestens zwei Monate (und nicht mehr drei Monate, wie noch unter Geltung des BErzGG) auf einen Umfang von 15 bis 30 Wochenstunden verringert werden
- Dem Anspruch stehen keine dringenden betrieblichen Gründe entgegen
- Der Anspruch wurde dem Arbeitgeber sieben Wochen vorher schriftlich mitgeteilt (Wenn der Beginn der Elternzeit nach dem dritten Geburtstag des Kindes liegt, greift die Dreizehnwochenfrist des § 14 Abs. 1 S. 1 Nr. 5 Buchst. a)
- Der Antrag muss den Beginn und den Umfang der verringerten Arbeitszeit enthalten.

Der Antrag kann bereits mit der schriftlichen Mitteilung nach § 15 Abs. 7 S. 1 Nr. 5 BEEG verbunden werden. Die allgemeinen Bestimmtheitsanforderungen sind hierbei zu beachten.⁴⁴

Der Anspruch auf eine Teilzeitbeschäftigung während der Elternzeit ist weitergehend als der Anspruch auf Verringerung der Arbeit nach § 8 TzBfG, weil für den Arbeitnehmer kürzere Fristen gelten, eine wiederholte Verringerung innerhalb der Elternzeit verlangt werden kann und es zur Ablehnung des Begehrens des Arbeitnehmers **dringender betrieblicher Gründe** (nach § 8 Abs. 4 TzBfG genügen betriebliche Gründe) bedarf.⁴⁵ Mit „dringend" wird ausgedrückt, dass eine Angelegenheit notwendig, erforderlich oder sehr wichtig ist. Die entgegenstehenden dringenden betrieblichen Gründe müssen zwingende Hindernisse für die beantragte Verkürzung sein.⁴⁶ Will der Arbeitgeber die beanspruchte Verringerung der Arbeitszeit ablehnen, muss er dies gemäß § 15 Abs. 7 S. 4 BEEG innerhalb von vier Wochen mit schriftlicher Begründung erklären. Für Arbeitnehmer, deren Kinder ab dem 1.7.2015 geboren wurden greift zudem gemäß § 15 Abs. 7 S. 2 Nr. 1 und Nr. 2 eine Zustimmungsfunktion. Lehnt der Arbeitgeber einen Antrag auf Verringerung der Arbeitszeit nicht innerhalb von vier Wochen (bzw. bei Kindern ab drei Jahren innerhalb von acht Wochen) nach Zugang des Antrag schriftlich ab, gilt die Zustimmung des Arbeitgebers zu der beantragten Verringerung der Arbeitszeit nach den Wünschen des Arbeitnehmers als erteilt. Die Ablehnung des Arbeitgebers kann sich dabei auch nur auf die gewünschte Verteilung der verringerten Arbeitszeit beziehen. In diesem Fall ist die Verringerung aufgrund der fehlenden Ablehnung genehmigt, dem Arbeitgeber steht es aber frei, die Verteilung der verringerten Arbeitszeit nach billigem Ermessen (§ 106 GewO iVm § 314 Abs. 3 BGB) festzulegen. Das BAG geht aber auch hinsichtlich der Verteilung der verringerten Arbeitszeiten von einem Vorrang der Arbeitnehmerinteressen aus, wenn der Arbeitnehmer wegen familiären Einbin-

---

⁴² *Leinemann/Linck* BErzGG § 17 Rn. 16.
⁴³ *Leinemann/Linck* BErzGG § 17 Rn. 17; GK-BUrlG/*Berscheid* BErzGG Anh. I 2 § 17 Rn. 23; Hensseler/Willemsen/Kalb/*Gaul* BEEG § 17 Rn. 12; aA *Bruns* BB 2008, 386 (387) sowie ErfK/*Gallner* BEEG § 17 Rn. 7.
⁴⁴ BAG 15.12.2009 – 9 AZR 72/09, NZA 2010, 447.
⁴⁵ Vgl. BAG 15.12.2009 – 9 AZR 72/09, NZA 2010, 447; 15.8.2006 – 9 AZR 30/06, NZA 2007, 259; 10.10.2007 – 9 AZR 239/07, NZA 2008, 289; *Rudolf/Rudolf* NZA 2002, 602; *Bruns* BB 2008, 330 (334).
⁴⁶ BAG 15.12.2009 – 9 AZR 72/09, NZA 2010, 447.

dung auf eine bestimmte Lage der Arbeitszeit angewiesen ist.[47] An die Gründe der schriftlichen Ablehnung ist der Arbeitgeber gebunden. Mit anderen als den im Ablehnungsschreiben genannten Gründen ist der Arbeitgeber präkludiert.[48] Hohe Darlegungsanforderungen treffen den Arbeitgeber, wenn er geltend macht, es sei ihm nicht möglich, die infolge der Teilzeit ausfallende Arbeitszeit durch die Einstellung einer Ersatzkraft auszugleichen.[49]

30   c) **Sonstige Leistungen.** Während der Elternzeit ruht der Anspruch des Arbeitnehmers auf die arbeitsvertragliche Vergütung. Nimmt der Arbeitnehmer beim Arbeitgeber eine Teilzeittätigkeit auf, hat er bei Fortführung eines bestehenden Teilzeitarbeitsverhältnisses (vgl. § 15 Abs. 5 S. 4 BEEG) Anspruch auf die vereinbarte Vergütung, bei Vereinbarung eines Teilzeitarbeitsverhältnisses für die Dauer der Elternzeit auf eine der Vollzeittätigkeit entsprechende anteilige Vergütung (§ 4 Abs. 1 TzBfG).[50]

31   *aa) Elterngeld.* Die Eltern von ab dem 1.1.2007 geborenen oder mit dem Ziel der Adoption aufgenommenen Kindern haben nach den Neuregelungen des 1. Abschnitts des BEEG **Anspruch auf Elterngeld (Basiselterngeld).** Für Eltern von ab dem 1.7.2015 geborenen oder mit dem Ziel der Adoption aufgenommenen Kindern besteht die Möglichkeit, das Basiselterngeld mit dem Elterngeldplus und Partnerschaftsbonusmonate zu kombinieren. Diese Änderung soll dazu beitragen, dass der Arbeitnehmer(in) länger teilzeitweise arbeiten kann und somit sowohl der Mann als auch die Frau mehr Zeit für die Familie haben.[51] Jedoch besteht bei Mehrlingsgeburten nach der gesetzlichen Änderung nur ein Anspruch auf Elterngeld (§ 1 Abs. 1 S. 2 BEEG).

32   *bb) Partnerschaftsbonus.* Des Weiteren besteht bei Eltern ergänzend zu dem Elterngeld die Möglichkeit des sog. Partnerschaftsbonus. Dieser wird gem. § 4 Abs. 4 S. 3 BEEG gewährt, wenn beide sich um das Kind gemeinsam kümmern und beide zwischen 25 und 30 Stunden erwerbstätig sind. Dabei müssen die Voraussetzungen für den Partnerschaftsbonus von beiden Elternteilen erfüllt werden.[52] Die Ansprüche richten sich gegen den Staat, also nicht gegen den Arbeitgeber. Anspruchsberechtigung, Beginn, Ende und Höhe des Anspruches und Einkommensgrenzen sind in §§ 1 bis 10 BEEG geregelt.[53]

33   d) **Kündigungsschutz.** Der Arbeitgeber darf das Arbeitsverhältnis während der Elternzeit gemäß § 18 Abs. 1 BEEG nicht kündigen. Auch die in § 15 Abs. 1a BEEG normierte Großelternzeit führt zum Kündigungsschutz gemäß § 18 BEEG. In zeitlicher Hinsicht beginnt das Kündigungsverbot ab dem Zeitpunkt, von dem an Elternzeit verlangt worden ist,[54] höchstens jedoch acht Wochen vor Beginn der Elternzeit[55] bzw. frühestens 14 Wochen vor Beginn einer Elternzeit zwischen dem dritten Geburtstag und dem vollendeten achten Lebensjahr des Kindes für Eltern, deren Kinder ab dem 1.7.2015 geboren wurden (§ 18 Abs. 2 Nr. 1 und 2 BEEG). Für Geburten bis zum 30.6.2015 beginnt der Kündigungsschutz acht Wochen vor Beginn der Elternzeit, unabhängig davon, ob die Elternzeit in den ersten drei Lebensjahren genommen wird oder ein Teil in den Zeitraum nach dem dritten Geburtstag des Kindes übertragen wird.[56] Die Schriftform des Verlangens der Elternzeit stellt eine Wirksamkeitsvoraussetzung für die Inanspruchnahme von Elternzeit dar; bei ihrem Fehlen besteht daher grundsätzlich kein besonderer Kündigungsschutz.[57] Allerdings kann ein Berufen des Arbeitgebers auf die fehlende Schriftform rechtsmissbräuchlich sein.[58] Das Kündigungsverbot erfasst jede Art der Kündigung. Insbesondere ist gemäß § 18 Abs. 1, Abs. 2 Nr. 1 BEEG die

---

[47] BAG 9.5.2006 – 9 AZR 278/05, NZA 2006, 1413.
[48] BAG 24.9.2019 – 9 AZR 435/18, NZA 2020, 340.
[49] BAG 24.9.2019 – 9 AZR 435/18, NZA 2020, 340.
[50] Zur Berechnung einer Sozialplanabfindung vgl. BAG 15.5.2018 – 1 AZR 20/17.
[51] S. Referentenentwurf S. 13 – Ziele der Neuregelungen.
[52] *Richter* DStR 2015, 366 (366).
[53] Vgl. *Brosius-Gersdorf* FPR 2007, 334.
[54] Wirksames Elternzeitverlangen erforderlich! BAG 10.5.2016 – 9 AZR 145/15, NJW 2016, 2906.
[55] BAG 12.5.2011 – 2 AZR 384/10, BeckRS 2011, 77407.
[56] ErfK/*Gallner* BEEG § 18 Rn. 5.
[57] BAG 26.6.2008 – 2 AZR 23/07, NZA 2008, 1241.
[58] BAG 26.6.2008 – 2 AZR 23/07, NZA 2008, 1241.

Teilzeitbeschäftigung des Arbeitnehmers bei seinem Arbeitgeber ebenfalls dem Sonderkündigungsschutz unterstellt.[59]

Gemäß § 18 Abs. 2 Nr. 2 BEEG fallen auch solche Personen unter den Sonderkündigungsschutz, die keine Elternzeit in Anspruch nehmen, sondern unverändert Teilzeitarbeit bei ihrem Arbeitgeber verrichten, wenn diese Elterngeld beanspruchen können. Der Sonderkündigungsschutz besteht unabhängig davon, ob das Teilzeitarbeitsverhältnis vor oder nach der Geburt des Kindes begründet wurde, solange dem Arbeitnehmer ein Anspruch auf Elternzeit gemäß § 15 BEEG zusteht. Auf den Sonderkündigungsschutz soll sich der Arbeitnehmer, der keine Elternzeit in Anspruch genommen hat, berufen können, aber nur zu, wenn er sich auf diesen innerhalb von zwei Wochen nach Zugang der Kündigung beruft.[60] Hinsichtlich § 18 Abs. 2 Nr. 2 BErzGG war dagegen geklärt, dass das Teilzeitarbeitsverhältnis bei einem anderen Arbeitgeber nach § 15 Abs. 4 S. 3 BErzGG nicht von dem Kündigungsverbot erfasst war.[61] Nunmehr hat der Gesetzgeber in § 18 Abs. 2 Nr. 2 BEEG die Formulierung „bei seinem Arbeitgeber" gestrichen. Dem Wortlaut nach greift das Kündigungsverbot nach § 18 Abs. 2 Nr. 2 BEEG daher auch, wenn ohne Inanspruchnahme von Elternzeit aber bei Vorliegen der Voraussetzungen einer Elterngeldberechtigung bei einem anderen Arbeitgeber Teilzeitarbeit geleistet wird. Wie aus der Gesetzesbegründung[62] hervorgeht, sollten die bisherigen Regelungen allerdings inhaltlich unverändert übernommen werden, so dass es sich nur um eine verunglückte Formulierung handeln kann.[63] In besonderen Fällen kann durch die für den Arbeitsschutz zuständige oberste Landesbehörde oder die von ihr bestimmte Stelle ausnahmsweise eine Kündigung für zulässig erklärt werden. Eine ohne Zulässigkeitserklärung ausgesprochene Kündigung ist gemäß § 134 BGB nichtig. 34

Der Sonderkündigungsschutz nach § 18 Abs. 1 BEEG entspricht weitgehend dem Kündigungsverbot nach § 17 MuSchG und kann, insbesondere bei erneuter Schwangerschaft, neben dem Kündigungsverbot nach § 17 Abs. 1 MuSchG bestehen.[64] 35

Die Zulässigkeitserklärung der Kündigung kommt namentlich in den betriebsbedingten und verhaltensbedingten Gründen in Betracht, die in den Allgemeinen Verwaltungsvorschriften zum Kündigungsschutz bei Elternzeit vom 3.1.2007[65] aufgeführt sind. 36

Der Arbeitnehmer kann vor oder nach Beendigung der Elternzeit das Arbeitsverhältnis mit der gültigen Kündigungsfrist kündigen. Will der Arbeitnehmer das Arbeitsverhältnis **zum Ende der Elternzeit** kündigen, muss er gemäß § 19 BEEG eine Kündigungsfrist von drei Monaten einhalten. Er braucht in diesem Fall eine für das Arbeitsverhältnis ansonsten geltende längere Kündigungsfrist nicht einzuhalten, kann sich allerdings auf eine anwendbare kürzere Kündigungsfrist im Fall der Kündigung zum Ende des Erziehungsurlaubs nicht berufen. Will der Arbeitnehmer während der Elternzeit oder zu einem Zeitpunkt nach deren Beendigung mit seiner vertraglichen oder tarifvertraglichen Kündigungsfrist kündigen, muss er den **vertraglichen** oder **tarifvertraglichen Kündigungstermin** einhalten. 37

III. Pflegezeit

Das am 1.7.2008 in Kraft getretene Pflegezeitgesetz (PflegeZG) soll es Beschäftigten ermöglichen, im Wege der kurzfristigen Freistellung gemäß § 2 PflegeZG bei akut auftretendem Pflegebedarf Informationen über Pflegedienstleistungen einzuholen und notwendige Organisationsschritte einzuleiten sowie die längere Pflege eines nahen Angehörigen durch langfristige Freistellung (Pflegezeit gemäß § 3 PflegeZG) sicherzustellen. Das Gesetz ist sowohl aus rechtssystematischer Sicht als auch wegen klarer handwerklicher Mängel nachhal- 38

---

[59] *Reiserer/Lemke* MDR 2001, 241 (245).
[60] LAG Berlin 15.12.2004 – 17 Sa 1463/04, BeckRS 2005, 40464; LAG Mecklenburg-Vorpommern 21.10.2009 – 2 Sa 204/09, BeckRS 2011, 65296.
[61] BAG 2.2.2006 – 2 AZR 596/04, NZA 2006, 678.
[62] BT-Drs. 16/1889, 27.
[63] AA Henssler/Willemsen/Kalb/*Gaul* BEEG § 18 Rn. 11.
[64] BAG 9.9.1971 – 3 AZR 261, AP MuSchG 1968 § 9 Nr. 20.
[65] Vgl. BR-Drs. 832/06.

tig kritisiert worden.⁶⁶ Insbesondere für Arbeitgeber wird das Gesetz zu zusätzlichem Verwaltungs- und Dispositionsaufwand und somit einer weiteren Kostenbelastung führen. Der Gesetzgeber hat auf die unterschiedliche Kritik am Pflegezeitgesetz durch das Gesetz zur besseren Vereinbarkeit von Familie, Pflege und Beruf⁶⁷ reagiert und sowohl das Pflegezeitgesetz (PflegeZG) wie auch das Familienpflegegesetz (FPfZG) mit Wirkung ab dem 1.1.2015 reformiert.⁶⁸

39 Der persönliche Anwendungsbereich des PflegeZG ist weit gezogen. Die Freistellungsregelungen können nicht nur von Arbeitnehmern, sondern nach § 7 Abs. 1 PflegeZG auch von zu ihrer Berufsausbildung Beschäftigten und arbeitnehmerähnlichen Personen in Anspruch genommen werden. Für mit Aufträgen nicht ausgelastete arbeitnehmerähnliche Personen werden allerdings die Freistellungsregelungen häufig ins Leere laufen.⁶⁹

40 Sowohl die kurzfristige Freistellung als auch die Pflegezeit sollen es Beschäftigten ermöglichen, die Pflege naher Angehöriger zu organisieren und sicherzustellen. Nahe Angehörige sind gemäß § 7 Abs. 3 PflegeZG Großeltern, Eltern, Schwiegereltern, Ehegatten, Lebenspartner, Partner einer eheähnlichen Gemeinschaft, Geschwister, Kinder, Adoptiv- oder Pflegekinder des Ehegatten oder Lebenspartners, Schwiegerkinder und Enkelkinder. Dies bedeutet, dass sich sogar Schwiegereltern und Schwiegerkinder wechselseitig pflegen können.⁷⁰ Durch die zum 1.1.2015 in Kraft getretenen Änderung des PflegeZG wurde der Kreis der nahen Angehörigen nach § 7 Abs. 3 PflegeZG erweitert. Erfasst werden nunmehr neben den bisherigen Personengruppen auch Stiefeltern, Partner einer lebenspartnerschaftsähnlichen Gemeinschaft, Schwägerinnen und Schwäger. Die Aufzählung in § 7 Abs. 3 Nr. 1 bis 3 PflegeZG ist ersichtlich abschließend so dass eine Erweiterung auf beispielsweise Onkel und Tanten (§ 7 Abs. 3 Nr. 2) oder Kinder-, Adoptiv- oder Pflegekinder des Partners einer ehe- oder lebenspartnerschaftsähnlichen Gemeinschaft (§ 7 Abs. 3 Nr. 3) nicht in den Kreis der Angehörigen fallen.⁷¹

1. Kurzzeitige Freistellung

41 Nach § 2 PflegeZG können Beschäftigte bis zu zehn Arbeitstage der Arbeit fernbleiben, wenn dies erforderlich ist, um für einen pflegebedürftigen nahen Angehörigen in einer akut aufgetretenen Pflegesituation eine bedarfsgerechte Pflege zu organisieren oder eine pflegerische Versorgung in dieser Zeit sicherzustellen. § 2 PflegeZG gibt dem Beschäftigten ein **Leistungsverweigerungsrecht,** dass nicht von der Zustimmung des Arbeitgebers abhängig ist. Das Leistungsverweigerungsrecht besteht unabhängig von einer bestimmten Belegschaftsgröße und Dauer der Betriebszugehörigkeit. Es hat weniger strenge Voraussetzungen als das Leistungsverweigerungsrecht aus § 45 Abs. 3 und 5 SGB V, für den Fall der Erkrankung des im Haushalt des Versicherten lebenden Kindes und steht neben dem Leistungsverweigerungsrecht aus § 275 Abs. 3 BGB.⁷² Bei Teilzeitbeschäftigten besteht das Leistungsverweigerungsrecht entsprechend ihres Arbeitsumfangs nur anteilig.⁷³

42 **a) Anspruchsvoraussetzungen gemäß § 2 PflegeZG.** Das Recht, der Arbeit bis zu **zehn Arbeitstagen** fernzubleiben, setzt eine „akut aufgetretene Pflegesituation" voraus. Es muss also Pflegebedürftigkeit plötzlich und unerwartet⁷⁴ eingetreten sein. Gemäß § 7 Abs. 4 PflegeZG ist Pflegebedürftigkeit gegeben, wenn die Voraussetzungen nach §§ 14 und 15 des SGB XI

---

⁶⁶ Vgl. nur *Preis/Weber* NZA 2008, 82; *Freihube/Sasse* DB 2008, 1320; *Grobys* NJW-Editorial Heft 31/2008.
⁶⁷ BT-Drs. 18/3449; BT-Drs. 18/3124; BR-Drs. 463/14.
⁶⁸ Zu den Änderungen vor allem *Thüsing/Pötters* BB 2015, 181.
⁶⁹ *Preis/Nehring* NZA 2008, 729 (732).
⁷⁰ *Preis/Nehring* NZA 2008, 729 (730).
⁷¹ Vgl. ErfK/*Gallner* PflegeZG § 7 Rn. 2; dazu auch *Joussen* NZA 2009, 69 (72); *Liebscher* ArbR 2011, 189; *Link* BB 2008, 2738 (2739); *Rose/Dörstling* DSV 2008, 2137 (2139); *Grobys/von Steinau-Steinrück* NJW-Spezial 2010, 178.
⁷² So auch ErfK/*Gallner* PflegeZG § 2 Rn. 1 mwN.
⁷³ *Linck* BB 2008, 2738 (2740); Ascheid/Preis/Schmidt/*Rolfs* PflegeZG § 5 Rn. 14; ErfK/*Gallner* PflegeZG § 7 Rn. 2.
⁷⁴ BT-Drs. 16/7436, 90.

erfüllt sind, wobei im Fall der kurzfristigen Freistellung gemäß § 2 PflegeZG die voraussichtliche Erfüllung dieser Voraussetzungen genügt.

Eine ärztliche Bescheinigung über die tatsächliche oder voraussichtliche Pflegebedürftigkeit des nahen Angehörigen und die Erforderlichkeit der Organisation seiner Pflege ist gemäß § 2 Abs. 2 PflegeZG dem Arbeitgeber nur bei **entsprechendem Verlangen** vorzulegen. Obwohl der Arzt bei Erstellung der Bescheinigung überwiegend auf die Aussagen des Beschäftigten angewiesen sein wird, wird im Regelfall der Arbeitgeber den Beweiswert einer solchen Bescheinigung nicht erschüttern können.[75]

Die Ausgestaltung des Rechts aus § 2 PflegeZG als Leistungsverweigerungsrecht ist für den Arbeitnehmer nicht ohne Risiko. Liegen die Voraussetzungen nach § 2 PflegeZG nicht vor, verletzt der Arbeitnehmer seine Pflicht zur Arbeitsleistung. Vor diesem Hintergrund ist es für den Arbeitnehmer ratsam, nicht ohne Bescheinigung des Arztes nach § 2 Abs. 2 S. 2 PflegeZG das Leistungsverweigerungsrecht auszuüben. Die Bescheinigung erstreckt sich allerdings nicht auf die Angabe, welcher Zeitraum für die Organisation oder Sicherstellung der Pflege „erforderlich" ist. Die Dauer der Verhinderung gibt der Beschäftigte selbst an.[76] Dies bedeutet aber nicht, dass der Beschäftigte den vollen Freistellungszeitraum stets ausnutzen darf. Im Gegenteil ergibt sich aus dem Gesetzeswortlaut „bis zu zehn Arbeitstage", dass das Leistungsverweigerungsrecht nur für die erforderliche Dauer – also möglicherweise auch nur ein oder zwei Tage – besteht.

Nach dem Gesetzeswortlaut ist es nicht ausgeschlossen, von dem Leistungsverweigerungsrecht nach § 2 PflegeZG auch **mehrfach Gebrauch** zu machen, wenn akute Pflegesituationen häufiger auftreten. Eine gesetzliche Beschränkung auf nur eine Freistellung je Pflegefall sieht das Gesetz nicht vor, auch wenn der Gesetzgeber davon ausgegangen ist, dass ein Akutfall im Sinne von § 2 PflegeZG in der Regel nur einmal pro Pflegefall auftreten wird.[77] Das PflegeZG schließt ein mögliches Leistungsverweigerungsrecht eines Arbeitnehmers aus § 275 Abs. 3 BGB nicht aus.[78]

b) Vergütung während der Freistellung. Eine gewichtige Änderung hat § 2 Abs. 3 PflegeZG durch die Gesetzesreform zum 1.1.2015 erfahren. Zwar enthält das PflegeZG auch nach der Reform keinen eigenen Entgeltfortzahlungsanspruch Vielmehr ist der Arbeitgeber nach § 2 Abs. 3 S. 1 PflegeZG zur Fortzahlung der Vergütung nur verpflichtet, soweit sich eine solche **Verpflichtung aus anderen gesetzlichen Vorschriften** oder aufgrund einer Vereinbarung ergibt. Die Gesetzesbegründung verweist insofern auf § 616 BGB und § 19 Abs. 1 Nr. 2b BBiG.[79] Soweit keine individual- und kollektivrechtlichen Vereinbarungen bestehen, wird es darauf ankommen, ob die Voraussetzungen des § 616 BGB vorliegen.[80] Dabei ist vorab zu beachten, dass § 616 BGB abdingbar ist. Die Verpflichtung zur Entgeltfortzahlung gemäß § 616 BGB kann sowohl individualvertraglich als auch kollektivrechtlich ausgeschlossen oder eingeschränkt werden. Ist § 616 BGB nicht ausgeschlossen oder eingeschränkt, besteht der Anspruch auf Weiterzahlung der Vergütung nur für eine **verhältnismäßig nicht erhebliche Zeit**. Bei der Pflege von Familienangehörigen wird in der Regel ein Zeitraum von bis zu **fünf Arbeitstagen** als verhältnismäßig nicht erhebliche Zeit im Sinne von § 616 BGB angenommen.[81] Da der Gesetzgeber auf eine eigenständige Vergütungsregelung verzichtet hat, kann auch nicht davon ausgegangen werden, dass das PflegeZG den unbestimmten Rechtsbegriff „verhältnismäßig nicht erhebliche Zeit" modifiziert. Deshalb läuft ein Beschäftigter, der acht Arbeitstage von der Freistellung nach § 2 PflegeZG Gebrauch macht, Gefahr, seinen Vergütungsanspruch insgesamt zu verlieren: Denn geht die Dauer der Verhinderung über den nach § 616 BGB verhältnismäßig unerheblichen Zeitraum hinaus,

---

[75] Vgl. *Freihube/Sasse* DB 2008, 1320.
[76] § 2 Abs. 2 S. 1 PflegeZG.
[77] BR-Drs. 718/07, 220.
[78] Vgl. näher *Preis/Nehring* NZA 2008, 729 (731).
[79] BT-Drs. 16/7439, 91.
[80] Für die Auszubildenden ist gemäß § 19 Abs. 1 Nr. 2b BBiG die Vergütung für einen Zeitraum von bis zu sechs Wochen fortzuzahlen, wenn sie aus einem sonstigen, in ihrer Person liegenden Grund verhindert sind, ihre Pflichten aus dem Berufsausbildungsgesetz zu erfüllen.
[81] Henssler/Willemsen/Kalb/*Krause* BGB § 616 Rn. 41; aA ErfK/*Preis* BGB § 616 Rn. 10.

entfällt rückwirkend der gesamte Entgeltfortzahlungsanspruch.[82] Der einen Arbeitnehmer beratende Anwalt muss darauf hinweisen, dass bei einer über fünf Arbeitstage hinausgehenden Arbeitsverhinderung im Sinne von § 2 PflegeZG der gesamte Entgeltfortzahlungsanspruch entfällt.

47 Diese Problematik ist insofern durch die Gesetzesreform entschärft worden, als dass § 2 Abs. 3 S. 2 PflegeZG ein Pflegeunterstützungsgeld als Lohnersatzleistung nun auch für die bis zu zehntätige Arbeitsfreistellung nach § 2 PflegeZG gewährt (§ 44a Abs. 3 bis 7 SGB XI nF). Dieses Pflegeunterstützungsgeld richtet sich nach dem Kinderkrankengeld gem. § 45 SGB V. Zur Bemessung der Beiträge wird auf das während der Freistellung ausgefallene, laufende Arbeitsentgelt abgestellt.[83] Es wird von der Pflegekasse oder dem Versicherungsunternehmen des pflegebedürftigen Angehörigen geleistet und beträgt 90 % des während der Freistellung ausfallenden Nettoentgelts.[84]

2. Pflegezeit gemäß § 3 PflegeZG

48 Die Bestimmungen in §§ 3 Abs. 1 S. 1, 4 Abs. 1 PflegeZG geben Beschäftigten Anspruch auf eine bis zu sechsmonatige vollständige oder teilweise Freistellung, wenn sie einen pflegebedürftigen nahen Angehörigen in häuslicher Umgebung pflegen.

49 a) **Anspruchsvoraussetzungen.** Der Anspruch auf Pflegezeit besteht nicht gegenüber Arbeitgebern mit in der Regel 15 oder weniger Beschäftigten (§ 3 Abs. 1 S. 2 PflegeZG). Bei der Berechnung des Schwellenwertes sind alle Beschäftigten des Arbeitgebers im Sinne des § 7 Abs. 1 PflegeZG und damit auch die zu ihrer Berufsausbildung Beschäftigen sowie arbeitnehmerähnliche Personen einschließlich der in Heimarbeit Beschäftigten und ihnen Gleichgestellten zu berücksichtigen. Auf die Beschäftigtenzahl im Betrieb kommt es nicht an. Die Beschäftigten zählen nach Köpfen, nicht etwa zeitanteilig nach ihrem Beschäftigungsumfang. Eine bestimmte Mindestbeschäftigungsdauer ist nicht erforderlich. Die Pflegezeit ist dem Arbeitgeber spätestens zehn Tage vor deren Beginn schriftlich anzukündigen. Dabei ist gemäß § 3 Abs. 3 PflegeZG gleichzeitig mitzuteilen, für welchen Zeitraum und in welchem Umfang (vollständige oder teilweise Freistellung) Pflegezeit bis zur Höchstdauer von sechs Monaten in Anspruch genommen wird. Die Versäumung der Ankündigungsfrist führt nicht zum Anspruchsverlust, sondern verschiebt den Beginn der Pflegezeit. Nach Auffassung des BAG gewährt § 3 Abs. 1 PflegeZG dem Arbeitnehmer ein einmaliges Gestaltungsrecht. Dieses Recht übe der Arbeitnehmer durch die Erklärung gegenüber dem Arbeitgeber, Pflegezeit zu nehmen, aus und es erlösche mit der erstmaligen Inanspruchnahme von Pflegezeit. Dies gelte selbst dann, wenn die genommene Pflegezeit die Höchstdauer von sechs Monaten unterschreite.[85] Insofern ist eine mehrfache Inanspruchnahme von Pflegezeit gemäß § 3 PflegeZG für einen pflegebedürftigen nahen Angehörigen nach dem PflegeZG nicht vorgesehen. Es wird also nur eine einmalige Pflegezeitnahme mit unmittelbar anschließender Verlängerungsmöglichkeit, nicht aber eine Aufteilung der Pflegezeit in mehrere getrennte Abschnitte zugelassen.[86]

50 Im Gegensatz zur kurzzeitigen Arbeitsverhinderung nach § 2 Abs. 1 PflegeZG ist im Fall der Pflegezeit die Pflegebedürftigkeit auch **ohne Verlangen** des Arbeitgebers durch Vorlage einer Bescheinigung der Pflegekasse oder des Medizinischen Dienstes der Krankenkasse nachzuweisen.[87] Das Gesetz enthält keine Regelung dazu, bis zu welchem Zeitpunkt die Bescheinigung spätestens vorzulegen ist. Die Vorlage der Bescheinigung soll allerdings weder bereits bei der Ankündigung noch notwendigerweise bei Antritt der Pflegezeit erforderlich sein.[88] Strei-

---

[82] ErfK/*Preis* BGB § 616 Rn. 10.
[83] *Thüsing/Pötters* BB 2015, 181 (183).
[84] ErfK/*Gallner* PflegeZG § 2 Rn. 4.
[85] BAG 15.11.2011 – 9 AZR 348/10, NZA 2012, 323.
[86] So die Vorinstanz zu dem Urteil des BAG 15.11.2011 – 9 AZR 348/10, NZA 2012, 323; LAG Baden-Württemberg 31.3.2010 – 20 Sa 87/98, BeckRS 2010, 69509.
[87] Bei in der privaten Pflege-Pflichtversicherung versicherten Pflegebedürftigen ist ein entsprechender Nachweis zu erbringen, vgl. § 3 Abs. 2 S. 2 PflegeZG.
[88] Vgl. *Preis/Nehring* NZA 2008, 729 (733).

tigkeiten sind aufgrund dieser unklaren Rechtslage vorhersehbar. Insbesondere dann, wenn sich im Nachhinein herausstellen sollte, dass eine Pflegebedürftigkeit im Sinne der §§ 14, 15 SGB XI nicht gegeben ist, würde es an einem Anspruch auf Pflegezeit fehlen. Ein Beschäftigter muss sich deshalb gut überlegen, ob er allein gestützt auf § 3 PflegeZG – also ohne Zustimmung seines Arbeitgebers – eine Freistellung in Anspruch nimmt, obwohl er noch nicht im Besitz einer Bescheinigung der Pflegekasse oder des Medizinischen Dienstes der Krankenkasse ist.

Will der Beschäftigte Pflegezeit als **vollständige Freistellung** von der Arbeitsleistung in Anspruch nehmen, **bedarf es dazu keiner Vereinbarung** mit dem Arbeitgeber. Der Beschäftigte hat einen Anspruch auf vollständige Freistellung, den er durch Fernbleiben von der Arbeit selbst verwirklichen kann. Der Beschäftigte übernimmt damit die Risiken, die sich ergeben, wenn etwa die Voraussetzungen einer Pflegezeit nicht vorliegen sollten. 51

Anders verhält es sich, wenn ein Beschäftigter **teilweise Freistellung** in Anspruch nimmt. In diesem Fall haben Arbeitgeber und Beschäftigter über die Verringerung und die Verteilung der Arbeitszeit gemäß § 3 Abs. 4 PflegeZG eine schriftliche Vereinbarung zu treffen, wobei der Arbeitgeber den Wünschen des Beschäftigten zu entsprechen hat, es sei denn, dass dringende betriebliche Gründe entgegenstehen. Nähere Festlegungen dazu, innerhalb welches zeitlichen Rahmens eine Einigung zu erzielen ist und welche Folgen sich an ein Scheitern der Verhandlungen knüpfen, sieht das Gesetzt nicht vor. Eine unterbliebene Reaktion des Arbeitgebers auf einen geäußerten Teilzeitwunsch wird daher nicht als Zustimmung des Arbeitgebers anzusehen sein.[89] Der Beschäftigte ist gehalten, seinen Anspruch auf Verringerung und Verteilung der Arbeitszeit gerichtlich geltend zu machen.[90] Dabei wird wegen der kurzen Fristen eine Teilzeitregelung durch einstweilige Verfügung nach § 940 ZPO in Betracht kommen, wenn der Beschäftigte auf die Teilzeitbeschäftigung dringend angewiesen ist.[91] 52

Durch die Gesetzesänderung zum 1.1.2016 wurde die Rechte aus § 3 Pflegegesetz erweitert um einen Anspruch auf Pflegezeit zur Begleitung von nahen Angehörigen in der letzten Lebensphase (§ 3 Abs. 6 PflegeZG nF). Der Anspruch setzt voraus, dass ein naher Angehöriger im Sinne von § 7 Abs. 3 PflegeZG an einer Erkrankung leidet, die bereits ein weit fortgeschrittenes Stadium erreicht hat, bei der eine Heilung ausgeschlossen und eine palliativmedizinische Behandlung notwendig ist und die eine begrenzte Lebenserwartung von Wochen oder wenigen Monaten erwarten lässt. Dieses Freistellungsrecht besteht auch dann, wenn für den nahen Angehörigen keine Pflegestufe anerkannt ist.[92] Es ist gemäß § 4 Abs. 3 S. 2 PflegeZG auf die Dauer von drei Monaten je pflegebedürftigem nahen Angehörigen beschränkt.[93] Auf dieses Freistellungsrecht finden gemäß § 3 Abs. 6 S. 3 PflegeZG die §§ 3 Abs. 1 S. 2, Abs. 3 S. 1 und S. 2 PflegeZG entsprechende Anwendung. 53

b) Vergütung. Nimmt ein Beschäftigter Pflegezeit in Anspruch, kann der Arbeitgeber die Entgeltzahlung einstellen. Im Fall teilweiser Freistellung von der Arbeitsleistung, reduziert sich die Vergütung zeitanteilig. Eine (volle) Entgeltfortzahlung aus § 616 BGB ist nicht geschuldet, weil die Pflegezeit über eine verhältnismäßig nicht erhebliche Zeit hinausgeht. 54

Da mit einer Inanspruchnahme von Pflegezeit (vollständige Freistellung) der Anspruch auf Arbeitsentgelt wegfällt, liegen ab Beginn der Freistellung die Voraussetzungen der Versicherungspflicht in der Kranken-, Pflege-, Renten- und Arbeitslosenversicherung nicht mehr vor. Der Beschäftigte ist grundsätzlich gehalten, sich freiwillig zu versichern.[94] 55

3. Sonderkündigungsschutz gemäß § 5 PflegeZG

Nach § 5 Abs. 1 PflegeZG darf der Arbeitgeber das Beschäftigungsverhältnis von der Ankündigung bis zur Beendigung der kurzzeitigen Arbeitsverhinderung nach § 2 oder der Pfle- 56

---

[89] *Freihube/Sasse* DB 2008, 1320 (1322).
[90] Gerichtet auf die Abgabe einer Willenserklärung nach § 894 ZPO.
[91] *Preis/Nehring* NZA 2008, 729 (735).
[92] *Oberthür* ArbRB 2015, 49 (50); ErfK/*Gallner* PflegeZG § 3 Rn. 6.
[93] *Müller* BB 2014, 3125; ErfK/*Gallner* PflegeZG § 3 Rn. 6.
[94] Vgl. näher Igl NJW 2008, 2214 (2218); *Preis/Nehring* NZA 2008, 729 (736); *Freihube/Sasse* DB 2008, 1320 (1323).

gezeit nach § 3 nicht kündigen. In besonderen Fällen kann eine Kündigung gemäß § 5 Abs. 2 PflegeZG von der für den Arbeitsschutz zuständigen obersten Landesbehörde oder der von ihr bestimmten Stelle ausnahmsweise für zulässig erklärt werden.

57 Mit diesem besonderen Kündigungsschutz schließt das PflegeZG **nicht nur die ordentliche, sondern auch die außerordentliche Kündigung** aus. Der Sonderkündigungsschutz gilt auch für wirtschaftlich abhängige arbeitnehmerähnliche Selbständige.

58 Nach dem Gesetzeswortlaut hängt der besondere Kündigungsschutz im Pflegefall allein von der „Ankündigung" des Arbeitnehmers ab, eine Freistellung beanspruchen zu wollen. Eine Höchstfrist für die Ankündigung sah die gesetzliche Regelung anders als § 18 Abs. 1 BEEG in der bis zum 31.12.2014 geltenden Fassung nicht vor. Durch die Gesetzesänderung mit Wirkung zum 1.1.2015 wurde die Regelung des § 5 Abs. 1 PflegeZG jedoch dahingehend korrigiert, dass der besondere Kündigungsschutz höchstens 12 Wochen vor dem angekündigten Beginn der Freistellung beginnt. Dadurch hat der Gesetzgeber die theoretisch denkbaren Fälle, in denen Beschäftigte besonders frühzeitig eine Pflegezeit ankündigen, um sich bei Gefährdung ihres Arbeitsplatzes Sonderkündigungsschutz zu sichern, zumindest stark eingeschränkt. Die rechtsmissbräuchliche Ankündigung einer Pflegezeit ist theoretisch aber noch in Fällen denkbar, in denen eine Ankündigung erfolgt, die in unmittelbarer zeitlicher Nähe zu einer in Aussicht gestellten Kündigung erfolgt. In der Praxis wird solchen Fällen der „Flucht in die Pflege" der entsprechende Nachweis aber vom Arbeitgeber nur schwierig zu erbringen sein können.[95]

59 Hinzu kommt, dass das PflegeZG **keine Wartezeit** für das Entstehen des Anspruchs auf kurzzeitige Arbeitsbefreiung gemäß § 2 PflegeZG oder Pflegezeit gemäß § 3 PflegeZG vorsieht. Folglich gilt auch der Sonderkündigungsschutz nach § 5 PflegeZG ab Beginn des Beschäftigungsverhältnisses. Ein in der **Probezeit** befindlicher Arbeitnehmer, der mit einer Kündigung in der Probezeit rechnen muss, könnte Pflegezeit beantragen und auf diesem Weg die Wartezeit des allgemeinen Kündigungsschutzes umgehen.[96] Auch bei größeren Personalabbaumaßnahmen kann der nach § 5 PflegeZG ausgeweitete Sonderkündigungsschutz zu nicht unerheblichen zusätzliche Komplikationen führen.[97]

4. Befristete Vertretung

60 Ungeachtet der bestehenden Befristungsmöglichkeit nach § 14 Abs. 1 S. 2 Nr. 3 TzBfG ist gemäß § 6 Abs. 1 S. 1 PflegeZG die Befristung eines Arbeitsvertrages mit einer Vertretungskraft für die Zeit, in der Beschäftigte gemäß §§ 2, 3 PflegeZG an der Arbeitsleistung gehindert sind, sachlich gerechtfertigt. Da § 4 Abs. 2 S. 1 PflegeZG dem Beschäftigten ein Recht zur vorzeitigen Beendigung der Pflegezeit einräumt, wenn der nahe Angehörige nicht mehr pflegebedürftig oder die häusliche Pflege des nahen Angehörigen unmöglich oder unzumutbar ist, kann der Arbeitgeber in diesem Fall das Beschäftigungsverhältnis mit der Vertretungskraft vorzeitig beenden. Gemäß § 6 Abs. 3 PflegeZG steht ihm in diesem Fall ein Sonderkündigungsrecht mit einer Kündigungsfrist von zwei Wochen zu. Das Kündigungsschutzgesetz ist auf eine solche Kündigung gemäß § 6 Abs. 3 S. 2 PflegeZG nicht anwendbar. § 6 Abs. 3 S. 3 PflegeZG hebt allerdings hervor, dass das Sonderkündigungsrecht vertraglich ausgeschlossen werden kann.

IV. Familienpflegezeit

61 Zum 1.1.2012 ist das Familienpflegezeitgesetz (FPfZG) in Kraft getreten[98] und bereits zum 1.1.2015 grundlegend reformiert worden. Dieses Gesetz gilt eigenständig neben dem PflegeZG.[99] Ziel des Gesetzes ist ausweislich des § 1 FPfZG die Verbesserung der Möglich-

---

[95] Vgl. *Preis/Nehring* NZA 2008, 729 (735); vgl. auch *Rose/Dörstling* DB 2008, 2137.
[96] Kritisch dazu *Linck* BB 2008, 2738 (2742).
[97] Vgl. *Freihube/Sasse* DB 2008, 1320 (1323); *Preis/Nehring* NZA 2008, 729 (736) (Aufnahme der „Ankündigung einer Pflegezeit in den Instrumentenkasten trickreich agierender Anwälte").
[98] Verkündet am 13.12.2011, BGBl. 2011 I 2564.
[99] *Göttling/Neumann* NZA 2012, 119.

keiten zur Vereinbarkeit von Beruf und familiärer Pflege. Nachdem das ursprüngliche FPfZG in seiner bis zum 31.12.2014 geltenden Fassung keinen Anspruch auf Abschluss eines Vertrages nach dem FPfZG vorgesehen hatte, sodass Arbeitgeber nicht zur Familienpflegezeit gezwungen werden konnten, ist in der ab dem 1.1.2015 geltenden Fassung nunmehr ein echter Rechtsanspruch auf Familienpflegezeit für die Dauer von bis zu 24 Monaten vorgesehen, § 2 Abs. 1 S. 1, 4 FPfZG.[100]

1. Begriff

§ 2 Abs. 1 Hs. 1 FPfZG definiert die Familienpflegezeit und formuliert zugleich den Anspruch des Beschäftigten auf teilweise Freistellung von der Arbeit (befristeter Teilzeitanspruch). Hiernach ist dies die nach § 3 FPfZG förderfähige Verringerung der Arbeitszeit von Beschäftigten, die einen pflegebedürftigen nahen Angehörigen in häuslicher Umgebung pflegen, für die Dauer von längstens 24 Monaten bei gleichzeitiger Aufstockung des Arbeitsentgelts durch den Arbeitgeber. Nach § 2 Abs. 1 S. 2 FPfZG muss die verringerte Arbeitszeit wöchentlich mindestens 15 Stunden betragen; bei unterschiedlichen wöchentlichen Arbeitszeiten oder einer unterschiedlichen Verteilung der wöchentlichen Arbeitszeit darf die wöchentliche Arbeitszeit im Durchschnitt eines Zeitraums von bis zu einem Jahr 15 Stunden nicht unterschreiten. Nach der Neufassung des § 2 Abs. 1 FPfZG durch das Gesetz zur besseren Vereinbarkeit von Familie, Pflege und Beruf mit Wirkung ab dem 1.1.2015 ist ein echter Anspruch des Arbeitnehmers auf befristete Verringerung der Arbeitszeit entstanden.

Auch die gesetzliche Konzeption hinsichtlich der Auswirkungen dieses befristeten Teilzeitanspruchs auf die Vergütung des Beschäftigten ist mit der Neufassung ab dem 1.1.2015 grundlegend geändert worden. Während die gesetzgeberische Konzeption bis zum 31.12.2014 vorsah, dass die Arbeitszeit reduziert wird, das Gehalt jedoch nicht proportional zur Verringerung der Arbeitszeit, sondern das „für die reduzierte Arbeitszeit zu zahlende Arbeitsentgelt während der Dauer der Familienpflegezeit um die Hälfte der Differenz zwischen dem bisherigen und dem verringerten Entgelt aufzustocken" war,[101] § 3 Abs. 1 Nr. 1 Buchst. b FPfZG aF, sieht § 3 Abs. 3 FPfZG nun mehr eine Förderung in Form eines zinslosen Darlehens durch das Bundesamt für Familie und zivilgesellschaftliche Aufgaben vor. Die bisherige Regelung zu Wertguthaben und Arbeitszeitguthaben ist somit durch ein Direktdarlehen ersetzt worden.[102]

2. Voraussetzungen

Die Voraussetzungen für einen befristeten Teilzeitanspruch und die damit einhergehende Förderung der Beschäftigten durch das Bundesamt für Familie und zivilgesellschaftliche Aufgaben in Form eines zinslosen Darlehens finden sich in §§ 2a, 3 Abs. 1 FPfZG.

a) Vereinbarung über Familienpflegezeit. Der neue § 2a FPfZG regelt die konkreten Modalitäten für die Inanspruchnahme der Familienpflegezeit. Das Gesetz sieht dabei vor, dass bei Vorliegen der Voraussetzungen eine schriftliche Vereinbarung zwischen Arbeitgeber und Beschäftigten zu schließen ist. Hierfür ist gemäß § 2a Abs. 1 eine schriftliche Ankündigung des Beschäftigten erforderlich, aus der sich der Zeitraum und Umfang der vom Beschäftigten begehrten Pflegezeit ergibt. Die Ankündigung hat mindestens 8 Wochen vor der geplanten Inanspruchnahme der Familienpflegezeit zu erfolgen. Mit der Ankündigung beginnt zudem der gemäß § 2 Abs. 3 FPfZG, welcher auf § 5 PflegeZG Bezug nimmt, bestehende Sonderkündigungsschutz Nach § 2 Abs. 2 hat der Arbeitnehmer sodann einen Anspruch auf Abschluss einer schriftlichen Vereinbarung mit dem Arbeitgeber, aus der sich der Zeitraum der Familienpflegezeit, den Umfang der verringerten Arbeitszeit sowie deren Verteilung ergibt. Der Arbeitgeber kann dabei nur aus dringenden betrieblichen Gründen von den Wünschen des Arbeitnehmers abweichen. Die Regelung orientiert sich somit an § 15 BEEG[103]

---

[100] Zur Reform des FPfZG vgl. *Barkow/von Creytz* DStR 2015, 128; *Thüsing/Pötters* BB 2014, 181.
[101] NJW-Spezial 2011, 212.
[102] *Thüsing/Pötters* BB 2015, 181.
[103] Vgl. hierzu → Rn. 24.

Die Höchstdauer der Familienpflegezeit beträgt 24 Monaten, wobei für jeden Angehörigen etwaige Pflegezeiten gemäß dem Pflegezeitgesetz auf diese 24 Monate anzurechnen sind. Bis zur Gesamtdauer von 24 Monaten ist eine Verlängerung einer vereinbarten Familienpflegezeit mit Zustimmung des Arbeitgebers möglich.

66 b) **Pflegebedürftigkeit.** Gem. § 2a Abs. 4 FPfZG muss die Pflegebedürftigkeit des nahen Angehörigen der oder des Beschäftigten durch Vorlage einer Bescheinigung der Pflegekasse oder des Medizinischen Dienstes der Krankenversicherung nachgewiesen werden.[104]

67 c) **Vorzeitige Beendigung.** Ist der oder die nahe Angehörige nicht mehr pflegebedürftig liegen ausnahmsweise die Voraussetzungen einer vorzeitigen Beendigung der Familienpflegezeit vor. Die Pflegezeit endet dann vier Wochen nach Eintritt der veränderten Umstände In diesem Fall hat der Beschäftigte die Pflicht, den Arbeitgeber hierüber unverzüglich zu informieren (§ 2a Abs. 5 FPfZG).

68 d) **Durchsetzung.** Liegen die Voraussetzungen einer Familienpflegezeit vor, ist eine Durchsetzung im Wege einer einstweiligen Verfügung denkbar. Der Antrag ist auf die vorläufige Verringerung und Verteilung, nicht auf den Abschluss einer Familienpflegezeit zu richten. Ein Verfügungsgrund gem. § 940 ZPO kann insbesondere dann gegeben sein, wenn die Pflegebedürftigkeit nachgewiesen und ein Obsiegen im Hauptsacheverfahren wahrscheinlich ist.[105]

3. Darlehensanspruch des Beschäftigten

69 § 3 FPfZG regelt die Modalitäten hinsichtlich der Förderung des Beschäftigten für die Dauer der Inanspruchnahme der Familienpflegezeit in Form eines Direktdarlehens durch das Bundesamt für Familie und zivilgesellschaftliche Aufgaben. Der Anspruch besteht für die Dauer der Familienpflegezeit und entsteht auch dann, wenn ein Kleinunternehmer Familienpflegezeit freiwillig gewährt. Die Höhe des Anspruchs ist in § 3 Abs. 2 FPflZG geregelt. Die Berechnungsmodalitäten folgen aus den Abs. 3 bis 5. Aus Abs. 6 folgt, dass das Darlehen vorrangig vor Sozialleistungen in Anspruch zu nehmen ist. Die Modalitäten der Gewährung und der Rückzahlung des Darlehens durch den Beschäftigten sind in §§ 6–10 FPflZG geregelt.

4. „Arbeitsrechtliche Regelungen" des FPfZG

70 Anstelle der im alten § 9 FPfZG enthaltenen arbeitsrechtlichen Regelungen bezüglich Kündigung und Befristung verweist § 2 Abs. 3 FPfZG in seiner neuen Fassung auf die §§ 5 bis 8 PflegeZG und übernimmt für die Inanspruchnahme der Familienpflegezeit die dortigen Regelungen bezüglich des Kündigungsschutzes und der befristeten Verträge.[106]

5. Familienpflegezeit und Pflegezeit

71 Durch die Reform des PflegeZG und des FPflZG ist das Verhältnis der verschiedenen Ansprüche zueinander nicht wirklich einfacher geworden. Im Grundsatz gilt Folgendes: Der Anspruch auf Pflegezeit nach dem PflegeZG besteht gem. § 4 Abs. 1 S. 1 PflegeZG nF für längstens sechs Monate. Zusätzlich oder alternativ besteht ein Anspruch auf Familienpflegezeit für bis zu 24 Monate. Insgesamt können aber auch in der Kombination aus Pflegezeit und Familienpflegezeit nicht mehr als 24 Monate vom Beschäftigten in Anspruch genommen werden. Der Anspruch auf vollständige Befreiung nach dem PflegeZG besteht für längstens sechs Monate. Wird dieser voll in Anspruch genommen, kann danach noch für maximal 18 Monate ein befristeter Teilzeitanspruch gegen den Arbeitgeber geltend gemacht werden. Die Höchstfrist bezieht sich nach dem eindeutigen Gesetzeswortlaut jedoch stets

---

[104] Bei in der privaten Pflege-Pflichtversicherung versicherten Pflegebedürftigen ist ein entsprechender Nachweis zu erbringen, vgl. § 2a Abs. 4 S. 2 FPfZG. Eine parallele Vorschrift enthält das PflegeZG in § 3 Abs. 2 S. 2 PflegeZG.
[105] LAG Hamm 28.12.2016 – 6 SaGa 17/16, NZA-RR 2017, 176.
[106] Vgl. insofern → Rn. 56–60.

auf einen bestimmten pflegebedürftigen Angehörigen. Demnach ist es durchaus möglich, dass die Höchstfrist von 24 Monaten überschritten wird, wenn sich an die Pflege eines Angehörigen die Pflege eines anderen Angehörigen anschließt.[107] Höchstrichterlich geklärt ist diese Frage indes noch nicht.

---

[107] So auch *Thüsing/Pötters* BB 2015, 181 (184) mwN.

§ 29 Bildungsurlaub

Übersicht

	Rn.
I. Rechtsgrundlagen	1
II. Voraussetzungen	2–5
III. Durchführung	6–13

I. Rechtsgrundlagen

1 Nach dem Übereinkommen Nr. 140 der Internationalen Arbeitsorganisation (IAO) aus dem Jahr 1974, das die Bundesrepublik Deutschland im Jahr 1976 ratifiziert hat, sind die Mitgliedsstaaten verpflichtet, durch ihre Politik die Gewährung von bezahltem Bildungsurlaub zu fördern. **Vierzehn Bundesländer haben eigene Bildungsurlaubs- und Freistellungsgesetze erlassen. Dies sind:**

- Baden-Württemberg (Bildungszeitgesetz Baden-Württemberg vom 17.3.2015)
- Berlin (Berliner Bildungsurlaubsgesetz vom 24.10.1990)
- Brandenburg (Gesetz zur Regelung und Förderung der Weiterbildung im Land Brandenburg vom 15.12.1993)
- Bremen (Bremisches Bildungsurlaubsgesetz vom 18.12.1974)
- Hamburg (Hamburgisches Bildungsurlaubsgesetz vom 21.1.1974)
- Hessen (Hessisches Gesetz über den Anspruch auf Bildungsurlaub vom 28.7.1998)
- Mecklenburg-Vorpommern (Gesetz zur Freistellung für Weiterbildungen für das Land Mecklenburg-Vorpommern vom 13.12.2013)
- Niedersachsen (Niedersächsisches Gesetz über den Bildungsurlaub für Arbeitnehmer und Arbeitnehmerinnen vom 25.1.1991)
- Nordrhein-Westfalen (Nordrhein-Westfälisches Gesetz zur Freistellung von Arbeitnehmern zum Zwecke der beruflichen und politischen Weiterbildung vom 6.11.1984)[1]
- Rheinland-Pfalz (Landesgesetz für die Freistellung von Arbeitnehmerinnen und Arbeitnehmern für Zwecke der Weiterbildung vom 30.3.1993)
- Saarland (Saarländisches Bildungsfreistellungsgesetz vom 10.2.2010)
- Sachsen-Anhalt (Gesetz zur Freistellung von der Arbeit für Maßnahmen der Weiterbildung vom 4.3.1998)
- Schleswig-Holstein (Weiterbildungsgesetz Schleswig Holstein vom 6.3.2011)
- Thüringen (Thüringer Bildungsfreistellungsgesetz vom 15.7.2015)

Die Ländergesetze über die Arbeitnehmerweiterbildung sind als verfassungsgemäß angesehen worden.[2]

II. Voraussetzungen

2 Die in den einzelnen Ländern geltenden Bildungs- und Freistellungsgesetze weisen zum Teil erhebliche Unterschiede auf. Unterschiede bestehen zunächst einmal hinsichtlich der Anspruchsberechtigung, die regelmäßig Arbeiter, Angestellte einschließlich leitender Angestellter, arbeitnehmerähnliche Personen und Personen gemäß Heimarbeitsgesetz umfassen. Teilweise werden die Landesbeamten und -richter miteingeschlossen (so etwa Schleswig-Holstein), teilweise die Seeleute ausdrücklich zum begünstigten Personenkreis gezählt (so Mecklenburg-Vorpommern).

3 Ein Freistellungsanspruch besteht nur dann, wenn eine Weiterbildungsveranstaltung im Sinne des betreffenden Landesgesetzes vorliegt. Grundsätzlich erfolgt die Freistellung zum Zweck der „beruflichen und politischen Weiterbildung". Im Einzelnen weichen die Landes-

---

[1] Zuletzt geändert durch Art. 1 Drittes ÄndG vom 9.12.2014 (GV. NRW. S. 887).
[2] Vgl. BVerfG 15.12.1987 – 1 BvR 563/85, 1, AP GG Art. 12 Nr. 62; BAG 15.3.2005 – 9 AZR 104/04, NZA 2006, 496.

Jacobsen

§ 29 Bildungsurlaub

gesetze voneinander ab. Die Bildungsurlaubsgesetze in Schleswig-Holstein, Bremen und Niedersachsen[3] lassen als Voraussetzung der Freistellung die „allgemeine Weiterbildung" genügen. In anderen Ländergesetzen – so etwa Hamburg und Mecklenburg-Vorpommern – wird die „berufliche und politische Weiterbildung" um solche Veranstaltungen ergänzt, die „zur Wahrnehmung von Ehrenämtern qualifizieren". Teilweise wird durch landesrechtliche Vorschriften näher eingegrenzt, welche Veranstaltungen die gesetzlichen Vorgaben erfüllen. So sind durch die Bildungsfreistellungsverordnung in Brandenburg[4] die Begriffe allgemeine, politische und berufliche Weiterbildung näher umschrieben worden. Auch in Nordrhein-Westfalen ist in § 1 Abs. 3 und 4 die berufliche und politische Arbeitnehmerweiterbildung näher umschrieben worden. Damit genügt es für die berufliche Weiterbildung, wenn die Bildungsinhalte in der beruflichen Tätigkeit zumindest zu einem **mittelbar wirkenden Vorteil** des Arbeitgebers verwendet werden können.

Die nachfolgende Übersicht kann deshalb nur einen ersten Überblick über einige Regelungsbereiche der einzelnen Landesgesetze geben.

	Dauer	Wartezeit	Weiterbildung	Entgeltfort-zahlung	Antrag	Versagung	Erkrankung	Bescheinigung
Baden-Württemberg	5 Arbeitstage innerhalb eines Kalenderjahres	12 Monate	Berufliche und politische Weiterbildung	gem. BUrlG	spätestens 8 Wochen vor gewünschtem Beginn (schriftlich)	Dringende betriebliche Belange	keine Anrechnung bei Vorlage eines Attestes	Bei Antrag: Vorlage der Anerkenntnisbescheinigung. Danach: Vorlage der Teilnahmebescheinigung
Berlin	10 Arbeitstage innerhalb v. zwei Kalenderj. (10 Arbeitstage pro Kalenderj. bis zum 25. Lebensjahr)	sechs Monate	politische Bildung und berufliche Weiterbildung	gem. BUrlG	spätestens sechs Wochen vor gewünschtem Beginn	zwingende betriebliche Belange	gem. BUrlG	auf Verlangen des AG Vorlage der Anmeldung, Anerkennungs- und Teilnahmebescheinigung
Brandenburg	10 Arbeitstage innerhalb v. zwei Kalenderj.	sechs Monate	allgemeine, berufliche, kulturelle und politische Bildung	gem. BUrlG	spätestens sechs Wochen vor gewünschtem Beginn (schriftlich)	zwingende betriebliche Belange	gem. BurlG	auf Verlangen des AG Vorlage der Anmeldung, Anerkennungs- und Teilnahmebescheinigung
Bremen	10 Arbeitstage innerhalb v. zwei Kalenderj.	sechs Monate	berufliche, politische und allgemeine Weiterbildung	gem. BUrlG	spätestens vier Wochen vor gewünschtem Beginn	zwingende betriebliche Belange	keine Anrechnung bei Vorlage eines Attestes	auf Verlangen des AG Vorlage der Anmeldung und Teilnahmebescheinigung
Hamburg	10 Arbeitstage innerhalb v. zwei Kalenderj. Veranstaltung soll grds. Fünf Tage pro Woche stattfinden	sechs Monate	politische Bildung und berufliche Weiterbildung (einschließlich ehrenamtliche Tätigkeiten)	Grundsatz: durchschnittl. Arbeitsentgelt der letzten 13 Wochen; Anrechnung von Beihilfe/Zuschuss	spätestens sechs Wochen vor gewünschtem Beginn	zwingende betriebliche Belange	keine Anrechnung bei Vorlage eines Attestes	auf Verlangen des AG Vorlage der Anmeldung und Teilnahmebescheinigung
Hessen	jährlich fünf Arbeitstage	sechs Monate	politische Bildung, berufliche Weiterbildung und Schulung für Ehrenämter	gem. BUrlG	spätestens sechs Wochen vor gewünschtem Beginn (schriftlich)	dringende betriebliche Erfordernisse	gem. BUrlG	bei Antrag: Vorlage der Anmeldung und Anerkennungsbescheinigung zzgl. Programm danach: Teilnahmebescheinigung
Mecklenburg-Vorpommern	5 Arbeitstage innerhalb eines Kalenderjahres	sechs Monate	Berufliche und politische Weiterbildung, Qualifizierung für ehrenamtliche Tätigkeiten	Fortzahlung des Arbeitsentgelts ohne Minderung	spätestens 8 Wochen vor Veranstaltungsbeginn (schriftlich)	Wichtige betriebliche bzw. dienstliche Belange	Keine Anrechnung bei Vorlage eines ärztlichen Attests	Bei Antrag: Nachweis über Anerkennung der Veranstaltung, Information über Inhalt der Veranstaltung, Vorlage der Teilnahmebescheinigung

---

[3] Das Niedersächsische Gesetz über den Bildungsurlaub ist auch insoweit nicht verfassungswidrig, als es den Arbeitgeber verpflichtet, Arbeitnehmer für eine Maßnahme, die der allgemeinen Bildung dient (Sprachkurs Schwedisch), freizustellen: BAG 15.3.2005 – 9 AZR 104/04, NZA 2006, 496.

[4] GVBl. 2005 II 57, das Bildungsfreistellungs- und Qualifizierungsgesetz für das Land Schleswig-Holstein (§ 3) und das Saarländische Weiterbildungs- und Bildungsurlaubsgesetz (§ 2 Abs. 3–5).

Jacobsen

	Dauer	Wartezeit	Weiterbildung	Entgeltfortzahlung	Antrag	Versagung	Erkrankung	Bescheinigung
Niedersachsen	5 Arbeitstage innerhalb eines Kalenderjahres	keine	Weiterbildung	gem. Gesetz z. Regelung der Lohnzahlung an Feiertagen (BGBl. 1951 I 479)	spätestens vier Wochen vor gewünschtem Beginn **(schriftlich)**	zwingende betriebliche Belange	keine Anrechnung bei Vorlage eines Attestes	bloße Angabe der Veranstaltung erforderlich
Nordrhein-Westfalen	5 Arbeitstage innerhalb eines Kalenderjahres	sechs Monate	berufliche und politische Weiterbildung	gem. Gesetz z. Regelung der Lohnzahlung an Feiertagen (BGBl. 1951 I 479)	spätestens sechs Wochen vor gewünschtem Beginn **(schriftlich)**	zwingende betriebliche Belange	keine Anrechnung bei Vorlage eines Attestes	**bei Antrag:** Vorlage der Anerkennungsbescheinigung zzgl. Programm **danach:** Teilnahmebescheinigung
Rheinland-Pfalz	10 Arbeitstage innerhalb von zwei Kalenderjahren	zwei Jahre	berufliche oder gesellschaftspolitische Weiterbildung	gem. BUrlG	spätestens sechs Wochen vor gewünschtem Beginn **(schriftlich)**	dringende betriebliche Erfordernisse	keine Regelung	**bei Antrag:** Vorlage der Anerkennungsbescheinigung zzgl. Programm **danach:** Teilnahmebescheinigung
Saarland	drei Arbeitstage pro Kalenderjahr, wenn der Beschäftigte im gleichen Umfang arbeitsfreie Zeit verwendet	zwölf Monate	politische und berufliche Weiterbildung	Fortzahlung des bisherigen Arbeitsentgelts ohne Minderung	spätestens sechs Wochen vor gewünschtem Beginn	zwingende betriebliche oder dienstliche Belange	keine Anrechnung bei Vorlage eines Attestes	auf Verlangen des AG Vorlage der Anmeldung und Teilnahmebescheinigung
Sachsen-Anhalt	5 Arbeitstage innerhalb eines Kalenderjahres	sechs Monate	Weiterbildung über die gegenwärtigen und zukunftsbezogenen Gestaltungsmöglichkeiten der Arbeitswelt und ihre gesellschaftlichen Auswirkungen	bisheriges Arbeitsentgelt gem. Bestimmungen zum Erholungsurlaub; Beihilfen und Zuschüsse werden angerechnet	spätestens sechs Wochen vor gewünschtem Beginn **(schriftlich)**	zwingende betriebliche Belange	keine Anrechnung bei Vorlage eines Attestes	**bei Antrag:** Vorlage der Anerkennungsbescheinigung zzgl. Programm **danach:** Teilnahmebescheinigung
Schleswig-Holstein	5 Arbeitstage innerhalb eines Kalenderjahres (Anspruch kann mit dem Anspruch aus dem Folgejahr bis zu 10 Tagen verbunden werden, wenn die Verblockung eines Seminars notwendig ist)	sechs Monate	allgemeine, politisch und berufliche Weiterbildung	bisheriges Arbeitsentgelt gem. Bestimmungen zum Erholungsurlaub	spätestens sechs Wochen vor gewünschtem Beginn	Bei betrieblichen oder dienstlichen Gründen oder Urlaubswünsche anderer Beschäftigter, die unter sozialen Gesichtspunkten den Vorrang genießen	keine Anrechnung bei Vorlage eines Attestes	**bei Antrag:** Vorlage der Anerkennungsbescheinigung **Danach:** Auf Wunsch des AG Teilnahmebescheinigung
Thüringen	5 Arbeitstage innerhalb eines Kalenderjahres Für Auszubildende: 3 Arbeitstage innerhalb eines Kalenderjahres	sechs Monate	gesellschaftspolitische Bildung, arbeitsweltbezogene Bildung und ehrenamtsbezogene Weiterbildung	entsprechend den einzel- oder tarifvertraglichen Regelungen sowie gem. BUrlG	spätestens acht Wochen vor gewünschtem Beginn **(schriftlich)**	dringende betriebliche Belange	keine Anrechnung bei Vorlage eines Attestes	Vorlage der Anerkennungsbescheinigung Teilnahmebescheinigung

5 Die Begriffe der politischen und beruflichen Weiterbildung sind gesetzlich nicht definiert. Entsteht Streit, ob die betreffende Bildungsveranstaltung den Voraussetzungen des Landesgesetzes genügt, ist von den Gerichten für Arbeitssachen zu prüfen, ob die betreffende Bildungsveranstaltung inhaltlich den gesetzlichen Vorgaben entspricht.[5]

Beispiele aus der Rechtsprechung:
- Veranstaltung an der Costa Brava mit dem Thema „Das Meer – Ressource und Abfalleimer" dient nicht zur politischen Weiterbildung.[6]
- Studiengang „Architektur, Städtebau und aktuelle Situation in den neuen Bundesländern" dient nicht der politischen Weiterbildung.[7]

---

[5] Vgl. BAG 9.2.1993 – 9 AZR 648/90, NZA 1993, 1032.
[6] BAG 24.10.1995 – 9 AZR 244/94, AP BildungsurlaubsG NRW § 1 Nr. 16.
[7] BAG 24.10.1995 – 9 AZR 431/94, EzA AWbG NW § 7 Nr. 22.

- Veranstaltung „Ökologische Wattenmeerexkursion" stellt politische Weiterbildung dar.[8]
- Auch das Seminar „Nordsee – Müllkippe Europas?!" stellt politische Weiterbildung dar.[9]
- Veranstaltung „Mit dem Fahrrad auf Gesundheitskurs" ist weder berufliche noch politische Weiterbildung.[10]
- Bildungsveranstaltung „Sylt – Eine Insel in Not; Lehrstück einer Umweltzerstörung" kann politische Weiterbildung sein.[11]
- Bildungsveranstaltung zur Stresserkennung und -bewältigung dient der beruflichen Weiterbildung, wenn nach dem Konzept die vermittelten Kenntnisse und Fähigkeiten von den Arbeitnehmern bei der beruflichen Tätigkeit zur besseren Bewältigung von Stress- und Konfliktsituationen verwertet werden können und sich damit für den Arbeitsprozess vorteilhaft auswirken.[12]
- Nach dem Niedersächsischen Gesetz über den Bildungsurlaub für Arbeitnehmer- und Arbeitnehmerinnen fallen schwedische Sprachkurse auch dann unter dem Begriff des Bildungsurlaubes, wenn dabei weder eine politische noch eine berufliche Weiterbildung vorliegt.[13]
- Ein Sprachkurs dient dann nicht der politischen Weiterbildung, wenn er die Vertiefung vorhandener Sprachkenntnisse bezweckt und wenn landeskundliche und politische Themen nur die Übungsbereiche für die Anwendung der vorhandenen und erworbenen Sprachkenntnisse sind.[14]
- Sprachkurs „Italienisch für Anfänger" dient der beruflichen Weiterbildung einer Krankenschwester, den während ihrer Tätigkeit italienischen Patienten zu betreuen hat.[15]
- Ein Spanisch-Intensiv-Sprachkurs für eine Journalistin mit dem Aufgabenbereich Öffentlichkeitsarbeit eines städtischen Presse- und Informationsamtes dient der beruflichen Weiterbildung, wenn die Stadt regelmäßig kulturelle Veranstaltungen durchführt, an der sich die Bevölkerung spanischer Herkunft beteiligt, oder diese sich mit dem spanischen Sprachraum, insbesondere auch mit Lateinamerika befassen.[16]
- Spanisch in Quito dient der beruflichen Weiterbildung nach dem Hamburgischen Bildungsurlaubsgesetz, wenn die Veranstaltung auch dazu dient, die berufliche Mobilität des Arbeitnehmers zu erhalten, zu verbessern oder zu erweitern. Ein Sprachkurs erfüllt diese Voraussetzungen, wenn der Arbeitnehmer die vermittelten Kenntnisse zwar nicht für seine gegenwärtige Arbeitsaufgabe benötigt, der Arbeitgeber aber grundsätzlich Wert auf Sprachkenntnisse legt und entsprechende Tätigkeitsbereiche bestehen.[17]
- Es dient nicht der beruflichen Weiterbildung nach dem Hamburgischen Bildungsurlaubsgesetz, wenn die Veranstaltung ausschließlich dazu dient, den Stellenwechsel zu einem anderen Arbeitgeber vorzubereiten.[18]
- Die Teilnahme an einem Sprachkurs „Italienisch für Anfänger" dient nicht der beruflichen Weiterbildung eines Rechtssekretärs.[19]
- Weiterbildungsveranstaltung „Leben an der deutsch-polnischen Grenze" findet außerhalb der Bundesrepublik Deutschland statt, wenn die Teilnehmer in einem Hotel in Polen wohnen und die Veranstaltung überwiegend auf polnischem Gebiet stattfindet.[20]
- Die Teilnahme an einem allgemein zugänglichen Seminar einer Gewerkschaft ist selbst dann eine politische Weiterbildung, wenn das Seminar gleichzeitig als Betriebsräteschulung nach § 37 Abs. 7 BetrVG gekennzeichnet ist.[21]
- Bei dem Kurs „Yoga I – erfolgreich und entspannt im Beruf mit Yoga und Meditation" handelt es sich um eine Bildungsveranstaltung, die auch der beruflichen Qualifikation dient.[22]
- Eine Bildungsveranstaltung mit dem Thema „Arbeitnehmer(innen) in Betrieb, Wirtschaft und Gesellschaft" kann den Anforderungen des § 1 Abs. 4 BW entsprechen.[23]

---

[8] BAG 24.8.1993 – 9 AZR 240/90, NZA 1994, 456.
[9] BAG 5.12.1995 – 9 AZR 666/94, AP BildungsurlaubsG NRW § 1 Nr. 22.
[10] BAG 9.5.1995 – 9 AZR 185/94, NZA 1996, 256.
[11] LAG Köln 31.5.1994 – 11 (12) Sa 158/93, NZA 1994, 1035.
[12] BAG 24.10.1995 – 9 AZR 244/94, EzA AWbG NW § 7 Nr. 25.
[13] LAG Niedersachsen 20.1.2004 – 13 Sa 1042/03, NZA-RR 2004, 520.
[14] BAG 24.8.1993 – 9 AZR 473/90, NZA 1994, 451.
[15] BAG 15.6.1993 – 9 AZR 261/90, NZA 1994, 692.
[16] BAG 21.10.1997 – 9 AZR 510/96, NZA 1998, 758.
[17] BAG 17.2.1998 – 9 AZR 100/97, NZA 1999, 87.
[18] BAG 18.5.1999 – 9 AZR 381/98, NZA 2000, 98.
[19] LAG Düsseldorf 20.2.2001 – 6 Sa 1619/00, nicht veröffentlicht.
[20] LAG Hamm 8.2.2006 – 18 Sa 425/05, BeckRS 2006, 41524.
[21] BAG 21.7.2015 – 9 AZR 418/14, BeckRS 2016, 40.
[22] LAG Berlin-Brandenburg 11.4.2019 – 10 Sa 2076/18, NZA-RR 2019, 409.
[23] LAG Baden-Württemberg 9.8.2017 – 2 Sa 4/17, BeckRS 2017, 127524.

III. Durchführung

6 Zur Erfüllung des Bildungsurlaubsanspruchs hat der Arbeitgeber den Arbeitnehmer bei Vorliegen der Voraussetzungen für den Bildungsurlaub von der Arbeit freizustellen.[24] Der Arbeitnehmer darf sich insbesondere **nicht selbst beurlauben**.[25] Eine ungerechtfertigte Verweigerung der Freistellung führt zur Schadensersatzpflicht des Arbeitgebers.

7 Gewährt der Arbeitgeber den Bildungsurlaub, ist er an seine Freistellungserklärung gebunden und hat der Arbeitnehmer Anspruch auf **Entgeltzahlung** für die Zeit des Bildungsurlaubs nach Maßgabe der betreffenden landesgesetzlichen Regelung. Ein **Vorbehalt** im Hinblick auf die Vergütungszahlung ist **unbeachtlich.** Ebenso wenig kommt es darauf an, ob der Arbeitgeber bei der Freistellungserklärung den Verpflichtungswillen für die Entgeltfortzahlung hatte.[26]

8 Hat der Arbeitgeber die Freistellung von der Arbeit erklärt und der Arbeitnehmer daraufhin die Bildungsveranstaltung besucht, ist die Vergütung für die Zeit der Freistellung unabhängig davon zu entrichten, welchen Inhalt die Veranstaltung hatte. Darauf, ob die Veranstaltung den gesetzlichen Erfordernissen genügte, kommt es dann nicht mehr an.[27] Umgekehrt hat der Arbeitnehmer dann, wenn der Arbeitgeber die Erteilung von Bildungsurlaub ablehnt, statt dessen aber eine unbezahlte Freistellung anbietet, und der Arbeitnehmer davon Gebrauch macht, keinen Anspruch auf Entgeltfortzahlung nach dem Bildungsurlaubsgesetz, wenn er ohne Vorbehalt an der Veranstaltung teilgenommen hat.[28]

9 Gibt der Arbeitgeber die Freistellungserklärung nicht ab, kann der Arbeitnehmer den Versuch unternehmen, den Freistellungsanspruch gerichtlich durchzusetzen. Die Klage auf Abgabe der Freistellungserklärung[29] wird in den meisten Fällen nicht bis zur Bildungsveranstaltung rechtskräftig abgeschlossen sein.

10 Wenn im Hinblick auf einen Bildungsurlaubsanspruch der Arbeitgeber dem Arbeitnehmer unbezahlten Urlaub gewährt und beide sich darauf verständigen, den Streit über die Vergütungspflicht gerichtlich auszutragen, stellt dies prozessual einen Sonderfall dar. Hier lässt das BAG ausnahmsweise eine Feststellungsklage zu, weil sich aus der begehrten Feststellung Rechtsfolgen für die Gegenwart/Zukunft (Vergütungspflicht) ergeben.[30]

11 **Formulierungsvorschlag** für in diesem Sonderfall zulässigen Antrag:
...... festzustellen, dass die/der Beklagte verpflichtet war, den/die Kläger/in am ....../vom ...... bis ...... nach Maßgabe des Bildungsurlaubsgesetzes des Landes ...... unter Fortzahlung der Vergütung freizustellen.

12 Kommt eine Vereinbarung mit dem Arbeitgeber über eine bezahlte Freistellung unter dem Vorbehalt einer nachträglichen gerichtlichen Klärung des geltend gemachten Bildungsurlaubsanspruches nicht zustande, bleibt allein die Möglichkeit des Antrags auf Erlass einer einstweiligen Verfügung (§§ 935, 940 ZPO). Der Verfügungsgrund kann gegeben sein, wenn die betreffende Bildungsveranstaltung in absehbarer Zeit nicht erneut angeboten wird.[31]

13 Bildungsurlaub ist Gegenstand der Mitbestimmung des Betriebsrates nach § 87 Abs. 1 Nr. 5 BetrVG. Das Mitbestimmungsrecht betrifft die Aufstellung allgemeiner Freistellungsgrundsätze und eines Freistellungsplanes sowie gegebenenfalls die Festsetzung der zeitlichen Lage der Arbeitsfreistellung im Einzelfall.[32]

---

[24] BAG 11.5.1993 – 9 AZR 231/98, AP BildungsurlaubsG NRW § 1 Nr. 2.
[25] BAG 21.9.1993 – 9 AZR 335/91, AP BildungsurlaubsG NRW § 1 Nr. 7.
[26] BAG 21.9.1993 – 9 AZR 335/91, AP BildungsurlaubsG NRW § 1 Nr. 6.
[27] Vgl. BAG 11.5.1993 – 9 AZR 231/989, AP BildungsurlaubsG NRW § 1 Nr. 2; 21.9.1993 – 9 AZR 335/91, AP BildungsurlaubsG NRW § 1 Nr. 7.
[28] Vgl. BAG 7.12.1993 – 9 AZR 325/92, NZA 1994, 453.
[29] Vollstreckbar nach § 894 ZPO, → § 25 Rn. 231.
[30] BAG 15.6.1993 – 9 AZR 261/90, AP BildungsurlaubsG NRW § 1 Nr. 4; 17.2.1998 – 9 AZR 100/97, AP BildungsurlaubsG Hamburg § 1 Nr. 1; 9.6.1998 – 9 AZR 466/97, AP BildungsurlaubsG Rheinland-Pfalz § 3 Nr. 1.
[31] Vgl. LAG Hamm 2.12.1993 – 4 Sa 1321/93, LAGE AWbG NW § 7 Nr. 18.
[32] BAG 28.5.2002 – 1 ABR 37/01, NZA 2003, 171.

Teil G. Nebenpflichten im Arbeitsverhältnis

§ 30 Geheimnisschutz

Übersicht

	Rn.
I. Grundlagen und Praxisrelevanz	1–4
II. Schweigepflicht während des bestehenden Arbeitsverhältnisses	5–32
1. Schutz von Betriebs- und Geschäftsgeheimnissen	5–15
a) Begriff	11–14
b) Beispiele	15
2. Schutz vertraulicher Angaben und Mitteilungen	16/17
3. Schutz aller betriebsbezogenen Tatsachen?	18
4. Geheimhaltung des Gehalts und sonstiger Vertragsinhalte	19–21
5. Einbeziehung von Drittunternehmen	22
6. Rechtsfolgen bei Verstoß	23–32
a) Insbesondere: Sanktionen bei unerlaubter Offenlegung von Geschäftsgeheimnissen	24–26
b) Zivilrechtliche Sanktionen – das Anspruchssystem des GeschGehG	27–31
c) Verstöße gegen sonstige Schweigepflichten	32
III. Nachvertragliche Schweigepflicht	33–48
1. Nachvertraglicher Schutz von Betriebs- und Geschäftsgeheimnissen	34–38
2. Abgrenzung zum nachvertraglichen Wettbewerbsverbot	39–45
3. Rechtsfolgen bei Verstoß	46–48
IV. Geheimhaltung und Offenbarung betrieblicher Missstände; Whistleblowing	49–70
V. Schweigepflicht besonderer Arbeitnehmergruppen	71–77
VI. Vertragsgestaltung	78–81
1. Arbeitsvertrag	78–80
2. Aufhebungsvertrag	81
VII. Prozessuales	82–87

I. Grundlagen und Praxisrelevanz

Die **Schweigepflicht des Arbeitnehmers** in Bezug auf Geschäfts- und Betriebsgeheimnisse stellt seit jeher eine **zentrale Nebenpflicht** aus dem Arbeitsverhältnis dar.[1] Grundlegend ist die Unterscheidung zwischen der Geheimhaltungspflicht während des bestehenden Arbeitsverhältnisses und derjenigen nach dem Ausscheiden. Während der Laufzeit des Arbeitsverhältnisses wird die erwartete Loyalität des Arbeitnehmers durch die Vergütung faktisch mit abgegolten. Nach Beendigung des Arbeitsverhältnisses bezieht der Arbeitnehmer (falls kein nachvertragliches Wettbewerbsverbot im Sinne der §§ 74 ff. HGB oder eine Ruhegehaltsvereinbarung greift) keine Vergütung mehr vom vormaligen Arbeitgeber. Das Interesse des Arbeitgebers an einem umfassenden Geheimnisschutz bleibt aber unabhängig davon bestehen, ob bestimmte Arbeitnehmer das Unternehmen verlassen haben. Dem steht das Interesse des Ausgeschiedenen an der unbeschränkten Verwertung seines bestehenden oder erworbenen Know-hows gegenüber. 1

Die allgemeine Schweigepflicht für Arbeitnehmer ist – bisher – **gesetzlich nicht geregelt**. Der vom Arbeitskreis Deutsche Rechtseinheit im Arbeitsrecht vorgelegte Gesetzesentwurf aus dem Jahre 1992[2] sah in seinem § 90 die Verpflichtung des Arbeitnehmers vor, über Be- 2

---

[1] Zum Stellenwert des Geschäftsgeheimnisschutzes im Rahmen des Unternehmensschutzes schon Westermann Know-how-HdB S. 2 ff.; Wodtke/Richters, Schutz von Betriebs- und Geschäftsgeheimnissen, 2004, S. 15 ff.; Kragler/Otto/Kragler, Schützen Sie Ihr Unternehmen, 1991, S. 13 ff.; zum neuen Gesetz zum Schutz von Geschäftsgeheimnissen Reinfeld Neues GeschGehG § 1 Rn. 83 ff.
[2] ArbVG 92; mit Begründung abgedruckt im Band I Gutachten D zum 59. Deutschen Juristentag Hannover 1992.

triebs- und Geschäftsgeheimnisse und über bestimmte oder bestimmbare, vom Arbeitgeber aus berechtigtem Interesse als geheimhaltungsbedürftig bezeichnete Tatsachen Verschwiegenheit zu wahren. Diese Verpflichtung sollte über die Beendigung des Arbeitsverhältnisses hinaus bestehen, es sei denn, sie wirkt wie ein nachvertragliches Wettbewerbsverbot. In ähnlicher Weise wird die Verschwiegenheitspflicht in § 77 des Diskussionsentwurfs eines Arbeitsvertragsgesetzes[3] aus dem Jahr 2007 geregelt.

3   Seit dem 26.4.2019 ist das **Gesetz zum Schutz von Geschäftsgeheimnissen (GeschGehG)** in Kraft.[4] Dies erfolgte in Umsetzung der vorausgegangenen Richtlinie (EU) 2016/943 „über den Schutz vertraulichen Know-hows und vertraulicher Geschäftsinformationen (Geschäftsgeheimnisse) vor rechtswidrigem Erwerb sowie rechtswidriger Nutzung und Offenlegung" vom 8.6.2016.[5] Das neue Gesetz trägt der immensen und weiter steigenden Bedeutung von Betriebs- und Geschäftsgeheimnissen im Wirtschaftsleben Rechnung. Es regelt den **Umgang mit Geschäftsgeheimnissen unter Privaten** und wirkt damit auf alle Bereiche des Arbeits- und Wirtschaftsrechts ein. Ziel des Gesetzes ist nach § 1 Abs. 1 GeschGehG der Schutz von Geschäftsgeheimnissen vor unerlaubter Erlangung, Nutzung und Offenlegung. Das Gesetz enthält ausführliche Regelungen zur Tatbestands- und Rechtsfolgenseite solcher Geheimnisverletzungen sowie – erstmals im deutschen Recht – einen besonderen prozessualen Geheimnisschutz. Obwohl das GeschGehG **im Kern kein arbeitsrechtliches Gesetz** ist – die Rechte und Pflichten aus dem Arbeitsverhältnis und die Rechte der Arbeitnehmervertretungen sollen nämlich unberührt bleiben (§ 1 Abs. 3 Nr. 4 GeschGehG) –, gelten die dortigen „Spielregeln" für den (erlaubten und unerlaubten) Umgang mit Geschäftsgeheimnissen auch und gerade im Verhältnis der Arbeitsvertragspartner.

4   Die Auswirkungen des GeschGehG auf die betriebliche und Arbeitsvertragspraxis sind gravierend. Hierbei spielt nicht nur die durch das Gesetz geprägte neue Begrifflichkeit beim Umgang mit Geschäftsgeheimnissen eine Rolle (Erlangung, Nutzung und Offenlegung). Für die Praxis besonderes bedeutsam ist das Erfordernis **angemessener Geheimhaltungsmaßnahmen** in Bezug auf die geheimzuhaltende Information. Können solche Geheimhaltungsmaßnahmen nicht festgestellt werden, liegt erst gar kein Geschäftsgeheimnis vor (vgl. § 2 Nr. 1b GeschGehG), und der Inhaber der Information ist nach dem GeschGehG schutzlos gestellt.[6]

II. Schweigepflicht während des bestehenden Arbeitsverhältnisses

1. Schutz von Betriebs- und Geschäftsgeheimnissen

5   Die Schweigepflicht bezieht sich in erster Linie auf Betriebs- und Geschäftsgeheimnisse. Zumindest mittelbar war die Schweigepflicht in Bezug auf Betriebs- und Geschäftsgeheimnisse während des bestehenden Arbeitsverhältnisses bis zum Inkrafttreten des GeschGehG in § 17 Abs. 1 UWG normiert. Mit Wirkung vom 26.4.2019 ist **§ 17 Abs. 1 UWG** aufgehoben und materiell-rechtlich **von § 23 Abs. 1 Nr. 3 GeschGehG abgelöst** worden. Die unbefugte Offenlegung von Geschäftsgeheimnissen – zu diesen zählen auch bisher so bezeichnete Betriebsgeheimnisse – steht unter Strafe, wenn die Tat „während der Geltungsdauer des Beschäftigungsverhältnisses" erfolgt.[7]

6   Voraussetzung für die Strafbarkeit des Arbeitnehmers ist, dass er
- ein Geschäftsgeheimnis (Legaldefinition in § 2 Nr. 1 GeschGehG)
- das ihm im Rahmen des Beschäftigungsverhältnisses anvertraut worden oder zugänglich geworden ist

---

[3] Vgl. NZA-Beilage 1 (2007) (zu Heft 21/2007).
[4] Eingehend *Reinfeld* Neues GeschGehG 2019; Übersichten auch bei *Ohly* GRUR 2019, 441; *Alexander* WRP 2019, 673; *Dann/Markgraf* NJW 2019, 1774; *Rosenthal/Hamann* NJ 2019, 321.
[5] RL (EU) 2016/943, ABl. 2016 L 157; hierzu *Rauer/Eckert* DB 2016, 1239; *Heinzke* CCZ 2016, 179; *Redeker/Pres/Gittinger* WRP 2015, 681 ff., 812 ff.
[6] Zu den Anforderungen an angemessene Geheimhaltungsmaßnahmen etwa *Maaßen* GRUR 2019, 352; *Leister* GRUR-Prax 2019, 75; *Reinfeld* Neues GeschGehG § 1 Rn. 148 ff., 169 ff.
[7] Ausf. Köhler/Bornkamm/*Bornkamm* UWG § 17 Rn. 1 ff. sowie die sonstige Kommentarliteratur zum UWG; instruktiv auch Kragler/Otto/*Brammsen*, Schützen Sie Ihr Unternehmen, 1991, S. 69 ff.

- entgegen § 4 Abs. 2 Nr. 3 GeschGehG, dh wider eine Verpflichtung, das Geheimnis nicht offenzulegen, offenlegt (= Tathandlung), und zwar
- während der Geltungsdauer des Beschäftigungsverhältnisses und darüber hinaus
- zur Förderung der eigenen oder fremden Wettbewerbs, aus Eigennutz, zugunsten eines Dritten oder in der Absicht, dem Inhaber eines Unternehmens Schaden zuzufügen.[8]

Bei der unerlaubten Offenlegung von Geschäftsgeheimnissen handelt es sich auch nach Inkrafttreten des GeschGehG um ein Antragsdelikt (§ 23 Abs. 8 GeschGehG). Antragsberechtigt ist der Geheimnisinhaber zum Zeitpunkt der Tat. Zudem handelt es sich um ein Privatklagedelikt (§ 374 Abs. 1 Nr. 7 StPO).

Vor Inkrafttreten des GeschGehG stand der Verrat von Geschäfts- und Betriebsgeheimnissen (so auch die Überschrift in § 17 UWG aF) im Vordergrund. Die Begrifflichkeit des neuen Gesetzes hat aber den Blick geschärft auf die verschiedenen **Modalitäten einer Geschäftsgeheimnisverletzung,** die in den drei Varianten der
- unerlaubten Erlangung
- unerlaubten Nutzung oder
- unerlaubten Offenlegung

eines Geschäftsgeheimnisses vorkommen (und sanktioniert werden) kann. Hierbei ist vom Begriff der **Erlangung** jegliche Kenntnisnahme eines Geschäftsgeheimnisses in dem Sinne erfasst, dass in der Folge faktisch darüber verfügt werden kann. Unter **Nutzung** ist jede Verwendung eines Geschäftsgeheimnisses zu verstehen, solange es sich nicht um eine Offenlegung handelt. **Offenlegung** ist jede Eröffnung des Geschäftsgeheimnisses gegenüber Dritten, nicht notwendig gegenüber der Öffentlichkeit.[9]

§ 3 GeschGehG regelt erlaubte Handlungen, § 4 GeschGehG Handlungsverbote. Hervorzuheben sind die **Erlangungsverbote** des § 4 Abs. 1 Nr. 1 GeschGehG, die dort – verkürzt formuliert – mit dem unbefugten Zugang, der unerlaubten Aneignung und dem unerlaubten Kopieren von Geschäftsgeheimnissen beschrieben sind. Aus arbeitsrechtlicher Sicht regeln § 4 Abs. 1 Nr. 2 und 3 GeschGehG scheinbare Tautologien. Ein **Nutzungsverbot** besteht für denjenigen, der gegen eine Verpflichtung zur Beschränkung der Nutzung des Geschäftsgeheimnisses verstößt (Nr. 2), und ein **Offenlegungsverbot** trifft denjenigen, der gegen eine Verpflichtung verstößt, das Geschäftsgeheimnis nicht offenzulegen (Nr. 3).

Deutlich wird hierbei, dass das GeschGehG nicht als arbeitsrechtliches Gesetz konzipiert ist. Das Gesetz stellt aber **Spielregeln für den Umgang mit Geschäftsgeheimnissen für den gesamten Bereich der privaten Wirtschaft** auf, und an diese haben sich die Arbeitsvertragspartner zu halten, wenn sie gesetzlichen Schutz anstreben bzw. behalten wollen oder von Sanktionen wegen Geschäftsgeheimnisverletzungen verschont bleiben wollen. Das GeschGehG differenziert auch nicht etwa dahingehend, ob Sachverhalte im Vorfeld, während oder nach Beendigung eines Vertragsverhältnisses „spielen". Für Geschäftsgeheimnisverletzungen gilt seit dem 26.4.2019 insgesamt das Regelungsregime des GeschGehG mit seinen zivilrechtlichen Rechtsfolgen-Regelungen und der Strafnorm des § 23 GeschGehG, die die aufgehobenen §§ 17 ff. UWG aF abgelöst hat. Hiervon unabhängig kann der Arbeitgeber Geheimnisverletzungen arbeitsrechtlich sanktionieren.

a) Begriff. Der Begriff des **Geschäftsgeheimnisses** ist mit dem Inkrafttreten des GeschGehG erstmals im deutschen Privatrecht **legaldefiniert.** § 2 Nr. 1 GeschGehG definiert das Geschäftsgeheimnis als eine Information, die
- weder insgesamt noch in der genauen Anordnung und Zusammensetzung ihrer Bestandteile den Personen in den Kreisen, die üblicherweise mit dieser Art von Informationen umgehen, allgemein bekannt oder ohne weiteres zugänglich und daher von wirtschaftlichem Wert ist *und*
- Gegenstand von den Umständen nach angemessenen Geheimhaltungsmaßnahmen durch ihren rechtmäßigen Inhaber ist *und*
- bei der ein berechtigtes Interesse an der Geheimhaltung besteht.

---

[8] Zu den einzelnen Tatbestandsmerkmalen Köhler/Bornkamm/Feddersen/*Alexander* GeschGehG § 2 Rn. 21 ff.; *Reinfeld* Neues GeschGehG § 7 Rn. 70 ff.
[9] Ausf. *Reinfeld* Neues GeschGehG § 3 Rn. 11 ff.

12 Das ist der Gesetzeswortlaut, der es wegen der gewählten Buchstabenabfolge zunächst nahelegt, von lediglich drei Tatbestandsvoraussetzungen für das Vorliegen eines Geschäftsgeheimnisses auszugehen. Tatsächlich sind aber insgesamt **fünf Voraussetzungen** zu prüfen, nämlich
- das Vorliegen einer Information
- deren „Geheimheit" oder auch Nichtoffenkundigkeit, umschrieben in § 2 Nr. 1a GeschGehG
- deren auf der „Geheimheit" beruhender wirtschaftlicher Wert,
- das Vorliegen angemessener Geheimhaltungsmaßnahmen seitens des (unter § 2 Nr. 2 GeschGehG gesondert definierten) Geheimnisinhabers und
- das berechtigte Geheimhaltungsinteresse in Bezug auf die Information.

13 Die von der Rechtsprechung geprägte **bisherige Definition des Betriebs- oder Geschäftsgeheimnisses** gilt grundsätzlich außerhalb des Geltungsbereichs des GeschGehG weiter, zumal die Begriffsbestimmung des Geschäftsgeheimnisses nach § 2 Nr. 1 GeschGehG zunächst nur für dieses Gesetz Geltung beansprucht (vgl. den Eingangssatz in § 2 GeschGehG: „Im Sinne dieses Gesetzes"). Nach herkömmlichem Verständnis sind Betriebs- oder Geschäftsgeheimnisse Tatsachen, hinsichtlich derer folgende Voraussetzungen kumulativ erfüllt sind:
- Die Tatsache muss im Zusammenhang mit einem Geschäftsbetrieb stehen.
- Die Tatsache darf nur einem eng begrenzten Personenkreis bekannt sein.
- Die Tatsache soll nach dem bekundeten Willen des Betriebsinhabers geheim gehalten werden.
- Es muss ein berechtigtes wirtschaftliches Interesse des Betriebsinhabers an der Geheimhaltung der Tatsache bestehen.[10]

14 Arbeitsrechtliche oder gar strafrechtliche Konsequenzen wegen einer Geheimnisverletzung sind nur möglich, wenn zum Zeitpunkt der Verletzungshandlung diese Voraussetzungen vorliegen. Bei arbeitsrechtlichen Auseinandersetzungen wird der Arbeitnehmer vielfach einwenden, dass es sich bei der weitergegebenen Tatsache nicht oder nicht mehr um ein (Betriebs- oder) Geschäftsgeheimnis handelte, weil eine der Voraussetzungen nicht oder nicht mehr gegeben war.

15 b) Beispiele. Als (Betriebs- oder) Geschäftsgeheimnisse kommen typischerweise kaufmännische oder technische, selbst innere Tatsachen und Informationen in Betracht, etwa[11]
- die Absicht, Waren auf dem Markt anzubieten
- Computerprogramme (Individualsoftware oder Standardprogramme)
- Formeln
- einzelne Geheimverfahren
- Geschäftsstrategien
- einzelne Geschäftsvorgänge
- Herstellungsverfahren
- der (unveröffentlichte) Jahresabschluss des Unternehmens
- Informationen über einen geplanten Personalabbau aufgrund Betriebsänderung[12]
- Kalkulationsunterlagen
- Kosteninformationen
- Kundenlisten[13]
- Lieferantenlisten
- Löhne und Gehälter (als Teil der Kalkulation)
- Marketingkonzepte
- Marktanalysen
- eine Maschine von komplizierter Bauart

---

[10] StRspr seit BGH 15.3.1955 – I ZR 111/53, GRUR 1955, 424 (425); aus jüngerer Zeit BGH 27.4.2006 – I ZR 126/03, NJW 2006, 3424; BAG 10.3.2009 – 1 ABR 87/07, NZA 2010, 180.
[11] Alphabetische Zusammenstellung möglicher Geschäftsgeheimnisse bei *Reinfeld* Neues GeschGehG § 1 Rn. 168.
[12] LAG Schleswig-Holstein 20.5.2015 – 3 TaBV 35/14, NZA-RR 2016, 77.
[13] Vgl. BGH 27.4.2006 – I ZR 126/03, NJW 2006, 3424.

- Modelle
- Preisberechnungen
- Prototypen
- Rezepte, Rezepturen
- Steuerprogramme (Beispiel: Geldspielautomaten)
- Unterlagen für die Betriebs-, Absatz- oder Vertriebsorganisation
- Unternehmensdaten
- eine bevorstehende Veräußerung des Unternehmens
- Vertragsverhandlungen und deren aktueller Stand
- Werbemethoden.

2. Schutz vertraulicher Angaben und Mitteilungen

Die arbeitsvertragliche Verschwiegenheitspflicht beschränkt sich nicht auf Geschäfts- und Betriebsgeheimnisse. Sie kann sich insbesondere auf sog. **vertrauliche Angaben** erstrecken. Hierunter sind Tatsachen zu verstehen, die zwar objektiv kein Betriebs- oder Geschäftsgeheimnis darstellen, vom Arbeitgeber aber aus einem berechtigten betrieblichen Interesse als vertraulich bezeichnet worden sind.[14] Auch § 90 Abs. 1 ArbVG-Entwurf 1992 und § 77 Abs. 1 des Diskussionsentwurfs eines Arbeitsvertragsgesetzes (Stand: November 2007)[15] dehnen die Verschwiegenheitspflicht des Arbeitnehmers auf bestimmte oder bestimmbare und vom Arbeitgeber aus berechtigtem Interesse als geheimhaltungsbedürftig bezeichnete Tatsachen aus. Nach wohl herrschender Auffassung ist die Ausdehnung der Verschwiegenheitspflicht auf solche vertraulichen Angaben anzuerkennen.[16] Im Aktienrecht sind vertrauliche Angaben explizit gesetzlich geschützt (§ 93 Abs. 1 S. 2 AktG).

Als vertrauliche Angaben kommen auch **persönlichkeitsrelevante Tatsachen** in Betracht, etwa in Bezug auf Arbeitskollegen oder die Person des Arbeitgebers selbst. Die Kennzeichnung einer bestimmten Tatsache als „vertraulich" durch den Arbeitgeber oder seinen Vertreter kann insoweit zur Begründung der Schweigepflicht ausreichen; einer besonderen vertraglichen Festschreibung bedarf es nicht, weil es sich letztlich um einen Anwendungsfall des Direktionsrechts handelt. Aus Arbeitgebersicht empfiehlt sich gleichwohl eine entsprechende Klarstellung im Arbeitsvertrag. Geht es allerdings um Verschwiegenheitsregelungen im Zusammenhang mit Vorwürfen sexueller Belästigung, kann gerade vor dem Hintergrund der aktuellen MeToo-Debatte eine differenzierte Betrachtung erforderlich sein.[17]

3. Schutz aller betriebsbezogenen Tatsachen?

Betriebsinterna sind grundsätzlich auch dann geheim zu halten, wenn diese Tatsachen nicht als Geschäfts- oder Betriebsgeheimnisse zu qualifizieren sind. Arbeitnehmer dürfen Dritten keine Inhalte der Kundenpost des Arbeitgebers mitteilen.[18] Die Erweiterung der Schweigepflicht auf sämtliche betriebliche Angelegenheiten ist problematisch, weil die **Reichweite des berechtigten Interesses des Arbeitgebers** kaum einmal sämtliche betrieblichen Angelegenheiten umfassen dürfte. Das LAG Hamm hat mit Recht klargestellt, dass eine Verschwiegenheitsvereinbarung nur insoweit zulässig sein kann, als die intendierte Geheimhaltung durch berechtigte betriebliche Interessen gerechtfertigt ist.[19] Die in Anstellungsverträgen häufig anzutreffende Klausel, wonach sämtliche während der Tätigkeit bei der Firma bekannt werdenden Geschäftsvorfälle geheim zu halten sind (sog. „Allklausel"), ist deshalb nicht anzuerkennen. Es handelt sich um einen **Fall der übermäßigen Vertrags-**

---

[14] Vgl. *Stege* DB 1977, 2 sowie die Nachweise bei *Taeger*, Die Offenbarung von Betriebs- und Geschäftsgeheimnissen, 1988, S. 130 Fn. 4.
[15] Abgedruckt in NZA-Beilage 1 (2007) (zu Heft 21/2007).
[16] So schon *Wochner* BB 1975, 1541 (1542) (dort in Fn. 16); auch *Reinfeld*, Verschwiegenheitspflicht und Geheimnisschutz im Arbeitsrecht, 1989, S. 8.
[17] Instruktiv etwa *Reufels/Gruber* ArbRB 2019, 307.
[18] So schon OLG Hamburg 22.8.1963 – 3 U 132/63, BB 1964, 193.
[19] LAG Hamm 5.10.1988 – 15 Sa 1403/88, DB 1989, 783 f. mwN.

bindung des Arbeitnehmers. Eine solche Klausel ist unwirksam.[20] Es greifen § 138 Abs. 1 BGB bzw. § 307 Abs. 1 BGB. Rechtsfolge der Unwirksamkeit der Klausel kann aber nicht sein, dass jedwede Verpflichtung zur Geheimhaltung von Betriebs- und Geschäftsgeheimnissen entfällt. Die dem Arbeitsverhältnis immanente Pflicht zur Wahrung von Geschäfts- und Betriebsgeheimnissen[21] ist durch die unwirksame Klausel nicht abbedungen.

4. Geheimhaltung des Gehalts und sonstiger Vertragsinhalte

19 Ein berechtigtes Geheimhaltungsinteresse kann der Arbeitgeber hinsichtlich des dem Arbeitnehmer versprochenen (außertariflichen) Gehalts und hinsichtlich sonstiger Inhalte des Anstellungsvertrages haben. Das BAG hat in einer zu § 79 BetrVG ergangenen Entscheidung klargestellt, dass **Lohn- und Gehaltsdaten** als Teil der betriebswirtschaftlichen Kalkulation ein **Geschäftsgeheimnis** darstellen können.[22] Dieser Entscheidung kann die Wertung entnommen werden, dass der Arbeitgeber ein anzuerkennendes Interesse daran haben kann, dass der Mitarbeiter über seine Vergütung Stillschweigen wahrt. Das berechtigte Arbeitgeberinteresse steht im Einzelfall dem Interesse des Arbeitnehmers gegenüber, überprüfen zu können, wie seine Vergütung im Vergleich zu Arbeitskollegen angesiedelt ist. Eine solche Überprüfungsmöglichkeit bietet für die dort vorgesehenen Fälle auch das am 6.7.2017 in Kraft getretene Entgelttransparenzgesetz.[23]

20 In zahlreichen Fällen der Praxis ist der Arbeitnehmer verpflichtet, seine Vergütung offenzulegen, etwa bei gesetzlichen **Mitteilungspflichten** oder wenn zur Ermittlung der Höhe von Abgaben und Lasten von Behörden Angaben zur Gehaltshöhe abgefragt werden; auch bei anderweitiger Stellensuche muss der Arbeitnehmer berechtigt sein, sein aktuell bezogenes Gehalt zu offenbaren. Hier stößt die arbeitsvertragliche Schweigepflicht an ihre Grenze.

21 In der Praxis verbreitet ist die Übernahme einer besonderen Schweigepflicht des Arbeitnehmers hinsichtlich des Inhalts von Vereinbarungen über die Beendigung des Arbeitsverhältnisses, insbesondere zur Höhe einer ausgehandelten **Abfindung**. In der Regel wird hier ein berechtigtes Interesse des Arbeitgebers daran bestehen, dass der Arbeitnehmer das individuelle Verhandlungsergebnis unbefugten Dritten nicht mitteilt.

5. Einbeziehung von Drittunternehmen

22 Soweit aus Arbeitgebersicht ein berechtigtes betriebliches Interesse besteht, kann die Geheimhaltungspflicht auch auf Betriebs- und Geschäftsgeheimnisse dritter Unternehmen erstreckt werden.[24] Ein solches Interesse dürfte im Regelfall nur bei einer **konzernmäßigen Verflechtung** von Arbeitgeber und Drittunternehmen iSd §§ 15 ff. AktG angenommen werden können. Beispielhaft ist die Konstruktion einer Beteiligungsholding zu nennen, deren Mitarbeiter wirksam verpflichtet werden müssen, Betriebs- und Geschäftsgeheimnisse der jeweiligen Tochtergesellschaften zu wahren.

6. Rechtsfolgen bei Verstoß

23 Geschäftsgeheimnisverletzungen durch Arbeitnehmer können vom Arbeitgeber in vielfältiger Weise sanktioniert werden. Aus arbeitsrechtlicher Sicht stellt sich die Frage nach der Berechtigung zur (außerordentlichen) Kündigung und der Geltendmachung von Vertragsstrafen. Wegen des hohen Schadenspotentials rücken daneben die „typischen" zivilrechtlichen Sekundäransprüche in den Vordergrund. Das **GeschGehG** stellt dem Arbeitgeber als Inhaber eines Geschäftsgeheimnisses einen umfänglichen **Anspruchskanon** zur Verfügung, der sich an dem Vorbild der sog. Durchsetzungsrichtlinie (Enforcement-Richtlinie) vom 29.4.

---

[20] Ausf. auch *Preis/Reinfeld* ArbuR 1989, 361 (362 ff.).
[21] Vgl. BAG 23.10.2008 – 2 ABR 59/07, NZA 2009, 855.
[22] BAG 26.2.1987 – 6 ABR 46/84, NZA 1988, 63 = AP BetrVG § 79 Nr. 2 mAnm *Teplitzky*; vgl. aber auch LAG Hamm 21.9.2001 – 10 TaBV 52/01, DB 2002, 1332; LAG Mecklenburg-Vorpommern 21.10.2009 – 2 Sa 183/09, BeckRS 2011, 65298.
[23] Zum Auskunftsanspruch nach § 10 EntGTranspG *Roloff* RdA 2019, 28.
[24] Vgl. auch Braun/Wisskirchen Konzernarbeitsrecht/*Fedder/Braner* S. 184 f.; Braun/Wisskirchen Konzernarbeitsrecht/*Röhrborn* S. 232 ff.

2004 ausrichtet. Die gesetzlichen Regelungen (§§ 6 ff. GeschGehG) decken nahezu alle gängigen Anspruchsziele ab und lassen nur noch wenig Anwendungsspielraum für grundsätzlich weiterbestehende vertragliche oder vertragsähnliche Ansprüche. Strafbar sind Geschäftsgeheimnisverletzungen nach § 23 GeschGehG. Die nachstehende Darstellung bezieht sich auf den Rechtsstand ab dem 26.4.2019[25] und stellt den praktisch wichtigen Fall des „Geheimnisverrats" exemplarisch an den Anfang.

a) Insbesondere: Sanktionen bei unerlaubter Offenlegung von Geschäftsgeheimnissen. 24
aa) Kündigung wegen Geheimnisverrats. Die unbefugte Weitergabe von Geschäfts- bzw. Betriebsgeheimnissen liefert auch in der „neuen" Handlungsform der unerlaubten Offenlegung von Geschäftsgeheimnissen einen **wichtigen Grund** im Sinne des § 626 Abs. 1 BGB. Eine Abmahnung kann entbehrlich sein. Entsprechendes gilt beim Verdacht eines Geheimnisverrats: Der gegen eine Führungskraft sprechende dringende Verdacht, sich unbefugt Betriebsgeheimnisse durch Herstellung und Speicherung einer privaten Datenkopie verschafft und dabei zu Zwecken des Wettbewerbs gehandelt zu haben (§ 17 Abs. 2 Nr. 1 UWG aF), kann ebenso ein wichtiger Grund für eine fristlose Kündigung ohne Abmahnung sein.[26]

bb) Zivilrechtliche Ansprüche und Vertragsstrafen. Neben dem Kündigungsausspuch 25 können Arbeitgeber in Fällen einer unerlaubten Offenlegung von Geschäftsgeheimnissen die Ansprüche aus §§ 6 ff. GeschGehG geltend machen. Diese werden sogleich unter b) im Zusammenhang dargestellt. Wegen des häufig hohen Schadens bei einem Verrat von Betriebs- oder Geschäftsgeheimnissen empfiehlt sich die Aufnahme einer **Vertragsstrafe** in den Anstellungsvertrag. Es ist davon auszugehen, dass die Vereinbarung von Vertragsstrafen trotz § 309 Nr. 6 BGB für den Fall eines Geheimnisverrats weiterhin möglich ist.[27] Was die Höhe einer anzuerkennenden Vertragsstrafe angeht, hat das BAG klargestellt, dass es keine generelle Höchstgrenze (zB ein Bruttomonatsgehalt) gibt; es ist – wie so oft – eine Interessenabwägung im Einzelfall erforderlich.[28]

cc) Strafbare Offenlegung von Geschäftsgeheimnissen. Die aus Arbeitnehmersicht gravie- 26 rendste Sanktion (neben der Kündigung des Arbeitsverhältnisses) dürfte die **Bestrafung** wegen Geheimnisverrats (§ 23 Abs. 1 Nr. 3 GeschGehG) sein. Allerdings handelt es sich auch bei Geltung des GeschGehG „nur" um ein Antragsdelikt; so findet die staatliche Strafverfolgung nur bei Vorliegen eines – allerdings häufig zu bejahenden (vgl. Nr. 260, 260a RiStBV) öffentlichen Interesses statt (§ 23 Abs. 8 GeschGehG). Ein Offizialdelikt stellt aber das Ausspähen von Daten dar (§ 203 StGB). Geht der Geheimnisverrat also mit einem Ausspähen von Daten einher, greift auch diese Vorschrift.

b) Zivilrechtliche Sanktionen – das Anspruchssytem des GeschGehG. Das Anspruchssys- 27 tem des GeschGehG ist für alle Fälle einer Rechtsverletzung konzipiert, greift also bei jeder rechtswidrigen Erlangung, Nutzung oder Offenlegung eines Geschäftsgeheimnisses entgegen § 4 GeschGehG (s. § 2 Nr. 3 GeschGehG). Im Arbeitsverhältnis können sämtliche Ansprüche greifen, wenn der Arbeitgeber Inhaber des Geschäftsgeheimnisses und der Arbeitnehmer Rechtsverletzer war. Anspruchsgegner kann auch ein ehemaliger Mitarbeiter sein. Geht es hierbei um Verletzungshandlungen nach dem Ausscheiden aus dem Arbeitsverhältnis, kommt es maßgeblich darauf an, inwieweit er wirksam zur nachvertraglichen Wahrung von Geschäftsgeheimnissen verpflichtet war.[29]

Das Gesetz kennt eine Reihe von **verschuldensunabhängigen Ansprüchen**. Im Übrigen 28 greifen diese Ansprüche selbstverständlich ebenso bei schuldhafter Rechtsverletzung. Einschlägig sind die §§ 6–8 GeschGehG. In § 6 GeschGehG geregelt sind die Ansprüche auf Beseitigung einer Beeinträchtigung sowie auf **Unterlassung**, und zwar sowohl bei Wiederholungsgefahr wie auch bei Erstbegehungsgefahr. § 7 GeschGehG enthält zum einen Ansprüche auf **Vernichtung oder Herausgabe** von Objekten, die das betroffene Geschäftsgeheimnis

---

[25] Zu den gesetzlichen Ansprüchen vor Inkrafttreten des GeschGehG vgl. Vorauflage § 30 Rn. 21–23.
[26] LAG Köln 17.8.2001 – 11 (7) Sa 484/00, BeckRS 2001, 30792860 = MDR 2002, 590.
[27] Grundlegend BAG 4.3.2004 – 8 AZR 196/03, NZA 2004, 727.
[28] BAG 25.9.2008 – 8 AZR 717/07, NZA 2009, 370; ausf. *Eisenbeis* → § 17 Rn. 44 ff.
[29] Zur nachvertraglichen Geheimhaltungspflicht → Rn. 33 ff.

enthalten oder verkörpern, darüber hinaus Ansprüche in Bezug auf rechtsverletzende Produkte, nämlich solche auf **Rückruf**, Entfernung aus den Vertriebswegen, Vernichtung und Rücknahme vom Markt.

29 § 8 Abs. 1 GeschGehG normiert einen umfänglichen **Auskunftsanspruch**, der nach Maßgabe von § 12 GeschGehG auch gegen den neuen Arbeitgeber (Unternehmensinhaber) des ehemaligen Mitarbeiters gerichtet werden kann. Schuldhaft verweigerte oder unrichtige Auskunftserteilung führt zur eigenständigen Schadensersatzverpflichtung (§ 8 Abs. 2 GeschGehG).

30 Verschiedene Ansprüche werden allein bei **Verschulden** des Rechtsverletzers gewährt. Dass Verschulden vorliegt, hat der Anspruchsteller im Streitfall zu beweisen. Dies gilt auch, wenn der Anspruchsgegner (ehemaliger) Arbeitnehmer ist. Es greift § 619 BGB. Zunächst ergibt sich ein **Schadensersatzanspruch** nach § 8 Abs. 2 GeschGehG bei schuldhaft unkorrekter Auskunftserteilung nach § 8 Abs. 1. Kernanspruch ist der Schadensersatzanspruch nach § 10 Abs. 1 und 2 GeschGehG. Dem Arbeitgeber stehen **drei Möglichkeiten der Schadensberechnung** zur Verfügung: Er kann seinen eigenen konkreten Schaden einschließlich des entgangenen Gewinns fordern oder den vom Verletzer erwirtschafteten Gewinn herausverlangen oder seinen Schaden im Wege der sog. Lizenzanalogie geltend machen. Der Lizenzanalogie als Berechnungsmethode kommt hierbei besondere praktische Bedeutung zu, vor allem bei der Verletzung technisch geprägter Geheimnisse.[30] Nach Maßgabe von § 10 Abs. 3 GeschGehG ist auch der **Ersatz eines Nichtvermögensschaden** möglich. Zusätzlich regelt § 13 GeschGehG einen besonderen Herausgabeanspruch nach Eintritt der Verjährung des Anspruchs aus § 10 GeschGehG. In § 14 S. 2 GeschGehG ist dann noch ein Sonderfall eines verschuldensabhängigen Anspruchs geregelt. Dieser betrifft den Aufwendungsersatzanspruch des Anspruchsgegners (Rechtsverletzers) für den Fall, dass die Geltendmachung eines Anspruchs nach dem GeschGehG gegen ihn rechtsmissbräuchlich im Sinne des § 9 GeschGehG ist.

31 **Einwendungen und Anspruchsausschlüsse** sind ausdrücklich in den §§ 9, 11 und 14 GeschGehG geregelt, während § 5 GeschGehG, der ursprünglich als Rechtfertigungsgrund vorgesehen war, bereits den Tatbestand einer Geheimnisverletzung ausschließt.[31] So kann die **Unverhältnismäßigkeit** der Erfüllung im Einzelfall (§ 9 GeschGehG) den (verschuldensunabhängigen) Ansprüchen aus §§ 6, 7 und 8 Abs. 1 entgegenstehen. Die **Abwendungsbefugnis durch Geldabfindung** (§ 11 GeschGehG) kann allein Ansprüchen aus § 7 und nur bei fehlender Schuld des Rechtsverletzers entgegenstehen. Hingegen kann das **Missbrauchsverbot** (§ 14 GeschGehG) sämtlichen Ansprüchen entgegenstehen. Die Geltendmachung der Ansprüche ist also unzulässig. In jedem zivilrechtlichen Verfahren nach dem GeschGehG ist also zukünftig zu prüfen, ob eine Norm dieser Einwendungstrias dem Anspruch entgegengehalten werden kann.

32 **c) Verstöße gegen sonstige Schweigepflichten.** Wird gegen eine wirksam auferlegte Geheimhaltungspflicht verstoßen, ohne dass Geschäftsgeheimnisse betroffen sind, kommen neben dem Ausspruch einer Abmahnung oder Kündigung in erster Linie Unterlassungs- und Schadensersatzansprüche in Betracht. Vorbereitend kann der Arbeitgeber Auskunft verlangen, im Prozess gegebenenfalls im Wege der Stufenklage vorgehen.

III. Nachvertragliche Schweigepflicht

33 Die Geheimhaltungspflicht des ausgeschiedenen Arbeitnehmers wird nicht zu Unrecht als „das wohl **umstrittenste und schwierigste Thema im Rahmen des zivilrechtlichen Geheimnisschutzes**"[32] bezeichnet. Hieran hat sich durch das Inkrafttreten des GeschGehG nichts geändert. Denn das neue Gesetz beantwortet gerade nicht die arbeitsrechtlichen Fragen zum Bestehen und Umfang der Geheimhaltungspflicht des ausgeschiedenen Arbeitnehmers, son-

---

[30] Speziell hierzu BAG 24.6.1986 – 3 AZR 486/84, AP BGB § 611 Betriebsgeheimnis Nr. 4.
[31] Zu § 5 GeschGehG → Rn. 53 ff.
[32] Gloy/Loschelder/Danckwerts UWG-HdB/*Harte-Bavendamm* § 77 Rn. 34; grundlegend zur Thematik auch *Kraßer* GRUR 1977, 177; *Gaul* NZA 1988, 225; vgl. auch *Preis/Reinfeld* AuR 1989, 361.

dern gibt für sämtliche Akteure die Spielregeln für den Umgang mit Geschäftsgeheimnissen im heutigen Wirtschaftsleben vor. Das Geheimhaltungsinteresse des Arbeitgebers endet nicht mit dem Ausscheiden des „wissenden" Arbeitnehmers. Dieses Interesse ist grundsätzlich anzuerkennen, so lange man die geheim zu haltende Information (etwa wegen ihres Charakters als Geschäftsgeheimnis) dem Unternehmen zuordnet. Umgekehrt will der ausgeschiedene Arbeitnehmer das bei ihm vorhandene Wissen und Know-how weiter anwenden. Informationen, die keine Geschäftsgeheimnisse darstellen, können nach Vertragsende nur ausnahmsweise geheimhaltungsbedürftig sein. Beispiele liefern die Höhe einer vereinbarten Abfindung oder sonstige Modalitäten der Abwicklung eines Arbeitsverhältnisses.

1. Nachvertraglicher Schutz von Betriebs- und Geschäftsgeheimnissen

Betriebs- und Geschäftsgeheimnisse können auch nach Beendigung des Arbeitsverhältnisses geschützt sein. Dies gilt zunächst unabhängig davon, ob mit dem ausgeschiedenen Arbeitnehmer ein nachvertragliches Wettbewerbsverbot unter Beachtung der §§ 74 ff. HGB vereinbart ist.

Die nachvertragliche Schweigepflicht in Bezug auf Betriebs- und Geschäftsgeheimnisse trifft den ausgeschiedenen Mitarbeiter nach umstrittener, aber wohl überwiegender Auffassung **auch ohne besondere vertragliche Abrede**.[33] Im Interesse des Arbeitgebers liegt es freilich, diese Verpflichtung im Arbeitsvertrag ausreichend klarzustellen. Für diese Auffassung streitet die Aussage des BAG in seiner Entscheidung vom 15.12.1987, in der es wörtlich heißt: *„Von der Verpflichtung des Arbeitnehmers, Betriebsgeheimnisse über das Ende des Arbeitsverhältnisses zu wahren, ist der Senat auch in seiner Entscheidung vom 16.3.1982 ausgegangen (...). Die Verschwiegenheitspflicht bezieht sich auch auf Geschäftsgeheimnisse."*[34] Aus dieser Formulierung ließe sich problemlos die Schweigepflicht in Bezug auf sämtliche Unternehmensgeheimnisse (Betriebs- oder Geschäftsgeheimnisse) auch ohne vertragliche Festschreibung herleiten. In der angezogenen Entscheidung vom 16.3.1982[35] hatte sich der beklagte Arbeitnehmer ausdrücklich zur Geheimhaltung (lediglich) einer bestimmten, als Betriebs- und Geschäftsgeheimnis in Betracht kommenden Rezeptur verpflichtet, also keine allgemeine Verpflichtung zur Geheimhaltung von (sämtlichen) Betriebs- und Geschäftsgeheimnissen nach seinem Ausscheiden übernommen.

Der **BGH** registriert die oben zitierte Rechtsprechung des BAG, wonach der ausgeschiedene Arbeitnehmer auch ohne besondere Vereinbarung auf Grund nachwirkender Treuepflicht arbeitsrechtlich zur Verschwiegenheit über Geschäfts- und Betriebsgeheimnisse verpflichtet und ihm lediglich die Verwertung des erworbenen beruflichen Erfahrungswissens gestattet sein soll. Er hielt aber im Jahr 2001 für die **wettbewerbsrechtliche Beurteilung** daran fest, dass ein Arbeitnehmer nach dem Ausscheiden aus einem Beschäftigungsverhältnis in der Weitergabe und Verwertung der beim vormaligen Arbeitgeber redlich erlangten Betriebsgeheimnisse grundsätzlich frei ist. Eine Weitergabe oder Verwertung soll nur unter besonderen Umständen gegen die wettbewerbsrechtliche Generalklausel verstoßen.[36]

BAG und BGH beurteilten den nachvertraglichen Geheimnisschutz aus arbeits- bzw. wettbewerbsrechtlicher Sicht **vor Inkrafttreten des GeschGehG** also **nicht einheitlich**: Der BGH geht im Ansatz davon aus, dass ein ausgeschiedener Mitarbeiter in der Weitergabe und Verwertung redlich erlangter Betriebsgeheimnisse grundsätzlich frei sein soll, sofern er keinem nachvertraglichen Wettbewerbsverbot unterliegt.[37] Dies soll sich – so die Einschränkung – jedoch nur auf Informationen beziehen, die der frühere Mitarbeiter in seinem Gedächtnis bewahrt.[38] Nicht verwendet werden dürfen hiernach Informationen, die dem ausgeschiedenen Mitarbeiter nur deswegen noch bekannt sind, weil er auf schriftliche Un-

---

[33] Vgl. etwa LAG Düsseldorf 16.5.2013 – 5 Sa 1029/12, BeckRS 2015, 72149; ErfK/*Preis* BGB § 611 Rn. 718; *Westermann* Know-how-HdB S. 81; kritisch *Bartenbach* in FS Küttner, 113 ff.
[34] BAG 15.12.1987 – 3 AZR 474/86, AP BGB § 611 Betriebsgeheimnis Nr. 12.
[35] BAG 16.3.1982 – 3 AZR 83/79, AP BGB § 611 Betriebsgeheimnis Nr. 1.
[36] BGH 3.5.2001 – I ZR 153/99, NJOZ 2001, 2357 = GRUR 2002, 91 (92) – Spritzgießwerkzeuge; lange vorausgehend schon BGH 21.12.1962 – I ZR 47/61, BGHZ 38, 391 (396) – Industrieböden.
[37] BGH 3.5.2001 – I ZR 153/99, GRUR 2002, 91 (92) – Spritzgießwerkzeuge.
[38] BGH 14.1.1999 – I ZR 2/97, GRUR 1999, 934 (935).

terlagen zurückgreifen kann, die er während der Beschäftigungszeit angefertigt hat.[39] Liegen dem ausgeschiedenen Mitarbeiter derartige schriftliche Unterlagen – etwa in Form privater Aufzeichnungen oder in Form einer auf dem privaten Notebook abgespeicherten Datei – vor und entnimmt er ihnen ein Geschäftsgeheimnis seines früheren Arbeitgebers, verschafft er sich damit dieses Geschäftsgeheimnis unbefugt im Sinne des § 17 Abs. 2 Nr. 2 UWG aF.[40]

38 Das LAG Düsseldorf hat bereits in einer Entscheidung aus dem Jahr 1993 die grundsätzliche Bedeutung der Rechtssache im Sinne des § 72 Abs. 2 Ziffer 1 ArbGG hinsichtlich der Frage angenommen, ob und in welchem Maße für den Arbeitnehmer bei einem fehlenden Wettbewerbsverbot (iSd §§ 74 ff. HGB) über das beendete Arbeitsverhältnis hinaus eine Verpflichtung zur Geheimniswahrung besteht.[41] Die seinerzeit zugelassene Revision ist nicht eingelegt worden.

2. Abgrenzung zum nachvertraglichen Wettbewerbsverbot

39 Die nachvertragliche Schweigepflicht in Bezug auf Geschäfts- und Betriebsgeheimnisse bindet den ausgeschiedenen Mitarbeiter – wie dargestellt – unabhängig vom Bestehen einer Wettbewerbsabrede und ist für den Arbeitgeber kostenfrei. Im Einzelfall kann die Abgrenzung zum (entschädigungspflichtigen) nachvertraglichen Wettbewerbsverbot jedoch äußerst problematisch sein. Zwar scheint sich bei der Abgrenzung zwischen entschädigungsloser nachvertraglicher Schweigepflicht und dem entschädigungspflichtigen nachvertraglichen Wettbewerbsverbot langsam eine Rechtsprechungslinie herauszubilden. Andererseits ist bezeichnend, dass zu diesem Thema regelmäßig höchstrichterlicher Klärungsbedarf besteht. Dabei liefert auch das neue GeschGehG keine Antwort auf diese **Kernfrage des zivil- und arbeitsrechtlichen Geheimnisschutzes,** sondern knüpft allein Rechtsfolgen an wirksame Verbote einer Nutzung oder Offenlegung von Geschäftsgeheimnissen. Die bisherige Rechtsprechung bleibt für die Einzelfallentscheidung also von maßgeblicher Bedeutung.

40 So hat das BAG bereits 1982 festgestellt, dass die Parteien eines Arbeitsvertrages wirksam **vereinbaren** können, dass der Arbeitnehmer **bestimmte Betriebsgeheimnisse,** die er aufgrund seiner Tätigkeit erfährt, nach Beendigung des Arbeitsverhältnisses nicht nutzen und weitergeben darf. Die Verbindlichkeit einer solchen Geheimhaltungsklausel soll nicht von der Zusage einer Entschädigung abhängig sein. In dem zugrunde liegenden Sachverhalt gründete der Leiter eines Entwicklungslabors, der sich ausdrücklich zur Geheimhaltung einer bestimmten Rezeptur verpflichtet hatte, nach seinem Ausscheiden ein Konkurrenzunternehmen und brachte eine ähnliche, wenn auch verbesserte Reagenz auf den Markt.[42] Das BAG führte aus, die freie Entfaltung und Weiterentwicklung im Berufsleben könne regelmäßig nicht daran scheitern, dass es dem Arbeitnehmer verwehrt ist, seinen künftigen beruflichen Erfolg gerade auf die **Preisgabe eines bestimmten Betriebsgeheimnisses** zu gründen. Dem ist zuzustimmen.

41 Der Leitsatz einer Entscheidung des BAG aus 1987 lautet hingegen allgemeiner: *„Ein Arbeitnehmer ist auch nach Beendigung des Arbeitsverhältnisses verpflichtet, Verschwiegenheit über Geschäfts- und Betriebsgeheimnisse seines Arbeitgebers zu bewahren".* Die Entscheidung wird als Bestätigung des Urteils vom 16.3.1982 bezeichnet.[43] Dies erscheint problematisch, weil die ausdrücklich übernommene vertragliche Verpflichtung zur Wahrung eines bestimmten Geheimnisses (Fallgestaltung des Urteils vom 16.3.1982) von der Verpflichtung zur Wahrung **sämtlicher Unternehmensgeheimnisse** ohne entsprechende vertragliche Abrede scharf zu trennen ist. Das BAG macht in der Entscheidung vom 15.12.1987 aber immerhin deutlich, dass eine Verschwiegenheitspflicht in Bezug auf Kundenlisten nicht das Verbot zur Folge habe, die Kunden (des ehemaligen Arbeitgebers) zu umwerben. Ein solches *„Umwerbeverbot"* setze eine Wettbewerbsabrede nach §§ 74 ff. HGB voraus.

42 Das BAG hat dann 1993 ergänzend klargestellt, dass der Arbeitnehmer nach seinem Ausscheiden in der **Verwertung** seiner beruflichen Kenntnisse und seines **redlich erworbenen Er-**

---

[39] BGH 19.12.2002 – I ZR 119/00, GRUR 2003, 453 (454).
[40] BGH 27.4.2006 – I ZR 126/03, NJW 2006, 3424.
[41] LAG Düsseldorf 27.9.1993 – 19 Sa 1005/93, nv.
[42] BAG 16.3.1982 – 3 AZR 83/79, AP BGB § 611 Betriebsgeheimnis Nr. 1.
[43] BAG 15.12.1987 – 3 AZR 474/86, AP BGB § 611 Betriebsgeheimnis Nr. 5; vgl. schon → Rn. 35.

fahrungswissens grundsätzlich frei ist, wenn nach Beendigung des Arbeitsverhältnisses kein Wettbewerbsverbot besteht. So lange er seine aus dem Arbeitsverhältnis nachwirkende Verschwiegenheitspflicht nicht verletzt, sei der Arbeitnehmer nicht gehindert, sein Erfahrungswissen auch für eine Beschäftigung im Dienst eines Wettbewerbers zu nutzen.[44] Eine Bestätigung dieser Entscheidung erfolgte mit Urteil vom 19.5.1998: Nach der Beendigung des Arbeitsverhältnisses darf ein Arbeitnehmer, der nicht durch ein §§ 74 ff. HGB entsprechendes Wettbewerbsverbot gebunden ist, zu seinem Arbeitgeber in Wettbewerb treten. Eine nachvertragliche Verschwiegenheitspflicht- sowie Treuepflicht des Arbeitnehmers begründen hiernach für den Arbeitgeber regelmäßig gegen den ausgeschiedenen Arbeitnehmer keine Ansprüche auf Unterlassung von Wettbewerbshandlungen.[45]

Die Abgrenzung zwischen (noch) entschädigungspflichtigen Wettbewerbsverboten und (schon) entschädigungspflichtigen Schweigepflichten bereitet in der Praxis weiterhin Schwierigkeiten. Ausgangspunkt muss die Definition der Wettbewerbsabrede in § 74 Abs. 1 HGB sein, so dass im jeweiligen **Einzelfall zu prüfen** ist, ob die Einhaltung der übernommenen Schweigepflicht eine **Beschränkung der gewerblichen Tätigkeit** des ausgeschiedenen Arbeitnehmers bedeutet. Wird dies ausnahmsweise bejaht, besteht die Schweigepflicht nur bei paralleler Zusage einer Karenzentschädigung.

Es steht zu hoffen, dass BAG und BGH nach Inkrafttreten des GeschGehG schon bald Gelegenheit erhalten, eine mögliche stimmige Rechtsprechung zur Schweigepflicht ausgeschiedener Arbeitnehmer und sonstiger Dienstnehmer zu entwickeln. Dabei sollte insbesondere die dortige Begrifflichkeit der drei Handlungsformen in Bezug auf Geschäftsgeheimnisse (Erlangung, Nutzung und Offenlegung) einbezogen werden, um zu praxisnahen Ergebnissen zu gelangen. Gerade Formulierungen, die an eine Verpflichtung zur Verschwiegenheit oder eine Wahrung von Geheimnissen anknüpfen, sind unter Geltung des GeschGehG nur schwer fassbar.

3. Rechtsfolgen bei Verstoß

Bei der unbefugten Offenlegung eines Geschäftsgeheimnisses nach beendetem Arbeitsverhältnis scheidet eine **Strafbarkeit** nach § 23 Abs. 1 Nr. 3 GeschGehG aus, nicht aber eine solche nach § 23 Abs. 1 Nr. 1, 2 oder Abs. 2 GeschGehG bei Vorliegen der dort näher bezeichneten Voraussetzungen. In erster Linie wird es dem vormaligen Arbeitgeber aber um Unterlassung und/oder Schadenersatz gehen.

Zivilrechtlich kann der **Anspruchskanon der §§ 6 ff. GeschGehG** genutzt werden, da die dortigen Ansprüche grundsätzlich unabhängig davon gewährt werden, ob das Arbeitsverhältnis noch besteht oder nicht. Schutzgut ist und bleibt das Geschäftsgeheimnis, das dessen Inhaber gegenüber jedem Rechtsverletzer zugeordnet ist. Die Geltendmachung einer vereinbarten Vertragsstrafe ist ebenso möglich.[47]

Der **Widerruf einer Ruhegeldzusage** oder die Einstellung der Gewährung von Leistungen aus betrieblicher Altersversorgung scheidet in der Regel als Sanktion einer Geschäftsgeheimnisverletzung aus. Diese Rechte wurden vom Arbeitnehmer auf Grund geleisteter Dienste erworben. Nur wenn sich die geleisteten Dienste in Folge der Geheimnisverletzung im Nachhinein als wertlos für den vormaligen Arbeitgeber darstellen – dies dürfte nur ganz ausnahmsweise der Fall sein –, können derartige Sanktionen erwogen werden.[48]

IV. Geheimhaltung und Offenbarung betrieblicher Missstände; Whistleblowing

Von hoher Brisanz ist die Frage nach dem Bestehen einer Schweigepflicht, soweit es um **innerbetriebliche Missstände** geht, also in erster Linie um Verhaltensweisen des Arbeitge-

---

[44] BAG 15.6.1993 – 9 AZR 558/91, AP BGB § 611 Konkurrenzklausel Nr. 40 mAnm *Reinfeld*.
[45] BAG 19.5.1998 – 9 AZR 394/97, NZA 1999, 200; hierzu *Werthmer* BB 1999, 1600; vgl. auch LAG Düsseldorf 6.12.2011 – 2 Ca 3194/11, GRUR-Praxis 2012, 152.
[46] Vgl. *Reinfeld* Neues GeschGehG § 2 Rn. 89 ff.
[47] Ausf. zur Vereinbarung von Vertragsstrafen *Eisenbeis* – § 17 Rn. 44 ff.
[48] Instruktiv BAG 15.6.1993 – 9 AZR 558/91, AP BGB § 611 Konkurrenzklausel Nr. 40 mAnm *Reinfeld*; vgl. auch LAG Rheinland-Pfalz 18.1.2016 – 3 Sa 459/15, BeckRS 2016, 67459.

Teil G. Nebenpflichten im Arbeitsverhältnis

50 bers, die gegen geltendes Recht verstoßen. In Betracht kommen zB Verstöße gegen Arbeitsschutzgesetze oder Regelungen des Sozial- und Umweltrechts, Steuerhinterziehungen, unlautere Wettbewerbspraktiken sowie Kartellrechtsverstöße. Das Interesse des Arbeitgebers daran, dass solche Informationen nicht nach außen dringen, liegt auf der Hand.

Ob Informationen über rechtswidrige Handlungen oder ein sonstiges Fehlverhalten im Betrieb dem Geschäftsgeheimnisschutz unterfallen können, erscheint zweifelhaft.[49] So könnte das Vorliegen eines Geschäftsgeheimnisses a priori verneint werden, wenn man dem Arbeitgeber von vornherein kein berechtigtes Interesse an der Geheimhaltung solcher Informationen zubilligt oder den Fortfall des berechtigten Interesses (spätestens) dann annimmt, wenn der Arbeitnehmer ohne Erfolg alles ihm Zumutbare getan hat, um innerbetriebliche Abhilfe herbeizuführen. Damit ist aber noch nicht die Frage beantwortet, ob und wann ja, wann Arbeitnehmer, die Kenntnis von solchen Informationen erlangen, sich unmittelbar an Dritte, beispielsweise Aufsichtsbehörden oder gar die Staatsanwaltschaft wenden dürfen. Der Problemkreis wird unter dem Stichwort „**Anzeigerecht des Arbeitnehmers**"[50] und zunehmend unter Verwendung des in den USA lange zuvor verbreiteten Begriffs „**Whistleblowing**" („Verpfeifen")[51] behandelt.

51 Es gibt ein starkes **Spannungsfeld** zwischen dem durch das GeschGehG gewährleisteten Schutz der Geschäftsgeheimnisse einerseits und dem allgemeinen Offenlegungsinteresse bei Rechtsverstößen und Fehlverhaltensweisen im Betrieb. Während der **Rechtsverletzer nach dem GeschGehG** massive zivilrechtliche Folgen und gar strafrechtliche Verfolgung fürchten muss, bedarf der Whistleblower seinerseits des besonderen Schutzes der Rechtsordnung, auch um vor (verdeckten) Sanktionen seines Arbeitgebers gesichert zu sein. Steht der Geschäftsgeheimnisschutz also im Zusammenhang mit betrieblichen Missständen, kann der Schutz der (geheimen Unternehmens-)Information in den **Schutz der den Missstand aufdeckenden Person** (des Whistleblowers) umschlagen („Personenschutz statt Informationsschutz").

52 Für den nachvertraglichen Bereich hat der BGH im Jahre 1981 eine Leitlinie aufgezeigt. Durch seine Verpflichtung zur Verschwiegenheit ist ein Arbeitnehmer hiernach nicht daran gehindert, nach seinem Ausscheiden aus dem Anstellungsverhältnis Betriebsinterna zu offenbaren, wenn folgende Voraussetzungen vorliegen:
1. Durch die Offenbarung werden gewichtige innerbetriebliche Missstände aufgedeckt.
2. Die Öffentlichkeit ist von diesen Missständen betroffen.
3. Den Missständen kann durch betriebsinternes Vorstelligwerden nicht erfolgreich begegnet werden.[52]

53 Für die Arbeitsrechtspraxis ist es zunächst elementar, die beiden angesprochenen Kategorien auseinanderzuhalten. Auf der einen Seite steht der berechtigte (und vom GeschGehG im Kern intendierte) Geschäftsgeheimnisschutz in Bezug auf wertvolle technisch oder kaufmännisch geprägte, geheime Unternehmensinformationen. Auf der anderen Seite steht das (ggf. überwiegende) allgemeine öffentliche Interesse an der Aufdeckung rechtswidriger Handlungen oder sonstiger Fehlverhaltensweisen im Betrieb. **§ 5 GeschGehG** regelt seit dem 26.4.2019 eine **Schnittstelle zwischen Geschäftsgeheimnisschutz und Whistleblowing**. Wenn die Erlangung, Nutzung oder Offenlegung eines Geschäftsgeheimnisses zum Schutze eines berechtigten Interesses erfolgt, scheidet hiernach ein Verstoß gegen die Handlungsverbote des § 4 GeschGehG aus. Eine Sanktionierung nach dem GeschGehG ist dann von vornherein nicht möglich, weil bereits der Tatbestand einer Geheimnisverletzung nicht erfüllt ist.[53]

54 Das Gesetz benennt **drei Fallgruppen des Vorliegens eines berechtigten Interesses**. § 5 Nr. 1 GeschGehG regelt die Ausübung des Rechts der freien Meinungsäußerung und der Informationsfreiheit. § 5 Nr. 2 GeschGehG betrifft die Aufdeckung einer rechtswidrigen

---

[49] Ausf. zur Thematik etwa *Rützel* GRUR 1995, 557; *Reinfeld* Neues GeschGehG § 3 Rn. 21 ff.
[50] Vgl. *Preis/Reinfeld* ArbuR 1989, 361 (369 ff.).
[51] *Großbach/Born* ArbuR 1989, 374; *Müller* NZA 2002, 424; *Reiter* RIW 2005, 168; *Reinhard* ArbRB 2015, 375; *Wiebauer* NZA 2015, 22 (zum Whistleblowing im Arbeitsschutz).
[52] BGH 20.1.1981 – VI ZR 162/79, AP BGB § 611 Schweigepflicht Nr. 4 („Aufmacher-Urteil").
[53] Sog. Tatbestandslösung; im Gesetzgebungsverfahren war § 5 GeschGehG zunächst als Rechtfertigungsgrund konzipiert; vgl. hierzu *Reinfeld* Neues GeschGehG § 3 Rn. 2 ff.

Handlung oder eines beruflichen oder sonstigen Fehlverhaltens. Zusätzlich ist hier erforderlich, dass die Erlangung, Nutzung oder Offenlegung des Geschäftsgeheimnisses geeignet ist, das allgemeine öffentliche Interesse zu schützen. § 5 Nr. 3 GeschGehG regelt die Offenlegung eines Geschäftsgeheimnisses durch Arbeitnehmer gegenüber der (zuständigen) Arbeitnehmervertretung zur dortigen Aufgabenerfüllung. Daneben sind weitere Fälle denkbar, in denen die Erlangung, Nutzung oder Offenlegung zum Schutz eines berechtigten Interesses erfolgt und daher zivil- und strafrechtlich sanktionslos bleibt.

Das GeschGehG ist aber mitnichten ein Whistleblowergesetz. Bis zum 17.12.2021 hat der nationale Gesetzgeber vielmehr die sog. **Hinweisgeberschutz-Richtlinie vom 23.10.2019**[54] umzusetzen. Die Richtlinie ist am 16.12.2019 in Kraft getreten und hebt in Artikel 21 Abs. 7 hervor, was in § 5 Nr. 2 GeschGehG bereits angelegt ist. Hiernach gilt nämlich, wenn eine Person Informationen über in den Anwendungsbereich der Hinweisgeberschutz-Richtlinie fallende Verstöße meldet oder offenlegt, die Geschäftsgeheimnisse beinhalten, diese Meldung oder Offenlegung als rechtmäßig im Sinne von Artikel 3 Absatz 2 der Geheimnisschutz-Richtlinie (EU) 2016/943, sofern diese Person die Bedingungen der Hinweisgeberschutz-Richtlinie erfüllt. Bis zum **erwarteten Nebeneinander von GeschGehG und einem Hinweisgeberschutzgesetz** wird also noch einige Zeit vergehen. Auch wenn dann zusätzliche gesetzgeberische Wertungen in die arbeitsrechtliche Fallbearbeitung einfließen können, werden kündigungsrechtliche Auseinandersetzungen auch zukünftig von der Betrachtung des Einzelfalls geprägt sein. Als Argumentationslinie für gekündigte Arbeitnehmer dient dann der zu erwartende gesetzliche Hinweisgeberschutz in Verbindung mit § 5 GeschGehG (der womöglich im Zuge der Richtlinienumsetzung noch modifiziert wird).

Die Rechtsprechung hat vielfach die Frage beschäftigt, ob einem „**Verpfeifer**" außerordentlich gekündigt werden kann. Weil die Bejahung der **Kündigungsmöglichkeit** die Verletzung einer Schweigepflicht hinsichtlich des betrieblichen Missstandes impliziert, ist die bisherige Rechtsprechungsentwicklung kurz nachzuzeichnen.

Bereits im Jahr 1959 hat das BAG festgestellt, dass eine Anzeige gesetzeswidriger Praktiken im Betrieb einen wichtigen Grund für eine fristlose Kündigung darstellen kann. Es findet sich aber schon damals der Hinweis darauf, dass die Beurteilung des Vorliegens eines wichtigen Grundes nur unter Berücksichtigung der besonderen **Pflichtkollisionslage** und Drucksituation des anzeigenden Arbeitnehmers vorgenommen werden kann.[55] Nach einer Entscheidung des BAG aus 1970 kann einem öffentlichen Bediensteten nicht deshalb gekündigt werden, weil er von seinem Petitionsrecht (Art. 17 GG) in nicht beanstandenswerter Weise Gebrauch macht. Die Wertung des Art. 17 GG ist auch für Arbeitsverhältnisse in der Privatwirtschaft nutzbar, zumal ergänzend § 612a BGB greift. Für den Einzelfall, in dem ein Mitarbeiter kraft seiner Funktion dafür zuständig war, die Sicherheit im Betrieb zu wahren und Sicherheitsbedenken gegenüber Arbeitsschutzbehörden anmeldete, hat das BAG eine Anzeige bestehender Sicherheitsbedenken für rechtmäßig gehalten.[56]

Die Rechtsprechung der Landesarbeitsgerichte war sehr uneinheitlich. So haben unterschiedliche Rezensenten der Entscheidung des LAG Baden-Württemberg vom 3.2.1987 die Frage, ob nach diesem Urteil die Anzeige gesetzwidrigen Arbeitgeberhandelns einen Kündigungsgrund bilden kann oder nicht, einander widersprechend bewertet.[57] Nach einer Entscheidung des LAG Köln aus dem Jahr 1996 darf ein Arbeitnehmer bei sachlich begründetem Verdacht der Verkehrsuntauglichkeit eines firmeneigenen Kraftfahrzeugs die Verkehrsuntüchtigkeit bei der zuständigen Behörde anzeigen, freilich unter der Voraussetzung, dass er durch vorherige Unterrichtung des Arbeitgebers vergeblich versucht hat, eine Untersuchung herbeizuführen.[58]

---

[54] RL (EU) 2019/1937 des Europäischen Parlaments und des Rates zum Schutz von Personen, die Verstöße gegen das Unionsrecht melden; hierzu etwa *Schmolke* NZG 2020, 5; *Forst* EuZA 2020, 283.
[55] BAG 5.2.1959 – 2 AZR 90/56, AP HGB § 70 Nr. 2; auf die Pflichtkollision hinweisend auch LAG Hessen 12.2.1967 – 12 Sa 1249/86, DB 1987, 1696.
[56] BAG 14.12.1972 – 2 AZR 115/72, AP KSchG § 1 Verhaltensbedingte Kündigung Nr. 8.
[57] Zu LAG Baden-Württemberg 3.2.1987 – 7 (13) Sa 95/86, NZA 1987, 756 einerseits *Kümpel* NZA 1987, 756 und andererseits *Colneric* AiB 1987, 260.
[58] LAG Köln 23.2.1996 – 11 (13) Sa 976/95, LAGE BGB § 626 Nr. 94 = NZA-RR 1996, 330 (Ls.).

59 Die jüngere Rechtsprechungsentwicklung wurde flankiert von der Entscheidung des Bundesverfassungsgerichts vom 2.7.2001.[59] Ob die rechtliche Position des „Whistleblowers" durch die Entscheidung gestärkt wurde, erscheint aber zweifelhaft: Entschieden wurde, dass ein Arbeitnehmer, der bei der Justiz – wahrheitsgemäß – gegen seinen Chef aussagt, im Regelfall nicht entlassen werden kann. Es verstoße gegen das Rechtsstaatsprinzip, wenn jemand nur deshalb Nachteile erleide, weil er eine staatsbürgerliche Pflicht erfüllt. Diese Aussagen gelten für das Arbeitsrecht auch schon wegen § 612a BGB. Wenn der Arbeitnehmer wegen der Geltendmachung von Rechten nicht benachteiligt werden darf, muss dies erst recht gelten, wenn er **staatsbürgerlichen Pflichten** nachkommt, nämlich – wie im entschiedenen Fall – seiner Zeugenpflicht. Im Fall des Bundesverfassungsgerichts hatte der Arbeitnehmer freiwillig (inhaltlich richtige) Informationen an die Ermittlungsbehörde gegeben.

60 Wer allerdings wissentlich unwahre oder leichtfertig falsche Angaben macht, ist nicht geschützt. Hierzu hat das BAG in einer viel beachteten Entscheidung aus dem Jahr 2003 klargestellt, dass eine zur Kündigung berechtigende arbeitsvertragliche Pflichtverletzung vorliegt, wenn ein Arbeitnehmer **in einer Strafanzeige** gegen den Arbeitgeber oder einen seiner Repräsentanten **wissentlich oder leichtfertig falsche Angaben** gemacht hat.[60] Der Umkehrschluss ist aber nicht zulässig. Eine kündigungsrelevante erhebliche Verletzung arbeitsvertraglicher Nebenpflichten kann sich im Zusammenhang mit der Erstattung einer Strafanzeige im Einzelfall nämlich auch aus anderen Umständen ergeben. Selbst wenn der Arbeitnehmer eine Anzeige bei den Strafverfolgungsbehörden erstattet, ohne wissentlich oder leichtfertig falsche Angaben zu machen, kann also im Einzelfall eine Kündigung in Betracht kommen. Zwar sei es – so das BAG – mit den Grundgeboten des Rechtsstaats (Verbot der Privatgewalt, Verstaatlichung der Rechtsdurchsetzung) nicht vereinbar, wenn derjenige, der in gutem Glauben eine Strafanzeige erstattet hat, Nachteile dadurch erleidet, dass sich seine Behauptung nach behördlicher Prüfung als unrichtig oder nicht aufklärbar erweist. Daher liege die (nicht wissentlich unwahre oder leichtfertige) Strafanzeige eines Bürgers im allgemeinen Interesse an der Erhaltung des Rechtsfriedens und an der Aufklärung von Straftaten, und der Rechtsstaat könne darauf bei der Strafverfolgung nicht verzichten.[61] Die vertraglichen Rücksichtnahmepflichten seien aber dahin zu konkretisieren, dass sich die Anzeige des Arbeitnehmers nicht als eine **unverhältnismäßige Reaktion** auf ein Verhalten des Arbeitgebers oder seines Repräsentanten darstellen dürfe. Hierbei könnten als Indizien für eine unverhältnismäßige Reaktion des anzeigenden Arbeitnehmers sowohl die Berechtigung der Anzeige als auch die Motivation des Anzeigenden oder ein fehlender innerbetrieblicher Hinweis auf die angezeigten Missstände sprechen.[62]

61 Von besonderer Bedeutung ist hierbei, ob und in welchen Fällen den Arbeitnehmer eine Pflicht trifft, vorrangig eine innerbetriebliche Klärung herbeizuführen. Das BAG hat in der Entscheidung aus 2003 festgehalten, dass der innerbetrieblichen Klärung nicht generell der Vorrang gebührt. Es sei vielmehr im Einzelfall zu bestimmen, wann dem Arbeitnehmer eine **vorherige innerbetriebliche Anzeige** ohne weiteres zumutbar sei und ein Unterlassen ein pflichtwidriges Verhalten darstelle.[63] Habe der Arbeitnehmer den Arbeitgeber auf die gesetzeswidrige Praxis im Unternehmen hingewiesen und sorge dieser gleichwohl nicht für Abhilfe, bestehe keine weitere vertragliche Rücksichtnahmepflicht.[64]

62 An diese Grundsätze knüpfte das BAG in einer Entscheidung aus dem Jahre 2006 unmittelbar an und hielt fest: Wenn ein Arbeitnehmer Strafanzeige gegen seinen Arbeitgeber erstattet, ohne zuvor eine innerbetriebliche Klärung versucht zu haben, so kann darin eine kündigungsrelevante Verletzung arbeitsvertraglicher Nebenpflichten liegen. Der Arbeitneh-

---

[59] BVerfG 2.7.2001 – 1 BvR 2049/00, NZA 2001, 888.
[60] BAG 3.7.2003 – 2 AZR 235/02, NZA 2004, 427; hierzu *Stein* BB 2004, 1961; *Gänßle* FA 2005, 66; *Herbort/Oberrath* NZA 2005, 193.
[61] BVerfG 25.2.1987 – 1 BvR 1086/85, NJW 1987, 1929; 2.7.2000 – 1 BvR 2049/00, NZA 2001, 888; BAG 3.7.2003 – 2 AZR 235/02, NZA 2004, 427 (429).
[62] BAG 3.7.2003 – 2 AZR 235/02, NZA 2004, 427 (430); 4.7.1991 – 2 AZR 80/91, RzK I 6a Nr. 74.
[63] BAG 3.7.2003 – 2 AZR 235/02, NZA 2004, 427 (430); *Gach/Rützel* BB 1997, 1959 (1960); *Müller* NZA 2002, 424 (435).
[64] BAG 3.7.2003 – 2 AZR 235/02, NZA 2004, 427 unter Hinweis auf *Preis/Reinfeld* AuR 1989, 361 (370).

mer braucht aber **regelmäßig keinen Versuch der innerbetrieblichen Klärung** zu unternehmen, wenn es sich bei den dem Arbeitgeber zur Last gelegten Vorfällen um schwerwiegende Vorwürfe handelt und die betreffenden Straftaten vom Arbeitgeber selbst begangen worden sind.[65]

Auch außerhalb der Fachpresse hat Ende 2011 mit dem **„Fall Heinisch"** eine Entscheidung des Europäischen Gerichtshofs für Menschenrechte (EGMR) für Aufsehen gesorgt, im Ergebnis aber nach richtiger Einschätzung die schwierigen Fragen zum Thema „Whistleblowing" auch nicht abschließend klären können. Eine in einem Altenpflegeheim als Altenpflegerin tätige Arbeitnehmerin erstattete über ihren Rechtsanwalt Strafanzeige gegen den Arbeitgeber, nachdem sie zuvor erfolglos Missstände in der Pflege bei ihrem Vorgesetzten beanstandet hatte und nachdem der Anwalt den Arbeitgeber vergeblich dazu aufgefordert hatte, zu erklären, wie eine mögliche Strafbarkeit gerade auch des Personals abgewendet werden könne. Der Arbeitgeber kündigte fristlos, nachdem er von der Strafanzeige erfuhr. Die Kündigungsschutzklage der Altenpflegerin hatte erstinstanzlich Erfolg, wurde dann aber vom LAG Berlin-Brandenburg abgewiesen. Diese Entscheidung wurde rechtskräftig, nachdem das BAG die Nichtzulassungsbeschwerde verworfen hatte.[66] Nachdem das Bundesverfassungsgericht die Verfassungsbeschwerde der Klägerin nicht zur Entscheidung angenommen hatte, war der Weg zum EGMR möglich.

Nach Auffassung des EGMR war die Erstattung der Strafanzeige durch Art. 10 EMRK (Freiheit der Meinungsäußerung) geschützt. Die von der Beschwerdeführerin vorgelegten Informationen seien im öffentlichen Interesse erfolgt. Selbst wenn das Strafverfahren eingestellt worden sei, könne von der Beschwerdeführerin nicht verlangt werden, vorauszusehen, ob die Ermittlungen zu einer Anklage führten. Die Beschwerdeführerin habe in gutem Glauben gehandelt. Selbst wenn die von ihr geäußerten Vorwürfe schädigende Wirkung gehabt hätten, überwiege das öffentliche Interesse an der Offenlegung von Mängeln in der institutionellen Altenpflege gegenüber den Interessen der Arbeitgeberin. Gemäß Art. 41 EMRK entschied das Gericht in Straßburg zusätzlich, dass Deutschland der Beschwerdeführerin 10.000,– EUR für den erlittenen immateriellen Schaden und 5.000,– EUR für die entstandenen Kosten zu zahlen hat.[67]

Deutlich hervorzuheben ist, dass das Urteil des EGMR („Fall Heinisch") **keinen Freibrief für „Whistleblower"** in dem Sinne liefert, dass zukünftig gefahrlos Strafanzeigen gegen Arbeitgeber erstattet werden können. Der Sachverhalt zeigt vielmehr auf, dass es sich um einen Sonderfall handelt. Die Klägerin und spätere Beschwerdeführerin hatte die von ihr beanstandeten Missstände zunächst intern vorgebracht und zusätzlich einen Rechtsanwalt eingeschaltet, der nochmals auf den Arbeitgeber zugegangen war, bevor die Strafanzeige eingereicht wurde.

Der Kündigungssenat des BAG hat in einer neueren Entscheidung – anders als noch im Jahr 2003 – hervorgehoben, Arbeitnehmer seien grundsätzlich gehalten, innerbetriebliche Kommunikationswege zu nutzen, bevor sie mögliche Missstände nach außen tragen. So könne der Arbeitnehmer Beschwerden direkt beim Arbeitgeber oder beim Betriebsrat erheben (§ 85 BetrVG). Allerdings könne es ebenso Fälle geben, in denen eine innerbetriebliche Klärung nicht zu erwarten stehe oder ein entsprechender Versuch dem Arbeitnehmer nicht zuzumuten sei.[68] Diese Grundsätze erscheinen weiterhin wenig präzise.

Sucht man nach Leitlinien für den „richtigen" Umgang mit betrieblichen Missständen außerhalb der bereits vom BAG erschienen Fallkonstellationen, könnte auf den **Entwurf des**

---

[65] BAG 7.12.2006 – 2 AZR 400/05, NZA 2007, 502; hierzu etwa *Sasse* NZA 2008, 990; *Fahrig* NZA 2010, 1223; vgl. auch BAG 15.12.2016 – 2 AZR 42/16, NZA 2017, 703 (Einschaltung der Staatsanwaltschaft keine kündigungsrelevante Pflichtverletzung, wenn nicht wissentlich unwahre oder leichtfertig falsche Angaben gemacht werden).

[66] Zum arbeitsgerichtlichen Instanzenzug: ArbG Berlin 3.8.2005 – 39 Ca 4777/05, BeckRS 2011, 77275; LAG Berlin-Brandenburg 28.3.2006 – 7 Sa 1884/05, BeckRS 2009, 68064; BAG 6.6.2007 – 4 AZN 487/06, BeckRS 2011, 77276.

[67] EGMR 21.7.2011 – 28274/08, NZA 2011, 1269; hierzu etwa *Ulber* NZA 2011, 962; *Forst* NJW 2011, 3477; *Becker* DB 2011, 2202; *Brock* öAT 2011, 243; *Seel* MDR 2012, 9; *Abraham* ZRP 2012, 11.

[68] BAG 31.7.2014 – 2 AZR 505/13, NZA 2015, 245 Rn. 63.

2008 aus politischen Gründen **gescheiterten "neuen"** § 612a BGB zurückgegriffen werden. Dieser sah vor, dass sich ein Arbeitnehmer, der auf Grund konkreter Anhaltspunkte der Auffassung ist, dass im Betrieb oder bei einer betrieblichen Tätigkeit gesetzliche Pflichten verletzt werden, sich an den Arbeitgeber oder eine zur innerbetrieblichen Klärung zuständige Stelle wenden und Abhilfe verlangen kann. Der Arbeitnehmer sollte weitergehend das Recht haben, sich an eine zuständige außerbetriebliche Stelle zu wenden, wenn der Arbeitgeber dem Abhilfeverlangen nicht oder nicht ausreichend nachkommt. Die Fallkonstellationen, in denen ein Abhilfeverlangen unzumutbar und deshalb ein unmittelbares Herantreten an außerbetriebliche Stellen möglich sein sollte, wurden in dem Gesetzesentwurf wie folgt beschrieben:

68 Der Arbeitnehmer müsse auf Grund konkreter Anhaltspunkte der Auffassung sein, dass

1. aus dem Betrieb eine unmittelbare Gefahr für Leben oder Gesundheit von Menschen oder die Umwelt droht, oder
2. der Arbeitgeber oder ein anderer Arbeitnehmer eine Straftat begangen hat oder
3. eine Straftat geplant ist, durch deren Nichtanzeige sich der Arbeitnehmer selbst der Strafverfolgung aussetzen würde oder
4. eine innerbetriebliche Abhilfe nicht oder nicht ausreichend erfolgen wird.

69 Problematisch an der seinerzeit vorgesehenen Neuregelung erscheint zwar, dass nicht auf das objektive Vorliegen eines gesetzwidrigen Verhaltens des Arbeitgebers abgestellt wird, sondern die subjektive, wenn auch auf „konkrete Anhaltspunkte" gegründete Auffassung des Arbeitnehmers genügen soll. Allerdings wird man dem Arbeitnehmer das **Risiko einer rechtlichen Fehleinschätzung** in Bezug auf das Vorliegen einer Gesetzeswidrigkeit kaum vollständig auferlegen können. Der Gesetzesentwurf aus dem Jahr 2008 kann daher zumindest bei defensiver Anwendung auf Arbeitnehmerseite durchaus Leitlinien auch für die zukünftige Behandlung von „Whistleblowerfällen" liefern.

70 Mit besonderem Interesse muss verfolgt werden, ob im Zuge der Umsetzung der Hinweisgeberschutz-Richtlinie[69] ein **Vorrang innerbetrieblicher Abhilfe** postuliert wird oder ob Arbeitnehmer (und wenn ja, mit welchen Einschränkungen) unmittelbar das Recht erhalten, sich an zuständige Stellen (Behörden) außerhalb des Betriebes zu wenden und dort Rechtsverstöße zu melden. Im letzteren Fall würde sich die kündigungsrechtliche Postion des Anzeigenden gegenüber der heutigen Rechtslage massiv verbessern. Artikel 7 Absatz 2 der Hinweisgeberschutz-Richlinie gibt allein vor, dass sich die Mitgliedstaaten dafür einsetzen, dass die **Meldung über interne Meldekanäle** gegenüber der Meldung über externe Meldekanäle in den Fällen **bevorzugt wird,** in denen intern wirksam gegen den Verstoß vorgegangen werden kann und der Hinweigeber keine Repressalien befürchtet. Ein strikter Vorrang (des Versuchs) einer innerbetrieblichen Abhilfe liegt hierin nicht.

V. Schweigepflicht besonderer Arbeitnehmergruppen

71 Spezielle Arbeitnehmergruppen treffen besondere Geheimhaltungspflichten, die neben die Schweigpflicht nach den allgemeinen Grundsätzen treten. Die wichtigsten Regelungen sind kurz zu erwähnen:

72 Für Arbeitnehmervertreter im **Aufsichtsrat einer AG** gilt § 116 iVm § 93 Abs. 1 S. 2 AktG. Stillschweigen zu wahren ist hiernach über vertrauliche Angaben und Geheimnisse der Gesellschaft, namentlich Betriebs- oder Geschäftsgeheimnisse. Zivilrechtlicher Geheimnisschutz wird auch über § 24 ArbNErfG gewährt.[70] Der Arbeitnehmer muss von ihm entwickelte **Diensterfindungen** so lange geheim halten, wie sie nicht nach § 8 Abs. 1 ArbNErfG frei geworden sind. Nach § 26 ArbNErfG überdauert die Geheimhaltungspflicht die Auflösung des Arbeitsverhältnisses (nachvertragliche Schweigepflicht). Für **Auszubildende** gilt § 13 S. 2 Nr. 6 BBiG (Verpflichtung, über Betriebs- und Geschäftsgeheimnisse Stillschweigen zu wahren).

---

[69] RL (EU) 2019/1937 vom 23.10.2019; hierzu schon → Rn. 55.
[70] Näher hierzu *Gennen* → § 16 Rn. 166.

Mit **Datenverarbeitung** befasste Personen dürfen personenbezogene Daten nicht unbefugt verarbeiten (Datengeheimnis). Sie sind bei Aufnahme ihrer Tätigkeit auf das Datengeheimnis zu verpflichten.[71] Das Datengeheimnis besteht auch nach der Beendigung ihrer Tätigkeit fort (§ 53 BDSG). Eine besondere Verschwiegenheitspflicht in Bezug auf fremde Geheimnisse, insbesondere Betriebs- oder Geschäftsgeheimnisse, gilt für die Arbeitnehmer des Trägers der **Insolvenzsicherung** (§ 15 BetrAVG).

Im **Personalvertretungsrecht** gilt für Amtsträger § 10 BPersVG, im Übrigen greifen die entsprechenden Landesgesetze (Beispiel: § 9 LPVG-NW).

Für das **Betriebsverfassungsrecht** maßgeblich ist § 79 Abs. 1 S. 1 BetrVG.[72] Für Mitglieder eines Wirtschaftsausschusses gilt nach § 107 Abs. 3 S. 4 BetrVG die entsprechende Verschwiegenheitsverpflichtung.[73] Eine Schweigepflichtverletzung wird auf Antrag auch strafrechtlich verfolgt (§ 120 Abs. 1 BetrVG).[74] Die Schweigepflicht besteht auch gegenüber der Gewerkschaft, selbst im Fall eines Arbeitskampfes.[75] Eine Schweigepflicht gilt auch hinsichtlich der den Betriebsratsmitgliedern im Rahmen personeller Einzelmaßnahmen nach § 99 BetrVG bekannt gewordenen persönlichen Verhältnisse und Angelegenheiten der Arbeitnehmer, sofern diese ihrer Bedeutung oder ihrem Inhalt nach einer vertraulichen Behandlung bedürfen (§ 99 Abs. 1 S. 3 BetrVG).[76] Mitglieder und Ersatzmitglieder eines **Europäischen Betriebsrates** haben Betriebs- oder Geschäftsgeheimnisse nach Maßgabe von § 35 Abs. 2 EBRG zu wahren.

Vertrauenspersonen schwerbehinderter Menschen im Betrieb sind nach § 179 Abs. 7 S. 1 Nr. 2 SGB IX zur Geheimhaltung verpflichtet. Die Schweigepflicht besteht auch nach dem Ausscheiden aus dem Amt. Die Verletzung der Schweigepflicht ist strafbewehrt (§ 237b SGB IX).

Die Beschäftigten des **öffentlichen Dienstes** haben bei Geltung des TVöD bzw. des TV-L über Angelegenheiten, deren Geheimhaltung durch gesetzliche Vorschriften vorgesehen oder vom Arbeitgeber angeordnet ist, Verschwiegenheit auch über die Beendigung des Arbeitsverhältnisses hinaus zu wahren (§ 3 Abs. 1 TVöD, § 3 Abs. 2 TV-L).[77]

VI. Vertragsgestaltung

1. Arbeitsvertrag

Eine **Schweigepflichtregelung** fehlt in kaum einem Musterarbeitsvertrag. Schon aus psychologischen Gründen sollte hierauf auch in Zukunft nicht verzichtet werden. Noch wichtiger ist die nachvertragliche Verschwiegenheitspflicht in Bezug auf Geschäftsgeheimnisse. Dem Arbeitgeber ist durch loyale Mitarbeiter mehr gedient als durch die Möglichkeit der Sanktionierung eines bereits erfolgten Geheimnisverrats. Daneben empfiehlt sich die Aufnahme einer hinreichend bestimmten **Vertragsstrafenregelung** für den Fall von Schweigepflichtverletzungen. Für jeden einzelnen Verstoß dürfte zumindest eine Vertragsstrafe in Höhe eines Bruttomonatsverdienstes wirksam vereinbart werden können.

Wegen der Bedeutung des Geschäftsgeheimnisschutzes kann auch ein umfassender, an Inhalt und Begrifflichkeiten des neuen GeschGehG angepasster „geheimnisschutzrechtlicher Beipackzettel" als Anlage zum Arbeitsvertrag verwendet werden. Ein Mitbestimmungsrecht des Betriebsrats dürfte unter Beachtung der Grundsätze des BAG aus der Entscheidung vom 10.3.2009[78] nicht bestehen.

---

[71] Muster bei *Schröder* DatenschutzR S. 56 f.
[72] Hierzu etwa *Müller* BB 2013, 2293; zuletzt *Niklas* ArbRB 2020, 122.
[73] Vgl. etwa BAG 11.7.2000 – 1 ABR 43/99, NZA 2001, 402.
[74] Vgl. etwa *Rieble/Klebeck* NZA 2006, 758 (764 f.).
[75] LAG Niedersachsen 21.11.2001 – 15 TaBV 104/00, BeckRS 2001, 30812165 = AE 2002, 120.
[76] Zum Ausschluss aus dem Betriebsrat wegen Verletzung der Geheimhaltungspflicht ArbG Wesel 16.10.2008 – 5 BV 34/08, NZA-RR 2009, 21.
[77] Vgl. LAG Düsseldorf 24.7.2009 – 9 Sa 194/09, NZA-RR 2010, 52 zur Abmahnung wegen Verschwiegenheitspflichtverletzung im öffentlichen Dienst; Übersicht bei *Müller* öAT 2012, 102.
[78] BAG 10.3.2009 – 1 ABR 87/07, NZA 2010, 180.

Muster: Geheimnisschutzrechtlicher „Beipackzettel" zum Arbeitsvertrag

Anlage zum Arbeitsvertrag: Wahrung von Geschäftsgeheimnissen

Liebe Mitarbeiterinnen und Mitarbeiter,

für unser Unternehmen ist die Wahrung unserer Geschäftsgeheimnisse nicht erst seit Inkrafttreten des Gesetzes zum Schutz von Geschäftsgeheimnissen (GeschGehG) vom 18.4.2019 von überragender Bedeutung, auch und gerade für den Erhalt der Arbeitsplätze. Gleiches gilt für die Wahrung solcher Geschäftsgeheimnisse, die uns im Rahmen der Zusammenarbeit mit Dritten anvertraut werden. Alle Beschäftigten haben daher ihren Teil dazu beizutragen, dass Geschäftsgeheimnisse im geschäftlichen Verkehr gewahrt bleiben. Hierzu gehört auch, dass neu eintretende Beschäftigte keine Geschäftsgeheimnisse ihrer früheren Arbeitgeber oder sonstigen Vertragspartner verletzen.

Geschäftsgeheimnisse in diesem Sinne können insbesondere technische Informationen (zB Herstellungsverfahren, Formeln, Techniken, Rezepturen und betriebsgeheime Erfindungen) sowie kaufmännische Informationen (zB Kundenlisten, Lieferantenlisten, Kosten- und Finanzdaten, Geschäftsstrategien, Marktanalysen und Bezugsquellen) sein. Geschäftsgeheimnisse sind vielfach als solche gekennzeichnet, zB als vertraulich, streng vertraulich, geheim oder streng geheim. Auch Informationen, die nicht ausdrücklich als geheimhaltungsbedürftig gekennzeichnet sind, können aber Geschäftsgeheimnisse sein.

Sie sind in jeder Hinsicht gehalten, die von uns zum Schutz von geheimen Unternehmensinformationen vorgesehenen und ergriffenen Maßnahmen, seien sie technischer, organisatorischer oder rechtlicher Art, strikt einzuhalten. Darüber hinaus gilt:

Sie sind verpflichtet, Geschäftsgeheimnisse nur in dem Umfang zur Kenntnis zu nehmen, wie es für die Erfüllung Ihrer Arbeitsaufgabe erforderlich ist (sog. Need-to-know-Prinzip). Insbesondere ist es Ihnen untersagt, in Bezug auf Dokumente, Gegenstände, Materialien, Stoffe oder elektronische Dateien, die ein Geschäftsgeheimnis enthalten oder aus denen sich ein Geschäftsgeheimnis ableiten lässt, sich ohne Gestattung Zugang zu verschaffen, sich diese unbefugt anzueignen oder diese unbefugt zu kopieren.

Sie sind verpflichtet, Ihnen in Ausübung oder aus Anlass Ihrer Tätigkeit anvertraute oder sonst bekannt gewordene Geschäftsgeheimnisse nur für die im Rahmen des bestehenden Arbeitsverhältnisses geschuldete Tätigkeit zu nutzen.

In gleicher Weise sind Sie verpflichtet, Ihnen in Ausübung oder aus Anlass Ihrer Tätigkeit anvertraute oder sonst bekannt gewordene Geschäftsgeheimnisse nicht an dritte Personen weiterzugeben (Offenlegungsverbot). Eine Ausnahme kann nur innerhalb unseres Unternehmens und gegenüber solchen Personen bestehen, die ihrerseits zur Erfüllung ihrer eigenen Arbeitsaufgaben auf die Kenntnis der Information angewiesen sind. Dasselbe gilt in Bezug auf Dokumente, Gegenstände, Materialien, Stoffe oder elektronische Dateien, die ein Geschäftsgeheimnis enthalten oder aus denen sich ein Geschäftsgeheimnis ableiten lässt.

Bestehen im konkreten Fall Zweifel, ob eine geheime Unternehmensinformation von der Nutzungsbeschränkung oder dem Offenlegungsverbot erfasst ist, sind Sie verpflichtet, vor jedweder Verwendung des Geschäftsgeheimnisses eine Anweisung Ihres Vorgesetzten bzw. der Unternehmensleitung einzuholen.

Die Nutzungsbeschränkung und das Offenlegungsverbot bestehen auch nach Beendigung Ihres Arbeitsverhältnisses fort, es sei denn, sie wirken für Sie wie ein nachvertragliches Wettbewerbsverbot. Ein solches Wettbewerbsverbot müsste gesondert vereinbart werden.

Spätestens bei Beendigung des Arbeitsverhältnisses, auf sachlich begründbare Anforderung auch zu jedem vorherigen Zeitpunkt, haben Sie alle Dokumente, Gegenstände, Materialien, Stoffe oder elektronischen Dateien, die ein Geschäftsgeheimnis enthalten oder aus denen sich ein Geschäftsgeheimnis ableiten lässt, sowie etwaige Kopien hiervon vollständig zurückzugeben sowie auf entsprechende Aufforderung digitale Kopien auf eigenen (auch mobilen) Geräten oder Speichermedien zu löschen. Ein Zurückbehaltungsrecht Ihrerseits wird ausdrücklich ausgeschlossen.

Wir weisen Sie ausdrücklich darauf hin, dass Verstöße gegen die beschriebenen Verpflichtungen beim Umgang mit geheimen Unternehmensinformationen und Geschäftsgeheimnissen zur Beendigung Ihres Arbeitsverhältnisses führen können. Sie können zusätzlich eine unerlaubte Handlung im Sinne des § 4 GeschGehG darstellen, so dass wir als Arbeitgeber Ansprüche nach den §§ 6 ff.

GeschGehG, insbesondere Schadensersatzansprüche gegen Sie geltend machen können. Bei Verstößen, die Sie nach Ihrem Ausscheiden begehen sollten, kann nach Maßgabe von § 12 GeschGehG zusätzlich Ihr neuer Arbeitgeber bzw. Dienstgeber in Anspruch genommen werden. Darüber hinaus können Verstöße, insbesondere Betriebsspionage und Geheimnisverrat, nach § 23 GeschGehG mit Freiheits- oder Geldstrafe geahndet werden.

Abschließend bitten wir Sie, Ihr Einverständnis mit den obigen Regelungen zur Wahrung von Geschäftsgeheimnissen durch Abgabe der nachstehenden Erklärung kundzutun. Bedenken Sie bitte, dass der korrekte Umgang mit Geschäftsgeheimnissen die Wettbewerbsfähigkeit Ihres Arbeitgebers und damit auch die vorhandenen Arbeitsplätze im Unternehmen schützt.

Mit freundlichen Grüßen

Geschäftsleitung

2. Aufhebungsvertrag

Eine Regelung zur Verschwiegenheitspflicht ist nicht notwendiger Bestandteil einer Aufhebungs- oder Abwicklungsvereinbarung. Sie kann aber vor allem dann – erneut – psychologische Wirkung entfalten, wenn eine **Freistellung des Arbeitnehmers bis zur rechtlichen Beendigung des Arbeitsverhältnisses** vorgesehen ist. Zahlreichen Arbeitnehmern ist die fortbestehende Loyalitätsverpflichtung in solchen Fällen nicht hinreichend bewusst. Eine ausdrückliche Regelung enthält dann auch eine Mahnung an den Arbeitnehmer, der sich bei einem Geheimnisverrat und hierauf ausgesprochener „überholender" Kündigung durch den Arbeitgeber um sämtliche Ansprüche aus einem möglicherweise wirtschaftlich attraktiven Aufhebungsvertrag bringen kann. Auch und gerade im Aufhebungsvertrag ist ein Hinweis auf die bestehen bleibende Schweigepflicht in Bezug auf Geschäftsgeheimnisse geboten. Wird wie oben angeregt ein „geheimnisschutzrechtlicher Beipackzettel" zum Arbeitsvertrag verwendet, kann auch auf dessen Inhalt nochmals gesondert verwiesen werden. 81

VII. Prozessuales

Schon vor Inkrafttreten des GeschGehG waren Streitigkeiten über den Verstoß gegen Geheimhaltungspflichten durch den (ausgeschiedenen) Arbeitnehmer vor den **Arbeitsgerichten** auszutragen. Im Fall einer Verletzung der nachvertraglichen Verschwiegenheitspflicht konnte und kann weiterhin auf § 2 Abs. 1 Nr. 3c bzw. Nr. 3d ArbGG hingewiesen werden. Es handelt sich um eine Rechtsstreitigkeit aus den Nachwirkungen des Arbeitsverhältnisses bzw. aus unerlaubten Handlungen, die jedenfalls mit dem Arbeitsverhältnis im Zusammenhang steht.[79] 82

Mit den in §§ 15 ff. GeschGehG enthaltenen Regelungen ist ein **besonderes Geschäftsgeheimnisprozessrecht** in das deutsche Verfahrensrecht eingeführt worden. Hauptziel der Vorschriften ist der Schutz von Geschäftsgeheimnissen in anhängigen zivilgerichtlichen Verfahren. Die prozessualen Sonderregelungen gelten für solche Klagen, durch die Ansprüche nach dem GeschGehG geltend gemacht werden (Legaldefinition des **Geschäftsgeheimnisstreitverfahrens** in § 16 Abs. 1 GeschGehG). Das Gericht der Hauptsache kann hier auf Antrag **streitgegenständliche Informationen** ganz oder teilweise **als geheimhaltungsbedürftig einstufen**, wenn diese ein Geschäftsgeheimnis sein können (§ 16 Abs. 1 GeschGehG). Soweit die Zivilgerichte mit Geschäftsgeheimnisstreitverfahren befasst sind, sind die **Landgerichte** ausschließlich zuständig (§ 15 Abs. 1 GeschGehG). Geschäftsgeheimnisstreitverfahren, die aus einem (beendeten) Arbeitsverhältnis resultieren, fallen in die Zuständigkeit der **Arbeitsgerichte**.[80] 83

---

[79] Zu Einzelfällen LAG Hessen 9.2.1969 – 2 Sa 677/68, DB 1970, 885; OLG Stuttgart 19.11.1996 – 2 W 64/96, NZA-RR 1997, 267; OLG Hamburg 30.12.2002 – 11 W 43/02, NZA 2003, 935; OLG Frankfurt a. M. 20.5.2004 – 6 W 44/05, NZA-RR 2005, 499.
[80] Vgl. etwa *Francken* NZA 2019, 1665; *Reinfeld* Neues GeschGehG § 6 Rn. 5, 21 ff.

84 **Geschäftsgeheimnisstreitverfahren** werden im Arbeitsrecht typischerweise von Arbeitgebern eingeleitet, die Ansprüche aus unerlaubter Erlangung, Nutzung oder Offenlegung von Geschäftsgeheimnissen gegen (ehemalige) Arbeitnehmer geltend machen. Der mit dem Gesetz angestrebte prozessuale Geheimnisschutz muss aber auch dann greifen (können), wenn Ansprüche nach dem GeschGehG **widerklagend** erhoben werden oder wenn sich die Beklagtenseite zur Abwehr des Klagebegehrens auf Geschäftsgeheimnisse berufen will, so wenn mit Ansprüchen aus den §§ 6 ff. GeschGehG **aufgerechnet** werden soll. In **Kündigungsschutzprozessen** sollte der besondere prozessuale Geschäftsgeheimnisschutz ebenso greifen, wenn der geltend gemachte Kündigungsgrund in einer Verletzung der Handlungsverbote des § 4 GeschGehG liegt, insbesondere ein Geheimnisverrat nach § 23 Abs. 1 Nr. 3 GeschGehG (der einen Verstoß gegen § 4 Abs. 2 Nr. 3 GeschGehG voraussetzt) in Rede steht.[81]

85 Das Eingreifen der prozessualen Sonderregelungen setzt zunächst einen Antrag nach § 16 Abs. 1 GeschGehG voraus, gerichtet auf eine **Einstufungsentscheidung** des Gerichts, wonach streitgegenständliche Informationen als geheimhaltungsbedürftig eingestuft werden (können). Rechtsfolge ist eine Geheimhaltungspflicht der beteiligten Personen im Verfahren und nach dessen Abschluss (§§ 16 Abs. 2, 18 GeschGehG). Auf zusätzlichen Antrag nach § 19 Abs. 1 GeschGehG ist eine **Beschränkungsentscheidung** des Gerichts möglich, durch die der Zugang von Personen zu geheimnisträchtigen Dokumenten (§ 19 Abs. 1 Nr. 1 GeschGehG) oder zur mündlichen Verhandlung (§ § 19 Abs. 1 Nr. 2 GeschGehG) beschränkt werden kann. Ergeht eine solche Beschränkungsentscheidung, so kann auf weiteren Antrag die **Öffentlichkeit** von der mündlichen Verhandlung **ausgeschlossen** werden (§ 19 Abs. 2 Nr. 1 GeschGehG).

86 Die (zusätzliche) Möglichkeit für die Prozessparteien, einen Ausschluss der Öffentlichkeit von der mündlichen Verhandlung herbeizuführen, ist gerade im arbeitsgerichtlichen Verfahren von hoher Bedeutung. Zwar kann und konnte schon bisher die Öffentlichkeit im Güteverfahren auch (schon) aus Zweckmäßigkeitsgründen ausgeschlossen werden (§ 52 S. 3 ArbGG). Hiervon wird aber erfahrungsgemäß so gut wie kein Gebrauch gemacht. Im Fokus steht meist § 52 S. 2 ArbGG, wonach sich in der mündlichen Verhandlung auf entsprechenden Antrag die Pflicht des Gerichts zum Ausschluss der Öffentlichkeit ergeben kann, wenn Betriebs-, Geschäfts- oder Erfindungsgeheimnisse (einer Partei) zum Gegenstand der Verhandlung oder der Beweisaufnahme gemacht werden.[82] Die Option des Ausschlusses der Öffentlichkeit über § 19 Abs. 2 Nr. 1 GeschGehG muss bei Geschäftsgeheimnisstreitverfahren jetzt regelmäßig „mitgedacht" werden.

87 Prozessual ist bedeutsam, dass der Arbeitgeber sich auch bei Eingreifen der §§ 15 ff. GeschGehG und Vorliegen eines Geschäftsgeheimnisstreitverfahrens in seinen Klage- oder Widerklageanträgen nicht auf eine allgemeine Umschreibung des Geheimnisses beschränken kann. Ansonsten besteht die Gefahr, dass sein Begehren zB mangels **Bestimmtheit des Unterlassungsantrages** als unzulässig abgewiesen wird.[83] Gerade weil vermeintlich verletzte Geschäftsgeheimnisse hinreichend substantiiert werden müssen, ist es aus Arbeitgebersicht besonders wichtig, das Geheimnis beginnend mit Einleitung des Prozesses zu schützen und die Sonderregeln der §§ 16–20 GeschGehG zu beachten. Werden mit einem Einstufungsantrag (§ 16 Abs. 1 GeschGehG) Schriftstücke und sonstige Unterlagen eingereicht oder vorgelegt, muss der Antragsteller diejenigen Ausführungen kennzeichnen, die nach seinem Vorbringen Geschäftsgeheimnisse enthalten (§ 20 Abs. 4 S. 1 GeschGehG). Wenn Beschränkungen nach § 19 Abs. 1 S. 1 Nr. 1 GeschGehG (Zugangsbeschränkung in Bezug auf Dokumente, die Geschäftsgeheimnisse enthalten können) angestrebt werden, ist zusätzlich eine Fassung der Schriftstücke bzw. Dokumente ohne Preisgabe von Geschäftsgeheimnissen vorzulegen, die eingesehen werden kann (§ 20 Abs. 4 S. 2 GeschGehG).

---

[81] Zur Reichweite der Regelungen zum Geschäftsgeheimnisstreitverfahren vgl. *Reinfeld* Neues GeschGehG § 6 Rn. 10 ff.
[82] BAG 23.4.1985 – 3 AZR 548/82, AP BetrAVG § 16 Nr. 16.
[83] BAG 25.4.1989 – 3 AZR 35/88, AP BGB § 611 Betriebsgeheimnis Nr. 7; zur Darlegungspflicht bei der Geltendmachung der Verletzung von Betriebsgeheimnissen auch BGH 13.12.2007 – I ZR 71/05, NZA-RR 2008, 421.

§ 31 Wettbewerbsverbot während des bestehenden Arbeitsverhältnisses

Übersicht

	Rn.
I. Grundlagen und Praxisrelevanz	1
II. Konkurrenzverbot nach § 60 HGB	2–20
1. Gegenständlicher Verbotsumfang	2–12
a) Gesetzliche Grundfälle	2–8
b) Kapitalbeteiligung an anderen Unternehmen	9/10
c) Schutz von Drittunternehmen	11/12
2. Zeitlicher Verbotsumfang	13–17
3. Einwilligung des Arbeitgebers und deren Widerruf	18–20
III. Vorbereitungshandlungen für späteren Wettbewerb	21–27
IV. Wettbewerb während des laufenden Kündigungsschutzprozesses	28–33
V. Rechtsfolgen unerlaubten Wettbewerbs	34–39
VI. Vertragsgestaltung	40–42
VII. Prozessuales	43–47

I. Grundlagen und Praxisrelevanz

Dass Arbeitnehmer ihrem Arbeitgeber während der Laufzeit des Arbeitsverhältnisses keine Konkurrenz machen dürfen, erscheint selbstverständlich. Gleichwohl spielt das Konkurrenzverbot während der Laufzeit des Arbeitsverhältnisses in der Praxis eine erhebliche Rolle, vor allem bei bevorstehender Beendigung oder streitiger Beendigung des Arbeitsverhältnisses. Eine ausdrückliche gesetzliche Regelung enthält § 60 HGB zunächst nur für Handlungsgehilfen. Das Wettbewerbsverbot für Handlungsgehilfen gilt aber als **Ausprägung eines allgemeinen Rechtsgedankens**, der auch in § 241 Abs. 2 BGB normiert ist, für sämtliche Arbeitnehmer.[1] Gewerbliche Arbeitnehmer sind also ebenso erfasst wie kaufmännische und technische Angestellte, insbesondere auch Arbeitnehmer freiberuflicher Praxen; das gesetzliche Wettbewerbsverbot schützt auch solche Arbeitgeber, die kein Handelsgewerbe betreiben.[2] Das Verbot gilt ebenso für Leiharbeitnehmer im Verhältnis zum Entleiher.[3] Die Pflicht zur Konkurrenzenthaltung trifft den Arbeitnehmer unabhängig vom Umfang seiner Arbeitsverpflichtung; Teilzeitkräfte sind also ebenso gebunden wie Vollzeitkräfte,[4] das Wettbewerbsverbot gilt während einer Altersteilzeit ebenso wie in einer Kurzarbeitsperiode. Auch Auszubildende unterliegen dem Wettbewerbsverbot während ihrer Ausbildungszeit.[5]

II. Konkurrenzverbot nach § 60 HGB

1. Gegenständlicher Verbotsumfang

a) Gesetzliche Grundfälle. Dem Arbeitnehmer ist zunächst das Betreiben eines Handelsgewerbes verboten (§ 60 Abs. 1 Alt. 1 HGB), und zwar nach dem Gesetzeswortlaut selbst dann, wenn es sich nicht um eine Konkurrenztätigkeit handelt. § 60 HGB ist aber verfassungskonform dahin auszulegen, dass dem Arbeitnehmer nur der **Betrieb eines Handelsge-**

---
[1] BAG 16.8.1990 – 2 AZR 113/90, NZA 1991, 141; 24.3.2010 – 10 AZR 66/09, NZA 2010, 693.
[2] BAG 26.9.2007 – 10 AZR 511/06, NZA 2007, 1436; zuvor bereits BAG 23.5.1985 – 2 AZR 268/84, BeckRS 1985, 30713832; ArbG Schwerin 16.5.2001 – 6 Ca 3731/00, AnwBl 2002, 56.
[3] LAG Berlin 9.2.1981 – 9 Sa 83/80, DB 1981, 1095; in Bezug auf den eigenen Arbeitgeber (Verleiher) gilt das Verbot ohnehin.
[4] So jetzt auch MüKoHGB/von Hoyningen-Huene § 60 Rn. 17.
[5] BAG 20.9.2006 – 10 AZR 439/05, NZA 2007, 977.

3 Fragen treten auf, wenn der Arbeitgeber während der Laufzeit des Arbeitsverhältnisses **weitere Geschäftszweige** eröffnet und erst hierdurch eine Konkurrenzsituation auftritt. Der Arbeitgeber kann ins Feld führen, dass das Verbot des § 60 HGB für die gesamte Dauer des Arbeitsverhältnisses gilt und insofern dynamisch ist. Konsequenterweise ist ein Arbeitnehmer grundsätzlich verpflichtet, ein von ihm zunächst zulässigerweise betriebenes Handelsgewerbe einzustellen, wenn durch Erweiterung des Geschäftsbetriebs des Arbeitgebers eine Konkurrenzsituation entsteht.[7] Eine Übergangszeit für die Abwicklung schwebender Geschäfte dürfte dem Arbeitnehmer hierbei zuzubilligen sein.

4 Nach § 60 Abs. 1 Alt. 2 HGB darf der Arbeitnehmer zudem im Handelszweig des Arbeitgebers nicht für eigene oder fremde Rechnung **Geschäfte machen**. Den Begriff des Geschäftemachens erfüllt jede, wenn auch nur spekulative, auf Gewinnerzielung gerichtete Teilnahme am geschäftlichen Verkehr, die nicht nur der Befriedigung eigener privater Bedürfnisse des Arbeitnehmers dient.[8] Es sind alle Aktivitäten erfasst, die eine Konkurrenztätigkeit darstellen oder sonst das Arbeitgeberunternehmen in seiner Tätigkeit beeinträchtigen. Hierzu soll auch schon das Vorfühlen bei Kunden zum Zwecke der späteren Vermittlung eines Geschäftsabschlusses oder gar der Abwerbung dieser Kunden zählen.[9]

5 Insbesondere stellt die Unterstützung vertragsbrüchiger ehemaliger Kollegen bei einer Konkurrenztätigkeit einen Verstoß gegen § 60 HGB dar.[10] Auch die **Abwerbung von** vertraglich gebundenen Kollegen unterfällt dem Verbotstatbestand.[11]

6 Allerdings: Nicht jede noch so geringfügige Konkurrenztätigkeit bzw. Tätigkeit für ein Konkurrenzunternehmen kann der Arbeitgeber sanktionieren. Die neuere Rechtsprechung zeigt auf, dass hier eine **Bagatellgrenze** wirken muss. Zwar kommt es für die Annahme einer unerlaubten Konkurrenztätigkeit grundsätzlich nicht darauf an, dass die Tätigkeit vom Arbeitnehmer entgeltlich ausgeführt wird. Verbotene Wettbewerbstätigkeit liegt jedoch erst dann vor, wenn sie durch den Umfang und die Intensität der Tätigkeit auch grundsätzlich geeignet ist, das Interesse des Arbeitgebers, unbeeinflusst von Konkurrenztätigkeiten des Arbeitnehmers in seinem Marktbereich auftreten zu können, spürbar zu beeinträchtigen.[12] So stellt die geringfügige Tätigkeit des Mitarbeiters eines Steuerbüros für einen anderen Steuerberater einen Verstoß gegen das Wettbewerbsverbot selbst dann dar, wenn bei dem anderen Steuerberater nur allgemeine Büro- und Verwaltungstätigkeiten erledigt werden.[13]

7 Auch das BAG neigt jetzt dazu, die Reichweite des Wettbewerbsverbots auf unmittelbare Konkurrenztätigkeiten zu beschränken und bloße **Hilfstätigkeiten ohne Wettbewerbsbezug** aus dem Verbot auszunehmen.[14] Ebenso soll der Arbeitgeber einmalige oder nur ganz sporadisch ausgeübte **Freundschaftsdienste im Marktbereich des Arbeitgebers** in der Regel hinnehmen müssen. Dies soll jedenfalls dann gelten, wenn diese Dienste den arbeits- und wertmäßigen Umfang einer geringfügigen Gefälligkeit nicht übersteigen und unentgeltlich durchgeführt werden. Eine spürbare Beeinträchtigung der Wettbewerbsinteressen des Arbeitgebers scheidet dann aus.[15] Die Tatsache allein, dass der (gewerbliche) Arbeitnehmer seine Arbeitskraft als solche einem Konkurrenzunternehmen zur Verfügung stellt, reicht für die Annahme eines Wettbewerbsverstoßes ebenso nicht aus. Es muss feststehen, dass der Ar-

---

[6] BAG 25.5.1970 – 3 AZR 384/69, AP HGB § 60 Nr. 4; 3.5.1983 – 3 AZR 62/81, AP HGB § 60 Nr. 10; vgl. auch LAG Niedersachsen 17.11.2015 – 11 Sa 389/15, AE 2016, 86.
[7] So *Röhsler/Borrmann*, Wettbewerbsbeschränkungen für Arbeitnehmer und Handelsvertreter, 1981, S. 39.
[8] BAG 15.2.1962 – 5 AZR 79/61, AP HGB § 61 Nr. 1; 17.10.2012 – 10 AZR 809/11, NZA 2013, 207.
[9] BAG 30.1.1963 – 2 AZR 319/62, AP HGB § 60 Nr. 3; 24.4.1970 – 3 AZR 324/69, AP HGB § 60 Nr. 5.
[10] BAG 16.1.1975 – 3 AZR 72/74, AP HGB § 60 Nr. 8; vgl. auch LAG Baden-Württemberg 21.2.2002 – 6 Sa 83/01, LAGE HGB § 60 Nr. 8.
[11] BAG 19.12.2018 – 10 AZR 233/18, NZA 2019, 571; zum Abwerbungsverbot noch → § 33 Rn. 60 ff. sowie *Melms/Felisiak* → § 9 Rn. 47 ff.
[12] Vgl, etwa LAG Schleswig-Holstein 19.12.2006 – 5 Sa 288/06, NZA-RR 2007, 240.
[13] LAG Rheinland-Pfalz 24.8.2012 – 9 Sa 80/12, BeckRS 2012, 75818.
[14] BAG 24.3.2010 – 10 AZR 66/09, NZA 2010, 693.
[15] LAG Schleswig-Holstein 3.12.2002 – 5 Sa 299b/02, LAGE HGB § 60 Nr. 9.

beitnehmer tatsächlich wettbewerbliche Tätigkeiten ausübt und hierdurch wettbewerbliche Interessen des Arbeitgebers gefährdet sind.[16]

Nach Ansicht des BAG dürfen Arbeitnehmer selbst dann keine Konkurrenzgeschäfte tätigen, wenn sicher ist, dass der Arbeitgeber den vom Arbeitnehmer betreuten Sektor oder die betreffenden Kunden nicht erreichen wird.[17] Es erscheint aber zweifelhaft, ob in solchen Fällen ein berechtigtes Arbeitgeberinteresse per se anzuerkennen ist. Zumindest bei einer Gefährdung von Geschäftsgeheimnissen (vgl. § 2 Nr. 1 GeschGehG) wird man dies aber bejahen können.

b) Kapitalbeteiligung an anderen Unternehmen. Sonderfragen treten bei einer (bloßen) kapitalmäßigen Beteiligung des Arbeitnehmers an einer in Konkurrenz zum Arbeitgeber stehenden Gesellschaft auf. Nach richtiger Auffassung kann nicht bereits jede kapitalmäßige Beteiligung oder Gewährung eines Darlehens einen Wettbewerbsverstoß nach § 60 HGB darstellen. Abzustellen ist darauf, ob dem Arbeitnehmer durch die Beteiligung oder Gewährung des Darlehens die Möglichkeit eingeräumt ist, **Einfluss auf die Geschäftstätigkeit des Unternehmens** zu nehmen. Ist dies nicht der Fall, liegt kein Verstoß gegen § 60 HGB vor.[18]

Ein strengerer Maßstab gilt für **Profifußballer**, die im Anstellungsvertrag (vgl. § 2 aE des Musterarbeitsvertrages Deutsche Fußball Liga GmbH) ausdrücklich zu versichern haben, dass sie weder direkt noch indirekt über Anteile und/oder Optionen für Anteile an lizenzierten Kapitalgesellschaften der deutschen Lizenzligen verfügen und solche Anteile bzw. Optionen während der Dauer des Anstellungsvertrages auch nicht erwerben werden. Gestattet ist allein der Erwerb von Aktien des eigenen Clubs. In diesem Fall besteht eine Anzeigepflicht.[19]

c) Schutz von Drittunternehmen. Eine vertragliche Ausweitung des Wettbewerbsverbots auf Drittunternehmen ist möglich, soweit ein berechtigtes Interesse des Arbeitgebers am Konkurrenzschutz des Drittunternehmens besteht. In der Praxis wird es sich bei den Drittunternehmen regelmäßig um **konzernverbundene Unternehmen** (§§ 15 ff. AktG) handeln.[20] So werden leitende Mitarbeiter der Muttergesellschaft im Konzernverbund wirksam verpflichtet werden können, auch jedwede Konkurrenztätigkeit gegenüber Tochtergesellschaften zu unterlassen.

Ein Sonderfall des „Drittbezugs" des Wettbewerbsverbots kann bei einem **Teilbetriebsübergang** auftreten. Wenn ein Arbeitgeber einen Betriebsteil auf einen Betriebserwerber überträgt und fortan in diesem Bereich nicht mehr auf dem Markt tätig ist, ist ein im Betrieb verbleibender oder dem Übergang seines Arbeitsverhältnisses widersprechender Arbeitnehmer zwar formal frei, in diesem Marktsegment tätig zu werden. Die Konkurrenz zum Betriebserwerber wäre erlaubt; ein Vertragsverhältnis zum Betriebserwerber ist ja nicht zustande gekommen. Die arbeitsvertragliche Treuepflicht soll nach Ansicht des LAG Nürnberg aber dazu führen, dass der Arbeitnehmer zumindest im Zeitraum des Laufes der (fiktiven) Kündigungsfrist Konkurrenztätigkeiten, die ihm vor dem Betriebsübergang im Verhältnis zum Betriebsveräußerer untersagt waren, weiterhin zu unterlassen hat. Dies soll ausdrücklich auch in Anbetracht der Tatsache gelten, dass im Verhältnis zum Betriebserwerber kein Rechtsverhältnis und im Verhältnis zum Arbeitgeber jetzt kein Konkurrenzverhältnis mehr besteht.[21]

2. Zeitlicher Verbotsumfang

Der zeitliche Geltungsbereich von § 60 HGB scheint eindeutig: Nach einhelliger Auffassung besteht das Verbot während der **gesamten rechtlichen Dauer des Arbeitsverhältnis-**

---

[16] So schon LAG Hamm 5.4.2000 – 10 Sa 2239/99, MDR 2000, 1255.
[17] BAG 16.1.2013 – 10 AZR 560/11, NZA 2013, 748 Rn. 16.
[18] So auch MHdB ArbR/*Reichold* § 48 Rn. 11; strenger LAG Köln 29.4.1994 – 13 Sa 1029/93, LAGE HGB § 60 Nr. 3 = AR-Blattei ES 1830 Nr. 170 mAnm *Reinfeld*, wonach bereits der Eintritt als Gesellschafter in die Kapitalgesellschaft eines Wettbewerbers des Arbeitgebers gegen § 60 HGB verstößt.
[19] Abdruck des Mustervertrages bei *Fritzweiler/Pfister/Summerer* SportR-HdB Anhang C. 2.
[20] Vgl. Braun/Wisskirchen/*Fedder*/Braner KonzernArbR S. 181.
[21] So LAG Nürnberg 4.2.2003 – 6 (5) Sa 981/01, LAGE BGB § 626 Nr. 148.

ses.²² Damit sollte zunächst klar sein, dass es keine Rolle spielt, ob der Arbeitnehmer tatsächlich tätig oder – unberechtigt oder berechtigt, zB nach Ausspruch einer Kündigung – freigestellt ist.²³ Hiervon geht im Ansatz auch das BAG aus, wenn es einen Verstoß gegen das vertragliche Wettbewerbsverbot darin sieht, dass ein Arbeitnehmer während einer vereinbarten Freistellung ein Arbeitsverhältnis mit einem Konkurrenzunternehmen begründet.²⁴

14 Das Wettbewerbsverbot besteht auch, wenn das **Arbeitsverhältnis ruht,** beispielsweise wegen Inanspruchnahme einer Elternzeit, ferner während der gesamten Laufzeit eines Altersteilzeitvertrages, insbesondere während der Freizeitphase im sog. Blockmodell.²⁵ Das Wettbewerbsverbot gilt während eines Kurzarbeitszeitraums auch bei zeitweiser „Kurzarbeit Null" und greift selbst in der Insolvenz so lange, bis das Arbeitsverhältnis beendet ist.

15 Knüpft man ausschließlich an den rechtlichen Bestand des Arbeitsverhältnisses an,²⁶ muss der Arbeitnehmer das Verbot auch einhalten, wenn er vom Arbeitgeber kein Entgelt erhält, selbst dann, wenn Anspruch auf Entgelt besteht. Es besteht also kein Recht auf Konkurrenz für die Zeit, in der der Arbeitgeber seinen Hauptpflichten aus dem Arbeitsvertrag nicht oder nicht vollständig nachkommt. Bei Zahlungsrückstand kann der Arbeitnehmer abmahnen und ggf. sogar fristlos kündigen.

16 Prozessvergleiche in Kündigungsschutzstreitigkeiten sehen häufig die **Freistellung** eines Arbeitnehmers bis zum Endzeitpunkt des Arbeitsverhältnisses vor. Im Freistellungszeitraum besteht das Wettbewerbsverbot nach richtiger Ansicht fort, insbesondere wenn die Freistellung unter Fortzahlung der Bezüge erfolgt. Das BAG hält allerdings – ohne Not – ein anderes Auslegungsergebnis für möglich, wenn die Anrechnung anderweitigen Verdienstes während der Freistellung ausdrücklich vereinbart ist. Dann soll der Arbeitnehmer im Freistellungszeitraum ggf. nicht an das gesetzliche Wettbewerbsverbot gebunden sein.²⁷ Diese Auffassung führt zu schwierigen **Auslegungsproblemen** und verkennt, dass das gesetzliche Wettbewerbsverbot im rechtlich fortbestehenden Arbeitsverhältnis nur bei eindeutig feststellbarer Einwilligung des Arbeitgebers entfallen sollte. Sie ist deshalb abzulehnen.²⁸ Selbst bei unbezahlter Freistellung (zB unbezahlter Urlaub) muss vom Fortbestand des Wettbewerbsverbots ausgegangen werden. Es handelt sich um eine Unterform des Ruhens des Arbeitsverhältnisses; die beiderseitigen Nebenpflichten bleiben bei rechtlichem Fortbestand des Arbeitsverhältnisses auch dann bestehen, wenn das Arbeitsverhältnis tatsächlich nicht (mehr) praktiziert wird.²⁹

17 Das Wettbewerbsverbot endet mit der rechtlichen Beendigung des Arbeitsverhältnisses. Ist also keine Wettbewerbsabrede iSd §§ 110 GewO, 74 ff. HGB getroffen, so kann der ausscheidende Arbeitnehmer vom einen auf den anderen Tag in Wettbewerb zum vormaligen Arbeitgeber treten, falls nicht die sich aus der **nachwirkenden Treuepflicht** oder aus § 826 BGB ergebenden Grenzen überschritten werden. Mit einem Ausnahmefall hatte sich das BAG bereits im Jahre 1967 zu beschäftigen: Ein Arbeitnehmer hatte für seinen Arbeitgeber einen Kundenauftrag bereits so weit vorbereitet, dass die endgültige Auftragserteilung nur noch Formsache war. Vor Erteilung des Auftrags war er sodann ausgeschieden. Das BAG hat hierzu befunden, dass die „in den arbeitsvertraglichen Beziehungen begründete Anstands- und Rücksichtpflicht" in diesem Fall über das Ende des Arbeitsverhältnisses hinauswirke und dem Arbeitnehmer auch noch nach beendetem Arbeitsverhältnis verbiete, die endgültige Auftragserteilung zu vereiteln.³⁰

---

²² BAG 28.1.2010 – 2 AZR 1008/08, NZA-RR 2010, 461; 17.10.2012 – 10 AZR 809/11, NZA 2013, 207 (208); 23.10.2014 – 2 AZR 644/13, NZA 2015, 429 Rn. 29.
²³ Anderer Ansicht für den Fall einer unwiderruflichen Freistellung unter dem Vorbehalt der Anrechnung anderweitigen Verdienstes BAG 6.9.2006 – 5 AZR 703/05, NZA 2007, 36; hierzu noch → Rn. 19.
²⁴ BAG 17.10.2012 – 10 AZR 809/11, NZA 2013, 207.
²⁵ Zur Altersteilzeit *Lüders* → § 74.
²⁶ Zur Vereinbarung einer besonders langen Kündigungsfrist (24 Monate) LAG Nürnberg 28.3.2019 – 3 SaGa 3/19, NZA-RR 2020, 168.
²⁷ BAG 6.9.2006 – 5 AZR 703/05, NZA 2007, 36; vgl. auch → Rn. 19.
²⁸ Ebenso *Bauer* NZA 2007, 409 (410); *Nägele* NZA 2008, 1039; kritisch auch *Seifert* RdA 2007, 300 (304) sowie *Bayreuther* Anm. zu AP BGB § 615 Nr. 118.
²⁹ So auch schon BAG 17.10.1969 – 3 AZR 442/68, AP BGB § 611 Treuepflicht Nr. 7.
³⁰ BAG 11.12.1967 – 3 AZR 22/67, BB 1968, 504.

3. Einwilligung des Arbeitgebers und deren Widerruf

Bei bestehender Einwilligung des Arbeitgebers scheidet eine unerlaubte Konkurrenztätigkeit naturgemäß aus. Die **Einwilligung** zum Betrieb eines Handelsgewerbes **gilt als erteilt**, wenn dem Arbeitgeber bei der Einstellung bekannt ist, dass der Arbeitnehmer das Gewerbe betreibt und die Vertragsparteien die Aufgabe des Betriebes nicht vereinbaren (Einwilligungsfiktion des § 60 Abs. 2 HGB). An eine fingierte oder ausdrücklich erteilte Einwilligung ist auch ein Betriebsübernehmer gebunden. 18

Die Einwilligung bedarf keiner besonderen Form. Sie kann ausdrücklich wie konkludent erteilt werden. Die Darlegungs- und Beweislast für eine Einwilligung des Arbeitgebers trägt der Arbeitnehmer.[31] Ein Vergleich in einem Kündigungsschutzprozess, der dem Arbeitnehmer die Erzielung anderweitigen Erwerbs bis zum vereinbarten Endtermin des Arbeitsverhältnisses ermöglicht, enthält nach richtiger Ansicht keine konkludente Einwilligung in eine Konkurrenztätigkeit. Zu einem dem **gesetzlichen Regelungsmodell** (Konkurrenzverbot während des bestehenden Arbeitsverhältnisses) zuwider laufenden Ergebnis gelangt allerdings das BAG, wenn es in der unwiderruflichen Freistellung durch den Arbeitgeber unter dem Vorbehalt der Anrechnung anderweitigen Erwerbs zugleich einen Verzicht auf das vertragliche Wettbewerbsverbot sieht.[32] 19

Der Arbeitgeber kann sich den Widerruf einer einmal erteilten Einwilligung vorbehalten. Bei der Ausübung des Widerrufs hat er billiges Ermessen (§ 315 BGB) zu beachten. 20

III. Vorbereitungshandlungen für späteren Wettbewerb

Grundlegend hat das BAG bereits 1978 entschieden, dass der Arbeitnehmer durch § 60 HGB nicht daran gehindert ist, mit **Vorbereitungen für eine spätere Konkurrenztätigkeit** schon während des Arbeitsverhältnisses zu beginnen, falls kein nachvertragliches Wettbewerbsverbot vereinbart ist.[33] Es erscheint allerdings zweifelhaft, ob es für die Beurteilung entscheidend auf das Bestehen oder Nichtbestehen eines nachvertraglichen Wettbewerbsverbots ankommen kann, wenn man die Verzichtsmöglichkeit nach § 75a HGB und weiter bedenkt, welche rechtlichen Probleme die Beurteilung der Rechtswirksamkeit bzw. Verbindlichkeit nachvertraglicher Wettbewerbsverbote aufwerfen kann. Grundsätzlich sollte der Pflichtenkreis des Arbeitnehmers während des bestehenden Arbeitsverhältnisses aus den für diesen Zeitraum getroffenen Vereinbarungen abschließend beurteilt werden können. Trotzdem wird man sagen müssen, dass der Arbeitgeber Vorbereitungshandlungen umso weniger zu akzeptieren hat, als diese erkennbar auf eine per nachvertraglichem Wettbewerbsverbot untersagte Tätigkeit hinauslaufen. 21

Die Abgrenzung zwischen (noch) erlaubter Vorbereitungshandlung und (schon) unerlaubter Konkurrenztätigkeit ist von immenser praktischer Bedeutung.[34] Der Arbeitnehmer, der die **Grenze der erlaubten Vorbereitungshandlung** überschreitet, riskiert den Ausspruch einer fristlosen Kündigung des Arbeitsverhältnisses. Eine solche Kündigung kann gleichsam zur völligen Entwertung eines lukrativen Abwicklungs- oder Aufhebungsvertrages führen („überholender Beendigungstatbestand"). Die Rechtsprechung hat als zulässige Vorbereitungshandlungen angesehen 22
- die Anmietung von Geschäftsräumen[35]
- die Anwerbung von Mitarbeitern[36]
- den Abschluss von Franchise-Vorverträgen[37]

---

[31] BAG 16.1.2013 – 10 AZR 560/11, NZA 2013, 749; ausf. noch → Rn. 47.
[32] BAG 6.9.2006 – 5 AZR 703/05, NZA 2007, 36; zu Recht abl. *Bauer* NZA 2007, 409 (410); vgl. auch → Rn. 16.
[33] BAG 30.5.1978 – 2 AZR 598/76, AP HGB § 60 Nr. 9.
[34] Aus der Rechtsprechung etwa LAG Baden-Württemberg 21.2.2002 – 6 Sa 83/01, LAGE HGB § 60 Nr. 8; LAG Berlin 28.8.2002 – 9 Sa 659/02, NZA-RR 2003, 362.
[35] BAG 30.1.1963 – 2 AZR 319/62, AP HGB § 60 Nr. 3.
[36] BAG 12.5.1972 – 3 AZR 401/71, AP HGB § 60 Nr. 6.
[37] BAG 30.5.1978 – 2 AZR 598/76, AP HGB § 60 Nr. 9.

- die Anschaffung von Waren[38]
- die Sicherung von Internet-Domains[39]
- den Abschluss eines Gesellschaftsvertrages und die Eintragung in das Handelsregister.[40]

23 Zulässig sind auch Bewerbungsgespräche bei Konkurrenzunternehmen,[41] was auch dem zwingenden Charakter des § 629 BGB (Freizeit zur Stellungssuche) entspricht. Selbst gegen den Abschluss eines Arbeitsvertrages mit dem Konkurrenzunternehmen (für die Zeit nach Beendigung des aktuellen Arbeitsverhältnisses) kann der Arbeitgeber nichts einwenden.[42] Dies gilt nach hier vertretener Ansicht selbst bei Bestehen eines nachvertraglichen Wettbewerbsverbots, weil dessen Schicksal und Eingreifen schon wegen der Verzichtsmöglichkeit des Arbeitgebers (§ 75a HGB) bis zur rechtlichen Beendigung des Arbeitsverhältnisses ungewiss ist. Allerdings ist in geeigneten Fällen eine sog. **vorbeugende Unterlassungsklage** denkbar.

24 Die Schwierigkeit der Abgrenzung im Einzelfall belegt eine Entscheidung des LAG Schleswig-Holstein aus dem Jahr 1991:

Beispiel:
Einer Hotelfachkraft war von seinem Arbeitgeber die verantwortliche Leitung seines Hotels übertragen worden. Der Arbeitnehmer unternahm sodann Anstrengungen, unter Kreditaufnahme ein Hotel für sich selbst zu pachten und zu betreiben, das am Ort des von ihm geführten Hotels gelegen war. Das hierin liegende ernsthafte Bemühen des Inhabers einer absoluten Vertrauensposition, erforderlichenfalls unter Vertragsbruch vorzeitig aus dem Arbeitsverhältnis zum Betreiben eines Konkurrenzbetriebs auszusteigen, wertete das LAG als wichtigen Grund für eine außerordentliche Kündigung. Dem Arbeitgeber war in diesem Fall nicht zuzumuten, darauf zu warten, dass dem Mitarbeiter die Anpachtung des Konkurrenzhotels gelingt und er dann dort tatsächlich seine Arbeit aufnimmt.[43]

25 Ein Abgrenzungskriterium dürfte sein, ob **Vorbereitungshandlungen** für den Arbeitgeber schon während des bestehenden Arbeitsverhältnisses **Nachteile in sich bergen**.[44] Nach Auffassung von *Grunsky* ist der Arbeitgeber dann nachteilig betroffen, wenn die Vorbereitung bereits nach außen hervorgetreten ist.[45] In dem Beispielsfall der beabsichtigten Anmietung des Konkurrenzhotels dürfte dies zu bejahen sein.

26 Das LAG Köln führt richtig aus, dass der Arbeitnehmer nicht auf eine bloß gedankliche Beschäftigung mit seinen Plänen beschränkt ist. Er darf auch bereits **aktiv Maßnahmen ergreifen,** vor allem solche, die auf die Schaffung der formalen und organisatorischen Voraussetzungen für das geplante eigene Unternehmen gerichtet sind. Die Grenze des Erlaubten ist aber überschritten, wenn das Handeln schon während des Arbeitsverhältnisses unmittelbar die Interessen des Arbeitgebers verletzt oder gefährdet, wie dies durch zielgerichtete Kontaktaufnahme mit Vertragspartnern des Arbeitgebers der Fall ist.[46] Bei aktiven Abwerbungsmaßnahmen ist die Grenze der bloßen Vorbereitungshandlungen überschritten.[47]

27 Nach Auffassung des BGH handelt ein Beschäftigter wettbewerbswidrig, der vor dem Ausscheiden aus seinem Arbeitsverhältnis unter Verwendung des Adressenmaterials seines Arbeitgebers ein **Verabschiedungsschreiben** an die bislang von ihm betreuten und ihm dabei durch ein Vertrauensverhältnis verbundenen Kunden richtet, wenn er hierbei direkt oder indirekt – im entschiedenen Fall durch die Angabe seiner privaten Adresse und Telefonnummer – auf seine zukünftige Tätigkeit als Wettbewerber oder für einen Wettbewerber hinweist.[48]

---

[38] BAG 9.5.1975 – 3 AZR 352/74, NJW 1975, 1987.
[39] LAG Köln 12.4.2005 – 9 Sa 1518/04, NZA-RR 2005, 595.
[40] BAG 7.9.1972 – 2 AZR 486/71, AP HGB § 60 Nr. 7.
[41] Richtig *Grunsky*, Wettbewerbsverbote für Arbeitnehmer, 2. Aufl. 1987, S. 17.
[42] Ebenso *Grunsky*, Wettbewerbsverbote für Arbeitnehmer, 2. Aufl. 1987, S. 18.
[43] LAG Schleswig-Holstein 30.5.1991 – 4 Sa 83/91, DB 1991, 1990.
[44] So schon RG JW 1937, 2654.
[45] So auch *Grunsky*, Wettbewerbsverbote für Arbeitnehmer, 2. Aufl. 1987, S. 17 f.
[46] LAG Köln 19.1.1996 – 11 (13) Sa 907/95, LAGE BGB § 626 Nr. 93.
[47] BAG 19.12.2018 – 10 AZR 233/18, NZA 2019, 571.
[48] BGH 22.4.2004 – I ZR 303/01, NJW 2004, 2385; instruktiv hierzu *Fischer* FA 2005, 135.

IV. Wettbewerb während des laufenden Kündigungsschutzprozesses

Problematisch kann die Geltung des § 60 HGB werden, wenn die Beendigung des Arbeitsverhältnisses unklar ist, insbesondere während eines laufenden Kündigungsschutzprozesses.

Greift der Arbeitnehmer eine ihm gegenüber ausgesprochene ordentliche oder außerordentliche Kündigung im Wege der Kündigungsschutzklage an, behauptet er hierüber den Fortbestand des Arbeitsverhältnisses trotz ausgesprochener Kündigung. Nach tradierter Auffassung des BAG ist der Arbeitnehmer in diesem Fall weiterhin an das Wettbewerbsverbot aus § 60 HGB gebunden.[49] Der 2. Senat hat in einer Entscheidung aus 2010 offen gelassen, ob das Wettbewerbsverbot im gekündigten Arbeitsverhältnis in jeder Hinsicht gleich weit reicht wie im ungekündigten Arbeitsverhältnis.[50] Das grundsätzliche Verbot, während des laufenden Prozesses konkurrierend tätig zu werden (obwohl bei wirksamer Kündigung und nicht vereinbartem nachvertraglichem Wettbewerbsverbot keine Verpflichtung zur Konkurrenzenthaltung bestünde), wurde aber nicht in Frage gestellt.

Das BAG hat seine Rechtsauffassung im Jahr 2014 konkretisiert:[51] Ein Arbeitnehmer darf hiernach grundsätzlich auch **nach Zugang einer** von ihm **gerichtlich angegriffenen fristlosen Kündigung** des Arbeitgebers keine Konkurrenztätigkeit ausgeübt haben, falls sich die Kündigung später als unwirksam herausstellt. Eine Konkurrenztätigkeit kann also einen Grund für eine erneute Kündigung darstellen. Im Rahmen der erforderlichen Interessenabwägung sollen in einem solchen Fall aber die folgenden drei Aspekte zu Gunsten des Arbeitnehmers zu berücksichtigen sein:

(1.) Die Wettbewerbstätigkeit ist erst durch eine frühere – unwirksame – Kündigung ausgelöst worden.

(2.) Der Wettbewerb war nicht auf eine dauerhafte Konkurrenz zum bisherigen Arbeitgeber angelegt, sondern stellte zunächst nur eine Übergangslösung für den Schwebezustand bis zur Klärung der Rechtslage dar.

(3.) Dem Arbeitgeber wurde auf Grund der Art und der Auswirkungen der Konkurrenztätigkeit nicht unmittelbar ein Schaden zugefügt.

Entsprechendes dürfte bei angegriffener ordentlicher Kündigung nach Ablauf der Kündigungsfrist gelten.

Die beratende Praxis hat sich an der Rechtsprechung des BAG zu orientieren. Ist streitig, ob eine Kündigung des Arbeitgebers das Arbeitsverhältnis beendet hat, sollte sich der Arbeitnehmer weiterhin konsequent verhalten und hinsichtlich einer in Aussicht genommenen Konkurrenztätigkeit in erster Linie darauf hinwirken, dass der (ehemalige) Arbeitgeber in diese Konkurrenztätigkeit **einwilligt**.

Formulierungsvorschlag:

Sehr geehrte Damen und Herren,

ob Ihre Kündigung vom ... unser Arbeitsverhältnis mit Wirkung zum ... (Kündigungstermin) beendet hat, ist bekanntlich noch nicht rechtskräftig entschieden. Ich habe jetzt (nach Ablauf der Kündigungsfrist) die Möglichkeit, (vorübergehend) eine Stelle bei einem Unternehmen anzutreten, welches im Wettbewerb zur ... (Name des ehemaligen Arbeitgebers) steht.

Bitte teilen Sie mir bis zum ... schriftlich mit, falls Sie Bedenken gegen die Aufnahme dieser Tätigkeit haben. Ansonsten werde ich die Stelle ab dem ... antreten.

Mit freundlichen Grüßen

...

(Arbeitnehmer)

---

[49] BAG 25.4.1991 – 2 AZR 624/90, NZA 1992, 212; ebenso LAG Köln 26.6.2006 – 3 (11) Sa 81/06, AE 2007, 148; vgl. auch BAG 25.10.2007 – 6 AZR 662/06, AP KSchG 1969 § 12 Nr. 3.
[50] BAG 28.1.2010 – 2 AZR 1008/08, NZA-RR 2010, 461.
[51] BAG 23.10.2014 – 2 AZR 644/13, NZA 2015, 429; kritisch hierzu *Nägele* NZA 2016, 271.

33 Der Arbeitgeber erfährt auf diese Weise zwar von der möglichen beruflichen Neuorientierung des Arbeitnehmers. Er gerät aber in Zugzwang und kann letztlich nur reagieren, indem er
- entweder darauf hinweist, dass nach seiner Auffassung das Arbeitsverhältnis längst beendet ist, so dass aus seiner Sicht eine Erklärung entbehrlich ist oder
- die in Aussicht genommene Tätigkeit untersagt, wodurch er sich der möglichen Anrechnung anderweitigen Erwerbs im Annahmeverzugszeitraum begibt.

V. Rechtsfolgen unerlaubten Wettbewerbs

34 Die Rechtsfolgen unerlaubten Wettbewerbs während des bestehenden Arbeitsverhältnisses regelt zunächst § 61 Abs. 1 HGB. Der Arbeitgeber kann – unabhängig vom weiter bestehenden **Unterlassungsanspruch**[52] – wählen, ob er Schadenersatz fordert oder in das vom Arbeitnehmer verbotswidrig abgeschlossene Geschäft eintritt (sog. Eintrittsrecht).

35 Welche der beiden Möglichkeiten sinnvoller ist, kann der Arbeitgeber oft erst nach vollständiger Information über den Wettbewerbsverstoß beurteilen. Hier und in den Fällen, in denen der Arbeitgeber noch nicht sicher ist, ob tatsächlich ein Wettbewerbsverstoß vorliegt, kommt zunächst ein **Auskunftsanspruch** in Betracht: Der Arbeitnehmer ist verpflichtet, über die von ihm ausgeführten Geschäfte Auskunft zu erteilen und Rechnung zu legen, sobald der Arbeitgeber darlegen kann, dass der Arbeitnehmer ihm mit hoher Wahrscheinlichkeit unerlaubt Konkurrenz gemacht hat.[53] Prozessual kann der Arbeitgeber im Wege der Stufenklage vorgehen, also zunächst Auskunft und Rechnungslegung fordern, um anschließend ggf. Schadensersatz oder die Übernahme des Rechtsgeschäfts (Eintrittsrecht) durchzusetzen.[54]

36 Verlangt der Arbeitgeber **Schadenersatz**,[55] ist erstattungspflichtig auch der entgangene Gewinn, den er aus dem Geschäft erzielt hätte. Zu ersetzen sind auch die Entgeltaufwendungen, die der Arbeitgeber zur Aufklärung der Wettbewerbstätigkeit hatte.[56] Dem etwaigen Schadensersatzanspruch des Arbeitgebers, gerichtet auf Erstattung der Detektivkosten, kann nicht ohne weiteres entgegengehalten werden, dass die von den Detektiven gewonnenen Erkenntnisse nicht nennenswert über das hinausgegangen seien, was der Arbeitgeber bereits gewusst habe oder ohne größere Mühe selbst hätte herausfinden können. Maßgeblich abzustellen ist nämlich auf das Aufklärungsinteresse des Arbeitgebers im Zeitpunkt der Beauftragung der Detektei.[57]

37 Das durch Erklärung gegenüber dem Arbeitnehmer auszuübende **Eintrittsrecht** führt dazu, dass dieser die für eigene Rechnung gemachten Geschäfte als für Rechnung des Arbeitgebers eingegangen gelten lassen muss. Bei Geschäften, die der Arbeitnehmer für fremde Rechnung gemacht hat, muss er seine Vergütung herausgeben oder seine Vergütungsansprüche abtreten, hierüber Auskunft erteilen und Rechnung legen. Voraussetzung ist, dass die bezogene Vergütung unmittelbar aus Drittgeschäften erzielt wird, die der Arbeitnehmer unter Verstoß gegen das Wettbewerbsverbot am Markt tätigt. Der Anspruch erstreckt sich daher nicht auf das für eine sonstige wettbewerbswidrige Tätigkeit erzielte Festgehalt.[58] Betreibt der Arbeitnehmer ein Handelsgewerbe, kann der Arbeitgeber in alle einzelnen Geschäfte eintreten, sofern sie in seinem Geschäftszweig liegen und er sie im gleichen Umfang gemacht hätte.[59]

---

[52] BAG 17.10.1969 – 3 AZR 442/68, AP BGB § 611 Treuepflicht Nr. 7.
[53] BAG 21.10.1970 – 3 AZR 479/69, AP BGB § 242 Auskunftspflicht Nr. 13; 16.6.1976 – 3 AZR 73/75, AP BGB § 611 Treuepflicht Nr. 8.
[54] BAG 12.5.1972 – 3 AZR 401/71, AP HGB § 60 Nr. 6.
[55] Zur Darlegungs- und Beweislast sowie zur Schadensschätzung nach § 287 ZPO vgl. BAG 16.1.2013 – 10 AZR 560/11, NZA 2013, 748; 20.9.2006 – 10 AZR 439/05, BeckRS 2007, 40012.
[56] BAG 24.4.1970 – 3 AZR 324/69, AP HGB § 60 Nr. 5.
[57] LAG Köln 10.10.2001 – 7 Sa 932/00, AE 2002, 55.
[58] BAG 17.10.2012 – 10 AZR 809/11, NZA 2013, 207.
[59] Vgl. BAG 15.2.1962 – 5 AZR 79/61, AP HGB § 61 Nr. 1.

Für die **Verjährung** der Ansprüche aus § 61 Abs. 1 HGB gilt § 61 Abs. 2 HGB (3 Monate).[60] Die kurze Verjährungsfrist gilt auch für in Anspruchskonkurrenz stehende Schadensersatzansprüche, etwa solche aus §§ 280, 823 oder § 826 BGB.[61] Werden bei einem Verstoß gegen das Wettbewerbsverbot zugleich Geschäftsgeheimnisse (vgl. § 2 Nr. 1 GeschGehG) verletzt, also in verbotener Weise erlangt, genutzt oder offengelegt, so kommen Ansprüche aus §§ 6 ff. GeschGehG in Betracht.[62] Ob auch für diese Ansprüche die kurze Verjährung des § 61 Abs. 2 HGB greift, ist noch nicht geklärt.[63] 38

Unerlaubte Konkurrenztätigkeit ist kündigungsrelevant. Der Arbeitgeber kann daher zunächst eine **Abmahnung** aussprechen. Hierauf wird er sich meist nur dann beschränken, wenn es sich um einen „unverzichtbaren" Mitarbeiter handelt, von dem trotz des Wettbewerbsverstoßes noch Loyalität für die Zukunft erwartet werden kann. Ansonsten kommt der Ausspruch einer ordentlichen oder außerordentlichen **Kündigung**, sogar ohne vorausgegangene Abmahnung, in Betracht. Unerlaubter Wettbewerb ist nachgerade ein „klassischer" wichtiger Grund iSd § 626 Abs. 1 BGB.[64] Nach den hierzu entwickelten Grundsätzen ist auch eine **Verdachtskündigung** möglich. Die Beteiligung der Ehefrau des Arbeitnehmers an einem Konkurrenzunternehmen als Gesellschafterin und Geschäftsführerin rechtfertigt allein nicht den schwerwiegenden Verdacht, der Arbeitnehmer betreibe selbst ein Konkurrenzgeschäft oder unterstütze jedenfalls das andere Unternehmen bei dessen Konkurrenztätigkeit.[65] 39

VI. Vertragsgestaltung

Auffällig ist, dass nur wenige Arbeitsverträge eine ausdrückliche Regelung zum Wettbewerbsverbot während des bestehenden Arbeitsverhältnisses enthalten. Aus Arbeitgebersicht empfiehlt sich eine solche Regelung aber durchaus. Dies gilt zum einen, weil Regelungen zum Wettbewerbsverbot geeignet sind, Betriebs- und Geschäftsgeheimnisse des Arbeitgebers zu schützen; unerlaubter Wettbewerb geht nicht selten einher mit einer unerlaubten Verwendung von Geschäftsgeheimnissen.[66] Daneben wird durch die Aufnahme einer solchen Klausel in die Arbeitsverträge auch der verbreiteten Fehlvorstellung beim Arbeitnehmer vorgebeugt, dass für eine Wettbewerbstätigkeit nur diejenigen Maßstäbe gelten, die an die Zulässigkeit einer Nebenbeschäftigung gestellt werden. 40

> **Formulierungsvorschlag: Wettbewerbsverbot**
>
> Während des Bestehens des Arbeitsverhältnisses ist jedwede Wettbewerbstätigkeit untersagt. Insbesondere darf der Arbeitnehmer ohne schriftliche Einwilligung des Arbeitgebers kein Handelsgewerbe in der Branche des Arbeitgebers betreiben oder Geschäfte im Handelszweig des Arbeitgebers für eigene oder fremde Rechnung machen. Vom Wettbewerbsverbot nicht erfasst ist die reine Kapitalbeteiligung an anderen Unternehmen, wenn sichergestellt ist, dass durch die Beteiligung keinerlei Einfluss auf die Geschäftstätigkeit dieses Unternehmens genommen werden kann. 41

Für den Fall eines unerlaubten Wettbewerbsverstoßes sehen zahlreiche Anstellungsverträge eine **Vertragsstrafe** vor. Es handelt sich um eine zusätzliche Möglichkeit, einen derart 42

---

[60] Hierzu BAG 26.9.2007 – 10 AZR 511/06, NZA 2007, 1436; *Diller* FA 2011, 11.
[61] BAG 28.1.1986 – 3 AZR 449/84, AP HGB § 61 Nr. 2; 11.4.2000 – 9 AZR 131/99, NZA 2001, 94.
[62] Zum zivilrechtlichen Anspruchskatalog des GeschGehG etwa *Reinfeld* Neues GeschGehG § 4.
[63] Vor Geltung des GeschGehG hat das BAG den weiten Anwendungsbereich der kurzen Verjährung betont; vgl. BAG 30.5.2018 – 10 AZR 780/16, NZA 2018, 1425 (zu Ansprüchen aus § 823 Abs. 2 BGB iVm § 17 UWG aF).
[64] BAG 26.6.2008 – 2 AZR 190/07, NZA 2008, 1415; 28.1.2010 – 2 AZR 1008/08, NZA-RR 2010, 461 Rn. 20; 23.10.2014 – 2 AZR 644/13, NZA 2015, 429 Rn. 27; vgl. auch LAG Köln 26.6.2006 – 3 (11) Sa 81/06, AE 2007, 148.
[65] LAG Köln 11.10.2005 – 9 Sa 320/05, AE 2006, 271.
[66] In diesem Sinne kommen Wettbewerbsverbotsklauseln auch als Geheimhaltungsmaßnahmen iSd § 2 Nr. 1b GeschGehG in Betracht.

gravierenden Loyalitätsverstoß zu sanktionieren. An der Zulässigkeit einer Vertragsstrafenregelung für Verstöße gegen das Konkurrenzverbot während des bestehenden Arbeitsverhältnisses[67] ist auch nach der Schuldrechtsreform festzuhalten.[68] Aus der Höhe der vereinbarten Vertragsstrafe (in einem Formulararbeitsvertrag) kann sich aber eine unangemessene Benachteiligung des Arbeitnehmers nach § 307 Abs. 1 S. 1 BGB ergeben. Nach der Rechtsprechung des BAG ist eine Vertragsstrafenabrede unwirksam, wenn sie für jeden Fall der Zuwiderhandlung gegen das Wettbewerbsverbot eine Vertragsstrafe in Höhe von zwei Bruttomonatseinkommen vorsieht und gleichzeitig bestimmt, dass bei einer dauerhaften Verletzung des Wettbewerbsverbots jeder angebrochene Monat als eine erneute Verletzungshandlung gilt. Wegen des Transparenzgebots (§ 307 Abs. 1 S. 2 BGB) sind zudem hohe Anforderungen an eine klare und verständliche Vertragsstrafenabrede zu stellen.[69]

VII. Prozessuales

43 Prozessual kommt der Durchsetzung des Unterlassungsanspruchs erhebliche Bedeutung zu. Der Arbeitgeber kann bei einer Erstbegehungsgefahr mit einer vorbeugenden Unterlassungsklage die **Unterlassung** des Wettbewerbs verlangen (vorbeugender Unterlassungsanspruch). Entsprechendes gilt, wenn nach einem ersten Verstoß weitere Wettbewerbsverstöße zu besorgen sind (Verletzungsunterlassungsanspruch).[70]

44 Der Unterlassungsanspruch kann auch im Wege der **einstweiligen Verfügung** verfolgt werden.[71] Um den Erlass einer einstweiligen Verfügung auf Unterlassung bestimmter Wettbewerbstätigkeiten ohne mündliche Verhandlung zu vermeiden, kann der Arbeitnehmer eine entsprechende **Schutzschrift** beim voraussichtlich angegangenen Arbeitsgericht hinterlegen. Für Rechtsanwälte ist seit dem 1.1.2017 die Nutzung des zentralen, länderübergreifenden Schutzschriftenregisters verbindlich (vgl. § 945b ZPO). Der Anwendungsbereich des Registers erfasst auch arbeitsgerichtliche Eilverfahren (§ 46 Abs. 2 bzw. § 85 Abs. 2 ArbGG).

45 Einen Sonderfall stellt der Antrag auf Erlass einer **einstweiligen Verfügung** auf Wettbewerbsunterlassung **im gekündigten Arbeitsverhältnis** dar, etwa nach Ausspruch einer (vermeintlich unwirksamen) außerordentlichen Eigenkündigung des Arbeitnehmers. Hier besteht ein gesteigertes Interesse des Arbeitgebers an der Durchsetzung des Unterlassungsanspruchs. Häufiger Fall der Praxis ist die außerordentliche Kündigung des durch eine längere Kündigungsfrist gebundenen Arbeitnehmers wegen (vermeintlich) ausstehender Vergütung.

46 Der **Streitwert** bei der Durchsetzung von Unterlassungsansprüchen richtet sich nach dem wirtschaftlichen Interesse an der Unterlassung. Zu berücksichtigen ist insbesondere die vom Arbeitgeber befürchtete Umsatz- oder Gewinneinbuße, wobei ggf. Abschläge wegen einer angekündigten oder gleichzeitig erhobenen Schadenersatzklage sowie wegen der Möglichkeit des Arbeitnehmers, sich durch Eigenkündigung des Arbeitsverhältnisses vom vertraglichen Wettbewerbsverbot zu lösen, zu machen sind. Der Gegenstandswert soll sich hingegen nicht nach der Höhe einer Karenzentschädigung richten, die vom Arbeitgeber für den Fall der Inanspruchnahme eines nachvertraglichen Verbots zu zahlen wäre.[72]

47 Im Prozess ist häufig streitig, ob und ggf. in welchem Umfang eine **Einwilligung** des Arbeitgebers in die Konkurrenztätigkeit vorliegt. Grundsätzlich obliegt dem Arbeitnehmer für das Vorliegen und den Umfang der Gestattung die **Darlegungs- und Beweislast**.[73] Nach ei-

---

[67] Hierzu auch BAG 25.9.1980 – 3 AZR 133/80, AP BGB § 339 Nr. 7.
[68] Vgl. nur BAG 18.12.2008 – 8 AZR 81/08, NZA-RR 2009, 519.
[69] BAG 14.8.2007 – 8 AZR 973/06, NZA 2008, 170 (Vorinstanz: LAG Köln 13.7.2006 – 6 Sa 367/06, AE 2007, 314); kritisch *Diller* NZA 2008, 574; vgl. auch *Eisenbeis* → § 17 Rn. 73 f.
[70] Muster einer Klage auf Unterlassung von Wettbewerb im bestehenden Arbeitsverhältnis bei MPFormB ArbR/*Hoevels* Form. A. XXVI.1.
[71] LAG Düsseldorf 1.3.1972 – 2 Sa 520/71, DB 1972, 878; LAG Hamm 7.4.1983 – 4 Za 41/83, EzA ZPO § 935 Nr. 1; *Reinhard/Kliemt* NZA 2005, 545 (550 f.).
[72] LAG Thüringen 8.9.1998 – 8 Ta 89/98, FA 1999, 60.
[73] BAG 16.6.1976 – 3 AZR 73/75, AP BGB § 611 Treuepflicht Nr. 8; 16.1.2013 – 10 AZR 560/11, NZA 2013, 748.

ner weiteren Entscheidung des BAG soll der Arbeitgeber im Fall der außerordentlichen Kündigung wegen unerlaubter Konkurrenztätigkeit die Darlegungs- und Beweislast für diejenigen Tatsachen tragen, die die vom Gekündigten behauptete Rechtfertigung durch Einwilligung ausschließen.[74] Jedenfalls wenn im Einzelfall eine Einwilligung festgestellt werden kann, muss die Darlegungs- und Beweislast für den späteren Fortfall der Einwilligung beim Arbeitgeber liegen.

[74] BAG 6.8.1987 – 2 AZR 226/87, AP BGB § 626 Nr. 97 mAnm *Baumgärtel*.

§ 32 Wettbewerbsverbot nach Beendigung des Arbeitsverhältnisses

Übersicht

	Rn.
I. Grundlagen und Praxisrelevanz	1–3
II. Geltungsbereich der §§ 74 ff. HGB	4–21
1. Persönlicher Geltungsbereich	4–8
2. Zeitliche Maßgeblichkeit der §§ 74 ff. HGB	9–15
a) Verbotsvereinbarung mit Abschluss des Arbeitsvertrages	10
b) Verbotsvereinbarung während des laufenden Arbeitsverhältnisses	11/12
c) Verbotsvereinbarung bei Beendigung des Arbeitsverhältnisses	13/14
d) Verbotsvereinbarung nach beendetem Arbeitsverhältnis	15
3. Gegenständlicher Geltungsbereich	16–20
4. Räumlicher Geltungsbereich	21
III. Form der Wettbewerbsabrede	22–26
IV. Verbindlichkeit des Wettbewerbsverbots	27–54
1. Berechtigtes geschäftliches Interesse des Arbeitgebers	29–32
2. Keine unbillige Fortkommenserschwer	33–39
a) Zeitlicher Verbotsumfang	34
b) Räumlicher Verbotsumfang	35/36
c) Gegenständlicher Verbotsumfang	37–39
3. Bedingungslose und ausreichende Entschädigungszusage	40–49
a) Fehlende Zusage einer Karenzentschädigung	40–42
b) Zusage einer zu geringen Karenzentschädigung	43–47
c) Unbedingte Entschädigungszusage	48/49
4. Kein bedingtes Wettbewerbsverbot	50–54
V. Indirekte Wettbewerbsverbote	55–64
VI. Inkrafttreten und Außerkrafttreten des Wettbewerbsverbots	65–70
1. Inkrafttreten	65–68
2. Außerkrafttreten	69/70
VII. Nachträgliche Beseitigung von Wettbewerbsverboten	71–81
1. Verzicht des Arbeitgebers	72–74
2. Einvernehmliche Aufhebung des Wettbewerbsverbots	75–81
a) Ausdrückliche Aufhebung	75
b) Konkludente Aufhebung	76–81
VIII. Nachvertragliches Wettbewerbsverbot bei Kündigung des Arbeitsverhältnisses	82–89
1. Ordentliche Eigenkündigung des Arbeitnehmers	83
2. Fristlose Eigenkündigung des Arbeitnehmers	84
3. Fristlose Kündigung durch den Arbeitgeber	85/86
4. Ordentliche Kündigung durch den Arbeitgeber	87–89
IX. Die Wettbewerbsabrede in der Durchführung	90–127
1. Ermittlung der Höhe der Karenzentschädigung	91–93
2. Anrechnung anderweitigen Erwerbs	94–123
a) Wohnsitzwechsel	97
b) Anzurechnende Einkünfte	98–112
c) Ermittlung des Anrechnungsbetrages	113–116
d) Auskunftsanspruch des Arbeitgebers	117–123
3. Auszahlung der Karenzentschädigung	124–127
X. Verletzung der Wettbewerbsabrede	128–170
1. Pflichtverstöße des Arbeitgebers und deren Rechtsfolgen	129–140
2. Pflichtverstöße des Arbeitnehmers und deren Rechtsfolgen	141–170
a) Auskunft	143/144
b) Unterlassung und prozessuales Vorgehen	145–158
c) Fortfall der Entschädigungspflicht	159/160
d) Rücktritt	161–163
e) Schadensersatz	164
f) Vertragsstrafe	165–168
g) Kündigung	169
XI. Checkliste	170

I. Grundlagen und Praxisrelevanz

Die Vereinbarung einer Wettbewerbsabrede nach Maßgabe der §§ 74 ff. HGB iVm § 110 GewO (nachvertragliches Wettbewerbsverbot) stellt nach geltendem Recht die **einzige prozessual durchsetzbare Möglichkeit** für Arbeitgeber dar, Konkurrenztätigkeiten eines ausgeschiedenen Mitarbeiters zu unterbinden. Wettbewerbsverbote sind gegenseitige Verträge, aus denen sich Hauptpflichten für beide Vertragspartner (die vormaligen Arbeitsvertragsparteien) ergeben. Der Leistung des Arbeitnehmers – Unterlassung des Wettbewerbs – steht als Gegenleistung die Zahlung der Karenzentschädigung durch den Arbeitgeber gegenüber. Die Zahlung der Entschädigung soll die Nachteile ausgleichen, die dem Arbeitnehmer durch die Einschränkung seines beruflichen Fortkommens entstehen.[1]

Auch wenn sich nachvertragliche Wettbewerbsverbote hiernach nicht als „klassische" Nebenpflichten aus dem Arbeitsverhältnis darstellen, rechtfertigt sich ihre Behandlung an dieser Stelle des vorliegenden Handbuchs: Es geht um die einvernehmliche Ausweitung der Loyalitätspflichten des Arbeitnehmers über das Arbeitsvertragsende hinaus.

Zusätzliche und **gesteigerte Bedeutung** kommt der Vereinbarung nachvertraglicher Wettbewerbsverbote spätestens seit Inkrafttreten des Gesetzes zum Schutz von Geschäftsgeheimnissen (GeschGehG) im Rahmen der Gewährleistung und des Schutzes von Geschäftsgeheimnissen zu. Für geheime Unternehmensinformationen steht der gesetzliche Schutz nur dann zur Verfügung, wenn und solange hinsichtlich der Information angemessene Geheimhaltungsmaßnahmen ergriffen werden (vgl. § 2 Nr. 1b GeschGehG). Als Geheimhaltungsmaßnahme kommt auch die Vereinbarung nachvertraglicher Wettbewerbsverbote, insbesondere mit kaufmännischen und technischen Führungskräften, in Betracht.

II. Geltungsbereich der §§ 74 ff. HGB

1. Persönlicher Geltungsbereich

Die §§ 74 ff. HGB gelten für sämtliche Arbeitnehmer. Seit 1969 entsprach dies der Rechtsprechung des BAG.[2] Seit dem 1.1.2003 ergibt sich die entsprechende Anwendbarkeit für Arbeitnehmer, die keine Handlungsgehilfen sind, aus § 110 GewO.

Für arbeitnehmerähnliche freie Mitarbeiter, die mit einer Arbeitszeit von 40 Wochenstunden Dienstleistungen bei Dritten erbringen, gilt § 74 HGB entsprechend. Ein Wettbewerbsverbot kann also auch mit einer solchen **arbeitnehmerähnlichen Person** nicht entschädigungslos vereinbart werden.[3] Nach Auffassung des OLG München ist der Leitgedanke des § 74 Abs. 2 HGB (sog. Grundsatz der bezahlten Karenz) entsprechend anzuwenden, wenn es um die Beurteilung eines vertraglichen Wettbewerbsverbots zu Lasten eines **freien Mitarbeiters** geht, der ausschließlich für ein einziges Unternehmen tätig war.[4]

Auf **Organmitglieder juristischer Personen** sind die §§ 74 ff. HGB jedenfalls nicht direkt anwendbar. Für Fremdgeschäftsführer einer GmbH wird – zumindest teilweise – eine analoge Anwendung befürwortet.[5]

Grundlegend ist die Entscheidung des BGH aus dem Jahr 1984, in der festgestellt wurde, dass Wettbewerbsklauseln zwischen einer GmbH und ihrem Geschäftsführer nicht den Be-

---

[1] BAG 22.10.2008 – 10 AZR 360/08, NZA 2009, 962; 14.9.2011 – 10 AZR 198/10, NZA-RR 2012, 98 Rn. 11.
[2] BAG 13.9.1969 – 3 AZR 138/63, AP BGB § 611 Konkurrenzklausel Nr. 24.
[3] BGH 10.4.2003 – III ZR 196/02, NJW 2003, 1864; vgl. auch LAG Köln 2.6.1999 – 2 Sa 138/99, NZA-RR 2000, 19 = NZR-RR 2000, 65.
[4] OLG München 18.10.1996 – 21 U 3748/96, BB 1997, 224.
[5] Eingehend hierzu bereits *Bauer/Diller* GmbHR 1999, 885; *Gravenhorst*, Rechtliche Grenzen für die Vereinbarung nachvertraglicher Wettbewerbsverbote mit GmbH-Geschäftsführern, 1999; *Krahforst*, Nachvertragliche Wettbewerbsverbote für GmbH-Geschäftsführer, 2012; *Müller* GmbHR 2014, 964; zuletzt etwa *Lembke* BB 2020, 52 (58 ff.); zum Grundsatz der bezahlten Karenz *Reinfeld*, Das nachvertragliche Wettbewerbsverbot im Arbeits- und Wirtschaftsrecht, 1993, S. 121 ff.

schränkungen des § 74 Abs. 2 HGB unterliegen.[6] Unzulässig bleibt aber der Schluss, dass **Konkurrenzklauseln mit GmbH-Geschäftsführern** deshalb stets ohne Entschädigungsversprechen wirksam vereinbart werden können. Die Klauseln unterliegen bei ihrer Überprüfung im Rahmen des § 138 BGB „strengen Anforderungen" und sind dort „unter Heranziehung der in den §§ 74 ff. HGB zum Ausdruck gekommenen Rechtsgrundsätze" zu beurteilen. Wettbewerbsverbote sollen nur dann zulässig sein, *„wenn sie dem Schutze eines berechtigten Interesses des Unternehmens dienen und nach Ort, Zeit und Gegenstand die Berufsausübung und die wirtschaftliche Betätigung des Organmitglieds nicht unbillig erschweren".*[7] Die Vereinbarung nachvertraglicher Wettbewerbsverbote mit Organmitgliedern – insbesondere Fremdgeschäftsführern einer GmbH – erfolgt in der Praxis daher auch nur selten ohne die Zusage einer Karenzentschädigung. Die Empfehlung, wegen der Entscheidung des BGH aus 1984 ein vom Unternehmen gewünschtes nachvertragliches Wettbewerbsverbot ohne Karenzentschädigung vorzusehen, stellt einen anwaltlichen Kunstfehler dar. Andererseits sind die §§ 74 ff. HGB nur in ihren Grundsätzen zu beachten. Dies führt dazu, dass vielfach die zugesagte Karenzentschädigung bei GmbH-Geschäftsführern die Hälfte der zuletzt bezogenen vertragsmäßigen Leistungen (vgl. § 74 Abs. 2 HGB) nicht erreicht, sondern sich allein an der Grundvergütung orientiert.

8   Für **Vorstandsmitglieder einer AG** gilt Entsprechendes. Auch hier sind im Rahmen der Überprüfung nach § 138 BGB die Rechtsgrundsätze der §§ 74 ff. HGB zu berücksichtigen.[8]

2. Zeitliche Maßgeblichkeit der §§ 74 ff. HGB

9   Für die Praxis ist von besonderer Bedeutung, ab und bis zu welchem Zeitpunkt die §§ 74 ff. HGB mit der zwingenden Verpflichtung einer Karenzentschädigungszusage (§ 74 Abs. 2 HGB; sog. Grundsatz der bezahlten Karenz) beachtet werden müssen. So sind verschiedene Abschlusszeitpunkte für ein nachvertragliches Wettbewerbsverbot denkbar.

10 a) **Verbotsvereinbarung mit Abschluss des Arbeitsvertrages.** Der am häufigsten vorkommende Fall der Praxis ist die Vereinbarung des Konkurrenzverbots im Zusammenhang mit dem Abschluss des Arbeitsvertrages, sei es als Bestandteil desselben oder in einer gesonderten Urkunde. Weil die Initiative zur Vereinbarung eines Verbots in der Regel vom Arbeitgeber kommt, verwundert dieser „typische" Abschlusszeitpunkt nicht: Im Stadium der Vertragsanbahnung hat der Arbeitgeber vielfach eine besonders starke Verhandlungsposition,[9] das Interesse des zukünftigen Mitarbeiters ist in erster Linie auf die Erlangung des Arbeitsplatzes gerichtet. Andererseits kann der Arbeitgeber zu diesem frühen Zeitpunkt oft nur schwer einschätzen, ob ein Konkurrenzverbot im Einzelfall tatsächlich erforderlich ist. Die einmal versprochene Karenzentschädigung ist aber auch an solche Arbeitnehmer zu zahlen, deren Einstellung sich im Nachhinein als personelle Fehlentscheidung herausstellt (Ausweg: Zeitlicher Aufschub des Wirksamwerdens des Verbots oder Verzichtserklärung des Arbeitgebers nach § 75a HGB).

11 b) **Verbotsvereinbarung während des laufenden Arbeitsverhältnisses.** Bei bereits in Vollzug gesetztem Arbeitsverhältnis kann der Arbeitgeber besser einschätzen, ob ein Wettbewerbsverbot sinnvoll ist. Besteht ein solches Verbot noch nicht, ist die nachträgliche Installation eines solchen Verbots aus Arbeitgebersicht aber deutlich erschwert. Der Arbeitnehmer braucht sich auf eine Beschränkung seines beruflichen Fortkommens nach einem etwaigen Ausscheiden nicht einzulassen. Freilich kann der Arbeitgeber versuchen, den beruflichen Aufstieg eines Mitarbeiters faktisch vom Abschluss eines nachvertraglichen Wettbewerbsverbots abhängig zu machen. Als Alternative kann im Einzelfall auch die (nachträgli-

---

[6] BGH 26.3.1984 – II ZR 229/83, BGHZ 91, 1; vorher bereits OLG Frankfurt a. M. 6.12.1972 – 6 U 152/71, OLGZ 1973, 229 = DB 1973, 139; vgl. auch *Moll* → § 80 Rn. 57 ff.
[7] BGH 26.3.1984 – II ZR 229/83, BGHZ 91, 1 (5).
[8] Eingehend *Sina* DB 1985, 902; *Hoffmann-Becking* in FS Quack, 273; *Thüsing* NZG 2004, 9; *Fleischer* VorstandsR-HdB/*Thüsing* § 4 Rn. 108 ff.
[9] Das BVerfG spricht in ständiger Rechtsprechung von einer „Situation struktureller Unterlegenheit", in der sich der einzelne Arbeitnehmer beim Abschluss von Arbeitsverträgen befindet; vgl. BVerfG 23.11.2006 – 1 BvR 1909/06, NZA 2007, 85 (87).

che)Vereinbarung besonders langer Kündigungsfristen in Betracht kommen.[10] Denkbar wäre grundsätzlich auch der Ausspruch einer entsprechenden Änderungskündigung.

Alternative ist die frühzeitige Vereinbarung eines Vorvertrags oder einer Option, wonach der Mitarbeiter sich unter bestimmten Bedingungen zum Abschluss eines Wettbewerbsverbots verpflichtet. Bezieht sich die **Option** auf ein inhaltlich bereits genau festgelegtes Verbot, könnte der Arbeitgeber den Anspruch auf Abgabe einer Willenserklärung (Zustimmung zum Abschluss der Wettbewerbsabrede) notfalls gerichtlich durchsetzen. Allerdings hat das BAG die Unverbindlichkeit eines Vorvertrags angenommen, der den Arbeitnehmer ohne zeitliche Begrenzung zum Abschluss eines (inhaltlich genau festgelegten) nachvertraglichen Wettbewerbsverbots verpflichtet. Die Sach- und Interessenlage stelle sich wie bei einem unzulässig bedingten Wettbewerbsverbot dar. Auf Grund des unverbindlichen Vorvertrags kann der Arbeitnehmer hiernach wie bei einem bedingten Wettbewerbsverbot entweder Wettbewerbsfreiheit ohne Karenzentschädigung oder Wettbewerbsenthaltung zu den Bedingungen des Vorvertrags wählen.[11] Das BAG brauchte nicht zu entscheiden, ob dieselbe Rechtsfolge eintritt, wenn die dem Arbeitgeber eingeräumte Option auf den Zeitraum bis zum Ausspruch einer Kündigung oder bis zum Abschluss eines Aufhebungsvertrags beschränkt wird.[12]

c) **Verbotsvereinbarung bei Beendigung des Arbeitsverhältnisses.** Steht die Beendigung eines Arbeitsverhältnisses zu einem bestimmten Termin fest, können gute Argumente dafür gefunden werden, dass eine dann vereinbarte Wettbewerbsabrede entschädigungslos möglich sein muss.[13] Das BAG geht jedoch trotz entgegen stehender Literaturstimmen in ständiger Rechtsprechung davon aus, dass § 74 HGB anwendbar ist, „so lange das Wettbewerbsverbot noch im Zusammenhang mit dem Arbeitsverhältnis und seiner Abwicklung vereinbart wird".[14] Im vom BAG entschiedenen Fall hatten die Vertragsparteien eine Wettbewerbsabrede mehrere Monate vor Beendigung des Arbeitsverhältnisses im Rahmen eines Aufhebungsvertrages vereinbart. Das BAG hielt die Verbotsvereinbarung für nichtig, weil keine Karenzentschädigung vorgesehen war.

Unter Zugrundelegung der Rechtsprechung des BAG ist eine Karenzentschädigungszusage also auch dann zwingend, wenn
- nach einer Kündigung das Arbeitsverhältnis noch besteht
- eine Aufhebungsvereinbarung oder eine außergerichtliche Abwicklungsvereinbarung (nach ausgesprochener Kündigung) getroffen wird oder
- ein Prozessvergleich über die Beendigung des Arbeitsverhältnisses abgeschlossen wird.

d) **Verbotsvereinbarung nach beendetem Arbeitsverhältnis.** Nimmt man die Aussage des BAG (s. o.) wörtlich, könnten die §§ 74 ff. HGB auch noch nach Beendigung des Arbeitsverhältnisses maßgeblich sein, nämlich dann, wenn das Wettbewerbsverbot im Zusammenhang mit der Abwicklung des Arbeitsverhältnisses vereinbart wird. Zur Abwicklung gehört beispielsweise die Erfüllung restlicher Zahlungsverpflichtungen aus einem bereits auf Grund Aufhebungsvertrages beendeten Arbeitsverhältnis. Die oben zitierte Aussage des BAG im Urteil vom 3.5.1994 sollte jedoch nicht in diese Richtung interpretiert werden können. Vielmehr sind wegen Wegfalls des Abhängigkeitsverhältnisses die §§ 74 ff. HGB grundsätzlich nicht mehr anwendbar, wenn das Arbeitsverhältnis sein rechtliches Ende gefunden hat.[15] Auch Ruheständler können sich daher entschädigungslos zur Wettbewerbsenthaltung verpflichten.

---

[10] Hierzu etwa LAG Nürnberg 28.3.2019 – 3 SaGa 3/19, NZA-RR 2020, 16 (Kündigungsfrist von 24 Monaten).
[11] BAG 14.7.2010 – 10 AZR 291/09, NZA 2011, 414; früher bereits LAG Baden-Württemberg 17.7.1980 – 11 Sa 45/80, nv; zu bedingten Wettbewerbsverboten auch → Rn. 50 ff.
[12] Hierzu etwa *Bauer/Diller* Wettbewerbsverbote Rn. 491 ff.
[13] Vgl. etwa *Bauer/Diller* Wettbewerbsverbote Rn. 76 ff.; *Reinfeld* Anm. zu BAG 15.6.1993 – 9 AZR 558/91, AP BGB § 611 Konkurrenzklausel Nr. 40; diff. *Moll* BRAK-Mitt. 1994, 228; *Hoß* DB 1997, 1818 (1919 f.).
[14] BAG 3.5.1994 – 9 AZR 606/92, AP HGB § 74 Nr. 65; vgl. auch ArbG Berlin 11.2.2005 – 9 Ca 144/05, BeckRS 2005, 31044707.
[15] Bisher allg. Auffassung; vgl. BAG 11.3.1968 – 3 AZR 37/67, DB 1968, 1717; *Grunsky* Wettbewerbsverbote S. 58; *Reinfeld* Wettbewerbsverbot S. 98 f.; jeweils mwN.

3. Gegenständlicher Geltungsbereich

16 Nach der Legaldefinition des § 74 Abs. 1 HGB stellt jede Vereinbarung zwischen Arbeitgeber und Arbeitnehmer, die den Arbeitnehmer für die Zeit nach Beendigung des Arbeitsverhältnisses in seiner gewerblichen Tätigkeit beschränkt, ein Wettbewerbsverbot dar. Wegen der zwingenden Wirksamkeitsschranke des § 74 Abs. 2 HGB (Verpflichtung zur Zahlung der Karenzentschädigung) erscheint fraglich, ob jede noch so geringfügige Einschränkung der beruflichen Betätigungsfreiheit nach dem Ausscheiden erfasst ist. So wird diskutiert, ob die §§ 74 ff. HGB bei absoluten **Bagatellfällen,** wenn also eine Einschränkung der gewerblichen Tätigkeit in wirtschaftlich nur unbedeutender Weise erfolgt, überhaupt greifen sollen.[16] So stellt etwa die **bloße Kapitalbeteiligung** an anderen Unternehmen grundsätzlich keine Tätigkeit im Sinne des § 74 Abs. 1 HGB dar. Deshalb kann auch eine Beteiligung durch den Erwerb börsengehandelter Aktien eines Konkurrenzunternehmens, die keinen bestimmenden Einfluss auf dieses erlauben, nicht Gegenstand eines Wettbewerbsverbots nach § 74 HGB sein. Anderes gilt für eine im Zusammenhang mit der Kapitalbeteiligung entfaltete Tätigkeit.[17]

17 In freien Berufen und im Dienstleistungsbereich finden sich vielfach Mandantenschutzklauseln bzw. Kundenschutzklauseln. Das BAG versteht unter **„beschränkten" Mandantenschutzklauseln** solche Vertragsklauseln, die allein die standesrechtlichen Regeln (für Rechtsanwälte, Steuerberater und Wirtschaftprüfer) wiederholen, indem sie dem ausgeschiedenen Mitarbeiter verbieten, gezielt Mandanten des ehemaligen Arbeitgebers abzuwerben. Innerhalb der freien Berufe sollen solche „beschränkten" Mandantenschutzklauseln nach bisherigem Verständnis nicht unter die §§ 74 ff. HGB fallen.[18] Außerhalb der freien Berufe sind die §§ 74 ff. HGB hingegen anwendbar, insbesondere also bei Kundenschutzklauseln.[19]

18 Soll dem ausgeschiedenen Arbeitnehmer nicht nur das gezielte Abwerben, sondern schlechthin jede Betreuung von Mandanten seines früheren Arbeitgebers verboten werden, geht dies nur bei Beachtung der §§ 74 ff. HGB. Eine solche, vom BAG so bezeichnete **allgemeine Mandantenschutzklausel** ist daher auch bei den standesrechtlich organisierten Berufen nur wirksam, wenn eine Entschädigung gem. § 74 Abs. 2 HGB zugesagt wird.

19 Besonders zu beurteilen sind sog. **Mandantenübernahmeklauseln,** die kein Verbot der Betreuung vormaliger Mandanten, sondern für diesen Fall eine (anteilige) **Honorarabführungspflicht** an den vormaligen Arbeitgeber vorsehen. Dadurch, dass der ausgeschiedene Arbeitnehmer auf diese Weise Honorareinbußen in Kauf nehmen muss, können Mandantenübernahmeklauseln zu sog. indirekten Wettbewerbsverboten werden.[20]

20 Besonders bedeutsam ist die **Abgrenzung** des nachvertraglichen Wettbewerbsverbots **zu nachvertraglichen Geheimhaltungspflichten.**[21] Die in zahlreichen Anstellungsverträgen enthaltenen Geheimhaltungsklauseln in Bezug auf Betriebs- und Geschäftsgeheimnisse sehen in der Regel die Zahlung einer Entschädigung (für die nachvertragliche Geheimhaltung) nicht vor. Andererseits hat schon der vom Arbeitskreis Deutsche Rechteinheit im Arbeitsrecht schon im Jahr 1992 vorgelegte Gesetzesentwurf eine nachvertragliche Geheimhaltungspflicht nur insoweit anerkannt, als die Geheimhaltungsverpflichtung nicht wie ein nachvertragliches Wettbewerbsverbot wirkt (§ 90 ArbVG 92). Dies steht mit der Legaldefinition des Wettbewerbsverbots in § 74 Abs. 1 HGB durchaus in Einklang. Die vom BAG präferierte Abgrenzung scheint dahin zu gehen, dass zwar die Weitergabe bestimmter Betriebsgeheimnisse entschädigungslos untersagt, nicht aber verhindert werden kann, dass der ausgeschiedene Arbeitnehmer seine beruflichen Kenntnisse und sein erworbenes Erfahrungswissen im

---

[16] Offenlassend BAG 15.12.1987 – 3 AZR 474/86, AP BGB § 611 Betriebsgeheimnis Nr. 5; vgl. auch schon BAG 19.2.1959 – 2 AZR 341/56, AP HGB § 74 Nr. 10.
[17] BAG 7.7.2015 – 10 AZR 260/14, NZA 2015, 1253 Rn. 25.
[18] BAG 16.7.1971 – 3 AZR 384/17, AP BGB § 611 Konkurrenzklausel Nr. 25; vgl. aber auch LAG Düsseldorf 28.6.2001 – 11 Sa 532/01, DB 2002, 150.
[19] Vgl. etwa *Bauer/Diller* Wettbewerbsverbote Rn. 265.
[20] Zu indirekten Wettbewerbsverboten → Rn. 55 ff.
[21] Hierzu → § 30 Rn. 39 ff.

Rahmen seiner Berufstätigkeit (für eigene Zwecke) verwertet.²² Für den Geheimnisinhaber kann aber in beiden Fällen ein identischer Schaden entstehen. Es steht zu hoffen, dass das BAG schon bald Gelegenheit erhält, hier für zusätzliche Klarheit zu sorgen. Kommt es durch die Geheimhaltungsklausel nicht zu einer Behinderung des Arbeitnehmers in seiner beruflichen Weiterentwicklung und Mobilität, ist sie wohl auch nach **Inkrafttreten des GeschGehG vom 18.4.2019**²³ weiterhin entschädigungslos wirksam. Eine Grenze besteht sicher dort, wo dem Arbeitnehmer eine Verwertung von Wissen verboten und es ihm dadurch ausnahmsweise faktisch unmöglich gemacht wird, eine angemessene anderweitige Beschäftigung auszuüben.²⁴

4. Räumlicher Geltungsbereich

Der räumliche Geltungsbereich der §§ 74 ff. HGB ist zu unterscheiden von der Regelung 21 des räumlichen Verbotsumfangs der Wettbewerbsabrede selbst.²⁵ Immer wenn das Arbeitsverhältnis deutschem Recht unterliegt, greifen auch die §§ 74 ff. HGB. Es kommt nicht auf die Nationalität des Arbeitnehmers, dessen Dienstort oder Sitz des Arbeitgebers (in Deutschland oder im Ausland) an. Bei einer Auslandsentsendung kann mit einem deutschen Arbeitnehmer die Geltung ausländischen Arbeitsrechts vereinbart werden. Auch wenn das ausländische Recht nachvertragliche Wettbewerbsverbote entschädigungslos zulässt, führt dies aber nicht zwingend zur Wirksamkeit eines solchen Verbots. Es ist der ordre public zu beachten. Vertreten wird aber auch, dass die §§ 74 ff. HGB zu den sog. Eingriffsnormen zählen, die nach Art. 34 EGBGB grundsätzlich der Rechtswahl entzogen sind.²⁶

III. Form der Wettbewerbsabrede

Die jedem nachvertraglichen Wettbewerbsverbot immanente, vielfach gravierende Ein- 22 schränkung der Berufsausübungsfreiheit rechtfertigt es, die Wirksamkeit des Verbots an die Einhaltung strenger Formen zu knüpfen. Die Wettbewerbsklausel bedarf der **Schriftform** und der **Aushändigung** einer vom Arbeitgeber unterzeichneten Urkunde an den Arbeitnehmer (§ 74 Abs. 1 HGB).²⁷ Die fehlende Unterzeichnung der Wettbewerbsklausel soll aber unschädlich sein, wenn die Wettbewerbsklausel fest mit dem unterschriebenen Arbeitsvertrag verbunden ist und der Arbeitsvertrag auf die Wettbewerbsklausel ausdrücklich verweist.²⁸ Dies sollte jedoch dann nicht gelten, wenn die gesonderte Unterzeichnung der Wettbewerbsabrede ausdrücklich vorgesehen ist, aber unterbleibt.²⁹

Das **Schriftformerfordernis** hat neben der Klarstellungs- und Beweisfunktion vor allem 23 eine Warnfunktion. Es sollen nicht nur Streitigkeiten darüber vermieden werden, ob und mit welchem Inhalt eine Wettbewerbsvereinbarung geschlossen wurde. Darüber hinaus soll der Arbeitnehmer vor übereilten Entschlüssen im Hinblick auf sein künftiges berufliches Fortkommen möglichst bewahrt werden.³⁰

Auf die Formunwirksamkeit eines nachvertraglichen Wettbewerbsverbots dürfen sich 24 beide (ehemaligen) Arbeitsvertragsparteien berufen.³¹ Eine Berufung auf den Formmangel

---

²² Vgl. einerseits BAG 16.3.1982 – 3 AZR 83/79, AP BGB § 611 Betriebsgeheimnis Nr. 1; und andererseits BAG 15.6.1993 – 9 AZR 558/91, AP BGB § 611 Konkurrenzklausel Nr. 40 mAnm *Reinfeld*; ausf. auch → § 30 Rn. 33 ff.
²³ BGBl. 2019 I 466; das GeschGehG ist seit dem 26.4.2019 in Kraft.
²⁴ Vgl. *Bauer/Diller* Wettbewerbsverbote Rn. 121 ff.; *Moll* BRAK Mitt. 1994, 228; *Wertheimer* BB 1999, 1600; *Reinfeld*, Verschwiegenheitspflicht und Geheimnisschutz im Arbeitsrecht, 1989, S. 19 ff.
²⁵ Hierzu → Rn. 35 f.
²⁶ So *Fischer* DB 1999, 1704; ausf. zur Rechtswahl *Bauer/Diller* Wettbewerbsverbote Rn. 95 ff.; auch Braun/Wisskirchen KonzernArbR/*Glaser* S. 633 ff.
²⁷ Gleiches gilt für einen Vorvertrag auf Abschluss einer Wettbewerbsabrede; BAG 19.12.2018 – 10 AZR 130/18, NZA 2019, 383.
²⁸ BAG 30.10.1984 – 3 AZR 213/82, AP HGB § 74 Nr. 46.
²⁹ Zur sog. Auflockerungsrechtsprechung aber BAG 4.11.2015 – 7 AZR 933/13, NZA 2016, 547 Rn. 17 ff.
³⁰ BAG 14.7.2010 – 10 AZR 291/09, NZA 2011, 413; 15.1.2014 – 10 AZR 243/13, NZA 2014, 536 Rn. 19.
³¹ BAG 14.7.2010 – 10 AZR 291/09, NZA 2011, 413; *Bauer/Diller* Wettbewerbsverbote Rn. 213 mwN.

kann nur in engen Ausnahmefällen treuwidrig sein. Es reicht nicht aus, dass die Nichtigkeit den einen Vertragsteil hart trifft. Für diesen muss das Ergebnis vielmehr schlechthin untragbar sein.[32]

25 Für die geforderte **Aushändigung der Vertragsurkunde** ist die Übergabe und Überlassung des Schriftstücks auf Dauer an den Arbeitnehmer zu fordern. Gibt es nur eine einzige, von beiden Parteien unterzeichnete Urkunde, muss diese dem Arbeitnehmer ausgehändigt werden. Die Aushändigung der Urkunde muss auch zeitnah geschehen, nämlich im unmittelbaren Zusammenhang mit dem Vertragsschluss.[33]

26 Bis zum Inkrafttreten der Schuldrechtsreform konnte die Wirksamkeit einer Wettbewerbsabrede unabhängig davon beurteilt werden, ob die Abrede Bestandteil des Arbeitsvertrages oder Inhalt einer gesonderten Urkunde war. Auch nachvertragliche Wettbewerbsverbote sind in beiden Varianten vielfach vorformuliert, wenn auch in der zweiten Variante seltener. Bei einer **AGB-Kontrolle** nach §§ 305 ff. BGB stehen die beiden Varianten zumindest insoweit nicht mehr gleichgewichtig nebeneinander, als die „im Arbeitsrecht geltenden Besonderheiten" allein bei der „Anwendung auf Arbeitsverträge" (§ 310 Abs. 4 S. 2 BGB) zu berücksichtigen sein sollen. Arbeitsrechtliche Besonderheiten würden also keinen Einfluss haben, wenn die Wettbewerbsabrede vom Arbeitsvertrag getrennt in einer gesonderten Urkunde niedergelegt ist.[34] Dies müsste ebenso gelten, wenn der Arbeitsvertrag lediglich eine Verweisung auf die in einer gesonderten Urkunde niedergelegte Wettbewerbsabrede enthält. Auch hierdurch wird das Wettbewerbsverbot nämlich nicht Teil des Arbeitsvertrages, sondern bleibt eigenständiger gegenseitiger Vertrag neben dem Arbeitsvertrag.

IV. Verbindlichkeit des Wettbewerbsverbots

27 Nach § 74a Abs. 1 S. 3 HGB kann das Verbot nicht auf einen Zeitraum von mehr als **zwei Jahren** ab Beendigung des Arbeitsverhältnisses erstreckt werden. Im Übrigen ist das Verbot nur insoweit verbindlich, als es

- von einem berechtigten Interesse des Arbeitgebers gedeckt ist (§ 74a Abs. 1 S. 1 HGB) und
- nicht zu einer unbilligen Fortkommenserschwerung des Mitarbeiters führt (§ 74a Abs. 1 S. 2 HGB).

28 Mit der Formulierung „insoweit" wird deutlich gemacht, dass ein „überschießendes" Wettbewerbsverbot im Streitfall auf ein noch anzuerkennendes Maß reduziert werden kann. Auch nach Inkrafttreten des Schuldrechtsreformgesetzes verbleibt es für Arbeitnehmer bei der gesetzlichen Inhalts- und Wirksamkeitskontrolle der §§ 74 ff. HGB und der hierin beschriebenen **geltungserhaltenden Reduktion**.[35]

1. Berechtigtes geschäftliches Interesse des Arbeitgebers

29 Das Erfordernis des berechtigten geschäftlichen Interesses schränkt den anzuerkennenden Umfang einer Wettbewerbsabrede merklich ein. Das BAG hat hierzu grundlegend schon im Jahr 1966 ausgeführt:

„Ein schützenswertes geschäftliches Interesse des Arbeitgebers ist nicht schon dann anzuerkennen, wenn die Möglichkeit besteht, dass der Handlungsgehilfe irgendwie – zB allein infolge seiner Tüchtigkeit und seiner Begabung – zur Stärkung der Konkurrenz beitragen könnte. Erforderlich ist vielmehr, dass der Arbeitgeber gerade wegen der Tätigkeit des Handlungsgehilfen für ihn Anlass hat, dessen Konkurrenz zu fürchten. Der Handlungshilfe muss Gelegenheit gehabt haben, bei seinem früheren Arbeitgeber Kenntnisse oder Erfahrungen zu erwerben oder Beziehungen herzustellen oder zu festigen, die für

---

[32] BAG 4.11.2015 – 7 AZR 933/13, NZA 2016, 547 Rn. 21; ausdrücklich zu einer Wettbewerbsabrede LAG Düsseldorf 9.3.2016 – 12 Sa 1047/15, nv.
[33] Vgl. LAG Nürnberg 21.7.1994 – 5 Sa 391/94, NZA 1995, 532.
[34] Dem Grunde nach differenzierend auch LAG Baden-Württemberg 30.1.2008 – 10 Sa 60/07, NZA-RR 2008, 508; *Bauer/Diller* Wettbewerbsverbote Rn. 50 sprechen sich für einen identischen Prüfungsmaßstab aus.
[35] LAG Hamm 14.4.2003 – 7 Sa 1881/02, NZA-RR 2003, 513; zur geltungserhaltenden Reduktion *Reinfeld* Wettbewerbsverbot S. 169 ff.

die Konkurrenz von Interesse sind. Solche Kenntnisse oder Beziehungen können mannigfacher Art sein (...). Es muss aber eine Beziehung zwischen der früheren Tätigkeit des Handlungsgehilfen und dem untersagten Wettbewerb bestehen. Das bloße Interesse, Konkurrenz einzuschränken, genügt nicht (...)".[36]

Als höherrangige Interessen des Arbeitgebers können grundsätzlich nur der **Schutz von Geschäfts- und Betriebsgeheimnissen sowie des Kunden- bzw. Lieferantenstammes** anerkannt werden.[37] Das Wettbewerbsverbot soll den Arbeitgeber davor schützen, dass Betriebs- oder Geschäftsgeheimnisse bekannt werden oder der Arbeitnehmer sein Wissen um betriebliche Abläufe und Geschäftsverbindungen für eine Konkurrenztätigkeit ausnutzt und in den Kunden- und Lieferantenkreis des Arbeitgebers einbricht.[38] Das Verbot der Vertriebstätigkeit auf einer Handelsstufe, auf der sich der Arbeitgeber nicht betätigt, dient hiernach regelmäßig nicht dem Schutz eines berechtigten geschäftlichen Interesses des Arbeitgebers. Es ist deshalb für den Arbeitnehmer unverbindlich, der somit die zugesagte Karenzentschädigung beanspruchen kann, wenn er den „übrigen", verbindlichen Teil des Wettbewerbsverbots beachtet.[39] Im Einzelfall soll ein berechtigtes Interesse des Arbeitgebers im Sinne des § 74a Abs. S. 1 HGB auch darin bestehen (können), dass sich der ausgeschiedene Mitarbeiter in erheblichem wirtschaftlichen Umfang an einem Konkurrenzunternehmen beteiligt und so mittelbar in Wettbewerb zum Arbeitgeber tritt.[40]

Diese Rechtsprechung ist bei „normalen" Arbeitern (hier finden sich nachvertragliche Wettbewerbsverbote naturgemäß sehr selten) und Angestellten zugrunde zu legen. Ein weitergehendes **Arbeitgeberinteresse** hat das BAG **bei leitenden Angestellten** anerkannt. Bei dieser Arbeitnehmergruppe könne davon ausgegangen werden, dass sie auf Grund ihrer Stellung im Unternehmen Kenntnis auch von solchen betrieblichen Vorgängen erhalten, die nicht unmittelbar zu ihrem Aufgabenbereich gehören.[41] Ein Wettbewerbsverbot mit leitenden Angestellten kann diesen mithin Wettbewerb auch in solchen Bereichen verbieten, in denen der Mitarbeiter nicht unmittelbar tätig war.

Geht die Formulierung der Wettbewerbsklausel über das anzuerkennende berechtigte Interesse des Arbeitgebers hinaus, ist die Klausel nicht etwa nichtig. Vielmehr wird sie im Wege der sog. geltungserhaltenden Reduktion auf das anzuerkennende Maß zurückgeführt.[42]

2. Keine unbillige Fortkommenserschwer

Ob die Konkurrenzklausel zu einer unbilligen Fortkommenserschwer des Mitarbeiters führt, bemisst sich nach Ort, Zeit und Gegenstand des Verbots und in Relation zur Höhe der für die Einhaltung des Verbots versprochenen Entschädigung. Wird das anzuerkennende Maß überschritten, erfolgt auch hier eine Rückführung des Verbots im Wege der geltungserhaltenden Reduktion. In der Praxis wird vor allem die Herabsetzung einer zu langen Verbotsdauer relevant.

a) **Zeitlicher Verbotsumfang.** Der zeitliche Geltungsbereich des nachvertraglichen Wettbewerbsverbots darf zwei Jahre ab Beendigung des Arbeitsverhältnisses nicht überschreiten (§ 74a Abs. 1 S. 2 HGB). Im Einzelfall ist aus Arbeitgebersicht zu prüfen, ob nicht bereits eine kürzere „Konkurrenz-Abstinenz" ausreicht. Bei kürzeren Verbotszeiten ist es wahrscheinlicher, dass sie von einem berechtigten Arbeitgeberinteresse gedeckt sind. Ein über die **Höchstdauer von zwei Jahren** vereinbartes Wettbewerbsverbot führt nicht zur vollständigen

---

[36] BAG 24.6.1966 – 3 AZR 501/65, AP HGB § 74a Nr. 2; vgl. auch LAG Köln 31.10.1990 – 5 Sa 715/90, LAGE HGB § 74 Nr. 4.
[37] BAG 1.8.1995 – 9 AZR 884/93, AP HGB § 74a Nr. 5; nachvertragliche Wettbewerbsverbote können auch angemessene Geheimhaltungsmaßnahmen iSd § 2 Nr. 1b GeschGehG sein; vgl. *Reinfeld* Neues GeschGehG § 1 Rn. 194.
[38] So ausdrücklich BAG 15.1.2014 – 10 AZR 243/13, NZA 2014, 536 Rn. 6 mwN.
[39] BAG 21.4.2010 – 10 AZR 288/09, NZA 2010, 1175 (Vertrieb von Fenstern und Türen an Fachhandel bzw. an Endkunden); vgl. auch BAG 8.3.2006 – 10 AZR 349/05, NZA 2006, 854 (Tätigkeit auf unterschiedlichen Handelsstufen in der Schuhbranche); einen Sonderfall regelt § 9 Abs. 1 Nr. 4 AÜG.
[40] BAG 7.7.2015 – 10 AZR 260/14, NZA 2015, 1253.
[41] BAG 16.12.1968 – 3 AZR 434/67, AP GewO § 133f Nr. 21.
[42] Ausf. *Reinfeld* Wettbewerbsverbot S. 172 ff.

Unverbindlichkeit der Wettbewerbsabrede,[43] sondern kann auf das anzuerkennende Maß reduziert werden.

35 b) **Räumlicher Verbotsumfang.** In der Praxis finden sich zahlreiche Varianten zur Regelung des räumlichen Verbotsumfangs. Anzuerkennen ist Konkurrenzschutz letztlich nur dort, wo dem Arbeitgeber tatsächlich Konkurrenz droht. Dieses Gebiet kann relativ klein sein und sich auf einen bestimmten Radius um den Sitz des Unternehmens herum, auf ein Stadtgebiet, einen Landkreis, einen Regierungsbezirk oder ein Bundesland beschränken. Viel verbreiteter scheinen jedoch bundesweite, europa- oder gar weltweite Verbote. In solchen Fällen wird vielfach bereits das berechtigte geschäftliche Interesse des Arbeitgebers zu verneinen, jedenfalls aber eine unbillige Fortkommenserschwer des Arbeitnehmers anzunehmen sein.

36 Bisweilen finden sich noch Verbotsklauseln in Arbeitsverträgen aus den 1980er Jahren. Die deutsche Wiedervereinigung konnte bei der Vertragsgestaltung (noch) nicht berücksichtigt werden. Das LAG Berlin hat später festgestellt, dass ein zu Beginn des Jahres 1988 vereinbartes und sich lediglich auf die alten Bundesländer beziehendes Konkurrenzverbot im Wege der ergänzenden Vertragsauslegung ohne weiteres auf die neuen Länder erstreckt werden kann.[44]

37 c) **Gegenständlicher Verbotsumfang.** Damit eine unbillige Fortkommenserschwer vermieden wird, empfiehlt sich eine nähere Konkretisierung des gegenständlichen Umfangs des Verbots. Erfolgt eine solche nicht, hat der Arbeitnehmer im Ansatz jeglichen Wettbewerb (in jeder rechtlichen Form, bei jedem Konkurrenzunternehmen) zu unterlassen.

38 Ein Wettbewerbsverbot, das sich auf jede denkbare Form der Unterstützung eines Konkurrenzunternehmens bezieht, umfasst auch das Belassen eines zinslosen Darlehens, das der Arbeitnehmer während des Arbeitsverhältnisses einem Konkurrenzunternehmen zum Zweck seiner Gründung gegeben hat. Dem Tätigsein im Sinne des § 74 Abs. 1 HGB steht das Unterlassen der Rückforderung eines solchen Darlehens gleich, wenn dieses für das Fortbestehen des Konkurrenzunternehmens von erheblicher wirtschaftlicher Bedeutung ist.[45] Andererseits greift grundsätzlich die Auslegungsregel, dass erlaubt ist, was nicht verboten ist, also von der Umschreibung verbotenen Wettbewerbs nicht klar erfasst ist.[46]

39 Üblicherweise wird der gegenständliche Verbotsumfang durch die beiden Komponenten der verbotenen Tätigkeit(en) sowie der „gesperrten" Unternehmen bestimmt. Entsprechend wird zwischen **tätigkeits- und unternehmensbezogenen Wettbewerbsverboten** differenziert. Es existieren aber zahlreiche Mischformen und Varianten.[47] Auch eine Einbeziehung von Drittunternehmen, insbesondere Konzernunternehmen (vgl. §§ 15 ff. AktG), kommt in Betracht.[48]

3. Bedingungslose und ausreichende Entschädigungszusage

40 a) **Fehlende Zusage einer Karenzentschädigung.** Werden Wettbewerbsklauseln ohne Zusage einer Karenzentschädigung vereinbart, ist das Wettbewerbsverbot nichtig. Weder kann der Arbeitgeber Wettbewerbsunterlassung noch der ausgeschiedene Arbeitnehmer Karenzentschädigung in welcher Höhe auch immer verlangen.[49] Die Häufigkeit entschädigungslos vereinbarter Wettbewerbsverbote in der Praxis weist darauf hin, dass manche Arbeitgeber auf eine – nicht geschuldete – Wettbewerbsunterlassung des Mitarbeiters spekulieren. Aus Arbeitnehmersicht ist die Erkenntnis wichtig, dass ein **entschädigungsloses Wettbewerbsverbot ohne Not unterschrieben** werden kann.

---

[43] LAG Düsseldorf 4.3.1997 – 3 Sa 1644/96, NZA-RR 1998, 58.
[44] LAG Berlin 23.6.1991 – 9 Sa 7/91, NZA 1991, 674; hierzu *Reinfeld* Wettbewerbsverbot S. 161 f.
[45] BAG 7.7.2015 – 10 AZR 260/14, NZA 2015, 1253.
[46] Zu weiteren Auslegungsfragen *Reinfeld* Wettbewerbsverbot S. 103 ff.
[47] Zu typischen Ausgestaltungen von Konkurrenzverboten etwa *Grüll/Janert*, Die Konkurrenzklausel, 1993, S. 40; *Reinfeld* Wettbewerbsverbot S. 100 ff.
[48] Vgl. hierzu *Martens* in FS Herschel, 244 ff.; *Reinfeld* Wettbewerbsverbot S. 107 ff.; ausf. zu nachvertraglichen Wettbewerbsverboten mit Konzernbezug Braun/Wisskirchen KonzernArbR/*Röhrborn* S. 220 ff.
[49] Vgl. schon BAG 13.9.1969 – 3 AZR 138/68, AP BGB § 611 Konkurrenzklausel Nr. 24.

Es ist nicht anzunehmen, dass die Vertragspartner eine wirksame nachvertragliche Wett- 41
bewerbsabrede treffen wollten, wenn im Arbeitsvertrag ein Verbot „im Rahmen der rechtlichen Zulässigkeit" ohne ausdrückliche Zusage einer Karenzentschädigung aufgenommen ist. Auch kann eine fehlende Entschädigungszusage nicht durch die Aufnahme einer salvatorischen Klausel in den Arbeitsvertrag ersetzt werde, denn ohne eine der Schriftform des § 74 Abs. 1 HGB genügende Entschädigungszusage kann der ausgeschiedene Arbeitnehmer keine Karenzentschädigung verlangen. Dies hat auch das BAG jetzt ausdrücklich klargestellt.[50] Das Regelungsmodell der §§ 74 ff. HGB setzt – anders als etwa § 90a HGB im Recht der Handelsvertreter – die Schaffung einer **Anspruchsgrundlage für die Karenzentschädigung** voraus. Fehlt diese, ist die Wettbewerbsabrede als gegenseitiger Vertrag nicht zustandegekommen und damit nichtig.

Das LAG Nürnberg hat die Zusage einer Karenzentschädigung in AGB in einem Fall an- 42
genommen, in dem allein auf die §§ 74 ff. HGB verwiesen wurde. Jedenfalls könne der Verwender der AGB sich nicht auf die Unwirksamkeit der Zusage berufen, wenn der Arbeitnehmer sich an das Wettbewerbsverbot halte.[51] In der Revisionsinstanz hat das BAG im Jahr 2006 bestätigt, dass eine umfassende Bezugnahme auf die gesetzlichen Vorschriften der §§ 74 ff. HGB als Zusage einer Karenzentschädigung ausgelegt werden kann.[52] Dies dürfte mit Blick auf den Gesetzeswortlaut (§ 74 Abs. 2 HGB) und in Anbetracht der Entscheidung vom 22.3.2017[53] abzulehnen sein, denn ohne **Formulierung einer ausdrücklichen Entschädigungszusage** sollte kein verbindliches Wettbewerbsverbot angenommen werden können.

b) Zusage einer zu geringen Karenzentschädigung. Nach der Rechtsprechung des BAG 43
kann der Arbeitnehmer bei Zusage einer zu geringen Karenzentschädigung lediglich die vereinbarte Entschädigung beanspruchen, wenn er sich an das Wettbewerbsverbot hält, also keine Aufstockung auf die gesetzliche Mindestentschädigung verlangen.[54] Die gleiche Rechtsfolge tritt ein, wenn die Höhe der Karenzentschädigung – ohne Zusage einer Mindesthöhe – in das Ermessen des Arbeitgebers gestellt wird.[55] Eine zu Lasten des Arbeitnehmers gestaltete Anrechnungsregelung (§§ 74c, 75d HGB) führt hingegen nicht zur Unverbindlichkeit des Wettbewerbsverbots im Ganzen, sondern nur zur Unwirksamkeit der Anrechnungsregelung.[56]

Die Praxis zeigt, dass viele Arbeitgeber fälschlich von der Installation eines wirksamen 44
Wettbewerbsverbots ausgehen. Vielfach wird aus Unachtsamkeit keine ausreichende Entschädigung im Sinne des § 74 Abs. 2 HGB zugesagt. Arbeitgebern kann nur empfohlen werden, sich bei der Formulierung der Entschädigungszusage an den Gesetzestext zu halten.

> **Formulierungsvorschlag:**
> Für die Dauer des Verbots zahlt die Firma an Herrn … eine Entschädigung in Höhe der Hälfte der 45
> von Herrn … zuletzt bezogenen vertragsmäßigen Leistungen.

Ein Streit über die korrekte Berechnung der „zuletzt bezogenen vertragsmäßigen Leistun- 46
gen" stellt die Wirksamkeit der Entschädigungszusage nicht in Frage. Auch eine vertragliche Bestimmung, in der sich der Arbeitgeber dazu verpflichtet, eine Karenzentschädigung zu

---

[50] BAG 22.3.2017 – 10 AZR 448/15, NJW 2017, 2363; hierzu etwa *Naber* NZA 2017, 1170; früher bereits *Diller* NZA 2014, 1184 sowie → Voraufl. Rn. 40; die zuvor von einigen Obergerichten vertretene Gegenansicht (so etwa LAG Köln 28.5.2010 – 10 Sa 162/10, BeckRS 2010, 74441 und LAG Hamm 5.6.2015 – 10 Sa 67/15, BeckRS 2015, 72694 als Vorinstanz zur BAG-Entscheidung vom 22.3.2017) ist nicht mehr zu halten.
[51] LAG Nürnberg 16.6.2005 – 8 Sa 986/04, AE 2006, 33.
[52] BAG 28.6.2006 – 10 AZR 407/05, NZA 2006, 1157.
[53] BAG 22.3.2017 – 10 AZR 448/15, NJW 2017, 2363.
[54] BAG 9.1.1990 – 3 AZR 110/88, NZA 1990, 519; 14.7.2010 – 10 AZR 291/09, NZA 2011, 413 Rn. 38; 15.1.2014 – 10 AZR 243/13, NZA 2014, 536 Rn. 31; ebenso LAG Hamm 20.12.2011 – 16 Sa 414/01, AE 2002, 54; 23.3.2010 – 14 SaGa 68/09, BeckRS 2010, 70152.
[55] BAG 15.1.2014 – 10 AZR 243/13, NZA 2014, 536.
[56] LAG Hamm 20.12.2001 – 16 Sa 414/01, AE 2002, 54.

zahlen, „die für jeden Monat des Verbots mindestens die Hälfte der zuletzt bezogenen vertragsmäßigen Leistungen erreicht", entspricht § 74 Abs. 2 HGB.[57] Die Zusage der „Hälfte der monatlich zuletzt bezogenen Bezüge" hat das LAG Hessen hingegen als nicht ausreichend angesehen.[58] Das BAG hat bei der Zusage einer monatlichen Entschädigung von 50 % der letzten Bezüge keinen Grund für Beanstandungen gesehen.[59]

47 Wenn die Höhe der Karenzentschädigung ausdrücklich in das Ermessen des Arbeitgebers gestellt wird, ohne dass eine Mindesthöhe im Sinne von § 74 Abs. 2 HGB vereinbart wird, ist das Verbot für den Arbeitnehmer unverbindlich. Entscheidet sich der Arbeitnehmer für die Einhaltung des Verbots, hat der Arbeitgeber nach Ansicht des BAG eine Ermessensentscheidung über die Höhe der Karenzentschädigung zu treffen. Diese muss, um § 315 Abs. 3 S. 1 BGB zu genügen, mindestens 50 % der zuletzt bezogenen vertragsmäßigen Leistungen betragen.[60]

48 c) **Unbedingte Entschädigungszusage.** Der Grundsatz der bezahlten Karenz ist Kernstück des Rechts der nachvertraglichen Wettbewerbsverbote. Bei mangelbehafteter Entschädigungszusage kann der Arbeitgeber das Wettbewerbsverbot nicht durchsetzen. Entsprechend der gesetzlichen Vorgabe (§ 74 Abs. 2 HGB) kann die Zusage nicht an irgendwelche Unwägbarkeiten geknüpft sein, sondern muss unbedingt erfolgen. Der Arbeitgeber muss sich bewusst sein, dass nachvertragliche Konkurrenzenthaltung entschädigungspflichtig ist, der Arbeitnehmer muss für den Fall des Eingreifens des Verbots sicher sein können, einen verbrieften Zahlungsanspruch zu haben. Jede Vertragsgestaltung, die – mittelbar oder unmittelbar – zur Folge hat, dass die Verpflichtung zur Zahlung einer Entschädigung seitens des Arbeitgebers unklar bleibt, also beispielsweise von bestimmten Fallgestaltungen oder Erklärungen des Arbeitgebers abhängig sein soll, wird nicht anerkannt. In vielen dieser Fälle sind die Grundsätze zum bedingten Wettbewerbsverbot (hierzu sogleich) anwendbar.

49 Insgesamt gilt also: Schießt der Arbeitgeber bei der Formulierung des Geltungsumfangs des Verbots über das Ziel hinaus, bleibt er wegen der vorzunehmenden Anpassung des Verbots auf seinen anzuerkennenden Teil im Wege der geltungserhaltenden Reduktion grundsätzlich geschützt und kann nachvertraglichen Wettbewerb zumindest in diesem anzuerkennenden Umfang untersagen. Fehlt es jedoch an einer unbedingten Entschädigungszusage, hat sich der Arbeitgeber selbst schutzlos gestellt.

4. Kein bedingtes Wettbewerbsverbot

50 Wenn sich der Arbeitgeber entschädigungsfrei die Entscheidung vorbehält, ob er ein Wettbewerbsverbot in Anspruch nehmen will oder nicht, liegt ein **bedingtes Wettbewerbsverbot**[61] vor. Die Aufnahme einer Konkurrenztätigkeit durch den Arbeitnehmer wird also beispielsweise von einer besonderen Zustimmung des Arbeitgebers abhängig gemacht.[62] In anderen Konstellationen behält sich der Arbeitgeber die Entscheidung vor, von dem Wettbewerbsverbot tatsächlich Gebrauch zu machen oder jederzeit nach eigenem Belieben auf die Einhaltung des Verbots zu verzichten. In dieselbe Richtung gehen Vertragsgestaltungen, mit denen der Arbeitgeber sich vorbehalten will, dem Arbeitnehmer bis zu dessen Ausscheiden ein Wettbewerbsverbot aufzuerlegen.[63] Ähnlich liegt der Fall, wenn dem Arbeitgeber das Recht zustehen soll, noch nach Erklärung einer Kündigung des Arbeitsvertrags durch eine Partei oder nach Abschluss eines Aufhebungsvertrags ein nachvertragliches Wettbewerbsverbot zu verlangen.[64]

---

[57] LAG Hamm 10.1.2002 – 16 Sa 1217/01, AE 2002, 104.
[58] LAG Hessen 5.3.1990 – 10/2 Sa 1114/89, LAGE HGB § 74 Nr. 5; ähnlich LAG Düsseldorf 10.12.2002 – 8 Sa 1151/02, NZA-RR 2003, 570.
[59] BAG 25.10.1994 – 9 AZR 265/93, BeckRS 2000, 56449.
[60] BAG 15.1.2014 – 10 AZR 243/13, NZA 2014, 536 (537).
[61] Vgl. etwa *Grüll/Janert*, Die Konkurrenzklausel, 1993, S. 31 ff.; *Brune*, Bedingte Wettbewerbsverbote für Arbeitnehmer, 1989; *Reinfeld* Wettbewerbsverbot S. 137 ff.; *Bauer/Diller* DB 1997, 94.
[62] BAG 4.6.1985 – 3 AZR 265/83, AP HGB § 74 Nr. 50.
[63] BAG 22.5.1990 – 3 AZR 373/88, AP HGB § 74c Nr. 19.
[64] Zu dieser Konstellation BAG 19.12.2018 – 10 AZR 130/18, BeckRS 2018, 39455.

In diesen Fällen bleibt der Arbeitnehmer im Ungewissen darüber, ob der Arbeitgeber im 51
konkreten Fall Wettbewerbsunterlassung fordern wird oder nicht. Nimmt der Arbeitnehmer
eine Wettbewerbstätigkeit auf, könnte sich der Arbeitgeber auf das Verbot berufen und Unterlassung bzw. Schadensersatz fordern. Wenn der Arbeitnehmer wegen der Konkurrenzklausel von einer Wettbewerbstätigkeit absieht oder für den Arbeitgeber keine ernsthafte
Konkurrenz darstellt, bräuchte der Arbeitgeber das Verbot nicht in Anspruch zu nehmen
und wäre von der Verpflichtung zur Zahlung frei. Der Arbeitgeber könnte die **Schutzvorschriften des HGB** hierdurch **umgehen**. Nach ständiger Rechtsprechung sind solche bedingten Wettbewerbsverbote **unverbindlich**, weil sie dem Arbeitgeber praktisch ohne Kostenrisiko einseitig die Entscheidung darüber überlassen, ob er seine Zustimmung verweigern und zahlen oder die Zustimmung erteilen und sich damit der Zahlung entziehen will.[65]

Die Rechtsprechung löst die Fälle des bedingten Wettbewerbsverbots seit der Entschei- 52
dung des BAG vom 19.1.1978 über die **Einräumung eines Wahlrechts für den Arbeitnehmer,**
der sich entscheiden kann, ob er sich an das Wettbewerbsverbot halten will oder nicht.[66] Der
Arbeitnehmer muss sein Wahlrecht allerdings rechtzeitig ausüben, in der Regel also zu Beginn der Karenzzeit. Erklärt er sich weder ausdrücklich noch konkludent, kann der Arbeitgeber ihn unter Fristsetzung auffordern, das Wahlrecht auszuüben. Nach fruchtlosem Ablauf
der gesetzten Frist geht das Wahlrecht auf den Arbeitgeber über, der dann selbst entscheiden
kann, ob er an dem Wettbewerbsverbot festhält oder nicht (letzterenfalls mit der Folge des
Fortfalls der Entschädigungsverpflichtung).[67] Die dem Arbeitnehmer zu setzende Frist muss
angemessen sein. Dies ist bei einer Frist von mindestens zwei Wochen der Fall.

Zur **Abgrenzung:** Wettbewerbsverbote können auch anderweitig vom Willen des Arbeit- 53
gebers abhängig gemacht werden. So können sie zulässigerweise an **objektive Bedingungen**
geknüpft werden. Es kann vereinbart werden, dass das Wettbewerbsverbot erst greifen soll,
wenn der Mitarbeiter
- eine bestimmte Position in der Betriebshierarchie erreicht
- eine bestimmte Gehaltsgrenze überschreitet
- an einem bestimmten Projekt mitarbeitet oder
- eine bestimmte Dienstzeit absolviert hat.[68]

Die Wirksamkeit des Wettbewerbsverbots kann insbesondere davon abhängig gemacht 54
werden, dass das Arbeitsverhältnis über die **vereinbarte Probezeit** hinaus fortgesetzt wird.[69]
Ebenso kann die Wirksamkeit des Verbots an den tatsächlichen Dienstantritt geknüpft werden.[70] Der Entzug bestimmter Arbeitsbereiche kommt umgekehrt als auflösende Bedingung
in Betracht, ebenso eine Befristung der Geltungsdauer des Wettbewerbsverbots, etwa dann,
wenn der Arbeitnehmer für ein von vornherein befristetes Projekt eingesetzt werden soll
und danach keine wettbewerbsrelevante Tätigkeit mehr ausübt.[71]

V. Indirekte Wettbewerbsverbote

Von indirekten Wettbewerbsverboten wird gesprochen, wenn dem Arbeitnehmer die 55
Konkurrenztätigkeit nach seinem Ausscheiden nicht ausdrücklich untersagt ist, sondern eine
Vertragsgestaltung gewählt wird, die den Arbeitnehmer mittelbar dazu bewegen soll, nach
Vertragsende nicht in Wettbewerb zum vormaligen Arbeitgeber zu treten. Dies geschieht
insbesondere durch die Festlegung finanzieller Nachteile für den Fall der Aufnahme oder finanzieller Vorteile für den Fall der Nichtaufnahme einer Konkurrenztätigkeit.[72] In diesen

---

[65] Instruktiv etwa *Grüll/Janert*, Die Konkurrenzklausel, 1993, S. 31 f.; zum unverbindlichen Vorvertrag BAG 19.12.2018 – 10 AZR 130/18, BeckRS 2018, 39455.
[66] BAG 19.1.1978 – 3 AZR 573/77, AP HGB § 74 Nr. 36.
[67] BAG 22.5.1990 – 3 AZR 647/88, NZA 1991, 263; bei einem unverbindlichen Vorvertrag gilt Entsprechendes; vgl. BAG 19.12.2018 – 10 AZR 130/18, BeckRS 2018, 39455.
[68] Vgl. BAG 13.7.2005 – 10 AZR 532/04, AP HGB § 74 Nr. 78.
[69] BAG 27.4.1982 – 3 AZR 814/79, AP BGB § 620 Probearbeitsverhältnis Nr. 16; vgl. auch → Rn. 66 f.
[70] Hierzu auch noch → Rn. 68.
[71] Vgl. *Bauer/Diller* Wettbewerbsverbote Rn. 516 f.
[72] Ausf. *Bauer/Diller* DB 1995, 426.

Zusammenhang gehören insbesondere die sog. **Mandantenübernahmeklauseln** (in Form von Honorarabführungsklauseln), die bei Freiberuflern eine besondere Rolle spielen.

56 Instruktiv hierzu der Sachverhalt, der der Entscheidung des BAG vom 7.8.2002 zugrunde lag: Zwischen einem Steuerbüro und einer Steuerfachgehilfin (Steuerassistentin) war anstellungsvertraglich vereinbart:

> „Übernehmen Sie bei oder im Zusammenhang mit Ihrem Ausscheiden aus den Diensten meiner Praxis unmittelbar oder mittelbar Mandate meiner Praxis, so werden Sie als Entschädigung für einen Zeitraum von fünf Jahren seit dem Ausscheiden einen Betrag in Höhe von 20 % Ihres Gesamtumsatzes mit dem betreffenden Mandanten an mich abführen. Die Zahlungen sind jeweils am 1. März eines Jahres für den Jahresumsatz des vorangegangenen Kalenderjahres fällig."

57 Die Steuerassistentin bestand das Steuerberaterexamen und schied aus dem Arbeitsverhältnis aus. Das BAG hat die Mandantenübernahmeklausel für unzulässig gehalten, weil die vorgesehene Bindung der Steuerberaterin von fünf Jahren zu lang war. Eine geltungserhaltende Reduktion hat das BAG nicht zugelassen. Es hat die zitierte Klausel als **sog. verdeckte Mandantenschutzklausel** gewertet, die eine Umgehung der gesetzlichen Vorschriften über das Mindestmaß der Entschädigung im Sinne des § 75d S. 2 HGB darstelle.[73] Hieran anknüpfend hat das LAG Köln Honorarabführungsvereinbarungen im Arbeitsvertrag eines angestellten Rechtsanwalts jedenfalls dann gemäß § 75d S. 2 HGB für unwirksam erklärt, wenn sie sich jeweils auf einen Zeitraum von drei Jahren nach der Beendigung des Arbeitsverhältnisses erstrecken. Eine geltungserhaltende Reduktion der zu lang bemessenen Bindungsfristen auf die vom BAG für zulässig erachtete Bindungsfrist von zwei Jahren wurde abgelehnt.[74]

58 Zur Abgrenzung: Bei einer **allgemeinen Mandantenschutzklausel** ist es dem Arbeitnehmer untersagt, nach seinem Ausscheiden mit der Beratung ehemaliger Mandanten seines Arbeitgebers zu diesem in Konkurrenz zu treten. Auf allgemeine Mandantenschutzklauseln sind die §§ 74 ff. HGB anzuwenden. Sie sind deshalb nur verbindlich, wenn sie mit der Verpflichtung des Arbeitgebers zur Zahlung einer Karenzentschädigung nach Maßgabe des § 74 Abs. 2 HGB einhergehen.

59 Bei einer **Mandantenübernahmeklausel** ist gerade kein Konkurrenzverbot vereinbart, sondern im Gegenteil die Betreuung von Mandanten des ehemaligen Arbeitgebers ausdrücklich zugelassen, allerdings gegen Abführung eines Teils des hieraus erzielten Honorars. Mandantenübernahmeklauseln sind auch ohne Verpflichtung des Arbeitgebers zur Zahlung einer Karenzentschädigung grundsätzlich zulässig und verbindlich, soweit sie dem Schutz eines berechtigten geschäftlichen Interesses des Arbeitgebers dienen und das berufliche Fortkommen des Arbeitnehmers nicht unbillig erschweren.[75] Eine Mandantenübernahmeklausel ohne Karenzentschädigung stellt aber eine Umgehung im Sinne von § 75d S. 2 HGB dar, wenn die vereinbarten Konditionen zur Folge haben können, dass sich die Bearbeitung der Mandate wirtschaftlich nicht lohnt. In diesem Fall handelt es sich nach bisher ständiger Rechtsprechung um eine **verdeckte Mandantenschutzklausel**, die den Arbeitnehmer im Sinne von § 74 Abs. 1 HGB in seiner beruflichen Tätigkeit beschränkt, was auch aus einer zu langen Bindungsdauer folgen kann.[76]

60 Nach herrschender Auffassung kann bei Mandantenübernahmeklauseln eine Bindung von mehr als zwei Jahren nicht mehr als angemessen angesehen werden. So nimmt auch der BGH im Zusammenhang mit Mandantenschutzklauseln regelmäßig eine **zeitliche Begrenzung von zwei Jahren** an, da sich bis dahin die Beziehungen zum Mandantenkreis so stark verflüchtigt hätten, dass die Konkurrenz danach für den Berechtigten keine wesentliche Einbuße mehr bedeute.[77] Auch im Fall einer zugelassenen Mandantenübernahme kann davon ausgegangen werden, dass das Verbleiben von Mandanten beim ehemaligen Mitarbeiter

---

[73] BAG 7.8.2002 – 10 AZR 586/01, NZA 2002, 1282.
[74] LAG Köln 24.7.2008 – 11 Sa 241/07, NZA-RR 2008, 10.
[75] BAG 7.8.2002 – 10 AZR 586/01, NZA 2002, 1282.
[76] BAG 7.8.2002 – 10 AZR 586/01, NZA 2002, 1282; 11.12.2013 – 10 AZR 286/13, NZA 2014, 433 (435).
[77] BGH 16.10.1989 – II ZR 2/89, BB 1990, 11 f. mwN.

über einen derart langen Zeitraum nicht auf den mitgegebenen „good will" des ehemaligen Arbeitgebers zurückzuführen ist, sondern auf die eigene Leistung des ehemaligen Mitarbeiters. Zwar sähen die Standesrichtlinien der Wirtschaftsprüfer für eine Mandantenübernahmeklausel eine Bindung von fünf Jahren vor. Das BAG stellt hierzu aber klar, dass das Standesrecht grundsätzlich nur Regeln auf gleicher beruflicher Ebene der Standesgenossen aufstellen kann, nicht aber dazu dient, einem Arbeitnehmer den ihm nach dem Arbeitsrecht zustehenden Schutz zu verringern.[78]

Geht es um eine Umgehung der Pflicht zur Zahlung der Karenzentschädigung (vgl. § 75d S. 2 HGB), kann dies nach Auffassung des BAG durch eine geltungserhaltende Reduktion nicht ungeschehen gemacht werden. Der Arbeitgeber kann aus der Vereinbarung keine Ansprüche herleiten.[79] 61

Das BAG erwägt neuerdings, ob Mandantenübernahmeklauseln als Allgemeine Geschäftsbedingungen oder vorformulierte Vertragsbedingungen einen Arbeitnehmer im Sinne von § 307 Abs. 1 S. 1 iVm Abs. 2 BGB deshalb unangemessen benachteiligen, weil sie **entschädigungslos** eine **Honorarabführungspflicht** vorsehen, obwohl mit der Beendigung des Arbeitsverhältnisses grundsätzlich die Verpflichtung endet, dem Arbeitgeber keinen Wettbewerb zu machen.[80] Diese Erwägung entspricht den tradierten Grundsätzen zur sog. Kündigungserschwerung; ihr ist daher zuzustimmen. 62

Eine andere Variante der Installation eines „indirekten Wettbewerbsverbots" ist die Festlegung einer **Prämie** für den Fall, dass der Mitarbeiter nach seinem Ausscheiden keine Konkurrenztätigkeit aufnimmt. Es bestehen keine Bedenken gegen eine Vertragsklausel, die eine Prämie von (zB) 10.000,– EUR jährlich vorsieht für den Fall, dass der Arbeitnehmer in den ersten drei Jahren nach seinem Ausscheiden keinen Wettbewerb macht. Für denselben Fall könnte auch die **Erhöhung einer Betriebsrente** um einen festen Betrag in Aussicht gestellt werden. Anders zu behandeln wäre eine zusätzliche Zahlung bereits während des bestehenden Arbeitsverhältnisses, die im Fall einer späteren Konkurrenztätigkeit zurückgezahlt werden muss. Hierin dürfte eine unzulässige Umgehung der §§ 74 ff. HGB liegen.[81] Entsprechendes gilt, wenn der Arbeitnehmer für den Fall der Aufnahme einer Konkurrenztätigkeit bereits zugesagte und damit erdiente Betriebsrentenansprüche verlieren soll. 63

Indirekte Wettbewerbsverbote können auch in **Aufhebungs- oder Abwicklungsverträgen** verankert werden. Unzulässig ist es, wenn ein Aufhebungsvertrag unter die „Bedingung" gestellt wird, dass der Arbeitnehmer nicht zu einem bestimmten Konkurrenzunternehmen wechselt. Vereinbaren die Parteien in einem Auflösungsvertrag zunächst die Zahlung einer Abfindung und sodann in einer gesonderten Bestimmung, dass die Abfindung nur unter der Voraussetzung gezahlt werden soll, dass der Arbeitnehmer keine Tätigkeit bei einem Wettbewerber aufnimmt, so verstößt diese Bestimmung gegen § 74 HGB und ist deshalb nichtig. Der Abfindungsanspruch bleibt bestehen.[82] 64

VI. Inkrafttreten und Außerkrafttreten des Wettbewerbsverbots

1. Inkrafttreten

Ist eine Wettbewerbsabrede wirksam vereinbart, löst sie den Arbeitsvertrag bei dessen Beendigung unmittelbar ab. Mit der rechtlichen Beendigung des Arbeitsverhältnisses tritt das Verbot als „ablösender" gegenseitiger Vertrag der (vormaligen) Arbeitsvertragsparteien in Kraft.[83] An das „kostenlose" gesetzliche Wettbewerbsverbot (vgl. § 60 HGB) schließt sich das entschädigungspflichtige Konkurrenzverbot nach §§ 74 ff. HGB an. Plastisch formuliert 65

---

[78] BAG 7.8.2002 – 10 AZR 586/01, NZA 2002, 1282.
[79] BAG 7.8.2002 – 10 AZR 586/01, NZA 2002, 1282; zust. LAG Köln 24.8.2007 – 11 Sa 241/07, NZA-RR 2008, 10.
[80] BAG 11.12.2013 – 10 AZR 286/13, NZA 2014, 433.
[81] Vgl. *Bauer/Diller* DB 1995, 426 (427 f.).
[82] LAG Bremen 25.2.1994 – 4 Sa 309/93, NZA 1994, 889.
[83] Dies gilt im Zweifel auch nach wirksamer Anfechtung des Arbeitsvertrages; vgl. LAG München 19.12.2007 – 11 Sa 294/07, LAGE HGB § 74 Nr. 22.

nunmehr auch das BAG, wenn es heraushebt, dass das nachvertragliche Wettbewerbsverbot während des Arbeitsverhältnisses keine Bedeutung hat.[84]

66 Die Zahlungspflicht hängt nicht von der Dauer des Arbeitsverhältnisses ab.[85] Damit das Konkurrenzverbot greift, braucht das Arbeitsverhältnis also nicht einmal über die Probezeit hinaus bestanden zu haben. Für Arbeitgeber besteht aber die Möglichkeit, das Inkrafttreten der Wettbewerbsabrede vom **Ablauf einer vereinbarten Probezeit** oder von einem sonstigen Zeitablauf abhängig zu machen.[86] Eine entsprechende Regelung könnte wie folgt lauten:

> **Formulierungsvorschlag:**
>
> 67 Das Wettbewerbsverbot tritt in Kraft, sobald das Arbeitsverhältnis nach Ablauf der vereinbarten Probezeit ungekündigt besteht.

68 Kommt es erst gar nicht zum **Arbeitsantritt**, weil sich der Mitarbeiter beispielsweise trotz Abschluss von Arbeitsvertrag und Wettbewerbsabrede für eine andere Tätigkeit entscheidet, gilt nach der Rechtsprechung des BAG folgendes: In aller Regel soll ein Wettbewerbsverbot mit Entschädigungspflicht nur dann eingreifen, wenn der Arbeitsantritt auch tatsächlich erfolgte.[87] Eine Ausnahme kann aber gelten, wenn dem Mitarbeiter bereits vor Dienstantritt diejenigen Informationen über Unternehmensangelegenheiten anvertraut wurden, die gerade über das Wettbewerbsverbot geschützt werden sollten.[88] Diese Rechtsprechung zeigt zusätzlich auf, dass nachvertragliche Wettbewerbsverbote auch dem Geschäftsgeheimnisschutz dienen und als angemessene Geheimhaltungsmaßnahmen iSd § 2 Nr. 1b GeschGehG in Betracht kommen.[89]

2. Außerkrafttreten

69 Das einmal in Kraft getretene Wettbewerbsverbot läuft grundsätzlich bis zum Ende des (maximal zweijährigen; vgl. § 74a Abs. 1 S. 3 HGB) Verbotszeitraums. Ob es dem Arbeitnehmer im Verbotszeitraum überhaupt möglich ist, seinem früheren Arbeitgeber Konkurrenz zu machen, ist unerheblich.[90] Die Wettbewerbsabrede erlischt also auch nicht bei Betriebsaufgabe des früheren Arbeitgebers. In diesem Fall der objektiven Unmöglichkeit der Konkurrenztätigkeit liegt aber kein berechtigtes geschäftliches Interesse des Arbeitgebers (§ 74a Abs. 1 S. 1 HGB) mehr vor, so dass das Verbot für den Arbeitnehmer unverbindlich wird. Die Wettbewerbsabrede bleibt auch bestehen – und mit ihr der Anspruch des Arbeitnehmers auf Karenzentschädigung –, wenn der Arbeitnehmer subjektiv nicht in der Lage ist, eine Konkurrenztätigkeit zu entfachen, etwa wegen dauerhafter Arbeitsunfähigkeit oder Erwerbsminderung, wegen eines Berufswechsels, einer Schwangerschaft, aufgrund Elternzeit oder Aufnahme einer Ausbildung. Dies entspricht dem – richtigen – Verständnis der **Karenzentschädigung als Gegenleistung für Wettbewerbsenthaltung.** Aus welchem Grund oder aus welcher Motivation der frühere Arbeitnehmer Wettbewerb unterlässt, spielt für die beiderseitigen Rechte und Pflichten aus der Wettbewerbsabrede keine Rolle.[91] Auch wenn der Arbeitnehmer bei der Stellensuche durch das Wettbewerbsverbot überhaupt nicht behindert wird, bleibt die Verpflichtung zur Entschädigungszahlung bestehen.[92]

---

[84] BAG 31.1.2018 – 10 AZR 392/17, NZA 2018, 578 Rn. 25.
[85] Vgl. nur *Grunsky*, Wettbewerbsverbote für Arbeitnehmer, 2. Aufl. 1987 S. 69.
[86] Vgl. etwa BAG 28.6.2006 – 10 AZR 407/05, NZA 2006, 1157; auch LAG Hamm 23.3.2010 – 14 SaGa 68/09, NZA-RR 2010, 515 (Nichtgeltung der Wettbewerbsabrede im ersten Jahr der Beschäftigung).
[87] BAG 26.5.1992 – 9 AZR 27/91, NZA 1992, 976.
[88] BAG 3.2.1987 – 3 AZR 523/85, AP HGB § 74 Nr. 54.
[89] Zum Geschäftsgeheimnisschutz ausf. → § 30.
[90] BAG 13.2.1996 – 9 AZR 931/64, AP HGB § 74c Nr. 18.
[91] BAG 13.2.1996 – 9 AZR 931/64, AP HGB § 74c Nr. 18; LAG Köln 17.3.2011 – 6 Sa 1413/10, NZA-RR 2011, 513; einzige Ausnahme; § 74c Abs. 1 S. 3 HGB (Verbüßung einer Freiheitsstrafe).
[92] BAG 19.5.1983 – 2 AZR 171/81, AP BGB § 123 Nr. 25.

70 Ein Wettbewerbsverbot erlischt grundsätzlich auch dann nicht, wenn der Arbeitnehmer das **gesetzliche Rentenalter** erreicht.[93] Zulässig ist aber die Aufnahme einer auflösenden Bedingung in die Wettbewerbsabrede, wonach das Wettbewerbsverbot nur für die Zeit vor Vollendung eines bestimmten Lebensjahres vereinbart wird. Die Pflicht zur Unterlassung von Wettbewerb und zur Zahlung der Karenzentschädigung entfällt dann mit dem Erreichen dieses Lebensalters (zB 67. Lebensjahr). Greift eine betriebliche Altersversorgung, kann die Versorgungsordnung wirksam bestimmen, dass die Altersrente um eine zu zahlende Karenzentschädigung gekürzt wird.[94] Die Wettbewerbsabrede bleibt dann in Kraft.

VII. Nachträgliche Beseitigung von Wettbewerbsverboten

71 Einmal installierte Wettbewerbsabreden können einvernehmlich, unter bestimmten Voraussetzungen aber auch einseitig von den Vertragsparteien beseitigt werden. Die Verzichtsmöglichkeit (§ 75a HGB) hat allein der Arbeitgeber, während für bestimmte Konstellationen der Beendigung des Arbeitsverhältnisses durch Kündigung[95] ein sog. Lossagungsrecht gewährt wird. Hohe Bedeutung in der Praxis hat die (einvernehmliche) Aufhebung des Wettbewerbsverbots im Rahmen von Beendigungsstreitigkeiten.

1. Verzicht des Arbeitgebers

72 Beim Verzicht auf das Wettbewerbsverbot handelt es sich um ein äußerst probates Mittel für den Arbeitgeber, die Kosten einer evtl. einvernehmlich gehaltenen Wettbewerbsabrede zu verringern. Jedenfalls dann, wenn eine einvernehmliche Aufhebung des Wettbewerbsverbots nicht durchsetzbar ist, sollte der Arbeitgeber über die Erklärung des Verzichts nach Maßgabe des § 75a HGB nachdenken. Voraussetzungen und Rechtsfolgen müssen ihm klar sein: Der Verzicht ist nur durch **schriftliche Erklärung** gegenüber dem Arbeitnehmer möglich. Er kann nur bis zur Beendigung des Arbeitsverhältnisses wirksam ausgesprochen werden, also noch am letzten Tag. Bei einer fristlosen Kündigung muss der Verzicht daher spätestens mit der Kündigung ausgesprochen werden.

73 Folge der Verzichtserklärung ist die zeitliche Beschränkung der Verpflichtung zur Entschädigungszahlung auf ein Jahr nach Zugang der Verzichtserklärung. Kehrseite für den Arbeitgeber ist die sofortige **Wettbewerbsfreiheit** des Arbeitnehmers (der freilich an das gesetzliche Wettbewerbsverbot gebunden bleibt, so lange das Arbeitsverhältnis nach Zugang der Verzichtserklärung rechtlich fortbesteht[96]). Gelingt es dem Arbeitgeber, den Verzicht mindestens ein Jahr vor der Beendigung des Arbeitsverhältnisses zu erklären, entfällt die Entschädigungspflicht komplett.

74 Nicht selten kommt es vor, dass Arbeitnehmer nach Zugang einer Verzichtserklärung ihres Arbeitgebers zeitnah eine **Eigenkündigung des Arbeitsverhältnisses** aussprechen, um eine – womöglich schon länger in Aussicht genommene – **Konkurrenztätigkeit** aufzunehmen, an der sie sich bisher wegen der Wettbewerbsabrede gehindert sahen. Insbesondere wenn für den Arbeitnehmer eine kürzere Kündigungsfrist gilt als für den Fall der Arbeitgeberkündigung, sieht sich der Arbeitgeber viel schneller als erwartet dem neuen „Konkurrenz-Arbeitnehmer" gegenüber. Umso misslicher ist es dann, wenn diesem Arbeitnehmer noch Karenzentschädigung überwiesen werden muss. Eine nochmalige Steigerung erfährt das Ärgernis für den Arbeitgeber insbesondere dann, wenn die Anrechnung anderweitigen Erwerbs in der Wettbewerbsabrede ausdrücklich ausgeschlossen wurde.

2. Einvernehmliche Aufhebung des Wettbewerbsverbots

75 **a) Ausdrückliche Aufhebung.** Die Arbeitsvertragsparteien können ein Wettbewerbsverbot jederzeit einvernehmlich aufheben. Selbst eine mündliche Aufhebung ist möglich, auch

---

[93] BAG 26.2.1985 – 3 AZR 162/84, AP BGB § 611 Konkurrenzklausel Nr. 30.
[94] BAG 26.2.1985 – 3 AZR 162/84, AP BGB § 611 Konkurrenzklausel Nr. 30.
[95] Hierzu → Rn. 82ff.
[96] Vgl. BAG 25.10.2007 – 6 AZR 662/06, AP KSchG 1969 § 12 Nr. 3.

§ 32   76–79   Teil G. Nebenpflichten im Arbeitsverhältnis

dann, wenn in dem der Wettbewerbsabrede zugrunde liegenden Arbeitsvertrag bestimmt ist, dass Änderungen der Schriftform bedürfen. Nach allgemeinen Grundsätzen können die Arbeitsvertragsparteien mit einer Vertragsänderung zugleich **konkludent den Schriftformzwang aufheben**, was der Fall ist, wenn die Parteien „die Maßgeblichkeit der mündlichen Vereinbarungen übereinstimmend gewollt haben".[97]

76 **b) Konkludente Aufhebung.** Eine konkludente Aufhebung eines wirksam vereinbarten Wettbewerbsverbots hat erhebliche Auswirkungen, wenn einem Vertragspartner die Reichweite seines Verhaltens nicht bewusst ist: Der Arbeitgeber verlässt sich vergeblich auf die vermeintlich „wasserdichte" Wettbewerbsabrede; der Arbeitnehmer hofft vergeblich darauf, für seine Wettbewerbsenthaltung entschädigt zu werden. Macht man sich dies bewusst, sollte die konkludente Aufhebung einer – an strenge Formvorschriften geknüpften – Wettbewerbsabrede nur in engen Ausnahmefällen hingenommen werden. In diese Richtung hat das BAG bereits 1981 entschieden, dass in einer **Ausgleichsquittung** regelmäßig keine wirksame Aufhebung von Wettbewerbsabreden liege und ausgeführt, eine Ausgleichsklausel solle ihrem Wesen nach nur Ansprüche aus dem beendeten Arbeitsverhältnis erledigen, nicht aber das Entstehen zukünftiger Ansprüche verhindern.[98] Nach lange überwiegender Auffassung sollte für **Ausgleichs- und Erledigungsklauseln in Aufhebungsverträgen** grundsätzlich das Gleiche gelten. Von solchen Klauseln sollten Ansprüche aus Wettbewerbsverboten grundsätzlich nicht erfasst werden.[99] Die Rechtsprechung hat sich aber gewandelt.

77 Seit den bemerkenswerten Entscheidungen des BAG vom 31.7.2002 gilt der Rechtsprechungsgrundsatz, dass eine **allgemeine Ausgleichsklausel** in einem außergerichtlichen oder gerichtlichen Vergleich zur Beendigung eines Streits über die Wirksamkeit einer Kündigung in der Regel auch Ansprüche aus einem nachvertraglichen Wettbewerbsverbot umfasst.[100] Ein anderes soll sich nur aus den Umständen des Einzelfalles ergeben können, nämlich
- aus Art und Inhalt der Vorverhandlungen (Zustandekommen der Vereinbarung)
- aus den Umständen bei Abschluss des Vergleichs oder
- aus dem nachvertraglichen Verhalten der Vertragsparteien.

78 Der zuständige 10. Senat des BAG hat diese Grundsätze in mehreren Entscheidungen aus den Jahren 2008 und 2009 bestätigt. Ausgleichsklauseln, mit denen „alle beiderseitigen Ansprüche aus dem Arbeitsverhältnis abgegolten" sein sollen, können hiernach auch ein nachvertragliches Wettbewerbsverbot und eine Karenzentschädigung umfassen.[101] Derartige **Abgeltungsklauseln** seien in der Regel auch **keine überraschenden oder ungewöhnlichen Klauseln** im Sinne des § 305c BGB.[102] Auch wenn dem grundsätzlich zuzustimmen ist, wird die konkludente Aufhebung nachvertraglicher Wettbewerbsverbote durch die Hereinnahme üblicher Ausgleichsklauseln in Aufhebungsverträge oder Prozessvergleiche (im Kündigungsschutzprozeß) dem Charakter der Wettbewerbsabrede als gegenseitigem Vertrag nicht gerecht.

79 **Für die beratende Praxis** bleibt die deutlich **erhöhte Gefahr**, dass Ansprüche aus einem nachvertraglichen Wettbewerbsverbot selbst bei Abschluss eines Standardaufhebungsvertrages, eines außergerichtlichen Standardabwicklungsvertrages oder eines Standardprozessvergleichs im Kündigungsschutzverfahren vor den Arbeitsgerichten verloren gehen. Dies kann für den Arbeitnehmervertreter ebenso prekär werden wie für den Bevollmächtigten des Arbeitgebers. Das Risiko, die vom BAG erwähnten „Umstände" nicht darlegen und notfalls beweisen zu können, kann durch Aufnahme einer klarstellenden Regelung in die Vereinbarung verhindert werden.

---

[97] BAG 10.1.1989 – 3 AZR 460/87, AP HGB § 74 Nr. 57.
[98] BAG 20.10.1981 – 3 AZR 1013/78, AP HGB § 74 Nr. 39.
[99] Vgl. etwa LAG Baden-Württemberg 22.9.1995 – 5 Sa 28/95, NZA-RR 1996, 163; Hoß DB 1997, 1818 (1820 f.).
[100] BAG 31.7.2002 – 10 AZR 513/01, NZA 2003, 100; 31.7.2002 – 10 AZR 558/01, AP BGB § 611 Konkurrenzklausel Nr. 48; anschließend auch BAG 19.11.2003 – 10 AZR 174/03, NZA 2004, 554; 8.3.2006 – 10 AZR 349/05, NZA 2006, 854; zur Kritik etwa Bauer/Diller BB 2004, 1274.
[101] BAG 22.10.2008 – 10 AZR 617/07, NZA 2009, 139; 24.6.2009 – 10 AZR 707/08 (F), NZA-RR 2010, 536.
[102] BAG 19.11.2008 – 10 AZR 671/07, NZA 2009, 318.

Formulierungsvorschlag:

Mit Erfüllung dieses Vergleichs sind sämtliche gegenseitigen Ansprüche aus dem Arbeitsverhältnis und seiner Beendigung ausgeglichen und erledigt. Ausgenommen hiervon sind etwaige beiderseitige Rechte und Ansprüche aus dem zwischen den Parteien vereinbarten nachvertraglichen Wettbewerbsverbot vom ...

80

Die dargestellte Rechtsprechungsentwicklung (Aufhebung eines nachvertraglichen Wettbewerbsverbots durch Vereinbarung einer allgemeinen Ausgleichsklausel) hatte sich allenfalls angedeutet, als das BAG im Jahre 1997 entschied, dass eine **Verfallklausel** für alle beiderseitigen Ansprüche aus dem Arbeitsverhältnis und solche, die mit dem Arbeitsverhältnis in Verbindung stehen, auch den monatlich fällig werdenden Anspruch auf Karenzentschädigung umfasst.[103] Diese Verfallklausel bezog sich aber nach ihrem Wortlaut ausdrücklich auf Ansprüche, die mit dem Arbeitsverhältnis in Verbindung stehen. Hierzu kann man Ansprüche aus einem nachvertraglichen Wettbewerbsverbot zählen, denn ohne vorausgegangenes Arbeitsverhältnis ist auch ein den Arbeitsvertrag zeitlich ablösendes nachvertragliches Wettbewerbsverbot (als gegenseitiger Vertrag) nicht denkbar. Ansprüche aus einem nachvertraglichen Wettbewerbsverbot sind aber nach hier präferierter Auffassung weder solche aus dem Arbeitsverhältnis noch solche aus der Beendigung des Arbeitsverhältnisses.[104] Die beiderseitigen Ansprüche aus der Wettbewerbsabrede als gegenseitigem Vertrag werden vielmehr erst nach der Beendigung des Arbeitsverhältnisses fällig und sollten deshalb von einer allgemeinen Ausgleichsklausel entgegen der neueren Ansicht des BAG[105] regelmäßig nicht erfasst sein.

81

VIII. Nachvertragliches Wettbewerbsverbot bei Kündigung des Arbeitsverhältnisses

Schwierigkeiten bereitet den Vertragspartnern regelmäßig die Handhabung der Wettbewerbsabrede im Fall des Ausspruchs einer Kündigung des Arbeitsverhältnisses. Die je nach Fallkonstellation bestehenden Gestaltungsrechte sind nicht oder nicht hinreichend bekannt. Auch der anwaltliche Berater läuft große Gefahr der Versäumung starrer Fristen. Die Rechtslage erscheint unübersichtlich, weil § 75 HGB – an sich die Schnittstelle zwischen Beendigung des Arbeitsverhältnisses und Eingreifen des Wettbewerbsverbots – nicht annähernd wortgetreu angewendet werden kann. Besteht ein nachvertragliches Wettbewerbsverbot, muss dessen Schicksal bei einer Beendigung des Arbeitsverhältnisses – möglichst vor Ausspruch einer Kündigung – zwingend „mitgedacht" werden.

82

1. Ordentliche Eigenkündigung des Arbeitnehmers

Unproblematisch ist der Fall der ordentlichen Eigenkündigung des Arbeitnehmers. Es handelt sich um den „klassischen" Fall des Eingreifens des Wettbewerbsverbots.

83

Praxistipp:

Fürchtet der Arbeitgeber nachvertraglichen Wettbewerb des Kündigenden nicht, sollte er nach Erhalt der Eigenkündigung umgehend nach § 75a HGB auf das nachvertragliche Wettbewerbsverbot verzichten.

---

[103] BAG 17.6.1997 – 9 AZR 801/95, NZA 1998, 258; 18.12.1984 – 3 AZR 383/82, NZA 1985, 219; vgl. auch LAG Nürnberg 21.2.2007 – 6 Sa 576/04, NZA-RR 2007, 428 (431).
[104] Allerdings beruhen etwaige Ansprüche aus dem Wettbewerbsverbot auf dem Arbeitsverhältnis; so BAG 31.1.2018 – 10 AZR 392/17, NZA 2018, 578 Rn. 24 mwN.
[105] Vgl. insbesondere BAG 22.10.2008 – 10 AZR 617/07, NZA 2009, 139.

2. Fristlose Eigenkündigung des Arbeitnehmers

84   Bei berechtigter fristloser Eigenkündigung des Arbeitnehmers greift § 75 Abs. 1 HGB. Das Wettbewerbsverbot wird unwirksam, wenn der Arbeitnehmer vor Ablauf eines Monats nach der Kündigung schriftlich erklärt, dass er sich **an die Vereinbarung nicht gebunden erachtet**. Der wichtige Grund iSd § 626 Abs. 1 BGB muss – damit diese Rechtsfolge eintritt – aber tatsächlich vorliegen, und die Ausschlussfrist des § 626 Abs. 2 BGB muss gewahrt sein.[106] Sieht der Arbeitnehmer von der **Lösungserklärung** ab, bleibt das Wettbewerbsverbot wirksam. Der Arbeitgeber, der einen wichtigen Grund iSd § 626 Abs. 1 BGB gesetzt hat, hat also keine Möglichkeit, das Eingreifen des Wettbewerbsverbots und damit seine Verpflichtung zur Zahlung der Karenzentschädigung zu verhindern.

3. Fristlose Kündigung durch den Arbeitgeber

85   Hat umgekehrt der Arbeitnehmer einen wichtigen Grund iSd § 626 Abs. 1 BGB geliefert und kündigt der Arbeitgeber deshalb berechtigt fristlos, soll der Arbeitnehmer nach dem Wortlaut des § 75 Abs. 3 HGB keinen Anspruch auf die Karenzentschädigung haben, aber an das Wettbewerbsverbot gebunden bleiben. § 75 Abs. 3 HGB ist aber verfassungswidrig.[107] Stattdessen ist § 75 Abs. 1 HGB entsprechend anwendbar. Der **Arbeitgeber** hat seinerseits ein **Wahlrecht** und kann innerhalb eines Monats nach der außerordentlichen Vertragsbeendigung schriftlich erklären, dass er sich an das Wettbewerbsverbot nicht mehr gebunden hält. Hierbei muss er klar zum Ausdruck bringen, dass er nicht nur selbst keine Karenzentschädigung zahlen, sondern auch den Arbeitnehmer von dessen Unterlassungspflicht entbinden will. Die Lossagung muss eindeutig erfolgen.[108]

86   Nur bei ordnungsgemäßer **Lossagungserklärung** wird der Arbeitgeber von der Verpflichtung zur Zahlung der Karenzentschädigung frei. Maßgeblich ist im Übrigen nicht die formale Art der Beendigung des Arbeitsverhältnisses; es kommt allein darauf an, ob tatsächlich ein wichtiger Grund iSd § 626 Abs. 1 BGB vorlag, so dass eine Lösungserklärung auch bei einer aus wichtigem Grund erfolgenden einvernehmlichen Auflösung des Arbeitsverhältnisses in Betracht kommt.

4. Ordentliche Kündigung durch den Arbeitgeber

87   Bei ordentlicher Arbeitgeberkündigung ist die Rechtsfolge davon abhängig, ob in der Person des Arbeitnehmers ein **erheblicher Anlass für die Kündigung** bestand oder nicht. War dies der Fall, bleibt er an die Wettbewerbsabrede gebunden. Lag kein erheblicher Anlass vor, kann sich der Arbeitnehmer innerhalb eines Monats nach Zugang der Kündigung von der Wettbewerbsabrede lossagen, also wählen, ob er sich dem Wettbewerbsverbot unterwerfen will oder nicht. Allerdings kann der Arbeitgeber seinerseits dieses Wahlrecht ausschließen und damit das Wettbewerbsverbot dennoch durchsetzen. Hierzu muss er sich bei Ausspruch der ordentlichen Kündigung verpflichten, für die Dauer des Wettbewerbsverbots den zuletzt bezogenen Verdienst in voller Höhe dem Arbeitnehmer weiterzuzahlen (§ 75 Abs. 2 S. 2 HGB) – ein in der Praxis seltener Fall.

88   Der erhebliche Anlass in der Person des Arbeitnehmers besteht **nie bei betriebsbedingter Kündigung.** Er braucht aber auch nicht das Maß eines wichtigen Grundes iSd § 626 BGB erreichen. Es ist nicht einmal erforderlich, dass der Anlass vom Arbeitnehmer verschuldet worden ist. Ob jeder Kündigungsgrund iSd KSchG ausreicht, ist streitig.[109] Die Lossagungsfrist für den Arbeitnehmer beginnt mit dem Zugang der Kündigung auch dann, wenn sich die Parteien später im Prozess über die Beendigung des Arbeitsverhältnisses einigen.

---

[106] BAG 24.9.1965 – 3 AZR 223/65, AP HGB § 75 Nr. 3.
[107] BAG 23.2.1977 – 3 AZR 620/75, AP HGB § 75 Nr. 6; zuletzt BAG 7.7.2015 – 10 AZR 260/14, NZA 2015, 1253.
[108] BAG 13.4.1978 – 3 AZR 822/76, NJW 1978, 2263; 15.1.2014 – 10 AZR 243/13, NZA 2014, 537 (539).
[109] Hierzu etwa *Bauer/Diller* Wettbewerbsverbote Rn. 665.

Nicht möglich ist es, die Geltung eines Wettbewerbsverbots von vornherein für den Fall **89**
auszuschließen, dass der Arbeitgeber das Arbeitsverhältnis ordentlich kündigt. Diese Einschränkung ist für den Arbeitnehmer unverbindlich, weil sie sein Wahlrecht nach § 75 Abs. 2 HGB beschränkt.[110]

IX. Die Wettbewerbsabrede in der Durchführung

Ist ein Wettbewerbsverbot verbindlich und das Arbeitsverhältnis beendet, beginnt die **90**
„Durchführungsphase" der Wettbewerbsabrede. **Wettbewerbsunterlassung** auf der einen und **Zahlung** der Karenzentschädigung auf der anderen Seite stehen sich als **Hauptpflichten** aus einem gegenseitigen Vertrag (§§ 320 ff. BGB) gegenüber.[111] Kommt der Arbeitnehmer seiner Hauptpflicht nach, unterlässt er also Wettbewerb im vereinbarten Umfang, treten insoweit keine Fragen während der Durchführungsphase auf. Der Inhalt dieser Hauptleistungspflicht ändert sich während des Verbotszeitraums in aller Regel nicht. Anders kann es beim Arbeitgeber sein, der zur Zahlung der Karenzentschädigung – möglicherweise in wechselnder Höhe – verpflichtet ist.

1. Ermittlung der Höhe der Karenzentschädigung

Die Karenzentschädigung muss nach § 74 Abs. 2 HGB zumindest die Hälfte der „zuletzt **91**
bezogenen vertragsmäßigen Leistungen" erreichen. Zu diesen vertragsmäßigen Leistungen gehören grundsätzlich **alle Geld- und Sachleistungen** des Arbeitgebers an den Arbeitnehmer, so dass nicht allein das Grundgehalt, sondern auch die variablen Gehaltsbestandteile sowie Sonderleistungen, also Dienstwagen uä zu berücksichtigen sind. Nicht zu den vertragsmäßigen Leistungen zählen die Aufwendungen, die der Arbeitgeber für die betriebliche Altersversorgung des Arbeitnehmers macht (Ausnahme: Gehaltsumwandlungsversicherungen),[112] arbeitsvertraglich oder tarifvertraglich vorgesehene Abfindungen für den Verlust des Arbeitsplatzes sowie Spesen (§ 74b Abs. 3 HGB). Was die **private Nutzung eines Dienstwagens** angeht, ist umstritten, in welcher Höhe der Wert bei der Berechnung der Karenzentschädigung einzubeziehen ist.[113] Weil die Karenzentschädigung den Nachteil ausgleichen soll, den der Arbeitnehmer durch die Beschränkung der Verwendung seiner Arbeitskraft erleidet, sind alle Leistungen zu berücksichtigen, die der Arbeitgeber gegenüber dem Arbeitnehmer erbringt; ein fester Rechtsanspruch für die Zukunft braucht nicht bestehen.[114]

Bei der Berechnung der Karenzentschädigung tauchen bisweilen Schwierigkeiten auf. Dies **92**
gilt weniger für die festen Vergütungsbestandteile. Hier kommt es allein auf den letzten Monatsbezug an. Bei Einmalzahlungen und variablen Gehaltsbestandteilen (zB Boni, Tantiemen, Provisionen) ist hingegen der Durchschnitt der letzten drei Jahre anzusetzen (§ 74b Abs. 2 HGB).

Eine **Tariflohnerhöhung**, die im letzten Monat vor dem Ausscheiden greift, schlägt auf **93**
die Berechnung der Karenzentschädigung voll durch (weitere Tariflohnerhöhungen während des Verbotszeitraums wirken sich hingegen nicht aus). Besteht beim Ausscheiden lediglich noch eine **Teilzeitbeschäftigung** (auch Elternteilzeit, Brückenteilzeit), muss die Karenzentschädigung aus der Teilzeitvergütung berechnet werden, und zwar wegen des eindeutigen Wortlauts des § 74 Abs. 2 HGB auch dann, wenn der Wechsel von der Vollzeit- zur Teilzeitbeschäftigung erst kürzlich erfolgte.[115] Zu den in § 74b Abs. 2 HGB genannten „wechselnden Bezügen" sind alle Leistungen zu rechnen, die typischerweise nur am Jahresende oder

---
[110] BAG 14.7.1981 – 3 AZR 414/80, AP HGB § 74 Nr. 38.
[111] Zum Wettbewerbsverbot als gegenseitigem Vertrag BAG 22.10.2008 – 10 AZR 360/08, NZA 2009, 962; LAG Baden-Württemberg 30.1.2008 – 10 Sa 60/07, NZA-RR 2008, 508; *Grunsky*, Freundesgabe Söllner, 1990, S. 41 ff.
[112] Vgl. *Bauer/Diller* Wettbewerbsverbote Rn. 380 f.
[113] Vgl. *Bauer/Diller* Wettbewerbsverbote Rn. 389 ff. mwN; zu Mitarbeiterbeteiligungen *Bauer/Diller* Wettbewerbsverbote Rn. 396.
[114] BAG 16.11.1973 – 3 AZR 61/73, AP HGB § 74 Nr. 34.
[115] BAG 22.10.2008 – 10 AZR 360/08, NZA 2009, 962; aA *Bauer/Diller* Wettbewerbsverbote Rn. 414, die auf den 3-jährigen Bezugszeitraum gem. § 74b Abs. 2 HGB abstellen wollen.

an anderen Stichtagen anfallen (Gratifikationen, Tantiemen, Jahresbonus, Treueprämie, Jubiläumszuwendungen, Urlaubsgeld, auch die Ausgabe von Belegschaftsaktien). Nicht unproblematisch ist die Zuordnung eines Weihnachtsgeldes oder 13. Gehalts.[116]

2. Anrechnung anderweitigen Erwerbs

94   Der Arbeitnehmer muss sich auf die Karenzentschädigung in bestimmtem Umfang anderweitigen Erwerb sowie solche Einkünfte anrechnen lassen, deren Erzielung er böswillig unterlässt. Diese in § 74c HGB vorgesehene Anrechnung muss in der Wettbewerbsabrede nicht ausdrücklich vorgesehen sein. Auch wenn nur pauschal auf § 74 HGB Bezug genommen wird oder die Anrechnungsregel gar nicht erwähnt ist, greift § 74c HGB.[117]

95   Für den Arbeitnehmer ist ein **ausdrücklicher Ausschluss anderweitigen Erwerbs** in der Wettbewerbsabrede besonders attraktiv. Gelingt es ihm, eine solche Klausel in die Wettbewerbsabrede „hineinzuverhandeln", handelt es sich bei der zugesagten Karenzentschädigung um eine garantierte Zusatzzahlung während des Verbotszeitraums unabhängig von der Höhe eines etwaigen anderweitigen Erwerbs. Beim ausdrücklichen Ausschluss der Anrechnung anderweitigen Erwerbs entfällt daher auch jeder diesbezügliche Auskunftsanspruch des Arbeitgebers.

96   In der Praxis findet sich hinsichtlich der Anrechnungsregelung oft nur der pauschale Verweis auf die §§ 74ff. HGB. Damit greift die Anrechnung, und es stellen sich die hiermit verbundenen Rechts- und Berechnungsprobleme. Kommt es zur Anrechnung, sind **zwei verschiedene Anrechnungsgrenzen** zu unterscheiden. Die Anrechnung beginnt in der Regel, wenn Karenzentschädigung und Hinzuverdienst (bzw. böswillig unterlassener Hinzuverdienst) 110 % der früheren Bezüge übersteigen. Die Hinzuverdienstgrenze erhöht sich auf 125 %, wenn der Arbeitnehmer durch das Wettbewerbsverbot gezwungen wurde, seinen Wohnsitz zu verlegen (§ 74c Abs. 1 S. 2 HGB). Hat der Arbeitgeber nach § 75a HGB wirksam auf das Wettbewerbsverbot verzichtet, kommt eine Anwendung der erhöhten Anrechnungsgrenze von vornherein nicht in Betracht: Das Wettbewerbsverbot greift in diesem Fall nicht und kann daher nicht für eine etwaige Wohnsitzverlegung ursächlich sein.

97   a) **Wohnsitzwechsel.** Zum Wohnsitzwechsel wird gefordert, dass der Lebensmittelpunkt der Familie verlegt wird, wenngleich streitig ist, ob es ausreicht, wenn der Arbeitnehmer am neuen Arbeitsort einen zweiten Wohnsitz begründet und seine Familie den bisherigen Wohnsitz beibehält.[118] Zu fordern ist die Ursächlichkeit des Wettbewerbsverbots für den Wohnsitzwechsel des Arbeitnehmers. Es kommt darauf an, ob der Arbeitnehmer nur außerhalb seines bisherigen Wohnorts eine Tätigkeit finden kann, die nach Art, Vergütung und beruflichen Chancen seiner bisherigen Tätigkeit nahekommt. Keine Verursachung ist anzunehmen, wenn der Arbeitnehmer im Einzugsbereich des bisherigen Wohnsitzes auch ohne das Wettbewerbsverbot keine passende Stelle gefunden hätte.[119] Dies ist etwa der Fall, wenn im gesperrten Gebiet überhaupt keine Wettbewerber ansässig sind oder aber ansässige Wettbewerber keine für den Arbeitnehmer geeignete und vom Geltungsbereich des Verbots erfasste Stelle vorhalten.[120]

98   b) **Anzurechnende Einkünfte.** *aa) Anderweitiger Erwerb.* Anrechnen lassen muss sich der Arbeitnehmer zunächst solche Einkünfte, die er durch anderweitige Verwertung seiner Arbeitskraft erwirbt. Nach dem vom BAG in ständiger Rechtsprechung vertretenen „Grundsatz der Gleichheit von Berechnung und Anrechnung" werden alle Einkunftsbestandteile, die bei der Berechnung der Karenzentschädigung einzubeziehen sind, auch auf sie angerechnet.[121] Folgende Besonderheiten sind zu beachten:

99   **Einkünfte aus dem beendeten Arbeitsverhältnis** beruhen nicht auf einer Verwertung der Arbeitskraft nach Beendigung; sie sind deshalb nicht anrechenbar. Dies gilt auch für eine

---

[116] Differenzierend *Bauer/Diller* Wettbewerbsverbote Rn. 418.
[117] BAG 16.5.1969 – 3 AZR 137/68, AP GewO § 133c Nr. 23.
[118] Einen Wohnsitzwechsel ablehnend *Grüll/Janert*, Die Konkurrenzklausel, 1993, S. 57.
[119] BAG 23.2.1999 – 9 AZR 739/97, AP HGB § 74c Nr. 20 mAnm *Wertheimer*.
[120] BAG 23.2.1999 – 9 AZR 739/97, AP HGB § 74c Nr. 20; näher *Bauer/Diller* Wettbewerbsverbote Rn. 767.
[121] BAG 9.1.1990 – 3 AZR 110/88, AP HGB § 74 Nr. 59.

gezahlte Abfindung. Die Karenzentschädigung kann vor allem bei nur kurzzeitigen Arbeitsverhältnissen mit Einkünften aus einer (noch) früheren Tätigkeit bei einem anderen Arbeitgeber zusammentreffen (Beispiel: nachträgliche Tantiemezahlung). Weil diese Leistungen auf Grund des vormaligen Arbeitsverhältnisses erzielt wurden, scheidet eine Anrechnung aus. Eine Anrechnung kommt aber in Betracht, wenn der Arbeitnehmer nach seinem Ausscheiden Einkünfte aus einem neuen Dienstverhältnis mit dem gleichen Arbeitgeber erzielt, beispielsweise als freier Mitarbeiter oder Berater.

Hauptfall der Anrechnung sind **Einkünfte aus unselbstständiger Beschäftigung,** insbesondere aus einem Arbeitsverhältnis. Alle vom (neuen) Arbeitgeber gewährten Leistungen, die auch in die Berechnung der Karenzentschädigung einfließen müssten, werden also angerechnet. Tariflohnerhöhungen beim neuen Arbeitgeber führen dementsprechend auch zur Erhöhung des anzurechnenden Betrages und senken die Karenzentschädigung, die sich gleichbleibend an der zuletzt beim alten Arbeitgeber bezogenen Vergütung bemisst. Anzusetzen ist anderweitig bezogene Arbeitsvergütung immer mit dem Brutto, ebenso wie sich die Höhe der Karenzentschädigung nach dem letzten Bruttoverdienst berechnet. **100**

Nicht anrechenbar ist eine **Abfindung,** die der Arbeitnehmer anlässlich der Aufgabe des neuen Dienstverhältnisses erhält.[122] Dem ist jedenfalls dann zuzustimmen, wenn beim Ausscheiden die maßgebliche Kündigungsfrist eingehalten wird, die Abfindung also kein Arbeitsentgelt enthält. Auch eine Karenzentschädigung, die der Arbeitnehmer nach Beendigung der neuen Tätigkeit erhält, ist nicht anrechenbar, da sie nicht im unmittelbaren Zusammenhang mit der Verwertung der Arbeitskraft steht. **101**

Die Anrechnung von **Einkünften aus einer selbstständigen Tätigkeit** erfolgt in Höhe der Gewinne (Ergebnis vor Steuern). Abzustellen ist auf die Gewinne zum Ende des jeweiligen Geschäftsjahres. Für den Arbeitgeber misslich ist es, wenn er feststellen muss, dass der Ausgeschiedene während der Karenzzeit ein Unternehmen oder eine selbstständige Tätigkeit aufbaut und in den ersten beiden Jahren nur Verluste macht, weil der Ausgeschiedene Ausgaben in die ersten beiden Geschäftsjahre vorzieht und Einnahmen in die Zeit nach dem zweiten Geschäftsjahr hinausschiebt. Der Nachweis eines „böswilligen Unterlassens" der Erzielung anrechnungsfähiger Gewinne ist praktisch kaum zu führen. Nach einer neuen Entscheidung des BAG soll es für die Anrechnung des Gewinns aus selbständiger Tätigkeit auf die Karenzentschädigung ausreichen, wenn der Zufluss (von Einkünften) so gut wie sicher erwartet werden konnte.[123] **102**

Einkünfte aus Nebenbeschäftigungen werden nicht angerechnet, wenn die Nebentätigkeit bereits während des aktiven Arbeitsverhältnisses ausgeübt wurde.[124] Anders liegt der Fall, wenn der Arbeitnehmer erst parallel zu seiner neuen Tätigkeit eine Nebenbeschäftigung aufnimmt. Nach Auffassung des BAG soll es darauf ankommen, ob dem Arbeitnehmer die Nebentätigkeit auch neben dem früheren Arbeitsverhältnis möglich war; falls ja, soll die Anrechnung ausscheiden.[125] **103**

Betriebsrenten und vertragliche Übergangsgelder sollen grundsätzlich nicht anrechenbar sein, da sie nicht in einem Gegenseitigkeitsverhältnis zu während der Karenzzeit erbrachten Arbeitsleistung stehen. Es handelt sich bei diesen Leistungen um Vergütungen für früher geleistete Dienste.[126] Die Frage, ob der Arbeitgeber die eigene Betriebsrente anrechnen kann, hat das BAG offengelassen.[127] **104**

Höchstrichterlich nicht entschieden ist, ob **Arbeitslosengeld,** das gerade nicht durch Verwertung der Arbeitskraft erzielt wird, andererseits aber Lohnersatzfunktion hat, auf die Karenzentschädigung anzurechnen ist. Das BAG hat § 74c HGB bisher für entsprechend **105**

---

[122] LAG Hamm 30.3.2000 – 16 Sa 1684/99, BeckRS 2000, 30784037.
[123] BAG 27.2.2019 – 10 AZR 340/18, BeckRS 2019, 9214.
[124] LAG Rheinland-Pfalz 25.11.2004 – 4 Sa 618/04, AE 2006, 97.
[125] BAG 16.5.1969 – 3 AZR 137/68, AP GewO § 133 f Nr. 23; zust. *Grunsky,* Wettbewerbsverbote für Arbeitnehmer, 2. Aufl. 1987 S. 85; *Grüll/Janert* Die Konkurrenzklausel, 1993 S. 54.
[126] Vgl. OLG Stuttgart 18.5.1979 – 6 U 158/78, BB 1980, 527; *Grüll/Janert,* Die Konkurrenzklausel, 1993 S. 54.
[127] BAG 26.2.1985 – 3 AZR 162/84, AP BGB § 611 Konkurrenzklausel Nr. 30; verneinend LAG Niedersachsen 26.1.2005 – 6 Sa 1306/04 B, AE 2007, 133.

anwendbar gehalten,[128] hält es aber nach der Aufhebung von § 148 SGB III aF für problematisch, an dieser Auffassung festzuhalten. Wenn überhaupt, komme im Einzelfall nur eine Anrechnung des tatsächlichen Auszahlungsbetrages in Betracht.[129]

106 Nicht anrechenbar auf die Karenzentschädigung sind gesetzliche Sozialversicherungsrenten. Auch beim sozialversicherungsrechtlichen Übergangsgeld (§§ 20 ff. SGB VI) erfolgt keine Anrechnung. Eine Anrechenbarkeit ist nur bei solchen Sozialleistungen zu erwägen, die Lohnersatzfunktion haben.[130] Deshalb war das Überbrückungsgeld nach § 57 SGB III 2003 (heute: Gründungszuschuss nach §§ 93 f. SGB III) anrechenbar.[131]

107 *bb) Böswillig unterlassener anderweitiger Erwerb.* Der Arbeitgeber kann auch eine Anrechnung vornehmen, wenn der Arbeitnehmer die Erzielung anderweitigen Erwerbs böswillig unterlässt, etwa weil er überhaupt nicht arbeitet oder eine Tätigkeit mit einer geringeren als derjenigen Vergütung annimmt, die er eigentlich erzielen könnte. Böswilligkeit scheidet aber bereits dann aus, wenn der Arbeitnehmer für den von ihm gewählten Berufsweg **vernünftige Gründe** hat, so dass die Ausschlagung einer höher dotierten Stelle erst dann gerechtfertigt sein wird, wenn die schlechter vergütete Tätigkeit für den Arbeitnehmer interessanter, ruhiger oder mit günstigeren Arbeitszeiten verbunden ist. Nur dann, wenn der Arbeitnehmer ohne hinreichenden sachlichen Grund seine individuellen Interessen vor die Interessen seines früheren Arbeitgebers setzt, kommt Böswilligkeit in Betracht.[132] Die Aufnahme eines Studiums ist in der Regel nicht böswillig; allerdings hat das BAG die Frage ausdrücklich offen gelassen.[133]

108 Grundsätzlich nicht böswillig ist auch der **Aufbau einer selbstständigen Existenz,** beispielsweise die Gründung eines Unternehmens oder einer freiberuflichen Praxis. Hier muss der vormalige Arbeitgeber hinnehmen, dass in der Startphase häufig Verluste anfallen.[134] Böswilligkeit ist aber zu bejahen, wenn der ausgeschiedene Arbeitnehmer dafür sorgt, dass Einnahmen erst nach Ablauf des Wettbewerbsverbots erzielt werden, obwohl sie schon vorher zu realisieren gewesen wären (Beweisproblem!) oder wenn der Arbeitnehmer seinen Kunden langfristige Zahlungsziele bis nach Ablauf der Karenzzeit einräumt. Immerhin soll es für die Anrechnung des Gewinns aus selbständiger Tätigkeit auf die Karenzentschädigung ausreichen, dass der Zufluss so gut wie sicher erwartet werden konnte, so dass es nicht auf den Zufluss von Einkünften ankommt.[135]

109 Nach Auffassung des BAG handelt ein Arbeitnehmer nicht böswillig, wenn er nicht nur keine anderweitige selbstständige oder unselbstständige Tätigkeit aufnimmt, sondern sich auch nicht arbeitslos meldet, obwohl die Voraussetzungen für die Zahlung von Arbeitslosengeld erfüllt sind.[136] Dies erscheint zweifelhaft. Die **Aufgabe einer neuen Stelle** gegen Zahlung einer Abfindung oder bei Gehaltsverzicht führt jedenfalls nicht ohne weiteres zur Böswilligkeit. Böswilligkeit wird aber zu bejahen sein, wenn sich der Arbeitnehmer mit einem vorzeitigen Ausscheiden aus einem ordentlich gar nicht kündbaren Dienstverhältnis einverstanden erklärt und dafür eine hohe Abfindung erhält. Gleiches dürfte bei Nichteinhaltung der Kündigungsfrist und Erhalt einer Abfindung gelten.

110 Keine Böswilligkeit liegt vor, wenn der Arbeitnehmer ein **Angebot seines alten Arbeitgebers zur Weiterarbeit** ausschlägt. Der alte Arbeitgeber kann durch das Angebot einer Weiterbeschäftigung den Erschädigungsanspruch nicht beseitigen oder reduzieren. Böswilligkeit scheidet auch dann aus, wenn ein Arbeitnehmer nach Geburt eines Kindes keine Erwerbstätigkeit mehr aufnimmt, sondern in Elternzeit geht.

---

[128] BAG 25.6.1985 – 3 AZR 305/83, AP HGB § 74c Nr. 11; ausf. *Diller* BB 2008, 1680.
[129] BAG 14.9.2011 – 10 AZR 198/10, NZA-RR 2012, 98; 15.1.2014 – 10 AZR 243/13, NZA 2014, 536 (540).
[130] Zu Einzelheiten *Bauer/Diller* Wettbewerbsverbote Rn. 795 f.
[131] BAG 16.11.2005 – 10 AZR 152/05, AP HGB § 74c Nr. 21.
[132] Grdl. BAG 23.1.1967 – 3 AZR 253/66, AP HGB § 74c Nr. 1; vgl. auch *Grunsky*, Wettbewerbsverbote für Arbeitnehmer, 2. Aufl. 1987 S. 87.
[133] BAG 13.2.1996 – 9 AZR 931/94, AP HGB § 74c Nr. 18; zu einem Sonderfall LAG Baden-Württemberg 5.7.1973 – 5 (3) Sa 50/72, BB 1974, 38.
[134] BAG 2.6.1987 – 3 AZR 626/85, AP HGB § 74c Nr. 13.
[135] Vgl. BAG 27.2.2019 – 10 AZR 340/18, BeckRS 2019, 9214.
[136] BAG 16.5.2000 – 9 AZR 203/99, NZA 2001, 26; dagegen *Bauer/Diller* Wettbewerbsverbote Rn. 804.

Ein **Pensionär** handelt nicht böswillig, wenn er sich nach vertragsgemäßer Beendigung 111
des Arbeitsverhältnisses mit Vollendung des 63. Lebensjahres zur Ruhe setzt und sich nicht
mehr um eine weitere Beschäftigung bemüht.[137] Es dürfte fraglich sein, ab welcher Altersgrenze diese Konsequenz in legitimer Weise zu ziehen ist. Für den Arbeitgeber kann für solche Fälle eine rechtzeitige Festschreibung sinnvoll sein, dass das Wettbewerbsverbot bei einem Ausscheiden des Arbeitnehmers mit Vollendung des (beispielsweise) 67. Lebensjahres
nicht in Kraft tritt.

cc) Darlegungs- und Beweislast. Im Prozess muss der Arbeitgeber **darlegen und** ggf. **beweisen,** dass der Arbeitnehmer anderweitige Einkünfte hatte oder anderweitigen Erwerb 112
böswillig unterlassen hat.[138] Der Arbeitgeber ist auch für die Höhe eines etwaigen anderweitigen Verdienstes darlegungs- und beweispflichtig, muss dementsprechend auch vortragen und notfalls beweisen, dass und in welcher Höhe die Karenzentschädigung unter Hinzurechnung des böswillig unterlassenen Verdienstes die Anrechnungsgrenzen des § 74c HGB
überschritten hätte.

c) Ermittlung des Anrechnungsbetrages. Für den Arbeitgeber ist die korrekte Ermittlung 113
des Anrechnungsbetrages von großer Bedeutung.

Beispiel:
(1) Letzter Monatsverdienst: 12.000,– EUR
(2) Karenzentschädigung (Zusage von 50 %): 6.000,– EUR
(3) Monatsverdienst beim neuen Arbeitgeber: 9.000,– EUR
(4) Summe Entschädigung und neuer Monatsverdienst: 15.000,– EUR
(5) 110 % des letzten Monatsverdienstes: 13.200,– EUR
(6) Differenz zwischen (4) und (5): (= anrechenbarer Betrag) 1.800,– EUR
Zu zahlende Karenzentschädigung = Differenz zwischen (2) und (6) = 4.200,– EUR

Wichtig ist, dass die Anrechnung auch dann bei 110 % (bei Wohnsitzwechsel: 125 %) beginnt, wenn eine höhere Karenzentschädigung als 50 % der letzten Vergütung zugesagt ist. 114
Dies mindert die grundsätzlich hohe Attraktivität der Zusage einer erhöhten Karenzentschädigung für den Arbeitnehmer.

Der Anrechnungsbetrag ist **monatlich zu ermitteln,** so dass es darauf ankommt, ob in 115
dem jeweiligen Monat das anderweitige Einkommen zusammen mit der Karenzentschädigung 110 % (bei Wohnsitzwechsel: 125 %) der letzten monatlichen Bezüge übersteigt.[139]
Auf Jahresbasis anzurechnen sind allerdings Einkünfte in unregelmäßiger Höhe, so aus
selbstständiger Tätigkeit oder Provisionen. Diese sind mit der Jahreskarenzentschädigung zu
verrechnen, wobei es bei Provisionen auf den jeweiligen Bezugszeitraum und nicht auf den
Zufluss ankommt. Falls sich der Arbeitnehmer selbstständig gemacht hat, sollen nicht etwa
detaillierte Monatsergebnisse mitzuteilen sein (zur Auskunftspflicht vgl. § 74c Abs. 2 HGB),
sondern ein vorläufiges Ergebnis.[140] Weihnachtsgelder oder Jahrestantiemen sind grundsätzlich zu zwölfteln.

Unterliegt ein vormals **teilzeitbeschäftigter Arbeitnehmer** einem Wettbewerbsverbot und 116
nimmt er nach seinem Ausscheiden eine Vollzeittätigkeit auf, so ist sein neues Einkommen
nur im Verhältnis zu den jeweiligen regelmäßigen Wochenarbeitszeiten anzurechnen.[141] Im
umgekehrten Fall scheidet eine Hochrechnung der bei Teilzeitbeschäftigten erzielten Einkünfte für eine Anrechnung auf eine Karenzentschädigung, die aus einer Vollzeitbeschäftigung resultiert, aus. Maßgeblich ist der tatsächliche Verdienst. Eine andere (meist zu verneinende) Frage ist die nach dem böswilligen Unterlassen anderweitigen Erwerbs bei Annahme
einer Teilzeit- an Stelle einer Vollzeitbeschäftigung.

---

[137] BAG 3.7.1990 – 3 AZR 96/89, AP HGB § 74 Nr. 61.
[138] BAG 23.1.1967 – 3 AZR 253/66, AP HGB § 74c Nr. 1; 13.2.1996 – 9 AZR 931/94, AP HGB § 74c
Nr. 18; zur Auskunftspflicht des Arbeitnehmers → Rn. 117 ff.
[139] BAG 23.2.1999 – 9 AZR 739/97, NZA 1999, 936; LAG Köln 15.9.1994 – 5 (2) Sa 856/94, LAGE HGB
§ 74c Nr. 5.
[140] Zu Einzelheiten BAG 2.6.1987 – 3 AZR 626/85, AP HGB § 74c Nr. 13.
[141] LAG Köln 2.10.1986 – 10 Sa 647/86, LAGE HGB § 74c Nr. 1.

Reinfeld

117 **d) Auskunftsanspruch des Arbeitgebers.** Der Arbeitgeber kennt die Einkünfte des Ausgeschiedenen regelmäßig nicht. Ihm steht daher der Auskunftsanspruch nach § 74c Abs. 2 HGB zu. Hiernach hat der Ausgeschiedene dem Arbeitgeber auf Anforderung über die Höhe seines Erwerbs Auskunft zu erteilen.

118 Der Arbeitnehmer braucht über anderweitige Einkünfte nur dann detailliert Auskunft zu geben, wenn eine Anrechnung überhaupt in Betracht kommt. Er kann sich zunächst darauf beschränken, mitzuteilen, er beziehe keine anrechenbaren Einkünfte, wenn diese unterhalb der Anrechnungsgrenze liegen. Zahlen müssen allerdings offengelegt werden, wenn der Arbeitgeber in diesem Fall Nachweise verlangt.[142]

119 Der Arbeitgeber kann zwecks Überprüfung verlangen, dass die **Auskunft zumindest in Textform** erfolgt. Der Arbeitnehmer ist auf Anforderung verpflichtet, die von ihm erteilten Auskünfte durch geeignete Nachweise zu belegen. Der Umfang der Nachweispflicht soll sich nach § 242 BGB richten. Das Interesse des Arbeitnehmers an der Geheimhaltung von Geschäftsgeheimnissen ist angemessen zu berücksichtigen.[143]

120 Bei **unselbständiger Beschäftigung** des Arbeitnehmers muss dieser die Höhe seiner Bruttobezüge im jeweiligen Bemessungszeitraum mitteilen. Falls der Arbeitgeber Nachweise verlangt, muss der Arbeitnehmer Lohn- bzw. Gehaltsabrechnungen und die Lohnsteuerbescheinigung vorlegen,[144] allerdings nicht den Arbeitsvertrag.

121 Hat der Arbeitnehmer eine **selbstständige Tätigkeit** aufgenommen, muss er Auskunft über die erzielten Gewinne erteilen. Werden vom Arbeitgeber Nachweise verlangt, sollte nach bisher herrschender Auffassung lediglich die Vorlage des Einkommensteuerbescheides in Betracht kommen.[145] Das BAG hat aber erkannt, dass dies nicht immer als Nachweis ausreicht, sondern je nach den Umständen des Einzelfalls eine Gewinn- und Verlustrechnung vorgelegt und im Einzelnen aufgeschlüsselt werden muss.[146] Schon zuvor hielt die Gegenansicht den Arbeitnehmer für verpflichtet, die Bilanz und die Gewinn- und Verlustrechnung vorzulegen.[147] Nach vermittelnder Ansicht reichte die Vorlage des Steuerbescheides als Nachweis nur dann, wenn eine Betriebsprüfung stattgefunden hatte. Ansonsten sollte der Arbeitnehmer die Bilanz nebst Gewinn- und Verlustrechnung vorzulegen haben.[148] Ob der Arbeitgeber über die Vorlage von Nachweisen hinaus die Abgabe einer eidesstattlichen Versicherung verlangen kann, ist weiterhin umstritten.[149]

122 So lange der Arbeitnehmer seine Auskunftspflicht nicht oder nicht ausreichend erfüllt, soll dem Arbeitgeber die **Einrede des nicht erfüllten Vertrages (§ 320 BGB)** zustehen. Der Arbeitnehmer sei mit Auskunft und Nachweis vorleistungspflichtig.[150] Diese Auffassung berücksichtigt allerdings nicht, dass bei einem nachvertraglichen Wettbewerbsverbot Wettbewerbsunterlassung und Zahlung der Karenzentschädigung im Gegenseitigkeitsverhältnis stehen, die Nachweispflicht hingegen eine unselbstständige Nebenpflicht darstellt. Damit dürfte allein das **allgemeine Leistungsverweigerungsrecht** nach § 273 BGB für den Arbeitgeber in Betracht kommen. Jedenfalls sollte die Auskunfts- und Nachweispflicht selbstständig einklagbar sein. Ein entsprechender Titel wäre nach § 888 ZPO zu vollstrecken. Alternativ kann der Arbeitgeber zuwarten, bis der Arbeitnehmer die Karenzentschädigung verlangt und dann die Einrede nach § 320 BGB (so das BAG) oder das Leistungsverweigerungsrecht aus § 273 BGB geltend machen.

123 Hat der Arbeitgeber bei Beendigung des Arbeitsverhältnisses die gesamte Karenzentschädigung auf einen Schlag gezahlt, soll der Arbeitnehmer nach verbreiteter Auffassung gegen-

---

[142] *Bengelsdorf* BB 1979, 1152.
[143] BAG 25.2.1975 – 3 AZR 148/74, AP HGB § 74c Nr. 6.
[144] BAG 25.2.1975 – 3 AZR 148/74, AP HGB § 74c Nr. 6.
[145] BAG 25.2.1975 – 3 AZR 148/74, AP HGB § 74c Nr. 6; LAG Nürnberg 9.4.1987 – 5 Sa 194/84, LAGE HGB § 74c Nr. 2; *Grüll/Janert*, Die Konkurrenzklausel, 1993 S. 63; *Grunsky*, Wettbewerbsverbote für Arbeitnehmer, 2. Aufl. 1987 S. 88.
[146] BAG 27.2.2019 – 10 AZR 340/18, BeckRS 2019, 9214.
[147] LAG Kiel 5.11.1957 – 3 Sa 183/57, BB 1957, 1274; *Durchlaub* BB 1976, 233.
[148] LAG Schleswig-Holstein 8.11.1977 – 1 Sa 512/77 nv; *Bengelsdorf* BB 1979, 1152; *Bauer/Diller* Wettbewerbsverbote Rn. 837.
[149] Hierzu *Bauer/Diller* Wettbewerbsverbote Rn. 842.
[150] BAG 12.1.1978 – 3 AZR 57/75, AP HGB § 74c Nr. 8.

über einem (nachträglichen) Auskunfts- bzw. Nachweisverlangen einwenden können, dass in dieser Einmalzahlung ein konkludenter **Verzicht auf die Auskunfts- und Nachweispflicht** liege.[151] Dies erscheint zweifelhaft. Aus Arbeitgebersicht ist eine Klarstellung in der Wettbewerbsabrede oder bei Vornahme der Zahlung geboten.

3. Auszahlung der Karenzentschädigung

Die Karenzentschädigung ist grundsätzlich am Schluss eines jeden Monats zu zahlen (§ 74b Abs. 1 HGB). Sie kann also nicht bereits während des Arbeitsverhältnisses durch eine besondere Zulage abgegolten werden; es steht in solchen Fällen nämlich nicht fest, ob die gemäß § 74 Abs. 2 HGB erforderliche Mindesthöhe erreicht wird.[152] Die Karenzentschädigung kann nicht auf einen längeren Zeitraum als zwei Jahre gestreckt werden, weil während der Karenzzeit die Grenze des § 74 Abs. 2 HGB nicht unterschritten werden darf. Andererseits kann die Fälligkeit zu Gunsten des Arbeitnehmers abweichend von § 74b Abs. 1 HGB geregelt werden. Eine monatlich vorschüssige Zahlungsweise ist ebenso möglich wie die Auszahlung der gesamten Karenzentschädigung als Einmalbetrag unmittelbar bei Beendigung des Arbeitsverhältnisses. Im letzteren Fall kann nach richtiger Ansicht nicht ohne weiteres von einem konkludenten Verzicht auf die Möglichkeit der Anrechnung anderweitigen Erwerbs ausgegangen werden.[153]

Nach § 850 Abs. 3a ZPO ist die Karenzentschädigung den allgemeinen **Pfändungsbeschränkungen** für Arbeitslohn unterworfen. Es gelten also insbesondere die Pfändungsgrenzen des § 850c ZPO. Eine Abtretung des Anspruchs auf Karenzentschädigung kann ansonsten wie bei jeder anderen Geldforderung erfolgen. Der Arbeitgeber kann mit Restforderungen gegen den Arbeitnehmer aus dem Arbeitsverhältnis gegen die Karenzentschädigung aufrechnen, soweit die Karenzentschädigung nicht wegen § 850 ZPO unpfändbar ist.[154]

Nach herrschender Auffassung sind Karenzentschädigungen Einkünfte aus nichtselbständiger Tätigkeit und deshalb **wie Arbeitsentgelt zu versteuern**.[155] Dagegen besteht **keine Sozialversicherungspflicht**, da die Karenzentschädigung nicht zum „Arbeitsentgelt" im Sinne des § 14 SGB IV zählt.[156]

Während der Laufzeit des Wettbewerbsverbots stehen die §§ 74ff. HGB **einvernehmlichen Änderungen** der Wettbewerbsabrede auch zu Ungunsten des Arbeitnehmers nicht mehr entgegen. Die ursprünglich vereinbarte laufende Zahlung kann deshalb nach dem Ausscheiden einvernehmlich modifiziert werden; beispielsweise kann die Höhe der Entschädigung von 50% auf 35% wirksam „heruntergefahren" werden. Auch die (nachträgliche) Vereinbarung einer Einmalzahlung ist möglich.

X. Verletzung der Wettbewerbsabrede

Halten sich beide Parteien an die vereinbarte Wettbewerbsabrede, treten keine Schwierigkeiten auf: Der Arbeitnehmer unterlässt den Wettbewerb (zumindest in dem in der Abrede festgeschriebenen Umfang), der Arbeitgeber zahlt regelmäßig die vereinbarte Entschädigung (unter Berücksichtigung der etwa möglichen Anrechnung). Leistungsstörungen treten auf, wenn der Arbeitgeber nicht oder zu wenig zahlt, im anderen Fall, wenn der Arbeitnehmer sich gänzlich oder zeitweise nicht an das Wettbewerbsverbot hält, also unerlaubte Konkurrenz macht. Über Streitigkeiten entscheiden die **Arbeitsgerichte im Urteilsverfahren** nach § 2 Abs. 1 Nr. 3c ArbGG („Nachwirkungen" eines Arbeitsverhältnisses) oder auch § 2 Abs. 1 Nr. 3d ArbGG (unerlaubte Handlungen im Zusammenhang mit dem Arbeitsverhältnis).

---

[151] Vgl. BAG 5.8.1968 – 3 AZR 128/67, AP HGB § 74 Nr. 24; *Grüll/Janert*, Die Konkurrenzklausel, 1993 S. 63.
[152] BAG 14.7.1981 – 3 AZR 414/80, AP HGB § 74 Nr. 38.
[153] Vgl. aber BAG 5.8.1968 – 3 AZR 128/67, AP HGB § 74 Nr. 24; hierzu bereits → Rn. 123.
[154] BAG 25.6.1985 – 3 AZR 305/83, AP HGB § 74c Nr. 11; zu insolvenzrechtlichen Fragen *Bauer/Diller* Wettbewerbsverbote Rn. 1015 ff.; *Moog* AE 2007, 196.
[155] Vgl. LAG Hamm 1.7.1987 – 15 Sa 237/87, LAGE HGB § 74 Rn. 3; ausf. *Bauer/Diller* Wettbewerbsverbote Rn. 1132 ff.
[156] Vgl. nur *Bauer/Diller* Wettbewerbsverbote Rn. 1126.

1. Pflichtverstöße des Arbeitgebers und deren Rechtsfolgen

129 Der Arbeitnehmer kann Leistungsklage (Zahlungsklage) erheben, wenn die Karenzentschädigung nicht gezahlt wird. Zuständig sind die Arbeitsgerichte auch dann, wenn das Wettbewerbsverbot Bestandteil eines Unternehmenskaufvertrages war und im engen Zusammenhang mit dem Dienstverhältnis stand.[157] Örtlich zuständig ist das Arbeitsgericht am Sitz des Arbeitgebers (§ 13 ZPO), daneben desjenigen Ortes, an dem der Arbeitnehmer seine Arbeitsleistung zu erbringen hatte (§ 29 ZPO bzw. § 48 Abs. 1a ArbGG).

130 In der Regel wird der Arbeitnehmer sich auf die Geltendmachung der aktuell rückständigen Karenzentschädigungsraten beschränken. Diskutiert wird, ob eine **Klage auf zukünftige Entschädigungsraten** möglich ist. Hiergegen lässt sich vorbringen, dass der Anspruch auf die zukünftigen Leistungen von einer Gegenleistung abhängt, nämlich von der (auch zukünftigen) Unterlassung von Wettbewerb; zudem kommt eine Anrechnung anderweitigen Erwerbs in Betracht.[158] Jedenfalls eine Feststellungsklage in Bezug auf zukünftig fällig werdende Entschädigungsraten ist nach verbreiteter Ansicht möglich.[159] Bei einem Zahlungsrückstand von zwei Monaten könnte die Antragsformulierung wie folgt lauten:

> **Formulierungsvorschlag:**
>
> 131 1. Die Beklagte wird verurteilt, an den Kläger 12.000,– EUR brutto nebst Zinsen in Höhe von 5 Prozentpunkten über dem Basiszinssatz aus jeweils 6.000,– EUR seit dem 1.7. bzw. 1.8.2020 zu zahlen.
>
> 2. Es wird festgestellt, dass die Beklagte verpflichtet ist, künftig an jedem Monatsende, beginnend mit dem 31.8.2020 und letztmalig am 31.5.2022 jeweils 6.000,– EUR nebst Zinsen in Höhe von 5 Prozentpunkten über dem Basiszinssatz seit Fälligkeit an den Kläger zu zahlen.

132 **Einwendungen** des Arbeitgebers gegen den Klageanspruch können vor allem sein
- die Unwirksamkeit des Wettbewerbsverbots (Nichtigkeit), nicht aber die Unverbindlichkeit des Verbots; auf diese kann sich allein der Arbeitnehmer berufen;
- eine Zuwiderhandlung des Arbeitnehmers gegen das Verbot in dem geltend gemachten Zeitraum, die zum Erlöschen des Zahlungsanspruchs gem. § 320 BGB geführt hat;
- fehlende Auskünfte und Nachweise hinsichtlich anderweitigen Erwerbs und das sich hierüber ergebende Zurückbehaltungsrecht oder
- der nicht erfüllte Auskunftsanspruch hinsichtlich möglicher Verstöße gegen das Verbot, der ebenso ein Zurückbehaltungsrecht nach § 273 BGB begründen kann.

133 Der Arbeitgeber kann auch **Verjährung** einwenden. Seit dem Inkrafttreten der Schuldrechtsreform beträgt die Verjährungsfrist für die einzelnen Raten der Karenzentschädigung drei Jahre (§ 195 BGB). Die Verjährung beginnt mit dem Schluss des Kalenderjahres, in dem der Anspruch jeweils entstanden ist (§ 199 Abs. 1 Nr. 1 BGB). Die Verjährung beginnt aber nur, wenn der Arbeitnehmer den Anspruch kannte oder kennen musste, was nicht der Fall ist, wenn er davon ausging, dass die Wettbewerbsabrede nicht wirksam zustande gekommen ist oder nachträglich aufgehoben wurde.[160]

134 Einwenden kann der Arbeitgeber auch, dass dem Anspruch auf Karenzentschädigung eine tarif- oder einzelvertragliche **Ausschlussfrist** entgegensteht.[161] Wortlaut und Auslegung der jeweiligen Ausschlussfrist entscheiden darüber, ob Ansprüche auf Karenzentschädigung erfasst sind oder nicht. So sollen Ansprüche auf Karenzentschädigung erfasst sein von einer

---

[157] BAG 18.8.1997 – 9 AZB 15/97, AP HGB § 74 Nr. 70.
[158] Zur Diskussion *Bauer/Diller* Wettbewerbsverbote Rn. 757 f. mwN; eine Klage auf zukünftige Entschädigungsraten bejahend ArbG Krefeld 19.8.2003 – 2 Ca 1972/03, nv; zur Klage auf künftige Vergütungszahlungen BAG 13.3.2002 – 5 AZR 755/00, NZA 2002, 1232; *Hamacher* NZA 2015, 714.
[159] BAG 14.7.2010 – 10 AZR 291/09, NZA 2011, 413 Rn. 39; weitere Nachw. bei *Bauer/Diller* Wettbewerbsverbote Rn. 758.
[160] Hierzu auch *Bauer/Diller* Wettbewerbsverbote Rn. 743.
[161] *Bengelsdorf* DB 1985, 1589.

Ausschlussfrist für alle beiderseitigen Ansprüche aus dem Arbeitsverhältnis und solche, die mit dem Arbeitsverhältnis in Verbindung stehen.[162]

Vor dem Hintergrund der Rechtsprechung des BAG zur konkludenten Aufhebung der gesamten Wettbewerbsabrede bei Abschluss eines gerichtlichen oder außergerichtlichen Aufhebungs- bzw. Abwicklungsvertrages[163] werden die Instanzgerichte in Zukunft noch eher dazu neigen, Ansprüche auf Karenzentschädigung als von **tariflichen oder einzelvertraglichen Ausschlussfristen** erfasst anzusehen. Dies wird nach hier vertretener Ansicht der Selbstständigkeit der Wettbewerbsabrede als gegenseitigem Vertrag nicht ausreichend gerecht. Aus Arbeitnehmersicht empfiehlt es sich gleichwohl, jede möglicherweise einschlägige Ausschlussfrist für die Geltendmachung einer Karenzentschädigung unbedingt zu wahren, was insbesondere auch dann gilt, wenn ein Bestandsstreit geführt wird.

Nicht zuzustimmen ist der Auffassung, dass die einmalige Geltendmachung der Karenzentschädigung nicht ausreicht, vielmehr jede einzelne Monatsrate getrennt geltend gemacht werden muss.[164] Eine gewisse Rechtssicherheit kann erzielt werden, wenn in die Wettbewerbsabrede eine eigenständige Ausschlussfrist aufgenommen wird. Diese sollte vorsichtshalber drei Monate ab Fälligkeit nicht unterschreiten und kann zugleich regeln, dass die erstmalige Geltendmachung auch später fällig werdende Ansprüche mit umfasst.

Bei Verzug des Arbeitgebers mit der Karenzentschädigung gilt folgendes: Weil die einzelnen Raten der Karenzentschädigung gemäß § 74b Abs. 1 HGB am Ende eines jeden Monats zu zahlen sind, gerät der Arbeitgeber bei Nichtzahlung gem. § 286 Abs. 2 BGB **ohne Mahnung in Verzug**. Der Arbeitnehmer kann zunächst Schadensersatz wegen Verzuges geltend machen, nämlich die Verzinsung gemäß § 288 Abs. 4 BGB sowie weitere Verzugsschäden. **Verzugszinsen** sind in Höhe von 5 Prozentpunkten über dem Basiszinssatz zu zahlen, weil § 288 Abs. 2 BGB nur für Rechtsgeschäfte „zwischen Unternehmen" gelten sollte.[165] Die Verzugskostenpauschale nach § 288 Abs. 5 S. 1 BGB kann nicht geltend gemacht werden.[166]

Auf die Wettbewerbsabrede als einem gegenseitigen Vertrag (ob als Bestandteil des Arbeitsvertrages oder als hiervon gesonderte Abrede) sind die **gesetzlichen Rücktrittsregeln** (§§ 323 ff. BGB) **anwendbar**.[167] Daher kann der Arbeitnehmer dem Arbeitgeber bei Verzug mit der Entschädigungszahlung gemäß § 323 Abs. 1 BGB eine **Nachfrist** setzen, die nicht mit einer Ablehnungsandrohung verbunden werden muss. Zahlt der Arbeitgeber trotz ordnungsgemäßer Nachfristsetzung nicht, kann der Arbeitnehmer vom Wettbewerbsverbot zurücktreten sowie nach §§ 323 Abs. 1, 325 BGB zusätzlich Schadensersatz geltend machen. Ein Rücktritt ist formfrei möglich, und es bedarf keiner Angabe des Rücktrittsgrundes.

Erklärt der Arbeitnehmer den **Rücktritt**, erlöschen die beiderseitigen Hauptleistungspflichten. Dabei greift der Rücktritt nur für die Zukunft („ex nunc"), wirkt also wie eine Kündigung.[168]

Offen ist, ob der Arbeitnehmer bei Zahlungsverzug des Arbeitgebers so lange Wettbewerb machen darf, bis die Zahlung nachgeholt wird. Dies ist nach richtiger Ansicht wegen der Irreparabilität eines Wettbewerbsverstoßes zu verneinen.[169] Ein anderes gilt freilich, wenn die Wettbewerbsklausel über § 323 BGB oder auf andere Weise beseitigt ist.

2. Pflichtverstöße des Arbeitnehmers und deren Rechtsfolgen

An Verstöße des Arbeitnehmers gegen das Wettbewerbsverbot sind umfangreiche Rechtsfolgen geknüpft. Der Arbeitnehmer geht ein hohes Risiko ein, wenn er bei Ungewissheit über das Eingreifen des Verbots eine Wettbewerbstätigkeit entfaltet. In seinem Interesse liegt daher eine arbeitsgerichtliche „Vorabentscheidung" über die Gültigkeit bzw. Verbindlichkeit

---

[162] BAG 17.6.1997 – 9 AZR 801/95, AP HGB § 74b Nr. 2.
[163] Hierzu → Rn. 76 ff.
[164] Ebenso *Bauer/Diller* Wettbewerbsverbote Rn. 748.
[165] *Bauer/Diller* Wettbewerbsverbote Rn. 753.
[166] Vgl. BAG 24.10.2019 – 8 AZR 509/18, BeckRS 2019, 39574.
[167] BAG 31.1.2018 – 10 AZR 392/17, NZA 2018, 578 Rn. 16 ff.
[168] Eindeutig jetzt BAG 31.1.2018 – 10 AZR 392/17, NZA 2018, 578; zuvor OLG Rostock 9.6.1994 – 1 U 40/94, NJW-RR 1995, 173; Staub/Konzen/*Weber*, Großkommentar zum Handelsgesetzbuch, § 74 Rn. 47.
[169] BAG 5.10.1982 – 3 AZR 451/80, AP HGB § 74 Rn. 42; Staub/*Weber* HGB § 74 Rn. 47.

des nachvertraglichen Wettbewerbsverbots. Allerdings kann mittels Feststellungsklage iSd § 256 ZPO eine abstrakte Entscheidung über die Gültigkeit oder Verbindlichkeit eines nachvertraglichen Wettbewerbsverbots nicht ohne weiteres erreicht werden. Der Arbeitnehmer ist deshalb verpflichtet, für die Verbindlichkeitsprüfung die im Verbotszeitraum **avisierte Tätigkeit näher zu kennzeichnen**.[170]

142 Verstößt der Arbeitnehmer gegen das nachvertragliche Wettbewerbsverbot, muss der Arbeitgeber eine Grundentscheidung treffen. Macht die zukünftige Einhaltung des Verbots noch Sinn, wird er Unterlassung für die Zukunft und Schadenersatz begehren. Erscheint eine zukünftige Einhaltung des Verbots wegen des Verstoßes wenig sinnvoll, wird er komplett auf Sekundäransprüche überwechseln. Die kurze Verjährungsfrist des § 61 Abs. 2 HGB muss nicht beachtet werden. Diese greift nur bei unerlaubtem Wettbewerb im bestehenden Arbeitsverhältnis. Nachfolgend die wichtigsten Anspruchsziele im Überblick:

143 a) **Auskunft.** Liegen objektive Verdachtsmomente für einen Verstoß vor, kann der Arbeitgeber zunächst einen Auskunftsanspruch geltend machen. Hierfür reicht die „geringe Wahrscheinlichkeit" eines Verstoßes aus.[171] Ein nachträgliches Bestreiten der Wirksamkeit des Wettbewerbsverbots durch den ausgeschiedenen Arbeitnehmer kann die Auskunftspflicht bereits begründen. Ziel des Auskunftsanspruchs ist

- bei einer unselbstständigen Beschäftigung des Arbeitnehmers die Nennung des Arbeitgebers und ggf. die Angabe der ausgeübten Tätigkeit
- bei einer selbstständigen Betätigung des Arbeitnehmers die Mitteilung von Art und Umfang der getätigten Geschäfte
- bei Mandantenschutzklauseln die Nennung der Namen der betreuten Mandanten.[172]

144 Seit der Schuldrechtsreform kommen **Schadensersatzansprüche** auch bei einem Rücktritt vom Wettbewerbsverbot in Betracht, damit auch **Auskunftsansprüche**. Verweigert der Arbeitnehmer die Auskunft, kann der Arbeitgeber klagen, sinnvollerweise im Wege der Stufenklage verbunden mit Ansprüchen auf Schadensersatz oder auf eine verwirkte Vertragsstrafe. Unter den Voraussetzungen des § 259 Abs. 2 BGB kann der Arbeitgeber die Abgabe einer eidesstattlichen Versicherung verlangen.

145 b) **Unterlassung und prozessuales Vorgehen.** Besondere Bedeutung hat der Unterlassungsanspruch des Arbeitgebers. Dieser soll nur greifen können, wenn der Arbeitgeber zum Zeitpunkt der Geltendmachung (weiterhin) ein berechtigtes geschäftliches Interesse an der Einhaltung des Verbots hat.

146 Wettbewerbsverstöße müssen möglichst sofort geahndet werden können. Es kommt daher auch eine **einstweilige Verfügung** auf Unterlassung in Betracht. Es handelt sich um eine Leistungsverfügung.[173]

147 Kaum einmal ergeht eine einstweilige Verfügung auf Wettbewerbsunterlassung ohne mündliche Verhandlung. Wesentlich ist die gemäß §§ 920 Abs. 2, 936 ZPO erforderliche Glaubhaftmachung von Verfügungsanspruch und Verfügungsgrund. An den Verfügungsgrund sind hohe Anforderungen zu stellen. Die Verletzung des Wettbewerbsverbots selbst stellt noch keinen ausreichenden Verfügungsgrund dar. Der Arbeitgeber muss darlegen und glaubhaft machen, inwieweit ihm durch die Wettbewerbstätigkeit erhebliche Nachteile drohen. Der Verfügungsgrund entfällt schon bei zu langem Abwarten nach Bekanntwerden des Wettbewerbsverstoßes. Andererseits wird der Arbeitgeber abwarten dürfen, bis völlige Gewissheit über den Wettbewerbsverstoß besteht. Eilbedürftigkeit ist zu bejahen, wenn Rechtschutz im ordentlichen Verfahren nicht rechtzeitig zu erlangen ist. Eine Unterlassungsverfügung wird nach Ablauf eines Monats wirkungslos, wenn keine Zustellung an den Gegner gemäß § 929 Abs. 2 ZPO erfolgt.

148 Das Arbeitsgericht hat auch bei einer stattgebenden Entscheidung zu überprüfen, ob eine vollständige Untersagung jeder Wettbewerbstätigkeit geboten ist. Es kann im Einzelfall aus-

---

[170] LAG Hamm 14.4.2003 – 7 Sa 1881/02, NZA-RR 2003, 513.
[171] BAG 22.4.1967 – 3 AZR 347/66, AP BGB § 242 Auskunftspflicht Nr. 12 mAnm *Lüderitz*.
[172] *Bauer/Diller* Wettbewerbsverbote Rn. 863 mwN.
[173] *Heinze* RdA 1986, 280; *Reinhard/Kliemt* NZA 2005, 545 (550 f.); aus der Rspr. LAG Baden-Württemberg 7.9.1967 – 7 Ta 8/67, DB 1967, 1813; LAG Niedersachsen 16.7.2009 – 4 SaGa 697/09, NZA-RR 2010, 68.

reichen, dem Arbeitnehmer nur bestimmte, für den Arbeitgeber besonders nachteilige Handlungen zu untersagen (Beispiel: Aufnahme einer selbstständigen Tätigkeit bleibt erlaubt, soweit die geschäftlichen Interessen des Arbeitgebers nicht berührt werden).

Weil bei Wettbewerbsverboten das einstweilige Verfügungsverfahren die Hauptsache häufig vorwegnimmt – das Hauptsacheverfahren kann vor Ablauf des Wettbewerbsverbots vielfach nicht zu Ende gebracht werden –, sind die ansonsten üblichen Abschläge beim **Streitwert einer Unterlassungsverfügung** nicht gerechtfertigt. Es ist daher der gleiche Streitwert wie bei Unterlassungsklagen anzusetzen.[174]

Der den Antrag auf Erlass einer einstweiligen Verfügung erwartende Arbeitnehmer wird häufig eine **Schutzschrift** gegen die mögliche Unterlassungsverfügung einreichen.[175] Seine Anträge können wie folgt lauten:

Formulierungsvorschlag:
1. Ein möglicher Antrag der potenziellen Antragstellerin, dem Antragsgegner eine Tätigkeit für die Abece GmbH in Mönchengladbach zu untersagen, wird zurückgewiesen;
2. hilfsweise: Über den möglichen Antrag der potenziellen Antragstellerin wird nur nach mündlicher Verhandlung entschieden.

Die **einstweilige Verfügung** wird beispielsweise mit folgenden Anträgen beantragt:

Formulierungsvorschlag:
1. Dem Antragsgegner wird im Wege der einstweiligen Verfügung – wegen der Dringlichkeit ohne mündliche Verhandlung und durch die Vorsitzende allein – bei Meidung eines Ordnungsgeldes in Höhe von 250.000,– EUR bzw. Zwangshaft für jeden Fall der Zuwiderhandlung untersagt, in der Zeit bis zur Entscheidung in der Hauptsache für Unternehmen tätig zu werden, die eines der nachstehend genannten Produkte herstellen und mit der Antragstellerin in Konkurrenz stehen, insbesondere für die Abece GmbH in Mönchengladbach: ....
2. hilfsweise: Die beantragte einstweilige Verfügung wird auf Grund mündlicher Verhandlung unter höchstmöglicher Abkürzung der Ladungs- und Einlassungsfristen erlassen.

Für die Unterlassungsklage (Hauptsacheverfahren) gilt Folgendes:

Zuständig sind die Arbeitsgerichte, örtlich zuständig das Arbeitsgericht am Wohnsitz des Arbeitnehmers, aber auch der Gerichtsstand des Erfüllungsortes (an dem der Arbeitnehmer vor Beendigung des Arbeitsverhältnisses seine Arbeitsleistung zu erbringen hatte).[176]

Kennt der Arbeitgeber die konkrete Wettbewerbtätigkeit des ausgeschiedenen Arbeitnehmers, kann er einen entsprechend eng gefassten Klageantrag stellen (Beispiel: „... *jede Tätigkeit für die Firma Abece GmbH in Mönchengladbach zu unterlassen*"). Ein Globalantrag (*„nicht für Unternehmen tätig zu werden, welche mit der Verfügungsklägerin in Konkurrenz stehen"*) ist unzulässig.[177] Ist die konkrete Konkurrenztätigkeit nicht bekannt, empfiehlt es sich, im Klageantrag die Formulierung aus der Wettbewerbsabrede zu wiederholen. Wenn der Ausgeschiedene unter Verstoß gegen das Wettbewerbsverbot in selbstständiger Weise tätig geworden ist, kann mit der Klage die Schließung eines dem Verbot widersprechenden Betriebs, notfalls auch die Löschung im Handelsregister begehrt werden.[178]

---

[174] LAG Hamm 23.12.1980 – 8 Ta 148/80, AnwBl 1981, 106.
[175] Zur Nutzung des zentralen Schutzschriftenregisters auch im arbeitsgerichtlichen Verfahren seit dem 1.1.2016 vgl. etwa Germelmann/Matthes/Prütting/*Schleusener* ArbGG § 62 Rn. 100a–100e.
[176] Ausf. zur Zuständigkeit *Bengelsdorf* DB 1992, 1342; seit dem 1.5.2008 greift ebenso der besondere Gerichtsstand des § 48 Abs. 1a ArbGG.
[177] LAG Hamm 12.9.2006 – 7 Sa 1356/06, AE 2007, 58.
[178] Näher zum Klageantrag *Bauer/Diller* Wettbewerbsverbote Rn. 871 ff.

156 Der Antrag ist zeitlich auf die (Rest-)Laufzeit des Wettbewerbsverbots zu begrenzen, wobei eine Verbindung mit der Androhung der in § 890 ZPO genannten Zwangsmittel sinnvoll ist. Der Unterlassungstitel wird nämlich grundsätzlich nach § 890 ZPO vollstreckt, mithin durch Androhung, Festsetzung und erforderlichenfalls Beitreibung eines Ordnungsgeldes bis zu 250.000,– EUR. Der **vollständige Klageantrag** kann also wie folgt formuliert werden:

Formulierungsvorschlag:

157 1. Der Beklagte wird verurteilt, es zu unterlassen, in der Zeit bis zum (Ablauf des Wettbewerbsverbots) in selbstständiger, unselbstständiger oder anderer Weise für ein Unternehmen tätig zu sein, welches mit der Klägerin im Wettbewerb steht, insbesondere für die Abece GmbH in Mönchengladbach.
2. Dem Beklagten wird für jeden Fall der Zuwiderhandlung ein Ordnungsgeld bis zu 250.000,– EUR oder eine Ordnungshaft bis zu sechs Monaten angedroht.

158 Aus anwaltlicher Sicht ist der **Streitwert** einer Unterlassungsklage aus einem nachvertraglichen Wettbewerbsverbot bedeutsam. Dieser richtet sich nach dem wirtschaftlichen Interesse des Arbeitgebers an der Einhaltung des Verbots, wobei dieses Interesse mit dem Wert der für die Laufzeit des Verbots insgesamt zugesagten Karenzentschädigung anzusetzen ist.[179] Der Wert kann sogar höher sein, wenn durch den Verstoß die Existenz des Arbeitgebers gefährdet ist.

159 **c) Fortfall der Entschädigungspflicht.** Bei verbotswidrigem Wettbewerb entfällt automatisch die Verpflichtung des Arbeitgebers zur Zahlung der Karenzentschädigung.[180] Dies gilt auch bei nur geringfügigen Wettbewerbsverstößen. Der Wegfall der Entschädigungspflicht erfasst bereits gezahlte Raten (wenn der Arbeitgeber nachträglich von Wettbewerbsverstößen im betreffenden Zeitraum erfährt) sowie noch nicht gezahlte Raten für Zeiten eines andauernden Verstoßes.

160 Raten, die der Arbeitgeber für den Zeitraum des Verstoßes bereits gezahlt hat, kann er mithin aus **ungerechtfertigter Bereicherung** zurückfordern. Die Einrede des Wegfalls der Bereicherung ist allerdings möglich; bei Bösgläubigkeit greift § 819 Abs. 1 BGB. Der Wegfall der Karenzentschädigung ist auf den Zeitraum begrenzt, in dem der Arbeitnehmer gegen das Wettbewerbsverbot verstößt. Wenn er sich danach wieder vertragstreu verhält, lebt die Pflicht zur Zahlung der Karenzentschädigung wieder auf.[181] Etwas anderes gilt freilich, wenn der Arbeitgeber bereits den Rücktritt gem. § 323 BGB erklärt hat.

161 **d) Rücktritt.** Verstößt der Arbeitnehmer gegen das bereits in Vollzug gesetzte Wettbewerbsverbot, kann das Interesse des Arbeitgebers an der zukünftigen Einhaltung des Verbots entfallen. Ein Rücktritt vom Wettbewerbsverbot ist dann nach Maßgabe der §§ 323 ff. BGB möglich. Die Anwendbarkeit der Regelungen zum gesetzlichen Rücktrittsrecht stehen weder die §§ 75, 75a HGB noch § 314 BGB entgegen.[182]

162 Hat der Arbeitgeber den Rücktritt erklärt, ist eine **Rückabwicklung** des Wettbewerbsverbots **ausgeschlossen.** Der Arbeitgeber kann also die bereits gezahlten Entschädigungsraten nicht für die Zeit zurückfordern, in der sich der Arbeitnehmer an das Verbot gehalten hat, wohl aber gezahlte Raten für solche Zeiten, in denen der Arbeitnehmer gegen das Verbot verstoßen hat. Der Rücktritt wirkt also ex nunc.[183] Darüber hinaus kann jedweder Schaden geltend gemacht werden, den der Arbeitgeber durch den Verstoß erlitten hat.

---

[179] LAG Hamm 23.12.1980 – 8 Ta 148/80, AnwBl 1981, 106; LAG Nürnberg 25.6.1999 – 2 Ta 56/99, BB 1999, 1929; LAG Köln 12.11.2007 – 7 Ta 295/07, AE 2008, 154; LAG Berlin-Brandenburg 17.2.2020 – 26 Ta (Kost) 6112/19, NZA-RR 2020, 273.
[180] BAG 5.8.1968 – 3 AZR 128/67, AP HGB § 74 Nr. 29; 7.7.2015 – 10 AZR 260/14, NZA 2015, 1253.
[181] BAG 10.9.1985 – 3 AZR 81/84, AP HGB § 74 Nr. 49; *Grunsky*, Wettbewerbsverbote für Arbeitnehmer, 2. Aufl. 1987, S. 128.
[182] Grundlegend jetzt BAG 31.1.2018 – 10 AZR 392/17, NZA 2018, 578.
[183] BAG 31.1.2018 – 10 AZR 392/17, NZA 2018, 578 Rn. 26.

Der Rücktritt kommt nicht mehr in Betracht, wenn der Wettbewerbsverbotsverstoß bereits beendet ist, was sich nachteilig auswirkt, wenn der Arbeitgeber erst spät von einem bereits vergangenen Verbotstatbestand erfährt.[184] Im Einzelfall kann der Arbeitgeber § 323 Abs. 2 Nr. 3 BGB nutzbar machen.

e) **Schadensersatz.** In jedem Fall kann der Arbeitgeber bei einem Verbotstatbestand vom ehemaligen Mitarbeiter Schadensersatz fordern, wenn ein Verschulden vorliegt. Wann Fahrlässigkeit verneint werden kann, weil der Arbeitnehmer davon ausgegangen ist, das Wettbewerbsverbot sei unwirksam,[185] kann im Einzelfall problematisch sein. Über §§ 249 ff. BGB kann als Schaden jeder Nachteil geltend gemacht werden, den der Arbeitgeber durch den Wettbewerbsverstoß erlitten hat. Bei **Beweisschwierigkeiten** können die §§ 252 BGB, 287 Abs. 1 ZPO zur Anwendung kommen. Die Ersatzpflicht kann sich auch auf die Kosten für den Einsatz eines Detektivs erstrecken.[186] Nach wohl herrschender Auffassung findet § 619a BGB, der im Fall der Arbeitnehmerhaftung die Beweislast für das „Vertretenmüssen" abweichend von § 280 Abs. 1 BGB dem Arbeitgeber auferlegt, keine Anwendung.[187] Durchgreifende Begründung hierfür dürfte sein, dass der Arbeitnehmer keine Pflicht „aus dem Arbeitsverhältnis", sondern aus der Wettbewerbsabrede als gegenseitigem Vertrag, der sich an das beendete Arbeitsverhältnis anschließt, verletzt.

f) **Vertragsstrafe.** Aus Arbeitgebersicht grob fahrlässig ist die Nichtaufnahme einer Vertragsstrafe in die nachvertragliche Wettbewerbsabrede. Die Einhaltung nachvertraglicher Wettbewerbsverbote muss auch nach Inkrafttreten der Schuldrechtsreform mit einer Vertragsstrafe abgesichert werden können. Nach bisherigem Recht war dies schon wegen § 75c HGB unbestritten. Die Vorschrift greift auch weiterhin. Auch wenn die §§ 305 ff. BGB Anwendung finden, kann in der Verletzung der Wettbewerbsabrede durch den Arbeitnehmer keine „Lösung" vom Vertrag im Sinne des § 309 Nr. 6 BGB gesehen werden.[188] Vertretbar erscheint auch, Vertragsstrafen iSd § 75c HGB zu den nach § 310 Abs. 4 S. 2 BGB zu berücksichtigenden „Besonderheiten des Arbeitsrechts" zu zählen. Diese sind bei der Anwendung der §§ 305 ff. BGB auf Arbeitsverträge nach dem Gesetzeswortlaut „angemessen zu berücksichtigen". Kein Zweifel über die Möglichkeit, eine Vertragsstrafe vorzusehen, besteht aber auch dann, wenn die Wettbewerbsabrede in einer vom Arbeitsvertrag gesonderten Urkunde niedergelegt wird.

Bei der Formulierung der Vertragsstrafenregelung ist auf Bestimmtheit und Eindeutigkeit zu achten, insbesondere bei der Festlegung der Voraussetzungen für die Verwirkung der Strafe (Einzelverstoß, Dauerverstoß, Anfall pro Monat, Höhe der jeweils verwirkten Vertragsstrafe).[189] Sinnvoll ist es, klarzustellen, dass die Vertragsstrafe für jeden Fall einer Zuwiderhandlung verwirkt sein soll und sogleich die Folgen eines Dauerverstoßes zu regeln. Nach der Rechtsprechung des BAG bedarf es hierbei einer Konkretisierung, wann ein Einzelverstoß bzw. ein Dauerverstoß anzunehmen ist.[190]

> **Formulierungsvorschlag: Vertragsstrafe**
>
> Für jede Zuwiderhandlung gegen das Verbot hat der Mitarbeiter eine Vertragsstrafe in Höhe von 25.000,– EUR zu zahlen. Im Fall eines Dauerverstoßes wird die Vertragsstrafe für jeden angefangenen Monat neu verwirkt. Die Geltendmachung eines darüber hinaus gehenden Schadens bleibt dem Arbeitgeber unbenommen. Ein Dauerverstoß liegt vor, wenn .....

---

[184] Näher *Bauer/Diller* Wettbewerbsverbote Rn. 920.
[185] Vgl. *Bauer/Diller* Wettbewerbsverbote Rn. 907.
[186] Vgl. BAG 17.9.1998 – 8 AZR 5/97, AP BGB § 611 Haftung des Arbeitnehmers Nr. 113.
[187] Vgl. etwa *Bauer/Diller* Wettbewerbsverbote Rn. 911; *Bauer/Diller* NJW 2002, 1609 (1611); Küttner/*Poeche* Personalbuch 2020 Wettbewerbsverbot Rn. 41.
[188] Ebenso *Bauer/Diller* NJW 2002, 1609 (1614).
[189] Zu Einzelfragen bereits BAG 26.9.1963 – 5 AZR 2/63, AP HGB § 75 Nr. 1; 30.4.1971 – 3 AZR 259/70, AP BGB § 340 Nr. 2; 21.5.1971 – 3 AZR 359/70, AP HGB § 75c Nr. 1; 26.1.1973 – 3 AZR 233/72, AP HGB § 75 Nr. 4.
[190] BAG 14.8.2007 – 8 AZR 973/06, NZA 2008, 170; hierzu ebenso kritisch wie konstruktiv *Diller* NZA 2008, 574.

168 Der Arbeitgeber ist nicht gehindert, auch bei Geltendmachung der Vertragsstrafe einen **weiter gehenden Schaden** zu liquidieren (§ 340 Abs. 2 S. 2 BGB). Der im Formulierungsvorschlag enthaltene, ausdrückliche Vorbehalt in der Wettbewerbsabrede ist daher nicht zwingend, aber sinnvoll, weil dem Arbeitnehmer verdeutlicht wird, dass sich sein wirtschaftliches Risiko nicht auf den Betrag der Vertragsstrafe beschränkt. Ist ein Schaden entstanden, ist die Vertragsstrafe der Höhe nach auf den Schaden anzurechnen.

169 g) **Kündigung.** Nachvertragliche Wettbewerbsverbote sind Dauerschuldverhältnisse iSd § 314 BGB. Hiernach kann ein Dauerschuldverhältnis von jedem Vertragsteil aus wichtigem Grund ohne Einhaltung einer Kündigungsfrist gekündigt werden, wobei die Kündigung nur binnen einer angemessenen Frist nach Kenntniserlangung vom Kündigungsgrund erklärt werden kann. Der Anwendungsbereich dieser Vorschrift erscheint in Anbetracht des **in sich geschlossenen Regelungskomplexes der §§ 74 ff. HGB** gering.[191] Es spricht aber nichts dagegen, ein außerordentliches Kündigungsrecht einzuräumen, wenn eine Partei nachhaltig ihren Pflichten aus dem nachvertraglichen Wettbewerbsverbot nicht nachkommt. Wenn also der Arbeitnehmer ständig gegen das Wettbewerbsverbot verstößt oder der Arbeitgeber Karenzentschädigung ständig nicht oder nur verspätet zahlt, kommt eine Kündigung des jeweils anderen Vertragsteils nach § 314 BGB in Betracht. Zu beachten ist freilich, dass die Kündigung nur nach vorheriger erfolgloser Abmahnung möglich ist. Durch die Kündigung nach § 314 BGB wird ein Schadensersatzanspruch nicht ausgeschlossen (§ 314 Abs. 4 BGB).

XI. Checkliste

170 **Checkliste: Durchsetzbarkeit eines nachvertraglichen Wettbewerbsverbots**

1. Schriftform
2. Zeitgleiche Aushändigung einer Urkunde
3. Inhaltliche Bestimmtheit
4. Berechtigtes geschäftliches Interesse des Arbeitgebers
5. Keine unbillige Fortkommenserschwer beim Arbeitnehmer
6. Höchstdauer von zwei Jahren
7. Ausreichende und unbedingte Zusage einer Karenzentschädigung
8. Kein bedingtes Wettbewerbsverbot
9. In Vollzug gesetztes Arbeitsverhältnis und Inkrafttreten der Wettbewerbsabrede
10. Kein Verzicht gemäß § 75a HGB
11. Keine Lösungserklärung nach § 75 HGB
12. Keine Aufhebung des Wettbewerbsverbots (ausdrücklich oder konkludent)
13. Kein Rücktritt nach § 323 BGB
14. Keine Kündigung gemäß § 314 BGB

---

[191] Ebenso *Bauer/Diller* NJW 2002, 1609 (1614).

§ 33 Loyalitäts- und Rücksichtnahmepflichten, Nebentätigkeitsbeschränkungen

Übersicht

	Rn.
I. Grundlagen und Praxisrelevanz	1–11
II. Loyalitäts- und Rücksichtnahmepflichten	12–87
1. Wahrung der betrieblichen Ordnung	12–30
a) Alkohol im Betrieb	15/16
b) Rauchen im Betrieb	17/18
c) Diskriminierung	19
d) Sonstige Belästigung, Mobbing	20–22
e) Duldung persönlicher Überwachung und Kontrollen, Untersuchungen	23–25
f) Äußeres Erscheinungsbild	26–30
2. Unternehmensförderung und Schutz des Unternehmens	31–48
a) Unternehmensförderung	31–33
b) Ableistung von Notarbeiten	34
c) Schutz des Unternehmenseigentums, Schadensabwendungs- und Anzeigepflicht, Herausgabepflicht	35–42
d) Lohnstundung, Lohnverzicht, Kurzarbeit	43/44
e) Erledigung privater Angelegenheiten während der Arbeitszeit	45–48
3. Kritik und unternehmensschädliche Meinungsäußerungen, Ehrverletzungen	49–53
4. Schmiergeldverbot	54–59
5. Abwerbungsverbot	60–67
6. Auskunfts- und Informationspflichten, Hinweis- und Aufklärungspflichten	68–73
7. Außerdienstliches Verhalten	74–87
a) Sicherung der Arbeitskraft	75
b) Pflicht zu gesundheitsförderndem Verhalten bei Krankheit	76–78
c) Wahrung des Ansehens des Arbeitgebers in der Öffentlichkeit	79–84
d) Übernahme von Ehrenämtern	85/86
e) Veröffentlichungen und Vorträge	87
III. Nebentätigkeitsbeschränkungen	88–116
1. Begriffliches und Ausgangslage	88–91
2. Gesetzliche Einschränkungen der Nebentätigkeit	92–102
a) Arbeitszeitrecht	92
b) Urlaubsrecht	93/94
c) Konkurrenzverbot	95
d) Schwarzarbeit	96–98
e) Altersteilzeit	99
f) Elternzeit	100
g) Sonderfall: Nebentätigkeit während Kurzarbeit	101/102
3. Einschränkung der Nebentätigkeit durch Tarifvertrag	103–105
4. Einschränkung der Nebentätigkeit durch Betriebsvereinbarungen	106
5. Arbeitsvertragliche Einschränkungen der Nebentätigkeit	107–111
a) Absolute Nebentätigkeitsverbote	107
b) Zustimmungserfordernis	108/109
c) Anzeigepflicht	110
d) Treuepflicht	111
6. Rechtsfolgen beim Verstoß gegen wirksame Nebentätigkeitsverbote	112–115
7. Durchführung des Nebentätigkeits-Arbeitsverhältnisses	116

I. Grundlagen und Praxisrelevanz

Nebenpflichten des Arbeitnehmers sind diejenigen arbeitsvertraglichen Pflichten des Arbeitnehmers, die über die Pflicht zur (ordnungsgemäßen) Erfüllung der eigentlichen Arbeitspflicht hinausgehen. Sie werden traditionell auch als **„Treuepflichten"** bezeichnet. Hierunter soll die allgemeine Pflicht des Arbeitnehmers zur Rücksichtnahme und Interessenwahrung

1

verstanden werden.[1] Das BAG hat noch in einer Entscheidung vom 16.8.1990[2] ausgeführt, die Treuepflicht des Arbeitnehmers gebiete diesem, alles zu unterlassen, was dem Arbeitgeber oder dem Betrieb abträglich sei. Seit der Schuldrechtsreform 2002 normiert § 241 Abs. 2 BGB die Verpflichtung (auch) der Arbeitsvertragspartner, auf die Rechte, Rechtsgüter und Interessen des jeweils anderen Teils Rücksicht zu nehmen.

2 Nebenpflichten dienen insoweit der ordnungsgemäßen Erfüllung der Arbeitspflicht, als durch ihre Verletzung die ordnungsgemäße Erfüllung der Arbeitspflicht nicht entwertet werden darf. Positiv formuliert dienen sie dazu, die Erbringung der Hauptleistung vorzubereiten und zu fördern, die Leistungsmöglichkeit zu erhalten und den Leistungserfolg zu sichern.[3] Daher hat der Arbeitgeber auch ein **berechtigtes Interesse** an der Erfüllung derartiger Nebenpflichten.

3 Nebenpflichten können die Beschäftigten vor und bei Abschluss des Arbeitsvertrages, insbesondere während der Laufzeit und noch nach Beendigung des Arbeitsverhältnisses treffen. Sie haben unterschiedliche **Rechtsgrundlagen.** Einige von ihnen sind gesetzlich geregelt und ergeben sich beispielsweise aus folgenden Vorschriften:

§ 15 Abs. 1 ArbSchG (Sorgetragung für die eigene Sicherheit und Gesundheit bei der Arbeit)

§ 15 Abs. 2 ArbSchG (Verpflichtung zur bestimmungsgemäßen Verwendung von Arbeitsmitteln, Schutzvorrichtungen und zur Verfügung gestellter persönlicher Schutzausrüstung[4])

§ 16 Abs. 1 ArbSchG (Meldepflicht bei Gefahren für Sicherheit und Gesundheit)

§ 8 BUrlG (Pflicht zur Einhaltung des Urlaubszwecks)

§ 5 EFZG (Anzeige- und Nachweispflichten bei Arbeitsunfähigkeit)

§ 60 HGB (Pflicht zur Wettbewerbsenthaltung).

4 Nebenpflichten können sich auch aus **tarifvertraglichen** Regelungen ergeben, sind dort aber wenig verbreitet. Eine Ausnahme bilden insoweit Regelungen zur Nebentätigkeit. Nebenpflichten können ebenso in **Betriebsvereinbarungen,** insbesondere Betriebsordnungen geregelt werden.[5] Solche Regelungen sind ebenso relativ selten. Als Mitbestimmungstatbestände kommen meist § 87 Abs. 1 Nr. 1 bzw. Nr. 6 BetrVG in Betracht.

5 Nebenpflichten können als Ausfluss der Vertragsfreiheit (§ 311 BGB) auch **arbeitsvertraglich** begründet werden. Daneben können bestehende Nebenpflichten arbeitsvertraglich konkretisiert, erweitert, aber auch eingeschränkt werden. Findet sich keine ausdrückliche gesetzliche oder rechtsgeschäftliche Regelung, muss auf § 241 Abs. 2 BGB zurückgegriffen werden, wie dies etwa bei der Geheimhaltungspflicht des Arbeitnehmers in Bezug auf Betriebs- und Geschäftsgeheimnisse seines Arbeitgebers der Fall ist.[6] Die „Treuepflicht" kann anspruchsbegründend, aber auch rechtsbegrenzend wirken. Sie kann darüber hinaus als Auslegungsmaßstab dienen.[7]

6 Die Frage, inwieweit einzelne Arbeitnehmergruppen **erhöhte oder verringerte Nebenpflichten** treffen, ist bisher nicht zuverlässig geklärt. Sie kann kaum pauschal beantwortet werden. Inhalt und Umfang von Nebenpflichten können immer nur mit Blick auf die konkreten Umstände des Einzelarbeitsverhältnisses bestimmt werden.[8] Es wird aber mit guten Gründen vertreten, dass die Nebenpflichten für solche Arbeitnehmer umso stärker sind, je enger deren Vertrauensverhältnis zum Arbeitgeber ist.[9] Besondere Rücksicht zu nehmen haben hiernach beispielsweise Prokuristen, Generalbevollmächtigte oder sonstige leitende Angestellte (§ 5 Abs. 3 BetrVG). Entsprechendes soll gelten, wenn der Arbeitnehmer im häuslichen Bereich des Arbeitgebers tätig wird.[10]

---

[1] Zur Begrifflichkeit etwa MHdB ArbR/*Reichold* § 53 Rn. 1 ff.
[2] BAG 16.8.1990 – 2 AZR 113/90, AP BGB § 611 Treuepflicht Nr. 10.
[3] BAG 21.5.2015 – 8 AZR 956/13, NZA 2015, 1319 Rn. 26.
[4] Hierzu kann in Zeiten der Corona-Pandemie auch das Tragen von Schutzmasken gezählt werden; vgl. etwa *Schucht* NJW 2020, 1551 (1555).
[5] Vgl. etwa *Reinfeld* AuA 1994, 41; zu Nebentätigkeitsregelungen in Betriebsvereinbarungen → Rn. 106.
[6] Vgl. BAG 23.10.2008 – 2 ABR 59/07, NZA 2009, 855; ausf. zum Geschäftsgeheimnisschutz → § 30.
[7] Ausf. *Boemke* AR-Blattei SD Nebenpflichten des Arbeitnehmers.
[8] BAG 24.3.2011 – 2 AZR 282/10, NZA 2011, 1029.
[9] Vgl. etwa BAG 30.1.1976 – 2 AZR 518/74, DB 1976, 1067.
[10] *Boemke* AR-Blattei SD Nebenpflichten des Arbeitnehmers Rn. 62.

Die Auffassung, dass bei Teilzeitkräften generell verminderte Treuepflichten greifen, ist 7
hingegen schwerlich zu halten. Wer einer Vollzeittätigkeit nachgeht, um seinen Lebensunterhalt bestreiten zu können, kann deshalb nicht zu größerer Loyalität verpflichtet sein als eine Teilzeitkraft. Problematisch erscheint ebenso die Auffassung, nach der Arbeitnehmer mit längerer Beschäftigungszeit erhöhte Nebenpflichten treffen sollen.

Auch die Art der ausgeübten Tätigkeit liefert keinen verlässlichen Maßstab für die Intensi- 8
tät der Nebenpflichten. Besonderheiten können sich aber bei bestimmten Arbeitgebern, beispielsweise Inhabern von **Tendenzbetrieben** ergeben. Arbeitnehmer in Tendenzbetrieben dürfen sich nicht der Tendenz des Unternehmens entgegenstellen.[11] Auch und gerade in **kirchlichen Einrichtungen** können den Arbeitnehmern besondere Obliegenheiten der Lebensführung auferlegt werden. Je nach Eigenart der Tätigkeit ist es geboten, dass sich die Arbeitnehmer an die tragenden Grundsätze der kirchlichen Glaubens- und Sittenlehre halten.[12]

Für Arbeitnehmer des **öffentlichen Dienstes** ergibt sich das Maß der ihnen obliegenden 9
Treuepflicht nach der sog. Funktionstheorie aus der jeweiligen Stellung und dem qua Arbeitsvertrag übertragenen Aufgabenkreis. Dies kann zu gesteigerten Loyalitätspflichten in der Weise führen, dass Arbeitnehmer jederzeit für den Bestand der politischen Ordnung des Grundgesetzes einzutreten haben.[13]

Sonderfragen treten auf, wenn es sich um Arbeitnehmer mit **Medienpräsenz** handelt, 10
wenn also zumindest ein Teil der Arbeitsleistung unmittelbar vor laufenden Fernsehkameras oder offenen Mikrofonen erfolgt. Diese „medienpräsenten Arbeitnehmer" haben häufig einen entsprechend hohen Bekanntheitsgrad in der Öffentlichkeit; die hier häufig anzutreffende hohe Vergütung der Arbeitnehmer kann mit erhöhten Rücksichtnahmepflichten korrespondieren. Eine „negative Presse" kann dem Arbeitgeber erheblichen Schaden zufügen. So sieht der Musterarbeitsvertrag der Deutsche Fußball Liga GmbH (DFL) ausdrücklich die Verpflichtung der Profifußballer vor, sich in der Öffentlichkeit und privat so zu verhalten, dass das Ansehen des Clubs, der Verbände und des Fußballsports allgemein nicht beeinträchtigt wird.[14]

Verletzt ein Arbeitnehmer seine Pflicht zur Rücksichtnahme auf die Interessen seines Ar- 11
beitgebers gemäß § 241 Abs. 2 BGB in erheblicher Weise, kann dies einen wichtigen Grund zur Kündigung iSd § 626 Abs. 1 BGB darstellen.[15] Die **Verletzung der Loyalitätspflicht** kann also erst recht eine ordentliche verhaltensbedingte Kündigung oder eine Abmahnung rechtfertigen. Daneben kommen Schadensersatzansprüche des Arbeitgebers in Betracht. In Fällen des unerlaubten Erwerbs sowie der unerlaubten Nutzung oder Offenlegung von Geschäftsgeheimnissen des Arbeitgebers kommt der spezialgesetzliche Anspruchskatalog der §§ 6ff. GeschGehG zur Anwendung.[16]

II. Loyalitäts- und Rücksichtnahmepflichten

1. Wahrung der betrieblichen Ordnung

Den Arbeitnehmer treffen zahlreiche Pflichten, die zur Sicherung eines ungestörten Ar- 12
beitsablaufs sowie des reibungslosen Zusammenwirkens der Mitarbeiter im Betrieb einzuhalten sind. Flankierend sind bestimmte Weisungen zum Ordnungsverhalten zu beachten. Das Direktionsrecht umfasst nach § 106 S. 2 GewO ausdrücklich betriebsbezogene Weisun-

---

[11] BAG 6.12.1979 – 2 AZR 1055/77, AP KSchG 1969 § 1 Verhaltensbedingte Kündigung Nr. 2; 23.10.2008 2 AZR 483/07, NZA 2009, 361.
[12] Grundlegend BVerfG 22.10.2014 – 2 BvR 661/12, NZA 2014, 1387; vormals BVerfG 4.6.1985 – 2 BvR 1703/83, 2 BvR 1718/83, 2 BvR 856/84, AP GG Art. 140 Nr. 24; Übersichten bei *von Tiling* öAT 2017, 205 und öAT 2015, 227 (Loyalitätsrichtlinie der EKD und Grundordnung des kirchlichen Dienstes in der katholischen Kirche).
[13] BAG 12.5.2011 – 2 AZR 479/09, NZA-RR 2012, 43; vgl. auch § 3 Abs. 1 S. 2 TV-L.
[14] § 2 S. 2 lit. i des Musterarbeitsvertrages; abgedruckt bei *Fritzweiler/Pfister/Summerer* SportR-HdB Anhang C. 2.
[15] BAG 24.3.2011 – 2 AZR 282/10, NZA 2011, 1029; 31.7.2014 – 2 AZR 505/13, NZA 2015, 245 (248); 18.12.2014 – 2 AZR 265/14, NZA 2015, 797.
[16] Hierzu etwa *Reinfeld* Neues GeschGehG § 4 Rn. 1 ff.; ausf. auch → § 30 Rn. 27 ff.

gen, also solche hinsichtlich der Ordnung und des Verhaltens im Betrieb. Während der **Corona-Krise** kann vom Arbeitnehmer insbesondere die Einhaltung besonderer Hygienemaßnahmen verlangt werden.[17] Ansonsten kann beispielsweise erfasst sein

- die Verpflichtung zum Tragen einer einheitlichen Arbeitskleidung, deren objektiver Zweck es ist, das äußere Erscheinungsbild des Unternehmens zu fördern und die weitergehende Anordnung, auf der einheitlichen Arbeitskleidung ein Namensschild zu tragen;[18]
- die Verpflichtung der Angabe des Vornamens (des Sachbearbeiters) auf Briefbögen des Arbeitgebers;
- das Unterlassen des Tragens eines „islamischen Kopftuches".[19]

13 Wenn sich alle Mitarbeiter eines Betriebs unabhängig von ihrer Stellung in der Betriebshierarchie duzen und das Duzen gleichsam zur Unternehmenskultur gehört, so steht dem einzelnen Arbeitnehmer, der mit „Sie" angesprochen werden möchte, kein Anspruch auf entsprechende Maßnahmen des Arbeitgebers gegenüber den übrigen Mitarbeitern zu.[20]

14 Bei jeder Regelung des Ordnungsverhaltens ist ergänzend zu befinden, ob **Mitbestimmungsrechte des Betriebsrats** greifen. Der Betriebsrat hat nach § 87 Abs. 1 Nr. 1 BetrVG mitzubestimmen in Fragen der Ordnung des Betriebs und des Verhaltens der Arbeitnehmer im Betrieb. Gegenstand dieses Mitbestimmungsrechts ist das betriebliche Zusammenleben und Zusammenwirken der Arbeitnehmer. Das Mitbestimmungsrecht soll gewährleisten, dass die Arbeitnehmer gleichberechtigt an der Gestaltung des betrieblichen Zusammenlebens teilhaben können.[21] So hat das LAG Köln ein Mitbestimmungsrecht des Betriebsrats nach § 87 Abs. 1 Nr. 1 BetrVG bei der Regelung einer einheitlichen Dienstkleidung der Mitarbeiter bejaht.[22] Der Betriebsrat hat in Fragen betrieblicher Ordnung ein Initiativrecht.[23]

15 a) **Alkohol im Betrieb.** Arbeitnehmern ist der Konsum von Alkohol (und der Genuss anderer Suchtmittel) während, aber auch vor Antritt der Arbeit untersagt, soweit sie hierdurch an der ordnungsgemäßen Erbringung ihrer Arbeitsleistung gehindert sein können.[24] Dort, wo die Erbringung der vertraglichen Arbeitsleistung von vornherein keinerlei Alkoholgenuss erlaubt, besteht ein absolutes **Alkoholverbot**, beispielsweise für Kraftfahrer, Flugpiloten, ebenso für Ärzte im Dienst oder Bereitschaftsdienst.[25] Zwischen Arbeitgeber und Betriebsrat kann zudem ein absolutes Alkoholverbot vereinbart werden.[26]

16 Der Entgeltanspruch des Arbeitnehmers geht verloren (§ 326 Abs. 1 BGB), falls der Arbeitnehmer infolge des Verstoßes gegen ein Alkoholverbot nicht mehr in der Lage ist, seine Arbeit ordnungsgemäß zu verrichten oder er vom Arbeitgeber wegen seines Alkoholkonsums nicht mehr beschäftigt werden darf.[27]

17 b) **Rauchen im Betrieb.** In verschiedenen Bereichen des Arbeitslebens existieren Rauchverbote schon per Rechtsnorm. So darf beispielsweise im Geltungsbereich der Fleischhygiene-Verordnung in Räumen, in denen Fleisch gewonnen, verarbeitet oder behandelt wird,

---

[17] Vgl. etwa *Sagan/Brockfeld* NJW 2020, 1112 (1113).
[18] BAG 11.6.2002 – 1 ABR 46/01, NZA 2002, 1299; zu Kleidungsregelungen im Arbeitsverhältnis *Brose/Greiner/Preis* NZA 2011, 369; *Peters* Weisungsrecht Rn. 519 ff.
[19] BAG 10.10.2002 – 2 AZR 472/01, NZA 2003, 483 (Verkäuferin in einem Kaufhaus); 10.12.2009 – 2 AZR 55/09, NZA-RR 2010, 383; 12.8.2010 – 2 AZR 593/09, NZA-RR 2011, 162; 24.9.2014 – 5 AZR 611/12, NZA 2014, 1407; zum „Kopftuchverbot" noch → Rn. 29.
[20] ArbG Rheine 16.1.1998 – 2 Ca 1659/97, BeckRS 1998, 30828946; bestätigt in der Berufungsinstanz durch LAG Hamm 29.7.1998 – 14 Sa 1145/98, NZA-RR 1998, 481.
[21] Vgl. BAG 28.5.2002 – 1 ABR 32/01, NZA 2003, 166 (167); zur Mitbestimmung bei der Einführung eines Verhaltenskodex BAG 22.7.2008 – 1 ABR 40/07, NZA 2008, 1248.
[22] LAG Köln 18.8.2010 – 3 TaBV 15/10, NZA-RR 2011, 85 (Fluggastkontrollen).
[23] Vgl. LAG Nürnberg 10.9.2002 – 6 (5) TaBV 41/01, LAGE BetrVG 2001 § 87 Betriebliche Ordnung Nr. 1.
[24] BAG 26.1.1995 – 2 AZR 649/94, AP KSchG 1969 § 1 Verhaltensbedingte Kündigung Nr. 34; instruktiv zuletzt *Müller* NJOZ 2019, 1105.
[25] BAG 23.9.1986 – 1 AZR 83/85, AP BPersVG § 75 Nr. 20.
[26] LAG München 23.9.1975 – 5 Sa 590/75, BB 1976, 465; *Willemsen/Brune* DB 1988, 2304 (2306).
[27] LAG Schleswig-Holstein 28.11.1988 – 4 Sa 382/88, NZA 1989, 472; *Künzl* BB 1993, 1581 (1584).

nicht geraucht werden. Entsprechendes gilt in Gefahrenbereichen iSd Verordnung über Anlagen zur Lagerung und Beförderung brennbarer Flüssigkeiten.[28]

Arbeitgeber und Betriebsrat können ein generelles betriebliches **Rauchverbot** vereinbaren, 18 um Nichtraucher vor den Gesundheitsgefahren und Belästigungen des Passivrauchens zu schützen.[29] Die Raucher sind in diesem Fall gehalten, sich auf die vom Arbeitgeber zu schaffende Gelegenheit zum Rauchen zu beschränken. Sie müssen dabei eine „Raucherecke" in einem überdachten Unterstand im Freien, wenngleich in der Nähe des Arbeitsplatzes, akzeptieren.[30] Völlig untersagt ist das Rauchen am Arbeitsplatz auch ohne Betriebsvereinbarung, soweit die Arbeitsleistung ordnungsgemäß nur „rauchfrei" erbracht werden kann, etwa bei Personal auf Kranken-, insbesondere Intensivstationen. Der Verstoß gegen ein Rauchverbot in einem Betrieb mit hoher Brandgefahr kann einen wichtigen Grund im Sinne des § 626 Abs. 1 BGB darstellen[31]

c) Diskriminierung. Der Arbeitnehmer ist verpflichtet, sich gegenüber Kollegen rück- 19 sichtsvoll zu verhalten und diese insbesondere nicht wegen eines in § 1 AGG genannten Grundes zu benachteiligen. Eine solche Benachteiligung ist eine Verletzung der arbeitsvertraglichen Pflichten (so ausdrücklich § 7 Abs. 3 AGG). Zu unterlassen sind insbesondere sexuelle Belästigungen (§ 3 Abs. 4 AGG).[32]

d) Sonstige Belästigung, Mobbing. Die Rücksichtspflicht gegenüber Kollegen verbietet 20 dem Arbeitnehmer jedwede Belästigung. Jedenfalls nach Treu und Glauben (§ 242 BGB) ist der Arbeitnehmer verpflichtet, den **Betriebsfrieden** zu wahren und andere Kollegen weder zu belästigen noch zu beleidigen.[33] Eine verbotene Belästigung liegt auch bei gezielt gegen eine Person gerichteten Handlungen vor, die wiederholt und böswillig vorgenommen werden (Mobbing).

Gegen mobbende Kollegen oder Vorgesetzte können vertragliche Ansprüche vom ge- 21 mobbten Arbeitnehmer mangels vertraglicher Beziehung nicht geltend gemacht werden. Belästigungen, Beleidigungen und Psychoterror durch Kollegen und Vorgesetzte können aber unerlaubte Handlungen iSd § 823 Abs. 1 BGB sein. Weil in vielen Fällen ein Schutzgesetz iSd § 823 Abs. 2 BGB verletzt ist, kommt auch diese Vorschrift als Anspruchsgrundlage für Schadensersatz in Betracht. Schmerzensgeld kann bei Körper- und Gesundheitsverletzungen verlangt werden, bei reiner Verletzung des Persönlichkeitsrechts nur dann, wenn es sich um eine **schwere Verletzung des Persönlichkeitsrechts** handelt und Genugtuung durch Unterlassung, Gegendarstellung oder Widerruf (von ehrkränkenden Äußerungen) auf andere Weise nicht zu erreichen ist.[34] Bei der Durchsetzung solcher Ansprüche gegen Arbeitskollegen stellt sich die Beweisbarkeit oft als Problem dar (Beispiel: Kausalität der Beeinträchtigungen für einen vom Mobbingopfer durchgeführten Arbeitsplatzwechsel).[35]

Der Mobber sieht sich auch Sanktionen des Arbeitgebers ausgesetzt. Neben der Kündi- 22 gungsmöglichkeit kommen vor allem Schadensersatzansprüche in Betracht (Beispiel: Entgeltfortzahlung auf Grund des mobbingbedingten Ausfalls eines Arbeitnehmers; Inseratskosten auf Grund des Ausfalls des per Eigenkündigung ausgeschiedenen Mobbingopfers).[36]

e) Duldung persönlicher Überwachung und Kontrollen, Untersuchungen. Bei einem be- 23 rechtigten Interesse des Arbeitgebers kann der Arbeitnehmer uU verpflichtet sein, Kontrollen (zB Torkontrollen, Taschenkontrollen) und Untersuchungen (zB Leibesvisitationen) zu

---

[28] Zusammenstellung bei *Ahrens* AR-Blattei SD Rauchverbot Rn. 62 ff.
[29] Vgl. etwa *Kock* NJW 2017, 198; *Bergwitz* NZA-RR 2004, 169.
[30] BAG 19.1.1999 – 1 AZR 499/98, AP BetrVG 1972 § 87 Ordnung des Betriebes Nr. 28.
[31] BAG 27.9.2012 – 2 AZR 955/11, NZA 2013, 425.
[32] Vgl. hierzu LAG Schleswig-Holstein 27.9.2006 – 3 Sa 163/06, AE 2007, 68 (sexuelle Belästigung durch Vorgesetzte); zur außerordentlichen Kündigung wegen sexueller Belästigung BAG 9.6.2011 – 2 AZR 323/10, NZA 2011, 1342; zum Erfordernis einer vorausgehenden Abmahnung LAG Niedersachsen 25.11.2008 – 1 Sa 547/08, NZA-RR 2009, 249; Übersicht bei *Groß* DB 2015, 2755.
[33] Zur Haftung des Arbeitnehmers für den auf einer falschen Verdächtigung beruhenden Arbeitsplatzverlust eines Kollegen OLG Koblenz 23.1.2003 – 5 U 13/03, NZA 2003, 438.
[34] Ausf. *Kollmer* AR-Blattei SD Mobbing Rn. 66 ff.
[35] Zu Kausalitätsfragen *Federhoff-Rink* FA 2005, 330.
[36] *Kollmer* AR-Blattei SD Mobbing Rn. 75 f.; zum Mobbing noch → § 34 Rn. 68 ff.

dulden. In Sondersituationen wie zB der noch nicht bewältigten Corona-Pandemie muss der Arbeitnehmer auch an der Durchführung medizinischer Untersuchungen mitwirken.[37]

24 Kontrollen und Untersuchungen können ergänzend tarifvertraglich, durch Betriebsvereinbarungen oder Einzelarbeitsvertrag geregelt werden. **Mitbestimmungsrechte** nach § 87 Abs. 1 Nr. 1 (ggf. auch nach Nr. 6) BetrVG sind zu beachten. So kann per Betriebsvereinbarung bestimmt werden, dass über einen Zufallsgenerator ausgewählte Arbeitnehmer beim Verlassen des Betriebsgeländes kontrolliert werden. Die mit den Kontrollen einhergehenden Beeinträchtigungen des Persönlichkeitsrechts der Arbeitnehmer haben unter Wahrung des Verhältnismäßigkeitsgrundsatzes zu erfolgen.[38]

25 Kein Mitarbeiter darf ohne Grund besonders betroffen sein. Entweder müssen alle Arbeitnehmer kontrolliert werden, oder es wird nach dem Stichprobenprinzip verfahren. Das **gezielte Herausgreifen** eines bestimmten Arbeitnehmers ist erst zulässig, wenn gerade gegen ihn **gravierende Verdachtsmomente** bestehen. Unzulässig ist in der Regel die visuelle und akustische Überwachung mittels elektronischer Systeme, die eine dauerhafte Beobachtung der Arbeitnehmer ermöglichen.[39] Anders kann es sein, wenn überwiegende Interessen des Arbeitgebers an einem Überwachungssystem dieser Art bestehen und hiermit nicht allein die Beschäftigten kontrolliert werden.[40]

26 f) **Äußeres Erscheinungsbild.**[41] Bei einem berechtigten Interesse des Arbeitgebers kann der Arbeitnehmer verpflichtet sein, in bestimmter Weise auf sein Äußeres zu achten. Aufzugreifen ist insoweit weniger die spezielle Regelung in § 15 Abs. 1 S. 1 ArbSchG, wonach der Arbeitnehmer verpflichtet ist, für seine Sicherheit und Gesundheit bei der Arbeit Sorge zu tragen, also beispielsweise notwendige Schutzkleidung anzuziehen. Das ArbG Mannheim hat einmal ausgesprochen, dass der Arbeitnehmer auch ohne besondere Vereinbarung gehalten ist, sein Erscheinungsbild den Gegebenheiten des konkreten Arbeitsverhältnisses anzupassen.[42] Je nach Interessenlage im Einzelfall ist zu bestimmen, ob weitergehende Pflichten anstellungsvertraglich geregelt oder vom Arbeitgeber kraft Weisungsrecht normiert werden können. Eine Begrenzung findet sich jedenfalls dort, wo der Arbeitnehmer durch die „Dienstkleidung" in seinem Persönlichkeitsrecht unzulässig beeinträchtigt wird, was bei Einschränkungen der körperlichen Bewegungsfreiheit, aber auch bei einer **ungünstigen Optik** der Fall sein kann.[43] Diese Erwägung muss aber zurücktreten, wenn im Einzelfall das Interesse am **Gesundheitsschutz** überwiegt, etwa beim notwendigen Tragen eines Mund-Nasen-Schutzes zwecks Eindämmung der Gefahr einer Covid-19-Infektion.[44] Wenn eine Dienstkleidung getragen wird, kann der Arbeitgeber verlangen, dass das übrige Erscheinungsbild der Mitarbeiter mit dieser Dienstkleidung im Einklang steht.[45]

27 Wenn der Arbeitgeber eine einheitliche **Dienstbekleidung** einführen will oder vorschreibt, unterliegt die nähere Regelung der Mitbestimmung des Betriebsrats nach § 87 Abs. 1 Nr. 1 BetrVG.[46]

28 Bei Publikumsverkehr kann der Arbeitgeber vom Mitarbeiter eine **korrekte Kleidung** verlangen und die hieran zu stellenden Anforderungen auch konkretisieren. Bietet beispielsweise der Arbeitgeber in seinem Ladengeschäft Artikel des gehobenen Preissegments an, kann

---

[37] Vgl. etwa BAG 12.8.1999 – 2 AZR 55/99, NZA 1999, 1209; *Müller* NJOZ 2019, 1105; speziell zur Untersuchungsmöglichkeit wegen der Gefahren einer Corona-Infektion *Fuhlrott* GWR 2020, 107.
[38] BAG 15.4.2014 – 1 ABR 2/13, NZA 2014, 551; *Kerscher* SPA 2017, 117.
[39] Vgl. auch → § 34 Rn. 64 ff.
[40] BAG 7.10.1987 – 5 AZR 116/86, AP BGB § 611 Persönlichkeitsrecht Nr. 15.
[41] Ausf. zur Kleidung im Arbeitsverhältnis *Brose/Greiner/Preis* NZA 2011, 369.
[42] ArbG Mannheim 16.2.1989 – 7 Ca 222/88, BB 1989, 1201.
[43] Vgl. LAG Hamm 7.7.1993 – 14 Ta 435/93, LAGE BGB § 611 Direktionsrecht Nr. 14; *Brose/Greiner/Preis* NZA 2011, 369. Ähnliche Überlegungen können bei der Zuweisung bestimmter, optisch „ungünstiger" Dienstwagen greifen.
[44] Zu hiermit im Zusammenhang stehenden Fragen *Schucht* NJW 2020, 1551 (1555).
[45] Vgl. etwa OVG Münster 24.2.1989 – 12 B 2166/88, NJW 1989, 2770; BVerfG 10.1.1991 – 2 BvR 550/90, NJW 1991, 1477; ausf. *Peters*, Weisungsrecht, Rn. 519 ff.
[46] BAG 8.8.1989 – 1 ABR 65/88, AP BetrVG 1972 § 87 Ordnung des Betriebes Nr. 15; 13.2.2007 – 1 ABR 18/06, NZA 2007, 641; LAG Baden-Württemberg 21.10.2015 – 4 TaBV 2/15, NZA-RR 2016, 141; *Brose/Greiner/Preis* NZA 2011, 369 (371 ff.).

er von seinen Verkäufern ein entsprechend gepflegtes Erscheinungsbild verlangen und beispielsweise auch anordnen, nicht mit Turnschuhen, Jeans, offenem Hemd bzw. nicht ohne Krawatte oder Sakko aufzutreten.[47] Den Beschäftigten eines Spielcasinos kann vorgeschrieben werden, während des Dienstes schwarze oder mitternachtsblaue Anzüge bzw. Kostüme zu tragen.[48]

Sonderfragen treten auf, wenn das äußere Erscheinungsbild mit einem der Merkmale zusammenhängt, die nach § 7 Abs. 1 AGG nicht Gegenstand einer Benachteiligung sein dürfen. So stellt das **Tragen eines Kopftuchs** allein aus religiösen Gründen für sich genommen keinen Kündigungsgrund dar.[49] In einer viel erörterten Entscheidung hat das Bundesverfassungsgericht im Jahr 2015 klargestellt, dass ein pauschales Kopftuchverbot für Lehrkräfte an öffentlichen Schulen mit der Verfassung nicht vereinbar ist.[50] 29

Die gesellschaftliche Akzeptanz von **Piercings und Tattoos** ist nicht zu leugnen. Gleichwohl dürfte in Berufen, die in einem eher konservativen Umfeld anzusiedeln sind (zB Banken, Versicherungen), ein berechtigtes Arbeitgeberinteresse dahingehend anzuerkennen sein, dass zumindest großflächigere Tattoos bei Ausübung der Tätigkeit nicht erkennbar sind. Hier ist dann auch eine Arbeitgeberweisung anzuerkennen, nach der Arbeitnehmer mit Kundenkontakt ansonsten sichtbare Tattoos abzudecken haben.[51] 30

2. Unternehmensförderung und Schutz des Unternehmens

a) Unternehmensförderung. Die Verpflichtung des Arbeitnehmers, den Arbeitgeber bei der Verfolgung seiner geschäftlichen Interessen zu unterstützen, ergibt sich aus §§ 241 Abs. 2, 242 BGB. Hierüber kann der Arbeitnehmer zB im Einzelfall zur Abgabe einer eidesstattlichen Versicherung über ihm bekannte Tatsachen verpflichtet sein. Anwendungsfälle ergeben sich etwa in gerichtlichen, häufig wettbewerbsrechtlichen Verfahren.[52] In ähnlicher Weise ist eine Verpflichtung dahingehend zu bejahen, an der (internen) Aufklärung festgestellter Compliance-relevanter Pflichtverstöße mitzuwirken.[53] 31

Den Arbeitnehmer trifft hingegen außerhalb seiner individuellen Arbeitszeit keine allgemeine Pflicht, die Unternehmensziele durch aktive Tätigkeit zu fördern. Die Bejahung einer solchen allgemeinen Unternehmensförderungspflicht würde eine nicht anzuerkennende Einflussnahme auf den außerdienstlichen Bereich darstellen. Auch Vertragsklauseln, mit denen der Arbeitnehmer verpflichtet werden soll, in jedweder Hinsicht, also auch im außerdienstlichen Bereich die Interessen des Arbeitgebers zu wahren, sind nur eingeschränkt anzuerkennen.[54] Verbreitet stellen größere Unternehmen – etwa im Einzelhandel – einen **Verhaltenskodex** für ihre Mitarbeiter auf, der insbesondere den (zB freundlichen und höflichen) Umgang mit Kunden sicherstellen soll.[55] Betrifft eine solche Regelung im Interesse der betrieblichen Abläufe (auch) das private Verhalten der Arbeitnehmer, kommt ein Mitbestimmungsrecht des Betriebsrats nach § 87 Abs. 1 Nr. 1 BetrVG in Betracht.[56] 32

Der Arbeitnehmer braucht ohne seine Einwilligung nicht zu dulden, dass der Arbeitgeber **Bildaufnahmen** – seien es Porträts oder Aufnahmen am Arbeitsplatz – für seine Zwecke 33

---

[47] LAG Hamm 22.10.1991 – 13 TaBV 36/91, BB 1992, 430 (Verkaufssachbearbeiter in einem Möbelhaus der gehobenen Kategorie).
[48] BAG 13.2.2007 – 1 ABR 18/06, NZA 2007, 641 (dort auch zur Kostentragungspflicht).
[49] BAG 10.10.2002 – 2 AZR 472/01, NZA 2003, 483; hierzu etwa *Hoevels* NZA 2003, 701.
[50] BVerfG 27.1.2015 – 1 BvR 471/10, 1 BvR 1181/10, NJW 2015, 1359; umfassend zur Thematik die Schlussanträge der EuGH-Generalanwältin Juliane Kokott 31.5.2016 – C-157/15, BeckRS 2016, 81074; unlängst BAG 30.1.2019 – 10 AZR 299/18, NZA 2019, 693 (Kassiererin in einem Drogeriemarkt); zuletzt BVerfG 14.1.2020 – 2 BVR 1333/17 (Kopftuchverbot für Rechtsreferendarinnen verfassungsgemäß).
[51] Vgl. den Überblick bei *Klein/Bürger* SPA 2018, 44; zuvor *Ferme/Heer* SPA 2012, 164.
[52] *Gehlhaar/Möller* NZA 2011, 385.
[53] Vgl. hierzu die Übersicht von *Schrader/Mahler* NZA-RR 2016, 57; auch *Mansdörfer* jM 2014, 167.
[54] Für Profifußballer vgl. den umfassenden Pflichtenkatalog in § 2 des Musterarbeitsvertrages Deutsche Fußball Liga GmbH (DFL), abgedruckt bei *Fritzweiler/Pfister/Summerer* SportR-HdB Anhang C. 2.
[55] Zu Ethikrichtlinien *Borgmann* NZA 2003, 352; *Wisskirchen/Körber/Bissels* BB 2006, 1567; *Wisskirchen/Körber/Bissels* DB 2005, 2190; *Dzida* NZA 2008, 1265; *Kort* NJW 2009, 129.
[56] BAG 28.5.2002 – 1 ABR 32/01, NZA 2003, 166; 22.7.2008 – 1 ABR 40/07, NZA 2008, 1248; LAG Düsseldorf 14.11.2005 – 10 TaBV 46/05, NZA-RR 2006, 81 (Ethikrichtlinien Wal-Mart).

verwendet, etwa auf der Homepage des Unternehmens. Dem steht das Recht am eigenen Bild entgegen.[57]

34 **b) Ableistung von Notarbeiten.** Falls dies durch unvorhersehbare äußere Ereignisse erforderlich wird, sind Arbeitnehmer nach herrschender Auffassung verpflichtet, über den Rahmen der arbeitsvertraglichen Hauptpflicht hinaus zu arbeiten.[58]

35 **c) Schutz des Unternehmenseigentums, Schadensabwendungs- und Anzeigepflicht, Herausgabepflicht.** Der gebotenen Rücksichtnahme auf Rechte, Rechtsgüter und Interessen des Arbeitgebers (vgl. § 241 Abs. 2 BGB) ist immanent, dass der Arbeitnehmer im Rahmen des Arbeitsverhältnisses jede Zerstörung, Beschädigung oder sonstige Verletzung des Eigentums oder sonstiger Rechtsgüter des Arbeitgebers zu unterlassen hat. Insbesondere darf der Arbeitnehmer ihm anvertraute Gegenstände (zB Werkzeug oder Arbeitsmaterial) nicht beschädigen oder zerstören.[59] Bei einem Verstoß gegen diese **Schutzpflicht** kommt Schadensersatz wegen Schlechterfüllung nach § 280 Abs. 1 BGB in Betracht. Die Grundsätze zur eingeschränkten Arbeitnehmerhaftung[60] finden Anwendung.

36 Arbeitnehmer sind verpflichtet, einen dem Betrieb drohenden Schaden abzuwenden oder zu beseitigen, soweit dies möglich und zumutbar ist. Die **Schadensabwendungspflicht** bezieht sich zunächst auf die anvertrauten Materialien, Maschinen und Geräte. Die Pflicht soll aber auch außerhalb des eigenen Arbeitsbereichs des Arbeitnehmers bestehen, wenn dem Arbeitnehmer die Verhinderung des Schadens möglich und zumutbar ist.[61] Verstößt der Arbeitnehmer gegen die Schadensabwendungspflicht, kommt ein Schadensersatzanspruch aus § 280 Abs. 1 BGB in Betracht.[62]

37 In engem Zusammenhang mit der Schadensabwendungspflicht stehen **Anzeige-, Melde- und Unterstützungspflichten** des Arbeitnehmers bei Gefahren im Betrieb oder bei der Feststellung betrieblicher Missstände. Spezialgesetzlich greift § 16 Abs. 1 ArbSchG. Hiernach hat jeder Beschäftigte seinem Arbeitgeber oder dem zuständigen Vorgesetzten jede festgestellte unmittelbare erhebliche **Gefahr für die Sicherheit und Gesundheit** sowie jeden an den Schutzsystemen festgestellten Defekt unverzüglich zu melden. In der Sondersituation der Corona-Pandemie wird man Arbeitnehmer in Anbetracht des bestehenden Infektionsrisikos für verpflichtet halten, eine diagnostizierte **Corona-Erkrankung** dem Arbeitgeber unverzüglich **anzuzeigen,** es sei denn, es bestand innerhalb der angenommenen maximalen Inkubationszeit von 14 Tagen kein Kontakt mit anderen Arbeitnehmern.[63]

38 Arbeitnehmer sind aber auch sonst verpflichtet, eingetretene oder drohende Schäden und Gefahren im eigenen Arbeitsbereich unverzüglich anzuzeigen.[64] Eine Ausnahme besteht dann, wenn der Schaden dem Arbeitgeber bereits bekannt ist.[65] Auch bei **Störungen und Schäden,** die nicht im eigenen Arbeitsbereich des Arbeitnehmers auftreten, kann eine Anzeigepflicht greifen. Abhängig ist dies im Einzelfall von der Stellung des Arbeitnehmers in der Betriebshierarchie, dem Ausmaß der Störung bzw. der Gefahr und dem Umfang des voraussichtlichen Schadens.[66] Gehen Schäden oder Störungen von Arbeitskollegen aus, soll die Anzeigepflicht zunächst diejenigen Arbeitnehmer treffen, zu deren Aufgabenbereich die Kontrolle dieser Kollegen gehört.[67]

---

[57] Vgl. etwa BAG 11.12.2014 – 8 AZR 1010/13, NZA 2015, 604.
[58] BAG 27.3.1980 – 2 AZR 506/78, AP BGB § 611 Direktionsrecht Nr. 26 mAnm *Löwisch*; 3.12.1980 – 5 AZR 477/78, AP BGB § 615 Böswilligkeit Nr. 4.
[59] Vgl. BGH 23.2.1989 – IX ZR 236/86, AP BGB § 611 Treuepflicht Nr. 9; vgl. auch § 15 Abs. 2 ArbSchG.
[60] Hierzu *Eisenbeis* → § 17 Rn. 89 ff.; Überblick bei *Krause* NZA 2003, 577; *Schwab* NZA-RR 2006, 449.
[61] Vgl. etwa LAG Rheinland-Pfalz 26.2.2016 – 1 Sa 164/15, BeckRS 2016, 68762 Rn. 71.
[62] Vgl. BAG 16.2.1995 – 8 AZR 493/93, AP BGB § 611 Haftung des Arbeitnehmers Nr. 106; zur Kündigungsmöglichkeit LAG Hamm 29.7.1994 – 18 (2) 2016/93, BB 1994, 2352 (Ls.).
[63] *Sagan/Brockfeld* NJW 2020, 1112; mit den medizinischen Erkenntnissen verändern sich auch die Rechtspflichten der Arbeitsvertragspartner.
[64] BAG 28.8.2008 – 2 AZR 15/07, NZA 2009, 193 Rn. 21; 1.6.1995 – 6 AZR 912/94, NZA 1996, 135 Rn. 35; MHdB ArbR/*Reichold* § 48 Rn. 8.
[65] BAG 1.6.1995 – 6 AZR 912/94, NZA 1996, 135 = AP BGB § 812 Nr. 16.
[66] MHdB ArbR/*Reichold* § 48 Rn. 9 f.
[67] BAG 18.6.1970 – 1 AZR 520/69, AP BGB § 611 Haftung des Arbeitnehmers Nr. 57.

Wollte man darüber hinaus eine **generelle Anzeigepflicht** in Bezug auf betriebliche Missstände annehmen,[68] würde dies einem nicht wünschenswerten Denunziantentum im Betrieb Vorschub leisten. Eine generelle Anzeigepflicht sollte daher nur bei Gefahr des Eintritts von Personen- oder zumindest erheblichen Sachschäden anzunehmen sein.[69] Keine Anzeigeverpflichtung besteht also zB bei geringfügigen Verstößen gegen ein betriebliches Rauchverbot oder bei beleidigenden Äußerungen von Arbeitskollegen im Kollegenkreis. 39

Beispiele:
Die Filialleiterin eines Modehauses, die bei der Kassenabrechnung einen Fehlbestand feststellt, der ein Vermögensdelikt zu Lasten des Arbeitgebers nahelegt, ist zur Anzeige verpflichtet, auch wenn als Täter nur Kollegen in Betracht kommen.
Ein für den Produktionsbereich eines Unternehmens zuständiger Werkleiter soll hingegen nach Ansicht des BGH nicht verpflichtet sein, Wettbewerbsverstöße von Außendienstmitarbeitern (Vertriebsbereich) anzuzeigen, weil diese Verstöße nicht mehr seinen eigenen Wirkungskreis betreffen.[70]

Schäden, die dem Arbeitgeber dadurch entstehen, dass der Arbeitnehmer seinen Anzeigepflichten nicht oder nicht ordnungsgemäß nachkommt, sind nach § 280 Abs. 1 BGB zu ersetzen. Auch hier gelten die Grundsätze über den innerbetrieblichen Schadensausgleich. 40

Geht es um die Feststellung und Anzeige von Rechtsverstößen im Betrieb,[71] können die dargestellten Grundsätze im Zuge der Umsetzung der **Hinweisgeberschutz-Richtlinie vom 23.10.2019**[72] schon bald die eine oder andere Modifizierung erhalten. Von besonderer Bedeutung sind hierbei der sachliche Geltungsbereich der zu erwartenden gesetzlichen Neuregelung und die Beantwortung der Frage, ob für die Arbeitnehmer eine Verpflichtung oder auch nur Obliegenheit besteht, zunächst auf eine innerbetriebliche Abhilfe des festgestellten (oder auch nur begründet vermuteten) Rechtsverstoßes hinzuwirken. 41

Wer als Arbeitnehmer **Geschäftsunterlagen** seines Arbeitgebers erstellt und bearbeitet oder aus anderen Gründen in seinem Besitz hat, ist bei Beendigung des Arbeitsverhältnisses zur vollständigen Herausgabe verpflichtet. Diese allgemeine Nebenpflicht ist auch über §§ 666, 675 BGB durchsetzbar. Kommt der Arbeitnehmer seiner Rückgabepflicht nicht nach und bestehen Zweifel über das Ausmaß der in seinem Besitz befindlichen Geschäftsunterlagen, hat der Arbeitgeber neben dem allgemeinen sachenrechtlichen Anspruch auf Herausgabe auch einen einklagbaren Anspruch auf Auskunftserteilung und Versicherung an Eides statt.[73] Ein Arbeitnehmer darf sich nicht ohne Einverständnis des Arbeitgebers diesem gehörende betriebliche Unterlagen aneignen oder entsprechende Schriftstücke und/oder Daten vervielfältigen.[74] Geht es um Geschäftsgeheimnisse, ergibt sich dies spezialgesetzlich aus § 4 Abs. 1 Nr. 1 GeschGehG. In gleicher Weise ist die Weiterleitung von Mails mit betrieblichen Informationen auf einen privaten E-Mail-Account grundsätzlich untersagt.[75] 42

d) Lohnstundung, Lohnverzicht, Kurzarbeit. Vereinzelt geblieben ist eine erstinstanzliche Entscheidung, wonach der Arbeitnehmer in einer wirtschaftlichen Existenzkrise des Arbeitgebers auf Grund der Treuepflicht gehalten sein kann, Lohnforderungen in Höhe von 10 % seines Bruttomonatseinkommens zu stunden, was jedenfalls dann gelten sollte, wenn die übrigen Mitarbeiter in dieser Höhe auf ihre eigenen Lohnforderungen verzichtet haben.[76] 43

---

[68] So offenbar LAG Berlin 9.1.1989 – 9 Sa 93/88, BB 1989, 630.
[69] Vgl. LAG Hamm 29.7.1994 – 18 (2) Sa 2016/93, BB 1994, 2352.
[70] BGH 23.2.1989 – IX ZR 236/86, AP BGB § 611 Treuepflicht Nr. 9; zur möglichen Garantenpflicht von Vorgesetzten zur Verhinderung von Straftaten nachgeordneter Mitarbeiter BGH 20.10.2011 – 4 StR 71/11, NJW 2012, 1237.
[71] Hierzu ausf. → § 30 Rn. 49 ff.
[72] RL (EU) 2019/1937 („Whistleblower-Richtlinie"); hierzu etwa *Schmolke* NZG 2020, 5; *Forst* EuZA 2020, 283.
[73] BAG 14.12.2011 – 10 AZR 283/10, NZA 2012, 501; ArbG Marburg 5.2.1969 – Ca 600/68, DB 1969, 2041.
[74] BAG 8.5.2014 – 2 AZR 249/13, NZA 2014, 1258.
[75] LAG Berlin-Brandenburg 16.5.2017 – 7 Sa 38/17, NZA-RR 2017, 532; vgl. auch LAG Rheinland-Pfalz 24.5.2018 – 5 Sa 267/17, BeckRS 2018, 17962.
[76] ArbG München 29.5.1995 – 12 Ca 15569/94, EzA BGB § 242 Lohnstundung Nr. 1; abl. LAG München 6.5.1997 – 6 Sa 1026/96, LAGE BGB § 242 Lohnstundung Nr. 1.

Durchsetzbar ist eine „allgemeine" Lohnstundung als Nebenpflicht der Arbeitnehmer also nicht. Freiwillige Stundungen oder gar ein freiwilliger Verzicht auf Lohn bleiben möglich. Grenzen hierfür enthalten im Übrigen § 77 Abs. 4 S. 2 BetrVG sowie § 4 Abs. 4 S. 1 TVG. Aufgrund der allgemeinen Treuepflicht brauchen Arbeitnehmer auch nicht dem Ansinnen des Arbeitgebers nachzukommen, im Betrieb **Kurzarbeit** einzuführen. Fehlen kollektivrechtliche Regelungen, bedarf es der Zustimmung der einzelnen Arbeitnehmer; einseitig kann der Weg über eine Änderungskündigung gesucht werden.[77]

44   Angespannte wirtschaftliche Verhältnisse eines Unternehmens rechtfertigen nicht ohne weiteres eine Urlaubskürzung für die Mitarbeiter. Eine entsprechende Änderungskündigung kann nur sozial gerechtfertigt sein, wenn es für den Arbeitgeber keine andere Möglichkeit gibt, den finanziellen Engpass zu überwinden.[78]

45   e) **Erledigung privater Angelegenheiten während der Arbeitszeit.** Während der vereinbarten Arbeitszeit ist der Arbeitnehmer zur Arbeit verpflichtet. Vor dem Hintergrund der intensiv geführten Diskussion über die private Nutzung von Kommunikationsmitteln am Arbeitsplatz (Telefon, Internet etc) und in Anbetracht der steigenden Bedeutung von Tätigkeiten im **Homeoffice** scheint es berechtigt, diese Selbstverständlichkeit ausdrücklich hervorzuheben.[79]

46   Wegen § 106 S. 2 GewO kann der Arbeitgeber die **private Nutzung von Kommunikationsmitteln während der Arbeitszeit** ausdrücklich verbieten. Jedenfalls bei einem ausdrücklichen oder konkludenten Verbot kann der Arbeitgeber bei einem Verstoß mit Ausspruch einer Abmahnung und – im Wiederholungsfall – einer verhaltensbedingten Kündigung reagieren.[80]

47   Ob und inwieweit Arbeitnehmer während der Arbeitszeit berechtigt sind, privat zu telefonieren bzw. im Internet zu surfen oder **private E-Mails zu versenden,** wenn ein solches Verhalten weder ausdrücklich verboten noch gestattet ist, ist bisher nicht ausreichend geklärt.[81] Es wird vertreten, dass das Führen von **Privatelefonaten** in angemessenem Umfang eine im Privat- und Arbeitsleben „sozialtypische Erscheinung" sei und dem Arbeitgeber bei fehlendem eindeutigen Verbot nicht das Recht gebe, dieses Verhalten abzumahnen bzw. im Wiederholungsfall verhaltensbedingt zu kündigen.[82] Nach hier präferierter Auffassung verletzt der Arbeitnehmer seine arbeitsvertraglichen Pflichten, wenn er ohne – im Streitfall von ihm zu beweisende – Einwilligung während der Arbeitszeit Tätigkeiten für private Zwecke verrichtet. Es kann richtigerweise auch nicht darauf ankommen, ob diese Tätigkeiten mit einem gesellschaftlichen oder kommunalpolitischen Engagement im Zusammenhang stehen (Ehrenamt).[83]

48   Zu den privaten Angelegenheiten zählen grundsätzlich auch **religiös motivierte Tätigkeiten,** die der Erbringung der Arbeitsleistung auch nur zeitweise entgegenstehen. Allerdings soll nach einer Entscheidung des LAG Hamm der gläubige Arbeitnehmer unter Berücksichtigung der betrieblichen Belange wegen seiner Grundrechte aus Art. 4 Abs. 1 und Abs. 2 GG

---

[77] Vgl. *Bauer/Günther* NZA 2020, 419.
[78] LAG Rheinland-Pfalz 17.5.2001 – 4 Sa 137/01, ArbRB 2001, 101.
[79] LAG Nürnberg 20.2.2019 – 4 Sa 349/18, BeckRS 2019, 29727; LAG Rheinland-Pfalz 21.1.2010 – 10 Sa 562/09, BeckRS 2010, 67057; zum besonders gelagerten Fall privater Handytelefonate eines Chefarztes während laufender Operationen BAG 25.10.2012 – 2 AZR 495/11, 2 AZR 419/12, NZA 2013, 319; hierzu *Hunold* NZA 2013, 605.
[80] Zur außerordentlichen Kündigung wegen privater Nutzung betrieblicher IT-Ressourcen BAG 16.7.2015 – 2 AZR 85/15, NZA 2016, 161; *Kramer* NZA 2016, 341.
[81] Zur Kündigung wegen exzessiver Internetnutzung während der Arbeitszeit BAG 31.5.2007 – 2 AZR 200/06, NZA 2007, 922; 19.4.2012 – 2 AZR 186/11, NZA 2013, 27; zur Kündigung wegen bloßer Speicherung privater Dateien auf einem Firmen-Laptop BAG 24.3.2011 – 2 AZR 282/10, NZA 2011, 1029. Nach Auffassung des ArbG München (18.11.2015 – 9 BVGa 52/15, BeckRS 2015, 73302) ist ein generelles Verbot der Benutzung privater Mobiltelefone zu privaten Zwecken während der Arbeitszeit mitbestimmungspflichtig nach § 87 Abs. 1 Nr. 1 BetrVG.
[82] ArbG Frankfurt a.M. 2.1.2002 – 2 Ca 5340/01, NZA 2002, 1093; zust. LAG Köln 11.2.2005 – 4 Sa 1018/04, AE 2006, 186; vgl. *Ernst* NZA 2002, 585 (588); hiergegen *Geyer* FA 2003, 102; vgl. ferner LAG Hamm 30.5.2005 – 8 (17) 1773/04, AE 2006, 48.
[83] So bereits ArbG Passau 16.1.1992 – 4 Ca 654/91, BB 1992, 567.

3. Kritik und unternehmensschädliche Meinungsäußerungen, Ehrverletzungen

Die grundrechtlich garantierte Freiheit auf Meinungsäußerung (Art. 5 Abs. 1 GG) gilt auch im Arbeitsverhältnis. Das gilt sowohl am Arbeitsplatz wie außerhalb des Betriebes. Für die Abgrenzung ist wichtig, dass bewusst falsche Tatsachenbehauptungen von vornherein nicht grundrechtlich geschützt sind. Ein anderes gilt für Äußerungen, die ein Werturteil enthalten.[85] Dem Arbeitnehmer sind vor allem solche Äußerungen verwehrt, mit denen er sich in Widerspruch zu seinen Pflichten aus dem Arbeitsverhältnis setzt.[86] 49

Besondere Einschränkungen ergeben sich für Arbeitnehmer in **Tendenzbetrieben**. Der Arbeitnehmer hat hier alle Äußerungen zu unterlassen, die der Tendenz des Arbeitgebers zuwiderlaufen. Die Meinungsfreiheit ist ebenso tangiert bei der **politischen Betätigung des Arbeitnehmers**. Insbesondere solche politischen Betätigungen sind untersagt, die die Ordnung des Betriebes oder den Betriebsfrieden unverhältnismäßig stören. Nicht hinzunehmen ist deshalb solche Propaganda oder Agitation, beispielsweise dadurch, dass andere Arbeitnehmer mit politischen Themen konfrontiert werden, obwohl sie dies am Arbeitsplatz nicht wünschen. Eine Störung der betrieblichen Ordnung liegt auch vor, wenn Arbeitnehmer ihre Meinung durch Tragen von Plaketten, Aufklebern uä kundtun und hierdurch andere Mitarbeiter, Lieferanten oder Kunden provozieren.[87] 50

Von besonderer Praxisrelevanz sind **kritische Äußerungen des Arbeitnehmers** über seinen (auch früheren) Arbeitgeber vor objektiv rechtswidrigen Eingriffen des (ehemaligen) Arbeitnehmers geschützt. Gegenstand dieses Rechts ist die Achtung der individuellen Persönlichkeit, insbesondere in dem Sinne, **in Ruhe gelassen zu werden**. Dabei kann selbst die Wiederholung von wahren Tatsachenbehauptungen eines ehemaligen Arbeitnehmers, die geeignet sind, den betroffenen Arbeitgeber herabzusetzen, untersagt werden, wenn kein schutzwürdiges Interesse an der öffentlichen Weiterverbreitung besteht. Ein solches Interesse fehlt vor allem dann, zuwenden.[90] 51

Das Persönlichkeitsrecht des früheren Arbeitgebers wird als sonstiges Recht im Sinne von § 823 Abs. 1 BGB vor objektiv rechtswidrigen Eingriffen des (ehemaligen) Arbeitnehmers geschützt. Gegenstand dieses Rechts ist die Achtung der individuellen Persönlichkeit, insbesondere in dem Sinne, **in Ruhe gelassen zu werden**. Dabei kann selbst die Wiederholung von wahren Tatsachenbehauptungen eines ehemaligen Arbeitnehmers, die geeignet sind, den betroffenen Arbeitgeber herabzusetzen, untersagt werden, wenn kein schutzwürdiges Interesse an der öffentlichen Weiterverbreitung besteht. Ein solches Interesse fehlt vor allem dann, 52

---

[84] LAG Hamm 26.2.2002 – 5 Sa 1582/01, NZA 2002, 1090 (Nachmittagsgeber eines türkischen Staatsangehörigen); vgl. auch LAG Hamm 18.1.2002 – 5 Sa 1782/01, NZA 2002, 675.
[85] BAG 31.7.2014 – 2 AZR 505/13, NZA 2015, 245 (249).
[86] Zur Meinungsfreiheit im Arbeitsrecht *Buchner* ZfA 1982, 49; *Söllner* in FS Herschel, 389; *Wiese* NZA 2012, 1.
[87] BAG 9.12.1982 – 2 AZR 620/80, AP BGB § 626 Nr. 73.
[88] BAG 26.5.1977 – 2 AZR 632/76, AP BGB § 611 Beschäftigungspflicht Nr. 5; B 27.9.2012 – 2 AZR 646/11, NJOZ 2013, 1064; 19.11.2015 – 2 AZR 217/15, NZA 2016, 540; zur Abgrenzung zwischen polemischer Kritik und Schmähung BAG 7.7.2011 – 2 AZR 355/10, NZA 2011, 1412; 5.12.2019 – 2 AZR 240/19, BeckRS 2019, 38127; vgl. auch LAG Berlin 28.8.2002 – 9 Sa 659/02, NZA-RR 2003, 362 ("Pleiteäußerung").
[89] BAG 29.8.2013 – 2 AZR 419/12, NZA 2014, 660.
[90] LAG Baden-Württemberg 14.3.2019 – 17 Sa 52/18; BeckRS 2019, 12724; zur sog. Facebook-Kündigung etwa *Kort* NZA 2012, 1321; *Bauer/Günther* NZA 2013, 67; *Burr* NZA-Beilage 3 (2013), 114; ausf. zu Social Media im Arbeitsverhältnis *Fuhlrott/Oltmanns* NZA 2016, 785.

§ 33 53–57   Teil G. Nebenpflichten im Arbeitsverhältnis

53 wenn die Verbreitung ausschließlich aus Gründen der Vergeltung für vermeintlich früher zugefügtes Unrecht erfolgt.[91]

Soweit Erklärungen in einem laufenden Gerichtsverfahren – etwa im Kündigungsschutzprozess – abgegeben werden, können diese durch ein berechtigtes Interesse des Arbeitnehmers gedeckt sein. Weil die Parteien alles vortragen dürfen, was prozesserheblich sein kann, darf ein Prozessbeteiligter auch starke, eindringliche Ausdrücke und sinnfällige Schlagworte benutzen, um seine Rechtsposition zu unterstreichen, auch wenn er seinen Standpunkt vorsichtiger hätte formulieren können. Das gilt allerdings nur in den Grenzen der (prozessualen) Wahrheitspflicht. Die Prozessparteien dürfen nicht leichtfertig Tatsachenbehauptungen aufstellen, deren Unhaltbarkeit ohne weiteres auf der Hand liegt.[92]

4. Schmiergeldverbot

54 Arbeitnehmer dürfen im Zuge der Erfüllung ihrer arbeitsvertraglichen Pflichten keine Schmiergelder annehmen. Schmiergelder sind geldwerte Geschenke oder andere Vorteile, durch die ein Dritter den Arbeitnehmer zu einem bestimmten Verhalten veranlassen oder ein solches Verhalten nachträglich entlohnen will.[93] Schwierigkeiten bereitet die Abgrenzung zu gebräuchlichen Gelegenheitsgeschenken wie Kugelschreibern und Feuerzeugen mit Werbeschriftzug bzw. dem obligatorischen Kalender zum Jahreswechsel. Oft wird dem Arbeitnehmer die Entgegennahme solcher geringwertiger Präsente ausdrücklich oder konkludent gestattet sein. Ihm angebotene Schmiergelder hat der Arbeitnehmer hingegen zurückzuweisen. Er kann arbeitsvertraglich auch verpflichtet werden, den Arbeitgeber über ein solches Angebot zu informieren. Entsprechende tarifliche Regelungen finden sich für Beschäftigte im öffentlichen Dienst (§ 3 Abs. 2 TVöD, § 3 Abs. 3 TV-L)[94] und im Geltungsbereich der Caritasrichtlinien (§ 5 Abs. 4 AVR).

55 Eine Sonderregelung enthält § 14 Abs. 5 HeimG. Hiernach ist es den in einem Heim Beschäftigten (auch außerhalb des öffentlichen Dienstes) untersagt, sich von oder zugunsten von Heimbewohnern Geld oder geldwerte Leistungen über das vereinbarte Entgelt hinaus versprechen oder gewähren zu lassen, es sei denn, es handelt sich um „geringwertige Aufmerksamkeiten". Die zahlreichen Landesgesetze zum Heimrecht enthalten entsprechende Regelungen. § 14 HeimG ist Verbotsgesetz iSd § 134 BGB.[95] Hierzu zählen beispielsweise auch Vermächtnisse von Altenheimbewohnern oder Krankenhauspatienten an das Pflegepersonal.

56 Ein Verstoß gegen das Schmiergeldverbot hat strafrechtliche Bedeutung. Bei einer Angestelltenbestechung machen sich Bestechender und Bestochener nach § 299 StGB strafbar, wenn sie Vorteile zu Zwecken des unlauteren Wettbewerbs anbieten oder annehmen. In besonders schweren Fällen greift § 300 StGB.

57 Für die arbeitsrechtliche Beurteilung ist zunächst ohne Belang, ob sich der Arbeitnehmer durch die Entgegennahme des Schmiergelds tatsächlich beeinflussen lässt. Bereits die Entgegennahme eines Vorteils für ein Tätigwerden begründet die berechtigte Besorgnis, der Arbeitnehmer werde sich bei Durchführung der von ihm geschuldeten Tätigkeit zum Nachteil des Arbeitgebers verhalten.[96] Kein Verstoß gegen das Schmiergeldverbot soll vorliegen, wenn dem Arbeitnehmer ein Vorteil für die Vornahme einer Handlung gewährt wird, die nicht in seinen Aufgabenkreis fällt. Die Entgegennahme einer „Vermittlungsprovision" für die Empfehlung eines Stellenbewerbers durch einen mit Personalangelegenheiten nicht befassten Arbeitnehmer ist hiernach zulässig.[97]

---

[91] BAG 26.8.1997 – 9 AZR 61/96, AP BGB § 823 Persönlichkeitsrecht Nr.5; zum Beseitigungsanspruch bei einer Rufbeeinträchtigung durch Tatsachenbehauptungen im Internet BGH 28.7.2015 – VI ZR 340/14, BeckRS 2015, 14395.
[92] BAG 24.3.2011 – 2 AZR 674/09, NZA-RR 2012, 243; 29.8.2013 – 2 AZR 419/12, NZA 2014, 660 (663).
[93] Vgl. LAG Rheinland-Pfalz 4.10.1991 – 6 Sa 350/91, LAGE BGB § 687 Nr. 1.
[94] Hierzu etwa *Müller* öAT 2011, 222; zur Kündigung wegen Annahme von Belohnungen und Geschenken im öffentlichen Dienst LAG Schleswig-Holstein 17.12.2008 – 6 Sa 272/08, NZA-RR 2009, 397.
[95] BGH 26.10.2011 – IV ZB 33/10, NJW 2012, 155.
[96] MHdB ArbR/*Reichold* § 48 Rn. 49.
[97] BAG 24.9.1987 – 2 AZR 26/87, AP KSchG 1969 § 1 Verhaltensbedingte Kündigung Nr. 19.

Vom Arbeitnehmer empfangene Schmiergelder hat dieser an den Arbeitgeber herauszugeben. Nach der Rechtsprechung des BGH ergibt sich der **Herausgabeanspruch** in entsprechender Anwendung des § 667 BGB iVm § 675 BGB, weil die Annahme der Schmiergelder im Zusammenhang mit der Tätigkeit des Arbeitnehmers steht.[98] Nach Auffassung des BAG soll sich der Herausgabeanspruch aus unechter Geschäftsführung ohne Auftrag (§§ 667, 681, 687 Abs. 2 BGB) ergeben, wenn der Arbeitnehmer befugt war, selbstständig für den Arbeitgeber Verträge abzuschließen und Preise und sonstige Vertragsbedingungen auszuhandeln.[99]

Die Annahme von Schmiergeldern rechtfertigt den Arbeitgeber im Regelfall zum Ausspruch einer ordentlichen, je nach Fallgestaltung sogar außerordentlichen **Kündigung** ohne vorhergehende Abmahnung.[100] Ein einmaliger Verstoß gegen das Schmiergeldverbot kann mithin zur Beendigung des Arbeitsverhältnisses selbst mit einem tarifvertraglich unkündbaren Arbeitnehmer (ggf. unter Einräumung einer sozialen Auslauffrist) führen. Auch eine Verdachtskündigung kommt nach Maßgabe der hierfür entwickelten Rechtsgrundsätze[101] in Betracht. Gibt es beispielsweise ernst zu nehmende Hinweise, dass ein Hausverwalter für die Erteilung von Aufträgen von einem Handwerker Schmiergelder fordert,[102] ist dieser Sachverhalt geeignet, einen wichtigen Grund iSd § 626 Abs. 1 BGB zu liefern. Kündigungsrechtlich sind die Forderung und die Annahme von Schmiergeldern letztlich gleich zu behandeln.

5. Abwerbungsverbot

Abwerbung von Arbeitnehmern ist das unmittelbare oder mittelbare Einwirken eines Dritten auf einen arbeitsvertraglich gebundenen Arbeitnehmer mit dem Ziel, diesen zu einem Arbeitsplatzwechsel zu veranlassen. Als Dritte in diesem Sinne kommen (aktuelle oder ehemalige) Arbeitskollegen oder potentielle neue Arbeitgeber in Betracht.[103] Ebenso wie das Abwerben von **Kunden** durch Arbeitnehmer wird ein Abwerben vertraglich gebundener **Arbeitnehmer** häufig mit einem Verstoß gegen das gesetzliche Wettbewerbsverbot (§ 60 HGB) einhergehen.[104]

Nach herrschender Auffassung ist der Arbeitnehmer während des bestehenden Arbeitsverhältnisses gehalten, die Abwerbung anderer Mitarbeiter seines Arbeitgebers zu unterlassen. Es kommt hiernach nicht darauf an, ob die Abwerbung mit unlauteren Mitteln oder in verwerflicher Weise vorgenommen wird.[105] Umgekehrt ist vertretbar, dass der Arbeitnehmer mit der Abwerbung auch geschützte Interessen wahrnimmt. Der Arbeitgeber hat nämlich kein zu schützendes Interesse dahingehend, dass Arbeitnehmer von den rechtlich zulässigen Möglichkeiten einer Vertragsbeendigung keinen Gebrauch machen. Unzulässig ist eine Abwerbung allerdings dann, wenn sie gesetzeswidrig oder sittenwidrig ist. Dies kommt etwa bei der **Verleitung zum Vertragsbruch** in Betracht oder dann, wenn die Voraussetzungen des § 826 BGB vorliegen.[106] Wenn der abwerbende Arbeitnehmer bereits aus dem Arbeitsverhältnis ausgeschieden ist, geht dessen **nachwirkende Treuepflicht** hingegen nicht so weit, dass Abwerbungen grundsätzlich zu unterlassen sind. Der ausgeschiedene Arbeitnehmer kann Gespräche mit früheren Arbeitskollegen führen und beispielsweise auf attraktivere Arbeitsbedingungen bei einem anderen Arbeitgeber hinweisen.[107]

Der Arbeitgeber hat ein erhebliches wirtschaftliches Interesse daran, Abwerbung durch aktive oder ausgeschiedene Arbeitnehmer zu unterbinden. Dies kann durch die Aufnahme

---

[98] BGH 7.1.1963 – VII ZR 149/61, AP BGB § 687 Nr. 2.
[99] BAG 14.7.1961 – 1 AZR 288/60, AP BGB § 687 Nr. 1; 26.2.1971 – 3 AZR 97/70, AP BGB § 687 Nr. 5.
[100] Vgl. BAG 21.6.2001 – 2 AZR 30/00, NJOZ 2002, 508; LAG Düsseldorf 3.2.2012 – 6 Sa 1081/11, BeckRS 2012, 66503; zur außerordentlichen Kündigung wegen Bestechung *Dzida* NZA 2012, 881.
[101] Zur Verdachtskündigung etwa *Eylert* NZA-RR 2014, 393.
[102] Vgl. zu einer solchen Fallgestaltung LAG Düsseldorf 24.8.2001 – 18 Sa 366/01, LAGE BGB § 626 Unkündbarkeit Nr. 4 = BeckRS 2001, 41636.
[103] Ausf. zu Abwerbungsverboten *Röder/Hahn* AR-Blattei Abwerbung von Arbeitnehmern; *Schloßer* BB 2003, 1382; zum Begriff auch LAG Baden-Württemberg 21.2.2002 – 6 Sa 83/01, LAGE HGB § 60 Nr. 8.
[104] Vgl. BGH 19.12.2018 – 10 AZR 233/18, BeckRS 2018, 40301 Rn. 53.
[105] LAG Düsseldorf 9.12.1964 – 3 Sa 422/64, BB 1965, 335; *Vogt/Oltmanns* ArbRAktuell 2011, 604.
[106] LAG Düsseldorf 15.10.1969 – 6 Sa 117/69, BB 1969, 1542; LAG Rheinland-Pfalz 7.2.1992 – 6 Sa 528/91, NZA 1993, 265.
[107] Vgl. auch *Braun* DB 2002, 2326 (2329).

von **Abwerbungsverboten** in Anstellungsverträgen, aber auch (noch) in Aufhebungsverträgen geschehen.[108] Möglich ist eine Absicherung der Verpflichtung durch Vereinbarung einer Vertragsstrafe (vgl. aber § 309 Nr. 6 BGB).

> **Formulierungsvorschlag:**
>
> 63 Sowohl während der rechtlichen Laufzeit des Arbeitsverhältnisses als auch für einen Zeitraum von zwei Jahren nach dessen Beendigung ist es dem Mitarbeiter untersagt, andere Arbeitnehmer des Arbeitgebers für fremde Zwecke abzuwerben oder dies zu versuchen, dritte Personen zur Abwerbung anzustiften oder diese bei Abwerbungsaktivitäten zu unterstützen.
>
> Für jeden Fall der Zuwiderhandlung gegen das Verbot hat der Mitarbeiter eine Vertragsstrafe in Höhe seines zuletzt bezogenen durchschnittlichen Bruttomonatsgehaltes je Abwerbungsversuch zu zahlen. Jeder einzelne Abwerbungsversuch gegenüber jedem einzelnen Mitarbeiter gilt als eigenständiger Verstoß gegen das Verbot. Die Geltendmachung eines darüberhinausgehenden Schadens bleibt hiervon unberührt.

64 Ein Verabredung dahingehend, dass es dem Ausgeschiedenen verwehrt ist, zu Gunsten seines neuen Arbeitgebers ehemalige Kollegen abzuwerben, führt grundsätzlich nicht zu einer nennenswerten Beschränkung der (eigenen) gewerblichen Tätigkeit, so dass für die Einhaltung keine Karenzentschädigung (§ 74 Abs. 2 HGB) zu zahlen ist.[109]

65 Es ist aber das **Verbot von Sperrabreden** (§ 75f HGB) zu beachten. Deshalb greift ein Abwerbeverbot bei fehlender Entschädigungszusage nicht, wenn sich ein ausgeschiedener Mitarbeiter selbstständig macht und dann in seiner Funktion als potentieller neuer Arbeitgeber frühere Arbeitskollegen abwirbt.[110]

66 Nach § 9 Abs. 1 Nr. 4 AÜG sind Vereinbarungen unwirksam, die dem Entleiher untersagen, den **Leiharbeitnehmer** zu einem Zeitpunkt einzustellen, in dem dessen Arbeitsverhältnis zum Verleiher nicht mehr besteht. Der Gesetzgeber hat hier der verfassungsrechtlich geschützten Berufsfreiheit des Leiharbeitnehmers den Vorrang gegeben vor den Interessen des Verleihers, der möglicherweise erhebliche wirtschaftliche Nachteile in Kauf nehmen muss, wenn der Leiharbeitnehmer seinen Einsatz beim Entleiher als „Sprungbrett" zu einem dauerhaften Arbeitsplatz beim Entleiher nutzt. Es stellt also keinen Vertragsverstoß des Leiharbeitnehmers dar, wenn dieser auf Veranlassung des Entleihers sein Arbeitsverhältnis ordnungsgemäß kündigt, um nach dorthin zu wechseln. Unlautere Abwerbung liegt erst vor, wenn der Entleiher den Leiharbeitnehmer auffordert, ohne Einhaltung der Kündigungsfrist zu ihm zu wechseln.[111]

67 Eine andere Fallkonstellation ist der Versuch der **Abwerbung durch Dritte**, insbesondere Headhunter. Gegen die in diesem Zusammenhang viel diskutierten Anrufe am Arbeitsplatz können sich die „begehrten" Arbeitnehmer kaum wehren.[112] Allerdings wird man diese für verpflichtet halten müssen, solche Anrufe am Arbeitsplatz, die aus Sicht des aktuellen Arbeitgebers Privattelefonate darstellen, möglichst zu unterbinden, zumindest aber auf einen kurzen Erstkontakt zu beschränken.

6. Auskunfts- und Informationspflichten, Hinweis- und Aufklärungspflichten

68 Vielfach werden gegenseitige Auskunfts- und Informationspflichten der Arbeitsvertragsparteien diskutiert. Ein allgemeiner Auskunftsanspruch des Arbeitgebers besteht aber nicht. Ohne normative oder rechtsgeschäftliche Grundlage kann nach der Formel des BAG eine

---

[108] Vgl. hierzu *Schlosser* BB 2003, 1382.
[109] So auch *Bauer/Diller* Wettbewerbsverbote Rn. 129.
[110] Vgl. *Bauer/Diller* Wettbewerbsverbote Rn. 129b unter Hinweis auf ArbG Berlin 11.2.2005 – 9 Ca 144/05, BeckRS 2005, 31044707.
[111] Vgl. auch ErfK/*Wank* AÜG § 9 Rn. 11 ff.
[112] Zur Zulässigkeit aus wettbewerbsrechtlicher Sicht: OLG Stuttgart 17.12.1999 – 2 U 133/99, DB 2000, 372 – „Headhunter"; in der Folge grundlegend sodann BGH 4.3.2004 – I ZR 221/01, NZA 2004, 794; mit ausführlicher Darstellung des Streitstands BGH 22.11.2007 – I ZR 183/04, NZA 2008, 177; vgl. auch *Melms/Felisiak* → § 9 Rn. 47 ff.

solche Pflicht nur nach **Treu und Glauben** (§ 242 BGB) bestehen, wenn nämlich die zwischen den Parteien bestehende Rechtsbeziehung dazu führt, dass der Berechtigte in entschuldbarer Weise über das Bestehen oder den Umfang seines Rechts im Ungewissen ist und der Verpflichtete die zur Beseitigung der Ungewissheit erforderliche Auskunft oder Information unschwer geben kann.[113] Dies kann beispielsweise beim Verdacht der verbotenen Offenlegung von Geschäftsgeheimnissen (vgl. § 4 Abs. 2 Nr. 3 GeschGehG) sowie beim Verdacht eines Verstoßes gegen das Wettbewerbsverbot während des laufenden Arbeitsverhältnisses (§ 60 HGB) der Fall sein. Auch soweit eine Beeinträchtigung der Interessen des Arbeitgebers durch eine Nebentätigkeit nicht ausgeschlossen werden kann, besteht ein Auskunftsanspruch zum Umfang der Nebentätigkeit des Arbeitnehmers.[114]

Ohne konkrete Regelung ist der Arbeitnehmer nur zur Auskunft oder Information verpflichtet, wenn sein Sonderwissen für das Arbeitsverhältnis und die Rechte des Arbeitgebers von Bedeutung sind oder werden können. So hat ein Arbeitnehmer die an ihn gerichtete Frage nach einem etwa bestehenden Schwerbehindertenschutz nach sechsmonatigem Bestehen des Arbeitsverhältnisses auf Grund seiner Rücksichtnahmepflicht gemäß § 241 Abs. 2 BGB wahrheitsgemäß zu beantworten.[115] Auskunftsbegehren des Arbeitgebers sind vielfach auch Grundlage von **Personalgesprächen**. Ob und in welchem Umfang der Arbeitnehmer hieran mitwirken muss, ist Frage des Einzelfalls.[116]

Zurückhaltend zu betrachten sind aktive Hinweis- und Aufklärungspflichten des Arbeitnehmers. Nach zutreffender Rechtsprechung hat jeder Vertragspartner grundsätzlich selbst für die Wahrung seiner Interessen zu sorgen. Dies gilt auch im Arbeitsverhältnis. Hinweis- und Aufklärungspflichten beruhen auf den besonderen Umständen des Einzelfalles und sind das Ergebnis einer umfassenden **Interessenabwägung**. Die vertraglichen Schutz- und Fürsorgepflichten dürfen nicht überspannt werden.[117] So besteht keine Verpflichtung des Arbeitnehmers, dem Arbeitgeber Umstände seines persönlichen Lebensbereichs zu offenbaren. Ein Arbeitnehmer ist gleichsam nicht verpflichtet, seinem Arbeitgeber Einblick in die Akten eines gegen ihn geführten staatsanwaltschaftlichen **Ermittlungsverfahrens** zu gewähren.[118] Hingegen muss der Bewerber auf ein ihm vom früheren Arbeitgeber auferlegtes nachvertragliches **Wettbewerbsverbot** aufmerksam machen, wenn die in Aussicht genommene Tätigkeit gegen das eingegangene Verbot verstoßen kann. Laufende **Lohnüberzahlungen** in erheblicher Größenordnung sind anzuzeigen, wenn für den Arbeitnehmer keine Anhaltspunkte für einen Rechtsgrund der Zahlungen bestehen.[119]

Ein Beispiel für eine gesetzliche Benachrichtigungspflicht liefert § 5 Abs. 1 S. 1 EFZG.[120] In anderen Fällen der Arbeitsverhinderung trifft den Arbeitnehmer aus § 241 Abs. 2 BGB eine entsprechende Hinweispflicht.[121] Wer an einer **ansteckenden Krankheit** leidet, hat seinen Arbeitgeber hierüber unverzüglich zu unterrichten.[122]

Ferner hat ein Betriebsratsmitglied, das wegen Durchführung von Betriebsratstätigkeit seiner Arbeitsverpflichtung nicht nachkommen kann, den Arbeitgeber hierüber unaufgefordert zu informieren.[123]

Der Arbeitnehmer ist grundsätzlich verpflichtet, den Arbeitgeber über im Zusammenhang mit seiner Arbeitsleistung stehende Umstände zu unterrichten. Dies gilt jedenfalls bei ent-

---

[113] BAG 7.9.1995 – 8 AZR 828/93, AP BGB § 242 Auskunftpflicht Nr. 24; 18.1.1996 – 6 AZR 314/95, NZA 1997, 41; zuletzt BAG 27.5.2020 – 5 AZR 387/19, NZA 2020, 1113 Rn. 31 ff.; instruktiv auch *Schrader/Thoms/Mahler* NZA 2018, 965.
[114] BAG 11.12.2001 – 9 AZR 464/00, NZA 2002, 965.
[115] BAG 16.2.2012 – 6 AZR 553/10, NZA 2012, 555 Rn. 11.
[116] Ausf. *Schrader/Thoms/Mahler* NZA 2018, 965.
[117] BAG 10.3.1988 – 8 AZR 420/85, NZA 1988, 837; 11.12.2001 – 3 AZR 339/00, NZA 2002, 1150.
[118] BAG 23.10.2008 – 2 AZR 483/07, NZA-RR 2009, 362.
[119] BAG 28.8.2008 – 2 AZR 15/07, NZA 2009, 193.
[120] Vgl. etwa *Notzon* öAT 2014, 134.
[121] BAG 26.3.2015 – 2 AZR 517/14, NZA 2015, 1180 (dort auch zum Sonderfall eines in Untersuchungshaft genommenen Arbeitnehmers, der den Arbeitgeber unverzüglich über seine Inhaftierung in Kenntnis und im Rahmen des Möglichen auch über die voraussichtliche Haftdauer in Kenntnis setzen muss).
[122] Vgl. etwa *Sievers* jM 2020, 189 (200) mwN; *Sagan-/Brockfeld* NJW 2020, 1112.
[123] Zur Abmeldepflicht BAG 15.7.1992 – 7 AZR 466/91, AP BGB § 611 Abmahnung Nr. 9.

sprechender Nachfrage. In diesen Zusammenhang gehören auch die in Verträgen mit Außendienstlern häufig gesondert geregelten **Berichtspflichten**. Auch ist der Arbeitnehmer nicht verpflichtet, dem Arbeitgeber Auskunft über anderweitige Einkünfte zu geben, so lange es nicht um eine Anrechnung anderweitigen Verdienstes nach § 615 S. 2 BGB oder (bei einem nachvertraglichen Wettbewerbsverbot) nach § 74c Abs. 2 HGB geht.[124] Eine Arbeitnehmerin, die dem Arbeitgeber das Bestehen einer Schwangerschaft mitgeteilt hat (§ 15 Abs. S. 1 MuSchG), ist verpflichtet, den Arbeitgeber unverzüglich zu unterrichten, wenn die Schwangerschaft vorzeitig endet.[125]

7. Außerdienstliches Verhalten

74   Ob der Arbeitnehmer ein bestimmtes außerdienstliches Verhalten zu unterlassen hat und wie der Arbeitgeber ggf. arbeitsrechtlich reagieren kann, wenn das außerdienstliche Verhalten **berechtigten Arbeitgeberinteressen zuwiderläuft**, ist eine Grundfrage bei der Beurteilung arbeitsrechtlicher Nebenpflichten. Klar ist zunächst nur, dass ein Weisungsrecht des Arbeitgebers hinsichtlich des Verhaltens des Arbeitnehmers außerhalb des Betriebs nicht besteht (arg. § 106 S. 2 GewO). Allerdings muss der Arbeitnehmer – in der Privatwirtschaft wie im öffentlichen Dienst – wegen § 241 Abs. 2 BGB auch außerhalb der Arbeitszeit auf die berechtigten Belange des Arbeitgebers Rücksicht nehmen. Hierbei kann ein außerdienstliches Verhalten die berechtigten Interessen des Arbeitgebers grundsätzlich nur beeinträchtigen, wenn es einen **Bezug zur dienstlichen Tätigkeit** hat.[126]

75   a) **Sicherung der Arbeitskraft**. Mit „Leistungstreuepflicht" kann man die Verpflichtung des Arbeitnehmers bezeichnen, auch außerhalb des Dienstes alles zu tun, um die ordnungsgemäße Erfüllung der Arbeitspflicht sicherzustellen. Zu unterlassen ist hiernach alles, was die Arbeitsfähigkeit herabsetzen oder stören könnte. Eine Verletzung dieser **allgemeinen Leistungstreuepflicht** liegt etwa vor, wenn sich ein Arbeitnehmer durch übermäßigen Alkohol- oder Drogengenuss außer Stande setzt, seine Arbeitspflicht zu erfüllen. Kann der Arbeitnehmer wegen Verletzung dieser Leistungstreuepflicht seine Arbeitsleistung nicht erbringen, führt dies ggf. zum Verlust des Lohnanspruchs (§ 326 Abs. 1 BGB), ferner zur Schadensersatzpflicht (§§ 280 Abs. 1, 283 BGB). Bei einem „Verschulden gegen sich selbst", das zur Arbeitsunfähigkeit führt, entfällt der Anspruch auf Entgeltfortzahlung.

76   b) **Pflicht zu gesundheitsförderndem Verhalten bei Krankheit**. Ein arbeitsunfähig erkrankter Arbeitnehmer muss sich so verhalten, dass er bald wieder gesund wird und an seinen Arbeitsplatz zurückkehren kann. Er hat daher alles zu unterlassen, was seine Genesung verzögern könnte.[127] Darin, dass der Arbeitnehmer sich während der ärztlich attestierten Arbeitsunfähigkeit genesungswidrig verhält, liegt eine vorsätzliche Vertragspflichtverletzung; er hat dem Arbeitgeber Schadensersatz zu leisten.[128] In gravierenden Fällen kommt auch der Anspruch einer (fristlosen) Kündigung in Betracht.

77   Wenn der Arbeitgeber anlässlich eines konkreten Tatverdachts gegen den Arbeitnehmer einem Detektiv die Überwachung des Arbeitnehmers überträgt und der Arbeitnehmer einer vorsätzlichen vertragswidrigen Handlung überführt wird, so hat der Arbeitnehmer die durch das Tätigwerden des Detektivs entstandenen notwendigen Kosten zu erstatten.[129]

78   Die „Erforschung" eines etwaigen genesungswidrigen Verhaltens von Arbeitnehmern während einer ärztlich attestierten Arbeitsunfähigkeit stellt einen Hauptanwendungsfall für die **Beauftragung von Detektiven** im Arbeitsleben dar. Voraussetzung für eine spätere Kostenerstattung ist in jedem Fall, dass zum Zeitpunkt der Beauftragung konkrete Verdachtsmomente vorlagen. Der Arbeitgeber muss sich nicht darauf verweisen lassen, er habe die

---

[124] Vgl. zuletzt BAG 27.5.2020 – 5 AZR 387/19, NZA 2020, 1113.
[125] BAG 13.11.2001 – 9 AZR 590/99, AP BGB § 242 Auskunftspflicht Nr. 37 = EzA MuSchG § 9 Nr. 36.
[126] BAG 28.10.2010 – 2 AZR 293/09, NZA 2011, 112; 27.1.2011 – 2 AZR 825/09, NZA 2011, 798 (801).
[127] BAG 2.3.2006 – 2 AZR 53/05, NZA-RR 2006, 636 (638) (Skiurlaub während Arbeitsunfähigkeit); vgl. aber auch BAG 16.10.2014 – 7 Sa 426/14, AE 2016, 93 (Berufsausbildungsverhältnis).
[128] LAG Rheinland-Pfalz 15.6.1999 – 5 Sa 540/99, BB 2000, 155 = LAGE BGB § 249 Nr. 15.
[129] BAG 17.9.1998 – 8 AZR 5/97, NZA 1998, 1334; vgl. aber auch BAG 26.9.2013 – 8 AZR 1026/12, NZA 2014, 301.

Beobachtung des Arbeitnehmers – kostengünstiger – mit eigenen Arbeitnehmern vornehmen lassen können oder müssen. Er darf sich solcher Personen bedienen, die – als Detektive – in Ermittlungstätigkeiten erfahren sind.[130]

c) Wahrung des Ansehens des Arbeitgebers in der Öffentlichkeit. *aa)* Öffentlicher Dienst. Unter der Geltung von § 8 BAT und der dort ausdrücklich normierten allgemeinen und politischen Treuepflicht galt für das außerdienstliche Verhalten von Angestellten im Öffentlichen Dienst ein strengerer Maßstab als für Angestellte in der Privatwirtschaft. Die soziale Rechtfertigung einer Kündigung aus verhaltensbedingten Gründen wegen außerdienstlichen Verhaltens des Arbeitnehmers setzte aber auch hier eine **konkrete Beeinträchtigung des Arbeitsverhältnisses** voraus. Bei Angestellten des öffentlichen Dienstes war zusätzlich zu berücksichtigen, dass die dienstliche Verwendbarkeit durch außerdienstliche Vorgänge beeinflusst werden kann. Selbst in Ansehung dieser Grundsätze hat das LAG Hamm die Kündigung einer Grundschullehrerin, die einen „Swinger-Club" betrieben hatte, nicht für sozial gerechtfertigt erachtet, obwohl die Lehrerin eingeräumt hatte, sich in dem Club sexuell betätigt zu haben. Eine außerhalb des Dienstes ohne besondere Dienstbezogenheit ausgeübte sexuelle Neigung sei im Regelfall kein Kündigungsgrund. Es bestand nach den Feststellungen des Gerichts auch kein konkreter Anhaltspunkt dafür, dass die Lehrerin ihre sexuellen Neigungen in den dienstlichen Bereich hineingetragen hatte.[131] Die „Nebentätigkeit" der Lehrerin lag bei Ausspruch der Kündigung schon drei Jahre zurück.

Arbeitnehmer des öffentlichen Dienstes haben ihr außerdienstliches Verhalten aber auch nach dem Wegfall von § 8 BAT so einzurichten, dass das **Ansehen des öffentlichen Dienstes** nicht beeinträchtigt wird.[132] Sie können ihr **Privatleben** zwar so gestalten, wie es ihnen beliebt, müssen jedoch auch außerhalb des Dienstes die Rechtsordnung wahren. Besteht aufgrund der Funktion des Arbeitnehmers keine gesteigerte Loyalitätspflicht, kann die in § 3 Abs. 1 S. 2 TV-L geforderte Pflicht zur Verfassungstreue schon dadurch gewahrt werden, dass der Arbeitnehmer die freiheitliche demokratische Grundordnung nicht aktiv bekämpft. Das BAG spricht hier von der sog. **einfachen politischen Treuepflicht**.[133]

Einen Sonderfall stellt die Begehung von **Straftaten** im außerdienstlichen Bereich dar.[134] Eine Steuerhinterziehung in erheblicher Höhe durch einen Angestellten der Finanzverwaltung ist ein Grund zur fristlosen Kündigung auch dann, wenn der Angestellte die Hinterziehung gem. § 371 AO selbst angezeigt hat.[135]

Allgemein gilt, dass außerdienstlich begangene Straftaten eines im öffentlichen Dienst mit hoheitlichen Aufgaben betrauten Arbeitnehmers auch dann zu einem **Eignungsmangel** führen können, wenn es an einem unmittelbaren Bezug zum Arbeitsverhältnis fehlt. Mithin kann in solchen Fällen – anders als im rein privatwirtschaftlichen Bereich – eine personenbedingte Kündigung sozial gerechtfertigt sein.[136]

Etwas skurril mutet die Erkenntnis des BAG an, dass es dem öffentlichen Arbeitgeber in der Regel unzumutbar ist, einen Arbeitnehmer weiter zu beschäftigen, der ein **vorsätzliches Tötungsdelikt** begangen hat. Weil dem Arbeitnehmer klar sein müsse, dass die Begehung eines vorsätzlichen Tötungsdeliktes als massive Rechtsverletzung seine Weiterbeschäftigung im öffentlichen Dienst in Frage stellen könne, sei eine Abmahnung entbehrlich.[137] Dem dürfte in der Tat zuzustimmen sein.

---

[130] LAG Rheinland-Pfalz 15.6.1999 – 5 Sa 540/99, BB 2000, 155 = LAGE BGB § 249 Nr. 15.
[131] LAG Hamm 19.1.2001 – 5 Sa 491/00, AuR 2002, 433; das LAG stellte ua darauf ab, dass kein Anhaltspunkt dafür bestand, dass es sich bei dem Club um ein Bordell gehandelt haben könnte; es habe sich um einen „Partnertausch-Club" gehandelt.
[132] BAG 28.10.2010 – 2 AZR 293/09, NZA 2011, 112; vgl. aber auch Bredemeier/Neffke/*Weizenegger* TVöD/TV-L Vorb. § 34 Rn. 349 f.
[133] BAG 12.5.2011 – 2 AZR 479/09, NZA-RR 2012, 43; 6.9.2012 – 2 AZR 372/11, NZA-RR 2013, 441; zur Thematik zuletzt ArbG Berlin 17.7.2019 – 60 Ca 455/19, BeckRS 2019, 19768.
[134] Ausf. hierzu *Mitterer* NZA-RR 2011, 449; *Pawlak/Geißler* öAT 2010, 150.
[135] BAG 21.6.2001 – 2 AZR 325/00, NZA 2002, 1030; zur ordentlichen Kündigung im öffentlichen Dienst wegen einer außerdienstlich begangenen Straftat BAG 10.9.2009 – 2 AZR 257/08, NZA 2010, 220; 10.4.2014 – 2 AZR 684/13, NZA 2014, 1197.
[136] BAG 20.6.2013 – 2 AZR 583/13, NZA 2013, 1345; auch BAG 10.4.2014 – 2 AZR 684/13, NZA 2014, 1197.
[137] BAG 8.6.2000 – 2 AZR 638/99, NZA 2000, 1282.

84   *bb) Privatwirtschaft.* In der Privatwirtschaft sollten nach überkommener Ansicht zwar weniger strenge Maßstäbe gelten als im öffentlichen Dienst. Vor allem **leitende Angestellte** sowie **Tendenzträger** in Tendenzunternehmen, die im außerdienstlichen Bereich erkennbar ihr Unternehmen repräsentieren, werden sich mit ihrem außerdienstlichen Verhalten aber besonders an den Unternehmensinteressen ausrichten müssen. Abgrenzungskriterium kann sein, ob der Mitarbeiter in der Wahrnehmung durch die Öffentlichkeit mit dem Unternehmen regelrecht identifiziert wird, wie dies bei **medienpräsenten Arbeitnehmern** häufig der Fall ist.[138] Dem Leiter einer Bankfiliale mit vier Arbeitnehmern kann nicht allein wegen zahlreicher Spielbankbesuche und des dortigen Spielens fristlos gekündigt werden, wenn diese Besuche ohne konkrete Auswirkungen auf das Arbeitsverhältnis geblieben sind.[139] Arbeitsrechtliche Sanktionen sind noch schwieriger, wenn der Mitarbeiter keine herausgehobene Position oder Vertrauensstellung innehat.[140]

85   **d) Übernahme von Ehrenämtern.** Der Übernahme und Ausübung eines öffentlichen oder privaten Ehrenamtes[141] durch einen Mitarbeiter wird der Arbeitgeber selten ein überwiegendes betriebliches Interesse entgegenhalten können. Freilich darf die ehrenamtliche Tätigkeit nicht ohne Wissen des Arbeitgebers während der bezahlten Arbeitszeit ausgeübt werden. Dies gilt in jedem Fall bei **privaten Ehrenämtern.** Wer während seiner Arbeitszeit Tätigkeiten für private Zwecke verrichtet, verletzt seine arbeitsvertraglichen Pflichten auch dann, wenn die Tätigkeit mit einem gesellschaftlichen oder kommunalpolitischen Engagement im Zusammenhang steht.[142]

86   Bei der Ausübung **öffentlicher Ehrenämter** (Mitgliedschaften im Gemeinderat, Kreistag oder Tätigkeit als Landtags- oder Bundestagsabgeordneter) bestehen vielfach Sonderregelungen, wonach der Arbeitnehmer ein Recht auf die erforderliche (unbezahlte) Zeit zur Ausübung seines Amtes hat.[143] **Ehrenamtliche Richter** in der Arbeitsgerichtsbarkeit sind über § 26 ArbGG geschützt. Sie dürfen in der Übernahme oder Ausübung des Amtes weder beschränkt noch wegen der Übernahme oder Ausübung des Amtes benachteiligt werden. Ein ehrenamtlicher Richter hat Anspruch auf Fortzahlung des Lohns gemäß § 616 BGB, wenn er am Tag vor der Sitzung des Arbeitsgerichts, zu der er geladen ist, die Prozessakten einsieht.[144]

87   **e) Veröffentlichungen und Vorträge.** Soweit Veröffentlichungen und Vorträge des Arbeitnehmers betriebliche Interessen nicht berühren, sind sie grundsätzlich zulässig. Zulässig sind arbeitsvertragliche Regelungen, die eine (vorherige) Zustimmung des Arbeitgebers für den Fall fordern, dass die Veröffentlichungen oder Vorträge berechtigte Interessen des Arbeitgebers berühren, etwa weil Geschäftsgeheimnisse des Arbeitgebers (vgl. § 2 Nr. 1 GeschGehG) zur Sprache kommen können. Sind berechtigte Interessen des Arbeitgebers nicht tangiert, kann der Arbeitnehmer die Zustimmung des Arbeitgebers zur Veröffentlichung bzw. zur Vortragstätigkeit verlangen.

III. Nebentätigkeitsbeschränkungen

1. Begriffliches und Ausgangslage

88   Nebentätigkeit ist die Ausübung einer idR entgeltlichen Tätigkeit, die ein Arbeitnehmer neben einem Arbeitsverhältnis ausübt, das ihn (zeitlich) überwiegend in Anspruch nimmt.[145] Vielfach sind Arbeitnehmer auf die Ausübung einer Nebentätigkeit schon **aus finanziellen**

---

[138] Zu kritischen und unternehmungsschädlichen Meinungsäußerungen → Rn. 49 ff.
[139] LAG Hamm 14.1.1998 – 3 Sa 1087/97, BeckRS 1998, 30459983 = LAGE BGB § 626 Nr. 19.
[140] Vgl. LAG Niedersachsen 21.3.2019 – 13 Sa 371/18, BeckRS 2019, 7992.
[141] Bei unentgeltlicher Ausübung des Ehrenamts wird kein Arbeitsverhältnis begründet; vgl. BAG 29.8.2012 – 10 AZR 499/11, NZA 2012, 1433.
[142] ArbG Passau 16.1.1992 – 4 Ca 654/91, BB 1992, 567; vgl. auch → Rn. 45 ff.
[143] Vgl. etwa Staudinger/*Preis* BGB § 626 Rn. 160.
[144] LAG Bremen 14.6.1990 – 3 Sa 132/89, DB 1990, 2073.
[145] BAG 14.1.1982 – 2 AZR 254/81, AP BGB § 620 Befristeter Arbeitsvertrag Nr. 65; *Wank* AR-Blattei SD Nebentätigkeit des Arbeitnehmers Rn. 2 mwN.

Gründen dringend angewiesen. Die Nebentätigkeit wird in aller Regel in Form eines weiteren Beschäftigungsverhältnisses ausgeübt. Nach Angaben des Statistischen Bundesamtes gingen im Jahr 2017 rund 5 % aller Erwerbstätigen in Deutschland (also ca. 2,2 Mio. Personen) neben ihrer Haupttätigkeit mindestens einer weiteren Tätigkeit nach. In diesem Nebenjob (der weit überwiegend in einem Arbeitsverhältnis ausgeübt wird) arbeiteten die Erwerbstätigen 2017 im Durchschnitt 8,2 Stunden pro Woche.[146] Meist handelte es sich um eine geringfügige Beschäftigung neben einer Haupttätigkeit.[147]

Die Zahl der Mehrfachbeschäftigungen steigt laufend an. In der Praxis tritt daher immer häufiger die Frage auf, ob Arbeitnehmer ohne weiteres einer bestimmten Nebentätigkeit nachgehen dürfen oder der Arbeitgeber im Hauptarbeitsverhältnis die Ausübung einer solchen Nebentätigkeit untersagen kann. Hiermit korrespondiert die Frage nach dem entsprechenden Unterlassungsanspruch des Arbeitgebers. **89**

Es besteht ein Rechtsanspruch auf Erteilung einer Nebentätigkeitserlaubnis, wenn eine Beeinträchtigung der Interessen des Arbeitnehmers nicht zu erwarten ist.[148] Ob **betriebliche Interessen beeinträchtigt** werden, ist im Rahmen einer Prognose zu prüfen, wobei ausreichend ist, dass bei verständiger Würdigung unter Berücksichtigung der erfahrungsgemäß zu erwartenden Entwicklung eine Beeinträchtigung betrieblicher Interessen wahrscheinlich ist.[149] Scheidet eine Beeinträchtigung der betrieblichen Belange des Arbeitgebers aus, braucht der Arbeitnehmer keine gerichtliche Entscheidung über die Zulässigkeit der beabsichtigten Nebentätigkeit herbeiführen oder abwarten, sondern kann nach Ansicht des 2. Senats des BAG die Nebentätigkeit ohne weiteres aufnehmen.[150] Dies korrespondiert mit der Rechtsprechung zur auch nicht vorläufigen Bindung des Arbeitnehmers an unbillige Weisungen des Arbeitgebers.[151] **90**

Beispielsfälle: Die Klage eines in Vollzeit beschäftigten Busfahrers im öffentlichen Personennahverkehr auf Erteilung einer Nebentätigkeitsgenehmigung für eine Fahrtätigkeit von (weiteren) 15 Wochenstunden im Güterverkehr blieb erfolglos.[152] Auch ein mit Aufgaben eines Rechtsschutzsekretärs beauftragter Angestellter der DGB-Rechtsschutz GmbH hat keinen Anspruch auf Zustimmung zur Aufnahme einer Nebentätigkeit als Rechtsanwalt, sofern eine gegenständliche und eine zeitliche Überschneidung beider Tätigkeiten zu besorgen ist.[153] Ein als Hörfunksprecher tätiger Angestellter, auf dessen Arbeitsverhältnis der Manteltarifvertrag für den Norddeutschen Rundfunk anwendbar ist, hat Anspruch auf Erteilung zur Zustimmung einer Nebentätigkeit bei einem anderen Anbieter von Rundfunk- und Fernsehsendungen, wenn nicht zu besorgen ist, dass durch die Nebentätigkeit die Interessen des NDR beeinträchtigt werden. Dies ist aber der Fall, wenn der Angestellte bei einem anderen im publizistischen und finanziellen Wettbewerb mit dem NDR stehenden Anbieter von Fernsehprogrammen Nachrichtentexte aus dem „Off" sprechen soll.[154] Das Interesse des Arbeitgebers an der Versagung der Nebentätigkeit überwiegt dann. **91**

2. Gesetzliche Einschränkungen der Nebentätigkeit

a) Arbeitszeitrecht. Bei einer Beschäftigung in mehreren Arbeitsverhältnissen dürfen die einzelnen Beschäftigungen zusammen die gesetzliche Höchstgrenze der Arbeitszeit nicht überschreiten (vgl. § 2 Abs. 1 Hs. 2 ArbZG). Bei einer **Überschreitung der gesetzlichen Höchstarbeitszeit** ist der die Arbeitszeitgrenze übersteigende, zusätzliche Arbeitsvertrag nichtig, es sei denn, es handelt sich um eine nur gelegentliche oder geringfügige Überschreitung.[155] **92**

---

[146] Quelle: Statistisches Bundesamt, Arbeitsmarkt auf einen Blick – Deutschland und Europa, 2018, S. 58 f.
[147] Zur geringfügigen Beschäftigung *Lüders* → § 75.
[148] BAG 26.6.2001 – 9 AZR 343/00, NZA 2002, 98 (100) mwN.
[149] BAG 7.12.1989 – 6 AZR 241/88, ZTR 1990, 379.
[150] BAG 13.5.2015 – 2 ABR 38/14, NZA 2016, 116; hierzu noch → Rn. 109.
[151] BAG 28.6.2018 – 2 AZR 436/17, AP BGB § 626 Nr. 270; 18.10.2017 – 10 AZR 330/16, NZA 2017, 1452.
[152] BAG 26.6.2001 – 9 AZR 343/00, NZA 2002, 98; zum Nebentätigkeitsrecht im öffentlichen Dienst *Müller* öAT 2013, 205.
[153] BAG 21.9.1999 – 9 AZR 759/98, BB 2000, 1473.
[154] BAG 24.6.1999 – 6 AZR 605/97, AP BGB § 611 Nebentätigkeit Nr. 5.
[155] BAG 14.12.1967 – 5 AZR 74/67, BB 1968, 206; LAG Nürnberg 19.9.1995 – 2 Sa 429/94, NZA 1996, 882.

93   b) **Urlaubsrecht.** Dem Arbeitnehmer ist während seines Urlaubs jede dem Urlaubszweck widersprechende Erwerbstätigkeit verboten (§ 8 BUrlG). Hiervon nicht erfasst sind religiöse, karitative, familien- oder vereinsrechtlich begründete Dienstleistungspflichten sowie sinnvolle Ausgleichstätigkeiten. Auch solche Nebentätigkeiten, die zulässigerweise neben der Haupttätigkeit ausgeübt werden, dürfen während des Urlaubs in der Hauptbeschäftigung weiter ausgeübt werden. Der Arbeitnehmer ist also nicht verpflichtet, in beiden Arbeitsverhältnissen gleichzeitig Urlaub zu nehmen.[156]

94   Zweckwidrigkeit der Urlaubstätigkeit ist umso eher anzunehmen, je ähnlicher die Urlaubsarbeit der Haupttätigkeit ist. Kriterien sind Art, Umfang und zeitliche Lage der Beschäftigung. In der Praxis bleibt **verbotene Urlaubsarbeit** häufig ungeahndet, weil der Arbeitgeber keine Kenntnis hiervon erhält. Sonst sind der Ausspruch einer Abmahnung oder gar Kündigung sowie die Geltendmachung von Schadensersatzansprüchen möglich. Der Arbeitgeber hat indes bei verbotener Urlaubsarbeit keinen Anspruch auf Rückzahlung des gezahlten Urlaubsgeldes.[157]

95   c) **Konkurrenzverbot.** Handelt es sich bei einer Nebentätigkeit zugleich um eine Konkurrenztätigkeit, ist das berechtigte Interesse des Arbeitgebers an einer Unterlassung ohne weiteres gegeben. Eine konkurrierende Nebentätigkeit ist nur bei Einwilligung des Arbeitgebers zulässig (vgl. § 60 HGB).[158]

96   d) **Schwarzarbeit.** Nebentätigkeiten können auch in einer ihrer Natur nach unerlaubten Weise ausgeübt werden. So leistet nach § 1 Abs. 2 SchwarzArbG Schwarzarbeit, wer Dienst- oder Werkleitungen erbringt oder ausführen lässt und dabei Melde-, Aufzeichnungs- oder Zahlungspflichten, sei es nach geltendem Steuer- oder Sozialversicherungsrecht, verletzt. In diesem Sinne ist vom Begriff der Dienst- und Werkleistungen die Tätigkeit eines selbstständigen Unternehmers erfasst.[159] Im Fall des beiderseitigen Verstoßes der Vertragspartner gegen das SchwarzArbG geht die Rechtsprechung von der Nichtigkeit solcher Verträge aus.[160] Wenn im Rahmen eines Arbeitsverhältnisses die allgemeinen sozialversicherungs- und steuerrechtlichen Melde- und Abführungspflichten vom Arbeitgeber vereinbarungsgemäß nicht beachtet werden, wird von **Schwarzarbeit im weiteren Sinne** gesprochen („Schwarzgeldabrede"). Hierzu hat das BAG festgestellt, dass sich die Nichtigkeitsfolge des § 134 BGB nur dann auf das gesamte Vertragsverhältnis erstreckt, wenn die Absicht, Steuern und Sozialversicherungsbeiträge zu hinterziehen, Hauptzweck der Vereinbarung ist. Die Schwarzgeldabrede ist nach Auffassung des BAG auch nicht nach § 138 Abs. 1 BGB nichtig.[161]

97   Es ist kein Geheimnis, dass Schwarzarbeit in Form der Beschäftigung ohne Lohnsteuerabzug durch den Arbeitgeber besonders häufig bei Arbeitnehmern vorkommt, die neben einer Haupttätigkeit, die selbstständig oder unselbstständig sein kann, noch eine Neben- oder Aushilfstätigkeit ausüben.[162]

98   Dem Hauptarbeitgeber des „Nebenjob-Schwarzarbeiters" steht indes weder ein Unterlassungs- noch ein Schadensersatzanspruch zu, es sei denn, mit der Tätigkeit verstößt der Arbeitnehmer zugleich gegen andere Regelungen, die Nebentätigkeiten einschränken (zB § 60 HGB, § 2 ArbZG, § 8 BUrlG). Daher scheidet auch eine Kündigung allein wegen „**Schwarzarbeit im Nebenjob**" aus.[163] Die Allgemeinheit soll zwar vor der Hinterziehung von Steuern und Sozialabgaben geschützt werden, berechtigte Interessen des Hauptarbeitgebers sind hingegen regelmäßig nicht besonders betroffen. In besonders gelagerten Ausnahmefällen kann an eine mangelnde Eignung des Arbeitnehmers zur Erfüllung seiner (ggf. repräsen-

---

[156] Vgl. ErfK/*Gallner* BUrlG § 8 Rn. 2.
[157] BAG 25.2.1988 – 8 AZR 596/85, AP BUrlG § 8 Nr. 3; anders noch BAG 19.7.1973 – 5 AZR 73/73, AP BUrlG § 8 Nr. 1.
[158] Zum Konkurrenzverbot während des bestehenden Arbeitsverhältnisses → § 31.
[159] BAG 24.3.2004 – 5 AZR 233/03, NJOZ 2004, 2595 = EzA BGB 2002 § 134 Nr. 2.
[160] BGH 23.9.1982 – VII ZR 183/80, BGHZ 85, 39 (42 f.); 31.5.1990 – VII ZR 336/89, BGHZ 111, 308 (311); BAG 24.3.2004 – 5 AZR 233/03, NJOZ 2004, 2595.
[161] BAG 26.2.2003 – 5 AZR 690/01, NZA 2004, 313; zu Auslegungsfragen bei einer Schwarzgeldabrede auch BAG 17.3.2010 – 5 AZR 301/09, NZA 2010, 881.
[162] Zu den strafrechtlichen Aspekten bei Schwarzarbeit etwa *Brüssow/Petri* ArbStrafR S. 181 ff.
[163] ErfK/*Müller-Glöge* BGB § 626 Rn. 129.

tativen oder sonst öffentlichkeitswirksam wahrgenommenen) Arbeitspflichten gedacht werden.

e) **Altersteilzeit.** Nach § 5 Abs. 3 ATG ruht der Anspruch auf die Leistungen nach § 4 ATG während der Zeit, in der ein Altersteilzeit-Arbeitnehmer neben seiner vereinbarten Teilzeitarbeit (im Kontinuitätsmodell oder Blockmodell)[164] Beschäftigungen oder selbstständige Tätigkeiten ausübt, die die Geringfügigkeitsgrenze (§ 8 SGB IV) überschreiten. Bei umfänglicheren Nebentätigkeiten eines Altersteilzeit-Arbeitnehmers in geförderter Altersteilzeit hatte der Arbeitgeber mithin vielfach ein ureigenes monetäres Interesse an deren Unterlassung bzw. Untersagung. Die förderrechtlichen Regelungen des § 5 ATG haben aber nur noch übergangsweise Bedeutung, da die Förderung der Altersteilzeit zum 31.12.2009 beendet wurde.[165]

f) **Elternzeit.** Während der Elternzeit bedarf die (allenfalls im Umfang von 30 Wochenstunden zulässige) Teilzeitarbeit bei einem anderen Arbeitgeber oder als Selbstständiger der **Zustimmung des Arbeitgebers** im Hauptarbeitsverhältnis. Der Arbeitgeber kann die Teilzeitarbeit allerdings nur innerhalb von vier Wochen aus dringenden betrieblichen Gründen schriftlich ablehnen (§ 15 Abs. 4 S. 3, 4 BEEG). Damit der Arbeitgeber über einen entsprechenden Wunsch des Elternteilzeitlers befinden kann, muss der Arbeitnehmer die Daten der in Aussicht genommenen Beschäftigung angeben, nämlich die konkrete Art der Tätigkeit, den zeitlichen Umfang sowie den Arbeitgeber.[166] Der Wunsch des Arbeitnehmers bedarf keiner Form, wohl aber die Ablehnung des Arbeitgebers. Die vom Gesetz geforderten „**dringenden betrieblichen Interessen**" können insbesondere wettbewerblicher Natur sein. Die Zustimmung darf mithin verweigert werden, wenn im Einzelfall Anhaltspunkte dafür vorliegen, dass **Betriebs- und Geschäftsgeheimnisse** oder **Wettbewerbsinteressen**[167] beeinträchtigt werden. Der Arbeitnehmer kann die in Aussicht genommene Tätigkeit antreten, wenn der Arbeitgeber nicht innerhalb der gesetzlichen Frist die Aufnahme der Tätigkeit beim anderen Arbeitgeber (oder als Selbstständiger) verweigert.[168]

g) **Sonderfall: Nebentätigkeit während Kurzarbeit.** Während der **Corona-Krise** sind Millionen Arbeitnehmer von Kurzarbeit betroffen. Deren Wunsch, die durch die Kurzarbeit eintretenden Gehaltseinbußen möglichst zu kompensieren, liegt dabei auf der Hand. Weil die Loyalitäts- und Rücksichtnahmepflichten gegenüber dem Hauptarbeitgeber auch während einer Kurzarbeitsperiode in vollem Umfang bestehen (bleiben), gelten für die Zulässigkeit von Nebentätigkeiten grundsätzlich keine Besonderheiten.[169] Von besonderem Interesse ist hingegen die Frage der Anrechnung des durch die Nebentätigkeit erzielten Erwerbs auf das Kurzarbeitergeld.

Die gesetzliche Regelung in § 106 Abs. 3 SGB III sieht für Entgelt aus einer Nebentätigkeit, die während der Kurzarbeitsperiode aufgenommen wird, eine volle Anrechnung vor (Erhöhung des sog. Ist-Entgelts). Hiervon abweichend wurden wegen der durch den **Coronavirus** hervorgerufenen Sondersituation für die Zeit vom 1.4. bis zum 31.10.2020 zunächst **Hinzuverdienste** durch Aufnahme einer Tätigkeit in sog. systemrelevanten Branchen und Berufen nach § 421c S. 1 SGB III **privilegiert** und nach dortiger Maßgabe nicht dem Ist-Entgelt hinzugerechnet. Diese Einschränkung ist sodann entfallen. In einem weiteren Schritt wurde geregelt, dass bis zum 31.12.2020 branchen- und tätigkeitsunabhängig keine Anrechnung auf das Kurzarbeitergeld erfolgt, so lange das Gesamteinkommen den bisherigen Verdienst nicht überschreitet.[170]

3. Einschränkung der Nebentätigkeit durch Tarifvertrag

Die Befugnis zur Ausübung von Nebentätigkeiten kann bei Beachtung von Art. 12 GG auch durch tarifliche oder tarifähnliche Regelungen eingeschränkt werden.[171]

---

[164] Zur Altersteilzeit *Lüders* → § 74.
[165] Zur bestehenbleibenden Bedeutung der Altersteilzeit *Hanau* NZA 2009, 225.
[166] Vgl. *Küttner/Poeche* Personalbuch 2020 Elternzeit Rn. 27.
[167] Hierzu LAG Düsseldorf 2.7.1999 – 14 Sa 487/99, NZA-RR 2000, 232.
[168] BAG 26.6.1997 – 8 AZR 506/95, NZA 1997, 1156; zu Einzelheiten ErfK/*Gallner* BEEG § 15 Rn. 20–24.
[169] Eingehend *Klinkhammer/Mantel* ArbRAktuell 2020, 213.
[170] Übersicht bei *Fuhlrott/Oltmanns* ArbRAktuell 2020, 275.
[171] Vgl. etwa *Wiedemann* Einl. Rn. 335 f.

104 Im öffentlichen Dienst besteht die Verpflichtung zur vorherigen schriftlichen Anzeige entgeltlicher Nebentätigkeiten. Der Arbeitgeber kann die beabsichtigte Nebentätigkeit untersagen oder mit Auflagen versehen, wenn die Erfüllung der arbeitsvertraglichen Pflichten oder sonstige berechtigte Interessen beeinträchtigt werden können (§ 3 Abs. 3 TVöD bzw. § 3 Abs. 4 TV-L[172]). Nach § 5 Abs. 2 der **Richtlinien** für die Arbeitsverträge in den Einrichtungen **des Deutschen Caritasverbandes** (AVR) ist im persönlichen Geltungsbereich dieser Regelungen eine Nebentätigkeit von Arbeitnehmern unzulässig, wenn durch sie berechtigte Interessen des Dienstgebers erheblich beeinträchtigt werden. Das BAG hat dies im Fall eines **Krankenpflegers** im Funktionsbereich Anästhesie eines Krankenhauses angenommen, der eine Nebentätigkeit als Leichenbestatter ausüben wollte. Die Tätigkeit als Krankenpfleger diene der Rettung und Erhaltung von Gesundheit der ihm anvertrauten Patienten. Damit sei eine Nebentätigkeit als Bestatter, die das Ableben der Menschen voraussetze, nicht zu vereinbaren.[173]

105 Eine tarifvertragliche Regelung, die für vollzeitbeschäftigte **Busfahrer** bestimmt, dass Nebentätigkeiten, die mit dem Lenken von Kraftfahrzeugen verbunden sind, nicht gestattet sind (Lenkzeitkontrolle), ist mit Art. 12 Abs. 1 GG vereinbar. Durch dieses partielle Nebentätigkeitsverbot wird nicht in unzumutbarer Weise in die Berufsfreiheit eines vollzeitbeschäftigten Busfahrers eingegriffen. Die entsprechende Regelung, beispielsweise enthalten im Manteltarifvertrag für die gewerblichen Arbeitnehmer/-innen des privaten Omnibusgewerbes in Bayern, ist wirksam.[174] Im Bereich der Personenbeförderung sind Einschränkungen der Nebentätigkeit von Arbeitnehmern im Hinblick auf die Verantwortung des Arbeitgebers für Fahr- und Fluggäste in besonderer Weise anzuerkennen.

4. Einschränkung der Nebentätigkeit durch Betriebsvereinbarungen

106 Streitig ist, ob in Betriebsvereinbarungen ein Nebentätigkeitsverbot vereinbart werden kann. Dagegen spricht, dass es sich um die Regelung von Individualrechten des Arbeitnehmers handelt und insoweit den Betriebspartnern die Normsetzungsbefugnis fehlen dürfte.[175]

5. Arbeitsvertragliche Einschränkungen der Nebentätigkeit

107 a) **Absolute Nebentätigkeitsverbote.** Ein Verbot jedweder Nebentätigkeit kann arbeitsvertraglich nicht wirksam vereinbart werden. Die **Berufsfreiheit** (Art. 12 GG) gewährleistet das Recht, parallel mehreren Tätigkeiten nachzugehen. Die Ausübung einer Nebentätigkeit bedarf deshalb auch nicht per se der Genehmigung des Arbeitgebers. Im Rahmen eines Arbeitsvertrages verpflichtet sich der Arbeitnehmer allein zur „Leistung der versprochenen Dienste" (§ 611 Abs. 1 BGB), nicht aber dazu, seine gesamte Arbeitskraft zur Verfügung zu stellen.[176]

108 b) **Zustimmungserfordernis.** Häufig enthalten Arbeitsverträge einen Zustimmungsvorbehalt für die Ausübung einer Nebentätigkeit durch den Arbeitnehmer. Solche Klauseln enthalten kein absolutes Nebentätigkeitsverbot, sondern einen „Genehmigungsvorbehalt" bzw. „Erlaubnisvorbehalt". Ein solcher **Erlaubnisvorbehalt** berechtigt den Arbeitgeber nicht, die Aufnahme einer Nebentätigkeit willkürlich zu verwehren. Der Arbeitnehmer hat Anspruch auf Erteilung der Zustimmung zur Aufnahme der Nebentätigkeit, sofern keine Beeinträchtigung der betrieblichen Interessen des Arbeitgebers zu erwarten ist. Der Erlaubnisvorbehalt dient also dazu, dem Arbeitgeber bereits vor Aufnahme der Nebentätigkeit die Überprüfung zu ermöglichen, ob seine berechtigten Interessen beeinträchtigt werden.[177] Der Arbeitnehmer wird hierüber allein wirksam verpflichtet, vor Aufnahme einer Nebenbeschäftigung den

---

[172] Hierzu zuletzt BAG 19.12.2019 – 6 AZR 23/19, NZA 2020, 952; Übersicht bei *Liebscher* öAT 2018, 246.
[173] BAG 28.2.2002 – 6 AZR 357/01, DB 2002, 1560.
[174] BAG 26.6.2001 – 9 AZR 343/00, NZA 2002, 98.
[175] Zum Streitstand *Jaeger/Röder/Heckelmann/Lambrich* BetrVerfassungsR-HdB Kap. 7 Rn. 47; *Fitting* BetrVG § 77 Rn. 56; vgl. auch *Reinfeld* AuA 1994, 41 (42).
[176] BAG 14.8.1969 – 2 AZR 184/68, DB 1969, 1993.
[177] BAG 13.5.2015 – 2 ABR 38/14, NZA 2016, 116.

Arbeitgeber zu unterrichten.[178] Ein Verstoß gegen Art. 12 Abs. 1 GG, der auch die Freiheit des Arbeitnehmers schützt, eine nebenberufliche Tätigkeit zu ergreifen, liegt hierin nicht. Auch Art. 2 Abs. 1 GG ist nicht betroffen.[179]

Vor diesem Hintergrund erscheint es konsequent, wenn der Kündigungssenat des BAG einen Pflichtverstoß des Arbeitnehmers verneint, der mit der Ausübung einer Nebentätigkeit, durch die betriebliche Interessen nicht beeinträchtigt werden, **nicht bis zu einer gerichtlichen Entscheidung** über ihre Zulässigkeit **abwartet**. Dies gilt auch dann, wenn arbeitsvertraglich ein Erlaubnisvorbehalt vereinbart ist.[180] Der Arbeitnehmer kann die Zustimmung des Arbeitgebers also praktisch antizipieren, trägt aber das Risiko, dass ein Arbeitsgericht im Streitfall entgegen seiner Einschätzung eine Beeinträchtigung betrieblicher Interessen gleichwohl bejaht. Die Risikoverteilung entspricht der Rechtsprechung zur fehlenden Bindung des Arbeitgebers an unbillige Arbeitgeberweisungen.[181]

c) **Anzeigepflicht.** Der Arbeitgeber kann sich darauf beschränken, von vornherein nur eine Anzeigepflicht für Nebentätigkeiten seiner Arbeitnehmer vorzusehen. Nach der Entscheidung des BAG vom 18.1.1996 muss dem Arbeitgeber eine Nebentätigkeit **selbst ohne entsprechende Vertragsklausel angezeigt** werden, soweit durch die Ausübung der Nebentätigkeit dessen Interessen bedroht sind. Dies ist jedenfalls dann der Fall, wenn die Nebentätigkeit mit der vertraglich geschuldeten Arbeitsleistung nicht mehr vereinbar ist und die Ausübung der Nebentätigkeit somit eine Verletzung der Arbeitspflicht darstellt. Der Arbeitnehmer ist auf entsprechende Anforderung auch verpflichtet, nähere Angaben zu Art und Umfang der Nebentätigkeit zu machen.[182]

d) **Treuepflicht.** Auch wenn keine gesetzliche oder vertragliche Einschränkung von Nebentätigkeiten besteht, können die allgemeinen arbeitsvertraglichen Pflichten einer konkreten Nebentätigkeit entgegenstehen. Der Arbeitnehmer muss jede Nebentätigkeit unterlassen, die zu einer **Vernachlässigung seiner Arbeitspflicht im Hauptarbeitsverhältnis** führen würde. Strenge Maßstäbe gelten bei einer Erkrankung im Hauptarbeitsverhältnis (und Entgeltfortzahlung durch den Arbeitgeber). Wenn ein Arbeitnehmer während seiner krankheitsbedingten Abwesenheit nachhaltig einer Nebenbeschäftigung nachgeht (Beispiel: Schichtarbeit, Wochenendarbeit) und dadurch seine Genesung verzögert, liegt hierin eine massive Verletzung der arbeitsvertraglichen Rücksichtspflicht.[183]

6. Rechtsfolgen beim Verstoß gegen wirksame Nebentätigkeitsverbote

Wenn der Arbeitnehmer durch Ausübung einer Nebentätigkeit seine arbeitsvertraglichen Pflichten im Hauptarbeitsverhältnis in erheblichem Umfang verletzt, kommen eine **Abmahnung** und im Wiederholungsfall eine **verhaltensbedingte Kündigung** in Betracht. In besonders schweren (Ausnahme-)Fällen kann auch eine Kündigung aus wichtigem Grund – selbst ohne vorausgegangene Abmahnung – gerechtfertigt sein. Dies ist regelmäßig zu bejahen, wenn ein Arbeitnehmer über mehrere Jahre hinweg fortgesetzt in Unkenntnis des Arbeitgebers offensichtlich nicht genehmigungsfähige Nebentätigkeiten ausübt und die Einholung der erforderlichen Nebentätigkeitsgenehmigungen deshalb unterlässt, weil ihm nach eigenem Bekunden die mangelnde Genehmigungsfähigkeit bewusst war.[184]

Verrichtet der Arbeitnehmer **während** der Dauer einer ärztlich attestierten **Arbeitsunfähigkeit** Nebentätigkeiten, so kann nach der Rechtsprechung mehrerer Obergerichte ein verhaltensbedingter Kündigungsgrund gegeben sein, wenn

---

[178] BAG 11.12.2001 – 9 AZR 464/00, EzA BGB § 611 Nebentätigkeit Nr. 6 = RdA 2003, 175 mAnm *Buchner;* BAG 13.5.2015 – 2 ABR 38/14, NZA 2016, 116.
[179] BAG 13.5.2015 – 2 ABR 38/14, NZA 2016, 116.
[180] BAG 13.5.2015 – 2 ABR 38/14, NZA 2016, 116.
[181] BAG 28.6.2018 – 2 AZR 436/17, AP BGB § 626 Nr. 270; 18.10.2017 – 10 AZR 330/16, NZA 2017, 1452.
[182] BAG 18.1.1996 – 6 AZR 314/95, NZA 1997, 41; 11.12.2001 – 9 AZR 464/00, NZA 2002, 965.
[183] BAG 26.8.1993 – 2 AZR 154/93, NZA 1994, 63; vgl. auch LAG Köln 7.1.1993 – 10 Sa 632/92, DB 1993, 941.
[184] Vgl. BAG 18.9.2008 – 2 AZR 827/06, NZA-RR 2009, 393.

- die Nebentätigkeit dem Wettbewerbsinteresse des Arbeitgebers zuwiderläuft
- der Arbeitnehmer statt der Nebentätigkeit auch seine Leistungspflichten aus dem Arbeitsverhältnis hätte erfüllen können oder
- die Nebentätigkeit den Heilungsprozess verzögert.[185]

114 Im Einzelfall kann auch hier eine fristlose **Kündigung** gerechtfertigt sein, etwa bei eindeutiger Verzögerung des Heilungsprozesses oder bei einem Missbrauch von Arbeitgebereigentum für die Nebentätigkeit.[186]

115 Ein Pflichtverstoß kann auch rein formaler Natur sein. Unterrichtet der Arbeitnehmer bei Vereinbarung eines Erlaubnisvorbehalts oder einer Anzeigepflicht den Arbeitgeber nicht über die Aufnahme einer Nebentätigkeit, kann dieser Sachverhalt abgemahnt werden. Die **Abmahnung** entfaltet in diesem Fall auch dann Wirksamkeit, wenn der Arbeitnehmer Anspruch auf Erteilung der Nebentätigkeitserlaubnis hatte oder hat.[187] Im Wiederholungsfall kommt mithin eine verhaltensbedingte Kündigung in Betracht.

7. Durchführung des Nebentätigkeits-Arbeitsverhältnisses

116 Arbeitsrechtliche Besonderheiten bei der Durchführung eines Nebentätigkeitsarbeitsverhältnisses gibt es letztlich keine. Es gelten die allgemeinen arbeitsrechtlichen Bestimmungen und Grundsätze. Der Arbeitnehmer hat Anspruch auf Entgeltfortzahlung im Krankheitsfall, bezahlten Urlaub und ggf. auch betriebliche Altersversorgung. Auch bei der Vergütung bestehen keine Besonderheiten. In der Ausübung eines Berufs als Nebentätigkeit liegt kein sachlicher Grund für eine geringere Vergütung.[188] Bei der Beendigung des Nebentätigkeits-Arbeitsverhältnisses greifen gegenüber dem Nebentätigkeits-Arbeitgeber der allgemeine wie auch der besondere, ggf. tarifliche Kündigungsschutz.

---

[185] LAG Hamm 8.3.2000 – 18 Sa 1614/99, MDR 2000, 1140; LAG Schleswig-Holstein 19.12.2006 – 5 Sa 288/06, NZA-RR 2007, 240.
[186] Vgl. BAG 26.8.1993 – 2 AZR 154/93, NZA 1994, 63; LAG Hamm 5.6.1998 – 5 Sa 1397/97, NZA-RR 1999, 126.
[187] BAG 11.12.2001 – 9 AZR 464/00, NZA 2002, 965.
[188] BAG 9.10.1996 – 5 AZR 338/95, DB 1997, 1336.

§ 34 Nebenpflichten des Arbeitgebers

Übersicht

	Rn.
I. Grundlagen und Praxisrelevanz	1/2
II. Schutzpflichten für Leben, Gesundheit, Eigentum und Vermögen	3–35
1. Schutz von Leben und Gesundheit	3–29
a) § 618 BGB als Grundnorm und flankierende Regelungen	3–21
b) Medizinische Vorsorge	22–24
c) Nichtraucherschutz am Arbeitsplatz	25–28
d) Schutz vor Alkohol im Betrieb	29
2. Schutzpflichten für eingebrachte Vermögensgegenstände des Arbeitnehmers	30–32
3. Haftung des Arbeitgebers für betrieblich veranlasste Vermögensschäden des Arbeitnehmers, Aufwendungsersatz	33/34
4. Wahrung sonstiger Vermögensinteressen des Arbeitnehmers	35
III. Schutz besonderer Personengruppen	36–56
1. Mutterschutz	37–44
2. Jugendschutz	45–51
3. Schutz schwerbehinderter Menschen	52–56
IV. Persönlichkeitsschutz, Persönlichkeitsrecht	57–84
1. Grundlagen	57/58
2. Eingriffe in das Persönlichkeitsrecht	59–77
a) Abhören von Telefonaten, Erfassung von Telefondaten	59/60
b) Datenschutz	61–63
c) Überwachung und Kontrolle	64–67
d) Mobbing	68–77
3. Rechtsfolgen bei Persönlichkeitsrechtsverletzungen	78–84
V. Besondere Nebenpflichten	85–113
1. Beschäftigungspflicht	85–88
2. Gleichbehandlungspflicht	89–92
3. Diskriminierungsschutz	93–97
4. Wiedereinstellungspflicht	98–113
a) Wiedereinstellungsanspruch nach betriebsbedingter Kündigung	100–108
b) Wiedereinstellungsanspruch nach verhaltensbedingter Kündigung	109
c) Wiedereinstellungsanspruch nach personenbedingter Kündigung	110/111
d) Wiedereinstellungsanspruch bei sonstigen Beendigungstatbeständen	112/113
VI. Informationspflichten – Aufklärungspflichten, Auskunftspflichten und Hinweispflichten	114–136
1. Bei Beginn des Arbeitsverhältnisses	115–117
2. Während des bestehenden Arbeitsverhältnisses	118–123
3. Bei Beendigung des Arbeitsverhältnisses	124–132
4. Nach Beendigung des Arbeitsverhältnisses	133/134
5. Rechtsfolgen bei Verstößen	135/136
VII. Sonstige Nebenpflichten von A bis Z	137–164

I. Grundlagen und Praxisrelevanz

Den Arbeitgeber treffen neben seiner Vergütungspflicht als Hauptpflicht aus dem Arbeitsverhältnis zahlreiche Nebenpflichten, die traditionell auch unter dem Begriff „Fürsorgepflicht" zusammengefasst werden. Seit der Schuldrechtsreform 2002 ist die Verpflichtung beider Arbeitsvertragspartner, auf die Rechte, Rechtsgüter und Interessen des jeweils anderen Teils Rücksicht zu nehmen, allgemein in § 241 Abs. 2 BGB normiert. Im Einzelfall kann hieraus auch die Pflicht des Arbeitgebers erwachsen, bei der Wahrung oder Entstehung von Ansprüchen seiner Arbeitnehmer mitzuwirken. Die Verletzung einer Pflicht zur Interessenwahrung („Fürsorgepflicht") kann Schadensersatzansprüche der Arbeitnehmer nach § 280 1

Abs. 1 S. 1 BGB auslösen.[1] Bei einem Verstoß des Arbeitgebers gegen das „Gebot fairen Verhandelns" (abgeleitet aus § 311 Abs. 2 Nr. 1 iVm § 241 Abs. 2 BGB) hat das BAG jüngst die Unwirksamkeit eines Aufhebungsvertrags angenommen.[2]

2 Den Arbeitgeber treffen besondere **Schutzpflichten** für Leben und Gesundheit seiner Mitarbeiter, aber auch im Hinblick auf deren Eigentum und Vermögen, etwa bei eingebrachten Sachen des Arbeitnehmers. Hohe praktische Bedeutung hat – dies belegt die (Rechtsprechungs-)Entwicklung der letzten Jahre – der Persönlichkeitsschutz des Arbeitnehmers erlangt (Stichworte: Mobbing, Arbeitnehmerüberwachung). Insgesamt ist eine wachsende Bedeutung der im Schrifttum ansonsten eher vernachlässigten Nebenpflichten des Arbeitgebers zu verzeichnen. Einen „Meilenstein" bildet insoweit das 2006 in Kraft getretene Allgemeine Gleichbehandlungsgesetz, das den Arbeitgeber zur Gewährleistung eines umfassenden Diskriminierungsschutzes seiner Beschäftigten anhält (vgl. insbes. § 12 AGG). Durch die **Corona-Krise** rücken vor allem der Arbeits- und Gesundheitsschutz in den Blickpunkt.

II. Schutzpflichten für Leben, Gesundheit, Eigentum und Vermögen

1. Schutz von Leben und Gesundheit

3 **a) § 618 BGB als Grundnorm und flankierende Regelungen.** Der Arbeitgeber ist durch den öffentlich-rechtlich und privatrechtlich normierten Arbeitsschutz umfassend dem Schutz von Leben und Gesundheit der für ihn tätigen Arbeitnehmer verpflichtet.[3] Privatrechtlich ergibt sich dies aus § 618 BGB, der eine Ausprägung der allgemeinen Fürsorgepflicht des Arbeitgebers darstellt.[4] Die Vorschrift ist eng **mit dem öffentlich-rechtlichen Arbeitsschutzrecht verknüpft.**[5] Dieses wiederum ist geprägt durch das Arbeitsschutzgesetz vom 7.8.1996 als „Grundgesetz" des Arbeitsschutzes,[6] das Arbeitssicherheitsgesetz vom 12.12.1973 und die Arbeitsstättenverordnung vom 12.8.2004. Darüber hinaus sind auf europäischer Ebene Arbeitsschutzrichtlinien von erheblicher Bedeutung.[7]

4 Die Regelungen zum Arbeitsschutz sind wesentlich auf ein **Zusammenwirken** von Arbeitgeber und Arbeitnehmer angelegt. Mit dem umfänglichen Pflichtenkatalog des Arbeitgebers (§§ 3 ff. ArbSchG), aus dem etwa die Gefährdungsbeurteilung (§ 5 ArbSchG)[8] als eine Kardinalpflicht hervorzuheben ist, gehen Pflichten der Beschäftigten zur Sorgetragung für die eigene Sicherheit und Gesundheit bei der Arbeit (§ 15 Abs. 1 ArbSchG) einher.

5 In Zeiten der **Corona-Krise** sind die Anforderungen an den Arbeitsschutz – für beide Arbeitsvertragspartner – nochmals deutlich erhöht. Arbeitgeber müssen ihnen zumutbare Maßnahmen ergreifen, um ihre Arbeitnehmer möglichst wirksam vor einer Infektion zu schützen. Arbeitnehmer und Arbeitnehmervertreter haben grundsätzlich betriebliche Maßnahmen zum Infektionsschutz, seien sie technischer, organisatorischer oder personenbezogener Art, zu unterstützen und hieran mitzuwirken.[9] Das Bundesarbeitsministerium hat unter dem 16.4.2020 den **SARS-CoV-2-Arbeitsschutzstandard** vorgelegt, in dem konkrete Anforderungen an den Arbeitsschutz formuliert werden. Auch wenn die dort beschriebenen Standards

---

[1] BAG 24.9.2009 – 8 AZR 444/08, NZA 2010, 337.
[2] BAG 7.2.2019 – 6 AZR 75/18, NZA 2019, 688.
[3] Vgl. nur MHdB ArbR/*Reichold* § 93 Rn. 1 ff.; Übersicht zur Rechtsprechung: *Oberberg* NZA-RR 2020, 228.
[4] BAG 10.3.1976 – 5 AZR 34/75, AP BGB § 618 Nr. 17; 14.12.2006 – 8 AZR 628/05, NZA 2007, 263; Erman/*Hanau* BGB § 618 Rn. 1; ErfK/*Wank* BGB § 618 Rn. 2.
[5] Zur Systematik des Arbeitsschutzrechts etwa Staudinger/*Oetker* BGB § 618 Rn. 21 ff.
[6] Zur ab dem 1.6.2015 grundlegend neu gefassten Betriebssicherheitsverordnung (BetrSichV) als „Grundgesetz des technischen Arbeitsschutzes" *Schucht* NZA 2015, 333; *Wilrich* NZA 2015, 1433; *Legerlotz/Schmidt-Richarz* ArbRB 2015, 285.
[7] Zur Lärmschutzrichtlinie vom 6.2.2003 (RL 2003/10/EG) EuGH 19.5.2011 – C-256/10, C-261/10, NZA 2011, 967.
[8] Zum Anspruch des Arbeitnehmers auf Durchführung einer Gefährdungsbeurteilung BAG 12.8.2008 – 9 AZR 1117/06, NZA 2009, 102 Rn. 14 ff.
[9] Zu Arbeitsschutzregeln in Zeiten der Corona-Pandemie vgl. auch *Sagan/Brockfeld* NJW 2020, 1112; *Sievers* jM 2020, 189 (200 f.); *Koener/Lehnart* BB 2020, 1525; *Seiwerth/Witschen* NZA 2020, 825; *Tödtmann/v. Bockelmann* S. 23 ff.; aus der Rechtsprechung ArbG Hamm 4.5.2020 – 2 BVGa 2/20, BeckRS 2020, 14292.

keine Gesetzeswirkung entfachen, dienen die Regeln zur Ausfüllung des Pflichtenkreises aus § 618 BGB in der gegebenen Sondersituation. Ein Verstoß gegen die Standards kann daher als Fürsorgepflichtverletzung zu einer Haftung des Arbeitgebers führen.[10] Eine Fortschreibung und Konkretisierung ist mit der **SARS-CoV-2-Arbeitsschutzregel** vom 20.8.2020[11] erfolgt, bei deren Einhaltung der Arbeitgeber davon ausgehen können soll, dass die Anforderungen an die Verordnungen nach dem ArbSchG erfüllt sind.[12]

Die in § 618 BGB geregelte Pflicht zu Schutzmaßnahmen durch den Arbeitgeber kann **nicht** im Voraus durch Vertrag **aufgehoben oder beschränkt** werden (§ 619 BGB). Derartige Vereinbarungen können also nicht wirksam vor Eintritt einer Schutzpflichtverletzung oder eines Schadens getroffen werden. Einem Erlassvertrag oder einem Vergleich nach Eintritt eines Schadens steht § 619 BGB aber nicht entgegen.[13]

Nach § 618 Abs. 1 BGB ist der Arbeitgeber verpflichtet, **Räume, Vorrichtungen und Gerätschaften** so einzurichten und zu unterhalten, dass der Arbeitnehmer gegen Gefahren für Leben und Gesundheit soweit geschützt ist, als die Natur der Arbeitsleistung es gestattet. Die Begriffe Räume, Vorrichtungen und Gerätschaften sind weit auszulegen. Der Begriff **Raum** deckt sich im Wesentlichen mit dem der Arbeitsstätte iSd § 2 ArbStättV. Im Hinblick auf Einrichtung und Unterhaltung der Räume werden die Pflichten des Arbeitgebers vor allem durch §§ 3, 4 ArbStättV konkretisiert. Zu Einzelheiten des Arbeitsstättenrechts muss auf die Speziallliteratur verwiesen werden.[14]

Die Begriffe **Vorrichtungen** und **Geräte** (§ 618 Abs. 1 BGB) decken sich teilweise mit dem Begriff der technischen Arbeitsmittel iSd § 3 GSG. Hiernach sind technische Arbeitsmittel verwendungsfertige Arbeitseinrichtungen, vor allem Werkzeuge, Arbeitsgeräte, Arbeits- und Kraftmaschinen, Hebe- und Fördereinrichtungen sowie Beförderungsmittel. Technische Arbeitsmittel müssen von vornherein (Anforderung an den Hersteller oder Importeur) so gestaltet sein, dass von ihnen schon beim Inverkehrbringen **keine Gefahren für Leben und Gesundheit** der Nutzer ausgehen.[15] Die Arbeitgeberpflichten werden auch insoweit durch Unfallverhütungsvorschriften konkretisiert. Wichtig ist, dass der Arbeitgeber neu angeschaffte Arbeitsmittel darauf untersuchen muss, ob sie den einschlägigen UVV entsprechen. Er muss sie aber auch nach dem Ersteinsatz regelmäßig kontrollieren und sicherstellen, dass von den Arbeitsmitteln in der Folgezeit keine Gefahren für Leben und Gesundheit der Arbeitnehmer ausgehen.[16]

Der Arbeitgeber muss nach § 618 Abs. 1 BGB auch die von den Beschäftigten vorzunehmenden **Dienstleistungen** so regeln, dass die Arbeitnehmer vor Gefahren für Leben und Gesundheit geschützt sind. In diesem Zusammenhang gibt es nur wenige öffentlich-rechtliche Arbeitsschutzvorschriften; die wichtigsten hiervon beziehen sich auf die **Unterweisung der Arbeitnehmer.** § 12 Abs. 1 S. 1 ArbSchG verpflichtet den Arbeitgeber, seine Beschäftigten über Sicherheit und Gesundheitsschutz bei der Arbeit während der Arbeitszeit ausreichend und angemessen zu unterweisen, wobei diese Unterweisung bei der Einstellung, bei Veränderungen im Aufgabenbereich, der Einführung neuer Arbeitsmittel oder einer neuen Technologie **vor Aufnahme der Tätigkeit** des Arbeitnehmers zu erfolgen hat (§ 12 Abs. 1 S. 3 ArbSchG).[17] Die Verantwortung für die Durchführung der Unterweisung liegt beim Arbeitgeber (§ 13 Abs. 1 ArbSchG). Er hat aber die Möglichkeit, zuverlässige und fachkundige Personen schriftlich damit zu beauftragen, ihm obliegende Aufgaben nach dem ArbSchG in eigener Verantwortung wahrzunehmen (§ 13 Abs. 2 ArbSchG).[18] Spezielle Unterweisungs-

---

[10] Vgl. etwa *Wilrich* NZA 2020, 634; *Schwede* ArbRAktuell 2020, 220; *Reifelsberger* COVuR 2020, 357; *Sander/Hilberg/Bings* COVuR 2020, 347.
[11] GMBl 2020, 484; auch abgedruckt in NZA-Beil. 2/2020, 27.
[12] Einführend zur SARS-CoV-2-Arbeitsschutzregel *Sagan/Brockfeld* NZA-Beil. 2/2020, 17.
[13] Vgl. nur ErfK/*Wank* BGB § 619 Rn. 2 mwN.
[14] Vgl. etwa *Kollmer/Wiebauer/Schucht* ArbStättV.
[15] Näher ErfK/*Wank* BGB § 618 Rn. 14 mwN.
[16] Richtig Erman/*Hanau* BGB § 618 Rn. 8.
[17] Zum hierbei bestehenden Mitbestimmungsrecht des Betriebsrats BAG 11.1.2011 – 1 ABR 104/09, NZA 2011, 651.
[18] Ausf. hierzu *Wilrich* DB 2008, 182; ein Mitbestimmungsrecht des Betriebsrats besteht hierbei nicht; vgl. BAG 18.8.2009 – 1 ABR 43/08, NZA 2009, 1434.

pflichten sind in §§ 8 und 9 ArbSchG enthalten, finden sich aber auch in weiteren Gesetzen und Verordnungen.[19] Zu ergreifende Maßnahmen bei der Gestaltung von **Bildschirmarbeitsplätzen** finden sich im Anhang zur Arbeitsstättenverordnung (vgl. § 3 Abs. 1 S. 4 ArbStättV) unter der dortigen Ziffer 6.[20]

10   Insgesamt ist der Arbeitgeber zur Sicherstellung des Arbeitsschutzes nach § 3 Abs. 2 ArbSchG zum **Aufbau einer Organisationsstruktur** verpflichtet, die von den jeweils bestehenden Unfall- und Gesundheitsgefahren sowie von der Betriebsgröße abhängig ist. Hierbei unterliegt der Aufbau einer Organisationsstruktur nach § 3 Abs. 2 ArbSchG der Mitbestimmung des Betriebsrats.[21] In der sämtliche Wirtschaftszweige treffenden Corona-Sondersituation sind an das Gebot der vertrauensvollen Zusammenarbeit der Betriebspartner besondere Anforderungen zu stellen, denn es geht in besonderer Weise um das „Wohl der Arbeitnehmer und des Betriebs" (§ 2 Abs. 1 BetrVG).[22]

11   Zu den sich aus § 618 Abs. 1 BGB ergebenden Pflichten des Arbeitgebers gehört auch, einer gesundheitsschädigenden Überanstrengung des Arbeitnehmers entgegenzuwirken.[23] Ihm bekannte Umstände, die die Leistungsfähigkeit des Arbeitnehmers mindern, muss der Arbeitgeber berücksichtigen. Aus der Fürsorgepflicht des Arbeitgebers kann sich im Einzelfall eine **Einschränkung des Direktionsrechts** ergeben. So darf der Arbeitgeber dem Mitarbeiter keine Arbeiten zuweisen, die dieser nach einem vorgelegten ärztlichen Attest nicht ausführen darf. Äußert ein Arbeitnehmer unabhängig hiervon in seiner Person liegende gesundheitliche Bedenken gegen die ihm abverlangten, arbeitsvertraglich geschuldeten Arbeiten, ist der Arbeitgeber oder Vorgesetzte aber nicht verpflichtet, ärztliche Untersuchungen zu veranlassen. In solchen Fällen ist es vielmehr Sache des Arbeitnehmers, einen Arzt aufzusuchen.[24]

12   Eine gesteigerte Fürsorgepflicht besteht, wenn der Arbeitnehmer dauerhaft aus gesundheitlichen Gründen zur Fortführung der ihm übertragenen Tätigkeit außerstande ist. Dies gilt insbesondere dann, wenn im Betrieb die **Möglichkeit einer leidensgerechten Beschäftigung** besteht. Der Arbeitgeber macht sich dann schadensersatzpflichtig, wenn er die ihm mögliche und zumutbare Umsetzung des Arbeitnehmers bzw. die leidensgerechte Anpassung der Arbeitsbedingungen unterlässt.[25] Hierzu passt die Entscheidung des Hessischen LAG, wonach die Befürchtung oder Prognose des Arbeitgebers (gestützt auf ärztliche Stellungnahmen), bei einer Weiterarbeit des Arbeitnehmers auf dem vertragsgemäßen Arbeitsplatz werde sich dessen Gesundheitszustand verschlechtern, als solche nicht als personenbedingter Kündigungsgrund geeignet ist. Eine Ausnahme soll allenfalls bestehen, wenn die Fortsetzung der vertraglichen Tätigkeit zu einer ganz erheblichen oder wesentlichen Verschlechterung des Gesundheitszustands des Arbeitnehmers führen würde.[26]

13   Der Gefahrenschutz nach § 618 Abs. 1 BGB besteht nur so weit, „als die **Natur der Dienstleistung** es gestattet". Der Arbeitgeber darf nach der amtlichen Begründung des Regierungsentwurfs zum ArbSchG[27] ein akzeptables Risiko hinnehmen. Je gravierender ein möglicher Schaden für Arbeitnehmer sein kann, desto stärkere Schutzmaßnahmen muss der Arbeitgeber ergreifen, um einen etwaigen Schadenseintritt zu verhindern. Der Arbeitgeber ist nach § 618 Abs. 1 BGB, § 62 Abs. 1 HGB verpflichtet, die Arbeitsplätze möglichst frei von gesundheitsschädlichen Chemikalien und sonstigen Gefahrstoffen zu halten. Dieser Pflicht genügt der Arbeitgeber in aller Regel dadurch, dass er einen Arbeitsplatz zur Verfügung stellt, dessen Belastung mit Schadstoffen nicht über das in der Umgebung übliche Maß hinausgeht.[28]

---

[19] Etwa § 29 JArbSchG; § 20 Abs. 1, 2 DruckluftV; § 4 LastHandV; § 38 StrlSchVO.
[20] Zur mobilen Bildschirmarbeit *Lambach/Prümper* RdA 2014, 345.
[21] BAG 18.3.2014 – 1 ABR 73/12, NZA 2014, 855; zum (bejahten) Mitbestimmungsrecht des Betriebsrats in Angelegenheiten des Raumklimagesundheitsschutzes LAG Baden-Württemberg 21.10.2015 – 4 TaBV 2/15, NZA-RR 2016, 141.
[22] Zu betrieblichen Pandemievereinbarungen *Reinhard* ArbRB 2020, 148.
[23] Zu Rechtsfragen psychischer Belastungen am Arbeitsplatz *Polloczek/Uhl* BB 2007, 2401.
[24] BAG 13.12.2001 – 8 AZR 131/01, EzA BGB § 611 Arbeitnehmerhaftung Nr. 69 = NJOZ 2002, 1929.
[25] BAG 19.5.2010 – 5 AZR 162/09, NZA 2010, 1119; 13.8.2009 – 6 AZR 330/08, NZA-RR 2010, 420; hierzu *Mückl/Hiebert* NZA 2010, 1259; vgl. auch *Kleinebrink* FA 2011, 66.
[26] LAG Hessen 11.2.1997 – 15 Sa 1283/96, LAGE KSchG § 1 Abs. 2 Personenbedingte Kündigung Nr. 14.
[27] BT-Drs. 13/3540, 16.
[28] BAG 8.5.1996 – 5 AZR 315/95, NZA 1997, 86.

Kommt der Arbeitgeber seinen Schutzpflichten aus § 618 BGB nicht oder nicht vollständig nach, hat der Arbeitnehmer einen einklagbaren **Erfüllungsanspruch auf Herstellung eines arbeitsschutzkonformen Zustandes**.[29] Zuzugestehen ist zwar, dass eine klageweise Durchsetzung des Anspruchs bisweilen zu spät kommen wird. Es ist aber zweifelhaft, ob es sich beim Zurückbehaltungsrecht oder der Möglichkeit einer Anzeige bei der zuständigen Aufsichtsbehörde (§ 17 ArbSchG) um geeignetere Instrumente zur Durchsetzung des Anspruchs handelt.

Es entspricht der ganz herrschenden Auffassung, dass dem betroffenen Arbeitnehmer ein **Zurückbehaltungsrecht** gem. § 273 Abs. 1 BGB zusteht, wenn der Arbeitgeber die ihm aus § 618 Abs. 1 oder Abs. 2 BGB obliegenden Schutzvorschriften nicht erfüllt.[30] Das Zurückbehaltungsrecht des Arbeitnehmers aus §§ 273 Abs. 1, 618 BGB setzt keine unmittelbare Gefahr für Leben oder Gesundheit voraus, wird jedoch durch § 242 BGB eingeschränkt mit der Folge, dass es nicht ausgeübt werden kann, wenn es sich nur um geringfügige oder kurzfristige Verstöße des Arbeitgebers gegen Arbeitsschutzpflichten handelt, die keinen nachhaltigen Schaden bewirken können (Abgrenzungsproblem).[31] Falls der Arbeitnehmer berechtigt von seinem Zurückbehaltungsrecht Gebrauch macht, gerät der Arbeitgeber nach herrschender Meinung in Annahmeverzug, so dass der Arbeitnehmer seinen Vergütungsanspruch behält.

Verkennt der Arbeitnehmer die Tatsachen, die ihn zur Zurückbehaltung der Arbeitsleistung oder der Anzeige des Arbeitgebers bei einer Behörde motivieren, kann der Arbeitgeber das Arbeitsverhältnis ggf. seinerseits kündigen. Hier sollte die Rechtsprechung um eine möglichst klare Risikoverteilung bemüht sein.[32]

Vom Zurückbehaltungsrecht nach §§ 273 Abs. 1, 618 BGB zu unterscheiden ist zum einen das sog. **allgemeine arbeitsschutzrechtliche Entfernungsrecht** des § 9 Abs. 3 S. 1 ArbSchG. Hiernach muss der Arbeitgeber Maßnahmen treffen, die es den Beschäftigten bei unmittelbarer erheblicher Gefahr (für Sicherheit und Gesundheit) ermöglichen, sich durch sofortiges Verlassen des Arbeitsplatzes in Sicherheit zu bringen.[33] Solche Maßnahmen sind etwa das Bereithalten von Rettungseinrichtungen, die Sicherung des Fluchtweges und eine Sicherheitskennzeichnung. Das Entfernungsrecht setzt nicht voraus, dass der Arbeitgeber die unmittelbare erhebliche Gefahr selbst verursacht hat, sondern (nur) eine objektiv bestehende Gefahrenlage. Aus der Wahrnehmung des Entfernungsrechts dürfen dem Beschäftigten keine Nachteile entstehen.[34]

Das allgemeine Entfernungsrecht wurde ergänzt durch die spezielle Regelung in § 21 Abs. 6 S. 2 GefStoffV aF. Diese Vorschrift gab dem Arbeitnehmer das **Recht zur Arbeitseinstellung**, wenn durch die Überschreitung bestimmter Konzentrations- oder Toleranzwerte beim Umgang mit Gefahrstoffen eine unmittelbare Gefahr für Leben oder Gesundheit bestand.[35] Die Regelung ist in die seit dem 1.1.2005 geltenden Fassungen der Gefahrstoffverordnung nicht aufgenommen worden. Es gilt seither „nur noch" § 273 Abs. 1 BGB. Insbesondere bei einem asbestbelasteten Arbeitsplatz kann der Arbeitnehmer das Recht haben, die Arbeit zu verweigern. Ein Leistungsverweigerungsrecht kann auch dann gegeben sein, wenn der Arbeitgeber vorgeschriebene Schadstoffmessungen unterlässt.[36]

Bei Verletzung von Gesundheit oder Leben des Arbeitnehmers infolge Verstoßes gegen § 618 BGB durch den Arbeitgeber besteht ein Anspruch auf **Ersatz des Personenschadens** nach § 280 Abs. 1 BGB. Im Regelfall wird es sich aber um einen Arbeitsunfall oder eine Berufskrankheit handeln. Dann greift § 104 SGB VII (keine Haftung des Arbeitgebers gegenüber dem Arbeitnehmer für den Personenschaden). Der Anspruch des Arbeitnehmers besteht

---

[29] Ganz herrschende Auffassung, vgl. nur BAG 10.3.1976 – 5 AZR 34/75, AP BGB § 618 Nr. 17; Erman/*Hanau* BGB § 618 Rn. 14; Staudinger/*Oetker* BGB § 618 Rn. 248; ErfK/*Wank* BGB § 618 Rn. 23; zu Fragen des Whistleblowing im Arbeitsschutz *Wiebauer* NZA 2015, 22.
[30] BAG 8.5.1996 – 5 AZR 315/95, AP BGB § 618 Nr. 23; Erman/*Hanau* BGB § 618 Rn. 15; zur Rechtslage bei überhitzten Arbeitsräumen *Grimm* DB 2004, 1666.
[31] Vgl. auch BAG 13.3.2008 – 2 AZR 88/07, AP KSchG 1969 § 1 Nr. 87.
[32] Zur Kündigung wegen einer Anzeige des Arbeitgebers bei Behörden → § 30 Rn. 56 ff.
[33] Umsetzung von Art. 8 Abs. 3 Buchst. b EG-Rahmenrichtlinie Arbeitsschutz.
[34] Näher *Kollmer/Klindt/Schucht* ArbSchG § 9 Rn. 55 ff.
[35] Zu Einzelheiten etwa *Möx*, Arbeitnehmerrechte in der Gefahrstoffverordnung, 1992, S. 101 ff.
[36] Vgl. Erman/*Hanau* BGB § 618 Rn. 15.

gegen die zuständige Berufsgenossenschaft, gegen den Arbeitgeber nur dann, wenn dieser den Versicherungsfall vorsätzlich oder auf einem nach § 8 Abs. 2 Nr. 1 bis 4 SGB VII versicherten Weg herbeigeführt hat. Greift der Haftungsausschluss des § 104 SGB VII nicht, erweitert § 618 Abs. 3 die Arbeitgeberhaftung auf den eingetretenen Personenschaden.[37]

20 Der Arbeitnehmer kann bei einem Verstoß seines Arbeitgebers gegen die Pflichten aus § 618 BGB auch eine **Eigenkündigung** erwägen. Die Weigerung des Arbeitgebers, zwingende Arbeitsschutznormen zu beachten, kann eine fristlose Kündigung durch den Arbeitnehmer rechtfertigen, und zwar selbst dann, wenn der Arbeitnehmer trotz des Schutzpflichtverstoßes zunächst weitergearbeitet hat.[38] Im Einzelfall ist jeweils zu prüfen, ob der Arbeitnehmer den Arbeitgeber vor einer Kündigung abmahnen musste.

21 Werden **Mitarbeiter von Fremdfirmen** im Betrieb tätig, bleibt deren Arbeitgeber grundsätzlich für deren Sicherheit verantwortlich. Nach § 8 Abs. 2 ArbSchG muss sich der Arbeitgeber, auf dessen Gelände Mitarbeiter von Fremdfirmen eingesetzt werden, dahingehend vergewissern, dass diese von ihrem Arbeitgeber die erforderlichen arbeitsschutzrechtlichen Hinweise und Belehrungen erhalten haben.[39]

22 b) **Medizinische Vorsorge.** Den Arbeitgeber treffen Verpflichtungen im Zusammenhang mit der medizinischen Vorsorge seiner Mitarbeiter. Allgemeine Vorsorgeuntersuchungen sind im ASiG geregelt. Parallel hierzu findet sich in § 11 ArbSchG die Verpflichtung des Arbeitgebers, den Arbeitnehmern auf Wunsch eine **regelmäßige arbeitsmedizinische Untersuchung** zu ermöglichen. Diese Verpflichtung entfällt nur für solche Arbeitsplätze, bei denen auf Grund der Arbeitsbedingungen und Schutzmaßnahmen (vgl. § 5 ArbSchG) nicht mit einem Gesundheitsschaden zu rechnen ist.

23 Bei speziellen Gefährdungen einer Tätigkeit sind **besondere Vorsorgeuntersuchungen** vorgesehen. Die Durchführung dieser Untersuchungen ist speziell dafür qualifizierten und zugelassenen Ärzten vorbehalten. Darüber hinaus ist die Einhaltung von Fristen (zB für Nachuntersuchungen) Voraussetzung für die Beschäftigung oder Weiterbeschäftigung des Arbeitnehmers.[40] Die besonderen arbeitsplatzbezogenen Untersuchungen sind vom Arbeitgeber zu veranlassen und zu dokumentieren. Nach § 3 Abs. 4 ArbMedVV hat der Arbeitgeber eine **Vorsorgekartei** zu führen. Auch außerhalb des Anwendungsbereichs dieser Vorschrift empfiehlt sich aus Arbeitgebersicht eine entsprechende Dokumentation.

24 Als Ausprägung medizinischer Vorsorge kann auch die Verpflichtung des Arbeitgebers angesehen werden, bei Vorliegen der gesetzlichen Voraussetzungen ein **betriebliches Eingliederungsmanagement** (bEM) nach § 84 SGB IX anzubieten. Das BAG hat hierzu klargestellt, dass den Arbeitgeber hinsichtlich der Durchführung eines bEM die Initiativlast trifft.[41]

25 c) **Nichtraucherschutz am Arbeitsplatz.** Eine besondere Schutzpflicht für die Gesundheit der Arbeitnehmer trifft den Arbeitgeber beim Nichtraucherschutz. Bereits im Jahr 1998 hat das BAG entschieden, dass § 618 Abs. 1 BGB im Einzelfall einen Anspruch auf einen rauchfreien Arbeitsplatz begründen kann, wenn dies für den betroffenen Arbeitnehmer aus gesundheitlichen Gründen geboten ist.[42] Der Arbeitgeber habe die Arbeit so zu organisieren, dass die Atemluft am Arbeitsplatz nicht mit Tabakrauch durchsetzt wird. Arbeitnehmer dürften durch **Passivrauchen** nicht in ihrer Gesundheit gefährdet werden. Die konkreten Schutzmaßnahmen sind hiernach nicht festgelegt. Das BAG hat aber klargestellt, dass besonders empfindliche Arbeitnehmer besondere Schutzmaßnahmen verlangen können.

26 Seit dem 1.9.2007 ist das Gesetz zum Schutz vor den Gefahren des Passivrauchens in Kraft. Es hat die für Betriebe maßgebliche Vorschrift des § 5 ArbStättV ergänzt.[43] Nach § 5 ArbStättV hat der Arbeitgeber die **erforderlichen Maßnahmen** zu treffen, damit die nicht

---

[37] Näher ErfK/*Wank* BGB § 618 Rn. 30; zu Verantwortlichkeit und Haftung im Arbeitsschutz *Wilrich* DB 2008, 182.
[38] BAG 28.10.1971 – 2 AZR 15/71, AP BGB § 626 Nr. 62.
[39] OLG Koblenz 13.12.2018 – 1 U 296/18, BeckRS 2018, 32688.
[40] Ausf. *Aligbe* Einstellungsuntersuchungen; *Stück/Wein* NZA-RR 2005, 505; zu Gesundheitsuntersuchungen jugendlicher Arbeitnehmer auch → Rn. 50.
[41] BAG 20.11.2014 – 2 AZR 755/13, NZA 2015, 612.
[42] BAG 17.2.1998 – 9 AZR 84/97, NZA 1998, 1231.
[43] BGBl. 2007 I 1595 ff. (Nichtraucherschutzgesetz).

rauchenden Beschäftigten in Arbeitsstätten wirksam vor den Gesundheitsgefahren durch Tabakrauch geschützt sind. Soweit erforderlich, hat der Arbeitgeber ein allgemeines oder auf einzelne Bereiche der Arbeitsstätte beschränktes **Rauchverbot** zu erlassen. Arbeitnehmer haben unter den Voraussetzungen des § 618 Abs. 1 BGB iVm § 5 Abs. 1 ArbStättV Anspruch auf Zuweisung eines tabakrauchfreien Arbeitsplatzes.[44] Eine Einschränkung wird zugelassen für Arbeitsstätten mit Publikumsverkehr. Dort hat der Arbeitgeber die Schutzmaßnahmen nur insoweit zu treffen, als die Natur des Betriebs und die Art der Beschäftigung es zulassen (§ 5 Abs. 2 ArbStättV). Für die Abgrenzung wird man insoweit auf die Erwartungshaltung der Kunden bzw. Gäste abstellen können und müssen. So werden etwa in Gaststätten (Außenbereich) typischerweise (auch) rauchende Gäste bewirtet. Auch Luftfahrtunternehmen stellen typischerweise Raucherplätze zur Verfügung. Das BAG hat den Anspruch einer Flugbegleiterin auf ein Rauchverbot in Flugzeugen verneint.[45] Ebenso besteht kein grundsätzlicher Anspruch eines Croupiers in einem Spielcasino auf einen tabakrauchfreien Arbeitsplatz.[46] Die Privilegierung setzt aber immer voraus, dass der Arbeitgeber seine unternehmerische Betätigungsfreiheit in rechtmäßiger Weise ausübt.[47]

Die Neuregelung des § 5 ArbStättV stellt eine Grundentscheidung zu Gunsten des Schutzes des nicht rauchenden Arbeitnehmers dar. Für den Arbeitgeber verbleibt zwar grundsätzlich ein weiter Regelungsspielraum bei der Umsetzung seiner Schutzpflicht. Er kann insbesondere bauliche, technische oder organisatorische Maßnahmen ergreifen und hierüber seiner Schutzpflicht genügen. Nicht selten wird aber der Erlass eines **allgemeinen Rauchverbots** die sinnvollste und praktikable Lösung sein.[48]

Insbesondere die Betriebspartner sind befugt und aufgerufen, durch Betriebsvereinbarungen ggf. ein **betriebliches Rauchverbot** zu erlassen, um Nichtraucher vor den Gesundheitsgefahren und Belästigungen des Passivrauchens zu schützen. Hierbei muss der Verhältnismäßigkeitsgrundsatz beachtet werden, weil eine solche Regelung die allgemeine Willensfreiheit der Raucher beeinträchtigt.[49]

d) **Schutz vor Alkohol im Betrieb.** Vielfältige Pflichten treffen den Arbeitgeber im Zusammenhang mit etwaigem Alkoholgenuss im Betrieb. Grundsätzlich hat der Arbeitgeber die Belegschaft – soweit möglich und zumutbar – vor den Gefahren und Schäden durch Alkohol zu bewahren.[50] Einem betrunken zur Arbeit erscheinenden Mitarbeiter ist der Zutritt zum Arbeitsplatz zu verweigern. Gefahren drohen in diesem Fall nicht allein für den alkoholisierten Mitarbeiter selbst, sondern auch für dessen Arbeitskollegen und für die betrieblichen Anlagen. Schon nach den Unfallverhütungsvorschriften der Berufsgenossenschaft (§ 38 BGV A 1) darf der Arbeitgeber solche Arbeitnehmer, die infolge Alkoholgenusses nicht (mehr) in der Lage sind, ihre Arbeit ohne Gefahr für sich oder andere auszuführen, nicht mehr beschäftigen.[51] Der Arbeitgeber muss gewährleisten, dass der betreffende Mitarbeiter sicher nach Hause gelangt. Dem alkoholisierten Arbeitnehmer darf nicht gestattet werden, die Heimfahrt mit dem eigenen Pkw oder auch nur mit dem Fahrrad anzutreten.

2. Schutzpflichten für eingebrachte Vermögensgegenstände des Arbeitnehmers

Bei Schäden an und dem Verlust von eingebrachten Sachen des Arbeitnehmers stellt sich die Frage nach der Haftung des Arbeitgebers. Aus der allgemeinen Fürsorgepflicht werden Obhuts- und Verwahrungspflichten des Arbeitgebers in Bezug auf eingebrachte Sachen des Arbeitgebers abgeleitet,[52] wobei nur solche Schutzmaßnahmen verlangt werden können, die

---

[44] BAG 19.5.2009 – 9 AZR 241/08, NZA 2009, 775; *Kock* NJW 2017, 198.
[45] BAG 8.5.1996 – 5 AZR 971/94, NZA 1996, 927.
[46] BAG 10.5.2016 – 9 AZR 347/15, NZA 2016, 1134 (zugleich zur Ausnahmeregelung in § 2 Abs. 5 Nr. 5 des Hessischen Nichtraucherschutzgesetzes).
[47] BAG 19.5.2009 – 9 AZR 241/08, NZA 2009, 775.
[48] Ausf. B. *Buchner* BB 2002, 2382; *Bergwitz* NZA-RR 2004, 169; *Ginal/Pinetzki* ArbRAktuell 2012, 369; *von Steinau-Steinrück* NJW-Spezial 2018, 370 (zur Benutzung von E-Zigaretten am Arbeitsplatz).
[49] BAG 19.1.1999 – 1 AZR 499/98, NZA 1999, 546; instruktiv hierzu *Kollmer* ArbStättV § 5 Rn. 21 ff.
[50] Näher *Künzl* BB 1993, 1581 (1584); *Müller* NJOZ 2019, 1105.
[51] § 7 Abs. 2 DGUV Vorschrift 1; hierzu etwa *Müller* NJOZ 2019, 1105 (1113 f.).
[52] Vgl. MHdB ArbR/*Reichold* § 93 Rn. 15; *Schwab* NZA-RR 2006, 505 (508) und NZA-RR 2016, 230.

dem Arbeitgeber nach den konkreten beruflichen und betrieblichen Verhältnissen zumutbar sind.[53] Bei unzureichender Erfüllung der gebotenen Schutzmaßnahmen haftet der Arbeitgeber nach den allgemeinen Grundsätzen des BGB. Die Obhuts- und Verwahrungspflicht gilt uneingeschränkt für **persönlich unentbehrliche Sachen** des Arbeitnehmers (zB Straßenkleidung, Armbanduhr, Portemonnaie mit angemessenem Geldbetrag und wohl auch Mobiltelefon), aber auch für **unmittelbar arbeitsdienliche Sachen** (zB Fachbücher, Werkzeug, Arbeitskleidung und sonstiges Arbeitsmaterial), sofern die Einbringung dieser Sachen aus Arbeitnehmersicht notwendig und für den Arbeitgeber zumutbar ist.[54]

31 Keine Ersatzpflicht besteht bei Schäden an solchen Sachen, die weder für die Arbeitsleistung des Arbeitnehmers notwendig sind noch im Zusammenhang mit der Arbeitsleistung üblicherweise eingebracht werden. Insoweit kommt allein und ausnahmsweise eine deliktische Haftung des Arbeitgebers in Betracht.[55]

32 Sonderfragen treten bei **Kraftfahrzeugen** auf, mit denen die Arbeitnehmer die Arbeitsstelle aufsuchen. Stellt der Arbeitgeber Parkplätze zur Verfügung, haftet er für solche Schäden, die infolge einer Verletzung der allgemeinen Verkehrssicherungspflicht eintreten, nicht aber für solche Schäden, die durch die Unachtsamkeit von Dritten verursacht werden und denen deshalb jeder Kraftfahrer ausgesetzt ist.[56] Eine generelle Verpflichtung zur Bereitstellung von **Firmenparkplätzen** für Pkw besteht dagegen nicht.[57] Entsprechende Grundsätze dürften für sonstige private Verkehrsmittel der Arbeitnehmer gelten.

3. Haftung des Arbeitgebers für betrieblich veranlasste Vermögensschäden des Arbeitnehmers, Aufwendungsersatz

33 Ein Aufwendungsersatzanspruch besteht bei Eigenschäden des Arbeitnehmers, wenn diese im Betätigungsbereich des Arbeitgebers entstehen, also nicht dem Lebensbereich des Arbeitnehmers zuzurechnen sind, vom Arbeitnehmer nicht verschuldet sind (§ 254 BGB ist anwendbar) und der Schaden so außerordentlich ist, dass er durch das Arbeitsentgelt nicht als abgegolten angesehen werden kann (sog. **arbeitsinadäquater Schaden**).[58] So muss der Arbeitgeber dem Arbeitnehmer an dessen Fahrzeug entstandene Unfallschäden in entsprechender Anwendung von § 670 BGB ersetzen, wenn das Fahrzeug mit Billigung des Arbeitgebers in dessen Betätigungsbereich eingesetzt wurde.[59] Eine Haftung des Arbeitgebers für **Strafen oder Bußgelder,** die dem Arbeitnehmer bei dessen Arbeitsausübung auferlegt werden, besteht nicht. Etwas anderes gilt, wenn ein Spediteur bewusst eine Fahrt mit bestimmten Terminen angeordnet hat, die zwangsläufig zu unzulässigen Lenkzeitüberschreitungen führen muss.[60]

34 Nach allgemeinen Grundsätzen ist der Arbeitgeber nach **§ 670 BGB analog** zum Ersatz solcher Aufwendungen des Arbeitnehmers verpflichtet, die vom Arbeitnehmer freiwillig erbracht wurden, sofern ein verständiger Arbeitnehmer die Aufwendungen subjektiv für notwendig halten durfte.[61] Abzugrenzen hiervon sind die nicht erstattungspflichtigen persönlichen Aufwendungen des Arbeitnehmers, die dieser von seinem Lohn zu bestreiten hat, etwa die Kosten „normaler" Arbeitskleidung, Verköstigung und Fahrtkosten für Fahrten zwischen Wohnung und Arbeitsplatz.

---

[53] BAG 1.7.1965 – 5 AZR 264/64, DB 1965, 1485.
[54] *Schwab* NZA-RR 2016, 230 (233).
[55] Näher MHdB ArbR/*Reichold* § 93 Rn. 16 ff.; LAG Hamm 21.1.2016 – 18 Sa 1409/15, nv.
[56] BAG 25.6.1975 – 5 AZR 266/74, BB 1975, 1343; vgl. auch BAG 25.5.2000 – 8 AZR 518/99, NZA 2000, 1052; zu einem vertraglich vereinbarten Haftungsausschluss BAG 28.9.1989 – 8 AZR 120/88, NZA 1990, 345 (differenzierend).
[57] Eingehend *Kreßel* RdA 1992, 169; im Ergebnis auch *Schwab* NZA-RR 2016, 230 (233); zur kostenfreien Nutzung eines Betriebsparkplatzes kraft betrieblicher Übung (verneinend) LAG Baden-Württemberg 13.1.2014 – 1 Sa 17/13, BeckRS 2014, 65788.
[58] Grundlegend BAG (GS) 10.11.1961 – GS 1/60, BB 1962, 178; vgl. auch BAG 17.7.1997 – 8 AZR 480/95, NJW 1998, 1170; *Schwab* NZA 2016, 230 (234).
[59] BAG 23.11.2006 – 8 AZR 701/05, NZA 2007, 870; auch LAG Düsseldorf 22.10.2014 – 12 Sa 617/14, ZTR 2015, 26.
[60] BAG 25.1.2001 – 8 AZR 465/00, NZA 2001, 653.
[61] BAG 1.2.1963 – 5 AZR 74/62, NJW 1963, 1221; zum Aufwendungsersatz für einen Heimarbeitsplatz BAG 14.10.2003 – 9 AZR 657/02, NZA 2004, 604.

4. Wahrung sonstiger Vermögensinteressen des Arbeitnehmers

Der Arbeitgeber hat zwar keine allgemeine Pflicht, die Vermögensinteressen des Arbeitnehmers wahrzunehmen.[62] Hiermit korrespondiert die Ablehnung einer generellen Unternehmensförderungspflicht des Arbeitnehmers.[63] Im Einzelfall kann der Arbeitgeber aber durchaus zur Wahrung vermögensrechtlicher Belange des Arbeitnehmers verpflichtet sein, etwa wenn er – ohne hierzu rechtlich verpflichtet zu sein – Auskünfte erteilt. Um hier nicht zu haften, müssen die Auskünfte eindeutig, richtig und vollständig sein.[64] Auch Aufklärungspflichten in besonderen Situationen, vornehmlich im Zusammenhang mit der Beendigung eines Arbeitsverhältnisses, können zu Gunsten der Arbeitnehmer bestehen.[65] Die schuldhafte Verletzung bestehender Aufklärungspflichten führt zur Haftung. Der Abschluss des Arbeitsvertrages allein begründet hingegen keine Schutzpflicht des Arbeitgebers, den Arbeitnehmer vor Vermögensnachteilen zu bewahren.[66] Geht es aber um die Bewilligung von Kurzarbeit, kann der Arbeitgeber gehalten sein, den Arbeitnehmern aufzuzeigen, wie die Voraussetzungen für ein erhöhtes Kurzarbeitergeld (vgl. § 105 SGB III) erfüllt werden können.

III. Schutz besonderer Personengruppen

Bei der Beschäftigung besonders geschützter Personen hat der Arbeitgeber spezielle Pflichten zu wahren. Dies gilt insbesondere gegenüber
- Mitarbeiterinnen im Mutterschutz
- Jugendlichen und
- schwerbehinderten Menschen.

1. Mutterschutz

Bei der Beschäftigung werdender oder stillender Mütter ist das Mutterschutzgesetz (MuSchG)[67] zu beachten. Nach § 9 Abs. 1 MuSchG hat der Arbeitgeber im Rahmen des **betrieblichen Gesundheitsschutzes** bei der Gestaltung der Arbeitsbedingungen einer schwangeren oder stillenden Frau alle aufgrund der Gefährdungsbeurteilung (§ 10 MuSchG) erforderlichen Maßnahmen für den Schutz ihrer physischen und psychischen Gesundheit sowie der ihres Kindes zu treffen. Gefährdungen müssen möglichst vermieden werden (§ 9 Abs. 2 MuSchG). Unzulässige Tätigkeiten sind in §§ 11, 12 MuSchG detailliert aufgeführt, § 14 MuSchG regelt umfassende Dokumentations- und Informationspflichten des Arbeitgebers.

Der Arbeitgeber hat insbesondere die **im Gesetz vorgesehenen Beschäftigungsverbote** zu beachten. Die sog. **individuellen Beschäftigungsverbote** beruhen auf einem ärztlichen Zeugnis oder einer behördlichen Anordnung. So dürfen werdende Mütter nicht beschäftigt werden, soweit nach ärztlichem Zeugnis ihre Gesundheit oder die ihres Kindes bei einer Fortdauer der Beschäftigung gefährdet ist (§ 16 Abs. 1 MuSchG). Auch ein vorläufiges Beschäftigungsverbot kann in Betracht kommen.[68]

Generelle Beschäftigungsverbote (Schutzfristen vor und nach der Entbindung) enthält § 3 MuSchG. In den letzten sechs Wochen vor dem errechneten Entbindungstermin dürfen werdende Mütter nicht beschäftigt werden. Dieses Verbot kann die werdende Mutter selbst aufheben, wenn sie sich zur Arbeitsleistung ausdrücklich bereit erklärt. Die Erklärung kann jederzeit widerrufen werden (§ 3 Abs. 1 S. 2 MuSchG). Nach der Entbindung beträgt die Schutzfrist acht Wochen (§ 3 Abs. 2 S. 1 MuSchG). Bei Risikogeburten verlängert sich die Schutzfrist auf zwölf Wochen (§ 3 Abs. 2 S. 2 MuSchG).

---

[62] Zuletzt BAG 18.2.2020 – 3 AZR 206/18, NZA 2020, 860.
[63] Hierzu bereits → § 33 Rn. 31 f.
[64] BAG 18.2.2020 – 3 AZR 206/18, NZA 2020, 860.
[65] Hierzu noch → Rn. 124 ff.
[66] MHdB ArbR/*Reichold* § 93 Rn. 49.
[67] Zur Gesetzesnovelle ab dem 1.1.2018 vgl. etwa *Bayreuther* NZA 2017, 1145.
[68] BAG 11.11.1998 – 5 AZR 49/98, NZA 1999, 763.

40 Wenn der Arbeitgeber unverantwortbare Gefährdungen für die schwangere oder stillende Frau oder ihr (ungeborenes) Kind feststellt, kommt als ultima ratio unter den Voraussetzungen des § 13 Abs. 1 Nr. 3 MuSchG ein **betriebliches Beschäftigungsverbot** in Betracht. Vorrangig sind allerdings die Arbeitsbedingungen umzugestalten. Sofern dies nicht erfolgen kann, muss eine Umsetzung an einen anderen Arbeitsplatz versucht werden. Erst wenn auch diese Maßnahme nicht möglich ist, kann ein betriebliches Beschäftigungsverbot ausgesprochen werden. Durch die **gesetzlich vorgeschriebene Stufenfolge** soll vermieden werden, dass vorschnell auf ein Beschäftigungsverbot zurückgegriffen wird, ohne im Vorfeld andere Maßnahmen zu prüfen. Bei einem betrieblichen Beschäftigungsverbot ist Mutterschutzlohn nach § 18 MuSchG zu zahlen. Ob eine Erstattung nach dem AAG erfolgt, hängt davon ab, ob die Voraussetzungen des § 13 Abs. 1 Nr. 3 MuSchG tatsächlich vorlagen.

41 Zum Gesundheitsschutz gehört auch der **Arbeitszeitschutz.** § 4 MuSchG regelt Einschränkungen der Mehrarbeit (Verbot), § 5 MuSchG ein Nachtarbeitsverbot, § 6 MuSchG ein Verbot der Sonn- und Feiertagsarbeit. Nach Maßgabe von § 28 MuSchG kann eine Beschäftigung zwischen 20 Uhr und 22 Uhr behördlich genehmigt werden.

42 Das MuSchG aF sah keine **Mindestruhezeit** vor. Zum 1.1.2018 ist diese über § 4 Abs. 2 MuSchG eingeführt worden. Die vorgeschriebene Ruhezeit von 11 Stunden entspricht zwar § 5 Abs. 1 ArbZG. Anders als im allgemeinen Arbeitszeitrecht (vgl. § 5 Abs. 2, 3 ArbZG) gilt die Ruhezeitregelung für schwangere oder stillende Frauen aber ausnahmslos.[69]

43 Der Gesundheitsschutz wird flankiert durch den sog. **Entgeltschutz.** Während der Dauer der Beschäftigungsverbote einschließlich der Schutzfristen ist die (werdende) Mutter vor finanziellen Nachteilen geschützt
- durch die Zahlung des Mutterschutzlohnes (§ 18 Abs. 1 MuSchG) sowie den
- Zuschuss zum Mutterschaftsgeld (§ 20 Abs. 1 MuSchG).[70]

44 Neben den Gesundheits- und Entgeltschutz tritt der **Arbeitsplatzschutz** in Form des Kündigungsverbots während der Schwangerschaft und mindestens bis zum Ablauf von vier Monaten nach der Entbindung. Einzelheiten des seit dem 1.1.2018 in § 17 MuSchG geregelten Kündigungsverbots sind an anderer Stelle des vorliegenden Handbuchs behandelt.[71]

2. Jugendschutz

45 Das insoweit maßgebliche **Jugendarbeitsschutzgesetz (JArbSchG)** enthält zwingende Vorgaben für Höchstarbeitszeiten, Ruhepausen und Freizeiten, Beschäftigungsverbote und Beschäftigungsbeschränkungen, zum Vorrang der Berufsschule und zur medizinischen Vorsorge. Das Gesetz regelt die Beschäftigung von Personen, die **noch keine 18 Jahre alt** und fremdbestimmt tätig sind. Nicht erfasst werden geringfügige Hilfeleistungen, wenn diese nur gelegentlich und aus Gefälligkeit, auf Grund familienrechtlicher Vorschriften oder in Einrichtungen der Jugendhilfe bzw. zur Eingliederung Behinderter erbracht werden. Das Gesetz gilt auch nicht für die Beschäftigung durch die Eltern im Familienhaushalt (§ 1 Abs. 2 JArbSchG).

46 **Kinderarbeit** ist grundsätzlich verboten. Kind im Sinne des Gesetzes ist, wer keine 15 Jahre alt ist (§§ 5 Abs. 1, 2 Abs. 1 JArbSchG). Ausnahmen gelten insbesondere nach Maßgabe der Verordnung über den **Kinderarbeitsschutz.**[72] Zulässig sind hiernach nur
- das Austragen von Zeitungen, Zeitschriften, Anzeigeblättern und Werbeprospekten
- in privaten und landwirtschaftlichen Haushalten die Tätigkeit in Haushalt und Garten
- Botengänge
- die Betreuung von Kindern und anderen zum Haushalt gehörenden Personen
- Nachhilfeunterricht
- die Betreuung von Haustieren
- Einkaufstätigkeiten (Ausnahme: Einkauf von alkoholischen Getränken und Tabakwaren)
- in landwirtschaftlichen Betrieben: Tätigkeiten bei der Ernte und der Feldbestellung, der Selbstvermarktung landwirtschaftlicher Erzeugnisse und der Versorgung von Tieren.

---

[69] Vgl. *Bayreuther* NZA 2017, 1145 (1147).
[70] Zur Verfassungsmäßigkeit BVerfG 18.11.2003 – 1 BvR 302/96, NZA 2004, 33.
[71] *Betz* → § 45 Rn. 3 ff.
[72] KindArbSchV v. 23.6.1998, BGBl. 1998 I 1508.

Gestattet sind auch Handreichungen beim Sport (Beispiel: Balljunge beim Profitennis) sowie Tätigkeiten bei nicht gewerblichen Aktionen und Veranstaltungen der Kirchen, Religionsgemeinschaften, Verbände, Vereine und Parteien. Ausgeschlossen sind hingegen die Beschäftigung in Betrieben der gewerblichen Wirtschaft oder Verwaltungen sowie körperlich belastende Arbeiten.

Für Veranstaltungen sind **behördliche Ausnahmen** möglich (§ 6 JArbSchG). Erfasst ist die Mitwirkung und Teilnahme von Kindern an Theatervorstellungen, Musik- und anderen Aufführungen, Werbeveranstaltungen, bei Aufnahmen in Hörfunk und Fernsehen, auf Ton- und Bildträgern sowie bei Film- und Fotoaufnahmen.

Die **Beschäftigung Jugendlicher** (Personen, die 15, 16 oder 17 Jahre alt sind; vgl. § 2 Abs. 2 JArbSchG) ist in §§ 9 ff. JArbSchG geregelt. Zu erwähnen sind die Beschäftigungsverbote bei gefährlichen Arbeiten (§ 22 JArbSchG), Beschäftigungsbeschränkungen hinsichtlich Akkordarbeit und bei tempoabhängigen Arbeiten (§ 23 JArbSchG), das Verbot von Arbeiten unter Tage (§ 24 JArbSchG) sowie das Verbot der Beschäftigung durch bestimmte Personen (§ 25 JArbSchG).

Wesentlich ist, dass ein in das Berufsleben eintretender Jugendlicher nur beschäftigt werden darf, wenn er innerhalb der letzten 14 Monate von einem Arzt untersucht wurde – sog. **Erstuntersuchung** – und dem Arbeitgeber eine hierüber ausgestellte Bescheinigung vorgelegt wird (§ 32 JArbSchG). Darüber hinaus hat sich der Jugendliche einer sog. **ersten Nachuntersuchung** zu unterziehen, die innerhalb eines Jahres nach Aufnahme der ersten Beschäftigung erfolgen muss (§ 33 JArbSchG). Für den Arbeitgeber besteht die Pflicht, den Jugendlichen auf dieses Erfordernis ausdrücklich hinzuweisen und ihn gegebenenfalls schriftlich zur Vorlage der **ärztlichen Unbedenklichkeitsbescheinigung** aufzufordern. Wenn der Jugendliche nach Ablauf von 14 Monaten seit Aufnahme der ersten Beschäftigung die Nachuntersuchung nicht dokumentieren kann, greift ein Beschäftigungsverbot, und zwar auch für die Aufnahme einer neuen Tätigkeit bei einem anderen Arbeitgeber.[73]

Im Hinblick auf die Einrichtung und Unterhaltung der Arbeitsstätte einschließlich Maschinen, Werkzeuge und Geräte treffen den Arbeitgeber bei der Beschäftigung von Jugendlichen besondere Fürsorgepflichten. Vor Beginn der Beschäftigung und bei wesentlicher Änderung der Arbeitsbedingungen hat der Arbeitgeber den Jugendlichen über die Unfall- und Gesundheitsgefahren, denen er bei der Beschäftigung ausgesetzt ist, sowie über die Einrichtungen und Maßnahmen zur Abwendung dieser Gefahren zu unterweisen. Die **Unterweisungspflicht** erstreckt sich auch auf die besonderen Gefahren der Arbeiten an Maschinen oder gefährlichen Arbeitsstellen bzw. solcher Arbeiten, bei denen Jugendliche mit gesundheitsgefährdenden Stoffen in Berührung kommen (§ 29 Abs. 1 JArbSchG; vgl. auch § 12 ArbSchG).

3. Schutz schwerbehinderter Menschen

Zahlreiche besondere Schutzpflichten treffen den Arbeitgeber im Zusammenhang mit der Beschäftigung schwerbehinderter Menschen.[74] Das Schwerbehindertenrecht ist seit dem 1.7.2001 im SGB IX normiert. Die vormaligen Regelungen des Schwerbehindertengesetzes finden sich seither im zweiten Teil des SGB IX, dessen erster Teil Vorschriften zur Rehabilitation und Teilhabe behinderter und von Behinderung bedrohter Menschen enthält.

Die Regelungen zur **Beschäftigungspflicht** (§ 154 ff. SGB IX) liefern **kein subjektives Recht auf Einstellung** gegenüber einem bestimmten Arbeitgeber.[75] Der Arbeitgeber muss zwar prüfen, ob freie Arbeitsplätze mit schwerbehinderten Menschen besetzt werden können (§ 164 Abs. 1 SGB IX). Der Arbeitgeber bleibt aber in der Entscheidung frei, mit welchem Bewerber er den Arbeitsplatz besetzen will.[76] Öffentliche Arbeitgeber haben schwerbehinderte Bewerber, deren fachliche Eignung nicht offensichtlich fehlt, zwingend zu einem

---

[73] Ausf. zu Untersuchungen nach dem JArbSchG *Aligbe* Einstellungsuntersuchungen Rn. 350 ff.
[74] Zum Diskriminierungsschutz bei Behinderung *Stümper* öAT 2017, 114; *Düwell* BB 2006, 1741.
[75] BAG 5.10.1995 – 2 AZR 923/94, DB 1996, 580.
[76] BAG 14.11.1989 – 1 ABR 88/88, DB 1990, 636.

Vorstellungsgespräch einzuladen (§ 165 SGB IX). Erfolgt dies nicht, haben die Bewerber Entschädigungsansprüche.[77]

54 Besondere Verpflichtungen hat der Arbeitgeber gegenüber bereits bei ihm beschäftigten schwerbehinderten Menschen. Schwerbehinderte Arbeitnehmer sind so zu beschäftigen, dass sie ihre Fähigkeiten und Kenntnisse möglichst voll verwerten und weiter entwickeln können (§ 164 Abs. 4 Nr. 1 SGB IX).[78] Der Arbeitgeber hat die Einsatzfähigkeit des schwerbehinderten Menschen dadurch zu unterstützen, dass dieser bevorzugt zu innerbetrieblichen Maßnahmen der beruflichen Bildung zur Förderung des beruflichen Fortkommens herangezogen wird. Die Teilnahme an außerbetrieblichen Bildungsmaßnahmen ist zu ermöglichen (§ 164 Abs. 4 Nr. 2, 3 SGB IX), die Einrichtung von Teilzeitarbeitsplätzen zu fördern (§ 164 Abs. 5 SGB IX).

55 Falls die Leistungsfähigkeit eines schwerbehinderten Menschen abnimmt, hat der Arbeitgeber ihm einen Arbeitsplatz zuzuweisen, auf dem er seine eingeschränkte Arbeitskraft durch entsprechende Tätigkeit noch einsetzen kann.[79] Kann der schwerbehinderte Mensch hingegen seine arbeitsvertraglich geschuldete Leistung aus gesundheitlichen Gründen überhaupt nicht mehr erbringen, so lässt sich auch aus dem Schwerbehindertenrecht kein Anspruch auf Fortzahlung der Arbeitsvergütung herleiten.[80] Eine krankheitsbedingte Kündigung ist dann nicht ausgeschlossen.

56 Schwerbehinderte Menschen haben Anspruch auf einen bezahlten **Zusatzurlaub** von fünf Arbeitstagen im Urlaubsjahr (§ 208 SGB IX). Auf ihr Verlangen sind sie von **Mehrarbeit** freizustellen (§ 207 SGB IX). Erhebliche Bedeutung hat der in §§ 168 ff. SGB IX geregelte **Sonderkündigungsschutz** für schwerbehinderte Menschen. Besonderheiten und Verfahren sind an anderer Stelle dieses Handbuchs behandelt.[81]

IV. Persönlichkeitsschutz, Persönlichkeitsrecht

1. Grundlagen

57 Der Arbeitgeber hat als Ausprägung der allgemeinen Fürsorgepflicht insbesondere das Persönlichkeitsrecht eines jeden Arbeitnehmers zu achten. Es handelt sich um das Recht des Einzelnen auf **Achtung seiner Menschenwürde** und auf **Entfaltung seiner individuellen Persönlichkeit**.[82] § 75 Abs. 2 BetrVG verpflichtet Arbeitgeber und Betriebsrat gleichermaßen zum Schutz der freien Entfaltung der Persönlichkeit der Arbeitnehmer.[83] Das allgemeine Persönlichkeitsrecht wird in ständiger Rechtsprechung als „sonstiges Recht" iSd § 823 Abs. 1 BGB anerkannt. Im Streitfall bemisst sich die Reichweite des Persönlichkeitsrechts nach dem Prinzip der Güter- und Interessenabwägung. Zu den schutzfähigen Persönlichkeitsgütern gehören ua die Privatsphäre, Geheimsphäre und Intimsphäre, die persönliche Ehre, das Verfügungsrecht über die Darstellung der eigenen Person sowie das Recht am eigenen Bild und am eigenen Wort.[84] Hierbei ist der so genannte Ehrenschutz auf den Schutz gegen unwahre Behauptungen, herabsetzende oder entwürdigende Äußerungen und Verhaltensweisen und die Wahrung des sozialen Geltungsanspruchs gerichtet.[85]

58 Die **Begrenzung des Persönlichkeitsschutzes** erfolgt durch schützenswerte betriebliche Interessen des Arbeitgebers (oder entsprechende Interessen anderer Arbeitnehmer). Nicht ge-

---

[77] Aus der Rechtsprechung etwa BAG 11.8.2016 – 8 AZR 375/15, NZA 2017, 43; LAG Mecklenburg-Vorpommern 28.9.2017 – 4 Sa 93/17, BeckRS 2017, 141134.
[78] Zum schwerbehindertenrechtlichen Beschäftigungsanspruch BAG 3.12.2002 – 9 AZR 481/01, NZA 2003, 1215; *Nassibi* NZA 2012, 720.
[79] BAG 10.7.1991 – 5 AZR 383/90, DB 1991, 2489; zum Schadensersatzanspruch wegen Nichtzuweisung eines behindertengerechten Arbeitsplatzes LAG Rheinland-Pfalz 5.6.2008 – 10 Sa 699/07, BeckRS 2008, 55356; vgl. auch BAG 19.8.2010 – 8 AZR 315/09, NZA 2010, 1443.
[80] BAG 23.1.2001 – 9 AZR 287/99, NZA 2001, 1020.
[81] Vgl. hierzu *Betz/Burg* → § 45 Rn. 110 ff.
[82] BGH 14.2.1958 – I ZR 151/56, BGHZ 26, 349 (354) – „Herrenreiter".
[83] Hierzu etwa *Wiese* NZA 2006, 1 (5 ff.).
[84] Vgl. etwa BAG 27.3.2003 – 2 AZR 51/02, NZA 2003, 1193 mwN.
[85] BAG 16.5.2007 – 8 AZR 709/06, NZA 2007, 1155 (1160).

eignet für eine Begrenzung des Persönlichkeitsschutzes sind etwaige persönliche (private) Erwartungen des Arbeitgebers hinsichtlich der privaten Lebensführung seiner Arbeitnehmer, wenn nicht ausnahmsweise der private Lebenswandel eines Arbeitnehmers die Zusammenarbeit der Mitarbeiter, den Betriebsfrieden oder Kundenbeziehungen beeinträchtigt.[86] Bei vom Arbeitgeber unter Verletzung des Persönlichkeitsrechts gewonnenen Erkenntnissen stellt sich die Frage ihrer prozessualen Verwertbarkeit.[87] Spezielle Ausprägungen des Persönlichkeitsschutzes sollen nachfolgend eingehender erörtert werden.

2. Eingriffe in das Persönlichkeitsrecht

a) Abhören von Telefonaten, Erfassung von Telefondaten. Das Abhören von Telefongesprächen der Mitarbeiter ist generell unzulässig. Auf diese Weise erlangte Beweismittel dürfen deshalb im Prozess auch nicht verwertet werden.[88] Anders ist es, wenn der Arbeitnehmer dem Mithören eines Telefongesprächs konkret zugestimmt hat.[89] Ist das heimliche Mithören von Telefonaten unzulässig, kann auch der zielgerichtet mithörende Dritte später dementsprechend nicht als Zeuge zum Inhalt des Gesprächs gehört werden (Beweisverwertungsverbot).[90] Ein anderes gilt selbstredend für die Aussage des Zeugen über die Äußerungen des (bei ihm) anwesenden Gesprächsteilnehmers selbst; hierdurch wird das Persönlichkeitsrecht des anderen Gesprächspartners nicht berührt.[91] Zur Berechtigung des Mithörenlassens von Telefonaten kann ergänzend auf Rechtsprechung des Bundesverfassungsgerichts zurückgegriffen werden.[92]

Die automatische **Erfassung von Telefondaten** bei Dienstgesprächen bzw. Privatgesprächen aus dienstlichem Anlass ist hingegen erlaubt, soweit die Anzahl, der Zeitpunkt, die Dauer des Telefonats sowie die verbrauchten Gebühreneinheiten und die Zielnummer erfasst werden.

b) Datenschutz. Der betriebliche Datenschutz kann insgesamt als Ausprägung des allgemeinen Persönlichkeitsschutzes angesehen werden.[93] Ziel des Datenschutzes im Arbeitsrecht ist es, die Privatsphäre des Arbeitnehmers gegen Gefahren zu schützen, die durch den Missbrauch persönlicher Daten durch andere entstehen können.[94] In diesem Zusammenhang ist auch die Verpflichtung des Arbeitgebers zu nennen, in die Personalakte aufgenommene sensible Daten seiner Arbeitnehmer besonders aufzubewahren. Zur Personalakte genommene Gesundheitsdaten sind in besonderer Weise vor zufälliger Kenntnisnahme zu schützen.[95]

Der Daten- und Persönlichkeitsschutz des Beschäftigten muss nach Ansicht des BAG im Einzelfall zurücktreten, wenn der Arbeitgeber aus einem nicht willkürlichen Anlass prüfen möchte, ob der Arbeitnehmer seine vertraglichen Pflichten vorsätzlich verletzt hat. Dazu kann der Arbeitgeber selbst ohne Vorliegen eines durch Tatsachen begründeten Anfangsverdachts auf einem Dienstrechner des Arbeitnehmers **gespeicherte Daten einsehen,** sofern diese nicht als „privat" gekennzeichnet sind.[96] Der Arbeitgeber soll weitergehend **alle Daten speichern und verwenden** dürfen, die er benötigt, um die ihm obliegende Darlegungs- und Beweislast in einem potenziellen Kündigungsschutzprozess zu erfüllen.[97]

---

[86] Zur rechtlichen Beurteilung von Recherchen des Arbeitgebers in „sozialen Netzwerken" bei Personal(einstellungs)entscheidungen *Forst* NZA 2010, 427; *Göpfert/Wilke* NZA 2010, 1329; *Kania/Sansone* NZA 2012. 360; *Gola* NZA 2019, 654.
[87] Vgl. *Lunk* NZA 2009, 457.
[88] BAG 29.10.1997 – 5 AZR 508/96, DB 1998, 371.
[89] BVerfG 19.12.1991 – 1 BvR 382/85, NZA 1992, 307.
[90] BAG 23.4.2009 – 6 AZR 189/08, NZA 2009, 974.
[91] LAG Düsseldorf 24.4.1998 – 10 Sa 157/98, DB 1998, 1522.
[92] BVerfG 9.10.2002 – 1 BvR 1611/96 und 805/98, NJW 2002, 3619; hierzu etwa *Grosjean* DB 2003, 2650f.; BVerfG 2.4.2003 – 1 BvR 215/03, NJW 2003, 2375.
[93] MHdB ArbR/*Reichold* § 96 Rn. 1; instruktiv zum Datenschutz im Konzern Braun/Wisskirchen KonzernArbR/*Panzer-Heemeier* S. 302ff. (zur Rechtslage vor dem 25.5.2018).
[94] Zur (prozessualen) Verwertung von Beweismitteln bei Verletzung des Arbeitnehmerdatenschutzes *Dzida/Grau* NZA 2010, 1201.
[95] BAG 12.9.2006 – 9 AZR 271/06, NZA 2007, 269.
[96] BAG 31.1.2019 – 2 AZR 426/18, NZA 2019, 893 (Zulässigkeit bejaht nach § 32 Abs, 1 Nr. 1 BDSG aF).
[97] LAG Berlin-Brandenburg 10.12.2019 – 7 Sa 557/19, NZA-RR 2020, 224.

63 Eine Nebenpflicht des Arbeitnehmers aus dem Arbeitsverhältnis, der Veröffentlichung seiner Daten zuzustimmen, besteht nicht. Wenn allerdings eine zeitlich nicht beschränkte Einwilligung in die Verwendung einer den Arbeitnehmer zeigenden Videoaufnahme vorliegt, die insgesamt Werbezwecken des Arbeitgebers dient, kann der Arbeitgeber auch noch nach Beendigung des Einzelarbeitsverhältnisses zur Nutzung des Videos berechtigt sein.[98]

64 c) Überwachung und Kontrolle.[99] Mit Recht hat das BAG eine **systematische und ständige Überwachung** durch technische Einrichtungen (Beispiel: Monitore, Videokameras, Mikrofone) als erheblichen Eingriff in die Persönlichkeitssphäre des Arbeitnehmers angesehen. Individualrechtlich ist eine solche Überwachung nur gerechtfertigt, wenn sie das einzig brauchbare Mittel ist, um den mit ihr verfolgten Zweck zu erreichen, beispielsweise bei der Ermittlung von Diebstählen oder Warenschwund in erheblichem Umfang.[100] Die betriebliche Mitbestimmung folgt dann aus § 87 Abs. 1 Nr. 6 BetrVG. Auch wenn über Kameraaufnahmen die Einhaltung der im Rahmen der Corona-Pandemie empfohlenen Sicherheitsabstände kontrolliert werden soll, sind die Mitbestimmugsrechte des Betriebsrats (§ 87 Abs. 1 Nr. 6 und 7 BetrVG) zu beachten.[101]

65 Hingegen ist die bloß **gelegentliche Kontrolle** des Arbeitnehmers am Arbeitsplatz grundsätzlich zulässig. Sie dient im Regelfall der Überprüfung der Arbeitspflichterfüllung am Arbeitsplatz und geschieht durch Vorgesetzte, Meister oder durch die (Verpflichtung zur) Erstellung von Tätigkeitsberichten.[102] Vom Arbeitgeber veranlasste **Testeinkäufe** („Ehrlichkeitskontrollen") sollen ebenfalls keinen rechtswidrigen Eingriff in das allgemeine Persönlichkeitsrecht des Arbeitnehmers darstellen. Wenn auf Grund einer solchen Kontrolle der Verdacht besteht, dass eine Kassiererin Geld unterschlägt, sind die entsprechenden Erkenntnisse deshalb auch im Kündigungsschutzprozess verwertbar.[103] Auch **Taschenkontrollen** nach dem Zufallsprinzip (Zufallsgenerator) können zulässig sein.[104] Bei heimlich durchgeführten **Schrankkontrollen** kann jedoch ein Verwertungsverbot bestehen.[105] Es kommt auch hier – wie so oft – auf die Einzelfallumstände an.

66 Unbedenklich sind Kontrolleinrichtungen, die ausschließlich den Arbeitsablauf und nicht das Verhalten der Arbeitnehmer überwachen.[106] Auch ein **Detektiveinsatz** zur Überwachung des Arbeitsverhaltens verdächtiger Arbeitnehmer ist möglich und unterliegt nicht der Mitbestimmung des **Betriebsrats**.[107] **Sonderfragen** treten bei den heute gegebenen technischen Möglichkeiten der Überwachung extern tätiger Arbeitnehmer durch (zB) Handy-Ortung oder GPS-Ortung auf.[108]

67 Ist einem Arbeitnehmer die private Nutzung des **dienstlichen E-Mail-Accounts** untersagt, so muss er dulden, dass der Arbeitgeber den Account **überwacht**, um zu überprüfen, ob der Account tatsächlich ausschließlich zu dienstlichen Zwecken nutzt. Der Schutzbereich des

---

[98] BAG 11.12.2014 – 8 AZR 1010/13, NZA 2015, 604; vgl. auch BAG 19.2.2015 – 8 AZR 1011/13, BeckRS 2015, 67598; hierzu *Grimm* JM 2015, 374; zum Recht am eigenen Bild im Arbeitsverhältnis *Benecke/Groß* NZA 2015, 833; *Grau/Schaut* NZA 2015, 981.
[99] Ausf. zur Arbeitnehmerüberwachung aus Compliance-Sicht *Stück* CCZ 2020, 77.
[100] BAG 27.3.2003 – 2 AZR 51/02, NZA 2003, 1193; 16.12.2010 – 2 AZR 485/08, NZA 2011, 571; 21.6.2012 – 2 AZR 153/11, NZA 2012, 1025; 21.11.2013 – 2 AZR 797/11, NZA 2014, 243; ausf. zur Videoüberwachung *Maties* NJW 2008, 2219; *Dzida/Grau* NZA 2010, 1201 (1202 f.); *Bergwitz* NZA 2012, 353; *Venetis/Oberwetter* NJW 2016, 1051; *Akkilic* NZA 2020, 623 (624 f.); zur Beteiligung des Betriebsrats bei der Einführung einer Videoüberwachung im Betrieb BAG 26.8.2008 – 1 ABR 16/07, NZA 2008, 1187.
[101] ArbG Wesel 24.4.2020 – 2 BVGa 4/20, BeckRS 2020, 6941 (nicht rechtskräftig).
[102] Zur Mitbestimmungsfreiheit insoweit BAG 24.11.1981 – 1 ABR 108/79, AP BetrVG 1972 § 87 Ordnung des Betriebes Nr. 3 mAnm *Herschel*.
[103] Zu Beteiligungsrechten des Betriebsrats beim Testkauf *Deckers/Deckers* NZA 2004, 139.
[104] BAG 9.7.2013 – 1 ABR 2/13 (A), NZA 2013, 1433.
[105] BAG 20.6.2013 – 2 AZR 546/12, NZA 2014, 143.
[106] Zu vorbeugenden Torkontrollen *Kerscher* SPA 2017, 117.
[107] BAG 26.3.1991 – 1 ABR 26/90, DB 1991, 1834; *Maschmann* NZA 2002, 13; Mitbestimmungspflicht greift aber dann, wenn das Ordnungsverhalten der Arbeitnehmer überwacht wird; vgl. *Lingemann/Göpfert* DB 1997, 374; *Thüsing/Romberg* NZA 2018, 1105.
[108] Hierzu instruktiv *Gola* NZA 2007, 1139; vgl. auch *Lunk* NZA 2009, 457 (461); zuletzt *Göpfert/Papst* DB 2016, 1015.

Art. 8 EMRK ist zwar betroffen, bei der gebotenen umfassenden Güterabwägung (Art. 8 Abs. 2 EMRK) überwiegen aber die Interessen des Arbeitgebers.[109]

d) Mobbing. Das Thema Mobbing hat weiterhin Konjunktur – bedauerlicherweise in der Praxis wie vor den Gerichten. Der sog. Psychoterror am Arbeitsplatz hat viele Varianten. Das BAG hat Mobbing schon im Jahr 1997 als systematisches Anfeinden, Schikanieren und Diskriminieren von Arbeitnehmern untereinander und durch Vorgesetzte (auch durch den Arbeitgeber selbst) beschrieben.[110] 68

Die spätere Rechtsprechung der Landesarbeitsgerichte hat versucht, diese Definition weiterzuentwickeln und bezeichnet mit Mobbing 69
- fortgesetzte, aufeinander aufbauende und ineinander übergreifende Verhaltensweisen, die
- der Anfeindung, Schikane oder Diskriminierung dienen,
- nach ihrer Art und ihrem Ablauf im Regelfall einer übergeordneten, von der Rechtsordnung nicht gedeckten Zielsetzung dienen und
- in ihrer Gesamtheit das allgemeine Persönlichkeitsrecht, die Ehre oder die Gesundheit des Betroffenen verletzen.[111]

Es handelt sich aber um **keinen Rechtsbegriff**. Mobbing ist „als tatsächliche Erscheinung rechtlich zu würdigen".[112] Immer bedarf es der Abgrenzung zu dem in einem Betrieb im Allgemeinen üblichen oder rechtlich erlaubten und deshalb hinzunehmenden Verhalten. Nicht jede Auseinandersetzung oder Meinungsverschiedenheit zwischen Kollegen und/oder Vorgesetzten und Untergebenen erfüllt den Begriff des Mobbing. So fehlt es bei kurzfristigen Konfliktsituationen mit Vorgesetzten oder Arbeitskollegen in der Regel schon an der notwendigen systematischen Vorgehensweise.[113] Liegt allerdings eine Persönlichkeitsverletzung vor, ist sie auch dann als solche zu behandeln, wenn zusätzlich festzustellen ist, dass diese nach den Eigenheiten des Betriebs oder Unternehmens „nicht ungewöhnlich" ist.[114] Maßstab muss weiter sein, dass arbeitsrechtlich zulässige Maßnahmen nicht die Grundlage eines Anspruchs sein können. Einzelne rechtswidrige Maßnahmen können hingegen keinen Anspruch auf Schadensersatz wegen „Mobbing" begründen.[115] 70

Nach einer Entscheidung des LAG Nürnberg können Ansprüche auf Schadensersatz und Schmerzensgeld wegen Arbeitsunfähigkeit, die ein Arbeitnehmer auf Mobbing zurückführt, nur dann begründet sein, wenn der Arbeitnehmer zumindest **Pflichtwidrigkeiten des Arbeitgebers** oder diesem nach § 278 und § 831 BGB zurechenbarer Arbeitskollegen belegen kann. Fehlerhafte Weisungen des Vorgesetzten, wie eine Arbeitsleistung zu erbringen ist, stellen keine solchen Pflichtwidrigkeiten dar. Nimmt sich der Arbeitnehmer eine fehlerhafte Weisung so zu Herzen, dass er hiervon arbeitsunfähig wird, bestehen keine Schadensersatzansprüche gegen den Arbeitgeber. Dieser ist auch nicht aus Gründen der Fürsorgepflicht gehalten, die sachliche Richtigkeit der Weisungen des Vorgesetzten zu überprüfen.[116] 71

Als Anspruchsgrundlage für Ansprüche wegen Mobbing – Mobbing ist **keine eigenständige Anspruchsgrundlage**[117] – kommen die §§ 823 ff. BGB oder positive Vertragsverletzung (§ 280 BGB) in Betracht. Jeweils ist Voraussetzung, dass ein Verhalten des Anspruchsgegners ursächlich für einen Schaden des Anspruchstellers geworden ist und dass das Verhalten vor- 72

---

[109] EGMR 12.1.2016 – 61496/08, ArbRB 2016, 99 – Barbulescu/Rumänien; in dieselbe Richtung LAG Berlin-Brandenburg 14.1.2016 – 5 Sa 657/15, BeckRS 2016, 67048; hierzu *Brink/Wirtz* ArbR 2016, 255; zur Überwachung der Telekommunikation *Akkilic* NZA 2020, 623 (625 f.).
[110] BAG 15.1.1997 – 7 ABR 14/96, NZA 1997, 781.
[111] Aus der Rechtsprechung LAG Thüringen 15.2.2001 – 5 Sa 102/00, NZA-RR 2001, 577; 10.4.2001 – 5 Sa 403/2000, NZA-RR 2001, 347 (besonders ausführlich); LAG Schleswig-Holstein 19.3.2002 – 3 Sa 1/02, NZA-RR 2002, 457; LAG Hamm 25.6.2002 – 18 (11) Sa 1295/01, NZA-RR 2003, 8; LAG Rheinland-Pfalz 19.2.2004 – 2 Ta 12/04, NZA-RR 2004, 232; LAG Niedersachsen 9.11.2009 – 9 Sa 1573/08, AE 2010, 199.
[112] So wörtlich BAG 16.5.2007 – 8 AZR 709/06, NZA 2007, 1154.
[113] LAG Hamm 25.6.2002 – 18 (11) Sa 1295/01, NZA-RR 2003, 8.
[114] BAG 28.10.2010 – 8 AZR 546/09, NZA-RR 2011, 378.
[115] Richtig schon ArbG Lübeck 7.9.2000 – 2 Ca 1850b/00, AuA 2001, 138.
[116] LAG Nürnberg 2.7.2002 – 6 (3) Sa 154/01, LAGE GG Art. 2 Persönlichkeitsrecht Nr. 4; weitergehend LAG Nürnberg 15.8.2006 – 6 Sa 537/04, AE 2007, 173.
[117] BAG 16.5.2007 – 8 AZR 709/06, NZA 2007, 1154; 25.10.2007 – 8 AZR 593/06, NZA 2008, 223 (225); 28.10.2010 – 8 AZR 546/09, NZA-RR 2011, 378.

sätzlich oder fahrlässig war (§ 276 BGB).[118] Diskutiert wird, ob einzelne „Mobbing"-Aktivitäten tätliche Angriffe im Sinne des Gesetzes über die Entschädigung für Opfer von Gewalttaten (OEG) sein können. § 1 Abs. 1 OEG setzt neben anderem voraus, dass eine Person durch einen vorsätzlichen, rechtswidrigen tätlichen Angriff eine gesundheitliche Schädigung erlitten hat. Einzelne Mobbingaktivitäten können deshalb nur ausnahmsweise als tätliche Angriffe iSd OEG angesehen werden.[119]

73 Allgemein kann der Arbeitgeber zu präventiven ebenso wie zu repressiven Maßnahmen verpflichtet sein. Jedenfalls wenn es bereits zu Mobbingfällen gekommen ist, ist der Arbeitgeber auch **zu einem konkreten Eingreifen verpflichtet.** Grundsätzlich muss er sich schützend vor den betroffenen Arbeitnehmer stellen und gegen den oder die Mobber vorgehen. Neben anderem kommt hier der Ausspruch einer Abmahnung bzw. einer ordentlichen oder außerordentlichen Kündigung in Betracht. In besonders schweren Fällen ist eine vorausgehende Abmahnung entbehrlich. Für den „Gemobbten" kann sich aus allgemeinen Grundsätzen ein Zurückbehaltungsrecht an der Arbeitsleistung ergeben.[120]

74 Ein anderer Aspekt ist die Verpflichtung des Arbeitgebers zur Zahlung von Schadensersatz oder **Schmerzensgeld** an den Gemobbten. Die Haftung besteht grundsätzlich bei eigenen Mobbinghandlungen. Das Verhalten Dritter (Beispiel: Vorgesetzte) muss sich der Arbeitgeber nach § 278 BGB zurechnen lassen.[121] Eine Haftung besteht auch bei Mobbingangriffen Dritter, auf die der Arbeitgeber einen vertraglichen Einfluss hat oder dann, wenn der Arbeitgeber sein Unternehmen nicht so organisiert hat, dass die systematische Verletzung von Persönlichkeitsrechten seiner Arbeitnehmer ausgeschlossen bzw. deren Auftreten unverzüglich unterbunden wird.[122] Der Arbeitgeber haftet also auch für Organisationsverschulden. Ein Anspruch auf Schmerzensgeld wegen Mobbing setzt aber in jedem Fall eine hinreichend **schwere Verletzung des allgemeinen Persönlichkeitsrechts** voraus.[123]

75 Bei einer Klage auf Schmerzensgeld wegen „Mobbing" gegen Vorgesetzte und den Arbeitgeber trägt der Arbeitnehmer die **Darlegungs- und Beweislast** für die Rechtsgutverletzung und den eingetretenen Schaden.[124] Er muss die klagebegründenden Tatsachen so vortragen, dass es dem Beklagten möglich ist, zu erkennen, auf welche konkreten – nach Zeit und Ort identifizierbaren – Tatsachen sich die Anspruchstellung bezieht. Die Anforderungen sind hoch. Dem LAG Bremen reichte es nicht, dass für einen Zeitraum von 3 1/2 Jahren insgesamt neun Vorfälle behauptet wurden, denn damit sei noch nicht schlüssig der Tatbestand der dauernden Rechtsgutverletzung dargelegt.[125] Selbst insgesamt neun Abmahnungen in vier Monaten(!) müssen kein Mobbing darstellen, wenn keine verwerflichen Motive beim Arbeitgeber feststellbar sind.[126]

76 Eine gesetzliche Ausschlussfrist für die Geltendmachung von Ansprüchen wegen „Mobbings" besteht nicht. Insbesondere kommt keine analoge Anwendung des § 15 Abs. 4 AGG in Betracht.[127]

77 Ob der Schutz von Beschäftigten vor Mobbing durch Kollegen oder Vorgesetzte zeitnah eine **gesetzliche Regelung** erfahren wird, erscheint zweifelhaft. Auf Anträge zweier Bundes-

---

[118] Vgl. auch LAG Berlin 1.11.2002 – 19 Sa 940/02, NZA-RR 2003, 232; ausf. *Benecke* NZA-RR 2003, 225.
[119] BSG 14.2.2001 – B 9 VG 4/00 R, NJW 2001, 3213.
[120] BAG 23.1.2007 – 9 AZR 557/06, FA 2007, 239.
[121] BAG 25.10.2007 – 8 AZR 593/06, NZA 2008, 223; zum Schmerzensgeldanspruch eines Arbeitnehmers bei grober Beleidigung durch den Vorgesetzten LAG Niedersachsen 12.10.2005 – 6 Sa 2132/03, AE 2006, 258.
[122] So LAG Thüringen 10.4.2001 – 5 Sa 403/2000, NZA-RR 2001, 347; vgl. auch LAG Niedersachsen 9.11.2009 – 9 Sa 1573/08, AE 2010, 199.
[123] BAG 28.10.2010 – 8 AZR 546/09, NZA-RR 2011, 378; 11.12.2014 – 8 AZR 838/13, NZA 2015, 808 (809).
[124] BAG 16.5.2007 – 8 AZR 709/06, NZA 2007, 1154; *Sasse* BB 2008, 1450 (1452 f.); zum Beginn des Laufes tariflicher Ausschlussfristen LAG Hamm 11.2.2008 – 8 Sa 188/08, NZA-RR 2009, 7; zu einzelvertraglichen Ausschlussfristen BAG 20.6.2013 – 8 AZR 280/12, NZA 2013, 1265.
[125] LAG Bremen 17.10.2002 – 3 Sa 78/02, LAGE GG Art. 2 Persönlichkeitsrecht Nr. 2.
[126] LAG Schleswig-Holstein 17.3.2010 – 6 Sa 256/09, AE 2010, 265.
[127] BAG 11.12.2014 – 8 AZR 838/13, NZA 2015, 808 (809); 18.5.2017 – 8 AZR 74/16, NZA 2017, 1530.

tagsfraktionen hat hierzu am 27.1.2020 eine öffentliche Anhörung von Sachverständigen vor dem Ausschuss für Arbeit und Soziales stattgefunden. Die Stellungnahmen der eingeladenen Verbände und Einzelsachverständigen geben einen guten Überblick zum derzeitigen Diskussionsstand.[128]

3. Rechtsfolgen bei Persönlichkeitsrechtsverletzungen

Bei jeder Persönlichkeitsrechtsverletzung hat der betroffene Arbeitnehmer grundsätzlich zunächst Ansprüche auf **Unterlassung** bzw. Beseitigung (analog §§ 12, 862, 1004 BGB).

Darüber hinaus kann ein **Schadenersatzanspruch** aus positiver Vertragsverletzung (§ 280 BGB) sowie aus § 823 Abs. 1 BGB gegeben sein.[129] Im Einzelfall kann auch § 824 BGB greifen: Wahrheitswidrige Angaben eines Vorgesetzten über einen Arbeitnehmer, die zu dessen Entlassung führen, begründen einen Anspruch des Entlassenen gegen den Vorgesetzten auf Ersatz des Verdienstausfalls und sonstiger Schäden. Das LAG Hamm hatte einen Fall zu beurteilen, in dem ein Vorgesetzter dem Arbeitgeber wahrheitswidrig mitteilte, die – später entlassene – Arbeitnehmerin habe den Arbeitgeber als „Sklaventreiber" bezeichnet.[130]

Der Arbeitnehmer kann bei schwerwiegenden Persönlichkeitsrechtsverletzungen eine **Geldentschädigung** beanspruchen, wenn die Beeinträchtigung nicht auf andere Weise befriedigend ausgeglichen werden kann.[131] Der Anspruch ergibt sich aus § 823 Abs. 1 BGB iVm Art. 1 Abs. 1, Art. 2 Abs. 1 GG. Es muss ein erheblicher, mithin schwerer rechtswidriger und schuldhafter Eingriff des Arbeitgebers vorliegen, was sich bemisst nach

- dem Grad des Verschuldens
- der Art und Schwere der Benachteiligung
- der Nachhaltigkeit und Fortdauer der Interessenschädigung sowie
- dem Anlass und Beweggrund des handelnden Arbeitgebers.[132]

Darüber hinaus darf sich die Verletzung nicht in anderer Weise, etwa durch Unterlassung, Gegendarstellung oder Widerruf befriedigend ausgleichen lassen.[133]

So kommt eine **Geldentschädigung** bei der rechtswidrigen Überwachung eines Arbeitnehmers einschließlich heimlicher Videoaufnahmen in Betracht, etwa wenn eine Überwachung durch einen Detektiv erfolgt, ohne dass der Verdacht einer vorgetäuschten Arbeitsunfähigkeit auf konkrete Tatsachen gestützt werden kann.[134] Der 8. Senat des BAG hat betont, dass es sich bei der Entschädigung wegen einer Verletzung des allgemeinen Persönlichkeitsrechts nicht um ein Schmerzensgeld handelt, sondern um eine Zahlung, die auf den Schutzauftrag aus Art. 1 und Art. 2 Abs. 1 GG zurückgeht.[135]

Ältere Entscheidungen haben in geeigneten Fällen ein **Schmerzensgeld** zugesprochen: Das ArbG Köln hat einem Arbeitnehmer wegen Verletzung des allgemeinen Persönlichkeitsrechts einen Schmerzensgeldanspruch zugestanden, nachdem eine Kündigung ausgesprochen wurde, deren Unwirksamkeit dem kündigenden Arbeitgeber bekannt war bzw. hätte bekannt sein müssen (Ignorieren eines bestehenden Sonderkündigungsschutzes).[136]

Ein Schmerzensgeld wegen Persönlichkeitsrechtsverletzung wurde vom BAG anerkannt bei der Bezeichnung einer Mitarbeiterin als „fauslte Mitarbeiterin Deutschlands" in einem Anzeigenblatt.[137] Eine unzulässige Ehrverletzung kann auch bei einer Veröffentlichung in

---

[128] Abdruck der Stellungnahmen in der Ausschussdrucksache 19(11)547 vom 24.1.2020; vorausgegangene Anträge: BT-Drs. 19/6128 und 19/16480.
[129] MHdB ArbR/*Reichold* § 94 Rn. 30; *Grimm/Freh* ArbRB 2012, 151.
[130] LAG Hamm 30.11.2000 – 8 Sa 878/00, LAGE BGB § 824 Nr. 1.
[131] BAG 16.11.2010 – 9 AZR 573/09, NZA 2011, 453; 21.6.2012 – 8 AZR 188/11, NZA 2012, 1212; 19.2.2015 – 8 AZR 1007/13, NZA 2015, 994 (995).
[132] BAG 19.2.2015 – 8 AZR 1007/13, NZA 2015, 994 (996); BGH 5.10.2004 – VI ZR 255/03, NJW 2005, 215; zu Entschädigungsfragen bei der Überwachung von Arbeitnehmern am Arbeitsplatz *Oberwetter* NZA 2009, 1120.
[133] Vgl. BAG 16.5.2007 – 8 AZR 709/06, NZA 2007, 1155 (1156).
[134] BAG 19.2.2015 – 8 AZR 1007/13, NZA 2015, 994.
[135] BAG 19.2.2015 – 8 AZR 1007/13, NZA 2015, 994 (997).
[136] ArbG Köln 3.2.2000 – 1 Ca 8005/99, AuR 2000, 473.
[137] BAG 18.2.1999 – 8 AZR 735/97, NZA 1999, 645 (Vorinstanz: LAG Hamm 3.9.1997 – 14 Sa 433/97, LAGE BGB § 847 Nr. 3).

den Medien vorliegen, etwa einer Anzeige des Arbeitgebers in einer Verbandszeitschrift, in der er unter voller Namensnennung darum bittet, über die Bewerbung eines bestimmten Arbeitnehmers bei den Verbandsmitgliedern informiert zu werden. In diesem Fall hat das LAG Hamburg einen Schmerzensgeldanspruch und einen Anspruch auf Ersatz des Schadens bejaht, der dem Arbeitnehmer auf Grund einer deswegen zu Recht ausgesprochenen fristlosen Eigenkündigung entstanden ist.[138]

V. Besondere Nebenpflichten

1. Beschäftigungspflicht

85 Besondere Bedeutung hat die Beschäftigungspflicht des Arbeitgebers. Seit der grundlegenden Entscheidung des BAG aus dem Jahr 1955[139] ist die Verpflichtung des Arbeitgebers anerkannt, den Arbeitnehmer während der Laufzeit des Arbeitsverhältnisses tatsächlich zu beschäftigen. Der hiermit korrespondierende **Beschäftigungsanspruch** leitet sich aus dem Persönlichkeitsrecht des Arbeitnehmers ab. Zugrunde liegt die Erwägung, dass die Achtung und Wertschätzung eines Arbeitnehmers von der von ihm geleisteten Arbeit abhängt und die Tätigkeit eine wesentliche Möglichkeit zur Entfaltung seiner geistigen und körperlichen Fähigkeiten und damit zur Entfaltung seiner Persönlichkeit darstellt.[140] Die Beschäftigungspflicht entfällt bei berechtigter Suspendierung, beispielsweise bei wirksam vereinbarter Freistellungsbefugnis nach Ausspruch einer Kündigung.[141]

86 Eine einseitige Freistellung kommt in Zeiten der **Corona-Pandemie** auch in Betracht, wenn der Arbeitgeber bei einem bestimmten Arbeitnehmer eine Infektionsgefahr sieht. Hat sich der Arbeitnehmer in einem Risikogebiet aufgehalten, kann das Suspendierungsinteresse des Arbeitgebers dem Beschäftigungsanspruch des Arbeitnehmers auch bei fehlender behördlicher Quarantäneanordnung zumindest zeitweise entgegenstehen.[142]

87 Ist der Bestand bzw. Fortbestand des Arbeitsverhältnisses streitig, stellt sich die Frage der Weiterbeschäftigung nach Ablauf der Kündigungsfrist. Besteht kein Weiterbeschäftigungsanspruch nach § 102 Abs. 5 BetrVG,[143] greifen die Grundsätze zum **allgemeinen Weiterbeschäftigungsanspruch**. Nach dem Beschluss des Großen Senats vom 27.2.1985 kommt es darauf an, ob der Arbeitgeber ein überwiegendes Interesse an der Nichtbeschäftigung des Arbeitnehmers hat oder das Interesse des Arbeitnehmers an seiner tatsächlichen Beschäftigung höher zu bewerten ist. Solange kein der Kündigungsschutzklage (oder Entfristungsklage) stattgebendes erstinstanzliches Urteil vorliegt, liefert die Ungewissheit über den Ausgang des Prozesses grundsätzlich ein schutzwertes Interesse des Arbeitgebers an der Nichtbeschäftigung des Arbeitnehmers. Ein solchermaßen schutzwertes Interesse ist aber dann nicht anzuerkennen, wenn

- die **Kündigung offensichtlich unwirksam** ist, etwa bei eindeutigen Verstößen gegen Verfahrens- oder Formvorschriften (Beispiel: Unterlassen der Einschaltung des Integrationsamtes vor Kündigung eines schwerbehinderten Menschen; Unterlassen der Anhörung des Betriebsrats vor Ausspruch der Kündigung) oder
- ein **besonderes Interesse des Arbeitnehmers an der tatsächlichen Beschäftigung** festgestellt werden kann, beispielsweise wenn durch die Nichtbeschäftigung die Erlangung oder Erhaltung einer beruflichen Qualifikation ernstlich in Frage gestellt würde.

88 Hat der Arbeitnehmer den **Bestandsstreit in erster Instanz gewonnen,** verbleibt zwar eine Ungewissheit über den endgültigen Prozessausgang. Diese Ungewissheit kann für sich genommen aber kein überwiegendes Interesse des Arbeitgebers an der Nichtbeschäftigung

---

[138] LAG Hamburg 3.4.1991 – 8 Sa 1/91, NZA 1992, 509.
[139] BAG 10.11.1955 – 2 AZR 591/54, DB 1956, 114.
[140] BAG GS 27.2.1985 – GS 1/84, NZA 1985, 702; umfassend *Weber/Weber* RdA 2007, 344; zur Durchsetzbarkeit per einstweiliger Verfügung LAG Berlin-Brandenburg 16.3.2011 – 4 SaGa 2600/10, NZA-RR 2011, 551; ArbG Freiburg 12.1.2012 – 3 Ga 1/12, NZA-RR 2012, 212.
[141] Zum „Freistellungsvertrag" *Meyer* NZA 2011, 1249; *Kramer* DB 2008, 2538.
[142] Vgl. auch *Bonanni* ArbRB 2020, 110 (111).
[143] Hierzu eingehend ErfK/*Kania* BetrVG § 102 Rn. 31 ff.

mehr begründen. Zu fordern sind zusätzliche Umstände, aus denen sich im Einzelfall ein überwiegendes Interesse des Arbeitgebers an der Nichtbeschäftigung des Arbeitnehmers ergibt. Dieses kann sich auch aus der Stellung des gekündigten Arbeitnehmers im Betrieb sowie der Art seines Arbeitsbereichs ergeben, ebenso bei wirtschaftlicher Unzumutbarkeit.[144]

2. Gleichbehandlungspflicht

Der arbeitsrechtliche Gleichbehandlungsgrundsatz verbietet sowohl die sachfremde Schlechterstellung einzelner Arbeitnehmer gegenüber anderen Arbeitnehmern in vergleichbarer Lage als auch die sachfremde Differenzierung zwischen Arbeitnehmern einer bestimmten Ordnung. Eine Differenzierung ist dann sachfremd, wenn es für die unterschiedliche Behandlung keine billigenswerten Gründe gibt, wenn also für eine am Gleichheitsgedanken orientierte Betrachtungsweise die Regelung als willkürlich anzusehen ist.[145] Während das BAG den arbeitsrechtlichen Gleichbehandlungsgrundsatz aus dem allgemeinen Gleichheitssatz des **Art. 3 GG** hergeleitet hat,[146] wird er von Teilen der Literatur und der Instanzgerichte auch als Ausprägung der **Fürsorgepflicht** des Arbeitgebers gesehen.[147] Der dogmatische Anknüpfungspunkt spielt für die Entscheidungsfindung im Einzelfall regelmäßig keine Rolle.

Zahlreiche Fragen des arbeitsrechtlichen Gleichbehandlungsgrundsatzes sind noch ungeklärt. Dies gilt vor allem für die **Gleichbehandlung bei der Vergütung**. Grundlegend hat das BAG hierzu klargestellt, dass der Grundsatz „gleicher Lohn für gleiche Arbeit" in der deutschen Rechtsordnung keine allgemeingültige Anspruchsgrundlage darstellt, sondern der Umsetzung in Anspruchsgrundlagen bedarf (zB § 612 Abs. 3 BGB).[148] Im Bereich der Vergütungszahlung kommt der Gleichbehandlungsgrundsatz nicht zur Anwendung, wenn es sich um individuell vereinbarte Löhne und Gehälter handelt und der Arbeitgeber nur einzelne Arbeitnehmer besser stellt. Wenn der Arbeitgeber ausschließlich normative oder vertragliche Verpflichtungen erfüllt, fehlt es an einer verteilenden Entscheidung, und der Gleichbehandlungsgrundsatz ist nicht anwendbar.[149] Auch kann ein nicht begünstigter Arbeitnehmer aus dem Gleichbehandlungsgrundsatz keinen Anspruch auf Vergütung herleiten, wenn die Anzahl der begünstigten Arbeitnehmer im Verhältnis zur Gesamtzahl der betroffenen Arbeitnehmer sehr gering ist (weniger als 5 % der insgesamt betroffenen Arbeitnehmer).[150] Will ein Arbeitgeber aus sachlichen Gründen die Angestellten stärker an sein Unternehmen binden und gewährt er ihnen deshalb eine höhere Jahressonderzuwendung als den gewerblichen Arbeitnehmern, so haben die gewerblichen Arbeitnehmer grundsätzlich keinen Anspruch auf die höhere Zuwendung aus dem Gesichtspunkt der Gleichbehandlung.[151] Der Gleichbehandlungsgrundsatz ist hingegen anwendbar, wenn der Arbeitgeber aus Anlass einer Betriebsänderung freiwillig Abfindungen zahlt.[152]

Einen weiten Anwendungsbereich hat der Gleichbehandlungsgrundsatz auch bei der **betrieblichen Altersversorgung**.[153] So darf der Arbeitgeber Außendienstmitarbeiter nicht des-

---

[144] Vgl. insgesamt BAG 27.2.1985 – GS 1/84, NZA 1985, 702; zur entsprechenden Anwendung dieser Grundsätze bei streitiger Befristung von Arbeitsverträgen BAG 13.6.1985 – 2 AZR 410/84, NZA 1986, 562; zum Fall der streitigen Änderungskündigung BAG 18.1.1990 – 2 AZR 183/89, DB 1990, 1773.
[145] BAG 28.3.2007 – 10 AZR 261/06, NZA 2007, 687; zum Unternehmensbezug des Gleichbehandlungsgrundsatzes BAG 17.11.1998 – 1 AZR 147/98, NZA 1999, 606.
[146] BAG 25.8.1982 – 5 AZR 107/80, NJW 1983, 190.
[147] Vgl. etwa LAG Düsseldorf 11.11.1981 – 22 Sa 421/81, DB 1982, 2715; auch *Hunold* DB 1984, 5 (3); *Hunold* NZA-RR 2006, 561 (564).
[148] BAG 21.6.2000 – 5 AZR 806/98, NZA 2000, 1050.
[149] BAG 21.9.2011 – 5 AZR 520/10, NZA 2012, 31.
[150] BAG 13.2.2002 – 5 AZR 713/00, NZA 2003, 215; 14.6.2006 – 5 AZR 584/05, NZA 2007, 221.
[151] BAG 19.3.2003 – 10 AZR 365/02, NZA 2003, 724; zur Offenlegungspflicht des Arbeitgebers bei der Erhöhung von Arbeitsentgelten durch betriebliche Einheitsregelung BAG 17.3.2010 – 5 AZR 168/09, NZA 2010, 696; 27.7.2010 – 1 AZR 874/08, NZA 2010, 1369.
[152] BAG 8.3.1995 – 5 AZR 869/93, NZA 1995, 675; vgl. auch BAG 18.9.2007 – 9 AZR 788/06, NZA 2008, 1264 (Gleichbehandlung bei Abfindung nach Altersteilzeit).
[153] Vgl. BAG 10.11.2015 – 3 AZR 575/14, NZA-RR 2016, 204; 19.4.2016 – 3 AZR 526/14, NZA 2016, 820; 16.2.2010 – 3 AZR 216/09, NZA 2010, 701; 21.8.2007 – 3 AZR 269/06, NZA-RR 2008, 649; LAG Köln 27.3.2008 – 13 Sa 39/08, NZA-RR 2008, 652; Kurzüberblick bei *Hunold* NZA-RR 2006, 617 (619 f.).

halb von Leistungen der betrieblichen Altersversorgung ausschließen, weil sie ein höheres Entgelt als Mitarbeiter im Innendienst erhalten.[154]

92 Noch nicht geklärt ist, ob der Grundsatz der Gleichbehandlung auch im **Abmahnungs- und Kündigungsrecht** gilt. Nach wohl herrschender Auffassung ist dies zu verneinen.[155]

3. Diskriminierungsschutz

93 Am 18.8.2006 ist das zuvor geltende Beschäftigtenschutzgesetz durch das Allgemeine Gleichbehandlungsgesetz (AGG) abgelöst worden. Die Regelungen greifen bereits im Bewerbungsverfahren und bei der Einstellung,[156] sodann für die gesamte Dauer des Arbeitsverhältnisses einschließlich dessen Abwicklung. § 12 AGG normiert umfangreiche Schutzpflichten des Arbeitgebers gegenüber den Beschäftigten. Hierbei begründet § 12 Abs. 1 AGG eine allgemeine Schutzpflicht des Arbeitgebers vor Benachteiligungen im Beruf. Der Arbeitgeber ist verpflichtet, die erforderlichen Maßnahmen zum Schutz vor Benachteiligungen wegen eines in § 1 AGG genannten Grundes zu treffen, wobei repressive, aber auch vorbeugende Maßnahmen gefordert werden. Die Schutzpflicht bezieht sich hierbei auf
- unmittelbare Benachteiligungen (§ 3 Abs. 1 AGG)
- mittelbare Benachteiligungen (§ 3 Abs. 2 AGG)
- Belästigungen (§ 3 Abs. 3 AGG)[157]
- sexuelle Belästigungen (§ 3 Abs. 4 AGG)[158] und
- Anweisungen zur Benachteiligung einer Person (§ 3 Abs. 5 AGG).

94 Nach § 12 Abs. 2 AGG wird die Erfüllung der Schutzpflichten nach § 12 Abs. 1 AGG fingiert, wenn der Arbeitgeber **seine Beschäftigten** in geeigneter Weise zum Zwecke der Verhinderung von Benachteiligungen **geschult** hat.[159]

95 Der Arbeitgeber hat nicht nur in eigener Person Benachteiligungen seiner Beschäftigten zu unterlassen.[160] Seine Handlungspflichten werden in § 12 Abs. 3 AGG für den Fall konkretisiert, dass einer seiner Beschäftigten gegenüber einem anderen Beschäftigten eine verbotene Benachteiligung nach § 7 Abs. 1 AGG begeht.[161] Als mögliche Maßnahmen des Arbeitgebers werden beispielhaft die arbeitsrechtlichen Sanktionen Abmahnung, Umsetzung, Versetzung oder Kündigung genannt.[162] Hierbei sollte der Arbeitgeber auf ein möglichst einheitliches Vorgehen achten, um nicht Gefahr zu laufen, dass unterschiedliche Reaktionen auf gleichartige Verstöße als eigenständige Benachteiligung im Sinne des § 7 AGG dargestellt werden können.[163] Handelt der Arbeitgeber überhaupt nicht oder in offensichtlich ungeeigneter Weise, hat der Betroffene ein **Zurückbehaltungsrecht** an der Arbeitsleistung (§ 14 S. 1 AGG). Je nach Fallgestaltung kommt zusätzlich ein Anspruch des Betriebsrats auf Entfernung des betriebsstörenden Arbeitnehmers nach § 104 BetrVG in Betracht. Der wegen einer Benachteiligung gegenüber einem Kollegen sanktionierte Arbeitnehmer kann von seinen Beschwerderechten (§ 13 AGG bzw. §§ 84 f. BetrVG) Gebrauch machen, aber auch ohne Einschränkung den Rechtsweg gegen die getroffene Maßnahme ergreifen.

96 Weitergehend hat der Arbeitgeber die im Einzelfall geeigneten, erforderlichen und angemessenen Maßnahmen zum Schutz seiner Beschäftigten zu ergreifen, wenn diese bei Aus-

---

[154] BAG 20.7.1993 – 3 AZR 52/93, NZA 1994, 125; s. auch § 1b Abs. 1 S. 4 BetrAVG nF.
[155] Vgl. etwa KR/*Griebeling* KSchG § 1 Rn. 233 f.; *Hunold* NZA-RR 2006, 617 (622).
[156] Ausf. hierzu *Melms/Felisiak* → § 9 Rn. 4 ff.; → § 10 Rn. 34 ff.
[157] Zum Erfordernis eines sog. „feindlichen Umfeldes" BAG 24.9.2009 – 8 AZR 705/08, NZA 2010, 387.
[158] Zur außerordentlichen Kündigung wegen sexueller Belästigung BAG 9.6.2011 – 2 AZR 323/10, NZA 2011, 1342; 20.11.2014 – 2 AZR 651/13, NZA 2015, 294; Übersicht bei *Groß* DB 2015, 2755.
[159] Differenzierend *Bauer/Göpfert/Krieger* AGG § 12 Rn. 17 ff.; vgl. auch *Hoch* BB 2007, 1732.
[160] Zur geschlechtsbezogenen Benachteiligung bei Beförderung etwa BAG 27.1.2011 – 8 AZR 483/09, NZA 2011, 689; LAG Berlin-Brandenburg 18.2.2011 – 13 Sa 2049/10, NZA-RR 2011, 286; 28.6.2011 – 3 Sa 917/11, NZA-RR 2011, 623.
[161] Eine Eintrittspflicht für ein Fehlverhalten Dritter sieht in anderem Zusammenhang jetzt auch § 12 GeschGehG vor (Haftung des Unternehmensinhabers für Geschäftsgeheimnisverletzungen seiner Beschäftigten); hierzu etwa *Reinfeld* Neues GeschGehG § 4 Rn. 25 ff.
[162] Zum Anspruch des belästigten Arbeitnehmers auf die Ergreifung von Schutzmaßnahmen *Gehlhaar* NZA 2009, 825.
[163] *Göpfert/Siegrist* ZIP 2006, 1710 (1714 f.); *Bauer/Göpfert/Krieger* AGG § 12 Rn. 34.

übung ihrer Tätigkeit **durch Dritte** nach § 7 Abs. 1 AGG **benachteiligt** werden (§ 12 Abs. 4 AGG). Während § 12 Abs. 3 AGG also Benachteiligungen durch Arbeitskollegen betrifft, greift § 12 Abs. 4 AGG bei Benachteiligungen durch außenstehende, betriebsfremde Dritte. Viel zitiertes Beispiel ist der Auslieferungsfahrer, der von einem Kunden wegen seiner ethnischen Herkunft schikaniert wird. In der Regel genügt der Arbeitgeber seiner Verpflichtung nach § 12 Abs. 4 AGG, wenn er Kunden oder Lieferanten auf den Verstoß gegen das Benachteiligungsverbot hinweist und zur Abhilfe auffordert. Die Beendigung der Kunden- oder Lieferantenbeziehung kann allenfalls in extremen Ausnahmefällen gefordert werden.[164]

Im Bereich des **Profisports** kommt eine Haftung von Fußballvereinen für rassistische Äußerungen ihrer Fans gegenüber den „eigenen" Spielern in Betracht. Werden Spieler zB mit rassistischen Sprüchen angegangen, muss der Verein die – möglicherweise zunächst schwer zu identifizierenden – Täter angemessen sanktionieren, etwa durch einen Platzverweis, der ggf. noch während des Spiels durch Ordner vollzogen werden kann, durch Stadionverbote bzw. die Entziehung von Dauerkarten oder durch Vereinsausschluss.[165] Eine derartige Schutzpflicht gegenüber den Spielern der gegnerischen Mannschaft scheidet hingegen aus, da zu diesen kein Beschäftigungsverhältnis (§ 6 Abs. 1 AGG) besteht.

4. Wiedereinstellungspflicht

Eine wichtige Rolle spielt die Verpflichtung des Arbeitgebers zur Wiedereinstellung des Arbeitnehmers nach an sich feststehender Beendigung des Arbeitsverhältnisses. Der Wiedereinstellungsanspruch kann **im Geltungsbereich des KSchG**[166] nach (wirksamer) personenbedingter, verhaltensbedingter (auch außerordentlicher!) oder – dem Hauptanwendungsfall des Wiedereinstellungsanspruchs – betriebsbedingter Kündigung greifen.[167]

Aus dem Blickwinkel der Fürsorgepflicht interessieren hier nicht solche Wiedereinstellungsansprüche, die sich aus ausdrücklichen individualrechtlichen oder kollektivvertraglichen Abreden ergeben (zB Wiedereinstellungsabreden in Saison- oder Kampagnebetrieben).[168] Es geht darum, ob und unter welchen Voraussetzungen der Arbeitgeber verpflichtet ist, auch **ohne entsprechende Vereinbarung** einen bereits entlassenen Arbeitnehmer **wieder einzustellen**. Die Rechtsprechung zum Wiedereinstellungsanspruch basiert auf einer Reihe von Entscheidungen des BAG aus dem Jahr 1997.[169]

a) Wiedereinstellungsanspruch nach betriebsbedingter Kündigung. Die meisten Entscheidungen des BAG betrafen betriebsbedingte Kündigungen. Die Grundsätze der Rechtsprechung können an folgendem Beispiel aufgezeigt werden:

Beispiel:
Ein Unternehmen des Heizungs- und Sanitärbaus entschließt sich, mangels ausreichender Auftragslage seine Elektroabteilung stillzulegen. Es kündigt sämtlichen dort beschäftigten Arbeitnehmern unter Einhaltung der ordentlichen Kündigungsfrist von – wegen der jeweils langen Beschäftigungszeiten – sechs bzw. sieben Monaten zum Monatsende. Vier Monate nach Ausspruch der Kündigungen gelingt es dem Unternehmen, einen Großauftrag für die Elektroabteilung zu akquirieren, der die Weiterbeschäftigung der dort beschäftigten Mitarbeiter mittelfristig sicherstellt. Die Gesellschafter entscheiden sich für eine Fortführung der Abteilung. Hier können die bereits entlassenen Arbeitnehmer der Elektroabteilung ihre Wiedereinstellung verlangen und notfalls gerichtlich durchsetzen, auch wenn sie zuvor keine Kündigungsschutzklage erhoben haben.

---

[164] *Bauer/Göpfert/Krieger* AGG § 12 Rn. 42.
[165] Vgl. hierzu auch *Weller* NJW 2007, 960 (962 f.).
[166] Im kündigungsrechtlichen Kleinbetrieb finden die Grundsätze zur Wiedereinstellungspflicht keine Anwendung; BAG 19.10.2017 – 8 AZR 845/15, NZA 2018, 436; hierzu *vom Stein* NZA 2018, 766.
[167] Übersicht bei *Oberhofer* RdA 2006, 92; *Krieger/Willemsen* NZA 2011, 1128; *Aszmons/Beck* NZA 2015, 1098.
[168] Ausf. zu Wiedereinstellungszusagen *Schrader/Straube* NZA-RR 2003, 337; zum Wiedereinstellungsanspruch im Baugewerbe BAG 26.4.2006 – 7 AZR 190/05, NZA 2007, 55; bei Saisonarbeit *Reinfeld* AR-Blattei SD Saisonarbeit Rn. 84.
[169] BAG 27.2.1997 – 2 AZR 160/96, NZA 1997, 757; 6.8.1997 – 7 AZR 557/96, NZA 1998, 254; 4.12.1997 – 2 AZR 140/97, NZA 1998, 701; zur Rechtsgrundlage auch BAG 20.10.2015 – 9 AZR 743/17, NZA 2016, 299 (303).

101 Ein Wiedereinstellungsanspruch kann nur dort greifen, wo die rechtliche Beendigung des Arbeitsverhältnis bereits definitiv feststeht. Dies kann auf Grund einer (von den Arbeitsgerichten für wirksam erachteten) Kündigung, aber auch durch Abschluss eines Aufhebungsvertrages oder eines gerichtlichen Vergleichs der Fall sein. Bei **Abfindungsvergleichen** ist jedoch zu berücksichtigen, ob ein angemessener wirtschaftlicher Ausgleich für den Verlust des Arbeitsplatzes vereinbart wurde. Das BAG hat – arbeitgeberfreundlich – klargestellt, dass in diesem Fall die Interessenwahrungspflicht des Arbeitgebers auch bei nachträglicher Änderung des bei Ausspruch der Kündigung zu Grunde gelegten Sachverhalts den Abschluss eines Fortsetzungsvertrags nicht rechtfertigt.[170]

102 Im Einzelfall kann fraglich sein, ob auch **geringe Abfindungen** einen angemessenen wirtschaftlichen Ausgleich für den Verlust des Arbeitsplatzes darstellen und einem sonst gegebenen Wiedereinstellungsanspruch entgegengehalten werden können. Aus Arbeitgebersicht wird es sich empfehlen, einen Verzicht auf einen denkbaren zukünftigen Wiedereinstellungsanspruch im Aufhebungsvertrag/Abwicklungsvertrag bzw. im gerichtlichen Abfindungsvergleich aufzunehmen. Wirksamkeitsbedenken dürften insoweit in aller Regel nicht greifen.[171]

Formulierungsvorschlag:

103 Im Hinblick auf die Höhe der vereinbarten Abfindung verzichtet der Mitarbeiter ausdrücklich auf einen etwa sich zukünftig ergebenden Wiedereinstellungsanspruch.

104 Ein Wiedereinstellungsanspruch kommt aber in Betracht, wenn der Abfindungsvergleich nach § 779 BGB unwirksam ist oder wegen Wegfalls der Geschäftsgrundlage (§ 313 BGB) hinfällig wird. Die Anpassung des Vertrages wird in diesen Fällen dazu führen, dass der Arbeitnehmer wieder einzustellen ist. Freilich ist eine etwa gezahlte Abfindung an den Arbeitgeber zurückzuzahlen.

105 Für den Wiedereinstellungsanspruch besteht eine **zeitliche Schranke.** Er kann nur auf einen geänderten Geschehensablauf gestützt werden, der innerhalb der individuellen Kündigungsfrist liegt.[172] Entsteht die Weiterbeschäftigungsmöglichkeit erst nach Ablauf der Kündigungsfrist, kommt ein Wiedereinstellungsanspruch nur ausnahmsweise in Betracht.[173] Der Wiedereinstellungsanspruch muss vom Arbeitnehmer zudem **innerhalb eines Monats geltend gemacht** werden, nachdem er Kenntnis von den maßgeblichen und tatsächlichen Umständen erlangt hat, die den Anspruch begründen.[174]

106 Hat der Arbeitgeber bereits **anderweitige Dispositionen** getroffen, soll ein Wiedereinstellungsanspruch ausscheiden. Dies gilt allerdings nur, wenn sich der zwischenzeitlich disponierende Arbeitgeber gegenüber dem Ausgeschiedenen nicht treuwidrig verhält.[175]

107 Im Einzelfall kann die Frage der **Sozialauswahl** beim Wiedereinstellungsanspruch auftreten, wenn nämlich die Fortführung des Arbeitsverhältnisses nicht mit allen gekündigten Arbeitnehmern möglich ist. Der Arbeitgeber kann nicht willkürlich einzelnen Arbeitnehmern den Wiedereinstellungsanspruch gewähren und ihn sozial schützenswerteren Arbeitnehmern versagen: Wenn es mehrere Bewerber für einen Arbeitsplatz gibt, die die Wiedereinstellung verlangen, hat er anhand betrieblicher Belange und sozialer Gesichtspunkte eine den §§ 242, 315 BGB genügende Auswahlentscheidung zu treffen.[176] Dabei dürften die in § 1 KSchG genannten Kriterien einen wichtigen Anhaltspunkt liefern.

---

[170] BAG 28.6.2000 – 7 AZR 904/98, BB 2001, 573.
[171] Vgl. LAG Düsseldorf 29.6.2007 – 9 AZR 447/07, LAGE BGB 2002 § 611 Aufhebungsvertrag Nr. 4; vgl. aber die Überlegungen des BAG zur (Un-)Wirksamkeit von Klageverzichtserklärungen nach ausgesprochener Kündigung: BAG 24.9.2015 – 2 AZR 347/14, NZA 2016, 351.
[172] BAG 27.2.1997 – 2 AZR 160/96, NZA 1997, 757; 17.6.1999 – 2 AZR 639/98, NZA 1999, 1328; 27.6.2001 – 7 AZR 662/99, NZA 2001, 1135; zum Wiedereinstellungsanspruch in der Insolvenz LAG Hamm 27.3.2003 – 4 Sa 189/02, NZA-RR 2003, 652.
[173] BAG 25.10.2007 – 8 AZR 989/06, NZA 2008, 357.
[174] BAG 21.8.2008 – 8 AZR 201/07, NZA 2009, 29.
[175] Vgl. etwa Aszmons/Beck NZA 2015, 1098 (1100).
[176] BAG 28.6.2000 – 7 AZR 904/98, BB 2001, 573; vorbereitend BAG 4.12.1997 – 2 AZR 140/97, NZA 1998, 701.

Maßgeblich für den Wiedereinstellungsanspruch ist die **nachträgliche Hinfälligkeit der** 108 **der Kündigung zugrunde liegenden Prognose**. Die geänderte Prognose muss im Streitfall vom Arbeitsrichter positiv festgestellt werden können. Sonst ist die Wiedereinstellungsklage abzuweisen. Für den Fall der betriebsbedingten Kündigung muss daher festgestellt werden können, dass ein freier Arbeitsplatz vorhanden ist, auf dem der Arbeitnehmer weiter beschäftigt werden kann.

b) Wiedereinstellungsanspruch nach verhaltensbedingter Kündigung. Der Wiedereinstel- 109 lungsanspruch wurde vom BAG ursprünglich im Zusammenhang mit der **Verdachtskündigung** entwickelt. Die Rechtsprechung billigt dem Arbeitnehmer einen Wiedereinstellungsanspruch zu, wenn das Arbeitsgericht eine Verdachtskündigung rechtskräftig für wirksam erachtet hat, es dem Arbeitnehmer jedoch anschließend (zB in einem nachfolgenden Strafprozess) gelingt, seine Unschuld nachzuweisen. Die bloße Einstellung eines Ermittlungsverfahrens nach § 170 Abs. 2 S. 1 StPO reicht hierfür nicht aus.[177] Ein Wiedereinstellungsanspruch besteht auch nicht aufgrund einer vom EGMR festgestellten Konventionsverletzung, wenn die Kündigungsschutzklage zuvor von den nationalen Gerichten rechtskräftig abgewiesen wurde.[178]

c) Wiedereinstellungsanspruch nach personenbedingter Kündigung. Bedeutsam ist der 110 Wiedereinstellungsanspruch nach einer Kündigung wegen Krankheit. Die der krankheitsbedingten Kündigung zugrunde liegende Prognose ist hinfällig, wenn der Arbeitnehmer – beispielsweise auf Grund einer neuen Behandlungsmethode – innerhalb der Kündigungsfrist wieder gesundet. Richtungweisende Entscheidungen des BAG stammen bereits aus 1999 und 2001.[179] Das BAG betont ausdrücklich, dass bei einer krankheitsbedingten Kündigung ein Wiedereinstellungsanspruch grundsätzlich in Betracht zu ziehen ist. Dies gilt aber nur dann, wenn sich nachträglich herausstellt, dass die bei Ausspruch der Kündigung begründete Besorgnis langanhaltender oder dauerhafter Arbeitsunfähigkeit nicht mehr gerechtfertigt ist und der Wiedereinstellung berechtigte Interessen des Arbeitgebers insbesondere wegen zwischenzeitlicher anderweitiger Dispositionen nicht entgegenstehen.

Gerade bei krankheitsbedingter Kündigung ist das Interesse des Arbeitgebers an der an- 111 derweitigen Besetzung des Arbeitsplatzes nach Ablauf der Kündigungsfrist anzuerkennen. Ergreift der Arbeitgeber entsprechende Maßnahmen, müssen solche Dispositionen bei der Beurteilung des Bestehens eines Wiedereinstellungsanspruchs Berücksichtigung finden.[180]

d) Wiedereinstellungsanspruch bei sonstigen Beendigungstatbeständen. Ein Wiedereinstel- 112 lungsanspruch soll in Betracht kommen, wenn ein Arbeitnehmer auf Grund der Mitteilung des Arbeitgebers, den Betrieb oder einen Teil hiervon schließen zu wollen, von sich aus das Arbeitsverhältnis kündigt, weil er davon ausgeht, dass sein Arbeitsplatz entfallen wird.[181] Dies erscheint zweifelhaft, wenn man den Wiedereinstellungsanspruch auch als Ausprägung des Fürsorgegedankens ansieht. Bei Ausspruch einer **Eigenkündigung** ist die Fürsorgepflicht des Arbeitgebers weniger ausgeprägt als in Fällen, in denen der Arbeitgeber durch eigene Erklärung den Beendigungstatbestand herbeiführt. Wenn der Arbeitgeber den Kündigenden mit seiner Aussage arglistig getäuscht hat, wird allerdings eine Anfechtung der Eigenkündigung möglich sein.

Die Rechtsprechung des BAG zum Wiedereinstellungsanspruch nach betriebsbedingter 113 Kündigung ist auf **befristete Arbeitsverträge** nicht übertragbar. Auch wenn sich bei einem wirksam befristeten Arbeitsverhältnisses entgegen der ursprünglichen Prognose herausstellt,

---

[177] BAG 20.8.1997 – 2 AZR 620/96, NZA 1997, 1340; vgl. auch LAG Baden-Württemberg 22.5.2015 – 12 Sa 5/15, NZA-RR 2016, 13 (bei Freispruch).
[178] BAG 20.10.2015 – 9 AZR 743/14.
[179] BAG 29.4.1999 – 2 AZR 431/98, NZA 1999, 978; 17.6.1999 – 2 AZR 639/98, NZA 1999, 1328; 27.6.2001 – 7 AZR 662/99, NZA 2001, 1135.
[180] Ausf. zum Wiedereinstellungsanspruch nach krankheitsbedingter Kündigung *Lepke* NZA-RR 2002, 617; *Strathmann* DB 2003, 2438; die Anerkennung eines Wiedereinstellungsanspruchs nach krankheitsbedingter Kündigung in Frage stellend LAG Berlin 18.6.2002 – 12 Sa 2413/01, NZA-RR 2003, 66.
[181] *Nägele* BB 1998, 1686.

dass eine Möglichkeit zur Weiterbeschäftigung nach Vertragsablauf besteht, kann der Arbeitnehmer keine Wiedereinstellung verlangen.[182]

VI. Informationspflichten – Aufklärungspflichten, Auskunftspflichten und Hinweispflichten

114   Den Arbeitgeber treffen vielfältige Informationspflichten gegenüber dem Arbeitnehmer. Eine einheitliche Begrifflichkeit hat sich bisher nicht herausgebildet. Verwendet werden auch die Begriffe Aufklärungs-, Auskunfts-, Hinweis- oder Unterrichtungspflicht. In der Sache kann zunächst festgestellt werden, dass Aufklärungspflichten des Arbeitgebers in Bezug auf reine Rechtsfragen sowie solche Umstände, die in die Sphäre des Arbeitnehmers fallen, nicht bestehen.[183] Bestimmte Informationspflichten muss der Arbeitgeber jedoch in jedem zeitlichen Stadium des Arbeitsverhältnisses beachten. Ausgangspunkt bleibt hierbei immer, dass jeder Vertragspartner grundsätzlich **selbst für die Wahrnehmung seiner Interessen zu sorgen** hat. Hinweis- und Aufklärungspflichten müssen daher auf besonderen Umständen des Einzelfalls beruhen und sind Ergebnis einer umfassenden Interessenabwägung.[184]

1. Bei Beginn des Arbeitsverhältnisses

115   Im Stadium der Vertragsanbahnung treffen den Arbeitgeber Auskunftspflichten nur sehr begrenzt. Er darf bei Vertragsverhandlungen zwar nichts verschweigen, was die vollständige Vertragserfüllung in Frage stellen kann und was ihm bekannt ist oder bekannt sein müsste. Da der Arbeitgeber aber im Allgemeinen nicht ohne das Vorliegen besonderer Umstände von einem Informationsbedürfnis des Arbeitnehmers ausgehen muss, hat er nur auf besonders atypische Risiken für den Arbeitnehmer hinzuweisen.[185]

116   Hat der Arbeitgeber in einer Stellenanzeige Hinweise auf konkrete Verdienstmöglichkeiten gegeben, müssen diese zutreffend sein. Andernfalls kann sich eine Schadenersatzpflicht ergeben, wenn der Arbeitnehmer berechtigt auf solche Hinweise vertraut hat.[186] Unaufgefordert hat der Arbeitgeber schon bei den Vertragsverhandlungen auf etwa **bestehende akute Zahlungsschwierigkeiten** hinzuweisen. Auch insoweit ist der Arbeitnehmer, der bei seinem vormaligen Dienstverhältnis möglicherweise einen erheblichen sozialen Besitzstand aufgibt, schützenswert. Unterbleibt die Aufklärung durch den Arbeitgeber, kommen Schadensersatzansprüche aus §§ 311 Abs. 2, 280 Abs. 1 BGB in Betracht.[187]

117   Ähnlich ist die Situation bei dem Arbeitgeber bekannter **unsicherer Beschäftigungsmöglichkeit.** Wenn ein Bewerber auf Grund unrichtiger Tatsachenangaben des Arbeitgebers über seine Beschäftigungsmöglichkeit einen Arbeitsvertrag geschlossen hat und das Arbeitsverhältnis vom Arbeitgeber sodann kurzfristig beendet wird, soll ein Schadensersatzanspruch des Arbeitnehmers bestehen.[188] In der Tat wird man eine Verpflichtung des Arbeitgebers annehmen müssen, den Arbeitnehmer im Anbahnungsverhältnis darauf hinzuweisen, dass eine (nachhaltige) tatsächliche Beschäftigung des Arbeitnehmers wegen eines vorgesehenen Stellenabbaus ungewiss erscheint.[189] Unterlässt der Arbeitgeber einen Hinweis auf die Beschäftigungsproblematik und spricht er noch in der Probezeit eine Kündigung aus, weil er keine

---

[182] Vgl. BAG 20.2.2002 – 7 AZR 600/00, NZA 2002, 896; LAG Düsseldorf 19.8.1999 – 11 Sa 469/99, DB 2000, 222; 15.2.2000 – 3 Sa 1781/99, NZA-RR 2000, 456.

[183] Ausf. zu Auskunftspflichten des Arbeitgebers *Nägele* BB 1992, 1274; *Kursawe* NZA 1997, 245; zu Aufklärungspflichten in der betrieblichen Altersversorgung *Uckermann* NZA 2011, 552; *Reinecke* NZA 2015, 1153. Es besteht keine Verpflichtung des Arbeitgebers, von sich aus auf den Anspruch auf Entgeltumwandlung (§ 1a BetrAVG) hinzuweisen: BAG 21.1.2014 – 3 AZR 807/11, NZA 2014, 903.

[184] BAG 11.12.2001 – 3 AZR 339/00, NZA 2002, 1150; 12.12.2002 – 8 AZR 497/01, NJOZ 2003, 1601; 15.6.2010 – 3 AZR 861/08, NJOZ 2011, 173.

[185] BAG 22.1.2009 – 8 AZR 161/08, NJW 2009, 2616; 15.6.2010 – 3 AZR 861/08, NJOZ 2011, 173.

[186] LAG Hessen 13.1.1993 – 2 Sa 522/92, NZA 1994, 884.

[187] BAG 24.9.1974 – 3 AZR 589/73, DB 1975, 307.

[188] ArbG Wiesbaden 12.6.2001 – 8 Ca 3193/00, NZA-RR 2002, 349; auch LAG Düsseldorf 11.12.2001 – 4 Sa 1345/01, BeckRS 2002, 40417 = LAGE BGB § 276 Verschulden bei Vertragsschluss Nr. 4.

[189] BAG 14.7.2005 – 8 AZR 300/04, NZA 2005, 1298.

tatsächliche Beschäftigungsmöglichkeit für den Arbeitnehmer gefunden hat, kann die Kündigung zusätzlich wegen Treuwidrigkeit (§ 242 BGB) nichtig sein.[190]

2. Während des bestehenden Arbeitsverhältnisses

Für die Beurteilung von Informationspflichten während des laufenden Arbeitsverhältnisses muss Ausgangspunkt sein, dass der Arbeitgeber jedenfalls dann nicht Interessenvertreter des Arbeitnehmers sein kann, wenn sich etwaige Rechte und Ansprüche gegen ihn selbst richten können. So besteht keine allgemeine Pflicht des Arbeitgebers zur Belehrung des Arbeitnehmers über mögliche **Ansprüche aus dem Arbeitsverhältnis**. Der Arbeitgeber muss also nicht etwa auf Formerfordernisse für die Geltendmachung von Ansprüchen oder eine Änderung tariflicher Vorschriften hinweisen.[191] Der Arbeitnehmer hat sich die hierzu erforderlichen Kenntnisse selbst zu beschaffen. Dies gilt im Ansatz auch bei einer vorübergehenden Auslandstätigkeit des Arbeitnehmers im Rahmen des Arbeitsverhältnisses. Der Arbeitnehmer hat sich über den Umfang des Krankenversicherungsschutzes im Ausland selbst zu informieren.[192]

Auskunftsansprüche bestehen im Arbeitsverhältnis ansonsten nach allgemeinen zivilrechtlichen Grundsätzen. Bei vereinbarter **Umsatzbeteiligung** hat der Arbeitnehmer einen umfassenden Auskunftsanspruch, wenn Anhaltspunkte dafür bestehen, dass der Arbeitgeber ihn bei der Zuteilung der Aufträge benachteiligt hat.[193]

Nach § 81 Abs. 1 BetrVG müssen Arbeitnehmer über **Veränderungen in ihrem Arbeitsbereich** rechtzeitig unterrichtet werden. Auch wenn kein Betriebsrat besteht, hat der Arbeitgeber die Arbeitnehmer zu sämtlichen Maßnahmen zu hören, die Auswirkungen auf Sicherheit und Gesundheit der Arbeitnehmer haben können (§ 81 Abs. 3 BetrVG). Bei bestimmten Planungen bestehen ebenfalls Unterrichtungspflichten; hiermit gehen Erörterungspflichten des Arbeitnehmers einher (§ 81 Abs. 4 BetrVG).

Der Arbeitgeber ist nach § 82 Abs. 2 S. 1 BetrVG zur Erläuterung der **Berechnung und Zusammensetzung des Arbeitsentgelts** gegenüber dem Arbeitnehmer verpflichtet. Er muss hiernach auch die Beurteilung der Leistungen des Arbeitnehmers mit diesem erörtern sowie die Möglichkeiten einer beruflichen Entwicklung im Betrieb (sog. Beurteilungsgespräch).

Nach Art. 15 Abs. 1 DS-GVO hat der Arbeitgeber dem Arbeitnehmer Auskunft über die Verarbeitung ihn betreffender **personenbezogener Daten** zu geben. § 15 Abs. 3 DS-GVO ergänzt dies um einen Kopieranspruch. Geheimhaltungsinteressen soll der Arbeitgeber dem datenschutzrechtlichen Auskunfts- und Kopieranspruch nur sehr eingeschränkt entgegenhalten können.[194]

Eine **besondere Auskunftspflicht** besteht nach § 7 Abs. 2 TzBfG: Wenn der Arbeitnehmer eine Teilzeitbeschäftigung anstrebt, hat der Arbeitgeber über die **vorhandene Arbeitsplatzsituation** im Unternehmen Auskunft zu geben. Auch mit der Unterrichtungspflicht im Falle eines **Betriebsübergangs** (§ 613a Abs. 5 BGB) erfüllt der (alte oder neue) Arbeitgeber eine spezialgesetzliche Hinweispflicht.

3. Bei Beendigung des Arbeitsverhältnisses

Vor allem bei einvernehmlicher Beendigung des Arbeitsverhältnisses durch Abschluss eines Aufhebungs- oder Abwicklungsvertrages kommen Hinweis- und Aufklärungspflichten des Arbeitgebers in Betracht.[195] Beim Abschluss eines Prozessvergleichs ist der Arbeitnehmer dagegen auch ohne amtwaltliche Vertretung weniger schützenwert.

Je nach Einzelfall kann eine Pflicht des Arbeitgebers zur Aufklärung des Arbeitnehmers über die Auswirkungen einer Vertragsbeendigung auf den möglichen **Arbeitslosengeldan-**

---

[190] So etwa *Hümmerich* NZA 2002, 1305.
[191] BAG 14.6.1994 – 9 AZR 284/93, NZA 1995, 229.
[192] LAG Hessen 4.9.1995 – 16 Sa 215/95, NZA 1996, 482; zur gesteigerten Fürsorgepflicht des Arbeitgebers bei Auslandstätigkeit von Arbeitnehmern *Edenfeld* NZA 2009, 938.
[193] BAG 21.11.2000 – 9 AZR 665/99, NZA 2001, 1093.
[194] LAG Baden-Württemberg 20.12.2018 – 17 Sa 11/18, NZA-RR 2019, 242; ausf. zu den Arbeitnehmeransprüchen aus § 15 DS-GVO etwa *Schulte/Welge* NZA 2019, 1110; *Engeler/Quiel* NJW 2019, 2201.
[195] BAG 12.12.2002 – 8 AZR 497/01, NJOZ 2003, 1601.

spruch des Arbeitnehmers bestehen (zB fehlender Anspruch mangels anwartschaftsbegründender Zeiten[196] oder Eintritt einer Sperrzeit nach § 159 SGB III). Nach § 2 Abs. 2 S. 2 Nr. 3 SGB III soll der Arbeitgeber den Arbeitnehmer zwar vor der Beendigung des Arbeitsverhältnisses ua über dessen Verpflichtung zur unverzüglichen Meldung bei der zuständigen Agentur für Arbeit (s. § 38 Abs. 1 SGB III) informieren. Geschieht dies nicht, besteht allerdings kein Schadensersatzanspruch des Arbeitnehmers.[197]

126 Hinweispflichten können in Bezug auf mögliche **Versorgungsschäden in der betrieblichen Altersversorgung** vor allem dann bestehen, wenn außergewöhnlich hohe Versorgungseinbußen drohen.[198] Erteilt der Arbeitgeber einem Arbeitnehmer eine fehlerhafte Auskunft über die zu erwartende betriebliche Altersversorgung, macht er sich schadensersatzpflichtig.[199] Als Schadensersatz ist freilich nicht die fehlerhaft zu hoch berechnete Rente zu zahlen. Zu ermitteln ist vielmehr, welche Versorgung der Arbeitnehmer bei korrekter Auskunft nach dem gewöhnlichen Lauf der Dinge erhalten hätte.[200]

127 Gesteigerte Aufklärungspflichten bestehen insbesondere dann, wenn die Initiative zur Vertragsbeendigung – wie meist – vom Arbeitgeber ausgeht. In diesen Fällen sollte über etwaige nachteilige Folgen der einvernehmlichen Beendigung des Arbeitsverhältnisses für den Bezug von **Arbeitslosengeld** sowie über etwaige **Versorgungsnachteile** belehrt werden. So ist ggf. ein ausdrücklicher Hinweis des Arbeitgebers erforderlich, dass sich eine Zusatzversorgung des Arbeitnehmers bei Abschluss eines Aufhebungsvertrags erheblich verringern kann.

128 Andererseits besteht aus Arbeitgebersicht die Gefahr, im Hinblick auf die Komplexität der Materie (Detailfragen des SGB III, SGB VI und des BetrAVG) inhaltlich unrichtige Auskünfte zu erteilen. In diesem Fall kann sich der Arbeitgeber dadurch behelfen, dass er den Mitarbeiter an die zuständige Stelle verweist und dies vertraglich dokumentiert.

> **Formulierungsvorschlag (Arbeitslosengeld):**
>
> 129 Dem Arbeitnehmer ist bewusst, dass sich durch den Abschluss dieser Vereinbarung Nachteile beim Bezug von Arbeitslosengeld ergeben können. Verbindliche Auskünfte können insoweit nur von der Bundesagentur für Arbeit gegeben werden. Der Arbeitnehmer verzichtet daher ausdrücklich auf Hinweise des Arbeitgebers in diesem Zusammenhang.

> **Formulierungsvorschlag (Rente):**
>
> 130 Dem Arbeitnehmer ist bekannt, dass der Abschluss dieser Vereinbarung zu Nachteilen beim Bezug von Rente aus der gesetzlichen Rentenversicherung (und beim Bezug von Leistungen aus der betrieblichen Altersversorgung) führen kann. Verbindliche Auskünfte können insoweit nur die hierfür zuständigen Stellen (zB Deutsche Rentenversicherung Bund) geben. Der Arbeitnehmer verzichtet ausdrücklich auf Hinweise des Arbeitgebers in diesem Zusammenhang.

131 Hervorzuheben ist, dass einem Schadensersatzanspruch wegen mangelnder Aufklärung seitens des Arbeitgebers der **Mitverschuldenseinwand** (§ 254 Abs. 2 BGB) entgegengehalten werden kann. Die Schadensabwendungs- und -minderungspflicht kann dem geschädigten Arbeitnehmer den Gebrauch von Rechtsmitteln (zB gegen Ablehnungsbescheide der Agentur für Arbeit oder nachteilige Steuerbescheide) gebieten. Voraussetzung hierfür ist freilich, dass

---

[196] Vgl. etwa LAG Berlin 13.1.2006 – 13 Sa 1957/05, NZA-RR 2006, 327.
[197] Klargestellt durch BAG 29.9.2005 – 8 AZR 571/04, NZA 2005, 1406.
[198] BAG 17.10.2000 – 3 AZR 605/99, NZA 2001, 206; vgl. andererseits LAG Köln 7.11.2002 – 5 Sa 725/02, LAGE BGB § 611 Fürsorgepflicht Nr. 28 = BeckRS 2003, 40217.
[199] BAG 18.2.2020 – 3 AZR 206/18, NZA 2020, 860; LAG Nürnberg 12.10.2018 – 8 Sa 176/18, BeckRS 2018, 41286.
[200] Vgl. LAG Hessen 22.8.2001 – 8 Sa 146/01, NZA-RR 2002, 323.

die in Betracht kommende Maßnahme Aussicht auf Erfolg hat und dass ihr nicht im Einzelfall Gesichtspunkte der Zumutbarkeit entgegenstehen.[201]

Der Arbeitgeber kann bei unmittelbar bevorstehender Zahlungsunfähigkeit verpflichtet sein, den Mitarbeiter unaufgefordert über die **finanzielle Lage des Unternehmens** zu unterrichten, wenn in einer Vereinbarung das Arbeitsverhältnis gegen Zahlung einer erst später fälligen Abfindung aufgelöst wird.[202] Dies sollte ebenso bei Abschluss eines Prozessvergleichs gelten.

4. Nach Beendigung des Arbeitsverhältnisses

Informationspflichten können auch noch nach rechtlicher Beendigung des Arbeitsverhältnisses bestehen, und zwar aus der sog. nachwirkenden Fürsorgepflicht.[203]

Von den Auskunftspflichten gegenüber dem ausgeschiedenen Arbeitnehmer (Beispiel: Mitteilung von Umsätzen/Jahresergebnis/abgewickelten Aufträgen für den Fall der Vereinbarung einer erfolgsabhängigen Vergütung) ist die Frage der **Auskunftsverpflichtung des Arbeitgebers gegenüber Dritten** in Bezug auf den vormaligen Mitarbeiter zu unterscheiden. Die nachwirkende Fürsorgepflicht kann den Arbeitgeber anhalten, Auskünfte über den ausgeschiedenen Arbeitnehmer gegenüber dritten Personen zu erteilen, mit denen der Arbeitnehmer in Verhandlungen über den Abschluss eines Arbeitsvertrages steht. Sofern diese ein berechtigtes Interesse an der Erlangung einer solchen Auskunft haben, kommt es auf ein Einverständnis des Arbeitnehmers nicht an.[204] In der Praxis werden beim Ausscheiden vielfach Regelungen getroffen, wonach der Arbeitgeber Auskünfte nur in eine bestimmte Richtung, etwa entsprechend dem Zeugnisinhalt, erteilen darf. Solche Abreden sind zwischen den (vormaligen) Vertragsparteien bindend; sie schließen eine Schadensersatzverpflichtung gegenüber dem neuen Arbeitgeber wegen vorsätzlich erteilter unrichtiger Auskünfte aber nicht aus.

5. Rechtsfolgen bei Verstößen

Der Arbeitgeber haftet für die Richtigkeit und Vollständigkeit der von ihm erteilten Auskünfte, und zwar unabhängig davon, ob die Auskunftspflicht rechtlich bestand oder er die Auskunft ohne gesetzliche Verpflichtung erteilt hat.[205]

Unterlassene Auskünfte oder schuldhaft fehlerhaft erteilte Auskünfte können insbesondere zu einem Schadensersatzanspruch des Arbeitnehmers nach § 280 BGB führen. Auch das Deliktsrecht (§§ 823 Abs. 1, 824, 826 BGB) kann einschlägig sein.[206]

VII. Sonstige Nebenpflichten von A bis Z

Den Arbeitgeber treffen weitere Nebenpflichten, die teilweise aus der Fürsorgepflicht abgeleitet werden. Andere Nebenpflichten sind gesetzlich normiert. Bestehende und diskutierte Pflichten werden nachstehend in alphabetischer Stichwortfolge ohne Anspruch auf Vollständigkeit behandelt:

Abmahnung (Anhörungserfordernis): In der Privatwirtschaft kann aus der Fürsorgepflicht nicht das Erfordernis der Anhörung des Arbeitnehmers vor Aufnahme einer Abmahnung in die Personalakte hergeleitet werden.[207] Ein anderes gilt im öffentlichen Dienst. § 3 Abs. 6 S. 4, 5 TV-L verlangt, dass der Beschäftigte über für ihn ungünstige oder nachteilige

---

[201] BAG 12.12.2002 – 8 AZR 497/01, NJOZ 2003, 1601.
[202] Vgl. ArbG Darmstadt 23.12.1987 – 5 Ca 135/87, DB 1988, 918.
[203] Vgl. BAG 21.11.2000 – 3 AZR 415/99, NZA 2001, 661; LAG Berlin 8.5.1989 – 9 Sa 21/89, NZA 1989, 965.
[204] BAG 25.10.1957 – 1 AZR 434/55, AP BGB § 630 Nr. 1; vgl. auch BAG 18.8.1981 – 3 AZR 792/78, BeckRS 1981, 04481; LAG Rheinland-Pfalz 7.10.2014 – 8 Sa 361/14, AE 2016, 6.
[205] Zuletzt etwa BAG 18.2.2020 – 3 AZR 206/18, NZA 2020, 860.
[206] Vgl. LAG Berlin 8.5.1989 – 9 Sa 21/89, NZA 1989, 965; LAG Nürnberg 24.4.1991 – 5 Sa 579/89, NZA 1992, 81.
[207] BAG 4.10.1990 – 2 AZR 201/90, NZA 1991, 468; ausf. *Wilhelm* NZA-RR 2002, 449.

Beschwerden und Behauptungen tatsächlicher Art vor deren Aufnahme in die Personalakte gehört wird und seine Äußerung zu der Personalakte zu nehmen ist. Bei Verletzung der Anhörungspflicht hat der Arbeitnehmer einen Anspruch auf Entfernung der Abmahnung aus der Personalakte.[208] Eine vergleichbare Regelung findet sich in den Caritasrichtlinien (§ 6 Abs. 3 AVR), nicht aber im TVöD.

139 **Anzeigepflichten** treffen den Arbeitgeber nur in Ausnahmefällen. Denkbar ist die Verpflichtung, auf eine problematische wirtschaftliche Situation des Unternehmens hinzuweisen. Dies gilt vor allem im Stadium der Anbahnung eines Arbeitsverhältnisses, wenn etwa der Mitarbeiter arbeitsrechtlich zulässig von einem Konkurrenten abgeworben wird und wegen der vermeintlich attraktiven Anschlussposition sein Arbeitsverhältnis beim alten Arbeitgeber aufgibt.[209]

140 Zahlreiche Verpflichtungen, die außerhalb der Hauptpflichten aus dem Arbeitsverhältnis liegen, treffen die Vertragsparteien bei Erfindungen des Arbeitnehmers. Einschlägig ist das 1957 in Kraft getretene und zum 1.10.2009 umfassend reformierte Gesetz über **Arbeitnehmererfindungen**.[210]

141 Der Arbeitgeber hat die Kosten für **Arbeitskleidung** seiner Arbeitnehmer jedenfalls dann zu tragen, wenn es sich um notwendige Schutzkleidung handelt (vgl. etwa § 3 Abs. 3 ArbSchG).[211]

142 Eine besondere Ausprägung erhalten die Nebenpflichten des Arbeitgebers bei **Auslandseinsätzen** seiner Arbeitnehmer. Betroffen sind steuer- und sozialversicherungsrechtliche Aspekte,[212] medizinische und klimatische Umstände, zunehmend auch Sicherheitsfragen.[213]

143 **Arbeitszeiterfassung:** Die nicht nur in der Fachwelt vieldiskutierte Entscheidung des Europäischen Gerichtshofs vom 14.5.2019[214] postuliert die Verpflichtung des Arbeitgebers, ein objektives, verlässliches und zugängliches" System zur Arbeitszeiterfassung der Arbeitnehmer einzurichten. In diesem Sinne kann eine solche Arbeitszeiterfassung als weitere Nebenpflicht aus dem Arbeitsverhältnis angesehen werden.[215]

144 Zu den Nebenpflichten des Arbeitgebers kann auch die **Beitragsentrichtung zur Sozialversicherung** (§ 28d Abs. 1 SGB IV) gezählt werden, also die Verpflichtung, den Gesamtsozialversicherungsbeitrag, bestehend aus Kranken-, Pflege-, Renten- und Arbeitslosenversicherungsbeitrag von Arbeitgeber und Arbeitnehmer, an die Einzugsstelle abzuführen.[216]

145 Besondere Pflichten treffen den Arbeitgeber bei der Behandlung von **Beschwerden** seiner Mitarbeiter. Machen Arbeitnehmer vom speziellen Beschwerderecht des § 13 Abs. 1 S. 1 AGG Gebrauch, hat der Arbeitgeber die Beschwerde zu prüfen und dem Beschwerdeführer das Ergebnis mitzuteilen. Bei der „allgemeinen" Beschwerde nach § 84 Abs. 1 BetrVG trifft den Arbeitnehmer die Verpflichtung, die Beschwerde zu bescheiden und ihr – soweit sie berechtigt ist – abzuhelfen. Bei Ablehnung der Beschwerde soll eine Begründungspflicht bestehen.[217] Ein weiteres Beschwerderecht ergibt sich aus § 17 Abs. 2 ArbSchG.

146 Eine Verpflichtung des Arbeitgebers zur Durchführung von **Betriebsveranstaltungen** besteht nicht; ein solcher Anspruch kann sich nach zutreffender Auffassung auch nicht aus betrieblicher Übung ergeben, weil in der Regel keine Rechte aus dem Arbeitsverhältnis betroffen sind.[218]

---

[208] BAG 16.11.1989 – 6 AZR 64/88, NZA 1990, 477.
[209] Zu dieser Konstellation bereits → Rn. 116 f.
[210] Gesetz über Arbeitnehmererfindungen v. 25.7.1957, BGBl. 1957 I 756 nebst späterer Änderungen; vgl. hierzu *Gennen* → § 16 Rn. 11 ff.
[211] LAG Niedersachsen 11.6.2002 – 13 Sa 53/02, LAGE BGB § 618 Nr. 11 = BeckRS 2002, 16521; zur Vereinbarung einer Kostenbeteiligung der Arbeitnehmer BAG 17.2.2009 – 9 AZR 676/07, NZA 2010, 99; zur Dienstkleidung iSv § 21 Abs. 2 AVR BAG 13.2.2003 – 6 AZR 536/01, NZA 2003, 1196.
[212] BAG 22.1.2009 – 8 AZR 161/08, NZA 2009, 608 (keine Aufklärungspflicht über Doppelbesteuerung).
[213] *Schliemann* BB 2001, 1302; *Edenfeld* NZA 2009, 938.
[214] EuGH 14.5.2019 – C-55/18, NZA 2019, 683; hierzu etwa *Bayreuther* NZA 2020, 1; *Bayreuther* EuZW 2019, 446; *Hüpers/Reese* RdA 2020, 53; *Höpfner/Daum* RdA 2019, 270.
[215] So etwa ArbG Emden 20.2.2020 – 2 Ca 94/19, ArbRB 2020, 139.
[216] Zu Rechtswegfragen bei der Nichtabführung von Sozialversicherungsbeiträgen *Zieglmeier* NZA 2015, 651.
[217] Vgl. *Richardi/Thüsing* BetrVG § 84 Rn. 21.
[218] AA etwa *Kossmann* NZA 2010, 1264; Küttner Personalbuch 2020/*Kreitner* Betriebsausflug Rn. 2.

Die Fürsorgepflicht des Arbeitgebers spielt bei Fragen des **Direktionsrechts** eine große 147
Rolle. Einschränkungen können sich in Fällen einer gesundheitlichen Einschränkung oder
Behinderung des Arbeitnehmers[219] oder im Hinblick auf dessen Persönlichkeitsrecht ergeben, so bei unangemessenen Anweisungen zu Kleidung oder Frisur der Mitarbeiter.[220]

Mit dem „**Gebot fairen Verhandelns**" hat das BAG in der Entscheidung vom 7.2.2019[221] 148
eine so noch nicht bezeichnete Nebenpflicht des Arbeitgebers in den Vordergrund gerückt.
Das Urteil ist zunächst für Beendigungsstreitigkeiten von hoher Bedeutung und Brisanz,
weil ein Verstoß gegen das Fairnessgebot zur Nichtigkeit eines Aufhebungsvertrages führen
soll. Denkbar erscheint die Ausdehnung dieses Gebots auch auf andere vertragliche Absprachen im Arbeitsverhältnis.

Zur (nachwirkenden) Fürsorgepflicht des Arbeitgebers zählt die **Herausgabe von Arbeits-** 149
papieren. Begehrt ein Arbeitnehmer deren Herausgabe im Wege der einstweiligen Verfügung, ist für das Vorliegen des Verfügungsgrundes glaubhaft zu machen, dass die jeweiligen
Arbeitspapiere für eine konkrete Arbeitsstelle benötigt werden.[222]

Auch im **Kündigungsrecht** hat das BAG Konkretisierungen der Fürsorgepflichten vorge- 150
nommen, etwa die Verpflichtung zur Anhörung des Arbeitnehmers vor Ausspruch einer
Verdachtskündigung.[223]

Nebenpflichten des Arbeitgebers sind auch im Zusammenhang mit der Anmeldung von 151
Kurzarbeit sowie der Auszahlung von **Kurzarbeitergeld** anzuerkennen. Gerade weil den Arbeitnehmern bei der Gewährung von Kurzarbeitergeld kein eigenes Anzeige- oder Antragsrecht zusteht, ist der Arbeitgeber gehalten, Beantragung und Auszahlung des Kurzarbeitergeldes in deren Interesse sorgfältig auszuüben.[224] Nach § 320 Abs. 1 S. 2 SGB III hat der
Arbeitgeber das Kurzarbeitergeld kostenlos zu errechnen und auszuzahlen. Dabei besteht
nach richtiger Ansicht (auch während der **Corona-Krise**) keine Verpflichtung des Arbeitgebers, dem Arbeitnehmer einen Vorschuss auf das Kurzarbeitergeld zu gewähren. Die gesetzliche Auszahlungspflicht bedeutet nur, dass der Arbeitgeber die ihm von der Arbeitsagentur
zur Verfügung gestellten Beträge umgehend an die Arbeitnehmer weiterleiten muss.[225]

Der Arbeitgeber ist zur ordnungsgemäßen **Lohn- und Gehaltsabrechnung** verpflichtet. 152
Dies war als arbeitsvertragliche Nebenpflicht des Arbeitgebers längst anerkannt und hat im
Zuge der Novellierung der Gewerbeordnung seit dem 1.1.2003 Eingang in dieses Gesetz gefunden (§ 108 GewO).

Eine allgemeine Verpflichtung zur **Lohn- oder Gehaltserhöhung** trifft den Arbeitgeber 153
nicht aus seiner Fürsorgepflicht. Die Durchsetzbarkeit eines entsprechenden Anspruchs setzt
eine besondere Rechtsgrundlage voraus.

Aus dem Gesichtspunkt der Fürsorgepflicht ergibt sich nach der ständigen Rechtspre- 154
chung des BAG die Pflicht des Arbeitgebers, die **Lohnsteuer** korrekt zu berechnen und abzuführen.[226] Einzelheiten regeln § 38 Abs. 1 EStG, wonach die Einkommensteuer bei Einkünften aus nicht selbstständiger Arbeit durch Abzug vom Arbeitslohn erhoben wird, sowie die
weiteren Vorschriften des Einkommensteuerrechts (vgl. insbesondere § 38a Abs. 4 EStG).

Bei Beendigung des Arbeitsverhältnisses oder am Ende des Kalenderjahres hat der Arbeit- 155
geber das Lohnkonto des Arbeitgebers abzuschließen und gemäß § 41b Abs. 1 S. 3 EStG
dem Arbeitnehmer einen Ausdruck der an das Betriebsstättenfinanzamt zu gebenden elek-

---

[219] Zur Verpflichtung des Arbeitgebers, dem Arbeitnehmer einen sog. leidensgerechten Arbeitsplatz zuzuweisen: BAG 19.5.2010 – 5 AZR 162/09, NZA 2010, 1119; 13.8.2009 – 6 AZR 330/08, NZA-RR 2010, 420; *Mückl/Hiebert* NZA 2010, 1259; *Kleinebrink* FA 2011, 66.
[220] Vgl. in diesem Zusammenhang LAG Hamm 22.10.1991 – 13 TaBV 36/91, LAGE BGB § 611 Direktionsrecht Nr. 11.
[221] BAG 7.2.2019 – 6 AZR 75/18, NZA 2019, 688; dem folgend LAG Mecklenburg-Vorpommern 19.5.2020 – 5 Sa 173/19, BeckRS 2020, 12247.
[222] LAG Berlin 3.12.2001 – 19 Ta 2126/01, AE 2002, 33.
[223] Vgl. etwa BAG 25.4.2018 – 2 AZR 611/17, NZA 2018, 1405.
[224] Vgl. BAG 19.2.1992 – 8 AZR 301/91, NZA 1992, 1031; LAG Sachsen 30.8.2002 – 3 Sa 996/01, NZA-RR 2003, 328.
[225] Vgl. etwa Gagel/*Hlava* SGB III § 320 Rn. 23, 24.
[226] BAG 11.10.1989 – 5 AZR 585/88, NZA 1990, 309; zu Haftungsfragen etwa *Schwab* NZA-RR 2006, 505 (510).

tronischen **Lohnsteuerbescheinigung** auszuhändigen. Bei einem Streit über die Eintragung des (korrekten) Beendigungszeitpunkts in die Lohnsteuerbescheinigung sind die Arbeitsgerichte zuständig.[227]

156 Den Arbeitgeber treffen zahlreiche **Meldepflichten** gegenüber den Sozialversicherungsträgern, die an verschiedenen Stellen im SGB geregelt sind. Hinzuweisen ist vor allem auf § 28a SGB IV sowie die zugehörige Verordnung zur Neuregelung des Meldeverfahrens in der Sozialversicherung (DEÜV). Die ordnungsgemäße Erfüllung der Meldepflichten führt zu erheblichem Verwaltungsaufwand beim Arbeitgeber. Eine nicht ordnungsgemäße Meldung kann als Ordnungswidrigkeit geahndet werden (§ 111 Abs. 1 Nr. 8 SGB IV).

157 Weitere sozialrechtliche **Melde-, Nachweis- oder Mitwirkungspflichten** des Arbeitgebers finden sich beispielsweise in
- §§ 312, 313 SGB III (Arbeitsbescheinigung, Nebeneinkommensbescheinigung)
- § 320 Abs. 1, 3 SGB III (Aufzeichnungs- und Nachweispflichten bei Kurzarbeitergeld und Wintergeld)
- §§ 198 ff. SGB V (Meldepflichten gegenüber der Krankenkasse).

158 **Mindestlohngesetz:** Aus dem MiLoG ergeben sich für Arbeitgeber vielfältige Dokumentations- und Meldepflichten, so etwa in Bezug auf geringfügig Beschäftigte.[228]

159 Aus der Fürsorgepflicht wird der Anspruch des Arbeitnehmers hergeleitet, eine unrichtige Abmahnung aus der Personalakte zu entfernen.[229] Der Arbeitgeber muss allgemein dafür Sorge tragen, dass die **Personalakte** ein zutreffendes Bild des Arbeitgebers in dienstlicher und persönlicher Hinsicht vermittelt.[230] Für den Arbeitnehmer ungünstige Inhalte, die zu einer Beeinträchtigung des beruflichen Fortkommens führen können, sind aus der Personalakte zu entfernen, sobald sie unzutreffend oder überflüssig geworden sind. Dies gilt nicht nur für Abmahnungen, sondern auch für Verwarnungen, Ermahnungen oder andere Missbilligungen.[231] **Sensible Personaldaten** (zB Gesundheitsdaten) sind besonders vor zufälliger Kenntnisnahme zu schützen.[232] Es besteht keine Verpflichtung des Arbeitgebers, Personalakten zu paginieren, also mit Blattzahlen zu versehen.[233]

160 Aus der nachwirkenden Schutz- und Rücksichtnahmepflicht leitet sich nach Ansicht des BAG ein Anspruch des Arbeitnehmers auf Einsicht in seine vom ehemaligen Arbeitgeber **weiter aufbewahrte Personalakte** ab.[234] Gegen den Willen des Arbeitgebers soll dieses Akteneinsichtsrecht grundsätzlich nicht von einem Bevollmächtigten ausgeübt werden können, und zwar weder von einem Rechtsanwalt noch von einem Gewerkschaftssekretär.[235]

161 Mitwirkungspflichten im Sinne von arbeitsrechtlichen Nebenpflichten treffen den Arbeitgeber auch im **Urlaubsrecht,** obwohl das BUrlG die für die Arbeitsvertragsparteien im Zusammenhang mit der Gewährung und Inanspruchnahme von Urlaub bestehenden Mitwirkungsobliegenheiten und die Folgen von deren Nichtbeachtung nicht ausdrücklich regelt. Eine richtlinienkonforme Auslegung von § 7 Abs. 1 BUrlG führt nach der Rechtsprechung des BAG dazu, dass der nicht erfüllte Anspruch auf bezahlten Jahresurlaub in der Regel nur dann am Ende des Kalenderjahres erlischt, wenn der Arbeitgeber den Arbeitnehmer zuvor in die Lage versetzt hat, seinen Urlaubsanspruch wahrzunehmen, und der Arbeitnehmer den Urlaub dennoch aus freien Stücken nicht genommen hat.[236] Verletzt der Arbeitgeber diese

---

[227] LAG Brandenburg 5.12.2002 – 6 Ta 96/02, NZA-RR 2003, 376.
[228] Einen Überblick geben *Schmitz-Witte/Killian* NZA 2015, 415.
[229] Zur Entfernung einer rechtmäßigen Abmahnung aus der Personalakte BAG 19.7.2012 – 2 AZR 782/11, NZA 2013, 91.
[230] BAG 14.9.1994 – 5 AZR 632/93, AP BGB § 611 Abmahnung Nr. 13; vgl. auch LAG Sachsen 26.9.2001 – 7 Sa 760/00, AE 2002, 51; ausf. *Stück* MDR 2008, 430; *Herfs-Röttgen* NZA 2013, 478; zu elektronischen Personalakten *Diller/Schuster* DB 2008, 928.
[231] Vgl. BAG 13.4.1988 – 5 AZR 537/86, BB 1988, 1893; zur Verhängung einer Betriebsbuße insoweit BAG 17.10.1989 – 1 ABR 100/88, NZA 1990, 193 (195).
[232] BAG 12.9.2006 – 9 AZR 271/06, NZA 2007, 269.
[233] BAG 16.10.2007 – 9 AZR 110/07, NZA 2008, 367.
[234] BAG 16.11.2010 – 9 AZR 573/09, NZA 2011, 453.
[235] LAG Schleswig-Holstein 17.4.2014 – 5 Sa 385/13, NZA-RR 2014, 465.
[236] BAG 19.2.2019 – 9 AZR 423/16, NZA 2019, 977; 19.2.2019 – 9 AZR 541/15, NZA 2019, 982.

162 Obliegenheit, bleibt der Urlaubsanspruch bestehen. Die Initiativlast des Arbeitgebers kann auch auf Urlaubsansprüche aus vergangenen Urlaubsjahren erstreckt werden.[237]

163 Die Fürsorgepflicht des Arbeitgebers führt im Regelfall zu keinem Anspruch des Arbeitnehmers auf **Verlängerung der regelmäßigen Arbeitszeit**, wenn die Arbeitsvertragsparteien zuvor – zwecks Ermöglichung der Betreuung des Kindes einer Arbeitnehmerin – die Arbeitszeit (zB) auf die Hälfte der regelmäßigen tariflichen Wochenarbeitszeit verringert haben. Dem Arbeitgeber bleibt es in diesem Fall unbenommen, an der getroffenen Vereinbarung festzuhalten, auch wenn die Arbeitnehmerin später wieder die Aufstockung der Arbeitszeit wünscht.[238] Seit dem 1.1.2019 können Arbeitnehmer in solchen Situationen von vornherein Brückenteilzeit nach § 9a TzBfG beanspruchen.

Aus der Fürsorgepflicht kann sich im Einzelfall ein Anspruch auf Gewährung eines **Vorschusses** ergeben, wenn der Arbeitnehmer ansonsten in eine anders nicht behebbare finanzielle Notlage geraten würde.[239]

164 Die Erteilung eines **Zwischenzeugnisses** kann vielfach aufgrund tariflicher Vorschriften verlangt werden, etwa aus § 35 Abs. 2 TVöD. In Anlehnung hieran wird die Verpflichtung des Arbeitgebers zur Erteilung eines Zwischenzeugnisses als allgemeine vertragliche Nebenpflicht anerkannt, sofern dem Arbeitnehmer ein triftiger Grund zur Seite steht (zB Vorgesetztenwechsel, Versetzung, beabsichtigter Stellenwechsel).[240]

---

[237] So LAG Köln 9.4.2019 – 4 Sa 242/18, BeckRS 2019, 9979.
[238] BAG 13.11.2001 – 9 AZR 442/00, NZA 2002, 1047.
[239] So auch Küttner/Griese Personalbuch 2020 Vorschuss Rn. 2.
[240] Vgl. etwa ErfK/Müller-Glöge GewO § 109 Rn. 50 mwN.

§ 35 Compliance und Datenschutz

Übersicht

	Rn.
I. Einführung	1–24
1. Begriff und rechtliche Bedeutung	4–8
2. Pflichten der Unternehmensleitung	9–22
a) Legalitätspflicht	10–12
b) Überwachungspflicht	13–15
c) Sorgfaltspflicht	16
d) Zivilrechtliche Haftung bei Pflichtverletzungen	17–20
e) Strafrechtliche Haftung bei Pflichtverletzungen	21/22
3. Bestandteile eines Compliance-Systems im Unternehmen	23/24
II. Arbeitsrechtliche Compliance	25–29
1. Compliance-relevante Bereiche des Arbeitsrechts	26/27
2. Arbeitsrechtliche Aspekte einer Compliance-Organisation	28/29
III. Einführung von Compliance-Richtlinien	30–73
1. Weisungsrecht (Direktionsrecht)	32–40
a) Tätigkeitsbezogene Weisungen zu Compliance	34
b) Nebenpflichten der Arbeitnehmer	35/36
c) Grenzen des Direktionsrechts	37–40
2. Arbeitsvertragliche Vereinbarungen	41–47
a) Compliance-Pflichten als arbeitsvertragliche Nebenpflicht	42
b) Einführung durch Änderungskündigung	43/44
c) Inhaltskontrolle nach AGB-Regelungen	45–47
3. Tarifvertrag	48
4. Betriebsvereinbarung	49–52
5. Mitbestimmungsrechte des Betriebsrats	53–73
a) Unterrichtungspflichten nach § 80 BetrVG	57
b) Mitbestimmung des Betriebsrats nach § 87 Abs. 1 Nr. 1 BetrVG	58–60
c) Mitbestimmung des Betriebsrats nach § 87 Abs. 1 Nr. 6 BetrVG	61–63
d) Mitbestimmung bei Schulungen nach § 98 BetrVG	64
e) Beweisverwertungsverbote in Compliance-Betriebsvereinbarungen	65–68
f) Personalfragebogen gemäß § 94 BetrVG	69/70
g) Auswahlrichtlinien zur Einstellung gemäß § 95 BetrVG	71/72
h) Folgen unterbliebener Mitbestimmung	73
IV. Aufklärung von Regelverstößen und Individualarbeitsrecht	74–249
1. Zielgerichtete Arbeitnehmerüberwachung	75–92
a) Verfassungsrechtlich geschützte Positionen von Arbeitnehmern	78–85
b) Verfassungsrechtlich geschützte Positionen des Arbeitgebers	86–92
2. Eigene Nachforschungen, interne Ermittlungen (Investigations), Revisionswesen	93–112
a) Zugriff auf interne und externe Informationsquellen	94–96
b) Unternehmensinterne Ermittlungen (Internal Investigations)	97–112
3. Nachforschungen durch Einbindung weiterer Arbeitnehmer – Whistleblowing	113–178
a) Mitarbeiterbefragungen/Mitarbeiterinterviews	114–127
b) Whistleblowing	128–162
c) Beteiligung des Betriebsrates und des Wirtschaftsausschusses	163–178
4. Einsatz von Privatdetektiven	179–184
5. Videoüberwachung	185–195
a) Videoüberwachung in öffentlich zugänglichen Bereichen	188/189
b) Videoüberwachung in nicht-öffentlich zugänglichen Bereichen	190–195
6. Telefon-/Audioüberwachung	196–209
a) Ausschließlich dienstliche Nutzung	203–206
b) Erlaubte Privatnutzung	207–209
7. E-Mail-Überwachung und Überwachung im Internet	210–224
a) Ausschließlich dienstliche Nutzung	212–216
b) Erlaubte Privatnutzung	217–221
c) Überwachung der Internetnutzung	222
d) Nutzung von sozialen Netzwerken	223
e) Ortungssysteme	224

§ 35 Compliance im Arbeitsrecht

	Rn.
8. Rechtsfolgen unzulässiger Arbeitnehmerüberwachung	225–243
a) Unterlassungs- und Beseitigungsansprüche	226/227
b) Schadensersatzansprüche	228–231
c) Leistungsverweigerungsrecht	232/233
d) Recht zur außerordentlichen Kündigung durch den Arbeitnehmer	234
e) Beweisverwertungsverbot	235–243
9. Sanktionen für mit der Überwachung beauftragte Arbeitnehmer	244/245
10. Innerbetriebliche Amnestieprogramme	246–249
V. Arbeitnehmerdatenschutz und Compliance	250–294
1. System des Arbeitnehmerdatenschutzes	251–282
a) Vorgaben durch § 26 BDSG	253–258
b) Verhältnis von § 26 Abs. 1 BDSG zu anderen Erlaubnistatbeständen	259–263
c) Regelbarkeit durch Betriebsvereinbarung	264–266
d) Einwilligung des Arbeitnehmers	267–271
e) Verpflichtung auf das Datengeheimnis	272
f) Auskunftsanspruch	273–275
g) Datenschutzmanagementsystem/Datenschutzbeauftragter	276–282
2. Datenschutz bei Compliance-/Whistleblowing-Hotlines	283–288
3. Rechtsfolgen unerlaubter Datenverarbeitung	289–294
a) Zivilrechtliche Folgen	290
b) Strafrechtliche Folgen	291/292
c) Beweisverwertungsverbot	293
d) Unterrichtungspflicht bei Datenpannen sowie Beschwerderecht	294
VI. Sanktionen bei Verletzungen von Compliance-Regelungen	295–319
1. Abmahnung	297–304
2. Besonderheiten bei Compliance-indizierten Kündigungen	305–319
a) Compliance-Richtlinien als Abwägungskriterium	306
b) Druckkündigung aufgrund von Compliance-Verstößen	307
c) Beginn der Zwei-Wochen-Frist des § 626 Abs. 2 BGB bei Compliance-Untersuchungen	308
d) Mitwirkungspflichten nach erfolgter Kündigung	309–312
e) Strategische Überlegungen bei typischen Compliance-Verstößen	313–319
VII. Besonderheiten für Compliance-Beauftragte	320–338
1. Aufgaben des Compliance-Beauftragten	322–326
2. Arbeitsrechtliche Stellung von Compliance-Beauftragten	327–332
3. Kündigung eines Compliance-Beauftragten	333
4. Haftungsrechtliche Stellung des Compliance-Beauftragten	334–338
a) Strafrechtliche Garantenstellung	335/336
b) Zivilrechtliche Haftungsebenen	337/338
VIII. Schlussbetrachtung	339–341

I. Einführung

Compliance beschreibt im Grunde eine Selbstverständlichkeit – Unternehmen, Management und Arbeitnehmer sind seit jeher an Gesetz und Recht gebunden. Seit dem Bekanntwerden von nachhaltigen Rechtsverstößen namhafter Wirtschaftsunternehmen[1] und alarmierenden Statistiken zu Wirtschaftsdelikten[2] sind jedoch die Einführung von **Compliance-Regeln** und die Etablierung einer **internen Compliance-Organisation** mittlerweile unternehmerischer Standard. Dahinter verbirgt sich das Bestreben zur Risikoabwehr für das Management, welches sich zunehmend der Geltendmachung von Haftungsansprüchen und Strafbarkeitsrisiken ausgesetzt sieht.[3]

---

[1] Dazu Behringer/*Behringer*, Compliance kompakt – Best Practice im Compliance Management, 2. Aufl. 2011, S. 33 ff.: *„Unternehmensskandale als Wegbereiter für Compliance"*.
[2] Vgl. *Nestler/Salvenmoser/Bussmann*, Studie Wirtschaftskriminalität 2018 – Mehrwert von Compliance – forensische Erfahrungen, Hrsg. PwC/Universität Halle-Wittenberg, abrufbar unter https://www.pwc.de/de/risk/pwc-wikri-2018.pdf (letzter Abruf: 20.9.2020).
[3] Vgl. *Giese* NStZ 2020, 327; *Lelley*, Compliance im Arbeitsrecht, 2010, S. 9 ff. Rn. 3 und 15 ff., Rn. 21 ff.

2 Inzwischen findet sich „**Corporate Compliance**" auch im Fokus der gesellschaftspolitischen Diskussion:[4] Integeres Geschäftsgebaren, Korruptionsverbote, Umweltschutz oder Sozialstandards werden den Unternehmen längst vom Markt diktiert.[5] Die Ausrichtung des unternehmerischen Handelns an **Gesetzestreue und Ethik** ist somit eine **wirtschaftliche Notwendigkeit:** Schäden in Millionenhöhe für die Unternehmen,[6] Straf- und Bußgeldzahlungen,[7] Rechtsverfolgungskosten und solche interner Ermittlungen gilt es zu vermeiden. Schwerer wiegen dabei die immateriellen Schäden, nämlich Rufgefährdung, Störungen in der Geschäftsbeziehung zu Kunden, Lieferanten oder sonstigen Geschäftspartnern und Beeinträchtigung der Arbeitsmoral bei den Arbeitnehmern.[8]

3 Auch zeigt sich, dass nach **Einführung von Compliance-Programmen** ein Rückgang der Wirtschaftskriminalität in Unternehmen zu verzeichnen ist. Es wird angenommen, dass gut organisierte Hinweisgebersysteme (Whistleblowing) einen erheblichen Beitrag im Kampf gegen Wirtschaftskriminalität leisten.[9] Positive wirtschaftliche Effekte werden mit der Einführung von Whistleblowing-Systemen verbunden, indem Schäden vermieden und Bedrohungen des öffentlichen Interesses aufgedeckt werden.[10] Durch die Aufdeckung von Korruption verspricht man sich zudem eine Förderung des Wirtschaftswachstums und die Reduktion von Einnahme- und Steuerausfällen.[11]

1. Begriff und rechtliche Bedeutung

4 Der aus der angelsächsischen Rechtsterminologie stammende Begriff „**Compliance**" lässt sich mit „**Einhaltung, Gesetzestreue, Befolgung, Übereinstimmung**" übersetzen.[12] Compliance wird definiert als *„die Gesamtheit der Maßnahmen, die das rechtmäßige Verhalten eines Unternehmens, seiner Organe und Mitarbeiter im Hinblick auf alle gesetzlichen und unternehmenseigenen Gebote und Verbote gewährleisten sollen"*.[13] Im Kern ist damit nichts anderes gemeint, als dass sich ein Unternehmen und seine Mitglieder insgesamt rechtmäßig zu verhalten haben.[14] Es sind also nicht die Unternehmenspolitik oder die Unternehmensstrategie im Sinne von richtigen oder falschen Managemententscheidungen Gegenstand von Compliance, sondern es geht um die **Sicherstellung rechtskonformen Handelns** durch die Geschäftsleitung und durch die Arbeitnehmer. Compliance soll zudem dazu dienen, Nachteile vom Unternehmen, dessen Organen und Arbeitnehmern fernzuhalten.

5 Im **Deutschen Corporate Governance Kodex** ist der Begriff der Compliance im Teilbereich A unter A.1 – Grundsatz 5 wie folgt gefasst:[15] *„Der Vorstand hat für die Einhaltung der gesetzlichen Bestimmungen und der internen Richtlinien zu sorgen und wirkt auf deren Beachtung durch die Unternehmen hin (Compliance)"*. In der **Betriebswirtschaftslehre** werden Corporate Governance, Risikomanagement und Compliance zu dem sog. GRC-Ansatz

---

[4] Vgl. die Novellierung von § 108e StGB zur Bekämpfung der Bestechlichkeit und Bestechung von Mandatsträgern, hierzu *Michalke* CB 2014, 215.
[5] Vgl. *Stück* GmbHR 2011, R 49 f.; *Lelley* S. 10 Rn. 6.
[6] Vgl. *Nestler/Salvenmoser/Bussmann*, Studie Wirtschaftskriminalität 2018 – Mehrwert von Compliance – forensische Erfahrungen, Hrsg. PwC/Universität Halle-Wittenberg, S. 21, abrufbar unter https://www.pwc.de/de/risk/pwc-wikri-2018.pdf (letzter Abruf: 20.9.2020); Maschmann/*Maschmann*, Corporate Compliance und Arbeitsrecht, 2009, S. 7 mwN.
[7] Im Jahr 2010 zahlten Unternehmen weltweit 1,5 Mrd. USD als Geldbußen oder in Vergleichen. Davon wurden acht der zehn höchsten Strafen von europäischen Unternehmen gezahlt. Angaben nach: *Stück* GmbHR 2011, R 49.
[8] Maschmann/*Maschmann* S. 7.
[9] *Schulz* BB 2011, 629 mwN.
[10] *Dilling* CCZ 2019, 214 mwN.
[11] *Dilling* CCZ 2019, 214 mwN.
[12] Küttner Personalbuch 2020/*Kreiter* Compliance Rn. 1.
[13] Vgl. insbesondere den Überblick bei *Kort* NZG 2008, 81; Maschmann/*Rodewald* S. 31 mwN; *Kammerer-Galahn* AnwBl 2009, 77.
[14] Küttner Personalbuch 2020/*Kreiter* Compliance Rn. 1; *Schaupensteiner* NZA-Beil. 2011, 8.
[15] Aktuelle Fassung des Deutschen Corporate Governance Kodex vom 16.12.2019, abrufbar unter https://dcgk.de/de/kodex/aktuelle-fassung/praeambel.html (letzter Abruf 20.9.2020); dazu auch: JIG/*Ghassemi-Tabar*, Deutscher Corporate Governance Kodex, 1. Aufl. 2020, DCGK G5 Grundsatz 5.

mit einem GRC-Zielmodell als Beschreibung der ganzheitlichen horizontalen, vertikalen und operativen Integration dieser Bereiche zusammengefasst.[16]

Hinzu kommen **internationale Vorgaben**,[17] die das Thema Compliance in deutschen Unternehmen vorantreiben, insbesondere wenn diese im Konzernverbund mit ausländischen Muttergesellschaften stehen. Das Spektrum reicht von internationalen Konventionen[18] über Empfehlungen internationaler Organisationen,[19] ausländischen Gesetzen,[20] bis hin zu Abkommen multinationaler Unternehmen mit internationalen Gewerkschaftsorganisationen.[21]

Compliance im Arbeitsrecht hat vielerlei Facetten: Einmal geht es um die arbeitsrechtlichen Fragen der **Implementierung einer Compliance-Organisation** in Unternehmen, insbesondere durch die Einführung von Compliance-Richtlinien.[22] Des Weiteren müssen die Unternehmen **Informationsbarrieren überwinden**, um über Compliance-relevante Vorgänge Kenntnis zu erhalten. Dies geschieht zumeist durch die Einführung von betriebsinternen Informations-/Whistleblowing-Systemen oder durch interne Ermittlungen.[23] Schließlich müssen die **Compliance-Maßnahmen selbst „compliant"** sein, dh bei der Verhinderung, Aufdeckung und Ahnung von Rechtsverstößen müssen die Rechte der betroffenen Arbeitnehmer gewahrt bleiben.[24]

Das Thema ist komplex,[25] daher muss sich dieser Beitrag notwendigerweise auf spezifische und für die Beratungs- und Unternehmenspraxis bedeutsam erscheinende Fragestellungen der Compliance im Zusammenhang mit Arbeitsrecht und Beschäftigtendatenschutz beschränken.

2. Pflichten der Unternehmensleitung

Primär liegt es in der **Leitungsverantwortung** (§ 76 Abs. 1 AktG) des Vorstandes oder der Geschäftsführung, auf die **Gesetzeskonformität des unternehmerischen Handelns** hinzuwirken.[26] Davon werden insbesondere (1) die Pflicht, im Einklang mit der geltenden Rechtsordnung zu handeln *(Legalitätspflicht)*, weiterhin (2) die Pflicht zur sorgfältigen Unternehmensführung und (3) die Überwachungspflicht umfasst.[27]

a) **Legalitätspflicht.** Die Pflicht von Vorstand bzw. Geschäftsleitung, im **Einklang mit der geltenden Rechtsordnung** zu handeln *(Legalitätspflicht,* § 93 Abs. 1 AktG), ist evident und lässt sich gliedern in die Pflicht zur **Einhaltung interner Vorgaben** einerseits sowie **externer Regelungen** andererseits.[28] In diesem Zusammenhang ist es unerheblich, ob ein etwaiger Ge-

---

[16] *Kort* NZG 2008, 81 (82).
[17] *Lelley* S. 37 ff. Rn. 72.
[18] Bspw. United Nations Convention against Corruption, abrufbar unter www.unodc.org; UN Global Compact, abrufbar unter www.unglobalcompact.org; OECD Convention on Combating Bribery of Foreign Public Officials in International Business Transactions, abrufbar unter www.oecd.org; International Labour Standards of the International Labour Organisation, abrufbar unter www.ilo.org (jeweils letzter Abruf 20.9.2020).
[19] ICC (International Chamber of Commerce) Verhaltenskodex für die Wirtschaft zur Bekämpfung von Korruption vom November 2008, abrufbar unter www.icc-deutschland.de (letzter Abruf 20.9.2020).
[20] Bspw. FCPA – US. Foreign Corrupt Practices Act, abrufbar unter www.justice.gov; insbesondere Sabanes-Oxley Act (SOX), abrufbar unter www.sec.gov, als internationales Vorbild für entsprechende Regelungen und mit eigenständiger internationaler Geltung, insbes. für Tochterunternehmen US-amerikanischer Gesellschaften; Richtlinie 2006/43/EG des Europäischen Parlaments und der Rates vom 17.5.2006 (EuroSOX).
[21] International Framework Agreements (IFA) zur Festlegung von Mindestarbeitsbedingungen, abrufbar bei European Foundation for the Improvement of Living and Working Conditions, abrufbar unter www.eurofound.europa.eu (letzter Abruf 20.9.2020).
[22] → Rn. 30 ff.; vgl. auch: Maschmann/*Wagner* S. 65 ff.
[23] → Rn. 93 ff.; vgl. auch Maschmann/*Fritz* S. 111 ff.
[24] Dazu Teil IV. dieses Beitrages; vgl. auch Maschmann/*Maschmann* S. 9 und S. 149 ff.
[25] *Lelley* S. 13 ff. Rn. 17 ff.
[26] Vgl. dazu LG München I 10.12.2013 – 5 HK O 1387/10, NZG 2014, 345 ff. – Siemens/Neubürger.
[27] Vgl. insoweit für den GmbH-Geschäftsführer: Baumbach/Hueck/*Beurskens*, GmbHG, 22. Aufl. 2019, § 43 Rn. 10 mwN; instruktiv: Heussen/Hamm/*Junker/Knigge/Pischel/Reinhard*, Beck'sches Rechtsanwalts-Handbuch, 11. Aufl. 2016, § 49 Rn. 2 ff.
[28] Baumbach/Hueck/*Beurskens* GmbHG § 43 Rn. 10 ff.; *Krause/Albien* BB 2015, 1795 (1798); *Werner* NWB 2014, 1952 ff.; *Fleischer* NJW 2009, 2337.

setzesverstoß im Interesse oder zum Nutzen des Unternehmens geschieht, da die Bindung an gesetzliche Vorschriften möglichen Opportunitätsüberlegungen übergeordnet ist.[29]

11 Die Sicherstellung eines gesetzeskonformen Verhaltens erfordert eine **ordnungsgemäße Organisation des Unternehmens**.[30] Insoweit wird inzwischen die Verpflichtung der Unternehmensleitung angenommen, eine **Compliance-Organisation** in einem erforderlichen und zumutbaren Umfang einzurichten.[31]

12 Aus einzelnen gesetzlichen Regelungen lassen sich zudem Anhaltspunkte für die **Anforderungen an eine Compliance-Organisation** ableiten:
- Einrichtung und Dokumentation eines **Risikofrüherkennungs- und Überwachungssystems** nach § 91 Abs. 2 AktG, insbesondere durch interne Revision und Controlling mit Berichtspflichten an das Management;
- **Berichtspflichten** gegenüber dem Aufsichtsrat, § 90 AktG;
- **Aufsichtspflicht** nach § 130 OWiG oder
- **branchenspezifische Regelungen,** wie zB für Bank- und Finanzdienstleistungsunternehmen gemäß § 25a KWG und § 87 Abs. 5 WpHG sowie für Versicherungsunternehmen nach § 29 VAG.[32]

13 b) **Überwachungspflicht.** Vorstandsmitglieder einer Aktiengesellschaft sowie Geschäftsführer einer GmbH sind ferner gehalten, geeignete und zumutbare Vorkehrungen zur **Überwachung von nachgeordneten Unternehmensangehörigen** *(vertikale Überwachungspflicht)* sowie Vorstands- oder Geschäftsführungskollegen *(horizontale Überwachungspflicht)* zu treffen, insbesondere wenn Aufgaben ressortmäßig – horizontal – auf Vorstands- oder Geschäftsführungsmitglieder übertragen oder – vertikal – an Arbeitnehmer delegiert werden.[33] Im Bereich der arbeitsrechtlichen Compliance interessiert vor allem die **vertikale Überwachungspflicht,** auch wenn Korruption auf der Vorstandsebene ebenfalls in den rechtlichen Fokus gerückt ist.[34]

14 Die Pflichten des Vorstandes bzw. der Geschäftsleitung bei vertikaler Delegation lassen sich in Anlehnung an die §§ 831, 823 BGB bzw. § 31 BGB weiter auffächern in eine Pflicht zur **sorgfältigen Auswahl** der Arbeitnehmer *(cura in eligendo),* der **sorgfältigen Einweisung** *(cura in instruendo)* sowie der **sorgfältigen Überwachung** der Ausführung der delegierten Aufgaben *(cura in custodiendo).*[35] Vorstand bzw. Geschäftsleitung müssen Verdachtsmomenten einer Gesetzesverletzung durch Unternehmensangehörige unverzüglich nachgehen und Vorkehrungen gegen weitere Gesetzesverletzungen treffen.[36] Nach § 130 OWiG darf die Überwachung der Tätigkeiten der Arbeitnehmer nicht erst dann einsetzen, wenn bereits Missstände aufgetreten sind.[37] Vielmehr ist das Unternehmen so zu organisieren, dass **Pflichtverletzungen und Schädigungen Dritter** weitestgehend **vermieden** werden, wozu auch **Organisations- und Dienstanweisungen** gehören.[38]

15 Es sind **laufende Kontrollen** in Form von nicht angekündigten Stichproben durchzuführen, wobei sich **Umfang und Intensität der Überwachung** nach der Art und Größe des Un-

---

[29] Heussen/Hamm/*Junker/Knigge/Pischel/Reinhard* § 49 Rn. 3.
[30] Heussen/Hamm/*Junker/Knigge/Pischel/Reinhard* § 49 Rn. 3.
[31] Vgl. LG München I 10.12.2013 – 5 HK O 1387/10, NZG 2014, 345 (346) – Siemens/Neubürger; LG München 5.4.2007 – 5 HK O 15964/06, BB 2007, 2170; Baumbach/Hueck/*Beurskens,* GmbHG, § 43 Rn. 11; Heussen/Hamm/*Junker/Knigge/Pischel/Reinhard* § 49 Rn. 3 mwN; *Schaefer/Baumann* NJW 2011, 3601; *Lelley* S. 21 f. Rn. 31 ff.; *Schulz,* BB 2019, 579 f.; nach den Feststellungen bei *Nestler/Salvenmoser/Bussmann,* Studie Wirtschaftskriminalität 2018 – Mehrwert von Compliance – forensische Erfahrungen, Hrsg. PwC/Universität Halle-Wittenberg, S. 24 verfügen nahezu alle Großunternehmen mit mehr als 10.000 Mitarbeitern über ein Compliance-Management-System (97 %), abrufbar unter https://www.pwc.de/de/risk/pwc-wikri-2018.pdf (letzter Abruf: 20.9.2020).
[32] *Schaefer/Baumann* NJW 2011, 3601 (3602).
[33] LG München I 10.12.2013 – 5 HK O 1387/10, NZG 2014, 345 (346) – Siemens/Neubürger; Heussen/Hamm/*Junker/Knigge/Pischel/Reinhart* § 49 Rn. 17; *Fleischer* NJW 2009, 2337 (2338); *Bussmann/Matschke* CCZ 2009, 132.
[34] BGH 29.8.2008 – 2 StR 587/07, NJW 2009, 89 ff. – Fall Siemens.
[35] Heussen/Hamm/*Junker/Knigge/Pischel/Reinhard* § 49 Rn. 19 ff. mwN; *Lelley* S. 23 f. Rn. 36 mwN.
[36] BGH 8.10.1984 – II ZR 175/83, GmbHR 1985, 143.
[37] OLG Stuttgart 7.9.1976 – 3 Ss 526/76, NJW 1977, 1410 mwN.
[38] *Fleischer* AG 2003, 291 (294); *Eufinger* BB 2016, 1973 f.

ternehmens, der Art und Bedeutung der delegierten Aufgabe sowie der Erfahrung und Qualifikation des betreffenden Arbeitnehmers richten.[39] **Gesteigerte Überwachungspflichten** bestehen dann, wenn in der Vergangenheit bereits **Unregelmäßigkeiten** aufgetreten sind.[40]

c) Sorgfaltspflicht. Die Pflicht zur **sorgfältigen Unternehmensleitung** bildet eine **Generalklausel,** aus der sich eine Vielzahl einzelner, nicht abschließend festlegbarer **Verhaltensanforderungen** ableiten lassen.[41] Maßgeblich sind dabei wiederum die Umstände des Einzelfalls, vor allem die Art und Größe des Unternehmens, dessen Börsennotierung, der Unternehmensgegenstand, die wirtschaftliche Verfassung der Gesellschaft, aber auch die Umstände aus der Vergangenheit, insbesondere inwieweit es im Unternehmen schon zu Wirtschaftskriminalität gekommen ist oder nicht.[42]

d) Zivilrechtliche Haftung bei Pflichtverletzungen. Nach § 93 Abs. 1 S. 1 AktG haben die Vorstandsmitglieder einer Aktiengesellschaft bei der Geschäftsführung die Sorgfalt eines ordentlichen und gewissenhaften Geschäftsleiters anzuwenden.[43] Zudem ist auf die Parallelvorschriften in § 43 Abs. 1 GmbHG (Sorgfalt eines ordentlichen Geschäftsmannes), § 347 HGB (Sorgfalt eines ordentlichen Kaufmannes) oder § 276 Abs. 2 BGB (die im Verkehr erforderliche Sorgfalt) zu verweisen. Der **Haftungsmaßstab eines ordentlichen und gewissenhaften Geschäftsleiters** wird ua durch die Rechtsprechung zum Organisationsverschulden konkretisiert. Ein **Organisationsverschulden** liegt vor bei fehlenden oder unzureichenden Maßnahmen zur Schaffung einer rechtmäßigen Organisation des Unternehmens einschließlich ordnungsgemäßer interner Entscheidungsabläufe.[44]

Dritten können **Schadensersatzansprüche oder Vertragsstrafen** gegen das Unternehmen, und Wettbewerbern können **Unterlassungsansprüche** aus § 8 UWG iVm den Vorschriften des OWiG zustehen. Grundsätzlich hat die Gesellschaft nach § 31 BGB gegenüber Dritten für durch die Organe verursachte Schäden einzustehen.[45] Schließlich können auch kapitalmarktrechtliche Sanktionen drohen, etwa ein Rechtsverlust nach § 44 WpHG.

Rechtswidriges Verhalten im Außenverhältnis stellt zugleich eine **Pflichtverletzung der Mitglieder der Geschäftsleitung im Innenverhältnis** gegenüber der Gesellschaft dar.[46] Rechtsfolge einer Pflichtverletzung im Innenverhältnis kann in der Aktiengesellschaft zunächst eine Haftung des Vorstandes aus § 93 Abs. 2 AktG (GmbH: § 43 Abs. 2 GmbHG) gegenüber der Gesellschaft sein (**Innenhaftung**).[47] Das gilt nicht nur für eine Verletzung der Legalitäts-, sondern auch für eine solche der Überwachungs- und Sorgfaltspflichten. Die Haftung des Vorstands erstreckt sich grundsätzlich auch auf gegenüber der Gesellschaft verhängte Bußgelder.[48]

Eine **Eigenhaftung der Geschäftsleitung gegenüber Dritten (Außenhaftung)** scheidet hingegen regelmäßig aus.[49] Für einen Anspruch aus §§ 280, 311 Abs. 3 BGB fehlt es meist an der Inanspruchnahme besonderen Vertrauens durch die Geschäftsleitung im Vorfeld des Vertragsschlusses.[50] § 826 BGB ist regelmäßig nicht einschlägig, da die Geschäftsleitung ihre Pflichten meist nicht vorsätzlich verletzt. Denkbar ist allerdings eine Außenhaftung der Geschäftsleitung wegen fahrlässiger Tatbestandsverwirklichung nach § 823 Abs. 2 BGB iVm

---

[39] Büchting/Heussen/*Junker/Knigge/Pischel/Reinhard* § 48 Rn. 22.
[40] *Wagner* CCZ 2009, 8 (12).
[41] *Fleischer* NJW 2009, 2337 (2338).
[42] Baumbach/Hueck/*Beurskens* GmbHG § 43 Rn. 11.
[43] Vgl. OLG Koblenz 10.6.1991 – 6 U 1650/89, BeckRS 1991, 31002941; zur Darlegungs- und Beweislast: BGH 4.11.2002 – II ZR 224/00, NJW 2003, 358; dazu auch *Lelley* S. 27 ff. Rn. 44 ff.; *Eufinger* BB 2016, 1973 (1974).
[44] BGH 15.10.1996 – VI ZR 319/9, NJW 1997, 130 (132).
[45] Wellhöfer/Peltzer/Müller/*Wellhöfer*, Die Haftung von Vorstand, Aufsichtsrat, Wirtschaftsprüfer, 2008, § 1 Rn. 35 mwN.
[46] *Fleischer* BB 2008, 1070 (1072).
[47] *Fleischer* BB 2008, 1070 (1072); Schaefer/Baumann NJW 2011, 3601 (3604) mwN.
[48] *Fleischer* BB 2008, 1070 (1073).
[49] Wellhöfer/Peltzer/Müller/*Wellhöfer* § 1 Rn. 36 mwN.
[50] Wellhöfer/Peltzer/Müller/*Wellhöfer* § 3 Rn. 15 und 17 mwN.

Schutzgesetzen,[51] wobei es sich bei § 93 Abs. 2 AktG bzw. § 43 Abs. 2 GmbHG um keine Schutzgesetze in diesem Sinne handelt.[52]

21 e) **Strafrechtliche Haftung bei Pflichtverletzungen.** Zunächst ist die Gesellschaft bei einem Verstoß der Geschäftsleitung gegen die Legalitätspflicht einer möglichen Ahndung aus § 30 OWiG (oder Spezialtatbeständen, wie § 81 GWB) ausgesetzt. Über § 30 OWiG wird die Gesellschaft auch für eine Verletzung der durch §§ 130, 9 OWiG der Geschäftsleitung auferlegten **Überwachungspflicht** haftbar gemacht.[53]

22 Aus der Stellung als Betriebsinhaber bzw. Vorgesetzter kann sich zudem eine **Garantenpflicht zur Verhinderung von Straftaten** nachgeordneter Arbeitnehmer ergeben, etwa gemäß §§ 13 Abs. 1, 323c StGB.[54] Diese beschränkt sich allerdings auf die Verhinderung **betriebsbezogener Straftaten** und umfasst nicht solche Taten, die ein Arbeitnehmer lediglich bei Gelegenheit seiner Tätigkeit im Betrieb begeht.[55]

3. Bestandteile eines Compliance-Systems im Unternehmen

23 Anders als bei den rechtsformübergreifenden Legalitätsorganisations- und Legalitätskontrollpflichten besteht bei der Ausgestaltung eines Compliance-Systems im Unternehmen ein Ermessen, so hinsichtlich der Compliance-Strukturen, Prozesse und Systeme.[56] Die Konzeption und Gestaltung von Compliance-Maßnahmen ist eine Frage des Einzelfalls und richtet sich nach dem individuellen Risikoprofil des jeweiligen Unternehmens.[57] Kriterien wie Unternehmensgröße, Branchenzugehörigkeit, Geschäftsmodell, internationale Aktivitäten sowie Rechtsverstöße in der Vergangenheit sind zu berücksichtigen.[58]

24 Als Elemente einer im Unternehmen einzurichtenden **Compliance-Organisation** zur Sicherstellung der einschlägigen gesetzlichen Vorschriften werden häufig genannt:[59]

- **Risikoanalyse** als Ausgangspunkt der Implementierung eines Compliance-Systems[60] und **Risikokontrolle**, z. B. durch Geschäftspartner-Prüfungen[61];
- Erstellung von unternehmensbezogenen **Compliance Standards,** insbesondere Bekenntnis zur Rechtstreue[62] und Erarbeitung von Unternehmenskodizes (Code of Conduct, Verhaltenskodex, Ethik Kodex, Richtlinien[63] etc);
- Erstellung von **Compliance Trainingsprogrammen,** dh fortlaufende Schulung der Arbeitnehmer im Hinblick auf die maßgeblichen gesetzlichen Bestimmungen;[64]
- Bestellung von **Compliance Beauftragten (Compliance Officer)**[65] und **Festlegung von Verantwortungsbereichen;**[66]
- Einrichtung einer **Mitarbeiter-Helpline** bzw. „**Whistleblower-/Compliance Hotline**" oder Benennung eines Ombudsmannes als neutralen Ansprechpartner, um den Arbeitnehmern die Meldung von erfolgten oder drohenden Rechtsverstößen zu ermöglichen;[67]

---

[51] Wellhöfer/Peltzer/Müller/*Wellhöfer* § 3 Rn. 30 und 31 mwN.
[52] Wellhöfer/Peltzer/Müller/*Wellhöfer* § 3 Rn. 1 mwN.
[53] BGH 9.5.2017 – 1 StR 265/16, ZStV 2019, 148 (154) im *obiter dictum* zur Bedeutung eines Compliance-Systems bei der Bemessung der Geldbuße; Jenne/Martens, CCZ 2017, 285 ff.; *Schaefer/Baumann* NJW 2011, 3601 (3604); *Lelley* S. 22 ff. Rn. 34 ff.
[54] BGH 20.10.2011 – 4 StR 71/11, BB 2012, 150.
[55] BGH 20.10.2011 – 4 StR 71/11, BB 2012, 150 (151).
[56] *Schulz* BB 2019, 579 (580).
[57] *Sonnenberg* JuS 2017, 917 ff.
[58] *Schulz* BB 2019, 579 (580).
[59] *Sonnenberg* JuS 2017, 917 (918 ff.); Heussen/Hamm/*Junker/Knigge/Pischel/Reinhard* § 49 Rn. 35; *Lelley* S. 41 ff. Rn. 73 ff.
[60] *Sonnenberg* JuS 2017, 917 (918 ff.).
[61] *Sonnenberg* JuS 2017, 917 (919).
[62] *Schulz* BB 2019, 579 (582).
[63] *Sonnenberg* JuS 2017, 917 (920).
[64] *Schulz* BB 2019, 579 (583).
[65] *Sonnenberg* JuS 2017, 917 (919).
[66] LG München I 10.12.2013 – 5 HK O 1387/10, NZG 2014, 345 ff. – Siemens/Neubürger; *Schulz* BB 2019, 579 (582).
[67] *Sonnenberg* JuS 2017, 917 (920).

- Bestellung eines **internen Datenschutzbeauftragten** (Art. 37 DS-GVO und § 38 BDSG);
- **Überwachung** der Einhaltung des Compliance-Systems sowie regelmäßiges Compliance-Reporting;
- **umfassende Dokumentation** (zB Geschäftsordnungen, Beschreibung und Abgrenzung von Zuständigkeits-/Verantwortungsbereichen, Handlungsanweisungen, Notfallpläne etc), um im Einzelfall den Nachweis der Einhaltung der Sorgfaltspflichten führen zu können.[68]

> **Praxistipp:**
>
> In allen Unternehmen muss das Management verinnerlichen, dass Gesetzesverstöße inakzeptabel sind und dies gegenüber den Arbeitnehmern auch verdeutlichen. Das Management muss aufzeigen, dass gegen Gesetzesverstöße mit arbeitsrechtlichen und gegebenenfalls strafrechtlichen Mitteln vorgegangen wird.[69] Allerdings geht es bei Compliance-Vorgaben nicht nur um deren normative Geltung, sondern um die Bereitschaft einer tatsächlichen Befolgung.[70] Die Wirksamkeit von Compliance-Maßnahmen hängt daher maßgeblich von einer entsprechenden Werteorientierung im Unternehmen ab.[71]

II. Arbeitsrechtliche Compliance

Compliance wirkt sich in erheblichem Maße auch im Arbeitsrecht aus.[72] Um selbst arbeitsrechtlich „compliant" zu sein, muss ein Unternehmen nicht nur **sämtliche Vorgaben des Arbeitsrechts** berücksichtigen, sondern auch die speziellen **Anforderungen an Compliance-relevante Maßnahmen**. Zudem benötigt Compliance im Sinn eines integren und regelkonformen Verhaltens ein gemeinsames Werteverständnis im Unternehmen. Dieses erfordert entsprechendes Vorbildverhalten der Unternehmensleitung und die Mitwirkung der Arbeitnehmer ebenso, wie die Achtung von Menschen- und Arbeitnehmerrechten, Nachhaltigkeit, Chancengleichheit, Toleranz, aber auch die Erkenntnis wirtschaftlich-unternehmerischer Notwendigkeiten.[73]

1. Compliance-relevante Bereiche des Arbeitsrechts

Neben den bereits aufgezeigten Haftungsrisiken für die Gesellschaft und die handelnden Organvertreter ergeben sich rechtliche Risiken und Anforderungen aus dem **gesamten Bereich des Arbeitsrechts**, so zB durch Verletzung des allgemeinen Persönlichkeitsrechts,[74] aus den Bereichen Arbeitssicherheit und Arbeitsschutz,[75] Pflichten aus besonderen Schutzbereichen wie Mutterschutz und Elternzeitrecht, Schwerbehinderten- oder Jugendarbeitsschutz, oder Pflichten für Arbeitgeber und Betriebsrat aus dem Betriebsverfassungsrecht.[76] In besonderer Weise für die Compliance relevant sind die Regelungen des Arbeitsstrafrechts, zB § 266a StGB wegen Veruntreuung von Arbeitsentgelt, § 119 BetrVG wegen Straftaten gegen Betriebsverfassungsorgane und ihre Mitglieder, § 23 ArbZG oder § 16 AÜG.[77] Aber auch die Haftungsrisiken aus dem AGG und sonstige Risiken für Schadensersatzhaftung des Ar-

---

[68] Vgl. dazu BGH 9.5.2017 – 1 StR 265/16, ZStV 2019, 148 ff. zu der Bedeutung eines Compliance-Systems für die Bemessung der Geldbuße; LG München I 5.4.2007 – 5 HK O 15964/06, BB 2007, 2170.
[69] *Schulz* BB 2019, 579 (583).
[70] *Schulz* BB 2019, 579 (582).
[71] *Gößwein*, CCZ 2017, 43 ff.; *Schulz*, BB 2019, 579 (582).
[72] *Mengel* Compliance und Arbeitsrecht, S. 8 f.; *dies.* in SWK-ArbR/*Mengel* Compliance, Rn. 3; *Mengel/Hagemeister* BB 2006, 2466 (2468).
[73] *Pütz/Giertz/Thannisch* CCZ 2015, 194 (196 f.).
[74] Vgl. dazu LAG Düsseldorf 14.11.2005 – 10 TaBV 46/05, NZA-RR 2006, 81 – Wal-Mart zu Klauseln, die es Mitarbeitern allgemein verbieten, gemeinsam auszugehen oder private Beziehungen/Liebesbeziehungen zu unterhalten.
[75] Vgl. dazu im Einzelnen: *Schucht* CCZ 2015, 41 ff.
[76] Vgl. die Übersicht bei Küttner Personalbuch 2020/*Kreiter* Compliance Rn. 4 ff.
[77] Vgl. *Giese*, NStZ 2020, 327 ff.; *Pütz/Giertz/Thannisch* CCZ 2015, 194 ff.; *Müller-Bonanni/Sagan* BB Special 5 (zu BB 2008, Heft 25), 28 mwN; *Göpfert/Landauer* NZA-Beil. 2011, 16.

beitgebers, bspw. wegen Mobbings, Benachteiligung von in Teilzeit beschäftigten Arbeitnehmern oder Nachzahlungen nicht abgeführter Sozialversicherungsabgaben, sind zu bedenken.[78]

27 Bei international eingebundenen Unternehmen sind zudem Diskussionen zur Rechtmäßigkeit von **Ethik- bzw. Verhaltensrichtlinien** entstanden.[79] Rechtlich in der Diskussion stehen auch die sogenannten **Whistleblowing-Richtlinien**, die die Arbeitnehmer zu unaufgeforderten Mitteilungen von rechtswidrigen Umständen oder Vorkommnissen anhalten.[80] Insbesondere im Hinblick auf die oftmals anonym mögliche Mitteilung über Whistleblowing-Hotlines ergeben sich datenschutzrechtliche Risiken.[81]

2. Arbeitsrechtliche Aspekte einer Compliance-Organisation

28 Während auf die Einführung und die erlaubten Inhalte unternehmensbezogener Compliance-Regelungen sowie auf deren Überwachung an späterer Stelle noch näher einzugehen ist, ebenso auf die Einrichtung von Whistleblowing-/Compliance-Hotlines und die Besonderheiten bei der Bestellung eines Compliance-Beauftragten, soll vorab die ebenfalls mögliche Einrichtung einer **umfassenden Beschwerdestelle** für die Arbeitnehmer angesprochen werden. Deren Aufgaben können über diejenigen der gesetzlichen Regelungen in § 13 AGG sowie §§ 84, 85 BetrVG hinausgehen.[82] Auch kann damit eine klare und nachvollziehbare Organisation der Beschwerdewege geschaffen werden.[83] Praktisch bedeutsam sind eine permanente Erreichbarkeit, die rasche Verarbeitung und Weitergabe der Beschwerde sowie größtmögliche Vertraulichkeit.[84]

29 Arbeitsrechtlich grundsätzlich unbedenklich sind zur Prävention dienende **Schulungsmaßnahmen für Arbeitnehmer**, die der Erläuterungen von rechtlich für den Arbeitsbereich maßgeblichen Vorgaben oder von Compliance-Richtlinien dienen.[85] Ein **Mitbestimmungsrecht des Betriebsrates** nach § 98 BetrVG besteht nur dann, wenn es sich nach Ausgestaltung der Schulungsmaßnahme um eine solche mit Bildungscharakter, und nicht nur um eine bloße Informationsveranstaltung, zB über die Einführung von Compliance-Richtlinien handelt.[86] Inwieweit der Arbeitgeber mit derartigen Maßnahmen seinen **Schulungspflichten nach § 12 AGG** nachkommt, wird jeweils von den konkreten Schulungsinhalten abhängen.[87] Soweit es sich dabei um Schulungen für Betriebsratsmitglieder handelt, können diese unter den Regelungsbereich des § 37 Abs. 6 BetrVG fallen.[88]

Praxistipp:

Zur Vermeidung von rechtlicher Unsicherheit im Hinblick auf das Mitbestimmungsrecht des Betriebsrates nach § 98 BetrVG oder hinsichtlich der Pflichten nach § 12 AGG ist es empfehlenswert, die Schulung zur Einführung von Compliance-Richtlinien unabhängig von Schulungen zu inhaltlich maßgeblichen Rechtsvorschriften für die jeweiligen Arbeitsbereiche bzw. von Schulungen nach § 12 AGG durchzuführen.

---

[78] *Müller-Bonanni/Sagan* BB Special 5 (zu BB 2008, Heft 25), 28 mwN.
[79] BAG 22.7.2008 – 1 ABR 40/07, NZA 2008, 1248 – Honeywell.
[80] Vgl. dazu nachfolgend Teil IV. 3. dieses Beitrages; Küttner Personalbuch 2020/*Kreiter* Compliance Rn. 6 mwN.
[81] *Mahnhold* NZA 2008, 737.
[82] Küttner Personalbuch 2020/*Kreiter* Compliance Rn. 15 mwN; ebenso *Müller-Bonanni/Sagan* BB Special 5 (zu BB 2008, Heft 25), 28; *Wisskirchen/Glaser* DB 2011, 1392.
[83] *Wisskirchen/Glaser* DB 2011, 1392.
[84] *Wisskirchen/Glaser* DB 2011, 1392.
[85] Ausführlich dazu: *Lelley* S. 62 ff. Rn. 136 ff.; zur Schulung von Mitarbeitern der Personalabteilung: *Wisskirchen/Glaser* DB 2011, 1392 (1393).
[86] *Richardi/Thüsing* BetrVG § 98 Rn. 71 mwN.
[87] Vgl. im Detail: *Schneider/Sittard* NZA 2007, 654.
[88] LAG Köln 21.1.2008 – 14 TaBV 44/07, BeckRS 2008, 52737 zu §§ 119, 120 BetrVG.

III. Einführung von Compliance-Richtlinien

Compliance-Richtlinien[89] sind das Herzstück einer jeden Compliance-Organisation und auch deren Ausgangspunkt in der Unternehmenspraxis.[90] Dieses Instrumentarium ist unter dem Stichwort „**Betriebsordnung**" lange bekannt.[91] Die Einführung von Compliance-Richtlinien, unter anderem auch bezeichnet als: Code of Conduct, Verhaltensrichtlinien, Code of Ethics/Ethikrichtlinien, Business Conduct Guidelines oder Verhaltenskodex, kann auf **individual- oder kollektivrechtlichem Wege** geschehen. Vorteile individualvertraglicher Vereinbarungen oder Anordnungen sind eine eher differenzierte Handhabung (zB nur für bestimmte Arbeitnehmer in gesonderten Arbeitsbereichen), wohingegen kollektivrechtliche Regelungen die Einführung und Abänderbarkeit vereinfachen.[92]

Im Hinblick auf den Regelungsgehalt von Compliance-Richtlinien und mit Auswirkung auf die Möglichkeiten der Implementierung in das Arbeitsverhältnis kann unterschieden werden zwischen (1) der **Wiederholung gesetzlicher Pflichten**, (2) **konkretisierenden Verhaltensrichtlinien**, und (3) **pflichtbegründenden Verhaltensrichtlinien**.[93] Weiterhin betreffen Compliance-Richtlinien sowohl das **betriebliche**, aber auch häufig das **außerbetriebliche Verhalten**.[94]

1. Weisungsrecht (Direktionsrecht)

Aus Arbeitgebersicht interessant ist die Einführung von Compliance-Richtlinien mittels des **Direktionsrechts** als einseitiges Gestaltungsrecht.[95] Nach § 106 S. 1 GewO, § 611a BGB kann der Arbeitgeber Inhalt, Ort und Zeit der Arbeitsleistung nach billigem Ermessen näher bestimmen, soweit diese Arbeitsbedingungen nicht durch den Arbeitsvertrag, Bestimmungen einer Betriebsvereinbarung, eines anwendbaren Tarifvertrags oder gesetzliche Vorschriften festgelegt sind. Soweit der Arbeitgeber die Grenzen des Weisungsrechts beachtet, hat der Arbeitnehmer den Weisungen Folge zu leisten. Das Weisungsrecht erstreckt sich auch auf Ordnung und Verhalten des Arbeitnehmers im Betrieb (§ 106 S. 2 GewO), so dass grundsätzlich das Direktionsrecht für die Implementierung von Compliance-Richtlinien in Betracht kommt.[96]

In der Praxis geschieht die Einführung von Compliance-Richtlinien häufig durch deren **Übergabe an den Arbeitnehmer** oder/und durch deren **Einstellung in das Intranet** des Unternehmens.[97] Für Aktualisierungen und Änderungen derart eingeführter Compliance-Richtlinien erfolgt dann die Information per Rundschreiben oder Rundmail an alle Arbeitnehmer, sofern dem nicht AGB-rechtliche Grenzen entgegenstehen.[98]

> **Praxistipp:**
> Compliance-Richtlinien müssen als empfangsbedürftige Willenserklärungen in den Machtbereich des Arbeitnehmers gelangen.[99] Die Art und Weise der Bekanntmachung bestimmt sich nach der Betriebsüblichkeit.
> Um im Streitfall etwaige Pflichtverletzungen und Sanktionen auf derart eingeführte Compliance-Richtlinien stützen zu können, muss der Arbeitgeber beweisen, dass diese dem Arbeitnehmer bekannt waren. Daher sollten bei Übergabe dieser Richtlinien eine schriftliche Empfangsbestätigung

---

[89] Vgl. das Muster einer Compliance-Richtlinie als Betriebsvereinbarung bei *Lelley* S. 241 ff. Rn. 659.
[90] *Lelley* S. 51 Rn. 100.
[91] *Lelley* S. 51 Rn. 100.
[92] Küttner Personalbuch 2020/*Kreiter* Compliance Rn. 17.
[93] *Schreiber* NZA-RR 2010, 617 mwN.
[94] *Lelley* S. 52 Rn. 102 (103).
[95] SWK-ArbR/*Mengel* Compliance Rn. 8; *Steffen/Stöhr* RdA 2017, 43 (46); Maschmann/*Wagner* S. 65, 70.
[96] *Hohmuth* BB 2014, 3061 (3063).
[97] *Mengel/Hagemeister* BB 2007, 1386 (1387).
[98] *Mengel/Hagemeister* BB 2007, 1386 (1387).
[99] Maschmann/*Wagner* S. 65 (72).

für die Personalakte oder aber eine entsprechende elektronische Empfangsbestätigung bei dem erstmaligen Abruf durch den Arbeitnehmer im Intranet vorgesehen werden.[100]

Eine davon zu unterscheidende Anerkenntniserklärung, durch die sich der Arbeitnehmer zur Einhaltung der Compliance-Richtlinien verpflichten soll, kann vom Arbeitgeber allenfalls gefordert werden, wenn eine solche Erklärung von einer Behörde oder aufgrund gesetzlicher Vorschriften verlangt wird.[101]

34 **a) Tätigkeitsbezogene Weisungen zu Compliance.** Soweit es um tätigkeitsbezogene Weisungen an die Arbeitnehmer, also um klassische **„Arbeitsweisungen"** geht, handelt es sich um Weisungen zur **„fachlichen Compliance"**, die in der Praxis wenig Probleme bereiten. Der Arbeitgeber kann **Arbeitsanweisungen** zur Fach-Compliance im Wege konkretisierender Verhaltensrichtlinien uneingeschränkt erteilen.[102]

35 **b) Nebenpflichten der Arbeitnehmer.** Der Arbeitgeber kann zudem durch einseitige Weisungen **gesetzlich ohnehin bestehende Nebenpflichten der Arbeitnehmer** wiederholen und konkretisieren, ohne dass die Regelung einer vertraglichen Vereinbarung bedarf.[103] So können in die Compliance-Richtlinien gesetzliche Vorgaben zur Einhaltung von Wertpapierhandelsrechtsregeln einschließlich der Insiderregeln, oder bspw. von Bilanzierungsregeln, Regeln des Kartell-, Steuer- oder Umweltrechts (deklaratorisch) aufgenommen werden. Branchenspezifische Vorgaben, wie zB Regulierungsvorschriften für Kreditinstitute, können das Direktionsrecht ebenfalls erweitern.[104]

36 Selbst die Vorgabe zur (internen) Meldung bestimmter (schwerer) Compliance-Verstöße über eine **Compliance-Hotline** kann den Arbeitnehmern einseitig auferlegt werden, denn es trifft die Arbeitnehmer auch ohne besondere Regelung eine Pflicht zur Abwehr von (schweren) Schäden vom Unternehmen, die sich typischerweise auch in der Pflicht zur Berichterstattung ausprägt.[105] Regelungen, die eine **generelle Anzeigepflicht** bei jeder Form des Verstoßes unabhängig von seiner Schwere und den Umständen des Einzelfalls vorsehen, können hingegen nicht per Direktionsrecht eingeführt werden.[106]

37 **c) Grenzen des Direktionsrechts.** Zum einen stößt das Direktionsrecht an seine Grenze, soweit **abschließende arbeitsvertragliche Regelungen** bestehen und diese günstiger sind als die Regelungen der Compliance-Richtlinien.[107] Insoweit ist das Rangprinzip von Arbeitsvertrag zu Direktionsrecht ebenso zu beachten, wie der Änderungskündigungsschutz nach § 2 KSchG.

38 Eine weitere Grenze des Direktionsrechts ergibt sich zudem aus § 106 S. 1 GewO, § 315 Abs. 1 BGB, da der Arbeitgeber das Direktionsrecht nur in den Grenzen des **billigen Ermessens** ausüben darf. Dieses ist dann gewahrt, wenn der Arbeitgeber die wesentlichen Umstände des Falles abgewogen und die beiderseitigen Interessen angemessen berücksichtigt hat.[108] In diesem Rahmen sind im Wege der mittelbaren Drittwirkung insbesondere die **Grundrechte der Arbeitnehmer** zu berücksichtigen und mit den berechtigten Belangen des Arbeitgebers abzuwägen.[109] Auf Seiten des Arbeitgebers fallen rechtliche Verpflichtungen

---

[100] Maschmann/*Wagner* S. 65 (72); *Lelley* S. 54 f. Rn. 109.
[101] Maschmann/*Wagner* S. 65 (72) mwN.
[102] *Mengel* S. 14 Rn. 8 mwN.
[103] *Mengel* S. 14 Rn. 9 mwN; Maschmann/*Wagner* S. 65 (70 f.).
[104] *Mengel* S. 21 Rn. 21 mwN.
[105] Vgl. die weitergehenden Ausführungen zum Whistleblowing unter → Rn. 127 ff., dazu auch *Mengel/Hagemeister* BB 2007, 1386 (1387) mwN.
[106] *Mengel/Hagemeister* BB 2007, 1386 (1389); *Klasen/Schaefer* BB 2012, 641 (642) mwN im Hinblick auf die Unzulässigkeit einer entsprechenden arbeitsvertraglichen Regelung wegen Verstoß gegen das Benachteiligungsverbot nach § 307 Abs. 1 BGB.
[107] *Mengel/Hagemeister* BB 2007, 1386 (1388).
[108] Vgl. BAG 24.4.1996 – 5 AZR 1031/94, AP BGB § 611 Direktionsrecht Nr. 48; BAG 17.12.1997 – 5 AZR 332/96, NZA 1998, 555 (557).
[109] BVerfG 30.7.2003 – 1 BvR 792/03, NZA 2003, 959 (960); 10.10.2002 – 2 AZR 472/01, NZA 2003, 483 (486).

zur Einführung von Compliance-Richtlinien ins Gewicht, wie zB gemäß Teilbereich A unter A.1 – Grundsatz 5 DCGK, nach Art. 16 Abs. 2 MiFID II, DVO (EU) 2017/565 oder nach Vorgaben ausländischen Rechts, zB Sec. 303A.00 des Listed Company Manual of the New York Stock Exchange, Inc.[110]

Zusätzlich ergeben sich Grenzen für die einseitige Regelungsbefugnis des Arbeitgebers dann, wenn dadurch **außerdienstliches Verhalten der Arbeitnehmer** erfasst wird. Das Direktionsrecht bezieht sich nämlich vornehmlich auf die Zeit der Anwesenheit der Arbeitnehmer im Betrieb oder auf den Zeitraum der Arbeitsausführung (Wortlaut des § 106 S. 2 GewO: „im Betrieb"). Das Direktionsrecht erstreckt sich jedoch dann auf außerdienstliches Verhalten, wenn dieses Teil des betrieblichen Geschehens ist.[111] Dies ist zB bei Nebentätigkeitsverboten anerkannt, ebenso bei dem Verbot, außerdienstlich Alkohol in einem Maße zu sich zu nehmen, so dass später die Arbeitsleistung beeinträchtigt wird.[112]

Schließlich setzt das **allgemeine Persönlichkeitsrecht** Grenzen für die Einführung von Compliance-Richtlinien per Direktionsrecht. So hat das LAG Düsseldorf entschieden, dass der Wal-Mart-Verhaltenskodex wegen Verstoßes gegen das Persönlichkeitsrecht nach Art. 2 Abs. 1 iVm Art. 1 GG unwirksam ist, soweit dieser es den Arbeitnehmern untersagte, miteinander auszugehen oder eine Liebesbeziehung einzugehen, wenn die Möglichkeit der Beeinflussung der Arbeitsbedingungen der jeweils anderen Person besteht.[113]

> **Praxistipp:**
> Bei Einführung von Compliance-Richtlinien durch arbeitgeberseitige Weisung ist stets kritisch zu prüfen, ob und inwieweit sich diese Regelungen in den Grenzen des Direktionsrechts bewegen. Eine bisher andersartige betriebliche Übung steht der Einführung von Compliance-Richtlinien nicht entgegen. Die Arbeitnehmer können nicht darauf vertrauen, dass ein bisher geduldetes Verhalten auch in der Zukunft erlaubt ist.[114]

2. Arbeitsvertragliche Vereinbarungen

Eine weitere Option des Arbeitgebers, Compliance-Richtlinien oder einen Verhaltenskodex für die Arbeitnehmer verbindlich einzuführen, ist deren **arbeitsvertragliche Vereinbarung**.[115] Diese ist immer dann erforderlich, wenn mit den Compliance-Richtlinien oder mit dem Verhaltenskodex die **Vertragspflichten der Arbeitnehmer erweitert** werden sollen. Dem steht nicht entgegen, dass Compliance-Richtlinien überwiegend Rücksichtnahmepflichten regeln. Denn aus der Tatsache, dass aus § 241 Abs. 2 iVm § 242 BGB Pflichten der Rücksichtnahme, des Schutzes und der Förderung des Vertragszwecks hergeleitet werden können, ist nicht zu folgern, dass diese nicht weiter konkretisiert oder ergänzt werden können.[116] Allerdings ist fraglich, ob die Einbeziehung von Compliance-Pflichten in den Arbeitsvertrag die optimale Lösung darstellt. Denn jede Änderung der Compliance-Vorgaben würde zwingend auch eine Änderung des Arbeitsvertrages bedingen, welche der Zustimmung jedes betroffenen Arbeitnehmers bedarf.[117]

Abgesehen von den **allgemeinen Grundsätzen der Vertragsgestaltung,** insbesondere unter Berücksichtigung der **AGB-Regelungen** der §§ 305 ff. BGB, bedürfen folgende Punkte einer gesonderten Erwähnung:

---

[110] Mengel S. 17 Rn. 13; Maschmann/Wagner S. 65 (71).
[111] Mengel/Hagemeister BB 2007, 1386 (1388) mwN; Maschmann/Wagner S. 65 (71).
[112] Vgl. BAG 18.1.1996 – 6 AZR 314/95, NZA 1997, 41 (42); LAG Hamm 12.2.2009 – 17 Sa 1367/08, nv.
[113] LAG Düsseldorf 14.11.2005 – 10 TaBV 46/05, NZA-RR 2006, 81 (87); dazu kritisch: Mengel S. 25 Rn. 28 f. im Hinblick auf das Verbot sexueller Belästigung am Arbeitsplatz gemäß § 3 Abs. 4, § 12 AGG oder hinsichtlich der Offenlegung einer (ernsthaften) Liebesbeziehung mit evtl. daraus folgenden Störungen der Arbeitsleitung oder des Betriebsfriedens.
[114] Maschmann/Wagner S. 65 (71) mwN.
[115] Vgl. Hohmuth BB 2014, 3061 ff.
[116] Maschmann/Wagner S. 65 (69) mwN zu der Diskussion, inwieweit aufgrund der objektiven Bestimmbarkeit vertraglicher Nebenpflichten ausschließlich deklaratorische Regelungen getroffen werden können.
[117] Hohmuth BB 2014, 3061.

42 **a) Compliance-Pflichten als arbeitsvertragliche Nebenpflicht.** Inwieweit sich eine Pflicht zur Befolgung von Compliance-Regelungen als arbeitsvertragliche Nebenpflicht qualifizieren lässt, ist ungeklärt.[118] In der Praxis findet bei arbeitnehmerseitigen Regelverstößen jeweils eine Einzelfallabwägung der unterschiedlichen Interessen statt, die zB hinsichtlich der Pflicht des Arbeitnehmers, drohende Schäden vom Arbeitgeber abzuwenden (zB durch Whistleblowing) als dessen Nebenpflicht angesehen wird.

43 **b) Einführung durch Änderungskündigung.** Die Einführung von Compliance-Richtlinien im Wege der Änderungskündigung kommt in der Regel nicht in Betracht, da es regelmäßig an dem dafür **notwendigen Grund** (personenbedingt, verhaltensbedingt oder betriebsbedingt) fehlen wird.[119] Betriebsbedingte Gründe könnten allenfalls gegeben sein, wenn eine entsprechende gesetzliche Verpflichtung des Unternehmens, wie zB nach Art. 16 Abs. 2 MiFID II, DVO (EU) 2017/565, Art. 19 MAR oder bei der Umsetzung der zwingenden Vorgaben der US-Börsenaufsicht SEC, besteht und die neuen Regeln für die Arbeitnehmer zumutbar sind.[120]

44 Eine Änderungskündigung scheidet insbesondere auch deswegen aus, weil Compliance-Richtlinien in einem bestimmten Umfang über das Direktionsrecht vorgegeben werden können.[121] Nach umstrittener Ansicht kann eine (unwirksame) Änderungskündigung in eine zulässige Ausübung des Direktionsrechts umgedeutet werden.[122]

45 **c) Inhaltskontrolle nach AGB-Regelungen.** Standardisierte vertragliche Compliance-Richtlinien unterliegen zunächst der **allgemeinen Inhaltskontrolle** für Standardarbeitsbedingungen gemäß §§ 305 ff. BGB.[123] Gerade bei ausführlichen Compliance-Katalogen oder schwer verständlichen Themen, wie zB bei Insider-Regeln, ist daher auf eine klare und bestimmte Formulierung zu achten.

46 Auch **inhaltliche Unangemessenheit** ist eine Gefahr für Compliance-Richtlinien. Diese dürfen die Arbeitnehmer gemäß § 307 Abs. 1 BGB nicht entgegen von den Geboten von Treu und Glauben unangemessen benachteiligen; hier sind wiederum die Grundrechte der Arbeitnehmer gegen diejenigen des Arbeitgebers abzuwägen.[124] So können sich im Hinblick auf verschiedene Verhaltensvorgaben bspw. folgende Grenzen ergeben:

- Einschränkung des Grundrechts auf Berufsfreiheit nach Art. 12 GG durch zu **umfassende Nebentätigkeitsklauseln** oder **nachvertragliche Wettbewerbsverbote;**
- unnötig **umfassende Verschwiegenheitsklauseln;**[125]
- Persönlichkeitsrechtsverletzung durch zu **weitgehende Kontrollen des Arbeitgebers** oder durch Dauerüberwachung;
- Überschreitung der Grenzen zur **Denunziantenpflicht** bei Whistleblowing- und Hotline-Klauseln;
- Unwirksamkeit von „**Zölibats-Klauseln**" und damit zusammenhängende Ethikregeln zum umfassenden Verbot von Liebesbeziehungen am Arbeitsplatz;[126]
- **Nichtraucher-Klauseln;**[127]
- **Einbeziehung von Familienangehörigen** in die Verhaltensregeln als Vertrag zu Lasten Dritter, hingegen zulässig die Verpflichtung, Insiderwissen nicht an Dritte weiterzugeben.[128]

---

[118] *Hohmuth* BB 2014, 3061 (3062).
[119] *Maschmann/Wagner* S. 65, 74; *Lelley* S. 61 f. Rn. 132.
[120] *Hohmuth* BB 2014, 3061 (3063) mwN; SWK-ArbR/*Mengel* Compliance Rn. 11; *Mengel/Hagemeister* BB 2007, 1386 (1390); *Borgmann* NZA 2003, 352 (355).
[121] BAG 6.9.2007 – 2 AZR 368/06, NZA-RR 2008, 291 mwN.
[122] LAG Berlin 29.11.1999 – 9 Sa 1277/99, NZA-RR 2000, 131 (132).
[123] *Mengel/Hagemeister* BB 2007, 1386 (1390).
[124] Vgl. BAG 19.5.1998 – 9 AZR 394/97, NZA 1999, 200 (201); *Maschmann/Wagner* S. 65, 73 mwN.
[125] BAG 19.5.1998 – 9 AZR 394/97, NZA 1999, 200 (201).
[126] LAG Düsseldorf 14.11.2005 – 10 TaBV 46/05, NZA-RR 2006, 81 (87) – Wal-Mart; ArbG Wuppertal 15.6.2005 – 5 BV 20/05, NZA-RR 2005, 476 (479) (Vorinstanz).
[127] ArbG Berlin 1.12.2005, 75 Ca 19876/05, Rn. 48; Hauschka/Moosmayer/Lösler/*Mengel* Corporate Compliance § 39 Rn. 49.
[128] *Mengel* S. 31 Rn. 42.

Problematisch bei der vertraglichen Festlegung von Compliance-Richtlinien sind später 47 notwendig werdende Änderungen. **Flexibilisierungsklauseln** (Bezugnahme- oder Verweisungsklauseln, Dynamisierung durch Änderungsvorbehalt) in Bezug auf Compliance-Richtlinien *„in ihrer jeweils geltenden Fassung"* dürften **intransparent** und damit nach § 307 Abs. 1 S. 2 BGB unwirksam sein.[129] Dementsprechend muss der Arbeitgeber zumindest angeben, unter welchen Umständen mit einer Änderung der Compliance-Richtlinien zu rechnen ist und was dies für den Arbeitnehmer in der Konsequenz bedeuten kann.[130] Unkritisch dürfte ein Änderungsvorbehalt jedoch sein, wenn sich dieser nur auf deklaratorische Regelungen bezieht, zB weil diese lediglich eine bereits bestehende Pflicht zu einem bestimmten Verhalten beschreiben.[131]

> **Praxistipp:**
> Bei Einbeziehung einer Flexibilisierungsklausel in die Compliance-Richtlinien ist für den Streitfall der Nachweis der arbeitnehmerseitigen Kenntnis der jeweils aktuellen Fassung sicherzustellen.[132]

Einer Ablösung der arbeitsvertraglichen Vereinbarung durch nachfolgende Betriebsvereinbarungen kann das **arbeitsrechtliche Günstigkeitsprinzip** entgegenstehen.[133] Es bleibt daher zumeist nur der Weg der einvernehmlichen Änderung durch Zustimmung aller Arbeitnehmer, soweit vertragliche Regelungen getroffen sind.

3. Tarifvertrag

Denkbar ist auch die Implementierung von Compliance-Richtlinien als Gegenstand eines 48 Tarifvertrages, wobei dafür ausschließlich ein Haus- bzw. Firmentarifvertrag in Betracht kommen dürfte.[134] Die Verbindlichkeit tarifvertraglicher Regelungen für sämtliche Arbeitnehmer im Betrieb kann allerdings – sofern der Tarifvertrag nicht für allgemeinverbindlich (§ 5 TVG) erklärt wurde – nur sichergestellt werden, wenn es sich dabei um Betriebsnormen handelt. Dies dürfte auf Compliance-Richtlinien regelmäßig nicht zutreffen.[135]

4. Betriebsvereinbarung

Als nächste Option zur Implementierung von Compliance-Richtlinien kommt in Betrieben mit Betriebsrat der **Abschluss einer Betriebsvereinbarung** gemäß § 77 bzw. § 88 BetrVG 49 in Betracht.[136] Typischerweise sind wesentliche Elemente von Compliance-Systemen auch **mitbestimmungspflichtig**, so dass sich der Abschluss einer Compliance-Betriebsvereinbarung insbesondere dann anbietet, wenn ohnehin Mitbestimmungsrechte des Betriebsrats zu beachten sind. Compliance-Richtlinien können auch Gegenstand einer freiwilligen Regelung werden, die mit dem Sprecherausschuss für die leitenden Angestellten vereinbart wird.[137]

Die **Vorteile** einer Betriebsvereinbarung zur Schaffung eines Compliance-Systems sind neben der bereits erwähnten **vereinfachten Einführung und Änderbarkeit** insbesondere auch 50 die erhöhte **psychologische Akzeptanz** bei den Arbeitnehmern und die **weniger strengen**

---

[129] BAG 11.2.2009 – 10 AZR 222/08, NZA 2009, 428; *Hohmuth* BB 2014, 3061; *Mengel/Hagemeister* BB 2007, 1386 (1391); Maschmann/*Wagner* S. 65, 74 f.; vgl. auch *Schreiber* NZA-RR 2010, 617 (619), der zwischen statischen und dynamischen Verweisungsklauseln unterscheidet und die wirksame Einbeziehung dynamischer Verweisungsklauseln an § 305c BGB scheitern lässt.
[130] Vgl. zur Inhaltskontrolle eines formularmäßigen Änderungsvorbehalts BAG 12.1.2005 – 5 AZR 364/04, NZA 2005, 465; Maschmann/*Wagner* S. 65, 75.
[131] Maschmann/*Wagner* S. 65, 75.
[132] *Borgmann* NZA 2003, 352 (354).
[133] ErfKomm/*Kania*, 20. Aufl. 2020, BetrVG § 77 Rn. 68.
[134] *Hohmuth* BB 2014, 3061 (3065).
[135] *Hohmuth* BB 2014, 3061 (3065).
[136] *Hohmuth* BB 2014, 3061 (3063); SWK-ArbR/*Mengel* Compliance Rn. 12; *Steffen/Stöhr* RdA 2017, 43 (47).
[137] *Mengel* S. 39 Rn. 60.

Maßstäbe an deren Inhaltskontrolle, da Betriebsvereinbarungen nach § 310 Abs. 4 S. 1 BGB ausdrücklich von der Anwendung des AGB-Rechts ausgenommen sind.[138] Zudem bekennt sich der Betriebsrat auf diesem Wege zu den dort enthaltenen Unternehmensmaßstäben und den unternehmensinternen Compliance-Regelungen.

51 Da auch Betriebsvereinbarungen der **Rechtskontrolle** anhand von § 75 BetrVG unterliegen und ebenfalls nicht gegen Grundrechte oder höherrangiges Gesetzesrecht verstoßen dürfen,[139] können in diesen keine Regelungen für die außerbetriebliche Lebensführung der Arbeitnehmer getroffen werden.[140] Auch fehlt es den Betriebspartnern an der Kompetenz, Regelungen in Betriebsvereinbarungen auf Dritte, wie Familienangehörige der Arbeitnehmer, zu erstrecken.[141] Daneben ist das **Günstigkeitsprinzip** zu beachten, welches der Einführung von Compliance-Richtlinien durch eine Betriebsvereinbarung dann entgegensteht, wenn die sich aus § 241 Abs. 2 BGB ergebenden Neben- bzw. Rücksichtnahmepflichten günstigere Regelungen gegenüber den durch die Betriebsvereinbarung beabsichtigen Verhaltenspflichten umfassen.[142]

52 Überdies kann eine Betriebsvereinbarung nicht anstelle der Arbeitnehmer über deren **höchstpersönliche Rechte** disponieren, so dass zB für die Kontrolle privater Telekommunikation zusätzlich die individuelle Einwilligung aller Arbeitnehmer erforderlich ist.[143] Nachteilig ist für den Arbeitgeber zudem, dass auch die nicht-mitbestimmungspflichtigen Teile der Compliance-Betriebsvereinbarung nach deren Inkrafttreten dem Direktionsrecht entzogen sind.[144]

Zu beachten ist weiterhin, dass Betriebsvereinbarungen die Leitungsorgane (§ 5 Abs. 2 Nr. 1 und 2 BetrVG) sowie die leitenden Angestellten (§ 5 Abs. 3 BetrVG) zur Befolgung der Compliance-Richtlinien nicht verpflichten können.[145]

5. Mitbestimmungsrechte des Betriebsrats

53 Bei der Einführung von Compliance-Richtlinien sind grundsätzlich die **Mitbestimmungsrechte des Betriebsrats** zu beachten.[146] Das Ob und der Umfang des Mitbestimmungsrechts bestimmen sich nach dem Inhalt der im Einzelfall konkret beabsichtigten Regelungen.[147] Für die konzernweite Einführung von Compliance-Richtlinien ist der Konzernbetriebsrat gemäß § 58 Abs. 1 BetrVG originär zuständig.[148] Soweit die Compliance-Regelungen das Gesamtunternehmen betreffen, ergibt sich dafür die Zuständigkeit des Gesamtbetriebsrats aus § 50 Abs. 1 BetrVG.[149]

54 Eine Mitbestimmung scheidet nach § 87 Abs. 1 Eingangshalbsatz BetrVG aus, wenn in den Compliance-Richtlinien nur auf **gesetzlich bestehende Pflichten** verwiesen wird, wie zB bei Korruptions-/Schmiergeldverboten, Regeln zu Interessenskonflikten, Diskriminierungsverboten oder Klauseln zum Insiderhandel,[150] oder wenn die Hinweise in Compliance-Richtlinien **keine konkreten Verhaltspflichten** begründen,[151] vielmehr lediglich eine **Verlautbarung der „Unternehmensphilosophie"** oder der Beschreibung von Unternehmenszie-

---

[138] Zur Inhaltskontrolle von Individual- und Betriebsvereinbarungen: *Rolfs* RdA 2006, 349 (354).
[139] *Rolfs* RdA 2006, 349 (355 f.); *Maschmann/Wagner* S. 65, 76.
[140] *Borgmann* NZA 2004, 352 (356) mwN; dazu differenzierend: *Lelley* S. 55 ff. Rn. 114 mwN.
[141] *Mengel/Hagemeister* BB 2007, 1386 (1391).
[142] *Maschmann/Wagner* S. 65 (76 f.) mwN; dazu auch *Schreiber* NZA-RR 2010, 617 (621) mwN.
[143] *Mengel* BB 2004, 1445 (1452).
[144] *Mengel/Hagemeister* BB 2007, 1386 (1391); *Borgmann* NZA 2003, 352 (355).
[145] *Hohmuth* BB 2014, 3061 (3063 f.).
[146] *Steffen/Stöhr*, RdA 2017, 43 (47 f.); *Reinhard* NZA 2016, 1233; *Stück* ArbR Aktuell 2015, 337 (338 ff.); *Hohmuth* BB 2014, 3061 (3064 f.).
[147] BAG 22.7.2008 – 1 ABR 40/07, NZA 2008, 1248 (1252) – *Honeywell*; *Mengel* S. 74 Rn. 3 mwN.
[148] BAG 22.7.2008 – 1 ABR 40/07, NZA 2008, 1248 (1257) – *Honeywell*; *Umnuß* CCZ 2009, 88; *Maschmann/Wagner* S. 65 (81) mwN; *Schreiber* NZA-RR 2010, 617 (622) mwN.
[149] LAG Düsseldorf 12.12.2005 – 190 TaBV 46/07, BeckRS 2006, 40003 für ein deutsches Tochterunternehmen eines US-amerikanischen Konzern.
[150] BAG 22.7.2008 – 1 ABR 40/07, NZA 2008, 1248 (1255) – *Honeywell*; zustimmend *Kort* NJW 2009, 129 (132).
[151] ArbG Wuppertal 15.6.2005 – 5 BV 20/05, NZA-RR 2005, 476 (480).

len dienen.[152] Gleiches gilt für ethisch-moralische Programmsätze, Zielvorgaben oder Selbstverpflichtungen des Unternehmens,[153] für Verschwiegenheitsklauseln, die nicht die Art und Weise des Zusammenwirkens der Arbeitnehmer im Betrieb betreffen[154] oder für Sanktionsklauseln, mit denen arbeitsrechtliche Konsequenzen im Falle von Pflichtverletzungen angedroht werden.[155]

> **Praxistipp:**
> Ausländische Rechtsvorschriften sind keine die Mitbestimmungsrechte nach § 87 Abs. 1 Eingangshalbsatz BetrVG ausschließende gesetzliche Regelung, wenn es an einer wirksamen völkerrechtlichen Transformation in das deutsche Arbeitsrecht fehlt. Dies gilt auch dann, wenn der Arbeitgeber seinen Sitz im Ausland hat, sich die Mitwirkungsrechte des Betriebsrats jedoch nach deutschem Recht bestimmen.[156]

Schließlich ist – wie bereits erwähnt – auch das **außerbetriebliche Verhalten**, insbesondere die private Lebensführung der Arbeitnehmer, der Regelungsmacht der Betriebsparteien entzogen.[157]

Während das LAG Hessen noch ein Mitbestimmungsrecht zum gesamten Verhaltenskodex angenommen hat,[158] stellte das BAG in der Honeywell-Entscheidung[159] klar, dass ein vom Arbeitgeber aufgestellter Verhaltenskodex **mitbestimmungspflichtige und mitbestimmungsfreie Teile** umfassen kann. Das Mitbestimmungsrecht an einzelnen Regelungen eines Verhaltenskodexes begründet nicht notwendigerweise ein Mitbestimmungsrecht an dem Gesamtwerk.

a) **Unterrichtungspflichten nach § 80 BetrVG.** Der Arbeitgeber muss den Betriebsrat nach § 80 Abs. 2 S. 1 BetrVG zur Durchführung seiner Aufgaben nach dem BetrVG **rechtzeitig und umfassend unterrichten**. Dementsprechend ist der Betriebsrat über die geplante Einführung von Compliance-Richtlinien zu informieren. Ihm muss die Möglichkeit gegeben werden, die Konformität der Compliance-Richtlinie mit Recht und Gesetz zu überprüfen.[160] Im Falle der Einrichtung von Whistleblowing-Hotlines soll der Arbeitgeber verpflichtet sein, den Betriebsrat über die Nutzungsfrequenzen zu unterrichten.[161]

b) **Mitbestimmung des Betriebsrates nach § 87 Abs. 1 Nr. 1 BetrVG.** Das BAG unterscheidet in ständiger Rechtsprechung zwischen dem sogenannten Ordnungsverhalten, das Gegenstand der Mitbestimmung ist, und dem sogenannten Arbeitsverhalten, das grundsätzlich nicht vom Mitbestimmungsrecht des § 87 Abs. 1 Nr. 1 BetrVG erfasst wird.[162] Mitbestimmungspflichtig ist jede **Gestaltung der Ordnung des Betriebs** durch die Schaffung allgemeingültiger verbindlicher Verhaltensregeln sowie jede generelle verbindliche Maßnahme, durch die das **Verhalten der Arbeitnehmer** hinsichtlich dieser betrieblichen Ordnung gesteuert oder geregelt wird.[163]

---

[152] BAG 22.7.2008 – 1 ABR 40/07, NZA 2008, 1248 (1253) – Honeywell; Maschmann/*Wagner* S. 65 (79).
[153] *Stück* GmbHR 2011, R 49, R 50.
[154] Maschmann/*Wagner* S. 65 (91).
[155] Maschmann/*Wagner* S. 65 (93).
[156] BAG 22.7.2008 – 1 ABR 40/07, NZA 2008, 1248 (1254) – Honeywell; *Stück* GmbHR 2011, R 49, R 50.
[157] BAG 27.1.2004 – 1 ABR 7/0, NZA 2004, 556 (557); 28.5.2002 – 1 ABR 32/01, NZA 2003, 166 (168); Maschmann/*Wagner* 65, 88 f. mwN.
[158] LAG Hessen 18.1.2007 – 5 TaBV 31/06, BeckRS 2007, 42207; aA LAG Düsseldorf 14.11.2005 – 10 TaBV 46/05, NZA-RR 2006, 81 (84) – Wal Mart.
[159] BAG 22.7.2008 – 1 ABR 40/07, NZA 2008, 1248 (1253) – Honeywell; dazu auch Maschmann/*Wagner* S. 65 (79).
[160] Maschmann/*Wagner* S. 65 (77).
[161] Dazu: *Mengel* S. 4 Rn. 21 mwN.
[162] BAG 24.3.1981 – 1 ABR 32/78, AP BetrVG 1972 § 87 Arbeitssicherheit Nr. 2; *Rasche* öAT 2016, 7 ff.
[163] BAG 24.3.1981 – 1 ABR 32/78, AP BetrVG 1972 § 87 Arbeitssicherheit Nr. 2; Maschmann/*Wagner* S. 5, 78; *Stück* ArbRAktuell 2015, 337 (338) mwN.

59 Im Zusammenhang mit Compliance-Richtlinien unterfallen dem Mitbestimmungsrecht nach § 87 Abs. 1 Nr. 1 BetrVG beispielsweise **folgende Regelungen:**
- **Verpflichtung, Regelungsverstöße anderer Arbeitnehmer anzuzeigen,** sofern diese Anzeige nicht im Ermessen des Arbeitnehmers steht;[164]
- Vorgabe, eine **anonyme Hotline** für die Überlassung von Informationen zu nutzen oder den direkten Kontakt des Ethik-Büros zu suchen;[165]
- **Pauschales Verbot der Annahme von Geschenken;**[166]
- Regelungen zur **Benutzung des Telefons,**[167] Regelungen über die **Benutzung des Computers mit Internetzugang** für private Zwecke;
- **Wertpapiertransaktionsklauseln;**[168]
- Regelungen zum **privaten Gebrauch von Arbeitgebereigentum;**[169]
- sowie alle **weiteren Kontrollregelungen,** mit deren Hilfe die Ordnung im Betrieb durchgesetzt werden soll. Soweit diese Kontrollen mit Hilfe von technischen Überwachungseinrichtungen, wie etwa Kameras und dergleichen, durchgeführt werden, besteht das Mitbestimmungsrecht nach Nr. 1 neben dem Mitbestimmungsrecht nach Nr. 6.[170]

60 Zum **nicht mitbestimmungspflichtigen Arbeitsverhalten** zählen hingegen alle Maßnahmen, die **keinen Bezug zur betrieblichen Ordnung** aufweisen, sondern ausschließlich die Überwachung der arbeitsvertraglichen Leistungsverpflichtungen des Arbeitnehmers zum Gegenstand haben. Nicht dem Mitbestimmungsrecht unterliegen daher Arbeitsanweisungen im Rahmen der fachlichen Compliance oder Vorgaben für die Behandlung von Medienkontakten am Arbeitsplatz.[171] Auch bei ersten Ermittlungsmaßnahmen wird regelmäßig das Arbeitsverhalten und nicht das Ordnungsverhalten iSv § 87 Abs. 1 Nr. 1 BetrVG betroffen sein.[172]

61 c) **Mitbestimmung des Betriebsrates nach § 87 Abs. 1 Nr. 6 BetrVG.** Das Mitbestimmungsrecht des § 87 Abs. 1 Nr. 6 BetrVG dient dem Schutz des allgemeinen Persönlichkeitsrechts des Arbeitnehmers vor Eingriffen durch anonyme technische Kontrolleinrichtungen. Nach dem Wortlaut der Nr. 6 muss die technische Einrichtung **dazu bestimmt sein,** die Leistung oder das Verhalten des Arbeitnehmers zu überwachen. Über diesen Wortlaut hinaus steht das BAG in ständiger Rechtsprechung auf dem Standpunkt, dass eine technische Einrichtung schon dann unter das Mitbestimmungsrecht nach Nr. 6 falle, wenn sie **objektiv geeignet** ist, das Verhalten oder die Leistung von Arbeitnehmern zu überwachen.[173] Auf die entsprechende Absicht des Arbeitgebers kommt es hingegen nicht an.[174]

62 Mithin fallen **alle Überwachungsmaßnahmen** akustischer, optischer, mechanischer oder elektronischer Art unter das Mitbestimmungsrecht des § 87 Abs. 1 Nr. 6 BetrVG. Entscheidend ist in diesem Zusammenhang allein, dass der Einsatz der technischen Einrichtung einen Druck erzeugt, der den einzelnen Arbeitnehmer zur Anpassung seines Verhaltens bewegt und ihn damit in der freien Entfaltung seiner Persönlichkeit hindert.[175] Von daher wird man die gesamten EDV-Programme, die insbesondere im Rahmen der Internetnutzung zur Anwendung kommen, zu den Überwachungsmitteln nach § 87 Abs. 1 Nr. 6 BetrVG zählen müssen.[176]

---

[164] BAG 22.7.2008 – 1 ABR 40/07, NZA 2008, 1248 (1253) – Honeywell; LAG Düsseldorf 14.11.2005 – 10 TaBV 46/05, NZA-RR 2006, 81 (84) – Wal Mart; Maschmann/*Wagner* S. 65 (92) mwN.
[165] LAG Düsseldorf 12.12.2005 – 10 TaBV 46/05, BeckRS 2006, 40003.
[166] LAG Düsseldorf 14.11.2005 – 10 TaBV 46/05, NZA-RR 2006, 81 (85) – Wal Mart; LAG Düsseldorf 12.12.2005 – 10 TaBV 46/05, BeckRS 2006, 40003; aA Maschmann/*Wagner* S. 65 (83) mwN.
[167] LAG Nürnberg 29.1.1987 – 5 TaBV 4/86, NZA 1987, 572 (Ls.).
[168] Maschmann/*Wagner* S. 65 (86) mwN.
[169] Maschmann/*Wagner* S. 65 (87) mwN.
[170] ErfKomm/*Kania* BetrVG § 87 Rn. 20 mwN.
[171] LAG Düsseldorf 14.11.2005 – 10 TaBV 46/05, NZA-RR 2006, 81 (87) – Wal-Mart; aA zu Regelung für Medienkontakte ArbG Wuppertal 15.6.2005 – 5 BV 20/05, NZA-RR 2005, 476 (478) (Vorinstanz).
[172] *Rasche* öAT 2016, 7 (8).
[173] StRspr seit BAG 9.9.1975 – 1 ABR 20/74, AP BetrVG 1972 § 87 Überwachung Nr. 2.
[174] HzA-Etzel, Gruppe 19, Teilbereich 1 Rn. 563.
[175] BAG 26.7.1994 – 1 ABR 6/94, NZA 1995, 185 (187).
[176] *Stück* ArbRAktuell 2015, 337 (338) mwN.

Nach der Rechtsprechung des BAG ist das Mitbestimmungsrecht nach § 87 Abs. 1 Nr. 6 BetrVG nicht nur dann einschlägig, wenn die Leistungsdaten **einzelner Personen** erfasst werden. Vielmehr fällt auch die Erhebung der Daten einer Arbeitsgruppe dann unter § 87 Abs. 1 Nr. 6 BetrVG, wenn der Überwachungsdruck, der von der technischen Einrichtung ausgeht, auf den einzelnen Arbeitnehmer der Gruppe durchschlägt.[177] Somit ist auch der Einsatz von Computern zur Erfassung und Auswertung der im Rahmen von Compliance-Richtlinien verwendeten Fragebögen und der erteilten Auskünfte oder eingegangenen Verpflichtungen mitbestimmungspflichtig.[178]

> **Praxistipp:**
> Aus dem bloßen Schweigen des Betriebsrats nach faktischer Installation von Telefonanlagen oder EDV-Software kann keine Zustimmung hergeleitet werden.[179] Anders kann die Sach- und Rechtslage dann zu beurteilen sein, wenn der Arbeitgeber den Betriebsrat umfassend über die Einführung der entsprechenden Einrichtung unterrichtet und diesem Gelegenheit zur Mitbestimmung gegeben hat. In einem solchen Fall schafft der Betriebsrat einen Vertrauenstatbestand hinsichtlich der konkreten Maßnahme, wenn er sich nicht weiter äußert.[180]

d) **Mitbestimmung bei Schulungen nach § 98 BetrVG.** Mit der Einführung von Verhaltensrichtlinien und deren Verteilung (Intranet, Internet, Druckversion) ist es nicht getan, vielmehr müssen die Mitarbeiter über die Inhalte unterrichtet und deren Fragen beantwortet werden. Führt der Arbeitgeber zu diesem Zweck Schulungen durch, kommt ein Mitbestimmungsrecht des Betriebsrates nach § 98 BetrVG in Betracht, bei E-Learning mit Log In und Abschlusstest ein solches nach § 87 Abs. 1 Nr. 6 BetrVG.[181]

e) **Beweisverwertungsverbote in Compliance-Betriebsvereinbarungen.** In Betriebsvereinbarungen zu Compliance-Richtlinien sind **Regelungen zu Sachvortrags- und Beweisverwertungsverboten**[182] denkbar. Die Betriebsparteien regeln also nicht nur die Voraussetzungen und Grenzen der Beweismittelbeschaffung, sondern schreiben für den Fall der gerichtlichen Geltendmachung fest, dass außerhalb der in den Compliance-Richtlinien gesetzten Grenzen erlangte Beweismittel einem Sachvortrags- und Beweisverwertungsverbot unterliegen sollen. Maßnahmen des Arbeitgebers, die dieser auf Grund des Überwachungsergebnisses trifft, sind als solche nicht mehr Gegenstand der Überwachung und daher nach § 87 Abs. 1 Nr. 6 BetrVG mitbestimmungsfrei.[183] Die Regelung eines Kündigungsverbotes wäre daher nicht mehr von der Regelungskompetenz der Betriebsparteien erfasst. Hingegen sind Folgeregelungen, mit denen Maßnahmen des Arbeitgebers beschränkt werden, um Belastungen der Arbeitnehmer durch die technische Überwachung entgegenzuwirken, **mitbestimmungspflichtig**.[184] Davon sind zB Regelungen erfasst über die Dauer der Speicherung von Daten, die Begrenzung der zulässigen Auswertung, die Eingabe in andere Systeme bei innerbetrieblicher Vernetzung oder die Beschränkung der Verwendungszwecke.[185]

Ob die Vereinbarung eines Beweisverwertungsverbotes von der Regelungskompetenz der Betriebsparteien erfasst ist, ist weiterhin höchstrichterlich nicht geklärt.[186] *Moll* weist zutreffend

---

[177] BAG 18.2.1986 – 1 ABR 21/84, AP BetrVG 1972 § 87 Überwachung Nr. 13.
[178] Vgl. *Mengel* S. 81 Rn. 14; *Borgmann* NZA 2003, 352 (356).
[179] *Richardi/Richardi* BetrVG § 87 Rn. 80.
[180] LAG Düsseldorf 13.10.1994 – 12 (15) Sa 1024/94, NZA 1995, 966.
[181] *Stück* ArbRAktuell 2015, 337 (339) mwN.
[182] *Lindemann/Simon* BB 2001, 1950, die ua folgende Regelung vorschlagen: „Personenbezogene Daten, die unter Verletzung der Bestimmungen dieser Betriebsvereinbarung gewonnen oder verarbeitet werden, sind als Beweismittel für personelle Einzelmaßnahmen unzulässig."
[183] ErfKomm/*Kania* BetrVG § 87 Rn. 60.
[184] BAG 11.3.1986 – 1 ABR 12/84, AP BetrVG 1972 § 87 Überwachung Nr. 15.
[185] *Matthes* RDV 1988, 63.
[186] Ablehnend: LAG Köln 19.7.2019 – 9 TaBV 125/18, BeckRS 2019, 29458 Rn. 52 n. rk.; die Wirksamkeit eines Beweisverwertungsverbotes in einer Betriebsvereinbarung bejahend: ArbG Berlin 16.2.2011 60 BV

Teil G. Nebenpflichten im Arbeitsverhältnis

fend darauf hin, dass für eine rechtliche Würdigung von Verwertungsverboten vom konkreten Regelungsinhalt des jeweiligen Verbots auszugehen und zwischen materiell-rechtlichen und prozessualen Verwertungsverboten zu unterscheiden ist.[187] Das materiell-rechtliche Verwertungsverbot schließt, soweit es zulässig ist, die Kündigungsmöglichkeit bereits auf der Ebene des materiellen Rechts aus.

Ausgehend von einem **materiell-rechtlichen Verwertungsverbot** ergibt sich eine Mitbestimmungskompetenz nicht aus § 87 Abs. 1 Nr. 1 oder Nr. 6 BetrVG, und zwar weder unmittelbar, noch als Annexkompetenz.[188] Einem materiell-rechtlichen Verwertungsverbot steht auch der Eingangssatz des § 87 BetrVG entgegen, wonach die Mitbestimmung des Betriebsrates durch zwingende gesetzliche Vorschriften im materiellen Sinne und durch unabdingbare Tarifnormen ausgeschlossen wird.[189] Eine entsprechende Regelungsschranke findet sich in der zwingenden Regelung des § 626 BGB; der Arbeitgeber kann mithin nicht im Vorfeld verpflichtet werden, ein Arbeitsverhältnis fortzuführen, obwohl es „unzumutbar" ist.[190] Andererseits können Verwertungsverbote mit Bezug auf die nicht zwingenden Normen des allgemeinen Kündigungsschutzes als für die Arbeitnehmer günstigere Regelungen rechtmäßig sein.[191]

Prozessuale Beweisverwertungsverbote zielen auf die Situation im Rechtsstreit ab und werden von den Mitbestimmungsgegenständen nach § 87 Abs. 1 Nr. 1 und Nr. 6 BetrVG ebenfalls nicht erfasst. Diese sind Ausfluss der **richterlichen Rechtsanwendung** und der richterlichen Unabhängigkeit in Bezug auf Weisungen der Parteien oder gar Außenstehender.

Der Eingangssatz des § 87 Abs. 1 BetrVG versagt es den Betriebsparteien jedoch nicht, eine freiwillige Betriebsvereinbarung nach § 88 BetrVG zu treffen. Indes setzen zwingende gesetzliche Regelungen den Betriebsparteien auch hier Schranken.[192] So können die Betriebsparteien in freiwilligen Betriebsvereinbarungen nach § 88 BetrVG formelle und materielle Arbeitsbedingungen regeln, ein prozessuales Beweisverwertungsverbot stellt jedoch keine Arbeitsbedingung dar, sondern regelt das Prozessverhältnis im Gerichtsverfahren.[193] Auch für freiwillige Betriebsvereinbarungen gelten zudem die Regelungsschranken für materiell-rechtliche Verwertungsverbote.

Auch können in Betriebsvereinbarungen geregelte Verwertungsverbote nicht als Verzicht des Arbeitgebers auf seine verfassungsrechtliche Position aus Art. 103 GG (rechtliches Gehör) angesehen werden. Einer entsprechenden Dispositionsbefugnis des Arbeitgebers steht das öffentliche Interesse an Rechtsstaatlichkeit und Verfahrensrichtigkeit entgegen.[194]

Schließlich ist es denkbar, derartige Beweisverwertungsverbote in einen **Prozessvertrag zugunsten Dritter** – nämlich der Arbeitnehmer – umzudeuten (§ 328 BGB). Unter Berücksichtigung des zivilprozessual geltenden Beibringungsgrundsatzes sind Parteivereinbarungen über den Nichtgebrauch bestimmter Beweismittel unter Beachtung der Regelungsgrenzen des § 286 ZPO grundsätzlich zulässig.[195] Allein Beweisverträge, die in die freie richterliche Beweiswürdigung eingreifen, regelmäßig kein Gegenstand eines späteren Beweismittel verzichtet haben einer Betriebsvereinbarung, regelmäßig kein Gegenstand eines späteren Gerichtsprozessvertragshältnis besteht. Weder weiß der Arbeitgeber, ob er auf sein einziges Beweismittel verzichtet noch ist ihm bekannt, welchen Gegenstand ein späterer Gerichtsprozess überhaupt haben wird, für welchen er auf das Beweismittel verzichtet werden soll. Zudem fehlt dem Betriebsrat die Regelungskompetenz eines Vertrages zu Gunsten der Arbeitnehmer nach § 328 BGB.[197]

---

[187] 15369/10, BeckRS 2013, 68114; LAG Berlin-Brandenburg 9.12.2009 – 15 Sa 1463/09, NZA-RR 2010, 347 (350); vertiefend: *Gräfl/Lunk/Oetker/Trebinger/Moll*, 100 Jahre Betriebsverfassungsrecht, 497 (500) mwN.
[188] *Gräfl/Lunk/Oetker/Trebinger/Moll*, 100 Jahre Betriebsverfassungsrecht, 497 (500).
[189] StRspr BAG 23.3.1993 – 1 AZR 520/92, AP BetrVG 1972 § 87 Tarifvorrang Nr. 26; *Richardi/Richardi* BetrVG § 87 Rn. 143 f.
[190] *Gräfl/Lunk/Oetker/Trebinger/Moll*, 100 Jahre Betriebsverfassungsrecht, 497 (501 f.).
[191] *Gräfl/Lunk/Oetker/Trebinger/Moll*, 100 Jahre Betriebsverfassungsrecht, 497 (502) mwN.
[192] *Richardi/Richardi* BetrVG § 87 Rn. 173.
[193] Dazu ausführlich: *Gräfl/Lunk/Oetker/Trebinger/Moll*, 100 Jahre Betriebsverfassungsrecht, 497 (503 f.).
[194] *Gräfl/Lunk/Oetker/Trebinger/Moll*, 100 Jahre Betriebsverfassungsrecht, 497 (505 f.).
[195] *Zöller/Greger* ZPO § 286 Rn. 8.
[196] *Zöller/Greger* ZPO § 286 Rn. 8 unter Bezugnahme auf vor § 284 Rn. 2b.
[197] *Schrey/Kielkowski* BB 2018, 629 (631).

Vor diesem Hintergrund ist die Umdeutung des unwirksamen Beweisverwertungsverbotes in einen Prozessvertrag zugunsten Dritter abzulehnen.[198]

f) Personalfragebogen gemäß § 94 BetrVG. Nach § 94 Abs. 1 BetrVG kann der Betriebsrat auch zu beteiligen sein, wenn der Arbeitgeber im Zusammenhang mit der Einführung von Compliance-Richtlinien bestimmte Daten erheben will.[199] Danach hat der Betriebsrat ein **Mitbestimmungsrecht bei Personalfragebögen,** nach Abs. 2 insbesondere bei der Aufstellung allgemeiner Beurteilungsgrundsätze. Auch wenn die Befragung durch eine ausländische Muttergesellschaft erfolgt, besteht nach § 94 Abs. 1 BetrVG ein Mitbestimmungsrecht. Der inländische Arbeitgeber kann sich nicht auf fehlende Einflussmöglichkeiten gegenüber der Konzernmutter berufen, sondern muss versuchen, mit dem Betriebsrat eine Einigung zu erreichen.[200]

Das LAG Düsseldorf hat als Vorinstanz zur Handelsblatt-Entscheidung des BAG in einem durch den Arbeitgeber vorgegebenen Formular zum persönlichen Wertpapierbesitz allerdings keine standardisierte Informationserhebung gesehen und ein Mitbestimmungsrecht aus § 94 Abs. 1 BetrVG verneint.[201]

g) Auswahlrichtlinien zur Einstellung gemäß § 95 BetrVG. Auswahlrichtlinien sind **abstrakt-generelle Regeln,** die der Arbeitgeber seiner personellen Auswahlentscheidung zugrunde legt.[202]

Wenn Compliance-Richtlinien bspw. einen Drogentest als Einstellungsvoraussetzung vorsehen, dann handelt es sich um eine einstellungsrelevante Anforderung an den Bewerber in allgemeiner Form, die der Zustimmung des Betriebsrats nach § 95 Abs. 1 BetrVG bedarf.[203] Dem steht auch eine einschränkende Formulierung, wie zB *„soweit gesetzlich zulässig",* nicht entgegen.

h) Folgen unterbliebener Mitbestimmung. Eine unter Verletzung der Mitbestimmungsrechte eingeführte Regelung ist **unwirksam** und kann auch nicht durch die nachträgliche Zustimmung des Betriebsrats geheilt werden.[204] Der Arbeitgeber darf an die Nichtbeachtung der unwirksamen Bestimmung **keine für den Arbeitnehmer nachteiligen Folgen** knüpfen.

IV. Aufklärung von Regelverstößen und Individualarbeitsrecht

Ein effektives Compliance-System erfordert regelmäßige Kontrollen. Bei Auftreten von Pflichtverletzungen stellt sich stets die Frage nach den arbeitsrechtlichen Mitteln und Grenzen der Ermittlung von arbeitnehmerseitigem Fehlverhalten.

1. Zielgerichtete Arbeitnehmerüberwachung

Das Spektrum der vorhandenen Methoden zur Arbeitnehmerüberwachung erstreckt sich von **offensichtlich erkennbaren Überwachungsmaßnahmen** bis hin zur **verdeckten Kontrolle** nahezu aller Arbeits- und Verhaltensweisen der Arbeitnehmer.

In allen Fällen des **zielgerichteten Einsatzes** von Kontrollmöglichkeiten stehen sich grundrechtlich geschützte Positionen von Arbeitnehmer und Arbeitgeber gegenüber, deren Abwägung nicht nur von akademischer Bedeutung ist, sondern immer wieder eine **streitentscheidende Rolle in arbeitsgerichtlichen Verfahren** spielt.

Ohne an dieser Stelle auf die Einzelheiten der Diskussion um die **Drittwirkung von Grundrechten**[205] eingehen zu können, kann festgehalten werden, dass die grundrechtlich ge-

---

[198] Ebenso: Gräfl/Lunk/Oetker/Trebinger/*Moll,* 100 Jahre Betriebsverfassungsrecht, 497 (507).
[199] *Borgmann* NZA 2003, 352 (356).
[200] LAG Hessen 5.7.2001 – 5 TaBV 153/00, NZA-RR 2002, 200 (201).
[201] LAG Düsseldorf 29.5.2001 – 3 TaBV 14/01, NZA 2001, 1398 (1400); das BAG konnte diese Frage in der Revision offenlassen: BAG 28.5.2002 – 1 ABR 32/01, NZA 2003, 166 (170 f.).
[202] Richardi/*Thüsing* BetrVG § 95 Rn. 6 ff.
[203] LAG Baden-Württemberg 13.12.2002 – 16 TaBV 4/02, NZA-RR 2003, 417 (418).
[204] StRspr, so BAG 11.12.2018 – 1 ABR 13/17, AP BetrVG 1972 § 87 Überwachung Nr. 51; Nr. 52; Maschmann/*Wagner* S. 65, 80 mwN.
[205] MüKoBGB/*Armbrüster* § 134 Rn. 34 mwN.

schützten Positionen von Arbeitgeber und Arbeitnehmer nicht nur im Verhältnis zwischen Bürger und Staat gelten (Art. 1 Abs. 3 GG), sondern sich als Bestandteil der objektiven Rechtsordnung über die zivilrechtlichen Generalklauseln, im Bereich der Persönlichkeitsrechte insbesondere über § 823 Abs. 1 BGB, auch im privatrechtlichen Bereich auswirken, und damit von allen Gerichten, auch den Arbeitsgerichten, zu beachten sind.[206] Der Schutz der Privatsphäre am Arbeitsplatz ist im Übrigen eng verknüpft mit der Bedeutung von Menschenrechten im Arbeitsverhältnis (Art. 8 EMRK).[207]

78 **a) Verfassungsrechtlich geschützte Positionen von Arbeitnehmern.** Ob und inwieweit eine verhaltensbedingte Kündigung oder eine andere arbeitsrechtliche Maßnahme (zB Abmahnung, Versetzung) auf Informationen aus gezielter Überwachung eines Arbeitnehmers gestützt werden kann, hängt davon ab, inwiefern durch die Überwachungsmaßnahme in geschützte Rechtspositionen des Arbeitnehmers eingegriffen wurde. Zu berücksichtigen ist dabei, dass das Arbeitsrecht traditionell dem **Schutz des Arbeitnehmers** dient.[208] Dazu gehört nicht nur der Schutz von Leben, Körper und Gesundheit des Arbeitnehmers, sondern insbesondere auch seiner ideellen Interessen und seiner Persönlichkeit.[209]

79 *aa) Allgemeines Persönlichkeitsrecht.* Beim **Persönlichkeitsschutz** geht es um die Gewährleistung und Absicherung der Persönlichkeitssphäre des Arbeitnehmers gegenüber jedem Dritten, also sowohl gegenüber dem Staat, als auch gegenüber Eingriffen des Arbeitgebers oder der Kollegen. Abgesehen davon, dass in Tarifverträgen, Betriebsvereinbarungen und in Arbeitsverträgen Regelungen zum Schutz der Persönlichkeit des Arbeitnehmers getroffen werden können, finden sich solche Regelungen auch in verschiedenen Gesetzen (zB in §§ 75, 83 BetrVG). Hinsichtlich der Rechtmäßigkeit von Überwachungsmaßnahmen richtet sich der Blick jedoch auf die Grundrechte und das allgemeine Persönlichkeitsrecht.

80 Das **allgemeine Persönlichkeitsrecht** findet zwar seine Grundlage in Art. 1 Abs. 1 und Art. 2 Abs. 1 GG, es ist jedoch als **eigenständiges subjektives privates Recht** auf Achtung und Entfaltung der Persönlichkeit zu verstehen.[210] Es umfasst nicht nur die aktive Handlungs- und Entschließungsfreiheit, sondern insbesondere die für die Beurteilung von Maßnahmen der Arbeitnehmerüberwachung maßgeblichen **Rechte auf die Vertraulichkeit des gesprochenen Wortes** und der **informationellen Selbstbestimmung.**[211] Aber auch das Recht auf Achtung des Privatlebens oder das Recht am Charakterbild werden als Persönlichkeitsrechte diskutiert, die im Rahmen eines Arbeitsverhältnisses bedeutsam werden können.[212]

81 Zur Differenzierung des allgemeinen Persönlichkeitsrechts wird in der Rechtsprechung und der Literatur eine Unterteilung in verschiedene **Persönlichkeitssphären** „mit unterschiedlicher Schutzbedürftigkeit und Eingriffsresistenz" vertreten:[213]

82 Dabei wird der Bereich der **Intimsphäre**,[214] also die innere Gedanken- und Gefühlswelt[215] von Maßnahmen der Arbeitnehmerüberwachung regelmäßig nicht berührt sein. Die **Privatsphäre** als derjenige Teil der Persönlichkeit, der das private Leben im häuslichen oder im Familienkreis und das sonstige Privatleben umfasst,[216] kann hingegen von Überwachungsmaßnahmen des Arbeitgebers tangiert sein. So wird die Überwachung erkrankter Arbeit-

---

[206] *Ahlf* CR 1991, 424 (425); *Buchner* ZfA 1988, 449 (457, 458) mwN.
[207] Vgl. dazu *Pärli* EuZA 2015, 48 (58 ff.).
[208] *Wiese* ZfA 1971, 273 mwN.
[209] *Wiese* ZfA 1971, 273 (274) mwN.
[210] BGH 25.5.1954 – I ZR 211/53, BGHZ 13, 334; 2.4.1957 – VI ZR 9/56, BGHZ 24, 72; *Wiese* ZfA 1971, 273 (274) mwN.
[211] Zum Volkszählungsurteil und seinen Anforderungen an den Schutz des Selbstbestimmungsrechts im Arbeitsleben vgl. *Teske* CR 1988, 670.
[212] *Wiese* ZfA 1971, 273 (317).
[213] Zur Unterscheidung zwischen Intim- und Privatsphäre: 16.1.1957 – 1 BvR 253 56, BVerfGE 6, 32 (41); 31.1.1973 – 2 BvR 454/71, BVerfGE 34, 238 (245 f.); 15.1.1975 – 2 BvR 65/74, BVerfGE 38, 312 (320); *Maunz/Dürig/Di Fabio* GG Art. 2 Abs. 1 Rn. 158 ff. mwN.
[214] BVerfG 16.1.1957 – 1 BvR 253 56, BVerfGE 6, 32 (41); 31.1.1973 – 2 BvR 454/71, BVerfGE 34, 238 (245); 15.1.1975 – 2 BvR 65/74, BVerfGE 38, 312 (320).
[215] BGH 24.11.1987 – VI ZR 42/87, NJW 1988, 1984 (1985).
[216] Palandt/*Sprau* BGB § 823 Rn. 87.

nehmer durch die Beauftragung von Privatdetektiven oder das Abhören privater Telefongespräche nicht nur in den beruflichen Lebensbereich des Arbeitnehmers eindringen, sondern auch Informationen aus dem Privatleben des Arbeitnehmers, möglicherweise sogar über Familienmitglieder, Freunde oder Freizeitaktivitäten, erfassen. Der als **Individualsphäre** bezeichnete Bereich des Persönlichkeitsrechts bezieht sich auf das öffentliche und berufliche Wirken einer Person.[217] Für die Individualsphäre wird regelmäßig das schwächste Schutzbedürfnis angenommen.[218]

Für die rechtliche Beurteilung von Überwachungsmaßnahmen, die den Arbeitnehmer im geschäftlichen bzw. beruflichen Umfeld betreffen, ist zudem zu berücksichtigen, dass der Arbeitnehmer mit Abschluss des Arbeitsvertrages und der Aufnahme der Tätigkeit sein – konkludentes – Einverständnis mit seiner **systemnotwendigen Eingliederung in die Betriebsabläufe** erklärt hat. Damit sind unvermeidlich organisatorische Weisungen und Maßnahmen des Arbeitgebers verbunden, mit denen vielfach Einschränkungen der Freiheitssphäre des Arbeitnehmers einhergehen.

bb) Fürsorgepflicht des Arbeitgebers. Für die Beurteilung der Rechtmäßigkeit von Arbeitnehmerüberwachung ist zudem die Pflicht des Arbeitgebers zum Schutz der Persönlichkeit des Arbeitnehmers zu berücksichtigen. Die **Fürsorgepflicht** des Arbeitgebers ist zwingender Bestandteil eines jeden Arbeitsverhältnisses.[219] Daraus folgt konkret, dass ein Arbeitgeber seine Rechte aus dem Arbeitsverhältnis so auszuüben hat, wie dies unter Berücksichtigung der Belange des Betriebes und der Interessen der Arbeitnehmer nach Treu und Glauben billigerweise erforderlich ist.[220]

Dazu gehört auch, dass der Arbeitgeber bei allen seinen Maßnahmen den Arbeitnehmer als Persönlichkeit respektiert. Verletzt er daher innerhalb des durch den Arbeitsvertrag begründeten Rechtsverhältnisses rechtswidrig die Persönlichkeitsrechte des Arbeitnehmers, so liegt darin zugleich ein Verstoß gegen seine Fürsorgepflicht.[221]

b) Verfassungsrechtlich geschützte Positionen des Arbeitgebers. Den Interessen der Arbeitnehmer am Schutz der Privatsphäre steht das wirtschaftliche Interesse der Arbeitgeber an der **Verhinderung von finanziellen und organisatorischen Beeinträchtigungen** entgegen, die durch wirtschaftskriminelle Handlungen von Arbeitnehmern oder durch die unerlaubte Privatnutzung des Arbeitgebereigentums entstehen. Zugunsten der Arbeitgeber streiten dabei das Recht auf unternehmerische Betätigungsfreiheit aus Art. 12 Abs. 1 GG, das Recht auf Eigentum aus Art. 14 Abs. 1 GG sowie – subsidiär – die unternehmerische Handlungsfreiheit nach Art. 2 Abs. 1 GG.[222]

aa) Berufsfreiheit. Es besteht Einigkeit darüber, dass Art. 12 Abs. 1 GG die **Berufsfreiheit in ihrer Gesamtheit** schützt, wovon auch die **Unternehmerfreiheit** iS freier Gründung und Führung von Unternehmen erfasst ist.[223] Unter den Begriff des Berufes fällt grundsätzlich auch die gewerbliche Betätigung von Unternehmen.[224] Auf die vieldiskutierte Abgrenzung von Berufsfreiheit im engeren Sinne zu der Freiheit zur Berufsausübung kann im Rahmen dieses Beitrages nur hingewiesen werden.[225] Die Freiheit der Berufsausübung umfasst jedenfalls die gesamte berufliche und gewerbliche Tätigkeit, dh **Form, Mittel sowie Umfang und Inhalt der Betätigung.** Da sowohl die Berufsfreiheit als auch die Freiheit der Berufsausübung von Unternehmen nur mit Hilfe von Arbeitnehmern ausgeübt werden kann, die

---

[217] BAG 4.4.1990 – 5 AZR 299/89, NJW 1990, 2272.
[218] Palandt/*Sprau* BGB § 823 Rn. 87 mwN.
[219] *Wiese* ZfA 1971, 273 (278) spricht von der Treuepflicht des Arbeitgebers; vgl. auch Küttner/*Kreitner* Personalbuch 2020 Fürsorgepflicht Rn. 2.
[220] Küttner/*Kreitner* Personalbuch 2020 Fürsorgepflicht Rn. 3.
[221] *Wiese* ZfA 1971, 273 (279).
[222] Art. 2 Abs. 1 GG greift ergänzend dann ein, wenn die speziellen Gewährleistungen der Berufsausübungsfreiheit und des Eigentums einen Schutz im freien Wettbewerb nicht hinreichend sicherstellen; stRspr BVerfG 15.3.1967 – 1 BvR 575/62, BVerfGE 21, 227 (234); 20.6.1984 – 1 BvR 1494/78, BVerfGE 67, 157 (171).
[223] BVerfG 11.6.1958 – 1 BvR 596/56, BVerfGE 7, 377 (402).
[224] Zum subjektiven Schutzbereich des Art. 12 Abs. 1 GG: BeckOK GG/*Ruffert* Art. 12 Rn. 33 ff.
[225] Vgl. dazu Maunz/Dürig/*Scholz* GG Art. 12 Rn. 22 ff.

ebenfalls Grundrechtsträger sind, steht diese Freiheit insoweit immer in einem „sozialen Bezug und einer sozialen Funktion".[226]

88 Einschränkungen im Bereich der Arbeitnehmerüberwachung können insbesondere die unternehmerische Entscheidungsfreiheit über die Ausgestaltung der betrieblichen Organisation, das Weisungsrecht des Arbeitgebers und den **wirtschaftlichen und unternehmerischen Betätigungsrahmen** insgesamt berühren und damit in die nach Art. 12 Abs. 1 GG geschützte Freiheit der Berufsausübung auf Unternehmerseite eingreifen.

89 *bb) Schutz des Eigentums.* Insbesondere mit den Fällen wirtschaftskrimineller Handlungen, aber auch bei solchen der Nutzung von Arbeitgebereigentum für private Zwecke, gehen zumeist Eingriffe in die durch Art. 14 Abs. 1 GG geschützten Eigentumsrechte des Arbeitgebers einher. Schutzgegenstand ist dabei das Unternehmen in seiner Gesamtheit,[227] die Unternehmensbestandteile oder die im Eigentum des Unternehmens stehenden Sachgegenstände.

90 Auch hier gilt jedoch, dass diese Eigentumsgarantie im Hinblick auf die davon berührten Arbeitsverhältnisse in einem gesteigerten sozialen Bezug steht. Dies führt jedoch nicht dazu, dass die von Art. 14 Abs. 1 GG gewährte Eigentumsgarantie unanwendbar wird; vielmehr kann damit nur eine Beschränkung der Gestaltungs- und Regelungsfreiheit des arbeitgeberseitigen Grundrechts auf Eigentum verbunden sein.

91 *cc) Handlungsfreiheit.* Von Art. 2 Abs. 1 GG werden die **Handlungsfreiheit auf wirtschaftlichen Gebiet** und die **Unternehmensfreiheit** erfasst.[228] Darunter fallen wiederum die Freiheit der betrieblichen Organisation, aber auch Maßnahmen zum notwendigen Schutz anderer Arbeitnehmer oder zur wirtschaftlichen Fortentwicklung des Unternehmens. Wenn die konkrete Handlungsweise unter demselben sachlichen Gesichtspunkt von einem Spezialfreiheitsrecht garantiert wird, greift die allgemeine Handlungsfreiheit nur **subsidiär** ein.[229]

92 Auf dieser Grundlage werden nachfolgend einzelne Maßnahmen beleuchtet, die der Arbeitgeber zur Aufklärung von Regelverstößen ergreifen kann und die in der arbeitsrechtlichen Praxis, insbesondere auch im Bereich der Sanktionen für Compliance-Verstöße, immer wieder eine maßgebliche Rolle spielen.

2. Eigene Nachforschungen, interne Ermittlungen (Investigations), Revisionswesen

93 Erfährt der Arbeitgeber von einem Anfangsverdacht gegen einen oder mehrere seiner Arbeitnehmer, wird er zunächst **eigene Nachforschungen** anstellen, um zu überprüfen, ob sich die Verdachtsmomente erhärten.

94 a) **Zugriff auf interne und externe Informationsquellen.** Je nach Art des Vorwurfs werden verschiedene **interne oder externe Informationsquellen** abgefragt.[230] Zu den internen Informationsquellen zählen die Buchführung, das Rechnungswesen, die Auftragsverwaltung, Geschäftskorrespondenz, betriebsinterne Informationssysteme ua für die Zeiterfassung, Reiseplanung, Spesenabrechnung, aber auch – im medizinisch-pflegerischen Bereich – Krankenakten, Pflegedokumentationen etc.

95 Geht es beispielsweise um einen Wettbewerbsverstoß, kann der Arbeitgeber seine Nachforschungen auf **amtliche Register** stützen, wie etwa das Handels-, Genossenschafts-, Gewerbe- und Vereinsregister. Geht es um die Überprüfung der Frage, ob ein Arbeitnehmer verschuldet oder gar überschuldet ist und so möglicherweise zu einem Sicherheitsrisiko werden kann, bleibt ein Blick in das **Schuldnerverzeichnis und die Insolvenzbekanntmachungen.** Daneben kann sich der Arbeitgeber aber auch nichtamtlicher **allgemein zugängli-**

---

[226] BVerfG 1.3.1979 – 1 BvR 532, 533/77, 419/78, 1 BvL 21/78, BVerfGE 50, 290 (365); *Papier* DVBl 1984, 801 (806) spricht von einem Spannungsverhältnis zwischen der personalen Auswirkung des Art. 12 GG und seiner gesamtgesellschaftlichen sowie gesamtwirtschaftlichen Dimension.
[227] Vgl. BeckOK GG/*Axer* Art. 14 Rn. 51 ff.
[228] StRspr BVerfG 20.7.1954 – 1 BvR 459, BVerfGE 4, 7 (15) *(„Spielraum ... sich wirtschaftlich frei zu entfalten");* 12.11.1958 – 2 BvL 4, 26, 40/56, 1, 7/57, BVerfGE 8, 274 (328); 29.7.1959 – 1 BvR 394/58, BVerfGE 10, 89 (99); 19.12.1967 – 2 BvL 4/65, BVerfGE 23, 12 (30) *(„Freiheit der wirtschaftlichen Betätigung");* 7.5.1969 – 2 BvL 15/67, BVerfGE 25, 371 (407).
[229] BVerfG 24.1.1962 – 1 BvL 32/57, BVerfGE 13, 290 (296).
[230] *Wybitul/Böhm* RdA 2011, 362.

cher **Quellen** bedienen, wie etwa Branchenverzeichnissen, Informationsdiensten und Auskunfteien, oder aber nunmehr auch die Quellen der Social Media, wie Facebook oder Xing. Gegen die Verarbeitung von frei zugänglichen Daten aus dem Bereich der Social Media bestehen grundsätzlich keine Bedenken, sofern der Arbeitnehmer keine Zugriffsbeschränkungen eingerichtet hat, etwa durch Beschränkung der Zugiffsmöglichkeiten auf seine Kontakte.[231] Stößt der Arbeitgeber bei seiner Recherche auf Daten, die er nach den Grundsätzen des Fragerechts nicht unmittelbar vom Arbeitnehmer erfragen darf, ist jedoch die Zulässigkeit der Verarbeitung solcher Daten zu prüfen.[232] Aktiv darf der Arbeitgeber nach derartigen Daten jedenfalls nicht recherchieren.[233]

In größeren Unternehmen werden solche Nachforschungen häufig von der **Revisionsabteilung** oder von einer internen Task Force durchgeführt. Die dort beschäftigten Arbeitnehmer sind regelmäßig auch berechtigt, in die **Personalakten** Einblick zu nehmen, ohne dass insoweit ein Verstoß gegen das Persönlichkeitsrecht des betroffenen Arbeitnehmers angenommen werden kann.[234]

b) Unternehmensinterne Ermittlungen (Internal Investigations). Im Zusammenhang mit Compliance-Verstößen sind **unternehmensinterne Ermittlungen** (sog. Internal Investigations)[235] an der Tagesordnung. Untersuchungsgegenstände sind typischerweise bilanz-, aufsichts- und insiderrechtliche Fragen. Diese können auch zur Aufklärung strukturellem oder individuellem Fehlverhaltens dienen und werden häufig von Anwaltskanzleien und Wirtschaftsprüfern durchgeführt. Aber auch Unternehmensmitarbeiter der Abteilungen Compliance, Interne Revision oder Recht werden für interne Ermittlungen eingesetzt.[236] Unrechtmäßige interne Ermittlungen stellen deren Erfolg insgesamt in Frage, da bei rechtswidrigem Zugriff auf Unterlagen und Dateien mit zivilrechtlichen Beweisverwertungsverboten zu rechnen ist.[237]

Für die umfassende Sachverhaltsaufklärung sind Dokumente zu ermitteln und auszuwerten, die im Gewahrsam von Arbeitnehmern als Bestandteil der dienstlichen Akten oder in elektronischen Archiven liegen.[238] Überdies werden oftmals **Befragungen von Arbeitnehmern** erforderlich sein – sowohl als **Verdächtige**, als auch als **Zeugen**,[239] wozu inzwischen gesetzliche Regelungen für interne Ermittler diskutiert werden.[240]

Insgesamt erfordern interne Ermittlungen ein **Höchstmaß an Logistik und kurzfristiger Planung,** beginnend bei der Entscheidung über die Durchführung einer Untersuchung, über die Zusammenstellung eines Untersuchungsteams, der Erstellung eines Investigationsplans, die Sicherung von Dokumenten, elektronischen Daten und E-Mails sowie die maßvolle Kommunikation nach innen und außen, aber auch die Nachbereitung und die Entscheidung über personelle Maßnahmen.[241]

aa) Dienstliche Unterlagen in Papierform. Dienstliche Dokumente kann der Arbeitgeber durch Vorgesetzte oder Kollegen des Betroffenen **uneingeschränkt** einsehen.[242] Der Arbeitnehmer darf die Einsichtnahme oder Herausgabe nicht verweigern, denn er ist der Besitzdiener hinsichtlich der dienstlichen Unterlagen;[243] eine Abwägung des Zugriffsrechts des

---

[231] Thüsing/Wurth/*Hexel/Hartung,* Social Media im Betrieb, § 3 Rn. 55.
[232] Thüsing/Wurth/*Hexel/Hartung,* Social Media im Betrieb, § 3 Rn. 55.
[233] Thüsing/Wurth/*Hexel/Hartung,* Social Media im Betrieb, § 3 Rn. 72.
[234] BAG 4.4.1990 – 5 AZR 299/89, NJW 1990, 2272 – Einsicht der Sparkassenrevision in die Personalakte eines Arbeitnehmers.
[235] Zum Begriff: *Momsen/Grützner* DB 2011, 1792.
[236] *Süße/Ahrens* BB 2019, 1332 (1334).
[237] Vgl. dazu *Mengel* BB 2004, 1445; *Mengel* BB 2004, 2014.
[238] Vgl. zum Ablauf einer internen Ermittlung: *Wybitul/Böhm* RdA 2011, 362; zu den Einsichtsrechten der Arbeitnehmer in Untersuchungsergebnisse: *Klasen/Schaefer* DB 2012, 1384 ff.
[239] Zu Interviews mit Arbeitnehmern und der Pflicht zur wahrheitsgemäßen Beantwortung aus nebenvertraglicher Treuepflicht und unter strafrechtlichen Aspekten: *Klengel/Mückenberger* CCZ 2009, 81 (82).
[240] Vgl. zu den entsprechenden BRAK-Thesen des Strafrechtsausschusses der Bundesrechtsanwaltskammer: *Momsen/Grützner* DB 2011, 1792.
[241] Dazu instruktiv: *Wisskirchen/Glaser* DB 2011, 1392.
[242] *Mengel/Ulrich* NZA 2006, 240 (241) mwN; *Göpfert/Merten/Siegrist* NJW 2008, 1703 (1705).
[243] *Eufinger* BB 2016, 1973 (1975) mwN.

Arbeitgebers gegen das Persönlichkeitsrecht des Arbeitnehmers kommt daher nicht in Betracht.

101 Dies gilt auch im Verhältnis des Arbeitnehmers zu einem vom Arbeitgeber mit der Untersuchung beauftragten Dritten. Datenschutzrechtliche Vorschriften sind für die Auswertung von Akten oder Dokumenten nicht anwendbar, weil Akten oder Aktensammlungen nach Erwägungsgrund 15 DS-GVO nicht in den Anwendungsbereich dieser Verordnung fallen.[244]

102 *bb) Dienstliche Unterlagen in elektronischer Form.* **Unbeschränktes Einsichtsrecht** des Arbeitgebers besteht auch für dienstliche Akten und Dokumente in elektronischer Form, da die materielle Form der Unterlagen nichts an dem dienstlichen Charakter ändert.[245] In diesem Zusammenhang kann der Arbeitgeber dem Arbeitnehmer den Zugriff auf die elektronischen Daten durch zB eine elektronische Zugangssperre oder durch die Wegnahme von dienstlich genutzten Computern entziehen. Allerdings sind für die Auswertung die **datenschutzrechtlichen Vorschriften** zu beachten, soweit personenbezogene Daten iSv Art. 4 Nr. 1 DS-GVO geprüft werden sollen. Sollen die Informationen im Rahmen von internationalen Ermittlungen an Empfänger außerhalb der EU übermittelt werden, muss das EU-adäquate Datenschutzniveau nach Art. 44ff. DS-GVO hergestellt und nachgewiesen werden.[246]

103 *cc) Private Dokumente und Dateien.* Soweit Arbeitnehmer private Unterlagen am Arbeitsplatz haben oder die dienstlich zur Verfügung gestellten Computer privat nutzen dürfen, gilt grundsätzlich: Bei **erlaubter privater Nutzung dienstlicher Einrichtungen** ist für private Dateien das nach Art. 1, 2 GG gewährleistete **Persönlichkeitsrecht** zu beachten, ebenso der **Schutz des Briefgeheimnisses**. Danach ist dem Arbeitgeber der Zugriff auf private Unterlagen und Dateien verwehrt.[247] Allerdings kann eine Kontrolle bei konkretem Verdacht auf zB eine unerlaubte massive Privatnutzung der Dienstcomputer zulässig sein.[248]

104 Ist den Arbeitnehmern hingegen die **Privatnutzung der Hard- und Software nicht gestattet**, darf der Arbeitgeber grundsätzlich von einer vertragsgemäßen Nutzung ausgehen und muss im Rahmen von Ermittlungen keine besonderen Vorkehrungen treffen.

105 *dd) Personalakten.* Für den **Zugriff auf Personalakten** ist ebenfalls das **Persönlichkeitsrecht** zu beachten.[249] Die Personalakte darf nicht allgemein zugänglich sein, sondern muss sorgfältig verwahrt werden. Die dort enthaltenen Informationen müssen vertraulich behandelt werden und es darf nur ein enger Kreis von Beschäftigten Zugriff auf die Personalakten haben.[250] Im Rahmen von internen Ermittlungen besteht das übliche Einsichtsrecht von Arbeitnehmern der Personalabteilung oder durch die Geschäftsleitung. Soweit Dritte Einsicht in die Personalakten nehmen, hat das Unternehmen die **besondere Vertraulichkeit** sicherzustellen und Vorkehrungen gegen unbefugte Offenlegung zu treffen.[251]

106 *ee) Aufsuchen/Durchsuchung des Arbeitsplatzes.* Das **spontane Aufsuchen des Arbeitnehmers am betrieblichen Arbeitsplatz** dient nicht nur notwendiger Führung und Kommunikation, sondern ist arbeitsrechtlich zweifelsohne zulässig.[252] Derartige Kontrollen gehören zur **unvermeidlichen Einschränkung des Persönlichkeitsrechts des Arbeitnehmers**. Eines konkreten Anlasses bedarf es dafür ebenso wenig, wie einer vorherigen Ankündigung.[253] Ein derartiges Vorgehen wird auch mitbestimmungsfrei sein, sofern es lediglich der Kontrolle des Arbeitsverhaltens dient.[254] Nicht zu vertiefen ist, dass ehrverletzendes, diskriminieren-

---

[244] WHWS Arbeitnehmerdatenschutz, Teil B.III. Führung von Personalakten Rn. 4; zum BDSG aF; BAG 4.4.1990 – 5 AZR 299/89, NZA 1990, 933.
[245] Ebenso: *Eufinger* BB 2016, 1973 (1975).
[246] *Mengel* CCZ 2008, 85 (90); vgl. zu Privacy Shield EuGH 16.7.2020 – C-311/18, MMR 2020, 597.
[247] *Göpfert/Merten/Siegrist* NJW 2008, 1703 (1705).
[248] *Mengel* BB 2004, 2014 (2019, 2020) mwN.
[249] BAG 4.4.1990 – 5 AZR 299/89, NZA 1990, 933 zu den Einsichtsrechten der Innenrevision einer Sparkasse. Soweit die Personalakte elektronisch geführt wird, gilt zudem das BDSG.
[250] BAG 12.9.2006 – 9 AZR 271/06, NZA 2007, 269 (272) wonach für bestimmte, besonders sensible Teile der Personalakte zudem eine besondere Pflicht zur Geheimhaltung bestehen kann.
[251] BAG 4.4.1990 – 5 AZR 299/89, NZA 1990, 933 (934).
[252] Maschmann/*Maschmann* S. 153f.
[253] Maschmann/*Maschmann* S. 154.
[254] Maschmann/*Maschmann* S. 154 mwN.

des, maßregelndes oder bloßstellendes Verhalten seitens des Arbeitgebers oder des Vorgesetzten bei derartigen Kontrollen zu unterlassen ist.

Die **Inaugenscheinnahme des Büros** eines Arbeitnehmers ist aufgrund des Hausrechts des Arbeitgebers auch ohne dessen Kenntnis und Zustimmung zulässig. Als unbedenklich wird ferner die Inaugenscheinnahme von in diesem Büro befindlichen unverschlossenen Gegenständen angesehen; im Home-Office gelten gem. Art. 13 GG Besonderheiten.[255]

ff) Zuverlässigkeitstests. In größeren Betrieben sind **Tor- und Taschenkontrollen** zur Aufdeckung und Verhinderung von Diebstählen regelmäßig anzutreffen. Zudem kann ein Arbeitgeber sogenannte **Ehrlichkeitskontrollen,**[256] **Testkäufe**[257] und **Schaltertests**[258] durchführen. Häufig werden derartige Kontrollen von den im Betrieb existierenden Sicherheitsorganen durchgeführt, zB dem Werkschutz. Bei Testkäufen und ähnlichen Maßnahmen werden hingegen regelmäßig außenstehende Dritte – meist Privatdetektive – herangezogen.

Dogmatisch wird das Recht zur Durchführung von **Tor- und Taschenkontrollen** aus dem Selbsthilferecht (§§ 229 bis 231, § 859 und § 860 BGB), dem Notwehr- (§§ 32, 33 StGB und § 227 BGB) oder dem Notstandsrecht (§§ 34, 35 StGB, § 228 und § 904 BGB) abgeleitet.[259] Die Zulässigkeit solcher Kontrollen, die zur Aufrechterhaltung der betrieblichen Ordnung, zur Wahrung der Eigentumsinteressen des Unternehmens sowie zum Schutz der betrieblichen Sicherheit dienen, dürfte datenschutzrechtlich zumindest fraglich sein.[260]

Da diese Maßnahmen in das Persönlichkeitsrecht des Arbeitnehmers eingreifen, muss die Handhabung einer jeden Kontrolle an dem **Verhältnismäßigkeitsgrundsatz** ausgerichtet sein. Dies gilt insbesondere für diejenigen Fälle, in denen bei Zugangs- oder Torkontrollen biometrische Daten iSd Art. 9 DS-GVO erfasst werden (Iris-Scan, Fingerprint usw.).[261] Ohne konkrete Verdachtsmomente wird sich eine Torkontrolle auf ein oberflächliches Abtasten der Kleidung und das Öffnen der Taschen beschränken müssen.[262]

Taschen- und Torkontrollen bedürfen somit grundsätzlich der **Einwilligung des Arbeitnehmers.** Nach überwiegender Ansicht kann eine solche Einwilligung entweder durch eine ausdrückliche Regelung im Arbeitsvertrag oder aber konkludent durch Abschluss des Arbeitsvertrages erklärt werden, wenn solche Maßnahmen betriebsüblich sind.[263] Darüber hinaus können solche Kontrollen durch Tarifvertrag oder – vorzugsweise – durch Betriebsvereinbarung auf der Grundlage des § 87 Abs. 1 Nr. 1 BetrVG eingeführt werden.

Auch finden sich Entscheidungen zu Zuverlässigkeitstests in Form von **Ehrlichkeitskontrollen oder Testkäufen.**[264] Bei den Ehrlichkeitskontrollen schafft der Arbeitgeber eine günstige Gelegenheit zur Begehung einer Straftat oder einer schweren Arbeitspflichtverletzung, etwa indem absichtlich zu viel Wechselgeld in die Kasse gelegt wird. Nach Auffassung des BAG[265] sind Zuverlässigkeitstests dann erlaubt, wenn die Ehrlichkeit der Arbeitnehmer auf andere Weise nicht oder nur unter erschwerten Bedingungen festgestellt werden kann. In weiteren Entscheidungen hat das BAG den Einsatz von Testkäufern, die das Verhalten der Arbeitnehmer gegenüber Kunden sowie die Einhaltung von Kassenvorschriften und eines Rauchverbotes überwachen sollten, nicht beanstandet. Auch die Überprüfung der Beratungsqualität durch Durchführung sogenannter Schaltertests wurde als zulässig angesehen.[266]

---

[255] *Klengel/Mückenberger* CCZ 2009, 81 (85) mwN; *Wiese* RdA 2009, 344 (349); *Schwede* ArbR Aktuell 2020, 160; *Krieger/Rudnik/Povedano Peramato* NZA 2020, 473 (479).
[256] BAG 18.11.1999 – 2 AZR 743/98, NZA 2000, 418.
[257] BAG 13.3.2001 – 1 ABR 34/00, NZA 2001, 1262.
[258] BAG 18.4.2000 – 1 ABR 22/99, NZA 2000, 1176.
[259] *Seefried* AIB 1999, 428.
[260] Zu § 32 BDSG aF *Maties* RdA 2009, 261, mit dem Ergebnis, dass Torkontrollen zumindest nach § 28 Abs. 1 Nr. 2 BDSG aF zulässig sein sollen; eingehend: *Joussen* NZA 2010, 254.
[261] Zur Arbeitszeiterfassung mittels Fingprint: LAG Berlin-Brandenburg 4.6.2020 – 10 Sa 2130/19, NZA-RR 2020, 457 ff.; *Maschmann,* NZA-Beilage 2018, 115 (119).
[262] *Maschmann* AuA 2000, 519 (520).
[263] *Maschmann* AuA 2000, 519 (520).
[264] Maschmann/*Maschmann* S. 154 mwN.
[265] BAG 18.11.1999 – 2 AZR 743/98, NZA 2000, 419.
[266] BAG 18.4.2000 – 1 ABR 22/99, NZA 2000, 1176.

3. Nachforschungen durch Einbindung weiterer Arbeitnehmer – Whistleblowing

113 Der Arbeitgeber wird die Arbeitnehmerüberwachung regelmäßig direkt oder über die jeweiligen **Vorgesetzten** durchführen, zu deren Pflichten es auch gehört, die Arbeitsleistung der ihnen nachgeordneten Arbeitnehmer zu überprüfen.

114 a) **Mitarbeiterbefragungen/Mitarbeiterinterviews.** Soweit der **verdächtigte Arbeitnehmer selbst befragt** werden soll, ist die Rechtslage komplex: Eine solche Befragung (Interview) dient – anders als die Anhörung zur Verdachtskündigung – in erster Linie der **Aufklärung des Sachverhalts.**[267] Strategisch sind **Durchführung und Ablauf der Interviews** sorgfältig zu planen (Reihenfolge der Befragungen, zeitliche Planung, Fragensammlung, Fragetechniken, Protokollführung etc).[268]

115 Im Übrigen kann der Arbeitgeber bei Überprüfung eines konkreten Verdachts **Kollegen und sonstige Arbeitnehmer befragen,** um so die Informationsbeschaffung durchzuführen. Es gehört zu den vertraglichen Pflichten der Arbeitnehmer, an der Sachverhaltsaufklärung im Rahmen von unternehmensinternen Untersuchungen mitzuwirken.[269]

116 *aa) Auskunfts- und Berichtspflichten.* Zu den Nebenpflichten eines Arbeitsvertrages gehört die **Treuepflicht** gegenüber dem Arbeitgeber.[270] Daraus folgt eine Pflicht des Arbeitnehmers, drohende Schäden dem Arbeitgeber mitzuteilen.[271] Aus dem **Weisungsrecht** des Arbeitgebers ergibt sich zudem, dass der Arbeitnehmer grundsätzlich an einem Interview zur Sachverhaltsaufklärung teilnehmen muss.[272] Der Arbeitnehmer ist nach §§ 675, 666 BGB analog **vollumfänglich zur Auskunft verpflichtet,** wenn sich die Fragen auf seinen Arbeitsbereich beziehen, der Arbeitgeber ein schutzwürdiges Interesse an der Erlangung der Informationen hat und die geforderte Auskunft keine übermäßige Belastung für den Arbeitnehmer darstellt.[273] Der Arbeitgeber kann also den Arbeitnehmer anweisen, an internen Ermittlungen mitzuwirken und zur Sachverhaltsaufklärung beizutragen, soweit die **Ermittlungen den Arbeitsbereich des Arbeitnehmers** betreffen.[274]

117 Während der Umfang der **Auskunftspflicht** eines „Zeugen-Arbeitnehmers" noch weitgehend ungeklärt ist,[275] wurde höchstrichterlich eine Anzeigepflicht unter Hinweis auf die Treuepflicht des Arbeitnehmers bejaht, soweit diesem die **Überwachung und/oder Kontrolle eines anderen,** sich arbeitsvertragswidrig verhaltenden Arbeitnehmer übertragen ist.[276] Besteht jedoch die Pflicht zur Anzeige, also zur ungefragten Offenbarung von Missständen, dann besteht in diesen Fällen erst recht eine **Pflicht zur Offenbarung auf Nachfrage** hin.[277] Entsprechendes muss gelten für die Fälle, in denen einem „Zeugen-Arbeitnehmer" schädigende Handlungen von Kollegen außerhalb seines Arbeitsbereiches zur Kenntnis gelangen.

118 Die Anzeigepflicht zu betrieblichen Missständen soll auch dann gelten, wenn der Arbeitnehmer das **Fehlverhalten von Kollegen offenlegen** muss, jedenfalls bei schweren Pflichtverletzungen und bei Wiederholungsgefahr.[278]

119 Arbeitnehmer in **Führungspositionen** sind in besonderem Maße zur Auskunft und zur unaufgeforderten Anzeige von drohenden Schäden für das Unternehmen oder von Miss-

---

[267] *Schrader/Mahler* NZA-RR 2016, 57 (62).
[268] *Wisskirchen/Glaser* DB 2011, 1447.
[269] *Göpfert/Merten/Siegrist* NJW 2008, 1703.
[270] Küttner Personalbuch 2020/*Kreitner* Treuepflicht Rn. 1.
[271] LAG Düsseldorf 12.12.2005 – 10 TaBV 46/05, BeckRS 2006, 40003; *Mengel* S. 118 Rn. 19 mwN.
[272] *Rudkowski* NZA 2011, 612 mwN.
[273] BAG 7.9.1995 – 8 AZR 828/93, NZA 1996, 637 (638); *Vogt* NJOZ 2009, 4206 (4212); *Wisskirchen/Glaser* DB 2011, 1447 (1448); *Gola* ZD 2013, 379.
[274] BAG 7.9.1995 – 8 AZR 828/93, NZA 1996, 637 (638); *Göpfert/Merten/Siegrist* NJW 2008, 1703 (1705).
[275] Vgl. *Rudkowski* NZA 2011, 612 (614); *Schrader/Mahler* NZA-RR 2016, 57 (63).
[276] BAG 12.5.1958 – 2 AZR 539/56, BAGE 6, 82 (83 ff.); für Dienstverpflichtete BGH 23.2.1989 – IX ZR 236/86, NJW-RR 1989, 614 (615); *Stück* ArbRAktuell 2015, 337 (339 f.).
[277] *Rudkowski* NZA 2011, 612 (614).
[278] BAG 18.6.1970 – 1 AZR 520/69, BB 1970, 1048; LAG Hamm 29.7.1994 – 18 (2) Sa 2016/93, BB 1994, 2352; LAG Berlin 9.1.1989 – 9 Sa 93/88, BB 1989, 630.

ständen in dem eigenen Verantwortungsbereich verpflichtet.²⁷⁹ Auch können die Interessen des Arbeitgebers so stark zu gewichten sein, dass aus einer Auskunftspflicht über bestimmte Tatsachen eine **Anzeigepflicht** wird.²⁸⁰

Außerhalb des Arbeitsbereiches ist eine Abwägung zwischen den Interessen des Unternehmens und des Arbeitnehmers vorzunehmen.²⁸¹ Es besteht eine **eingeschränkte Auskunftspflicht** aufgrund arbeitsvertraglicher Treuepflicht nach §§ 241 Abs. 2, 242 BGB, soweit die Interessen des Arbeitgebers an einer Auskunft überwiegen.²⁸² 120

Eine **Auskunftsverweigerung** kommt nur dann – analog der Zeugnisverweigerungsrechte nach §§ 52, 55 StGB, §§ 383, 384 ZPO – in Betracht, wenn dem Arbeitnehmer eine wahrheitsgemäße Auskunft unzumutbar ist.²⁸³ Eine derartige **Unzumutbarkeit** ist anzunehmen, wenn der Arbeitnehmer sich selbst oder einen nahen Angehörigen mit den Folgen einer strafrechtlichen Ermittlung belasten würde.²⁸⁴ Auch zur Offenbarung von Umständen, die kündigungsrechtlich verwertet werden können, ist der Arbeitnehmer, gleich ob auf Nachfrage oder ungefragt, nicht verpflichtet.²⁸⁵ Soweit jedoch ausschließlich der Arbeitsbereich des Arbeitnehmers betroffen ist, wird ein Auskunftsverweigerungsrecht nicht in Betracht kommen. 121

Bei der **Ausgestaltung des Gesprächs** ist der Arbeitgeber inhaltlich frei, insbesondere bedarf es **keiner gesonderten Belehrung des Arbeitnehmers**.²⁸⁶ Allerdings muss dem Arbeitnehmer im Hinblick auf gegenseitige Treuepflichten nicht nur der **Sachverhalt greifbar beschrieben**, sondern ihm auch die Möglichkeit gegeben werden, entlastende Umstände zu benennen und Vorwürfe qualifiziert zu bestreiten.²⁸⁷ 122

bb) Einsatz von Fragebögen. Der **Einsatz von Fragebögen** zur Befragung von Arbeitnehmern ist individualarbeitsrechtlich vom Grundsatz her nicht zu beanstanden.²⁸⁸ Insoweit gelten die vorstehenden Ausführungen entsprechend. 123

cc) Hinzunahme Dritter (Betriebsrat, Rechtsanwalt). Zudem stellt sich häufig die Frage nach der **Hinzunahme eines Betriebsratsmitglieds**. § 82 Abs. 2 S. 2 BetrVG wird in den Fällen der Internal Investigation meist nicht einschlägig sein, wonach der Arbeitnehmer das Recht auf Hinzuziehung eines Betriebsrats hat, wenn im Gespräch mit dem Arbeitgeber Leistungsbeurteilungen und die berufliche Entwicklung erörtert werden.²⁸⁹ Gleiches gilt für leitende Angestellte in Bezug auf die Anwesenheit eines Mitglieds des Sprecherausschusses.²⁹⁰ Auch greift der Mitbestimmungstatbestand des § 87 Abs. 1 Nr. 1 BetrVG nicht ein, da ein möglicher Compliance-Verstoß allein das Verhältnis zwischen Arbeitgeber und Arbeitnehmer betrifft.²⁹¹ Es besteht allerdings das Recht des Betriebsrates, nach § 80 Abs. 2 BetrVG über die Durchführung eines Interviews informiert zu werden.²⁹² 124

Auch kann der Arbeitnehmer grundsätzlich nicht die **Begleitung durch einen Rechtsanwalt** durchsetzen, insbesondere dann nicht, wenn das Verhalten des Arbeitnehmers nicht 125

---

²⁷⁹ BAG 18.6.1970 – 1 AZR 520/69, BB 1970, 1048; *Wisskirchen/Glaser* DB 2011, 1447 (1448).
²⁸⁰ *Rudkowski* NZA 2011, 612 (613).
²⁸¹ *Göpfert/Merten/Siegrist* NJW 2008, 1703 (1705).
²⁸² *Diller* DB 2004, 313 (314).
²⁸³ *Rudkowski* NZA 2011, 612 (613) mwN; differenzierend: *Klasen/Schaefer* BB 2012, 641 (646) mwN; *Eufinger* BB 2016, 1973 (1976).
²⁸⁴ Vgl. BGH 23.2.1989 – IX ZR 236/8, NJW-RR 1989, 614 (615) mwN; *Wisskirchen/Glaser* DB 2011, 1447 (1448); aA LAG Hamm 3.3.2009 – 14 Sa 1689/08, CCZ 2010, 237 mAnm 239 *Dann* zur Auskunftspflicht für ein nachvertragliches Wettbewerbsverbot.
²⁸⁵ *Rudkowski* NZA 2011, 612 (613); aA *Vogt* NJOZ 2009, 4206 (4212); *Göpfert/Merten/Siegrist* NJW 2008, 1703 (1705).
²⁸⁶ *Rudkowski* NZA 2011, 612; dazu auch *Momsen/Grützner* DB 2011, 1792 (1794); detaillierte Beschreibung der Vorgehensweise zu Beginn eines Interviews bei *Wisskirchen/Glaser* DB 2011, 1447.
²⁸⁷ *Rudkowski* NZA 2011, 612 (613).
²⁸⁸ BAG 7.9.1995 – 8 AZR 828/93, NZA 1996, 637 (638).
²⁸⁹ *Wisskirchen/Glaser* DB 2011, 1447 (1448).
²⁹⁰ *Zimmer/Heymann* BB 2010, 1853 (1854).
²⁹¹ *Rudkowski* NZA 2011, 612 (615).
²⁹² *Rudkowski* NZA 2011, 612 (615); *Wisskirchen/Glaser* DB 2011, 1447 (1450); *Schrader/Mahler* NZA-RR 2016, 57 (63).

Untersuchungsgegenstand ist.[293] Etwas Anderes kann dann gelten, wenn das Unternehmen seinerseits einen externen Anwalt zur Befragung hinzuzieht und damit die rein personale Beziehung zwischen Arbeitgeber und Arbeitnehmer verlässt.[294] Im Zusammenhang mit dem *Siemens*-Untersuchungen ist die Sonderfrage aufgetaucht, inwieweit Arbeitnehmer in grenzüberschreitenden SEC-Verfahren mitwirken müssen.[295]

126 *dd) Sanktionen bei Verweigerung der Mitwirkung.* Im Falle der verweigerten Mitwirkung kann der Arbeitgeber die **Vergütung** nach § 273 Abs. 1 BGB zurückbehalten oder gegebenenfalls, nach vergeblicher Abmahnung, das Arbeitsverhältnis verhaltensbedingt – ggf. mittels einer **Verdachtskündigung** – beenden.[296]

Praxistipp:
Vorsicht ist hinsichtlich der Höhe des einbehaltenen Gehalts geboten. Es sind nicht nur die Pfändungsfreigrenzen zu beachten, sondern auch eine mögliche Schadensersatzpflicht des Arbeitgebers nach § 280 Abs. 1 BGB für den Fall, dass sich später eine Berechtigung zur Mitwirkungsverweigerung herausstellt.

127 Die **Nichtbeantwortung von Fragen** steht im Übrigen der Falschbeantwortung nicht gleich. Vielmehr lässt die Nichtbeantwortung eher darauf schließen, der Arbeitnehmer schrecke vor Lügen zurück. Gleichwohl kann dies ein Hinweis darauf sein, dass *„etwas gewesen sein könnte"*, was im Rahmen der Interessenabwägung zu berücksichtigen ist.[297]

128 b) **Whistleblowing.** Zunächst zum **Begriff des „Whistleblowing":**[298] Ein „Whistleblower" ist ein Informant, der Missstände, wie zB illegales Handeln, Korruption, allgemeine Gefahren, von denen er an seinem Arbeitsplatz erfährt, an die Öffentlichkeit bringt.[299] **Internes Whistleblowing** liegt vor, wenn sich der Hinweisgeber/Informant an Vorgesetzte, Kollegen, Geschäftsleitung oder anderweitige unternehmensinterne Stellen wendet; **externes Whistleblowing** findet hingegen durch Informationsweitergabe an Aufsichtsbehörden, Strafverfolgungsorgane, Medien, Interessengruppen oder andere öffentliche Stellen statt.[300]

129 Der Whistleblower nimmt sein verfassungsrechtlich verbürgtes **Recht auf Meinungsfreiheit** gemäß Art. 5 Abs. 1 GG in Anspruch.[301] Damit bietet der Whistleblower einerseits die Möglichkeit, **illegale Praktiken aufzuklären;** andererseits setzen sich Arbeitnehmer als Whistleblower über arbeitsvertragliche und/oder kollektivrechtliche **Geheimhaltungspflichten** hinweg und sehen sich häufig „Vergeltungsmaßnahmen" ausgesetzt.[302] Zudem geht es um **Nachteile für das Unternehmen** sowie die **Beeinträchtigung der Persönlichkeitsrechte** der durch die Hinweise betroffenen bzw. beschuldigten Personen.[303]

130 Über die **Zulässigkeit von** „Whistleblowing" existieren in Deutschland derzeit nur **vereinzelte Regelungen** (§ 37 Abs. 2 Nr. 3 BeamtStG, § 67 Abs. 2 Nr. 3 BBG),[304] neben Bestim-

---

[293] Vgl. dazu LAG Hamm 23.5.2001 – 145 Sa 497/01, BeckRS 2001, 41047; *Göpfert/Merten/Siegrist* NJW 2008, 1703 (1708).
[294] LAG Hamm 23.5.2001 – 145 Sa 497/01, BeckRS 2001, 41047; *Rudkowski* NZA 2011, 612 (614) mwN.
[295] *Dann/Schmidt* NJW 2009, 1851.
[296] *Göpfert/Merten/Siegrist* NJW 2008, 1703 (1706).
[297] BAG 10.10.1996 – 2 AZR 552/95, RDV 1997, 123.
[298] Whistleblowing entspricht dem Signal einer Pfeife (whistle), die vor einer drohenden Gefahr warnt oder eine Aktivität abrupt stoppt; dazu Maschmann/*Fritz* S. 111 mwN; *Schulz* BB 2011, 629; *Schmolke* RIW 2012, 224 (226).
[299] *Scheicht/Loy* DB 2015, 803; *Seel* MDR 2012, 9 mwN.
[300] *Schulz* BB 2011, 629.
[301] Maschmann/*Fritz* S. 111 (112).
[302] Maschmann/*Fritz* S. 111 (112); vgl. dazu den nunmehr vom Europäischen Gerichtshof für Menschenrechte entschiedenen Fall der fristlosen Kündigung einer Altenpflegerin, weil sie auf Pflegemissstände öffentlich aufmerksam und den Arbeitgeber wegen Betruges angezeigt hatte, EGMR 21.7.2011 – 2874/08, BeckRS 2011, 21659.
[303] Maschmann/*Fritz* S. 111 (112).
[304] Die Bundesregierung sieht für eine umfassende Regelung zum Whistleblowing keinen Bedarf, sondern vertritt den Standpunkt, dass die geltenden Bestimmungen insoweit ausreichend seien: Vgl. die Antwort der

mungen, welche ein Anzeigerecht normieren, wie zB § 17 Abs. 2 ArbSchG,[305] § 27 Abs. 1 AGG sowie zu allgemeinen Beschwerderechten nach § 13 Abs. 1 AGG und §§ 84f. BetrVG. Darüber hinaus hat die Internationale Handelskammer – ICC – Richtlinien zum Whistleblowing entwickelt.[306] Zudem gibt es für Kredit- und Finanzdienstleistungsinstitute die gesetzliche Verpflichtung nach § 25a KWG, ein Hinweisgebersystem zu schaffen.[307] Nicht zu vergessen ist die Auffangnorm des § 612a BGB als Schutz gegen jegliche Benachteiligung eines Arbeitnehmers durch den Arbeitgeber, sofern der Arbeitnehmer in zulässiger Weise seine Rechte ausgeübt hat.[308]

Für die Zukunft wird die EU-Richtlinie zum Schutz von Personen, die Verstöße gegen das Unionsrecht vom 23.10.2019[309] – kurz: **Whistleblower-Richtlinie (WBRL)** – maßgeblich sein.[310] Die Mitgliedstaaten haben bis zum 17.12.2021 Zeit, diese Richtlinie umzusetzen und bis zum 17.12.2023 Rechts- und Verwaltungsvorschriften in Kraft zu setzen, um Unternehmen mit 50 und mehr Arbeitnehmern zur Einrichtung interner Meldekanäle zu verpflichten. 131

In sachlicher Hinsicht umfasst die Richtlinie die Meldung von Verstößen gegen das Unionsrecht, bereichsweise aufgelistet in Art. 2 Abs. 1 WBRL. Art. 2 Abs. 2 WBRL verweist auf die Möglichkeit der nationalen Gesetzgeber, auch in anderen als den in Abs. 1 genannten Rechtsbreichen Whistleblowing-Vorschriften zu erlassen. 132

In persönlicher Hinsicht werden nach Art. 4 Abs. 1 lit. a) WBRL vorrangig **Arbeitnehmer** iSd Art. 45 Abs. 1 AEUV geschützt, wovon auch Beamte und im öffentlichen Sektor arbeitende Personen umfasst sind.[311] Nach der Regelung des Art. 6 Abs. 1 lit. a) WBRL hat derjenige Anspruch auf Schutz, welcher – gutgläubig – mit hinreichendem Grund davon ausgehen durfte, dass die gemeldete Information zutrifft und einen Verstoß darstellt, der in den Anwendungsbereich der Richtlinie fällt.[312] 133

Das Meldeverfahren ist nach der WBRL dreistufig: Der Hinweisgeber kann die Meldung nach seiner Wahl **zunächst intern**, dh an eine geeignete Stelle (Hotline, Ombudsman, internetbasiertes Hinweisgebersystem) innerhalb des Unternehmens, richten oder sich **sogleich extern** an die zuständige Behörde wenden (Art. 6 Abs. 1 lit. b iVm Art. 7 und 10 WBRL). Jedoch sollen sich die Mitgliedstaaten dafür einsetzen, dass die Meldung zunächst intern durchgeführt wird (Art. 7 Abs. 2 WBRL).[313] Bei internen wie bei externen Meldungen soll der Hinweisgeber nach einer Eingangsbestätigung grundsätzlich nach drei Monaten eine Rückmeldung zu dem Hinweis erhalten (Art. 9 Abs. 2 lit. f), Art. 11 Abs. 2 lit. d) WBRL). 134

Art. 15 WBRL betrifft die **Offenlegung von Informationen.** Damit ist nach Art. 5 Nr. 6 WBRL das öffentliche Zugänglichmachen von Informationen über Verstöße, z. B. gegenüber der Presse gemeint. Legt der Hinweisgeber die Informationen über den vermeintlichen Verstoß offen, so hat er nur dann Anspruch auf den durch die Richtlinie gewährten Schutz, wenn er (1) zunächst intern oder extern gemeldet hat, aber innerhalb der in der Richtlinie festgelegten Höchstfristen von drei bzw. sechs Monaten keine geeigneten Maßnahmen ergriffen worden sind, oder wenn er (2) davon ausgehen durfte, dass der Verstoß eine *„unmittelbare oder offenkundige Gefährdung des öffentlichen Interesses"* darstellen kann, oder (3) wenn er im Falle einer externen Meldung Repressalien zu befürchten hat bzw. aufgrund der besonderen Umstände des Falls geringe Aussichten bestehen, dass wirksam gegen den Verstoß vorgegangen wird (Art. 6 Abs. 1 lit. b iVm Art. 15 Abs. 1 WBRL).[314] 135

Bundesregierung BT-Drs. 17/7053, 2 auf eine Kleine Anfrage der Fraktion Bündnis 90/Die Grünen BT-Drs. 17/6902; *Scheicht/Loy* DB 2015, 803.
[305] Zum Whistleblowing im Arbeitsschutz: *Wiebauer* NZA 2015, 22.
[306] ICC Guidelines on Whistleblowing; abrufbar unter http://www.iccwbo.org (letzter Abruf 20.9.2020).
[307] *Lenz/Rohde-Liebenau* BB 2014, 692 ff.; vgl. dazu auch Art. 32 der Verordnung (EU) 596/2014 des Europäischen Parlaments und des Rates vom 16.4.2014 über Marktmissbrauch (MAR – Market Abuse Regulation) mit Anwendbarkeit ab dem 3.7.2016 in allen EU-Mitgliedstaaten.
[308] *Garden/Hiéramente* BB 2019, 963 (965).
[309] ABl L 305/17 vom 26.11.2017.
[310] Dazu: *Gerdemann* RdA 2019, 16 ff.; *Garden/Hiéramente* BB 2019, 963 ff.; *Schmolke* NZG 2020, 5 ff.
[311] *Schmolke* NZG 2020, 5 (6).
[312] Vgl. dazu *Dilling* CCZ 2014, 214 (216 f.).
[313] *Dilling* CCZ 2014, 214 (215).
[314] *Schmolke* NZG 2020, 5 (7).

136 Die Richtlinie will zudem eine **effektive Meldeinfrastruktur** für potenzielle Hinweisgeber gewährleisten. Daher werden die Mitgliedstaaten verpflichtet sicherzustellen, dass juristische Personen des privaten Sektors mit 50 oder mehr Arbeitnehmern sowie juristische Personen des öffentlichen Sektors Verfahren für interne Meldungen und daran anschließende Folgemaßnahmen einrichten (Art. 8 WBRL).[315] Diese Verfahren haben gewisse Mindeststandards einzuhalten, welche insbesondere die Wahrung der Vertraulichkeit, die Transparenz des Verfahrens und Rückmeldungen innerhalb angemessener Frist betreffen (Art. 9 WBRL).

137 Die Richtlinie gibt den Mitgliedstaaten auf, **Repressalien und deren Androhung** zu verbieten (Art. 19 WBRL), die erforderlichen Maßnahmen zum Schutz vor gleichwohl angewandten Repressalien zu ergreifen (Art. 21 WBRL) sowie Zugang zu unterstützenden Maßnahmen zu gewähren (Art. 20 WBRL). Unter Repressalien versteht die Richtlinie direkte oder indirekte Handlungen oder Unterlassungen in einem beruflichen Kontext, die durch eine interne oder externe Meldung oder eine Offenlegung ausgelöst werden und durch die dem Hinweisgeber ein ungerechtfertigter Nachteil entsteht oder entstehen kann (Art. 5 Nr. 11 WBRL). Art. 19 WBRL listet einige Beispiele auf, wie etwa Kündigung, Herabstufung oder Versagung einer Beförderung, negative Leistungsbeurteilung, Disziplinarmaßnahmen, Mobbing und Ausgrenzung, Diskriminierung, Rufschädigung, Blacklisting oder psychiatrische oder ärztliche Überweisungen.

138 Die für eine Meldung von Verstößen erforderliche Offenlegung von Informationen gilt grundsätzlich nicht als Verletzung von Verschwiegenheits- und Geheimhaltungspflichten (Art. 21 Abs. 2 WBRL). Auch können weder die Hinweisgeber noch die vom Schutzbereich der Richtlinie erfassten Dritten wegen Verleumdung, Urheberrechtsverletzung, Verstoßes gegen Datenschutzvorschriften oder Offenlegung von Geschäftsgeheimnissen haftbar gemacht werden, sofern sie *„hinreichenden Grund zu der Annahme hatten, dass die Meldung oder Offenlegung notwendig war"*, um den Verstoß aufzudecken (Art. 21 Abs. 7 WBRL). Schließlich müssen die Mitgliedstaaten auch geeignete Abhilfemaßnahmen gegen Repressalien, etwa Unterlassungsansprüche, vorsehen (Art. 21 Abs. 6 WBRL) sowie für die Möglichkeit zur vollständigen Kompensation bereits erlittener Schäden sorgen (Art. 21 Abs. 8 WBRL).

139 Wesentlicher Schutz soll nach der WBRL auch dadurch vermittelt werden, dass die **Vertraulichkeit** der Identität des Hinweisgebers gewahrt bleibt, wenn dieser Hinweise meldet. So müssen nach Art. 9 Abs. 1 lit. a) WBRL die einzurichtenden Meldekanäle so sicher konzipiert, eingerichtet und betrieben werden, dass die Vertraulichkeit der Identität der Hinweisgeber und Dritter, die in der Meldung erwähnt werden, gewahrt bleibt und nicht befugten Mitarbeitern der Zugriff auf diese Kanäle verwehrt wird. Auch externe Meldekanäle sind gemäß Art. 12 Abs. 1 lit. a) WBRL so zu gestalten, dass die Vollständigkeit, Integrität und Vertraulichkeit der Informationen gewährleistet ist.[316]

140 Zum **Schutz der von einer Meldung betroffenen Personen** findet sich in Art. 22 WBRL zudem ein Verweis auf die auch diesen Personen zustehenden Verfahrensgrundrechte (Abs. 1) und auf den Schutz der Identität der von der Meldung betroffenen Person (Abs. 2 und 3).

141 Ferner haben die Mitgliedstaaten wirksame, angemessene und abschreckende **Sanktionen** für natürliche oder juristische Personen festzulegen, die Meldungen behindern oder zu behindern versuchen, Repressalien gegen Hinweisgeber oder geschützte Dritte ergreifen, mutwillige Gerichtsverfahren gegen Hinweisgeber oder geschützte Dritte anstrengen bzw. gegen das Vertraulichkeitsgebot im Rahmen der Meldeverfahren verstoßen (Art. 23 Abs. 1 WBRL).

Die Umsetzung der Richtlinie in das deutsche Arbeitsrecht und deren Auswirkungen auf den Bereich der Compliance bleiben abzuwarten. Die nachfolgenden Ausführungen beziehen sich demgemäß auf den gegenwärtigen Stand rechtlicher Beurteilung.

---

[315] Zu datenschutzrechtlichen Fragestellungen bei Einrichtung eines Hinweisgebersystems: *Altenbach/Dierkes* CCZ 2020, 126 ff.
[316] *Dilling* CCZ 2014, 214 (217 f.).

So ist bei der Ausgestaltung von Whistleblower-Systemen grundsätzlich der **Regelfall der** 142
offenen Anzeige des Arbeitnehmers gegen die Fälle der **anonymen Meldungen** abzugrenzen.[317]

aa) Meldeerwartung und arbeitsvertragliche Regelungen. Regelungen, die lediglich eine 143
unverbindliche Erwartungshaltung des Arbeitgebers zur Meldung von Pflichtverstößen zum
Ausdruck bringen, sind im Allgemeinen unproblematisch.[318]

Weitergehend kann das Whistleblowing-System durch das **Direktionsrecht** gemäß § 106 144
S. 1 GewO, §§ 611a, 315 BGB oder durch **Arbeitsvertrag bzw. Betriebsvereinbarung** nur
eingeführt werden, wenn die Grundrechte des Arbeitnehmers gegenüber dem Interesse des
Arbeitgebers auf Einhaltung von Gesetz und Regelungen im Rahmen der Ermessensausübung hinreichende Berücksichtigung finden.[319]

> **Praxistipp:**
> Regelungen, die eine generelle Anzeigepflicht aller Arbeitnehmer bei jeder Form eines Verstoßes unabhängig von seiner Schwere und den Umständen des Einzelfalles vorsehen, sind zu weitgehend und können jedenfalls per Direktionsrecht nicht eingeführt werden.[320]

bb) Anzeigepflicht und deren Adressaten. Der Arbeitgeber kann den meldeberechtigten 145
Personenkreis festlegen.[321] Dabei ist zu berücksichtigen, dass alle Arbeitnehmer aufgrund
der arbeitsvertraglichen Treuepflicht in schweren Fällen, insbesondere bei **Straftaten**,
die Verpflichtung zur **Anzeige beim Arbeitgeber**, und damit zur Abwehr von Schäden haben, die
beim Arbeitgeber entstehen können.[322] Auch umfassen bestimmte Funktionen im Unternehmen **spezielle interne Meldepflichten**, wie zB in den Bereichen der Revision oder des
Werkschutzes.[323]

Fraglich ist jedoch, inwieweit der Arbeitnehmer berechtigt bzw. sogar verpflichtet ist, ge- 146
setzeswidriges Verhalten seiner Kollegen oder seines Arbeitgebers **Dritten**, wie Behörden
oder der Staatsanwaltschaft, zu melden. Es besteht insoweit ein Konflikt zwischen der **Loyalitäts- und Rücksichtnahmepflicht**[324] des Arbeitnehmers gegenüber seinem Arbeitgeber einerseits sowie seinem Anspruch auf **Wahrnehmung staatsbürgerlicher Rechte und Pflichten**
und dem **Recht auf freie Meinungsäußerung**[325] gemäß Art. 5 GG andererseits.

Das **Anschwärzen des Arbeitgebers** bei Behörden bzw. die **leichtfertige Strafanzeige** gegen 147
den Arbeitgeber oder seinen Vertreter kann grundsätzlich als treuwidriges, das **Vertrauen
beeinträchtigende Verhalten des Arbeitnehmers** gegen die arbeitsvertragliche Rücksichtnahmepflicht verstoßen.[326] Eine Grenze sieht die Rechtsprechung allerdings in der **Wahrnehmung staatsbürgerlicher Aufgaben**. Das Bundesverfassungsgericht hat insoweit festgehalten, dass die Wahrnehmung staatsbürgerlicher Rechte und Pflichten im Strafverfahren
– soweit nicht wissentlich unwahre oder leichtfertig falsche Angaben gemacht werden – aus
rechtsstaatlichen Gründen nicht dazu führen kann, daraus einen Grund für eine fristlose
Kündigung eines Arbeitsverhältnisses abzuleiten.[327]

Eine arbeitsvertragliche Pflichtverletzung liegt hingegen dann vor, wenn sich eine Strafan- 148
zeige gegen den Arbeitgeber oder dessen Repräsentanten als eine **unverhältnismäßige Reak-**

---

[317] Maschmann/*Fritz* S. 111 (114 ff.).
[318] *Mahnhold* NZA 2008, 737 (738) mwN.
[319] Maschmann/*Fritz* S. 111 (115 f.).
[320] Ebenso: Maschmann/*Fritz* S. 111 (116) mwN; *Schuster/Darsow* NZA 2005, 273 (274).
[321] *Scheicht/Loy* DB 2015, 803 (805 f.).
[322] BAG 18.6.1970 – 1 AZR 520/69, NJW 1970, 1861 f. für eine Anzeigepflicht bei vermuteter Unterschlagung; LAG Düsseldorf 12.12.2005 – 10 TaBV 46/05, BeckRS 2006, 40003; vgl. auch *Schulz* BB 2011, 629; *Klasen/Schaefer* BB 2012, 641 (642) mwN.
[323] *Klasen/Schaefer* BB 2012, 641.
[324] BAG 3.7.2003 – 2 AZR 235/02, NZA 2004, 427 (429).
[325] BAG 2.7.2001 – 1 BvR 2049/00, NZA 2001, 888 (889); *Seel* MDR 2012, 9 (10) mwN.
[326] Bereits BAG 2.7.2001 – 1 BvR 2049/00, NJW 1961, 44; vgl. LAG Berlin 28.3.2006 – 7 Sa 1884/05, BeckRS 2009, 68064; *Seel* MDR 2012, 9 (10) mwN.
[327] BVerfG 2.7.2001 – 1 BvR 2049/00, NZA 2001, 888 (889).

tion auf deren Verhalten darstellt.[328] Dabei kann dem Arbeitnehmer die **Beurteilungslast**, ob eine Strafanzeige letztendlich zu einer Anklage und ggf. Verurteilung führen wird, nicht auferlegt werden.[329]

149 Auch die bloße Androhung eines Arbeitnehmers, belastende Geschäftsunterlagen an das Finanzamt oder sonstige Behörden zu geben, kann eine entsprechende Pflichtverletzung darstellen.[330] Gleiches kann gelten, wenn ein Arbeitnehmer unsachliche Kritik über digitale Medien (Facebook, YouTube) verbreitet.[331]

150 In der Regel ist im Hinblick auf die arbeitnehmerseitige Pflicht zur Loyalität und Vertraulichkeit eine **vorherige innerbetriebliche Meldung** und Klärung seitens des Arbeitnehmers vorzunehmen.[332] Ein Recht zur außerbetrieblichen Anzeige durch den Arbeitnehmer besteht somit erst dann, wenn ein innerbetrieblicher Abhilfeversuch erfolglos war oder bei objektiver Betrachtung nicht erwartet werden kann, dass der Arbeitgeber Abhilfe schafft.[333] Eine vorherige innerbetriebliche Meldung ist dem Arbeitnehmer außerdem **unzumutbar**, wenn er Kenntnis von Straftaten erhält, durch deren Nichtanzeige er sich selbst einer Strafverfolgung aussetzen würde.[334] Gleiches gilt bei schwerwiegenden oder vom Arbeitgeber selbst begangenen Straftaten,[335] oder bei Straftaten, für die nach § 138 StGB eine Anzeigepflicht besteht.[336]

> **Praxistipp:**
> Zur Erleichterung der vorherigen innerbetrieblichen Meldung von Straftaten oder Pflichtwidrigkeiten ist die Einrichtung einer innerbetrieblichen unabhängigen Beschwerdestelle als Bestandteil eines Compliance-Systems von besonderer Bedeutung.[337]

151 Dem Arbeitnehmer, der sich unmittelbar an eine zuständige Behörde wendet, kann nicht entgegengehalten werden, dass ihn bestimmte Vorgänge aufgrund seiner Stellung im Unternehmen nichts angehen. Denn das staatsbürgerliche Recht zur Erstattung von Strafanzeigen besteht **unabhängig von der beruflichen oder sonstigen Stellung und ihrer sozialen Bewertung** durch den Arbeitgeber oder Dritte.[338]

152 Arbeitsvertragliche Pflichtverstöße, welche im **Kollegenkreis** kundgetan und anschließend an den Arbeitgeber weitergetragen werden, können unter Umständen eine darauf beruhende außerordentliche Kündigung nicht rechtfertigen, da der Arbeitnehmer regelmäßig darauf vertrauen darf, dass seine Äußerungen nicht nach außen getragen werden und der Betriebsfrieden nicht gestört bzw. das Vertrauensverhältnis dadurch nicht zerstört wird.[339] Bei Äußerungen über strafrechtlich relevantes Verhalten kann der Arbeitnehmer jedoch nicht damit rechnen, dass entsprechende Inhalte vertraulich bleiben.

---

[328] BAG 27.9.2012 – 2 AZR 646/11, NJOZ 2013, 1064 (1068); 3.7.2003 – 2 AZR 235/02, NZA 2004, 427 (429).
[329] EGMR 21.7.2011 – 28274/08, BeckRS 2011, 21659 Rn. 80.
[330] LAG Rheinland-Pfalz 15.5.2014 – 5 Sa 60/14, BeckRS 2014, 70644.
[331] BAG 31.7.2014 – 2 AZR 505/13, DB 2015, 382.
[332] BAG 3.7.2003 – 2 AZR 235/02, NZA 2004, 427 (430); 7.12.2006 – 2 AZR 400/05, NZA 2007, 502; 15.12.2016 – 2 AZR 42/16, NZA 2017, 703; EGMR 21.7.2011 – 28274/08, BeckRS 2011, 21659 Rn. 65 – Heinisch; zustimmend Maschmann/*Fritz* 111 (117) mwN; *Wiebauer* NZA 2015, 22 mwN; *Scheicht/Loy* DB 2015, 803 (804).
[333] Maschmann/*Fritz* S. 111, 117; nunmehr auch Art. 7 WBRL.
[334] BAG 3.7.2003 – 2 AZR 235/02, NZA 2004, 427 (430); vgl. auch EGMR 21.7.2011 – 28274/08, BeckRS 2011, 21659 Rn. 73 – Heinisch; zum Sonderfall der ohne vorherige Einbindung des Arbeitgebers vorgesehenen Selbstanzeige eines Arbeitnehmers und einer damit zusammenhängenden Kronzeugenregelung: *Dann* CCZ 2010, 30 (33); vgl. dazu Art. 15 WBRL.
[335] BAG 3.7.2003 – 2 AZR 235/02, NZA 2004, 427 (430).
[336] *Seel* MDR 2012, 9 (10).
[337] Ebenso: *Seel* MDR 2012, 9 (12).
[338] BAG 7.12.2006 – 2 AZR 400/05, NZA 2007, 502.
[339] BAG 10.10.2002 – 2 AZR 418/01, NZA 2003, 1295.

cc) *Whistleblowing-Hotlines.* Die Einführung einer „Whistleblowing-Hotline" ist **grund-** 153
sätzlich zulässig.[340] Die Meldepflicht des Arbeitnehmers für Pflichtverletzungen mit betrieblichem Bezug kann auch über eine entsprechende Hotline erfüllt werden. Eine Beschränkung des Anwendungsbereiches derartiger Hotlines, zB auf das Rechnungs-, Finanz- und Bankwesen, ist rechtlich nicht erforderlich.[341]

dd) *Anzeigeannehmende Stellen.* Für den Arbeitnehmer naheliegend ist die **Anzeige an den** 154
Betriebsrat oder die Personalvertretung. Das in den §§ 84 ff. BetrVG geregelte **Beschwerdeverfahren** ist jedoch für die Zielsetzung von Whistleblowing ungeeignet, da ein einzelner Arbeitnehmer darüber nicht die Benachteiligung anderer Arbeitskollegen oder allgemeine Missstände im Betrieb rügen kann, sofern er sich dadurch nicht persönlich beeinträchtigt fühlt.[342] Vorgeschlagen wird insoweit auch, dass sich der Arbeitnehmer direkt an den Betriebsrat wendet und diesem eine „**Anregung**" iSv § 80 Abs. 1 Ziff. 3 BetrVG gibt oder diesem die Beschwerde als Thema zur **Beratung** gemäß § 86a S. 2 BetrVG vorschlägt. Aber auch diese Wege werden der Motivationslage des Hinweisgebers (Whistleblowers) nicht gerecht, zumal ein kollektiver Bezug bei der konkreten Beschwerde eher zufällig sein wird.[343]

Auch die kraft Gesetzes oder behördlicher Anweisung im Unternehmen einzusetzenden 155
Beauftragten, wie zB der betriebliche Datenschutzbeauftragte (Art. 37 DS-GVO und § 38 BDSG), der Geldwäschebeauftragte (§ 7 GwG), die Fachkräfte für Arbeitssicherheit (§ 5 ASiG), der Sicherheitsbeauftragte (§ 22 SGB VII), der Brandschutzbeauftragte, der Giftbeauftragte, der Abfallbeauftragte (§ 58 Abs. 2 S. 1 BImSchG), der Strahlenschutzbeauftragte (§ 43 StrahlenschutzVO), der Gefahrgutbeauftragte (§ 3 GbV) oder die Frauenbeauftragte mögen zwar im Einzelfall für Beschwerden bzw. Anzeigen zuständig sein, sie können aber nur bedingt sachgerecht eine Whistleblowing-Meldung wegen eines weitergehenden Missstandes betreuen.

Allerdings stellt sich in diesem Zusammenhang die Frage, ob nicht auch der Betriebsrat, der 156
Sicherheitsbeauftragte oder der Betriebsarzt bei Kenntniserlangung von Missständen etwa im Bereich des Arbeitsschutzes ihrerseits zu Whistleblowern durch Weitergabe erlangter Informationen werden können. Auch für diese Personengruppen muss im Sinne einer vertrauensvollen Zusammenarbeit (§ 2 Abs. 1 BetrVG) bzw. der gesetzlichen Unterstützungspflicht (§ 1 Abs. 1 S. 2 iVm § 3 Abs. 1 S. 1 bzw. § 6 Abs. 1 S. 1 ASiG) gelten, dass der Arbeitgeber ein berechtigtes Interesse an einem innerbetrieblichen Abhilfeversuch hat, bevor Arbeitsschutzverstöße der Aufsichtsbehörde oder sonstigen externen Stellen gemeldet werden.[344]

Es bleibt daher für die Unternehmen vornehmlich der Ausweg, einen **Compliance-** 157
Beauftragten als Funktionsträger zum Schutz bestimmter Allgemeinbelange des Unternehmens einzusetzen.[345] Schließlich kommt die Einrichtung der Stelle als **Ombudsmann** als interne oder extern besetzte Stelle in Betracht.[346] Externe Ombudsmann-Stellen werden häufig von Rechtsanwälten besetzt, deren berufliche Verschwiegenheitspflicht nach § 43a Abs. 2 BRAO, strafbewehrt gemäß § 203 Abs. 1 Ziff. 3 StGB, zu einer gesteigerten Autorität und Akzeptanz führen kann.[347]

ee) *Anonyme Meldungen.* Die Ausgestaltung von Whistleblower-Systemen in Form **ano-** 158
nym nutzbarer Whistleblowing-Hotlines oder Internetportale nimmt zu.[348] In transnational tätigen Unternehmen mit Bezug zu den USA entzündet sich die Diskussion insbesondere zu der Frage, ob ein **Whistleblowing-System anonyme Anzeigen fördern** oder **zumindest er-**

---

[340] BAG 22.7.2008 – 1 ABR 40/07, NZA 2008, 1248 ff. – Honeywell; zukünftig Pflicht zur Einrichtung interner Meldekanäle nach Art. 8 WBRL.
[341] LAG Düsseldorf 14.11.2005 – 10 TaBV 46/05, NZA-RR 2006, 81 – Wal-Mart.
[342] BAG 22.11.2005 – 1 ABR 50/04, NZA 2006, 803 (805); aA *Klasen/Schaefer* BB 2012, 641 (642) mit dem Vorschlag, das als zuständige Stelle im Rahmen des § 84 Abs. 1 BetrVG das Hinweisgebersystem definiert werden könne.
[343] Maschmann/*Fritz* S. 111, 124 f.
[344] Vgl. *Wiebauer* NZA 2015, 22 (25 f.).
[345] Maschmann/*Fritz* S. 111 (127 ff.) und die nachfolgenden Ausführungen unter → Rn. 281 ff.
[346] *Scheicht/Loy* DB 2015, 803 (805).
[347] Maschmann/*Fritz* S. 111, 129 ff. mwN.
[348] Instruktiv die Ausführungen bei Maschmann/*Fritz* S. 111 (119 f.).

möglichen darf, wie dies in Sec. 301 SOX[349] vorgesehen ist.[350] Deutlich feststellbar sind die Bemühungen, eine „Unkultur" anonymer böswilliger Meldungen zu vermeiden.[351] In diesem Zusammenhang ergeben sich vornehmlich datenschutzrechtliche Fragestellungen.[352] Richtigerweise wird man diese Frage aber auch im Rahmen der **Interessenabwägung** im Falle einer sich aus einer anonymen Anzeige ergebenden Sanktion berücksichtigen müssen. Als pragmatische Lösung wurde von der – zwischenzeitlich durch den Europäische Datenschutzausschuss (EDSA) abgelösten – Artikel 29-Datenschutzgruppe insoweit empfohlen, jedwede Förderung anonymer Anzeigen zu verbieten, die Weiterverarbeitung gleichwohl anonymer Anzeigen bei Beachtung gebotener Vorsicht aber zuzulassen.[353] Auch wird vorgeschlagen, die zuständige Stelle zur Vertraulichkeit hinsichtlich der Identität des Hinweisgebers zu verpflichten und damit einen Ausgleich der betroffenen Interessen von Hinweisgeber, angezeigtem Arbeitnehmer und dem Arbeitgeber zu schaffen.[354]

159 *ff) Schutz des Whistleblowers.* Im Rahmen der Umsetzung der WBRL wird der deutsche Gesetzgeber einen den Richtlinienvorgaben entsprechenden Schutz für Hinweisgeber vorsehen müssen. Insbesondere die Identität des Hinweisgebers und die Vertraulichkeit der Hinweise muss uneingeschränkt geschützt werden.[355]

160 Nach gegenwärtiger Rechtslage und wie bereits ausgeführt, sind im Falle der **verhaltensbedingten Kündigung** und auch im Falle der **Abmahnung** die gegenüberstehenden Interessen des Arbeitgebers und des Arbeitnehmers abzuwägen, wobei eine Kündigung bislang nicht für gerechtfertigt angesehen wurde, wenn an der Anzeige des Fehlverhaltens ein öffentliches Interesse besteht, oder wenn der anzeigende Arbeitnehmer mit seinem Verhalten eine von der Rechtsordnung aufgestellte Pflicht erfüllt.[356]

161 Wird im Rahmen von Whistleblowing-Systemen eine **Meldepflicht eingeführt,** nimmt der Arbeitgeber eine **Modifikation der Treue- und Verschwiegenheitspflicht** dahingehend vor, dass die Nutzung dieses Meldesystems eine Ausnahme dieses Pflichtenkreises darstellt. Eine Kündigung oder eine Abmahnung nach erlaubter und vorgegebener Nutzung des Whistleblowing-Systems würde ein widersprüchliches Verhalten iSv § 242 BGB darstellen und dem Grundsatz des *„venire contra factum proprium"* zuwiderlaufen.[357]

162 Eine für den Arbeitnehmer **nachteilige Versetzung** in Folge eines Whistleblower-Hinweises ist ebenfalls an diesen Anforderungen zu messen.[358]

> **Praxistipp:**
> Es empfiehlt sich, in das Whistleblowing-System deutliche Hinweise auf mögliche Folgen (Abmahnung, Kündigung) des Systemmissbrauchs aufzunehmen, insbesondere im Falle von wissentlich falschen Angaben.[359]

163 c) **Beteiligung des Betriebsrates und des Wirtschaftsausschusses.** Zunächst ist grundsätzlich festzuhalten, dass dem Betriebsrat[360] ein allgemeines Mitbestimmungsrecht zum **Ob**

---

[349] Sarbanes-Oxley-Act of 2002, Pub. L. No 107–204.
[350] *Schmolke* RIW 2012, 224 (229).
[351] Vgl. Maschmann/*Fritz* S. 111 (119).
[352] Vgl. die Ausführungen unter → Rn. 250 ff.; Maschmann/*Fritz* S. 111 (119 ff.).
[353] Stellungnahme der Artikel 29-Datenschutzgruppe vom 1.2.2006, 00195/06/DE, WP 117, 11 f., abrufbar unter https://www.bfdi.bund.de/SharedDocs/Publikationen/DokumenteArt29Gruppe_EDSA/Stellungnahmen/WP117_Opinion12006InternationalWhistleblowing.html (letzter Abruf 21.9.2020); dazu *Schmolke* RIW 2012, 224 (231) mwN; ebenso *Mahnhold* NZA 2008, 737 (743).
[354] *Scheicht/Loy* DB 2015, 803 (806) mwN.
[355] *Dilling* CCZ 2019, 214 (224).
[356] BVerfG 2.7.2001 – 1 BvR 2049/00, NZA 2001, 888; BAG 3.7.2003 – 2 AZR 235/02, NZA 2004, 427; LAG Köln 23.2.1996 – 11 (13) Sa 976/95, BB 1996, 2411; Maschmann/*Fritz* S. 111 (136 ff.) mwN.
[357] Maschmann/*Fritz* S. 111 (136 f.); *Wisskirchen/Körber/Bissels* BB 2006, 1568 (1571).
[358] Maschmann/*Fritz* S. 111 (137).
[359] *Scheicht/Loy* DB 2015, 803 (806).
[360] Soweit hier vom Betriebsrat gesprochen wird, bezieht sich dies auf das jeweils zuständige Betriebsverfassungsorgan, also entweder auf den Einzel- oder den Gesamt- bzw. den Konzernbetriebsrat.

und zu der Art interner Ermittlungen nicht zukommt.[361] Zu einzelnen Aspekten einer internen Ermittlungsaktion können jedoch Mitbestimmungsrechte bestehen.[362] So hat das LAG Schleswig-Holstein[363] ein zwingendes Mitbestimmungsecht des Betriebsrates bei der Einführung eines verpflichtenden Meldeweges in Bezug auf mögliche Datenpannen bejaht, den insoweit werde die Ordnung im Betrieb iSv § 87 Abs. 1 Nr. 1 BetrVG geregelt.[364] Nicht nur unter diesem Gesichtspunkt, sondern auch unter strategischen Gesichtspunkten macht die **frühzeitige und umfassende Einbindung** des Betriebsrates Sinn: Negativschlagzeilen können vermieden und die Akzeptanz der Ermittlungsmaßnahmen bei der Belegschaft erheblich gesteigert werden; auch kann der Betriebsrat selbst eine maßgebliche Informationsquelle sein.[365]

Bei Verdachtssituationen, die für das Unternehmen bestandsgefährdende Folgen haben können, muss gegebenenfalls zunächst der **Wirtschaftsausschuss** gemäß § 106 Abs. 2 BetrVG unterrichtet werden. Dies gilt auch dann, wenn bereits das Bekanntwerden einer Ermittlung oder der Gegenstand der internen Untersuchung den Bestand des Unternehmens gefährden kann.[366]

Praxistipp:
Vor der Unterrichtung des Wirtschaftsausschusses ist zu prüfen, ob nicht durch die Weitergabe der Informationen Betriebs- oder Geschäftsgeheimnisse des Unternehmens iSv § 106 Abs. 2 BetrVG gefährdet werden, so dass eine Unterrichtung des Wirtschaftsausschusses vor Aufnahme interner Ermittlungen entbehrlich werden kann.

aa) *Allgemeine Informationspflicht nach § 80 BetrVG.* Zunächst besteht eine **allgemeine Informationspflicht über die Ermittlungsmaßnahmen** nach § 80 Abs. 2 BetrVG, sofern ein Mitbestimmungsrecht nicht offensichtlich ausgeschlossen ist.[367] So ist der Betriebsrat über interne Ermittlungen im Allgemeinen, aber auch über die einzelnen Maßnahmen vorab und nach deren Durchführung zu unterrichten.[368] Der Arbeitgeber kann eine Auskunft im Rahmen des § 80 Abs. 2 BetrVG allerdings dann verweigern, wenn nicht gewährleistet werden kann, dass die Daten angemessen gesichert sind, mithin der Betriebsrat zur Wahrung der Interessen der betroffenen Arbeitnehmer keine angemessenen und spezifischen Schutzmaßnahmen getroffen hat.[369]

Praxistipp:
Folgende Informationen benötigt der Betriebsrat im Falle interner Ermittlungen, um prüfen zu können, ob ein Mitbestimmungsrecht besteht:
(1) Information darüber, dass eine Befragung stattfinden wird;
(2) Information über die betroffenen Standorte;
(3) Information über den Gegenstand der Befragung;
(4) Information über die Art und Weise der Befragung;
(5) Information über den Umfang der Befragung, also wie viele Arbeitnehmer von der Befragung betroffen sein werden.[370]

---

[361] *Zimmer/Heymann* BB 2010, 1853; *Rasche* öAT 2016, 7 ff.
[362] *Rasche* öAT 2016, 7 (8 f.).
[363] LAG Schleswig-Holstein 6.8.2019 – 2 TaBV 9/19, NZA-RR 2019, 647 mAnm *Böhm/Brams* NZA-RR 2019, 651.
[364] *Böhm/Brams* NZA-RR 2020, 449 (453) mwN.
[365] Vgl. *Wybitul/Böhm* RdA 2011, 362.
[366] *Wybitul/Böhm* RdA 2011, 362 (363).
[367] *Fitting* § 80 Rn. 51.
[368] *Zimmer/Heymann* BB 2010, 1853 (1855) mwN.
[369] BAG 9.4.2019 – 1 ABR 51/17, NZA 2019, 1218.
[370] *Wybitul/Böhm* RdA 2011, 362 (364).

166 Auch ergeben sich Beteiligungsrechte nach § 80 Abs. 1 Nr. 1 BetrVG zur Sicherstellung der Beachtung von geltenden Gesetzen, so zB der DS-GVO und des BDSG.

167 Entsprechende Rechte werden im Wesentlichen auch dem **Sprecherausschuss** zustehen, § 25 Abs. 2 SprAuG.

168 *bb) Mitbestimmung nach § 87 Abs. 1 Nr. 1 BetrVG.* In einem ersten Schritt ist festzustellen, ob die Ermittlungsmaßnahme kollektiven Charakter aufweist. Kollektiv ist eine Regelung nur dann, wenn zumindest mittelbar eine Vielzahl von Arbeitnehmern im Betrieb materiell betroffen ist.[371] Werden hingegen nur **einzelne Arbeitnehmer gezielt angesprochen** und persönlich zur Auskunft aufgefordert, fehlt es in der Regel an dem erforderlichen kollektiven Bezug und damit an einem Mitbestimmungsrecht des Betriebsrates.[372]

169 Auch der **Einsatz interner Ermittler** als solcher löst ein Mitbestimmungsrecht nach § 87 Abs. 1 Nr. 1 BetrVG nicht per se aus, ebenso wenig wie beim Einsatz von Privatdetektiven, da kein Verhalten der Arbeitnehmer geregelt wird.[373]

170 Sofern die Ermittlungsmaßnahme einen kollektiven Bezug aufweist, kommt es für eine **Mitbestimmung nach § 87 Abs. 1 Nr. 1 BetrVG** darauf an, ob die Aufforderung zur Teilnahme an der Ermittlung das **Ordnungsverhalten oder das Arbeitsverhalten im Betrieb** betrifft. Nicht mitbestimmungspflichtig sind somit die Auswertung dienstlicher Unterlagen von Arbeitnehmern oder die Anweisung zur **Herausgabe von dienstlichen Akten** im Rahmen einer Untersuchung (Arbeitsverhalten). Auch besteht bei der **Befragung von Arbeitnehmern** kein Mitbestimmungsrecht nach § 87 Abs. 1 Nr. 1 BetrVG, soweit sich das Auskunftsverlangen auf die Arbeitspflichten oder den Stand der eigenen Arbeitsaufgabe bezieht.[374] Das Gleiche gilt für die **Meldepflicht im Rahmen der Treue- und Schadensabwehrpflicht,** da insoweit wiederum der mitbestimmungsfreie Bereich der Modalitäten der Arbeitsleistung betroffen ist.[375]

171 Im Falle der **Durchsuchung von (privaten) Dokumenten,** insbes. E-Mails, kann das Ordnungsverhalten im Betrieb hingegen betroffen und diese Maßnahme nach § 87 Abs. 1 Nr. 1 BetrVG mitbestimmungspflichtig sein. Auch die **Art der Durchführung der Ermittlungen** kann ein Mitbestimmungsrecht nach § 87 Abs. 1 Nr. 1 BetrVG auslösen.[376] Es kommt insoweit darauf an, ob der Arbeitgeber den Ablauf einer mündlichen oder schriftlichen Befragung genau vorgibt.[377]

172 *cc) Mitbestimmung nach § 94 BetrVG.* Schließlich kann sich bei dem **Einsatz von Fragebögen ein Mitbestimmungsrecht** nach § 94 Abs. 1 BetrVG ergeben. Gegenstand der Mitbestimmung kann dabei allein die Ausgestaltung der Befragung sein. Um einen mitbestimmungspflichtigen Personalfragebogen handelt es sich nur, wenn und soweit Informationen über persönliche Verhältnisse, Kenntnisse und Fertigkeiten kollektiv in gleicher Weise erhoben werden.[378] Ob eine Befragung stattfinden und was inhaltlich untersucht werden soll, bleibt hingegen als **unternehmerische Entscheidung des Arbeitgebers** mitbestimmungsfrei.[379] Ein Mitbestimmungsrecht besteht auch dann nicht, wenn ein externer Dritter die Befragung durchführt und die Ergebnisse nur anonymisiert und nicht in individualisierbarer Form an den Arbeitgeber weitergibt.[380]

---

[371] Fitting § 87 Rn. 16.
[372] Wybitul/Böhm RdA 2011, 362 (364) mwN.
[373] Wybitul/Böhm RdA 2011, 362 (364) mwN.
[374] ArbG Berlin 3.4.1974 – 10 BV 2/74, DB 1974, 1167; Mengel/Ullrich NZA 2006, 240 (244); Wybitul/Böhm RdA 2011, 362 (364) mwN; Zimmer/Heymann BB 2010, 1853 (1854).
[375] LAG Düsseldorf 12.12.2005 – 10 TaBV 46705, BeckRS 2006, 40003; Klasen/Schaefer BB 2012, 641 (642).
[376] Wybitul/Böhm RdA 2011, 362 (365).
[377] BAG 8.11.1994 – 1 ABR 22/94, AP BetrVG 1972 § 87 Ordnung des Betriebes Nr. 24.
[378] BAG 2.12.1999 – 2 AZR 724/98, AP BPersVG § 79 Nr. 16; Rasche öAT 2016, 7 (9) mwN.
[379] Wybitul/Böhm RdA 2011, 362 (365).
[380] LAG Hamm 11.2.1999 – 5 TaBV 29/98, juris; Zimmer/Heymann BB 2010, 1853 (1854).

> **Praxistipp:**
> Der Arbeitgeber sollte dem Betriebsrat den Fragebogen vor dessen Einsatz rechtzeitig zur Verfügung stellen, um den Untersuchungserfolg nicht zu gefährden. Auf die besondere Vertraulichkeit sollte der Betriebsrat in diesem Zusammenhang hingewiesen werden.[381]

dd) *Mitbestimmung nach § 87 Abs. 1 Nr. 6 BetrVG.* Wenn für die Auswertung der Ermittlungsergebnisse eine Datenbank eingerichtet oder spezielle Software bzw. sonstige technische bzw. EDV-gestützte Helfer genutzt werden, kommt ein **Mitbestimmungsrecht nach § 87 Abs. 1 Nr. 6 BetrVG** in Betracht.[382] In der Praxis werden insbesondere sog. „Massenscreenings" oder die Auswertung mittels Suchmaschinen eingesetzt, die ebenfalls mitbestimmungspflichtig sind. Dies gilt auch dann, wenn technische Einrichtungen zur Beschleunigung der Auswertung der Dokumente eingesetzt werden.[383] Werden hingegen Externe, zB vom Arbeitgeber beauftragte Anwälte, mit der Prüfung und Auswertung der Unterlagen beauftragt, greift ein Mitbestimmungsrecht des Betriebsrates selbst dann nicht ein, wenn diese wiederum technische Einrichtungen dafür verwenden.[384] 173

Schließlich steht dem Betriebsrat ein Mitbestimmungsrecht nicht zu, wenn **polizeiliche Anordnungen** bei Ermittlungen im Betrieb weitergegeben werden. 174

> **Praxistipp:**
> Eine effektive Möglichkeit, interne Ermittlungen bereits im Vorfeld im Hinblick auf die Mitbestimmungsrechte des Betriebsrates zu erleichtern, besteht in dem Abschluss einer entsprechenden (Rahmen)Betriebsvereinbarung.[385]

ee) *Rechtsfolgen der Missachtung von Beteiligungsrechten des Betriebsrates.* Abgesehen von betriebsinternen Spannungen, die durch die Missachtung der Beteiligungsrechte des Betriebsrates insbesondere in einer Krisensituation entstehen werden, muss aufgrund dessen mit ungewollten Verzögerungen der Ermittlungen seitens des Arbeitgebers gerechnet werden. So kann der Betriebsrat bspw. die Durchführung oder Fortsetzung mitbestimmungspflichtiger Maßnahmen per Einstweiliger Verfügung arbeitsgerichtlich untersagen lassen.[386] 175

Mitbestimmungswidrig erlassene Anordnungen sind grundsätzlich **unwirksam** und müssen daher von den Arbeitnehmern nicht befolgt werden.[387] Dem Betriebsrat steht bei mitbestimmungswidrig durchgeführten Ermittlungsmaßnahmen ein **Unterlassungsanspruch** nach § 2 Abs. 1 iVm §§ 87 Abs. 1 Nr. 1, 6 oder 94 Abs. 1 BetrVG zu. Bei groben Verstößen kommt ein **Zwangsverfahren** nach § 23 Abs. 3 BetrVG in Betracht. Evtl. kann der Betriebsrat sogar die **Vernichtung der Ermittlungsergebnisse** verlangen, die mitbestimmungswidrig erlangt wurden.[388] 176

Ein **Auskunftsanspruch** des Betriebsrates bleibt auch dann bestehen, wenn der Arbeitgeber die Ermittlungen unter Verletzung der Mitbestimmungsrechte des Betriebsrates bereits durchgeführt und damit vollendete Tatsachen geschaffen hat.[389] 177

Aus strafrechtlicher Sicht sollen die durch Missachtung der Mitbestimmungsrechte des Betriebsrates erlangten Informationen in einem **Strafverfahren verwertbar** sein.[390] 178

---

[381] *Wybitul/Böhm* RdA 2011, 362 (365).
[382] *Stück* ArbRAktuell 2015, 337 (339).
[383] *Wybitul/Böhm* RdA 2011, 362 (366).
[384] *Wybitul/Böhm* RdA 2011, 362 (365).
[385] *Wybitul/Böhm* RdA 2011, 362 (366); insoweit aus praktischen Gründen zurückhaltend: *Wisskirchen/Glaser* DB 2011, 1392 (1393).
[386] *Wybitul/Böhm* RdA 2011, 362 (363) mwN.
[387] BAG 19.8.2008 – 3 AZR 194/07, NZA 2009, 196 (200).
[388] *Wybitul/Böhm* RdA 2011, 362 (363) mwN.
[389] *Wybitul/Böhm* RdA 2011, 362 (363) mwN.
[390] *Klengel/Mückenberger* CCZ 2009, 81 (82) mwN; ebenso im Ergebnis *Momsen/Grützner* DB 2011, 1792 (1793).

4. Einsatz von Privatdetektiven

179 Beauftragt ein Arbeitgeber eine Detektei mit der Durchführung einer Ermittlung oder Observierung, kommt ein Dienstvertrag zustande.³⁹¹ Der Arbeitgeber kann im Rahmen des Dienstvertrages gegenüber den Detektiven sein Weisungsrecht ausüben. Insbesondere kann der Arbeitgeber – anders als bei der Durchführung von Ermittlungen durch die Strafverfolgungsbehörden – den Ermittlungsauftrag jederzeit beenden, etwa wenn er fürchtet, dass sich weitere Ermittlungen nachteilig auswirken könnten. Durch die Einschaltung eines Detektivs kann also der Wunsch nach Diskretion besser verwirklicht werden, als dies bei Ermittlungen durch die staatlichen Verfolgungsbehörden der Fall ist.

> **Praxistipp:**
> In Hinblick auf die sehr unterschiedliche Qualität der Detekteien ist der Arbeitgeber gut beraten, wenn er zunächst den Gegenstand der Ermittlungen präzise umschreibt. Sodann sollte der Arbeitgeber die Anfertigung sogenannter Zwischenberichte vereinbaren, durch die er sich jederzeit Kenntnis über den Stand der Ermittlungen verschaffen kann. In Abstimmung mit seinem Anwalt kann der Arbeitgeber auf diese Weise klären, ob der vom Detektiv ermittelte Sachverhalt als Kündigungsgrund „an sich" ausreicht.³⁹²

180 Im Vordergrund der Ermittlungstätigkeiten stehen **Personenbefragungen,** die sowohl offen und unter Bekanntgabe der Identität des Privatdetektivs, als auch verdeckt vorgenommen werden.³⁹³ So kann sowohl der Verdächtige selbst wie auch seine Angehörigen, Nachbarn oder Kollegen befragt werden. Darüber hinaus führen Detektive auch **Observationen** unter Einsatz technischer Hilfsmittel, wie zB Foto- und Videokameras durch.³⁹⁴ Im innerbetrieblichen Bereich werden die Ermittlungen meist als sogenannte **verdeckte Ermittlungen** geführt.³⁹⁵

181 In der Rechtsprechung finden sich keine **grundsätzlichen Aussagen** zur Zulässigkeit von Ermittlungen durch Detektive.³⁹⁶ Das BAG hat keine Vorbehalte gegen den Einsatz von Privatdetektiven im Bereich der Arbeitswelt,³⁹⁷ fordert jedoch für den Einsatz eines Privatdetektivs einen Verdacht, der auf konkreten Tatsachen beruht.³⁹⁸ In der Literatur wird die Zulässigkeit des Detektiveinsatzes unterschiedlich beurteilt.³⁹⁹

182 Allerdings bedeutet auch der Einsatz eines Privatdetektivs zwecks Überführung verdächtiger Arbeitnehmer einen **Eingriff in das allgemeine Persönlichkeitsrecht** des Arbeitnehmers. Es bedarf somit eines bereits erwähnten konkreten Verdachts einer gegen den Arbeitgeber gerichteten schwerwiegenden Pflichtverletzung des Arbeitnehmers oder einer Straftat.⁴⁰⁰ Der Einsatz muss verhältnismäßig sein und ist auf das unbedingt Erforderliche zu beschränken; unzulässig ist das nachhaltige Ausspähen der Privatsphäre des Arbeitnehmers.⁴⁰¹ Aus einer rechtswidri-

---

³⁹¹ BGH 22.5.1990 – IX ZR 208/89, NJW 1990, 2549.
³⁹² Vgl. *Lingemann/Göpfert* DB 1997, 374 (377).
³⁹³ *Peilert,* Das Recht des Auskunftei- und Detektivgewerbes, S. 156.
³⁹⁴ *Peilert* S. 158; vgl. zur Abgrenzung einer offenen Fotodokumentation betrieblicher Veranstaltungen *Faulhaber/Scheurer* JM 2019, 2.
³⁹⁵ *Eisenkolb/Müller-Dalhoff,* Tatort Betrieb, S. 187.
³⁹⁶ BAG 26.3.1991 – 1 ABR 26/90, BB 1991, 1566; 23.4.2009 – 6 AZR 189/08, NZA 2009, 974.
³⁹⁷ BAG 17.9.1998 – 8 AZR 5–97, NJW 1999, 308.
³⁹⁸ BAG 19.2.2015 – 8 AZR 1007/13, MDR 2015, 1245 mit der Besonderheit des Sachverhalts, dass der Privatdetektiv wegen vorgetäuschter Arbeitsunfähigkeit eingesetzt war und Bilder von der observierten Person anfertigte.
³⁹⁹ *Bopp/Molkenbur* BB 1995, 514 (515); *Gola* BB 1995, 2318 (2323); *Becker* DB 1983, 1253 (1257); *Maschmann* AuA 2000, 519 (522). *Frölich* NZA 1996, 464 (466); *Edenfeld* DB 1997, 2273 (2279); *Lingemann/Göpfert* DB 1997, 374 (375).
⁴⁰⁰ BAG 29.6.2017 – 2 AZR 597/16; NZA 2017, 1179 ff.; ArbG Köln 15.7.1998 – 9 Ca 4425/97, BeckRS 1998, 30883653; hingegen zu Schaltertests durch Drittunternehmen: BAG 18.4.2000 – 1 ABR 22/99, NZA 2000, 1176 ff.; 19.2.2015 – 8 AZR 1007/13, MDR 2015, 1245 ff.
⁴⁰¹ BAG 27.5.2020 – 5 AZR 387/19, AP BGB § 615 Nr. 158, Rn. 42; Maschmann/*Maschmann* S. 167; *Freckmann/Wahl* BB 2008, 1904 (1907).

gen Überwachung durch einen Privatdetektiv kann sich ein Schadensersatzanspruch des Arbeitnehmers aufgrund dann vorliegender Verletzung des Persönlichkeitsrechts ergeben.[402]

Zur **Kostenerstattung für den Einsatz von Privatdetektiven** kann hingegen auf die gefestigte Rechtsprechung zurückgegriffen werden: Der Arbeitgeber hat dem Arbeitnehmer die durch das Tätigwerden eines Detektivs entstandenen **notwendigen Kosten** zu ersetzen, wenn der Arbeitgeber anlässlich eines konkreten Tatverdachts einem Detektiv zur Überwachung des Arbeitnehmers einsetzt und dieser mit einer vorsätzlichen Vertragspflichtverletzung überführt wird. Dies gilt, sofern die in Rechnung gestellten Beträge für solche Maßnahmen entstanden sind, die von einer vernünftigen, wirtschaftlich denkenden Person nach den Umständen des Einzelfalles als erforderlich ergriffen worden wären.[403] Weitergehende Voraussetzung ist, dass die Ergebnisse des Überwachungseinsatzes als Beweismittel im Rechtsstreit verwertet werden dürfen.[404] Streitig ist, ob der Anspruch als Hauptforderung in der Klage geltend zu machen ist, oder die Geltendmachung im Kostenfestsetzungsverfahren zu erfolgen hat.[405]

Detektiveinsätze sind in der Regel nach § 87 BetrVG **mitbestimmungspflichtig**, jedenfalls solange dabei nicht technische Einrichtungen iSv § 87 Abs. 1 Nr. 6 BetrVG verwandt werden.[406] Werden hingegen Privatdetektive in den Betrieb eingeschleust, um Arbeitnehmer längerfristig zu überwachen, wird das Beteiligungsrecht nach § 99 BetrVG ausgelöst.[407] Eine **mitbestimmungspflichtige Eingliederung** iSv § 99 BetrVG ist auch dann gegeben, wenn die Eingliederung von Detektiven im Wesentlichen der Überwachung einzelner Arbeitnehmer dient.[408]

5. Videoüberwachung

Die Videoüberwachung erfolgt in aller Regel mit Hilfe von Spezialkameras, die unter einem erheblichen technischen und zeitlichen Aufwand installiert werden müssen.[409] Auch wenn die Videoüberwachung eine kostspielige Form der Mitarbeiterüberwachung darstellt, wird sie dennoch häufig als die einzig effektive Überwachungsmethode angesehen. Dies gilt insbesondere dann, wenn keine personenbezogenen Verdachtsmomente vorliegen, sondern sich solche nur aus den betriebswirtschaftlichen Daten, wie zB aus erheblichen Inventurdifferenzen, ergeben.

Die – offene – Überwachung per Videoaufzeichnung eröffnet eine **dauerhafte Kontrollmöglichkeit**. Der dadurch auf dem Arbeitnehmer lastende Überwachungsdruck und das Gefühl dauerhafter, unausweichlicher Beobachtung stellt grundsätzlich einen erheblichen Eingriff in das Persönlichkeitsrecht des Arbeitnehmers dar,[410] welches insbesondere auch das **Recht am eigenen Bild**[411] umfasst. Die **heimliche Videoüberwachung** unterliegt engen Grenzen und ist nur in Ausnahmefällen zulässig.

Zu unterscheiden ist, ob die Videoüberwachung in **öffentlich zugänglichen Räumen** erfolgt oder in **Privat- oder Diensträumen**, zu denen die Öffentlichkeit keinen Zutritt hat.[412]

---

[402] LAG Rheinland-Pfalz 27.4.2017 – 5 Sa 449/16, BeckRS 2017, 113813; *Stück* ArbRAktuell 2017, 367; ebenso bei Einbeziehung von Videoüberwachung; BAG 19.2.2015 – 8 AZR 1007/13, NJW 2015, 2749.
[403] BAG 17.9.1998 – 8 AZR 5/97, NZA 1998, 1334; Maschmann/*Maschmann* S. 167 mwN.
[404] Keine Verwertung und damit auch keine Kostenerstattung bei Erstellung eines umfassenden personenbezogenen Bewegungsprofils mittels eines GPS-Geräts, welches eine punktuelle persönliche Beobachtung ausreicht hätte, vgl. BGH 15.5.2013 – XII ZB 107/08, NJW 2013, 2668ff.
[405] LAG Hamburg 7.11.1995 – 3 Ta 13/95, NZA-RR 1996, 226; LAG Hessen 23.10.1998 – 6 Ta 51/98, NZA-RR 1999, 322; LAG Düsseldorf 13.7.1989 – 7 Ta 151/89, JurBüro 1989, 1702; LAG Hamm 28.8.1991 – 15 Sa 437/91, DB 1992, 431; Maschmann/*Maschmann* S. 167 mwN.
[406] BAG 26.3.1991 – 1 ABR 26/90, NZA 1991, 729.
[407] BAG 27.3.2003 – 2 AZR 51/0, NZA 2003, 1193 (1194) mwN: BAG 7.10.1987 – 5 AZR 116/86, NZA 1988, 92; Maschmann/AuA 2000, 519 (520); Maschmann/*Maschmann* S. 55f.
[408] Dazu im Detail: Maschmann/*Maschmann* S. 168ff.
[409] *Röckl/Fahl* NZA 1998, 1035 (1036).
[410] BAG 17.9.1998 – 8 AZR 5/97, NZA 1998, 1334; Maschmann/*Maschmann* S. 167 mwN.
[411] BVerfG 9.10.2002 – 1 BvR 1611/96, 1 BvR 805/98, AP BGB § 611 Persönlichkeitsrecht Nr. 34, BAG 27.3.2003 – 2 AZR 51/02, NZA 2003, 1193 (1194) mwN; *Abi/CR* 1991, 424 (425) mwN.
[412] Vgl. zur Umsetzung im Allgemeinen ZD-Aktuell 2020, 07295 zu der Orientierungshilfe Videoüberwachung durch nicht-öffentliche Stellen der DSK vom 17.7.2020, abrufbar unter

188 a) Videoüberwachung in öffentlich zugänglichen Bereichen. Öffentlich zugänglich ist ein Bereich nur dann, wenn der Raum entweder dem öffentlichen Verkehr gewidmet ist oder nach dem erkennbaren Willen des Berechtigten von Jedermann genutzt oder betreten werden kann.[413] Auch wenn ein Firmengelände keine Kontrolle an der Pforte hat, dh tatsächlich jeder das Gelände betreten kann, ist es deswegen nicht öffentlich zugänglich, da der Berechtigte den Zugang regelmäßig nur für Personen gestattet, die in einer Beziehung zu ihm stehen.[414] Eine Untergliederung eines öffentlich-zugänglichen Raums (zB Getränkemarkt) in Verkaufsraum und nur der Kassiererin zugänglicher Kassenraum ist als künstlich anzusehen und nicht anzuerkennen.[415]

189 Die offene Videoüberwachung in öffentlich zugänglichen Räumen ist privaten Unternehmen nur unter den Maßgaben des Art. 6 Abs. 1 lit. f DS-GVO gestattet.[416] Für eine Anwendung des § 4 BDSG verbleibt nach Auffassung des BVerwG kein Raum, da die Öffnungsklauseln des Art. 6 Abs. 2 und Abs. 3 DS-GVO Videoüberwachungen privater Verantwortlicher nicht erfassen.[417] Erforderlich ist für die Rechtmäßigkeit der Videoüberwachung – selbst wenn diese durch ein Kamera-Monitor-System live und ohne Aufzeichnung erfolgt – insbesondere der Nachweis, dass eine konkrete Gefährdungslage besteht, mithin Risiken, die über ein „allgemeines Lebensrisiko" hinausgehen.[418]

190 b) Videoüberwachung in nicht-öffentlich zugänglichen Bereichen. Gesteigerten Voraussetzungen einer Videoüberwachung bestehen zudem in nicht-öffentlich zugänglichen Räumen.[419] Offene Videoüberwachung verursacht in diesem Bereich einen auf dem Arbeitnehmer lastenden ständigen **Überwachungsdruck** und bedarf daher eines vorrangigen Kontrollinteresses des Arbeitgebers.[420] Zu dem **heimlichen Einsatz von Videokameras** zur Überwachung von Arbeitnehmern wird vertreten, dass dieser seit Geltung der DS-GVO unzulässig sei.[421] Eine derartige Überwachung bedürfte nach Art. 23 DS-GVO einer ausdrücklichen gesetzlichen Regelung; § 26 BDSG genüge hierfür nicht.[422] Hiergegen spricht jedoch, dass ein vollständiges Verbot den – auch in der DS-GVO anerkannten – Grundsätzen bei Einführung des § 26 BDSG gerade von der Öffnungsklausel nach Art. 88 DS-GVO Gebrauch gemacht hat.[423] Die verdeckte Videoüberwachung bleibt mithin kurzfristig als Notwehr gegen **Straftaten zulässig**, wenn weniger einschneidende Mittel nicht verfügbar sind und die Maßnahme insgesamt nicht unverhältnismäßig ist.[424] Hiermit korrespondiert die Entscheidung der Großen Kammer des EGMR in der Sache López Ribalda ua/Spanien.[425] Demnach ist in einer verdeckten Videoüberwachung von Arbeitnehmern nicht automatisch ein Verstoß gegen Art. 8 EMRK (Recht auf Achtung des Privatlebens) zu sehen. Vielmehr kann der berechtigte Verdacht, dass schwerwiegende Straftaten begangen wurden, eine solche Videoüberwa-

---

[413] https://www.datenschutzkonferenz-online.de/media/oh/20200903_oh_v%C3%BC_dsk.pdf (letzter Abruf 25.9.2020); ferner Guidelines 3/2019 on processing of personal data through video devices, adopted on 10 July 2019, abrufbar unter https://edpb.europa.eu/sites/edpb/files/consultation/edpb_guidelines_201903_videosurveillance.pdf (letzter Abruf 24.9.2020).
[414] Gola/Heckmann/*Starnecker* BDSG § 4 Rn. 23; zu § 6b BDSG aF: ArbG Jena 20.11.2009 – 1 CA 147/09, BeckRS 2011, 65558: Produktionshalle als nicht-öffentlich zugänglicher Raum.
[415] Gola/Heckmann/*Starnecker* BDSG § 4 Rn. 26.
[416] ArbG Frankfurt 25.1.2006 – 7 Ca 3342/05, RDV 2006, 214.
[417] BVerwG, 27.3.2019 – 6 C 2/18, NJW 2019, 2556; vgl. zu den Voraussetzungen unter der abgelösten RL 95/46/EG (DS-RL) auch EuGH 11.12.2019 – C-708/18, ZD 2020, 148.
[418] BVerwG, 27.3.2019 – 6 C 2/18, NJW 2019, 2556 (2562).
[419] Vgl. *Stück* CCZ 2020, 77 (81); *Lachenmann* ZD 2019, 372 (374). Aus rechtspolitischer Sicht überzeugend *Veil* NVwZ 2019, 1126 (1135).
[420] BAG 27.3.2003 – 2 AZR 51/02, NZA 2003, 1193ff; LAG Köln 29.9.2006 – 4 Sa 772/06, RDV 2007, 129.
[421] BAG 7.10.1987 – 5 AZR 116/8, NZA 1988, 92; *Klengel/Mückenberger* CCZ 2009, 81 (85) mwN.
[422] Kühling/Buchner/*Maschmann* BDSG § 26 Rn. 46; *ders* NZA-Beilage 2018, 115 (121).
[423] Kühling/Buchner/*Maschmann* BDSG § 26 Rn. 46; *ders* NZA-Beilage 2018, 115 (121).
[424] *Akkülic* NZA 2020, 623 (624); offen *Hembach* NJW 2020, 128 (130).
[425] BAG 21.6.2012 – 2 AZR 153/11, NJW 2012, 3594 (3596); 27.3.2003 – 2 AZR 51/02, NJW 2003, 3436 (3437); *Klengel/Mückenberger* CCZ 2009, 81 (85) mwN; *Venetis/Oberuetter* NJW 2016, 1051 (1054).
[425] EGMR 17.10.2019 – 1874/13, 8567/13, NZA 2019, 1697.

chung rechtfertigen. Der EGMR hat sich in seiner Entscheidung zwar zu einer Videoüberwachung in einem öffentlichen Raum verhalten,[426] ein pauschales Vebot für nicht-öffentlich zugänglichen Bereiche lässt sich hieraus aber nicht ableiten. Vielmehr wird auch in diesem Fall eine umfassende Abwägung unter besonderer Berücksichtigung der Intensität des Eingriffs erforderlich sein. So dürfte etwa eine Überwachung eines nicht-öffentlichen Warenlagers noch zu rechtfertigen sein, die heimliche Überwachung von Umkleideräumen dagegen nicht.

Auch offene Videoaufzeichnungen von Arbeitnehmern sind zudem Erhebung und – jedenfalls in digitaler Form – Verarbeitung personenbezogener Daten iSd Art. 4 DS-GVO so dass die Rechtmäßigkeit der jeweiligen Maßnahme auch an § 26 BDSG zu messen ist.[427]

Es stellt sich insbesondere die Frage nach der **Abwägung der beteiligten Interessen,** nämlich dem Kontrollinteresse des Arbeitgebers einerseits, und dem Interesse des Arbeitnehmers an der Unantastbarkeit seiner Persönlichkeitssphäre andererseits. Wenn auch das Ergebnis der Interessenabwägung einzelfallbezogen durchgeführt werden muss, können einige **Eckpunkte** allgemein gesetzt werden:

Wenn der Arbeitgeber nur schlicht **dauerhaft überprüfen** will, ob die **Arbeitnehmer ihren Arbeitspflichten nachkommen,** wird das Persönlichkeitsrecht der Arbeitnehmer grundsätzlich überwiegen. Eine solche Vorgehensweise, beispielsweise durch den ständigen Einsatz von Überwachungskameras, käme dem Einsatz eines *Orwell'schen Televisors*[428] gleich, womit ein unangemessenes und daher rechtswidriges Eindringen in die Persönlichkeitsrechte der Arbeitnehmer verbunden ist.[429]

Wenn jedoch **rechtlich geschützte Güter des Arbeitgebers schwerwiegend beeinträchtigt** sind, etwa durch gegen ihn gerichtete Straftaten (Diebstahl, Betrug, Verrat von Betriebs- oder Geschäftsgeheimnissen), kann der gezielte Einsatz von Videoüberwachung gerechtfertigt sein.[430] Das Persönlichkeitsrecht des Arbeitnehmers wird insoweit nicht schrankenlos gewährleistet. Vielmehr spielen im Rahmen der vorzunehmenden Güterabwägung neben der Schwere des Delikts die bereits angesprochenen Grundrechte des Arbeitgebers (insbesondere Art. 12, 14 GG) eine Rolle. Hinzu kommt, dass dem Arbeitgeber im Falle einer nachfolgenden Kündigung die Darlegungs- und Beweislast aufgebürdet ist. Schließlich ist für die Abwägungsentscheidung bedeutsam, dass der Eingriff in die Persönlichkeitsrechte des Arbeitnehmers ausschließlich im Bereich seiner Individualsphäre mit ihrer geringeren Schutzintensität stattfindet.[431] Dabei ist zu beachten, dass eine Zustimmung des Betriebsrates zu der Überwachungsmaßnahme die Feststellung der den Eingriff in das Persönlichkeitsrecht der Arbeitnehmer rechtfertigenden Tatsachen nicht ersetzt.[432]

Der mit der Videoüberwachung verbundene Eingriff in das Persönlichkeitsrecht des Arbeitnehmers muss zudem verhältnismäßig sein.[433] Es hat regelmäßig eine Prüfung der Umstände des Einzelfalls zu erfolgen. Die **Frage der Verhältnismäßigkeit** hängt entscheidend von der Intensität des Eingriffs ab.[434] Dabei ist insbesondere von Bedeutung, wie viele Personen wie intensiv der Beeinträchtigung durch Videoüberwachung ausgesetzt sind. Der Verdacht muss hinsichtlich der konkreten Straftat oder anderer schwerer Verfehlung gegen einen zumindest räumlich oder funktional abgrenzbaren Kreis von Arbeitnehmern bestehen.[435] Wichtig sind

---

[426] Vgl hierzu auch *Körner* NZA 2020, 25 (27 f.).
[427] Zu § 32 BDSG aF: *Venetis/Oberwetter* NJW 2016, 1051 (1054); *Schrader/Mahler* NZA-RR 2016, 57 (59); zur DS-GVO → Rn. 250 ff.
[428] *George Orwell*, 1984, 5 f.
[429] Maschmann/*Maschmann* S. 155 f.; *Schrader/Mahler* NZA-RR 2016, 57 (60) mwN.
[430] BAG 27.3.2003 – 2 AZR 51/02 , NZA 2003, 1193 (1194); LAG Berlin 15.2.1988 – 9 Sa 114/87, RDV 1989, 248; *Jaeger* AuA 2001, 402 (403).
[431] *Röckl/Fahl* NZA 1998, 1035 (1040).
[432] BAG 21.6.2012 – 2 AZR 153/11, NJW 2012, 3594 (3597) mwN.
[433] BAG 7.10.1987 – 5 AZR 116/86, AP BGB § 611 Persönlichkeitsrecht Nr. 15; 29.6.2004 – 1 ABR 21/03, AP BetrVG 1972 § 87 Überwachung Nr. 41; 26.8.2008 – 1 ABR 16/07, NZA 2008, 1187; Maschmann/*Maschmann* S. 156 mwN.
[434] BAG 29.6.2004 – 1 ABR 21/03 NZA 2004, 1278 (1282).
[435] BAG 21.11.2013 – 2 AZR 797/11, NJW 2014, 810 (815); 21.6.2012 – 2 AZR 153/11, NJW 2012, 3594 (3596).

zudem tatsächliche Anhaltspunkte für eine Verletzungshandlung, denn der Arbeitgeber ist nicht aufgerufen, als Ersatzermittler der Staatsanwaltschaft zu handeln.[436] Des Weiteren ist die Überwachung unverzüglich nach Ermittlung des Täters einzustellen.

> **Praxistipp:**
>
> Im Falle des – **offenen oder heimlichen** – **Einsatzes von Videokameras** zur Arbeitnehmerüberwachung sind insbesondere folgende Punkte zu berücksichtigen:
>
> 1. Es muss einen konkreten Anlass für den Überwachungseinsatz (Anfangsverdacht einer schwerwiegenden Straftat)[437] geben,[438] dieser ist ausreichend zu dokumentieren;[439]
> 2. es ist ausreichend, wenn der Arbeitgeber seinem Tatverdacht gegen eine abgrenzbare Arbeitnehmergruppe nachgeht;[440]
> 3. zudem darf dem Arbeitgeber keine Abhilfe auf andere Art und Weise, also durch weniger einschneidende Mittel, möglich sein;[441]
> 4. der Einsatz von Videokameras muss räumlich und zeitlich beschränkt sein;[442]
> 5. in der Gesamtbewertung darf der Einsatz von Videoaufnahmen nicht unangemessen erscheinen;[443]
> 6. schließlich darf die so erlangte Videoaufnahme nicht zu anderen als zu Beweiszwecken benutzt werden;[444]

195 Die Einführung und Anwendung von Videoüberwachungsanlagen unterliegt der **Mitbestimmung** nach § 87 Abs. 1 Nr. 6 BetrVG.[445] Eine Videoüberwachung im Betrieb kann durch **Betriebsvereinbarung** – wiederum unter Beachtung des gemäß § 75 Abs. 1 S. 1 BetrVG gewährleisteten allgemeinen Persönlichkeitsrechts der Arbeitnehmer – eingeführt werden.[446] In Betrieben ohne Betriebsrat ist hingegen die Unterlassung einer Persönlichkeitsverletzung durch Videoüberwachung von jedem betroffenen Arbeitnehmer zu verlangen.[447]

6. Telefon-/Audioüberwachung

196 Die Situation beim **Abhören oder Mithören von dienstlichen oder privaten Telefongesprächen** ist – ebenso wie die Überwachung durch Videokameras – geprägt von der **Heimlichkeit** gegenüber dem Arbeitnehmer. Dieser kann – ohne es zu merken – in ein Gespräch verwickelt werden, in dem Geheimnisse preisgegeben werden, über die der Mithörende später als Zeuge berichten kann.

197 Folgende **Grundsätze** sind zum Bereich der Telefonüberwachung vom Arbeitgeber zu beachten:

198 (1) Der **Schutz des Fernmeldegeheimnisses** (Art. 10 Abs. 1 GG) erstreckt sich auch auf die von Privaten betriebenen Telekommunikationsanlagen. Damit wird ein Abwehrrecht gegen die Kenntnisnahme des Inhalts und der näheren Umstände der Telekommunikation auch

---

[436] BAG 19.2.2015 – 8 AZR 1007/13, MDR 2015, 1245 ff.; *Jerchel/Schubert* DuD 2015, 151 (154) mwN.
[437] Dazu kritisch Maschmann/*Maschmann* S. 156 f. zu den Entscheidungen des BAG für die Kontrolle eines Brief-Verteilzentrums der Post, BAG 29.6.2004 – 1 ABR 21/03, NZA 2004, 1278 ff. und BAG 14.12.2004 – 1 ABR 34/03, NZA 2005, 839.
[438] BAG 27.3.2003 – 2 AZR 51/02, NZA 2003, 1193 (1195); Maschmann/*Maschmann* S. 156.
[439] *Venetis/Oberwetter* NJW 2016, 1051 (1054).
[440] BAG 27.3.2003 – 2 AZR 51/02, NZA 2003, 1193 (1195); aA LAG Baden-Württemberg 6.5.1999 – 12 Sa 115/97, BB 1999, 1439 und *Maschmann* AuA 2000, 519 (520).
[441] BAG 27.3.2003 – 2 AZR 51/02, NZA 2003, 1193 (1195); 7.10.1987 – 5 AZR 116/86, NZA 1988, 92 (93); vgl. das Beispiel bei *Röckl/Fahl* NZA 1996, 1035 (1036).
[442] BAG 27.3.2003 – 2 AZR 51/02, NZA 2003, 1193 (1195).
[443] Maschmann/*Maschmann* S. 156.
[444] OLG Frankfurt a. M. 21.1.1987 – 21 U 164/86, NJW 1987, 1087.
[445] BAG 26.8.2008 – 1 ABR 16/07, NZA 2008, 1187 (1189); 11.12.2012 – 1 ABR 78/11, DB 2013, 2034 ff. für eine Videoüberwachung in einer Spielbank und zu der Einschränkung des Mitbestimmungsrechts des Betriebsrates aufgrund behördlicher Entscheidung; *Grimm/Schiefer* RdA 2009, 329 (330) mwN; *Schrader/Mahler* NZA-RR 2016, 57 (61) mwN.
[446] BAG 26.8.2008 – 1 ABR 16/07, NZA 2008, 1187 (1189); 29.6.2004 – 1 ABR 21/03, NZA 2004, 1278.
[447] ArbG Jena 20.11.2009 – 1 Ca 147/09, BeckRS 2011, 65558.

im Verhältnis zu privaten Dritten geschaffen.[448] Die Gewährleistung des **Rechts am gesprochenen Wort** als Teil **des allgemeinen Persönlichkeitsrechts** in Art. 2 Abs. 1 iVm Art. 1 Abs. 1 GG schützt grundsätzlich vor der heimlichen Nutzung einer Mithöreinrichtung.[449]

(2) Für die zivilrechtliche Beurteilung des Ab- oder Mithörens von **dienstlichen Telefongesprächen** ist entscheidend, ob der Arbeitnehmer von der **Vertraulichkeit des gesprochenen Wortes** ausgehen konnte.[450]

- Wenn der Arbeitnehmer über die Vertraulichkeit des Gesprächs **getäuscht** wird, indem das abgehörte Gespräch etwa „unter vier Augen", in einer abgeschlossenen Räumlichkeit, in vertraulicher Atmosphäre oder nach dem aktiven Hinweis seiner Vertraulichkeit geführt wird, liegt grundsätzlich eine Verletzung seiner Persönlichkeitssphäre vor.[451] Gleiches gilt, wenn der Arbeitnehmer ersichtlich **Wert auf die Vertraulichkeit des Gespräches** gelegt hat.[452] Anders kann die Situation zu beurteilen sein, wenn das als vertraulich vereinbarte Gespräch in einer öffentlichen Umgebung, etwa in der Personalkantine oder in einer Gaststätte, geführt wird.[453]
- Soweit andererseits Gespräche betroffen sind, die **keine persönlichen oder vertraulichen Informationen** enthalten, wie zB die telefonische Krankmeldung, die telefonische Erteilung oder Ablehnung von Urlaubsanträgen oder einzelne Weisungen des Arbeitgebers, handelt es sich um Sachverhalte, die aus der Sicht eines objektiven Dritten lediglich die **Betriebs- oder Arbeitsorganisation** und daher keine schützenswerten Inhalte umfassen. In solchen Fällen ist selbst die Individualsphäre des betroffenen Arbeitnehmers nur so gering berührt, dass von einer Schutzwürdigkeit nicht ausgegangen werden kann.[454] Die Vertraulichkeit eines Gesprächsinhaltes und der damit einhergehende Schutz der Persönlichkeit werden nicht außer Kraft gesetzt, wenn ein Telefongespräch „zufällig" mitgehört wird.
- In allen anderen Situationen hat der Arbeitgeber, der Mitarbeitertelefonate mithören will, grundsätzlich eine **Offenbarungspflicht** gegenüber den so überwachten Arbeitnehmern.
- Das Recht am eigenen Wort muss nur dann zurücktreten, wenn im Rahmen der auch hier vorzunehmenden **Güter- und Interessenabwägung** die Interessen des Arbeitgebers überwiegen oder wenn der Eingriff in die Persönlichkeitssphäre aus Gründen der Notwehr oder des Notstandes, zB bei drohenden Straftaten oder bevorstehendem Verrat von Geschäftsgeheimnissen, erforderlich ist.[455]
- Eine Verletzung des allgemeinen Persönlichkeitsrechts entfällt bei **ausdrücklicher Einwilligung des Arbeitnehmers** zum Mithören und ggf. Aufzeichnen seiner Telefongespräche, etwa zu Zwecken der Qualitätskontrolle oder zu Ausbildungszwecken.

(3) Der Arbeitnehmer hat grundsätzlich **keinen Anspruch** darauf, **von Dienstapparaten aus Privatgespräche** zu führen.[456] Davon ausgenommen sind Notfälle und Privatgespräche aus dienstlichem Anlass, wie zB überraschend anberaumte Überstunden und der daraufhin notwendige Anruf bei der Familie.[457]

(4) Neben möglichen Grundrechtsverletzungen sind stets die Vorschriften des **Bundesdatenschutzgesetzes** zu beachten.[458]

---

[448] BVerfG 9.10.2002 – 1 BvR 1611/96, 1 BvR 805/98, NJW 2002, 3619 (3620).
[449] BVerfG 9.10.2002 – 1 BvR 1611/96, 1 BvR 805/98, NJW 2002, 3619 (3621); *Schrader/Mahler* NZA-RR 2016, 57 (61) mwN.
[450] Vgl. BVerfG 31.1.1973 – 2 BvR 454/71, NJW 1973, 891; 19.12.1991 – 1 BvR 382/85, NJW 1992, 815 mwN; *Däubler* CR 1994, 754 (755 f.).
[451] BGH 4.12.1990 – XI ZR 310/89, NJW 1991, 1180; zustimmend: *Kopke* NZA 1999, 917 (921).
[452] BGH 2.10.1985 – VIII ZR 253/84, WM 1985, 1481 (1482).
[453] Vgl. BGH 27.1.1994 – I ZR 326/91, NJW 1994, 2289 (2292).
[454] Ebenso: *Kopke* NZA 1999, 917 (921).
[455] LAG Berlin 15.2.1988 – 9 Sa 114/87, DB 1988, 1024; *Däubler* CR 1994, 754 (756) mwN.
[456] LAG Nürnberg 29.1.1987 – 5 TaBV 4/86, NZA 1987, 572 (Ls.): Privatgespräche vom Diensttelefon als zusätzliche freiwillige Leistung; *Däubler* CR 1994, 754 (758) mwN.
[457] Für entsprechende geschäftsbezogene E-Mail-Nutzung vgl. *Klengel/Mückenberger* CCZ 2009, 81 (83) mwN.
[458] BAG 27.5.1986 – 1 ABR 48/84, NZA 1986, 643; vgl. die Ausführungen unter → Rn. 250 ff.

202 Zur Beurteilung der Telefonüberwachung ist zwischen der **ausschließlich dienstlichen Nutzung** von Telefon und Handy einerseits und der **gleichzeitig erlaubten Privatnutzung** andererseits zu unterscheiden.

203 a) **Ausschließlich dienstliche Nutzung.** *aa) Überwachung von Verbindungsdaten.* Die **Speicherung von Kontrolldaten (Datum, Uhrzeit, Kosten) und Daten der korrespondierenden Teilnehmer** wird grundsätzlich als zulässig angesehen.[459] Der Arbeitgeber greift dabei insbesondere nicht in das Grundrecht des Arbeitnehmers am eigenen Wort ein, da er den Gesprächsinhalt nicht überwacht. Bei einer Interessenabwägung zwischen dem Recht des Arbeitnehmers auf informationelle Selbstbestimmung und den Grundrechten des Arbeitgebers, insbesondere aus Art. 14 GG, wird meist das berechtigte Interesse des Arbeitgebers an einer Kosten- und Missbrauchskontrolle überwiegen.[460]

204 Zwar wird teilweise die **komplette Erfassung der Zielrufnummer** als kritisch beurteilt, da dies zur Kostenkontrolle nicht notwendig sei.[461] Im Bereich der Missbrauchskontrolle dürfte jedoch die Speicherung der kompletten Zielrufnummer bei dienstlichen Gesprächen rechtmäßig möglich sein.[462] Demgegenüber wird die Erfassung der privaten Mobiltelefonnummer des Arbeitnehmers ohne dessen Einwilligung einen schweren Eingriff in das allgemeine Persönlichkeitsrecht des Arbeitnehmers darstellen und daher nur ausnahmsweise zulässig sein.[463]

205 *bb) Überwachung von Gesprächsinhalten.* Das **Mithören und Aufzeichnen** des **Inhalts von Telefongesprächen** ist wegen eines unzulässigen Eingriffs in das allgemeine Persönlichkeitsrecht des Arbeitnehmers und das Fernmeldegeheimnis grundsätzlich **unzulässig**.[464]

206 Ein heimliches Mithören ist daher nur in äußersten Ausnahmefällen gerechtfertigt, wie zB bei einem begründeten Verdacht einer Straftat des Arbeitnehmers, die Auswirkungen auf das Arbeitsverhältnis haben können.[465] Eine Bestätigung dieser Ansicht liefert auch § 26 Abs. 1 S. 2 BDSG. Danach kommt als Rechtfertigungsgrund ausdrücklich die Aufdeckung von im Beschäftigungsverhältnis begangener Straftaten in Betracht.

207 b) **Erlaubte Privatnutzung.** *aa) Überwachung von Verbindungsdaten.* Sind die private Nutzung von Telefon und Handy erlaubt, so ist eine Erfassung und Kontrolle der Telefonverbindungsdaten nur dann zulässig, sofern diese für die **Abrechnung der Telefonate** erforderlich sind.[466] Die Erfassung der vollständigen Zielrufnummern wird in diesem Fall für die Abrechnung nicht notwendig sein, da bereits die Vorwahl für die Bestimmung der Gebührenzone ausreicht.[467] Kann der Arbeitnehmer jedoch das Diensttelefon bzw. Diensthandy unentgeltlich benutzen, so ist eine Abrechnung nicht erforderlich. Ebenso kommt eine Missbrauchskontrolle in der Regel nicht in Betracht. Nur bei einem begründeten Missbrauchsverdacht (Sondernummern, ausschweifendes Telefonieren) dürfte die Kontrolle der Telefonverbindungsdaten gerechtfertigt sein.

208 *bb) Überwachung von Gesprächsinhalten.* Hierbei kann auf die Ausführungen zur dienstlichen Nutzung von Telefon und Handy verwiesen werden. Zu beachten ist jedoch, dass im Falle der erlaubten Privatnutzung von Telefon und Handy nach verbreiteter Meinung die Vorschriften des **Telekommunikationsgesetzes** (TKG) anzuwenden sind,[468] was die Kontrollmöglichkeiten des Arbeitgebers noch weiter einschränkt. Danach sind die Privatgesprä-

---

[459] BAG 27.5.1986 – 1 ABR 48/84, NZA 1986, 643; *Klengel/Mückenberger* CCZ 2009, 81 (84) mwN.
[460] *Oberwetter* NZA 2008, 609 (611); *Wellhöner/Byers* BB 2009, 2310 (2313).
[461] *Gola* MMR 1999, 322 (326).
[462] BAG 27.5.1986 – 1 ABR 48/84, NZA 1986, 643; *Klengel/Mückenberger* CCZ 2009, 81 (84) mwN; *Schrader/Mahler* NZA-RR 2016, 57 (62).
[463] LAG Thüringen 16.5.2018 – 6 Sa 442/17, BeckRS 2018, 14747.
[464] BAG 29.10.1997 – 5 AZR 508/96, NZA 1998, 307; *Klengel/Mückenberger* CCZ 2009, 81 (84) mwN.
[465] *Wellhöner/Byers* BB 2009, 2310 (2313) mwN.
[466] *Wellhöner/Byers* BB 2009, 2310 (2312).
[467] *Klengel/Mückenberger* CCZ 2009, 81 (84) mwN.
[468] *Küttner/Kreitner* Personalbuch 2020 Internet-/Telefonnutzung Rn. 7 mwN; *Wissmann/Glaser* DB 2011, 1447 (1450) mwN; aA LAG Berlin-Brandenburg 16.2.2011 – 4 Sa 2132/10, BeckRS 2011, 72743; LAG Niedersachsen 31.5.2010 – 12 Sa 875/09, BeckRS 2010, 70504; dazu auch *Tepass* DB 2011, M 12 (Kurzkommentar).

che des Arbeitnehmers durch das **Fernmeldegeheimnis** des § 88 TKG geschützt. Ausnahmen kommen wiederum in Betracht, wenn gegen den betreffenden Arbeitnehmer ein begründeter Verdacht einer Straftat besteht.[469]

Grundsätzlich ist zwischen der Nutzung des Telefons und eines Diensthandys nicht zu unterscheiden. Besitzt der Arbeitnehmer ein Diensthandy, so ergibt sich hieraus für den Arbeitgeber sogar eine zusätzliche **legale** Überwachungsmöglichkeit. Nach allgemeiner Ansicht in der Literatur sind Anrufe des Arbeitgebers auf dem Handy des Arbeitnehmers zur **Erfragung seines derzeitigen Aufenthalts** rechtlich unproblematisch.[470]

> **Praxistipp:**
> Der Einsatz von Telefonüberwachung ist nur dann unproblematisch, wenn eine eindeutige und individuelle Einwilligung des Arbeitnehmers vorliegt. Art und Umfang der aus Arbeitgebersicht notwendigen Überwachungsmaßnahmen sollten festgelegt werden.
> Der Arbeitgeber kann zudem besondere Schutzvorkehrungen zur Sicherung der ungestörten dienstlichen Kommunikation installieren, wie zB die Verwendung von Passwörtern oder Zahlencodes.[471] Eine kollektive Gestattung von Telefonüberwachung durch Betriebsvereinbarung dürfte regelmäßig nicht wirksam sein.[472]

7. E-Mail-Überwachung und Überwachung im Internet

Der Arbeitgeber hat ein organisatorisch nachvollziehbares **Interesse an der Erfassung und Kontrolle der E-Mail- und Internetaktivitäten** seiner Arbeitnehmer. Die private Nutzung des Internets bindet Arbeitszeit und verursacht Kosten. Des Weiteren besteht die Gefahr, dass über das Internet Viren oder Spams eingeschleppt werden, die die betriebliche EDV beeinträchtigen können. Auch ist die Begehung von Straftaten (Herunterladen oder Verbreiten von verbotener Pornografie oder extremistischer Inhalte, unerlaubter Weitergabe von Geschäfts- und Betriebsgeheimnissen) denkbar, mit signifikanten Auswirkungen auf den Bereich der Compliance.

Für die Reichweite der rechtlich zulässigen Erfassung und Kontrolle von Internetnutzungsdaten und E-Mails der Arbeitnehmer ist wiederum entscheidend, ob der Arbeitgeber die **Privatnutzung** im Betrieb erlaubt hat oder nicht.[473] Hierbei handelt es sich alleinig um die Entscheidung des Arbeitgebers; der Arbeitnehmer hat auf eine mögliche Privatnutzung des Internets keinen Anspruch. Lediglich der arbeitsrechtliche Gleichbehandlungsgrundsatz ist seitens des Arbeitgebers zu beachten.[474]

> **Praxistipp:**
> Trotz inzwischen vorhandener LAG-Rechtsprechung, die im Falle der Erlaubnis privater Nutzung von betrieblichen Telekommunikationsmitteln eine Anwendung des Telekommunikationsgesetzes verneint,[475] verbleibt weiterhin eine Bewertungsunsicherheit beim Einblick in den E-Mail-Account eines Arbeitnehmers. Aus rein rechtlicher Sicht bleibt es daher bei der Empfehlung, den Arbeitnehmern die Privatnutzung zu verbieten und dieses Verbot auch konsequent nachzuhalten. Daneben kann die Einrichtung eines Freemailers, bspw. gmx, für die private Kommunikation gestattet werden.[476]

---

[469] *Klengel/Mückenberger* CCZ 2009, 81 (84) mwN.
[470] *Oberwetter* NZA 2008, 609 (612); *Gola* NZA 2007, 1139 (1142).
[471] *Küttner Personalbuch 2020/Kreitner* Internet-/Telefonnutzung Rn. 9.
[472] *Küttner Personalbuch 2020/Kreitner* Internet-/Telefonnutzung Rn. 9 mit Hinweis auf den Sonderfall nach BAG 2.9.1994 – 5 TaBV 183/93), NZA 1996, 218.
[473] Vgl. LAG Hamm 21.11.2012 – 14 Sa 1711/10, jurisPR-ArbR 47/2012 zu der Nutzung von Chatprotokollen, wenn die gelegentliche private Nutzung elektronischer Ressourcen gestattet ist.
[474] *Küttner Personalbuch 2020/Kreitner* Internet-/Telefonnutzung Rn. 8.
[475] LAG Berlin-Brandenburg 16.2.2011 – 4 Sa 2132/10, BeckRS 2011, 72743; LAG Niedersachsen 31.5.2010 – 12 Sa 875/09, BeckRS 2010, 70504; kritisch dazu: *Fischer* ZD 2012, 265 (268 f.).
[476] *Grimm* ArbRB 2011, 200 (201).

212 a) **Ausschließlich dienstliche Nutzung.** *aa) Überwachung von Verbindungsdaten.* Inwieweit die Rechtsprechung zur Speicherung von telefonischen Zielrufnummern auf die Speicherung von Verbindungsdaten (Datum, Uhrzeit, Datenvolumen) und die Ziel- bzw. Sendeadressen bei E-Mails übertragen werden kann, ist umstritten, da die E-Mail-Adresse in aller Regel den Namen des Empfängers bzw. des Absenders und bei dienstlichen Adressen auch den Namen seiner Firma ausweist. Im Ergebnis dürfte jedoch von **der Zulässigkeit der Speicherung von Verbindungsdaten sowie der Ziel- und Sendeadressen** auszugehen sein.[477]

213 Soweit die **Kontrolle der Verbindungsdaten** erforderlich ist, ergibt sich eine Zulässigkeit dieser Maßnahme bereits aus § 26 Abs. 1 S. 1 BDSG. Allerdings ist auch hier eine **Abwägung widerstreitender Interessen und eine Verhältnismäßigkeitskontrolle** vorzunehmen.[478] Erforderlichkeit ist bei der Kontrolle der weisungsgemäßen Nutzung des Internetanschlusses anzunehmen.[479]

214 *bb) Überwachung von Textinhalten.* Ob dienstliche E-Mails auch **inhaltlich** überprüft werden dürfen, ist fraglich. Während die inhaltliche Erfassung dienstlicher Briefe als zulässig erachtet wird,[480] ist die Zulässigkeit einer Inhaltskontrolle dienstlicher Telefongespräche grundsätzlich unzulässig.

215 Nach einer Ansicht wird man zwar nicht von einer pauschalen Unzulässigkeit der Überwachung des Inhalts dienstlicher E-Mails ausgehen können, jedoch sei die Rechtsprechung zur Überwachung von Telefonaten wohl zumindest in abgeschwächter Form auf die E-Mail-Korrespondenz anzuwenden, da die E-Mail im Gegensatz zum konventionellen Schriftverkehr eine kurzfristigere Kommunikation zwischen Absender und Empfänger ermöglicht.[481] Nach wohl richtiger Ansicht ist aber **E-Mail-Verkehr dem dienstlichen Schriftverkehr** gleichzustellen. Aufgrund der Schriftlichkeit der E-Mail ist dem Arbeitnehmer bewusst, dass diese – anders als bei Telefonaten – später für Dritte abrufbar sind. Die Flüchtigkeit des gesprochenen Worts besteht bei einer E-Mail gerade nicht.[482] Des Weiteren spricht für die Gleichsetzung der E-Mail mit dem dienstlichen Schriftverkehr, dass diese die Textform des § 126b BGB erfüllt und als Handelsbrief iSd § 257 HGB anerkannt ist.[483]

Der EGMR stellt für die Frage der Rechtmäßigkeit einer Überwachung elektronischer Kommunikation am Arbeitsplatz darauf ab, ob die ergriffenen Maßnahmen angemessen sind.[484] Dabei geht es um den Umfang der Überwachung und das Ausmaß des Eindringens in die Privatsphäre des Arbeitnehmers. Bei einem bloßen Verdacht der – unerlaubten – Privatnutzung dienstlicher IT ist nach Auffassung des EGMR eine Überwachung nur zulässig, wenn diese vorab dem Arbeitnehmer angekündigt wird. Gleichermaßen erkannte der EGMR bei einer Einsichtnahme in Daten auf einem dienstlichen Computer auf einen Verstoß gegen Art. 8 EMRK, wenn diese Daten als privat zu erkennen sind.[485]

216 Aber auch wenn man der Auffassung ist, dass eine Inhaltskontrolle dienstlicher E-Mails möglich ist, wird eine **systematische lückenlose Kontrolle**, wie zB die Überprüfung jedweder ein- und ausgehender E-Mails, grundsätzlich unzulässig und nur bei konkretem Missbrauchsverdacht gerechtfertigt sein.[486] Der Arbeitgeber muss sich auf **Stichproben** beschränken.[487]

---

[477] *Wolf/Mulert* BB 2008, 442 (443); *Klengel/Mückenberger* CCZ 2009, 81 (83) mwN; *Wissmann/Glaser* DB 2011, 1447 (1450).
[478] *Dann/Gastell* NJW 2008, 2945 (2947); *Wellhöner/Byers* BB 2009, 2310 (2311).
[479] *Wybitul* BB 2009, 1582 (1583).
[480] *Ernst* NZA 2002, 588.
[481] Vgl. zur Diskussion: *Wolf/Mulert* BB 2008, 442 (443).
[482] *Maschmann/Maschmann* S. 161 mwN.
[483] *Dann/Gastell* NJW 2008, 2945 (2947); *Wellhöner/Byers* BB 2009, 2310 (2311); *Klengel/Mückenberger* CCZ 2009, 81 (83) mwN.
[484] EGMR 5.9.2017 – 61496/08, NZA 2017, 1443 (Barbulescu/Rumänien).
[485] EGMR 22.2.2018 – 588/13, NZA 2018, 1609 (Libert/Frankreich).
[486] *Wellhöner/Byers* BB 2009, 2310 (2311).
[487] *Maschmann/Maschmann* S. 162.

> **Praxistipp:**
>
> Es ist empfehlenswert, das Verbot der privaten Nutzung dienstlicher E-Mail-Accounts ausdrücklich in den Arbeitsvertrag mit aufzunehmen. Auf eine entgegenstehende Praxis und die daraus möglicherweise entstehende betriebliche Übung ist zu achten.[488]
> Auch im Fall der verbotenen Privatnutzung des dienstlichen E-Mail-Accounts dürfen ausdrücklich oder konkludent als „privat" gekennzeichnete E-Mails nicht gelesen werden.[489]

b) **Erlaubte Privatnutzung.** Wenn das E-Mail-System auch **privat** genutzt werden darf, sperrt nach noch verbreiteter Meinung § 88 TKG eine Kontrolle der E-Mails im Grundsatz; der Arbeitgeber wird als geschäftsmäßiger **Anbieter von Telekommunikationsdiensten** iSv § 3 Nr. 6 TKG angesehen.[490] Die Konsequenz davon ist, dass der Arbeitgeber im Verhältnis zum Arbeitnehmer an das **Fernmeldegeheimnis gemäß § 88 TKG** gebunden ist, dessen Verletzung den Straftatbestand des § 206 StGB erfüllt.[491] Anders als das BDSG enthält das TKG weder einen Regelungsvorbehalt zugunsten von Betriebsvereinbarungen, noch eine generelle Kontrollbefugnis, sondern spezielle Eingriffsrechte, die an bestimmte Daten oder Umstände anknüpfen.[492]

aa) Überwachung von Verbindungsdaten. Im Gegensatz zur Überwachung von dienstlichen E-Mails wird die **Speicherung privater Verbindungsdaten sowie privater Ziel- bzw. Sendeadressen** als nicht gerechtfertigt angesehen.[493] Nach §§ 97 ff. TKG dürfen Daten nur verarbeitet und genutzt werden, soweit dies für die Erbringung der Internetdienste und deren Abrechnung erforderlich ist, oder in Fällen des begründeten Verdachts einer Straftat oder schweren Vertragsverletzung.[494]

bb) Überwachung von Textinhalten. Den **Inhalt der E-Mails** darf der Arbeitgeber **nicht zur Kenntnis nehmen.** Auch die Missbrauchskontrolle rechtfertigt keine dauerhafte und umfassende Auswertung.[495] Die **Speicherung und Auswertung** von Textinhalten privat gekennzeichneter E-Mails ist grundsätzlich nicht erlaubt.[496] Beim Vorliegen eines konkreten Verdachts von Straftaten sind jedoch Ausnahmen möglich,[497] nicht hingegen bei einem lediglich vagen Hinweis auf evtl. schädigendes Verhalten durch den Arbeitnehmer.[498]

Vonnöten ist eine **individuelle Einverständniserklärung der Arbeitnehmer**; eine mit dem Betriebsrat vereinbarte E-Mail-Policy genügt nach dem TKG mangels eines Öffnungsvorbehaltes für Betriebsvereinbarungen nicht.[499]

> **Praxistipp:**
>
> Der Arbeitgeber sollte **betriebliche und private E-Mail-Kommunikation** durch technische Vorkehrungen oder **durch ausdrückliche Anordnungen trennen,**[500] um zulässig Zugriff auf die geschäftli-

---

[488] Küttner Personalbuch 2020/*Kreitner* Internet-/Telefonnutzung Rn. 4 mwN.
[489] *Wolf/Muler* BB 2008, 442 (443).
[490] *Wisskirchen/Glaser* DB 2011, 1447 (1450) mwN; Maschmann/*Maschmann* S. 163 mwN; aA LAG Berlin-Brandenburg 14.1.2016 – 5 sa 657/15, BeckRS 2016, 67048; LAG Berlin-Brandenburg 16.2.2011 – 4 Sa 2132/10, BeckRS 2011, 72743; LAG Niedersachsen 31.5.2010 – 12 Sa 875/09, BeckRS 2010, 70504; *Lingemann* Teil 9 Rn. 50 ff., 298 ff.; dazu auch *Tepass* DB 2011, M 12 (Kurzkommentar); *Fischer* ZD 2012, 265 (266 ff.); *Walther/Zimmer* BB 2013, 2933 ff.; die Ungeklärtheit hervorhebend: *Thüsing* BB 2016, 2165 (2166).
[491] Maschmann/*Maschmann* S. 163; *Fischer* ZD 2012, 265 (267).
[492] Maschmann/*Maschmann* S. 163.
[493] Vgl. auch *Wolf/Mulert* BB 2008, 442 (444); *Klengel/Mückenberger* CCZ 2009, 81 (83) mwN.
[494] *Wisskirchen/Glaser* DB 2011, 1447 (1450).
[495] Maschmann/*Maschmann* S. 164.
[496] *Klengel/Mückenberger* CCZ 2009, 81 (83) mwN.
[497] LAG Hessen 21.9.2018 – 10 Sa 601/18, NZA-RR 2019, 130 ff.
[498] *Klengel/Mückenberger* CCZ 2009, 81 (84) mwN; *Beckenschulze/Henkel* DB 2001, 532 (536); *Mengel* NZA 2006, 242.
[499] HM, vgl. Maschmann/*Maschmann* S. 164 mwN.
[500] LAG Hessen 21.9.2018 – 10 Sa 601/18, NZA-RR 2019, 130 (135 f.).

chen E-Mails nehmen zu können. Lassen sich die betrieblichen nicht von den privaten E-Mails unterscheiden, ist dem Arbeitgeber grundsätzlich auch der Zugriff auf die geschäftliche Korrespondenz untersagt.[501]

221 Ob der Betriebsrat bei der E-Mail- oder Internetüberwachung ein **Mitbestimmungsrecht** hat, richtet sich insbesondere nach der Art des Zugriffs. Wenn bspw. über das Unternehmensnetzwerk auf den E-Mail-Speicher des Arbeitnehmercomputers zugegriffen wird, dann hat der Betriebsrat ein Mitbestimmungsrecht nach § 87 Abs. 1 Nr. 6 BetrVG. Verlangt der Arbeitgeber hingegen vom Arbeitnehmer lediglich die Herausgabe von dienstlichen E-Mails, wird ein Mitbestimmungsrecht entfallen, weil nur das Arbeitsverhalten betroffen ist.[502]

222 c) **Überwachung der Internetnutzung.** Technisch möglich ist die Aufzeichnung und Speicherung von Tastatureingaben und das Fertigen von Screenshots, um die Aktivitäten der Arbeitnehmer im Bereich der dienstlichen oder privaten Internetnutzung zu ermitteln. In derartigen Datenerhebungen liegt grundsätzlich ein Eingriff in das Recht zur informationellen Selbstbestimmung der Arbeitnehmer.[503] Dieser Eingriff kann bei vorübergehender Speicherung und nur stichprobenartiger Kontrolle der Verlaufsdaten eines Internetbrowsers dann zulässig sein, wenn es nur um die Kontrolle der Einhaltung des Verbots von Privatnutzung der arbeitgeberseitigen IT-Einrichtungen geht.[504] Allein in der Tatsache, dass ein Arbeitnehmer dem mitgeteilten Einsatz eines Keyloggers nicht widerspricht, begründet noch kein Einverständnis in die Informationserhebung.[505]

223 d) **Nutzung von sozialen Netzwerken.** In den letzten Jahren hat die Kommunikation mittels sozialer Netzwerke[506] – sowohl geschäftlich als auch privat – zugenommen. Auch in diesem Zusammenhang stellen sich Fragen der Arbeitnehmerüberwachung, wenn für diese Kommunikation die betrieblichen Geräte genutzt und die Arbeitszeit aufgewandt werden. Die bereits dargestellten Grenzen der Arbeitnehmerüberwachung lassen sich auf diesen Bereich übertragen.[507]

224 e) **Ortungssysteme.** Die Arbeitnehmerüberwachung kann auch durch Einsatz von sog. Telematik-Boxen oder GPS-gestützten Ortungssystemen erfolgen. Damit sind Systeme gemeint, die in Firmenfahrzeuge zur Erfassung der Standort- und sonstiger Daten der dieses Fahrzeug nutzenden Arbeitnehmer eingebaut werden. Mit der Speicherung und Nutzung der durch solche Telematik-bzw. Ortungssysteme ermittelten Daten wird regelmäßig ein erheblicher Eingriff in das allgemeine Persönlichkeitsrecht verbunden sein, sofern ein derartiges Vorgehen nicht erforderlich ist.[508]

8. Rechtsfolgen unzulässiger Arbeitnehmerüberwachung

225 Für den Fall, dass die vom Arbeitgeber eingeleitete **Überwachungsmaßnahme nicht rechtmäßig** ist, hat der Arbeitnehmer verschiedene – in der Praxis überwiegend nicht bekannte – Möglichkeiten, sich gegen die unrechtmäßige Maßnahme zur Wehr zu setzen. Das **Beurteilungsrisiko**, ob eine konkrete Überwachungsmaßnahme rechtmäßig oder rechtswidrig ist, liegt in diesen Fällen beim Arbeitnehmer.

226 a) **Unterlassungs- und Beseitigungsansprüche.** Zunächst hat der Arbeitnehmer bei widerrechtlicher Verletzung seiner Persönlichkeits- und Freiheitssphäre einen **quasi-negatorischen Unterlassungs- und Beseitigungsanspruch** analog §§ 12, 862, 1004 BGB.[509] Der vor den Ar-

---

[501] *Koch* NZA 2008, 911 (913).
[502] *Zimmer/Heymann* BB 2010, 1853 (1855).
[503] BAG 27.7.2017 – 2 AZR 681/16, NZA 2017, 1327 ff.; *Fuhlrott*, NZA 2017, 1308 ff.
[504] BAG 27.7.2017 – 2 AZR 681/16, NZA 2017, 1327 (1331), Rn. 31.
[505] BAG 27.7.2017 – 2 AZR 681/16, NZA 2017, 1327 (1329), Rn. 20.
[506] ZB über Twitter, Facebook, XING; vgl. *Determann* BB 2013, 181.
[507] Ausführlich Thüsing/Wurth/*Trauth*, Social Media im Betrieb, § 7 Rn. 41 ff.; *Determann* BB 2013, 181 (185).
[508] ArbG Heilbronn 30.1.2019 – 2 Ca 360/18, BeckRS 2019, 30627; *Görg*, ArbRAktuell 2020, 22; *Schröder*, Datenschutzrecht für die Praxis, 3. Aufl. 2019, IX., 105 ff.
[509] BAG 21.2.1979 – 5 AZR 568/77, AP BGB § 847 Nr. 13; 8.2.1984 – 5 AZR 501/81, AP BGB § 611 Persönlichkeitsrecht Nr. 5.

beitsgerichten durchsetzbare Anspruch geht zunächst auf **Unterlassung persönlichkeitswidriger Maßnahmen**,[510] umfasst als sogenannten Annexanspruch aber auch die **Beseitigung von widerrechtlich hergestellten Unterlagen**, wie zB Fotografien, Log-Protokolle, Videoaufnahmen, Aufzeichnungen über die Handlungen des Arbeitnehmers im Internet.[511]

Zudem hat der Arbeitgeber den **Grundsatz der Speicherbegrenzung** nach Art. 5 lit. e DS-GVO zu beachten. Der verantwortliche Arbeitgeber ist nicht erst dann zur Löschung der personenbezogenenn Daten verpflichtet, wenn der betroffene Arbeitnehmer dies nach Art. 17 Abs. 1 DS-GVO verlangt. Er muss vielmehr erforderlichenfalls die Initative ergreifen.[512] Ein Verstoß gegen diese Vorschrift kann eine Schadensersatzpflicht des Arbeitgebers auslösen. 227

b) Schadensersatzansprüche. Sind die objektiven und subjektiven Voraussetzungen von § 823 Abs. 1 BGB gegeben, kann der Arbeitnehmer einen Anspruch auf **Ersatz seines materiellen oder immateriellen Schadens** geltend machen, der zunächst auf **Naturalrestitution** gerichtet ist. Soweit die Herstellung des früheren Zustandes nicht möglich ist, kann dieser eine Entschädigung in Geld verlangen, § 251 Abs. 1 BGB. 228

Denkbar ist somit, dass ein Arbeitnehmer auf eine Überwachungsmaßnahme und die sich darauf stützende Kündigung mit einer Gegenklage auf **Schadensersatz wegen Verletzung seines Persönlichkeitsrechts** kontert. 229

Führt die Überwachungsmaßnahme in Ausnahmefällen zu weiteren Schädigungen des Arbeitnehmers, beispielsweise zu Gesundheitsschäden, ist zudem ein Schmerzensgeldanspruch des Arbeitnehmers nach §§ 280, 253 Abs. 2 BGB denkbar. 230

Als weitere Anspruchsgrundlage kommt Art. 82 DS-GVO in Betracht, der, ebenso wie § 280 Abs. 1 BGB für die vertragliche Haftung, hinsichtlich des Verschuldens eine **Beweislastumkehr** zugunsten des Arbeitnehmers enthält Art. 82 Abs. 3 DS-GVO. Der Schadensersatzanspruch des Arbeitnehmers erstreckt sich auf jeden materiellen Schaden,[513] der allerdings bei einer unzulässigen Überwachung der Internet- und E-Mail-Nutzung durch den Arbeitgeber nur selten vorliegen wird. Erfasst sind ferner auch etwaige immaterielle Schäden, wobei insoweit die iRv § 253 BGB entwickelten Grundsätze gelten.[514] 231

c) Leistungsverweigerungsrecht. Weiterhin ist vorstellbar, dass Arbeitnehmer, die eine Überwachungsmaßnahme feststellen, auf der Grundlage der Verletzung der arbeitgeberseitigen Fürsorgepflicht zunächst die **Arbeitsleistung einstellen** und ihre Arbeitstätigkeit erst wieder aufnehmen, wenn die Überwachungsmaßnahme beseitigt ist. Dazu sind sie berechtigt, wenn die Voraussetzungen zur rechtmäßigen Verweigerung der Arbeitsleistung vorliegen.[515] 232

Ein **Leistungsverweigerungsrecht des Arbeitnehmers** kommt dann in Betracht, wenn dieser unzumutbaren, insbesondere persönlichkeitsrechts- oder ehrverletzenden Arbeitsbedingungen ausgesetzt ist.[516] Der Arbeitnehmer verliert bei Ausübung eines Leistungsverweigerungsrechts grundsätzlich den vertraglichen Vergütungsanspruch (§ 323 Abs. 1 BGB).[517] Wenn jedoch die vom Arbeitgeber eingeführten Überwachungsmaßnahmen für den Arbeitnehmer unzumutbar sind und damit zu einer Leistungsverweigerung berechtigen, wird in der Konsequenz gelten, dass der Arbeitgeber die unzumutbaren Arbeitsbedingungen zu vertreten hat, womit ein Vergütungsanspruch des Arbeitnehmers bestehen bleibt.[518] 233

d) Recht zur außerordentlichen Kündigung durch den Arbeitnehmer. Sofern eine Überwachungsmaßnahme die Rechte eines Arbeitnehmers in erheblichem Umfang verletzt, ist eine 234

---

[510] Vgl. dazu auch *Jaeger* AuA 2001, 402 (403).
[511] *Jaeger* AuA 2001, 402 (403).
[512] BeckOK DatenschutzR/*Schantz* DS-GVO Art. 5 Rn. 33 unter Bezugnahme auf EuGH 13.5.2014 – C-131/1, NJW 2014, 2257.
[513] BeckOK DatenschutzR/*Quaas* DS-GVO Art. 82 Rn. 28.
[514] BeckOK DatenschutzR/*Quaas* DS-GVO Art. 82 Rn. 31.
[515] Vgl. dazu Küttner/*Kreitner* Personalbuch 2020 Leistungsverweigerungsrecht Rn. 1 ff.
[516] Für den Fall einer Arbeitnehmerüberwachung durch verdeckte Kamera: LAG München 5.2.1986 – 8 Sa 558/85, LAGE § 611 Persönlichkeitsrecht Nr. 2.
[517] *Kothe* NZA 1989, 161 (165).
[518] Küttner Personalbuch 2020/*Kreitner* Leistungsverweigerungsrecht Rn. 17 mwN.

außerordentliche **Kündigung des Arbeitsverhältnisses** durch den Arbeitnehmer denkbar.[519] Im Hinblick auf die zur fristlosen Kündigung wegen Vertragsverletzungen des Arbeitgebers vorliegende Rechtsprechung[520] wird jedoch für die Rechtswirksamkeit einer solchen Kündigung eine **vorherige Abmahnung** zu fordern sein.

235 e) **Beweisverwertungsverbot.** Schließlich stellt sich die Frage, ob sich der Arbeitnehmer im Falle einer Kündigung des Arbeitsverhältnisses, zB wegen strafbarer Handlungen oder sonstiger Verletzungen der arbeitsvertraglichen Pflichten, die durch – offenen oder heimlichen – Einsatz von Arbeitnehmerüberwachung aufgedeckt wurden, im Rahmen des Kündigungsschutzprozesses auf ein **Beweisverwertungsverbot** berufen und damit den Arbeitgeber möglicherweise in Beweisnot bringen kann.[521]

236 Das Arbeitsgerichtsgesetz und – mit dessen Verweisung – die Zivilprozessordnung enthalten keine ausdrücklichen Verbote der Verwertung rechtswidrig erlangter Beweismittel.[522] § 286 ZPO statuiert vielmehr die freie Beweiswürdigung durch das Gericht, welches über den gesamten Inhalt des Parteivorbringens und der Ergebnisse etwaiger Beweisaufnahmen nach freier Überzeugung zu entscheiden hat. Auch muss das Gericht den Parteien jederzeit rechtliches Gehör gewähren, Art. 103 Abs. 1 GG.[523] Dabei ist zu beachten, dass Beweismittel nicht allein deshalb prozessual unverwertbar sind, weil der Beweisführer diese rechtswidrig erlangt hat.[524] Ein Beweisverwertungsverbot, das zugleich die Erhebung der angebotenen Beweise ausschließt, kommt vielmehr nur in Betracht, wenn der Schutzzweck der bei der Informationsgewinnung verletzten Norm einer gerichtlichen Verwertung entgegensteht.[525] Maßgeblich sind insbesondere grundgesetzlich geschützte Rechte des Betroffenen, so das Recht auf informationelle Selbstbestimmung, das Persönlichkeitsrecht, das Recht am eigenen Bild oder die Datenhoheit.[526] Diese Rechte sind im Übrigen auch durch Art. 8 Abs. 1 EMRK geschützt.[527] Auch datenschutzwidrig erlangte Informationen und Beweismittel können einem Beweisverwertungsverbot unterliegen.[528]

237 Die Arbeitsgerichte haben bspw. für unzulässig angesehen und ein **Beweisverwertungsverbot angenommen:**
- die **Vernehmung eines Dritten,** den der Arbeitgeber über eine Sprechanlage ein als vertraulich ausgegebenes Gespräch mit einem Arbeitnehmer hat mithören lassen;[529]
- die **Überwachung ohne konkreten Verdacht;**[530]
- die Verwertung rechtswidrig hergestellter **Tonbandaufnahmen;**[531]
- die Verwertung einer **Zeugenaussage** einer Telefonistin, die ein Telefongespräch eines Arbeitnehmers heimlich mitgehört und mitstenographiert hat;[532]

---

[519] Vgl. dazu Stahlhacke/Preis/Vossen/Kündigung/*Preis* Rn. 720 ff.
[520] BAG 26.7.2007 – 8 AZR 796/06, NZA 2007, 1419; LAG Baden-Württemberg 30.5.1968 – 4 Sa 27/68, BB 1968, 874.
[521] Vgl. dazu: *Werner* NJW 1988, 993 (998 ff.); *Schleswig* NZA 2004, 1071 (1072). *Röckl/Fahl* NZA 1998, 1035 (1038); *Beckschulze/Henkel* DB 2001, 1491 (1497); *Kopke* NZA 1999, 917; *Ahlf* CR 1991, 424 (426); *Venetis/Oberwetter* NJW 2016, 1051 (1054 f.).
[522] BAG 13.12.2007 – 2 AZR 537/06, NZA 2008, 1008; *Baeck/Winzer/Abend* NZG 2018, 1221; Maschmann/*Maschmann* S. 159; *Venetis/Oberwetter* NJW 2016, 1051 (1054).
[523] BAG 21.11.2013 – 2 AZR 797/11, NJW 2014, 810 (814) mwN.
[524] Zur Verwertbarkeit von Beweismaterial aus verdeckter Videoüberwachung unter Verstoß gegen § 6b Abs. 2 BDSG: BAG 21.6.2012 – 2 AZR 153/11, NJW 2012, 3594 ff.
[525] BAG 20.6.2013 – 2 AZR 546/12, NZA 2014, 143 ff.; zum Beweisverwertungsverbot vgl. auch BAG 27.3.2003 – 2 AZR 51/02, NZA 2003, 1193 (1194); BGH 4.12.1990 – XI ZR 310/89, NJW 1991, 1180.
[526] BAG 22.9.2016 – 2 AZR 848/15, NZA 2017, 112; BAG 21.11.2013 – 2 AZR 797/11, NJW 2014, 810 (814); *Venetis/Oberwetter* NJW 2016, 1051 (1055); *Böhm/Brams* NZA-RR 2020, 449 ff.
[527] Dazu BGH 15.5.2013 – XII ZB 107/08, NJW 2013, 2668 (2669).
[528] *Böhm/Brams* NZA-RR 2020, 449 f. mwN.
[529] BAG 2.6.1982 – 2 AZR 1237/79, AP ZPO § 284 Nr. 3 mit Anm. *Baumgärtel.*
[530] BAG 27.7.2017 – 2 AZR 681/16, NZA 2017, 1327 (Überwachung mittels Keylogger); LAG Hessen 21.9.2018 – 10 Sa 601/18, NZA-RR 2019, 130 (Überwachung des privaten E-Mail-Verkehrs bei nur vagem Hinweis auf schädigendes Verhalten).
[531] ArbG Kassel 31.8.54 – 2 A 288/54, BB 1955, 31; LAG Berlin 15.2.1988 – 9 Sa 114/87, DB 1988, 1024.
[532] ArbG 21.8.1969 – 3 Ca 1092/69, BB 1970, 258.

- die **heimliche Schrankkontrolle** als Vorbereitung zur gezielten Taschenkontrolle von Arbeitnehmern;[533]
- die **heimliche Videoüberwachung** des Arbeitsplatzes einer Kaufhausangestellten, da sich der Verdacht einer Straftat lediglich gegen die gesamte Belegschaft richtete.[534]

Zulässig ist nach einer weiteren Entscheidung des BAG[535] hingegen das Mithören von telefonischen **Kundengesprächen** des Arbeitnehmers durch den Arbeitgeber **zu Ausbildungszwecken**, wovon der Arbeitnehmer Kenntnis hatte.

Als zulässig wurden auch angesehen:
- die Vernehmung eines **Zeugen vom Hörensagen**;[536]
- die **Verwertung heimlich angefertigter Fotoaufnahmen** von einem Revisor des Finanzamtes in einem Spielcasino, mit denen bewiesen werden sollte, dass der vom Finanzamt gesandte Revisor selbst heimlich Geldscheine entwendete;[537]
- die Verwertung von **nicht als privat gekennzeichneten Daten** des Dienstrechners des Arbeitnehmers;[538]
- die **Verwendung von Chatprotokollen** des Arbeitsplatzrechners des Arbeitnehmers bei gelegentlich gestatteter Privatnutzung und gleichzeitigem Hinweis, dass die Arbeitnehmer keine Vertraulichkeit im Zusammenhang mit dieser Nutzung erwarten können;[539]
- die Verwendung von **heimlichen Videoaufnahmen**, die aus konkretem Anlass (Kassendifferenzen) und bei Vorliegen eines – einfachen – Anfangsverdachts angefertigt wurden,[540] und
- die **Zeugenvernehmung** über die Erklärungen des anrufenden Gesprächspartners, nicht hingegen über die Erklärungen des heimlich belauschten Angerufenen.[541]

Das BVerfG[542] hat zudem in einem Fall, in dem es um das **Mithören eines Telefonats** von einem Diensttelefon durch den Arbeitgeber ging, im Gegensatz zu entsprechenden Entscheidung des BGH[543] erkannt, dass das **gesprochene Wort als Ausprägung des grundrechtlichen Persönlichkeitsschutzes** gegen jeden Eingriff geschützt ist, so dass die bloße Kenntnis von einer bestehenden Mithörmöglichkeit und die Benutzung eines Diensttelefons für sich allein nicht zur Verneinung der Vertraulichkeit des gesprochenen Wortes führt. Soweit daher der Betroffene dem Mithören nicht zustimmt, kann sich die Rechtfertigung solcher Maßnahmen nur aus einer Abwägung zwischen dem gegen die Verwertung streitenden Persönlichkeitsrecht und einem entsprechenden Interesse des Beweisführers ergeben.

Schließlich hat das BAG[544] zum **heimlichen Mithörenlassen von Telefongesprächen** durch den Arbeitgeber entschieden, dass derart erlangtes Wissen im Regelfall nicht im gerichtlichen Verfahren verwertet werden darf. In einer weiteren Entscheidung hat das BAG[545] zu der Frage der **Beweisverwertung eines zufällig mitgehörten Telefongesprächs**, auf welches sich die Arbeitnehmerin wegen angeblicher Unwirksamkeitsgründe der Kündigung berief, die Beweisverwertung bejaht. Die Entscheidung wurde insbesondere damit begründet, dass seitens der Arbeitnehmerin kein Handlungsunrecht bestünde und folglich deren Beweisinteresse überwiege. Aufgrund technischer Neuerungen und geänderter Telefongewohnheiten

---

[533] BAG 20.6.2013 – 2 AZR 546/12, NZA 2014, 143 (147f.).
[534] LAG Baden-Württemberg 6.5.1999 – 12 Sa 115/97, BB 1999, 1439; ebenso: LAG Hamm 24.7.2001 – 11 Sa 1524/00, NZA-RR 2002, 464; ArbG Hamburg 20.2.2004 – 17 Ca 426/03, NZA-RR 2005, 520.
[535] BAG 30.8.1995 – 1 ABR 4/9, AP BetrVG 1972 § 87 Überwachung Nr. 29.
[536] BAG 10.12.1980 – 5 AZR 18/79, AP GG Art. 33 Abs. 2 Nr. 15; *Reinecke* NZA 1989, 577 (581f.).
[537] OLG Schleswig 3.10.1979 – 1 Ss 313/79, NJW 1980, 352.
[538] BAG 31.1.2019 – 2 AZR 426/18, NZA-RR 2019, 456.
[539] LAG Hamm 21.11.2012 – 14 Sa 1711/10, jurisPR-ArbR 47/2012.
[540] BAG 20.10.2016 – 2 AZR 395/15, NZA 2017, 443; BAG 21.6.2012 – 2 AZR 153/11, AP KSchG 1969 § 1 Verhaltensbedingte Kündigung Nr. 66; ebenso als Vorinstanz: LAG Köln 18.11.2010 – 6 Sa 817/10, NZA-RR 2011, 241; in einem vergleichbaren Fall ebenso LAG Berlin 15.2.1988 – 9 Sa 114/87, RDV 1989, 248f.; dazu: *Ahlf* CR 1991, 424 (426) mwN.
[541] LAG Düsseldorf 24.4.1998 – 10 Sa 157/98, DB 1998, 1522.
[542] BVerfG 19.12.1991 – 1 BvR 382/85, NZA 1992, 307.
[543] BGH 21.10.1963 – AnwSt (R) 2/63, NJW 1964, 165; 17.2.1982 – VIII ZR 29/81, NJW 1982, 1397.
[544] BAG 29.10.1997 – 5 AZR 508/96, NZA 1998, 307 (307ff.).
[545] BAG 23.4.2009 – 6 AZR 189/08, NZA 2009, 974.

habe sich die Gefahr des **zufälligen Mithörens** deutlich erhöht. Insoweit könne der Anrufer bei einem Telefongespräch nicht ohne weiteres erwarten, dass Dritte, die sich in der Nähe seines Gesprächspartners aufhalten, das Gespräch nicht zufällig mithören. Entsprechend hat das BAG[546] die Verwertung eines „Zufallsfundes" aus einer gerechtfertigten verdeckten Videoüberwachung als zulässig angesehen.

241 In Situationen, in denen dem Interesse an der **Beweiserhebung besondere Bedeutung für die Rechtsverwirklichung** einer Partei zukommt, wenn sich bspw. der Beweisführer in einer Notwehrsituation oder einer notwehrähnlichen Lage befindet, wird auch die Verwertung von heimlich erlangten Videoaufnahmen als zulässig angesehen.[547]

242 Ein Beweisverwertungsverbot kann dann vorliegen, wenn eine **Videoüberwachung in öffentlichen Räumen** unter Verstoß gegen § 4 Abs. 3 BDSG erfolgt ist.[548] Die wohl derzeit herrschende Meinung in der Literatur spricht sich gegen ein solches Beweisverwertungsverbot aus.[549] Vielmehr ist im Einzelfall zu prüfen, ob eine Verletzung des Persönlichkeitsrechts vorliegt.[550] Jedenfalls führt ein Verstoß gegen die datenschutzrechtliche Löschpflicht einer Videoaufzeichnung nicht zu einem Beweisverwertungsverbot im Zivilprozess.[551]

243 Ein **Verstoß gegen ein Beweiserhebungsverbot** führt nur dann zum Beweisverwertungsverbot, wenn der Schutzzweck der verletzten Norm dies verlangt. Bei einem Verstoß gegen die Mitbestimmungsrechte des § 87 BetrVG ist dies nach der Auffassung des BAG nicht der Fall.[552]Allein die Verletzung eines Mitbestimmungstatbestandes oder die Nichteinhaltung einer Betriebsvereinbarungsregelung begründet nach dieser Auffassung grundsätzlich weder ein Beweisverwertungs- noch ein Sachvortragsverwertungsverbot.[553]

9. Sanktionen für mit der Überwachung beauftragte Arbeitnehmer

244 In erster Linie wird der Arbeitgeber die durch die Überwachung erlangten Informationen dazu verwenden, hieraus arbeitsrechtliche Konsequenzen gegenüber den verdächtigten Arbeitnehmern abzuleiten. In bestimmten Fällen stellt sich für den Arbeitgeber aber auch die Frage, ob diejenigen Arbeitnehmer, die **rechtswidrig andere Arbeitnehmer überwacht** haben, hierfür abgemahnt oder sogar gekündigt werden können.

245 Das Arbeitsgericht Berlin hatte sich mit der Kündigung eines leitenden Mitarbeiters im Bereich „Compliance" wegen von ihm veranlasster Überwachungsmaßnahmen und Datenabgleichungen auseinanderzusetzen. Dabei stellte es fest, dass eine Kündigung nur dann zulässig sei, wenn der betreffende Arbeitnehmer **objektiv rechtswidrig gehandelt** und **subjektiv um die Rechtswidrigkeit der Maßnahme gewusst** hat. Insbesondere sei es nicht zulässig, solchen Arbeitnehmern vormals vom Arbeitgeber gewollte, nunmehr jedoch nicht mehr opportun erscheinende Überwachungsmaßnahmen, vorzuhalten.[554]

10. Innerbetriebliche Amnestieprogramme

246 Mit – privatrechtlichen – **innerbetrieblichen Amnestieprogrammen**[555] kann eine zügige Sachverhaltsaufklärung erreicht werden. Dies kann zB in Kartellverfahren oder bei Ermitt-

---

[546] BAG 22.9.2016 – 2 AZR 848/15, NZA 2017, 112 ff.; *Fuhlrott*, GWR 2017, 60 ff.
[547] BAG 27.3.2003 – 2 AZR 51/02, NZA 2003, 1193 (1194 f.).
[548] ArbG Frankfurt a. M. 25.1.2006 – 7 Ca 3342/05, RDV 2006, 214; dazu instruktiv: *Bergwitz* NZA 2012, 353 (355 ff.).
[549] *Oberwetter* NZA 2008, 609; *Grimm/Schiefer* RdA 2009, 329 (341) mwN; dazu: *Bergwitz* NZA 2012, 353 (355 ff.).
[550] *Grimm/Schiefer* RdA 2009, 329 (341).
[551] BAG 23.8.2018 – 2 AZR 133/18, BeckRS 2018, 20923; LAG Rheinland-Pfalz, 25.10.2019 – 7 Sa 407/16, BeckRS 2017, 144052; aA LAG Hamm, 12.6.2017 – 11 Sa 858/16, NZA-RR 2018, 13; *Baeck/Winzer/Abend*, NZG 2018, 1221 (1222).
[552] BAG 13.12.2007 – 2 AZR 537/06, NZA 2008, 1008 (1010); aA LAG Hamm 5.4.2006 – 3 Sa 1376/06, BeckRS 2006, 42354 als Vorinstanz, BeckRS 2006, 42354; entsprechend BAG: LAG Köln 19.7.2019 – 9 TaBV 125/18, BeckRS 2019, 29558 n. rk.; LAG Baden-Württemberg 6.5.1999 – 12 Sa 115/97, BB 1999, 1439 ff.; *Böhm/Brams*, NZA-RR 2020, 449 (450 f.); Maschmann/*Maschmann* S. 160.
[553] *Gräfl/Oetker/Lunk/Trebinger/Moll*, 100 Jahre Betriebsverfassungsrecht, 497, 498 mwN.
[554] ArbG Berlin 18.2.2010 – 38 Ca 12879/09, BB 2010, 2309.
[555] Zu unterscheiden von der strafrechtlichen Kronzeugenregelung des § 46b StGB; vgl. dazu *Dann* CCZ 2010, 30.

lungen der SEC wesentlich sein, allerdings ggf. auch nachteilige Auswirkungen auf arbeitsrechtliche Maßnahmen gegenüber anderen, nicht kooperierenden Arbeitnehmern haben.[556]

Aus arbeitsrechtlicher Sicht ist wesentlicher Regelungsbereich eines innerbetrieblichen Amnestieprogramms der arbeitgeberseitige **Verzicht auf den Ausspruch von außerordentlichen und ordentlichen Kündigungen** gegenüber den kooperierenden Arbeitnehmern wegen der von ihnen berichteten Pflichtverletzungen.[557] Zudem ist es für die Mitwirkung der Arbeitnehmer an der Aufklärung von ihnen begangener schädigender Handlungen wesentlich, dass diese wegen ihrer Pflichtverletzungen **keinen Schadensersatz** zu leisten brauchen. 247

> **Praxistipp**
>
> Ein umfassender Verzicht auf Schadensersatzansprüche führt zu deren Erlöschen, womit auch die Einstandspflicht einer für den betreffenden Arbeitnehmer stehenden D&O-Versicherung endet.[558] Auch ist Vorsicht bei der inhaltlichen Formulierung des Verzichts geboten, wenn dieser gegenüber einer Vielzahl von Arbeitnehmern erklärt wird. In diesen Fällen ist von einer Gesamtschuld iSv §§ 421 ff. BGB auszugehen und der entsprechende Verzicht kann iS einer sog. „beschränkten Gesamtwirkung" zu verstehen sein.[559]

Die **Ausgestaltung innerbetrieblicher Amnestieprogramme** kann problematisch sein. Zum einen ist darauf zu achten, dass ein Sanktionsverzicht nur gegen **vollständige und wahrheitsgemäße Auskunft** bzw. Aufklärung erfolgt und der Verzicht bei falscher und/oder unvollständiger Information entfällt. 248

Auch dürfte ein **Generalverzicht ohne Gegenleistung** unzulässig sein. Schließlich sollte in der konkreten Situation überlegt werden, ob auf alle Sanktionsmöglichkeiten verzichtet werden soll, also auch auf Abmahnung und/oder Versetzung bzw. Änderungskündigung, wenn hinsichtlich einer Kündigung und der Geltendmachung von Schadensersatzansprüchen ein Sanktionsverzicht erklärt wurde. Denkbar ist auch eine Amnestieregelung nur für solche Arbeitnehmer, die sich **freiwillig** dem Arbeitgeber offenbaren.

Die Entscheidung über die Einführung eines innerbetrieblichen Amnestieprogramms sowie die Festlegung des sachlichen und persönlichen Geltungsbereichs unterliegen nicht der **Mitbestimmung des Betriebsrats**;[560] dieser ist allerdings gemäß § 80 Abs. 2 BetrVG zu unterrichten.[561] Darüber hinaus unterliegt die formale Ausgestaltung des Vernehmungsprozesses gemäß § 87 Abs. 1 Nr. 1 BetrVG der Mitbestimmung des Betriebsrats.[562] Schließlich kommt ein Mitbestimmungsrecht gemäß § 87 Abs. 1 Nr. 6 BetrVG in Betracht, soweit die im Rahmen des innerbetrieblichen Amnestieprogramms gewonnenen Erkenntnisse mit Hilfe von Computertechnik weiterverarbeitet und insbesondere gegeneinander abgeglichen werden sollen.[563] 249

V. Beschäftigtendatenschutz und Compliance

Die datenschutzrechtlichen Standards und Grenzen sind bei allen Compliance-Maßnahmen zu beachten.[564] Besondere Berücksichtigung muss bei der Planung und Umset- 250

---

[556] ArbG München 2.10.2008 – 13 Ca 17197/0, NZA-RR 2009, 134, das im Fall Siemens das Amnestieprogramm als wesentliches Argument für die Zumutbarkeit der Weiterbeschäftigung auch unkooperativer Mitarbeiter gewertet hat; dazu *Kolbe* NZA 2009, 228 ff.; *Göpfert/Merten/Siegrist* NJW 2008, 1703 (1704) mwN.
[557] Vgl. dazu im Detail: *Annuß/Pelz* BB Special 4 (zu BB 2010, Heft 50), 14 (15).
[558] Sehr instruktiv dazu: *Annuß/Pelz* BB Special 4 (zu BB 2010, Heft 50), 14 (16).
[559] *Annuß/Pelz* BB Special 4 (zu BB 2010, Heft 50), 14, 16 mit der Empfehlung, auf die Schadensersatzansprüche nicht zu verzichten, sondern lediglich zuzusagen, diese nicht durchzusetzen *(pactum de non petendo)*.
[560] *Zimmer/Heymann* BB 2010, 1853 (1855).
[561] *Annuß/Pelz* BB Special 4 (zu BB 2010, Heft 50), 14 (20).
[562] BAG 27.9.2005 – 1 ABR 32/04, BB 2006, 784 Ls.; *Annuß/Pelz* BB Special 4 (zu BB 2010, Heft 50), 14 (20).
[563] *Annuß/Pelz* BB Special 4 (zu BB 2010, Heft 50), 14 (20).
[564] *Jung*, ZD 2018, 208 ff.

zung von Compliance-Maßnahmen die EU-**Datenschutz-Grundverordnung (DS-GVO)**[565] finden. Die DS-GVO gilt gemäß Art. 288 AEUV unmittelbar in jedem Mitgliedstaat der Union, ohne dass es einer weiteren Umsetzung durch nationales Recht bedarf. Der Unionsgesetzgeber gestattet den Mitgliedstaaten in einigen Bereichen – insbesondere hinsichtlich des Beschäftigtendatenschutzes,[566] Art. 88 DS-GVO – jedoch die Ausgestaltung der Verordnung, soweit der materielle Schutzstandard hierdurch nicht geändert wird.[567] Zutreffend wird daher von einer „**Richtlinie im Verordnungsgewand**" gesprochen.[568] Dies führt zur Notwendigkeit einer Abgrenzung des Anwendungsbereichs des nationalen Rechts der Mitgliedstaaten und der DS-GVO. Für das deutsche Recht legt § 1 Abs. 5 BDSG ein „Zwei-Stufen-Modell" fest[569]: Im Grundsatz gilt die DS-GVO; enthält diese jedoch eine Öffnungsklausel, kommt das BDSG auf der zweiten Stufe zur Anwendung. Vor dem Hintergrund der Öffnungsklausel weiterhin in der Diskussion bleibt ferner die Schaffung eines nationalen Beschäftigtendatenschutzgesetzes.[570]

1. System des Beschäftigtendatenschutzes

251 Gemäß Art. 6 Abs. 1 DS-GVO ist die **Verarbeitung personenbezogener Daten** grundsätzlich unzulässig. Sie sind nur zulässig, soweit die DS-GVO dies erlaubt oder der betroffene Arbeitnehmer nach Art. 6 Abs. 1 lit. a DS-GVO iVm Art. 7 DS-GVO eingewilligt hat. Rechtstechnisch bedeutet dies ein **Verbot mit Erlaubnisvorbehalt**.

252 Bis zur ersten Novellierung des Bundesdatenschutzgesetzes richtete sich die Zulässigkeit für die Datenverarbeitung im Arbeitsverhältnis nach § 28 BDSG. Dem nachfolgend galt seit dem 1.9.2009 § 32 BDSG zur Datenerhebung, -verarbeitung und -nutzung für Zwecke des Beschäftigungsverhältnisses. Bei Anpassung des BDSG an die Vorgaben der DS-GVO hat der Gesetzgeber für den Arbeitnehmerdatenschutz von der bereits genannten Öffnungsklausel des Art. 88 DS-GVO Gebrauch gebracht und mit § 26 BDSG eine zentrale Vorschrift zum Beschäftigtendatenschutz geschaffen.[571] Diese führt die bisherige Regelung des § 32 BDSG aF fort.[572]

253 **a) Vorgaben durch § 26 BDSG.** Nach 26 Abs. 1 S. 1 BDSG dürfen personenbezogene Daten des Beschäftigten *„für Zwecke des Beschäftigungsverhältnisses verarbeitet werden, wenn dies für die Entscheidung über die Begründung eines Beschäftigungsverhältnisses oder nach Begründung des Beschäftigungsverhältnisses für dessen Durchführung oder Beendigung oder zur Ausübung oder Erfüllung der sich aus einem Gesetz oder einem Tarifvertrag, einer Betriebs- oder Dienstvereinbarung (Kollektivvereinbarung) ergebenden Rechte und Pflichten der Interessenvertretung der Beschäftigten erforderlich ist."*

Der Durchführung des Arbeitsverhältnisses dient alles, was mit der **Zweckbestimmung des Arbeitsverhältnisses** korrespondiert. Eine Orientierung vermittelt Art. 88 DS-GVO, der Beispiele für entsprechende Verarbeitungszwecke nennt.[573] Exemplarisch sind dort auch der Schutz des Eigentums des Arbeitgebers und der Kunden genannt. Werden Mitarbeiter kontrolliert, kann darin eine Verarbeitung personenbezogener Daten liegen.[574] Diese bedarf dann einer der in Art. 6 Abs. 1 DS-GVO genannten Verarbeitungsgrundlage.

---

[565] Verordnung (EU) 2016/679 des Europäischen Parlaments und des Rates vom 27.4.2016 zum Schutz natürlicher Personen bei der Verarbeitung personenbezogener Daten, zum freien Datenverkehr und zur Aufhebung der Richtlinie 95/46/EG (Datenschutz-Grundverordnung).
[566] *Düwell/Brink* NZA 2016, 665 (665).
[567] *Schantz* NJW 2016, 1841 (1842); vgl. Entwurf eines Gesetzes zur Anpassung des Datenschutzrechts an die Datenschutz-Grundverordnung und zur Umsetzung der Richtlinie (EU) 2016/680 („Referentenentwurf"), Stand: 1. Ressortabstimmung (5.8.2016).
[568] *Kühling/Martini* EuZW 2016, 448 (448); vgl. auch BeckOK DatenschutzR/*Gusy/Eichenhofer* BDSG § 1 Rn. 32.
[569] BeckOK DatenschutzR/*Gusy/Eichenhofer* BDSG § 1 Rn. 33; *Kühling* NJW 2017, 1985 (1987).
[570] Vgl. ausführlich *Lurtz/Ruhmann* ZD-Aktuell 2020, 07281.
[571] Gola DS-GVO/*Pötters* DS-GVO Art. 88 Rn. 9.
[572] Gola DS-GVO/*Pötters* DS-GVO Art. 88 Rn. 9.
[573] Kühling/Buchner/*Maschmann* BDSG § 26 Rn. 37.
[574] *Maschmann*, NZA-Beilage 2018, 115.

Soweit Daten zur Aufdeckung von Straftaten verwendet werden sollen, ergeben sich die Voraussetzungen aus § 26 Abs. 1 S. 2 BDSG. Danach müssen **tatsächliche Anhaltspunkte** vorliegen, abstrakte Verdachtsmomente allein reichen nicht aus. Zudem muss der Arbeitgeber die vorliegenden Verdachtsmomente dokumentieren. Dabei muss die Straftat außerdem in einem **engen Zusammenhang mit dem Arbeitsverhältnis** stehen, damit § 26 BDSG überhaupt zur Anwendung kommt. Des Weiteren müssen weniger einschneidende Mittel zur Aufklärung des Verdachts ausgeschöpft sein.[575] Die Verarbeitung der personenbezogenen Daten des Mitarbeiters muss zur Aufdeckung **erforderlich** sein; sein schutzwürdiges Interesse an dem Ausschluss der Datenverarbeitung darf nicht überwiegen.[576] Insbesondere müssen Art und Ausmaß im Hinblick auf den Anlass der Datenverarbeitung **verhältnismäßig** sein. In der Abwägung hat das allgemeine Persönlichkeitsrecht des Arbeitnehmers ebenso einzufließen, wie die Härte und Schwere der Straftat und die Intensität des Verdachts.[577] Da sich die Neuregelung des § 26 BDSG überwiegend an der bisherigen Rechtslage nach § 32 BDSG orientiert,[578] vermittelt die insoweit ausdifferenzierte Rechtsprechung weiterhin eine geeignete Orientierung.[579]

In diesem Zusammenhang stellt sich die Frage nach den Möglichkeiten des Arbeitgebers zu einem **präventiven Vorgehen gegen Straftaten**, also nach § 26 BDSG fort.[582] Es müssen daher bei einer Datenerhebung durch verdeckte Überwachungsmaßnahmen zumindest **Anhaltspunkte für eine tatsächliche Gefährdung** vorliegen, die eine Überwachung rechtfertigen können, wenn das geschützte Rechtsgut und die Beeinträchtigung anderer möglicher Interessen eingreifenden werden kann.[583] Bei weniger intensiv in das allgemeine Persönlichkeitsrecht eingreifenden Datenerhebungen, insbesondere bei offenen Überwachungsmaßnahmen zum Zwecke der Prävention, kann das Vorliegen einer abstrakten Gefahr ausreichen, sofern kein psychischer, das selbstbestimmte Handeln hemmender Anpassungsdruck erzeugt wird.[584]

Demgemäß haben sich **verdachtsunabhängige Datenscreenings** nunmehr an den Voraussetzungen des § 26 BDSG zu orientieren.[585] Eine Zulässigkeit nach § 26 Abs. 1 S. 1 BDSG setzt voraus, dass das schutzwürdige Interesse – aber auch die Pflicht – des Unternehmens nach **Korruptionsprävention** gegenüber den schutzwürdigen Interessen der Arbeitnehmer auf **Vermeidung eines unzulässigen Generalverdachts und eines Dauerüberwachungsdrucks**

---

[575] Zu § 32 BDSG a.F. BAG 23.8.2018 – 2 AZR 133/18, NZA 2018, 1329 (1329); BAG, 27.7.2017 – 2 AZR 681/16, NJW 2017, 3258 (3261); BAG, 17.11.2016 – 2 AZR 730/15, NZA 2017, 394 (398); BAG 21.11.2013 – 2 AZR 797/11, NJW 2014, 810 (815) mwN; vgl. auch LAG Hessen 21.9.2018 – 10 Sa 601/18, NZA-RR 2019, 130 (133 f).
[576] *Maschmann*, NZA-Beilage 2018, 115 (117).
[577] BAG 23.8.2018 – 2 AZR 133/18, NZA 2018, 1329 (1329).
[578] *Ströbel/Böhm/Breunig/Wybitul* CCZ 2018, 14 (15); BeckOK Datenschutz/Riesenhuber BDSG § 26 Rn. 56.
[579] *Kort* NZA 2018, 1097 (1098).
[580] BAG 29.6.2017 – 2 AZR 597/16, NZA 2017, 1179 (1181 ff); vgl. *Thüsing* NZA 2009, 865 (868), *Wybitul* BB 2009, 1582 (1583).
[581] BAG 29.6.2017 – 2 AZR 597/16, NZA 2017, 1179 (1182).
[582] *Kühling/Buchner/Maschmann* BDSG § 26 Rn. 58; BeckOK Datenschutz/Riesenhuber BDSG § 26 Rn. 130; *Fuhlrott/Oltmanns* NZA 2019, 1105 (1108 f).
[583] BAG 21.6.2012 – 2 AZR 153/11, NJW 2012, 3594 (3596); *Joussen* NZA 2010, 254 (257 ff); *Venetis/Oberwetter* NJW 2016, 1051 (1054).
[584] BAG 28.3.2019 – 8 AZR 421/17, NZA 2019, 1212 (1216), Rn. 37. *Stück* CCZ 2020, 77 (78 f) zu § 32 BDSG; *Wabnitz/Janovsky* WirtschaftsStrafR-HdB/*Knierim* 5. Kapitel Rn. 146; *Joussen* NZA 2010, 2309, BB 2010, 2309.
[585] BDSG; ArbG Berlin 18.2.2010 – 38 Ca 12879/09, BB 2010, 2309, wonach bei einer Vielzahl analytischer Prüfungshandlungen die Normen des Bundesdatenschutzgesetzes keine Anwendung finden sollen, da es sich bei vielen Datenanalysen nur um die Auswertung von Transaktionsdaten handelt.

§ 35 257–262 Teil G. Nebenpflichten im Arbeitsverhältnis

überwiegt. Auch unter dem Gesichtspunkt der Datenminimierung nach Art. 5 Abs. 1 lit. c DS-GVO sind die Screenings etwa auf korruptionsgefährdete Bereiche oder bestimmte Arbeitnehmergruppen zu beschränken.

> **Praxistipp:**
> Die Durchführung eines Screenings sollte frühzeitig mit dem Datenschutzbeauftragten des Unternehmens abgestimmt werden (vgl. Art. 38 Abs. 1 DS-GVO).
> Im Übrigen sind die Mitbestimmungsrechte des Betriebsrates nach § 87 Abs. 1 Nr. 6 BetrVG zu berücksichtigen.

257 *Thüsing* geht insoweit zu § 32 BDSG aF von einer gestuften Vorgabe aus:
(1) **Allgemeine Compliance-Maßnahmen** sind zulässig nach § 32 Abs. 1 S. 1 BDSG aF;
(2) wenn hinsichtlich **einzelner Arbeitnehmer Informationen** erlangt werden, dann dürfen diese nur nach dem Maßstab von § 32 Abs. 1 S. 2 BDSG aF weiterverfolgt und genutzt werden, also nur dann, wenn **Erheblichkeit** gegeben ist.[586]

258 Die Aufdeckung von Vertragsbrüchen, die nicht strafbar sind, zB Verstöße gegen das Wettbewerbsverbot oder von Verschwiegenheitsverpflichtungen, waren weiterhin nach § 32 Abs. 1 S. 1 BDSG aF zulässig.

259 **b) Verhältnis von § 26 Abs. 1 BDSG zu anderen Erlaubnistatbeständen.** § 32 Abs. 1 S. 1 BDSG aF sollte, soweit personenbezogene Daten für Zwecke des Beschäftigungsverhältnisses verwendet werden, als **bereichsspezifische Regelung zum Datenschutz für Arbeitnehmer primär** gelten, der Anwendungsbereich des § 28 Abs. 1 S. 1 Nr. 1 BDSG aF wurde dadurch verdrängt.[587]

260 Zu der Frage, ob § 32 BDSG aF neben § 28 BDSG aF auch die anderen Erlaubnistatbestände des § 28 BDSG verdrängen sollte, ging die herrschende Meinung davon aus, dass diese weiterhin anwendbar sein sollen.[588] Insbesondere § 28 Abs. 1 S. 1 Nr. 2 BDSG aF sollte zur Anwendung kommen, wenn es um mit dem **Beschäftigtenverhältnis in Bezug stehende Vorgänge** geht, die jedoch nicht mehr der Zweckbestimmung des Vertragsverhältnisses zuzuordnen sind.[589]

261 Diese Problematik besteht im novellierten Datenschutzrecht in vergleichbarer Form fort: Mangels Regelungskompetenz entfalten Regelung des BDSG nF außerhalb der durch Art. 88 DS-GVO definierten Bereichs keine Wirkung.[590] Konsequenterweise hat der Gesetzgeber auch keine dem § 28 BDSG aF entsprechende „Nachfolgenorm" geschaffen.[591] Es kommt aber ein Rückgriff auf die Erlaubnistatbestände des Art. 6 DS-GVO in Betracht.[592] So sieht Art. 6 Abs. 1 lit.f DS-GVO etwa einen Auffangtatbestand vor, wonach die Verarbeitung personenbezogener Daten zur Wahrung der berechtigten Interessen des Verantwortlichen oder eines Dritten erforderlich sein muss. Denkbar ist ferner ein Rückgriff auf Art. 9 Abs. 2 DS-GVO,[593] sofern die Regelung des § 26 Abs. 3 BDSG nicht vorgeht. Art. 9 Abs. 2 DS-GVO erlaubt unter strengen Voraussetzung die grundsätzlich untersagte Verarbeitung von besondere Kategorien personenbezogener Daten. Hierbei handelt es sich etwa um die Gewerkschaftszugehörigkeit eines Arbeitnehmers.

262 Insoweit stellt sich dann jedoch die Frage, wie die **Zwecke des Beschäftigungsverhältnisses** von anderen Zwecken abzugrenzen sind. Offen ist, inwieweit auf die zur alten Gesetzeslage entwickelten Abgrenzungskriterien zurückgegriffen werden kann, da § 26 BDSG unionsrechtskonform auszulegen ist.[594]

---

[586] *Thüsing* § 3 Rn. 27.
[587] *Deutsch/Diller* DB 2009, 1462.
[588] *Franzen* RdA 2010, 257 (250) mwN.
[589] *Gola/Schomerus* § 32 Rn. 33.
[590] *Ströbel/Böhm/Breunig/Wybitul* CCZ 2018, 14 (19).
[591] *Kort* NZA 2018, 1097 (1099).
[592] *Kort* NZA 2018, 1097 (1099); *Wybitul* CCZ 2016, 194 (196).
[593] *Ströbel/Böhm/Breunig/Wybitul* CCZ 2018, 14 (19).
[594] Siehe zum damaligen Meinungsstand: *Franzen* RdA 2010, 257 (260).

Große Bedeutung kommt im Rahmen der DS-GVO der umfassenden **Dokumentation von** 263
Compliance-Maßnahmen zu. Dies betrifft zum einen die Dokumentation in Vorfeld in einem Verarbeitungsverzeichnis gemäß Art. 30 Abs. 1 DS-GVO. Zum anderen müssen Verantwortliche nach dem sog. Rechenschaftsprinzip[595] den Nachweis dafür erbringen können, dass die Datenverarbeitung gemäß der DS-GVO erfolgt.

c) Regelbarkeit durch Betriebsvereinbarung. Betriebsvereinbarungen können zur Begrün- 264
dung einer datenschutzrechtlichen Rechtfertigung herangezogen werden.[596]

Dies folgt aus Art. 88 DS-GVO, welcher die *„Erfüllung von durch Rechtsvorschriften* 265
oder durch Kollektivvereinbarungen festgelegten Pflichten" nennt. Ausdrücklich sieht Erwägungsgrund 155 der DS-GVO vor, dass *„in Kollektivvereinbarungen (einschließlich ‚Betriebsvereinbarungen') [...] spezifische Vorschriften für die Verarbeitung personenbezogener Beschäftigtendaten im Beschäftigungskontext vorgesehen werden"* können.[597] Die Praxistauglichkeit eines solchen Erlaubnistatbestands ist indessen fraglich.[598] Nicht zulässig ist eine Verringerung des Schutzniveaus im Verhältnis zu § 26 BDSG und zur DS-GVO; selbst die Zulässigkeit einer Abweichung zugunsten der Arbeitnehmer wird in der Literatur kritisch diskutiert.[599] Dies macht es erforderlich, bei dem Abschluss von Betriebsvereinbarungen besonderes Augenmerk auf die Betroffenenrechte der DS-GVO, welche im Vergleich zum BDSG detaillierter ausgestaltet sind, sowie auf die Aufklärungs- und Informationspflichten der DS-GVO, zu legen.[600]

Hat eine Form der Verarbeitung personenbezogener Daten ein hohes Risiko für die Rech- 266
te und Freiheiten natürlicher Personen zur Folge, ist gemäß § 35 DS-GVO eine Datenschutz-Folgenabschätzung erforderlich. Hierauf kann in einer Betriebsvereinbarung Bezug genommen werden, um den Regelungs- und Dokumentationsaufwand zu reduzieren.[601]

d) Einwilligung des Arbeitnehmers. Auch nach der Novellierung des Datenschutzrechts ist 267
eine Einwilligung des Arbeitnehmers in die Datenverarbeitung ein tragfähiger Erlaubnistatbestand.[602]

Die Voraussetzungen für eine **wirksame Einwilligung** ergeben sich insoweit aus § 26 268
Abs. 2 S. 1 BDSG. Erfolgt die Verarbeitung personenbezogener Daten auf der Grundlage einer Einwilligung des Arbeitnehmers, so sind demnach für die Beurteilung der Freiwilligkeit der Einwilligung insbesondere die im Beschäftigungsverhältnis bestehende Abhängigkeit der beschäftigten Person sowie die Umstände, unter denen die Einwilligung erteilt worden ist, zu berücksichtigen.

Mit „Freiwilligkeit" ist mehr gemeint, als das bloße Fehlen von Willensmängeln. Für das 269
Arbeitsverhältnis wird die Freiwilligkeit generell bezweifelt, da die Stellung des Arbeitnehmers eine freie Willensentscheidung regelmäßig ausschließe.[603] Freiwilligkeit kann jedoch gemäß § 26 Abs. 2 S. 2 insbesondere dann vorliegen, wenn für die beschäftigte Person ein rechtlicher oder wirtschaftlicher Vorteil erreicht wird oder Arbeitgeber und beschäftigte Person gleichgelagerte Interessen verfolgen. Dabei ist zu berücksichtigen, dass eine Einwilligung des Arbeitnehmers im Kontext einer Compliance-Maßnahme regelmäßig nicht freiwillig erfolgt, da Arbeitnehmer und Arbeitgeber insoweit keine gleichgelagerten Interessen verfolgen.[604]

---

[595] *Wybitul* CCZ 2016, 194 (197).
[596] *Maschmann*, NZA-Beilage 2018, 115, 116.
[597] *Körner*, NZA 2019, 1389 ff.
[598] *Kort* NZA 2018, 1097 (1101).
[599] Vgl. zum Meinungsstand *Kort* NZA 2018, 1097 (1101 f.).
[600] *Körner*, NZA 2019, 1389, 1391 f.; *Wybitul/Böhm* CB 2016, Online Update vom 14.4.2016, 6.
[601] *Wybitul/Böhm* CB 2016, Online Update vom 14.4.2016, 6.
[602] *Maschmann*, NZA-Beilage 2018, 115, 116; BeckOK DatenschutzR/*Riesenhuber* BDSG § 26 Rn. 43; *Kühling/Martini* EuZW 2016, 448 (451) unter Hinweis auf den ursprünglichen Kommissionsentwurf, der Arbeitsverhältnisse exemplarisch angeführt hatte.
[603] *Lingemann* Teil 9 Rn. 7, 292; *Thüsing* S. 61 Rn. 127 mwN; vgl. jedoch BT-Drs. 16/13657, 20, wonach der Gesetzgeber die Einwilligung im Arbeitsverhältnis nicht ausschließt.
[604] *Ströbel/Böhm/Breunig/Wybitul* CCZ 2018, 14 (16).

270 Ferner muss der Arbeitnehmer gemäß § 26 Abs. 2 S. 3 BDSG seine Einwilligung schriftlich oder in elektronischer Form zu erklären, soweit nicht wegen besonderer Umstände eine andere Form angemessen ist.

271 Die Einwilligung des Arbeitnehmers ist nach Art. 7 Abs. 3 DS-GVO **widerruflich**. Hierüber muss der Arbeitgeber – ebenso wie über den **Zweck der Datenverarbeitung** – gemäß § 26 Abs. 2 S. 4 BDSG in Textform aufklären. Dem Widerruf kommt jedoch keine „Rückwirkung" zu; er führt nicht zur Rechtswidrigkeit der bis zur Widerrufserklärung erfolgten Datenverarbeitung.[605]

272 **e) Verpflichtung auf das Datengeheimnis.** Der Schutz der Beschäftigten verwirklicht sich zudem mittelbar über Art. 24 DS-GVO. Zwar sieht die DS-GVO – anders als dies nach § 5 BDSG aF der Fall war – nicht mehr unmittelbar vor, denjenigen Arbeitnehmern auf das Datengeheimnis zu verpflichten, die mit personenbezogenen Daten in Kontakt kommen. Wohl ist nach Art. 24 DS-GVO erforderlich, dass der Verantwortliche geeignete technische und organisatorische Maßnahmen umsetzt, um sicherzustellen und den Nachweis dafür erbringen zu können, dass die Verarbeitung gemäß den Vorgaben der DS-GVO erfolgt. Auf eine Verpflichtung der Arbeitnehmer auf das Datengeheimnis entsprechend § 5 BDSG aF – und auf eine entsprechende Dokumentation – kann daher keinesfalls verzichtet werden.

273 **f) Auskunftsanspruch.** Erhebliche praktische Bedeutung kommt dem Auskunftsanspruch des Arbeitnehmers nach Art. 15 DS-GVO zu.[606] Insbesondere hat ein Arbeitnehmer gemäß Art. 15 Abs. 3 DS-GVO einen Anspruch auf **Zurverfügungstellung einer Kopie** der personenbezogenen Daten, die Gegenstand der Verarbeitung sind. Das Recht auf Erhalt einer Kopie darf die Rechte und Freiheiten anderer Personen nicht beeinträchtigen, Art. 15 Abs. 4 DS-GVO.[607]

274 In der Praxis wird dieser Anspruch zunehmend im Konfliktfall geltend gemacht, um den „Lästigkeitswert" zu erhöhen und so ein vorteilhafteres Verhandlungsergebnis zu erzielen.[608] Dies ist der Fall, denn die korrekte Erfüllung des Anspruchs ist sachlich komplex; ein Verstoß gegen Art. 15 DS-GVO kann mit einer Geldbuße iSv Art. 83 Abs. 5 lit. b DS-GVO geahndet werden. Die vorherrschende Auffassung geht davon aus, dass die Verhängung eines Bußgelds sogar bei einem bloß fahrlässigen Verstoß in Betracht kommt.[609]

275 Für den Bereich Compliance ist der Auskunftsanspruch relevant, da dieser Anspruch auch Daten aus einem Hinweisgebersystem und die Ergebnisse einer Compliance-Untersuchung umfasst, welche den anspruchstellenden Arbeitnehmer betreffen.[610] Dies kann unter Umständen zur Deanonymisierung eines Hinweisgebers führen.[611]

276 **g) Datenschutzmanagementsystem/Datenschutzbeauftragter.** Zum System des Beschäftigendatenschutzes gehört auch die Verpflichtung für privatrechtlich organisierte Unternehmen, befristet[612] oder unbefristet einen **„Beauftragten für den Datenschutz"** nach § 38 BDSG zu ernennen, wenn es entweder (1) in der Regel mindestens 20 Personen mit der automatisierten Verarbeitung von personenbezogenen Daten beschäftigt oder (2) automatisierte Verarbeitungen vornimmt, die einer Datenschutz-Folgenabschätzung nach Art. 35 DS-

---

[605] BeckOK DatenschutzR/*Riesenhuber* BDSG § 26 Rn. 48.
[606] Vgl. ausführlich *Lembke* NJW 2020, 1841 (ff.).
[607] Dazu LAG Baden-Württemberg 20.12.2018 – 17 Sa 11/18, NZA-RR 2019, 242.
[608] Vgl. dazu ArbG Frankfurt a. M. 18.12.2019 – 9 ca 5307/19, BeckRS 2019, 46679 mit enger Auslegung des Betriffs der „Kopie"; *Lembke* NJW 2020, 1841 (1841); *Böhm/Brams*, NZA-RR 2020, 449 (451 f.).
[609] ArbG Düsseldorf 5.3.2020 – 9 Ca 6557/18, NZA-RR 2020, 409 mAnm *Möllenkamp*, NZA-RR 2020, 416; *Böhm/Brams*, NZA-RR 2020, 449 (452 f.); Paal/Pauly/*Frenzel* DS-GVO Art. 83 Rn. 14, 31; Gola DS-GVO/*Gola* DS-GVO Art. 83 Rn. 4; BeckOK DatenschutzR/*Holländer* DS-GVO Art. 83 Rn. 18; aA aufgrund verfassungsrechtlicher Bedenken *Lembke* NJW 2020, 1841 (1843).
[610] LAG Baden-Württemberg, 20.12.2018 – 17 Sa 11/18, NZA-RR 2019, 242 (249), über die Revision – 5 AZR 66/19 hat das BAG nicht entschieden, nachdem sich die Parteien unmittelbar vor der mündlichen Verhandlung vergleichsweise geeinigt hatten, vgl. Pressemitteilung BAG Nr. 26/20; *Lembke* NJW 2020, 1841 (1844).
[611] Zu den Details → Rn. 287 f.
[612] SWK-ArbR/*Mengel* Datenschutzbeauftrgter Rn. 12.

GVO unterliegen, oder (3) personenbezogene Daten geschäftsmäßig zum Zweck der Übermittlung, der anonymisierten Übermittlung oder der Markt- und Meinungsforschung automatisiert verarbeitet.

Ein Unternehmen kann auch freiwillig einen Datenschutzbeauftragten bestellen. Nach § 38 Abs. 2 BDSG besteht dann kein Schutz vor Abberufung und ggf. Kündigung des Anstellungsvertrages gemäß § 6 Abs. 4 BDSG.

§ 37 Abs. 5 DS-GVO fordert von dem Datenschutzbeauftragten die **notwendige Fachkunde und Zuverlässigkeit.** Der Datenschutzbeauftragte darf keine Aufgaben wahrnehmen, die mit seiner Kontrollfunktion unvereinbar sind und somit zu Interessenkonflikten führen könnten.[613] Die Aufgaben des Datenschutzbeauftragten sind in Art. 39 DS-GVO geregelt, wobei die dort aufgeführte Aufgabenzuweisung nicht abschließend ist, Art. 39 Abs. 1 S. 1 DS-GVO.

Nach Art. 38 Abs. 3 S. 3 DS-GVO hat der Datenschutzbeauftragte ein **unmittelbares Berichtsrecht** gegenüber der höchsten Managementebene im Unternehmen. Es darf daher keine Berichts- oder Führungsebene zwischen dem Beauftragten und der Unternehmensleitung bestehen.[614] Auch ist der Datenschutzbeauftragte nach Art. 38 Abs. 3 S. 1 DS-GVO in fachlichen Fragen weisungsfrei.

Mit der Bestellung eines Arbeitnehmers zum Datenschutzbeauftragten ändern sich regelmäßig dessen **arbeitsvertragliche Rechte und Pflichten,** die Tätigkeit als Datenschutzbeauftragter wird als arbeitsvertragliche Leistung geschuldet.[615] Die Bestellung des Datenschutzbeauftragten kann nur in besonderen Fällen entsprechend dem Maßstab des wichtigen Kündigungsgrundes gemäß § 626 BGB **widerrufen** werden, wobei sich der wichtige Grund in erster Linie auf die Tätigkeit als Datenschutzbeauftragter beziehen muss, wie etwa ein Verstoß gegen Verschwiegenheitspflichten.[616]

Schließlich ist zu beachten, dass der aufgrund gesetzlicher Verpflichtung bestellte Datenschutzbeauftragte nach § 38 Abs. 2 BDSG iVm § 6 Abs. 4 BDSG einem **Sonderkündigungsschutz** mit einjähriger Nachwirkungszeit unterliegt.

Von der Bestellung eines Datenschutzbeauftragten ist die Implementierung eines **Datenschutzmanagementsystems** (DSMS) zu unterscheiden. Darunter werden Maßnahmen organisatorischer Art verstanden, die den datenschutzkorrekten Umgang mit personenbezogenen Daten gewährleisten sollen.[617] So ist es Aufgaben eines DSMS, die Verantwortlichkeiten und die internen Verhaltensweisen festzulegen, etwa die Schulung der Arbeitnehmer.[618]

2. Datenschutz bei Compliance-/Whistleblowing-Hotlines

Die über Compliance-/Whistleblowing-Hotlines kommunizierten Informationen betreffen typischerweise das persönliche Verhalten der Arbeitnehmer und sind somit **personenbezogene Daten** iSd Art. 4 Nr. 1 BDSG.[619] Durch den anschließenden Gebrauch dieser Daten durch das Unternehmen liegt eine Datennutzung vor. Nachdem eine Einwilligung des Betroffenen (zumindest der beschuldigten Person) im Falle der Datengewinnung über eine Compliance-Hotline realitätsfremd und daher nicht in Erwägung zu ziehen ist, bedarf es einer gesetzlichen Erlaubnis. Die gesetzliche Erlaubnis ergab sich früher aus § 32 BDSG, nunmehr übertragbar auf § 26 BDSG.

Berücksichtigend, dass gemäß § 26 Abs. 1 S. 1 BDSG die Bearbeitung von personenbezogenen Daten des Arbeitnehmers zulässig ist, wenn es der **Zweckbestimmung des Vertragsverhältnisses** dient, könnte die Datenverwendung vorliegend dazu dienen, eine Gefährdung

---

[613] BAG 22.3.1994 – 1 ABR 51/93, NZA 1994, 1049; LAG Hamm 8.4.2011 – 13 TaBV 92/10, BeckRS 2011, 73602 Rn. 40; zur Vereinbarkeit des Amtes als Betriebsratsvorsitzender und Datenschutzbeauftragter: LAG Sachsen 19.8.2019 – 9 Sa 268/18, NZA-RR 2020, 56 Rn. 30, n. rk.
[614] SWK-ArbR/*Mengel* Datenschutzbeauftragter Rn. 25.
[615] Dazu BAG 23.3.2011 – 10 AZR 562/08, NZA 2011, 1036 Rn. 29 f.
[616] Dazu LAG Mecklenburg-Vorpommern 25.2.2020 – 5 Sa 108/19, NZA-RR 2020, 291; SWK-ArbR/*Mengel* Datenschutzbeauftragter Rn. 34 mwN.
[617] *Jung* ZD 2018, 208 (209 ff.).
[618] *Jung* ZD 2018, 208 (210).
[619] Vgl. *Haußmann/Kaufmann* ArbRAktuell 2011, 186 ff.

des Vertragszwecks durch Nebenpflichtverletzungen zu verhindern.[620] Infolgedessen dürfte die **Datenverarbeitung** dann als **zulässig** iSv § 26 Abs. 1 S. 1 BDSG anzusehen sein, wenn hierdurch lediglich die arbeitnehmerseitige **Treuepflicht als arbeitsvertragliche Nebenpflicht** erfüllt wird, den Arbeitgeber über alle wesentlichen Vorkommnisse im Betrieb in Kenntnis zu setzen, vor allem um Schäden des Arbeitgebers zu verhindern.[621] Auch kann argumentiert werden, dass die Whistleblowing-Hotline der Kontrolle von Leistung und Verhalten der Arbeitnehmer, und damit der Durchführung des Arbeitsverhältnisses, dient.[622]

285 Sofern die Arbeitnehmer lediglich dazu aufgefordert werden, eine derartige Hotline zur **Meldung von kriminellem Verhalten anderer Arbeitnehmer** zu benutzen, das deren Arbeitsbereich betrifft, wird dies der Zweckbestimmung des Vertragsverhältnisses dienen. Die Meldung von darüber hinausgehendem unehrlichem Verhalten dürfte jedoch über die Vertragszwecke hinausgehen.[623]

286 Geht der Arbeitgeber einem **konkreten Hinweis eines Whistleblowers** nach, gestattet ihm § 26 Abs. 1 S. 2 BDSG, personenbezogene Daten des angezeigten Arbeitnehmers zur **Aufdeckung von Straftaten** zu erheben, zu verarbeiten und zu nutzen. Voraussetzung ist, dass **tatsächliche Anhaltspunkte**, die der Arbeitgeber dokumentieren muss, den **Verdacht einer Straftat im Beschäftigungsverhältnis** gegen den Betroffenen begründen.[624] Auch muss die Datenerhebung-, -verbreitung oder -nutzung zur Aufdeckung der Straftat **verhältnismäßig** sein.[625]

287 Um die Bereitschaft zur Nutzung der Compliance-/Whistleblowing-Hotline zu erhöhen, wird der Arbeitgeber regelmäßig ein Interesse daran haben, dem Hinweisgeber im Verhältnis zu anderen Mitarbeitern **Anonymität** zuzusichern. Dies steht jedoch in einem Spannungsverhältnis zu dem bereits erwähnten Auskunftsanspruch des betroffenen Arbeitgebers nach Art. 15 DS-GVO, wonach auch über Hinweise und Ermittlungsergebnisse Auskunft erteilt werden muss.[626] Kann der Arbeitgeber im Hinblick auf das Einsichtsrecht des Arbeitnehmers in seine Personalakte nach § 83 Abs. 1 S. 1 BetrVG die Anonymität des Hinweisgebers vergleichsweise einfach dadurch sicherstellen, dass er Hinweise bzw. Ermittlungsergebnisse nur in anonymisierter Fassung zur Personalakte des betroffenen Arbeitnehmers nimmt,[627] besteht diese Möglichkeit im Hinblick auf den Anspruch nach Art. 15 DS-GVO nicht ohne Weiteres.

288 Zwar darf gemäß Art. 15 Abs. 4 das Recht auf Erhalt einer Datenkopie die Rechte und Freiheiten anderer Personen nicht beeinträchtigen.[628] Nach Auffassung des LAG Baden-Württemberg sind aber Konstellationen denkbar, in denen das Geheimhaltungsinteresse des Hinweisgebers hinter dem Auskunftsinteresse des betroffenen Arbeitnehmers zurückzutritt, etwa wenn der Hinweisgeber vorsätzlich oder leichtfertig unrichtige Informationen gegeben hat.[629] Zukünftig wird in diesem Zusammenhang der **Whistleblower-Richtlinie** herausragende Bedeutung zukommen, die besondere Vorgaben zum Schutz des Hinweisgebers enthält.[630]

3. Rechtsfolgen unerlaubter Datenverarbeitung

289 Nach Art. 79 DS-GVO haben die Mitgliedstaaten sicherzustellen, dass jede Person bei dem zuständigen Gericht einen Rechtsbehelf einlegen kann, wenn deren Rechte durch Datenverarbeitung verletzt werden.

---

[620] Zu § 32 BDSG *Wisskirchen/Körber/Bissels* BB 2006, 1567 (1568).
[621] *Mengel/Hagemeister* BB 2007, 1386 (1389).
[622] Vgl. BT-Drs. 16/13657, 21.
[623] *Wisskirchen/Körber/Bissels* BB 2006, 1567 (1568).
[624] *Haußmann/Kaufmann* ArbRAktuell 2011, 186 mit dem Hinweis, dass § 32e BDSG-Entwurf die zulässige Datenerhebung auf schwerwiegende Pflichtverletzungen erweitert.
[625] *Lingemann* Teil 9 Rn. 4, 296.
[626] → Rn. 273 ff.
[627] LAG Baden-Württemberg 20.12.2018 – 17 Sa 11/18, NZA-RR 2019, 242 (249).
[628] Dazu ArbG Frankfurt a. M. 18.12.2019 – 9 Ca 5307/19, BeckRS 2019, 46679.
[629] LAG Baden-Württemberg 20.12.2018 – 17 Sa 11/18, NZA-RR 2019, 242 (250 f.).
[630] Richtlinie (EU) 2019/1937 des Europäischen Parlaments und des Rates vom 23. Oktober 2019 zum Schutz von Personen, die Verstöße gegen das Unionsrecht melden. Zu den Details → Rn. 131 ff.

a) Zivilrechtliche Folgen. Als zivilrechtliche Folgen von unerlaubter Datenverarbeitung 290 sind denkbar:
(1) **Zurückbehaltungsrecht des Arbeitnehmers** aus § 273 Abs. 1 BGB, da die Einhaltung datenschutzrechtlicher Vorschriften eine Nebenpflicht des Arbeitgebers aus dem Arbeitsverhältnis darstellt (§ 241 Abs. 2 BGB);[631]
(2) **Schadensersatzpflicht** nach Art. 82 DS-GVO;[632]
(3) **Zurechnung des Verhaltens von Erfüllungsgehilfen** des Arbeitgebers nach § 278 BGB;
(4) **Eigenhaftung der Hilfspersonen,** vornehmlich aus §§ 823 ff. BGB. Ein danach haftender Arbeitnehmer kann jedoch vom Arbeitgeber analog §§ 670, 257 BGB Freistellung von den gegen ihn erhobenen Ansprüchen des Betroffenen verlangen;[633]
(5) **Unterlassungs- und Beseitigungsansprüche** aus § 823 Abs. 1 BGB iVm § 1004 BGB analog;
(6) **Herausgabe** nach § 812 Abs. 1 S. 1 Alt. 2 BGB (Eingriffskondiktion) und **Gewinnabschöpfung** nach § 823 Abs. 1 BGB iVm Art. 2 Abs. 1 (allgemeines Persönlichkeitsrecht).

b) Strafrechtliche Folgen. Dem Arbeitgeber drohen bei rechtswidriger Datenerhebung, 291 -nutzung oder -verarbeitung zudem **straf- und ordnungswidrigkeitenrechtliche Sanktionen,** insbesondere auf der Grundlage von § 201 StGB (Recht am eigenen Wort), § 202 StGB (Verletzung des Briefgeheimnisses), § 202a StGB (Ausspähen von Daten), § 202b StGB (Abfangen von Daten), § 202c StGB (Vorbereiten des Ausspähens oder Abfangens von Daten), § 206 StGB (Verletzung des Fernmeldegeheimnisses), § 303a StGB (Datenveränderung) oder § 42 BDSG und § 148 TKG für vorsätzliche Verstöße, sowie Bußgelder nach § 43 BDSG oder § 149 TKG.

Zu berücksichtigen ist, dass die DS-GVO eine wesentliche Erhöhung von Bußgeldern vor- 292 sieht. So sollen nach Art. 83 DS-GVO für Unternehmen Geldbußen von bis zu 4 % des gesamten weltweit erzielten Jahresumsatzes des vorangegangenen Geschäftsjahrs verhängt werden können. Im Fall einer natürlichen Person sind Geldbußen bis zu 20 Mio. EUR zulässig. Hinzu kommt ferner die Möglichkeit einer Gewinnabschöpfung nach § 17 Abs. 4 OWiG, denn Art. 83 DS-GVO verdrängt diese Vorschrift nicht.[634]

c) Beweisverwertungsverbot. Ob und inwieweit ein Verstoß gegen datenschutzrechtliche 293 Bestimmungen ein **Beweisverwertungsverbot** – vor allem im Kündigungsschutzprozess – nach sich zieht, ist umstritten.[635] Eine ausdrückliche Regelung existiert nicht. Das BAG verlangt eine **erhebliche Verletzung,** ein Verstoß gegen einfaches Recht führt nicht immer zu einem Beweisverwertungsverbot, die **Verletzung des allgemeinen Persönlichkeitsrechts** hingegen schon.[636]

d) Unterrichtungspflicht bei Datenpannen sowie Beschwerderecht. Um die Interessen des 294 Arbeitnehmers bei Datenpannen zu wahren, hat der Arbeitgeber die **Pflicht zur Information** und zudem die Pflicht, die Aufsichtsbehörde nach Art. 33 DS-GVO binnen 72 Stunden zu unterrichten. Dem Arbeitnehmer steht ein hiervon unabhängiges **Beschwerderecht** zu, wenn dieser aufgrund tatsächlicher Anhaltspunkte den Verdacht hat, dass der Arbeitgeber Mitarbeiterdaten unbefugt erhebt, verarbeitet oder nutzt. Insoweit ist auf die Ausführungen zum Schutz des Hinweisgebers zu verweisen, sofern sich der Arbeitnehmer unmittelbar an die Datenschutzbehörde wendet.[637] Gegen arbeitsrechtliche Nachteile ist der Arbeitnehmer durch das Maßregelverbot gemäß § 612a BGB geschützt.[638]

---

[631] LAG Hamburg 3.4.1991 – 8 Sa 1/91, NZA 1992, 509.
[632] Vgl. ArbG Düsseldorf 5.3.2020 – 9 Ca 6557/18, NZA-RR 2020, 409 (415 f) zu den Voraussetzungen und zur Bemessung eines Anspruchs auf Ersatz eines immateriellen Schadens nach Art. 82 DS-GVO.
[633] BAG 14.11.1991 – 8 AZR 628/90 BAGE 69, 81.
[634] *Wybitul/Böhm* CB 2016, Online Update vom 14.4.2016, 2.
[635] ErfK/*Kania* BetrVG § 87 Rn. 137 mwN; *Chandna-Hoppe* NZA 2018, 614 (615 ff.).
[636] BAG 23.8.2018 – 2 AZR 133/18, NZA 2018, 1329 mwN.
[637] → Rn. 159 ff.
[638] *Schröder,* Datenschutzrecht für die Praxis, XIV, 119 ff.

VI. Sanktionen bei Verletzungen von Compliance-Regelungen

295 In der unternehmerischen Realität ist das beste Compliance-System nicht in der Lage, Rechtsverstöße durch Arbeitnehmer, im Management oder durch Beauftragte zu verhindern. Die Unternehmen sind daher neben der Prävention auch zur korrespondierenden Repression verpflichtet.[639] Kurz gesagt: Compliance ist im Unternehmen auf Dauer nur effektiv, wenn Regelverstöße auch geahndet werden. Unter Berücksichtigung der gemeinhin bekannten Regeln kommen als **Reaktionen auf Compliance-Verstöße** vor allem die **Abmahnung**, in schweren Fällen aber auch die **ordentliche verhaltensbedingte Kündigung** oder in Ausnahmefällen eine **außerordentliche Kündigung** wegen Pflichtverletzung in Betracht.[640] Kann der Arbeitgeber die Begehung der Pflichtverletzung durch den Arbeitnehmer nicht in vollem Umfang beweisen, kann er gegebenenfalls eine **Verdachtskündigung** rechtfertigen.[641]

296 In **taktischer Hinsicht** ist zu beachten, dass der Arbeitnehmer sich nach einer Kündigung in der Regel nicht mehr an der **Aufklärung der Vorwürfe** beteiligen wird. Betrifft der Verstoß mehrere Arbeitnehmer, kann dies nachteilig sein. Eine Pflicht, auch nach Ausspruch der Kündigung an der Aufklärung mitzuwirken, lässt sich für Arbeitnehmer nur ausnahmsweise begründen.[642]

1. Abmahnung

297 Abgesehen von den allgemeinen – an dieser Stelle nicht zu behandelnden – Voraussetzungen einer rechtmäßigen Abmahnung stellt sich im Zusammenhang mit Compliance-Richtlinien häufig die Frage, ob aufgrund einer dort enthaltenen Warnklausel eine **Abmahnung entbehrlich** sein und der Arbeitgeber mithin sofort ordentlich verhaltensbedingt kündigen kann. In Einzelfällen wurde anerkannt, dass bei einer **Warnung vor Begehung eines Pflichtenverstoßes** im Falle einer später tatsächlich eintretenden Pflichtverletzung eine Abmahnung entbehrlich ist.[643]

298 Dies setzt aber voraus, dass der Arbeitgeber den Arbeitnehmern für ein bestimmtes Verhalten **ausdrücklich die Kündigung des Arbeitsverhältnisses androht;** pauschale Sanktionsklauseln können eine derartige vorweggenommene Abmahnung für die Vielzahl von in den Compliance-Richtlinien enthaltenen Pflichten gerade nicht darstellen. Findet sich also lediglich am Ende eines längeren Dokuments mit zahlreichen Verhaltensvorschriften ein allgemeiner Hinweis, dass *„jede Verletzung des Kodex zu arbeitsrechtlichen Sanktionen bis hin zur Kündigung"* führen kann, genügt dies den Anforderungen an eine vorweggenommene Abmahnung nicht.[644]

299 Sofern sich hingegen die **Sanktionsklausel** in einer Compliance-Richtlinie auf **einzelne Pflichten** bezieht oder als eigene Klausel **einzelne Verstöße** als besonders schwerwiegend zusammenfasst und konkret bei Verstößen dagegen eine Kündigung androht, wird dies als vorweggenommene Abmahnung zu werten sein.[645]

300 In jedem Fall ist der im gesamten Kündigungsbereich geltende **Verhältnismäßigkeitsgrundsatz** zu beachten; eine vorhergehende Kündigungsandrohung kann ihn nicht außer Kraft setzen und die Arbeitsvertragspartner können daher auch nicht wirksam *„anerkannte Kündigungsgründe"* festlegen. Eine vorweggenommene Abmahnung kommt daher nicht für Bagatellverstöße, sondern nur für **hinreichend relevante Pflichtverstöße** in Betracht.

301 Unabhängig davon ist anerkannt, dass eine **Abmahnung dann entbehrlich** ist, wenn der Arbeitnehmer aufgrund des Pflichtverstoßes billigerweise nicht mit einer Hinnahme des Verhaltens durch den Arbeitgeber rechnen konnte. In diesen Fällen kann die **Zerstörung der**

---

[639] Jenne/Martens, CCZ 2017, 285.
[640] Ausführlich *Eufinger* RdA 2017, 223 (225 ff.); vgl. auch SWK-ArbR/*Mengel* Compliance Rn. 21 f.
[641] Eylert, NZA-Beilage 2015, 100 ff.
[642] *Mengel* S. 133 Rn. 5.
[643] BAG 5.4.2001 – 2 AZR 580/99, NZA 2001, 893 (898); LAG Köln 19.3.2008 – 7 Sa 1369/07, BeckRS 2009, 50573.
[644] *Mengel* S. 135 Rn. 9 mwN.
[645] *Schuster/Darsow* NZA 2005, 273 (277); *Mengel/Hagemeister* BB 2007, 1386 (1392).

302 Verrauensgrundlage im Arbeitsverhältnis auch durch zukünftiges vertragstreues Verhalten nicht mehr rückgängig gemacht werden.[646] Dies gilt vor allem für Straftaten, zB bei Bestechung/Bestechlichkeit, Untreue, Bilanzstraftaten, Kartellstraftaten, Insiderhandel oder Konkurrenztätigkeit.[647]

303 Unter taktischen Gesichtspunkten ist auch im Bereich von Compliance-Verstößen stets zu bedenken, dass die **Abmahnung eine Kündigung ausschließt**, die auf denselben Sachverhalt gestützt wird. Die Abmahnung stellt einen konkludenten Verzicht auf das Kündigungsrecht dar, sofern sich die Umstände nicht später noch zu ändern. Der Arbeitgeber gibt außerdem durch die Abmahnung kund, dass er das Arbeitsverhältnis noch nicht als so gestört ansehe, dass ihm eine Zusammenarbeit mit dem Arbeitnehmer nicht möglich sei. Zugleich zeigt er, dass ihm eine abschließende negative Prognose – Voraussetzung für die Wirksamkeit einer Kündigung – noch nicht möglich ist.[648]

304 Allerdings tritt ein Verzicht auf eine Kündigung nur dann ein, wenn der Inhalt der Abmahnung erkennen lässt, dass der Arbeitgeber darin bereits eine in irgendeiner Form abschließende Sanktion auf das Fehlverhalten des Arbeitnehmers sieht, für ihn die Sache also *„erledigt"* ist.[649] Ein Verzicht liegt dann nicht vor, wenn der Abmahnung nach dem Empfängerhorizont zu entnehmen ist, dass sich der Arbeitgeber das **Recht zur Kündigung**[650] wegen des gerügten Fehlverhaltens unter bestimmten Voraussetzungen noch vorbehält.[650] So kann im Rahmen von Compliance-Verstößen das spätere Bekanntwerden weiterer Verstöße durchaus eine neue Qualität des Kündigungsgrundes begründen.

Ist ein Verzicht anzunehmen, kann der Arbeitgeber eine spätere Kündigung nicht allein auf die abgemahnten Gründe stützen, sondern darauf mit dann zurückgreifen, wenn **weitere kündigungsrechtlich erhebliche Umstände** eintreten oder ihm nachträglich bekannt werden.[651] So kann im Rahmen von Compliance-Verstößen das spätere Bekanntwerden weiterer Verstöße durchaus eine neue Qualität des Kündigungsgrundes begründen.

2. Besonderheiten bei Compliance-indizierten Kündigungen

305 Angesichts der rechtlichen Komplexität von ordentlichen verhaltensbedingten und außerordentlichen Kündigungen aus wichtigem Grund[652] wird nachfolgend nur auf **Compliance-indizierte Besonderheiten** eingegangen.

306 **a) Compliance-Richtlinien als Abwägungskriterium.** Compliance-Richtlinien können im Rahmen der **Interessenabwägung** bei Kündigungen **wegen Compliance-relevanter Pflichtverletzungen** eine maßgebliche Funktion erlangen. So hat das LAG Schleswig-Holstein im Rahmen der Interessenabwägung zu Lasten des gekündigten Arbeitnehmers ausdrücklich berücksichtigt, dass er das *„Firmenkredo"* gekannt habe und daher wusste, dass das Unternehmen aufgrund seiner Unternehmensphilosophie großen Wert auf gerechten und ethisch einwandfreien Umgang miteinander legt. Daher sei es verhaltensbedingte außerordentli-

---

[646] BAG 12.1.2006 – 2 AZR 21/05, NZA 2006, 917 (921).
[647] *Zimmer/Stetter* BB 2006, 1445 (1449).
[648] BAG 6.3.2003 – 2 AZR 128/02, NZA 2003, 1388 (1389); 10.12.1992 – 2 ABR 32/92, NZA 1993, 501 (506).
[649] BAG 6.3.2003 – 2 AZR 128/02, NZA 2003, 1388 (1390): Der Verzicht muss sich eindeutig aus dem Schreiben ergeben. Allein die Überschrift *„Abmahnung"* genügt nicht, wenn sich aus dem Inhalt des Schreibens nicht ergibt, dass der Arbeitgeber darin eine abschließende Sanktion auf das Fehlverhalten sieht. Dies gilt vor allem dann, wenn sich der Arbeitgeber ausdrücklich weitere Konsequenzen vorbehält. Ebenso: BAG 25.2.1998 – 2 AZR 279/97, AP KSchG 1969 § 1 Verhaltensbedingte Kündigung Nr. 52.
[650] LAG Schleswig-Holstein 19.10.2004 – 5 Sa 279/04, NZA-RR 2005, 419 (420) zu einem Fall, in dem der Arbeitnehmer gedroht hatte, für den Fall der Nichtgewährung von Urlaub in der von ihm gewünschten Dauer sich krankschreiben zu lassen: Die Arbeitgeberin drohte in der Abmahnung der Kündigung, *„insbesondere für den Fall"* an, dass der Arbeitnehmer seine Drohung wahrmache.
[651] BAG 10.11.1988 – 2 AZR 215/88, NZA 1989, 633 (635).
[652] So zB LAG Rheinland-Pfalz 16.1.2009 – 9 Sa 572/08, BeckRS 2009, 56479 wegen Vorteilsannahme; LAG Köln 25.9.2008 – 7 Sa 313/08, BeckRS 2009, 68533 wegen Bestechlichkeit und Schmiergeldzahlungen; LAG Hessen 25.1.2008 – 10 Sa 1185/06, BeckRS 2008, 57211 wegen Herausgabe von Schmiergeld; LAG Hamm 6.6.2007 – 18 Sa 83/07, BeckRS 2007, 48502 wegen Herausgabe von Schmiergeld; LAG Düsseldorf 29.1.2003 – 12 Sa 693/01, BeckRS 2007, 47570 wegen Unterschlagung von Firmeneigentum, Betrug und Untreue.

che Kündigung gerechtfertigt.[653] Ebenso hat das LAG Hessen schwere Vertragspflichtverletzungen eines Pharmareferenten durch wiederholte Verstöße gegen die unternehmensinterne Compliance-Richtlinie und der nachfolgenden Verschleierungsversuche angenommen und eine darauf gestützte ordentliche verhaltensbedingte Kündigung für wirksam angesehen.[654] Andererseits kann der Arbeitgeber über Ethik- oder Compliance-Richtlinien keine absoluten Kündigungsgründe schaffen.[655] 307

b) Druckkündigung aufgrund von Compliance-Verstößen. Der Arbeitgeber kann sich durch behördlichem Druck oder von Geschäftspartnern, Kunden oder den Medien der Notwendigkeit ausgesetzt sehen, Kündigungen gegenüber Mitarbeitern auszusprechen, die Compliance- und gleichzeitig kündigungsrelevante Pflichtverletzungen, wie zB Untreue, Insiderhandel, Bilanzstraftaten, Kartellstraftaten oder Schmiergeldannahme, begangen haben.[656] Erfolgt eine außerordentliche Arbeitgeberkündigung, weil dies von einer Aufsichtsbehörde oder einem Geschäftspartner unter Androhung von Nachteilen für den Arbeitgeber verlangt worden ist, kommt es für deren Wirksamkeit darauf an, ob es sich um unberechtigten oder berechtigten Druck handelt. Während im ersteren Fall kein Kündigungsgrund vorliegt, sich also um eine sog. unechte Druckkündigung handelt,[657] ist im letzteren Fall die Kündigung durch einen im Verhalten oder der Person liegenden Grund objektiv gerechtfertigt und Druck nur der äußere Anlass, so dass eine sog. echte Druckkündigung vorliegt.[658] Bei der unechten Druckkündigung ändert sich durch die Drucksituation nichts am Rechtmäßigkeitsmaßstab, allerdings kann die Interessenabwägung durch die Drucksituation beeinflusst werden.[659] 308

c) Beginn der Zwei-Wochen-Frist des § 626 Abs. 2 BGB bei Compliance-Untersuchungen.[660] Für den Fristbeginn nach § 626 Abs. 2 BGB sind zwei Komponenten maßgeblich: Die Kenntnis muss bei der zur Kündigung berechtigten Person vorliegen und diese Person muss über alle für die Kündigung maßgebenden Tatsachen informiert sein, um die Entscheidung über die arbeitsrechtliche Sanktionierung des Verhaltens treffen zu können. In diesem Zusammenhang hat das *LAG Berlin-Brandenburg* klargestellt, dass die Kenntniserlangung eines Compliance-Verantwortlichen die Frist nach § 626 Abs. 2 BGB regelmäßig nicht auslöst.[661] Sollte die kündigungsberechtigte Person einen Zwischenbericht über die Ermittlungsergebnisse erhalten, so kann dies jedoch zum Fristbeginn des § 626 Abs. 2 BGB bzw. zum Ende der Hemmung durch laufende Ermittlungen führen.[662] 309

d) Mitwirkungspflichten nach erfolgter Kündigung. Reagiert der Arbeitgeber auf einen Pflichtenverstoß mit einer verhaltensbedingten Kündigung, kann er gleichwohl noch ein Interesse daran haben, dass der betroffene Arbeitnehmer bei der **Aufklärung** von zB Korruptionsvorwürfen mitwirkt, insbesondere dann, wenn eine ganze Gruppe von Arbeitnehmern unter Verdacht steht.

Nach einer Ansicht soll der Arbeitnehmer auch nach Erhebung der Kündigungsschutzklage weiterhin zur Auskunft verpflichtet sein.[663] Dem ist dann zuzustimmen, wenn mit Hilfe des bereits gekündigten Arbeitnehmers die **Verfehlungen anderer Arbeitnehmer** aufgeklärt werden sollen. Geht es hingegen um den **gekündigten Arbeitnehmer selbst**, so kann dies nicht gelten.[664] Denn eine umfassende Auskunftspflicht wird auch mit dem in das Zivilrecht 310

---

[653] LAG Schleswig-Holstein 29.8.2006 – 6 Sa 72/06, BeckRS 2006, 43907; vgl. zur Berücksichtigung einer Betriebsvereinbarung über Prämienzahlungen in Abhängigkeit von der Fehlerhaftigkeit im Sortierbereich eines Versandkaufhauses als Anhaltspunkt für eine Vertragspflichtverletzung BAG 17.1.2008 – 2 AZR 536/06, NZA 2008, 693 (695).
[654] LAG Hessen 25.1.2010 – 17 Sa 21/09, BeckRS 2011, 65288.
[655] *Benecke/Groß* BB 2015, 693 (694) mwN.
[656] *Benecke/Groß* BB 2015, 693 (698 f.) mwN.
[657] ErfK/*Oetker* KSchG § 1 Rn. 183.
[658] ErfK/*Oetker* KSchG § 1 Rn. 182.
[659] *Benecke/Groß* BB 2015, 693 (694) mwN.
[660] Vgl. dazu *Dzida/Förster* NZA-RR 2015, 561 ff.; *Benecke/Groß* BB 2015, 693 (697) mwN.
[661] LAG Berlin-Brandenburg 23.10.2014 – 21 Sa 800/14, NZA-RR 2015, 241 (246).
[662] LAG Hamm 15.7.2014 – 7 Sa 94/14, BeckRS 2014, 71879.
[663] *Göpfert/Merten/Siegrist* NJW 2008, 1703 (1708).
[664] *Mengel* S. 147 Rn. 40.

hineinwirkenden verfassungsrechtlichen Grundsatz unvereinbar sein, dass sich **niemand selbst belasten** muss.

Arbeitsrechtlich besteht auch **kein allgemeiner Rechtssatz,** dass Nebenpflichten über das Ende des Arbeitsverhältnisses hinaus fortbestehen. Vor allem für die **Verschwiegenheitspflicht** ist dies umstritten und wird von der überwiegenden Ansicht verneint, soweit es darum geht, ob der Arbeitnehmer seine erworbenen geheim zu haltenden Kenntnisse für seine eigenen beruflichen Zwecke verwenden darf.[665] 311

Auch besteht keine **allgemeine Pflicht zur Auskunftserteilung** für den Arbeitnehmer. Im Grundsatz ist keine Partei gehalten, dem Gegner das Material für dessen Prozesssieg zu verschaffen.[666] Da der Arbeitgeber nach § 1 Abs. 2 S. 4 KSchG die Kündigungsgründe zu beweisen hat, hat die Rechtsprechung bereits eine **vorprozessuale Auskunftspflicht abgelehnt:** Sie stünde mit der Beweislast des Arbeitgebers in Widerspruch.[667] Dies wird wohl erst recht für die **Zeit nach Erhebung der Kündigungsschutzklage** gelten. Nach einer Kündigung wird der Arbeitgeber daher nicht mehr auf einer Auskunftspflicht des Arbeitnehmers bestehen können. Abgesehen davon wäre diese in der Praxis schwer durchsetzbar. 312

e) *Strategische Überlegungen bei typischen Compliance-Verstößen.* Es ergeben sich bei Compliance-Verstößen typischerweise zwei Fragen: Wie reagiert das Unternehmen auf gleichartige Verstöße mehrerer Arbeitnehmer – konkret: Müssen alle Arbeitnehmer gekündigt werden? Und: Kann der Arbeitgeber nach eigenem Ermessen gegebenenfalls auch auf Sanktionen verzichten bzw., ob und inwieweit ist er zu arbeitsrechtlichen Maßnahmen und in der Folge zu deren gerichtlicher Durchsetzung verpflichtet? 313

aa) Compliance-Verstöße durch Arbeitnehmergruppen. Zunächst ist festzuhalten, dass der **Gleichbehandlungsgrundsatz im Kündigungsrecht** nicht unmittelbar gilt, weil dies mit dem Gebot der Abwägung der Einzelfallumstände bei jeder Kündigung nur beschränkt zu vereinbaren wäre. Allerdings sind die Wertungen des Gleichbehandlungsgrundsatzes mittelbar bei der **Interessenabwägung** zu berücksichtigen. Kündigt der Arbeitgeber bei gleicher Ausgangslage – also gleichartigen Pflichtverletzungen – nicht allen beteiligten Arbeitnehmern (sog. **herausgreifende Kündigung**), kann daraus zu schließen sein, dass dem Arbeitgeber die Fortsetzung des Arbeitsverhältnisses auch mit dem gekündigten Arbeitnehmer zumutbar ist.[668] Die **Darlegungs- und Beweislast** verlagert sich in gewisser Weise auf den Arbeitgeber: Er muss darlegen, weshalb die Interessenabwägung nur in einem oder in einigen von mehreren Fällen zur Unzumutbarkeit der Fortsetzung des Arbeitsverhältnisses führen soll, während andere Arbeitnehmer trotz gleichartiger Verfehlungen weiter beschäftigt werden können.[669] 314

Die unterschiedliche Einschätzung zu der Frage, ob im Einzelfall ein Kündigungsgrund vorliegt, kann auf der bisherigen Arbeitsleistung, der Dauer des Beschäftigungsverhältnisses und anderen Umständen beruhen und – je nach ihrem Gewicht und dem Gewicht der Pflichtverletzung – sogar eine **unterschiedliche Wertung erzwingen.**[670] 315

Bei einem Compliance-Verstoß ist es nicht ungewöhnlich, dass erst im Laufe der Ermittlungen die Beteiligung weiterer Arbeitnehmer bekannt wird. Wenn der Arbeitgeber dann in vergleichbaren früheren Fällen von einer außerordentlichen Kündigung abgesehen hat, ist dies bei der Frage zu berücksichtigen, ob ihm bei Folgeermittlungen die Fortsetzung des Arbeitsverhältnisses bis zum Ablauf der Kündigungsfrist zumutbar ist.[671] 316

---

[665] Mengel S. 148 Rn. 40 mwN.
[666] BAG 1.12.2004 – 5 AZR 664/03, NZA 2005, 289 (291).
[667] BAG 1.12.2004 – 5 AZR 664/03, NZA 2005, 289 (291); 7.9.1995 – 8 AZR 828/93, NZA 1996, 637 (638).
[668] BAG 22.2.1979 – 2 AZR 115/78, DB 1979, 1659 (1660); LAG Düsseldorf 25.3.2004 – 11 (6) Sa 79/04, BeckRS 2004, 17643; LAG Köln 12.5.1995 – 13 Sa 137/95, NZA-RR 1996, 204 (206); LAG Hessen 10.9.2008 – 6 Sa 384/08, BeckRS 2011, 71537; LAG Düsseldorf 4.11.2005 – 9 Sa 993/05, BeckRS 2006, 40571; vgl. *Benecke/Groß* BB 2015, 693 (696 f.).
[669] So auch LAG Düsseldorf 25.3.2004 – 11 (6) Sa 79/04, BeckRS 2004, 17643.
[670] BAG 25.3.1976 – 2 AZR 163/75, AP BetrVG 1972 § 103 Nr. 6 zu 2.e der Gründe; *Mengel* S. 151 Rn. 47 mwN.
[671] Vgl. BAG 21.10.1965 – 5 AZR 146/65, DB 1966, 155.

> **Praxistipp:**
> Es sollte bereits beim erstmaligen Auftreten eines Compliance-Verstoßes im Unternehmen eine grundsätzliche Entscheidung darüber getroffen werden, ob und gegebenenfalls welche Sanktionen gegenüber den beteiligten Arbeitnehmern unternommen werden. Diese Entscheidung ist dann durchzuhalten, sofern nicht im Einzelfall gewichtige Gründe für eine Ausnahme sprechen.[672]

317 bb) *Verzicht auf Sanktionen bei Compliance-Verstößen.* Vielfach steht das Management – im Einzelfall und unabhängig von Amnestieprogrammen – bei Bekanntwerden von Compliance-Verstößen vor der Frage, ob es arbeitsrechtliche Maßnahmen ergreifen und die Gefahr entsprechender Öffentlichkeit eingehen soll. Aus arbeitsrechtlicher Sicht besteht grundsätzlich **keine Pflicht zu rechtlichen Sanktionen** im Falle festgestellter Pflichtverstöße. Ein **Ausnahmetatbestand** ist dann denkbar, wenn aufgrund eines **Konfliktes von Arbeitnehmern untereinander** die Schutzpflicht des Arbeitgebers gegenüber dem „Opfer" eine arbeitsrechtliche Sanktion einschließlich der Kündigung des Arbeitsverhältnisses des „Angreifers" erfordert, zB bei Mobbing, Diskriminierung oder Belästigung gemäß § 12 Abs. 3 AGG.[673]

318 Eine echte Handlungspflicht kann sich im Falle erheblicher Compliance-Verstößen aus gesellschaftsrechtlichen Vorschriften (Corporate Governance) ergeben, soweit der **Schutz der Unternehmensinteressen** die Sanktion von Pflichtverletzungen gebietet.[674]

319 Schließlich kann sich eine **Eilbedürftigkeit** – nach ausreichender Ermittlung des Sachverhalts – aus dem drohenden Fristablauf für den Ausspruch einer außerordentlichen Kündigung gemäß § 626 Abs. 2 BGB ergeben.

> **Praxistipp:**
> Folgende Überlegungen können im Rahmen einer einzelfallbezogenen Ermessensentscheidung relevant werden:
> (a) Abwägung der Konsequenzen arbeitsrechtlicher Sanktionen und eines arbeitsgerichtlichen Prozesses gegen das Interesse des Unternehmens, sich von dem Arbeitnehmer zu trennen;
> (b) Selbstbindung des Unternehmens für spätere gleichgelagerte Fälle, wenn es auf eine Kündigung verzichtet;
> (c) Reaktionen auf Missachtung der Compliance-Richtlinien zur Unterstreichung der Ernsthaftigkeit der Verhaltensvorgaben für alle Arbeitnehmer und für die Öffentlichkeit;
> (d) Durchsetzung von Compliance-Richtlinien aufgrund ausländischer Vorgaben;
> (e) Umfang des finanziellen Verlustes für das Unternehmen durch Compliance-Verstöße;
> (f) Kronzeugen- oder Bonusregelungen oder Kooperation mit Behörden zur Erlangung von Bußgeldfreiheit.

VII. Besonderheiten für Compliance-Beauftragte

320 Das Compliance-System wird regelmäßig durch einen **Compliance-Beauftragten** (häufig bezeichnet als Chief Compliance Officer – CCO) geleitet.[675] Vorstand bzw. Geschäftsleitung können die eigene Verpflichtung zu Compliance auf einen Compliance-Beauftragten übertragen; die organisatorische **Ausgestaltung dieser Position** steht im Ermessen des Vorstandes/der Geschäftsleitung.[676]

321 Die Compliance-Tätigkeit stellt eine **besondere Ausprägung gefahrgeneigter Arbeit** dar: Grauzonen der rechtlichen und faktischen Betätigung des Unternehmens sind zu bewerten,

---
[672] Mengel S. 151 Rn. 48.
[673] Mengel S. 152 Rn. 49.
[674] BGH 21.4.1997 – II ZR 175/95, NJW 1997, 1926 – ARAG/Garmenbeck.
[675] Für Wertpapierdienstleistungsunternehmen besteht die Pflicht zur Ernennung eines Compliance-Beauftragten nach Art. 22 Abs. 3 lit. b) DVO (EU) 2017/565; vgl. Schwark/Zimmer/*Fett*, Kapitalmarktrechts-Kommentar, 5. Aufl. 2020, § 80 WpHG, Rn. 69.
[676] Meier-Greve CCZ 2010, 216 (217).

die interne Befolgung struktureller Empfehlungen ist sicherzustellen und ein hohes Maß an Regelkonformität verlangt Rechts- und Situationsanalysen.[677]

1. Aufgaben des Compliance-Beauftragten

Eine wesentliche Leitungs- und Organisationsaufgabe des Managements ist die **genaue Bestimmung der Aufgaben der Compliance-Beauftragten**. Grundsatz ist: Es darf keine Einfallstore für (systematische) Regelverstöße im und aus dem Unternehmen geben.[678]

Anhaltspunkte für die **Aufgaben eines Compliance-Beauftragten** können sich aus § 87 Abs. 5 WpHG als Vorgabe für die Finanzbranche ergeben, ohne dass die dort enthaltenen Regelungen gänzlich auf andere Compliance Organisationen übertragen werden können.[679]

Danach muss eine solche Funktion **dauerhaft, wirksam und unabhängig** folgendes sicherstellen:
- **Überwachung und Bewertung** von Compliance-Maßnahmen;
- **Gefahrenvorsorge** durch organisatorische Maßnahmen für die Zukunft;
- **Unterstützung der Arbeitnehmer** im Hinblick auf die Einhaltung der Pflichten, und
- **Berichterstattung an die Geschäftsleitung** und das Aufsichtsorgan über die Compliance-Maßnahmen.[680]

Insbesondere die „Unabhängigkeit" eines Compliance-Beauftragten ist von zentraler Bedeutung, wenn man die nachfolgend noch ausgeführte Garantenpflicht berücksichtigt.[681] Zudem finden sich in den §§ 3, 4 WpHGMaAnzV spezifische Vorgaben zu den **Fachkenntnissen von Compliance-Beauftragten**.

Außerhalb des Kapitalmarktrechts hat sich jedoch bisher ein **feststehendes Berufsbild**, etwa mit der Pflicht, vom Unternehmen ausgehende Rechtsverstöße zu beanstanden und zu unterbinden, nicht gebildet.[682] Vielmehr können bei Unternehmen außerhalb des Anwendungsbereichs des WpHG sowohl **Stellung als auch Funktion des Compliance-Beauftragten** im Rahmen des unternehmerischen Organisationsermessens (auszuüben mit der Sorgfalt eines ordentlichen und gewissenhaften Geschäftsmannes, § 93 Abs. 1 AktG, § 43 Abs. 1 GmbHG) frei bestimmt werden.[683]

2. Arbeitsrechtliche Stellung von Compliance-Beauftragten

Der Compliance-Beauftragte ist in der Regel **Arbeitnehmer** und unterliegt insoweit den für seine Position maßgeblichen arbeitsrechtlichen Regelungen. Allerdings können sich auch Vorschriften des Gesellschafts- und Ordnungswidrigkeitenrechts auf die Organisationsanforderungen für das Compliance Management insgesamt und damit mittelbar auch auf die Aufgaben, Befugnisse und die Stellung des Compliance-Beauftragten auswirken.[684] Aber auch Haftungsrisiken und solcher strafrechtlicher Verantwortung können sich aus der Tätigkeit eines Compliance-Beauftragten ergeben.[685]

Die Position des Compliance-Beauftragten ist meist eine **Stabsstelle außerhalb der anderen Unternehmenssektoren** und direkt der Geschäftsleitung bzw. dem Vorstand unterstellt.[686] **Weisungen, die unmittelbar mit der Kontrolltätigkeit** zu tun haben, sind mit der Funktion des Compliance-Beauftragten unvereinbar.[687] Weisungen zu den äußeren Bedingungen der Arbeit und zu den Berichtspflichten bleiben hingegen zulässig.[688] Insoweit herrscht Übereinstimmung, dass eine disziplinarische Weisungsfreiheit bis hin zur Unkünd-

---

[677] *Dann/Mengel* NJW 2010, 3265 mwN.
[678] *Dann/Mengel* NJW 2010, 3265.
[679] Vgl. *Schwark/Zimmer/Fett*, Kapitalmarktrechts-Kommentar, § 80 WpHG, Rn. 69 ff.; *Illing/Umnuß* CCZ 2009, 1 (3).
[680] *Meyer-Greve* CCZ 2010, 216 (218) mwN; *Illing/Umnuß* CCZ 2009, 1 (2).
[681] *Meyer-Greve* CCZ 2010, 216 (217).
[682] *Fecker/Kinzl* CCZ 2010, 13 (15).
[683] Ausführlich dazu: *Lelley* S. 46 ff. Rn. 87 ff. mwN.
[684] *Illing/Umnuß* CCZ 2009, 1.
[685] *Süße/Ahrens*, BB 2019, 1332 (1335 ff.).
[686] *Illing/Umnuß* CCZ 2009, 1 mwN.
[687] Ebenso: *Illing/Umnuß* CCZ 2009, S. 4.
[688] *Dann/Mengel* NJW 2010, 3265 (3266) mwN.

barkeit außerhalb des Begriffsinhalts liegt und zu einer weitgehenden Einschränkung der unternehmerischen Freiheit führen würde, die nur durch eine ausdrückliche gesetzliche Regelung erfolgen könnte.[689]

329 Im Hinblick auf die vorstehenden Ausführungen sind die konkreten Aufgaben und Befugnisse/Kompetenzen des Compliance-Beauftragten unbedingt **schriftlich festzulegen**.[690] Dies sollte in **allgemeinen Funktionsbeschreibungen und Arbeitsanweisungen** geschehen, die jederzeit **einseitig geändert** werden können. Funktion und Aufgaben eines Compliance-Beauftragten sollten daher **im Anstellungsvertrag nur allgemein umschrieben** werden und typische Kernelemente umfassen.

330 Folgende **Rechte, Aufgaben oder Pflichten des Compliance-Beauftragten** könnten bspw. im Rahmen eines **Pflichtenkatalogs** oder eines **Compliance-Programms** mit seinen präventiven und repressiven Bestandteilen[691] festgelegt werden:
- Umfang der **Berichtspflichten** an Vorstand/Geschäftsführung und Aufsichtsorgan in angemessenem Abstand;
- **Weisungsfreiheit** hinsichtlich der fachlichen Erfüllung der Aufgaben als Compliance-Beauftragter;
- **Meldung von Compliance-Verstößen** im Einzelfall gegenüber Vorstand/Geschäftsführung und Aufsichtsorgan;
- Regelung zur Meldung von Compliance-Verstößen gegenüber **externen Organisationen** oder Behörden;
- **Durchführung regelmäßiger Kontrollen** zur Sicherung etwaiger Beweismittel und zur Vermeidung von Rechtsverstößen des Unternehmens (Internal Investiations);[692]
- Erarbeitung bzw. fortlaufende Anpassung eines **Organisationskonzepts zur Implementierung effektiver Compliance-Strukturen**;
- Konzept für angemessene **Konsequenzen bei Verdacht oder Feststellung von Compliance-Verstößen**;
- **Budgetverantwortung** für den Bereich der Compliance;
- **Schulung von Arbeitnehmern** zu den maßgeblichen Regelwerken;
- Nachverfolgung von **Gesetzesänderungen** zum Bereich Compliance;
- Verpflichtung zur **kontinuierlichen eigenen Weiterbildung**;
- Verhaltenskonzepte für etwaige **Krisenfälle**, wie zB behördliche oder staatsanwaltschaftliche Untersuchungen;
- **Erstellung und Implementierung von Regelwerken**, zB Ethikrichtlinien, Antikorruptionsrichtlinien etc;
- Recht zur **direkten Einschaltung des Aufsichtsorgans** in Ausnahmefällen.[693]

331 Einige Autoren plädieren dafür, dem Compliance-Beauftragten **besonderen Kündigungsschutz** einzuräumen und bei der Aktiengesellschaft den Aufsichtsrat im Falle einer Kündigung einzubinden.[694] Allerdings ist zu berücksichtigen, dass auch Arbeitnehmer in anderen Führungspositionen zu sachlichen Kontroversen bereit und in der Lage sein müssen. Außerdem gelten das **Maßregelungsverbot nach § 612a BGB** und das **allgemeine Kündigungsschutzrecht**, so dass der Compliance-Beauftragte vor willkürlichen und unangemessenen Reaktionen gesetzlich hinreichend geschützt sein sollte.[695]

332 Auch wird gefordert, die **Vergütung** des Compliance-Beauftragten nicht an das wirtschaftliche Unternehmensergebnis zu koppeln.[696] Inwieweit dies notwendig ist, ist jedoch

---

[689] *Illing/Umnuß* CCZ 2009, 1 (3) mwN; *Runkel* BB 2016, 1012 ff.
[690] *Krieger/Günther* NZA 2010, 367 (370).
[691] *Lelley* S. 47 Rn. 90 mwN.
[692] Zu rechtlichen Fragen interner Ermittler: *Süße/Ahrens* BB 2019, 1332, 1334 f.
[693] Formulierungsvorschlag: *Krieger/Günther* NZA 2010, 367 (372); vgl. auch *Fecker/Kinzl* CCZ 2010, 13 (16).
[694] *Illing/Umnuß* CCZ 2009, 6; *Krieger/Günther* NZA 2010, 367 (371); *Fecker/Kinzl* CCZ 2010, 13 (19); aA *Spindler* WM 2008, 905 (910).
[695] Vgl. SWK-ArbR/*Mengel* Compliance Rn. 30 unter Verweis auf das BaFin-Rundschreiben 4/2010 (WA) zu Mindestanforderungen an die Compliance-Funktion für Wertpapierdienstleistungsunternehmen (MaComp), Teil BT 1.1.1, Ziff. 6).
[696] *Krieger/Günther* NZA 2010, 367 (371).

fraglich. Denn auch andere Unternehmensmitarbeiter haben Compliance-Ziele und nicht nur Umsatz- oder Gewinnziele zu berücksichtigen.[697]

3. Kündigung eines Compliance-Beauftragten

Das Arbeitsgericht Berlin hatte mit Entscheidung vom 18.2.2010[698] über die Kündigung eines Compliance-Mitarbeiters zu urteilen. Danach ist die **Kündigung** eines leitenden Mitarbeiters im Bereich „Compliance" wegen von ihm veranlasster Überwachungsmaßnahmen oder Datenabgleichen nur **zulässig**, wenn der betreffende Arbeitnehmer **objektiv rechtswidrig** gehandelt und **subjektiv um die Rechtswidrigkeit der Maßnahmen gewusst hat**. Das bedarf besonderer Darlegungen von Seiten des Arbeitgebers, wenn der zuständige Arbeitnehmer keine juristische Ausbildung durchlaufen hat und andere Arbeitnehmer einer „Compliance"-Arbeitsgruppe über vertiefte juristische Kenntnisse verfügen und keine Bedenken gegen die Maßnahmen hatten.

4. Haftungsrechtliche Stellung des Compliance-Beauftragten

Die Diskussion um die haftungsrechtliche Stellung eines Compliance-Beauftragten ist mittlerweile in den – auch arbeitsrechtlichen – Fokus gerückt.[699]

a) **Strafrechtliche Garantenstellung.** Im *obiter dictum* seiner Entscheidung vom 17.7.2009 hat der BGH[700] festgestellt, dass den **Leiter der Innenrevision eine Garantenpflicht** treffen kann, betrügerische Abrechnungen zu unterbinden. Inhalt und Umfang der Garantenpflicht bestimmen sich aus dem **konkreten Pflichtenkreis**, den der Verantwortliche übernommen hat.[701] Zu dem Pflichtenkreis eines „Compliance-Officers" gehöre die **Verhinderung von Rechtsverstößen**, insbesondere auch von Straftaten, die aus dem Unternehmen heraus begangen und diesem erhebliche Nachteile durch Haftungsrisiken oder Ansehensverlust bringen können.[702] Derartige Beauftragte treffe regelmäßig strafrechtlich eine Garantenpflicht iSd § 13 Abs. 1 StGB, solche im Zusammenhang mit der Tätigkeit des Unternehmens stehende Straftaten von Unternehmensangehörigen zu verhindern. Dies sei die notwendige Kehrseite ihrer gegenüber der Unternehmensleitung übernommenen Pflicht, Rechtsverstöße und insbesondere Straftaten zu unterbinden.[703]

Im entschiedenen Fall war der Angeklagte als Jurist Leiter der Rechtsabteilung und zugleich Leiter der Innenrevision. Auch unter Berücksichtigung möglicher Überschneidungen zum sogenannten *„Compliance-Officer"* erschien es dem BGH zweifelhaft, dem Leiter der Innenrevision eines Unternehmens eine Garantenstellung auch insoweit zuzuweisen, als er iSd § 13 Abs. 1 StGB verpflichtet sein soll, Straftaten aus dem Unternehmen zu Lasten Dritter zu unterbinden.[704]

b) **Zivilrechtliche Haftungsebenen.** Zivilrechtlich ist die Frage, ob ein Compliance-Beauftragter selbständiger Schutzgarant ist, ohne Bedeutung: Jeder Fehler des Compliance-Beauftragten, gleich auf welcher Verantwortungsstufe dieser begangen wurde, kann zur **Außenhaftung des Unternehmens** führen.[705] Maßgeblich geht es in der Praxis um die **Zurechnung von Verhalten**, insbesondere nach § 278 BGB, weniger um die direkte Außenhaftung des Compliance-Beauftragten nach § 823 Abs. 2 BGB iVm einem verletzten Straftatbestand als Schutzgesetz.[706]

---

[697] *Dann/Mengel* NJW 2010, 3265 (3269); SWK-ArbR/*Mengel* Compliance Rn. 30.
[698] ArbG Berlin 18.2.2010 – 38 G 12879/09, BeckRS 2010, 68681.
[699] Vgl. dazu *Fecker/Kinzl* CCZ 2010, 13; *Wybitul* BB 2009, 2590.
[700] BGH 17.7.2009 – 5 StR 394/08, NJW 2009, 3173; vgl. dazu aus der umfangreichen Literatur: *Hastenrath* CCZ 2011, 32; *Rieble* CCZ 2010, 1.
[701] Dazu umfassend *Lackhoff/Schulz* CCZ 2010, 81.
[702] Vgl. einschränkend BGH 20.10.2011 – 4 StR 71/11, NJW 2012, 1237.
[703] SWK-ArbR/*Mengel* Compliance Rn. 31 mwN.
[704] Vgl. *Zimmermann* BB 2011, 634; *Dann/Mengel* NJW 2010, 3265; *Dannecker/Dannecker* JZ 2010, 981; *Warneke* NStZ 2010, 312; *Nave/Vogel* BB 2009, 2546.
[705] *Rieble* CCZ 2010, 1 (2).
[706] *Rieble* CCZ 2010, 1 (2).

338 Hinsichtlich der **innerbetrieblichen Haftung des Compliance-Beauftragten** fehlt es an gesetzlichen Sonderregelungen, so dass auch für diesen das im Arbeitsverhältnis maßgebliche **dreistufige Haftungsmodell** anzuwenden ist.[707] Dem steht eine etwaige fachliche Weisungsungebundenheit des Compliance-Beauftragten nicht entgegen; vielmehr ist die Tätigkeit eines Compliance-Beauftragten risikobehaftet und daher in der Regel auch gefahrgeneigt.[708] Dies kann in der Praxis bedeuten, dass die **Möglichkeiten eines Regresses** gegenüber dem Compliance-Beauftragten bei Inanspruchnahme des Unternehmens durch Dritte aufgrund einer fehlerhaften Erfüllung der Verpflichtungen des Compliance-Beauftragten geschmälert sind.[709] Andererseits kommt dem Compliance-Beauftragten keine sichere Haftungsbegrenzung oder gar ein Haftungsausschluss zugute. Vielmehr bedarf es insoweit im Rahmen des rechtlich Möglichen der Aufnahme von **Haftungsbeschränkungsklauseln** in den Arbeitsvertrag oder in die Zusatzvereinbarung bei der Übertragung der Compliance-Aufgabe.

VIII. Schlussbetrachtung

339 Wurde Compliance zunächst als „Modethema" abgetan, zeigt die Entwicklung der vergangenen Jahre, dass daraus für die Unternehmen ein **nachhaltig ernst zu nehmender Organisations- und Verantwortungsbereich** entstanden ist. Angesichts wachsender Anforderungen an rechtskonformes Handeln auf allen Unternehmensebenen, beginnend bei der Geschäftsleitung, weitergehend über die zweite Führungsebene und den Arbeitnehmern in allen Positionen, bis hin zum Betriebs- oder Personalrat, sowie angesichts der zunehmenden Bereitschaft, Fehlverhalten zu sanktionieren, wird Compliance zum **„Dauerbrenner"** der **arbeitsrechtlichen Diskussion.** Zu vielen Fragen gibt es noch Klärungsbedarf, so dass die Unternehmen und deren Berater auch weiterhin mit einem gewissen „Graubereich" arbeits- und auch datenschutzrechtlicher Beurteilung auskommen müssen. Wichtig ist daher für die Unternehmenspraxis, die **praktische Aufklärung** von vermeintlichen Verstößen **mit Augenmaß durchzuführen** und nicht Recht mit Unrecht durchsetzen zu wollen.[710]

340 Unternehmensstrategisch entscheidet der „*tone from the top*"[711] – **Compliance ist Chefsache**, die Reputation des Unternehmens, sowohl am Markt, insbesondere aber auch bei den Arbeitnehmern, hängt mittlerweile von einem verantwortungsbewussten, gesetzeskonformen und in alle Richtungen ordnungsgemäßen Verhalten – insbesondere auch der Führungsebene – ab. So verstanden ist Compliance nicht nur ein Mechanismus zur Prävention gegenüber Risiken und zur Sanktion von Rechtsverstößen, sondern ein **Marketing- und Reputationsfaktor.**

341 Die Schaffung einer Compliance-Organisation wirkt sich stets auf die Arbeitsverhältnisse aus und kann verbindlich nur unter Berücksichtigung der bestehenden arbeitsrechtlichen Vorgaben erfolgen. Dem **Arbeitsrecht** gebührt daher ein **vorrangiger Platz in der Compliance-Diskussion**, wofür hinreichende Sensibilität sowohl bei den Unternehmen, aber auch bei deren Beratern und den Arbeitsgerichten zu entwickeln ist.

---

[707] 7.7.1970 – 1 AZR 505/69, AP BGB § 611 Haftung des Arbeitnehmers Nr. 58; Nr. 61; *Giesen* CCZ 2009, 102 (103) mwN; *Rieble* CCZ 2010, 2.
[708] *Giesen* CCZ 2009, 102 (105) mwN.
[709] *Giesen* CCZ 2009, 102 (106).
[710] *Stück* GmbHR 2011, R 49.
[711] *Stück* GmbHR 2011, R 49.

Teil H. Betriebliche Altersversorgung

§ 36 Grundlagen

Übersicht

	Rn.
I. Geltungsbereich des BetrAVG	1–17
1. Sachlicher Geltungsbereich	1–5
a) Arbeitgeberzusage einer Versorgungsleistung	1/2
b) Entgeltumwandlung	3–5
2. Persönlicher Geltungsbereich	6–17
a) Arbeitnehmer	6
b) Arbeitnehmerähnliche Personen	7/8
c) Abgrenzung zu Unternehmern	9–16
d) Doppelfunktionen	17
II. Begründung betrieblicher Versorgungsansprüche	18–55
1. Übersicht	18/19
2. Individualrechtliche Regelungen	20–44
a) Einzelzusage	20/21
b) Gesamtzusage, vertragliche Einheitsregelung	22–24
c) Betriebliche Übung	25–31
d) Gleichbehandlung	32–44
3. Kollektivrechtliche Regelungen	45–55
a) Betriebsvereinbarung	45/46
b) Vereinbarung nach dem SprAuG	47
c) Tarifvertrag	48–55
III. Versorgungszusage	56–75
1. Übersicht	56/57
a) Leistungs- und Beitragszusage	56
b) Art und Zweck der Leistung	57
2. Abgrenzung zu anderen Leistungen	58–68
a) Abfindungen und Ausgleichszahlungen	59
b) Gewinnbeteiligungen und Tantiemen	60
c) Jubiläumsgelder und Treueprämien	61
d) Alersteilzeit- und Vorruhestandsgelder	62
e) Unterstützungsleistungen	63
f) Deputate	64
g) Versicherungsleistungen	65
h) Leistungen zur Vermögensbildung	66–67
i) Sterbegeld	68
3. Beitragsorientierte Leistungszusage	69–72
a) Definition	69
b) Umsetzung in den verschiedenen Durchführungswegen	70–72
4. Beitragszusage	73–75
a) Reine Beitragszusage	73
b) Beitragszusage mit Mindestleistung	74/75
IV. Aufbringung der Mittel	76–107
1. Arbeitgeberfinanzierte Zusagen	76–79
a) Abgrenzung zu Engeltumwandlungsvereinbarungen	76
b) Altersversorgung als Teil des Entgelts	77/78
c) Altersversorgung als Wahlleistung	79
2. Engeltumwandlungsvereinbarung	80–89
a) Gegenstand der Umwandlung	80–82
b) Umwandlung in eine wertgleiche Anwartschaft	83–87
c) Umwandlung in sofort fällige Versorgungsleistungen	88
d) Automatische Engeltumwandlung	89
3. Anspruch auf Engeltumwandlung nach § 1a BetrAVG	90–98
a) Anspruch auf Umwandlung	90
b) Durchführungswege	91/92

Leisbrock

Teil H. Betriebliche Altersversorgung

	Rn.
c) Höchst- und Mindestbeträge	93
d) Umwandlungsfähige Bezüge	94
e) Bestehende Entgeltumwandlungsvereinbarungen	95
f) Erfüllung der steuerlichen Förderungsvoraussetzungen	96
g) Tarifvorbehalt	97/98
4. Mischsysteme	99–106
a) Eigenbeiträge bei arbeitgeberfinanzierter Altersversorgung	99–102
b) Zuschüsse des Arbeitgebers bei Entgeltumwandlung	103–106
5. Gesetzlicher Zuschussanspruch	107
V. Durchführungswege	108–185
1. Direktzusage	108–122
a) Leistungsschuldner	108
b) Finanzierung	109–112
c) Möglichkeiten der Bedeckung	113–118
d) Abgabenrechtliche Behandlung	119–122
2. Unterstützungskasse	123–133
a) Definition und Rechtsform	123/124
b) Finanzierung	125–128
c) Abgabenrechtliche Behandlung	129–131
d) Versicherungsaufsicht, Insolvenzsicherung	132/133
3. Direktversicherung (Einzel-, Gruppenversicherung)	134–149
a) Struktur der Vertragsverhältnisse	134–139
b) Einwilligung des Arbeitnehmers	140
c) Abgrenzung zur Rückdeckungsversicherung	141
d) Bezugsrechte	142
e) Versicherungsaufsicht, Insolvenzschutz	143/144
f) Abgabenrechtliche Behandlung	145–148
4. Pensionskasse	150–158
a) Definition und Abgrenzung	150/151
b) Beitragszahlung, Informationspflicht	152/153
c) Aufsicht, Insolvenzsicherung	154
d) Abgabenrechtliche Behandlung	155–157
5. Pensionsfonds	159–169
a) Definition, Leistungen	159–161
b) Aufsicht	162/163
c) Insolvenzsicherung	164/165
d) Abgabenrechtliche Behandlung	166–168
6. Contract Trust Arrangement – CTA	169–178
a) Modell der doppelseitigen Treuhand	169/170
b) Zweck von Treuhandlösungen	171–173
c) Insolvenzfestigkeit des Treuhandvermögens	174
d) Arbeitsrechtliche Aspekte der Ausgliederung	175/176
e) Übergang der Sicherungsrechte auf den PSVaG	177
f) Steuerliche Auswirkungen	178
7. Übersicht: Die abgabenrechtliche Behandlung von Beiträgen und Versorgungsleistungen in den einzelnen Durchführungswegen	179
8. Gegenüberstellung der Vor- und Nachteile der einzelnen Durchführungswege	180–185
a) Direktzusage	180
b) Unterstützungskasse	181/182
c) Direktversicherung	183
d) Pensionskasse	184
e) Pensionsfonds	185

I. Geltungsbereich des BetrAVG

1. Sachlicher Geltungsbereich

1 a) **Arbeitgeberzusage einer Versorgungsleistung.** Nach der Legaldefinition in § 1 Abs. 1 S. 1 BetrAVG liegt die Zusage einer betrieblichen Altersversorgung vor, wenn der Arbeitgeber einem Arbeitnehmer aus Anlass des Arbeitsverhältnisses Leistungen der Alters-, In-

Leisbrock

validitäts- oder Hinterbliebenenversorgung zusagt. Für die sich daraus ergebenden Ansprüche gilt das Betriebsrentengesetz (BetrAVG). Das BetrAVG regelt die Durchführungswege der betrieblichen Altersversorgung, die Unverfallbarkeit der Ansprüche, Abfindungsmöglichkeiten, die Werterhaltung und die Insolvenzsicherung. Dabei handelt es sich, soweit nicht tarifvertragliche Abweichungen zugelassen sind, um zwingende Regelungen, von denen nicht zum Nachteil des Arbeitnehmers abgewichen werden kann (§ 17 Abs. 3 S. 3 BetrAVG).

Kennzeichnend für eine Zusage auf betriebliche Altersversorgung und damit für die Anwendbarkeit der Vorschriften des BetrAVG ist, dass eine Zusage des Arbeitgebers auf Versorgungsleistungen bei **Erreichen der Altersgrenze**, bei **Tod** oder **Invalidität**, also bei Eintritt bestimmter biometrischer Ereignisse vorliegt.[1] Dabei ist unerheblich, ob der Arbeitgeber bei Eintritt des Versorgungsfalls bestimmte Leistungen in Form einer Kapital- oder Rentenzahlung zusagt oder während des Bestehens des Arbeitsverhältnisses die Erbringung bestimmter Beiträge, aus der sich bei Eintritt des Versorgungsfalls bestimmte Leistungen ergeben (beitragsorientierte Leistungszusage). Auch Nebenleistungen wie die Einräumung eines Personalrabatts an Ruheständler[2] sowie Sach- und Nutzungsleistungen und **Deputate** werden erfasst.[3] Der Leistungsbegriff des § 1 Abs. 1 S. 1 BetrAVG ist dabei nach Auffassung des BAG[4] weit auszulegen. Entscheidend ist, dass die Leistungen durch ein biometrisches Ereignis ausgelöst werden und der Versorgung dienen. Dabei soll es unschädlich sein, ob derartige Leistungen auch aktiven Mitarbeitern gewährt werden.[5] Nicht unter den Begriff der Altersversorgung fallen Beihilfen im Krankheitsfall, da das Krankheitsrisiko nicht zu den vom BetrAVG erfassten Versorgungsrisiken gehört.[6] 2

b) Entgeltumwandlung. Grundsätzlich kann der Arbeitgeber autonom entscheiden, ob er Leistungen der betrieblichen Altersversorgung zusagt oder nicht. Auch hinsichtlich der Dotierung und der Wahl des Durchführungswegs ist er frei. Dies folgt aus dem Grundsatz der Vertragsfreiheit. 3

Seit dem 1.1.2002 ist diese Freiheit eingeschränkt. Seitdem gewährt § 1a BetrAVG dem Arbeitnehmer einen **Rechtsanspruch** gegen den Arbeitgeber **auf Umwandlung** von Entgeltansprüchen bis zur Höhe von 4 % der jeweiligen Beitragsbemessungsgrenze in der allgemeinen Rentenversicherung in Ansprüche auf betriebliche Altersversorgung. Arbeitgeber, die zuvor keine Altersversorgung angeboten hatten oder eine solche Versorgung mit eigenen Mitteln in einem von ihnen ausgesuchten Durchführungsweg durchgeführt hatten, können nunmehr gezwungen werden, Altersversorgung im Wege der Entgeltumwandlung anzubieten. Soweit der Arbeitgeber nicht zu einer Durchführung über einen Pensionsfonds oder eine Pensionskasse bereit ist, kann der Arbeitnehmer verlangen, dass der Arbeitgeber für ihn eine Direktversicherung abschließt (§ 1a Abs. 1 S. 2 BetrAVG). Der Arbeitgeber ist bei Entgeltumwandlung damit auch in der Wahl des Durchführungswegs nicht mehr frei. Der Grund ist ein steuerlicher: Nur bei Durchführung über einen der genannten externen kapitalgedeckten Durchführungswege besteht für den Arbeitnehmer Anspruch auf steuerliche Förderung nach § 10a EStG (§ 82 Abs. 2 S. 1 Buchst. a EStG). Das Gesetz trifft damit eine Leitentscheidung zugunsten bestimmter Durchführungswege. 4

Damit sind Arbeitgeber gezwungen, sich mit der Thematik der betrieblichen Altersversorgung zu befassen und dafür Lösungen zumindest im Bereich der Entgeltumwandlung anzubieten, auch wenn sie in der Vergangenheit keine Notwendigkeit dafür gesehen haben, ihren Mitarbeitern Leistungen der betrieblichen Altersversorgung zu gewähren. 5

---

[1] Zusammenfassend zum Begriff der betrieblichen Altersversorgung BAG 28.10.2008 – 3 AZR 317/07, AP BetrAVG § 1 Nr. 56.
[2] BAG 19.2.2008 – 3 AZR 61/06, AP BetrAVG § 1 Nr. 52.
[3] BAG 16.3.2010 – 3 AZR 594/09, AP BetrAVG § 7 Nr. 116 – für tarifvertraglich zugesagte Hausbrandleistungen u. Energiebeihilfen.
[4] BAG 12.12.2006 – 3 AZR 476/05, DB 2007, 2043 Rn. 43.
[5] BAG 12.12.2006 – 3 AZR 476/05, DB 2007, 2043 Rn. 69.
[6] BAG 12.12.2006 – 3 AZR 476/05, DB 2007, 2043; 21.4.2009 – 3 AZR 285/07, AP BetrAVG § 1 Beamtenversorgung Nr. 20; zur Abgrenzung weiter → Rn. 58 ff.

2. Persönlicher Geltungsbereich

6 a) **Arbeitnehmer.** Das BetrAVG gilt nach § 17 Abs. 1 BetrAVG für **Arbeiter** und **Angestellte** einschließlich der zu ihrer Berufsausbildung Beschäftigten. Der Arbeitnehmerbegriff des BetrAVG ist identisch mit dem allgemeinen arbeitsrechtlichen Arbeitnehmerbegriff.[7] Bestehen Zweifel an der Arbeitnehmereigenschaft, insbesondere bei der Frage, ob jemand als Arbeitnehmer oder Unternehmer einzustufen ist, ist derjenige für die maßgeblichen Umstände der Arbeitnehmereigenschaft darlegungspflichtig, der sich darauf beruft.[8]

7 b) **Arbeitnehmerähnliche Personen.** Darüber hinaus gilt das BetrAVG nach § 17 Abs. 1 S. 2 BetrAVG für arbeitnehmerähnliche Personen. Dies sind Personen, die nicht Arbeitnehmer im Rechtssinne sind, denen aber aus Anlass ihrer Tätigkeit für das Unternehmen Versorgungsleistungen zugesagt worden sind. Dazu zählen in erster Linie **Geschäftsführer** und **Vorstandmitglieder** juristischer Personen. Sie genießen hinsichtlich Unverfallbarkeit und Insolvenz grundsätzlich den gleichen Schutz wie andere Arbeitnehmer. Allerdings kann durch vertragliche Vereinbarung von den Regelungen des BetrAVG abgewichen werden, wenn nach § 19 Abs. 1 BetrAVG auch Tarifvertragsparteien von den Regelungen abweichen dürfen.[9] Organmitglieder genießen also keinen besseren Schutz als tarifgebundene Arbeitnehmer.

8 Erfasst werden auch Rechtsanwälte und Steuerberater, die für ein fremdes Unternehmen als Selbständige tätig sind und von diesem Leistungen der Altersversorgung zugesagt erhalten.[10] Eine wirtschaftliche Abhängigkeit und soziale Schutzbedürftigkeit ist nicht erforderlich. Ausreichend ist jede vertragliche Beziehung.[11]

9 c) **Abgrenzung zu Unternehmern.** *aa) Einzelkaufleute, persönlich haftende Gesellschafter.* Das BetrAVG gilt dagegen nicht für Unternehmer. Darunter fallen insbesondere **Einzelkaufleute** und **persönlich haftende Gesellschafter** einer Personengesellschaft. Diesen kann zwar von ihren Mitgesellschaftern eine Versorgungszusage gemacht werden. Es gelten dann jedoch für sie weder die gesetzlichen Unverfallbarkeitsfristen noch die Anpassungsverpflichtungen nach § 16 BetrAVG noch der Insolvenzschutz nach § 7 BetrAVG.

10 Die Abgrenzung von geschützten arbeitnehmerähnlichen Personen und Unternehmern ist im Einzelfall schwierig. Orientierungshilfe bietet das Merkblatt 300/M1 (Stand 6.20) des Pensionssicherungsvereins (PSVaG).[12] Inhaltlich kommt es entscheidend darauf an, welchen Einfluss Gesellschafter auf die Entscheidungen der Gesellschaft und damit die Erteilung der Versorgungszusage haben.

11 *bb) Kommanditisten, stille Gesellschafter.* Geschützt sind durch das BetrAVG **Kommanditisten** und **stille Gesellschafter,** die in einem arbeitsrechtlich anzuerkennenden Arbeitsverhältnis zu dem Unternehmen stehen. Auch im Übrigen sind Kommanditisten nicht grundsätzlich als Unternehmer anzusehen.[13]

12 *cc) Alleingesellschafter, Mehrheitsgesellschafter einer Kapitalgesellschaft.* Nicht geschützt sind dagegen **Alleingesellschafter** oder **Mehrheitsgesellschafter** einer Kapitalgesellschaft oder einer GmbH oder GmbH & Co. KG.[14]

13 *dd) Gesellschafter-Geschäftsführer.* Der **Alleingesellschafter-Geschäftsführer** einer GmbH fällt als Unternehmer nicht dem Geltungsbereich des BetrAVG.[15] Sind **mehrere Gesellschafter** als Geschäftsführer tätig, kommt es darauf an, ob deren Beteiligung zusammen höher ist als 50 %, sie also gemeinsam über ihre Kapitalbeteiligung und/oder ihre Stimmrechte das

---

[7] BAG DB 2001, 2102.
[8] BAG DB 2001, 2012.
[9] BAG 21.4.2009 – 3 AZR 285/07, AP BetrAVG § 1 Beamtenversorgung Nr. 20; zu den zulässigen Abweichungen → Rn. 53.
[10] BGH 13.7.2006 – IX ZR 90/05, NJW 2006, 3638.
[11] BAG NZA 2005, 927.
[12] Abrufbar unter www.psvag.de.
[13] BAG 18.3.2003 – 3 AZR 313/02, AP BetrAVG § 7 Nr. 108.
[14] BAG DB 1991, 601; BGH ZIP 1991, 396 (397); BGH NJW 2006, 3638 (3639).
[15] BGH NZA 2008, 648; stRspr.

Schicksal der Gesellschaft bestimmen können.[16] Es wird insoweit von einer Parallelität der Interessen ausgegangen. Eine Ausnahme soll für solche Gesellschafter-Geschäftsführer gelten, die nur unmaßgeblich an der Gesellschaft beteiligt sind.[17] Deren Zusage ist auch dann insolvenzgeschützt, wenn dies für die übrigen höher beteiligten Geschäftsführer-Gesellschafter nicht der Fall ist.

Die Anteile eines **Ehegatten** werden dem Minderheitsgesellschafter-Geschäftsführer nicht stets zugerechnet, weil es keine Vermutung gibt, dass Ehegatten stets gleichgerichtete wirtschaftliche Interessen verfolgen.

ee) Wechselnde Beteiligungs- und Mehrheitsverhältnisse, Statuswechsel. Bei **wechselnden Beteiligungs- und Mehrheitsverhältnissen** sowie bei einem **Statuswechsel** von einer Arbeitnehmerstellung in eine Unternehmerstellung und umgekehrt kann es zu einer Aufspaltung des Insolvenzschutzes kommen. Die geschützten und die ungeschützten Zeiten sind jeweils zusammenzurechnen und untereinander ins Verhältnis zu setzen.[18]

ff) Versorgungszusage von einer dritten Gesellschaft. Wird die Versorgungszusage an den Gesellschafter-Geschäftsführer oder den persönlich haftenden Gesellschafter einer Personengesellschaft von einer dritten Gesellschaft, etwa einer Vermögensverwaltungsgesellschaft erteilt, kommt es darauf an, ob der Begünstigte auf Grund der Beteiligungsverhältnisse und der Stimmrechte einen entscheidenden Einfluss auf diese Gesellschaft ausüben kann.

d) Doppelfunktionen. Denkbar sind Doppelfunktionen. So kann ein Gesellschafter zugleich Arbeitnehmer der Gesellschaft sein, an der er beteiligt ist. Zu prüfen ist dann, welche Eigenschaft entscheidend ist und die Tätigkeit prägt. Für die rechtliche Einordnung kommt es nicht auf die Bezeichnung, sondern auf die tatsächlichen Umstände an, von denen die Vertragspartner ausgehen und nach denen sie die rechtliche Beziehung tatsächlich durchführen.[19] In diesem Zusammenhang spielt auch die Frage eine Rolle, ob die zugesagte Versorgung nach Art und Höhe auch bei Fremdkräften wirtschaftlich vernünftig und üblich gewesen wäre.[20] Ist die Versorgungszusage in ihrer Art und Höhe ungewöhnlich und wirtschaftlich nicht vertretbar, wird vermutet, dass sie ihren Anlass nicht im Arbeitsverhältnis, sondern im Gesellschaftsverhältnis hat.

Praxistipp:
Wenig Sinn ergibt die freiwillige Zahlung von Beiträgen an den Pensionssicherungsverein. Dies ist kein entscheidendes Indiz für das Bestehen einer Insolvenzsicherung. Im Leistungsfall prüft der PSVaG anhand der tatsächlichen Rechtslage, ob der Begünstigte zu dem vom BetrAVG geschützten Personenkreis zählt oder nicht.

II. Begründung betrieblicher Versorgungsansprüche

1. Übersicht

Versorgungsansprüche können **individualrechtlich** durch eine Einzelzusage, Zusagen an eine Gruppe von Arbeitnehmern nach einheitlichen Grundsätzen (Gesamtzusage) oder vertragliche Einheitsregelungen begründet werden. Daneben können sich Versorgungsansprüche auch aus einer **betrieblichen Übung** ergeben. Auch diese wird dem Individualarbeitsrecht zugerechnet. Schließlich können Versorgungsansprüche auch aus dem Grundsatz der **Gleichbehandlung** abgeleitet werden.

---

[16] BGH 1.10.2019 – II ZR 386/17, NZA 2020, 120; 25.9.1989 – II ZR 259/88; AP BetrAVG § 17 Nr. 19 = DB 1989, 2475; offen gelassen in BAG DB 1997, 2495.
[17] BGH 1.10.2019 – II ZR 386/17, NZA 2020, 120; BGH 2.6.1997 – II ZR 181/96, AP BetrAVG § 17 Nr. 26.
[18] BGH 16.1.2014 – XII ZB 455/13, NJW-RR 2014, 449.
[19] BAG DB 2001, 2102.
[20] BAG DB 2001, 2102.

19 Daneben und häufiger kommen **kollektivrechtliche** Begründungsakte vor. Zu nennen sind hier Betriebsvereinbarungen über die betriebliche Altersversorgung, Vereinbarungen nach dem Sprecherausschussgesetz für leitende Angestellte und tarifvertragliche Regelungen.

2. Individualrechtliche Regelungen

20 a) *Einzelzusage.* Einzelzusagen sind Teil des Dienst- oder Arbeitsvertrages. Sie können daher nur nach den allgemeinen Regeln des Dienst- bzw. Arbeitsvertragsrechts geändert werden, das heißt grundsätzlich nur mit Zustimmung des Betroffenen.

21 Einzelzusagen bedürfen zu ihrer Wirksamkeit keiner besonderen Form. Sie können auch konkludent erfolgen.[21] Dennoch empfiehlt sich, diese **schriftlich** abzufassen. Dies dient der Vermeidung von Unklarheiten und Nachweisschwierigkeiten. Dies ist gerade bei Versorgungszusagen von Bedeutung, da diese sich sowohl während der Finanzierungsphase (Anwartschaftsphase) als auch während der Leistungsphase durch ihre Langzeitwirkung auszeichnen, die mehrere Jahrzehnte umfassen kann. Dem trägt auch das Nachweisgesetz (NachwG) Rechnung. Der Arbeitnehmer hat nach § 2 Abs. 1 Nr. 6 NachwG einen Anspruch auf eine entsprechende Dokumentation seiner Versorgungszusage. Darüber hinaus können für Direktzusagen nach § 6a Abs. 1 Nr. 3 EStG Rückstellungen vom Arbeitgeber nur gebildet werden, wenn die Versorgungszusage schriftlich erteilt worden ist.

22 b) **Gesamtzusage, vertragliche Einheitsregelung.** *aa) Gesamtzusage.* Gesamtzusagen unterscheiden sich von Einzelzusagen dadurch, dass sie sich an eine Gruppe von Arbeitnehmern richten und auf eine einheitliche Versorgungsordnung Bezug genommen wird, die die Ausgestaltung der Zusage im Einzelnen regelt. Trotz dieses erkennbaren kollektiven Charakters handelt es sich arbeitsrechtlich nach heute geklärter Auffassung[22] um ein Bündel von parallelen Einzelzusagen. Sie sind Bestandteil des einzelnen Arbeitsvertrages und können grundsätzlich nur mit Zustimmung des Begünstigten geändert werden. Allerdings lässt die Rechtsprechung eine Änderung anders als bei Einzelzusagen unter bestimmten Voraussetzungen auch durch eine ablösende Betriebsvereinbarung zu.[23] Im Übrigen folgen jedoch Gesamtzusagen den gleichen arbeitsrechtlichen Regeln wie Einzelzusagen.

23 Die Regelungen einer Gesamtzusage unterliegen als vom Arbeitgeber für eine Vielzahl von Arbeitsverträgen vorformulierte Regelungen der AGB-Kontrolle.[24]

24 *bb) Vertragliche Einheitsregelung.* Ähnliches gilt für vertragliche Einheitsregelungen, die ebenfalls der AGB-Kontrolle unterliegen.[25] Dabei handelt es sich gleichfalls um parallele Einzelzusagen, die gleichen Regelungen folgen, ohne dass jedoch auf eine einheitliche Versorgungsordnung Bezug genommen wird. Um den kollektiven Bezug erkennbar zu machen, sollte der Arbeitgeber auf den Zusammenhang mit einer Einheitsregelung ausdrücklich hinweisen. Dann besteht die Möglichkeit, diese unter den gleichen Voraussetzungen wie eine Gesamtzusage unter bestimmten Voraussetzungen auch ohne Zustimmung des Arbeitnehmers durch eine spätere Betriebsvereinbarung abzulösen.[26]

25 c) **Betriebliche Übung.** Zu den individualrechtlichen Begründungsakten zählt auch die betriebliche Übung.[27] In § 1b Abs. 1 S. 4 BetrAVG ist die betriebliche Übung der ausdrücklichen Zusage in ihren Rechtswirkungen gleichgestellt.[28]

26 *aa) Voraussetzungen.* Die Rechtsprechung des BAG[29] versucht, das Phänomen „betriebliche Übung" rechtsgeschäftlich zu erklären, und sieht in der wiederholten vorbehaltlosen

---

[21] BAG 12.5.2020 – 3 AZR 157/19, BeckRS 2020, 12013.
[22] BAG 16.9.1986 – GS 1/82, AP BetrVG 1972 § 77 Nr. 17.
[23] → § 40 Rn. 30 ff.
[24] BAG 13.1.2015 – 3 AZR 897/12, AP BetrAVG § 1 Auslegung Nr. 54.
[25] LAG Hamm 10.11.2015 – 9 Sa 797/15, nrkr.
[26] → § 40 Rn. 30 ff.
[27] Siehe etwa BAG 19.2.2008 – 3 AZR 61/06, AP BetrAVG § 1 Nr. 52; NZA 2011, 104; 13.11.2018 – 3 AZR 103/17, NZA 2020, 192; zur Rechtsprechung des BAG weiter *Gehlhaar* BB 2008, 835; *Reinecke* BB 2004, 1625.
[28] BAG 13.11.2018 – 3 AZR 103/17, NZA 2020, 192 (195).
[29] BAG BB 1997, 2054; DB 1999, 1907; DB 2002, 1896; 23.4.2002 – 3 AZR 224/01, AP BetrAVG § 1 – Berechnung Nr. 22; DB 2007, 2435.

Gewährung von Leistungen eine **konkludente Willenserklärung** des Arbeitgebers, auch in Zukunft gleichartige Leistungen gewähren zu wollen. Dem steht die in der Literatur teilweise vertretene Ansicht gegenüber, die betriebliche Übung lasse sich nur auf den Gesichtspunkt der **Vertrauenshaftung** zurückführen.[30] Die Frage soll hier nicht näher untersucht werden. Der Rechtscharakter spielt vor allem für die Frage der Abänderbarkeit einer betrieblichen Übung eine Rolle.

Voraussetzung für eine betriebliche Übung ist die **vorbehaltlose wiederholte Gewährung von Versorgungsleistungen.** Daraus muss sich für den oder die Arbeitnehmer die Schlussfolgerung ergeben, dass der Arbeitgeber auch in Zukunft diese Leistungen gewähren will. Entscheidend ist, ob sich aus der wiederholt gewährten Leistung auf einen entsprechenden Bindungswillen des Arbeitgebers schließen lässt. Bei Einmalzahlungen hat dies das BAG bei mindestens dreimaliger vorbehaltloser Zahlung angenommen.[31] Diese Grundsätze können nicht schematisch auf laufende Leistungen der betrieblichen Altersversorgung angewandt werden.[32] Wegen der Langzeitwirkungen einer Versorgungszusage und der finanziellen Auswirkungen sind an eine betrieblichen Übung im Bereich der betrieblichen Altersversorgung vielmehr erhöhte Anforderungen zu stellen. Eine betriebliche Übung kann auch erst nach Eintritt des Versorgungsfalls entstehen.[33]

bb) Einzelfälle. Hat der Arbeitgeber ohne entsprechende Versorgungsordnung einer Vielzahl vergleichbarer Arbeitnehmer wiederholt ohne Freiwilligkeitsvorbehalt Versorgungsleistungen gewährt, so entsteht die **Kollektivübung**, die die gleichen Wirkungen hat wie eine Gesamtzusage. Andere Arbeitnehmer erwerben einen Versorgungsanspruch jeweils zu dem Zeitpunkt, an dem sie erstmals von dem Bestehen dieser Übung Kenntnis erlangen konnten. Bestand die Übung bereits bei Beginn des Arbeitsverhältnisses, entsteht der Anspruch bereits zu diesem Zeitpunkt.[34] Will der Arbeitgeber die Fortgeltung einer betrieblichen Übung bei einem neuen Arbeitsverhältnis vermeiden, muss er dies bei Vertragsabschluss ausdrücklich klarstellen.

Versorgungsverpflichtungen aus betrieblicher Übung können nicht entstehen, wenn und soweit die Versorgung kollektivrechtlich ausdrücklich abweichend geregelt ist,[35] und zwar auch dann nicht, wenn es sich um eine Konzernbetriebsvereinbarung handelt und diese in einem Tochterunternehmen objektiv unrichtig angewandt wird,[36] oder wenn der Arbeitgeber auf Grund einer **unwirksamen Betriebsvereinbarung** glaubt, zur Erbringung von Versorgungsleistungen verpflichtet zu sein.[37] In beiden Fällen kann ein entsprechender rechtsgeschäftlicher Bindungswille nicht unterstellt werden. Etwas anderes gilt dann, wenn die Betriebsvereinbarung für den Betriebsrat und die Belegschaft erkennbar unwirksam war und der Arbeitgeber gleichwohl entsprechende Leistungen gewährt hat.[38] Offensichtliche Berechnungsfehler lassen jedenfalls nicht den Schluss zu, der Arbeitgeber wolle sich entsprechend binden.[39]

cc) Änderbarkeit von betrieblichen Übungen. Betriebliche Übungen können nach den gleichen Grundsätzen wie Gesamtzusagen oder vertragliche Einheitsregelungen geändert werden, jedenfalls wenn man dem Ansatzpunkt des BAG folgt und in der betrieblichen Übung eine konkludente Willenserklärung sieht.

Nach Auffassung des BAG kann eine betriebliche Übung im aktiven Arbeitsverhältnis auch dadurch geändert werden, dass der Arbeitgeber unmissverständlich klarstellt, dass die

---

[30] So *Canaris* Vertrauenshaftung S. 254 ff., 386 ff.; *Seiter*, Die Betriebsübung, 1967; weitere Nachweise bei *Merten/Schwartz* DB 2001, 646.
[31] BAG DB 1999, 1907 für Gratifikationen; ebenso für das Rentnerweihnachtsgeld BAG DB 2007, 2435.
[32] Ebenso *Reinecke* BB 2004, 1625 (1627).
[33] BAG NZA 2011, 104; NZA 2012, 37.
[34] LAG Köln NZA 1985, 298.
[35] BAG 27.6.1985 – 6 AZR 392/81, AP BetrVG 1972 § 77 Nr. 14.
[36] BAG DB 2002, 1896.
[37] BAG 13.8.1980 – 5 AZR 325/78, AP BetrVG 1972 § 77 Nr. 2.
[38] BAG 27.6.1985 – 6 AZR 392/81, AP BetrVG 1972 § 77 Nr. 14 unter 4b der Urteilsgründe.
[39] BAG 23.4.2002 – 3 AZR 224/01, AP BetrAVG § 1 – Berechnung Nr. 22 – zur irrtümlichen Einbeziehung des Urlaubsgelds in die versorgungsfähigen Bezüge.

bisher gewährten Leistungen in Zukunft nur noch freiwillig erfolgen sollen, und diese Abänderung von den Arbeitnehmern über einen Zeitraum von drei Jahren widerspruchslos hingenommen wird.[40] Für Leistungen der betrieblichen Altersversorgung gibt es eine solche gegenläufige betriebliche Übung nicht.[41]

32 d) **Gleichbehandlung.** Auch ohne ausdrückliche oder konkludente Regelung kann sich ein Anspruch aus dem Gesichtspunkt der Gleichbehandlung ergeben. In § 1b Abs. 1 S. 4 BetrAVG ist der Grundsatz der Gleichbehandlung als mögliche Anspruchsgrundlage ausdrücklich erwähnt.

33 *aa) Inhalt des Gleichbehandlungsgebots.* Der Gleichbehandlungsgrundsatz verbietet Gleiches ungleich und Ungleiches gleich zu behandeln. Eine Differenzierung muss gemessen am Leistungszweck sachlich gerechtfertigt sein.[42] Ergänzt wird der arbeitsrechtliche Grundsatz der Gleichbehandlung durch das Lohngleichheitsgebot für Männer und Frauen nach Art. 157 AEUV (früher Art. 119 EWG-Vertrag bzw. Art. 141 EGV)[43] und die europarechtlichen Diskriminierungsverbote, wie sie in der Richtlinie 2000/78/EG vom 27.11.2000 (ABl. Nr. L 303, S. 16) sowie dem Allgemeinen Gleichbehandlungsgesetz (AGG) niedergelegt sind.[44]

34 *bb) Gleichbehandlung beim begünstigten Personenkreis.* Aus dem Gleichbehandlungsgrundsatz ergibt sich zunächst, dass **Teilzeitbeschäftigte** aus dem Kreis der Begünstigten nicht ausgenommen werden dürfen.[45] Auch eine Differenzierung zwischen **Innendienst- und Außendienstmitarbeitern** ist unzulässig, wenn dies nicht durch den Zweck der Leistung gerechtfertigt ist.[46] Es ist hingegen sachlich gerechtfertigt, nur vorübergehend beschäftigte Arbeitnehmer von betrieblichen Versorgungsleistungen auszuschließen. Die betriebliche Altersversorgung bezweckt unter anderem, die Betriebstreue des Arbeitnehmers zu fördern und zu belohnen. Bei nur vorübergehender Beschäftigung ist der Arbeitgeber nicht daran interessiert, den Arbeitnehmer an den Betrieb zu binden.[47]

35 *cc) Gleichbehandlung bei den Leistungsvoraussetzungen.* Der Gleichbehandlungsanspruch bezieht sich nicht nur auf den Kreis der Anspruchsberechtigten, sondern auch auf die Leistungsvoraussetzungen. So sind Differenzierungen in der **Altersgrenze** zwischen Männern und Frauen unzulässig.[48] Sieht die Versorgungsordnung daher für Frauen eine feste Altersgrenze von 60 Jahren, für Männer von 65 Jahren vor, können auch Männer ab dem 60. Lebensjahr Altersversorgungsansprüche geltend machen. Dies gilt uneingeschränkt für die nach dem 17.5.1990 erdienten Anwartschaften.[49] Für die davor erdienten Anwartschaften bleibt es bei der bis dahin geltenden Regelung. Dies führt zu einer gespaltenen Berechnung der Versorgungsverpflichtung mit unterschiedlichen Quoten für Zeiten bis zum 17.5.1990 und für Zeiten danach.

36 Soweit alte Versorgungsregelungen (immer noch) unterschiedliche Altersgrenzen vorsehen, sind diese zu vereinheitlichen. Dies kann kostenneutral auch durch eine Anhebung der Altersgrenze für Frauen erfolgen.[50] Eine rückwirkende Änderung ist insoweit unzulässig.[51]

---

[40] BAG DB 1999, 1907 = BB 1999, 1924 mAnm von *Becker* BB 2000, 2095; BAG DB 2005, 615 für Weihnachtsgratifikationen.
[41] BAG NZA 2011, 104.
[42] Siehe BAG 27.7.1988 – 5 AZR 244/87, AP BGB § 242 – Gleichbehandlung Nr. 83; 20.11.1996 – 5 AZR 645/95, AP BetrAVG § 1 – Gleichbehandlung Nr. 31; *Doetsch* BetrAV 1997, 25 f.
[43] Dazu grundlegend *Blomeyer*, Das Verbot der mittelbaren Diskriminierung gem. Art. 119 EGV, 1994.
[44] Siehe BAG DB 2008, 766; weiter *Cisch/Böhm* BB 2007, 602; *Rengier* NZA 2006, 1251; *Steinmeyer* ZfA 2007, 27.
[45] EuGH NZA 2000, 313 = BetrAV 2000, 385 – Lilli Schröder; BAG 6.4.1987 – 3 AZR 134/79, AP BetrAVG § 1 – Gleichbehandlung Nr. 1.
[46] BAG 20.7.1993 – 3 AZR 52/93, AP BetrAVG § 1 – Gleichbehandlung Nr. 11; wegen weiterer Fälle → § 37 Rn. 11 ff.; zur Gleichbehandlung bei Betriebsübernahmen → § 39 Rn. 33 f.
[47] BAG 15.1.2013 – 3 AZR 4/11.
[48] EuGH 17.5.1990, AP EWG-Vertrag Art. 119 Nr. 20 – Barber; BAG 19.3.1997 – 3 AZR 759/95, AP BetrAVG § 1 – Gleichbehandlung Nr. 32; BAG 3.6.1997 – 3 AZR 910/95, AP BetrAVG § 1 – Gleichbehandlung Nr. 35.
[49] EuGH DB 1994, 228.
[50] BAG 22.4.1986 – 3 AZR 496/83, AP BetrAVG § 1 – Unterstützungskassen Nr. 8.
[51] EuGH 28.9.1994, AP EWG-Vertrag Art. 119 Nr. 58.

Das Gleichbehandlungsgebot gilt auch für **Pensionskassen**[52] und **Unterstützungskassen**.[53] 37
Diese können sich nicht darauf berufen, dass gegebenenfalls der Arbeitgeber die Leistungen
übernehmen muss. Vielmehr haften Arbeitgeber und Versorgungseinrichtung als Gesamtschuldner, soweit sich die unerlaubte Benachteiligung aus den Leistungsregelungen der Versorgungseinrichtung ergibt.[54]

dd) Gleichbehandlung hinsichtlich der Hinterbliebenenversorgung. Anspruch auf Hinter- 38
bliebenenversorgung haben nicht nur Witwen, sondern auch **Witwer**.[55] Dies folgt nach Auffassung des BAG unmittelbar aus Art. 3 GG und gilt daher bereits für die Zeit seit In-Kraft-Treten des Betriebsrentengesetzes im Jahr 1972. Hinterbliebene Witwer können daher unter
den gleichen Voraussetzungen wie eine Witwe Hinterbliebenenversorgung verlangen. Voraussetzung ist natürlich, dass die Versorgungsordnung überhaupt eine Hinterbliebenenversorgung vorsieht und die übrigen Voraussetzungen für den Bezug einer Hinterbliebenenversorgung erfüllt sind.[56]

Nichteheliche Kinder können Versorgungsleistungen unter dem Gesichtspunkt der 39
Gleichbehandlung nur verlangen, wenn der verstorbene Arbeitnehmer für sie das Sorgerecht
hatte und diese im gemeinsamen Haushalt lebten.[57] **Lebensgefährten**, mit denen der begünstigte Arbeitnehmer nicht verheiratet war, oder Geschwister, die den Arbeitnehmer gepflegt
haben, haben aus dem Gesichtspunkt der Gleichbehandlung keinen Anspruch auf Hinterbliebenenversorgung.[58] Der Arbeitgeber darf bei der Festlegung des Kreises der versorgungsberechtigten Hinterbliebenen nach dem Näheverhältnis und dem typisierten Versorgungsinteresse des Arbeitnehmers differenzieren.

Eingetragene Lebenspartner können spätestens seit 1.1.2005 Gleichstellung in der Alters- 40
versorgung verlangen.[59] Der EuGH hat mit Urteil vom 1.4.2008 in der Rechtssache *Maruko* entschieden, dass ein Ausschluss eines eingetragenen Lebenspartners gegen das Diskriminierungsverbot des Art. 1 iVm Art. 2 RL 2000/78/EG wegen der sexuellen Identität
verstößt, wenn sich eingetragene Lebenspartner nach nationalem Recht hinsichtlich der
Hinterbliebenenversorgung in einer mit Eheleuten vergleichbaren Situation befinden.[60] Dies
ist nach Auffassung des BAG erst ab 1.1.2005 mit der Gleichstellung eingetragener Lebenspartner in der gesetzlichen Rentenversicherung und beim Versorgungsausgleich der Fall.[61]
Der Anspruch kann auch rückwirkend geltend gemacht werden. Voraussetzung ist, dass
zum 1.1.2005 ein Rechtsverhältnis zwischen dem Versorgungsberechtigten und dem Arbeitgeber bestanden hat. Dies braucht kein aktives Arbeitsverhältnis zu sein. Es reicht aus, wenn
der versorgungsberechtigte Arbeitnehmer vor dem 1.1.2005 mit einer unverfallbaren Anwartschaft ausgeschieden ist oder eine Betriebsrente bezieht.[62] Der überlebende Lebenspartner hat dann bei dessen Tod unter den gleichen Voraussetzungen einen Anspruch auf Hinterbliebenenversorgung wie ein überlebender Ehegatte.

Dies gilt auch für die **Zusatzversorgung des öffentlichen Dienstes**,[63] und zwar auch dann, 41
wenn diese auf einer landesgesetzlichen Regelung beruht.[64] Europarechtlich besteht ein Anspruch auf Gleichbehandlung frühestens ab Ablauf der Umsetzungsfrist für die Richtlinie
2000/78/EG, also ab dem 3.12.2003.[65] Der genaue Zeitpunkt hängt davon ab, seit wann
sich eingetragene Lebenspartner nach nationalem Recht hinsichtlich der Versorgung in einer

---

[52] EuGH BetrAVG 2001, 693; BAG BB 2003, 1370 = NZA 2003, 380.
[53] BAG NZA 2010, 701.
[54] BAG NZA 2008, 532 Rn. 50 f.
[55] BAG 5.9.1989, AP BetrAVG § 1 Nr. 8 – Hinterbliebenenversorgung.
[56] Dazu → § 37 Rn. 55 ff.
[57] BAG NZA 2003, 1044.
[58] BAG 18.11.2008 – 3 AZR 277/07, AP BetrAVG § 1 Nr. 54; *Höfer* BetrAVG I Kap. 6 Rn. 16.
[59] BAG 14.1.2009 – 3 AZR 20/07, AP GG Art. 3 Nr. 315.
[60] EuGH NJW 2008, 1649 = NZA 2008, 459.
[61] BAG 14.1.2009 – 3 AZR 20/07, AP GG Art. 3 Nr. 315.
[62] BAG NZA 2010, 216.
[63] BVerfG NJW 2010, 1439; dem folgend nunmehr auch BGH BeckRS 2010, 18934 unter Aufgabe von
BGH NJW-RR 2007, 1441.
[64] EuGH NZA 2011, 557 – Römer.
[65] EuGH NZA 2011, 557 – Römer.

rechtlich und tatsächlich vergleichbaren Situation wie verheiratete Personen befinden. Der EuGH weist in diesem Zusammenhang darauf hin, dass Lebenspartner bereits nach der Ursprungsfassung der §§ 2 und 5 des LPartG einander wie Eheleute zur Fürsorge und Unterstützung sowie dazu verpflichtet sind, durch ihre Arbeit und ihrem Vermögen die partnerschaftliche Lebensgemeinschaft angemessen zu unterhalten.[66] Er bejaht daher einen Gleichstellungsanspruch im öffentlichen Dienst bereits ab dem 3.12.2003. Demgegenüber hat das BVerfG nach nationalem Recht eine Gleichstellung in der Zusatzversorgung des öffentlichen Dienstes nach Art. 3 Abs. 1 GG wie das BAG für die betriebliche Altersversorgung erst ab 1.1.2005 für geboten erachtet.[67] Wegen der Möglichkeit zur gleichgeschlechtlichen Ehe können seit dem 1.10.2017 neue Lebenspartnerschaften nicht mehr begründet werden.

42   *ee) Gleichbehandlung bei Beiträgen und Leistungen.* Umstritten ist, inwieweit der Gleichbehandlungsgrundsatz und das Diskriminierungsverbot bei gleichen Finanzierungsleistungen auch gleich hohe Versorgungsleistungen für Männer und Frauen verlangen, inwieweit also bei Beitragszusagen mit Mindestleistung, beitragsorientierten Leistungszusagen und bei Entgeltumwandlung die daraus finanzierten Leistungen für Männer und Frauen nach den gleichen Tarifen (**Unisextarife**) kalkuliert sein müssen. Bisher bestand weitgehend Einigkeit darüber, dass die unterschiedliche Lebenserwartung von Männern und Frauen ein ausreichender Grund für die unterschiedliche versicherungsmathematische Kalkulation der sich aus den Beitragszahlungen ergebenden Versorgungsleistungen ist.[68]

43   Dies ist mit dem Urteil des EuGH vom 10.5.2011[69] fraglich geworden. Nach Auffassung des EuGH verfolgt die Richtlinie 2004/113/EG im Versicherungsbereich das Ziel der Gleichbehandlung von Männern und Frauen bei den Prämien und Leistungen. Die in Art. 5 Abs. 2 vorgesehene Ausnahme ist mit Wirkung vom 21.12.2012 wegen Verstoßes gegen das Ziel der Richtlinie und den in Art. 21 und 23 EU-Charta niedergelegten Grundsatz der Gleichbehandlung von Frauen und Männern ungültig. Der EuGH verlangt daher jedenfalls für Vertragsabschlüsse ab 21.12.2012 Unisextarife.

44   Fraglich ist, ob das EuGH-Urteil nur für den Anwendungsbereich der RL 2004/113/EG, also für private, freiwillige und von Beschäftigungsverhältnissen unabhängige Versicherungen und Rentensysteme gilt, oder auch für die betriebliche Altersversorgung. Die Richtlinie 2006/54/EG zur Umsetzung des Lohngleichheitsgebots lässt, wie Art. 9 Abs. 1 lit. h und lit. j sowie die Erwägungsgründe 15 und 16 zeigen, unterschiedliche Leistungen für Männer und Frauen bei gleich hohen Beiträgen im Hinblick auf die unterschiedlichen versicherungstechnischen Berechnungsfaktoren zu. In der Rechtssache *Naeth*[70] hat der EuGH ausgeführt, das Gleichbehandlungsgebot beziehe sich bei Leistungszusagen nur auf das Leistungsversprechen als solches, nicht aber auf die zur Finanzierung erforderlichen Aufwendungen. Insoweit lässt sich argumentieren, der Bereich der betrieblichen Altersversorgung sei durch das Urteil des EuGH vom 10.5.2011 nicht betroffen.[71] Folgt man dagegen der Begründung des EuGH, dass Art. 5 Abs. 2 RL 2004/113/EG (auch) gegen höherrangiges Recht, nämlich Art. 21 und 23 EU-Charta verstößt, müsste dies auch für Regelungen der RL 2006/54/EG gelten, die eine Ungleichbehandlung von Männern und Frauen bei der Kalkulation von beitragsbezogenen Altersversorgungsleistungen zulassen. In der betrieblichen Altersversorgung müssten dann gleichfalls Unisextarife eingeführt werden, wobei fraglich ist, ob dies nur für ab dem 21.12.2012 erteilte Versorgungszusagen gilt[72] oder auch früher erteilte Versor-

---

[66] EuGH NZA 2011, 557 Rn. 47f. – Römer.
[67] BVerfG NJW 2010, 1439 Rn. 124.
[68] *Andresen/Förster/Rößler/Rühmann* Teil 7 B Rn. 276; *Blomeyer/Rolfs/Otto* BetrAVG Anh. § 1 Rn. 51; *Hanau/Arteaga/Rieble/Veit* Entgeltumwandlung, 2. Aufl. 2006, Teil E Rn. 1016 ff.; *Höfer* BetrAVG I Kap. 6 Rn. 152; *Raulf/Gunia* NZA 2003, 534; *Rolfs* NZA 2008, 553 (554); aA *Birk* BetrAV 2003, 197 ff.; *Hensche* NZA 2004, 828 (829).
[69] EuGH NZA 2011, 557 – Test-Achats; dazu *Kahler* NJW 2011, 894; *Körner* AuR 2011, 331.
[70] EuGH DB 1994, 484.
[71] *Willemsen/Döring* BetrAV 2011, 432 (438 f.).
[72] So *Höfer* DB 2011, 1334 (1335); *Höfer* BetrAV 2011, 586 (587); *Jurk/Wilhelm* BB 2012, 381; *Looschelders* VersR 2011, 421 (428); *Rolfs/Binz* VersR 2011, 714 unter II; *Ulbrich* DB 2011, 2775 (2778).

gungszusagen ab diesem Zeitpunkt umgestellt werden müssen.[73] Betroffen sind neben der Entgeltumwandlung alle beitragsbezogenen Zusagen. Eine Anpassung ginge zu Lasten der Männer, die bisher wegen der geringeren Lebenserwartung bei gleichem Beitrag eine höhere Leistung erwarten konnten.

3. Kollektivrechtliche Regelungen

a) **Betriebsvereinbarung.** Vielfach werden Zusagen auf betriebliche Altersversorgung in Betriebsvereinbarungen nach § 77 BetrVG geregelt. Betriebsvereinbarungen bedürfen nach § 77 Abs. 2 BetrVG der Schriftform. Sie gelten unmittelbar und zwingend (§ 77 Abs. 4 S. 1 BetrVG), dh sie wirken normativ auf die einzelnen Arbeitsverträge, ohne deren individualrechtlicher Bestandteil zu werden. 45

Durch Betriebsvereinbarung können Versorgungsansprüche für alle Mitarbeiter geregelt werden, die Arbeitnehmer des Unternehmens oder Betriebs iSd § 5 BetrVG sind. Stichtagsregelungen können grundsätzlich mit dem betriebsverfassungsrechtlichen Gleichbehandlungsgrundsatz im Einklang stehen.[74] Betriebsvereinbarungen ermöglichen in hohem Maße die Berücksichtigung der Besonderheiten eines Unternehmens oder Betriebs. Durch die grundsätzliche Kündigungsmöglichkeit erlauben sie darüber hinaus eine vereinfachte Anpassung an eine veränderte Situation jedenfalls mit Wirkung für die Zukunft.[75] 46

b) **Vereinbarung nach dem SprAuG.** Besteht in einem Unternehmen ein Sprecherausschuss der leitenden Angestellten nach dem Sprecherausschussgesetz (SprAuG), so können mit diesem Richtlinien für die betriebliche Altersversorgung nach § 28 Abs. 1 SprAuG vereinbart werden. Bei Richtlinien über Versorgungsleistungen handelt es sich um Richtlinien über den Inhalt der Arbeitsverhältnisse.[76] Diese Richtlinien sind grundsätzlich nicht zwingend, dh der Arbeitgeber kann durch Absprache mit dem einzelnen leitenden Angestellten von ihnen abweichen.[77] Die Richtlinien haben nur dann ganz oder zum Teil normativen Charakter und wirken unmittelbar zwingend auf die Arbeitsverhältnisse ein, wenn dies zwischen Arbeitgeber und Sprecherausschuss ausdrücklich vereinbart wird (§ 28 Abs. 2 S. 1 SprAuG). Aber auch dann bleiben abweichende Individualvereinbarungen zugunsten einzelner leitender Angestellter zulässig (§ 28 Abs. 2 S. 2 SprAuG). 47

c) **Tarifvertrag.** *aa) Bedeutung tarifvertraglicher Regelungen.* Ansprüche auf betriebliche Altersversorgung können schließlich durch Tarifvertrag begründet werden. Insbesondere im öffentlichen Dienst ist die Altersversorgung durch Tarifvertrag geregelt.[78] 48

Der Trend zu tarifvertraglichen Regelungen hat durch die Änderungen des BetrAVG in der Folge des Rentenreformgesetzes 2001 zugenommen. § 1a BetrAVG schuf in der Fassung des AVmG erstmals einen Anspruch der Arbeitnehmer auf **Umwandlung von Entgeltansprüchen** in Ansprüche auf betriebliche Altersversorgung bis zur Höhe von 4 % der jeweiligen Beitragsbemessungsgrenze in der allgemeinen Rentenversicherung. 49

Mit Wirkung ab 1.1.2002 wird die Umwandlung bei Einhaltung bestimmter Durchführungswege steuerlich gefördert. Soweit tarifliche Entgeltbestandteile betroffen sind, kann für diese eine Entgeltumwandlung nur verlangt werden, soweit dies durch Tarifvertrag zugelassen ist, § 20 Abs. 1 BetrAVG (§ 17 Abs. 5 BetrAVG aF). 50

bb) Wirkung von tarifvertraglichen Regelungen. Tarifverträge entfalten eine **zwingende Wirkung**, dh abweichende Regelungen sind nichtig. Dies kann durch Vereinbarung von Öffnungsklauseln verhindert werden. So kann etwa die Einzeldurchführung von tarifvertraglichen Regelungen über die betriebliche Altersversorgung Betriebsvereinbarungen vor- 51

---

[73] So *Birk* DB 2011, 819 (820); *Birk* BetrAV 2012, 7; wohl auch *Körner* AuR 2011, 331; differenzierend nach dem Zeitpunkt der Prämienzahlung *Bepler* FS Höfer, 2011, S. 8 (12 f.).
[74] BAG 10.12.2019 – 3 AZR 478/17, BeckRS 2019, 39582
[75] → § 40 Rn. 12 ff.
[76] *Andresen/Förster/Rössler/Rühmann* Teil 7 A Rn. 375.
[77] *Wlotzke* DB 1989, 173 (177).
[78] Altersvorsorgetarifverträge ATV und ATV-K v. 1.3.2002 sowie Entgeltumwandlungstarifverträge TV-EUmw/VKA v. 18.2.2003 und TV-EntgeltU-L v. 12.10.2006.

behalten bleiben. Dies erscheint auch sinnvoll, da nur so die notwendige Betriebsindividualität gewahrt werden kann.

52   Die tarifvertraglichen Regelungen können durch Individualvereinbarung auch für nicht tarifgebundene Arbeitnehmer übernommen werden, § 19 Abs. 2 BetrAVG (§ 17 Abs. 3 S. 2 BetrAVG aF). Diese werden auf diese Weise zum Inhalt des Arbeitsvertrages gemacht.

53   In Tarifverträgen kann nach § 19 Abs. 1 BetrAVG (§ 17 Abs. 3 S. 1 BetrAVG aF) von bestimmten Regelungen des BetrAVG auch zuungunsten des Arbeitnehmers abgewichen werden. Dies betrifft die Regelungen über die Entgeltumwandlung nach § 1a, die Höhe der unverfallbaren Anwartschaft (§ 2), deren Abfindung (§ 3 mit Ausnahme des § 3 Abs. 2 S. 3) oder deren Übertragung auf einen anderen Versorgungsträger (§ 4), das Auszehrungsverbot und die Anrechnung anderer Versorgungsbezüge (§ 5) sowie die Anpassungsprüfungen laufender Versorgungsleistungen (§ 16). Ausgenommen sind nach dem Wortlaut nur die Regelungen über die gesetzliche Unverfallbarkeit (§ 1b), vorzeitige Altersleistungen nach § 6 und die Bestimmungen zur Insolvenzsicherung (§§ 7 bis 15). Diese unterliegen nicht der Disposition der Tarifpartner.

54   *cc) Tarifvertragliche Regelungen für die Entgeltumwandlung.* Gemäß § 19 Abs. 1 BetrAVG (§ 17 Abs. 3 S. 1 BetrAVG aF) kann ein Anspruch auf Entgeltumwandlung nach § 1a BetrAVG ausgeschlossen werden.

55   Soweit Entgeltansprüche ihrerseits auf einem Tarifvertrag beruhen, kann für diese eine Entgeltumwandlung nur vorgenommen werden, soweit dies durch Tarifvertrag vorgesehen oder zugelassen ist, § 20 Abs. 1 BetrAVG.

In einem Tarifvertrag oder aufgrund eines Tarifvertrags in einer Betriebs- oder Dienstvereinbarung kann geregelt werden, dass der Arbeitgeber für alle Arbeitnehmer oder eine Gruppe von Arbeitnehmern eine „automatische" Entgeltumwandlung einführt, gegen die der Arbeitnehmer ein Widerspruchsrecht hat, § 20 Abs. 2 S. 1 BetrAVG.

III. Versorgungszusage

1. Übersicht

56   a) **Leistungs- und Beitragszusage.** Das BetrAVG umfasste ursprünglich nur **Leistungszusagen**. Diese sind dadurch gekennzeichnet, dass der Arbeitgeber für den Eintritt des Versorgungsfalls eine bestimmte Versorgungsleistung zusagt. Erst mit den zum 1.1.1999 in Kraft getretenen Änderungen des BetrAVG durch das Rentenreformgesetz 1999 sind Neuregelungen zur **Entgeltumwandlung** und zu **beitragsorientierten Leistungszusagen** in das Gesetz aufgenommen worden (§ 1 Abs. 2 Nr. 1 und Nr. 2 BetrAVG). Hier steht nicht die Leistung bei Pensionierung, Tod oder Invalidität im Vordergrund, sondern der für diese Leistungen zu erbringende Beitrag. Durch das AVmG hinzugekommen ist die **Beitragszusage mit Mindestleistung** (§ 1 Abs. 2 Nr. 2 BetrAVG). Gemeinsam ist diesen neuen Formen der Zusage, dass eine bestimmte Korrelation zwischen Beiträgen und Leistung bestehen muss, sei es, dass Beiträge und Leistung wertgleich sein müssen, sei es, dass zumindest die gezahlten Beiträge als Leistung zur Verfügung stehen müssen. Eine reine **Beitragszusage** kannte das BetrAVG dagegen nicht. Eine Ausnahme hiervon macht das Gesetz in § 1 Abs. 2 Nr. 2a BetrVG für tarifvertragliche Regelungen und Regelungen aufgrund eines Tarifvertrags durch Betriebs- oder Dienstvereinbarung. Reine Beitragszusagen sind zwar auch im Übrigen rechtlich ohne Weiteres zulässig. Sie unterfallen dann aber, soweit sie nicht als Beitragszusagen mit Mindestleistung ausgelegt werden können, nicht dem BetrAVG.[79]

57   b) **Art und Zweck der Leistung.** Das Gesetz enthält keine Aussage darüber, welche Leistungen zu erbringen sind. Die Leistungszusage kann sich daher sowohl auf die Zahlung eines bestimmten einmaligen oder mehrfach zu zahlenden **Kapital**betrages richten als auch auf die Zahlung einer lebenslangen oder zeitlich befristeten **Rente**. Entscheidend ist, dass die Leistungen aus Anlass des Erreichens der Altersgrenze, bei Tod oder Invalidität, also einem bestimmten biologischen Ereignis gewährt werden sollen, das eine Veränderung der Ein-

---

[79] BAG NZA 2005, 1239.

kommensverhältnisse mit sich bringt und einen bestimmten Versorgungsbedarf auslöst. Charakteristisch für die Altersversorgungszusage ist also der **Versorgungszweck**. Auch ein „Übergangszuschuss"[80] und ein monatliches Entgelt unter Anrechnung der Betriebsrente während der ersten sechs Monate des Ruhestandes[81] können darunter subsumiert werden. Auch Sachleistungen sind möglich.[82]

2. Abgrenzung zu anderen Leistungen

Die Leistungen der betrieblichen Altersversorgung unterscheiden sich durch ihre Zwecksetzung von anderen Leistungen aus dem Arbeitsverhältnis. Die zugesagte Leistung muss einem im Gesetz genannten Versorgungszweck, also der Absicherung im Alter, bei Invalidität oder Tod dienen. Leistungen, die andere Risiken wie Krankheit oder Bedürftigkeit abdecken sollen, sind keine betriebliche Altersversorgung. **58**

a) **Abfindungen und Ausgleichszahlungen. Abfindungen** aus Anlass der Beendigung eines Arbeitsverhältnisses dienen dem Ausgleich für den Verlust des Arbeitsplatzes. Bei Abfindungen in Rentenform liegt keine betriebliche Altersversorgung vor, wenn sie unabhängig vom Eintritt eines Versorgungsfalls gezahlt werden. Etwas anderes gilt dann, wenn sie ab Erreichen des Rentenalters, bei Tod oder Invalidität fällig werden.[83] **Ausgleichsansprüche** des Handelsvertreters nach § 89b HGB sollen Provisionsverluste ausgleichen und führen nur bei Umwandlung in Versorgungsleistungen zu Ansprüchen nach dem BetrAVG.[84] **59**

b) **Gewinnbeteiligungen und Tantiemen.** Gewinnbeteiligungen und Tantiemen erfüllen im Regelfall keine Versorgungszwecke, sondern sind jeweils jährlich fällig werdende variable Gehaltsbestandteile. Nur wenn die Auszahlung vom Erreichen der Altersgrenze, Eintritt des Todes oder der Invalidität abhängig gemacht wird, liegen wegen des im Vordergrund stehenden Versorgungscharakters Leistungen der betrieblichen Altersversorgung vor.[85] **60**

c) **Jubiläumsgelder und Treueprämien.** Jubiläumsgelder und Treueprämien sind Sonderleistungen, die eine bestimmte Betriebszugehörigkeit belohnen sollen und die bei Erreichen eines Dienstjubiläums oder nach einer bestimmten Anzahl von Dienstjahren gezahlt werden. Ihnen fehlt die Anknüpfung an ein bestimmtes biologisches Ereignis, das einen Versorgungsbedarf auslöst. Sie gehören nicht zu den Leistungen der betrieblichen Altersversorgung.[86] **61**

d) **Altersteilzeit- und Vorruhestandsgelder.** Gleiches gilt für Altersteilzeit-, Vorruhestands- und Überbrückungsgelder.[87] Es handelt sich um Zahlungen, die ein vorzeitiges altersbedingtes Ausscheiden aus dem Arbeitsleben ermöglichen und die Zeit zwischen dem Ausscheiden aus dem aktiven Arbeitsleben und dem Beginn der Altersrente überbrücken sollen.[88] Bei Leistungen an unter 65-Jährige kommt es darauf an, ob die Leistungen für die Zeit vor oder nach Erreichen der festen Altersgrenze zugesagt werden.[89] **62**

e) **Unterstützungsleistungen.** Bei Unterstützungen im Notfall knüpft die Zahlung des Arbeitgebers oder einer von ihm eingeschalteten Unterstützungskasse an einen erhöhten finanziellen Bedarf infolge Krankheit, Unfall, Arbeitslosigkeit, Geburt eines Kindes oder Tod eines Familienangehörigen an. Auch hier liegen regelmäßig keine Versorgungsleistungen vor.[90] Etwas anderes gilt dann, wenn regelmäßige Zahlungen in Form von Renten an in Ruhestand befindliche ehemalige Arbeitnehmer oder deren Hinterbliebene oder bei Ein- **63**

---

[80] BAG 20.3.2018 – 3 AZR 277/16, VersR 2018, 1087 = BeckRS 2018, 13288.
[81] BAG 20.3.2018 – 3 AZR 519/16, NZA 2018, 1139.
[82] BAG 30.1.2019 – 5 AZR 442/17, NZA 2019, 1076; 25.6.2019 – 3 AZR 458/17, AP BetrAVG § 1 Nr. 74.
[83] BAG 8.5.1990 – 3 AZR 121/89, AP BetrAVG § 7 Nr. 58; Merkblatt PSVaG 300/M4 (03.10) Ziffer 2.1.3.
[84] *Höfer* BetrAVG I Kap. 2 Rn. 74.
[85] BAG 30.10.1980 – 3 AZR 805/79, AP BetrAVG § 1 Nr. 4.
[86] *Höfer* BetrAVG I Kap. 2 Rn. 56.
[87] BAG 28.10.2008 – 3 AZR 317/07, AP BetrAVG § 1 Nr. 56.
[88] *Höfer* BetrAVG I Kap. 2 Rn. 67.
[89] BAG 28.10.2008 – 3 AZR 317/07, AP BetrAVG § 1 Nr. 56.
[90] BAG DB 2007, 2043 unter Rn. 32; BAG 21.4.2009 – 3 AZR 285/07, AP BetrAVG § 1 Beamtenversorgung Nr. 20 jeweils für Beihilfen im Krankheitsfall.

tritt der Invalidität gezahlt werden, weil keine ausreichende anderweitige Versorgung besteht.[91]

64 f) **Deputate.** Bei Deputaten wie dem verbilligten Strombezug, Hausbrandleistungen oder Energiebeihilfen handelt es sich um eine Leistung der betrieblichen Altersversorgung.[92] Dabei spielt es keine Rolle, ob diese Leistungen auch aktiven Mitarbeitern gewährt werden. Entscheidend ist nach Auffassung des BAG, dass sie durch das Erreichen des Rentenalters und den Eintritt in den Ruhestand ausgelöst werden und damit der Versorgung (auch) im Alter dienen. Entsprechendes gilt für **Personalrabatte** an Betriebsrentner.[93]

65 g) **Versicherungsleistungen.** Bei Versicherungen, die der Arbeitgeber zugunsten von Arbeitnehmern abschließt, ist zu unterscheiden: Lebensversicherungen und Zusatzversicherungen zur Lebensversicherung wie Berufsunfähigkeits- und Unfallschutzversicherungen gehören zur betrieblichen Altersversorgung, wenn der Arbeitgeber Versicherungsnehmer ist und die Beiträge zahlt. Es liegt dann eine Direktversicherung nach § 2 Abs. 2 BetrAVG vor. Dagegen fallen Lebensversicherungen, die Arbeitnehmer zur Befreiung von der Versicherungspflicht in der gesetzlichen Rentenversicherung abgeschlossen haben, nicht unter die betriebliche Altersversorgung.[94] Gleiches gilt für von Arbeitnehmern im Rahmen des 5. Vermögensbildungsgesetzes (5. VermBG) abgeschlossene Lebensversicherungen.

66 h) **Leistungen zur Vermögensbildung.** Zuschüsse des Arbeitgebers zur Vermögensbildung gehören nicht zu den Altersversorgungsleistungen. Dies betrifft zum einen die **vermögenswirksamen Leistungen** nach dem 5. VermBG. Ihre Auszahlung hängt nicht vom Eintritt eines biologischen Ereignisses ab. Es handelt sich daher um einen Sparvorgang, der nicht zu betrieblichen Altersversorgung zählt.[95] Zum anderen geht es um die **Altersvorsorge-Sondervermögen** nach §§ 87–90 InvestmentG (vormals: §§ 37h–m KAGG), die nach § 347 Abs. 2 Kapitalanlagegesetzbuch nach dem 21.7.2013 nicht mehr aufgelegt werden dürfen. Hier handelt es sich um eine Form der Kapitalanlage durch Ansammlung von Geld in Investmentfonds, die dafür Wertpapiere kaufen und nach Ablauf von bestimmten Mindestfristen oder mit Vollendung des 60. Lebensjahres mit der Auszahlung von Leistungen beginnen. Auch wenn der Arbeitgeber dazu Beiträge leistet und Vermögen zur Absicherung im Alter angesammelt werden soll, handelt es sich auch hier um einen Sparvorgang, der der dritten Säule (private Eigenvorsorge) und nicht der betrieblichen Altersversorgung zuzurechnen ist.[96]

67 Davon zu unterscheiden sind **Auszahlungspläne,** die frühestens ab Vollendung des 60. Lebensjahres Zahlung in gleichbleibenden oder steigenden Monatsraten und eine lebenslange Verrentung des Restkapitals ab Vollendung des 85. Lebensjahres vorsehen und die nach § 16 Abs. 5 AVmG iVm § 82 Abs. 2 EStG steuerlich gefördert werden. Diese gehören wie sich auch aus § 16 Abs. 6 BetrAVG ergibt, eindeutig zur betrieblichen Altersversorgung.

Zweifelhaft ist, ob betriebliche Altersversorgung noch vorliegt, wenn zwischen Arbeitnehmer und Arbeitgeber die **Vererblichkeit** von Anwartschaften vereinbart ist. Das BAG[97] hält auch in diesen Fällen betriebliche Altersversorgung für möglich, wenn noch ein biometrisches Risiko besteht, dh die Versorgungsleistung nur fällig wird, wenn die Altersgrenze erreicht oder Berufsunfähigkeit nachgewiesen ist. Dass die Leistung dann im Falle des Todes an die Erben auszuzahlen ist, hält das BAG für unschädlich. Ist jedes biometrische Risiko ausgeschlossen, liegt auch nach Auffassung des BAG lediglich eine besondere Form der Vermögensbildung in Arbeitnehmerhand vor.[98]

68 i) **Sterbegeld.** Sterbegeld ist keine betriebliche Altersversorgung.[99]

---

[91] *Höfer* BetrAVG I Kap. 2 Rn. 76.
[92] BAG DB 2007, 2043 unter Rn. 43 der Gründe; BAG 16.3.2010 – 3 AZR 594/09, AP BetrAVG § 7 Nr. 116; 14.12.2010, BeckRS 2011, 70707; *Rolfs* RdA 2008, 116 ff.
[93] BAG 19.2.2008 – 3 AZR 61/06, AP BetrAVG § 1 Nr. 52.
[94] *Höfer* BetrAVG I Kap. 2 Rn. 82.
[95] LAG Hamm DB 1982, 1523; *Höfer* BetrAVG I Kap. 2 Rn. 78.
[96] *Höfer* BetrAVG I Kap. 2 Rn. 103.
[97] BAG NZA 2004, 848.
[98] Ebenso BMF 31.3.2010, BStBl. I 273 Rn. 252.
[99] BAG 10.12.2019 – 3 AZR 122/18, AP BetrAVG § 16 Nr. 127.

3. Beitragsorientierte Leistungszusage

a) Definition. Statt bestimmter Leistungen kann der Arbeitgeber sich auch verpflichten, 69 bestimmte Beiträge für die Altersversorgung aufzuwenden und in eine Anwartschaft auf Alters-, Invaliditäts- oder Hinterbliebenenversorgung umzuwandeln (§ 1 Abs. 2 Nr. 1 BetrAVG). Die beitragsorientierte Leistungszusage iSd BetrAVG steht damit zwischen der reinen Leistungszusage (**defined benefit**) und der reinen Beitragszusage (**defined contribution**). Letztere unterscheidet sich von der beitragsorientierten Leistungszusage dadurch, dass nur eine Beitragszahlung in bestimmter Höhe versprochen wird, ohne dass der Arbeitgeber damit eine Verpflichtung zur Erbringung einer sich daraus errechnenden bestimmten Versorgungsleistung übernimmt.

b) Umsetzung in den verschiedenen Durchführungswegen. Beitragsorientierte Leistungs- 70 zusagen können bei allen Durchführungswegen gewährt werden. **Direktversicherungen** und **Pensionskassen** kalkulieren ihre Leistungen nach versicherungsmathematischen Grundsätzen und erheben dafür bestimmte Beiträge. Aus den Beiträgen lassen sich bei Zugrundelegung eines festgelegten Rechnungszinses und von Sterbetafeln bestimmte Leistungen für Alter und Tod ausrechnen. In diesem Sinne waren beitragsorientierte Leistungszusagen auch vor der Novellierung des BetrAVG durch das Rentenreformgesetz 1999 bekannt und schon seit langem üblich.

Auch bei **Direktzusagen** kann eine beitragsorientierte Leistungszusage in der Form erfol- 71 gen, dass der Arbeitgeber dem Arbeitnehmer einen bestimmten Aufwand zur Finanzierung von Versorgungsleistungen zusagt. Die Umrechnung in Anwartschaften erfolgt regelmäßig anhand von Umrechnungstabellen, etwa den für die Berechnung von Pensionsrückstellungen verwendeten Richttafeln von Prof. *Dr. Klaus Heubeck*.

Beitragsorientierte Leistungszusagen haben zunächst den Vorteil größerer Transparenz für 72 sich. Für den Arbeitnehmer wird anders als bei einer reinen Leistungszusage der Aufwand für die zugesagte Leistung erkennbar. Anders als bei der Entgeltumwandlung hat der Arbeitnehmer jedoch keinen Anspruch darauf, dass die zugesagten Beiträge und die sich daraus errechnende Leistung wertgleich sind. Der Arbeitgeber ist grundsätzlich frei, wie er die sich aus den Beiträgen ergebenden Leistungen kalkuliert. Umgekehrt trägt er das Risiko der Finanzierbarkeit der zugesagten Leistungen mit den kalkulierten Beiträgen.

4. Beitragszusage

a) Reine Beitragszusage. Die reine Beitragszusage (defined contribution) unterscheidet 73 sich von der beitragsorientierten Leistungszusage dadurch, dass der Arbeitgeber sich von vornherein nur zur Erbringung eines bestimmten Beitrags verpflichtet. Damit trägt allein der Arbeitnehmer das Risiko hinsichtlich der Höhe der sich aus diesen Beiträgen unter Berücksichtigung der Erträge und der Lebenserwartung ergebenden Versorgungsleistungen. Veränderungen gehen zu seinen Lasten. Durch Art. 1 Nr. 1 Betriebsrentenstärkungsgesetz wurden solche reinen Beitragszusagen teilweise dem Anwendungsbereich des BetrAVG zugeordnet. Die Neuregelung in § 1 Abs. 2 Nr. 2 BetrAVG betrifft nur einen Teil solcher Zusagen, nämlich die durch Tarifvertrag oder aufgrund eines Tarifvertrags durch Betriebsvereinbarung oder Dienstvereinbarung geregelten.[100]

b) Beitragszusage mit Mindestleistung. Durch das Altersvermögensgesetz (AVmG) aufge- 74 nommen ist die Beitragszusage mit Mindestleistung (§ 1 Abs. 2 Nr. 2 BetrAVG).[101] Sie ist nur bei den externen Durchführungswegen **Pensionsfonds, Direktversicherung** und **Pensionskasse** möglich.[102] Sie ist dadurch gekennzeichnet, dass der Arbeitgeber sich verpflichtet, bestimmte Beiträge zur Finanzierung der Leistungen der betrieblichen Altersversorgung zu

---

[100] BAG NZA 2005, 1239.
[101] Siehe dazu *Höfer* DB 2001, 1145; *Höfer* BetrAVG § 1 Rn. 179 ff.; *Langohr-Plato/Teslau* DB 2003, 661; *Schwark/Raulf* DB 2003, 940; *Uebelhack* GS Blomeyer, 467.
[102] *Förster/Cisch/Karst/Cisch* BetrAVG § 1 Rn. 19; *Friedrich/Kovac/Werner* BB 2007, 1557; *Langohr/Plato/Teslau* BetrAV 2006, 503; aA *Höfer* BetrAVG I § 1 Rn. 53.

zahlen und für Leistungen zur Altersversorgung das planmäßig sich errechnende Versorgungskapital, mindestens aber die **Summe der zugesagten Beiträge** zur Verfügung zu stellen.

75 Bei den nach versicherungsmathematischen Gesichtspunkten kalkulierten Leistungen von Direktversicherungen und Pensionskassen ergibt sich regelmäßig kein Problem, es sei denn, der Versorgungsfall tritt bereits in den ersten Jahren der Versicherung ein und das Deckungskapital erreicht wegen der gezillmerten Abschlusskosten nicht die Summe der gezahlten Beiträge. Den Arbeitgeber trifft dann eine Ausfallhaftung. Pensionsfonds brauchen ihre Leistungen nicht genauso vorsichtig zu kalkulieren und unterliegen nicht den Anlagerestriktionen wie Versicherungsgesellschaften und Pensionskassen. Dadurch ergeben sich zusätzliche Chancen; es steigen aber auch die Risiken. Das **Kapitalanlagerisiko** trägt insoweit der Arbeitgeber. Reicht das zuzurechnende Versorgungskapital nicht aus, muss er für die Differenz bis zur Höhe der zugesagten Beiträge nach § 1 Abs. 1 S. 3 BetrAVG aufkommen. Anders ist dies bei den **biometrischen Risiken.** Soweit die Beiträge für den biometrischen Risikoausgleich verbraucht wurden, mindert sich die Leistungsverpflichtung des Arbeitgebers. Damit trägt der Arbeitnehmer das Risiko, dass sich Todesfallrate und Langlebigkeit anders als kalkuliert entwickeln und diese Risiken nicht aus Gewinnen aus der Kapitalanlage abgedeckt werden können.

IV. Aufbringung der Mittel

1. Arbeitgeberfinanzierte Zusagen

76 a) **Abgrenzung zu Entgeltumwandlungsvereinbarungen.** Betriebliche Altersversorgung im Sinne des BetrAVG setzt bei allen Durchführungswegen eine Versorgungszusage des Arbeitgebers voraus. Der Arbeitgeber hat auch die dafür erforderlichen Mittel aufzubringen. Dies gilt auch bei der Entgeltumwandlung. Wenn gleichwohl zwischen arbeitgeberfinanzierten Beitrags- oder Leistungszusagen und arbeitnehmerfinanzierten Zusagen unterschieden wird, ist dies missverständlich. Zutreffender ist eine Differenzierung danach, ob der Arbeitgeber die Beiträge zur Finanzierung der betrieblichen Altersversorgung zusätzlich oder anstelle des vereinbarten Arbeitsentgelts aufbringt oder mit dem Arbeitnehmer vereinbart, dass bereits vereinbarte, aber künftig fällig werdende Vergütungsansprüche in Anwartschaften auf Versorgungsleistungen umgewandelt werden sollen (Entgeltumwandlung).

77 b) **Altersversorgung als Teil des Entgelts.** Bei den früher üblichen Leistungszusagen stand die Sicherung eines bestimmten Versorgungsniveaus im Alter, bei Tod oder bei Invalidität im Vordergrund. Es handelte sich um eine aus der Fürsorgepflicht abgeleitete **soziale Leistung** des Arbeitgebers in Ergänzung zur gesetzlichen Altersversorgung, die die Aufrechterhaltung des erreichten Lebensstandards im Alter, bei Tod oder Invalidität sichern sollte. Die Altersversorgung hatte primär **Versorgungscharakter.**

78 In der Zwischenzeit ist ein Bewusstseinswandel eingetreten. Immer mehr in den Vordergrund gerückt ist der **Entgeltcharakter** der betrieblichen Altersversorgung.[103] Altersversorgung wird zunehmend als Teil der Gesamtdotierung eines Arbeitsplatzes begriffen.[104] Das BAG[105] sieht in den Leistungen der betrieblichen Altersversorgung Entgelt nicht für die erbrachte Arbeitsleistung, sondern **für die erbrachte Betriebstreue.** Europarechtlich gehören Altersversorgungsleistungen zum Arbeitsentgelt iSd Art. 157 AEUV (früher Art. 119 EWG-Vertrag bzw. Art. 141 EGV).[106]

79 c) **Altersversorgung als Wahlleistung.** Altersversorgung kann nicht nur zusätzlich zu der versprochenen Vergütung angeboten werden, sondern auch als Wahlleistung innerhalb eines

---

[103] Siehe bereits BAG 10.3.1972 – 3 AZR 278/71, AP BGB § 242 Ruhegehalt Nr. 156 mAnm *Weitnauer*; ferner *Grabner/Bode* DB 2001, 481; *Höfer* BetrAVG I Kap. 2 Rn. 45; *Langohr-Plato* BetrAV § 1 Rn. 87.
[104] Siehe *Grabner/Bode* DB 1995, 1862.
[105] ZB BAG 17.1.1980 – 3 AZR 614/78, AP BetrAVG § 16 Nr. 7; 5.9.1989 – 3 AZR 575/88, AP BetrAVG § 1 – Hinterbliebenenversorgung Nr. 8.
[106] EuGH NZA 1990, 775 – Barber; EuGH 25.5.2000 – C 50/99 – Podesta = AP BetrAVG § 1 Hinterbliebenenversorgung Nr. 20.

Gesamtvergütungspakets. Dabei kann der Arbeitnehmer entsprechend seinen individuellen Verhältnissen zwischen einer höheren Vergütung oder einer wertgleichen Altersversorgung wählen (**Cafeteria-Systeme**). Cafeteria-Systeme unterscheiden sich dabei von Entgeltumwandlungsvereinbarungen dadurch, dass sie Altersversorgungsleistungen als **primären Gesamtvergütungsbestandteil** anbieten, während für die Entgeltumwandlung charakteristisch ist, dass primäre Vergütungsbestandteile wie laufende Bezüge oder Sonderzahlungen in wertgleiche Versorgungsanwartschaften umgerechnet werden. Cafeteria-Systeme mit dem Wahlrecht des Arbeitnehmers, sich im Rahmen des Angebots für eine Gesamtvergütung bestimmte Bestandteile entsprechend den individuellen Lebensverhältnissen herauszusuchen, sind in Deutschland nur gering verbreitet. Sie bieten im Hinblick auf die zunehmende Internationalisierung von Unternehmen die Chance, die gewachsenen Vergütungs- und Versorgungsstrukturen zu vereinheitlichen, indem zunächst eine Gesamtbewertung aller bisher erbrachten Leistungen erfolgt und den einzelnen Arbeitnehmern unter Wahrung des Besitzstandes Wahlrechte hinsichtlich der Inanspruchnahme einzelner Leistungsbestandteile eingeräumt werden.

2. Entgeltumwandlungsvereinbarung

a) **Gegenstand der Umwandlung.** *aa) Vertraglich bereits vereinbarte Entgeltansprüche.* Nach der Legaldefinition in § 1 Abs. 2 Nr. 3 BetrAVG können nur künftige Entgeltansprüche in Anwartschaften auf Versorgungsleistungen umgewandelt werden. Das Gesetz erfasst damit nur die **Entgeltumwandlung im engeren Sinn**, das heißt also die Umwandlung vertraglich bereits vereinbarter Entgeltansprüche, nicht aber originäre Zusagen auf Altersversorgung anstelle einer höheren Vergütung.[107] Keine Entgeltumwandlung im Sinne des BetrAVG liegt daher vor, wenn der Arbeitnehmer nach dem Cafeteria-Prinzip[108] zwischen einem höheren Entgelt oder Leistungen der betrieblichen Altersversorgung wählen kann. Gleiches gilt bei betrieblichen oder tarifvertraglichen Regelungen über betriebliche Versorgungsleistungen anstelle von Entgelterhöhungen oder Sonderzahlungen.[109] Voraussetzung für die Umwandlung ist eine Vereinbarung zwischen dem Arbeitgeber und dem Arbeitnehmer, dass Teile des vereinbarten Entgelts nicht ausgezahlt, sondern in eine Anwartschaft auf Altersversorgungsleistungen umgewandelt werden sollen. Die Auszahlung wird damit auf den Zeitpunkt des Eintritts des Versorgungsfalls aufgeschoben.[110]

bb) Noch nicht fällige Entgeltansprüche. Das Gesetz spricht von der Umwandlung künftiger Entgeltansprüche. Unklar ist, ob damit auch alle bereits erdienten und nur noch nicht fälligen Vergütungsforderungen gemeint sind[111] oder nur solche, die dem Grunde nach noch nicht entstanden sind.[112] Die Frage ist von praktischer Bedeutung für Treueprämien, 13. Gehälter, Weihnachtsgratifikationen uä, die nach den getroffenen Vereinbarungen zeitanteilig erdient und zu einem vertraglich festgelegten Zeitpunkt fällig werden. Während die Finanzverwaltung früher Gehaltsumwandlungen nur für den noch nicht erdienten Teilbetrag anerkannt hat,[113] hat sie inzwischen klargestellt, dass die Umwandlung von Einmal- und Sonderzahlungen in Anwartschaften auf betriebliche Altersversorgung ab 1.1.2002 auch dann steuerlich anzuerkennen ist, wenn die Gehaltsänderungsvereinbarung bereits **erdiente, aber noch nicht fällig gewordene Anteile** umfasst.[114] Soweit es sich um Gewinn- oder Erfolgsprämien handelt, braucht die Gehaltsumwandlungsvereinbarung nicht vor Ablauf des Zeitraums abgeschlossen werden, für den die entsprechenden Gewinn- oder Erfolgsprämien gezahlt werden sollen. Die Finanzverwaltung zieht mit der Änderung ihrer Auffassung die

---

[107] *Dötsch/Förster/Rühmann* DB 1998, 258; *Höfer* BetrAVG I § 1 Rn. 65; *Klemm* NZA 2002, 1123 (1124).
[108] → Rn. 79.
[109] *Langohr/Plato* NZA 2007, 75.
[110] Siehe zur Entgeltumwandlung im Einzelnen *Hanau/Arteaga/Riehle/Veit* Entgeltumwandlung, 2. Aufl. 2006; *Grabner/Bode* DB 2001, 481 f.; *Klemm* NZA 2002, 1123.
[111] So *Höfer* BetrAVG I § 1 Rn. 76.
[112] So *Söffing/Nommensen* DB 1998, 1285.
[113] Siehe BMF 4.2.2000, BStBl. I 354; dazu *Niermann* DB 2000, 347.
[114] BMF 31.3.2010, BStBl. I 273 Rn. 256.

Konsequenz aus der Tatsache, dass der Gesetzgeber alle Ansprüche auf künftiges Entgelt in die Möglichkeit der Entgeltumwandlung einbeziehen wollte.[115]

> **Praxistipp:**
> Werden laufende Gehaltszahlungen zugunsten einer betrieblichen Altersversorgung herabgesetzt, so empfiehlt es sich, in der Entgeltumwandlungsvereinbarung klarzustellen, ob das bisherige ungekürzte Arbeitsentgelt weiterhin Bemessungsgrundlage für künftige Erhöhungen des Arbeitslohns und andere gehaltsabhängige Arbeitgeberleistungen bleibt oder nicht.

82   cc) *Guthaben auf Arbeitszeitkonten.* Umwandlungsfähig sind auch Wertguthaben auf Arbeitszeitkonten.[116] Diese Wertguthaben sind bei flexiblen Arbeitszeitmodellen Gegenleistung für die über die festgelegte Arbeitszeit hinaus geleistete Arbeit. Die Vergütung wird auch hier auf einen späteren Zeitpunkt aufgeschoben. Werden Wertguthaben auf einem Arbeitszeitkonto auf Grund einer Vereinbarung zwischen Arbeitgeber und Arbeitnehmer vor Fälligkeit, dh vor der planmäßigen Auszahlung zugunsten der betrieblichen Altersversorgung herabgesetzt, so handelt es sich um die Umwandlung von erdienten, aber noch nicht fälligen Ansprüchen, die lohnsteuerfrei möglich ist. Die Ausbuchung führt jedoch wegen § 23b Abs. 3a S. 2 SGB IV zur sofortigen Fälligkeit der Sozialversicherungsbeiträge, sodass entsprechende nach dem 13.11.2008 abgeschlossene Vereinbarungen wirtschaftlich weitgehend unattraktiv geworden sind.[117]

83   **b) Umwandlung in eine wertgleiche Anwartschaft.** aa) *Direktversicherung, Pensionskasse, Pensionsfonds.* Bei Entgeltumwandlung hat der Arbeitnehmer einen Anspruch auf Umwandlung des Entgelts in eine „wertgleiche Anwartschaft", wobei offen bleibt, was dies genau bedeutet. Grundsätzlich kann Wertgleichheit angenommen werden, wenn die Leistungen nach versicherungsmathematischen Grundsätzen unter Berücksichtigung der biometrischen Risiken und eines angemessenen Abzinsungssatzes berechnet werden. In die Diskussion gekommen ist in diesem Zusammenhang die sog. **Zillmerung.** Darunter ist die Belastung von Versicherungsverträgen mit den Abschlusskosten in den ersten Jahren nach Vertragsbeginn zu verstehen. Mit den eingezahlten Beiträgen werden zunächst sämtliche Vertriebs- und Akquisitionskosten getilgt, bevor die Beiträge zum Aufbau des Deckungskapitals für die Altersversorgung verwendet werden. Bei vorzeitigem Ausscheiden in den ersten beiden Jahren kann dies dazu führen, dass der Arbeitnehmer für die aus seinem Einkommen gezahlten Beiträge keinerlei Gegenleistung erhält und der Rückkaufswert negativ ist. Nach Auffassung des BAG[118] verstößt die Zillmerung zwar nicht gegen das Wertgleichheitsgebot des § 1 Abs. 2 Nr. 3 BetrAVG, stellt aber bei einer Verteilung der Abschlusskosten auf einen kürzeren Zeitraum als 5 Jahren eine unangemessene Benachteiligung iSd § 307 BGB dar. Nach § 1 Abs. 1 S. 1 Nr. 8 AltZertG müssen bei Lebensversicherungsverträgen die Abschlusskosten auf fünf Jahre verteilt werden, um die Zertifizierung für eine „Riester-Förderung" zu erlangen. Eine Verteilung der Abschluss- und Vertriebskosten auf (mindestens) fünf Jahre sieht auch § 169 Abs. 3 VVG vor. Diese Wertung übernimmt das BAG im Ergebnis auch für den Abschluss von Direktversicherungsverträgen im Rahmen der Entgeltumwandlung für Altfälle vor Inkrafttreten dieser Vorschrift. Soweit Altverträge einen kürzeren Verteilungszeitraum vorsehen, führt dies jedoch nicht zur Unwirksamkeit der Entgeltumwandlungsvereinbarung und damit zum Wiederaufleben der umgewandelten Entgeltansprüche, sondern nur zu einer Erhöhung der Versorgungsanwartschaft.[119]

---

[115] Siehe *Wohlleben* DB 1998, 1230; OFD Berlin DB 2002, 973.
[116] Siehe dazu *Tacke* BetrAV 2001, 226; *Wellisch* DB 2004, 2225.
[117] *Blomeyer/Rolfs/Otto* BetrAVG § 1 Rn. 121.
[118] BAG NZA 2010, 164; dazu *Reinhard/Luchtenberg* BB 2010, 1277; *Uckermann/Fuhrmanns* NZA 2010, 550.
[119] BAG NZA 2010, 164 Rn. 50 ff.; zur Berechnung des Aufstockungsanspruchs siehe *Falkner* BB 2011, 2488 (2491).

Soll ein **Pensionsfonds** die Leistungen erbringen, stellt sich die Frage, ob die Wertgleich- 84
heit dann schon gegeben ist, wenn nur die **Mindestleistung** nach § 1 Abs. 2 Nr. 2 BetrAVG
garantiert ist. Man wird diese Frage bejahen müssen, da der Gesetzgeber die Entgeltumwandlung durch Beitragszusagen mit Mindestleistung zugelassen hat.[120]

bb) Direktzusage. Bei Ermittlung der Wertgleichheit bei Direktzusagen spielen vor allem 85
zwei Faktoren eine Rolle: Die einkalkulierten **Sterbewahrscheinlichkeiten** und der **Rechnungszins**. Eine Zusage, die diese beiden Faktoren überhaupt nicht berücksichtigt, entspräche nicht dem Wertgleichheitsgebot des Gesetzes. Eine andere Frage ist dagegen, wie die biometrischen Risiken des jeweiligen Kollektivs zu berücksichtigen sind und welchen Rechnungszins man anwendet.

Der Rechnungszins spiegelt dabei die nachhaltig auf dem Kapitalmarkt erzielbare Rendite 86
des angelegten Betrages wieder. Bei dem heutigen Zinsniveau für langfristige Anlagen erscheint ein Rechnungszins von 6%, wie er aus fiskalischen Gründen in § 6a EStG für die Ermittlung von Pensionsrückstellungen festgelegt ist, eher zu hoch, zumal wenn man berücksichtigt, dass aus den Erträgen auch noch die Rentenanpassungen nach § 16 BetrAVG finanziert werden müssen. Nach zutreffender Auffassung von *Höfer*[121] ist der Rechnungszins am Kapitalmarktzins auszurichten. Auch bei einer Anlage etwa in einer Anleihe der öffentlichen Hand kann der Arbeitnehmer keinen höheren Zins erzielen.

Zur Berücksichtigung der biometrischen Risiken können, müssen aber nicht allgemein 87
anerkannte Sterbetafeln (etwa Richttafeln von Prof. Dr. *Klaus Heubeck*) zugrunde gelegt werden, wenn es Gründe dafür gibt, dass dies nach der Struktur des Bestandes zu falschen Ergebnissen führen würde (etwa relativ hoher oder niedriger Frauenanteil, erhöhte Gesundheitsrisiken). Will der Arbeitgeber Diskussionen über eine wertgleiche Berechnung der Versorgungsanwartschaften vermeiden, sollte er ein **versicherungsmathematisches Gutachten** einholen. Denkbar ist auch der Abschluss einer Rückdeckungsversicherung, wobei den Arbeitnehmern die Ansprüche auf die Beitragsüberschüsse abgetreten werden. Der Vorteil liegt darin, dass durch die Verlagerung der Risiken auf ein größeres Kollektiv stärkere Schwankungen im Risikoverlauf vermieden werden. **Lohnsteuerlich** spielt die Frage der Wertgleichheit nach versicherungsmathematischen Grundsätzen keine Rolle.[122]

c) **Umwandlung in sofort fällige Versorgungsleistungen.** Das Gesetz geht in seiner Formu- 88
lierung davon aus, dass künftige Entgeltansprüche in **Anwartschaften**, das heißt künftig fällig werdende Versorgungsleistungen umgewandelt werden. Dies dürfte auch dem Regelfall entsprechen, schließt aber die Annahme einer Entgeltumwandlung mit **sofort fälliger Versorgungsleistung** nicht aus.[123] Bereits vor In-Kraft-Treten der Novellierung des BetrAVG hat das BAG entschieden, dass bei Umwandlung eines Abfindungsanspruchs in eine Versorgungszusage betriebliche Altersversorgung vorliegt.[124] Es kann nicht davon ausgegangen werden, dass diese bereits vorher bestehende Rechtslage durch die ausdrückliche Aufnahme der Entgeltumwandlung in das BetrAVG verschlechtert werden sollte.

d) **Automatische Entgeltumwandlung.** Die Engeltumwandlungsvereinbarung kann durch 89
oder aufgrund eines Tarifvertrags durch eine „automatische Entgeltumwandlung" ersetzt werden; dem Arbeitnehmer bleibt ein Widerspruchsrecht (§ 20 Abs. 2 BetrAVG).

3. Anspruch auf Entgeltumwandlung nach § 1a BetrAVG

a) **Anspruch auf Umwandlung.** Seit 1.1.2002 kann der Arbeitnehmer nach § 1a Abs. 1 90
S. 1 BetrAVG verlangen, dass bis zu 4% der jeweiligen Betragsbemessungsgrenze in der allgemeinen Rentenversicherung in Anwartschaften auf eine betriebliche Altersversorgung umgewandelt werden. Dies bedeutet nicht, dass Entgeltumwandlungen nur im Rahmen des § 1a BetrAVG vereinbart werden könnten. Vielmehr beschreibt § 1a BetrAVG einen **Min-**

---

[120] *Höfer* DB 2001, 1145 (1146).
[121] *Höfer* BetrAVG I § 1 Rn. 94.
[122] Siehe BMF 31.3.2010, BStBl. I 273 Rn. 255.
[123] *Höfer* BetrAVG I § 1 Rn. 103.
[124] BAG DB 1990, 2375 = AP BetrAVG § 7 Nr. 58.

destanspruch des Arbeitnehmers, der gegebenenfalls auch gegen den Willen des Arbeitgebers durchgesetzt werden kann. Arbeitgeber können auf diese Weise gezwungen werden, Rahmenbedingungen für den Aufbau einer betrieblichen Altersversorgung zu schaffen, auch wenn sie dies in der Vergangenheit abgelehnt haben.

91 **b) Durchführungswege.** Wie die Umwandlung zu erfolgen hat und welcher Durchführungsweg zu wählen ist, muss zwischen Arbeitgeber und Arbeitnehmer vereinbart werden. Sind sich beide einig, kann die Durchführung auch im Wege der **Direktzusage** oder einer **Unterstützungskassenzusage** erfolgen, wobei beide Wege in der Praxis nur dann in Betracht kommen dürften, wenn die Verpflichtungen des Arbeitgebers voll rückgedeckt sind und die Ansprüche des Arbeitgebers bzw. der Unterstützungskasse gegenüber der Rückdeckungsversicherung an den Arbeitnehmer verpfändet werden. Nur auf diese Weise ist sichergestellt, dass der Arbeitnehmer die aufgeschobenen Leistungen bei Eintritt des Versorgungsfalls auch erhält.

92 Der Arbeitnehmer kann verlangen, dass die Durchführung über einen **Pensionsfonds** oder eine **Pensionskasse** erfolgt. Ist der Arbeitgeber zur Durchführung über diese beiden Wege nicht bereit, etwa weil sich für ihn eine eigene Pensionskasse oder ein Pensionsfonds nicht lohnt und er einer unternehmensübergreifenden Einrichtung nicht beitreten will, kann der Arbeitnehmer verlangen, dass der Arbeitgeber für ihn eine **Direktversicherung** abschließt. Dies kann wegen der Vergünstigungen bei einem Gruppenversicherungsvertrag und der Steuer- und Sozialabgabenfreiheit für den Arbeitnehmer interessanter sein als die Inanspruchnahme der privaten „Riester-Förderung". Einen Anspruch auf Auswahl des Versicherungsträgers hat der Arbeitnehmer dabei nicht.[125] Allerdings trifft den Arbeitgeber bei der Auswahl des Versorgungsträgers eine Sorgfaltspflicht nach § 241 Abs. 2 BGB. Dabei sind auch die Interessen der Arbeitnehmer zu berücksichtigen. Arbeitgeber können sich schadensersatzpflichtig machen, wenn sie sich bei Abschluss eines Gruppenversicherungsvertrages für einen nur mittelmäßigen Anbieter entscheiden, obwohl sie eine andere Wahl hatten.

93 **c) Höchst- und Mindestbeträge.** Der Anspruch auf Entgeltumwandlung ist der Höhe nach limitiert auf 4 % der jeweiligen Beitragsbemessungsgrenze in der allgemeinen Rentenversicherung. Umgekehrt sieht das Gesetz jährliche Mindestumwandlungsbeträge iHv $1/160$ der Bezugsgröße nach § 18 Abs. 1 SGB IV vor.

94 **d) Umwandlungsfähige Bezüge.** Es bleibt grundsätzlich der Entscheidung des Arbeitnehmers überlassen, für welche Teile seiner Gesamtvergütung er die Umwandlung in Versorgungsanwartschaften verlangt. Entscheidend ist nur, dass es sich um **künftige Entgeltansprüche** handelt. Soweit der Arbeitnehmer Teile seines regelmäßigen Entgelts verwendet, kann der Arbeitgeber verlangen, dass während eines laufenden Kalenderjahres gleichbleibende monatliche Beträge in die Altersversorgung eingezahlt werden (§ 1a Abs. 1 S. 5 BetrAVG).

95 **e) Bestehende Entgeltumwandlungsvereinbarungen.** Ausgeschlossen ist der Anspruch auf Entgeltumwandlung, soweit bereits eine durch Entgeltumwandlung finanzierte betriebliche Altersversorgung besteht (§ 1a Abs. 2 BetrAVG). Bestehende Entgeltumwandlungsvereinbarungen genießen also Bestandsschutz und sind auf die Entgeltumwandlung nach § 1a BetrAVG anzurechnen. Nur soweit die Höchstgrenzen nach § 1a Abs. 1 BetrAVG nicht ausgeschöpft sind, kann zusätzlich eine Gehaltsumwandlung verlangt werden.

96 **f) Erfüllung der steuerlichen Förderungsvoraussetzungen.** Gemäß § 1a Abs. 3 BetrAVG kann der Arbeitnehmer bei Umsetzung der Entgeltumwandlung über einen Pensionsfonds, die Pensionskasse oder eine Direktversicherung verlangen, dass die Voraussetzungen für die steuerliche Förderung nach § 10a EStG, § 82 Abs. 2 EStG erfüllt werden. Diese Förderung setzt voraus, dass der Arbeitnehmer den Entgeltumwandlungsbeitrag aus versteuertem und „verbeitragtem" Entgelt erbringt. Dem Arbeitnehmer steht damit ein **Wahlrecht** zu, ob er die steuerliche Förderung durch Sonderausgabenabzug nach § 10a EStG bzw. die Zulage nach §§ 83 ff. EStG für den Aufbau einer zusätzlichen kapitalgedeckten Altersversorgung

---

[125] BAG DB 2005, 2252.

in Anspruch nimmt oder die Förderung durch Steuer- und Abgabenfreiheit nach § 3 Nr. 63 EStG, § 1 Abs. 1 Nr. 9 SvEV. Allgemein gilt: Bei niedrigem Einkommen ist eher die „private" steuerliche Förderung günstiger, bei hohem Einkommen hingegen die Entgeltumwandlung. Je mehr Zulagen einem Vertrag gutgeschrieben werden (eigene Zulage, Zulage des Ehepartners, Kinderzulagen), desto eher lohnt sich die Inanspruchnahme der privaten steuerlichen Förderung auch bei höherem Einkommen. Unter Umständen können den Arbeitgeber Hinweis- und Informationspflichten ergeben. Jedenfalls müssen Auskünfte im Bereich der Betriebsrente richtig, eindeutig und vollständig sein.[126]

> **Praxistipp:**
> Die Beratung sollte der Arbeitgeber möglichst Externen (Steuerberatern, Banken, Versicherungen) überlassen, um eine Haftung für Falschauskünfte zu vermeiden.[127]

g) Tarifvorbehalt. Wesentlich eingeschränkt wird der Entgeltumwandlungsanspruch durch den Tarifvorbehalt in § 20 Abs. 1 BetrAVG (§ 17 Abs. 5 BetrAVG aF): Soweit Entgelt auf Tarifvertrag beruht, ist eine Entgeltumwandlung nur möglich, wenn und soweit ein Tarifvertrag dies selbst vorsieht oder im Wege einer Öffnungsklausel zulässt.[128] Dies ist seit 1.8.2011 einheitlich für alle Arbeiter und Angestellten des **öffentlichen Dienstes** im Bund und in den Ländern der Fall.[129] Für die Arbeitnehmer des kommunalen öffentlichen Dienstes sieht der Entgeltumwandlungstarifvertrag vom 18.2.2003 gleichfalls eine Entgeltumwandlung vor. Soweit der Tarifvertrag nur kraft Vereinbarung im Arbeitsvertrag gilt, schließt dies eine Entgeltumwandlung nicht aus.[130] Die Tarifhoheit der Tarifvertragsparteien wird in einem solchen Fall nicht berührt.

Eine tarifliche Festlegung des **Versorgungsträgers** ist nur zulässig, wenn die Entgeltumwandlung im Tarifvertrag selbst geregelt ist, nicht aber, wenn die Ausgestaltung den Betriebsparteien überlassen ist.[131] Die Festlegung des Versorgungsträgers ist dann Sache des Arbeitgebers.

4. Mischsysteme

a) Eigenbeiträge bei arbeitgeberfinanzierter Altersversorgung. *aa) Eigenbeiträge zur Finanzierung einer kapitalgedeckten Altersversorgung.* Mit Wirkung zum 1.7.2002 hat der Gesetzgeber in § 1 Abs. 2 Nr. 4 BetrAVG eine Regelung eingefügt, die Eigenbeiträge der Arbeitnehmer, die dieser aus versteuertem und verbeitragtem Arbeitsentgelt zur Finanzierung von Leistungen der betrieblichen Altersversorgung an einen **Pensionsfonds,** eine **Pensionskasse** oder eine **Direktversicherung** leistet, unter bestimmten Voraussetzungen den Schutzvorschriften des Betriebsrentengesetzes unterwirft. Es geht um Fälle von Mischfinanzierungen, wie sie bei Pensionskassen vorkommen. Die Finanzierung erfolgt zwar weiterhin im Wesentlichen durch die Arbeitgeber, daneben zahlen aber die Arbeitnehmer einen Eigenanteil. Darüber hinaus können die Arbeitnehmer, soweit tarifvertraglich zugelassen, freiwillige Beiträge im Wege der Entgeltumwandlung leisten.

Die Eigenbeiträge müssen an einen Pensionsfonds, eine Pensionskasse oder eine Direktversicherung gezahlt werden, die die Leistungen im Kapitaldeckungsverfahren finanzieren. Die **Zusatzversorgungskassen des öffentlichen Dienstes** sollen auf diese Weise die Möglichkeit erhalten, ihr Finanzierungsverfahren zumindest für die eigenen Beiträge der Arbeitnehmer auf das Kapitaldeckungsverfahren umzustellen.

---
[126] BAG 18.2.2020 – 3 AZR 206/18, NZA 2020, 860.
[127] Siehe zum Haftungsrisiko *Klemm* NZA 2002, 1123 (1128 f.).
[128] Siehe dazu im Einzelnen *Heither* BetrAV 2001, 720; *Klemm* NZA 2002, 1123 (1127 f.); *Sasdrich/Wirth* BetrAV 2001, 401 (402); *Schliemann* BetrAV 2001, 732 (733 f.).
[129] Siehe TV-EntgeltU-B/L vom 25.5.2011.
[130] *Hanau* DB 2004, 2266; *Konzen* GS Blomeyer, 183, 188; *Blomeyer/Rolfs/Otto* BetrAVG § 17 Rn. 218; aA *Rieble* BetrAV 2001, 583 (588).
[131] *Rieble* BetrAV 2006, 240.

101 **bb) Umfassungszusage, Abgrenzung zur Entgeltumwandlung.** Voraussetzung für die Anwendbarkeit des Betriebsrentengesetzes ist eine **einheitliche Zusage** des Arbeitgebers, die nicht nur die aus den Arbeitgeberbeiträgen finanzierten Leistungen, sondern auch die Leistungen aus Eigenbeiträgen umfasst. Aus der Versorgungszusage muss sich also ergeben, dass vom Versorgungsträger unabhängig von der Finanzierung der Beiträge eine einheitliche Leistung erbracht werden soll. Dies ist bei vor dem 1.7.2002 erteilten beitragsorientierten Versorgungszusagen mit Mischfinanzierung nicht schon deshalb der Fall, weil auf die Satzung einer Pensionskasse verwiesen wird, die eine Mischfanzierung zulässt.[132] Das Betriebsrentengesetz ermöglicht damit zwei unterschiedliche Arten arbeitnehmerfinanzierter betrieblicher Altersversorgung: die Entgeltumwandlung und Eigenbeiträge im Rahmen einer arbeitgeberfinanzierten Versorgungszusage. Während die Entgeltumwandlung eine Vereinbarung zwischen Arbeitgeber und Arbeitnehmer voraussetzt und sich auf künftiges Bruttoarbeitsentgelt bezieht, erfolgen die Eigenbeiträge aus versteuertem und verbeitragtem Arbeitseinkommen, wobei der Arbeitnehmer entweder unmittelbar Beiträge an den Versorgungsträger zahlt oder den Arbeitgeber anweist, Teile des **Nettoentgelts** für ihn an den Versorgungsträger zu zahlen. Die grundsätzliche Besteuerung und die Einbeziehung in die Sozialabgabenpflicht sind der „Preis", den der Arbeitnehmer dafür zahlen muss, dass der Arbeitgeber alle aus Eigenbeiträgen finanzierten Versorgungsleistungen in seine Zusage einbezieht.[133]

102 **cc) Rechtsfolgen.** Da die Beitragsleistung aus versteuertem und verbeitragtem Arbeitseinkommen erfolgt, greift der **Tarifvorbehalt** des § 20 Abs. 1 BetrAVG anders als bei der Entgeltumwandlung nicht ein. Eigenleistungen können daher auch aus tariflichem Entgelt erfolgen. Von Interesse ist die Neuregelung vor allem für die **Zusatzversorgungskassen des öffentlichen Dienstes.** Soweit hier eine tarifvertragliche Regelung fehlt, kann nicht auf die günstigere Entgeltumwandlung nach § 1 Abs. 2 Nr. 3 BetrAVG ausgewichen werden. Sofern die Voraussetzungen für eine Einbeziehung von Eigenbeiträgen in die betriebliche Altersversorgung vorliegen, gelten für die Eigenleistungen die Regelungen über die Entgeltumwandlung entsprechend. Dies betrifft sowohl die sofortige Unverfallbarkeit als auch die Berechnung der unverfallbaren Ansprüche, die Insolvenzsicherung und die Anpassungsverpflichtung nach § 16 Abs. 5 BetrAVG.[134]

103 **b) Zuschüsse des Arbeitgebers bei Entgeltumwandlung.** Hinsichtlich der Finanzierung von Versorgungszusagen sind auch andere Mischsysteme denkbar. Um Anreize zur Eigenvorsorge zu geben, kann der Arbeitgeber Zuschüsse gewähren, etwa in der Form von Beitragszahlungen in Höhe der ersparten Arbeitgeberanteile zur Sozialversicherung. Eine entsprechende Pflicht des Arbeitgebers ergibt sich aus § 1a Abs. 1a BetrAVG. Beiträge an Pensionsfonds, Pensionskassen und Direktversicherungen können sich teilweise aus Entgeltumwandlungsvereinbarungen, teilweise aus arbeitgeberfinanzierten Beiträgen zusammensetzen. Bei solchen Mischfinanzierungen müssen verschiedene Fragen geklärt werden:

104 **aa) Steuerliche und sozialversicherungsrechtliche Behandlung.** Die Zuschüsse sind lohnsteuer- und sozialversicherungsbeitragsfrei, soweit 8 % bzw. 4 % der Beitragsbemessungsgrenze der allgemeinen Rentenversicherung nicht überschritten werden.

105 **bb) Behandlung von Beitragsüberschüssen und Anrechnung auf den Höchstbetrag nach § 1a Abs. 1 BetrAVG.** Beitragsüberschüsse aus umgewandeltem Entgelt stehen dem Arbeitnehmer zu. Bei den Zuschüssen des Arbeitgebers kann dieser bestimmen, wem die Beitragsüberschüsse zufließen sollen. Sinnvoll ist jedoch eine einheitliche Handhabung. Zuschüsse des Arbeitgebers zur Entgeltumwandlung sind auf den abgabenmäßig begünstigten Höchstbetrag nach § 1a Abs. 1 BetrAVG anzurechnen. Der Anspruch auf Entgeltumwandlung in dem gewählten Durchführungsweg sollte entsprechend begrenzt werden.

106 **cc) Unverfallbarkeit und Insolvenzschutz.** Probleme ergeben sich weiter aus den unterschiedlichen gesetzlichen Regelungen hinsichtlich der Unverfallbarkeit und des Insolvenzschutzes. Nach § 1b Abs. 5 BetrAVG behält der Arbeitnehmer seine durch Entgeltumwand-

---

[132] BAG 12.5.2020 – 3 AZR 158/19, BB 2020, 1459.
[133] Zutreffend *Hopfner* DB 2002, 1050 (1054).
[134] Im Einzelnen → § 38 Rn. 21, 66, 116, 169.

lung aufgebaute Anwartschaft auf betriebliche Altersversorgung bei Beendigung des Arbeitsverhältnisses unabhängig davon, ob er die alters- und dienstzeitmäßigen Voraussetzungen für die Unverfallbarkeit erfüllt. Für arbeitgeberfinanzierte Versorgungszusagen gilt dagegen, dass diese nur dann unverfallbar werden, wenn das Arbeitsverhältnis mindestens fünf Jahre bestanden und der Arbeitnehmer das 30. Lebensjahr vollendet hat (§ 1b Abs. 1 S. 1 BetrAVG). Der Insolvenzschutz nach § 7 BetrAVG erstreckt sich auf alle nach dem Gesetz unverfallbaren Anwartschaften, also grundsätzlich auch auf die durch Entgeltumwandlung entstandenen Anwartschaften. Allerdings wird der Insolvenzschutz nach § 7 Abs. 5 S. 3 BetrAVG erst zwei Jahre nach Vereinbarung der Entgeltumwandlung wirksam, soweit die Entgeltumwandlung die Höchstbeiträge nach § 1a Abs. 1 BetrAVG (4 % der Beitragsbemessungsgrundlage in der gesetzlichen Rentenversicherung) überschreitet.

> **Praxistipp:**
> Wegen der unterschiedlichen Behandlung von arbeitnehmerfinanzierten Beiträgen aus Entgeltumwandlung und Arbeitgeberzuschüssen ist eine getrennte Bestandsführung erforderlich. Es muss jederzeit feststellbar sein, welche Anwartschaften aus Entgeltumwandlung und welche aus Arbeitgeberbeiträgen finanziert sind.

5. Gesetzlicher Zuschussanspruch

Nach § 1a Abs. 1a BetrAVG hat der Arbeitnehmer Anspruch auf 15%ige Bezuschussung des umgewandelten Entgelts durch einen Arbeitgeberzuschuss zu den Beiträgen zum Pensionsfonds, zur Pensionskasse oder die Direktversicherung, soweit durch die Entgeltumwandlung Sozialversicherungsbeiträge eingespart werden.

V. Durchführungswege

1. Direktzusage

a) **Leistungsschuldner.** Prototyp der Versorgungszusage ist die Direktzusage. Diese ist dadurch gekennzeichnet, dass der Arbeitgeber nicht nur die Zusage auf Erbringung einer Altersversorgungsleistung erteilt, sondern die versprochenen Leistungen bei Eintritt des Versorgungsfalls auch unmittelbar, das heißt ohne Zwischenschaltung eines anderen Versorgungsträgers selbst zu erbringen hat, selbst also Leistungsschuldner ist.

b) **Finanzierung.** Die Finanzierung erfolgt periodisch durch Bildung von **Pensionsrückstellungen**. Handelsrechtlich besteht seit 1987 eine Passivierungspflicht nach § 249 Abs. 1 S. 1 HGB. Der Umfang der Pensionsverpflichtungen ist daher aus der Handelsbilanz ersichtlich.

Steuerrechtlich sind Pensionsrückstellungen nur im Rahmen des § 6a EStG zulässig. Die Ermittlung der Pensionsrückstellungen erfolgt steuerlich nach dem Teilwertverfahren, für Entgeltumwandlungszusagen nach dem Barwertverfahren, soweit dieser höher ist als der Teilwert.

Durch die Rückstellungsbildung erfolgt eine Kapitalbindung, aber **kein Liquiditätsabfluss**. Zuführungen zur Pensionsrückstellung mindern den ausschüttungsfähigen Gewinn und erhöhen das Eigenkapital. Die Mittel bleiben im Unternehmen, mindern den Fremdmittelbedarf und können zur Finanzierung der Unternehmensaktivitäten eingesetzt werden. Ein Liquiditätsabfluss erfolgt erst bei Fälligkeit der Versorgungsleistung.

Für die Arbeitnehmer ergeben sich bei dieser Art der Finanzierung erhebliche Risiken. Es besteht für den Arbeitgeber keine Verpflichtung, ausreichende Deckungsmittel anzusammeln, um die eingegangenen Versorgungsverpflichtungen später auch erfüllen zu können. Die Leistungen müssen aus späteren Erträgen aufgebracht werden. Da zu diesem Zeitpunkt nicht sichergestellt ist, dass das Unternehmen noch leistungsfähig ist, ist eine **Absicherung** erforderlich. Unternehmen, die Altersversorgungsleistungen im Wege der Direktzusage versprechen, müssen sich daher für den Fall der **Insolvenz** beim Pensionssicherungsverein auf Gegenseitigkeit (PSVaG) versichern und dafür nach § 10 BetrAVG Beiträge leisten. Dies erhöht die Kosten für diesen Durchführungsweg.

113 c) **Möglichkeiten der Bedeckung.** *aa) Pensionsrückstellungen als Maßstab.* Die steuerlichen Pensionsrückstellungen werden zwar nach versicherungsmathematischen Gesichtspunkten unter Anwendung der von der Finanzverwaltung anerkannten Sterbetafeln (Richttafeln von Prof. Dr. *Klaus Heubeck*) kalkuliert, bilden jedoch den Umfang der Pensionsverpflichtungen nur unvollständig ab. Dies hängt mit den steuerlichen Restriktionen für die Rückstellungsberechnung zusammen. Insbesondere der steuerlich vorgeschriebene Rechnungszins ist angesichts gesunkener Kapitalmarktzinsen mit 6 % viel zu hoch. Hinzu kommt, dass künftige Gehalts- und Rentensteigerungen bei der Berechnung des Teilwerts nicht berücksichtigt werden, sodass die Verpflichtungen unterbewertet sind. Anders als im Handelsrecht, wo nunmehr nach § 253 Abs. 2 S. 1 HGB eine Rückstellungsbildung in Höhe des Betrages vorgeschrieben ist, der nach vernünftiger kaufmännischer Beurteilung zur Erfüllung der Verpflichtung benötigt wird, wobei der erwartete **Erfüllungsbetrag** marktgerecht abzuzinsen ist,[135] weigert sich der Gesetzgeber aus fiskalischen Gründen, eine realistische Bewertung in der Steuerbilanz zuzulassen.[136] Die steuerlich zulässigen Pensionsrückstellungen sind daher ein unzureichender Maßstab für die Feststellung der eingegangenen Pensionsverpflichtungen. Ausgangspunkt für die Überlegungen zu einer Abdeckung sollte daher die handelsrechtliche Sollrückstellung sein.

114 *bb) Rückdeckungsversicherung.* Will der Arbeitgeber sicherstellen, dass er die versprochenen Leistungen im Versorgungsfall auch erbringen kann, so bieten sich ihm verschiedene Möglichkeiten an:

115 Der Arbeitgeber kann bei einem Versicherungsunternehmen eine Rückdeckungsversicherung abschließen.[137] Der Arbeitgeber erwirbt damit einen Anspruch auf Erbringung der den Arbeitnehmern zugesagten Leistungen bei Eintritt des Versorgungsfalls. Dadurch wird die Leistungsfähigkeit bei Eintritt des Versorgungsfalls sichergestellt. Die für diese Versicherung zu zahlenden Beiträge sind als Aufwand sofort abzugsfähig. Der Aufwand wird damit vorverlagert. Liquiditätsschwankungen durch Kumulierung von Versorgungsfällen in einem Jahr oder in einer Periode werden vermieden.

116 *cc) Abdeckung durch Kapitalanlagen.* Eine andere Form der Absicherung besteht in der Möglichkeit, Kapitalanlagen als Gegenmittel zu den Pensionsrückstellungen anzusammeln. **Spezialfonds** nach dem KAGB oder Alternative Investmentfonds nach dem InvestmentG bieten hier gute Möglichkeiten. Der Vorteil liegt darin, dass die Kapitalanlage den versicherungsaufsichtsrechtlichen Anlagebeschränkungen nach dem VAG nicht unterliegt und der Arbeitgeber durch Mitarbeit im Anlageausschuss bei der Kapitalanlage mitwirken kann. Auf der anderen Seite kann er sich das Know-how einer Kapitalanlagegesellschaft zunutze machen.

117 *dd) Fondsgebundene Direktzusage.* Schließlich kann der Arbeitgeber die Deckungsmittel in einem zweckgebundenen Sondervermögen ansammeln (fondsgebundene Direktzusage).[138] In solchen „**betriebsinternen Pensionsfonds**" können die Deckungsmittel frei angelegt werden. Die Anlage unterliegt insoweit keinen aufsichtsrechtlichen Restriktionen. Zu beachten ist jedoch das Mitbestimmungsrecht des Betriebsrats nach § 87 Abs. 1 Nr. 8 BetrVG.

118 *ee) Treuhand.* Denkbar ist weiter, die Pensionsmittel durch ein „Contractual Trust Arrangement" – CTA – auf einen selbstständigen Rechtsträger auszulagern, der als Verwaltungstreuhänder für den Arbeitgeber tätig wird und gleichzeitig gegenüber dem versorgungsberechtigten Mitarbeiter die Absicherung der Leistungsverpflichtungen übernimmt (**einseitige oder doppelseitige Treuhand**).[139] Der Vorteil liegt auch hier ua in den freien Anlagemöglichkeiten und damit der Chance, aus der Kapitalanlage eine höhere Rendite zu erzielen.

---

[135] Nach § 253 Abs. 2 S. 2 HGB idF des BilMoG ist eine Abzinsung pauschal auch mit dem von der Deutschen Bundesbank veröffentlichten durchschnittlichen Marktzinssatz zulässig, der sich bei einer angenommenen Restlaufzeit von 15 Jahren ergibt.
[136] Siehe *Klein/Wunsch* DB 2002, 213 (217).
[137] Siehe dazu *Peters* DB 2001 Beilage Nr. 5 zu Heft Nr. 24, 12 ff.
[138] Siehe dazu *Grabner* DB 1999, 903.
[139] Dazu im Einzelnen → Rn. 169 ff.

d) Abgabenrechtliche Behandlung. *aa) Zuführungen zur Pensionsrückstellung.* Zuführungen zur Pensionsrückstellung sind für den Arbeitgeber im jeweiligen Jahr Betriebsausgaben. Gleiches gilt die für die Beiträge zum Pensionssicherungsverein. Auf Arbeitnehmerebene sind die Zuführungen zur Pensionsrückstellung während der Anwartschaftsphase mangels Zuflusses lohnsteuer- und sozialabgabenfrei. 119

bb) Versteuerung der Versorgungsleistungen. Eine Versteuerung der Versorgungsleistungen erfolgt beim Empfänger erst mit dem Zufluss der Leistung (**nachgelagerte Besteuerung**). Versorgungsbezüge iSd § 19 Abs. 2 EStG bleiben in Höhe des Versorgungsfreibetrags und eines Zuschlags steuerfrei. Der Versorgungsfreibetrag sinkt dabei stufenweise von 2005 von 40 %, höchstens 3.000,– EUR, auf 0 % im Jahr 2040. Wegen der Einzelheiten wird auf die Tabelle zu § 19 Abs. 2 S. 3 EStG verwiesen. Sozialabgaben fallen nicht an, weil zu diesem Zeitpunkt das Arbeitsverhältnis nicht mehr besteht. 120

cc) Allerdings sind Betriebsrenten Versorgungsbezüge iSd § 229 Abs. 1 S. 1 Nr. 5 SGB V und unterliegen der Beitragspflicht zur Kranken- und Pflegeversicherung. 121

dd) Übertragung auf einen Pensionsfonds. Um die **Übertragung auf einen Pensionsfonds** zu erleichtern, stellt der Gesetzgeber die Übertragung von Pensionsverpflichtungen auf einen Pensionsfonds gegen Zahlung des Barwerts nach § 3 Nr. 66 EStG auf Arbeitnehmerebene steuerfrei, da lohnsteuerlich mit dem Erwerb des Anspruchs gegen den Pensionsfonds für den Arbeitnehmer ein lohnsteuerlicher Zufluss vorliegt. IRd § 4e Abs. 3 EStG kann der Arbeitgeber die an den Pensionsfonds für die Übernahme der Pensionsverpflichtungen zu erbringenden Leistungen als Betriebsausgaben abziehen.[140] 122

2. Unterstützungskasse

a) Definition und Rechtsform. *aa) Abgrenzung zur Pensionskasse und zum Pensionsfonds.* Das Gesetz definiert Unterstützungskassen als rechtsfähige Versorgungseinrichtungen, die auf ihre Leistungen **keinen Rechtsanspruch** gewähren (§ 1b Abs. 4 S. 1 BetrAVG). Dieser muss für die steuerliche Anerkennung ausdrücklich ausgeschlossen sein. Durch den fehlenden Rechtsanspruch auf Leistung unterscheidet sich die Unterstützungskasse von der Pensionskasse und vom Pensionsfonds. 123

bb) Rechtsform. Unterstützungskassen werden in der Praxis in der Rechtsform einer GmbH oder eines eingetragenen Vereins betrieben. Zu unterscheiden sind Betriebs- (Firmen-), Konzern- und Gruppenunterstützungskassen, je nachdem, ob die Unterstützungskasse Versorgungsleistungen für einzelne Unternehmen, die Unternehmen eines Konzerns oder einer Gruppe von Unternehmen erbringt. 124

b) Finanzierung. Bei Einrichtung einer Unterstützungskasse handelt es sich wie bei der Direktzusage um einen **internen Finanzierungsweg**. Dabei sind zwei Arten von Unterstützungskassen zu unterscheiden, nämlich die polsterfinanzierte und die rückgedeckte Unterstützungskasse. 125

aa) Polsterfinanzierte Unterstützungskasse. Bei der polsterfinanzierten Unterstützungskasse entscheidet der Arbeitgeber über die Dotierung. Die Möglichkeiten sind steuerlich begrenzt (siehe § 4d EStG). Eine ausreichende Vorausfinanzierung der zugesagten Versorgungsleistungen ist auf diesem Wege regelmäßig nicht möglich. Attraktiv ist dieser Durchführungsweg gleichwohl wegen der Möglichkeit des Trägerunternehmens, die angesammelten Mittel im Wege von Darlehen zur Finanzierung des Unternehmens heranzuziehen. 126

bb) Rückgedeckte Unterstützungskasse. Bei der rückgedeckten Unterstützungskasse schließt diese mit einem Lebensversicherungsunternehmen eine Versicherung bezüglich der zu erbringenden Leistungen ab. Die Leistungen werden damit bei Eintritt des Versorgungsfalls letztendlich von einem Lebensversicherungsunternehmen erbracht. Der Unterstützungskasse unterliegt nur die verwaltungsmäßige Abwicklung. Stellt das Trägerunternehmen der Unterstützungskasse die Beiträge für die abgeschlossene Rückdeckungsversicherung zur 127

---

[140] Siehe im Einzelnen BMF 26.10.2006, BStBl. I 709 sowie 10.7.2015 – IV C 6, S 2144/07/10003 *Niermann/Risthaus* DB Beilage 2 zu Heft 18 Rn. 185.

Verfügung, so sind diese nach § 4d Abs. 1 Satz 1 Nr. 2 lit. c EStG bei dem Trägerunternehmen steuerlich voll abzugsfähig. Anders als bei der polsterfinanzierten Unterstützungskasse ist auf diese Weise eine vollständige Vorausfinanzierung der Versorgungsleistungen möglich.

128 Kann die Unterstützungskasse die zugesagten Leistungen nicht erbringen, trifft den Arbeitgeber nach § 1 Abs. 1 S. 3 BetrAVG eine **Einstandspflicht**. Bei voller Rückdeckung der zugesagten Leistungen durch ein Versicherungsunternehmen wird dem Arbeitgeber diese Verpflichtung faktisch abgenommen. Die Einstandspflicht kann erst bei Eintritt des Versorgungsfalls entstehen; zuvor gibt es keinen Anspruch zB auf Zahlung zusätzlicher Beiträge.[141]

129 c) *Abgabenrechtliche Behandlung*. *aa) Körperschaftsteuer*. Unterstützungskassen sind nach § 5 Abs. 1 Nr. 3 KStG iVm § 3 KStDV als soziale Einrichtung **körperschaftsteuerbefreit**. Voraussetzung ist, dass die Versorgungsempfänger nicht zu Beitragsleistungen verpflichtet sind, den Leistungsempfängern oder den Arbeitnehmervertretungen satzungsgemäß und tatsächlich das Recht zusteht, an der Verwaltung sämtlicher Beiträge beratend mitzuwirken und die in Aussicht gestellten laufenden Versorgungsleistungen und das Sterbegeld die Höchstbeträge nach § 2 KStDV nicht übersteigen.

130 *bb) Zuwendungen*. Zuwendungen an Unterstützungskassen dürfen nur iRd § 4d EStG als Betriebsausgaben vom Trägerunternehmen abgezogen werden. Die Zuwendungen sind mangels Zuflusses beim Arbeitnehmer lohnsteuer- und sozialabgabenfrei.

131 *cc) Leistungen*. Die Leistungen der Unterstützungskassen sind als Einkünfte aus nichtselbstständiger Arbeit nach § 19 Abs. 1 Nr. 2 EStG beim Zufluss zu versteuern (**nachgelagerte Besteuerung**).

132 d) **Versicherungsaufsicht, Insolvenzsicherung**. Unterstützungskassen unterliegen nicht der Versicherungsaufsicht. Als interner Finanzierungsweg sind Unterstützungskassenzusagen wie Direktzusagen in vollem Umfang insolvenzversicherungspflichtig nach §§ 7, 10 Abs. 1 BetrAVG. Dies gilt auch für die voll rückgedeckte Unterstützungskasse. Der Unternehmer kann die Rückdeckungsversicherung jederzeit kündigen und das zurückzuzahlende Deckungskapital anderweitig verwenden.

133 Es ist daher nicht sichergestellt, dass die Deckungsmittel aus der abgeschlossenen Rückdeckungsversicherung im Leistungsfall auch zur Verfügung stehen und der Arbeitgeber seine Leistungsverpflichtungen erfüllen kann. Wegen der Einzelheiten der Beitragsberechnung wird auf § 10 Abs. 3 Nr. 3 BetrAVG verwiesen.

3. Direktversicherung (Einzel-, Gruppenversicherung)

134 a) **Struktur der Vertragsverhältnisse**. *aa) Bezugsberechtigung*. Bei dieser Durchführungsform schließt das Unternehmen auf das Leben des Arbeitnehmers bei einer Lebensversicherung einen Einzel- oder Gruppenvertrag ab, aus dem der **Arbeitnehmer** oder seine Hinterbliebenen hinsichtlich der Versorgungsleistungen ganz oder teilweise **bezugsberechtigt** sind (§ 1b Abs. 2 S. 1 BetrAVG). Zivilrechtlich handelt es sich um einen **Vertrag zugunsten Dritter** im Sinne der §§ 328 ff. BGB. Dabei besteht das Deckungsverhältnis zwischen Arbeitgeber und Versicherungsunternehmen und das Valutaverhältnis zwischen dem Arbeitgeber und dem Arbeitnehmer.

135 *bb) Versicherungsnehmer*. Bei dem Deckungsverhältnis handelt es sich um einen Lebensversicherungsvertrag nach §§ 150 ff. VVG. Versicherungsnehmer ist der **Arbeitgeber**. Er ist zur Entrichtung der Beiträge verpflichtet. Ihm steht das Kündigungsrecht nach § 168 VVG zu. Er kann die Versicherung nach § 165 VVG in eine prämienfreie Versicherung umwandeln, er kann sie abtreten und beleihen. Er kann festlegen, wem das Bezugsrecht zusteht und er kann dieses Bezugsrecht einseitig widerrufen.

136 *cc) Arbeitsrechtliches Grundverhältnis*. Inwieweit er diese Rechte ausüben darf, richtet sich nach dem Valutaverhältnis. Dieses umfasst die **arbeitsrechtliche Versorgungszusage** und unterliegt den Bestimmungen des BetrAVG.

---

[141] BAG 12.5.2020 – 3 AZR 157/19, BeckRS 2020, 12013.

Nach § 1b Abs. 2 BetrAVG darf der Arbeitgeber die Bezugsberechtigung wegen Beendigung des Arbeitsverhältnisses nicht mehr widerrufen, wenn zu diesem Zeitpunkt die Voraussetzungen der Unverfallbarkeit vorliegen. Auf diese Weise wird sichergestellt, dass der Arbeitnehmer bei der Direktversicherung nicht schlechter steht als bei der Direktzusage. Hat der Arbeitgeber die Ansprüche aus dem Versicherungsvertrag abgetreten oder beliehen, ist er verpflichtet, den ausgeschiedenen Arbeitnehmer spätestens bei Eintritt des Versicherungsfalls (= Versorgungsfall) so zu stellen, als ob die Abtretung oder Beleihung nicht erfolgt wäre. Diese sind also rückgängig zu machen. Kommt der Arbeitgeber dieser Verpflichtung nicht nach, macht er sich schadensersatzpflichtig.[142] 137

Entsprechendes gilt bei einem unberechtigten **Widerruf**. Aus dem arbeitsvertraglichen Versorgungsverhältnis ergibt sich jedoch nur die Pflicht des Arbeitgebers, dem Arbeitnehmer die zugesagte Versorgung zu verschaffen, und zwar zum Zeitpunkt des Eintritts des Versorgungsfalls. Dies schließt Schadensersatzansprüche vor Eintritt des Versorgungsfalls aus.[143] 138

Bei der **Entgeltumwandlung** ist dem Arbeitnehmer von vornherein ein unwiderrufliches Bezugsrecht einzuräumen (§ 1b Abs. 5 S. 2 BetrAVG). 139

b) Einwilligung des Arbeitnehmers. Nach § 150 Abs. 2 S. 1 VVG bedarf der Abschluss des Versicherungsvertrages zur Gültigkeit der schriftlichen Einwilligung des Arbeitnehmers. Dies gilt nach der Neuregelung in § 150 Abs. 2 S. 1 Hs. 2 VVG nicht für **Kollektivversicherungen** im Bereich der betrieblichen Altersversorgung. Damit ist der frühere Meinungsstreit[144] über die Notwendigkeit einer Einwilligung in diesen Fällen erledigt. 140

> **Praxistipp:**
> Soweit die Einwilligung nach wie vor erforderlich ist, sollte diese bei Erteilung der Versorgungszusage eingeholt werden.

c) Abgrenzung zur Rückdeckungsversicherung. Aus der Direktversicherung ist der Arbeitnehmer bei Eintritt des Versorgungsfalls unmittelbar bezugsberechtigt. Er erwirbt also einen unmittelbaren Anspruch gegen die Versicherungsgesellschaft nach § 330 BGB. Mit der Erbringung der Leistung erfüllt die Versicherungsgesellschaft zugleich die Verpflichtungen des Arbeitgebers aus dem Valutaverhältnis zwischen Arbeitgeber und Arbeitnehmer und dem Deckungsverhältnis zwischen Arbeitgeber und Versicherungsgesellschaft. Durch den unmittelbaren Leistungsanspruch unterscheidet sich die Direktversicherung von einer vom Arbeitgeber abgeschlossenen Rückdeckungsversicherung. **Bezugsberechtigt** ist hier allein der **Arbeitgeber,** der die Versicherungsleistung zur Erbringung der von ihm versprochenen Versorgungsleistungen verwenden kann, aber nicht muss. Zum Abschluss einer solchen Rückdeckungsversicherung ist nach § 150 Abs. 2 S. 1 VVG in jedem Fall die vorherige Zustimmung des Arbeitnehmers erforderlich, da der Arbeitgeber das Verfügungsrecht über die Versicherungsleistung hat. Dem Arbeitnehmer werden damit keine Leistungen der betrieblichen Altersversorgung iSd § 1 Abs. 1 S. 1 BetrAVG zugesagt. An dem Charakter der Rückdeckungsversicherung ändert sich auch nichts dadurch, dass der Arbeitgeber die Ansprüche gegen die Rückdeckungsversicherung an den Arbeitnehmer **verpfändet**[145] oder der Arbeitnehmer zu den Beiträgen des Arbeitgebers **Eigenbeiträge** leistet. Etwas anderes gilt bei (unbedingter) Abtretung der Ansprüche.[146] 141

d) Bezugsrechte. Die Bezugsberechtigung des Arbeitnehmers kann sich je nach Gestaltung sowohl auf die versicherte Leistung (Garantieleistung) als auch auf die erzielten Beitragsüberschüsse beziehen oder nur auf die versicherte Leistung, wobei die Beitragsüberschüsse dann dem Arbeitgeber zustehen (**gespaltenes Bezugsrecht**). Welche Regelung hier sinnvoll 142

---

[142] BAG 28.7.1987 – 3 AZR 694/85, AP BetrAVG § 1 – Lebensversicherung Nr. 4 = DB 1988, 507.
[143] BAG DB 2010, 287.
[144] Dazu 2. Aufl. → § 33 Rn. 124.
[145] Siehe *Höfer* BetrAVG I Kap. 2 Rn. 93.
[146] *Blomeyer/Rolfs/Otto* BetrAVG § 1 Rn. 78.

ist, hängt zunächst davon ab, ob eine (ausschließlich) arbeitgeberfinanzierte Direktversicherung vorliegt oder wie häufig eine Entgeltumwandlungsvereinbarung. Bei einer **Entgeltumwandlung** hat der Arbeitnehmer auch Anspruch auf die Beitragsüberschüsse. Sie dürfen nach § 1b Abs. 5 S. 1 Nr. 1 BetrAVG nur zur Verbesserung der Leistung verwendet werden. Bei der arbeitgeberfinanzierten Direktversicherung kann der Arbeitgeber dagegen frei entscheiden, ob das Bezugsrecht hinsichtlich der Überschussanteile ihm oder dem Arbeitnehmer zustehen soll.[147] Maßgeblich ist die Regelung in der Versorgungszusage. Deren Sinn ist in unklaren Fällen durch Auslegung zu ermitteln. Stehen die Beitragsüberschüsse dem Arbeitgeber zu, kann er diese nach seiner Wahl zur Minderung der Beiträge, Erhöhung der Leistungen oder zur Finanzierung der Rentenanpassungen nach § 16 Abs. 3 Nr. 2 BetrAVG verwenden.

143 e) **Versicherungsaufsicht, Insolvenzschutz.** *aa) Versicherungsaufsicht.* Lebensversicherungsunternehmen unterliegen der Versicherungsaufsicht nach dem VAG. Um die Erbringbarkeit der Leistungen sicherzustellen, schreibt die Bundesanstalt für Finanzdienstleistungsaufsicht (BaFin) den zu verwendenden Höchstrechnungszins[148] und die zu verwendenden versicherungsmathematischen Rechnungsgrundlagen vor, kontrolliert die Geschäftspläne und die Einhaltung der Kapitalanlagevorschriften des VAG. Dadurch wird für den Versicherungsnehmer und den Versicherten eine relativ hohe Sicherheit geschaffen, dass die versprochenen Leistungen auch erbracht werden können.

144 *bb) Insolvenzschutz.* Wegen der Insolvenzsicherheit dieser Art der Finanzierung der betrieblichen Altersversorgung braucht der Arbeitgeber bei Wahl dieses Durchführungswegs grundsätzlich keine Beiträge an den Pensionssicherungsverein zu zahlen.

145 f) **Abgabenrechtliche Behandlung.** *aa) Beiträge.* Beiträge zu Direktversicherungen sind grundsätzlich **lohnsteuerpflichtig**. Bis zu einer Höchstgrenze von 8 % der Beitragsbemessungsgrundlage der allgemeinen Rentenversicherung sind die Beiträge nach § 3 Nr. 63 EStG steuerfrei. Neben den **jährlichen Beiträgen** kann nach § 3 Nr. 63 S. 3 EStG bei Beendigung des Arbeitsverhältnisses eine **Schluss-Einmalprämie** in die Lebensversicherung eingezahlt werden. Diese beträgt maximal 4 % der Beitragsbemessunsgrenze der allgemeinen Rentenversicherung multipliziert mit der Anzahl der maximal 10 Dienstjahre Dies eröffnet zusätzliche Finanzierungsmöglichkeiten sowohl bei vorzeitigem Ausscheiden als auch bei planmäßigem Pensionierungsbeginn.

146 Nicht erforderlich ist, dass bereits während des Bestehens des Arbeitsverhältnisses Beiträge geleistet worden sind. Es reicht aus, wenn die Direktversicherung erst aus Anlass der Beendigung des Arbeitsverhältnisses abgeschlossen und die Schluss-Einmalprämie in zeitlichem Zusammenhang mit der Beendigung des Arbeitsverhältnisses gezahlt wird. Nach § 3 Nr. 63 S. 4 EStG gibt es zudem die Möglichkeit, Beiträge steuerprivilegiert für maximal zehn Kalenderjahre nachzuzahlen.

147 **Beiträge** für Direktversicherungen sind nach § 1 Abs. 1 Nr. 9 SvEV bis zur Höhe von 4 % der Beitragsbemessungsgrundlage in der allgemeinen Rentenversicherung **sozialabgabenfrei**. Dies gilt auch für eine aus **Entgeltumwandlung** finanzierte Direktversicherung.

148 *bb) Besteuerung der Leistungen.* Die **Kapitalleistungen** aus einer vor dem 1.1.2005 abgeschlossenen Direktversicherung sind grundsätzlich steuerfrei, soweit sie aus pauschal nach § 40b EStG aF besteuerten Beiträgen stammen. **Leibrenten** werden insoweit nach § 22 Nr. 1 EStG mit dem Ertragsanteil versteuert.

149 Für Neuverträge ab 1.1.2005 greift die nachgelagerte Besteuerung nach § 22 Nr. 5 EStG. Der Umfang der Besteuerung der Leistungen in der Auszahlungsphase richtet sich danach, ob und inwieweit die Beiträge in der Ansparphase nach § 3 Nr. 63 EStG steuerfrei gestellt oder gefördert worden sind.[149]

---

[147] BAG 29.7.1986 – 3 AZR 15/85, AP BetrAVG § 2 Nr. 14; 16.2.2010 – 3 AZR 479/08, AP BetrAVG § 1 Auslegung Nr. 8.
[148] Dieser betrug bis 31.12.2011 2,25 % und wurde ab 1.1.2012 auf 1,75 % zum 1.1.2015 auf 1,25 % und zum 1.1.2017 auf 0,9 % abgesenkt.
[149] Siehe weiter BMF 31.3.2010, BStBl. I 273 Rn. 329 ff.

4. Pensionskasse

a) Definition und Abgrenzung. Pensionskassen sind nach § 1b Abs. 3 BetrAVG **rechtsfähige Versorgungseinrichtungen,** die dem Arbeitnehmer oder seinen Hinterbliebenen einen **Rechtsanspruch** auf ihre Leistungen gewähren. § 232 Abs. 1 VAG definiert Pensionskassen als rechtlich selbständige Lebensversicherungsunternehmen, deren Zweck die Absicherung wegfallenden Erwerbseinkommens wegen Alters, Invalidität oder Tod ist, das Versicherungsgeschäft im Wege des Kapitaldeckungsverfahrens betreiben und der versicherten Person einen eigenen Anspruch auf Leistungen einräumen. Es gilt der in § 138 Abs. 2 VAG niedergelegte versicherungsrechtliche Gleichbehandlungsgrundsatz.[150] Durch den unmittelbaren Rechts-anspruch auf Erbringung der versicherten Leistung unterscheidet sich die Pensionskasse von der Unterstützungskasse. Wie bei der Direktversicherung ist der Arbeitnehmer Versicherter.

Pensionskassen kommen sowohl als überbetriebliche Pensionskassen vor, die wie Versicherungsgesellschaften in der Form einer Aktiengesellschaft betrieben werden, als auch als Firmenpensionskassen (Betriebs-, Konzern- oder Gruppenpensionskassen) in der Rechtsform eines Versicherungsvereins auf Gegenseitigkeit. Nicht um eine Pensionskasse handelt es sich bei **Richtlinienverbänden** wie dem „Essener Verband" und dem „Bochumer Verband". Diese Verbände schaffen nur einheitliche Versorgungsregelungen für ihre Mitgliedsunternehmen, erbringen aber selbst keine Versorgungsleistungen.

b) Beitragszahlung, Informationspflicht. Im Regelfall meldet der Arbeitgeber den Arbeitnehmer zur Versicherung durch die Pensionskasse an, sobald dieser nach der zugrunde liegenden Versorgungszusage die Voraussetzungen (Alter, Wartezeit) erfüllt. Die **Versicherungsbeiträge** werden auch bei Pensionskassen vom Arbeitgeber aufgewandt. Häufig sind die Arbeitnehmer an der Beitragszahlung beteiligt, eine Möglichkeit, die bei der Unterstützungskasse nicht besteht. Soweit es sich nicht um Beiträge aus einer Entgeltumwandlung handelt oder eine Umfassungszusage der Arbeitgeber vorliegt, gilt für die sich daraus ergebenden Rechte das BetrAVG nicht.[151]

Der Arbeitgeber ist verpflichtet, den Arbeitnehmer über die bestehenden Versicherungsmöglichkeiten bei der Pensionskasse zu **unterrichten.** Dies gilt vor allem für den **öffentlichen Dienst,** weil hier in der Regel nicht angenommen werden kann, dass der Arbeitnehmer voll unterrichtet ist.[152] Der Arbeitgeber ist bei den Zusatzversorgungskassen des öffentlichen Dienstes wie der VBL zur Aushändigung der Satzung verpflichtet.[153] Weitere Informationspflichten ergeben sich für die der Versicherungspflicht unterstehenden Einrichtungen der betrieblichen Altersversorgung aus § 144 VAG.

c) Aufsicht, Insolvenzsicherung. Pensionskassen unterliegen der Aufsicht durch die Bundesanstalt für Finanzdienstleistungsaufsicht nach dem VAG. Wegen der damit verbundenen Kontrolle und Leistungssicherheit sind Pensionskassen von der Beitragspflicht zum Pensionssicherungsverein befreit. Es gilt insoweit das Gleiche wie bei der Direktversicherung.

d) Abgabenrechtliche Behandlung. (Firmen-)Pensionskassen sind unter den Voraussetzungen des § 5 Abs. 1 Nr. 3 KStG iVm § 2 KStDV **körperschaftsteuerbefreit.** Allerdings dürfen die Leistungen die in § 2 KStDV genannten Höchstbeträge nicht überschreiten. **Beiträge** des Arbeitgebers an die Pensionskasse sind für diesen steuerlich voll abzugsfähige Betriebsausgaben. Beim Arbeitnehmer sind sie bis zu 8 % der Beitragsbemessungsgrundlage in der gesetzlichen Rentenversicherung nach § 3 Nr. 63 EStG steuerfrei. Auf die Ausführungen zur Direktversicherung wird insoweit verwiesen.[154]

---

[150] BAG 10.12.2009 – 3 AZR 122/18, AP BetrAVG § 16 Nr. 127.
[151] Höfer BetrAVG I § 1 Rn. 109.
[152] BAG 17.4.1984 – 3 AZR 383/81, AP BetrAVG § 1 – Zusatzversorgungskassen Nr. 2 = DB 1985, 89; 18.12.1984 – 3 AZR 168/82, AP BetrAVG § 1 – Zusatzversorgungskassen Nr. 3 = BB 1985, 806.
[153] BAG 15.10.1985 – 3 AZR 612/83, AP BetrAVG § 1 – Zusatzversorgungskassen Nr. 12; 17.12.1991 – 3 AZR 44/91, AP BetrAVG § 1 – Zusatzversorgungskassen Nr. 32 = BB 1992, 2081; siehe auch Ausführungsbestimmungen zu § 21 Abs. 2 der VBL-Satzung unter Abs. 2 Buchst. d.
[154] → Rn. 145.

156 Steuerfreie Beitragsleistungen sind nach § 1 Abs. 1 Nr. 9 SvEV **sozialabgabenfrei**. Dies gilt auch für darin enthaltene Beträge aus Entgeltumwandlungen.

157 Soweit die Beiträge nach § 3 Nr. 63 EStG steuerfrei sind, sind die daraus resultierenden Leistungen bei Bezug nach § 22 Nr. 5 EStG zu versteuern (**nachgelagerte Besteuerung**).

158 Leibrenten aus Altverträgen, die aus (pauschal-)versteuerten Beiträgen stammen, unterliegen der Besteuerung mit dem Ertragsanteil nach § 22 Nr. 1 EStG.

5. Pensionsfonds

159 **a) Definition, Leistungen.** Seit dem 1.1.2002 ist der Pensionsfonds als fünfter Durchführungsweg etabliert.[155] Das Gesetz erwähnt den Pensionsfonds in § 1b Abs. 3 BetrAVG zusammen mit der Pensionskasse. Wie bei dieser handelt es sich beim Pensionsfonds nach § 112 Abs. 1 VAG um eine **rechtsfähige Versorgungseinrichtung**, die dem Arbeitnehmer oder seinen Hinterbliebenen einen Rechtsanspruch auf ihre Leistungen gewährt.

160 Pensionsfonds finanzieren ihre Leistungen im Wege des Kapitaldeckungsverfahrens (Anwartschaftsdeckungsverfahren). Zu unterscheiden sind dabei **Pensionsfonds mit versicherungsförmiger Garantie** und der kapitalmarktorientierte Pensionsfonds. Für versicherungsförmige Pensionsfonds ist kennzeichnend, dass sie gegen in Höhe und Fälligkeit fest vereinbarte Beiträge fest vereinbarte Leistungen erbringen, die Beiträge und Leistungen also nach versicherungsmathematischen Gesichtspunkten kalkuliert sind. Bei den **kapitalmarktorientierten Pensionsfonds** werden dagegen die Beiträge periodisch in Abhängigkeit von der Entwicklung der Leistungsverpflichtungen und der Vermögensanlagen überprüft und gegebenenfalls neu festgesetzt. Während für Pensionsfonds mit versicherungsförmiger Garantie ein Rechnungszins von höchstens 0,9 % vorgeschrieben ist, müssen kapitalmarktorientierte Fonds den Rechnungszins lediglich „vorsichtig" unter Berücksichtigung des erwarteten Ertrags wählen.

161 Pensionsfonds erbringen ausschließlich Altersversorgungsleistungen für einen oder mehrere Arbeitgeber zugunsten von Arbeitnehmern (§ 236 Abs. 1 S. 1 Nr. 1 VAG), und zwar entweder in Form einer **lebenslangen Altersrente** oder als Einmalkapitalzahlung (§ 236 Abs. 1 S. 1 Nr. 4 VAG).

162 **b) Aufsicht.** *aa) Genehmigungspflicht, Solvabilität.* Pensionsfonds bedürfen zum Geschäftsbetrieb der **Erlaubnis** durch die Bundesanstalt für Finanzdienstleistungsaufsicht (§ 236 Abs. 5 VAG). Sie müssen wie Lebensversicherungsunternehmen über ausreichende freie und unbelastete Eigenmittel verfügen (§ 238 VAG).

163 *bb) Kapitalanlage.* Pensionsfonds haben unter Berücksichtigung der jeweiligen Pensionspläne Sicherungsvermögen zu bilden (§ 239 Abs. 1 S. 1 VAG).

164 **c) Insolvenzsicherung.** Kann der Pensionsfonds die zugesagten Leistungen oder die garantierte Mindestleistung nicht erbringen, weil der Arbeitgeber insolvent geworden ist und seine Beiträge nicht zahlt, tritt der PSVaG nach § 7 Abs. 1 S. 2 Nr. 3 BetrAVG in die Leistungsverpflichtung ein.

165 Die Bemessungsgrundlage für die Beiträge an den PSVaG liegt niedriger als bei der Direktzusage. Sie beträgt nach § 10 Abs. 3 Nr. 4 BetrAVG nur 20 % des Teilwerts der Pensionsverpflichtung nach § 6a Abs. 3 EStG. Die gesetzliche Regelung trägt damit dem geringeren Insolvenzrisiko Rechnung.

166 **d) Abgabenrechtliche Behandlung.** Pensionsfonds sind nicht ausdrücklich von der Körperschaftsteuer freigestellt. Eine faktische Freistellung erfolgt jedoch dadurch, dass auf Fondsebene **Dividendeneinnahmen und Veräußerungsgewinne** steuerbefreit sind (§ 8b KStG). Beitragsrückerstattungen können nach § 21 KStG als Betriebsausgaben abgezogen werden. **Beiträge** zu Pensionsfonds sind auf Unternehmensebene als **Betriebsausgaben** ab-

---

[155] Siehe dazu *Andresen* BetrAV 2001, 444; *Förster/Rühmann/Recktenwald* BB 2001, 1406 (1409 ff.); *Gohdes/Haferstock/Schmidt* DB 2001, 1558; *Heubeck* DB 2001 Beilage Nr. 5 zu Heft 24, 2 ff.; *Langohr-Plato* BetrAV § 1 Rn. 204, 207.

zugsfähig. Für den Arbeitnehmer sind sie nach § 3 Nr. 63 EStG bis zu 8 % der Beitragsbemessungsgrundlage lohnsteuerfrei.[156] Zu Direktversicherungen und Pensionskassen besteht insoweit kein Unterschied.

Arbeitgeberfinanzierte Beiträge sind nach § 1 Abs. 1 Nr. 9 SvEV sozialabgabenfrei. Für arbeitnehmerfinanzierte Beiträge bis zu 4 % der Beitragsbemessungsgrundlage in der allgemeinen Rentenversicherung aus Entgeltumwandlungen gilt dies nunmehr auch unbefristet über das Jahr 2008 hinaus. 167

Leistungen des Pensionsfonds sind nach § 22 Nr. 5 EStG als sonstige Einkünfte **nachgelagert** zu versteuern. 168

6. Contract Trust Arrangement – CTA

a) **Modell der doppelseitigen Treuhand.** Um keinen selbständigen Durchführungsweg handelt es sich bei einem CTA. Zugrunde liegt vielmehr regelmäßig eine Direktzusage, die ergänzt wird durch den Abschluss einer Treuhandvereinbarung zwischen dem Versorgungsträger und einem externen Treuhänder („Trust e. V."). 169

Die Treuhandvereinbarung umfasst zum einen einen Geschäftsbesorgungsvertrag mit dem Treuhänder, mit dem diesem Vermögenswerte zur Verwaltung und Abdeckung der Versorgungsverpflichtungen übertragen werden. Hauptaufgabe des Treuhänders ist die **fremdnützige Verwaltung** der ihm übertragenen Vermögenswerte. Die Vermögensanlage erfolgt dabei regelmäßig über eine Kapitalanlagegesellschaft oder ein Kreditinstitut im Rahmen eines vom Treuhänder abgeschlossenen Vermögensverwaltungsvertrags.[157] Ergänzend zu dem Verwaltungsvertrag wird zwischen dem Versorgungsträger und dem Treuhänder im Wege eines echten Vertrags zugunsten Dritter eine **Sicherungsvereinbarung** getroffen, wonach bei Eintritt des Sicherungsfalls die Versorgungsberechtigten einen unmittelbaren Anspruch gegen den Treuhänder auf Befriedigung ihrer Versorgungsansprüche aus den übertragenen Vermögenswerten erhalten sollen. Als Sicherungsfall werden dabei die Eröffnung des Insolvenzverfahrens, häufig auch die anderen Sicherungsfälle des § 7 Abs. 1 BetrAVG festgelegt.[158] Modellartig lässt sich die Struktur eines solchen CTA's wie folgt darstellen:[159] 170

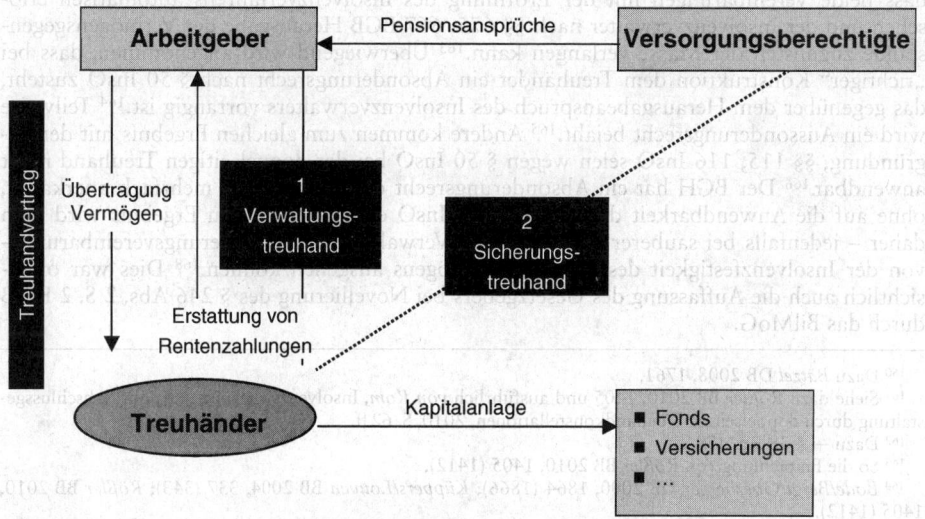

---

[156] Zur Besteuerung siehe weiter *Niermann* DB 2001, 1380 (1381).
[157] Zu den bankaufsichtsrechtlichen Aspekten siehe Merkblatt BaFin, VerBaFin Dez. 2005, 5 ff.
[158] Zum Modell siehe ausführlich *von Rom*, Insolvenzsicherung und Jahresabschlussgestaltung durch doppelseitige Treuhandkonstruktionen, 2010, S. 75 ff.; weiter *Geilenkothen* BetrAV 2011, 590; *Küting/Kessler* DB 2009, 117; *Rößler* BB 2010, 1405.
[159] *Geilenkothen* BetrAV 2011, 590.

171 **b) Zweck von Treuhandlösungen.** *aa) Bilanzverkürzung.* Vorrangiger Zweck solcher Treuhandlösungen ist die Verbesserung der Bilanzkennzahlen durch Verrechnung der Versorgungsverpflichtungen (Pensionsrückstellungen) mit den zur Abdeckung der Versorgungsverpflichtungen übertragenen Vermögenswerten („plan assets"). Erreicht wird damit eine **Bilanzverkürzung.**

172 Während früher eine solche Verrechnung nur bei Bilanzierung nach internationalen Rechnungslegungsstandards möglich war, eröffnet § 246 Abs. 2 S. 2 Hs. 1 idF des BilMoG eine solche Verrechnung nunmehr auch für eine Bilanzierung nach deutschen HGB. Dies macht CTA auch für mittelständige Unternehmen interessant, die nicht nach internationalen Bilanzvorschriften (IAS/IFRS, US-GAAP) bilanzieren.[160] Ähnlich wie nach den vergleichbaren Bestimmungen IAS 19 und FAS 87 zu US-GAAP[161] verlangt die Saldierung nach § 246 Abs. 2 S. 2 Hs. 1 HGB, dass die Vermögensgegenstände dem Zugriff aller übrigen Gläubiger entzogen sind und ausschließlich der Erfüllung von Schulden aus Altersversorgungsverpflichtungen (oder vergleichbaren langfristig fälligen Verpflichtungen wie etwa aus Wertguthaben von Arbeitszeitkonten) dienen. Dazu ist es notwendig, dass diese von einer rechtlich selbständigen Einheit gehalten und grundsätzlich nicht an das Unternehmen zurückübertragen werden können. Dies wird bei einem richtig gestalteten ein CTA mit Auslagerung der „plan assets" auf einen rechtlich selbständigen Treuhänder und die Sicherungsabrede zugunsten der Versorgungsberechtigten erreicht.

173 *bb) Privatrechtlicher Insolvenzschutz.* Neben der Bilanzverkürzung dient ein CTA auch der Schaffung eines privatrechtlichen Insolvenzschutzes. Dies ist vor allem für solche Versorgungszusagen interessant, für die der PSVaG wegen Überschreitung der Höchstgrenzen nicht eintritt.[162]

174 **c) Insolvenzfestigkeit des Treuhandvermögens.** Ein CTA steht und fällt mit der Insolvenzfestigkeit des Treuhandvermögens. Hier sind noch nicht alle Fragen geklärt. Zunächst empfiehlt es sich, Verwaltungs- und Sicherungsabrede rechtlich zu trennen, um der Gefahr zu entgehen, dass die Sicherungsabrede in der Insolvenz das Schicksal des Verwaltungsvertrags als Geschäftsbesorgungsvertrag nach §§ 115 Abs. 1, 116 Abs. 1 InsO teilt mit der Folge, dass beide Vereinbarungen mit der Eröffnung des Insolvenzverfahrens automatisch erlöschen und der Insolvenzverwalter nach §§ 675, 667 BGB Herausgabe der Vermögensgegenstände zugunsten der Masse verlangen kann.[163] Überwiegend wird angenommen, dass bei „richtiger" Konstruktion dem Treuhänder ein Absonderungsrecht nach § 50 InsO zusteht, das gegenüber dem Herausgabeanspruch des Insolvenzverwalters vorrangig ist.[164] Teilweise wird ein Aussonderungsrecht bejaht.[165] Andere kommen zum gleichen Ergebnis mit der Begründung, §§ 115, 116 InsO seien wegen § 50 InsO bei der doppelseitigen Treuhand nicht anwendbar.[166] Der BGH hat ein Absonderungsrecht des Treuhänders mehrfach anerkannt, ohne auf die Anwendbarkeit der §§ 115, 116 InsO einzugehen.[167] Im Ergebnis wird man daher – jedenfalls bei sauberer Trennung von Verwaltungs- und Sicherungsvereinbarung – von der Insolvenzfestigkeit des Treuhandvermögens ausgehen können.[168] Dies war offensichtlich auch die Auffassung des Gesetzgebers bei Novellierung des § 246 Abs. 2 S. 2 HGB durch das BilMoG.

---

[160] Dazu *Bätzel* DB 2008, 1761.
[161] Siehe dazu *Rößler* BB 2010, 1405 und ausführlich *von Rom*, Insolvenzsicherung und Jahresabschlussgestaltung durch doppelseitige Treuhandkonstellationen, 2010, S. 62 ff.
[162] Dazu → § 38 Rn. 179.
[163] So die Empfehlung von *Rößler* BB 2010, 1405 (1412).
[164] *Bode/Bergt/Oberberger* DB 2000, 1864 (1866); *Küppers/Louven* BB 2004, 337 (343); *Rößler* BB 2010, 1405 (1412).
[165] LAG Berlin-Brandenburg 19.6.2012 – 16 Sa 2205/11.
[166] So *von Rom*, Insolvenzsicherung und Jahresabschlussgestaltung durch doppelseitige Treuhandkonstellationen, 2010, S. 209 ff., 215 ff.
[167] BGH NJW 1990, 45 (47); WM 2005, 1790 (1792); WM 2008, 602 (605).
[168] LAG Berlin-Brandenburg 19.6.2012 – 16 Sa 2205/11; *Fischer/Thoms-Meyer* DB 2000, 1863; *Küting/Keßler* DB 2009, 1717 (1720); *Niermann* DB 2006, 2595; *Blomeyer/Rolfs/Otto* BetrAVG Anh. 1 Rn. 684.

d) Arbeitsrechtliche Aspekte der Ausgliederung.

Durch ein CTA wird die arbeitsrechtliche Grundverpflichtung aus der Versorgungszusage nicht berührt. Der Treuhänder wird nicht neuer Versorgungsschuldner, dessen Einstandspflicht durch den Eintritt des Sicherungsfalls aufschiebend bedingt ist.[169] Dadurch unterscheidet sich die doppelseitige Treuhand von der Übertragung von Pensionsverpflichtungen auf einen Pensionsfonds.[170] Hier ändert sich der Durchführungsweg; an die Stelle des bisherigen Versorgungsschuldners tritt der Pensionsfonds als neuer Schuldner. Während der Wechsel des Durchführungswegs jedenfalls dann der Zustimmung der begünstigten Arbeitnehmer bedarf, wenn der Durchführungsweg in der Versorgungszusage festgelegt ist[171] ist die Übertragung der Pensionsmittel auf einen externen Treuhänder im Rahmen eines CTA ohne deren Zustimmung möglich, da sich weder der Durchführungsweg noch der Inhalt der Zusage ändern.[172] Dies erleichtert die Durchführung.

Die Auslagerung unterliegt auch nicht der Mitbestimmung nach § 87 Abs. 1 S. 1 Nr. 8 und 10 BetrVG, da die Rechte der Arbeitnehmer nicht betroffen sind.[173]

e) Übergang der Sicherungsrechte auf den PSVaG.

Die Versorgungszusagen des Arbeitgebers sind nach § 7ff. BetrAVG gesetzlich insolvenzgesichert. Bei Eintritt des Sicherungsfalls gehen die Ansprüche der Berechtigten nach § 9 Abs. 2 BetrAVG im Umfang seiner Leistungspflicht auf den PSVaG über. Entsprechend §§ 412, 401 BGB gehen damit auch die Sicherungsrechte auf den PSVaG über. Dies gilt bei einem CTA auch für die Ansprüche der Versorgungsberechtigten gegen den Treuhänder.[174] Der PSVaG kann damit im Rahmen seiner Einstandspflicht auf die dem Treuhänder zur Verfügung gestellten Vermögenswerte zugreifen.

> **Praxistipp:**
> Um spätere Probleme mit dem PSVaG zu vermeiden, sollte bereits in der Sicherungsvereinbarung festgelegt werden, dass bei Eintritt des Sicherungsfalls aus dem Treuhandvermögen vorrangig die Ansprüche zu befriedigen sind, die nicht der gesetzlichen Insolvenzsicherung unterfallen.[175]

f) Steuerliche Auswirkungen.

Grundsätzlich ist die Übertragung des Treuhandvermögens auf den Treuhänder steuerneutral möglich. An der steuerlichen Zuordnung der Vermögenswerte ändert sich nichts.[176] Die Begründung eines aufschiebend bedingten Leistungsanspruchs des Arbeitnehmers für den Fall der Insolvenz führt nach § 3 Nr. 65 lit. c EStG nicht zu einem Zufluss von Arbeitslohn. Die Versorgungsleistungen sind daher erst bei Leistung zu versteuern.

---

[169] Rößler BB 2010, 1405 (1408).
[170] → Rn. 122.
[171] BAG 12.6.2007 – 3 AZR 186/06, AP BetrAVG § 1 Nr. 47; zum Wechsel des Durchführungswegs weiter → § 40 Rn. 71ff.
[172] Kütting/Keßler DB 2009, 1717 (1720); zur Mitbestimmung nach § 87 Abs. 1 Nr. 8 BetrVG → § 37 Rn. 148.
[173] Rößler BB 2010, 1405 (1409).
[174] Berenz DB 2006, 2126; Küppers/Louven BB 2004, 343; Rößler BB 2010, 1405 (1413) unter Hinweis auf BAG, BB 1990, 857.
[175] Rößler BB 2010, 1405 (1413).
[176] Siehe Ditz/Tscherwenachki DB 2010, 632.

§ 36   Teil H. Betriebliche Altersversorgung

7. Übersicht: Die abgabenrechtliche Behandlung von Beiträgen und Versorgungsleistungen in den einzelnen Durchführungswegen[177]

179

Durchführungs-wege	Einkommensteuer/Körperschafts-steuer im Anwartschaftszeitraum	Sozialabgaben/Beiträge	Besteuerung der Versorgungsleistungen
1. Direktzusage	volle Abzugsfähigkeit der Zuführungen zur Pensionsrückstellung auf Unternehmensebene; keine Lohnsteuerpflicht mangels Zufluss auf Arbeitnehmerebene	kein versicherungs-pflichtiges Entgelt beim Arbeitnehmer	Einkünfte aus nichtselbständiger Arbeit nach (§ 19 Abs. 1 Nr. 2 EStG)
2. Unter-stützungskasse			
a) polster-finanziert	Abzugsfähigkeit der Zuwendungen im Rahmen des § 4d EStG auf Unternehmensebene; Lohnsteuerfreiheit mangels Zufluss auf Arbeitnehmerebene	mangels Zuflusses kein versicherungs-pflichtiges Entgelt	Steuerpflichtig als Einkünfte aus nichtselbständiger Arbeit nach § 19 Abs. 1 Nr. 2 EStG
b) rückgedeckt	Volle Abzugsfähigkeit der Versicherungsbeiträge auf Unternehmensebene; mangels Zuflusses keine Lohnsteuerpflicht auf Arbeitnehmerebene	mangels Zufluss kein versiche-rungspflichtiges Entgelt	Steuerpflichtig als Einkünfte aus nichtselbständiger Arbeit nach § 19 Abs. 1 Nr. 2 EStG
3. Direktver-sicherung	Volle steuerliche Abzugsfähigkeit der Versicherungsbeiträge auf Unternehmensebene; Steuerfreiheit der Beiträge nach § 3 Nr. 63 EStG auf Arbeitnehmerebene; Vervielfältigungsregelung bei Ausscheiden	Abgabenfreiheit steuerfreier Beiträge gem. § 1 Abs. 1 Nr. 9 SvEV	Steuerpflichtig nach § 22 Nr. 5 EStG; Besteuerung von Renten aus pauschal besteuerten Beiträgen mit dem Ertragsanteil nach § 22 Abs. 1 EStG
4. Pensions-kasse	Volle steuerliche Abzugsfähigkeit der Beiträge auf Unternehmensebene; Steuerfreiheit der Beiträge auf Arbeitnehmerebene nach § 3 Nr. 63 EStG; Vervielfältigungsregelung bei Ausscheiden	Abgabenfreiheit steuerfreier Beiträge gem. § 1 Abs. 1 Nr. 9 SvEV	Steuerpflichtig nach § 22 Nr. 5 EStG; Besteuerung von Renten aus pauschal besteuerten Beiträgen mit dem Ertragsanteil nach § 22 Nr. 1 EStG
5. Pensions-fonds	Volle steuerliche Abzugsfähigkeit der Beiträge auf Unternehmensebene; Steuerfreiheit nach § 3 Nr. 63 EStG auf Arbeitnehmer-ebene mit Vervielfältigungsregelung bei Ausscheiden	Abgabenfreiheit bis zu 4 % der BBG der steuerfreien Zuwendungen nach § 1 Abs. 1 Nr. 9 SvEV	Steuerpflichtig nach § 22 Nr. 5 EStG

---

[177] Siehe auch Gemeinsame Rundschreiben der Spitzenverbände der Sozialversicherungsträger v. 18.12.2002 zum Altersvermögensgesetz – AvmG – Auswirkungen auf die Arbeitsentgelteigenschaft; v. 21.12.2004 zu Entgeltumwandlungen zum Aufbau einer kapitalgedeckten betrieblichen Altersvorsorge mit Aktualisierung vom 25.9.2008, abrufbar unter beck-online.beck.de, GR-SpVSozVorschr; *Fraedrich* NZA 2012, 129; *Welisch/Näth* BB 2002, 1393 (1394ff.); zur Pauschalbesteuerung für Direktversicherungen und Pensionskassen nach § 40b EStG aF siehe MAH ArbR, 1. Aufl. 2005, § 33 Rn. 130 u. 139.

8. Gegenüberstellung der Vor- und Nachteile der einzelnen Durchführungswege

a) Direktzusage

Pro	Contra
Kein sofortiger Liquiditätsabfluss	Bilanzausweis
Mittel können zur Unternehmensfinanzierung verwendet werden.	Verwaltungsaufwand
Keine Versicherungsaufsicht	fehlender Risikoausgleich im Kollektiv bei kleinen Beständen; dadurch fehlende Planungssicherheit für die zu erbringenden Leistungen
Flexibilität der Leistungsplangestaltung	fehlende Europatauglichkeit (Art. 2 Abs. 2 lit. e RL 2003/41/EG)
Freiheit der Vermögensanlage	Beitragspflicht zum PSVaG
nachgelagerte Besteuerung beim Arbeitnehmer	Anpassungsverpflichtung nach § 16 BetrAVG

b) Unterstützungskasse. aa) Polsterfinanzierte Unterstützungskasse

Pro	Contra
Freie Dotierung bis zu den steuerlichen Höchstgrenzen	keine adäquate Vorausfinanzierung; Bilanzausweis der nicht gedeckten Verpflichtung
Innenfinanzierung durch Darlehen	fehlende Europatauglichkeit (Art. 2 Abs. 2 lit. d RL 2003/41/EG)
	begrenzte Leistungen
	Insolvenzsicherungspflicht

Pro	Contra
	Mitbestimmung bei der Vermögensanlage
nachgelagerte Besteuerung der Leistungen	Anpassungsverpflichtung nach § 16 BetrAVG

bb) Rückgedeckte Unterstützungskasse

Pro	Contra
volle Vorausfinanzierung	fehlende Europatauglichkeit (Art. 2 Abs. 2 lit. d RL 2003/41/EG)
Auslagerung der biometrischen Risiken	Insolvenzsicherungspflicht
Auslagerung des Renditerisikos	
kein Bilanzausweis	
nachgelagerte Besteuerung der Leistungen	Anpassungsverpflichtung nach § 16 BetrAVG

c) Direktversicherung

Pro	Contra
Auslagerung der biometrischen Risiken	sofortiger Liquiditätsabfluss
Auslagerung des Renditerisikos	

Pro	Contra
geringer Verwaltungsaufwand	Begrenzung der Finanzierungsmöglichkeiten bei Einhaltung der steuerlichen Freigrenzen nach § 3 Nr. 63 EStG
keine Insolvenzsicherungspflicht	Einschränkungen bei der Kapitalanlage (§§ 54 ff. VAG)
Steuer- und Sozialabgabenfreiheit der Beiträge bis zu 4% bzw. 8% der BBG	
Rentenanpassung nach § 16 BetrAVG über Gewinnausschüttung	

d) Pensionskasse

184

Pro	Contra
Auslagerung der biometrischen Risiken	sofortiger Liquiditätsabfluss
Auslagerung des Renditerisikos	Begrenzung der Leistungen bei steuerbefreiten Pensionskassen; Begrenzung der Finanzierungsmöglichkeiten bei Einhaltung der steuerlichen Freigrenzen nach § 3 Nr. 63 EStG
geringer Verwaltungsaufwand	Einschränkungen bei der Kapitalanlage (§§ 54 ff. VAG)
keine Insolvenzversicherungspflicht	
Steuer- und Sozialabgabenfreiheit der Beiträge bis zu 4% bzw. 8% der BBG	
Rentenanpassung nach § 16 BetrAVG über Gewinnausschüttung	
Europatauglichkeit firmenunabhängiger Pensionskassen	

e) Pensionsfonds

185

Pro	Contra
Flexible Finanzierungsmöglichkeiten	hohe Errichtungskosten
liberale Kapitalanlagevorschriften	sofortiger Liquiditätsabfluss
Steuer- und Sozialabgabenfreiheit der Beiträge bis zu 4% bzw. 8% der BBG	Ausfallhaftung des Arbeitgebers
Lohnsteuerfreie und beitragsfreie Übertragungsmöglichkeit von bestehenden Anwartschaften aus Direktzusagen und Unterstützungskassen	Insolvenzsicherungspflicht
Europatauglichkeit firmenunabhängiger Pensionskassen	Anpassungsverpflichtung nach § 16 BetrAVG (Ausnahme: Beitragszusage mit Mindestleistung)

§ 37 Ausgestaltung der Versorgungszusage

Übersicht

	Rn.
I. Inhaltliche Ausgestaltung	1–134
1. Allgemeine Grenzen der Vertragsfreiheit	1
2. Inhaltskontrolle	2–7
a) Tarifverträge	2
b) Betriebsvereinbarungen	3/4
c) Vertragliche Einheitsregelungen, Gesamtzusagen, Einzelzusagen	5/6
d) Entgeltumwandlungsvereinbarungen	7
3. Begünstigter Personenkreis	8–21
a) Zulässige Differenzierungen	8–10
b) Unzulässige Differenzierungen	11–21
4. Durchführungsweg	22–33
a) Mögliche Durchführungswege	22/23
b) Maßgebliche Kriterien aus Unternehmenssicht	24–26
c) Anforderungen aus Arbeitnehmersicht	27–29
d) Kombination von Durchführungswegen	30–32
e) Kombination von Direktversicherung und Rückdeckungsversicherung	33
5. Beitragszahlung, Finanzierung	34/35
6. Allgemeine Leistungsvoraussetzungen	36–46
a) Wartezeit	37–39
b) Mindestalter/Höchsteintrittsalter	40/41
c) Beendigung des Arbeitsverhältnisses	42
d) Unverfallbarkeit	43–46
7. Versorgungsleistung	47–50
a) Lebenslange Rente	47
b) Kapitalleistung	48
c) Befristete Leibrenten	49
d) Sach- und Nutzungsleistungen	50
8. Leistungsfälle	51–63
a) Erreichen der Altersgrenze	51–54
b) Tod	55–62
c) Invalidität	63
9. Höhe der Versorgungsleistung	64–81
a) Bemessungskriterien	64–72
b) Statisches oder dynamisches Versorgungssystem	73–79
c) Gesamtversorgungszusage	80/81
10. Vorgezogenes Altersruhegeld	82–93
a) Inanspruchnahme vorgezogenen Altersruhegelds in der gesetzlichen Rentenversicherung	82
b) Höhe der Leistung bei vorgezogener Inanspruchnahme	83–89
c) Auswirkungen bei Ausscheiden mit einer unverfallbaren Anwartschaft	90–93
11. Aufschub der Versorgungsleistung	94
12. Vorzeitiges Ausscheiden/Übertragung der Versorgungsverpflichtung	95–103
a) Verfallbare Anwartschaften	95–100
b) Unverfallbare Anwartschaften	101/102
c) Entgeltumwandlung	103
13. Versorgungsausgleich – Neuregelung zum 1.9.2009	104–123
a) Übersicht	104
b) Interne Teilung	105–116
c) Externe Teilung	117–119
d) Mitbestimmung	120–122
e) Gleichbehandlung	123
14. Sonstige Regelungen	124–127
a) Zahlungsmodalitäten	124/125
b) Nachweispflichten	126
c) Verpfändungs-, Abtretungs-, Beleihungsverbot	127
15. Leistungsvorbehalte	128–131
a) Steuerunschädliche Mustervorbehalte	128–130
b) Steuerschädliche Vorbehalte	131

	Rn.
16. Änderungsvorbehalt bei Gesamtzusagen und vertraglichen Einheitsregelungen	132/133
17. Kündigung von Betriebsvereinbarungen	134
II. Mitbestimmung bei der Einführung einer Versorgungsregelung	135–153
1. Allgemeine Grundsätze	135–139
a) Betriebliche Altersversorgung als Gegenstand der Mitbestimmung	135/136
b) Mitbestimmungsfreier Bereich	137–139
2. Mitbestimmung nach § 87 Abs. 1 Nr. 10 BetrVG	140–144
a) Arbeitgeberfinanzierte Altersversorgung	140
b) Entgeltumwandlung	141/142
c) Direktversicherung	143/144
3. Mitbestimmung nach § 87 Abs. 1 Nr. 8 BetrVG	145–150
a) Erfasste Sozialeinrichtungen	145–148
b) Durchführung der Mitbestimmung	149
c) Mitbestimmung bei Gruppenkassen	150
4. Zuständigkeit	151/152
5. Rechtsfolgen eines Verstoßes gegen das Mitbestimmungsrecht	153

I. Inhaltliche Ausgestaltung

1. Allgemeine Grenzen der Vertragsfreiheit

1 Hinsichtlich der inhaltlichen Ausgestaltung der Versorgungszusagen besteht grundsätzlich Vertragsfreiheit. Diese findet ihre Grenzen in den Grundrechtsnormen, insbesondere den Diskriminierungsverboten des Art. 3 Abs. 2 u. 3 GG,[1] dem arbeitsrechtlichen Gleichbehandlungsgrundsatz, dem Lohngleichheitsgebot des Art. 157 AEUV (früher Art. 141 EGV bzw. Art. 119 EWG-Vertrag), und den **Diskriminierungsverboten** nach dem AGG. Dieses findet trotz der Regelung in § 2 Abs. 2 S. 2 auch auf die betriebliche Altersversorgung Anwendung.[2] Nach Auffassung des BAG enthält § 2 Abs. 2 S. 2 AGG lediglich eine Kollisionsregel. Das AGG greift, soweit das BetrAVG keine eigenen Regelungen enthält, wie bei den an das Merkmal „Alter" anknüpfenden Vorschriften zur gesetzlichen Unverfallbarkeit nach § 1b BetrAVG oder zur festen Altersgrenze nach § 2 Abs. 1 BetrAVG. Da das BetrAVG keine Diskriminierungsverbote kennt, gilt insoweit uneingeschränkt das AGG.

2. Inhaltskontrolle

2 a) **Tarifverträge.** Tarifvertragliche Versorgungsregelungen unterliegen wegen der Tarifautonomie nur einer eingeschränkten Inhaltskontrolle. Sie können lediglich dahingehend überprüft werden, ob sie gegen das Grundgesetz oder anderes höherrangiges Recht, zwingendes Gesetzesrecht, die guten Sitten oder tragende Grundsätze des Arbeitsrechts verstoßen.[3] Insbesondere sind die Tarifvertragsparteien an die sich aus dem Rechtsstaatsprinzip (Art. 20 Abs. 3 GG) folgenden Grundsätze des Vertrauensschutzes und der Verhältnismäßigkeit gebunden.[4] Die Kontrolldichte ist wegen der verfassungsrechtlich privilegierten Stellung der Sozialpartner erheblich geringer als bei anderen privatrechtlichen Regelungen. Bei der Festlegung der maßgeblichen Versorgungsregelungen haben die Tarifvertragsparteien daher einen erheblichen Beurteilungs-, Bewertungs- und Gestaltungsspielraum. Dies gilt auch bei späteren Änderungen.[5] Die Inhaltskontrolle ist auch dann eingeschränkt, wenn der maßgebliche Tarifvertrag nur kraft Bezugnahme Anwendung findet.[6]

---

[1] *Höfer* BetrAVG I Kap. 4 Rn. 47.
[2] BAG 11.12.2007 – 3 AZR 249/06, DB 2008, 766; ebenso iE *Cisch/Böhm* BB 2007, 602; *Rengier* NZA 2006, 1251; *Rolfs* NZA 2008, 553; *Steinmeyer* ZfA 2007, 27 (34); *Meinel/Heyn/Herms* AGG, 2. Aufl. 2010, § 2 Rn. 56.
[3] BAG NZA 1990, 346; NZA 2006, 1285 (1288).
[4] BAG DB 2006, 166; NZA 2006, 1285 (1288).
[5] BAG DB 2007, 2847; BGHZ 174, 127 Rn. 32, 35 ff.
[6] BAG DB 2007, 2847 (2848).

b) Betriebsvereinbarungen. Betriebsvereinbarungen müssen nach § 75 BetrVG den Grundsätzen von Recht und Billigkeit entsprechen und dürfen niemanden aus Gründen der Rasse oder der ethnischen Herkunft, der Abstammung, Nationalität, Religion oder Weltanschauung, wegen einer Behinderung, des Alters, des Geschlechts oder der sexuellen Identität benachteiligen. Betriebsvereinbarungen unterliegen sowohl einer abstrakten als auch individuellen Billigkeitskontrolle. Die Arbeitsgerichte haben im Rahmen der abstrakten Rechtskontrolle insbesondere zu überprüfen, ob die Regelungen der Betriebsvereinbarung gegen das Gleichbehandlungsgebot[7] und die Grundsätze der Verhältnismäßigkeit und des Vertrauensschutzes verstoßen.[8] Ferner sind die zwingenden Grundwertungen des Betriebsrentenrechts in die Rechts- und Billigkeitskontrolle einzubeziehen.[9] Eine Betriebsvereinbarung kann die Entwicklung der Betriebsrente rechtswirksam an die Entwicklung des Einkommens der aktiv beschäftigten Arbeitnehmer knüpfen. Dabei dürfen auch Senkungen des Einkommens berücksichtigt werden. Allerdings darf dadurch das mit der Ausgangsrente definierte Versorgungsniveau nicht unterschritten werden.[10]

Bei der individuellen Billigkeitskontrolle geht es um die Feststellung einer unbilligen Härte im Einzelfall. Relevant ist dies vor allem in den Ablösungsfällen.[11]

c) Vertragliche Einheitsregelungen, Gesamtzusagen, Einzelzusagen. Solche individualrechtlichen Zusagen unterliegen uneingeschränkt der AGB-Kontrolle nach §§ 305 ff. BGB.[12] Die frühere Bereichsausnahme für das Arbeitsrecht ist mit Wirkung ab 1.1.2002 entfallen.[13] Insbesondere sind solche Regelungen nach § 307 BGB dahingehend zu überprüfen, ob sie den Arbeitnehmer entgegen den Geboten von Treu und Glauben unangemessen benachteiligen. Dabei kann sich eine unangemessene Benachteiligung auch daraus ergeben, dass die Regelung nicht klar und verständlich ist (**Transparenzgebot**). Zweifel bei der Auslegung einer solchen Versorgungsordnung gehen nach § 305c Abs. 2 BGB zu Lasten des Arbeitgebers (**Unklarheitenregel**).

Dynamische Verweisungen auf die Satzung und Richtlinien einer Unterstützungskasse[14] oder auf das Beamtenversorgungsrecht[15] sind möglich und unterliegen einer Inhaltskontrolle als allgemeine Geschäftsbedingungen nur hinsichtlich der Verweisungsklausel selbst. Die Verweisung muss dem Transparenzgebot des § 307 Abs. 1 S. 2 BGB genügen und darf keine überraschende Klauseln iSd § 305c Abs. 1 BGB enthalten.[16] Zur Wahrung des Transparenzgebots reicht es aus, wenn die im Zeitpunkt der jeweiligen Anwendung geltenden und in Bezug genommenen Regelungen bestimmbar sind.[17]

d) Entgeltumwandlungsvereinbarungen. Soweit die Entgeltumwandlung individualrechtlich geregelt ist, greift auch hier die Inhaltskontrolle nach §§ 305 ff. BGB. So hat das BAG[18] gezillmerte Tarife bei Lebensversicherungsverträgen im Rahmen der Entgeltumwandlung als eine unangemessene Benachteiligung iSd § 307 Abs. 1 S. 1 BGB angesehen, soweit die Abschlusskosten über einen kürzeren Zeitraum als 5 Jahre verteilt werden.

3. Begünstigter Personenkreis

a) Zulässige Differenzierungen. Differenzierungen im Kreis der begünstigten Personen müssen sachlich gerechtfertigt sein, wobei der sachliche Grund am Leistungszweck zu messen ist.

---

[7] Siehe dazu etwa BAG 18.5.2010, AP BetrAVG § 5 Nr. 51; Nr. 52.
[8] BAG DB 1982, 336.
[9] BAG NZA 2011, 595.
[10] BAG NZA 2011, 595.
[11] Dazu → § 40 Rn. 61 f.
[12] BAG NZA 2009, 1105; NZA 2011, 42; siehe weiter *Schaub* GS Blomeyer, 335 (339).
[13] Zur Übergangsregelung für alte Zusagen siehe Art. 229 § 5 S. 2 EGBGB.
[14] BAG NZA 2011, 42.
[15] BAG DB 2011, 826.
[16] BAG DB 2011, 826.
[17] BAG NZA 2011, 42 Rn. 43.
[18] BAG NZA 2010, 164; → § 36 Rn. 83.

9   aa) *Funktionsbezogene Differenzierungen.* Zulässig sind funktionsbezogene Differenzierungen. Das BAG hält es für zulässig, die Altersversorgung auf Arbeitnehmer in gehobenen Funktionen zu beschränken.[19] Zur Begründung wird das Interesse des Unternehmens angeführt, qualifizierte Arbeitnehmer mit Hilfe einer Versorgungszusage stärker an das Unternehmen zu binden als die übrige Belegschaft.

10 *bb) Gehaltshöhe.* Zulässig sind auch unterschiedlich hohe Zusagen etwa für Angestellte in leitender Position und sonstige Angestellte, Angestellte mit Bezügen unterhalb und oberhalb der Beitragsbemessungsgrenze in der gesetzlichen Rentenversicherung oder Tarifangestellte und AT-Angestellte.[20] Der Grund liegt in der relativ höheren Versorgungslücke (Differenz zwischen bisherigem Nettoeinkommen und dem Einkommen nach der Pensionierung).

11 **b) Unzulässige Differenzierungen.** *aa) Arbeiter und Angestellte.* Eine Differenzierung zwischen Arbeitern und Angestellten allein nach der Gruppenzugehörigkeit sieht das BAG jedenfalls ab 1.7.1993 als unzulässig an.[21] Es müssen andere sachlich rechtfertigende Gründe hinzukommen. Ein legitimes Ziel kann es sein, Unterschiede in dem durch die gesetzliche Rentenversicherung erreichten Versorgungsgrad auszugleichen. Die gebildeten Gruppen müssen dabei jedoch in sich ausreichend homogen und im Vergleich zueinander unterschiedlich sein.[22]

12 *bb) Ausschluss von Teilzeitbeschäftigten.* Einen Verstoß gegen das Gleichbehandlungsgebot stellt der völlige Ausschluss von Teilzeitbeschäftigten dar.[23] Seit 1985 ergibt sich dies unmittelbar aus § 2 Abs. 1 BeschFG/§ 4 Abs. 1 TzBfG. Ein teilzeitbeschäftigter Arbeitnehmer darf wegen der Teilzeitarbeit nicht schlechter behandelt werden als ein vergleichbarer vollzeitbeschäftigter Arbeitnehmer, es sei denn, dass sachliche Gründe eine unterschiedliche Behandlung rechtfertigen. Dabei verlangt das Gesetz keine vollständige Gleichstellung, sondern nur eine gemessen am Beschäftigungsgrad proportionale Gleichstellung. Dies bedeutet, dass Teilzeitbeschäftigte bei Bestehen einer Versorgungsregelung Anspruch auf eine dem Umfang ihrer Beschäftigung entsprechende Altersversorgung haben. Dabei sind auch gröbere Abstufungen erlaubt.[24]

13 *cc) Geringfügig Beschäftigte.* Ob geringfügig Beschäftigte ausgeschlossen werden dürfen, ist umstritten. Für den **öffentlichen Dienst** hat das BAG[25] entschieden, dass geringfügig Beschäftigte im Sinne des § 8 SGB IV aus Gründen der Gleichbehandlung keinen Anspruch auf Zusatzversorgung haben. Begründet wurde dies mit dem **Gesamtversorgungscharakter** der Zusatzversorgung im öffentlichen Dienst. Da geringfügig Beschäftigte keinen Anspruch in der gesetzlichen Rentenversicherung erwerben, komme auch eine Aufstockung durch die Zusatzversorgung nicht in Betracht. Das BAG hat diese Entscheidung mit Urteil vom 22.2.2000[26] bestätigt und ausgeführt, der tarifvertragliche Ausschluss von geringfügig Beschäftigten aus der Zusatzversorgung im öffentlichen Dienst sei auf Grund des von den Tarifvertragsparteien gewählten Gesamtversorgungssystems jedenfalls bis zum 31.3.1999 sachlich gerechtfertigt. Diese Argumentation dürfte sich mit der Umstellung der Zusatzversorgung im öffentlichen Dienst zum 1.1.2002 auf ein Punktemodell ohne Anrechnung der Sozialversicherungsrente erledigt haben.

14 Nach Auffassung des LAG Düsseldorf[27] ist der Ausschluss geringfügig Beschäftigter auch **außerhalb des öffentlichen Dienstes** gerechtfertigt, wenn die betrieblichen Versorgungsansprüche nur neben zeitgleich erworbenen Ansprüchen in der gesetzlichen Rentenversicherung gewährt werden sollen.[28]

---

[19] BAG 11.11.1986, AP BetrAVG § 1 Gleichberechtigung Nr. 4 = DB 1987, 994; ebenso *Doetsch* BetrAV 1997, 25 (27).
[20] BAG 12.6.1990, AP BetrAVG § 1 Nr. 25; *Doetsch* BetrAV 1997, 25 (29).
[21] BAG NZA 2004, 321; NZA 2010, 701.
[22] BAG NZA 2010, 701.
[23] So bereits BAG 6.4.1982, AP BetrAVG § 1 Gleichbehandlung Nr. 1.
[24] BAG 5.10.1993, AP BetrAVG § 1 Lebensversicherung Nr. 20.
[25] BAG 27.2.1991, AP BetrAVG § 1 Gleichbehandlung Nr. 28 = DB 1996, 2085.
[26] BAG NZA 2000, 659.
[27] LAG Düsseldorf DB 1999, 2170.
[28] AA *Schumann* DB 1999, 2637 f.

§ 4 Abs. 1 TzBfG differenziert in der ab 1.4.1999 geltenden Fassung nicht zwischen teil- 15
zeitbeschäftigten und geringfügig beschäftigten Arbeitnehmern. Geringfügig Beschäftigte
sind ab 1.4.1999 partiell in die gesetzliche Rentenversicherung einbezogen. Dies spricht dafür,
geringfügig Beschäftigte jedenfalls ab 1.4.1999 mit Teilzeitbeschäftigten gleich zu behandeln.[29]
Die besondere steuer- und sozialversicherungsrechtliche Behandlung geringfügig
Beschäftigter stellt für sich genommen keinen Ausschlussgrund für Gewährung von Altersversorgungsleistungen
dar.[30] Es können jedoch andere **sachliche Gründe** einen Ausschluss
rechtfertigen. Solche können vorliegen, wenn eine vergleichbare Tätigkeit durch Vollzeitbeschäftigte
gar nicht ausgeübt wird und die geringfügig Beschäftigten nur Hilfsdienste verrichten.[31]
Bei kurzfristig zur Aushilfe Beschäftigten bringt es einen unverhältnismäßig hohen
Verwaltungsaufwand mit sich, die Arbeitszeiten zu erfassen. Auch dies kann einen Ausschluss
von der Altersversorgung rechtfertigen.[32] Eine Gleichstellung kommt damit nur für
solche geringfügig Beschäftigten in Betracht, die über einen längeren Zeitraum eine mit anderen
Arbeitnehmern vergleichbare Funktion wahrnehmen.

dd) Zweitarbeitsverhältnisse. Ein Versorgungsausschluss in einem Zweitarbeitsverhältnis 16
verstößt gegen den Gleichbehandlungsgrundsatz und ist daher unwirksam.[33] Dies schließt
am Versorgungsbedarf orientierte Differenzierungen nicht aus.[34] So ist es möglich, die Altersversorgung
im Rahmen einer Gesamtversorgung summenmäßig zu begrenzen und die
Altersversorgung aus dem Erstarbeitsverhältnis auf das Zweitarbeitsverhältnis anzurechnen.[35]

ee) Außendienstmitarbeiter. Eine Differenzierung bei der Versorgung zwischen Innen- 17
dienst- und Außendienstmitarbeitern hat das BAG[36] gleichfalls als Verstoß gegen den arbeitsrechtlichen
Gleichbehandlungsgrundsatz angesehen. Einen Ausschluss der Außendienstmitarbeiter
lässt das BAG dann zu, wenn diese ein erheblich höheres laufendes
Einkommen als die Innendienstmitarbeiter erhalten und den betrieblichen Entgeltfestsetzungsregelungen
entnommen werden kann, dass dies einen Ausgleich für die Benachteiligung
in der betrieblichen Altersversorgung bezweckt.[37]

Inwieweit diese Grundsätze auf **alle externen Mitarbeiter** übertragen werden können, ist 18
fraglich. Das BAG hat die im akquisitorischen Außendienst oder im Kundendienst tätigen
Mitarbeiter im Auge, also Mitarbeiter, die im Kerngeschäft des Unternehmens tätig sind.
Daneben gibt es etwa bei Versicherungen externe Mitarbeiter wie Hausverwalter, Hausmeister
etc, die lediglich Hilfsfunktionen im Rahmen der Vermögensverwaltung ausüben. Hier
erscheint eine funktionsbezogene Differenzierung[38] durchaus möglich.

ff) Heimarbeiter. Für Heimarbeiter ist die Frage, inwieweit der Gleichbehandlungsgrund- 19
satz eine Einbeziehung in die Versorgungsregelung notwendig macht, bisher höchstrichterlich
nicht entschieden. Das BAG hat in seiner Entscheidung vom 27.1.1998[39] nur festgestellt,
dass der Begriff „Betriebsangehörige" einer Versorgungsordnung auch Heimarbeiter
umfassen kann. Wie in allen anderen Fällen muss für den Ausschluss von Heimarbeitern ein

---

[29] *Ackermann* NZA 2000, 465 (468); *Hanau* BetrAV 2000, 625; *Kuppel* BB 2000, 2150; aA: Förster/Cisch/Karst/*Cisch* BetrAVG § 1 Rn. 156.
[30] Ebenso BAG NZA 2007, 881 (884) für die Nichtberücksichtigung von Zeiten geringfügiger Beschäftigung.
[31] *Doetsch* BetrAV 1997, 25 (28); *Höfer* BetrAVG I Kap. 6 Rn. 75; anders für Aushilfskräfte als Ersatz für krankheits- oder urlaubsbedingt abwesende Arbeitnehmer oder zur Bewältigung eines kurzfristigen größeren Arbeitsbedarfs BAG NZA 2007, 883.
[32] BAG 5.10.1993, AP BetrAVG § 1 Lebensversicherung Nr. 20; 27.2.1996, AP BetrAVG § 1 Gleichbehandlung Nr. 28 = DB 1996, 1827; aA Tschöpe ArbR-HdB/*Schipp* Teil 2 E Rn. 196.
[33] BAG 22.11.1994, AP BetrAVG § 1 Gleichbehandlung Nr. 24 = DB 1995, 930; zust. *Doetsch* BetrAV 1997, 25 (28); Förster/Cisch/Karst/*Cisch* BetrAVG § 1 Rn. 155.
[34] BAG 3.7.1990, AP BetrAVG § 1 Gleichbehandlung Nr. 24 – unter III 2 der Gründe.
[35] BAG 3.7.1990, AP BetrAVG § 1 Gleichbehandlung Nr. 24 – unter III 3 der Gründe; kritisch *Höfer* BetrAVG I Kap. 6 Rn. 85.
[36] BAG 20.7.1993, AP BetrAVG § 1 Gleichbehandlung Nr. 11.
[37] BAG 9.12.1997, AP BetrAVG § 1 Gleichbehandlung Nr. 40.
[38] → Rn. 9.
[39] DB 1998, 1671.

sachlicher Grund vorliegen. Dieser kann in der unterschiedlichen Bedeutung von Heimarbeit und Arbeit der Stammbelegschaft für das Unternehmen liegen oder in der nur vorübergehenden Inanspruchnahme von Heimarbeit zur Abdeckung von Arbeitsspitzen.[40] Demgegenüber dürfte es für einen Ausschluss keinen rechtfertigenden Grund geben, wenn der Arbeitgeber etwa für Buchhaltungskräfte ein *home office* einrichtet und die bisher im Betrieb ausgeführten Arbeiten von einem *home office* aus ausführen lässt.

20 gg) *Befristete Arbeitsverhältnisse.* Bei befristeten Arbeitsverhältnissen wird ein Ausschluss von der Altersversorgung grundsätzlich für sachlich gerechtfertigt gehalten. Dies gilt auch für ABM-Kräfte.[41] Die unterschiedliche Behandlung der befristet und der auf unbestimmte Zeit eingestellten Arbeitnehmer wird damit begründet, dass der Arbeitgeber mit der Erteilung der Altersversorgungszusage die Betriebstreue fördern und belohnen will. Dieses Interesse fehlt bei einer nur vorübergehenden Beschäftigung.[42] Inwieweit diese Argumentation bei Umsetzung der „Mobilitätsrichtlinie"[43] noch aufrecht erhalten werden kann, ist bleibt abzuwarten.

21 Bei **Saisonkräften**, die in regelmäßiger Wiederkehr für einen begrenzten Zeitraum im Jahr eingestellt werden, fällt die Beurteilung anders aus. Diese erbringen die gleiche Betriebstreue wie ständig angestellte Arbeitnehmer. Sie können daher von einer bestehenden Versorgungsregelung nicht generell ausgeschlossen werden. Auch kann die Einbeziehung nicht von der Leistung einer Mindeststundenzahl abhängig gemacht werden.[44]

4. Durchführungsweg

22 a) **Mögliche Durchführungswege.** In der Versorgungsordnung ist festzulegen, welcher Durchführungsweg gewählt werden soll. In Betracht kommen folgende Durchführungswege:

- Direktzusage
- Unterstützungskasse
- Direktversicherung
- Pensionskasse
- Pensionsfonds

23 Zu den einzelnen Durchführungswegen wird zunächst auf die Ausführungen in → § 36 Rn. 108 ff. verwiesen. Welcher Durchführungsweg gewählt wird, hängt von verschiedenen Kriterien ab.

24 b) **Maßgebliche Kriterien aus Unternehmenssicht.** Für die Unternehmen sind für die Wahl des Durchführungswegs folgende Kriterien von Bedeutung:[45]

- einfache Handhabung
- geringer Verwaltungsaufwand
- Kalkulierbarkeit des Versorgungsaufwands
- periodengerechte Finanzierung
- Flexibilität in der Dotierung

25 **Großunternehmen** werden sich häufig bei arbeitgeberfinanzierten Versorgungszusagen für den Durchführungsweg Direktzusage entscheiden. Sie verfügen über ausreichende personelle und sachliche Ressourcen, um betriebliche Altersversorgung selbst abwickeln zu können. Durch die große Zahl der Begünstigten ist der Risikoausgleich im Kollektiv gewährleistet,

---

[40] *Höfer* BetrAVG I Kap. 6 Rn. 97; weitergehend *Schumann* DB 2003, 2020.
[41] BAG 13.12.1994, AP BetrAVG § 1 Gleichbehandlung Nr. 23; Förster/Cisch/Karst/*Cisch* BetrAVG § 1 Rn. 134.
[42] BAG 13.12.1994, AP BetrAVG § 1 Gleichbehandlung Nr. 23 – unter II 2 der Gründe; ebenso BAG NZA 2005, 840.
[43] Richtlinie 2014/50/EU über Mindestvorschriften zur Erhöhung der Mobilität von Arbeitnehmern zwischen den Mitgliedstaaten durch Verbesserung des Erwerbs und der Wahrung von Zusatzrentenansprüchen vom 16.4.2014 (ABl. 2014 L 128, 1).
[44] LAG Hamm DB 1996, 632; Förster/Cisch/Karst/*Cisch* BetrAVG § 1 Rn. 154.
[45] Siehe *Schwind* BetrAV 2001, 210 (212).

so dass größere Schwankungen bei den Leistungsverpflichtungen vermieden werden. **Kleinere Unternehmen** werden sich zur Vermeidung des Verwaltungsaufwands und zur Auslagerung der biometrischen Risiken eher für einen externen Durchführungsweg entscheiden. Alternativ bietet sich bei einer Direktzusage der Abschluss einer Rückdeckungsversicherung an.

Die Entscheidung für die Wahl des Durchführungswegs hängt daneben von der jeweils 26 individuellen betrieblichen Situation, der Höhe und der Art der zugesagten Leistungen oder Beiträge und der Finanzierung des Unternehmens ab. Bei **Personengesellschaften** kommt als weiterer Gesichtspunkt die persönliche Haftung der Gesellschafter für die Erfüllung der während ihrer Mitgliedschaft in der Personengesellschaft begründeten Versorgungsverpflichtungen hinzu. Eine solche persönliche Inanspruchnahme kann durch Wahl eines versicherungsförmigen Durchführungswegs vermieden werden.

c) **Anforderungen aus Arbeitnehmersicht.** Altersversorgungszusagen sollten aus Sicht der 27 Arbeitnehmer folgende Voraussetzungen erfüllen:[46]
- Absicherung der biometrischen Risiken (Alter, Tod, Invalidität)
- lebenslange Rentenleistungen mit Rechtsanspruch
- Förderfähigkeit der Eigenbeiträge nach § 10a EStG
- Teilnahme an Modellen der tariflichen Altersvorsorge durch Entgeltumwandlung
- Transportabilität/Fortführung der erworbenen Anwartschaften bei Ausscheiden

Damit scheiden aus der Sicht der Arbeitnehmer bei Entgeltumwandlungen nach § 1a 28 BetrAVG alle internen Durchführungswege (Direktzusage und Unterstützungskasse) aus. Von den verbleibenden externen Durchführungswegen erfüllen der Pensionsfonds und die Pensionskasse gleichermaßen die oben genannten Voraussetzungen. Beide Durchführungswege sind im Hinblick auf eine angestrebte Harmonisierung der Altersversorgungssysteme in Europa **europatauglich** (kapitalgedecktes externes Finanzierungsverfahren; nachgelagerte Besteuerung). Für einen Pensionsfonds sprechen die liberaleren Anlagevorschriften und die Chancen, eine höhere Rendite zu erzielen. Sie kommen jedoch als eigene Einrichtung wegen der damit verbundenen Kosten nur für Großunternehmen, ansonsten nur als Branchenpensionsfonds in Betracht.

Direktversicherungen hatten früher den möglichen Nachteil der (vorgelagerten) Pau- 29 schalbesteuerung der Beiträge nach § 40b EStG aF. Der Pauschalsteuersatz von 20 % war unter Berücksichtigung der Zinswirkungen nur bei Höherverdienenden mit entsprechend hohem Steuersatz interessant. Bei Normalverdienern mit Einkünften bis zur Beitragsbemessungsgrenze in der gesetzlichen Rentenversicherung ist im Regelfall die nachgelagerte Besteuerung bei Rentenbezug vorteilhafter. Diese gilt nun generell auch für alle ab dem 1.1.2005 abgeschlossenen Direktversicherungen.[47]

d) **Kombination von Durchführungswegen.** Denkbar ist es, verschiedene Durchführungs- 30 wege miteinander zu kombinieren. Der Grund dafür kann unterschiedlich sein.

aa) *Arbeitgeber- und arbeitnehmerfinanzierte Versorgungszusagen.* Unterschiedliche 31 Durchführungswege können sinnvoll sein beim Zusammentreffen von arbeitgeber- und arbeitnehmerfinanzierten Versorgungszusagen, sei es, dass beides bereits bisher nebeneinander existiert, sei es, dass Arbeitnehmer zusätzlich zu einer bestehenden arbeitgeberfinanzierten Versorgungszusage einen Entgeltumwandlungsanspruch nach § 1a BetrAVG geltend machen.

bb) *Unterschiedliche Zielgruppen.* Denkbar und sinnvoll können unterschiedliche Durch- 32 führungswege auch für die dem Betriebsverfassungsgesetz unterfallenden Arbeitnehmer und leitende Angestellte sein, da deren Versorgungsbedarf und die durch die betriebliche Altersversorgung gegebenenfalls zu schließende Versorgungslücke unterschiedlich hoch sein kann. Direktzusagen ermöglichen bei leitenden Angestellten großzügigere Vorausfinanzierungsmöglichkeiten als etwa Direktversicherungen, Pensionskassen oder Unterstützungskassen.

---

[46] *Schwind* BetrAV 2001, 210 (213).
[47] Zur Besteuerung von Beiträgen und Leistungen im Einzelnen → § 36 Rn. 145 ff.

33 **e) Kombination von Direktversicherung und Rückdeckungsversicherung.** Sagt der Unternehmer Versorgungsleistungen zu, die über eine abgeschlossene Direktversicherung nicht voll abgedeckt werden können, stellt sich die Frage, inwieweit für die verbleibenden Versorgungsverpflichtungen eine Rückdeckungsversicherung abgeschlossen werden sollte. Dies hat, wenn es beim gleichen Versicherer geschieht, den Vorteil, dass sämtliche Leistungen aus einer Hand erfolgen und der Unternehmer kein eigenes Risiko zu tragen hat.

5. Beitragszahlung, Finanzierung

34 In der Versorgungsordnung/-zusage muss festgelegt werden, wer die zur Finanzierung notwendigen Mittel aufbringt, der Arbeitgeber oder der Arbeitnehmer. Soweit es sich um eine vom Arbeitgeber finanzierte Altersversorgung handelt, hat dieser dafür zu sorgen, dass die notwendigen Beiträge gezahlt bzw. entsprechende Rückstellungen gebildet werden.

35 Bei der **Entgeltumwandlung** sind Vereinbarungen darüber zu treffen, welche künftigen Vergütungsbestandteile in Anwartschaften auf betriebliche Altersversorgung umgewandelt werden sollen, welcher Durchführungsweg gewählt wird, welche Risiken abgedeckt werden sollen und wie gegebenenfalls die wertgleiche Anwartschaft berechnet werden soll.[48] Denkbar ist, dass das Unternehmen im Rahmen einer beitragsorientierten Zusage[49] einen vom jeweiligen festen Jahresgehalt abhängigen Beitrag zur Finanzierung der Altersversorgung bereitstellt und dem Arbeitnehmer daneben die Möglichkeit eingeräumt wird, variable Vergütungsbestandteile und Einmalzahlungen in ein zusätzliches betriebliches Versorgungskapital umzuwandeln.[50] Arbeitgeberfinanzierte Zusagen und Entgeltumwandlungsvereinbarungen können also miteinander kombiniert werden.

6. Allgemeine Leistungsvoraussetzungen

36 In der Versorgungsordnung/-zusage sollten die allgemeinen Leistungsvoraussetzungen festgelegt werden.

37 **a) Wartezeit.** Die Gewährung von Versorgungsleistungen kann in der Versorgungsordnung von der Erfüllung einer bestimmten Wartezeit abhängig gemacht werden. Darunter versteht man die Zeit der ununterbrochenen Betriebszugehörigkeit, die zurückgelegt sein muss, bevor der Anspruch auf eine Versorgungsleistung entsteht.

38 Wartezeiten dienen der Begrenzung des Versorgungsrisikos. Sie können ältere Arbeitnehmer benachteiligen, die die Wartezeiten bis zum Erreichen der Altersgrenze nicht mehr erfüllen können. Insoweit bedürfen sie nach § 10 S. 1 und 2 AGG der Rechtfertigung. Sie müssen angemessen und durch ein legitimes Ziel gerechtfertigt sein. Bei der Angemessenheit stellt sich die Frage, ob die Wartezeit auch länger sein kann als die gesetzlichen Unverfallbarkeitsfristen nach § 1b BetrAVG. Dies wird man angesichts der hinter den gesetzlichen Unverfallbarkeitsfristen stehenden Wertungen verneinen müssen.[51] Ist die Wartezeit bei Ausscheiden noch nicht erfüllt, liegen aber die Unverfallbarkeitsvoraussetzungen vor, kann die Wartezeit nach § 1b Abs. 1 S. 5 BetrAVG auch noch danach erfüllt werden, längstens jedoch bis zum Eintritt des Versorgungsfalls.[52] Ist die Wartezeit kürzer, führt dies nicht zu einer vorzeitigen Unverfallbarkeit.

39 Die Wartezeit **beginnt** mit dem Diensteintritt. Sie **endet** mit Ablauf der vorgesehenen Frist, spätestens jedoch mit Erreichen der in der Altersversorgungsregelung vorgesehenen festen Altersgrenze. Fehlt eine solche Regelung, kann die Wartezeit ausnahmsweise auch noch nach Erreichen der Altersgrenze in der gesetzlichen Rentenversicherung erfüllt werden.[53]

---

[48] Dazu → § 36 Rn. 80 ff.
[49] Dazu → § 36 Rn. 69 ff.
[50] Siehe zu solchen Modellen *Förster* DB 2001 Beilage Nr. 5 zu Heft Nr. 24, 6; *Kleine* BetrAV 1995, 135; *Richter* BetrAV 1996, 8.
[51] *Thüsing* BetrAV 2006, 704 (706); aA *Cisch/Böhm* BB 2007, 602 (607); *Thum* BB 2008, 2291 (2292); *Förster/Cisch/Karst/Löschhorn* BetrAVG § 1b Rn. 20.
[52] BAG BB 1977, 1251; DB 1986, 2551.
[53] BAG DB 1983, 1259.

b) Mindestalter/Höchsteintrittsalter. Der Arbeitgeber kann die Aufnahme in ein Versorgungswerk vom Erreichen eines bestimmten **Mindestalters** abhängig machen.[54] Auch kann in der Versorgungsordnung vorgesehen werden, dass Arbeitnehmer bei Überschreiten eines bestimmten Höchstalters bei Dienstantritt Versorgungsansprüche nicht mehr erwerben können.[55] Durch das AGG hat sich insoweit nichts geändert. Nach § 10 S. 3 Nr. 4 AGG sind Mindest- und Höchstaltersgrenzen für die Aufnahme in ein Versorgungssystem grundsätzlich zulässig. Allerdings bedürfen sie im Einzelfall der Rechtfertigung. Bei arbeitnehmerfinanzierten Zusagen ist eine solche Rechtfertigung nicht erkennbar. Mindestaltersgrenzen sind hier generell unzulässig.[56] Bei arbeitgeberfinanzierten Zusagen hat man sich bisher an dem gesetzlichen Mindestalter für die Unverfallbarkeit nach § 1b Abs. 1 S. 1 BetrAVG orientiert. Diese hat das BAG[57] in einer noch zum alten Unverfallbarkeitsrecht ergangenen Entscheidung aus dem Jahr 2005 ausdrücklich als angemessen angesehen. Dies wird man auf die geänderte Mindestaltersgrenze in § 1b Abs. 1 S. 1 BetrAVG übertragen können.[58] Allerdings dürfen nach Erreichen der Mindestaltersgrenze die zuvor zurückgelegten Dienstjahre bei der Berechnung der Versorgungsleistung nicht unberücksichtigt bleiben.[59]

Bei den **Höchstaltersgrenzen** wird man unterscheiden müssen. Bei arbeitnehmerfinanzierten und beitragsbezogenen Zusagen lässt sich ein sachlicher Grund für eine Höchstaltersgrenze für die Erbringung von Beiträgen nicht erkennen; sie sind daher unzulässig.[60] Dagegen finden Höchstaltersgrenzen bei arbeitgeberfinanzierten Leistungszusagen ihre Rechtfertigung unter dem Gesichtspunkt der Risikobegrenzung und der Notwendigkeit eines ausreichenden Finanzierungszeitraums bis zum Erreichen der Altersgrenze.[61] Welcher Zeitraum hier angemessen ist, ist allerdings unklar. Einen Anhaltspunkt liefert die Unverfallbarkeitsfrist von 5 Jahren nach § 1b Abs. 1 BetrAVG.[62]

c) Beendigung des Arbeitsverhältnisses. Die Zahlung von Versorgungsbezügen kann im Fall der Invalidität und des Erreichens der Altersgrenze von der Beendigung des Arbeitsverhältnisses abhängig gemacht werden. Dadurch sollen Doppelzahlungen von Arbeitslohn und Versorgungsleitungen vermieden werden. Solche Regelungen sind im Rahmen der Vertragsfreiheit zulässig und sinnvoll.

d) Unverfallbarkeit. aa) *Gesetzliche Regelung*. Besondere Regelungen hinsichtlich der Unverfallbarkeit sind grundsätzlich nicht erforderlich. Die dafür maßgeblichen Fristen für die Zusagedauer, die Betriebszugehörigkeit und das Mindestalter ergeben sich unmittelbar aus § 1b BetrAVG und der Übergangsregelung in § 30f BetrAVG für vor dem 1.1.2001 erteilte Zusagen. Durch die Neuregelung in § 1b Abs. 5 BetrAVG wird klargestellt, dass bei **Entgeltumwandlungen** sofortige Unverfallbarkeit eintritt.

bb) Vertragliche Unverfallbarkeit. Der Arbeitgeber ist durch das BetrAVG nicht daran gehindert, günstigere Bedingungen hinsichtlich der Unverfallbarkeit zu vereinbaren. Allerdings bindet eine solche Vereinbarung nur den Arbeitgeber, nicht aber den PSVaG. Dieser übernimmt nach § 7 Abs. 2 BetrAVG nur die nach § 1b BetrAVG unverfallbaren Versorgungsanwartschaften, das heißt nur diejenigen, die nach dem Gesetz unverfallbar sind.

Der Arbeitgeber kann mit dem Arbeitnehmer vereinbaren, dass bei einem anderen Arbeitgeber abgeleistete Dienstzeiten (**Vordienstzeiten**) für die Berechnung der Unverfallbarkeitsfristen angerechnet werden. Dies ist, soweit dadurch vertraglich der Unverfallbarkeitszeitpunkt vorverlegt wird, unproblematisch. Eine solche Zusage bindet den Arbeitgeber auch über eine Ablösung einer Versorgungszusage durch eine andere hinaus.[63] Nach Auffassung

---

[54] BAG 20.10.1987, AP BetrAVG § 1 Invaliditätsrente Nr. 7; NZA 2006, 1159.
[55] BAG 14.1.1986, AP BetrAVG § 1 Gleichbehandlung Nr. 5; NZA 2005, 840 Rn. 33.
[56] *Preis* BetrAV 2010, 513 (514).
[57] BAG NZA 2006, 1159.
[58] *Rengier* NZA 2006, 1251 (1254); gegen die Zulässigkeit von Mindestaltersgrenzen *Preis* BetrAV 2010, 513 (514).
[59] Siehe EuGH NZA 2010, 85.
[60] *Preis* BetrAV 2010, 513 (514); *Rolfs* NZA 2008, 553 (556); ErfK/*Steinmeyer* BetrAVG Vorb. Rn. 45.
[61] *Rolfs* NZA 2008, 553 (556); *Thum* BB 2008, 2291 (2292); aA *Preis* BetrAV 2010, 513 (514).
[62] *Rengier* NZA 2006, 1251 (1254f.).
[63] BAG 19.11.2019 – 3 AZR 332/18, AP BetrAVG § 1 Auslegung Nr. 60.

des BAG[64] bindet eine Anerkennung von Vordienstzeiten unter folgenden Voraussetzungen auch den PSVaG:

- Die Vordienstzeiten waren von einer Versorgungszusage begleitet.
- Gesetzliche Unverfallbarkeit war noch nicht eingetreten.
- Das alte Arbeitsverhältnis reicht direkt an das neue heran.

46 Auch wenn diese Rechtsprechung nicht ganz unbedenklich ist,[65] entspricht sie jedenfalls bei Versetzungen innerhalb eines Konzerns oder einer Unternehmensgruppe ohne einheitliche Versorgungsregelung einem praktischen Bedürfnis. Daran hat sich auch durch die Verkürzung der Unverfallbarkeitsfristen für Zusagen ab 1.1.2001 nichts geändert.

7. Versorgungsleistung

47 a) **Lebenslange Rente.** In der Versorgungsregelung ist festzulegen, ob bei Eintritt des Versorgungsfalls eine befristete oder lebenslange Rente oder ein Versorgungskapital gezahlt werden soll. Die Zahlung einer **lebenslangen Rente** entspricht am ehesten der Ergänzungsfunktion der betrieblichen Altersversorgung als zweiter Säule neben der gesetzlichen Rente. Bei **Entgeltumwandlungen** nach § 1a BetrAVG in den Durchführungswegen Pensionsfonds, Pensionskasse und Direktversicherung kommt nur die Gewährung einer lebenslangen Altersversorgung in Betracht, da davon die Steuerfreiheit der Beiträge nach § 3 Nr. 63 EStG abhängt.

48 b) **Kapitalleistung.** Ansonsten kann auch eine **Kapitalleistung** vorgesehen werden. Aus verwaltungstechnischen Gründen, zur Vermeidung einer Anpassungsverpflichtung nach § 16 BetrAVG und aus Gründen der Kalkulationssicherheit kann dies durchaus sinnvoll sein. Dabei kann dem Begünstigten gegebenenfalls zum Fälligkeitszeitpunkt ein **Rentenwahlrecht** eingeräumt werden. Das fällige Versorgungskapital wird dabei als Einmalprämie angesehen und entsprechend der Lebenserwartung unter Zugrundelegung eines angemessenen Zinssatzes nach versicherungsmathematischen Grundsätzen verrentet.

49 c) **Befristete Leibrenten.** Möglich sind auch **befristete Leibrenten** etwa zur Überbrückung der Zeit zwischen Pensionierung und Rentenbeginn in der gesetzlichen Rentenversicherung. Außerdem können Kapital- und Rentenleistungen miteinander kombiniert werden. Für welche Art der Versorgungsleistung sich ein Unternehmen letztlich entscheidet, hängt von angestrebten Versorgungszweck, den maßgeblichen steuerlichen Rahmenbedingungen für den Bezug der Leistung, dem gewählten Durchführungsweg und dem Verwaltungsaufwand ab, den der Unternehmer zu übernehmen bereit ist.

50 d) **Sach- und Nutzungsleistungen.** Neben Kapital- und Rentenzahlungen kommen bei entsprechender Bindung an den Eintritt eines Versorgungsfalls auch **Sach- und Nutzungsleistungen** als Leistungen der betrieblichen Altersversorgung in Betracht, wie zum Beispiel die Einräumung eines Wohnrechts an einer Werkswohnung oder Deputate.[66]

8. Leistungsfälle

51 a) **Erreichen der Altersgrenze.** *aa) Feste Altersgrenze.* In der Versorgungsregelung festzulegen ist, wann die Altersgrenze erreicht und die Versorgungsleistung fällig wird. Ist nichts bestimmt und ergibt sich auch sonst nichts anderes aus den Umständen, galt vormals die Vollendung des 65. Lebensjahres als **Regelaltersgrenze**. In der gesetzlichen Rentenversicherung verschiebt sich von 2012 an die Regelaltersgrenze für Geburtsjahrgänge ab 1947 stufenweise auf 67 Jahre. Die Altersgrenze von 65 Jahren bleibt nur für besonders langjährig Versicherte mit 45 Versicherungsjahren und mehr maßgeblich. Die Versorgungsordnungen,

---

[64] BAG 11.1.1983, AP BetrAVG § 7 Nr. 17; 26.9.1989, AP BetrAVG § 7 Nr. 53; Nr. 54; 15.6.2010, AP BetrAVG § 1 Lebensversicherung Nr. 31, das die Voraussetzung der fehlenden gesetzlichen Unverfallbarkeit jedoch nicht mehr erwähnt.
[65] Siehe *Höfer* BetrAVG I § 1b Rn. 63 mwN.
[66] BAG 16.3.2010, AP BetrAVG § 7 Nr. 116; *Höfer* BetrAVG I Kap. 2 Rn. 34.

die bisher eine Altersgrenze von 65 Jahren vorsahen, müssen entsprechend angepasst werden.[67]

Praxistipp:
Dies geschieht am einfachsten dadurch, dass in der Versorgungsregelung in Zukunft statt auf das Erreichen des 65. Lebensjahres auf das Erreichen der Regelaltersgrenze in der allgemeinen Rentenversicherung abgestellt wird.[68]

Dieses Ergebnis ergibt sich regelmäßig schon aus der Auslegung einer solchen Versorgungsordnung.[69]

Die Versorgungsregelung kann eine frühere feste Altersgrenze vorsehen, etwa das 63. oder 62. Lebensjahr. Nach früherer Auffassung der Rechtsprechung liegt der **frühestmögliche Zeitpunkt** bei der Vollendung des 60. Lebensjahres, da ansonsten von einer Altersversorgung nicht mehr gesprochen werden kann.[70] Im Zusammenhang mit der Anhebung der Altersrenten in der gesetzlichen Altersrente wird man mit der Finanzverwaltung der Auffassung sein, dass für nach dem 31.12.2011 abgegebene Versorgungszusagen das 62. Lebensjahr maßgeblich sein muss (BMF 30.1.2008, BStBl. I S. 429). Frühere Altersgrenzen sind nur denkbar bei Berufsgruppen wie Piloten, bei denen Versorgungsleistungen schon vor Vollendung des 60. Lebensjahres üblich sind. Bei einer früheren festen Altersgrenze tritt die Fälligkeit nicht nur früher ein, auch der Bezugspunkt für die Berechnung der unverfallbaren Anwartschaft nach § 2 Abs. 1 BetrAVG verändert sich. Die insgesamt erreichbare Dienstzeit wird kürzer, der quotale Anteil der erreichten Dienstzeit dadurch höher. Aus diesem Grund ist ein Abweichen von der Regelaltersgrenze normalerweise wenig sinnvoll.

bb) Einheitliche Altersgrenzen für Männer und Frauen. Früher war es durchaus üblich, für Männer und Frauen unterschiedliche Altersgrenzen festzulegen, etwa für Männer das 65. Lebensjahr und für Frauen das 60. Lebensjahr. Diese der damaligen Rechtslage in der gesetzlichen Rentenversicherung entsprechende Regelung ist wegen Verstoßes gegen Art. 141 EGV (heute Art. 157 AEUV, früher Art. 119 EWG-Vertrag) und dem dort verankerten Gebot der Lohngleichheit für Männer und Frauen unwirksam.[71] In neueren Versorgungszusagen sind daher zwingend einheitliche Altersgrenzen für Männer und Frauen vorzusehen. Dies gilt auch für Pensionskassen.[72]

b) Tod. In der Versorgungsregelung ist weiter festzulegen, ob und welche Todesfallleistungen gewährt werden sollen. Neben der Zahlung eines Sterbegelds kommen insbesondere Leistungen an **Hinterbliebene** in Betracht. Dazu zählen zunächst der hinterbliebene **Ehegatte** und die **Kinder**.

aa) Witwen-/Witwenrente. Eine Zahlung einer Hinterbliebenenrente nur an die Witwe eines verstorbenen männlichen Mitarbeiters verstößt gegen das Gleichberechtigungsgebot nach Art. 3 Abs. 1 GG, das Diskriminierungsverbot nach Art. 3 Abs. 2 und 3 GG sowie das europäische Lohngleichheitsgebot aus Art. 119 (jetzt Art. 157 AEUV) EWG-Vertrag.[73] Dabei gilt das Gleichbehandlungsgebot nach Auffassung des BAG nicht erst ab 1.1.1986 und damit dem Zeitpunkt, zu dem eine Gleichbehandlung von Männern und Frauen hinsichtlich der Hinterbliebenenversorgung in der gesetzlichen Rentenversicherung umgesetzt worden ist, sondern bereits ab Inkrafttreten des Betriebsrentengesetzes im Jahr 1972.

---

[67] Zu den Auswirkungen der Anhebung der Altersgrenze auf die betriebliche Altersversorgung siehe *Cisch/Krup* BB 2007, 1162; *Höfer/Witt/Kuchem* BB 2007, 1445; *Reichenbach/Grünenklee* DB 2006, 2234; *Rolfs* NZA 2011, 540.
[68] Zur Zulässigkeit einer solchen Änderung → § 40 Rn. 47.
[69] BAG 15.5.2012 – 3 AZR 11/10, AP BetrAVG § 1 Ablösung Nr. 55.
[70] BAG 25.10.1988, EZA § 2 BetrAVG Nr. 10.
[71] EuGH 17.5.1990, AP EWG-Vertrag Art. 119 Nr. 20 – Barber.
[72] EuGH BB 2001, 2322 = DB 2002, 279.
[73] BAG 5.9.1989, AP BetrAVG § 1 Hinterbliebenenversorgung Nr. 8 = DB 1989, 2615.

§ 37 Betriebliche Altersversorgung

Teil H. Betriebliche Altersversorgung

57 bb) *Bezugsberechtigung von Ehegatten.* Bezugsberechtigt ist, soweit nichts Abweichendes geregelt ist, der Ehepartner, mit dem der/die Verstorbene zuletzt verheiratet war. Die Bezugsberechtigung kann eingeschränkt sein. Zulässig waren nach bisheriger Auffassung **Spätehenklauseln**, die vorsehen, dass Hinterbliebenenleistungen nicht gewähr werden, wenn die Heirat erst in einem höheren Alter erfolgt.[74] Die diesbezügliche Festsetzung des 60. Lebensjahres hat das Bundesarbeitsgericht inzwischen als unzulässig verworfen.[75] Klauseln, die eine Hinterbliebenenversorgung bei Eheschließung nach dem Ausscheiden aus dem Arbeitsverhältnis ausschließen, enthalten nach Auffassung des BAG weder eine unzulässige Benachteiligung wegen des Geschlechts noch des Alters, da der Arbeitgeber nicht verpflichtet ist, die Lebensgestaltung nach dem Ausscheiden des Arbeitnehmers abzusichern.[76] Klauseln, die Leistungen an einen wesentlich jüngeren Partner ausschließen (**Altersdifferenzklauseln**)[77] oder die Leistungen an den hinterbliebenen Ehegatten davon abhängig machen, dass dieser im Zeitpunkt des Todes des Arbeitnehmers das 50. Lebensjahr vollendet haben muss, sind nach bisheriger Auffassung gleichfalls zulässig.[78] Ob dies weiter so aufrecht erhalten bleiben kann, ist fraglich. Das BAG hat mit Beschl. v. 27.6.2006[79] die Frage der Vereinbarkeit solcher Regelungen mit dem europäischen Recht, insbesondere der Richtlinie 2000/78/EG, dem Europäischen Gerichtshof vorgelegt. Dieser hat die Frage im Urteil vom 23.9.2008 in der Rechtssache *Bartsch*[80] offengelassen. Allerdings lässt sich aus den Ausführungen der Generalanwältin ableiten, dass der vollständige Ausschluss von Versorgungsleistungen mangels Verhältnismäßigkeit ungerechtfertigt ist und damit gegen EU-Recht verstößt, da zur Erreichung des Ziels der Kostenbegrenzung weniger einschneidende Maßnahmen möglich sind wie die Zahlung einer geringeren Hinterbliebenenrente[81] oder der Aufschub der Leistungen bis zum Erreichen eines bestimmten Alters.[82] Dies gilt entsprechend nach dem deutschen AGG, und zwar nicht nur für Altersdifferenz-, sondern auch für Spätehenklauseln.[83]

58 Vorgeschrieben werden kann nach bisheriger Auffassung eine **Mindestdauer**, für die die Ehe bestanden haben muss.[84] Auch diese Regelung dient der Risikobegrenzung aus der zugesagten betrieblichen Altersversorgung und damit einem legitimen Ziel iSd § 10 S. 1 AGG. Allerdings ist auch hier der Grundsatz der Verhältnismäßigkeit zu beachten.

59 Auch der **getrennt lebende Ehegatte** kann von der Hinterbliebenenleistung ausgeschlossen werden.[85] Zweifelhaft ist dagegen, ob die Bezugsberechtigung davon abhängig gemacht werden kann, dass der/die Verstorbene **Hauptnährer** war, dh den Unterhalt der Familie überwiegend bestritten hat.[86] Sieht man einmal von der Unbestimmtheit einer solchen Klausel ab – es ist weder klar, welche Einkünfte zu berücksichtigen sind, noch ob es auf eine Durchschnittsbetrachtung für die Dauer der Ehe[87] oder auf das Einkommensverhältnis zum Zeitpunkt des Todes ankommt – ergeben sich Bedenken aus dem Gesichtspunkt der mittelbaren Geschlechtsdiskriminierung, da diese Klausel insbesondere Frauen benachteiligt.[88]

---

[74] BAG 9.11.1978, AP BGB § 242 Ruhegehalt Nr. 179 = DB 1979, 410; 26.8.1997, AP BetrAVG § 1 Ablösung Nr. 27.
[75] BAG 4.8.2015 – 3 AZR 137/13.
[76] BAG 20.4.2010, AP BetrAVG § 1 Hinterbliebenenversorgung Nr. 26; 15.10.2013 – 3 AZR 653/11, AP BetrAVG § 1 Hinterbliebenenversorgung Nr. 29.
[77] BAG 18.7.1972, AP BAG § 242 Ruhegehalt Nr. 158 – für einen Altersunterschied von 25 Jahren.
[78] BAG BB 2002, 1051 = DB 2002, 1459.
[79] BAG NZA 2006, 1276.
[80] EuGH NZA 2008, 1119.
[81] Vgl. LAG Rheinland-Pfalz 19.12.2008 – 6 Sa 399/08.
[82] EuGH BeckRS 2008, 70585.
[83] *Preis* BetrAV 2010, 513 (515 f.); *Preis/Temming* NZA 2008, 1214.
[84] BAG 11.8.1987, AP BetrAVG § 1 Hinterbliebenenversorgung Nr. 4 = DB 1988, 347; NZA-RR 2006, 591 für eine Mindestdauer von 10 Jahren.
[85] BAG 6.9.1979, AP BGB § 242 Ruhegehalt Nr. 183.
[86] Zweifelnd BAG VersR 2001, 1308 (1309) unter Hinweis auf Vorabentscheidungsersuchen DB 1992, 1484; *Blomeyer/Rolfs/Otto* BetrAVG Anh. 1 Rn. 195; für Zulässigkeit einer solchen Klausel *Höfer* BetrAVG I Kap. 6 Rn. 173; dagegen *Reinecke* BB 2012, 1025 (1027).
[87] So BAG VersR 2001, 1308 (1309).
[88] BAG 17.5.1966, AP BGB § 242 Ruhegehalt Nr. 110 = DB 1966, 1277.

cc) Sonstige Bezugsberechtigung. Soweit nichts Abweichendes geregelt ist, fallen unter den Begriff der Hinterbliebenen nur Ehegatten und Kinder. Der Arbeitgeber kann dabei ohne Verstoß gegen den Gleichbehandlungsgrundsatz auf das typisierte Versorgungsinteresse des Arbeitnehmers abstellen. Erbrechtliche Gesichtspunkte sind insoweit irrelevant.[90] **Geschiedene Ehegatten** haben nur Ansprüche im Rahmen des Versorgungsausgleichs.[91] Hinterbliebenenleistungen können auch für **Lebensgefährten** vorgesehen werden, mit denen der Arbeitnehmer vor dem Tod dauernd zusammengelebt hat. Wegen der Gleichstellung eines gleichgeschlechtlichen Partners einer **eingetragenen Lebenspartnerschaft** wird auf die Ausführungen zu → § 36 Rn. 40f. verwiesen.

dd) Waisenrenten. Waisenrenten können als Voll- und Halbwaisenrente vorgesehen werden. Die Zahlungsverpflichtung wird dabei regelmäßig an die Zahlung des Kindergeldes nach §§ 62ff. EStG gekoppelt, sodass Waisenrenten bis zur Vollendung des 18. Lebensjahres, bei Kindern in Ausbildung längstens bis zur Vollendung des 27. Lebensjahres zu zahlen sind. Bei Kindern, die 1982 geboren sind, sinkt diese Altersgrenze auf 26 Jahre, für danach geborene Kinder auf 25 Jahre (§ 32 Abs. 4 S. 1 Nr. 2 EStG). Versorgungsregelungen, die eine feste Altersgrenze von 27 Jahren vorsehen, sollten gegebenenfalls an die veränderte steuerliche Rechtslage angepasst werden.

c) Invalidität. Die Versorgungsordnung kann Leistungen für den Fall der Invalidität vorsehen. Mit Invalidität ist gemeint, dass der Arbeitnehmer vor Erreichen der festen Altersgrenze auf Grund körperlicher, geistiger oder seelischer Gebrechen voraussichtlich auf Dauer oder für eine nicht absehbare Zeit nicht mehr in der Lage ist, seine Arbeitsleistung für das Unternehmen zu erbringen.[92] Die Begriffsbildung in den Versorgungsregelungen ist jedoch nicht einheitlich. In der gesetzlichen Rentenversicherung wurde bis zum 1.1.2001 unterschieden zwischen **Berufsunfähigkeit** (§ 43 SGB VI) und **Erwerbsunfähigkeit** (§ 44 SGB VI). Seit dem 1.1.2001 sieht das Sozialgesetzbuch nur noch eine Rente wegen voller oder teilweiser **Erwerbsminderung** vor (§ 43 SGB VI nF). Soweit die Versorgungsordnung Begriffe so definieren, ist im Zweifel davon auszugehen, dass diese Begriffe in einem mit der gesetzlichen Definition identischen Bedeutungsinhalt verwandt werden.[93] Knüpft eine Invaliditätsregelung weiter ausdrücklich an die seit 1.1.2001 aufgehobenen Bestimmungen zur Berufs- und Erwerbsunfähigkeit an, so bleiben in Begriffsbestimmungen hinsichtlich der Leistungsvoraussetzungen weiter maßgeblich.[94] Im Regelfall geht das BAG jedoch von einer dynamischen Bezugnahme auf die Begriffspflichten des jeweils geltenden Sozialversicherungsrechts aus.[95] Erwerbsunfähigkeit iSd § 43 SGB VI nF gleichzusetzen. Auch bei Begriffen wie Invalidität, Dienst- oder Arbeitsunfähigkeit wird man mangels anderer Anhaltspunkte annehmen müssen, dass die Zahlung einer betrieblichen Invaliditätsrente von keinen anderen Voraussetzungen abhängen soll als in der gesetzlichen Rentenversicherung.[96]

---

[89] BAG DB 2008, 766.
[90] BAG 18.11.2008, AP BetrAVG § 1 Nr. 54.
[91] Dazu → Rn. 104ff.
[92] *Höfer* BetrAVG I Kap. 7 Rn. 77.
[93] BAG 19.4.1983, AP BetrAVG § 1 Invaliditätsrente Nr. 3 = DB 1983, 2255.
[94] BAG 16.3.2010, AP BetrAVG § 7 Nr. 116.
[95] BAG 28.6.2011, BeckRS 2011, 75824 Rn. 32.
[96] BAG 17.5.1966, AP BGB § 242 Ruhegehalt Nr. 110 = DB 1966, 1277.

Praxistipp:

Es empfiehlt sich, in Versorgungsordnungen zur Vermeidung von Missverständnissen möglichst eindeutig definierte Begriffe zu verwenden. Sehen alte Versorgungsordnungen Leistungen bei Berufs- und Erwerbsunfähigkeit vor, sollten die Versorgungsordnungen an die ab 1.1.2001 geltende Rechtslage angepasst werden.

9. Höhe der Versorgungsleistung

a) Bemessungskriterien. Für die Bemessung der Altersversorgungsleistung kommen unterschiedliche Bestimmungsgrößen in Betracht, nämlich die Dienstzeit, das Gehalt, der angestrebte Versorgungsgrad und die Höhe der aufzubringenden Beiträge. Der Arbeitgeber kann auch nur eine Blankettzusage erteilen und sich die Festlegung der Bedingungen vorbehalten.[97]

aa) Festlegung der anrechnungsfähigen Dienstzeit. Dienstzeiten sind zunächst die Zeiten, in denen der Arbeitnehmer Arbeitsentgelt oder Lohnersatzleistungen erhalten hat. Ausgeschlossen werden können dabei **Ausbildungs-** und **Probezeiten**. Gesetzlich anzurechnen sind Zeiten des **Mutterschutzes** und des **Wehr-** und **zivilen Ersatzdienstes**. Einer Sonderregelung bedürfen Zeiten, in denen das Arbeitsverhältnis ruht wie während der **Elternzeit** nach dem BEEG. Zeiten der Kindererziehung können, müssen aber nicht rentensteigernd berücksichtigt werden.[98] Regelungsbedürftig ist auch die Frage, in welchem Umfang Zeiten befristeter Erwerbsunfähigkeit als Dienstzeiten anzurechnen sind. Meistens wird der Umfang zeitmäßig limitiert (etwa auf 18 Monate).

bb) Limitierungsklauseln. Die Begrenzung der anzurechnenden Dienstjahre auf eine Höchstzahl oder die betragsmäßige Begrenzung der Versorgung auf einen maximal erreichbaren Versorgungsbetrag ist für sich genommen unbedenklich. Problematisch ist jedoch der Ausschluss der Anrechnung nach Erreichen eines bestimmten Alters. Solche Klauseln stellen eine unmittelbare Diskriminierung wegen des Alters nach §§ 1 Abs. 1, 3 Abs. 1 AGG dar und widersprechen dem Entgeltprinzip der betrieblichen Altersversorgung.[99] Zulässig ist es jedoch, Zeiten nach Erreichen der in der Versorgungsordnung vorgesehenen Altersgrenze von der Anrechnung auszuschließen.[100] Dies ergibt sich aus § 10 S. 3 Nr. 4 AGG, der ausdrücklich die Festsetzung von festen Altersgrenzen erlaubt. Allerdings wird man beim Aufschub der Leistung bis zur Beendigung des Arbeitsverhältnisses die Zahlung eines angemessenen versicherungsmathematischen Aufschlags verlangen müssen.[101]

cc) Versorgungsfähige Bezüge. Soweit eine Versorgungsordnung neben den anrechnungsfähigen Dienstjahren Monats- oder Jahresbezüge zur Bemessungsgrundlage macht, bedarf es einer Klarstellung, welche Bezüge für die Berechnung des Versorgungsanspruchs maßgeblich sind. Im Regelfall ist davon auszugehen, dass alle regelmäßig gewährten Einkommensbestandteile, die nicht ausdrücklich ausgenommen sind, zum versorgungsfähigen Einkommen zählen.[102] Besser ist es, die pensionsfähigen Bezüge zu definieren. Der Arbeitgeber ist dazu berechtigt, nur bestimmte Entgeltbestandteile einzubeziehen.[103]

Formulierungsvorschlag 1:

Als pensionsfähig gelten: Der Monats-Bruttolohn x 12 ohne vermögenswirksame Leistungen zuzüglich Weihnachtsgeld und tariflichem Urlaubsgeld.

---

[97] Siehe dazu BAG DB 2006, 343.
[98] BAG NZA 2010, 1188.
[99] Rolfs NZA 2008, 553 (537); *Thum* BB 2008, 2291 (2294).
[100] Rengier NZA 2006, 1251 (1256); *Thum* BB 2008, 2291 (2294); *Höfer* BetrAVG I Kap. 7 Rn. 162.
[101] Dazu → Rn. 94.
[102] BAG NZA 1987, 312.
[103] BAG 10.12.2019 – 3 AZR 478/17, BeckRS 2019, 39582.

> **Formulierungsvorschlag 2:**
> Als versorgungsfähiges Einkommen gilt das monatliche Bruttogehalt für die regelmäßige tarifliche Arbeitszeit.

Bei ergänzender **Entgeltumwandlung** ist darauf zu achten, dass sich durch die Entgeltumwandlung die Bemessungsgrundlage für die arbeitgeberseitig gewährte Altersversorgung nicht ändert. Wird auf den **Tariflohn** Bezug genommen, so umfasst dies nicht Vergütungszuschläge für Mehr-, Nacht-, Sonn- oder Feiertagsarbeit, Gratifikationen und vermögenswirksame Leistungen.[104] Mit **Bruttobezügen** oder Bruttogehalt ist das steuerliche Brutto ohne Arbeitgeberanteil zur gesetzlichen Kranken- und Pflegeversicherung, zur Rentenversicherung und Arbeitslosenversicherung und ohne Arbeitgeberzuschuss zur privaten Krankenversicherung gemeint. Wird auf tarifliche Bruttobezüge oder das monatliche **Fixgehalt** laut Anstellungsvertrag Bezug genommen, so wird der Einkommensvorteil aus der Stellung eines Dienstwagens nicht erfasst.[105]

dd) *Gesamtversorgungsgrad.* Häufig soll mit der betrieblichen Altersversorgung in Ergänzung zur gesetzlichen Rentenversicherung ein bestimmter Versorgungsgrad erreicht und auf diese Weise bei Eintritt des Versorgungsfalls die Aufrechterhaltung des Lebensstandards sichergestellt werden. Dies kann direkt durch Erteilung einer Gesamtversorgungszusage[106] geschehen oder indirekt durch Festlegung eines bestimmten Prozentsatzes der versorgungsfähigen Bezüge, der für jedes anrechnungsfähige Dienstjahr für die Altersversorgung angesetzt wird. Im ersten Fall übernimmt der Arbeitgeber eine Art Ausfallhaftung für den Fall, dass das Niveau der Renten in der gesetzlichen Rentenversicherung sinkt. Im zweiten Fall ist die angestrebte Gesamtversorgung nur Kalkulationsgrundlage für die Leistungsplangestaltung.

ee) *Festlegung des Beitrags.* Leistungsbezogene, insbesondere gehaltsabhängige Versorgungszusagen enthalten für den Arbeitgeber erhebliche **Finanzierungsrisiken**. Weder ist die Gehaltsentwicklung kalkulierbar noch kann die Entwicklung des Langlebigkeitsrisikos genau vorhergesagt werden. Dies kann die Altersversorgung gegenüber der Ursprungskalkulation erheblich verteuern. Aus diesem Grunde liegt es nahe, Versorgungszusagen an bestimmten Beiträgen zu orientieren, die der Arbeitgeber zur Verfügung stellt (**beitragsorientierte Leistungszusagen, Beitragszusagen mit Mindestleistungen**).[107] Im Vordergrund steht dann nicht die Sicherstellung einer bestimmten Versorgung, sondern der mit der Finanzierung der Zusage verbundene Aufwand.

b) **Statisches oder dynamisches Versorgungssystem.** Es werden statische, halbdynamische und dynamische Versorgungssysteme unterschieden.

aa) *Statische Versorgungssysteme.* Bei statischen Versorgungssystemen wird eine bestimmte Summe in Form eines Kapitalbetrags oder einer Rente zugesagt. Typisch hierfür sind die **Festbetragszusagen** oder die Zusage eines bestimmten Betrages für jedes Beschäftigungsjahr. Da eine Anpassung der Versorgungsleistung entsprechend der Entwicklung des Inflationsrate oder Gehaltsentwicklung nicht vorgesehen ist, unterliegt eine solche Zusage der ständigen Entwertung. Um den angestrebten Versorgungszweck nicht zu gefährden, sollte in regelmäßigen Abständen eine Überprüfung vorgenommen werden, ob die festgelegten Beträge noch angemessen sind.

bb) *Halbdynamische Zusagen.* Bei halbdynamischen Zusagen steigt die Versorgungsleistung entsprechend der Entwicklung des Gehalts während der Anwartschaftszeit. Dabei sind endgehaltsabhängige Zusagen und Bausteinmodelle zu unterscheiden. Bei **endgehaltsabhängigen Zusagen** wird das zuletzt erreichte Gehalt auch für zurückliegende Dienstjahre

---
[104] LAG Hamm 6.4.1982 – 6 Sa 412/81, DB 1982, 1523.
[105] BAG DB 1991, 343.
[106] → Rn. 80.
[107] → § 36 Rn. 69 ff., 74 f.

zugrunde gelegt. Für jedes vollendete Dienstjahr wird ein bestimmter Prozentsatz (zB 0,4 % oder 0,5 %) der zuletzt erreichten versorgungsfähigen Bezüge gewährt. Formel:

$$\frac{\text{Versorgungsfähige Bezüge} \times \text{Dienstjahre} \times P}{100} = \text{Versorgungsanspruch}$$

76 Solche endgehaltsabhängigen Zusagen berücksichtigen weder Karrieresprünge noch schwankende Beschäftigungszeiten. Sie unterstellen eine gleichmäßige Gehaltsentwicklung und sollen den zum Schluss erreichten Lebensstandard auch nach Eintritt des Versorgungsfalls sichern. Besser sind Systeme, die pro Dienstjahr einen Anspruch auf Altersversorgung in Höhe eines bestimmten Prozentsatzes der pensionsfähigen **Bezüge des jeweiligen Jahres** geben. Der sich ergebende Betrag wird als Nominalbetrag für jedes Dienstjahr festgeschrieben, die sich ergebenden Beträge addiert (**Bausteinmodell, Karrieredurchschnittsplan**). Dieses Modell erfordert eine Erfassung der pensionsfähigen Bezüge für die gesamte Beschäftigungsdauer und ist daher administrativ aufwändiger.

77 Im Rahmen von gehaltsabhängigen Versorgungszusagen wird vielfach für Einkommen bis zur Beitragsbemessungsgrenze in der gesetzlichen Rentenversicherung ein niedrigerer Prozentsatz gewährt als für Einkommensbestandteile über der Beitragsbemessungsgrenze (**gespaltene Rentenformel**). Der Grund liegt darin, dass sich solche Einkommensbestandteile in der gesetzlichen Rentenversicherung nicht rentensteigernd auswirken und daher die durch die betriebliche Altersversorgung gegebenenfalls abzudeckende Versorgungslücke größer wird. Je nach angestrebtem Gesamtversorgungsgrad sind für Bezüge oberhalb der Beitragsbemessungsgrenze bis zu fünffach so hohe Prozentsätze anzusetzen wie für Bezüge unterhalb der Beitragsbemessungsgrenze.[108] Ob eine solche Regelung im Hinblick auf den Entgeltcharakter der Altersversorgung sinnvoll ist, muss jedoch bezweifelt werden.[109]

78 Statt von der individuellen Gehaltsentwicklung kann die Zusage auch abhängig gemacht werden von der Entwicklung eines neutralen Einkommens (zB Tarifgehalt) oder der Veränderung der Beitragsbemessungsgrenze in der gesetzlichen Rentenversicherung. Auch hierdurch wird eine Dynamisierung während der Anwartschaftszeit erreicht.

79 *cc) Volldynamische Zusagen.* Von volldynamischen Zusagen spricht man dann, wenn nicht nur die **Rentenanwartschaft** an die Gehaltsentwicklung angepasst werden soll, sondern auch die **Rente**. Unabhängig von einer Anpassungsverpflichtung nach § 16 BetrAVG sind dann die Renten in dem Umfang zu erhöhen, in dem das vergleichbare Gehalt eines Aktiven steigt. Auch die Rentner nehmen damit nach ihrer Pensionierung voll an der Einkommensentwicklung der Aktiven teil. Solche bruttolohnbezogenen Anpassungen sind jedoch nicht unproblematisch, weil sie die unterschiedliche Belastung der Einkommen der Aktiven und Rentner durch Steuern und Sozialabgaben nicht berücksichtigen.

80 c) **Gesamtversorgungszusage.** Kennzeichnend für die Gesamtversorgungszusage ist die Zusage einer bestimmten Gesamtversorgung unter **Anrechnung der Rente** aus der gesetzlichen Rentenversicherung und gegebenenfalls anderer Zusatzversorgungen. Dabei wird die Zusage regelmäßig limitiert auf einen bestimmten Prozentsatz des zuletzt bezogenen Brutto- oder Nettoeinkommens. Heute sind solche Zusagen wegen ihrer unkalkulierbaren Finanzierungsrisiken selten. Bei sinkenden Leistungen in der gesetzlichen Rentenversicherung steigt die vom Arbeitgeber zu schließende Versorgungslücke. Verstärkt wird dieser Effekt, wenn sich die Höhe des Gesamtversorgungsgrads auch noch nach dem letzten Bruttoeinkommen richtet. Die sich ergebenden Versorgungsbezüge können je nach Steuer- und Abgabenbelastung der Aktivenbezüge netto höher sein als das zuletzt bezogene Aktiven-Nettoeinkommen.

81 Hinzu kommt Folgendes: Bezieher niedriger Renten in der gesetzlichen Rentenversicherung erhalten eine höhere Betriebsrente als Bezieher höherer Renten. Dies benachteiligt vor allem Arbeitnehmer mit langjähriger Berufstätigkeit und Einkünften in der Nähe der Bei-

---

[108] Siehe Tabelle bei *Höfer* BetrAVG I Kap. 7 Rn. 187.
[109] *Tschöpe* ArbR-HdB/*Schipp* Teil 2 E Rn. 71; zu den Problemen, die sich bei einer außerplanmäßigen Erhöhung der Beitragsbemessungsgrenze ergeben, siehe BAG NZA 2010, 572; *Diller* NZA 2012, 22.

tragsbemessungsgrenze. Gesamtversorgungszusagen widersprechen daher dem Leistungsprinzip.

10. Vorgezogenes Altersruhegeld

a) Inanspruchnahme vorgezogenen Altersruhegelds in der gesetzlichen Rentenversicherung. Nach § 6 BetrAVG hat der Arbeitnehmer Anspruch auf Gewährung der Leistungen der betrieblichen Altersversorgung, wenn er die Altersrente aus der gesetzlichen Rentenversicherung als Vollrente in Anspruch nimmt. Der Arbeitnehmer soll damit die Möglichkeit haben, den Bezug von Leistungen in der gesetzlichen Rentenversicherung und aus der betrieblichen Altersversorgung zeitgleich in Anspruch zu nehmen. Voraussetzung ist, dass die allgemeinen Leistungsvoraussetzungen[110] erfüllt sind. 82

b) Höhe der Leistung bei vorgezogener Inanspruchnahme. Das Gesetz enthält keine Regelung hinsichtlich der Höhe der Leistung. 83

aa) Quotale Kürzung. Ist nichts geregelt, darf der Arbeitgeber die für das Erreichen der festen Altersgrenze zugesagte Leistung entsprechend § 2 Abs. 1 BetrAVG **quotal** im Verhältnis der Dienstzeit bis zur vorzeitigen Inanspruchnahme zur möglichen Dienstzeit bis zum Erreichen der festen Altersgrenze kürzen („untechnischer versicherungsmathematischer Abschlag").[111] 84

bb) Versicherungsmathematischer Abschlag. Sollen die Faktoren höhere Lebenserwartung, die damit verbunde längere Zahldauer und die Zinslast aus der vorzeitigen Zahlung genauer berücksichtigt werden, sollte in die Versorgungsordnung eine Regelung über die vorzunehmenden **versicherungsmathematischen Abschläge** aufgenommen werden. Der Kürzungsfaktor kann nach versicherungsmathematischen Methoden durch Gegenüberstellung der Barwerte ermittelt werden.[112] Dies erfordert komplizierte, Berechnungen. Zulässig ist daher aus Gründen der Vereinfachung auch die Verwendung von Pauschalwerten. Ein angemessener Reduktionsfaktor liegt bei **Rentenleistungen** bei 0,3 % bis 0,7 % pro Monat der vorzeitigen Inanspruchnahme.[113] Der PSVaG verwendet nach seinen Allgemeinen Versicherungsbedingungen (AIB) einen Abschlagssatz von 0,5 % für jeden Monat des vorzeitigen Rentenbezugs. Dieser wird auch von der Rechtsprechung als angemessen anerkannt.[114] 85

Berechnungsbeispiel:
Feste Altersgrenze 67, vorgezogenes Altersruhegeld mit 65, Kürzungsfaktor laut Betriebsvereinbarung 0,5 % für jeden Monat der vorzeitigen Inanspruchnahme
Kürzung: 24 × 0,5 % = 12 %.

In der gesetzlichen Rentenversicherung beträgt der Abschlagssatz nach § 77 Abs. 2 Nr. 2 SGB VI 0,3 %. Dieser ist aber für die betriebliche Altersversorgung nicht verbindlich. Die genannten Kürzungssätze gelten nur für Rentenleistungen. Bei **Kapitalleistungen** ist eine einfache Abzinsung regelmäßig ausreichend, um zu einer Wertgleichheit der vorgezogenen Altersleistung zu kommen. Unterschiedliche Kürzungssätze für Männer und Frauen sind trotz unterschiedlicher Lebenserwartung wegen des Lohngleichheitsgebots nach Art. 157 AEUV (früher Art. 141 EU-Vertrag) unzulässig. 86

cc) Kürzung bei dienstzeitabhängigen Formeln. Bei dienstzeitabhängigen Formeln für die Ermittlung der Altersversorgung kann vorgesehen werden, dass sich die vorgezogene Altersruheleistung nach der **erreichten Anwartschaft** richtet. Bei einer solchen Regelung werden nur die fehlenden Dienstjahre als nicht leistungssteigernd angerechnet, jedoch keine Kürzung wegen der längeren Zahlungsdauer und des Zinsnachteils vorgenommen. Sie entspricht der unter aa) dargestellten quotalen Kürzung. Für eine an das Beamtenrecht ange- 87

---
[110] → Rn. 36 ff.
[111] BAG DB 2001, 1887; DB 2002, 588; DB 2007, 2546; stRspr.
[112] *Heubeck* BB 1979, 789; *Blomeyer/Rolfs/Otto* BetrAVG § 6 Rn. 116.
[113] *Höfer* BetrAVG I § 6 Rn. 174; *Blomeyer/Rolfs/Otto* BetrAVG § 6 Rn. 121; *Förster/Cisch/Karst/Bleeck* BetrAVG § 6 Rn. 22 (bis 0,7 %).
[114] BAG 24.6.1986, AP BetrAVG § 6 Nr. 12 = DB 1987, 691; DB 2001, 1887 (1888); DB 2002, 588; 28.5.2002, AP BetrAVG § 6 Nr. 29.

lehnte Versorgung hat das BAG[115] diese Berechnungsmethode als maßgeblich angesehen, wenn in der Versorgungsregelung keine andere Regelung getroffen worden ist.

88 dd) *Gesamtversorgungszusagen.* Bei Gesamtversorgungszusagen sollte festgelegt werden, wie sich die vorzeitige Inanspruchnahme einer Rente in der gesetzlichen Rentenversicherung auf die Höhe der zugesagten Gesamtversorgung auswirkt. Soweit sich aus der Versorgungsordnung nichts Gegenteiliges ergibt, ist zunächst die Betriebsrente zu ermitteln, wie sie sich unter Anrechnung der fiktiven Vollrente in der gesetzlichen Rentenversicherung errechnet und diese dann quotal zu kürzen.[116] Um Auslegungsschwierigkeiten zu vermeiden, sollte in der Versorgungsregelung eine entsprechende Klarstellung erfolgen.

89
Formulierungsvorschlag:

Bei vorgezogener Inanspruchnahme des Altersruhegelds nach § 6 BetrAVG wird bei Anrechnung der Rente aus der gesetzlichen Rentenversicherung die Rente zugrunde gelegt, wie sie sich ungekürzt mit Erreichen der Regelaltersgrenze oder eines für den Arbeitnehmer maßgebenden niedrigeren Rentenalters ergibt. Die so berechnete Betriebsrente ist für jeden Monat der vorzeitigen Inanspruchnahme um 0,5 % zu kürzen.

90 c) **Auswirkungen bei Ausscheiden mit einer unverfallbaren Anwartschaft.** Auch ein mit einer unverfallbaren Anwartschaft ausgeschiedener Mitarbeiter kann unter den Voraussetzungen des § 6 BetrAVG vorzeitig Altersruhegeld in Anspruch nehmen. In der Bescheinigung nach § 4a Abs. 1 Nr. 1 BetrAVG ist regelmäßig nur anzugeben, in welcher Höhe er Anspruch auf Versorgungsleistungen bei Erreichen der in der Versorgungsregelung vorgesehenen (festen) Altersgrenze hat, nicht aber, wie sich die Ansprüche bei vorgezogener Inanspruchnahme berechnen.

91 Ist in der Versorgungsordnung nichts geregelt, wird die Kürzung wie folgt berechnet: Der sich nach § 2 Abs. 1 BetrAVG ergebende ratierliche Anspruch bei Erreichen der festen Altersgrenze wird bei vorzeitiger Inanspruchnahme der Altersversorgungsleistung im Verhältnis der hypothetischen Dienstzeit bis zum Zeitpunkt der vorzeitigen Inanspruchnahme und der möglichen Dienstzeit bis zum Erreichen der festen Altersgrenze gekürzt.[117] Das BAG bezeichnet dabei den zweiten Abschlag als „untechnischen versicherungsmathematischen Abschlag".

92 Enthält die Versorgungsordnung für den Fall der Inanspruchnahme der flexiblen Altersgrenze eine Regelung, kann diese auch auf mit einer unverfallbaren Anwartschaft Ausgeschiedene angewandt werden. Der sich aus § 2 Abs. 1 BetrAVG ergebende unverfallbare Anspruch ist um die gleichen versicherungsmathematischen Abschläge zu kürzen wie der Anspruch eines Aktiven, der die Möglichkeit der Inanspruchnahme des vorgezogenen Altersruhegelds nutzt.[118]

93 Sieht die Versorgungsordnung für betriebstreue Arbeitnehmer bei dienstzeitabhängiger Berechnung der Versorgungsansprüche vor, dass diese bei vorzeitiger Inanspruchnahme die erreichte Altersrente verlangen können, so ist der Arbeitgeber nicht verpflichtet, diesen Vorteil auch an mit unverfallbaren Ansprüchen ausgeschiedene Mitarbeiter weiterzugeben. Ein Verstoß gegen den arbeitsrechtlichen Gleichbehandlungsgrundsatz liegt insoweit nicht vor. Der Arbeitgeber ist nicht daran gehindert, den Versorgungsanspruch ratierlich zu kürzen.[119]

11. Aufschub der Versorgungsleistung

94 Arbeitet der Arbeitnehmer auf Wunsch des Arbeitgebers oder, weil er die Rente in der gesetzlichen Rentenversicherung erhöhen will, über die feste Altersgrenze hinaus weiter, muss

---

[115] BAG 10.1.1984, AP BetrAVG § 6 Nr. 8 = DB 1984, 2360.
[116] BAG NZA 2006, 1220.
[117] BAG DB 2001, 1887; DB 2002, 588.
[118] BAG DB 2001, 1887; DB 2002, 588.
[119] BAG DB 2002, 1168.

geklärt werden, welche Auswirkungen sich auf den Altersversorgungsanspruch ergeben. Grundsätzlich ist die Versorgungsleistung mit dem Erreichen der Altersgrenze fällig, es sei denn, die Versorgungsordnung sieht etwas anderes vor. So kann die Fälligkeit der Versorgungsleistung von der Beendigung des Arbeitsverhältnisses abhängig gemacht werden.[120] Zum anderen kann die Altersversorgungsleistung auf den Zeitpunkt des endgültigen Ausscheidens aufgeschoben werden. Umgekehrt wie bei der vorzeitigen Inanspruchnahme nach § 6 BetrAVG beginnt die Auszahlung dann erst zu einem späteren Zeitpunkt. Um auch hier zu einer Wertgleichheit zu kommen, reicht es rechnerisch nicht aus, nur die zusätzlichen Dienstjahre zu berücksichtigen. Vielmehr sollte bei Kapitalbeträgen ein angemessener Zinsaufschlag, bei Rentenzahlungen ein die kürzere Zahlungsdauer und niedrigere Lebenserwartung berücksichtigender **versicherungsmathematischer Aufschlag** gewährt werden. Dieser kann mit etwa 0,5 % für jeden Monat der späteren Inanspruchnahme angesetzt werden. Dies ist jedenfalls der Satz, um den der PSVaG die Leistung bei hinausgeschobenem Rentenbezug erhöht.[121]

12. Vorzeitiges Ausscheiden/Übertragung der Versorgungsverpflichtung

a) **Verfallbare Anwartschaften.** Das Ausscheiden vor Eintritt der Unverfallbarkeitsvoraussetzungen führt bei arbeitgeberfinanzierten Versorgungszusagen zum Verlust der Anwartschaft (§ 1b Abs. 1 BetrAVG), es sei denn, es ist etwas anderes vereinbart. 95

aa) *Übernahme durch den neuen Arbeitgeber.* Denkbar ist zunächst, dass der neue Arbeitgeber die Anwartschaft übernimmt. 96

Für die Übertragung einer verfallbaren Anwartschaft gilt § 4 BetrAVG nicht.[122] Für eine Schuldübernahme sind nur die allgemeinen Bestimmungen der §§ 415, 415 BGB zu beachten. Wechselt der Arbeitnehmer etwa innerhalb des gleichen Konzerns zu einem anderen Arbeitgeber, wird dieser häufig bereit sein, die Versorgungsverpflichtung gegen Zahlung des Gegenwerts der übernommenen Verpflichtung zu übernehmen. Erforderlich ist eine Vereinbarung zwischen dem bisherigen Arbeitgeber und dem neuen Arbeitgeber sowie die Zustimmung des Arbeitnehmers. Es ist sinnvoll, eine solche Möglichkeit bereits in der Versorgungsordnung vorzusehen. 97

bb) *Fortführung der Versicherung.* Dem Arbeitnehmer kann bei Ausscheiden die Möglichkeit eingeräumt werden, eine bestehende **Direktversicherung** fortzuführen. In diesem Fall überträgt der Arbeitgeber die Versicherungsnehmereigenschaft auf den Arbeitnehmer, der die Versicherung dann mit eigenen Beiträgen fortführen kann. Gegebenenfalls müssen die Beitragszahlungen den veränderten Bedingungen (Einzelvertrag statt Gruppenversicherung etc) angepasst werden. Eine andere Möglichkeit besteht darin, dass der neue Arbeitgeber die Direktversicherung übernimmt und fortführt. Der Vorteil für den Arbeitnehmer liegt in beiden Fällen darin, dass das bisher angesammelte Deckungskapital erhalten bleibt und für den Aufbau der Altersversorgung weiter zur Verfügung steht. 98

Auch bei einer **Pensionskasse** kann dem ausscheidenden Mitarbeiter das Recht eingeräumt werden, die Versicherung mit eigenen Beiträgen fortzuführen. Gehört der neue Arbeitgeber zu den Mitgliedsunternehmen der Pensionskasse, kann dieser bei einer entsprechenden Regelung in der Satzung die Versicherung übernehmen und fortführen. 99

Entsprechendes gilt bei einem **Pensionsfonds**. Hier zeigt sich der Vorteil externer Durchführungswege. Der Versorgungsträger bleibt trotz Wechsel des Arbeitgebers der gleiche; die angesammelten Mittel bleiben erhalten. Der Arbeitnehmer erleidet versorgungsmäßig durch den Arbeitsplatzwechsel keinen Nachteil. Dies erhöht die Flexibilität. 100

b) **Unverfallbare Anwartschaften.** Ist die Anwartschaft bei Ausscheiden gesetzlich unverfallbar, behält der Arbeitnehmer seinen Anspruch dem Grunde nach. Der Höhe nach wird er 101

---

[120] → Rn. 42.
[121] Siehe Merkblatt 110/M3 (1.05) „Zur vorzeitigen oder hinausgeschobenen Inanspruchnahme der Altersrente in der betrieblichen Altersversorgung" unter Ziff. 2.
[122] *Blomeyer/Rolfs/Otto* BetrAVG § 4 Rn. 24; *Höfer* BetrAVG I § 4 Rn. 15; Schaub ArbR-HdB/*Vogelsang* § 275 Rn. 114.

entsprechend § 2 BetrAVG **gekürzt**. **Maßstab** ist das Verhältnis der erreichten Dienstzeit zur Dienstzeit, die bis zum Erreichen der festen Altersgrenze erreichbar gewesen wäre.

102 Günstiger kann es für den Arbeitnehmer sein, wenn die Versorgungsregelung eine **Übertragung** auf einen neuen Arbeitgeber oder eine andere Versorgungseinrichtung zulässt. Dabei sind die Vorschriften des § 4 BetrAVG zu beachten. Nach § 4 Abs. 2 BetrAVG ist ab 1.1.2005 eine Übertragung im **Einvernehmen** des ehemaligen mit dem neuen Arbeitgeber sowie dem Arbeitnehmer möglich, wenn entweder die Zusage selbst vom neuen Arbeitgeber übernommen wird oder der Wert der unverfallbaren Anwartschaft auf den neuen Arbeitgeber übertragen und von diesem eine wertgleiche Zusage erteilt wird. Für Neuzusagen besteht ab 1.1.2005 ein Anspruch des Arbeitnehmers auf Übertragung, wenn die betriebliche Altersversorgung extern über einen Pensionsfonds, eine Pensionskasse oder eine Direktversicherung durchgeführt wird und der Übertragungswert die Beitragsbemessungsgrenze in der allgemeinen Rentenversicherung nicht übersteigt.[123]

103 c) **Entgeltumwandlung.** Soweit die betriebliche Altersversorgung durch Entgeltumwandlung erfolgt, muss dem Arbeitnehmer nach § 1b Abs. 5 Nr. 2 BetrAVG das Recht zur Fortsetzung der Versicherung oder Versorgung bei Ausscheiden aus dem Arbeitsverhältnis eingeräumt werden, wenn die Entgeltumwandlung über eine Direktversicherung, eine Pensionskasse oder einen Pensionsfonds durchgeführt wird. Eine entsprechende Regelung ist in die Entgeltumwandlungsvereinbarung aufzunehmen.

13. Versorgungsausgleich – Neuregelung zum 1.9.2009

104 a) **Übersicht.** Ansprüche auf betriebliche Altersversorgung unterliegen wie bisher dem Versorgungsausgleich im Falle der Scheidung oder Aufhebung einer eingetragenen Lebenspartnerschaft. Die zum 1.9.2009 in Kraft getretene Neuregelung[124] schafft für den Arbeitgeber neue Pflichten insbesondere bei der Ermittlung des Ausgleichsanspruchs. Das neue Versorgungsausgleichsgesetz (VersAusglG) geht für alle auszugleichenden Anrechte, also auch für die Anrechte auf betriebliche Altersversorgung, vom Grundsatz der **Halbteilung** aus. Wie bisher nur bei einer in der Versorgungsordnung ausdrücklich vorgesehenen Realteilung sind die in der Ehezeit erworbenen Anrechte beim Versorgungsträger des Ausgleichspflichtigen zu teilen (interne Teilung) und bei diesem ein eigenes Anrecht für den Ausgleichsberechtigten zu begründen. Daneben ist in bestimmten Fällen auch die Übertragung des Werts des hälftigen Ehezeitanteils auf einen anderen Versorgungsträger zulässig (externe Teilung).[125]

105 b) **Interne Teilung.** *aa) Rechtsstellung des Ausgleichsberechtigten.* Mit der Begründung des eigenen Anrechts durch das Familiengericht nach § 10 Abs. 7 VersAusglG erhält der Ausgleichsberechtigte nach § 12 VersAusglG die Stellung eines ausgeschiedenen Arbeitnehmers. Bei Eintritt des Versorgungsfalls kann dieser dann unmittelbar Zahlung der Versorgungsleistung vom Versorgungsträger des ausgleichspflichtigen Partners verlangen. Es gelten im Übrigen für ihn alle Bestimmungen des BetrAVG, die auch für mit unverfallbaren Anwartschaften ausgeschiedene Arbeitnehmer Anwendung finden, insbesondere der Insolvenzschutz nach §§ 7 ff. BetrAVG und die Anpassungsverpflichtung nach § 16 BetrAVG.

106 *bb) Erfasste Anrechte.* Von der internen Teilung werden nach § 19 Abs. 2 Nr. 1 VersAusglG nur die zum Ehezeitende **unverfallbaren Anwartschaften** und laufenden Versorgungsansprüche erfasst. Die noch verfallbaren Anwartschaften unterliegen dem späteren schuldrechtlichen Versorgungsausgleich.

107 *cc) Aufteilung der in der Ehezeit erworbenen Anwartschaft.* Die in der Ehezeit erworbenen Anrechte sind nach § 11 VersAusglG **gleichwertig** aufzuteilen. Wie dies zu geschehen hat, unterliegt teilweise der Gestaltung durch den Versorgungsträger. Die Gestaltungsmöglichkeiten beziehen sich bei der internen Teilung auf

---

[123] IE → § 39 Rn. 7.
[124] Siehe dazu *Blomeyer/Rolfs/Otto* BetrAVG Anh. § 1 Rn. 348 ff.; *Förster/Cisch/Karst/Hufer* BetrAVG IV. Versorgungsausgleich Rn. 2.
[125] → Rn. 117 ff.

- die Wahl der Teilungsvariante (unten ee),
- den Umfang des Risikoschutzes (unten gg) und
- die Erhebung von Teilungskosten (unten hh).

> **Praxistipp:**
> Der Arbeitgeber sollte die anzuwendenden Grundsätze der Teilung nach § 11 Abs. 2 VersAusglG in einer **Teilungsordnung** festlegen, um eine dem Familiengericht vorlegbare Grundlage für die Bewertung zu haben und eine einheitliche Anwendung sicherzustellen.

dd) Bewertung. Die Bewertung ist vom Versorgungsträger durchzuführen. Dieser hat nach § 5 Abs. 1 VersAusglG den auszugleichenden Ehezeitanteil des Anrechts nach den nach der Versorgungsordnung maßgeblichen Bezugsgrößen zu berechnen und nach § 5 Abs. 3 VersAusglG dem Familiengericht einen Vorschlag für die Bestimmung des Ausgleichswerts zu unterbreiten. Zusammen mit den mitzuteilenden Werten (Rentenbetrag, Kapitalwert, gegebenenfalls korrespondierender Kapitalwert nach § 47 VersAusglG) hat der Versorgungsträger dem Familiengericht nach § 220 Abs. 4 FamFG eine übersichtliche und nachvollziehbare Berechnung sowie die für eine Teilung maßgeblichen Regelungen (Teilungsordnung) vorzulegen.

Das Gesetz unterscheidet dabei zwischen der unmittelbaren Bewertung und der zeitratierlichen Bewertung. Die **unmittelbare Bewertung** ist nach § 39 VersAusglG immer dann anzuwenden, wenn sich die Anwartschaft nach einer Bezugsgröße richtet, die unmittelbar bestimmten Zeitabschnitten zugeordnet werden kann, wie der Summe der Entgeltpunkte, der Rentenbausteine oder der entrichteten Beiträge oder der Dauer der Zugehörigkeit zum Versorgungssystem. Ist eine unmittelbare Bewertung nicht möglich, ist nach § 45 Abs. 2 VersAusglG eine **zeitratierliche Berechnung** nach dem Vorbild des § 2 Abs. 1 BetrAVG durchzuführen. Vereinfacht ausgedrückt ist auszugleichen die zugesagte Versorgung im Verhältnis der Dauer der ehezeitlichen zur gesamten bis zum Erreichen der Altersgrenze möglichen Betriebszugehörigkeit.[126] Dabei ist bei der Ermittlung der zur erwartenden Versorgung von den zum Ende der Ehezeit geltenden Bemessungsgrundlagen auszugehen (§ 40 Abs. 3 VersAusglG). Die zeitratierliche Bewertung ist nach § 40 Abs. 4 VersAusglG insbesondere bei endgehaltsabhängigen Versorgungszusagen anzuwenden. Dabei dürfen wegen des Stichtagsprinzips nur solche späteren Veränderungen berücksichtigt werden, die sich unabhängig von der Einzelperson unmittelbar aus der Versorgungsordnung ergeben wie dienstzeitabhängige Staffelungen, nicht aber spätere Beförderungen oder Gehaltserhöhungen.[127] Solche Steigerungen unterliegen gegebenenfalls dem späteren schuldrechtlichen Versorgungsausgleich.[128]

ee) Wahl der Teilungsvariante. Der Versorgungsträger hat die Wahl zwischen gleichwertigen Teilungsmethoden:

- **Barwerthalbierung:** Zu diesem Zweck wird der versicherungsmathematische Barwert der in der Ehezeit erworbenen Anwartschaft ermittelt und geteilt und daraus für den Ausgleichsberechtigten nach dessen Alter und Geschlecht die bei Eintritt des Versorgungsfalls zu zahlende Rente berechnet.[129] Für die geschiedenen Ehegatten ergeben sich daraus unterschiedliche Rentenanwartschaften. Für den Versorgungsträger bleibt die Belastung jedoch gleich.

---

[126] Palandt/*Brudermüller* VersAusglG § 45 Rn. 12.
[127] Blomeyer/Rolfs/Otto BetrAVG Anh. 1 Rn. 356a.
[128] So wohl die Auffassung des Gesetzgebers; siehe BT-Drs. 16/10144, 63 f.; str.; zum Meinungsstand siehe *Höfer* DB 2010, 1010 (1012).
[129] Zur Anwendung von Unisextarifen gem. Urteil des EuGH 1.3.2011 – C-236/09, NJW 2011, 907 – Test-Achats – siehe *Höfer* DB 2011, 1334. Inwieweit dieses Urteil auch für die betriebliche Altersversorgung und damit auch für die Berechnung der auszugleichenden Anrechte gilt, ist allerdings unklar; ablehnend OLG Oldenburg NJW-RR 2011, 804 = FamRZ 2011, 1148; zum Problem weiter → § 36 Rn. 42 ff.

112 • **Rententeilung:** Hier wird die nach dem Ehezeitanteil auszugleichende Rente geteilt. Dies hat zunächst den Vorteil der Einfachheit und besseren Nachvollziehbarkeit für sich, kann aber für den Versorgungsträger zu einer erheblichen Mehrbelastung führen, insbesondere bei jüngeren ausgleichsberechtigten Ehefrauen aufgrund deren höheren Lebenserwartung. Im Übrigen ist es mit der Rententeilung für den Versorgungsträger nicht getan; vielmehr muss er trotz Rententeilung den korrespondierenden Kapitalwert nach § 47 VersAusglG ermitteln und dem Familiengericht nach § 5 Abs. 3 VersAusglG mitteilen.

113 • **Barwertaufteilung in ungleicher Höhe zur Erzeugung gleichhoher Renten:** Zulässig ist auch eine Aufteilung des Barwerts in der Weise, dass sich gleichhohe Renten ergeben. Wie bei der Barwerthalbierung wird hierbei eine Mehrbelastung des Versorgungsträgers vermieden. Allerdings ist die Berechnung ohne Versicherungsmathematiker kaum zu machen und ohne Beifügung einer solchen Berechnung für das Familiengericht auch nicht nachvollziehbar. Vorzuziehen ist daher die Barwerthalbierung.

114 *ff) Ermittlung des Kapitalwerts; anzuwendende Rechnungsgrundlagen.* Der Kapitalwert des Ehezeitanteils entspricht nach § 45 VersAusglG iVm § 4 Abs. 5 BetrAVG dem nach versicherungsmathematischen Gesichtspunkten ermittelten Barwert der in der Ehezeit erworbenen Anwartschaft. Für die Ermittlung des Kapitalwerts sind die gleichen Regeln anzuwenden wie in der Handelsbilanz. Dies betrifft sowohl den Abzinsungssatz als auch die zugrunde zu legenden Sterbetafeln. Insoweit hat der Versorgungsträger kein Wahlrecht. Üblicherweise wird daher in der Teilungsordnung Bezug genommen auf die Grundsätze des § 253 Abs. 2 HGB und den Wert, der sich zum Bilanzstichtag ergibt, der dem Ehezeitende vorangeht oder mit diesem zusammenfällt. Dies hat den Vorteil, dass dieser Wert aus dem Pensionsgutachten abgeleitet werden kann.

115 *gg) Begrenzung des Risikoschutzes.* Grundsätzlich muss das für den Ausgleichsberechtigten zu begründende Anrecht nach § 11 Abs. 1 Nr. 3 VersAusglG den gleichen Risikoschutz umfassen wie das auszugleichende Anrecht. Sieht die Versorgungsordnung Leistungen auch für Hinterbliebene und bei Invalidität vor, so ist für den Ausgleichsberechtigten ein Anrecht mit dem gleichen Risikoschutz zu begründen. Will der Versorgungsträger diese Risiken für eine ihm unbekannte und betriebsfremde Person nicht übernehmen, kann er den Risikoschutz nach § 11 Abs. 1 Nr. 3 Hs. 2 VersAusglG auf die Altersversorgung beschränken, muss dafür aber einen Ausgleich durch eine angemessene Erhöhung der Altersversorgung schaffen. In die Teilungsordnung sollten dazu Angaben zu den anzuwendenden Rechnungsgrundlagen aufgenommen werden. Nach § 220 Abs. 4 FamFG muss die Berechnung für das Familiengericht nachvollziehbar sein. Auch hier wird man also ohne versicherungsmathematische Unterstützung nicht auskommen.

116 *hh) Teilungskosten.* Nach § 13 VersAusglG kann der Versorgungsträger die bei der internen Teilung anfallenden Kosten in einem angemessenen Umfang jeweils hälftig mit den Anrechten beider Ehegatten verrechnen. Erfasst werden nur die Kosten für die Einrichtung eines zusätzlichen Anrechts und die Verwaltung (Bestandsführung) dieses Anrechts, nicht aber die Kosten für die Ermittlung des Ehezeitanteils nach § 5 Abs. 1 VersAusglG. Neben einem konkreten Nachweis der entstehenden Zusatzkosten ist auch eine pauschale Berechnung zulässig, wobei das Familiengericht die Angemessenheit zu überprüfen hat. 2–3 % des ehezeitlichen Kapitalwertes sind grundsätzlich angemessen.[130] Bei sehr hohen Ausgleichswerten kann dies aber zu einer Belastung führen, die deutlich über den entstehenden Kosten liegt und daher unangemessen ist. Die Obergrenze liegt idR bei 500 EUR.[131] Es empfiehlt sich in jedem Fall, in die Teilungsordnung eine Regelung aufzunehmen, die sich an den von der Rechtsprechung entwickelten Maßstäben orientiert.

117 **c) Externe Teilung.** In bestimmten Fällen ist auch eine externe Teilung zulässig. Dazu begründet das Familiengericht für den Ausgleichsberechtigten ein Anrecht zu Lasten des Ausgleichsverpflichteten in Höhe des auszugleichenden Ehezeitanteils bei einem anderen Versorgungsträger (§ 14 Abs. 1 VersAusglG). Der Versorgungsträger des Ausgleichspflichtigen

---

[130] BGH 25.3.2015 – XII ZB 156/12.
[131] BGH 25.3.2015 – XII ZB 156/12.

kann nach §§ 14 Abs. 2 Nr. 2, 17 VersAusglG eine externe Teilung verlangen, wenn der Kapitalwert des auszugleichenden Betriebsrentenrechts höchstens die Beitragsbemessungsgrenze in der allgemeinen Rentenversicherung erreicht. Dies ermöglicht im Bereich der betrieblichen Altersversorgung in einer Vielzahl von Fällen eine externe Teilung.

Darüber hinaus ist eine externe Teilung nur zulässig, wenn die ausgleichsberechtigte Person und der Versorgungsträger dies vereinbaren. Dies setzt eine entsprechende Initiative des Versorgungsträgers voraus. **118**

Die externe Teilung vermeidet eine doppelte Bestandsführung und die Übernahme der Versorgungsrisiken für eine betriebsfremde Person. Sie führt jedoch zu einem unmittelbaren Kapitalabfluss in Höhe des auszugleichenden Ehezeitanteils. Wenn der Kapitalabfluss verkraftbar ist, stellt die externe Teilung bei der Direktzusage eine empfehlungswerte Variante dar, um sich der mit der internen Teilung verbundenen Probleme zu entledigen. **119**

> **Praxistipp:**
> Die Möglichkeit der externen Teilung sollte daher ausdrücklich in der Versorgungs- bzw. Teilungsordnung vorgesehen werden. Daneben sollten auch die Kriterien für die Ausübung dieses Wahlrechts festgelegt werden.

d) **Mitbestimmung.** Ein Mitbestimmungsrecht des Betriebsrats nach § 87 Abs. 1 S. 1 Nr. 8 oder 10 BetrVG kommt in allen Fällen in Betracht, in denen dem Arbeitgeber als Versorgungsträger ein Wahlrecht zusteht und nicht die Finanzierung, sondern der Leistungsplan betroffen ist.[132] Die Wahl zwischen interner und externer Teilung betrifft die finanzielle Ausstattung. Die Entscheidung darüber kann der Arbeitgeber autonom treffen.[133] Ein Mitbestimmungsrecht des Betriebsrats entfällt daher.[134] **120**

Bei der Wahl der **Teilungsvariante**[135] ist der Leistungsplan als solcher nicht betroffen. Vielmehr geht es um die gleichwertige Aufteilung des Anrechts zwischen den geschiedenen Ehegatten. Insoweit dürfte ein Mitbestimmungsrecht entfallen.[136] Dagegen ist der Leistungsplan berührt, wenn der Arbeitgeber von der Möglichkeit der **Konzentration** der Versorgungsleistung auf **Altersleistungen**[137] Gebrauch macht.[138] Gegen ein Mitbestimmungsrecht spricht aber, dass der Arbeitgeber grundsätzlich mitbestimmungsfrei darüber entscheiden kann, welche Risiken er übernehmen will[139] und dieses Wahlrecht gerade dazu dient, den Arbeitgeber vor den für ihn nur schwer einschätzbaren Risiken der Hinterbliebenen- und Invaliditätsversorgung für betriebsfremde Personen zu schützen.[140] **121**

Erhobene **Teilungskosten** mindern sowohl das verbliebene Anrecht des Ausgleichspflichtigen als auch das zu begründende Anrecht des Ausgleichsberechtigten. Insoweit ist die zu erbringende Versorgungsleistung und damit der Leistungsplan berührt. Der Arbeitgeber ist aber nicht verpflichtet, den Dotierungsrahmen durch Übernahme der Teilungskosten auszuweiten. Die Festlegung der Höhe unterliegt grundsätzlich der alleinigen Entscheidung des Arbeitgebers und ist daher mitbestimmungsfrei.[141] Aus diesem Grund dürfte ebenso wie in den anderen Fällen ein erzwingbares Mitbestimmungsrecht im Ergebnis ausscheiden.[142] Freiwillige Betriebsvereinbarungen zur Teilungsordnung sind dagegen möglich und häufig auch sinnvoll. **122**

---

[132] Zur Mitbestimmung bei Einführung eines Versorgungswerks → Rn. 135 ff.
[133] So auch BT-Drs. 16/10144, 57 f.
[134] *Höfer* DB 2010, 1010 (1013); aA *Cisch/Hufer* BetrAV 2009, 500 (504).
[135] → Rn. 110 ff.
[136] *Höfer* DB 2010, 1010 (1014).
[137] → Rn. 115.
[138] Für ein Mitbestimmungsrecht bei der Geltendmachung der Teilungskosten: *Ruland* Versorgungsausgleich Rn. 61.
[139] BAG NZA 2004, 1344.
[140] Gegen ein Mitbestimmungsrecht daher *Höfer* DB 2010, 1010 (1014).
[141] BAG NZA 2004, 1344.
[142] *Höfer* DB 2010, 1010 (1014); aA *Cisch/Hufer* BetrAV 2009, 500 (505).

123   e) **Gleichbehandlung.** Auch ohne Regelung in der Versorgungsordnung oder einer separaten Teilungsordnung ist der Versorgungsträger an das allgemeine arbeitsrechtliche Gleichbehandlungsgebot gebunden. Er kann sich also nicht willkürlich mal für die eine, mal für die andere Teilungsvariante, den zu gewährenden Risikoschutz oder die Belastung mit Teilungskosten entscheiden. Schon aus diesem Grund ist es sinnvoll, die Regeln einheitlich für alle Fälle zu regeln, auf die der neue Versorgungsausgleich Anwendung findet. Ohne entsprechende Regelung wird das Familiengericht für den Ausgleichsberechtigten ein Anrecht mit gleichem Risikoschutz begründen, wie es nach der Versorgungsordnung für den Ausgleichspflichtigen besteht, und die Teilungsvariante anhand der übermittelten Daten (Rentenwert, korrespondierender Kapitalwert) auf der Grundlage des Vortrags der Parteien festlegen.

14. Sonstige Regelungen

124   a) **Zahlungsmodalitäten.** Die Versorgungsordnung sollte Regelungen darüber enthalten, zu welchem Zeitpunkt, wie und wie lange Versorgungsleistungen gezahlt werden.

125   **Formulierungsvorschlag:**
Alle Renten werden in monatlichen vorschüssigen Raten gezahlt. Die Rentenzahlungen werden beim Ableben des Versorgungsempfängers zum Ende des Sterbemonats eingestellt.

126   b) **Nachweispflichten.** Hier spielt insbesondere die Vorlage einer **Lebensbescheinigung** eine Rolle, um Zahlungen über den Tod hinaus zu vermeiden. Für die Zahlung von Hinterbliebenenrenten kann verlangt werden, dass entsprechende Urkunden vorgelegt werden.

127   c) **Verpfändungs-, Abtretungs-, Beleihungsverbot.** Um sicherzustellen, dass Versorgungsleistungen tatsächlich für den Lebensunterhalt zur Verfügung stehen, sollte vorgesehen werden, dass Ansprüche ohne Zustimmung des Arbeitgebers nicht verpfändet, abgetreten oder auf irgendwelche Weise bevorschusst werden dürfen.

15. Leistungsvorbehalte

128   a) **Steuerunschädliche Mustervorbehalte.** Folgende spezielle Vorbehalte sind nach Abschnitt R 6a Abs. 4 Nr. 2 EStH 2017 steuerunschädlich. Sie finden sich daher in vielen Versorgungsordnungen. Danach kann sich die Firma vorbehalten, die zugesagten Leistungen zu kürzen oder einzustellen, wenn

- die wirtschaftliche Lage des Unternehmens sich nachhaltig so wesentlich verschlechtert hat, dass der Firma die Aufrechterhaltung der zugesagten Leistungen nicht mehr zugemutet werden kann (**Notlagenvorbehalt**),
- der Personenkreis, die Beiträge, die Leistungen oder das Pensionierungsalter bei der gesetzlichen Sozialversicherung oder anderen Versorgungseinrichtungen mit Rechtsanspruch sich wesentlich ändern (**Sozialversicherungsvorbehalt**),
- die rechtliche, insbesondere die steuerrechtliche Behandlung der Aufwendungen, die zur planmäßigen Finanzierung der Versorgungsleistungen von der Firma gemacht werden oder gemacht worden sind, sich so wesentlich ändert, dass der Firma die Aufrechterhaltung der zugesagten Leistungen nicht mehr zugemutet werden kann (**Rechtsvorbehalt**), oder
- der Pensionsberechtigte Handlungen begeht, die in grober Weise gegen Treu und Glauben verstoßen oder zu einer fristlosen Entlassung berechtigen würden (**Treuepflichtvorbehalt**).

129   Arbeitsrechtlich werden an einen Widerruf teilweise strengere Anforderungen gestellt. Voraussetzung ist ein Wegfall der Geschäftsgrundlage[143] oder ein besonders schwerwiegender Treuepflichtverstoß.[144]

---

[143] → § 40 Rn. 19 ff.
[144] → § 40 Rn. 82 ff.

Allgemein kann sich die Firma vorbehalten, die Leistungen zu kürzen oder einzustellen, 130
wenn die bei Erteilung der Pensionszusage maßgebenden Verhältnisse sich nachhaltig so wesentlich
geändert haben, dass der Firma die Aufrechterhaltung der zugesagten Leistungen
auch unter objektiver Beachtung der Belange des Pensionsberechtigten nicht mehr zugemutet
werden kann. Hierbei handelt es sich nur um die Formulierung des **Wegfalls der Geschäftsgrundlage**.
Ein solcher Vorbehalt ist daher unbedenklich.

b) **Steuerschädliche Vorbehalte.** Weitergehende Kürzungs- oder Widerrufsvorbehalte füh- 131
ren dazu, dass Pensionsrückstellungen steuerlich nicht anerkannt werden. Dies gilt für den
Widerruf nach freiem Belieben ebenso wie für einen Freiwilligkeitsvorbehalt oder den Ausschluss
des Rechtsanspruchs. Eine Ausnahme gilt steuerlich für den Fall, dass die Versorgung
über eine **Unterstützungskasse** durchgeführt wird. Hier ist der Ausschluss des Rechtsanspruchs
steuerlich vorgeschrieben. Arbeitsrechtlich muss für einen Widerruf ein sachlicher
Grund vorliegen.[145]

16. Änderungsvorbehalt bei Gesamtzusagen und vertraglichen Einheitsregelungen

Nach der Rechtsprechung des BAG[146] können Gesamtzusagen und vertragliche Einheits- 132
regelungen nur dann durch eine verschlechternde Betriebsvereinbarung abgelöst werden,
wenn derartige Zusagen „betriebsvereinbarungsoffen" formuliert sind, das heißt einen Vorbehalt
enthalten, dass sie durch eine spätere Betriebsvereinbarung ersetzt und geändert werden
können. Ausreichend ist auch ein Hinweis in der Versorgungszusage auf die jeweils geltenden
Betriebsvereinbarungen bzw. gültigen Richtlinien.[147] Dadurch wird auch die
Möglichkeit für eine Ablösung auf kollektivvertraglicher Ebene eröffnet.[148]

Praxistipp:
Um Unklarheiten zu vermeiden, empfiehlt es sich, in die Gesamtzusage oder vertragliche Einheitsregelung
einen ausdrücklichen Hinweis auf die Änderbarkeit durch eine später abgeschlossene
Betriebsvereinbarung aufzunehmen.

Formulierungsvorschlag: 133
Diese Versorgungszusage kann jederzeit durch eine nachfolgende Betriebsvereinbarung auch zum
Nachteil der Versorgungsberechtigten abgeändert werden.

17. Kündigung von Betriebsvereinbarungen

Empfehlenswert sind in Betriebsvereinbarungen Regelungen über die Kündigungsfrist. 134
Betriebsvereinbarungen können nach § 77 Abs. 5 BetrVG mit einer Frist von drei Monaten
gekündigt werden, soweit nichts anderes vereinbart ist. Dies gilt auch für Betriebsvereinbarungen
über die betriebliche Altersversorgung.[149] Diese Frist erscheint relativ kurz. Betriebsvereinbarungen
über die betriebliche Altersversorgung entfalten darüber hinaus nach Auffassung
des BAG[150] **keine Nachwirkung** nach § 77 Abs. 6 BetrVG, sodass die Regelungen
mit Ablauf der Kündigungsfrist keine Anwendung mehr finden. Ist eine betriebsvereinbarungsoffen
ausgestaltete Gesamtzusage oder vertragliche Einheitsregelung durch eine Betriebsvereinbarung
abgelöst worden, so eröffnet sich dadurch für den Arbeitgeber die Möglichkeit,
sich in einem zweiten Schritt durch Kündigung der Betriebsvereinbarung von den

---

[145] BAG 18.4.1989, AP BetrAVG § 1 Unterstützungskassen Nr. 23 = DB 1989, 1876.
[146] BAG 16.9.1986, AP BetrVG § 77 Nr. 17 = DB 1987, 383; 12.8.1982, AP BetrVG 1972 § 77 Nr. 4 = DB 1982, 2298; BAG AP BetrVG 1972 § 77 Nr. 25 = DB 1988, 966; BAG NZA 1991, 477.
[147] BAG NZA-RR 2007, 595.
[148] BAG 10.3.2015 – 3 AZR 56/14.
[149] BAG BB 2000, 516.
[150] BAG BB 2000, 516.

eingegangenen Versorgungsverpflichtungen endgültig zu lösen. Will sich der Betriebsrat vor einer Kündigung ohne besondere Gründe schützen, muss er die Kündigung von erschwerten Voraussetzungen, etwa vom Vorliegen triftiger Gründe iSd Rechtsprechung des BAG für Eingriffe in die erdiente Dynamik abhängig machen[151] oder die Kündigung für einen bestimmten Zeitraum ausschließen.

II. Mitbestimmung bei der Einführung einer Versorgungsregelung

1. Allgemeine Grundsätze

135 a) **Betriebliche Altersversorgung als Gegenstand der Mitbestimmung.** Die betriebliche Altersversorgung gehört zu den sozialen Angelegenheiten des Betriebs.[152] Sie unterliegt der Mitbestimmung des Betriebsrats nach § 87 Abs. 1 Nr. 8 und 10 BetrVG. Zuständig ist der Betriebsrat nur für die dem BetrVG unterliegenden Arbeitnehmer, also nicht für die **leitenden Angestellten** im Sinne des § 5 Abs. 3 BetrVG. Ebenso fehlt dem Betriebsrat ein Vertretungsmandat für die **Betriebsrentner** und die ausgeschiedenen ehemaligen Mitarbeiter des Unternehmens.[153] In deren Rechte kann also nicht durch Betriebs- oder Dienstvereinbarung eingegriffen werden. Eine Ausnahme ist denkbar, wenn die Versorgungszusage eine dynamische Verweisung auf die Betriebsvereinbarung (oder den Tarifvertrag) in der jeweiligen Fassung enthält.[154]

136 Bei der Mitbestimmung nach § 87 Abs. 1 Nr. 8 und 10 BetrVG handelt es sich um ein erzwingbares Mitbestimmungsrecht. Daneben können Arbeitgeber und Betriebsrat im mitbestimmungsfreien Bereich freiwillige Vereinbarungen nach § 88 BetrVG treffen.

137 b) **Mitbestimmungsfreier Bereich.** Aus der Vertragsfreiheit folgt, dass der Arbeitgeber grundsätzlich frei darüber entscheiden kann,

- ob, in welchem **Umfang** und für welchen **Zweck** (Alter, Invalidität, Tod) er überhaupt eine betriebliche Altersversorgung einführt,
- welche **Mittel** er dafür bereitstellt,
- welchen **Personenkreis** er in die Altersversorgung einbeziehen will und
- welchen **Durchführungsweg** er wählen will.[155]

138 Daneben kann der Arbeitgeber auch wählen, auf welchem Weg er die betriebliche Altersversorgung begründen will, ob durch eine individualrechtliche Regelung oder durch eine Betriebsvereinbarung. Selbstverständlich hat der Arbeitgeber dabei die gesetzlichen und tarifvertraglichen Bestimmungen zu beachten.

139 Eingeschränkt ist die Vertragsfreiheit des Arbeitgebers bei der **arbeitnehmerfinanzierten betrieblichen Altersversorgung** nach § 1a BetrAVG.[156] Der Arbeitnehmer hat einen individuellen Anspruch auf Entgeltumwandlung bis zur Höhe von 4 % der jeweiligen Beitragsbemessungsgrenze in der gesetzlichen Rentenversicherung. Auch bei der Auswahl des Durchführungsweges ist der Arbeitgeber nicht frei. Es besteht jedoch weder hinsichtlich des Umwandlungsanspruchs selbst noch hinsichtlich der Wahl des Durchführungswegs und der Auswahl des Versorgungsträgers ein Mitbestimmungsrecht des Betriebsrats.[157]

2. Mitbestimmung nach § 87 Abs. 1 Nr. 10 BetrVG

140 a) **Arbeitgeberfinanzierte Altersversorgung.** Leistungen der betrieblichen Altersversorgung gehören wegen ihres Entgeltcharakters zum Arbeitslohn. Sie unterfallen damit der Mitbe-

---

[151] Dazu → § 40 Rn. 54.
[152] BAG 16.9.1986, AP BetrVG 1972 § 77 Nr. 17 = DB 1987, 383.
[153] BAG 16.3.1959, AP BetrVG 1952 § 57 Nr. 1; AG BB 1989, 1548 = DB 1989, 1195; offenlassend BAG NZA 2005, 580; str.; siehe zum Meinungsstand im Einzelnen *Heither* FS Förster, 149 (156 ff.).
[154] Siehe BAG NZA 2005, 580; *Reinecke* BetrAV 2004, 633 (637).
[155] BAG 12.6.1975, AP BetrVG 1972 § 87 Altersversorgung Nr. 1; 12.6.1975, AP BetrVG 1972 § 87 Altersversorgung Nr. 2; DB 2004, 883.
[156] Dazu → § 36 Rn. 90 ff.
[157] *Blomeyer* DB 2001, 1413 (1417 f.); *Rieble* BetrAV 2001, 584 (591 f.).

stimmung nach § 87 Abs. 1 Nr. 10 BetrVG.[158] Der Betriebsrat hat mitzubestimmen bei der Aufstellung der Entlohnungsgrundsätze und deren Änderung. Bezogen auf die betriebliche Altersversorgung bedeutet dies, dass der Betriebsrat mitzubestimmen hat bei der **Gestaltung des Leistungsplans,** dh bei der Verteilung der vom Arbeitgeber für die Altersversorgung zur Verfügung gestellten Mittel. Dazu gehören die Festlegung der allgemeinen Leistungsvoraussetzungen (Wartezeit, Mindestalter), die Festlegung der Altersgrenze sowie die Bemessungskriterien für die Höhe der Versorgungsleistung. Letztendlich hat der Betriebsrat bei der Ausgestaltung der betrieblichen Altersversorgung nur insoweit mitzuwirken, als Fragen der innerbetrieblichen **Verteilungsgerechtigkeit** angesprochen sind und nicht Fragen des übernommenen Risikos.

b) Entgeltumwandlung. Fraglich ist, inwieweit der Betriebsrat bei der Entgeltumwandlung nach § 1a BetrAVG ein erzwingbares Mitbestimmungsrecht bei der Leistungsplangestaltung hat. Die Frage ist bisher nicht abschließend geklärt. Die Grundsätze über die Mitbestimmung bei der arbeitgeberfinanzierten Altersversorgung können auf die arbeitnehmerfinanzierte betriebliche Altersversorgung nicht ohne weiteres übertragen werden. Der Arbeitgeber ist zur Einführung einer Entgeltumwandlung als Möglichkeit für alle Arbeitnehmer gesetzlich verpflichtet. Insoweit unterliegt der Umwandlungsanspruch nicht der Disposition der Betriebsparteien. Es geht auch weder um Entlohnungsfragen noch um Fragen der Verteilungsgerechtigkeit, die Grundlage des Mitbestimmungsrechts nach § 87 Abs. 1 Nr. 10 BetrVG sind. Dies schließt aber nicht aus, im Wege der Lückenschließung ein **Mitbestimmungsrecht** zumindest **bei der konkreten Ausgestaltung** (fortlaufende Entgeltumwandlung, Umwandlung aus Einmal- und Sonderzahlungen, Art der Versorgungsleistung, Festlegung der Leistungsvoraussetzungen) zu bejahen.[159] Wird die Entgeltumwandlung über eine Firmen- oder Konzernunterstützungskasse, eine(n) auf das Unternehmen oder den Konzern beschränkte(n) Pensionskasse oder Pensionsfonds durchgeführt, folgt das Mitbestimmungsrecht bereits aus § 87 Abs. 1 Nr. 8 BetrVG.[160] Aber auch bei den anderen Durchführungswegen besteht ein Bedürfnis nach einheitlichen Regelungen für alle Arbeitnehmer, die von der Möglichkeit der Entgeltumwandlung Gebrauch machen wollen. Zumindest sollten insoweit freiwillige Betriebsvereinbarungen nach § 88 BetrVG abgeschlossen werden. 141

Ausgeschlossen ist ein Mitbestimmungsrecht, soweit die Entgeltumwandlung durch Tarifvertrag geregelt ist, § 87 Abs. 1 S. 1 BetrVG. 142

c) Direktversicherung. Wird die Altersversorgung über eine Direktversicherung durchgeführt, so obliegt dem Arbeitgeber auch die **Auswahl des Versicherungsunternehmens.** Er kann den Versicherer auswählen, der für den mit dem Betriebsrat ausgehandelten Leistungsplan die zweckmäßigsten Konditionen bietet.[161] Dies gilt auch bei der Entgeltumwandlung nach § 1a BetrAVG.[162] 143

Mitbestimmungsfrei ist auch die Zuordnung der **Beitragsüberschüsse.** Der Arbeitgeber kann bei der arbeitgeberfinanzierten betrieblichen Altersversorgung entscheiden, ob er die Beitragsüberschüsse für sich beansprucht und so seinen Prämienaufwand mindern oder ob er die Beitragsüberschüsse den Arbeitnehmern zur Erhöhung der Leistung zur Verfügung stellen will. 144

3. Mitbestimmung nach § 87 Abs. 1 Nr. 8 BetrVG

a) Erfasste Sozialeinrichtungen. *aa) Unterstützungs- und Pensionskassen, Pensionsfonds.* Nach § 87 Abs. 1 Nr. 8 BetrVG hat der Betriebsrat ein erzwingbares Mitbestimmungsrecht 145

---

[158] BAG 12.6.1975, AP BetrVG 1972 § 87 Altersversorgung Nr. 1.
[159] *Blomeyer* DB 2001, 1413 (1418); *Klemm* NZA 2002, 1123 (1129 f.); *Konzen* GS Blomeyer, 173 (192 f.); *Schnitker/Grau* BB 2003, 1061 (1066 f.); *Förster/Cisch/Karst/Rihn* BetrAVG § 1 Rn. 186; anders *Freiherr von Buddenbrock/Manhart* BB 2011, 2293 f.; *Rieble* BetrAV 2001, 584 (591); *Kemper* FS Förster, 207 (214 ff.); zum Ganzen ausführlich *Henning,* Die betriebliche Mitbestimmung bei der Entgeltumwandlung, 2003.
[160] *Feudner* DB 2001, 2047 (2049 f.); *Albert/Schumann/Sieben/Mentzel* Altersvorsorge Rn. 448, 450; ferner → Rn. 120 f.
[161] BAG DB 1993, 1240; DB 2004, 883.
[162] *Rieble* BetrAV 2001, 584 (591).

bei der Form, der Ausgestaltung und Verwaltung von Sozialeinrichtungen, deren Wirkungsbereich auf den Betrieb, das Unternehmen oder den Konzern beschränkt ist. Unzweifelhaft fallen Unterstützungs- und Pensionskassen unter die Sozialeinrichtungen im Sinne des § 87 Abs. 1 Nr. 8 BetrVG. Der Betriebsrat hat mitzubestimmen bei der **Leistungsplangestaltung** und der Wahl der **Rechtsform** einer Unterstützungskasse (eingetragener Verein oder GmbH) oder einer Pensionskasse. Er kann weiter mitbestimmen, wie die Organe besetzt werden sollen[163] und wie das Vermögen anzulegen ist.[164] Durch dieses Mitbestimmungsrecht bei der **Vermögensanlage** unterscheiden sich Unterstützungskasse und Pensionskasse in ihrer Verwaltung wesentlich von anderen Durchführungswegen. Dabei läuft bei den (voll) rückgedeckten Unterstützungskassen das Mitbestimmungsrecht insoweit faktisch leer, als die vom Arbeitgeber zur Verfügung gestellten Beiträge als Prämien an die Rückdeckungsversicherung weiterzuleiten sind und eine eigene Vermögensanlage durch die Unterstützungskasse (anders als bei der polsterfinanzierten Unterstützungskasse) nicht erfolgt. Das Mitbestimmungsrecht beschränkt sich hier auf die Auswahl des Rückdeckungsversicherers.

146 **Pensionsfonds** können, müssen aber keine Sozialeinrichtung sein.[165] Dies hängt davon ab, ob ihr Wirkungsbereich auf den Betrieb, das Unternehmen oder den Konzern beschränkt ist oder der Zutritt einem über diesen Bereich hinausgehenden Personenkreis offensteht, wie etwa bei Branchenpensionsfonds.

147 bb) *Sonstige zweckgebundene Sondervermögen.* Das Mitbestimmungsrecht nach § 87 Abs. 1 Nr. 8 BetrVG ist jedoch nicht auf Unterstützungs- und Pensionskassen beschränkt. Erfasst wird jede Sozialeinrichtung. Dies setzt nach der Rechtsprechung ein zweckgebundenes Sondervermögen mit eigener Organisation voraus.[166] Darunter fallen daher auch **innerbetriebliche Versorgungsfonds**, die der Arbeitgeber bildet, um seine Versorgungsverpflichtungen aus einer Direktzusage erfüllen zu können. Voraussetzung ist eine entsprechende Aussonderung (Widmung) der Mittel und eine getrennte Verwaltung.[167] Nicht der Mitbestimmung unterliegen dagegen die Deckungsmittel aus einer vom Arbeitgeber abgeschlossenen Rückdeckungsversicherung bei einer Direktzusage.[168] Gleiches gilt für nicht gebundene Kapitalanlagen, die der Arbeitgeber zur Finanzierung der von ihm zugesagten Altersversorgung ansammelt.

148 cc) *Treuhandgestaltungen (CTA).* Inwieweit die von einem Treuhänder im Rahmen eines Contractual Trust Arrangement (CTA)[169] verwalteten Pensionsmittel („Plan Assets") als Sozialeinrichtung zu qualifizieren sind, hängt von der rechtlichen Ausgestaltung ab. Soweit der Zweck des Treuhänders („Trust eV.") ausschließlich in dem treuhänderischen Halten und Verwalten des Planvermögens besteht und der Arbeitgeber seine Verpflichtungen aus den erteilten Versorgungszusagen selbst erfüllt, dient das Vermögen keinem sozialen Zeck, sondern nur der Vermögensseparation und der Sicherung der Versorgungsberechtigten im Insolvenzfall. Ein Mitbestimmungsrecht besteht in diesem Fall nicht.[170]

149 **b) Durchführung der Mitbestimmung.** Das Mitbestimmungsrecht bei Sozialeinrichtungen kann auf einem doppelten Weg verwirklicht werden:[171] Bei der **zweistufigen Lösung** werden die mitbestimmungspflichtigen Fragen zunächst zwischen Arbeitgeber und Betriebsrat ausgehandelt. Anschließend hat der Arbeitgeber dafür zu sorgen, dass die getroffenen Vereinbarungen in der Sozialeinrichtung umgesetzt werden. Bei der **organschaftlichen Lösung** ist der Betriebsrat von vornherein in den Organen der Sozialeinrichtung paritätisch vertreten; die

---

[163] BAG 13.7.1978, AP BetrVG 1972 § 87 Altersversorgung Nr. 5 = DB 1978, 2129.
[164] Zu weiteren Einzelheiten siehe *Kemper* GS Blomeyer, 157 (167 ff.).
[165] Richardi BetrVG/*Richardi* § 87 Rn. 850.
[166] BAG 12.6.1975, AP BetrVG 1972 § 87 Altersversorgung Nr. 1; Nr. 2; Nr. 3.
[167] *Moll* BB 1988, 400.
[168] BAG 12.6.1975, AP BetrVG 1972 § 87 Altersversorgung Nr. 2 = DB 1975, 1559.
[169] Dazu → § 36 Rn. 169 ff.
[170] *Freiherr von Buddenbrock/Manhart* BB 2011, 2293 (2294); *Höfer* BetrAVG I Kap. 12 Rn. 232; *Kemper/Kisters-Kölkes/Berenz/Huber/Betz-Rehm* BetrAVG § 1 Rn. 398; im Ergebnis auch *Rößler* BB 2010, 1405 (1409).
[171] BAG 13.7.1978, AP BetrVG 1972 § 87 Altersversorgung Nr. 5 = BB 1978, 1617.

mitbestimmungspflichtigen Fragen werden zwischen Arbeitgeber und Betriebsrat unmittelbar in den satzungsgemäßen Beschlussgremien behandelt.

c) **Mitbestimmung bei Gruppenkassen.** Das Mitbestimmungsrecht nach § 87 Abs. 1 Nr. 8 BetrVG beschränkt sich auf Sozialeinrichtungen, deren Wirkungsbereich auf den Betrieb, das Unternehmen oder den Konzern beschränkt ist. Es umfasst daher nicht Gruppenkassen oder Pensionsfonds, an denen mehrere, nicht konzernmäßig verbundene Arbeitgeber beteiligt sind. Das Mitbestimmungsrecht richtet sich hier ausschließlich nach § 87 Abs. 1 Nr. 10 BetrVG. Das Mitbestimmungsrecht wird dadurch verwirklicht, dass der Arbeitgeber sein Abstimmungsverhalten in den Organen der Gruppenkasse mit dem Betriebsrat abstimmen und anschließend versuchen muss, das Ergebnis der Verhandlungen in den Organen der Gruppenkasse durchzusetzen.[172] Gelingt dies auf Grund der Mehrheitsverhältnisse nicht, ist das Mitbestimmungsrecht des Betriebsrats gleichwohl gewahrt.[173]

4. Zuständigkeit

Das Mitbestimmungsrecht wird grundsätzlich durch den Betriebsrat ausgeübt. Hat ein Unternehmen mehrere Betriebe und wird die Altersversorgung einheitlich durchgeführt, sind die Mitbestimmungsrechte durch den **Gesamtbetriebsrat** wahrzunehmen. Für die Zuständigkeit des Gesamtbetriebsrats nach § 50 Abs. 1 S. 1 BetrVG reicht es aus, wenn sich bei vernünftiger Würdigung eine sachliche Notwendigkeit für eine einheitliche Regelung innerhalb des Unternehmens ergibt. Dies ist in Fragen der betrieblichen Altersversorgung wegen der finanziellen und steuerlichen Auswirkungen grundsätzlich anzunehmen.[174] Der **Konzernbetriebsrat** ist nach § 58 Abs. 1 BetrVG nur zuständig, wenn eine Notwendigkeit für eine konzerneinheitliche Versorgungsregelung besteht und die Angelegenheit nicht auf Unternehmensebene geregelt werden kann.[175] Soll eine freiwillige Leistung wie die betriebliche Altersversorgung künftig nur noch konzerneinheitlich gewährt werden, ist der Konzernbetriebsrat zuständig. Bei einer arbeitgeberfinanzierten betrieblichen Altersversorgung legt der Arbeitgeber fest, für welchen Personenkreis die geplante Leistung gedacht ist und damit auf welcher Ebene er erbracht wird. Diese mitbestimmungsfreien Vorgaben bestimmen den Gegenstand der zu treffenden Regelung und folgerichtig daher auch deren Zuständigkeit.[176]

Von der Frage der Regelungskompetenz des Betriebsrats, Gesamt- oder Konzernbetriebsrats ist die Frage zu unterscheiden, inwieweit der Konzernbetriebsrat bestehende unterschiedliche Versorgungsordnungen in einem Konzern ändern und gegebenenfalls zum Nachteil der Arbeitnehmer einzelner Unternehmen vereinfachen darf. Aus der formalen Regelungskompetenz für eine unternehmens- oder konzernweite Regelung lässt sich eine materielle Änderungskompetenz nicht ableiten. Die Änderbarkeit richtet sich vielmehr nach der Art der bisher erteilten Zusage und der dafür geltenden materiellen Änderungsregelungen.[177]

5. Rechtfolgen eines Verstoßes gegen das Mitbestimmungsrecht

Bei Verstoß gegen das Mitbestimmungsrecht des Betriebsrats ist die getroffene Regelung nach der ständigen Rechtsprechung des BAG unwirksam.[178] Dies folgt aus dem Schutzzweck des Mitbestimmungsrechts. Der Arbeitgeber kann das Mitbestimmungsrecht des Betriebsrats nicht dadurch umgehen, dass er durch individuelle Vereinbarungen mit einem nach allgemeinen Kriterien bestimmten Personenkreis Leistungen begrenzt oder erweitert.[179]

---

[172] BAG 22.4.1986, AP BetrVG 1972 § 87 Altersversorgung Nr. 13 = DB 1986, 1343; 9.5.1989, AP BetrVG 1972 § 87 Altersversorgung Nr. 18.
[173] Dazu → § 40 Rn. 26 ff., 45 ff.
[174] BAG 22.4.1986, AP BetrVG 1972 § 87 Altersversorgung Nr. 13.
[175] BAG 8.12.1981, AP BetrAVG § 1 Ablösung Nr. 1.
[176] BAG 19.3.1981, AP BetrVG 1972 § 80 Nr. 14 = DB 1981, 2181; 20.12.1995, AP BetrVG 1972 § 58 Nr. 1.
[177] BAG NZR-RR 2007, 595 unter Rn. 42 der Gründe.
[178] BAGE 69, 134 zu C. der Gründe; zuletzt BAG NZA 2007, 278 Rn. 55.
[179] BAG NZA 2007, 278 Rn. 52.

§ 38 Ansprüche nach dem Betriebsrentengesetz

Übersicht

	Rn.
I. Auskunftsansprüche	1–9
1. Auskunft über die Höhe der Altersleistung	1–7
a) Informationsverpflichtungen des Arbeitgebers und Versorgungsträgers	1–4
b) Form und Inhalt der Auskunft	5/6
c) Haftung für unrichtige Auskünfte	7
2. Auskünfte zum Übertragungswert	8
3. Auskünfte externer Versorgungsträger über Beitragsrückstände	9
II. Planmäßige Versorgungsleistungen	10–17
1. Eintritt des Versorgungsfalls	10/11
a) Fälligkeit der Versorgungsleistung	10
b) Auskunftsverpflichtung	11
2. Zusammentreffen mehrerer Versorgungszusagen	12–17
a) Nebeneinander bestehende Regelungen	13
b) Änderungen von älteren Zusagen durch neuere	14–17
III. Ansprüche bei vorzeitigem Ausscheiden	18–36
1. Gesetzliche Unverfallbarkeit	18–21
a) Unverfallbarkeitsfristen	18/19
b) Maßgeblicher Zeitpunkt	20
c) Entgeltumwandlung	21
2. Beginn der Unverfallbarkeitsfrist	22–26
a) Direktzusage	22/23
b) Direktversicherung, Pensionskasse, Pensionsfonds	24
c) Unterstützungskasse	25
d) Anrechnung von Vordienstzeiten	26
3. Fortbestand der Zusage bei Änderung und Übernahme durch eine andere Person	27–32
a) Änderung der Versorgungszusage, Ergänzung	28
b) Übernahme von Versorgungsverpflichtungen	29–31
c) Arbeitgeberwechsel im Konzern	32
4. Unterbrechungen der Betriebszugehörigkeit	33/34
5. Verträgliche Unverfallbarkeit	35
6. Erfasste Anwartschaften	36
IV. Höhe der unverfallbaren Anwartschaft	37–72
1. Ratierliche Berechnung der Anwartschaft	37–40
a) Quotierungsprinzip	37
b) Betriebstreue als Ausgangspunkt	38/39
c) Altersdiskriminierung	40
2. Festschreibung der Berechnungsgrundlagen; Benachteiligungsverbot	41
3. Berechnung der hypothetischen Versorgungsleistung	42–48
a) Zusage eines festen Betrages, dienstzeitabhängige Zusagen	43
b) Endgehaltsabhängige Zusagen und Karrieredurchschnittspläne	44–46
c) Anrechnung von gesetzlichen Rentenansprüchen	47
d) Obergrenzen	48
4. Erreichte Betriebszugehörigkeit	49–51
a) Tatsächliche Betriebszugehörigkeit und zuzurechnende Zeiten	50
b) Berücksichtigung von Nachdienstzeiten	51
5. Erreichbare Betriebszugehörigkeit	52/53
6. Einheitliche Altersgrenzen für Männer und Frauen	54/55
7. Berechnung der unverfallbaren Anwartschaft bei Ablösung	56/57
8. Rundungen	58
9. Begrenzung von Invaliditäts- und Todesfallleistungen	59
10. Versicherungsrechtliche Lösung	60–65
a) Direktversicherung	60–62
b) Pensionskasse	63/64
c) Pensionsfonds	65
11. Entgeltumwandlung und beitragsorientierte Leistungszusage	66

Leisbrock

	Rn.
12. Beitragszusage mit Mindestleistung	67
13. Auskunftsanspruch bei Ausscheiden	68–72
a) Inhalt des Auskunftsanspruchs	68–70
b) Auskunftsverpflichteter	71
c) Durchsetzung des Anspruchs	72
V. Abfindung von Versorgungsanwartschaften	73–83
1. Abfindungsverbot nach § 3 BetrAVG	73–76
a) Normzweck	73/74
b) Geschützte Anwartschaften	75/76
2. Ausnahmen von dem Abfindungsverbot	77–81
a) Bagatellanwartschaften	77
b) Liquidation	78/79
c) Abfindung bei erstatteten Rentenversicherungsbeiträgen	80
d) Organmitglieder	81
3. Höhe der Abfindung	82
4. Rechtsfolgen bei Verstoß	83
VI. Anrechnungs- und Auszehrungsverbot	84–94
1. Anrechnungsverbot	84–92
a) Eigenvorsorge	84/85
b) Leistungen Dritter	86/87
c) Erwerbseinkommen	88
d) Leistungen aus der gesetzlichen Rentenversicherung	89/90
e) Unfallrenten	91
f) Zu weniger als 50 % mitfinanzierte Versorgungsleistungen	92
2. Auszehrungsverbot	93/94
a) Regelungszweck	93
b) Inhalt des Auszehrungsverbots	94
VII. Anspruch auf vorzeitige Altersleistung	95–113
1. Gesetzliche Rentenversicherung	95–97
a) Altersgrenzen	95/96
b) Abschlag	97
2. Voraussetzungen für den Bezug einer vorzeitigen Betriebsrente	98–101
a) Vollrente aus der gesetzlichen Rentenversicherung	98/99
b) Erfüllung der Leistungsvoraussetzungen	100
c) Verlangen des Arbeitnehmers	101
3. Höhe der Versorgungsleistung	102–108
a) Fehlende Regelung in der Versorgungsordnung	102–104
b) Versicherungsmathematische Abschläge	105
c) Direktversicherungen und Pensionskassen	106
d) Gesamtversorgungssystem	107
e) Kapitalleistungen	108
4. Berechnung bei vorzeitigem Ausscheiden	109–113
a) Geltung von § 6 BetrAVG	109
b) Ratierliche Kürzung analog § 2 BetrAVG	110/111
c) Versicherungsmathematische Abschläge	112
d) Direktversicherungszusagen und Pensionskassenleistungen	113
VIII. Anpassung laufender Versorgungsleistungen	114–149
1. Anpassungsprüfungspflicht, Befreiungsmöglichkeiten	114–117
a) Laufende Versorgungsleistungen	114/115
b) Direktversicherung, Pensionskasse, Beitragszusage mit Mindestleistung, Entgeltumwandlung	116
c) Befreiungsmöglichkeit	117
2. Anpassungszeitraum und Prüfungstermin	118–121
a) 3-Jahres-Rhythmus	118/119
b) Kürzerer Anpassungsrhythmus, vorzeitige Anpassungen	120/121
3. Anpassungskriterien	122–126
a) Lebenshaltungskostenindex	122
b) Reallohnbezogene Obergrenze	123–125
c) Absolute und relative Obergrenzen	126
d) Gesamtversorgungszusage	127
4. Wirtschaftliche Lage des Arbeitgebers	127–137
a) Kriterien für eine Begrenzung der Anpassung	127–133
b) Darlegungs- und Beweislast; Geheimnisschutz	134
c) Berechnungsdurchgriff	135–137

	Rn.
5. Mitbestimmung des Betriebsrats	138
6. Folgen einer unterbliebenen Anpassung	139–149
a) Nachholende Anpassung, nachträgliche Anpassung	139
b) Anpassungen nach dem 1.1.1999	140–149
IX. Ansprüche bei Insolvenz des Arbeitgebers	150–191
1. Übersicht	150–155
a) Gesicherte Durchführungswege	150/151
b) Beitragspflicht	152–154
c) Melde- und Auskunftspflichten	155
2. Sicherungsfälle	156–166
a) Insolvenz	156–159
b) Außergerichtlicher Vergleich	160–165
c) Wirtschaftliche Notlage	166
3. Gesicherter Personenkreis	167–174
a) Versorgungsempfänger	167/168
b) Inhaber unverfallbarer Anwartschaften	169–171
c) Direktversicherte	172/173
d) Unterstützungskasse	174
4. Leistungsverpflichtungen des PSVaG	175–188
a) Rechtscharakter	175
b) Beginn und Ende der Leistungspflicht, Mitteilungspflichten	176/177
c) Berechnung der Anwartschaften	178
d) Höchstgrenzen	179–181
e) Anpassungsverpflichtung nach § 16 BetrAVG	182
f) Kürzungen der Leistungen	183
g) Leistungsausschlüsse	184–186
h) Forderungsübergang	187/188
5. Rechtsstreitigkeiten	189–191
a) Klagen gegen den PSVaG	189/190
b) Fortführung von Klagen gegen den Arbeitgeber nach Insolvenzeröffnung	191
X. Verjährung	192–194

I. Auskunftsansprüche

1. Auskunft über die Höhe der Altersleistung

1 a) **Informationsverpflichtungen des Arbeitgebers und Versorgungsträgers.** Nicht nur bei Beendigung des Arbeitsverhältnisses und Eintritt in den Ruhestand, sondern auch jederzeit während des Arbeitsverhältnisses hat der Arbeitgeber oder Versorgungsträger dem Arbeitnehmer nach § 4a Abs. 1 BetrAVG auf dessen Verlangen mitzuteilen,

- ob und wie eine Anwartschaft auf betriebliche Altersversorgung erworben wird,
- wie hoch der Anspruch auf betriebliche Altersversorgung aus der bisher erworbenen Anwartschaft ist und bei Erreichen der vorgesehenen Altersgrenze voraussichtlich sein wird,
- wie sich eine Beendigung des Arbeitsverhältnisses auf die Anwartschaft auswirkt,
- wie sich die Anwartschaft nach einer Beendigung des Arbeitsverhältnisses entwickelt.

2 Diese Vorschrift ersetzt und ergänzt die frühere Regelung des § 2 Abs. 6 BetrAVG, wonach der Arbeitgeber oder der sonstige Versorgungsträger den Arbeitnehmer bei vorzeitigem Ausscheiden eine Auskunft darüber zu erteilen hatte, ob der Anspruch auf betriebliche Altersversorgung unverfallbar ist und in welcher Höhe Versorgungsansprüche bei Erreichen der festen Altersgrenze bestehen.[1] Nach § 4a Abs. 2 S. 1 BetrAVG müssen der Arbeitgeber oder der Versorgungsträger dem (ausgeschiedenen) Arbeitnehmer den Übertragungswert mitteilen. Nach § 4a Abs. 2 S. 2 BetrAVG muss der neue Arbeitgeber mitteilen, welche Versorgung aus dem Übergangswert resultiert. Nach § 4a Abs. 3 BetrAVG müssen sie dem ausgeschiedenen Arbeitnehmer die Höhe der Anwartschaft und deren voraussichtliche Entwicklung mitteilen.

---

[1] Zum Auskunftsanspruch bei vorzeitigem Ausscheiden → Rn. 68 ff.; zu den Informations- und Aufklärungspflichten allgemein *Reinecke* RdA 2005, 129; *Uckermann* NZA 2011, 552.

Ergänzt werden diese Auskunftsansprüche für Direktversicherungen, Pensionskassen und 3
Pensionsfonds durch die Informationspflichten nach §§ 144, 234k ff. VAG. Danach haben
diese während der Laufzeit des Versorgungsverhältnisses den Versorgungsanwärtern alle
12 Monate, und zwar erstmals bei Beginn des Versorgungsverhältnisses, die voraussichtliche
Höhe der ihnen zustehenden Leistungen mitzuteilen.

Daneben können sich Auskunftsansprüche auch aus § 241 BGB ergeben.[2] 4

b) Form und Inhalt der Auskunft. Der Anspruch richtet sich gegen den Arbeitgeber und 5
den von ihm eingeschalteten (externen) Versorgungsträger. Diese haben die Auskunft in
Textform, verständlich und in angemessener Frist zu erteilen, § 4a Abs. 3 BetrAVG.

Der Auskunftsanspruch nach § 4a Abs. 1 BetrAVG erstreckt sich nur auf die **Altersleistung** 6
bei Erreichen der in der Versorgungsordnung vorgesehenen festen Altersgrenze, nicht auf die
Höhe vorgezogener Altersleistungen oder Invaliditäts- oder Hinterbliebenenleistungen. Soweit im Rahmen von Gesamtzusagen die gesetzliche Rente anzurechnen ist, kann der Arbeitgeber diese nach den steuerlichen **Näherungsverfahren** ermitteln.[3] Die Berechnung muss für
den Arbeitnehmer nachvollziehbar sein.[4] Insoweit reicht es nicht, dem Arbeitnehmer einfach
nur die Höhe der Altersleistung aus der unverfallbaren Anwartschaft mitzuteilen.

c) Haftung für unrichtige Auskünfte. Arbeitgeber und externer Versorgungsträger haften 7
gem. § 280 BGB für falsche, unvollständige oder sonst irreführende Informationen auf
Schadensersatz.[5] Der Arbeitnehmer kann verlangen, so gestellt zu werden, als wenn die
Auskunft richtig erteilt worden wäre.[6] Ersparte Aufwendungen muss er sich anrechnen lassen. Der Schaden besteht regelmäßig darin, dass der Arbeitnehmer auf der Grundlage der
erteilten Auskunft eine für seine Altersversorgung nachteilige Entscheidung trifft.[7]

2. Auskünfte zum Übertragungswert

Die Regelungen zur Mitteilung des Übertragungswerts und zur Mitteilung des sich daraus 8
beim neuen Arbeitgeber ergebenden Anspruchs auf Altersversorgung (ggf. auch Invaliditäts- und Hinterbliebenenversorgung) nach § 4a Abs. 2 BetrAVG stehen in Zusammenhang mit
den Übertragungsmöglichkeiten bei externer Durchführung der betrieblichen Altersversorgung bei einem Arbeitgeberwechsel nach § 4 Abs. 3 BetrAVG und sollen in diesem Zusammenhang erörtert werden.[8]

3. Auskünfte externer Versorgungsträger über Beitragsrückstände

Grundsätzlich sind externe Versorgungsträger nicht verpflichtet, den Bezugsberechtigten 9
über einen Prämienverzug des Arbeitgebers zu unterrichten.[9] Eine Informationspflicht besteht jedoch dann, wenn dem Arbeitnehmer, dem ein unwiderrufliches Bezugsrecht eingeräumt worden ist, ohne eine entsprechende Unterrichtung ein irreparabler Nachteil entstehen würde, weil er nicht mehr von seinem Recht Gebrauch machen kann, die Prämien selbst
zu zahlen oder die Versicherung anstelle des Arbeitgebers fortzuführen.[10] Kommt es zur Insolvenz des Arbeitgebers, besteht keine Eintrittspflicht des PSVaG für den Beitragsschaden.
Kündigt der Versicherer den Versicherungsvertrag ohne vorherige Information des Arbeitnehmers, so hat er ihn daher Zug um Zug gegen Zahlung der ausstehenden Prämien so zu
stellen, als wäre die Direktversicherung ungekündigt mit dem Arbeitnehmer als Versicherungsnehmer fortgeführt worden.[11]

---

[2] BAG 27.6.2006 – 3 AZR 85/05, DB 2007, 2658 Rn. 23.
[3] Förster/Cisch/Karst/*Bleeck* BetrAVG § 4a Rn. 8.
[4] BAG 27.6.2006 – 3 AZR 85/05, DB 2007, 2658 unter Rn. 23 der Gründe.
[5] BAG 23.8.2011 – 3 AZR 669/09, AP BetrAVG § 4a Nr. 1.
[6] BGH 10.7.2003 – III ZR 155/02, NJW 2003, 3049 betreffend eine amtspflichtwidrige Auskunft des Rentenversicherungsträgers.
[7] *Reinecke* RdA 2005, 129 (143).
[8] → § 39 Rn. 15.
[9] *Reinecke* RdA 2005, 129 (137).
[10] OLG Düsseldorf 17.12.2002 – 4 U 78/02, BB 2003, 2019.
[11] Zustimmend *Reinecke* RdA 2005, 129 (138).

II. Planmäßige Versorgungsleistungen

1. Eintritt des Versorgungsfalls

10 a) **Fälligkeit der Versorgungsleistung.** Die Leistungen aus der betrieblichen Altersversorgung werden fällig mit Eintritt des Versorgungsfalls, dh bei Erreichen der in der Versorgungsordnung vorgesehenen festen Altersgrenze, bei Tod oder bei Invalidität, soweit zu diesem Zeitpunkt die allgemeinen Leistungsvoraussetzungen erfüllt sind.[12] Unverfallbarkeit ist nicht erforderlich, wohl aber die Erfüllung der **Wartezeit**. Höhe und Art der Versorgungsleistung ergeben sich aus der jeweiligen Versorgungsordnung.[13] Beim **Betriebsübergang** ist der neue Arbeitgeber dabei nicht verpflichtet, die bei dem früheren Arbeitgeber zurückgelegten Zeiten als wertbildenden Faktor zu berücksichtigen und kann für Arbeitnehmer, die nach dem Betriebsübergang erstmals eine Versorgungszusage erhalten, auch eine neue Wartezeit vorsehen.[14] Etwas anderes gilt für die Berechnung der Unverfallbarkeitsfristen und der Betriebszugehörigkeit.[15]

11 b) **Auskunftsverpflichtung.** Rechtzeitig vor Erreichen der Altersgrenze muss der Arbeitgeber den Arbeitnehmer über die zu erwartende Versorgungsleistung und deren Berechnung informieren, damit dieser die Berechnung überprüfen kann. Beim Aktiventod haben die Hinterbliebenen Anspruch auf Mitteilung haben, ob und in welcher Höhe ihnen eine Hinterbliebenenversorgung zusteht, § 4a Abs. 3 S. 2 BetrAVG.

2. Zusammentreffen mehrerer Versorgungszusagen

12 Probleme können sich ergeben, wenn mehrere Versorgungszusagen zusammentreffen oder die Versorgungszusage ergänzt oder geändert worden ist. Es ist dann vorab zu klären, welche Versorgungszusage maßgeblich ist.

13 a) **Nebeneinander bestehende Regelungen.** Die Ansprüche können sich aus mehreren Versorgungszusagen ergeben. Hier ist zunächst durch Auslegung zu ermitteln, ob diese nebeneinander bestehen sollen oder ob früher erteilte Zusagen durch neuere abgelöst werden sollten. Von nebeneinander bestehenden Versorgungsregelungen ist auszugehen, wenn neben einer Grundversorgung für alle Arbeitnehmer für einzelne Arbeitnehmer oder Arbeitnehmergruppen eine **Zusatzversorgung** vorgesehen ist oder unterschiedliche Durchführungswege miteinander kombiniert oder unterschiedliche Versorgungsleistungen über unterschiedliche Versorgungsträger gewährt werden.

14 b) **Änderungen von älteren Zusagen durch neuere.** Soweit frühere Zusagen durch spätere Versorgungsregelungen geändert werden, ist zu unterscheiden:

15 aa) *Zeitkollisionsregel.* Bei **kollektivrechtlichen Regelungen** gilt die Zeitkollisionsregel.[16] Die neuere Betriebsvereinbarung löst die jüngere ab. Treffen Betriebsvereinbarung und Tarifvertrag zusammen, gilt der Tarifvertrag, da dieser im Vergleich zur Betriebsvereinbarung höherrangig ist. Jedoch kann der Tarifvertrag gemäß § 77 Abs. 3 S. 2 BetrVG ergänzende Regelungen in einer Betriebsvereinbarung zulassen.

16 bb) *Günstigkeitsprinzip.* Treffen eine individualrechtliche Versorgungsregelung und eine kollektivrechtliche Regelung zusammen, gilt grundsätzlich das Günstigkeitsprinzip.[17] Günstigere individualrechtliche Regelungen können durch eine abweichende kollektivrechtliche Regelung grundsätzlich nur verdrängt werden, wenn die individualrechtliche Regelung einen entsprechenden Vorbehalt enthält oder der Arbeitnehmer zustimmt.[18]

---

[12] Dazu → § 37 Rn. 36 ff.
[13] Zu den verschiedenen Versorgungsleistungen → § 37 Rn. 47 ff.
[14] BAG 19.4.2005 – 3 AZR 469/04, NZA 2005, 840; zur Gleichbehandlung übernommener Arbeitnehmer mit Altarbeitnehmern → § 39 Rn. 32 f.
[15] BAG 19.4.2005 – 3 AZR 469/04, NZA 2005, 840.
[16] BAG 16.9.1986 – GS 1/82, AP BetrVG 1972 § 77 Nr. 17 = DB 1987, 383; 17.3.1987 – 3 AZR 64/84, AP BetrAVG § 1 Ablösung Nr. 9; 22.5.1990 – 3 AZR 128/89, AP BetrAVG § 1 Betriebsvereinbarung Nr. 3.
[17] BAG 16.9.1986 – GS 1/82, AP BetrVG 1972 § 77 Nr. 17 = DB 1987, 383.
[18] → § 40 Rn. 6.

Streitig ist, inwieweit individualrechtliche **Zusagen mit kollektivem Bezug** (Gesamtzusage, vertragliche Einheitsregelung, kollektive betriebliche Übung) auch ohne einen ausdrücklichen Vorbehalt oder Zustimmung durch Betriebsvereinbarung geändert werden können. Das BAG erlaubt eine Durchbrechung des individuellen Günstigkeitsprinzips, wenn bei kollektiver Betrachtung die Leistungen insgesamt nicht verschlechtert werden.[19] Im Übrigen ist ein im Wege der Gesamtzusage erteiltes Versorgungsversprechen regelmäßig als dynamisch anzusehen.[20]

III. Ansprüche bei vorzeitigem Ausscheiden

1. Gesetzliche Unverfallbarkeit

a) **Unverfallbarkeitsfristen.** *aa) Neuzusagen ab 1.1.2009.* Ist der Arbeitnehmer vor Eintritt des Leistungsfalls aus dem Unternehmen ausgeschieden, hängt seine Anspruchsberechtigung davon ab, dass seine Ansprüche **unverfallbar** sind. Nach § 1b Abs. 1 S. 1 BetrAVG tritt (gesetzliche) Unverfallbarkeit ein, wenn der Arbeitnehmer bei Ausscheiden das **21. Lebensjahr** vollendet hat und die Versorgungszusage zu diesem Zeitpunkt mindestens **drei Jahre** bestanden hat. Diese Regelung gilt für alle Neuzusagen ab 1.1.2018.

bb) Altzusagen. Für Zusagen vor dem 1.1.2018 bleibt es gem. § 30f Abs. 3 BetrAVG zunächst bei dem bisherigen Mindestalter. Die Anwartschaft bleibt aufrechterhalten, wenn der Ausscheidende zu diesem Zeitpunkt das **25. Lebensjahr** vollendet hat und die Versorgungszusage für ihn mindestens **fünf Jahre** bestanden hat oder am 1.1.2018 die Zusage drei Jahre bestand und bei Beendigung des Arbeitsverhältnisses das 21. Lebensjahr vollendet ist.

b) **Maßgeblicher Zeitpunkt.** Die Unverfallbarkeitsvoraussetzungen müssen grundsätzlich zum Zeitpunkt des **Ausscheidens** erfüllt sein.[21] Dies ist der Zeitpunkt, zu dem das Arbeitsverhältnis rechtlich endet. Eine Ausnahme gilt für den **Vorruhestand**. Scheidet der Arbeitnehmer auf Grund einer Vorruhestandsregelung aus, so behält der Arbeitnehmer seine Anwartschaft auch dann, wenn er die Leistungsvoraussetzungen bis zum Erreichen der Altersgrenze hätte erfüllen können (§ 1b Abs. 1 S. 2 BetrAVG). Dies gilt auch für Vorruhestandsregelungen außerhalb des ausgelaufenen Vorruhestandsgesetzes.

c) **Entgeltumwandlung.** Ansprüche aus Entgeltumwandlungen sind nach § 1b Abs. 5 BetrAVG **sofort** unverfallbar.

2. Beginn der Unverfallbarkeitsfrist

a) **Direktzusage.** Bei der Direktzusage beginnt die Unverfallbarkeitsfrist mit Erteilung der Versorgungszusage. Hierbei ist zu unterscheiden: Hat bereits zu Beginn der Betriebszugehörigkeit eine Versorgungsregelung bestanden, ist der Zeitpunkt der Erteilung der Versorgungszusage identisch mit dem Beginn der Betriebszugehörigkeit. Bestand keine Versorgungsregelung, kommt es auf den Zeitpunkt der Erteilung der Zusage oder den Abschluss einer Betriebsvereinbarung an. **Vorschaltzeiten** sind in die Unverfallbarkeitsfrist einzurechnen.[22] Darunter sind solche Zeiten zu verstehen, die der Arbeitnehmer zunächst zurücklegen muss, bevor die Versorgungszusage förmlich erteilt wird. Die Unverfallbarkeitsfrist beginnt bereits mit Beginn des Arbeitsverhältnisses. Dies gilt auch dann, wenn der Arbeitgeber die Erteilung der Versorgungszusage vom erfolgreichen Ablauf der **Probezeit** abhängig macht und ihm nach deren Ablauf kein Entscheidungsspielraum bleibt („Zusage einer Zusage").[23]

Bei der **betrieblichen Übung** und bei Ansprüchen aus dem Gesichtspunkt der **Gleichbehandlung** ist darauf abzustellen, ab welchem Zeitpunkt die betriebliche Übung für den An-

---

[19] Dazu iE → § 40 Rn. 30 ff.
[20] BAG 13.1.2015 – 3 AZR 897/12, AP BetrAVG § 1 Nr. 54.
[21] BAG 14.1.2009 – 3 AZR 529/07, NZA 2010, 226; dort auch zur Berechnung der Unverfallbarkeitsfrist nach §§ 187 Abs. 2 S. 1, 188 Abs. 2 Hs. 2 BGB.
[22] BAG 7.7.1977 – 3 AZR 572/06, DB 1977, 1704; 20.3.1980 – 3 AZR 697/78, DB 1980, 1352.
[23] BAG 24.2.2004 – 3 AZR 5/03, DB 2004, 1158; dazu *Kremhelmer/Cisch* DB Beilage 3/2005, 25 f.

spruchsteller anwendbar ist[24] bzw. ab wann der Anspruchsteller aus dem Gesichtspunkt der Gleichbehandlung in den Kreis der Berechtigten einzubeziehen gewesen wäre.[25]

24   b) **Direktversicherung, Pensionskasse, Pensionsfonds.** Bei Abschluss einer Direktversicherung gilt nach § 1b Abs. 2 S. 4 BetrAVG der **Versicherungsbeginn** als Zusagezeitpunkt, frühestens jedoch der Beginn der Betriebszugehörigkeit. Entsprechendes gilt bei Durchführung der betrieblichen Altersversorgung über eine Pensionskasse oder einen Pensionsfonds (§ 1b Abs. 3 BetrAVG).

25   c) **Unterstützungskasse.** Bei einer Unterstützungskasse gilt die Zusage nach § 1b Abs. 4 S. 2 BetrAVG mit dem Zeitpunkt der **Aufnahme** in den Kreis der Begünstigten als erteilt.

26   d) **Anrechnung von Vordienstzeiten.** Grundsätzlich kann der Zusagezeitpunkt nicht vor Beginn der Betriebszugehörigkeit liegen. Die Rechtsprechung[26] ermöglicht jedoch eine Vorverlegung durch Anerkennung von Vordienstzeiten, die bei einem anderen Arbeitgeber zurückgelegt worden sind. Voraussetzung ist, dass auch die Vordienstzeiten von einer Versorgungsregelung begleitet waren und nahtlos an das neue Arbeitsverhältnis heranreichen. Ferner darf noch keine Unverfallbarkeit eingetreten sein.[27] Dabei ist durch Auslegung zu ermitteln, ob die Anerkennung der Vordienstzeiten nur für die Berechnung der Höhe der Versorgungsleistung eine Rolle spielen soll oder auch für die Unverfallbarkeit selbst.[28] Gegebenenfalls tritt dann die Unverfallbarkeit bereits vor Ablauf von fünf Jahren Betriebszugehörigkeit ein.

3. Fortbestand der Zusage bei Änderung und Übernahme durch eine andere Person

27   Nach § 1b Abs. 1 S. 3 BetrAVG wird die Unverfallbarkeitsfrist nicht dadurch unterbrochen, dass die Versorgungszusage geändert oder von einer anderen Person übernommen wird.

28   a) **Änderung der Versorgungszusage, Ergänzung.** Grundsätzlich beginnt die Unverfallbarkeitsfrist mit Erteilung der ersten Versorgungszusage. Spätere Änderungen berühren den Lauf der Unverfallbarkeitsfrist nicht. Dies gilt grundsätzlich auch für **Ergänzungen** einer erteilten Zusage,[29] und zwar unabhängig davon, ob der gleiche oder ein anderer Durchführungsweg gewählt wird. Eine Ausnahme lässt das BAG[30] für den Fall zu, dass eine Rentenzusage durch eine zweite Zusage auf Zahlung eines Kapitalbetrags ergänzt wird. Für die Kapitalzusage gilt nach Auffassung des BAG eine eigene Unverfallbarkeitsfrist, da es sich um eine **zusätzliche Zusage** handelt und nicht um eine Änderung der bisherigen. Dies wird man für alle zusätzlich gewährten Leistungen verallgemeinern können, soweit sich nicht aus den Umständen ergibt, dass eine einheitliche Versorgungszusage gewollt war. Eine einheitliche Unverfallbarkeitsfrist gilt bei **Erhöhungen** bereits bisher zugesagter Leistungen oder bei **Statuswechseln** (etwa Wechsel aus einer Arbeitnehmerstellung in den Kreis der leitenden Angestellten mit entsprechender höherer Versorgung; Erfüllung der Voraussetzungen für eine Zusatzversorgung).[31] Eine neue Unverfallbarkeitsfrist beginnt dagegen, wenn eine auf Tarifvertrag beruhende Versorgungszusage durch eine Zusage des Arbeitgebers ergänzt wird.[32] Die Zusage beruht hier auf einer anderen rechtlichen Grundlage. Es kann nicht davon ausgegangen werden, dass eine Unverfallbarkeit unabhängig von Zeitpunkt der Erteilung der Versorgungszusage durch den Arbeitgeber gewollt war.

---

[24] Dazu → § 36 Rn. 28.
[25] → § 36 Rn. 35 ff.
[26] BAG 11.1.1983 – 3 AZR 212/80, AP BetrAVG § 7 Nr. 17; 26.9.1989 – 3 AZR 815/87, AP BetrAVG § 7 Nr. 53; Nr. 54; 15.6.2010 – 3 AZR 334/06, AP BetrAVG § 1 Lebensversicherung Nr. 31.
[27] BAG 28.3.1995 – 3 AZR 496/94, AP BetrAVG § 7 Nr. 84; anders BAG 15.6.2010 – 3 AZR 334/06, AP BetrAVG § 1 Lebensversicherung Nr. 31, das diese Voraussetzung nicht mehr heranzieht.
[28] BAG 29.6.1982 – 3 AZR 334/06, AP BetrAVG § 1 Nr. 7.
[29] BAG 28.4.1981 – 3 AZR 184/80, AP BetrAVG § 1 Wartezeit Nr. 11 = DB 1982, 856.
[30] BAG 28.4.1992 – 3 AZR 354/91, BetrAV 1992, 229.
[31] Siehe dazu *Hanau* GS Blomeyer, 117 ff.
[32] *Höfer* BetrAVG I § 1b Rn. 141.

b) Übernahme von Versorgungsverpflichtungen. Unter die Übernahme von Versorgungs- 29
verpflichtungen, die den Lauf der Unverfallbarkeitsfrist nicht beeinflusst, fallen
- der Betriebsübergang nach § 613a BGB
- die Gesamtrechtsnachfolge durch Erbschaft, Umwandlung oder Anwachsung
- der Wechsel des Versorgungsträgers bei fortbestehendem Arbeitsverhältnis
- die Übernahme der Versorgungsverpflichtung im Wege der befreienden Schuldübernahme nach § 415 BGB iVm § 4 BetrAVG.

War das Arbeitsverhältnis wirksam auf das Ende des Tags vor dem Betriebsübergang be- 30
fristet und wird es vom Erwerber nahtlos durch Abschluss eines neuen Arbeitsverhältnisses fortgesetzt, so gebietet es nach Auffassung des BAG der Schutzzweck des § 613a BGB, die Arbeitsverhältnisse als eine Einheit zu betrachten mit der Folge, dass der neue Arbeitgeber auch in die Anwartschaften aus betrieblicher Altersversorgung eintritt.[33]

Bei der Schuldübernahme muss eine Befreiung des bisherigen Arbeitgebers beabsichtigt 31
sein. Eine befreiende Schuldübernahme liegt daher nicht vor, wenn der neue Arbeitgeber die Beiträge fortzahlt, ohne zugleich die Versorgungsverpflichtung selbst zu übernehmen.[34]

c) Arbeitgeberwechsel im Konzern. Wechselt der Arbeitnehmer von einem Konzernunter- 32
nehmen zu einem anderen, führt dies nicht automatisch dazu, dass Dienstzeiten beim bisherigen Konzernunternehmen bei dem anderen Unternehmen angerechnet werden. Rechtlich wird ein neues Arbeitsverhältnis begründet. Die Unverfallbarkeitsfristen laufen daher nur dann fort, wenn der neue Arbeitgeber die bei dem anderen Konzernunternehmen zurückgelegten Beschäftigungszeiten als Vordienstzeiten anerkennt,[35] er die Versorgungsverpflichtungen nach § 415 BGB iVm § 4 BetrAVG übernimmt oder das Arbeitsverhältnis zu dem bisherigen Konzernunternehmen zumindest als ruhendes Arbeitsverhältnis fortdauert.[36] Es reicht nicht aus, wenn die Tätigkeit für verschiedene Gesellschaften erbracht worden ist, auch wenn diese eng miteinander verflochten sind.[37]

4. Unterbrechungen der Betriebszugehörigkeit

Wird das Arbeitsverhältnis beim gleichen Arbeitgeber beendet und später neu begründet, 33
beginnt eine neue Unverfallbarkeitsfrist zu laufen. Auf den Grund und die Dauer der Unterbrechung kommt es dabei nicht an.[38]

Ein **Ruhen** des Arbeitsverhältnisses etwa infolge Elternurlaubs nach dem BEEG unter- 34
bricht den Lauf der Unverfallbarkeitsfrist dagegen nicht. Das Gleiche gilt für **Ausfallzeiten** als Soldat oder Abgeordneter (siehe § 8 Abs. 3 S. 2 SoldVG, § 4 Abs. 2 AbgG).

5. Vertragliche Unverfallbarkeit

Liegen die Voraussetzungen für die gesetzliche Unverfallbarkeit nicht vor, bleibt es dem 35
Arbeitgeber dennoch unbenommen, mit dem Arbeitnehmer etwa im Zusammenhang mit einer Ausscheidensvereinbarung eine günstigere Regelung zu treffen und die erdiente Anwartschaft vertraglich aufrecht zu erhalten. Eine solche Vereinbarung bindet nur den Arbeitgeber bzw. dessen Rechtsnachfolger, hat aber im **Insolvenzfall** auf die Leistungsverpflichtung des PSVaG nach § 7 BetrAVG keinen Einfluss, da dieser nur für die gesetzlich unverfallbaren Anwartschaften einzustehen hat.

6. Erfasste Anwartschaften

Von der Unverfallbarkeit erfasst werden zunächst die zugesagten Altersversorgungsleis- 36
tungen. Sind in der Versorgungsregelung auch Invaliditätsleistungen vorgesehen, so gilt die

---

[33] BAG 19.5.2005 – 3 AZR 649/03, NZA-RR 2006, 373.
[34] OLG Köln 11.4.1994 – 5 U 172/93, DB 1995, 436 für den Fall der Fortführung einer Direktversicherung; Höfer BetrAVG I § 1b Rn. 154.
[35] → Rn. 26.
[36] BAG 6.8.1985 – 3 AZR 185/83, AP BetrAVG § 7 Nr. 24; 25.10.1988 – 3 AZR 64/87, AP BetrAVG § 7 Nr. 46.
[37] BAG 20.4.2004 – 3 AZR 297/03, DB 2004, 2432.
[38] BAG 22.2.2000 – 3 AZR 4/99, DB 2001, 2203.

Unverfallbarkeit auch für diese Anwartschaft.[39] Die Invaliditätsversorgung kann wegen der Regelung in §§ 2 Abs. 1 S. 1, 19 Abs. 3 BetrAVG nicht davon abhängig gemacht werden, dass das Arbeitsverhältnis bei Eintritt der Invalidität noch besteht. Entsprechendes gilt für Todesfallleistungen. Sieht die Versorgungsregelung Leistungen an Hinterbliebene vor, umfasst die Unverfallbarkeit auch diese Anwartschaft.

IV. Höhe der unverfallbaren Anwartschaft

1. Ratierliche Berechnung der Anwartschaft

37 a) **Quotierungsprinzip.** Steht fest, dass der Anspruch auf betriebliche Altersversorgung unverfallbar ist, stellt sich die Frage nach der Höhe des Anspruchs. Mindestens hat der Arbeitnehmer nach § 2 Abs. 1 BetrAVG Anspruch auf den Teil der Leistung, der dem Verhältnis der Dauer der Betriebszugehörigkeit zur insgesamt bis zum Erreichen der festen Altersgrenze möglichen Betriebszugehörigkeitsdauer entspricht. Die Versorgungsleistung, wie sie sich bei Fortdauer des Beschäftigungsverhältnisses ergäbe, wird gekürzt (gequotelt), und zwar nach dem Verhältnis der erreichten Betriebszugehörigkeit zur erreichbaren Betriebszugehörigkeit. Die **erreichte Betriebszugehörigkeit** wird üblicherweise mit dem Faktor **m** ausgedrückt, die **erreichbare Betriebszugehörigkeit** mit dem Faktor **n**.

$$\text{Formel: V (Versorgungsleistung)} = Z \text{ (Zusage)} \times \frac{m}{n}$$

38 b) **Betriebstreue als Ausgangspunkt.** Das vom BAG in seiner Grundsatzentscheidung vom 10.3.1972[40] für die Berechnung der unverfallbaren Anwartschaft entwickelte und 1974 in das BetrAVG übernommene Quotierungsprinzip beruht auf dem Gedanken, dass das Ruhegeld Gegenleistung für die erbrachte Betriebstreue ist. Der Vollanspruch wird nur erreicht, wenn der Arbeitnehmer bis zum Erreichen der Altersgrenze betriebstreu bleibt. Scheidet er vorher aus, hat er nur Anspruch auf den Teil der Versorgungsleistung, der dem Verhältnis der bereits erbrachten Betriebstreue zur notwendigen Betriebstreue bis zum Erreichen des Vollanspruchs entspricht.

39 Ob die Betriebstreue als Anknüpfungspunkt heute noch ein geeignetes Kriterium ist, ist zweifelhaft.[41] Lebensarbeitsverhältnisse werden immer seltener. Flexibilität wird erwartet. Aus diesem Grund wäre eine Anknüpfung an die erbrachte Arbeitsleistung und nicht an die Betriebstreue sachgerechter. Altersversorgung ist dann nicht Gegenleistung für die erbrachte Betriebstreue, sondern für die erbrachte Arbeitsleistung und damit Teil des Entgelts. Dies entspricht auch der europarechtlichen Einordnung der betrieblichen Altersversorgung. Diese ist nach der ständigen Rechtsprechung des EuGH Entgelt iSd Art. 157 AEUV (Art. 141 EG-Vertrag).[42]

40 c) **Altersdiskriminierung.** Das an die Betriebszugehörigkeit (Betriebstreue) anknüpfende Quotierungsprinzip ist auch deshalb problematisch, weil es je nach Ausgestaltung der Versorgungszuge zu einer mittelbaren Benachteiligung jüngerer Arbeitnehmer führen kann, weil bei diesen bei gleicher Dauer der Betriebszugehörigkeit (des Arbeitsverhältnisses) der Quotient wegen der längeren noch erforderlichen Dienstzeit und damit des höheren Divisors geringer ist.[43] Bei linearen Versorgungssystemen, bei denen für jedes Dienstjahr ein bestimmter Prozentsatz als Rentenbaustein zugesagt wird, wirkt sich der Altersunterschied nicht aus,[44]

---

[39] BAG 24.6.1998 – 3 AZR 288/97, NZA 1999, 318; 20.11.2001 – 3 AZR 550/00, AP BetrAVG § 1 Invaliditätsrente Nr. 13.
[40] BAG 10.3.1972 – 3 AZR 278/71, AP BGB § 242 Ruhegehalt Nr. 156.
[41] *Preis* BetrAV 2010, 513 (515); *Rengier* NZA 2006, 1251 (1256).
[42] EuGH 28.9.1994 – C-408/92, AP EWG-Vertrag Art. 119 Nr. 58; 9.10.2001 – C-379/99, AP BetrAVG § 1 Pensionskasse Nr. 5 – Menauer; 10.5.2011 – C-147/08, NZA 2011, 557 – Römer.
[43] LAG Baden-Württemberg 27.9.2010 – 4 Sa 7/10, BeckRS 2010, 73831; *Preis* BetrAV 2010, 513 (515); *Rengier* NZA 2006, 1251 (1256).
[44] Siehe *Diller* NZA 2011, 725 f.

wohl aber bei einer Höchstbegrenzung der anrechnungsfähigen Dienstjahre[45] oder bei degressiven Versorgungszusagen mit sinkenden Steigerungssätzen bei zunehmender Dienstzeit. Trotz gleicher Dienstzeit fällt hier die Kürzung bei Jüngeren höher aus als bei Älteren. Inwieweit darin ein Verstoß gegen das gemeinschaftsrechtliche Verbot der Benachteiligung wegen des Alters liegt, ist streitig. Die Entscheidung hängt davon ab, ob die mögliche mittelbare Benachteiligung durch ein rechtmäßiges Ziel von Allgemeininteresse gerechtfertigt ist und die Mittel zur Erreichung dieses Ziels angemessen und erforderlich sind. Dies wird von der Rechtsprechung der Landesarbeitsgerichte[46] und nunmehr auch vom BAG[47] unter Hinweis auf die geringere geleistete Betriebstreue bei jüngeren Arbeitnehmern bejaht. Nach Auffassung des BAG hat der Gesetzgeber mit dem m/n-tel Prinzip nicht den ihm zustehenden weiten Ermessensspielraum bei der Berechnung der unverfallbaren Anwartschaft bei vorzeitigem Ausscheiden überschritten; das Verbot der Altersdiskriminierung werde dadurch nicht ausgehöhlt, da die jeweiligen Versorgungsordnungen ihrerseits dem Verbot der Diskriminierung wegen des Alters unterlägen.

2. Festschreibung der Berechnungsgrundlagen; Benachteiligungsverbot

Nach § 2a Abs. 1 BetrAVG bleiben bei der Berechnung des aufrecht zu erhaltenden Anspruchs spätere Veränderungen der Versorgungsregelung ebenso außer Betracht wie eine Veränderung der Bemessungsgrundlage und anderer Bezugsgrößen für die Berechnung des Versorgungsanspruchs mit Ausnahme der ausschließlich dienstzeitabhängigen Berechnungsfaktoren. Die Höhe des Versorgungsanspruchs wird daher im Zeitpunkt des Ausscheidens festgeschrieben. Ändert sich die Versorgungsordnung später, steigt die Bezugsgröße, etwa das Tarifgehalt, die Beitragsbemessungsgrenze oder ändert sich die feste Altersgrenze, spielt dies für die Berechnung der unverfallbaren Anwartschaft keine Rolle. Dies gilt auch für eine spätere Änderung der versicherungsmathematischen Abschläge bei vorzeitiger Inanspruchnahme des Altersruhegelds.[48] Die Festschreibung kann sich zugunsten wie zuungunsten des Arbeitnehmers auswirken. Allerdings darf in Abweichung von § 2a Abs. 1 BetrAVG ein ausgeschiedener Arbeitnehmer im Hinblick auf den Wert seiner unverfallbaren Anwartschaft gegenüber vergleichbaren nicht ausgeschiedenen Arbeitnehmern nach § 2a Abs. 2 Satz 1 BetrAVG nicht benachteiligt werden.[49] Sofern die Voraussetzungen des § 2a Abs. 2 S. 2 BetrAVG vorliegen, gilt eine solche Benachteiligung als ausgeschlossen.

3. Berechnung der hypothetischen Versorgungsleistung

Die Berechnung der unverfallbaren Anwartschaft nach § 2a Abs. 1 BetrAVG setzt zwei Rechenschritte voraus. Zunächst muss die Höhe der Versorgungsleistung ermittelt werden, die dem Arbeitnehmer ohne das vorherige Ausscheiden zugestanden hätte. Festzustellen ist also die Altersrente, die Kapitalleistung, die Hinterbliebenenversorgung oder die Invaliditätsleistung, die der Arbeitnehmer bzw. seine Hinterbliebenen hätten beanspruchen können, wenn das Arbeitsverhältnis bis zum Eintritt des Versorgungsfalls fortbestanden hätte, und zwar nach der im Zeitpunkt des Ausscheidens geltenden Versorgungsordnung und den zu diesem Zeitpunkt gültigen Bemessungsgrundlagen.

a) **Zusage eines festen Betrages, dienstzeitabhängige Zusagen.** Ist eine **bestimmte Summe** zugesagt, so bildet diese die Berechnungsgrundlage. Bei **dienstzeitabhängigen Zusagen** ist zunächst zu berechnen, wie hoch der Anspruch bei weiteren Beschäftigungsjahren bis zum Eintritt des Versorgungsfalls gewesen wäre, bei Invalidität also bis zum Eintritt des Invaliditätsfalls. Die Betriebsrente ist bei dienstzeitabhängigen Steigerungssätzen aufsteigend bis zu

---
[45] *Preis* BetrAV 2010, 513 (515); zu den Höchstbegrenzungsklauseln → § 37 Rn. 41.
[46] LAG Köln 6.5.2009 – 9 Sa 1/09, BeckRS 2009, 67318; LAG Baden-Württemberg 27.9.2010 – 4 Sa 7/10, BeckRS 2010, 73831.
[47] BAG 19.7.2011 – 3 AZR 434/09, NZA 2012, 155; hierzu BVerfG 29.5.2012 – 1 BvR 3201/11, NZA 2013, 164.
[48] BAG 17.8.2004 – 1 ABR 37/03, DB 2005, 563.
[49] *Diller/Arnold* DB 2019, 608.

dem Zeitpunkt zu berechnen, in dem der Versorgungsfall eingetreten ist.[50] Gehaltserhöhungen dürfen dabei nicht berücksichtigt werden.

44   b) **Endgehaltsabhängige Zusagen und Karrieredurchschnittspläne.** Bei **endgehaltsabhängigen Zusagen** sind die versorgungsfähigen Bezüge des letzten Jahres vor dem Ausscheiden zugrunde zu legen. Ist nach der Versorgungsordnung auf das **Durchschnittseinkommen** in einem bestimmten Zeitraum abzustellen, kommt es im Rahmen des § 2a Abs. 1 BetrAVG auf die bis zum Ausscheidenszeitpunkt erzielten Durchschnittsbezüge während dieses Zeitraums an.[51]

45   Ist ein Zeitraum nicht festgelegt und lässt sich der maßgebliche Berechnungszeitraum auch nicht durch Auslegung ermitteln, ist fraglich, ob auf das Durchschnittsgehalt aller Jahre vor dem Ausscheiden abzustellen ist[52] oder auf das letzte maßgebliche Jahresgehalt.[53] Richtigerweise dürfte zu differenzieren sein: Soll die Durchschnittsbildung wie etwa bei Handelsvertretern schwankende Bezüge ausgleichen, ist eine Durchschnittsbildung über einen repräsentativen Zeitraum vorzunehmen. Das Gesetz sieht für die Berechnung des Ausgleichsanspruchs nach § 89b HGB einen Zeitraum von fünf Jahren als angemessen an. Dieser Zeitraum kann auch für die Ermittlung der Durchschnittsbezüge für die Berechnung der unverfallbaren Anwartschaft herangezogen werden.

46   Soll die Durchschnittsbildung einen schwankenden Beschäftigungsumfang ausgleichen, sind alle ruhegeldfähigen Jahre zu berücksichtigen. Mit der Durchschnittsbildung soll in diesem Fall der gleiche Effekt erzielt werden wie bei einer separaten Bewertung der Ansprüche für jedes Jahr. Die Tatsache, dass die Versorgungsordnung überhaupt eine Durchschnittsbildung für die Ermittlung der Bemessungsgrundlage vorsieht, spricht dafür, dass gerade nicht auf das letzte Gehalt abgestellt werden soll.

47   c) **Anrechnung von gesetzlichen Rentenansprüchen.** Ist die Rente aus der gesetzlichen Rentenversicherung anzurechnen, ist zunächst zu ermitteln, welche Alters-, Witwen-, oder Invaliditätsrente sich unter Berücksichtigung der erreichten Entgeltpunkte (§§ 70 ff. SGB VI) und des aktuellen Rentenwerts (§ 68 SGB VI) ergibt. Die sich daraus errechnende Rentenanwartschaft ist von der hypothetischen Betriebsrente abzuziehen und der sich ergebende Differenzbetrag im Verhältnis der erreichten zur erreichbaren Betriebszugehörigkeit zu kürzen.[54] Kann der ausscheidende Arbeitnehmer die Anzahl der erreichten Entgeltpunkte nicht nachweisen, kann der Arbeitgeber nach § 2a Abs. 3 S. 1 BetrAVG zur Ermittlung der Leistungen aus der Rentenversicherung auf das für die Berechnung von Pensionsrückstellungen zugelassene **Näherungsverfahren** zurückgreifen.[55] Ist die Rente aus der gesetzlichen Rentenversicherung im Rahmen des Versorgungsausgleichs bei Ehescheidung gesplittet worden, ist anrechenbar nicht die geminderte, sondern die volle Rente, an deren Finanzierung sich der Arbeitgeber beteiligt hat.[56]

48   d) **Obergrenzen.** Sieht die Versorgungsordnung unter Berücksichtigung der Ansprüche aus der gesetzlichen Rentenversicherung eine bestimmte Obergrenze vor, die nicht überschritten werden darf, sind zunächst Sozialversicherungsrente und Betriebsrente hochzurechnen und die Betriebsrente bei Überschreiten der Höchstgrenze entsprechend zu kürzen. Dieser gekürzte Betrag unterliegt dann der Quotierung nach § 2 BetrAVG.[57]

4. Erreichte Betriebszugehörigkeit

49   Der hypothetisch sich ergebende Anspruch ist nach § 2 Abs. 1 BetrAVG im Verhältnis der erreichten (zurückgelegten) Betriebszugehörigkeit zur bis zum Erreichen der festen Alters-

---

[50] Siehe BAG 21.8.2001 – 3 AZR 649/00, BB 2002, 518; 15.2.2005 – 3 AZR 298/04, NZA-RR 2005, 671.
[51] BAG 24.6.1986 – 3 AZR 645/84, AP BetrAVG § 7 Nr. 33 = DB 1987, 587; *Höfer* BetrAVG I § 2 Rn. 317.
[52] So *Höfer* BetrAVG I § 2 Rn. 317.
[53] MHdb ArbR/*Andresen/Cisch* § 145 Rn. 134.
[54] Berechnungsbeispiele bei Förster/Rühmann/Karst/*Jumpertz* BetrAVG § 2 Rn. 17; *Höfer* BetrAVG I § 2 Rn. 321 f.
[55] Siehe dazu BMF-Schreiben v. 15.3.2007, BStBl. I 290; BMF-Schreiben v. 5.5.2008, BStBl. I 570.
[56] BAG NZA 2002, 274.
[57] BAG NZA 2006, 1221 = DB 2006, 2354 unter Aufgabe der früheren Rechtsprechung.

grenze erreichbaren Betriebszugehörigkeit zu kürzen. Dies gilt auch für **Invalidenrenten**.[58] Auch hier ist zunächst auf der Grundlage der bei Ausscheiden geltenden Versorgungsordnung zu ermitteln, wie hoch der Anspruch bei Eintritt des Invaliditätsfalls bei Fortbestand des Arbeitsverhältnisses gewesen wäre. Dieser ist dann zeitanteilig im Verhältnis der erreichten zur insgesamt erreichbaren Betriebszugehörigkeit zu kürzen. Anders als bei den vorgezogenen Altersrenten vorzeitig ausgeschiedener Arbeitnehmer folgt die Kürzungsmöglichkeit unmittelbar aus dem Gesetz. Es kommt daher nicht darauf an, ob die Versorgungsordnung eine solche Kürzungsmöglichkeit ausdrücklich vorsieht.

a) **Tatsächliche Betriebszugehörigkeit und zuzurechnende Zeiten.** Bei Ermittlung des Kürzungsfaktors ist im Zähler grundsätzlich die tatsächliche Betriebszugehörigkeit einzusetzen. Sie beginnt mit dem Eintritt in das Arbeitsverhältnis und endet mit dem Datum des Ausscheidens. Zeiten, in denen das Arbeitsverhältnis ruht, sind ebenso zu berücksichtigen wie Krankheits- und Urlaubszeiten oder Zeiten, in denen nach den gesetzlichen Bestimmungen ein Fortbestand des Arbeitsverhältnisses fingiert wird (Wehr- und Zivildienst, Mutterschaft, Elternzeit). Eine Gesamtrechtsnachfolge oder der Betriebsübergang unterbrechen die Betriebszugehörigkeit gleichfalls nicht. Es gelten insoweit die gleichen Grundsätze wie bei der Berechnung der Unverfallbarkeitsfrist.[59] Hinzuzurechnen sind Zeiten, die der Arbeitgeber als Betriebszugehörigkeitszeiten ausdrücklich anerkannt hat. Dagegen sind **Ausfallzeiten** als Soldat oder Abgeordneter nach der ausdrücklichen Regelung des § 8 Abs. 3 S. 2 SoldVG, § 4 Abs. 2 AbgG für die Berechnung der Höhe der unverfallbaren Anwartschaft nicht zu berücksichtigen.

b) **Berücksichtigung von Nachdienstzeiten.** Nach Auffassung des BAG[60] kann der Arbeitgeber bei der Berechnung der Betriebszugehörigkeit auch Zeiten nach dem Ausscheiden berücksichtigen.[61] Eine solche Vereinbarung bindet jedoch nur die Vertragsparteien und deren Rechtsnachfolger, nicht jedoch den Pensions-Sicherungs-Verein.[62] Etwas anderes gilt dann, wenn der Arbeitgeber eine höhere Zusage erteilt oder das Arbeitsverhältnis ruhend gestellt wird.

5. Erreichbare Betriebszugehörigkeit

Die erreichbare Betriebszugehörigkeit berechnet sich nach der Zeit vom Beginn der Betriebszugehörigkeit bis zum Erreichen der **Regelaltersgrenze** oder einer anderen in der Versorgungsordnung festgelegten früheren festen Altersgrenze. Flexible Altersgrenzen bleiben außer Betracht. Legt die Versorgungsordnung eine frühere feste Altersgrenze fest, führt dies dazu, dass wegen der kürzeren möglichen Betriebszughörigkeit der Nenner kleiner und damit der Anteil der erreichten Betriebszugehörigkeit an der insgesamt möglichen Betriebszugehörigkeit höher wird, die Kürzung also geringer ausfällt.

Stellt eine vor dem Rentenversicherungs-Altersgrenzenanpassungsgesetz entstandene Versorgungsordnung für den Eintritt des Versorgungsfalls auf die Vollendung des 65. Lebensjahrs ab, so ist diese Versorgungsordnung regelmäßig dahingehend auszulegen, dass damit auf die Altersgrenze in der gesetzlichen Rentenversicherung nach §§ 35, 235 Abs. 2 S. 2 SGB VI Bezug genommen wird.[63]

6. Einheitliche Altersgrenzen für Männer und Frauen

Sieht die Versorgungsordnung unterschiedliche Altersgrenzen für Männer und Frauen (Männer 65. Lebensjahr, Frauen 60. Lebensjahr) vor, so sind derartige Regelungen wegen Verstoßes gegen das in Art. 157 AEUV (früher Art. 141 EG-Vertrag bzw. 119 EWG-Vertrag) verankerte Lohngleichheitsgebot unwirksam.[64] Nach der Rechtsprechung des BAG gilt dies

---

[58] BAG BB 2002, 518; BAG 15.2.2005 – 3 AZR 298/04, AP BetrAVG § 1 Berechnung Nr. 31.
[59] → Rn. 29 f.
[60] BAG DB 1992, 2251.
[61] Kritisch *Höfer* BetrAVG I § 2 Rn. 31.
[62] BAG DB 2007, 1987.
[63] BAG 15.5.2012 – 3 AZR 11/10, AP BetrAVG § 1 Ablösung Nr. 55.
[64] EuGH 17.5.1990 – C-262/88, AP EWG-Vertrag Art. 119 Nr. 20 – Barber.

jedoch nur für Beschäftigungszeiten ab 18.5.1990, also nach Verkündung des Barber-Urteils.[65] Von diesem Zeitpunkt an können unterschiedliche Altersgrenzen die Berechnung nicht mehr beeinflussen. Für Zeiten davor behalten jedoch die unterschiedlichen Altersgrenzen ihre Gültigkeit.

55 Für die Berechnung des Faktors nach § 2 Abs. 1 BetrAVG hat dies zur Folge, dass für Beschäftigungszeiten bis zum 17.5.1990 von den unterschiedlichen Altersgrenzen (für Männer 65 Jahre) und für danach zurückgelegte Beschäftigungszeiten von dem günstigeren einheitlichen Endalter (60 Jahre) auszugehen ist.[66] Auch wenn es heute kaum mehr neuere Versorgungsordnungen mit unterschiedlichen Altersgrenzen für Männer und Frauen geben dürfte, spielt diese Frage noch eine Rolle, wenn sich zB herausstellt, dass eine wirksame Ablösung einer aus der Zeit vor 1990 stammenden Versorgungsordnung durch eine spätere neuere Versorgungsordnung nicht erfolgt ist.

7. Berechnung der unverfallbaren Anwartschaft bei Ablösung

56 Wird eine Versorgungszusage (wirksam) durch eine neue Zusage abgelöst,[67] so ist nach der Rechtsprechung des BAG die bis dahin erdiente Anwartschaft nach den Grundsätzen des § 2 BetrAVG zu ermitteln.[68] Scheidet der Arbeitnehmer später aus, stellt sich die Frage, wie der nach der abgelösten Versorgungsordnung erdiente Besitzstand in die nunmehr nach § 2 Abs. 1 BetrAVG vorzunehmende m/n-tel Berechnung einzubeziehen ist. Nach Auffassung des BAG ist wie folgt zu rechnen:

(Anwartschaft bis zum Ablösungsstichtag + Anwartschaft nach der neuen Versorgungsordnung) × erreichte Dienstzeit bis zum Ausscheiden : erreichbare Dienstzeit bis zur Altersgrenze

57 Dabei darf insgesamt der zum Ablösungsstichtag ermittelte Wert nicht unterschritten werden.[69] Etwas anderes soll nur dann gelten, wenn nach dem Willen der Beteiligten der zum Ablösungsstichtag erreichte Besitzstand die nicht mehr veränderbare Basis darstellt, auf der weitere Ansprüche nach der neuen Versorgungsordnung aufbauen sollen. In diesem Fall sind beim späteren Ausscheiden nur die hinzuerworbenen Ansprüche (erneut) zu kürzen, und zwar im Verhältnis der Dienstzeit seit Ablösung zur erreichbaren Dienstzeit bis zur festen Altersgrenze.[70]

8. Rundungen

58 Grundsätzlich hat die Berechnung der Dauer der Betriebszugehörigkeit nach Tagen zu erfolgen. Eine Berechnung nach Monaten wird jedoch als zulässig angesehen.[71] Allerdings darf der Arbeitnehmer dadurch nicht benachteiligt werden (§ 19 Abs. 3 BetrAVG). Wird nach Monaten gerechnet, können angefangene Monate nach kaufmännischen Grundsätzen ab- bzw. aufgerundet werden. Dabei ist darauf zu achten, dass dies im Zähler und im Nenner nach einheitlichen Gesichtspunkten erfolgt. Im Zweifel sollte zugunsten des Arbeitnehmers gerundet werden.

9. Begrenzung von Invaliditäts- und Todesfallleistungen

59 § 2 Abs. 1 S. 2 BetrAVG enthält eine Begrenzung von Leistungen, die wegen Invalidität oder Tod vor Erreichen der Altersgrenze zu erbringen sind. Diese sollen nicht höher sein als die Leistungen, die der ausgeschiedene Arbeitnehmer oder seine Hinterbliebenen bei Eintritt

---

[65] BAGE 86, 79; BAGE 107, 358; BAG NZA 2007, 278 Rn. 62 der Gründe.
[66] BAG NZA 2007, 278 Rn. 63 der Gründe.
[67] Dazu → § 40 Rn. 43 ff.
[68] BAG 17.4.1985 – 3 AZR 72/83, AP BetrAVG § 1 Unterstützungskassen Nr. 4 zu B II 3c (1) der Gründe; BAG 26.1.2006 – 3 AZR 483/04, AP BetrAVG § 1 Ablösung Nr. 50 unter Rn. 49 der Gründe; stRspr; aA *Rengier* RdA 2006, 213 (215 ff.).
[69] BAG 16.12.2003 – 3 AZR 39/03, AP BetrAVG § 1 Nr. 25 unter II 2a der Gründe; zust. *Engelstädter* FS Kemper, 143 (150 f.); *Förster* BB 2005, 773 f.
[70] BAG DB 2003, 2794; kritisch *Rengier* RdA 2006, 213 (217 f.).
[71] BAG 22.2.1983 – 3 AZR 546/80, AP BetrAVG § 7 Nr. 15; BAG DB 2002, 2333 (2334).

der Invalidität bzw. des Todes zum Zeitpunkt des Ausscheidens erhalten hätten. Die Auswirkungen dieser Regelung sind begrenzt. Praktisch wird die Begrenzung nur in den Fällen, in denen die ersten Dienstjahre hinsichtlich der Steigerungsbeträge geringer bewertet werden als spätere nach dem Ausscheiden liegende Jahre.[72]

10. Versicherungsrechtliche Lösung

a) **Direktversicherung.** *aa) Ergänzungsanspruch bei unzureichender Versicherungsleistung.* Bei Durchführung der betrieblichen Altersversorgung über eine Lebensversicherung gelten einige Besonderheiten. Grundsätzlich ist die Höhe des unverfallbaren Anspruchs genauso zu berechnen wie bei der Direktzusage. Es kann jedoch sein, dass der unverfallbare Anspruch über die Leistung nach dem Versicherungsvertrag hinaus geht, wie sie sich auf Grund der bis dahin gezahlten Beiträge ergibt. In diesem Fall kann der Arbeitgeber entweder Beiträge nachzahlen und die Versicherung ausfinanzieren – eine steuerlich günstige Möglichkeit bietet sich ihm dazu nach § 3 Nr. 63 EStG – oder er muss dem ausgeschiedenen Arbeitnehmer bei Fälligkeit der Versorgungsleistung die Differenz zu der Versicherungsleistung zahlen. Im umgekehrten Fall der Überdeckung steht dem Arbeitgeber das Recht auf einen **Teilwiderruf** zu.[73]

bb) Ersatzverfahren. Von der Verpflichtung zur Ergänzung des versicherten Anspruchs kann sich der Arbeitgeber bei Erfüllung bestimmter **sozialer Auflagen** gemäß § 2 Abs. 2 S. 2 ff. BetrAVG befreien. Voraussetzung ist, dass

- das Bezugsrecht des Arbeitnehmers spätestens nach drei Monaten seit seinem Ausscheiden unwiderruflich ist und eine Abtretung oder Beleihung des Rechts aus dem Versicherungsvertrag durch den Arbeitgeber beseitigt ist und Beitragsrückstände nicht (mehr) vorhanden sind, die Versicherungsleistung dem Arbeitnehmer also voll zur Verfügung steht,
- die Überschussanteile seit Versicherungsbeginn bzw. seit Beginn der Betriebszugehörigkeit nur zur Verbesserung der Versicherungsleistung zu verwenden waren und
- der Arbeitnehmer das Recht zur Fortsetzung der Versicherung mit eigenen Beiträgen hat.

Die Anwendung dieser so genannten **versicherungsrechtlichen Lösung** verlangt also, dass dem Arbeitnehmer von vornherein ein Recht auf die Beitragsüberschüsse eingeräumt ist und das Bezugsrecht nicht gespalten ist. In diesem Fall umfasst die Unverfallbarkeit auch die Überschussanteile.[74] Der Arbeitnehmer kann, muss aber eine bestehende Direktversicherung nicht fortführen. Er kann sie auch beitragsfrei stellen lassen. Er kann jedoch nicht weiter darüber verfügen. Er darf sie weder abtreten noch beleihen oder verpfänden. Damit soll sichergestellt werden, dass zumindest der ausfinanzierte Teil der Versicherungsleistung für die Altersversorgung zur Verfügung steht.

b) **Pensionskasse.** Bei der Pensionskasse ist die Regelung ähnlich wie bei der Direktversicherung. Auch hier hat der Arbeitnehmer bei Unterdeckung einen Ergänzungsanspruch gegen den Arbeitgeber (§ 2 Abs. 3 S. 1 BetrAVG). Davon kann sich der Arbeitgeber gemäß § 2 Abs. 3 S. 2 BetrAVG bei Erfüllung folgender **sozialer Auflagen** befreien:

- Die Überschussanteile sind seit Versicherungsbeginn bzw. vom Beginn der Betriebszugehörigkeit an entsprechend dem Geschäftsplan nur zur Verbesserung der Versicherungsleistung zu verwenden.
- Der ausgeschiedene Arbeitnehmer hat das Recht zur Fortsetzung der Versicherung mit eigenen Beiträgen.

Der ersten Voraussetzung ist gleichgestellt der Fall, dass die Versorgungsanwartschaften **dynamisch** ausgestaltet sind und entsprechend der Entwicklung des Arbeitsentgelts jedenfalls für die Gehaltsbestandteile anzupassen sind, die unter den jeweiligen Beitragsbemessungsgrenzen der gesetzlichen Rentenversicherung liegen. Streitig ist, ob die Versorgungs-

---

[72] Siehe *Blomeyer/Rolfs/Otto* BetrAVG § 2 Rn. 121.
[73] *Höfer* BetrAVG I § 2 Rn. 145.
[74] BAG 16.2.2010 – 3 AZR 479/08, AP BetrAVG § 1 Auslegung Nr. 8.

anwartschaften dabei jeweils zum gleichen Zeitpunkt mit dem gleichen Prozentsatz angepasst werden müssen[75] oder ob es ausreicht, dass dem Arbeitnehmer bei Eintritt des Versorgungsfalls eine Versorgung auf der Grundlage des zuletzt bezogenen ruhegeldfähigen Einkommens zusteht.[76] Aus Gründen der Praktikabilität dürfte der zweiten Auffassung zu folgen sein.

65 c) **Pensionsfonds.** Reichen die angesammelten Deckungsmittel zur Finanzierung des sich nach § 2 Abs. 1 BetrAVG zu berechnenden Teilanspruchs nicht aus, hat der ausgeschiedene Arbeitnehmer nach § 2 Abs. 3a BetrAVG einen Ergänzungsanspruch gegen den Arbeitgeber. Eine Möglichkeit, sich von dieser Verpflichtung zu befreien, sieht das Gesetz nicht vor. Es bleibt aber dem Arbeitgeber wie bei der Direktversicherung unbenommen, durch eigene Beiträge den sich errechnenden Anspruch auszufinanzieren, soweit dies der Pensionsplan vorsieht.

11. Entgeltumwandlung und beitragsorientierte Leistungszusage

66 Bei **Entgeltumwandlung** kommt eine quotale Kürzung nicht in Betracht. Der Arbeitnehmer hat nach § 2 Abs. 5 BetrAVG einen Anspruch auf Aufrechterhaltung der bis zum Ausscheiden **erreichten Anwartschaft.** Dies ist der regelmäßig nach versicherungsmathematischen Gesichtspunkten berechnete Gegenwert für die umgewandelten Entgeltbeträge. Entsprechendes gilt bei der **beitragsorientierten Leistungszusage.**[77] Die erbrachten Beiträge sind auch hier nach versicherungsmathematischen Grundsätzen in eine beitragsadäquate Leistung umzurechnen.

12. Beitragszusage mit Mindestleistung

67 Bei der Beitragszusage mit Mindestleistung[78] hat der ausscheidende Arbeitnehmer nach § 2 Abs. 6 BetrAVG Anspruch auf das ihm geschäftsplanmäßig zuzurechnende Versorgungskapital. Grundlage sind die geleisteten Beiträge und die bis zum Eintritt des Versorgungsfalls sich berechnenden Überschüsse. Mindestens jedoch besteht ein Anspruch auf die **Summe der zugesagten Beiträge,** soweit sie nicht rechnungsmäßig für einen biometrischen Risikoausgleich verbraucht wurden.

13. Auskunftsanspruch bei Ausscheiden

68 a) **Inhalt des Auskunftsanspruchs.** Nach § 4a Abs. 2 S. 1 BetrAVG hat der Arbeitgeber oder der sonstige Versorgungsträger dem Arbeitnehmer Auskunft darüber zu erteilen, wie hoch bei einer Übertragung der Anwartschaft nach § 4a Abs. 2 S. 1 BetrAVG der Übertragungswert ist. Nach § 4a Abs. 3 S. 1 BetrAVG müssen sie die Höhe und die künftige Entwicklung der Anwartschaft mitteilen.

69 Der Versorgungsträger hat also festzustellen, ob die Voraussetzungen für die Unverfallbarkeit erfüllt sind, und hat gegebenenfalls den Versorgungsanspruch zu berechnen.

70 Bei der **Direktversicherung** hat der Arbeitgeber sich ferner binnen drei Monaten nach dem Ausscheiden dazu zu äußern, ob er von der versicherungsrechtlichen Lösung Gebrauch macht[79] und dem Arbeitnehmer die Versicherung überlässt. Bei der Auskunft handelt es sich weder um ein abstraktes noch um ein deklaratorisches Schuldanerkenntnis.[80] Die Auskunft dient lediglich der Klarstellung und soll den Arbeitnehmer darüber informieren, mit welchen Versorgungsansprüchen er bei Erreichen der festen Altersgrenze rechnen kann. Ist die Auskunft fahrlässig falsch erteilt worden und hat der Arbeitnehmer im Vertrauen auf die Richtigkeit der Auskunft etwa eine anderweitige private Vorsorge unterlassen, kommen Schadensersatzansprüche gegen den Arbeitgeber wegen falscher Auskunfts-

---

[75] *Heubeck/Höhne* BetrAVG § 2 Rn. 340.
[76] So *Blomeyer/Rolfs/Otto* BetrAVG § 2 Rn. 356; *Höfer* BetrAVG I § 2 Rn. 273.
[77] Dazu → § 36 Rn. 69 ff.
[78] Dazu → § 36 Rn. 74 f.
[79] → Rn. 62 ff.
[80] BAG 8.11.1983 – 3 AZR 511/81, AP BetrAVG § 2 Nr. 3.

erteilung in Betracht.[81] Ein konkreter Schaden dürfte jedoch im Einzelfall schwer nachweisbar sein.

b) Auskunftsverpflichteter. Zur Auskunft verpflichtet ist neben dem Arbeitgeber jeder sonstige Versorgungsträger. Dies sind Lebensversicherer, Pensionskassen, Unterstützungskassen und Pensionsfonds, über die Altersversorgungsleistungen erbracht werden. Diese haben Auskunft über die von ihnen bei Erreichen der festen Altersgrenze zu erbringenden Leistungen zu erteilen.[82] Soweit diese den Gesamtbetrag der zu erbringenden Leistungen nicht abdecken, trifft den Arbeitgeber eine ergänzende Auskunftsverpflichtung.[83] Letztlich muss für den Arbeitnehmer auf Grund der ihm erteilten Auskünfte klar sein, welche Leistungen er bei Erreichen der Altersgrenze von wem verlangen kann.

c) Durchsetzung des Anspruchs. Der Anspruch entsteht mit dem Ausscheiden. Kommt der Arbeitgeber oder der Versorgungsträger der Pflicht zur Auskunftserteilung nicht nach, kann der Auskunftsanspruch im Wege der **Leistungsklage** geltend gemacht werden. Ist die Auskunft falsch oder unvollständig, besteht die Möglichkeit der Erhebung einer **Feststellungsklage**. Das Feststellungsinteresse folgt unmittelbar aus § 4a Abs. 1 Nr. 1 (früher § 2 Abs. 6) BetrAVG.[84] Die Feststellungsklage kann bis zum Zeitpunkt der Fälligkeit der Versorgungsleistung erhoben werden.

V. Abfindung von Versorgungsanwartschaften

1. Abfindungsverbot nach § 3 BetrAVG

a) Normzweck. § 3 BetrAVG lässt die Abfindung unverfallbarer Anwartschaften bei Beendigung des Arbeitsverhältnisses nur eingeschränkt zu. Dies dient der **Sicherung des Versorgungszwecks**. § 3 BetrAVG will sicherstellen, dass dem Versorgungsberechtigten die zugesagte Betriebsrente bei Eintritt des Versorgungsfalls auch tatsächlich zur Verfügung steht.[85] Könnte der Arbeitgeber bei Beendigung des Arbeitsverhältnisses frei zwischen späterer Zahlung und Abfindung wählen, bestünde die Gefahr, dass Arbeitgeber sich in der Mehrzahl der Fälle für die Abfindung entscheiden würden und Arbeitnehmer den Abfindungsbetrag verbrauchen.

Das Abfindungsverbot nach § 3 BetrAVG verbietet auch Vereinbarungen zwischen Arbeitgebern und Arbeitnehmern über die Verrechnung künftiger Rentenansprüche mit einer Abfindung für den Verlust des Arbeitsplatzes.[86] Das Abfindungsverbot gilt ferner auch für den **Verzicht** auf Versorgungsanwartschaften und für Teilabfindungen. Nicht erfasst werden dagegen bloße Umgestaltungen der betrieblichen Altersversorgung, soweit die neuen Versorgungsleistungen wirtschaftlich gleichwertig sind.[88]

b) Geschützte Anwartschaften. § 3 BetrAVG erfasst nur **unverfallbare Anwartschaften**. Verfallbare Anwartschaften können daher jederzeit und in vollem Umfang abgefunden werden. Darüber hinaus verbietet das Gesetz Abfindungen nur bei **Beendigung des Arbeitsverhältnisses**, dh im Zusammenhang mit dem Ausscheiden aus dem Arbeitsverhältnis mit einer unverfallbaren Anwartschaft. Das Abfindungsverbot gilt daher nicht für Abfindungen oder einen (Teil-)Verzicht während des Bestehens eines Arbeitsverhältnisses[89] oder nach dem

---

[81] BAG 8.11.1983 – 3 AZR 511/81, AP BetrAVG § 2 Nr. 3; DB 2002, 227.
[82] *Blomeyer/Rolfs/Otto* BetrAVG § 4a Rn. 16; MHdb ArbR/*Andresen/Cisch* § 146 Rn. 116.
[83] Ähnlich *Höfer* BetrAVG § 4a Rn. 8 f.
[84] BAG 18.3.1986 – 3 AZR 641/84, AP BetrAVG § 1 Wartezeit Nr. 16; 27.2.1996 – 3 AZR 886/94, AP BetrAVG § 1 Gleichbehandlung Nr. 28 unter A II 2 der Gründe; LAG Hamm DB 1989, 1141.
[85] BAGE 88, 212 (214 f.); BAG 21.3.2000 – 3 AZR 127/99, AP BetrAVG § 3 Nr. 9; 17.10.2000 – 3 AZR 7/00, AP BetrAVG § 3 Nr. 10 für eine Abfindung.
[86] BAG 17.10.2000 – 3 AZR 7/00, AP BetrAVG § 3 Nr. 10 für die Verrechnung einer Invalidenrente mit einer Abfindung.
[87] BAG NZA 2007, 278 (283) für den Teilverzicht; BAG DB 1988, 656 für den Erlass; BAG 17.10.2000 – 3 AZR 7/00, AP BetrAVG § 3 Nr. 10 für die Teilabfindung.
[88] BAG DB 2002, 2333.
[89] BAG 14.8.1990, AP BetrAVG § 4. DB 2003, 2130; DB 2006, 959.

76 Ausscheiden und dem Erreichen der Altersgrenze bzw. dem Beginn der Rente.[90] Ebenso wenig greift § 3 BetrAVG ein, wenn die Berechnung der unverfallbaren Anwartschaft streitig ist und darüber ein Vergleich geschlossen wird.[91] Die Modifikation einer in einer Versorgungszusage enthaltenen Anpassungsregelung wird vom Schutzzweck des § 3 Abs. 1 BetrAVG ebensowenig erfasst.[92] Wird die Abfindung anlässlich eines Betriebsübergangs vereinbart, wird dies teilweise als Umgehung des § 613a BGB angesehen.[93] Demgegenüber wird argumentiert, da das Arbeitsverhältnis fortdauere, sei § 3 BetrAVG nicht tangiert. Die Abfindung erfolge während des Bestehens des Arbeitsverhältnisses. Mit der Abfindung der Versorgungsanwartschaft bestünden auch keine Ansprüche mehr, die auf den neuen Arbeitgeber nach § 613a BGB übergehen könnten.[94] Entscheidend dürfte der Schutzzweck des § 613a BGB sein. Danach tritt der neue Arbeitgeber in die Rechte und Pflichten ein, die zum Zeitpunkt des Betriebsübergangs bestehen, nicht aber in die, die der bisherige Arbeitgeber vorher anderweitig geregelt hat. Der bisherige Betriebsinhaber kann sich entscheiden, ob er die entstandenen Anwartschaften abfindet und dafür vom Erwerber einen höheren Kaufpreis verlangt oder die Verpflichtungen aus den erteilten Versorgungszusagen auf den Erwerber nach entsprechender Minderung des Kaufpreises übergehen sollen. Sinnvoll ist in jedem Fall eine Klärung vor Betriebsübergang. Nachträgliche Korrekturen sind nur schwer möglich.

Ausgeschlossen wird durch § 3 BetrAVG idF des AltEinkG auch die Abfindung bereits laufender Leistungen.

2. Ausnahmen von dem Abfindungsverbot

77 a) **Bagatellanwartschaften.** Der Arbeitgeber kann eine Abfindung von gesetzlich unverfallbaren Versorgungsanwartschaften erzwingen, wenn die bei Erreichen der festen Altersgrenze zu zahlende Rente monatlich 1 % der monatlichen Bezugsgröße gemäß § 18 SGB IV nicht übersteigt oder die fällige Kapitalleistung nicht höher ist als 12/10 der monatlichen Bezugsgröße (§ 3 Abs. 2 S. 1 BetrAVG). Entsprechendes gilt für die Abfindung laufender Leistungen. Dies gilt nicht, wenn der Arbeitnehmer nach § 4 Abs. 3 BetrAVG Übertragung seiner Anwartschaft auf den neuen Arbeitgeber verlangt, § 3 Abs. 2 S. 4 BetrAVG, oder der Arbeitnehmer nach dem Ende des Arbeitsverhältnisses ein neues Arbeitsverhältnis in einem anderen EU-Mitgliedsstaat begründet und dies binnen dreier Monate mitteilt, § 3 Abs. 2 S. 3 BetrAVG.

78 b) **Liquidation.** Abgesehen von dem unter a) genannten Fall geringer Versorgungsansprüche kommt eine Abfindung auch ohne Zustimmung des Arbeitnehmers im Falle der Liquidation des Unternehmens in Betracht (§ 3 Abs. 4 BetrAVG), und zwar für den Teil der Anwartschaft, der während des Insolvenzverfahrens erdient wurde. Voraussetzung ist, dass die Betriebstätigkeit vollständig eingestellt und das Unternehmen liquidiert wird.

79 Für eine vollständige Einstellung der Betriebstätigkeit reicht es aus, wenn die Schuldnerin selbst keine gewerblichen oder freiberuflichen Tätigkeiten mehr entfaltet. Dies gilt auch im Falle eines Betriebsübergangs nach § 613a BGB. Der Insolvenzverwalter ist daher berechtigt, im Insolvenzverfahren erdiente Anwartschaften der Arbeitnehmer abzufinden, deren Arbeitsverhältnisse nicht nach § 613a BGB auf den Erwerber des Betriebs übergegangen sind.[95]

80 c) **Abfindung bei erstatteten Rentenversicherungsbeiträgen.** Nach Erstattung der Beiträge zur gesetzlichen Rentenversicherung ist die Anwartschaft auf Verlangen des Arbeitnehmers abzufinden, § 3 Abs. 3 BetrAVG.

---

[90] *Diller* NZA 2011, 1021 (1023).
[91] OLG Frankfurt a. M., BB 2007, 1005 mAnm *Rößler*; *Höfer* BetrAVG I § 3 Rn. 3566.
[92] BAG 19.11.2019 – 3 AZR 127/18, AP BetrAVG § 3 Nr. 17.
[93] LAG Hamm 2.4.1991 – 6 Sa 1184/90, LAGE BGB § 613a Nr. 22; Schaub ArbR-HdB/*Vogelsang* § 85 Rn. 175; offen gelassen von BAG NZA 1992, 1080.
[94] *Diller* NZA 2011, 1021 (1022 f.); *Blomeyer/Rolfs/Otto* BetrAVG § 3 Rn. 20; offen gelassen von BAG 12.5.1992 – 3 AZR 247/91, AP BetrAVG § 1 Betriebsveräußerung Nr. 14.
[95] BAG 22.2.2009 – 3 AZR 814/07, AP BetrAVG § 3 Nr. 16.

d) Organmitglieder. In Vereinbarungen mit Organmitgliedern kann nach der Rechtsprechung des BAG[96] von den Regelungen des § 3 BetrAVG abgewichen werden. Das BAG begründet dies mit der Tarifdispositivität des § 3 BetrAVG nach § 19 Abs. 1 BetrAVG. Organmitglieder sind nach Auffassung des BAG nicht schutzwürdiger als tarifgebundene Arbeitnehmer. Dies ermöglicht Abfindungsregelungen auch im Zuge eines Aufhebungsvertrages oder während des Rentenbezugs.[97]

3. Höhe der Abfindung

Die Abfindung richtet sich nach dem nach versicherungsmathematischen Grundsätzen zu berechnenden Barwert der nach § 2 BetrAVG berechneten aufrechtzuerhaltenden Versorgungsanwartschaft. Bei Lebensversicherungen, Pensionsfonds, Pensionskassen ist gem. § 3 Abs. 5 iVm § 4 Abs. 5 S. 2 BetrAVG das gebildete Kapital zum Zeitpunkt der Abfindung maßgeblich. Bei Pensionskassen und Direktversicherungen entspricht dies dem geschäftsplanmäßigen Deckungskapital einschließlich der Guthaben aus der verzinslichen Ansammlung und dem Anteil am Schlussüberschuss. Bei Pensionsfonds ist auf den Marktwert der Fondsanteile abzustellen.[98]

4. Rechtsfolgen bei Verstoß

Verstößt eine Abfindungsregelung gegen § 3 BetrAVG, ist sie nach § 134 BGB nichtig. Der Arbeitgeber bleibt zur Zahlung der Versorgungsleistung verpflichtet. Die gezahlte Abfindung kann er nach bereicherungsrechtlichen Grundsätzen zurückfordern. § 817 S. 2 BGB steht nach Auffassung des BAG[99] einer Rückforderung nicht entgegen. § 817 S. 2 BGB ist einschränkend auszulegen. Zu berücksichtigen ist der Schutzzweck der verletzten Norm. § 3 Abs. 1 BetrAVG gebietet es nach Auffassung des BAG nicht, dass der Arbeitnehmer die Versorgungsleistung zusätzlich zu der gezahlten Abfindung erhält.

VI. Anrechnungs- und Auszehrungsverbot

1. Anrechnungsverbot

a) Eigenvorsorge. § 5 Abs. 2 BetrAVG verbietet eine Anrechnung oder Berücksichtigung anderer Versorgungsbezüge auf Leistungen der betrieblichen Altersversorgung, soweit sie auf eigenen Beiträgen des Begünstigten beruhen. Eigenvorsorge darf also nicht zur Kürzung von betrieblichen Versorgungsleistungen führen.

Nicht angerechnet werden dürfen daher

- Leistungen aus einer vom Arbeitnehmer abgeschlossenen und finanzierten privaten Lebensversicherung
- Leistungen aus Entgeltumwandlungsvereinbarungen
- Versorgungsleistungen von Berufsverbänden, für die der Berechtigte allein Beiträge erbracht hat
- mit eigenen Beiträgen fortgeführte Direktversicherungen nach Ausscheiden aus einem früheren Arbeitsverhältnis
- Leistungen aus einer freiwilligen Höher- oder Weiterversicherung in der gesetzlichen Rentenversicherung

b) Leistungen Dritter. Anrechenbar sind dagegen Versorgungsbezüge, die auf Beiträgen Dritter beruhen. Dazu gehören insbesondere beamtenrechtliche Versorgungsbezüge[100] und Versorgungsleistungen früherer Arbeitgeber,[101] aber auch Altersbezüge ehemaliger Abge-

---

[96] BAG 21.4.2009 – 3 AZR 285/07, AP BetrAVG § 1 Beamtenversorgung Nr. 20.
[97] Diller NZA 2011, 1021 (1022).
[98] Blomeyer/Rolfs/Otto BetrAVG § 4 Rn. 171.
[99] BAG 17.10.2000, AP BetrAVG § 3 Nr. 10 = BB 2001, 2117.
[100] BAG 10.8.1982, AP BetrAVG § 5 Nr. 6; 23.9.2003, AP BetrAVG § 5 Nr. 46.
[101] BAG 20.11.1990, AP BetrAVG § 5 Nr. 36.

ordneter.[102] Vertretbar ist dies allerdings nur bei **Gesamtversorgungssystemen** im Rahmen der Festlegung von Versorgungsobergrenzen. Ansonsten widerspricht eine solche Anrechnung dem Entgeltcharakter der betrieblichen Altersversorgung.

87 Die Anrechnung von **Hinterbliebenenleistungen** richtet sich nach den gleichen Grundsätzen wie die Anrechnung der Hauptleistung.[103] Allerdings ist nach der Rechtsprechung des Bundesverfassungsgerichts[104] beim Zusammentreffen zweier Versorgungsansprüche danach zu differenzieren, ob die Bezüge vom überlebenden Ehegatten allein oder von beiden Ehegatten erdient worden sind. Sind die Bezüge von beiden Ehegatten erdient, so gebietet es der allgemeine Gleichheitsgrundsatz (Art. 3 Abs. 1 GG), dem überlebenden Ehegatten wenigstens einen Rest des vom verstorbenen Ehegatten erdienten Versorgungsanspruch zu belassen. Dem haben sich das BAG[105] und der BGH[106] angeschlossen. Die Rechtsprechung bezieht sich zunächst auf die Kürzung von öffentlich-rechtlichen Versorgungsleistungen, wenn dem überlebenden Ehegatten eigene Versorgungsansprüche zustehen. Sie ist aber auch auf Kürzungen von Ansprüchen der betrieblichen Altersversorgung außerhalb des öffentlichen Dienstes übertragbar. Damit ist aber noch nicht die Frage geklärt, wo die Grenze einer solchen Kürzung liegt. Nach Auffassung des BAG sind §§ 53 Abs. 5 S. 1, 54 Abs. 3 u. 4 BeamtVG entsprechend anzuwenden. Vom verstorbenen Ehegatten herrührende Hinterbliebenenansprüche dürfen danach nur insoweit auf die eigenen Ansprüche auf Altersversorgung angerechnet werden, als diesem davon noch mindestens 20 % verbleiben.[107] Gleiches gilt im umgekehrten Fall für die Anrechnung der eigenen Altersversorgungsansprüche auf eine vom Ehegatten abgeleitete Hinterbliebenenrente.[108] Eine weitergehende Anrechnung verstößt gegen den allgemeinen Gleichheitsgrundsatz und ist unzulässig.

88 c) **Erwerbseinkommen.** Die Zulässigkeit der Anrechnung von **Arbeitsentgelt** aus späteren Arbeitsverhältnissen ist streitig. Während eine Auffassung die eigene Arbeitsleistung und die dafür gezahlte Vergütung mit eigenen Beiträgen gleichstellt,[109] betonen andere, dass es sich bei dem Entgelt für die Arbeitsleistung nicht um eine Versorgungsleistung handelt, eine Anrechnung also nach dem Gesetz nicht ausgeschlossen ist.[110] Dementsprechend sollen auch **Karenzentschädigungen** aus Wettbewerbsverboten auf eine Betriebsrente anrechenbar sein.[111] Während dies für Karenzentschädigungen noch einzuleuchten vermag, da diese vom bisherigen Arbeitgeber zu zahlen sind, gibt es für die Anrechnung von Arbeitseinkommen, das von Dritten gezahlt wird, zumindest außerhalb von Gesamtversorgungssystemen keinen nachvollziehbaren Grund.

89 d) **Leistungen aus der gesetzlichen Rentenversicherung.** Renten aus der gesetzlichen Rentenversicherung sind nach § 5 Abs. 2 S. 2 BetrAVG voll ausrechenbar, und zwar nach Auffassung des BAG auch insoweit, als die Leistungen nicht auf Pflichtbeiträgen, sondern etwa auf der Anerkennung von **Kindererziehungszeiten** nach §§ 56, 249 SGB VI beruhen.[112]

90 Hat sich die Rente auf Grund eines durchgeführten **Versorgungsausgleichs** vermindert, so ist die Altersrente anrechenbar, wie sie sich ohne Durchführung des Versorgungsausgleichs ergeben hätte.[113] Dies gilt auch ohne entsprechende Regelung in der Versorgungsordnung.[114] Den Leistungen aus Pflichtbeiträgen zur gesetzlichen Rentenversicherung gleichge-

---

[102] BAG DB 2004, 1215.
[103] *Blomeyer/Rolfs/Otto* BetrAVG § 5 Rn. 129; *Höfer* BetrAVG I § 5 Rn. 64.
[104] BVerfG 11.10.1977, AP GG Art. 3 Nr. 112; BAG 28.2.1996, AP GG Art. 3 Nr. 112; NVwZ-RR 1996, 665.
[105] BAG 23.4.1985, AP BetrAVG § 1 Zusatzversorgungskassen Nr. 3.
[106] Zuletzt BGH NJW 2006, 3774 (3775).
[107] BAG 18.5.2010, AP BetrAVG § 5 Nr. 51.
[108] BAG NZA 2011, 581.
[109] *Gröbing* AuR 1977, 42 (44); *Steindorff* BB 1973, 1129 (1134).
[110] BAG 7.9.1991, AP BetrAVG § 5 Nr. 37; BGH 16.3.1981, AP BetrAVG § 7 Nr. 10; *Blomeyer/Rolfs/Otto* BetrAVG § 5 Rn. 151 f.
[111] BAG 26.2.1985, AP BGB § 611 Konkurrenzklausel Nr. 30.
[112] BAG 5.12.1995, AP BetrAVG § 5 Nr. 40 = DB 1996, 1143.
[113] BAG NZA 2002, 274; Schaub ArbR-HdB/*Vogelsang* § 275 Rn. 193.
[114] BAG NZA 2002, 274.

stellt sind Renten aus einer **befreienden Lebensversicherung** und andere Versorgungsbezüge, die der Arbeitgeber wenigstens zur Hälfte mitfinanziert hat.

e) Unfallrenten. Unfallrenten können nach der Rechtsprechung des Bundesarbeitsgerichts insoweit angerechnet werden, als sie Verdienstminderungen ausgleichen sollen. Mangels anderweitiger Regelung in der Versorgungsordnung ist der Teil anrechnungsfrei, der der Grundrente eines Versorgungsberechtigten nach dem Bundesversorgungsgesetz entspricht.[115] Sieht die Versorgungsordnung eine hälftige Anrechnung der Verletztenrente vor, ist dies unbedenklich,[116] da dieser Betrag regelmäßig über der Grundrente nach dem Bundesversorgungsgesetz liegt.

f) Zu weniger als 50% mitfinanzierte Versorgungsleistungen. Das Gesetz sieht eine Vollanrechnung für solche Versorgungsbezüge vor, die mindestens zu 50% vom Arbeitgeber mitfinanziert worden sind. Liegt der Finanzierungsanteil darunter, ist eine Anrechnung nach § 5 Abs. 2 S. 1 BetrAVG nur in dem Umfang möglich, in dem der Arbeitgeber Leistungen erbracht hat. Die Versorgungsbezüge sind danach in einen anrechnungsfreien, vom Arbeitnehmer finanzierten und einen anrechnungsfähigen, vom Arbeitgeber finanzierten Teil aufzuspalten.[117]

2. Auszehrungsverbot

a) Regelungszweck. Die Regelung des § 5 Abs. 1 BetrAVG soll verhindern, dass fällige Leistungen der betrieblichen Altersversorgung bei einer **Gesamtversorgungszusage** dadurch nachträglich entwertet werden, dass sich anrechenbare Versorgungsbezüge durch die Anpassung an die wirtschaftliche Entwicklung erhöhen. Mit Eintritt des Versorgungsfalls wird die vom Arbeitgeber zu erbringende Versorgungsleistung als Mindestleistung festgeschrieben. Sie kann durch steigende andere anrechenbare Versorgungsbezüge nicht mehr vermindert werden. Dies gilt auch dann, wenn die Gesamtversorgungszusage selbst dynamisiert ist[118] oder die Gesamtversorgungsobergrenze überschritten wird.

b) Inhalt des Auszehrungsverbots. Das Auszehrungsverbot umfasst sämtliche anderen Versorgungsbezüge, auch Versorgungsbezüge anderer Arbeitgeber. Sind diese dynamisch ausgestaltet, kann dies gleichfalls nicht zur Verminderung der Leistung im Rahmen einer Gesamtversorgungszusage führen. Sagt dagegen ein Arbeitgeber Versorgungsleistungen in mehreren Durchführungswegen zu und liegt dem eine einheitliche Versorgungszusage zugrunde, auf die die einzelnen Teile anrechenbar sind (**mehrstufige Versorgungssysteme**), kommt es für die Frage, welche Versorgungsbezüge vor der Auszehrung geschützt sind, auf die insgesamt zugesagte Versorgung an.[119]

VII. Anspruch auf vorzeitige Altersleistung

1. Gesetzliche Rentenversicherung

a) Altersgrenzen. *aa) Regelaltersgrenze.* Die Regelaltersgrenze in der gesetzlichen Rentenversicherung wird für Geburtsjahrgänge ab 1947 schrittweise von bisher 65 Jahren auf 67 Jahre angehoben (siehe im Einzelnen Tabelle zu § 235 Abs. 2 SGB VI). Für nach 1963 Geborene beträgt sie 67 Jahre. Besonders langjährig Versicherte, die eine Wartezeit von 45 Jahren erfüllt haben, können auch künftig Altersrente ohne Abschlag mit Vollendung des 65. Lebensjahrs in Anspruch nehmen (§ 38 SGB VI). Für Schwerbehinderte liegt die Altersgrenze in Zukunft für Geburtsjahrgänge ab 1964 bei 65 Jahren (§§ 37, 236a SGB VI). Soweit in der Vergangenheit für Arbeitslose, Frauen und Schwerbehinderte frühere Alters-

---
[115] BAG 19.7.1983, AP BetrAVG § 5 Nr. 8; DB 2003, 346 (347).
[116] BAG 10.4.1987, AP BetrAVG § 5 Nr. 17.
[117] *Blomeyer/Rolfs/Otto* BetrAVG § 5 Rn. 68 ff.; *Höfer* BetrAVG I § 5 Rn. 171; MHdb ArbR/*Andresen/Cisch* § 147 Rn. 28.
[118] BAG 13.7.1978, AP BetrAVG § 5 Nr. 2.
[119] *Blomeyer/Rolfs/Otto* BetrAVG § 5 Rn. 34; MHdb ArbR/*Andresen/Cisch* § 147 Rn. 13.

grenzen gegolten haben, werden diese abhängig vom Geburtsjahrgang schrittweise angehoben.[120] Für Arbeitnehmer, die vor dem 1.1.2007 eine Altersteilzeitvereinbarung geschlossen geschlossen haben, und vor dem Jahr 1955 geboren wurden, bleibt es bei der Altersgrenze von 65 Jahren (§ 235 Abs. 2 S. 3 Nr. 1 SGB VI). Die feste Altersgrenze ist wichtig für die Berechnung der Abschläge bei vorzeitiger Inanspruchnahme der Altersrente.

96 *bb) Flexible Altersgrenze.* Eine vorzeitige Inanspruchnahme der Altersrente ist für **langjährig Versicherte** ab Vollendung des 63. Lebensjahres möglich (§ 36 S. 2 SGB VI). **Schwerbehinderte** können künftig erst mit Vollendung des 62. Lebensjahres (bisher 60 Jahre) vorzeitig Altersrente in Anspruch nehmen (§ 37 S. 2 SGB VI). Die vorgezogene Altersrente wegen **Arbeitslosigkeit** oder nach **Altersteilzeit** kann ab Vollendung des 60. Lebensjahres in Anspruch genommen werden. **Frauen** können vorzeitiges Altersruhegeld mit Vollendung des 60. Lebensjahres beanspruchen.

97 **b) Abschlag.** Die vorzeitige Inanspruchnahme der Altersrente in der gesetzlichen Rentenversicherung führt zu Abschlägen in Höhe von 0,3 % für jeden Monat der vorzeitigen Inanspruchnahme (§ 77 SGB VI). Für den Umfang der Kürzung ist auf die für den jeweiligen Jahrgang geltende feste Altersgrenze abzustellen.

2. Voraussetzungen für den Bezug einer vorzeitigen Betriebsrente

98 **a) Vollrente aus der gesetzlichen Rentenversicherung.** Nach § 6 BetrAVG hat ein Arbeitnehmer, der die Altersrente aus der gesetzlichen Rentenversicherung vor Vollendung des 65. Lebensjahres als **Vollrente** in Anspruch nimmt, auch Anspruch auf Leistungen der betrieblichen Altersversorgung, soweit zu diesem Zeitpunkt die Wartezeit und die sonstigen Leistungsvoraussetzungen der Versorgungsregelung erfüllt sind. Der Arbeitnehmer muss die vorzeitige Rente nicht nur beantragt haben, sie muss auch bewilligt sein. Ein entsprechender **Bewilligungsbescheid** des Rentenversicherungsträgers muss also vorliegen. Sodann und auch erst ab dem Zeitpunkt der Bewilligung kann der Arbeitnehmer auch vorzeitig Versorgungsleistungen aus der betrieblichen Altersversorgung beanspruchen.

99 Unschädlich ist, wenn der Begünstigte in rentenversicherungsrechtlich zulässigem geringfügigen Umfang für seinen Arbeitgeber weiterarbeitet.[121] Fällt die Altersrente aus der gesetzlichen Rentenversicherung – etwa wegen Überschreitens der Hinzuverdienstgrenzen – wieder weg oder wird diese beschränkt, so können auch die vorzeitigen Leistungen aus der betrieblichen Altersversorgung eingestellt werden. Der Arbeitnehmer ist aus diesem Grund verpflichtet, dem Arbeitgeber (oder einem anderen Versorgungsträger) die Aufnahme oder Ausübung einer entsprechenden Beschäftigung oder Erwerbstätigkeit unverzüglich anzuzeigen. Von Bedeutung ist dies aber nur für wiederkehrende Leistungen. Ist eine Kapitalleistung wegen Inanspruchnahme der flexiblen Altersgrenze vorzeitig in Anspruch genommen worden, so kann diese, wenn die gesetzliche Rentenversicherung ihre Leistungen einstellt, nicht wieder zurückgefordert werden.[122]

100 **b) Erfüllung der Leistungsvoraussetzungen.** Anspruch auf vorzeitige Altersleistungen in der betrieblichen Altersversorgung hat der Arbeitnehmer nur, wenn auch die Leistungsvoraussetzungen nach der Versorgungsordnung erfüllt sind. Ist die Wartezeit noch nicht erfüllt, kann sie aber bis zum Erreichen der festen Altersgrenze noch erfüllt werden, kann der Arbeitnehmer vorzeitiges Altersruhegeld erst mit Ablauf der Wartezeit verlangen.[123] Unverfallbarkeit ist nicht erforderlich,[124] die Anwartschaft darf jedoch nicht infolge Ausscheidens vor Antragstellung erloschen sein. Zulässig ist es, die Beanspruchung des vorzeitigen Altersruhegelds von der Beendigung des Arbeitsverhältnisses abhängig zu machen, um Doppelzahlungen von Renten und Gehalt zu vermeiden.

---

[120] Siehe im Einzelnen Tabellen zu §§ 236a, 237 Abs. 4, 237a Abs. 3 SGB VI.
[121] BAG NZA 2004, 848.
[122] *Höfer* BetrAVG I § 6 Rn. 107.
[123] BAG 21.6.1979, AP BetrAVG § 6 Nr. 2; 28.2.1989, AP BetrAVG § 6 Nr. 16.
[124] BAG 28.2.1989, AP BetrAVG § 6 Nr. 16.

c) Verlangen des Arbeitnehmers. Der Arbeitnehmer kann, muss aber nicht vorzeitige Altersleistungen verlangen. Er kann sich – wie in der gesetzlichen Rentenversicherung – frei entscheiden, ob und ab wann er das vorzeitige Altersruhegeld unter Inkaufnahme von Kürzungen in Anspruch nimmt oder ob er bis zum Erreichen der festen Altersgrenze wartet.

3. Höhe der Versorgungsleistung

a) Fehlende Regelung in der Versorgungsordnung. § 6 BetrAVG enthält keine Regelung zur Höhe der Versorgungsleistung bei vorzeitiger Inanspruchnahme. Maßgeblich ist zunächst die Versorgungsordnung oder -zusage. Trifft diese keine Regelung für die Berechnung der vorzeitigen Altersleistungen, greift nach Auffassung des BAG bei Direktzusagen und Unterstützungskassenleistungen entsprechend § 2 BetrAVG ein.[125] Die Versorgungsleistung wird im Verhältnis der tatsächlichen Betriebszugehörigkeit bis zur vorzeitigen Inanspruchnahme des Altersruhegelds zur möglichen Betriebszugehörigkeit bis zum Erreichen der festen Altersgrenze gekürzt.

Eine Kürzung entfällt nach § 2 Abs. 1 Hs. 2 BetrAVG bei besonders langjährig Versicherten, die nach § 38 SGB VI die Altersrente mit Vollendung des 65. Lebensjahres ohne Abschlag in Anspruch nehmen.[126]

Bei Versorgungszusagen an **Vorstandsmitglieder** und **Geschäftsführer** ist zu beachten, ab welchem Zeitpunkt der Anspruch auf Vollversorgung erworben wird. Ein späteres Ausscheiden führt dann nicht zu einer Kürzung der Versorgungsansprüche. § 2 Abs. 1 BetrAVG ist in diesem Fall schon tatbestandsmäßig nicht anwendbar.[127]

b) Versicherungsmathematische Abschläge. Sieht die Versorgungsordnung versicherungsmathematische Abschläge vor, sind diese für die Berechnung der vorgezogenen Altersrente zugrunde zu legen, soweit diese nicht unbillig sind. Das BAG betrachtet versicherungsmathematische Abschläge von 0,5 % pro Monat der vorzeitigen Inanspruchnahme zum Ausgleich für die längere Rentenbezugsdauer und den Zinsverlust als angemessen.[128] Der PSVaG wendet gemäß § 4 Abs. 2a lit. b AlB den gleichen Kürzungssatz an. Höhere Kürzungssätze müssen sich versicherungsmathematisch belegen lassen. Unterschiedliche versicherungsmathematische Abschläge für Männer und Frauen sind wegen Verstoßes gegen das Lohngleichheitsgebot nach Art. 157 AEUV jedenfalls ab dem 18.5.1990 unzulässig.[129] Sieht die Versorgungsordnung keine explizite Höhe eines Abschlags vor, sondern nur eine allgemeine Herabsetzung nach versicherungsmathematischen Gesichtspunkten, ist es eine solche Regelung in der Weise auszulegen, dass eine Kürzung in der in der betrieblichen Altersversorgung allgemein üblichen und als angemessen angesehenen Weise zulässig sein soll.[130] Dies läuft auf eine Kürzung um 0,5 % pro Monat der vorzeitigen Inanspruchnahme hinaus. Inwieweit versicherungsmathematische Abschläge bei besonders **langjährig Versicherten** zulässig sind, die ihre Altersrente nach § 38 SGB VI weiterhin mit 65 Jahren in Anspruch nehmen können, ist unklar. Versicherungsmathematische Abschläge sollen die Nachteile aus den früheren und längeren Bezugsdauer ausgleichen. Dies rechtfertigt grundsätzlich auch in diesen Fällen Kürzungen um 0,5 % pro Monat der vorzeitigen Inanspruchnahme.[131] Auf der anderen Seite ist nicht zu verkennen, dass mit dem Ausschluss der m/n-tel Kürzung nach § 2 Abs. 1 S. 1 Hs. 2 BetrAVG nach dem Willen des Gesetzgebers sichergestellt werden sollte, dass langjährig versicherte Arbeitnehmer neben ihrer Altersrente auch ihre Betriebsrente ungekürzt in Anspruch nehmen können.[132]

---

[125] BAG 28.3.1995, AP BetrAVG § 6 Nr. 21 = DB 1995, 1669; DB 2001, 1887.
[126] Zur Bedeutung des § 2 Abs. 1 S. 1 Hs. 2 im Rahmen des § 6 BetrAVG siehe *Blomeyer/Rolfs/Otto* BetrAVG § 2 Rn. 81 ff.
[127] BGH DB 1981, 1561; siehe weiter *Neumann* DB 2007, 744 (745 f.).
[128] Siehe BAG DB 2001, 1887 (1888); DB 2002, 588 (589); DB 2004, 2645 (2646).
[129] BAG DB 2004, 2645 (2646).
[130] BAG NZA 2011, 206.
[131] *Rolfs* NZA 2011, 540 (543).
[132] BT-Drs. 16/3794, 47; *Baumeister/Merten* DB 2007, 1306 (1308); ausführlich hierzu *Höfer* BetrAVG I § 2 Rn. 88 ff.

§ 38 Teil H. Betriebliche Altersversorgung

106 **c) Direktversicherungen und Pensionskassen.** Bei Direktversicherungen und Pensionskassen richtet sich die Berechnung der vorzeitigen Altersleistung nach dem Geschäftsplan. Das vorhandene geschäftsplanmäßige Deckungskapital wird nach versicherungsmathematischen Grundsätzen verrentet. Das Deckungskapital wird also wie eine Einmalprämie für eine sofort beginnende Altersrente behandelt.[133]

107 **d) Gesamtversorgungssystem.** Bei Gesamtversorgungssystemen ist zunächst die Regelung in der Versorgungsordnung zu beachten. **Höchstbegrenzungsklauseln** können einen unterschiedlichen Sinn haben. Soll lediglich eine Überversorgung vermieden werden, wird die betriebliche Altersleistung nur gekürzt, wenn diese zusammen mit den übrigen Versorgungsleistungen die Obergrenze überschreitet.[134] Regelmäßig soll jedoch durch die Höchstbegrenzungsklausel festgelegt werden, welche Höchstrente bei Betriebstreue bis zur festen Altersgrenze angemessen sein soll. In diesen Fällen ist zunächst die fiktive Vollrente zu ermitteln, die sich bei Ausscheiden des Arbeitnehmers bei Erreichen der festen Altersgrenze unter Anrechnung der Rente aus der gesetzlichen Rentenversicherung ergibt. Diese ist dann bei vorzeitiger Inanspruchnahme quotal bzw. mit den in der Versorgungsordnung vorgesehenen versicherungsmathematischen Abschlägen zu kürzen.[135]

108 **e) Kapitalleistungen.** Bei Kapitalleistungen stellt sich die Frage von versicherungsmathematischen Abschlägen nicht, da die Lebenserwartung und die voraussichtlich längere Bezugsdauer keine Rolle spielen. Kapitalleistungen sind mangels anderweitiger Regelungen in der Versorgungsordnung entsprechend dem Verhältnis der Betriebszugehörigkeit bis zur vorzeitigen Inanspruchnahme zur Betriebszugehörigkeit bis zum Erreichen der festen Altersgrenze zu kürzen. Stattdessen kann die Versorgungsordnung auch einen Zinsabschlag vorsehen. Maßstab für einen angemessenen Abschlag ist die Verzinsung von Kapitalanlagen mit entsprechender Laufzeit.

4. Berechnung bei vorzeitigem Ausscheiden

109 **a) Geltung von § 6 BetrAVG.** Vorzeitiges Altersruhegeld können nicht nur Aktive beanspruchen, die in den Ruhestand treten, sondern auch solche Arbeitnehmer, die mit einem unverfallbaren Anspruch ausgeschieden sind. Auch bei diesen stellt sich die Frage, wie eine angemessene Kürzung wegen der vorzeitigen Inanspruchnahme vorzunehmen ist.

110 **b) Ratierliche Kürzung analog § 2 BetrAVG.** Fehlt eine Regelung in der Versorgungsordnung bei Direktzusagen und Unterstützungskassenleistungen, ist der Anspruch ein zweites Mal ratierlich zu kürzen, und zwar im Verhältnis der (hypothetischen) Betriebszugehörigkeit bis zur Inanspruchnahme des vorgezogenen Altersruhegelds zur möglichen Betriebszugehörigkeit bis zum Erreichen der festen Altersgrenze.[136] Das BAG bezeichnet dies als „**untechnischen versicherungsmathematischen Abschlag**". Zugrundezulegen ist dabei der nach § 2 BetrAVG berechnete unverfallbare Anspruch, wie er sich bezogen auf das in der Versorgungsordnung vorgesehene Endalter ergibt. Insoweit weicht das BAG von seiner früheren Rechtsprechung ab, wonach zunächst der hypothetische Versorgungsanspruch im Zeitpunkt der Inanspruchnahme der vorzeitigen Altersrente wie bei einem Aktiven zu ermitteln und dieser quotal im Verhältnis der erreichten Betriebszugehörigkeit zur insgesamt möglichen Dienstzeit zu kürzen ist. Dies führt dazu, dass dienstzeitabhängigen Versorgungssystemen zu einer doppelten Berücksichtigung der fehlenden Dienstzeit, einmal bei Ermittlung der Quote für die vorzeitige Altersrente, zum anderen bei Ermittlung des Unverfallbarkeitsfaktors. Das BAG hält die solche „zweifache ratierliche Kürzung" nur noch für zulässig, wenn sie in einem Tarifvertrag ausdrücklich vorgesehen ist.[137] Das BAG begründet dies mit der Befugnis der Tarifvertragsparteien nach § 19 Abs. 1 BetrAVG, von den Bestimmungen des BetrAVG abzuweichen.

---

[133] Siehe im Einzelnen BAV, VerBAV 1972, 45 u. 321; 1975, 5; 1979, 346.
[134] BAG 24.6.1986, AP BetrAVG § 6 Nr. 12.
[135] BAG NZA 2006, 1221 unter Aufgabe der früheren Rspr.
[136] BAG DB 2001, 1897; DB 2002, 588; BB 2004, 1455; 12.12.2006 – 3 AZR 716/15, DB 2007, 2546 = AP BetrAVG § 1 Berechnung Nr. 32.
[137] BAG DB 2002, 590 mAnm v. *Grabner/May* DB 2002, 591.

Auf den unverfallbaren Anspruch ist die gleiche Kürzungsmethode anzuwenden wie bei 111
dem Inanspruchnahme der flexiblen Altersgrenze durch Aktive, die vorzeitig in Ruhestand
treten. Etwas anderes soll nach Auffassung des BAG dann gelten, wenn sich aus der Versorgungsordnung ergibt, dass der Arbeitgeber bei vorzeitiger Inanspruchnahme auf eine Kürzung des Versorgungsanspruchs verzichten will. Eine andere Berechnung kann auch dann geboten sein, wenn die Versorgungsordnung für die Berechnung der vorgezogenen Betriebsrente eine **aufsteigende Berechnung** vorsieht und dem vorzeitig aus dem Arbeitsverhältnis Ausscheidenden die, bis zu diesem Zeitpunkt angewachsene Betriebsrente zuerkennt. In diesem Fall ist die vorzeitige Altersrente eines mit unverfallbarem Anspruch Ausgeschiedenen in der Weise zu berechnen, dass die bis zur vorgezogenen Inanspruchnahme erreichbare Betriebsrente im Verhältnis der erreichten Dienstzeit zur bis zum vorzeitigen Ruhestand erreichbaren Dienstzeit zu gekürzt wird.[138]

c) **Versicherungsmathematische Abschläge.** Sicht die Versorgungsordnung versicherungsmathematische Abschläge für die vorzeitige Inanspruchnahme von Altersruhegeld vor, so 112
können diese auch auf die Anwartschaften von Arbeitnehmern angewandt werden, die mit einem unverfallbaren Anspruch ausgeschieden sind und später vorzeitiges Altersruhegeld in Anspruch nehmen wollen.[139] Auch hier ist die versicherungsmathematische Kürzung nach der neuen Rechtsprechung des BAG[140] von dem im Zeitpunkt des Ausscheidens ermittelten unverfallbaren Anspruch vorzunehmen.

d) **Direktversicherungszusagen und Pensionskassenleistungen.** Die Kürzung richtet sich 113
nach dem Geschäftsplan. Das geschäftsplanmäßige Deckungskapital wird zum Zeitpunkt der Inanspruchnahme des vorzeitigen Altersruhegelds verrentet.[141]

VIII. Anpassung laufender Versorgungsleistungen

1. Anpassungsprüfungspflicht, Befreiungsmöglichkeiten

a) **Laufende Versorgungsleistungen.** § 16 BetrAVG schreibt zur Wertsicherung laufender 114
Versorgungsleistungen eine regelmäßige Überprüfung der Leistungen durch den Arbeitgeber vor. Dieser hat die Höhe der Leistungen in einem dreijährigen Rhythmus zu überprüfen und nach billigem Ermessen anzupassen. Die Anpassungsprüfungspflicht bezieht sich nicht auf Versorgungsanwartschaften[142] und einmalige **Kapitalleistungen.**[143]

Die Abgrenzung von Kapitalleistungen und laufenden Versorgungsleistungen bereitet 115
Probleme in den Fällen, in denen Kapitalleistungen in **Raten** ausgezahlt oder verrentet werden. *Höfer*[144] ist der Auffassung, dass bei einer Kapitalleistung über zehn Jahre der Versorgungscharakter überwiegt und daher § 16 BetrAVG anwendbar ist. Schaub/*Vogelsang*[145] stellen dagegen auf den Verwendungszweck ab. Sie nehmen eine Kapitalleistung an, wenn die Zahlung über die Deckung des Unterhaltsbedarfs hinaus der Ansammlung von Kapital dient. Unter die laufenden Leistungen fallen unstreitig **temporäre Leibrenten,** soweit die Versorgungsleistungen wie bei Hinterbliebenenrenten bis zur Erreichung eines bestimmten Lebensjahres oder bei Witwen-/Witwerrenten bis zur Wiederverheiratung befristet sind. Bei **Verrentung** von Rentenwahlrecht dürfte eine Anpassungsprüfungspflicht entfallen, wenn dem Arbeitnehmer das Rentenwahlrecht zusteht. Hier besteht die primäre Leistungspflicht des Arbeitgebers in der Zahlung eines Versorgungskapitals. Entscheidet sich der Arbeitnehmer für eine Verrentung, darf dies den Arbeitgeber nicht zusätzlich belasten. Ferner besteht keine Anpassungsverpflichtung für monatliche Raten im Rahmen eines steuerlich geförderten

---

[138] Siehe BAG BB 2004, 1455.
[139] BAG DB 2001, 1897; DB 2002, 588.
[140] BAG DB 2001, 1897; DB 2002, 588; BB 2004, 1455; DB 2007, 2446.
[141] → Rn. 106.
[142] BAG 15.9.1977, AP BetrAVG § 16 Nr. 5.
[143] *Blomeyer/Rolfs/Otto* BetrAVG § 16 Rn. 39; MHdB ArbR/*Andresen/Cisch* § 149 Rn. 21.
[144] *Höfer* BetrAVG I § 16 Rn. 23; anders *Blomeyer/Rolfs/Otto* BetrAVG § 16 Rn. 38.
[145] Schaub ArbR-HdB/*Vogelsang* § 279 Rn. 8.

ten Auszahlungsplans nach § 1 Abs. 1 Nr. 4 lit. 4a AltZertG sowie für Renten, die ab dem 85. Lebensjahr im Anschluss an einen Auszahlungsplan gezahlt werden (§ 16 Abs. 6 BetrAVG).

116 **b) Direktversicherung, Pensionskasse, Beitragszusage mit Mindestleistung, Entgeltumwandlung.** Uneingeschränkt gilt die Anpassungsprüfungspflicht für laufende Versorgungsleistungen bei den Durchführungswegen Direktzusage, Unterstützungskasse und Pensionsfonds. Wird die betriebliche Altersversorgung über eine **Direktversicherung** oder ein **Pensionskasse** durchgeführt, entfällt eine Anpassungsprüfungspflicht, wenn ab Rentenbeginn sämtliche auf den Rentenbestand entfallenden Überschussanteile zur Erhöhung der laufenden Leistungen verwendet werden (§ 16 Abs. 3 Nr. 2 BetrAVG). Diese Voraussetzungen müssen bei Eintritt des Versorgungsfalls rechtlich feststehen.[146] Keine Anpassungsprüfungspflicht besteht weiterhin bei der **Beitragszusage mit Mindestleistung** (§ 16 Abs. 3 Nr. 3 BetrAVG). Bei **Entgeltumwandlungen** ist der Arbeitgeber verpflichtet, mindestens eine einprozentige Erhöhung jährlich vorzunehmen oder – bei Durchführung über eine Pensionskasse oder eine Direktversicherung – sämtliche Überschussanteile zur Erhöhung der laufenden Leistungen zu verwenden (§ 16 Abs. 5 BetrAVG).

117 **c) Befreiungsmöglichkeit.** Von der Anpassungsverpflichtung nach § 16 Abs. 1 BetrAVG kann sich der Arbeitgeber befreien, wenn er sich verpflichtet, die laufenden Leistungen jährlich um wenigstens 1 vH anzupassen (§ 16 Abs. 3 Nr. 1 BetrAVG). Dies gilt nach der Übergangsregelung in § 30c Abs. 1 BetrAVG allerdings nur für Zusagen, die nach dem 31.12.1998 erteilt worden sind. Für vorher erteilte Zusagen bleibt es bei der Anpassungsprüfungspflicht nach § 16 Abs. 1 BetrAVG. Davon kann nach § 19 Abs. 3 BetrAVG auch durch eine Betriebsvereinbarung nicht zum Nachteil der Betriebsrentner abgewichen werden.[147] Das BAG hat damit den Versuchen verschiedener Unternehmen zur Harmonisierung der Anpassungsregelungen für Alt- und Neuzusagen auf der Grundlage der 1 %-Regelung eine klare Absage erteilt.

2. Anpassungszeitraum und Prüfungstermin

118 **a) 3-Jahres-Rhythmus.** Die laufenden Versorgungsleistungen sind nach dem Gesetzeswortlaut alle drei Jahre zu überprüfen. Die Frist beginnt mit dem Tag, an dem die Versorgungsleistung erstmalig beansprucht werden kann und endet drei Jahre später. Nach dem Gesetzeswortlaut ist der Dreijahreszeitraum für jeden Versorgungsberechtigten individuell zu bestimmen.

119 Um den Verwaltungsaufwand für den Arbeitgeber zu vereinfachen, können fällige Anpassungsprüfungen jedoch auf einen einheitlichen Stichtag im Kalenderjahr zusammengefasst werden.[148] Die erste Anpassung darf sich dabei um maximal sechs Monate verzögern. Dieser Nachteil kann hingenommen werden, da dann regelmäßig ein entsprechend höherer Teuerungsausgleich zu berücksichtigen ist.[149] Nach dem ersten Anpassungsstichtag gilt dann wieder der 3-Jahres-Rhythmus. Eine Verkürzung der Frist für die Erstanpassung ist möglich. Im Hinblick auf die Auswirkungen auf die Bilanz (Pensionsrückstellungen) wird dabei in der Praxis häufig ein Termin im Zusammenhang mit der Erstellung des Jahresabschlusses gewählt. Sinnvoll kann es aber auch sein, den Anpassungsstichtag auf den 1.7. eines Jahres zu legen. Dies gilt insbesondere bei Gesamtversorgungssystemen wegen der Anpassung der gesetzlichen Renten zum 1.7. eines Jahres.

120 **b) Kürzerer Anpassungsrhythmus, vorzeitige Anpassungen.** Darüber hinaus kann der Arbeitgeber freiwillig auch einen kürzeren, etwa jährlichen **Anpassungsrhythmus** wählen. Dies hat den Vorteil, dass eine einheitliche Anpassung für den gesamten Rentenbestand vorge-

---

[146] BAG 10.12.2019 – 3 AZR 122/18, AP BetrAVG § 16 Nr. 127.
[147] BAG NZA 2011, 1285.
[148] BAG 28.4.1992, AP BetrAVG § 16 Nr. 24; DB 2002, 1331 (1332); 30.8.2005, AP BetrAVG § 16 Nr. 56; 26.10.2010, AP BetrAVG § 16 Nr. 71; Blomeyer/Rolfs/Otto BetrAVG § 16 Nr. 75; Höfer BetrAVG I § 16 Rn. 64.
[149] BAG 26.10.2010, AP BetrAVG § 16 Nr. 71 Rn. 23.

nommen werden kann. Nachteile sind hiermit für die Rentner nicht verbunden. Die jährliche Anpassung kommt den Bedürfnissen nach einer zeitnahen Rentenerhöhung entgegen. Für das Unternehmen ist damit der Vorteil verbunden, den Rentnerbestand nicht nach Rentenzugangsjahren selektieren zu müssen. Außerdem wird eine zeitnahe Rückstellung der Erhöhungen der Pensionsrückstellung ermöglicht. An der gesetzlichen Anpassungsprüfungspflicht im Dreijahresrhythmus ändert sich dadurch grundsätzlich nichts. Von dieser kann sich der Arbeitgeber nur dadurch befreien, dass er gem. § 16 Abs. 3 Nr. 1 BetrAVG zu einer jährlichen Anpassung von wenigstens 1 % übergeht.[150]

Vorzeitige Anpassungen sind auf die gesetzlich vorgeschriebene Anpassung anzurechnen. 121

3. Anpassungskriterien

a) **Lebenshaltungskostenindex.** Maßgebliches Anpassungskriterium ist nach § 16 Abs. 2 122
Nr. 1 BetrAVG der vom Statistischen Bundesamt veröffentlichte „Verbraucherpreisindex für Deutschland". Für den Anpassungsbedarf (eingetretene Teuerung) ist dabei auf den aktuellsten vom Statistischen Bundesamt zum Zeitpunkt des Anpassungsstichtags veröffentlichten Verbraucherpreisindex abzustellen.[151] Zu Grunde zu legen sind die Indexwerte, die dem erstmaligen Rentenbezug und dem jeweiligen Anpassungsstichtag unmittelbar vorausgehen.[152] Maßgeblich ist der gesamte **Zeitraum** vom Rentenbeginn bis zum jeweiligen Anpassungsstichtag, nicht nur der Zeitraum seit der letzten Anpassung.[153] Dementsprechend ist der volle Anpassungsbedarf zu ermitteln, der in der seit Rentenbeginn eingetretenen Teuerung besteht, soweit er nicht durch vorhergehende Anpassungen ausgeglichen wurde.[154] Folgt die Anpassung der Entwicklung des maßgeblichen Index, hat der Arbeitgeber seine Anpassungsverpflichtung in jedem Fall erfüllt. Zu Beginn eines jeden Jahres erscheinen Veröffentlichungen zB in „Der Betrieb" über die maßgebliche Index- und Nettolohnentwicklung für den jeweils aktuellen Prüfungszeitraum.[155] Darauf kann für die Ermittlung des Anpassungsbedarfs zurückgegriffen werden.

b) **Reallohnbezogene Obergrenze.** aa) *Nettolohnentwicklung vergleichbarer Arbeitnehmergruppen des Unternehmens.* Bleibt die Nettolohnentwicklung vergleichbarer Arbeitnehmergruppen des Unternehmens im maßgeblichen Zeitraum hinter der Teuerungsrate, wie sie sich aus dem maßgeblichen Lebenshaltungskostenindex ergibt, zurück, kann der Arbeitgeber die Anpassung nach § 16 Abs. 2 Nr. 2 BetrAVG begrenzen. Hält sich der Arbeitgeber mit der Anpassung an die Entwicklung der Nettoverdienste der maßgeblichen Vergleichsgruppe, hat er seine Anpassungsverpflichtung gleichfalls erfüllt. Für die reallohnbezogene Obergrenze gilt dabei der gleiche Prüfungszeitraum wie bei der Ermittlung des Anpassungsbedarfs nach der eingetretenen Teuerung.[156] Maßgeblich ist also auch hier grundsätzlich die Nettolohnentwicklung der vergleichbaren Arbeitnehmergruppe ab Rentenbeginn. Der Arbeitgeber darf dabei die Steuerklasse III ohne Kinderfreibetrag sowie die Kirchensteuer, den Solidaritätszuschlag und eine AOK-Mitgliedschaft zugrunde legen.[157] 123

bb) *Ermittlung der Vergleichsgruppe.* Damit stellt sich die Frage, wie die maßgebliche 124
Vergleichsgruppe zu ermitteln ist. Der Arbeitgeber hat bei der Gruppenbildung einen weitgehenden Entscheidungsspielraum. Ihm bleibt es überlassen, ob er eine gröbere oder eine differenziertere Einteilung vornimmt.[158] Dabei sind Typisierungen und Generalisierungen aus Gründen der Praktikabilität, insbesondere zur Verwaltungsvereinfachung zulässig.[159]

---

[150] Dazu → Rn. 117.
[151] BAG NZA 2011, 1285.
[152] BAG 30.8.2005, AP BetrAVG § 16 Nr. 56.
[153] BAG 30.8.2005, AP BetrAVG § 16 Nr. 56; 25.4.2006, AP BetrAVG § 16 Nr. 61.
[154] BAG 28.6.2011, BeckRS 2011, 77408 Rn. 25 mwN.
[155] Zuletzt *Bechtoldt/Kelwing* DB 2016, 291.
[156] BAG 30.8.2005, AP BetrAVG § 16 Nr. 56 = DB 2006, 732.
[157] BAG 10.12.2019 – 3 AZR 122/18, AP BetrAVG § 16 Nr. 127.
[158] BAG NZA 2001, 1076.
[159] BAG NZA 2001, 1076 (1077).

125 Die Nettolohnentwicklung wird maßgeblich beeinflusst von der Entwicklung von Steuern und Sozialabgaben. Da diese von einer Vielzahl auch individueller Faktoren wie Familienstand, Anzahl der Kinder, Freibeträgen und Kirchenzugehörigkeit, Krankenkasse und Gehaltshöhe beeinflusst wird, ist nicht auf eine individuelle, sondern auf eine **typisierende Betrachtungsweise** abzustellen.[160] Die Gruppenbildung muss sachgerecht sein. Zulässig ist eine Gruppenbildung nach außertariflichen Angestellten und tariflichen Angestellten, da sich Gehaltssteigerungen durch die fehlende Beitragspflicht der über der Beitragsbemessungsgrenze liegenden Einkünfte bei außertariflichen Angestellten netto mehr auswirken als bei tarifgebundenen Angestellten mit Einkünften bis zur Beitragsbemessungsgrenze.[161] Zulässig ist bei einer konzernweit zugesagten betrieblichen Altersversorgung auch eine **konzernweit** ermittelte einheitliche reallohnbezogene Obergrenze.[162] Darüber hinaus hat das BAG[163] eine Typisierung nach steuerlichen Kriterien (Lohnsteuerklasse III ohne Kinderfreibetrag, Kirchensteuer, Solidaritätszuschlag) als zulässig angesehen, desgleichen Typisierungen beim Beitragssatz zur Krankenkasse. Keinen Bedenken begegnet nach Auffassung des BAG, wenn im ersten Schritt der durchschnittliche Bruttoverdienst für alle außertariflichen Angestellten (und alle tariflichen Angestellten) aus der Arbeitsentgeltsumme und der Zahl der entsprechenden Angestellten ermittelt wird und aus diesem unter Anwendung typisierender Merkmale der durchschnittliche Nettoverdienst abgeleitet wird.

126 **c) Absolute und relative Obergrenzen.** Teilweise wurde in der älteren Literatur die Auffassung vertreten, eine Anpassung der Betriebsrenten sei dann nicht erforderlich, wenn die Betriebsrente zusammen mit der Rente aus der gesetzlichen Rentenversicherung das Nettoeinkommen eines vergleichbaren aktiven Arbeitnehmers übersteigt (sog. absolute Obergrenze) oder die Gesamtversorgung stärker steige als das Nettoeinkommen vergleichbarer aktiver Arbeitnehmer (relative Obergrenze).[164] Das BAG lehnt solche Obergrenzen ab.[165] Das BAG beruft sich insoweit auf § 5 Abs. 1 BetrAVG, woraus sich ergebe, dass die Betriebsrente nach ihrer Festlegung als eine eigenständige Größe zu betrachten sei (Abkoppelungstheorie). In der Praxis spielt die absolute und relative Obergrenze heute keine Rolle mehr.

127 **d) Gesamtversorgungszusage.** Bei Gesamtversorgungszusagen ist Bezugspunkt der Anpassung nicht die Gesamtversorgung, sondern die vom Arbeitgeber gezahlte Betriebsrente.[166]

4. Wirtschaftliche Lage des Arbeitgebers

128 **a) Kriterien für eine Begrenzung der Anpassung.** Nach § 16 Abs. 1 Hs. 2 ist für die Anpassungsentscheidung auch die wirtschaftliche Lage des Arbeitgebers zu berücksichtigen. Dies ist der Partner des Arbeitsverhältnisses, den die Pflichten aus der Versorgungszusage treffen.[167] Geht das Arbeitsverhältnis im Wege des **Betriebsübergangs** nach § 613a BGB auf einen Betriebserwerber über, so tritt dieser in die Anpassungsverpflichtung ein. Für die wirtschaftliche Lage kommt es dann auf die Lage beim Betriebserwerber an, und zwar auch für den beim Betriebsveräußerer erworbenen Teil des Versorgungsanspruchs.[168] Ist das Unternehmen aus einer **Verschmelzung** zweier Unternehmen entstanden, kommt es grundsätzlich auf die wirtschaftliche Entwicklung des verschmolzenen Unternehmens an. Fällt der Anpassungsstichtag in den maßgeblichen Prüfungszeitraum, ist auch die wirtschaftliche Entwicklung der beiden ursprünglich selbständigen Unternehmen zu berücksichtigen.[169] Auf die Lage des Treuhänders im Rahmen eines Contractual Trust Arrangements kommt es hingegen nicht an.[170]

---

[160] BAG NZA 2001, 1076; *Blomeyer/Rolfs/Otto* BetrAVG § 16 Rn. 148; *Höfer* BetrAVG I § 16 Rn. 100.
[161] BAG NZA 2001, 1076.
[162] BAG 30.8.2005, AP BetrAVG § 16 Nr. 56 = DB 2006, 732 (734).
[163] BAG NZA 2001, 1076.
[164] *Ahrend/Förster/Rößler* DB 1976, 338 (340); *Leitherer* S. 95 f.; *Lieb/Westhoff* DB 1976, 1958 (1966).
[165] BAG 15.9.1977, AP BetrAVG § 16 Nr. 5; 11.8.1981, AP BetrAVG § 16 Nr. 11.
[166] BAG 19.11.2019 – 3 AZR 281/18, NZA 2020, 248.
[167] BAG DB 2007, 580 (581).
[168] BAG DB 2007, 580 (581).
[169] BAG DB 2008, 135 (136).
[170] BAG 8.12.2015 – 3 AZR 348/14, DB 2016, 1021.

Die wirtschaftliche Lage dient der Begrenzung der Anpassungsverpflichtung. Ist der Arbeitgeber auf Grund der wirtschaftlichen Situation des Unternehmens nicht in der Lage, die Anpassungslasten zu tragen, kann er die Anpassung begrenzen oder aussetzen.[171] Die wirtschaftliche Lage ist also eine zukunftsbezogene Größe und setzt hinsichtlich der künftigen Belastbarkeit eine Prognose voraus.[172] Die Anpassung kann dann eingeschränkt oder abgelehnt werden, wenn die Anpassungsleistungen nicht aus den **Erträgen** und dem **Wertzuwachs** aufzubringen sind.[173] Der Arbeitgeber ist nicht gezwungen, zur Deckung des Anpassungsbedarfs einen Kredit aufzunehmen. Die Erhaltung der Wettbewerbsfähigkeit des Unternehmens und damit die Erhaltung der Arbeitsplätze hat Vorrang vor der Befriedigung des Anpassungsbedarfs.[174]

Bei der Beurteilung der wirtschaftlichen Lage sind folgende Kriterien zu berücksichtigen:
- Die wirtschaftliche Entwicklung des Unternehmens vor dem Anpassungsstichtag,
- die sich daraus ergebende Prognose für die nächsten drei Jahre,
- der am Anpassungsstichtag absehbare Investitionsbedarf auch für Rationalisierungen und die Erneuerung der Betriebsmittel,[175]
- das vorhandene Eigenkapital.[176]

Für die Unternehmensentwicklung in der Zeit vor dem Anpassungsstichtag muss auf einen repräsentativen Zeitraum (mindestens drei Geschäftsjahre) zurückgegriffen und daraus unter Berücksichtigung des Geschäftsplans die Prognose für die nächsten drei Jahre (bis zur nächsten Anpassung) entwickelt werden.[177] Scheingewinne und betriebswirtschaftlich überhöhte Abschreibungen sind zu eliminieren und das Ergebnis entsprechend zu korrigieren.

Die Entwicklung nach dem Anpassungsstichtag kann die Prognose bestätigen oder entkräften. Sie darf jedoch bei der Prognose zum Anpassungsstichtag nur berücksichtigt werden, wenn die Veränderung in den wirtschaftlichen Verhältnissen bereits am Anpassungsstichtag vorhersehbar war.[178] Spätere unerwartete Veränderungen bleiben außer vor.

Maßgeblich ist zunächst der prognostizierte Reinerfolg bzw. Gewinn nach den in das Betriebsergebnis einfließenden **betrieblichen Steuern**.[179] Gezahlte Ertragsteuern (Einkommensteuer, Körperschaftsteuer) stellen aus betriebswirtschaftlicher Sicht Ergebnisverwendung dar und dürfen deswegen nicht berücksichtigt werden.[180] Die Entwicklung der **Pensionsrückstellungen** beeinflusst unmittelbar den ausgewiesenen Gewinn. Die Zuführungen zur Pensionsrückstellung sind daher mit dem handelsrechtlich gebotenen Zuführungsbetrag zu berücksichtigen. Ferner darf das Unternehmen zur Erhaltung seiner Wettbewerbsfähigkeit eine **angemessene Eigenkapitalverzinsung** abziehen, wobei sich diese zum einen aus einem „Basiszins" und zum anderen aus einem Risikozuschlag errechnet. Dabei stellt das BAG[181] für den Basiszins auf die Umlaufrendite öffentlicher Anleihen ab und erhöht diesen um einen für alle Unternehmen einheitlichen Risikozuschlag von 2 %. Bei der Berechnung der Eigenkapitalverzinsung ist der handelsrechtliche Eigenkapitalbegriff zugrunde zu legen. Auszugehen ist vom Durchschnittsbetrag des Eigenkapitals zu Beginn und am Ende eines Geschäftsjahres.[182] Eine Anpassung kann unterbleiben, solange die zur Erhal-

---

[171] Zusammenfassend zu den maßgeblichen Gesichtspunkten BAG BB 2011, 700.
[172] BAG 23.5.2000, AP BetrAVG § 16 Nr. 43; DB 2011, 362 unter Rn. 24 der Gründe.
[173] BAG 23.4.1985, AP BetrAVG § 16 Nr. 16; BB 2001, 2325; BB 2003, 2292; stRspr.
[174] BAG 15.9.1977; BAG 17.1.1980; BAG 19.5.1981; BAG 23.4.1985, AP BetrAVG § 16 Nr. 5; Nr. 8; Nr. 13; Nr. 16.
[175] BAG 17.4.1996, AP BetrAVG § 16 Nr. 35.
[176] BAG BB 2001, 2325.
[177] BAG DB 2008, 135; DB 2011, 362 Rn. 24.
[178] BAG DB 2011, 362 Rn. 24.
[179] Schaub ArbR-HdB/*Vogelsang* § 279 Rn. 29.
[180] *Blomeyer/Rolfs/Otto* BetrAVG § 16 Rn. 173; *Höfer* BetrAVG I § 16 Rn. 224; offenlassend BAG 23.5.2000, AP BetrAVG § 16 Nr. 45 = DB 2001, 2255.
[181] BAG 23.5.2000, AP BetrAVG § 16 Nr. 45 = DB 2001, 2255; anders jetzt *Höfer* BetrAVG I § 16 Rn. 220, der auf den für die Bilanzierung von Versorgungsverpflichtungen nach § 253 Abs. 2 S. 2 HGB ab 2010 anwendbaren Zinssatz nach der Rückstellungabzinsungsverordnung abstellen will.
[182] BAG 23.5.2000, AP BetrAVG § 16 Nr. 45.

tung der Wettbewerbsfähigkeit notwendige Eigenkapitalausstattung nicht vorhanden ist und vorausgegangene Eigenkapitaleinbußen noch nicht ausgeglichen sind.[183]

133 Die dargelegten Grundsätze passen nur für erwerbswirtschaftlich tätige Unternehmen. Bei **Gewerkschaften** spielt die Mitgliederentwicklung und damit die Entwicklung der Beitragseinnahmen eine entscheidende Rolle. Bei sinkenden Mitgliederzahlen und damit der Notwendigkeit von Einsparungen kann eine Anpassung unterbleiben. Bei der Mittelverwendung unterliegen Gewerkschaften im Hinblick auf Art. 9 Abs. 3 GG keiner arbeitsgerichtlichen Kontrolle.[184] **Rentnergesellschaften,** deren einziger Gesellschaftszweck in der Abwicklung von Versorgungsverbindlichkeiten besteht, unterliegen zwar einer Anpassungsverpflichtung, brauchen aber nur die Erträge und Wertsteigerungen aus dem Vermögen zu berücksichtigen, das zum Zeitpunkt der Liquidation für die Versorgungszwecke vorgesehen war. Auch ihnen steht eine angemessene Eigenkapitalverzinsung in Höhe der Umlaufrendite öffentlicher Anleihen, jedoch kein Risikozuschlag zur Erhaltung ihrer Leistungsfähigkeit zu.[185] Die Ausgliederung von Versorgungsverpflichtungen auf reine Rentnergesellschaften im Wege einer Unternehmensspaltung[186] erweist sich dabei als probates Mittel zur Begrenzung der Anpassungsverpflichtung. Bei fehlender Finanzausstattung haftet der ursprüngliche Arbeitgeber allerdings auf Schadensersatz.[187]

134 **b) Darlegungs- und Beweislast; Geheimnisschutz.** Über die Anpassung hat der Arbeitgeber nach billigem Ermessen zu entscheiden. Die Anpassung nach dem Verbraucherpreisindex ist dabei die Regel, die Nichtanpassung wegen der wirtschaftlichen Lage die Ausnahme.[188] Auf Nachfrage hat der Arbeitgeber die getroffene Anpassungsentscheidung in nachprüfbarer Weise zu begründen.[189] Der Arbeitgeber ist für die wirtschaftlichen Verhältnisse, die eine Anpassung ausschließen oder begrenzen, im Prozess darlegungs- und ggf. beweispflichtig. Im Prozess ist er uU gezwungen, sensible unternehmensinterne Daten offen zu legen. Um den Arbeitgeber vor Wettbewerbsnachteilen zu schützen, kann das Gericht bei Erörterung der wirtschaftlichen Lage die Öffentlichkeit ausschließen (§ 52 ArbGG, § 172 GVG) und die Prozessbeteiligten zur Verschwiegenheit verpflichten (§ 174 Abs. 3 GVG). Im elektronischen Bundesanzeiger veröffentlichte Zahlen im Rahmen der Offenlegung von Jahresabschlüssen stellen keine Geschäftsgeheimnisse dar, sodass bei deren Erörterung die Öffentlichkeit nicht ausgeschlossen werden kann.

135 **c) Berechnungsdurchgriff.** Grundsätzlich ist die wirtschaftliche Lage des einzelnen Unternehmens (Versorgungsschuldners) auch in einem Konzern maßgeblich,[190] es sei denn, der Rentner konnte auf Grund der Besonderheit der Zusage darauf vertrauen, dass die Konzernobergesellschaft für die Erfüllung einsteht.[191] Allerdings ist das BAG mit der Annahme eines solchen Vertrauenstatbestands zurückhaltend. Denkbar ist dies etwa bei Versetzungen innerhalb eines Konzerns auf Wunsch der Konzernmutter.[192] Nicht ausreichend ist, dass die Konzernobergesellschaft die betriebliche Altersversorgung für alle Konzerngesellschaften abwickelt.[193]

136 Auf die wirtschaftliche Lage der Obergesellschaft kommt es dagegen bei einer engen wirtschaftlichen Verknüpfung an. Eine solche liegt bei einem **Beherrschungs- und Gewinnabführungsvertrag** vor. Nach Auffassung des BAG ist ein Berechnungsdurchgriff in diesem Fall auch ohne Nachweis einer negativen Einflussnahme auf das abhängige Unternehmen zulässig.[194]

---

[183] BAG 23.1.2001, AP BetrAVG § 16 Nr. 46 = BB 2003, 2292 (2293).
[184] BAG 23.5.2000, AP BetrAVG § 16 Nr. 45 = DB 2006, 1687.
[185] BAG DB 2003, 1584; BB 2011, 700.
[186] Siehe dazu BAG 22.2.2005, AP UWG § 168 Nr. 1 = DB 2005, 954.
[187] BAG NZA 2009, 790.
[188] BAG NZA 2009, 790 Rn. 53; DB 2011, 362 Rn. 23.
[189] LAG Hamm DB 1991, 1121 (1122); *Blomeyer/Rolfs/Otto* BetrAVG § 16 Rn. 272; *Höfer* BetrAVG I § 16 Rn. 300.
[190] BAG 7.6.2016 – 3 AZR 193/15, DB 2016, 2062; NZA 2010, 95; stRspr.
[191] BAG DB 2011, 362 Rn. 47.
[192] *Höfer* BetrAVG I § 16 Rn. 237.
[193] BAG DB 2007, 580.
[194] So nunmehr BAG DB 2009, 2384.

Ob dies auch bei einem isolierten Ergebnisabführungsvertrag gilt, ist offen.[195] Ein Berechnungsdurchgriff kann sich weiter aus einer Haftungserklärung der Konzernobergesellschaft ergeben, wenn sich diese gegenüber dem Tochterunternehmen bereit erklärt, die Belastungen aus einer Rentenanpassung zu übernehmen. Eine konzernexterne **Patronatserklärung** gegenüber Gläubigern der Tochtergesellschaft reicht dazu nicht aus.[196]

Ist die wirtschaftliche Lage des Arbeitgebers gut, die Lage der Konzernobergesellschaft dagegen schlecht, kann sich der Arbeitgeber nur dann darauf berufen, wenn am Anpassungsstichtag bereits konkrete Anhaltspunkte dafür bestehen, dass die im Konzern bestehenden Schwierigkeiten in den nächsten drei Jahren mit hoher Wahrscheinlichkeit auf das Tochterunternehmen durchschlagen.[197]

5. Mitbestimmung des Betriebsrats

Bei der Anpassungsentscheidung hat der Betriebsrat nach ständiger Rechtsprechung des BAG kein Mitbestimmungsrecht, da es um die Rechte von Betriebsrentnern geht, die bereits aus dem Betrieb ausgeschieden sind und für die eine Mitbestimmungskompetenz des Betriebsrats nicht aus § 87 Abs. 1 Nr. 10 BetrVG abgeleitet werden kann.[198]

6. Folgen einer unterbliebenen Anpassung

a) **Nachholende Anpassung, nachträgliche Anpassung.** Sind Anpassungen auf Grund der wirtschaftlichen Lage des Arbeitgebers niedriger ausgefallen als die Steigerung der Teuerungsrate oder die Entwicklung der Nettolöhne, hatte der Arbeitgeber nach der Rechtsprechung des BAG[199] zum nächsten Prüfungsstichtag die Anpassung nachzuholen, wenn ihm dies wirtschaftlich möglich ist. Sind die Nachholung der Anpassung und die aktuelle Anpassung vom Arbeitgeber nicht gleichzeitig wirtschaftlich zu verkraften, hat die aktuelle Anpassung Vorrang.[200] **Die nachholende Anpassung** bezieht sich dabei nicht nur auf den Zeitraum seit der letzten unterbliebenen Anpassung, sondern auf den gesamten Zeitraum seit Rentenbeginn.[201] Die nachholende Anpassung führt dabei nicht zu einer Nachzahlung für die Vergangenheit, sondern nur zu einer Adjustierung der Rentenzahlungen an die Inflationsentwicklung bzw. die Nettoeinkommensentwicklung mit Wirkung für die Zukunft. Dadurch unterscheidet sich die nachholende Anpassung von der **nachträglichen Anpassung**. Durch sie soll die Betriebsrente bezogen auf einen früheren Anpassungsstichtag unter Berücksichtigung der damaligen wirtschaftlichen Lage des Unternehmens nachträglich erhöht werden. Der Betriebsrentner kann damit geltend machen, die Anpassung sei zu Unrecht unterblieben oder zu niedrig ausgefallen.[202]

b) **Anpassungen nach dem 1.1.1999.** Die Rechtsprechung des BAG zur nachholenden Anpassung ist nicht ohne Kritik geblieben.[203] Mit der Neufassung des § 16 Abs. 4 BetrAVG hat der Gesetzgeber für nach dem 1.1.1999 unterbliebene Anpassungen der Kritik Rechnung getragen. Zu unterscheiden sind zu Recht unterbliebene Anpassungen und zu Unrecht unterbliebene Anpassungen.

aa) *Zu Recht unterbliebene Anpassungen.* Ist die Anpassung an die Inflationsentwicklung oder niedrigere Nettolohnentwicklung auf Grund der wirtschaftlichen Lage des Arbeitgebers zu Recht unterblieben, ist der Arbeitgeber nicht verpflichtet, diese später nachzuholen (§ 16

---

[195] *Schlewing* RdA 2010, 364 (368); siehe weiter *Cisch/Kruip* NZA 2010, 540 (542 f.); *Diller/Beck* DB 2011, 1052 (1053); *Schäfer* ZIP 2010, 2025 (2028).
[196] BAG DB 2011, 362.
[197] BAG NZA 2010, 95.
[198] BAG 18.5.1977, AP BGB § 242 Ruhegehalt Nr. 175; stRspr; ebenso *Blomeyer/Rolfs/Otto* BetrAVG § 16 Rn. 258 f.; *Höfer* BetrAVG I § 16 Rn. 309.
[199] BAG 28.4.1992, AP BetrAVG § 16 Nr. 24.
[200] Siehe BAG NZA 1997, 155; dort auch zu anderen zulässigen Berechnungsmethoden.
[201] BAG 28.4.1992, AP BetrAVG § 16 Nr. 24; DB 2002, 1331.
[202] BAG DB 1996, 2496.
[203] Siehe *Ahrend* BetrAV 1993, 111; *Blomeyer* ZIP 1993, 652; *Heubeck* BB 1996, 955; *Matthießen/Rößler/Rühmann* DB (5) 1993, 1; *Blomeyer*/Rolfs/Otto BetrAVG § 16 Rn. 89 ff.

Abs. 4 S. 1 BetrAVG). Der damalige Anstieg des Verbraucherpreisindex wie auch die damals zu verzeichnenden Reallohnerhöhungen dürfen dann bei den späteren Anpassungsentscheidungen unberücksichtigt bleiben.[204] Ob die Anpassung zu Recht unterblieben ist, hängt davon ab, ob die vom Arbeitgeber vorgetragenen Fakten die Nichtanpassung rechtfertigen.

142 Um spätere Auseinandersetzungen über die Rechtfertigung einer unterbliebenen Anpassung wegen der wirtschaftlichen Lage des Unternehmens zu vermeiden, sieht § 16 Abs. 4 S. 2 BetrAVG vor, dass der Betriebsrentner innerhalb von drei Kalendermonaten nach Zugang der entsprechenden Mitteilung der unterbliebenen Anpassung schriftlich widersprechen muss. Voraussetzung ist, dass der Arbeitgeber den Versorgungsempfänger schriftlich über die Gründe, die einer (vollständigen) Anpassung entgegenstehen, informiert und ihn auf die Rechtsfolgen eines nicht fristgemäßen Widerspruchs hingewiesen hat. Nach Ablauf von drei Kalendermonaten nach Zugang der Mitteilung wird die unterbliebene Anpassungsentscheidung des Arbeitgebers bestandskräftig und kann nicht mehr angefochten werden.

143 Die Mitteilung über die wirtschaftliche Lage muss für den Arbeitnehmer nachvollziehbar sein. Sie muss die wesentlichen Kriterien umfassen, die nach der Rechtsprechung des BAG vorliegen müssen, um eine Anpassung auf Grund der wirtschaftlichen Lage des Unternehmens auszusetzen.[205] Genügt die schriftliche Mitteilung der Ablehnungsgründe diesen Anforderungen nicht, bleibt die Anpassungsentscheidung gerichtlich anfechtbar.

144 *bb) Zu Unrecht unterbliebene Anpassung.* Ist die Anpassung zu Unrecht unterblieben oder zu niedrig ausgefallen, so muss der Arbeitgeber die Anpassung auch mit Wirkung für die Vergangenheit nachholen. Den Anspruch auf **nachträgliche** (auf einen früheren Zeitpunkt zurückwirkende) **Anpassung** muss der Betriebsrentner nach Auffassung des BAG[206] bis zum nächsten Anpassungsstichtag gegenüber dem Arbeitgeber geltend machen. Kommt der Arbeitgeber dem Anpassungsverlangen nicht nach, muss der Betriebsrentner bis zum übernächsten Anpassungsstichtag Klage erheben. Andernfalls ist der Anspruch **verwirkt**.[207]

145 *cc) Durchsetzung des Anspruchs.* Zur Durchsetzung des Anspruchs kann der Versorgungsempfänger **Leistungsklage** auf Festsetzung eines billigen Ermessens entsprechenden Anpassungsbetrags erheben. Ein beziffter Klageantrag ist entgegen § 253 Abs. 2 Nr. 2 ZPO nicht erforderlich. Es reicht aus, wenn der Kläger die anspruchsbegründenden Tatsachen und einen Mindestbetrag der Anpassung angibt.[208] Die Rechtsgrundlage für eine solche Klage sieht das BAG dabei in § 315 Abs. 3 S. 2 BGB.[209] Der Versorgungsempfänger braucht sich aber nicht damit zu begnügen, Klage auf Bestimmung des angemessenen Anpassungsbetrags durch das Gericht zu erheben,[210] sondern kann auch unmittelbar auf den Anpassungsbetrag klagen, wie er sich bei einer der Billigkeit entsprechenden Bestimmung errechnet.[211] Konkret bedeutet dies, dass der Betriebsrentner unmittelbar auf Zahlung des Differenzbetrages klagen kann, der sich zum Anpassungsstichtag aus der um die Steigerung des Verbraucherpreisindex erhöhten Betriebsrente zur gezahlten Betriebsrente ergibt.[212] Es ist dann Sache des Arbeitgebers, im Prozess Tatsachen zur Nettolohnentwicklung und zur wirtschaftlichen Lage zum Anpassungsstichtag vorzutragen.

146 **Formulierungsvorschlag für eine Anpassungsklage:**
Der/die Beklagte wird verurteilt, an den Kläger/die Klägerin ab dem (Anpassungsstichtag) über die tatsächlich gezahlte Betriebsrente von monatlich ...... EUR brutto hinaus weitere ...... EUR monatlich zu zahlen.

---

[204] BAG 30.8.2005, AP BetrAVG § 16 Nr. 56; 25.4.2006, AP BetrAVG § 16 Nr. 61.
[205] BAG NZA 2012, 337; *Vienken* DB 2003, 994 (996); *Blomeyer/Rolfs/Otto* BetrAVG § 16 Rn. 98.
[206] BAG 14.5.2019 – 3 AZR 112/18, AP BetrAVG § 16 Nr. 125; DB 1996, 2496.
[207] BAG 14.5.2019 – 3 AZR 112/18, AP BetrAVG § 16 Nr. 125; DB 1996, 2496; BB 2006, 2645; zur Verjährung → Rn. 192 ff.
[208] BAG 17.10.1995, AP BetrAVG § 16 Nr. 34.
[209] BAGE 28, 279 (288 ff.).
[210] So aber *Lieb/Westhoff* DB 1976, 1958 (1970).
[211] BGH NJW 1996, 1054; NJW 2000, 2986; *Blomeyer/Rolfs/Otto*, 5. Aufl. 2010, BetrAVG § 16 Rn. 283.
[212] Zur Klage nach § 16 BetrAVG siehe AnwFormB ArbR M 18.14.

Neben der Leistungsklage hält das BAG auch eine **Feststellungsklage** mit dem Ziel für 147 möglich festzustellen, dass ein bestimmter Betrag billigem Ermessen entspricht.[213] Dafür dürfte jedoch in der Regel das Feststellungsinteresse nach § 256 ZPO fehlen, da die Möglichkeit einer Leistungsklage besteht.[214] Sinnvoll kann eine solche Feststellungsklage bei mehreren Klägern sein, die eine Anpassung zum gleichen Stichtag verlangen.

Die Anpassung erfolgt bei einer Leistungsklage durch **Gestaltungsurteil**. Der Anspruch 148 auf die höhere Betriebsrente entsteht damit erst mit Rechtskraft des entsprechenden Urteils.[215] Dies schließt **Schadensersatzansprüche** wegen Verzugs etwa auf Ersatz von Steuernachteilen nicht aus, soweit der Arbeitgeber die zum Anpassungsstichtag fällige Anpassungsentscheidung verzögert hat und der Anspruch auf die höhere Betriebsrente dadurch entsprechend später entsteht. Der Leistungsbestimmungsverzug umfasst insofern auch den Leistungsverzug.[216]

Verzugszinsen nach § 288 BGB soll der Betriebsrentner jedoch bei einer nach billigem 149 Ermessen zu treffenden Bestimmung des Anpassungsbetrages erst mit Rechtskraft des entsprechenden Gestaltungsurteils verlangen können, da die Anpassungsforderung erst mit der Anpassungsentscheidung nach § 315 Abs. 3 S. 2 BGB entsteht und daher frühestens mit Rechtskraft des Urteils fällig wird.[217]

IX. Ansprüche bei Insolvenz des Arbeitgebers

1. Übersicht

a) Gesicherte Durchführungswege. Kann der Arbeitgeber die ihm obliegenden Verpflich- 150 tungen zur Erbringung von Versorgungsleistungen nicht erfüllen, weil er insolvent ist, tritt der **Pensions-Sicherungs-Verein VVaG (PSVaG)** in Köln[218] als Träger der Insolvenzsicherung an seine Stelle. Relevant ist dies vor allem bei der **Direktzusage**, die der Arbeitgeber nicht mehr erfüllen kann, und bei Durchführung der Altersversorgung durch eine **Unterstützungskasse**. Bei den extern finanzierten Durchführungswegen ist zu unterscheiden: Für **Direktversicherungen** mit unwiderruflichem Bezugsrecht und **Pensionskassenzusagen** besteht keine gesetzliche Insolvenzsicherung und damit auch keine Beitragspflicht. In diesem Fall besteht kein Sicherungsbedarf, da der Bezugsberechtigte in diesem Fall die Versorgungsleistungen unmittelbar von der Versicherung oder der Pensionskasse erhält. Anders ist dies dann, wenn das Bezugsrecht noch widerruflich ist oder der Arbeitgeber vor Eintritt des Versicherungsfalls über die Deckungsmittel wirtschaftlich verfügt hat, das heißt sie abgetreten, beliehen oder verpfändet hat und die Versicherungsleistung daher für die betriebliche Altersversorgung nicht zur Verfügung steht. Für diese Fälle sieht das Gesetz eine Insolvenzsicherung vor (§ 7 Abs. 1 S. 2 Nr. 1, Abs. 2 Nr. 2 BetrAVG).

Bei **Pensionsfonds** besteht nach § 7 Abs. 2 Nr. 4 BetrAVG Insolvenzschutz, und zwar für 151 die vom Pensionsfonds geschuldete Versorgungsleistung. Praktisch wird dies jedoch nur in den Fällen, in denen der Pensionsfonds entweder die zugesagte Mindestleistung (bei beitragsbezogener Zusage) oder die sich aus dem Geschäftsplan ergebende Leistung (bei leistungsbezogener Zusage) nicht erbringen kann und die Differenzhaftung des Arbeitgebers nach § 1 Abs. 1 S. 3 BetrAVG eingreift.

b) Beitragspflicht. Mit der Insolvenzsicherung korrespondiert eine entsprechende Bei- 152 tragspflicht des Arbeitgebers nach § 10 BetrAVG. Die Mittel für die Durchführung der In-

---

[213] BAG NZA 2006, 1008.
[214] *Blomeyer/Rolfs/Otto* BetrAVG § 16 Rn. 343.
[215] BAG 17.8.2004, AP BetrAVG § 16 Nr. 55 zu III 2b bb; BAG NZA-RR 2009, 499 = AP BetrAVG § 16 Nr. 66; NZA 2011, 1285.
[216] BAG NZA-RR 2009, 499 Rn. 42; Staudinger/*Rieble*, 2015, BGB § 315 Rn. 466.
[217] BAG NZA 2011, 1285 unter Rn. 32; anders BAG 28.6.2011, BeckRS 2011, 77145, wenn die Versorgungsregelung eine Anpassung nach der Teuerungsrate oder der niedrigeren Nettolohnentwicklung vorsieht; ablehnend *Eberle* DB 2012, 404.
[218] Anschrift: Pensions-Sicherungs-Verein PSVaG, Berlin-Kölnische Allee 2–4, 50969 Köln; Internet-Adresse: www.psvag.de; dort auch Merkblätter abrufbar.

solvenzsicherung werden auf Grund **öffentlich-rechtlicher Verpflichtung** durch Beiträge aller Arbeitgeber, die sicherungspflichtige Leistungen der betrieblichen Altersversorgung zugesagt haben, aufgebracht. Der Beitrag und seine Höhe werden auf Grund der Angaben des Arbeitgebers und der gegebenenfalls einzuholenden Auskünfte vom PSVaG festgesetzt. Für **Klagen** gegen Beitragsbescheide ist das Verwaltungsgericht Köln zuständig.

153 **Bemessungsgrundlage** ist bei unmittelbaren Versorgungszusagen der Teilwert der Pensionsverpflichtungen gemäß § 6a Abs. 3 EStG (§ 10 Abs. 3 Nr. 1 BetrAVG). Dies gilt de lege lata auch bei Absicherung durch ein CTA mit doppelter Treuhand trotz Insolvenzsicherheit dieser Konstruktion.[219] Bei Pensionsfondszusagen basiert der Beitrag auf 20 vH des Teilwerts (§ 10 Abs. 3 Nr. 4 BetrAVG). Der Teilwert ist auf Grund eines versicherungsmathematischen Gutachtens spätestens bis zum 30.9. eines jeden Kalenderjahres dem PSVaG zu melden (§ 11 Abs. 2 BetrAVG). Bei Durchführung der betrieblichen Altersversorgung über eine Unterstützungskasse ist Betragsbemessungsgrundlage das nach § 4d Abs. 1 Nr. 1 lit. a EStG ermittelte Deckungskapital für die laufenden Leistungen zuzüglich des Zwangsfachen nach § 4d Abs. 1 Nr. 1 lit. b S. 2 EStG errechneten jährlichen Zuwendungen für Leistungsanwärter (§ 10 Abs. 3 Nr. 3 BetrAVG). Bei Direktversicherungen mit noch widerruflichem Bezugsrecht ist das geschäftsplanmäßige Deckungskapital maßgeblich (§ 10 Abs. 3 Nr. 2 BetrAVG), bei unwiderruflichem Bezugsrecht das Deckungskapital (oder die Deckungsrückstellung), das auf abgetretene oder beliehene Versicherungen entfällt.

154 Die Summe aller Beiträge muss nach § 10 Abs. 2 BetrAVG den Barwert der im laufenden Kalenderjahr entstehenden Ansprüche auf **Leistungen** der Insolvenzsicherung decken zuzüglich eines Betrages für die aufgrund eingetretener Insolvenzen zu sichernden **Anwartschaften**, die Personal- und Sachkosten des PSVaG, die Zuführungen zur Verlustrücklage gemäß § 193 VAG sowie die Zuführungen zu einem Ausgleichsfonds. Aus der Summe der erforderlichen Beiträge und der Beitragsbemessungsgrundlagen ermittelt der PSVaG den **Beitragssatz.** Dieser wird jährlich veröffentlicht. Mit dem Gesetz zur Änderung des Betriebsrentengesetzes und anderer Gesetze vom 2.12.2006 (BGBl. I 2742) wurde das Finanzierungsverfahren auf vollständige Kapitaldeckung umgestellt.[220]

155 c) **Melde- und Auskunftspflichten.** Der Arbeitgeber hat dem PSVaG die Erteilung einer Versorgungszusage und den gewählten Durchführungsweg innerhalb von drei Monaten mitzuteilen (§ 11 Abs. 1 BetrAVG). Damit wird der PSVaG in die Lage versetzt, die Beitragspflicht festzustellen. Darüber hinaus hat der Arbeitgeber dem PSVaG nach § 11 Abs. 2 BetrAVG spätestens bis zum 30.9. eines jeden Kalenderjahres die Höhe des für die Bemessung des Beitrags maßgebenden Betrags mitzuteilen. Bei Direktzusagen und Pensionsfonds ist die Vorlage eines **versicherungsmathematischen Gutachtens** vorgeschrieben. Die Verletzung der Melde- und Auskunftspflichten stellt eine Ordnungswidrigkeit dar (§ 12 BetrAVG). Für den Insolvenzschutz spielt es jedoch keine Rolle, ob der Arbeitgeber die Beiträge tatsächlich bezahlt hat. Umgekehrt begründen Beitragszahlungen für Personen, die nach § 17 BetrAVG nicht in den Schutzbereich des BetrAVG fallen, keinen Anspruch auf Insolvenzschutz.

2. Sicherungsfälle

156 a) **Insolvenz.** *aa) Eröffnung des Insolvenzverfahrens.* Insolvenzschutz durch den PSVaG besteht nach § 7 Abs. 1 S. 1 BetrAVG im Falle der Eröffnung des Insolvenzverfahrens über das Vermögen des Arbeitgebers oder über seinen Nachlass. Voraussetzung ist ein **Eröffnungsbeschluss** nach § 27 InsO. Die Eröffnung setzt einen Eröffnungsgrund voraus (§ 16 InsO). Eröffnungsgründe sind die bestehende oder drohende Zahlungsunfähigkeit (§§ 17, 18 InsO), bei juristischen Personen auch die Überschuldung (§ 19 InsO).

157 *bb) Abweisung des Antrags mangels Masse.* Der Eröffnung des Insolvenzverfahrens ist in § 7 Abs. 1 S. 4 Nr. 1 BetrAVG der Fall gleichgestellt, dass der Antrag auf Eröffnung des Insolvenzverfahrens mangels Masse abgewiesen wird. Eine solche Abweisung erfolgt nach

---
[219] BVerwG 12.3.2014 – 8 C 27/12, NZA-RR 2014, 1712.
[220] Siehe dazu im Einzelnen *Hoppenrath/Berenz* DB 2007, 630.

§ 26 InsO dann, wenn das Vermögen voraussichtlich nicht ausreicht, um die in § 54 InsO genannten Kosten des Verfahrens zu decken.

cc) Vollständige Beendigung der Betriebstätigkeit bei offensichtlicher Masselosigkeit. Ein Sicherungsfall liegt nach § 7 Abs. 1 S. 4 Nr. 3 BetrAVG weiter bei offensichtlicher Masselosigkeit vor, wenn dies mit einer vollständigen Beendigung der Betriebstätigkeit im Geltungsbereich des BetrAVG verbunden ist. Unter den gleichen Voraussetzungen erhalten Arbeitnehmer auch Insolvenzgeld nach § 165 Abs. 1 Nr. 3 SGB III. Für die vollständige Aufgabe der Betriebstätigkeit im Inland reicht die Schließung eines von mehreren Betrieben nicht aus. Notwendig ist die **Einstellung der gesamten unternehmerischen Tätigkeit** durch den Arbeitgeber.[221]

158

Die Feststellung der Voraussetzungen obliegt dem PSVaG. Diesem ist die beabsichtigte vollständige Betriebseinstellung mitzuteilen. Der PSVaG hat dann zu prüfen, ob die gesamte unternehmerische Tätigkeit eingestellt wird und das Vermögen zur Deckung der Kosten eines Insolvenzverfahrens nicht ausreicht. Erst der entsprechende **Feststellungsbescheid** löst nach § 3 Abs. 3d der „Allgemeine Versicherungsbedingungen für die Insolvenzsicherung der betrieblichen Altersversorgung" (AIB) den Sicherungsfall aus.

159

b) Außergerichtlicher Vergleich. Der PSVaG tritt weiter bei einem außergerichtlichen Vergleich in die Leistungsverpflichtungen des Arbeitgebers ein. Der außergerichtliche Vergleich dient der einvernehmlichen Abwendung einer drohenden Insolvenz. Er bietet sich an, wenn noch Chancen bestehen, das Unternehmen zu retten. Der außergerichtliche Vergleich ist in § 7 Abs. 1 S. 4 Nr. 2 BetrAVG der Insolvenz als Sicherungsfall ausdrücklich gleichgestellt.

160

aa) Arten des Vergleichs. Das Gesetz unterscheidet zwischen dem Stundungs-, dem Quoten- und dem Liquidationsvergleich. Der **Stundungsvergleich** spielt in der Praxis nur eine geringe Rolle, da eine bloße Stundung von Forderungen regelmäßig nicht zu einer Sanierung des Unternehmens ausreicht. Bei einem **Liquidationsvergleich** wird das Unternehmen liquidiert und die Gläubiger erhalten eine vereinbarte Abfindungsquote für ihre Forderungen. Demgegenüber dient der **Quotenvergleich** der Sanierung und Reorganisation des Unternehmens durch Verzicht der Gläubiger auf einen Teil ihrer Forderungen. Eine gleichmäßige Beteiligung aller Gläubiger ist dabei nicht erforderlich.

161

bb) Zustimmung des PSVaG. Der PSVaG ist nur dann zur Leistung verpflichtet, wenn er dem Vergleich zustimmt. Hierbei handelt es sich nicht um ein zivilrechtliches Zustimmungserfordernis, dessen Fehlen die zwischen Gläubigern und Schuldner getroffene Vereinbarung unwirksam machen würde. Die Zustimmung ist nur Voraussetzung für die Insolvenzsicherung.

162

Ein Anspruch auf Zustimmung besteht nicht.[222] Der PSVaG hat seine Entscheidung jedoch nach **Treu und Glauben** zu treffen und darf die Zustimmung nicht willkürlich versagen.[223] Der PSVaG hat dabei zu prüfen, inwieweit ein Vergleich zur Abwendung der Insolvenz erforderlich ist. Darüber hinaus hat er die Interessen der Versichertengemeinschaft an einem möglichst geringen Schadensvolumen zu beachten.

163

cc) Antrag des Arbeitgebers. Die Zustimmung setzt nach § 3a Abs. 1 AIB einen entsprechenden Antrag des Arbeitgebers voraus. Dieser muss nach § 3a Abs. 2 AIB im Einzelnen darlegen, welche Maßnahmen geplant sind, ob das Unternehmen liquidiert oder fortgeführt werden soll, welche wirtschaftlichen und gesellschaftsrechtlichen Änderungen vorgesehen sind und wie sich der oder die Inhaber des Unternehmens, die übrigen Gläubiger und die Arbeitnehmer an dem außergerichtlichen Vergleich beteiligen. Voraussetzung für die Zustimmung ist also ein **Sanierungsplan**. Ohne entsprechende Beiträge der Inhaber des Unternehmens, der Gläubiger und der Arbeitnehmer wird der PSVaG seine Zustimmung verweigern.

164

dd) Folgen der Zustimmung. Mit der Zustimmung übernimmt der PSVaG gegenüber den Versorgungsempfängern die Verpflichtung, anstelle des Arbeitgebers oder ausgefallenen Versorgungsträgers die Leistungen der betrieblichen Altersversorgung zu übernehmen. Der Um-

165

---

[221] Schaub ArbR-HdB/*Vogelsang* § 281 Rn. 33.
[222] Schaub ArbR-HdB/*Vogelsang* § 281 Rn. 30; aA *Diller* ZIP 1997, 768.
[223] *Blomeyer/Rolfs/Otto* BetrAVG § 7 Rn. 103; zur Praxis des PSVaG siehe Merkblatt 110/M1 (3.02).

fang der Leistungen wird dadurch nicht berührt. Die Versorgungsempfänger erhalten die ihnen zugesagten Leistungen entweder vom Arbeitgeber oder vom PSVaG oder von beiden, je nachdem in welchem Umfang der PSVaG in die Versorgungsverpflichtungen eintritt.

166 c) **Wirtschaftliche Notlage.** Die wirtschaftliche Notlage ist als Sicherungsfall mit Wirkung ab 1.1.1999 weggefallen. Er wird nunmehr von § 7 Abs. 1 S. 4 Nr. 2 BetrAVG (außergerichtlicher Vergleich) mit umfasst, da dem außergerichtlichen Vergleich regelmäßig eine wirtschaftliche Notlage im Sinne der früheren Regelung vorausgeht.

3. Gesicherter Personenkreis

167 a) **Versorgungsempfänger.** Gesichert sind nach § 7 Abs. 1 S. 1 BetrAVG zunächst die Versorgungsempfänger, das heißt solche Personen, die zum Insolvenzstichtag bereits Leistungen der betrieblichen Altersversorgung erhalten (**Rentner**) oder aber alle Voraussetzungen für den Leistungsbezug erfüllen (technische Rentner).[224]

168 Bei Inanspruchnahme der **flexiblen Altersgrenze** reicht es aus, wenn die vorgezogene gesetzliche Altersrente beantragt ist und das Verlangen nach Zahlung der vorzeitigen Betriebsrente nach § 6 BetrAVG alsbald nach der Insolvenzeröffnung gestellt wird.[225] **Technische Rentner** bleiben dabei dem Arbeitgeber zugeordnet, bei dem sie die Voraussetzungen für den Leistungsbezug erfüllt haben. Dies gilt auch dann, wenn der Rentner bei Inanspruchnahme der flexiblen Altersgrenze im rentenversicherungsrechtlich zulässigen geringfügigen Umfang weiterarbeitet und der Betrieb auf einen Betriebserwerber übertragen wird.[226] Bei der Berechnung der Höhe der vorzeitigen Altersleistung ist der PSVaG an die Vorgaben der einschlägigen Versorgungsordnung gebunden.[227] Soweit die Versorgungsordnung keinen eigenen versicherungsmathematischen Abschlag vorsieht, kürzt der PSVAG die Altersrente pauschal mit 0,5 % für jeden Monat der vorzeitigen Inanspruchnahme.[228] Das BAG hat diese Vorgehensweise ausdrücklich anerkannt.[229]

169 b) **Inhaber unverfallbarer Anwartschaften.** *aa) Gesetzlich unverfallbare und gleichgestellte Anwartschaften.* Inhaber unverfallbarer Versorgungsanwartschaften sind nach § 7 Abs. 2 BetrAVG gleichfalls geschützt. Sie erwerben bei Eintritt des Versorgungsfalls einen Anspruch gegen den Träger der Insolvenzversicherung. Durch den Verweis auf § 1b BetrAVG wird klargestellt, dass der Insolvenzschutz nur für **gesetzlich unverfallbare** Anwartschaften gilt, nicht für vertraglich unverfallbare Anwartschaften. Keine Frage der vertraglichen Unverfallbarkeit liegt vor, wenn einem **Vorstandsmitglied** oder **Geschäftsführer** bei Erreichen der Altersgrenze eine Vollversorgung auch für den Fall zugesagt wird, dass sein Vertrag nicht weiter verlängert wird. Soweit die Versorgungszusage ausreichend lange bestanden hat, ist die Versorgungszusage auch in diesem Fall insolvenzgesichert.[230] Sofort unverfallbar sind nach § 1b Abs. 5 BetrAVG Ansprüche aus einer **Entgeltumwandlung.** Allerdings gilt dies wegen der Sondervorschrift des § 7 Abs. 5 S. 3 BetrAVG bei Entgeltumwandlungen, die erstmalig in den beiden letzten Jahren vor Eintritt des Sicherungsfalls vereinbart worden sind nur, soweit sich die Entgeltumwandlung in den Höchstgrenzen des § 1a BetrAVG (4 % der Beitragsbemessungsgrenze in der gesetzlichen Rentenversicherung) hält, oder für im Rahmen von Übertragungen gegebene Zusagen, soweit der Übertragungswert die Beitragsbemessungsgrenze in der allgemeinen Rentenversicherung nicht übersteigt.

170 Den gesetzlich unverfallbaren Anwartschaften gleichgestellt sind die **kraft Richterrechts** unverfallbaren Anwartschaften. Dies sind Anwartschaften, die bereits vor Inkrafttreten des BetrAVG auf Grund der Rechtsprechung des BAG unverfallbar waren.[231] Durch Anerken-

---

[224] BAG ZIP 1999, 1018; BGH 9.6.1980, AP BetrAVG § 17 Nr. 2; *Blomeyer/Rolfs/Otto* BetrAVG § 7 Rn. 24.
[225] BGH 9.6.1980, AP BetrAVG § 17 Nr. 2.
[226] BAG NZA 2004, 848.
[227] *Höfer* BetrAVG I § 7 Rn. 155.
[228] Siehe Merkblatt 110/M 3/(1.05) unter 1.2 sowie § 4 Abs. 2a AIB.
[229] BAG DB 1982, 1830.
[230] *Neumann* DB 2007, 744 unter Hinweis auf BGH DB 1981, 1561.
[231] BAG 16.10.1980, AP BetrAVG § 7 Nr. 8; 20.1.1987, AP BetrAVG § 7 Nr. 37.

nung von **Vordienstzeiten** kann gesetzliche Unverfallbarkeit und damit Insolvenzschutz nach der Rechtsprechung des BAG dann erreicht werden, wenn die anzurechnende Vordienstzeit von einer Versorgungszusage begleitet war und nahtlos an die darauf folgende Dienstzeit heranreicht.[232]

bb) Berechnung bei vorzeitiger Inanspruchnahme der Altersrente. Der PSVaG ist auch 171 dann zur Leistung verpflichtet, wenn der mit einem unverfallbaren Anspruch ausgeschiedene Arbeitnehmer gemäß § 6 BetrAVG vorzeitig Altersrente in Anspruch nimmt. Bei der Berechnung der vorzeitigen Altersleistung sind für den PSVaG die gleichen Regeln anzuwenden wie für den Arbeitgeber.[233] Maßgeblich ist zunächst die Versorgungsordnung. Sieht diese eine Kürzungsmöglichkeit nicht vor, kann der PSVaG eine pauschale Kürzung um 0,5 % für jeden Monat der vorzeitigen Inanspruchnahme vornehmen.[234]

c) **Direktversicherte.** Gesichert sind Versorgungsanwartschaften aus einer vom Arbeitge- 172 ber für den Arbeitnehmer abgeschlossenen Direktversicherung, soweit der Arbeitnehmer nur widerruflich bezugsberechtigt ist oder der Arbeitgeber die Ansprüche aus dem Versicherungsvertrag beliehen oder an Dritte abgetreten hat (§ 7 Abs. 2 S. 1 Nr. 2 BetrAVG). Nicht geschützt ist der Arbeitnehmer, wenn der Arbeitgeber seiner Verpflichtung zur Abführung der Beiträge an den Versicherer nicht nachgekommen ist und der Versicherer den Vertrag deswegen kündigt.[235]

Zweifel ergeben sich, ob beim sog. **eingeschränkt widerruflichen Bezugsrecht** das Bezugs- 173 recht aus einer Direktversicherung im Insolvenzfall noch widerrufen werden kann. Nach den Versicherungsbedingungen kann das Bezugsrecht nur dann widerrufen werden, wenn die gesetzlichen Unverfallbarkeitsfristen bei Beendigung des Arbeitsverhältnisses noch nicht erfüllt sind. Das BAG hat nunmehr entschieden, dass es bei der Auslegung der entsprechenden Versicherungsbedingungen auf die arbeitsrechtliche Beurteilung ankommt. Dies gilt sowohl für die Frage der Unverfallbarkeit als auch für die Frage der Beendigung des Arbeitsverhältnisses. Geht der Betrieb im Rahmen der Insolvenz auf einen Erwerber über, enden die vom Betriebsübergang erfassten Arbeitsverhältnisse nach § 613a BGB nicht, sodass das Bezugsrecht nicht widerrufen werden kann.[236] Die Leistungen aus dem Versicherungsvertrag stehen in diesem Fall dem Arbeitnehmer zu, der insoweit Aussonderung nach § 47 InsO verlangen kann. Endet dagegen das Arbeitsverhältnis infolge der Insolvenz, so steht das Widerrufsrecht dem Insolvenzverwalter zu, der daher nach Ausübung des Widerrufs den Rückkaufswert zur Masse ziehen kann.[237] Der Arbeitnehmer ist dann mit seinen Anwartschaften nach § 7 Abs. 2 Nr. 2 BetrAVG durch den PSVaG insolvenzgeschützt.

d) **Unterstützungskasse.** Bei Unterstützungskassen kommt es nach § 7 Abs. 1 S. 2 Nr. 2 174 BetrAVG auf die Insolvenz des Trägerunternehmens an. Dieses kann dann die vereinbarten Zuwendungen (Beiträge) nicht mehr leisten. Der PSVaG ist verpflichtet, die deswegen ausfallenden Leistungen zu übernehmen. Leistungen der Unterstützungskasse sind nach § 7 Abs. 4 S. 1 BetrAVG anzurechnen. Dies gilt im Falle der Rückdeckung durch eine Rückdeckungsversicherung auch für die von dieser erbrachten Versorgungsleistungen. Der Insolvenzverwalter des Arbeitgebers kann den Rückkaufswert nicht zur Masse ziehen, soweit die Versicherung von der Unterstützungskasse im eigenen Namen abgeschlossen worden ist und die Rechte daraus daher der Kasse und nicht dem Arbeitgeber zustehen.[238]

4. Leistungsverpflichtungen des PSVaG

a) **Rechtscharakter.** Mit Eintritt des Sicherungsfalls tritt der PSVaG als Schuldner in die 175 Leistungsverpflichtungen des Versorgungsträgers ein. Im Fall der Haftung des Arbeitgebers

---

[232] BAG 11.1.1983, AP BetrAVG § 7 Nr. 17; 26.9.1989, AP BetrAVG § 7 Nr. 53; Nr. 54; 15.6.2010, AP BetrAVG § 1 Lebensversicherung Nr. 31.
[233] → Rn. 105.
[234] Siehe § 4 Abs. 2a AIB; zur Berechnung durch den PSVaG weiter *Berenz* DB 2001, 2346.
[235] Zur Informationspflicht des Versicherers und zu möglichen Schadensersatzansprüchen → Rn. 9.
[236] BAG 15.6.2010, AP BetrAVG § 1 Lebensversicherung Nr. 31.
[237] BAG NZA 2007, 1169.
[238] BAG 29.9.2010 – 3 AZR 107/08, NZA-RR 2011, 208 = ZIP 2011, 347.

für Leistungskürzungen externer Träger muss dessen Ausfall wenigstens 50 % der Betriebsrente betreffen oder dem Rentner Verarmung drohen.[239] Zwischen dem begünstigten Versorgungsempfängern und dem PSVaG besteht ein **gesetzliches Schuldverhältnis**.[240] Diese können ihre insolvenzgeschützten Ansprüche unmittelbar gegen den PSVaG geltend machen.[241] Auf dieses Schuldverhältnis finden die Vorschriften des Schuldrechts des BGB Anwendung, soweit in §§ 7 ff. BetrAVG nichts anderes geregelt ist. Bei der Eintrittspflicht des PSVaG handelt es sich lediglich um eine **Ausfallhaftung.** Die Leistungen des PSVaG vermindern sich nach § 7 Abs. 4 BetrAVG um Leistungen der betrieblichen Altersversorgung, die der Arbeitgeber oder sonstige Träger erbringen.

176 b) **Beginn und Ende der Leistungspflicht; Mitteilungspflichten.** Der Anspruch entsteht nach § 7 Abs. 1a BetrAVG mit dem Beginn des Monats, der auf den Eintritt des Sicherungsfalls folgt und endet mit Ablauf des Sterbemonats des Begünstigten, soweit in der Versorgungszusage des Arbeitgebers nichts anderes bestimmt ist. Der Anspruch umfasst auch rückständige Versorgungsleistungen aus den letzten zwölf Monaten vor Beginn der Leistungspflicht des PSVaG (§ 7 Abs. 1a S. 3 BetrAVG). Bei unverfallbaren Versorgungsanwartschaften beginnt der Anspruch mit Eintritt des Versorgungsfalls.

177 Nach § 9 Abs. 1 S. 1 BetrAVG hat der PSVaG den Berechtigten die ihnen zustehenden Ansprüche oder Anwartschaften dem Grunde und der Höhe nach mitzuteilen. Unterbleibt eine solche Mitteilung, so ist der Anspruch oder die Anwartschaft spätestens ein Jahr nach Eintritt des Sicherungsfalls beim PSVaG anzumelden.

178 c) **Berechnung der Anwartschaften.** Der PSVaG hat für unverfallbare Versorgungsanwartschaften nur in dem Verhältnis einzustehen, das der Betriebszugehörigkeit bis zum Eintritt des Sicherungsfalls zur hypothetischen Betriebszugehörigkeit bis zum Erreichen der festen Altersgrenze entspricht (§ 7 Abs. 2a BetrAVG). Die Bemessungsgrundlagen werden dabei auf den Zeitpunkt des Eintritts des Versicherungsfalls festgeschrieben. Spätere Veränderungen bleiben außer Betracht, § 7 Abs. 2a S. 3 BetrAVG. Auf die Besonderheiten bei Entgeltumwandlungen und Beitragszusagen mit Mindestleistung wird verwiesen.[242]

179 d) **Höchstgrenzen. aa)** *Laufende Leistungen.* § 7 Abs. 3 BetrAVG begrenzt die monatlichen Rentenzahlungsverpflichtungen des PSVaG auf das Dreifache der monatlichen Bezugsgröße gemäß § 18 SGB IV. Maßgeblich ist die Bezugsgröße im Zeitpunkt der ersten Fälligkeit.

> **Praxistipp:**
> Bei höheren Zusagen sollte die Absicherung durch ein **CTA** mit doppelter Treuhand erwogen werden.[243]

180 *bb) Kapitalleistungen.* Bei Kapitalleistungen wird eine Umrechnung in einen zehnjährigen Rentenanspruch vorgenommen. Ein Zehntel der Kapitalleistung darf den dreifachen Jahresbetrag der Bezugsgröße nicht übersteigen, § 7 Abs. 3 S. 2 BetrAVG.

181 *cc) Geltung der neuen Höchstgrenzen.* Die Höchstgrenzen zu *aa)* und *bb)* gelten nach § 31 BetrAVG nur für Sicherungsfälle, die nach dem 31.12.1998 eingetreten sind. In allen anderen Fällen bleibt es bei der bisher geltenden allgemeinen Höchstgrenze des dreifachen der Beitragsbemessungsgrenze in der gesetzlichen Rentenversicherung.

182 e) **Anpassungsverpflichtung nach § 16 BetrAVG.** Nach ständiger Rechtsprechung des BAG[244] unterliegt der PSVaG nicht der Anpassungsverpflichtung nach § 16 BetrAVG für

---

[239] EuGH 19.12.2019 – C-168/18, BeckRS 2019, 32147 Pensionssicherungsverein.
[240] BAG 30.8.1979 – 3 AZR 381/78, DB 1979, 2330.
[241] Zur prozessualen Durchsetzung → Rn. 189 f.
[242] → Rn. 66 f.
[243] Dazu → § 36 Rn. 169 ff.
[244] BAGE 54, 168; BAG 5.10.1993 – 3 AZR 698/92, AP BetrAVG § 16 Nr. 28.

laufende Versorgungsleistungen. Anders als der zahlungsunfähig gewordene Arbeitgeber braucht der PSVaG die Renten also nicht der Inflationsentwicklung anzupassen.

f) Kürzungen der Leistungen. Die Leistungspflicht des PSVaG besteht nur insoweit, als der Arbeitgeber oder ein sonstiger Träger keine Versorgungsleistungen erbringt. Das Gleiche gilt, wenn nach dem im Insolvenzverfahren bestätigten Insolvenzplan oder dem abgeschlossenen außergerichtlichen Vergleich der Arbeitgeber oder sonstige Träger der Versorgung einen Teil der Leistungen selbst zu erbringen hat. Sieht der Insolvenzplan vor, dass bei einer nachhaltigen Besserung der wirtschaftlichen Lage die Versorgungsverpflichtungen wieder vom Arbeitgeber oder einem sonstigen Versorgungsträger übernommen werden sollen, so endet die Leistungspflicht des PSVaG, sobald der Arbeitgeber oder sonstige Träger der Versorgung zur Erbringung der Leistungen wieder in der Lage ist.

g) Leistungsausschlüsse. Nach § 7 Abs. 5 BetrAVG besteht kein Anspruch auf Leistungen des PSVaG, wenn nach den Umständen des Falles anzunehmen ist, dass die Versorgungsleistungen oder ihre Erhöhung nur oder überwiegend deswegen zugesagt worden sind, um den PSVaG in Anspruch zu nehmen. Da diese **Missbrauchsfälle** schwer nachzuweisen sind, enthält das Gesetz zwei Tatbestände, bei denen ein Missbrauch vermutet wird. Die Leistungspflicht des PSVaG ist ausgeschlossen, wenn

- bei Erteilung oder Verbesserung der Versorgungszusage wegen der wirtschaftlichen Lage des Arbeitgebers zu erwarten war, dass dieser die Zusage nicht werde erfüllen können,[245] oder
- die Leistung bzw. Verbesserung erst in den beiden letzten Jahren vor dem Eintritt des Sicherungsfalls vereinbart worden ist.

Letzteres gilt nur für Neuzusagen, nicht für im Leistungsplan bereits vorgesehene Erhöhungen. Bei **Entgeltumwandlungen** iRd § 1a BetrAVG ist die Zweijahresfrist nach § 7 Abs. 5 S. 3 Nr. 1 BetrAVG nicht anwendbar. Das Gleiche gilt für Zusagen im Rahmen von **Übertragungen** nach § 4 Abs. 2 Nr. 2, Abs. 3 BetrAVG, soweit der Übertragungswert die Beitragsbemessungsgrenze in der allgemeinen Rentenversicherung nicht übersteigt. Entsprechende Vereinbarungen sind sofort insolvenzgeschützt. Bei Entgeltumwandlungen außerhalb des Anwendungsbereichs von § 1a BetrAVG wird man darauf abstellen müssen, wann die Entgeltumwandlung dem Grunde nach vereinbart worden ist. Die Zweijahresfrist gilt auch hier nicht für bereits vorher vereinbarte Erhöhungen.

In der zweiten Alternative (Zusage in den beiden letzten Jahren vor Insolvenzeröffnung) handelt es sich um eine unwiderlegbare Vermutung.[246] Demgegenüber ist die Vermutung der ersten Alternative für den Arbeitnehmer widerlegbar.[247] Die Vermutung kann insbesondere durch den Nachweis entkräftet werden, dass die subjektiven Voraussetzungen des § 7 Abs. 5 S. 1 BetrAVG nicht vorliegen. Diese setzen eine Beteiligung des Arbeitnehmers an der missbräuchlichen Maßnahme des Arbeitgebers voraus. Der Arbeitnehmer muss den missbräuchlichen Zweck zumindest erkennen können. Dies ist dann der Fall, wenn sich für ihn die Erkenntnis aufdrängen musste, der Arbeitgeber werde wegen seiner wirtschaftlichen Situation nicht in der Lage sein, die erteilte Versorgungszusage auch erfüllen zu können.[248]

h) Forderungsübergang. Soweit der PSVaG bei Eintritt des Sicherungsfalls zur Leistung verpflichtet ist, gehen Ansprüche des Berechtigten gegen den Arbeitgeber nach § 9 Abs. 2 BetrAVG auf den PSVaG über. Stichtag für den Forderungsübergang ist die Eröffnung des Insolvenzverfahrens, in den übrigen Sicherungsfällen der Zeitpunkt der Mitteilung des PSVaG an den Berechtigten über die ihm zustehenden Ansprüche oder Anwartschaften. Mit dem Übergang der Forderungen tritt ein gesetzlicher Schuldnerwechsel ein. Der Versorgungsberechtigte verliert seine Ansprüche gegenüber dem Arbeitgeber. An die Stelle tritt der Anspruch gegen den Pensions-Sicherungs-Verein.[249] Der Übergang kann jedoch nicht zum Nachteil des Berechtigten geltend gemacht werden.

---

[245] Siehe dazu BAG 8.5.1990, AP BetrAVG § 7 Nr. 58.
[246] BAG 2.6.1987, AP BetrAVG § 7 Nr. 42; NZA 1999, 650.
[247] BAG DB 2002, 2115.
[248] BAG DB 2002, 2115 (2116).
[249] BAG NZA 2007, 278 unter Rn. 22 der Gründe.

188 Mit dem Forderungsübergang gehen **entsprechend §§ 412, 401 BGB** auch Forderungen gegen die persönlich haftenden Gesellschafter einer in Insolvenz gegangenen Personenhandelsgesellschaft und ausgeschiedene Gesellschafter auf den PSVaG über.[250] Dieser kann sich dann bei diesen schadlos halten. Ebenso kann der PSVaG im Umfang seiner Eintrittspflicht auf die Vermögenswerte zugreifen, die im Rahmen eines **CTA** dem Treuhänder zur Erfüllung der Versorgungsverpflichtungen im Falle der Insolvenz zur Verfügung gestellt wurden.[251]

5. Rechtsstreitigkeiten

189 a) **Klagen gegen den PSVaG.** Rechtsstreitigkeiten zwischen Arbeitnehmern und dem PSVaG sind nach § 2 Abs. 1 Nr. 5 ArbGG vor den Arbeitsgerichten auszutragen. Örtlich zuständig ist das Arbeitsgericht Köln. Für Klagen des PSVaG aus übergegangenem Recht nach § 9 Abs. 2 BetrAVG sind nach § 2 Abs. 1 Nr. 3a ArbGG gleichfalls die Arbeitsgerichte zuständig, da es sich um Rechtsstreitigkeiten aus dem Arbeitsverhältnis handelt.[252] Für Rechtsstreitigkeiten von Nichtarbeitnehmern sind dagegen die ordentlichen Gerichte zuständig, je nach Streitwert also das Amtsgericht oder das Landgericht Köln.

190 Für Klagen gegen den PSVaG reicht die Erhebung einer **Feststellungsklage** nach § 256 ZPO aus, da der PSVaG Urteile, die seine Leistungspflicht feststellen, nachkommt.[253] Der Erhebung einer bezifferten **Leistungsklage** bedarf es insoweit nicht, auch wenn diese möglich ist.

191 b) **Fortführung von Klagen gegen den Arbeitgeber nach Insolvenzeröffnung.** Die Eröffnung des Insolvenzverfahrens führt nach § 240 ZPO zu einer Unterbrechung eines arbeitsgerichtlichen Verfahrens über die Feststellung der Höhe der Versorgungsanwartschaften und -ansprüche. Wegen des Forderungsübergangs auf den PSVaG nach § 9 Abs. 2 BetrAVG muss der Klageantrag nach Aufnahme des Verfahrens auf Leistung an den PSVaG als Inhaber des Versorgungsanspruchs umgestellt werden. Inhaltlich ist er gem. §§ 46, 179, 180 Abs. 2 InsO auf Feststellung des Barwerts der streitigen Forderung zur Insolvenztabelle gerichtet.[254] Die Zulässigkeit einer solchen Klageänderung ergibt sich bereits aus § 180 Abs. 2 InsO. Sie ist auch erst in der Revisionsinstanz möglich.[255] Soweit nicht der PSVaG den Prozess übernimmt, bleibt der Kläger nach § 265 ZPO prozessführungsbefugt.[256] Gegebenenfalls ist der PSVaG verpflichtet, dem Kläger eine entsprechende Prozessführungsermächtigung zu erteilen.

X. Verjährung

192 Ansprüche auf Leistungen aus der betrieblichen Altersversorgung verjähren nach § 18a BetrAVG **in 30 Jahren.** Dies betrifft das **Stammrecht.** Dazu gehört auch der Anpassungsanspruch nach § 16 BetrAVG.[257] Ansprüche auf **wiederkehrende Leistungen** insbesondere Rentenzahlungen verjähren nach § 18a S. 2 BetrAVG iVm § 195 BGB **in 3 Jahren.**

193 Die **kurze Verjährungsfrist beginnt** mit dem Schluss des Jahres, in dem der Anspruch entstanden ist und der Gläubiger von den den Anspruch begründenden Umständen und der Person des Schuldners Kenntnis erlangt hat oder ohne grobe Fahrlässigkeit erlangen musste.

---

[250] *Blomeyer/Rolfs/Otto* BetrAVG § 9 Rn. 55.
[251] Dazu → § 36 Rn. 177; dort auch zur Möglichkeit der vorrangigen Sicherung des Treuhandvermögens für Versorgungsansprüche, die wegen ihrer Höhe nicht der gesetzlichen Insolvenzsicherung unterfallen; zum Übergang des Treuhandvermögens siehe *Berenz* DB 2006, 2126; *Küppers/Louven* BB 2004, 343; *Rößler* BB 2010, 1405 (1413).
[252] BAG 1.3.1993, AP ArbGG 1979 § 2 Nr. 25.
[253] BAG 22.9.1987, AP BetrAVG § 1 Besitzstand Nr. 3 = DB 1988, 91; *Blomeyer/Rolfs/Otto* BetrAVG § 7 Rn. 317.
[254] Siehe dazu im Einzelnen BAG NZA-RR 2007, 595 u. BAG NZA 2007, 278.
[255] BAG 24.1.2006, AP BetrAVG § 1 Ablösung Nr. 50 – unter Rn. 36 der Gründe.
[256] Offenlassend BAG 24.1.2006, AP BetrAVG § 1 Ablösung Nr. 50 Rn. 22.
[257] BAG 17.8.2004 – 3 AZR 367/03, AP BetrAVG § 16 Nr. 55.

Sie läuft gem. § 199 Abs. 4 BGB längstens in zehn Jahren von ihrer Entstehung an gerechnet ab. Die Verjährungsfrist von 30 Jahren nach § 18a S. 1 BetrAVG kann gemäß § 19 Abs. 3 BetrAVG tarifvertraglich verkürzt werden. Eine Verkürzung durch Betriebsvereinbarung ist wegen des Charakters des BetrAVG als Mindestnormen, die zu Lasten des Arbeitnehmers nicht unterschritten werden können, dagegen nicht möglich.

Soweit der **Anspruch vor dem 1.1.2002 entstanden** ist und nach dem davor geltenden Verjährungsrecht noch nicht verjährt ist, sind die **Übergangsvorschriften in Art. 229 § 6 EGBGB** zu beachten. Im Zweifel gilt die für den Schuldner günstigere Verjährungsfrist des neuen oder alten Rechts. Früher galt für Arbeitnehmer für Versorgungsleistungen eine Verjährungsfrist von zwei Jahren nach § 196 Abs. 1 Nr. 8, 9 BGB beginnend mit dem Schluss des Jahres, in dem der Versorgungsanspruch entstanden ist. Versorgungsansprüche von Arbeitnehmern und deren Hinterbliebenen, die bis Ende 2001 entstanden waren, verjährten daher nach Art. 229 § 6 Abs. 3 EGBGB mit Ablauf des Jahres 2003.

194

§ 39 Wechsel des Versorgungsschuldners und Haftung von Gesellschaftern

Übersicht

	Rn.
I. Rechtsgeschäftliche Übernahme	1–16
1. Schuldbeitritt, Erfüllungsübernahme	1
2. Befreiende Schuldübernahme	2–16
a) Übernahmevereinbarung mit Zustimmung des Gläubigers nach §§ 414, 415 BGB	2
b) Zusätzliche Erfordernisse nach § 4 BetrAVG	3–9
c) Befreiende Wirkung	10–14
d) Auskunftsanspruch	15
e) Sonderregelung für den Fall der Liquidation	16
II. Sonstiger Wechsel des Versorgungsschuldners	17–46
1. Betriebsübergang nach § 613a BGB	17–34
a) Eintritt in die erteilten Versorgungszusagen	17–21
b) Zusammentreffen verschiedener Versorgungsregelungen	22–29
c) Auskunftsansprüche	30
d) Nachhaftung des Betriebsveräußerers	31
e) Gleichstellung übernommener Arbeitnehmer	32–34
2. Gesamtrechtsnachfolge	35–44
a) Erbfolge	35
b) Umwandlung nach dem Umwandlungsgesetz	36–43
c) Anwachsung	44
3. Übertragung eines einzelkaufmännischen Unternehmens	45/46
a) Haftung des Erwerbers nach § 25 HGB	45
b) Nachhaftungsbegrenzung des früheren Geschäftsinhabers	46
III. Haftung von Gesellschaftern einer Personengesellschaft	47–53
1. Haftung von Gesellschaftern während des Bestehens der Gesellschaft	47
2. Haftung ausgeschiedener Gesellschafter	48–51
3. Haftung bei Auflösung der Gesellschaft	52
4. Wechsel in Kommanditistenstellung	53

I. Rechtsgeschäftliche Übernahme

1. Schuldbeitritt, Erfüllungsübernahme

1 Versorgungsverpflichtungen können von einem Dritten übernommen werden. Unproblematisch ist die **kumulative Schuldübernahme (Schuldbeitritt)** und die bloße **Erfüllungsübernahme**. Beim Schuldbeitritt tritt ein weiterer Schuldner neben den bisherigen Versorgungsschuldner. Bei der Erfüllungsübernahme verpflichtet sich ein Dritter lediglich intern gegenüber dem Versorgungsschuldner, die Leistungen bei Fälligkeit zu erbringen. In beiden Fällen werden die Interessen des Arbeitnehmers nicht berührt. Beim Schuldbeitritt wird sie sogar verbessert, weil der Arbeitnehmer einen zusätzlichen Schuldner erhält, auf den er zurückgreifen kann. Als problematisch sieht das Gesetz in § 4 BetrAVG nur die **befreiende Schuldübernahme** an. Diese lässt sie nur unter bestimmten Voraussetzungen zu.

2. Befreiende Schuldübernahme

2 a) **Übernahmevereinbarung mit Zustimmung des Gläubigers nach §§ 414, 415 BGB.** Eine Schuld und damit grundsätzlich auch eine Versorgungsverpflichtung kann nach §§ 414, 415 BGB von einem Dritten durch Vereinbarung mit dem Schuldner und Zustimmung des Gläubigers übernommen werden. Mit Erteilung der Zustimmung tritt der Dritte an die Stelle des bisherigen Schuldners.

b) Zusätzliche Erfordernisse nach § 4 BetrAVG. *aa) Anwendungsbereich des § 4 BetrAVG.* § 4 BetrAVG schränkt die Übertragung unverfallbarer Anwartschaften und laufender Leistungen ein. Die Übertragung ist nur wirksam, wenn die in Absätzen 2 bis 6 genannten Voraussetzungen erfüllt sind. Unberührt bleiben bei der Übertragung von verfallbaren Anwartschaften und sämtliche Übertragungen, die nicht im Zusammenhang mit der Beendigung des Arbeitsverhältnisses stehen. Für die Übertragung der §§ 414, 415 BGB. Nicht erfasst werden weiterhin die Übertragung von Versorgungsanwartschaften im Rahmen eines Betriebsübergangs,[1] der Verschmelzung nach dem UmwG[2] oder der Unternehmensspaltung.[3]

bb) Übertragung im Einvernehmen. § 4 Abs. 2 BetrAVG lässt bei Beendigung des Arbeitsverhältnisses eine Übertragung im Einvernehmen des ehemaligen mit dem neuen Arbeitgeber und dem Arbeitnehmer zu, wenn entweder

- der neue Arbeitgeber die bisherige Zusage unverändert übernimmt

oder

- der Wert der vom Arbeitnehmer erworbenen unverfallbaren Anwartschaft auf den neuen Arbeitgeber übertragen wird und dieser eine wertgleiche Zusage erteilt.

Dabei dürfte die erste Alternative nur in Betracht kommen, wenn beim neuen Arbeitgeber innerhalb eines Konzerns oder bei den Mitgliedsunternehmen des Bochumer Verbandes ein identischer Leistungsplan existiert. Im Regelfall wird daher die Übertragung nach der zweiten Alternative erfolgen. Diese ermöglicht dem neuen Arbeitgeber, die Versorgungszusage unter Übernahme in das bei ihm geltenden Leistungsplan zu anzupassen. Für die neue Anwartschaft gelten die Regelung über die Entgeltumwandlung entsprechend. Sie ist damit sofort unverfallbar.

cc) Übertragungswert. § 4 Abs. 5 definiert den Übertragungswert. Bei Durchführung der Altersversorgung über eine Direktzusage oder eine Unterstützungskasse entspricht der Übertragungswert dem versicherungsmathematischen Barwert der nach § 2 BetrAVG bemessenen Anwartschaft im Zeitpunkt der Übertragung. Diese wird daher zunächst im Verhältnis der bis zur Übertragung erreichten Dienstzeit zur insgesamt bis zum Erreichen der Altersgrenze erreichbaren Dienstzeit quotiert und dann nach versicherungsmathematischen Regeln abgezinst. Bei Durchführung der betrieblichen Altersversorgung über einen Pensionsfonds, eine Pensionskasse oder eine Direktversicherung entspricht der Übertragungswert dem gebildeten Kapital im Zeitpunkt der Übertragung. Dazu gehört das vorhandene (geschäftsplanmäßige) Deckungskapital einschließlich der Überschuss- und Schlussüberschussanteile ohne Abzüge für die mit der Stornierung und Übertragung verbundenen Verwaltungskosten und die noch nicht getilgten Abschlusskosten.[4]

dd) Anspruch auf Übertragung. Für nach den 31.12.2004 erteilte Versorgungszusagen besteht nach § 4 Abs. 3 BetrAVG unter bestimmten Voraussetzungen ein Übertragungsanspruch des Arbeitnehmers. Voraussetzung dafür ist, dass

- die betriebliche Altersversorgung, bisher über einen Pensionsfonds, eine Pensionskasse oder eine Direktversicherung durchgeführt worden ist, und
- der Übertragungswert die Beitragsbemessungsgrenze in der allgemeinen Rentenversicherung nicht übersteigt.

Der Anspruch auf Übertragung kann bis zu einem Jahr nach Beendigung des Arbeitsverhältnisses geltend gemacht werden. Er richtet sich grundsätzlich gegen den Arbeitgeber, gegen den Versorgungsträger, wenn der ehemalige Arbeitgeber die versicherungsförmige Lösung nach § 2 Abs. 2 oder 3 BetrAVG gewählt hat[5] oder der Arbeitgeber die Versicherung oder Versorgung mit eigenen Beiträgen fortgeführt hat. Der neue Arbeitgeber ist verpflichtet, dem Arbeitnehmer eine dem Übertragungswert wertgleiche Zusage zu erteilen und die

---

[1] Dazu → Rn. 17ff.
[2] Dazu → Rn. 37ff.
[3] Dazu → Rn. 40ff.
[4] Förster/Cisch/Karst/Jumpertz BetrAVG § 4 Rn. 27.
[5] Dazu → § 38 Rn. 61f, 63.

9 ee) *Übertragungsabkommen.* Die Übertragung wird erleichtert durch das von den Mitgliedsunternehmen des Gesamtverbandes der Versicherungsunternehmen abgeschlossene Abkommen zur Übertragung zwischen den Durchführungswegen Direktversicherung, Pensionskasse oder Pensionsfonds bei Arbeitgeberwechsel.[6] Diesem Abkommen sind alle maßgeblichen Lebensversicherungsunternehmen und überbetrieblichen Pensionskassen, die im GdV organisiert sind, beigetreten.[7] Dieses Abkommen soll eine Übertragung ohne neue Abschlusskosten und Risikoprüfung ermöglichen. Der Antrag ist von dem neuen Arbeitgeber mit Zustimmung des bisherigen Versicherungsnehmers (Arbeitgebers) und des Arbeitnehmers innerhalb von 15 Monaten nach dem Ausscheiden des Arbeitnehmers aus dem bisherigen Arbeitsverhältnis bei einem der beteiligten Versorgungsträger einzureichen. Die technischen Daten der zu übertragenden Versicherung werden dann von dem bisherigen Versorgungsträger dem neuen Versorgungsträger mitgeteilt. Übertragen wird der Rückkaufswert ohne Abzüge unter Erstattung der noch nicht getilgten Abschlusskosten.

10 c) *Befreiende Wirkung.* Mit der vollständigen Übertragung des Übertragungswerts erlischt nach § 4 Abs. 6 BetrAVG die Zusage des ehemaligen Arbeitgebers. Hier stellen sich verschiedene Fragen, die bisher höchstrichterlich nicht geklärt sind.

11 aa) *Zulässigkeit von Teil-Übertragungen.* § 4 Abs. 2 bis 6 gehen grundsätzlich davon aus, dass die gesamte Anwartschaft oder Versorgungsleistung übertragen wird. Dies dient der Konzentration der Versorgungsleistung in einer Hand und liegt auch im Interesse des bisherigen Arbeitgebers, sich bei einem Arbeitgeberwechsel von den eingegangenen Versorgungsverpflichtungen zu befreien. Dies spricht gegen die Zulässigkeit von Teil-Übertragungen beim Arbeitgeberwechsel.[8]

12 bb) *Volle Zahlung des Übertragungswerts.* § 4 Abs. 6 BetrAVG macht die befreiende Wirkung von der vollständigen Übertragung des Übertragungswerts abhängig. Unklar ist, ob damit nur die werkgleiche Übertragung der Versorgungsverpflichtung gemeint ist,[9] oder die tatsächliche Zahlung des Gegenwerts für die übernommene Versorgungsverpflichtung.[10] Der Wortlaut spricht auch hier eher dafür, dass die Gegenleistung für die übernommene Versorgungsverpflichtung auch tatsächlich gezahlt worden sein und dem neuen Arbeitgeber damit zur Abdeckung der Verpflichtungen zur Verfügung stehen muss.

13 cc) *Irrtum über den Umfang der Versorgungsverpflichtung.* Aufgrund von Gesetzes- oder Rechtsprechungsänderungen können sich die Beteiligten über den wahren Umfang der Versorgungsverpflichtung in einem Irrtum befinden, etwa darüber, ob nach dem AGG auch eingetragene Lebenspartner Anspruch auf eine in der Versorgungsordnung für Ehegatten vorgesehene Hinterbliebenenversorgung haben.[11] Hier können für den neuen Arbeitgeber Verpflichtungen entstehen, für die er keine Gegenleistung erhalten hat. *Rolfs*[12] ist der Auffassung, mangels vollständiger Übertragung werde der frühere Arbeitgeber nach § 4 Abs. 6 BetrAVG nur dann befreit, wenn er auch noch den fehlenden Teilbetrag leistet. *Höfer*[13] meint dagegen, in Höhe des übertragenen Teils sei die Verpflichtung des bisherigen Arbeitgebers erloschen, lediglich die nicht erkannte Restverpflichtung verbleibe bei dem bisherigen Arbeitgeber. Die Lösung dürfte davon abhängen, was die Parteien vereinbart haben. Über-

---

[6] Abrufbar unter www.gdv.de.
[7] Verzeichnis abrufbar unter www.gdv.de.
[8] *Rolfs* NZA 2005, 745 (747); aA *Höfer* BetrAVG I § 4 Rn. 51.
[9] So *Höfer* BetrAVG I § 4 Rn. 152.
[10] So *Rolfs* NZA 2005, 745 f.
[11] Dazu → § 36 Rn. 40 f.
[12] *Rolfs* NZA 2005, 745 (746).
[13] *Höfer* BetrAVG I § 4 Rn. 157.

nimmt der neue Arbeitgeber nach § 4 Abs. 2 Nr. 1 BetrAVG die Zusage, so hat er auch für sämtliche sich aus der Versorgungszusage ergebenden Verpflichtungen einzutreten. Soweit die übertragenen Deckungsmittel nicht ausreichen, hat er gegen den alten Arbeitgeber einen Ergänzungsanspruch. Bis zu dessen Erfüllung haften beide gegenüber dem Arbeitnehmer als Gesamtschuldner.[14]

Bei Erteilung einer wertgleichen neuen Zusage nach § 4 Abs. 2 Nr. 2 BetrAVG muss die sich zusätzlich ergebende Leistungsverpflichtung bei der Ermittlung der Wertgleichheit berücksichtigt werden. Der Übertragungswert ist insoweit im Nachhinein zu berichtigen; die Leistungen des neuen Leistungsplans sind entsprechend anzupassen, sodass die Wertgleichheit wieder hergestellt ist. Dem neuen Arbeitgeber steht insoweit gegen den alten Arbeitgeber ein Ausgleichsanspruch zu. Dieser bleibt nach § 4 Abs. 6 BetrAVG zur Leistung verpflichtet, bis er sich ergebenden Differenzbetrag an den neuen Arbeitgeber gezahlt hat.[15] Anders ist die Lage nur dann, wenn sich die zusätzlichen Leistungsverpflichtungen aus Mängeln des Leistungsplans des neuen Arbeitgebers ergeben. Deren finanzielle Folgen treffen allein den neuen Arbeitgeber.

d) **Auskunftsanspruch.** Dem Arbeitnehmer steht nach § 4a Abs. 2 S. 1 BetrAVG ein Auskunftsanspruch gegenüber seinem bisherigen Arbeitgeber oder den Versorgungsträger zu, wie hoch bei einer Übertragung der Anwartschaft nach § 4 Abs. 3 BetrAVG der Übertragungswert ist. Erfasst wird damit nach dem Wortlaut nur die Übertragung von Anwartschaften bei externer Durchführung der betrieblichen Altersversorgung über einen Pensionsfonds, eine Pensionskasse oder eine Direktversicherung auf eine entsprechende Versorgungseinrichtung, nicht die Übertragung nach § 4 Abs. 2 S. 2 BetrAVG. Der Wortlaut erscheint zu eng. Auch bei einer einvernehmlichen Übertragung hat der Arbeitnehmer ein berechtigtes Interesse daran zu erfahren, wie hoch der Übertragungswert ist.[16] Nur so kann er etwaige Berechnungsfehler aufdecken. Der neue Arbeitgeber oder Versorgungsträger hat dem Arbeitnehmer nach § 4a Abs. 2 BetrAVG auf dessen Verlangen schriftlich mitzuteilen, in welcher Höhe für den Arbeitnehmer ein Anspruch auf Altersversorgung bei Erreichen der Altersgrenze ein Anspruch auf Altersversorgung vorgesehen ist. Nur wenn der Arbeitnehmer Invaliditäts- oder Hinterbliebenenversorgung vorgesehen ist, muss sichergestellt ist, dass entsprechend der Regelung des § 16 Abs. 3 Nr. 2 BetrAVG sämtliche Überschussanteile ab Rentenbeginn zu Leistungserhöhungen verwendet werden.

e) **Sonderregelung für den Fall der Liquidation.** Grundsätzlich setzt jede Übertragung der Versorgungsverpflichtung die Zustimmung des Versorgungsanwärters oder Versorgungsempfängers voraus. Im Falle der Übertragung der Einstellung des Betriebs mit anschließender Liquidation des Unternehmens wird die Arbeitsverhältnissen zur Zustimmung jedoch erleichtert. Die Versorgungsverpflichtung kann nach § 4 Abs. 4 BetrAVG von einer Pensionskasse oder einer Lebensversicherung auch ohne Zustimmung des Arbeitnehmers übernommen werden, wenn sichergestellt ist, dass entsprechend der Regelung des § 16 Abs. 3 Nr. 2 BetrAVG sämtliche Überschussanteile ab Rentenbeginn zu Leistungserhöhungen verwendet werden.

II. Sonstiger Wechsel des Versorgungsschuldners

1. Betriebsübergang nach § 613a BGB

a) **Eintritt in die erteilten Versorgungszusagen.** Im Falle einer Betriebsüberrtragung durch Rechtsgeschäft tritt der neue Inhaber nach § 613a Abs. 1 BGB in die Rechte und Pflichten aus den im Zeitpunkt des Übergangs bestehenden Arbeitsverhältnissen ein. Dies gilt auch für die im Zeitpunkt des Betriebsinhaber erteilten Versorgungszusagen gegenüber den Arbeitnehmern, die zum Zeitpunkt des Betriebsübergangs noch aktiv beschäftigt sind. War das Arbeitsverhältnis wirksam auf das Ende des Tages vor dem Betriebsübergang befristet und setzt es der Erwerber nahtlos durch Abschluss eines neuen Arbeitsvertrages fort, so tritt der

---

[14] So auch Rolfs NZA 2005, 745 (747).
[15] Ebenso im Ergebnis Rolfs NZA 2005, 745 (748).
[16] Blomeyer/Rolfs/Otto BetrAVG § 4a Rn. 24; aA Höfer BetrAVG I § 4a Rn. 36.

18 Erwerber gleichfalls in die vorher begründeten Anwartschaften ein. Dies gilt auch für einen Betriebsübergang im Rahmen einer Insolvenz für die nach Eröffnung des Insolvenzverfahrens während der Betriebsfortführung erworbenen Anwartschaften.[17]
Nimmt der Arbeitsvertrag auf eine tarifvertragliche Regelung Bezug, so bewirkt dies deren individualrechtliche Geltung als vertragliche Regelungen iSd § 613a Abs. 1 S. 1 BGB.[18] Bei dynamischen Verweisungen gelten im Falle des Betriebsübergangs Einschränkungen. Ist der neue Arbeitgeber nicht tarifgebunden, ist der in Bezug genommene Tarifvertrag nur noch statisch anzuwenden.[19]

19 Verlässt der Betriebsteil mit seiner Veräußerung den Geltungsbereich eines Zusatzversorgungssystems und kann der neue Arbeitgeber die übernommenen Arbeitnehmer dort nicht mehr entsprechend weiterversichern, ist der neue Arbeitgeber verpflichtet, im Versorgungsfall die gleichen Leistungen zu verschaffen, die die übernommenen Arbeitnehmer erhalten hätten, wenn sie bei dem ursprünglichen Arbeitgeber verblieben und dort zu den ursprünglich vereinbarten Bedingungen weiterversichert worden wären. Den übernommenen Arbeitgeber trifft insoweit aus dem arbeitsrechtlichen Grundverhältnis eine Verschaffungspflicht.[20]

20 Demgegenüber erfasst § 613a BGB nicht die Verpflichtungen aus bereits laufenden Versorgungsleistungen und aus **unverfallbaren Ansprüchen** ausgeschiedener Arbeitnehmer.[21] Diese hat der bisherige Betriebsinhaber zu erfüllen.

21 Der Betriebsübergang führt zunächst dazu, dass die **Warte- und Unverfallbarkeitsfristen** weiterlaufen. Das Arbeitsverhältnis wird also durch den Betriebsübergang nicht unterbrochen. Die Zeiten der Betriebszugehörigkeit beim alten und neuen Arbeitgeber werden zusammengerechnet.[22] Verfallbare Anwartschaften erstarken beim neuen Betriebsinhaber bei Erfüllung der zeitlichen Voraussetzungen und des Mindestalters[23] zum Vollrecht. Hat der Arbeitnehmer nach dem Betriebsübergang erstmals eine Versorgungszusage erhalten, so hat die frühere Betriebszugehörigkeit nur Einfluss bei Berechnung der Unverfallbarkeit und des Unverfallbarkeitsfaktors, nicht aber auf die Berechnung einer in der neuen Versorgungsordnung vorgesehenen Wartezeit.[24]

22 b) Zusammentreffen verschiedener Versorgungsregelungen. Probleme treten auf, wenn beim bisherigen Betriebsinhaber eine andere Versorgungsordnung gegolten hat als beim neuen Betriebsinhaber. Die Lösung dieses Konkurrenzproblems hängt zunächst davon ab, auf welcher rechtlichen Grundlage die bisherige Versorgungszusage beruht und auf welcher Grundlage die Versorgung beim neuen Betriebsinhaber geregelt ist.

23 *aa) Zusammentreffen von zwei individualrechtlichen Regelungen.* Trifft eine individualrechtliche Zusage auf ein Versorgungssystem beim neuen Betriebsinhaber, das gleichfalls individualrechtlich geregelt ist, stellt sich die Frage, inwieweit die übernommenen Arbeitnehmer neben der fortzuführenden Versorgungszusage auch noch Ansprüche aus dem Versorgungswerk des Betriebserwerbers nebeneinander zur Anwendung kommen oder lediglich das für den Arbeitnehmer günstigere System zur Anwendung kommt.[25] Die Feststellung kann bei unterschiedlicher Leistungsstruktur erhebliche Schwierigkeiten bereiten. Bei Integration der übernommenen Arbeitnehmer in das neue Unternehmen empfiehlt es sich daher, das Konkurrenzverhältnis eindeutig zu regeln und festzulegen, welche Leistungen den übernem-

---

[17] BAG 19.5.2005 – 3 AZR 649/03, BB 2006, 943 mAnm v. *Neufeld*; dort auch zur Mithaftung des Betriebsveräußerers bzw. der Masse nach § 613a Abs. 2 BGB.
[18] BAG 13.11.2007 – 3 AZR 191/06, NZA 2008, 600 Rn. 28.
[19] BAG 17.11.2010 – 4 AZR 391/09, NZA 2011, 356 Rn. 16.
[20] BAG 18.9.2001 – 3 AZR 689/00, NZA 2002, 1391 zu B II 2b; 15.2.2011 – 3 AZR 54/09, NZA 2011, 928 Rn. 30.
[21] BAG 24.3.1977 – 3 AZR 649/76, DB 1977, 1466; 24.3.1987 – 3 AZR 384/85, DB 1988, 123; zur weitergehenden Haftung nach § 25 HGB → Rn. 45.
[22] → § 38 Rn. 29.
[23] Zu den Unverfallbarkeitsvoraussetzungen → § 38 Rn. 18 f.
[24] BAG 19.4.2005 – 3 AZR 469/04, NZA 2005, 840.
[25] *Höfer* BetrAVG I Kap. 9 Rn. 111.

nen Arbeitnehmern insgesamt zustehen sollen. Dabei darf der Barwert der Leistungen den Wert der übernommenen Versorgungsverpflichtungen nicht unterschreiten.[26]

bb) Zusammentreffen einer individualrechtlichen Regelung mit einer kollektivrechtlichen Regelung. War die Altersversorgung beim bisherigen Betriebsinhaber individualrechtlich geregelt und trifft diese Regelung auf eine Versorgungsordnung beim Betriebsinhaber, die kollektivrechtlich geregelt ist, gilt gleichfalls das **Günstigkeitsprinzip**.[27] Kollektivrechtliche Regelungen sind grundsätzlich nicht in der Lage, günstigere individualrechtliche Regelungen abzulösen.[28] Inwieweit individualrechtliche Versorgungszusagen mit kollektivem Bezug (Gesamtzusage, vertragliche Einheitsregelung, betriebliche Kollektivübung) durch eine spätere **umstrukturierende Betriebsvereinbarung** mit dem Ziel geändert werden können, die Versorgungsordnungen zu vereinheitlichen, ist eine andere Frage, die mit dem Betriebsübergang nicht unmittelbar zusammenhängt und daher an anderer Stelle erörtert wird.[29] 24

cc) Zusammentreffen von kollektivrechtlichen Regelungen. Streitig ist, inwieweit § 613a Abs. 1 S. 3 BGB anwendbar ist, wenn die Versorgungszusage in dem übernommenen Betrieb durch Tarifvertrag oder Betriebsvereinbarung geregelt war und bei dem neuen Betriebsinhaber eine abweichende, eventuell schlechtere kollektivrechtliche Regelung (Tarifvertrag oder Betriebsvereinbarung) gilt. Zunächst ist zu klären, ob der Tarifvertrag oder die Betriebsvereinbarung normativ (kollektivrechtlich) fortgilt. Bei Betriebsvereinbarungen soll dies dann der Fall sein, wenn die **Betriebsidentität** auch nach dem Betriebsinhaberwechsel gewahrt bleibt.[30] In diesem Fall ist § 613 Abs. 1 S. 3 BGB nicht anwendbar. Eine Kollision mit den beim neuen Betriebsinhaber für andere Betriebe geltenden Betriebsvereinbarungen liegt nicht vor. Anders ist die Rechtslage, wenn der neue Betriebsinhaber den Betrieb nicht fortführt, sondern ihn in die vorhandene Betriebsorganisation eingliedert. 25

Unanwendbar ist § 613a Abs. 1 S. 3 BGB weiter bei Kollision tarifvertraglich begründeter Ansprüche mit Leistungen aufgrund einer beim Erwerber geltenden Betriebsvereinbarung („**Überkreuz-Ablösung**").[31] In diesem Fall gelten die tarifvertraglichen Regelungen nach § 613a Abs. 1 S. 2 BGB als Inhalt des Arbeitsverhältnisses mit dem Betriebserwerber fort, soweit diese günstiger sind als die Regelung in der neuen Betriebsvereinbarung. Umgekehrt wird jedoch die im Veräußererbetrieb geltende Betriebsvereinbarung durch einen im Erwerberbetrieb anwendbaren Tarifvertrag wegen dessen Vorrangs nach §§ 77 Abs. 3 S. 1, 87 Abs. 1 S. 1 BetrVG verdrängt.[32] 26

Treffen zwei Versorgungstarifverträge aufeinander, so gilt der beim Erwerber anwendbare Tarifvertrag nur bei **kongruenter Tarifgebundenheit** sowohl des Erwerbers als auch des Arbeitnehmers.[33] Zu einer Ablösung nach § 613a Abs. 1 S. 3 BGB kommt es daher nur, wenn Erwerber und übergegangene Arbeitnehmer Mitglieder der tarifvertragschließenden Parteien sind, oder der ablösende Tarifvertrag allgemeinverbindlich ist.[34] 27

Nach dem Wortlaut des § 613a Abs. 1 S. 3 BGB und dem dort verankerten **Ordnungsprinzip** würde vom ersten Tag des Übergangs des Arbeitsverhältnisses an der neue Tarifvertrag oder die neue Betriebsvereinbarung zur Anwendung kommen, und zwar rückwirkend auch für die beim bisherigen Arbeitgeber zurückgelegten Betriebszugehörigkeitsjahre. Diese Auffassung wird in der Tat vertreten.[35] Andere[36] wollen § 613a Abs. 1 S. 3 BGB auf Be- 28

---

[26] *Langohr-Plato* BetrAV § 3 Rn. 1721.
[27] → § 38 Rn. 16.
[28] Siehe BAG 16.9.1986 – GS 1/82, AP BetrVG 1972 § 77 Nr. 17.
[29] → § 40 Rn. 30 ff.
[30] BAG 18.9.2002 – 1 ABR 54/01, BB 2003, 1387 mAnm *Grobys;* siehe weiter *Lindemann/Simon* BB 2003, 2510; kritisch *Preis/Richter* ZIP 2004, 925; zum Problem ausführlich *Cohnen* → § 54 Rn. 28 ff.
[31] BAG 13.11.2007 – 3 AZR 191/06, NZA 2008, 600; *Blomeyer/Rolfs/Otto* BetrAVG Anh. § 1 Rn. 321a; *Cohnen* → § 54 Rn. 93.
[32] *Rolfs* NZA (4) 2008, 164 (168); BAG 13.3.2012 – 1 AZR 659/10, AP BetrVG 1972 § 77 Tarifvorbehalt Nr. 27.
[33] BAG 30.8.2000 – 4 AZR 581/99, NZA 2001, 510; 21.2.2001 – 4 AZR 18/00, NZA 2001, 1318; BAG 11.5.2005 – 4 AZR 315/04, NZA 2005, 1362.
[34] *Cohnen* → § 54 Rn. 88.
[35] So *Lorenz* DB 1980, 1745 (1747); *Seiter* DB 1980, 877 (878).
[36] So *Kemper* BetrAV 1990, 7 (10); *Kemper* BB 1990, 785 (789 f.).

triebsvereinbarungen (und Tarifverträge) über die betriebliche Altersversorgung generell nicht anwenden und gehen von einer Fortgeltung der ursprünglichen Versorgungsordnung aus, bis diese von einer neuen – vereinheitlichenden – Betriebsvereinbarung abgelöst wird. Die hM[37] lässt die unmittelbare Geltung der neuen Betriebsvereinbarung für die übernommenen Arbeitnehmer mit der Einschränkung zu, dass der bis zum Betriebsübergang erdiente Besitzstand aufrechtzuerhalten ist. Teilweise werden insoweit die von der Rechtsprechung auf der Grundlage des Grundsatzes der Verhältnismäßigkeit und des Vertrauensschutzes entwickelten Grundsätze über den Abschluss abändernder (ablösender) Betriebsvereinbarungen angewandt,[38] teilweise wird die Auffassung vertreten, die beim übertragenden Rechtsträger erworbene Anwartschaft sei mit dem auf der Grundlage der bis dahin geltenden Regelung berechneten Teilwert nach § 2 BetrAVG aufrechtzuerhalten. Die beim übernehmenden Rechtsträger geltende Betriebsvereinbarung ist danach nur für die Berechnung von Versorgungsanwartschaften aus den bei diesem zurückgelegten Betriebszugehörigkeitsjahren maßgeblich.[39]

29 Das BAG[40] ist der Auffassung, der übernommene Arbeitnehmer könne nicht darauf vertrauen, neben dem bis zum Betriebsübergang erdienten Versorgungsbesitzstand vom Betriebserwerber zusätzlich eine Altersversorgung aus der bei diesem geltenden Versorgungsordnung zu erhalten. Die Besitzstandswahrung erfordert nach Auffassung des BAG nur, dass der Versorgungsgrad, wie er sich aus der neuen Versorgungsordnung unter Berücksichtigung der insgesamt bei dem bisherigen und dem neuen Arbeitgeber zurückgelegten Dienstzeiten ergibt, nicht hinter dem zurückbleiben darf, was bis zum Betriebsübergang erdient war.

30 **c) Auskunftsansprüche.** Nach § 613a Abs. 5 BGB haben der bisherige Arbeitgeber oder der neue Inhaber des Betriebs die von einem Übergang betroffenen Arbeitnehmer ua über die rechtlichen, wirtschaftlichen und sozialen Folgen des Übergangs zu unterrichten. Dazu gehört auch die Unterrichtung darüber, welche Regelungen der betrieblichen Altersversorgung nach dem Übergang Anwendung finden und inwieweit die bisherigen kollektivrechtlichen Regelungen individualrechtlich oder kollektiv weiter gelten.[41] Von § 613a Abs. 5 BGB nicht erfasst werden dagegen Auskunftsansprüche über die Höhe der zum Zeitpunkt des Betriebsübergangs erworbenen Anwartschaften auf betriebliche Altersversorgung.[42] Ein solcher Anspruch kann sich jedoch aus § 4a BetrAVG[43] oder aus Treu und Glauben (§ 242 BGB) ergeben.[44] Der Anspruch richtet sich dabei primär gegen den Betriebserwerber als neuen Arbeitgeber.[45] Kann dieser mangels eigener Kenntnis über die Einzelheiten der Versorgungszusage keine zuverlässige Auskunft erteilen, kann der Arbeitnehmer Auskunft über die Höhe der erworbenen Anwartschaften auch vom Veräußerer verlangen.[46]

31 **d) Nachhaftung des Betriebsveräußerers.** Soweit Versorgungsverpflichtungen vor Ablauf von einem Jahr nach dem Zeitpunkt des Übergangs fällig werden, haftet der bisherige Be-

---

[37] BAG 24.7.2001 – 3 AZR 660/00, DB 2002, 955; *Hanau/Vossen* FS Hilger/Stumpf, 271 (278); *Henssler* NZA 1994, 913 (920); *Junker* RdA 1993, 203 (207f.); *Kaiser/Gradel* DB 1996, 1621 (1623); *Blomeyer/Rolfs/Otto* BetrAVG Anh. § 1 Rn. 322; *Höfer* BetrAVG I Kap. 9 Rn. 114ff.; *Langohr-Plato* BetrAV § 3 Rn. 1721; MüKoBGB/*Müller-Glöge* § 613a Rn. 142.

[38] *Gaul* AktuellAR 2001, 570f.; *Gaul/Kühnreich* NZA 2002, 495 (498f.); *Junker* RdA 1993, 203 (208f.); *Henssler* NZA 1994, 913 (920); Picot Unternehmenskauf/*Heubeck* Teil IV Rn. 86ff.; Willemsen/Hohenstatt/Schweibert/Seibt Umstrukturierung/*Hohenstatt* Rn. E 47.

[39] BAG 24.7.2001 – 3 AZR 660/00 [II. 4.], AP BetrAVG § 1 Betriebsveräußerung Nr. 18; so *Falkenberg* BB 1987, 328 (329); *Kaiser/Gradel* DB 1996, 1621 (1623); *Moll* NJW 1993, 2016 (2020); *Höfer* BetrAVG I Kap. 9 Rn. 114; Willemsen/Hohenstatt/Schweibert/Seibt Umstrukturierung/*Schnitker* Rn. J 473, der dies als (nicht zwingende) Zwei-Stämme-Lösung bezeichnet.

[40] BAG 24.7.2001 – 3 AZR 660/00, BB 2002, 1100; zustimmend *Lindemann/Simon* BB 2003, 2510 (2516) sowie *Höfer* BetrAVG I Kap. 9 Rn. 115.5; *Kort* GS Blomeyer, 213 (215ff.).

[41] Siehe BAG 13.7.2006 – 8 AZR 305/05, NZA 2006, 1268 (1272).

[42] BAG 22.5.2007 – 3 AZR 834/05, DB 2008, 191.

[43] Dazu → § 38 Rn. 1.

[44] So BAG 22.5.2007 – 3 AZR 834/05, DB 2008, 191 – für Ansprüche vor Inkrafttreten der Neuregelung des § 4a BetrAVG.

[45] BAG 22.5.2007 – 3 AZR 834/05, DB 2008, 192.

[46] BAG 22.5.2007 – 3 AZR 834/05, DB 2008, 191.

e) Gleichstellung übernommener Arbeitnehmer. Besteht bei dem übernommenen Betrieb in der einen oder die schlechtere Versorgungsordnung als beim Erwerberbetrieb, so stellt sich die Frage, ob die Arbeitnehmer des übernommenen Betriebs einen Anspruch auf Gleichstellung mit den Arbeitnehmern des Erwerberbetriebs haben. Nach § 613a BGB haben die Arbeitnehmer des übernommenen Betriebs nur einen Anspruch auf Wahrung ihres Besitzstands. Vordienstzeiten beim Betriebsveräußerer sind bei der Berechnung der Unverfallbarkeitsfaktors nach § 1b BetrAVG zu berücksichtigen, ferner bei der Berechnung des Unverfallbarkeitsfaktors nach § 2 Abs. 1 BetrAVG. Der neue Arbeitgeber kann, muss aber die übernommenen Arbeitnehmer nicht in die im Erwerberbetrieb geltende Versorgungsordnung einbeziehen. Tut er dies, so ist er in der Festlegung neuer Wartezeiten und der Anrechnung der beim Veräußerer zurückgelegten Dienstzeiten frei.[47] Tut er dies nicht, so verstößt dies nicht gegen den Gleichbehandlungsgrundsatz.[48]

Allerdings ist nicht zu verkennen, dass bei Eingliederung des übernommenen Betriebs in die Betriebsorganisation des Erwerbers der Druck zur Harmonisierung wächst. Die Gründe, die zunächst für eine Beibehaltung der Gruppenbildung nach Stammbelegschaft des Erwerberbetriebs und übernommenen Beschäftigten gesprochen haben, verflüchtigen sich, je länger der Zeitpunkt der Übernahme zurückliegt und je stärker der übernommene Betrieb in die Betriebsorganisation des Erwerbers eingegliedert wird. Auf Dauer lässt sich kaum rechtfertigen, dass Neueintritte uU besser behandelt werden als die übernommenen Arbeitnehmer.

Ab wann eine Harmonisierungspflicht besteht, ist allerdings bisher höchstrichterlich nicht geklärt.[49] Die angestrebte Harmonisierung unterschiedlicher Versorgungsregelungen stellt grundsätzlich einen sachlich-proportionalen Grund für die Ablösung von Versorgungsordnungen dar.[50] Zu einer Kürzung des Dotierungsrahmens ist der Arbeitgeber allerdings nur berechtigt, wenn dafür zusätzliche wirtschaftliche Gründe vorliegen.[51] Die Harmonisierung muss also grundsätzlich „dotierungsneutral" erfolgen.[52]

2. Gesamtrechtsnachfolge

a) Erbfolge. Im Falle der Erbfolge gelten die §§ 1922 ff. BGB. Der oder die Erben treten kraft Gesetzes in alle Rechte und Verpflichtungen des Erblassers ein. Bezüglich der Ansprüche aus betrieblicher Altersversorgung ergeben sich insoweit keine Besonderheiten.

b) Umwandlung nach dem Umwandlungsgesetz. Werden Unternehmen miteinander verschmolzen, wird ein Unternehmen gespalten oder wird das Vermögen auf einen anderen Rechtsträger übertragen, enthält das Umwandlungsgesetz (UmwG) Vorschriften über die Auswirkungen einer solchen Umwandlung auf Versorgungsanwartschaften und laufende Versorgungsleistungen.

aa) Verschmelzung. Bei der Verschmelzung gehen nach § 20 Abs. 1 Nr. 1 UmwG die Verbindlichkeiten der übertragenden Rechtsträger auf den übernehmenden Rechtsträger über. Die übertragenden Rechtsträger erlöschen. Der neue Rechtsträger tritt an die Stelle der

---

[47] BAG 19.4.2005 – 3 AZR 469/04, NZA 2005, 840.
[48] BAG 29.8.2001 – 4 AZR 352/00, BB 2002, 1598 für die Eingruppierung, ebenso für die betriebliche Altersversorgung *Blomeyer/Rolfs/Otto* BetrAVG Anh. § 1 Rn. 81; *Höfer* BetrAVG I Kap. 9 Rn. 90.
[49] Für eine Harmonisierungspflicht nach spätestens 10 Jahren *Paulweber/Wurzberger* BB 2005, 325.
[50] Dazu → § 40 Rn. 53.
[51] BAG 24.1.2006 – 3 AZR 483/04, AP BetrAVG § 1 Ablösung Nr. 50; dazu weiter → § 40 Rn. 60.
[52] Ebenso *Paul/Wurzberger* BB 2005, 325 (330).

§ 39 38–42

38 Soweit mit der Verschmelzung ein Betriebsübergang verbunden ist, stellt § 324 UmwG klar, dass die Vorschriften des § 613a Abs. 1 und 4 bis 6 BGB unberührt bleiben. Der übernehmende Rechtsträger tritt damit in alle Rechte und Pflichten aus den im Zeitpunkt des Übergangs entstehenden Arbeitsverhältnissen ein. Dies gilt auch für Versorgungszusagen. Soweit diese durch Tarifvertrag geregelt sind, hängt deren kollektivrechtliche Fortgeltung davon ab, inwieweit der Tarifvertrag auch für den übernehmenden Rechtsträger zwingende Wirkung entfaltet.[53] Betriebsvereinbarungen gelten trotz Umwandlung kollektivrechtlich und die Umwandlung nur zu einer Auswechslung des Arbeitgebers als Rechtsträger führt.[54] Fehlt es an einer kollektivrechtlichen Fortgeltung, werden die bisherigen Regelungen nach § 613a Abs. 1 S. 2 BGB Inhalt des Einzelarbeitsverhältnisses. Sie dürfen nicht vor Ablauf eines Jahres nach dem Zeitpunkt des Betriebsübergangs zum Nachteil der übernommenen Arbeitnehmer geändert werden.[55]

39

40 *bb) Unternehmensspaltung.* Maßgeblich ist hier § 131 Abs. 1 Nr. 1 UmwG. Der Übergang der Verpflichtungen hängt damit zunächst vom Spaltungs- und Übernahmevertrag und der dort vorgesehenen Aufteilung ab. Zum Schutz der Gläubiger von Versorgungsansprüchen enthalten § 133 Abs. 3 bis 5 und § 134 UmwG Sonderregelungen. Danach haftet der Rechtsträger, dem die Versorgungsverpflichtungen im Spaltungs- und Übernahmevertrag nicht zugewiesen sind, noch gesamtschuldnerisch für solche Verbindlichkeiten, die zehn Jahre nach der Spaltung fällig werden. Im Falle der Betriebsaufspaltung in eine Anlagegesellschaft (Besitzgesellschaft) und eine Betriebsgesellschaft haftet die Anlagegesellschaft nach § 134 Abs. 2 und 3 iVm § 133 Abs. 4 UmwG für vor der Spaltung begründete Versorgungsverpflichtungen gleichfalls noch zehn Jahre nach Wirksamwerden der Spaltung als Gesamtschuldner neben der Betriebsgesellschaft.

41 Darüber hinaus schränkt § 324 UmwG im Falle der Unternehmensspaltung (und Teilvermögensübertragung) die freie Zuordnung der Arbeitsverhältnisse nach § 131 Abs. 1 Nr. 1 UmwG ein. Soweit mit der Unternehmensspaltung und Teilvermögensübertragung ein Betriebsübergang verbunden ist, gelten § 613a Abs. 1 und 4 bis 6 BGB. Arbeitsverhältnisse bleiben damit dem Betrieb zugeordnet, in dem die Arbeitnehmer tätig sind.[56]

42 Für Rentner und mit unverfallbaren Ansprüchen Ausgeschiedene gilt wie ausgeführt[57] § 613a BGB nicht. Die Betriebspartner können insoweit die Zuordnung der Verpflichtungen im Rahmen des Spaltungs- und Übernahmevertrages frei regeln. Ihre Regelungsbefugnis ist durch § 4 BetrAVG[58] nicht eingeschränkt.[59] Dies ermöglicht Ausgliederungen auch auf reine **Rentnergesellschaften**. Diese müssen allerdings finanziell ausreichend ausgestattet sein, um die geschuldeten Renten auch tatsächlich zahlen und die Anpassungsverpflichtungen erfüllen zu können. Für die Kalkulation des Werts der Versorgungsverpflichtungen und damit des Dotierungsvolumens verlangt das BAG die Anwendung der Sterbetafeln der Versicherungswirtschaft sowie eines nach § 253 Abs. 1 S. 2, Abs. 2 S. 1 u. 2 HGB nF ergebenden Werts abzustellen.[61] Bei einer unzureichenden (nicht der bilanziell-

---

[53] BAG 19.3.1986 – 4 AZR 640/84, AP BGB § 613a Nr. 49; ErfK/*Preis* BGB § 613a Rn. 113a.
[54] BAG 5.2.1991 – 1 ABR 32/90, AP BGB § 613a Nr. 89; 27.7.1994 – 7 ABR 37/93, AP BGB § 613a Nr. 118.
[55] *Gaul* NZA 1995, 717 (721) mwN.
[56] Siehe *Däubler* RdA 1995, 136 (142); *Joost* ZIP 1995, 976 (980); *Kaiser/Gradel* DB 1996, 1621 (1624); *Kreßel* BB 1995, 925.
[57] → Rn. 20.
[58] → Rn. 3.
[59] BAG 22.2.2005 – 3 AZR 499/03 (A), NJW 2005, 3371; 11.3.2008 – 3 AZR 358/06, NZA 2009, 790; ebenso *Heinze* ZfA 1997, 1 (7); *Hill* BetrAV 1995, 114 (115f.); *Willemsen* NZA 1996, 791 (801); *Höfer* BetrAVG I Kap. 9 Rn. 12.
[60] BAG 11.3.2008 – 3 AZR 358/06, NZA 2009, 790.
[61] *Roth* NZA 2009, 1400 (1402); *Willemsen/Hohenstatt/Schweibert/Seibt* Umstrukturierung/*Schnittker* Rn. J 598.

len Vorgaben) entsprechenden Ausstattung kann die Eintragung der Spaltung in das Handelsregister abgelehnt werden.[62] Daneben bestehen Schadensersatzansprüche gegen den früheren Arbeitgeber.[63]

cc) *Vermögensübertragung.* Nach § 176 UmwG wird die Vollübertragung wie eine Verschmelzung behandelt. Insoweit wird auf die Ausführungen zu oben *aa*) verwiesen. Bei der Teilübertragung gelten die Spaltungsvorschriften. Für die Altersversorgung ergeben sich insoweit keine Besonderheiten.

c) **Anwachsung.** Scheidet ein Gesellschafter aus einer Personengesellschaft aus, wächst sein Anteil nach §§ 738 Abs. 1 BGB, 142 HGB den übrigen Gesellschaftern zu. Besteht die Gesellschaft nur noch aus zwei Personen, geht das gesamte Gesellschaftsvermögen im Wege der Gesamtrechtsnachfolge auf den einzigen verbliebenen Gesellschafter über. Dies betrifft auch Verpflichtungen aus früher von der Gesellschaft erteilten Versorgungszusagen, mögen diese auch längere Zeit zurückliegen. Die Sonderverjährung von fünf Jahren nach § 159 HGB gilt insoweit nicht.[64]

3. Übertragung eines einzelkaufmännischen Unternehmens

a) **Haftung des Erwerbers nach § 25 HGB.** Wird ein einzelkaufmännisches Unternehmen durch Rechtsgeschäft auf einen Dritten übertragen, werden häufig die Voraussetzungen für einen Betriebsübergang nach § 613a BGB vorliegen. Die Versorgungsanwartschaften, nicht aber die laufenden Leistungsverpflichtungen gegenüber Versorgungsempfängern gehen dann nach § 613a BGB auf den Erwerber über. Wird die bisherige **Firma fortgeführt**, enthält § 25 HGB eine weitergehende Regelung: Der Erwerber haftet für alle im Betrieb des Geschäfts begründeten Verbindlichkeiten. Dies gilt auch für die Erfüllung künftiger Teilleistungen aus einem Dauerschuldnerverhältnis wie einem Ruhestandsverhältnis.[65]

b) **Nachhaftungsbegrenzung des früheren Geschäftsinhabers.** Der frühere Geschäftsinhaber haftet für die bis zur Übertragung begründeten Verbindlichkeiten nach § 26 HGB noch fünf Jahre lang als Gesamtschuldner neben dem Erwerber. Danach tritt Enthaftung wie bei einem ausscheidenden persönlich haftenden Gesellschafter ein. Will der Versorgungsempfänger einen solchen Schuldnerwechsel nicht akzeptieren, kann er entsprechend der zu § 613a BGB entwickelten Rechtsprechung[66] dem Schuldübergang widersprechen mit der Folge, dass die Versorgungsverpflichtungen beim Veräußerer verbleiben.[67] Wegen der Einzelheiten wird auf die einschlägigen Kommentierungen zu § 26 HGB verwiesen. Die Nachhaftungsbeschränkung gilt für alle Verbindlichkeiten, die ab dem 26.3.1994 entstanden sind. Für früher entstandene Verbindlichkeiten enthält Art. 37 EGHGB eine Übergangsregelung, die derjenigen des ausscheidenden Gesellschafters einer Personengesellschaft entspricht. Auf diese wird verwiesen.[68]

III. Haftung von Gesellschaftern einer Personengesellschaft

1. Haftung von Gesellschaftern während des Bestehens der Gesellschaft

Gesellschafter einer offenen Handelsgesellschaft und der persönlich haftende Gesellschafter einer Kommanditgesellschaft haften nach §§ 128, 161 HGB persönlich für die Verbindlichkeiten der Gesellschaft. Kann die Gesellschaft etwa wegen Insolvenz der Gesellschaft

---

[62] LG Hamburg 8.12.2005 – 417 T 16/05, DB 2006, 941 für die Rechtslage vor Inkrafttreten des BilMoG; siehe weiter Willemsen/Hohenstatt/Schweibert/Seibt Umstrukturierung/*Schnittker* Rn. J 588 ff., 602 ff.
[63] BAG 11.3.2008 – 3 AZR 358/06, NZA 2009, 790.
[64] BAG 24.3.1998 – 9 AZR 57/97, NZA 1999, 145 (146).
[65] MüKoHGB/*Thiessen*, 4. Aufl. 2016, § 25 Rn. 82 f.; str.; Baumbach/Hopt/*Hopt* HGB § 25 Rn. 11.
[66] BAG 30.10.1986 – 2 AZR 101/85, AP Nr. 55 zu § 613a BGB; EuGH 16.12.1992 – C-132/91 – Katsikas, DB 1993, 230; siehe auch § 613a Abs. 5 u. 6 BGB.
[67] Wie hier MüKoHGB/*Lieb*, 2. Aufl., § 25 Rn. 85; anders jetzt MüKoHGB/*Thiessen*, 4. Aufl. 2016, Rn. 87.
[68] → Rn. 48 und *Höfer* BetrAVG I Kap. 9 Rn. 185.

nicht in Anspruch genommen werden, können Arbeitnehmer bzw. der PSVaG Ansprüche aus der betrieblichen Altersversorgung auch gegen die Gesellschafter persönlich geltend machen. Diese haften akzessorisch für die Verbindlichkeiten der Gesellschaft. Das Gleiche gilt nach Auffassung des BGH[69] auch für als BGB-Gesellschaft organisierte Freiberuflerpraxen und andere unternehmerisch tätige BGB-Gesellschaften.[70]

2. Haftung ausgeschiedener Gesellschafter

48 Ausscheidende Gesellschafter haften grundsätzlich auch nach ihrem Ausscheiden aus der Gesellschaft weiter für deren Verbindlichkeiten. Die Haftung ist jedoch nach § 160 HGB in der Fassung des Nachhaftungsbegrenzungsgesetzes vom 18.3.1994 (BGBl. I 560) auf **fünf Jahre** begrenzt. Dies gilt auch für Verbindlichkeiten aus Versorgungszusagen. Voraussetzung ist, dass

- die Zusage bis zum Ausscheiden erteilt worden ist und
- die Versorgungsverpflichtung vor Ablauf von fünf Jahren nach dem Ausscheiden fällig geworden und Ansprüche gegen den ausscheidenden Gesellschafter in rechtskräftiger Form festgestellt sind oder sich aus sonstigen vollstreckbaren Titeln ergeben (§ 197 Abs. 1 Nr. 3–5 BGB).

49 Entsprechendes gilt nach § 736 Abs. 2 BGB für den aus einer BGB-Gesellschaft ausgeschiedenen Gesellschafter.

50 Für vor dem 26.3.1994 erteilte Versorgungszusagen sind die Übergangsregelungen in Art. 35, 36 EGHGB zu beachten.[71] Eine Nachhaftungsbegrenzung tritt nur ein, wenn das Ausscheiden des Gesellschafters (oder sein Wechsel in die Rechtsstellung eines Kommanditisten) nach dem 26.3.1994 in das Handelsregister eingetragen worden ist und die Verbindlichkeiten nicht später als 4 Jahre nach der Eintragung fällig werden; für später fällig werdende Verbindlichkeiten gilt eine Verjährungsfrist von einem Jahr.

51 Kein Problem der Nachhaftung liegt vor, wenn eine Personengesellschaft nach Ausscheiden des letzten Mitgesellschafters durch Anwachsung zu einem einzelkaufmännischen Unternehmen wird. Soweit hier nicht § 26 HGB eingreift,[72] haftet der letzte verbliebene Unternehmer auch nach Betriebseinstellung weiter für alle bis dahin begründeten Versorgungsverpflichtungen, bis nach allgemeinen Regeln Verjährung eintritt.[73]

3. Haftung bei Auflösung der Gesellschaft

52 Im Falle der Auflösung der Gesellschaft gilt nach § 159 HGB für Ansprüche gegen die ehemaligen Gesellschafter eine **Verjährungsfrist von fünf Jahren**. Die Verjährung beginnt mit Eintragung der Auflösung im Handelsregister (§ 159 Abs. 2 HGB). Wird, was gerade bei Versorgungsansprüchen häufig der Fall sein wird, der Anspruch erst nach Eintragung fällig, so beginnt die Verjährung mit dem Zeitpunkt der Fälligkeit, bei Rentenzahlungen also mit Fälligkeit jeder einzelnen Rentenzahlung. Die Gesellschafter einer aufgelösten Gesellschaft haften damit uU noch Jahrzehnte für die von der Gesellschaft eingegangenen Versorgungsverpflichtungen.

4. Wechsel in Kommanditistenstellung

53 Wird ein bisher persönlich haftender Gesellschafter Kommanditist, haftet er für die bis zu diesem Zeitpunkt begründeten Versorgungsverpflichtungen wie ein ausgeschiedener Gesellschafter noch fünf Jahre lang und ohne Begrenzung auf die Höhe der geleisteten Kommanditeinlage. Dies gilt auch dann, wenn er bei Umwandlung in eine GmbH & Co. KG zugleich

---

[69] Grundlegend BGH 29.1.2001 – II ZR 331/00, NJW 2001, 1056; siehe weiter BGH 23.10.2001 – XI ZR 63/01, NJW 2002, 368; 25.1.2008 – V ZR 63/07, NJW 2008, 1378.
[70] Siehe zur Haftung bei der BGB-Gesellschaft *Habersack* BB 2001, 477; *K. Schmidt* NJW 2001, 993.
[71] *Höfer* BetrAVG I Kap. 9 Rn. 185.
[72] Dazu → Rn. 46.
[73] Siehe BAG 24.3.1998 – 9 AZR 57/97, NZA 1999, 145 (146).

Geschäftsführer der Komplementär-GmbH wird. Die entgegenstehende frühere Rechtsprechung[74] ist damit überholt. Wegen der Übergangsregelung bei Eintragung des Wechsels nach dem 26.3.1994 für die bis dahin begründeten Verbindlichkeiten wird auf §§ 35, 36 EGHGB verwiesen.

---

[74] Ua BGH 22.9.1980 – II ZR 204/79, BGHZ 78, 114; 25.9.1989 – II ZR 259/88, BGHZ 108, 341.

§ 40 Kündigung, Änderung und Widerruf von Versorgungszusagen

Übersicht

	Rn.
I. Übersicht	1–8
1. Gründe für eine Kündigung, Änderung oder einen Widerruf	1–4
a) Wirtschaftliche Gründe	1
b) Änderungen in der Gesetzgebung und der Rechtsprechung	2/3
c) Gründe in der Person des Arbeitnehmers	4
2. Gestaltungsmöglichkeiten	5–8
a) Zusagen auf einer individualrechtlichen Grundlage	6/7
b) Zusagen auf kollektivrechtlicher Grundlage	8
II. Schließung des Versorgungswerks	9–16
1. Individualrechtliche Zusagen	9–11
a) Keine neuen Versorgungszusagen	9
b) Abwicklung bereits erteilter Zusagen	10
c) Mitbestimmung	11
2. Kündigung von Betriebsvereinbarungen	12–15
a) Kündigungsmöglichkeit, Nachwirkung	12–14
b) Schutz bestehender Anwartschaften	15
3. Abfindung von Versorgungsleistungen und Versorgungsanwartschaften	16
III. Änderung einer individualrechtlichen Zusage	17–25
1. Änderungsvereinbarung	17
2. Änderungskündigung	18
3. Wegfall der Geschäftsgrundlage	19–25
a) Überversorgung	20–23
b) Wirtschaftliche Notlage	24/25
IV. Ablösung von vertraglichen Einheitsregelungen und Gesamtzusagen	26–42
1. Änderungsvorbehalt	26–29
2. Umstrukturierende Betriebsvereinbarung	30–42
a) Rechtsprechung Großen Senats des BAG	30–36
b) Kritik	37
c) Ablösende oder verdrängende Wirkung	38
d) Vereinheitlichung von Versorgungsordnungen	39–42
V. Änderung kollektivrechtlicher Regelungen	43–70
1. Ablösungsprinzip	43/44
a) Betriebsvereinbarungen	43
b) Tarifverträge	44
2. Ablösende Betriebsvereinbarungen	45–64
a) Grundsatz	45–48
b) Eingriffe in laufende und aufgeschobene Leistungen	49–51
c) Eingriffe in den erdienten Teilwert	52/53
d) Eingriffe in die erdiente Dynamik	54–56
e) Eingriffe in noch nicht erdiente Zuwachsraten	57–60
f) Härteregelungen, konkrete Billigkeitskontrolle	61–64
3. Ablösende Tarifverträge	65–70
a) Prüfungsmaßstab	65
b) Grenzen der Regelungsbefugnis	66/67
c) Ablösung des Gesamtversorgungssystems im öffentlichen Dienst	68–70
VI. Wechsel des Durchführungswegs	71–76
1. Gründe für einen Wechsel	71
2. Möglichkeit eines Wechsels	72–76
a) Kollektivrechtliche Zusagen	72
b) Gesamtzusagen, vertragliche Einheitsregelungen	73
c) Individualrechtliche Zusagen	74–76
VII. Widerruf von Versorgungszusagen wegen Treuepflichtverletzung	77–84
1. Widerruf wegen Verfehlungen während des Arbeitsverhältnisses	77–81
a) Voraussetzungen	77–79

		Rn.
b)	Bedeutung von Widerrufsvorbehalten	80
c)	Widerrufserklärung	81
2.	Widerruf wegen Verstoßes gegen nachvertragliche Treuepflichten	82–84
a)	Voraussetzungen	82/83
b)	Rechtsfolgen	84

I. Übersicht

1. Gründe für eine Kündigung, Änderung oder einen Widerruf

a) **Wirtschaftliche Gründe.** Stellt der Arbeitgeber fest, dass er die erteilte Versorgungszusage nicht mehr erfüllen kann, der ursprünglich geplante Dotierungsrahmen durch zusätzliche Leistungsverpflichtungen überschritten wird oder die Erhaltung der Wettbewerbsfähigkeit des Unternehmens eine Kostenreduzierung auch im Bereich der betrieblichen Altersversorgung erforderlich macht, ist zu überlegen, ob und unter welchen Voraussetzungen Versorgungszusagen gekündigt, geändert oder widerrufen werden können. Ein Änderungsbedarf kann sich auch im Zusammenhang mit Unternehmenszusammenschlüssen, Betriebsübernahmen und Umwandlungen ergeben. Treffen unterschiedliche Versorgungsordnungen aufeinander, kann sich ein Bedürfnis nach Harmonisierung ergeben. 1

b) **Änderungen in der Gesetzgebung und der Rechtsprechung.** Neben wirtschaftlichen Gründen können auch Änderungen im Sozial- und Steuerrecht oder Änderungen der Rechtsprechung Anlass zu Überlegungen geben, eine Versorgungsregelung zu ändern oder veränderten Anforderungen anzupassen. 2

Die Entwicklung der Vergangenheit hat darüber hinaus gezeigt, dass durch Veränderung der rechtlichen Rahmenbedingungen eine Situation eintreten kann, dass Betriebsrentner unter Einschluss der Rente aus der gesetzlichen Rentenversicherung einkommensmäßig besser gestellt sind als während des Arbeitslebens („Überversorgung"). Auch hier stellt sich die Frage, wie solche unvorhergesehenen Fehlentwicklungen zu korrigieren sind. 3

c) **Gründe in der Person des Arbeitnehmers.** Daneben können Gründe in der Person des Arbeitnehmers vorliegen, die Anlass zu einem Widerruf der zugesagten Versorgungsleistung geben. In Betracht kommen schwerwiegende Verstöße gegen arbeitsvertragliche Pflichten mit erheblichen Schadensfolgen für das Unternehmen.[1] 4

2. Gestaltungsmöglichkeiten

Die Möglichkeit einer Änderung hängt entscheidend davon ab, auf welcher rechtlichen Grundlage die Versorgungszusage beruht, ob eine individuelle Einzelzusage oder eine Gesamtzusage erteilt worden ist, eine betriebliche Übung besteht oder die Altersversorgung kollektivrechtlich durch eine Betriebsvereinbarung oder einen Tarifvertrag geregelt ist. 5

a) **Zusagen auf einer individualrechtlichen Grundlage.** Zusagen auf einer individualrechtlichen Grundlage wie Einzelzusage, Gesamtzusage, vertragliche Einheitsregelungen, betriebliche Übung können grundsätzlich nur mit den dafür zur Verfügung stehenden individualrechtlichen Instrumenten geändert werden, ohne Zustimmung des Berechtigten also nur, wenn die Zusage einen Änderungsvorbehalt enthält, die Geschäftsgrundlage entfallen ist oder die Voraussetzungen für eine Änderungskündigung vorliegen. 6

Individualrechtliche Zusagen mit kollektivem Bezug (vertragliche Einheitsregelungen, Gesamtzusagen, betriebliche Übung) können nach der Rechtsprechung durch Betriebsvereinbarung geändert werden, wenn sie entweder „betriebsvereinbarungsoffen" ausgestaltet sind oder der Leistungsplan bei Wahrung des Dotierungsrahmens lediglich umstrukturiert wird.[2] 7

b) **Zusagen auf kollektivrechtlicher Grundlage.** Kollektivrechtliche Regelungen (Betriebsvereinbarungen, Vereinbarungen nach dem SprAuG, Tarifverträge) unterliegen dagegen den 8

---

[1] → Rn. 77 ff.
[2] → Rn. 26 ff., 30 ff.

dafür geltenden betriebsverfassungsrechtlichen und tarifvertraglichen Regelungen. Betriebsvereinbarungen können nach § 77 Abs. 5 BetrVG gekündigt werden. Im Verhältnis untereinander gilt das **Ordnungsprinzip**. Jüngere Vereinbarungen lösen ältere ab. Durch nachfolgende Betriebsvereinbarungen können Leistungen auch verschlechtert werden.[3]

II. Schließung des Versorgungswerks

1. Individualrechtliche Zusagen

9   a) **Keine neuen Versorgungszusagen.** Kann oder will der Arbeitgeber die finanziellen Lasten aus Versorgungszusagen **in der Zukunft** nicht mehr tragen, so steht ihm zunächst die Möglichkeit offen, das Versorgungswerk für Neuzugänge zu schließen. Soweit bisher Einzelzusagen erteilt worden sind, ist die Lage relativ einfach: Der Arbeitgeber erteilt in Zukunft keine weiteren Zusagen mehr. Demgegenüber muss die Aufhebung einer Gesamtzusage oder vertraglichen Einheitsregelung mitgeteilt werden. Ebenso bedarf es einer eindeutigen Erklärung des Arbeitgebers, dass er an einer betrieblichen Übung nicht mehr festhalten will. Auf die bereits erteilten Zusagen hat die Schließung des Versorgungswerks keinen Einfluss. Allerdings können neu in die Firma eintretende Arbeitnehmer keine Versorgungsanwartschaften mehr erwerben. Die Schließung des Versorgungswerks unterliegt ebenso wenig wie die Erteilung der Versorgungszusage der betrieblichen Mitbestimmung.[4] Der Betriebsrat kann die Fortführung eines Versorgungswerks aus Rechtsgründen nicht erzwingen.[5]

10 b) **Abwicklung bereits erteilter Zusagen.** Bereits erteilte Zusagen sind abzuwickeln. Sie genießen grundsätzlich **Bestandsschutz**. Bereits laufende Versorgungszahlungen sind weiter zu erbringen. In bereits erdiente und **unverfallbar** gewordene **Anwartschaften** kann der Arbeitgeber nur eingreifen, wenn die Voraussetzungen für einen Widerruf der Versorgungszusage vorliegen. Aufgrund ihres Entgeltcharakters genießen auch die verfallbaren Anwartschaften Schutz.[6] Der Schutz der erdienten Anwartschaftsdynamik sowie der noch nicht erdienten dienstzeitabhängigen Zuwächse ist schwächer.[7] Der Arbeitgeber kann mit der Schließung des Versorgungswerks die Ansprüche daher gleichsam einfrieren. Eine Besonderheit gilt für die **rentennahen Jahrgänge**, die ihre Vermögensdispositionen im Hinblick auf ihre Versorgung nicht mehr kurzfristig ändern können.[8] Hier sind Übergangsregelungen erforderlich. Welchen Zeitraum diese umfassen müssen, ist nicht abschließend geklärt.[9] Jedenfalls sind zehn Jahre zu lang.[10]

11 c) **Mitbestimmung.** Bei Teilschließung von rechtsfähigen Versorgungseinrichtungen sind die Mitbestimmungsrechte des Betriebsrats nach § 87 Abs. 1 Nr. 8 BetrVG zu beachten. Der Arbeitgeber kann zwar den Dotierungsrahmen frei kürzen, dem Betriebsrat steht aber ein Mitbestimmungsrecht über die Verteilung der verbliebenen Mittel zu. Dieses Mitbestimmungsrecht entfällt nur dann, wenn es hinsichtlich der Verteilung der verbliebenen Mittel keinen Regelungsspielraum gibt.[11] Ein ohne Beachtung der Mitbestimmungsrechte des Betriebsrats erklärter Widerruf ist unwirksam.

2. Kündigung von Betriebsvereinbarungen

12 a) **Kündigungsmöglichkeit, Nachwirkung.** Nach § 77 Abs. 5 BetrVG können Betriebsvereinbarungen mit einer Frist von drei Monaten gekündigt werden, soweit nichts anderes ver-

---

[3] → Rn. 45 ff.
[4] *Griebeling/Griebeling* BetrAV Rn. 894; *Langohr-Plato* BetrAV § 3 Rn. 1508.
[5] BAG 16.2.1993 – 3 ABR 29/92, DB 1993, 1740.
[6] BAG 17.8.1999 – 3 ABR 55/98, AP BetrVG 1972 § 77 Nr. 79.
[7] BAG 16.2.1993 – 3 ABR 29/92, AP BetrAVG § 1 Unterstützungskassen Nr. 4; 23.4.1985 – 3 AZR 194/83, AP BetrAVG § 1 Unterstützungskassen Nr. 6.
[8] Siehe BAG 9.4.1991 – 3 AZR 598/89, AP BetrAVG § 1 Ablösung Nr. 15 = BB 1991, 2161.
[9] → Rn. 62.
[10] BAG 7.7.1992 – 3 AZR 522/91, NZA 1993, 179; *Blomeyer/Rolfs/Otto* BetrAVG Anh. § 1 Rn. 587.
[11] BAG 10.3.1992 – 3 AZR 221/91, DB 1992, 1885.

einbart ist. Dies gilt auch für Betriebsvereinbarungen über betriebliche Altersversorgung. Dies hat das BAG mit Urteil vom 11.5.1999[12] bestätigt. Die Ausübung des Kündigungsrechts bedarf keiner Rechtfertigung und unterliegt keiner Inhaltskontrolle.[13] Die Kündigung einer Betriebsvereinbarung ist daher ein geeignetes Mittel, um eine weitere Steigerung der Versorgungslasten mit Wirkung für die Zukunft zu vermeiden und gegebenenfalls mit dem Betriebsrat über eine Neuausrichtung der betrieblichen Altersversorgung zu verhandeln. Anders als Tarifverträge (§ 4 Abs. 5 TVG) haben gekündigte Betriebsvereinbarungen nach Auffassung des BAG grundsätzlich auch **keine Nachwirkung** nach § 77 Abs. 6 BetrVG, das heißt, sie bleiben nicht bis zu einer Neuregelung in Kraft, sondern enden mit Ablauf der Kündigungsfrist.[14] Der Grund liegt nach Auffassung des BAG darin, dass Betriebsvereinbarungen über die betriebliche Altersversorgung wegen ihrer nur teilweisen Betriebsvereinbarungen nicht zu den erzwingbaren, sondern zu den freiwilligen Betriebsvereinbarungen gehören.

Die Kündigung bewirkt zunächst nur, dass die Betriebsvereinbarungen über die betriebliche Altersversorgung mit Wirkung für die Zukunft entfällt. Für ein **Mitbestimmungsrecht** sieht das BAG insoweit keinen Raum.[15] Dies besagt aber noch nichts darüber, was mit den bereits auf der Grundlage der gekündigten Betriebsvereinbarung zugesagten Leistungen passiert und wie die vorhandenen Mittel zu verteilen sind.[16]

Etwas anderes gilt dann, wenn es nicht um die Beendigung und Abwicklung einer Betriebsvereinbarung geht, sondern um eine Änderung und **Neuverteilung** der Mittel bei gekürzten Dotierungsrahmen. In diesem Fall greift das Mitbestimmungsrecht des Betriebsrats nach § 87 Abs. 1 Nr. 10 BetrVG ein. Damit korrespondiert die Nachwirkung der gekündigten Betriebsvereinbarung nach § 77 Abs. 6 BetrVG. Voraussetzung ist, dass der Arbeitgeber in engem zeitlichen Zusammenhang mit dem Auslaufen der Kündigungsfrist eine vergleichbare betriebsverfassungsrechtliche Neuregelung anstrebt.[17]

b) **Schutz bestehender Anwartschaften.** Die Kündigung einer Betriebsvereinbarung (oder eines Tarifvertrags) hat keinen Einfluss auf bestehende (laufende) Versorgungsverpflichtungen. Erdiente Anwartschaften genießen grundsätzlich Bestandsschutz. In den nach § 2 BetrAVG errechneten Teilbetrag darf nach der Rechtsprechung des BAG nur aus zwingenden Gründen eingegriffen werden.[18] Eingriffe in die zeitanteilig erdiente Dynamik sind aus triftigen Gründen möglich. Demgegenüber genügen für die Kappung noch nicht erdienter Zuwachsraten sachlich proportionale Gründe.[19] Insgesamt greift damit das BAG bei der Kündigung von Betriebsvereinbarungen auf das gleiche dreiteilige Prüfungsschema für Eingriffe in Versorgungsanwartschaften zurück, wie es für ablösende (verschlechternde) Betriebsvereinbarungen gilt.[20]

3. Abfindung von Versorgungsleistungen und Versorgungsanwartschaften

Das grundsätzliche Abfindungsverbot nach § 3 BetrAVG gilt für Anwartschaften nur bei Beendigung des Arbeitsverhältnisses und für Abfindungen von laufenden Versorgungsleistungen, nicht aber für Abfindungen während des laufenden Arbeitsverhältnisses für bereits erdiente Anwartschaften.[21] Die Abfindung laufender Leistungen ist durch § 3 Abs. 2 S. 2

---

[12] BAG 11.5.1999 – 3 AZR 21/98, BB 2000, 516, ebenso bereits BAG 10.3.1992 – 3 ABR 54/91, NZA 1993, 234.
[13] BAG 11.5.1999 – 3 AZR 21/98, BB 2000, 516; 21.8.2001 – 3 ABR 44/00, DB 2002, 952 (953); 18.9.2001 – 3 AZR 728/00, NZA 2002, 1165 (1167); Blomeyer DB 1985, 2506; Blomeyer DB 1990, 173; Langohr-Plato DB 2000, 1885.
[14] BAG 18.9.2001 – 3 AZR 728/00, NZA 2002, 1165 (1167); 11.5.1999 – 3 AZR 21/98, BB 2000, 516 (519); 29.8.1989 – 3 AZR 370/88, DB 1989, 2339; 5.10.2010 – 1 ABR 20/09, NZA 2011, 598.
[15] BAG 11.5.1999 – 3 AZR 21/98, BB 2000, 516 (519); 21.1.2003 – 3 AZR 30/02, DB 2003, 2130.
[16] Im Einzelnen → Rn. 57 ff.
[17] BAG 11.5.1999 – 3 AZR 21/98, BB 2000, 516 (519).
[18] BAG 11.5.1999 – 3 AZR 21/98, BB 2000, 516 (518).
[19] BAG 11.5.1999 – 3 AZR 21/98, BB 2000, 516 (518).
[20] Dazu → Rn. 45 ff.
[21] BAG 14.8.1991 – 3 AZR 301/89, DB 1991, 501; Förster/Cisch/Karst/Jumpertz BetrAV § 3 Rn. 8; Griebeling/Griebeling BetrAV Rn. 408.

BetrAVG auf 1 % der monatlichen Bezugsgröße nach § 18 SGB IV begrenzt. Insoweit gibt die Schließung eines Versorgungswerks dem Arbeitgeber auch die Möglichkeit, sich – entsprechende Liquidität vorausgesetzt – durch Abfindungsleistungen zumindest teilweise von bestehenden oder künftigen Versorgungsverpflichtungen zu befreien. Diese Möglichkeit bietet sich insbesondere für Anwartschaften an, die wegen der Kürze der Betriebszugehörigkeit nur eine geringe Höhe erreicht haben.

III. Änderung einer individualrechtlichen Zusage

1. Änderungsvereinbarung

17 Individualrechtliche Versorgungszusagen können grundsätzlich nur nach den für das Vertragsrecht geltenden Regelungen geändert werden. Dies bedeutet, dass der Arbeitnehmer einer Änderung grundsätzlich zustimmen muss, es sei denn, die Zusage enthält einen Änderungsvorbehalt oder die Geschäftsgrundlage ist entfallen. Dies gilt unabhängig davon, ob die Leistungen nur geändert werden sollen oder ob sich die Versorgungszusage verschlechtert. Änderungsvereinbarungen können dann ein geeignetes Instrument sein, wenn verzichtbare Leistungen wie das Sterbegeld entfallen und dafür etwa die Altersrenten erhöht werden. Ebenso kommen Änderungsvereinbarungen im Rahmen eines außergerichtlichen Vergleichs in Betracht.[22]

2. Änderungskündigung

18 Stimmt der Arbeitnehmer einer Änderung der Individualzusage nicht zu, ist die Möglichkeit einer Änderungskündigung zu prüfen. Diese unterliegt gegebenenfalls der arbeitsgerichtlichen Überprüfung nach §§ 2, 4 KSchG. Die Änderung der Altersversorgungszusage muss sozial gerechtfertigt sein. Als betriebsbedingte Gründe erkennt das BAG[23] in der Regel nur eine akute Gefahr für die Arbeitsplätze oder eine Existenzbedrohung des Unternehmens an. Selbst wenn diese Voraussetzungen vorliegen, müsste der Arbeitgeber, wenn er wirklich zu einer nennenswerten Einsparung kommen will, gegebenenfalls eine Vielzahl von Versorgungszusagen kündigen. Dabei hat er den Kündigungsschutz für bestimmte Arbeitnehmergruppen wie Schwerbehinderte, Mütter und Betriebsratsmitglieder zu beachten. Dies alles macht die Änderungskündigung von Individualzusagen zu einem wenig geeigneten Instrument zur Anpassung von Versorgungszusagen an eine veränderte wirtschaftliche Situation.[24]

3. Wegfall der Geschäftsgrundlage

19 Individualzusagen können schließlich geändert werden, wenn die Geschäftsgrundlage entfallen ist. Allgemein setzt ein Wegfall der Geschäftsgrundlage nach § 313 BGB eine wesentliche (schwerwiegende) Veränderung der bei der Erteilung der Zusage zugrunde gelegten Umstände voraus. Diese Umstände müssten zu einer anderen Regelung geführt haben, wenn die Parteien diese Umstände vorhergesehen hätten. Schließlich muss dem Arbeitgeber ein Festhalten an der zugesagten Leistung unter Berücksichtigung aller Umstände nicht zumutbar sein.

20 a) *Überversorgung. aa) Absolute Überversorgung.* Die Überversorgung ist ein Unterfall der Zweckverfehlung. Die Versorgungszusage hat im Allgemeinen den Zweck, die Versorgungslücke zwischen dem bisherigen Netto-Aktiveinkommen und den nach Abzug von Steuern und Sozialabgaben (Krankenversicherung der Rentner) verbliebenen Rentenbezügen aus der gesetzlichen Rentenversicherung ganz oder teilweise auszugleichen.[25] Regelmäßig kann davon ausgegangen werden, dass eine **Obergrenze von 100 % des bisherigen Netto-Aktiveneinkommens** nicht überschritten werden soll. Eine planwidrige Überversorgung liegt

---

[22] Dazu → § 38 Rn. 160 ff.
[23] BAG 20.3.1986 – 2 AZR 294/85, NZA 1986, 824; 11.10.1989 – 2 AZR 61/89, NZA 1990, 607.
[24] *Blomeyer/Rolfs/Otto* BetrAVG Anh. § 1 Rn. 548.
[25] *Höfer* BetrAVG Bd. I, Kap. 2 Rn. 48.

daher, soweit die Versorgungszusage keine eigene Obergrenze enthält, dann vor, wenn das Nettoeinkommen der Rentner 100 % des vor der Pensionierung bezogenen Nettoeinkommens übersteigt.[26] In diesem Fall kann der Arbeitgeber die Versorgungszusage wieder an das ursprüngliche Versorgungsziel anpassen. Eine Anpassung mit sofortiger Wirkung ist in diesem Fall auch für rentennahe Jahrgänge möglich. Härteregelungen sind insoweit nicht erforderlich.[27] Es gibt insoweit **keinen Vertrauensschutz** auf die Aufrechterhaltung einer Überversorgung. Selbst in laufende Rentenzahlungen kann zum Abbau einer planwidrigen Überversorgung eingegriffen werden.[28] Auch Versorgungsempfänger müssen daher mit einer Kürzung ihrer Leistungen rechnen, wenn das Gesamtversorgungsniveau 100 % des letzten Netto-Aktiveneinkommens übersteigt. Gegebenenfalls kann der Arbeitgeber die Anpassungsdynamik kappen und die Rentenerhöhungen statt an die Lohnentwicklung der aktiven Arbeitnehmer an die Inflationsentwicklung binden.[29]

Hat der Arbeitgeber dagegen eine Überversorgung bewusst in Kauf genommen, kann er sich nicht auf den Wegfall der Geschäftsgrundlage berufen. Dies ergibt sich schon daraus, dass er keine andere Regelung getroffen hat, obwohl er die Entwicklung vorhergesehen hat. Eine Ausnahme soll nach Auffassung des BAG nur für den öffentlichen Dienst und die öffentlich-rechtlichen Rundfunkanstalten gelten. Das BAG verweist insoweit auf die Verpflichtung zur Einschränkung der Versorgungszusage berechtigt.[31] Eine spürbare Überschreitung wird etwa bei einem Prozentsatz von 15 % angenommen.[32] Der Arbeitgeber ist dabei nicht gezwungen, seine Versorgungsleistungen nur in dem Umfang zu kürzen, dass die absolute Obergrenze von 100 % nicht überschritten wird, vielmehr kann er seine Versorgungsleistung so reduzieren, dass der ursprünglich vorgesehene Versorgungsgrad annähernd wieder erreicht wird.[33]

bb) Relative Überversorgung. War das Versorgungsziel nicht auf eine hundertprozentige Vollversorgung ausgelegt, sondern sieht die Versorgungszusage ausdrücklich oder konkludent eine niedrigere Obergrenze vor (x% der versorgungsfähigen Einkommen) und wird diese **relative Obergrenze** überschritten, ist der Arbeitgeber bei spürbarer Überschreitung gleichfalls aus dem Gesichtspunkt des Wegfalls der Geschäftsgrundlage zur Absenkung der Versorgungszusage berechtigt.[31] Eine spürbare Überschreitung wird etwa bei einem Prozentsatz von 15 % angenommen.[32] Der Arbeitgeber ist dabei nicht gezwungen, seine Versorgungsleistungen nur in dem Umfang zu kürzen, dass die absolute Obergrenze von 100 % nicht überschritten wird, vielmehr kann er seine Versorgungsleistung so reduzieren, dass der ursprünglich vorgesehene Versorgungsgrad annähernd wieder erreicht wird.[33]

cc) Mitbestimmung. Beim Abbau der Überversorgung steht dem Betriebsrat ein erzwingbares Mitbestimmungsrecht dann zu, wenn nicht nur die planwidrige Überversorgung abgebaut werden, sondern die Versorgungsordnung umstrukturiert und an veränderte Gerechtigkeitsvorstellungen angepasst werden soll.[34] In diesem Fall liegt eine Leistungsplanänderung vor.

b) *Wirtschaftliche Notlage.* Nach früherer Rechtsprechung des BAG[35] konnte sich ein Arbeitgeber, der sich in einer wirtschaftlichen Notlage befindet, aus dem Gesichtspunkt des Wegfalls der Geschäftsgrundlage von seinen Leistungsverpflichtungen durch Widerruf befreien. Anknüpfungspunkt war die frühere Regelung in § 7 Abs. 1 S. 3 Nr. 5 BetrAVG.[36]

---

[26] BAG 7.4.1959 – 1 AZR 573/58, AP BGB § 242 Nr. 56 – Ruhegehalt; *Schipp* RdA 2007, 340; *Blomeyer/Rolfs/Otto* BetrAVG Anh. § 1 Rn. 503; *Höfer* BetrAVG I Kap. 5 Rn. 171.
[27] BAG 23.10.1990 – 3 AZR 260/89, AP BetrAVG § 1 Ablösung Nr. 13.
[28] BAG 28.7.1998 – 3 AZR 357/97, DB 1999, 751.
[29] BAG 16.7.1996 – 3 AZR 398/95, DB 1997, 632.
[30] BAG 3.9.1991 – 3 AZR 369/90, DB 1992, 994; ebenso BAG 19.11.2002 – 3 AZR 167/02, NZA 2004, 265 (266); 25.5.2004 – 3 AZR 123/03, DB 2005, 1801; 27.6.2006 – 3 AZR 212/05, DB 2007, 2491.
[31] BAG 23.9.1997 – 3 ABR 85/96, AP BetrAVG § 1 Ablösung Nr. 26.
[32] BAG 9.7.1985 – 3 AZR 546/82, AP BetrAVG § 1 Ablösung Nr. 6.
[33] BAG 23.9.1997 – 3 ABR 85/96, AP BetrAVG § 1 Ablösung Nr. 26; 13.11.2007 – 3 AZR 455/06, DB 2008, 994; zust. *Höfer* BetrAVG I Kap. 5 Rn. 178.
[34] BAG 28.7.1998 – 3 AZR 357/97, DB 1999, 750.
[35] BAG 26.4.1988 – 3 AZR 277/87, AP BetrAVG § 1 Geschäftsgrundlage Nr. 3 = DB 1988, 2311 mwN.
[36] *Blomeyer/Rolfs/Otto* Anh. § 1 Rn. 537.

§ 40 25–29   Teil H. Betriebliche Altersversorgung

25   Diese ist zum 1.1.1999 entfallen. An die Stelle ist der außergerichtliche Vergleich nach § 7 Abs. 1 S. 4 Nr. 2 BetrAVG getreten.³⁷ Unstritten ist, ob durch diese Änderung auch die Möglichkeit des Arbeitgebers entfallen ist, eine Versorgungszusage wegen wirtschaftlicher Notlage aus dem Gesichtspunkt des Wegfalls der Geschäftsgrundlage zu widerrufen. Das BAG hat nach anfänglichem Zögern aus der Neuregelung den Schluss gezogen, dass der Widerruf wegen wirtschaftlicher Notlage seitdem nicht mehr in Betracht kommt.³⁸

IV. Ablösung von vertraglichen Einheitsregelungen und Gesamtzusagen

1. Änderungsvorbehalt

26   Vertragliche Einheitsregelungen und Gesamtzusagen können durch eine Betriebsvereinbarung abgelöst werden, wenn sie einen entsprechenden Vorbehalt enthalten, also **betriebsvereinbarungsoffen** ausgestaltet sind, oder der Arbeitgeber sich den Widerruf des Versorgungsversprechens vorbehalten hat.³⁹ Die Privatautonomie wird dadurch nicht eingeschränkt. Der Begünstigte muss von vornherein damit rechnen, dass der Arbeitgeber die ihm wie auch anderen vergleichbaren Arbeitnehmern erteilte Zusage widerruft oder die Zusage später durch eine Betriebsvereinbarung geändert und gegebenenfalls ersetzt wird.

27   Fraglich ist, wann von einem solchen Vorbehalt ausgegangen werden kann. Einen Widerrufsvorbehalt enthalten Unterstützungskassenzusagen, da der Ausschluss des Rechtsanspruchs in Satzungen und Versorgungsplänen als Widerrufsrecht auszulegen ist.⁴⁰ Unterstützungskassenzusagen können daher bei Vorliegen eines sachlichen Grunds stets widerrufen und durch eine Betriebsvereinbarung abgelöst werden.

28   **Betriebsvereinbarungsoffen** sind zunächst alle Regelungen, die ursprünglich als Betriebsvereinbarung bestanden haben und infolge Betriebsübergangs nach § 613a Abs. 1 S. 2 BGB als Individualregelungen fortgelten. Rechte aus einer Betriebsvereinbarung, die im Wege eines Betriebsübergangs nach § 613a Abs. 1 S. 2 BGB Inhalt des Arbeitsverhältnisses werden, sind vor einer Ablösung durch eine spätere Betriebsvereinbarung im Erwerberbetrieb nicht in einem weiteren Umfang geschützt als wenn sie kollektivrechtlich weitergegolten hätten.⁴¹ Der kollektive Charakter einer betrieblichen Einheitsregelung, einer betrieblichen Gesamtzusage oder einer betrieblichen Übung lässt dagegen für sich genommen noch nicht den Schluss zu, die Regelung könne durch eine Betriebsvereinbarung zum Nachteil der Arbeitnehmer geändert werden. Diese weitreichende Auffassung hat der Große Senat des BAG mit seinem Beschl. v. 16.9.1986⁴² aufgegeben. Nach Auffassung des BAG reichen auch die allgemeinen (steuerunschädlichen) **Leistungsvorbehalte**⁴³ nicht aus, eine betriebliche Einheitsregelung als betriebsvereinbarungsoffen anzusehen.⁴⁴ Diese Vorbehalte machen nur deutlich, dass die erteilte Versorgungszusage nicht unabänderlich sein soll. Den Vorbehalten ist aber nicht zu entnehmen, dass mittels Betriebsvereinbarung in vertraglich begründete Rechtspositionen eingegriffen werden kann. Wird in einem Arbeitsvertragsformular eine Regelung zur betrieblichen Altersversorgung getroffen und lediglich in einer anderen Bestimmung auf die im Übrigen geltenden Betriebsvereinbarungen verwiesen, ist die Regelung zur betrieblichen Altersversorgung nicht betriebsvereinbarungsoffen.⁴⁵

29   Ausreichend ist dagegen, wenn der Arbeitsvertrag den Hinweis enthält, die allgemeinen Arbeitsbedingungen und die Regelungen über die Vergütung unterlägen den gesetzlichen Be-

---

³⁷ → § 38 Rn. 160.
³⁸ BAG 17.6.2003 – 3 AZR 396/02, AP BetrAVG § 7 Widerruf Nr. 24; 31.7.2007 – 3 AZR 373/06, AP BetrAVG § 7 Widerruf Nr. 27; ebenso *Andresen/Förster/Rößler/Rühmann*, Bd. II, Teil 12 Rn. 376; ErfK/*Steinmeyer* BetrAVG Vorb. Rn. 31; aA *Boemke* NJW 2009, 2491.
³⁹ BAG 15.2.2011 – 3 AZR 35/09, NZA-RR 2011, 541.
⁴⁰ BAG 15.2.2011 – 3 AZR 35/09, NZA-RR 2011, 541.
⁴¹ BAG 18.11.2003 – 1 AZR 604/02, BB 2004, 2529; 28.6.2005 – 1 AZR 213/04, NZA 2005, 1431.
⁴² BAG 16.9.1986 – GS 1/82, AP BetrVG 1972 § 77 Nr. 17 = BAGE 53, 42 = DB 1987, 383.
⁴³ Dazu → § 37 Rn. 128 ff.
⁴⁴ BAG 20.11.1990 – 3 AZR 573/89, AP BetrAVG § 1 Ablösung Nr. 14 = NZA 1991, 477 (479).
⁴⁵ BAG 17.6.2008 – 3 AZR 553/06, AP BGB § 133 Nr. 55 = NZA 2008, 1320.

stimmungen sowie Betriebsvereinbarungen.[46] Als ausreichend hat das BAG auch den allgemeinen Hinweis auf die jeweils geltende Versorgungsordnung angesehen, da sich der Arbeitgeber damit die Möglichkeit späterer Änderungen vorbehalten wolle; dem Flexibilisierungszweck widerspreche es in der Regel, davon bestimmte Formen und Wege der Neuregelung, insbesondere Betriebsvereinbarungen, auszuklammern.[47] Gleiches gilt, wenn die Versorgungszusage eine **Blankettregelung** enthält, die einer Ausfüllung durch eine Betriebsvereinbarung bedarf.[48] Schließlich wird eine Betriebsvereinbarung in allen Fällen anzunehmen sein, bei denen das Zustandekommen oder eine Ergänzung der Versorgungsregelung erkennbar unter Beteiligung des Betriebsrats zustande gekommen ist, dieser also in die Regelung des Leistungsplans einbezogen war.[49] Insgesamt lässt sich feststellen, dass die Rechtsprechung bei der Feststellung der Betriebsvereinbarungsoffenheit relativ großzügig ist, um spätere Anpassungen zu ermöglichen. Dies vermeidet die Anwendung der bis heute nicht abschließend geklärten Grundsätze über die Zulässigkeit umstrukturierender Betriebsvereinbarungen. Soweit eine Auslegung zur Feststellung einer so genannten dynamischen Gesamtzusage führt,[50] können einseitige Änderungen der Altersversorgung beim Arbeitgeber liegende Verweisungen auf die für die betriebliche Altersversorgung entbehrlich sein. Arbeitsvertragliche Bestimmungen sind im Regelfall zeit- und inhaltsdynamisch auszulegen.[51]

2. Umstrukturierende Betriebsvereinbarung

a) Rechtsprechung Großen Senats des BAG. *aa) Kollektiver Günstigkeitsvergleich.* Individualrechtliche Zusagen mit kollektivem Bezug wie Gesamtzusagen, vertragliche Einheitsregelungen und betriebliche Übung können nach Auffassung des Großen Senats des BAG[52] durch eine Betriebsvereinbarung auch dann abgelöst werden, wenn die Neuregelung bei einer **kollektiven Betrachtungsweise** insgesamt nicht ungünstiger ist als die bisherige Regelung. Maßstab ist ein kollektiver Günstigkeitsvergleich. Hält die Betriebsvereinbarung einer solchen Überprüfung stand, muss der einzelne Arbeitnehmer nach Auffassung des BAG Eingriffe in seine bisherigen vertraglichen Rechte hinnehmen. Das individuelle Günstigkeitsprinzip wird insoweit eingeschränkt. Der Große Senat hat damit zugleich eine langjährige Rechtsprechung des BAG aufgegeben, wonach Betriebsvereinbarungen generell Gesamtzusagen und vertragliche Einheitsregelungen ablösen können.

Umstrukturierende Betriebsvereinbarungen sind damit keine geeigneten Mittel, Versorgungsleistungen zu verringern. Sie erlauben nur eine **Umverteilung** und ermöglichen es den Betriebspartnern, den Leistungsplan geänderten Gerechtigkeitsvorstellungen anzupassen.[53] Nicht gedeckt davon ist die Ablösung einer arbeitgeberfinanzierten Altersversorgung durch eine durch Entgeltumwandlung finanzierte Altersversorgung, zu der der Arbeitgeber lediglich einen Zuschuss in Höhe der ersparten Sozialversicherungsbeiträge zahlt.[54]

bb) Dotierungsrahmen. Ausgangspunkt der Überprüfung ist der Dotierungsrahmen. Zu vergleichen ist der bisher zugrunde gelegte Dotierungsrahmen mit dem Dotierungsrahmen auf der Grundlage der neuen Betriebsvereinbarung. Diese dürfen sich im Volumen nicht voneinander unterscheiden.

---

[46] BAG 20.11.1987 – 2 AZR 284/86, AP BGB § 620 Altersgrenze Nr. 2.
[47] BAG 17.6.2014 – 3 AZR 529/12, BeckRS 2014, 72175; 24.1.2006 – 3 AZR 483/04, AP BetrAVG § 1 Ablösung Nr. 50 Rn. 45.
[48] BAG 17.3.1987 – 3 AZR 64/84, AP BetrAVG § 1 Ablösung Nr. 9 unter I 1.
[49] BAG 23.10.2001 – 3 AZR 74/01, AP BetrAVG § 1 Ablösung Nr. 33 = DB 2002, 1383 (1384); 10.12.2002 – 3 AZR 92/02, BB 2003, 1903; 15.2.2011 – 3 AZR 35/09, NZA-RR 2011, 541; *Ahrend/Förster/Rühmann* NZA (1) 1988, 17 (27); enger *Gamillscheg* ArbR Gegw 25 (1988), 49 (68).
[50] Vgl. BAG 13.1.2015 – 3 AZR 897/12, DB 2015, 1473.
[51] BAG 18.2.2020 – 3 AZR 258/18, NZA 2020, 956.
[52] BAG 16.9.1986 – GS 1/82, AP BetrAVG § 77 Nr. 17.
[53] BAG 23.10.2001 – 3 AZR 74/01, AP BetrAVG § 1 Ablösung Nr. 33 = DB 2002, 1383; 17.6.2003 – 3 ABR 43/02, DB 2004, 714.
[54] BAG 23.10.2001 – 3 AZR 74/01, AP BetrAVG § 1 Ablösung Nr. 33.

33 Fraglich ist, wie der Dotierungsrahmen zu ermitteln ist. Überwiegend wird auf einen **Barwertvergleich** abgestellt.[55] Die Versorgungsverpflichtungen werden dabei nach versicherungsmathematischen Gesichtspunkten unter Berücksichtigung der Lebenserwartung und eines angemessenen Abzinsungssatzes bewertet und damit vergleichbar gemacht. Andere stellen mehr auf eine betriebswirtschaftliche Nachsteuerbetrachtung ab.[56] Ausreichend dürfte für den Vergleich zweier Versorgungswerke der Barwert künftiger Anwartschaftsbarwert der künftigen Pensionsleistungen erhöht um den Barwert künftiger Insolvenzversicherungsprämien, eventuell zu zahlender pauschaler Lohnsteuer und anfallender Verwaltungskosten sein.[57] Der Anwartschaftsbarwert entspricht der Einmalprämie zur Ausfinanzierung der Leistungen. Zusammen mit den übrigen genannten Kosten sind damit alle wesentlichen Positionen für den vorzunehmenden Vergleich erfasst.

34 *cc) Maßgebliches Kollektiv.* Der Große Senat rechtfertigt die Einschränkung des individuellen Günstigkeitsprinzips mit dem von vornherein erkennbaren kollektiven Bezug der erteilten Zusage. Dadurch unterscheiden sich Einzelzusage und Gesamtzusage (vertragliche Einheitsregelung, betriebliche Übung). Wegen der Einbindung ihrer Zusage in einen kollektiven Rahmen müssen die Arbeitnehmer nach Auffassung des BAG von vornherein damit rechnen, dass die zugesagten Leistungen innerhalb des begünstigten Personenkreises anders verteilt werden. Dies gilt aber nur für die Personen, die in dieses Kollektiv eingebunden sind, nicht für solche, die von der Gesamtzusage oder vertraglichen Einheitsregelung nicht erfasst sind. Dieses Kollektiv und der für dieses zur Verfügung gestellte Dotierungsrahmen bilden daher den Vergleichsmaßstab für den kollektiven Günstigkeitsvergleich.[58] Besteht wie regelmäßig nicht für einen einzelnen Betrieb, sondern für das gesamte Unternehmen oder einen Konzern ein einheitlicher Dotierungsrahmen für die von der Versorgungsordnung erfasste Personengruppe, bildet dieser den Bezugspunkt für den vorzunehmenden kollektiven Günstigkeitsvergleich.[59]

35 *dd) Inhaltskontrolle.* Soweit durch die umstrukturierende Betriebsvereinbarung in bestehende Rechte eingegriffen wird, gilt nach Auffassung des Großen Senats[60] das bekannte **Drei-Stufen-Modell**. In die vorhandenen Besitzstände darf nur bei ausreichenden Gründen eingegriffen werden. Diese hängen von der Schwere des Eingriffs ab. Alle Eingriffe müssen den Grundsatz der Verhältnismäßigkeit wahren. Sie müssen am Zweck der Maßnahme gemessen geeignet, erforderlich und proportional sein. Es gelten insoweit die gleichen Grundsätze wie bei Ablösung einer Betriebsvereinbarung.[61]

36 *ee) Geltungszeitpunkt der neuen Rechtsprechung.* Fraglich ist, ab wann die Rechtsprechung des Großen Senats anzuwenden ist. Das Problem entsteht dadurch, dass vor der Entscheidung des Großen Senats vom 16.9.1986 andere Senate des BAG in einer langjährigen Rechtsprechung die ablösende Wirkung von Betriebsvereinbarungen generell bejaht hatten.[62] Erstmals mit Urteil vom 12.8.1982[63] hatte der 6. Senat in Abweichung von der früheren Rechtsprechung des BAG die Auffassung geäußert, Betriebsvereinbarungen nach § 87 Abs. 1 BetrVG könnten entsprechende einzelvertragliche Abreden nicht verdrängen. Diese Entscheidung ist in Fachzeitschriften erstmals Ende 1982 veröffentlicht worden. Das BAG[64] ist daher der Auffassung, ablösende Betriebsvereinbarungen seien zumindest bis Ende 1982 auf der Grundlage der vorausgegangenen Rechtsprechung als wirksam anzusehen. Das Ge-

---

[55] *Blomeyer/Otto* DB 1987, 634; *Höfer/Kisters-Kölkes/Küpper* DB 1987, 1585 (1587).
[56] *Heubeck* BetrAV 1985, 189.
[57] *Ahrend/Demberger/Rößler* BB 1988, 333 (338).
[58] Siehe BAG 7.11.1989 – GS 3/85, AP BetrVG 1972 § 77 Nr. 46 unter C II 2 der Gründe; 23.10.2001 – 3 AZR 74/01, AP BetrAVG § 1 Ablösung Nr. 33 unter I 2a der Gründe („gleiche Grundstruktur"); zum personellen Bezugsrahmen im Konzern *Rengier* BB 2004, 2185 (2187).
[59] Zum Dotierungsvergleich bei Vereinheitlichung von Versorgungsregelungen im Konzern → Rn. 40 ff.
[60] BAG 16.9.1986 – GS 1/82, AP BetrVG 1972 § 77 Nr. 17 unter C II 5 der Gründe.
[61] Dazu → Rn. 45 ff.
[62] BAG 30.1.1970 – 3 AZR 402/96, AP BGB § 242 Ruhegehalt Nr. 142; 8.12.1981 – 3 ABR 53/80, AP BetrAVG § 1 Ablösung Nr. 1.
[63] BAG 12.8.1982 – 6 AZR 1117/79, BAGE 39, 295 = AP BetrVG 1972 § 77 Nr. 4.
[64] BAG 20.11.1990 – 3 AZR 573/89, AP BetrAVG § 1 Ablösung Nr. 14.

richt beruft sich dabei auf den verfassungsrechtlichen Grundsatz des Vertrauensschutzes. Andere[65] stellen auf den Entscheidungstermin des Großen Senats (16.9.1986) als Stichtag ab und sehen vorangegangene ablösende Betriebsvereinbarungen als wirksam an, soweit sie den übrigen inhaltlichen Anforderungen genügen.

b) Kritik. In der Literatur wird der kollektive Günstigkeitsvergleich als Rechtfertigung für die Einschränkung des Günstigkeitsprinzips und die Möglichkeit der Ablösung von arbeitsvertraglichen Regelungen durch umstrukturierende Betriebsvereinbarungen überwiegend abgelehnt.[66] Auch die einzelnen Senate des BAG scheinen von der Entscheidung des Großen Senats in der Sache abzurücken. So will der 1. Senat des BAG eine ablösende Wirkung von umstrukturierenden Betriebsvereinbarungen auf Sozialleistungen beschränken. Im Urteil vom 28.3.2000[68] hat der 1. Senat einer Umstrukturierung auch für Sozialleistungen abgelehnt, soweit diese Teil einer arbeitsvertraglichen Einheitsregelung über die wesentlichen Arbeitsbedingungen sind und durch Betriebsvereinbarungen insgesamt neu geregelt werden sollen. Der Anwendungsbereich umstrukturierender Betriebsvereinbarung nach der Rechtsprechung des Großen Senats beschränkt sich daher auf die Änderung von Gesamtzusagen und vertraglichen Einheitsregelungen im Bereich der betrieblichen Altersversorgung.

c) Ablösende oder verdrängende Wirkung. Folgt man grundsätzlich der Auffassung des Großen Senats und sieht in dem kollektiven Bezug eine inhaltliche Begrenzung der individualrechtlich begründeten Ansprüche, so stellt sich die Frage, ob, wie der Große Senat offenbar meint, die nachfolgende Betriebsvereinbarung die vertragliche Einheitsregelung ablöst oder, wozu der 1. Senat neigt, nur verdrängt.[69] Zutreffend dürfte eine lediglich **verdrängende Wirkung** sein. Andernfalls bestünde die Möglichkeit, dass sich der Arbeitgeber durch Kündigung der ablösenden Betriebsvereinbarung in einem zweiten Schritt ganz von den ursprünglichen Versorgungszusagen lösen könnte. Wie den 1. Senat in seinem Urteil vom 21.9.1989[70] im Einzelnen begründet hat, haben Betriebsvereinbarungen grundsätzlich keine ablösende, das heißt die vertraglichen Ansprüche auswechselnde Wirkung. Die Betriebsvereinbarung verdrängt vielmehr nur **für die Zeit ihrer Geltung** die vertraglichen Regelungen.[71] Warum für vertraglich gewährte Sozialleistungen etwas anderes gelten soll, ist nicht ersichtlich.[72] Auf der anderen Seite sprechen bei Versorgungszusagen Gründe der Rechtssicherheit gegen eine nur verdrängende Wirkung.[73]

d) Vereinheitlichung von Versorgungsordnungen. Ungeklärt ist, inwieweit sich umstrukturierende Betriebsvereinbarungen als Instrument zur Vereinheitlichung unterschiedlich gewachsener Versorgungsordnungen im Unternehmen oder Konzern eignen, soweit der bisher insgesamt geltende Dotierungsrahmen gewahrt bleibt.

aa) *Betriebsübernahme und Unternehmenszusammenschluss.* Wird ein Betrieb von einem anderen Unternehmen übernommen, können höchst unterschiedliche Altersversorgungsregelungen aufeinandertreffen. Denkbar ist auch, dass in dem übernommenen Betrieb eine Altersversorgungsregelung existiert, in dem übernehmenden Unternehmen nicht. Es stellt sich die Frage, inwieweit in dem neuen Unternehmen die in dem bisherigen Betrieb geltende vertragliche Einheitsregelung oder Gesamtzusage durch eine Betriebsvereinbarung umstrukturiert und die Altersversorgung insgesamt neu geordnet werden kann. Fraglich ist hier vor

---

[65] *Schumann* DB 1988, 2510.
[66] *Belling* DB 1987, 1888; *Blomeyer* DB 1987, 634; *Däubler* AuR 1987, 349 (353); *Joost* RdA 1989, 18; *Löwisch* Anm. zu BAG, SAE 1987, 185; *Richardi* NZA 1987, 185 (187f.); *Richardi* NZA 1990, 373f.; Richardi BetrVG/*Richardi* § 77 Rn. 154.
[67] BAG 21.9.1989 – 1 AZR 454/88, AP BetrVG 1972 § 77 Nr. 43.
[68] BAG 28.3.2000 – 1 AZR 366/99, AP BetrVG 1972 § 77 Nr. 83.
[69] Siehe BAG 28.3.2000 – 1 AZR 366/99, AP BetrVG 1972 § 77 Nr. 83 mAnm *Richardi*.
[70] BAG 21.9.1989 – 1 AZR 454/88, AP BetrVG 1972 § 77 Nr. 43 mAnm *Löwisch*.
[71] So im Grundsatz auch der 3. Senat; siehe BAG 15.2.2011 – 3 AZR 54/09, NZA 2011, 928 Rn. 54 mwN.
[72] Offenlassend BAG 15.2.2011 – 3 AZR 35/09, NZA-RR 2011, 541; 15.2.2011 – 3 AZR 54/09, NZA 2011, 928; anders BAG 6.11.2007 – 1 AZR 862/06, NZA 2008, 542 Rn. 23; 16.9.1986 – GS 1/82, NZA 1987, 168 = AP BetrVG 1972 § 77 Nr. 17, wie hier *Konzen* in FS Maydell, 341 (360f.); *Löwisch* Ann. zu BAG AP BetrVG 1972 § 77 Nr. 43; *Richardi* Ann. zu BAG AP BetrVG 1972 § 77 Nr. 83.
[73] *Schnitker/Sittard* BB 2011, 3070 (3071).

allem, auf welchen **Dotierungsrahmen** abzustellen ist.[74] Wie oben[75] ausgeführt, ist für den kollektiven Günstigkeitsvergleich zunächst das Kollektiv maßgeblich, das von der vertraglichen Einheitsregelung oder Gesamtzusage umfasst wird. Die Versorgungsregelungen in den verschiedenen Unternehmen stehen bei einem Betriebsübergang in keinem kollektiven Bezug. Die durch eine vertragliche Einheitsregelung oder Gesamtzusage in dem einen Unternehmen begünstigten Arbeitnehmer mussten nicht damit rechnen, dass weitere Arbeitnehmer, die bisher bei anderen Unternehmen beschäftigt waren, hinzukommen und zu ihren Lasten an der betrieblichen Altersversorgung teilnehmen sollen. Dies spricht gegen einen kollektiven Günstigkeitsvergleich auf Konzernebene. Soll die betriebliche Altersversorgung vereinheitlicht werden, bleibt daher nur der Weg, das bisherige auf einer vertraglichen Einheitsregelung oder einer Gesamtzusage beruhende Versorgungswerk unter Wahrung des Besitzstandes mit Wirkung für die Zukunft zu schließen und auf Konzernebene unter Einbeziehung der Arbeitnehmer anderer Unternehmen eine neue (Konzern-) Betriebsvereinbarung mit neuem – einheitlichen – Leistungsplan abzuschließen.

41 Entsprechendes gilt beim **Zusammenschluss** mehrerer Unternehmen zu einem Konzern oder bei Einbeziehung weiterer Unternehmen in einen bestehenden Konzern. Auch hier ist die umstrukturierende Betriebsvereinbarung auf Konzernebene mangels eines verbindenden Dotierungsrahmens ein ungeeignetes Instrument zur Vereinheitlichung unterschiedlich gewachsener Versorgungswerke.

42 *bb) Verschmelzung.* Fraglich ist, ob bei Verschmelzung zweier oder mehrerer Unternehmen ein einheitlicher Dotierungsrahmen entsteht und eine Umstrukturierung innerhalb der verschmolzenen Unternehmen, im Wege einer umstrukturierenden Betriebsvereinbarung möglich ist. Wie in → § 36 Rn. 31 ausgeführt, tritt der übernehmende Rechtsträger im Wege der Gesamtrechtsnachfolge nach § 20 UmwG in alle Rechte und Pflichten der übertragenden Rechtsträger ein. Dies gilt sowohl für die laufenden Versorgungsverpflichtungen als auch für Anwartschaften auf Grund von Zusagen des übernehmenden Rechtsträgers. Bestand bisher eine Einzelzusage, kann diese von dem übernehmenden Rechtsträger grundsätzlich nur nach den für individualrechtliche Zusagen geltenden Regelungen zum Nachteil der begünstigten Arbeitnehmer geändert werden. Bei vertraglichen Einheitsregelungen oder betrieblichen Übung gilt nichts anderes. Durch die Verschmelzung ergibt sich für den kollektiven Günstigkeitsvergleich kein neuer Bezugsrahmen. Die durch die Verschmelzung begünstigten Arbeitnehmer mussten nicht damit rechnen, dass sie in ein anderes Kollektiv einbezogen werden. Der ursprüngliche Bezugsrahmen bestimmt daher auch im Falle der Verschmelzung die Grenzen einer möglichen Umstrukturierung.[76]

V. Änderung kollektivrechtlicher Regelungen

1. Ablösungsprinzip

43 *a) Betriebsvereinbarungen.* Auf einer Betriebsvereinbarung beruhende Versorgungszusagen können durch eine andere Betriebsvereinbarung abgelöst werden. Durch die neue Betriebsvereinbarung wird die bisherige Regelung ersetzt und aufgehoben.[77] Es gilt insoweit das Ablösungsprinzip und nicht das Günstigkeitsprinzip. Die Betriebsparteien können daher jederzeit eine bestehende Betriebsvereinbarung durch eine andere – für den einzelnen Arbeitnehmer auch ungünstigere – Betriebsvereinbarung ersetzen, müssen aber bei der Ablösung die Grundsätze der Verhältnismäßigkeit und des Vertrauensschutzes beachten.[78]

---

[74] Für einen konzernbezogenen Dotierungsvergleich *Hanau* in FS Kemper, 165 (174); für einen auf das jeweilige von der Versorgungsordnung erfasste Kollektiv abstellenden Günstigkeitsvergleich *Rengier* BB 2004, 2185; offenlassend BAG 23.10.2001 – 3 AZR 74/01, AP BetrAVG § 1 Ablösung Nr. 33.

[75] → Rn. 34.

[76] Anders offensichtlich *Gaul* AktuellAR 2001, 562 f.

[77] Siehe BAG 16.9.1986 – GS 1/82, AP BetrVG 1972 § 77 Nr. 17; 17.3.1987 – 3 AZR 64/84, AP BetrAVG § 1 Ablösung Nr. 9; 23.10.1990 – 3 AZR 260/89, AP BetrAVG § 1 Ablösung Nr. 13.

[78] BAG 21.11.2000 – 3 AZR 91/00, AP BetrAVG § 1 Hinterbliebenenversorgung, Nr. 21 = NZA 2002, 851; 29.10.2002 – 1 AZR 573/01, DB 2003, 455; 10.12.2002 – 3 AZR 92/02, BB 2003, 1903 (1904); 21.4.2009 – 3 AZR 674/07, AP BetrAVG § 1 Ablösung Nr. 53.

b) Tarifverträge. Gleiches wie für Betriebsvereinbarungen gilt für Tarifverträge. Auch hier löst die jüngere Regelung die ältere Regelung ab (**Zeitkollisionsregel**).[79] Im Verhältnis zu Betriebsvereinbarungen haben Tarifverträge Vorrang. Betriebsvereinbarungen können daher auch durch Tarifverträge abgelöst werden, nicht aber können Betriebsvereinbarungen bestehende tarifvertragliche Regelungen außer Kraft setzen. Der Tarifvertrag kann aber durch eine Öffnungsklausel abweichende Regelungen durch die Betriebspartner auch zu Lasten der Arbeitnehmer zulassen (§ 4 Abs. 3 TVG).

2. Ablösende Betriebsvereinbarungen

a) Grundsatz. *aa)* *Verschlechternde Betriebsvereinbarungen.* Soll eine bestehende Betriebsvereinbarung durch eine schlechtere abgelöst werden, darf in erworbene Besitzstände nach Auffassung des BAG nur eingeschränkt eingegriffen werden. Dabei ist zu unterscheiden zwischen Eingriffen in bereits laufende (oder aufgeschobene) Versorgungsleistungen und Eingriffen in bestehende Anwartschaften. Bei der Prüfung von Eingriffen in erworbene Anwartschaften erfolgt eine dreistufige Prüfung (**Dreistufenmodell**).[80] Je stärker der Eingriff ist, umso gewichtiger müssen die Gründe für eine solche Maßnahme sein. Darüber hinaus ist zu prüfen, inwieweit bestimmte Arbeitnehmergruppen eines besonderen Schutzes bedürfen, weil sie von den Einschränkungen ungleich härter betroffen sind als andere.

bb) Sonstige Änderungen. Das dreiteilige Prüfungsschema gilt nicht, soweit es um eine Änderung der finanziellen Belastungen, insbesondere die Übernahme von zu zahlenden Steuern geht. Hier ist auf die allgemeinen Grundsätze des **Vertrauensschutzes** und der **Verhältnismäßigkeit** zurückzugreifen.[81] Das Gleiche gilt für Eingriffe in laufende Leistungen[82] und andere vom Dreistufenmodell nicht erfasste Änderungen.[83]

Dazu zählt auch die **Anhebung der Altersgrenze** auf 67 Jahre entsprechend der Regelung in der gesetzlichen Rentenversicherung. Die stufenweise Anhebung entspricht dem Grundsatz der Verhältnismäßigkeit; ein schutzwürdiges Vertrauen auf die Beibehaltung der Altersgrenze von 65 Jahren besteht seit Verabschiedung des Altersgrenzenanpassungsgesetzes nicht mehr.[84] Wegen des **Wechsels des Durchführungswegs** wird auf die Ausführungen unter → Rn. 71 ff. verwiesen.

b) Eingriffe in laufende und aufgeschobene Leistungen. Rentner sind grundsätzlich vor Eingriffen in ihre Versorgungsansprüche geschützt. Das Gleiche gilt für technische Rentner, die die Voraussetzungen für den Rentenbezug bereits erfüllt haben, aber noch keine Leistungen erhalten. Mit Eingriffen in ihre fälligen Leistungen brauchen daher Rentner grundsätzlich nicht zu rechnen. Begründet wird dies von der Rechtsprechung im Wesentlichen mit der fehlenden Regelungskompetenz der Betriebsparteien.[85] Eine Ausnahme soll gelten, wenn die Betriebsvereinbarung eine **Jeweiligkeitsklausel** enthält, dh, auf die jeweils gültige Betriebsvereinbarung verwiesen wird.[86]

In laufende Versorgungsleistungen darf nach den Grundsätzen der Verhältnismäßigkeit und des Vertrauensschutzes praktisch nicht eingegriffen werden. Dies bedeutet, dass nach

---

[79] BAG 3.4.1990 – 3 AZR 273/88, AP TVG § 1 Vorruhestand Nr. 5; 16.5.1995 – 3 AZR 535/94, AP TVG § 4 Ordnungsprinzip Nr. 15.
[80] Grundlegend BAG 17.4.1985 – 3 AZR 72/83, AP BetrAVG § 1 Ablösung Nr. 1; ebenso BAG 25.10.1988 – 3 AZR 26.8.1997 – 3 AZR 235/96, AP BetrAVG § 1 Unterstützungskassen Nr. 4 mAnm *Loritz*; 214.2009 – 3 AZR 674/07, AP BetrAVG § 1 Ablösung Nr. 27; 11.5.1999 – 3 AZR 21/98, BB 2000, 516;
[81] BAG 10.12.2002 – 3 AZR 92/09, BB 2003, 1903 (1904).
[82] BAG 12.10.2004 – 3 AZR 557/03, AP BetrAVG § 1 Hinterbliebenenversorgung Nr. 23 = DB 2005, 783 für Eingriffe in eine Hinterbliebenenversorgung.
[83] BAG 21.4.2009 – 3 AZR 674/07, AP BetrAVG § 1 Ablösung Nr. 53.
[84] Zutreffend *Rolfs* NZA 2011, 540 (541 f.).
[85] So schon BAG 16.3.1956 – GS 1/55, AP BetrVG 1952 § 57 Nr. 1; ebenso BAG 10.2.2009 – 3 AZR 653/07, DB 2009, 1303; 28.6.2011 – 3 AZR 282/09, BeckRS 2011, 77145 Rn. 23; zur Regelungskompetenz im Einzelnen *Heither* FS *Förster*, 2001, 149 ff.
[86] BAG 23.9.1997 – 3 AZR 529/96, AP BetrAVG § 1 Ablösung Nr. 23; 27.6.2006 – 3 AZR 255/05, NZA 2006, 1285.

Eintritt des Versorgungsfalls in der Regel nur noch geringfügige Verschlechterungen gerechtfertigt sein können.[87] Auch für geringfügige Eingriffe bedarf es sachlich nachvollziehbarer, Willkür ausschließender Gründe.[88] Dies gilt auch für Änderungen der Anpassungsregeln.[89] Eine Umstellung der **Anpassungsregelung** von einer Anpassung nach der Entwicklung der Preissteigerungsrate oder der niedrigeren Nettolohnentwicklung auf eine Anpassung nach billigem Ermessen nach § 16 Abs. 1 BetrAVG unter Berücksichtigung der wirtschaftlichen Lage des Arbeitgebers stellt einen nicht nur geringfügigen Eingriff dar und bedarf tragfähiger, den Eingriff rechtfertigender Gründe.[90]

51 Hinsichtlich des Umfangs des Schutzes von künftigen Rentenansprüchen unterscheidet das BAG darüber hinaus zwischen Eingriffen in das Stammrecht und Eingriffen in die **Rentendynamik**. In letztere kann bereits eingegriffen werden, wenn sachlich nachvollziehbare Gründe vorliegen, insbesondere eine drohende **Überversorgung** verhindert werden soll.[91] Eingriffe in das Stammrecht sind dagegen – von geringfügigen Änderungen abgesehen – generell unzulässig. Dies gilt auch für eine daraus abgeleitete Hinterbliebenenversorgung.[92]

52 c) **Eingriffe in den erdienten Teilwert.** Eingriffe in den bereits erdienten Teilwert einer Versorgungsanwartschaft sind nur aus **zwingenden Gründen** zulässig.[93] Diese liegen vor, wenn sich der Arbeitgeber zu Recht auf den Wegfall der Geschäftsgrundlage berufen kann.[94] Dabei wird der erdiente und damit grundsätzlich vor Eingriffen geschützte Teilwert analog § 2 Abs. 1 BetrAVG berechnet.[95] Berücksichtigt werden dabei nur solche Dienstzeiten, die der Arbeitnehmer im schutzwürdigen Vertrauen darauf zurückgelegt hat, dass die bisherige Versorgungsregelung ungeschmälert fortbesteht.[96] Dies bedeutet, dass es für die Berechnung des geschützten Besitzstandes nicht notwendig auf den Ablösungszeitpunkt ankommt, sondern darauf, ab wann der Arbeitnehmer mit einer Änderung rechnen musste. Eine Rückbeziehung auf den Beginn des Einigungsstellenverfahrens hat das BAG als zulässig angesehen.[97] Nach Auffassung des BAG spielt es dabei keine Rolle, ob die Anwartschaft zum maßgeblichen Zeitpunkt verfallbar oder unverfallbar war.[98] Erfüllt der Arbeitnehmer durch weitere Betriebstreue später die Voraussetzungen für die Unverfallbarkeit, genießen auch die zunächst verfallbaren Anwartschaften Bestandsschutz.

53 Ist im Zuge einer ablösenden Neuregelung ein bis dahin erdienter Besitzstand als Mindestversorgungsleistung garantiert worden, kann dieser Betrag nach einem späteren Ausscheiden des Berechtigten nicht mehr nach § 2 Abs. 1 BetrAVG gekürzt werden.[99]

54 d) **Eingriffe in die erdiente Dynamik.** *aa) Vorliegen triftiger Gründe.* Hängt die Höhe des Versorgungsanspruchs nach der Versorgungsordnung von in der Zukunft liegenden, noch nicht feststehenden Berechnungsfaktoren wie der Gehaltsentwicklung ab, ist die Versorgungszusage also dynamisch gestaltet,[100] ist der Arbeitgeber zum Eingriff die Dynamik berechtigt, wenn **triftige Gründe** vorliegen.[101] Triftige Gründe sind insbesondere solche, die den Arbeitgeber auch berechtigen, eine nach § 16 BetrAVG gebotene Anpassung der Be-

---

[87] BAG 14.12.2010 – 3 AZR 799/08, BeckRS 2011, 70707 Rn. 32.
[88] BAG 28.6.2011 – 3 AZR 282/09, BeckRS 2011, 77145 Rn. 38.
[89] LAG Hamburg 21.8.2019 – 7 Sa 2/19, NZA-RR 2020, 90.
[90] BAG 28.6.2011 – 3 AZR 282/90, BeckRS 2011, 77145 Rn. 40.
[91] BAG 16.7.1996 – 3 AZR 398/95, AP BetrAVG § 1 Ablösung Nr. 21; ebenso BAG 27.8.1996 – 3 AZR 466/95, AP BetrAVG § 1 Ablösung Nr. 22.
[92] BAG 12.10.2004 – 3 AZR 557/03, AP BetrAVG § 1 Hinterbliebenenversorgung Nr. 23.
[93] BAG 12.10.2004 – 3 AZR 557/03, AP BetrAVG § 1 Hinterbliebenenversorgung Nr. 23 Fn. 75.
[94] Dazu → Rn. 19 ff.
[95] BAG 24.1.2006 – 3 AZR 483/04, AP BetrAVG § 1 Ablösung Nr. 50 Rn. 49; stRspr.
[96] BAG 11.12.2001 – 3 AZR 512/00, AP BetrAVG § 1 Ablösung Nr. 36.
[97] BAG 12.10.2004 – 3 AZR 557/03, AP BetrAVG § 1 Hinterbliebenenversorgung Nr. 23 unter II 2a der Gründe.
[98] BAG 26.4.1988 – 3 AZR 277/88, AP BetrAVG § 1 Geschäftsgrundlage Nr. 3.
[99] BAG 22.9.1987 – 3 AZR 662/85, AP BetrAVG § 1 Besitzstand Nr. 5; bestätigt durch BAG 18.3.2003 – 3 AZR 221/02, BB 2003, 2625.
[100] Dazu → § 37 Rn. 73 ff.
[101] BAG 20.11.1990 – 3 AZR 573/89, AP BetrAVG § 1 Ablösung Nr. 14 = BB 1991, 914; 21.8.2001 – 3 ABR 44/00, DB 2002, 952.

triebsrenten an die Inflationsentwicklung zu unterlassen.[102] Voraussetzung ist eine drohende langfristige Substanzgefährdung.[103] Diese liegt insbesondere dann vor, wenn die Kosten des bisherigen Versorgungswerks nicht mehr aus den Unternehmenserträgen und etwaigen Wertzuwächsen des Unternehmensvermögens erwirtschaftet werden können.[104] Als triftige Gründe kommen neben wirtschaftlichen Gründen auch dringende betriebliche Bedürfnisse wie die Vereinheitlichung unterschiedlicher auf Betriebsvereinbarungen beruhender Versorgungsordnungen in einem Unternehmen oder im Konzern in Betracht oder die Änderung einer als ungerecht empfundenen Leistungsstruktur.[105] Solche Gründe rechtfertigen aber nur eine Umverteilung, nicht eine Absenkung der Versorgungsaufwendungen.[106] Darüber hinaus kann der Eingriff auf alle Gründe gestützt werden, die einen Eingriff auch in der ersten Besitzstandsstufe rechtfertigen würden.

Bei der Ablösung von **Gesamtversorgungssystemen** reicht der Wunsch des Arbeitgebers nach einer Abkopplung der Betriebsrente von der Sozialversicherungsrente alleine als triftiger Grund nicht aus. Erforderlich ist eine grundlegende Systemänderung in der gesetzlichen Rentenversicherung, die die Geschäftsgrundlage des betrieblichen Gesamtversorgungssystems entfallen lässt.[107] Dies ist erst bei einer Mehrbelastung von 50 % der Fall.[108] Eine solche Systemänderung hat das BAG bisher nicht feststellen können, mag es auch durch die Rentenreformgesetze Einschränkungen gegeben haben, die die Lasten für den Arbeitgeber erhöht haben.

bb) Schutz des Besitzstands. Soweit mit der Ablösung der bisher geltenden **dynamischen Versorgungsordnung** zugleich die Möglichkeit eröffnet wird, nach der neuen Versorgungsordnung Zuwächse zu erwerben, kann nach Auffassung des BAG erst beim Ausscheiden festgestellt werden, ob sich der Berechtigte mit der Neuregelung insgesamt schlechter steht als mit der abgelösten Versorgungsordnung. Der Besitzstand aus der erdienten Dynamik ist nach Auffassung des BAG bereits dann aufrechterhalten, wenn der begünstigte Arbeitnehmer **im Versorgungsfall** mindestens den Betrag oder Rentenwert erhält, den er bei Aufrechterhaltung der bisherigen dynamischen Bemessungsfaktoren erreicht hätte. Das Vertrauen in den Erwerb darüber hinausgehender Zuwächse ist nicht geschützt.[109] Etwas anderes soll nur dann gelten, wenn der bei der Ablösung erreichte Besitzstand in der Weise garantiert ist, dass in diesen unabhängig vom Erwerb neuer Versorgungsansprüche auch bei einem späteren Ausscheiden nicht mehr eingegriffen werden kann.[110]

e) **Eingriffe in noch nicht erdiente Zuwachsraten.** Eingriffe in erst noch zu erdienende Zuwachsraten sind nach Auffassung des BAG zulässig, wenn **sachlich-proportionale Gründe** dafür vorliegen.[111] Das Vertrauen in die Aufrechterhaltung der bisherigen Versorgungsregelung ist weniger schutzwürdig als bei den erdienten Anwartschaften. Ein durch Arbeitsleistung bereits erdienter und damit nach Art. 14 Abs. 1 GG schutzwürdiger Besitzstand liegt noch nicht vor.

Als sachlich-proportionale Gründe kommen in Betracht:

- Harmonisierung der Altersversorgung für das gesamte Unternehmen;[112]

---

[102] BAG 17.4.1985 – 3 AZR 72/83, AP BetrAVG § 1 Unterstützungskassen Nr. 4; 21.8.2001 – 3 ABR 44/00, DB 2002, 952 (954).
[103] BAG 21.8.2001 – 3 ABR 44/00, DB 2002, 952 (954); 10.9.2002 – 3 AZR 635/01, BB 2003, 2749 (2756); stRspr.
[104] BAG 11.12.2001 – 3 AZR 512/00, AP BetrAVG § 1 Ablösung Nr. 36.
[105] BAG 11.9.1990 – 3 AZR 380/89, AP BetrAVG § 1 Besitzstand Nr. 8 = DB 1991, 503.
[106] BAG 24.1.2006 – 3 AZR 483/04, AP BetrAVG § 1 Ablösung Nr. 50 Rn. 55.
[107] BAG 17.3.1987 – 3 AZR 64/84, AP BetrAVG § 1 Ablösung Nr. 9 = DB 1987, 1639.
[108] BAG 19.2.2008 – 3 AZR 290/06, DB 2008, 1387.
[109] BAG 16.12.2003 – 3 AZR 39/03, AP BetrAVG § 1 Berechnung Nr. 25; zust. *Förster* BB 2005, 773 und *Cisch* Beilage DB 3/2005, 25 (27); krit. *Rengier* RdA 2006, 213.
[110] BAG 18.3.2003 – 3 AZR 221/02, BB 2003, 2625.
[111] BAG 18.9.2001 – 3 AZR 728/00, DB 2002, 1114; 17.3.1987 – 3 AZR 64/84, AP BetrAVG § 1 Ablösung Nr. 9.
[112] BAG 8.12.1981 – 3 ABR 53/80, AP BetrAVG § 1 Ablösung Nr. 1; 19.11.2002 – 3 AZR 167/02, NZA 2004, 265 (267); 24.1.2006 – 3 AZR 483/04, AP BetrAVG § 1 Ablösung Nr. 50 Rn. 52 der Gründe; *Höfer* BetrAVG I Kap. 5 Rn. 337.

- Neuverteilung der Versorgungsmittel mit dem Zweck, bisher unversorgte Arbeitnehmer in den Kreis der Begünstigten einzuschließen;[113]
- Notwendige Einbeziehung weiterer Personenkreise in die Altersversorgung aus dem Gesichtspunkt der Gleichbehandlung;[114]
- Kompensation des mit der Einführung der Witwerversorgung verbundenen Mehraufwands;[115]
- Anpassung der Versorgungsregelung an veränderte Vorstellungen über die Leistungsgerechtigkeit;[116]
- durch einen unabhängigen Sachverständigen festgestellter dringender Sanierungsbedarf;[117]
- Anpassung an eine langfristig veränderte Ertragslage;[118]
- Abkopplung der Betriebsrente von der Sozialversicherungsrente bei Gesamtversorgungssystemen, um einen Anstieg der Betriebsrenten bei sinkenden Sozialversicherungsrenten zu vermeiden;[119]
- unerwarteter Anstieg der Lebenserwartung und damit verbundene Kostenerhöhung.[120]

59 Allgemein lassen sich sachlich-proportionale Gründe als solche Gründe definieren, die **nicht willkürlich** sind und **nachvollziehbar** erkennen lassen, welche Umstände und Erwägungen zur Änderung der Versorgungszusage Anlass geben.[121] Zwischen dem Regelungszweck und der vorgenommenen Kürzung muss ein angemessenes Verhältnis bestehen, dh die Kürzungen dürfen auch nicht über das Maß hinaus gehen, das zur Verwirklichung des Regelungszwecks erforderlich ist. Eine angestrebte Vereinheitlichung der betrieblichen Altersversorgung im Konzern liefert nicht stets ohne Weiteres den sachlich-proportionalen Eingriffsgrund. Zumindest hat der Arbeitgeber im Einzelnen darzulegen, woraus sich sein Vereinheitlichungsinteresse konkret ergibt und wie gewichtig es ist. Die Zustimmung des Betriebsrats ist dabei nur ein Indiz dafür, dass ein tragfähiger Grund vorliegt.[122]

60 Sollen gleichzeitig die Versorgungslasten abgesenkt werden, bedarf es zusätzlicher Gründe, die sich auf die wirtschaftliche Belastbarkeit des Unternehmens (oder des Konzerns) beziehen. Hier muss der Arbeitgeber als Versorgungsschuldner vortragen, wegen welcher wirtschaftlicher Schwierigkeiten seine finanzielle Entlastung interessengerecht war und weshalb der Eingriff in die künftigen Zuwächse nicht außer Verhältnis zum Anlass steht.[123] Der Arbeitgeber muss die Gründe für die Kürzung oder Änderung in einer nachvollziehbaren Weise darlegen und gegebenenfalls unter Vorlage entsprechender Berechnungen erläutern.

> **Praxistipp:**
> Da Prozesse häufig erst Jahre nach der Änderung geführt werden, empfiehlt es sich, die Gründe für die Änderung schriftlich festzuhalten und die Berechnungsgrundlagen zu verwahren.

61 **f) Härteregelungen, konkrete Billigkeitskontrolle.** *aa) Rentennahe Jahrgänge.* Einen besonderen Schutz genießen rentennahe Jahrgänge. Das BAG begründet dies mit dem Vertrau-

---

[113] BAG 8.12.1981 – 3 ABR 53/80, AP BetrAVG § 1 Ablösung Nr. 1.
[114] *Ahrend/Förster/Rühmann* BB 1987 Beilage 7 zu Heft 11, 10; Beisp. aus der Rspr. in → § 35 Rn. 5 ff.
[115] BAG 26.8.1997 – 3 AZR 235/06, NZA 1998, 817.
[116] BAG 17.3.1987 – 3 AZR 64/84, AP BetrAVG § 1 Ablösung Nr. 9 = DB 1987, 639.
[117] BAG 18.9.2001 – 3 AZR 728/00, DB 2002, 1114 = SAE 2003, 221 mAnm *Steinmeyer*.
[118] *Blomeyer/Rolfs/Otto* BetrAVG Anh. § 1 Rn. 637.
[119] BAG 17.3.1987 – 3 AZR 64/84, AP BetrAVG § 1 Ablösung Nr. 9; *Blomeyer/Rolfs/Otto* BetrAVG Anh. § 1 Rn. 638.
[120] *Höfer* BetrAVG I Kap. 5 Rn. 156.
[121] BAG 17.4.1985 – 3 AZR 72/83, AP BetrAVG § 1 Unterstützungskassen Nr. 4; 18.9.2001 – 3 AZR 728/00, DB 2002, 1114; 10.9.2002 – 3 AZR 635/01, BB 2003, 2749 (2753).
[122] BAG 24.1.2006 – 3 AZR 483/04, AP BetrAVG § 1 Ablösung Nr. 50 Rn. 52.
[123] BAG 24.1.2006 – 3 AZR 483/04, AP BetrAVG § 1 Ablösung Nr. 50 Rn. 55 der Gründe.

ensschutz und der Schwierigkeit, die auf der bisherigen Zusage beruhende Versorgungsplanung noch kurzfristig zu ändern.[124]

Nicht ganz klar ist, auf welchen Zeitraum vor Rentenbeginn abzustellen ist. Eindeutige Äußerungen der Rechtsprechung liegen dazu nicht vor. Eine Übergangsregelung für zehn Jahre hat das BAG als eher deutlich zu lang angesehen.[125] Drei Jahre erscheinen eher zu kurz. Eine auf fünf Jahre vor Rentenbeginn in der gesetzlichen Rentenversicherung abstellende Übergangsregelung hat das BAG nicht beanstandet.[126] Dies dürfte ein praktikabler Maßstab sein. Vielfach wird auf die Vollendung des 55. Lebensjahres abgestellt.[127]

bb) Sonstige Fälle. Daneben können auch für andere Fallgruppen besondere Härteregelungen erforderlich sein.[128] Ablösende Betriebsvereinbarungen unterliegen insoweit neben der beschriebenen abstrakten auch einer **konkreten Billigkeitskontrolle,** das heißt einer Prüfung, inwieweit eine – gemessen am Regelungsziel zulässige und, was die Wahl der Mittel angeht, verhältnismäßige – Regelung einzelne Arbeitnehmer oder Gruppen außergewöhnlich hart trifft und insoweit für diese eine abweichende Regelung erforderlich ist. Eine solche Situation kann sich etwa bei Ablösung von Gesamtversorgungssystemen für Arbeitnehmer ergeben, die nur über eine – gemessen am Durchschnitt – besonders kleine Sozialversicherungsrente verfügen und die deshalb eine besonders hohe Betriebsrente zu erwarten hatten. Die Abkopplung führt hier zu erheblich größeren Einbußen als bei anderen Mitarbeitern mit durchschnittlichen Sozialversicherungsansprüchen.[129]

Fehlen in einer ablösenden Betriebsvereinbarung entsprechende Härteregelungen, hat dies auf die Wirksamkeit der ablösenden Betriebsvereinbarung keine Auswirkungen. Das Gericht kann dann selbst über einen angemessenen Ausgleich entscheiden.[130]

3. Ablösende Tarifverträge

a) **Prüfungsmaßstab.** Das dreistufige Prüfungsschema, das das BAG zur Inhaltskontrolle von ablösenden Betriebsvereinbarungen entwickelt hat, ist auf tarifvertragliche Änderungen nicht uneingeschränkt übertragbar.[131] Diese können inhaltlich nur daraufhin überprüft werden, ob sie gegen das Grundgesetz, gegen zwingendes Gesetzesrecht wie das Betriebsrentengesetz, gegen die guten Sitten oder gegen tragende Grundsätze des Arbeitsrechts verstoßen.[132] Insbesondere prüft das BAG, inwieweit bei Änderungen zum Nachteil des Betroffenen der Vertrauensgrundsatz, der Grundsatz der Verhältnismäßigkeit und der Gleichheitsgrundsatz verletzt sind.[133] Die Kontrolldichte ist erheblich geringer als bei Betriebsvereinbarungen. Insbesondere findet keine konkrete Billigkeitskontrolle statt. Den Tarifvertragsparteien steht bei der inhaltlichen Gestaltung von ablösenden Tarifverträgen ein aus der Tarifautonomie folgender Beurteilungs- und Ermessensspielraum (Einschätzungsprärogative) zu.[134]

---

[124] BAG 8.12.1981 – 3 ABR 53/80, AP BetrAVG § 1 Ablösung Nr. 1 unter III 1b der Gründe; ähnlich BGH 14.11.2007 – IV ZR 74/06, BGHZ 174, 127 = NVwZ 2008, 455 Rn. 101 der Gründe.
[125] BAG 7.7.1992 – 3 AZR 552/91, AP BetrAVG § 1 Besitzstand Nr. 11 unter I 2b der Gründe.
[126] BAG 8.12.1981 – 3 ABR 53/80, AP BetrAVG § 1 Ablösung Nr. 1.
[127] So auch § 33 Abs. 2 ATV; zur Ablösung der Gesamtversorgung im öffentlichen Dienst durch den ATV und ATV-K → Rn. 68 ff.
[128] BAG 8.12.1981 – 3 ABR 53/80, AP BetrAVG § 1 Ablösung Nr. 1 unter B II 2 der Gründe; BAG 16.9.1986 – GS 1/82, AP BetrAVG 1972 § 77 Nr. 17 unter C II 5 der Gründe; BAG 17.3.1987 – 3 AZR 64/84, AP BetrAVG § 1 Ablösung Nr. 9 unter III der Gründe.
[129] Siehe *Höfer* BetrAVG I Kap. 5 Rn. 373.
[130] BAG 8.12.1981 – 3 ABR 53/80, AP BetrAVG § 1 Ablösung Nr. 1 unter B II 2 und III 3 der Gründe.
[131] BAG 28.7.2005 – 3 AZR 14/05, DB 2006, 166; 27.6.2006 – 3 AZR 212/05, DB 2007, 2491 (2492); 17.6.2008 – 3 AZR 409/06, NZA 2008, 1244; ebenso BGH 14.11.2007 – IV ZR 74/06, BGHZ 174, 127 Rn. 55.
[132] BAG 10.10.1989 – 3 AZR 28/88, AP TVG § 1 Vorruhestand Nr. 2; 29.1.1991 – 3 AZR 44/90, AP BetrAVG § 18 Nr. 23.
[133] BAG 14.12.1982 – 3 AZR 251/80, AP BetrAVG § 1 Besitzstand Nr. 1 mAnm *Wiedemann/Mangen;* 24.4.1990 – 3 AZR 259/88, AP BetrAVG § 1 Zusatzversorgungskassen Nr. 43; 27.2.2007 – 3 AZR 734/05, NZA 2007, 1371; ähnlich *Steinmeyer* GS Blomeyer, 2003, 423 (433 ff.); zum Prüfungsmaßstab weiter *Rengier* NZA 2004, 817 (819).
[134] BAG 28.7.2005 – 3 AZR 14/05, DB 2006, 166; BGH 14.11.2007 – IV ZR 74/06, BGHZ 174, 127 Rn. 60.

Dabei erstreckt sich die Regelungsbefugnis der Tarifvertragsparteien auch auf Betriebsrentner.[135]

66 **b) Grenzen der Regelungsbefugnis.** Eingriffe in **laufende Betriebsrenten** bedürfen besonderer rechtfertigender Gründe. Dabei ist das Interesse der Tarifvertragsparteien, die beanstandete Regelung auch auf Betriebsrentner anzuwenden, mit dem Interesse der Betriebsrentner am Fortbestand der bisherigen Regelung abzuwägen.[136] In die zum Zeitpunkt des Eintritts des Versorgungsfalls geschuldete **Ausgangsrente** darf in der Regel nicht eingegriffen werden. Ausnahmen sind bei Störung der Geschäftsgrundlage denkbar.[137] Demgegenüber hat das BAG geringfügige Korrekturen im Rahmen eines Gesamtversorgungssystems für unbedenklich gehalten, wenn dadurch Mehrbelastungen und Änderungen bei der gesetzlichen Rentenversicherung ausgeglichen werden sollen. Ebenso wenig hat das BAG die Umstellung der Dynamik von einer Anpassung des gesamtversorgungsfähigen Entgelts entsprechend der Entwicklung der beamtenrechtlichen Versorgungsbezüge auf eine jährliche Anpassung der Renten um 1 % beanstandet.[138] Zulässig ist auch der Ausschluss von Betriebsrentnern von einer verbessernden tariflichen Neuregelung, da damit nicht in erworbene Besitzstände eingegriffen wird und Betriebsrentner nach Beendigung des Arbeitsverhältnisses nicht auf eine Verbesserung ihrer Altersversorgung vertrauen können.[139] Bereits **erdiente Anwartschaften** sind vor Eingriffen mit dem sich aus §§ 2 Abs. 1, 18 Abs. 2 BetrAVG ergebenden Teilbetrag geschützt.[140]

67 Diese Grundsätze finden nicht nur für Tarifgebundene Anwendung, sondern auch auf Arbeitnehmer, deren Arbeitsvertrag auf den jeweils geltenden Tarifvertrag verweist. Eine solche vertragliche dynamische Verweisung gilt über den Eintritt des Arbeitnehmers in den Ruhestand hinaus.[141] Auch Rentner müssen daher mit nachträglichen Änderungen durch in Bezug genommene Tarifverträge rechnen.

68 **c) Ablösung des Gesamtversorgungssystems im öffentlichen Dienst.** Das Gesamtversorgungssystem im öffentlichen Dienst ist zum 31.12.2000 durch ein punktebezogenes Versorgungsmodell abgelöst worden. Für die Notwendigkeit der Ablösung wurden folgende Gründe angeführt:[142]

- demographische Entwicklung und damit verbundene Finanzierungsschwierigkeiten;
- Zusatzkosten durch die Steuerreform 1999/2000/2002;
- Zusatzkosten durch die Beschlüsse des Bundesverfassungsgerichts zur Zusatzversorgung teilzeitbeschäftigter Arbeitnehmer und zur Berücksichtigung von außerhalb des öffentlichen Dienstes geleisteten Zeiten (Halbanrechnung);[143]
- verfassungsrechtlich gebotener Reformbedarf der Zusatzversorgung wegen Komplexität des Versorgungssystems;[144]
- Notwendigkeit der Einbeziehung der Beschäftigten des öffentlichen Dienstes in die steuerlichen Förderungsmöglichkeiten nach dem AVmG.

69 BAG[145] und BGH[146] haben diese Gründe für ausreichend gehalten und die Umstellung der Zusatzversorgung von einem endgehaltsbezogenen Gesamtversorgungssystem auf ein auf Erwerb von Versorgungspunkten beruhendes Betriebsrentensystem als solche mit höherrangigem Recht für vereinbar erklärt. Auch die Ermittlung der Startgutschriften nach §§ 32, 33 Abs. 1 ATV iVm § 18 Abs. 2 BetrAVG für die rentenfernen Jahrgänge ist nach Auffassung

---

[135] BAG 27.2.2007 – 3 AZR 734/05, NZA 2007, 1371; 17.6.2008 – 3 AZR 409/06, NZA 2008, 1244; 11.8.2009 – 3 AZR 23/08, NZA 2010, 408.
[136] BAG 13.12.2005 – 3 AZR 478/04, AP BetrAVG § 2 Nr. 49 zu III 2b der Gründe; BAG 27.2.2007 – 3 AZR 734/05, NZA 2007, 1371 Rn. 42.
[137] BAG 27.2.2007 – 3 AZR 734/05, NZA 2007, 1371 Rn. 51.
[138] BAG 27.3.2007 – 3 AZR 299/06, DB 2007, 2847.
[139] BAG 11.8.2009 – 3 AZR 23/08, NZA 2010, 408.
[140] BGH 14.11.2007 – IV ZR 74/06, BGHZ 174, 127 Rn. 57.
[141] BAG 30.8.2005 – 3 AZR 395/04, AP BetrAVG § 16 Nr. 56 = DB 2006, 732.
[142] Siehe *Seiter* BetrAV 2002, 511; *Wein* BetrAV 2002, 523 (525).
[143] BVerfG 22.3.2000 – 1 BvR 1136/96, NJW 2000, 3341.
[144] BVerfG 22.3.2000 – 1 BvR 1136/96, NJW 2000, 3341 (3343).
[145] BAG 27.3.2007 – 3 AZR 299/06, DB 2007, 2847.
[146] BGH 14.11.2007 – IV ZR 74/06, BGHZ 174, 127 Rn. 26 f.

des BGH jedenfalls im Grundsatz nicht zu beanstanden. Einen Verstoß gegen den Gleichheitssatz hat der BGH aber darin gesehen, dass nach § 33 Abs. 1 S. 1 ATV iVm § 18 Abs. 2 BetrAVG bei der Stargutschriftenberechnung ein Versorgungssatz von 2,25 % für jedes Pflichtversicherungsjahr zugrunde zu legen war. Dies benachteiligt nach Auffassung des BGH diejenigen Versicherten, die wegen längerer Ausbildungszeiten 44,44 Pflichtversicherungsjahre und damit den Höchstversorgungssatz von 100 % überhaupt nicht erreichen können. Offen gelassen hat der BGH die Frage, inwieweit die Anwendung des steuerlichen Näherungsverfahrens für die Ermittlung der anzurechnenden Sozialversicherungsrente statt einer individuellen Hochrechnung die von Art. 3 Abs. 1 GG gezogenen Grenzen überschreitet. Eine Neuregelung und Überprüfung hat der BGH den Tarifvertragsparteien überlassen.[147] Soweit günstiger, ist der zum Zeitpunkt der Ablösung erdiente Anspruch nunmehr nach den Grundsätzen des § 2 BetrAVG ratierlich zu berechnen.

Zulässig war nach Auffassung des BGH die Umstellung der Dynamisierung der Renten 70 der Versorgungsempfänger nach der Entwicklung des gesamtversorgungsfähigen Entgelts auf eine jährliche Anpassung um 1 % jeweils zum 1.7. eines Jahres. Der BGH sieht darin keine unangemessene Benachteiligung iSd § 307 Abs. 1 BGB.[148]

VI. Wechsel des Durchführungswegs

1. Gründe für einen Wechsel

Verschiedene Gründe können den Arbeitgeber veranlassen, einen Wechsel des Durchführungswegs durchführen zu wollen. Nach einem Betriebsübergang kann der Wunsch nach Harmonisierung verschiedener Durchführungswege bestehen. Daneben kommen bei einer Direktzusage vor allem bilanzielle Gründe wie die Verbesserung der Bilanzstruktur durch Auslagerung der Versorgungsverpflichtungen auf einen externen Träger in Betracht. Auch die Änderung der rechtlichen und steuerlichen Rahmenbedingungen und damit verbundene zusätzliche Belastungen können Anlass für einen Wechsel des Durchführungswegs geben.[149] Soweit der Arbeitnehmer einen Eigenbeitrag leisten muss, ändert der Wechsel des Durchführungswegs hieran nichts.[150]

2. Möglichkeit eines Wechsels

a) **Kollektivrechtliche Zusagen.** Die Möglichkeiten eines Wechsels hängen zunächst vom 72 Rechtsbegründungsakt ab. Änderungen von kollektivrechtlichen Versorgungszusagen richten sich nach den dafür von der Rechtsprechung entwickelten Regeln.[151] Soweit die Grundsätze der Verhältnismäßigkeit und des Vertrauensschutzes gewahrt sind, ist ein Wechsel des Durchführungswegs durch eine ablösende Betriebsvereinbarung grundsätzlich möglich.[152] Dies setzt sachliche Gründe für eine Änderung voraus und die Berücksichtigung der Interessen der Arbeitnehmer.[153] Ein Wechsel des Durchführungswegs rechtfertigt keine Verschlechterung der zugesagten Leistungen. Wird in diese eingegriffen, gilt das Dreistufenmodell.[154]

b) **Gesamtzusagen, vertragliche Einheitsregelungen.** Ein Wechsel des Durchführungswegs 73 ist hier möglich, wenn der Dotierungsrahmen gewahrt bleibt. Es gelten insoweit die gleichen Regelungen wie bei einer umstrukturierenden Betriebsvereinbarung.[155]

c) **Individualrechtliche Zusagen.** *aa) Zusage eines bestimmten Durchführungswegs.* Bei 74 den individualrechtlichen Zusagen kommt es zunächst auf den Inhalt der Zusage an. Soweit sich dies aus der Versorgungszuge ergibt, hat der Arbeitnehmer einen Anspruch auf Einhal-

---

[147] Siehe dazu 5. Änderungstarifvertrag v. 30.5.2011 – Anlage 5 zum ATV/ATV-K; *Hügelschäffer* BetrAV 2011, 613.
[148] BGH 17.9.2008 – IV ZR 191/05, DB 2008, 2547 zur Satzung der VBL.
[149] *Löwisch/Diller* BetrAV 2010, 411; *Thüsing/Granetzny* BetrAV 2009, 485; *Reinecke* DB 2010, 2392.
[150] BAG 22.10.2019 – 3 AZN 934/19, NZA 2019, 1715.
[151] Dazu → Rn. 43 ff.
[152] → Rn. 46.
[153] Zu den zu berücksichtigenden Aspekten → Rn. 75.
[154] Dazu → Rn. 45 ff.
[155] Dazu → Rn. 30 ff.

tung des (vereinbarten) Durchführungswegs.[156] Eine Änderung ist dann praktisch nur mit seiner Zustimmung möglich. Ob ein bestimmter Durchführungsweg gewollt war, ist durch Auslegung zu ermitteln. Die Nennung eines bestimmten Versorgungsträgers in der Versorgungsordnung spricht im Zweifel dafür, dass damit ein bestimmter Durchführungsweg zugesagt werden sollte.[157] Gleiches gilt, wenn sich Arbeitgeber und Arbeitnehmer gemeinsam an der Finanzierung beteiligen und Beiträge an den Versorgungsträger zahlen[158] oder bei der Entgeltumwandlung.

75 bb) *Vorbehalt eines Wechsels.* Der Arbeitgeber kann sich in der Versorgungszusage einen Wechsel des Durchführungswegs ausdrücklich vorbehalten. Solche Klauseln sind grundsätzlich zulässig und vor dem Hintergrund der BAG-Rechtsprechung auch sinnvoll. Sie unterliegen dem Transparenzgebot des § 307 Abs. 1 S. 2 BGB. Der Widerruf darf nicht grundlos erfolgen; die Widerrufsgründe müssen angegeben sein.[159] Die Entscheidung zur Änderung des Durchführungswegs ist dann nach § 315 Abs. 1 S. 1 BGB nach billigem Ermessen zu treffen. Dazu sind die Gründe des Arbeitgebers für einen Wechsel mit den Auswirkungen auf Arbeitnehmerseite gegeneinander abzuwägen.[160] Dabei sind auch die steuerlichen Auswirkungen zu berücksichtigen.[161]

76 cc) *Konkludenter Vorbehalt.* Jedenfalls in der Vergangenheit waren ausdrückliche Änderungsvorbehalte selten. Es stellt sich daher die Frage, ob sich die Zulässigkeit eines Wechsels auch aus einem konkludenten Vorbehalt ergeben kann. *Löwisch/Diller*[162] gehen davon aus, dass sich die Zusage des Arbeitgebers im Zweifel nur darauf richtet, dem Arbeitnehmer eine bestimmte Versorgung zu verschaffen, nicht aber auf den Durchführungsweg. Sie wollen daher dem Arbeitgeber generell nach § 315 BGB das Recht geben, den Durchführungsweg zu ändern, soweit sich aus der Zusage nichts anderes ergibt. Auch *Kemper*[163] und *Höfer*[164] wollen einen Wechsel bei Vorliegen eines sachlichen Grunds zulassen, wenn die Arbeitnehmer dadurch keine unzumutbaren Nachteile erleiden. Im Ergebnis wird man zumindest bei der Direktzusage einen Wechsel des Durchführungswegs auf einen externen Versorgungsträger auch ohne Zustimmung des Arbeitnehmers zulassen müssen, wenn es dafür sachliche Gründe gibt und Art und Umfang der zugesagten Versorgungsleistungen nicht geändert werden. Dafür spricht auch die vom Gesetzgeber geschaffene und steuerlich privilegierte Möglichkeit der Übertragung der Pensionsverpflichtungen auf einen Pensionsfonds.[165] Auch der Wechsel von einer Unterstützungskasse auf einen externen Versorgungsträger dürfte unproblematisch sein, da ein solcher Wechsel für den Arbeitnehmer nur Vorteile hat.[166]

VII. Widerruf von Versorgungszusagen wegen Treuepflichtverletzung

1. Widerruf wegen Verfehlungen während des Arbeitsverhältnisses

77 a) **Voraussetzungen.** Versorgungszusagen können nach der ständigen Rechtsprechung des BAG und des BGH[167] nur unter besonderen Voraussetzungen widerrufen werden. Der Grund liegt darin, dass das Versorgungsversprechen Teil des Entgelts für die erbrachte Ar-

---

[156] BAG 12.6.2007 – 3 AZR 186/06, AP Nr. 47 zu § 1 BetrAVG.
[157] *Reinecke* DB 2010, 2392 (2393).
[158] So die Fallgestaltung in BAG 12.6.2007 – 3 AZR 186/06, AP BetrAVG § 1 Nr. 47.
[159] Siehe Formulierungsvorschlag bei *Thüsing/Granetzny* BetrAV 2009, 485.
[160] *Löwisch/Diller* BetrAV 2010, 411 (416); *Reinecke* DB 2010, 2392 (2394).
[161] Im Einzelnen str.; siehe *Löwisch/Diller* BetrAV 2010, 411 (416) und *Reinecke* DB 2010, 2392 (2394) einerseits und *Thüsing/Granetzny* BetrAV 2009, 485 (486) und Kemper/Kisters-Kölkes Altersversorgung/*Berenz/Huber* BetrAVG § 1 Rn. 38 andererseits.
[162] *Löwisch/Diller* BetrAV 2010, 411 (414f.).
[163] Kemper/Kisters Kölkes Altersversorgung/*Berenz/Huber* BetrAVG § 1 Rn. 38.
[164] Anm. zu BAG 12.6.2007, RdA 2009, 54 (56).
[165] Dazu → § 36 Rn. 159ff.
[166] *Reinecke* DB 2010, 2392 (2393).
[167] BAG 8.5.1990 – 3 AZR 152/88, AP BetrAVG § 1 Treuebruch Nr. 10; BGH 13.12.1999 – II ZR 152/98, ZIP 2000, 380; 17.12.2001 – II ZR 222/99, ZIP 2002, 364; 11.3.2002 – II ZR 5/00, DB 2002, 1207; siehe weiter *Blomeyer/Rolfs/Otto* BetrAVG Anh. § 1 Rn. 527ff.

beitsleistung ist. Durch die langjährig bewiesene Betriebstreue ist der Versorgungsanspruch erdient. Dieser Anspruch kann dem Berechtigten nur genommen werden, wenn der Pensionsberechtigte seine Pflichten **in grober Weise** verletzt und seinem Arbeitgeber einen so **schweren Schaden** zugefügt hat, dass sich die in der Vergangenheit bewiesene Betriebstreue nachträglich als wertlos oder zumindest erheblich entwertet herausstellt.[168] Die Berufung auf das gegebene Versorgungsversprechen ist unter diesen Voraussetzungen **rechtsmissbräuchlich** und verstößt gegen § 242 BGB.

Die Anforderungen an einen Widerruf liegen höher als bei einer fristlosen Kündigung. Es muss nicht nur ein grober Verstoß gegen die Treuepflichten vorliegen, der den Arbeitgeber zur sofortigen Beendigung des Arbeitsverhältnisses berechtigt hätte, sondern es muss regelmäßig ein Schaden hinzukommen, der wegen seiner extremen Höhe eine **existenzbedrohende Gefährdung** mit sich gebracht hat.[169] Strafbare Handlungen rechtfertigen für sich allein keinen Widerruf,[170] auch nicht ein hoher Schaden. Der Schaden muss nicht wieder gutzumachen sein.[171]

War die Anwartschaft zum Zeitpunkt des Pflichtverstoßes noch **verfallbar** und wird die Treuepflichtverletzung erst nach Eintritt der Unverfallbarkeit entdeckt, kann der Arbeitgeber die Versorgungszusage unter vereinfachten Voraussetzungen widerrufen. Es reicht aus, wenn die Verfehlung eine fristlose Kündigung gerechtfertigt hätte. In diesem Fall hätte der Arbeitgeber den Eintritt der Unverfallbarkeit durch fristlose Kündigung verhindern können.[172]

b) **Bedeutung von Widerrufsvorbehalten.** Regelmäßig enthalten die Versorgungszusagen einen speziellen Vorbehalt nach Abschnitt R 6a Abs. 4 Nr. 2 lit. d) EStR für den Fall der Verletzung der Treuepflicht. Danach können die zugesagten Leistungen gekürzt oder eingestellt werden, wenn der Pensionsberechtigte Handlungen begeht, die in grober Weise gegen Treu und Glauben verstoßen oder zu einer fristlosen Entlassung berechtigen würden. Die Rechtsprechung hält diesen Leistungsvorbehalt für rechtsunwirksam, soweit er einen weitergehenden Widerruf als nach den geschilderten Grundsätzen des Rechtsmissbrauchs zulässt.[173] Der Treuepflichtvorbehalt hat insoweit mehr deklaratorischen Charakter, als dass sich daraus für den Arbeitgeber konkrete Rechte ableiten ließen.

c) **Widerrufserklärung.** Bei dem Widerruf handelt es sich **nicht** um ein **fristgebunden** auszuübendes Gestaltungsrecht, das nur innerhalb einer angemessenen kurzen Frist nach zuverlässiger Kenntnis der Widerrufsgründe geltend gemacht werden könnte.[174] Die Berufung auf einen Rechtsmissbrauch ist grundsätzlich nicht an die Einhaltung einer bestimmten Frist gebunden. Der Rechtsgedanke aus § 626 Abs. 2 BGB ist insoweit nicht entsprechend anwendbar.[175] Lässt der Arbeitgeber den Betroffenen jedoch über Gebühr lange darüber im Unklaren, ob er die erteile Versorgungszusage wegen der Treuepflichtverletzung widerrufen will, kann dies ein Indiz dafür sein, dass er den Verstoß gegen die Dienstpflichten und die sich daraus ergebenden Folgen als nicht so gravierend ansieht.[176]

2. Widerruf wegen Verstoßes gegen nachvertragliche Treuepflichten

a) **Voraussetzungen.** Auch nachvertragliche Treuepflichtverletzungen können unter dem Gesichtspunkt des Rechtsmissbrauchs zu einem Widerruf der erteilten Versorgungszusage

---

[168] BAG 8.5.1990 – 3 AZR 152/88, AP BetrAVG § 1 Treuebruch Nr. 10 und BGH 13.12.1999 – II ZR 152/98, ZIP 2000, 380.
[169] BGH 13.12.1999 – II ZR 152/98, ZIP 2000, 380; OLG München 25.1.2005 – 18 U 3299/03, DB 2005, 2198 mAnm Greth u. Schumann; offen lassend BGH 11.3.2002 – II ZR 5/00, DB 2002, 1207 (1208).
[170] BAG 24.4.1990 – 3 AZR 497/88, ZIP 1990, 1615; BGH 17.12.2001 – II ZR 222/99, ZIP 2002, 364.
[171] BAG 8.5.1990 – 3 AZR 152/88, AP BetrAVG § 1 Nr. 10 unter III 2c der Gründe.
[172] BAG 8.2.1983 – 3 AZR 463/80, AP BetrAVG § 1 Treuebruch Nr. 7.
[173] BAG 11.5.1982 – 3 AZR 1239/79, AP BetrAVG § 1 Treuebruch Nr. 4; 8.2.1983 – 3 AZR 463/80, AP BetrAVG § 1 Treuebruch Nr. 7; BAG 3.4.1990 – 3 AZR 211/89, AP BetrAVG § 1 Treuebruch Nr. 9; 8.5.1990 – 3 AZR 152/88, AP BetrAVG § 1 Treuebruch Nr. 10.
[174] BGH 13.12.1999 – II ZR 152/98, ZIP 2000, 380 mAnm Blomeyer; aA OLG Hamm 14.11.1994 – 8 U 41/94, ZIP 1995, 1281; Höfer BetrAVG I Kap. 5 Rn. 124ff.
[175] BGH 13.12.1999 – II ZR 152/98, ZIP 2000, 380; zust. Blomeyer ZIP 2000, 382 (384).
[176] BGH 13.12.1999 – II ZR 152/98, ZIP 2000, 380 (381).

führen. In Betracht kommt vor allem ein Verstoß gegen ein nachvertragliches Wettbewerbsverbot.[177] An einen Widerruf stellt die Rechtsprechung auch hier erhöhte Anforderungen. Notwendig ist ein „ruinöses" Wettbewerbsverhalten bzw. die Zufügung eines **existenzbedrohenden Schadens**. Ein einfacher Verstoß gegen ein vereinbartes Wettbewerbsverbot reicht nicht aus.

83 Offen ist, inwieweit ein Widerruf auch dann in Betracht kommt, wenn die Wettbewerbstätigkeit nicht ausdrücklich durch eine entsprechende nachvertragliche Wettbewerbsklausel verboten ist. Grundsätzlich ist einem ausscheidenden Arbeitnehmer, Geschäftsführer oder Vorstand eine Konkurrenztätigkeit nach Ausscheiden erlaubt, soweit kein ausdrückliches Wettbewerbsverbot vereinbart ist. Die Grenze liegt jedoch dort, wo Geschäftsgeheimnisse ausgenutzt und dem früheren Dienstherrn bewusst Schaden zugefügt wird. So hält das BAG[178] einen Widerruf bei Konkurrenztätigkeit in sensiblen Unternehmensbereichen für möglich, ohne dies jedoch näher zu präzisieren. *Blomeyer*[179] verlangt ein Verhalten, das als Eingriff in den eingerichteten und ausgeübten Gewerbebetrieb zu werten ist. Maßgeblich sind die Umstände des Einzelfalls.

84 **b) Rechtsfolgen.** Erscheint die Inanspruchnahme der Versorgungsleistung wegen der Schwere der Verletzung der nachvertraglichen Treuepflichten und des zugefügten Schadens als rechtsmissbräuchlich, kann der frühere Arbeitgeber die Versorgungszusage widerrufen. Der Widerruf ist auch hier nicht an eine bestimmte Frist gebunden. Unzulässig ist es, die Ansprüche auf Versorgungsleistungen für die Dauer der Konkurrenztätigkeit ruhen zu lassen.[180] Auch ein Teilwiderruf kommt nicht in Betracht.[181] Dies ist konsequent, wenn man die Widerrufsmöglichkeit auf den Gesichtspunkt des Rechtsmissbrauchs und der Verwirkung stützt.[182]

---

[177] Siehe BAG 3.4.1990 – 3 AZR 211/89, AP BetrAVG § 1 Treuebruch Nr. 9; BGH 3.7.2000 – II ZR 381/98, ZIP 2000, 1452.
[178] BAG 3.4.1990 – 3 AZR 211/89, AP BetrAVG § 1 Treuebruch Nr. 9 unter II 2c der Gründe.
[179] *Blomeyer* ZIP 2000, 382 (383).
[180] LAG Hamm 7.2.1989 – 6 Sa 1160/88, DB 1989, 787.
[181] BAG 8.2.1983 – 3 AZR 463/80, AP BetrAVG § 1 Treuebruch Nr. 7; *Höfer* BetrAVG I Kap. 5 Rn. 256.
[182] Siehe zur dogmatischen Begründung *Blomeyer* ZIP 1991, 1113.

	Rn.
e) Klagefrist	164–166
f) Rechtsfolgen	167–171
2. Darlegungs- und Beweislast	172
VIII. Befristung von Arbeitsverträgen nach anderen gesetzlichen Vorschriften	173–207
1. Befristung von Arbeitsverträgen nach § 21 BEEG	174–176
2. Befristung von Arbeitsverträgen nach dem WissZeitVG	177–194
a) Geltungsbereich	178–181
b) Verhältnis zu anderen Befristungsmöglichkeiten	182
c) Befristung ohne sachlichen Grund	183–189
d) Befristung mit sachlichem Grund	190
e) Zitiergebot	191
f) Privatdienstvertrag	192–194
3. Befristung von Arbeitsverträgen nach dem ÄArbVtrG	195–205
4. Befristung von Arbeitsverträgen mit Leiharbeitnehmern	206/207

I. Einleitung

1

Checkliste: Mandatsbearbeitung

- ☐ Welche Rechtsgrundlage kann herangezogen werden?
- ☐ Wird § 14 TzBfG ggf. durch andere gesetzliche Regelungen wie zB das WissZeitVG, das ÄArbVtrG, § 21 BEEG ausgeschlossen oder gelten besondere tarifliche Regelungen?
- ☐ Soll mit Sachgrund iSd § 14 Abs. 1 S. 1 TzBfG oder ohne Sachgrund gemäß § 14 Abs. 2 TzBfG befristet werden?
- ☐ Kann die frühere Beschäftigung des Arbeitnehmers die sachgrundlose Befristung verhindern?
- ☐ Ist die sachgrundlose Befristung zeitlich begrenzt?
- ☐ Soll die höchstzulässige Befristungsdauer sofort ausgeschöpft werden oder genügt vorerst ein geringerer Zeitraum?
- ☐ Soll ein befristeter Vertrag verlängert werden; wird dieser Verlängerungsvertrag noch während der laufenden Befristung geschlossen?
- ☐ Wird die Schriftform eingehalten?
- ☐ Muss der Sachgrund vom Vertrag angesprochen werden oder genügt ein allgemeiner Hinweis des Arbeitgebers?
- ☐ Darf sich der Arbeitgeber vorbehalten, die Sachgrundbefristung nachträglich auf § 14 Abs. 2 TzBfG zu stützen?
- ☐ Welche Bedeutung hat dann die Angabe des Befristungsgrundes im Vertrag?
- ☐ Soll trotz Befristung eine Probezeit und ordentliche Kündigung verabredet werden?
- ☐ Welche Befristungsgrundform (Zeit-, Zweckbefristung oder auflösende Bedingung) soll verwandt werden?
- ☐ Bei der Befristung mit Sachgrund:
  - Wird der Sachgrund vom Katalog des § 14 Abs. 1 S. 2 TzBfG erfasst?
  - Welche Prognose wurde erstellt?
  - Besteht tatsächlich nur ein vorübergehender Bedarf an der Arbeitsleistung dieser Arbeitskraft?
  - Handelt es sich um einen sozialen Überbrückungsfall?
  - Wird der Arbeitnehmer als klassische Krankheitsvertretung etc eingestellt?
  - Wird das Aufgabengebiet des Stammarbeitnehmers anderweitig verteilt?
  - Soll also nur mittelbar vertreten werden?
  - Wurde hierfür ein Vertretungskonzept erstellt?
- ☐ Stimmen Befristungsdauer und Befristungsgrund annähernd überein?
- ☐ Soll auch ein mögliches Ausscheiden des Stammarbeitnehmers berücksichtigt werden?
- ☐ Ist die Befristung bei der Berufsgruppe des Bewerbers üblich?
- ☐ Dient die Befristung der Erprobung des Bewerbers?
- ☐ Beruht die Befristung ausschließlich auf dem Wunsch des Arbeitnehmers?
- ☐ Sollen in den Vertrag Altersgrenzen einbezogen werden?

Teil I. Beendigung des Arbeitsverhältnisses

§ 41 Befristung

Übersicht

	Rn.
I. Einleitung	1–22
1. Rechtliche Situation	2–5
2. Betroffene Arbeitnehmer	6
3. Vertragliche Regelung	7–10
4. Kalendermäßige Befristung/Zeitbefristung, Zweckbefristung, Arbeitsverhältnis für die Lebenszeit	11–18
a) Kalendermäßige Befristung/Zeitbefristung	11
b) Zweckbefristung	12–17
c) Arbeitsverhältnis für die Lebenszeit	18
5. Beurteilungszeitpunkt	19–22
II. Befristung ohne sachlichen Grund	23–46
1. § 14 Abs. 2 TzBfG	24–35
a) § 14 Abs. 2 S. 1 Hs. 1 TzBfG	24/25
b) § 14 Abs. 2 S. 2 TzBfG	26–32
c) § 14 Abs. 2 S. 1 Hs. 2 TzBfG	33/34
d) Rechtsmissbrauch	35
2. § 14 Abs. 2a TzBfG	36–38
3. § 14 Abs. 3 TzBfG	39–43
4. Abweichende tarifvertragliche Regelungen, § 14 Abs. 2 S. 3 und S. 4 TzBfG	44–46
III. Befristung mit sachlichem Grund	47–134
1. Gesetzlich geregelte Gründe, § 14 Abs. 1 S. 2 Nr. 1 bis 8 TzBfG	47–109
a) Vorübergehender betrieblicher Bedarf an der Arbeitsleistung, § 14 Abs. 1 S. 2 Nr. 1 TzBfG	48–53
b) Befristung im Anschluss an eine Ausbildung oder ein Studium, § 14 Abs. 1 S. 2 Nr. 2 TzBfG	54–58
c) Vertretung eines anderen Arbeitnehmers, § 14 Abs. 1 S. 2 Nr. 3 TzBfG	59–63
d) Eigenart der Arbeitsleistung, § 14 Abs. 1 S. 2 Nr. 4 TzBfG	64–72
e) Befristung zur Erprobung, § 14 Abs. 1 S. 2 Nr. 5 TzBfG	73–78
f) In der Person des Arbeitnehmers liegende Gründe, § 14 Abs. 1 S. 2 Nr. 6 TzBfG	79–96
g) Haushaltsbefristung, § 14 Abs. 1 S. 2 Nr. 7 TzBfG	97–103
h) Befristung aufgrund eines gerichtlichen Vergleichs, § 14 Abs. 1 S. 2 Nr. 8 TzBfG	104–109
2. Sonstige sachliche Gründe iSv § 14 Abs. 1 S. 1 TzBfG	110
3. Abweichende tarifvertragliche Regelungen	111
4. (Rechts-)Missbrauchskontrolle	112–118
5. Befristung einzelner Vertragsbedingungen	119–125
6. Auflösende Bedingung	126–134
IV. Rechtsfolge bei wirksamer/unwirksamer Befristung (§ 16 TzBfG)	135–144
1. Rechtsfolge bei rechtsunwirksamer Befristung	135/136
2. Rechtsfolge bei rechtswirksamer Befristung	137–141
3. Kein Anspruch auf Wiedereinstellung	142/143
4. Unzulässiges Berufen auf die Befristung	144
V. Kündigungsmöglichkeit während der Befristung	145–148
VI. Beteiligungsrechte des Betriebs- und des Personalrats	149–156
VII. Prozessuales	157–172
1. Befristungs- und Bedingungskontrollklage	157–171
a) Anwendungsbereich	158
b) Klageart	159
c) Klageantrag	160/161
d) Streitgegenstand	162/163

- ☐ Soll das Arbeitsverhältnis mit bewilligter Erwerbsminderungsrente enden?
- ☐ Soll die Befristungsabrede in einem gerichtlichen oder außergerichtlichen Vergleich getroffen werden?
- ☐ Handelt es sich um eine Befristung im öffentlichen Dienstrecht?
- ☐ Sind beschränkt bewilligte Haushaltsmittel Anlass für diese Befristung?
- ☐ Müssen vor Abschluss des befristeten Vertrages Beteiligungsrechte des Betriebs- oder Personalrats beachtet werden?
- ☐ Sollen nur einzelne Arbeitsbedingungen befristet abgeändert werden?
- ☐ Soll die Wirksamkeit der Befristung überprüft werden?
- ☐ Muss eine Klagefrist eingehalten werden?

1. Rechtliche Situation

Grundsätzlich ist beim Abschluss eines Arbeitsvertrages davon auszugehen, dass dieser unbefristet, also auf unbestimmte Zeit abgeschlossen werden soll. Ein solcher Vertrag zeichnet sich dadurch aus, dass über die Beendigung des Vertragsverhältnisses eine Aussage nicht erfolgt; der Vertrag enthält keine Angabe über einen bestimmten Endzeitpunkt. Dies gilt für alle vollzeitbeschäftigten Arbeitnehmer und hat auch Gültigkeit für diejenigen Arbeitnehmer, die weniger als die betriebsübliche oder tariflich festgelegte wöchentliche Arbeitszeit arbeiten sollen. Auf die Anzahl der Wochenstunden kommt es schließlich nicht an, sobald ein regelmäßiger Einsatz dieses Arbeitnehmers gewollt ist. Denn auch unter den Bestimmungen des Arbeitsvertragsrechts der §§ 611ff. BGB wird, sofern nicht ein bestimmter Erfolg geschuldet ist, ein Rechtsverhältnis auf unbestimmte Zeit unterstellt. Soll dieses Vertragsverhältnis enden, so muss es aufgekündigt werden, § 620 Abs. 2 BGB.

Eine Kündigung ist für die Beendigung des Arbeitsverhältnisses dann nicht erforderlich, wenn dieses von Anfang an befristet war. Letzteres endet automatisch zum festgesetzten Zeitpunkt, ohne dass es einer Kündigung bedarf, § 620 Abs. 1 BGB. Welche Zeit mit dem Vertrag bestimmt wird, ist für die Befristung zunächst unerheblich. Allenfalls über Tarifverträge werden höchstzulässige Grenzen der vertraglichen Bindung des Arbeitnehmers gesetzt (Protokollnotiz Nr. 2 zu Nr. 1 SR 2y BAT: 5-Jahres-Frist). Ein Arbeitsvertrag, mit dem dieser zulässige Zeitraum von Anfang an überschritten würde, wäre wegen des Verstoßes gegen den Tarifvertrag rechtsunwirksam, § 134 BGB. Hieraus folgt jedoch nicht, dass nach erfolgtem Vollzug des Vertrages ein lediglich faktisches Vertragsverhältnis besteht. Die Rechtsfolge dieses Verstoßes besteht ausschließlich darin, dass der Vertrag nicht – wie anfänglich vorgesehen – automatisch zum vorgesehenen Zeitpunkt endet. Dieser Vertrag ist vielmehr von Anfang an unbefristet eingegangen und bedarf zur Beendigung des Ausspruchs der Kündigung.

Obwohl das BGB vom Grundsatz der **Vertragsfreiheit** beherrscht wird, gilt dies für die Befristung – wegen der sozialrechtlich privilegierten und daher sozialstaatlich gesehen erwünschten Regelung eines unbefristeten Arbeitsverhältnisses – nur, sobald für die Befristung nach Maßgabe der Auffassung verständiger und verantwortungsbewusster Vertragspartner ein **sachlicher Grund** vorliegt. Bereits bei Abschluss des befristeten Vertrages muss deshalb ersichtlich sein, dass die Befristung entweder im Arbeitsleben üblich ist oder nach den konkreten, sich auf das jeweilige Arbeitsverhältnis auswirkenden Umständen des Einzelfalls, sachlich gerechtfertigt ist. Die Üblichkeit muss der Auffassung verständiger und verantwortungsbewusster Vertragspartner entsprechen. Andernfalls ist die Befristung eines für länger als 6 Monate vorgesehenen Arbeitsverhältnisses als objektiv funktionswidrige Vertragsgestaltung wegen Verstoßes gegen die zwingenden Vorschriften des KSchG gemäß § 134 BGB nichtig. Das unwirksam befristete Arbeitsverhältnis wird durch ein unbefristetes Arbeitsverhältnis ersetzt. Das gleiche Ergebnis ist erreicht, wenn Verträge mit Schwangeren, Schwerbehinderten oder Organmitgliedern gezielt zum Ausschluss des Kündigungsverbotes bzw. erschwerten kündigungsrechtlichen Bestimmungen nur befristet eingegangen werden.

Mit Wirkung zum 1.1.2001 wurde § 620 Abs. 1 BGB für Arbeitsverhältnisse durch das TzBfG näher ausgestaltet. Die Wirksamkeit der Befristung wird bei den sog. Neuverträgen ausschließlich nach der gesetzlichen Neuregelung des § 14 TzBfG überprüft, § 620 Abs. 3 BGB.[1] Ist die Befristung rechtswirksam verabredet, so endet das Vertragsverhältnis zum **vorgesehenen Zeitpunkt**, ohne dass es einer Kündigung bedarf. Deshalb greifen auch Beteiligungsrechte der Betriebsvertretungen gemäß § 102 Abs. 1 BetrVG bzw. § 79 BPersVG nicht. Außerdem sind behördliche Zustimmungen wie zB gemäß § 17 Abs. 2 S. 1 MuSchG, § 18 Abs. 1 S. 4–6 BEEG und §§ 168 ff. SGB IX nicht einzuholen.

2. Betroffene Arbeitnehmer

6 Die gesetzliche Grundnorm des § 620 Abs. 1 BGB ist Teil des umfassenden Dienstvertragsrechts. Der vom befristeten Vertragsverhältnis betroffene Personenkreis unterliegt folglich keinen Beschränkungen, sofern Dienste geschuldet werden. Erfasst sind zudem **alle Arbeitnehmergruppen** wie gewerbliche Arbeitnehmer, kaufmännische und technische Angestellte, Dozenten, Lehrer, Architekten, Ärzte, Pflegekräfte und Ingenieure. Einbezogen sind ebenfalls Künstler, Geschäftsführer einer GmbH oder Vorstandsmitglieder einer Kapitalgesellschaft. Auf den Umfang der Arbeitszeit kommt es nicht an. Von der Befristung können folglich Vollzeitbeschäftigte, Teilzeitbeschäftigte, ja sogar geringfügig Beschäftigte erfasst sein.

3. Vertragliche Regelung

7 Sofern abweichende spezialgesetzliche bzw. tarifliche Regelungen nicht eingreifen, setzt die wirksame Befristung grundsätzlich nicht voraus, dass der Befristungsgrund Vertragsinhalt geworden oder dem Arbeitnehmer bei Vertragsschluss mitgeteilt worden ist. Es ist ausreichend, dass der sachliche Grund bei Vertragsschluss **objektiv vorliegt**. An diesem Grundsatz hat auch § 14 Abs. 4 TzBfG nichts verändert. Zur Wirksamkeit unterliegt die Befristung zwar der gesetzlichen **Schriftform**. Der Befristungsgrund wird hierbei jedoch nicht ausdrücklich erwähnt. Nach dem Willen des Gesetzgebers kommt es hierauf auch nicht an. Der Arbeitnehmer soll sich von Anfang an nur der Tatsache bewusst sein, dass lediglich ein befristeter Einsatz geschuldet ist.[2] Der schriftliche Vertrag muss vor Vertragsbeginn von beiden Parteien unterschrieben sein. Ansonsten tritt die Rechtsunwirksamkeit gemäß § 125 S. 1 BGB iVm § 14 Abs. 4 TzBfG ein. Die Schriftform wird auch nicht durch Arbeitsaufnahme des Arbeitnehmers (konkludente Erklärung) gewahrt. Die spätere schriftliche Niederschrift der zuvor mündlich vereinbarten Befristung heilt den Formmangel nicht. Es verbleibt beim unbefristeten Arbeitsverhältnis, § 16 S. 1 Hs. 1 TzBfG. Die Rechtsprechung erkennt eine Ausnahme in Fallsituationen, in denen die Vertragsparteien erst nach Vertragsbeginn einen befristeten Arbeitsvertrag abschließen, der inhaltlich von der mündlichen Abrede abweicht. In diesem Fall unterstellt die Rechtsprechung eine eigenständige Befristungsabrede, die für sich genommen dem Formerfordernis des § 14 Abs. 4 TzBfG genügt.[3] Die nach § 14 Abs. 4 TzBfG erforderliche Schriftform ist gemäß § 126 Abs. 1 und Abs. 2 BGB gewahrt, wenn die eine Vertragspartei in einem von ihr unterzeichneten, an die andere Vertragspartei gerichteten Schreiben den Abschluss eines befristeten Arbeitsvertrags anbietet, die andere Vertragspartei das Vertragsangebot annimmt, indem sie das Schriftstück ebenfalls unterzeichnet, und das Schriftstück der anderen Vertragspartei sodann zugeht.[4]

8 § 14 Abs. 4 TzBfG hat § 623 BGB idF vom 1.5.2000 teilweise abgelöst. Da der Sachgrund nicht dem Formerfordernis unterliegt, ist es letztlich unschädlich, wenn der von den Parteien im Arbeitsvertrag genannte Grund nicht vorliegt. Mit Ausnahme eingeschränkter tariflicher

---

[1] BAG 6.11.2003 – 2 AZR 690/02, BAGE 108, 269 (272) = NZA 2005, 218: Auch die Befristung unterhalb von 6 Monaten unterfällt dem Prüfungsmaßstab des § 14 TzBfG (Anschlussbefristung unter 6 Monaten).
[2] Vgl. BAG 26.7.2006 – 7 AZR 515/05, BAGE 119, 157 = NZA 2007, 34 Rn. 10; 25.5.2005 – 7 AZR 402/04, NZA 2006, 858 (860); 23.6.2004 – 7 AZR 636/03, NZA 2004, 1333 (1334).
[3] Vgl. BAG 15.2.2017 – 7 AZR 223/15, NJW 2017, 2489 = NZA 2017, 908 Rn. 38 f.; 4.12.2016 – 7 AZR 797/14, NZA 2017, 638 Rn. 28; 13.6.2007 – 7 AZR 700/06, BAGE 123, 109 = NZA 2008, 108 Rn. 18.
[4] Vgl. BAG 25.10.2017 – 7 AZR 632/15, NZA 2018, 507 Rn. 52 ff.; 14.12.2016 – 7 AZR 797/14, NZA 2017, 638 Rn. 44 ff.; sowie auch: BAG 16.4.2008 – 7 AZR 1048/06, NZA 2008, 1185 Rn. 13 f.: Unschädlich ist die Unterzeichnung durch den Arbeitnehmer erst nach Arbeitsantritt, wenn der Arbeitgeber den Vertragsschluss von der Rückgabe des beidseitig unterzeichneten Arbeitsvertrages abhängig gemacht hat (§ 126 Abs. 2 BGB).

Voraussetzungen kann die Befristung dennoch zB aus den Gründen des § 14 Abs. 2 TzBfG gerechtfertigt sein. Die Anwendbarkeit dieser gesetzlichen Bestimmung setzt keine ausdrückliche Vereinbarung der Parteien voraus, die Befristung gerade auf dieses Gesetz zu stützen. Für eine dennoch wirksame Befristung ist allein ausschlaggebend, dass die hier genannten gesetzlichen Voraussetzungen vorliegen.[5] Es muss also auch die Sperrwirkung des § 14 Abs. 2 S. 2 TzBfG ausgeräumt sein. Zur Begründung der Befristung kann sich der Arbeitgeber auf dieses Gesetz nicht berufen, sobald mit demselben Arbeitnehmer zuvor ein unbefristetes oder befristetes Arbeitsverhältnis bestanden hat. Dieses Ergebnis muss unterstellt werden, wenn der Vertrag erst nach Arbeitsantritt unterzeichnet wird. Eine nachträgliche Heilung des Formmangels scheidet aus. Gleiches gilt für die Verlängerung des befristeten Vertrages.[6]

Die Arbeitsvertragsparteien können mit dem Anstellungsvertrag allerdings die **Anwendbarkeit** des TzBfG **abbedungen** haben. Dies muss jedoch eindeutig erfolgen. Die Benennung eines Sachgrundes für die Befristung reicht für die Annahme einer derartigen Vereinbarung, dh des Ausschlusses der Anwendbarkeit des TzBfG, für sich allein nicht aus. Hieraus kann auch noch nicht abgeleitet werden, dass die Anwendbarkeit des TzBfG konkludent abbedungen wurde.[7] Letzteres unterstellt die Rechtsprechung jedoch noch nicht bei einem einfachen Hinweis auf den Sachgrund, wohl aber bei genauer Beschreibung des Sachgrundes für die Befristung durch den Arbeitgeber. Nehme der Arbeitnehmer dies so hin, so sei die Anwendung einer sachgrundlosen Befristung durch beide Parteien abbedungen.[8] Diesem Wechsel standen im öffentlichen Dienstrecht tarifliche Vorschriften entgegen. Gemäß SR 2y BAT musste der Vertrag entweder eine der in den Nummern 1 und 2 der Sonderregelung genannte Befristungsgrundform nennen oder darauf hinweisen, dass ausnahmsweise ein Vertrag ohne sachlich rechtfertigenden Grund gemäß der Protokollnotiz Nr. 6a gewollt ist.[9] 9

Die Anwendung des TzBfG ausschließende Sachgründe waren: der Zeitangestellte, der Angestellte für Aufgaben von begrenzter Dauer und der Aushilfsangestellte. Der Begriff des Zeitangestellten war nicht der Oberbegriff dieser drei Befristungsgrundformen. Alle Grundformen standen selbstständig nebeneinander. Die Einstellung zur Vertretung vorübergehend ausgefallener Arbeitnehmer wurde von der Befristungsgrundform „Aushilfsangestellter" erfasst.[10] Die vertragliche Vereinbarung einer dieser drei Befristungsgrundformen reichte zur Bestimmung des sachlich rechtfertigenden Befristungsgrundes aus. Weitergehende Angaben zum konkreten sachlichen Befristungsgrund waren entbehrlich.[11] Auch im Anwendungsbereich der SR 2a MTV Bundesanstalt für Arbeit durfte sich der Arbeitgeber nur auf solche Befristungsgründe berufen, deren Befristungsgrundform im Arbeitsvertrag vereinbart war. Der Befristungsgrund des Wegfalls von Haushaltsmitteln war hierbei ausschließlich der Befristungsgrundform des Zeitangestellten (SR 2a Nr. 1a) zuzuordnen.[12] Diese Sonderstellung endete mit in Kraft treten des TVöD (§ 30) und TV-L (§ 30). 10

4. Kalendermäßige Befristung/Zeitbefristung, Zweckbefristung, Arbeitsverhältnis für die Lebenszeit

a) **Kalendermäßige Befristung/Zeitbefristung.** Eine kalendermäßige Befristung/Zeitbefristung ist vereinbart, wenn die Dauer eines Arbeitsverhältnisses kalendermäßig bestimmt ist.[13] 11

---

[5] Vgl. BAG 6.11.2013 – 7 AZR 96/12, NZA 2014, 430 Rn. 33; 29.6.2011 – 7 AZR 774/09, NZA 2011, 1151 Rn. 15.
[6] Vgl. BAG 16.3.2005 – 7 AZR 289/04, BAGE 114, 146 (148) = NZA 2005, 923.
[7] Vgl. BAG 20.1.2016 – 7 AZR 340/14, NJW 2016, 2604 = NZA 2016, 755 Rn. 27; 12.8.2009 – 7 AZR 270/08, BeckRS 2009, 74191 Rn. 26; 16.10.2008 – 7 AZR 253/07 (A), BAGE 128, 134 = NZA 2009, 378 Rn. 29.
[8] Vgl. BAG 20.1.2016 – 7 AZR 340/14, NJW 2016, 2604 = NZA 2016, 755 Rn. 27; 21.9.2011 – 7 AZR 375/10, BAGE 139, 213 = NZA 2012, 255 Rn. 10.
[9] Vgl. BAG 16.7.2008 – 7 AZR 278/07, BAGE 127, 140 = NZA 2008, 1347 Rn. 15 f.: Gemäß der Protokollnotiz Nr. 6a zu Nr. 1 SR 2y BAT musste die sachgrundlose Befristung Vertragsinhalt geworden sein.
[10] Vgl. BAG 29.10.1998 – 7 AZR 477/97, NZA 1999, 478 (479).
[11] Vgl. BAG 24.4.1996 – 7 AZR 428/95, BAGE 83, 52 (55) = NZA 1997, 256.
[12] BAG 23.1.2002 – 7 AZR 461/00, NJOZ 2002, 1921 (1925).
[13] StRspr, zB BAG 14.6.2017 – 7 AZR 608/15, NZA 2018, 385 Rn. 16; 14.12.2016 – 7 AZR 797/14, NZA 2017, 638 Rn. 13; 29.6.2011 – 7 AZR 6/10, BAGE 138, 242 = NJW 2011, 3675 = NZA 2011 1346 Rn. 15.

Ein **kalendermäßig befristeter Arbeitsvertrag** liegt dementsprechend nach § 3 Abs. 1 S. 2 Alt. 1 TzBfG vor, wenn die Dauer eines befristeten Arbeitsvertrags kalendermäßig bestimmt ist. Ein kalendermäßig befristeter Arbeitsvertrag endet folgerichtig nach § 15 Abs. 1 TzBfG mit Ablauf der vereinbarten Zeit. Wird das Arbeitsverhältnis nach Ablauf der Zeit, für die es eingegangen ist, mit Wissen des Arbeitgebers fortgesetzt, so gilt es nach § 15 Abs. 5 Alt. 1 TzBfG als auf unbestimmte Zeit verlängert, wenn der Arbeitgeber nicht unverzüglich widerspricht.

12 b) **Zweckbefristung.** Eine Zweckbefristung ist vereinbart, wenn ein Arbeitsverhältnis nicht zu einem kalendermäßig bestimmten Zeitpunkt, sondern bei Eintritt eines künftigen Ereignisses enden soll, wobei die Parteien den Eintritt des künftigen Ereignisses als feststehend und nur den Zeitpunkt des Eintritts als ungewiss ansehen.[14] Ein **zweckbefristeter Arbeitsvertrag** liegt dementsprechend nach § 3 Abs. 1 S. 2 Alt. 2 TzBfG vor, wenn sich die Dauer eines befristeten Arbeitsvertrags aus Art, Zweck oder Beschaffenheit der Arbeitsleistung ergibt. Die Zweckbefristung erfordert eine unmissverständliche schriftliche (§ 14 Abs. 4 TzBfG) Einigung darüber, dass das Arbeitsverhältnis bei Zweckerreichung enden soll. Außerdem muss der Zweck, mit dessen Erreichung das Arbeitsverhältnis enden soll, so genau bezeichnet sein, dass hieraus das Ereignis, dessen Eintritt zur Beendigung des Arbeitsverhältnisses führen soll, zweifelsfrei feststellbar ist.[15] Ein zweckbefristeter Arbeitsvertrag endet nach § 15 Abs. 2 TzBfG mit Erreichen des Zwecks, frühestens jedoch zwei Wochen nach Zugang der schriftlichen Unterrichtung des Arbeitnehmers durch den Arbeitgeber über den Zeitpunkt der Zweckerreichung. Zur Wahrung des Schriftlichkeitsgebots des § 15 Abs. 2 TzBfG reicht Textform iSd. § 126b BGB aus.[16] Wird das Arbeitsverhältnis nach Zweckerreichung mit Wissen des Arbeitgebers fortgesetzt, so gilt es nach § 15 Abs. 5 Alt. 2 TzBfG als auf unbestimmte Zeit verlängert, wenn der Arbeitgeber nicht unverzüglich widerspricht oder dem Arbeitnehmer die Zweckerreichung nicht unverzüglich mitteilt.

13 Nach früherem Richterrecht musste der Arbeitgeber dem Arbeitnehmer den Eintritt der Zweckbefristung des Arbeitsvertrages unter Wahrung der gesetzlichen Kündigungsfrist ankündigen. Diese Pflicht trat jedoch nur dann ein, sobald der Arbeitnehmer nicht auf andere Art und Weise von der Zweckerreichung rechtzeitig Kenntnis erhielt.[17] § 15 Abs. 2 TzBfG verlangt demgegenüber, dass der befristet beschäftigte Arbeitnehmer stets, also gleich ob dieser in irgendeiner Form von der Zweckbefristung erfährt oder nicht, schriftlich über den Zeitpunkt der Zweckerreichung unterrichtet wird. Schon seit Inkrafttreten des § 623 BGB war die schriftliche Unterrichtung nach der Theorie der objektiven Gesetzesumgehung für die rechtswirksame Beendigung der Zweckbefristung erforderlich. Da nach der gesetzlichen Vorgabe über den Zeitpunkt der Zweckerreichung unterrichtet werden muss, reicht es nicht aus, dem Arbeitnehmer lediglich den ungefähren Zeitpunkt oder sogar ein falsches Datum mitzuteilen. Der **zweckbefristete Vertrag endet,** auch wenn die Zweckerreichung objektiv eingetreten ist, erst zwei Wochen nach Zugang der schriftlichen Mitteilung.

14 Unterrichtet der Arbeitgeber den Arbeitnehmer entgegen § 15 Abs. 2 TzBfG nicht oder nicht formgemäß über den Zeitpunkt der Zweckerreichung, besteht das zweckbefristete Arbeitsverhältnis fort. Wird es sodann nach Zweckerreichung mit Wissen des Arbeitgebers fortgesetzt, so gilt es gem. § 15 Abs. 5 TzBfG als auf unbestimmte Zeit verlängert, wenn der Arbeitgeber dem Arbeitnehmer die Zweckerreichung nicht unverzüglich mitteilt. Diese Mitteilung kann ebenso wie der Widerspruch iSd § 15 Abs. 5 TzBfG[18] als rechtsgeschäftliche empfangsbedürftige Willenserklärung ausdrücklich oder durch schlüssiges Verhalten erhoben werden.[19] Dies folgt aus

---

[14] StRspr, zB BAG 14.6.2017 – 7 AZR 608/15, NZA 2018, 385 Rn. 16; 21.3.2017 – 7 AZR 222/15, NZA 2017, 631 Rn. 21; 14.12.2016 – 7 AZR 797/14, NZA 2017, 638 Rn. 13.
[15] BAG 21.3.2017 – 7 AZR 222/15, NZA 2017, 631 Rn. 24.
[16] Grdl.: BAG 1.8.2018 – 7 AZR 882/16, NZA 2019, 314 Rn. 55 ff.; 20.6.2018 – 7 AZR 689/16, NJW 2019, 103 = NZA 2019, 331 Rn. 62 ff.
[17] Vgl. nur: BAG 12.6.1987 – 7 AZR 8/86, NZA 1998, 201 (202).
[18] Dazu statt vieler jeweils mwN: BAG 10.2015 – 7 AZR 40/14, NZA 2016, 358 Rn. 24; 22.7.2014 – 9 AZR 1066/12, BAGE 148, 349 = NZA 2014, 1330 Rn. 25.
[19] Str., wie hier jeweils mwN: KR/*Fischermeier* BGB § 625 Rn. 30; ErfK/*Müller-Glöge* TzBfG § 15 Rn. 29; aA ua: Ascheid/Preis/Schmidt/*Backhaus* TzBfG § 15 Rn. 80 mwN.

dem systematischen Nebeneinander von Widerspruch und Mitteilung in § 15 Abs. 5 TzBfG ebenso wie aus einem Umkehrschluss aus dem Schriftformerfordernis des § 15 Abs. 2 TzBfG in Bezug auf die darin vorgeschriebene Unterrichtung.

Unterrichtet der Arbeitgeber den Arbeitnehmer objektiv unrichtig über den Zeitpunkt der Zweckerreichung, hängen die Rechtsfolgen davon ab, ob der Zweck vor oder nach dem in der Unterrichtung genannten Zeitpunkt erreicht wird. Im ersteren Fall endet das Arbeitsverhältnis trotz vorheriger tatsächlicher Zweckerreichung erst zu dem in der Unterrichtung genannten Zeitpunkt. Im letzteren Fall endet das Arbeitsverhältnis dagegen erst nach dem in der Unterrichtung genannten Zeitpunkt mit der tatsächlichen Zweckerreichung.[20] 15

Eine Zweckbefristung kann in einem Arbeitsvertrag mit einer kalendermäßigen Befristung verbunden werden. Eine solche **Doppelbefristung** ist ebenso rechtlich möglich wie die Kombination einer auflösenden Bedingung mit einer kalendermäßigen Befristung.[21] Die Wirksamkeit der Zweckbefristung oder der auflösenden Bedingung und der kalendermäßigen Befristung sind in solchen Fällen rechtlich getrennt zu beurteilen und anzugreifen.[22] Eine mögliche Unwirksamkeit der Zweckbefristung oder der auflösenden Bedingung hat auf die zugleich vereinbarte zeitliche Höchstbefristung keinen Einfluss. Sie führt nur dazu, dass das Arbeitsverhältnis nicht bereits aufgrund der möglichen früheren Zweckerreichung bzw. des möglichen früheren Bedingungseintritts endet, sondern bis zum Ablauf der vorgesehenen zeitlichen Höchstfrist fortbesteht. Wurde das Arbeitsverhältnis bis zu diesem Zeitpunkt fortgesetzt, gewinnt die Zweckbefristung oder auflösende Bedingung keine Bedeutung.[23] 16

Formulierungsvorschlag:

Das Arbeitsverhältnis ist befristet für die Dauer der Erkrankung des Arbeitnehmers ......, längstens bis zum ......[24] 17

c) **Arbeitsverhältnis für die Lebenszeit.** Auch die Verabredung einer **Lebenszeitanstellung** stellt einen befristeten Arbeitsvertrag dar. Bezweckt wird hierdurch der Schutz des Arbeitnehmers vor ungerechtfertigter vorzeitiger Beendigung des Arbeitsverhältnisses. Ein Arbeitsverhältnis auf Lebenszeit liegt vor, wenn es für die Lebensdauer des Arbeitnehmers, des Arbeitgebers oder eines Dritten abgeschlossen wird.[25] Da auch hier die Auslegung des Vertragsinhalts dazu führt, dass eine ordentliche Kündigung ausgeschlossen sein soll, bleibt für beide Parteien grundsätzlich nur das Recht zur **fristlosen Kündigung** aus wichtigem Grund, § 626 Abs. 1 BGB. Aus den Gründen der Art. 2 Abs. 1, 12 Abs. 1 GG erhält der **Arbeitnehmer** die Möglichkeit, dieses Arbeitsverhältnis nach 5-jähriger Vertragszeit ordentlich unter Einhaltung einer **sechsmonatigen Kündigungsfrist** aufzukündigen, § 624 BGB, § 15 Abs. 4 TzBfG. Der Arbeitgeber bedarf dieses Schutzes nicht. Er hat zuvor für sich entschieden, dass er diesen, für seinen Betrieb wichtigen Arbeitnehmer für die Lebenszeit einer Person binden will. Eine vorzeitige ordentliche Kündigung des Arbeitnehmers ist nicht rechtsunwirksam. Die Kündigungsfrist beginnt jedoch erst mit Ablauf der fünfjährigen Vertragszeit. Übt der auf Lebenszeit angestellte Arbeitnehmer dieses Recht nicht sofort mit Entstehen der Kündigungsmöglichkeit aus, so tritt keine Verwirkung ein. Das Kündigungsrecht kann von ihm nach Ablauf dieser fünfjährigen Vertragszeit jederzeit ausgeübt werden. 18

---

[20] Str., wie hier jeweils mwN: KR/*Lipke* TzBfG § 15 Rn. 12 f.; ErfK/*Müller-Glöge* TzBfG § 15 Rn. 3; aA ua: Ascheid/Preis/Schmidt/*Backhaus* TzBfG § 15 Rn. 10 mwN: Wirkungslosigkeit der objektiv unrichtigen Unterrichtung und Erfordernis einer erneuten objektiv richtigen Unterrichtung.
[21] StRspr, vgl. zB BAG 14.6.2017 – 7 AZR 608/15, NZA 2018, 385 Rn. 22; 14.12.2016 – 7 AZR 797/14, NZA 2017, 638 Rn. 13; 19.2.2014 – 7 AZR 260/12, NZA-RR 2014, 408 Rn. 15.
[22] StRspr, zB BAG 14.6.2017 – 7 AZR 608/15, NZA 2018, 385 Rn. 22; 19.2.2014 – 7 AZR 260/12, NZA-RR 2014, 408 Rn. 18; 11.9.2013 – 7 AZR 17/12, NJW 2014, 489 = NZA 2014, 150 Rn. 20.
[23] StRspr, vgl. zB BAG 14.6.2017 – 7 AZR 608/15, NZA 2018, 385 Rn. 24; 4.5.2011 – 7 AZR 252/10, BAGE 138, 9 = NZA 2011, 1178 Rn. 46; 13.2.2007 – 7 AZR 700/06, BAGE 123, 109 = NZA 2008, 108 Rn. 28.
[24] Vgl. BAG 29.6.2011 – 7 AZR 6/10, BAGE 138, 242 = NZA 2011, 1346 Rn. 2.
[25] Vgl. BAG 25.3.2004 – 2 AZR 153/03, AP BGB § 138 Nr. 60; ErfK/*Müller-Glöge* TzBfG § 15 Rn. 18.

5. Beurteilungszeitpunkt

19 Für die Wirksamkeit eines befristeten Arbeitsvertrags sind grds. die Umstände und die Rechtslage im **Zeitpunkt des Vertragsschlusses** maßgebend.[26] Änderungen nach Vertragsschluss haben auf seine Wirksamkeit daher in der Regel keinen Einfluss.[27] Dies gilt grundsätzlich auch dann, wenn sich während der Dauer des befristeten Arbeitsverhältnisses die Tätigkeit des Arbeitnehmers ändert.[28] Eine Änderung der Umstände kann aber eine indizielle Bedeutung dafür haben, dass der sachliche Grund für die Befristung des Arbeitsvertrages im Zeitpunkt des Vertragsschlusses in Wahrheit nicht vorlag, sondern lediglich vorgeschoben ist.[29] Eine Änderung der Rechtslage ist ausnahmsweise zu berücksichtigen, wenn spätere gesetzliche Regelungen in zulässiger Weise Rückwirkung entfalten.[30]

20 Voraussetzung mehrerer sachlicher Gründe für die Befristung eines Arbeitsvertrags ist, eine **Prognose des Arbeitgebers** zum Zeitpunkt des Vertragsschlusses. So setzt bspw. der sachliche Grund des vorübergehenden Bedarfs an der Arbeitsleistung des Arbeitnehmers gem. § 14 Abs. 1 S. 2 Nr. 1 TzBfG zu diesem Zeitpunkt die Prognose voraus, dass mit hinreichender Sicherheit zu erwarten ist, dass nach dem vorgesehenen Vertragsende für die Beschäftigung des befristet eingestellten Arbeitnehmers kein Bedarf an der Arbeitsleistung mehr besteht.[31] Teil des sachlichen Grundes des Vertretung eines anderen Arbeitnehmers gem. § 14 Abs. 1 S. 2 Nr. 3 TzBfG ist die Prognose des Arbeitgebers zum Zeitpunkt des Vertragsschlusses über den voraussichtlichen Wegfall des Vertretungsbedarfs durch die Rückkehr des zu vertretenden Mitarbeiters.[32] Die Befristung eines Arbeitsvertrags im Hinblick auf die Aufenthaltserlaubnis eines Arbeitnehmers ist nur nach § 14 Abs. 1 S. 2 Nr. 6 TzBfG aus einem in seiner Person liegenden Grund gerechtfertigt, wenn zum Zeitpunkt des Vertragsschlusses die hinreichend zuverlässige Prognose erstellt werden kann, eine Verlängerung der Aufenthaltserlaubnis werde nicht erfolgen.[33] Schließlich erfordert auch die sog. Haushaltsbefristung gem. § 14 Abs. 1 S. 2 Nr. 7 TzBfG, dass zum Zeitpunkt des Vertragsschlusses die Prognose gerechtfertigt ist, dass die Vergütung des Arbeitnehmers während der gesamten Laufzeit des befristeten Arbeitsvertrags aus Haushaltsmitteln bestritten werden kann, die haushaltsrechtlich für eine befristete Beschäftigung bestimmt sind, und dass der Arbeitnehmer entsprechend beschäftigt werden kann.[34]

21 Wird die vom Arbeitgeber zum Zeitpunkt des Vertragsschlusses erstellte Prognose durch die **spätere Entwicklung** bestätigt, besteht im Prozess eine ausreichende Vermutung dafür, dass sie hinreichend fundiert erstellt worden ist. Es ist dann Sache des Arbeitnehmers, Tatsachen vorzutragen, nach denen zumindest im Zeitpunkt des Vertragsabschlusses diese Prognose nicht gerechtfertigt war oder die nachfolgende Entwicklung mit der Prognose des Arbeitgebers in keinem Zusammenhang steht[35] Bestätigt sich die Prognose dagegen nicht, muss der Arbeitgeber den Grund für den Nichteintritt seiner Prognose

---

[26] StRspr, vgl. zB zu den Umständen BAG 13.12.2017 – 7 AZR 69/16, AP TzBfG § 14 Nr. 164 Rn. 13; 14.6.2017 – 7 AZR 597/15, BAGE 159, 237 = NZA 2018, 40 Rn. 20; zur Rechtslage BAG 19.12.2018 – 7 AZR 79/17, BAGE 164, 381 = NJW 2019, 1094 = NZA 2019, 451 Rn. 11; 25.4.2018 – 7 AZR 181/16, NJW 2018, 2913 = NZA 2019, 1135 Rn. 20.
[27] StRspr, vgl. zB BAG 17.5.2017 – 7 AZR 301/15, NZA 2017, 1340 Rn. 28; 8.6.2016 – 7 AZR 259/14, BAGE 155, 227 = NZA 2016, 1463 Rn. 21; 29.6.2011 – 7 AZR 6/10, BAGE 138, 242 = NJW 2011, 3675 = NZA 2011, 1346 Rn. 40.
[28] BAG 17.5.2017 – 7 AZR 301/15, NZA 2017, 1340 Rn. 28.
[29] Vgl. BAG 24.9.2014 – 7 AZR 987/12, NZA 2015, 301 Rn. 22; 14.12.2007 – 7 AZR 193/06, BAGE 121, 236 = NZA 2007, 871 Rn. 11; 16.11.2005 – 7 AZR 81/05, NZA 2006, 784 (789).
[30] Vgl. BAG 15.2.2017 – 7 AZR 143/15, NZA 2017, 1258 Rn. 11.
[31] Vgl. BAG 15.10.2014 – 7 AZR 893/12, NZA 2015, 362 Rn. 14; 24.9.2014 – 7 AZR 987/12, NZA 2015, 301 Rn. 15; 11.9.2013 – 7 AZR 107/12, NZA 2014, 150 Rn. 24.
[32] Vgl. BAG 24.9.2015 – 7 AZR 310/13, NZA 2015, 928 Rn. 17, 21; 9.9.2015 – 7 AZR 148/14, BAGE 152, 273 = NJW 2016, 2057 = NZA 2016, 169 Rn. 28, 32; 11.2.2015 – 7 AZR 113/13, NZA 2015, 617 Rn. 16.
[33] Vgl. BAG 12.1.2000 – 7 AZR 863/98, AP BGB § 620 Befristeter Arbeitsvertrag Nr. 217.
[34] Vgl. jeweils mwN: BAG 15.12.2011 – 7 AZR 394/10, BAGE 140, 191 = NZA 2012, 674 Rn. 37; 22.4.2009 – 7 AZR 743/07, BAGE 130, 313 = NZA 2009, 1143 Rn. 19 f.
[35] Vgl. BAG 24.9.2015 – 7 AZR 310/13, NZA 2015, 928 Rn. 22; 7.5.2008 – 7 AZR 146/07, AP TzBfG § 14 Nr. 49 Rn. 17; 20.2.2008 – 7 AZR 950/06, AP TzBfG § 14 Nr. 45 Rn. 15.

darlegen und begründen, dass die nachfolgende Entwicklung bei Vertragsschluss nicht absehbar war.[36]

Die vertraglich vereinbarte **Befristungsdauer** bedarf keiner eigenen sachlichen Rechtfertigung.[37] Dem Arbeitgeber steht es frei, zu entscheiden, ob er bei Vorliegen eines sachlichen Grundes für die Befristung eines Arbeitsvertrags überhaupt einen Arbeitnehmer befristet einstellt. Deshalb kann er diese Einstellung auch nur für einen kürzeren Zeitraum regeln. Der Befristungsdauer kommt nur insofern Bedeutung zu, als sie neben anderen Umständen darauf hinweisen kann, dass der Sachgrund für die Befristung vorgeschoben ist.[38] 22

II. Befristung ohne sachlichen Grund

Aus beschäftigungspolitischen Gründen hat der Gesetzgeber das zum 1.5.1985 in Kraft 23
gesetzte BeschFG mit dem zum 1.1.2001 in Kraft gesetzten Teilzeit- und Befristungsgesetz (**TzBfG**) fortgeschrieben. Den Arbeitgebern soll es weiterhin möglich bleiben, Arbeitsverhältnisse ohne Bestandsschutzrisiko vorübergehend zu begründen. Grundlage hierfür ist die Richtlinie 1999/70/EG zu der EGB-UNICE-CEEP-Rahmenvereinbarung über befristete Arbeitsverhältnisse.

1. § 14 Abs. 2 TzBfG

a) § 14 Abs. 2 S. 1 Hs. 1 TzBfG. Gem. § 14 Abs. 2 S. 1 Hs. 1 TzBfG ist die kalendermäßi- 24
ge **Befristung eines Arbeitsvertrags ohne Vorliegen eines sachlichen Grundes** bis zur Dauer von zwei Jahren zulässig. Die Regelung stellt damit eine Ausnahme dem in § 14 Abs. 1 S. 1 TzBfG normierten Grundsatz dar, dass die Befristung eines Arbeitsvertrags nur zulässig ist, wenn sie durch einen sachlichen Grund gerechtfertigt ist. Sie dient zum einen dem Flexibilisierungsinteresse des Arbeitgebers. Sie soll es ihm ermöglichen, auf eine unsichere, schwankende Auftragslage und wechselnde Marktbedingungen durch Neueinstellungen flexibel zu reagieren und damit seine Wettbewerbsfähigkeit zu sichern. Zum anderen dient sie auch dem Beschäftigungsinteresse des Arbeitnehmers. Die befristete Beschäftigung soll für ihn eine Alternative zur Arbeitslosigkeit und eine Brücke zur Dauerbeschäftigung sein.[39] Die Ausnahme des § 14 Abs. 2 S. 1 Hs. 1 TzBfG gilt dabei nach seinem eindeutigen Wortlaut nur für die kalendermäßige Befristung eines Arbeitsvertrags iSd § 3 Abs. 1 S. 2 Alt. 1 TzBfG. Die Dauer des befristeten Arbeitsvertrags muss also kalendermäßig bestimmt sein. Dagegen findet sie auf zweckbefristete Arbeitsverträge iSd § 3 Abs. 1 S. 2 Alt. 2 TzBfG keine Anwendung. Gleiches gilt für auflösend bedingte Arbeitsverträge, da § 21 TzBfG für sie keine entsprechende Anwendung von § 14 Abs. 2 TzBfG vorsieht.

Die Befristung eines Arbeitsvertrags ohne Vorliegen eines sachlichen Grundes gem. § 14 25
Abs. 2 S. 1 TzBfG bedarf zu ihrer Wirksamkeit gem. § 14 Abs. 4 TzBfG der **Schriftform**. Gegenstand dieses Schriftformerfordernisses ist dabei allein die Vereinbarung der Befristung des Arbeitsvertrags. Dagegen müssen die Parteien nicht (schriftlich) vereinbaren, dass sie die Befristung ihres Arbeitsvertrags auf § 14 Abs. 2 S. 1 TzBfG stützen wollen. Entscheidend für die Wirksamkeit der Befristung eines Arbeitsvertrags gem. § 14 Abs. 2 S. 1 TzBfG ist allein, dass dessen Voraussetzungen zum Zeitpunkt des Vertragsschlusses objektiv vorlagen. Dementsprechend kann die Befristung eines Arbeitsvertrags gem. § 14 Abs. 2 S. 1 TzBfG selbst dann zulässig sein, wenn im Arbeitsvertrag ausdrücklich eine andere Rechtsgrundlage für die Befristung angegeben ist.[40] Die Arbeitsvertragsparteien können die Möglichkeit zur sachgrundlosen Befristung gem. § 14 Abs. 2 S. 1 TzBfG allerdings vertraglich ausschließen.

---

[36] Vgl. BAG 7.5.2008 – 7 AZR 146/07, AP TzBfG § 14 Nr. 49 Rn. 17; 20.2.2008 – 7 AZR 950/06, AP TzBfG § 14 Nr. 45 Rn. 15; 17.4.2002 – 7 AZR 283/01, NJOZ 2003, 1367 (1372).
[37] BAG 14.2.2007 – 7 AZR 193/06, BAGE 121, 236 = NZA 2007, 871 Rn. 22 mwN.
[38] BAG 6.11.2013 – 7 AZR 96/12, NZA 2014, 430 Rn. 31 mwN.
[39] Vgl. BT-Drs. 14/4374, 13 f.; BVerfG 6.6.2018 – 1 BvL 7/14, 1 BvR 1375/14, BVerfGE 149, 126 = NJW 2018, 2542 = NZA 2018, 774 Rn. 45, 48; BAG 12.6.2019 – 7 AZR 548/17, NJW 2019, 3258 = NZA 2019, 1352 Rn. 20.
[40] Vgl. BAG 29.6.2011 – 7 AZR 774/09, NZA 2011, 1151 Rn. 15 mwN.

Dies kann ausdrücklich oder konkludent geschehen. Ein konkludenter **Ausschluss der Anwendbarkeit von § 14 Abs. 2 S. 1 TzBfG** liegt etwa dann vor, wenn der Arbeitnehmer die Erklärungen des Arbeitgebers so verstehen darf, dass die Befristung ausschließlich auf einen bestimmten Sachgrund gestützt wird und nur von seinem Bestehen abhängen soll. Dabei sind die Umstände des Einzelfalls entscheidend. Die Angabe eines Sachgrunds im Arbeitsvertrag kann auf einen solchen Ausschluss hindeuten. Allein reicht sie aber regelmäßig nicht aus, um anzunehmen, die sachgrundlose Befristung nach § 14 Abs. 2 TzBfG solle damit ausgeschlossen sein. Vielmehr müssen im Einzelfall noch zusätzliche Umstände hinzutreten.[41]

26 b) **§ 14 Abs. 2 S. 2 TzBfG.** Die Befristung eines Arbeitsvertrags ohne Vorliegen eines sachlichen Grundes gem. § 14 Abs. 2 S. 1 TzBfG ist gem. § 14 Abs. 2 S. 2 TzBfG unzulässig, wenn mit demselben Arbeitgeber bereits zuvor ein befristetes oder unbefristetes Arbeitsverhältnis bestanden hat (sog. **Anschlussverbot**). Das Verbot soll sicherstellen, dass unbefristete Arbeitsverhältnisse die Regelbeschäftigungsform sind.[42] Die Möglichkeit der Befristung ohne Vorliegen eines sachlichen Grundes wird daher zur Verhinderung von Kettenbefristungen grundsätzlich auf Neueinstellungen begrenzt.[43]

27 „Arbeitgeber" iSd § 14 Abs. 2 S. 2 TzBfG ist der **Vertragsarbeitgeber.** Das ist die natürliche oder juristische Person, die mit dem Arbeitnehmer den Arbeitsvertrag geschlossen hat. Ein vorhergehender Arbeitsvertrag hat deshalb nur dann mit demselben Arbeitgeber bestanden, wenn Vertragspartner des Arbeitnehmers bei beiden Verträgen dieselbe natürliche oder juristische Person ist.[44] Das Anschlussverbot ist nicht mit dem Beschäftigungsbetrieb oder dem Arbeitsplatz verknüpft. Der Gesetzgeber hat für die Zulässigkeit der sachgrundlosen Befristung auf den rechtlichen Bestand eines Arbeitsverhältnisses mit dem Vertragsarbeitgeber abgestellt, nicht auf eine Beschäftigung für den Betriebsinhaber oder -träger.[45] Mangels Identität des Vertragsarbeitgebers greift § 14 Abs. 2 S. 2 TzBfG daher grds., nicht ein, wenn der befristet eingestellte Arbeitnehmer zuvor bei einem anderen Konzernunternehmen beschäftigt war oder als Leiharbeitnehmer im gleichen Betrieb auf dem gleichen Arbeitsplatz gearbeitet hat.[46] Gleiches gilt bei Abschluss eines befristeten Arbeitsverhältnisses mit einem Betriebserwerber, wenn zwar zuvor bereits ein Arbeitsverhältnis mit dem früheren Betriebsinhaber bestanden hat, dieses Arbeitsverhältnis aber aufgrund seiner Auflösung vor dem Zeitpunkt des Betriebsübergangs nicht gem. § 613a Abs. 1 S. 1 BGB auf den Betriebserwerber übergegangen ist.[47] Schließlich sind auch bei einer Verschmelzung von Rechtsträgern unter Auflösung ohne Abwicklung im Wege der Aufnahme gem. § 2 Nr. 1 UmwG der gem. § 20 Abs. 1 Nr. 2 S. 1 UmwG mit der Eintragung der Verschmelzung in das Register des Sitzes des übernehmenden Rechtsträgers erlöschende übertragende Rechtsträger und der übernehmende Rechtsträger nicht dieselben Arbeitgeber iSd § 14 Abs. 2 S. 2 TzBfG.[48]

28 Ein „**Arbeitsverhältnis**" iSd § 14 Abs. 2 S. 2 TzBfG ist unter Zugrundelegung des allgemeinen Begriffsverständnisses anzunehmen, wenn die Leistung von Diensten nach Weisung

---

[41] StRspr, vgl. zB BAG 14.6.2017 – 7 AZR 608/15, NZA 2018, 385 Rn. 34; 20.1.2016 – 7 AZR 340/14, NJW 2016, 2604 = NZA 2016, 755 Rn. 26 f.; 21.9.2011 – 7 AZR 375/10, BAGE 139, 213 = NZA 2012, 255 Rn. 10.
[42] Vgl. BT-Drs. 14/4374, 12; BVerfG 6.6.2018 – 1 BvL 7/14, 1 BvR 1375/14, BVerfGE 149, 126 = NJW 2018, 2542 = NZA 2018, 774 Rn. 48; BAG 12.6.2019 – 7 AZR 548/17, NJW 2019, 3258 = NZA 2019, 1352 Rn. 20.
[43] Vgl. BT-Drs. 14/4374, 14; BVerfG 6.6.2018 – 1 BvL 7/14, 1 BvR 1375/14, BVerfGE 149, 126 = NJW 2018, 2542 = NZA 2018, 774 Rn. 83; BAG 12.6.2019 – 7 AZR 548/17, NJW 2019, 3258 = NZA 2019, 1352 Rn. 12.
[44] StRspr, vgl. zB BAG 20.3.2019 – 7 AZR 409/16, NZA 2019, 1274 Rn. 20; 14.6.2017 – 7 AZR 608/15, NZA 2018, 385 Rn. 29; 24.2.2016 – 7 AZR 712/13, BAGE 154, 196 = NZA 2016, 758 Rn. 13.
[45] StRspr, vgl. zB BAG 12.6.2019 – 7 AZR 477/17, AP TzBfG § 14 Nr. 179 Rn. 13; 24.2.2016 – 7 AZR 712/13, BAGE 154, 196 = NZA 2016, 758 Rn. 13; 24.6.2015 – 7 AZR 452/13, NZA 2015, 1507 Rn. 16.
[46] BAG 12.6.2019 – 7 AZR 429/17, NJW 2020, 92 = NZA 2019, 1563 Rn. 34; 9.2.2011 – 7 AZR 32/10, NZA 2011, 791 Rn. 15 mwN.
[47] Vgl. BAG 25.10.2012 – 8 AZR 575/11, NZA 2013, 203 Rn. 31 mwN.
[48] BAG 22.6.2005 – 7 AZR 363/04, BeckRS 2005, 30358404; 10.11.2004 – 7 AZR 101/04, BAGE 112, 317 = NZA 2005, 514 (515 f.).

des Dienstberechtigten und gegen Zahlung von Entgelt Schwerpunkt des durch privatrechtlichen Vertrag – oder kraft gesetzlicher Fiktion –[49] begründeten Rechtsverhältnisses ist.[50] Andere Vertragsverhältnisse, die bereits zuvor mit demselben Arbeitgeber bestanden haben, unterfallen § 14 Abs. 2 S. 2 TzBfG dagegen nicht.[51] Dies gilt namentlich für Praktikantenverhältnisse, die kein Arbeitsverhältnis darstellen, Berufsausbildungs-, Beamten- und Heimarbeitsverhältnisse.[52]

Das Arbeitsverhältnis muss zudem **bereits zuvor bestanden** haben. Entscheidend ist der rechtliche Bestand des Arbeitsverhältnisses. Dieser beginnt in dem Zeitpunkt, von dem ab die Arbeitsvertragsparteien ihre wechselseitigen Rechte und Pflichten begründen wollen, also im Regelfall im Zeitpunkt des arbeitsvertraglich vereinbarten Arbeitsbeginns. Der Abschluss des Arbeitsvertrags und die tatsächliche Beschäftigung sind dagegen unerheblich. Insbesondere kommt es nicht darauf an, ob das Arbeitsverhältnis tatsächlich in Vollzug gesetzt worden ist und ob die Arbeitsvertragsparteien tatsächlich zusammengearbeitet haben.[53] § 14 Abs. 2 S. 2 TzBfG erfasst daher sowohl vorherige, bereits beendete als auch laufende Arbeitsverhältnisse mit Ausnahme einer (Vertrags-)Verlängerung iSd. § 14 Abs. 2 S. 1 Hs. 2 TzBfG.[54] Dadurch beschränkt er die Möglichkeit der Befristung eines Arbeitsvertrags ohne Vorliegen eines sachlichen Grundes nach § 14 Abs. 1 S. 1 TzBfG auf Neueinstellungen und die Verlängerung eines anlässlich einer Neueinstellung abgeschlossenen befristeten Arbeitsvertrags nach § 14 Abs. 2 S. 1 Hs. 2 TzBfG.[55] Für die Verkürzung der Laufzeit eines befristeten Arbeitsvertrags und die nachträgliche Befristung eines unbefristeten Arbeitsverhältnisses schließt er sie oder sie es dagegen aus. Sie bedürfen jeweils eines sachlichen Grundes iSd. § 14 Abs. 1 S. 1 TzBfG.[56] 29

Der **Anwendungsbereich** des Anschlussverbots ist in **verfassungskonformer Auslegung** des § 14 Abs. 2 S. 2 TzBfG **einzuschränken**.[57] Das BAG nahm diese Auslegung zunächst dahin vor, dass eine Vorbeschäftigung iSd. § 14 Abs. 2 S. 2 TzBfG nicht vorliegen sollte, wenn zwar mit demselben Arbeitgeber bereits zuvor ein befristetes oder unbefristetes Arbeitsverhältnis bestanden hatte, dieses Arbeitsverhältnis aber mehr als drei Jahre zurücklag.[58] Diese Auslegung stieß sowohl in der Instanzrechtsprechung als auch in der Literatur auf teils heftige Kritik.[59] Auf Vorlage des ArbG Braunschweig und eine Verfassungsbeschwerde entschied das BVerfG, sie verstoße gegen Art. 2 Abs. 1 iVm. Art. 20 Abs. 3 GG. Die Auslegung 30

---

[49] Zu § 24 BBiG: BAG 20.3.2018 – 9 AZR 479/17, BAGE 162, 124 = NZA 2018, 943 Rn. 17.
[50] BAG 24.8.2016 – 7 AZR 625/15, BAGE 156, 170 = NZA 2017, 244 Rn. 37; 24.8.2016 – 7 AZR 342/14, BeckRS 2016, 104505 Rn. 23; 24.2.2016 – 7 AZR 712/13, BAGE 154, 196 = NZA 2016, 758 Rn. 28.
[51] BAG 19.10.2005 – 7 AZR 31/15, NZA 2006, 154 Rn. 18.
[52] Zum Praktikantenverhältnis: BAG 19.10.2005 – 7 AZR 31/15, NZA 2006, 154 Rn. 18; zum Berufsausbildungsverhältnis: BAG 20.3.2018 – 9 AZR 479/17, BAGE 162, 124 = NZA 2018, 943 Rn. 16; 12.4.2017 – 7 AZR 446/15, NZA 2017, 1125 Rn. 15; 21.9.2011 – 7 AZR 375/10, BAGE 139, 213 = NZA 2012, 255 Rn. 14 ff.; zum Beamtenverhältnis: BAG 24.2.2016 – 7 AZR 712/13, BAGE 154, 196 = NZA 2016, 758 Rn. 26 ff.; zum Heimarbeitsverhältnis: BAG 24.8.2016 – 7 AZR 625/15, BAGE 156, 170 = NZA 2017, 244 Rn. 12, 36 ff.; 24.8.2016 – 7 AZR 342/14, BeckRS 2016, 104505 Rn. 22 ff.
[53] BAG 12.6.2019 – 7 AZR 548/17, NJW 2019, 3258 = NZA 2019, 1352 Rn. 10 f., 16.
[54] BAG 12.6.2019 – 7 AZR 548/17, NJW 2019, 3258 = NZA 2019, 1352 Rn. 10; 14.12.2016 – 7 AZR 49/15, BAGE 157, 258 = NZA 2017, 634 Rn. 28.
[55] Vgl. BT-Drs. 14/4374, 2, 13 f.; BAG 12.6.2019 – 7 AZR 548/17, NJW 2019, 3258 = NZA 2019, 1352 Rn. 20; 14.12.2016 – 7 AZR 49/15, BAGE 157, 258 = NZA 2017, 634 Rn. 28.
[56] Vgl. BAG 12.6.2019 – 7 AZR 548/17, NJW 2019, 3258 = NZA 2019, 1352 Rn. 20 zur nachträglichen Befristung eines unbefristeten Arbeitsverhältnisses; 14.12.2016 – 7 AZR 49/15, BAGE 157, 258 = NZA 2017, 634 Rn. 26 ff. zur Verkürzung der Laufzeit eines befristeten Arbeitsvertrags.
[57] Grdl.: BVerfG 6.6.2018 – 1 BvL 7/14, 1 BvR 1375/14, BVerfGE 149, 126 = NJW 2018, 2542 = NZA 2018, 774 Rn. 44 ff.; BAG 23.1.2019 – 7 AZR 733/16, BAGE 165, 116 = NZA 2019, 700 Rn. 19 ff.; vgl. auch bereits BAG 21.9.2011 – 7 AZR 375/10, BAGE 139, 213 = NZA 2012, 255 Rn. 23 ff.; 6.4.2011 – 7 AZR 716/09, BAGE 137, 275 Rn. 27 ff.
[58] Grdl.: BAG 6.4.2011 – 7 AZR 716/09, BAGE 137, 275 = NZA 2011, 905 Rn. 13 ff.; nachfolgend: BAG 4.12.2013 – 7 AZR 290/12, BAGE 146, 371 = NZA 2014, 426 Rn. 18; 21.9.2011 – 7 AZR 375/10, BAGE 139, 213 = NZA 2012, 255 Rn. 23 ff.
[59] Vgl. jeweils mwN: LAG Baden-Württemberg 21.2.2014 – 7 Sa 64/13, BeckRS 2014, 67567; 26.9.2013 – 6 Sa 28/13, BeckRS 2013, 72731; ArbG Braunschweig 3.4.2014 – 5 Ca 463/13, BeckRS 2014, 70860; *Höpfner* NZA 2011, 893 (894 ff.).

des § 14 Abs. 2 S. 2 TzBfG durch das BAG überschreite die Grenzen vertretbarer Auslegung gesetzlicher Vorgaben durch die Gerichte, weil der Gesetzgeber gerade diese Auslegung klar erkennbar nicht gewollt habe.[60] Die Arbeitsgerichte könnten und müssten die **Anwendung der Vorschrift** aber in verfassungskonformer Auslegung in Fällen ausschließen, in denen ihre Anwendung für die Beteiligten **unzumutbar** wäre.[61] Solche Fälle lägen vor, soweit eine Gefahr der Kettenbefristung in Ausnutzung der strukturellen Unterlegenheit der Beschäftigten nicht bestehe und das Verbot der sachgrundlosen Befristung nicht erforderlich sei, um das unbefristete Arbeitsverhältnis als Regelbeschäftigungsform zu erhalten. Dies könne insbesondere dann der Fall sein, wenn eine Vorbeschäftigung sehr lang zurückliege, ganz anders geartet oder von sehr kurzer Dauer gewesen sei. So liege es etwa bei geringfügigen Nebenbeschäftigungen während der Schul- und Studien- oder Familienzeit, bei Werkstudierenden und studentischen Mitarbeitern im Rahmen ihrer Berufsqualifizierung oder bei einer erzwungenen oder freiwilligen Unterbrechung der Erwerbsbiographie, die mit einer beruflichen Neuorientierung oder einer Aus- und Weiterbildung einhergehe.[62] Das BAG gab daraufhin seine bisherige Auslegung des § 14 Abs. 2 S. 2 TzBfG auf und schränkt dessen Anwendungsbereich nunmehr entsprechend der Rspr. des BVerfG in verfassungskonformer Auslegung in Fällen ein, in denen die Anwendung des Anschlussverbots den Arbeitsvertragsparteien unzumutbar ist.[63] Ob dies der Fall ist, weil eine Vorbeschäftigung „sehr lang" zurückliegt, „ganz anders" geartet oder „von sehr kurzer" Dauer war, beurteilt es dabei im Rahmen einer Würdigung des konkreten Einzelfalls unter Berücksichtigung des Grundes für die verfassungskonforme Auslegung der Vorschrift und der vom BVerfG genannten Beispielsfälle.[64]

31 Auf dieser Grundlage hat das BAG angenommen, eine – die Anwendung des § 14 Abs. 2 S. 2 TzBfG ausschließende – **„sehr lang" zurückliegende Vorbeschäftigung** liege regelmäßig vor, wenn sie im Zeitpunkt der Neueinstellung mehr als 22 Jahre zurückgelegen habe, sofern nicht besondere Umstände dennoch die Anwendung des § 14 Abs. 2 S. 2 TzBfG erforderten.[65] Ein Zeitraum von rund 15 Jahren reiche dagegen – ohne das Hinzutreten besonderer Umstände – grundsätzlich nicht aus.[66] Ein Zeitraum von weniger als rund neun Jahren genüge nicht.[67] Für die Annahme einer **„ganz anders" gearteten Vorbeschäftigung** sei regelmäßig erforderlich, dass die im neuen Arbeitsverhältnis geschuldete Tätigkeit Kenntnisse oder Fähigkeiten erfordere, die sich wesentlich von denjenigen unterschieden, die für die Vorbeschäftigung erforderlich gewesen seien. Eine Vorbeschäftigung auf einem anderen Arbeitsplatz in einem anderen Betrieb(steil) reiche dagegen für sich genommen nicht aus.[68] Eine **Vorbeschäftigung „von sehr kurzer" Dauer** hat das BAG ab einem Zeitraum von rund sechs Monaten verneint.[69] Nach dem Zweck des § 14 Abs. 2 S. 2 TzBfG liege eine solche

---

[60] BVerfG 6.6.2018 – 1 BvL 7/14, 1 BvR 1375/14, BVerfGE 149, 126 = NJW 2018, 2542 = NZA 2018, 774 Rn. 71 ff.
[61] BVerfG 6.6.2018 – 1 BvL 7/14, 1 BvR 1375/14, BVerfGE 149, 126 = NJW 2018, 2542 = NZA 2018, 774 Rn. 44 ff.
[62] BVerfG 6.6.2018 – 1 BvL 7/14, 1 BvR 1375/14, BVerfGE 149, 126 = NJW 2018, 2542 = NZA 2018, 774 Rn. 62 f.
[63] Grdl.: BAG 23.1.2019 – 7 AZR 733/16, BAGE 165, 116 = NZA 2019, 700 Rn. 16 ff.; daran anschließend zB BAG 21.8.2019 – 7 AZR 452/17, NZA 2020, 40 Rn. 16 ff.; 12.6.2019 – 7 AZR 429/17, NJW 2020, 92 = NZA 2019, 1563 Rn. 15 ff.
[64] BAG 21.8.2019 – 7 AZR 452/17, NZA 2020, 40 Rn. 22 f.; 12.6.2019 – 7 AZR 429/17, NJW 2020, 92 = NZA 2019, 1563 Rn. 22 f.; 12.6.2019 – 7 AZR 477/19, AP TzBfG § 14 Nr. 179 Rn. 21 f.
[65] BAG 21.8.2019 – 7 AZR 452/17, NZA 2020, 40 Rn. 24.
[66] BAG 17.4.2019 – 7 AZR 323/17, NZA 2019, 1271 Rn. 24 f.; 17.4.2019 – 7 AZR 324/17, BeckRS 2019, 20224 Rn. 19 f.
[67] BAG 12.6.2019 – 7 AZR 429/17, NJW 2020, 92 = NZA 2019, 1563 Rn. 25 f.; vgl. auch BAG 12.6.2019 – 7 AZR 477/19, AP TzBfG § 14 Nr. 179 Rn. 24 f. („etwa fünf Jahre und vier Monate"); 20.3.2019 – 7 AZR 409/16, NZA 2019, 1274 Rn. 32 („ca. acht Jahre und neun Monate"); 23.1.2019 – 7 AZR 733/16, BAGE 165, 116 = NZA 2019, 700 Rn. 26 („acht Jahre"); 23.1.2019 – 7 AZR 161/15, BeckRS 2019, 9266 Rn. 22 („dreieinhalb Jahre"); 23.1.2019 – 7 AZR 13/17, BeckRS 2019, 6894 Rn. 23 („fünfeinhalb Jahre").
[68] Vgl. BAG 12.6.2019 – 7 AZR 477/19, AP TzBfG § 14 Nr. 179 Rn. 29; 17.4.2019 – 7 AZR 323/17, NZA 2019, 1271 Rn. 26; 17.4.2019 – 7 AZR 324/17, BeckRS 2019, 20224 Rn. 21.
[69] Vgl. BAG 12.6.2019 – 7 AZR 477/19, AP TzBfG § 14 Nr. 179 Rn. 27 („ein knappes halbes Jahr"); 17.4.2019 – 7 AZR 323/17, NZA 2019, 1271 Rn. 27 („zwei Jahre"); 17.4.2019 – 7 AZR 324/17, BeckRS 2019, 20224 Rn. 22 („knapp zehn Monate"); 20.3.2019 – 7 AZR 409/16, NZA 2019, 1274 Rn. 34 („zwei

Vorbeschäftigung zudem unabhängig von ihrer Dauer nicht bei einer nachträglichen Befristung eines unbefristeten Arbeitsverhältnisses vor.[70] Eine **geringfügige Nebenbeschäftigung während der Schul- und Studien- oder Familienzeit** sei dadurch gekennzeichnet, dass sie nicht selten von vornherein nur auf vorübergehende, häufig kurze Zeit und nicht auf eine längerfristige Sicherung des Lebensunterhalts angelegt sei. Sie habe für die soziale Sicherung und für die Altersversorgung regelmäßig nur untergeordnete Bedeutung.[71] Während der Schul- und Studienzeit habe sie zudem meist eine andere Tätigkeit zum Gegenstand als die spätere auf Dauer angelegte Erwerbstätigkeit.[72] Ob eine Vorbeschäftigung eine geringfügige Nebenbeschäftigung ist, beurteile sich nach § 8 Abs. 1 SGB IV.[73] Eine Nebenbeschäftigung während der Schul- und Studien- oder Familienzeit liege vor, wenn sie entweder während der Schulzeit, der Berufsausbildung oder des Studiums oder während der Zeit der Kindererziehung oder der familiären Pflege ausgeübt werde.[74] Allein die Bezeichnung der Tätigkeit, zB als „Ferienbeschäftigung", rechtfertige nicht ihre Einordnung als geringfügige Nebenbeschäftigung während der Schul- und Studienzeit.[75]

Die **Darlegungs- und Beweislast** für die Tatsachen, die den Arbeitsvertragsparteien die Anwendung des § 14 Abs. 2 S. 2 TzBfG unzumutbar machen obliegt grundsätzlich demjenigen, der sich darauf beruft, also regelmäßig dem Arbeitgeber.[76] 32

c) § 14 Abs. 2 S. 1 Hs. 2 TzBfG. Die gem. § 14 Abs. 2 S. 1 TzBfG zulässige Befristungsdauer von bis zu zwei Jahren müssen die Parteien nicht ausschöpfen. Sie können auch dahinter zurückbleiben. In diesem Fall eröffnet ihnen § 14 Abs. 2 S. 1 Hs. 2 TzBfG die Möglichkeit, ihr kalendermäßig befristetes Arbeitsverhältnis abermals ohne Vorliegen eines sachlichen Grundes befristet zu verlängern. Danach ist bis zu der Gesamtdauer von zwei Jahren auch die höchstens dreimalige **Verlängerung** eines kalendermäßig befristeten Arbeitsvertrags zulässig. 33

Voraussetzung einer Vertragsverlängerung nach § 14 Abs. 2 S. 1 Hs. 2 TzBfG ist erstens, dass der dem Verlängerungsvertrag zugrunde liegende Ausgangsvertrag nicht gegen das Verbot des § 14 Abs. 2 S. 2 TzBfG verstoßen hat. Maßgeblich für die Prüfung eines solchen Verstoßes ist der Vertrag, der dem auf § 14 Abs. 2 TzBfG gestützten und höchstens dreimal verlängerten Zeitvertrag vorausgeht.[77] Zweitens muss die Vereinbarung über das Hinausschieben des Beendigungszeitpunkts noch vor Abschluss der Laufzeit des zu verlängernden Vertrags in schriftlicher Form vereinbart werden und der Vertragsinhalt ansonsten unverändert bleiben.[78] Andernfalls liegt der Neuabschluss eines befristeten Arbeitsvertrags vor, dessen Befristung nach § 14 Abs. 2 S. 2 TzBfG ohne Vorliegen eines sachlichen Grundes unzulässig ist, da zwischen den Parteien bereits zuvor ein Arbeitsverhältnis bestanden hat.[79] Dies gilt auch dann, wenn im Zusammenhang mit der Vertragsverlängerung für den Arbeitnehmer günstigere Arbeitsbedingungen vereinbart werden.[80] Hingegen ist die einvernehmliche 34

Jahre und zehn Monate"); 23.1.2019 – 7 AZR 733/16, BAGE 165, 116 = NZA 2019, 700 Rn. 28 („ca. 1,5 Jahre"); 23.1.2019 – 7 AZR 161/15, BeckRS 2019, 9266 Rn. 25 („zwei Jahre"); 23.1.2019 – 7 AZR 13/17, BeckRS 2019, 6894 Rn. 25 („etwa neun Monate").
[70] BAG 12.6.2019 – 7 AZR 548/17, NJW 2019, 3258 = NZA 2019, 1352 Rn. 20.
[71] BAG 12.6.2019 – 7 AZR 477/19, AP TzBfG § 14 Nr. 179 Rn. 30; 12.6.2019 – 7 AZR 429/17, NJW 2020, 92 = NZA 2019, 1563 Rn. 28.
[72] BAG 12.6.2019 – 7 AZR 429/17, NJW 2020, 92 = NZA 2019, 1563 Rn. 28.
[73] Vgl. BAG 12.6.2019 – 7 AZR 429/17, NJW 2020, 92 = NZA 2019, 1563 Rn. 30ff.
[74] Vgl. BAG 12.6.2019 – 7 AZR 477/19, AP TzBfG § 14 Nr. 179 Rn. 30 zur Familienzeit; 12.6.2019 – 7 AZR 429/17, NJW 2020, 92 = NZA 2019, 1563 Rn. 29 zur Schul- und Studienzeit.
[75] Vgl. BAG 12.6.2019 – 7 AZR 429/17, NJW 2020, 92 = NZA 2019, 1563 Rn. 29.
[76] BAG 17.4.2019 – 7 AZR 323/17, NZA 2019, 1271 Rn. 29; 20.3.2019 – 7 AZR 409/16, NZA 2019, 1274 Rn. 36; 23.1.2019 – 7 AZR 733/16, BAGE 165, 116 = NZA 2019, 700 Rn. 30.
[77] BAG 12.6.2019 – 7 AZR 548/17, NJW 2019, 3258 = NZA 2019, 1352 Rn. 14; 18.1.2006 – 7 AZR 178/05, NZA 2006, 605 Rn. 13.
[78] StRspr, zB BAG 21.3.2018 – 7 AZR 428/16, NZA 2018, 999 Rn. 37; 26.10.2016 – 7 AZR 535/14, BeckRS 2016, 115254 Rn. 18; 9.9.2015 – 7 AZR 190/14, NZA 2016, 232 Rn. 21.
[79] StRspr, zB BAG 21.3.2018 – 7 AZR 428/16, NZA 2018, 999 Rn. 37; 26.10.2016 – 7 AZR 535/14, BeckRS 2016, 115254 Rn. 18; 4.12.2013 – 7 AZR 468/12, NZA 2014, 623 Rn. 14.
[80] StRspr, vgl. zB BAG 21.3.2018 – 7 AZR 428/16, NZA 2018, 999 Rn. 37; 16.1.2008 – 7 AZR 603/06, BAGE 125, 248 = NZA 2008, 701 Rn. 11; 28.3.2006 – 7 AZR 12/06, BAGE 119, 212 = NZA 2007, 204 Rn. 22.

Änderung der Arbeitsbedingungen während der Laufzeit eines sachgrundlos befristeten Arbeitsvertrags befristungsrechtlich nicht von Bedeutung. Eine derartige Vereinbarung unterliegt nicht der Befristungskontrolle. Sie enthält keine erneute, die bereits bestehende Befristungsabrede ablösende Befristung, die ihrerseits auf ihre Wirksamkeit überprüft werden könnte.[81] Einer Verlängerung iSd § 14 Abs. 2 S. 1 Hs. 2 TzBfG steht dementsprechend nicht entgegen, dass bereits zuvor erfolgte Änderungen der Vertragsbedingungen in den Text der Verlängerungsvereinbarung aufgenommen werden.[82] Darüber hinaus ist die Vereinbarung von geänderten Vertragsbedingungen bei der Verlängerung des Arbeitsvertrags gem. § 14 Abs. 2 S. 1 Hs. 2 TzBfG ausnahmsweise zulässig, wenn die Neufassung des Vertrags Arbeitsbedingungen zum Inhalt hat, die von den Parteien vereinbart worden wären, wenn der Arbeitnehmer in einem unbefristeten Arbeitsverhältnis stünde. Dies folgt aus dem Diskriminierungsverbot für befristet beschäftigte Arbeitnehmer in § 4 Abs. 2 S. 1 TzBfG, das eine sachlich nicht gerechtfertigte Ungleichbehandlung des befristet beschäftigten Arbeitnehmers gegenüber einem unbefristet beschäftigten Arbeitnehmer untersagt. Eine Verlängerung iSd § 14 Abs. 2 S. 1 Hs. 2 TzBfG liegt daher auch vor, wenn neben dem Hinausschieben des Beendigungszeitpunkts Arbeitsbedingungen vereinbart werden, auf die der befristet beschäftigte Arbeitnehmer wie ein andere Arbeitnehmer des Betriebs gleichermaßen einen Anspruch haben und die zur Dokumentation des Vertragsinhalts schriftlich niedergelegt werden.[83]

35   d) **Rechtsmissbrauch.** Im konkreten Einzelfall kann es dem Arbeitgeber ausnahmsweise nach **Treu und Glauben** (§ 242 BGB) verwehrt sein, sich auf die Befristungsmöglichkeit des § 14 Abs. 2 S. 1 TzBfG zu berufen, weil er eine an sich nach dem TzBfG rechtlich mögliche Gestaltung rechtsmissbräuchlich ausnutzt. Ein solcher Rechtsmissbrauch kommt insbesondere in Betracht, wenn mehrere rechtlich und tatsächlich verbundene Vertragsarbeitgeber in bewusstem und gewolltem Zusammenwirken aufeinanderfolgende befristete Arbeitsverträge mit einem Arbeitnehmer ausschließlich deshalb schließen, um auf diese Weise über die nach § 14 Abs. 2 S. 1 TzBfG vorgesehenen Befristungsmöglichkeiten hinaus sachgrundlose Befristungen aneinanderreihen zu können. Bei einer solchen Umgehung des Anschlussverbots gem. § 14 Abs. 2 S. 2 TzBfG besteht die mit Treu und Glauben nicht zu vereinbarende Rechtsfolge nicht in dem Vertragsschluss „an sich", sondern in der Rechtfertigung der in dem Vertrag vereinbarten Befristung nach § 14 Abs. 2 S. 1 TzBfG. Der unredliche Vertragspartner kann sich auf eine solche Befristung nicht berufen.[84] Dagegen ist es dem Arbeitgeber nicht nach Treu und Glauben (§ 242 BGB) verwehrt, sich auf die Befristungsmöglichkeit des § 14 Abs. 2 S. 1 TzBfG zu berufen, wenn er sich gegenüber dem Arbeitnehmer zum Abschluss eines weiteren befristeten oder unbefristeten Arbeitsvertrags verpflichtet hat. Einen auf dieser Verpflichtung beruhenden Anspruch auf Abschluss eines entsprechenden Arbeitsvertrags hat der Arbeitnehmer mit einer Leistungsklage auf Abgabe einer Willenserklärung geltend zu machen.[85]

2. § 14 Abs. 2a TzBfG

36   Durch das Gesetz zu Reformen am Arbeitsmarkt vom 24.12.2003[86] wurde mit Wirkung zum 1.1.2004 § 14 Abs. 2a TzBfG eingeführt. Diese Regelung ermöglicht neu gegründeten Unternehmen in den ersten vier Jahren nach der Aufnahme ihrer Erwerbstätigkeit, kalendermäßig befristete Arbeitsverträge bis zu einer Dauer von vier Jahren ohne Vorliegen eines sachlichen Grundes abzuschließen. Sie soll **Existenzgründern** die Entscheidung für die Ein-

---

[81] StRspr, zB BAG 21.3.2018 – 7 AZR 428/16, NZA 2018, 999 Rn. 37; 16.1.2008 – 7 AZR 603/06, BAGE 125, 248 = NZA 2008, 701 Rn. 11.
[82] BAG 16.1.2008 – 7 AZR 603/06, BAGE 125, 248 = NZA 2008, 701 Rn. 8; 28.3.2006 – 7 AZR 12/06, BAGE 119, 212 = NZA 2007, 204 Rn. 11.
[83] Grdl.: BAG 28.3.2006 – 7 AZR 12/06, BAGE 119, 212 = NZA 2007, 204 Rn. 27 ff.; nachfolgend: BAG 16.1.2008 – 7 AZR 603/06, BAGE 125, 248 = NZA 2008, 701 Rn. 9.
[84] StRspr, zB BAG 24.2.2016 – 7 AZR 712/13, BAGE 154, 196 = NZA 2016, 758 Rn. 39; 24.6.2015 – 7 AZR 452/13, NZA 2015, 1507 Rn. 24.
[85] StRspr, vgl. zB BAG 14.6.2017 – 7 AZR 608/15, NZA 2018, 385 Rn. 48; 15.2.2017 – 7 AZR 143/15, NZA 2017, 1258 Rn. 49; 24.2.2016 – 7 AZR 253/14, NZA 2016, 814 Rn. 62.
[86] BGBl. 2003 I 3002.

stellung von Arbeitnehmern in der schwierigen und durch eine ungewisse wirtschaftliche und personelle Entwicklung geprägten Aufbauphase ihres Unternehmens erleichtern.[87]

Gemäß § 14 Abs. 2a S. 1 Hs. 1 TzBfG ist die kalendermäßige Befristung eines Arbeitsvertrages in den ersten vier Jahren nach der **Gründung eines Unternehmens** ohne Vorliegen eines sachlichen Grundes bis zur Dauer von vier Jahren zulässig. Maßgebend für den Zeitpunkt der Gründung des Unternehmens ist gemäß § 14 Abs. 2a S. 3 TzBfG die Aufnahme einer Erwerbstätigkeit, die nach § 138 AO der Gemeinde oder dem Finanzamt mitzuteilen ist. Entscheidend für den Beginn der gemäß §§ 187 Abs. 1, 188 Abs. 2 BGB zu berechnenden vierjährigen Frist ist mithin die Aufnahme der Erwerbstätigkeit des Unternehmens, nicht der Zeitpunkt der Mitteilung an die Gemeinde oder das Finanzamt.[88] Die Gründung eines Betriebs reicht für die Anwendung des § 14 Abs. 2a S. 1 TzBfG nicht aus.[89] Darüber hinaus gilt die Regelung gemäß § 14 Abs. 2a S. 2 TzBfG nicht für **Neugründungen im Zusammenhang mit der rechtlichen Umstrukturierung von Unternehmen und Konzernen**. Die Vorschrift soll im Wege einer solchen Umstrukturierung erfolgte Neugründungen, die bestehende unternehmerische Aktivitäten fortführen und für die daher typischerweise keine besonderen Unsicherheiten über die Unternehmensentwicklung bestehen, von der erleichterten Befristungsmöglichkeit des § 14 Abs. 2a S. 1 TzBfG ausnehmen.[90] Eine rechtliche Umstrukturierung von Unternehmen iSd. § 14 Abs. 2a S. 2 TzBfG setzt daher eine Änderung der rechtlichen Strukturen, innerhalb derer bestehende unternehmerische Aktivitäten wahrgenommen werden, voraus. Eine Änderung bestehender Unternehmen in ihrer rechtlichen Struktur bedarf es dagegen nicht.[91] Zu Neugründungen iSd. § 14 Abs. 2a S. 2 TzBfG zählen zB die Verschmelzung bestehender auf ein neu gegründetes Unternehmen, die Auflösung eines bestehenden Unternehmens unter Übertragung seines Vermögens auf ein neu gegründetes Unternehmen, die Aufspaltung eines Unternehmens auf mehrere neu gegründete Unternehmen und die Abspaltung von Teilen bestehender Unternehmen auf neu gegründete Tochtergesellschaften.[92] Dagegen erfasst § 14 Abs. 2a S. 1 TzBfG und nicht § 14 Abs. 2a S. 2 TzBfG die Gründung einer Tochtergesellschaft innerhalb eines Konzerns ohne Änderung der rechtlichen Struktur schon bestehender Unternehmen, um bislang im Konzern nicht wahrgenommene neue wirtschaftliche Aktivitäten zu verfolgen.[93] Dies gilt selbst dann, wenn die neu gegründete Tochtergesellschaft im Rahmen ihres unternehmerischen Neuengagements kein „eigenes" wirtschaftliches Risiko trägt.[94]

Die gem. § 14 Abs. 2a S. 1 Hs. 1 TzBfG zulässige **Befristungshöchstdauer** berechnet sich nicht ab dem Abschluss des kalendermäßig befristeten Arbeitsvertrags, sondern ab dem Zeitpunkt der vereinbarten bzw. tatsächlichen Arbeitsaufnahme.[95] Diese **Arbeitsaufnahme** muss innerhalb der ersten **vier Jahre nach der Gründung des Unternehmens** erfolgen. Dagegen muss das Ende der gem. § 14 Abs. 2a S. 1 Hs. 1 TzBfG vereinbarte Befristung ohne Vorliegen eines sachlichen Grundes nicht notwendig innerhalb dieses Zeitraums liegen.[96] Wie im Fall des § 14 Abs. 2 S. 1 Hs. 2 TzBfG müssen die Parteien die zulässige Befristungshöchstdauer nicht ausschöpfen. Sie können vielmehr auch dahinter zurückbleiben. In diesem Fall eröffnet ihnen § 14a Abs. 2 S. 1 Hs. 2 TzBfG die Möglichkeit, ihr kalendermäßig

---

[87] Vgl. BT-Drs. 15/1204, 10 (14); BAG 12.6.2019 – 7 AZR 317/17, NJW 2020, 96 = NZA 2019, 1568 Rn. 18, 22 f., 30.
[88] Ausdrücklich auch: BT-Drs. 15/1204, 14.
[89] Vgl. BT-Drs. 15/1204, 14, wonach § 14 Abs. 2a TzBfG hinsichtlich des Begriffs des neu gegründeten Unternehmens an § 112a Abs. 2 BetrVG anknüpft; dazu wiederum: BAG 27.6.2006 – 1 ABR 18/05, BAGE 118, 304 = NZA 2007, 106 Rn. 16 ff. mwN.
[90] Vgl. BAG 12.6.2019 – 7 AZR 317/17, NJW 2020, 96 = NZA 2019, 1568 Rn. 21.
[91] Vgl. BAG 12.6.2019 – 7 AZR 317/17, NJW 2020, 96 = NZA 2019, 1568 Rn. 20; 22.2.1995 – 10 ABR 21/94, NZA 1995, 699 (700) zu B II 1 der Gründe zu § 112a Abs. 2 S. 2 BetrVG.
[92] BAG 12.6.2019 – 7 AZR 317/17, NJW 2020, 96 = NZA 2019, 1568 Rn. 19; 27.6.2006 – 1 ABR 18/05, BAGE 118, 304 = NZA 2007, 106 Rn. 43 zu § 112a Abs. 2 S. 2 BetrVG.
[93] BAG 12.6.2019 – 7 AZR 317/17, NJW 2020, 96 = NZA 2019, 1568 Rn. 22.
[94] BAG 12.6.2019 – 7 AZR 317/17, NJW 2020, 96 = NZA 2019, 1568 Rn. 26 ff.
[95] Vgl. BT-Drs. 15/1204, 14.
[96] Str., wie hier jeweils mwN: Ascheid/Preis/Schmidt/*Backhaus* TzBfG § 14 Rn. 415k; ErfK/*Müller-Glöge* TzBfG § 14 Rn. 105.

befristetes Arbeitsverhältnis abermals ohne Vorliegen eines sachlichen Grundes befristet zu verlängern. Denn danach ist bis zu der Gesamtdauer von vier Jahren auch die **mehrfache Verlängerung** eines kalendermäßig befristeten Arbeitsvertrags zulässig. Die Anzahl der möglichen Verlängerungsmöglichkeiten ist dabei anders als im Fall des § 14 Abs. 2 S. 1 Hs. 2 TzBfG nicht beschränkt. Der Begriff der „Verlängerung" in § 14 Abs. 2a S. 1 Hs. 2 TzBfG deckt sich mit dem Begriff der „Verlängerung" iSd § 14 Abs. 2 S. 1 Hs. 2 TzBfG. Ob eine Verlängerung iSd § 14 Abs. 2a S. 1 Hs. 2 TzBfG auch noch mehr als vier Jahre nach der Gründung des Unternehmens möglich ist, wenn die gem. § 14 Abs. 2a S. 1 Hs. 1 TzBfG zulässige Befristungshöchstdauer noch nicht ausgeschöpft ist, ist umstritten.[97] Gem. § 14 Abs. 2a S. 4 iVm § 14 Abs. 2 S. 2 TzBfG scheidet die Befristung eines Arbeitsvertrags ohne Vorliegen eines sachlichen Grundes im Fall des § 14 Abs. 2a S. 1 TzBfG ebenso wie im Fall des § 14 Abs. 2 S. 1 TzBfG aus, wenn mit demselben Arbeitgeber bereits zuvor ein befristetes oder unbefristetes Arbeitsverhältnis bestanden hat.[98]

3. § 14 Abs. 3 TzBfG

39 Gemäß § 14 Abs. 3 S. 1 TzBfG ist die kalendermäßige Befristung eines Arbeitsvertrags ohne Vorliegen eines sachlichen Grundes bis zu einer Dauer von fünf Jahren zulässig, wenn der Arbeitnehmer bei Beginn des befristeten Arbeitsverhältnisses das 52. Lebensjahr vollendet hat und unmittelbar vor Beginn des befristeten Arbeitsverhältnisses mindestens vier Monate beschäftigungslos iSd § 138 Abs. 1 Nr. 1 SGB III gewesen ist, Transferkurzarbeitergeld bezogen oder an einer öffentlich geförderten Beschäftigungsmaßnahme nach dem SGB II oder dem SGB III teilgenommen hat.

40 § 14 Abs. 3 S. 1 TzBfG ist – jedenfalls bei erstmaliger Inanspruchnahme durch denselben Arbeitgeber – **unions- und verfassungsrechtskonform.** Die Regelung ist sowohl mit der EGB-UNICE-CEEP-Rahmenvereinbarung über befristete Arbeitsverträge im Anhang der RL 1999/70/EG als auch mit der RL 2000/78/EG als auch mit Art. 12 Abs. 1 GG und Art. 3 Abs. 1 GG vereinbar. Ob dies auch im Falle der wiederholten Inanspruchnahme der Regelung durch denselben Arbeitgeber gilt, ist höchstrichterlich bisher nicht entschieden worden.[99]

41 Die Befristung eines Arbeitsvertrags gem. § 14 Abs. 3 S. 1 TzBfG ohne Vorliegen eines sachlichen Grundes kommt ausweislich seines Wortlauts nur im Fall einer **kalendermäßigen Befristung** eines Arbeitsvertrags iSd § 3 Abs. 1 S. 2 Alt. 1 TzBfG in Betracht. Dagegen nicht bei einem zweckbefristeten Arbeitsvertrag iSd § 3 Abs. 1 S. 2 Alt. 2 TzBfG und bei Abschluss eines Arbeitsvertrags unter einer auflösenden Bedingung.

42 **Voraussetzung** für die kalendermäßige Befristung eines Arbeitsvertrags ohne Vorliegen eines sachlichen Grundes gem. § 14 Abs. 3 S. 1 TzBfG ist erstens, dass der Arbeitnehmer bei Beginn des befristeten Arbeitsverhältnisses das **52. Lebensjahr vollendet** hat. Das Arbeitsverhältnis darf also unter Berücksichtigung von § 187 Abs. 2 S. 1 und S. 2 BGB nicht vor dem Tag des 52. Geburtstags des Arbeitnehmers beginnen. Zweitens muss der Arbeitnehmer **unmittelbar vor Beginn** des befristeten Arbeitsverhältnisses mindestens vier Monate **beschäftigungslos** iSd § 138 Abs. 1 Nr. 1 SGB III gewesen sein, **Transferkurzarbeitergeld** bezogen oder an einer öffentlich geförderten **Beschäftigungsmaßnahme** nach dem SGB II oder SGB III teilgenommen haben. Unmittelbar vor Beginn des befristeten Arbeitsverhältnisses bedeutet, dass sich dieser Beginn **nahtlos** an die viermonatige Beschäftigungslosigkeit iSd § 138 Abs. 1 Nr. 1 SGB III, den Bezug des Transferkurzarbeitergeldes oder der Teilnahme an der öffentlich geförderten Beschäftigungsmaßnahme nach dem SGB II oder SGB III anschließen muss.[100]

43 Wie in den Fällen der Befristung eines Arbeitsvertrags ohne Vorliegen eines sachlichen Grundes gem. § 14 Abs. 2 S. 1 Hs. 1 TzBfG und § 14 Abs. 2a S. 1 Hs. 1 TzBfG müssen die

---

[97] Vgl. dazu jeweils mwN: Ascheid/Preis/Schmidt/*Backhaus* TzBfG § 14 Rn. 415k; ErfK/*Müller-Glöge* TzBfG § 14 Rn. 105.
[98] Vgl. dazu auch: BAG 25.10.2012 – 8 AZR 575/11, NZA 2013, 203 Rn. 47.
[99] Grdl.: BAG 28.5.2014 – 7 AZR 360/12, BAGE 148, 193 = NZA 2015, 1131 Rn. 10 ff.
[100] Ascheid/Preis/Schmidt/*Backhaus* TzBfG § 14 Rn. 435c.

Arbeitsvertragsparteien die zulässige **Befristungshöchstdauer** von bis zu fünf Jahren nicht ausschöpfen, sondern können auch dahinter zurückbleiben.[101] In diesem Fall eröffnet ihnen § 14 Abs. 3 S. 2 TzBfG die Möglichkeit, ihr kalendermäßig befristetes Arbeitsverhältnis abermals ohne Vorliegen eines sachlichen Grundes befristet zu verlängern. Danach ist bis zu der Gesamtdauer von fünf Jahren auch die mehrfache **Verlängerung** des Arbeitsvertrags zulässig. Die Anzahl der Verlängerungsmöglichkeiten ist dabei wie im Fall des § 14 Abs. 2a S. 1 Hs. 2 TzBfG und anders als im Fall des § 14 Abs. 2 S. 1 Hs. 2 TzBfG nicht beschränkt. Der Begriff der „Verlängerung" in § 14 Abs. 3 S. 2 TzBfG deckt sich mit dem Begriff der „Verlängerung" iSd § 14 Abs. 2 S. 1 Hs. 2 TzBfG. Anders als in den Fällen des § 14 Abs. 2 S. 1 und Abs. 2a S. 1 TzBfG scheidet die Befristung eines Arbeitsvertrags ohne Vorliegen eines sachlichen Grundes im Fall des § 14 Abs. 3 S. 1 TzBfG nicht aus, wenn mit demselben Arbeitgeber bereits zuvor ein befristetes oder unbefristetes Arbeitsverhältnis bestanden hat.

4. Abweichende tarifvertragliche Regelungen, § 14 Abs. 2 S. 3 und S. 4 TzBfG

Durch Tarifvertrag kann ohne weiteres **zugunsten des Arbeitnehmers** von den Vorschriften des TzBfG abgewichen werden, bspw. durch eine Regelung, die die sachgrundlose Befristung eines Arbeitsvertrags von strengeren Voraussetzungen abhängig macht als § 14 Abs. 1 S. 1 und S. 2 TzBfG.[102] Dagegen kann von den Vorschriften des TzBfG gemäß § 22 Abs. 1 TzBfG grundsätzlich nicht **zuungunsten des Arbeitnehmers** abgewichen werden. Eine Ausnahme von diesem Grundsatz statuiert unter anderem § 14 Abs. 2 S. 3 und S. 4 TzBfG. Nach § 14 Abs. 2 S. 3 TzBfG kann durch Tarifvertrag die Anzahl der Verlängerungen oder die Höchstdauer der Befristung abweichend von § 14 Abs. 2 S. 1 TzBfG festgelegt werden. Im Geltungsbereich eines solchen Tarifvertrags können nicht tarifgebundene Arbeitgeber und Arbeitnehmer gemäß § 14 Abs. 2 S. 4 TzBfG die Anwendung der tariflichen Regelungen vereinbaren.

Die Tariföffnungsklausel des § 14 Abs. 2 S. 3 TzBfG zielt darauf ab, branchenspezifische Lösungen zu erleichtern.[103] Sie bezieht sich ausweislich ihres Wortlauts ausschließlich auf **Tarifverträge**. Zuungunsten des Arbeitnehmers von § 14 Abs. 1 S. 1 TzBfG abweichende kirchenrechtliche Arbeitsrechtsregelungen können nach der Rspr. des BAG daher weder unmittelbar noch in entsprechender Anwendung auf § 14 Abs. 1 S. 3 TzBfG gestützt werden.[104] Den Tarifvertragsparteien erlaubt § 14 Abs. 1 S. 3 TzBfG trotz seines nicht ganz eindeutigen Wortlauts („oder") nicht nur entweder die **Anzahl der Verlängerungen** oder die **Höchstdauer der Befristung,** sondern auch beide Umstände kumulativ abweichend von § 14 Abs. 2 S. 1 TzBfG zuungunsten der Arbeitnehmer zu regeln.[105] Machen die Tarifvertragsparteien von dieser Regelungsbefugnis Gebrauch, dürfen sie die von ihnen erweiterte Möglichkeit zur sachgrundlosen Befristung zudem zugunsten des Arbeitnehmers von zusätzlichen Voraussetzungen, wie zB der Zustimmung des Betriebsrats, abhängig machen und damit einschränken.[106] Die ihnen eingeräumte Regelungsbefugnis ist allerdings entgegen des auch insoweit missglückten Wortlauts von § 14 Abs. 2 S. 3 TzBfG nicht völlig unbegrenzt. Vielmehr gebieten der systematische Gesamtzusammenhang sowie der Sinn und Zweck des TzBfG, aber auch verfassungs- und unionsrechtliche Gründe eine **immanente Beschränkung** dieser Regelungsbefugnis.[107] Diese Grenze der tariflichen Regelungsbefugnis ist unter Berücksichtigung der Gesamtkonzeption von § 14 TzBfG und der unionsrechtlichen Vorgaben

---

[101] Vgl. BAG 9.9.2015 – 7 AZR 190/14, NZA 2016, 232 Rn. 40.
[102] Vgl. BAG 28.3.2007 – 7 AZR 318/06, NZA 2007, 937 Rn. 13.
[103] BT-Drs. 14/4374, 14; BAG 17.4.2019 – 7 AZR 410/17, NZA 2019, 1223 Rn. 24; 21.3.2018 – 7 AZR 428/16, NZA 2018, 999 Rn. 43.
[104] Grdl.: BAG 25.3.2009 – 7 AZR 710/07, BAGE 130, 146 = NZA 2009, 1417 Rn. 16 ff.
[105] StRspr, zB BAG 21.3.2018 – 7 AZR 428/16, NZA 2018, 999 Rn. 29; 14.6.2017 – 7 AZR 627/15, BeckRS 2017, 129010 Rn. 18; grdl.: BAG 15.8.2012 – 7 AZR 184/11, BAGE 143, 10 = NZA 2013, 45 Rn. 15 ff.
[106] BAG 21.3.2018 – 7 AZR 428/16, NZA 2018, 999 Rn. 22.
[107] StRspr, vgl. BAG 17.4.2019 – 7 AZR 410/17, NZA 2019, 1223 Rn. 17 ff.; 26.10.2016 – 7 AZR 140/15, BAGE 157, 141 = NZA 2017, 463 Rn. 18 ff.; grdl.: BAG 15.8.2012 – 7 AZR 184/11, BAGE 143, 10 Rn. 23 ff. = NZA 2013, 45; aA *Hamann* NZA 2019, 424 (425 ff.); *Frieling/Münder* NZA 2017, 766 ff.

in der RL 1999/70/EG und der inkorporierten Rahmenvereinbarung sowie zur Gewährleistung eines Mindestbestandsschutzes für die betroffenen Arbeitnehmer und unter Beachtung der den Tarifvertragsparteien zustehenden Tarifautonomie bei der Festlegung der Dauer eines sachgrundlos befristeten Arbeitsverhältnisses auf maximal sechs Jahre und der höchstens neunmaligen Verlängerung bis zu dieser Gesamtdauer erreicht. Innerhalb dieses Gestaltungsrahmens können die Tarifvertragsparteien die Höchstdauer und die Anzahl der Verlängerungen abweichend von § 14 Abs. 2 S. 1 TzBfG festlegen, ohne dass insoweit besondere branchentypische Besonderheiten vorliegen müssen.[108] Unionsrechtlich bestehen gegen die Tariföffnungsklausel des § 14 Abs. 2 S. 3 TzBfG unter Berücksichtigung ihrer dargestellten immanenten Beschränkung keine Bedenken.[109]

46 Gemäß § 14 Abs. 2 S. 4 TzBfG können **nicht tarifgebundene Arbeitgeber und Arbeitnehmer** im Geltungsbereich eines Tarifvertrags iSd. § 14 Abs. 2 S. 3 TzBfG die Anwendung der tariflichen Regelungen iSd. § 14 Abs. 2 S. 3 TzBfG vereinbaren. Die Arbeitsvertragsparteien treffen eine **Vereinbarung im Geltungsbereich eines Tarifvertrags** iSd. § 14 Abs. 2 S. 4 TzBfG, wenn sie im Falle ihrer beiderseitigen Tarifgebundenheit dessen (räumlichen, fachlichen und persönlichen) Geltungsbereich unterfielen.[110] In der Vereinbarung müssen sie die **Anwendung der tariflichen Regelungen** iSd. § 14 Abs. 2 S. 3 TzBfG vorsehen. Dafür genügt es, dass sie arbeitsvertraglich auf die tariflichen Regelungen zur Anzahl der Verlängerungen und Höchstdauer der Befristung Bezug zu nehmen. Der Inbezugnahme des gesamten Tarifvertrags oder Tarifwerks oder zumindest der gesamten jeweiligen tariflichen Regelungen zur Befristung von Arbeitsverhältnissen bedarf es dagegen nicht.[111]

III. Befristung mit sachlichem Grund

1. Gesetzlich geregelte Gründe, § 14 Abs. 1 S. 2 Nr. 1 bis 8 TzBfG

47 § 14 TzBfG regelt, was bei Abschluss des befristeten Vertrags – angesprochen wird hierüber auch die nachträgliche Befristung eines unbefristeten Arbeitsverhältnisses – für dessen Wirksamkeit zu beachten ist. Das Grundkonzept sieht vor, dass jede Befristung **schriftlich** vereinbart werden muss (§ 14 Abs. 4 TzBfG), dass beim erstmaligen Abschluss eines Arbeitsvertrags zwei Jahre lang ohne Sachgrund befristet werden kann (§ 14 Abs. 2 TzBfG) und dass ansonsten eine Befristung durch einen **Sachgrund** gerechtfertigt sein muss (§ 14 Abs. 1 TzBfG). Auch die nachträgliche Befristung eines unbefristeten Arbeitsverhältnisses bedarf eines objektiven, die Befristung sachlich rechtfertigenden Grundes.[112] Gleiches gilt für die Verkürzung der Laufzeit eines befristeten Arbeitsvertrags[113] und für einen „Aufhebungsvertrag", der nicht auf die alsbaldige Beendigung eines Arbeitsverhältnisses gerichtet ist, sondern auf dessen befristete Fortsetzung.[114] § 14 Abs. 1 TzBfG enthält die Grundregel, die Befristung sei zulässig, sofern sie durch einen sachlichen Grund gerechtfertigt ist. Dazu definiert § 14 Abs. 1 TzBfG nicht abstrakt den Begriff des sachlichen Grundes, sondern zählt typische Beispiele auf. Mit der Formulierung: „Ein sachlicher Grund liegt insbeson-

---

[108] StRspr, vgl. zB BAG 17.4.2019 – 7 AZR 410/17, NZA 2019, 1223 Rn. 17, 31 ff.; 21.3.2018 – 7 AZR 428/16, NZA 2018, 999 Rn. 21; grdl.: BAG 26.10.2016 – 7 AZR 140/15, BAGE 157, 141 = NZA 2017, 463 Rn. 31 ff.; abl. *Hamann* NZA 2019, 424 (425 ff.); *Frieling/Münder* NZA 2017, 766 (768 ff.).
[109] Grdl.: BAG 5.12.2012 – 7 AZR 698/11, BAGE 144, 85 = NZA 2013, 515 Rn. 22 ff.
[110] StRspr, zB BAG 21.3.2018 – 7 AZR 428/16, NZA 2018, 999 Rn. 26; 14.6.2017 – 7 AZR 627/15, BeckRS 2017, 129010 Rn. 38; 26.10.2016 – 7 AZR 140/15, BAGE 157, 141 = NZA 2017, 463 Rn. 37.
[111] BAG 21.3.2018 – 7 AZR 428/16, NZA 2018, 999 Rn. 25; aA Ascheid/Preis/Schmidt/*Backhaus* TzBfG § 14 Rn. 410 („gesamte tarifliche Regelungen zur Befristung"); BeckOK ArbR/*Bayreuther* TzBfG § 14 Rn. 100 („gesamtes Tarifwerk").
[112] StRspr, vgl. zB BAG 12.6.2019 – 7 AZR 548/17, NJW 2019, 3258 = NZA 2019, 1352 Rn. 20; 18.1.2017 – 7 AZR 236/15, NZA 2017, 849 Rn. 27; 14.12.2016 – 7 AZR 797/14, BAGE 157, 258 = NZA 2017, 634 Rn. 28.
[113] BAG 14.12.2016 – 7 AZR 49/15, BAGE 157, 258 = NZA 2017, 634 Rn. 26 ff.
[114] StRspr, vgl. zB BAG 18.1.2017 – 7 AZR 236/15, NZA 2017, 849 Rn. 26; 14.12.2016 – 7 AZR 49/15, BAGE 157, 258 = NZA 2017, 634 Rn. 20; 11.2.2015 – 7 AZR 17/13, BAGE 150, 366 = NJW 2015, 2682 = NZA 2015, 1066 Rn. 16.

re vor, wenn..." geht der Gesetzgeber von der bisherigen Rspr. des BAG aus und schließt die durch die Rspr. akzeptierten weiteren Sachgründe nicht aus. Die vom Gesetz ausdrücklich angesprochenen sachlich rechtfertigenden Gründe sind:

a) Vorübergehender betrieblicher Bedarf an der Arbeitsleistung, § 14 Abs. 1 S. 2 Nr. 1 TzBfG. Ein sachlicher Grund für die Befristung eines Arbeitsvertrags liegt nach § 14 Abs. 1 S. 2 Nr. 1 TzBfG vor, wenn der betriebliche Bedarf an der Arbeitsleistung nur vorübergehend besteht.

Kennzeichnend für den sachlichen Grund des § 14 Abs. 1 S. 2 Nr. 1 TzBfG ist ein **vorübergehender Arbeitskräfte(mehr)bedarf** in dem Betrieb oder der Dienststelle des Arbeitgebers.[115] Dieser Bedarf kann unterschiedliche Ursachen haben. Er kann sich zB aus dem Umstand ergeben, dass für einen begrenzten Zeitraum in dem Betrieb oder der Dienststelle zusätzliche Arbeiten anfallen, die mit dem Stammpersonal allein nicht erledigt werden können (zB während der Erntesaison), oder daraus, dass sich der Arbeitskräftebedarf künftig verringern wird (zB wegen der Inbetriebnahme einer neuen technischen Anlage oder Abwicklungsarbeiten bis zur Stilllegung des Betriebs oder der Dienststelle).[116] Im ersteren Fall kann er dementsprechend etwa auf einem vorübergehenden Anstieg des Arbeitsvolumens im Bereich der Daueraufgaben des Arbeitgebers oder auf der Übernahme eines Projekts oder einer Zusatzaufgabe beruhen.[117] Unerlässliche Voraussetzung für die Zulässigkeit der Befristung eines Arbeitsvertrags aufgrund von § 14 Abs. 1 S. 2 Nr. 1 TzBfG ist dabei stets, dass der Arbeitskräfte(mehr)bedarf auch tatsächlich nur vorübergehend und nicht objektiv dauerhaft besteht.[118]

Voraussetzung des sachlichen Grundes ist erstens, dass im Zeitpunkt des Abschlusses des befristeten Arbeitsvertrags mit hinreichender Sicherheit zu erwarten ist, dass nach dem vorgesehenen Vertragsende für die Beschäftigung des befristet eingestellten Arbeitnehmers kein dauerhafter betrieblicher Bedarf mehr besteht.[119] Dafür genügt es nicht, dass sich bloß unbestimmt abzeichnet, dass der Bedarf für diese Beschäftigung in der Zukunft entbehrlich sein könnte.[120] Diese allgemeine Unsicherheit über den zukünftig bestehenden Beschäftigungsbedarf gehört zum unternehmerischen Risiko des Arbeitgebers, das er nicht durch Abschluss eines befristeten Arbeitsvertrags auf den Arbeitnehmer abwälzen darf. Dementsprechend rechtfertigt sie die Befristung eines Arbeitsvertrags gemäß § 14 Abs. 1 S. 2 Nr. 1 TzBfG nicht.[121] Der Arbeitgeber muss vielmehr bei Abschluss des befristeten Arbeitsvertrags eine **Prognose** über den vorübergehenden betrieblichen Bedarf an der Arbeitsleistung des befristet eingestellten Arbeitnehmers erstellen, der konkrete Anhaltspunkte zugrunde liegen müssen.[122] Diese Prognose muss sich darauf erstrecken, dass der Bedarf an der Arbeitsleistung des befristet eingestellten Arbeitnehmers nur zeitweise und nicht dauerhaft besteht.[123]

---

[115] Vgl. BAG 10.7.2013 – 7 AZR 761/11, NZA 2014, 26 Rn. 15; 13.2.2013 – 7 AZR 324/11, AP TzBfG § 14 Nr. 103 Rn. 25; 16.1.2013 – 7 AZR 661/11, BAGE 144, 193 = NZA 2013, 614 Rn. 17.

[116] Vgl. BT-Drs. 14/4374, 18 f.; BAG 21.3.2017 – 7 AZR 222/15, NZA 2017, 631 Rn. 30; 10.7.2013 – 7 AZR 761/11, NZA 2014, 26 Rn. 34; 17.3.2010 – 7 AZR 640/08, BAGE 133, 319 = NZA 2010, 633 Rn. 11.

[117] Vgl. zB BAG 21.8.2019 – 7 AZR 572/17, NJW 2020, 98 = NZA 2019, 1709 Rn. 21; 23.1.2019 – 7 AZR 212/17, AP TzBfG § 14 Nr. 174 Rn. 11; 21.11.2018 – 7 AZR 234/17, NJW 2019, 1697 = NZA 2019, 611 Rn. 16.

[118] BAG 14.12.2016 – 7 AZR 688/14, NZA 2017, 711 Rn. 12; 10.7.2013 – 7 AZR 761/11, NZA 2014, 26 Rn. 34; 17.3.2010 – 7 AZR 640/08, BAGE 133, 319 = NJW 2010, 2232 = NZA 2010, 633 Rn. 11.

[119] StRspr, zB BAG 21.8.2019 – 7 AZR 572/17, NJW 2020, 98 = NZA 2019, 1709 Rn. 21; 23.1.2019 – 7 AZR 212/17, AP TzBfG § 14 Nr. 174 Rn. 11; 21.11.2018 – 7 AZR 234/17, NJW 2019, 1697 = NZA 2019, 611 Rn. 16.

[120] StRspr, vgl. zB BAG 21.3.2017 – 7 AZR 222/15, NZA 2017, 631 Rn. 29; 15.10.2014 – 7 AZR 893/12, NZA 2015, 362 Rn. 15; 24.9.2014 – 7 AZR 987/12, NZA 2015, 301 Rn. 15.

[121] StRspr, vgl. zB BAG 21.8.2019 – 7 AZR 572/17, NJW 2020, 98 = NZA 2019, 1709 Rn. 21; 23.1.2019 – 7 AZR 212/17, AP TzBfG § 14 Nr. 174 Rn. 11; 21.11.2018 – 7 AZR 234/17, NJW 2019, 1697 = NZA 2019, 611 Rn. 16.

[122] StRspr, zB BAG 21.8.2019 – 7 AZR 572/17, NJW 2020, 98 = NZA 2019, 1709 Rn. 21; 23.1.2019 – 7 AZR 212/17, AP TzBfG § 14 Nr. 174 Rn. 11; 21.11.2018 – 7 AZR 234/17, NJW 2019, 1697 = NZA 2019, 611 Rn. 16.

[123] BAG 14.12.2016 – 7 AZR 688/14, NZA 2017, 711 Rn. 14; 17.3.2010 – 7 AZR 640/08, BAGE 133, 319 = NZA 2010, 633 Rn. 14; 20.2.2008 – 7 AZR 950/06, AP TzBfG § 14 Nr. 45 Rn. 16.

Dagegen muss sie sich nicht auf die vereinbarte Dauer des befristeten Arbeitsvertrags beziehen. Diese Dauer bedarf nämlich keiner eignen sachlichen Rechtfertigung und erlangt nur bei der Frage Bedeutung, ob ein sachlicher Grund iSd § 14 Abs. 1 S. 1 TzBfG vorliegt oder nur vorgeschoben ist.[124] Dementsprechend muss sie sich lediglich am sachlichen Grund für die Befristung des Arbeitsvertrags orientieren und so mit ihm im Einklang stehen, dass sie den angeführten Sachgrund nicht in Frage stellt. Ihr bloßes Zurückbleiben hinter der bei Vertragsschluss voraussehbaren Dauer des sachlichen Grundes für die Befristung des Arbeitsvertrags ist daher nicht stets und ohne weiteres geeignet, diesen sachlichen Grund in Frage zu stellen.[125] Vielmehr ist dies erst dann der Fall, wenn eine sinnvolle, diesem sachlichen Grund entsprechende Mitarbeit des Arbeitnehmers nicht mehr möglich erscheint.[126] Geht die vereinbarte Dauer des befristeten Arbeitsvertrags hingegen erheblich über die voraussehbare Dauer des sachlichen Grundes für die Befristung des Arbeitsvertrags hinaus, lässt dies den Schluss darauf zu, dass dieser sachliche Grund nur vorgeschoben ist.[127]

51 Zweitens ist für eine wirksame Befristung eines Arbeitsvertrags aufgrund von § 14 Abs. 1 S. 2 Nr. 1 TzBfG erforderlich, dass der Arbeitnehmer gerade zur Deckung des vorübergehenden Bedarfs an der Arbeitsleistung eingestellt wird.[128] Dafür ist allerdings ausreichend, dass zwischen dem vorübergehenden Bedarf an der Arbeitsleistung und der befristeten Einstellung des Arbeitnehmers ein **ursächlicher Zusammenhang** besteht. Der Arbeitgeber muss den befristet eingestellten Arbeitnehmer also nicht zwingend in dem Bereich einsetzen, in dem der vorübergehende Bedarf an der Arbeitsleistung entstanden ist. Stattdessen kann er auch die vorhandene Arbeitsmenge verteilen, seine Arbeitsorganisation ändern oder die zusätzlichen Arbeiten anderen Arbeitnehmern zuweisen. Er darf den vorübergehenden Bedarf an der Arbeitsleistung nur nicht zum Anlass nehmen, beliebig viele Arbeitnehmer befristet einzustellen. Vielmehr muss sich die Zahl der befristet eingestellten Arbeitnehmer im Rahmen des vorübergehenden Bedarfs an der Arbeitsleistung halten und darf diesen nicht überschreiten.[129]

52 Ein praktisch wichtiger Anwendungsfall des sachlichen Grundes des § 14 Abs. 1 S. 2 Nr. 1 TzBfG ist die Befristung eines Arbeitsvertrags mit einem projektbezogen beschäftigten Arbeitnehmer für die Dauer eines Projekts bzw. wegen eines vorübergehenden projektbedingten Bedarfs an dessen Arbeitsleistung. Eine solche sog. **„Projektbefristung"** setzt voraus, dass es sich bei den im Rahmen des Projekts zu bewältigenden Aufgaben um auf vorübergehende Dauer angelegte und gegenüber den Daueraufgaben des Arbeitgebers abgrenzbare Zusatzaufgaben handelt.[130] **Daueraufgaben** des Arbeitgebers sind Tätigkeiten, die im Rahmen seiner unternehmerischen Ausrichtung ständig und im Wesentlichen unverändert anfallen und einen planbaren Beschäftigungsbedarf verursachen. Davon abzugrenzen sind **Zusatzaufgaben,** die nur für eine begrenzte Zeit durchzuführen sind und keinen auf längere Zeit planbaren Personalbedarf mit sich bringen.[131] Zu den Daueraufgaben zählen daher Tätigkeiten, die der Arbeitgeber im Rahmen des von ihm verfolgten Betriebszwecks dauerhaft

---

[124] Vgl. BAG 14.12.2016 – 7 AZR 688/14, NZA 2017, 711 Rn. 14; 17.3.2010 – 7 AZR 640/08, BAGE 133, 319 = NJW 2010, 2232 = NZA 2010, 633 Rn. 14; 29.7.2009 – 7 AZR 907/07, AP TzBfG § 14 Nr. 65 Rn. 22.
[125] Vgl. BAG 23.5.2018 – 7 AZR 16/17, NZA 2018, 1549 Rn. 44; BAG 14.12.2016 – 7 AZR 688/14, NZA 2017, 711 Rn. 14; 17.3.2010 – 7 AZR 640/08, BAGE 133, 319 = NJW 2010, 2232 = NZA 2010, 633 Rn. 14.
[126] Vgl. BAG 14.12.2016 – 7 AZR 688/14, NZA 2017, 711 Rn. 14; 27.7.2016 – 7 AZR 545/14, NJW 2016, 3388 = NZA 2016, 1531 Rn. 33; 24.9.2014 – 7 AZR 987/12, NZA 2015, 301 Rn. 20.
[127] Vgl. BAG 29.7.2009 – 7 AZR 907/07, AP TzBfG § 14 Nr. 65 Rn. 22.
[128] BAG 14.12.2016 – 7 AZR 688/14, NZA 2017, 711 Rn. 15; 10.7.2013 – 7 AZR 761/11, NZA 2014, 26 Rn. 36; 17.3.2010 – 7 AZR 640/08, BAGE 133, 319 Rn. 15 = NZA 2010, 633.
[129] Vgl. BAG 14.12.2016 – 7 AZR 688/14, NZA 2017, 711 Rn. 15; 17.3.2010 – 7 AZR 640/08, BAGE 133, 319 Rn. 15 = NZA 2010, 633; 20.2.2008 – 7 AZR 950/06, AP TzBfG § 14 Nr. 45 Rn. 20.
[130] StRspr, zB BAG 21.8.2019 – 7 AZR 572/17, NJW 2020, 98 = NZA 2019, 1709 Rn. 22; 23.1.2019 – 7 AZR 212/17, AP TzBfG § 14 Nr. 174 Rn. 12; 21.11.2018 – 7 AZR 234/17, NJW 2019, 1697 = NZA 2019, 611 Rn. 17.
[131] Vgl. BAG 21.8.2019 – 7 AZR 572/17, NJW 2020, 98 = NZA 2019, 1709 Rn. 23 f.; 23.1.2019 – 7 AZR 212/17, AP TzBfG § 14 Nr. 174 Rn. 17; 21.11.2018 – 7 AZR 234/17, NJW 2019, 1697 = NZA 2019, 611 Rn. 27.

wahrnimmt oder zu deren Durchführung er verpflichtet ist.[132] Allein der Umstand, dass der Arbeitgeber ständig in erheblichem Umfang Projekte durchführt, reicht für die Annahme einer Daueraufgabe aber nicht aus.[133] Zu den Zusatzaufgaben zählen Tätigkeiten, die nur unregelmäßig – zB nur aus besonderem Anlass – ausgeführt werden oder mit unvorhersehbaren besonderen Anforderungen in Bezug auf die Qualifikation des benötigten Personals verbunden sind und deshalb keinen vorhersehbaren Personalbedarf sowohl in quantitativer Hinsicht als auch in Bezug auf die Qualifikation des benötigten Personals verursachen.[134] Für das Vorliegen einer Zusatzaufgabe bzw. eines Projekts spricht es regelmäßig, wenn dem Arbeitgeber für die Durchführung der im Projekt verfolgten Tätigkeiten von einem Dritten finanzielle Mittel oder Sachleistungen zur Verfügung gestellt werden.[135] Zeitlich begrenzte Vorhaben sind dagegen nicht zwangsläufig eine Zusatzaufgabe bzw. ein Projekt. Sie können im Einzelfall auch zu den Daueraufgaben des Arbeitgebers gehören.[136] Die vom Arbeitgeber bei Abschluss des befristeten Arbeitsvertrags zu erstellende Prognose muss sich in Fällen der sog. „Projektbefristung" abweichend von den sonstigen Anwendungsfällen des § 14 Abs. 1 S. 2 Nr. 1 TzBfG nicht darauf beziehen, dass mit hinreichender Sicherheit zu erwarten ist, dass nach dem vorgesehenen Vertragsende für die Beschäftigung des befristet eingestellten Arbeitnehmers überhaupt kein Bedarf an seiner Arbeitsleistung mehr besteht. Entscheidend ist vielmehr, ob mit hinreichender Sicherheit zu erwarten ist, dass der Bedarf für die Arbeitsleistung des befristet eingestellten Arbeitnehmers durch die Beendigung des konkreten Projekts entfällt. Unerheblich ist daher, ob der befristet eingestellte Arbeitnehmer nach dem vorgesehenen Vertragsende aufgrund seiner Qualifikation auf einem freien Arbeitsplatz außerhalb des Projekts befristet oder unbefristet beschäftigt werden kann.[137] Darüber hinaus muss sich die vom Arbeitgeber bei Abschluss des befristeten Arbeitsvertrags zu erstellende Prognose auch darauf erstrecken, dass der befristet eingestellte Arbeitnehmer den wesentlichen Teil seiner Arbeitszeit projektbezogen eingesetzt wird. Unerheblich ist, ob der Arbeitgeber zu diesem Zeitpunkt beabsichtigt, den Arbeitnehmer daneben, also nicht arbeitszeitlich überwiegend, auch mit nicht projektbezogenen Aufgaben zu betrauen.[138]

Die **Darlegungs- und Beweislast** für die Voraussetzungen des sachlichen Grundes des § 14 Abs. 1 S. 2 Nr. 1 TzBfG trägt der Arbeitgeber. Er hat im Prozess daher zum einen die tatsächlichen Grundlagen für seine bei Abschluss des befristeten Arbeitsvertrags erstellte **Prognose**, dass nach dem vorgesehenen Vertragsende für die Arbeitsleistung des befristet eingestellten Arbeitnehmers kein dauerhafter betrieblicher Bedarf mehr besteht, und die ihr zugrundeliegenden konkreten Anhaltspunkte darzulegen und im Bestreitensfall zu beweisen.[139] Stützt er die Befristung auf einen zusätzlichen Arbeitskräftebedarf im Bereich der Daueraufgaben, hat er darzulegen und ggf. zu beweisen, aufgrund welcher Umstände bei

---

[132] Vgl. BAG 21.8.2019 – 7 AZR 572/17, NJW 2020, 98 = NZA 2019, 1709 Rn. 23; 23.1.2019 – 7 AZR 212/17, AP TzBfG § 14 Nr. 174 Rn. 12; 21.11.2018 – 7 AZR 234/17, NJW 2019, 1697 = NZA 2019, 611 Rn. 17.
[133] Vgl. BAG 23.1.2019 – 7 AZR 212/17, AP TzBfG § 14 Nr. 174 Rn. 17; 21.11.2018 – 7 AZR 234/17, NJW 2019, 1697 = NZA 2019, 611 Rn. 27.
[134] Vgl. BAG 21.8.2019 – 7 AZR 572/17, NJW 2020, 98 = NZA 2019, 1709 Rn. 24.; 23.1.2019 – 7 AZR 212/17, AP TzBfG § 14 Nr. 174 Rn. 17; 21.11.2018 – 7 AZR 234/17, NJW 2019, 1697 = NZA 2019, 611 Rn. 27.
[135] StRspr., zB BAG 21.8.2019 – 7 AZR 572/17, NJW 2020, 98 = NZA 2019, 1709 Rn. 23; 23.1.2019 – 7 AZR 212/17, AP TzBfG § 14 Nr. 174 Rn. 12; 21.11.2018 – 7 AZR 234/17, NJW 2019, 1697 = NZA 2019, 611 Rn. 17.
[136] BAG 21.8.2019 – 7 AZR 572/17, NJW 2020, 98 = NZA 2019, 1709 Rn. 23; 23.1.2019 – 7 AZR 212/17, AP TzBfG § 14 Nr. 174 Rn. 17; 21.11.2018 – 7 AZR 234/17, NJW 2019, 1697 = NZA 2019, 611 Rn. 27.
[137] StRspr., zB BAG 21.8.2019 – 7 AZR 572/17, NJW 2020, 98 = NZA 2019, 1709 Rn. 25; 23.1.2019 – 7 AZR 212/17, AP TzBfG § 14 Nr. 174 Rn. 12; 21.11.2018 – 7 AZR 234/17, NJW 2019, 1697 = NZA 2019, 611 Rn. 17.
[138] BAG 24.9.2014 – 7 AZR 987/12, NZA 2015, 301 Rn. 21; 29.7.2009 – 7 AZR 907/07, AP TzBfG § 14 Nr. 65 Rn. 24; 7.5.2008 – 7 AZR 146/07, AP TzBfG § 14 Nr. 49 Rn. 16.
[139] StRspr, vgl. zB BAG 21.8.2019 – 7 AZR 572/17, NJW 2020, 98 = NZA 2019, 1709 Rn. 21; 23.1.2019 – 7 AZR 212/17, AP TzBfG § 14 Nr. 174 Rn. 11; 21.11.2018 – 7 AZR 234/17, NJW 2019, 1697 = NZA 2019, 611 Rn. 16.

Abschluss des befristeten Arbeitsvertrags davon auszugehen war, dass künftig nach Ablauf der mit dem befristet beschäftigten Arbeitnehmer vereinbarten Vertragslaufzeit das zu erwartende Arbeitspensum mit dem vorhandenen Stammpersonal würde erledigt werden können.[140] Stützt er die Befristung auf einen vorübergehenden projektbedingten Arbeitskräftebedarf, hat er ausreichende konkrete Anhaltspunkte dafür vorzutragen und ggf. zu beweisen, dass bereits im Zeitpunkt des Vertragsschlusses zu erwarten war, dass die im Rahmen des Projekts durchgeführten Aufgaben nicht dauerhaft anfallen.[141] Wird die vom Arbeitgeber bei Abschluss des befristeten Arbeitsvertrags erstellte Prognose durch die spätere Entwicklung bestätigt, besteht eine ausreichende Vermutung dafür, dass sie hinreichend fundiert erstellt worden ist. Es ist dann Sache des Arbeitnehmers, Tatsachen vorzutragen, nach denen zumindest im Zeitpunkt des Vertragsabschlusses diese Prognose nicht gerechtfertigt war oder die nachfolgende Entwicklung mit der Prognose des Arbeitgebers in keinem Zusammenhang steht.[142] Hat sich die Prognose hingegen nicht bestätigt und besteht bei Vertragsende eine dauerhafte Beschäftigungsmöglichkeit für den Arbeitnehmer, muss der Arbeitgeber zusätzlich darlegen, dass sich diese erst aufgrund der nachfolgenden Entwicklung ergeben hat und dass die dauerhafte Beschäftigungsmöglichkeit bei Vertragsschluss nicht absehbar war. Gelingt ihm dies, ist die Befristung nach § 14 Abs. 1 S. 2 Nr. 1 TzBfG gerechtfertigt.[143] Zum anderen muss der Arbeitgeber im Prozess darlegen und im Bestreitensfall auch beweisen, dass zwischen dem vorübergehenden Bedarf an der Arbeitsleistung und der befristeten Einstellung des Arbeitnehmers ein **ursächlicher Zusammenhang** besteht.[144]

Einzelbeispiele:
- Vorübergehend erhöhter Auftragseingang;[145]
- Zusatzarbeiten infolge gesetzlicher Umstellungen;[146]
- Abbau von Produktionsrückständen;
- Vorbereitung und Durchführung einer großen Ausstellung;[147]
- Vorübergehender Mehrbedarf an Arbeitskraft für die zeitlich begrenzte Mitarbeit an einem bestimmten Forschungsprojekt;[148]
- Die Übertragung und Wahrnehmung sozialstaatlicher Aufgaben rechtfertigt dann den Abschluss befristeter Arbeitsverträge, wenn es sich um ein zeitlich begrenztes Projekt und nicht um den Teil einer staatlichen Daueraufgabe handelt;[149]
- Kampagnebetriebe: Zucker-, Konservenfabriken; Fisch verarbeitende Industrie; nur vorübergehend geöffnete Hotels oder Gaststätten;
- Saisonbetriebe: Hier wird zwar während des gesamten Jahrs gearbeitet, in einer bestimmten Jahreszeit besteht jedoch ein verstärkter Bedarf an Arbeitskräften infolge der Produktionserhöhung. Dies sind zB die Herstellung von Speiseeis, Feuerwerkskörpern oder Weihnachtsartikeln;
- Die für einen späteren Zeitpunkt geplante Besetzung eines (des) Arbeitsplatzes mit einem **Leiharbeitnehmer** ist kein Sachgrund für die Befristung des Arbeitsvertrags mit einem nur vorübergehend auf diesem Arbeitsplatz eingesetzten Arbeitnehmer.[150]

54 **b) Befristung im Anschluss an eine Ausbildung oder ein Studium, § 14 Abs. 1 S. 2 Nr. 2 TzBfG.** Die Befristung eines Arbeitsvertrags ist nach § 14 Abs. 1 S. 2 Nr. 2 TzBfG

---

[140] BAG 10.7.2013 – 7 AZR 761/11, NZA 2014, 26 Rn. 35; 17.3.2010 – 7 AZR 640/08, BAGE 133, 319 = NZA 2010, 633 Rn. 13.
[141] Vgl. BAG 24.9.2014 – 7 AZR 987/12, NZA 2015, 301 Rn. 18.
[142] St. Rspr, zB BAG 23.1.2019 – 7 AZR 212/17, AP TzBfG § 14 Nr. 174 Rn. 11; 21.11.2018 – 7 AZR 234/17, NJW 2019, 1697 = NZA 2019, 611 Rn. 16; 24.9.2014 – 7 AZR 987/12, NZA 2015, 301 Rn. 22.
[143] BAG 7.5.2008 – 7 AZR 146/07, AP TzBfG § 14 Nr. 49 Rn. 17; 20.2.2008 – 7 AZR 950/06, AP TzBfG § 14 Nr. 45 Rn. 15.
[144] BAG 17.3.2010 – 7 AZR 640/08, BAGE 133, 319 Rn. 15 = NZA 2010, 633; 20.2.2008 – 7 AZR 950/06, AP TzBfG § 14 Nr. 45 Rn. 20.
[145] BAG 11.8.1988 – 2 AZR 113/88, BeckRS 1988, 30727360.
[146] BAG 12.5.1999 – 7 AZR 1/98, BeckRS 1999, 30778654: Einführung der zweiten Stufe der Pflegeversicherung; 8.7.1998 – 7 AZR 388/97, BeckRS 1998, 30370838: Mietenüberleitungsgesetz; 4.11.1982 – 2 AZR 19/81, BeckRS 1982, 04934: Neuregelung des Kriegsdienstverweigerungsverfahrens.
[147] BAG 25.8.1983 – 2 AZR 107/82, BeckRS 1983, 30710321.
[148] Vgl. nur: BAG 24.9.2014 – 7 AZR 987/12, NZA 2015, 301 Rn. 23 ff.
[149] Vgl. nur: BAG 15.10.2014 – 7 AZR 893/12, NZA 2015, 362 Rn. 16.
[150] BAG 17.1.2007 – 7 AZR 20/06, BAGE 121, 18 = NZA 2007, 566 Rn. 20.

sachlich gerechtfertigt, wenn die Befristung im Anschluss an eine Ausbildung oder ein Studium erfolgt, um den Übergang des Arbeitnehmers in eine Anschlussbeschäftigung zu erleichtern.

Der sachliche Grund des § 14 Abs. 1 S. 2 Nr. 2 TzBfG soll Berufsanfängern den Berufsstart erleichtern, indem er ihnen ermöglicht, im Rahmen eines befristeten Arbeitsverhältnisses Berufserfahrung zu sammeln und dadurch ihre Einstellungschancen auf dem Arbeitsmarkt zu verbessern.[151] Praktische Bedeutung erlangt er allerdings nur in wenigen Fällen. Denn im Anschluss an eine Ausbildung oder an ein Studium kann ein Arbeitsvertrag grundsätzlich ohne Vorliegen eines sachlichen Grundes bis zu einer Dauer von zwei Jahren gemäß § 14 Abs. 2 S. 1 TzBfG befristet werden. Insbesondere steht § 14 Abs. 2 S. 2 TzBfG einer solchen Befristung im Anschluss an eine Ausbildung nicht entgegen. Ein Berufsausbildungsverhältnis unterfällt dem darin normierten Vorbeschäftigungsverbot nämlich nicht.[152] Der sachliche Grund des § 14 Abs. 2 S. 1 Nr. 2 TzBfG für die Befristung eines Arbeitsvertrags erlangt daher nur ausnahmsweise praktische Bedeutung, wenn vor oder während einer Ausbildung oder einem Studium bereits zwischen denselben Arbeitsvertragsparteien ein Arbeitsverhältnis bestanden hat, auf das § 14 Abs. 2 S. 2 TzBfG Anwendung findet, oder wenn ein Arbeitsvertrag im Anschluss an eine Ausbildung oder ein Studium über die Dauer von zwei Jahren hinaus befristet wird.[153]

Unter den Begriff der **Ausbildung** iSd § 14 Abs. 2 S. 1 Nr. 2 TzBfG fallen sowohl Berufsausbildungsverhältnisse nach § 10 BBiG als auch andere Vertragsverhältnisse zum Erwerb beruflicher Fertigkeiten, Kenntnisse, Fähigkeiten oder beruflicher Erfahrungen nach § 26 BBiG.[154] Darüber hinaus zählen dazu auch Arbeits- und andere Vertragsverhältnisse, in deren Rahmen ein bestimmtes, zum Zeitpunkt des Vertragsschlusses feststehendes Ausbildungsziel systematisch verfolgt wird, und dem Beschäftigten durch seine Tätigkeit zusätzliche Kenntnisse, Erfahrungen oder Fähigkeiten vermittelt werden, die er auch außerhalb der Organisation seines Vertragspartners beruflich verwerten kann.[155] Dagegen stellt die allgemeine Aus- und Weiterbildung, die mit nahezu jeder mehrjährigen Berufsausübung einhergeht, ebenso wenig wie eine auf die betrieblichen Bedürfnisse zugeschnittene Fort- oder Weiterbildung oder Umschulung eine Ausbildung iSd § 14 Abs. 1 S. 2 Nr. 2 TzBfG dar.[156] Der Begriff des **Studiums** iSd § 14 Abs. 1 S. 2 Nr. 2 TzBfG ist nach hL weit auszulegen. Ihm unterfallen danach sowohl die Ausbildung an staatlich anerkannten (Fach-)Hochschulen als auch an nicht staatlich anerkannten Einrichtungen.[157] Die Absolvierung der Ausbildung oder des Studiums im Inland ist für das Vorliegen des sachlichen Grundes des § 14 Abs. 1 S. 2 Nr. 2 TzBfG ebenso wenig erforderlich wie ein erfolgreicher Ausbildungs- oder Studienabschluss.[158]

Aus dem Tatbestandsmerkmal „**Anschluss**" folgt nach dem Wortlaut sowie dem Sinn und Zweck des § 14 Abs. 1 S. 2 Nr. 2 TzBfG, dass es sich um die Befristung des ersten Arbeitsvertrags handeln muss, den der Arbeitnehmer nach dem Ende der Ausbildung oder des Studiums abschließt. Ein zwischenzeitliches Arbeitsverhältnis schließt daher eine Befristung nach § 14 Abs. 1 S. 2 Nr. 2 TzBfG aus. Bestand nach der Ausbildung oder dem Studium bereits ein Arbeitsverhältnis, erfolgt die Befristung nicht, wie es § 14 Abs. 1 S. 2 Nr. 2 TzBfG voraussetzt, im Anschluss an die Ausbildung oder das Studium, sondern im Anschluss an die

---

[151] Vgl. BT-Drs. 14/4374, 19; BAG 24.8.2011 – 7 AZR 368/10, AP TzBfG § 14 Nr. 85 Rn. 17; 10.10.2007 – 7 AZR 795/06, BAGE 124, 196 = NJW 2008, 538 = NZA 2008, 295 Rn. 20.
[152] BAG 21.10.2014 – 9 AZR 1021/12, AP AÜG § 1 Nr. 36 Rn. 20; 21.9.2011 – 7 AZR 375/10, BAGE 139, 213 = NZA 2012, 255 Rn. 14 ff.
[153] Vgl. ErfK/*Müller-Glöge* TzBfG § 14 Rn. 29.
[154] KR/*Lipke* TzBfG § 14 Rn. 222; ErfK/*Müller-Glöge* TzBfG § 14 Rn. 31.
[155] Str., vgl. BAG 24.8.2011 – 7 AZR 368/10, AP TzBfG § 14 Nr. 85 Rn. 22; 22.4.2009 – 7 AZR 96/08, BAGE 130, 322 = NZA 2009, 1099 Rn. 24; wie hier jeweils mwN auch zur Gegenansicht: Ascheid/Preis/Schmidt/*Backhaus* TzBfG § 14 Rn. 85; KR/*Lipke* TzBfG § 14 Rn. 222.
[156] Vgl. BAG 24.8.2011 – 7 AZR 368/10, AP TzBfG § 14 Nr. 85 Rn. 22; Ascheid/Preis/Schmidt/*Backhaus* TzBfG § 14 Rn. 85; KR/*Lipke* TzBfG § 14 Rn. 222 f.
[157] Jeweils mwN: Ascheid/Preis/Schmidt/*Backhaus* TzBfG § 14 Rn. 86; KR/*Lipke* TzBfG § 14 Rn. 224; aA jeweils mwN: ErfK/*Müller-Glöge* TzBfG § 14 Rn. 31; Staudinger/*Preis* BGB § 620 Rn. 107.
[158] KR/*Lipke* TzBfG § 14 Rn. 224; ErfK/*Müller-Glöge* TzBfG § 14 Rn. 31.

zwischenzeitliche Beschäftigung.[159] Umstritten ist, ob eine „Zwischenbeschäftigung" ausnahmsweise unbeachtlich sein kann, etwa wenn der Arbeitnehmer nach der Ausbildung oder dem Studium einem kurzfristigen Gelegenheitsjob für wenige Stunden oder Tage nachgegangen ist.[160] Ebenso ist nicht abschließend geklärt, ob ein bestimmter zeitlicher Abstand zwischen der Ausbildung oder dem Studium und der Beschäftigung aufgrund des gemäß § 14 Abs. 1 S. 2 Nr. 2 TzBfG befristeten Arbeitsvertrags nicht überschritten werden darf.[161] Eine wiederholte Befristung eines Arbeitsvertrags lässt § 14 Abs. 1 S. 2 Nr. 2 TzBfG aufgrund des Tatbestandsmerkmals „Anschluss" und seines Sinn und Zwecks aber jedenfalls ebenso wenig zu wie eine Verlängerung eines auf seiner Grundlage befristeten Arbeitsvertrags.[162]

58 Die Befristung des Arbeitsvertrags ist schließlich nur durch den sachlichen Grund des § 14 Abs. 2 S. 1 Nr. 2 TzBfG gerechtfertigt, wenn sie darauf abzielt, den Übergang des Arbeitnehmers in eine **Anschlussbeschäftigung** zu erleichtern. Dafür ist nicht erforderlich, dass bei Abschluss des befristeten Arbeitsvertrags eine konkrete Aussicht auf eine Anschlussbeschäftigung bei demselben oder einem anderen Arbeitgeber besteht. Ausreichend ist aufgrund des Sinn und Zwecks des § 14 Abs. 2 S. 1 Nr. 2 TzBfG vielmehr, dass die Befristung des Arbeitsvertrags geeignet ist, die Chancen des Arbeitnehmers auf eine Anschlussbeschäftigung zu verbessern.[163] Ob sich hieraus eine allgemein gültige Höchstdauer für die Befristung eines Arbeitsvertrags gemäß § 14 Abs. 2 S. 1 Nr. 2 TzBfG ableiten lässt, oder ob sich die zulässige Befristungshöchstdauer in Fällen des § 14 Abs. 2 S. 1 Nr. 2 TzBfG nach den Umständen des jeweiligen Einzelfalls richtet, ist umstritten und bisher höchstrichterlich nicht entschieden.[164]

59 **c) Vertretung eines anderen Arbeitnehmers, § 14 Abs. 1 S. 2 Nr. 3 TzBfG.** Ein sachlicher Grund für die Befristung eines Arbeitsvertrags liegt gemäß § 14 Abs. 1 S. 2 Nr. 3 TzBfG vor, wenn der Arbeitnehmer zur Vertretung eines anderen Arbeitnehmers – oder Beamten[165] – beschäftigt wird. Der Grund für die Befristung liegt in Vertretungsfällen darin, dass der Arbeitgeber bereits zu einem vorübergehend ausfallenden Mitarbeiter in einem Rechtsverhältnis steht und mit der Rückkehr dieses Mitarbeiters rechnet. Damit besteht für die Wahrnehmung der an sich dem ausfallenden Mitarbeiter obliegenden Arbeitsaufgaben durch eine Vertretungskraft von vornherein nur ein zeitlich begrenztes Bedürfnis.[166] Die „Befristung" eines Arbeitsvertrags bis zum Ausscheiden eines Arbeitnehmers aus dem Dienst kann daher nicht auf § 14 Abs. 1 S. 2 Nr. 3 TzBfG gestützt werden. Durch das Ausscheiden allein besteht für die Wahrnehmung der an sich dem ausscheidenden Mitarbeiter obliegenden Arbeitsaufgaben durch den befristet eingestellten Arbeitnehmer nicht von vornherein nur ein zeitlich begrenztes Bedürfnis.[167]

60 **Voraussetzung** des Sachgrunds der Vertretung ist erstens die **Prognose** des Arbeitgebers über den voraussichtlichen **Wegfall** des **Vertretungsbedarfs** nach Rückkehr des zu vertretenden Mitarbeiters.[168] Der Arbeitgeber muss diese Prognose bei Abschluss des befristeten

---

[159] BAG 24.8.2011 – 7 AZR 368/10, AP TzBfG § 14 Nr. 85 Rn. 17; 10.10.2007 – 7 AZR 795/06, BAGE 124, 196 = NJW 2008, 538 = NZA 2008, 295 Rn. 19 f.

[160] Ausdrücklich offenlassend mwN zu den unterschiedlichen Literaturansichten: BAG 24.8.2011 – 7 AZR 368/10, AP TzBfG § 14 Nr. 85 Rn. 18.

[161] Vgl. zum Meinungsstand jeweils mwN: Ascheid/Preis/Schmidt/*Backhaus* TzBfG § 14 Rn. 88; KR/*Lipke* TzBfG § 14 Rn. 226 ff.; ErfK/*Müller-Glöge* TzBfG § 14 Rn. 32.

[162] BAG 24.8.2011 – 7 AZR 368/10, AP TzBfG § 14 Nr. 85 Rn. 17; 10.10.2007 – 7 AZR 795/06, BAGE 124, 196 = NJW 2008, 538 = NZA 2008, 295 Rn. 20 f.

[163] Vgl. Ascheid/Preis/Schmidt/*Backhaus* TzBfG § 14 Rn. 89; KR/*Lipke* TzBfG § 14 Rn. 225; ErfK/*Müller-Glöge* TzBfG § 14 Rn. 33.

[164] Vgl. zum Meinungsstand jeweils mwN: Ascheid/Preis/Schmidt/*Backhaus* TzBfG § 14 Rn. 91; KR/*Lipke* TzBfG § 14 Rn. 229 ff.; ErfK/*Müller-Glöge* TzBfG § 14 Rn. 33.

[165] BAG 12.4.2017 – 7 AZR 436/15, NJW 2017, 3464 = NZA 2017, 1253 Rn. 18; 25.3.2009 – 7 AZR 34/08, NJW 2009, 3180 =NZA 2010, 34 Rn. 13.

[166] StRspr, zB BAG 21.2.2018 – 7 AZR 696/16, NZA 2018, 1003 Rn. 14; 21.2.2018 – 7 AZR 765/16, NZA 2018, 858 Rn. 13; 17.5.2017 – 7 AZR 420/15, BAGE 159, 125 = NJW 2017, 3737 = NZA 2017, 1600 Rn. 10.

[167] Vgl. BAG 19.6.2011 – 7 AZR 6/10, BAGE 138, 242 = NJW 2011, 3675 = NZA 2011, 1346 Rn. 41 mwN.

[168] StRspr, zB BAG 21.2.2018 – 7 AZR 696/16, NZA 2018, 1003 Rn. 14; 21.2.2018 – 7 AZR 765/16, NZA 2018, 858 Rn. 14; 12.4.2017 – 7 AZR 436/15, NJW 2017, 3464 = NZA 2017, 1253 Rn. 19.

Arbeitsvertrags erstellen.[169] Sie muss sich nur auf den Wegfall des Vertretungsbedarfs durch die zu erwartende Rückkehr des zu vertretenden Mitarbeiters, nicht aber auf den Zeitpunkt der Rückkehr und damit auf die Dauer des Vertretungsbedarfs erstrecken.[170] Anders als beim sachlichen Grund des nur vorübergehenden betrieblichen Bedarfs nach § 14 Abs. 1 S. 2 Nr. 1 TzBfG muss auch nicht mit hinreichender Sicherheit zu erwarten sein, dass nach dem vorgesehenen Vertragsende für die befristet eingestellten Arbeitnehmers kein dauerhafter betrieblicher Bedarf mehr besteht. Es ist daher grds. unerheblich, ob im Zeitpunkt des Abschlusses des befristeten Arbeitsvertrags ein weiterer, die Weiterbeschäftigung des Vertreters ermöglichender Vertretungsbedarf nach dessen Ablauf zu erwarten ist,[171] ob im Zeitpunkt des Ablaufs des befristeten Vertrags eine Weiterbeschäftigungsmöglichkeit für den Vertreter besteht,[172] ob der Arbeitgeber über ausreichendes Personal verfügt, um die ihm obliegenden Daueraufgaben zu erledigen,[173] und, ob ein ständiger Vertretungsbedarf besteht, den der Arbeitgeber ebenso durch eine Personalreserve von unbefristet eingestellten Arbeitnehmern abdecken könnte.[174] Eine zur Unwirksamkeit der Befristung führende „Dauervertretung" liegt aber vor, wenn der Arbeitnehmer von vornherein nicht lediglich zur Vertretung eines bestimmten, vorübergehend an der Arbeitsleistung verhinderten Arbeitnehmers eingestellt wird, sondern bereits bei Vertragsschluss beabsichtigt ist, ihn für eine zum Zeitpunkt des Vertragsschlusses noch nicht absehbare Vielzahl von Vertretungsfällen auf Dauer zu beschäftigen. In diesem Fall ist der Sachgrund der Vertretung vorgeschoben und daher unbeachtlich.[175] Entsteht der **Vertretungsbedarf** für den Arbeitgeber „**fremdbestimmt**", weil der Ausfall der Stammkraft – zB durch Krankheit, Urlaub oder Freistellung eines Arbeitnehmers – nicht in erster Linie auf seiner Entscheidung beruht, kann der Arbeitgeber regelmäßig mit der Rückkehr des zu vertretenden Mitarbeiters rechnen.[176] Nur wenn der Arbeitgeber aufgrund ihm vorliegender Informationen erhebliche Zweifel daran haben muss, dass der zu vertretende Arbeitnehmer überhaupt wieder an seinen Arbeitsplatz zurückkehren wird, kann dies dafür sprechen, dass der Sachgrund der Vertretung nur vorgeschoben ist. Dann kann die Befristung unwirksam sein. Dies setzt in der Regel voraus, dass der zu vertretende Arbeitnehmer dem Arbeitgeber bereits vor dem Abschluss des befristeten Arbeitsvertrags mit dem Vertreter verbindlich erklärt hat, er werde die Arbeit nicht wieder aufnehmen.[177] Dies gilt auch dann, wenn der Vertreter bereits längere Zeit auf der Grundlage befristeter Arbeitsverträge zur Vertretung desselben Arbeitnehmers beschäftigt wurde. Die Anforderungen an die im Zeitpunkt des Vertragsschlusses anzustellende Prognose sind nicht mit zunehmender Anzahl einzelner befristeter Verträge zu verschärfen.[178] Entsteht der Vertretungsbedarf für den Arbeitgeber „**selbstbestimmt**", weil der Ausfall der Stammkraft – zB durch Abordnung auf einen anderen Arbeitsplatz innerhalb des Betriebs oder Unternehmens – in erster Linie auf seiner Entscheidung beruht, kann der Arbeitgeber dagegen nicht ohne Weiteres mit der Rückkehr des zu vertretenden Mitarbeiters

---

[169] StRspr, vgl. zB BAG 21.2.2018 – 7 AZR 765/16, NZA 2018, 858 Rn. 20; 12.4.2017 – 7 AZR 436/15, NJW 2017, 3464 = NZA 2017, 1253 Rn. 27; 24.8.2016 – 7 AZR 41/15, NJW 2017, 586 = NZA 2017, 307 Rn. 25.
[170] BAG 25.3.2009 – 7 AZR 34/08, NJW 2009, 3180 = NZA 2010, 34 Rn. 12.
[171] BAG 18.7.2012 – 7 AZR 443/09, BAGE 142, 308 = NJW 2013, 1254 = NZA 2012, 1351 Rn. 18.
[172] StRspr, vgl. zB BAG 9.9.2015 – 7 AZR 148/14, BAGE 152, 273 = NJW 2016, 2057 = NZA 2016, 169 Rn. 28; 29.4.2015 – 7 AZR 310/13, NJW 2016, 185 = NZA 2015, 928 Rn. 17; 19.2.2014 – 7 AZR 260/12, NZA-RR 2014, 408 Rn. 29.
[173] BAG 21.2.2018 – 7 AZR 696/16, NZA 2018, 1003 Rn. 20; 24.8.2016 – 7 AZR 41/15, NJW 2017, 586 = NZA 2017, 307 Rn. 26.
[174] StRspr, zB BAG 24.8.2016 – 7 AZR 41/15, NJW 2017, 586 = NZA 2017, 307 Rn. 26; 13.2.2013 – 7 AZR 225/11, NZA 2013, 777 Rn. 33; 18.7.2012 – 7 AZR 443/09, BAGE 142, 308 = NJW 2013, 1254 = NZA 2012, 1351 Rn. 15.
[175] BAG 18.7.2012 – 7 AZR 443/09, BAGE 142, 308 = NJW 2013, 1254 = NZA 2012, 1351 Rn. 18.
[176] StRspr, zB BAG 21.2.2018 – 7 AZR 696/16, NZA 2018, 1003 Rn. 14; 21.2.2018 – 7 AZR 765/16, NZA 2018, 858 Rn. 14; 12.4.2017 – 7 AZR 436/15, NJW 2017, 3464 = NZA 2017, 1253 Rn. 19.
[177] StRspr, zB BAG 21.2.2018 – 7 AZR 765/16, NZA 2018, 858 Rn. 14; 12.4.2017 – 7 AZR 436/15, NJW 2017, 3464 = NZA 2017, 1253 Rn. 19; 24.8.2016 – 7 AZR 41/15, NJW 2017, 586 = NZA 2017, 307 Rn. 18.
[178] StRspr, zB BAG 29.4.2015 – 7 AZR 310/13, NJW 2016, 185 = NZA 2015, 928 Rn. 21; 19.2.2014 – 7 AZR 260/12, NZA-RR 2014, 408 Rn. 29; grdl.: BAG 18.7.2012 – 7 AZR 783/10, NZA 2012, 1359 Rn. 15 ff.

rechnen.[179] Bei einem „selbstbestimmten" Vertretungsbedarf hängt die voraussichtliche Rückkehr der Stammkraft anders als bei einem „fremdbestimmten" Vertretungsbedarf in der Regel nicht nur von Umständen in deren Sphäre, sondern ganz maßgeblich auch von Umständen und Entscheidungen aus der Sphäre des Arbeitgebers ab. Er kann deren Rückkehr häufig planen und steuern. Die von ihm bei Abschluss des befristeten Arbeitsvertrags zu erstellende Prognose muss daher sämtliche Umstände des Einzelfalls würdigen.[180]

61 Zweitens setzt der Sachgrund der Vertretung einen **Kausalzusammenhang** zwischen dem zeitweiligen **Ausfall des Vertretenen** und der **Einstellung der Vertretungskraft** voraus. Ob ein solcher Kausalzusammenhang besteht, beurteilt sich aufgrund der Umstände bei Vertragsschluss.[181] Er liegt vor, wenn die Voraussetzungen einer von drei alternativen Fallgruppen erfüllt sind: Er ist erstens gegeben, wenn der befristet zur Vertretung eingestellte Mitarbeiter die vorübergehend ausfallende Stammkraft unmittelbar vertritt und die von ihr bislang ausgeübten Tätigkeiten erledigt (sog. **unmittelbare Vertretung**). Zweitens kann er auch vorliegen, wenn die Tätigkeit des zeitweise ausgefallenen Mitarbeiters nicht von dem zur Vertretung eingestellten Mitarbeiter, sondern von einem oder mehreren anderen Mitarbeitern ausgeübt und deren Tätigkeit dem zur Vertretung eingestellten Mitarbeiter übertragen wird (sog. **mittelbare Vertretung**). Drittens kann der erforderliche Kausalzusammenhang schließlich auch bestehen, wenn dem befristet beschäftigten Arbeitnehmer Aufgaben übertragen werden, die der vertretene Mitarbeiter nie ausgeübt hat, und der Arbeitgeber rechtlich und tatsächlich in der Lage wäre, dem vorübergehend abwesenden Arbeitnehmer im Falle seiner Anwesenheit die dem Vertreter zugewiesenen Aufgaben zu übertragen (sog. **gedankliche Zuordnung**).[182] Ob und ggf. wie der Arbeitgeber die bisherigen Aufgaben des vorübergehend abwesenden Arbeitnehmers tatsächlich umverteilt, ist grds. unerheblich.[183] Eine Befristung zur Vertretung nach den Grundsätzen der gedanklichen Zuordnung kommt allerdings in Fällen der sog. „Abordnungsvertretung", dh. bei einer vorübergehenden Abordnung der Stammkraft auf einen anderen Arbeitsplatz innerhalb des Betriebs oder Unternehmens, nicht in Betracht.[184] Gleiches gilt, wenn mit der abwesenden Stammkraft ein (Abruf-)Arbeitsverhältnis nach § 12 Abs. 1 TzBfG begründet wird, das dem Arbeitgeber die Möglichkeit eröffnet, aufgrund seines Weisungsrechts die Stammkraft gleichzeitig mit der Vertretungskraft zur Arbeitsleistung heranzuziehen.[185]

62 Die Dauer und der zeitliche Umfang des Vertretungsbedarfs müssen nicht notwendig mit der Dauer und dem zeitlichen Umfang des befristeten Arbeitsvertrags übereinstimmen.[186] Dem Arbeitgeber ist es unbenommen zu entscheiden, ob er den vorübergehenden Ausfall eines Arbeitnehmers überhaupt durch Einstellung einer Vertretungskraft überbrückt. Deshalb kann er die Vertretung auch nur für einen kürzeren Zeitraum regeln und/oder sich darauf beschränken, nur Teile des Vertretungsbedarfs abzudecken.[187] Der **Befristungsdauer** und der

---

[179] StRspr, vgl. zB BAG 21.2.2018 – 7 AZR 765/16, NZA 2018, 858 Rn. 15; 12.4.2017 – 7 AZR 436/15, NJW 2017, 3464 = NZA 2017, 1253 Rn. 27.

[180] StRspr, zB BAG 12.4.2017 – 7 AZR 436/15, NJW 2017, 3464 = NZA 2017, 1253 Rn. 27; 10.7.2013 – 7 AZR 761/11, NZA 2014, 26 Rn. 23; 10.7.2013 – 7 AZR 833/11, NZA 2013, 1292 Rn. 23.

[181] StRspr, zB BAG 21.2.2018 – 7 AZR 765/16, NZA 2018, 858 Rn. 16; 21.2.2018 – 7 AZR 696/16, NZA 2018, 1003 Rn. 15; 17.5.2017 – 7 AZR 420/15, BAGE 159, 125 = NJW 2017, 3737 = NZA 2017, 1600 Rn. 11.

[182] StRspr, zB BAG 21.2.2018 – 7 AZR 696/16, NZA 2018, 1003 Rn. 15; 12.4.2017 – 7 AZR 436/15, NJW 2017, 3464 = NZA 2017, 1253 Rn. 20; 24.8.2016 – 7 AZR 41/15, NJW 2017, 586 = NZA 2017, 307 Rn. 20 f.

[183] BAG 24.8.2016 – 7 AZR 41/15, NJW 2017, 586 = NZA 2017, 307 Rn. 21; 11.2.2015 – 7 AZR 113/13, NZA 2015, 617 Rn. 21.

[184] StRspr., vgl. zB BAG 21.2.2018 – 7 AZR 765/16, NZA 2018, 858 Rn. 17; 12.4.2017 – 7 AZR 436/15, NJW 2017, 3464 = NZA 2017, 1253 Rn. 21; 10.7.2013 – 7 AZR 761/11, NZA 2014, 26 Rn. 16.

[185] BAG 21.2.2018 – 7 AZR 765/16, NZA 2018, 858 Rn. 22 f.

[186] Vgl. zur Dauer BAG 21.2.2018 – 7 AZR 765/16, NZA 2018, 858 Rn. 21; 25.3.2009 – 7 AZR 34/08, NZA 2010, 34 Rn. 26; 9.9.2015 – 7 AZR 148/14, BAGE 152, 273 = NJW 2016, 2057 = NZA 2016, 169 Rn. 42; zur Dauer und zum zeitlichen Umfang BAG 21.2.2018 – 7 AZR 696/16, NZA 2018, 1003 Rn. 18 f.

[187] Zur Dauer BAG 21.2.2018 – 7 AZR 765/16, NZA 2018, 858 Rn. 21; 25.3.2009 – 7 AZR 34/08, NZA 2010, 34 Rn. 26; zur Dauer und zum zeitlichen Umfang BAG 21.2.2018 – 7 AZR 696/16, NZA 2018, 1003 Rn. 18 f.

Arbeitszeit des Vertreters kommen nur insoweit Bedeutung zu, als sie – neben anderen Umständen – darauf hinweisen können, dass der Sachgrund für die Befristung nur vorgeschoben ist.[188] Diese Annahme liegt bei der Befristungsdauer nahe, wenn eine sinnvolle, dem Sachgrund entsprechende Mitarbeit des Arbeitnehmers nicht mehr möglich erscheint.[189] Bei der Arbeitszeit des Vertreters ist sie regelmäßig berechtigt, wenn diese den Vertretungsbedarf mehr als unerheblich übersteigt.[190]

Die **Darlegungs- und Beweislast** für die Voraussetzungen des sachlichen Grundes des § 14 Abs. 1 S. 2 Nr. 3 TzBfG trägt der Arbeitgeber. Er hat im Prozess daher zum einen die tatsächlichen Grundlagen für seine bei Abschluss des befristeten Arbeitsvertrags erstellte **Prognose** über den voraussichtlichen Wegfall des Vertretungsbedarfs nach Rückkehr des zu vertretenden Mitarbeiters darzulegen und im Bestreitensfall zu beweisen. Entsteht der Vertretungsbedarf für den Arbeitgeber „fremdbestimmt", sind besondere Ausführungen dazu, dass mit der Rückkehr des Vertretenen zu rechnen ist, allerdings regelmäßig nicht veranlasst.[191] Gegenteiliges gilt ausnahmsweise, wenn der Arbeitgeber aufgrund ihm vorliegender Informationen erhebliche Zweifel daran haben muss, dass der zu vertretende Arbeitnehmer überhaupt wieder an seinen Arbeitsplatz zurückkehren wird.[192] Entsteht der Vertretungsbedarf für den Arbeitgeber „selbstbestimmt", trifft ihn dagegen eine erweiterte Darlegungslast zur Rückkehrprognose.[193] Er muss in diesem Fall darlegen und im Bestreitensfall beweisen, dass er bei Abschluss des befristeten Arbeitsvertrags nach Würdigung sämtlicher Umstände des Einzelfalls berechtigterweise mit der Rückkehr des Vertretenen rechnen durfte.[194] Gleiches gilt, wenn der Vertretungsbedarf für den Arbeitgeber teils „selbst-," und teils „fremdbestimmt" entsteht.[195] Zum anderen muss der Arbeitgeber im Prozess den **Kausalzusammenhang** zwischen dem zeitweiligen Ausfall des Vertretenen und der Einstellung der Vertretungskraft darlegen und im Bestreitensfall beweisen. Die Anforderungen an diese Darlegung richten sich dabei nach der Form der Vertretung.[196] Geht es um eine sog. unmittelbare Vertretung, hat der Arbeitgeber darzulegen, dass der Vertreter nach dem Arbeitsvertrag Aufgaben wahrzunehmen hat, die zuvor dem vorübergehend abwesenden Arbeitnehmer übertragen waren.[197] Geht es um eine sog. mittelbare Vertretung hat der Arbeitgeber zur Darstellung des Kausalzusammenhangs grds. die Vertretungskette zwischen dem Vertretenen und dem Vertreter darzulegen.[198] Einer schriftlichen Dokumentation der Vertretungskette bei Abschluss des befristeten Arbeitsvertrags bedarf es aber nicht.[199] Nimmt der Arbeitgeber den Ausfall eines Mitarbeiters zum Anlass, die Aufgaben in seinem Betrieb oder seiner Dienststelle neu zu verteilen, ohne dass eine Vertretungskette entsteht, so muss er zunächst die bisher dem vertretenen Mitarbeiter übertragenen Aufgaben darstellen. Anschließend ist

---

[188] StRspr. zur Befristungsdauer, zB BAG 21.2.2018 – 7 AZR 696/16, NZA 2018, 1003 Rn. 19; 6.11.2013 – 7 AZR 96/12, NJW 2014, 1548 = NZA 2014, 430 Rn. 31; 25.3.2009 – 7 AZR 34/08, NJW 2009, 3180 = NZA 2010, 34 Rn. 26; zur Arbeitszeit des Vertreters BAG 4.6.2003 – 7 AZR 523/02, NZA-RR 2003, 621 zu 1d der Gründe.
[189] Vgl. BAG 9.9.2015 – 7 AZR 148/14, BAGE 152, 273 = NJW 2016, 2057 = NZA 2016, 169 Rn. 42.
[190] Vgl. BAG 4.6.2003 – 7 AZR 523/02, NZA-RR 2003, 621 (622).
[191] StRspr, zB BAG 21.2.2018 – 7 AZR 696/16, NZA 2018, 1003 Rn. 14; BAG 21.2.2018 – 7 AZR 765/16, NZA 2018, 858 Rn. 14; 12.4.2017 – 7 AZR 436/15, NJW 2017, 3464 = NZA 2017, 1253 Rn. 19.
[192] StRspr, vgl. zB BAG 21.2.2018 – 7 AZR 765/16, NZA 2018, 858 Rn. 14; 12.4.2017 – 7 AZR 436/15, NJW 2017, 3464 = NZA 2017, 1253 Rn. 19; 24.8.2016 – 7 AZR 41/15, NJW 2017, 596 = NZA 2017, 307 Rn. 18.
[193] BAG 21.2.2018 – 7 AZR 765/16, NZA 2018, 858 Rn. 15.
[194] StRspr, vgl. BAG 12.4.2017 – 7 AZR 436/15, NJW 2017, 3464 = NZA 2017, 1253 Rn. 27; 10.7.2013 – 7 AZR 761/11, NZA 2014, 26 Rn. 23; 10.7.2013 – 7 AZR 833/11, NZA 2013, 1292 Rn. 23.
[195] Vgl. BAG 12.4.2017 – 7 AZR 436/15, NJW 2017, 3464 = NZA 2017, 1253 Rn. 26 ff.
[196] StRspr, zB BAG 21.2.2018 – 7 AZR 765/16, NZA 2018, 858 Rn. 16; 21.2.2018 – 7 AZR 696/16, NZA 2018, 1003 Rn. 15; 12.4.2017 – 7 AZR 436/15, NJW 2017, 3464 = NZA 2017, 1253 Rn. 20.
[197] StRspr, zB BAG 29.4.2015 – 7 AZR 310/13, NJW 2016, 185 = NZA 2015, 928 Rn. 17; 19.2.2014 – 7 AZR 260/12, NZA-RR 2014, 408 Rn. 29; 6.11.2013 – 7 AZR 96/12, NJW 2014, 1548 = NZA 2014, 430 Rn. 22.
[198] StRspr, zB BAG 21.2.2018 – 7 AZR 696/16, NZA 2018, 1003 Rn. 15; 12.4.2017 – 7 AZR 436/15, NJW 2017, 3464 = NZA 2017, 1253 Rn. 20; 26.10.2016 – 7 AZR 135/15, BAGE 157, 125 = NZA 2017, 382 Rn. 15.
[199] BAG 21.2.2018 – 7 AZR 696/16, NZA 2018, 1003 Rn. 21 ff.

die Neuverteilung dieser Aufgaben auf einen oder mehrere andere Mitarbeiter zu schildern. Schließlich ist darzulegen, dass sich die dem Vertreter zugewiesenen Tätigkeiten aus der geänderten Aufgabenzuweisung ergeben.[200] Geht es um eine sog. gedankliche Zuordnung ist zur Gewährleistung des Kausalzusammenhangs zwischen der zeitweiligen Arbeitsverhinderung der Stammkraft und der Einstellung der Vertretungskraft erforderlich, dass der Arbeitgeber bei Vertragsschluss mit dem Vertreter dessen Aufgaben einem oder mehreren vorübergehend abwesenden Beschäftigten nach außen erkennbar gedanklich zuordnet. Dies kann insbesondere durch eine entsprechende Angabe im Arbeitsvertrag geschehen.[201]

64 **d) Eigenart der Arbeitsleistung, § 14 Abs. 1 S. 2 Nr. 4 TzBfG.** Ein weiterer sachlicher Grund für die Befristung eines Arbeitsvertrags liegt gemäß § 14 Abs. 1 S. 2 Nr. 4 TzBfG vor, wenn die Eigenart der Arbeitsleistung die Befristung rechtfertigt. Dies ist der Fall, wenn die Arbeitsleistung Besonderheiten aufweist, aus denen sich ein berechtigtes Interesse der Parteien, insbesondere des Arbeitgebers ergibt, statt eines unbefristeten nur ein befristeten Arbeitsvertrag abzuschließen. Diese besonderen Umstände müssen das Interesse des Arbeitnehmers an der Begründung eines unbefristeten Arbeitsverhältnisses überwiegen. Der sachliche Grund des § 14 Abs. 1 S. 2 Nr. 4 TzBfG erfordert daher eine Abwägung der beiderseitigen Interessen.[202]

65 Die Eigenart der Arbeitsleistung rechtfertigt zunächst die Befristung der Arbeitsverträge von **programmgestaltenden Mitarbeitern mit Rundfunkanstalten**.[203] Das folgt aus der Notwendigkeit, bei der Auslegung des Begriffs des sachlichen Grundes iSd § 14 Abs. 1 TzBfG die für die Rundfunkanstalten durch die Rundfunkfreiheit gemäß Art. 5 Abs. 1 S. 2 GG gewährleisteten Freiräume bei der Wahl des Arbeitsvertragsinhalts zu berücksichtigen. Der durch das TzBfG gesetzlich ausgestaltete arbeitsrechtliche Bestandsschutz begrenzt als allgemeines Gesetz gemäß Art. 5 Abs. 2 GG nicht nur die Rundfunkfreiheit, sondern wird auch seinerseits durch die Freiheit des Rundfunks begrenzt. Der Schutz des Art. 5 Abs. 1 S. 2 GG umfasst das Recht der Rundfunkanstalten, dem Gebot der Vielfalt der zu vermittelnden Programminhalte bei der Auswahl, Einstellung und Beschäftigung derjenigen Rundfunkmitarbeiter Rechnung zu tragen, die bei der Gestaltung der Programme mitwirken. Grundsätzlich schließt dies auch die Entscheidung darüber ein, ob Mitarbeiter fest oder nur für eine vorübergehende Dauer beschäftigt werden. Folglich kann die Befristung der Arbeitsverträge mit programmgestaltend tätigen Arbeitnehmern mit der Rundfunkfreiheit gerechtfertigt werden. Allerdings kommt der Rundfunkfreiheit gegenüber dem Interesse des Arbeitnehmers an einer Dauerbeschäftigung kein genereller Vorrang zu. Ist der Schutzbereich der Rundfunkfreiheit berührt, sind die Belange der Rundfunkanstalten und des betroffenen Arbeitnehmers im Einzelfall abzuwägen.[204]

66 **Rundfunkanstalt** ist jeder Betreiber oder Veranstalter von Rundfunk iSd Art. 5 Abs. 1 S. 2 GG ohne Rücksicht auf seine Rechtsform oder auf eine kommerzielle oder gemeinnützige Betätigung;[205] dagegen nicht reine Produktionsgesellschaften, die lediglich im Auftrag einer Rundfunkanstalt Beiträge oder Sendungen zuliefern.[206] **Programmgestaltende Mitarbeiter** sind diejenigen Rundfunkmitarbeiter, die an Hörfunk- und Fernsehsendungen inhaltlich ge-

---

[200] StRspr, zB BAG 11.2.2015 – 7 AZR 113/13, NZA 2015, 617 Rn. 19; 6.11.2013 – 7 AZR 96/12, NJW 2014, 1548 = NZA 2014, 430 Rn. 23; 10.10.2012 – 7 AZR 462/11, NZA-RR 2013, 185 Rn. 18.

[201] StRspr, zB BAG 21.2.2018 – 7 AZR 765/16, NZA 2018, 858 Rn. 16; 21.2.2018 – 7 AZR 696/16, NZA 2018, 1003 Rn. 15; 17.5.2017 – 7 AZR 420/15, BAGE 159, 125 = NJW 2017, 3737 = NZA 2017, 1600 Rn. 12.

[202] Vgl. BAG 16.1.2018 – 7 AZR 312/16, BAGE 161, 283 = NJW 2018, 1992 = NZA 2018, 703 Rn. 16; 16.8.2008 – 7 AZR 85/07, AP TzBfG § 14 Nr. 44 Rn. 15.

[203] StRspr, zB BAG 24.10.2018 – 7 AZR 92/17, NJW 2019, 948 = NZA 2019, 108 Rn. 12; 16.1.2018 – 7 AZR 312/16, BAGE 161, 283 = NJW 2018, 1992 = NZA 2018, 703 Rn. 15; 13.12.2017 – 7 AZR 369/16, BAGE 161, 179 = NZA 2018, 656 Rn. 19.

[204] StRspr, zB BAG 24.10.2018 – 7 AZR 92/17, NJW 2019, 948 = NZA 2019, 108 Rn. 12; 13.12.2017 – 7 AZR 69/16, AP TzBfG § 14 Nr. 164 Rn. 11; 4.12.2013 – 7 AZR 457/12, NZA 2014, 1018 Rn. 15.

[205] StRspr, vgl. zB BAG 24.10.2018 – 7 AZR 92/17, NJW 2019, 948 = NZA 2019, 108 Rn. 15; 13.12.2017 – 7 AZR 69/16, AP TzBfG § 14 Nr. 164 Rn. 19; 30.8.2017 – 7 AZR 864/15, BAGE 160, 133 = NJW 2018, 810 = NZA 2018, 229 Rn. 25.

[206] BAG 30.8.2017 – 7 AZR 864/15, BAGE 160, 133 = NJW 2018, 810 = NZA 2018, 229 Rn. 26.

staltend mitwirken. Das gilt namentlich, wenn sie typischerweise ihre eigene Auffassung zu politischen, wirtschaftlichen, künstlerischen oder anderen Sachfragen, ihre Fachkenntnisse und Informationen, ihre individuelle künstlerische Befähigung und Aussagekraft in die Sendung einbringen.[207] Zu den programmgestaltenden Mitarbeitern zählen daher grds. Regisseure, Moderatoren, Kommentatoren und Redakteure;[208] dagegen nicht das betriebstechnische und das Verwaltungspersonal sowie diejenigen, deren Tätigkeit zwar im Zusammenhang mit der Verwirklichung des Programms steht, sich aber in dessen technischer Realisation erschöpft und keinen inhaltlichen Einfluss darauf hat,[209] wie etwa Cutter,[210] Musikarchivare[211] oder Arbeitnehmer, die reine Sprecherleistungen erbringen.[212] Ist die Befristung des Arbeitsvertrags eines programmgestaltenden Mitarbeiters auf ihre Wirksamkeit zu überprüfen, ist eine einzelfallbezogene Abwägung zwischen seinem Bestandsschutz und den bei Bejahung dieses Bestandsschutzes zu erwartenden Auswirkungen auf die Rundfunkfreiheit iSd Art. 5 Abs. 1 S. 2 GG vorzunehmen. Dazu sind die Belange der Rundfunkanstalt und des Arbeitnehmers im Einzelfall abzuwägen, wobei den Rundfunkanstalten die zur Erfüllung ihres Programmauftrags notwendige Freiheit und Flexibilität nicht genommen werden darf. Einerseits ist zu berücksichtigen, dass das Bundesverfassungsgericht das Bedürfnis der Rundfunkanstalten für die Beschäftigung von programmgestaltenden Mitarbeitern in befristeten Arbeitsverhältnissen vor allem deshalb anerkennt, weil veränderte Berichtsgegenstände, Programmtechniken, Wettbewerbslagen und Publikumsbedürfnisse eine Veränderung der Programmstruktur erforderlich machen und im Regelfall nicht zu erwarten ist, dass die bisher für die Programmgestaltung verantwortlichen Mitarbeiter ausreichend geeignet sind, auch in den geänderten Programmstrukturen tätig zu werden. Andererseits ist die Interessenabwägung im Sinn einer praktischen Konkordanz ergebnisoffen vorzunehmen. Es kommt nicht von vornherein einer Position ein Übergewicht zu. Der sich aus den wechselseitigen Grundrechtspositionen ergebende Konflikt schließt jede undifferenzierte Lösung aus, welche den Schutz des einen Rechtsguts ohne ausführliche Würdigung dem Schutz des anderen Rechtsguts opfert. Weder darf programmgestaltend tätigen Rundfunkmitarbeitern der arbeitsrechtliche Bestandsschutz generell versagt werden noch dürfen bei der Entscheidung über diesen Schutz die Regeln und Maßstäbe des Arbeitsrechts in einer Weise auf die Anstellungsverhältnisse dieser Mitarbeiter angewendet werden, die das durch die Verfassung geschützte Recht der Rundfunkbetreiber, frei von fremder Einflussnahme über die Auswahl, Einstellung und Beschäftigung dieser Mitarbeiter zu bestimmen, unberücksichtigt lässt. Im Einzelfall kommt es insbesondere darauf an, mit welcher Intensität der betroffene Mitarbeiter auf das Programm der Rundfunk- und Fernsehanstalten Einfluss nehmen kann und wie groß die Gefahr im Falle eines unbefristeten Arbeitsverhältnisses ist, dass die Rundfunkanstalt nicht mehr den Erfordernissen eines vielfältigen Programms und den sich künftig ändernden Informationsbedürfnissen und Publikumsinteressen gerecht werden kann. Dabei kann eine lang andauernde Beschäftigung ein Indiz dafür sein, dass bei einer Rundfunkanstalt kein Bedürfnis nach einem personellen Wechsel besteht.[213]

Des Weiteren rechtfertigt auch die Eigenart der Arbeitsleistung von **künstlerisch tätigem Bühnenpersonal**, das individuelle Leistungen erbringt, die Befristung ihrer Arbeitsverträ-

---

[207] StRspr, zB BAG 13.12.2017 – 7 AZR 69/16, AP TzBfG § 14 Nr. 164 Rn. 12; 17.4.2013 – 10 AZR 272/12, BAGE 145, 26 = NJW 2013, 2984 = NZA 2013, 903 Rn. 17; 26.7.2006 – 7 AZR 495/05, BAGE 119, 138 = NZA 2007, 147 Rn. 18.
[208] StRspr, vgl. zB BAG 13.12.2017 – 7 AZR 69/16, AP TzBfG § 14 Nr. 164 Rn. 12; 4.12.2013 – 7 AZR 457/12, NZA 2014, 1018 Rn. 16, 31; 17.4.2013 – 10 AZR 272/12, BAGE 145, 26 = Rn. 17 NJW 2013, 2984 = NZA 2013, 903 Rn. 17.
[209] StRspr., vgl. zB BAG 13.12.2017 – 7 AZR 69/16, AP TzBfG § 14 Nr. 164 Rn. 12; 17.4.2013 – 10 AZR 272/12, BAGE 145, 26 = NJW 2013, 2984 = NZA 2013, 903 Rn. 17; 26.7.2006 – 7 AZR 495/05, BAGE 119, 138 = NZA 2007, 147 Rn. 18.
[210] BAG 17.4.2013 – 10 AZR 272/12, BAGE 145, 26 = NJW 2013, 2984 = NZA 2013, 903 Rn. 22.
[211] BAG 8.11.2006 – 5 AZR 706/05, BAGE 120, 104 = NZA 2007, 321 Rn. 17.
[212] BAG 14.3.2007 – 5 AZR 499/06, NZA-RR 2007, 424 Rn. 15.
[213] StRspr, zB BAG 24.10.2018 – 7 AZR 92/17, NJW 2019, 948 = NZA 2019, 108 Rn. 18; 13.12.2017 – 7 AZR 69/16, AP TzBfG § 14 Nr. 164 Rn. 26; 4.12.2013 – 7 AZR 457/12, NZA 2014, 1018 Rn. 32.

ge.²¹⁴ Denn die Befristung ihrer Arbeitsverträge entspricht erstens der Auffassung verständiger und verantwortungsbewusster Vertragspartner. Zweitens wird dadurch dem berechtigten Bestreben der Bühne Rechnung getragen, künstlerische Vorstellungen des Intendanten mit dem von ihm dafür als geeignet angesehenen künstlerischen Bühnenpersonal zu verwirklichen und damit zugleich auch dem Abwechslungsbedürfnis des Publikums entgegenzukommen. Drittens liegt die Befristung des Arbeitsvertrags schließlich auch im eigenen Interesse der Künstler am Erhalt der Freizügigkeit ihres Engagementwechsels, da an anderen Bühnen durch Beendigung befristeter Engagements Arbeitsplätze frei werden.²¹⁵ Zum künstlerisch tätigen Bühnenpersonal zählen zB Musiker, Schauspieler, Sänger, Kapellmeister, Choreografen und Dramaturgen;²¹⁶ grds. jedoch nicht das technische Personal, Beschäftigte der Verwaltung sowie das Abendpersonal.²¹⁷ Gegenteiliges gilt aber für Bühnentechniker iSd. § 1 Abs. 3 S. 2 des Normalvertrags Bühne, also zB für Theatermaler, Beleuchter, Bühnenplastiker, Maskenbildner, Requisiteure, Veranstaltungs- und Tontechniker, mit denen im Arbeitsvertrag eine überwiegend künstlerische Tätigkeit vereinbart ist.²¹⁸ Für das **künstlerisch tätige Personal von Rundfunkanstalten und Produktionsgesellschaften,** die im Auftrag von Rundfunkanstalten Beiträge oder Sendungen zuliefern, gelten diese Grundsätze entsprechend.²¹⁹

68 Die Arbeitsverhältnisse im Wissenschafts- und Forschungsbereich sollen die Leistungs- und Funktionsfähigkeit der Hochschulen und Forschungseinrichtungen im Wege ständiger Erneuerung des Personals sichern. Aus diesem Grunde ist die Befristung mit wissenschaftlichem Personal üblich (Wissenschaftsfreiheit: Art. 5 Abs. 3 GG). Die vertragliche Ausgestaltung regelt das WissZeitVG als sondergesetzliche Regelung iSd § 23 TzBfG über befristete Verträge mit **wissenschaftlichem und künstlerischem Personal** an Einrichtungen des Bildungswesens und der Forschung abschließend.²²⁰ Die Befristungsmöglichkeit gemäß § 14 Abs. 1 S. 2 Nr. 4 TzBfG besteht zudem auch nicht für Fremdsprachenlektoren, die den Qualitätsbezug des Sprachunterrichts an Universitäten sicherstellen sollen.²²¹

69 Auch im **Unterhaltungsgewerbe** sowie im professionell betriebenen **Sport** sind befristete Arbeitsverträge üblich. Die Ausrichtung am Publikumsgeschmack und/oder das Abwechslungsbedürfnis können hier gegen eine dauerhafte Beschäftigung des Arbeitnehmers sprechen.

70 Im professionell betriebenen **Sport** kann die Befristung des Arbeitsvertrags mit **Sporttrainern** durch die Gefahr sachlich gerechtfertigt sein, dass diese die Fähigkeit zur weiteren Motivation des anvertrauten Sportlers nach einer gewissen Zeitspanne verlieren können.²²² Wenn der Trainer eines oder einiger bestimmter Spitzensportler damit beauftragt war, diese zu Höchstleistungen zu führen, kann die zuvor genannte Vertrauensbasis entfallen. Demnach bestimmt sich der Erfolg des Trainers nicht allein durch seine Trainingsmethoden, sondern auch über seine Persönlichkeit. Bei immer gleichbleibender Umgebung können sich Ermüdungserscheinungen einstellen und ein Verschleiß eintreten, der die Entwicklung des zu betreuenden Sportlers hemmen könnte. Diese Bewertung wurde vom BAG inzwischen eingeschränkt. Zur Überzeugung des Siebten Senats kann zwar die Befristung des Arbeits-

---

[214] StRspr, zB BAG 13.12.2017 – 7 AZR 369/16, BAGE 161, 179 = NZA 2018, 656 Rn. 20; 26.8.1998 – 7 AZR 263/97, BAGE 89, 339 (341) = NZA 1999, 442; 23.10.1991 – 7 AZR 56/91, BAGE 69, 1 (6 f.) = NZA 1992, 925.
[215] StRspr., vgl. zB BAG 13.12.2017 – 7 AZR 369/16, BAGE 161, 179 = NZA 2018, 656 Rn. 20; 30.8.2017 – 7 AZR 864/15, BAGE 160, 133 = NJW 2018, 810 = NZA 2018, 229 Rn. 28; 26.8.1998 – 7 AZR 263/97, BAGE 89, 339 (341) = NZA 1999, 442.
[216] BAG 21.5.1981 – 2 AZR 1117/78, BAGE 35, 309 (314, 318 f.) = AP BGB § 611 Bühnenengagementvertrag Nr. 15.
[217] Vgl. BAG 26.8.1998 – 7 AZR 263/97, BAGE 89, 339 (342 f.) = NZA 1999, 442; 12.10.1992 – 2 AZR 340/92, BeckRS 1992, 30743497; 23.1.1986 – 2 AZR 505/85, BeckRS 1986, 30715745.
[218] Grdl.: BAG 13.12.2017 – 7 AZR 369/16, BAGE 161, 179 = NZA 2018, 656 Rn. 24 ff.
[219] Grdl.: BAG 30.8.2017 – 7 AZR 864/15, BAGE 160, 133 = NJW 2018, 810 = NZA 2018, 229 Rn. 29.
[220] Grdl.: BAG 18.5.2016 – 7 AZR 533/14, BAGE 155, 101 = NJW 2016, 3259 = NZA 2016, 1276 Rn. 16 ff.
[221] Vgl. BAG 1.6.2011 – 7 AZR 827/09, BAGE 138, 91 = NZA 2011, 1280 Rn. 49; 16.8.2008 – 7 AZR 85/07, AP TzBfG § 14 Nr. 44 Rn. 14 ff.
[222] BAG 15.4.1999 – 7 AZR 437/97, AP AÜG § 13 Nr. 1; 29.10.1998 – 7 AZR 436/97, AP BGB § 611 Berufssport Nr. 14.

vertrags eines Sporttrainers sachlich gerechtfertigt sein, wenn mit der Betreuung von Spitzensportlern oder von besonders talentierten Nachwuchssportlern die Gefahr verbunden ist, dass die Fähigkeit des Trainers zur weiteren Motivation der anvertrauten Sportler regelmäßig nachlässt. Hierfür ist zu prüfen, ob die im Einzelfall vereinbarte Befristung überhaupt dazu geeignet ist, die Gefahr eines Verschleißes in der Beziehung zwischen Trainern und Sportlern wirksam vorzubeugen. Dies ist nicht zu erkennen, wenn die Verweildauer der zu betreuenden Sportlers in der Obhut des Trainers kürzer bemessen ist als die mit dem Trainer vorgesehene Vertragszeit. Der Befristungsgrund eines Verschleißes rechtfertigt sich nicht durch den Wechsel des Sportlers, sondern durch das Bedürfnis, den auf Dauer im Kader verbleibenden Sportler mit den Anforderungen eines anderen Trainers vertraut zu machen.[223] Damit ist ein allgemeiner Verschleiß durch eine längere Ausübung des Berufs nicht dazu geeignet, eine Befristung sachlich zu rechtfertigen. Vielmehr muss es sich um die Gefahr eines Verschleißes im persönlichen Verhältnis zwischen Trainer und den einzelnen Sportlern handeln. Das Kommunikationsverhältnis zwischen Trainer und dem einzelnen Sportler oder der zu betreuenden Mannschaft wird allerdings im Bereich des Spitzensports weiterhin die Befristung von Arbeitsverträgen sachlich rechtfertigen. Denn hier entspricht es der Auffassung verständiger und verantwortungsbewusster Vertragspartner, die Zusammenarbeit lediglich zu befristen, solange der Trainer Sportler betreuen muss, die auf mit dem Trainerwechsel verbundene veränderte Umstände angewiesen sind.

Der befristete Abschluss von Verträgen mit **Profisportlern** ist ähnlich zu bewerten, wie die Verträge mit Solisten im Bühnenbereich. Insbesondere kann die Befristung eines Arbeitsvertrags zwischen einem Fußballverein der ersten Bundesliga und einem Lizenzspieler durch den sachlichen Grund der Eigenart der Arbeitsleistung gemäß § 14 Abs. 1 S. 2 Nr. 4 TzBfG gerechtfertigt sein.[224] Fraglich bleibt allerdings, ob der Vertrag eines Spielers an den Fortbestand der Lizenz seines Vereins geknüpft werden darf.[225]

71

Schließlich rechtfertigt auch die Eigenart der Arbeitsleistung von **wissenschaftlichen Mitarbeitern einer Parlamentsfraktion** die Befristung ihrer Arbeitsverträge. Dies folgt aus der besonderen verfassungsrechtlichen Stellung der Abgeordneten und der von ihnen gebildeten Parlamentsfraktionen.[226] Diese Fraktionen sind, ebenso wie die in ihnen zusammengeschlossenen Abgeordneten, frei in ihrer Entscheidung, Inhalt und Ziel ihrer parlamentarischen Arbeit zu bestimmen. Dazu müssen sie nach ihrer Konstituierung jeweils entscheiden können, von welchen wissenschaftlichen Mitarbeitern sie sich künftig beraten und ihrer parlamentarischen Arbeit unterstützen lassen wollen. Diesem verfassungsrechtlich verbürgten parlamentarischen Teilhaberecht trägt die Befristung des Arbeitsverhältnisses eines wissenschaftlichen Mitarbeiters Rechnung. Die dadurch gesicherte Unabhängigkeit der Mandatsausübung schließt eine Umgehung kündigungsrechtlicher Bestimmungen durch den befristeten Arbeitsvertrag aus.[227] Aufgrund der Eigenart der Arbeitsleistung ist allerdings nur die Befristung der Arbeitsverträge derjenigen wissenschaftlichen Mitarbeiter einer Parlamentsfraktion gerechtfertigt, deren Aufgabe darin besteht, die Fraktion durch fachliche Beratung und politische Bewertung zu unterstützen. Bei anderen Mitarbeitern der Parlamentsfraktion, etwa im Büro- oder Verwaltungsbereich, ist § 14 Abs. 1 S. 2 Nr. 4 TzBfG dagegen nicht einschlägig.[228]

72

e) **Befristung zur Erprobung, § 14 Abs. 1 S. 2 Nr. 5 TzBfG.** Die Befristung eines Arbeitsvertrags ist nach § 14 Abs. 1 S. 2 Nr. 5 TzBfG durch einen sachlichen Grund gerechtfertigt, wenn die Befristung zur Erprobung erfolgt.

73

Der sachliche Grund dient dem Anliegen des Arbeitgebers, vor einer längeren arbeitsvertraglichen Bindung die **fachliche und persönliche Eignung des Arbeitnehmers** für die vorge-

74

---

[223] BAG 15.4.1999 – 7 AZR 437/97, AP AÜG § 13 Nr. 1; 29.10.1998 – 7 AZR 436/97, AP BGB § 611 Berufssport Nr. 14.
[224] Grdl.: BAG 16.1.2018 – 7 AZR 312/16, BAGE 161, 283 = NJW 2018, 1992 = NZA 2018, 703 Rn. 17 ff.
[225] BAG 9.7.1981 – 2 AZR 788/78, AP BGB § 620 Bedingung Nr. 4: Das BAG hat diese Verknüpfung als unzulässig bewertet.
[226] BAG 26.8.1998 – 7 AZR 450/97, BAGE 89, 316 (320) = NZA 1999, 149.
[227] BAG 26.8.1998 – 7 AZR 450/97, BAGE 89, 316 (321) = NZA 1999, 149.
[228] Vgl. BAG 26.8.1998 – 7 AZR 450/97, BAGE 89, 316 (321) = NZA 1999, 149.

sehene Tätigkeit festzustellen. Der Gesetzgeber hat mit ihm ausdrücklich an die bis zum Inkrafttreten des TzBfG ergangene ständige Rechtsprechung des BAG angeknüpft.[229] Diese Rechtsprechung ist daher bei der Auslegung und Anwendung der Norm zu berücksichtigen. Danach war die Erprobung des Arbeitnehmers grundsätzlich als sachlicher Grund für den Abschluss eines befristeten Arbeitsvertrags anerkannt. Die Erprobung durfte allerdings nicht nur Motiv des Arbeitgebers gewesen sein. Der Erprobungszweck musste vielmehr Vertragsinhalt geworden sein.[230] An einem vernünftigen Grund für die Erprobung fehlte es aber dann, wenn der Arbeitnehmer bereits eine für die Beurteilung seiner Fähigkeiten ausreichende Zeit bei dem Arbeitgeber beschäftigt war und dieser seine Fähigkeiten daher voll beurteilen konnte.[231] Die vereinbarte Befristungsdauer musste sich zudem an dem sachlichen Grund der Erprobung orientieren und mit ihm im Einklang stehen. Aus ihr durfte sich nicht ergeben, dass der sachliche Grund überhaupt nicht vorliegt oder nur vorgeschoben ist. Ein solcher Rückschluss war gerechtfertigt, wenn sie den für eine Erprobung angemessenen zeitlichen Rahmen deutlich überschritt.[232]

75 **Voraussetzung** des sachlichen Grundes ist ein anerkennenswertes Interesse des Arbeitgebers, einen Arbeitnehmer zu erproben. Der **Erprobungszweck** muss aber – abweichend von der ständigen Rechtsprechung des BAG bis zum Inkrafttreten des TzBfG – nicht vereinbart werden oder zumindest bei Vertragsschluss für den Arbeitnehmer erkennbar sein. Das Schriftformerfordernis des § 14 Abs. 4 TzBfG bezieht sich nur auf die Vereinbarung der Befristung des Arbeitsvertrags, nicht aber auf den ihr zugrunde liegenden sachlichen Grund.[233] Vereinbaren die Parteien in ein Formulararbeitsvertrag dennoch dessen Befristung zur Erprobung, etwa bis zum Ablauf der Probezeit, handelt es sich regelmäßig nicht um eine überraschende Klausel iSd § 305c Abs. 1 BGB. Eine solche Befristung ist für sich genommen eine im Arbeitsleben übliche und ausdrücklich gesetzlich zulässige Vertragsgestaltung. Ist sie allerdings ohne besondere Hervorhebung im Anschluss an eine drucktechnisch hervorgehobene weitere Befristung für eine längere Dauer geregelt, wird sie als überraschende Klausel iSd § 305c Abs. 1 BGB nicht Vertragsbestandteil.[234] An einem anerkennenswerten Interesse des Arbeitsgerbers für die Erprobung fehlt es, wenn der Arbeitnehmer bereits ausreichende Zeit bei ihm mit den von ihm zu erfüllenden Aufgaben beschäftigt war und er die Fähigkeiten des Arbeitnehmers daher hinreichend beurteilen kann.[235] Ein vorheriges befristetes oder unbefristetes Arbeitsverhältnis, in dem der Arbeitnehmer mit den gleichen Arbeitsaufgaben betraut war, spricht daher regelmäßig gegen den sachlichen Grund der Erprobung.[236] Etwas anderes gilt jedoch dann, wenn die zu erprobende Tätigkeit höherwertiger ist als die frühere, andere Anforderungen stellt oder wenn das frühere Arbeitsverhältnis längere Zeit zurückliegt.[237] Letzteres setzt einen Zeitraum voraus, innerhalb dessen sich die Fähigkeiten des Arbeitnehmers verändert haben könnten oder das Erinnerungsvermögen des Arbeitgebers an den Arbeitnehmer und seine Fähigkeiten verblasst sein könnte.[238]

76 Im Rahmen der Prüfung des sachlichen Grundes kann auch der vereinbarten **Befristungsdauer** Bedeutung zukommen. Zwar enthält § 14 Abs. 1 S. 2 Nr. 5 TzBfG keine konkrete

---

[229] Vgl. BT-Drs. 14/4374, 19.
[230] Vgl. zB BAG 31.8.1994 – 7 AZR 983/93, AP BGB § 620 Befristeter Arbeitsvertrag Nr. 163 zu II 2 der Gründe; 19.5.1983 – 2 AZR 569/81, BeckRS 1983, 04803 zu III 1 der Gründe; 30.9.1981 – 7 AZR 789/78, BAGE 36, 229 = NJW 1982, 1173 zu 5 der Gründe.
[231] Vgl. zB BAG 31.8.1994 – 7 AZR 983/93, AP BGB § 620 Befristeter Arbeitsvertrag Nr. 163 zu IV der Gründe; 17.10.1990 – 7 AZR 614/89, BeckRS 1990, 30735224 zu II 2b der Gründe, 12.2.1981 – 2 AZR 1108/78, AP BAT § 5 Nr. 1 zu B IV 2b der Gründe.
[232] Vgl. BAG 26.8.1988 – 7 AZR 101/88, BAGE 59, 265 = AP BGB § 620 Befristeter Arbeitsvertrag Nr. 124 zu III der Gründe.
[233] Vgl. BAG 24.2.2016 – 7 AZR 253/14, NZA 2016, 814 Rn. 47f.; 23.6.2004 – 7 AZR 636/03, NZA 2004, 1333 zu II 2 der Gründe.
[234] Vgl. BAG 16.4.2008 – 7 AZR 132/07, BAGE 126, 295 = NJW 2008, 2279 = NZA 2008, 876 Rn. 18 ff.
[235] StRspr, zB BAG 25.10.2017 – 7 AZR 712/15, NZA-RR 2018, 180 Rn. 12; 24.2.2016 – 7 AZR 253/14, NZA 2016, 814 Rn. 40; 2.6.2010 – 7 AZR 85/09, NZA 2010, 1293 Rn. 16.
[236] BAG 25.10.2017 – 7 AZR 712/15, NZA-RR 2018, 180 Rn. 12; 2.6.2010 – 7 AZR 85/09, NZA 2010, 1293 Rn. 16.
[237] BAG 25.10.2017 – 7 AZR 712/15, NZA-RR 2018, 180 Rn. 12.
[238] Vgl. BAG 25.10.2017 – 7 AZR 712/15, NZA-RR 2018, 180 Rn. 27.

zeitliche Vorgabe zur Erprobungsdauer. Die vereinbarte Befristungsdauer muss sich aber an dem darin normierten sachlichen Grund orientieren und so mit ihm im Einklang stehen, dass sie nicht gegen dessen Vorliegen spricht. Aus ihr darf sich nicht ergeben, dass der sachliche Grund tatsächlich nicht besteht oder nur vorgeschoben ist. Steht die vereinbarte Dauer der Erprobungszeit in keinem angemessenen Verhältnis zu der in Aussicht genommenen Tätigkeit, trägt der sachliche Grund nicht. Im Allgemeinen werden nach dem Vorbild des § 1 Abs. 1 KSchG und der Kündigungsfristenregelung für Kündigungen während der Probezeit (§ 622 Abs. 3 BGB) sechs Monate als Erprobungszeit ausreichen. Einschlägige Tarifverträge können Anhaltspunkte geben, welche Probezeit angemessen ist. Längere Befristungen zur Erprobung aufgrund besonderer Einzelfallumstände sind aber – vorbehaltlich entgegenstehender einschlägiger und für das Arbeitsverhältnis geltender Tarifvorschriften – möglich.[239] Solche Einzelfallumstände können beispielsweise vorliegen, wenn sich die ursprünglich vereinbarte Befristungsdauer aufgrund in der Person des Arbeitnehmers liegender Umstände als nicht ausreichend für die Erprobung des Arbeitnehmers erwiesen hat.[240]

Die **Verlängerung** der Erprobungsdauer durch Abschluss eines weiteren zur Erprobung 77 befristeten Arbeitsvertrags kann zulässig sein, wenn der Arbeitgeber die Fähigkeiten des Arbeitnehmers nach deren Ablauf noch nicht hinreichend beurteilen kann.[241] Der Wechsel des Arbeitgebers im Wege des Betriebs(teil)übergangs nach § 613a Abs. 1 BGB oder des Vorgesetzten während oder zum Ablauf der Erprobungsdauer rechtfertigt eine solche Verlängerung aber für sich genommen nicht. Der Arbeitgeber muss sich in diesen Fällen die Erprobung zurechnen lassen.[242] Dagegen können längere tatsächliche Unterbrechungen der Erprobungsdauer deren Verlängerung ebenso rechtfertigen wie besondere, in der Person des Arbeitnehmers liegende Umstände.[243]

Die **erfolgreiche Erprobung** begründet keinen Anspruch des Arbeitnehmers gegen den Ar- 78 beitgeber, das Arbeitsverhältnis nach Ablauf der vereinbarten Befristungsdauer fortzusetzen. Der Arbeitgeber ist grundsätzlich frei, den Arbeitnehmer in ein unbefristetes Arbeitsverhältnis zu übernehmen oder das befristete Arbeitsverhältnis auslaufen zu lassen.[244]

f) **In der Person des Arbeitnehmers liegende Gründe, § 14 Abs. 1 S. 2 Nr. 6 TzBfG.** Nach 79 § 14 Abs. 1 S. 2 Nr. 6 TzBfG liegt ein sachlicher Grund für die Befristung eines Arbeitsvertrags vor, wenn in der Person des Arbeitnehmers liegende Gründe die Befristung rechtfertigen. Der Gesetzgeber hat mit diesem sachlichen Grund ausdrücklich an die bis zum Inkrafttreten des TzBfG ergangene ständige Rechtsprechung des BAG angeknüpft.[245] Diese Rechtsprechung ist daher bei der Auslegung und Anwendung der Norm zu berücksichtigen.

aa) *Altersgrenzen.* **Altersgrenzenregelungen** unterliegen der arbeitsgerichtlichen **Befris-** 80 **tungskontrolle.** Sie müssen durch einen sachlichen Grund iSd. § 14 Abs. 1 TzBfG gerechtfertigt sein. Dies gilt unabhängig davon, ob sie individualvertraglich vereinbart sind oder kollektivrechtlich gelten.[246] Ist die Beendigung eines Arbeitsverhältnisses mit der Vollendung eines bestimmten Lebensalters vorgesehen, handelt es sich um eine **kalendermäßige Befristung** dieses Arbeitsverhältnisses. Der Beendigungszeitpunkt ist hinreichend bestimmbar. Aus der Sicht der Parteien ist die Vollendung eines bestimmten Lebensalters ein zukünftiges Ereignis, dessen Eintritt sie als feststehend ansehen. Allein durch die Möglichkeit einer vorhe-

---

[239] StRspr, zB BAG 25.10.2017 – 7 AZR 712/15, NZA-RR 2018, 180 Rn. 12; 24.2.2016 – 7 AZR 253/14, NZA 2016, 814 Rn. 40; 2.6.2010 – 7 AZR 85/09, NZA 2010, 1293 Rn. 16.
[240] Vgl. BAG 2.6.2010 – 7 AZR 85/09, NZA 2010, 1293 Rn. 18 ff.; 24.1.2008 – 6 AZR 519/07, BAGE 125, 325 = NJW 2008, 2521 = NZA 2008, 521 Rn. 26.
[241] Vgl. BAG 2.6.2010 – 7 AZR 85/09, NZA 2010, 1293 Rn. 19; 17.10.1990 – 7 AZR 614/89, BeckRS 1990, 30735224 zu II 2b der Gründe.
[242] Vgl. BAG 25.10.2017 – 7 AZR 712/15, NZA-RR 2018, 180 Rn. 28; 17.10.1990 – 7 AZR 614/89, BeckRS 1990, 30735224 zu II 2b der Gründe.
[243] Vgl. zu Letzteren BAG 2.6.2010 – 7 AZR 85/09, NZA 2010, 1293 Rn. 19.
[244] Vgl. bereits BAG 8.3.1962 – 2 AZR 497/61, BAGE 12, 328 = AP BGB § 620 Befristeter Arbeitsvertrag Nr. 22 zu I 2c der Gründe; Ascheid/Preis/Schmidt/*Backhaus* TzBfG § 14 Rn. 265.
[245] Vgl. BT-Drs. 14/4374, 19.
[246] StRspr, vgl. zB BAG 25.10.2017 – 7 AZR 632/15, NZA 2018, 507 Rn. 39 und 42; 18.1.2017 – 7 AZR 236/15, NZA 2017, 849 Rn. 36 f.; 9.12.2015 – 7 AZR 68/14, NZA 2016, 695 Rn. 26.

rigen anderweitigen Beendigung des Arbeitsverhältnisses wird die vereinbarte Altersgrenze nicht zu einer auflösenden Bedingung.[247] Soll ein Arbeitsverhältnis aufgrund einer kollektiv- oder individualvertraglichen Regelung mit Vollendung eines bestimmten Lebensalters enden und wird es im Arbeitsvertrag zugleich als „auf unbestimmte Dauer/Zeit geschlossen" bezeichnet, wird dadurch die Altersgrenzenregelung grds. nicht abbedungen. Es wird lediglich klargestellt, dass das Arbeitsverhältnis nicht für eine im Voraus konkret bestimmte Frist abgeschlossen wird. Die Vertragsgestaltung ist typischerweise als Arbeitsverhältnis auf unbestimmte Zeit mit Höchstbefristung bei Erreichen der Regelaltersgrenze zu verstehen.[248] Das BAG erkennt einem Arbeitsverhältnis in einem solchen Fall den Charakter eines „konsolidierten Normalarbeitsverhältnisses" zu.[249]

81 Die Befristung eines Arbeitsvertrags durch eine Altersgrenzenregelung ist **regelmäßig zulässig**, wenn das Arbeitsverhältnis **bei Erreichen der Regelaltersgrenze für den Bezug einer Regelaltersrente** enden soll. Eine Altersgrenzenregelung ist durch einen **sachlichen Grund iSd. § 14 Abs. 1 TzBfG** gerechtfertigt, wenn mit der Beendigung des Arbeitsverhältnisses an die Stelle der Arbeitsvergütung die Möglichkeit des dauerhaften Bezugs einer Regelaltersrente aus der gesetzlichen Rentenversicherung oder von einem Versorgungswerk iSv. § 6 Abs. 1 SGB VI tritt. Nicht ausreichend sind eine Ausgleichszahlung des Arbeitgebers oder Leistungen der betrieblichen Altersversorgung. Die Anbindung an eine rentenrechtliche Versorgung bei Ausscheiden durch eine Altersgrenze ist damit Bestandteil des Sachgrunds. Die Wirksamkeit der Befristung ist allerdings nicht von der konkreten wirtschaftlichen Absicherung des Arbeitnehmers bei Erreichen der Altersgrenze abhängig.[250] Eine derart sachlich gerechtfertigte Altersgrenzenregelung ist idR auch **nicht** wegen **Verstoß gegen das Benachteiligungsverbot des § 7 Abs. 1 Hs. 1 AGG** gem. § 7 Abs. 2 AGG unwirksam. Sie bewirkt zwar eine unmittelbare Benachteiligung iSd. § 3 Abs. 1 S. 1 AGG wegen des Alters iSd. § 1 AGG. Diese unterschiedliche Behandlung wegen des Alters ist jedoch gem. § 10 S. 1 und S. 2 AGG zulässig, wenn sie durch ein legitimes Ziel gerechtfertigt ist und wenn die Mittel zur Erreichung dieses Ziels angemessen und erforderlich sind. Derartige zulässige unterschiedliche Behandlungen wegen des Alters können gem. § 10 S. 3 Nr. 5 Hs. 1 AGG auch eine Vereinbarung einschließen, die die Beendigung des Beschäftigungsverhältnisses ohne Kündigung zu einem Zeitpunkt vorsieht, zu dem der oder die Beschäftigte eine Rente wegen Alters beantragen kann. Die Nutzung der Ermächtigung des § 10 S. 3 Nr. 5 Hs. 1 AGG muss allerdings im jeweiligen Einzelfall in angemessener und erforderlicher Weise ein legitimes Ziel iSd Art. 6 Abs. 1 RL 2000/78/EG bzw. § 10 S. 1 und S. 2 AGG verfolgen. Dazu zählt jedenfalls auch die Förderung des Zugangs jüngerer Personen zur Beschäftigung über eine bessere Beschäftigungsverteilung zwischen den Generationen. Als Mittel zur Erreichung dieses Ziels ist eine Altersgrenzenregelung, die auf das Erreichen des für den Bezug von Regelaltersrente erforderlichen Lebensalters abstellt, grds. erforderlich und angemessen.[251]

82 Bei der **Auslegung** von Altersgrenzenregelungen, die auf das **Erreichen der Regelaltersgrenze für den Bezug einer Regelaltersrente** abstellen, ist **§ 41 S. 2 SGB VI** zu beachten. Danach gilt eine Vereinbarung, die die Beendigung des Arbeitsverhältnisses eines Arbeitnehmers ohne Kündigung zu einem Zeitpunkt vorsieht, zu dem der Arbeitnehmer vor Erreichen der Regelaltersgrenze eine Rente wegen Alters beantragen kann, dem Arbeitnehmer gegenüber als auf das Erreichen der Regelaltersgrenze abgeschlossen, es sei denn, dass die Verein-

---

[247] BAG 27.7.2005 – 7 AZR 443/04, BAGE 115, 265 = NZA 2006, 37 zu 2c aa der Gründe; 19.11.2003 – 7 AZR 296/03, BAGE 109, 6 = NZA 2004, 1336 zu II 2a der Gründe; 14.8.2002 – 7 AZR 469/01, BAGE 102, 174 = NZA 2003, 1397 zu I der Gründe.
[248] StRspr, vgl. zB BAG 26.9.2018 – 7 AZR 797/16, AP TVG § 1 Bezugnahme auf Tarifvertrag Nr. 150 Rn. 20; 25.10.2017 – 7 AZR 632/15, NZA 2018, 507 Rn. 37; 5.3.2013 – 1 AZR 417/12, NZA 2013, 916 Rn. 56 f.
[249] BAG 15.2.2012 – 7 AZR 756/09, AP TzBfG § 14 Nr. 90 Rn. 31; 19.10.2011 – 7 AZR 253/07, BAGE 139, 357 = NZA 2012, 1297 Rn. 30.
[250] StRspr, vgl. zB BAG 25.10.2017 – 7 AZR 632/15, NZA 2018, 507 Rn. 39 und 42; 18.1.2017 – 7 AZR 236/15, NZA 2017, 849 Rn. 36 f.; 9.12.2015 – 7 AZR 68/14, NZA 2016, 695 Rn. 26.
[251] StRspr. vgl. zB BAG 25.10.2017 – 7 AZR 632/15, NZA 2018, 507 Rn. 43 ff.; 9.12.2015 – 7 AZR 68/14, NZA 2016, 695 Rn. 30 ff.; 13.10.2015 – 1 AZR 853/13, BAGE 153, 46 = NZA 2016, 54 Rn. 16 ff., 33 ff.; sowie auch Schleusener/Suckow/Plum/*Plum* AGG § 10 Rn. 59 ff.

barung innerhalb der letzten drei Jahre vor diesem Zeitpunkt abgeschlossen oder von dem Arbeitnehmer innerhalb der letzten drei Jahre vor diesem Zeitpunkt bestätigt worden ist. Diese Vorschrift ist allerdings nur auf einzelvertraglich vereinbarte Altersgrenzen vor Vollendung des Regelrentenalters anwendbar.²⁵²

83 Die Befristung eines Arbeitsvertrags durch eine Altersgrenzenregelung ist dagegen nur ausnahmsweise zulässig, wenn das Arbeitsverhältnis vor Erreichen der Regelaltersgrenze für den Bezug einer Regelaltersrente enden soll. Eine sachlicher Grund iSd. § 14 Abs. 1 TzBfG liegt in einem solchen Fall jedenfalls nur dann vor, wenn mit der Beendigung des Arbeitsverhältnisses an die Stelle der Arbeitsvergütung die Möglichkeit des dauerhaften Bezugs einer Altersrente aus der gesetzlichen Rentenversicherung oder von einem Versorgungswerk iSv. § 6 Abs. 1 SGB VI tritt.²⁵³ Darüber hinaus kann eine entsprechende Altersgrenzenregelung sachlich gerechtfertigt sein, wenn das Erreichen eines bestimmten Lebensalters wegen der vom Arbeitnehmer ausgeübten Tätigkeit zu einer Gefährdung wichtiger Rechtsgüter führen kann.²⁵⁴ Dementsprechend hat das BAG in seiner früheren Rspr. bzw. vorzeitige tarifliche Altersgrenzen, die die Beendigung des Arbeitsverhältnisses von Mitgliedern der Besatzung von Luftfahrzeugen über ein bestimmtes Lebensalter hinaus nach einer nachvollziehbaren Einschätzung der Tarifvertragsparteien das Risiko von unerwarteten altersbedingten Ausfallerscheinungen zunimmt und dadurch die Gefahr für Leben und Gesundheit der Besatzungsmitglieder und der Passagiere sowie Personen am Boden ansteigt.²⁵⁵ Dies bejahte das BAG namentlich bei tariflichen Altersgrenzen von 60 Jahren für Piloten und Flugingenieure;²⁵⁶ dagegen nicht bei Kabinenpersonal.²⁵⁷ An dieser Rspr. hat es nach Inkrafttreten des AGG jedoch nicht mehr uneingeschränkt festgehalten und solche tariflichen Altersgrenzen in konkreten Einzelfällen wegen Verstoß gegen das Benachteiligungsverbot des § 7 Abs. 1 Hs. 1 AGG gem. § 7 Abs. 2 AGG als unwirksam eingestuft. Die durch eine solche Altersgrenze bewirkte unmittelbare Benachteiligung iSd § 3 Abs. 1 S. 1 AGG wegen des Alters iSd § 1 AGG sei in diesen Einzelfällen weder gem. § 8 Abs. 1 AGG noch gem. § 10 S. 1 und S. 2 AGG zulässig gewesen. Zum einen verfolgten solche Altersgrenzen iSd § 8 Abs. 1 AGG, seien jedoch unter Berücksichtigung nationaler und internationaler Lizenzregelungen in den konkreten Einzelfällen unangemessen. Zum anderen stelle die Sicherheit des Flugverkehrs kein legitimes Ziel iSd § 10 Abs. 1 S. 1 AGG dar, da dazu nur sozialpolitische Ziele wie solche aus den Bereichen Beschäftigungspolitik, Arbeitsmarkt oder berufliche Bildung zählten.²⁵⁸

84 Sieht ein Tarifvertrag, eine Betriebsvereinbarung oder ein Arbeitsvertrag vor, dass ein Arbeitsverhältnis mit Ablauf des Monats endet, in dem der Bescheid eines Rentenversicherungsträgers (**Rentenbescheid**) zugestellt wird, wonach der Arbeitnehmer voll oder teilweise **erwerbsgemindert** ist, handelt es sich nicht um eine kalendermäßige Befristung, sondern um eine **auflösende Bedingung**.²⁵⁹ Wichtige Beispiele für entsprechende Regelungen sind § 33 Abs. 2 Satz. 1 TVöD und § 33 Abs. 2 S. 1 TV-L.

85 **bb) Arbeits-/Aufenthaltserlaubnis**. Ein in der Person des Arbeitnehmers liegender Grund iSd. § 14 Abs. 1 S. 2 Nr. 6 TzBfG kann vorliegen, wenn ein Arbeitsvertrag für die Dauer einer **befristeten Arbeits- oder Aufenthaltserlaubnis** des Arbeitnehmers abgeschlossen wird

---

²⁵² Vgl. BAG 4.11.2015 – 7 AZR 851/13, NZA 2016, 634 Rn. 31; 13.10.2015 – 1 AZR 853/13, BAGE 153, 46 = NZA 2016, 54 Rn. 40.
²⁵³ Vgl. BAG 18.1.2017 – 7 AZR 236/15, NZA 2017, 849 Rn. 37.
²⁵⁴ BAG 23.6.2010 – 7 AZR 1021/08, NZA 2010, 1248 Rn. 16; 17.6.2009 – 7 AZR 112/08 (A), BAGE 131, 113 = NZA 2009, 1355 Rn. 20; 16.10.2008 – 7 AZR 253/07 (A), BAGE 128, 134 = NZA 2009, 378 Rn. 17.
²⁵⁵ BAG 16.10.2008 – 7 AZR 253/07 (A), BAGE 128, 134 = NZA 2009, 378 Rn. 17 mwN.
²⁵⁶ Jeweils mwN: BAG 2.6.2010 – 7 AZR 904/08 (A), AP ZPO § 148 Nr. 10 Rn. 9 f.; 17.6.2009 – 7 AZR 112/08 (A), BAGE 131, 113 = NZA 2009, 1355 Rn. 20.
²⁵⁷ BAG 16.10.2008 – 7 AZR 253/07 (A), BAGE 128, 134 = NZA 2009, 378 Rn. 18.
²⁵⁸ Vgl. BAG 15.2.2012 – 7 AZR 904/08, AP TzBfG § 14 Nr. 94 Rn. 15 ff.; 18.1.2012 – 7 AZR 112/08, BAGE 140, 248 = NZA 2012, 575 Rn. 16 ff.
²⁵⁹ Vgl. BAG 23.7.2014 – 7 AZR 771/12, BAGE 148, 357 = NZA 2014, 1341.

86 **cc)** *Arbeitsförderung*. Bis zur Aufhebung der §§ 260ff. SGB III aF (bis 31.12.1997: §§ 91ff. AFG) mit Wirkung zum 1.4.2012 durch das Gesetz zur Verbesserung der Eingliederungschancen am Arbeitsmarkt vom 20.12.2011[261] rechtfertigten in der Person des Arbeitnehmers liegende Gründe die Befristung eines Arbeitsvertrags, wenn ein Arbeitnehmer dem Arbeitgeber im Rahmen einer **Arbeitsbeschaffungsmaßnahme** nach §§ 260ff. SGB III aF. zugewiesen war und die vereinbarte Vertragsdauer mit der Dauer der Zuweisung übereinstimmte. Die Befristungskontrolle war bei solchen ABM-Verträgen grundsätzlich auf die Prüfung beschränkt, ob die Laufzeit des Arbeitsvertrags am konkreten Förderungszeitraum orientiert ist.[262] Daher war das Vorliegen einer förmlichen Zuweisung des Arbeitsamts des Arbeitsvertrages nicht zwingend erforderlich. Stimmten Vertragsdauer und Arbeitgeber aufgrund einer Auskunft des Arbeitsamts darauf vertrauen durfte, eine entsprechende Zuweisung und Kostenübernahme zu erhalten.[263] Auf die gesetzlichen Voraussetzungen in ABM erstreckte sich die Befristungskontrolle dagegen – außer in Fällen der Nichtigkeit des maßgeblichen Bescheids – nicht.[264]

87 Die Förderung der betrieblichen Aus- oder Weiterbildung von behinderten und schwerbehinderten Menschen durch Zuschüsse zur Ausbildungsvergütung oder zu einer vergleichbaren Vergütung nach § 73 SGB III und die Gewährung eines Eingliederungszuschusses nach §§ 88ff. SGB III sind dagegen **keine Sachgründe** für die Befristung eines Arbeitsvertrags mit dem geförderten Arbeitnehmer. Sie sind keine Maßnahmen der Arbeitsbeschaffung, sondern dienen der Eingliederung eines besonders benachteiligten Personenkreises in den Arbeitsmarkt bzw. dem Ausgleich von Minderleistungen.[265]

88 Die Erteilung einer befristeten **Arbeitserlaubnis-EU** nach § 284 SGB III ist ein sachlicher **Grund**, wenn der Arbeitsvertrag für deren Dauer abgeschlossen wird und im Zeitpunkt des Vertragsschlusses eine hinreichend zuverlässige Prognose erstellt werden kann, deren Verlängerung werde nicht erfolgen.[266]

89 **dd)** *Befristung bei oder nach Erreichen des Rentenalters*. Vereinbaren die Arbeitsvertragsparteien **bei oder nach dem Erreichen des Rentenalters** des Arbeitnehmers die **befristete Fortsetzung** ihres Arbeitsverhältnisses, kann für diese Befristung ihres Arbeitsvertrags ein sachlicher Grund gemäß § 14 Abs. 1 S. 2 Nr. 6 TzBfG vorliegen. Voraussetzung dafür ist, dass der Arbeitnehmer Altersrente aus der gesetzlichen Rentenversicherung beanspruchen kann und dass die befristete Fortsetzung des Arbeitsverhältnisses einer konkreten, im Zeitpunkt der Befristungsabrede bestehenden Personalplanung des Arbeitgebers, zB der Einarbeitung einer Ersatzkraft oder der Überbrückung bis zur Nachbesetzung der Stelle mit einer Ersatzkraft, dient. Die Anbindung an eine rentenrechtliche Versorgung ist – ebenso wie beim Ausscheiden durch eine solchen Fall nicht von einer konkreten wirtschaftlichen Absicherung des Arbeitnehmers abhängig. Anders als bei der Vereinbarung einer auf das Erreichen des gesetzlichen Rentenalters bezogenen Altersgrenzenregelung setzt die Vereinbarung der be-

---

[260] Vgl. BT-Drs. 14/4374, 19; BAG 12.1.2000 – 7 AZR 863/98, BAGE 93, 160 = NZA 2000, 722 zu 3 der Gründe.
[261] BGBl. 2011 I 2854.
[262] StRspr, zuletzt BAG 19.1.2005 – 7 AZR 250/04, BAGE 113, 184 = NZA 2005, 873 zu II 3a der Gründe mwN.
[263] StRspr, vgl. BAG 20.12.1992 – 7 AZR 194/95, NZA 1996, 642 zu I 2 der Gründe mwN.
[264] StRspr, vgl. BAG 15.2.1992 – 7 AZR 680/94, NZA 1995, 987 zu II 3a der Gründe mwN.
[265] BAG 22.4.2009 – 7 AZR 96/08, BAGE 130, 322 = NZA 2009, 1099 Rn. 12ff. zur Förderung der betrieblichen Aus- oder Weiterbildung schwerbehinderter Menschen nach § 235a SGB III aF; 4.6.2003 – 7 AZR 489/02, BAGE 106, 246 = NZA 2003, 1143 zu I der Gründe zum Eingliederungszuschuss für ältere Arbeitnehmer nach § 218 Abs. 1 Nr. 3 SGB III aF.
[266] Vgl. BT-Drs. 14/4374, 19; BAG 12.1.2000 – 7 AZR 863/98, BAGE 93, 160 = NZA 2000, 722 zu 3 der Gründe zur Aufenthaltserlaubnis.

fristeten Fortsetzung des bereits bestehenden Arbeitsverhältnisses bei oder nach Erreichen des gesetzlichen Rentenalters zusätzlich voraus, dass diese befristete Fortsetzung einer konkreten, zu diesem Zeitpunkt bestehenden Personalplanung des Arbeitgebers dient. Die insoweit gegenüber einer Altersgrenzenregelung unterschiedlichen Anforderungen an den Sachgrund ergeben sich daraus, dass eine auf die Regelaltersgrenze bezogene Befristung typischerweise zu Beginn des Arbeitsverhältnisses und damit zu einem Zeitpunkt vereinbart wird, in dem eine konkrete Personalplanung für die Zeit nach dem Erreichen des Renteneintrittsalters des Arbeitnehmers noch nicht möglich ist, und bei typisierender Betrachtung davon auszugehen ist, dass es die Altersgrenzenregelung dem Arbeitgeber ermöglicht, beizeiten geeigneten Nachwuchs einzustellen oder bereits beschäftigte Arbeitnehmer zu fördern. Für eine solche generalisierende Betrachtung besteht bei einer erst bei oder nach Erreichen des Renteneintrittsalters des Arbeitnehmers vereinbarten, befristeten Fortsetzung des Arbeitsverhältnisses keine Veranlassung. In diesem Fall besteht in der Regel nur dann ein anerkennenswertes Interesse des Arbeitgebers an der nur befristeten Fortsetzung des Arbeitsverhältnisses, wenn die Befristung einer bereits vorhandenen konkreten Personalplanung, zB der Einarbeitung einer Ersatz- oder Nachwuchskraft, dient.[267]

Darüber hinaus kann eine befristete Fortsetzung des Arbeitsverhältnisses bei Erreichen **90** des Renteneintrittsalters seit dem 1.7.2014 unter bestimmten Voraussetzungen auch auf § 41 S. 3 SGB VI gestützt werden. Nach der zu diesem Zeitpunkt in Kraft getretenen Regelung können die Arbeitsvertragsparteien durch Vereinbarung während des Arbeitsverhältnisses den Beendigungszeitpunkt, ggf. auch mehrfach, hinausschieben, wenn eine Vereinbarung die Beendigung des Arbeitsverhältnisses mit dem Erreichen der Regelaltersgrenze vorsieht. **Zweck** dieser Regelung ist es, den Arbeitsvertragsparteien zu ermöglichen, das Arbeitsverhältnis nach Erreichen der Regelaltersgrenze einvernehmlich für einen von vornherein bestimmten Zeitraum rechtssicher fortsetzen zu können, um bspw. eine Übergangsregelung bis zur einer Nachbesetzung zu schaffen oder den Abschluss laufender Projekte zu ermöglichen.[268] § 41 S. 3 SGB VI ist **mit höherrangigem Recht vereinbar.** Die Regelung ist jedenfalls insoweit unionsrechtskonform, als sie das Hinausschieben des Beendigungstermins ohne Änderung der sonstigen Arbeitsvertragsbedingungen ermöglicht, und begegnet auch keinen durchgreifenden verfassungsrechtlichen Bedenken.[269] **Voraussetzung** einer wirksamen Befristung nach § 41 S. 3 SGB VI ist erstens, dass die Arbeitsvertragsparteien die **Beendigung des Arbeitsverhältnisses mit Erreichen der Regelaltersgrenze** vereinbart haben. Ausreichend ist, dass der Beendigungszeitpunkt an deren Erreichen anknüpft. Eine Vereinbarung durch eine arbeitsvertragliche Bezugnahme auf entsprechende tarifliche Vorschriften genügt.[270] Zweitens müssen die Arbeitsvertragsparteien den **Beendigungszeitpunkt während des Arbeitsverhältnisses hinausschieben.** Ob das Hinausschieben des Beendigungszeitpunkts iSd. § 41 S. 3 SGB VI – ebenso wie eine Verlängerung iSd. § 14 Abs. 2 S. 1 Hs. 2 TzBfG – voraussetzt, dass nur der Beendigungszeitpunkt des Arbeitsverhältnisses geändert wird und der Vertragsinhalt ansonsten unverändert bleibt, ist umstritten und vom BAG bisher offengelassen worden.[271] Eine einvernehmliche Änderung sonstiger Arbeitsbedingungen, die weder gleichzeitig noch im zeitlichen Zusammenhang mit der Vereinbarung über das Hinausschieben des Beendigungszeitpunkts erfolgt ist, steht einer Befristung nach § 41 S. 3 SGB VI jedenfalls nicht entgegen.[272] **Keine Voraussetzung** einer Befristung nach § 41 S. 3 SGB VI ist ein **Sachgrund iSd. § 14 Abs. 1 TzBfG.**[273]

ee) Nebenbeschäftigung/-tätigkeit. Die Befristung eines Arbeitsvertrags ist nicht bereits **91** deshalb sachlich gerechtfertigt, weil er eine **Nebenbeschäftigung/-tätigkeit,** mit der der Ar-

---

[267] Grdl.: BAG 11.2.2015 – 7 AZR 17/13, BAGE 150, 366 = NJW 2015, 2682 = NZA 2015, 1066 Rn. 26 ff.
[268] BT-Drs. 18/1489, 25; BAG 19.12.2018 – 7 AZR 70/17, BAGE 164, 370 = NZA 2019, 523 = NZA 2019, 523 Rn. 32; 11.2.2015 – 7 AZR 17/13, BAGE 150, 366 = NJW 2015, 2682 = NZA 2015, 1066 Rn. 19.
[269] Grdl.: EuGH 28.2.2018 – C-46/17, NZA 2018, 355; BAG 19.12.2018 – 7 AZR 70/17, BAGE 164, 370 = NZA 2019, 523 = NZA 2019, 523 Rn. 33 ff.
[270] BAG 19.12.2018 – 7 AZR 70/17, BAGE 164, 370 = NZA 2019, 523 = NZA 2019, 523 Rn. 15 ff.
[271] BAG 19.12.2018 – 7 AZR 70/17, BAGE 164, 370 = NZA 2019, 523 = NZA 2019, 523 Rn. 20 mwN.
[272] BAG 19.12.2018 – 7 AZR 70/17, BAGE 164, 370 = NZA 2019, 523 = NZA 2019, 523 Rn. 29.
[273] BAG 19.12.2018 – 7 AZR 70/17, BAGE 164, 370 = NZA 2019, 523 = NZA 2019, 523 Rn. 32.

beitnehmer nicht seinen ganzen Lebensunterhalt verdient, betrifft. Dies gilt insbesondere, wenn der Arbeitnehmer neben der Beschäftigung einer Ausbildung oder einem Studium nachgeht.[274] Die Befristung des Arbeitsvertrags eines **Studierenden** kann aber dann sachlich gerechtfertigt sein, wenn der Studierende dadurch die Möglichkeit erhält, die Erfordernisse des Studiums mit denen des Arbeitsverhältnisses in Einklang zu bringen. Die Befristung muss aber angesichts der Vertragsgestaltung für diese Anpassung erforderlich sein. Wird dem Interesse des Studierenden dagegen bereits durch eine entsprechend flexible Ausgestaltung des Arbeitsverhältnisses Rechnung getragen, kann die Befristung nicht auf diesen Gesichtspunkt gestützt werden.[275]

92 *ff) Soziale Erwägungen.* In der Person des Arbeitnehmers liegenden Gründe iSd. § 14 Abs. 1 S. 2 Nr. 6 TzBfG können die Befristung eines Arbeitsvertrags zudem rechtfertigen, wenn das Interesse des Arbeitgebers, aus **sozialen Erwägungen** mit dem Arbeitnehmer nur einen befristeten Arbeitsvertrag abzuschließen, auch angesichts des Interesses des Arbeitnehmers an einer unbefristeten Beschäftigung schutzwürdig ist. Das ist der Fall, wenn es ohne den in der Person des Arbeitnehmers begründeten sozialen Zweck überhaupt nicht zum Abschluss eines Arbeitsvertrags, auch nicht eines befristeten Arbeitsvertrags, gekommen wäre. In diesem Fall liegt es auch im objektiven Interesse des Arbeitnehmers, wenigstens für eine begrenzte Zeit bei diesem Arbeitgeber einen Arbeitsplatz zu erhalten. Die sozialen Erwägungen müssen das **überwiegende Motiv des Arbeitgebers** sein.[276]

93 Ein in der Person des Arbeitnehmers liegender sozialer Zweck iSd. § 14 Abs. 1 S. 2 Nr. 6 TzBfG kann vorliegen,
- wenn ein Arbeitnehmer bzw. Auszubildender nach wirksamer Beendigung seines Arbeits- bzw. Ausbildungsverhältnisses oder nach Abschluss einer (Berufs-)Aus-, Fort- oder Weiterbildung zur Vermeidung von Übergangsschwierigkeiten bzw. zur Verbesserung seiner Arbeitsmarktchancen befristet weiterbeschäftigt wird;[277]
- wenn der befristete Arbeitsvertrag abgeschlossen wird, um dem Arbeitnehmer Gelegenheit zu geben, eine noch fehlende Qualifikation zu erwerben;[278]
- wenn ein befristeter Arbeitsvertrag ohne entsprechenden Bedarf an der Arbeitsleistung wegen der Bewilligung einer befristeten Rente wegen Erwerbsminderung und dem dadurch bewirkten Ruhen eines Vollzeitarbeitsverhältnisses,[279] wegen einer (zu befürchtenden) Verbraucherinsolvenz des Arbeitnehmers[280] oder im Rahmen einer Initiative zur Inklusion schwerbehinderter Arbeitnehmer[281] abgeschlossen wird.

94 Ein **sozialer Beweggrund** für den Abschluss eines befristeten Arbeitsvertrags **fehlt** dagegen, wenn die Interessen des Betriebs oder der Dienststelle und nicht die Berücksichtigung der sozialen Belange des Arbeitnehmers für den Abschluss des Arbeitsvertrags ausschlaggebend waren.[282] Denn das für den Abschluss eines Arbeitsvertrags maßgebliche Interesse des Arbeitgebers geht regelmäßig dahin, sich die Arbeitsleistung des Arbeitnehmers für seine unternehmerischen Zwecke nutzbar zu machen und dadurch eine Gegenleistung für die gewährte Arbeitsvergütung zu erhalten. Dem Abschluss eines aus sozialen Gründen gerechtfertigten befristeten Arbeitsvertrags muss eine von diesem Regelfall abweichende Interessenlage zugrunde liegen. Dazu bedarf es der Feststellung konkreter Anhaltspunkte, die darauf

---

[274] BAG 10.8.1994 – 7 AZR 695/93, NJW 1995, 981 = NZA 1995, 30 zu I 3b der Gründe.
[275] BAG 16.4.2003 – 7 AZR 187/02, BAGE 106, 79 = NJW 2003, 3649 = NZA 2004, 40 zu II 3a der Gründe; 29.10.1998 – 7 AZR 561/97, BAGE 90, 103 = NZA 1999, 990 zu II der Gründe; 10.8.1994 – 7 AZR 695/93, NJW 1995, 981 = NZA 1995, 30 zu I 3b cc und dd der Gründe.
[276] BAG 20.3.2019 – 7 AZR 409/16, NZA 2019, 1274 Rn. 48; 11.2.2015 – 7 AZR 17/13, BAGE 150, 366 = NJW 2015, 2682 = NZA 2015, 1066 Rn. 33; 24.8.2011 – 7 AZR 368/10, AP TzBfG § 14 Nr. 85 Rn. 27.
[277] Vgl. BT-Drs. 14/4374, 19; BAG 7.7.1999 – 7 AZR 232/98, NZA 1999, 1335 zu II 1a der Gründe; 19.8.1992 – 7 AZR 493/91, BeckRS 1992, 30742213 zu I 3b der Gründe; 12.12.1984 – 7 AZR 204/83, AP BGB § 620 Befristeter Arbeitsvertrag Nr. 85.
[278] Vgl. BAG 11.12.1985 – 7 AZR 329/84, BAGE 50, 298 = NZA 1987, 58.
[279] Vgl. BAG 21.1.2009 – 7 AZR 630/07, NZA 2009, 727 Rn. 12.
[280] Vgl. BAG 11.2.2015 – 7 AZR 17/13, BAGE 150, 366 = NJW 2015, 2682 = NZA 2015, 1066 Rn. 34.
[281] Vgl. BAG 20.3.2019 – 7 AZR 409/16, NZA 2019, 1274 Rn. 49.
[282] BAG 20.3.2019 – 7 AZR 409/16, NZA 2019, 1274 Rn. 48; 11.2.2015 – 7 AZR 17/13, BAGE 150, 366 = NJW 2015, 2682 = NZA 2015, 1066 Rn. 33; 24.8.2011 – 7 AZR 368/10, AP TzBfG § 14 Nr. 85 Rn. 27.

schließen lassen, dass die für eine Beschäftigung des Arbeitnehmers sprechenden betrieblichen oder dienstlichen Interessen des Arbeitgebers für den Vertragsschluss nicht ausschlaggebend waren. Solche Eigeninteressen brauchen allerdings nicht ganz zu fehlen. Die Tatsache, dass der Arbeitnehmer mit sinnvollen Aufgaben beschäftigt wird, hindert die Annahme des Sachgrunds nicht. An einem überwiegenden Interesse des Arbeitgebers kann es danach fehlen, wenn der befristet eingestellte Arbeitnehmer Arbeitsaufgaben ausführen soll, die bisher anderen Arbeitnehmern übertragen sind und diesen aus Anlass der vorübergehenden Beschäftigung keine neuen Aufgaben zugewiesen werden.[283]

Den in der Person des Arbeitnehmers liegenden sozialen Zweck für den Abschluss eines befristeten Arbeitsvertrags muss der **Arbeitgeber** anhand nachprüfbarer Tatsachen **darlegen und im Bestreitensfall beweisen**.[284]

gg) Wunsch des Arbeitnehmers. Ein in der Person des Arbeitnehmers liegender Grund iSd. § 14 Abs. 1 S. 2 Nr. 6 TzBfG kann auch der **Wunsch des Arbeitnehmers** nach einer nur zeitlich begrenzten Beschäftigung sein.[285] Die Befristung eines Arbeitsvertrags beruht auf einem solchen, wenn zum Zeitpunkt des Vertragsschlusses objektive Anhaltspunkte vorliegen, aus denen ein **Interesse des Arbeitnehmers gerade an einer befristeten Beschäftigung** folgt.[286] Solche objektiven Umstände können zB in familiären Verpflichtungen, einer noch nicht abgeschlossenen Ausbildung oder einem Heimkehrwunsch eines ausländischen Arbeitnehmers liegen.[287] Entscheidend ist, ob der Arbeitnehmer auch bei einem Angebot auf Abschluss eines unbefristeten Arbeitsvertrags nur ein befristetes Arbeitsverhältnis vereinbart hätte.[288] Allein aus der Bewerbung auf eine befristete Stelle, der Initiative zum Abschluss eines befristeten Arbeitsvertrags oder aus dem durch Unterzeichnung des Arbeitsvertrags dokumentierten Einverständnis des Arbeitnehmers mit dem befristeten Vertragsschluss kann daher nicht auf einen entsprechenden Wunsch geschlossen werde.[289] Ebenso wenig reicht es aus, dass der Arbeitnehmer nach reiflicher Überlegung und ausführlicher Beratungsmöglichkeit das Angebot des Arbeitgebers zum Abschluss des befristeten Arbeitsvertrags annimmt.[290] Gleiches gilt für die freie Wahlmöglichkeit des Arbeitnehmers zwischen einem neuen befristeten Arbeitsvertrag mit günstigeren Arbeitsbedingungen und der unveränderten Fortsetzung seines bisherigen Arbeitsverhältnisses.[291]

g) Haushaltsbefristung, § 14 Abs. 1 S. 2 Nr. 7 TzBfG. Die Befristung eines Arbeitsvertrags ist gemäß § 14 Abs. 1 S. 2 Nr. 7 TzBfG sachlich gerechtfertigt, wenn der Arbeitnehmer aus Haushaltsmitteln vergütet wird, die haushaltsrechtlich für eine befristete Beschäftigung bestimmt sind, und er entsprechend beschäftigt wird. Diese sog. „Haushaltsbefristung" stellt innerhalb der in § 14 Abs. 1 S. 2 TzBfG geregelten sachlichen Gründe für die Befristung von Arbeitsverträgen einen Sondertatbestand dar, der ausschließlich **Arbeitgebern des öffentlichen Dienstes** eine erleichterte Befristungsmöglichkeit eröffnet. Arbeitgeber der Privatwirt-

---

[283] BAG 11.2.2015 – 7 AZR 17/13, BAGE 150, 366 = NJW 2015, 2682 = NZA 2015, 1066 Rn. 33; 21.1.2009 – 7 AZR 630/07, NZA 2009, 727 Rn. 9.
[284] BAG 11.2.2015 – 7 AZR 17/13, BAGE 150, 366 = NJW 2015, 2682 = NZA 2015, 1066 Rn. 33; 24.8.2011 – 7 AZR 368/10, AP TzBfG § 14 Nr. 85 Rn. 27; 21.1.2009 – 7 AZR 630/07, NZA 2009, 727 Rn. 9.
[285] BAG 17.5.2017 – 7 AZR 420/15, BAGE 159, 125 = NJW 2017, 3737 = NZA 2017, 1600 Rn. 38; 18.1.2017 – 7 AZR 236/15, NZA 2017, 849 Rn. 30; 11.2.2015 – 7 AZR 17/13, BAGE 150, 366 = NJW 2015, 2682 = NZA 2015, 1066 Rn. 36.
[286] BAG 18.1.2017 – 7 AZR 236/15, NZA 2017, 849 Rn. 30; 11.2.2015 – 7 AZR 17/13, BAGE 150, 366 = NJW 2015, 2682 = NZA 2015, 1066 Rn. 36; 19.1.2005 – 7 AZR 115/04, AP BGB § 620 Befristeter Arbeitsvertrag Nr. 260 zu II 2a aa der Gründe.
[287] BAG 18.1.2017 – 7 AZR 236/15, NZA 2017, 849 Rn. 30; 26.4.1985 – 7 AZR 316/84, AP BGB § 620 Befristeter Arbeitsvertrag Nr. 91 zu III 3b der Gründe.
[288] BAG 17.5.2017 – 7 AZR 420/15, BAGE 159, 125 = NJW 2017, 3737 = NZA 2017, 1600 Rn. 38; 18.1.2017 – 7 AZR 236/15, NZA 2017, 849 Rn. 30; 11.2.2015 – 7 AZR 17/13, BAGE 150, 366 = NJW 2015, 2682 = NZA 2015, 1066 Rn. 36.
[289] Vgl. BAG 17.5.2017 – 7 AZR 420/15, BAGE 159, 125 = NJW 2017, 3737 = NZA 2017, 1600 Rn. 38; BAG 18.1.2017 – 7 AZR 236/15, NZA 2017, 849 Rn. 30; 11.2.2015 – 7 AZR 17/13, BAGE 150, 366 = NJW 2015, 2682 = NZA 2015, 1066 Rn. 37.
[290] BAG 18.1.2017 – 7 AZR 236/15, NZA 2017, 849 Rn. 34.
[291] BAG 18.1.2017 – 7 AZR 236/15, NZA 2017, 849 Rn. 30, 34.

98 Der sachliche Grund gemäß § 14 Abs. 1 S. 2 Nr. 7 TzBfG ist nach der Rspr. des BAG **verfassungskonform**. Er wahrt in seiner vom BAG vorgenommenen Auslegung zum einen den durch die Berufsfreiheit gemäß Art. 12 Abs. 1 GG garantierten staatlichen Mindestbestandsschutz für Arbeitsverhältnisse.[293] Zum anderen verstößt die mit § 14 Abs. 1 S. 2 Nr. 7 TzBfG verbundene Privilegierung von Arbeitgebern des öffentlichen Dienstes gegenüber Arbeitgebern der Privatwirtschaft auch nicht gegen den allgemeinen Gleichheitssatz gemäß Art. 3 Abs. 1 GG.[294] Offen ist dagegen, ob die sog. „Haushaltsbefristung" gemäß § 14 Abs. 1 S. 2 Nr. 7 TzBfG mit dem Unionsrecht vereinbar ist. Das BAG hat in seiner Rechtsprechung wiederholt **grundsätzliche Zweifel an der Unionrechtskonformität** des § 14 Abs. 1 S. 2 Nr. 7 TzBfG geäußert.[295] Dementsprechend hat es dem EuGH bereits durch Beschl. vom 27.10.2010 fünf Fragen vorgelegt, um zu klären, ob es mit dem Unionsrecht vereinbar ist, seine Rechtsprechung zum sachlichen Grund des § 14 Abs. 1 S. 2 Nr. 7 TzBfG uneingeschränkt fortzuführen, oder ob es nötig ist, diese Rechtsprechung fortzuentwickeln.[296] Eine Beantwortung dieser Fragen durch den EuGH blieb jedoch letztlich aus, da die Rechtshängigkeit des dem Vorabentscheidungsersuchen des BAG zugrunde liegende Rechtsstreits zuvor durch übereinstimmende Erledigungserklärung beider Parteien sein Ende fand.[297] Das BAG hat aber deutlich gemacht, dass ein erneutes Vorabentscheidungsersuchen angezeigt ist, wenn die Befristung eines Arbeitsvertrags – in einem konkreten Streitfall – ausschließlich nach § 14 Abs. 1 S. 2 Nr. 7 TzBfG gerechtfertigt wäre und der Arbeitgeber auch nicht nach den Grundsätzen des institutionellen Rechtsmissbrauchs gehindert wäre, sich auf diesen Sachgrund zu berufen.[298]

99 Voraussetzung für das Vorliegen des sachlichen Grundes gemäß § 14 Abs. 1 S. 2 Nr. 7 TzBfG ist erstens die **Bereitstellung von Haushaltsmitteln für die befristete Beschäftigung in einem Haushaltsplan**.[299] Diese Haushaltsmittel müssen dabei nicht notwendig betragsmäßig im Haushaltsplan ausgewiesen werden.[300] Sie müssen nach bisheriger Rspr. des BAG aber über den Wortlaut des § 14 Abs. 1 S. 2 Nr. 7 TzBfG hinaus im Haushaltsplan mit einer konkreten Sachregelung auf der Grundlage einer nachvollziehbaren Zwecksetzung für eine befristete Beschäftigung ausgebracht sein.[301] Die für die Vergütung des befristet eingestellten Arbeitnehmers verfügbaren Haushaltsmittel müssen für eine Aufgabe von nur vorübergehender Dauer vorgesehen sein.[302] Es muss sich um Tätigkeiten handeln, die nicht dauerhaft, sondern nur zeitweilig anfallen.[303] Ein auf einen bestimmten Zeitpunkt datierter Vermerk, dass eine bestimmte Anzahl von Stellen einer Vergütungsgruppe zu einem späteren Zeitpunkt entfallen soll, genügt nicht. Aus einem solchen kw-Vermerk ergibt sich nicht, dass die

---

[292] Vgl. BAG 23.5.2018 – 7 AZR 16/17, NZA 2018, 1549 Rn. 22; 9.3.2011 – 7 AZR 728/09, BAGE 137, 178 = NZA 2011, 911 Rn. 21; 27.10.2010 – 7 AZR 485/09 (A), BAGE 136, 93 = NZA-RR 2011, 272 Rn. 19.
[293] Vgl. jeweils mwN: BAG 9.3.2011 – 7 AZR 728/09, BAGE 137, 178 = NZA 2011, 911 Rn. 19 ff.; 27.10.2010 – 7 AZR 485/09 (A), BAGE 136, 93 Rn. 18 = NZA-RR 2011, 272; 17.3.2010 – 7 AZR 843/08, NZA-RR 2010, 549 Rn. 10 f.
[294] Vgl. BAG 27.10.2010 – 7 AZR 485/09 (A), BAGE 136, 93 = NZA-RR 2011, 272 Rn. 19; 7.11.2007 – 7 AZR 791/06, AP TzBfG § 14 Nr. 47 Rn. 23.
[295] Zuletzt: BAG 23.5.2018 – 7 AZR 16/17, NZA 2018, 1549 Rn. 21 ff.; 19.3.2014 – 7 AZR 718/12, AP TzBfG § 14 Nr. 118 Rn. 33; 11.9.2013 – 7 AZR 107/12, NZA 2014, 150 Rn. 30.
[296] BAG 27.10.2010 – 7 AZR 485/09 (A), BAGE 136, 93 = NZA-RR 2011, 272.
[297] Vgl. BAG 10.3.2011 – 7 AZR 485/09, nv.
[298] Vgl. BAG 23.5.2018 – 7 AZR 16/17, NZA 2018, 1549 Rn. 28; 28.9.2016 – 7 AZR 549/14, NZA 2017, 249 Rn. 43 f.
[299] StRspr, zB BAG 23.5.2018 – 7 AZR 16/17, NZA 2018, 1549 Rn. 15; 16.1.2018 – 7 AZR 21/16, NZA 2018, 663 Rn. 24; 28.9.2016 – 7 AZR 549/14, NZA 2017, 249 Rn. 38.
[300] BAG 27.10.2010 – 7 AZR 485/09 (A), BAGE 136, 93 = NZA-RR 2011, 272 Rn. 23; 7.11.2007 – 7 AZR 791/06, ZTR 2008, 393 Rn. 14, AP TzBfG § 14 Nr. 47; 14.2.2007 – 7 AZR 193/06, BAGE 121, 236 = NZA 2007, 871 Rn. 13.
[301] StRspr, zB BAG 23.5.2018 – 7 AZR 16/17, NZA 2018, 1549 Rn. 15; 16.1.2018 – 7 AZR 21/16, NZA 2018, 663 Rn. 24; 28.9.2016 – 7 AZR 549/14, NZA 2017, 249 Rn. 38.
[302] StRspr, zB BAG 23.5.2018 – 7 AZR 16/17, NZA 2018, 1549 Rn. 15; 28.9.2016 – 7 AZR 549/14, NZA 2017, 249 Rn. 38; 19.3.2014 – 7 AZR 718/12, AP TzBfG § 14 Nr. 118 Rn. 34.
[303] StRspr, zB BAG 19.3.2014 – 7 AZR 718/12, AP TzBfG § 14 Nr. 118 Rn. 34; 11.9.2013 – 7 AZR 107/12, NJW 2014, 489 = NZA 2014, 489 Rn. 31; 13.2.2013 – 7 AZR 225/11, NZA 2013, 777 Rn. 17.

Stellen für eine befristete Beschäftigung ausgebracht sind.[304] Die Rechtsvorschriften, mit denen die Haushaltsmittel ausgebracht werden, müssen zudem selbst die inhaltlichen Anforderungen für die im Rahmen der befristeten Arbeitsverträge auszuübenden Tätigkeiten oder die Bedingungen, unter denen sie auszuführen sind, enthalten.[305] Dementsprechend liegen die Voraussetzungen des § 14 Abs. 1 S. 2 Nr. 7 TzBfG nicht vor, wenn Haushaltsmittel lediglich allgemein für die Beschäftigung von Arbeitnehmern im Rahmen von befristeten Arbeitsverhältnissen bereitgestellt werden.[306] Auch ein kw-Vermerk genügt wiederum nicht. Aus ihm ergibt sich mangels Erkennbarkeit der von ihm betroffenen Tätigkeiten keine tätigkeitsbezogene Zweckbestimmung für eine Aufgabe von vorübergehender Dauer, sondern lediglich eine allgemeine Bereitstellung nicht näher bezeichneter Stellen einer Vergütungsgruppe.[307] Ob die Haushaltsmittel für die befristete Beschäftigung durch ein Gesetz, mindestens aber durch ein Parlament ausgebracht werden müssen, oder ob es genügt, dass sie in einem nach dem öffentlichen Haushaltsrecht aufgestellten Haushaltsplan ausgewiesen sind, so dass nicht nur Bund, Länder und Gebietskörperschaften, sondern auch sonstige Körperschaften des öffentlichen Rechts diese Befristungsmöglichkeit in Anspruch nehmen können, ist nicht abschließend höchstrichterlich geklärt.[308] Das BAG hat bislang lediglich entschieden, dass der sachliche Grund des § 14 Abs. 1 S. 2 Nr. 7 TzBfG nicht anwendbar ist, wenn das den Haushaltsplan aufstellende Organ und der Arbeitgeber identisch sind und es an einer unmittelbaren demokratischen Legitimation des Haushaltsplangebers fehlt.[309] Dementsprechend kann sich insbesondere die Bundesagentur für Arbeit zur Rechtfertigung befristeter Arbeitsverträge nicht auf den sachlichen Grund des § 14 Abs. 1 S. 2 Nr. 7 TzBfG berufen.[310] Keine Haushaltsmittel iSd § 14 Abs. 1 S. 2 Nr. 7 TzBfG sind Drittmittel.[311]

Zweite Voraussetzung für das Vorliegen des sachlichen Grundes gemäß § 14 Abs. 1 S. 2 Nr. 7 TzBfG ist, dass der befristetet eingestellte Arbeitnehmer gerade aus den Haushaltsmitteln vergütet wird, die für die befristete Beschäftigung in einem Haushaltsplan ausgebracht sind. Seine **Vergütung** muss **aus Haushaltsmitteln** erfolgen, die mit einer konkreten Sachregelung auf der Grundlage einer nachvollziehbaren Zwecksetzung für eine nur vorübergehende Beschäftigung versehen sind.[312]

Drittens setzt das Vorliegen des sachlichen Grundes gemäß § 14 Abs. 1 S. 2 Nr. 7 TzBfG schließlich voraus, dass die **Beschäftigung** des befristet eingestellten Arbeitnehmers **entsprechend der Zwecksetzung der Haushaltsmittel** erfolgt. Ausreichend ist dabei sein überwiegender Einsatz entsprechend dieser Zwecksetzung.[313]

Maßgeblich für das Vorliegen der Voraussetzungen des sachlichen Grundes gemäß § 14 Abs. 1 S. 2 Nr. 7 TzBfG sind die **Umstände bei Abschluss des befristeten Arbeitsvertrags**.[314] Zu diesem Zeitpunkt müssen hinreichende tatsächliche Anhaltspunkte dafür bestehen, dass die **Prognose** gerechtfertigt ist, dass die Vergütung des Arbeitnehmers während der gesamten

---

[304] BAG 23.5.2018 – 7 AZR 16/17, NZA 2018, 1549 Rn. 19; 2.9.2009 – 7 AZR 162/08, BAGE 132, 45 = NZA 2009, 1257 Rn. 16.
[305] StRspr, zB BAG 23.5.2018 – 7 AZR 16/17, NZA 2018, 1549 Rn. 15; 28.9.2016 – 7 AZR 549/14, NZA 2017, 249 Rn. 38; 19.3.2014 – 7 AZR 718/12, AP TzBfG § 14 Nr. 118 Rn. 34.
[306] StRspr, zB BAG 23.5.2018 – 7 AZR 16/17, NZA 2018, 1549 Rn. 15; 17.3.2010 – 7 AZR 640/08, BAGE 133, 319 = NZA 2010, 633 Rn. 25; 2.9.2009 – 7 AZR 162/08, BAGE 132, 45 = NZA 2009, 1257 Rn. 13.
[307] BAG 2.9.2009 – 7 AZR 162/08, BAGE 132, 45 = NZA 2009, 1257 Rn. 16.
[308] Vgl. jeweils mwN zum Streitstand: BAG 9.3.2011 – 7 AZR 728/09, BAGE 137, 178 = NZA 2011, 911 Rn. 14; ErfK/*Müller-Glöge* TzBfG § 14 Rn. 71c.
[309] Grdl.: BAG 9.3.2011 – 7 AZR 728/09, BAGE 137, 178 = NZA 2011, 911 Rn. 8, 14 ff.; 9.3.2011 – 7 AZR 47/10, AP TzBfG § 14 Haushalt Nr. 19 Rn. 8, 14 ff.
[310] BAG 10.7.2013 – 7 AZR 833/11, NZA 2013, 1292 Rn. 33; 10.7.2013 – 7 AZR 761/11, NZA 2014, 26 Rn. 38; 9.3.2011 – 7 AZR 728/09, BAGE 137, 178 = NZA 2011, 911 Rn. 8, 14, 32.
[311] BAG 29.7.2009 – 7 AZR 907/07, AP TzBfG § 14 Nr. 65 Rn. 33; 15.2.2006 – 7 AZR 241/05, ZTR 2006, 509 = BeckRS 2006, 42340 Rn. 12.
[312] StRspr, zB BAG 28.9.2016 – 7 AZR 549/14, NZA 2017, 249 Rn. 38; 19.3.2014 – 7 AZR 718/12, AP TzBfG § 14 Nr. 118 Rn. 34; 11.9.2013 – 7 AZR 107/12, NJW 2014, 489 = NZA 2014, 150 Rn. 31.
[313] StRspr, vgl. zB BAG 28.9.2016 – 7 AZR 549/14, NZA 2017, 249 Rn. 39; 19.3.2014 – 7 AZR 718/12, AP TzBfG § 14 Nr. 118 Rn. 34; 11.9.2013 – 7 AZR 107/12, NZA 2014, 150 Rn. 30.
[314] StRspr, vgl. zB BAG 28.9.2016 – 7 AZR 549/14, NZA 2017, 249 Rn. 39; 29.7.2009 – 7 AZR 907/07, AP TzBfG § 14 Nr. 65 Rn. 38; 22.4.2009 – 7 AZR 743/07, BAGE 130, 313 = NZA 2009, 1143 Rn. 18.

Laufzeit des befristeten Arbeitsvertrags aus Haushaltsmitteln bestritten werden kann, die haushaltsrechtlich für eine befristete Beschäftigung bestimmt sind, und dass der Arbeitnehmer entsprechend beschäftigt werden kann,[315] also dass er überwiegend entsprechend der Zwecksetzung der bereitstehenden Haushaltsmittel eingesetzt wird.[316] Dafür ist nicht erforderlich, dass zu diesem Zeitpunkt bereits in einem Haushaltsgesetz Haushaltsmittel ausgebracht sind, aus denen die Vergütung des befristet beschäftigten Arbeitnehmers während der gesamten Vertragslaufzeit bestritten werden kann. Eine Befristung über ein Haushaltsjahr hinaus setzt aber zwingend voraus, dass zu diesem Zeitpunkt zumindest hinreichende tatsächliche Anhaltspunkte dafür vorliegen, dass der künftige Haushaltsplan erneut ausreichende Haushaltsmittel für die befristete Beschäftigung des Arbeitnehmers bereitstellen wird.[317] Eine solche Erwartung kann im Bereich der Landesverwaltungen zB gerechtfertigt sein, wenn sich erstens der Entwurf eines Haushaltsgesetzes, auf dessen Bestimmungen die Befristung eines Arbeitsvertrags gestützt werden könnte, bereits im Gesetzgebungsverfahren befindet oder der Inhalt des Entwurfs feststeht und seine Einbringung in das parlamentarische Verfahren zeitnah erfolgen soll und wenn dieser Entwurf zweitens die für die Befristung maßgebliche Bestimmung und ggf. die erforderlichen Haushaltsmittel des bisherigen Haushaltsgesetzes inhaltlich fortschreibt und keine Anhaltspunkte für die Annahme bestehen, dass dieser Teil des Entwurfs nicht mit dem im Entwurf enthaltenen Inhalt als Gesetz verabschiedet werden könnte.[318] Wird nach Abschluss des befristeten Arbeitsvertrags während seiner Laufzeit festgestellt, dass der befristet eingestellte Arbeitnehmer tatsächlich nicht aus den bei Abschluss dieses Arbeitsvertrags verfügbaren Haushaltsmitteln vergütet oder entsprechend der Zwecksetzung der zur Verfügung stehenden Haushaltsmittel beschäftigt wird, kann dies stets nur ein Indiz dafür sein, dass der sachliche Grund gemäß § 14 Abs. 1 S. 2 Nr. 7 TzBfG in Wirklichkeit nicht gegeben, sondern nur vorgeschoben ist. Es obliegt in diesem Fall dem Arbeitgeber, die vom Vertrag abweichende Handhabung zu erklären.[319]

103 Nach der bisherigen Rspr. des BAG kann die Befristung eines Arbeitsvertrags vor diesem Hintergrund insbesondere gemäß § 14 Abs. 1 S. 2 Nr. 7 TzBfG sachlich gerechtfertigt sein, wenn Haushaltsmittel, die aufgrund der **zeitlich begrenzten Abwesenheit von (Plan-)Stelleninhabern** zur Verfügung stehen, genutzt werden, um einen bestehenden Arbeitskräftebedarf befristet abzudecken. Voraussetzung dafür ist, zum einen, dass die Haushaltsnorm bestimmt, dass (Plan-)Stellen für Zeiträume, in denen (Plan-)Stelleninhaber vorübergehend keine oder keine vollen Bezüge zu gewähren sind, im Umfang der nicht in Anspruch genommenen (Plan-)Stellenanteile für die Beschäftigung von Aushilfskräften in Anspruch genommen werden können.[320] Zum anderen muss zwischen der Abwesenheit des (Plan-)Stelleninhabers und der Beschäftigung der Aushilfskraft ein erkennbarer Zusammenhang bestehen.[321] Dafür muss die haushaltsmittelbewirtschaftende Dienststelle entweder einen Mehrbedarf bei sich oder in einer Dienststelle ihres nachgeordneten Geschäftsbereichs abdecken oder einen betrieblichen Bedarf in der Dienststelle ausgleichen, der der vorübergehend abwesende (Plan-)Stelleninhaber angehört.[322] In diesem Zusammenhang müssen nicht

---

[315] Vgl. jeweils mwN: BAG 15.12.2011 – 7 AZR 394/10, BAGE 140, 191 = NZA 2012, 674 Rn. 37; 22.4.2009 – 7 AZR 743/07, BAGE 130, 313 = NZA 2009, 1143 Rn. 19 f.
[316] BAG 23.5.2018 – 7 AZR 16/17, NZA 2018, 1549 Rn. 15.
[317] StRspr, vgl. BAG 28.9.2016 – 7 AZR 549/14, NZA 2017, 249 Rn. 40; 15.12.2011 – 7 AZR 394/10, BAGE 140, 191 = NZA 2012, 674 Rn. 30; 22.4.2009 – 7 AZR 743/07, BAGE 130, 313 = NZA 2009, 1143 Rn. 19.
[318] BAG 22.4.2009 – 7 AZR 743/07, BAGE 130, 313 = NZA 2009, 1143 Rn. 20.
[319] StRspr, vgl. zB BAG 28.9.2016 – 7 AZR 549/14, NZA 2017, 249 Rn. 39; 29.7.2009 – 7 AZR 907/07, AP TzBfG § 14 Nr. 65 Rn. 38; 22.4.2009 – 7 AZR 743/07, BAGE 130, 313 = NZA 2009, 1143 Rn. 19.
[320] StRspr, statt vieler jeweils mwN: BAG 13.2.2013 – 7 AZR 225/11, NZA 2013, 777 Rn. 18; 15.12.2011 – 7 AZR 394/10, BAGE 140, 191 = NZA 2012, 674 Rn. 31; 27.10.2010 – 7 AZR 485/09 (A), BAGE 136, 93 = NZA-RR 2011, 272 Rn. 21.
[321] StRspr, vgl. statt vieler jeweils mwN: BAG 13.2.2013 – 7 AZR 225/11, NZA 2013, 777 Rn. 19 f.; 15.12.2011 – 7 AZR 394/10, BAGE 140, 191 = NZA 2012, 674 Rn. 32 f.; 27.10.2010 – 7 AZR 485/09 (A), BAGE 136, 93, 25 = NZA-RR 2011, 272 Rn. 22.
[322] BAG 27.10.2010 – 7 AZR 485/09 (A), BAGE 136, 93 = NZA-RR 2011, 272 Rn. 24; 7.11.2007 – 7 AZR 791/06, ZTR 2008, 393, AP TzBfG § 14 Nr. 47 Rn. 15; 14.2.2007 – 7 AZR 193/06, BAGE 121, 236 = NZA 2007, 871 Rn. 14.

dieselben Anforderungen erfüllt werden, wie bei den sachlichen Gründen für die Befristung eines Arbeitsvertrags gemäß § 14 Abs. 1 S. 2 Nr. 1 und Nr. 3 TzBfG. Erfolgt die befristete Beschäftigung der Aushilfskraft in der Dienststelle, der der vorübergehend abwesende (Plan-)Stelleninhaber angehört (hat), ist insbesondere kein Kausalzusammenhang zwischen dieser Beschäftigung und dem durch die vorübergehende Abwesenheit des (Plan-)Stelleninhabers in der Dienststelle entstehenden Arbeitskräftebedarf erforderlich. Vielmehr genügt es, wenn die befristet beschäftigte Aushilfskraft Aufgaben wahrnimmt, die sonst einem oder mehreren anderen Arbeitnehmern der Dienststelle übertragen worden wären, die dem Arbeitsbereich des vorübergehend abwesenden (Plan-)Stelleninhabers angehören.[323] Erfolgt die befristete Beschäftigung der Aushilfskraft in einer anderen Dienststelle, als derjenigen, der der vorübergehend abwesende (Plan-)Stelleninhaber angehört (hat), genügt dass beide Arbeitnehmer dem Geschäftsbereich der haushaltsmittelbewirtschaftenden Dienststelle zugeordnet sind und vergleichbare Tätigkeiten ausüben.[324]

h) Befristung aufgrund eines gerichtlichen Vergleichs, § 14 Abs. 1 S. 2 Nr. 8 TzBfG. Die Befristung eines Arbeitsvertrags ist nach § 14 Abs. 1 S. 2 Nr. 8 TzBfG durch einen sachlichen Grund gerechtfertigt, wenn die Befristung auf einem gerichtlichen Vergleich beruht. **104**

Der Gesetzgeber hat mit dem sachlichen Grund des § 14 Abs. 1 S. 2 Nr. 8 TzBfG ausdrücklich an die bis zum Inkrafttreten des TzBfG ergangene ständige Rechtsprechung des BAG angeknüpft.[325] Diese Rechtsprechung ist daher bei seiner Auslegung und Anwendung zu berücksichtigen. Danach war die Befristung in einem gerichtlichen Vergleich, auf die die Parteien sich zur Beendigung eines Kündigungsrechtsstreits oder eines Feststellungsstreits über den Bestand eines Arbeitsverhältnisses im Hinblick auf eine vertraglich vereinbarte Befristung einigen, stets sachlich gerechtfertigt. Zur Begründung verwies das BAG zum einen darauf, dass beide Parteien in einem solchen Fall zwischen den beiden denkbaren Möglichkeiten der Beendigung des Rechtsstreits, der Klageabweisung und der Feststellung der Unwirksamkeit der Kündigung bzw. der Befristung einen echten Mittelweg zur Wiederherstellung des Rechtsfriedens wählen, und dass zum anderen durch die Mitwirkung des Gerichts in aller Regel verhindert wird, dass die Interessen einer Partei unangemessen berücksichtigt werden.[326] Dementsprechend ist ein gerichtlicher Vergleich vor allem deshalb als sachlicher Grund iSd § 14 Abs. 1 S. 2 Nr. 8 TzBfG anerkannt, weil die ordnungsgemäße Mitwirkung des Gerichts an seinem Zustandekommen im Regelfall hinreichend sicherstellt, dass die darin vereinbarte Befristung nicht dem Arbeitnehmer grundlos seinen gesetzlichen Bestandsschutz nimmt, sondern auch seine Bestandsschutzinteressen – im Lichte der Erfolgsaussichten des beigelegten Rechtsstreit – angemessen berücksichtigt.[327] Dem Gericht als Grundrechtsverpflichteten iSd Art. 1 Abs. 3 GG obliegt im Rahmen der arbeitsgerichtlichen Befristungskontrolle nämlich die Aufgabe, den Arbeitnehmer vor einem grundlosen Verlust seines Arbeitsplatzes zu bewahren und damit einen angemessenen Ausgleich der wechselseitigen, grundrechtsgeschützten Interessen der Arbeitsvertragsparteien zu finden.[328] Die Wertung, die Interessen der Arbeitnehmer seien bei Mitwirkung eines Dritten an der Schaffung einer Rechtfertigung für die Befristung stets ausreichend geschützt, lässt sich § 14 Abs. 1 S. 2 Nr. 8 TzBfG daher nicht entnehmen.[329] **105**

Nach dem Wortlaut des § 14 Abs. 1 S. 2 Nr. 8 TzBfG liegt ein sachlicher Grund für die Befristung eines Arbeitsvertrags nur vor, wenn diese Befristung vor Abschluss dieses Ver- **106**

---

[323] StRspr, vgl. statt vieler jeweils mwN: BAG 13.2.2013 – 7 AZR 225/11, NZA 2013, 777 Rn. 19 f.; 15.12.2011 – 7 AZR 394/10, BAGE 140, 191 = NZA 2012, 674 Rn. 32 f.; 27.10.2010 – 7 AZR 485/09 (A), BAGE 136, 93 = NZA-RR 2011, 272 Rn. 22, 25.
[324] BAG 7.11.2007 – 7 AZR 791/06, ZTR 2008, 393, AP TzBfG § 14 Nr. 47 Rn. 19; 18.4.2007 – 7 AZR 316/06, AP TzBfG § 14 Haushalt Nr. 3 Rn. 20; 14.2.2007 – 7 AZR 193/06, BAGE 121, 236 = NZA 2007, 871 Rn. 18.
[325] Vgl. BT-Drs. 14/4374, 19; BAG 12.11.2014 – 7 AZR 891/12, BAGE 150, 8 = NZA 2015, 379 Rn. 20 f.; 26.4.2006 – 7 AZR 366/05, AP TzBfG § 14 Vergleich Nr. 1 Rn. 27.
[326] Statt vieler mwN: BAG 9.2.1984 – 2 AZR 402/83, AP BGB § 620 Bedingung Nr. 7.
[327] StRspr, vgl. zB BAG 21.3.2017 – 7 AZR 369/15, NZA 2017, 706 Rn. 14, 16; 14.1.2015 – 7 AZR 2/14, NZA 2016, 39 Rn. 24, 27; 12.11.2014 – 7 AZR 891/12, BAGE 150, 8 = NZA 2015, 379 Rn. 16, 19, 33.
[328] StRspr, vgl. zB BAG 17.4.2019 – 7 AZR 410/17, NZA 2019, 1223 Rn. 22; 21.3.2017 – 7 AZR 369/15, NZA 2017, 706 Rn. 14; 8.6.2016 – 7 AZR 339/14, NZA 2016, 1485 Rn. 15.
[329] BAG 17.4.2019 – 7 AZR 410/17, NZA 2019, 1223 Rn. 22.

trags in einem **gerichtlichen Vergleich** vereinbart wurde. Die Vereinbarung der Befristung in einem außergerichtlichen Vergleich reicht dagegen nicht aus.[330] Überdies folgt aus der Entstehungsgeschichte sowie dem Sinn und Zweck der Norm, dass auch nicht die Vereinbarung einer Befristung in jedwedem gerichtlichen Vergleich einen sachlichen Grund iSd § 14 Abs. 2 S. 1 Nr. 8 TzBfG darstellt. Dementsprechend muss ein gerichtlicher Vergleich, in dem die Befristung eines Arbeitsverhältnisses vereinbart ist, zwei Voraussetzungen erfüllen, um ein sachlicher Grund iSd § 14 Abs. 2 S. 1 Nr. 8 TzBfG zu sein.

107 Erstens muss er zur **gütlichen Beilegung eines Rechtsstreits über den Bestand oder die Fortsetzung eines Arbeitsverhältnisses** geschlossen werden. Einen solchen Rechtsstreit stellt sowohl eine Bestandsstreitigkeit über den Eintritt oder die Wirksamkeit eines Beendigungstatbestands (Kündigung, Befristung, auflösende Bedingung, Aufhebungsvertrag) als auch eine Streitigkeit über die Fortsetzung eines Arbeitsverhältnisses durch Abschluss eines Folgevertrags dar.[331] Das Vorliegen eines sachlichen Grundes iSd § 14 Abs. 2 S. 1 Nr. 8 TzBfG setzt also stets das Bestehen eines offenen Streits der Parteien über den (Fort-)Bestand oder die Fortsetzung des zwischen ihnen bestehenden Arbeitsverhältnisses voraus. Dafür ist erforderlich, dass die Parteien gegensätzliche Rechtsstandpunkte darüber eingenommen haben, ob bzw. wie lange zwischen ihnen ein Arbeitsverhältnis besteht. Insbesondere muss der Arbeitnehmer nachdrücklich seine Rechtsposition vertreten und gegenüber dem Arbeitgeber geltend gemacht haben. Der Arbeitgeber muss es daraufhin abgelehnt haben, den Arbeitnehmer entsprechend seiner Forderung zu beschäftigen.[332] Die Voraussetzung eines „offenen Streits" soll die missbräuchliche Ausnutzung des durch § 14 Abs. 1 S. 2 Nr. 8 TzBfG eröffneten sachlichen Grundes verhindern und gewährleisten, dass der gerichtliche Vergleich nicht nur zur Protokollierung einer von den Arbeitsvertragsparteien vor Rechtshängigkeit vereinbarten befristeten Verlängerung des Arbeitsvertrags benutzt wird.[333]

108 Zweitens muss das **Gericht** an dem Zustandekommen des gerichtlichen Vergleichs **verantwortlich mitgewirkt** haben.[334] Dementsprechend unterfallen nur gerichtliche Vergleiche dem § 14 Abs. 1 S. 2 Nr. 8 TzBfG, die entweder durch Protokollierung in einer mündlichen Verhandlung gemäß §§ 160 Abs. 3 Nr. 1, 162 Abs. 1 ZPO zustande gekommen sind, oder die gemäß § 278 Abs. 6 S. 1 Alt. 2 ZPO dadurch geschlossen werden, dass die Parteien einen schriftlichen oder zu Protokoll der mündlichen Verhandlung erklärten Vergleichsvorschlag des Gerichts, der die Vereinbarung einer Befristung ihres Arbeitsverhältnisses vorsieht, durch Schriftsatz oder Erklärung zu Protokoll der mündlichen Verhandlung gegenüber dem Gericht annehmen, und deren Zustandekommen und Inhalt das Gericht sodann gemäß § 278 Abs. 6 S. 2 ZPO durch Beschluss feststellt.[335] Im letzteren Fall reicht es dabei aus, dass sich das Gericht einen von den Parteien vorgelegten Vergleichsentwurf ausdrücklich zu eigen macht und diesen den Parteien als gerichtlichen Vergleichsvorschlag unterbreitet.[336] Dagegen stellt ein gerichtlicher Vergleich, der gemäß § 278 Abs. 6 S. 1 Alt. 1 ZPO dadurch geschlossen wird, dass die Parteien dem Gericht einen schriftlichen Vergleichsvorschlag unterbreiten, und dessen Zustandekommen und Inhalt das Gericht sodann gemäß § 278 Abs. 6 S. 2 ZPO durch Beschluss feststellt, grundsätzlich keinen gerichtlichen Vergleich iSd § 14 Abs. 1 S. 2 Nr. 8 TzBfG dar. In diesem Fall fehlt es nämlich regelmäßig an

---

[330] Vgl. BAG 12.11.2014 – 7 AZR 891/12, BAGE 150, 8 = NZA 2015, 379 Rn. 18; 15.2.2012 – 7 AZR 734/10, BAGE 140, 368 = NZA 2012, 919 Rn. 20.
[331] StRspr, vgl. zB BAG 21.3.2017 – 7 AZR 369/15, NZA 2017, 706 Rn. 14; 8.6.2016 – 7 AZR 339/14, NZA 2016, 1485 Rn. 14, 16; 14.1.2015 – 7 AZR 2/14, NZA 2016, 39 Rn. 23; 12.11.2014 – 7 AZR 891/12, BAGE 150, 8 = NZA 2015, 379 Rn. 13, 15, 17.
[332] StRspr, vgl. BAG 8.6.2016 – 7 AZR 339/14, NZA 2016, 1485 Rn. 16; 14.1.2015 – 7 AZR 2/14, NZA 2016, 39 Rn. 25; 10.11.2014 – 7 AZR 891/12, BAGE 150, 8 = NZA 2015, 379 Rn. 14.
[333] BAG 15.2.2012 – 7 AZR 734/10, BAGE 140, 368 = NZA 2012, 919 Rn. 15.
[334] StRspr, vgl. zB BAG 21.3.2017 – 7 AZR 369/15, NZA 2017, 706 Rn. 15 ff.; 8.6.2016 – 7 AZR 339/14, NZA 2016, 1485 Rn. 17ff.; 8.6.2016 – 7 AZR 467/14, NZA 2016, 1535 Rn. 23.
[335] StRspr, vgl. zB BAG 21.3.2017 – 7 AZR 369/15, NZA 2017, 706 Rn. 15 ff.; 8.6.2016 – 7 AZR 339/14, NZA 2016, 1485 Rn. 17; 8.6.2016 – 7 AZR 467/14, NZA 2016, 1535 Rn. 23; 14.1.2015 – 7 AZR 2/14, NZA 2016, 39 Rn. 26, 28.
[336] Vgl. BAG 8.6.2016 – 7 AZR 339/14, NZA 2016, 1485 Rn. 17; 14.1.2015 – 7 AZR 2/14, NZA 2016, 39 Rn. 31; 15.2.2012 – 7 AZR 734/10, BAGE 140, 368 = NZA 2012, 919 Rn. 25.

der notwendigen verantwortlichen Mitwirkung des Gerichts an seinem Zustandekommen.[337] Etwas anderes gilt ausnahmsweise, wenn das Gericht den Vergleich selbst vorgeschlagen hat.[338] Dafür reicht es wiederum aus, dass sich das Gericht einen von den Parteien vorgelegten Vergleichsentwurf ausdrücklich zu eigen macht und diesen den Parteien als gerichtlichen Vergleichsvorschlag unterbreitet.[339]

Ein gerichtlicher Vergleich, der diese Voraussetzungen erfüllt, unterliegt grundsätzlich 109 keiner weiteren Befristungskontrolle.[340] Die Gerichte sind lediglich aus unionsrechtlichen Gründen verpflichtet, bei der Befristungskontrolle nach § 14 Abs. 1 S. 2 Nr. 8 TzBfG eine umfassende Missbrauchskontrolle nach den Grundsätzen des institutionellen Rechtsmissbrauchs (§ 242 BGB) vorzunehmen.[341]

2. Sonstige sachliche Gründe iSv § 14 Abs. 1 S. 1 TzBfG

Die **Aufzählung der sachlichen Gründe** für die Befristung eines Arbeitsvertrags in § 14 110 Abs. 1 S. 2 Nr. 1 bis Nr. 8 TzBfG ist **nicht abschließend**, sondern lediglich beispielhaft. Dies ergibt sich zum einen aus dem Wortlaut der Norm („insbesondere"); zum anderen aus ihrer Entstehungsgeschichte. Denn in der ihr zugrunde liegenden Gesetzesbegründung ist ausdrücklich festgehalten, dass die Aufzählung in § 14 Abs. 1 S. 2 TzBfG nur beispielhaft ist und dass sie weder andere von der Rspr. vor Inkrafttreten des TzBfG entwickelte noch weitere sachliche Gründe für die Befristung eines Arbeitsvertrags ausschließen soll.[342] Darüber hinaus gebieten auch die unionsrechtlichen Vorgaben der Richtlinie 1999/70/EG und der inkorporierten EGB-UNICE-CEEP-Rahmenvereinbarung keine abschließende Aufzählung der sachlichen Gründe für die Befristung eines Arbeitsvertrags in einer Regelung des nationalen Rechts. Allerdings können sonstige, in § 14 Abs. 1 S. 2 Nr. 1 bis Nr. 8 TzBfG nicht genannte sachliche Gründe die Befristung eines Arbeitsvertrags nur dann rechtfertigen, wenn sie den in § 14 Abs. 1 TzBfG zum Ausdruck kommenden Wertungsmaßstäben entsprechen und den in dem Sachgrundkatalog des § 14 Abs. 1 S. 2 Nr. 1 bis Nr. 8 TzBfG genannten Sachgründen von ihrem **Gewicht her gleichwertig** sind.[343] Dafür muss ein rechtlich anerkennenswertes Interesse – in der Regel des Arbeitgebers – daran bestehen, anstelle eines unbefristeten ein befristetes Arbeitsverhältnis zu vereinbaren.[344]

In der Rspr. anerkannte weitere sachliche Gründe für die Befristung eines Arbeitsvertrags iSd § 14 Abs. 1 S. 1 TzBfG sind bspw.:

- Anhängigkeit einer Konkurrentenklage um eine zu besetzende Stelle[345]
- Aus-, Fort- oder Weiterbildung eines Arbeitnehmers[346]
- Drittmittelfinanzierung[347]
- Geplante anderweitige Besetzung des Arbeitsplatzes für einen späteren Zeitpunkt[348]

---

[337] StRspr, vgl. zB BAG 21.3.2017 – 7 AZR 369/15, NZA 2017, 706 Rn. 15 f.; 8.6.2016 – 7 AZR 339/14, NZA 2016, 1485 Rn. 18; 8.6.2016 – 7 AZR 467/14, NZA 2016, 1535 Rn. 23; aA: LAG Niedersachsen 5.11.2013 – 1 Sa 489/13, BeckRS 2014, 65222.
[338] Vgl. BAG 21.3.2017 – 7 AZR 369/15, NZA 2017, 706 Rn. 16; 8.6.2016 – 7 AZR 339/14, NZA 2016, 1485 Rn. 24.
[339] Vgl. BAG 8.6.2016 – 7 AZR 339/14, NZA 2016, 1485 Rn. 24.
[340] StRspr, vgl. zB BAG 21.3.2017 – 7 AZR 369/15, NZA 2017, 706 Rn. 14; 8.6.2016 – 7 AZR 339/14, NZA 2016, 1485 Rn. 16; 8.6.2016 – 7 AZR 467/14, NZA 2016, 1535 Rn. 22.
[341] Vgl. BAG 21.3.2017 – 7 AZR 369/15, NZA 2017, 706 Rn. 21 ff.; 14.1.2015 – 7 AZR 2/14, NZA 2015, 39 Rn. 37 ff.; 12.11.2014 – 7 AZR 891/12, BAGE 150, 8 = NZA 2015, 379 Rn. 26 ff.
[342] Vgl. BT-Drs. 14/4374, 18.
[343] StRspr, vgl. zB BAG 12.6.2019 – 7 AZR 428/17, NZA 2019, 1423 Rn. 29; 15.5.2019 – 7 AZR 285/17, AP TVG § 1 Tarifverträge: Telekom Nr. 21 Rn. 21; 20.3.2019 – 7 AZR 98/17, AP TVG § 1 Tarifverträge: Telekom Nr. 21 Rn. 44; 1.8.2018 – 7 AZR 882/16, NZA 2019, 314 Rn. 31.
[344] StRspr., vgl. zB BAG 12.6.2019 – 7 AZR 428/17, NZA 2019, 1423 Rn. 30; 1.8.2018 – 7 AZR 882/16, NZA 2019, 314 Rn. 32; 20.6.2018 – 7 AZR 689/16, NJW 2019, 103 = NZA 2019, 331 Rn. 51.
[345] BAG 16.3.2005 – 7 AZR 289/04, BAGE 114, 146 = NZA 2005, 923 (926).
[346] BAG 18.5.2016 – 7 AZR 533/14, BAGE 155, 101 = NJW 2016, 3259 = NZA 2016, 1276 Rn. 23 f.
[347] StRspr, zB BAG 23.1.2019 – 7 AZR 212/17, AP TzBfG § 14 Nr. 174 Rn. 24; 16.1.2018 – 7 AZR 21/15, NZA 2018, 663 Rn. 29; 29.7.2009 – 7 AZR 907/07, AP TzBfG § 14 Nr. 65 Rn. 33.
[348] Jeweils mwN: BAG 9.12.2009 – 7 AZR 399/08, BAGE 132, 344 = NZA 2010, 495 Rn. 16; 2.6.2010 – 7 AZR 136/09, BAGE 134, 339 = NZA 2010, 1172 Rn. 22; 12.1.2011 – 7 AZR 194/09, NZA 2011, 507 Rn. 24.

- Geplante Besetzung des Arbeitsplatzes mit einem Auszubildenden nach Abschluss der Ausbildung[349]
- Gewährung einer Rente wegen voller Erwerbsminderung auf unbestimmte Dauer[350]
- Wahrung der personellen Kontinuität der Betriebsratstätigkeit[351]

3. Abweichende tarifvertragliche Regelungen

111   In **Tarifverträgen** dürfen sachliche Gründe für die Befristung eines Arbeitsvertrags einerseits eingeschränkt werden. Dadurch wird zugunsten des Arbeitnehmers von den Vorschriften des TzBfG abgewichen. Andererseits dürfen in Tarifverträgen sachliche Gründe für die Befristung eines Arbeitsvertrags geregelt werden, die nicht in § 14 Abs. 1 S. 2 Nr. 1 bis Nr. 8 TzBfG genannt werden. Diese tariflich geregelten sachlichen Gründe müssen allerdings den Wertungsmaßstäben des § 14 Abs. 1 TzBfG genügen, da von dieser Vorschrift nach § 22 Abs. 1 TzBfG auch durch Tarifvertrag nicht zuungunsten des Arbeitnehmers abgewichen werden darf.[352]

4. (Rechts-)Missbrauchskontrolle

112   Die Gerichte dürfen sich bei der Kontrolle einer Sachgrundbefristung nicht auf die Prüfung des geltend gemachten Sachgrundes beschränken. Sie sind vielmehr auch bei dessen Vorliegen aus unionsrechtlichen Gründen verpflichtet, durch Berücksichtigung aller Umstände des Einzelfalls auszuschließen, dass der Arbeitgeber missbräuchlich auf befristete Arbeitsverträge zurückgreift. Diese zusätzliche Prüfung ist im deutschen Recht nach den Grundsätzen des **institutionellen Rechtsmissbrauchs (§ 242 BGB)** vorzunehmen.[353]

113   Eine zusätzliche Prüfung der Wirksamkeit der Befristung nach den Grundsätzen des institutionellen Rechtsmissbrauchs ist nur bei der Überprüfung einer durch einen **Sachgrund gerechtfertigten Befristung**, der mehrere befristete Arbeitsverträge vorausgegangen sind und die sich somit als letztes Glied einer **Befristungskette** darstellt, vorzunehmen. Bei einer ersten und/oder sachgrundlosen Befristungsabrede ist sie daher nicht geboten.[354] Dies gilt auch für sachgrundlose Befristungen nach § 2 Abs. 1 S. 1 Hs. 1 oder S. 2 WissZeitVG.[355]

114   Die Prüfung, ob der Arbeitgeber missbräuchlich auf befristete Arbeitsverträge zurückgegriffen hat, verlangt eine **Würdigung sämtlicher Umstände des Einzelfalls**.[356] Sie ist daher nicht veranlasst, wenn bereits der Sachgrund selbst, wie zB im Fall des § 14 Abs. 1 S. 2 Nr. 4 TzBfG, eine umfassende Interessenabwägung erfordert.[357] Die Bestimmung der **Schwelle** eines institutionellen Rechtsmissbrauchs hängt maßgeblich von der Gesamtdauer der befristeten Verträge sowie der Anzahl der Vertragsverlängerungen ab. Im Anwendungsbereich des TzBfG ist dabei an die **gesetzlichen Wertungen in § 14 Abs. 2 S. 1 TzBfG** anzuknüpfen. Die Vorschrift macht eine Ausnahme von dem Erfordernis der Sachgrundbefristung und erleichtert damit den Abschluss von befristeten Verträgen bis zu der festgelegten Höchstdauer von zwei Jahren bei maximal dreimaliger Verlängerungsmöglichkeit. Sie kennzeichnet den nach

---

[349] BAG 18.3.2015 – 7 AZR 115/13, NZA-RR 2015, 569 Rn. 13 ff.; 19.9.2001 – 7 AZR 333/00, NJOZ 2002, 1481 zu 1 der Gründe.
[350] BAG 10.12.2014 – 7 AZR 1002/12, BAGE 150, 165 = NZA-RR 2016, 83 Rn. 26; BAG 14.1.2015 – 7 AZR 880/13, AP TVöD § 33 Nr. 2 Rn. 27.
[351] BAG 8.6.2016 – 7 AZR 467/14, NZA 2016, 1535 Rn. 17 ff.; 20.1.2016 – 7 AZR 340/14, NJW 2016, 2604 = NZA 2016, 755 Rn. 14 ff.
[352] StRspr, zB BAG 17.4.2019 – 7 AZR 410/17, NZA 2019, 1223 Rn. 21; 26.10.2016 – 7 AZR 140/15, BAGE 157, 141 = NZA 2017, 463 Rn. 19; grdl.: BAG 9.12.2009 – 7 AZR 399/08, BAGE 132, 344 = NJW 2010, 1548 = NZA 2010, 495 Rn. 26.
[353] StRspr, vgl. BAG 17.4.2019 – 7 AZR 410/17, NZA 2019, 1223 Rn. 32; 23.5.2018 – 7 AZR 16/17, NZA 2018, 1549 Rn. 30; 21.2.2018 – 7 AZR 765/16, NZA 2018, 858 Rn. 26.
[354] Vgl. BAG 14.6.2017 – 7 AZR 608/15, NZA 2018, 385 Rn. 49; 15.2.2017 – 7 AZR 153/15, NZA 2017, 1258 Rn. 47.
[355] StRspr, vgl. BAG 8.6.2016 – 7 AZR 568/14, NZA 2017, 189 Rn. 46; 20.4.2016 – 7 AZR 657/14, NJW 2016, 3546 = NZA 2016, 1078 Rn. 25; 20.4.2016 – 7 AZR 614/14, AP WissZeitVG § 1 Nr. 5 Rn. 26.
[356] StRspr, vgl. zB BAG 21.2.2018 – 7 AZR 696/16, NZA 2018, 1003 Rn. 25; 12.4.2017 – 7 AZR 436/15, NJW 2017 3464 = NZA 2017, 1253 Rn. 33; 24.8.2016 – 7 AZR 41/15, NJW 2017, 586 = NZA 2017, 307 Rn. 29.
[357] BAG 30.8.2017 – 7 AZR 864/15, BAGE 160, 133 = NJW 2018, 810 = NZA 2018, 229 Rn. 49.

Auffassung des Gesetzgebers unter allen Umständen unproblematischen Bereich. Ist ein Sachgrund nach § 14 Abs. 1 TzBfG gegeben, lässt erst das erhebliche Überschreiten dieser Grenzwerte den Schluss auf eine missbräuchliche Gestaltung zu. Bei Vorliegen eines die Befristung an sich rechtfertigenden Sachgrunds besteht **kein gesteigerter Anlass zur Missbrauchskontrolle,** wenn die in § 14 Abs. 2 S. 1 TzBfG für die sachgrundlose Befristung bezeichneten Grenzen **nicht um ein Mehrfaches überschritten** sind. Davon ist auszugehen, wenn nicht mindestens das Vierfache eines der in § 14 Abs. 2 S. 1 TzBfG bestimmten Werte oder das Dreifache beider Werte überschritten ist. Liegt ein Sachgrund vor, kann also von der Befristung des Arbeitsverhältnisses Gebrauch gemacht werden, solange das Arbeitsverhältnis nicht die Gesamtdauer von sechs Jahren überschreitet und zudem nicht mehr als neun Vertragsverlängerungen vereinbart wurden, es sei denn, die Gesamtdauer übersteigt acht Jahre oder es wurden mehr als zwölf Vertragsverlängerungen vereinbart.[358]

Werden die Grenzen des § 14 Abs. 2 S. 1 TzBfG dagegen **alternativ oder kumulativ mehrfach überschritten,** ist eine **umfassende Missbrauchskontrolle** geboten. Hiervon ist idR auszugehen, wenn einer der Werte des § 14 Abs. 2 S. 1 TzBfG mehr als das Vierfache beträgt oder beide Werte das Dreifache übersteigen. Überschreitet also die Gesamtdauer des befristeten Arbeitsverhältnisses acht Jahre oder wurden mehr als zwölf Verlängerungen des befristeten Arbeitsvertrags vereinbart, hängt es von weiteren, zunächst vom Kläger vorzutragenden Umständen ab, ob ein Rechtsmissbrauch anzunehmen ist. Gleiches gilt, wenn die Gesamtdauer des befristeten Arbeitsverhältnisses sechs Jahre überschreitet und mehr als neun Vertragsverlängerungen vereinbart wurden.[359]

Werden die in § 14 Abs. 2 S. 1 TzBfG genannten Grenzen **alternativ oder kumulativ in besonders gravierendem Ausmaß überschritten,** kann eine missbräuchliche Ausnutzung der an sich eröffneten Möglichkeit zur Sachgrundbefristung indiziert sein. Von einem **indizierten Rechtsmissbrauch** ist idR auszugehen, wenn durch die befristeten Verträge einer der Werte des § 14 Abs. 2 S. 1 TzBfG um mehr als das Fünffache überschritten wird oder beide Werte mehr als das jeweils Vierfache betragen. Das bedeutet, dass ein Rechtsmissbrauch indiziert ist, wenn die Gesamtdauer des Arbeitsverhältnisses zehn Jahre überschreitet oder mehr als 15 Vertragsverlängerungen vereinbart wurden oder wenn mehr als zwölf Vertragsverlängerungen bei einer Gesamtdauer von mehr als acht Jahren vorliegen. In einem solchen Fall hat allerdings der Arbeitgeber die Möglichkeit, die Annahme des indizierten Gestaltungsmissbrauchs durch den Vortrag besonderer Umstände zu entkräften.[360]

Unter Berücksichtigung der danach gegebenen Verteilung der Darlegungs- und Beweislast können sich **Anhaltspunkte für oder gegen einen institutionellen Rechtsmissbrauch** insbesondere daraus ergeben, ob ein Arbeitnehmer stets auf demselben Arbeitsplatz mit denselben Aufgaben beschäftigt wurde oder ihm mit den jeweiligen befristeten Arbeitsverträgen wechselnde, ganz unterschiedliche Tätigkeiten übertragen wurden. Die Annahme eines Gestaltungsmissbrauchs bei aneinandergereihten befristeten Arbeitsverträgen liegt näher, wenn die Laufzeit der Verträge wiederholt hinter der prognostizierten Dauer des Beschäftigungsbedarfs zurückbleibt, ohne dass dafür ein berechtigtes Interesse des Arbeitgebers erkennbar ist. Bei der Gesamtwürdigung von Bedeutung sind zudem grundrechtlich gewährleistete Freiheiten sowie besondere Anforderungen der in Rede stehenden Branchen und/oder Arbeitnehmerkategorien, sofern dies objektiv gerechtfertigt ist. Auch die Anzahl und Dauer etwaiger Unterbrechungen zwischen den befristeten Arbeitsverträgen können gegen einen Rechtsmissbrauch sprechen. Jedenfalls schließt eine Unterbrechung von zwei Jahren idR aufeinanderfolgende befristete Arbeitsverhältnisse und damit einen Rechtsmissbrauch aus. Bei einer so langfristigen Unterbrechung des Arbeitsverhältnisses ist regelmäßig davon aus-

---

[358] StRspr, zB BAG 23.5.2018 – 7 AZR 16/17, NZA 2018, 1549 Rn. 31; 21.2.2018 – 7 AZR 765/16, NZA 2018, 858 Rn. 27; 21.2.2018 – 7 AZR 696/16, NZA 2018 1003 Rn. 26.
[359] StRspr, zB BAG 23.5.2018 – 7 AZR 16/17, NZA 2018, 1549 Rn. 32; 21.2.2018 – 7 AZR 765/16, NZA 2018, 858 Rn. 28; 17.5.2017 – 7 AZR 420/15, BAGE 159, 125 = NJW 2017, 3737 = NZA 2017 1500 Rn. 18.
[360] StRspr, zB BAG 23.5.2018 – 7 AZR 16/17, NZA 2018, 1549 Rn. 33; 21.2.2018 – 7 AZR 765/16, NZA 2018, 858 Rn. 29; 17.5.2017 – 7 AZR 420/15, BAGE 159, 125 = NJW 2017, 3737 = NZA 2017 1500 Rn. 19.

zugehen, dass die Beschäftigung nicht der Deckung eines ständigen und dauerhaften Arbeitskräftebedarfs dient. In diesem Fall sind im Rahmen der Rechtsmissbrauchsprüfung nur die Dauer und die Zahl der Vertragsverlängerungen nach der Unterbrechung in die Rechtsmissbrauchsprüfung einzubeziehen.[361] Der EuGH hat in der Sache Fiamingo angenommen, ein Zeitraum von 60 Tagen sei „im Allgemeinen" als ausreichend anzusehen, um jedes bestehende Arbeitsverhältnis zu unterbrechen und dafür zu sorgen, dass jeder etwaige später unterschriebene Vertrag nicht mehr als darauffolgend angesehen werde. Für einen Arbeitgeber, der ständig und dauerhaft Bedarf an Arbeitskräften hat, dürfte es schwierig sein, den von der Rahmenvereinbarung gewährten Schutz gegen Missbrauch zu umgehen, indem er am Ende jedes befristeten Vertrags eine Frist von ca. zwei Monaten verstreichen lässt.[362] Werden für den gleichen Zeitraum mehrere befristete Arbeitsverträge geschlossen, zählen sie nur „einfach", weil die Parallelverträge das befristete Arbeitsverhältnis nicht verlängern.[363] Die Befristung einzelner Vertragsbedingungen lässt – weder für sich genommen noch neben der Dauer und Anzahl der befristeten Arbeitsverträge an sich – darauf schließen, dass die befristeten Arbeitsverträge in Wirklichkeit genutzt werden, um einen ständigen und dauerhaften Beschäftigungsbedarf des Arbeitgebers zu decken.[364]

118 Ergibt die Prüfung, dass der Arbeitgeber missbräuchlich auf befristete Arbeitsverträge zurückgreift, ist es diesem nach den Grundsätzen des institutionellen Rechtsmissbrauchs (§ 242 BGB) verwehrt, sich auf das Vorliegen eines Sachgrundes für die Befristung des Arbeitsvertrags zu berufen.[365]

5. Befristung einzelner Vertragsbedingungen

119 Auf die Befristung einzelner Vertragsbedingungen, wie zB die befristete Übertragung einer anderen Tätigkeit oder die befristete Veränderung der Arbeitszeit ist das **TzBfG nicht (entsprechend) anwendbar**.[366] Dies ergibt sich bereits aus dem Wortlaut des Gesetzes, der sich auf befristete Arbeitsverträge insgesamt bezieht und nicht auf die Befristung einzelner Vertragsbedingungen. Darüber hinaus legt auch die Entstehungsgeschichte des TzBfG seine Unanwendbarkeit auf die Befristung einzelner Arbeitsbedingungen nahe. Durch das Gesetz wurde ua die RL 1999/70/EG zur Durchführung der EGB-UNICE-CEEP-Rahmenvereinbarung über befristete Arbeitsverträge in nationales Recht umgesetzt. Weder die Richtlinie selbst noch die Rahmenvereinbarung enthalten Bestimmungen über die Befristung einzelner Vertragsbedingungen. Schließlich entspricht die Unanwendbarkeit des TzBfG auf die Befristung einzelner Vertragsbedingungen auch dessen Sinn und Zweck. Denn gem. § 1 TzBfG zählt zu den Zielen des Gesetzes ua die Voraussetzungen für die Zulässigkeit befristeter Arbeitsverträge festzulegen und die Diskriminierung befristet beschäftigter Arbeitnehmer zu verhindern.[367]

120 Die Befristung einzelner Vertragsbedingungen kann **ausdrücklich oder konkludent** vereinbart werden. Das Schriftformerfordernis des § 14 Abs. 4 TzBfG gilt nicht. Es bezieht sich bereits ausweislich seines Wortlauts nur auf die Befristung eines gesamten Arbeitsvertrags.[368]

---

[361] StRspr, zB BAG 23.5.2018 – 7 AZR 16/17, NZA 2018, 1549 Rn. 34; 21.2.2018 – 7 AZR 765/16, NZA 2018, 858 Rn. 30.
[362] EuGH 3.7.2014 – C-362/13, BeckRS 2014, 81092 Rn. 71; BAG 23.5.2018 – 7 AZR 16/17, NZA 2018, 1549 Rn. 34; 21.2.2018 – 7 AZR 765/16, NZA 2018, 858 Rn. 30.
[363] BAG 17.5.2017 – 7 AZR 420/15, BAGE 159, 125 = NJW 2017, 3737 = NZA 2017 1600 Rn. 21.
[364] Vgl. zur befristeten Erhöhung der Arbeitszeit BAG 21.11.2018 – 7 AZR 234/17, NJW 2019, 1697 = NZA 2019, 611 Rn. 40.
[365] StRspr, vgl. zB BAG 21.8.2019 – 7 AZR 572/17, NJW 2020, 98 = NZA 2019, 1709 Rn. 41; 23.1.2019 – 7 AZR 212/17, AP TzBfG § 14 Nr. 174 Rn. 26; 21.11.2018 – 7 AZR 234/17, NJW 2019, 1697 = NZA 2019, 611 Rn. 36.
[366] StRspr, zB BAG 25.4.2018 – 7 AZR 520/16, NJW 2018, 2815 = NZA 2018, 1061 Rn. 15; 23.3.2016 – 7 AZR 828/13, BAGE 154, 354 = NJW 2016, 3050 = NZA 2016, 881 Rn. 42; 24.2.2016 – 7 AZR 253/14, NZA 2016, 814 Rn. 22.
[367] Grdl.: BAG 14.1.2004 – 7 AZR 213/03, BAGE 109, 167 = NZA 2004, 719 (721 f.).
[368] StRspr, zB BAG 24.2.2016 – 7 AZR 253/14, NZA 2016, 814 Rn. 57; 10.12.2014 – 7 AZR 1009/12, NZA 2015, 811 Rn. 52; 2.9.2009 – 7 AZR 233/08, BAGE 132, 59 = NZA 2009, 1253 Rn. 17.

Handelt es sich bei der Befristung einzelner Vertragsbedingungen um eine Allgemeine Geschäftsbedingung iSd § 305 Abs. 1 S. 1 BGB oder um eine sog. Einmalbedingungen iSd § 310 Abs. 3 Nr. 2 BGB, unterliegt sie jedoch der **Vertragsinhaltskontrolle nach dem Recht der Allgemeinen Geschäftsbedingungen**.[369] Eine solche Vertragsinhaltskontrolle ist selbst dann nicht gem. § 307 Abs. 3 S. 1 BGB ausgeschlossen, wenn sich die Befristung auf die Arbeitszeit, die Tätigkeit oder die damit verbundene Vergütung bezieht. Ihr Gegenstand ist nämlich auch in diesen Fällen nicht der Umfang der von den Parteien zu erbringenden Hauptleistungen, sondern deren zeitliche Einschränkung durch die Befristung.[370] Bei mehreren aufeinanderfolgenden Befristungen einer Vertragsbedingung beschränkt sich die Vertragsinhaltskontrolle dabei grds. auf die zuletzt getroffene Befristungsabrede. Etwas anderes gilt nur, wenn die Parteien in einer nachfolgenden Vereinbarung zur Befristung der Vertragsbedingung dem Arbeitnehmer – ausdrücklich oder konkludent – das Recht vorbehalten, die Wirksamkeit der vorangegangenen Befristung überprüfen zu lassen.[371]

Die Befristung einzelner Vertragsbedingungen unterliegt damit einem anderen Prüfungsmaßstab als die Befristung des gesamten Arbeitsvertrags. Während Letztere – von den Fällen der gesetzlich vorgesehenen Möglichkeit zur sachgrundlosen Befristung abgesehen – daraufhin zu überprüfen ist, ob sie durch einen sachlichen Grund iSd § 14 Abs. 1 TzBfG gerechtfertigt ist, unterliegt Erstere nach § 307 Abs. 1 BGB einer Angemessenheitskontrolle, die anhand einer Berücksichtigung und Bewertung rechtlich anzuerkennender Interessen beider Vertragsparteien vorzunehmen ist.[372] Trotz des unterschiedlichen Prüfungsmaßstabs sind jedoch bei der nach § 307 Abs. 1 BGB vorzunehmenden Inhaltskontrolle der Befristung einzelner Vertragsbedingungen Umstände, die die Befristung eines Arbeitsvertrags insgesamt nach § 14 Abs. 1 TzBfG rechtfertigen könnten, nicht ohne Bedeutung. Sie können sich bei der Interessenabwägung nach § 307 Abs. 1 BGB zugunsten des Arbeitgebers auswirken. Liegt der Befristung ein Sachverhalt zugrunde, der die Befristung eines Arbeitsvertrags insgesamt mit einem Sachgrund iSd § 14 Abs. 1 TzBfG rechtfertigen könnte, überwiegt in aller Regel das Interesse des Arbeitgebers an der nur befristeten Vereinbarung der Vertragsbedingung das Interesse des Arbeitnehmers an deren unbefristeter Vereinbarung. Dies ergibt sich aus den im Teilzeit- und Befristungsgesetz zum Ausdruck kommenden gesetzlichen Wertungsmaßstäben. Nur bei Vorliegen außergewöhnlicher Umstände auf Seiten des Arbeitnehmers kann in Ausnahmefällen eine andere Beurteilung in Betracht kommen.[373]

Die befristete Erhöhung der Arbeitszeit in einem **erheblichen Umfang** und die befristete Übertragung einer anderen Tätigkeit verbunden mit der befristeten Anhebung der Vergütung in einem erheblichen Umfang erfordern überdies zur Annahme einer nicht unangemessenen Benachteiligung iSd § 307 Abs. 1 S. 1 BGB das Vorliegen von Umständen, die die Befristung eines Arbeitsvertrags insgesamt nach § 14 Abs. 1 TzBfG rechtfertigen würden.[374] Eine Erhöhung der Arbeitszeit in einem erheblichen Umfang liegt idR vor, wenn sich die Erhöhung

---

[369] StRspr, vgl. zB BAG 25.4.2018 – 7 AZR 520/16, NJW 2018, 2815 = NZA 2018, 1061 Rn 21 ff.; 23.3.2016 – 7 AZR 828/13, BAGE 154, 354 = NJW 2016, 3050 = NZA 2016, 881 Rn. 42; 24.2.2016 – 7 AZR 253/14, NZA 2016, 814 Rn. 22, 24 f.

[370] StRspr, zB BAG 25.4.2018 – 7 AZR 520/16, NJW 2018, 2815 = NZA 2018, 1061 Rn. 28; 23.3.2016 – 7 AZR 828/13, BAGE 154, 354 = NJW 2016, 3050 = NZA 2016, 881 Rn. 47; 24.2.2016 – 7 AZR 253/14, NZA 2016, 814 Rn. 29.

[371] StRspr, vgl. zB BAG 7.10.2015 – 7 AZR 945/13, NZA 2016, 441 Rn. 32; 2.9.2009 – 7 AZR 233/08, BAGE 132, 59 = NZA 2009, 1253 Rn. 22.

[372] StRspr, zB BAG 25.4.2018 – 7 AZR 520/16, NJW 2018, 2815 = NZA 2018, 1061 Rn. 34; 23.3 2016 – 7 AZR 828/13, BAGE 154, 354 = NJW 2016, 3050 = NZA 2016, 881 Rn. 50; 24.2.2016 – 7 AZR 253/14, NZA 2016, 814 Rn. 33.

[373] StRspr, zB BAG 25.4.2018 – 7 AZR 520/16, NJW 2018, 2815 = NZA 2018, 1061 Rn. 35; 23.3.2016 – 7 AZR 828/13, BAGE 154, 354 = NJW 2016, 3050 = NZA 2016, 881 Rn. 51; 24.2.2016 – 7 AZR 253/14, NZA 2016, 814 Rn. 34.

[374] Zur befristeten Erhöhung der Arbeitszeit in erheblichem Umfang: BAG 25.4.2018 – 7 AZR 520/16, NJW 2018, 2815 = NZA 2018, 1061 Rn. 36; 23.3.2016 – 7 AZR 828/13, BAGE 154, 354 = NJW 2016, 3050 = NZA 2016, 881 Rn. 52; zur befristeten Übertragung einer anderen Tätigkeit verbunden mit der befristeten Anhebung der Vergütung in einem erheblichen Umfang: BAG 24.2.2016 – 7 AZR 253/14, NZA 2016, 814 Rn. 35 f.; 7.10.2015 – 7 AZR 945/13, NJW 2016, 826 = NZA 2016, 441 Rn. 43 f.

auf mindestens 25 % eines entsprechenden Vollzeitarbeitsverhältnisses beläuft.[375] Auf die Erhöhung der individuellen vertraglichen Arbeitszeit kommt es nicht an.[376] Eine Anhebung der Vergütung in einem erheblichen Umfang dürfte vorliegen, wenn sich die Anhebung auf mindestens 25 % der monatlichen Gesamtvergütung beläuft. Jedenfalls reicht eine Anhebung im Umfang von 3 bzw. 9 % der monatlichen Gesamtvergütung dafür nicht aus.[377] Die Wirksamkeit einer befristeten Verringerung der Arbeitszeit in einem erheblichen Umfang bedarf dagegen keiner Umstände, die die Befristung eines gesamten Arbeitsvertrags gem. § 14 Abs. 1 TzBfG rechtfertigen würden. Eine solche Befristung gefährdet das dauerhafte Auskommen des Arbeitnehmers nämlich nicht, sondern sichert es vielmehr ab.[378]

124 Handelt es sich bei der Befristung einzelner Vertragsbedingungen um **keine Allgemeine Geschäftsbedingung** iSd § 305 Abs. 1 S. 1 BGB, weil der Arbeitnehmer auf die Ausgestaltung der Vertragsbedingungen Einfluss genommen hat, ist bisher höchstrichterlich nicht geklärt, nach welchen Maßstäben die Befristung einzelner Vertragsbedingungen in solchen Fällen zu überprüfen ist.[379]

125 Die Unwirksamkeit der Befristung einzelner Vertragsbedingungen kann der Arbeitnehmer gerichtlich mit einer **Klage nach § 256 Abs. 1 ZPO** geltend machen. § 17 S. 1 TzBfG findet keine Anwendung.[380] Das Recht, sich auf die Unwirksamkeit der Befristung einzelne Arbeitsvertragsbedingungen zu berufen, wird dabei lediglich durch das Rechtsinstitut der Verwirkung begrenzt.[381]

6. Auflösende Bedingung

126 Von Inkrafttreten des TzBfG wurde der **auflösend bedingte Arbeitsvertrag** von der Rspr. als Unterfall des befristeten Arbeitsvertrags gemäß 620 Abs. 1 BGB angesehen. Eine auflösende Bedingung wurde dann angenommen, sobald das Arbeitsverhältnis bei Eintritt eines zukünftigen ungewissen Ereignisses enden sollte.[382] Zunächst hatte das BAG auflösend bedingte Arbeitsverhältnisse als grundsätzlich zulässig erachtet. Später äußerte es Bedenken der Gestalt, ob ein Arbeitsverhältnis überhaupt auflösend bedingt abgeschlossen werden könne, weil ausschließlich der Arbeitnehmer hierdurch übermäßig belastet würde. In der Folgezeit ist das BAG von dieser restriktiven Einschätzung wieder abgerückt.[383]

127 Gemäß § 21 TzBfG ist der auflösend bedingte Arbeitsvertrag inzwischen ausdrücklich in die gesetzliche Neuregelung über befristete Verträge einbezogen worden. Wird ein Arbeitsvertrag unter einer auflösenden Bedingung geschlossen, so gelten die §§ 4 Abs. 2 (Verbot der Diskriminierung), 5 (Benachteiligungsverbot), 14 Abs. 1, 4 (sachlicher Grund und Schriftformerfordernis) sowie die §§ 16–20 TzBfG (Folgen unwirksamer Befristung, Klagefrist etc) entsprechend. Die auflösende Bedingung bedarf also zu ihrer Wirksamkeit der **Schriftform**. Der Abschluss eines auflösend bedingten Arbeitsverhältnisses ist außerdem nur zulässig, wenn hierfür ein **sachlicher Grund** besteht, der insbesondere der Auflistung des § 14 Abs. 1 S. 2 TzBfG entspricht. Auch für den Abschluss des auflösend bedingten Arbeitsverhältnisses ist der dort geregelte Katalog sachlich gerechtfertigter Befristungsgründe nicht abschließend. Der Arbeitgeber kann sich zur Rechtfertigung eines auflösend bedingten Arbeitsverhältnisses auch auf sonstige, von der Rspr. bislang anerkannter Gründe berufen.

128 Ein Arbeitsvertrag wird bspw. in folgenden Fällen unter einer auflösenden Bedingung geschlossen:

---

[375] BAG 25.4.2018 – 7 AZR 520/16, NJW 2018, 2815 = NZA 2018, 1061 Rn. 39; 23.3.2016 – 7 AZR 828/13, BAGE 154, 354 = NJW 2016, 3050 = NZA 2016, 881 Rn. 55 f.
[376] BAG 25.4.2018 – 7 AZR 520/16, NJW 2018, 2815 = NZA 2018, 1061 Rn. 39.
[377] Vgl. BAG 24.2.2016 – 7 AZR 253/14, NZA 2016, 814 Rn. 45; 7.10.2015 – 7 AZR 945/13, NZA 2016, 441 Rn. 46.
[378] BAG 10.12.2014 – 7 AZR 1009/12, NZA 2015, 811 Rn. 50.
[379] Vgl. BAG 15.12.2011 – 7 AZR 394/10, BAGE 140, 191 = NZA 2012, 674 Rn. 18.
[380] StRspr, vgl. zB BAG 25.4.2018 – 7 AZR 520/16, NJW 2018, 2815 = NZA 2018, 1061 Rn. 15; 24.2.2016 – 7 AZR 253/14, NZA 2016, 814 Rn. 15; 7.10.2015 – 7 AZR 945/13, NJW 2016, 826 = NZA 2016, 441 Rn. 18.
[381] Vgl. BAG 14.1.2004 – 7 AZR 213/03, BAGE 109, 167 (178) = NZA 2004, 719.
[382] Vgl. BAG 9.2.1984 – 2 AZR 402/83, NZA 1984, 266 (267).
[383] Vgl. BAG 4.12.1991 – 7 AZR 344/90, AP BGB § 620 Bedingung Nr. 17.

- Beendigung des Arbeitsverhältnisses mit Ablauf des Monats, in dem eine Rente wegen Alters in voller Höhe gewährt wird[384]
- Beendigung des Arbeitsverhältnisses mit Ablauf des Monats, in dem der Bescheid eines Rentenversicherungsträgers (Rentenbescheid) zugestellt wird, wonach der Arbeitnehmer voll oder teilweise erwerbsgemindert ist[385]
- Beendigung des Arbeitsverhältnisses bei fehlender Beschäftigungsmöglichkeit nach Verlust der Flugdiensttauglichkeit[386]
- Beendigung des Arbeitsverhältnisses bei Verweigerung oder Entziehung der Zustimmung zur Beschäftigung des Arbeitnehmers durch die Erlaubnisbehörde[387]
- Beendigung des Arbeitsverhältnisses bei Verweigerung der Zustimmung des Betriebsrats gem. § 99 Abs. 1 S. 1 BetrVG[388]
- Beendigung des Arbeitsverhältnisses eines Schauspieles bei Wegfall seiner Rolle in einer Fernsehserie[389]
- Beendigung des Arbeitsverhältnisses bei Wiederaufleben eines ruhenden Beamtenverhältnisses[390]
- Beendigung des ruhenden Arbeitsverhältnisses eines Geschäftsführers einer anderen Gesellschaft bei Beendigung des Geschäftsführerdienstverhältnisses[391]
- Weiterbeschäftigung des Arbeitnehmers nach Ausspruch der Kündigung und nach Ablauf der Kündigungsfrist bis zur rechtskräftigen Abweisung der Kündigungsschutz- oder Befristungskontrollklage[392]

Unwirksam ist der Abschluss eines Arbeitsvertrags unter einer auflösenden Bedingung, wenn hierdurch gegen zu Gunsten von Arbeitnehmern normierter Schutzbestimmungen verstoßen wird.[393]

Dies ist der Fall bei Vereinbarung der

- Beendigung des Arbeitsverhältnisses im Fall der Eheschließung des Arbeitnehmers (sog. Zölibatsklausel),[394]
- Beendigung des Arbeitsverhältnisses bei Feststellung einer Schwangerschaft,[395]
- Beendigung des Arbeitsverhältnisses im Fall des Gewerkschaftsbeitritts des Arbeitnehmers,[396]
- Beendigung des Arbeitsverhältnisses im Fall der nicht rechtzeitigen Wiederaufnahme der Arbeitsleistung durch den Arbeitnehmer nach dem Ende seines Urlaubs,[397]
- Beendigung des Arbeitsverhältnisses bei Eintritt einer krankheitsbedingten Arbeitsunfähigkeit,[398]
- Beendigung eines Ausbildungsverhältnisses bei schlechten Noten im Berufsschulzeugnis[399] oder
- Beendigung eines Umschulungsverhältnisses bei Wegfall der staatlichen Förderung aus einem in der Person des Umschülers liegenden Grund.[400]

---

[384] BAG 4.11.2015 – 7 AZR 851/13, NZA 2016, 634.
[385] BAG 20.6.2018 – 7 AZR 737/16, AP TVöD § 33 Nr. 4 Rn. 34 mwN.
[386] ZB BAG 17.4.2019 – 7 AZR 292/17, NZA 2019, 1355 Rn. 25
[387] BAG 25.8.1999 – 7AZR 75/98, BAGE 92, 245 = NZA 2000, 656.
[388] Vgl. BAG 17.2.1983 – 2 AZR 208/81, AP BGB § 620 Befristeter Arbeitsvertrag Nr. 74.
[389] BAG 2.7.2003 – 7 AZR 612/02, BAGE 107, 28 = NZA 2004, 311.
[390] BAG 15.5.2019 – 7 AZR 285/17, AP TVG § 1 Nr. 21 Rn. 19 ff.; 20.3.2019 – 7 AZR 98/17, AP TVG § 1 Tarifverträge: Telekom Nr. 19 Rn. 42 ff.; 1.8.2018 – 7 AZR 882/16, NZA 2019, 314 Rn. 30 ff.
[391] BAG 12.6.2019 – 7 AZR 428/17, NZA 2019, 1423 Rn. 28 ff.
[392] BAG 19.1.2005 – 7 AZR 113/04, BeckRS 2005, 30349196.
[393] Vgl. KR/*Lipke* TzBfG § 21 Rn. 65 ff.
[394] BAG 10.5.1957 – 1 AZR 249/56, BAGE 4, 274 = AP GG Art. 6 Abs. 1 Ehe und Familie Nr. 1; BAG 10.5.1957 – 1 AZR 479/55, EzB Nr. 1 zu Art. 6 GG.
[395] BAG 28.11.1958 – 1 AZR 199/58, AP GG Art. 6 Abs. 1 Ehe und Familie Nr. 3.
[396] Vgl. BAG 2.6.1987 – 1 AZR 651/85, BAGE 54, 353 = AP GG Art. 9 Nr. 49; KR/*Lipke* TzBfG § 21 Rn. 67.
[397] BAG 19.12.1974 – 2 AZR 565/73, BAGE 26, 417 = AP BGB § 620 Bedingung Nr. 3.
[398] KR/*Lipke* TzBfG § 21 Rn. 70 mwN.
[399] BAG 5.12.1985 – 2 AZR 61/85, NZA 1987, 20.
[400] BAG 15.3.1991 – 2 AZR 516/90, NZA 1992, 452 (455).

131 Tarifliche Regelungen über auflösende Bedingungen sind grundsätzlich möglich. Sie müssen jedoch den Anforderungen der arbeitsrechtlichen Bedingungskontrolle genügen. Ihre Wirksamkeit setzt daher das Vorliegen eines sachlichen Grundes iSd § 21 TzBfG iVm § 14 Abs. 1 TzBfG für die Vereinbarung des Arbeitsvertrags unter einer auflösenden Bedingung voraus.[401] Damit die tariflichen Regelungen den Anforderungen der arbeitsgerichtlichen Bedingungskontrolle im jeweiligen Einzelfall genügen, sind sie von den Arbeitsgerichten nach Möglichkeit gesetzes- und verfassungskonform und damit ggf. geltungserhaltend auszulegen.[402]

132 Das Arbeitsverhältnis endet gem. **§ 33 Abs. 2 S. 1 TVöD nF**, sofern dem Beschäftigten der Bescheid eines Rentenversicherungsträgers (Rentenbescheid) zugestellt wird, wonach er eine Rente auf unbestimmte Dauer wegen voller oder teilweiser Erwerbsminderung erhält, und gem. § 33 Abs. 2 S. 1 TVöD aF und **§ 33 Abs. 2 S. 1 TV-L** mit Ablauf des Monats, in dem der Bescheid eines Rentenversicherungsträgers (Rentenbescheid) zugestellt wird, wonach der Arbeitnehmer voll oder teilweise erwerbsgemindert ist. Beginnt die Rente erst nach der Zustellung des Rentenbescheids, endet das Arbeitsverhältnis gem. § 33 Abs. 2 S. 3 TVöD aF und § 33 Abs. 2 S. 3 TV-L davon abweichend erst mit Ablauf des dem Rentenbeginn vorangehenden Tages. Gem. § 33 Abs. 2 S. 3 TVöD nF endet das Arbeitsverhältnis dagegen mit Ablauf des dem Rentenbeginn vorangehenden Tages; frühestens jedoch zwei Wochen nach Zugang der schriftlichen Mitteilung des Arbeitgebers über den Zeitpunkt des Eintritts der auflösenden Bedingung. Liegt im Zeitpunkt der Beendigung des Arbeitsverhältnisses eine nach § 175 SGB IX erforderliche Zustimmung des Integrationsamts noch nicht vor, endet das Arbeitsverhältnis gem. § 33 Abs. 2 S. 4 TVöD nF/aF und § 33 Abs. 2 S. 4 TV-L erst mit Ablauf des Tags der Zustellung des Zustimmungsbescheids des Integrationsamts. Das Arbeitsverhältnis endet gem. § 33 Abs. 2 S. 5 TVöD nF/aF und § 33 Abs. 2 S. 5 TV-L nicht, wenn nach dem Bescheid des Rentenversicherungsträgers eine Rente auf Zeit gewährt wird. Gleiches gilt nach der Rspr. trotz Zustellung des Bescheids des Rentenversicherungsträgers, wenn der Arbeitnehmer von seiner sozialrechtlichen Dispositionsbefugnis Gebrauch macht und seinen Rentenantrag vor Ablauf der Widerspruchsfrist des § 84 Abs. 1 SGG zurücknimmt oder einschränkt und der Arbeitgeber davon alsbald unterrichtet wird.[403] Ebenso wenig endet das Arbeitsverhältnis gem. § 33 Abs. 2 S. 1 TVöD aF und § 33 Abs. 2 S. 1 TV-L, wenn der Arbeitnehmer mit seinem verbliebenen Leistungsvermögen auf einem freien Arbeitsplatz weiterbeschäftigt werden kann.[404] Dagegen endet das Arbeitsverhältnis gem. § 33 Abs. 2 S. 1 TVöD aF und § 33 Abs. 2 S. 1 TV-L auch dann, wenn der Rentenbescheid nach Eintritt der formellen Bestandskraft vom Rentenversicherungsträger zurückgenommen und dem Angestellten anstelle der unbefristeten Erwerbsunfähigkeitsrente nur eine befristete Rente wegen verminderter Erwerbsfähigkeit bewilligt wird.[405]

133 Das Arbeitsverhältnis des Mitarbeiters einer Unternehmens aus dem Wach- und Sicherheitsdienstgewerbe wird aufgrund tariflicher Normen nach der das Arbeitsverhältnis mit sofortiger Wirkung endet, wenn die Erlaubnisbehörde die Zustimmung zur Beschäftigung eines Arbeitnehmers verweigert bzw. entzieht, nur dann zum Ablauf einer der zwingenden Mindestkündigungsfrist entsprechenden Auslauffrist beendet, wenn für den Arbeitnehmer keine anderweitige Beschäftigungsmöglichkeit besteht.[406]

134 Nach der Rspr. des BAG vor Inkrafttreten des TzBfG unterlag eine auflösende Bedingung dann keiner arbeitsgerichtlichen Befristungskontrolle, wenn sie das Arbeitsverhältnis zu einem Zeitpunkt beenden sollte, in dem der Arbeitnehmer noch keinen gesetzlichen Kündi-

---

[401] StRspr, vgl. zB BAG 17.4.2019 – 7 AZR 292/17, NZA 2019, 1355 Rn. 24; 20.6.2018 – 7 AZR 690/16, NZA 2019, 324 Rn. 32; 15.2.2017 – 7 AZR 82/15, NZA-RR 2017, 398 Rn. 20.
[402] StRspr, zB BAG 17.4.2019 – 7 AZR 292/17, NZA 2019, 1355 Rn. 24; 27.7.2016 – 7 AZR 276/14, BAGE 156, 8 = NZA-RR 2017, 84 Rn. 26; 23.3.2016 – 7 AZR 827/13, BAGE 155,1 = AP TV-L § 33 Nr. 1 Rn. 20.
[403] BAG 10.10.2012 – 7 AZR 602/11, AP TzBfG § 21 Nr. 10 Rn. 22 mwN.
[404] Vgl. BAG 17.3.2016 – 6 AZR 221/15, BeckRS 2016, 68982 Rn. 38 mwN.
[405] Vgl. BAG 3.9.2003 – 7 AZR 661/02, BAGE 107, 241 = NZA 2004, 328.
[406] BAG 19.3.2008 – 7 AZR 1033/06, NZA-RR 2008, 570 Rn. 12; 25.8.1999 – 7AZR 75/98, BAGE 92, 245 = NZA 2000, 656.

gungsschutz nach dem Kündigungsschutzgesetz hatte und auch keine andere Kündigungsschutzvorschrift umgangen werden konnte.[407] Diese Rspr. ist mit Inkrafttreten des TzBfG hinfällig geworden. Gem. § 21 TzBfG iVm § 14 Abs. 1 S. 1 TzBfG ist der Abschluss eines Arbeitsvertrags unter einer auflösenden Bedingung ausnahmslos nur zulässig, wenn die auflösende Bedingung durch einen sachlichen Grund gerechtfertigt ist.[408] Ein auflösend bedingter Arbeitsvertrag endet gem. § 21 TzBfG iVm § 15 Abs. 2 TzBfG mit Eintritt der auflösenden Bedingung, frühestens jedoch zwei Wochen nach Zugang der schriftlichen Unterrichtung des Arbeitnehmers durch den Arbeitgeber über den Zeitpunkt des Bedingungseintritts.[409] Gem. § 21 TzBfG iVm § 15 Abs. 5 TzBfG gilt das auflösend bedingte Arbeitsverhältnis als auf unbestimmte Zeit verlängert, wenn es nach Eintritt der auflösenden Bedingung mit Wissen des Arbeitgebers fortgesetzt wird und der Arbeitgeber nicht unverzüglich widerspricht oder dem Arbeitnehmer den Bedingungseintritt nicht unverzüglich mitteilt. Haben jedoch die Vertragsparteien die auflösende Bedingung mit einer zeitlichen Höchstbefristung kombiniert, so tritt bei entsprechendem Sachverhalt diese Rechtsfolge der unbefristeten Verlängerung des Arbeitsverhältnisses nicht ein. Die gesetzliche Fiktion ist vielmehr auf den „nur" befristeten Fortbestand des Arbeitsverhältnisses beschränkt. Die von Anfang an alternativ vorgesehene Kalenderbefristung beschreibt eine „Auffangwirkung".[410]

IV. Rechtsfolge bei wirksamer/unwirksamer Befristung (§ 16 TzBfG)

1. Rechtsfolge bei rechtsunwirksamer Befristung

Ist die Befristung eines Arbeitsvertrags rechtsunwirksam, führt dies entgegen § 139 BGB nicht zur Nichtigkeit des ganzen befristeten Arbeitsvertrags.[411] Vielmehr gilt der befristete Arbeitsvertrag in diesem Fall gemäß § 16 S. 1 Hs. 1 TzBfG als auf unbestimmte Zeit geschlossen. Entsprechendes gilt nach § 21 TzBfG für einen auflösend bedingten Arbeitsvertrag bei Rechtsunwirksamkeit der darin vereinbarten auflösenden Bedingung. § 16 S. 1. Hs. 1 TzBfG gilt nach seinem Wortlaut für alle Fälle der Rechtswirksamkeit der Befristung eines Arbeitsvertrags. Die hA wendet ihn daher auch entsprechend an.[412] Teile der Literatur beschränken seinen Anwendungsbereich dagegen unter Verweis auf seine Entstehungsgeschichte auf Befristungen von Arbeitsverträgen, die wegen Verstoß gegen § 14 TzBfG rechtsunwirksam sind. Bei Rechtsunwirksamkeit der Befristung eines Arbeitsvertrags aus anderen Gründen soll aber auch nach dieser Ansicht zumindest eine entsprechende Anwendung von § 16 S. 1 Hs. 1 TzBfG in Betracht kommen.[413]

Gilt der befristete Arbeitsvertrag nach § 16 S. 1 Hs. 1 TzBfG als auf unbestimmte Zeit geschlossen, ist hinsichtlich der Möglichkeit, ihn zu kündigen, zu differenzieren. Eine außerordentliche Kündigung ist sowohl Arbeitgeber als auch Arbeitnehmer jederzeit möglich.[414] Eine ordentliche Kündigung ist nur dem Arbeitnehmer uneingeschränkt möglich.[415] Die ordentliche Kündigungsmöglichkeit des Arbeitgebers ist dagegen abhängig vom Grund für die Rechtsunwirksamkeit des befristeten Arbeitsvertrags eingeschränkt. Grundsätzlich kann er den rechtsunwirksam befristeten Arbeitsvertrag gemäß § 16 S. 1 Hs. 2 TzBfG frühestens zum vereinbarten Ende kündigen, sofern nicht gemäß § 15 Abs. 3 TzBfG die ordentliche Kündigung zu einem früheren Zeitpunkt möglich ist. Ist die Befristung des Arbeitsvertrags dagegen ausschließlich wegen eines Mangels der Schriftform unwirksam, kann er den rechtsunwirksam befristeten Arbeitsvertrag gemäß § 16 S. 2 TzBfG auch vor dem vereinbar-

---

[407] BAG 20.10.1999 – 7 AZR 658/98, NZA 2000, 717 (718).
[408] Vgl. Ascheid/Preis/Schmidt/*Backhaus* TzBfG § 21 Rn. 10; KR/*Lipke* TzBfG § 21 Rn. 13.
[409] BAG 27.7.2011 – 7 AZR 402/10, AP TzBfG § 21 Nr. 9 Rn. 27.
[410] Vgl. BAG 29.6.2011 – 7 AZR 6/10, BAGE 138, 242 = NZA 2011, 1346 Rn. 26 ff.
[411] BAG 23.11.2006 – 6 AZR 394/06, BAGE 120, 251 = NZA 2007, 466 Rn. 18.
[412] Statt vieler: KR/*Lipke* TzBfG § 16 Rn. 5 mwN.
[413] Jeweils mwN: Aschei/Preis/Schmidt/*Backhaus* TzBfG § 16 Rn. 1 ff.; ErfK/*Müller-Glöge* TzBfG § 16 Rn. 1.
[414] Vgl. MüKoBGB/*Hesse* TzBfG § 16 Rn. 6; ErfK/*Müller-Glöge* TzBfG § 16 Rn. 2, 4.
[415] Vgl. BAG 23.4.2009 – 6 AZR 533/08, NZA 2009, 1260 Rn. 18.

ten Ende ordentlich kündigen und zwar unabhängig von einer Vereinbarung gemäß § 15 Abs. 3 TzBfG.

2. Rechtsfolge bei rechtswirksamer Befristung

137 Ist die Befristung eines Arbeitsvertrags rechtswirksam, ist hinsichtlich seiner Beendigung zu differenzieren. Ein kalendermäßig befristeter Arbeitsvertrag iSd § 3 Abs. 1 S. 2 Alt. 1 TzBfG endet in diesem Fall gemäß § 15 Abs. 1 TzBfG mit Ablauf der vereinbarten Zeit. Eine schriftliche Unterrichtung des Arbeitnehmers durch den Arbeitgeber über den genauen Zeitpunkt des Ablaufs der vereinbarten Zeit bedarf es nicht. Dem Arbeitgeber obliegt es gemäß § 2 Abs. 2 S. 2 Nr. 3 SGB III lediglich den Arbeitnehmer frühzeitig über seine Verpflichtung zur persönlichen Arbeitsuchmeldung drei Monate vor der Beendigung des Arbeitsverhältnisses bei der Agentur für Arbeit nach § 38 Abs. 1 SGB III zu informieren. Ein zweckbefristeter Arbeitsvertrag iSd § 3 Abs. 1 S. 2 Alt. 2 TzBfG endet dagegen gemäß § 15 Abs. 2 TzBfG mit Erreichen des Zwecks, frühestens jedoch zwei Wochen nach Zugang der schriftlichen Unterrichtung des Arbeitnehmers durch den Arbeitgeber über den Zeitpunkt der Zweckerreichung. Die Unterrichtung muss aufgrund der gesetzlich vorgeschriebenen Schriftform die Anforderungen des § 126 Abs. 1 BGB erfüllen. Mangels abweichender gesetzlicher Regelung kann die schriftliche Form gemäß § 126 Abs. 3 BGB bei der Unterrichtung auch durch die elektronische Form iSd § 126a Abs. 1 BGB ersetzt werden.[416] Inhaltlich muss die Unterrichtung durch den Arbeitgeber den Zeitpunkt der Zweckerreichung benennen, also einen bestimmten Kalendertag oder einen bestimmten Zeitpunkt innerhalb eines Kalendertags.[417] Unterlässt der Arbeitgeber eine formgerechte Unterrichtung des Arbeitnehmers über den Zeitpunkt der Zweckerreichung, besteht das Arbeitsverhältnis jedenfalls bis zum Zeitpunkt der Zweckerreichung als zweckbefristetes Arbeitsverhältnis fort. Nach dem Zeitpunkt der Zweckerreichung hängt sein Fortbestand davon ab, ob das Arbeitsverhältnis mit Wissen des Arbeitgebers darüber hinaus fortgesetzt wird. Ist dies nicht der Fall, besteht es als zweckbefristetes Arbeitsverhältnis fort.[418] Ist dies dagegen der Fall, findet § 15 Abs. 5 TzBfG Anwendung.

138 Gem. § 15 Abs. 5 TzBfG gilt das Arbeitsverhältnis als auf unbestimmte Zeit verlängert, wenn es nach Ablauf der Zeit, für die es eingegangen ist, oder nach Zweckerreichung mit Wissen des Arbeitgebers fortgesetzt wird und wenn der Arbeitgeber nicht unverzüglich widerspricht oder dem Arbeitnehmer die Zweckerreichung nicht unverzüglich mitteilt. Die Vorschrift regelt – ebenso wie § 625 BGB für die Fortsetzung von Dienstverhältnissen und Arbeitsverhältnissen außerhalb des Anwendungsbereichs des § 15 Abs. 5 TzBfG – die stillschweigende Verlängerung von Arbeitsverhältnissen unabhängig vom Willen der Parteien. Die Fortsetzung des Arbeitsverhältnisses durch die Vertragsparteien iSd § 15 Abs. 5 TzBfG ist ein Tatbestand schlüssigen Verhaltens kraft gesetzlicher Fiktion, durch die ein unbefristetes Arbeitsverhältnis zu den Bedingungen des vorangegangenen befristeten Arbeitsvertrags zustande kommt. Die Regelung beruht auf der Erwägung, die Fortsetzung der Arbeitsleistung durch den Arbeitnehmer mit Wissen des Arbeitgebers sei im Regelfall der Ausdruck eines stillschweigenden Willens der Parteien zur Verlängerung des Arbeitsverhältnisses.[419]

139 Der Eintritt der in § 15 Abs. 5 TzBfG angeordneten Fiktion setzt zunächst die **Fortsetzung des Arbeitsverhältnisses** nach Ablauf der Zeit, für die es eingegangen ist, oder nach Zweckerreichung voraus. Dazu muss der Arbeitnehmer seine Arbeitsleistung bewusst und in der Bereitschaft fortsetzen, die Pflichten aus dem Arbeitsverhältnis weiter zu erfüllen. Der Arbeitnehmer muss die vertragsgemäßen Dienste nach Ablauf der Vertragslaufzeit tatsächlich ausführen. Dabei genügt nicht jegliche Weiterarbeit des Arbeitnehmers. Diese muss vielmehr **mit Wissen des Arbeitgebers** selbst oder eines zum Abschluss von Arbeitsverträgen berech-

---

[416] Str., wie hier jeweils mwN auch zur Gegenansicht: Ascheid/Preis/Schmidt/*Backhaus* TzBfG § 15 Rn. 8; KR/*Lipke* TzBfG § 15 Rn. 18; ErfK/*Müller-Glöge* TzBfG § 16 Rn. 2.
[417] Vgl. mwN: Ascheid/Preis/Schmidt/*Backhaus* TzBfG § 15 Rn. 9; KR/*Lipke* TzBfG § 15 Rn. 22; ErfK/*Müller-Glöge* TzBfG § 16 Rn. 3.
[418] Str., wie hier wohl auch: KR/*Lipke* TzBfG § 15 Rn. 19; aA: MüKoBGB/*Hesse* TzBfG § 15 Rn. 18 mwN.
[419] StRspr, zB BAG 28.9.2016 – 7 AZR 377/14, NZA 2017, 55 Rn. 30; 7.10.2015 – 7 AZR 40/14, NJW 2016, 1403 = NZA 2016, 358 Rn. 24.

tigten Vertreters erfolgen.[420] Bei Leiharbeitsverhältnissen kommt es daher allein auf das Wissen des Verleihers als Vertragsarbeitgeber an, es sei denn, der Entleiher ist ein zum Abschluss von Arbeitsverträgen berechtigter Vertreter des Verleihers.[421]

Ein **Widerspruch** iSd § 15 Abs. 5 TzBfG kann als rechtsgeschäftliche empfangsbedürftige 140 Willenserklärung bereits kurz vor dem Ablauf der vereinbarten Befristung bzw. kurz vor Zweckerreichung oder Bedingungseintritt ausdrücklich oder durch schlüssiges Verhalten erklärt werden.[422] Kurz vor dem Ablauf der vereinbarten Befristung bzw. kurz vor Zweckerreichung oder Bedingungseintritt bedeutet dabei, dass ein zeitlicher Zusammenhang zwischen dem Ablauf der vereinbarten Befristung bzw. der Zweckerreichung oder dem Bedingungseintritt einerseits und dem Widerspruch andererseits besteht. Ein solcher Zusammenhang ist bspw. anzunehmen, wenn der Arbeitnehmer mit einem Wunsch nach Verlängerung oder „Entfristung" des Arbeitsverhältnisses an den Arbeitgeber herantritt und der Arbeitgeber der Fortsetzung des Arbeitsverhältnisses im Zusammenhang damit widerspricht oder wenn der Widerspruch zu einem Zeitpunkt erklärt wird, in dem bereits ein Rechtsstreit über die Wirksamkeit der Befristung anhängig ist und der Arbeitgeber sich gegen die Klage verteidigt.[423] Dagegen reicht ein schon im Arbeitsvertrag erklärter Widerspruch nicht aus, zumal er entgegen § 22 Abs. 1 TzBfG letztlich zur Folge hätte, dass die in § 15 Abs. 5 TzBfG angeordnete Rechtsfolge des Eintritts der Fiktion vollständig abbedungen würde.[424]

Der Widerspruch muss vom Arbeitgeber **unverzüglich** erklärt werden. Ein Widerspruch 141 ist dann unverzüglich, wenn er ohne schuldhaftes Zögern erfolgt ist (§ 121 Abs. 1 S. 1 BGB). Die Frist für den Widerspruch beginnt erst mit der Kenntnis des Arbeitgebers von den für die Entscheidung über das Fortbestehen des Arbeitsverhältnisses maßgebenden Umständen. Dazu gehört insbesondere die Kenntnis, dass der Arbeitnehmer über die Vertragszeit hinaus seine Dienste weiter erbringt.[425]

3. Kein Anspruch auf Wiedereinstellung

Nach dem Ablauf eines wirksam befristeten Arbeitsvertrags besteht mit Ausnahme tariflicher und einzelvertraglicher Regelungen grundsätzlich kein Anspruch des Arbeitnehmers 142 auf **Wiedereinstellung**, sollte der ursprüngliche Befristungsgrund tatsächlich nachträglich weggefallen sein. Die Interessenlage zur betriebsbedingten Kündigung ist insoweit unterschiedlich. Obwohl die arbeitsgerichtliche Befristungskontrolle ebenso wie das staatliche Kündigungsrecht auf der dem Staat obliegenden Schutzpflicht für den Bestand des Arbeitsverhältnisses gründet und eine vom Arbeitgeber getroffene Prognose durch eine unvorhergesehene Entwicklung durchaus eine Korrektur erfahren kann, bestehen bei beiden (Befristungskontrolle und Kündigungsschutzrecht) methodische, systematische und grundrechtliche Wertungsunterschiede.

Die Befristungskontrolle dient der Prüfung, ob die Arbeitsvertragsparteien eine statthafte 143 Vertragsgestaltung objektiv funktionswidrig zu Lasten des Arbeitnehmers verwandt haben. Ein Wiedereinstellungsanspruch nach wirksamer Befristung würde in Widerspruch zu befristungsrechtlichen Grundsätzen – zB beim Sachgrund der Vertretung – geraten. Dem Arbeitgeber steht es grundsätzlich frei, den durch den Ausfall einer Stammkraft entstehenden Vertretungsbedarf überhaupt oder nur für einen Teil durch die befristete Einstellung eines Arbeitnehmers zu überbrücken. Ist es dem Arbeitgeber unbenommen, einen von ihm bereits vorgesehenen Vertretungsbedarf nicht durch Einstellung einer Ersatzkraft abzudecken, so

---

[420] StRspr, zB BAG 28.9.2016 – 7 AZR 377/14, NZA 2017, 55 Rn. 30 f.; 11.7.2007 – 7 AZR 501/06, AP HRG § 57a Nr. 12 Rn. 26.
[421] BAG 28.9.2016 – 7 AZR 377/14, NZA 2017, 55 Rn. 32.
[422] Jeweils mwN: BAG 7.10.2015 – 7 AZR 40/14, NJW 2016, 1403 = NZA 2016, 358 Rn. 24; 22.7.2014 – 9 AZR 1066/12, BAGE 148, 349 = NZA 2014, 1330 Rn. 25.
[423] Jeweils mwN: BAG 22.7.2014 – 9 AZR 1066/12, BAGE 148, 349 = NZA 2014, 1330 Rn. 25; 29.6.2011 – 7 AZR 6/10, BAGE 138, 242 = NZA 2011, 1346 Rn. 36.
[424] Vgl. jeweils mwN: BAG 22.7.2014 – 9 AZR 1066/12, BAGE 148, 349 = NZA 2014, 1330 Rn. 25; 29.6.2011 – 7 AZR 6/10, BAGE 138, 242 = NZA 2011, 1346 Rn. 36.
[425] Vgl. BAG 13.8.1987 – 2 AZR 122/87, BeckRS 2009, 67375.

wäre es widersprüchlich, ihm diese Freiheit im Falle eines sich überraschend ergebenden weiteren Vertretungsbedarfs zu nehmen und ihn zur Wiedereinstellung der bisherigen Vertretungskraft zu verpflichten. Hinzu kommt bei einer Befristung im Vergleich zum unbefristeten Arbeitsverhältnis ein geringerer arbeitsvertraglicher Bestandsschutz. Aufgrund eigener privater Disposition befindet sich der Arbeitnehmer in einem Arbeitsverhältnis von begrenzter Dauer. Ein vorhandener Besitzstand wird nicht beseitigt. Der Arbeitnehmer weiß, dass er auch bei einer nachträglichen Änderung der Verhältnisse seinen Arbeitsplatz verlieren wird und dass sich der Arbeitgeber nach Ablauf der Befristung frei entscheiden kann, mit wem er einen neuen Vertrag schließt. Eine vertragliche Nebenpflicht begründet einen Wiedereinstellungsanspruch folglich nicht.[426]

4. Unzulässiges Berufen auf die Befristung

144   Nach älterer Rspr. des BAG kann es dem Arbeitgeber verwehrt sein, sich auf eine an sich wirksame Befristung zu berufen, wenn der befristet eingestellte Arbeitnehmer aufgrund des Verhaltens des Arbeitgebers damit rechnen konnte, nach Ende des befristeten Arbeitsvertrags weiterbeschäftigt zu werden. Dies setze voraus, dass der Arbeitgeber bei Abschluss eines befristeten Arbeitsvertrags in Aussicht stelle, er werde den Arbeitnehmer bei entsprechender Eignung und Bewährung anschließend unbefristet weiterbeschäftigen, und dadurch Erwartungen des Arbeitnehmers auf Übernahme in ein unbefristetes Arbeitsverhältnis weckt und/oder diese Vorstellungen auch noch während der Dauer des befristeten Arbeitsvertrags verstärkt. Dafür genüge jedoch nicht, dass der Arbeitnehmer subjektiv erwartet, der Arbeitgeber werde ihn nach Fristablauf schon weiterbeschäftigen, soweit die für die Befristung maßgeblichen sachlichen Gründe bis dahin bedeutungslos geworden sind. Erforderlich sei vielmehr, dass der Arbeitgeber den Arbeitnehmer in dieser Erwartungshaltung durch sein Verhalten bei Vertragsschluss oder während der Dauer des befristeten Arbeitsvertrags eindeutig stärkt. Erfülle dann der Arbeitgeber die eigengesetzte Verpflichtung nicht, sei er nach Maßgabe der Grundsätze eines Verschuldens bei Vertragsschluss zum Schadensersatz verpflichtet. Er habe mit dem Arbeitnehmer einen unbefristeten Arbeitsvertrag zu schließen, weil der nach § 249 BGB auszugleichende Schaden in dem unterbliebenen Abschluss eines Arbeitsverhältnisses liege.[427] Ob das BAG an dieser Rspr. festhält, hat es zuletzt jedoch ausdrücklich offengelassen.[428]

V. Kündigungsmöglichkeit während der Befristung

145   Der befristete Arbeitsvertrag endet im Fall seiner kalendermäßigen Befristung gem. § 15 Abs. 1 TzBfG üblicherweise mit Ablauf der vereinbarten Zeit und im Fall seiner Zweckbefristung gem. § 15 Abs. 2 TzBfG mit Erreichen des vereinbarten Zwecks, frühestens jedoch zwei Wochen nach Zugang der schriftlichen Unterrichtung des Arbeitnehmers durch den Arbeitgeber über den Zeitpunkt der Zweckerreichung. Zuvor kann er grundsätzlich nur aus wichtigem Grund durch eine **außerordentliche Kündigung** beendet werden, § 626 Abs. 1 BGB.[429]

146   Die **ordentliche Kündigung** eines befristeten Arbeitsvertrags ist hingegen während des Laufs der Befristung **grds. ausgeschlossen**.[430] Gem. § 15 Abs. 3 TzBfG kommt sie nur in Betracht, wenn einzelvertraglich oder im anwendbaren Tarifvertrag vereinbart ist, dass ein befristetes Arbeitsverhältnis der ordentlichen Kündigung unterliegt. Ein dahingehender Wille

---

[426] Grdl.: BAG 20.2.2002 – 7 AZR 600/00, BAGE 100, 304 = NZA 2002, 896 (898 f.); ferner: BAG 2.7.2003 – 7 AZR 592/02, BAGE 107, 18 = NZA 2004, 1055 (1057); 31.7.2002 – 7 AZR 181/01, AP TzBfG § 4 Nr. 2.
[427] BAG 17.4.2002 – 7 AZR 283/01, NJOZ 2003, 1367 (1369) mwN.
[428] BAG 17.4.2002 – 7 AZR 283/01, NJOZ 2003, 1367 (1369).
[429] Vgl. BAG 19.1.2006 – 6 AZR 638/04, BAGE 117, 20 = NJW 2006, 2796 = NZA 2007, 97 Rn. 15 mwN.
[430] Vgl. zur stRspr vor Inkrafttreten des § 15 Abs. 3 TzBfG zB BAG 20.9.2006 – 6 AZR 82/06, BAGE 119, 311 = NZA 2007, 377 Rn. 54; 19.1.2006 – 6 AZR 638/04, BAGE 117, 20 = NJW 2006, 2796 = NZA 2007, 97 Rn. 15.

muss dabei eindeutig erkennbar sein.[431] Dafür reicht es bspw. aus, dass die Arbeitsvertragsparteien eine Probezeit oder Fristen für eine ordentliche Kündigung vereinbaren.[432] Ebenso genügt die arbeitsvertragliche Vereinbarung der Anwendbarkeit eines Tarifvertrags, der seinerseits die Möglichkeit einer vorzeitigen ordentlichen Kündigung vorsieht.[433] Entsprechendes gilt schließlich für arbeitsvertraglich einbezogene kirchliche Arbeitsvertragsregelungen.[434]

Ist das Arbeitsverhältnis für die Lebenszeit einer Person oder für länger als fünf Jahre eingegangen, so kann es gem. § 15 Abs. 4 S. 1 TzBfG vom Arbeitnehmer nach Ablauf von fünf Jahren gekündigt werden. Die Kündigungsfrist beträgt in diesem Fall gem. § 15 Abs. 4 S. 2 TzBfG sechs Monate. Die vorzeitige Kündigung ist allerdings unschädlich; sie ist nicht rechtsunwirksam. Die gesetzliche Kündigungsfrist von sechs Monaten beginnt jedoch frühestens nach Ablauf des 5-Jahres-Zeitraums. Dieses Recht kann nach erstmaligem Entstehen jederzeit ausgeübt werden. Eine Verwirkung dieses Rechts tritt nicht ein. Auf dieses Recht kann verzichtet werden. Hierzu bedarf es einer klaren neuen eigenständigen vertraglichen Vereinbarung für die weitere befristete Zusammenarbeit.[435]

Auch bei verabredeter ordentlicher Kündigung im befristeten Arbeitsvertrag ist im Zweifel das Recht zur außerordentlichen Kündigung aus wichtigem Grund nicht ausgeschlossen. Vereinbaren die Parteien in einem befristeten Vertrag beiderseits ein Kündigungsrecht aus bestimmten, als wichtig bezeichneten Gründen mit einer Kündigungsfrist, die der tariflichen oder gesetzlichen Kündigungsfrist entspricht oder diese sogar übersteigt, so wird damit – falls nicht Anhaltspunkte für einen abweichenden Parteiwillen vorliegen – nicht die außerordentliche Kündigung gem. § 626 Abs. 1 BGB ausgeschlossen. Hierüber ist vielmehr das Recht zur ordentlichen Kündigung ausdrücklich zusätzlich vereinbart.[436]

VI. Beteiligungsrechte des Betriebs- und des Personalrats

In Unternehmen mit in der Regel mehr als zwanzig wahlberechtigten Arbeitnehmern hat der Arbeitgeber gem. § 99 Abs. 1 S. 1 BetrVG den **Betriebsrat** vor jeder Einstellung zu **unterrichten**, ihm die erforderlichen Bewerbungsunterlagen vorzulegen, Auskunft über die Person der Beteiligten und über die Auswirkungen der geplanten Einstellung unter Vorlage der erforderlichen Unterlagen zu geben sowie die Zustimmung des Betriebsrats zu der geplanten Einstellung einzuholen. Insbesondere hat er gem. § 99 Abs. 1 S. 2 BetrVG den in Aussicht genommenen Arbeitsplatz und die vorgesehene Eingruppierung mitzuteilen.

Eine Einstellung iSd § 99 Abs. 1 S. 1 BetrVG liegt vor, wenn Personen in einen Betrieb eingegliedert werden, um zusammen mit den dort schon beschäftigten Arbeitnehmern dessen arbeitstechnischen Zweck durch weisungsgebundene Tätigkeit zu verwirklichen.[437] Auf die Dauer dieser Eingliederung kommt es dabei nicht an. Vielmehr ist jede noch so kurze tatsächliche Eingliederung gem. § 99 Abs. 1 S. 1 BetrVG mitbestimmungspflichtig.[438] Dementsprechend ist zum einen jede erstmalige Eingliederung eines Arbeitnehmers aufgrund eines befristeten Arbeitsvertrags in einen Betrieb eine mitbestimmungspflichtige Einstellung iSd § 99 Abs. 1 S. 1 BetrVG.[439] Gleiches gilt zum anderen auch für die Weiterbeschäftigung

---

[431] BAG 20.9.2006 – 6 AZR 82/06, BAGE 119, 311 = NZA 2007, 377 Rn. 54; 4.7.2001 – 2 AZR 88/00, NJOZ 2002, 596 (597).
[432] Vgl. zu ersterem Fall: BAG 4.7.2001 – 2 AZR 88/00, NJOZ 2002, 596 (597); zu letzterem Fall: Ascheid/Preis/Schmidt/*Backhaus* TzBfG § 15 Rn. 22.
[433] Vgl. BAG 28.6.2007 – 6 AZR 750/06, BAGE 123, 191 = NZA 2007, 1049 Rn. 13 ff.; 18.9.2003 – 2 AZR 432/02, NZA 2004, 222.
[434] Vgl. BAG 21.11.2013 – 6 AZR 664/12, NZA 2014, 362 Rn. 25 ff.
[435] Vgl. jeweils mwN: LAG Hamm 26.7.2002 – 7 Sa 669/02, BeckRS 2002, 31011966; KR/*Fischermeier* BGB § 624 Rn. 27 f.; ErfK/*Müller-Glöge* TzBfG § 15 Rn. 21.
[436] BAG 25.2.1998 – 2 AZR 279/97, BAGE 88, 131 (138) = NZA 1998, 747.
[437] StRspr, zB BAG 22.10.2019 – 7 ABR 13/18, NZA 2020, 61 Rn. 15; 12.6.2019 – 1 ABR 5/18, NZA 2019, 1288 Rn. 16 mwN.
[438] Vgl. BAG 9.3.2011 – 7 ABR 137/09, BAGE 137, 194 = NZA 2011, 871 Rn. 26; 30.9.2008 – 1 ABR 81/07, NJOZ 2009, 288 Rn. 16; 23.1.2008 – 1 ABR 74/06, BAGE 125, 306 = NZA 2008, 603 Rn. 24.
[439] Vgl. nur: BAG 27.10.2010 – 7 ABR 86/09, BAGE 136, 123 = NZA 2011, 418 Rn. 22, 24.

eines Arbeitnehmers über das Ende eines befristeten Arbeitsverhältnisses hinaus.[440] Insbesondere liegt eine mitbestimmungspflichtige Einstellung iSd § 99 Abs. 1 S. 1 BetrVG auch vor, wenn nach Ende eines befristeten Arbeitsverhältnisses ein unbefristetes Arbeitsverhältnis entweder gem. § 15 Abs. 5 TzBfG dadurch entsteht, dass diese Weiterbeschäftigung mit Wissen des Arbeitgebers erfolgt,[441] oder gem. § 16 S. 1 Hs. 1 TzBfG dadurch, dass der Arbeitnehmer rechtzeitig nach § 17 S. 1 TzBfG die Unwirksamkeit der Befristung geltend macht und der Arbeitgeber die zunächst befristete Eingliederung des Arbeitnehmers dementsprechend wegen seiner individualrechtlichen Verpflichtung fortführt.[442]

151 Liegt eine mitbestimmungspflichtige Einstellung iSd § 99 Abs. 1 S. 1 BetrVG vor, hat der Arbeitgeber den Betriebsrat insbesondere darüber zu unterrichten, ob diese befristet oder unbefristet erfolgen soll. Dagegen muss er ihm bei befristeten Einstellungen nicht mitteilen, ob die Befristung sachgrundlos erfolgen oder worin ggf. der Sachgrund liegen soll.[443]

152 Hat der Arbeitgeber den Betriebsrat ordnungsgemäß über die geplante Einstellung unterrichtet, wird die Frist des § 99 Abs. 3 S. 1 BetrVG in Lauf gesetzt.[444] Danach hat der Betriebsrat innerhalb einer Woche nach Unterrichtung durch den Arbeitgeber diesem schriftlich unter Angabe von Gründen mitzuteilen, ob er seine Zustimmung zu dieser Einstellung verweigert. Teilt der Betriebsrat dem Arbeitgeber die Verweigerung seiner Zustimmung nicht innerhalb dieser Frist schriftlich mit, so gilt seine Zustimmung gem. § 99 Abs. 3 S. 2 BetrVG als erteilt.

153 Verweigert der Betriebsrat seine Zustimmung, so kann der Arbeitgeber gem. § 99 Abs. 4 BetrVG beim Arbeitsgericht beantragen, diese Zustimmung zu ersetzen. Darüber hinaus kann er gem. § 100 Abs. 1 S. 1 BetrVG die geplante Einstellung in diesem Fall vorläufig durchführen, wenn dies aus sachlichen Gründen dringend erforderlich ist. Gem. § 100 Abs. 2 S. 1 BetrVG hat er den Betriebsrat sodann jedoch unverzüglich von der vorläufigen Einstellung zu unterrichten. Bestreitet der Betriebsrat daraufhin, dass die Einstellung aus sachlichen Gründen dringend erforderlich ist, so hat er dies dem Arbeitgeber gem. § 100 Abs. 2 S. 2 BetrVG ebenfalls unverzüglich mitzuteilen. In diesem Fall darf der Arbeitgeber die vorläufige Einstellung gem. § 100 Abs. 2 S. 3 BetrVG nur aufrechterhalten, wenn er innerhalb von drei Tagen beim Arbeitsgericht die Ersetzung der Zustimmung des Betriebsrats und die Feststellung beantragt, dass die Maßnahme aus sachlichen Gründen dringend erforderlich war.

154 Der Betriebsrat kann seine Zustimmung zu einer geplanten Einstellung gem. § 99 Abs. 2 BetrVG nur verweigern, wenn einer der darin aufgeführten Zustimmungsverweigerungsgründe vorliegt. Ein solcher Zustimmungsverweigerungsgrund liegt im Fall einer befristeten Einstellung nicht vor, wenn die vertraglich vereinbarte Befristung des Arbeitsvertrags unwirksam ist. Dem Betriebsrat obliegt im Rahmen seiner Mitbestimmung bei der Einstellung nicht die Vertragsinhaltskontrolle, ob die zwischen dem Arbeitgeber und dem einzustellenden Arbeitnehmer vereinbarte Befristung den Voraussetzungen des § 14 Abs. 1 bis 4 TzBfG entspricht.[445] Entsprechendes gilt für den Fall, dass ein Tarifvertrag befristete Arbeitsverhältnisse nur bei Vorliegen eines sachlichen oder in der Person des Arbeitnehmers gegebenen Grundes zulässt.[446]

155 Der **Personalrat** hat gem. § 75 Abs. 1 S. 1 Nr. 1 BPersVG bei der Einstellung von Arbeitnehmern mitzubestimmen. Eine Einstellung iSd § 75 Abs. 1 Nr. 1 BPersVG ist die Eingliederung des Arbeitnehmers in die Dienststelle, die regelmäßig durch den Abschluss eines Arbeitsvertrags und die tatsächliche Aufnahme der vorgesehenen Tätigkeit bewirkt wird.[447]

---

[440] StRspr, zB BAG 27.10.2010 – 7 ABR 86/09, BAGE 136, 123 = NZA 2011, 418 Rn. 22; 23.6.2009 – 1 ABR 30/08, NZA 2009, 1162 Rn. 32 mwN.
[441] *Fitting* BetrVG § 99 Rn. 38a mwN.
[442] BAG 27.10.2010 – 7 ABR 86/09, BAGE 136, 123 = NZA 2011, 418 Rn. 26.
[443] BAG 27.10.2010 – 7 ABR 86/09, BAGE 136, 123 = NZA 2011, 418 Rn. 22, 24.
[444] Vgl. zum Erfordernis einer ordnungsgemäßen Unterrichtung des Betriebsrats für den Beginn des Laufs dieser Frist statt vieler: BAG 13.8.2019 – 1 ABR 10/18, NZA 2019, 1651 Rn. 26 mwN.
[445] BAG 27.10.2010 – 7 ABR 86/09, BAGE 136, 123 = NZA 2011, 418 Rn. 25.
[446] BAG 28.6.1994 – 1 ABR 59/93, AP BetrVG 1972 § 99 Einstellung Nr. 4.
[447] BAG 29.6.2011 – 7 AZR 774/09, NZA 2011, 1151 Rn. 33 mwN.

Dementsprechend unterliegen sowohl die erstmalige Eingliederung eines Arbeitnehmers aufgrund eines befristeten Arbeitsvertrags in eine Dienststelle als auch die Weiterbeschäftigung eines Arbeitnehmers in einer Dienststelle über das Ende eines befristeten Arbeitsverhältnisses hinaus der Mitbestimmung des Personalrats. Dagegen erstreckt sich das Mitbestimmungsrecht gem. § 75 Abs. 1 Nr. 1 BPersVG nicht auf die Befristung bzw. zeitliche Begrenzung des jeweiligen Arbeitsvertrags.[448] Aufgrund des Mitbestimmungsrechts des Personalrats gem. § 75 Abs. 1 S. 1 BPersVG kann eine Einstellung iSd Vorschrift gem. § 68 Abs. 1 BPersVG nur mit seiner Zustimmung getroffen werden. Das Verfahren zur Einholung dieser Zustimmung regelt § 68 Abs. 2 bis Abs. 5 BPersVG. Eine Verletzung des Mitbestimmungsrechts des Personalrats gem. § 75 Abs. 1 Nr. 1 BPersVG führt nicht zur Unwirksamkeit der im Zusammenhang mit der Einstellung vereinbarten Befristung eines Arbeitsvertrags.[449]

Die **Personalvertretungsgesetze der Länder** räumen den Personalräten bei der befristeten Einstellung von Arbeitnehmern teilweise über § 75 Abs. 1 Nr. 1 BPersVG hinausgehende Mitbestimmungsrechte ein. So hat der Personalrat bspw. gem. § 72 Abs. 1 S. 1 Nr. 1 LPVG NW nicht nur bei der Einstellung, sondern auch bei der Befristung von Arbeitsverträgen mitzubestimmen.[450] Die Befristung eines Arbeitsvertrags kann daher gem. § 66 Abs. 1 S. 1 LPVG NW nur mit der Zustimmung des Personalrats erfolgen. Dementsprechend hat die Dienststelle den Personalrat gem. § 66 Abs. 2 S. 1 LPVG NW von der beabsichtigten Befristung eines Arbeitsvertrags zu unterrichten und seine Zustimmung zu beantragen. Im Rahmen dieser Unterrichtung muss sie den möglichen Sachgrund für die Befristung des Arbeitsvertrags seiner Art nach hinreichend deutlich machen. Dafür genügt dessen typologisierende Bezeichnung. Eine weitergehende unaufgeforderte Begründung des Sachgrunds durch die Dienststelle ist dagegen nicht erforderlich.[451] Der Beschluss des Personalrats über die beantragte Zustimmung ist der Dienststelle gem. § 66 Abs. 2 S. 3 LPVG NW innerhalb von zwei Wochen mitzuteilen; in dringenden Fällen kann die Dienststelle diese Frist auf eine Woche verkürzen. Der Personalrat kann seine Zustimmung ausdrücklich oder konkludent erklären.[452] Sie muss in jedem Fall vor Abschluss des befristeten Arbeitsvertrags vorliegen.[453] Seine nachträgliche Zustimmung genügt nicht.[454] Erteilt er seine Zustimmung, betrifft sie nur die ihm mitgeteilten Angaben zur Befristungsdauer und zum Befristungsgrund. Will die Dienststelle davon abweichen, muss sie seine Zustimmung erneut beantragen.[455] Die Erklärung des Personalrats, er verzichte auf eine Stellungnahme, ist keine Zustimmung iSd. § 66 Abs. 1 LPVG NW.[456] Beabsichtigt er, der Befristung nicht zuzustimmen, hat er dies gem. § 66 Abs. 3 S. 1 Hs. 1 LPVG NW innerhalb von zwei Wochen nach Zugang des Antrags der Dienststelle, also regelmäßig deren Leiter,[457] mitzuteilen. Die Befristung gilt gem. § 66 Abs. 2 S. 5 LPVG NW als gebilligt, wenn nicht der Personalrat innerhalb der genannten Frist die Zustimmung unter Angabe der Gründe schriftlich verweigert. Eine Verletzung des Mitbestimmungsrechts gem. § 72 Abs. 1 S. 1 Nr. 1 LPVG NW führt zur Unwirksamkeit der Befristung.[458]

---

[448] BAG 29.6.2011 – 7 AZR 774/09, NZA 2011, 1151 Rn. 33 mwN.
[449] Vgl. BAG 8.6.2016 – 7 AZR 259/14, BAGE 155, 227 = NZA 2016, 1463 Rn. 39 zu § 80 Abs. 1 Nr. 1 SächsPersVG.
[450] Vgl. zur Zulässigkeit eines solchen Mitbestimmungsrechts BAG 21.8.2019 – 7 AZR 563/17, NZA 2020, 43 Rn. 46; 21.3.2018 – 7 AZR 408/16, AP TzBfG § 17 Nr. 16 Rn. 20; 14.6.2017 – 7 AZR 608/15, NZA 2018, 385 Rn. 38.
[451] StRspr, zB BAG 21.8.2019 – 7 AZR 563/17, NZA 2020, 43 Rn. 49; 14.6.2017 – 7 AZR 608/15, NZA 2018, 385 Rn. 40; 18.7.2012 – 7 AZR 443/09, BAGE 142, 308 = NJW 2013, 1254 = NZA 2012, 1351 Rn. 51.
[452] Vgl. BAG 21.3.2018 – 7 AZR 408/16, AP TzBfG § 17 Nr. 16 Rn. 23.
[453] Vgl. BAG 21.3.2018 – 7 AZR 408/16, AP TzBfG § 17 Nr. 16 Rn. 28; BAG 18.6.2008 – 7 AZR 214/07, NZA 2009, 35 Rn. 22 mwN.
[454] BAG 18.6.2008 – 7 AZR 214/07, NZA 2009, 35 Rn. 22 mwN.
[455] BAG 21.8.2019 – 7 AZR 563/17, NZA 2020, 43 Rn. 47.
[456] Vgl. BAG 21.3.2018 – 7 AZR 408/16, AP TzBfG § 17 Nr. 16 Rn. 23.
[457] Vgl. BAG 21.3.2018 – 7 AZR 408/16, AP TzBfG § 17 Nr. 16 Rn. 21.
[458] StRspr., zB BAG 21.8.2019 – 7 AZR 563/17, NZA 2020, 43 Rn. 46; 21.3.2018 – 7 AZR 408/16, AP TzBfG § 17 Nr. 16 Rn. 20; 14.6.2017 – 7 AZR 608/15, NZA 2018, 385 Rn. 38.

VII. Prozessuales

1. Befristungs- und Bedingungskontrollklage

157 Will der Arbeitnehmer geltend machen, dass die Befristung seines Arbeitsvertrags rechtsunwirksam ist, muss er gem. § 17 S. 1 TzBfG **innerhalb von drei Wochen** nach dem vereinbarten Ende des befristeten Arbeitsvertrags **Klage** beim Arbeitsgericht auf Feststellung erheben, dass das Arbeitsverhältnis aufgrund der Befristung nicht beendet ist.

158 a) **Anwendungsbereich.** Eine Klage nach § 17 S. 1 TzBfG kann nur der **Arbeitnehmer**, nicht aber der Arbeitgeber erheben. Der Arbeitgeber kann stattdessen auch keine allgemeine Feststellungsklage nach § 256 Abs. 1 ZPO auf Feststellung, dass das Arbeitsverhältnis aufgrund der Befristung beendet ist, erheben.[459] Die Klage nach § 17 S. 1 TzBfG gilt sowohl für die **Befristung** eines Arbeitsvertrags nach dem TzBfG als auch nach anderen gesetzlichen Vorschriften.[460] Für Arbeitsverträge unter einer **auflösenden Bedingung** gilt § 17 S. 1 TzBfG gem. § 21 TzBfG entsprechend. Auf die **Befristung einzelner Arbeitsvertragsbedingungen** findet § 17 S. 1 TzBfG dagegen **keine Anwendung**. Die Unwirksamkeit der Befristung ist in diesem Fall vielmehr mit einer Klage nach § 256 Abs. 1 ZPO geltend zu machen.[461] Das Recht, sich auf diese Unwirksamkeit zu berufen, wird lediglich durch das Rechtsinstitut der Verwirkung begrenzt.[462]

159 b) **Klageart.** Die Klage nach § 17 S. 1 TzBfG ist eine **besondere Feststellungsklage**.[463] Sie schließt für ihren Regelungsbereich eine allgemeine Feststellungsklage nach § 256 Abs. 1 ZPO aus.[464] Es bedarf allerdings **keines besonderen Feststellungsinteresses**.[465] Dies folgt aus § 17 S. 1 TzBfG, wonach die Unwirksamkeit der Befristung innerhalb einer dreiwöchigen Klagefrist durch Erhebung einer Feststellungsklage geltend zu machen ist.[466]

160 c) **Klageantrag.** Der Klageantrag sollte sich an den Wortlaut des § 17 S. 1 TzBfG anlehnen sowie aus Gründen der hinreichenden Bestimmtheit iSd. § 253 Abs. 2 Nr. 2 ZPO die streitige Befristungsvereinbarung einschließlich ihres Datums bzw. auflösende Bedingung und den streitigen Beendigungstermin benennen.[467] Bei einer **Befristungskontrollklage** nach § 17 S. 1 TzBfG kann er daher zB lauten:[468]

„Es wird festgestellt, dass das Arbeitsverhältnis der Parteien aufgrund der <Bezeichnung der Befristungsvereinbarung, zB: im Arbeitsvertrag vom ...> vereinbarten Befristung zum <Datum> nicht beendet ist."

161 Bei einer **Bedingungskontrollklage** nach §§ 21, 17. S. 1 TzBfG kann der Klageantrag zB wie folgt formuliert werden:[469]

---

[459] Grdl.: BAG 15.2.2017 – 7 AZR 153/15, BAGE 158, 116 = NJW 2017, 2573 = NZA 2017, 803 Rn. 9, 12 ff.
[460] Vgl. BT-Drs. 14/4374, 21.
[461] StRspr, vgl. zB BAG 25.4.2018 – 7 AZR 520/16, NJW 2018, 2815 = NZA 2018, 1061 Rn. 15; 24.2.2016 – 7 AZR 253/14, NZA 2016, 814 Rn. 15; 7.10.2015 – 7 AZR 945/13, NJW 2016, 826 = NZA 2016, 441 Rn. 18.
[462] Vgl. BAG 14.1.2004 – 7 AZR 213/03, BAGE 109, 167 (178) = NZA 2004, 719.
[463] StRspr, vgl. zB BAG 25.4.2018 – 7 AZR 520/16, NJW 2018, 2815 = NZA 2018, 1061 Rn. 15; 15.2.2017 – 7 AZR 153/15, BAGE 158, 116 = NJW 2017, 2573 = NZA 2017, 803 Rn. 11 („besondere Klageart"); 24.2.2016 – 7 AZR 253/14, NZA 2016, 814 Rn. 15.
[464] Grdl.: BAG 15.2.2017 – 7 AZR 153/15, BAGE 158, 116 = NJW 2017, 2573 = NZA 2017, 803 Rn. 12 ff.
[465] StRspr, zB BAG 21.3.2017 – 7 AZR 369/15, NZA 2017, 706 Rn. 10; 21.3.2017 – 7 AZR 207/15, BAGE 158, 266 = AP GVG § 20 Nr. 11 Rn. 53; 26.10.2016 – 7 AZR 135/15, BAGE 157, 125 = NZA 2017, 382 Rn. 10.
[466] StRspr, zB BAG 24.8.2016 – 7 AZR 41/15, NJW 2017, 586 = NZA 2017, 307 Rn. 12; 24.8.2016 – 7 AZR 342/14, BB 2017, 315 Rn. 18; 29.4.2015 – 7 AZR 310/13, NJW 2016, 185 = NZA 2015, 928 Rn. 12.
[467] StRspr, vgl. zB zur Befristungskontrollklage BAG 21.8.2019 – 7 AZR 572/17, NJW 2020, 98 = NZA 2019, 1709 Rn. 10; 21.8.2019 – 7 AZR 452/17, NZA 2020, 40 Rn. 10; zur Bedingungskontrollklage BAG 20.3.2019 – 7 AZR 98/17, AP TVG § 1 Tarifverträge: Telekom Nr. 19 Rn. 16.
[468] Vgl. Hamacher/*Nübold* Teil 1 Abschn. II „Befristung".
[469] Vgl. Hamacher/*Nübold* Teil 1 Abschn. II „Bedingung, auflösende".

"Es wird festgestellt, dass das Arbeitsverhältnis der Parteien aufgrund <Bezeichnung der auflösenden Bedingung, zB: „§ 33 Abs. 2 TVöD" oder „der in § 7 des Arbeitsvertrags vom ... vereinbarten auflösenden Bedingung"> zum <Datum> nicht beendet ist."

c) Streitgegenstand. Streitgegenstand einer **Befristungskontrollklage** nach § 17 S. 1 TzBfG ist die Beendigung eines Arbeitsverhältnisses aufgrund einer konkreten Befristungsvereinbarung zu dem darin bestimmten Zeitpunkt.[470] Sie erfasst damit die Wirksamkeit der Befristungsvereinbarung und den darin bestimmten Zeitpunkt der Beendigung des Arbeitsverhältnisses. Letzterer steht allerdings typischerweise nur bei einem zweckbefristeten Arbeitsvertrag iSd. § 3 Abs. 1 S. 2 Alt. 2 TzBfG in Streit.[471] Gegenstand der Befristungskontrollklage nach § 17 S. 1 TzBfG kann daher zB die Unwirksamkeit der Befristung eines Arbeitsvertrags wegen Fehlens eines sie rechtfertigenden Sachgrundes iSd. § 14 Abs. 1 TzBfG, wegen Verstoßes gegen das Schriftformerfordernis des § 14 Abs. 4 TzBfG, oder wegen Verstoßes gegen das Benachteiligungsverbot des § 7 Abs. 1 AGG nach § 7 Abs. 2 AGG sein.[472] Die Frage, ob überhaupt eine Befristung des Arbeitsverhältnisses vereinbart wurde, ist dagegen nicht Gegenstand einer Befristungskontroll-, sondern einer allgemeinen Feststellungsklage gem. § 256 Abs. 1 ZPO,[473] die auch der Arbeitgeber erheben kann.[474] Ebenso ist die Frage, ob ein befristetes Arbeitsverhältnis nach § 15 Abs. 5 TzBfG als auf unbestimmte Zeit verlängert gilt oder nach § 41 S. 2 SGB VI erst zu einem späteren Zeitpunkt endet, Gegenstand einer allgemeinen Feststellungsklage gem. § 256 Abs. 1 ZPO.[475] Gleiches gilt für die Feststellung der Unwirksamkeit einer nach Bühnentarifrecht ausgesprochenen Nichtverlängerungsmitteilung.[476]

Streitgegenstand einer **Bedingungskontrollklage** iSv. §§ 21, 17 S. 1 TzBfG ist die Beendigung eines Arbeitsverhältnisses zu einem bestimmten Zeitpunkt durch den Eintritt einer auflösenden Bedingung.[477] Die Klage umfasst sowohl die Wirksamkeit als auch den Eintritt der auflösenden Bedingung.[478] Dies schließt auch die damit zusammenhängende Frage, ob der Arbeitgeber sich wegen dessen treuwidrigen Herbeiführens nicht auf den Bedingungseintritt berufen kann, ein.[479] Dagegen ist die Frage, ob überhaupt ein Arbeitsvertrag unter einer auflösenden Bedingung geschlossen wurde, nicht Gegenstand einer Bedingungskontroll-, sondern einer allgemeinen Feststellungsklage gem. § 256 Abs. 1 ZPO.[480]

e) Klagefrist. Der Arbeitnehmer muss die Befristungs- oder die Bedingungskontrollklage gem. (§ 21 iVm.) § 17 S. 1 TzBfG innerhalb von **drei Wochen** erheben. Zweck dieser Klagefrist ist es, frühzeitig Rechtsklarheit und Rechtssicherheit zu schaffen.[481]

---

[470] StRspr, vgl. zB BAG 21.11.2017 – 9 AZR 117/17, NJW 2018, 1194 = NZA 2018, 448 Rn. 18; 15.2.2017 – 7 AZR 153/15, BAGE 158, 116 = NJW 2017, 2573 = NZA 2017, 803 Rn. 11.
[471] Grdl.: BAG 15.2.2017 – 7 AZR 153/15, BAGE 158, 116 = NJW 2017, 2573 = NZA 2017, 803 Rn. 11.
[472] Vgl. BAG 26.9.2018 – 7 AZR 797/16, AP TVG § 1 Bezugnahme auf Tarifvertrag Nr. 150 Rn. 18; 25.10.2017 – 7 AZR 632/15, NZA 2018, 507 Rn. 19; 18.1.2017 – 7 AZR 236/15, NZA 2017, 849 Rn. 22.
[473] StRspr, vgl. zB BAG 26.9.2018 – 7 AZR 797/16, AP TVG § 1 Bezugnahme auf Tarifvertrag Nr. 150 Rn. 17 f.; BAG 25.10.2017 – 7 AZR 632/15, NZA 2018, 507 Rn. 19; 15.2.2017 – 7 AZR 291/15, NZA 2017, 912 Rn. 11.
[474] BAG 15.2.2017 – 7 AZR 153/15, BAGE 158, 116 = NJW 2017, 2573 = NZA 2017, 803 Rn. 11.
[475] Vgl. zu § 15 Abs. 5 TzBfG: BAG 26.9.2018 – 7 AZR 797/16, AP TVG § 1 Bezugnahme auf Tarifvertrag Nr. 150 Rn. 18; 30.8.2017 – 7 AZR 524/15, BAGE 160, 117 = NZA 2018, 305 Rn. 43; zu § 41 S. 2 SGB VI: BAG 18.1.2017 – 7 AZR 236/15, NZA 2017, 849 Rn. 22.
[476] BAG 28.9.2016 – 7 AZR 128/14, BAGE 157, 44 = AP ArbGG 1979 § 110 Nr. 9 Rn. 29, 39; grdl.: BAG 15.5.2013 – 7 AZR 665/11, BAGE 145, 142 = AP BGB § 611 Bühnenengagementsvertrag Nr. 63 Rn. 22 ff., 37.
[477] BAG 4.11.2015 – 7 AZR 851/13, NZA 2016, 634 Rn. 16.
[478] StRspr, zB BAG 17.4.2019 – 7 AZR 292/17, NZA 2019, 1355 Rn. 13; 21.11.2018 – 7 AZR 394/17, NZA 2019, 309 Rn. 16; grdl.: BAG 6.4.2011 – 7 AZR 704/09, BAGE 137, 292 = NJW 2011, 2748 Rn. 18 ff.; noch aA BAG 21.1.2009 – 7 AZR 843/07, AP TVG § 1 Tarifverträge: Waldarbeiter Nr. 7 Rn. 12 und 15.
[479] BAG 1.8.2017 – 7 AZR 882/16, NZA 2019, 314 Rn. 15.
[480] StRspr, zB BAG 20.3.2019 – 7 AZR 98/17, AP TVG § 1 Tarifverträge: Telekom Nr. 19 Rn. 14; 1.8.2018 – 7 AZR 882/16, NZA 2019, 314 Rn. 16; 20.6.2018 – 7 AZR 689/16, NJW 2019, 103 = NZA 2019, 331 Rn. 25.
[481] StRspr., zB BAG 1.8.2018 – 7 AZR 882/16, NZA 2019, 314 Rn. 23 f.; 20.6.2018 – 7 AZR 689/16, NJW 2019, 103 = NZA 2019, 331 Rn. 42 f.; 24.6.2015 – 7 AZR 541/13, NZA 2015, 1511 Rn. 24.

165 Bei **Befristungskontrollklagen** beginnt die Klagefrist nach § 17 S. 1 TzBfG **grds.** nach dem vereinbarten **Ende des befristeten Arbeitsvertrags.** Wird das Arbeitsverhältnis nach dem vereinbarten Ende fortgesetzt, so beginnt sie nach § 17 S. 3 TzBfG ausnahmsweise erst mit dem Zugang der schriftlichen Erklärung des Arbeitgebers, dass das Arbeitsverhältnis aufgrund der Befristung beendet sei. § 17 S. 3 TzBfG ist dabei auf die Konstellation zugeschnitten, dass das Arbeitsverhältnis nach dem vereinbarten Ende fortgesetzt wird, ohne dass ein Fall des § 15 Abs. 5 TzBfG gegeben ist.[482] Dagegen gelangt die Vorschrift nicht zur Anwendung, wenn das Arbeitsverhältnis durch Vereinbarung einer neuen Rechtsgrundlage über das vereinbarte Ende des befristeten Arbeitsvertrags hinaus fortgesetzt wird.[483] Bei mehreren aufeinander folgenden Befristungsabreden wird die Klagefrist für jede Befristungsabrede mit dem Ablauf der darin vereinbarten Befristung und nicht erst mit dem Ablauf der letzten Befristung in Lauf gesetzt.[484] Die Klagefrist wird nach stRspr des BAG auch durch die Erhebung einer Klage vor dem Ablauf der vereinbarten Vertragslaufzeit gewahrt.[485]

166 Bei **Bedingungskontrollklagen** beginnt die Klagefrist nach §§ 21, 17 S. 1 TzBfG **grds.** am Tag des **Bedingungseintritts.** Allerdings endet der auflösend bedingte Arbeitsvertrag gem. §§ 21, 15 Abs. 2 TzBfG frühestens zwei Wochen nach Zugang der schriftlichen Unterrichtung des Arbeitnehmers durch den Arbeitgeber über den Eintritt der auflösenden Bedingung. Deshalb wird gemäß §§ 21, 17 S. 1 und S. 3, § 15 Abs. 2 TzBfG die Klagefrist erst mit dem Zugang dieses **Unterrichtungsschreibens** in Lauf gesetzt, wenn die Bedingung bereits vor Ablauf der Zweiwochenfrist eingetreten ist.[486] Ist streitig, ob die auflösende Bedingung eingetreten ist, beginnt die Klagefrist grundsätzlich zu dem vom Arbeitgeber in dem Unterrichtungsschreiben angegebenen Zeitpunkt des Bedingungseintritts zu laufen. Geht dem Arbeitnehmer das Unterrichtungsschreiben des Arbeitgebers erst nach diesem Zeitpunkt zu, beginnt die Klagefrist erst mit dem Zugang des Unterrichtungsschreibens.[487] Die Frist gem. § 21 TzBfG iVm § 17 S. 1 und S. 3 TzBfG ist dabei auch einzuhalten, wenn nicht die Wirksamkeit der auflösenden Bedingung, sondern nur deren tatsächlicher Eintritt im Streit steht.[488]

167 f) **Rechtsfolgen.** Wird die Rechtsunwirksamkeit der **Befristung eines Arbeitsvertrags** nicht gem. § 17 S. 1 TzBfG rechtzeitig geltend gemacht, gilt diese Befristung gem. § 17 S. 2 TzBfG iVm § 7 Hs. 1 KSchG als von Anfang an rechtswirksam. Diese Fiktion erfasst grundsätzlich alle Gründe für die Unwirksamkeit der Befristung eines Arbeitsvertrags.[489] Insbesondere erstreckt sie sich auch auf die Unwirksamkeit der Befristung eines Arbeitsvertrags mangels Einhaltung der gem. § 14 Abs. 4 TzBfG erforderlichen Schriftform.[490] Streiten die Parteien dagegen darüber, ob überhaupt eine Befristungsabrede getroffen wurde oder ob eine vertraglich vereinbarte Voraussetzung für die Beendigung des Arbeitsverhältnisses vorliegt, finden weder die Klagefrist des § 17 S. 1 TzBfG noch die Fiktion des § 17 S. 2 TzBfG iVm § 7 Hs. 1 KSchG Anwendung.[491] Werden die Rechtsunwirksamkeit einer **auflösenden Bedingung** und deren Nichteintritt zu dem in der schriftlichen Unterrichtung des Arbeitnehmers durch den Arbeitgeber angegebenen Zeitpunkt nicht rechtzeitig gem. §§ 21, 17 S. 1 und S. 3,

---

[482] BAG 6.4.2011 – 7 AZR 704/09, BAGE 137, 292 Rn. 22 = NZA-RR 2013, 43; BAG 27.7.2011 – 7 AZR 402/10, AP TzBfG § 21 Nr. 9 Rn. 27.
[483] LAG Rheinland-Pfalz 28.1.2016 – 5 Sa 303/15, BeckRS 2016, 68339 Rn. 24; 24.2.2005 – 1 Sa 777/04, NZA-RR 2005, 444; ErfK/*Müller-Glöge* TzBfG § 17 Rn. 10 mwN.
[484] BAG 4.12.2013 – 7 AZR 468/12, NZA 2014, 623 Rn. 17 mwN.
[485] StRspr, vgl. zB BAG 21.8.2019 – 7 AZR 452/17, NZA 2020, 40 Rn. 13; 17.4.2019 – 7 AZR 410/17, NZA 2019, 1223 Rn. 11; 23.1.2019 – 7 AZR 733/16, BAGE 165, 116 = NZA 2019, 700 Rn. 15.
[486] StRspr, zB BAG 17.4.2019 – 7 AZR 292/17, NZA 2019, 1355 Rn. 17; 20.3.2019 – 7 AZR 98/17, AP TVG § 1 Tarifverträge: Telekom Nr. 19 Rn. 39; 21.11.2018 – 7 AZR 394/17, NZA 2019, 309 Rn. 21.
[487] BAG 17.4.2019 – 7 AZR 292/17, NZA 2019, 1355 Rn. 17; 21.11.2018 – 7 AZR 394/17, NZA 2019, 309 Rn. 21.
[488] StRspr, statt vieler: BAG 4.11.2015 – 7 AZR 851/13, NZA 2016, 634 Rn. 16 mwN.
[489] Vgl. BAG 4.5.2011 – 7 AZR 252/10, BAGE 138, 9 Rn. 17 f. = NZA 2011, 1178; BAG 15.2.2012 – 10 AZR 111/11, NZA 2012, 733 Rn. 40; 4.11.2015 – 7 AZR 851/13, NZA 2016, 634 Rn. 30.
[490] Vgl. BAG 4.5.2011 – 7 AZR 252/10, BAGE 138, 9 Rn. 17 f. = NZA 2011, 1178; BAG 15.2.2012 – 10 AZR 111/11, NZA 2012, 733 Rn. 40.
[491] BAG 23.6.2004 – 7 AZR 440/03, BAGE 111, 148 (151) mwN = NZA 2005, 520.

§ 15 Abs. 2 TzBfG gerichtlich geltend gemacht, gilt die auflösende Bedingung gem. §§ 21, 17 S. 2 TzBfG iVm § 7 Hs. 1 KSchG als wirksam und als zu diesem Zeitpunkt eingetreten.[492]

Gem. § 17 S. 2 TzBfG iVm § 5 Abs. 1 S. 1 KSchG ist die Klage auf Antrag des Arbeitnehmers nach Ablauf der Frist des § 17 S. 1 KSchG **nachträglich zuzulassen**, wenn der Arbeitnehmer nach Ende des befristeten Arbeitsvertrags trotz Anwendung aller ihm nach Lage der Umstände zuzumutenden Sorgfalt verhindert war, die Klage innerhalb von drei Wochen nach diesem Ende zu erheben. Dieser Antrag ist allerdings gem. § 17 S. 2 TzBfG iVm § 5 Abs. 3 S. 1 KSchG nur innerhalb von zwei Wochen nach Behebung des Hindernisses zulässig, das den Arbeitnehmer unverschuldet daran gehindert hat, rechtzeitig die Befristungskontrollklage zu erheben. Unter der Behebung des Hindernisses ist der Zeitpunkt zu verstehen, in dem der Arbeitnehmer bzw. sein Bevollmächtigter von der Fristversäumung Kenntnis erhalten hat oder bei ordnungsgemäßer Verfolgung der Rechtssache hätte haben können.[493]

Erhebt der Arbeitnehmer beim Arbeitsgericht rechtzeitig iSd § 17 S. 1 TzBfG Klage auf Feststellung, dass sein Arbeitsverhältnis aufgrund der Befristung seines Arbeitsvertrags nicht beendet ist, unterliegt bei mehreren aufeinanderfolgenden befristeten Arbeitsverträgen **grds. nur der letzte Arbeitsvertrag der Befristungskontrolle**.[494] Durch den Abschluss eines weiteren befristeten Arbeitsvertrags stellen die Parteien ihr Arbeitsverhältnis auf eine neue Rechtsgrundlage, die künftig für ihre Rechtsbeziehungen allein maßgeblich ist. Damit wird zugleich ein etwaiges unbefristetes Arbeitsverhältnis aufgehoben. Die Parteien können allerdings in einem nachfolgenden befristeten Arbeitsvertrag dem Arbeitnehmer ausdrücklich oder konkludent das Recht vorbehalten, die Wirksamkeit der vorangegangenen Befristung prüfen zu lassen. In diesem Fall ist die arbeitsgerichtliche Befristungskontrolle auch für den davorliegenden Vertrag eröffnet. Dazu reicht ein vom Arbeitnehmer einseitig erklärter Vorbehalt nicht aus. Der Vorbehalt muss vielmehr – ausdrücklich oder konkludent – vertraglich vereinbart sein. Ob ein derartiger Vorbehalt vereinbart wurde, ist vom Gericht der Tatsacheninstanz durch Auslegung der bei Abschluss des Folgevertrags abgegebenen ausdrücklichen und konkludenten Erklärungen der Parteien zu ermitteln.[495] Von der Vereinbarung eines konkludenten Vorbehalts ist dabei regelmäßig auszugehen, wenn die Parteien Folgeverträge während der Rechtshängigkeit einer Befristungskontrollklage gegen die Befristung des vorherigen Arbeitsvertrags abschließen.[496] Zur Vereinbarung eines derartigen Vorbehalts ist der Arbeitgeber grundsätzlich nicht verpflichtet. In seiner Ablehnung liegt keine Maßregelung iSd § 612a BGB.[497]

Der **vorletzte Arbeitsvertrag** unterliegt zudem – unabhängig von der vertraglichen Vereinbarung eines Vorbehalts – **ausnahmsweise der Befristungskontrolle**, wenn es sich bei dem nachfolgenden – letzten – Arbeitsvertrag um einen sog. **unselbständigen Annex** zum vorherigen Arbeitsvertrag handelt. Von einem solchen unselbständigen Annex ist allerdings nicht schon dann auszugehen, wenn der letzte und der vorletzte Vertrag in den Vertragsbedingungen übereinstimmen und auch die zu erfüllende Arbeitsaufgabe die gleiche bleibt. Es müssen vielmehr besondere Umstände hinzukommen. Diese liegen vor, wenn der Anschlussvertrag auf eine verhältnismäßig geringfügige Korrektur des im früheren Vertrag vereinbarten Endzeitpunkts des Arbeitsverhältnisses gerichtet ist, die sich am Sachgrund für die Befristung des früheren Vertrags orientiert und allein in der Anpassung der ursprünglich vereinbarten

---

[492] StRspr, zB BAG 17.4.2019 – 7 AZR 292/17, NZA 2019, 1355 Rn. 16; 20.3.2019 – 7 AZR 98/17, AP TVG § 1 Nr. 19 Tarifverträge: Telekom Rn. 38; 1.8.2018 – 7 AZR 882/16, NZA 2019, 314 Rn. 19.
[493] BAG 6.10.2010 – 7 AZR 569/09, BAGE 136, 30 Rn. 11 = NZA 2011, 477.
[494] StRspr, zB BAG 21.8.2019 – 7 AZR 572/17, NJW 2020, 98 = NZA 2019, 1709 Rn. 18; 12.6.2019 – 7 AZR 429/17, NZA 2019, 1563 Rn. 11; 23.5.2018 – 7 AZR 875/16, BAGE 163, 16 = NZA 2018, 1399 Rn. 15.
[495] StRspr, zB BAG 25.4.2018 – 7 AZR 181/16, NJW 2018, 2913 = NZA 2018, 1135 Rn. 14; 21.3.2018 – 7 AZR 408/16, AP TzBfG § 17 Nr. 16 Rn. 17; 12.4.2017 – 7 AZR 436/15, NJW 2017, 3464 = NZA 2017, 1253 Rn. 13.
[496] BAG 21.3.2018 – 7 AZR 408/16, AP TzBfG § 17 Nr. 16 Rn. 17; BAG 10.3.2004 – 7 AZR 402/03, BAGE 110, 38 = NZA 2004, 925 zu II 2 der Gründe.
[497] BAG 24.2.2016 – 7 AZR 182/14, NJW 2016, 2683 Rn. 16; 14.2.2007 – 7 AZR 95/06, BAGE 121, 247 Rn. 23 = NZA 2007, 803.

Vertragslaufzeit an erst später eintretende, zum Zeitpunkt des vorangegangenen Vertragsschlusses nicht vorhersehbare Umstände besteht. Den Parteien darf es nur darum gegangen sein, die Laufzeit des alten Vertrags mit dem Sachgrund der Befristung in Einklang zu bringen.[498]

171 Mit der **Rücknahme** einer **Befristungskontrollklage** entfällt deren fristwahrende Wirkung. In Folge dessen tritt die Fiktion der § 17 S. 2 TzBfG iVm § 7 Hs. 1 KSchG ein, sofern im Zeitpunkt der Klagerücknahme die Frist des § 17 S. 1 TzBfG bereits abgelaufen ist.[499]

2. Darlegungs- und Beweislast

172 Derjenige, der sich auf die Beendigung des Arbeitsverhältnisses beruft, hat den behaupteten Beendigungsgrund für sich darzulegen und zu beweisen. Im Wesentlichen ist dies der **Arbeitgeber,** der aus dem Auslaufen der Befristung Rechte herleiten möchte. Folglich hat er die Voraussetzungen der **Wirksamkeit einer Befristung** im Prozess darzulegen und ggf. zu beweisen.[500]

VIII. Befristung von Arbeitsverträgen nach anderen gesetzlichen Vorschriften

173 Das TzBfG regelt die Befristung von Arbeitsverträgen nicht abschließend.[501] Besondere Regelungen über die Befristung von Arbeitsverträgen nach anderen gesetzlichen Vorschriften bleiben nach § 23 TzBfG unberührt. Dadurch sind zum einen vom TzBfG abweichende bundesgesetzliche Regelungen über die Befristung von Arbeitsverträgen möglich. Zum anderen können aber auch landesgesetzliche Vorschriften über die Befristung von Arbeitsverträgen geschaffen werden, wenn sich aus anderen bundesgesetzlichen Regelungen ergibt, dass der Bundesgesetzgeber seine Gesetzgebungskompetenz im Bereich des Befristungsrechts nicht ausschöpfen und dem Landesgesetzgeber die Möglichkeit einer gesetzlichen Regelung belassen will.[502]

1. Befristung von Arbeitsverträgen nach § 21 BEEG

174 Nach § 21 Abs. 1 BEEG liegt ein sachlicher Grund, der die Befristung eines Arbeitsverhältnisses rechtfertigt, vor, wenn ein Arbeitnehmer oder eine Arbeitnehmerin zur **Vertretung** eines anderen Arbeitnehmers oder einer anderen Arbeitnehmerin für die Dauer eines Beschäftigungsverbotes nach dem Mutterschutzgesetz, einer Elternzeit, einer auf Tarifvertrag, Betriebsvereinbarung oder einzelvertraglicher Vereinbarung beruhenden Arbeitsfreistellung zur Betreuung eines Kindes oder für diese Zeiten zusammen oder für Teile davon eingestellt wird. § 21 Abs. 1 BEEG dient dem sozialpolitischen Ziel, die Vereinbarkeit von Familie und Beruf zu verbessern.[503] Er konkretisiert den sachlichen Grund der Vertretung eines anderen Arbeitnehmers gem. § 14 Abs. 1 S. 2 Nr. 3 TzBfG.[504] Die weiteren Voraussetzungen für das Vorliegen eines sachlichen Grundes gem. § 21 Abs. 1 BEEG decken sich daher grds. mit den Voraussetzungen für das Vorliegen eines sachlichen Grundes gem. § 14 Abs. 1 S. 2 Nr. 3 TzBfG. Er setzt nicht darüberhinausgehend voraus, dass die Stammkraft zum Zeitpunkt des Vertragsschlusses mit der Vertretungskraft bereits Elternzeit gemäß § 16 Abs. 1 S. 1 BEEG verlangt hat.[505]

---

[498] StRspr, zB BAG 21.8.2019 – 7 AZR 572/17, NJW 2020, 98 = NZA 2019, 1709 Rn. 18; 23.5.2018 – 7 AZR 875/16, BAGE 163, 16 = NZA 2018, 1399 Rn. 15; 24.2.2016 – 7 AZR 182/14, NJW 2016, 2683 = NZA 2016, 949 Rn. 21.
[499] BAG 26.6.2002 – 7 AZR 122/01, BAGE 102, 24 (27) = NZA 2003, 220.
[500] StRspr, vgl. zB BAG 21.8.2019 – 7 AZR 563/17, NZA 2020, 42 Rn. 42; 13.12.2017 – 7 AZR 69/16, AP TzBfG § 14 Nr. 164 Rn. 21; 27.9.2017 – 7 AZR 629/15, AP WissZeitVG § 2 Nr. 10 Rn. 35.
[501] BAG 11.9.2013 – 7 AZR 843/11, BAGE 146, 48 = NZA 2013, 1352 Rn. 30.
[502] BAG 11.9.2013 – 7 AZR 843/11, BAGE 146, 48 = NZA 2013, 1352 Rn. 30.
[503] BAG 17.5.2017 – 7 AZR 420/15, BAGE 159, 125 = NJW 2017, 3737 = NZA 2017, 1600 Rn. 36.
[504] StRspr, zB BAG 17.5.2017 – 7 AZR 420/15, BAGE 159, 125 = NJW 2017, 3737 = NZA 2017, 1600 Rn. 10; 17.5.2017 – 7 AZR 301/15, NZA 2017, 1340 Rn. 27; 15.2.2017 – 7 AZR 223/15, NJW 2017, 2489 = NZA 2017, 908 Rn. 22.
[505] Grdl.: BAG 9.9.2015 – 7 AZR 148/14, BAGE 152, 273 = NJW 2016, 2057 = NZA 2016, 169 Rn. 35 ff.

Auf die Befristung eines Arbeitsvertrags gem. § 21 Abs. 1 BEEG finden grds. die Vorschriften des **TzBfG ergänzende Anwendung.** Daher bedarf auch sie zu ihrer Wirksamkeit gem. § 14 Abs. 4 TzBfG der Schriftform. Ebenso gelten für sie im Grundsatz die §§ 15 bis 17 TzBfG.[506] Abweichend von § 15 Abs. 3 TzBfG unterliegt ein gem. § 21 Abs. 1 BEEG befristetes Arbeitsverhältnis allerdings nicht nur dann der ordentlichen Kündigung, wenn dies einzelvertraglich oder im anwendbaren Tarifvertrag vereinbart ist. Vielmehr kann der Arbeitgeber den befristeten Arbeitsvertrag gem. § 21 Abs. 4 S. 1 BEEG auch dann unter Einhaltung einer Frist von mindestens drei Wochen, jedoch frühestens zum Ende der Elternzeit, kündigen, wenn die Elternzeit ohne Zustimmung des Arbeitgebers vorzeitig endet und der Arbeitnehmer die vorzeitige Beendigung der Elternzeit mitgeteilt hat. Entsprechendes gilt gem. § 21 Abs. 4 S. 2 BEEG, wenn der Arbeitgeber die vorzeitige Beendigung der Elternzeit in den Fällen des § 16 Abs. 3 S. 2 BEEG nicht ablehnen darf. 175

Gem. § 21 Abs. 2 BEEG ist die Befristung eines Arbeitsvertrags über die Dauer der Vertretung nach § 21 Abs. 1 BEEG hinaus für notwendige Zeiten einer **Einarbeitung** zulässig. Die Dauer der Befristung des Arbeitsvertrags muss gem. § 21 Abs. 3 BEEG kalendermäßig bestimmt oder bestimmbar oder den in § 21 Abs. 1 und Abs. 2 BEEG genannten Zwecken zu entnehmen sein. 176

2. Befristung von Arbeitsverträgen nach dem WissZeitVG

Besondere Regelungen für die Befristung von Arbeitsverträgen mit Personal an Hochschulen und Forschungsreinrichtungen finden sich im WissZeitVG. 177

a) Geltungsbereich. Das WissZeitVG regelt nach seinem § 1 Abs. 1 S. 1 die Befristung von Arbeitsverträgen mit wissenschaftlichem und künstlerischem Personal mit Ausnahme der Hochschullehrer an Einrichtungen des Bildungswesens, die nach Landesrecht staatliche Hochschulen sind. **Betrieblich** setzt die Anwendbarkeit des WissZeitVG nicht voraus, dass der (Vertrags-)Arbeitgeber eine solche Einrichtung ist.[507] Ausreichend ist vielmehr, dass der Arbeitnehmer in einer solchen Einrichtung tätig werden soll.[508] Die §§ 4 und 5 WissZeitVG erweitern den betrieblichen Geltungsbereich des WissZeitVG auf nach Landesrecht staatlich anerkannte Hochschulen sowie auf staatliche Forschungseinrichtungen und überwiegend staatlich, institutionell überwiegend staatlich oder auf der Grundlage von Art. 91b GG finanzierte Forschungseinrichtungen. 178

Persönlich gilt das WissZeitVG primär für wissenschaftliches und künstlerisches Personal. § 1 Abs. 1 S. 1 WissZeitVG bestimmt den Begriff des „wissenschaftlichen und künstlerischen Personals" dabei eigenständig und abschließend. Auf Begriffsbezeichnungen oder Zuordnungsdefinitionen nach landes(hochschul)rechtlichen Regelungen kommt es daher nicht an. Die Bestimmung des Begriffs erfolgt inhaltlich-aufgabenbezogen. Anknüpfungspunkt ist die Art der zu erbringenden Dienstleistung. Es kommt daher nicht auf die formelle Bezeichnung des Arbeitnehmers, sondern auf den wissenschaftlichen bzw. künstlerischen Zuschnitt der von ihm auszuführenden Tätigkeit an. Zum **wissenschaftlichen Personal** gehört derjenige Arbeitnehmer, der wissenschaftliche Dienstleistungen erbringt. Wissenschaftliche Tätigkeit ist alles, was nach Inhalt und Form als ernsthafter planmäßiger Versuch zur Ermittlung der Wahrheit anzusehen ist. Sie ist nach Aufgabenstellung und anzuwendender Arbeitsmethode darauf angelegt, neue Erkenntnisse zu gewinnen und zu verarbeiten, um den Erkenntnisstand der jeweiligen wissenschaftlichen Disziplin zu sichern oder zu erweitern.[509] Zum **künstlerischen Personal** gehört derjenige Arbeitnehmer, der künstlerische Dienstleistungen erbringt. Dies ist der Fall, wenn er zur Erfüllung der ihm vertraglich obliegenden 179

---

[506] Vgl. nur: Ascheid/Preis/Schmidt/*Backhaus* BEEG § 21 Rn. 8; ErfK/*Müller-Glöge* BEEG § 21 Rn. 3.
[507] StRspr, zB BAG 19.12.2018 – 7 AZR 79/17, BAGE 164, 381 = NJW 2019, 1094 = NZA 2019, 451 Rn. 17; 25.4.2018 – 7 AZR 181/16, NJW 2018, 2913 = NZA 2018, 1135 Rn. 21; 21.3.2018 – 7 AZR 437/16, AP WissZeitVG § 1 Nr. 8 Rn. 16.
[508] StRspr, vgl. BAG 8.6.2016 – 7 AZR 259/14, BAGE 155, 227 = NZA 2016, 1463 Rn. 13.
[509] StRspr, vgl. zB BAG 19.12.2018 – 7 AZR 79/17, BAGE 164, 381 = NJW 2019, 1094 = NZA 2019, 451 Rn. 20 f., 23; 25.4.2018 – 7 AZR 82/16, AP WissZeitVG § 1 Nr. 9 Rn. 15 f.; 21.3.2018 – 7 AZR 437/16, AP WissZeitVG § 1 Nr. 8 Rn. 18 f.

Aufgaben schöpferisch-gestaltend Eindrücke, Erfahrungen und Erlebnisse durch das Medium einer bestimmen Formensprache unmittelbar zur Anschauung zu bringen hat. Die Tätigkeit muss selbst das Merkmal des schöpferischen Gestaltens aufweisen. Technische oder mit Verwaltungsaufgaben befasste Mitarbeiter zählen dagegen auch dann nicht zum künstlerischen Personal, wenn sie an einer Kunsthochschule tätig sind.[510] Zur wissenschaftlichen oder künstlerischen Dienstleistung kann auch eine **Lehrtätigkeit** gehören. Die wissenschaftliche Lehrtätigkeit umfasst die Vermittlung von Fachwissen und praktischen Fertigkeiten an Studierende und deren Unterweisung in der Anwendung wissenschaftlicher Methoden;[511] die künstlerische Lehrtätigkeit die Vermittlung des interpretatorischen Zugangs zu Kunstwerken oder künstlerisch-praktischer Fertigkeiten, die unmittelbare Befähigung von Studierenden zu eigenem schöpferisch-gestaltendem Wirken oder das Unterrichten in der Anwendung künstlerischer Formen und Ausdrucksmittel.[512] Die wissenschaftliche und künstlerische Lehrtätigkeit ist dabei von einer unterrichtenden Lehrtätigkeit ohne Wissenschafts- bzw. Kunstbezug abzugrenzen. Die Wissenschaftlichkeit der Lehre setzt voraus, dass dem Lehrenden die Möglichkeit zur eigenständigen Forschung und Reflexion verbleibt.[513] Das bedeutet allerdings nicht, dass der Lehrende eigene neue wissenschaftliche Erkenntnisse hervorbringen und an Studierende vermitteln muss. Es kann auch ausreichen, dass er wissenschaftliche Erkenntnisse Dritter vermittelt. In diesem Fall muss er aber arbeitsvertraglich verpflichtet und arbeitszeitlich in der Lage sein, diese Erkenntnisse permanent zu verfolgen, zu reflektieren und kritisch zu hinterfragen, um sie didaktisch und methodisch für seine Lehre zu verarbeiten und um die dazu angestellten eigenen Reflexionen in seine Lehre einzubringen. Die bloße Vermittlung von Sprachkenntnissen ist deshalb in der Regel keine wissenschaftliche Dienstleistung;[514] die bloße Vermittlung ergänzenden Wissens wie etwa technischer Kenntnisse oder Fertigkeiten keine künstlerische Dienstleistung.[515] Bei **Mischtätigkeiten** ist erforderlich, dass die wissenschaftlichen oder künstlerischen Dienstleistungen zeitlich überwiegen oder zumindest das Arbeitsverhältnis prägen.[516] Für die Beurteilung, ob die Tätigkeit eines Mitarbeiters insgesamt wissenschaftliches oder künstlerisches Gepräge hat, kommt es grundsätzlich auf die **Umstände bei Vertragsschluss** an. Maßgeblich ist, was von dem Arbeitnehmer aufgrund des Arbeitsvertrags, einer Dienstaufgabenbeschreibung oder sonstiger Umstände nach objektiven Gesichtspunkten bei Vertragsschluss erwartet wird.[517] Ist dies nicht eindeutig, können aus der tatsächlichen Vertragsdurchführung sowie weiteren Umständen vor oder nach Vertragsschluss Rückschlüsse darauf gezogen werden, was die Vertragsparteien bei Vertragsschluss als vertraglich geschuldet angesehen haben.[518] Auf **Hochschullehrer** findet das WissZeitVG nur eingeschränkt Anwendung. Sollen sie nach Landesrecht staatlichen Hochschulen tätig werden, nimmt § 1 Abs. 1 S. 1 WissZeitVG sie von seinem persönlichen Geltungsbereich ausdrücklich aus. Sollen sie dagegen an einer nach Landesrecht staatlich anerkannten Hochschule oder einer Forschungseinrichtung iSd § 5

---

[510] BAG 19.12.2018 – 7 AZR 79/17, BAGE 164, 381 = NJW 2019, 1094 = NZA 2019, 451 Rn. 23.
[511] StRspr, vgl. zB BAG 19.12.2018 – 7 AZR 79/17, BAGE 164, 381 = NJW 2019, 1094 = NZA 2019, 451 Rn. 22, 24; 25.4.2018 – 7 AZR 82/16, AP WissZeitVG § 1 Nr. 9 Rn. 17; 21.3.2018 – 7 AZR 437/16, AP WissZeitVG § 1 Nr. 8 Rn. 20.
[512] BAG 19.12.2018 – 7 AZR 79/17, BAGE 164, 381 = NJW 2019, 1094 = NZA 2019, 451 Rn. 24.
[513] StRspr, vgl. zB BAG 19.12.2018 – 7 AZR 79/17, BAGE 164, 381 = NJW 2019, 1094 = NZA 2019, 451 Rn. 22, 24; 25.4.2018 – 7 AZR 82/16, AP WissZeitVG § 1 Nr. 9 Rn. 17; 21.3.2018 – 7 AZR 437/16, AP WissZeitVG § 1 Nr. 8 Rn. 20.
[514] StRspr, vgl. zB BAG 25.4.2018 – 7 AZR 82/16, AP WissZeitVG § 1 Nr. 9 Rn. 17; 21.3.2018 – 7 AZR 437/16, AP WissZeitVG § 1 Nr. 8 Rn. 20; 30.8.2017 – 7 AZR 524/15, BAGE 160, 117 = NZA 2018, 305 Rn. 19.
[515] BAG 19.12.2018 – 7 AZR 79/17, BAGE 164, 381 = NJW 2019, 1094 = NZA 2019, 451 Rn. 24.
[516] StRspr, zB BAG 19.12.2018 – 7 AZR 79/17, BAGE 164, 381 = NJW 2019, 1094 = NZA 2019, 451 Rn. 22, 24; 25.4.2018 – 7 AZR 82/16, AP WissZeitVG § 1 Nr. 9 Rn. 17; 21.3.2018 – 7 AZR 437/16, AP WissZeitVG § 1 Nr. 8 Rn. 20.
[517] StRspr, zB BAG 19.12.2018 – 7 AZR 79/17, BAGE 164, 381 = NJW 2019, 1094 = NZA 2019, 451 Rn. 25; 25.4.2018 – 7 AZR 82/16, AP WissZeitVG § 1 Nr. 9 Rn. 18; 21.3.2018 – 7 AZR 437/16, AP WissZeitVG § 1 Nr. 8 Rn. 21.
[518] BAG 19.12.2018 – 7 AZR 79/17, BAGE 164, 381 = NJW 2019, 1094 = NZA 2019, 451 Rn. 25; 21.3.2018 – 7 AZR 437/16, AP WissZeitVG § 1 Nr. 8 Rn. 26.

WissZeitVG tätig werden, fallen sie darunter.[519] Zu den Hochschullehrern zählen Professoren und Juniorprofessoren.[520] Die Befristung von Arbeitsverträgen mit Hochschullehrern an staatlichen Hochschulen dürfen die Länder regeln.[521] Unter welchen Voraussetzungen **studentische Hilfskräfte** als wissenschaftliches oder künstlerisches Personal iSd § 1 Abs. 1 S. 1 WissZeitVG eingestuft werden können, war bis zum Inkrafttreten des § 6 WissZeitVG offen.[522] Der Gesetzgeber hat diese Unklarheiten durch Einführung von § 6 WissZeitVG beseitigt. Aufgrund von § 6 S. 1 WissZeitVG zählen nunmehr auch Studierende, die an einer deutschen Hochschule für ein Studium, das zu einem ersten oder einem weiteren berufsqualifizierenden Abschluss führt, eingeschrieben sind, und die aufgrund eines Arbeitsvertrags wissenschaftliche oder künstlerische Hilfstätigkeiten erbringen, zum wissenschaftlichen oder künstlerischen Personal iSd § 1 Abs. 1 S. 1 WissZeitVG.

Sachlich gilt das WissZeitVG gemäß § 1 Abs. 1 S. 1 WissZeitVG für den Abschluss von Arbeitsverträgen für eine bestimmte Zeit (befristete Arbeitsverträge). Im Grundsatz können hierunter gemäß § 3 Abs. 1 S. 2 TzBfG sowohl kalendermäßig befristete als auch zweckbefristete Arbeitsverträge fallen. Gemäß § 2 Abs. 4 S. 3 WissZeitVG muss die Dauer der Befristung bei Arbeitsverträgen nach § 2 Abs. 1 WissZeitVG allerdings kalendermäßig bestimmt oder bestimmbar sein. Zweckbefristete Arbeitsverträge können daher nicht auf diese Regelung, wohl aber auf § 2 Abs. 2 WissZeitVG gestützt werden.[523]

Zeitlich findet das WissZeitVG in der Fassung Anwendung, die im Zeitpunkt der Vereinbarung der Befristung des Arbeitsvertrags in Kraft war.[524] Das WissZeitVG ist mit dem „Gesetz zur Änderung arbeitsrechtlicher Vorschriften in der Wissenschaft" vom 12.4. 2007[525] beschlossen worden und am 18.4.2007 in Kraft getreten. Durch das „Erste Gesetz zur Änderung des Wissenschaftszeitvertragsgesetzes" vom 11.3.2016,[526] das am 17.3.2016 in Kraft trat, das „Gesetz zur Neuregelung des Mutterschutzrechts" vom 23.5.2017,[527] das am 1.1.2018 in Kraft trat, und das „Gesetz zur Unterstützung von Wissenschaft und Studierenden aufgrund der COVID-19-Pandemie (Wissenschafts- und Studierendenunterstützungsgesetz)" vom 25.5.2020, das am 1.3.2020 in Kraft trat, ist es geändert worden. Für zwischen dem 18.4.2007 und dem 16.3.2016 vereinbarte Befristungen gilt also die ursprüngliche, für zwischen dem 17.3.2016 und dem 31.12.2017 vereinbarte Befristungen die Fassung des WissZeitVG vom 23.5.2017, für zwischen dem 1.1.2018 und dem 29.2.2020 vereinbarte Befristungen die Fassung des WissZeitVG vom 23.5.2017 und für alle ab dem 1.3.2020 vereinbarten Befristungen die Fassung des WissZeitVG vom 25.5.2020. Für vor dem 18.4.2007 vereinbarte Befristungen enthält § 7 WissZeitVG Übergangsregelungen.

b) Verhältnis zu anderen Befristungsmöglichkeiten. Das Verhältnis des WissZeitVG zu anderen Befristungsmöglichkeiten regeln § 1 Abs. 1 S. 5 und Abs. 2 WissZeitVG. Gemäß § 1 Abs. 1 S. 5 WissZeitVG sind die arbeitsrechtlichen Vorschriften und Grundsätze über befristete Arbeitsverträge und deren Kündigung anzuwenden, soweit sie den Vorschriften der §§ 2 bis 6 WissZeitVG nicht widersprechen. Gemäß § 1 Abs. 2 WissZeitVG bleibt das Recht der Hochschulen, das in § 1 Abs. 1 Satz 1 WissZeitVG bezeichnete Personal auch nach Maßgabe des TzBfG in befristeten Arbeitsverhältnissen zu beschäftigen, unberührt. Die Befristungsmöglichkeiten nach § 2 Abs. 1 S. 1 und S. 2 Hs. 1 WissZeitVG haben daher als speziellere Regelungen gegenüber anderen Befristungsmöglichkeiten **Vorrang,** soweit die Befristung eines Arbeitsvertrags mit Personal iSd § 1 Abs. 1 S. 1 WissZeitVG ausschließlich

---

[519] Vgl. ErfK/*Müller-Glöge* WissZeitVG § 1 Rn. 10.
[520] Vgl. BAG 11.9.2013 – 7 AZR 843/11, BAGE 146, 48 = NZA 2013, 1352 Rn. 26.
[521] BAG 15.2.2017 – 7 AZR 143/15, NZA 2017, 1258 Rn. 19; grdl.: BAG 11.9.2013 – 7 AZR 843/11, BAGE 146, 48 = NZA 2013, 1352 Rn. 18 ff.
[522] Vgl. dazu jeweils mwN: ErfK/*Müller-Glöge* WissZeitVG § 1 Rn. 13; KR/*Treber* WissZeitVG § 2 Rn. 50 f.
[523] Vgl. ErfK/*Müller-Glöge* WissZeitVG § 2 Rn. 16; KR/*Treber* WissZeitVG § 2 Rn. 74.
[524] StRspr, vgl. nur BAG 25.4.2018 – 7 AZR 181/16, NJW 2018, 2913 = NZA 2018, 1135 Rn. 20; 25.4.2018 – 7 AZR 82/16, AP WissZeitVG § 1 Nr. 9 Rn. 12; 21.3.2018 – 7 AZR 437/16, AP WissZeitVG § 1 Nr. 8 Rn. 15.
[525] BGBl. 2007 I 506.
[526] BGBl. 2016 I 442.
[527] BGBl. 2017 I 1228.

der **wissenschaftlichen oder künstlerischen Qualifizierung** des Mitarbeiters dient.[528] Entsprechendes gilt für die Befristungsmöglichkeit nach § 2 Abs. 2 WissZeitVG, soweit die Befristung eines Arbeitsvertrags mit Personal iSd § 1 Abs. 1 S. 1 WissZeitVG ausschließlich aus Gründen der **Drittmittelfinanzierung** erfolgt.[529] Wird die Befristung eines Arbeitsvertrags mit Personal iSd § 1 Abs. 1 S. 1 WissZeitVG dagegen auf andere Gründe, die nicht abschließend von den Befristungsmöglichkeiten des WissZeitVG erfasst werden, gestützt, schließen § 2 Abs. 1 S. 1 und S. 2 Hs. 1 sowie Abs. 2 WissZeitVG andere Befristungsmöglichkeiten nicht aus.[530]

183 c) **Befristung ohne sachlichen Grund.** § 2 Abs. 1 WissZeitVG erlaubt die sachgrundlose Befristung von Arbeitsverträgen mit wissenschaftlichen und künstlerischem Personal iSd § 1 Abs. 1 S. 1 WissZeitVG über die Grenzen des § 14 Abs. 2 TzBfG hinaus für die Dauer von maximal zwölf, im Bereich der Medizin sogar maximal 15 Jahren. Die Vorschrift differenziert dabei zwischen promovierten und nicht promovierten Personal iSd § 1 Abs. 1 S. 1 WissZeitVG.

184 Bis zum Abschluss einer Promotion (sog. **Promotionsphase**) ist gemäß § 2 Abs. 1 S. 1 WissZeitVG eine Befristung bis zu einer Dauer von sechs Jahren und danach (sog. **Postdoc-Phase**) gemäß § 2 Abs. 1 S. 2 Hs. 1 WissZeitVG eine weitere Befristung bis zu einer Dauer von sechs Jahren, im Bereich der Medizin bis zu einer Dauer von neun Jahren, zulässig, wenn die befristete Beschäftigung zur Förderung der eigenen wissenschaftlichen oder künstlerischen Qualifizierung erfolgt. Die Zeitpunkte des Beginns und des Abschlusses der Promotion sind grundsätzlich nach dem jeweiligen Landes- und Satzungsrecht der Hochschule zu beurteilen. Lässt sich danach der Zeitpunkt des Beginns der Promotion nicht feststellen, kann dafür der Zeitpunkt der Vereinbarung des Promotionsthemas von Bedeutung sein.[531] Der durch das „Erste Gesetz zur Änderung des Wissenschaftszeitvertragsgesetzes" vom 11.3.2016[532] ergänzte wortgleiche zweite Halbsatz in § 2 Abs. 1 S. 1 und S. 2 Hs. 1 WissZeitVG bringt lediglich den alleinigen Zweck der sachgrundlosen Befristung zum Ausdruck, den wissenschaftlichen und künstlerischen Nachwuchs zu qualifizieren. Das Erfordernis eines sachlichen Grundes für eine Befristung von Arbeitsverträgen gemäß § 2 Abs. 1 S. 1 WissZeitVG begründet er dagegen nicht. Insbesondere setzt die Zulässigkeit einer Befristung von Arbeitsverträgen gemäß § 2 Abs. 1 S. 1 WissZeitVG kein formales Qualifizierungsziel, wie etwa eine Promotion voraus.[533]

185 Eine **Verlängerung der zulässige Befristungsdauer** in der sog. Postdoc-Phase tritt gem. § 2 Abs. 1 S. 2 Hs. 2 WissZeitVG in dem Umfang ein, in dem Zeiten einer befristeten Beschäftigung nach § 2 Abs. 1 S. 1 WissZeitVG und Promotionszeiten ohne Beschäftigung nach § 2 Abs. 1 S. 1 WissZeitVG zusammen weniger als sechs Jahre betragen haben. Bei der Ermittlung des die Postdoc-Phase verlängernden Zeitraums ist die gesamte Promotionszeit zu berücksichtigen, unabhängig davon, ob sie innerhalb oder außerhalb eines Beschäftigungsverhältnisses iSd. § 2 Abs. 1 Satz 1 WissZeitVG zurückgelegt wurde, ob sie im In- oder Ausland absolviert wurde oder ob sie vor oder nach Abschluss eines Studiums lag.[534] Die Promotionszeiten mehrerer Promotionsvorhaben sind zusammenzurechnen.[535] Darüber hinaus verlängert sich die nach § 2 Abs. 1 S. 1 und S. 2 WissZeitVG insgesamt zulässige Befristungsdauer gemäß § 2 Abs. 1 S. 4 und S. 5 WissZeitVG bei Betreuung eines oder mehrerer

---

[528] Vgl. BAG 28.9.2016 – 7 AZR 549/14, NZA 2017, 249 Rn. 32; 18.5.2016 – 7 AZR 533/14, BAGE 155, 101 = NJW 2016, 3259 = NZA 2016, 1276 Rn. 15, 19 ff.
[529] Grdl.: BAG 8.6.2016 – 7 AZR 259/14, BAGE 155, 227 = NZA 2016, 1463 Rn. 42 ff.
[530] BAG 28.9.2016 – 7 AZR 549/14, NZA 2017, 249 Rn. 32 zu § 2 Abs. 1 WissZeitVG und § 14 Abs. 1 S. 2 Nr. 7 TzBfG; 8.6.2016 – 7 AZR 259/14, BAGE 155, 227 = NZA 2016, 1463 Rn. 47 zu § 2 Abs. 2 WissZeitVG und § 14 Abs. 1 S. 2 Nr. 1 TzBfG; 18.5.2016 – 7 AZR 533/14, BAGE 155, 101 = NJW 2016, 3259 = NZA 2016, 1276 Rn. 21 zu § 2 Abs. 1 WissZeitVG und § 14 Abs. 1 S. 2 Nr. 1 und Nr. 3 TzBfG.
[531] BAG 18.5.2016 – 7 AZR 712/14, NZA 2017, 254 Rn. 31; 23.3.2016 – 7 AZR 70/14, BAGE 154, 375 = NZA 2016, 954 Rn. 47 zum Beginn der Promotion.
[532] BGBl. 2016 I 442.
[533] Vgl. BT-Drs. 18/6489, 10; BAG 25.4.2018 – 7 AZR 181/16, NJW 2018, 2913 = NZA 2018, 1135 Rn. 44.
[534] BT. Drs. 16/3438, 12; BAG 21.8.2019 – 7 AZR 563/17, NZA 2020, 43 Rn. 31; 23.3.2016 – 7 AZR 70/14, BAGE 154, 375 = NZA 2016, 954 Rn. 45.
[535] Grdl. BAG 21.8.2019 – 7 AZR 563/17, NZA 2020, 43 Rn. 33 ff.

Kinder unter 18 Jahren, auch wenn sie die Voraussetzungen des § 15 Abs. 1 S. 1 BEEG erfüllen, um zwei Jahre je Kind. Von einer Betreuung ist regelmäßig auszugehen, wenn der Beschäftigte mit dem Kind in einem gemeinsamen Haushalt lebt.[536] Neben eigenen (§§ 1589 ff. BGB) und angenommen (§§ 1741 ff. BGB) Kindern sind auch Kinder, die mit dem Ziel der Annahme als Kind in den Haushalt aufgenommen wurden (sog. Adoptionspflege, § 1 Abs. 3 Satz 1 Nr. 1 BEEG), erfasst.[537] Die Verlängerung tritt bei Betreuung eines oder mehrerer Kinder unter 18 Jahren während der zulässigen Befristungsdauer kraft Gesetzes ein.[538] Sie betrifft nicht entweder die nach § 2 Abs. 1 S. 1 WissZeitVG zulässige Befristungsdauer in der sog. Promotionsphase oder die nach § 2 Abs. 1 S. 2 Hs. 1 WissZeitVG zulässige Befristungsdauer in der sog. Postdoc-Phase, sondern die nach diesen beiden Regelungen insgesamt zulässige Befristungsdauer in der gesamten aus beiden Phasen bestehenden Qualifizierungsphase.[539] Gemäß § 2 Abs. 1 S. 6 WissZeitVG verlängert sich die nach § 2 Abs. 1 S. 1 und S. 2 WissZeitVG insgesamt zulässige Befristungsdauer auch bei Vorliegen einer Behinderung nach § 2 Abs. 1 SGB IX oder einer schwerwiegenden chronischen Erkrankung um zwei Jahre. Darüber hinaus kann sich die jeweilige Dauer eines befristeten Arbeitsvertrags gem. § 2 Abs. 1 WissZeitVG mit Einverständnis des Mitarbeiters auch unter den Voraussetzungen des § 2 Abs. 5 WissZeitVG verlängern. Das erforderliche Einverständnis muss der Mitarbeiter vor den vereinbarten Vertragsende ausdrücklich oder konkludent erklären. Die Erklärung muss dem Arbeitgeber grds. entsprechend § 130 BGB zugehen. Ihr Zugang kann aber entsprechend § 151 BGB entbehrlich sein. Liegt das Einverständnis des Mitarbeiters vor, tritt die Verlängerung wiederum kraft Gesetzes ein.[540] Gemäß § 7 Abs. 3 S. 1 WissZeitVG verlängert sich die nach § 2 Abs. 1 S. 1 und § 2 WissZeitVG insgesamt zulässige Befristungsdauer schließlich um sechs Monate, wenn ein Arbeitsverhältnis nach § 2 Abs. 1 WissZeitVG zwischen dem 1.3.2020 und dem 30.9.2020 besteht. Diese Verlängerung kann nach § 7 Abs. 3 S. 2 WissZeitVG durch Rechtsverordnung erweitert werden.

Auf die in § 2 Abs. 1 WissZeitVG geregelte zulässige Befristungsdauer sind gem. § 2 Abs. 3 S. 1 WissZeitVG alle befristeten Arbeitsverhältnisse mit mehr als einem Viertel der regelmäßigen Arbeitszeit,[541] die mit einer deutschen Hochschule oder einer Forschungseinrichtung iSd § 5 WissZeitVG abgeschlossen wurden, sowie entsprechende Beamtenverhältnisse auf Zeit und Privatdienstverträge nach § 3 WissZeitVG anzurechnen. Eine **Anrechnung** findet dabei gem. § 2 Abs. 3 S. 2 WissZeitVG auch statt, wenn die befristeten Arbeitsverhältnisse nach anderen Rechtsvorschriften abgeschlossen wurden. Dagegen gelten § 2 Abs. 3 S. 1 und S. 2 WissZeitVG gem. § 2 Abs. 3 S. 3 WissZeitVG nicht für Arbeitsverhältnisse gem. § 6 WissZeitVG sowie vergleichbare studienbegleitende Beschäftigungen, die auf anderen Rechtsvorschriften beruhen.[542] Zeiten, in denen kein Rechtsverhältnis iSd. § 2 Abs. 3 S. 1 WissZeitVG bestand, werden nicht nach § 2 Abs. 3 S. 1 und S. 2 WissZeitVG angerechnet.[543] Das gilt auch dann, wenn der Mitarbeiter in diesen Zeiten während einer Förderung durch ein Stipendium Tätigkeiten an einer Hochschule ausgeübt hat.[544] Ebenso wenig werden Rechtsverhältnisse iSd. 2 Abs. 3 S. 1 WissZeitVG mit ausländischen Hochschulen oder Forschungseinrichtungen iSd. § 5 WissZeitVG nach § 2 Abs. 3 S. 1 und S. 2 WissZeitVG angerechnet.[545] Überdies ist § 2 Abs. 3 WissZeitVG im Wege einer teleologi-

---

[536] BT-Drs. 16/3438, 12; BAG 25.4.2018 – 7 AZR 181/16, NJW 2018, 2913 = NZA 2018, 1135 Rn. 29; 8.6.2016 – 7 AZR 568/14, NZA 2017, 189 Rn. 25.
[537] Grdl. BAG 25.4.2018 – 7 AZR 181/16, NJW 2018, 2913 = NZA 2018, 1135 Rn. 30 ff.
[538] BAG 25.4.2018 – 7 AZR 181/16, NJW 2018, 2913 = NZA 2018, 1135 Rn. 33 f.; 8.6.2016 – 7 AZR 568/14, NZA 2017, 189 Rn. 26 f.
[539] Grdl.: BAG 21.8.2019 – 7 AZR 21/18, NJW 2020, 491 = NZA 2020, 178 Rn. 15 ff.
[540] Grdl.: BAG 30.8.2017 – 7 AZR 524/15, BAGE 160, 117 = NZA 2018, 305 Rn. 31 ff.
[541] Vgl. zur maßgeblichen, regelmäßigen Arbeitszeit: BAG 27.9.2017 – 7 AZR 629/15, AP WissZeitVG § 2 Nr. 10 Rn. 20 f.
[542] Vgl. zu § 2 Abs. 3 S. 3 WissZeitVG aF: BAG 27.9.2017 – 7 AZR 629/15, AP WissZeitVG § 2 Nr. 10 Rn. 22 ff.
[543] BAG 8.6.2016 – 7 AZR 568/14, NZA 2017, 189 Rn. 20 f.; 23.3.2016 – 7 AZR 70/14, BAGE 154, 375 = NZA 2016, 954 Rn. 32 f.
[544] BAG 23.3.2016 – 7 AZR 70/14, BAGE 154, 375 = NZA 2016, 954 Rn. 32 und 34.
[545] Grdl.: BAG 23.3.2016 – 7 AZR 70/14, BAGE 154, 375 = NZA 2016, 954 Rn. 35 ff.

schen Reduktion auf Zeiten solcher befristeter Arbeitsverhältnisse zu beschränken, die zur wissenschaftlichen oder künstlerischen Qualifikation genutzt werden können.[546] Ob die Anrechnungsnorm gegen die Richtlinie 1999/70/EG verstößt, soweit sie befristete Arbeitsverhältnisse bis zu einem Viertel der regelmäßigen Arbeitszeit ausnimmt, ist umstritten.[547]

187 Innerhalb der zulässigen Höchstbefristungsdauer ist die vereinbarte **Befristungsdauer** gemäß § 2 Abs. 1 S. 3 WissZeitVG jeweils so zu bemessen, dass sie **der angestrebten Qualifizierung angemessen** ist. Wird eine formale Qualifizierung, wie zB eine Promotion oder eine Habilitation angestrebt, hat sich die Befristungsdauer an der üblichen Dauer einer solchen Qualifizierung auszurichten, die je Fachbereich variieren kann. Wird dagegen keine formale Qualifizierung angestrebt, beurteilt sich die Angemessenheit der vereinbarten Befristungsdauer nach der im konkreten Einzelfall angestrebten Qualifizierung.[548] Maßgeblich sind dabei nach den allgemeinen Grundsätzen des Befristungsrechts jeweils die Umstände bei Abschluss des befristeten Arbeitsvertrags. Zu diesem Zeitpunkt müssen hinreichende tatsächliche Anhaltspunkte dafür bestehen, dass die Prognose gerechtfertigt ist, dass die angestrebte Qualifizierung innerhalb der vereinbarten Befristungsdauer abgeschlossen werden kann.

188 Gem. § 2 Abs. 1 S. 7 WissZeitVG sind innerhalb der jeweils zulässigen Befristungsdauer auch **Verlängerungen eines befristeten Arbeitsvertrags** möglich. Der Begriff der Verlängerung in § 2 Abs. 1 S. 7 WissZeitVG deckt sich dabei nicht mit dem Begriff der Verlängerung in § 14 Abs. 2 S. 1 Hs. 2 TzBfG. Eine Vertragsverlängerung iSd § 2 Abs. 1 S. 7 WissZeitVG setzt nämlich im Gegensatz zu einer Vertragsverlängerung iSd § 14 Abs. 2 S. 1 Hs. 2 TzBfG nicht voraus, dass die Verlängerungsvereinbarung noch während der Laufzeit des zu verlängernden Vertrags getroffen wird und sich die Laufzeit des Verlängerungsvertrags unmittelbar an den zu verlängernden Vertrag anschließt. Innerhalb der jeweiligen Höchstbefristungsdauer nach § 2 Abs. 1 WissZeitVG ist vielmehr auch der mehrfache Neuabschluss befristeter Arbeitsverträge zulässig.[549]

189 § 6 S. 1 WissZeitVG enthält eine Sonderregelung für den Abschluss befristeter Arbeitsverträge mit **Studierenden,** die an einer deutschen Hochschule für ein Studium, das zu einem ersten oder einem weiteren berufsqualifizierenden Abschluss führt, eingeschrieben sind, zur Erbringung wissenschaftlicher oder künstlerischer Hilfstätigkeiten. Diese befristeten Arbeitsverträge sind bis zur Dauer von insgesamt sechs Jahren zulässig, ohne dass die Befristung durch einen sachlichen Grund gerechtfertigt sein muss. Gem. § 6 S. 2 WissZeitVG sind innerhalb der zulässigen Befristungsdauer auch Verlängerungen eines befristeten Arbeitsvertrags möglich.

190 d) **Befristung mit sachlichem Grund.** Über § 2 Abs. 1 WissZeitVG hinaus ist die Befristung von Arbeitsverträgen mit Personal iSd § 1 Abs. 1 S. 1 WissZeitVG gemäß § 2 Abs. 2 WissZeitVG auch zulässig, wenn die Beschäftigung überwiegend aus Mitteln Dritter finanziert wird, die Finanzierung für eine bestimmte Aufgabe und Zeitdauer bewilligt ist und die Mitarbeiterin oder der Mitarbeiter überwiegend der Zweckbestimmung dieser Mittel entsprechend beschäftigt wird; die vereinbarte Befristungsdauer soll dem bewilligten Projektzeitraum entsprechen. Eine „Finanzierung aus Mitteln Dritter" liegt vor, wenn die Vergütung nicht aus den der Hochschule oder Forschungseinrichtung zur Verfügung stehenden regulären Haushaltsmitteln, sondern anderweitig finanziert wird. „Überwiegend" erfolgt die Finanzierung aus solchen (Dritt-)Mitteln, wenn die konkrete Stelle zu mehr als 50 vH daraus finanziert wird. Die Bewilligung der Finanzierung für eine **bestimmte Aufgabe und Zeitdauer** erfordert eine konkrete aufgaben- und zeitbezogene Mittelzuweisung. Die (Dritt-)Mittel müssen einerseits hinreichend zweckgebunden und andererseits für eine von vornher-

---

[546] Zur wissenschaftlichen Qualifikation: BAG 21.8.2019 – 7 AZR 563/17, NZA 2020, 43 Rn. 42; grdl. BAG 27.9.2017 – 7 AZR 629/15, AP WissZeitVG § 2 Nr. 10 Rn. 30 ff.
[547] Abl. ErfK/*Müller-Glöge* WissZeitVG § 2 Rn. 14 mwN; offenlassend BAG 21.8.2019 – 7 AZR 563/17, NZA 2020, 43 Rn. 41; 27.9.2017 – 7 AZR 629/15, AP WissZeitVG § 2 Nr. 10 Rn. 19; 8.6.2016 – 7 AZR 568/14, NZA 2017, 189 Rn. 23.
[548] Vgl. BT-Drs. 18/6489, 8.
[549] StRspr, zB BAG 25.4.2018 – 7 AZR 181/16, NJW 2018, 2913 = NZA 2018, 1135 Rn. 27; 8.6.2016 – 7 AZR 568/14, NZA 2017, 189 Rn. 30; 23.3.2016 – 7 AZR 70/14, BAGE 154, 375 = NZA 2016, 954 Rn. 58.

ein feststehende Zeitspanne zur Verfügung gestellt sein. Erfasst werden also nur solche Finanzierungsbewilligungen, deren Endlichkeit hinreichend genau feststeht.[550] Die Zweckbestimmung der Mittel für eine bestimmte Aufgabe und Zeit muss der Drittmittelgeber selbst vornehmen. Sie darf nicht der Hochschule oder Forschungseinrichtung bzw. einem ihrer Mitarbeiter in eigener Verantwortung überlassen bleiben.[551] Eine **überwiegende Beschäftigung entsprechend der Zweckbestimmung** der (Dritt-)Mittel liegt vor, wenn sich der Mitarbeiter während der gesamten Laufzeit des Arbeitsverhältnisses zu mehr als 50 vH der Arbeitszeit dem drittmittelfinanzierten Vorhaben widmet. Maßgebend ist nicht die tatsächliche Beschäftigung des Mitarbeiters während der Vertragslaufzeit, sondern die Prognose bei Vertragsschluss. Diese hat der Arbeitgeber anhand konkreter Tatsachen darzulegen.[552]

e) Zitiergebot. Gemäß § 2 Abs. 4 S. 1 WissZeitVG ist im Arbeitsvertrag anzugeben, ob die Befristung auf den Vorschriften des WissZeitVG beruht. Dieses Zitiergebot ist gewahrt, wenn sich aus dem schriftlichen Arbeitsvertrag zumindest im Wege der Auslegung ermitteln lässt, dass sich die darin vereinbarte Befristung auf das WissZeitVG stützt. Die ausdrückliche Angabe bestimmter Regelungen des WissZeitVG ist also nicht erforderlich.[553] Wird das Zitiergebot des § 2 Abs. 4 S. 1 WissZeitVG nicht eingehalten, kann die vereinbarte Befristung gemäß § 2 Abs. 4 S. 2 WissZeitVG nicht auf die Vorschriften des WissZeitVG gestützt werden. Sie ist in diesem Fall also nicht notwendig rechtsunwirksam mit der Folge einer Entfristung des Arbeitsverhältnisses gemäß § 16 TzBfG. Vielmehr kann sie trotz des Verstoßes gegen das Zitiergebot des § 2 Abs. 4 S. 1 WissZeitVG aufgrund anderer Befristungsnormen gerechtfertigt sein.

f) Privatdienstvertrag. Gem. § 3 WissZeitVG gelten die Vorschriften der §§ 1, 2 und 6 WissZeitVG für einen befristeten Arbeitsvertrag, den ein Mitglied einer Hochschule, das Aufgaben seiner Hochschule selbständig wahrnimmt, zur Unterstützung bei der Erfüllung dieser Aufgaben mit überwiegend aus Mitteln Dritter vergütetem Personal iSv § 1 Abs. 1 S. 1 WissZeitVG abschließt, entsprechend.

Mitglieder einer Hochschule sind gem. § 36 Abs. 1 S. 1 HRG die an der Hochschule nicht nur vorübergehend oder gastweise hauptberuflich Tätigen und die eingeschriebenen Studierenden. Wer im Einzelnen Mitglied einer Hochschule ist, richtet sich nach dem jeweils anwendbaren Landesrecht.[554] Diese Mitglieder einer Hochschule können nur dann gem. § 3 WissZeitVG befristete Arbeitsverträge mit Personal iSd § 1 Abs. 1 S. 1 WissZeitVG abschließen, wenn ihnen die **selbständige Wahrnehmung von Aufgaben der Hochschule** obliegt. Die Aufgaben der Hochschule sind in den §§ 2 ff. HRG und im jeweils anwendbaren Landesrecht festgelegt. Gem. § 25 Abs. 1 S. 1 Hs. 1 und S. 2 HRG zählt dazu ua auch die Durchführung von Forschungsvorhaben, die aus Mitteln Dritter finanziert werden. Dagegen fallen darunter nicht Nebentätigkeiten von Hochschulmitgliedern.[555] Selbständig nehmen gem. § 43 HRG bspw. Hochschullehrer die ihrer Hochschule jeweils obliegenden Aufgaben in Wissenschaft und Kunst, Forschung, Lehre und Weiterbildung in ihren Fächern nach näherer Ausgestaltung ihres Dienstverhältnisses wahr. Wissenschaftlichen Mitarbeitern darf dagegen gem. § 53 Abs. 1 S. 3 HRG nur in begründeten Fällen die selbständige Wahrnehmung von Aufgaben in Forschung und Lehre übertragen werden. Weitere Voraussetzung für die Wirksamkeit der Befristung eines Arbeitsvertrags gem. § 3 WissZeitVG ist, dass der befristete Arbeitsvertrag gerade **zur Unterstützung bei der Erfüllung dieser Aufgaben** abgeschlossen wird. Maßgeblich sind dabei die Umstände bei Abschluss des befristeten Arbeitsvertrags. Zu diesem Zeitpunkt müssen hinreichende tatsächliche Anhaltspunkte dafür

---

[550] BAG 23.5.2018 – 7 AZR 875/16, BAGE 163, 16 = NZA 2018, 1399 Rn. 18; 8.6.2016 – 7 AZR 259/14, BAGE 155, 227 = NZA 2016, 1463 Rn. 18 f.
[551] Grdl. BAG 23.5.2018 – 7 AZR 875/16, BAGE 163, 16 = NZA 2018, 1399 Rn. 19 ff.
[552] BAG 8.6.2016 – 7 AZR 259/14, BAGE 155, 227 = NZA 2016, 1463 Rn. 20 f.
[553] StRspr, vgl. zB BAG 8.6.2016 – 7 AZR 259/14, BAGE 155, 227 = NZA 2016, 1463 Rn. 15; 8.6.2016 – 7 AZR 568/14, NZA 2017, 189 Rn. 13; 18.5.2016 – 7 AZR 712/14, NZA 2017, 254 Rn. 25.
[554] Vgl. ErfK/*Müller-Glöge* WissZeitVG § 3 Rn. 3; Ascheid/Preis/Schmidt/*Schmidt* WissZeitVG § 3 Rn. 3; KR/*Treber* WissZeitVG § 3 Rn. 6.
[555] Vgl. BAG 27.9.2000 – 7 AZR 229/99, BeckRS 2000, 30787085; ErfK/*Müller-Glöge* WissZeitVG § 3 Rn. 3; Ascheid/Preis/Schmidt/*Schmidt* WissZeitVG § 3 Rn. 4; KR/*Treber* WissZeitVG § 3 Rn. 11 f.

bestehen, dass die Prognose gerechtfertigt ist, dass das befristet eingestellte Personal iSd § 1 Abs. 1 S. 1 WissZeitVG jedenfalls den wesentlichen Teil seiner Arbeitszeit zu einer derartigen Unterstützung eingesetzt wird. Schließlich setzt die Befristung eines Arbeitsvertrags gem. § 3 WissZeitVG auch voraus, dass das befristet eingestellte Personal iSd § 1 Abs. 1 S. 1 WissZeitVG **überwiegend aus Mitteln Dritter vergütet** wird, also nicht überwiegend aus eigenen Mitteln der Hochschule oder des Hochschulmitglieds.[556] Maßgeblich sind dabei abermals die Umstände bei Abschluss des befristeten Arbeitsvertrags. Zu diesem Zeitpunkt müssen wiederum hinreichende tatsächliche Anhaltspunkte dafür bestehen, dass die Prognose gerechtfertigt ist, dass die Vergütung des befristet eingestellten Personals iSd § 1 Abs. 1 S. 1 WissZeitVG während der gesamten Laufzeit des befristeten Arbeitsvertrags überwiegend aus Mitteln Dritter bestritten werden kann.

194 **Rechtsfolge** des § 3 WissZeitVG ist die entsprechende Anwendung der §§ 1, 2 und 6 WissZeitVG. Die Wirksamkeit der befristeten Arbeitsverträge, die ein Mitglied einer Hochschule, das Aufgaben seiner Hochschule selbständig wahrnimmt, zur Unterstützung bei der Erfüllung dieser Aufgaben mit überwiegend aus Mitteln Dritter vergütetem Personal iSv § 1 Abs. 1 S. 1 WissZeitVG abschließt, setzt daher neben dem Vorliegen der Voraussetzungen des § 3 WissZeitVG auch die Erfüllung der Voraussetzungen der §§ 1, 2 oder 6 WissZeitVG voraus.

3. Befristung von Arbeitsverträgen nach dem ÄArbVtrG

195 Das ÄArbVtrG enthält besondere Regelungen über die Befristung von Arbeitsverträgen mit **Ärzten in der Weiterbildung.** Das Gesetz steht im Zusammenhang mit dem 4. Gesetz zur Änderung der Bundesärzteordnung. Dadurch hat der Gesetzgeber eine zweijährige Praxisphase (AIP) als Teil der ärztlichen Ausbildung eingeführt. Um die Krankenhäuser in die Lage zu versetzten, diese Praxisphase neutral umzusetzen war es notwendig, ihnen zu ermöglichen, einen Teil der zur Weiterbildung zur Verfügung stehenden Stellen für Ärzte im Praktikum in gewissen Zeitabständen jeweils neu zu besetzen. Zur besseren Ausnutzung der dafür bereitzuhaltenden Stellen bedurfte es eines erleichterten Abschlusses befristeter Arbeitsverträge mit Ärzten in der Weiterbildung. Der Gesetzgeber hat deshalb für den in § 1 Abs. 1 ÄArbVtrG benannten Personenkreis einen eigenständigen gesetzlichen Sachgrund der Weiterbildung zur Befristung geschaffen. Grund hierfür ist aber auch der fortgeltende Bedarf für eine befristete ärztliche Weiterbildung, um die Qualität der medizinischen Versorgung der Bevölkerung kontinuierlich zu sichern und den approbierten Ärzten den Zugang zur vertragsärztlichen Versorgung zu erhalten.

196 Jeder Arzt, der eine vertragsärztliche Tätigkeit aufnehmen will, muss eine abgeschlossene Weiterbildung von mindestens drei Jahren nachweisen. Nur über diesen Weg der Befristung lassen sich die Zugangsvoraussetzungen zur Teilnahme an der kassenärztlichen Versorgung für eine größere Zahl an Interessenten schaffen.

197 Gemäß § 1 Abs. 1 ÄArbVtrG liegt ein die Befristung eines Arbeitsvertrags mit einem Arzt rechtfertigender sachlicher Grund vor, wenn die Beschäftigung des Arztes seiner zeitlich und inhaltlich strukturierten Weiterbildung zum Facharzt oder dem Erwerb einer Anerkennung für einen Schwerpunkt oder dem Erwerb einer Zusatzbezeichnung, eines Fachkundenachweises oder einer Bescheinigung über eine fakultative Weiterbildung dient. Dem **persönlichen Geltungsbereich** der Regelung unterfallen nur approbierte Ärzte. Ihr **betrieblicher Geltungsbereich** beschränkt sich auf die ärztliche Weiterbildung außerhalb von Hochschulen und Forschungseinrichtungen. Dies folgt aus § 1 Abs. 6 ÄArbVtrG. Danach gelten § 1 Abs. 1 bis Abs. 5 ÄArbVtrG nicht, wenn der Arbeitsvertrag unter den Anwendungsbereich des WissZeitVG fällt. Der betriebliche Geltungsbereich des ÄArbVtrG erfasst daher vor allem die ärztliche Weiterbildung an Krankenhäusern in kommunaler, kirchlicher und freier Trägerschaft. Die ärztliche Weiterbildung an Einrichtungen des Bildungswesens, die nach Landesrecht staatliche oder staatlich anerkannte Hochschulen sind, oder an staatlich bzw. institutionell überwiegend staatlich finanzierten Forschungseinrichtungen, unterfällt dage-

---

[556] Vgl. ErfK/*Müller-Glöge* WissZeitVG § 3 Rn. 1; Ascheid/Preis/Schmidt/*Schmidt* WissZeitVG § 3 Rn. 5.

gen dem WissZeitVG.[557] Das Erfordernis der „zeitlich und inhaltlich strukturierten Weiterbildung" bezieht sich nicht nur auf die Weiterbildung zum Facharzt, sondern auch auf den Erwerb einer Zusatzbezeichnung, eines Fachkundenachweises oder einer Bescheinigung über eine fakultative Weiterbildung.[558] Es verlangt zum einen, dass die Beschäftigung erfolgt, um eines der in § 1 Abs. 1 ÄArbVtrG genannten Weiterbildungsziele erreichen zu können und dass der Arzt während des Arbeitsverhältnisses für das jeweilige Weiterbildungsziel erforderliche Weiterbildungsabschnitte absolvieren kann.[559] Zum anderen muss der Beschäftigung des Arztes eine auf seinen konkreten Weiterbildungsbedarf zugeschnittene Planung über die während des Arbeitsverhältnisses zu vermittelnden Weiterbildungsinhalte und die Durchführung der Weiterbildung zugrunde liegen.[560] Maßgeblich sind nicht die tatsächlich erfolgte Beschäftigung des Arztes während der Vertragslaufzeit, sondern die im Zeitpunkt des Abschlusses des befristeten Arbeitsvertrags insoweit bestehenden Planungen und Prognosen. Diese hat der Arbeitgeber im Prozess anhand konkreter Tatsachen darzulegen und ggf. zu beweisen.[561]

Die **Dauer der Befristung** des Arbeitsvertrages unterliegt gemäß § 1 Abs. 2 Hs. 1 ÄArbVtrG im Rahmen des § 1 Abs. 3 und Abs. 4 ÄArbVtrG ausschließlich der vertraglichen Vereinbarung. Sie muss allerdings gemäß § 1 Abs. 2 Hs. 2 ÄArbVtrG kalendermäßig bestimmt oder bestimmbar sein, dh eine Befristung ist nur möglich, wenn sie entweder nach einem kalendermäßig festgelegten Enddatum (zB 31.10.2020) bestimmt ist oder das Befristungsende an Hand der beschriebenen Befristungsspanne (3 Jahre/5 Jahre/8 Jahre) bestimmbar bleibt.

Gemäß § 1 Abs. 3 S. 1 ÄArbVtrG kann ein befristeter Arbeitsvertrag gemäß § 1 Abs. 1 ÄArbVtrG auf die notwendige Zeit für den Erwerb der Anerkennung als Facharzt oder den Erwerb einer Zusatzbezeichnung abgeschlossen werden, höchstens aber bis zur Dauer von acht Jahren. Zum Zweck des Erwerbs einer Anerkennung für einen Schwerpunkt oder des an die Weiterbildung zum Facharzt anschließenden Erwerbs einer Zusatzbezeichnung, eines Fachkundenachweises oder einer Bescheinigung über eine fakultative Weiterbildung kann gemäß § 1 Abs. 3 S. 2 ÄArbVtrG ein weiterer befristeter Arbeitsvertrag für den Zeitraum, der für den Erwerb vorgeschrieben ist, vereinbart werden. Dieser Zeitraum bestimmt sich nach den in der Weiterbildungsordnung der jeweiligen Landesärztekammer vorgegebenen Zeiten. Wird die Weiterbildung im Rahmen einer Teilzeitbeschäftigung abgeleistet und verlängert sich der Weiterbildungszeitraum hierdurch über die zeitlichen Grenzen des § 1 Abs. 3 S. 1 und/oder S. 2 ÄArbVtrG hinaus, so können diese zeitlichen Grenzen gemäß § 1 Abs. 3 S. 3 ÄArbVtrG um die Zeit dieser Verlängerung überschritten werden. Erfolgt die Weiterbildung nach § 1 Abs. 1 ÄArbVtrG im Rahmen mehrerer befristeter Arbeitsverträge, so dürfen sie gemäß § 1 Abs. 3 S. 4 ÄArbVtrG insgesamt die zeitlichen Grenzen nach den § 1 Abs. 3 S. 1, 2 und 3 ÄArbVtrG nicht überschreiten.

Darüber hinaus darf die Befristung gemäß § 1 Abs. 3 S. 5 ÄArbVtrG den Zeitraum nicht unterschreiten, für den der weiterbildende Arzt die Weiterbildungsbefugnis besitzt. Diese Regelung erlaubt nicht nur den einmaligen Abschluss eines befristeten Arbeitsvertrags mit einem bestimmten Weiterbildungsziel und mit demselben weiterbildenden Arzt. Vielmehr ermöglicht sie auch den Abschluss eines weiteren befristeten Arbeitsvertrags mit demselben Weiterbildungsziel und demselben weiterbildenden Arzt nach dem Ablauf eines der Dauer der Weiterbildungsbefugnis des weiterbildenden Arztes entsprechenden befristeten Arbeitsvertrags. Beendet der weiterzubildende Arzt bereits zu einem früheren Zeitpunkt den von ihm nachgefragten Weiterbildungsabschnitt oder liegen bereits zu einem früheren Zeitpunkt die Voraussetzungen für die Anerkennung im Gebiet, Schwerpunkt, Bereich sowie für den Erwerb eines Fachkundenachweises oder einer Bescheinigung über eine fakultative Weiterbildung vor, darf gemäß § 1 Abs. 3 S. 6 ÄArbVtrG auf diesen Zeitpunkt befristet werden. Wird eine Weiterbildung abgeschlossen und strebt der Arzt eine neue Weiterbildung auf

---

[557] BAG 14.6.2017 – 7 AZR 597/16, BAGE 159, 237 = NZA 2018, 40 Rn. 12.
[558] BAG 14.6.2017 – 7 AZR 597/16, BAGE 159, 237 = NZA 2018, 40 Rn. 17.
[559] BAG 14.6.2017 – 7 AZR 597/16, BAGE 159, 237 = NZA 2018, 40 Rn. 18.
[560] BAG 14.6.2017 – 7 AZR 597/16, BAGE 159, 237 = NZA 2018, 40 Rn. 19.
[561] BAG 14.6.2017 – 7 AZR 597/16, BAGE 159, 237 = NZA 2018, 40 Rn. 20 f.

einem völlig anderen Gebiet an, so kann erneut auf die Befristungsmöglichkeiten des ÄArbVtrG zurückgegriffen werden

201 Gemäß § 1 Abs. 4 ÄArbVtrG sind auf die jeweilige Dauer eines befristeten Arbeitsvertrags nach § 1 Abs. 3 ÄArbVtrG im Einvernehmen mit dem zur Weiterbildung beschäftigten Arzt bestimmte Zeiten nicht anzurechnen. Die Regelung gewährt einen Anspruch auf Verlängerung um die nach dieser Vorschrift anrechenbaren Unterbrechungszeiten. Der Arbeitgeber unterliegt einem Kontrahierungszwang, wenn einer der fünf Unterbrechungstatbestände erfüllt ist.

202 Dies sind:
- Zeiten einer Beurlaubung oder einer Ermäßigung der Arbeitszeit um mindestens ein Fünftel der regelmäßigen Arbeitszeit, die für die Betreuung oder Pflege eines Kindes unter 18 Jahren oder eines pflegebedürftigen sonstigen Angehörigen gewährt worden sind, soweit die Beurlaubung oder die Ermäßigung der Arbeitszeit die Dauer von zwei Jahren nicht überschreitet.
- Zeiten einer Beurlaubung für eine wissenschaftliche Tätigkeit oder eine wissenschaftliche oder berufliche Aus-, Fort- oder Weiterbildung im Ausland, soweit die Beurlaubung die Dauer von zwei Jahren nicht überschreitet.
- die Elternzeit nach § 15 Abs. 1 BEEG und Zeiten eines Beschäftigungsverbots nach den §§ 3 bis 6, 10 Abs. 3, 13 Abs. 1 Nr. 3 und 16 MuSchG, soweit eine Beschäftigung nicht erfolgt ist.
- Zeiten des Grundwehr- und Zivildienstes.
- Zeiten einer Freistellung zur Wahrnehmung von Aufgaben in einer Personal- oder Schwerbehindertenvertretung, soweit die Freistellung von der regelmäßigen Arbeitszeit mindestens ein Fünftel beträgt und die Dauer von zwei Jahren nicht überschreitet.

203 Gemäß § 1 Abs. 5 ÄArbVtrG sind die arbeitsrechtlichen Vorschriften und Grundsätze über befristete Arbeitsverträge nur insoweit anzuwenden, als sie den Vorschriften des § 1 Abs. 1 bis Abs. 4 ÄArbVtrG nicht widersprechen. Die Befristungsmöglichkeit nach § 1 Abs. 1 ÄArbVtrG hat daher als spezielle Regelung gegenüber anderen Befristungsmöglichkeiten **Vorrang**, soweit die Befristung eines Arbeitsvertrags mit einem approbierten Arzt dessen Weiterbildung zu einem in § 1 Abs. 1 ÄArbVtrG genannten Weiterbildungsziel dient. Wird die Befristung eines Arbeitsvertrags mit einem approbierten Arzt dagegen auf andere Gründe, die nicht abschließend von den Befristungsmöglichkeiten des § 1 Abs. 1 ÄArbVtrG erfasst werden, gestützt, schließt § 1 Abs. 1 ÄArbVtrG andere Befristungsmöglichkeiten nicht aus.[562]

204 Die auf § 1 Abs. 1 ÄArbVtrG gestützte Befristung des Arbeitsvertrags mit einem Arzt in der Weiterbildung ist nicht in Form einer **Zweckbefristung** zulässig. Dies folgt bereits aus dem unmissverständlichen Wortlaut des § 1 Abs. 2 Hs. 2 ÄArbVtrG. Danach muss die Dauer der Befristung des Arbeitsvertrags kalendermäßig bestimmt oder bestimmbar sein. Für eine Zweckbefristung ist jedoch gerade kennzeichnend, dass das Arbeitsverhältnis mit Eintritt eines von den Parteien als gewiss, der Zeit nach aber als ungewiss angesehenen Ereignisses enden soll. Seine Dauer ist in diesem Fall also gerade nicht kalendermäßig bestimmt oder bestimmbar. Die Unzulässigkeit von Zweckbefristungen, die aufgrund des ÄArbVtrG vereinbart werden, entspricht auch dem Sinn und Zweck des Gesetzes. Durch das Erfordernis einer kalendermäßig bestimmten oder zumindest bestimmbaren Befristung wird nicht nur gewährleistet, dass sich die Parteien bereits bei Vertragsschluss über den genauen Zeitpunkt der Beendigung des Arbeitsverhältnisses verständigen, sondern vor allem auch verhindert, dass die zeitlichen Höchstgrenzen des § 1 Abs. 3 ÄArbVtrG überschritten werden. Bei einer Zeitbefristung lässt sich die Einhaltung der dort bestimmten Höchstgrenzen bereits bei Vertragsschluss feststellen. Bei einer Zweckbefristung ist dies nicht der Fall. Vielmehr besteht die Gefahr, dass die zeitlichen Höchstgrenzen dadurch überschritten werden, dass der Zweck nicht rechtzeitig erreicht wird.[563]

205 Der Verstoß gegen das Verbot der Zweckbefristung führt zur Unwirksamkeit der Befristungsabrede. Es entsteht ein unbefristetes Arbeitsverhältnis. Diese Rechtsfolge ist daraus ab-

---

[562] Vgl. BAG 14.6.2017 – 7 AZR 597/16, BAGE 159, 237 = NZA 2018, 40 Rn. 31 ff. zu § 14 Abs. 2 TzBfG.
[563] BAG 14.8.2002 – 7 AZR 266/01, AP ÄArbVtrG § 1 Nr. 1.

zuleiten, dass der Gesetzgeber Zweckbefristungen untersagt. Mit der Zweckbefristung wird gegen ein gesetzliches Verbot iSd § 134 BGB verstoßen. Die Rechtsfolge ist nicht lediglich die Einräumung einer Auslauffrist bzw. die Anwendbarkeit des § 15 Abs. 2 TzBfG.[564] Entsprechendes gilt bei Verstößen der Befristung eines Arbeitsvertrags gegen sonstige Vorgaben des ÄArbVtrG.

4. Befristung von Arbeitsverträgen mit Leiharbeitnehmern

Für die Befristung von Arbeitsverträgen mit Leiharbeitnehmern gelten die allgemeinen gesetzlichen Regelungen des TzBfG. Besondere Regelungen aufgrund anderer gesetzlicher Vorschriften existieren nach Änderung des § 9 Nr. 2 AÜG in der Fassung des Gesetzes zur Reform der Arbeitsförderung vom 24.3.1997[565] durch das Erste Gesetz für moderne Dienstleistungen („Hartz I") vom 23.12.2002[566] nicht mehr.

Die **Vorbeschäftigung** als Leiharbeitnehmer im Betrieb des Entleihers auf Grundlage eines Arbeitsvertrags mit dem Verleiher steht der Befristung eines Arbeitsvertrags zwischen Entleiher und Leiharbeitnehmer ohne Vorliegen eines sachlichen Grundes gemäß § 14 Abs. 2 S. 1 TzBfG nicht entgegen. Das in § 14 Abs. 2 S. 2 TzBfG normierte Anschlussverbot ist arbeitgeber- und nicht betriebsbezogen. Arbeitgeber iSd § 14 Abs. 2 S. 2 TzBfG ist der Vertragsarbeitgeber, also die natürliche oder juristische Person, die mit dem Arbeitnehmer den Arbeitsvertrag abgeschlossen hat. Ein vorhergehender Arbeitsvertrag hat daher nur dann mit demselben Arbeitgeber bestanden, wenn der Vertragspartner des Arbeitnehmers bei beiden Verträgen dieselbe natürliche oder juristische Person ist.[567]

---

[564] BAG 14.8.2002 – 7 AZR 266/01, AP ÄArbVtrG § 1 Nr. 1.
[565] BGBl. 1997 I 594.
[566] BGBl. 2002 I 4607.
[567] BAG 15.5.2013 – 7 AZR 525/11, BAGE 145, 128 = NZA 2013, 1214 Rn. 19.

§ 42 Kündigungserklärung

Übersicht

	Rn.
I. Begriffsbestimmung	1–12
1. Willenserklärung	2–8
2. Einseitigkeit	9
3. Rechtsgestaltende Wirkung	10
4. Bedingungsfeindlichkeit	11/12
II. Form	13–22
III. Vertretung	23–33
1. Allgemeines	23
2. Abgabe der Kündigungserklärung	24–31
3. Empfang der Kündigungserklärung	32
4. Kündigung während des Prozesses	33
IV. Ort und Zeit	34/35
V. Zugang	36–51
1. Allgemeines	36–46
2. Einschreiben	47/48
3. Zugangsvereitelung	49–51
VI. Anfechtung	52
VII. Rücknahme	53
VIII. Widerruf	54

I. Begriffsbestimmung

1   Die Kündigung ist eine einseitige, empfangsbedürftige, rechtsgestaltende, bedingungsfeindliche Willenserklärung, durch die das Arbeitsverhältnis für die Zukunft sofort mit Zugang (außerordentliche bzw. fristlose Kündigung) oder nach Ablauf der maßgeblichen Kündigungsfrist (ordentliche bzw. fristgerechte Kündigung) beendet werden soll.[1] Auf die Kündigung finden die Regeln des Allgemeinen Teils des BGB über Rechtsgeschäfte (§§ 104 ff. BGB) und Willenserklärungen (§§ 116 ff. BGB) Anwendung.[2]

1. Willenserklärung

2   Voraussetzung für eine Kündigung ist nicht, dass der Begriff der Kündigung selbst verwendet wird.[3] Der Erklärende muss aber **eindeutig** seinen Willen zum Ausdruck bringen, das Arbeitsverhältnis durch eine einseitige Gestaltungserklärung für die Zukunft lösen zu wollen.[4] Ggf. muss die vom Arbeitnehmer oder Arbeitgeber schriftlich[5] formulierte Äußerung gem. §§ 133, 157 BGB ausgelegt werden. Bei der Frage, ob eine rechtsgeschäftliche schriftliche Erklärung einer Partei eine Kündigung des Arbeitsverhältnisses darstellt, ist darauf abzustellen, wie der Erklärungsempfänger nach der allgemeinen Verkehrssitte und unter Berücksichtigung von Treu und Glauben die ihm zugegangene Erklärung auffassen musste.[6]

---

[1] Vgl. BAG 17.12.2015 – 6 AZR 709/14, NZA 2016, 361 Rn. 31; 28.6.2005 – 1 ABR 25/04, NZA 2006, 48 Rn. 18; vgl. auch BAG 21.3.2013 – 6 AZR 618/11, NZA-RR 2013, 609 Rn. 15.
[2] Vgl. zB BAG 13.2.2008 – 2 AZR 864/06, NZA 2008, 1055 Rn. 25 ff.; LAG Rheinland-Pfalz 8.2.2012 – 8 Sa 318/11, BeckRS 2012, 70135.
[3] BAG 17.12.2015 – 6 AZR 709/14, NZA 2016, 361 Rn. 31; 20.9.2006 – 6 AZR 82/06, NZA 2007, 377 Rn. 28; vgl. auch BAG 5.2.2009 – 6 AZR 151/08, AP KSchG 1969 § 4 Nr. 69 Rn. 30.
[4] BAG 17.12.2015 – 6 AZR 709/14, NZA 2016, 361 Rn. 31; 20.9.2006 – 6 AZR 82/06, NZA 2007, 377 Rn. 28; Ascheid/Preis/Schmidt/*Preis* Grundlagen D. Rn. 2 mit Rn. 19.
[5] Vgl. → Rn. 13 ff.
[6] BAG 15.3.1991 – 2 AZR 516/90, NZA 1992, 452 (453); 19.6.1980 – 2 AZR 660/78, AP BGB § 620 Befristeter Arbeitsvertrag Nr. 55.

Danach liegt eine einzige Kündigungserklärung selbst dann vor, wenn sie durch zwei gleichlautende Schreiben erfolgt.[7] Bestätigt ein Arbeitgeber einem Arbeitnehmer dessen angeblich ausgesprochene Kündigung, liegt darin idR keine eigene Kündigung des Arbeitgebers.[8]

Keine Kündigung ist die sog. **Nichtverlängerungsmitteilung**. Mit ihr bringt der Erklärende 3 zum Ausdruck, dass er nicht gewillt ist, nach Ablauf eines befristeten Arbeitsvertrages einen Anschlussarbeitsvertrag einzugehen.[9] Damit kommt der Nichtverlängerungsmitteilung in Bezug auf den Ablauf des (alten) Arbeitsvertrages nur eine deklaratorische Bedeutung zu, dh sie bestätigt lediglich, dass die vereinbarte Vertragsdauer keine Verlängerung erfährt.[10] Eine Umdeutung der darin liegenden Wissenserklärung in eine Willenserklärung nach § 140 BGB scheidet aus.[11]

Der Erklärungsempfänger einer Kündigung muss aus ihrem Wortlaut und ihren Begleit- 4 umständen ua erkennen, wann das Arbeitsverhältnis enden soll (sog. **Bestimmtheitsgebot**). Bei Zugang der Kündigung muss für ihn bestimmbar sein, ob eine ordentliche oder außerordentliche Kündigung gewollt ist und zu welchem Termin.[12] Ob dies hinreichend deutlich wird, richtet sich nach den Verhältnissen bei Ausspruch der Kündigung.[13] Ist der Kündigungserklärung zu entnehmen, dass die Kündigung erst zu einem bestimmten Zeitpunkt die gewollte Rechtswirkung auslösen soll, tritt die Kündigungswirkung nicht deshalb früher ein, weil das Kündigungsschreiben bereits vorher in den Besitz des Kündigungsempfängers gelangt.[14]

Einen allgemeinen **Erfahrungssatz**, ein **Arbeitnehmer** wolle seine **Kündigungserklärung im** 5 **Hinblick** auf eine **Anschlussbeschäftigung** prinzipiell **ausschließlich** zum erklärten, nicht aber zu einem späteren **Zeitpunkt** gegen sich gelten lassen, **gibt es nicht**. Es steht deshalb nichts im Wege, eine Kündigung, die zwar nicht den bei Einhaltung der gesetzlichen Kündigungsfrist zutreffenden Beendigungstermin nennt, immerhin aber mit dem Ende des Kalendermonats einen nicht unüblichen Beendigungszeitpunkt aufführt, als ordentliche Kündigung unter Beachtung der maßgeblichen Kündigungsfrist gem. §§ 133, 157 BGB auszulegen.[15]

Die Erklärung einer **außerordentlichen Kündigung** aus wichtigem Grund muss für den 6 Kündigungsempfänger zweifelsfrei den Willen des Erklärenden erkennen lassen, von der besonderen Kündigungsbefugnis des § 626 Abs. 1 BGB Gebrauch machen zu wollen.[16] Dieser Wille kann sich neben der ausdrücklichen Bezeichnung als fristlose Kündigung auch aus den Umständen der Erklärung selbst, insbes. der beigefügten Begründung ergeben.[17] Die Formulierung, „das Arbeitsverhältnis werde zum nächstmöglichen Termin" gekündigt, lässt – ohne dass es dafür Anhaltspunkte gäbe, der Arbeitgeber wolle sich auf einen wichtigen Grund iSv

---

[7] BAG 9.6.2011 – 2 AZR 284/10, NZA-RR 2012, 12 (13); vgl. auch BAG 21.5.2015 – 8 AZR 409/13, AP BGB § 613a Nr. 462 Rn. 29; LAG Sachsen 16.5.2017 – 3 Sa 630/16, BeckRS 2017, 133768 Rn. 29; LAG Schleswig-Holstein 20.3.2008 – 2 Ta 45/08, BeckRS 2008, 53088; zu § 4 S. 1 KSchG vgl. → § 48 Rn. 151.
[8] LAG Köln 20.3.2016 – 14 (4) Sa 36/06, NZA-RR 2006, 642.
[9] BAG 4.11.2015 – 7 AZR 933/13, NZA 2016, 547 Rn. 31; 15.5.2013 – 7 AZR 665/11, AP BGB § 611 Bühnenengagementvertrag Nr. 63 Rn. 25.
[10] BAG 15.5.2013 – 7 AZR 665/11, AP BGB § 611 Bühnenengagementvertrag Nr. 63 Rn. 25; 23.10.1991 – 7 AZR 56/91, NZA 1992, 925 (927); vgl. auch BAG 15.2.2012 – 7 AZR 626/10, NZA-RR 2013, 154 Rn. 29.
[11] BAG 4.11.2015 – 7 AZR 933/13, NZA 2016, 547 Rn. 32.
[12] BAG 20.6.2013 – 6 AZR 805/11, NZA 2013, 1137 Rn. 14; 23.5.2013 – 2 AZR 54/12, NZA 2013, 1197 Rn. 46; LAG Bln-Bbg 8.8.2019 – 10 Sa 153/19, BeckRS 2019, 22840 Rn. 27; LAG München 17.12.2019 – 6 Sa 543/18, BeckRS 2019, 43737 Rn. 80, 98; vgl. auch BAG 21.9.2017 – 2 AZR 57/17, NZA 2017, 1524 Rn. 49; 20.1.2016 – 6 AZR 782/14, NZA 2016, 485 Rn. 15.
[13] BAG 21.9.2017 – 2 AZR 57/17, NZA 2017, 1524 Rn. 49; 10.4.2014 – 2 AZR 647/13, NZA 2015, 162 Rn. 14; 23.5.2013 – 2 AZR 54/12, NZA 2013, 1197 Rn. 46.
[14] LAG Düsseldorf 5.11.1987 – 7 Sa 997/87, LAGE BGB § 130 Nr. 10; vgl. auch BAG 15.2.2012 – 7 AZR 626/10, NZA-RR 2013, 154.
[15] Vgl. BAG 22.10.2009 – 8 AZR 865/08, AP BGB § 133 Nr. 57; vgl. auch LAG München 17.12.2019 – 6 Sa 543/18, BeckRS 2019, 43737 Rn. 82 (Kündigung zum 28.2. statt – Schaltjahr – 29.2.).
[16] BAG 29.1.2015 – 2 AZR 698/12, NZA 2015, 1022 Rn. 9; 10.4.2014 – 2 AZR 647/13, NZA 2015, 162 Rn. 20; vgl. auch BAG 21.9.2017 – 2 AZR 57/17, NZA 2017, 1524 Rn. 50.
[17] BAG 29.1.2015 – 2 AZR 698/12, NZA 2015, 1022 Rn. 9; 10.4.2014 – 2 AZR 647/13, NZA 2015, 162 Rn. 20; 13.1.1982 – 7 AZR 757/79, AP BGB § 620 Kündigungserklärung Nr. 2.

§ 626 Abs. 1 BGB berufen, nicht erkennen, dass die Kündigung etwa als außerordenltiche (fristlose) erklärt werde.[18]

7 Bei einer **ordentlichen** Kündigung genügt für die Erfüllung des Bestimmmtheitsgebots (→ Rn. 4) regelmäßig die Angabe des Kündigungstermins oder der Kündigungsfrist.[19] Es reicht sogar ein Hinweis im Kündigungsschreiben auf die maßgeblichen gesetzlichen – im Streitfall § 622 Abs. 2 BGB und § 113 Abs. 1 S. 2 InsO – oder tariflichen Regelungen aus, wenn der Erklärungsempfänger hierdurch ohne Schwierigkeiten ermitteln kann, zu welchem Termin das Arbeitsverhältnis enden soll.[20] Dabei kann der Arbeitgeber, sofern es, wie in § 622 Abs. 2 S. 1 BGB, um nach Betriebszugehörigkeit gestaffelte Kündigungsfristen geht, idR davon ausgehen, dass der Arbeitnehmer die Dauer seiner Betriebszugehörigkeit kennt.[21] Die maßgebliche Kündigungsfrist kann anhand auch einer im Arbeitsvertrag in Bezug genommenen tariflichen Regelung zu ermitteln sein.[22] Es reicht aber auch eine Kündigung „zum nächst zulässigen Termin" – diese Formulierung führt nicht zur Unwirksamkeit der Kündigung wegen Verstoßes gegen das Transparenzgebot gem. § 307 Abs. 1 S. 2 BGB[23] –, wenn dem Erklärungsempfänger die Dauer der Kündigungsfrist bekannt oder für ihn (leicht) bestimmbar ist.[24] Diese Feststellung ist bei einer nur „hilfsweise" für den Fall der Unwirksamkeit einer fristlosen Kündigung „zum nächstzulässigen Termin" ausgesprochenen ordentlichen Kündigung entbehrlich. In diesem Fall ist der Kündigungsempfänger nicht im Unklaren darüber, wann das Arbeitsverhältnis nach Vorstellung des Kündigenden enden soll, nämlich mit Zugang der fristlosen Kündigung.[25] Eine Kündigung ist allerdings nicht auslegungsfähig und damit nicht hinreichend bestimmt, wenn in der Erklärung mehrere Termine für die Beendigung des Arbeitsverhältnisses genannt werden und für den Erklärungsempfänger nicht erkennbar ist, welcher Termin gelten soll.[26] Kann man der Kündigung nicht eindeutig entnehmen, ob sie als außerordentliche fristlose oder als ordentliche fristgemäße gewollt ist, hat das nicht ihre Unwirksamkeit zur Folge. Im Allgemeinen bleibt die Kündigung mit der für den Gekündigten günstigeren Rechtsfolge, also als ordentliche Kündigung, aufrechterhalten.[27] Im Hinblick darauf, dass mit einer Änderungskündigung – im Gegensatz zu einer Beendigungskündigung – dem Arbeitnehmer die Fortsetzung des Arbeitsverhältnisses angeboten wird,[27a] genügt weder die Änderungs- noch die Beendigungskündigung dem Bestimmtheitsgebot, wenn beide mit demselben Datum und zu demselben Zeitpunkt ausgesprochen werden.[27b]

8 Ist eine **ordentliche Kündigung** erklärt und ist diese wegen eines einzel- oder tarifvertraglichen Kündigungsausschlusses[28] unwirksam bzw. gem. §§ 3 Abs. 1, 4 Abs. 1 S. 1 TVG iVm

---

[18] BAG 29.1.2015 – 2 AZR 698/12, NZA 2015, 1022 Rn. 9.
[19] Vgl. BAG 20.1.2016 – 6 AZR 782/14, NZA 2016, 485 Rn. 15; 20.6.2013 – 6 AZR 805/11, NZA 2013, 1137 Rn. 15; vgl. auch BAG 23.5.2013 – 2 AZR 54/12, NZA 2013, 1197 Rn. 47.
[20] BAG 20.6.2013 – 6 AZR 805/11, NZA 2013, 1137 Rn. 15; LAG Bln-Bbg 8.8.2019 – 10 Sa 153/19, BeckRS 2019, 22840 Rn. 27.
[21] BAG 20.6.2013 – 6 AZR 805/11, NZA 2013, 1137 Rn. 20.
[22] BAG 20.1.2016 – 6 AZR 782/14, NZA 2016, 485 Rn. 16 mit Hinweis auf BAG 10.4.2014 – 2 AZR 647/13, NZA 2015, 162 Rn. 21 f.
[23] BAG 20.1.2016 – 6 AZR 782/14, NZA 2016, 485 Rn. 14; 20.6.2013 – 6 AZR 805/11, NZA 2013, 1137 Rn. 13.
[24] BAG 20.1.2016 – 6 AZR 782/14, NZA 2016, 485 Rn. 16; 20.6.2013 – 6 AZR 805/11, NZA 2013, 1137 Rn. 24; vgl. auch BAG 11.6.2020 – 2 AZR 374/19, NZA 2020, 1179 Rn. 46; 10.4.2014 – 2 AZR 647/13, NZA 2015, 162 Rn. 17; 29.9.2011 – 2 AZR 177/10, NZA 2012, 754 Rn. 24; vgl. aber auch LAG Düsseldorf 28.8.2014 – 5 Sa 1251/13, BeckRS 2015, 65003 – Fall der Unbestimmbarkeit – (Vorinstanz zu BAG 20.6.2016 – 6 AZR 782/14, NZA 2016, 485, insoweit offengelassen in Rn. 17 mit Rn. 18).
[25] BAG 20.1.2016 – 6 AZR 782/14, NZA 2016, 485 Rn. 18; 23.5.2013 – 2 AZR 54/12, NZA 2013, 1197 Rn. 50.
[26] BAG 20.1.2016 – 6 AZR 782/14, NZA 2016, 485 Rn. 15; 10.4.2014 – 2 AZR 647/13, NZA 2015, 162 Rn. 18; 20.6.2013 – 6 AZR 805/11, NZA 2013, 1137 Rn. 15; LAG Bln-Bbg 8.8.2019 – 10 Sa 153/19, BeckRS 2019, 22840 Rn. 29; LAG München 17.12.2019 – 6 Sa 543/18, BeckRS 2019, 43737 Rn. 81.
[27] LAG Köln 6.10.2005 – 6 Sa 843/05, NZA-RR 2006, 353; Ascheid/Preis/Schmidt/*Preis* Grundlagen D. Rn. 20.
[27a] Vgl. → § 46 Rn. 17.
[27b] LAG Köln 29.1.2016 – 4 Sa 849/15, BeckRS 2016, 69285 Rn. 66.
[28] Vgl. näher → § 44 Rn. 112 ff.

§ 134 BGB nichtig,[29] kann nicht angenommen werden, es sei gleichzeitig eine außerordentliche Kündigung mit Auslauffrist erklärt.[30] Dies gilt selbst dann, wenn der Kündigende einen wichtigen Grund iSv § 626 Abs. 1 BGB für die außerordentliche Kündigung hatte. Ob eine solche erklärt worden ist, ist Tatfrage. Die Kündigungserklärung muss ihrem Empfänger ggü. deutlich machen, dass trotz der Einhaltung einer Frist eine außerordentliche Kündigung erklärt sein soll.[31]

2. Einseitigkeit

Da die Kündigungserklärung ein einseitiges Rechtsgeschäft ist,[32] bedarf es, um Rechtswirkungen zu erzeugen, keiner Einverständniserklärung des Empfängers. Die aus freien Stücken abgegebene und nicht etwa vom Arbeitgeber vorformulierte Erklärung des Arbeitnehmers, eine vom Arbeitgeber ausgesprochene Kündigung zu „akzeptieren", kann auszulegen sein als Aufhebungsvertrag, Vergleich, Klageverzichtsvertrag oder vertragliches Klagerücknahmeversprechen, falls eine Kündigung bereits rechtshängig ist.[33]

3. Rechtsgestaltende Wirkung

Die Kündigung ist eine rechtsgestaltende Willenserklärung,[34] dh sie **beendet das Arbeitsverhältnis** mit ihrem Zugang beim Erklärungsgegner **für die Zukunft,** sofern zu diesem Zeitpunkt alle Voraussetzungen für die Ausübung des Gestaltungsrechts vorliegen.[34a] Der Zeitpunkt für die Beurteilung der Rechtmäßigkeit einer Kündigung ist daher der ihres Zugangs beim Erklärungsgegner. Ihre Wirksamkeit bestimmt sich nach den in diesem Zeitpunkt vorliegenden objektiven Verhältnissen.[34b] Eine **rückwirkende Kündigung,** zB zu dem Zeitpunkt, ab dem der Arbeitnehmer unentschuldigt fehlt, ist **ausgeschlossen.**[35] Besteht ein einheitliches Arbeitsverhältnis,[36] kann dieses im Regelfall nur von und ggü. allen auf einer Vertragsseite Beteiligten gekündigt werden.[37]

4. Bedingungsfeindlichkeit

Die Kündigung ist grundsätzlich bedingungsfeindlich.[38] Aus dem Grundsatz, wonach der Kündigungsempfänger sofort die Bedeutung der Erklärung erkennen muss, folgt, dass sie **nicht unter Bedingungen** ausgesprochen werden kann, **auf deren Eintritt** der Kündigungsempfänger **keinen Einfluss** hat. Unwirksam sind mithin Erklärungen, die Kündigung werde wirksam, wenn der Arbeitnehmer sein Verhalten nicht ändere bzw. zu spät aus dem Urlaub zurückkomme. Wirksam ist dagegen eine Kündigung, wenn der Eintritt der Bedingung aus-

---

[29] Vgl. BAG 25.4.2007 – 6 AZR 746/06, NZA 2007, 881 (882).
[30] Vgl. → § 44 Rn. 5.
[31] BAG 19.6.1978 – 2 AZR 660/78, AP BGB § 620 Befristeter Arbeitsvertrag Nr. 55; LAG Düsseldorf/Köln 30.10.1973 – 8 Sa 358/73, EzA BGB nF § 626 Nr. 32; vgl. auch BAG 13.5.2015 – 2 AZR 531/14, AP BGB § 626 Nr. 254 Rn. 30.
[32] BAG 13.12.2012 – 6 AZR 608/11, AP BGB § 620 Kündigungserklärung Nr. 23 Rn. 65; 27.9.2012 – 2 AZR 955/11, NZA 2013, 425 Rn. 21; vgl. auch BAG 17.2.2016 – 2 AZR 613/14, BeckRS 2016, 67744 Rn. 26; 20.6.2013 – 2 AZR 805/11, NZA 2013, 1137 Rn. 13.
[33] Vgl. näher BAG 6.9.2007 – 2 AZR 722/06, NZA 2008, 219 Rn. 28.
[34] BAG 17.2.2016 – 2 AZR 613/14, BeckRS 2016, 67744 Rn. 26; 21.3.2013 – 6 AZR 618/11, NZA-RR 2013, 609 Rn. 15; vgl. auch BAG 20.1.2016 – 6 AZR 601/14, NZA 2016, 490 Rn. 31; 17.12.2015 – 2 AZR 304/15, NZA 2016, 568 Rn. 16.
[34a] BAG 17.2.2016 – 2 AZR 613/14, BeckRS 2016, 67744 Rn. 26.
[34b] BAG 17.2.2016 – 2 AZR 613/14, BeckRS 2016, 67744 Rn. 26 mwN; vgl. zB zu § 1 Abs. 1 KSchG → § 43 Rn. 99.
[35] Vgl. auch Ascheid/Preis/Schmidt/*Preis* Grundlagen D. Rn. 12.
[36] Hierzu mwN → § 77 Rn. 1 mwN.
[37] BAG 27.3.1981 – 7 AZR 523/78, AP BGB § 611 Arbeitgebergruppe Nr. 1; LAG Hessen 3.1.2007 – 8 Sa 689/06, BeckRS 2007, 44565; vgl. auch BAG 5.12.2019 – 2 AZR 147/19, NZA 2020, 505 Rn. 19, 20; 10.4.2014 – 2 AZR 647/13, NZA 2015, 162 Rn. 27; 20.6.2013 – 6 AZR 805/11, NZA 2013, 1137 Rn. 34.
[38] Vgl. BAG 17.12.2015 – 2 AZR 304/15, NZA 2016, 568 Rn. 16; 21.3.2013 – 6 AZR 618/11, NZA-RR 2013, 609 Rn. 15; 3.4.2008 – 2 AZR 500/06, NZA 2008, 812 Rn. 22.

schließlich vom Willen des Kündigungsempfängers abhängt, also sich dieser im Zeitpunkt des Zugangs der Kündigung sofort entschließen kann, ob er die Bedingung erfüllen will oder nicht.[39] Der wichtigste Anwendungsfall einer derartigen **Potestativbedingung**[40] in der Praxis ist die Änderungskündigung.[41]

12 **Zulässig** ist auch eine sog. **vorsorgliche Kündigung.** Diese wird im Arbeitsleben gewöhnlich für den Fall ausgesprochen, dass die mit ihr erstrebte Rechtsfolge nicht schon zuvor oder zeitgleich durch einen anderen Auflösungstatbestand, zB eine bereits früher ausgesprochene Kündigung, bewirkt wird.[42] Hierbei handelt es sich um eine zulässige (auflösende) **Rechtsbedingung**[43] – allerdings nicht iSv § 158 Abs. 2 BGB[44] –, da die Kündigung von der bereits beim Zugang der Kündigungserklärung objektiv bestehenden Rechtslage ausgeht.[45]

II. Form

13 Gem. § 623 Hs. 1 BGB bedarf jede Kündigung, die zu einer Beendigung des Arbeitsverhältnisses führen kann, also jede Beendigungs- und Änderungskündigung der Schriftform. Das gilt auch für eine in einem Abwicklungsvertrag (→ § 49 Rn. 9 ff.) vorgesehene Erklärung, durch die der Arbeitnehmer vorzeitig aus dem Arbeitsverhältnis ausscheiden kann.[46] Dem Schriftformerfordernis kommt vor allem Klarstellungs- und Beweisfunktion zu.[47] Nach § 126 Abs. 1 BGB muss das Kündigungsschreiben vom Aussteller eigenhändig durch Namensunterschrift oder mittels notariell beglaubigten Handzeichens unterzeichnet sein. Die Schriftform kann nach § 126 Abs. 3 BGB durch notarielle Beurkundung und diese wiederum gem. § 127a BGB bei einem gerichtlichen Vergleich durch die Aufnahme der Kündigungserklärung in ein nach den Vorschriften der ZPO errichtetes Protokoll gewahrt werden.[48] Ausgeschlossen ist dagegen nach § 623 Hs. 2 BGB die Ersetzung durch die elektronische Form gem. § 126 Abs. 3 BGB. Dem Formerfordernis des § 623 Hs. 1 BGB ist auch genügt, wenn aus der schriftlichen Kündigungserklärung nicht hervorgeht, ob es sich um eine ordentliche oder um eine außerordentliche Kündigung handelt.[49]

14 Die **Unterschrift muss** die voranstehende **Kündigungserklärung,** die selbst nicht eigenhändig geschrieben sein muss, **decken** und deshalb unterhalb des Textes stehen, diesen also räumlich abschließen.[50] Die Namensunterschrift soll die Person des Ausstellers erkennbar machen. Deshalb genügt die bloße Paraphierung mit einem Namenskürzel nicht.[51] Nach dem äußeren Erscheinungsbild muss erkennbar sein, dass der Unterzeichner seinen vollen Namen und nicht nur eine Abkürzung hat niederschreiben wollen, selbst wenn die Unter-

---

[39] Vgl. BAG 15.3.2001 – 2 AZR 705/99, NZA 2001, 1070 (1071).
[40] Vgl. hierzu auch BAG 15.4.2008 – 9 AZR 380/07, NZA 2008, 998 Rn. 35.
[41] Vgl. hierzu → § 46 Rn. 26.
[42] BAG 21.4.2016 – 2 AZR 609/15, NZA 2016, 941 Rn. 20; 24.11.2005 – 2 ABR 55/04, AP BetrVG 1972 § 103 Nr. 55; vgl. auch BAG 23.5.2013 – 2 AZR 54/12, NZA 2013, 1197 Rn. 44; 22.4.2010 – 2 AZR 991/08, NZA-RR 2010, 583.
[43] Vgl. BAG 21.4.2016 – 2 AZR 609/15, NZA 2016, 941 Rn. 20; 17.12.2015 – 2 AZR 304/15, NZA 2016, 568 Rn. 16; 3.4.2008 – 2 AZR 500/06, NZA 2008, 812 Rn. 22.
[44] So aber BAG 20.1.2016 – 6 AZR 782/14, NZA 2016, 485 Rn. 21; 10.4.2014 – 2 AZR 647/13, NZA 2015, 162 Rn. 12; 23.5.2013 – 2 AZR 54/12, NZA 2013, 1197 Rn. 44.
[45] BAG 27.3.1987 – 7 AZR 527/85, AP BGB § 242 Betriebliche Übung Nr. 29; vgl. auch BAG 17.12.2015 – 2 AZR 304/15, NZA 2016, 568 Rn. 16; 3.4.2008 – 2 AZR 500/06, NZA 2008, 812 Rn. 22.
[46] BAG 17.12.2015 – 6 AZR 709/14, NZA 2016, 361 Rn. 35.
[47] Näher BAG 22.4.2010 – 6 AZR 828/08, AP LPVG Bayern Art. 77 Nr. 2 Rn. 38; 19.2.2008 – 1 AZR 1004/06, NZA 2008, 719 Rn. 44; 20.9.2006 – 6 AZR 82/06, NZA 2007, 377 (382); vgl. auch BAG 23.2.2017 – 6 AZR 665/15, NZA 2017, 995 Rn. 24; 17.12.2015 – 6 AZR 709/14, NZA 2016, 361 Rn. 27; 6.9.2012 – 2 AZR 858/11, NZA 2013, 524 Rn. 16.
[48] Vgl. auch BAG 23.11.2006 – 6 AZR 394/06, NZA 2007, 466 (467).
[49] Vgl. Ascheid/Preis/Schmidt/*Greiner* BGB § 623 Rn. 21; KR/*Spilger* BGB § 623 Rn. 136.
[50] Ascheid/Preis/Schmidt/*Greiner* BGB § 623 Rn. 14 unter Hinweis auf BGH 20.11.1990 – XI ZR 107/89, NJW 1991, 487 (488).
[51] BAG 6.9.2012 – 2 AZR 858/11, NZA 2013, 524 Rn. 18; 24.1.2008 – 6 AZR 519/07, NZA 2008, 521 Rn. 11; AG-Düsseldorf 10.4.2019 – 4 Sa 586/18, BeckRS 2019, 17295 Rn. 101; BGH 21.2.2008 – V ZB 96/07, BeckRS 2008, 04216; vgl. auch LAG Rheinland-Pfalz 2.3.2017 – 7 Sa 286/16, BeckRS 2017, 113286 Rn. 29.

schrift flüchtig niedergelegt und von einem starken Abschleifungsprozess gekennzeichnet ist.[52] Insoweit ist ein großzügiger Maßstab anzulegen.[53] Auf die Lesbarkeit der Unterschrift kommt es nicht an.[54]

Die **Unterschrift** muss **eigenhändig** erfolgen, dh unzulässig sind die Verwendung von Stempeln, Schreibmaschine, Faksimile oder anderen mechanischen Hilfsmitteln. Nach der ausdrücklichen Klarstellung in § 623 Hs. 2 BGB genügt eine digital erstellte Signatur nicht.[55] Die Kündigung muss als empfangsbedürftige Willenserklärung in der Form zugehen, die für ihre Abgabe erforderlich ist.[56] Demnach genügen weder ein Telegramm[57] noch ein Telefax[58] noch eine E-Mail[59] noch eine SMS.[60] Ob eine eigenhändige Unterschrift vorliegt, hängt nicht davon ab, ob aufgrund der Unterschrift schon bei Zugang der Kündigung die Person des Ausstellers für den Empfänger zweifelsfrei feststeht. Der Aussteller soll nur identifiziert werden können.[61]   15

Grundsätzlich reicht zur Wahrung der Schriftform auch eine **Blankounterschrift**.[62] Aus dem Schutzwerk der Formvorschrift des § 623 Hs. 1 BGB ergibt sich aber im Falle der Blankounterzeichnung einer Eigenkündigung des Arbeitnehmers, dass die Ermächtigung zur Ausfüllung des Blanketts der Schriftform bedarf und der Inhalt der einzutragenden Erklärung eindeutig in der Ermächtigung zum Ausdruck gekommen ist.[63]   16

Unterzeichnet für eine Vertragspartei ein **Vertreter** die Erklärung, muss dies in der Urkunde durch einen das Vertretungsverhältnis anzeigenden Zusatz hinreichend deutlich zum Ausdruck kommen.[64] Dies gilt erst recht, wenn der Vertreter mit dem Namen des Vertretenen unterzeichnet.[65] Ob der Vertreter die in der Urkunde zum Ausdruck gebrachte Vertretungsmacht tatsächlich hat, ist keine Frage der Schriftform, sondern der materiell-rechtlichen Wirksamkeit seiner Erklärung. Selbst wenn er ohne Vertretungsmacht gehandelt hätte, wäre die Schriftform nach § 623 Hs. 1 BGB gewahrt.[66]   17

Für die Einhaltung der Schriftform ist es erforderlich, dass alle Erklärenden die schriftliche Willenserklärung unterzeichnen. Sind in dem **Kündigungsschreiben** einer GbR alle Gesellschafter sowohl im Briefkopf als auch maschinenschriftlich in der Unterschriftszeile aufgeführt, reicht es zur Wahrung der Schriftform nicht aus, wenn lediglich ein Teil der GbR-Gesellschafter ohne weiteren Vertretungszusatz das Kündigungsschreiben handschriftlich   18

---

[52] BAG 6.9.2012 – 2 AZR 858/11, NZA 2013, 524 Rn. 17; 24.1.2008 – 6 AZR 519/07, NZA 2008, 521 Rn. 11; LAG Düsseldorf 10.4.2019 – 4 Sa 586/18, BeckRS 2019, 17295 Rn. 101; LAG Rheinland-Pfalz 2.3.2017 – 7 Sa 286/16, BeckRS 2017, 113286 Rn. 27; BGH 27.9.2005 – VIII ZB 105/04, NJW 2005, 3775.
[53] Vgl. BAG 24.1.2008 – 6 AZR 519/07, NZA 2008, 521 Rn. 11; LAG Nürnberg 18.4.2012 – 2 Sa 100/11, NZA-RR 2012, 409 (410).
[54] BAG 6.9.2012 – 2 AZR 858/11, NZA 2013, 524 Rn. 17; 24.1.2008 – 6 AZR 519/07, NZA 2008, 521 Rn. 11; LAG Rheinland-Pfalz 14.3.2017 – 8 Sa 289/16, NZA-RR 2018, 22 Rn. 41; BGH 27.9.2005 – VIII ZB 105/04, NJW 2005, 3775.
[55] Stahlhacke/Preis/Vossen Kündigung/*Preis* Rn. 66.
[56] Vgl. BAG 4.11.2004 – 2 AZR 17/04, NZA 2004, 513 f.; BGH 4.7.1986 – V ZR 41/86, NJW-RR 1987, 395; 25.3.1970 – VIII ZR 134/68, NJW 1970, 1078 (1080); LAG Düsseldorf 18.4.2006 – 12 Sa 132/07, BeckRS 2007, 45454.
[57] BGH 27.5.1957 – VII ZR 223/56, NJW 1957, 1275.
[58] BAG 17.12.2015 – 6 AZR 709/14, NZA 2016, 361 Rn. 46; LAG Rheinland-Pfalz 31.1.2008 – 9 Sa 416/07, BeckRS 2008, 51713 Rn. 13; vgl. auch BGH 30.7.1997 – VIII ZR 244/96, NJW 1997, 3169 (3170).
[59] BAG 19.2.2008 – 1 AZR 1004/06, NZA 2008, 719 Rn. 45; LAG Bln-Bbg 24.8.2018 – 2 Sa 992/18, BeckRS 2018, 27230 Rn. 21.
[60] LAG Hamm 17.8.2007 – 10 Sa 512/07, BeckRS 2007, 46744.
[61] BAG 6.9.2012 – 2 AZR 858/11, NZA 2013, 524 Rn. 17; 24.1.2008 – 6 AZR 519/07, NZA 2008, 521 Rn. 11; LAG Bln-Bbg 18.7.2019 – 5 Sa 353/19 juris Rn. 68; LAG Düsseldorf 10.4.2019 – 4 Sa 586/18, BeckRS 2019, 17295 Rn. 101.
[62] BGH 20.11.1990 – XI ZR 107/09, NJW 1991, 487 (488); 31.10.1956 – V ZR 177/55, BGHZ 22, 128 (132); KR/*Spilger* BGB § 623 Rn. 101.
[63] LAG Hamm 11.6.2008 – 18 Sa 302/08, BeckRS 2008, 55960.
[64] BAG 15.12.2016 – 8 AZR 612/15, NZA 2017, 783 Rn. 20; 28.11.2007 – 6 AZR 1108/06, NZA 2008, 348 (350); 13.12.2007 – 6 AZR 145/07, NZA 2008, 403 Rn. 14; vgl. auch → Rn. 24.
[65] BGH 3.6.1966 – II ZR 18/64, BGHZ 45, 193 (195) = NJW 1966, 1069.
[66] LAG Düsseldorf 22.5.2015 – 10 Sa 811/14, BeckRS 2015, 70505 Rn. 43 im Anschluss an BGH 14.11.2009 – XII ZR 86/09, NJW 2010, 1453 Rn. 10; vgl. auch BAG 12.4.2017 – 7 AZR 446/15, NZA 2017, 1125 Rn. 21; 15.12.2016 – 8 AZR 612/15, NZA 2017, 783 Rn. 20.

unterzeichnet.[67] Eine solche Kündigungserklärung enthält keinen hinreichend deutlichen Hinweis darauf, dass es sich nicht lediglich um den Entwurf eines Kündigungsschreibens handelt, der versehentlich von den übrigen Gesellschaftern noch nicht unterzeichnet ist.[68] Einer Zurückweisung der Kündigung nach § 174 S. 1 BGB bedarf es bei dieser Fallgestaltung nicht.[69] Sieht dagegen der Gesellschaftsvertrag der GbR vor, dass diese im Rechtsverkehr nicht durch alle, sondern nur durch einen oder mehrere Gesellschafter vertreten wird (organschaftliche Vertretungsregelung), genügt zur Einhaltung der Schriftform die Unterzeichnung der Kündigung allein durch die im Gesellschaftsvertrag ermächtigten Gesellschafter.[70]

19 Wird die **Kündigung** einer **GmbH** von einem Geschäftsführer oder Prokuristen, der die Gesellschaft nur gemeinsam mit einem weiteren Geschäftsführer oder Prokuristen vertreten kann, allein unterschrieben, kann dies zur Formunwirksamkeit der Kündigung nach § 623 Hs. 1 BGB führen. Die Schriftform ist jedenfalls dann nicht gewahrt, wenn der Geschäftsführer über der Unterschriftenzeile „Geschäftsführung" unterzeichnet und kein Vertretungsvermerk erfolgt.[71]

20 Enthält ein bei Gericht im Laufe eines Kündigungsschutzprozesses eingereichter Schriftsatz eine **weitere, vorsorglich**[72] **ausgesprochene Kündigung** des Arbeitgebers, muss dieser selbst oder sein Prozessbevollmächtigter,[73] um das Schriftformerfordernis des § 623 Hs. 1 BGB zu erfüllen, die für den Arbeitnehmer bestimmte Abschrift eigenhändig unterschreiben.[74] Allerdings reicht es aus, wenn der für das Gericht bestimmte Originalschriftsatz eigenhändig unterzeichnet ist und der Arbeitnehmer eine Abschrift erhält, die mit einem vom Verfasser des Schriftsatzes selbst unterschriebenen Beglaubigungsvermerk versehen ist.[75]

21 Neben § 623 Hs. 1 BGB gibt es spezielle gesetzliche Schriftformerfordernisse, die **auch zur Angabe** des **Kündigungsgrundes** verpflichten (zB § 22 Abs. 3 BBiG – bis 31.3.2005: § 15 Abs. 3 BBiG aF – und § 17 Abs. 2 S. 2 MuSchG – bis 31.12.2017: § 9 Abs. 3 S. 2 MuSchG aF –; vgl. auch § 221 Abs. 1 SGB IX – bis 31.12.2017: § 138 Abs. 7 SGB IX aF[76]). Ebenso kann auf Grund tarif-[77] oder einzelvertraglicher[78] Regelung eine Kündigung der Schriftform unter Angabe des Grundes bedürfen. In all diesen Fällen müssen die Kündigungsgründe im Kündigungsschreiben[79] so genau bezeichnet sein, dass der Kündigungsempfänger deutlich erkennen kann, auf welchen Tatsachen der Entschluss des Kündigenden, das Arbeitsverhältnis zu beenden, beruht.[80] Fehlt ein gesetzlicher, tarif- oder einzelvertraglicher Begründungszwang, ist eine ohne Angabe von Gründen ausgesprochene Kündigung nicht schon deshalb unwirksam.[81]

22 Wird die Schriftform entgegen § 623 Hs. 1 BGB nicht eingehalten, ist die Kündigung gem. § 125 S. 1 BGB nichtig. Haben die Arbeitsvertragsparteien konstitutiv die Angabe der Kündigungsgründe für den Fall einer Arbeitgeberkündigung vereinbart, kommt § 125 S. 2 BGB zur Anwendung.[82] Die Nichtigkeit der Kündigung muss der Arbeitnehmer nicht innerhalb

---

[67] BAG 21.4.2005 – 2 AZR 162/04, NZA 2005, 865 (866).
[68] BAG 21.4.2005 – 2 AZR 162/04, NZA 2005, 865 (866); vgl. auch LAG Düsseldorf 22.5.2015 – 10 Sa 811/14, BeckRS 2015, 70505 Rn. 38.
[69] S. aber → Rn. 26 aE.
[70] LAG Düsseldorf 22.5.2015 – 10 Sa 811/14, BeckRS 2015, 70505 Rn. 35 ff.
[71] LAG BW 1.9.2005 – 11 Sa 7/05, BeckRS 2005, 31047292.
[72] Vgl. hierzu → Rn. 12.
[73] Vgl. hierzu auch → Rn. 33.
[74] Ascheid/Preis/Schmidt/*Preis* Grundlagen D. Rn. 86.
[75] BGH 4.7.1986 – V ZR 41/86, NJW-RR 1987, 395 f.; LAG Nds 30.11.2001 – 10 Sa 1046/01, NZA-RR 2002, 242 (243); Ascheid/Preis/Schmidt/*Preis* Grundlagen D. Rn. 86 mwN.
[76] Hierzu BAG 17.3.2015 – 9 AZR 994/13, NZA 2015, 1071 Rn. 37–43.
[77] Vgl. zB BAG 27.3.2003 – 2 AZR 173/02, AP BMTG-G II § 54 Nr. 4.
[78] BAG 25.10.2012 – 2 AZR 845/11, NZA 2013, 900 Rn. 18 ff.
[79] BAG 17.3.2015 – 9 AZR 994/13, NZA 2015, 1071 Rn. 39 ff.
[80] Vgl. BAG 17.3.2015 – 9 AZR 994/13, NZA 2015, 1071 Rn. 42, 46; 27.3.2003 – 2 AZR 173/02, AP BMTG-G II § 54 Nr. 4; 10.2.1999 – 2 AZR 848/98, AP BMT-G II § 54 Nr. 3.
[81] BAG 28.8.2003 – 2 AZR 333/02, AP BGB § 242 Kündigung Nr. 17; 21.2.2001 – 2 AZR 15/00, NZA 2001, 833 (834).
[82] BAG 25.10.2012 – 2 AZR 845/11, NZA 2013, 900 Rn. 26 ff.

der dreiwöchigen Klagefrist des § 4 S. 1 KSchG nF geltend machen.[83] Dem Kündigungsempfänger kann nur ganz ausnahmsweise die Berufung auf die Formnichtigkeit der Kündigung mittels des Grundsatzes von Treu und Glauben (§ 242 BGB) versagt werden.[84]

III. Vertretung

1. Allgemeines

Grundsätzlich muss die Kündigung von einer Partei des Arbeitsvertrages der anderen ggü. abgegeben werden. Ist eine juristische Person Partei des Arbeitsvertrages, ist die Kündigung von ihrem gesetzlichen Vertreter zu erklären[85] bzw. muss diesem zugehen. Es ist aber rechtlich auch möglich, eine Kündigung durch einen Vertreter mit Vertretungsmacht auszusprechen (§ 164 Abs. 1 S. 1 BGB) bzw. diesem zugehen (§ 164 Abs. 3 BGB) zu lassen. Die Vertretungsmacht kann auf ausdrücklicher[86] oder konkludenter[87] Vollmachtserteilung (§ 167 Abs. 1 BGB), aber auch auf einer Duldungs- oder Anscheinsvollmacht[88] beruhen. 23

2. Abgabe der Kündigungserklärung

Wird die Kündigung durch einen Vertreter unterschrieben, muss dies in der Kündigung durch einen das **Vertretungsverhältnis** anzeigenden Zusatz hinreichend **deutlich zum** Ausdruck kommen.[89] Das ist zB der Fall, wenn ein Angestellter des Arbeitgebers auf einem Briefbogen mit dessen Briefkopf eine Kündigung mit dem Zusatz „i. V." vor der Unterschrift unterzeichnet.[90] Hiervon kann aber nach entsprechender Auslegung der Kündigungserklärung gem. §§ 133, 157 BGB auch ausgegangen werden, wenn der Angestellte mit dem Zusatz „i. A." unterschreibt.[91] Eines Hinweises auf die maßgebliche Bevollmächtigung, zB Prokura, bedarf es nicht.[92] 24

Da die Kündigung eine einseitige Erklärung ist,[93] darf sie zu keiner Rechtsunsicherheit führen. Eine Kündigung, die **ohne Bestehen** einer **Vertretungsmacht** für den Arbeitgeber ausgesprochen wird, ist mithin **rechtsunwirksam** (§ 180 S. 1 BGB). Hat allerdings der Arbeitnehmer die von dem Vertreter behauptete Vertretungsmacht „bei der Vornahme" der Kündigung nicht beanstandet – die Rüge fehlender Vollmacht muss unter Anwesenden sofort und unter Abwesenden analog § 174 S. 1 BGB unverzüglich erhoben werden,[94] wobei die Rüge nach einer Zeitspanne von mehr als einer Woche nach tatsächlicher Kenntnisnahme des Arbeitnehmers von der Kündigung im Regelfall nicht mehr unverzüglich ist[95] –, 25

---

[83] Vgl. näher → § 48 Rn. 104.
[84] BAG 22.4.2010 – 6 AZR 828/08, AP LPVG Bayern § 77 Nr. 2 Rn. 38; 16.9.2004 – 2 AZR 659/03, AP BGB § 623 Nr. 1; vgl. auch BAG 15.3.2011 – 10 AZB 32/10, NZA 2011, 874 (875 f.); LAG Hamm 20.4.2017 – 1 Sa 1524/16, NZA-RR 2018, 76 Rn. 29; ausf. Henssen BB 2006, 1613.
[85] Zur Wirksamkeit einer Arbeitgeberkündigung im Namen der AG vor Vollzug des Formwechsels einer GmbH in eine AG vgl. LAG Rheinland-Pfalz 16.2.2016 – 8 Sa 266/15, BeckRS 2016, 68975.
[86] Zur Auslegung einer Vollmachtserteilung nach § 133 BGB vgl. BAG 25.4.2013 – 6 AZR 49/12, AP InsO § 343 Nr. 1 Rn. 109.
[87] BAG 25.4.2013 – 6 AZR 49/12, AP InsO § 343 Nr. 1 Rn. 128.
[88] Vgl. BAG 16.1.2003 – 2 AZR 609/01, AP KSchG 1969 § 1 Gemeinschaftsbetrieb Nr. 1; vgl. auch BAG 9.6.2011 – 6 AZR 687/09, NZA 2011, 847.
[89] BAG 20.9.2006 – 6 AZR 82/06, NZA 2007, 377 Rn. 71; 21.4.2005 – 2 AZR 162/04, NZA 2005, 865 (866); vgl. auch LAG Rheinland-Pfalz 19.12.2007 – 7 Sa 530/07, NZA-RR 2008, 403 (404).
[90] BAG 13.12.2007 – 6 AZR 145/07, NZA 2008, 403 (404); 20.9.2006 – 6 AZR 82/06, NZA 2007, 377 (379).
[91] BAG 13.12.2007 – 6 AZR 145/07, NZA 2008, 403 (404); vgl. auch LAG Köln 17.3.2006 – 4 Sa 85/05, BeckRS 2006, 43480; LAG Rheinland-Pfalz 19.12.2007 – 7 Sa 530/07, NZA-RR 2008, 403 (404).
[92] BAG 25.9.2014 – 2 AZR 567/13, NZA 2015, 159 Rn. 29.
[93] Vgl. → Rn. 9.
[94] Vgl. BAG 11.12.1997 – 8 AZR 699/96, BeckRS 1997, 30773010; vgl. auch BAG 25.4.2013 – 6 AZR 49/12, AP InsO § 343 Nr. 1 Rn. 124; 13.12.2012 – 6 AZR 608/11, AP BGB § 620 Kündigungserklärung Nr. 23 Rn. 65.
[95] BAG 5.12.2019 – 2 AZR 147/19, NZA 2020, 505 Rn. 48; 25.4.2013 – 6 AZR 49/12, AP InsO § 343 Nr. 1 Rn. 126; 13.12.2012 – 6 AZR 608/11, AP BGB § 620 Kündigungserklärung Nr. 23 Rn. 67; LAG Hamm 16.5.2013 – 17 Sa 1708/12, BeckRS 2013, 69891.

ist sie schwebend unwirksam und kann nachträglich vom Arbeitgeber gem. § 177 Abs. 1 BGB iVm § 180 S. 2 BGB noch genehmigt werden,[96] sogar noch in einem vom Arbeitnehmer gegen den Arbeitgeber geführten Kündigungsschutzprozess.[97] Die Genehmigung bedarf nach § 182 Abs. 2 BGB nicht der Form des § 623 Hs. 1 BGB und kann deshalb auch durch schlüssiges Handeln erfolgen.[98] Materiell-rechtlich kann die Genehmigung durch den Arbeitgeber nach § 182 Abs. 1 BGB zwar sowohl ggü. dem Vertreter als auch dem Erklärungsempfänger erklärt werden. Aber erst mit deren Zugang beim Arbeitnehmer ist sie dem Arbeitgeber zurechenbar und beginnt die Klagefrist des § 4 S. 1 KSchG.[99]

26 Eine Kündigung **kraft Vollmacht** ist nach § 174 S. 1 BGB[100] **unwirksam,** wenn der Bevollmächtigte – nicht: gesetzliche[101] oder organschaftliche[102] Vertretung – **keine Vollmachtsurkunde** – im Original[103] – vorlegt – das gilt auch für einen Rechtsanwalt[104] – **und der Arbeitnehmer** die Kündigung **aus diesem Grund,** dh gerade wegen der fehlenden Vorlage der Vollmachtsurkunde,[105] **unverzüglich** zurückweist.[106] § 174 S. 1 BGB bezweckt, dass der Empfänger einer Kündigung nicht nachforschen muss, welche Stellung der Erklärende hat und ob er bevollmächtigt ist, die Kündigung zu erklären.[107] Für den Nachweis der Kündigungsvollmacht nach § 174 S. 1 BGB genügt es bei einer Kündigung grundsätzlich nicht, dass für eine frühere Kündigung die erforderliche Vollmacht vorgelegt worden war.[108] Anders ist es nur dann, wenn die früher vorgelegte Vollmacht sich auch auf eine Folgekündigung erstreckt.[109] Eine Heilung oder Genehmigung nach § 177 Abs. 1 BGB scheidet aus.[110] Die in § 174 S. 1 BGB angeordnete Unwirksamkeit der Kündigung tritt unabhängig vom Bestehen einer Vollmacht ein.[111] § 174 S. 1 BGB ist nicht anwendbar, wenn der Gekündigte nur die Kündigungsbefugnis des Kündigenden an sich verneint, nicht aber deren Nachweis durch Vorlage einer wirksamen Vollmachtsurkunde fordert.[112] Bei Zweifeln über das Bestehen der Kündigungsvollmacht des Vertreters kann der Arbeitgeber deren Fehlen rügen.[113] § 174 S. 1

---

[96] BAG 10.4.2014 – 2 AZR 684/13, NZA 2014, 660 Rn. 33; 16.12.2010 – 2 AZR 485/08, NZA 2011, 571 (572); vgl. auch BAG 26.3.2009 – 2 AZR 403/07, NZA 2009, 1146 (1147); 5.11.2009 – 2 AZR 383/08, NZA-RR 2010, 325 (326); offen gelassen von BAG 10.2.2005 – 2 AZR 584/03, AP BGB § 174 Nr. 18.
[97] BAG 25.4.2013 – 6 AZR 49/12, AP InsO § 343 Nr. 1 Rn. 128; 16.12.2010 – 2 AZR 485/08, NZA 2011, 571 Rn. 14.
[98] Vgl. BAG 10.4.2014 – 2 AZR 684/13, NZA 2014, 660 Rn. 33; vgl. auch BAG 21.5.2019 – 2 AZR 582/18, NZA 2019, 1052 Rn. 28; 24.8.2006 – 8 AZR 574/05, NZA 2007, 328 (330).
[99] BAG 13.12.2012 – 6 AZR 608/11, AP BGB § 620 Kündigungserklärung Nr. 23 Rn. 65; vgl. auch BAG 6.9.2012 – 2 AZR 858/11, NZA 2013, 524 Rn. 14; → § 48 Rn. 135.
[100] Zu Sinn und Zweck BAG 24.9.2015 – 6 AZR 492/14, NZA 2016, 102 Rn. 24; 25.9.2014 – 2 AZR 567/13, NZA 2015, 159 Rn. 19.
[101] BAG 8.11.2007 – 2 AZR 425/06, NZA 2008, 471 Rn. 26; 20.9.2006 – 6 AZR 82/06, NZA 2007, 377 Rn. 26; LAG Rheinland-Pfalz 14.3.2017 – 8 Sa 289/16, NZA-RR 2018, 22 Rn. 40.
[102] BAG 20.9.2006 – 6 AZR 82/06, NZA 2007, 377 Rn. 40; LAG Hessen 23.5.2011 – 16 Sa 36/11, NZA-RR 2011, 519 f.; LAG Nds 25.6.2010 – 10 Sa 46/10, NZA-RR 2011, 22 (23); LAG Rheinland-Pfalz 14.3.2017 – 8 Sa 289/16, NZA-RR 2018, 22 Rn. 40; vgl. auch BAG 8.11.2007 – 2 AZR 425/06, NZA 2008, 471 Rn. 26.
[103] BAG 25.9.2014 – 2 AZR 567/13, NZA 2015, 159 Rn. 13; 14.4.2011 – 6 AZR 727/09, NZA 2011, 683 (686); BGH 10.2.1994 – IX ZR 109/93, NJW 1994, 1472; LAG Düsseldorf 22.5.1995 – 4 Sa 1817/94, NZA 1995, 994; LAG SchlH 25.2.2014 – 1 Sa 252/13, BeckRS 2014, 68045; vgl. auch BAG 14.4.2011 – 6 AZR 727/09, NZA 2011, 683 Rn. 31; offen gelassen von BAG 11.3.1999 – 2 AZR 427/98, AP BGB § 626 Nr. 150.
[104] LAG Rheinland-Pfalz 25.4.2013 – 10 Sa 518/12, NZA 2013, 406 (407).
[105] BAG 9.7.1998 – 2 AZR 142/98, AP BetrVG 1972 § 103 Nr. 36; BAG 19.4.2007 – 2 AZR 180/06, NZA-RR 2007, 571 (575); vgl. auch LAG Köln 2.3.2018 – 6 Sa 958/17, BeckRS 2018, 8057 Rn. 27; LAG SchlH 25.2.2014 – 1 Sa 252/13, BeckRS 2014, 68045.
[106] Zum Problemkreis ausführlich *Röbke* FA 2010, 260 ff.; *Meyer/Reufels* NZA 2011, 5 f.
[107] Vgl. BAG 25.9.2014 – 2 AZR 567/13, NZA 2015, 159 Rn. 19; vgl. allg. für einseitige Willenserklärungen BAG 24.9.2015 – 6 AZR 492/14, NZA 2016, 102 Rn. 24.
[108] Vgl. allg. für einseitige Willenserklärungen BAG 24.9.2015 – 6 AZR 492/14, NZA 2016, 102 Rn. 24.
[109] Vgl. BAG 24.9.2015 – 6 AZR 492/14, NZA 2016, 102 Rn. 26.
[110] BAG 14.4.2011 – 6 AZR 727/09, NZA 2011, 683 Rn. 20; 19.4.2007 – 2 AZR 180/06, NZA-RR 2007, 571 (575); 20.9.2006 – 6 AZR 82/06, NZA 2007, 377 Rn. 33.
[111] BAG 19.4.2007 – 2 AZR 180/06, NZA-RR 2007, 571 (575); 20.9.2006 – 6 AZR 82/06, NZA 2007, 377 Rn. 33.
[112] BAG 19.4.2007 – 2 AZR 180/06, NZA-RR 2007, 571 (575).
[113] Vgl. BAG 29.5.2015 – 6 AZR 492/14, NZA 2016, 102 Rn. 25.

BGB gilt analog, wenn ein abweichend von der Grundregel der §§ 709, 714 BGB gem. § 710 BGB allein vertretungsberechtigter Gesellschafter im Namen einer GbR kündigt.[113a]

Für die Frage der **unverzüglichen** Zurückweisung, die formlos erfolgen kann,[114] gelten die 27 zu § 121 Abs. 1 S. 1 BGB aufgestellten Grundsätze entsprechend.[115] Danach muss dem Arbeitnehmer eine angemessene Überlegungsfrist – auch zur Einholung von Rechtsrat[116] – eingeräumt werden, worüber die Einzelfallumstände entscheiden.[117] Die Zurückweisung der Kündigung nach einer **Zeitspanne von mehr als einer Woche** nach ihrer Kenntnisnahme ist ohne das Vorliegen besonderer Umstände **nicht** mehr **unverzüglich**.[118] Wird dagegen eine Kündigung ggü. einem Arbeitnehmer mangels Vorlage der Vollmacht des Kündigenden erst nach Ablauf der dreiwöchigen Klagefrist des § 4 S. 1 KSchG[119] gem. § 174 S. 1 BGB zurückgewiesen, ist dies keinesfalls mehr unverzüglich iSd § 121 Abs. 1 S. 1 BGB.[120] Liegt einem Zurückweisungsschreiben keine Originalvollmacht bei, kann die Zurückweisungserklärung vom Kündigenden nach § 174 S. 1 BGB, da sie ein einseitiges Rechtsgeschäft iS dieser Vorschrift ist, zurückgewiesen werden mit der Folge, dass sie unwirksam ist.[121]

Die **Zurückweisung** nach § 174 S. 1 BGB **unterliegt** grundsätzlich dem **Vorbehalt** von 28 **Treu und Glauben** (§ 242 BGB). Sie ist daher ausgeschlossen, wenn der Zurückweisende sich widersprüchlich verhält, etwa weil er zuvor mehrfach Erklärungen des Vollmachtgebers durch denselben Bevollmächtigten ohne Vorlage einer Vollmachtsurkunde anerkannt hat.[122]

Die **Zurückweisung** ist gem. § 174 S. 2 BGB[123] von vornherein **ausgeschlossen**, wenn der 29 **Vollmachtgeber** (Arbeitgeber) – nicht der Bevollmächtigte selbst[124] – **den anderen** (Arbeitnehmer) vor Ausspruch der Kündigung **von der Bevollmächtigung** ausdrücklich[125] – ggf. bezogen auf eine spätere Kündigung schon durch entsprechenden Hinweis in der der früheren Kündigung beigefügten Vollmachtsurkunde[125a] – oder konkludent[126] **in Kenntnis gesetzt** hatte. Hierfür reicht die bloße Mitteilung im Arbeitsvertrag des Arbeitnehmers, dass der jeweilige Inhaber einer Funktion kündigen dürfe, nicht aus. Es bedarf vielmehr eines zusätzlichen Handelns des Vollmachtgebers, das es dem Empfänger der Kündigungserklärung ermöglicht, der ihm genannten Funktion, mit der das Kündigungsrecht verbunden ist, die Person des jeweiligen Stelleninhabers zuzuordnen.[127] Entsprechendes gilt im öffentlichen Dienst, wenn laut einer öffentlich bekannt gemachten Satzung oder eines öffentlich bekannt

---

[113a] BAG 5.12.2019 – 2 AZR 147/19, NZA 2020, 505 Rn. 29 mwN.
[114] Vgl. BAG 25.9.2014 – 2 AZR 567/13, NZA 2015, 159 Rn. 16.
[115] BAG 8.12.2011 – 6 AZR 354/10, NZA 2012, 495 (498); 5.4.2001 – 2 AZR 159/00, AP BGB § 626 Nr. 171; 11.3.1999 – 2 AZR 427/98, AP BGB § 626 Nr. 150; LAG MV 24.2.2009 – 5 Sa 256/08, NZA-RR 2009, 528 (529).
[116] Grundlegend BAG 30.5.1978 – 2 AZR 633/76, AP BGB § 174 Nr. 2; ebenso zB BAG 8.12.2011 – 6 AZR 354/10, NZA 2012, 495 Rn. 32; 20.9.2006 – 6 AZR 82/06, NZA 2007, 377 (380); LAG Rheinland-Pfalz 9.4.2013 – 6 Sa 529/12, BeckRS 2013, 71279.
[117] Vgl. BAG 10.2.2005 – 2 AZR 584/03, AP BGB § 174 Nr. 18; 8.12.2011 – 6 AZR 354/10, NZA 2012, 495 (498); LAG MV 24.2.2009 – 5 Sa 256/08, NZA-RR 2009, 528 (529).
[118] S. → Rn. 25.
[119] Zur Frage der Anwendbarkeit des § 4 S. 1 KSchG auf § 174 S. 1 BGB vgl. → § 48 Rn. 139.
[120] BAG 11.3.1999 – 2 AZR 159/00, AP BGB § 626 Nr. 171.
[121] BAG 8.12.2011 – 6 AZR 354/10, NZA 2012, 495 Rn. 27.
[122] LAG Nds 25.6.2010 – 10 Sa 46/10, NZA-RR 2011, 22 (24); vgl. auch BAG 5.12.2019 – 2 AZR 147/19 NZA 2020, 505 Rn. 59 mwN Rn. 64.
[123] Zu Sinn und Zweck vgl. BAG 6.2.1997 – 2 AZR 128/96, AP BGB § 620 Kündigungserklärung Nr. 10; vgl. auch LAG Bln-Bbg 15.3.2019 – 9 Sa 445/18, BeckRS 2019, 9198 Rn. 50 (Vorinstanz von BAG 5.12.2019 – 2 AZR 147/19, NZA 2020, 505 zu § 174 S. 2 BGB analog).
[124] Vgl. BAG 20.9.2006 – 6 AZR 82/06, NZA 2007, 377 (379); 12.1.2006 – 2 AZR 179/05, NZA 2006, 980 (982); LAG SchlH 25.2.2014 – 1 Sa 252/13, BeckRS 2014, 68045.
[125] Vgl. BAG 5.12.2019 – 2 AZR 147/19, NZA 2020, 505 Rn. 52; 28.10.2010 – 2 AZR 392/08, AP KSchG 1969 § 23 Nr. 48 Rn. 35; LAG Rheinland-Pfalz 25.4.2013 – 10 Sa 518/12, NZA-RR 2013, 406 (407).
[125a] Vgl. BAG 24.9.2015 – 6 AZR 492/14, NZA 2016, 102 Rn. 27.
[126] BAG 12.1.2006 – 2 AZR 179/05, NZA 2006, 980 (982); LAG BW 25.4.2012 – 13 Sa 135/11, BeckRS 2012, 74496; LAG Bremen 12.11.2006 – 2 Sa 205/06, BeckRS 2009, 68136.
[127] BAG 26.9.2013 – 2 AZR 843/12, NZA-RR 2014, 236 Rn. 47; 14.4.2011 – 6 AZR 727/09, NZA 2011, 683 Rn. 30 mit Einzelheiten; vgl. auch BAG 5.12.2019 – 2 AZR 147/19, NZA 2020, 505 Rn. 52; 8.12.2011 – 6 AZR 354/10, NZA 2012, 495 Rn. 30.

gemachten Erlasses mit einer bestimmten Funktion die Kündigungsbefugnis verbunden ist.[128] IdR genügt für ein Inkenntnissetzen iSv § 174 S. 1 BGB die Aufforderung seitens des Arbeitgebers, sich aus übergebenen Unterlagen oder aus dem Intranet über die Organisationsstruktur des Unternehmens bzw. Betriebes zu informieren, sofern sich aus diesen Quellen ergibt, wer konkret die fragliche Funktion inne hat.[129] Ein Aushang über die Bevollmächtigung für Kündigungen am „Schwarzen Brett" muss nicht unbedingt genügen,[130] ein Aushang an der Arbeitsstelle dagegen wohl.[131]

30 **Ausreichend** für das Inkenntnissetzen iSd § 174 S. 2 BGB ist es, wenn der Vertreter – für die Arbeitnehmer ersichtlich bzw. bekannt gemacht[132] – eine **Stellung bekleidet,** die **üblicherweise** mit entsprechender **Vertretungsmacht** zum Ausspruch von Kündigungen – die Befugnis zum Abschluss von Arbeitsverträgen oder deren Unterzeichnung reicht nicht[133] – ausgestattet ist,[134] wie **Prokurist** – auch wenn dieser entgegen § 51 HGB nicht mit einem die Prokura andeutenden Zusatz zeichnet[135] –, **Generalbevollmächtigter** oder **Personalleiter.** [136] Unerheblich ist dabei, ob die Vollmacht des Personalleiters im Innenverhältnis eingeschränkt ist,[137] oder ob der zu kündigende Arbeitnehmer, zB ein Abteilungsleiter, auf derselben Ebene wie der Personalleiter arbeitet.[138] Die Kündigung kann selbst dann nicht nach § 174 S. 2 BGB zurückgewiesen werden, wenn der kündigende Personalleiter auch (Gesamt-)Prokurist ist und die im Handelsregister publizierte Prokura sein alleiniges Handeln nicht deckt. Es reicht aus, dass der Kündigungsempfänger aufgrund der – ihm bekannten – Personalleiterstellung des Kündigenden von einer ordnungsgemäßen Bevollmächtigung zum alleinigen Ausspruch von Kündigungen ausgehen darf.[139] Ist die Prokura schon länger als 15 Tage im Handelsregister eingetragen, wird die nach § 174 S. 2 BGB erforderliche Kenntnis des Kündigungsempfängers von der Bevollmächtigung im Interesse der Sicherheit und Leichtigkeit des Rechtsverkehrs gem. § 15 Abs. 2 HGB fingiert.[140] Die **Handlungsvollmacht** (§ 54 Abs. 1 HGB) bringt nicht generell eine Stellung im Betrieb mit sich, mit der das Kündigungsrecht üblicherweise verbunden zu sein pflegt.[141] Der **Referatsleiter** innerhalb der Personalabteilung einer Behörde zählt, ebenso wie ein **Personalsachbearbeiter,**[142] nicht ohne weiteres zu dem vorgenannten Personenkreis.[143] Zu diesem können aber in einer größeren Verwaltung die einzelnen **Amtsleiter** gehören, soweit ihnen und nicht der Personalabteilung die Federführung in Personalfragen vorbehalten bleibt.[144] Die **Position** der **Bezirksleitung** einer Ein-

---

[128] BAG 26.9.2013 – 2 AZR 843/12, NZA-RR 2014, 236 Rn. 48.
[129] BAG 26.9.2013 – 2 AZR 843/12, NZA-RR 2014, 236 Rn. 48; 14.4.2011 – 6 AZR 727/09, AP BGB § 174 Nr. 21 Rn. 26.
[130] BAG 3.7.2003 – 2 AZR 235/02, NZA 2004, 427 (431); LAG Berlin 28.6.2006 – 15 Sa 632/06, NZA-RR 2007, 15 (17); LAG Köln 3.5.2002 – 4 Sa 1285/01, NZA-RR 2003, 194 (195); LAG Nds 25.6.2010 – 10 Sa 46/10, NZA-RR 2011, 22 (23).
[131] Vgl. BAG 14.4.2011 – 6 AZR 727/09, NZA 2011, 683 Rn. 30.
[132] BAG 5.12.2019 – 2 AZR 147/19, NZA 2020, 505 Rn. 52; 25.9.2014 – 2 AZR 567/13, NZA 2015, 159 Rn. 20; 14.4.2011 – 6 AZR 727/09, NZA 2011, 683 Rn. 25.
[133] LAG SchlH 25.2.2014 – 1 Sa 252/13, BeckRS 2014, 68045.
[134] Seit BAG 30.5.1972 – 2 AZR 298/71, AP BGB § 174 Nr. 1; ebenso zB BAG 5.12.2019 – 2 AZR 147/19, NZA 2020, 505 Rn. 52; 25.9.2014 – 2 AZR 567/13, NZA 2015, 159 Rn. 20.
[135] BAG 21.5.2008 – 8 AZR 84/07, NZA 2008, 753 (754); vgl. auch LAG Rheinland-Pfalz 2.3.2017 – 7 Sa 286/16, BeckRS 2017, 113286.
[136] BAG 15.12.2016 – 2 AZR 867/15, AP KSchG 1969 § 1 Betriebsbedingte Kündigung Nr. 211 Rn. 13; 25.9.2014 – 2 AZR 567/13, NZA 2015, 159 Rn. 20; 14.4.2011 – 6 AZR 727/09, NZA 2011, 683 (685); vgl. aber auch LAG SchlH 25.2.2014 – 1 Sa 252/13, BeckRS 2014, 68045; zu Filialleiter vgl. LAG Düsseldorf 16.1.2008 – 12 Sa 1524/07, BeckRS 2008, 53422.
[137] BAG 29.10.1992 – 2 AZR 460/92, AP BGB § 174 Nr. 10; LAG BW 25.4.2012 – 13 Sa 135/11, BeckRS 2012, 74496; vgl. auch BAG 25.9.2014 – 2 AZR 567/13, NZA 2015, 159 Rn. 24.
[138] LAG Nds 19.9.2003 – 16 Sa 694/03, NZA-RR 2004, 195 (196).
[139] BAG 25.9.2014 – 2 AZR 567/13, NZA 2015, 159 Rn. 24.
[140] BAG 25.9.2014 – 2 AZR 567/13, EzA BGB 2002 § 174 Nr. 9 Rn. 20; vgl. auch BAG 5.12.2019 – 2 AZR 147/19, NZA 2020, 505 Rn. 52; LAG Rheinland-Pfalz 2.3.2017 – 7 Sa 286/16 Rn. 45.
[141] LAG Nds 25.6.2010 – 10 Sa 46/10, NZA-RR 2011, 22 (23).
[142] BAG 29.6.1989 – 2 AZR 482/83, AP BGB § 174 Nr. 7.
[143] BAG 20.8.1997 – 2 AZR 518/96, AP BGB § 620 Kündigungserklärung Nr. 11.
[144] BAG 7.11.2002 – 2 AZR 493/01, AP BGB § 620 Kündigungserklärung Nr. 18.

zelhandelskette ist nicht mit der eines Prokuristen oder Personalleiters vergleichbar.[145] Ob allein die Berufung in die Stellung als **Niederlassungsleiter** ausreichend ist, um von einer Kündigungsbefugnis auszugehen, ist streitig.[146]

Ein einseitiges empfangsbedürftiges Rechtsgeschäft (hier: Kündigung), das ein **Gesamtvertreter ohne Ermächtigung** der übrigen Gesamtvertreter schließt, ist in analoger Anwendung von § 180 S. 1 BGB grundsätzlich nichtig.[147] Die Gesamtvertretung kann jedoch in der Weise ausgeübt werden, dass ein Gesamtvertreter den anderen zur Abgabe einer Willenserklärung ermächtigt und der zweite Gesamtvertreter die Willenserklärung abgibt, wobei allerdings auch die §§ 174, 180 S. 2 BGB analog gelten. Das heißt, bei Beanstandung der Ermächtigung müsste eine entsprechende Urkunde vorgelegt werden.[148] Die Zurückweisung der Kündigung kommt aber dann nicht in Frage, wenn die Kündigung von einem der Gesamtvertreter ausgesprochen wird, der eine Stellung bekleidet, mit der das alleinige Kündigungsrecht verbunden zu sein pflegt (§ 174 S. 2 BGB).[149]

Dem Arbeitnehmer kann das Recht zustehen, eine ihm ggü. von einem Nichtberechtigten mit Einwilligung des Arbeitgebers nach § 185 Abs. 1 BGB ausgesprochene Kündigung des Arbeitsverhältnisses **mangels Vorlage der Einwilligung** in schriftlicher Form **zurückzuweisen**, wenn nicht der Arbeitgeber den Arbeitnehmer zuvor von der Einwilligung in Kenntnis gesetzt hatte.[150] Das BAG hat in seinem Urteil vom 27.2.2020[151] offen gelassen, ob dieses Zurückweisungsrecht aus § 182 Abs. 3 BGB iVm § 111 Satz 2 BGB[152] oder einer analogen Anwendung von § 174 BGB[153] folgt.

3. Empfang der Kündigungserklärung

Auch beim Empfang einer Kündigungserklärung ist, wie aus § 164 Abs. 3 BGB folgt, Vertretung möglich.[154] Die **Bevollmächtigung** kann **ausdrücklich** erklärt werden. Sie kann sich aber auch, wie in der Praxis häufig, **aus den Umständen**, zB Arbeitnehmerkündigung ggü. dem Personalbüro, ergeben.[155] Bei Gesamtvertretung ist jeder Gesamtvertreter allein berechtigt, die Kündigung entgegenzunehmen.[156]

4. Kündigung während des Prozesses

Kündigt der Prozessbevollmächtigte des Arbeitgebers mittels Schriftsatzes, dh vorsorglich[157] in einem bereits anhängigen Kündigungsschutzprozess, weil ihm zB Zweifel an der Wirksamkeit der ersten Kündigung gekommen sind, **reicht** hierfür die ihm erteilte **normale Prozessvollmacht nach § 81 ZPO nicht aus**.[158] Allerdings steht es jeder Prozesspartei frei, den Umfang der ihrem Prozessbevollmächtigten erteilten Vollmacht über den gesetzlichen Rahmen hinaus zu erweitern. Ob dies im Einzelfall dem erklärten Willen des Vollmachtgebers entspricht, muss ggf. im Wege der Auslegung der erteilten Vollmacht gem. §§ 133, 157

---

[145] ArbG Darmstadt 5.8.2009 – 5/3 Ca 472/08, BeckRS 2010, 67515.
[146] Zum Meinungsstand LAG Berlin 28.6.2006 – 15 Sa 632/06, NZA-RR 2007, 15 (16); vgl. auch LAG MV 28.2.2012 – 2 Sa 290/11, NZA-RR 2012, 350 (351).
[147] BAG 18.12.1980 – 2 AZR 980/78, AP BGB § 174 Nr. 4; LAG Bln-Bbg 21.6.2017 – 17 Sa 180/17, BeckRS 2017, 118130 Rn. 14; LAG Rheinland-Pfalz 10.12.1996 – 6 Sa 927/96, BeckRS 1996, 30466485.
[148] Vgl. LAG Berlin 28.6.2006 – 15 Sa 632/06, NZA-RR 2007, 15 (16); vgl. auch LAG Hamm 16.5.2013 – 17 Sa 12708/12, BeckRS 2017, 118130.
[149] BAG 9.7.1998 – 2 AZR 142/98, AP BetrVG 1972 § 103 Nr. 36; 18.12.1980 – 2 AZR 980/78, AP BGB § 174 Nr. 4; vgl. auch LAG Berlin 28.6.2006 – 15 Sa 632/06, NZA-RR 2007, 15 (16).
[150] BAG 27.2.2020 – 2 AZR 570/19, BeckRS 2020, 12036 Rn. 46.
[151] BAG 27.2.2020 – 2 AZR 570/19, BeckRS 2020, 12036 Rn. 46.
[152] So BGH 10.12.1997 – XII ZR 119/96, NJW 1998, 896 (898); *Löwisch* BB 2009, 326 (327).
[153] So Palandt/*Ellenberger* BGB § 185 Rn. 7.
[154] Vgl. hierzu zB BAG 9.6.2011 – 6 AZR 687/09, NZA 2011, 847 Rn. 12; LAG Hamm 10.10.2018 – 2 Sa 543/18, BeckRS 2018, 36535 Rn. 30 f.; LAG Hessen 4.3.2020 – 18 Sa 1443/15, BeckRS 2020, 16348 Rn. 101 ff.
[155] Ascheid/Preis/Schmidt/*Preis* Grundlagen D. Rn. 82; vgl. auch → Rn. 23.
[156] BAG 12.2.1975 – 5 AZR 79/74, AP BetrVG 1972 § 78 Nr. 1.
[157] Vgl. hierzu → Rn. 12.
[158] Ascheid/Preis/Schmidt/*Preis* Grundlagen D. Rn. 87.

BGB ermittelt werden.[159] Die Kündigung, die in einem an das Gericht adressierten Schriftsatz enthalten ist, wird nach § 130 Abs. 1 S. 1 BGB erst mit Zugang einer Abschrift bei dem Adressaten selbst, wobei Kenntnisnahme vom Inhalt des Schriftsatzes zu fordern ist,[160] nicht schon bei seinem Prozessbevollmächtigten wirksam.[161] Dies gilt jedenfalls uneingeschränkt dann, wenn sich die Prozessvollmacht, wie im Regelfall, nur auf den punktuellen Streitgegenstand gem. § 4 S. 1 KSchG[162] bezieht.[163]

IV. Ort und Zeit

34   Die Kündigung kann, sofern nichts anderes kollektiv- oder einzelvertraglich vereinbart ist, **zu jeder Zeit und an jedem Ort** erfolgen. Demnach kann sie auch sonntags oder an einem gesetzlichen Feiertag[164] oder während eines Krankenhausaufenthalts des Arbeitnehmers[165] erklärt werden. Allerdings kann es Fallgestaltungen geben, in denen ihr Adressat die Kündigung, zB wegen eines Verstoßes gegen Treu und Glauben (§ 242 BGB),[166] zurückweisen kann.

35   Fallen Vertragsschluss und Dienstantritt zeitlich auseinander, kann das Arbeitsverhältnis auch schon **vor Dienstantritt** gekündigt werden, es sei denn, die Parteien hätten diese Kündigungsmöglichkeit ausdrücklich oder konkludent ausgeschlossen.[167] Haben die Parteien für den Fall einer vor Vertragsbeginn ausgesprochenen ordentlichen Kündigung keine Vereinbarung über den Beginn der Kündigungsfrist getroffen, liegt eine Vertragslücke vor, die im Wege der ergänzenden Vertragsauslegung zu schließen ist.[168] Dabei wird die Kündigung vor Dienstantritt, sofern sich aus dem Arbeitsvertrag keine Anhaltspunkte für einen abweichenden Parteiwillen ergeben, genau so zu behandeln sein, wie die Kündigung nach Dienstantritt.[169] Bei dieser läuft die Kündigungsfrist auch ab Zugang der Kündigung.[170]

V. Zugang

1. Allgemeines

36   Als Willenserklärung muss die Kündigung, will sie Rechtswirkung erzielen, dem Empfänger zugehen.[171] Dies folgt aus dem Gesetz (§ 130 Abs. 1 S. 1 BGB) unmittelbar nur für eine Kündigung ggü. **Abwesenden.** Hier muss die Kündigungserklärung in verkehrsüblicher Weise in die tatsächliche Verfügungsgewalt des Empfängers gelangt sein und für diesen muss unter gewöhnlichen Verhältnissen die Möglichkeit bestehen, von dem Inhalt des Schreibens Kenntnis

---

[159] BAG 10.8.1977 – 5 AZR 394/76, AP ZPO § 81 Nr. 2.
[160] Vgl. näher Ascheid/Preis/Schmidt/*Preis* Grundlagen D. Rn. 89.
[161] Ascheid/Preis/Schmidt/*Preis* Grundlagen D. Rn. 88.
[162] Vgl. hierzu → § 48 Rn. 115, 116.
[163] Ascheid/Preis/Schmidt/*Preis* Grundlagen D. Rn. 88; weitergehend zu § 256 Abs. 1 ZPO BAG 21.1.1988 – 2 AZR 581/86, AP KSchG 1969 § 4 Nr. 19.
[164] Ascheid/Preis/Schmidt/*Preis* Grundlagen D. Rn. 34; vgl. auch BAG 14.11.1984 – 7 AZR 174/83, AP BGB § 626 Nr. 88.
[165] LAG Köln 13.2.2006 – 14 (3) Sa 1363/05, BeckRS 2006, 43255; vgl. auch LAG Rheinland-Pfalz 12.1.2017 – 5 Sa 361/16, BeckRS 2017, 102367 Rn. 37.
[166] Vgl. näher → § 43 Rn. 40.
[167] BAG 2.11.1978 – 2 AZR 74/77, AP BGB § 620 Nr. 3; vgl. auch BAG 23.2.2017 – 6 AZR 665/15, NZA 2017, 995 Rn. 30; 19.8.2010 – 8 AZR 645/09, AP BGB § 307 Nr. 49 Rn. 62; 9.2.2006 – 6 AZR 283/05, NZA 2006, 1207 (1210); LAG Düsseldorf 16.9.2011 – 6 Sa 909/11, NZA-RR 2012, 127; *Bonanni/Niklas* ArbRB 2008, 249 f.; *Herbert/Oberrath* NZA 2004, 121 f.; *Kleinebrink* ArbRB 2007, 275 f.
[168] BAG 25.3.2004 – 2 AZR 324/03, NZA 2004, 1089; 9.5.1985 – 2 AZR 372/84, AP BGB § 620 Nr. 4.
[169] BAG 9.2.2006 – 6 AZR 283/05, NZA 2006, 1207 (1210); vgl. auch BAG 23.2.2017 – 6 AZR 665/15, NZA 2017, 995 Rn. 30 zu § 113 S. 1 InsO.
[170] Vgl. hierzu → § 43 Rn. 23.
[171] Vgl. BAG 27.9.2012 – 2 AZR 955/11, NZA 2013, 425 Rn. 21; 28.10.2010 – 2 AZR 794/09, NZA 2011, 340 Rn. 40.

zu nehmen.[172] Zum Bereich des Empfängers gehören von ihm vorgehaltene Empfangseinrichtungen wie zB ein Briefkasten,[173] nicht aber der Schreibtisch eines Arbeitnehmers im Büro des Arbeitgebers.[174] Ggü. **Anwesenden** erfolgt der Zugang der Kündigungserklärung in entsprechender Anwendung von § 130 Abs. 1 S. 1 BGB, wenn sie durch Übergabe des Original-Kündigungsschreibens in den Herrschaftsbereich des Empfängers gelangt.[175] Unerheblich ist, ob der Empfänger die Verfügungsgewalt über das Schriftstück dauerhaft erlangt. Es genügt die Aushändigung und Übergabe des Schriftstücks, sodass der Empfänger in der Lage ist, vom Inhalt der Erklärung Kenntnis zu nehmen.[176] Der Zugang des Kündigungsschreibens ist deshalb auch dann erfolgt, wenn es dem Empfänger mit der für ihn erkennbaren Absicht, es ihm zu übergeben, angereicht und, falls er den Empfang verweigert, so in seiner unmittelbaren Nähe abgelegt wird, dass er es ohne Weiteres an sich nehmen und von seinem Inhalt Kenntnis nehmen kann.[177] Dagegen erfolgt kein Zugang, wenn dem Arbeitnehmer die einzige Ausfertigung der Kündigung lediglich kurz zur Empfangsquittierung und anschließender Rückgabe an den Arbeitgeber angereicht wird.[178] Den **Empfang** sollte sich der Erklärende, um im Streitfall den Zugang beweisen zu können, **bestätigen** lassen. Die Zugangsvermittlung kann auch durch einen Dritten (sog. Erklärungsboten) erfolgen, so zB wenn der Arbeitgeber einem minderjährigen Arbeitnehmer das an dessen Eltern gerichtete Kündigungsschreiben mit der Bitte aushändigt, es diesen zu übergeben (vgl. § 131 Abs. 1 BGB).[179]

Wird ein Brief in den **Hausbriefkasten** eingeworfen, geht er in dem Zeitpunkt zu, in dem unter Berücksichtigung der ortsüblichen Postzustellzeiten (betreffend Deutsche Post AG und andere Postdienstleister[180]), die allerdings stark variieren[181] und sich im Laufe der Jahre ändern[182] können, nach der Verkehrsanschauung – diese wird idR nicht durch etwaige seltene späte Zustellungen privater Postdienstleister geprägt[183] – mit der (nächsten) Leerung zu rechnen ist.[184] Hierüber sind von den Arbeits- bzw. Landesarbeitsgerichten im Streitfall Tatsachen festzustellen und ggf. Beweis zu erheben.[185] Deshalb ist es **unerheblich, ob und wann** der Empfänger das Kündigungsschreiben **tatsächlich zur Kenntnis** genommen hat **und ob er** daran **durch Krankheit, zeitweilige Abwesenheit** oder andere besondere Umstände **einige Zeit gehindert** war.[186] Auf die **individuellen Verhältnisse** des Kündigungsempfängers ist **nicht** abzustellen. **Vielmehr** ist im Interesse der Rechtssicherheit zu

---

[172] ZB BAG 22.8.2019 – 2 AZR 111/19, NZA 2019, 1490 Rn. 12; 25.4.2018 – 2 AZR 493/17, NZA 2018, 1157 Rn. 15; 26.3.2015 – 2 AZR 483/14, NZA 2015, 1183 Rn. 37; BGH 14.2.2019 – IX ZR 181/17, NJW 2019, 1151 Rn. 11.
[173] BAG 22.8.2019 – 2 AZR 111/19, NZA 2019, 1490 Rn. 12; LAG München 17.12.2019 – 6 Sa 543/18, BeckRS 2019, 43737 Rn. 85; LAG Rheinland-Pfalz 11.2.2020 – 8 Sa 46/19, BeckRS 2020, 10851 Rn. 127.
[174] LAG Rheinland-Pfalz 29.3.2018 – 4 Sa 243/17, BeckRS 2018, 17957 Rn. 27.
[175] BAG 26.3.2015 – 2 AZR 483/14, NZA 2015, 1183 Rn. 20; LAG Rheinland-Pfalz 5.2.2019 – 8 Sa 251/18, BeckRS 2019, 7610 Rn. 27; vgl. allg. BAG 19.3.2014 – 5 AZR 252/12 (B), NZA 2014, 1076 Rn. 40.
[176] BAG 26.3.2015 – 2 AZR 483/14, NZA 2015, 1183 Rn. 20; 4.11.2004 – 2 AZR 17/04, NZA 2005, 513 (514); 7.1.2004 – 2 AZR 388/03, BeckRS 2004, 31048963; LAG Rheinland-Pfalz 5.2.2019 – 8 Sa 251/18, BeckRS 2019, 7610 Rn. 27.
[177] BAG 26.3.2015 – 2 AZR 483/14, NZA 2015, 1183 Rn. 20; ebenso LAG Rheinland-Pfalz 5.2.2019 – 8 Sa 251/18, BeckRS 2019, 7610 Rn. 27.
[178] LAG Düsseldorf 3.7.2018 – 8 Sa 175/18, NZA-RR 2018, 653 Rn. 21.
[179] LAG SchlH 20.3.2008 – 2 Ta 45/08, BeckRS 2008, 53088.
[180] Vgl. BAG 22.8.2019 – 2 AZR 111/19, NZA 2019, 1490 Rn. 26.
[181] BAG 22.8.2019 – 2 AZR 111/19, NZA 2019, 1490 Rn. 15; 22.3.2012 – 2 AZR 224/11, AP KSchG 1969 § 5 Nr. 19 Rn. 21; LAG Rheinland-Pfalz 11.2.2020 – 8 Sa 46/19, BeckRS 2020, 10851 Rn. 128; 10.10.2013 – 10 Sa 175/13, BeckRS 2013, 74732.
[182] BAG 22.8.2019 – 2 AZR 111/19, NZA 2019, 1490 Rn. 16; BGH 20.11.2008 – IX ZR 180/07, NJW 2009, 1078 Rn. 28.
[183] BAG 22.8.2019 – 2 AZR 111/19, NZA 2019, 1490 Rn. 26.
[184] BAG 22.8.2019 – 2 AZR 111/19, NZA 2019, 1490 Rn. 12 mit Rn. 15; 26.3.2015 – 2 AZR 483/14, NZA 2015, 1183 Rn. 37; 22.3.2012 – 2 AZR 224/11, AP KSchG 1969 § 5 Nr. 19 Rn. 21; BGH 14.2.2019 – IX ZR 181/17, NJW 2019, 1151 Rn. 11; 5.12.2007 – XII ZR 148/05, NJW 2008, 843.
[185] BAG 22.8.2019 – 2 AZR 111/19, NZA 2019, 1490 Rn. 13 ff.
[186] BAG 26.3.2015 – 2 AZR 483/14, NZA 2015, 1183 Rn. 37; 22.3.2012 – 2 AZR 224/11, AP KSchG 1969 § 5 Nr. 19 Rn. 22; LAG München 17.12.2019 – 6 Sa 543/18, BeckRS 2019, 43737 Rn. 85; LAG Rheinland-Pfalz 14.12.2015 – 3 Sa 467/15, BeckRS 2016, 67816 Rn. 39; vgl. auch LAG Rheinland-Pfalz 11.2.2020 – 8 Sa 46/19, BeckRS 2020, 10851 Rn. 128; LAG SchlH 1.4.2019 – 1 Ta 29/19, NZA-RR 2019, 528 Rn. 18.

generalisieren.[187] Ein an die Heimatanschrift des Arbeitnehmers gerichtetes Kündigungsschreiben kann diesem deshalb selbst dann zugehen, wenn der Arbeitgeber von seiner **urlaubsbedingten Ortsabwesenheit** weiß.[188] Kennt der Arbeitgeber in diesem Fall zusätzlich die Urlaubsanschrift des Arbeitnehmers, könnte es ihm bei Vorliegen besonderer Umstände im Einzelfall nach § 242 BGB verwehrt sein, sich auf einen Zugang eines an dessen Heimatanschrift gerichteten Kündigungsschreibens zu berufen.[189] Im Fall der **Inhaftierung** des Arbeitnehmers geht ihm ein an seine Heimatanschrift gerichtetes Kündigungsschreiben auch dann gem. § 130 Abs. 1 S. 1 BGB zu, wenn dem Arbeitgeber der Umstand der Haft bekannt ist.[190] Solange der Kündigungsempfänger seine Wohnung nicht aufgibt, muss er sie als Ort gelten lassen, wo man ihn nach der Verkehrsanschauung erreichen kann.[191]

38 Der Inhaber eines Hausbriefkastens muss dafür sorgen, dass er von den für ihn bestimmten Sendungen Kenntnis erlangen kann.[192] So ist es dem Arbeitnehmer bei einer nicht nur vorübergehenden – wie bei einer urlaubsbedingten Ortsabwesenheit von bis zu sechs Wochen – Abwesenheit von einer ansonsten ständig von ihm benutzten Wohnung iSv § 5 Abs. 1 S. 1 KSchG zumutbar, dafür zu sorgen, dass er zeitnah von für ihn bestimmte Briefsendungen Kenntnis erhält.[193] Erreicht ein Kündigungsschreiben die Empfangseinrichtung des Adressaten (Briefkasten, Postschließfach) erst zu einer Tageszeit, zu der nach der Verkehrsanschauung unter Berücksichtigung der üblichen Postzustellzeiten eine Entnahme oder Abholung durch den Adressaten nicht mehr erwartet werden kann,[194] erfolgt ihr Zugang erst am Folgetag.[195] Hiervon ging das LAG Köln im Streitfall bei einem Einwurf des Kündigungsschreibens in den Hausbriefkasten des Arbeitnehmers nach 16.00 Uhr aus.[196] Anders ist es dann, wenn der Adressat aufgrund eines Hinweises des Absenders weiß oder annehmen muss, dass das Kündigungsschreiben gegen 17.00 Uhr in seinen Hausbriefkasten eingeworfen wird. Dann ist unter gewöhnlichen Verhältnissen mit seiner Kenntnisnahme durch den Empfänger noch am selben Tag zu rechnen.[197] Eine Briefkastennachschau an einem Sonntag ist, selbst wenn an einem Wochenende sog. Wochenblätter verteilt werden, verkehrsüblich nicht zu erwarten.[198]

39 Die Kündigung geht auch zu, wenn sie in einem **Brief unter** der **Wohnungstür** des Empfängers durchgeschoben wird,[199] uU sogar bei **Deponierung im Hausflur** oder an der **Haustür**, falls er keinen beschrifteten Briefkasten angebracht hat.[200] Wird ein Brief wegen

---

[187] BAG 25.4.2018 – 2 AZR 493/17, NZA 2018, 1157 Rn. 15; 22.3.2012 – 2 AZR 224/11, AP KSchG 1969 § 5 Nr. 19 Rn. 21; 26.3.2015 – 2 AZR 483/14, NZA 2015, 1183 Rn. 37; allg. für Willenserklärungen BAG 19.3.2014 – 5 AZR 252/12 (B), NZA 2014, 1076 Rn. 40 (im Streitfall: Nichtbeherrschung der deutschen Sprache); LAG Rheinland-Pfalz 11.2.2020 – 8 Sa 46/19, BeckRS 2020, 10851 Rn. 127.
[188] BAG 22.3.2012 – 2 AZR 224/11, AP KSchG 1969 § 5 Nr. 19 Rn. 22; LAG SchlH 1.4.2019 – 1 Ta 29/19, NZA-RR 2019, 528 Rn. 18.
[189] BAG 16.3.1988 – 7 AZR 587/87, NZA 1988, 875 (876); offen gelassen von BAG 22.3.2012 – 2 AZR 224/11, AP KSchG 1969 § 5 Nr. 19 Rn. 39.
[190] BAG 2.3.1989 – 2 AZR 275/88, NZA 1989, 635 (637); LAG SchlH 19.3.2014 – 6 Sa 297/13, BeckRS 2014, 68047; vgl. auch BAG 26.3.2015 – 2 AZR 517/14, NZA 2015, 1180 Rn. 35.
[191] LAG SchlH 19.3.2014 – 6 Sa 297/13, BeckRS 2014, 68047; vgl. auch BAG 26.3.2015 – 2 AZR 517/14, NZA 2015, 1180 Rn. 36.
[192] BAG 28.5.2009 – 2 AZR 732/08, NZA 2009, 1229 (1231); vgl. auch BAG 26.3.2015 – 2 AZR 483/14, NZA 2015, 1183 Rn. 37; LAG Rheinland-Pfalz 19.2.2015 – 5 Sa 475/14, BeckRS 2015, 67336.
[193] Vgl. näher BAG 25.4.2018 – 2 AZR 493/17, NZA 2018, 1157 Rn. 2, 29 und auch → § 48 Rn. 197.
[194] Vgl. hierzu → Rn. 37.
[195] BAG 14.11.1984 – 7 AZR 174/83, AP BGB § 626 Nr. 88; 8.12.1983 – 2 AZR 337/82, AP BGB § 130 Nr. 12; BGH 21.1.2004 – XII ZR 214/00, NJW 2004, 1320 (1321); vgl aber auch LAG München 17.12.2019 – 6 Sa 543/18, BeckRS 2019, 43737 Rn. 87.
[196] LAG Köln 17.9.2010 – 4 Sa 721/10, NZA-RR 2011, 180 (181 f.); vgl. schon früher zzt. des Postmonopols BAG 8.12.1983 – 2 AZR 337/82, AP BGB § 130 Nr. 12.
[197] BAG 26.3.2015 – 2 AZR 483/14, NZA 2015, 1183 Rn. 38; vgl. auch LAG Berlin 11.12.2003 – 16 Sa 1926/03, NZA-RR 2004, 528 (529); LAG Hamm 26.5.2004 – 14 Sa 182/04, BeckRS 2004, 30460853.
[198] LAG SchlH 13.10.2015 – 2 Sa 149/15, BeckRS 2015, 72924.
[199] LAG Düsseldorf 7.12.1995 – 5 Sa 1035/95, LAGE BGB § 130 Nr. 20; MüKoBGB/*Einsele* § 130 Rn. 17 mwN.
[200] LAG Düsseldorf 12.10.1990 – 4 Sa 1064/90, LAGE BGB § 130 Nr. 14; LAG Hamm 25.2.1993 – 8 Ta 333/91, NZA 1994, 32 (33).

unzureichender **Frankierung** oder wegen **fehlerhafter Anschrift** gar nicht oder verspätet zugestellt, geht das zu Lasten des Kündigenden. Er hat alles zu unternehmen, um den Empfänger in die Lage zu versetzen, Kenntnis zu nehmen. Wird die Annahme eines Briefes verweigert, weil Nachporto angefallen ist, geht die in ihm enthaltene Kündigung nicht zu. Die Kosten der Übermittlung fallen dem Kündigenden zur Last.[201] **Zieht** der **Arbeitnehmer um**, ohne den Arbeitgeber hierüber zu informieren, geht die Verlängerung der Postlaufzeit zu Lasten des Arbeitnehmers, da ihm die Verzögerung des Zugangs anzurechnen ist.[202] Das gilt nicht, wenn die Anschriftenänderung vorher aus einer Arbeitsunfähigkeitsbescheinigung zu ersehen war, aber vom Arbeitgeber nicht beachtet wurde.[203] Hat der Arbeitnehmer einen **Zweitwohnsitz** am Arbeitsort, kann der Arbeitgeber nicht ohne weiteres damit rechnen, dass dem Arbeitnehmer auch an diesem Ort die Kündigungserklärung zeitnah zugeht.[204]

Für den Zugang genügt es, wenn zB ein Briefumschlag, in dem das Kündigungsschreiben enthalten ist, an eine Person ausgehändigt wird, die zwar nicht Empfangsvertreter nach § 164 Abs. 1, Abs. 3 BGB ist (vgl. → Rn. 32), aber als Empfangsbote anzusehen ist. Hierunter versteht man eine Person, die vom Erklärungsempfänger ermächtigt worden ist oder nach der Verkehrsanschauung als ermächtigt anzusehen ist, mit Wirkung für diesen Willenserklärungen oder ihnen gleichstehende Mitteilungen entgegenzunehmen.[205] Wird das Kündigungsschreiben einer **Person** übergeben, die **mit dem Arbeitnehmer in einer Wohnung lebt** und die aufgrund ihrer Reife und Fähigkeiten geeignet erscheint, das Schreiben an den Arbeitnehmer weiterzuleiten, ist diese **nach der Verkehrsanschauung** als **Empfangsbote** des Arbeitnehmers anzusehen. Dies ist idR bei Ehegatten – selbst wenn sie in Trennung leben, aber die Ehe noch besteht und sie in demselben Haus unter identischer Wohnanschrift leben[206] – der Fall.[207] Die Kündigungserklärung des Arbeitgebers geht dem Arbeitnehmer allerdings nicht bereits mit der Übermittlung an den Empfangsboten – außerhalb der Wohnung ist unschädlich – zu, sondern erst dann, wenn mit der Weitergabe der Erklärung unter gewöhnlichen Verhältnissen zu rechnen ist.[208] Hiervon ist bei Eheleuten unter normalen Umständen nach Rückkehr des Ehepartners in die gemeinsame Wohnung auszugehen.[209]

Zu den **zur Empfangnahme berechtigten Personen** zählen nicht nur die Familienangehörigen,[210] sondern **alle erwachsenen Haushaltsmitglieder**, insbes. Lebenspartner und Partner einer nichtehelichen Lebensgemeinschaft,[211] aber auch der im gleichen Haus wohnende Vermieter[212] und die Hausangestellte.[213] Entsprechendes gilt auch für Einschreibesendungen, sofern sie vom Postboten tatsächlich an diesen Personenkreis ausgehändigt werden. Ob der Postbote dabei gegen die Vorschriften der Postordnung verstößt, ist ohne Bedeutung.[214]

Auch eine normativ ausgestaltete Verpflichtung, eine Willenserklärung an den Adressaten weiterzuleiten, kann die Stellung eines Empfangsboten begründen. Diese steht einer freiwillig begründeten Empfangsbotenstellung gleich.[214a] So sind zB die Mitarbeiter einer in Hessen ge-

---

[201] Ascheid/Preis/Schmidt/*Preis* Grundlagen D. Rn. 42.
[202] BAG 18.2.1977 – 2 AZR 770/75, AP BGB § 130 Nr. 10; vgl. auch LAG Düsseldorf 15.8.2017 – 3 Sa 348/17, BeckRS 2017, 142683 Rn. 36, 37.
[203] BAG 18.2.1977 – 2 AZR 770/75, AP BGB § 130 Nr. 10.
[204] LAG Düsseldorf 7.12.1995 – 5 Sa 1035/95, LAGE BGB § 130 Nr. 20.
[205] BAG 24.5.2018 – 2 AZR 72/18, NZA 2018, 1336 Rn. 26 im Anschluss an BGH 12.12.2001 – X ZR 192/00, NJW 2002, 1565, 1566; vgl. auch BAG 9.6.2011 – 6 AZR 687/09, NZA 2011, 847 Rn. 12 mwN.
[206] LAG BW 14.7.2016 – 7 Sa 14/16, BeckRS 2016, 132049 Rn. 14 (Vorinstanz zu BAG 26.4.2018 – 3 AZR 738/16, NZA 2018, 1066).
[207] Vgl. BAG 9.6.2011 – 6 AZR 687/09, NZA 2011, 847 Rn. 15, 16.
[208] BAG 24.5.2018 – 2 AZR 72/18, NZA 2018, 1335 Rn. 25; 9.6.2011 – 6 AZR 687/09, NZA 2011, 847 Rn. 18.
[209] Vgl. BAG 9.6.2011 – 6 AZR 687/09, NZA 2011, 847 Rn. 18, 19.
[210] BAG 11.11.1992 – 2 AZR 328/92, AP BGB § 130 Nr. 18 mAnm *Bickel*.
[211] BAG 9.6.2011 – 6 AZR 687/09, NZA 2011, 847 Rn. 16.
[212] BAG 16.1.1976 – 2 AZR 619/74, AP BGB § 130 Nr. 7.
[213] BAG 13.10.1976 – 5 AZR 510/75, AP BGB § 130 Nr. 8.
[214] BAG 11.11.1992 – 2 AZR 328/12, NZA 1993, 259 (260); 16.1.1976 – 2 AZR 619/74, AP BGB § 130 Nr. 7.
[214a] BAG 24.5.2018 – 2 AZR 72/18, NZA 2018, 1335 Rn. 27.

legenen Justizvollzugsanstalt aufgrund eines entsprechenden Landesgesetzes grundsätzlich Empfangsboten für Schriftstücke, die an dort inhaftierte Beschuldigte gerichtet werden.[214b]

43 Eine ggü. einem **Geschäftsunfähigen** iSv § 104 Nr. 2 BGB[215] abgegebene Willenserklärung geht iSv § 131 Abs. 1 BGB dem gesetzlichen Vertreter nur zu, wenn sie nicht lediglich faktisch in dessen Herrschaftsbereich gelangt ist, sondern auch an ihn gerichtet oder zumindest für ihn bestimmt ist.[216] Ein automatisches Wirksamwerden der Willenserklärung, nachdem die Geschäftsunfähigkeit geendet hat, ist durch § 131 Abs. 1 BGB ausgeschlossen.[217]

44 Die Kündigung des Arbeitsverhältnisses mit einem nach § 106 BGB in seiner Geschäftsfähigkeit beschränkten **minderjährigen Arbeitnehmer** muss nach § 131 Abs. 1 BGB iVm § 131 Abs. 2 S. 1 BGB ggü. dem gesetzlichen Vertreter – sofern nicht gem. § 131 Abs. 2 S. 2 BGB dessen Einwilligung (vgl. § 183 S. 1 BGB) vorliegt – erklärt werden und diesem zugehen.[218] Das sind die Eltern (§ 1626 BGB), die allein zur Entgegennahme der Kündigung befugt sind. Notwendig ist, dass die Erklärung an den gesetzlichen Vertreter gerichtet ist.[219] Es reicht nicht, dass dieser zufällig von dem Schreiben an den Minderjährigen erfährt.[220] Soweit allerdings der Minderjährige gem. §§ 112, 113 BGB partiell geschäftsfähig ist, kann er die Kündigung selbst entgegennehmen.[221]

45 Nach § 1903 Abs. 1 S. 2 BGB iVm § 131 Abs. 2 S. 1 BGB werden Willenserklärungen, die einer **unter Einwilligungsvorbehalt stehenden betreuten Person** ggü. abzugeben sind, nicht wirksam, bevor sie dem Betreuer zugehen. Die Maßgeblichkeit des Zugangs der Kündigungserklärung beim Betreuten selbst kann sich aber aus der in § 1903 Abs. 1 S. 2 BGB ebenfalls angeordneten entsprechenden Anwendung des § 113 BGB ergeben. Ermächtigt der gesetzliche Vertreter den Betreuten, in Dienst oder Arbeit zu treten, ist der Betreute nach § 113 Abs. 1 S. 1 BGB für solche Rechtsgeschäfte unbeschränkt geschäftsfähig, welche die Eingehung oder Aufhebung eines Dienst- oder Arbeitsverhältnisses der gestatteten Art oder die Erfüllung der sich aus einem solchen Verhältnis ergebenden Verpflichtungen betreffen.[222]

46 Grundsätzlich **können** die **Parteien** des Arbeitsvertrages, da § 130 Abs. 1 BGB dispositives Recht enthält,[223] über den **Zugang** einer Kündigung von dieser Norm **abweichende Abreden** treffen, zB als Zugangszeitpunkt den Tag der Aufgabe zur Post[224] oder den Zugang einer Arbeitgeberkündigung nur an den Prozessbevollmächtigten des Arbeitnehmers[225] vereinbaren. Vorformulierte, von § 130 Abs. 1 BGB abweichende Vertragsklauseln iSv § 305 Abs. 1 S. 1 BGB sind allerdings gem. § 310 Abs. 4 S. 1 BGB einer Inhaltskontrolle nach §§ 307 ff. BGB zu unterziehen. So sind gemessen an § 308 Nr. 6 BGB Vereinbarungen in Formulararbeitsverträgen über den fingierten Zugang einer Arbeitgeberkündigung unwirksam.[226] Nach § 309 Nr. 13 BGB ist die formularmäßige Vereinbarung eines besonderen Zugangserfordernisses, zB Kündigung nur per Einschreiben, unwirksam.[227]

2. Einschreiben

47 Die in einer Einschreibesendung enthaltene Kündigung geht dem Empfänger nicht zu, wenn sie bei der Post niedergelegt wird und lediglich ein Benachrichtigungsschein in

---

[214b] Vgl. näher BAG 24.5.2018 – 2 AZR 72/18, NZA 2018, 1335 Rn. 28 ff.
[215] Hierzu BAG 28.10.2010 – 2 AZR 749/09, NZA 2011, 340 f.; 28.1.2010 – 2 AZR 985/08, NZA 2010, 1373 f.
[216] BAG 28.10.2010 – 2 AZR 794/09, NZA 2011, 340 Rn. 22 mit Rn. 24 ff.
[217] BAG 28.10.2010 – 2 AZR 794/09, NZA 2011, 340 Rn. 39.
[218] BAG 8.12.2011 – 6 AZR 354/10, NZA 2012, 495 Rn. 19.
[219] BAG 8.12.2011 – 6 AZR 354/10, NZA 2012, 495 Rn. 18; 25.11.1976 – 2 AZR 751/75, AP BBiG § 15 Nr. 4 mAnm *Natzel;* LAG SchlH 20.3.2008 – 2 Ta 45/08, BeckRS 2008, 53088.
[220] LAG SchlH 20.3.2008 – 2 Ta 45/08, BeckRS 2008, 53088.
[221] Vgl. BAG 13.2.2008 – 2 AZR 864/06, NZA 2008, 1055 (1057); MüKoBGB/*Einsele* § 131 Rn. 7.
[222] BAG 13.2.2008 – 2 AZR 864/06, NZA 2008, 1055 (1057).
[223] BGH 7.6.1995 – VIII ZR 125/94, NJW 1995, 2217; MüKoBGB/*Einsele* § 130 Rn. 12; vgl. auch BAG 25.4.2018 – 2 AZR 493/17, NZA 2018, 1157 Rn. 17.
[224] Ascheid/Preis/Schmidt/*Preis* Grundlagen D. Rn. 51.
[225] Vgl. BAG 25.4.2018 – 2 AZR 493/17, NZA 2018, 1157 Rn. 17.
[226] *Gotthardt* ZIP 2002, 277 (285); Ascheid/Preis/Schmidt/*Preis* Grundlagen D. Rn. 51.
[227] *Gotthardt* ZIP 2002, 277 (284); Ascheid/Preis/Schmidt/*Preis* Grundlagen D. Rn. 51.

den Hausbriefkasten geworfen wird (sog. **Übergabe-Einschreiben**).[228] Zugegangen ist dieses Einschreiben erst, wenn der Empfänger es bei der Postanstalt abholt.[229] Von dieser Zustellungsart ist dem Kündigenden **abzuraten**, wenn es ihm auf die **Wahrung einer Frist** (zB § 622 BGB oder 626 Abs. 2 S. 1 BGB) **ankommt**. Wird die Sendung unter Verstoß gegen die Vorschriften der Post dem in demselben Haus wohnenden Vermieter des Arbeitnehmers ausgehändigt, geht die Kündigung diesem trotzdem zu.[230] Die für die Einschreibesendung maßgebenden Grundsätze gelten auch für die Kündigung durch Postzustellung. Zugang erfolgt auch hier erst mit Abholung der Sendung durch den Empfänger.[231]

Der Vorteil des von der Deutschen Post AG seit dem 1.9.1997 angebotenen sog. **Einwurf- 48 Einschreibens** ggü. dem Übergabe-Einschreiben liegt darin, dass der Brief **durch Einwurf** in den Briefkasten[232] oder das Postfach **zugestellt** wird. In letzterem Fall ist von einem Zugang des Kündigungsschreibens jedenfalls nach Ablauf der Leerungsfrist, die im Postfachvertrag üblicherweise festgelegt ist, auszugehen.[233] Dieser Zustellvorgang wird durch genaue Datums- und Uhrzeitangabe, die telefonisch abgefragt und gegen eine Gebühr schriftlich angefordert werden kann, und Unterschrift des Zustellers dokumentiert.[234] Diese Zustellart hat den Vorteil, dass der genaue Zeitpunkt, zu dem das Schriftstück in den Machtbereich des Empfängers gelangt ist, aufgezeichnet wird. Bisher hat das Einwurf-Einschreiben die für die Praxis als sicherste zeitnahe – im Unterschied zur Zustellung unter Vermittlung eines Gerichtsvollziehers nach § 132 Abs. 1 BGB[235] – Zustellungsform empfohlene Zustellung mittels Boten[236] nicht verdrängt. Es ist nämlich höchstrichterlich nach wie vor nicht verlässlich geklärt, ob bei Vorlage von Ausgabebeleg und Datenauszug der Deutschen Post AG ein Anscheinsbeweis[237] anzuerkennen ist.[238]

3. Zugangsvereitelung

Scheitert die Kenntnisnahme der Kündigung **auf Grund** eines vom Erklärungsempfänger 49 **zu vertretenden Umstandes**, muss dieser sich trotzdem nach **Treu und Glauben** (§ 242 BGB) **so behandeln** lassen, als ob ihm die Kündigung zum **normalen Zeitpunkt** zugegangen wäre, wenn der Kündigende die **Erklärung unverzüglich wiederholt**.[239] Das ist im Fall des Zu-

---

[228] BGH 26.11.1997 – VIII ZR 22/97, NJW 1998, 976 (977); BAG 25.4.1996 – 2 AZR 13/95, AP KSchG 1969 § 4 Nr. 35; vgl. auch BGH 27.9.2016 – II ZR 299/15, NJW 2017, 68 Rn. 23.
[229] BAG 25.4.1996 – 2 AZR 13/95, AP KSchG 1969 § 4 Nr. 35; LAG Hamburg 8.4.2015 – 5 Sa 61/14, BeckRS 2015, 70812 Rn. 22; ebenso BGH 27.9.2016 – II ZR 299/15, NJW 2017, 68 Rn. 23.
[230] BAG 11.11.1992 – 2 AZR 328/92, NZA 1993, 259 (260); 16.1.1976 – 2 AZR 619/74, AP BGB § 130 Nr. 7.
[231] BAG 30.6.1983 – 2 AZR 10/82, AP SchwbG § 12 Nr. 11; LAG Düsseldorf 8.12.1977 – 14 Ta 176/77, DB 1978, 752; LAG Köln 21.10.1994 – 13 Sa 610/94, BeckRS 1994, 30979187.
[232] Vgl. BGH 27.9.2016 – II ZR 299/15, NJW 2017, 68 Rn. 25; 8.1.2014 – IV ZR 206/13, NJW 2014, 1010 Rn. 8.
[233] LAG Köln 4.12.2006 – 14 Sa 873/06, NZA-RR 2007, 323 (324).
[234] Ascheid/Preis/Schmidt/*Preis* Grundlagen D. Rn. 55; zum Zugangsnachweis durch Zeugenbeweis bei fehlender Unterschrift des Zustellers vgl. LAG Düsseldorf 24.10.2018 – 12 Sa 106/18, BeckRS 2018, 43640 Rn. 37, 38.
[235] Stahlhacke/Preis/Vossen Kündigung/*Preis* Rn. 140.
[236] Vgl. Stahlhacke/Preis/Vossen Kündigung/*Stahlhacke/Preis* Rn. 135; vgl. auch BAG 9.6.2011 – 6 AZR 687/09, NZA 2011, 847 Rn. 10.
[237] Vgl. hierzu allg. Germelmann/Matthes/Prütting/*Prütting* ArbGG § 58 Rn. 64–68.
[238] So OLG Koblenz 31.5.2005 – 11 WF 1013/04, OLGR Koblenz 2005, 869 (870); OLG Saarbrücken 20.3.2007 – 4 U 83/06, BeckRS 2007, 9692; AG Paderborn 3.8.2000 – 51 C 76/00, NJW 2000, 3722 (3723); *Dübbers* NJW 1997, 2053 f.; *Reichert* NJW 2001, 2523; *Neuvians/Mensler* BB 1998, 1206 f.; vgl. auch LAG Köln 22.11.2010 – 5 Sa 900/10, NZA-RR 2011, 244 (246); verneinend LAG Hamm 5.8.2009 – 3 Sa 1677/08, BeckRS 2009, 73680; ArbG Düsseldorf 18.4.2017 – 10 Ca 7262/16, BeckRS 2017, 116324 Rn. 15–17; ArbG Reutlingen 19.3.2019 – 7 Ca 89/18, BeckRS 2019, 7851 Rn. 24 ff.; KR/*Klose* KSchG § 4 Rn. 156; *Hohmeister* BB 1998, 1477; vgl. auch LAG Rheinland-Pfalz 16.7.2015 – 5 Sa 48/15, BeckRS 2015, 72787 Rn. 20; skeptisch *Bauer/Diller* NJW 1998, 2795 f.; offen gelassen von LAG Bln-Bbg 12.3.2007 – 10 Sa 1945/06, BeckRS 2008, 54722; letztlich auch offen gelassen von BGH 11.7.2007 – XII ZR 164/03, NJW-RR 2007, 1567 Rn. 26; bejahend BGH 27.9.2016 – II ZR 299/15, NJW 2017, 68 Rn. 33 bezogen auf eine Aufforderung gem. § 21 Abs. 2 GmbH; dem folgend für eine Kündigung LAG MV 12.3.2019 – 2 Sa 139/18, BeckRS 2019, 18247 Rn. 36 (dort → Rn. 41 ff., auch zum Nachweis des Inhalts des Einschreibens).
[239] BAG 25.4.1996 – 2 AZR 13/95, AP KSchG 1969 § 4 Nr. 35; 18.2.1977 – 2 AZR 770/75, AP BGB § 130 Nr. 10; vgl. auch LAG Hamburg 8.4.2015 – 5 Sa 61/14, BeckRS 2015, 70812 Rn. 27.

gangs eines Benachrichtigungsscheins über ein Einschreiben[240] im Regelfall der Tag nach Einwurf des Benachrichtigungsscheins in den Hausbriefkasten.[241] Von einer treuwidrigen Zugangsvereitelung ist zB auszugehen, wenn der Arbeitnehmer während der gesamten Dauer des Arbeitsverhältnisses nur eine Wohnung als Adresse mitteilt, unter der er nicht erreichbar ist. Das gilt insbes. dann, wenn er mit dem Zugang einer Kündigung in den nächsten Tagen rechnen musste und die falsche Adresse erneut, zB durch eine Arbeitsunfähigkeitsbescheinigung, mitteilt.[242] Dagegen kann der Arbeitgeber, der die Kündigungsfrist derart ausnutzen will, dass er dem Arbeitnehmer am Abend des letzten Tages des Monats die Kündigung übergeben will, nicht Zugangsvereitelung einwenden, wenn der Arbeitnehmer kurz vor Arbeitsschluss bereits gegangen ist.[243]

50 Lehnt der **Erklärungsempfänger** die **Annahme** der Kündigung **grundlos** ab, obwohl er mit dem Eingang rechtserheblicher Mitteilungen seines Vertragspartners rechnen muss – und der Erklärende seinerseits alles Zumutbare dafür getan hat, dass seine Erklärung den Adressaten erreicht[244] –, gilt die Erklärung wegen Zugangsvereitelung – ohne dass es hierbei auf ein Verschulden des Adressaten ankäme[245] – auch **ohne Wiederholung** als **zugegangen**.[246] Das Gleiche gilt, wenn der Arbeitnehmer das Kündigungsschreiben nicht oder nicht zeitnah bei der Postdienststelle abgeholt hat, obwohl ihm ein Benachrichtigungsschein der Post zugegangen ist und er wusste, dass ihm eine Kündigung zugehen würde.[247] Da ein Arbeitnehmer regelmäßig damit rechnen muss, dass ihm anlässlich einer im Betrieb stattfindenden Besprechung mit dem Arbeitgeber rechtserhebliche Erklärungen betreffend sein Arbeitsverhältnis übermittelt werden, kann uU auch dann die Verweigerung der Annahme einer Kündigung eine Zugangsvereitelung darstellen, wenn der Arbeitnehmer mit einer solchen im konkreten Fall nicht rechnen musste.[248]

51 Wird die Kündigung einem Dritten ggü. erklärt, kommt es für den Zugang darauf an, ob der Dritte als **Empfangsvertreter** nach § 164 Abs. 3 BGB[249] (mit der Folge des § 166 Abs. 1 BGB) oder als bloßer **Empfangsbote** anzusehen ist. Die Annahmeverweigerung durch einen Empfangsboten (zB den Ehegatten)[250] kann noch nicht ohne weiteres als Zugangsvereitelung gewertet werden. Es müsste schon eine Absprache zwischen Kündigungsadressat und Empfangsboten bestehen.[251]

VI. Anfechtung

52 Wie jede Willenserklärung kann auch die Kündigung gem. § 143 Abs. 1 BGB angefochten werden mit der Nichtigkeitsfolge nach § 142 Abs. 1 BGB, sofern ein Anfechtungsgrund nach § 119 BGB[252] oder § 123 Abs. 1 BGB vorliegt. In der Praxis die größte Bedeutung hat

---

[240] Vgl. hierzu → Rn. 47.
[241] *Franzen* JuS 1999, 428 (433); Ascheid/Preis/Schmidt/*Preis* Grundlagen D. Rn. 58.
[242] BAG 22.9.2005 – 2 AZR 366/04, AP BGB § 130 Nr. 24; vgl. auch BAG 13.2.2008 – 2 AZR 864/06, NZA 2008, 1055 Rn. 53.
[243] LAG Köln 10.4.2006 – 14 (4) Sa 61/06, NZA-RR 2006, 466.
[244] BAG 26.3.2015 – 2 AZR 483/14, NZA 2015, 1183 Rn. 21; 22.9.2005 – 2 AZR 366/04, NZA 2006, 204 Rn. 15; LAG Hessen 4.3.2020 – 18 Sa 1443/15, BeckRS 2020, 16348 Rn. 98; LAG Rheinland-Pfalz 5.2.2019 – 8 Sa 251/18, BeckRS 2019, 7610 Rn. 32.
[245] Vgl. BAG 26.3.2015 – 2 AZR 483/14, NZA 2015, 1183 Rn. 29; 18.2.1977 – 2 AZR 770/75, AP BGB § 130 Nr. 10.
[246] BGH 26.11.1997 – VIII ZR 22/97, AP BGB § 130 Nr. 28; vgl. auch BAG 26.3.2015 – 2 AZR 483/14, NZA 2015, 1183 Rn. 21; 11.11.1992 – 2 AZR 328/92, NZA 1993, 259 (261); LAG Rheinland-Pfalz 5.2.2019 – 8 Sa 251/18, BeckRS 2019, 7610 Rn. 30; ArbG Berlin 30.10.2015 – 28 Ca 10591/15, BeckRS 2016, 66279.
[247] Vgl. BAG 7.11.2002 – 2 AZR 475/01, NZA 2003, 719 (723); LAG Hamburg 8.4.2015 – 5 Sa 61/14, BeckRS 2015, 70812 Rn. 26.
[248] Vgl. BAG 26.3.2015 – 2 AZR 483/14, NZA 2015, 1183 Rn. 29.
[249] Vgl. hierzu → Rn. 32.
[250] Vgl. hierzu → Rn. 40.
[251] BAG 11.11.1992 – 2 AZR 328/92, AP BGB § 130 Nr. 18 mAnm *Bickel*; offen gelassen von BAG 9.6.2011 – 6 AZR 687/09, NZA 2011, 847 Rn. 21.
[252] Zu einem unbeachtlichen Rechtsfolgenirrtum bei der Eigenkündigung einer schwangeren Arbeitnehmerin vgl. Stahlhacke/*Preis*/Vossen Kündigung Rn. 1380.

die Anfechtung der Kündigung eines Arbeitnehmers gem. § 123 Abs. 1 BGB, wenn ihn der Arbeitgeber zur Eigenkündigung mit der Drohung veranlasst hat, anderenfalls[253] werde er ihm aus wichtigem Grund (§ 626 Abs. 1 BGB) außerordentlich kündigen.[254] Von einer widerrechtlichen Drohung kann allerdings nur die Rede sein, falls ein verständiger Arbeitgeber eine außerordentliche Kündigung nicht ernsthaft erwogen hätte.[255]

VII. Rücknahme

Auf Grund ihrer rechtsgestaltenden Wirkung kann die Kündigung, sobald sie dem Erklärungsempfänger zugegangen ist (vgl. § 130 Abs. 1 S. 2 BGB), vom Erklärenden nicht mehr zurückgenommen werden.[256] Dies gilt vor Ablauf der Klagefrist nach § 4 S. 1 KSchG selbst dann, wenn der Arbeitgeber erkannt hat, dass seine Kündigung rechtsunwirksam ist.[257] Nach Zugang der Kündigung ist diese nur noch einvernehmlich rücknehmbar.[258] Dabei ist in der Rücknahme der Kündigung durch den Arbeitgeber ein Angebot auf Fortsetzung des Arbeitsverhältnisses zu sehen.[259] In einer Kündigungsschutzklage kann aber keine antizipierte Annahmeerklärung gesehen werden.[260] Macht allerdings der Arbeitnehmer eines sog. Kleinbetriebes (vgl. § 23 Abs. 1 S. 3 KSchG) mit seiner Klage nach § 4 S. 1 KSchG die Nichtigkeit einer ordentlichen Kündigung gem. § 125 S. 1 BGB wegen fehlender Schriftform (§ 623 Hs. 1 BGB) geltend,[261] kann hierin ein antizipiertes Angebot zur Fortsetzung des Arbeitsverhältnisses jedenfalls dann liegen, wenn der Arbeitnehmer gleichzeitig ausdrücklich seine Arbeitskraft anbietet. Erklärt der Arbeitgeber im Gütetermin vor dem Arbeitsgericht (§ 54 Abs. 1 S. 1 ArbGG), er habe überhaupt nicht gekündigt, kann darin die Annahme des Angebots auf ungekündigte Fortsetzung des Arbeitsverhältnisses liegen.[262]

53

VIII. Widerruf

Der Arbeitnehmer kann eine von ihm ausgesprochene außerordentliche bzw. ordentliche Kündigung nicht wirksam nach §§ 312g Abs. 1, 355 Abs. 1 S. 1 BGB idF von Art. 1 des Gesetzes v. 20.9.2013 (BGBl. 2013 I 3642) – bis 12.6.2014: §§ 312 Abs. 1 S. 1, 355 Abs. 1 S. 1 BGB aF – widerrufen. Für einseitige Erklärungen, wie die Kündigung des Arbeitsverhältnisses, ist und war ein gesetzliches Widerrufsrecht nicht vorgesehen.[263] Ein Arbeitnehmer kann seine eigene Kündigung – unter Berufung auf § 242 BGB – auch nicht etwa deshalb widerrufen, weil ihm der Arbeitgeber vor Unterzeichnung der Kündigung keine Bedenkzeit eingeräumt hat. § 242 BGB vermag einen solch schwerwiegenden Eingriff in die Privatautonomie, wie ihn die Gewährung eines gesetzlich nicht vorgesehenen Widerrufsrechts darstellen würde, nicht zu begründen.[264]

54

---

[253] Zu arglistiger Täuschung LAG Bln-Bbg 25.1.2008 – 6 Sa 1820/07, BeckRS 2008, 51284.
[254] BAG 3.7.2003 – 2 AZR 327/02, BeckRS 2003, 30370804; vgl. auch BAG 9.6.2011 – 2 AZR 418/10, NZA-RR 2012, 129 (130); LAG München 13.10.2005 – 3 Sa 431/05, BeckRS 2010, 69277; LAG Sachsen 16.11.2007 – 2 Sa 100/07, BeckRS 2010, 69277.
[255] BAG 18.5.2006 – 6 AZR 627/05, NZA 2006, 1037 (1039); LAG Sachsen 16.11.2007 – 2 Sa 100/07, BeckRS 2010, 69277; vgl. auch BAG 28.11.2007 – 6 AZR 1108/06, NZA 2008, 348 Rn. 48; LAG Hessen 22.3.2010 – 17 Sa 1303/09, NZA-RR 2010, 341 (342).
[256] BAG 20.1.2016 – 6 AZR 601/14, NZA 2016, 490 Rn. 31; 17.10.2013 – 8 AZR 742/12, NZA 2014, 303 Rn. 32; 19.2.2009 – 2 AZR 286/07, NZA 2009, 980 (983).
[257] BAG 17.4.1986 – 2 AZR 308/85, AP BGB § 615 Nr. 40; 21.2.1957 – 2 AZR 410/54, AP KSchG § 1 Nr. 22; Ascheid/Preis/Schmidt/*Preis* Grundlagen D. Rn. 124.
[258] Vgl. BAG 20.1.2016 – 6 AZR 601/14, NZA 2016, 490 Rn. 31; 21.3.2013 – 6 AZR 618/11, NZA-RR 2013, 609 Rn. 15; Ascheid/Preis/Schmidt/*Preis* Grundlagen D. Rn. 126; vgl. auch BAG 24.5.2018 – 2 AZR 67/18, NZA 2018, 1127 Rn. 41; LAG MV 1.9.2020 – 5 Sa 208/19, BeckRS 2020, 23924 Rn. 38.
[259] BAG 6.2.1992 – 2 AZR 408/91, AP BGB § 119 Nr. 13; 19.8.1982 – 2 AZR 230/80, AP KSchG 1969 § 9 Nr. 9.
[260] BAG 16.3.2000 – 2 AZR 75/99, NZA 2000, 1332 (1333); LAG Nürnberg 11.4.2016 – 2 Sa 502/15, BeckRS 2016, 69456 Rn. 45.
[261] → Rn. 22.
[262] LAG Nürnberg 11.4.2016 – 2 Sa 502/15, BeckRS 2016, 69456 Rn. 47.
[263] Vgl. auch BAG 9.6.2011 – 2 AZR 418/10, NZA-RR 2012, 129 Rn. 16.
[264] BAG 9.6.2011 – 2 AZR 418/10, NZA-RR 2012, 129 (130); 14.2.1996 – 2 AZR 234/95, NZA 1996, 811 (812); 30.9.1993 – 2 AZR 268/93, NZA 1994, 209 (211).

§ 43 Ordentliche Kündigung

Übersicht

	Rn.
I. Einleitung *(Vossen)*	1
II. Kündigungsfristen *(Vossen)*	2–26
1. Grundregel § 622 BGB	2–10
a) Übersicht	2–6
b) Zwingende Mindestkündigungsfristen	7–9
c) Sonderregelungen	10
2. Einzelvertragliche Kürzung von Kündigungsfristen	11–14
a) Probearbeitsverhältnis	11/12
b) Aushilfsarbeitsverhältnis	13
c) Kleinunternehmen	14
3. Einzelvertragliche Verlängerung von Kündigungsfristen	15–18
4. Tarifvertragliche Regelungen	19–22
a) Tarifgebundenheit	19
b) Bezugnahme auf tarifliche Kündigungsfristen	20–22
5. Berechnung der Kündigungsfristen	23–26
III. Kündigungsrecht und -frist in der Insolvenz (§ 113 InsO) *(Vossen)*	27–31
1. Einleitung	27
2. Besonderes Kündigungsrecht	28/29
3. Kündigungsfrist	30
4. Schadensersatz	31
IV. Kündigungsschutz außerhalb des Kündigungsschutzgesetzes und vertragliche Kündigungsbeschränkungen *(Vossen)*	32–48
1. Einleitung	32
2. Allgemeine privatrechtliche Kündigungsschranken	33–45
a) Maßregelungsverbot (§ 612a BGB)	33–36
b) Sittenwidrigkeit (§ 138 Abs. 1 BGB)	37/38
c) Treu und Glauben (§ 242 BGB)	39–41
d) Kündigungsschutz und AGG	42–45
3. Kündigungsschutz im Kleinbetrieb	46/47
4. Vertragliche Kündigungsbeschränkungen	48
V. Kündigungsschutz nach dem Kündigungsschutzgesetz *(C. Ulrich)*	49–88
1. Allgemeines	49–52
a) Gesetzeslage	49–51
b) Kündigungsschutz und AGG	52
2. Zwingende Regelung	53–55
3. Voraussetzungen des Kündigungsschutzes nach KSchG	56–88
a) Persönlicher Geltungsbereich	57–65
b) Betrieblicher Geltungsbereich, „Schwellenwert"	66–78
c) Wartezeit	79–88
VI. Allgemeine Grundsätze der Sozialwidrigkeit einer Kündigung *(C. Ulrich)*	89–113
1. Allgemeines	89
2. Grundprinzipien des Kündigungsschutzes	90–95
a) Allgemeines	90
b) Grundsatz der Verhältnismäßigkeit	91
c) Prognoseprinzip	92
d) Interessenabwägung	93
e) Gleichbehandlungsgrundsatz und AGG	94/95
3. Mitteilung von Kündigungsgründen	96–98
4. Beurteilungszeitpunkt	99
5. Nachschieben von Kündigungsgründen	100–102
6. Wiedereinstellungsanspruch	103–109
7. Verzeihung, Verzicht, Verwirkung und Verbrauch	110–113
VII. Der Kündigungsgrund *(C. Ulrich)*	114–118
1. Einteilung der Kündigungsgründe	114
2. Mehrere Kündigungssachverhalte	115
3. Mischtatbestände	116
4. Beweislast	117/118

	Rn.
VIII. Die Betriebsbedingte Kündigung *(C. Ulrich)*	119–312
1. Allgemeines	119/120
2. Die unternehmerische Entscheidung	121–141
a) Bedeutung	121
b) Ursache	122–124
c) Inhalt	125–129
d) Zuständigkeit	130
e) Folge der unternehmerischen Entscheidung	131–133
f) Umfang der gerichtlichen Kontrolle	134–137
g) Darlegungs- und Beweislast	138–141
3. Dringlichkeit des betrieblichen Erfordernisses	142–171
a) Allgemeines	142/143
b) Weiterbeschäftigung zu unveränderten Arbeitsbedingungen	144–151
c) Weiterbeschäftigung nach Umschulung und Fortbildung	152–154
d) Weiterbeschäftigung zu veränderten Arbeitsbedingungen/Vorrang der Änderungskündigung	155–161
e) Sonstige mildere Mittel	162–169
f) Darlegungs- und Beweislast	170/171
4. Sozialauswahl	172–246
a) Allgemeines	172/173
b) Inhalt	174
c) Anwendungsbereich/Prüfungsaufgaben	175–177
d) Bestimmung des auswahlrelevanten Personenkreises	178–202
e) Die zu berücksichtigenden sozialen Kriterien	203–215
f) Herausnahme von Arbeitnehmern aus der Sozialauswahl	216–230
g) Auswahlrichtlinien	231–237
h) Auskunftsanspruch des Arbeitnehmers	238/239
i) Darlegungs- und Beweislast	240–245
j) Rechtsfolgen fehlerhafter Sozialauswahl	246
5. Besonderheiten bei Interessenausgleich	247–261
a) Allgemeines	247
b) Voraussetzungen	248–253
c) Rechtsfolgen	254–261
6. Einzelne betriebsbedingte Gründe (alphabetisch)	262–312
IX. Verhaltensbedingte Kündigung *(C. Ulrich/A. Ulrich)*	313–461
1. Allgemeines	313–316
a) Begriffsbestimmung und Abgrenzung	313/314
b) Verhaltensbedingte Kündigung und AGG	315
c) Prüfungsaufbau	316
2. Tatbestandsvoraussetzungen	317–339
a) Vertragsverletzung	317–321
b) Negative Prognose/Abmahnung	322–331
c) Verhältnismäßigkeitsprinzip	332–335
d) Interessenabwägung	336–338
e) Frist zum Ausspruch der Kündigung	339
3. Darlegungs- und Beweislast	340–349
a) Grundsätze	340–343
b) Beweisverwertungsverbote	344–349
4. Fallgruppen	350–461
X. Die personenbedingte Kündigung *(Vossen)*	462–516
1. Begriff	462
2. Abgrenzung zur verhaltensbedingten Kündigung	463
3. Prüfungskriterien	464–468
a) Negativprognose	464
b) Störung des Arbeitsverhältnisses	465
c) Vorrang milderer Mittel	466
d) Interessenabwägung	467/468
4. Einzelfälle	469–514
a) Alkoholsucht	469/470
b) Alter	471
c) Arbeitserlaubnis, Beschäftigungsverbot	472
d) Ehrenamt	473
e) Eheschließung und -scheidung	474
f) Eignung	475/476

		Rn.
g) Glaubens- bzw. Gewissenskonflikt		477
h) Krankheit		478–512
i) Strafhaft, Untersuchungshaft		513
j) Wehrdienst		514
XI. Checklisten *(C. Ulrich)*		515/516

I. Einleitung

1 Durch die ordentliche Kündigung wird das auf unbestimmte Zeit begründete Arbeitsverhältnis nach Ablauf einer bestimmten Frist (sog. Kündigungsfrist) beendet. Kündigungsfristen sollen dem Vertragspartner Gelegenheit geben, sich rechtzeitig auf die Beendigung des Vertragsverhältnisses einstellen zu können.[1] Ein befristetes Arbeitsverhältnis kann nur dann durch eine ordentliche Kündigung aufgelöst werden, wenn dies einzelvertraglich oder in dem auf das Arbeitsverhältnis anwendbaren Tarifvertrag vereinbart ist (§ 15 Abs. 3 TzBfG).[2] Der ordentlichen Kündigung des Arbeitsverhältnisses durch den Arbeitnehmer stehen grundsätzlich keine gesetzlichen oder kollektiv-vertraglichen Beschränkungen entgegen. Dagegen ist das ordentliche Kündigungsrecht des Arbeitgebers oft eingeschränkt. Neben dem allgemeinen Kündigungsschutz nach dem Kündigungsschutzgesetz ergeben sich Beschränkungen insbes. zu Gunsten von bestimmten Arbeitnehmergruppen, zB der Künigungsschutz für werdende Mütter nach § 17 Abs. 1 S. 1 MuSchG (bis 31.12.2017: § 9 Abs. 1 S. 1 MuSchG aF),[3] für Arbeitnehmer/innen in Elternzeit gem. § 18 Abs. 1 S. 1 BEEG[4] und für schwerbehinderte Menschen nach § 168 SGB IX (bis 31.12.2017: § 85 SGB IX aF).[5] Der kollektiv-rechtliche Kündigungsschutz betrifft den Ausschluss des ordentlichen Kündigungsrechts für ältere und länger beschäftigte Arbeitnehmer.[6]

II. Kündigungsfristen

1. Grundregel § 622 BGB

2 **a) Übersicht.** Seit Inkrafttreten des § 622 BGB idF des Kündigungsfristengesetz – KündFG – vom 7.10.1993 am 15.10.1993[7] sind die bis dahin zwischen Arbeitern und Angestellten geltenden unterschiedlichen gesetzlichen Regelungen[8] aufgehoben und durch eine einheitliche Regelung ersetzt worden. § 622 BGB gilt für alle ordentlichen Kündigungen eines Arbeitsverhältnisses, gleich ob es sich um eine Beendigungs- oder Änderungskündigung handelt. Unerheblich ist, welche Arbeitszeit der Arbeitnehmer schuldet und – von der Regelung in § 622 Abs. 5 S. 1 Nr. 2 BGB abgesehen[9] – wie viele Arbeitnehmer der Arbeitgeber beschäftigt. Die **Grundkündigungsfrist** beträgt gem. § 622 Abs. 1 S. 1 BGB für alle Arbeitnehmer in den ersten beiden Beschäftigungsjahren **vier Wochen**, wobei als Kündigungstermine sowohl der 15. als auch das Ende eines Kalendermonats in Betracht kommen. In § 622 Abs. 2 BGB sind für Kündigungen durch den Arbeitgeber ggü. länger beschäftigten Arbeitnehmern **verlängerte Kündigungsfristen gestaffelt** nach der **Betriebszugehörigkeit** geregelt. Dies verstößt weder gegen das AGG noch gegen EU-Recht.[10] Für Arbeitnehmer/innen in privaten Haushalten gelten die verlängerten Kündigungsfristen nicht, da diese Haushalte

---

[1] BAG 24.10.2019 – 2 AZR 158/18, NZA-RR 2020, 199 Rn. 45; 24.10.2019 – 2 AZR 168/18, AP BGB § 622 Nr. 76 Rn. 45.
[2] BAG 4.8.2011 – 6 AZR 436/10, AP TzBfG § 15 Nr. 6 Rn. 13 = NZA 2012, 112 Ls.; 5.2.2004 – 8 AZR 639/02, NZA 2004, 845 (846); 18.9.2003 – 2 AZR 432/02, NZA 2004, 222; näher → § 41 Rn. 146 ff.
[3] → § 45 Rn. 2 ff.
[4] → § 45 Rn. 59 ff.
[5] → § 45 Rn. 123 ff.
[6] → § 44 Rn. 112 ff.
[7] BGBl. 1993 I 1668.
[8] Vgl. hierzu Ascheid/Preis/Schmidt/*Linck* BGB § 622 Rn. 1 ff.
[9] → Rn. 14.
[10] BAG 18.9.2014 – 6 AZR 636/13, NZA 2014, 1400 Rn. 8 ff.

weder ein Betrieb noch ein Unternehmen sind.[11] Für Geschäftsführerdienstverträge, die keine Arbeitsverträge sind, gelten die Kündigungsfristen des § 621 BGB. Für eine analoge Anwendung des § 622 BGB fehlt es an einer Regelungslücke.[11a]

Maßgeblich für die **Berechnung der Betriebszugehörigkeit** ist der **rechtliche Bestand** des Arbeitsverhältnisses zwischen Arbeitnehmer und Arbeitgeber im Zeitpunkt des Zugangs von dessen ordentlicher Kündigung. Demnach läuft die Frist für die Bestimmung der Dauer der Betriebszugehörigkeit ab dem Zeitpunkt des rechtlichen Beginns des Arbeitsverhältnisses, so dass der erste Tag seines rechtlichen Bestandes nach § 187 Abs. 2 S. 1 BGB mitzählt.[12] Wie bei der Berechnung der Wartezeit nach § 1 Abs. 1 KSchG[13] sind Zeiten eines früheren Arbeitsverhältnisses mit demselben Arbeitgeber zu berücksichtigen, wenn ein enger zeitlicher und sachlicher Zusammenhang zwischen den Arbeitsverhältnissen besteht.[14] Kommt es zu einem Betriebsinhaberwechsel nach § 613a Abs. 1 S. 1 BGB, sind die Beschäftigungszeiten wegen des in dieser Vorschrift geregelten Fortbestandes des Arbeitsverhältnisses zusammenzurechnen.[15] Das gilt selbst dann, wenn zum Zeitpunkt des Betriebsübergangs das Arbeitsverhältnis rechtlich unterbrochen war, die Arbeitsverhältnisse aber in einem **engen sachlichen Zusammenhang** stehen.[16] Die Anrechnung einer Vordienstzeit bei demselben oder einem anderen Arbeitgeber, zB bei einem anderen konzernzugehörigen Unternehmen,[17] kann auch aufgrund tarifvertraglicher Regelung[18] oder einzelvertraglicher Absprache[19] geschehen.

Bei der Berechnung der Betriebszugehörigkeit waren nach dem bis zum 31.12.2018 geltenden Wortlaut des § 622 Abs. 2 S. 2 BGB nur die Zeiten nach der Vollendung des 25. Lebensjahres des Arbeitnehmers zu berücksichtigen. Die in **§ 622 Abs. 2 S. 2 BGB** enthaltene **Altersgrenze** verstieß jedoch gegen Art. 2 Abs. 1 der Rahmenrichtlinie 2000/78/EG vom 27.11.2000 (ABl. L 303, 16)[20] und war damit **unanwendbar**.[21] Das galt auch im Privatrechtsverkehr.[22] Der Verweis in einem Tarifvertrag hinsichtlich der Berechnung der in ihm geregelten Kündigungsfristen auf § 622 Abs. 2 S. 2 BGB ging wegen der Unanwendbarkeit dieser Vorschrift ins Leere.[23] Mit Wirkung vom 1.1.2019 ist § 622 Abs. 2 S. 2 BGB

---

[11] BAG 11.6.2020 – 2 AZR 660/19, AP BGB § 622 Nr. 78; Ascheid/Preis/Schmidt/*Linck* BGB § 622 Rn. 17; ErfK/*Müller-Glöge* BGB § 622 Rn. 6a; KR/*Spilger* BGB § 622 Rn. 58; *Steinke* RdA 2018, 232 (241); aA – Betrieb – LAG BW 26.6.2015 – 8 Sa 5/15, BeckRS 2015, 72606 Rn. 20 ff.; *Kocher* NZA 2013, 929 (932).
[11a] BAG 11.6.2020 – 2 AZR 374/19, NZA 2020, 1179 Rn. 41 ff.; s. auch → § 80 Rn. 51.
[12] Vgl. BAG 27.6.2002 – 2 AZR 382/01, AP BGB § 620 Probearbeitsverhältnis Nr. 22; s. auch → Rn. 80.
[13] Hierzu → Rn. 81.
[14] BAG 18.9.2003 – 2 AZR 330/02, AP BGB § 622 Nr. 62; LAG Rheinland-Pfalz 29.9.2005 – 1 Sa 293/05, NZA-RR 2006, 189 (191 f.).
[15] BAG 30.9.2010 – 2 AZR 456/09, BeckRS 2011, 69260 Rn. 27; 19.9.2007 – 4 AZR 711/06, NZA 2008, 241 (242); 18.9.2003 – 2 AZR 330/02, AP BGB § 622 Nr. 62.
[16] BAG 18.9.2003 – 2 AZR 330/02, AP BGB § 622 Nr. 62; LAG Bln-Bbg 5.3.2020 – 21 Sa 1684/19, BeckRS 2020, 11255 Rn. 45; vgl. auch BAG 18.8.2011 – 8 AZR 312/10, NZA 2012, 152 Rn. 38; 27.6.2002 – 2 AZR 270/01, NZA 2003, 145 (146); zum engen sachlichen Zusammenhang näher → Rn. 81.
[17] Ascheid/Preis/Schmidt/*Linck* BGB § 622 Rn. 55.
[18] Vgl. zur Anrechnung einer Vordienstzeit bei demselben Arbeitgeber nach § 12 Nr. 1.2 S. 3 BRTV-Bau BAG 20.6.2013 – 2 AZR 790/11, BeckRS 2013, 71024 Rn. 19.
[19] Zur Vorbeschäftigung als GmbH-Geschäftsführer LAG Rheinland-Pfalz 17.4.2008 – 9 Sa 684/07, BeckRS 2008, 54139.
[20] Zu dieser sog. Altersdiskriminierungs-Richtlinie vgl. auch EuGH 16.10.2007 – C 411/05, NZA 2007, 1219 Rn. 42 ff. – Palacios; BVerfG 6.7.2010 – 2 BvR 2661/06, NZA 2010, 995 Rn. 72 ff. – Honeywell; BAG 15.12.2011 – 2 AZR 42/10, NZA 2014, 1044 Rn. 48 ff.; 7.7.2011 – 2 AZR 355/10, NZA 2011, 1412 Rn. 31.
[21] So EuGH 19.1.2010 – C-555/07, NZA 2010, 85 – Kücükdeveci nach Vorlage LAG Düsseldorf 21.11. 2007 – 12 Sa 1311/07, BeckRS 2007, 48820; ebenso nachfolgend LAG Düsseldorf 30.4.2010 – 9 Sa 354/09, BeckRS 2010, 71473; 17.2.2010 – 12 Sa 1311/07, NZA-RR 2010, 240 (241 f.); danach auch BAG 20.6.2013 – 6 AZR 805/11, NZA 2013, 1137 Rn. 22; 29.9.2011 – 2 AZR 177/10, NZA 2012, 754 f.; 9.9.2010 – 2 AZR 714/08, NZA 2011, 343 Rn. 15; 1.9.2010 – 5 AZR 700/09, NZA 2010, 1409 Rn. 16 f.; zu EuGH 19.1.2010 – C-555/07, NZA 2010, 85 vgl. *Bauer/v. Medem* ZIP 2010, 449; *Krois* DB 2010, 1704 ff.; *Mörsdorf* NJW 2010, 1046; *Stenslik* RdA 2010, 247.
[22] EuGH 19.1.2010 – C-555/07, NZA 2010, 85 (88); LAG Düsseldorf 17.2.2010 – 12 Sa 1311/07, NZA-RR 2010, 240 (241).
[23] Vgl. näher BAG 29.9.2011 – 2 AZR 177/10, NZA 2012, 754 (755).

durch Art. 4 Buchst. d des „Gesetz zur Stärkung der Chancen für Qualifizierung und für mehr Schutz in der Arbeitslosenversicherung – Qualifizierungschancengesetz" vom 18.12.2018 (BGBl. 2018 I 2651) aufgehoben worden. In § 66 Abs. 3 SeeArbG, in Kraft seit dem 1.8.2013, war zuvor die frühere Regelung in § 63 Abs. 2 S. 2 SeemG (Anrechnungsgrenze 25. Lebensjahr) wegen Verstoßes gegen das Verbot der Altersdiskriminierung nicht übernommen worden.[24]

5 Im Hinblick auf die Unanwendbarkeit des § 622 Abs. 2 S. 2 BGB zählten bereits vor dem 1.1.2019[25] bei der Berechnung der Kündigungsfristen nach § 622 Abs. 1 S. 1 BGB auch die **Zeiten** mit, die ein Arbeitnehmer vor Vollendung seines 25. Lebensjahres in einem **Ausbildungsverhältnis** zurückgelegt hatte.[26] Nach näherer Maßgabe des § 6 Abs. 2 S. 1 ArbPlSchG bzw. § 12 Abs. 1 S. 1, 2 ArbPlSchG iVm § 6 Abs. 1 S. 1 ArbPlSchG wird die **Wehrdienstzeit** auf die Betriebsangehörigkeit angerechnet.[27] Das gilt seit dem 1.7.2011 gem. § 16 Abs. 7 ArbPlSchG idF von Art. 6 des WehrRÄndG vom 28.4.2011 (BGBl. 2011 I 678) – seit dem 13.4.2013: § 16 Abs. 7 ArbPlSchG idF des Art. 2 Abs. 7 des Gesetzes v. 8.4.2013 (BGBl. 2013 I 730) – auch für deutsche Arbeitnehmer, die nach § 54 Abs. 1 S. 1 WPfG idF von Art. 1 Nr. 6 WehrRÄndG — seit dem 13.4.2013: § 58b SoldG idF des Art. 1 Nr. 8 des Gesetzes v. 8.4.2013 (BGBl. 2013 I 730) – zu dem seitdem an die Stelle der Wehrpflicht getretenen „**freiwilligen Wehrdienst**"[28] einberufen worden sind.

6 Die nachstehende **Tabelle** soll die Feststellung der maßgeblichen Kündigungsfrist auf einen Blick ermöglichen:[29]

Betriebszugehörigkeit	Kündigungsfrist (Monate zum Monatsende)
2 Jahre	1
5 Jahre	2
8 Jahre	3
10 Jahre	4
12 Jahre	5
15 Jahre	6
20 Jahre	7

7 **b) Zwingende Mindestkündigungsfristen.** Die gesetzliche Grundkündigungsfrist von vier Wochen (§ 622 Abs. 1 BGB) ist zwar tarifvertraglich (§ 622 Abs. 4 S. 1 BGB), dagegen bis auf die in § 622 BGB geregelten Sonderfälle, nämlich bei vereinbarter Probezeit (§ 622 Abs. 3 BGB), einzelvertraglicher Bezugnahme auf einen Tarifvertrag (§ 622 Abs. 4 S. 2 BGB), vorübergehender Aushilfstätigkeit (§ 622 Abs. 5 Nr. 1 BGB) sowie bei Kleinunternehmen (§ 622 Abs. 5 S. 1 Nr. 2 BGB), **nicht einzelvertraglich zu Ungunsten des Arbeitnehmers abdingbar**.

8 Auch die gem. § 622 Abs. 2 S. 1 BGB seitens des Arbeitgebers einzuhaltenden verlängerten Kündigungsfristen einschl. der dort genannten Kündigungstermine können einzelvertraglich nicht zu Lasten des Arbeitnehmers verschlechtert werden.[30] Das gilt für die Kündigungstermine des § 622 Abs. 2 S. 1 BGB selbst dann, wenn der Arbeitgeber mit längerer als

---

[24] Gesetzentwurf der BReg. 10.10.2012, BT-Drs. 17/10959, 85.
[25] Anders noch BAG 2.12.1999 – 2 AZR 139/99, AP BGB § 622 Nr. 57.
[26] BAG 9.9.2010 – 2 AZR 714/08, NZA 2011, 343 Rn. 29; 30.9.2010 – 2 AZR 456/09, BeckRS 2011, 69260 Rn. 28.
[27] Vgl. früher BAG 25.7.2006 – 3 AZR 307/05, NZA 2007, 512 Rn. 22.
[28] → § 45 Rn. 258.
[29] Zur Tabelle unter Berücksichtigung von § 622 Abs. 2 S. 2 BGB (bis 31.12.2018) vgl. Stahlhacke/Preis/Vossen Kündigung/*Preis*, 10. Aufl. 2010, Rn. 427.
[30] Zu einer einvernehmlichen Verlegung des Kündigungstermins zu Gunsten des Arbeitnehmers vgl. LAG München 17.12.2019 – 6 Sa 543/18, BeckRS 2019, 43737 Rn. 71 ff.

der gesetzlichen Frist kündigt, obwohl er das Arbeitsverhältnis zu einem früheren Monatsende hätte kündigen können.[31] Bei der Prüfung, ob eine einzelvertraglich von § 622 Abs. 2 BGB abweichende Regelung **für den Arbeitnehmer günstiger** ist, ist **im Regelfall** von einem **Gesamtvergleich** zwischen vertraglichen und gesetzlichen Kündigungsfristen und Kündigungsterminen auszugehen.[32] Dabei kommt es für den Günstigkeitsvergleich auf den Zeitpunkt der Vertragsabrede bzw. des Eintritts in die jeweilige „Stufe" des § 622 Abs. 2 BGB an und nicht auf die Situation bei Ausspruch der Kündigung.[33]

Sind in einem vor Inkrafttreten des KündFG vom 7.10.1993[34] abgeschlossenen Arbeitsvertrag mit einem Angestellten von § 622 Abs. 1 und Abs. 2 BGB abweichende Kündigungsfristen geregelt, ist in jedem Einzelfall zu **prüfen**, ob es sich dabei um eine **konstitutive Regelung** oder um eine bloß **deklaratorische Verweisung** auf die gesetzlichen Vorschriften handelt.[35] Letzteres ist bei einer Verweisung auf die „gesetzlichen Vorschriften" der Fall mit der Folge, dass die jeweils zum Zeitpunkt des Zugangs der Kündigung maßgebliche gesetzliche Kündigungsfrist zur Anwendung kommt.[36] Dagegen liegt eine konstitutive Regelung vor, wenn in dem vor dem 15.10.1993 geschlossenen Arbeitsvertrag auf die „gesetzlichen Kündigungsfristen idF vom ..." verwiesen worden oder die maßgebliche Kündigungsfrist ausdrücklich benannt ist, selbst wenn diese mit der früheren Quartalskündigung übereinstimmt.[37]

9

c) **Sonderregelungen.** Ein **Berufsausbildungsverhältnis** kann nach § 22 Abs. 1 BBiG während der Probezeit (§ 20 BBiG) jederzeit ohne Einhalten einer Kündigungsfrist gekündigt werden.[38] Besteht das **Arbeitsverhältnis** mit einem **schwerbehinderten Menschen** länger als sechs Monate (vgl. § 173 Abs. 1 S. 1 Nr. 1 SGB IX, bis 31.12.2017: § 90 Abs. 1 Nr. 1 SGB IX aF),[39] beträgt die gesetzliche Mindestkündigungsfrist gem. § 169 SGB IX (bis 31.12.2017: § 86 SGB IX aF) vier Wochen. Durch das KündFG vom 7.10.1993[40] wurden die Kündigungsfristen für **Heimarbeiter** (vgl. § 29 Abs. 3–5 HAG)[41] sowie für **Heuerverhältnisse** (vgl. § 63 Abs. 1 S. 3 – Abs. 2a SeemG, seit 1.8.2013: § 66 Abs. 1–3 SeeArbG) der Neuregelung des § 622 BGB angepasst. § 622 BGB gilt grundsätzlich auch für **Leiharbeitsverhältnisse**, wobei der Verleiher jedoch nach § 2 Abs. 1 S. 2 Nr. 9 NachwG iVm § 11 Abs. 1 S. 1 AÜG verpflichtet ist, die Kündigungsfristen in einer besonderen Urkunde aufzunehmen. Hierfür reicht ein Verweis auf die gesetzlichen oder tarifvertraglichen Fristen.[42] Ausgeschlossen ist nach § 11 Abs. 4 S. 1 AÜG die einzelvertragliche Abkürzung der Kündigungsfristen gem. § 622 Abs. 5 S. 1 Nr. 1 BGB. Eine analoge Anwendung von § 622 Abs. 1 und 2 BGB oder § 29 Abs. 3 und 4 HAG auf die Kündigung arbeitnehmerähnlicher Personen[43] gebieten weder Art. 3 Abs. 1 GG noch Art. 12 Abs. 1 GG. Allein § 621 BGB ist anwendbar.[44] Um notwendige Kündigungen im **Insolvenzverfahren**[45] zu beschleunigen, sieht

10

---

[31] BAG 12.7.2007 – 2 AZR 492/05, NZA 2008, 476 Rn. 42; vgl. auch BAG 21.8.2008 – 8 AZR 201/07, NZA 2009, 29 Rn. 29.
[32] BAG 29.1.2015 – 2 AZR 280/14, NZA 2015, 673 Rn. 14; 4.7.2001 – 2 AZR 469/00, AP BGB § 622 Nr. 59.
[33] Vgl. BAG 29.1.2015 – 2 AZR 280/14, NZA 2015, 673 Rn. 15 mit Rn. 16; Ascheid/Preis/Schmidt/*Linck* BGB § 622 Rn. 179; ErfK/*Müller-Glöge* BGB § 622 Rn. 38.
[34] → Rn. 2.
[35] Vgl. BAG 4.7.2001 – 2 AZR 469/00, AP BGB § 622 Nr. 59; LAG Nürnberg 13.4.1999 – 6 (5) Sa 182/98, NZA-RR 2000, 80 (81).
[36] Stahlhacke/Preis/Vossen Kündigung/*Preis* Rn. 446.
[37] Stahlhacke/Preis/Vossen Kündigung/*Preis* Rn. 446; vgl. auch LAG Düsseldorf 26.9.2000 – 8 Sa 1223/00, nv; LAG Hamm 1.2.1996 – 4 Sa 913/95, LAGE BGB § 622 Nr. 38; LAG Rheinland-Pfalz 14.2.1996 – 2 Sa 1081/95, NZA 1996, 984.
[38] Ascheid/Preis/Schmidt/*Biebl* BBiG § 22 Rn. 55 ff.
[39] → § 45 Rn. 133.
[40] → Rn. 2.
[41] Vgl. hierzu BAG 8.5.2007 – 9 AZR 777/06, AP BGB § 611 Arbeitnehmerähnlichkeit Nr. 15.
[42] Ascheid/Preis/Schmidt/*Linck* BGB § 622 Rn. 23; ErfK/*Wank* AÜG § 11 Rn. 9; aA LAG Hamm 1.2.1996 – 4 Sa 1044/95, BeckRS 2014, 72925.
[43] Vgl. näher → § 6 Rn. 115 ff.
[44] BAG 8.5.2007 – 9 AZR 777/06, AP BGB § 611 Arbeitnehmerähnlichkeit Nr. 15; vgl. auch BAG 11.6.2020 – 2 AZR 374/19, NZA 2020, 1179 Rn. 44.
[45] → § 44 Rn. 127.

§ 113 S. 2 InsO (bis 31.12.2003: § 113 Abs. 1 S. 2 InsO) eine gesetzliche Kündigungsfrist von drei Monaten vor, wenn nicht eine kürzere Frist gilt.[46]

2. Einzelvertragliche Kürzung von Kündigungsfristen

11 a) **Probearbeitsverhältnis.** Haben die Parteien ein unbefristetes Arbeitsverhältnis mit vorgeschalteter Probezeit vereinbart, gilt nach § 622 Abs. 3 **in den ersten sechs Monaten** gem. § 622 Abs. 3 BGB eine **Kündigungsfrist von zwei Wochen.** Dementsprechend kann eine Probezeit nur für die ersten sechs Monate eines Arbeitsverhältnisses vereinbart werden.[47] Für den Beginn der Sechs-Monats-Frist kommt es auf den Zeitpunkt des rechtlichen Beginns des Arbeitsverhältnisses an, sodass der erste Tag des rechtlichen Bestands des Arbeitsverhältnisses nach § 187 Abs. 2 S. 1 BGB mitzählt.[48] In einem befristeten Probearbeitsverhältnis nach § 14 Abs. 1 S. 2 Nr. 5 TzBfG[49] gilt die zweiwöchige Kündigungsfrist des § 622 Abs. 3 BGB nur, wenn nach § 15 Abs. 3 TzBfG einzelvertraglich oder in dem auf das Arbeitsverhältnis anwendbaren Tarifvertrag ein vorzeitiges Kündigungsrecht vereinbart ist.[50]

12 Dies gilt unabhängig davon, ob die Probezeitvereinbarung für die ersten sechs Monate des Arbeitsverhältnisses bezogen auf die geschuldete Tätigkeit angemessen ist. Ist diese **Probezeit in** einem **vorformulierten Arbeitsvertrag** vereinbart, **unterliegt sie keiner Angemessenheitskontrolle** nach § 307 Abs. 1 S. 1 BGB.[51] Die Vereinbarung einer kürzeren als nach § 622 Abs. 3 BGB zulässigen Kündigungsfrist im Arbeitsvertrag hat auch im Wege der Inhaltskontrolle nach § 306 BGB nicht die Unwirksamkeit der Probezeitvereinbarung insgesamt zur Folge. Es handelt sich hier um eine teilbare Klausel mit dem Ergebnis, dass während der wirksam vereinbarten Probezeit die Kündigungsfrist des § 622 Abs. 3 BGB und nicht die allgemeine Kündigungsfrist des § 622 Abs. 1 BGB anzuwenden ist.[52]

13 b) **Aushilfsarbeitsverhältnis.** In einem Aushilfsarbeitsverhältnis[53] räumt § 622 Abs. 5 S. 1 Nr. 1 BGB für die **ersten drei Monate** die Möglichkeit der **uneingeschränkten Verkürzung** der Grundkündigungsfrist des § 622 Abs. 1 BGB ein. Dabei kann sogar die Kündigungsfrist „auf Null" reduziert werden (sog. entfristete Kündigung), die das Aushilfsarbeitsverhältnis wie eine außerordentliche Kündigung nach § 626 Abs. 1 BGB mit sofortiger Wirkung beendet.[54] Obwohl § 622 Abs. 5 S. 1 Nr. 1 BGB seinem Wortlaut nach lediglich eine Verkürzung der Grundkündigungsfrist nach § 622 Abs. 1 BGB erlaubt, ist auch eine hiervon abweichende Vereinbarung der Kündigungstermine (15. oder Monatsende) zulässig.[55] Ebenso kommt in einem befristeten Aushilfsarbeitsverhältnis nach § 14 Abs. 1 S. 2 Nr. 1 TzBfG, sofern sich die Parteien ein Kündigungsrecht nach § 15 Abs. 3 TzBfG vorbehalten haben,[56] § 622 Abs. 5 S. 1 Nr. 1 BGB zur Anwendung. Voraussetzung für die Anwendbarkeit dieser Vorschrift ist zum einen die arbeitsvertragliche Vereinbarung eines Aushilfsarbeitsverhältnisses und zum anderen dessen objektives Vorliegen.[57] Hiervon ist auszugehen, wenn der Arbeitgeber nur einen vorübergehenden Arbeitskräftebedarf decken will, der durch den Ausfall von Stammkräften oder durch einen zeitlich begrenzten zusätzlichen Arbeitsanfall begrün-

---

[46] → Rn. 30.
[47] LAG BW 28.2.2002 – 4 Sa 68/01, BeckRS 2002, 31011005; LAG Bln-Bbg 5.3.2020 – 21 Sa 1684/19, BeckRS 2020, 11255 Rn. 47.
[48] Vgl. BAG 27.6.2002 – 2 AZR 382/01, NZA 2003, 377 (378 f.).
[49] → § 41 Rn. 73 ff.
[50] → § 41 Rn. 146.
[51] BAG 24.1.2008 – 6 AZR 519/07, NZA 2008, 521 (523).
[52] LAG Hessen 31.5.2011 – 12 Sa 941/10, NZA-RR 2011, 571; ebenso LAG Rheinland-Pfalz 30.4.2010 – 9 Sa 776/09, NZA-RR 2010, 464 (465).
[53] Zum Begriff vgl. BAG 29.7.2009 – 7 AZR 907/07, AP TzBfG § 14 Nr. 65; 14.2.2007 – 7 AZR 193/06, NZA 2007, 871 Rn. 15; 22.5.1986 – 2 AZR 392/85, AP BGB § 622 Nr. 23.
[54] Vgl. BAG 22.5.1986 – 2 AZR 392/85, AP BGB § 622 Nr. 23; Ascheid/Preis/Schmidt/*Linck* BGB § 622 Rn. 153; ErfK/*Müller-Glöge* BGB § 622 Rn. 17.
[55] Vgl. BAG 22.5.1986 – 2 AZR 392/85, AP BGB § 622 Nr. 23; Ascheid/Preis/Schmidt/*Linck* BGB § 622 Rn. 153; ErfK/*Müller-Glöge* BGB § 622 Rn. 17.
[56] → § 41 Rn. 146.
[57] BAG 22.5.1986 – 2 AZR 392/85, AP BGB § 622 Nr. 23; LAG Düsseldorf 13.5.1985 – 10 Sa 408/85, LAGE BGB § 622 Nr. 6.

det ist.[58] Haben die Parteien ein Aushilfsarbeitsverhältnis ohne eine Regelung über die Kündigungsfrist vereinbart, bleibt es bei der Grundkündigungsfrist des § 622 Abs. 1 BGB. Allein aus dem Zweck des Vertrages kann nicht entnommen werden, dass die Kündigungsfrist abgekürzt sein soll.[59]

c) **Kleinunternehmen.** Beschäftigt der Arbeitgeber in der Regel **nicht mehr als 20 Arbeitnehmer** ausschließlich der zu ihrer Berufsausbildung Beschäftigten, kann nach § 622 Abs. 5 S. 1 Nr. 2 BGB die Kündigungsfrist einzelvertraglich auf **bis zu vier Wochen** verkürzt werden. Da, wie aus der Einleitung von § 622 Abs. 5 S. 1 BGB zu entnehmen ist, die Grundkündigungsfrist nach § 622 Abs. 1 BGB von vier Wochen auch bei Kleinunternehmen zwingend ist, hat die Regelung in § 622 Abs. 5 S. 1 Nr. 2 BGB nur einen Sinn, wenn von den Kündigungsterminen 15. bzw. Ende eines Kalendermonats abgewichen werden kann.[60] Bei der Feststellung der Zahl der regelmäßig Beschäftigten sind gem. § 622 Abs. 5 S. 2 BGB, wie in § 23 Abs. 1 S. 4 KSchG, teilzeitbeschäftigte Arbeitnehmer mit einer regelmäßigen wöchentlichen Arbeitszeit von nicht mehr als 20 Stunden mit 0,5 und von nicht mehr als 30 Stunden mit 0,75 zu berücksichtigen.[61] Für die Feststellung der regelmäßig beschäftigten 20 Arbeitnehmer kommt es entscheidend darauf an, wie viele Arbeitnehmer der Arbeitgeber zum Zeitpunkt des Kündigungszugangs „in der Regel" beschäftigt. Hierfür bedarf es eines Rückblicks auf die Belegschaftszahl in der Vergangenheit und einer Einschätzung in der Zukunft.[62] Es gelten also die zu § 23 Abs. 1 S. 2 und S. 3 KSchG entwickelten Grundsätze.[63]

3. Einzelvertragliche Verlängerung von Kündigungsfristen

§ 622 Abs. 5 S. 3 BGB, der sowohl für Arbeitgeber- als auch für Arbeitnehmerkündigungen gilt,[64] stellt ausdrücklich klar, dass eine **einzelvertragliche** Verlängerung der **gesetzlichen Kündigungsfristen** (§ 622 Abs. 1–3 BGB) grundsätzlich **zulässig** ist.[65] Die Verlängerung ist, soweit sie in AGB (vgl. § 305 Abs. 1 S. 1 BGB) bzw. in einem Verbrauchervertrag (vgl. § 310 Abs. 3 BGB) verankert ist, keine überraschende Klausel iSv § 305c Abs. 1 BGB.[66] Eine ggü. § 622 Abs. 3 BGB verlängerte Probezeitkündigungsfrist von vier Wochen benachteiligt den Arbeitnehmer dann nicht unangemessen gem. § 307 Abs. 1 S. 1 BGB, solange sie für beide Parteien gilt (vgl. § 622 Abs. 6 BGB[67]) und die Grundkündigungsfristen nach § 622 Abs. 1 BGB[68] nicht überschreitet.[69] **Auch** können **weniger Kündigungstermine** verabredet werden.[70] Für die Arbeitgeberkündigung kann eine beliebig lange Kündigungsfrist vereinbart werden. Dies folgt aus der rechtlich anerkannten Möglichkeit, die ordentliche Kündigung vertraglich auszuschließen.[71] Für die Arbeitnehmerkündigung ergibt sich aus § 15 Abs. 4 TzBfG eine Grenze der Verlängerung. Danach darf die höchstzulässige Bindungsdauer an

---

[58] Vgl. BAG 22.5.1986 – 2 AZR 392/85, AP BGB § 622 Nr. 23; LAG Düsseldorf 13.5.1985 – 10 Sa 408/85, LAGE BGB § 622 Nr. 6; vgl. auch BAG 18.4.2007 – 7 AZR 316/06, AP TzBfG § 14 Haushalt Nr. 3; 14.2.2007 – 7 AZR 193/06, NZA 2007, 871 Rn. 15; Ascheid/Preis/Schmidt/*Linck* BGB § 622 Rn. 151; früher BAG 22.5.1986 – 2 AZR 392/85, AP BGB § 622 Nr. 23; LAG Rheinland-Pfalz 27.1.1989 – 6 Sa 949/88, LAGE BGB § 622 Nr. 12.
[59] Vgl. Stahlhacke/Preis/Vossen Kündigung/*Preis* Rn. 501; ErfK/*Müller-Glöge* BGB § 622 Rn. 17.
[60] *Adomeit/Thau* NJW 1994, 11 (13); Ascheid/Preis/Schmidt/*Linck* BGB § 622 Rn. 160; ErfK/*Müller-Glöge* BGB § 622 Rn. 18; Stahlhacke/Preis/Vossen Kündigung/*Preis* Rn. 451.
[61] Vgl. zu § 23 Abs. 1 S. 4 KSchG näher → Rn. 71.
[62] Vgl. Ascheid/Preis/Schmidt/*Linck* BGB § 622 Rn. 163; ErfK/*Müller-Glöge* BGB § 622 Rn. 18.
[63] → Rn. 77.
[64] Vgl. BAG 28.5.2009 – 8 AZR 896/07, NZA 2009, 1337 Rn. 27.
[65] Ascheid/Preis/Schmidt/*Linck* BGB § 622 Rn. 166; Stahlhacke/Preis/Vossen Kündigung/*Preis* Rn. 452.
[66] BAG 28.5.2009 – 8 AZR 896/07, NZA 2009, 1337 Rn. 24 ff.
[67] → Rn. 16.
[68] → Rn. 2.
[69] LAG Köln 17.11.2015 – 12 Sa 707/15, BeckRS 2016, 66110 Rn. 52; vgl. auch BAG 26.10.2017 – 6 AZR 158/16, NZA 2018, 297 Rn. 34; 25.3.2004 – 2 AZR 173/01, AP BGB § 138 Nr. 60.
[70] Ascheid/Preis/Schmidt/*Linck* BGB § 622 Rn. 168; ErfK/*Müller-Glöge* BGB § 622 Rn. 41; Stahlhacke/Preis/Vossen Kündigung/*Preis* Rn. 452.
[71] Vgl. → Rn. 48.

den Arbeitsvertrag für den Arbeitnehmer maximal 5,5 Jahre betragen.[72] Das BAG lässt ausdrücklich eine Vertragsgestaltung zu, nach der der Arbeitsvertrag für die Dauer von fünf Jahren abgeschlossen wird und sich danach jeweils um weitere fünf Jahre verlängert, sofern er nicht von einer Vertragspartei unter Beachtung einer einjährigen Kündigungsfrist gekündigt wird.[73]

16 Nach § 622 Abs. 6 BGB darf, wie bis zum 14.10.1993[74] gem. § 622 Abs. 5 BGB aF, für die Arbeitnehmerkündigung keine längere Frist vereinbart werden als für die Arbeitgeberkündigung. Das gilt für tarif- und einzelvertragliche Abreden.[75] Über den Wortlaut hinaus werden nach hM auch die Kündigungstermine erfasst.[76]

17 § 622 Abs. 6 BGB beruht auf dem allgemeinen Rechtsgedanken, die Kündigung für Arbeitnehmer im Hinblick auf die in Art. 12 Abs. 1 GG geschützte Berufsfreiheit nicht einseitig übermäßig zu erschweren.[77] Deshalb verstößt eine Vereinbarung, die eine kurze Frist nur für eine Kündigung des Arbeitgebers vorsieht, nicht gegen § 622 Abs. 6 BGB, wenn dieser sie nur in einer Situation erklären kann, in der der Arbeitnehmer selbst nicht kündigen würde.[78] Aus einem Umkehrschluss folgt aus § 622 Abs. 6 BGB, dass für die Arbeitgeberkündigung eine längere Kündigungsfrist vereinbart werden kann als für die Arbeitnehmerkündigung.[79] Eine einzelvertragliche Gleichstellung der für den Arbeitnehmer geltenden Kündigungsfrist mit den nur für die Arbeitgeberkündigung geltenden Fristen des § 622 Abs. 2 BGB verstößt nicht gegen § 622 Abs. 5 S. 3 BGB.[80] Eine Vereinbarung in einem formularmäßigen Arbeitsvertrag, wonach sowohl für den Arbeitgeber als auch für den Arbeitnehmer eine **Kündigungsfrist von 18 Monaten** gilt, kann zulässig sein. Hierin liegt jedenfalls dann keine gegen Art. 12 GG verstoßende verhältnismäßig lange Bindung des Arbeitnehmers an den Betrieb, wenn er eine herausgehobene Stellung innehat und erst nach Ablauf der langen Kündigungsfrist über keine den geschäftlichen Erfolg des Arbeitgebers gefährdende Insiderkenntnisse mehr verfügt.[81] Wird entgegen § 622 Abs. 6 BGB eine längere Kündigungsfrist zu Lasten des Arbeitnehmers vereinbart und werden ggf. gleichzeitig auch die Kündigungstermine weitergehend beschränkt, kann auch der Arbeitnehmer mit der für den Arbeitgeber geltenden kürzeren Frist zu den für diesen vorgesehenen Terminen kündigen.[82] Für eine analoge Anwendung von § 89 Abs. 2 S. 2 HGB liegen die Voraussetzungen nicht vor.[83]

18 Da § 622 Abs. 6 BGB bezweckt, die Kündigung eines Arbeitnehmers im Vergleich zu derjenigen eines Arbeitgebers nicht einseitig zu erschweren,[84] ist ein einseitiges, allein dem Arbeitgeber zustehendes Kündigungsrecht gem. § 622 Abs. 6 BGB analog unwirksam. Dies hat das LAG München am 17.12.2019[85] bezogen auf eine Vereinbarung, nach der nur der Arbeitgeber etwa zur Mitte eines auf fünf Jahre befristeten Arbeitsvertrages ordentlich kündigen kann, entschieden. Die durch die Unwirksamkeit der im Arbeitsvertrag entstandenen Regelungslücke hat das Gericht durch ergänzende Vertragsauslegung unter Berücksichti-

---

[72] Ascheid/Preis/Schmidt/*Linck* BGB § 622 Rn. 169; ErfK/*Müller-Glöge* BGB § 622 Rn. 42; vgl. auch BAG 26.10.2017 – 6 AZR 158/16, NZA 2018, 297 Rn. 31; 25.3.2004 – 2 AZR 173/01, AP BGB § 138 Nr. 60.
[73] BAG 19.12.1991 – 2 AZR 363/91, AP BGB § 624 Nr. 2.
[74] → Rn. 2.
[75] BAG 3.7.2019 – 10 AZR 300/18, NZA 2019, 1440 Rn. 36; 18.10.2018 – 2 AZR 374/18, NZA 2019, 246 Rn. 41; Ascheid/Preis/Schmidt/*Linck* BGB § 622 Rn. 171; ErfK/*Müller-Glöge* BGB § 622 Rn. 43.
[76] Ascheid/Preis/Schmidt/*Linck* BGB § 622 Rn. 172; ErfK/*Müller-Glöge* BGB § 622 Rn. 43; Stahlhacke/Preis/Vossen Kündigung/*Preis* Rn. 455.
[77] BAG 3.7.2019 – 10 AZR 300/18, NZA 2019, 1440 Rn. 39 mwN; vgl. auch LAG München 17.12.2019 – 6 Sa 543/18, NZA-RR 2020, 358 Rn. 57.
[78] Näher BAG 18.10.2018 – 2 AZR 374/18, NZA 2019, 246 Rn. 44, 45.
[79] Stahlhacke/Preis/Vossen Kündigung/*Preis* Rn. 457; vgl. auch BAG 25.11.1971 – 2 AZR 62/71, AP BGB § 622 Nr. 11.
[80] BAG 29.8.2001 – 4 AZR 337/00, AP TVG § 1 Auslegung Nr. 174.
[81] ArbG Heilbronn 8.5.2012 – 5 Ca 307/11, BeckRS 2012, 69954 Rn. 35.
[82] BAG 18.10.2018 – 2 AZR 374/18, NZA 2019, 246 Rn. 47.
[83] BAG 18.10.2018 – 2 AZR 374/18, NZA 2019, 246 Rn. 48 ff. unter Aufgabe von BAG 2.6.2005 – 2 AZR 296/04, NZA 2005, 1176 (1177 f.).
[84] S. → Rn. 17.
[85] LAG München 17.12.2019 – 6 Sa 543/18, NZA-RR 2020, 358.

gung der geänderten Rspr. des BAG zur Auslegung einer gegen § 622 Abs. 6 BGB verstoßenden Parteiabrede[86] dahingehend geschlossen, dass beiden Parteien ein vorzeitiges Kündigungsrecht zusteht.[87]

4. Tarifvertragliche Regelungen

a) Tarifgebundenheit. Durch Tarifvertrag können nach § 622 Abs. 4 S. 1 BGB[88] die gesetzlichen Mindestkündigungsfristen des § 622 Abs. 1 bis Abs. 3 BGB, aber auch die Kündigungstermine zu Lasten des Arbeitnehmers verkürzt werden.[89] Die Tarifvertragsparteien können eine Verkürzung der gesetzlichen Kündigungsfristen im Einklang mit Art. 3 Abs. 1 GG davon abhängig machen, dass das jeweilige Arbeitsverhältnis unter den Geltungsbereich eines nach § 112 Abs. 4 BetrVG wirksamen Sozialplans iSv § 112 Abs. 1 S. 2 BetrVG fällt.[90] Durch die Tarifdispositivität von § 622 Abs. 1 bis Abs. 3 BGB will der Gesetzgeber den Besonderheiten einzelner Wirtschaftsbereiche oder Wirtschaftsgruppen Rechnung tragen.[91] Allerdings müssen die Tarifvertragsparteien die Regelungen, die in der Vereinbarung von § 622 Abs. 2 BGB abweichen, nicht mit branchenspezifischen Besonderheiten rechtfertigen.[92] Die Tarifvertragsparteien sind nicht verpflichtet, für Arbeitnehmer mit längerer Beschäftigungsdauer in Anlehnung an die Regelung in § 622 Abs. 2 S. 1 BGB verlängerte Kündigungsfristen vorzusehen.[93] Es besteht kein Differenzierungsgebot zu Gunsten älterer Arbeitnehmer.[94] Allerdings durften die Tarifvertragsparteien im Hinblick auf das in §§ 1, 7 Abs. 1 AGG konkretisierte Verbot der Altersdiskriminierung bei der Berechnung der Kündigungsfristen nicht – wie in § 622 Abs. 2 S. 2 BGB aF bis zum 31.12.2018 vorgesehen[95] – die vor Vollendung des 25. Lebensjahres eines Arbeitnehmers zurückgelegten Beschäftigungszeiten unberücksichtigt lassen.[96] Unmittelbare und zwingende Wirkung auf das Arbeitsverhältnis gem. § 4 Abs. 1 S. 1 TVG haben die tarifvertraglichen Kündigungsfristen im Geltungsbereich des Tarifvertrags nur bei beiderseitiger Tarifgebundenheit (§ 3 Abs. 1 TVG) bzw. aufgrund einer Allgemeinverbindlicherklärung (§ 5 Abs. 4 TVG).

b) Bezugnahme auf tarifliche Kündigungsfristen. § 622 Abs. 4 S. 2 BGB ermöglicht es den Arbeitsvertragsparteien, ebenso wie schon bis zum 14.10.1993[97] § 622 Abs. 3 S. 2 BGB aF, im Geltungsbereich eines Tarifvertrages die in ihm geregelten, von § 622 Abs. 1 bis 3 BGB abweichenden Kündigungsfristen auch zwischen nicht tarifgebundenen Arbeitgebern und Arbeitnehmern zu vereinbaren. Hierdurch werden tarifgebundene und nicht tarifgebundene Arbeitnehmer gleichgestellt.[98] Da die Bezugnahme auf den Tarifvertrag nur in seinem (räumlichen, sachlichen und persönlichen) Geltungsbereich möglich ist, kann auf einen branchenfremden Tarifvertrag nicht Bezug genommen werden.[99] Die Bezugnahme kann sich sowohl auf den Tarifvertrag insgesamt, als auch nur auf die Regelungen über die Kündi-

---

[86] S. → Rn. 17.
[87] LAG München 17.12.2019 – 6 Sa 543/18, NZA-RR 2020, 358 Rn. 69.
[88] Nach LAG Bln-Bbg 23.2.2007 – 6 Sa 1847/06, BeckRS 2007, 45076 analog anwendbar auf kirchliche Arbeitsverträge.
[89] BT-Drs. 12/4902, 9; BAG 23.4.2008 – 2 AZR 21/07, NZA 2008, 960 Rn. 16; vgl. auch BAG 18.10.2018 – 2 AZR 374/18, NZA 2019, 246 Rn. 36.
[90] BAG 24.10.2019 – 2 AZR 158/18, NZA-RR 2020, 199 Rn. 32 ff.; 24.10.2019 – 2 AZR 168/18, AP BGB § 622 Nr. 76 Rn. 32 ff.
[91] BT-Drs. 12/4902, 7, 9.
[92] BAG 24.10.2019 – 2 AZR 158/18, NZA-RR 2020, 199 Rn. 31; 24.10.2019 – 2 AZR 168/18, AP BGB § 622 Nr. 76 Rn. 31; vgl. auch BAG 18.9.2014 – 6 AZR 636/13, NZA 2014, 1400 Rn. 28.
[93] Grundlegend BAG 23.4.2008 – 2 AZR 21/07, NZA 2008, 960 Rn. 15 ff.; ebenso BAG 24.10.2019 – 2 AZR 158/18, NZA-RR 2020, 199 Rn. 30; 24.10.2019 – 2 AZR 168/18, AP BGB § 622 Nr. 76 Rn. 30; 18.10.2018 – 2 AZR 374/18, NZA 2019, 246 Rn. 36.
[94] BAG 23.4.2008 – 2 AZR 21/07, NZA 2008, 960 Rn. 28 ff.
[95] → Rn. 4.
[96] BAG 29.9.2011 – 2 AZR 177/10, NZA 2012, 754 (755 f.); zu § 622 Abs. 2 S. 2 BGB → Rn. 4.
[97] → Rn. 2.
[98] Vgl. allg. zB BAG 19.3.2003 – 4 AZR 331/02, AP TVG § 1 Bezugnahme auf Tarifvertrag Nr. 33.
[99] Ascheid/Preis/Schmidt/*Linck* BGB § 622 Rn. 98; ErfK/*Müller-Glöge* BGB § 622 Rn. 35; Stahlhacke/Preis/Vossen Kündigung/*Preis* Rn. 468.

gungsfristen und -termine erstrecken.[100] Die Vereinbarung kann ausdrücklich, stillschweigend und sogar durch betriebliche Übung[101] erfolgen.[102] Sind die in Bezug genommenen tariflichen Kündigungsfristen wegen Verstoßes gegen höherrangiges Recht unwirksam, betrifft dies auch die vertragliche Vereinbarung.[103]

21 Stimmen tarif- und einzelvertragliche Kündigungsfristenregelungen nicht überein, gilt im Falle beiderseitiger Tarifgebundenheit zunächst die unmittelbare und zwingende Wirkung des Tarifvertrages gem. § 4 Abs. 1 S. 1 TVG. Allerdings sind nach § 4 Abs. 3 TVG abweichende einzelvertragliche Vereinbarungen zulässig, sofern sie für den Arbeitnehmer günstiger sind als die entsprechenden tarifvertraglichen Regelungen. Bei dem Günstigkeitsvergleich sind die tarif- und einzelvertraglichen Kündigungsfristen unter Berücksichtigung des Kündigungstermins insgesamt miteinander in Bezug zu setzen.[104]

22 Auch nach der Vereinheitlichung der gesetzlichen Kündigungsfristen für Arbeiter und Angestellte wird zum Teil weiterhin in Tarifverträgen bei der Regelung der Kündigungsfristen zwischen beiden Arbeitnehmergruppen unterschieden. Bei der Prüfung, ob hierin ein Verstoß gegen den Gleichheitssatz des Art. 3 Abs. 1 GG liegt, ist zunächst zwischen konstitutiven und deklaratorischen Tarifregelungen zu unterscheiden.[105] Handelt es sich um eine deklaratorische Tarifregelung, ist die jeweilige gesetzliche Regelung, seit dem 15.10.1993 § 622 BGB idF von Art. 1 des G v. 7.10.1993 (BGBl. 1993 I 1668)[106] – seit 1.1.2019 idF von Art. 4d des G v. 18.12.2018 (BGBl. 2018 I 2651)[107] – maßgeblich.[108] Ergibt die Auslegung des Tarifvertrages, dass es sich um eine konstitutive Regelung der Kündigungsfristen handelt, stehen unterschiedliche Fristen zwischen Arbeitern und Angestellten nur dann im Einklang mit dem Gleichheitsgrundsatz des Art. 3 Abs. 1 GG, wenn hierfür ein sachlicher Grund vorliegt.[109]

5. Berechnung der Kündigungsfristen

23 Die Kündigungsfrist läuft ab Zugang der Kündigung.[110] Die Berechnung der Kündigungsfristen richtet sich nach den §§ 186 ff. BGB. Gem. § 187 Abs. 1 BGB wird der Tag, an dem die Kündigung dem Empfänger zugeht, nicht mitgerechnet. Die Frist beginnt erst am folgenden Tag. Unabhängig für den Fristbeginn ist, ob der letzte Tag, an dem noch gekündigt werden kann, auf einen Samstag, Sonntag oder Feiertag fällt. § 193 BGB ist auf Kündigungsfristen auch nicht entsprechend anwendbar.[111] Das Fristende richtet sich nach § 188 Abs. 2 BGB, wobei es mangels Anwendbarkeit von § 193 BGB keine Rolle spielt, ob das Fristende auf einen Samstag, Sonntag oder Feiertag fällt.[112] Für die **Grundkündigungsfrist**

---

[100] Ascheid/Preis/Schmidt/*Linck* BGB § 622 Rn. 98; ErfK/*Müller-Glöge* BGB § 622 Rn. 35; Stahlhacke/Preis/Vossen Kündigung/*Preis* Rn. 469.
[101] Ascheid/Preis/Schmidt/*Linck* BGB § 622 Rn. 97; ebenso allg. BAG 17.4.2002 – 5 AZR 89/01, NZA 2002, 1096 (1097); 19.1.1999 – 1 AZR 606/98, NZA 1999, 879 (881); aA zu § 622 Abs. 2 S. 4 BGB BAG 3.7.1996 – 2 AZR 469/95, BeckRS 1996, 30762310.
[102] Stahlhacke/Preis/Vossen Kündigung/*Preis* Rn. 470; ErfK/*Müller-Glöge* BGB § 622 Rn. 37; vgl. auch Ascheid/Preis/Schmidt/*Linck* BGB § 622 Rn. 97.
[103] BAG 29.9.2011 – 2 AZR 177/10, NZA 2012, 754 Rn. 23.
[104] Näher ErfK/*Müller-Glöge* BGB § 622 Rn. 38; *Müller-Glöge* in FS Schaub, 1998 S. 497 (501); Stahlhacke/Preis/Vossen Kündigung/*Preis* Rn. 471; ebenso für den Günstigkeitsvergleich zwischen einzelvertraglicher und gesetzlicher Regelung BAG 29.1.2015 – 2 AZR 280/14, NZA 2015, 673 Rn. 14; s. auch → Rn. 8.
[105] ZB BAG 7.3.2002 – 2 AZR 610/00, BeckRS 2002, 41381.
[106] → Rn. 9.
[107] → Rn. 4.
[108] BAG 7.3.2002 – 2 AZR 610/00, BeckRS 2002, 41381.
[109] BAG 18.1.2001 – 2 AZR 619/99, BeckRS 2001, 30789249; LAG Rheinland-Pfalz 27.3.2008 – 10 Sa 669/07, BeckRS 2008, 53518; Ascheid/Preis/Schmidt/*Linck* BGB § 622 Rn. 86 mit Beispielen Rn. 90 ff.; ErfK/*Müller-Glöge* BGB § 622 Rn. 30; Stahlhacke/Preis/Vossen Kündigung/*Preis* Rn. 477 ff. mit Beispielen Rn. 482.
[110] BAG 9.2.2006 – 6 AZR 283/05, NZA 2006, 1207 (1210); 25.3.2004 – 2 AZR 324/03, NZA 2004, 1089 (1090).
[111] BAG 5.3.1970 – 2 AZR 119/69, AP BGB § 193 Nr. 1; BGH 17.2.2005 – III ZR 172/04, ZIP 2005, 716 (717 f.); vgl. auch BAG 4.10.2013 – 2 AZR 1057/12, NZA 2014, 725 Rn. 47 ff. zu § 1 Abs. 1 KSchG. Zur Kündigung vor Dienstantritt → § 42 Rn. 35.
[112] Vgl. BAG 5.3.1970 – 2 AZR 119/69, AP BGB § 193 Nr. 1; BGH 17.2.2005 – III ZR 172/04, ZIP 2005, 716 (717 f.).

von vier Wochen zum 15. oder Monatsende nach § 622 Abs. 1 BGB sind nach §§ 187 Abs. 1, 188 Abs. 2 BGB die nachfolgenden **spätest möglichen Kündigungstage** (Zugang der Kündigung) zu **beachten:**[113]

Kündigung zum	15. des Monats Kündigung bis	Monatsende Kündigungszugang bis
in Monaten mit 30 Tagen	17. des Vormonats	2. des Monats
in Monaten mit 31 Tagen	18. des Vormonats	3. des Monats

In einem Februar außerhalb eines Schaltjahres muss die Kündigung mit der Grundkündigungsfrist nach § 622 Abs. 1 BGB spätestens am 31.1. für eine Kündigung zum 28.2. bzw. am 15.2. für eine Kündigung zum 15.3. zugegangen sein. In einem Schaltjahr ist das späteste Zugangsdatum für eine Kündigung zum 29.2. der 1.2. bzw. für eine Kündigung zum 15.3. der 16.2. Eine Vereinbarung, nach der der Tag der Absendung des Kündigungsschreibens als Tag der Erklärung gelten soll, ist unzulässig.[114]   24

Die **unzutreffende Berechnung** der Kündigungsfrist durch den Arbeitgeber **macht** die **ordentliche Kündigung** im Regelfall **nicht** insgesamt **unwirksam**, sondern betrifft lediglich den Zeitpunkt ihrer Wirksamkeit.[115] Gleiches gilt, wenn der Kündigungstermin nicht beachtet worden ist.[116] Die Kündigung wirkt also unter Beachtung der maßgeblichen Kündigungsfrist zum nächst zulässigen Zeitpunkt. Das gilt jedenfalls dann, wenn sich im Wege der Auslegung einer ordentlichen Kündigung nach § 133 BGB[117] ergibt, dass der Arbeitgeber das Arbeitsverhältnis zum zutreffenden Termin beenden will.[118] Hiervon ist nach Auffassung des 2. Senats des BAG im Regelfall[119] selbst dann auszugehen, wenn die ordentliche Kündigung ihrem Wortlaut nach zu einem früheren Termin wirken soll.[120] Einer solchen Auslegungsregel fehlt nach Auffassung des 5. Senats des BAG die hinreichende Tatsachenbasis. Es sei bislang empirisch unerforscht geblieben, ob Arbeitgeber tatsächlich stets – und für einen Arbeitnehmer als Erklärungsempfänger erkennbar – die objektiv einzuhaltende Kündigungsfrist wahren wollen.[121]   25

Eine Ausnahme von dem Grundsatz, wonach eine nicht fristgerechte ordentliche Kündigung im Regelfall als fristgerechte Kündigung auszulegen sei, macht der 2. Senat allerdings in dem Fall, dass sich aus der Kündigung und den im Rahmen der Auslegung des § 133 BGB zu berücksichtigenden Umständen des Einzelfalls ein Wille des Arbeitgebers ergibt, die Kündigung nur zum erklärten Zeitpunkt gegen sich gelten zu lassen.[122] Letzteres soll nach Auffassung des 5. Senats des BAG der Fall sein, wenn die Kündigung **ausdrücklich** zu einem **bestimmten Termin** ausgesprochen worden ist, ohne dass die Kündigungserklärung selbst Anhaltspunkte dafür enthalten würde, der Arbeitgeber habe die Kündigung (auch) zu einem anderen Termin gewollt – zB durch den Zusatz „… hilfsweise zum nächst möglichen Zeitpunkt"[123] bzw.   26

---

[113] Tabelle nach Stahlhacke/Preis/Vossen Kündigung/*Preis* Rn. 437.
[114] BAG 13.10.1976 – 5 AZR 638/75, AP BGB § 130 Nr. 9; ErfK/*Müller-Glöge* BGB § 622 Rn. 23; Stahlhacke/Preis/Vossen Kündigung/*Preis* Rn. 439.
[115] Vgl. BAG 15.12.2005 – 2 AZR 148/05, NZA 2006, 791 Rn. 15; LAG Hamm 1.3.2012 – 8 Sa 1575/11, NZA-RR 2012, 348 (349). Zum Problemkreis ausführlich *Schulte* ArbRB 2017, 248 ff.
[116] BAG 21.8.2008 – 8 AZR 201/07, NZA 2009, 29 Rn. 33.
[117] Hierzu eingehend BAG 20.6.2013 – 6 AZR 805/11, NZA 2013, 1137 Rn. 14.
[118] Vgl. BAG 15.12.2005 – 2 AZR 148/05, NZA 2006, 791 Rn. 15, 22; vgl. auch BAG 15.5.2013 – 5 AZR 130/12, NZA 2013, 1076 Rn. 15; 1.9.2010 – 5 AZR 700/09, NZA 2010, 1409 Rn. 20; 6.7.2006 – 2 AZR 215/05, NZA 2006, 1405 Rn. 15, 16.
[119] Offen gelassen von BAG 15.5.2013 – 5 AZR 130/12, NZA 2013, 1076 Rn. 17; 1.9.2010 – 5 AZR 700/09, NZA 2010, 1409 Rn. 23; abl. Linck/Krause/Bayreuther/*Linck* KSchG § 4 Rn. 23.
[120] Grundlegend BAG 15.12.2005 – 2 AZR 148/05, NZA 2006, 791 Rn. 15 ff.; vgl. auch BAG 9.2.2006 – 6 AZR 283/05, NZA 2006, 1207 Rn. 32; *Eisemann* NZA 2011, 601 (603).
[121] BAG 15.5.2013 – 5 AZR 130/12, NZA 2013, 1076 Rn. 16.
[122] BAG 15.12.2005 – 2 AZR 148/05, NZA 2006, 791 Rn. 28; vgl. auch BAG 1.9.2010 – 5 AZR 700/09, NZA 2010, 1409 Rn. 23 ff.
[123] So BAG 9.9.2010 – 2 AZR 714/08, NZA 2011, 343 Rn. 12; vgl. auch BAG 15.12.2016 – 6 AZR 430/15, NZA 2017, 502 Rn. 73; 20.6.2013 – 6 AZR 805/11, NZA 2013, 1137 Rn. 17, 18.

„fristgemäß zum ..."[124] – oder das angegebene Datum sei nur das Ergebnis einer vorangegangenen Berechnung an Hand mitgeteilter Daten.[125] Während der 2. Senat des BAG bei der vorgenannten Fallkonstellation eine Umdeutung der nicht fristgerechten Kündigung in eine fristgerechte Kündigung nach § 140 BGB für ausgeschlossen hält, weil ein derart klar artikulierter Wille des Arbeitgebers nicht den Schluss auf einen mutmaßlichen Willen, wie ihn § 140 BGB erfordert, zulasse,[126] vertritt der 5. Senat des BAG genau das Gegenteil, ohne jedoch auf die Ansicht des 2. Senats einzugehen.[127] Allerdings hält der 5. Senat die Umdeutung nach § 140 BGB wegen Fehlens eines (umdeutbaren) nichtigen Rechtsgeschäfts für ausgeschlossen, wenn der Arbeitnehmer die fehlerhafte Kündigungsfrist nicht rechtzeitig mit der Klage nach § 4 S. 1 KSchG angegriffen hat und deshalb die Fiktionswirkung des § 7 1. Hs. KSchG eingetreten ist,[128] also die Kündigung wirksam das Arbeitsverhältnis zum falschen Kündigungstermin aufgelöst hat.

III. Kündigungsrecht und -frist in der Insolvenz (§ 113 InsO)

1. Einleitung

27   Um notwendige Kündigungen im Insolvenzverfahren zu beschleunigen, sehen § 113 S. 1 InsO ein gesetzliches Kündigungsrecht und § 113 S. 2 InsO eine gesetzliche Kündigungsfrist für das Dienstverhältnis vor.[129] Als Ausgleich für die insolvenzbedingte vorzeitige Beendigung des Arbeitsverhältnisses mittels Kündigung durch den Insolvenzverwalter steht dem Arbeitnehmer nach § 113 S. 3 InsO ein verschuldensunabhängiger Schadensersatzanspruch zu.[130] § 113 InsO erfasst alle Arten von Dienst- und Arbeitsverhältnissen iSv §§ 611 Abs. 1, 611a Abs. 1 BGB[131] und findet auch auf Kündigungen vor Dienstantritt (hierzu → § 42 Rn. 35) Anwendung.[131a]

2. Besonderes Kündigungsrecht

28   § 113 S. 1 InsO lässt die Kündigung eines Arbeitsverhältnisses „ohne Rücksicht auf eine vereinbarte Vertragsdauer oder einen vereinbarten Ausschluss des Rechts zur ordentlichen Kündigung" zu. Dieses besondere Kündigungsrecht, das nicht gegen Art. 2 Abs. 1 GG verstößt,[132] gilt damit zum einen für **befristete** und **auflösend bedingte Arbeitsverhältnisse**, unabhängig davon, ob das ordentliche Kündigungsrecht vorbehalten ist oder nicht.[133] Zum anderen unterfallen diesem Kündigungsrecht einzelvertragliche, aber auch tarifvertragliche und in Betriebsvereinbarungen enthaltene **Unkündbarkeitsklauseln**.[134] Auch werden **Beschränkungen** des **ordentlichen Kündigungsrechts** von § 113 S. 1 InsO erfasst, zB eine tarifvertragliche Regelung, wonach eine betriebsbedingte Kündigung von der vorherigen Zu-

---

[124] LAG Sachsen-Anhalt 15.2.2018 – 2 Sa 20/16, BeckRS 2018, 5925 Rn. 61.
[125] BAG 1.9.2010 – 5 AZR 700/09, NZA 2010, 1409 Rn. 25; vgl. auch BAG 15.5.2013 – 5 AZR 130/12, NZA 2013, 1076 Rn. 19.
[126] BAG 15.12.2005 – 2 AZR 148/05, NZA 2006, 791 Rn. 28; ebenso *Eisemann* NZA 2011, 601 (605); vgl. auch BGH 11.12.1970 – V ZR 42/68, NJW 1971, 420; LAG Bln-Bbg 5.3.2014 – 15 Sa 1552/13, BeckRS 2014, 69593.
[127] BAG 1.9.2010 – 5 AZR 700/09, NZA 2010, 1409 Rn. 29.
[128] BAG 1.9.2010 – 5 AZR 700/09, NZA 2010, 1409 Rn. 29; ebenso BAG 15.5.2013 – 5 AZR 130/12, NZA 2013, 1076 Rn. 15; s. allg. → § 48 Rn. 269.
[129] BAG 16.5.2007 – 8 AZR 772/06, AP InsO § 113 Nr. 24; 25.4.2007 – 6 AZR 622/02, AP InsO § 113 Nr. 23; vgl. auch LAG Bln-Bbg 28.6.2019 – 6 Sa 2399/18, BeckRS 2019, 24726 Rn. 65.
[130] BAG 16.5.2007 – 8 AZR 772/06, AP InsO § 113 Nr. 24; 25.4.2007 – 6 AZR 622/02, AP InsO § 113 Nr. 23.
[131] Vgl. KR/*Spelge* InsO § 113 Rn. 26; vgl. auch Däubler/Deinert/Zwanziger/*Däubler* InsO § 113 Rn. 8; Ascheid/Preis/Schmidt/*Künzl* InsO § 113 Rn. 3, 4; ErfK/*Müller-Glöge* InsO § 113 Rn. 3.
[131a] BAG 23.2.2017 – 6 AZR 665/15, NZA 2017, 995 Rn. 50.
[132] BAG 22.9.2005 – 6 AZR 526/04, NZA 2006, 658 Rn. 20.
[133] Vgl. BAG 16.6.2005 – 6 AZR 476/04, NZA 2006, 270 (271); ErfK/*Müller-Glöge* InsO § 113 Rn. 6.
[134] BAG 28.5.2009 – 2 AZR 844/07, NZA 2009, 954; 20.9.2006 – 6 AZR 249/05, NZA 2007, 387 (388); 16.6.2005 – 6 AZR 476/04, NZA 2006, 658 (659); LAG München 31.8.2010 – 6 Sa 435/10, nv.; vgl. auch LAG Bln-Bbg 28.6.2019 – 6 Sa 2399/18, BeckRS 2019, 24726 Rn. 65.

stimmung des Betriebsrats abhängig gemacht wird[135] oder erst nach Abschluss eines Sozialtarifvertrages möglich ist.[136] Allerdings findet § 113 S. 1 InsO keine Anwendung auf einen vertraglichen Ausschluss des Kündigungsrechts für einen überschaubaren Zeitraum (im Streitfall: 13 Monate).[137]

Kündigt der Insolvenzverwalter gestützt auf § 113 S. 1 InsO das Arbeitsverhältnis, ist für die Kündigungsfrist § 113 S. 2 InsO zu beachten.[138] § 113 S. 1 InsO enthält keinen selbständigen Kündigungsgrund der Insolvenz oder Sanierung. Das Kündigungsschutzgesetz ist deshalb auch bei der Kündigung eines Arbeitsverhältnisses durch den Insolvenzverwalter zu beachten.[139] § 323 Abs. 1 UmwG steht einer Kündigung nach § 113 S. 1 InsO nicht entgegen.[140]

3. Kündigungsfrist

§ 113 S. 2 InsO sieht im Insolvenzfall eine gesetzliche Kündigungshöchstfrist von drei Monaten vor. Kündigungsfristen, die kürzer als drei Monate sind, bleiben unberührt, andere werden von der Regelung in § 113 S. 2 InsO ersetzt.[141] Diese spezielle gesetzliche Regelung, die weder gegen Art. 12 Abs. 1 GG[142] noch gegen Art. 6 Abs. 1, 2 und 4 GG[143] verstößt, geht anderen gesetzlichen längeren Kündigungsfristen vor, ebenso wie möglichen längeren Kündigungsfristen in Tarifverträgen, Betriebsvereinbarungen oder Arbeitsverträgen.[144] Die dreimonatige Kündigungsfrist des § 113 S. 2 InsO gilt auch dann, wenn bereits vor Insolvenzeröffnung die Schuldnerin bzw. der vorläufige Insolvenzverwalter mit der für das Arbeitsverhältnis an sich maßgeblichen längeren Frist gekündigt hat und nun der Insolvenzverwalter nach Insolvenzeröffnung erneut kündigt (sog. Nachkündigung).[145] Ein ohne vereinbarte Kündigungsmöglichkeit befristetes Arbeitsverhältnis (vgl. § 15 Abs. 3 TzBfG) kann, wenn es im Zeitpunkt der Kündigung noch mindestens drei weitere Monate befristet ist, mit der Dreimonatsfrist des § 113 S. 2 InsO gekündigt werden.[146] Diese Frist wird nicht durch eine kürzere gesetzliche Kündigungsfrist verdrängt, die für das Arbeitsverhältnis schon vor Eröffnung des Insolvenzverfahrens nicht maßgeblich war.[147] Die Dreimonatsfrist des § 113 S. 2 InsO gilt auch, wenn an sich ordentlich unkündbare Arbeitsverhältnisse[148] gestützt auf § 113 S. 1 InsO[149] gekündigt werden[150] bzw. eine solche Kündigung ein Arbeitsverhältnis mit beschränktem ordentlichen Kündigungsrecht[151] betrifft.[152]

---

[135] BAG 19.1.2000 – 4 AZR 911/98, BeckRS 2000, 68954.
[136] LAG Bln-Bbg 10.9.2019 – 11 Sa 237/19, BeckRS 2019, 43323 Rn. 117; 17.4.2019 – 15 Sa 2026/18, BeckRS 2019, 10733 Rn. 114.
[137] LAG Hamm 17.8.2006 – 17 Sa 2212/05, BeckRS 2006, 44442.
[138] Vgl. zu § 113 Abs. 1 InsO aF BAG 16.6.2005 – 6 AZR 476/04, NZA 2006, 270 (271 f.).
[139] BAG 25.4.2007 – 6 AZR 622/06, AP InsO § 113 Nr. 23 Rn. 17 mAnm *Moll*; zu § 113 Abs. 1 S. 2 InsO aF ebenso BAG 16.6.2005 – 6 AZR 476/04, NZA 2006, 270 (272).
[140] BAG 22.9.2005 – 6 AZR 526/04, NZA 2006, 658 (659).
[141] Vgl. BAG 22.9.2005 – 6 AZR 526/04, NZA 2006, 658 (659). Zu § 113 S. 2 InsO bei vom Insolvenzverwalter neu begründeten Arbeitsverhältnissen vgl. LAG Bln-Bbg 11.7.2007 – 23 Sa 450/07, BeckRS 2007, 48559; *Henkel* ZIP 2008, 1265 ff.
[142] BAG 24.9.2015 – 6 AZR 492/14, NZA 2016, 102 Rn. 56.
[143] BAG 24.9.2015 – 6 AZR 492/14, NZA 2016, 102 Rn. 57; vgl. auch BAG 27.2.2014 – 6 AZR 301/12, NZA 2014, 897 Rn. 19 ff.
[144] Vgl. BAG 22.9.2005 – 6 AZR 526/04, NZA 2006, 658 (659); 16.6.2005 – 6 AZR 476/04, NZA 2006, 270 (271); vgl. auch BAG 24.9.2015 – 6 AZR 492/14, NZA 2016, 102 Rn. 50.
[145] BAG 22.4.2010 – 6 AZR 948/08, NZA 2010, 1057 Rn. 11; zu § 113 Abs. 1 S. 2 InsO aF (= seit 1.1.2004: § 113 S. 2 InsO nF) BAG 20.1.2005 – 2 AZR 134/04, NZA 2006, 1352 (1353); 13.5.2004 – 2 AZR 329/03, NZA 2004, 1037 (1038).
[146] BAG 16.6.2005 – 6 AZR 476/04, NZA 2006, 270 (271); Ascheid/Preis/Schmidt/*Künzl* InsO § 113 Rn. 8; KR/*Spelge* InsO § 113 Rn. 44.
[147] BAG 6.7.2000 – 2 AZR 695/99, NZA 2001, 23.
[148] Vgl. hierzu näher → § 44 Rn. 112 ff.
[149] → Rn. 28.
[150] LAG Sachsen-Anhalt 9.3.2010 – 2 Sa 369/09, BeckRS 2010, 75176; Ascheid/Preis/Schmidt/*Künzl* InsO § 113 Rn. 6; ErfK/*Müller-Glöge* InsO § 113 Rn. 6a; vgl. auch BAG 22.9.2005 – 6 AZR 526/04, NZA 2006, 658 (659).
[151] Hierzu → Rn. 28.
[152] BAG 19.1.2000 – 4 AZR 911/98, BeckRS 2000, 68954; LAG Bln-Bbg 10.9.2019 – 11 Sa 237/19, BeckRS 2019, 4323 Rn. 117; 17.4.2019 – 15 Sa 2026/18, BeckRS 2019, 10733 Rn. 113, 114.

4. Schadensersatz

31 Kündigt der Insolvenzverwalter nach § 113 S. 1 und S. 2 InsO das Arbeitsverhältnis vorzeitig, räumt § 113 S. 3 InsO dem Arbeitnehmer einen verschuldensunabhängigen Schadensersatzanspruch ein. Dieser soll den Arbeitnehmer so stellen, wie er bei Anwendung der für ihn ohne das Insolvenzverfahren maßgeblichen Regelungen stehen würde.[153] Zu ersetzen ist der Verfrühungsschaden.[154] Dieser betrifft den Verdienstausfall des Arbeitnehmers – berechnet nach der Bruttolohnmethode[155] – in der Zeit zwischen Ablauf der Kündigungsfrist des § 113 S. 2 InsO und der längeren, an sich maßgeblichen Kündigungsfrist. Ist das Arbeitsverhältnis auf eine bestimmte Vertragsdauer befristet, begrenzt das Befristungsende den Schadensersatzanspruch.[156] Ist die ordentliche Kündigung vertraglich ausgeschlossen,[157] ist der nach § 113 S. 3 InsO zu ersetzende Verfrühungsschaden auf die ohne die vereinbarte Unkündbarkeit maßgebliche längste ordentliche Kündigungsfrist beschränkt.[158] § 113 S. 3 InsO stellt ausdrücklich klar, dass der Dienstverpflichtete den Schadensersatzanspruch lediglich als Insolvenzgläubiger iSv § 38 InsO geltend machen kann. Der Abschluss eines Aufhebungsvertrags zwischen Arbeitnehmer und Insolvenzverwalter oder eine Eigenkündigung des Arbeitnehmers begründen keinen Anspruch nach § 113 S. 3 InsO.[159] Das gilt auch dann, wenn die Parteien in einem Kündigungsschutzprozess einen Vergleich geschlossen haben, der materiell-rechtlich einen Aufhebungsvertrag enthält, durch den das Arbeitsverhältnis nicht mit Ablauf der Höchstfrist des § 113 S. 3 InsO, sondern zu einem späteren Zeitpunkt enden soll.[160]

IV. Kündigungsschutz außerhalb des Kündigungsschutzgesetzes und vertragliche Kündigungsbeschränkungen

1. Einleitung

32 Die ordentliche Kündigung unterliegt außerhalb des Kündigungsschutzgesetzes einer Vielzahl von **gesetzlichen** Verboten, die bei Nichtbeachtung zur Nichtigkeit der Kündigung (§ 134 BGB) führen können. Folgende Fallgruppen sind zu unterscheiden:[161]
- Statusbezogener Kündigungsschutz, worunter gesetzliche Regelungen fallen, die personenbezogen, dh unabhängig von der Betriebsgröße eingreifen.[162] Hierzu zählt insbes. der besondere Kündigungsschutz von betriebs- und personalvertretungsrechtlichen Funktionsträgern gem. § 15 KSchG,[163] von Arbeitnehmern/innen in Elternzeit (§ 18 BEEG),[164] von schwangeren Arbeitnehmerinnen (§ 17 MuSchG, bis 31.12.2017: § 9 MuSchG aF)[165] und schwerbehinderten Menschen (§ 168 SGB IX, bis 31.12.2017: § 85 SGB IX aF);[166]
- Statusbezogene Diskriminierungs- und Benachteiligungsverbote, zB für Betriebsratsmitglieder (§ 78 BetrVG), für Abgeordnete (§ 2 Abs. 3 S. 1 AbgG) und für Immissionsschutz- und Störfallbeauftragte (§ 58 Abs. 2 S. 1 bzw. §§ 58 Abs. 2 S. 1, 58d BImSchG);[167]

---

[153] BAG 19.11.2015 – 6 AZR 674/14, BeckRS 2016, 67134 Rn. 24; 27.2.2014 – 6 AZR 301/12, NZA 2014, 897 Rn. 22.
[154] BAG 27.2.2014 – 6 AZR 301/12, NZA 2014, 897 Rn. 22; 25.4.2007 – 6 AZR 622/06, AP InsO § 113 Nr. 91; Ascheid/Preis/Schmidt/*Künzl* InsO § 113 Rn. 14; KR/*Spelge* InsO § 113 Rn. 49.
[155] BAG 19.11.2015 – 6 AZR 559/14, NZA 2016, 314 Rn. 44.
[156] BAG 16.5.2007 – 8 AZR 772/06, AP InsO § 113 Nr. 24 Rn. 27; vgl. auch KR/*Spelge* InsO § 113 Rn. 49.
[157] → Rn. 48.
[158] BAG 16.5.2007 – 8 AZR 772/06, AP InsO § 113 Nr. 24; LAG München 31.8.2010 – 6 Sa 435/10, nv; ErfK/*Müller-Glöge* InsO § 113 Rn. 15; einschränkend KR/*Spelge* InsO §§ 113 Rn. 57.
[159] BAG 25.4.2007 – 6 AZR 622/06, AP InsO § 113 Nr. 23.
[160] BAG 19.11.2015 – 6 AZR 558/14, NZI 2016, 181 Rn. 18; anders in BAG 19.11.2015 – 6 AZR 559/14, NZA 2016, 314 Rn. 40.
[161] Vgl. hierzu Ascheid/Preis/Schmidt/*Preis* Grundlagen J. Rn. 19 ff.
[162] Ascheid/Preis/Schmidt/*Preis* Grundlagen J. Rn. 19.
[163] → § 45 Rn. 159 ff.
[164] → § 45 Rn. 56 ff.
[165] → § 45 Rn. 2 ff.
[166] → § 45 Rn. 110 ff.
[167] Ascheid/Preis/Schmidt/*Preis* Grundlagen J. Rn. 22.

- Allgemeine Diskriminierungs- und Benachteiligungsverbote,[168] wie vor allem Art. 3 Abs. 3 GG[169] und das AGG,[170] wobei allerdings § 2 Abs. 4 AGG zu beachten ist, sowie § 612a BGB;[171]
- Umstands- und anlassbezogene gesetzliche Kündigungsschranken,[172] insbes. § 613a Abs. 4 S. 1 BGB;[173]
- Allgemeine privatrechtliche Kündigungsschranken.[174]

Neben diesen gesetzlichen Kündigungsbeschränkungen sind auch vertragliche[175] zu beachten.

2. Allgemeine privatrechtliche Kündigungsschranken

a) Maßregelungsverbot (§ 612a BGB). Nach § 612a BGB, der einen Sonderfall der Sittenwidrigkeit betrifft, darf der Arbeitgeber einen Arbeitnehmer nicht deshalb bei einer Maßnahme benachteiligen, weil dieser in zulässiger Weise seine Rechte ausübt. Die Rechtsausübung muss objektiv rechtmäßig sein.[176] Als „Maßnahme" iSd § 612a BGB kommt **auch eine Kündigung** in Betracht.[177] Eine gegen § 612a BGB verstoßende Kündigung ist gem. § 134 BGB nichtig.[178] 33

Zwischen der Benachteiligung und der Rechtsausübung muss ein unmittelbarer Zusammenhang bestehen. Die **zulässige Rechtsausübung** muss der **tragende Beweggrund**, dh das wesentliche Motiv für die benachteiligende Maßnahme sein. Es reicht nicht aus, dass die Rechtsausübung nur den äußeren Anlass für die Maßnahme bietet.[179] Ist der Kündigungsentschluss des Arbeitgebers ausschließlich durch die zulässige Rechtsverfolgung des Arbeitnehmers bestimmt gewesen, deckt sich das Motiv des Arbeitgebers mit dem objektiven Anlass zur Kündigung. In diesem Fall ist es unerheblich, ob die Kündigung auf einen anderen Kündigungssachverhalt hätte gestützt werden können. Eine dem Maßregelungsverbot widersprechende Kündigung kann somit auch gegeben sein, wenn an sich ein Sachverhalt vorliegt, der eine Kündigung des Arbeitgebers gerechtfertigt hätte.[180] Den Arbeitnehmer trifft in einem Rechtsstreit über die Wirksamkeit der Kündigung die Darlegungs- und Beweislast dafür, dass er wegen seiner Rechtsausübung von dem Arbeitgeber durch den Ausspruch der Kündigung benachteiligt worden ist.[181] Dabei können dem Arbeitnehmer Beweiserleichterungen nach den Grundsätzen des Anscheinsbeweises zugute kommen.[182] 34

Verstöße gegen § 612a BGB liegen vor, wenn **tragender Beweggrund** für die **Kündigung** zB sind 35

---

[168] Überblick bei Ascheid/Preis/Schmidt/*Preis* Grundlagen J. Rn. 26 und 27; *Thüsing* RdA 2003, 257 ff.
[169] Vgl. näher → Rn. 40 aE.
[170] Hierzu näher → Rn. 42 ff.
[171] → Rn. 33 ff.
[172] Ascheid/Preis/Schmidt/*Preis* Grundlagen J. Rn. 28.
[173] → § 54 Rn. 168 ff.
[174] *Lettl* NZA-RR 2004, 57 ff.
[175] → Rn. 48.
[176] BAG 23.10.2008 – 2 AZR 384/10, NZA-RR 2009, 362 Rn. 40.
[177] BAG 10.4.2014 – 2 AZR 812/12, NZA 2014, 653 Rn. 63; 19.4.2012 – 2 AZR 233/11, NZA 2012, 1449 Rn. 47; LAG Köln 15.5.2020 – 4 Sa 693/19, BeckRS 2020, 16165 Rn. 37; LAG Rheinland-Pfalz 8.11.2016 – 8 Sa 152/16, NZA-RR 2017, 188 Rn. 23.
[178] BAG 22.9.2005 – 6 AZR 607/04, NZA 2006, 429 (430); LAG Rheinland-Pfalz 8.11.2016 – 8 Sa 152/16, NZA-RR 2017, 188 Rn. 22; vgl. auch BAG 22.5.2003 – 2 AZR 426/02, AP KSchG 1969 § 1 Wartezeit Nr. 18.
[179] BAG 10.4.2014 – 2 AZR 812/12, NZA 2014, 653 Rn. 63; 19.4.2012 – 2 AZR 233/16, NZA 2012, 1449 Rn. 47; LAG Rheinland-Pfalz 8.11.2016 – 8 Sa 152/16, NZA-RR 2017, 188 Rn. 23; vgl. auch LAG München 15.9.2020 – 7 Sa 186/19 (Pressemitteilung).
[180] BAG 22.5.2003 – 2 AZR 426/02, AP KSchG 1969 § 1 Wartezeit Nr. 18; 20.4.1989 – 2 AZR 498/99, AP KSchG 1969 § 1 Wartezeit Nr. 18.
[181] BAG 22.5.2003 – 2 AZR 426/02, AP KSchG 1969 § 1 Wartezeit Nr. 18; 20.4.1989 – 2 AZR 498/88, BeckRS 1989, 30730622; LAG Hamm 10.5.2007 – 16 Sa 1780/06, BeckRS 2009, 59246; vgl. auch LAG München 15.9.2020 – 7 Sa 186/19 (Pressemitteilung); LAG Rheinland-Pfalz 8.11.2016 – 8 Sa 152/16, NZA-RR 2017, 188 Rn. 24; LAG Thüringen 22.12.2009 – 7 Sa 31/09, BeckRS 2011, 65691.
[182] Vgl. näher LAG SchlH 28.6.2005 – 5 Sa 64/05, BeckRS 2005, 42608; vgl. auch LAG Rheinland-Pfalz 8.11.2016 – 8 Sa 152/16, NZA-RR 2017, 188 Rn. 24; LAG Thüringen 22.12.2009 – 7 Sa 31/09, BeckRS 2011, 65691.

- eine vorausgegangene Eigenkündigung des Arbeitnehmers,[183]
- die Vollstreckung eines Weiterbeschäftigungsurteils,[184]
- ein Antrag auf Vorruhestand des Arbeitnehmers,[185]
- die Geltendmachung des Freistellungsanspruchs nach § 45 Abs. 3 S. 1 SGB V bei Erkrankung eines Kindes,[186]
- die fehlende Einwilligung des Arbeitnehmers in die seitens des Arbeitgebers angebotene Vertragsänderung, sofern die Ausgestaltung des Änderungsangebots selbst sich als unerlaubte Maßregelung darstellt, also gewissermaßen als „Racheakt" für eine zulässige Rechtsausübung durch den Arbeitnehmer anzusehen ist,[187]
- die Verweigerung der Annahme eines mindestlohnwidrigen Vertragsänderungsangebots seitens des Arbeitgebers[188] bzw. die Geltendmachung des Mindestlohns.[189]

36 Droht der Arbeitgeber dem Arbeitnehmer, das Arbeitsverhältnis zu kündigen, wenn er nicht trotz Arbeitsunfähigkeit zur Arbeit erscheinen, und kündigt der Arbeitgeber unmittelbar nach der Weigerung des Arbeitnehmers, die Arbeit aufzunehmen, das Arbeitsverhältnis, liegt ein Sachverhalt vor, der eine Maßregelung iSd § 612a BGB indiziert.[190] **Kein Verstoß** gegen § 612a BGB liegt dagegen vor, wenn der mit dem HIV-Virus infizierte Arbeitnehmer, der nach einem durch die Kenntnis von dieser Infektion ausgelösten Selbsttötungsversuch nahezu drei Monate arbeitsunfähig krank gewesen ist und nach einem vorgelegten ärztlichen Attest „bis auf weiteres" krank bleiben sollte, in der Wartezeit des § 1 Abs. 1 KSchG gekündigt wird[191] oder eine Kündigung auf Krankheit innerhalb der Wartezeit gestützt wird.[192]

37 **b) Sittenwidrigkeit (§ 138 Abs. 1 BGB).** Sittenwidrig und damit nach § 138 Abs. 1 BGB nichtig ist eine Kündigung, wenn sie dem Anstandsgefühl aller billig und gerecht Denkenden widerspricht.[193] Im Hinblick darauf, dass § 138 Abs. 1 BGB die Einhaltung des „ethischen Minimums" verlangt,[194] kann der Vorwurf objektiver Sittenwidrigkeit nur in besonders krassen Fällen erhoben werden.[195] Das ist insbes. der Fall, wenn die Kündigung auf einem besonders **verwerflichen Motiv** beruht,[195a] wie vor allem Rachsucht oder Vergeltung.[196] Auch krasse Verstöße gegen die Grundrechte, die einen objektiven Wertgehalt der Gesamtrechtsordnung verkörpern,[197] können dem Anstandsgefühl aller billig und gerecht Denkenden widersprechen und damit nach § 138 Abs. 1 BGB nichtig sein.[198] So verstößt eine un-

---

[183] LAG Nürnberg 7.10.1988 – 6 Sa 44/87, BeckRS 2011, 69156.
[184] LAG Düsseldorf 13.12.1988 – 8 Sa 663/88, BeckRS 1980, 45177.
[185] Vgl. BAG 2.4.1987 – 2 AZR 227/86, AP BGB § 612a Nr. 1.
[186] LAG Köln 13.10.1993 – 7 Sa 690/93, BeckRS 9998, 81328; LAG Rheinland-Pfalz 8.11.2016 – 8 Sa 152/16, NZA-RR 2017, 188 Rn. 28; LAG Thüringen 20.9.2007 – 3 Sa 78/07, BeckRS 2011, 65594.
[187] BAG 22.5.2003 – 2 AZR 426/02, AP KSchG 1969 § 1 Wartezeit Nr. 18; vgl. auch ArbG Bonn 28.11.2012 – 5 Ca 1834/12 EU, BeckRS 2013, 65001.
[188] LAG Sachsen 24.6.2015 – 2 Sa 156/15, BeckRS 2015, 71674.
[189] ArbG Berlin 17.4.2015 – 28 Ca 2405/15, BeckRS 2015, 68089.
[190] BAG 23.4.2009 – 6 AZR 189/08, NZA 2009, 974 Rn. 14.
[191] BAG 16.2.1989 – 2 AZR 347/88, AP BGB § 138 Nr. 46.
[192] LAG Köln 15.5.2020 – 4 Sa 693/19, BeckRS 2020, 16165 Rn. 38, 39 mwN.
[193] BAG 11.6.2020 – 2 AZR 374/19, NZA 2020, 1179 Rn. 32; 5.12.2019 – 2 AZR 107/19, NZA 2020, 171 Rn. 11; 22.5.2003 – 2 AZR 426/02, AP KSchG 1969 § 1 Wartezeit Nr. 18; LAG Rheinland-Pfalz 25.1.2017 – 4 Sa 216/16, BeckRS 2017, 109782 Rn. 29.
[194] LAG Rheinland-Pfalz 25.1.2017 – 4 Sa 216/16, BeckRS 2017, 109782 Rn. 29.
[195] BAG 22.5.2003 – 2 AZR 426/02, AP KSchG 1969 § 1 Wartezeit Nr. 18; LAG MV 24.1.2012 – 5 Sa 153/11, BeckRS 2012, 71058; LAG Rheinland-Pfalz 25.1.2017 – 4 Sa 216/16, BeckRS 2017, 109782 Rn. 29; LAG SchlH 22.6.2011 – 3 Sa 95/11, BeckRS 2011, 75153.
[195a] Vgl. BAG 11.6.2020 – 2 AZR 374/19, NZA 2020, 1179 Rn. 32; 5.12.2019 – 2 AZR 107/19, NZA 2020, 171 Rn. 11.
[196] BAG 16.2.1989 – 2 AZR 347/88, AP BGB § 138 Nr. 46 mAnm *Kramer*; 19.7.1973 – 2 AZR 464/72, AP BGB § 138 Nr. 32 mAnm *Schnorr v. Carolsfeld*; LAG MV 24.1.2012 – 5 Sa 153/11, BeckRS 2012, 71058; LAG SchlH 17.11.2005 – 4 Sa 328/05, BeckRS 2006, 40264.
[197] BVerfG 21.6.2006 – 1 BvR 1659/04, NZA 2006, 913; 30.7.2003 – 1 BvR 792/03, NZA 2003, 959; BAG 25.4.2013 – 8 AZR 453/12, NZA 2013, 1206 Rn. 28; 15.11.2012 – 6 AZR 339/11, NZA 2013, 429 Rn. 15; vgl. auch BAG 5.12.2019 – 2 AZR 107/19, NZA 2020, 171 Rn. 13.
[198] Vgl. BVerfG 27.1.1998 – 1 BvL 15/87, AP KSchG 1969 § 23 Nr. 17; vgl. auch BVerfG 30.7.2003 – 1 BvR 792/03, NZA 2003, 959; LAG SchlH 17.11.2005 – 4 Sa 328/05, BeckRS 2006, 40264.

spezifizierte Frage nach eingestellten Ermittlungsverfahren an einen Stellenbewerber gegen das Recht auf informationelle Selbstbestimmung (Art. 2 Abs. 1 GG iVm Art. 1 Abs. 1 GG) und ist deshalb nach § 138 Abs. 1 BGB nichtig.[199] Die Darlegungs- und Beweislast für die Sittenwidrigkeit einer Arbeitgeberkündigung trägt der Arbeitnehmer.[200]

Die Kündigung eines **HIV-infizierten** Arbeitnehmers vor Ablauf der Wartefrist des § 1 Abs. 1 KSchG[201] ist nicht sittenwidrig nach § 138 Abs. 1 BGB, wenn sie erfolgt, nachdem der Arbeitnehmer in Kenntnis von der Infektion einen Selbstmordversuch nach langer Arbeitsunfähigkeit unternommen hat.[202] Als Verstoß gegen Treu und Glauben nach § 242 BGB und nicht als sittenwidrig hat das BAG eine Kündigung angesehen, die der Arbeitgeber nur wegen des **persönlichen (Sexual-)Verhaltens** des Arbeitnehmers innerhalb der Probezeit ausgesprochen hat.[203] Weder gegen § 138 Abs. 1 BGB noch gegen § 242 BGB verstößt eine Kündigung während der Wartezeit des § 1 Abs. 1 KSchG, wenn den Arbeitgeber allenfalls ein geringes Verschulden an der Arbeitsunfähigkeit des Arbeitnehmers trifft und unsicher ist, ob und ggf. wann der Arbeitnehmer die ihm obliegende Tätigkeit wieder ausüben kann.[204] Anders ist es, wenn der Arbeitgeber vorsätzlich einen Unfall des Arbeitnehmers mit anschließender Arbeitsunfähigkeit herbeigeführt hat.[205]

c) Treu und Glauben (§ 242 BGB). Eine Kündigung verstößt gegen § 242 BGB und ist gem. § 134 BGB nichtig, wenn sie aus Gründen, die von § 1 KSchG nicht erfasst sind, Treu und Glauben verletzt.[206] Dies gilt uneingeschränkt für eine **Kündigung**, auf die wegen **Nichterfüllung der sechsmonatigen Wartezeit** nach § 1 Abs. 1 KSchG das Kündigungsschutzgesetz nicht angewendet werden kann, weil sonst für diese Fälle über § 242 BGB der kraft Gesetzes ausgeschlossene Kündigungsschutz doch gewährt und außerdem die Möglichkeit des Arbeitgebers eingeschränkt würde, die Eignung des Arbeitnehmers für die vertraglich geschuldete Arbeitsleistung während der gesetzlichen Wartezeit zu überprüfen.[207] Deshalb findet zB der im Geltungsbereich des Kündigungsschutzgesetzes zu beachtende **Grundsatz der Verhältnismäßigkeit**[208] auf eine Wartezeitkündigung (vgl. § 1 Abs. 1 KSchG) **keine Anwendung**.[209] Konkret bedeutet das: Vor einer ordentlichen Kündigung in der Wartezeit ist weder ein Präventionsverfahren nach § 167 Abs. 1 SGB IX (bis 31.12.2017: § 84 Abs. 1 SGB IX aF)[210] noch ein betriebliches Eingliederungsmanagement (§ 167 Abs. 2 SGB IX, bis 31.12.2017: § 84 Abs. 2 SGB IX aF)[211] durchzuführen[212] und vor einer verhaltensbedingten Kündigung ist eine Abmahnung[213] entbehrlich.[214] Mit der Anwendbarkeit von § 242 BGB und auch von § 138 Abs. 1 BGB auf Kündigungen während der Wartezeit

---

[199] BAG 15.11.2012 – 6 AZR 339/11, NZA 2013, 429 Rn. 14.
[200] Vgl. BAG 21.2.2001 – 2 AZR 15/00, AP BGB § 242 Kündigung Nr. 12; LAG MV 24.1.2012 – 5 Sa 153/11, BeckRS 2012, 71058; LAG Rheinland-Pfalz 25.1.2017 – 4 Sa 216/16, BeckRS 2017, 109782 Rn. 30.
[201] Vgl. hierzu auch BAG 19.12.2013 – 6 AZR 190/12, NZA 2014, 372 Rn. 56 ff. u. → Rn. 45.
[202] BAG 16.2.1989 – 2 AZR 347/88, AP BGB § 138 Nr. 46. Zu einer Probezeitkündigung wegen HIV-Infektion vgl. LAG Bln-Bbg 13.1.2012 – 6 Sa 2159/11, NZA-RR 2012, 183 (184 f.).
[203] BAG 23.6.1994 – 2 AZR 617/93, AP BGB § 242 Kündigung Nr. 9.
[204] BAG 8.12.2011 – 6 AZN 1371/11, NZA 2012, 286 Rn. 7.
[205] Vgl. BAG 8.6.1972 – 2 AZR 285/71, AP KSchG 1969 § 1 Nr. 1.
[206] Vgl. BAG 5.12.2019 – 2 AZR 107/19, NZA 2020, 171 Rn. 12; 22.4.2010 – 6 AZR 828/08, AP LPVG Bayern Art. 77 Nr. 2 Rn. 41; 30.10.2008 – 8 AZR 397/07, NZA 2009, 485 (489); vgl. auch BAG 20.6.2013 – 2 AZR 790/11, BeckRS 2013, 71024 Rn. 24.
[207] BAG 24.1.2008 – 6 AZR 96/07, NZA-RR 2008, 404 (406); vgl. auch BVerfG 21.6.2006 – 1 BvR 1659/04, NZA 2006, 913 (914); BAG 21.4.2016 – 8 AZR 402/14, NZA 2016, 1131 Rn. 29; 8.12.2011 – 6 AZN 1371/11, NZA 2012, 286 Rn. 11; vgl. auch → Rn. 84.
[208] → Rn. 91.
[209] BAG 22.10.2015 – 2 AZR 720/14, NZA 2016, 473 Rn. 76; 24.1.2008 – 6 AZR 96/07, NZA-RR 2008, 404 (407); 28.8.2003 – 2 AZR 333/02, AP BGB § 242 Kündigung Nr. 17.
[210] Vgl. BAG 25.1.2018 – 2 AZR 382/17, NZA 2018, 845 Rn. 50 mwN.
[211] → Rn. 496.
[212] BAG 22.10.2015 – 2 AZR 720/14, NZA 2016, 473 Rn. 76; 24.1.2008 – 6 AZR 96/07, NZA-RR 2008, 404 (407).
[213] Hierzu → Rn. 322 ff.
[214] Vgl. BAG 13.12.2007 – 6 AZR 145/07, NZA 2008, 403 Rn. 25 mit Ausnahme; zu dieser auch → Rn. 329.

nach § 1 Abs. 1 KSchG ist der in Art. 30 GRC geregelte Schutz von Arbeitnehmern vor ungerechtfertigter Entlassung gewährleistet.[215]

40 Welche Anforderungen sich aus Treu und Glauben (§ 242 BGB) im Einzelnen ergeben, lässt sich nur unter Berücksichtigung der Umstände des Einzelfalles entscheiden. **Typische Tatbestände** einer **treuwidrigen Kündigung** sind insbes. Rechtsmissbrauch,[216] ein widersprüchliches Verhalten des Arbeitgebers,[217] ein Verstoß gegen einen einseitigen Kündigungsverzicht,[218] je nach den Umständen der Ausspruch einer Kündigung zur Unzeit (Wahl des Zugangszeitpunkts erfolgt unter absichtlicher Missachtung der persönlichen Belange des Arbeitnehmers/der Arbeitnehmerin)[219] – nicht dazu gehört eine Kündigung während einer Erkrankung, selbst wenn sie mit einem Krankenhausaufenthalt verbunden ist[220] – oder in ehrverletzender Form (sog. ungehörige Kündigung),[221] eine willkürliche Kündigung[222] – eine solche liegt nicht vor, wenn ein irgendwie einleuchtender Grund für die Kündigung besteht[223] – und eine Kündigung, die den Arbeitnehmer – außerhalb des besonderen Anwendungsbereichs des § 612a BGB[224] – diskriminiert.[225] Bei den Diskriminierungen geht es insbes. um einen Verstoß gegen die in Art. 3 Abs. 3 GG normierten Verbote,[226] aber auch gegen europäische Richtlinien bzw. das AGG.[227]

41 Die **Darlegungs- und Beweislast** für das Vorliegen derjenigen Tatsachen, aus denen sich die Treuwidrigkeit ergibt, liegt beim **Arbeitnehmer**.[228] Allerdings gelten die Grundsätze der abgestuften Darlegungs- und Beweislast: Ergibt sich aus dem Vorbringen des Arbeitnehmers ein Treueverstoß des Arbeitgebers, muss dieser sich nach § 138 Abs. 2 ZPO qualifiziert auf das Vorbringen des Arbeitnehmers einlassen, um es zu entkräften. Kommt der Arbeitgeber dieser sekundären Behauptungslast nicht nach, gilt der schlüssige Sachvortrag des Arbeitnehmers gem. § 138 Abs. 3 ZPO als zugestanden.[229] Trägt der Arbeitgeber dagegen die betrieblichen, persönlichen oder sonstigen Gründe vor, die den Vorwurf der Treuwidrigkeit

---

[215] Vgl. BAG 8.12.2011 – 6 AZN 1371/11, NZA 2012, 286 (287).
[216] BAG 20.6.2013 – 2 AZR 790/11, BeckRS 2013, 71024 Rn. 25.
[217] BAG 4.12.1997 – 2 AZR 799/96, AP BGB § 626 Nr. 141; LAG Hamm 24.4.2012 – 14 Sa 175/12, BeckRS 2012, 72519; vgl. allg. BAG 23.1.2018 – 3 AZR 448/16, NZA 2018, 1558 Rn. 38, 20.6.2017 – 3 AZR 179/16, BeckRS 2017, 116757 Rn. 83.
[218] BAG 13.12.2007 – 6 AZR 145/07, NZA 2008, 403.
[219] BAG 12.12.2013 – 8 AZR 838/13, NZA 2014, 722 Rn. 33; vgl. auch BAG 5.4.2001 – 2 AZR 185/00, AP BGB § 242 Kündigung Nr. 13; LAG Hamm 24.4.2012 – 14 Sa 175/12, BeckRS 2012, 72519; LAG Köln 13.2.2006 – 14 (3) Sa 1363/05, BeckRS 2006, 43255; LAG Rheinland-Pfalz 12.1.2017 – 5 Sa 361/16, BeckRS 2017, 102367 Rn. 37.
[220] LAG Köln 13.2.2006 – 14 (3) Sa 1363/05, BeckRS 2006, 43255; LAG SchlH 27.5.2009 – 3 Sa 74/09, LAGE BGB 2002 Kündigung Nr. 6 (Arbeitsunfall); zu einem Ausnahmefall vgl. LAG Bremen 29.10.1985 – 4 Sa 151/85, LAGE BGB § 242 Nr. 1.
[221] Vgl. BAG 23.9.1976 – 2 AZR 309/75, AP KSchG 1969 § 1 Wartezeit Nr. 1.
[222] Vgl. BAG 5.11.2009 – 2 AZR 383/08, NZA-RR 2010, 325 Rn. 24; 23.9.1976 – 2 AZR 309/75, AP KSchG 1969 § 1 Wartezeit Nr. 1; LAG SchlH 17.11.2005 – 4 Sa 328/05, BeckRS 2006, 40264.
[223] Vgl. BAG 11.6.2020 – 2 AZR 374/19, NZA 2020, 1179 Rn. 33; 5.12.2019 – 2 AZR 107/19, NZA 2020, 171 Rn. 17; 8.12.2011 – 6 AZN 1371/11, NZA 2012, 286 Rn. 11; 22.4.2010 – 6 AZR 828/08, AP LPVG Bayern Art. 77 Nr. 2 Rn. 41; LAG Rheinland-Pfalz 27.2.2019 – 7 Sa 210/18, BeckRS 2019, 16052 Rn. 50.
[224] → Rn. 33 ff.
[225] BAG 22.5.2003 – 2 AZR 426/02, AP KSchG 1969 § 1 Wartezeit Nr. 18; 5.4.2001 – 2 AZR 185/00, AP BGB § 242 Kündigung Nr. 13; 21.2.2001 – 2 AZR 15/00, AP BGB § 242 Kündigung Nr. 12; vgl. auch BAG 20.6.2013 – 2 AZR 790/11, BeckRS 2013, 71024 Rn. 25; 28.6.2007 – 6 AZR 750/06, NZA 2007, 1049 (1052).
[226] BVerfG 27.1.1998 – 1 BvL 15/87, BVerfGE 97, 169 (179) = AP KSchG 1969 § 23 Nr. 17; BAG 5.11.2009 – 2 AZR 383/08, NZA-RR 2010, 325 Rn. 24; 24.1.2008 – 6 AZR 96/07, NZA-RR 2008, 404 (406); 28.8.2003 – 2 AZR 333/02, AP BGB § 242 Kündigung Nr. 17; LAG Hessen 23.5.2011 – 16 Sa 36/11, NZA-RR 2011, 519 (520); LAG SchlH 22.6.2011 – 3 Sa 95/11, BeckRS 2011, 75153.
[227] → Rn. 42 und 43.
[228] BAG 20.6.2013 – 2 AZR 790/11, BeckRS 2013, 71024 Rn. 26; 23.4.2009 – 6 AZR 593/08, NZA 2009, 1260 (1263); 28.10.2010 – 2 AZR 392/08, AP KSchG 1969 § 23 Nr. 48; LAG Hessen 23.5.2011 – 16 Sa 36/11, NZA-RR 2011, 519 (520); LAG SchlH 22.6.2011 – 3 Sa 95/11, BeckRS 2011, 75153.
[229] BAG 20.6.2013 – 2 AZR 790/11, BeckRS 2013, 71024 Rn. 26; 24.1.2008 – 6 AZR 96/07, NZA-RR 2008, 404 Rn. 29; 28.6.2007 – 6 AZR 750/06, NZA 2007, 1049 Rn. 31.

ausschließen, hat der Arbeitnehmer die Tatsachen, aus denen sich der Verstoß gegen Treu und Glauben ergeben soll, zu beweisen.[230]

d) Kündigungsschutz und AGG. Seit dem 18.8.2006 gilt das Allgemeine Gleichbehandlungsgesetz (AGG)[231] zuletzt geändert durch Art. 8 Abs. 1 des Gesetzes vom 3.4.2013.[232] Ziel des AGG ist es, Benachteiligungen aus Gründen der Rasse oder wegen der ethnischen Herkunft, des Geschlechtes, der Religion oder Weltanschauung, einer Behinderung, des Alters oder der sexuellen Identität zu verhindern oder zu beseitigen. Anlass für die Schaffung dieses Gesetzes waren insgesamt **vier europäische Richtlinien**, die der nationale Gesetzgeber umsetzen musste, und zwar Antirassismusrichtlinie 2000/43/EG vom 29.6.2000,[233] Rahmenrichtlinie 2000/78/EG vom 27.11.2000,[234] Gleichbehandlungsrichtlinie 2002/73/EG vom 23.9.2002,[235] Gleichbehandlungsrichtlinie 2004/113/EG vom 13.12.2004.[236] Die Richtlinien erfassen sämtliche Bereiche des Arbeitslebens von der Stellenausschreibung über das Bewerbungsverfahren bis zur Beendigung des Arbeitsverhältnisses. 42

Während die europäischen Zielvorgaben den Diskriminierungsschutz ausdrücklich auch auf „Entlassungsbedingungen" erstrecken, hat sich der deutsche Gesetzgeber **in § 2 Abs. 4 AGG** zu einer **Bereichsausnahme** entschlossen. Dort heißt es wörtlich: „Für Kündigungen gelten ausschließlich die Bestimmungen zum allgemeinen und besonderen Kündigungsschutz." Diese Regelung[237] ist das Ergebnis einer vom Gesetzgeber beabsichtigten Präzisierung des Verhältnisses von KSchG und AGG, nachdem für Kündigungen zunächst[238] *vorrangig* die Bestimmungen des Kündigungsschutzgesetzes gelten sollten.[239] Diese Bereichsausnahme des § 2 Abs. 4 AGG wurde vielfach für europarechtswidrig gehalten, weil die Richtlinien ausdrücklich eine Anwendung auch für Kündigungen vorsehen. Umfang und Rechtsfolgen der Europarechtswidrigkeit wurden allerdings unterschiedlich beurteilt. Im Ergebnis wurde zunächst alles vertreten: Von der Unanwendbarkeit des § 2 Abs. 4 AGG bei Kündigungen,[240] über die teilweise Anwendbarkeit, wobei einige Stimmen[241] die Wirksamkeit der Kündigungen, andere die Entschädigung nach dem AGG prüfen wollten,[242] bis hin zur vollständigen Beachtung der Norm.[243] 43

Das BAG ist in seinem Urteil vom 6.11.2008[244] den nicht zuletzt im Schreiben der EG-Kommission vom 31.1.2008[245] geäußerten Bedenken hinsichtlich der Übereinstimmung des § 2 Abs. 4 AGG mit europäischem Recht durch eine **europarechtskonforme Auslegung**[246] dieser Vorschrift begegnet.[247] Das bedeutete zunächst, dass Kündigungen außerhalb des Geltungsbereichs des KSchG, die gegen die verpönten Merkmale des § 1 AGG verstoßen, treuwidrig (§ 242 BGB) und damit nichtig waren.[248] 44

---

[230] BAG 28.8.2003 – 2 AZR 333/02, AP BGB § 242 Kündigung Nr. 17; LAG Bremen 12.7.2007 – 3 Sa 308/06, BeckRS 2007, 47787; LAG SchlH 9.9.2009 – 3 Sa 153/09, BeckRS 2010, 67148.
[231] BGBl. 2006 I 1897.
[232] BGBl. 2013 I 610.
[233] ABl. 2000 L 180, 22.
[234] ABl. 2000 L 303, 16.
[235] ABl. 2002 L 269, 15.
[236] ABl. 2004 L 373, 37.
[237] Zur Entstehungsgeschichte des § 2 Abs. 4 AGG näher *Wendelin-Schröder/Stein* AGG § 2 Rn. 42 f.
[238] Vgl. BT-Drs. 15/5717, 36 und BT-Drs. 16/1780, 32.
[239] Vgl. BAG 6.11.2008 – 2 AZR 523/07, NZA 2009, 361 Rn. 39, 40.
[240] Vgl. zB ArbG Osnabrück 5.2.2007 – 3 Ca 724/06, NZA 2007, 626 (628).
[241] *Sagan* NZA 2006, 1257 (1260).
[242] *Bauer/Göpfert/Krieger* AGG § 2 Rn. 65 ff.; *Diller/Krieger/Arnold* NZA 2006, 887 (890); *Schrader* DB 2006, 2571 (2580); *Freckmann* BB 2007, 1049 (1051).
[243] *Löwisch* BB 2006, 2189 (2190).
[244] BAG 6.11.2008 – 2 AZR 523/07, NZA 2009, 361 Rn. 34 ff.; vgl. auch BAG 15.12.2011 – 2 AZR 42/10, BeckRS 2012, 69831; 22.10.2009 – 8 AZR 642/08, NZA 2010, 280 Rn. 15.
[245] – 2007/23620 K(2008) 0103, AuR 2008, 145 f.; hierzu *Busch* AiB 2008, 184 f.
[246] Zu diesem Erfordernis vgl. zB EuGH 24.1.2012 – C-282/10, NZA 2012, 139 Rn. 24; 19.1.2010 – C-555/07, NZA 2010, 85 Rn. 45–48.
[247] Zust. ErfK/*Schlachter* AGG § 2 Rn. 18 mwN; abl. Ascheid/Preis/Schmidt/*Preis* Grundlagen J Rn. 71d; *Preis/Temming* NZA 2010, 185 (192).
[248] Vgl. zu dieser Rechtsfolge schon → Rn. 39.

45 Das BAG hatte bereits vor seiner Entscheidung vom 6.11.2008[249] mehrfach darauf hingewiesen, dass typischer Tatbestand einer treuwidrigen Kündigung die diskriminierende Kündigung sei,[250] wobei es auch um Verstöße gegen europäische Richtlinien bzw. das AGG gehe.[251] Diese werden seit dem Urteil des BAG vom 19.12.2013[252] bei ordentlichen Kündigungen, die außerhalb des KSchG gegen das Diskriminierungsverbot des § 7 Abs. 1 AGG verstoßen, in Einklang mit dem Wortlaut des § 2 Abs. 4 AGG unmittelbar am AGG gemessen und führen gem. § 134 BGB iVm §§ 7 Abs. 1, 1, 3 Abs. 1 AGG zur Nichtigkeit der Kündigung.[253] Der hierfür darlegungs- und beweispflichtige Arbeitnehmer[254] kann sich auf die in § 22 AGG normierte Vermutungsregelung berufen.[255]

3. Kündigungsschutz im Kleinbetrieb

46 Ordentliche Kündigungen können aus den bereits genannten Gründen auch unwirksam bzw. nichtig sein, wenn der Arbeitgeber eines **Kleinbetriebes** (regelmäßige Beschäftigtenzahl nicht über fünf bzw. zehn Arbeitnehmer nach § 23 Abs. 1 S. 2 KSchG[256] bzw. § 23 Abs. 1 S. 3 KSchG[257]) nach Ablauf der Wartezeit des § 1 Abs. 1 KSchG kündigt. So ist zB eine altersdiskriminierende Kündigung im Kleinbetrieb gem. § 134 BGB iVm § 7 Abs. 1, §§ 3 AGG nichtig.[258]

47 Da bei der Anwendung des § 242 BGB auch der objektive Gehalt der Grundrechte, vor allem derjenige des Art. 12 Abs. 1 GG, zu beachten ist,[259] hat der Arbeitgeber im Kleinbetrieb ein durch Art. 12 Abs. 1 GG gebotenes **Mindestmaß an sozialer Rücksichtnahme** zu wahren und ein durch langjährige Mitarbeit erdientes Vertrauen in den Fortbestand des Arbeitsverhältnisses nicht unberücksichtigt zu lassen.[260] Dies darf aber nicht dazu führen, dass außerhalb des KSchG dem Arbeitgeber praktisch die in diesem Gesetz vorgegebenen Maßstäbe der Sozialwidrigkeit auferlegt werden.[261] So hat das BAG die Übertragung weiterer kündigungsschutzrechtlicher Prinzipien, wie den Grundsatz der Verhältnismäßigkeit,[262] auf Kündigungen in Kleinbetrieben abgelehnt.[263] Deshalb entfällt in einem solchen Betrieb idR das Erfordernis einer Abmahnung[264] vor einer verhaltensbedingten Kündigung.[265] Auch un-

---

[249] BAG 6.11.2008 – 2 AZR 523/07, NZA 2009, 361.
[250] Vgl. zB BAG 28.8.2003 – 2 AZR 333/02, AP BGB § 242 Kündigung Nr. 17; 22.5.2003 – 2 AZR 426/02, AP KSchG 1969 § 1 Wartezeit Nr. 18.
[251] → Rn. 40.
[252] BAG 19.12.2013 – 6 AZR 190/12, NZA 2014, 372 Rn. 22 ff.
[253] BAG 23.7.2015 – 6 AZR 457/14, NZA 2015, 1380 Rn. 22; LAG Köln 15.5.2020 – 4 Sa 693/19 BeckRS 2020, 16165 Rn. 30; vgl. auch BAG 26.3.2015 – 2 AZR 237/14, NZA 2015, 734 Rn. 32; 19.12.2013 – 6 AZR 190/12, NZA 2014, 372 Rn. 32.
[254] Vgl. BAG 23.7.2015 – 6 AZR 457/14, NZA 2015, 1380 Rn. 25; 19.12.2013 – 6 AZR 190/12, NZA 2014, 372 Rn. 4.
[255] Näher BAG 23.7.2015 – 6 AZR 457/14, NZA 2015, 1380 Rn. 25 mwN.
[256] → Rn. 75.
[257] → Rn. 75.
[258] BAG 23.7.2015 – 6 AZR 457/14, NZA 2015, 1380 Rn. 22 ff.
[259] BVerfG 21.6.2006 – 1 BvR 1659/04, NZA 2006, 913; 30.7.2003 – 1 BvR 792/03, NZA 2003, 959; 27.1.1998 – 1 BvL 15/87, AP KSchG 1969 § 23 Nr. 17; BAG 19.10.2017 – 8 AZR 845/15, NZA 2018, 436 Rn. 20; 28.10.2010 – 2 AZR 392/08, AP KSchG 1969 § 23 Nr. 48; 27.1.2008 – 6 AZR 96/07, NZA-RR 2008, 404 (406); vgl. auch BAG 5.12.2019 – 2 AZR 107/19, NZA 2020, 171 Rn. 13.
[260] BVerfG 27.1.1998 – 1 BvL 15/87, NZA 1998, 470 (472); BAG 28.10.2010 – 2 AZR 392/08, AP KSchG 1969 § 23 Nr. 48; 23.4.2009 – 6 AZR 533/08, NZA 2009, 1260 (1261); 6.2.2003 – 2 AZR 672/01, AP KSchG 1969 § 23 Nr. 30; LAG Bln-Bbg 9.5.2008 – 6 Sa 598/08, NZA-RR 2008, 633; LAG MV 24.1.2012 – 5 Sa 153/11, BeckRS 2012, 71058; vgl. auch BAG 24.1.2013 – 2 AZR 140/12, NZA 2013, 726 Rn. 21.
[261] BVerfG 27.1.1998 – 1 BvL 15/87, NZA 1998, 470 (472); BAG 24.1.2013 – 2 AZR 140/12, NZA 2013, 726 Rn. 21; 24.1.2008 – 6 AZR 96/07, NZA-RR 2008, 307 Rn. 27; vgl. auch LAG SchlH 14.10.2014 – 1 Sa 151/14, BeckRS 2015, 65410.
[262] → Rn. 91.
[263] BAG 24.1.2008 – 6 AZR 96/07, NZA-RR 2008, 404 (407); 28.6.2007 – 6 AZR 750/06, NZA 2007, 1049 Rn. 38; 28.8.2003 – 2 AZR 333/02, AP BGB § 242 Kündigung Nr. 17.
[264] → Rn. 322 ff.
[265] BAG 23.4.2009 – 6 AZR 533/08, NZA 2009, 1260 Rn. 35; 28.3.2003 – 2 AZR 333/02, AP BGB § 242 Kündigung Nr. 17; 21.2.2001 – 2 AZR 579/99, AP BGB § 611 Abmahnung Nr. 26; vgl. auch BAG 23.5.2013 – 2 AZR 54/12, NZA 2013, 1197 Rn. 51.

ter Berücksichtigung der bei der Anwendung von § 242 BGB zu beachtenden Gewährleistung von Ehe und Familie (Art. 6 Abs. 1 GG) verstößt es nicht gegen Treu und Glauben, wenn im Kleinbetrieb der Arbeitgeber das Arbeitsverhältnis zu seiner Ehefrau vor dem Hintergrund eines laufenden Scheidungsverfahrens kündigt.[266]

4. Vertragliche Kündigungsbeschränkungen

Der Ausschluss einer ordentlichen Kündigung kann tarif-[267] oder einzelvertraglich[268] auf Dauer oder vorübergehend[269] vereinbart werden. In diesem Fall kann das Arbeitsverhältnis nur durch eine außerordentliche Kündigung nach § 626 Abs. 1 BGB, die ihrerseits nicht vertraglich ausgeschlossen werden kann,[270] beendet werden. Allerdings ist dies einseitig zu Lasten des Arbeitnehmers im Hinblick auf § 622 Abs. 6 BGB ausgeschlossen. Zudem kann über § 15 Abs. 4 S. 1 TzBfG (bis 31.12.2000: § 624 S. 1 BGB) hinaus die ordentliche Kündigung durch den Arbeitnehmer vertraglich nicht ausgeschlossen werden.[271] Wie aus der Regelung in § 15 Abs. 4 S. 1 TzBfG folgt, kann nicht schon allein in der Bezeichnung einer Stelle als Dauer- oder Lebensstellung der Ausschluss der ordentlichen Kündigung gesehen werden. Im befristeten Arbeitsverhältnis ist die ordentliche Kündigung nach § 15 Abs. 3 TzBfG nur dann möglich, wenn sie ausdrücklich vereinbart worden ist.[272] Die Kündigungsbeschränkung kann auch darin bestehen, dass die Kündigung gem. dem auf das Arbeitsverhältnis anwendbaren Tarifvertrag der Zustimmung der Tarifvertragsparteien bedarf.[273] Im Übrigen kann der Arbeitgeber auf sein Recht zum Ausspruch einer ordentlichen Kündigung einseitig verzichten.[274] So verzichtet er zB mit dem Ausspruch einer Abmahnung idR auf sein Recht zur Kündigung aus den Gründen, wegen derer die Abmahnung erfolgt ist.[275]

V. Kündigungsschutz nach dem Kündigungsschutzgesetz

1. Allgemeines

a) Gesetzeslage. Der allgemeine Kündigungsschutz nach dem KSchG ermöglicht dem von einer Kündigung betroffenen Arbeitnehmer die gerichtliche Überprüfung einer ordentlichen Kündigung. Ausgangspunkt der Überprüfung ist dabei der Begriff der „sozialen Rechtfertigung". Denn nach § 1 Abs. 1 S. 1 KSchG ist die Kündigung rechtsunwirksam, wenn sie **sozial ungerechtfertigt** ist. § 1 Abs. 2 S. 1 KSchG konkretisiert diesen unbestimmten Rechtsbegriff und unterscheidet zwischen **dringenden betrieblichen Erfordernissen** und Gründen, die in der **Person** oder im **Verhalten** des Arbeitnehmers liegen. Dabei ist zu beachten, dass die Konzeption des allgemeinen Kündigungsschutzes auf dem Prinzip einer nachträglichen Rechtswirksamkeitskontrolle beruht. Der Arbeitnehmer muss die Initiative ergreifen und rechtzeitig Klage erheben, wenn er die Unwirksamkeit der Kündigung geltend machen will (§ 4 S. 1 KSchG). Unterlässt er dies, gilt eine Kündigung nach § 7 1. Hs. KSchG nach Ablauf von drei Wochen als sozial gerechtfertigt.[276]

Der **Bestandsschutz** durch das KSchG wird **nicht absolut** und in jedem Fall gewährleistet. Er greift nur für die dem Geltungsbereich des KSchG unterfallenden Arbeitsverhältnisse. Der Geltungsbereich folgt aus den §§ 1, 14 sowie 23 bis 25 KSchG. Geschützt wird der Ar-

---

[266] LAG Bln-Bbg 9.5.2008 – 6 Sa 598/08, NZA-RR 2008, 633.
[267] Vgl. zB BAG 13.5.2015 – 2 AZR 531/14, AP BGB § 626 Nr. 254.
[268] BAG 25.3.2004 – 2 AZR 153/03, AP BGB § 138 Nr. 60; Stahlhacke/Preis/Vossen Kündigung/*Preis* Rn. 255.
[269] Vgl. BAG 6.7.2006 – 2 AZR 587/05, NZA 2007, 167; vgl. auch LAG Hamm 28.2.2006 – 19 Sa 1774/05, BeckRS 2006, 42181.
[270] Vgl. näher → § 44 Rn. 2.
[271] BAG 25.3.2004 – 2 AZR 173/01, AP BGB § 138 Nr. 60; Stahlhacke/Preis/Vossen Kündigung/*Preis* Rn. 255.
[272] Vgl. schon → Rn. 1 Fn. 2; näher → § 41 Rn. 146.
[273] Vgl. LAG Hamm 28.2.2006 – 19 Sa 1774/05, BeckRS 2006, 42181.
[274] BAG 13.12.2007 – 6 AZR 145/07, NZA 2008, 403 Rn. 24.
[275] → Rn. 329.
[276] Vgl. dazu → § 48 Rn. 102 ff.

beitnehmer vor sozialwidrigen Kündigungen, dessen Arbeitsverhältnis in demselben Betrieb oder Unternehmen ohne Unterbrechung länger als sechs Monate bestanden hat, sofern im Betrieb mehr als zehn Arbeitnehmer ausschließlich der zu ihrer Berufsausbildung Beschäftigten beschäftigt werden.

51 Die Gesetzeslage war in der Vergangenheit Gegenstand zahlreicher Änderungen. Die derzeit gültige Regelung beruht auf dem Gesetz zu Reformen am Arbeitsmarkt vom 24.12.2003 (BGBl. I 2003 v. 30.12.2003). Damals hat der Gesetzgeber den Schwellenwert von mehr als fünf auf mehr als zehn Arbeitnehmer erhöht. Darüber hinaus wurde die Sozialauswahl verändert und beschränkt auf die Dauer der Betriebszugehörigkeit, das Lebensalter, Unterhaltspflichten sowie die Schwerbehinderung.

52 **b) Kündigungsschutz und AGG.**[277] Seit dem 18.8.2006 gilt das Gesetz zur Umsetzung europäischer Richtlinien zur Verwirklichung des Grundsatzes der Gleichbehandlung, das auch das Allgemeine Gleichbehandlungsgesetz (AGG) umfasst. Wie bereits dargestellt, enthält das AGG in § 2 Abs. 4 AGG eine Bereichsausnahme für Kündigungen vgl. dazu im Einzelnen → Rn. 39. Zum Kündigungsschutz zählen danach nur solche Normen, die speziell auf Kündigungen zugeschnitten sind. Das ist nur dann der Fall, wenn sie die Kündigung als Tatbestandsmerkmal enthalten. Danach zählen zum „allgemeinen Kündigungsschutz" nur die §§ 1–14 KSchG und die § 613a Abs. 4 BGB, §§ 622 und 626 BGB.[278] Allerdings ist unabhängig davon eine europarechtskonforme Auslegung des Kündigungsschutzrechtes geboten. Wie sich die erforderliche europarechtskonforme Auslegung auswirkt, wird im Zusammenhang mit den jeweiligen Einzelregelungen erläutert. Vorab sei allerdings bereits darauf hingewiesen, dass Kündigungen im Geltungsbereich des KSchG nur dann wirksam sind, wenn sie sozial gerechtfertigt sind. Ein Benachteiligungsmerkmal ist kein Kündigungsgrund und kann daher niemals eine Kündigung sozial rechtfertigen. Das gilt insbesondere für die Merkmale Geschlecht oder Alter. Im Ergebnis sind die Diskriminierungsverbote des Allgemeinen Gleichbehandlungsgesetzes und die darin vorgesehenen Rechtfertigungen für unterschiedliche Behandlungen als Konkretisierungen der Sozialwidrigkeit zu beachten.[279]

2. Zwingende Regelung

53 Der allgemeine Kündigungsschutz ist **zwingendes Recht**. Auf ihn kann **im Voraus**, also vor Ausspruch einer Kündigung **nicht verzichtet** werden. Abweichungen zum Nachteil des Arbeitnehmers, beispielsweise in der Form, dass die Parteien den Kündigungsschutz nach dem KSchG im Arbeitsvertrag ausschließen oder beschränken, etwa durch eine verlängerte Wartezeit, sind unzulässig.[280] Dies gilt nicht nur für Individualvereinbarungen, sondern in gleicher Weise für kollektivrechtliche Regelungen in Tarifverträgen und Betriebsvereinbarungen. Der zwingende Schutz verbietet es darüber hinaus, bestimmte Gründe als zwingende Kündigungsgründe zu vereinbaren, die stets eine Kündigung rechtfertigen sollen. Derartige absolute Kündigungsgründe sind unwirksam, können jedoch ein Indiz dafür sein, welche Umstände den Arbeitsvertragsparteien bei Vertragsschluss wichtig gewesen sind.

54 **Nach Ausspruch einer Kündigung** kann der Arbeitnehmer auf den Kündigungsschutz verzichten. Es steht ihm frei, ob er überhaupt Klage erhebt. Er kann also nach Zugang der Kündigung die Erhebung einer Kündigungsschutzklage unterlassen oder mit dem Arbeitgeber einen Aufhebungsvertrag schließen. Selbst eine gesetzeswidrige oder nichtige Kündigung kann der Arbeitnehmer hinnehmen. Soweit ausdrücklich ein Verzicht vereinbart wird, ist zu beachten, dass der Verzicht ein materiellrechtlicher Vertrag ist, auf den die allgemeinen Regeln über Willenserklärungen Anwendung finden. Er muss deshalb vom Arbeitnehmer klar und eindeutig erklärt werden. Dabei sind an den zum Ausdruck zu bringenden Verzichtswil-

---

[277] Vgl. umfassend zur Problematik *Hamacher/Ulrich* NZA 2007, 657.
[278] BAG 19.12.2013 – 6 AZR 190/12, NZA 2014, 372.
[279] BAG 16.5.2019 – 6 AZR 329/18, NZA 2019, 1198; BAG 19.12.2013 – 6 AZR 190/12, BAGE 147, 60; 6.11.2008 – 2 AZR 523/07, BAGE 128, 238.
[280] → Rn. 71; vgl. auch: BAG 20.2.2014 – 2 AZR 859/11, NZA 2014, 1083; 19.12.1974 – 2 AZR 565/73, AP BGB § 620 Bedingung Nr. 3; ErfK/*Oetker* KSchG § 1 Rn. 13; KR/*Klose* KSchG § 4 Rn. 374.

len hohe Anforderungen zu stellen.[281] Nur dann ist sichergestellt, dass der Arbeitnehmer die Tragweite seiner Erklärung erkennt. Bloßes Schweigen auf eine Kündigung des Arbeitgebers reicht allerdings ebenso wenig wie eine Abschiedsmail des Arbeitnehmers an Mitarbeiter oder Kunden. Der Verzicht kann ohne Weiteres bereits vor Ablauf der dreiwöchigen Klagefrist erfolgen. Allerdings sind die Anforderungen der §§ 307 ff. BGB zu beachten. Das BAG hat aber klargestellt, dass der formularmäßige Verzicht auf die Erhebung einer Kündigungsschutzklage ohne Gegenleistung eine unangemessene Benachteiligung iSv § 307 Abs. 1 S. 1 BGB darstellt.[282] Zum umgekehrten Falle des Verzichtes des Arbeitgebers auf den Kündigungsgrund → Rn. 105.

Die zwingende Wirkung besteht nur bei Abweichungen zum Nachteil des Arbeitnehmers. 55 Es ist ohne weiteres zulässig, für den Arbeitnehmer **günstigere Regelungen** zu treffen.[283] Insbesondere kann der Kündigungsschutz zugunsten des Arbeitnehmers erweitert werden, etwa durch einen Verzicht des Arbeitgebers auf die sechsmonatige Wartezeit. Die Parteien können auch vereinbaren, dass das Arbeitsverhältnis dem KSchG unterfällt, obwohl es sich um einen Kleinbetrieb handelt. Ebenso können bestimmte Gründe festgelegt werden, auf die eine ordentliche Kündigung nicht gestützt werden kann. Entsprechende Vereinbarungen müssen jedoch eindeutig getroffen werden.[284] Das ordentliche Kündigungsrecht kann sogar ganz ausgeschlossen werden.

3. Voraussetzungen des Kündigungsschutzes nach KSchG

Der Kündigungsschutz nach dem KSchG gilt nicht für jede Kündigung. Vielmehr ist er 56 von bestimmten Voraussetzungen abhängig und gewährt Bestandsschutz nur für die dem Geltungsbereich des KSchG unterfallenden Arbeitsverhältnisse. Geschützt wird der Arbeitnehmer vor sozialwidrigen Kündigungen, dessen Arbeitsverhältnis in demselben Betrieb oder Unternehmen ohne Unterbrechung länger als sechs Monate bestanden hat, sofern im Betrieb mehr als zehn Arbeitnehmer ausschließlich der zu ihrer Berufsausbildung Beschäftigten beschäftigt werden.

a) **Persönlicher Geltungsbereich.** *aa) Arbeitnehmer.* § 1 KSchG bezieht sich nur auf Kündi- 57 gungen, die gegenüber einem **Arbeitnehmer** ausgesprochen werden. Allerdings definiert das KSchG den Begriff des Arbeitnehmers nicht. Es ist jedoch allgemein anerkannt, dass das KSchG den Begriff in Übereinstimmung mit dem allgemeinen Arbeitnehmerbegriff verwendet, wie er von Rechtslehre und Rechtsprechung entwickelt worden ist. Danach ist Arbeitnehmer derjenige, der aufgrund eines privatrechtlichen Vertrages im Dienst eines anderen zur unselbstständigen Arbeit verpflichtet und dabei von diesem anderen persönlich abhängig ist. Eine wirtschaftliche Abhängigkeit ist hingegen weder erforderlich noch ausreichend. Der Grad der persönlichen Abhängigkeit ergibt sich aus der Eingliederung der betroffenen Person in eine fremde Arbeitsorganisation. Kennzeichnend dafür ist die Ausübung des Direktionsrechtes durch den Arbeitgeber in Bezug auf Art, Ort und Zeit der Tätigkeit. Dementsprechend ist selbstständig, wer im Wesentlichen frei Tätigkeit und Arbeitszeit bestimmen kann. Maßgeblich sind die Umstände des Einzelfalls.[285] Unerheblich ist grundsätzlich, welche Bezeichnung die Parteien im zugrunde liegenden Vertragswerk wählen. Entscheidend ist die tatsächliche Durchführung und Handhabung des Vertragsverhältnisses, also der objektiv gegebene Zustand, ohne dass die vorgenommene Vertragstypenwahl aber völlig bedeutungslos wäre.[286]

---

[281] BAG 7.11.2007 – 5 AZR 880/06, NZA 2008, 355; KR/*Rachor* KSchG § 1 Rn. 41. Vgl. umfassend auch KR/*Klose* KSchG § 4 Rn. 374, 378.
[282] BAG 25.9.2014 – 2 AZR 788/13, NZA 2015, 350.
[283] BAG 20.2.2014 – 2 AZR 859/11, NZA 2014, 1083.
[284] Im Einzelnen → Rn. 85; vgl. auch KR/*Rachor* KSchG § 1 Rn. 34.
[285] BAG 23.5.2018 – 5 AZR 263/17, NZA 2019, 39; BAG 8.9.2015 – 9 AZB 21/15, NZA 2015, 1342; 17.4.2013 – 10 AZR 668/12, BeckRS 2013, 71103; 29.8.2012 – 10 AZR 499/11, NZA 2012, 1433; 20.8.2003 – 5 AZR 610/02, NZA 2004, 39; ErfK/*Preis* BGB § 611a Rn. 34 ff.
[286] BAG 21.11.2017 – 9 AZR 117/17, NJW 2018, 1194; 17.10.2017 – 9 AZR 792/16, BeckRS 2017, 140191; 17.4.2013 – 10 AZR 668/12, BeckRS 2013, 71103; 29.8.2012 – 10 AZR 499/11, NZA 2012, 1433; 22.3.1995 – 5 AZB 21/94, AP ArbGG § 5 Nr. 21; 19.11.1997 – 5 AZR 21/97, AP BGB § 611 Abhängigkeit Nr. 90; ErfK/*Preis* BGB § 611a Rn. 47.

58 Die Arbeitnehmereigenschaft nach dem KSchG ist nicht vom Umfang der Arbeitszeit abhängig. Kündigungsschutz genießen deshalb auch **Teilzeitarbeitnehmer** unabhängig vom konkreten Umfang der Arbeitszeit. Ebenso wenig ist entscheidend, ob es sich dem Inhalt nach um eine Aushilfstätigkeit oder eine nebenberufliche Beschäftigung handelt. Selbst **geringfügig Beschäftigte** genießen Kündigungsschutz. Arbeitnehmer sind auch **Auszubildende.** Da die ordentliche Kündigung im Ausbildungsverhältnis nach § 15 Abs. 2 BBiG allerdings ausgeschlossen ist, findet das KSchG insoweit keine Anwendung. Denn die Beendigung des Ausbildungsverhältnisses ist abschließend im BBiG geregelt.[287]

59 Vom Kündigungsschutz ausgenommen sind im Gegensatz zu den Arbeitnehmern alle **Selbstständigen.** Ebenfalls ausgenommen sind sog. **arbeitnehmerähnliche Personen.** Auch arbeitnehmerähnliche Personen sind Selbständige. An die Stelle der das Arbeitsverhältnis prägenden persönlichen Abhängigkeit tritt das Merkmal der wirtschaftlichen Abhängigkeit. Wirtschaftliche Abhängigkeit ist regelmäßig gegeben, wenn der Beschäftigte auf die Verwertung seiner Arbeitskraft und die Einkünfte aus der Tätigkeit für den Vertragspartner zur Sicherung seiner Existenzgrundlage angewiesen ist. Der wirtschaftlich Abhängige muss außerdem seiner gesamten sozialen Stellung nach einem Arbeitnehmer vergleichbar schutzbedürftig sein.[288] Ausgenommen sind damit Heimarbeiter, Hausgewerbetreibende, Handelsvertreter und freie Mitarbeiter. In diesen Fällen ist jedoch genau zu prüfen, ob die konkrete Vertragsdurchführung tatsächlich die Annahme insbesondere einer freien Mitarbeit rechtfertigt.

60 Das KSchG erfasst weiterhin keine Personen, die in einem **öffentlich-rechtlichen Dienstverhältnis** stehen wie Richter, Beamte und Soldaten. Personen, die Arbeitsleistungen überwiegend aus **karitativen oder religiösen Gründen** erbringen, etwa Ordensschwestern, Mönche oder Missionare sind ebenfalls keine Arbeitnehmer. Für die Mitarbeiter der DRK-Schwesternschaft ist dies streitig.[289] Nach der Rechtsprechung des BAG handelt es sich nicht um Arbeitnehmer, weil sie ihre Arbeitsleistung zwar in fremdbestimmter persönlicher Abhängigkeit erbringen. Rechtsgrundlage der geschuldeten Dienste sei aber der privatautonom begründete Vereinsbeitritt zu der Schwesternschaft und die damit verbundene Pflicht, den Vereinsbeitrag in der Leistung von Diensten in persönlicher Abhängigkeit zu erbringen.[290]

Keinen Kündigungsschutz genießen darüber hinaus **Familienangehörige,** die ihre Tätigkeiten aufgrund familiärer Beziehungen erbringen, etwa der „mitarbeitende Ehemann". Allerdings ist der Abschluss eines Arbeitsvertrages mit diesem Personenkreis nicht von vornherein ausgeschlossen. Maßgeblich sind die Umstände des Einzelfalles. Indizien für einen Arbeitsvertrag sind die Ausübung des Direktionsrechtes gegenüber dem Familienangehörigen sowie die Zahlung einer regelmäßigen Vergütung.

61 Die **Darlegungs- und Beweislast** für seine Arbeitnehmereigenschaft trägt nach allgemeinen Beweislastgrundsätzen derjenige, der sich auf sie beruft. Dabei ist umfasst die Darlegungslast die Notwendigkeit, die begehrte Rechtsfolge durch Tatsachenvortrag aufzuzeigen. Die (subjektive) Beweislast bezeichnet demgegenüber die den Parteien erwachsende Notwendigkeit, zur Abwendung des Prozessverlustes alles zu beweisen, was streitig ist und zur Überzeugung des Gerichtes für den anspruchsbegründenden oder vernichtenden Tatsachen erforderlich ist. Die subjektive Beweislast korrespondiert mit der Darlegungslast und ergänzt diese. Die subj. Beweislast setzt erst ein, wenn der Darlegungslast durch schlüssigen Sachvortrag genügt ist. Die Verteilung der Darlegunglast folgt aus der Beweislast.[291] Damit hat der Arbeitnehmer im Streitfall die Umstände darzulegen und zu beweisen, aus denen sich seine Arbeitnehmereigenschaft ergeben soll.[292]

62 *bb) Eingeschränkte Anwendung.* Für eine besondere Arbeitnehmergruppe besteht nur eingeschränkter Kündigungsschutz. Nach § 14 Abs. 2 KSchG können auf **Geschäftsführer, Betriebsleiter und ähnliche leitende Angestellte,** die zur selbstständigen Einstellung und Ent-

---

[287] So auch ErfK/*Oetker* KSchG § 1 Rn. 29.
[288] BAG 9.4.2019 – 9 AZB 2/19, NZA 2020, 67; 21.1.2019 – 9 AZB 23/18, NZA 2019, 490.
[289] LAG Düsseldorf 26.8.2015 – 12 TaBV 48/15, BeckRS 2015, 72484; *Mestwerdt* NZA 2014, 281.
[290] BAG 21.2.2017 – 1 ABR 62/12, BAGE 158, 121; BAG 17.3.2015 – 1 ABR 62/12 [A] , BAGE 151, 131.
[291] BAG 28.2.2019 – 8 AZR 201/18, NZA 2019, 1279.
[292] KR/*Rachor* KSchG § 1 Rn. 96; Stahlhacke/Preis/Vossen Kündigung/*Preis* Rn. 837.

lassung von Arbeitnehmern berechtigt sind, nur §§ 1 bis 2 und 4 bis 14 KSchG angewendet werden. Im Grundsatz unterfällt dieser Personenkreis also dem KSchG. Er hat den gleichen Kündigungsschutz wie andere Arbeitnehmer. Der wesentliche Unterschied besteht darin, dass der Auflösungsantrag nach § 9 Abs. 1 S. 2 KSchG für diesen Personenkreis keiner Begründung bedarf. Ursache dieser Sonderregelung ist die besondere Vertrauensstellung, die es dem Arbeitgeber ermöglichen soll, sich auch im Falle einer unwirksamen Kündigung von diesem Arbeitnehmer zu trennen.

Der Begriff des **Geschäftsführers** im Sinne von § 14 Abs. 2 KSchG wird untechnisch gebraucht und meint nicht den GmbH-Geschäftsführer. Dieser unterfällt § 14 Abs. 1 KSchG.[293] Erfasst werden Personen, denen die Führung des Unternehmens obliegt. Die Einordnung als **Betriebsleiter** beruht auf der Vorgesetztenstellung und des damit verbundenen Weisungsrechtes gegenüber den im Betrieb beschäftigten Arbeitnehmern. Allein die Beaufsichtigung der im Betrieb Beschäftigten reicht nicht aus.[294] Der kündigungsrechtliche Begriff des **leitenden Angestellten** ist gesetzlich nicht genau definiert. Es wird lediglich beispielhaft auf Betriebsleiter und Geschäftsführer verwiesen. Dies macht deutlich, dass es auch hier letztlich um Personen geht, die gegenüber einer nicht geringen Anzahl von Arbeitnehmern eine Vorgesetztenfunktion mit Weisungsbefugnis haben, also Arbeitgeberfunktionen wahrnehmen. Kennzeichnendes Merkmal von Geschäftsführern, Betriebsleitern und ähnlichen leitenden Angestellten ist die **Berechtigung zur selbstständigen Einstellung oder Entlassung**.[295] Die Befugnis muss eine gewisse Bedeutung haben. Dies ist der Fall, wenn sie sich auf eine nicht unerhebliche Anzahl von Arbeitnehmern bezieht. Die Befugnis für zwei enge Mitarbeiter, etwa zwei Sekretärinnen reicht im Regelfall nicht. Handelt es sich um eine kleine Gruppe kommt es zusätzlich auf die Qualität der Gruppe an. Es kann ausreichen, dass sich in einer relativ kleinen Gruppe Arbeitnehmer befinden, die ihrerseits Einstellungs- oder Entlassungsbefugnis für nachgeordnete Arbeitnehmer haben.[296] Die Befugnis muss darüber hinaus im Innen- und Außenverhältnis bestehen. Es reicht also weder allein das interne Dürfen noch das rechtliche Können. Die Befugnis muss zudem selbstständig ausgeübt werden können. Ein Chefarzt, der im Innenverhältnis verbindliche Vorschläge machen kann, aber die Zustimmung der Krankenhausleitung einholen muss, ist nicht zur selbstständigen Entlassung befugt.[297] Denn die zu fordernde Selbstständigkeit setzt Eigenverantwortlichkeit voraus. Wer eine Genehmigung einholen muss, handelt nicht selbstständig. Etwas anderes gilt etwa, wenn trotz interner Rücksprecheerfordernisse das Entscheidungsrecht erhalten bleibt oder eine erforderliche Zweitunterschrift nur der Kontrolle dient.[298] Wichtig ist zudem, dass Einstellungs- oder Entlassungsbefugnis einen wesentlichen Teil der Tätigkeit des Arbeitnehmers ausmachen und ihr das Gepräge geben muss.[299]

cc) *Ausgenommene Personen*. Nach § 14 Abs. 1 Nr. 1 gelten die §§ 1 bis 13 KSchG nicht in Betrieben einer juristischen Person für die Mitglieder des Organs, das zur gesetzlichen Vertretung der juristischen Person berufen ist. Diese Personen sind allein wegen ihrer organschaftlichen Stellung aus dem Anwendungsbereich des allgemeinen Kündigungsschutzes ausgenommen. Damit findet das KSchG keine Anwendung auf **Organmitglieder einer GmbH oder AG**. Auch der abhängig beschäftigte Geschäftsführer fällt nicht unter das KSchG, falls das Rechtsverhältnis zur juristischen Person als Arbeitsverhältnis zu qualifizieren sein sollte. § 14 Abs. 1 Nr. 1 KSchG gilt auch für die nicht beamteten organschaftlichen

---

[293] Sogleich → Rn. 64.
[294] BAG 25.11.1993 – 2 AZR 517/93, AP KSchG § 14 Nr. 3.
[295] BAG 19.4.2012 – 2 AZR 186/11, NZA 2013, 27; 14.4.2011 – 2 AZR 167/10, DB 2011, 2740; 18.10.2000 – 2 AZR 465/99, AP KSchG § 9 Nr. 39.
[296] BAG 19.4.2012 – 2 AZR 186/11, NZA 2013, 27; 27.9.2001 – 2 AZR 176/00, AP KSchG § 14 Nr. 6.
[297] BAG 18.11.1999 – 2 AZR 903/98, AP KSchG § 14 Nr. 5; vgl. auch BAG 14.4.2011 – 2 AZR 167/10, DB 2011, 2740.
[298] BAG 19.4.2012 – 2 AZR 186/11, NZA 2013, 27; 14.4.2011 – 2 AZR 167/10, DB 2011, 2740; 27.9.2001 – 2 AZR 176/00, DB 2002, 1163.
[299] BAG 19.4.2012 – 2 AZR 186/11, NZA 2013, 27; 14.4.2011 – 2 AZR 167/10, DB 2011, 2740; 18.10.2000 – 2 AZR 465/99, NZA 2001, 437; KR/*Rost*/*Kreutzberg-Kowalczyk* § 14 Rn. 36, 37; ErfK/*Kiel* § 14 Rn. 11.

Vertreter juristischer Personen des öffentlichen Rechts. Die gegenständliche Beschränkung der gesetzlichen Vertretungsmacht auf den Eigenbetrieb und die laufenden Geschäfte steht dem nicht entgegen.[300] Entsprechendes gilt nach § 14 Abs. 1 Nr. 2 KSchG in Betrieben einer Personengesamtheit, für die durch Gesetz, Satzung oder Gesellschaftsvertrag zur Vertretung der Personengesamtheit berufenen Person, also für die **Vertreter einer GbR, KG oder OHG.** Die Ausnahme bezieht sich nur auf unmittelbare Organvertreter.[301] Es sind jedoch Besonderheiten zu beachten. Zunächst ist stets zu überprüfen, ob der Bestellungsakt und das zugrunde liegendes Rechtsverhältnis auseinanderfallen. Gegenüber Gesellschaft, bei der der Geschäftsführer zum Organ bestellt worden ist, kann er – solange der Bestellungsakt nicht widerrufen worden ist – nie Kündigungsschutz genießen, vgl. § 77 Rz. 10 ff. In Konzernstrukturen fallen beide Akte aber zuweilen auseinander. So kann es vorkommen, dass der Geschäftsführer einer GmbH & Co. KG bei der KG angestellt ist, nicht bei der GmbH.[302] Gegenüber der (anstellenden) KG gilt dann § 14 Abs. 1 Nr. 1 KSchG nicht. Im Hinblick auf die Bedeutung der Position könnte gegenüber der KG dann allerdings § 14 Abs. 2 S. 1 KSchG eingreifen. Daneben ist es – in seltenen Fällen – möglich, dass zwei Vertragsverhältnisse bestehen, von denen eines als Arbeitsvertrag zu qualifizieren ist. Dies ist immer zu prüfen, wenn die betreffende Person bei ihrer Berufung zum Organ bereits Arbeitnehmer einer der beteiligten Gesellschaft war, also wenn ein langjähriger Mitarbeiter der KG zum Geschäftsführer der GmbH & Co. KG bestellt wird.

65   Der rechtliche Charakter des Anstellungsverhältnisses ändert sich nicht dadurch, dass der **Organvertreter abberufen** wird.[303] Insoweit wird der Geschäftsführer einer GmbH für diese in aller Regel auf der Grundlage eines freien Dienstvertrags, nicht eines Arbeitsvertrags tätig. Sein Dienstvertrag ist auf eine Geschäftsbesorgung durch Ausübung des Geschäftsführeramts gerichtet.[304] Soweit Rechte **nach der Abberufung** aus einem von Anfang an bestehenden, wieder aufgelebten oder neu begründeten Arbeitsverhältnis geltend gemacht werden greift § 14 Abs. 1 Nr. 1 KSchG ebenfalls nicht. Geht es um ein bereits vor der Bestellung bestehendes Arbeitsverhältnis ist nach der Rechtsprechung des BAG im Zweifel anzunehmen, dass das Arbeitsverhältnis bei der Bestellung zum Organvertreter nicht nur suspendiert, sondern aufgehoben wird.[305] Dies soll jedenfalls dann gelten, wenn abweichend vom Arbeitsvertrag höhere Bezüge vereinbart werden. Einen entsprechenden konkludenten Parteiwillen wird man in der Tat annehmen können. Indes ist jedoch in formeller Hinsicht zu bedenken, dass die Aufhebung des Arbeitsvertrages gem. § 623 BGB der Schriftform bedarf. Gleichwohl hat das BAG entschieden, dass trotz § 623 BGB eine konkludente Aufhebung des ursprünglichen Arbeitsvertrages durch Abschluss des Geschäftsführerdienstvertrages möglich ist und dem Regelfall entspricht. Die Schriftform werde durch den schriftlichen Geschäftsführerdienstvertrag gewahrt.[306] Zur Vermeidung von Risiken sollte deshalb entweder ein ausdrücklicher Aufhebungsvertrag oder eine klarstellende Klausel im neuen Dienstvertrag vereinbart werden. Im letzteren Falle ist freilich darauf zu achten, dass das für den Abschluss des Anstellungsvertrages zuständige Organ auch für die Beendigung des vorherigen Arbeitsvertrages zuständig sein muss. Zudem greifen **weitere Besonderheiten,** wenn das Organ abberufen worden ist und nach seiner Abberufung Kündigungsschutz geltend macht oder während des Kündigungsschutzverfahrens abberufen wird.[307] Vgl. dazu umfassend im Rahmen der Rechtswegzuständigkeit § 77 → Rn. 24, 148, 164.

---

[300] BAG 17.1.2002 – 2 AZR 719/00, NZA 2002, 854.
[301] BAG 15.4.1982 – 2 AZR 1101/79, AP KSchG § 14 Nr. 1.
[302] Vgl. nur BAG 25.10.2007 – 6 AZR 1045/06, NZA 2008, 168.
[303] BAG 21.2.1994 – 2 AZB 28/93, AP ArbGG 1979 § 5 Nr. 17; BGH 9.2.1978 – II ZR 189/76, AP GmbHG § 38 Nr. 1; BAG 25.6.1997 – 5 AZB 41/96, AP ArbGG 1979 § 5 Nr. 36.
[304] BAG 21.1.2019 – 9 AZB 23/18, NZA 2019, 490; 9.4.2019 – 9 AZB 2/19, NZA 2020, 67; 22.10.2014 – 10 AZB 46/14, NZA 2015, 60.
[305] BAG 15.3.2011 – 10 AZB 32/10, NZA 2011, 874; 8.6.2000 – 2 AZR 207/99, AP ArbGG 1979 § 5 Nr. 49; 28.9.1995 – 5 AZB 4/95, AP ArbGG 1979 § 5 Nr. 24.
[306] BAG 15.3.2011 – 10 AZB 32/10, NZA 2011, 874; 25.10.2007 – 6 AZR 1045/06, NZA 2008, 168; 19.7.2007 – 6 AZR 774/06, NZA 2007, 1095; Vgl. umfassend auch: KR/Rost/Kreutzberg-Kowalczyk KSchG § 14 Rn. 7 ff.
[307] BAG 22.10.2014 – 10 AZB 46/14, NZA 2015, 60.

b) Betrieblicher Geltungsbereich, „Schwellenwert". aa) Allgemeines. Der Schwellenwert 66 ist in der Vergangenheit bei verschiedenen politischen Konstellationen mehrfach verändert worden. Derzeit liegt der Schwellenwert bei zehn Arbeitnehmern. In Betrieben und Verwaltungen, in denen in der Regel zehn oder weniger Arbeitnehmer ausschließlich der zu ihrer Berufsausbildung Beschäftigten beschäftigt werden, gelten die Vorschriften des Ersten Abschnitts mit Ausnahme der §§ 4 bis 7 und des § 13 Abs. 1 S. 1 und 2 KSchG nicht für Arbeitnehmer, deren Arbeitsverhältnis nach dem 31.12.2003 begonnen hat. Die Herausnahme von Kleinbetrieben aus dem allgemeinen Kündigungsschutz ist verfassungsrechtlich nicht zu beanstanden.[308] Die Festlegung des Umfangs eines Kleinbetriebs obliegt dem Gesetzgeber. Jedenfalls handelt es sich bei zehn Arbeitnehmern noch um einen Betrieb, bei dem die enge persönliche Zusammenarbeit im Vordergrund steht, die Ausnahmen vom allg. Kündigungsschutz rechtfertigt.

bb) Betriebsbegriff. Anknüpfungspunkt für die Berechnung des Schwellenwertes ist nach 67 dem eindeutigen Wortlaut des § 23 KSchG der **Betrieb.** Der Gesetzgeber knüpft damit bewusst nicht an den Begriff des Unternehmens an. Allerdings enthält § 23 Abs. 1 KSchG ebenso wie das gesamte Kündigungsschutzgesetz keine eigene Definition des Betriebsbegriffs. Das BAG legt hier in std. Rspr. den Begriff des § 1 BetrVG zugrunde.[309] Betrieb in diesem Sinne ist die organisatorische Einheit, innerhalb derer der Arbeitgeber allein oder mit seinen Arbeitnehmern mit der Hilfe von materiellen und immateriellen Mitteln bestimmte arbeitstechnische Zwecke fortgesetzt verfolgt. Entscheidend ist die **organisatorische Einheit.**[310] Denn in dieser übt der Arbeitgeber sein Direktionsrecht aus und organisiert die Arbeitsabläufe. Ein Indiz dafür kann die räumliche Einheit sein, sie führt jedoch nicht zwingend zu einem Betrieb. Wesentlich ist, wo der Kern der Arbeitgeberfunktionen ausgeübt wird. Entscheidend dafür ist ein Leitungsapparat, um insbesondere in personellen und sozialen Angelegenheiten wesentliche Entscheidungen selbstständig treffen zu können. Es kommt darauf an, dass der Kern der Arbeitgeberfunktionen in personellen und sozialen Angelegenheiten von derselben institutionalisierten Leitungsmacht ausgeübt wird, wo also über Arbeitsbedingungen und Organisationsfragen entschieden wird und in welcher Einstellungen, Entlassungen und Versetzungen vorgenommen werden.[311]

Eine aufgrund einer **Vereinbarung nach § 3 Abs. 1 Nr. 1 bis Nr. 3 BetrVG** errichtete be- 68 triebsverfassungsrechtliche Organisationseinheit stellt für sich genommen ohne entsprechende Organisationsstruktur keinen Betrieb iSd. § 1 Abs. 1 Satz 1 BetrVG dar. Die Beteiligten schaffen mit einer Vereinbarung nach § 3 Abs. 1 Nr. 1 bis Nr. 3 BetrVG gerade eine von den tatsächlichen betrieblichen Strukturen abweichende betriebsverfassungsrechtliche Ordnung und lösen den Betriebsrat vom „Betrieb als ausschließliche Organisationsbasis" ab.[312]

Das Kriterium der **räumlichen Einheit** spielt insbesondere keine Rolle bei **zentral gelenk-** 69 **ten Verkaufsstellen** ohne eigene Betriebsqualität. Diese sind in ihrer Gesamtheit trotz der weiten räumlichen Entfernung ein Betrieb, wenn eine zentrale Steuerung der Arbeitgeberfunktionen erfolgt, etwa bei Filialen.[313] Allerdings reicht zur dezentralen Steuerung nicht aus, dass ein Marktleiter eines Verbrauchermarktes vorhanden ist, der personelle Einzelmaßnahmen wie Einstellungen und Entlassungen nach im Einzelnen umschriebenen unternehmerischen Vorgaben und nach Beachtung von Konsultationspflichten mit der Personalabteilung für bestimmte Arbeitnehmergruppen ausführen kann.[314] Nichts anderes gilt für organisatorisch unselbstständige Betriebsstätten. Auch hier wird der Kern der Arbeitgeber-

---

[308] BVerfG 27.1.1998 – 1 BvL 22/93, NZA 1998, 469. Vgl. dazu auch BAG 2.3.2017 – 2 AZR 427/16, NZA 2017, 859.
[309] BAG 24.10.2019 – 2 AZR 85/19, BeckRS 2019, 32070; 2.3.2017 – 2 AZR 427/16, NZA 2017, 859.
[310] BAG 11.6.2020 – 2 AZR 660/19, BeckRS 18811; 2.3.2017 – 2 AZR 427/16, NZA 2017, 859; 19.7.2016 – 2 AZR 468/15, NZA 2016, 1196; 7.7.2011 – 2 AZR 476/10, AP KSchG 1969 § 1 Wartezeit Nr. 26; 31.5.2007 – 2 AZR 276/06, NZA 2008, 33; 15.3.2001 – 2 AZR 151/00, NZA 2001, 831.
[311] BAG 2.3.2017 – 2 AZR 427/16, NZA 2017, 859; 19.7.2016 – 2 AZR 468/15, NZA 2016, 1196; 7.7.2011 – 2 AZR 476/10, AP KSchG 1969 § 1 Wartezeit Nr. 26; BAG 31.5.2007 – 2 AZR 276/06, NZA 2008, 33.
[312] BAG 24.10.2019 – 2 AZR 85/19, BeckRS 2019, 32070.
[313] BAG 26.8.1971 – 2 AZR 233/70, AP KSchG § 23 Nr. 1.
[314] BAG 31.5.2007 – 2 AZR 276/06, NZA 2008, 33.

funktionen von der Zentrale ausgeübt. So ist eine vom Hauptbetrieb weit entfernt gelegene kleinere Betriebsstätte regelmäßig dem Hauptbetrieb zuzurechen, wenn die wesentlichen Entscheidungen in personellen und sozialen Angelegenheiten dort getroffen werden.[315] Ein Hauptbetrieb und eine räumlich weit entfernte Betriebsstätte iSv § 4 Abs. 1 S. 1 Nr. 1 BetrVG können ebenfalls einen Betrieb im Sinne des § 23 KSchG bilden.[316]

70 Ebenfalls als ein Betrieb mit der Folge der Zusammenrechnung der Arbeitnehmer anzusehen ist die Figur des gemeinsamen Betriebs mehrerer Unternehmen, dem sog. **Gemeinschaftsbetrieb.** Es ist anerkannt, dass mehrere rechtlich selbstständige Unternehmen einen Betrieb im Sinne von § 23 KSchG bilden können. Dies ist der Fall, wenn sie im Rahmen einer gemeinsamen Arbeitsorganisation unter einer einheitlichen Leitung identische oder verschiedene arbeitstechnische Zwecke verfolgen. Nach ständiger und zutreffender Rechtsprechung des BAG ist für die einheitliche Leitung eine **sog. Leitungsvereinbarung** erforderlich. Diese Leitungsvereinbarung kann ausdrücklich oder konkludent durch schlüssiges Verhalten geschlossen werden. Sie liegt vor, wenn der Kern der Arbeitgeberfunktionen gegenüber den Arbeitnehmern beider Unternehmen von einem einheitlichen Leitungsapparat ausgeübt wird, etwa durch einen gemeinsamen Personalleiter. Diese einheitliche Leitung muss sich auf die wesentlichen Funktionen eines Arbeitgebers in sozialen und personellen Angelegenheiten erstrecken.[317] Von der einheitlichen Leitungsvereinbarung streng zu unterscheiden sind **gesellschaftsrechtliche Einflussmöglichkeiten** eines Unternehmens auf ein anderes Unternehmen, etwa durch den Abschluss von Gewinnabführungs- und Beherrschungsverträgen. Ein Gemeinschaftsbetrieb zwischen einer Konzernholding und einer Tochtergesellschaft besteht also nicht schon dann, wenn die Konzernholding aufgrund ihrer Leitungsmacht gegenüber den Organen der Tochtergesellschaft Weisungen erteilen kann.[318] Ebenfalls reicht es für den Gemeinschaftsbetrieb nicht aus, dass Unternehmen lediglich unternehmerisch zusammenarbeiten.[319] Vielmehr muss die Vereinbarung auf eine einheitliche Leitung für die Aufgaben gerichtet sein, die vollzogen werden müssen, um die in der organisatorischen Einheit zu verfolgenden arbeitstechnische Zwecke erfüllen zu können.[320] Entscheidend ist also stets die Ausübung des Kerns der Arbeitgeberfunktionen. Dabei ist auch zu prüfen, ob der Gemeinschaftsbetrieb im Zeitpunkt des Zugangs der Kündigung noch besteht. Denn die einheitliche Leitung kann wieder beseitigt werden.[321]

71 Besonderheiten bestehen bei einem **Unternehmen mit mehreren Betrieben,** wenn in den einzelnen Betrieben jeweils zehn oder weniger Arbeitnehmer beschäftigt werden. Nach dem Wortlaut von § 23 KSchG fände das KSchG aufgrund seiner Betriebsbezogenheit keine Anwendung. Dies könnte dazu führen, dass auch große Unternehmen mit vielen kleinen Betrieben nicht dem KSchG unterfallen. Das ist nach dem Sinn und Zweck der Kleinbetriebsklausel bedenklich. Sie will Kleinunternehmen privilegieren, weil diese weniger leistungsfähig sind und wegen der engen persönlichen Zusammenarbeit mehr Flexibilität bei der Beendigung von Arbeitsverhältnissen brauchen. Deshalb ist die Kleinbetriebsklausel nach Auffassung des Bundesverfassungsgerichtes, dem sich das Bundesarbeitsgericht angeschlossen hat, verfassungskonform auszulegen.[322] Die Durchbrechung des Betriebsbezugs des Schwellenwerts ist allerdings nicht schon dann geboten, wenn sich das Unternehmen zwar in mehrere kleine, organisatorisch verselbständigte Einheiten gliedert, insgesamt aber

---

[315] BAG 15.3.2001 – 2 AZR 151/00, NZA 2001, 831.
[316] BAG 3.6.2004 – 2 AZR 577/03, NZA 2005, 175; 15.3.2001 – 2 AZR 151/00, NZA 2001, 831.
[317] BAG 20.2.2014 – 2 AZR 859/11, BAGE 147, 251; 9.6.2011 – 6 AZR 132/10, PersR 2011, 396; 5.11.2009 – 2 AZR 383/08, NZA-RR 2010, 325; 21.5.2008 – 8 AZR 84/07, NZA 2008, 753; 16.1.2003 – 2 AZR 609/01, AP KSchG § 1 Gemeinschaftsbetrieb Nr. 1; 13.6.2002 – 2 AZR 327/01, AP Nr. 29 zu § 23 KSchG 1969; 22.3.2001 – 8 AZR 565/00, NZA 2002, 1350; 21.2.2001 – 7 ABR 9/00, NZA 2002, 56; 24.1.1996 – 7 ABR 10/95, AP BetrVG § 1 Nr. 8.
[318] BAG 13.6.2002 – 2 AZR 327/01, AP KSchG § 23 Nr. 29; 22.3.2001 – 8 AZR 565/00, NZA 2002, 1350; 29.4.1999 – 2 AZR 352/98, NZA 1999, 932.
[319] BAG 2.3.2017 – 2 AZR 427/16, NZA 2017, 859 zur gemeinsamen Telefonanlage.
[320] BAG 16.1.2003 – 2 AZR 609/01, AP KSchG § 1 Gemeinschaftsbetrieb Nr. 1; 13.6.2002 – 2 AZR 327/01, AP KSchG § 23 Nr. 29.
[321] BAG 21.5.2008 – 8 AZR 84/07, NZA 2008, 753; 24.2.2005 – 2 AZR 214/02, NZA 2005, 867.
[322] BAG 2.3.2017 – 2 AZR 427/16, NZA 2017, 859; BVerfG 27.1.1998 – 1 BvL 15/87, NZA 1998, 470.

mehr als zehn Arbeitnehmer beschäftigt. Maßgeblich ist vielmehr eine alle Umstände des Einzelfalls einbeziehende, wertende Gesamtbetrachtung dahingehend, ob die Anwendung der Kleinbetriebsklausel nach Maßgabe des allgemeinen Betriebsbegriffs unter Berücksichtigung der tatsächlichen Verhältnisse dem mit ihr verbundenen Sinn und Zweck (noch) gerecht wird. Das ist zB bei einer willkürlichen Zersplitterung nicht der Fall. Die Arbeitnehmer mehrerer Kleinbetriebe können zB zusammengerechnet werden und das KSchG findet Anwendung, wenn insgesamt mehr als zehn Arbeitnehmer beschäftigt werden und eine enge organisatorische Verbindung besteht. Dafür ist maßgeblich, ob nach der Gesamtschau die Merkmale des Kleinbetriebs erfüllt werden oder nicht. Wesentlich ist das Bestehen einer organisatorischen Einheit bei der der Kern der Arbeitgeberfunktionen von einer institutionalisierten Leitungsmacht selbständig ausgeübt wird.[323] In diesem Ausnahmefall ist abweichend vom Betriebsbegriff auf das Unternehmen abzustellen. Nach Auffassung des BAG ist deshalb eine vom Hauptbetrieb räumlich weit entfernt liegende kleinere Betriebsstätte dem Hauptbetrieb für die Bestimmung der Beschäftigtenzahl zuzurechnen, wenn dort die wesentlichen Entscheidungen in personellen und sozialen Angelegenheiten getroffen werden.[324]

Im Bereich der öffentlichen Verwaltung entspricht der Begriff der **Dienststelle** dem des Betriebes. 72

cc) Sachverhalte mit Auslandsberührung. Erfasst werden vom KSchG nur Betriebe, die in Deutschland gelegen sind. Die Voraussetzungen des Schwellenwertes müssen also **im Inland** erfüllt werden. Relevant wird dies etwa, wenn ein ausländisches Unternehmen eine kleine deutsche Niederlassung unterhält, die mit dem im Ausland gelegenen Betrieb einen gemeinsamen Betrieb bildet. Hier scheidet von vornherein eine Zusammenrechnung aus. Es reicht also nicht, wenn in Luxemburg 1.000 Arbeitnehmer beschäftigt werden, aber nur 4 Außendienstmitarbeiter in Deutschland arbeiten.[325] 73

dd) Berechnung des Schwellenwertes. Bei der Berechnung des Schwellenwertes ist entscheidend, ob im Betrieb oder in der Dienststelle zehn oder weniger Arbeitnehmer mit Ausnahme der zu ihrer Berufsausbildung Beschäftigten beschäftigt werden, deren Arbeitsverhältnis nach dem 31.12.2003 begonnen hat. Im Klartext bedeutet dies: Der Schwellenwert ist auf zehn Arbeitnehmer erhöht, doch betrifft dies nur Arbeitnehmer, deren Arbeitsverhältnis nach dem 31.12.2003 begonnen hat.[326] 74

Konsequenz der stichtagsbezogenen Neuregelung zum 31.12.2003 ist die **Geltung von zwei Schwellenwerten** ab dem 1.1.2004. Es ist zu differenzieren zwischen Neueinstellungen, also Arbeitnehmern, deren Arbeitsverhältnis am oder nach dem 1.1.2004 begonnen hat und Altmitarbeitern. Entscheidend ist der vorgesehene Tag der Arbeitsaufnahme, mag der Arbeitsvertrag auch vorher unterzeichnet worden sein. **Neueinstellungen:** Hat das Arbeitsverhältnis nach dem 31.12.2003 begonnen, unterfällt der Arbeitnehmer dem KSchG nur dann, wenn der Arbeitgeber mehr als zehn Arbeitnehmer beschäftigt. **Altarbeitnehmer:** Arbeitnehmer, die bis zum 31.12.2003 bereits Kündigungsschutz nach dem KSchG genossen, behalten trotz der Erhöhung des Schwellenwertes ihren bis dahin begründeten Kündigungsschutz so lange, wie im Betrieb mehr als fünf Arbeitnehmer beschäftigt sind, die bereits zum 31.12.2003 beschäftigt waren. Sinkt die Zahl der Altarbeitnehmer auf fünf oder weniger, verlieren sie ihren Kündigungsschutz unwiederbringlich. Sie erwerben ihn neu, wenn künftig insgesamt mehr als zehn Arbeitnehmer beschäftigt werden.[327] Eine Surrogation im Falle der Ersetzung eines Altarbeitnehmers durch eine Neueinstellung tritt nicht ein. Andernfalls würde den Altarbeitnehmern ein Mehr an Rechten gewährt werden, als sie nach altem Recht ge- 75

---

[323] BAG 2.3.2017 – 2 AZR 427/16, NZA 2017, 859; 28.10.2010 – 2 AZR 392/08, DB 2011, 118.
[324] BAG 15.3.2001 – 2 AZR 151/00, NZA 2001, 831. Vgl. dazu auch BAG 2.3.2017 – 2 AZR 427/16, NZA 2017, 859.
[325] Ascheid/Preis/Schmidt/*Vossen* § 1 Rn. 54; BAG 26.3.2009 – 2 AZR 883/07, NZA 2009, 920; 8.10.2009 – 2 AZR 654/08, NZA 2010, 360; 17.1.2008 – 2 AZR 902/06, NZA 2008, 872; 9.10.1997 – 2 AZR 64/97, NZA 1998, 141; 7.11.1996 – 2 AZR 648/95, RzK I 4c Nr. 24; 7.7.2011 – 2 AZR 476/10, AP KSchG 1969 § 1 Wartezeit Nr. 26.
[326] So zutreffend *Bader* NZA 2004, 66.
[327] BAG 21.9.2006 – 2 AZR 840/05, NZA 2007, 438; *Bader* NZA 2004, 66; *Willemsen/Annuß* NJW 2004, 184; *Bender/Schmidt* NZA 2004, 360.

habt hätten.³²⁸ Auch bei einem **Betriebsübergang** geht der beim Veräußerer bestehende Kündigungsschutz nicht mit auf den Erwerber über. Der Arbeitnehmer hat nur dann Kündigungsschutz, wenn beim Erwerber selbst die Voraussetzungen des Kündigungsschutzes erfüllt sind. Denn das Erreichen des Schwellenwertes und der dadurch entstehende Kündigungsschutz ist kein Recht des übergehenden Arbeitsverhältnisses.³²⁹ Noch etwas ist bemerkenswert. Für Altarbeitnehmer, die am 31.12.2003 die sechsmonatige Wartezeit noch nicht erfüllt hatten, greift § 23 Abs. 1 S. 2 KSchG. Für sie gilt ebenfalls der Schwellenwert von mehr als fünf Arbeitnehmern.³³⁰ In der anwaltlichen Praxis wird im Hinblick auf diese Differenzierung unumgänglich, die „Beschäftigungshistorie" des Betriebes aufzuarbeiten. Aus der Geltung von zwei Schwellenwerten ergibt sich letztlich eine dauerhafte Zwei-Klassen Gesellschaft im Betrieb, wenn zwar mehr als fünf, aber weniger als zehn Arbeitnehmer beschäftigt werden.

76 Aus § 23 KSchG ergibt sich auch, welche Personen bei der **Berechnung der Betriebsgröße** zu berücksichtigen sind. Entscheidend ist die Anzahl der beschäftigten Arbeitnehmer ausschließlich der zu ihrer Berufsausbildung Beschäftigten, also beispielsweise Auszubildende und Umschüler. **Teilzeitbeschäftigte** sind anteilig zu berücksichtigen. Bei der Feststellung der Zahl der beschäftigten Arbeitnehmer sind sie nach § 23 Abs. 1 S. 3 KSchG bei einer regelmäßigen wöchentlichen Arbeitszeit von nicht mehr als 20 Stunden mit 0,5 und nicht mehr als 30 Stunden mit 0,75 zu berücksichtigen. Rein rechnerisch kann der Kündigungsschutz also bereits bei 10,25 Arbeitnehmern begründet werden, zB bei sieben Arbeitnehmern mit bis zu 30 Stunden und zehn Arbeitnehmern mit bis zu 20 Stunden. Aus dieser Regelung wird nochmals deutlich, dass auch **Geringfügig Beschäftigte** – anteilig – zu berücksichtigen sind. Es handelt sich um vollwertige Arbeitnehmer.³³¹

77 Schwierigkeiten bereitet die Feststellung der Betriebsgröße zuweilen bei **schwankenden Beschäftigungszahlen**. Nach § 23 KSchG kommt es an auf die Arbeitnehmer an, die „in der Regel" beschäftigt werden. Maßgebend dafür ist die Zahl der normalerweise im Betrieb beschäftigten Arbeitnehmer. Irrelevant ist deshalb die Zahl der Arbeitnehmer, die zufällig im Zeitpunkt des Zugangs der Kündigung beschäftigt werden. Das BAG ermittelt die normale Betriebsstärke im Wege eines Rückblicks auf die bisherige Personalstärke bei gleichzeitiger Prognose für die Zukunft, also einer Einschätzung der zukünftigen Entwicklung der Personalstärke. Dabei ist der gekündigte Arbeitnehmer grundsätzlich mitzuzählen, auch wenn sein Arbeitsplatz nicht weiter besetzt werden soll.³³² **Aushilfsarbeitsverhältnisse** sind nicht mitzurechnen, wenn der betriebliche Bedarf an der Arbeitsleistung nur vorübergehend besteht, § 14 Abs. 1 Nr. 1 TzBfG. Dies trifft zu bei einem vorübergehenden Personalmehrbedarf infolge einer erhöhten Auftragslage oder beispielsweise im Falle des Personalausfalls infolge von Krankheit, Urlaub, Wehrdienst oder ähnlichen Gründen. Entscheidend ist, dass der zu deckende Personalbedarf vorübergehender Natur ist. Hier ist nur das Arbeitsverhältnis des Vertretenen zu berücksichtigen, nicht auch das des Vertreters. Dies ist für die Vertretung in der Elternzeit in § 21 Abs. 7 BErzGG auch ausdrücklich bestimmt. Etwas anderes gilt, wenn es sich um Daueraushilfen handelt, also der Personalmehrbedarf auf einer auf Dauer zu geringen Belegschaft beruht, oder sich der Arbeitskräftebedarf in absolut regelmäßigen Abständen aus den gleichen Gründen wiederholt.³³³

78 *ee) Beweislast*. Wen die Darlegungs- und Beweislast für das Erreichen des Schwellenwertes trifft, ist **umstritten**. Nach ständiger Rechtsprechung des BAG trifft den Arbeitnehmer die entsprechende Darlegungs- und Beweislast, weil es sich bei den Voraussetzungen des Kündigungsschutzgesetzes, also auch dem Erreichen des Schwellenwertes um eine anspruchsbegründende, dem Arbeitnehmer günstige Tatsache handelt.³³⁴ Dem gegenüber fin-

---

³²⁸ BAG 17.1.2008 – 2 AZR 512/06, NZA 2008, 944; 27.11.2008 – 2 AZR 790/07, NZA 2009, 484; 21.9.2006 – 2 AZR 840/05, NZA 2007, 438.
³²⁹ BAG 21.9.2006 – 2 AZR 840/05, NZA 2007, 739.
³³⁰ *Ascheid/Preis/Schmidt/Moll* § 23 Rn. 32a.
³³¹ Schon → Rn. 58.
³³² BAG 22.1.2004 – 2 AZR 237/03, NZA 2004, 479.
³³³ *Preis/Kliemt/Ulrich*, Aushilfs- und Probearbeitsverhältnis, Rn. 507 ff.
³³⁴ BAG 2.3.2017 – 2 AZR 427/16, NZA 2017, 859; 19.7.2016 – 2 AZR 468/15, NZA 2016, 1196; 23.10.2008 – 2 AZR 131/07, AP KSchG § 23 Nr. 43; 26.6.2008 – 2 AZR 264/07, DB 2008, 2311; 24.2.2005

det sich in der Literatur häufig der Hinweis, dass § 23 Abs. 1 S. 2 KSchG als Ausnahmevorschrift zu S. 1 konzipiert sei. Daraus wird geschlossen, dass der Arbeitgeber zu beweisen hat, dass er nicht mehr als zehn Arbeitnehmer beschäftigt.[335] Richtigerweise trägt der Arbeitnehmer die Darlegungs- und Beweislast. Der Kündigungsschutz ist insgesamt als Ausnahme zur grundsätzlichen Kündigungsfreiheit des Arbeitgebers normiert. Bei § 23 KSchG handelt es sich deshalb bei sämtlichen Merkmalen um anspruchsbegründende Tatsachen. Daran hat insbesondere die gesetzliche Neuregelung nichts geändert. In der Praxis spielt der Streit jedoch wegen der Grundsätze der **abgestuften Darlegungs- und Beweislast**[336] in der Regel keine große Rolle. Denn auf substantiierten Sachvortrag des Arbeitnehmers hat sich der Arbeitgeber substantiiert gem. § 138 Abs. 2 ZPO zu erklären. Erforderlich ist aber, dass der Arbeitnehmer die Erreichung des Schwellenwertes auch tatsächlich substantiiert darlegt. Dazu gehört – soweit bekannt – die Nennung der Namen von mindestens 10,25 Arbeitnehmern, deren Tätigkeit und deren Beschäftigungsumfang. Darauf hat sich der Arbeitgeber substantiiert einzulassen und konkret zu jedem einzelnen Namen zu erwidern. Besonderheiten gelten, wenn der Arbeitnehmer **keine eigenen Kenntnisse** vom Betrieb hat. In diesem Fall dürfen die Anforderungen an den Sachvortrag des Arbeitnehmers nicht überspannt werden. Es reicht deshalb zunächst die bloße Behauptung des Arbeitnehmers, der Arbeitgeber beschäftige ständig mehr als zehn Arbeitnehmer. Auf diesen Sachvortrag muss dann der Arbeitgeber substantiiert erwidern und sich vollständig über die Anzahl der bei ihm beschäftigten Arbeitnehmer unter Benennung der ihm zur Verfügung stehenden Beweismittel erklären. Erst daraufhin muss der Arbeitnehmer erwidern.[337] Die Darlegungs- und Beweislast trifft den Arbeitnehmer nicht nur für die Berechnung der Anzahl der Arbeitnehmer, sondern auch für die Frage des Betriebsbegriffs, insbesondere für die Voraussetzungen eines gemeinschaftlichen Betriebs mehrerer Unternehmen. Der Arbeitnehmer ist also auch für das Vorhandensein eines Gemeinschaftsbetriebes unter Berücksichtigung der abgestuften Darlegungs- und Beweislast darlegungs- und beweispflichtig.[338] Es reicht in der Regel aus, wenn dieser die äußeren Umstände schlüssig darlegt, die für die Annahme sprechen, dass die Betriebsstätte, in der er beschäftigt ist, über keinen eigenständigen Leitungsapparat verfügt, diese vielmehr zentral gelenkt wird. Hat der Arbeitnehmer schlüssig derartige Umstände behauptet, hat der Arbeitgeber hierauf gem. § 138 Abs. 2 ZPO im Einzelnen zu erklären, welche rechtserheblichen Umstände gegen die Annahme eines einheitlichen Leitungsapparates für mehrere Betriebsstätten sprechen. Nach dem Prinzip der Sachnähe ist regelmäßig nur der Arbeitgeber in der Lage, nähere Auskunft über die betrieblichen Führungsstrukturen zu geben.

c) **Wartezeit.** Der allgemeine Kündigungsschutz nach dem KSchG beginnt erst nach Ablauf einer Wartezeit. § 1 Abs. 1 S. 1 KSchG erfordert, dass das Arbeitsverhältnis in demselben Betrieb oder Unternehmen ohne Unterbrechung länger als sechs Monate bestanden hat. Sinn und Zweck der Wartezeit ist die Möglichkeit der gegenseitigen Erprobung. Es handelt sich letztlich um eine gesetzliche Probezeit, innerhalb der der Arbeitgeber das Arbeitsverhältnis regelmäßig ohne Grund kündigen kann.

aa) *Berechnung der Wartezeit.* Für die Berechnung der Dauer der Wartezeit gelten die allgemeinen Vorschriften. Die Fristberechnung richtet sich deshalb nach den §§ 187ff. BGB. Dabei stellt das Gesetz auf den „Bestand" des Arbeitsverhältnisses ab. Die **Wartezeit beginnt** dementsprechend mit dem Tag der Begründung des Arbeitsverhältnisses. Der erste Tag der Frist wird mitgezählt, § 187 Abs. 2 BGB. Entscheidend ist der Zeitpunkt, zu dem

---

– 2 AZR 373/03, AP KSchG § 23 Nr. 34; 15.3.2001 – 2 AZR 151/00, NZA 2001, 831; 31.1.1991 – 2 AZR 356/90, AP KSchG § 23 Nr. 11; *Linck/Krause/Bayreuther* § 23 Rn. 48; *Grunsky* § 58 Rn. 15; *Bender/Schmidt* NZA 2004, 360; Ascheid/Preis/Schmidt/*Moll* § 23 Rn. 48; offen gelassen: BAG 17.1.2008 – 2 AZR 512/06, NZA 2008, 944; ErfK/*Kiel* KSchG § 23 Rn. 13 vgl. auch BAG 20.6.2013 – 2 AZR 790/11, NZA-RR 2013, 470.

[335] LSSW/*Schlünder* § 23 Rn. 25; KR/*Bader* KSchG § 23 Rn. 80; Stahlhacke/Preis/Vossen Kündigung/*Preis* Rn. 864; G/M/P/*M* § 58 Rn. 91; LAG Berlin 28.10.1994 – 6 Sa 95/94, LAGE KSchG § 23 Nr. 11.
[336] BAG 2.3.2017 – 2 AZR 427/16, NZA 2017, 859.
[337] BAG 26.6.2008 – 2 AZR 264/07, DB 2008, 2311.
[338] BAG 2.3.2017 – 2 AZR 427/16, NZA 2017, 859; 18.10.2006 – 2 AZR 434/05, NZA 2007, 552.

die Tätigkeit nach den vertraglichen Vereinbarungen aufgenommen werden sollte, also der vorgesehene Zeitpunkt der Arbeitsaufnahme. Nicht entscheidend ist der Zeitpunkt des Abschlusses des Arbeitsvertrages.[339] Ob der Arbeitnehmer die Arbeit zum vorgesehen Zeitpunkt tatsächlich aufnimmt ist grundsätzlich irrelevant, so wenn der Arbeitnehmer an der Arbeitsaufnahme wegen Krankheit gehindert ist. Etwas anderes gilt allerdings, wenn der Arbeitnehmer wegen „Arbeitsunlust" nicht die Arbeit aufnimmt.[340] Das BAG vertritt die Auffassung, dass der Abschluss des Arbeitsvertrages auch dann maßgeblich sein kann, wenn im beiderseitigen Interesse bereits vor der Arbeitsaufnahme rechtliche Pflichten begründet werden sollten.[341] Die **Wartezeit endet** gem. §§ 188 Abs. 2, 187 Abs. 2 BGB mit dem Ablauf desjenigen Tages des letzten Monats, der dem **Tag vorhergeht,** der durch seine Benennung oder seine Zahl dem Anfangstag der Frist entspricht. Dies wird zum Teil nach wie vor übersehen. Bei einer Aufnahme der Arbeit am 1.4. eines Jahres läuft die Wartezeit bereits am 30.9. um 24.00 Uhr ab, nicht erst am 1.10. Eine Kündigung innerhalb der Wartezeit muss also noch am 30.9. zugehen.[342]

81 Ob und inwieweit **Unterbrechungen** bei der Berechnung der Wartezeit zu berücksichtigen sind, hängt von der Art der Unterbrechung ab. Das Gesetz stellt auf den „Bestand" des Arbeitsverhältnisses ab. Damit ist der **ununterbrochene rechtliche Bestand** des Arbeitsverhältnisses gemeint.[343] Unerheblich sind **tatsächliche Unterbrechungen,** etwa durch Krankheit, Urlaub oder Arbeitskampf. Eine Ausnahme kommt nur dann in Betracht, wenn der Arbeitnehmer gar nicht gearbeitet hat. Erheblich sind demgegenüber **rechtliche Unterbrechungen.** Wird das Arbeitsverhältnis beendet und ein neues begründet, beginnt die Frist im Grundsatz neu zu laufen. Eine rechtliche Unterbrechung liegt jedoch dann nicht vor, wenn innerhalb der Wartezeit mehrere Arbeitsverhältnisse ohne Unterbrechung abgeschlossen werden. Das Gleiche gilt nach der Rechtsprechung des BAG, wenn die rechtliche Unterbrechung nur von kurzer Dauer ist. Entscheidend für die Anrechung eines rechtlich unterbrochenen Arbeitsverhältnisses auf die Wartezeit ist, ob zwischen den Arbeitsverhältnissen ein enger sachlicher Zusammenhang besteht. Dies wiederum richtet sich nach Art, Anlass und Dauer der Unterbrechung sowie der Weiterbeschäftigung.[344] Je länger die zeitliche Unterbrechung dauert, desto gewichtiger müssen allerdings die weiteren Umstände sein, die für einen sachlichen Zusammenhang sprechen.[345] Bejaht hat die Rechtsprechung einen engen zeitlichen Zusammenhang bei einer Unterbrechung von einigen Tagen,[346] verneint hat sie ihn bei einer Unterbrechung von mehr als einem Monat.[347] Andererseits wurde ein Zusammenhang bejaht bei einer Unterbrechung von sechs Wochen wegen der besonderen Umstände der Schulferien.[348] Die Bandbreite der Rechtsprechung zeigt, dass es maßgeblich auf die Umstände des Einzelfalls ankommt, so dass sich nur schwer allgemeingültige Grundsätze aufstellen lassen. Entscheidend dürfte der Gesichtspunkt der rechtsmissbräuchlichen Umgehung des KSchG sein. Regelmäßig zu lang ist jedenfalls eine Unterbrechung von zwei Monaten. Geht die Unterbrechung vom Arbeitnehmer

---

[339] BAG 24.10.2013 – 2 AZR 1057/12, NZA 2014, 725; 27.6.2002 – 2 AZR 382/01, NZA 2003, 377; ErfK/*Oetker* KSchG § 1 Rn. 35; *Linck/Krause/Bayreuther* § 1 Rn. 85; KR/*Rachor* KSchG § 1 Rn. 106, 107; Ascheid/Preis/Schmidt/*Vossen* KSchG § 1 Rn. 30.
[340] *Linck/Krause/Bayreuther* § 1 Rn. 85. Unklar: BAG 24.10.2013 – 2 AZR 1057/12, NZA 2014, 725. Dagegen: KR/*Rachor* KSchG § 1 Rn. 107.
[341] BAG 24.10.2013 – 2 AZR 1057/12, NZA 2014, 725; aA ErfK/*Oetker* KSchG § 1 Rn. 35.
[342] Vgl. BAG 24.10.2013 – 2 AZR 1057/12, NZA 2014, 725; 27.6.2002 – 2 AZR 270/01, NZA 2003, 145.
[343] BAG 20.2.2014 – 2 AZR 859/11, NZA 2014, 1083; 20.6.2013 – 2 AZR 790/11, NZA-RR 2013, 470; 16.3.1989 – 2 AZR 407/88, AP KSchG § 1 Wartezeit Nr. 6.
[344] BAG 20.6.2013 – 2 AZR 790/11, NZA-RR 2013, 470; 7.7.2011 – 2 AZR 476/10, AP KSchG § 1 Wartezeit Nr. 26; 28.8.2008 – 2 AZR 101/07, AP KSchG § 1 Nr. 88; 19.6.2007 – 2 AZR 94/06, NZA 2007, 1103; 20.8.1998 – 2 AZR 76/98, NZA 1999, 481; 20.8.1998 – 2 AZR 83/98, NZA 1999, 314; KR/*Rachor* KSchG § 1 Rn. 115; LSSW/*Schlünder* § 1 Rn. 44; ErfK/*Oetker* KSchG § 1 Rn. 39.
[345] BAG 20.8.1998 – 2 AZR 83/98, NZA 1999, 314.
[346] BAG 27.6.2002 – 2 AZR 270/01, NZA 2003, 145 (drei Tage).
[347] Zu lang: BAG 9.8.2000 – 7 AZR 339/99, RzK I 4d Nr. 24 (drei Wochen); BAG 15.12.1983 – 2 AZR 166/82, BeckRS 1983, 04770 (1 Monat); BAG 10.5.1989 – 7 AZR 450/88, AP KSchG § 1 Wartezeit Nr. 7 (zwei Monate); BAG 18.1.1979 – 254/77, AP KSchG § 1 Wartezeit Nr. 3 (vier Monate).
[348] BAG 28.8.2008 – 2 AZR 101/07, AP KSchG § 1 Nr. 88; 19.6.2007 – 2 AZR 94/06, NZA 2007, 1103; 20.8.1998 – 2 AZR 83/98, NZA 1999, 314.

aus, ist ein enger Zusammenhang auch bei kürzerer Unterbrechung zu verneinen. Den Parteien steht es selbstverständlich frei zu vereinbaren, dass die Dauer der zeitlichen Unterbrechung zwischen den Arbeitsverhältnissen angerechnet wird.[349] Liegt unstreitig eine rechtliche Unterbrechung vor, trifft die Beweislast den Arbeitnehmer. Er hat die Umstände darzulegen und ggf. zu beweisen, aus denen sich ein enger sachlicher Zusammenhang ergibt.[350]

Maßgeblich ist die **Zugehörigkeit** des Arbeitnehmers **zum Betrieb oder Unternehmen**.[351] Die Wartezeit ist also auch dann erfüllt, wenn der Arbeitnehmer in verschiedenen Betrieben desselben Unternehmens eingesetzt worden ist. Soweit der Einsatz in den verschiedenen Betrieben desselben Unternehmens nach zeitlichen Unterbrechungen erfolgt, gelten die beschriebenen Unterbrechungsgrundsätze. Entscheidend ist das Bestehen eines engen sachlichen Zusammenhangs zwischen den jeweiligen Beschäftigungen. Demgegenüber werden Zeiten, die der Arbeitnehmer bei anderen Unternehmen verbracht hat, nicht angerechnet, mögen die verschiedenen Unternehmen auch zu einem Konzern gehören. Denn das KSchG ist nicht konzerndimensional ausgestaltet. Die Parteien können allerdings die Anrechnung entsprechender Zeiten vereinbaren. Zweifelhaft ist, ob die Betriebszugehörigkeit bei einem anderen Unternehmen angerechnet wird, wenn der Arbeitnehmer in einem Betrieb beschäftigt gewesen ist, der mit dem Arbeitgeberunternehmen einen Gemeinschaftsbetrieb bildet.[352] Unproblematisch sind demgegenüber Fälle eines Betriebsübergangs[353] oder einer Gesamtrechtsnachfolge. Diese Zeiten sind zu berücksichtigen, weil der neue Arbeitgeber in die bestehenden Rechte und Pflichten eintritt. Der Arbeitnehmer ist „in demselben Betrieb" beschäftigt.[354] Bei einer Verschmelzung und bei einem Formwechsel ändert sich die kündigungsrechtliche Stellung des Arbeitnehmers ebenfalls nicht.

Angerechnet werden nur Zeiten, die auf der Grundlage eines **Arbeitsverhältnisses** erbracht worden sind. Die Art des Arbeitsverhältnisses ist irrelevant. Ein vorangegangenes befristetes Arbeitsverhältnis ist ebenso zu berücksichtigen wie ein vorangegangenes Probe- oder Aushilfsarbeitsverhältnis. Irrelevant ist auch der Umfang der Arbeitsleistung. Selbst Zeiten einer geringfügigen Beschäftigung sind zu berücksichtigen. Unabhängig vom Umfang der Arbeitsleistung erwirbt der Teilzeitbeschäftigte nach Ablauf der Wartezeit Kündigungsschutz. Die Wartezeit verlängert sich also nicht, wenn der Arbeitnehmer aufgrund der vertraglichen Vereinbarungen nur drei Tage in der Woche arbeitet. Soweit Unterbrechungen vorliegen, gelten die allgemeinen Grundsätze. Zeiten eines **Ausbildungsverhältnisses** sind gleichfalls anzurechnen. Denn das Ausbildungsverhältnis ist in der Sache wie ein Arbeitsverhältnis zu behandeln, bei dem lediglich der Ausbildungszweck im Vordergrund steht.[355] Wird der Auszubildende „übernommen", genießt er vom ersten Tag nach dem Ende des Ausbildungsverhältnisses Kündigungsschutz nach dem KSchG. Ein vorangegangenes betriebliches Praktikum ist anrechnungsfähig, wenn es im Rahmen eines Arbeitsverhältnisses absolviert worden ist.[356] Entscheidend sind die Umstände des Einzelfalls. Nicht anzurechnen sind jedenfalls Zeiten der Beschäftigung als **Handelsvertreter, freier Mitarbeiter** oder auf Basis eines **Werkvertrags**. Ebenso wenig sind Zeiten zu berücksichtigen, die der Arbeitnehmer zuvor als **Leiharbeitnehmer** im Rahmen einer wirksamen Arbeitnehmerüberlassung beim Entleiher verbracht hat.[357] Denn zwischen Leiharbeitnehmer und Entleiher besteht

---

[349] BAG 20.2.2014 – 2 AZR 859/1, NZA 2014, 1083.
[350] BAG 20.6.2013 – 2 AZR 790/11, NZA-RR 2013, 470; KR/*Rachor* KSchG § 1 Rn. 137; Ascheid/Preis/Schmidt/*Vossen* KSchG § 1 Rn. 50. Dass überhaupt eine rechtliche Unterbrechung vorliegt, muss der Arbeitgeber beweisen: BAG 16.3.1989 – 2 AZR 407/88, AP KSchG § 1 Wartezeit Nr. 6; vgl. → Rn. 83.
[351] Zu den Begriffen vgl. → Rn. 67.
[352] Bejahend LAG Rheinland-Pfalz 8.7.1999 – 3 Sa 365/99, RzK I 4d Nr. 21.
[353] BAG 20.2.2014 – 2 AZR 859/1, NZA 2014, 1083.
[354] BAG 27.6.2002 – 2 AZR 270/01, NZA 2003, 145.
[355] Das Berufsausbildungsverhältnis ist dem Arbeitsvertrag zumindest gleichzustellen, vgl. BBiG § 3 Abs. 2; BAG 2.12.1999 – 2 AZR 139/99, AP BGB § 622 Nr. 57; 18.11.1999 – 2 AZR 89/99, AP KSchG § 1 Wartezeit Nr. 11; LSSW/*Schlünder* § 1 Rn. 49; Däubler/Deinert/Zwanziger/*Deinert* KSchG § 1 Rn. 24; Linck/Krause/Bayreuther KSchG § 1 Rn. 101; KR/*Rachor* KSchG § 1 Rn. 114; Stahlhacke/Preis/Vossen Kündigung/*Preis* Rn. 874.
[356] BAG 18.11.1999 – 2 AZR 89/99, AP KSchG § 1 Wartezeit Nr. 11.
[357] BAG 20.2.2014 – 2 AZR 859/1, NZA 2014, 1083; Henssler/Willemsen/Kalb/*Quecke* KSchG § 1 Rn. 10; das gilt auch für die Arbeitsverhältnisse, die von der Drehtürklausel des AÜG § 3 Abs. 1 Nr. 3 S. 4 erfasst werden.

kein Arbeitsverhältnis. Etwas anderes gilt in den Fällen der unerlaubten Arbeitnehmerüberlassung. Eine vorherige Tätigkeit als **Geschäftsführer** kann berücksichtigt werden, wenn die Parteien nach der Abberufung des Geschäftsführers die Weiterbeschäftigung auf der Grundlage eines Arbeitsverhältnisses vereinbaren.[358]

84   *bb) Beginn des Kündigungsschutzes.* Der **Arbeitnehmer erwirbt den Kündigungsschutz am Tag nach dem Fristablauf.** Entscheidend ist der Zugang der Kündigung, nicht der Ablauf der Kündigungsfrist. Geht die Kündigung dem Arbeitnehmer vor Ablauf der sechsmonatigen Wartezeit zu, ist das KSchG also selbst dann nicht zu beachten, wenn die Kündigung das Arbeitsverhältnis erst nach Ablauf der Sechsmonatsfrist beendet. Es gilt in diesem Fall der **Grundsatz der Kündigungsfreiheit.**[359] Dieser Grundsatz bedeutet allerdings nicht, dass der Arbeitnehmer außerhalb des Geltungsbereiches des KSchG völlig schutzlos gestellt wäre. Denn in den Fällen, in denen das KSchG nicht eingreift, ist der Arbeitnehmer durch die zivilrechtlichen Generalklauseln vor einer sitten- oder treuwidrigen Kündigung geschützt. Klar ist dabei allerdings, dass der allgemeine Kündigungsschutz nicht auf dem Wege über allgemeine Generalklauseln gleichsam durch die Hintertür eingeführt werden darf. Denn andernfalls würde die gesetzgeberische Wertentscheidung ignoriert, die Kündigung in den ersten sechs Monaten ohne Kündigungsgrund zuzulassen. Es geht deshalb ausschließlich um Ausnahmefälle, in denen der Arbeitnehmer vor willkürlichen und sachfremden Motiven geschützt werden muss. Diesen eingeschränkten Schutz leisten die §§ 138, 242 BGB auch im Bereich des AGG.[360] Innerhalb der Wartezeit wird dies jedoch nur selten der Fall sein. Eine sittenwidrige Kündigung ist auch in der Wartezeit gem. § 138 BGB nichtig. Um eine solche Kündigung handelt es sich, wenn sie auf einem ausgesprochen verwerflichen Motiv beruht, etwa Rachsucht oder sonst dem Anstandsgefühl aller billig und gerecht denkenden Menschen widerspricht, wozu auch die durch das AGG pönalisierten Merkmale gehören. Als Schulfall einer sittenwidrigen Kündigung während der Wartezeit ist die Kündigung wegen **Homosexualität** anerkannt.[361] Zuweilen kann die Kündigung während der Wartezeit auch gegen § 242 BGB verstoßen. Erforderlich ist das Vorliegen qualifizierter Umstände, die die Kündigung als einen Verstoß gegen Treu und Glauben erscheinen lassen. Dies kann während der Wartezeit nur ein widersprüchliches Verhalten oder ein besonderer Vertrauenstatbestand sein, etwa wenn der Arbeitgeber dem Arbeitnehmer während der Wartezeit zu erkennen gibt, dass er sich bewährt hat und die Weiterbeschäftigung „reine Formsache" sei.[362] Darlegungs- und beweispflichtig für diese Ausnahmesituation ist grundsätzlich der Arbeitnehmer. Bei einem Verstoß gegen Diskriminierungsmerkmale des AGG greift § 2 Abs. 4 AGG für Arbeitsverhältnisse außerhalb des KSchG nicht. Eine diskriminierende Kündigung ist nach § 134 BGB iVm § 7 Abs. 1, § 1 AGG unwirksam.[363] Nicht ausreichend für die Sittenwidrigkeit ist beispielsweise, dass die Kündigung erkennbar ohne Grund ausgesprochen wird. Dies ist gerade Ausfluss der Kündigungsfreiheit. Der Arbeitgeber braucht keinen Grund, ebenso wenig eine Abmahnung wenn er als Grund (unnötigerweise) verhaltensbedingte Gründe nennt. Eine Sozialauswahl findet in keinem Fall statt.[364] Auch kann der Arbeitgeber die Wartezeit voll ausschöpfen. Er kann also auch noch am letzten Tag der Wartezeit kündigen, ohne rechtsmissbräuchlich zu handeln, um das Hineinwachsen in den Kündigungsschutz zu verhindern. Der Arbeitgeber macht nur von einem ihm gesetzlich eingeräumten Recht Gebrauch. Das ist als solches nicht rechtsmissbräuchlich. Unabhängig

---

[358] BAG 24.11.2005 – 2 AZR 614/04, NZA 2006, 366.
[359] BAG 21.4.2016 – 8 AZR 402/14, NZA 2016, 1131; BVerfG 27.1.1998 – 1 BvL 15/87, NZA 1998, 470.
[360] Zum Kündigungsschutz außerhalb des KSchG eingehend → Rn. 33 ff.; zum AGG → Rn. 42 ff.; vgl. auch BAG 21.4.2016 – 8 AZR 402/14, NZA 2016, 1131; 19.12.2013 – 6 AZR 190/12, BAGE 147, 60.
[361] BAG 23.11.1961 – 2 AZR 301/61, AP BGB § 138 Nr. 22; *Preis* KündigungsR des Kündigungsrechts S. 396; BAG 23.6.1994 – 2 AZR 617/93, NZA 1994, 1080 behandelt diesen Fall unzutreffend als Fall des § 242 BGB.
[362] BAG 28.8.2008 – 2 AZR 101/07, AP KSchG § 1 Nr. 88; vgl. BAG 26.4.1995 – 7 AZR 936/94, NZA 1996, 87.
[363] BAG 23.7.2015 – 6 AZR 457/14, NZA 2015, 1380; 19.12.2013 – 6 AZR 190/12, BAGE 147, 60; *Hamacher/Ulrich* NZA 2007, 657.
[364] LAG Nürnberg 27.4.2001 – 6 Sa 406/00, LAGE BGB § 242 Nr. 5.

vom Grundsatz der Kündigungsfreiheit sind jedoch die allgemeinen Unwirksamkeitsgründe zu beachten. Insbesondere ist der Betriebsrat gem. § 102 BetrVG zu beteiligen. Dabei dürfen an die Mitteilungspflicht des Arbeitgebers keine geringeren Anforderungen gestellt werden. Er muss den Betriebsrat vollständig über den Kündigungsgrund informieren. Da der Arbeitgeber aber gar keinen Kündigungsgrund für die Kündigung benötigt reicht es völlig aus, wenn der Arbeitgeber dem Betriebsrat seine subjektiven Überlegungen mitteilt.[365] Zudem ist bei der Kündigung eines **schwerbehinderten Menschen** zu beachten, dass der Arbeitgeber während der Wartezeit nicht verpflichtet ist, ein Präventionsverfahren nach § 84 Abs. 1 SGB IX durchzuführen.[366] Auch bei schwerbehinderten Arbeitnehmern hat der Arbeitgeber damit die Gelegenheit, die Einsatzmöglichkeiten weitgehend frei von Kündigungsbeschränkungen zu erproben. Allerdings hat der Arbeitgeber nach § 178 SGB IX die Schwerbehindertenvertretung in allen Angelegenheiten, die einen einzelnen oder die schwerbehinderten Menschen als Gruppe berühren, unverzüglich und umfassend zu unterrichten. Dies gilt auch in der Wartezeit.[367]

cc) Zulässigkeit abweichender Vereinbarungen. Die Wartezeit ist einseitig **zwingendes Recht**. Vereinbarungen zum **Nachteil** des Arbeitnehmers sind **unzulässig**.[368] Dies gilt insbesondere für die in der Praxis immer noch vorkommende „Verlängerung" der Probezeit", die mit dem Arbeitnehmer kurz vor Ablauf der sechsmonatigen Wartezeit vereinbart wird, weil der Arbeitgeber noch nicht vom Arbeitnehmer überzeugt ist. Vor einer derartigen Vereinbarung kann nur nachhaltig gewarnt werden, weil sie das Eingreifen des Kündigungsschutzes nicht verhindern kann. Das BAG hat jedoch **zwei Möglichkeiten** aufgezeigt, das Eingreifen des KSchG zu vermeiden und den Kündigungsschutz hinauszuschieben, also die Probezeit zu verlängern. Sieht der Arbeitgeber die Probezeit als noch nicht bestanden an, kann er regelmäßig ohne rechtsmissbräuchlich zu handeln, anstatt das Arbeitsverhältnis innerhalb der Wartezeit zu beenden, dem Arbeitnehmer eine Bewährungschance einräumen, indem er mit einer **längeren Kündigungsfrist kündigt** und dem Arbeitnehmer für den Fall der Bewährung die Wiedereinstellung zusagt. Möglich ist in dieser Situation auch der **Abschluss eines Aufhebungsvertrages mit verlängerter Auslauffrist**. Der Arbeitgeber kann mit dem Arbeitnehmer also einen Aufhebungsvertrag abschließen und ihm die Weiterbeschäftigung für den Fall der Bewährung zusagen.[369] Nicht näher definiert hat das BAG jedoch die entscheidende Frage des Verlängerungszeitraumes. Maßstab dürfte nach der Rechtsprechung des BAG die vertraglich vereinbarte Kündigungsfrist sein. Denn ein Aufhebungsvertrag, dessen Auslauffrist die Kündigungsfrist um ein Vielfaches übersteigt ist nur dann wirksam, wenn ein sachlicher Grund vorliegt.[370] Nimmt man die gesetzgeberische Wertung einer generellen sechsmonatigen Probezeit hinzu, sollte vorsichtshalber eine Verlängerung um drei Monate nicht überschritten werden.[371]

Demgegenüber ist es **zugunsten des Arbeitnehmers** möglich, die Wartezeit ganz auszuschließen oder aber zu verkürzen.[372] Soweit dies dem Parteiwillen entspricht, sollte eine ausdrückliche Vereinbarung in den Vertragstext aufgenommen werden. Auch ein stillschweigender Ausschluss der Wartezeit ist möglich, jedoch muss der entsprechende Parteiwille eindeutig sein. Dies kommt zB in Betracht, wenn dem Arbeitnehmer eine „Lebensstellung" zugesagt wird.

---

[365] BAG 21.4.2016 – 8 AZR 402/14, NZA 2016, 1131; 12.9.2013 – 6 AZR 121/12, NZA 2013, 1412; 23.4.2009 – 6 AZR 516/08, NZA 2009, 959; 3.12.1998 – 2 AZR 234/98, AP BetrVG § 102 Nr. 99; 18.5.1994 – 2 AZR 920/93, AP BetrVG § 102 Nr. 64.
[366] BAG 21.4.2016 – 8 AZR 402/14, NZA 2016, 1131.
[367] BAG 13.12.2018 – 2 AZR 378/18, NZA 2019, 305.
[368] BAG 20.2.2014 – 2 AZR 859/11, NZA 2014, 1083; KR/*Rachor* KSchG § 1 Rn. 101; ErfK/*Oetker* KSchG § 1 Rn. 33.
[369] BAG 7.3.2002 – 2 AZR 93/01, NZA 2002, 1000.
[370] BAG 12.1.2000 – 7 AZR 48/99, AP BGB § 620 Aufhebungsvertrag Nr. 16.
[371] LAG Mecklenburg-Vorpommern 24.6.2014 – 5 Sa 222/13, NZA-RR 2015, 72 hält 4 Monate für angemessen, ebenso wie das BAG, freilich lagen die 4 Monate unterhalb der längsten tariflichen Kündigungsfrist.
[372] BAG 20.2.2014 – 2 AZR 859/11, NZA 2014, 1083; 8.6.1972 – 2 AZR 285/71, AP KSchG § 1 Nr. 1; ErfK/*Oetker* KSchG § 1 Rn. 34.

87 Wegen des einseitig zwingenden Charakters sind auch **kollektivrechtliche Regelungen** in Betriebsvereinbarungen oder Tarifverträgen zum Nachteil des Arbeitnehmers unzulässig.[373] Abweichungen zugunsten des Arbeitnehmers sind hingegen auch in Kollektivverträgen möglich. Es ist durch Auslegung zu ermitteln, ob zB eine tarifliche Regelung, die unter bestimmten Voraussetzungen eine Anrechnung früherer Beschäftigungszeiten auf die Betriebszugehörigkeit enthält, auch zur Anrechnung auf die Wartezeit führt.[374]

88 *dd) Beweislast.* Die Beweislast für die persönlichen Voraussetzungen des KSchG liegt beim Arbeitnehmer. Dies bedeutet, dass der Arbeitnehmer darlegen und beweisen muss, dass das Arbeitsverhältnis im Zeitpunkt des Zugangs der Kündigungserklärung mindestens sechs Monate ununterbrochen bestanden hat.[375] Dieser Darlegungslast genügt er im Kündigungsschutzprozess zunächst mit der pauschalen Behauptung, das Arbeitverhältnis sei sechs Monate vor Zugang der Kündigung begründet worden. Für das Vorliegen einer rechtlichen Unterbrechung ist demgegenüber der Arbeitgeber darlegungs- und beweispflichtig.[376] War das Arbeitsverhältnis tatsächlich rechtlich unterbrochen trägt der Arbeitnehmer die Darlegungs- und Beweislast für eine Anrechnungsvereinbarung bzw. das Vorhandensein eines engen rechtlichen Zusammenhangs.[377] Für eine zulässige Vereinbarung der Verkürzung der Wartezeit ist ebenfalls der Arbeitnehmer darlegungs- und beweispflichtig. Soweit die Kündigung innerhalb der Wartezeit erfolgt trägt der Arbeitnehmer zudem die Beweislast für die Unwirksamkeit der Kündigung auf Grundlage der §§ 134, 138, 242 BGB.

VI. Allgemeine Grundsätze der Sozialwidrigkeit einer Kündigung

1. Allgemeines

89 Nach § 1 Abs. 1 KSchG ist eine Kündigung rechtsunwirksam, wenn sie sozial ungerechtfertigt ist. Eine Kündigung ist gem. § 1 Abs. 2 S. 1 sozial ungerechtfertigt, wenn sie nicht durch Gründe, die in der Person oder in dem Verhalten des Arbeitnehmers liegen oder durch dringende betriebliche Erfordernisse, die einer Weiterbeschäftigung des Arbeitnehmers in diesem Betrieb entgegenstehen, bedingt ist. Weitere Gründe der Sozialwidrigkeit regeln Abs. 2 S. 2 und 3. Danach ist eine Kündigung in jedem Fall sozial ungerechtfertigt, wenn sie gegen eine Richtlinie nach § 95 BetrVG verstößt oder eine Weiterbeschäftigungsmöglichkeit für den Arbeitnehmer in demselben Betrieb oder in einem anderen Betrieb des Unternehmens gegeben ist und der Betriebsrat aus einem dieser Gründe der Kündigung innerhalb der Frist des § 102 Abs. 2 S. 1 BetrVG schriftlich widersprochen hat. Die Gründe der Sozialwidrigkeit lassen sich damit in zwei Gruppen einteilen. Die in Abs. 2 S. 1 geregelten allgemeinen Gründe der Sozialwidrigkeit und die besonderen Gründe der Sozialwidrigkeit in Abs. 2 S. 2 und 3. Die besonderen Gründe der Sozialwidrigkeit unterscheiden sich dadurch von den allgemeinen, dass bei einem wirksamen Widerspruch des Betriebsrates von der Sozialwidrigkeit auszugehen ist. Allerdings handelt es sich nicht um einen absoluten Grund für die Sozialwidrigkeit. Im Rahmen des § 1 Abs. 1 KSchG gibt es keine absoluten Kündigungsgründe. Es gibt keinen Sachverhalt, der ausschließlich und stets die Kündigung rechtfertigt. Auch wenn der Betriebsrat einer Kündigung nicht nach Maßgabe des § 102 Abs. 3 BetrVG widersprochen hat, sind beispielsweise die in Abs. 2 S. 2 genannten Widerspruchsgründe zu berücksichtigen.

2. Grundprinzipien des Kündigungsschutzes

90 **a) Allgemeines.** Grundlage des Kündigungsschutzes ist der Begriff der „sozial ungerechtfertigten" Kündigung. Dahinter steht eine sozialpolitische Zielsetzung des Gesetzgebers. Das

---

[373] BAG 15.8.1984 – 7 AZR 228/82, AP KSchG § 1 Nr. 8.
[374] BAG 28.2.1990 – 2 AZR 425/89, AP KSchG § 1 Wartezeit Nr. 8.
[375] BAG 20.6.2013 – 2 AZR 790/11, NZA-RR 2013, 470; ErfK/*Oetker* KSchG § 1 Rn. 57–60.
[376] Vgl. schon → Rn. 81.
[377] BAG 20.2.2014 – 2 AZR 859/11, NZA 2014, 1083; 20.6.2013 – 2 AZR 790/11, NZA-RR 2013, 470; KR-Rachor KSchG § 1 Rn. 129; Ascheid/Preis/Schmidt/*Vossen* KSchG § 1 Rn. 50.

KSchG schützt den Arbeitsplatz des Arbeitnehmers, weil dieser die Grundlage seiner wirtschaftlichen und sozialen Existenz bildet. Dies ist bei der Interpretation der einzelnen Tatbestandsmerkmale zu beachten. Allerdings führt der Begriff der sozial ungerechtfertigten Kündigung nicht weiter. Es handelt sich um eine Generalklausel, die in § 1 Abs. 2 S. 1 und Abs. 3 KSchG eine weitere Konkretisierung erfährt und näher erläutert wird. Deshalb handelt es sich auch nicht um einen unbestimmten Rechtsbegriff, sondern um einen rechtstechnischen Begriff.[378] Welche Kündigungen als sozial gerechtfertigt angesehen werden definiert das Gesetz selbst in Abs. 2 und 3 durch die Verwendung unbestimmter Gesetzesbegriffe, die der normativen Konkretisierung bedürfen und nicht mit beliebigem Inhalt gefüllt werden können. Insbesondere helfen die zuweilen in der Rechtsprechung anzutreffenden Billigkeitsklauseln nicht weiter, da sie letztlich jedes Ergebnis zu begründen vermögen, aber der Vorhersehbarkeit gerichtlicher Entscheidungen nicht zuträglich sind. Zutreffend lassen sich jedoch einige Grundprinzipien herausarbeiten, die jeder Kündigung zugrunde liegen und für den jeweiligen Kündigungsgrund eigene Ausprägungen erfahren haben. Derart zentrale Prinzipien sind der Grundsatz der Verhältnismäßigkeit, das Prognoseprinzip und die Interessenabwägung.[379]

b) Grundsatz der Verhältnismäßigkeit. Nach dem Grundsatz der Verhältnismäßigkeit muss eine Kündigung geeignet und erforderlich sein, das angestrebte Ziel zu erreichen und darf nicht unverhältnismäßig im engeren Sinne sein. Daraus folgt, dass eine Kündigung stets nur als **ultima ratio**, dh als letztes Mittel in Betracht kommt. Der Arbeitgeber ist deshalb gehalten, zu überprüfen, ob die Kündigung durch andere mögliche und geeignete mildere Mittel vermieden werden kann, etwa durch eine Versetzung. Der Inhalt dieses Grundsatzes ergibt sich unmittelbar aus dem KSchG selbst, da § 1 Abs. 2 S. 2 und 3 ausdrücklich mildere Mittel nennt. Auch der Begriff der „Erforderlichkeit" in § 1 Abs. 2 S. 1 KSchG ist eine Ausprägung der Verhältnismäßigkeit. Der Arbeitgeber hat also als milderes Mittel insbesondere die Möglichkeit der **Weiterbeschäftigung auf einem freien Arbeitsplatz** in demselben Betrieb oder in einem anderen Betrieb des Unternehmen, ggf. zu geänderten Arbeitsbedingungen sowie nach zumutbaren Umschulungs- und Fortbildungsmaßnahmen zu prüfen und auszuschöpfen. Dies umfasst auch den **Vorrang der Änderungskündigung** vor der Beendigungskündigung. Ist eine Weiterbeschäftigung zu geänderten Arbeitsbedingungen möglich, ist die Beendigungskündigung unwirksam. Im Rahmen der verhaltensbedingten Kündigung gehört zum Inhalt des Grundsatzes der Verhältnismäßigkeit das Erfordernis einer **Abmahnung**. Gerne übersehen wird, dass zum Grundsatz der Verhältnismäßigkeit auch die „Geeignetheit" des milderen Mittels gehört. Nur ein zur Erreichung des konkreten Zwecks geeignetes Mittel kommt zur Vermeidung der Beendigungskündigung in Betracht. Die Eignung muss bezogen auf die konkreten betrieblichen Gegebenheiten bestimmt werden. Daneben können vom Arbeitgeber auch nur solche Mittel verlangt werden, die ihm rechtlich und tatsächlich möglich sind. Der Arbeitgeber verstößt auch gegen den Grundsatz der Verhältnismäßigkeit, wenn er ein von ihm selbst festgelegtes Verfahren nicht beachtet. Dies gilt etwa bei Verstößen gegen die „Grundordnung der Katholischen Kirche", zB bei einem Verstoß gegen die Vorgabe, ein „klärendes Gespräch" vor Ausspruch einer Kündigung zu führen.

c) Prognoseprinzip. Der Kündigungsgrund erfordert eine negative Prognose für die Zukunft. Auch dieses Prinzip ist bereits im KSchG selbst zugrunde gelegt. § 1 Abs. 2 S. 1 KSchG stellt darauf ab, ob Gründe bestehen, die einer „Weiterbeschäftigung des Arbeitnehmers in diesem Betrieb" entgegenstehen. Der Kündigungsgrund ist gerade auf diese Möglichkeit der Weiterbeschäftigung **zukunftsbezogen** zu interpretieren und greift für alle Kündigungsgründe. Die Prognose ist vom kündigenden Arbeitgeber vor der Kündigung vorzunehmen und aus den Vorgängen der Vergangenheit abzuleiten. Der jeweilige Kündigungsgrund muss für die Zukunft Bestand haben. Die Anforderungen unterscheiden sich nach der Art des Kündigungsgrundes. Bei der verhaltensbedingten Kündigung ist entscheidend, ob mit weiterem Fehlverhalten des Arbeitnehmers zu rechnen ist. Bei der personenbedingten

---

[378] So auch BAG 20.1.1961 – 2 AZR 495/59, AP KSchG § 1 Betriebsbedingte Kündigung Nr. 7; Stahlhacke/Preis/Vossen Kündigung/*Preis* Rn. 883; ErfK/*Oetker* KSchG § 1 Rn. 62; KR/*Rachor* KSchG § 1 Rn. 209.
[379] *Preis* S. 94 ff.

Kündigung, etwa bei der krankheitsbedingten Kündigung ist maßgeblich, ob weiterhin mit krankheitsbedingten Ausfällen gerechnet werden muss. Bei der betriebsbedingten Kündigung ist von Bedeutung, ob durch die Umsetzung der unternehmerischen Entscheidung die Prognose gerechtfertigt ist, dass das Beschäftigungsbedürfnis für den gekündigten Arbeitnehmer spätestens mit dem Ablauf der Kündigungsfrist dauerhaft entfällt.

93 **d) Interessenabwägung.** Im Grundsatz ist bei der Feststellung der Sozialwidrigkeit einer Kündigung eine umfassende Interessenabwägung erforderlich, um dem Einzelfall gerecht zu werden. Im Rahmen dieser Interessenabwägung geht es darum, ob unter Berücksichtigung aller wesentlichen Umstände des Einzelfalles das Interesse des Arbeitgebers an der Beendigung des Arbeitsverhältnisses das Interesse des Arbeitnehmers an dessen Fortsetzung überwiegt. Diese Interessenabwägung muss vollständig und widerspruchsfrei sein.[380] Welche Umstände bei der Abwägung zu berücksichtigen sind, ergibt sich aus der Art des Kündigungsgrundes und werden dort im Einzelnen dargestellt.[381] Bloße Billigkeitserwägungen ohne Bezug zum konkreten Kündigungsgrund sind abzulehnen. Allerdings bezieht sich das Erfordernis der Interessenabwägung **nur auf personen- und verhaltensbedingte** Kündigungsgründe, **nicht auf betriebsbedingte Kündigungsgründe.** Denn für die betriebsbedingte Kündigung hat der Gesetzgeber die widerstreitenden Interessen genau bezeichnet. Eine zusätzliche richterliche Interessenabwägung neben der Auslegung der Begriffe der „dringenden betrieblichen Erfordernisse" und der „Sozialauswahl" kommt nicht in Betracht. Auch das BAG ist von einer umfassenden Interessenabwägung bei der betriebsbedingten Kündigung abgerückt und geht davon aus, dass eine Interessenabwägung nur in seltenen Fällen eine an sich betriebsbedingte Kündigung sozial ungerechtfertigt erscheinen lassen könne, etwa wegen besonderer sozialer Härten.[382] Auch dafür dürfte jedoch kein Raum sein.[383]

94 **e) Gleichbehandlungsgrundsatz und AGG.** Der Kündigungsschutz ist individuell ausgestaltet. Die Feststellung der Sozialwidrigkeit der Kündigung erfordert stets die Berücksichtigung der Umstände des Einzelfalls. Deshalb ist der allgemeine arbeitsrechtliche Gleichbehandlungsgrundsatz bei der Beurteilung der Sozialwidrigkeit einer Kündigung nicht zu beachten.[384] Daraus folgt, dass der Arbeitgeber dem Grunde nach gleichartige Pflichtverletzungen oder gleich gelagerte personenbedingte Kündigungsgründe nicht zwingend gleich zu behandeln hat. Die Berücksichtigung aller Umstände des Einzelfalls kann durchaus dazu führen, dass im einen Fall die Kündigung gerechtfertigt ist, im anderen Fall nicht. Insbesondere gibt es keine Selbstbindung des Arbeitgebers dergestalt, sich daran festhalten zu lassen, eine bestimmte Pflichtverletzung zuvor stets nur abgemahnt zu haben. Dieser Gesichtspunkt ist aber im Rahmen der Interessenabwägung und der Zumutbarkeit der Weiterbeschäftigung zu berücksichtigen. Die Nachsicht des Arbeitgebers hat also eine mittelbare Wirkung. Ein weiteres Beispiel betrifft die gleichzeitige und gleichartige Pflichtverletzung einer Mehrheit von Arbeitnehmern, etwa die Beteiligung diverser Arbeitnehmer an einem Abrechnungsbetrug. Hier muss der Arbeitgeber nicht allen Mitarbeitern kündigen, sondern kann sich darauf beschränken, einen zu kündigen, sog. „herausgreifende Kündigung". Auch hier ist allerdings Vorsicht geboten. Die Nachsicht des Arbeitgebers schränkt seinen Argumentationsspielraum ein. Der Arbeitgeber hat im gerichtlichen Verfahren nämlich darzulegen, weshalb es ihm ausgerechnet in diesem Fall unzumutbar gewesen sein soll, das Arbeitsverhältnis fortzuführen.[385] Dies ist möglich, wenn die anderen Tatbeteiligten eine untergeordnete Rolle gespielt haben oder es sich bei den Weiterbeschäftigten Arbeitnehmern um Spezi-

---

[380] KR/*Rachor* KSchG § 1 Rn. 219.
[381] Vgl. dazu → Rn. 336 ff. zur verhaltensbedingten und → Rn. 464 ff. zur personenbedingten Kündigung.
[382] BAG 22.10.2015 – 2 AZR 582/14, NZA 2016, 33; 30.4.1987 – 2 AZR 184/86, AP KSchG § 1 Betriebsbedingte Kündigung Nr. 42.
[383] *Preis* S. 194 ff.; ErfK/*Oetker* KSchG § 1 Rn. 82; KR/*Rachor* KSchG § 1 Rn. 219.
[384] BAG 16.7.2015 – 2 AZR 85/15, NZA 2016, 505; 8.12.1994 – 2 AZR 470/93, BeckRS 1994, 30752195; 28.4.1982 – 7 AZR 1139/79, AP KSchG § 2 Nr. 3; 22.2.1979 – 2 AZR 115/78, EzA BetrVG 1972 § 103 Nr. 23; KR/*Rachor* KSchG § 1 Rn. 246; ErfK/*Oetker* KSchG § 1 Rn. 90; *Linck/Krause/Bayreuther* KSchG § 1 Rn. 222; Däubler/Deinert/Zwanziger/*Deinert* Rn. 68; Henssler/Willemsen/Kalb/*Quecke*, KSchG § 1 Rn. 71; grundlegend *Preis* S. 113.
[385] So auch ErfK/*Oetker* KSchG § 1 Rn. 90.

alisten handelt, die nur schwer ersetzt werden können, weil ihre Qualifikation am Markt nicht verfügbar ist. Dann ist der Arbeitgeber auf deren weitere Mitarbeit dringend angewiesen. Im Ergebnis ist dies freilich nichts anderes als die mittelbare Anwendung des Gleichbehandlungsgrundsatzes. Der Arbeitgeber darf **nicht sachwidrig differenzieren**, andernfalls handelt er willkürlich.

An diesen Grundsätzen hat auch das Allgemeine Gleichbehandlungsgesetz nichts geändert, vgl. dazu schon → Rn. 49. Bei der Prüfung der Wirksamkeit einer Kündigung im Rahmen des KSchG sind die Diskriminierungsverbote des Allgemeinen Gleichbehandlungsgesetzes und die darin vorgesehenen Rechtfertigungen für unterschiedliche Behandlungen als Konkretisierungen der Sozialwidrigkeit zu beachten. Deshalb kann ein Benachteiligungsmerkmal kein Kündigungsgrund sein und die Kündigung sozial rechtfertigen.[386] Probleme können auftreten, wenn objektiv Kündigungsgründe vorliegen, der Kündigung aber eine unzulässige Motivation des Arbeitgebers zugrunde liegt. Während es im geltenden Recht grundsätzlich auf das Vorliegen des objektiven Kündigungsrundes ankommt, pönalisieren die Richtlinien die Motivation des Benachteiligenden. Dies erfordert aber nicht, dass bei Kündigungen auch untergeordnete Diskriminierungsmotive mit der Unwirksamkeit der Kündigung sanktioniert werden. Denn die betroffene Person muss gerade wegen einem der in der Richtlinie genannten Merkmale eine weniger günstige Behandlung erfahren. Entscheidend ist deshalb, ob das verpönte Merkmal der tragende Gesichtspunkt der Kündigung ist. Nur dann kann die Kündigung trotz bestehender sozialer Rechtfertigung unwirksam sein. Es ist auch nach den Richtlinien ein Unterschied, ob die Kündigung erfolgt, weil dem Arbeitgeber die sexuelle Ausrichtung der Person des zu kündigenden nicht passt, oder aber ob dies für den Arbeitgeber lediglich ein wünschenswerter Nebeneffekt ist.[387]

3. Mitteilung von Kündigungsgründen

Der Arbeitgeber ist nach § 1 KSchG nicht dazu verpflichtet, eine ordentliche Kündigung zu begründen.[388] Die fehlende Angabe von Kündigungsgründen führt deshalb nicht zur Sozialwidrigkeit der Kündigung. Der Arbeitgeber kann das Arbeitsverhältnis ohne Angabe von Gründen kündigen und sich darauf beschränken, die Kündigungsgründe erst im Kündigungsschutzprozess im Einzelnen darzulegen. Im Allgemeinen dürfte es auch wenig empfehlenswert sein, bereits im Kündigungsschreiben einen Kündigungsgrund zu nennen, um sich nicht unnötig der Gefahr auszusetzen, später auf einen Kündigungssachverhalt beschränkt zu sein. Soweit ein Betriebsrat besteht, ist dieser freilich umfassend über die richtigen Kündigungsgründe zu informieren, vgl. dazu § 47.

Verlangt der Arbeitnehmer vom Arbeitgeber nach Zugang der Kündigung die Mitteilung der Kündigungsgründe, dürfte der Arbeitgeber aus einer vertraglichen Nebenpflicht gehalten sein, den Arbeitnehmer unverzüglich über den Kündigungsgrund zu informieren. Aber auch hier hat die Verletzung dieser vertraglichen Nebenpflicht, sei es durch Nichterfüllung oder nicht rechtzeitige Erfüllung, keinerlei Einfluss auf die Sozialwidrigkeit der Kündigung. Es kommt allenfalls ein Schadensersatzanspruch des Arbeitnehmers in Betracht, der aber eher theoretischer Natur ist. Schwierigkeiten bereitet vor allem der Umfang eines etwaigen Schadensersatzanspruchs. Denkbar ist, dass der Arbeitnehmer bei rechtzeitiger Mitteilung der Kündigungsgründe einen aussichtslosen Kündigungsschutzprozess nicht initiiert hätte.

Achtung: Im Einzelfall erfordern gesetzliche Regelungen oder Tarifverträge die Begründung der Kündigung. Bedarf die Kündigung nach einem **einschlägigen Tarifvertrag** der Schriftform unter Angabe des Grundes ist die Kündigung wegen Formmangels nichtig, wenn der Kündigungsgrund nicht schriftlich mitgeteilt wird. Die Kündigungsgründe müssen in diesem Fall so genau bezeichnet sein, dass der Kündigungsempfänger hinreichend klar

---

[386] BAG 16.5.2019 – 6 AZR 329/18, NZA 2019, 1198; 19.12.2013 – 6 AZR 190/12, BAGE 147, 60; 20.6.2013 – 2 AZR 295/12, NZA 2014, 208; 6.11.2008 – 2 AZR 523/07, BAGE 128, 238; 5.11.2009 – 2 AZR 676/08, NJW 2010, 1395. Vgl. auch BAG 20.2.2019 – 2 AZR 746/14, NZA 2019, 901.
[387] *Hamacher/Ulrich* NZA 2007, 658; *Linck/Krause/Bayreuther* KSchG § 1 Rn. 225; *Däubler/Deinert/Zwanziger/Deinert* Rn. 55a.
[388] BAG 21.2.2001 – 2 AZR 151/00, NZA 2001, 833.

erkennen kann, auf welchen Tatsachen der Kündigungsentschluss des Arbeitgebers beruht.[389] Eine prozessähnliche Substantierung ist aber nicht erforderlich. Daneben gibt es **gesetzliche Regelungen,** etwa im BBiG, die eine Begründung der Kündigung erfordern. Zur Angabe des Kündigungsgrundes aufgrund gesetzlicher und tariflicher Regelungen → § 39 Rn. 15.

4. Beurteilungszeitpunkt

99   Maßgebend für die Beurteilung der Sozialwidrigkeit einer Kündigung nach § 1 KSchG ist die objektive Sachlage im **Zeitpunkt des Zugangs der Kündigungserklärung,** ohne dass es auf die Kenntnis des Kündigenden ankäme.[390] Dies ergibt sich aus dem Charakter der Kündigung als einseitige, empfangsbedürftige Willenserklärung, die mit Zugang Wirksamkeit entfaltet. Entscheidend sind deshalb ausschließlich die Tatsachen, die zum Zeitpunkt des Zugangs objektiv vorlagen. **Nach Zugang** tatsächlich **eintretende** Umstände können die Wirksamkeit einer Kündigung nicht mehr beeinflussen.[391] Dies gilt sowohl für neue Kündigungsgründe als auch für den Wegfall von bisherigen Kündigungsgründen. Soll beispielsweise eine verhaltensbedingte Kündigung auf Tatsachen gestützt werden, die nach Zugang der bereits erfolgten Kündigung eingetreten sind, etwa eine erneute Beleidigung durch den Arbeitnehmer, muss eine **neue Kündigung** ausgesprochen werden. Die ursprüngliche Kündigung können derartige Gründe jedenfalls nie rechtfertigen.[392] Nachträglich eingetretene Umstände können nach der Rechtsprechung des BAG aber ausnahmsweise für die gerichtliche Beurteilung von Bedeutung sein, wenn die Vorgänge, die zur Kündigung geführt haben, durch den nachträglichen Sachverhalt in einem neuen Licht erscheinen. Dazu müssen zwischen den neuen Vorgängen und den alten Gründen allerdings so enge innere Beziehungen bestehen, dass jene nicht außer Acht gelassen werden können, ohne dass ein einheitlicher Lebensvorgang zerrissen würde.[393] Davon zu unterscheiden sind die Gründe, die zum Zeitpunkt der ursprünglichen Kündigung tatsächlich vorlagen, aber erst nachträglich bekannt geworden sind, etwa falsche Spesenabrechnungen des Arbeitnehmers, die bei einer Kontrolle anlässlich seines Ausscheidens auffallen. In diesen Fällen geht es um das sog. **"Nachschieben von Kündigungsgründen".** Fällt umgekehrt der Kündigungsgrund nachträglich weg, wird etwa der Stilllegungsbeschluss, der bereits greifbare Formen angenommen hatte, nachträglich revidiert und der Betrieb nicht stillgelegt, bleibt die Kündigung rechtswirksam. In Ausnahmefällen kann aber ein **Anspruch auf Wiedereinstellung** gegeben sein, dazu → Rn. 272.

5. Nachschieben von Kündigungsgründen

100   Aus dem Prognoseprinzip und dem maßgeblichen Beurteilungszeitpunkt, also der objektiven Sachlage im Zeitpunkt des Zugangs der Kündigungserklärung folgt, dass neu entstandene Kündigungsgründe nicht zur Rechtfertigung der bisherigen Kündigung herangezogen werden können. In diesem Fall muss der Arbeitgeber erneut kündigen. Sie können nicht nachgeschoben werden. Etwas anderes gilt für Kündigungsgründe, die zum Zeitpunkt der Kündigung bereits objektiv vorlagen, dem Kündigenden aber subjektiv unbekannt waren. Kannte der Kündigende bei Zugang der Kündigungserklärung objektiv schon vorliegende Tatsachen nicht, können diese unter kündigungsrechtlichen Grundsätzen ohne weiteres nachgeschoben werden.[394] Denn entscheidend für die Wirksamkeit der Kündigung ist die

---

[389] BAG 17.3.2015 – 9 AZR 994/13, NZA 2015, 1071; 9.9.2010 – 2 AZR 493/09, DB 2011, 62; 13.2.2008 – 2 AZR 543/06, NZA 2008, 822; 27.3.2003 – 2 AZR 173/02, NZA 2003, 1055.
[390] BAG 27.2.2020 – 8 AZR 215/19, BeckRS 2020, 17144; 9.9.2010 – 2 AZR 493/09, DB 2011, 62; 23.2.2010 – 2 AZR 268/08, NZA 2010, 944; 13.2.2008 – 2 AZR 543/06, NZA 2008, 822.
[391] BAG 17.6.1999 – 2 AZR 639/98, AP KSchG § 1 Krankheit Nr. 37; KR/Rachor Rn. 248; ErfK/*Oetker* KSchG § 1 Rn. 91; Däubler/Deinert/Zwanziger/*Deinert* KSchG § 1 Rn. 57; *Linck/Krause/Bayreuther* § 1 Rn. 226; Stahlhacke/Preis/Vossen Kündigung/*Preis* Rn. 891.
[392] Zur Berücksichtigung derartiger Tatsachen für einen Auflösungsantrag → § 48 Rn. 278 ff.
[393] BAG 10.6.2010 – 2 AZR 541/09, NZA 2010, 1227.
[394] BAG 18.6.2015 – 2 AZR 256/14, NZA 2016, 287; 10.3.1982 – 4 AZR 158/79, AP KSchG § 2 Nr. 2; 11.4.1985 – 2 AZR 239/84, AP BetrVG § 102 Nr. 39; KR/*Rachor* KSchG § 1 Rn. 256; *Linck/Krause/Bayreuther* § 1 Rn. 249.

objektive Sachlage im Kündigungszeitpunkt. Unerheblich ist deshalb auch, ob die Kündigungsgründe einen anderen Charakter bekommen.

Dies gilt aber nicht nur für unbekannte Tatsachen. Auch die Gründe, die dem Arbeitgeber bekannt waren und die er zunächst bewusst nicht genannt hat, können uneingeschränkt nachgeschoben werden. Allein entscheidend ist auch hier die objektive Lage im Zeitpunkt des Zugangs der Kündigungserklärung.[395] Es lässt sich deshalb folgender **Grundsatz** formulieren: Das Nachschieben von vor der Kündigung entstandenen Kündigungsgründen ist materiell uneingeschränkt zulässig, ohne Rücksicht darauf, wann sie dem Kündigenden bekannt geworden sind. Etwas anderes mag allenfalls für Gründe gelten, die erst Jahre später nachgeschoben werden. Hier kann Verwirkung in Betracht kommen.[396] Eine weitere Ausnahme ist denkbar, wenn die Kündigung durch das Auswechseln einen völlig anderen Charakter bekommt.[397]

Besonderheiten sind zu beachten, wenn ein **Betriebsrat** besteht, der gem. § 102 BetrVG zu beteiligen ist.[398] In diesem Falle muss der Arbeitgeber dem Betriebsrat den ihm bekannten Kündigungssachverhalt vollständig schildern. Gründe, die ihm bekannt sind und auf die er die Kündigung stützen möchte, muss er offen legen. Die Frage ob Kündigungsgründe, die dem Betriebsrat nicht mitgeteilt worden sind nachgeschoben werden können, ist umstritten. Nach zutreffender herrschender Meinung gilt Folgendes: Betriebsverfassungsrechtlich können Gründe, die dem Arbeitgeber vor Ausspruch der Kündigung bereits **bekannt** waren, über die er den Betriebsrat jedoch nicht informiert hat, nicht nachgeschoben werden. Kündigungsgründe, die dem Arbeitgeber hingegen selbst bei Ausspruch der Kündigung noch **unbekannt** waren können nachgeschoben werden, wenn der Arbeitgeber den Betriebsrat zu diesen Gründen nachträglich anhört, bevor er sie im Prozess nachschiebt. Allerdings muss der Arbeitgeber darlegen und beweisen, dass er von diesen Gründen erst nach Ausspruch der Kündigung positive Kenntnis erhalten hat. Der Vortrag des Arbeitgebers zum Fehlen einer anderweitigen Beschäftigungsmöglichkeit stellt regelmäßig kein unzulässiges Nachschieben von Kündigungsgründen, sondern eine zulässige Konkretisierung des Kündigungssachverhaltes dar.[399]

6. Wiedereinstellungsanspruch

Da es für die Wirksamkeit der Kündigung auf die tatsächlichen Umstände im Zeitpunkt des Zugangs der Kündigungserklärung ankommt, können nachträglich eintretende Umstände bei der Prüfung der Sozialwidrigkeit einer Kündigung keine Berücksichtigung finden. Dies gilt auch, wenn der ursprüngliche Kündigungsgrund nachträglich entfällt. Kündigt der Arbeitgeber zB wegen einer bevorstehenden Betriebsschließung und setzt er diese zunächst auch um, ist es für die Wirksamkeit der Kündigung irrelevant, wenn der Arbeitgeber den umgesetzten Stilllegungsbeschluss nachträglich revidiert und den Betrieb fortführt. Dieses Ergebnis ist unbefriedigend. Nach allgemeiner Auffassung erfordert das Abstellen auf den Zeitpunkt des Zugangs der Kündigungserklärung deshalb in bestimmten Fällen aus Gründen der Rechtssicherheit und Rechtsklarheit ein **Korrektiv** bei nachträglicher Änderung der Umstände, den sog. Wiedereinstellungsanspruch.[400] Die Herleitung des Anspruchs ist umstritten. Genannt werden die allgemeine Fürsorgepflicht des Arbeitgebers, Wegfall der Geschäftsgrundlage, der Vertrauensschutz sowie das Verbot widersprüchlichen Verhaltens. Richtiger Ansatz ist der Grundsatz des **Vertrauensschutzes** in Verbindung mit § 242 BGB.

---

[395] BAG 6.9.2007 -2 AZR 264/06, NZA 2008, 636.
[396] Vgl. LAG Sachsen-Anhalt 15.11.1995 – 3 Sa 1016/94, RzK III 2a Nr. 31.
[397] BAG 6.9.2007 – 2 AZR 264/06, NZA 2008, 637.
[398] Vgl. zur Problematik der Anhörung des BR § 47; vgl. auch BAG 18.6.2015 – 2 AZR 256/14, NZA 2016, 287.
[399] BAG 21.9.2000 – 2 AZR 385/99, NZA 2001, 535; vgl. umfassend → § 47 103 ff.
[400] BAG 19.10.2017 – 8 AZR 845/15, NZA 2018, 436; 26.1.2017 – 2 AZR 61/16, NZA 2017, 1199; 20.10.2015 – 9 AZR 743/14, NZA 2016, 299; 25.10.2007 – 8 AZR 989/06, NZA 2008, 357; 16.5.2007 – 7 AZR 621/06, AP KSchG 1969 § 1 Wiedereinstellung Nr. 14; 28.6.2000 – 7 AZR 904/98, AP KSchG § 1 Wiedereinstellung Nr. 6; KR/*Rachor* KSchG § 1 Rn. 823 ff.; ErfK/*Oetker* KSchG § 1 Rn. 94; Stahlhacke/Preis/Vossen Kündigung/*Preis* Rn. 891, 1010.

Der Arbeitnehmer darf darauf vertrauen, dass die vom Arbeitgeber genannten Kündigungsgründe bis zum Ablauf der Kündigungsfrist Bestand haben. Denn umgekehrt darf der Arbeitgeber bereits kündigen, obwohl der Arbeitsplatz zum Zeitpunkt des Zugangs der Kündigungserklärung noch gar nicht entfallen ist, aber eine Prognose gerechtfertigt ist, dass dies mit Ablauf der Kündigungsfrist der Fall sein wird. Dann ist es gerechtfertigt, dass der Arbeitgeber das Risiko der Fehlprognose trägt.

104 Voraussetzung für einen Wiedereinstellungsanspruch ist der **Wegfall der objektiven Prognosegrundlage** sowie dass der Arbeitgeber mit Rücksicht auf die Wirksamkeit der Kündigung noch **keine Dispositionen** getroffen hat, die die Wiedereinstellung des Arbeitnehmers unmöglich machen oder mit betrieblichen Schwierigkeiten verbunden sind und ihm die **Fortsetzung des Arbeitsverhältnisses unzumutbar** ist.[401] Dies kann ua der Fall sein, wenn der Arbeitgeber den frei gewordenen Arbeitsplatz schon wieder mit anderen Arbeitnehmern besetzt hat.[402] Freilich darf der Arbeitgeber den Wiedereinstellungsanspruch auch nicht durch „mutwillige" Dispositionsmaßnahmen vereiteln, etwa durch eine anderweitige Neubesetzung des Arbeitsplatzes.[403]

Besonders zu beachten ist, dass der Wiedereinstellungsanspruch nicht in Kleinbetrieben gilt.[404]

105 Für welche **Kündigungsgründe** der Wiedereinstellungsanspruch greift, wird nicht einheitlich beantwortet. Allgemein anerkannt ist der Wiedereinstellungsanspruch für die **betriebsbedingte Kündigung,** wenn sich die betrieblichen Verhältnisse nach dem Zugang der Kündigung ändern und dringende betriebliche Erfordernisse nicht mehr vorliegen. Allerdings ist der Wiedereinstellungsanspruch auch hier nicht automatisch zu bejahen, sondern hängt vom Vertrauensschutz ab. Entscheidend ist, ob der Arbeitgeber in gutem Glauben an die Kündigung eine Disposition getroffen hat. Als Beispiel für eine entsprechende Disposition nennt das BAG, dass sich nach der Stilllegungsentscheidung beim Arbeitgeber ein potentieller Übernehmer meldet, der die Übernahme von Rationalisierungsmaßnahmen abhängig macht. In dieser Situation sei es dem Arbeitgeber nicht zuzumuten, das Arbeitsverhältnis fortzusetzen, weil es ohne die Rationalisierungsmaßnahmen nicht zu einer Betriebsübernahme kommen würde.[405] Gleiches gilt, wenn der Arbeitgeber den Arbeitsplatz zwischenzeitlich neu besetzt hat, solange dies nicht treuwidrig zur Vereitelung des Wiedereinstellungsanspruchs geschah.[406] Kommt infolge der Korrektur der Prognose nur die Wiedereinstellung eines Teils der Arbeitnehmer in Betracht, hat der Arbeitgeber eine Auswahlentscheidung durchzuführen. Diese darf nicht willkürlich sein, sondern der Arbeitgeber hat an Hand der betrieblichen und sozialen Belange eine den §§ 242, 315 BGB genügende Auswahlentscheidung zu treffen.[407] Ob und inwieweit am Maßstab der §§ 242, 315 BGB festgehalten wird, bleibt vor dem Hintergrund der Rspr. das BAG zur Auswahl bei freien Arbeitsplätzen abzuwarten, vgl. → Rn. 146. Ob und inwieweit ein Wiedereinstellungsanspruch im Falle einer **personenbedingten Kündigung** besteht, ist umstritten. Richtig ist, dass auch im Falle der personenbedingten Kündigung der Kündigungsgrund nachträglich entfallen kann, etwa wenn einem Arbeitnehmer, dem wegen des Entzuges einer relevanten Erlaubnis gekündigt worden ist, diese noch während des Laufs der Kündigungsfrist

---

[401] BAG 26.1.2017 – 2 AZR 61/16, NZA 2017, 1199; 16.2.2012 – 8 AZR 693/10, NZA-RR 2012, 465; 27.2.1997 – 2 AZR 160/96, AP KSchG § 1 Wiedereinstellung Nr. 1; 6.8.1997 – 7 AZR 557/96, AP KSchG § 1 Wiedereinstellung Nr. 2; 28.6.2000 – 7 AZR 904/98, AP KSchG § 1 Wiedereinstellung Nr. 6; ErfK/*Preis* BGB § 611 Rn. 324; KR/*Rachor* KSchG § 1 Rn. 824; *Linck/Krause/Bayreuther* § 1 Rn. 229; Däubler/Deinert/Zwanziger/*Deinert* KSchG § 1 Rn. 297; LSSW/*Schlünder* KSchG § 1 Rn. 99; *Boewer* NZA 1999, 1121 (1177); *Meinel/Bauer* NZA 1999, S. 575.
[402] BAG 16.2.2012 – 8 AZR 693/10, NZA-RR 2012, 465; 4.5.2006 – 8 AZR 299/05, NZA 2006, 1096.
[403] BAG 26.1.2017 – 2 AZR 61/16, NZA 2017, 1199; 25.10.2007 – 8 AZR 989/06, NZA 2008, 357; 4.5.2006 – 8 AZR 299/05, NZA 2006, 1096; 28.6.2000 – 7 AZR 904/98, AP KSchG § 1 Wiedereinstellung Nr. 6.
[404] BAG 19.10.2017 – 8 AZR 845/15, NZA 2018, 436.
[405] BAG 27.2.1997 – 2 AZR 160/96, AP KSchG § 1 Wiedereinstellung Nr. 1.
[406] BAG 28.6.2000 – 7 AZR 904/98, AP KSchG § 1 Wiedereinstellung Nr. 6.
[407] BAG 4.5.2006 – 8 AZR 299/05, NZA 2006, 1096; 28.6.2000 – 7 AZR 904/98, AP KSchG § 1 Wiedereinstellung Nr. 6; 4.12.1997 – 2 AZR 140/97, AP KSchG § 1 Wiedereinstellung Nr. 4.

wieder erteilt wird, oder die Prognose dauernder Arbeitsunfähigkeit nicht mehr gerechtfertigt ist. Gegen den Wiedereinstellungsanspruch in diesen Fällen wird eingewendet, er beruhe auf der Korrektur einer Arbeitgeberentscheidung. Entscheidend sei die willentliche Beeinflussung durch den Arbeitgeber, die bei der personenbedingten Kündigung nicht vorliegt. Die Änderung von Faktoren im Einflussbereich des Arbeitnehmers sei irrelevant.[408] Diese Sichtweise ist abzulehnen. Der Wiedereinstellungsanspruch beruht auf der Verlagerung des Prognoserisikos auf den Arbeitgeber. Dieses Risiko ist unabhängig davon zu beurteilen, aus wessen Sphäre der Kündigungsgrund stammt. Auch bei der personenbedingten Kündigung kann deshalb nach den dargestellten Grundsätzen ein Wiedereinstellungsanspruch bestehen, wenn sich die Sachlage noch innerhalb der Kündigungsfrist ändert.[409] Abgelehnt wird der Wiedereinstellungsanspruch überwiegend für die **verhaltensbedingte Kündigung.** Indes spricht auch hier nichts gegen einen Wiedereinstellungsanspruch. Auch dieser Kündigung liegt eine Prognose zugrunde, die nachträglich korrigiert werden kann. So können steuerbare Leistungsmängel nachträglich durch erfolgreiche Absolvierung einer Fortbildungsmaßnahme beseitigt werden.

Der Wiedereinstellungsanspruch ist **zeitlich begrenzt** bis zum Ablauf der Kündigungsfrist. Fällt der Kündigungsgrund erst nach dem Ablauf der Kündigungsfrist weg, greift der Wiedereinstellungsanspruch nicht Platz.[410] Dies ist Konsequenz der Konstruktion des Wiedereinstellungsanspruchs. Es sollen die Nachteile vermieden werden, die dadurch entstehen, dass bei der Beurteilung der Rechtswirksamkeit einer Kündigung auf den Zeitpunkt des Zugangs, nicht auf die Beendigung abgestellt wird. Dann aber können Umstände, die nach dem Ablauf der Kündigungsfrist eintreten, keine Rolle mehr spielen. Etwas anderes mag allenfalls dann gelten, wenn dem Arbeitgeber ein treuwidriges Verhalten vorzuwerfen ist, er beispielsweise mit der Korrektur des Stilllegungsbeschlusses bis zum Ablauf der Kündigungsfrist der Arbeitnehmer abwartet, um den Wiedereinstellungsanspruch zu umgehen. Ein entsprechender Nachweis dürfte jedoch nur selten gelingen.

Besonderheiten gelten im Falle des **Betriebsübergangs.** Der Betriebsübergang kann zu einem Wiedereinstellungsanspruch beim **Veräußerer** führen, wenn der Kündigungsgrund wegen der Übernahme des Betriebs noch innerhalb der Kündigungsfrist entfällt. Möglich ist der Wiedereinstellungsanspruch gegen den **Erwerber**, falls es erst nach dem Ablauf der Kündigungsfrist zu einem Betriebsübergang kommt.[411] Ein Wiedereinstellungsanspruch geht nach Auffassung des BAG auch dann auf den **Betriebserwerber** über, wenn der Betriebsübergang unmittelbar im Anschluss an den Ablauf der Kündigungsfrist erfolgt.[412] Der Wiedereinstellungsanspruch scheidet in den Fällen des Betriebsübergangs aus, wenn aufgrund des Erwerberkonzeptes eine Weiterbeschäftigung nicht möglich ist.

Die Geltendmachung des Wiedereinstellungsanspruchs ist **nicht fristgebunden.**[413] Der Anspruch kann jedoch nach allgemeinen Grundätzen verwirken, wenn Zeit- und Umstandsmoment vorliegen.[414] Im Falle eines **Betriebsübergangs** muss der Arbeitnehmer nach Auffassung des BAG entsprechend der Frist zur Ausübung des Widerspruchsrechtes auch das Wiedereinstellungsverlangen binnen einer Frist von einem Monat geltend machen.[415] Der Wiedereinstellungsanspruch ist gerichtet auf die Neubegründung des Arbeitsverhältnisses. Dies hat Auswirkungen auf den vom Arbeitnehmer zu formulierenden **Antrag**. Der Antrag

---

[408] ErfK/*Preis* BGB § 611 Rn. 324.
[409] Offen gelassen aber tendenziell bejahend BAG 27.6.2001 – 7 AZR 622/01, NZA 2001, 1135.
[410] BAG 27.6.2001 – 7 AZR 622/01, NZA 2001, 1135; 2.12.1999 – 2 AZR 757/98, AP KSchG § 1 Soziale Auswahl Nr. 45; 6.8.1997 – 7 AZR 557/96, AP KSchG § 1 Wiedereinstellung Nr. 2; 28.6.2000 – 7 AZR 904/98, AP KSchG § 1 Wiedereinstellung Nr. 6; *Böwer* NZA 1999, 1177; *Grünzel* DB 2000, 1227; *Linck/Krause/Bayreuther* § 1 Rn. 237 ff.
[411] BAG 13.11.1997 – 8 AZR 295/95, AP BGB § 613a Nr. 169; 12.11.1998 – 8 AZR 265/97, AP KSchG § 1 Wiedereinstellung Nr. 5.
[412] BAG 25.10.2007 – 8 AZR 989/06, NZA 2008, 357.
[413] Vgl. KR/*Rachor* KSchG § 1 Rn. 836. Zum Teil wird vertreten, der Anspruch sei binnen drei Monaten nach Kenntnis der Gründe der Wiedereinstellung geltend zu machen, zB *Meinel/Bauer* NZA 1999, 580; LAG Hamm 11.5.2000 – 4 Sa 1469/99, DB 2000, 1923.
[414] BAG 25.10.2007 – 8 AZR 989/06, NZA 2008, 357.
[415] BAG 25.10.2007 – 8 AZR 989/06, NZA 2008, 357.

muss gerichtet werden auf die Abgabe einer entsprechenden Willenserklärung, dh den Abschluss eines Arbeitsvertrages.[416]

109 Die **Darlegungs- und Beweislast** für die Voraussetzungen des Wiedereinstellungsanspruchs trägt der Arbeitnehmer.[417] Er muss den nachträglichen Wegfall der Kündigungsgründe darlegen und beweisen. Ist dem Arbeitnehmer dieser Nachweis gelungen muss der Arbeitgeber darlegen und beweisen, dass er bereits disponiert hat und ihm die Weiterbeschäftigung unzumutbar ist.

Prozessual ist der Wiedereinstellungsantrag auf die Abgabe einer Willenserklärung, nämlich auf die Annahme des Angebots des Arbeitnehmers auf Abschluss eines Arbeitsvertrags zu den bisherigen Bedingungen gerichtet. Er lautet:" Die Beklagte wird verurteilt, das Angebot des Klägers auf Abschluss eines Fortsetzungsvertrages ab dem ‹Datum› zu den Arbeitsbedingungen, wie sie zuvor zwischen dem Kläger und der Beklagten gemäß Arbeitsvertrag vom ‹Datum› bestanden, unter Anrechnung der bisherigen Betriebszugehörigkeit seit dem ‹Datum› anzunehmen.[418]

7. Verzeihung, Verzicht, Verwirkung und Verbrauch

110 Der Arbeitgeber kann die Kündigung nicht auf Gründe stützen, die einen Kündigungsgrund bilden, wenn er dem Arbeitnehmer das betreffende Verhalten **verziehen** hat.[419] Verzeihung in diesem Sinne ist jede ausdrückliche oder konkludente Erklärung, aus der sich ergibt, dass der Arbeitgeber bestimmte Tatsachen als Kündigungsgrund nicht heranziehen will. Aus Gründen der Rechtssicherheit sind allerdings an eine konkludente Erklärung strenge Anforderungen zu stellen. Der Wille des Arbeitgebers muss klar zum Ausdruck gebracht werden. Rechtsfolge der wirksamen Verzeihung ist das Fehlen eines Kündigungssachverhaltes.

111 Der Arbeitgeber kann auf den Ausspruch einer Kündigung auch **verzichten.** Hier verzeiht der Arbeitgeben ein Fehlverhalten nicht, sondern zieht aus dem Fehlverhalten lediglich nicht die Konsequenz der Kündigung. Auch der Verzicht kann ausdrücklich oder konkludent erklärt werden. Erforderlich ist die erkennbare Bereitschaft, das Arbeitsverhältnis fortzusetzen. Nach ständiger Rechtsprechung des BAG erlischt das Kündigungsrecht durch Verzicht insgesamt, wenn der Kündigungsberechtigte wegen des ihm bekannten Fehlverhaltens eine Abmahnung ausspricht. In diesem Falle kann er das Fehlverhalten nicht mehr zum Anlass einer Kündigung nehmen.[420] Dies dürfte trotz fehlender Warnfunktion in gleicher Weise für eine aufgrund des bekannt gewordenen Fehlverhaltens ausgesprochenen „Ermahnung" gelten. Erforderlich ist, dass der Arbeitgeber zu erkennen gibt, dass der vertragliche Pflichtverstoß als ausreichend sanktioniert angesehen wird.[421] Dies ist nicht der Fall, wenn sich der Arbeitgeber „weitere Schritte" vorbehält.

112 Ein Kündigungsgrund kann auch verwirken. Dabei setzt sich die **Verwirkung** aus einem Zeit- und einem Umstandsmoment zusammen. Eine Verwirkung liegt vor, wenn der Arbeitgeber über längere Zeit trotz Kündigungsmöglichkeit untätig geblieben ist und dadurch beim Arbeitnehmer das berechtigte Vertrauen entstanden ist, die Kündigung werde unterbleiben und sich der Arbeitnehmer auf den Fortbestand des Arbeitsverhältnisses eingerichtet hat. Neben dem Zeitmoment müssen also Umstände hinzukommen, aus denen der Arbeitnehmer schließen konnte, die Kündigung werde nicht mehr erklärt. Allein aus dem Zuwarten des Arbeitgebers ergibt sich weder eine Verwirkung noch eine Verzeihung oder Verzicht. Denn der Arbeitgeber muss die ordentliche Kündigung nicht innerhalb einer bestimmten Frist erklären.

---

[416] BAG 11.9.2012 – 7 AZR 107/12, NZA 2014, 150; *Hamacher* Antragslexikon ArbR „Wiedereinstellung".
[417] BAG 16.2.2012 – 8 AZR 693/10, NZA-RR 2012, 465.
[418] *Hamacher* Antragslexikon ArbR „Wiedereinstellung".
[419] BAG 26.9.2013 – 2 AZR 741/12, NZA 2014, 529.
[420] BAG 26.11.2009 – 2 AZR 731/08, NZA 2010, 823; 6.3.2003 – 2 AZR 128/02, NZA 2003, 1389; 10.11.1988 – 2 AZR 215/88, AP KSchG § 1 Abmahnung Nr. 3; 31.7.1986 – 2 AZR 559/85, RzK I 8c Nr. 10.
[421] BAG 26.9.2013 – 2 AZR 741/12, NAZ 2014, 529; noch offen gelassen von BAG 6.3.2003 – 2 AZR 128/02, NZA 2003, 1389.

Das Gestaltungsrecht Kündigung kann auch **verbraucht** sein. Ist in einem Kündigungsrechtsstreit entschieden, dass das Arbeitsverhältnis durch eine bestimmte Kündigung nicht aufgelöst worden ist, kann der Arbeitgeber eine erneute Kündigung nicht auf die Kündigungsgründe stützen, die er schon zur Begründung der ersten Kündigung vorgebracht hat und die in dem ersten Kündigungsschutzprozess materiell geprüft worden sind. Um eine unzulässige Wiederholungskündigung handelt es sich aber nicht, wenn der Kündigende die erste Kündigung nicht lediglich wiederholt, sondern sie auf weitere, neue Tatsachen stützt, die den bisherigen Kündigungssachverhalt verändern oder ergänzen.[422]

VII. Der Kündigungsgrund

1. Einteilung der Kündigungsgründe

Die in § 1 Abs. 2 S. 1 KSchG enthaltene Generalklausel unterscheidet bei der Sozialwidrigkeit zwischen personen-, verhaltens- und betriebsbedingten Gründen. Das Gesetz geht damit von der idealtypischen Vorstellung aus, dass sich jeder Kündigungssachverhalt einem klassifizierten Kündigungsgrund zuordnen lässt. Jede Kündigung muss deshalb zunächst entsprechend eingeordnet werden.[423] Dabei erscheint die Abgrenzung begrifflich ohne weiteres möglich. Denn sie ergibt sich recht klar aus der Zweckrichtung des Kündigungsgrundes, wobei allerdings jeder Kündigungsgrund einen Bezug zum Arbeitsverhältnis haben muss. Mit der betriebsbedingten Kündigung verfolgt der Arbeitgeber den Zweck, den vorhandenen Personalbestand an den vorhandenen oder künftigen Personalbedarf anzupassen. Es geht also um den Zusammenhang zwischen Personalbedarf und Personalbestand. Mit der verhaltensbedingten Kündigung reagiert der Arbeitgeber auf eingetretene Pflichtverletzungen des Arbeitnehmers. Die personenbedingte Kündigung ist eine Reaktion des Arbeitgebers auf den Wegfall der Fähigkeit des Arbeitnehmers, die vertraglich geschuldete Arbeitsleistung zu erbringen. Die Zuordnung bereitet in der Praxis zuweilen gleichwohl Schwierigkeiten. Einerseits sind Mischtatbestände denkbar, andererseits kommt es vor, dass ein Arbeitgeber die Kündigung auf mehrere Kündigungssachverhalte stützt.

2. Mehrere Kündigungssachverhalte

Ausgehend von der klaren Dreiteilung gibt es Kündigungen, die vom Arbeitgeber auf mehrere Kündigungssachverhalte gestützt werden, die voneinander unabhängig sind. Dies ist etwa der Fall, wenn der Arbeitgeber die Kündigung nicht nur auf den Wegfall des Arbeitsplatzes infolge einer Arbeitsplatzverdichtung sondern zudem auch auf Pflichtwidrigkeiten des Arbeitnehmers und den Entzug der Fahrerlaubnis stützt. Eine derartige Kündigung, die auf völlig verschiedene selbstständige Kündigungssachverhalte gestützt wird, ist getrennt unter Zugrundelegung eines jeden einzelnen Sachverhaltes zu überprüfen. Es gilt der **Grundsatz der Einzelprüfung**.[424] Die Kündigung ist also nur gerechtfertigt, wenn einer der genannten Kündigungsgründe tatsächlich durchgreift. Eine Vermischung der Sachverhalte findet nicht statt. Ist die Kündigung beispielsweise aus betriebsbedingten Gründen gerechtfertigt, kann sich der Arbeitnehmer nicht darauf berufen, dass verhaltens- und personenbedingte Gründe nicht bestehen. Reicht umgekehrt keiner der Sachverhalt für sich genommen zur Kündigung aus, kann sich der Kündigungsgrund nicht aus einer **einheitlichen Betrachtung** ergeben.[425] Insbesondere erfolgt keine Prüfung, ob nicht vielleicht die einzelnen Kündigungsgründe in ihrer Gesamtheit zur Unzumutbarkeit der Weiterbeschäftigung führen. **Demgegenüber** lässt das **BAG** und ihm folgend die Instanzrechtsprechung die einheitliche

---

[422] BAG 11.7.2013 – 2 AZR 994/12, NZA 2014, 250; 20.12.2012 – 2 AZR 867/11, NZA 2013, 1003; 6.9.2012 – 2 AZR 372/11, NZA-RR 2013, 441; 8.11.2007 – 2 AZR 528/06, AP BGB § 626 Nr. 209; 22.5.2003 – 2 AZR 255/02, NZA 2003, 1086 zur Nachkündigung des Insolvenzverwalters.
[423] BAG 17.5.1984 – 2 AZR 109/83, AP KSchG § 1 Betriebsbedingte Kündigung Nr. 21.
[424] BAG 21.11.1985 – 2 AZR 21/85, AP KSchG § 1 Nr. 12; KR/*Rachor* KSchG § 1 Rn. 271; ErfK/*Oetker* KSchG § 1 Rn. 95; *Linck/Krause/Bayreuther* KSchG § 1 Rn. 254; Stahlhacke/Preis/Vossen Kündigung/*Preis* Rn. 898.
[425] ErfK/*Oetker* KSchG § 1 Rn. 95; Stahlhacke/Preis/Vossen Kündigung/*Preis* Rn. 898.

Betrachtung zu. Ausgangspunkt des BAG ist zwar der Grundsatz der Einzelprüfung. Führt die isolierte Betrachtung indes nicht zur sozialen Rechtfertigung, soll eine einheitliche Prüfung möglich sein.[426] Zum Teil wird bezüglich der Zulässigkeit der Gesamtbetrachtung nach Kündigungsgründen aus der Sphäre des Arbeitgebers und der Sphäre des Arbeitnehmers differenziert. Die einheitliche Betrachtungsweise sei möglich bei personen- und verhaltensbedingten Gründen, nicht aber bei betriebsbedingten Gründen.[427] Diese Tendenzen in Rechtsprechung und Literatur sind abzulehnen. Sie führen zu einer im Gesetz nicht angelegten Billigkeitsentscheidung und weichen die trennscharfe gesetzliche Dreiteilung auf. Die Dogmatik des KSchG wird ignoriert. Jeder Kündigungssachverhalt ist deshalb isoliert zu prüfen und von den anderen abzugrenzen.

3. Mischtatbestände

116   Von der Mehrheit von isolierten Kündigungssachverhalten zu unterscheiden sind sog. **Mischtatbestände**. Dabei handelt es sich um Kündigungsgründe, die zwei oder alle drei gesetzlichen Kündigungsgründe berühren. Der Unterschied zur Mehrheit von Kündigungssachverhalten besteht darin, dass es hier um **einen Kündigungssachverhalt** geht, der mindestens zwei Kündigungsgründen zugeordnet werden kann. So berührt die krankheitsbedingte Arbeitsunfähigkeit die zu Betriebsablaufstörungen führt sowohl personen- als auch betriebsbedingte Aspekte. Nach Auffassung des BAG richtet sich die Abgrenzung danach, aus welchem der im Gesetz genannten Kündigungsgründe die sich auf den Bestand des Arbeitsverhältnisses nachteilig auswirkende Störung kommt. Im genannten Beispiel läge die **Störquelle** der Betriebsablaufstörungen in der Erkrankung des Arbeitnehmers. Die Kündigung wäre unter der Gesichtspunkt der personenbedingten Kündigung zu prüfen. Das BAG prüft also nur den Kündigungsgrund, aus dem in erster Linie die Störung herrührt.[428] Dies ist abzulehnen.[429] Es spricht überhaupt nichts dagegen, den Kündigungssachverhalt unter jedem juristischen Aspekt gesondert zu prüfen. Jedenfalls ergibt sich aus dem KSchG selbst nichts für die vom BAG vertretene „Sphärentheorie". Gleichwohl sollten sich Arbeitgebervertreter natürlich auf die BAG Rechtsprechung einstellen.

4. Beweislast

117   Die Darlegungs- und Beweislast für den **Kündigungsgrund,** also die Tatsachen, die den Kündigungsgrund bedingen, trägt gem. § 1 Abs. 2 S. 4 KSchG **der Arbeitgeber.** Dazu gehören alle Umstände, die eine Kündigung als personen-, verhaltens- oder betriebsbedingt erscheinen lassen. Dieser Darlegungslast genügt der Arbeitgeber nur dann, wenn er konkret die Tatsachen anführt, aus denen sich die Kündigung rechtfertigenden Umstände ergeben. Dabei gilt der Grundsatz der **abgestuften Darlegungs- und Beweislast.** Der Umfang der Darlegungs- und Beweislast hängt also auch davon ab, wie sich der Arbeitnehmer auf den behaupteten Kündigungssachverhalt einlässt. Dies ist jedoch keine arbeitsrechtliche Besonderheit sondern Anwendung des § 138 ZPO. Die Einzelheiten der Darlegungs- und Beweislast richten sich maßgeblich nach der Art des jeweiligen Kündigungssachverhaltes. Sie wird deshalb detailliert im Rahmen der Beschreibung der jeweiligen Kündigungsgründe erörtert. Eines sei jedoch vorab angemerkt: **Völlig untauglich sind schlagwortartige Angaben,** etwa der Hinweis auf „eine schlechte Auftragslage", „Verluste" oder „erhebliche Pflichtverlet-

---

[426] BAG 22.7.1982 – 2 AZR 30/81, AP KSchG § 1 Verhaltensbedingte Kündigung Nr. 5; 17.6.1998 – 2 AZR 599/97, BeckRS 2009, 68420; offen gelassen in BAG 20.11.1997 – 2 AZR 643/96, AP KSchG § 1 Nr. 43. LAG Hessen 17.10.2017 – 8 Sa 1444/16, ZInsO 2018, 896.

[427] KR/*Rachor* KSchG § 1 Rn. 273; *Linck/Krause/Bayreuther* KSchG § 1 Rn. 256; Ascheid/Preis/Schmidt/*Vossen* KSchG § 1 Rn. 86.

[428] BAG 18.9.2008 – 2 AZR 976/06, NZA 2009, 425; 31.1.1996 – 2 AZR 158/95, AP BGB § 626 Druckkündigung Nr. 13; 13.3.1987 – 7 AZR 724/85, AP KSchG § 1 Betriebsbedingte Kündigung Nr. 37; 21.11.1985 – 2 AZR 21/85, AP KSchG § 1 Nr. 12; 17.5.1984 – 2 AZR 109/83, AP KSchG § 1 Betriebsbedingte Kündigung Nr. 21; KR/*Rachor* KSchG § 1 Rn. 270; differenzierend: *Linck/Krause/Bayreuther* KSchG § 1 Rn. 264.

[429] So auch ErfK/*Oetker* KSchG § 1 Rn. 96; Ascheid/Preis/Schmidt/*Vossen* KSchG § 1 Rn. 83; LSSW/*Schlünder* Rn. 92; differenzierend: *Linck/Krause/Bayreuther* KSchG § 1 Rn. 264.

zungen". Auch das Einreichen einer testierten Bilanz sagt für sich genommen nichts über den Wegfall der Beschäftigungsmöglichkeit aus.

Den Arbeitnehmer hingegen trifft die Darlegungs- und Beweislast für die **Anwendbarkeit des Kündigungsschutzgesetzes**.[430] Dem Arbeitnehmer obliegt die Darlegungs- und Beweislast nach § 1 Abs. 3 S. 3 KSchG auch für die Tatsachen, aus denen sich ein Fehler bei der **sozialen Auswahl** ergibt.[431]

VIII. Die Betriebsbedingte Kündigung

1. Allgemeines

Nach § 1 Abs. 2 KSchG ist eine Kündigung auch dann sozial ungerechtfertigt, wenn sie nicht durch dringende betriebliche Erfordernisse, die einer Weiterbeschäftigung des Arbeitnehmers in diesem Betrieb entgegenstehen, bedingt ist. Anders als bei personen- und verhaltensbedingten Gründen ist es bei der betriebsbedingten Kündigung ausschließlich der Arbeitgeber, der die Ursache für die Beendigung des Arbeitsverhältnisses setzt. Im KSchG selbst ist der Begriff der „dringenden betrieblichen Erfordernisse" nicht definiert. Aus der Zusammenschau von bestehendem betrieblichem Erfordernis und fehlender Weiterbeschäftigungsmöglichkeit ergibt sich der entscheidende Aspekt. Es geht um den Wegfall der Beschäftigungsmöglichkeit, deren Ursache in der Sphäre des Arbeitgebers liegt. Er kann oder will den Betrieb nicht mehr mit der bisherigen Personalstärke fortführen. Dabei vollzieht sich der Wegfall der Beschäftigungsmöglichkeit nicht von selbst. Er setzt vielmehr eine unternehmerische Entscheidung des Arbeitgebers voraus. Wesentlich für den Kündigungsgrund der betriebsbedingten Kündigung sind damit folgende Kriterien:

- Das **Vorliegen einer unternehmerischen Entscheidung**, die zum **Wegfall eines oder mehrerer Arbeitsplätze** führt.
- Die Gründe, die zum Wegfall der Beschäftigungsmöglichkeit führen, müssen **dringend** sein und
- einer Weiterbeschäftigung des Arbeitnehmers in diesem Betrieb entgegenstehen, sog. **fehlende anderweitige Beschäftigungsmöglichkeit**.

2. Die unternehmerische Entscheidung

a) **Bedeutung.** Ausgangspunkt jedweder betriebsbedingter Kündigung ist die unternehmerische Entscheidung des Arbeitgebers. Dahinter steht die Erkenntnis, dass sich der Wegfall eines Arbeitsplatzes nicht von selbst vollzieht. Ihm geht stets eine Entscheidung des Arbeitgebers voraus, mit welcher er dem veränderten betrieblichen Beschäftigungsbedarf Rechnung tragen will. Er entscheidet sich, auf einen bestimmten Anlass mit einer Anpassungsentscheidung zu reagieren. Die unternehmerische Entscheidung bezeichnet demnach nicht die Kündigung selbst. Diese ist nur das Ergebnis der unternehmerischen Entscheidung. Es handelt sich um den Willensakt des Unternehmers, also dessen **Organisationsentscheidung, die der Kündigung vorausgeht** und zum Wegfall eines oder mehrerer Arbeitsplätze führt.[432] Es geht um das unternehmerische Konzept zur Personalanpassung, das sich auf den Beschäftigungsbedarf auswirkt.

b) **Ursache.** Die unternehmerische Entscheidung des Arbeitgebers kann auf inner- oder außerbetrieblichen Ursachen beruhen.[433] Dabei handelt es sich jedoch nicht um eine rechtlich zwingende Differenzierung. Sie ist lediglich deskriptiv und dient einer systematischen Erfassung der unternehmerischen Entscheidung. Besondere Bedeutung erlangt sie für die

---

[430] → Rn. 78, 88.
[431] → Rn. 240.
[432] BAG 16.5.2019 – 6 AZR 329/18, NZA 2019, 1198; 20.11.2014 – 2 AZR 512/13, NZA 2015, 679; 10.7.2008 – 2 AZR 1111/06, NZA 2009, 312; 7.7.2005 – 2 AZR 399/04, NZA 2006, 266; *Gilberg* NZA 2003, 818.
[433] BAG 20.2.2014 – 2 AZR 346/12, NZA 2014, 1069; 5.12.2002 – 2 AZR 697/01, NZA 2003, 850; *Schrader* NZA 2000, 401.

Darlegungs- und Beweislast bei der Unterscheidung von gestaltender und bindender unternehmerischer Entscheidung bei außerbetrieblichen Ursachen für die Kündigung.[434]

123 Zu den **innerbetrieblichen Ursachen** gehören alle betrieblichen Maßnahmen auf technischem, organisatorischem oder wirtschaftlichem Gebiet, durch die der Arbeitgeber seine Vorstellungen von der Betriebsführung verwirklicht und die sich auf den betrieblichen Beschäftigungsbedarf auswirken. Es geht also um Umstände, die sich aus dem Betrieb selbst ergeben. Als mögliche innerbetriebliche Ursachen kommen zB die Einführung von neuen Arbeitsmethoden und Fertigungsverfahren, Einschränkung oder Stilllegung des Betriebes oder eines Betriebsteils, Verlegung eines Betriebes, Zusammenschluss mehrerer Betriebe oder sonstige Organisationsmaßnahmen in Betracht. Insbesondere gehört auch die Vergabe von bislang intern mit eigenen Arbeitnehmern ausgeführten Tätigkeiten an eine Fremdfirma zu den innerbetrieblichen Ursachen.

124 Zu den **außerbetrieblichen Ursachen** gehören die Umstände, die von der Betriebsgestaltung unabhängig sind und sich auf den betrieblichen Beschäftigungsbedarf auswirken. Es geht um Umstände, die von außen auf den Betrieb einwirken. Dies sind beispielsweise Auftragsmangel, Umsatzrückgang oder im öffentlichen Dienst die Streichung von Haushaltsmitteln.[435]

125 c) **Inhalt.** Inhaltlich wird zwischen der gestaltenden und selbstbindenden unternehmerischen Entscheidung differenziert. Eine **gestaltende unternehmerische Entscheidung** liegt vor, wenn sie auf die Veränderung der innerbetrieblichen Organisation gerichtet ist. Dies ist regelmäßig der Fall bei einer unternehmerischen Entscheidung aus Anlass einer innerbetrieblichen Ursache. Denn innerbetriebliche Ursache und gestaltende unternehmerische Entscheidung korrespondieren miteinander. Der Arbeitgeber entscheidet sich dazu, eine neue Fertigungsmethode einzuführen, durch die der Beschäftigungsbedarf für eine bestimmte Anzahl von Arbeitnehmern entfällt. In diesem Fall gestaltet der Arbeitgeber den Beschäftigungsbedarf selbst durch seine Entscheidung. Die unternehmerische Entscheidung ist dann das Maß für den Wegfall des Beschäftigungsbedarfs, nicht die innerbetriebliche Ursache.

126 Um eine **selbstbindende unternehmerische Entscheidung** handelt es sich, wenn der Arbeitgeber die Zahl der Beschäftigten unmittelbar von externen Faktoren abhängig macht. Er bindet sich an äußere Sachzwänge. Dies ist nur möglich bei solchen Tatsachen, die geeignet sind, das Arbeitsvolumen unmittelbar zu verringern, zB ein Auftragsrückgang.[436] Der Arbeitgeber beruft sich auf eine unmittelbare Kausalkette zwischen vorhandener Arbeitsmenge und dem Wegfall des Beschäftigungsbedürfnisses für eine bestimmte Anzahl von Arbeitnehmern, an der er sich festhalten lassen muss. Er kann also nur dann kündigen, wenn der Beschäftigungsbedarf unmittelbar durch den äußeren Sachzwang entfällt. Es besteht eine grundsätzliche Kongruenz zwischen Rückgang der Arbeitsmenge und Entlassung, wobei der Arbeitgeber allerdings nicht alle Arbeitnehmer entlassen muss, die vom Wegfall der Beschäftigungsmöglichkeit betroffen sind. Er kann auch eine Personalreserve vorhalten.[437] Nur für den zu kündigenden Arbeitnehmer ist die Kongruenz unverzichtbar.

127 Die **Unterscheidung** von gestaltender und gebundener unternehmerischer Entscheidung ist bedeutsam für die Darlegungs- und Beweislast und zeigt sich besonders prägnant am Beispiel außerbetrieblicher Ursachen für die der Kündigung zugrunde liegende unternehmerische Entscheidung. Liegt der außerbetriebliche Grund „Auftragsrückgang" vor, hat es der Arbeitgeber in der Hand, wie er Ursache und unternehmerische Entscheidung miteinander verknüpft. Denkbar ist, dass sich der Arbeitgeber unmittelbar auf den Auftragsrückgang als Kündigungsgrund beruft und eine unmittelbare Kausalkette zwischen diesem und dem Wegfall der Beschäftigungsmöglichkeit herstellt. Dann handelt es sich um eine selbstbindende unternehmerische Entscheidung. Der Arbeitgeber kann den Auftragsrückgang aber auch

---

[434] Dazu → Rn. 128.
[435] BAG 20.2.2014 – 2 AZR 346/12, NZA 2014, 1069; 16.12.2010 – 2 AZR 770/09, NZA 2011, 505; 23.4.2008 – 2 AZR 1110/06, NZA 2008, 939; 13.2.2008 – 2 AZR 79/06, RDG 2008, 234.
[436] Zutreffend ErfK/*Oetker* KSchG § 1 Rn. 227; vgl. auch BAG 20.2.2014 – 2 AZR 346/12, NZA 2014, 1069.
[437] ErfK/*Oetker* KSchG § 1 Rn. 228.

zum Anlass für eine gestaltende unternehmerische Entscheidung nehmen, etwa eine Arbeitsplatzverdichtung herbeizuführen.

Die **Variante der Selbstbindung** hat für den Arbeitgeber **nachteilige Folgen bei der Darlegungs- und Beweislast.** Denn mit der unmittelbaren Verknüpfung von Arbeitsaufkommen und Beschäftigungsbedarf bindet sich der Arbeitgeber selbst und muss sich an der Relation von Auftragsrückgang und Wegfall der Beschäftigungsmöglichkeit für eine bestimmte Anzahl von Arbeitnehmern messen lassen.[438] Der Arbeitgeber muss also einerseits den Auftragsrückgang darlegen und beweisen und zudem rechnerisch daraus den Wegfall der Beschäftigungsmöglichkeit für den gekündigten Arbeitnehmer begründen. Dies gelingt Arbeitgebern erfahrungsgemäß in den wenigsten Fällen. Sinn macht dieser Kündigungsgrund nur, wenn die Relation zwischen Wegfall des Beschäftigungsbedarfs und dem außerbetrieblichem Grund eindeutig ist, etwa wenn der zu kündigende Arbeitnehmer ausschließlich Arbeitsleistungen für einen Kunden erbracht hat und dieser Kunde wegfällt.[439] Ansonsten kann nur nachhaltig davor gewarnt werden, im Falle außerbetrieblicher Ursachen die Kündigung auf eine selbstbindende unternehmerische Entscheidung zu stützen. Dies vor allem deshalb, weil kein Bedürfnis besteht, eine derartiges Risiko einzugehen. 128

Der Arbeitgeber kann einen außerbetrieblichen Grund selbstverständlich auch zum **Anlass für eine gestaltende unternehmerische Entscheidung** nehmen, etwa eine Arbeitsplatzverdichtung aus Anlass eines Auftragsrückgangs in einem bestimmten Bereich vornehmen. Der Wegfall des Arbeitsplatzes ist dann nicht die Folge des Auftragsrückganges, sondern die Folge der gestaltenden unternehmerischen Entscheidung und beruht nur mittelbar auf dem Auftragsrückgang.[440] Der Unterschied besteht darin, dass der Arbeitgeber zusätzlich zum außerbetrieblichen Umstand die innerbetriebliche Struktur durch einen Gestaltungsakt verändert. Dies hat zwei entscheidende Vorteile. Einerseits muss der Arbeitgeber für den zu kündigenden Arbeitnehmer keine unmittelbare Relation zwischen Auftragsrückgang und Arbeitsmenge herstellen. Andererseits muss er auch den Auftragsrückgang nicht beweisen, da dieser nur Anlass der unternehmerischen Entscheidung und nicht der unmittelbare Kündigungsgrund ist. Deshalb unterliegt der Auftragsrückgang als Anlass der Kündigung nur der Missbrauchskontrolle.[441] Im Gegenzug steigen allerdings die Anforderungen an die Darlegungs- und Beweislast für die gestaltende unternehmerische Entscheidung, vor allem in den Fällen der Arbeitsverdichtung. Dies bedeutet, dass die unternehmerische Entscheidung und der Wegfall der Beschäftigungsmöglichkeit durch Tatsachenvortrag besonders sorgfältig substantiiert werden müssen.[442] 129

d) **Zuständigkeit.** Die unternehmerische Entscheidung wird von dem für die jeweilige Entscheidung zuständigen Organ getroffen. Das hängt einerseits ab von der Rechtsform des Unternehmens, andererseits von der beabsichtigten Maßnahme. Bei einer juristischen Person, etwa einer GmbH oder AG handeln grundsätzlich Geschäftsführer oder Vorstand. Deren Befugnis zur Geschäftsführung richtet sich nach dem jeweiligen Gesellschaftsvertrag sowie dem Dienstvertrag, umfasst aber üblicherweise die Vornahme aller Maßnahmen im Rahmen des gewöhnlichen Geschäftsbetriebs des Unternehmens. Beispiele dafür sind die Stilllegung von einzelnen Produktionslinien, Anschaffung neuer Maschinen, Fremdvergabe von Aufträgen und ähnliches. Entscheidungen, die über den gewöhnlichen Geschäftsbetrieb hinausgehen, dürfen sie regelmäßig nicht treffen, sondern sind den Gesellschaftern vorbe- 130

---

[438] BAG 20.2.2014 – 2 AZR 346/12, NZA 2014, 1069; 18.5.2006 – 2 AZR 412/05, DB 2006, 1962; 15.6.1989 – 2 AZR 600/88, AP KSchG § 1 Betriebsbedingte Kündigung Nr. 45; 11.9.1986 – 2 AZR 564/85, RzK I 5c Nr. 13; KR/*Rachor* KSchG § 1 Rn. 555; ErfK/*Oetker* KSchG § 1 Rn. 228, 231; Stahlhacke/Preis/Vossen Kündigung/*Preis* Rn. 912, 915; *Linck/Krause/Bayreuter* § 1 Rn. 685 ff.

[439] Dies funktioniert aber schon dann nicht mehr, wenn der Arbeitnehmer – auch nur in geringem Umfang – für andere Kunden gearbeitet hat. Der Beschäftigungsbedarf muss grundsätzlich zu 100 % entfallen. Ansonsten muss für die Verteilung der restlichen Arbeiten eine zusätzliche unternehmerische Entscheidung getroffen werden.

[440] BAG 16.5.2019 – 6 AZR 329/18, NZA 2019, 1198; 20.2.2014 – 2 AZR 346/12, NZA 2014, 1069; 30.4.1987 – 2 AZR 184/86, AP KSchG § 1 Betriebsbedingte Kündigung Nr. 42; KR/*Rachor* KSchG § 1 Rn. 555; ErfK/*Oetker* KSchG § 1 Rn. 230.

[441] → Rn. 134 ff.

[442] → Rn. 141.

halten. So obliegt die Entscheidung über die Stilllegung des gesamten Unternehmens üblicherweise den Gesellschaftern. Allerdings kommt es für die Wirksamkeit der unternehmerischen Entscheidung auf die gesellschaftsrechtliche Wirksamkeit der Maßnahme nicht an. Entscheidet sich der Geschäftsführer dazu, einen Betriebsteil stillzulegen, obwohl er nach dem Dienstvertrag für diese Entscheidung der Zustimmung der Gesellschafter bedarf, berührt dies die Wirksamkeit der unternehmerischen Entscheidung nicht.[443] Etwas anderes gilt nur dann, wenn die gesellschaftsrechtlichen Bindungen zum Schutz der Arbeitnehmer bestehen, also die verletzte Norm dem Inhalts- oder Bestandsschutz des Arbeitsverhältnisses dient. Im Regelfall dienen die gesellschaftsrechtlichen Bindungen jedoch nicht dem Schutz der Arbeitnehmer, sondern ausschließlich dem Schutz der Gesellschafter. Anders mag zu entscheiden sein, wenn der Vorstand einer AG die Stilllegung des ganzen Betriebs entgegen § 111 Abs. 4 AktG ohne Zustimmung des Aufsichtsrates trifft, weil in diesem Falle die Beteiligung der Arbeitnehmervertreter im Aufsichtrat umgangen wird.[444] Eine besondere Form ist für die unternehmerische Entscheidung nicht vorgeschrieben.[445]

131 e) **Folge der unternehmerischen Entscheidung.** Die unternehmerische Entscheidung muss grds. auf Dauer zum Wegfall des Beschäftigungsbedürfnisses für einen oder mehrere Arbeitnehmer führen.[446] Dabei ist unerheblich, ob die unternehmerische Entscheidung auf außer- oder innerbetrieblichen Umständen beruht. Das Kausalitätserfordernis ergibt sich unmittelbar aus dem Gesetz selbst, denn der betriebliche Grund muss die Kündigung des Arbeitnehmers „bedingen" und das Weiterbeschäftigungsbedürfnis entfallen lassen. Letztlich bedeutet es, dass die Anzahl der vorhandenen Arbeitnehmer größer ist, als die zur Verfügung stehende Arbeitsmenge. Die unternehmerische Entscheidung muss also die **Arbeitsmenge** beeinflussen; dies regelmäßig auf Dauer und nicht nur vorübergehend. Der Arbeitgeber hat deshalb im Detail darzulegen, welche Arbeitsmenge aufgrund der unternehmerischen Entscheidung dauerhaft zur Verfügung steht und wie diese Arbeitsmenge mit dem verbleibenden Personal abgearbeitet werden soll. Die kündigungsrechtlich relevante Arbeitsmenge ist dabei nicht mit der Summe aller im Betrieb vorhandenen Beschäftigungsmöglichkeiten gleichzusetzen. Vielmehr ist sie bezogen auf die Kündigung zu verstehen. Es geht um die Ermittlung der Arbeitsmenge in dem Bereich, auf den sich die unternehmerische Entscheidung auswirkt. Schafft der Arbeitgeber zB eine neue Maschine für einen Produktionsbereich an, die mehrere Arbeitsplätze entbehrlich macht, geht es um die Relation von vorhandener Arbeitsmenge und vorhandene Beschäftigungsmöglichkeiten bezogen auf den konkreten Produktionsbereich. Erforderlich ist die Darlegung, welche Arbeitsmenge dort bisher vorhanden war, welche Arbeitsmenge aufgrund der neuen Maschine zu erwarten ist und wie die zu erwartende Arbeitsmenge verteilt wird. Dies gilt auch für die Erhöhung der Arbeitsdichte. Der Arbeitgeber kann der Auffassung sein, die vorhandene Arbeitsmenge könne mit weniger Personal abgearbeitet werden. Dann muss er darlegen, welche Arbeitsmenge vorhanden ist und wie diese Arbeiten auf die verbleibenden Arbeitnehmer verteilt werden sollen. Die Arbeitsmenge wird nicht verändert, wenn der Arbeitgeber den Arbeitsplatz bei gleich bleibender Tätigkeit in eine Beförderungsstelle umwandelt. Zwar hat der Arbeitnehmer keinen Anspruch auf Beförderung. Die Umwidmung einer Stelle lässt jedoch den Beschäftigungsbedarf nicht entfallen.[447]

132 Die unternehmerische Entscheidung muss sich dabei allerdings nicht notwendig auf das Beschäftigungsbedürfnis des gekündigten Arbeitnehmers auswirken. Die **personale Zuordnung** aufgrund des Wegfalls des Beschäftigungsbedürfnisses erfolgt vielmehr über die soziale Auswahl.[448]

---

[443] BAG 20.11.2014 – 2 AZR 512/13, NZA 2015, 679; 14.3.2013 – 8 AZR 153/12, AP KSchG § 1 Betriebsbedingte Kündigung Nr. 201; 5.4.2001 – 2 AZR 696/99, NZA 2001, 949. Vgl. auch BAG 7.12.2000 – 2 AZR 391/99, NZA 2001, 495 (zur Vereinbarkeit einer unternehmerischen Entscheidung mit der Satzung).
[444] *Linck/Krause/Bayreuter* § 1 Rn. 695.
[445] BAG 20.11.2014 – 2 AZR 512/13, NZA 2015, 679; 31.7.2014 – 2 AZR 422/13, NZA 2015, 101.
[446] BAG 16.5.2019 – 6 AZR 329/18, NZA 2019, 1198; 20.11.2014 – 2 AZR 512/13, NZA 2015, 679; 7.7.2005 – 2 AZR 399/04, NZA 2006, 266; vgl. *Gilberg* NZA 2003, 818.
[447] BAG 18.10.2000 – 2 AZR 465/99, NZA 2001, 437.
[448] Zur Sozialauswahl → Rn. 172.

Zu beachten ist der **Zeitpunkt des Wegfalls der Beschäftigungsmöglichkeit.** Der Wegfall 133
der Beschäftigungsmöglichkeit muss grundsätzlich im Zeitpunkt des Zugangs der Kündigung vorliegen. Dies ist jedoch nicht zwingend. Entscheidend ist, dass der Wegfall der Beschäftigungsmöglichkeit jedenfalls mit Ablauf der Kündigungsfrist eintritt. In Fällen, in denen zwar bei Zugang der Kündigung noch die Möglichkeit der Beschäftigung besteht, aber die für den künftigen Wegfall des Beschäftigungsbedürfnisses maßgeblichen Entscheidungen bereits getroffen sind, kommt es darauf an, ob der Arbeitnehmer bis zum Ablauf der Kündigungsfrist entbehrt werden kann. Davon ist auszugehen, wenn im Zeitpunkt des Ausspruchs der Kündigung aufgrund einer vernünftigen, betriebswirtschaftlichen Betrachtung zu erwarten ist, zum Zeitpunkt des Kündigungstermins werde mit einiger Sicherheit der Eintritt des die Entlassung rechtfertigenden Grundes gegeben sein.[449] Die der Prognose zugrunde liegende Entscheidung muss aber bereits gefallen sein.[450] Lag eine ordnungsgemäße Prognose vor, sind später eintretende Veränderungen grundsätzlich unerheblich.[451]

f) Umfang der gerichtlichen Kontrolle. Ob und welche Maßnahmen der Arbeitgeber ergreift, um auf inner- oder außerbetriebliche Faktoren zu reagieren, hängt in erster Linie ab 134
von seiner Einschätzung der wirtschaftlichen Lage und der Perspektiven sowie seinen wirtschaftlichen Strategien und definierten Zielen. Die Führung des Unternehmens ist also bedingt durch subjektive Erwägungen. Der Arbeitgeber kann beispielsweise trotz eines Gewinnrückgangs im Vertrauen auf eine baldige Besserung der Situation versuchen, mit der bisherigen Belegschaftsstärke weiterzuarbeiten. Hält er hingegen eine Verbesserung der wirtschaftlichen Situation für unwahrscheinlich, wird er mit einem Abbau von Arbeitsplätzen reagieren. Angesichts der Vielzahl möglicher Reaktionen des Arbeitgebers auf bestimmte wirtschaftliche Entwicklungen stellt sich die Frage nach dem gerichtlichen Kontrollumfang der unternehmerischen Entscheidung. Ausgangspunkt ist die Erkenntnis, dass die Führung des Unternehmens dem Arbeitgeber als Ausfluss seiner grundrechtlichen Positionen aus Art. 12 und 14 GG obliegt. Zum geschützten Freiheitsbereich gehört insbesondere die Veränderung der betrieblichen Organisationsstrukturen.

In ständiger Rechtsprechung geht das BAG deshalb zutreffend vom **Grundsatz der freien** 135
Unternehmerentscheidung aus. Dies bedeutet, dass die Arbeitsgerichte nicht befugt sind, die kündigungsbegründende unternehmerische Entscheidung auf ihre sachliche Rechtfertigung hin zu kontrollieren. Den Gerichten ist eine Zweckmäßigkeitskontrolle verwehrt. Es findet ausschließlich eine **Missbrauchskontrolle** statt. Eine gerichtliche Überprüfung kann sich deshalb nur darauf erstrecken, ob die unternehmerische Entscheidung **offenbar unsachlich, unvernünftig oder willkürlich** ist.[452] Der Entschluss des Arbeitgebers wird also nicht darauf hin überprüft, ob er wirtschaftlich sinnvoll ist. Ob, wie viel und was der Arbeitgeber produzieren will, welche Fabrikationsmethoden er anwendet und welche Einkaufspolitik er betreibt, ist kündigungsrechtlich vorgegeben. Dies versteht sich von selbst, da die juristische Ausbildung den Richter nicht zum Betriebswirt befähigt. Auch kommt es nicht darauf an, ob die durch die Kündigung zu erwartenden Vorteile in einem vernünftigen Verhältnis zu den Nachteilen stehen, die sich für den Arbeitnehmer ergeben. Auch Fehldispositionen sind hinzunehmen. Dies gilt ebenfalls für den öffentlichen Dienst. Der öffentliche Arbeitgeber entscheidet selbst, welche Haushaltsmittel er für welche Aufgaben zur Verfügung stellt.

---

[449] BAG 20.11.2014 – 2 AZR 512/13, NZA 2015, 679; 13.2.2008 – 2 AZR 543/06, NZA 2008, 822; 22.9.2005 – 2 AZR 365/04, BeckRS 2009, 66025.
[450] BAG 20.11.2014 – 2 AZR 512/13, NZA 2015, 679; 13.2.2008 – 2 AZR 543/06, NZA 2008, 822; 12.4.2002 – 2 AZR 256/01, NZA 2002, 1205 vgl. → Rn. 92.
[451] Vgl. → Rn. 103 zum Wiedereinstellungsanspruch.
[452] BAG 27.2.2020 – 8 AZR 215/19, BeckRS 2020, 17144; 16.5.2019 – 6 AZR 329/18, NZA 2019, 1198; 18.6.2015 – 2 AZR 480/15, NZA 2015, 1315; 20.11.2014 – 2 AZR 512/13, NZA 2015, 679; 27.1.2011 – 2 AZR 9/10, NZA 2011, 1248; 16.12.2010 – 2 AZR 770/09, NZA 2011, 505; 18.9.2008 – 2 AZR 560/07, NZA 2009, 142; 13.3.2008 – 2 AZR 1037/06, NZA 2008, 878; 18.10.2006 – 2 AZR 434/05, NZA 2007, 552; 7.7.2005 – 2 AZR 399/04, NZA 2006, 266; 24.6.2004 – 2 AZR 326/03, NZA 2004, 1268; 20.3.2003 – 8 AZR 97/02, NZA 2003, 1027; 26.9.2002 – 2 AZR 636/01, NZA 2003, 549; 17.6.1999 – 2 AZR 522/98, NZA 1999, 1095; 26.9.1996 – 2 AZR 200/96, AP KSchG § 1 Betriebsbedingte Kündigung Nr. 80; 10.11.1994 – 2 AZR 242/94, AP KSchG § 1 Betriebsbedingte Kündigung Nr. 65; KR/*Rachor* KSchG § 1 Rn. 559; ErfK/*Oetker* KSchG § 1 Rn. 240; *Linck/Krause/Bayreuter* § 1 Rn. 701; *Gilberg* NZA 2003, 818.

Letztlich kann folgender Grundsatz aufgestellt werden: **Die Betriebsführung obliegt dem Unternehmer, nicht den Arbeitsgerichten.** Ob der Unternehmer mit der Kündigung auf eingetretene Verluste reagiert oder seine Gewinne steigern will ist de lege lata irrelevant. Denn auch letzter Grund ist weder offenbar unsachlich noch unvernünftig oder gar willkürlich. Ebenso kann ein florierender Betrieb eingestellt werden.[453]

136 Offenbar unsachlich unvernünftig oder willkürlich ist die unternehmerische Entscheidung nur, wenn sie gesetzeswidrig ist, einer Gesetzesumgehung dient oder unmittelbar zu Gesetzes-, Tarif- oder Vertragsverstößen führt.[454] Besonders prägnant ist der Fall, dass der Arbeitgeber einen Betrieb stilllegt und gleichzeitig ein neues Unternehmen mit identischem Betriebszweck aufbaut, etwa um eine Betriebsratswahl zu verhindern. Ebenfalls rechtsmissbräuchlich handelt, wer durch die Bildung separater betrieblicher Organisationsstrukturen seinen Betrieb in mehrere Teile aufspaltet, um Arbeitnehmern den allgemeinen Kündigungsschutz zu entziehen. Dies soll nach der Rechtsprechung des BAG auch gelten, wenn Aufgaben durch eine umsatzsteuerliche Organgesellschaft weitergeführt werden sollen und die Wahl dieser Organisationsform darauf beruht, den Arbeitnehmern ihren Kündigungsschutz zu nehmen und sich frei von ihnen trennen zu können.[455] Zudem darf der Arbeitgeber das Fehlen einer Weiterbeschäftigungsmöglichkeit selbst nicht treuwidrig herbeigeführt haben.[456] Ein Rechtsmissbrauch liegt allerdings nicht bereits deshalb vor, weil vom Outsourcing nur ein Arbeitnehmer betroffen ist.[457] Dabei ist zu beachten, dass nach ständiger Rechtsprechung des BAG für die **durchgeführte unternehmerische Entscheidung die Vermutung** spricht, dass sie aus sachlichen Gründen erfolgte.[458] Gebilligt hat das BAG auch die unternehmerische Entscheidung, Arbeiten, die bislang von Mitarbeitern ausgeübt worden sind, durch Selbstständige erbringen zu lassen. Entscheidend ist hier, dass die Entscheidung des Arbeitgebers auf einem nachvollziehbaren unternehmerischen Konzept beruht.[459] Nicht anders zu beurteilen ist die einseitige Veränderung des Anforderungsprofils oder die Entscheidung, eine Hierarchieebene einzusparen.[460]

137 Bei der Prüfung der Wirksamkeit einer Kündigung im Rahmen des KSchG sind die Diskriminierungsverbote des Allgemeinen Gleichbehandlungsgesetzes und die darin vorgesehenen Rechtfertigungen für unterschiedliche Behandlungen als Konkretisierungen der Sozialwidrigkeit zu beachten.[461] Deshalb (grundlegend → Rn. 49) ist auch zu prüfen, ob eine Benachteiligung aufgrund eines verpönten Differenzierungsmerkmals vorliegen kann. Dies ist denkbar, wenn ein Betrieb stillgelegt werden soll, in dem vorwiegend ältere, weibliche, farbige, behinderte oder muslimische Arbeitnehmer beschäftigt sind.[462]

138 **g) Darlegungs- und Beweislast.** Gem. § 1 Abs. 4 KSchG hat der Arbeitgeber die Tatsachen zu beweisen, die die Kündigung bedingen. Dies gilt insbesondere für den Wegfall einer Beschäftigungsmöglichkeit aufgrund unternehmerischer Entscheidung. Der Arbeitgeber muss deshalb im Einzelnen darlegen und beweisen, welche außer- oder innerbetrieblichen Fak-

---

[453] So zutreffend schon: *Gilberg* NZA 2003, 819; ebenso BAG 16.5.2019 – 6 AZR 329/18, NZA 2019, 1198; 20.6.2013 – 2 AZR 379/12, NZA 2014, 139; 20.11.2014 – 2 AZR 512/13, NZA 2015, 679.
[454] BAG 29.11.2007 – 2 AZR 763/06, DB 2008, 1756; 29.3.2007 – 2 AZR 31/06, NZA 2007, 855; 17.6.1999 – 2 AZR 456/99, AP KSchG § 1 Nr. 103.
[455] BAG 26.9.2002 – 2 AZR 636/01, NZA 2003, 549; *Annuß* NZA 2003, 783.
[456] BAG 1.2.2007 – 2 AZR 710/05, AP BGB § 162 Nr. 6 (zu einem vom Arbeitgeber selbst herbeigeführten Arbeitskräfteüberhang).
[457] BAG 18.6.2015 – 2 AZR 480/15, NZA 2015, 1315.
[458] BAG 16.5.2019 – 6 AZR 329/18, NZA 2019, 1198; 20.11.2014 – 2 AZR 512/13, NZA 2015, 679; 27.1.2011 – 2 AZR 9/10, NZA 2011, 1248; 23.4.2008 – 2 AZR 1110/06, NZA 2008, 939; 29.11.2007 – 2 AZR 388/06, NZA 2008, 523; 29.3.2007 – 2 AZR 31/06, NZA 2007, 855; 4.5.2006 – 8 AZR 299/05, NZA 2006, 1096.
[459] BAG 13.3.2008 – 2 AZR 1037/06, NZA 2008, 878.
[460] BAG 27.7.2017 – 2 AZR 476/16, NZA 2018, 234; 2.3.2017 – 2 AZR 546/16, NZA 2017, 905; 16.12.2010 – 2 AZR 770/09, NZA 2011, 505; 13.2.2008 – 2 AZR 1041/06, NZA 2008, 819 (zur Hierarchieebene); BAG 18.3.2010 – 2 AZR 337/08, NZA-RR 2011, 18 (zum Anforderungsprofil).
[461] BAG 19.12.2013 – 6 AZR 190/12, BAGE 147, 60; 20.6.2013 – 2 AZR 295/12, NZA 2014, 208; 6.11.2008 – 2 AZR 523/07, NZA 2009, 128, 238; 5.11.2009 – 2 AZR 676/08, NJW 2010, 1395.
[462] BAG 16.5.2019 – 6 AZR 329/18, NZA 2019, 1198; 19.12.2013 – 6 AZR 190/12, BAGE 147, 60; vgl. auch: *Thüsing* Rn. 109; *Hamacher/Ulrich* NZA 2007, 661.

toren zur Kündigung geführt haben. **Schlagworte** wie Auftragsmangel, Umsatzeinbruch, Gewinnrückgang **reichen nicht** aus. Für das Gericht muss aufgrund eines konkreten Tatsachenvortrags erkennbar sein, ob und weshalb durch innerbetriebliche oder außerbetriebliche Faktoren das Bedürfnis für die Weiterbeschäftigung eines oder mehrerer Arbeitnehmer entfallen ist. Dabei gilt der Grundsatz der **abgestuften Darlegungs- und Beweislast**.[463] Der Umfang der Darlegungs- und Beweislast hängt also auch davon ab, wie sich der Arbeitnehmer auf den behaupteten Kündigungssachverhalt einlässt. Dabei ist zu differenzieren zwischen der unternehmerischen Entscheidung als solche und ihren Auswirkungen.

Zunächst ist zu beachten, dass die eingeschränkte gerichtliche Kontrolle der unternehmerischen Entscheidung Konsequenzen für die Darlegungs- und Beweislast im Hinblick auf die Überprüfung der **unternehmerischen Entscheidung** hat. Es findet nur eine **Missbrauchskontrolle** statt. Um diese zu ermöglichen muss der Arbeitgeber darlegen, welche unternehmerische Entscheidung er aus welchem Grund getroffen hat. Handelt es sich um eine gestaltende unternehmerische Entscheidung kann er zB behaupten, einen Auftragsrückgang zum Anlass für eine Arbeitsplatzverdichtung genommen zu haben. Dann ist die unternehmerische Entscheidung als solche nicht offenbar unsachlich, unvernünftig oder willkürlich. Dass der Arbeitnehmer – wie in dieser Situation üblich – den Auftragsrückgang bestreitet, ist dann unerheblich und unbeachtlich. Der Arbeitgeber wird durch das Bestreiten insbesondere nicht verpflichtet, seine Bilanz offen zu legen. Vielmehr hat der Arbeitnehmer die Umstände darzulegen, aus denen sich ergibt, dass die unternehmerische Entscheidung offenbar unsachlich, unvernünftig oder willkürlich ist.[464] Da für die beschlossene und tatsächlich durchgeführte unternehmerische Entscheidung die Vermutung spricht, dass sie aus sachlichen Gründen erfolgte, hat der Arbeitnehmer in diesem Fall sogar die Umstände zu beweisen, aus denen sich ergeben soll, dass die Maßnahme offensichtlich unsachlich, unvernünftig oder willkürlich ist.[465]

Von dieser eingeschränkten Rechtfertigungskontrolle zu unterscheiden ist die Frage, **ob die unternehmerische Entscheidung tatsächlich getroffen worden ist und ob ihre Umsetzung zum Wegfall der Beschäftigungsmöglichkeit für den Arbeitnehmer geführt hat**. Dies wird von den Gerichten voll überprüft.[466] Es ist also zu unterscheiden zwischen dem Anlass der unternehmerischen Entscheidung, der unternehmerischen Entscheidung selbst und ihren Auswirkungen auf den Wegfall der Beschäftigungsmöglichkeit. Vom Gericht voll nachzuprüfen ist, ob die unternehmerische Entscheidung tatsächlich getroffen worden ist, welchen Inhalt sie hat und wie sie sich auf den Beschäftigungsbedarf auswirkt. Dazu muss der Arbeitgeber detailliert vortragen, wer genau wann welche unternehmerische Entscheidung getroffen hat. Da unternehmerische Entscheidungen regelmäßig von der Geschäftsführung oder den Gesellschaftern getroffen werden, sollten hierüber schriftliche Protokolle angefertigt werden. Dies hat im Prozess den Vorteil, dass eine Urkunde als Beweismittel eingeführt werden kann. Der genaue Zeitpunkt der unternehmerischen Entscheidung muss allerdings nicht dargelegt werden, wenn feststeht, dass sie vor Ausspruch der Kündigung getroffen worden ist.[467]

Hinsichtlich der **Auswirkungen der unternehmerischen Entscheidung** hängt die Darlegungs- und Beweislast davon ab, ob es sich um eine gestaltende oder gebundene unternehmerische Entscheidung handelt.[468] Liegt eine **selbstbindende unternehmerische Entscheidung** vor, muss sich der Arbeitgeber an der Relation von außerbetrieblichen Grund und Wegfall der Beschäftigungsmöglichkeit für eine bestimmte Anzahl von Arbeitnehmern mes-

---

[463] BAG 20.11.2014 – 2 AZR 512/13, NZA 2015, 679; 22.2.2014 – 2 AZR 346/12, NZA 2014, 1069.
[464] Schon → Rn. 136: BAG 20.11.2014 – 2 AZR 512/13, NZA 2015, 679; 17.10.1980 – 7 AZR 675/78, AP KSchG § 1 Betriebsbedingte Kündigung Nr. 10; KR/*Rachor* KSchG § 1 Rn. 594.
[465] BAG 29.11.2007 – 2 AZR 388/06, NZA 2008, 523; 29.3.2007 – 2 AZR 31/06, NZA 2007, 855; auch BAG 13.3.2008 – 2 AZR 1037/06, NZA 2008, 878.
[466] So ausdrücklich auch BAG 22.2.2014 – 2 AZR 346/12, NZA 2014, 1069; 18.10.2006 – 2 AZR 434/05, NZA 2007, 552.
[467] BAG 21.6.2001 – 2 AZR 137/00, NZA 2002, 212.
[468] BAG 22.2.2014 – 2 AZR 346/12, NZA 2014, 1069; zur Darlegungs- und Beweislast bei gebundener und gestaltender unternehmerischer Entscheidung vergleiche → Rn. 128.

sen lassen. Bindet der Arbeitgeber die Kündigung von fünf Arbeitnehmern aus einer Gruppe von zehn an einen Auftragsrückgang, hat er konkret darzulegen, wie viele Aufträge er bisher für die zehn Arbeitnehmer hatte, welche Aufträge künftig noch vorhanden sind und weshalb sich aus der Reduzierung der Aufträge der Wegfall des Beschäftigungsbedürfnisses für fünf Arbeitnehmer ergibt.[469] Handelt es sich um eine **gestaltende unternehmerische Entscheidung** ist der Wegfall des Arbeitsplatzes nicht die Folge eines außerbetrieblichen Faktors, sondern die Folge der gestaltenden unternehmerischen Entscheidung. Der Arbeitgeber muss darlegen und beweisen, dass durch die innerbetriebliche Organisationsentscheidung das Beschäftigungsbedürfnis für einen oder mehrere Arbeitnehmer entfallen ist. Die unternehmerische Entscheidung muss durch den Tatsachenvortrag greifbare Formen annehmen, die die Gerichte in die Lage versetzt, den Wegfall der Beschäftigungsmöglichkeit zu überprüfen. Der Arbeitgeber muss an Hand von konkreten Tatsachen schildern, wie sich zB eine Rationalisierungsmaßnahme auf die Beschäftigungsmöglichkeiten auswirkt. Hat der Arbeitgeber eine neue Software im Betrieb eingeführt, die Arbeitsabläufe vereinfacht, muss konkret dargelegt werden, wie sich dies auf den Beschäftigungsbedarf auswirkt, insbesondere, welche Tätigkeiten künftig nicht mehr anfallen. Dabei **steigen die Anforderungen an die Darlegungs- und Beweislast**, je näher die eigentliche Organisationsentscheidung an den Kündigungsentschluss rückt. Dann muss der Arbeitgeber durch Tatsachenvortrag besonders deutlich machen, dass der Beschäftigungsbedarf entfallen ist.[470] Die Unternehmerentscheidung muss hinsichtlich ihrer organisatorischen Durchführbarkeit und hinsichtlich des Begriffs „Dauer" näher dargelegt werden, um dem Gericht so die Überprüfung zu ermöglichen, ob die Entscheidung nicht offenbar unsachlich, unvernünftig oder willkürlich ist.[471] Dies gilt insbesondere für die Fälle der Arbeitsplatzverdichtung, in denen die unternehmerische Entscheidung und der Wegfall der Beschäftigungsmöglichkeit besonders sorgfältig substantiiert werden müssen.[472] Dabei dürfen die Anforderungen allerdings auch nicht überdehnt werden. Denn diese Anforderungen sind kein Selbstzweck. So kann nicht die Darlegung aller zu erledigender Arbeitsvorgänge und der dafür benötigten Einsatzzeiten im Verhältnis zu den vorhandenen Arbeitsstunden verlangt werden.[473] Nichts anderes gilt für den behaupteten Wegfall einer Hierarchieebene. Auch hier steigen die Anforderungen an die Darlegungslast.[474]

3. Dringlichkeit des betrieblichen Erfordernisses

142 **a) Allgemeines.** Voraussetzung der sozial gerechtfertigten betriebsbedingten Kündigung ist das Vorliegen einer unternehmerischen Entscheidung, die zum Wegfall eines oder mehrerer Beschäftigungsmöglichkeiten führt. Das Bedürfnis für die Weiterbeschäftigung des Arbeitnehmers entfällt dabei nur dann, wenn die betrieblichen Erfordernisse dringend sind, § 1 Abs. 2 KSchG. Mit dem Merkmal der Dringlichkeit wird dem Interesse des Arbeitnehmers am Fortbestand seines Arbeitsverhältnisses ein zusätzliches Gewicht eingeräumt und die Dispositionsfreiheit des Arbeitgebers eingeschränkt. Damit wird der Grundsatz der Verhältnismäßigkeit konkretisiert.[475] Nach dem Grundsatz der Verhältnismäßigkeit muss eine

---

[469] → Rn. 128; vgl. zutreffend auch BAG 22.2.2014 – 2 AZR 346/12, NZA 2014, 1069; 23.2.2012 – 2 AZR 482/11, BeckRS 2012, 72167.

[470] BAG 16.5.2019 – 6 AZR 329/18, NZA 2019, 1198; 2.3.2017 – 2 AZR 546/16, NZA 2017, 905; 22.2.2014 – 2 AZR 346/12, NZA 2014, 1069; 26.9.2002 – 2 AZR 636/01, NZA 2003, 549.

[471] BAG 16.5.2019 – 6 AZR 329/18, NZA 2019, 1198; 2.3.2017 – 2 AZR 546/16, NZA 2017, 905; 22.2.2014 – 2 AZR 346/12, NZA 2014, 1069; 29.11.2007 – 2 AZR 388/06, NZA 2008, 523; 21.9.2000 – 2 AZR 385/99, NZA 2001, 535; 17.6.1999 – 2 AZR 141/99, AP KSchG § 1 Betriebsbedingte Kündigung Nr. 101.

[472] → Rn. 267.

[473] BAG 22.2.2014 – 2 AZR 346/12, NZA 2014, 1069; 29.11.2007 – 2 AZR 388/06, NZA 2008, 525; 18.10.2006 – 2 AZR 434/05, NZA 2007, 552; 6.7.2006 – 2 AZR 442/05, NZA 2007, 139; 6.7.2006 – 2 AZR 442/05, NZA 2007, 139.

[474] BAG 13.2.2008 – 2 AZR 1041/06, NZA 2008, 819.

[475] Ausführlich zum Grundsatz der Verhältnismäßigkeit → Rn. 91; vgl. auch: BAG 29.3.1990 – 2 AZR 369/89, AP KSchG § 1 Betriebsbedingte Kündigung Nr. 50; KR/*Rachor* KSchG § 1 Rn. 565; ErfK/*Oetker* KSchG § 1 Rn. 235; *Preis* S. 306.

Kündigung geeignet und erforderlich sein, das angestrebte Ziel zu erreichen und darf nicht unverhältnismäßig im engeren Sinne sein. Daraus folgt, dass eine Kündigung stets nur als **ultima ratio**, dh als letztes Mittel in Betracht kommt. Die Maßnahme muss geeignet sein, den erstrebten Zweck zu erreichen, unter mehreren zur Verfügung stehenden Mitteln muss das Mittel ausgewählt werden, das den Betroffenen am wenigsten belastet und schließlich darf das mit der Maßnahme verfolgte Ziel nicht außer Verhältnis zur Beeinträchtigung stehen. Daneben ist für eine allgemeine Interessenabwägung kein Raum.[476] Dadurch wird der Grundsatz der freien Unternehmerentscheidung eingeschränkt, jedoch nicht entwertet. Der Unternehmer darf die von ihm vorgegeben Ziele weiter verfolgen, muss jedoch zunächst versuchen, der wirtschaftlichen Lage durch andere Maßnahmen als durch eine Kündigung Rechnung zu tragen. Dies führt allerdings nach wie vor nicht zu einer Angemessenheitsprüfung der unternehmerischen Entscheidung. Es bedarf insbesondere keiner Prüfung, ob die angestrebten Vorteile in einem vernünftigen Verhältnis zu den zu erwartenden Nachteilen stehen und ob das wirtschaftliche Konzept „aufgehen" kann.[477] Auch schützt das Merkmal der Dringlichkeit den Arbeitnehmer nicht vor rentabilitäts- oder kostenneutralen Umstrukturierungen. Denn der Unternehmer bleibt in der Organisation der Arbeit frei. Dies gilt sogar dann, wenn es dem Unternehmer ausschließlich darum geht, ohnehin schon üppige Gewinne zu steigern, solange diese Motivation in ein unternehmerisches Konzept, etwa eine Arbeitsplatzverdichtung, eingebettet ist.[478] Denn der Unternehmer entscheidet grundsätzlich selbst, mit welchem Personalbestand er seine unternehmerischen Ziele verwirklichen will. Aus dem Grundsatz der Verhältnismäßigkeit ergibt sich aber eine Rangfolge bei der Durchführung von betrieblichen Maßnahmen im personellen Bereich. Es geht um die **Überprüfung der Umsetzung der unternehmerischen Entscheidung**. Die Umsetzung des gebilligten unternehmerischen Konzeptes muss zwangsläufig zu einem Wegfall von Beschäftigungsmöglichkeiten führen.

Hierzu haben sich bestimmte **Fallgruppen** herausgearbeitet. So fehlt es an einem dringenden betrieblichen Erfordernis, wenn:

- der Arbeitnehmer auf einem anderen, freien, vergleichbaren Arbeitsplatz weiterbeschäftigt werden kann, sog. „**anderweitige Beschäftigungsmöglichkeit zu unveränderten Arbeitsbedingungen**";
- eine Weiterbeschäftigungsmöglichkeit nach Änderung der Arbeitsbedingungen möglich ist, sog. „**Vorrang der Änderungskündigung**";
- **sonstige mildere Mittel** vorhanden sind. Als solche kommen in Betracht die Einführung von Kurzarbeit, der Abbau von Überstunden oder allgemeine Arbeitzeitverkürzungen.

b) Weiterbeschäftigung zu unveränderten Arbeitsbedingungen. Eine Ausprägung des Grundsatzes der Verhältnismäßigkeit ist in § 1 Abs. 2 S. 1 KSchG ausdrücklich geregelt. Das dringende betriebliche Erfordernis muss der Weiterbeschäftigung des Arbeitnehmers in diesem Betrieb entgegenstehen. Nach § 1 Abs. 2 S. 2 KSchG ist die Kündigung auch sozial ungerechtfertigt, wenn die dort normierten Beschäftigungsmöglichkeiten bestehen, insbesondere der Arbeitnehmer an einem anderen Arbeitsplatz in demselben Betrieb oder in einem anderen Betrieb des Unternehmens weiterbeschäftigt werden kann und der Betriebsrat der Kündigung widersprochen hat. Auch wenn ein Betriebsrat nicht besteht oder untätig geblieben ist, sind die Beschäftigungsmöglichkeiten nach § 1 Abs. 2 S. 2 KSchG zu berücksichtigen. Der individualrechtliche Kündigungsschutz hängt nicht vom Bestehen oder Belieben eines Betriebsrates ab.[479] Daraus folgt, dass zur Rechtfertigung der Kündigung nicht nur der Wegfall des Beschäftigungsbedarfs gehört. Vielmehr muss der Arbeitgeber vor Ausspruch der Kündigung prüfen, ob der Arbeitnehmer an einem anderen Arbeitsplatz in demselben Betrieb oder in einem anderen Betrieb des Unternehmens weiterbeschäftigt werden kann.

---

[476] BAG 20.6.2013 – 2 AZR 346/12, NZA 2014, 1069; so zutreffend ErfK/*Oetker* KSchG § 1 Rn. 236.
[477] BAG 20.6.2013 – 2 AZR 346/12, NZA 2014, 1069; 17.6.1999 – 2 AZR 522/98, AP KSchG § 1 Betriebsbedingte Kündigung Nr. 102.
[478] BAG 20.11.2014 – 2 AZR 512/13, NZA 2015, 679; 20.6.2013 – 2 AZR 379/12, NZA 2014, 139; differenzierend: *Preis* NZA 1997, 1073.
[479] BAG 29.3.2007 – 2 AZR 31/06, NZA 2007, 855; 25.4.2002 – 2 AZR 260/01, NZA 2003, 605; 21.9.2000 – 2 AZR 385/99, NZA 2001, 535; vgl. → Rn. 89.

Die Kündigung ist allerdings nicht bereits deshalb unwirksam, weil der Arbeitgeber die Prüfung der Weiterbeschäftigung auf einem anderen Arbeitsplatz unterlassen hat, sondern erst dann, wenn tatsächlich ein entsprechender Arbeitsplatz vorhanden gewesen ist, den der Arbeitnehmer hätte besetzen können. **Die objektive Lage entscheidet.**[480]

145 Das Merkmal der Weiterbeschäftigung auf einem anderen Arbeitsplatz ist abzugrenzen vom Erfordernis der ordnungsgemäßen Sozialauswahl. Dies wird insbesondere relevant, wenn die Arbeitsmenge in einem Bereich reduziert wird, in dem mehrere Arbeitnehmer beschäftigt sind. Die Sozialauswahl dient dem Ziel, bei unvermeidbaren Kündigungen aus dem Kreis vergleichbarer Arbeitnehmer den sozial stärksten ausfindig zu machen. Die Möglichkeit der anderweitigen Beschäftigung betrifft demgegenüber die Frage, in welchem Umfang die Kündigung vor dem Hintergrund des Prinzips der Verhältnismäßigkeit vermieden werden kann. Durch die zumutbare Weiterbeschäftigung reduziert sich die Anzahl der zu entlassenden Arbeitnehmer.

146 Ein anderer Arbeitsplatz in diesem Sinne ist nur ein **freier, vergleichbarer, gleichwertiger Arbeitsplatz.**[481] **Vergleichbar** ist ein Arbeitsplatz, auf dem der Arbeitgeber den Arbeitnehmer aufgrund seines Weisungsrechtes ohne Änderung des Arbeitsvertrages weiterbeschäftigen kann.[482] Entscheidend sind also die jeweiligen arbeitsvertraglichen Vereinbarungen. Ist eine Änderungskündigung erforderlich, scheidet die Vergleichbarkeit aus, dann kommt jedoch die Weiterbeschäftigung in der Fallgruppe „Vorrang der Änderungskündigung in Betracht, Rz. 150.[483] Der Arbeitnehmer muss aufgrund seiner Fähigkeiten auch in der Lage sein, den Arbeitsplatz zu besetzen. Fehlt ihm die erforderliche Qualifikation, ist die mögliche Versetzung kein milderes Mittel.[484] Allerdings ist dem Arbeitnehmer eine Einarbeitungszeit einzuräumen, damit er den Anforderungen des Arbeitsplatzes gerecht werden kann. Das BAG fordert stets die Einräumung einer „angemessenen Einarbeitungszeit". Um welchen konkreten Zeitraum es sich handelt, hat das BAG von der bisherigen Betriebszugehörigkeit abhängig gemacht. Hat es zunächst eher einen kurzen Zeitraum von vier bis sechs Wochen für angemessen gehalten,[485] waren es bei einer vierjährigen Beschäftigungsdauer zwei Monate.[486] Dabei ist gleichfalls zu berücksichtigen, dass die Festlegung des Anforderungsprofils eines Arbeitsplatzes dem Arbeitgeber als Ausfluss seiner freien unternehmerischen Entscheidung obliegt.[487] Insbesondere besteht im Rahmen der Weiterbeschäftigung kein Anspruch auf Beförderung, auch wenn eine Beförderungsstelle frei ist.[488] Unter Umständen kommt aber eine Weiterbeschäftigung nach Umschulung oder Fortbildung in Betracht.[489]

147 Als **frei** sind jedenfalls die Arbeitsplätze anzusehen, die **im Zeitpunkt des Zugangs der Kündigungserklärung tatsächlich unbesetzt** sind.[490] Insbesondere ist der Arbeitgeber nicht dazu verpflichtet, einen neuen Arbeitsplatz zu schaffen, um die Kündigung zu vermeiden.

---

[480] BAG 7.2.1991 – 2 AZR 205/90, AP KSchG § 1 Umschulung Nr. 1; 24.3.1983 – 2 AZR 21/82, AP KSchG § 1 Betriebsbedingte Kündigung Nr. 12.

[481] Vgl. BAG 27.7.2017 – 2 AZR 476/16, NZA 2018, 234; 2.3.2017 – 2 AZR 546/16, NZA 2017, 905; 26.3.2015 – 2 AZR 417/14, NZA 2015, 1083; 29.3.2007 – 2 AZR 31/06, NZA 2007, 855; 6.12.2001 – 2 AZR 695/00, NZA 2002, 927.

[482] BAG 29.3.1990 – 2 AZR 369/89, AP KSchG § 1 Betriebsbedingte Kündigung Nr. 50.

[483] In diesem Falle ist aber der Grundsatz des Vorrangs der Änderungskündigung vor der Beendigungskündigung zu beachten, → Rn. 155.

[484] Vgl. BAG 26.3.2015 – 2 AZR 417/14, NZA 2015, 1083; 5.6.2008 – 2 AZR 107/07, NZA 2008, 1180; 29.3.2007 – 2 AZR 31/06, NZA 2007, 855; 25.4.2002 – 2 AZR 260/01, NZA 2003, 605; 21.9.2000 – 2 AZR 385/99, NZA 2001, 535.

[485] BAG 5.6.2008 – 2 AZR 107/07, NZA 2008, 1180.

[486] BAG 26.3.2015 – 2 AZR 417/14, NZA 2015, 1083.

[487] BAG 27.7.2017 – 2 AZR 476/16, NZA 2018, 234; 2.3.2017 – 2 AZR 546/16, NZA 2017, 905; 18.3.2010 – 2 AZR 337/08, NZA-RR 2011, 18; 24.6.2004 – 2 AZR 326/03, NZA 2014, 1268, vgl. → Rn. 152.

[488] BAG 23.11.2004 – 2 AZR 38/04, NZA 2005, 986; 18.10.2000 – 2 AZR 465/99, NZA 2001, 437 (zur Umwidmung einer Beförderungsstelle).

[489] Vgl. dazu → Rn. 152.

[490] BAG 24.10.2019 – 2 AZR 85/19, BeckRS 2019, 32070; 27.7.2017 – 2 AZR 476/16, NZA 2018, 234; 26.3.2015 – 2 AZR 417/14, NZA 2015, 1083; 25.4.2002 – 2 AZR 260/01, NZA 2003, 605; 27.9.1984 – 2 AZR 309/83, AP KSchG § 1 Nr. 39; Ascheid/Preis/Schmidt/Vossen KSchG § 1 Rn. 98a.

Ebenfalls ist der Arbeitgeber nicht verpflichtet, einem anderen Arbeitnehmer zu kündigen. Auch sonst ist der Arbeitgeber nicht dazu verpflichtet, durch Organisationsmaßnahmen einen freien Arbeitsplatz zu schaffen. Problematisch ist, ob auch die Arbeitsplätze unbesetzt sind, deren Inhaber vorübergehend ihre Arbeitsleistung, etwa infolge Krankheit oder wegen Inanspruchnahme von Elternzeit nicht erbringen. Entscheidend für das Merkmal des freien Arbeitsplatzes ist nicht die Vakanz als solche, sondern das Fehlen arbeitsvertraglicher Beziehungen für die Stelle. Die Stelle ist also nicht frei, wenn der Stelleninhaber erkrankt ist und keine Arbeitsleistung erbringt. Dies gilt selbst dann, wenn die Dauer der Erkrankung nicht absehbar ist. In diesen Fällen obliegt es dem Arbeitgeber, ob er die vakante Stelle besetzen will.[491] Schwierig zu beurteilen ist, ob die mit **Leiharbeitnehmern** besetzte Stelle als „frei" anzusehen ist, vgl. zu einer ähnlich gelagerten Frage auch Rz. 162. Deckt der Arbeitgeber einen etwa durch Krankheit oder Urlaub ausgelösten Vertretungsbedarf durch Leiharbeitnehmer ab, liegt kein freier Arbeitsplatz vor. Nichts anderes gilt für das Abdecken von Auftragsspitzen.[492] Das BAG hat aber entschieden, dass der mit einem Leiharbeitnehmer besetzte Arbeitsplatz dann als „frei" anzusehen ist, wenn der Arbeitgeber den Leiharbeitnehmer beschäftigt, um mit ihnen ein nicht schwankendes, ständig vorhandenes (Sockel-)Arbeitsvolumen abzudecken.[493] Offen gelassen hat das BAG die Frage, ob anders zu entscheiden ist, wenn der Einsatz von Leiharbeitnehmern auf einem unternehmerischen Konzept beruht, bestimmte Arbeiten nicht durch eigene Arbeitnehmer durchzuführen.[494] Dies wird teilweise bejaht mit dem Hinweis auf das vom BAG gebilligte Konzept, ständig anfallende Arbeiten auf Werkvertragsbasis outzusourcen. Dagegen spricht, dass der Arbeitgeber beim Einsatz von Leiharbeit das Weisungsrecht behält und lediglich die formale Arbeitgeberstellung abstreift.[495] Dies läßt freilich unberücksichtigt, dass der Arbeitgeber nachvollziehbare Gründe dafür haben kann, einen konkreten Bedarf durch Leiharbeitnehmer zu decken.

Die Umsetzung des Arbeitnehmers auf den freien Arbeitsplatz muss tatsächlich möglich sein. Bedarf es nach dem Stellenprofil bestimmter behördlicher Erlaubnisse oder Genehmigungen, muss im Kündigungszeitpunkt die berechtigte Erwartung bestehen, dass der Arbeitnehmer in zumutbarer Zeit über sie verfügen wird. Es reicht nicht aus, dass die Weiterbeschäftigung des Arbeitnehmers nur mit gewisser Wahrscheinlichkeit gesichert ist.[496] Dies ist nicht der Fall, wenn es sich bei der Zuweisung des neuen Tätigkeitsbereiches um eine Versetzung im Sinne von § 99 BetrVG handelt und der Betriebsrat die Zustimmung versagt. Es reicht aus, dass der Betriebsrat bereits vorab angekündigt hat, der Versetzung nicht zuzustimmen. In dieser Situation ist der Arbeitgeber nicht dazu verpflichtet, das Zustimmungsersetzungsverfahren durchzuführen.[497] Ist ein Arbeitsplatz tatsächlich besetzt, kann es in Ausnahmefällen rechtsmissbräuchlich sein, wenn sich der Arbeitgeber darauf beruft. Denkbar sind Fälle, in denen der Arbeitgeber nach einer offensichtlich unwirksamen Kündigung einen freien Arbeitsplatz besetzt, um die Weiterbeschäftigungsmöglichkeit auf einem freien Arbeitsplatz zu vereiteln.[498] Der Arbeitgeber darf die Weiterbeschäftigung also nicht unmöglich machen. Er darf freie Arbeitsplätze nicht mit externen Bewerbern besetzen, um sich der Weiterbeschäftigung zu entziehen. Dabei liegt ein treuwidriges Verhalten insbesondere dann

---

[491] BAG 15.12.2011 – 2 AZR 42/10, BAGE 140, 169; 2.2.2006 – 2 AZR 38/05, AP KSchG § 1 Betriebsbedingte Kündigung Nr. 142.
[492] BAG 15.12.2011 – 2 AZR 42/10, BAGE 140, 169.
[493] BAG 18.10.2012 – 6 AZR 289/11, NZA-RR 2013, 68; 15.12.2011 – 2 AZR 42/10, BAGE 140, 169; vgl. aber auch BAG 18.10.2012 – 6 AZR 289/11, NZA-RR 2013, 68.
[494] So auch ErfK/Oetker KSchG § 1 Rn. 256; aA: LAG Hamm 23.3.2009 – 8 Sa 313/08, BeckRS 2009, 74337; Stahlhacke/Preis/Vossen Kündigung/*Preis* Rn. 981, 991. Vgl. auch → Rn. 167.
[495] *Linck/Krause/Bayreuther* § 1 Rn. 752. Vgl. auch Henssler/Willemsen/Kalb/*Quecke* KSchG § 1 Rn. 269.
[496] BAG 27.7.2017 – 2 AZR 476/16, NZA 2018, 234.
[497] BAG 19.5.2010 – 5 AZR 162/09, NZA 2010, 1119; 29.1.1997 – 2 AZR 9/96, AP KSchG § 1 Krankheit Nr. 32; LAG Köln 24.5.2016 – 12 Sa 677/13.
[498] BAG 26.1.2017 – 2 AZR 61/16, NZA 2017, 1199; 26.3.2015 – 2 AZR 417/14, NZA 2015, 1083; 25.4.2002 – 2 AZR 260/01, NZA 2003, 605; 15.8.2002 – 2 AZR 195/01, NZA 2003, 430; 21.9.2000 – 2 AZR 440/99, AP KSchG § 1 Betriebsbedingte Kündigung Nr. 112; Ascheid/Preis/Schmidt/*Vossen* KSchG § 1 Rn. 98b.

vor, wenn für den Arbeitgeber zum Zeitpunkt der Stellenbesetzung ein Auslaufen der Beschäftigungsmöglichkeiten für den später gekündigten Arbeitnehmer absehbar war. Dies ist der Fall, wenn ein Arbeitsplatz „sehenden Auges" anderweitig besetzt wird.[499]

149 Aus dem Prognoseprinzip ergibt sich, dass darüber hinaus auch die **Arbeitsplätze** als frei anzusehen sind, **die bis zum Ablauf der Kündigungsfrist frei werden,** wenn im Zeitpunkt des Zugangs der Kündigungserklärung die Prognose gerechtfertigt ist, dass der Arbeitsplatz bis zum Ablauf der Kündigungsfrist frei wird.[500] Erforderlich für diese Prognose ist ein hoher Grad an Wahrscheinlichkeit. Der Arbeitgeber muss mit hinreichender Sicherheit vorsehen können, dass der Arbeitsplatz bis zum Ablauf der Kündigungsfrist frei wird. Dies ist etwa der Fall, wenn ein Arbeitnehmer aus Altersgründen ausscheidet. Nach der Rechtsprechung des BAG sollen auch **nach Ablauf der Kündigungsfrist frei werdende Arbeitsplätze** Berücksichtigung finden, wenn dem Arbeitgeber die zeitliche Überbrückung zumutbar ist.[501] Dem ist wegen der Geltung des Verhältnismäßigkeitsprinzips zu folgen. Allerdings muss auch in diesem Falle im Zeitpunkt des Zugangs der Kündigungserklärung mit hinreichender Sicherheit vorhersehbar sein, dass der Arbeitsplatz tatsächlich frei wird. Dabei kann der Arbeitgeber nicht auf die normale Personalfluktuation verwiesen werden.[502] Probleme breitet allerdings der Maßstab der Zumutbarkeit. Zumutbar ist jedenfalls die Überbrückung, die ein anderer Stellenbewerber für die Einarbeitung benötigen würde.[503]

150 Die Weiterbeschäftigungsmöglichkeit auf einem anderen Arbeitsplatz ist **unternehmensbezogen** zu prüfen.[504] Der Arbeitgeber muss deshalb nicht nur freie oder frei werdende Arbeitsplätze im Betrieb des betroffenen Arbeitnehmers berücksichtigen, sondern darüber hinaus auch freie Arbeitsplätze in anderen Betrieben des Unternehmens. Entscheidend ist allerdings auch hier, ob dem Arbeitnehmer der freie Arbeitsplatz im anderen Betrieb im Wege des Direktionsrechtes zugewiesen werden kann. Bei räumlich weit entfernt liegenden Betrieben ist unter Umständen eine Änderungskündigung erforderlich. Dies schließt dann zwar die Vergleichbarkeit aus, unter Umständen greift jedoch der Grundsatz vom Vorrang der Änderungskündigung.[505] Freie Arbeitsplätze im **Konzern** sind grundsätzlich nicht zu berücksichtigen. Denn der Kündigungsschutz ist nicht konzerndimensional ausgestaltet.[506] Allerdings sind **Ausnahmen** anerkannt. Freie Arbeitsplätze im Konzern sind zu berücksichtigen, wenn der Arbeitsvertrag des Arbeitnehmers eine Konzernversetzungsklausel enthält, also einen arbeitsvertraglichen Vorbehalt, den Arbeitnehmer bei anderen Konzernunternehmen einzusetzen.[507] Das Gleiche gilt für Konzernversetzungsklauseln in Tarifverträgen und Betriebsvereinbarungen. Darüber hinaus sind freie Arbeitsplätze im Konzern zu berücksichtigen, wenn der Arbeitnehmer tatsächlich mehrfach in ein anderes Unternehmen des Konzerns versetzt worden ist und dort Aufgaben wahrgenommen hat, deren Verlagerung in dieses Unternehmen nun die Kündigung rechtfertigen soll.[508] Eine konzernweite Weiterbe-

---

[499] BAG 26.3.2015 – 2 AZR 417/14, NZA 2015, 1083; 5.6.2008 – 2 AZR 107/07, NZA 2008, 1180; 25.4.2002 – 2 AZR 260/01, NZA 2003, 605; 15.8.2002 – 2 AZR 195/01, NZA 2003, 430 (zum bevorstehenden Teilbetriebsübergang).
[500] BAG 1.3.2007 – 2 AZR 650/05, AP KSchG § 1 Betriebsbedingte Kündigung Nr. 164; 29.3.1990 – 2 AZR 369/89, AP KSchG § 1 Betriebsbedingte Kündigung Nr. 50.
[501] BAG 9.9.2010 – 2 AZR 493/09, DB 2011, 62; 15.12.1994 – 2 AZR 327/94, AP KSchG § 1 Betriebsbedingte Kündigung Nr. 67.
[502] BAG 17.9.1998 – 2 AZR 419/97, NZA 1999, 258; 15.12.1994 – 2 AZR 327/94, AP KSchG § 1 Betriebsbedingte Kündigung Nr. 67.
[503] BAG 7.3.1996 – 2 AZR 180/95, AP KSchG § 1 Betriebsbedingte Kündigung Nr. 76; 15.12.1994 – 2 AZR 327/94, AP KSchG § 1 Betriebsbedingte Kündigung Nr. 67.
[504] BAG 20.9.2012 – 6 AZR 253/11, BAGE 143, 129; 26.6.2008 – 2 AZR 1109/06, NZA-RR 2009, 205; 23.4.2008 – 2 AZR 1110/06, NZA 2008, 939; 23.11.2004 – 2 AZR 24/04, NZA 2005, 929; 21.9.2000 – 2 AZR 385/99, NZA 2001, 535; ErfK/*Oetker* KSchG § 1 Rn. 380, 385; Ascheid/Preis/Schmidt/*Vossen* KSchG § 1 Rn. 99.
[505] Dazu → Rn. 155.
[506] BAG 24.10.2019 – 2 AZR 85/19, BeckRS 2019, 32070; 20.2.2014 – 2 AZR 859/11, BAGE 147, 251; 20.9.2012 – 6 AZR 253/11, BAGE 143, 129; 22.3.2001 – 8 AZR 565/00, NZA 2002, 1350; 14.10.1982 – 2 AZR 568/80, AP KSchG § 1 Konzern Nr. 1; 21.9.2000 – 2 AZR 385/99, NZA 2001, 535.
[507] BAG 22.3.2001 – 8 AZR 565/00, NZA 2002, 1350; 21.1.1999 – 2 AZR 648/97, NZA 1999, 535.
[508] BAG 22.3.2001 – 8 AZR 565/00, NZA 2002, 1350; 27.11.1991 – 2 AZR 255/91, AP KSchG § 1 Konzern Nr. 6.

schäftigung ist auch dann zu prüfen, wenn die außerordentliche Kündigung ausgeschlossen ist und eine außerordentliche Kündigung mit sozialer Auslauffrist ausgesprochen wird.[509] Bei einem **Gemeinschaftsbetrieb mehrerer Unternehmen** sind die Weiterbeschäftigungsmöglichkeiten für jedes der beteiligten Unternehmen zu prüfen.[510] Die Weiterbeschäftigung auf freien Arbeitsplätzen im Betrieb oder Unternehmen erfasst nicht Arbeitsplätze im **Ausland**.[511] Ob etwas anderes gilt, wenn der Arbeitsvertrag eine Klausel beinhaltet, die eine Versetzung ins Ausland ermöglicht, hat das BAG offen gelassen.

Besonderheiten bestehen, wenn der **Beschäftigungsbedarf für mehrere Arbeitnehmer entfällt,** jedoch freie vergleichbare Arbeitsplätze bestehen, deren Anzahl aber geringer ist als die Zahl der zu kündigenden Arbeitnehmer und nicht alle Arbeitnehmer weiterbeschäftigt werden können. Für diesen Fall war zunächst anerkannt, dass die sozialen Belange der betroffenen Arbeitnehmer jedenfalls nach billigem Ermessen, § 315 BGB, § 106 GewO, zu berücksichtigen sind.[512] Zwischenzeitlich hat sich die zutreffende Auffasung durchgesetzt, dass eine Sozialauswahl analog § 1 Abs. 3 KSchG vorzunehmen ist.[513] Das BAG zieht insoweit auch eine Parallele zur fehlerhaft durchgeführten Sozialauswahl. Auch wenn es der Arbeitgeber unterläßt, Weiterbeschäftigungsangebote anzubieten, folgt daraus nicht, dass sich der Arbeitnehmer ohne Weiteres auf diese fragliche Beschäftigungsmöglichkeit berufen könnte. Vielmehr kommt es darauf an, ob bei rechtskonformen Verhalten zu seinen Gunsten eine Weiterbeschäftigungsmöglichkeit bestanden hätte.[514]

c) **Weiterbeschäftigung nach Umschulung und Fortbildung.** Die Verpflichtung zur Weiterbeschäftigung auf einem freien Arbeitsplatz trifft den Arbeitgeber nach § 1 Abs. 2 S. 3 KSchG auch, wenn sie erst nach zumutbarer Umschulung oder Fortbildung möglich ist. Diese Kündigungsschranke trifft den Arbeitgeber ebenfalls unabhängig vom Widerspruch des Betriebsrates. Der Begriff der Umschulung ergibt sich aus § 1 Abs. 4 BBiG und soll den Arbeitnehmer zu einer anderen beruflichen Tätigkeit befähigen. Fortbildungsmaßnahmen dienen nach § 1 Abs. 3 BBiG dazu, die beruflichen Kenntnisse und Fähigkeiten des Arbeitnehmers zu erhalten, zu erweitern, der technischen Entwicklung anzupassen oder beruflich aufzusteigen. Aus diesen Definitionen ergibt sich der Zweck dieser Weiterbeschäftigungsmöglichkeit recht klar. Es geht darum, die Fähigkeiten und Kenntnisse des Arbeitnehmers den veränderten Umständen anzupassen, vor allem, wenn der Unternehmer neue Fertigungsmethoden einführt. Der Arbeitnehmer soll in die Lage versetzt werden, unter den geänderten Rahmenbedingungen weiterzuarbeiten. Daraus lässt sich jedoch keine Pflicht ableiten, dem Arbeitnehmer eine Beförderungsstelle anzubieten.[515] Insbesondere besteht kein Anspruch auf eine Umschulung für einen Arbeitsplatz mit besseren Bedingungen. Denn durch den Grundsatz der Verhältnismäßigkeit soll das Arbeitsverhältnis mit seinem bisherigen Bestand geschützt werden.[516] In diesem Zusammenhang ist ebenfalls zu beachten, dass der Arbeitgeber das Anforderungsprofil für den freien Arbeitsplatz selbst festlegen kann.[517]

Der Arbeitgeber ist nur zu **zumutbaren Maßnahmen** verpflichtet. Die Zumutbarkeit bezieht sich auf den Arbeitgeber. Der Maßstab der Zumutbarkeit lässt sich nicht allgemein bestimmen, sondern hängt ab von den Umständen des Einzelfalls, unter anderem von der

---

[509] BAG 22.3.2001 – 8 AZR 565/00, NZA 2007, 1279.
[510] BAG 13.6.1985 – 2 AZR 452/84, AP KSchG § 1 Nr. 10; LAG Köln 21.7.2000 – 11 Sa 420/00, LAGE KSchG § 1 Betriebsbedingte Kündigung Nr. 57; ErfK/*Oetker* KSchG § 1 Rn. 380.
[511] BAG 24.9.2015 – 2 AZR 3/14, NZA 2015, 1457.
[512] BAG 21.9.2000 – 2 AZR 385/99, NZA 2001, 535; 15.12.1994 – 2 AZR 320/94, AP KSchG § 1 Betriebsbedingte Kündigung Nr. 66.
[513] Vgl. BAG 27.7.2017 – 2 AZR 476/16, NZA 2018, 234; 23.2.2012 – 2 AZR 45/11, AP KSchG 1969 § 2 Nr. 156; 12.8.2010 – 2 AZR 945/08, AP KSchG 1969 § 2 Nr. 147; 22.9.2005 – 2 AZR 544/04, NZA 2006, 558; 21.9.2000 – 2 AZR 385/99, NZA 2001, 535.
[514] Vgl. BAG 27.7.2017 – 2 AZR 476/16, NZA 2018, 234.
[515] BAG 23.2.2010 – 2 AZR 656/08, NZA 2010, 1288; 18.10.2000 – 2 AZR 465/99, NZA 2001, 437; 29.3.1990 – 2 AZR 369/89, AP KSchG § 1 Betriebsbedingte Kündigung Nr. 50.
[516] BAG 23.2.2010 – 2 AZR 656/08, NZA 2010, 1288; 19.4.2007 – 2 AZR 239/06, NZA 2007, 1041.
[517] BAG 27.7.2017 – 2 AZR 476/16, NZA 2018, 234; 2.3.2017 – 2 AZR 546/16, NZA 2017, 905; 18.3.2010 – 2 AZR 337/08, NZA-RR 2011, 18; 24.6.2004 – 2 AZR 326/03, NZA 2004, 1268; vgl. auch → Rn. 146.

Art der bisher ausgeübten Tätigkeit, der bisherigen Beschäftigungsdauer und der konkreten Vertragsgestaltung. Erforderlich ist eine Interessenabwägung in der geprüft wird, ob dem Arbeitgeber die Maßnahme nach Treu und Glauben zugemutet werden kann. Umschulung und Fortbildung sind jedenfalls dann nicht zumutbar, wenn sie angesichts der bisherigen Dauer der Beschäftigung nicht in vertretbarer Zeit mit vertretbarem Aufwand möglich sind. Maßstab ist hier die betriebsübliche Probezeit. Je kostenintensiver die Maßnahme ist, desto höher sind die Anforderungen an den Nutzen für den Betrieb. Sie können vom Arbeitgeber nur verlangt werden, wenn die Weiterbeschäftigung des Arbeitnehmers dadurch für einen erheblichen Zeitraum gesichert werden kann. Zu berücksichtigen ist auch das Alter des Arbeitnehmers und sein Qualifikationsstand. Erscheint die Maßnahme angesichts des Alters des Arbeitnehmers oder seines Bildungsgrades aussichtslos, kann dem Arbeitgeber deren Durchführung nicht zugemutet werden. Dies wird freilich nur selten der Fall sein. Umschulung und Fortbildung sind auch dann unzumutbar, wenn der Arbeitnehmer nicht umschulungsfähig und umschulungswillig ist.

154 Für das **Merkmal „frei"** gilt das → Rn. 142 ff. Gesagte. Eine Pflicht zur Fortbildung oder Umschulung besteht nur, wenn der Arbeitsplatz bei Zugang der Kündigungserklärung frei ist oder mit hinreichender Sicherheit vorhersehbar ist, dass nach Abschluss der Qualifizierungsmaßnahme ein freier Arbeitsplatz besteht, der die Beschäftigung nach Umschulung oder Fortbildung ermöglicht.[518] Bedarf es nach dem Stellenprofil bestimmter behördlicher Erlaubnisse oder Genehmigungen, muss im Kündigungszeitpunkt die berechtigte Erwartung bestehen, dass der Arbeitnehmer in zumutbarer Zeit über sie verfügen wird. Es reicht nicht aus, dass die Weiterbeschäftigung des Arbeitnehmers nur mit gewisser Wahrscheinlichkeit gesichert ist.[519]

155 **d) Weiterbeschäftigung zu veränderten Arbeitsbedingungen/Vorrang der Änderungskündigung.** Die Kündigung ist nach § 1 Abs. 2 S. 3 KSchG auch sozial ungerechtfertigt, wenn die Weiterbeschäftigung des Arbeitnehmers zu geänderten Arbeitsbedingungen möglich ist und der Arbeitnehmer sein Einverständnis zu dieser Weiterbeschäftigung erklärt hat. Vor diesem Hintergrund ist der Arbeitgeber nach der Rechtsprechung des BAG verpflichtet, dem Arbeitnehmer von sich aus eine zumutbare Weiterbeschäftigung auf einem freien Arbeitsplatz zu geänderten Arbeitsbedingungen anzubieten.[520] Die **Beendigungskündigung ist unwirksam**, wenn es der Arbeitgeber unterlässt, dem Arbeitnehmer eine entsprechende Beschäftigung anzubieten. Der Arbeitgeber muss regelmäßig die Änderungskündigung auszusprechen, **wenn die Weiterbeschäftigung zu geänderten Bedingungen möglich ist.**[521]

156 Das Angebot ist allerdings nur erforderlich, wenn die Tätigkeit dem Arbeitnehmer nicht schon im Wege des Direktionsrechtes zugewiesen werden kann. In diesem Falle handelt es sich um die Fallgruppe der Weiterbeschäftigung zu unveränderten Arbeitsbedingungen.[522] Erst wenn dies nicht möglich ist, kommt die Änderungskündigung in Betracht.

157 Ein Arbeitsplatz in diesem Sinne ist nur ein **freier Arbeitsplatz**. Die Definition des freien Arbeitsplatzes richtet sich nach den allgemeinen Grundsätzen.[523]

158 **Inhaltlich** wird als anderer Arbeitsplatz nur ein gleich- oder geringerwertiger Arbeitsplatz angesehen. Der Arbeitnehmer hat **keinen Anspruch auf Beförderung** und Weiterbeschäftigung auf einem höherwertigen Arbeitsplatz.[524] Denn durch den Grundsatz der Verhältnis-

---

[518] BAG 7.2.1991 – 2 AZR 205/90, AP KSchG § 1 Umschulung Nr. 1; LAG Hamm 20.1.2000 – 8 Sa 1420/99, LAGE KSchG § 1 Personenbedingte Kündigung Nr. 17.
[519] BAG 27.7.2017 – 2 AZR 476/16, NZA 2018, 234.
[520] BAG 26.3.2015 – 2 AZR 417/14, NZA 2015, 1083; 9.9.2010 – 2 AZR 493/09, DB 2011, 62; 26.6.2008 – 2 AZR 1109/06, NZA-RR 2009, 205; 5.6.2008 – 2 AZR 107/07, NZA 2008, 1180; 21.4.2005 – 2 AZR 132/04, NZA 2005, 1289; 21.4.2005 – 2 AZR 244/04, NZA 2005, 1294; 18.10.2000 – 2 AZR 465/99, NZA 2001, 437; 29.11.1990 – 2 AZR 282/90, RzK I 5a Nr. 4; 29.3.1990 – 2 AZR 369/89, AP KSchG § 1 Betriebsbedingte Kündigung Nr. 50; 27.9.1984 – 2 AZR 62/83, AP KSchG § 2 Nr. 8.
[521] BAG 26.3.2015 – 2 AZR 417/14, NZA 2015, 1083; 26.6.2008 – 2 AZR 1109/06, NZA-RR 2009, 205; 5.6.2008 – 2 AZR 107/07, NZA 2008, 1180; 21.4.2005 – 2 AZR 132/04, NZA 2005, 1289; 21.4.2005 – 2 AZR 244/04, NZA 2005, 1294.
[522] Vgl. dazu → Rn. 144 ff.
[523] → Rn. 147 ff.
[524] Dazu schon → Rn. 146.

mäßigkeit soll das Arbeitsverhältnis mit seinem bisherigen Bestand geschützt werden. Etwas anderes gilt nur, wenn die Einrichtung der Beförderungsstelle der Umgehung der Weiterbeschäftigungsverpflichtung dient, etwa wenn der Arbeitgeber Beschäftigungsmöglichkeiten in einen anderen Betrieb des Unternehmens verlagert und dort höher vergütet, die Tätigkeit aber ansonsten gleich bleibt.[525] Abgesehen von diesen krassen Fällen wird dem Arbeitnehmer der Nachweis oft nur schwer möglich sein. Von besonderer Bedeutung ist, dass dem Arbeitnehmer auch **geringerwertige Arbeitsplätze** angeboten werden müssen. Selbstverständlich muss der Arbeitgeber aber keine Arbeitsplätze anbieten, für die der Arbeitnehmer völlig ungeeignet ist. Allerdings hat der Arbeitgeber dem Arbeitnehmer alle freien Arbeitsplätze anzubieten, die dieser aufgrund seiner Qualifikation ausüben kann, mögen diese auch geringwertiger sein und mag der Arbeitgeber die Beschäftigung auch für eine „Degradierung" halten. Welcher Arbeitsplatz zumutbar ist, entscheidet nicht der Arbeitgeber, sondern der Arbeitnehmer. Der Arbeitgeber muss bei der Prüfung der Weiterbeschäftigung zu veränderten Arbeitsbedingungen deshalb **sämtliche freien Arbeitsplätze berücksichtigen**, die der Arbeitnehmer **aufgrund seiner Qualifikation** ausüben könnte, mögen sie auch im Vergleich zur bisherigen Beschäftigung eine untergeordnete Wertigkeit haben und einen sozialen Abstieg bedeuten. Eine Ausnahme besteht nur, wenn der Arbeitgeber bei vernünftiger Betrachtung nicht mit Annahme des Angebotes rechnen konnte, weil es **beleidigenden Charakter** hat. Damit versucht das BAG **Extremfälle** auszuschließen, etwa wenn der Arbeitgeber dem bisherigen Personalchef die Pförtnerstelle anbietet.[526] Da allerdings abgesehen von diesem Extremfall Schwierigkeiten bei der Definition des Ausnahmefalles bestehen, kann dem Arbeitgeber nur geraten werden, aus seiner Sicht auch „unzumutbare" Arbeitsplätze anzubieten. Denn die Beendigungskündigung ist immer dann unwirksam, wenn der Arbeitgeber es unterlässt, dem Arbeitnehmer einen im Kündigungszeitpunkt vorhandenen, freien und vom Arbeitnehmer ausfüllbaren Arbeitsplatz zu geänderten Beschäftigungsbedingungen anzubieten.[527] Ob ein Extremfall vorliegt macht das BAG auch am Verhalten der Parteien nach der Kündigung fest. Beruft sich der Arbeitnehmer in Kenntnis der freien in der betrieblichen Hierarchie weit entfernten Stelle nicht zeitnah auf eine solche, spreche vieles dafür, dass er selbst von einer unzumutbaren Tätigkeit ausgehe. Beruft er sich gleichwohl später auf diese Stelle, ist sein Verhalten nicht mehr widerspruchsfrei.[528]

Die **Art und Weise des Weiterbeschäftigungsangebotes** richtet sich nach den allgemeinen Grundsätzen. Erforderlich ist ein Angebot des Arbeitgebers in dem die Weiterbeschäftigung zu veränderten Arbeitsbedingungen konkret angeboten wird. Der Arbeitnehmer muss genau wissen, was von ihm künftig erwartet wird. Hieran scheitern in der Praxis die meisten Angebote, weil lediglich lapidar auf eine Weiterbeschäftigung zu geänderten Arbeitsbedingungen hingewiesen wird. Hier muss sorgfältig ein konkretes Angebot formuliert werden. Etwas anderes gilt nur, wenn der Arbeitnehmer die Arbeitsbedingungen bereits kennt.[529] Vgl. § 46 Änderungskündigung.

Um dem Erfordernis des „Vorrangs der Änderungskündigung" zu entsprechen, kann der Arbeitgeber auf der Grundlage der Rechtsprechung des BAG nun auf **zwei Wegen** vorgehen. Er kann dem Arbeitnehmer **einerseits** vor Ausspruch der Kündigung ein **konkretes Angebot** unterbreiten. Der Regelungsmechanismus nach Zugang des isolierten Angebotes gleicht dem der Änderungskündigung. Nimmt der Arbeitnehmer das Angebot an, ist der Vertrag abgeändert. Nimmt er es unter Vorbehalt an, muss der Arbeitgeber eine Änderungskündigung auf der Grundlage seines Angebotes aussprechen. Lehnt der Arbeitnehmer das Angebot vor-

---

[525] BAG 5.10.1995 – 2 AZR 269/95, AP KSchG § 1 Betriebsbedingte Kündigung Nr. 71.
[526] BAG 26.3.2015 – AZR 417/14, NZA 2015, 1083; 8.5.2014 – 2 AZR 1001/12, AP KSchG § 1 Betriebsbedingte Kündigung Nr. 204; 26.6.2008 – 2 AZR 1109/06, NZA-RR 2009, 205; 5.6.2008 – 2 AZR 107/07, NZA 2008, 1180; 21.4.2005 – 2 AZR 132/04, NZA 2005, 1289; 21.4.2005 – 2 AZR 244/04, NZA 2005, 1294. Zur Änderungskündigung detailliert § 46; anders noch: BAG 27.9.1984 – 2 AZR 62/83, AP KSchG § 2 Nr. 8.
[527] So zutreffend schon *Preis* KündigungsR S. 303; BAG 26.3.2015 – 2 AZR 417/14, NZA 2015, 1083; 21.4.2005 – 2 AZR 132/04, NZA 2005, 1289; 21.4.2005 – 2 AZR 244/04, NZA 2005, 1294.
[528] BAG 26.3.2015 – 2 AZR 417/14, NZA 2015, 1083; 23.2.2010 – 2 AZR 656/08, NZA 2010, 1288; 21.9.2006 – 2 AZR 607/05, NZA 2007, 431.
[529] BAG 18.10.2000 – 2 AZR 465/99, NZA 2001, 437.

behaltlos und endgültig ab, kann der Arbeitgeber eine Beendigungskündigung aussprechen. Von dieser Möglichkeit sollte allerdings **zurückhaltend Gebrauch** gemacht werden. Denn der Arbeitnehmer muss eindeutig und vorbehaltlos erklären, unter gar keinen Umständen – auch nicht unter dem Vorbehalt der sozialen Rechtfertigung – bereit zu sein, zu den geänderten Bedingungen zu arbeiten. Allein die Ablehnung eines der Kündigung vorangegangenen Angebots auf einvernehmliche Abänderung des Arbeitsverhältnisses durch den Arbeitnehmer enthebt den Arbeitgeber hingegen grundsätzlich nicht von der Verpflichtung, das Änderungsangebot mit einer nachfolgenden Beendigungskündigung erneut zu verbinden.[530] Denn die Ablehnung der einverständlichen Abänderung schließt nicht aus, dass der Arbeitnehmer bereit ist, zu den geänderten Bedingungen weiterzuarbeiten, wenn sich in einem Änderungsschutzverfahren die Berechtigung der Änderung herausstellt. Unklar ist in dieser Variante die dem Arbeitnehmer einzuräumende Überlegungsfrist. Der Weg über das vorherige Angebot ist aber nicht zwingend. Der Arbeitgeber kann **andererseits** sogleich eine Änderungskündigung aussprechen. Vorzugwürdig ist dabei der Weg über die Änderungskündigung.

161 Im Ergebnis sollte der Arbeitgeber vor Ausspruch einer Beendigungskündigung sehr genau ermitteln, ob freie Arbeitsplätze vorhanden sind. Ist dies der Fall, sollten sie dem Arbeitnehmer angeboten werden, auch wenn die Tätigkeit deutlich unter dem bisherigen Niveau liegt, solange der Arbeitnehmer für die Tätigkeit nicht offensichtlich ungeeignet ist.

Probleme tauchen immer wieder auf, wenn **mehrere Weiterbeschäftigungsmöglichkeiten** bestehen, also einerseits Arbeitsplätze, die im Wege des Direktionsrechtes zugewiesen werden können, andererseits solche, bei denen die Zuweisung eine Änderungskündigung erfordert. Dann stellt sich die Frage, in welcher Reihenfolge der Arbeitgeber die erforderlichen personellen Maßnahmen zu treffen hat, welchen Arbeitsplatz er dem zu kündigenden Arbeitnehmer also zuerst anbietet. Hier gilt grundsätzlich der Vorrang der Ausübung des Weisungsrechtes vor dem Ausspruch einer Änderungskündigung. Denn der Arbeitnehmer kann vom Arbeitgeber nicht die Weiterbeschäftigung auf einem Arbeitsplatz verlangen, auf den er nicht durch Ausübung des Direktionsrechts versetzt werden kann, sofern ihm ein anderer Arbeitsplatz im Wege des Weisungsrechts zugewiesen werden kann.[531] Existieren mehrere Weiterbeschäftigungsmöglichkeiten auf einer „Zuweisungsebene", ist der Arbeitsplatz anzubieten, dessen Beschäftigungsbedingungen dem bisherigen Arbeitsplatz am nächsten kommt. Dies ist freilich nur eine „Leerformel", die in der betrieblichen Praxis immer wieder zu Beurteilungsproblemen führt, weil Vorteile und Nachteile in einer komplexen Beziehung stehen und subjektiv geprägt sind. In diesen Fällen sollten dem Arbeitnehmer sämtliche Arbeitsplätze alternativ aber jeweils für sich hinreichend bestimmt zB im Wege der Änderungskündigung abgeboten werden.[532]

162 **e) Sonstige mildere Mittel.** Welche sonstigen Mittel der Arbeitgeber zu ergreifen hat, um nach dem Grundsatz der Verhältnismäßigkeit eine Beendigungskündigung zu vermeiden, wird nicht einheitlich beurteilt. Denkbar sind beispielsweise der Abbau von Überstunden, die Einführung von Kurzarbeit, der Abbau von Leiharbeitsverhältnissen oder eine Arbeitsstreckung. Erforderlich ist auch hier eine Abwägung im Einzelfall auf der Grundlage der geltenden kündigungsschutzrechtlichen Prinzipien, insbesondere der Grundsatz der freien unternehmerischen Entscheidung, das Prognoseprinzip und der Gedanke der Zumutbarkeit. Im Einzelnen gilt Folgendes:

163 Allgemeine **Arbeitszeitverkürzungen** sind kein milderes Mittel zur Vermeidung von betriebsbedingten Kündigungen. Denn eine entsprechende Verkürzung der Arbeitszeit aller Mitarbeiter könnte nur durch Eingriffe in die Rechte anderer Arbeitnehmer erfolgen. Der Arbeitgeber ist aber zu entsprechenden Eingriffen nicht verpflichtet.[533] Allerdings kann vom

---

[530] So schon BAG 7.12.2000 – 2 AZR 391/99, NZA 2001, 495.
[531] So auch *Linck/Krause/Bayreuther* KSchG § 1 Rn. 765.
[532] So auch *Linck/Krause/Bayreuther* KSchG § 1 Rn. 765. Vgl. zu diesem Vorgehen auch BAG 28.10.1999 – 2 AZR 437/98, AP KSchG 1969 § 15 Nr. 44.
[533] BAG 19.5.1993 – 2 AZR 584/92, AP KSchG § 2 Nr. 31; LAG Hamm 15.12.1982 – 12 Sa 993/82, DB 1983, 506.

Arbeitgeber verlangt werden, dass er die bestehenden Möglichkeiten einer Jahresarbeitszeitregelung ausschöpft, die gerade mit dem Ziel geschaffen worden ist, durch eine Flexibilisierung der Jahresarbeitszeit betriebsbedingte Kündigungen in Zeiten des geringeren Arbeitsanfalls zu vermeiden. Unterliegt in einem Betrieb der Arbeitsanfall je nach Jahreszeit erheblichen Schwankungen und haben die Tarifvertragsparteien und die Betriebspartner für dieses Problem durch die Festlegung einer flexiblen Jahresarbeitszeit eine Lösung geschaffen, die betriebsbedingte Kündigungen weitgehend vermeiden soll, so ist ein dringendes betriebliches Erfordernis zu einer Beendigungskündigung regelmäßig erst dann anzunehmen, wenn der Arbeitgeber diese Möglichkeiten der flexiblen Arbeitszeitgestaltung ausgenutzt hat und trotzdem noch ein Beschäftigungsüberhang besteht.[534]

Der **Abbau von Überstunden** gehört demgegenüber zu den Maßnahmen, die der Arbeitgeber vor Ausspruch einer betriebsbedingten Kündigung ergreifen muss. Allerdings ist allein die Tatsache, dass Überstunden im Betrieb geleistet werden, irrelevant. Entscheidend ist, dass der Abbau von Überstunden Einfluss auf den Erhalt der von der betriebsbedingten Kündigung betroffenen Arbeitsplätze hat.[535] Denn nur in diesem Fall kommt durch die Ableistung von Überstunden ein offenkundiger Personalbedarf zum Ausdruck. Soweit Überstunden im relevanten Beschäftigungsbereich geleistet werden kann der Arbeitgeber darlegen, dass die Überstunden unverzichtbar sind oder nur vorübergehend anfallen. Nichts anderes gilt für den Abbau von Arbeitszeitguthaben.[536] 164

Die **Arbeitsstreckung** kommt als milderes Mittel in Betracht, wenn der verringerte Personalbedarf vorübergehend ist und in absehbarer Zeit eine volle Personalauslastung erwartet werden kann. Entscheidend ist die Prognose zum Zeitpunkt des Zugangs der Kündigungserklärung.[537] Dies gilt in gleicher Weise für eine **Vorverlegung der Werksferien**. 165

Ob der Arbeitgeber vor Ausspruch einer Beendigungskündigung **Kurzarbeit** anordnen muss, ist umstritten und wird vom BAG nicht einheitlich beantwortet. In Entscheidungen vom 4.3.1986 und 11.9.1986 hat das BAG festgestellt, dass es nicht der Prüfung durch die Arbeitsgerichte unterliege, ob eine Kündigung durch die Anordnung von Kurzarbeit hätte vermieden werden können.[538] In einer Entscheidung vom 15.6.1989 hat das BAG die Frage dann wieder ausdrücklich offen gelassen.[539] Aus der Entscheidung vom 26.6.1997 könnte man hingegen den Schluss ziehen, dass Kurzarbeit ein milderes Mittel darstellt.[540] Grundsätzlich ist die Anordnung von Kurzarbeit ein gegenüber der Beendigungskündigung vorrangiges, milderes Mittel. Liegen die sozialrechtlichen Voraussetzungen für Kurzarbeit vor, steht fest, dass der Beschäftigungsbedarf nicht auf Dauer entfallen ist. Dies gilt insbesondere auch dann, wenn der Gesetzgeber die Möglichkeiten zur Kurzarbeit – etwa in Fällen einer Pandemie – kurzfristig ausdehnt. Vgl. auch Stichwort „Pandemie", 295a. Allerdings muss der Arbeitgeber das Mitbestimmungsrecht des Betriebsrates gem. § 87 Abs. 1 Nr. 3 BetrVG beachten. Lehnt der Betriebsrat mögliche Kurzarbeit ab, ist ein Verstoß gegen das Verhältnismäßigkeitsprinzip ausgeschlossen, wenn der Arbeitgeber Beendigungskündigungen ausspricht. Dies gilt auch, wenn sich die Belegschaft in einer Betriebsversammlung gegen die Einführung ausspricht.[541] Es ist jedoch zu beachten, dass der Arbeitgeber eine unternehmerische Entscheidung treffen kann, nach der unabhängig von der Möglichkeit der Einführung von Kurzarbeit dauerhaft Beschäftigungsmöglichkeiten entfallen. 166

Zweifelhaft ist, ob **Leiharbeitnehmer** vor Ausspruch einer Beendigungskündigung abgebaut werden müssen. Überwiegend wird vertreten, dass eine Weiterbeschäftigung möglich sein soll, wenn auf Arbeitsplätzen, die der Arbeitnehmer ausfüllen kann, Leiharbeitnehmer 167

---

[534] BAG 8.11.2007 – 2 AZR 418/06, NZA 2008, 848.
[535] BAG 17.10.1980 – 7 AZR 675/78, AP KSchG § 1 Betriebsbedingte Kündigung Nr. 10.
[536] Vgl. auch BAG 8.11.2007 – 2 AZR 418/06, NZA 2008, 848.
[537] BAG 7.12.1978 – 2 AZR 155/77, AP KSchG § 1 Betriebsbedingte Kündigung Nr. 6.
[538] BAG 4.3.1986 – 1 ABR 15/84, AP BetrVG § 87 Kurzarbeit Nr. 3; 11.9.1986 – 2 AZR 564/85, RzK I 5c Nr. 13.
[539] BAG 15.6.1989 – 2 AZR 600/88, AP KSchG § 1 Betriebsbedingte Kündigung Nr. 45.
[540] BAG 26.6.1997 – 2 AZR 494/96, AP KSchG § 1 Betriebsbedingte Kündigung Nr. 86.
[541] So auch KR/*Rachor* KSchG § 1 Rn. 569.

beschäftigt werden. Leiharbeitsverhältnisse seien vorrangig zu beenden.⁵⁴² Diese Sichtweise ist zweifelhaft. Das BAG differenziert bislang. Wenn der Arbeitgeber einen bestehenden Vertretungsbedarf (zB Krankheit) in der Stammbelegschaft durch Leiharbeitnehmer deckt, liegt schon kein freier Arbeitsplatz vor.⁵⁴³ Leiharbeitnehmer seien aber dann vorrangig zu entlassen, wenn der Arbeitgeber den Leiharbeitnehmer beschäftigt, um mit ihnen ein nicht schwankendes, ständig vorhandenes (Sockel-)Arbeitsvolumen abzudecken.⁵⁴⁴ Offen gelassen hat das BAG die Frage, ob anders zu entscheiden ist, wenn der Einsatz von Leiharbeitnehmern auf einem unternehmerischen Konzept beruht, bestimmte Arbeiten nicht durch eigene Arbeitnehmer durchzuführen.⁵⁴⁵ Dies wird teilweise bejaht mit dem Hinweis auf das vom BAG gebilligte Konzept, ständig anfallende Arbeiten auf Werkvertragsbasis outzusourcen.⁵⁴⁶ Dagegen spricht, dass der Arbeitgeber beim Einsatz von Leiharbeit das Weisungsrecht behält und lediglich die formale Arbeitgeberstellung abstreift.⁵⁴⁷ Dies läßt freilich unberücksichtigt, dass der Arbeitgeber nachvollziehbare Gründe dafür haben kann, einen konkreten Bedarf durch Leiharbeitnehmer zu decken. Diese Gründe müssen sich dann aber zu einem spezifischen konkreten Arbeitgeberkonzept verdichten, etwa wenn bestimmte Spezialisten nur über Leiharbeit gewonnen werden können.

168 Der Arbeitgeber ist auch nicht verpflichtet, die Überlassung des zu kündigenden Arbeitnehmers an einen Dritten zu versuchen. Dies gilt auch innerhalb eines Konzerns.⁵⁴⁸

169 Gegen das Verhältnismäßigkeitsprinzip verstößt die Kündigung auch dann nicht, wenn das Arbeitsverhältnis ruht.⁵⁴⁹

170 f) **Darlegungs- und Beweislast.** Auch in Bezug auf die Dringlichkeit trifft den Arbeitgeber die Darlegungs- und Beweislast. Allerdings gelten wiederum die Grundsätze der abgestuften Darlegungslast. Der Arbeitgeber kann seinen Vortrag zunächst auf die Behauptung beschränken, die Kündigung könne nicht durch mildere Mittel vermieden werden. Er kann sich deshalb zunächst grundsätzlich darauf beschränken zu behaupten, für den Arbeitnehmer bestehe keine alternative Beschäftigungsmöglichkeit. Es ist dann Sache des Arbeitnehmers eingehend darzulegen, durch welche technischen, organisatorischen oder wirtschaftlichen Maßnahmen die Kündigung zu vermeiden gewesen wäre. Sodann liegt die Darlegungs- und Beweislast, ob und aus welchen Gründen diese Maßnahme nicht realisierbar war, beim Arbeitgeber.⁵⁵⁰ Der Umfang der Darlegungslast hängt also von der Einlassung des Arbeitnehmers auf die Behauptung des Arbeitgebers ab. Dabei ist zu unterscheiden nach den Ursachen, die der Dringlichkeit entgegenstehen können. Soweit es um sonstige mildere Mittel geht, etwa den Abbau von Überstunden, kann der Arbeitnehmer einwenden, die Kündigung hätte durch eine bestimmte konkrete vorrangig zu ergreifende Maßnahme vermieden werden können. Dann muss der Arbeitgeber darlegen und beweisen, dass dieses mildere Mittel nicht zur Verfügung stand, ungeeignet, nicht erforderlich oder unzumutbar ist.⁵⁵¹ Auch im Hinblick auf die Möglichkeit der Weiterbeschäftigung auf einem freien Arbeitsplatz genügt der Arbeitgeber seiner Darlegungslast zunächst mit der Behauptung, freie Arbeitsplätze stünden nicht zur Verfügung. Im Rahmen der abgestuften Darlegungs- und Beweislast ist es nun Sache des Arbeitnehmers darzulegen, wie er sich die Weiterbeschäftigungsmöglichkeit vorstellt. Hierzu muss er zwar keine Stelle konkret bezeichnen, er muss aber konkret angeben, wie er sich die anderweitige Be-

---

⁵⁴² Vgl. schon → Rn. 147; vgl. LAG Hamm 23.3.2009 – 8 Sa 313/08, ArbR 2009, 242, Stahlhacke/Preis/Vossen Kündigung/*Preis* Rn. 991, 1007; KR/*Rachor* KSchG § 1 Rn. 231; *Linck/Krause/Bayreuther* KSchG § 1 Rn. 785, 764.
⁵⁴³ BAG 18.10.2012 – 6 AZR 289/11, NZA-RR 2013, 68; 15.12.2011 – 2 AZR 42/10, BAGE 140, 169.
⁵⁴⁴ Zum freien Arbeitsplatz: BAG 15.12.2011 – 2 AZR 42/10, BAGE 140, 169.
⁵⁴⁵ So auch ErfK/Oetker KSchG § 1 Rn. 256; aA: LAG Hamm 23.3.2009 – 8 Sa 313/08, BeckRS 2009, 74337; Stahlhacke/Preis/Vossen Kündigung/*Preis* Rn. 981, 991. Vgl. auch → Rn. 167.
⁵⁴⁶ BAG 13.3.2008 – 2 AZR 1037/06, NZA 2008, 878; Ascheid/Preis/Schmidt/*Kiel* KSchG § 1 Rn. 532, 533; vgl. auch Linck/Krause/Bayreuther KSchG § 1 Rn. 764.
⁵⁴⁷ *Linck/Krause/Bayreuther* § 1 Rn. 752. Vgl. auch Henssler/Willemsen/Kalb/*Quecke* KSchG § 1 Rn. 269.
⁵⁴⁸ BAG 22.3.2001 – 8 AZR 565/00, NZA 2002, 1350.
⁵⁴⁹ BAG 29.8.2013 – 2 AZR 809/12, NZA 2014, 730; 9.9.2010 – 2 AZR 493/09, DB 2011, 62.
⁵⁵⁰ BAG 24.10.2019 – 2 AZR 85/19, BeckRS 2019, 32070; 26.3.2015 – 2 AZR 417/14, NZA 2015, 1083; 29.8.2013 – 2 AZR 809/12, NZA 2014, 730; 8.11.2007 – 2 AZR 418/06, NZA 2008, 848.
⁵⁵¹ BAG 24.3.1983 – 2 AZR 21/82, AP KSchG § 1 Betriebsbedingte Kündigung Nr. 12.

schäftigung vorstellt. Pauschale Angaben reichen nicht aus. Erst nach einem solchen konkreten Sachvortrag des Arbeitnehmers hat der Arbeitgeber im Einzelnen darzulegen, aus welchen Gründen eine anderweitige Beschäftigung auf dem entsprechenden Arbeitsplatz nicht möglich ist.[552] Dabei genügt insbesondere der Nachweis, dass die vom Arbeitnehmer als frei bezeichnete Stelle tatsächlich nicht frei ist. Auf die Möglichkeit der Weiterbeschäftigung zu geänderten Bedingungen ist ebenfalls erst dann einzugehen, wenn der Arbeitnehmer konkret vorgetragen hat, an welche Art der Weiterbeschäftigung er denkt. Auf die konkreten Darlegungen des Arbeitgebers muss der Arbeitnehmer seinerseits substantiiert replizieren, ansonsten gilt der Sachvortrag des Arbeitgebers als zugestanden, § 138 Abs. 3 ZPO.[553]

Besteht jedoch eine Verpflichtung zur Durchführung eines **betrieblichen Eingliederungsmanagements**, trifft den Arbeitgeber die Obliegenheit, detailliert darzulegen, dass keine Möglichkeit bestand, die Kündigung durch angemessene mildere Maßnahmen zu vermeiden. Ist ein an sich gebotenes bEM unterblieben, trifft den Arbeitgeber auch die Darlegungs- und Beweislast dafür, dass ein bEM entbehrlich war, weil es wegen der gesundheitlichen Beeinträchtigungen des Arbeitnehmers unter keinen Umständen ein positives Ergebnis hätte erbringen können. Es obliegt daher dem Arbeitgeber, die tatsächlichen Umstände im Einzelnen darzulegen und zu beweisen, aufgrund derer ein bEM wegen der gesundheitlichen Beeinträchtigungen des Arbeitnehmers nicht zu einem positiven Ergebnis hätte führen können. Dazu muss er umfassend und konkret vortragen, weshalb weder der weitere Einsatz des Arbeitnehmers auf dem bisher innegehabten Arbeitsplatz noch dessen leidensgerechte Anpassung und Veränderung möglich war und der Arbeitnehmer auch nicht auf einem anderen Arbeitsplatz bei geänderter Tätigkeit hätte eingesetzt werden können.[554]

4. Sozialauswahl

a) **Allgemeines.** Kommen für eine betriebsbedingte Kündigung mehrere Arbeitnehmer in Betracht, beispielsweise im Falle einer Verdichtungsentscheidung, muss der Arbeitgeber aus der Gruppe der in Betracht kommenden Arbeitnehmer den oder diejenigen auswählen, der/die gekündigt werden soll(en). Es geht also darum zu konkretisieren, welchen von mehreren vergleichbaren Arbeitnehmern die Kündigung trifft, wenn das betriebliche Beschäftigungsbedürfnis für eine Gruppe von Arbeitnehmern entfällt.[555] Deshalb scheidet eine Sozialauswahl aus, wenn allen Arbeitnehmern gekündigt wird.[556] Für diese Auswahlentscheidung, die als „Sozialauswahl" bezeichnet wird, hat der Gesetzgeber bestimmte Kriterien aufgestellt. Ausgangspunkt ist dabei die gesetzgeberische Wertentscheidung, dass bei der Auswahl des zu kündigenden Arbeitnehmers soziale Gesichtspunkte berücksichtigt werden müssen. Dies ist Ausdruck des Sozialstaatsprinzips. Hintergrund der diversen Gesetzesänderungen in der Vergangenheit war dabei stets die Auflösung des Spannungsverhältnisses zwischen der möglichst gerechten sozialverträglichen Verteilung der Nachteile der Kündigung und die Konkretisierung einzelner sozialer Belange im Interesse der besseren Vorhersehbarkeit der Sozialauswahl. Ziel der Sozialauswahl ist demnach die personelle Konkretisierung des dringenden betrieblichen Erfordernisses auf denjenigen, der am wenigsten schutzbedürftig ist. Es geht also nicht um die Frage ob gekündigt werden kann, sondern wer aus einer Gruppe von Mitarbeitern gekündigt werden darf.

Die **Bedeutung der Sozialauswahl** darf nicht unterschätzt werden. Sie ist von zentraler Bedeutung und sollte mit der gebotenen Sorgfalt durchgeführt werden. Fehler die hier gemacht werden, wirken sich im Falle der Kündigung mehrerer Arbeitnehmer regelmäßig auf eine Vielzahl von Arbeitnehmern aus. Insoweit hat das BAG allerdings zwischenzeitlich seine „Dominotheorie" aufgegeben.[557] Gleichwohl bleiben aber viele Fallstricke.

---

[552] Vgl. BAG 29.8.2013 – 2 AZR 809/12, NZA 2014, 730; 29.3.2007 – 2 AZR 31/06, NZA 2007, 855; 15.8.2002 – 2 AZR 195/01, NZA 2003, 430; 22.3.2001 – 8 AZR 565/00, NZA 2002, 1350; 21.9.2000 – 2 AZR 385/99, NZA 2001, 535; 25.2.1988 – 2 AZR 500/87, RzK I 5c Nr. 26.
[553] BAG 29.3.2007 – 2 AZR 31/06, NZA 2007, 855.
[554] BAG 21.11.2018 – 7 AZR 394/17, NZA 2019, 309; 20.11.2014 – 2 AZR 755/13, BAGE 150, 117.
[555] BAG 21.5.2015 – 8 AZR 409/13, NZA 2016, 13; 18.10.2006 – 2 AZR 676/05, NZA 2007, 798.
[556] BAG 4.5.2006 – 8 AZR 299/05, NZA 2006, 1099; 24.11.2005 – 2 AZR 514/04, NZA 2006, 668.
[557] Vgl. dazu und zu den Folgen der fehlerhaften Sozialauswahl im Einzelnen → Rn. 246.

174 b) **Inhalt.** Die Sozialauswahl ist **auf vier Grunddaten beschränkt, dh auf** die Dauer der Betriebszugehörigkeit, das Lebensalter, die Unterhaltspflichten sowie die Schwerbehinderung. Von der Sozialauswahl können diejenigen **Arbeitnehmer ausgenommen** werden, deren Weiterbeschäftigung wegen ihrer Kenntnisse, Fähigkeiten und Leistungen oder zur Erhaltung einer ausgewogenen Personalstruktur im berechtigten betrieblichen Interesse liegt. Die gerichtliche Überprüfung der Sozialauswahl wird auf **grobe Fehlerhaftigkeit beschränkt,** wenn (i) in einem Tarifvertrag, in einer Betriebsvereinbarung nach § 95 des Betriebsverfassungsgesetzes oder in einer entsprechenden Richtlinie nach den Personalvertretungsgesetzen festgelegt ist, wie die sozialen Gesichtspunkte nach Abs. 3 S. 1 im Verhältnis zueinander zu bewerten sind oder (ii) Arbeitgeber und Betriebsrat bei einer Betriebsänderung einen Interessenausgleich vereinbart und die zu kündigenden Arbeitnehmer in einer Namensliste benannt haben.

175 c) **Anwendungsbereich/Prüfungsaufgaben.** Die Sozialauswahl ist zwingendes Recht. Sie kann weder durch einzelvertragliche noch durch kollektivrechtliche Vereinbarungen abbedungen werden.[558] Die Frage der Sozialauswahl stellt sich nach dem eindeutigen Wortlaut der Regelung nur bei betriebsbedingten Kündigungen, nicht hingegen bei verhaltens- oder personenbedingten Kündigungen. Auch im Falle einer außerordentlichen betriebsbedingten Kündigung oder einer betriebsbedingten Änderungskündigung[559] hat eine Sozialauswahl zu erfolgen. Die Grundsätze der Sozialauswahl sind auch bei **Massenkündigungen,**[560] **etappenweiser Betriebsstilllegung**[561] und in der **Insolvenz**[562] zu beachten. Eine Sozialauswahl findet hingegen nicht statt, wenn der Arbeitgeber allen Arbeitnehmern wegen einer Betriebsstilllegung zum gleichen Zeitpunkt kündigt. Ebenso erfolgt keine Sozialauswahl, wenn sich der Arbeitgeber dazu entschließt, den Betrieb schnellstmöglich stillzulegen und mit sofortiger Wirkung keine neuen Aufträge mehr annimmt. In diesem Fall kann er sogar allen Arbeitnehmern mit ihren individuellen Kündigungsfristen zum nächstmöglichen Termin kündigen, ohne zur Sozialauswahl verpflichtet zu sein.[563] Es handelt sich dann nicht um eine Betriebsstilllegung in Etappen. Erforderlich ist nur, dass der Arbeitgeber sofort allen Arbeitnehmern mit der für sie einschlägigen Kündigungsfrist kündigt.

176 Keine Sozialauswahl findet nach derzeit hM statt bei der Wiedereinstellung von Arbeitnehmern, deren Arbeitsverhältnis bereits geendet hat.[564] Davon zu unterscheiden ist der Fall der Möglichkeit der anderweitigen Beschäftigung nach § 1 Abs. 2 KSchG. Gibt es im Unternehmen freie Arbeitsplätze, reicht deren Anzahl jedoch nicht aus, um allen Arbeitnehmern die Weiterbeschäftigung zu ermöglichen, ist bei der Verteilung der freien Arbeitsplätze eine Sozialauswahl analog § 1 Abs. 3 KSchG durchzuführen.[565]

177 Die **Prüfung** der Sozialauswahl erfolgt in **drei Schritten.** Zunächst ist der Kreis der Arbeitnehmer zu bestimmen, die für die Sozialauswahl in Betracht kommen, also zwischen denen eine Sozialauswahl vorzunehmen ist. Sodann ist die Auswahlentscheidung anhand der sozialen Gesichtspunkte des § 1 Abs. 3 S. 1 zu treffen. Zuletzt ist zu prüfen, ob die Weiterbeschäftigung eines Arbeitnehmers wegen seiner Kenntnisse, Fähigkeiten und Leistungen oder zur Erhaltung einer ausgewogenen Personalstruktur im berechtigten betrieblichen Interesse liegt und deshalb der Sozialauswahl entgegensteht.

---

[558] BAG 27.6.2019 – 2 AZR 50/19, NZA 2019, 1345; 20.6.2013 – 2 AZR 271/12, NZA 2013, 837.
[559] BAG 13.6.1986 – 7 AZR 623/84, AP KSchG § 1 Soziale Auswahl Nr. 23.
[560] BAG 25.4.1985 – 2 AZR 140/84, AP KSchG § 1 Soziale Auswahl Nr. 7.
[561] BAG 20.1.1994 – 2 AZR 489/93, AP KSchG § 1 Konzern Nr. 8; 16.9.1982 – 2 AZR 271/80, AP KO § 22 Nr. 4.
[562] BAG 26.5.1983 – 2 AZR 477/81, AP BGB § 613a Nr. 34. Vgl. auch BAG 21.5.2015 – 8 AZR 409/13, AP Nr. 462 zu § 613a BGB.
[563] BAG 24.10.2019 – 2 AZR 85/19, BeckRS 2019, 32070; 7.3.2002 – 2 AZR 147/01, NZA 2002, 1111; 18.1.2001 – 2 AZR 239/00, AiB 2002, 318.
[564] Vgl. → Rn. 103 ff., insbes. → Rn. 105.
[565] Vgl. schon → Rn. 151; vgl. auch BAG 27.7.2017 – 2 AZR 476/16, NZA 2018, 234; 23.2.2012 – 2 AZR 45/11, AP KSchG 1969 § 2 Nr. 156; 12.8.2010 – 2 AZR 945/08, AP KSchG 1969 § 2 Nr. 147; 22.9.2005 – 2 AZR 544/04, NZA 2006, 558; 21.9.2000 – 2 AZR 385/99, NZA 2001, 535; 15.12.1994 – 2 AZR 320/94, AP KSchG § 1 Betriebsbedingte Kündigung Nr. 66.

d) Bestimmung des auswahlrelevanten Personenkreises. *aa) Grundlagen.* Erster Schritt ist 178 die Festlegung des bei der Sozialauswahl zu berücksichtigenden Personenkreises. Die gesetzliche Regelung des § 1 Abs. 3 KSchG ist insoweit wenig aussagekräftig. Denn sie beschränkt sich auf den Hinweis, dass die Kündigung trotz Vorliegens dringender betrieblicher Erfordernisse sozial ungerechtfertigt ist, wenn der Arbeitgeber „bei der Auswahl des Arbeitnehmers" bestimmte Kriterien nicht oder nicht ausreichend berücksichtigt hat. Ausgangspunkt für die Bestimmung des auswahlrelevanten Personenkreises ist die der Kündigung zugrunde liegende unternehmerische Entscheidung, die zum Wegfall von Beschäftigungsmöglichkeiten führt. Maßgeblich für die Gruppenbildung ist also der Beschäftigungsbereich, in dem sich die Unternehmerentscheidung realisiert. Der so definierte Beschäftigungsbereich wird erweitert durch das Merkmal der Vergleichbarkeit. Im definierten Beschäftigungsbereich werden also sämtliche Arbeitnehmer verglichen, die dort aufgrund des Direktionsrechtes beschäftigt werden können. Daraus folgt, dass nicht notwendigerweise derjenige gekündigt werden kann, dessen Arbeitsplatz tatsächlich aufgrund der unternehmerischen Entscheidung wegfällt, sondern der Arbeitnehmer, der aufgrund des Zuschnitts der Vergleichsgruppe am wenigsten schutzbedürftig ist. Dies gilt selbst dann, wenn dieser Arbeitnehmer von der Kündigung gar nicht unmittelbar bedroht ist.

bb) Vergleichbarkeit. Die Sozialauswahl bezieht sich nur auf vergleichbare Arbeitnehmer. 179 Vergleichbar sind die Arbeitnehmer, die austauschbar sind. Der Begriff der Austauschbarkeit ist mehrschichtig. Er hat eine rechtliche und eine inhaltliche Komponente. Rechtliches Merkmal zur Bestimmung der Austauschbarkeit ist das Direktionsrecht des Arbeitgebers. Der Arbeitnehmer, dessen Arbeitsplatz entfällt, muss auf den Arbeitsplatz eines anderen Arbeitnehmers ohne Änderung des Arbeitsvertrages allein im Wege des Direktionsrechtes versetzt werden können. Daneben wird die Austauschbarkeit wesentlich durch den Aufgabenbereich bestimmt. Erforderlich ist ein vergleichbarer Aufgabenbereich. Die zu vergleichenden Tätigkeiten müssen gleichwertig sein und der Arbeitnehmer muss die Tätigkeit tatsächlich ausüben können. Schließlich kann ein Vergleich nur auf derselben Ebene der Betriebshierarchie stattfinden. Die Vergleichbarkeit richtet sich dementsprechend nach folgenden **drei Kriterien**:

- Die Vergleichbarkeit hat einen **arbeitsvertraglichen Aspekt**. Der Arbeitgeber muss den Arbeitnehmer, dessen Arbeitsplatz wegfällt, aufgrund des Direktionsrechtes auf den in Betracht kommenden Arbeitsplatz umsetzen können.
- Vergleichbarkeit hat einen **tätigkeitsbezogenen Aspekt**. Der unmittelbar von der Kündigung bedrohte Arbeitnehmer muss aufgrund seiner Qualifikation in der Lage sein, die Tätigkeit des anderen Arbeitnehmers zu übernehmen, sog. „Austauschbarkeit".
- Die Vergleichbarkeit hat einen **stellungsbezogenen Aspekt**. Sie erfolgt nur auf derselben Ebene der Betriebshierarchie.

Der Arbeitgeber muss den Arbeitnehmer, dessen Arbeitsplatz wegfällt, nach den arbeits- 180 vertraglichen Vorgaben im Wege des **Direktionsrechtes** einseitig auf den in Betracht kommenden Arbeitsplatz umsetzen können.[566] Die Vergleichbarkeit mit anderen Mitarbeitern scheidet also schon dann aus, wenn der betroffene Arbeitnehmer den anderen Arbeitsplatz nur aufgrund einer Vertragsänderung oder einer Änderungskündigung übernehmen kann. Je enger das Direktionsrecht gefasst ist, desto eingeschränkter ist die Sozialauswahl, mag es sich auch um ansonsten vergleichbare Tätigkeitsbereiche handeln oder der betroffene Arbeitnehmer vor einer Vertragsänderung im anderen Bereich beschäftigt gewesen sein. Kann ein Arbeitnehmer nach seinem Arbeitsvertrag überhaupt nicht oder nur innerhalb eines beschränkten Tätigkeitsbereiches versetzt werden, ist bei Wegfall dieses Tätigkeitsbereiches keine Sozialauswahl durchzuführen.[567] Nach der Rechtsprechung des BAG ist im Rahmen der Prüfung des Umfangs des Direktionsrechtes allerdings zu beachten, dass die sog. „Kon-

---

[566] BAG 20.11.2014 – 2 AZR 512/13, NZA 2015, 1105; 31.5.2007 – 2 AZR 276/06, NZA 2008, 33; 18.10.2006 – 2 AZR 676/05, NZA 2007, 798; 2.3.2006 – 2 AZR 23/05, NZA 2006, 1350; 3.3.2004 – 2 AZR 577/03, NZA 2005, 175 zur Beschränkung des Arbeitseinsatzes auf einen Betriebsteil; BAG 5.12.2002 – 2 AZR 697/01, NZA 2003, 850; 21.6.1995 – 2 AZR 693/94, AP BetrVG § 1 Nr. 16.
[567] BAG 15.8.2002 – 2 AZR 195/01, NZA 2003, 430; 17.2.2000 – 2 AZR 142/99, NZA 2000, 822.

kretisierung",[568] also die langjährige Beschäftigung eines Arbeitnehmers an einem Arbeitsplatz, die einer Versetzung des Arbeitnehmers auf einen anderen Arbeitsplatz entgegensteht, die Sozialauswahl nicht einschränkt. Dies ist inkonsequent, aber zu beachten.[569] Enthält der Arbeitsvertrag hingegen eine „allgemeine Versetzungsklausel", ist das Direktionsrecht im Umfang der jeweiligen Vereinbarung erweitert. Ob es für die Bestimmung des Auswahlrelevanten Personenkreises auf die Wirksamkeit des vereinbarten Direktionsrechtes ankommt, hat das BAG bislang offen gelassen.[570] Die umfassenden Folgen der Erweiterung des auswahlrelevanten Personenkreises erfordern nach zutreffender hM eine wirksame Vereinbarung.[571]

181 Soweit das Direktionsrecht reicht, kommen nur Arbeitsplätze mit **vergleichbarem Aufgabenbereich** in Betracht, sog. **Austauschbarkeit**. Der Aufgabenbereich ist gekennzeichnet durch die **ausgeübte Tätigkeit** und die hierfür erforderliche **Qualifikation**. Es muss geprüft werden ob der Arbeitnehmer, dessen Arbeitsplatz wegfällt, die Funktion des anderen Arbeitnehmers alsbald übernehmen kann, wobei der konkrete Arbeitsvertragsinhalt ermittelt werden muss. Denn es muss sichergestellt werden, dass der sozial schwächere Arbeitnehmer auch die Anforderungen des Arbeitsplatzes erfüllt, den er künftig besetzen soll. Dies ist eindeutig bei einer völligen Identität der Aufgabenbereiche. Sind die Aufgabenbereiche nicht identisch ist entscheidend, ob der Arbeitnehmer, dessen Arbeitsplatz wegfällt, aufgrund seiner beruflichen Qualifikation und seiner bisherigen Tätigkeiten im Betrieb dazu in der Lage ist, **die andersartige, aber gleichwertige Arbeit** von anderen Arbeitnehmern, gegebenenfalls nach einer kurzen Einarbeitungszeit, zu übernehmen.[572] Das **Anforderungsprofil** des fortbestehenden Arbeitsplatzes muss mit dem **Eignungsprofil** des Arbeitnehmers abgeglichen werden. Die Austauschbarkeit besteht also nur dann, wenn der unmittelbar von der Kündigung bedrohte Arbeitnehmer aufgrund seiner fachlichen Qualifikation und seiner bisherigen Tätigkeit die Position übernehmen kann. Ausgangspunkt der Prüfung ist das Eignungsprofil des Arbeitnehmers auf der Basis der arbeitsvertraglichen Vereinbarungen für die bisherige Tätigkeit. Dies ist in einem zweiten Schritt mit dem Anforderungsprofil des zu besetzenden Arbeitsplatzes zu vergleichen. Es unterliegt allerdings der freien unternehmerischen Entscheidung des Arbeitgebers, wie er das Anforderungsprofil festlegt. Auch sind aufgrund des Prognoseprinzips Veränderungen des Anforderungsprofils zu berücksichtigen, die im Zeitpunkt des Zugangs der Kündigung bereits feststanden.

182 Für die Austauschbarkeit kommt es nicht darauf an, ob der unmittelbar von der Kündigung bedrohte Arbeitnehmer aufgrund seiner Qualifikation irgendeinen Arbeitsplatz besetzen kann. Erforderlich ist die **Gleichwertigkeit der Tätigkeiten** im Rahmen des bestehenden Direktionsrechtes. Zudem ist neben der grundsätzlichen fachlichen Qualifikation ein gewisses Maß an Deckungsgleichheit der Tätigkeiten erforderlich.[573] Für die Austauschbarkeit ist es unschädlich, wenn eine angemessene Einarbeitungszeit erforderlich werden sollte. Welcher **Einarbeitungszeitraum** dem Arbeitgeber zugemutet werden kann, ist eine Frage des Einzelfalls und hängt ab von der Dauer der Betriebszugehörigkeit, der beruflichen Vorbildung und dem Lebensalter des Arbeitnehmers. Das BAG spricht auch hier von einer „kurzen Einarbeitungszeit", wobei dem aktuellen Stand von Kenntnissen und Fähigkeiten erhebliche Bedeutung zukommt.[574] Einerseits ist ein gewisser Routinevorsprung unschädlich,

---

[568] Vgl. dazu → § 12 Rn. 15 ff.
[569] BAG 3.3.2004 – 2 AZR 577/03, NZA 2005, 175.
[570] BAG 15.12.2005 – 6 AZR 199/05, AP KSchG 1969 § 1 Soziale Auswahl Nr. 76. Vgl. ErfK/Oetker KSchG § 1 Rn. 323.
[571] *Linck/Krause/Bayreuther* KSchG § 1 Rn. 888; KR/Rachor KSchG § 1 Rn. 669; Henssler/Willemsen/Kalb/Quecke KSchG § 1 Rn. 361. AA ErfK/Oetker KSchG § 1 Rn. 323
[572] BAG 22.3.2012 – 2 AZR 167/11, NZA 2012, 1040; 10.6.2010 – 2 AZR 420/09, NZA 2010, 1352; 31.5.2007 – 2 AZR 276/06, NZA 2008, 33; 31.5.2007 – 2 AZR 306/06, NZA 2007, 1362; 18.10.2006 – 2 AZR 676/05, NZA 2007, 798; 2.3.2006 – 2 AZR 23/05, NZA 2006, 1350; 17.2.2000 – 2 AZR 142/99, NZA 2000, 822; 17.1.1998 – 2 AZR 725/97, NZA 1998, 1332; 29.3.1990 – 2 AZR 369/89, AP KSchG § 1 Betriebsbedingte Kündigung Nr. 50.
[573] BAG 29.3.1990 – 2 AZR 369/89, AP KSchG § 1 Betriebsbedingte Kündigung Nr. 50; 15.6.1989 – 2 AZR 580/88, AP KSchG § 1 Soziale Auswahl Nr. 18.
[574] Zur Weiterbeschäftigung zu unveränderten Arbeitsbedingungen → Rn. 144; vgl. auch: BAG 24.9.2015 – 2 AZR 680/14, ZTR 2016, 275; 31.5.2007 – 2 AZR 306/066; NZA 2007, 1362; 31.5.2007 – 2 AZR 276/06,

andererseits ist der Arbeitgeber nicht verpflichtet, den Arbeitnehmer umzuschulen. Regelmäßig wird ein Zeitraum von sechs bis acht Wochen zugrunde gelegt werden können. Drei Monate sind jedenfalls zu lang.[575] Allerdings verbieten sich allzu schematische Lösungen. Gesundheitliche Leistungsmängel sind irrelevant. Sie können allein eine personenbedingte Kündigung rechtfertigen. Nach der neueren Rechtsprechung des BAG muss der Arbeitnehmer nicht alle Anforderungen des gleichwertigen Arbeitsplatzes erfüllen. So soll es ausreichen, wenn der Arbeitnehmer nur einen untergeordneten Arbeitsvorgang nicht ausüben kann.[576]

Für das Merkmal der Austauschbarkeit kann die **tarifliche Eingruppierung** der Arbeitnehmer in engen Grenzen herangezogen werden. Jedenfalls bei Hilfstätigkeiten ohne wesentliches Anforderungsprofil kommt der gleichen Eingruppierung ein ausreichender Indizwert zu.[577] Umgekehrt deutet eine unterschiedliche Eingruppierung auf eine fehlende Vergleichbarkeit hin, weil der Arbeitnehmer im Rahmen der Sozialauswahl keinen Anspruch auf eine Beförderung hat. Im öffentlichen Dienst misst das BAG der Eingruppierung stärkere Bedeutung bei.[578] Bei weitgehender Identität der Aufgabenbereich ist hingegen eine unterschiedliche Vergütung nicht ausschlaggebend. Dies vor allem deshalb, weil jedenfalls die individuell ausgehandelte Vergütung ein Produkt von Angebot und Nachfrage ist. Der Vergleich der Arbeitnehmer vollzieht sich nur auf derselben Ebene der Betriebshierarchie. Ein Vergleich zwischen Arbeitnehmern unterschiedlicher Ebenen findet nicht statt, sog. **horizontale Vergleichbarkeit**.[579] 183

cc) Betriebsbezogenheit. Die Sozialauswahl ist **betriebsbezogen** durchzuführen. Im öffentlichen Dienst tritt an die Stelle des Betriebes der Begriff der Dienststelle.[580] Einzubeziehen sind alle vergleichbaren Arbeitnehmer, die in demselben Betrieb beschäftigt sind, wie der unmittelbar vom Wegfall des Arbeitsplatzes betroffene Arbeitnehmer. Nicht zu berücksichtigen sind demgegenüber die Arbeitnehmer aus anderen Betrieben des Unternehmens oder des Konzerns. Die Sozialauswahl ist weder unternehmens- noch konzernbezogen durchzuführen, selbst wenn sich der Arbeitgeber ein betriebsübergreifendes Direktionsrecht vorbehalten hat.[581] Dies ergibt sich unmittelbar aus dem Wortlaut des Gesetzes. Denn das dringende betriebliche Erfordernis bezieht sich gem. § 1 Abs. 2 KSchG auf ein Erfordernis, das einer Weiterbeschäftigung des Arbeitnehmers „in diesem Betrieb" entgegensteht. Damit ist es nicht zu vereinbaren, Arbeitnehmer anderer Betriebe des Unternehmens oder des Konzerns einzubeziehen. Dies gilt sogar dann, wenn der Arbeitsvertrag ein betriebsübergreifendes Di- 184

NZA 2008, 33; 5.12.2002 – 2 AZR 697/01, NZA 2003, 850; 5.5.1994 – 2 AZR 917/93, AP KSchG § 1 Soziale Auswahl Nr. 23.

[575] BAG 5.5.1994 – 2 AZR 917/93, AP KSchG § 1 Soziale Auswahl Nr. 23 („drei Monate zu lang"); für das Abstellen auf den Einzelfall: ErfK/*Oetker* KSchG § 1 Rn. 325; in der Literatur finden sich Zeitspannen von 1 Woche bis zu sechs Monaten.

[576] BAG 5.6.2008 – 2 AZR 907/06, NZA 2008, 1120.

[577] BAG 31.5.2007 – 2 AZR 276/06, NZA 2008, 33; 2.2.2006 – 2 AZR 38/05, AP KSchG § 1 Betriebsbedingte Kündigung Nr. 142; 5.12.2002 – 2 AZR 697/01, NZA 2003, 850; 25.4.1985 – 2 AZR 14/84, AP KSchG § 1 Soziale Auswahl Nr. 7.

[578] BAG 24.9.2015 – 2 AZR 680/14, ZTR 2016, 275; 2.3.2006 – 2 AZR 23/05, NZA 2006, 1350 formuliert: Das Landesarbeitsgericht wird beachten müssen, dass der Eingruppierung vor allem im öffentlichen Dienst Aussagekraft zukommt, die jedoch eingeschränkt ist, soweit es sich um eine Eingruppierung aufgrund Bewährungsaufstiegs handelt. Dabei schließt eine unterschiedliche Eingruppierung die Vergleichbarkeit häufig aus, während die Zugehörigkeit zu derselben Vergütungsgruppe für die Vergleichbarkeit sprechen kann, ohne dass sie immer mit ihr verbunden sein müsste; auch BAG 31.5.2007 – 2 AZR 306/06, NZA 2007, 1362 (zu den Vergütungsgruppe der AVR-Caritas).

[579] BAG 18.10.2000 – 2 AZR 465/99, NZA 2001, 437; 17.9.1998 – 2 AZR 725/97, NZA 1998, 1332; 29.3.1990 – 2 AZR 369/89, AP KSchG § 1 Betriebsbedingte Kündigung Nr. 50; 7.2.1985 – 2 AZR 91/84, AP KSchG § 1 Soziale Auswahl Nr. 9.

[580] BAG 24.10.2019 – 2 AZR 85/19, BeckRS 2019, 32070; 22.10.2015 – 2 AZR 582/14, NZA 2016, 33.

[581] BAG 24.10.2019 – 2 AZR 85/19, BeckRS 2019, 32070; 22.10.2015 – 2 AZR 582/14, NZA 2016, 33; 20.6.2013 – 2 AZR 271/12, NZA 2013, 837; 5.6.2008 – 2 AZR 907/06, NZA 2008, 1120; 31.5.2007 – 2 AZR 276/06, NZA 2008, 33; 18.10.2006 – 2 AZR 676/05, NZA 2007, 798; 21.9.2000 – 2 AZR 385/99, AP KSchG § 1 Betriebsbedingte Kündigung Nr. 111; 5.5.1994 – 2 AZR 917/93, AP KSchG § 1 Soziale Auswahl Nr. 23.

rektionsrecht oder eine Konzernversetzungsklausel enthält. Ausschließlicher Bezugspunkt bleibt der Betrieb.[582]

185 Allerdings tauchen immer wieder Schwierigkeiten bei der erforderlichen Bestimmung des **Betriebsbegriffs** auf. Es gilt der allgemeine Betriebsbegriff, vgl. Rz. 63, der im Wesentlichen demjenigen des § 1 Abs. 1 Satz 1 BetrVG entspricht. Danach ist der Betrieb die organisatorische Einheit von Arbeitsmitteln, mit deren Hilfe der Arbeitgeber allein oder in Gemeinschaft mit seinen Arbeitnehmern unter Einsatz von technischen und immateriellen Mitteln einen bestimmten arbeitstechnischen Zweck fortgesetzt verfolgt, der nicht nur in der Befriedigung von Eigenbedarf liegt. Eine aufgrund einer Vereinbarung nach § 3 Abs. 1 Nr. 1 bis Nr. 3 BetrVG errichtete betriebsverfassungsrechtliche Organisationseinheit ist hingegen nicht zu berücksichtigen. Sie stellt für sich genommen ohne entsprechende Organisationsstruktur keinen Betrieb iSd § 1 Abs. 1 Satz 1 BetrVG dar. Die Beteiligten schaffen mit einer Vereinbarung nach § 3 Abs. 1 Nr. 1 bis Nr. 3 BetrVG gerade eine von den tatsächlichen betrieblichen Strukturen abweichende betriebsverfassungsrechtliche Ordnung und lösen den Betriebsrat vom „Betrieb als ausschließliche Organisationsbasis" ab.[583]

Entscheidend ist auch im Rahmen der Sozialauswahl, ob in dem Gebilde, auf das die Sozialauswahl beschränkt werden soll, eine den Betrieb konstituierende Leitungsmacht vorhanden ist, also der Kern der Arbeitgeberfunktionen in personellen und sozialen Angelegenheiten im Wesentlichen selbständig ausgeübt wird. Dabei kommt es in erster Linie auf die Einheit der Organisation an.[584] Dies gilt in gleicher Weise für den Begriff der Dienststelle, für den der personalvertretungsrechtliche Dienststellenbegriff heranzuziehen ist.[585] Entscheidend ist auch hier die Leitungsmacht in personellen, sozialen und organisatorischen Angelegenheiten.[586]

186 So kann die Sozialauswahl nicht auf die **Filiale eines Einzelhandelsunternehmens** beschränkt werden, wenn ein Marktleiter in der Filiale vorhanden ist, der personelle Einzelmaßnahmen wie Einstellungen und Entlassungen nur nach im Einzelnen umschriebenen unternehmerischen Vorgaben und nach Beachtung von Konsultationspflichten mit der Personalabteilung für bestimmte Arbeitnehmergruppen ausführen kann.[587] Die Sozialauswahl ist dann filialübergreifend durchzuführen. Die Arbeitnehmer des betroffenen Betriebes sind im Falle der Vergleichbarkeit nämlich ohne Rücksicht auf die Größe des Betriebs und ohne Rücksicht darauf, ob die Arbeitsplätze weit voneinander entfernt liegen mit in die Sozialauswahl einzubeziehen. Auch bei räumlich **weit entfernt liegenden Betriebsabteilungen und Betriebsteilen** erstreckt sich die Sozialauswahl auf alle Betriebsabteilungen und Betriebsteile.[588] Fällt also zB in einem **zentral geführten Reinigungsunternehmen** mit zahlreichen Reinigungsobjekten ein Reinigungsobjekt weg, weil der Auftrag nicht verlängert wird, muss der Arbeitgeber im Rahmen der Sozialauswahl prüfen, ob in den anderen Reinigungsobjekten vergleichbare Arbeitnehmer beschäftigt werden und die kündigen, die sozial am wenigsten schutzbedürftig sind. Da es sich bei dem einzelnen Reinigungsobjekt regelmäßig nicht um einen Betrieb handelt kann der Arbeitgeber also nicht nur die dort Beschäftigten kündigen, sondern ist zur Sozialauswahl verpflichtet.[589] Etwas anderes gilt natürlich, wenn die Arbeitnehmer nach dem Arbeitsvertrag nicht in die weit entfernt liegenden Betriebsteile versetzt werden können. Unerheblich ist auch, dass der Betriebsteil gegebenenfalls **betriebsverfassungsrechtlich eigenständig** ist nach § 4 Abs. 1 S. 1 BetrVG.[590] Denn das KSchG differenziert nach Auffassung des BAG nicht zwischen Betrieben und räumlich entfernten Betriebsteilen, die als selbstständige Betriebe im Sinne des Betriebsverfassungsgesetzes gelten.

---

[582] BAG 20.6.2013 – 2 AZR 271/12, NZA 2013, 837; 5.6.2008 – 2 AZR 907/06, NZA 2008, 1120; 18.10.2006 – 2 AZR 676/05, NZA 2007, 798; 2.6.2005 – 2 AZR 158/04, NZA 2005, 1175; 15.12.2005 – 6 AZR 199/05, NZA 2006, 590.
[583] BAG 24.10.2019 – 2 AZR 85/19, BeckRS 2019, 32070.
[584] BAG 20.6.2013 – 2 AZR 271/12, NZA 2013, 837.
[585] BAG 25.10.2012 – 2 AZR 552/11, NZA-RR 2013, 632.
[586] Zur Organisation einer Schule: BAG 22.10.2015 – 2 AZR 582/14, NZA 2016, 33.
[587] BAG 31.5.2007 – 2 AZR 276/06, NZA 2008, 33.
[588] BAG 31.5.2007 – 2 AZR 276/06, NZA 2008, 33; 21.6.1995 – 2 AZR 693/94, AP BetrVG § 1 Nr. 16.
[589] BAG 17.1.2002 – 2 AZR 15/01, NZA 2002, 759.
[590] BAG 28.10.2004 – 8 AZR 391/03, NZA 2005, 285; 3.3.2004 – 2 AZR 577/03, NZA 2005, 175.

Eine mögliche betriebsverfassungsrechtliche Eigenständigkeit einzelner Betriebsteile steht einer betriebsteilübergreifenden Sozialauswahl nicht im Wege. § 23 KSchG stellt nicht auf die räumliche, sondern vielmehr auf die organisatorische Einheit ab, mit der der Unternehmer allein oder in Gemeinschaft mit seinen Mitarbeitern mit Hilfe von sachlichen oder immateriellen Mitteln bestimmte arbeitstechnische Zwecke fortgesetzt verfolgt. Auch Arbeitnehmer eines räumlich weit entfernten Betriebsteils müssen daher in die Sozialauswahl einbezogen werden. Es kommt nur darauf an, ob der Betriebsteil und das Stammhaus einheitlich geleitet werden. Nichts anderes gilt wie gesehen bei betriebsverfassungsrechtlichen Strukturen aufgrund von § 3 Abs. 1 Nr. 1 bis Nr. 3 BetrVG. Denn die Beteiligten schaffen mit einer Vereinbarung nach § 3 Abs. 1 Nr. 1 bis Nr. 3 BetrVG gerade eine von den tatsächlichen betrieblichen Strukturen abweichende betriebsverfassungsrechtliche Ordnung und lösen den Betriebsrat vom „Betrieb als ausschließliche Organisationsbasis" ab.[591]

Der Betriebsbezogenheit steht nicht entgegen, dass der Arbeitnehmer vorübergehend nicht in „seinem Betrieb" tätig ist. Ist ein Arbeitnehmer vorübergehend in einem anderen Betrieb des Unternehmens eingesetzt, ist er bei einer Kündigung als Arbeitnehmer des ursprünglichen Betriebs anzusehen. Er ist also bei Kündigungen in seinem Stammbetrieb in die Sozialauswahl einzuziehen, obwohl er dort momentan gar nicht beschäftigt ist. Etwas anderes gilt, wenn der Arbeitnehmer zB für zwei Jahre „fest verliehen" wird. Sind Arbeitnehmer von ihrem Stammbetrieb zu einer **ARGE** freigestellt und nicht nur abgeordnet, sind sie nicht in die Sozialauswahl bei Kündigungen im Stammbetrieb einzubeziehen.[592] Nichts anderes gilt bei **Arbeitnehmerüberlassung.** Die Mitarbeiter bleiben trotz der Überlassung Angehörige des Betriebes des Verleihers. Der Betrieb umfasst dabei nicht nur die einsatzfreien, sondern auch die im Einsatz befindlichen Mitarbeiter. Besonderheiten können sich jedoch ergeben, wenn das Recht des Verleihers zum Austausch ausgeschlossen ist.[593]

Probleme entstehen, wenn ein Arbeitnehmer in mehreren Betrieben des Unternehmens arbeitet. Hier dürfte sich die Sozialauswahl auf sämtliche Betriebe erstrecken, in denen der Arbeitnehmer tätig ist, sofern nicht in einem der Betriebe ein völlig unbedeutender Zeitanteil verbracht wird.

Die Sozialauswahl erfolgt jedoch **unternehmensübergreifend,** wenn mehrere Unternehmen einen **Gemeinschaftsbetrieb** unterhalten. Nach Auflösung des Gemeinschaftsbetriebes erfolgt die Sozialauswahl allerdings wieder betriebsbezogen. Entscheidend ist, dass der Gemeinschaftsbetrieb im Zeitpunkt des Zugangs der Kündigung nicht mehr besteht.[594] Gleiches gilt auch dann, wenn im Zeitpunkt des Zugangs der Kündigung einer der Betriebe noch nicht stillgelegt ist, aber aufgrund einer unternehmerischen Entscheidung feststeht, dass er mit dem Ablauf der Kündigungsfrist stillgelegt sein wird.[595]

Bei Kündigungen im Zusammenhang mit einem **Betriebsübergang** ist zu differenzieren. Kündigt der Veräußerer eines Betriebs vor dem Betriebsübergang, sind nur die vergleichbaren Arbeitnehmer des übergehenden Betriebes in die Sozialauswahl mit einzubeziehen.[596] Dies gilt auch dann, wenn der Veräußerer damit ein Erwerberkonzept verwirklicht. Besonderheiten bestehen, wenn der Veräußerer zunächst eine Teilbetriebsstilllegung durchführt und zeitlich später ein Teilbetriebsübergang erfolgt. In dieser Situation ist eine auf den gesamten Betrieb, einschließlich des später übergehenden Betriebsteils, bezogene Sozialauswahl durchzuführen.[597] Kündigt der Erwerber nach dem Betriebsübergang, beschränkt sich die Sozialauswahl auf die Arbeitnehmer des übernommenen Betriebs oder Betriebsteils, falls der Betrieb(steil) als selbstständige organisatorische Einheit weitergeführt wird. Wird der übernommene Betrieb(steil) hingegen in einen bereits bestehenden Betrieb des Erwerbers

---

[591] BAG 24.10.2019 – 2 AZR 85/19, BeckRS 2019, 32070.
[592] BAG 26.2.1987 – 2 AZR 177/86, AP KSchG § 1 Soziale Auswahl Nr. 15.
[593] BAG 20.6.2013 – 2 AZR 271/12, NZA 2013, 837.
[594] BAG 14.8.2007 – 8 AZR 1043/06, NZA 2007, 1431; 24.2.2005 – 2 AZR 214/04, NZA 2005, 867; 13.9.1995 – 2 AZR 954/94, AP KSchG § 1 Betriebsbedingte Kündigung Nr. 72; 5.5.1994 – 2 AZR 917/93, AP KSchG § 1 Soziale Auswahl Nr. 23.
[595] BAG 21.5.2008 – 8 AZR 84/07, NZA 2008, 755.
[596] KR/*Rachor* KSchG § 1 Rn. 656; Stahlhacke/Preis/Vossen Kündigung/*Preis* Rn. 1055.
[597] BAG 28.10.2004 – 8 AZR 391/03, NZA 2005, 285.

eingegliedert, erstreckt sich die Sozialauswahl auf alle Arbeitnehmer. Auch die Arbeitnehmer des aufnehmenden Betriebs sind einzubeziehen.[598] Teilweise danach differenziert wird, ob lediglich ein Betriebsteil oder ein Betrieb eingegliedert wird.[599]

191 *dd) Personenkreis.* Die soziale Auswahl bezieht sich auf **Arbeitnehmer.** Hierfür gilt der allgemeine Arbeitnehmerbegriff. Erforderlich ist jedoch, dass der Arbeitnehmer Bestandsschutz genießt. Arbeitnehmer, die dem Betrieb noch nicht länger als sechs Monate angehören und **keinen Kündigungsschutz** genießen, scheiden aus der Sozialauswahl aus. Denn diese Arbeitnehmer können sich bei einer Kündigung noch nicht auf das Fehlen eines dringenden betrieblichen Erfordernisses berufen, so dass auch für eine Sozialauswahl kein Raum ist. Daraus folgt, dass Arbeitnehmer ohne Kündigungsschutz grundsätzlich vor den unter den allgemeinen Kündigungsschutz fallenden Arbeitnehmern zu entlassen sind, es sei denn, es liegen die Voraussetzungen des § 1 Abs. 3 S. 2 KSchG vor.[600] Anders liegt der Fall auch, wenn die Parteien vereinbart haben, dass der Kündigungsschutz innerhalb der ersten sechs Monate des Arbeitsverhältnisses gelten soll, solange nicht konkrete Anhaltpunkte für eine Umgehung vorliegen. Auch **Leitende Angestellte** iSv § 14 Abs. 2 KSchG nehmen an der Sozialauswahl teil. Sie genießen zwar nur einen eingeschränkten Kündigungsschutz, doch enthält § 1 KSchG insoweit keinerlei Einschränkung.

192 Arbeitnehmer, bei denen die **Kündigung gesetzlich ausgeschlossen** ist, nehmen an der Sozialauswahl nicht teil. Wer gegen eine Kündigung geschützt ist, ist auch gegen eine Sozialauswahl geschützt. Dazu gehören alle Arbeitnehmer, die dem Sonderkündigungsschutz unterliegen, also zB Betriebsratsmitglieder[601] (§ 15 Abs. 1 KSchG) oder einen freiwilligen Wehrdienst leistende (§ 2 Abs. 1 ArbPlSchG). Dasselbe gilt für die „Beauftragten, soweit sie einen Sonderkündigungsschutz genießen, als zB Datenschutzbeauftragte (§ 38 Abs. 2 BGSG, Immissionsschutzbeauftragte (§ 58 Abs. 2 BISchG) oder Gleichstellungsbeauftragte in Behörden (§ 28 Abs. 4 BGleiG). Handelt es sich um Arbeitnehmer, zu deren Kündigung die Zustimmung einer Behörde notwendig ist, also zB Schwangere und Personen in Elternzeit (§§ 17 Abs. 2 MuSchG, 18 Abs. 1 BEEG, § 5 Abs. 2 PflegeZG) sowie Schwerbehinderte (§ 168 SGB IX), sind sie nur dann in die Sozialauswahl einzubeziehen, wenn die Behörde die Zustimmung erteilt hat.[602] Liegt die Zustimmung zur Kündigung bis zum Ausspruch der relevanten Kündigung nicht vor, scheiden sie aus der Sozialauswahl aus. Der Arbeitgeber ist nicht verpflichtet, den auswahlrelevanten Personenkreis zu vergrößern und die Zustimmung einzuholen.

193 Auch die Arbeitnehmer, bei denen die **ordentliche Kündigung tarifvertraglich ausgeschlossen** ist, nehmen grds. nicht an der Sozialauswahl teil. Auch wenn entsprechende Tarifverträge mittelbar zu einer Erhöhung des Kündigungsrisikos für die übrigen Arbeitnehmer führen, sind sie nicht wegen Kollision mit der zwingenden höherrangigen Regelung des § 1 Abs. 3 KSchG nichtig.[603] Allerdings können entsprechende tarifliche Regelungen mit dem Diskriminierungsmerkmal „Alter" kollidieren, → Rn. 189.

194 Arbeitnehmer, bei denen die **ordentliche Kündigung individualrechtlich ausgeschlossen** ist, nehmen nicht an der Sozialauswahl teil, solange keine konkreten Anhaltpunkte für die Umgehung von § 1 Abs. 3 KSchG vorliegen.[604] Dies ist der Fall, wenn entsprechende Vereinbarungen über die Unkündbarkeit nachträglich im zeitlichen Zusammenhang mit erwogenen Kündigungen stehen. Anders, wenn der Arbeitgeber von vornherein im Arbeitsvertrag die Unkündbarkeit nach einer bestimmten Dauer der Betriebszugehörigkeit zusagt.

---

[598] ErfK/*Oetker* KSchG § 1 Rn. 315; KR/*Rachor* KSchG § 1 Rn. 656.
[599] Stahlhacke/Preis/Vossen Kündigung/*Preis* Rn. 1056.
[600] BAG 18.10.2000 – 2 AZR 494/99, AP KSchG § 15 Nr. 49; 25.4.1985 – 2 AZR 140/84, AP KSchG § 1 Soziale Auswahl Nr. 7; KR/*Rachor* KSchG § 1 Rn. 717; ErfK/*Oetker* KSchG § 1 Rn. 310; vgl. → Rn. 216.
[601] BAG 17.11.2005 – 6 AZR 118/05, NZA 2006, 370.
[602] BAG 24.3.1983 – 2 AZR 21/82, AP KSchG § 1 Betriebsbedingte Kündigung Nr. 21.
[603] LAG Nürnberg 4.7.1994 – 7 Sa 1159/93, LAGE KSchG § 1 Soziale Auswahl Nr. 10; ErfK/*Oetker* § 1 Rn. 312; KR/*Rachor* KSchG § 1 Rn. 719; Stahlhacke/Preis/Vossen Kündigung/*Preis* Rn. 1065; Linck/Krause/Bayreuther KSchG § 1 Rn. 913 f.; Däubler/Deinert/Zwanziger/*Deinert* KSchG § 1 Rn. 443; vgl. aber BAG 20.6.2013 – 2 AZR 295/12, BAGE 145, 296.
[604] Zweifelnd: BAG 5.6.2008 – 2 AZR 907/06, NZA 2008, 1120; 17.11.2005 – 6 AZR 118/05, NZA 2006, 370; 2.6.2005 – 2 AZR 480/04, NZA 2006, 207; LAG Brandenburg 29.10.1998 – 3 Sa 229/98, LAGE KSchG § 1 Soziale Auswahl Nr. 29; ErfK/*Oetker* KSchG § 1 Rn. 313; KR/*Rachor* KSchG § 1 Rn. 719.

Zu beachten ist auch, dass die tarif- oder individualvertragliche Unkündbarkeit nicht 195
gegen das **AGG** verstoßen darf.[605] Das BAG geht davon aus, dass tarifliche Unkündbarkeitsregelungen um sich in Auswahlsituationen als angemessen iSd § 10 S. 1 AGG sowie gesetzes- und verfassungskonform iSv § 1 Abs. 3 KSchG, Art. 12 Abs. 1 GG zu erweisen, gewährleisten müssen, dass sie zumindest grobe Auswahlfehler vermeiden.[606]

Die Dauer des Sonderkündigungsschutzes ist grundsätzlich irrelevant. Arbeitnehmer mit 196
besonderem Kündigungsschutz nehmen auch dann nicht an der Sozialauswahl teil, wenn im Zeitpunkt der Kündigung klar ist, dass der Sonderkündigungsschutz bald beendet ist und das Arbeitsverhältnis mit dem besonders geschützten Arbeitnehmer nach dem Ende des besonderen Kündigungsschutzes wegen einer kürzeren individuellen Kündigungsfrist zum gleichen Zeitpunkt beendet werden könnte, wie das Arbeitsverhältnis mit einem konkurrierenden sozial schwächeren Arbeitnehmer.[607]

Zweifelhaft ist, ob und inwieweit vertraglich vereinbarte **zeitlich beschränkte Beschäf-** 197
tigungsgarantien, etwa für zwei Jahre, zu berücksichtigen sind. Richtigerweise ist zu differenzieren. Es spricht grundsätzlich nichts dagegen, Arbeitnehmern als Ausgleich für eine bestimmte Gegenleistung einen besonderen Schutz vor ordentlichen betriebsbedingten Kündigungen einzuräumen. Soweit sie jedoch kurz vor einer Kündigungswelle abgeschlossen werden, um die Sozialauswahl zu „steuern", sind sie unwirksam.[608]

Im Fall der **Insolvenz** wird eine vereinbarte Unkündbarkeit verdrängt, § 113 InsO. Dies gilt nicht nur für einzelvertragliche, sondern insbes. auch für tarifvertragliche oder betriebsverfassungsrechtliche Unkündbarkeitsregelungen. Sofern ein Kündigungsgrund vorliegt, ist bei einer betriebsbedingten Kündigung also eine Sozialauswahl unter Einbeziehung der ordentlich an sich unkündbaren Arbeitnehmer durchzuführen.[609]

Die Einbeziehung in die Sozialauswahl hängt nicht von der tatsächlichen Tätigkeit im Be- 198
trieb ab. Auch Arbeitnehmer mit einem **ruhenden Arbeitsverhältnis** können in die Sozialauswahl einbezogen werden.[610] Entscheidend ist, ob und inwieweit der Arbeitnehmer nach wie vor dem Zugriff des Arbeitgebers untersteht. Maßgeblich ist, dass durch das Ruhen nicht nur das Arbeitsverhältnis, sondern auch die Betriebszugehörigkeit fortbesteht. Dies gilt insbesondere für kranke Arbeitnehmer oder Arbeitnehmer im „Sabbatical". Sie bleiben in das Personalkonzept des Arbeitgebers eingebunden und unterstehen seiner Leitungsmacht.[611]

In die Sozialauswahl sind auch **gekündigte Arbeitnehmer** einzubeziehen, die für die 199
Dauer des Kündigungsschutzverfahrens aufgrund von § 102 Abs. 5 BetrVG, dem allgemeinen Weiterbeschäftigungsanspruch oder vertraglicher Vereinbarung **vorläufig weiterbeschäftigt** werden. Denn das jeweils entstehende Weiterbeschäftigungsverhältnis kann gekündigt werden. Es wäre sachlich nicht zu rechtfertigen, wenn Arbeitnehmer, die um den Fortbestand ihres Arbeitsverhältnisses kämpfen, besser gestellt würden, als vergleichbare ungekündigte Arbeitnehmer.[612] Probleme entstehen freilich, wenn die Sozialauswahl auf den vorläufig weiterbeschäftigten Arbeitnehmer fällt, sich später aber schon dessen erste Kündigung als wirksam erweist. Da eine bedingte Kündigung gegenüber dem nächst sozial Schwächeren unwirksam ist, bleibt dem Arbeitgeber nichts anderes übrig, als erneut zu kündigen.

Befristet beschäftigte Arbeitnehmer nehmen nicht an der Sozialauswahl teil. Ihr Arbeits- 200
verhältnis endet mit Ablauf der Befristung von selbst, ohne dass es einer Kündigung bedarf.

---

[605] Dazu: BAG 20.6.2013 – 2 AZR 295/12, BAGE 145, 296; vgl. auch KR/*Rachor* KSchG § 1 Rn. 720 ff.
[606] BAG 20.6.2013 – 2 AZR 295/12, BAGE 145, 296; 5.6.2008 – 2 AZR 907/06, NZA 2008, 1120; Bauer/Krieger AGG § 10 Rn. 49.
[607] BAG 21.4.2005 – 2 AZR 241/04, NZA 2005, 1307.
[608] LAG Sachsen 10.10.2001 – 2 Sa 744/00, NZA 2002, 905; vgl. auch LAG Berlin-Brandenburg 20.4.2010 – 3 Sa 2323/09, BeckRS 2010, 74481; *Linck/Krause/Bayreuther* KSchG § 1 Rn. 921.
[609] BAG 23.2.2017 – 6 AZR 665/15; 27.2.2014 – 6 AZR 301/12, NZA 2014, 897; NZA 2017, 995; *Linck/Krause/Bayreuther* KSchG § 1 Rn. 914.
[610] Schon zur ARGE → Rn. 187.
[611] Stahlhacke/Preis/Vossen Kündigung/*Preis* Rn. 1067; Ascheid/Preis/Schmidt/*Kiel* KSchG § 1 Rn. 620.
[612] Ascheid/Preis/Schmidt/*Kiel* KSchG § 1 Rn. 621; KR/*Rachor* KSchG § 1 Rn. 726; Stahlhacke/Preis/Vossen Kündigung/*Preis* Rn. 1069.

Etwas anderes gilt allerdings, wenn die Parteien gem. § 15 Abs. 3 TzBfG die ordentliche Kündigung des befristeten Arbeitsvertrages vereinbart haben.[613]

201 **Teilzeitbeschäftigte Arbeitnehmer** sind grundsätzlich in die soziale Auswahl einzubeziehen. Umgekehrt sind Vollzeitarbeitnehmer bei der Kündigung eines Teilzeitmitarbeiters zu berücksichtigen. Da die Sozialauswahl tätigkeitsbezogen zu bestimmen ist, ist der zeitliche Umfang der Tätigkeit zunächst irrelevant für die Bestimmung der Vergleichsgruppe.[614] Nach allgemeinen Grundsätzen müsste die Vergleichbarkeit allerdings ausscheiden, soweit der Arbeitgeber den zu kündigenden Arbeitnehmer nicht im Wege des Direktionsrechtes auf den Teilzeitarbeitsplatz bzw. den Teilzeitmitarbeiter auf den Vollzeitarbeitsplatz versetzen kann.[615] Dagegen spricht allerdings das in § 4 TzBfG enthaltene Diskriminierungsverbot. Nur wenn ein sachlicher Grund für die Differenzierung von Vollzeit- und Teilzeitmitarbeitern besteht, scheidet die Vergleichbarkeit aus. Nach zutreffender Auffassung des **BAG** hängt die Frage der Einbeziehung von Arbeitnehmern mit anderer Arbeitszeit in die Sozialauswahl davon ab, ob der Arbeitgeber eine Organisationsentscheidung getroffen hat, in bestimmten Bereichen nur Vollzeit- oder Teilzeitkräfte einzusetzen und diese Entscheidung weder offenbar unsachlich, unvernünftig oder willkürlich ist.[616] Dies gilt nach der BAG Rechtsprechung auch für die Sozialauswahl zwischen mehreren Teilzeitbeschäftigten.[617] Dies erfordert allerdings ein plausibles, nachvollziehbares Organisationskonzept. Soll demgegenüber nur die Zahl der insgesamt geleisteten Arbeitsstunden reduziert werden, ohne dass der zu leistenden Arbeit eine bestimmte Organisationsstruktur zugrunde liegt, was typischerweise bei einer Verdichtungsentscheidung der Fall ist, sind alle vergleichbaren Arbeitnehmer unabhängig von der Arbeitszeit in die Sozialauswahl einzubeziehen.[618] Diese Differenzierung verstößt nicht gegen EU-Recht.[619]

202 Der einem **Betriebsteilübergang widersprechende Arbeitnehmer**[620] kann sich bei einer nachfolgenden betriebsbedingten Kündigung durch den alten Arbeitgeber, die aufgrund des Widerspruchs notwendig geworden ist, auf die fehlerhafte Sozialauswahl berufen. Nach langjähriger Auffassung des BAG waren allerdings bei der Prüfung der sozialen Gesichtspunkte die Gründe für seinen Widerspruch zu berücksichtigen.[621] Diese Rechtsprechung ist überholt. Der dem Betriebsübergang widersprechende Arbeitnehmer macht von einem ihm gesetzlich eingeräumten Recht Gebrauch. Der Widerspruch ist weder an eine Begründung gebunden noch müssen objektiv vernünftige Gründe vorliegen. Das Widerspruchsrecht des Arbeitnehmers kann nicht dadurch entwertet werden, dass ihm über den Umweg einer späteren Kündigung bzw. anlässlich einer Sozialauswahl bei einer solchen Kündigung eine Begründung für sein vorheriges, auch begründungslos zulässiges Verhalten abverlangt wird.[622]

203 **e) Die zu berücksichtigenden sozialen Kriterien. aa) Allgemeines.** Welche Auswahlgesichtspunkte vom Arbeitgeber im Rahmen der Sozialauswahl zu berücksichtigen sind, war

---

[613] BAG 19.6.1980 – 2 AZR 660/78, AP BGB § 620 Befristeter Arbeitsvertrag Nr. 55; ErfK/*Oetker* KSchG § 1 Rn. 310; *Linck/Krause/Bayreuther* KSchG § 1 Rn. 912; Däubler/Deinert/Zwanziger/*Deinert* KSchG § 1 Rn. 443.

[614] BAG 20.11.2014 – 2 AZR 512/13, NZA 2015, 1105; 12.8.1999 – 2 AZR 12/99, AP KSchG § 1 Soziale Auswahl Nr. 44; 3.12.1998 – 2 AZR 341/98, AP KSchG § 1 Soziale Auswahl Nr. 39; KR/*Rachor* KSchG § 1 Rn. 673; ErfK/*Oetker* KSchG § 1 Rn. 327; *Linck/Krause/Bayreuther* KSchG § 1 Rn. 903; Däubler/Deinert/Zwanziger/*Deinert* KSchG § 1 Rn. 454; Stahlhacke/Preis/Vossen Kündigung/*Preis* Rn. 1070; Ascheid/Preis/Schmidt/*Kiel* KSchG § 1 Rn. 614.

[615] Vgl. *Bauer/Klein* BB 1999, 1162; KR/*Rachor* KSchG § 1 Rn. 673.

[616] BAG 20.11.2014 – 2 AZR 512/13, NZA 2015, 1105; 15.7.2004 – 2 AZR 376/03, NZA 2005, 523; 17.1.2002 – 2 AZR 15/01, EzA KSchG § 1 Soziale Auswahl Nr. 47; 3.12.1998 – 2 AZR 341/98, AP KSchG § 1 Soziale Auswahl Nr. 39; ErfK/*Oetker* KSchG § 1 Rn. 327.

[617] BAG 7.12.2006 – 2 AZR 748/05, NZA 2008, 72; 15.7.2004 – 2 AZR 376/03, DB 2004, 2375.

[618] Vgl. BAG 12.8.1999 – 2 AZR 12/99, AP KSchG § 1 Soziale Auswahl Nr. 44.

[619] EuGH 26.9.2000 – C-322/98, AP KSchG § 1 Soziale Auswahl Nr. 51.

[620] Zur Bestimmung des Betriebs beim Betriebsübergang → Rn. 167.

[621] BAG 22.3.2001 – 8 AZR 565/00, NZA 2002, 1350; 24.2.2000 – 8 AZR 167/99, AP KSchG § 1 Soziale Auswahl Nr. 47; 18.3.1999 – 8 AZR 190/98, NZA 1999, 870.

[622] BAG 31.5.2007 – 2 AZR 276/06, NZA 2008, 33; *Linck/Krause/Bayreuther* KSchG § 1 Rn. 872ff; KR/*Rachor* KSchG § 1 Rn. 656; LSSW/*Schlünder* § 1 Rn. 363; vgl. auch Ascheid/Preis/Schmidt/*Steffan* BGB § 613a Rn. 226ff.; Stahlhacke/Preis/Vossen Kündigung/*Preis* Rn. 1058ff.

in der Vergangenheit Gegenstand diverser Gesetzesänderungen. Der Gesetzgeber hat mittlerweile die Kriterien der Sozialauswahl in einem festen Katalog von **vier Grunddaten** definiert. Dabei handelt es sich um die Dauer der Betriebszugehörigkeit, das Lebensalter, die Unterhaltspflichten sowie die Schwerbehinderung.

Die Regelung ist grundsätzlich **abschließend.** Der Arbeitgeber muss also nur Dauer der 204 Betriebszugehörigkeit, Lebensalter, Unterhaltspflichten und Schwerbehinderung als abwägungsrelevante Faktoren bei der Sozialauswahl berücksichtigen.[623] Weitere Kriterien, etwa der allgemein schlechte Gesundheitszustand eines Arbeitnehmers oder die Pflege kranker Angehöriger braucht der Arbeitgeber nicht zu berücksichtigen. Allerdings findet sich in der Begründung des Regierungsentwurfs der Hinweis, dass die Beschränkung auf die drei Grunddaten die Beachtung „unbilliger Härten" nicht ausschließt. Zusätzlich erfassbare Tatsachen müssten jedoch in einem „unmittelbaren spezifischen Zusammenhang mit den Grunddaten stehen" oder sie müssen sich aus solchen betrieblichen Gegebenheiten herleiten, die evident einsichtig sind. Das soll gelten für Berufskrankheiten und einen vom Arbeitnehmer nicht verschuldeten Arbeitsunfall, die zugunsten der betreffenden Arbeitnehmer berücksichtigt werden können.[624] Was dies vor dem Hintergrund der gesetzgeberischen Intention, die Sozialauswahl vorhersehbarer zu machen, bedeuten soll, ist nicht ganz klar. Ebenfalls unklar ist, wie diese unbilligen Härten methodisch Berücksichtigung finden sollen, da der Wortlaut abschließend ist.[625] Man könnte daraus den Schluss ziehen, dass der Arbeitgeber **freiwillig unbillige Härten berücksichtigen kann.** Der Arbeitgeber ist nicht daran gehindert, solche zusätzlichen Momente zu berücksichtigen, er braucht es aber nicht.[626] Allerdings müssen diese Härten evident sein oder in einem spezifischen Zusammenhang mit den Grunddaten stehen. Dies schließt zum Beispiel die Berücksichtigung eines „Doppelverdienstes"[627] ebenso aus wie die Vermögenslage des Arbeitnehmers, einen allgemein schlechten Gesundheitszustand des Arbeitnehmers oder die Arbeitsmarktchancen. Der Arbeitgeber könnte freiwillig etwa Berufskrankheiten und einen unverschuldeten Arbeitsunfall zusätzlich berücksichtigen. Zu empfehlen ist ein derartiges Vorgehen wegen der aufgezeigten Risiken nicht.

bb) Soziale Kriterien. Zu berücksichtigen sind grds. also nur die vier Grundkriterien. Dabei 205 ist unter **Dauer der Betriebszugehörigkeit** der rechtlich ununterbrochene Bestand des Arbeitsverhältnisses zum Arbeitgeber zu verstehen. Es handelt sich also nicht um Betriebs- sondern um die Unternehmenszugehörigkeit.[628] Bei der Berechnung ist der tatsächliche Bestand der Betriebszugehörigkeit maßgeblich. Unerheblich ist insbesondere der bisherige zeitliche Umfang der Beschäftigung. Auch Zeiten, in denen das Arbeitsverhältnis geruht hat, etwa im Falle einer Elternzeit, sind ebenso mitzuberechnen wie Zeiten tatsächlicher Unterbrechung, etwa infolge Krankheit. Beschäftigungszeiten aus einem früheren Arbeitsverhältnis mit demselben Arbeitgeber sind zu berücksichtigen, sofern sie auf die Wartezeit angerechnet werden.[629] Frühere Beschäftigungszeiten bei einem anderen Arbeitgeber sind zu berücksichtigen, falls dies mit dem Arbeitnehmer individuell vereinbart worden ist. Daneben sind selbstverständlich die gesetzlichen Regelungen des § 613a BGB oder des § 324 UmwG zu beachten.

Weiteres Grundkriterium ist das **Lebensalter.** Entscheidend sind ausschließlich die Daten, 206 aus denen sich das Alter ergibt, nicht etwa die mit dem Alter verbundenen gesund-

---

[623] BAG 18.9.2018 – 9 AZR 20/18, AP § 22 AGG Nr. 16; 27.04.2017 – 2 AZR 67/17, NZA 2017, 902.
[624] BT-Drs. 15/1204, 11.
[625] Vgl. auch *Löwisch* NZA 2003, 691; Ascheid/Preis/Schmidt/*Kiel* KSchG § 1 Rn. 653; *Linck/Krause/Bayreuther* KSchG § 1 Rn. 927.
[626] Vgl. BAG 12.8.2010 – 2 AZR 945/08, NZA 2011, 460 mit Zweifeln; KR/*Rachor* KSchG § 1 Rn. 752; Däubler/Deinert/Zwanziger/*Deinert* KSchG § 1 Rn. 524 ff.; *Löwisch* NZA 2003, 691; Willemsen/Annuß NJW 2004, 178. Vgl. auch *Däubler* NZA 2004, 181, der eine verfassungskonforme Auslegung vertritt.
[627] BAG 29.1.2015 – 2 AZR 164/14, NZA 2015, 426 zum Doppelverdienst. Dieser könnte allenfalls dazu führen, dass eine bestehende Unterhaltspflicht weniger stark zu berücksichtigen wäre. Letztlich würde die Berücksichtigung aber auch wieder mittelbar Frauen diskriminieren. Zweifelnd *Linck/Krause/Bayreuther* KSchG § 1 Rn. 945.
[628] ErfK/*Oetker* KSchG § 1 Rn. 331; Ascheid/Preis/Schmidt/*Kiel* KSchG § 1 Rn. 633.
[629] → Rn. 79 ff., 81.

heitlichen Probleme. Grundsätzlich steigt mit zunehmendem Lebensalter die Schutzbedürftigkeit des Arbeitnehmers, da es ihm mit zunehmendem Alter schwerer fällt, einen neuen Arbeitsplatz zu finden. Gleichwohl ist dieses Kriterium ambivalent. So nimmt mit zeitlicher Nähe zum Renteneintritt die Schutzbedürftigkeit wieder ab, wenn der Arbeitnehmer in der Zeit bis zum Renteneintritt anderweitig abgesichert ist, etwa durch die Möglichkeit von Altersteilzeit oder Leistungen der gesetzlichen Arbeitslosen- oder Rentenversicherung.[630]

207 Abgeschlossen ist die Diskussion, inwieweit das Merkmal „Lebensalter" vor dem Hintergrund des europäischen Diskriminierungsschutzes im Rahmen der Sozialauswahl herangezogen werden kann. Der Wille des nationalen Gesetzgebers ist eindeutig. Er will das Merkmal nach wie vor als Grundkriterium bei der Sozialauswahl berücksichtigt wissen. Dies ist mit den europäischen Vorgaben in Einklang zu bringen. Insbesondere muss ausgeschlossen werden, dass es zu einer Überbewertung des Lebensalters kommt.[631] Indes darf nicht übersehen werden, dass ältere Menschen auf dem Arbeitsmarkt schwerer vermittelbar sind als jüngere, sodass das Kriterium nicht unberücksichtigt bleiben darf. Nach zutreffender Auffassung des BAG verstößt die Berücksichtigung eines höheren Lebensalters nicht gegen das Verbot der Benachteiligung jüngerer Mitarbeiter, weil es von einem legitimen Ziel der Sozialpolitik gedeckt ist.[632] Für das BAG spricht zudem, dass die lineare Berücksichtigung des Alters als Kriterium in der Praxis handhabbarer und damit vorhersehbarer macht. Zwischenzeitlich hat das BAG die Möglichkeit zur linearen Punktevergabe für das Lebensalter in diversen weiteren Entscheidungen bestätigt.[633]

208 Als drittes Grundkriterium sind **Unterhaltsverpflichtungen** zu beachten. Wesentlich ist, dass weder der Familienstand, noch die Anzahl der vorhandenen Kinder entscheidend sind. Maßgeblich sind nur die aus der familienrechtlichen Verbundenheit folgenden finanziellen Verpflichtungen, die dem Arbeitnehmer kraft Gesetzes auferlegt sind.[634] Unterhaltsverpflichtungen ohne gesetzliche Verpflichtung können nicht berücksichtigt werden.[635] Es kommt dabei auf Anzahl und Höhe der Unterhaltsverpflichtungen im Kündigungszeitpunkt an.[636] In Betracht kommen Unterhaltsverpflichtungen gegenüber Ehegatten, gleichgeschlechtlichen Lebenspartnern, Kindern und pflegebedürftigen Eltern. Unterhaltsleistungen einer nichtehelichen Lebensgemeinschaft bleiben unberücksichtigt. Neben der bestehenden gesetzlichen Verpflichtung ist entscheidend, dass die Verpflichtungen vom Arbeitnehmer auch tatsächlich erfüllt werden. Leisten andere Personen den Unterhalt mit befreiender Wirkung, wird also ein Kind von der Großmutter unterhalten, mindert dies die Unterhaltspflichten des Arbeitnehmers. Etwas anderes gilt, wenn sich der Arbeitnehmer seinen Unterhaltspflichten nur entzieht, ohne dass eine andere Person für den Unterhalt aufkommt. Denn ein gesetzwidriges Verhalten kann die Sozialauswahl nicht beeinflussen.[637] Zum Doppelverdienst schon → Rn. 204.

209 Die Berücksichtigung der **Schwerbehinderung** als viertes Grundkriterium beruht auf den Schwierigkeiten, mit denen Schwerbehinderte typischerweise bei der Arbeitsplatzsuche

---

[630] BAG 27.4.2017 – 2 AZR 67/16, NZA 2017, 902; 9.12.2014 – 1 AZR 102/13, BAGE 150, 136; KR/*Rachor* KSchG § 1 Rn. 732; Ascheid/Preis/Schmidt/*Kiel* KSchG § 1 Rn. 636; *Linck/Krause/Bayreuther* KSchG § 1 Rn. 940.
[631] *Hamacher/Ulrich* NZA 2007, 657; *Reichold/Hahn/Heinrich* NZA 2005, 1275. Vgl. BAG 20.6.2013 – 2 AZR 295/12, BAGE 145, 296.
[632] Vgl. BAG 20.6.2013 – 2 AZR 295/12, BAGE 145, 296.
[633] BAG 18.9.2018 – 9 AZR 20/18, AP § 22 AGG Nr. 16; 29.1.2015 – 2 AZR 164/14, BAGE 150, 330; 10.6.2010 – 2 AZR 420/09, NZA 2010, 1352; 18.3.2010 – 2 AZR 468/08, NZA 2010, 1059; 5.11.2009 – 2 AZR 676/08, NZA 2010, 457; 13.10.2009 – 9 AZR 722/08, NZA 2010, 327; 12.3.2009 – 2 AZR 418/07, NZA 2009, 1023; 6.11.2008 – 2 AZR 523/07, NZA 2009, 361; 19.6.2007 – 2 AZR 304/06, NZA 2008, 103; 18.10.2006 – 2 AZR 473/05, NZA 2007, 504.
[634] BAG 29.1.2015 – 2 AZR 164/14, NZA 2015, 426; KR/*Rachor* KSchG § 1 Rn. 735; Stahlhacke/Preis/Vossen Kündigung/*Preis* Rn. 1087; Ascheid/Preis/Schmidt/*Kiel* KSchG § 1 Rn. 645.
[635] BAG 12.8.2010 – 2 AZR 945/08, AP KSchG 1969 § 2 Nr. 147; 5.12.2002 – 2 AZR 540/01, NZA 2003, 791 *Linck/Krause/Bayreuther* KSchG § 1 Rn. 941.
[636] BAG 29.1.2015 – 2 AZR 164/14, NZA 2015, 426.
[637] Ascheid/Preis/Schmidt/*Kiel* KSchG § 1 Rn. 646.

konfrontiert sind. Nach wie vor ungeklärt ist, was unter dem Begriff „Schwerbehinderung" verstanden werden soll. Legt man die Definition in § 2 Abs. 2 SGB IX zugrunde liegt eine Schwerbehinderung nur vor, wenn ein Grad der Behinderung von 50 erreicht wird. Ein geringerer Grad der Behinderung müsste unberücksichtigt bleiben. Auch die Gesetzesbegründung hilft nicht weiter. Dort findet sich lediglich der Hinweis, dass der bisherige soziale Schutz bei Schwerbehinderung erhalten bleiben soll.[638] Der Grundsatz der Einheit der Rechtsordnung spräche dafür, den Begriff wie in § 2 Abs. 2 SGB IX auszulegen.[639] Dies widerspricht freilich den europäischen Vorgaben, die Behinderte insgesamt schützen. Dies macht es erforderlich, das Merkmal auch schon unterhalb der Schwelle des GdB 50 jedenfalls dann zu berücksichtigen, wenn eine Gleichstellung nach § 2 Abs. 3 SGB IX erfolgt ist.[640] Ob sonstige Behinderungen berücksichtigt werden müssen, ist zweifelhaft.[641] Allerdings ist nur eine tatsächlich vorhandene Schwerbehinderung relevant. Hat der Arbeitnehmer im Zeitpunkt des Zugangs der Kündigung nur einen Antrag auf Anerkennung als Schwerbehinderter gestellt, über den noch nicht entscheiden worden ist, bleibt der Gesichtspunkt der Schwerbehinderung im Rahmen der Sozialauswahl unberücksichtigt.

cc) Ermittlung der Kriterien. Der Arbeitgeber hat die Kriterien nur zu berücksichtigen, wenn sie ihm **bekannt** sind. Dies ist in der Regel unproblematisch für Betriebszugehörigkeit und Lebensalter. Sie ergeben sich aus den Personalakten des Arbeitgebers. Probleme können aber bei den zu berücksichtigenden Unterhaltsverpflichtungen und dem Grad der Behinderung bestehen. Im Grundsatz ist anerkannt, dass der Arbeitgeber im Rahmen der Sozialauswahl nur die ihm mitgeteilten Sozialdaten zugrunde zu legen hat. Er ist weder verpflichtet, noch hat er rechtliche Möglichkeiten, die Richtigkeit der ihm mitgeteilten Daten zu überprüfen. Sind die Daten falsch, kann sich der Arbeitnehmer darauf im Prozess nicht berufen. Die Prüfung ist beschränkt auf die mitgeteilten Daten.[642] **Unbekannte Sozialdaten** können dem Arbeitgeber nur entgegengehalten werden, wenn er sie hätte kennen müssen. Dazu ist der Arbeitgeber gehalten, sich beim Arbeitnehmer zu erkundigen. Dies ergibt sich auch aus der Gesetzesbegründung. Dort findet sich der Hinweis, dass der Arbeitgeber die Grunddaten aus den Personalunterlagen entnehmen oder durch **Befragung des Arbeitnehmers** in Erfahrung bringen kann.[643] Soweit **Eintragungen auf der Lohnsteuerkarte** vorhanden sind, ist offen, ob sich der Arbeitgeber auf verlassen kann.[644] Das BAG hat die Frage zuletzt zuletzt offen gelassen, aber angedeutet, dass es auf die tatsächlichen Unterhaltspflichten ankomme. Im Rahmen eines Interessenausgleiches mit Namensliste nach § 125 InsO hat das BAG allerdings entschieden, dass die Betriebspartner auf die Eintragungen in der Lohnsteuerkarte abstellen können. Das BAG deutet an, dass dieses Vorgehen außerhalb der Insolvenz bedenklich ist.[645] Dessen ungeachtet darf der Arbeitgeber auf die ihm bekannten Daten vertrauen, wenn er keinen Anlass zu der Annahme hat, sie könnten nicht zutreffen.[646] Zur Sicherheit sollte der Arbeitgeber die Unterhaltspflichten abfragen. Den Umstand der Schwerbehinderung wird der Arbeitgeber ohnehin nur durch Befragung in Erfahrung

---

[638] BT-Drs. 15/1204, 11.
[639] Vgl. auch *Gaul/Lunk* NZA 2004, 185; Ascheid/Preis/Schmidt/*Kiel* KSchG § 1 Rn. 730.
[640] So *Linck/Krause/Bayreuther* KSchG § 1 Rn. 947; KR/Rachor KSchG § 1 Rn. 742; Löwisch BB 2004, 154.
[641] Vgl. KR/*Rachor* KSchG § 1 Rn. 742; *Linck/Krause/Bayreuther* KSchG § 1 Rn. 94.
[642] ErfK/*Oetker* KSchG § 1 Rn. 333; LAG Köln 3.5.2000 – 2 Sa 272/00, LAGE KSchG § 1 Soziale Auswahl Nr. 33.
[643] BT-Drs. 15/1204, 11.
[644] Ja: LAG Baden-Württemberg 9.11.1990 – 15 Sa 86/90, LAGE BetrVG § 102 Nr. 25. AA: Ascheid/Preis/Schmidt/*Kiel* KSchG § 1 Rn. 655; LAG Hamm 29.3.1985 – 2 Sa 560/85, LAGE KSchG § 1 Soziale Auswahl Nr. 1. Danach ist der Arbeitgeber stets verpflichtet, den Arbeitnehmer vor einer Kündigung nach den Sozialdaten zu fragen. Vgl. auch KR/*Rachor* KSchG § 1 Rn. 746.
[645] BAG 28.6.2012 – 6 AZR 682/10, BAGE 142, 225; 15.12.2011 – 2 AZR 42/10, NZA 2012, 1044; 5.11.2009 – 2 AZR 676/08, NZA 2010, 457.
[646] BAG 28.6.2012 – 6 AZR 682/10, BAGE 142, 225; 17.1.2008 – 2 AZR 405/06, NZA-RR 2008, 571; 17.1.2008 – 2 AZR 405/06, NZA-RR 2008, 571; 6.7.2006 – 2 AZR 520/05, NZA 2007, 266; zweifelnd *Linck/Krause/Bayreuther* KSchG § 1 Rn. 950.

bringen können.⁶⁴⁷ Der Arbeitgeber muss sich also jedenfalls nach einer Schwerbehinderung erkundigen, sofern sich aus den Personalakten nichts ergibt. Verweigert der Arbeitnehmer die Auskunft oder macht er unzutreffende Angaben, kann er sich auf die Schwerbehinderung später nicht mehr berufen.

211 *dd) Gewichtung der Kriterien.* Dem Gesetzeswortlaut ist nicht zu entnehmen, wie die vier Grunddaten zueinander ins Verhältnis zu setzen sind. Nach der Begründung des Regierungsentwurfs haben die Grunddaten **gleiches Gewicht**.⁶⁴⁸ Damit hat der Gesetzgeber die bisherige Rechtsprechung aufgegriffen, nach der keinem der Kriterien ein absoluter Vorrang zukam.⁶⁴⁹ Erforderlich ist eine Gesamtabwägung aller auswahlrelevanten Sozialdaten.

212 Nach allgemeiner Auffassung steht dem Arbeitgeber bei der Gewichtung der Kriterien ein **Beurteilungsspielraum** zu.⁶⁵⁰ Daraus folgt, dass die vom Arbeitgeber getroffene Auswahlentscheidung nur vertretbar sein muss. Sie muss nicht unbedingt der Entscheidung entsprechen, die das Gericht getroffen hätte, wenn es eigenverantwortlich soziale Erwägungen hätte anstellen müssen. Es gibt deshalb bei jeder Sozialauswahl Lösungen, die möglicherweise nicht richtig, aber noch tragfähig, da ausreichend sind. Die Bewertung als „ausreichend" verlangt, dass alle vier Grunddaten in die Gewichtung einbezogen werden. Ist dies der Fall ist der Beurteilungsspielraum erst überschritten, wenn der gekündigte Arbeitnehmer **deutlich schutzwürdiger** ist als ein anderer vergleichbarer Arbeitnehmer, dessen Arbeitsverhältnis fortbesteht.⁶⁵¹ Es liegt also innerhalb des Beurteilungsspielraums, wenn der gekündigte Arbeitnehmer geringfügig schutzbedürftiger ist. So liegt der Fall, wenn bei dem gekündigten Arbeitnehmer ein berücksichtigungspflichtiges Kriterium etwas stärker ausgeprägt ist als bei einem vergleichbaren Arbeitnehmer, während sich die übrigen Gesichtspunkte entsprechen, oder wenn der gekündigte Arbeitnehmer hinsichtlich eines zu berücksichtigenden Faktors deutlich schutzbedürftiger ist, dies aber durch einen anderen Umstand, der zugunsten des vergleichbaren Arbeitnehmers spricht, kompensiert wird.⁶⁵²

213 Bei der Abwägung verbietet sich ein schematisches Vorgehen, da der Arbeitgeber den Besonderheiten des Einzelfalls gerecht werden muss. Es spricht allerdings nichts dagegen, als Hilfsmittel ein **Punktschema** zugrunde zu legen.⁶⁵³ Dieses Punktschema muss allerdings alle vier Grunddaten ausreichend berücksichtigen und in ein angemessenes Verhältnis setzen. Ursprünglich durfte der Arbeitgeber die Punktetabelle nur zur Vorauswahl verwenden und es hatte im Anschluss an die Vorauswahl auf der Grundlage der Punktetabelle eine **individuelle Abschlussprüfung** der Sozialauswahl stattfinden.⁶⁵⁴ Dies hat das BAG allerdings aufgegeben. Denn die zu berücksichtigenden Kriterien der Sozialauswahl sind abschließend im Gesetz festgeschrieben.⁶⁵⁵ Denkbar ist etwa folgendes Punktschema:⁶⁵⁶

---

⁶⁴⁷ Ascheid/Preis/Schmidt/*Kiel* KSchG § 1 Rn. 656. Vgl. auch BAG 16.2.2012 – 6 AZR 553/10, NZA 2012, 555.
⁶⁴⁸ BT-Drs. 15/1204, 11; vgl. auch BAG 29.1.2015 – 2 AZR 164/14, NZA 2015, 426.
⁶⁴⁹ BAG 23.3.2006 – 2 AZR 162/05, NZA 2007, 30; 5.12.2002 – 2 AZR 549/01, NZA 2003, 791.
⁶⁵⁰ BAG 18.9.2018 – 9 AZR 20/18, AP § 22 AGG Nr. 16; 21.5.2015 – 8 AZR 409/13, NZA 2016, 13.
⁶⁵¹ BAG 18.9.2018 – 9 AZR 20/18, AP § 22 AGG Nr. 16; 21.5.2015 – 8 AZR 409/13, NZA 2016, 13; 20.6.2013 – 2 AZR 271/12, NZA 2013, 837; 7.7.2011 – 2 AZR 476/10, AP KSchG § 1 Wartezeit Nr. 26; 5.6.2008 – 2 AZR 907/06, NZA 2008, 1120; 6.7.2006 – 2 AZR 443/05, NZA 2007, 197; 5.12.2002 – 2 AZR 549/01, NZA 2003, 791; 25.4.1985 – 2 AZR 140/84, NZA 1986, 64.
⁶⁵² So zutreffend auch Stahlhacke/Preis/Vossen Kündigung/*Preis* Rn. 1116.
⁶⁵³ BAG 5.12.2002 – 2 AZR 549/01, NZA 2003, 791.
⁶⁵⁴ BAG 5.12.2002 – 2 AZR 549/01, NZA 2003, 791.
⁶⁵⁵ BAG 24.10.2013 – 6 AZR 854/11, NZA 2014, 46; 9.11.2006 – 2 AZR 812/05, NZA 2007, 549.
⁶⁵⁶ Nach BAG 5.12.2002 – 2 AZR 549/01, NZA 2003, 791. Weitere vom BAG gebilligte Schemata: BAG 10.6.2010 – 2 AZR 420/09, NZA 2010, 1352; 18.3.2010 – 2 AZR 468/08, NZA 2010, 1059; 5.11.2009 – 2 AZR 676/08, NZA 2010, 457; 13.10.2009 – 9 AZR 722/08, NZA 2010, 327; 12.3.2009 – 2 AZR 418/07, NZA 2009, 1023; 6.11.2008 – 2 AZR 523/07, NZA 2009, 361; 19.6.2007 – 2 AZR 304/06, NZA 2008, 103.

Muster:

Betriebszugehörigkeit:	
je Dienstjahr	1 Punkt
ab dem 11. Dienstjahr je Dienstjahr	2 Punkte
bis maximal 55. Lebensjahr, dh max.	70 Punkte
Lebensalter:	
jedes volle Lebensjahr	1 Punkt
bis maximal 55. Lebensjahr, dh max.	55 Punkte
Unterhaltspflichten:	
je unterhaltsberechtigtem Kind	4 Punkte
verheiratet	8 Punkte
Schwerbehinderung:	
bis GdB 50	5 Punkte
ab GdB 50 je 10 Punkte	1 Punkt

Das BAG wendet diese Punktschemata nach wie vor an, vgl. → Rn. 206.

f) Herausnahme von Arbeitnehmern aus der Sozialauswahl. *aa) Allgemeines.* Hat der Arbeitgeber die Sozialauswahl vorgenommen, kann er anschließend nach § 1 Abs. 3 S. 2 prüfen, ob bestimmte Arbeitnehmer aufgrund besonderer Umstände von der Sozialauswahl ausgenommen werden können. Welche Umstände zur Herausnahme von Arbeitnehmern führen können war häufig Gegenstand von Gesetzesänderungen. Derzeit ist aufgrund des Gesetzes zu Reformen am Arbeitsmarkt vom 24.12.2003 (BGBl. I 3002 v. 30.12.2003) maßgeblich, ob die Weiterbeschäftigung der auszunehmenden Arbeitnehmer wegen ihrer Kenntnisse, Fähigkeiten und Leistungen oder zur Sicherung einer ausgewogenen Personalstruktur des Betriebes im berechtigten betrieblichen Interesse liegt. Als berechtigtes betriebliches Interesse wird im Gesetz ausdrücklich die Weiterbeschäftigung eines Arbeitnehmers wegen seiner Kenntnisse, Fähigkeiten und Leistungen hervorgehoben. Einen „Leistungsträger", der sich für den Betrieb unentbehrlich gemacht hat, soll der Arbeitnehmer nicht entlassen müssen, auch wenn er gegenüber anderen Arbeitnehmern sozial weniger schutzbedürftiger ist.[657] Die Absenkung der Anforderungen spiegelt sich im Wortlaut deutlich wieder. Durften ursprünglich nur solche Arbeitnehmer unberücksichtigt bleiben, deren Weiterbeschäftigung durch „berechtigte betriebliche Bedürfnisse bedingt" war, genügt es nunmehr, dass die Weiterbeschäftigung im „berechtigten betrieblichen Interesse liegt".

Bei den berechtigten betrieblichen Interessen ist zwischen den **individuellen und den strukturellen Sachgründen** zu unterscheiden. Individuelle Sachgründe sind Kenntnisse, Fähigkeiten und Leistungen, struktureller Sachgrund ist vor allem die Sicherung einer ausgewogenen Personalstruktur. Dabei spielt auch in diesem Zusammenhang der europarechtliche Diskriminierungsschutz eine Rolle. Denn auch hier ist es denkbar, dass bei der Herausnahme von Leistungsträgern diskriminiert wird. Auch die Sicherung der Altersstruktur kann jüngere oder ältere Arbeitnehmer benachteiligen.

bb) Berechtigte individuelle Interessen. Als berechtigtes betriebliches individuelles Interesse nennt das Gesetz ausdrücklich die **Kenntnisse, Fähigkeiten und Leistungen** eines Arbeitnehmers. Diese Aufzählung ist, wie sich aus der Verwendung des Wortes „insbesondere" ergibt, **nicht abschließend**. Auch andere Gründe können zur Weiterbeschäftigung des sozial schwächeren Arbeitnehmers führen. Bedauerlicherweise erläutert das Gesetz nicht, welche Intensität diese Interessen erreichen müssen. Die Gesetzesbegründung verwendet hierzu den Begriff des **Leistungsträgers**, für den kennzeichnend sein soll, dass er sich für den Betrieb unentbehrlich gemacht haben soll. Führt man diese Begrifflichkeiten auf ihren Kern zurück ist entscheidend, dass die Weiterbeschäftigung des sozial schwächeren Arbeitnehmers durch **sachliche Gründe** gerechtfertigt ist und deshalb im berechtigten betrieblichen Interesse liegt.

---
[657] BT-Drs. 15/1204, 11.

Für die Intensität des Sachgrundes ist damit noch nicht viel gewonnen. Zunächst ging die Rechtsprechung davon aus, dass reine Nützlichkeitserwägungen nicht ausreichen, sondern auf den Arbeitnehmer nicht verzichtet werden kann.[658] Daran konnte man nach der Neuregelung nicht mehr festhalten. Denn es kommt nicht mehr darauf an, dass die Umstände die Weiterbeschäftigung des Arbeitnehmers „bedingen". Allerdings ist das Vorliegen eines berechtigten betrieblichen Interesses nach wie vor mehr als eine reine Nützlichkeitserwägung.[659] Richtigerweise geht es um die Darlegung nachvollziehbarer Sachgründe, die die Weiterbeschäftigung geboten erscheinen lassen. Das BAG formuliert zutreffend, dass „die Weiterbeschäftigung eines bestimmten Arbeitnehmers im Interesse eines geordneten Betriebsablaufs erforderlich ist".[660] Die Weiterbeschäftigung muss für den Betrieb von besonderer Bedeutung sein, dem Arbeitgeber also einen nicht unerheblichen Vorteil bringen.[661] Die Herausnahme muss also zu **Vorteilen von einigem Gewicht** führen. Diese Interessen des Betriebes sind nicht objektiv, sondern vor dem Hintergrund der unternehmerischen Entscheidung subjektiv zu bestimmen. Der Unternehmer legt fest, welche Kenntnisse, Fähigkeiten und Leistungen für den Betrieb wichtig sind. Insoweit steht ihm auch hier ein Beurteilungsspielraum zu.[662] Daraus folgt umgekehrt, dass ein in die soziale Auswahl einbezogener Arbeitnehmer nicht geltend machen kann, seine Weiterbeschäftigung läge im berechtigten betrieblichen Interesse.[663] Es handelt sich um ein Recht des Arbeitgebers und es liegt in seinem Ermessen, ob er davon Gebrauch macht.

219 Zu betonen ist auch, dass die Herausnahme von Arbeitnehmern aus der Sozialauswahl entsprechend der gesetzlichen Regelung ein **Ausnahmetatbestand** ist. Der Arbeitgeber kann also nicht die Mehrheit seiner Arbeitnehmer zu Leistungsträgern erklären.[664]

220 Bei den individuellen Sachgründen ist eine Abgrenzung der Begriffe Kenntnisse, Fähigkeiten und Leistungen nur schwer möglich, da die Übergänge fließend sind. Der Begriff der **Kenntnisse** knüpft vorrangig an das erlernte Wissen des Arbeitnehmers an und erweitert sein Einsatzspektrum im Betrieb. Kenntnisse werden erworben durch Ausbildung, Schulung oder langjährige Berufstätigkeit. Sie bilden ein berechtigtes betriebliches Interesse an der Weiterbeschäftigung, wenn die vom Arbeitnehmer erworbenen Kenntnisse sein Einsatzspektrum im Betrieb deutlich erweitern. Dies ist der Fall, wenn er aufgrund von Spezialqualifikationen bestimmte anfallende Aufgaben erledigen kann. Ein Beispiel können Sprachkenntnisse sein, über die kein anderer Arbeitnehmer verfügt.[665] Dass ein Arbeitnehmer als Schlosser universell an allen Anlagen im Werk einsetzbar ist, reicht nach Auffassung des BAG hingegen nicht. Dies beschreibt keine besonderen Kenntnisse, die iSv § 1 Abs. 3 S. 2 KSchG für die Erledigung bestimmter Spezialaufgaben nötig gewesen wären, sondern nur das von der Arbeitgeberin aufgestellte – neue – Anforderungsprofil.[666]

221 **Leistungen** beziehen sich auf die Qualität der Anwendung der Kenntnisse in Bezug zur geschuldeten Arbeitsleistung. Es geht um die Frage, wie qualitativ oder quantitativ hochwertig das Arbeitsergebnis ist, das der Arbeitnehmer in Umsetzung seiner Kenntnisse erzielt. So können Schnelligkeit, Fehlerquote, Einsatzbereitschaft und Zuverlässigkeit unter den Begriff der Leistung gefasst werden. Leistungsunterschiede zwischen den Arbeitnehmern können berücksichtigt werden, wenn sie für den Betrieb von wirtschaftlicher Bedeutung oder für die Betriebsabläufe wesentlich sind und der betreffende Arbeitnehmer für einen geordneten Betriebsablauf wichtig ist. Nicht mehr erforderlich ist, dass auf ihn nicht verzichtet werden kann. Zu den berücksichtigungsfähigen Leistungen gehören zB besondere Führungsqualitä-

---

[658] BAG 24.3.1983 – 2 AZR 21/82, AP KSchG § 1 Betriebsbedingte Kündigung Nr. 12.
[659] So aber *Willemsen/Annuß* NJW 2004, 179. Vgl. auch BAG 23.11.2000 – 2 AZR 533/99, NZA 2001, 601.
[660] BAG 7.12.2006 – 2 AZR 748/05, NZA 2008, 72.
[661] BAG 31.5.2007 – 2 AZR 306/06, NZA 2007, 1362.
[662] KR/*Rachor* KSchG § 1 Rn. 679.
[663] KR/*Rachor* KSchG § 1 Rn. 679.
[664] BAG 5.6.2008 – 2 AZR 907/06, NZA 2008, 1120 zu 16 von 63 Arbeitnehmern; BAG 31.5.2007 – 2 AZR 306/06, NZA 2007, 1362 zu ca. 70 %.
[665] Vgl. BAG 19.7.2012 – 2 AZR 352/11, NZA 2013, 86; Stahlhacke/Preis/Vossen Kündigung/*Preis* Rn. 1114; Ascheid/Preis/Schmidt/*Kiel* KSchG § 1 Rn. 670.
[666] BAG 20.6.2013 – 2 AZR 295/12, NZA 2014, 208.

ten, persönliche Kundenkontakte oder Kontakte zu Lieferanten, die zu günstigen Einkaufskonditionen führen. Ebenso kann die hohe Anzahl von Vertragsabschlüssen eines Verkäufers berücksichtigt werden. In Bezug auf Sprachkenntnisse kann zB berücksichtigt werden, dass ein Arbeitnehmer neben den allgemein guten Sprachkenntnissen in der Lage ist, auch schwierige technische Gespräche in der Fremdsprache zu führen. Der Nachweis der Leistungen kann sich aus internen Beurteilungen, Rankings oder einem hohen Leistungslohn ergeben.

Fähigkeiten betreffen demgegenüber die sonstige Qualifikation des Arbeitnehmers, die unabhängig von Kenntnissen erworben worden sind. Dazu können insbesondere bestimmte wichtige soziale Kompetenzen gehören. Unter die Begriffe Kenntnisse, Fähigkeiten und Leistungen sind krankheitsbedingte Fehlzeiten grundsätzlich nicht zu subsumieren. Etwas anderes mag allenfalls für zu besetzende Schlüsselpositionen gelten.[667] Allerdings hat das BAG entschieden, dass die besonders **hohe Krankheitsanfälligkeit** eines Arbeitnehmers bei der Sozialauswahl für sich noch kein berechtigtes betriebliches Interesse im Sinne von § 1 Abs. 3 S. 2 KSchG begründet, einen anderen vergleichbaren und nach § 1 Abs. 3 S. 1 KSchG weniger schutzbedürftigen Arbeitnehmer weiterzubeschäftigen, weil er eine geringere Fehlzeitenquote hat. Es hat jedoch auch zu erkennen gegeben, dass etwas anderes bei Schlüsselpositionen mit Schlüsselqualifikationen gelten könnte, wenn ein kurzfristiger Ersatz anderer Arbeitnehmer nicht oder nur mit sehr großen Schwierigkeiten organisiert werden kann, zB weil die zu vertretende Tätigkeit äußerst komplex ist bzw. eine hohe Einarbeitungsintensität erfordert oder aufgrund der Bedeutung des Arbeitsplatzes (zB bei einer bestimmten Kundenbindung) ein häufiger Einsatz von Vertretungskräften zur konkreten Gefahr eines Auftragsverlustes führen könnte.[668] Ein entsprechendes betriebliches Interesse kann für eine Gemeinde, die gesetzlich zum Brandschutz verpflichtet ist, darin begründet sein, dass durch die Weiterbeschäftigung eines Arbeitnehmers dessen jederzeitige Einsatzmöglichkeit in der Freiwilligen Feuerwehr sichergestellt werden soll.[669]

Bei der Prüfung des berechtigten betrieblichen Interesses ist eine **Abwägung des betrieblichen Interesses mit der sozialen Schutzbedürftigkeit des zu entlassenden Arbeitnehmers** geboten. Dies ergibt sich aus der Verwendung des Begriffes „berechtigtes" Interesse. In dem der Gesetzgeber das bloße betriebliche Interesse nicht ausreichen lässt, sondern einschränkend fordert, das Interesse müsse „berechtigt" sein, gibt er zu erkennen, dass nach seiner Vorstellung auch ein vorhandenes betriebliches Interesse „unberechtigt" sein kann. Das setzt aber voraus, dass nach dem Gesetz gegenläufige Interessen denkbar und zu berücksichtigen sind. Bei diesen gegenläufigen Interessen kann es sich angesichts des Umstandes, dass § 1 Abs. 3 S. 2 eine Ausnahme vom Gebot der Sozialauswahl statuiert, nur um die Belange des sozial schwächeren Arbeitnehmers handeln. Die Interessen müssen berechtigt im Kontext der Sozialauswahl sein. Es müssen also die Belange des sozial schwächeren Arbeitnehmers in die Abwägung einbezogen werden. Je schwerer das soziale Interesse wiegt, desto gewichtiger müssen die Gründe für die Ausklammerung des Leistungsträgers sein.[670]

Dies hat Folgen für das **Prüfschema** der berechtigten betrieblichen Interessen. In einem ersten Schritt ist die Sozialauswahl wie bisher durchzuführen. Dies bedeutet, dass zunächst der Kreis der vergleichbaren Arbeitnehmer festzulegen ist. Steht dieser Kreis fest, ist die Sozialauswahl anhand der maßgeblichen Kriterien durchzuführen. In einem zweiten Schritt ist dann zu prüfen, ob bestimmte Arbeitnehmer aus der Sozialauswahl herausgenommen werden können. Bei dieser Prüfung sind zunächst die betrieblichen Interessen zu identifizieren. Sodann hat eine Abwägung der betrieblichen Interessen mit den Belangen des sozial schwä-

---

[667] Vgl. Stahlhacke/Preis/Vossen Kündigung/*Preis* Rn. 1112.
[668] BAG 31.5.2007 – 2 AZR 306/06, NZA 2007, 1362.
[669] BAG 7.12.2006 – 2 AZR 748/05, NZA 2008, 72.
[670] BAG 19.7.2012 – 2 AZR 352/11, NZA 2013, 86; 22.3.2012 – 2 AZR 167/11, NZA 2012, 1040; 10.6.2010 – 2 AZR 420/09, NZA 2010, 1352; 5.6.2008 – 2 AZR 907/06, NZA 2008, 1120; 31.5.2007 – 2 AZR 306/06, NZA 2007, 1362; BAG 7.12.2006 – 2 AZR 748/05, NZA 2008, 72; 12.4.2002 – 2 AZR 706/00, NZA 2003, 42; *Preis* NZA 1997, 1084; KR/*Rachor* KSchG § 1 Rn. 675. AA: *Linck/Krause/Bayreuther* KSchG § 1 Rn. 963; *Berger-Delhey* ZTR 2004, 77; *Willemsen/Annuß* NJW 2004, 179; *Däubler* NZA 2004, 181.

225 *cc) Berechtigte strukturelle Interessen.* Nach § 1 Abs. 3 S. 2 kann auch die **Sicherung einer ausgewogenen Personalstruktur** im berechtigten betrieblichen Interesse liegen, um Ausnahmen von der Sozialauswahl zu rechtfertigen. Bedauerlicherweise hat der Gesetzgeber den Begriff der Personalstruktur nicht definiert. In der Gesetzesbegründung findet sich nur folgender Hinweis: „Sicherung der Personalstruktur bedeutet, dass der Arbeitgeber von der Auswahl nach Sozialkriterien abweichen kann, um die Personalstruktur so wie sie aufgebaut ist, zu erhalten."[672] Vorrangiges Ziel dürfte es sein, kontraproduktive Effekte der Sozialauswahl hinsichtlich der **Altersstruktur** der Betriebe zu vermeiden. Daraus ergibt sich als berechtigtes betriebliches Interesse jedenfalls die **Sicherung der vorhandenen Altersstruktur**. Der Arbeitgeber darf Arbeitnehmer also nicht von der Sozialauswahl ausnehmen, um eine ausgewogene Personalstruktur zu schaffen.[673] Das Gesetz schützt nach seinem Wortlaut allerdings nur die „ausgewogene" Struktur. Hier stellt sich die Frage, ob auch eine unausgewogene Personalstruktur in ihrem Bestand geschützt ist. Dies wird man bejahen müssen. Der Gesetzesbegründung ist eindeutig zu entnehmen, dass es um die Sicherung der vorhandenen Struktur geht. Der Arbeitgeber kann also auch eine bestehende unausgewogene Personalstruktur beibehalten. Geschützt ist der Status Quo der betrieblichen Altersstruktur.

226 Um diesen bestehenden Status Quo zu schützen ist es bei **Massenkündigungen** möglich, nach sachlichen abstrakten Kriterien **Altersgruppen zu bilden**. Dabei gibt das Kündigungsschutzgesetz dem Arbeitgeber für die Bildung der Altersgruppen keine inhaltlichen oder zeitlichen Vorgaben. Insbesondere hat der Arbeitgeber bei der Bildung der Altersgruppen einen Beurteilungsspielraum.[674] Der Arbeitgeber konnte bislang beispielsweise nach folgendem Schema differenzieren: Arbeitnehmer bis zum 30. Lebensjahr, Arbeitnehmer vom 31. bis zum 40. Lebensjahr, Arbeitnehmer vom 41. bis zum 50. Lebensjahr, Arbeitnehmer vom 51. bis zum 60. Lebensjahr und Arbeitnehmer ab dem 61. Lebensjahr. Diesen Altersgruppen muss der Arbeitgeber dann die bei ihm beschäftigten Arbeitnehmer zuweisen und den prozentualen Anteil der Altersgruppe an der Gesamtzahl der Beschäftigten ermitteln. Sodann muss der Arbeitgeber die Anzahl der zu kündigenden Arbeitnehmer festlegen und auf die jeweilige Altersgruppe „herunterbrechen".[675] Die Sozialauswahl erfolgt dann nur bezogen auf die Altersgruppe. Wird die Altersgruppe überproportional herangezogen, wird sie nicht mehr „gesichert". Dann ist die gesamte Altersgruppenbildung hinfällig. Eine Veränderung der Personalstruktur kommt nur bei § 125 Abs. 1 S. 1 InsO in Betracht.

227 Die Altersgruppenbildung ist auch im Rahmen der europarechtlichen Vorgaben zulässig. Denn diese verbieten nicht jede Differenzierung wegen des Alters, sondern Differenzierungen sind zulässig, sofern sie objektiv und angemessen und durch ein legitimes Ziel gerechtfertigt sind. Auch das BAG hält die Bildung von Altersgruppen nach wie vor für möglich.[676] Denn gerade die Bildung von Altersgruppen relativiert die Überbewertung des Alters bei der Sozialauswahl.

---

[671] Vgl. auch *Willemsen/Annuß* NJW 2004, 178.
[672] BT-Drs. 15/1204, 11.
[673] BAG 26.3.2015 – 2 AZR 478/13, NZA 2015, 1341; 6.7.2006 – 2 AZR 443/05, NZA 2007, 197; *Däubler* NZA 2004, 182; *Preis* NZA 2003, 705. Vgl. auch BAG 23.11.2000 – 2 AZR 533/99, NZA 2001, 601.
[674] BAG 19.12.2013 – 6 AZR 790/12, BAGE 147, 89; 18.3.2010 – 2 AZR 468/08, NZA 2010, 1059; 6.9.2007 – 2 AZR 387/06, NZA 2008, 405; 6.7.2006 – 2 AZR 443/05, NZA 2007, 197; 20.4.2005 – 2 AZR 201/04, NZA 2005, 877; KR/*Rachor* KSchG § 1 Rn. 688; *Linck/Krause/Bayreuther* KSchG § 1 Rn. 970; Ascheid/Preis/Schmidt/*Kiel* KSchG § 1 Rn. 680; Stahlhacke/Preis/Vossen Kündigung/*Preis* Rn. 1131.
[675] BAG 26.3.2015 – 2 AZR 478/13, NZA 2015, 1341; 24.10.2013 – 6 AZR 854/11, BAGE 146, 234.
[676] BAG 26.3.2015 – 2 AZR 478/13, NZA 2015, 1341; 12.3.2009 – 2 AZR 418/07, NZA 2009, 1023; 6.11.2008 – 2 AZR 523/07, NZA 2009, 361; 6.9.2007 – 2 AZR 387/06, NZA 2008, 405; 19.6.2007 – 2 AZR 304/06, NZA 2008, 103; vgl. auch LAG Niedersachsen 13.7.2007 – 16 Sa 269/07, SAE 2007, 361; LAG Berlin 13.4.2007 – 13 Sa 2208/06, BeckRS 2007, 46707.

Allerdings ist der Arbeitgeber im Rahmen des § 1 Abs. 3 S. 2 KSchG für das Vorliegen der berechtigten betrieblichen Bedürfnisse darlegungs- und beweispflichtig.[677] Es gehört deshalb zum schlüssigen Sachvortrag des Arbeitgebers, im Einzelnen darzulegen, welche konkreten Nachteile sich ergeben würden, wenn er die zu kündigenden Arbeitnehmer allein nach dem Maßstab des § 1 Abs. 3 S. 1 KSchG aF auswählen würde.[678] Bei Massenkündigungen aufgrund einer Betriebsänderung ist regelmäßig davon auszugehen, dass die ausgewogene Personalstruktur gefährdet ist.[679]

Die Sicherung der ausgewogenen Personalstruktur geht aber über die Altersstruktur hinaus. Als berechtigtes betriebliches Interesse ist auch die Aufrechterhaltung einer für den geordneten Betriebsablauf erforderlichen Personalstruktur zu verstehen. Insbesondere bei Massenkündigungen kann es zu **Betriebsablaufschwierigkeiten** kommen, wenn eingearbeitetes Personal nicht mehr in ausreichendem Umfang zur Verfügung steht. Hier können mögliche Betriebsablaufstörungen ein berechtigtes betriebliches Interesse sein, um von der Auswahl nach Sozialkriterien abzusehen. Möglich ist in diesem Fall eine zahlenmäßig begrenzte Sozialauswahl innerhalb einzelner Qualifikationsstufen. Dabei muss der Arbeitgeber darlegen, wie viele Arbeitnehmer der verschiedenen Qualifikationsstufen ausgetauscht werden können, ohne dass der Arbeitsprozess ernsthaft gefährdet wird.[680] Der Arbeitgeber muss in jeder Qualifikationsstufe die Anzahl der austauschbaren Arbeitnehmer ermitteln und diejenigen bestimmen, die sozial am wenigsten schutzbedürftig sind. Entsprechend ist in der stillzulegenden Abteilung die gleiche Anzahl der schutzbedürftigen austauschbaren Arbeitnehmer zu bestimmen. Auf diese Zahl beschränkt sich dann die Sozialauswahl.[681] Daraus ergibt sich Folgendes: Will der Arbeitgeber von dieser Form der gruppenbezogenen Sozialauswahl Gebrauch machen, muss er zunächst die Arbeitnehmer des Betriebes einzelnen Qualifikationsstufen zuordnen. Sodann hat er zu prüfen, wie viele Arbeitnehmer der jeweiligen Qualifikationsstufe ausgetauscht werden können, ohne dass die Funktionsfähigkeit des Betriebes gefährdet ist. Schließlich ist die Sozialauswahl anhand der Sozialkriterien gruppenbezogen durchzuführen.[682] Nimmt der Arbeitgeber betriebsweit den **größten Teil der Arbeitnehmer** von der Sozialauswahl aus betriebstechnischen Gründen aus, spricht allerdings eine Vermutung dafür, dass soziale Gesichtspunkte nicht ausreichend berücksichtigt worden sind.[683]

Liegen die Voraussetzungen des § 1 Abs. 3 S. 2 nicht vor, führt dies jedoch nicht zwangsläufig zur Sozialwidrigkeit der Kündigung. Rechtsfolge der groben Fehlerhaftigkeit ist lediglich der Verlust der Privilegierung der Altersgruppenbildung, nicht die Unwirksamkeit der durchgeführten Sozialauswahl. Es findet dann eine Prüfung der Sozialauswahl auf der Grundlage der allgemeinen Kriterien statt.[684]

g) **Auswahlrichtlinien.** Nach § 1 Abs. 4 KSchG kann in einem Tarifvertrag, einer Betriebsvereinbarung nach § 95 BetrVG oder in einer entsprechenden Richtlinie nach den Personalvertretungsgesetzen festgelegt werden, wie die Gesichtspunkte nach § 1 Abs. 3 KSchG im Verhältnis zueinander zu bewerten sind. Auch die Regelungskompetenz tariflicher oder betriebsverfassungsrechtlicher Auswahlrichtlinien beschränkt sich nur noch auf die Gewichtung der Grunddaten.

Weitere soziale Gesichtspunkte dürfen grundsätzlich nicht berücksichtigt werden, weil die Regelung abschließend ist, vgl. Rn. 197. Allerdings wurde bereits darauf hingewiesen, dass diese Beschränkung die Beachtung „unbilliger Härten" nicht ausschließt. Zusätzlich erfass-

---

[677] BAG 26.3.2015 – 2 AZR 478/13, NZA 2015, 1341; 20.4.2005 – 2 AZR 201/04, NZA 2005, 877; KR/*Rachor* KSchG § 1 Rn. 699; *Fischermeier* NZA 1997, 1093; BBDW/*Bram* KSchG § 1 Rn. 323e.
[678] BAG 26.3.2015 – 2 AZR 478/13, NZA 2015, 1341; 24.10.2013 – 6 AZR 854/11, BAGE 146, 234; 20.4.2005 – 2 AZR 201/04, NZA 2005, 877; KR/*Rachor* KSchG § 1 Rn. 699; Stahlhacke/Preis/Vossen Kündigung/*Preis* Rn. 1128; BBDW/*Bram* KSchG § 1 Rn. 323e.
[679] BAG 26.3.2015 – 2 AZR 478/13, NZA 2015, 1341; 18.3.2010 – 2 AZR 468/08, NZA 2010, 1059; 12.3.2009 – 2 AZR 418/07, NZA 2009, 1023; 6.11.2008 – 2 AZR 523/07, NZA 2009, 361.
[680] BAG 6.7.2006 – 2 AZR 442/05, NZA 2007, 139.
[681] BAG 5.12.2002 – 2 AZR 697/01, NZA 2003, 849; Ascheid/Preis/Schmidt/*Kiel* KSchG § 1 Rn. 685, 687.
[682] Stahlhacke/Preis/Vossen Kündigung/*Preis* Rn. 1126.
[683] BAG 5.12.2002 – 2 AZR 697/01, NZA 2003, 849.
[684] BAG 26.3.2015 – 2 AZR 478/13, NZA 2015, 1341.

bare Tatsachen müssten jedoch in einem „unmittelbaren spezifischen Zusammenhang mit den Grunddaten stehen" oder sie müssen sich aus solchen betrieblichen Gegebenheiten herleiten, die evident einsichtig sind.[685] Ob auch in Betriebsvereinbarungen und Tarifverträgen entsprechende Kriterien wie unverschuldete Arbeitsunfälle oder eine Berufsunfähigkeit Berücksichtigung finden können, ist zweifelhaft,[686] aber letztlich abzulehnen. Angesichts des eindeutigen Wortlautes der Regelung muss auf die Heranziehung zusätzlicher Kriterien verzichtet werden. Es kommt allenfalls eine Ergänzung im Rahmen der Gewichtung der Grunddaten in Betracht.[687] Der anwaltlichen Praxis kann aufgrund der bestehenden Unsicherheit nur geraten werden, zusätzliche Kriterien unberücksichtigt zu lassen und sich auf das Verhältnis der vier Grunddaten zu beschränken

233 Grundsätzlich sind die Partner der kollektivrechtlichen Richtlinie also auf die Festlegung der Bewertung der Grunddaten zueinander beschränkt. Daraus ergibt sich zunächst, dass sie weitere Kriterien für die Sozialauswahl regelmäßig nicht wirksam vereinbaren können. Zugleich folgt daraus aber auch, dass in der kollektivrechtlichen Richtlinie auch **nicht** der Kreis der **vergleichbaren Arbeitnehmer** definiert werden kann. Insoweit ist der Wortlaut eindeutig. Es geht nicht um die Erweiterung des Prüfungsmaßstabes bei der Festlegung des Kreises der vergleichbaren Arbeitnehmer oder die Herausnahme von Arbeitnehmern aus der Sozialauswahl nach § 1 Abs. 3 S. 2.[688] Im Rahmen eines Beurteilungsspielraums können deshalb lediglich Erfahrungen der Betriebspartner hinsichtlich der Vergleichbarkeit der Arbeitnehmer bestimmter Arbeitsplätze einfließen, es können aber nicht von vornherein Arbeitnehmer bestimmter Abteilungen oder Arbeitsgruppen ohne ausreichende sachliche Kriterien nicht als vergleichbar eingestuft werden.

234 Die Privilegierung greift für Tarifverträge, Betriebsvereinbarungen im Sinne von § 95 BetrVG und Richtlinien nach PersVG. Eine **tarifvertragliche Richtlinie** in diesem Sinne liegt nur dann vor, wenn sie alle im Betrieb beschäftigten Arbeitnehmer und nicht nur die tarifgebundenen Arbeitnehmer erfasst. Sie hat deshalb die Wirkung einer Betriebs- bzw. Solidarnorm nach §§ 3 Abs. 2, 4 Abs. 1 S. 2 TVG. Nach dem insoweit eindeutigen Wortlaut sind formlose Regelungsabreden zwischen Arbeitgeber und Betriebsrat nicht erfasst, sondern ausschließlich **Betriebsvereinbarungen** gem. § 77 BetrVG. § 1 Abs. 4 KSchG gilt aber auch für Auswahlrichtlinien, die Bestandteil eines Interessenausgleiches sind. Ebenso wie eine Betriebsvereinbarung beruht dieser auf einer Einigung der Betriebspartner und unterliegt nach § 112 Abs. 1 S. 1 BetrVG der Schriftform. Entsprechendes gilt im Bereich des Personalvertretungsrechtes. Es muss sich um eine schriftliche **Dienstvereinbarung** handeln. Diesem Formerfordernis genügt eine von der obersten Dienststelle aufgrund ihrer Letztentscheidungskompetenz erlassene Richtlinie nicht.[689]

235 Die von den Partnern der kollektivrechtlichen Richtlinie vorgenommene Gewichtung der vier Grunddaten kann nur auf **grobe Fehlerhaftigkeit** überprüft werden. Entscheidend ist die Schwere des Fehlers angesichts der Funktion der Sozialauswahl. Der Fehler muss „ins Auge springen".[690] Auf ein Verschulden kommt es ebenso wenig an, wie auf die Offensichtlichkeit des Fehlers. Entscheidend ist, dass in der Richtlinie tragende Gesichtspunkte der Sozialauswahl unberücksichtigt geblieben sind. Grobe Fehlerhaftigkeit liegt jedenfalls dann vor, wenn die vier Grunddaten überhaupt nicht oder jedenfalls völlig unausgewogen berücksichtigt worden sind.[691] Das ist auch der Fall, wenn ein Grundkriterium gar nicht oder so gering berücksichtigt worden ist, dass es in der Mehrzahl der Fälle überhaupt nicht be-

---

[685] BT-Drs. 15/1204, 11.
[686] Berücksichtigung möglich, aber abzuraten: Ascheid/Preis/Schmidt/*Kiel* KSchG § 1 Rn. 690. Zweifelnd: *Willemsen/Annuß* NJW 2004, 180; *Gaul/Lunk* NZA 2004, 184.
[687] Zweifelnd: BAG 24.10.2013 – 6 AZR 854/11, BAGE 146, 234; 12.8.2010 – 2 AZR 945/08, NZA 2011, 460.
[688] Vgl. BAG 5.6.2008 – 2 AZR 907/06, NZA 2008, 1120; 7.5.1998 – 2 AZR 536/97, NZA 1998, 933; Stahlhacke/Preis/Vossen Kündigung/*Preis* Rn. 1145; *Däubler* NZA 2004, 182; *Gaul/Lunk* NZA 2004, 185.
[689] Ascheid/Preis/Schmidt/*Kiel* KSchG § 1 Rn. 694; KR/*Rachor* KSchG § 1 Rn. 772.
[690] BAG 20.9.2012 – 6 AZR 483/11 NZA 2013, 94.
[691] BAG 24.10.2013 – 6 AZR 854/11, BAGE 146, 234; 18.3.2010 – 2 AZR 468/08, NZA 2010, 1059; 18.10.2006 – 2 AZR 473/05, NZA 2007, 505; 2.12.1999 – 2 AZR 757/98, AP KSchG § 1 Soziale Auswahl Nr. 45; 21.1.1999 – 2 AZR 624/98, NZA 1999, 866; ErfK/*Oetker* KSchG § 1 Rn. 358.

rücksichtigt worden ist.⁶⁹² Denn insoweit fehlt ein tragender Gesichtspunkt. Im Übrigen steht den Partnern der Richtlinie ein **weiter Ermessensspielraum** zu. So ist eine Richtlinie nicht bereits deshalb grob fehlerhaft, weil sie die Gewichtung der Kriterien vorgibt, ohne eine abschließende Einzelfallabwägung vorzusehen. Ebenso kann pauschal auf die Zahl der unterhaltsberechtigten Personen abgestellt werden, ohne die tatsächlichen Verpflichtungen in jeder Einzelheit zu berücksichtigen. Allerdings darf auch bei Anwendung des anzulegenden weiten Maßstabs zB die Verpflichtung zur Gewährung von Unterhalt an den mit dem Arbeitnehmer in ehelicher Lebensgemeinschaft lebenden Ehegatten gem. § 1360 BGB nicht gänzlich außer Betracht bleiben.⁶⁹³ Auch haben es die Partner der Richtlinie in der Hand, ob sie ein Kriterium vorrangig behandeln wollen. Es spricht deshalb nichts dagegen, den Unterhaltspflichten ein höheres Gewicht beizumessen, als der Dauer der Betriebszugehörigkeit.⁶⁹⁴ Bislang war im Hinblick auf das Lebensalter anerkannt, dass dies ebenso stark oder stärker bewertet werden kann, als die Dauer der Betriebszugehörigkeit. In diesem Zusammenhang ist allerdings das **AGG** relevant. Denn Auswahlrichtlinien fallen unter das AGG und sind bei einem Verstoß gegen das Benachteiligungsverbot gem. § 7 Abs. 2 AGG unwirksam. Deshalb darf das Lebensalter auch nicht so gering bewertet werden, dass es in fast allen denkbaren Fällen keinen Ausschlag gibt. Auch hier sollte man eine Altersgruppenbildung bevorzugen, → Rn. 206.⁶⁹⁵

Ist die Richtlinie **nicht grob fehlerhaft,** hat der Arbeitgeber sie der Auswahlentscheidung zugrunde zu legen. Voraussetzung ist natürlich, dass die Richtlinie auf die streitgegenständlichen Kündigungen Anwendung findet. Der persönliche, betriebliche und zeitliche Anwendungsbereich der Richtlinie ist durch Auslegung zu ermitteln. Eine individuelle Abschlussbewertung hat der Arbeitgeber nicht vorzunehmen. Etwas anderes gilt nur, wenn ein Punktgleichstand vorliegt.⁶⁹⁶ Die Arbeitsgerichte überprüfen den Geltungsbereich, die vorgenommene Gewichtung und die Anwendung der vereinbarten Kriterien durch den Arbeitgeber. 236

Ist die Richtlinie **grob fehlerhaft,** kann sie der Sozialauswahl nicht zugrunde gelegt werden. Dies führt jedoch nicht zwangsläufig zur Sozialwidrigkeit der Kündigung. Denn Rechtsfolge der groben Fehlerhaftigkeit ist lediglich der Verlust der Privilegierung, nicht die Unwirksamkeit der durchgeführten Sozialauswahl. Es findet dann eine Prüfung der Sozialauswahl auf der Grundlage der allgemeinen Kriterien statt. Wäre der betroffene Arbeitnehmer aber auch nach den allgemeinen Kriterien der Sozialauswahl gekündigt worden, kann er sich auf die Fehlerhaftigkeit der Auswahlrichtlinie nicht berufen.⁶⁹⁷ 237

h) **Auskunftsanspruch des Arbeitnehmers.** Gem. § 1 Abs. 3 S. 1 Hs. 2 KSchG hat der Arbeitgeber dem Arbeitnehmer auf Verlangen die Gründe anzugeben, die zu der getroffenen Auswahlentscheidung geführt haben. Der Arbeitnehmer hat also einen Anspruch auf Mitteilung, welche Auswahlkriterien der Arbeitgeber berücksichtigt hat und wie er die Kriterien zueinander ins Verhältnis gesetzt hat.⁶⁹⁸ Dies umfasst die Mitteilung, welche Arbeitnehmer der Arbeitgeber in die Sozialauswahl einbezogen hat. Außerdem hat er die Kriterien anzugeben aus denen sich ergibt, dass die Weiterbeschäftigung eines bestimmten Arbeitnehmers im berechtigten betrieblichen Interesse liegt und die Arbeitnehmer, die von der Sozialauswahl ausgenommen worden sind, zu benennen.⁶⁹⁹ Nur wenn der Arbeitnehmer die berück- 238

---

⁶⁹² BAG 18.3.2010 – 2 AZR 468/08, NZA 2010, 1059; 18.10.2006 – 2 AZR 473/05, NZA 2007, 5045 zu einem Punktschema, bei dem für das Lebensalter nur ein Punktwert zwischen 0–5 vergeben worden ist und jeder mindestens einen Punkt erhielt und jedes andere Kriterium höher bewertet wurde.
⁶⁹³ BAG 28.6.2010 – 6 AZR 682/10, NZA 2012, 1090.
⁶⁹⁴ BAG 18.3.2010 – 2 AZR 468/08, NZA 2010, 1059; 2.12.1999 – 2 AZR 757/98, AP KSchG § 1 Soziale Auswahl Nr. 45.
⁶⁹⁵ Vgl. auch *Lingemann/Gotham* NZA 2007, 665.
⁶⁹⁶ BAG 24.10.2013 – 6 AZR 854/11, BAGE 146, 234; 9.11.2006 – 2 AZR 815/05, BAGE 120, 137; vgl. Ascheid/Preis/Schmidt/*Kiel* KSchG § 1 Rn. 698.
⁶⁹⁷ BAG 10.6.2010 – 2 AZR 420/09, NZA 2010, 1352; 18.10.2006 – 2 AZR 473/05, NZA 2007, 504; Ascheid/Preis/Schmidt/*Kiel* KSchG § 1 Rn. 781; ErfK/*Oetker* KSchG § 1 Rn. 358; KR/*Rachor* KSchG § 1 Rn. 778; Stahlhacke/Preis/Vossen Kündigung/*Preis* Rn. 1152.
⁶⁹⁸ BAG 24.3.1983 – 2 AZR 21/82, AP KSchG § 1 Betriebsbedingte Kündigung Nr. 12; ErfK/*Oetker* KSchG § 1 Rn. 339; KR/*Rachor* KSchG § 1 Rn. 755.
⁶⁹⁹ BAG 5.12.2002 – 2 AZR 697/01, NZA 2003, 849.

sichtigten Arbeitnehmer, die zugrunde gelegten Kriterien und deren Gewichtung kennt, kann er sich Klarheit darüber verschaffen, welche Arbeitnehmer er als weniger schützwürdig benennen kann. Denn nach § 1 Abs. 3 S. 2 hat der Arbeitnehmer die Tatsachen zu beweisen, die die Sozialauswahl als nicht ausreichend erscheinen lassen. Die Auskunft ist jedoch auf die subjektiven, vom Arbeitgeber tatsächlich angestellten Überlegungen begrenzt. Der Arbeitnehmer hat keinen Anspruch auf die vollständige Auflistung der Sozialdaten aller objektiv vergleichbaren Arbeitnehmer.[700] Das Gesetz regelt nicht, innerhalb welcher **Frist** der Arbeitgeber dem Auskunftsverlangen des Arbeitnehmers nachzukommen hat. Nach verbreiteter Auffassung soll die Auskunftserteilung unverzüglich erfolgen.[701]

239 Der Verstoß gegen die Auskunftspflicht führt nicht zur Unwirksamkeit der Kündigung. Er wirkt sich aber im Rahmen der Darlegungs- und Beweislast aus, vgl. Rn. 232. Möglich erscheinen auch Schadensersatzansprüche wegen Pflichtverletzung aus dem Gesichtspunkt des § 280 BGB. Ein konkreter, kausaler Schaden wird aber nur selten nachweisbar sein. In Betracht kommen allenfalls Fehldispositionen, die der Arbeitnehmer getroffen hat und die er nicht getroffen hätte, wenn ihm die Kriterien offengelegt worden wären. Nicht einheitlich beurteilt wird, ob dazu auch die Kosten eines aussichtslosen Prozesses gehören. Die Prozesskosten erster Instanz sind hiervon indes wegen § 12a Abs. 1 S. 1 ArbGG in jedem Fall ausgenommen.[702]

240 i) **Darlegungs- und Beweislast.** Der Arbeitnehmer hat nach § 1 Abs. 3 S. 3 KSchG die Tatsachen zu beweisen, die die Kündigung als sozial ungerechtfertigt im Sinne des Satzes 1, also in Bezug auf die Sozialauswahl, erscheinen lassen. Dabei gilt in Zusammenschau mit dem Auskunftsanspruch des Arbeitnehmers eine abgestufte Darlegungs- und Beweislast.[703] Es ist danach zu differenzieren, ob der Arbeitnehmer Kenntnis von den der Sozialauswahl zugrunde liegenden Tatsachen hat, oder nicht.

241 Bei **Unkenntnis der für die Sozialauswahl relevanten Tatsachen** genügt der Arbeitnehmer der ihm obliegenden Darlegungslast, wenn er pauschal die Sozialauswahl als fehlerhaft beanstandet und gegenüber dem Arbeitgeber seinen Auskunftsanspruch geltend macht, also den Arbeitgeber auffordert, die Gründe offen zu legen, die der getroffenen Sozialauswahl zugrunde liegen. Damit geht die Darlegungslast auf den Arbeitgeber über und er muss seine Auswahlüberlegungen umfassend offen legen. Er muss deshalb Auskunft darüber erteilen, welche Arbeitnehmer in die Sozialauswahl einbezogen, welche Kriterien berücksichtigt und wie diese Kriterien gewichtet worden sind. Kommt der Arbeitgeber der Auskunftspflicht nicht oder nicht im vollen Umfang nach, ist die Kündigung bereits aus diesem Grunde sozial ungerechtfertigt. Denn der Arbeitnehmer kann seine Rüge der fehlerhaften Sozialauswahl deshalb nicht weiter substantiieren, weil der Arbeitgeber seiner Auskunftspflicht nicht nachgekommen ist. Er ist dann von seiner Substantiierungspflicht befreit.[704] Das Auskunftsverlangen des Arbeitnehmers muss allerdings ausdrücklich geltend gemacht werden. Es liegt nicht bereits in der Erhebung der Kündigungsschutzklage, jedoch konkludent in der Behauptung, er sei mangels Information durch den Arbeitgeber nicht in der Lage, seiner Darlegungslast in Bezug auf die Sozialauswahl nachzukommen. Fehlt es an einer Geltendmachung, verbleibt es bei der Darlegungs- und Beweislast des Arbeitnehmers. **Arbeitnehmervertretern** kann deshalb **nur geraten** werden, den Auskunftsanspruch bereits mit der Klageschrift ausdrücklich geltend zu machen.

---

[700] BAG 21.5.2015 – 8 AZR 409/13, NZA 2016, 13; 18.3.2010 – 2 AZR 468/08, NZA 2010, 1059; 5.12.2002 – 2 AZR 697/01, NZA 2003, 849.
[701] KR/*Rachor* KSchG § 1 Rn. 756; Stahlhacke/Preis/Vossen Kündigung/*Preis* Rn. 1133; Ascheid/Preis/Schmidt/*Kiel* KSchG § 1 Rn. 665.
[702] Vgl. BAG 30.4.1992 – 2 AZR 288/91, AP ArbGG § 12a Nr. 6; ErfK/*Oetker* KSchG § 1 Rn. 341; Linck/Krause/Bayreuther KSchG § 1 Rn. 977; LSSW/*Schlünder* KSchG § 1 Rn. 439; Ascheid/Preis/Schmidt/*Kiel* KSchG § 1 Rn. 665; KR/*Rachor* KSchG § 1 Rn. 759.
[703] BAG 21.5.2015 – 8 AZR 409/13, NZA 2016, 13; 24.2.2000 – 8 AZR 167/99, AP KSchG § 1 Soziale Auswahl Nr. 47; 5.5.1994 – 2 AZR 917/93, AP KSchG § 1 Soziale Auswahl Nr. 23.
[704] BAG 21.5.2015 – 8 AZR 409/13, NZA 2016, 13; 31.5.2007 – 2 AZR 276/06, NZA 2008, 33; 5.12.2002 – 2 AZR 697/01, NZA 2003, 849; 10.2.1999 – 2 AZR 716/98, NZA 1999, 702; 21.12.1983 – 7 AZR 421/82, AP KSchG § 1 Soziale Auswahl Nr. 4; 8.8.1985 – 2 AZR 464/84, AP KSchG § 1 Soziale Auswahl Nr. 10; KR/*Rachor* KSchG § 1 Rn. 761.

Kennt der Arbeitnehmer die für die Sozialauswahl relevanten Tatsachen bereits oder 242
kommt der Arbeitgeber seiner Auskunftspflicht im Prozess vollständig nach, obliegt dem
Arbeitnehmer wieder die volle Darlegungs- und Beweislast für die fehlerhafte Sozialauswahl. Er muss die objektiv fehlerhafte Auswahlentscheidung durch substantiierten Tatsachenvortrag darlegen. Das Gericht trifft die Sozialauswahl auch in diesem Falle nicht von Amts wegen.[705] Dabei kann die Darlegung der Fehlerhaftigkeit verschiedene Zielrichtungen haben. Zunächst kann der Arbeitnehmer aufzeigen, dass der vom Arbeitgeber berücksichtigte Personenkreis zu eng gezogen worden ist, also weitere Arbeitnehmer in die Sozialauswahl einzubeziehen gewesen wären. Der Arbeitnehmer muss dazu schlüssig die Tatsachen vortragen, aus denen sich seine Vergleichbarkeit mit weiteren Arbeitnehmern ergeben soll. Pauschale Behauptungen reichen nicht, insbesondere nicht die bloße Behauptung der Vergleichbarkeit. Vielmehr muss der Arbeitnehmer den Tätigkeitsbereich der in Betracht kommenden Personen konkret beschreiben. Er hat auch darzulegen, welche Anforderungen bei der Ausübung der Tätigkeit, für die er sich geeignet hält, zu erfüllen sind. Gleichzeitig hat er mitzuteilen, welche Fertigkeiten er wann und wie erworben hat und ob sie ihn zur Ausfüllung des von ihm angestrebten Arbeitsplatzes befähigen. Soweit eine gewisse Einarbeitungszeit erforderlich ist hat er die von ihm angenommene Dauer anzugeben und zu begründen.[706] Ausreichend ist aber die konkret dargelegte Behauptung, bestimmte Arbeitnehmer würden ähnliche Tätigkeiten ausüben.[707] Erst wenn dies vom Arbeitnehmer dargelegt ist, trifft den Arbeitgeber eine erneute Auskunftspflicht. Er muss dann seinen Vortrag in Bezug auf die Vergleichbarkeit der Arbeitnehmer und deren Sozialdaten ergänzen. Andererseits kann der Arbeitnehmer darlegen, dass die Auswahlkriterien unzutreffend angewendet worden sind, insbesondere der dem Arbeitgeber obliegende Beurteilungsspielraum überschritten wurde. Auch kann gerügt werden, dass die Sozialdaten unzutreffend ermittelt worden sind, wobei allerdings nicht jeder Fehler relevant ist. Denn der Arbeitgeber muss grundsätzlich nur ihm bekannte Sozialdaten bei der Sozialauswahl berücksichtigen.[708]

Soweit der Arbeitnehmer Tatsachen glaubhaft macht, die eine unmittelbare oder mittelbare 243
Diskriminierung wegen eines Merkmals des § 1 AGG, etwa des Lebensalters, vermuten lassen, greift § 22 AGG zwar nicht unmittelbar. Die Norm ist jedoch entsprechend anzuwenden, so dass der Arbeitgeber diesen Diskriminierungstatbestand zu widerlegen hat.[709]

Es kann sich unter Umständen schon aus den vom **Arbeitgeber selbst vorgetragenen Tat‑** 244
sachen ergeben, dass die Sozialauswahl nicht den gesetzlichen Erfordernissen entspricht, etwa weil die Gewichtung der Sozialdaten offensichtlich jede Ausgewogenheit vermissen lässt oder eine Sozialauswahl unterblieben ist, die hätte vorgenommen werden müssen. Dies ist beispielsweise der Fall, wenn der Arbeitgeber vorträgt, sich keinerlei Gedanken über den Kündigungsadressaten gemacht zu haben. Nichts anderes gilt, wenn der Arbeitgeber den auswahlrelevanten Personenkreis verkannt hat.[710] In diesem Fall braucht der Arbeitnehmer gar nichts darzulegen, sondern es reicht aus, wenn er sich auf die fehlerhafte Sozialauswahl beruft. Denn es spricht eine tatsächliche Vermutung dafür, dass die Auswahl fehlerhaft erfolgt ist, so dass der Arbeitgeber darlegen muss, weshalb die Auswahlentscheidung gleichwohl zutreffend gewesen sein soll.[711]

Die dargestellten Grundsätze der Sozialauswahl beziehen sich jedoch nur auf die Sozial‑ 245
auswahl als solche, nicht auf die **berechtigten betrieblichen Interessen nach § 1 Abs. 3 S. 2**, die der Sozialauswahl entgegenstehen können. Deshalb muss der Arbeitgeber die Tatsachen darlegen und beweisen, aus denen sich ein berechtigtes betriebliches Interesse für ein Abse-

---

[705] BAG 24.3.1983 – 2 AZR 21/82, AP KSchG § 1 Betriebsbedingte Kündigung Nr. 12. AA: Stahlhacke/Preis/Vossen Kündigung/*Preis* Rn. 1136.
[706] BAG 5.12.2002 – 2 AZR 697/01, NZA 2003, 849.
[707] BAG 18.10.1984 – 2 AZR 543/83, NZA 1985, 423; 24.3.1983 – 2 AZR 21/82, AP KSchG § 1 Betriebsbedingte Kündigung Nr. 12; 15.6.1989 – 2 AZR 580/88, AP KSchG § 1 Soziale Auswahl Nr. 18.
[708] Vgl. zur Ermittlung der Sozialdaten, insbesondere zur Ermittlungspflicht des Arbeitgebers → Rn. 210.
[709] KR/*Rachor* KSchG § 1 Rn. 760.
[710] BAG 31.5.2007 – 2 AZR 276/06, NZA 2008, 33.
[711] BAG 31.5.2007 – 2 AZR 276/06, NZA 2008, 33; 18.10.1984 – 2 AZR 543/83, NZA 1985, 423; vgl. auch BAG 24.2.2000 – 8 AZR 167/99, NZA 2000, 764.

hen von der Sozialauswahl nach Sozialkriterien ergeben kann. Der Arbeitgeber hat also substantiiert Tatsachen darzulegen, worin der Vorteil der Weiterbeschäftigung des weniger schutzwürdigen Arbeitnehmers liegt. Das Gericht wiederum hat zu prüfen, ob diese Tatsachen tatsächlich vorliegen und ob die Tatsachen zur Weiterbeschäftigung des sozial stärkeren Arbeitnehmers berechtigen.

246 **j) Rechtsfolgen fehlerhafter Sozialauswahl.** Fehler bei der Sozialauswahl haben gravierende Folgen. Nach früherer Rechtsprechung des BAG konnten sich alle Arbeitnehmer, die sozial schwächer sind als ein im Betrieb verbliebener Arbeitnehmer, mit Erfolg auf die Fehlerhaftigkeit der Sozialauswahl berufen („Dominoeffekt").[712] Dies führte insbesondere bei Massenentlassungen dazu, dass sich eine Vielzahl von Arbeitnehmern auf die fehlerhafte Sozialauswahl berufen konnten. Diese weitgehende Rechtsprechung ist vielfach kritisiert und vom BAG zwischenzeitlich aufgegeben worden. Richtigerweise können sich nur diejenigen Arbeitnehmer auf den Auswahlfehler berufen, die bei korrekt durchgeführter Sozialauswahl tatsächlich schutzwürdiger gewesen wären. Steht zweifelsfrei fest, dass sich ein Auswahlfehler nicht zugunsten des gekündigten Arbeitnehmers auswirken kann, kann er sich nicht auf die fehlerhafte Sozialauswahl berufen. Im Klartext: Die Arbeitnehmer, die auch bei fehlerfreier Sozialauswahl gekündigt worden wären, können sich nicht mehr auf die Fehlerhaftigkeit der Sozialauswahl berufen.[713] Vergisst der Arbeitgeber zB ein unterhaltsberechtigtes Kind, führt dies nicht zur Unwirksamkeit der Sozialauswahl, wenn auch bei Berücksichtigung des Kindes alle anderen in Betracht kommenden Arbeitnehmer sozial schutzbedürftiger wären.[714] Dies führt zu folgendem Prüfungsaufbau: Zunächst ist der sozial Schwächste der entlassenen Arbeitnehmer zu ermitteln, weil er sich in jedem Fall auf die Fehlerhaftigkeit der Sozialauswahl berufen kann. Die weiteren Arbeitnehmer können sich hingegen nur dann auf die fehlerhafte Sozialauswahl berufen, wenn der Arbeitgeber in Bezug auf diese Arbeitnehmer ebenfalls seinen Wertungsspielraum überschritten hätte. Hingegen wären die übrigen Arbeitnehmer, die ebenfalls sozial schwächer sind, auch bei einer zutreffenden Sozialauswahl entlassen worden.[715] Die Sozialauswahl wäre also nicht zu beanstanden, wenn der betroffene Arbeitnehmer auch bei ausreichender Würdigung der Sozialdaten und bei jedem zulässigen Abwägungsergebnis zur Kündigung angestanden hätte. Es muss deshalb hypothetisch geprüft werden, welche Rangfolge der zu kündigende Arbeitnehmer ohne den Auswahlfehler gehabt hätte. Im Hinblick auf diesen Rang ist dann zu prüfen, ob er aufgrund der Sozialdaten ohnehin zur Kündigung angestanden hätte. Die Prüfung erfolgt aber nicht „von Amts wegen". Entscheidend sind die Darlegungen des Arbeitgebers.[716]

5. Besonderheiten bei Interessenausgleich

247 **a) Allgemeines.** Gem. § 1 Abs. 5 KSchG können zu kündigende Arbeitnehmer in einem Interessenausgleich nach § 111 BetrVG namentlich bezeichnet werden. Ist dies der Fall treten **zwei Rechtsfolgen** ein. Einerseits wird vermutet, dass die Kündigung durch dringende betriebliche Erfordernisse bedingt ist. Andererseits kann die soziale Auswahl nur auf grobe Fehlerhaftigkeit überprüft werden. Ziel der Vorschrift ist, bei betriebsbedingten Kündigungen einer größeren Anzahl von Arbeitnehmern, zB im Falle der Stilllegung eines Betriebsteils, die Sozialauswahl für alle Beteiligten rechtssicherer zu gestalten. Vorbild ist § 125 InsO.[717] Die Vorschrift erfasst auch Änderungskündigungen.[718]

248 **b) Voraussetzungen.** Erste Voraussetzung ist das Vorliegen einer **Betriebsänderung** gem. § 111 BetrVG. Das Erfordernis der Betriebsänderung im Sinne von § 111 BetrVG macht deutlich, dass die Vereinbarung eines freiwilligen Interessenausgleiches nicht ausreicht. Um-

---

[712] BAG 18.10.1984 – 2 AZR 543/83, AP KSchG § 1 Soziale Auswahl Nr. 6; Ascheid/Preis/Schmidt/*Kiel* KSchG § 1 Rn. 700.
[713] BAG 29.1.2015 – 2 AZR 164/14, NZA 2015, 426; 20.6.2013 – 2 AZR 271/12, NZA 2013, 837; 9.11.2006 – 2 AZR 812/05, NZA 2007, 549.
[714] BAG 18.10.2006 – 2 AZR 473/05, NZA 2007, 504.
[715] Stahlhacke/Preis/Vossen Kündigung/*Preis* Rn. 1132.
[716] BAG 20.6.2013 – 2 AZR 271/12, NZA 2013, 837.
[717] BT-Drs. 15/1204, 11 (9).
[718] BAG 19.6.2007 – 2 AZR 304/06, NZA 2008, 103.

gekehrt ist die Namensliste eine freiwillige Vereinbarung. Sie kann nicht durch einen Spruch der Einigungsstelle erzwungen werden. Es ist nicht erforderlich, dass die Schwelle der Sozialplanpflichtigkeit nach § 112a BetrVG überschritten wird.

Infolge der Betriebsänderung müssen die Betriebspartner einen **Interessenausgleich** abgeschlossen haben. Der Interessenausgleich bedarf nach § 112 Abs. 1 S. 1 BetrVG der Schriftform. Er ist schriftlich niederzulegen und von Unternehmer und Betriebsrat zu unterzeichnen, soweit er in der Einigungsstelle freiwillige zustande kommt auch vom Einigungsstellenvorsitzenden. Er muss sich auf eine konkret beabsichtigte Betriebsänderung beziehen.[719] Unerheblich ist, dass die Parteien in einer Urkunde einen einheitlichen Interessenausgleich und Sozialplan vereinbaren. Denn § 1 Abs. 5 KSchG erfordert nicht den Abschluss eines separaten Interessenausgleiches. Die Vereinbarung kann sogar einheitlich als Sozialplan bezeichnet werden, solange nur Elemente eines Interessenausgleiches enthalten sind.[720] Die Betriebsparteien können einen Interessenausgleich einschließlich einer darin enthaltenen Auswahlrichtlinie auch als Betriebsvereinbarung schließen.[721]

Wichtig ist, dass er vom **zuständigen Organ** vereinbart wird.[722] Betrifft die Betriebsänderung mehrere Betriebe des Unternehmens, ist der Gesamtbetriebsrat nach § 50 Abs. 1 BetrVG zuständig.

In dem Interessenausgleich sind die zu kündigenden Arbeitnehmer namentlich zu bezeichnen, sog. **Namensliste**. Das Gremium, das für den Abschluss des Interessenausgleichs zuständig ist, ist auch zuständig für die Vereinbarung der Namensliste.[723] Dies erfordert die **konkrete Namensnennung** der zu kündigenden Arbeitnehmer mit Vor- und Zunamen. Erforderlich ist, dass der genannte Arbeitnehmer zweifelsfrei identifiziert werden kann. Unzureichend ist die globale Beschreibung einer unbestimmten Arbeitnehmergruppe, zB „Alle Arbeitnehmer in der Druckerei". Eine Negativliste, in der nur diejenigen erfasst werden, die nicht gekündigt werden sollen, reicht nicht. Denn nach Sinn und Zweck der Regelung sollen sich die Betriebspartner mit jedem zu kündigenden Arbeitnehmer auseinandersetzen.[724] Da nur Namen zu nennen sind, braucht nicht zwischen Beendigungs- und Änderungskündigungen differenziert zu werden. Die Namensliste sollte grundsätzlich bereits bei Abschluss des Interessenausgleichs vereinbart worden sein. Eine **nachträgliche Einigung** auf eine Namensliste ist allerdings möglich. Erforderlich dazu ist eine Ergänzung des Interessenausgleiches vor Ausspruch der Kündigungen, soweit dies im engen zeitlichen Zusammenhang mit der Erstellung des Interessenausgleiches erfolgt. In diesem Fall reicht es gleichfalls aus, wenn sie von den Betriebsparteien unterzeichnet ist und in ihr oder im Interessenausgleich auf sie Bezug genommen ist.[725] Was „zeitnah" bedeutet, ist eine Frage des Einzelfalls. Die Grenze bildet jedenfalls der Ausspruch der Kündigung. Die Betriebspartner können sich also nicht nach Ausspruch der Kündigung nachträglich auf eine Namensliste verständigen, wenn sie erkennen, dass die Mehrheit der Arbeitnehmer Kündigungsschutzklage erhebt.[726] Drei Wochen oder auch sechs Wochen sind regelmäßig unschädlich.[727] In keinem Falle reicht eine Teil-Namensliste. Es können aus der Gesamtheit der zu kündigenden Arbeitnehmer also nicht nur einige auf eine Namensliste gesetzt werden. Sie muss alle zu kündigenden Arbeitnehmer enthalten.[728] Auch ein Änderungsvorbehalt ist nicht möglich.

---

[719] BAG 19.7.2012 – 2 AZR 386/11, NZA 2013, 333; 7.7.2011 – 6 AZR 248/10, NZA 2011, 1108; 24.2.2000 – 8 AZR 180/99, NZA 2000, 785; 19.1.1999 – 1 AZR 342/98, AP BetrVG § 113 Nr. 37.
[720] Ascheid/Preis/Schmidt/*Kiel* KSchG § 1 Rn. 711.
[721] BAG 24.10.2013 – 6 AZR 854/11, NZA 2014, 46.
[722] BAG 19.7.2012 – 2 AZR 386/11, NZA 2013, 333; 7.7.2011 – 6 AZR 248/10, NZA 2011, 1108.
[723] BAG 19.7.2012 – 2 AZR 386/11, NZA 2013, 333; 7.7.2011 – 6 AZR 248/10, NZA 2011, 1108.
[724] Stahlhacke/Preis/Vossen Kündigung/*Preis* Rn. 678h; Ascheid/Preis/Schmidt/*Kiel* KSchG § 1 Rn. 712; Linck/Krause/Bayreuther KSchG § 1 Rn. 1017. Anders KR/*Rachor* KSchG § 1 Rn. 790.
[725] BAG 10.6.2010 – 2 AZR 420/09, NZA 2010, 1352; 26.3.2009 – 2 AZR 296/07, NZA 2009, 1151; 19.6.2007 – 2 AZR 304/06, NZA 2008, 103.
[726] BAG 19.7.2012 – 2 AZR 386/11, NZA 2013, 333; 26.3.2009 – 2 AZR 296/07, NZA 2009, 1151; Stahlhacke/Preis/Vossen Kündigung/*Preis* Rn. 1161; Ascheid/Preis/Schmidt/*Kiel* KSchG § 1 Rn. 713.
[727] *Linck/Krause/Bayreuther* KSchG § 1 Rn. 1017.
[728] BAG 17.3.2016 – 2 AZR 182/15, NZA 2016, 1072; 19.7.2012 – 2 AZR 386/11, NZA 2013, 333; 26.3.2009 – 2 AZR 296/07, NZA 2009, 1151. AA: *Kappenhagen* NZA 1998, 968.

Bei einer zeitversetzten Personalabbaumaßnahme gelten Besonderheiten. Ist über eine Betriebsänderung, die auf einer einheitlichen Planung beruht, ein wirksamer Interessenausgleich zustande gekommen, ist für das Eingreifen der Vermutungswirkung iSv § 1 Abs. 5 KSchG nicht erforderlich, dass die Namen der zu kündigenden Arbeitnehmer in einer einheitlichen Namensliste zusammengefasst sind. Die Betriebspartner können vielmehr zeitlich gestaffelt entsprechend den geplanten „Entlassungswellen" jeweils eine **vollständige Namensliste** aufstellen. Ist in einem solchen Fall der gekündigte Arbeitnehmer von der zweiten „Welle" betroffen und liegt hinsichtlich der beiden ersten Stufen jeweils eine abschließende Einigung der Betriebspartner über den durchzuführenden Personalabbau und insoweit vollständige Namensliste vor, bildet dies eine ausreichende Vermutungsbasis iSv § 1 Abs. 5 KSchG.[729]

252 In **formeller Hinsicht** geht das Gesetz davon aus, dass die Namensliste integrierter Bestandteil des Interesseausgleiches ist.[730] Dies ist jedoch nicht zwingend. Es reicht auch eine dem Interessenausgleich als **Anlage beigefügte Namensliste.** Hier bestehen zwei Möglichkeiten. Falls sie mit dem Interessenausgleich mittels einer Heftmaschine fest verbunden ist, muss sie weder als Anlage bezeichnet, noch unterschrieben oder mit Ort und Datum versehen sein. Zur Wahrung der Schriftform genügt, dass Namensliste und Interessenausgleich eine einheitliche Urkunde bilden, so dass eine Auflösung der Verbindung nur durch Gewaltanwendung möglich ist.[731] Als hinreichend feste Verbindung in diesem Sinne reicht allerdings eine Büroklammer nicht aus. Erforderlich ist dann eine Heftung. Eine hinreichend feste Verbindung ist jedoch nicht zwingend. Werden Interessenausgleich und Namensliste getrennt erstellt, reicht es aus, wenn sie von den Parteien unterschrieben sind und in der Liste auf den Interessenausgleich und im Interessenausgleich auf die Liste Bezug genommen wird. Auch wenn der Interessenausgleich zulässigerweise nachträglich um eine Nummernliste ergänzt wird, reicht es aus, wenn sie von den Betriebsparteien unterzeichnet ist und in ihr und im Interessenausgleich auf sie Bezug genommen ist.[732] Erforderlich ist also stets der jeweilige Rückbezug in Interessenausgleich und Namensliste. Sie müssen eindeutig aufeinander Bezug nehmen. Ob anstelle der Unterschrift bei der Namensliste eine Paraphierung ausreicht, ist zweifelhaft. Um Risiken zu vermeiden sollte die Namensliste unterschrieben und eine Einheitlichkeit zum Interessenausgleich hergestellt werden, indem die Seiten des Interessenausgleiches und der Namensliste fortlaufend nummeriert werden. Interessenausgleich und Namensliste sollten stets mittels Heftmaschine fest verbunden werden. Weiterhin ist erforderlich, dass die streitgegenständliche Kündigung auf der Betriebsänderung beruht, für die der Interessenausgleich abgeschlossen worden ist.

253 Die Beweislast für die Voraussetzungen der Betriebsänderung und der Wirksamkeit der Namensliste trägt der Arbeitgeber.[733]

254 **c) Rechtsfolgen.** Liegen die Voraussetzungen des § 1 Abs. 5 KSchG vor, treten **zwei Rechtsfolgen** ein. Einerseits wird vermutet, dass die Kündigung durch dringende betriebliche Erfordernisse bedingt ist. Andererseits wird die Überprüfung der Sozialauswahl begrenzt auf grobe Fehlerhaftigkeit.

255 *aa) betriebliche Erfordernisse.* Die **Vermutungswirkung** kehrt die Beweislastregel des § 1 Abs. 2 KSchG, nach der der Arbeitgeber die Tatsachen zu beweisen hat, die die Kündigung

---

[729] BAG 17.3.2016 – 2 AZR 182/15, NZA 2016, 1072; 19.7.2012 – 2 AZR 386/11, NZA 2013, 333; 22.1.2004 – 2 AZR 110/02, BeckRS 2002, 30796898.
[730] Grundlegend: BAG 10.6.2010 – 2 AZR 420/09, NZA 2010, 1352; 12.5.2010 – 2 AZR 551/08, NZA 2011, 114; 6.7.2006 – 2 AZR 520/05, NZA 2007, 266. Vgl. auch BAG 19.7.2012 – 2 AZR 386/11, NZA 2013, 333; KR/*Rachor* KSchG § 1 782; ErfK/*Oetker* KSchG § 1 Rn. 361, Rn. 782.
[731] BAG 19.7.2012 – 2 AZR 386/11, NZA 2013, 333; 10.6.2010 – 2 AZR 420/09, NZA 2010, 1352; 12.5.2010 – 2 AZR 551/08, NZA 2011, 114; 6.7.2006 – 2 AZR 520/05, NZA 2007, 266; 21.2.2001 – 2 AZR 39/00, EzA KSchG § 1 Interessenausgleich Nr. 8; 7.5.1998 – 2 AZR 55/98, AP KSchG § 1 Namensliste Nr. 1.
[732] BAG 19.7.2012 – 2 AZR 386/11, NZA 2013, 333; 10.6.2010 – 2 AZR 420/09, NZA 2010, 1352; 12.5.2010 – 2 AZR 551/08, NZA 2011, 114 auch zur Frage, ob eine Paraphe ausreicht; BAG 26.3.2009 – 2 AZR 296/07, NZA 2009, 1151; 19.6.2007 – 2 AZR 304/06, NZA 2008, 103; 22.1.2004 – 2 AZR 111/02, AP BetrVG § 112 Namensliste Nr. 1; *Linck/Krause/Bayreuther* KSchG § 1 Rn. 1017.
[733] → Rn. 258; BAG 3.4.2008 – 2 AZR 879/06, NZA 2008, 1060.

bedingen, um. Dabei erfasst die Vermutungswirkung den Wegfall der Beschäftigungsmöglichkeit zu den bisherigen Bedingungen einschließlich des Fehlens einer anderweitigen Beschäftigungsmöglichkeit im Betrieb. Erfasst wird auch die fehlende Weiterbeschäftigungsmöglichkeit in anderen Betrieben des Unternehmens nach Auffassung des BAG jedenfalls dann, wenn der Interessenausgleich vom zuständigen Gesamtbetriebsrat abgeschlossen worden ist.[734] Das BAG hat aber klargestellt, dass sich die Vermutungswirkung grundsätzlich auch auf das Fehlen einer anderweitigen Beschäftigungsmöglichkeit in einem anderen Betrieb des Unternehmens bezieht.[735] Ebenfalls erfasst von der Vermutungswirkung wird die betriebsbedingte Änderungskündigung. Denn § 1 Abs. 5 KSchG nimmt insgesamt auf § 1 Abs. 2 Bezug.[736]

Angesichts der Vermutung muss der Arbeitnehmer nunmehr Tatsachen beweisen, die gegen das Vorliegen betriebsbedingter Gründe sprechen. Denn es handelt sich um eine **gesetzliche Vermutung** gem. § 292 ZPO. Danach ist nur der Beweis des Gegenteils zulässig. Dabei handelt es sich um einen Hauptbeweis. Es reicht also nicht aus, dass der Arbeitnehmer Tatsachen vorträgt, die den Vermutungstatbestand erschüttern. Auch ein Anscheinsbeweis reicht nicht. Vielmehr muss der Arbeitnehmer den vollen Beweis des Gegenteils der gesetzlichen Vermutung führen. Es ist substantiierter Tatsachenvortrag erforderlich, der den gesetzlich vermuteten Umstand nicht nur in Zweifel zieht, sondern ausschließt.[737] Dieser erforderliche Tatsachenvortrag dürfte dem Arbeitnehmer im Hinblick auf den Kündigungsgrund überaus schwer fallen. Trotz der Umkehr der Darlegungs- und Beweislast bleiben die Grundsätze der abgestuften Darlegungs- und Beweislast anwendbar. Zudem dürfen an den Sachvortrag des Arbeitnehmers keine überzogenen Anforderungen gestellt werden.[738] Insbesondere ist vom Arbeitgeber zu verlangen, dem beweisbelasteten Arbeitnehmer eine ordnungsgemäße Verfahrensführung durch Angabe über die zu seinem Wahrnehmungsbereich gehörenden Tatsachen zu ermöglichen. Trotz der gesetzlichen Vermutung hat der Arbeitgeber auf einfaches Bestreiten des Arbeitnehmers zum Kündigungsgrund Stellung zu nehmen, falls der Arbeitnehmer keine eigene Kenntnis hat. 256

Der Vermutungstatbestand greift nicht mehr, soweit sich die Sachlage nach Zustandekommen des Interessenausgleichs wesentlich geändert hat. Eine wesentliche Änderung der Sachlage liegt nur dann vor, wenn von einem Wegfall der Geschäftsgrundlage auszugehen ist.[739] 257

Die gesetzliche Vermutung ist nur die Rechtsfolge eines im Verfahren nach § 1 Abs. 5 KSchG zustande gekommenen Interessenausgleichs. Für deren Voraussetzungen ist der Arbeitgeber darlegungs- und beweispflichtig. Der Arbeitgeber muss also darlegen und beweisen, dass eine Betriebsänderung vorliegt, über die mit dem zuständigen Betriebsrat ein Interessenausgleich verhandelt worden ist und dass Bestandteil des Interessenausgleiches eine Namensliste ist, auf der der gekündigte Arbeitnehmer verzeichnet ist. Ebenfalls muss vom Arbeitgeber bewiesen werden, dass die Kündigung nach Vereinbarung des Interessenausgleiches ausgesprochen worden ist.[740] 258

bb) Sozialauswahl. Die Überprüfung der **Sozialauswahl** ist auf **grobe Fehlerhaftigkeit** beschränkt. Grob fehlerhaft ist die soziale Auswahl indes nur, wenn ein evidenter, ins Auge springender schwerer Fehler vorliegt und der Interessenausgleich jede Ausgewogenheit vermissen lässt. Dabei wird den Betriebspartnern ein weiter Ermessensspielraum einge- 259

---

[734] BAG 19.7.2012 – 2 AZR 386/11, NZA 2013, 333; 23.10.2008 – 2 AZR 163/07, DB 2009, 1248; 19.6.2007 – 2 AZR 304/06, NZA 2008, 103.
[735] BAG 6.9.2007 – 2 AZR 715/06, NZA 2008, 633. So auch ErfK/*Oetker* KSchG § 1 Rn. 366; Ascheid/Preis/Schmidt/*Kiel* KSchG § 1 Rn. 718; KR/*Rachor* KSchG § 1 Rn. 797.
[736] BAG 19.6.2007 – 2 AZR 304/06, NZA 2008, 103; Ascheid/Preis/Schmidt/*Kiel* KSchG § 1 Rn. 717.
[737] BAG 27.9.2012 – 2 AZR 516/11, BAGE 143, 177; 19.7.2012 – 2 AZR 386/11, NZA 2013, 333; 12.3.2009 – 2 AZR 418/07, NZA 2009, 1023; 23.10.2008 – 2 AZR 163/07, DB 2009, 1248.
[738] BAG 27.9.2012 – 2 AZR 516/11, BAGE 143, 177; 23.10.2008 – 2 AZR 163/07, DB 2009, 1248.
[739] Auch → Rn. 261; BAG 12.3.2009 – 2 AZR 418/07, NZA 2009, 1023; 23.10.2008 – 2 AZR 163/07, DB 2009, 1248.
[740] *Willemsen/Annuß* NJW 2004, 180; Stahlhacke/Preis/Vossen Kündigung/*Preis* Rn. 1164, 1165; Ascheid/Preis/Schmidt/*Kiel* KSchG § 1 Rn. 727.

räumt.⁷⁴¹ Der Begriff der Sozialauswahl ist **umfassend** zu verstehen. Im Gegensatz zu § 1 Abs. 4 KSchG erstreckt sich die Rechtsfolge also nicht nur auf die Gewichtung der **Auswahlkriterien**, sondern auch auf die Bildung der **Vergleichsgruppe** und die **Herausnahme von Leistungsträgern**.⁷⁴² Denn der Begriff „Soziale Auswahl" bezieht sich auf den gesamten Auswahlkomplex, für den die Bildung der Vergleichsgruppe die Voraussetzung ist. Ebenso gehört die Herausnahme von Leistungsträgern zum Auswahlprozess, weil ihr die Durchführung der Sozialauswahl vorausgeht. Dies entspricht auch dem Willen des Gesetzgebers. Der Begründung ist zu entnehmen, dass die Beschränkung die Richtigkeit der Sozialauswahl in jeder Hinsicht betreffe, also auch die Frage der Vergleichbarkeit der Arbeitnehmer und die Frage der Herausnahme bestimmter Arbeitnehmer aus der Sozialauswahl nach § 1 Abs. 3 S. 2 KSchG.⁷⁴³ Hinsichtlich der vier Grunddaten ist die Sozialauswahl grob fehlerhaft, wenn sie jede Ausgewogenheit vermissen lässt.⁷⁴⁴ Zur Begriffsbestimmung kann auf § 1 Abs. 4 KSchG zur Auswahlrichtlinie verwiesen werden.⁷⁴⁵ Entscheidend ist, dass sich das Ergebnis der Sozialauswahl als grob fehlerhaft erweist. Dagegen ist regelmäßig nicht maßgebend, ob das gewählte Auswahlverfahren beanstandungsfrei ist. Ein mangelhaftes Auswahlverfahren kann zu einem richtigen – nicht grob fehlerhaften – Auswahlergebnis führen.⁷⁴⁶ Haftet dem Interessenausgleich hinsichtlich der sozialen Auswahl ein grober Fehler an, führt dies nicht zwingend zur Unwirksamkeit der Kündigung. Entscheidend ist, dass sich die getroffene Auswahl gerade mit Blick auf den klagenden Arbeitnehmer im Ergebnis als grob fehlerhaft erweist, weil ein bestimmter mit dem Gekündigten vergleichbarer Arbeitnehmer in dem nach dem Gesetz erforderlichen Maß weniger schutzwürdig ist.⁷⁴⁷

260 Die Beschränkung der Prüfung im Rahmen der Sozialauswahl ändert nichts an der bestehenden **Beweislast**. Ebenso wird der **Auskunftsanspruch** des Arbeitnehmers nach § 1 Abs. 3 KSchG nicht beeinträchtigt.⁷⁴⁸ Der Arbeitnehmer kann sich deshalb zunächst darauf beschränken, die ordnungsgemäße Sozialauswahl zu bestreiten und seinen Auskunftsanspruch geltend zu machen. Kommt der Arbeitgeber dem Verlangen nicht nach, hat der Arbeitnehmer seiner Darlegungslast genügt. Die Vermutungsregel greift nur dann zugunsten des Arbeitgebers, wenn er den geltend gemachten Auskunftsanspruch des Arbeitnehmers erfüllt hat.⁷⁴⁹

261 Auch die Beschränkung der Überprüfung der Sozialauswahl auf grobe Fehlerhaftigkeit tritt nicht ein, wenn sich die Sachlage nach Zustandekommen des Interessenausgleiches wesentlich geändert hat. Erforderlich ist der **Wegfall der Geschäftsgrundlage**. Dies ist anzunehmen, wenn die Betriebsänderung, auf die sich der Interessenausgleich bezieht, nicht mehr durchgeführt werden oder die Zahl der im Interessenausgleich vorgesehenen Kündigungen erheblich verringert werden soll.⁷⁵⁰ Es reicht also nicht aus, wenn lediglich einige der in der Namensliste genannten Arbeitnehmer nicht entlassen werden.

6. Einzelne betriebsbedingte Gründe (alphabetisch)

262 **Abkehrwille.** Teilweise wird vertreten, es läge ein betriebsbedingter Kündigungsgrund vor, wenn ein Arbeitnehmer erklärt, dass er demnächst kündigen wolle. Vorausgesetzt sei, dass

---

⁷⁴¹ BAG 26.3.2015 – 2 AZR 478/13, NZA 2015, 1341; 24.10.2013 – 6 AZR 854/11, BAGE 146, 234; 5.11.2009 – 2 AZR 676/08, NZA 2010, 457; 12.3.2009 – 2 AZR 418/07, NZA 2009, 1023; 3.4.2008 – 2 AZR 879/06, NZA 2008, 1060.
⁷⁴² BAG 19.7.2012 – 2 AZR 386/11, NZA 2013, 333; 10.6.2010 – 2 AZR 420/09, NZA 2010, 1352; 23.10.2008 – 2 AZR 163/07, DB 2009, 1248; 2.12.1999 – 2 AZR 757/98, AP KSchG § 1 Soziale Auswahl Nr. 45.
⁷⁴³ BT-Drs. 15/1204, 11.
⁷⁴⁴ BT-Drs. 15/1204, 11 mit Hinweis auf BAG 2.12.1999 – 2 AZR 757/98, AP KSchG § 1 Soziale Auswahl Nr. 45. Vgl auch BAG 26.3.2015 – 2 AZR 478/13, NZA 2015, 1122.
⁷⁴⁵ → Rn. 231.
⁷⁴⁶ BAG 10.6.2010 – 2 AZR 420/09, NZA 2010, 1352.
⁷⁴⁷ BAG 26.3.2015 – 2 AZR 478/13, NZA 2015, 1122.
⁷⁴⁸ So auch *Willemsen/Annuß* NJW 2004, 180.
⁷⁴⁹ So zutreffend Ascheid/Preis/Schmidt/*Kiel* KSchG § 1 Rn. 733, 726.
⁷⁵⁰ BAG 12.3.2009 – 2 AZR 418/07, NZA 2009, 1023; 23.10.2008 – 2 AZR 163/07, DB 2009, 1248. BT-Drs. 15/1204, 11.

der Arbeitnehmer einen Spezial- oder Mangelberuf ausübe und der Arbeitgeber die Möglichkeit hat, kurzfristig eine Ersatzkraft einzustellen.[751] Allerdings lässt sich der Abkehrwille nicht in die Systematik des betriebsbedingten Kündigungsgrundes einordnen, dessen wesentliches Merkmal der Wegfall einer Beschäftigungsmöglichkeit aufgrund einer unternehmerischen Entscheidung ist. Beim Abkehrwillen besteht der Personalbedarf jedoch weiterhin. Der Abkehrwille ist deshalb nach zutreffender Auffassung als verhaltensbedingter Kündigungsgrund einzuordnen. Denn die Kündigung des Arbeitgebers ist eine Reaktion auf ein Verhalten des Arbeitnehmers.[752] Eine Kündigung ist regelmäßig aber nicht gerechtfertigt.

Abordnung zu einem Tochterunternehmen. Ist ein Arbeitnehmer zu einem Tochterunternehmen abgeordnet worden und hat sich die Muttergesellschaft verpflichtet, den Arbeitnehmer nach seiner Rückkehr wieder weiter zu beschäftigen, kann sie ihm bei der Beendigung der Abordnung nicht mit der Begründung kündigen, sein Arbeitsplatz sei zwischenzeitlich anderweitig besetzt worden und ein anderer freier Arbeitsplatz stehe nicht zur Verfügung. Denn durch die Zusage hat die Muttergesellschaft auf ihr mögliches Recht zur betriebsbedingten Kündigung für diesen Fall verzichtet.[753]

Altersteilzeit. Befindet sich der Arbeitnehmer bei einer vereinbarten Block-Altersteilzeit bereits in der Freistellungsphase, ist die Stilllegung des Betriebs in der Insolvenz nach Auffassung des BAG kein dringendes betriebliches Erfordernis, das die betriebsbedingte Kündigung sozial rechtfertigen kann. Der Arbeitnehmer habe hier seine volle, vertraglich geschuldete Arbeitsleistung bereits erbracht, so dass kein dringendes betriebliches Erfordernis ersichtlich ist, das der Weiterbeschäftigung in diesem Betrieb entgegensteht.[754] Anders ist die Situation, wenn sich der Arbeitnehmer noch in der Arbeitphase befindet.[755]

Anforderungsprofil. Die betriebsbedingte Kündigung ist auch denkbar, wenn sich der Arbeitgeber dazu entschließt, das Anforderungsprofil für einen bestimmten Arbeitsplatz zu ändern und der den Arbeitsplatz innehabende Arbeitnehmer dem Anforderungsprofil nicht (mehr) gerecht wird. Denn die unternehmerische Entscheidung kann sich auch auf die Gestaltung des Anforderungsprofils des Arbeitsplatzes beziehen. Dies kommt freilich nur in engen Grenzen in Betracht, da die rechtsmissbräuchliche Gestaltung des Kündigungsrechtes ausgeschlossen werden muss. Die Gestaltung des Anforderungsprofils bleibt auf der Grundlage der Rechtsprechung des BAG aber nur eingeschränkt überprüfbar. Die unternehmerische Entscheidung ist nicht zu beanstanden, wenn die geforderten Qualifikationsmerkmale einen nachvollziehbaren Bezug zur Organisation der auszuführenden Arbeiten haben. Dabei bestehen erhöhte Anforderungen, wenn der Arbeitgeber das Anforderungsprofils eines langjährig Beschäftigten ändert. Hier muss dargelegt werden, dass es sich bei der zusätzlich geforderten Qualifikation für die Ausführung der Tätigkeit nicht nur um eine wünschenswerte Voraussetzung handelt, sondern um ein nachvollziehbares Kriterium für das Stellenprofil. Auch darf die Kündigung nicht durch eine Qualifikation des Arbeitnehmers zu vermeiden sein.[756] Teilweise wird diese Kündigungsfallgruppe auch der personenbedingten Kündigung zugerechnet. Daran ist richtig, dass die nicht mehr vorhandene Qualifikation dem Grunde nach einen personebedingten Kündigungsgrund betrifft. Nach der „Sphärentheorie" des BAG (→ Rn. 116) liegt die primäre Ursache aber in der gestaltenden Entscheidung des Arbeitgebers, die dazu führt, dass der die Stelle in-

---

[751] BAG 22.10.1964 – 2 AZR 515/63, AP KSchG § 1 Betriebsbedingte Kündigung Nr. 16.
[752] Stahlhacke/Preis/Vossen Kündigung/*Preis* Rn. 934; vgl. dazu → Rn. 350.
[753] BAG 28.11.1968 – 2 AZR 76/68, AP KSchG § 1 Betriebsbedingte Kündigung Nr. 19; Stahlhacke/Preis/Vossen Kündigung/*Preis* Rn. 935.
[754] BAG 5.12.2002 – 2 AZR 571/01, RdA 2003, 230; *Linck/Krause/Bayreuther* KSchG § 1 Rn. 790; Ascheid/Preis/Schmidt/*Kiel* KSchG § 1 Rn. 467.
[755] BAG 16.06.2005 – 6 AZR 476/04, AP ATG § 3 Nr. 13; *Linck/Krause/Bayreuther* KSchG § 1 Rn. 790.
[756] BAG 27.7.2017 – 2 AZR 476/16, NZA 2018, 234; 2.3.2017 – 2 AZR 546/16 NZA 2017, 905; 22.10.2015 – 2 AZR 582/14, NZA 2016, 33; 18.3.2010 – 2 AZR 337/08, NZA-RR 2011, 18; 10.7.2008 – 2 AZR 1111/06, NZA 2009, 312; 29.11.2007 – 2 AZR 388/06, NZA 2008, 523; 7.7.2005 – 2 AZR 399/04, NZA 2006, 266.

nehabende Arbeitnehmer den Anforderungen nicht mehr gerecht wird.[757] Damit handelt es sich um einen betriebsbedingten Kündigungsgrund, bei dem eine Verschärfung des Kontrollmaßstabes gerechtfertigt ist.

266 **Arbeitnehmerüberlassung.** Bei der betriebsbedingten Kündigung reicht der Hinweis des Verleihers nicht aus, der bisherige Auftrag, in dessen Rahmen der Leiharbeitnehmer eingesetzt worden sei, sei beendet und es lägen keine Anschlussaufträge vor. Denn kurzfristige Auftragslücken gehören zum typischen Unternehmerrisiko eines Verleiharbeitgebers. Die Kündigung kann nur gerechtfertigt sein, wenn greifbare Anhaltspunkte für ein dauerhaft gesunkenes Beschäftigungsvolumen bestehen. Hier muss der Arbeitgeber an Hand der Auftrags- und Personalplanung darstellen, warum es sich um einen dauerhaften Auftragsrückgang handelt und weshalb ein Einsatz bei einem anderen Kunden – ggf. nach Fortbildungsmaßnahmen – nicht in Betracht kommt.[758] Problematisch ist in den Fällen der Kündigung im Leiharbeitsverhältnis zudem typischerweise der Zuschnitt der Vergleichsgruppe der Sozialauswahl.[759] Soweit ein Arbeitgeber Arbeiten nicht mehr durch eigene Arbeitnehmer, sondern durch Leiharbeitnehmer ausführen lassen möchte vgl. Stichwort „Outsourcing" → Rn. 300.

267 **Arbeitsplatzverdichtung.** Zur unternehmerischen Entscheidungsfreiheit gehört es auch, die Zahl der Arbeitnehmer festzulegen, mit denen der Arbeitgeber sein unternehmerisches Ziel verfolgt. Deshalb gehört auch die sog. Verdichtungsentscheidung, also die Entscheidung, die vorhandenen Arbeiten mit weniger Personal abzuarbeiten zu den unternehmerischen Entscheidungen, die den Beschäftigungsbedarf entfallen lassen können. Typisches Beispiel ist der Abbau eines von vier Arbeitsplätzen in einem Bereich. Auch diese Entscheidung kann nur auf Unsachlichkeit, Unvernünftigkeit oder Willkür überprüft werden.[760] Allerdings ist voll überprüfbar, ob die unternehmerische Entscheidung tatsächlich getroffen worden ist. Die unternehmerische Entscheidung muss sich in greifbaren betrieblichen Formen niederschlagen. Je näher dabei die Organisationsentscheidung an den Kündigungsentschluss rückt, umso mehr muss der Arbeitgeber verdeutlichen, dass das Beschäftigungsbedürfnis für den Arbeitnehmer entfallen ist.[761] Dazu muss er in den Fällen der Arbeitsplatzverdichtung konkret die Arbeitsabläufe schildern. Er muss deutlich machen, welcher inner- oder außerbetriebliche Grund Ursache der unternehmerischen Entscheidung ist, wer deshalb wann welche unternehmerische Entscheidung zur Arbeitsplatzverdichtung getroffen hat und aufzeigen, wie und von wem die gleiche oder verringerte Arbeitsmenge in Zukunft bewältigt werden soll. Dies umfasst die konkrete Darlegung der bisher am weggefallenen Arbeitsplatz verrichteten Tätigkeiten und deren Verlagerung. Soweit die Verlagerung auf andere Mitarbeiter erfolgt ist konkret darzulegen, wer künftig welche Tätigkeit macht und weshalb diese Mitarbeiter die Tätigkeiten ohne überobligatorische Leistungen mit erledigen können.[762] Soweit durch die Verdichtung Qualitätseinbußen und verspätete Reaktionszeiten entstehen, sind diese als Teil des neuen unternehmerischen Kozeptes in Kauf zu nehmen.[763]

268 Soweit die Verdichtung im Zeitpunkt des Zugangs der Kündigungserklärung noch nicht abgeschlossen ist, muss sie im Zeitpunkt des Zugangs der Kündigungserklärung bereits greifbare Formen angenommen haben. Es muss die Prognose gerechtfertigt sein, dass der

---

[757] *Linck/Krause/Bayreuther* KSchG § 1 Rn. 793.
[758] BAG 18.5.2006 – 2 AZR 412/05, NZA 2006, 1007.
[759] BAG 20.6.2013 – 2 AZR 271/12, NZ 2013, 837. Auch Sozialauswahl → Rn. 172 ff.
[760] BAG 17.6.1999 – 2 AZR 456/98, AP KSchG § 1 Betriebsbedingte Kündigung Nr. 103; 17.6.1999 – 2 AZR 522/98, AP KSchG § 1 Betriebsbedingte Kündigung Nr. 102; 17.6.1999 – 2 AZR 141/99, AP KSchG § 1 Betriebsbedingte Kündigung Nr. 101.
[761] Vgl. schon zur Darlegungs- und Beweislast → Rn. 138; BAG 27.4.2017 – 2 AZR 67/16, NZA 2017, 902.
[762] BAG 27.4.2017 – 2 AZR 67/16, NZA 2017, 902; 22.2.2014 – 2 AZR 346/12, NZA 2014, 1069; 18.9.2008 – 2 AZR 560/07, NZA 2009, 142; 29.11.2007 – 2 AZR 388/06, NZA 2008, 523; 13.2.2008 – 2 AZR 1041/06, NZA 2008, 819; 17.6.1999 – 2 AZR 456/98, AP KSchG § 1 Betriebsbedingte Kündigung Nr. 103; 17.6.1999 – 2 AZR 522/98, AP KSchG § 1 Betriebsbedingte Kündigung Nr. 102; 17.6.1999 – 2 AZR 141/99, AP KSchG § 1 Betriebsbedingte Kündigung Nr. 101.
[763] BAG 27.4.2017 – 2 AZR 67/16, NZA 2017, 902.

Arbeitsplatz des gekündigten Arbeitnehmers infolge der Verdichtung spätestens mit dem Ablauf der Kündigungsfrist entfällt.[764]

Nach der Rechtsprechung des BAG dürfen die Anforderungen an den Sachvortrag nicht überspannt werden. Insbesondere obliegt es dem Arbeitgeber festzulegen, mit welcher Stärke der Belegschaft des Betriebes künftig das Unternehmensziel erreicht werden soll. Der Vortrag des Arbeitgebers zur organisatorischen Durchführbarkeit ist nach dieser zutreffenden Rechtsprechung kein Selbstzweck, sondern soll nur dazu dienen, dass ein Missbrauch ausgeschlossen wird. Vermieden werden sollen zum einen eine Überforderung oder Nachteile für das verbleibende Personal und zum anderen ein Herausdrängen des Arbeitnehmers obgleich der Beschäftigungsbedarf fortbesteht.[765] Ein Sonderfall einer Verdichtungsentscheidung ist die Kündigung wegen **Streichung einer Hierarchieebene.** Auch hier sind gesteigerte Anforderungen zu erfüllen. Der Arbeitgeber muss insbes. darlegen, in welchem Umfang die bisher vom Arbeitsnehmer ausgeübten Tätigkeiten zukünftig entfallen. Er muss aufgrund seiner Vorgaben die zukünftige Entwicklung der Arbeitsmenge an Hand einer Prognose aufzeigen und angeben, wie die anfallenden Arbeiten vom Restpersonal ohne übersteigende Mehrarbeit erledigt werden können.[766]

Arbeitsmangel. Arbeitsmangel kann die betriebsbedingte Kündigung rechtfertigen, wenn der Arbeitgeber darlegt und beweist, dass der Arbeitsanfall so zurückgegangen ist, dass das Bedürfnis für die Weiterbeschäftigung eines oder mehrerer Arbeitnehmer spätestens mit Ablauf der Kündigungsfrist entfällt. Der konkrete Umfang der Darlegungslast richtet sich danach, ob der Arbeitgeber eine selbstbindende oder freie unternehmerische Entscheidung trifft.[767]

Ein Arbeitsmangel kann auf vielfältigen Ursachen beruhen. Dabei handelt es sich in aller Regel um außerbetriebliche Gründe. So kann der Unternehmer Aufträge oder Kunden verloren haben. Dann handelt es sich um Arbeitsmangel aufgrund Auftragsrückgangs. Nichts anderes gilt in den Fällen des Umsatzrückgangs. Auch dieser kann zu einem Arbeitsmangel führen. In dieser Situation **hat es der Arbeitgeber in der Hand,** wie er auf den Arbeitsmangel reagiert. Er kann den verringerten Arbeitsbedarf unmittelbar aus dem verringerten Auftrags- oder Umsatzvolumen herleiten. Dann liegt eine selbstbindende unternehmerische Entscheidung vor. In diesem Fall muss der Arbeitgeber rechnerisch aus dem verringerten Auftrags- oder Umsatzvolumen den verringerten Beschäftigungsbedarf berechnen. Er muss also eine unmittelbare Relation zwischen Auftrags- oder Umsatzrückgang und dem Beschäftigungsbedarf darlegen und beweisen. Daneben muss der Arbeitgeber die Verringerung der Auftrags- oder Umsatzzahlen darlegen und beweisen. Dies gelingt Arbeitgebern erfahrungsgemäß in den wenigsten Fällen. Sinn macht die Selbstbindung nur, wenn die Relation zwischen Wegfall des Beschäftigungsbedarfs und dem außerbetrieblichem Grund eindeutig ist, etwa wenn der zu kündigende Arbeitnehmer ausschließlich Arbeitsleistungen für einen Kunden erbracht hat und dieser Kunde wegfällt.[768] Ansonsten kann nur nachhaltig davor gewarnt werden, im Falle außerbetrieblicher Ursachen die Kündigung auf eine selbstbindende unternehmerische Entscheidung zu stützen. Dies vor allem deshalb, weil kein Bedürfnis besteht, eine derartiges Risiko einzugehen. Der Arbeitgeber kann den Arbeitsmangel selbstverständlich auch zum **Anlass für eine gestaltende unternehmerische Entscheidung** nehmen, etwa eine Arbeitsplatzverdichtung aus Anlass eines Auftrags- oder Umsatzrückgangs in einem bestimmten Bereich vor-

---

[764] BAG 22.2.2014 – 2 AZR 346/12, NZA 2014, 1069; 12.4.2002 – 2 AZR 256/01, NZA 2002, 1205.
[765] BAG 22.2.2014 – 2 AZR 346/12, NZA 2014, 1069; 18.9.2008 – 2 AZR 560/07, NZA 2009, 142; 29.11.2007 – 2 AZR 388/06, NZA 2008, 523; 18.10.2006 – 2 AZR 434/05, NZA 2007, 552; 6.7.2006 – 2 AZR 443/05, NZA 2007, 197; 22.9.2005 – 2 AZR 365/04, BeckRS 2009, 66025.
[766] BAG 22.2.2014 – 2 AZR 346/12, NZA 2014, 1069; 24.5.2012 – 2 AZR 124/11, NZA 2012, 1223; 16.12.2010 – 2 AZR 770/09, NZA 2011, 505; 13.2.2008 – 2 AZR 1041/06, NZA 2008, 820.
[767] Vgl. ausführlich → Rn. 125. Instruktiv: BAG 22.2.2014 – 2 AZR 346/12, NZA 2014, 1069.
[768] Dies funktioniert aber schon dann nicht mehr, wenn der Arbeitnehmer – auch nur in geringem Umfang – für andere Kunden gearbeitet hat. Der Beschäftigungsbedarf muss grundsätzlich zu 100 % entfallen. Ansonsten muss für die Verteilung der restlichen Arbeiten eine zusätzliche unternehmerische Entscheidung getroffen werden.

nehmen. Der Wegfall des Arbeitsplatzes ist dann nicht die Folge des Auftrags- oder Umsatzrückgangs, sondern die Folge der gestaltenden unternehmerischen Entscheidung und beruht nur mittelbar auf dem Auftrags- oder Umsatzrückgang. Der Arbeitgeber trifft also aus Anlass des Arbeitsmangels eine unternehmerische Entscheidung und verändert durch einen zusätzlichen Gestaltungsakt die Betriebsstruktur. Dies hat zwei entscheidende Vorteile. Einerseits muss der Arbeitgeber für den zu kündigenden Arbeitnehmer keine unmittelbare Relation zwischen Auftrags- oder Unsatzrückgang und Wegfall der Beschäftigungsmöglichkeit herstellen. Andererseits muss er auch den Auftrags- oder Umsatzrückgang nicht darlegen und beweisen, da dieser nur Anlass der unternehmerischen Entscheidung und nicht der unmittelbare Kündigungsgrund ist. Entscheidend ist der Wegfall der Beschäftigungsmöglichkeit aufgrund der unternehmerischen Entscheidung, die nur der Missbrauchskontrolle unterliegt.[769] Allerdings steigen im Gegenzug die Anforderungen an die Darlegungs- und Beweislast für die gestaltende unternehmerische Entscheidung, vor allem in den Fällen der Arbeitsverdichtung.[770]

272 Soweit die Maßnahme im Zeitpunkt des Zugangs der Kündigungserklärung noch nicht abgeschlossen ist, muss sie im Zeitpunkt des Zugangs der Kündigungserklärung bereits greifbare Formen angenommen haben. Es muss die Prognose gerechtfertigt sein, dass der Arbeitsplatz des gekündigten Arbeitnehmers infolge der Maßnahme spätestens mit dem Ablauf der Kündigungsfrist entfällt.[771]

273 **Arbeitszeit.** Die aus arbeitsorganisatorischen Gründen getroffene Entscheidung, einen Teilzeitarbeitsplatz in einen Vollzeitarbeitsplatz umzuwandeln ist eine unternehmerische Entscheidung, die den Wegfall des Beschäftigungsbedarfs rechtfertigen kann, wenn der Arbeitgeber für die Organisationsänderung nachvollziehbare Gründe darlegt. Schwierigkeiten bestehen aber, wenn die Teilzeit auf einem Anspruch nach § 8 TzBfG beruht und keine betrieblichen Gründe nach § 8 Abs. 4 TzBfG bestehen. Zudem ist erforderlich, dass die Einstellung einer weiteren Teilzeitkraft zur Abdeckung des Personalbedarfs nicht möglich ist und die gekündigte Teilzeitkraft nicht bereit war, ganztags zu arbeiten.[772] Letzter Gesichtspunkt ist Ausfluss des ultima-ratio-Prinzips. Der Arbeitgeber muss dem Arbeitnehmer die Weiterbeschäftigung auf dem freien Arbeitsplatz vor der Kündigung anbieten. Umgekehrt ist es auch möglich, Vollzeitarbeitsplätze in Teilzeitarbeitsplätze zu verwandeln. Erforderlich ist freilich ein reduzierter Arbeitsbedarf, der sich beispielsweise aus einem Auftragsrückgang, Umsatzrückgang oder einer Organisationsänderung ergeben kann. Das Kündigungsverbot in § 11 TzBfG erfasst diese Fälle nicht.

274 **Auftragsrückgang.** Ein Auftragsrückgang[773] kann die betriebsbedingte Kündigung rechtfertigen, wenn der Arbeitgeber darlegt und beweist, dass durch den Auftragsrückgang der Arbeitsanfall so zurückgegangen ist, dass das Bedürfnis für die Weiterbeschäftigung eines oder mehrerer Arbeitnehmer entfällt.[774] Dabei ist nicht erforderlich, das sich der Rückgang des Arbeitsanfalls konkret und unmittelbar auf den Arbeitsplatz des gekündigten Arbeitnehmers auswirkt. Allein entscheidend ist, ob ein Überhang an Arbeitskräften vorhanden ist. Die Personalisierung erfolgt über die Sozialauswahl.

275 Der konkrete Umfang der Darlegungslast richtet sich danach, ob der Arbeitgeber eine gebundene oder freie unternehmerische Entscheidung trifft. **Der Arbeitgeber hat es in der Hand,** wie er auf den Auftragsrückgang reagiert. Er kann den verringerten Arbeitsbedarf unmittelbar aus dem Auftragsrückgang herleiten. Dann liegt eine selbstbindende unternehmerische Entscheidung vor. In diesem Fall muss der Arbeitgeber rechnerisch aus dem Umsatzrückgang den verringerten Beschäftigungsbedarf berechnen. Er muss also einen

---

[769] → Rn. 134.
[770] Siehe Stichwort „Arbeitsplatzverdichtung" → Rn. 267.
[771] BAG 22.2.2014 – 2 AZR 346/12, NZA 2014, 1069; 12.4.2002 – 2 AZR 256/01, NZA 2002, 1205.
[772] LAG Berlin 10.9.1996 – 12 Sa 66/96, LAGE KSchG § 2 Nr. 20; LAG Rheinland-Pfalz 10.5.1988 – 9 Sa 21/88, LAGE KSchG § 1 Betriebsbedingte Kündigung Nr. 16; Stahlhacke/Preis/Vossen Kündigung/*Preis* Rn. 955.
[773] Siehe auch Stichwort: „Arbeitnehmerüberlassung".
[774] KR/*Rachor* KSchG § 1 Rn. 604, 605; vgl. auch BAG 22.2.2014 – 2 AZR 346/12, NZA 2014, 1069.

unmittelbare Relation zwischen Auftragsrückgang und dem Beschäftigungsbedarf darlegen und beweisen. Der Arbeitgeber kann den Auftragsrückgang selbstverständlich auch zum **Anlass für eine gestaltende unternehmerische Entscheidung** nehmen, etwa eine Arbeitsplatzverdichtung aus Anlass eines Auftragsrückgangs in einem bestimmten Bereich vorzunehmen. Der Wegfall des Arbeitsplatzes ist dann nicht die Folge des Auftragsrückgangs, sondern die Folge der gestaltenden unternehmerischen Entscheidung und beruht nur mittelbar auf dem Auftragsrückgang. Insoweit kann auf die Ausführungen zum Arbeitsmangel verwiesen werden.[775]

Austauschkündigung. Der Austausch von Arbeitnehmern begründet regelmäßig kein dringendes betriebliches Erfordernis für eine Kündigung. Prägendes Element dieser Fallkonstellation ist der Wille des Arbeitgebers zum Austausch eines oder mehrerer Arbeitnehmer durch einen anderen, obwohl der Beschäftigungsbedarf nicht entfallen ist. Der Arbeitgeber kann einem Arbeitnehmer also nicht deshalb kündigen, weil er diesen Arbeitsplatz für einen anderen Arbeitnehmer freimachen möchte.[776] Dies gilt auch dann, wenn der Arbeitsplatzinhaber gekündigt werden soll, um an seiner Stelle einen Schwerbehinderten einzustellen, wenn der Arbeitgeber damit die Schwerbehindertenquote erfüllen will. Ebenfalls als unzulässige Austauschkündigung angesehen hat das BAG den Austausch von Arbeitnehmern gegen Leiharbeitnehmer, die zur Senkung der Lohnkosten nach ausländischem Recht beschäftigt werden sollen.[777] Zu beachten ist, dass es nur um den Austausch mit anderen Arbeitnehmern geht. Die Verlagerung auf von Arbeiten auf den Geschäftsführer ist keine Austauschkündigung.[778] Aus diesem Grunde hat das BAG auch die Kündigung zur Umwandlung eines Arbeitsverhältnisses in ein **freies Mitarbeiterverhältnis** für zulässig gehalten, obwohl auch hier der Beschäftigungsbedarf letztendlich nicht entfallen ist.[779] Schließlich hat das BAG entschieden, dass Arbeiten, die bislang von Arbeitnehmern ausgeführt worden sind, auf selbständiger Basis durchführen zu lassen, sofern eine nachvollziehbares Konzept zugrunde liegt.[780] Dies ist auch zutreffend. Die Austauschkündigung ist von der Fallkonstellation abzugrenzen, in der der Arbeitgeber eine unternehmerische Entscheidung trifft, den Arbeitskräftebedarf auf andere Weise als durch eigene Arbeitnehmer zu decken. Es ist weder offensichtlich unsachlich, unvernünftig oder willkürlich, den Arbeitsbedarf mit einem veränderten unternehmerischen Konzept künftig von anderen Firmen oder freien Mitarbeitern abdecken zu lassen. Entscheidend ist, dass der Beschäftigungsbedarf für die Weiterbeschäftigung eines Arbeitnehmers entfällt. Konsequenter Weise müsste dann aber auch der Austausch gegen Leiharbeitnehmer möglich sein. Dies hat das BAG bislang aber abgelehnt. Im Rahmen der Weiterbeschäftigungsmöglichkeit stellt sich in diesen Fällen die weitere Frage, ob aufgrund des ultima-ratio-Prinzips das Angebot an den Arbeitnehmer erforderlich ist, künftig beispielsweise als freier Mitarbeiter tätig zu werden. 276

Betriebsänderung. Der Begriff der Betriebsänderung ist für die Frage der Rechtfertigung einer Kündigung unergiebig. Denn die Fallgestaltungen einer Betriebsänderung sind vielfältig. So nennt § 112 BetrVG die Einschränkung oder Stilllegung des ganzen Betriebes oder wesentlicher Betriebsteile,[781] Verlegung des ganzen Betriebs oder wesentlicher Betriebsteile, Zusammenschluss mit anderen Betrieben oder Spaltung von Betrieben, grundlegende Änderungen der Betriebsorganisation oder die Einführung neuer Arbeitsmethoden oder Fertigungsverfahren. Gemeinsam ist diesen Betriebsänderungen, dass es sich um innerbetriebliche Organisationsentscheidungen handelt. Sie bilden nach allgemeinen Grundsätzen einen betriebsbedingten Kündigungsgrund, wenn durch die unternehmerische Entscheidung zur 277

---

[775] → Rn. 270 f.
[776] BAG 26.3.2015 – 2 AZR 417/14, NZA 2015, 1083; 22.3.2001 – 8 AZR 565/00, NZA 2002, 1350; 21.9.2000 – 2 AZR 440/99, NZA 2001, 255; 29.3.1990 – 2 AZR 369/89, AP KSchG § 1 Betriebsbedingte Kündigung Nr. 50.
[777] BAG 26.9.1996 – 2 AZR 200/96, AP KSchG § 1 Betriebsbedingte Kündigung Nr. 80.
[778] BAG 31.7.2014 – 2 AZR 422/13, NZA 2015, 101.
[779] BAG 9.5.1996 – 2 AZR 438/95, AP KSchG § 1 Betriebsbedingte Kündigung Nr. 79.
[780] BAG 13.3.2008 – 2 AZR 1037/06, NZA 2008, 878.
[781] Vgl. Stichwort Betriebsstilllegung → Rn. 280.

Änderung der bestehenden betrieblichen Strukturen der Beschäftigungsbedarf für einen oder mehrere Arbeitnehmer entfällt. Auch diese Entscheidung kann regelmäßig nur darauf überprüft werden, ob sie offenbar unsachlich, unvernünftig oder willkürlich ist. Voll überprüft wird, ob die unternehmerische Entscheidung getroffen worden ist und ob durch ihre Umsetzung der Beschäftigungsbedarf für den gekündigten Arbeitnehmer mit dem Ablauf der Kündigungsfrist entfällt. Es muss also in einem ersten Schritt vom Arbeitgeber konkret dargelegt werden, wer wann welche unternehmerische Entscheidung zur Betriebsänderung getroffen hat. In einem zweiten Schritt ist darzulegen, wie sich diese Betriebsänderung auf den Beschäftigungsbedarf auswirkt. Insbesondere ist darzulegen, welche Arbeitsmenge bisher für welche Arbeitnehmer bestand und wie sich der Bedarf künftig gestaltet.

278 Für eine beschlossene und tatsächlich durchgeführte Betriebsänderung spricht die Vermutung, dass sie aus sachlichen Gründen erfolgt ist.[782] Dies gilt jedoch nicht für die Betriebsänderung in Form der Arbeitsplatzverdichtung.[783]

279 Unerheblich für die Wirksamkeit einer Kündigung aus Anlass einer Betriebsänderung ist, ob mit dem Betriebsrat Interessenausgleich und Sozialplan verhandelt worden sind. Insoweit ist ausschließliche Sanktion der Nachteilsausgleich.[784]

280 Betriebsstilllegung/Stilllegung einer Betriebsabteilung/Betriebsunterbrechung. Die Stilllegung des ganzen Betriebes ist als betriebsbedingter Kündigungsgrund anerkannt.[785] Unter einer Betriebsstilllegung versteht man die Auflösung der zwischen Arbeitgeber und Arbeitnehmern bestehenden Betriebs- und Produktionsgemeinschaft. Dabei muss der Arbeitgeber seine wirtschaftliche Betätigung in der Absicht einstellen, den Betriebszweck dauernd oder für eine ihrer Dauer nach unbestimmte, wirtschaftlich nicht unerhebliche Zeitspanne nicht weiter zu verfolgen.[786] Aus welchen Gründen die Betriebsstilllegung erfolgt, ist regelmäßig unerheblich. Denn die unternehmerische Entscheidung unterliegt nur einer Missbrauchskontrolle und wird in den seltensten Fällen offenbar unsachlich, unvernünftig oder willkürlich sein.

281 Die unternehmerische Entscheidung muss grundsätzlich vom zuständigen Organ getroffen werden.[787] Dies ist bei einer Betriebsstilllegung des Betriebs einer GmbH regelmäßig nicht der Geschäftsführer, sondern der/die Gesellschafter. Allerdings hat das BAG einen entsprechenden Zuständigkeitsfehler für unbedenklich gehalten.[788]

282 Der Arbeitgeber muss mit der Kündigung wegen einer Betriebsstilllegung nicht bis zur Stilllegung warten. Er kann die Kündigung bereits im Vorfeld der Stilllegung wegen der **beabsichtigten Betriebsstilllegung** aussprechen. In diesem Fall muss die Betriebsstilllegung aber konkrete, greifbare Formen angenommen haben. Dies ist der Fall, wenn bei Ausspruch der Kündigung aufgrund einer vernünftigen betriebswirtschaftlichen Betrachtung zu erwarten ist, dass der Arbeitnehmer mit dem Ablauf der Kündigungsfrist entbehrt werden kann.[789] Es reicht zB aus, dass der Arbeitgeber entscheidet, ab sofort keine neuen Aufträge anzunehmen und allen Arbeitnehmern unter Einhaltung der individuellen Kündigungsfrist kündigt und

---

[782] Vgl. → Rn. 136, 139.
[783] → Rn. 267.
[784] BAG 21.9.2000 – 2 AZR 385/99, NZA 2001, 535.
[785] BAG 27.2.2020 – 8 AZR 215/19, BeckRS 2020, 17144; 24.10.2019 – 2 AZR 85/19, BeckRS 2019, 32070; 27.6.2019 – 2 AZR 38/19, NZA 2019, 1427; 21.5.2015 – 8 AZR 409/13, NZA 2016, 35; 26.5.2011 – 8 AZR 37/10, NZA 2011, 1143; 23.2.2010 – 2 AZR 720/08, BeckRS 2010, 72803; 13.2.2008 – 2 AZR 543/06, NZA 2008, 822; 27.10.2005 – 8 AZR 568/04, NZA 2006, 668; 5.12.2002 – 2 AZR 697/01, NZA 2003, 850; 16.5.2002 – 8 AZR 319/01, NZA 2003, 93; 18.1.2001 – 2 AZR 514/99, AP KSchG § 1 Betriebsbedingte Kündigung Nr. 115.
[786] BAG 21.5.2015 – 8 AZR 409/13, NZA 2016, 35; 26.5.2011 – 8 AZR 37/10, NZA 2011, 1143; 14.8.2007 – 8 AZR 1043/06, NZA 2007, 1431; 5.12.2002 – 2 AZR 697/01, NZA 2003, 850; 11.3.1998 – 2 AZR 414/97, AP BetrVG § 111 Nr. 43.
[787] Vgl. dazu → Rn. 130.
[788] BAG 5.4.2001 – 2 AZR 696/99, AP KSchG § 1 Betriebsbedingte Kündigung Nr. 117.
[789] BAG 27.2.2020 – 8 AZR 215/19, BeckRS 2020, 17144; 21.5.2015 – 8 AZR 409/13, NZA 2016, 35; 26.5.2011 – 8 AZR 37/10, NZA 2011, 1143; 23.2.2010 – 2 AZR 268/08, NZA 2010, 944; 23.2.2010 – 2 AZR 720/08, BeckRS 2010, 72803; 30.10.2008 – 8 AZR 397/07, NZA 2009, 485; 13.2.2008 – 2 AZR 543/06, NZA 2008, 822; 4.5.2006 – 8 AZR 299/05, NZA 2006, 1096.

die Arbeitnehmer nur noch innerhalb der jeweiligen Kündigungsfrist einsetzt. Es müssen also nicht alle Arbeitnehmer zum gleichen Zeitpunkt entlassen werden.[790] Das gleiche gilt, wenn die unternehmerische Entscheidung nicht eine völlige Betriebsstilllegung betrifft, sondern einen Teilbetrieb.[791] Entscheidend ist die zugrunde liegende Prognose. Der Arbeitgeber muss die Stilllegungsentscheidung vorbehaltlos und endgültig getroffen haben.[792] Die Darlegung dieser Prognose bereitet manchem Arbeitgeber in der Praxis Schwierigkeiten. Erforderlich ist neben der Darlegung des konkreten Stilllegungsbeschlusses zu einem bestimmten Datum der Nachweis der Umsetzung dieser unternehmerischen Entscheidung. Indizien für die Umsetzung, die im Prozess vorgetragen werden können sind beispielsweise die Kündigung sämtlicher Arbeitnehmer, die Kündigung der Geschäftsräume, die Kündigung von überlassenen Arbeitsgegenständen, etwa Telekommunikationsanlagen oder die Mitteilung an Kunden, dass der Betrieb eingestellt wird.[793] Bei der Veräußerung von Betriebsmitteln ist Vorsicht geboten, um ein Eingreifen von § 613a BGB zu vermeiden. Betriebsmittel sollten deshalb an verschiedene Erwerber veräußert werden.

Erforderlich ist insbesondere bei der Kündigung wegen einer beabsichtigten Betriebsstilllegung die **endgültige Stilllegungsabsicht** im Zeitpunkt des Zugangs der Kündigungserklärung.[794] Eine Stilllegung liegt deshalb nicht vor, solange der Arbeitgeber die Stilllegung lediglich erwägt oder plant. Die Stilllegung ist auch abzugrenzen von der bloßen **Betriebsunterbrechung**, insbesondere wenn im Kündigungszeitpunkt feststeht, dass die Betriebstätigkeit bis zum Ablauf der Kündigungsfrist wieder aufgenommen wird. Die Betriebsunterbrechung ist der Stilllegung aber gleichzustellen, wenn im Zeitpunkt des Zugangs der Kündigungserklärung feststeht, dass der Wegfall der Beschäftigungsmöglichkeit für nicht unerhebliche Zeit zu erwarten ist und die Überbrückung dem Arbeitgeber nicht zugemutet werden kann.[795] Bei alsbaldiger Wiedereröffnung spricht eine tatsächliche Vermutung gegen die Stilllegungsabsicht. Die Fälle einer vorübergehenden Unterbrechung gehen typischerweise mit der Zahlung von **Kurzarbeit**ergeld einher, vgl. dazu schon Rn. 155. Liegen die Voraussetzungen für die Zahlung von Kurzarbeitergeld vor, dürfte in der Regel feststehen, dass der Beschäftigungsbedarf nicht auf Dauer entfallen ist.[796]

Die endgültige Stilllegungsabsicht fehlt, wenn im Zeitpunkt der Kündigung noch über die Veräußerung des Betriebs verhandelt wird.[797] Anders liegt der Fall, wenn sich der Arbeitgeber nach einem endgültigen Stilllegungsbeschluss die Möglichkeit der Veräußerung offen hält, falls wider erwarten ein Interessent auftaucht.[798] Nach Auffassung des BAG fehlt es an der endgültigen Stilllegungsabsicht, wenn sich der Arbeitgeber noch an Neuausschreibungen für Aufträge beteiligt, selbst wenn er nicht damit rechnet, noch den Zuschlag zu erhalten. Da in diesem Falle der Auftrag bereits weggefallen ist, ist diese Rechtsprechung unsystematisch, in der Praxis aber zu beachten.[799] Kündigt der Insol-

---

[790] BAG 21.5.2015 – 8 AZR 409/13, NZA 2016, 35; 8.11.2007 – 2 AZR 554/05, BeckRS 2008, 50414; 7.7.2005 – 2 AZR 447/04, NZA 2005, 1351.
[791] BAG 7.7.2005 – 2 AZR 447/04, NZA 2005, 1351.
[792] BAG 14.4.2015 – 1 AZR 223/14, NZA 2015, 1212; 26.4.2007 – 8 AZR 609/06, BeckRS 2009, 73618; 4.5.2006 – 8 AZR 299/05, NZA 2006, 1096; 5.12.2002 – 2 AZR 697/01, NZA 2003, 850; 16.5.2002 – 8 AZR 319/01, NZA 2003, 93; 5.4.2001 – 2 AZR 696/99, AP KSchG § 1 Betriebsbedingte Kündigung Nr. 117; 12.4.2002 – 2 AZR 256/01, NZA 2002, 1205.
[793] Vgl. BAG 14.8.2007 – 8 AZR 1043/06, NZA 2007, 1431; 16.5.2002 – 8 AZR 319/01, NZA 2003, 93.
[794] BAG 27.2.2020 – 8 AZR 215/19, BeckRS 2020, 17144; 23.2.2010 – 2 AZR 268/08, NZA 2010, 944; 23.2.2010 – 2 AZR 720/08, BeckRS 2010, 72803; 28.5.2009 – 8 AZR 273/08, NZA 2009, 1267; 13.2.2008 – 2 AZR 543/06, NZA 2008, 822.
[795] BAG 14.4.2015 – 1 AZR 223/14, NZA 2015, 1212; 21.6.2001 – 2 AZR 137/00, AP KSchG § 15 Nr. 50; Stahlhacke/Preis/Vossen Kündigung/*Preis* Rn. 956.
[796] Rn. 161 mwN.
[797] BAG 27.2.2020 – 8 AZR 215/19, BeckRS 2020, 17144; 29.9.2005 – 8 AZR 647/04, NZA 2006, 720; 16.5.2002 – 8 AZR 319/01, NZA 2003, 93; 10.10.1996 – 2 AZR 477/95, AP KSchG § 1 Betriebsbedingte Kündigung Nr. 81.
[798] BAG 27.2.2020 – 8 AZR 215/19, BeckRS 2020, 17144; 16.5.2002 – 8 AZR 319/01, NZA 2003, 93; 7.3.1996 – 2 AZR 298/95, RzK I 5f Nr. 22.
[799] BAG 13.2.2008 – 2 AZR 79/06, RDG 2008, 234; 15.7.2004 – 2 AZR 376/03, NZA 2005, 523; 12.4.2002 – 2 AZR 256/01, NZA 2002, 1205.

venzverwalter einem Arbeitnehmer wegen beabsichtigter Betriebsstilllegung, spricht es gegen eine endgültige Stilllegungsabsicht, wenn dem Insolvenzverwalter vor Zugang der Kündigung ein Übernahmeangebot eines Interessenten vorliegt, das wenige Tage später zu konkreten Verhandlungen mit einer teilweisen Betriebsübernahme führt. Dies gilt jedenfalls dann, wenn im vorausgegangenen Interessenausgleich dessen Neuverhandlung vereinbart war, falls ein Betriebsübergang auf einen dritten Interessenten erfolgt.[800] Die Eröffnung des Insolvenzverfahrens bedeutet noch keine Stilllegung. Eine Stilllegungsabsicht des Arbeitgebers liegt dann nicht vor, wenn dieser beabsichtigt, seinen Betrieb bzw. seinen Betriebsteil zu veräußern. Die Veräußerung des Betriebs oder Betriebsteils allein ist – wie sich aus der Wertung des § 613a BGB ergibt – keine Stilllegung, weil die Identität des Betriebs gewahrt bleibt und lediglich ein Betriebsinhaberwechsel stattfindet. Betriebsstilllegung und Betriebsübergang schließen sich deshalb aus.[801]

285 Hatte die Stilllegung bereits greifbare Formen angenommen, sind nachträgliche Prognosefehler unerheblich. Insbesondere ist es unschädlich, dass sich die Abwicklung infolge nicht vorhersehbarer Umstände, etwa eines hohen Krankenstandes oder sonstiger Einflüsse verzögert.[802] Auch wenn sich nachträglich herausstellt, dass der Betrieb wider Erwarten doch fortgeführt wird, bleibt die Wirksamkeit der Kündigung unberührt. Ggf. hat der Arbeitnehmer aber einen Wiedereinstellungsanspruch.[803]

286 Die Betriebsstilllegung kennt mehrere Erscheinungsformen. So kann der Arbeitgeber entscheiden, ab sofort keine Aufträge mehr anzunehmen und allen Arbeitnehmern zum nächstmöglichen Zeitpunkt unter Einhaltung der jeweiligen Kündigungsfristen zu kündigen. In diesem Falle ist auch eine Sozialauswahl entbehrlich.[804] Möglich ist demgegenüber auch die **etappenweise Betriebsstilllegung.** In diesem Falle kann schrittweise gekündigt werden. Allerdings reicht zur Begründung der Kündigung nicht aus, dass demnächst der gesamte Betrieb eingestellt wird. Vielmehr ist für jede „Etappe" gesondert zu prüfen, ob das Beschäftigungsbedürfnis entfällt. Insbesondere entfällt weder die Prüfung von Weiterbeschäftigungsmöglichkeiten noch die Prüfung der Sozialauswahl.[805] Dies gilt auch, wenn auf der letzten Stufe nur noch Abwicklungsarbeiten zu verrichten sind.

287 Nur in Ausnahmefällen kann die Stilllegung nicht als betriebsbedingter Kündigungsgrund anerkannt werden. Sie ist kein dringendes betriebliches Erfordernis für einen Arbeitnehmer, mit dem Block-Altersteilzeit vereinbart worden ist und der sich bereits in der Freistellungsphase befindet. Denn der Aspekt des Wegfalls des Arbeitsplatzes hat für diesen Arbeitnehmer keine Bedeutung mehr.[806]

288 Auch die **Stilllegung einer Betriebsabteilung** oder eines Betriebsteils ist eine unternehmerische Entscheidung, die die betriebsbedingte Kündigung regelmäßig rechtfertigt. Besonderes zu beachten ist die Frage der Weiterbeschäftigung auf einem freien Arbeitsplatz in anderen Bereichen des Betriebes sowie die Frage der Sozialauswahl. Dies gilt insbesondere, wenn die Aufgabe der Betriebsabteilung nicht tatsächlich entfällt, sondern nur auf andere Abteilungen verlagert wird.[807] Besonderheiten bestehen, wenn zunächst eine Teilbetriebsstilllegung und zeitlich später ein Teilbetriebsübergang erfolgt. In dieser Situation ist eine auf den gesamten Betrieb, einschließlich des später übergehenden Betriebsteils, bezogene Sozialauswahl durchzuführen.[808]

---

[800] BAG 23.2.2010 – 2 AZR 268/08, NZA 2010, 944; 13.2.2008 – 2 AZR 79/06, RDG 2008, 234; 27.9.2007 – 8 AZR 941/06, NZA 2008, 1130; 29.9.2005 – 8 AZR 647/04, NZA 2006, 720.
[801] → Rn. 295; BAG 27.2.2020 – 8 AZR 215/19, BeckRS 2020, 17144; 21.5.2015 – 8 AZR 409/13, NZA 2016, 35; 23.2.2010 – 2 AZR 268/08, NZA 2010, 944; 6.4.2006 – 8 AZR 222/04, NZA 2006, 723. Siehe auch Stichwort Betriebsübergang.
[802] BAG 18.1.2001 – 2 AZR 514/99, AP KSchG § 1 Betriebsbedingte Kündigung Nr. 115.
[803] Vgl. dazu → Rn. 103.
[804] BAG 7.3.2002 – 2 AZR 147/00, NZA 2002, 1111; 18.1.2001 – 2 AZR 514/99, AP KSchG § 1 Betriebsbedingte Kündigung Nr. 115; → Rn. 175.
[805] BAG 20.1.1994 – 2 AZR 489/93, AP KSchG § 1 Konzern Nr. 8.
[806] BAG 5.12.2002 – 2 AZR 571/01, NZA 2003, 789.
[807] BAG 10.11.1994 – 2 AZR 242/94, AP KSchG § 1 Betriebsbedingte Kündigung Nr. 65.
[808] BAG 14.3.2013 – 8 AZR 153/12, BeckRS 2013, 74879; 28.10.2004 – 8 AZR 391/03, NZA 2005, 285.

Für die **Darlegungs- und Beweislast** gelten keine Besonderheiten. Der Arbeitgeber muss 289
das Vorliegen einer Betriebsstilllegung darlegen und beweisen. Er muss zunächst darlegen,
wer wann den Stilllegungsbeschluss gefasst hat. Handelt es sich um eine Beschlussfassung
über eine zukünftige Betriebsstilllegung muss der Arbeitgeber auch darlegen und beweisen, dass im Kündigungszeitpunkt die Prognose gerechtfertigt war, dass der Betrieb spätestens mit Ablauf der Kündigungsfrist stillgelegt ist. Die Stilllegung muss also im Kündigungszeitpunkt greifbare Formen angenommen haben. Der Arbeitgeber muss die
Betriebsstilllegung im Übrigen auch in Abgrenzung zum Betriebsübergang darlegen und
beweisen, wenn sich der Arbeitnehmer auf den Betriebsübergang beruft.[809] Ob und inwieweit der Arbeitnehmer dann zum Betriebsübergang vortragen muss, ist noch nicht abschließend geklärt. Auch wenn sich der Arbeitnehmer ausschließlich auf § 613a Abs. 4
BGB beruft, dürfte eine abgestufte Darlegungslast bestehen.[810]

Betriebsübergang. Trotz eines Betriebsübergangs sind betriebsbedingte Kündigungen mög- 290
lich. Denn nach § 613a Abs. 4 S. 1 BGB ist nur die Kündigung wegen eines Betriebsübergangs unwirksam. Kündigungen aus anderen Gründen bleiben jedoch nach § 613a
Abs. 4 S. 2 BGB unberührt.[811] Eine Kündigung ist deshalb möglich, wenn es neben dem
Betriebsübergang einen sachlichen Grund für die Kündigung gibt, der aus „sich heraus"
die Kündigung rechtfertigen kann. Die Kündigung ist also nicht schon dann unwirksam,
wenn der Betriebübergang für die Kündigung ursächlich ist, sondern nur, wenn er der
tragende Beweggrund und nicht nur der äußere Anlass der Kündigung war.[812] Eine unzulässige Kündigung liegt zB vor, wenn sie damit begründet wird, der neue Betriebsinhaber habe die Übernahme eines bestimmten Arbeitnehmers, dessen Arbeitsplatz erhalten bleibt, abgelehnt, weil der „ihn zu teuer" sei.[813] Demgegenüber ist eine Kündigung
aus betriebsbedingten Gründen ohne weiteres im Zusammenhang mit einem Betriebsübergang möglich, insbesondere wenn Veräußerer oder Erwerber Rationalisierungsmaßnahmen durchführen. Erforderlich ist neben dem Betriebsübergang eine unternehmerische Entscheidung, die zum Wegfall einer oder mehrerer Beschäftigungsmöglichkeiten
führt. Ist in einem Kündigungsrechtsstreit streitig, ob im Zeitpunkt der Kündigung ein
Betriebsübergang oder eine Betriebsstilllegung beabsichtigt war, hängt die Darlegungs-
und Beweislast davon ab, ob sich der Arbeitnehmer im Rahmen des Prozesses darauf
beruft, der Betrieb sei von dem bisherigen Arbeitgeber nicht stillgelegt, sondern an einen
neuen Inhaber übertragen worden und ihm sei aus diesem Grund gekündigt worden
oder ob er nur den Unwirksamkeitsgrund des § 613a Abs. 4 BGB geltend macht. Der
Arbeitnehmer, der sich isoliert auf die Unwirksamkeit einer Kündigung nach § 613a
Abs. 4 BGB beruft, hat **darzulegen, und ggf. zu beweisen,** dass die Kündigung wegen eines Betriebsübergangs ausgesprochen wurde und demzufolge auch, dass überhaupt ein
Betriebsübergang vorgelegen hat.[814] Im Kündigungsschutzverfahren nach § 1 Abs. 2
KSchG hat demgegenüber der Arbeitgeber die Tatsachen zu beweisen, die die Kündigung bedingen und es ist seine Aufgabe vorzutragen und nachzuweisen, dass die Kündigung sozial gerechtfertigt ist. Fehlt es daran, ist der Kündigungsschutzklage stattzugeben, ohne dass es der Feststellung bedarf, dass der tragende Beweggrund für die
Kündigung ein Betriebsübergang ist.[815]

Der **Veräußerer** kann unabhängig vom Betriebübergang bei Vorliegen von außer- oder in- 291
nerbetrieblichen Gründen unternehmerische Entscheidungen treffen, die zur Folge haben,
dass das Bedürfnis für die Weiterbeschäftigung eines oder mehrerer Arbeitnehmer entfällt.
So kann er beispielsweise versuchen, den Betrieb zu sanieren und ein eigenes Sanierungskonzept verwirklichen. Ziel der Sanierung kann es auch sein, den Betrieb „verkaufsfähig"

---

[809] BAG 26.4.2007 – 8 AZR 609/06, BeckRS 2009, 73618; 31.7.2002 – 10 AZR 513/01, NZA 2003, 93;
zur Beweislast ausführlich → Rn. 290.
[810] BAG 27.2.2020 – 8 AZR 215/19, BeckRS 2020, 17144.
[811] BAG 20.9.2006 – 6 AZR 249/05, NZA 2007, 387.
[812] BAG 20.9.2006 – 6 AZR 249/05, NZA 2007, 387.
[813] BAG 20.9.2006 – 6 AZR 249/05, NZA 2007, 387.
[814] BAG 22.6.2011 – 8 AZR 107/10, DB 2011, 2553.
[815] BAG 26.4.2007 – 8 AZR 695/05, NZA 2008, 72; → Rn. 289, 296.

zu machen.[816] Dabei ist irrelevant, dass der Veräußerer den Betrieb nicht selbst fortführen möchte.[817] Überprüfen muss der Veräußerer wie bei jeder anderen Kündigung auch, ob und inwieweit Weiterbeschäftigungsmöglichkeiten in anderen Betrieben des Unternehmens bestehen. Auch eine Sozialauswahl ist durchzuführen. Dabei sind die Arbeitnehmer des Erwerbers nicht mit einzubeziehen. Besonderheiten bestehen, wenn der Veräußerer zunächst eine Teilbetriebsstilllegung durchführt und zeitlich später ein Teilbetriebsübergang erfolgt. In dieser Situation ist eine auf den gesamten Betrieb, einschließlich des später übergehenden Betriebsteils, bezogene Sozialauswahl durchzuführen.[818]

292 Der **Veräußerer** kann darüber hinaus auch das zukünftige Konzept des Erwerbers verwirklichen und schon im Vorgriff auf dieses Konzept betriebsbedingte Kündigungen aussprechen. Auch fremdbestimmte Unternehmerentscheidungen kommen als Grundlage einer betriebsbedingten Kündigung in Betracht. Voraussetzung ist jedoch der Nachweis eines schlüssigen Konzeptes des Erwerbers, das sog. „Erwerberkonzept". Es muss im Kündigungszeitpunkt bereits greifbare Formen angenommen haben. Dies ist der Fall, wenn beispielsweise bereits ein konkretes verbindliches Sanierungskonzept vorgelegt wird.[819] Allein die Forderung des Erwerbers, den Betrieb nur zu übernehmen, wenn ein bestimmter „Headcount" erreicht ist, genügt den Anforderungen des Sanierungskonzeptes nicht. Die Kündigungsmöglichkeit des Veräußerers hängt nicht davon ab, dass er selbst das Erwerberkonzept bei Fortführung des Betriebs hätte durchführen können.[820] Kündigt der Veräußerer im Hinblick auf ein Erwerberkonzept, sind die vergleichbaren Arbeitnehmer des Erwerbers gleichwohl nicht bei der Sozialauswahl zu berücksichtigen.

293 Der **Erwerber** kann sofort nach dem Betriebsübergang dazu übergehen, den Betrieb nach seinen Vorstellungen zu gestalten, sei es durch ein eigenes Sanierungskonzept oder durch Umsetzung von mit dem Betriebsübergang beabsichtigten Synergieeffekten.[821]

294 **Widerspricht** ein Arbeitnehmer dem Übergang seines Arbeitsverhältnisses auf den Betriebserwerber, kommt eine betriebsbedingte Kündigung des Veräußerers in Betracht.[822] Dies ist offensichtlich, wenn beim Veräußerer keinerlei geschäftliche Aktivitäten mehr vorhanden sind. Verfügt der Veräußerer noch über weitere Betriebe oder handelte es sich nur um einen Betriebsteilübergang ist allerdings vorausgesetzt, dass keine Weiterbeschäftigungsmöglichkeit auf einem freien Arbeitsplatz besteht.[823] Soweit eine Sozialauswahl durchzuführen ist, sind im Rahmen der Sozialauswahl die Gründe für den Widerspruch nicht zu berücksichtigen.[824]

295 Die **Abgrenzung von Betriebsübergang und Betriebsstilllegung** bereitet zuweilen Schwierigkeiten, insbesondere wenn es im Rahmen einer Stilllegung zu einem Betriebsübergang kommt. Dabei ist die gesetzliche Ausgangslage klar. Betriebsübergang und Betriebsstilllegung schließen sich gegenseitig aus.[825] Für die Abgrenzung ist zunächst die Prognose im Zeitpunkt des Zugangs der Kündigungserklärung entscheidend. War zu diesem Zeitpunkt die Prognose gerechtfertigt, dass aufgrund der ernsthaften und endgültigen Stilllegungsabsicht der Arbeitsplatz des Arbeitnehmers mit Ablauf der Kündigungsfrist entfällt, liegt eine Stilllegung vor. Die Kündigung ist gerechtfertigt, auch wenn es später zu einem Betriebsübergang kommt. Allerdings kommt in diesem Fall ein Wiedereinstellungsanspruch

---

[816] BAG 20.9.2006 – 6 AZR 249/05, NZA 2007, 387.
[817] BAG 18.7.1996 – 8 AZR 127/94, AP BGB § 613a Nr. 147; 26.5.1983 – 2 AZR 477/81, AP BGB § 613a Nr. 34.
[818] BAG 28.10.2004 – 8 AZR 391/03, NZA 2005, 285.
[819] BAG 20.9.2006 – 6 AZR 249/05, NZA 2007, 387.
[820] BAG 20.9.2006 – 6 AZR 249/05, NZA 2007, 387; 20.3.2003 – 8 AZR 97/02, NZA 2003, 1027; vgl. auch *Annuß/Stamer* NZA 2003, 1247 f.; *Meyer* NZA 2003, 244 f.
[821] KR/*Rachor* KSchG § 1 Rn. 613.
[822] BAG 22.3.2001 – 8 AZR 565/00, NZA 2002, 1350; 18.10.2000 – 2 AZR 465/99, NZA 2001, 437.
[823] Instruktiv zur Weiterbeschäftigungsmöglichkeit im Konzern: BAG 22.3.2001 – 8 AZR 565/00, NZA 2002, 1350.
[824] BAG 31.5.2007 – 2 AZR 276/06, NZA 2008, 33; → Rn. 202.
[825] BAG 27.2.2020 – 8 AZR 215/19, BeckRS 2020, 17144; 21.5.2015 – 8 AZR 409/13, NZA 2016, 35; 23.2.2010 – 2 AZR 268/08, NZA 2010, 944; 16.5.2002 – 8 AZR 319/01, NZA 2003, 93; 27.2.1987 – 7 AZR 652/85, AP KSchG § 1 Betriebsbedingte Kündigung Nr. 41. Vgl. schon → Rn. 283.

in Betracht, wenn sich die Prognose über die Betriebsstilllegung noch vor Ablauf der Kündigungsfrist als falsch herausstellt.[826]

In prozessualer Hinsicht ist zu beachten, dass das Kündigungsverbot des § 613a Abs. 4 BGB nach der Neuregelung von § 4 KSchG innerhalb einer Klagefrist von drei Wochen geltend gemacht werden muss. Wehrt sich der Arbeitnehmer gegen die Kündigung im Rahmen eines Kündigungsschutzverfahrens, hat der Arbeitgeber die Tatsachen zu beweisen, die die Kündigung bedingen. Beruft er sich auf eine Betriebsstilllegung und wendet der Arbeitnehmer ein, dass es sich um einen Betriebsübergang handelt, muss der Arbeitgeber die Stilllegung darlegen und beweisen.[827] Wird der Betrieb alsbald wiedereröffnet, oder kommt es noch innerhalb der Kündigungsfrist zu einem Betriebsübergang, spricht eine tatsächliche Vermutung gegen eine ernsthafte und endgültige Stilllegungsabsicht.[828] Der Kündigungsschutzantrag kann im Falle des Betriebsübergangs als Eventualklage erhoben werden.[829] 296

Druckkündigung/Entlassungsverlangen des Betriebsrates. Eine Druckkündigung liegt vor, wenn von Belegschaft, Betriebsrat oder Kunden des Arbeitgebers unter Androhung von Nachteilen die Entlassung eines bestimmten Arbeitnehmers verlangt wird. Das BAG unterscheidet zwei Fälle. Einerseits die „unechte Druckkündigung". Hier kann das Verlangen des Dritten durch ein Verhalten des Arbeitnehmers oder einen personenbedingten Grund objektiv gerechtfertigt sein. Fehlt es an einer objektiven Rechtfertigung der Drohung, kann nach Auffassung des BAG eine betriebsbedingte Kündigung in Ausnahmefällen möglich sein, „echte Druckkündigung". Der Arbeitgeber muss sich aufgrund seiner arbeitsvertraglichen Fürsorgepflicht zunächst schützend vor den Arbeitnehmer stellen und alles Zumutbare versuchen, den oder die Dritten von ihrer Drohung abzubringen. Gelingt dies nicht und drohen schwere Schäden, sei die betriebsbedingte Kündigung gerechtfertigt. Sie muss nach dem Grundsatz der Verhältnismäßigkeit die einzig praktisch in Betracht kommende Maßnahme sein, die Schäden abzuwenden.[830] 297

Die Druckkündigung passt indes nicht in das System der betriebsbedingten Kündigung. Wesentliches Merkmal der betriebsbedingten Kündigung ist, dass das Beschäftigungsbedürfnis für den gekündigten Arbeitnehmer entfällt. Davon kann bei einer Druckkündigung keine Rede sein. Systematisch kann die Druckkündigung deshalb nur bei der verhaltens- oder personenbedingten Kündigung verortet werden. Dazu ist erforderlich, dass der von Dritten ausgeübte Druck aus personen- oder verhaltensbedingten Gründen eine gewisse Berechtigung hat. Hat sich der Arbeitnehmer aber überhaupt nichts zu Schulden kommen lassen, darf der ungerechtfertigte Druck Dritter nicht zum Verlust des Arbeitsplatzes führen.[831] 298

Entlassungsverlangen des Betriebsrates. Wird einem Entlassungsverlangen des Betriebsrates nach § 104 S. 2 BetrVG rechtskräftig stattgegeben, begründet dies ein dringendes betriebliches Erfordernis nach § 1 Abs. 2 Satz 1 KSchG für eine ordentliche Kündigung. Das Beschäftigungsbedürfnis entfällt unmittelbar aufgrund der gerichtlichen Entscheidung, so dass auch keine unzulässige Austauschkündigung vorliegt. Das Verlangen des Betriebsrates ist auf die Beendigung des Arbeitsverhältnisses, nicht nur auf die Beendigung der Beschäftigung in diesem Betrieb gerichtet.[832] 299

---

[826] Zum Wiedereinstellungsanspruch → Rn. 103.
[827] BAG 16.5.2002 – 8 AZR 319/01, NZA 2003, 93.
[828] Stahlhacke/Preis/Vossen Kündigung/*Preis* Rn. 968.
[829] BAG 24.9.2015 – 2 AZR 562/14, NZA 2016, 366.
[830] BAG 15.12.2016 – 2 AZR 431/15, AP BGB § 626 Druckkündigung Nr. 16; 19.7.2016 – 2 AZR 637/15 – Rn. 28, AP BGB § 626 Druckkündigung Nr. 15; 18.7.2013 – 6 AZR 420/12, NZA 2014, 109; 31.1.1996 – 2 AZR 158/95, AP BGB § 626 Druckkündigung Nr. 13; 4.10.1990 – 2 AZR 201/90, AP BGB § 626 Druckkündigung Nr. 12; 19.6.1986 – 2 AZR 563/85, AP KSchG § 1 Betriebsbedingte Kündigung Nr. 33; KR/*Rachor* KSchG § 1 Rn. 625.
[831] Stahlhacke/Preis/Vossen Kündigung/*Preis* Rn. 970; → Rn. 395. AA BAG 18.7.2013 – 6 AZR 420/12, NZA 2014, 109; vgl. auch *Hamacher* NZA 2014, 134.
[832] BAG 28.3.2017 – 2 AZR 551/16; NZA 2017, 985; KR/*Rachor* KSchG § 1 Rn. 627; AA Ascheid/Preis/Schmidt/*Linck* BetrVG § 104 Rn. 18, 29.

300 **Fremdvergabe/Outsourcing.** Die Fremdvergabe von Tätigkeiten ist eine unternehmerische Entscheidung, die zum Wegfall einer oder mehrerer Beschäftigungsmöglichkeiten führen kann.[833] Zur Rechtfertigung der Kündigung ist die Darlegung erforderlich, wer wann die Entscheidung über die Fremdvergabe getroffen hat, welche Ursache ihr zugrunde liegt, zu wann sie durchgeführt werden soll und wie sich die Fremdvergabe auf den Arbeitsbedarf auswirkt, insbesondere welcher Arbeitskräfteüberhang entsteht und welche Folgen dieser Überhang konkret auf den Arbeitsbereich des gekündigten Arbeitnehmers hat. Dies gilt auch dann, wenn nur ein Arbeitnehmer von der Maßnahme betroffen ist, oder die Fremdvergabe innerhalb des Konzerns erfolgt.[834]

301 Soweit die Fremdvergabe im Zeitpunkt des Zugangs der Kündigungserklärung noch nicht abgeschlossen ist, muss sie zu diesem Zeitpunkt bereits greifbare Formen angenommen haben. Es muss die Prognose gerechtfertigt sein, dass der Arbeitsplatz des gekündigten Arbeitnehmers infolge der Fremdvergabe spätestens mit dem Ablauf der Kündigungsfrist entfällt. Erforderlich ist in diesem Falle zusätzlich die Darlegung, welche Maßnahmen zur Fremdvergabe bereits eingeleitet worden sind, aus denen sich ergibt, dass der Beschäftigungsbedarf für den Arbeitnehmer spätestens mit Ablauf der Kündigungsfrist entfällt. Hierzu reicht der Nachweis des Vertragsschlusses mit dem Dienstleister aus, wenn sich daraus ergibt, dass die Tätigkeiten zum Ablauf der Kündigungsfrist vom Dienstleister übernommen werden. In jedem Fall muss die der Prognose zugrunde liegende Entscheidung bereits getroffen worden sein.[835] Wesentliches Element ist nach Auffassung des BAG, dass die Arbeiten an das Drittunternehmen zur selbständigen Erledigung übertragen werden.[836] Es liege eine unzulässige Austauschkündigung vor, wenn die bislang von den Arbeitnehmern des Betriebes ausgeführten Tätigkeiten nicht zur **selbständigen Erledigung** auf den Dritten übertragen werden. Schädlich ist danach insbesondere, wenn die Mitarbeiter der Fremdfirma in die Arbeitsabläufe eingegliedert werden, Aufgaben der gekündigten Arbeitnehmer wahrnehmen und das Direktionsrecht beim Arbeitgeber liegt. Dies ist die typische Situation beim Einsatz von **Leiharbeitnehmern**.[837] Insoweit ist zu beachten, dass nach der Konzeption des BAG – von Ausnahmefällen abgesehen – zunächst der Einsatz von bereits vorhandener Leiharbeit beendet werden muss, bevor der Arbeitgeber betriebsbedingte Kündigungen aussprechen kann. Dann kann er umgekehrt keine betriebsbedingte Kündigungen aussprechen, um vorhandene Arbeitnehmer durch Leiharbeitnehmer zu ersetzen.[838]

302 Ebenso ist es möglich, Arbeiten, die bislang von Arbeitnehmern ausgeführt worden sind, künftig auf selbständiger Basis ausführen zu lassen. Erforderlich ist aber, dass der Statuswechsel auf einem nachvollziehbaren unternehmerischen Konzept beruht. Allerdings wird man dann wohl nach dem ultima ratio Prinzip für erforderlich halten müssen, dass dem bisherigen Arbeitnehmer die Weiterarbeit auf selbständiger Basis angeboten wird.[839] Werden die Aufgaben einer Gleichstellungsbeauftragten einer ehrenamtlichen Kraft übertragen, besteht ein dringendes betriebliches Erfordernis, solange nicht Anhaltspunkte für einen Missbrauch des Kündigungsrechtes vorliegen.[840]

303 **Gewinnverfall/Gewinnsteigerung.** Die mangelnde Rentabilität des Unternehmens kann für den Arbeitgeber Anlass sein, eine bestimmte unternehmerische Entscheidung zu treffen, die zum Wegfall des Beschäftigungsbedarfs führt. Es handelt sich dann um eine unternehmerische Entscheidung, die nur der Missbrauchskontrolle unterliegt. Die konkreten Anforderungen an den Kündigungsgrund ergeben sich aus der jeweils geplanten Maß-

---

[833] Vgl. nur BAG 20.11.2014 – 2 AZR 512/13, NZA 2015, 679; 25.4.2002 – 2 AZR 260/01, NZA 2003, 605; 12.4.2002 – 2 AZR 740/00, NZA 2002, 1175.
[834] BAG 24.5.2005 – 8 AZR 333/04, NZA 2006, 31; 12.4.2002 – 2 AZR 740/00, NZA 2002, 1175.
[835] BAG 20.11.2014 – 2 AZR 512/13, NZA 2015, 679; 12.4.2002 – 2 AZR 256/01, NZA 2002, 1205.
[836] Vgl. BAG 9.9.2010 – 2 AZR 493/09, DB 2011, 62; 23.4.2008 – 2 AZR 1110/06, NZA 2008, 939; 18.9.2008 – 2 AZR 560/07, NZA 2009, 142; 29.3.2007 – 2 AZR 31/06, NZA 2007, 855.
[837] BAG 16.12.2004 – 2 AZR 66/04, NZA 2005, 761.
[838] Vgl. dazu schon → Rn. 167; auch *Linck/Krause/Bayreuther* KSchG § 1 Rn. 832.
[839] BAG 13.3.2008 – 2 AZR 1037/06, NZA 2008, 878.
[840] BAG 18.9.2008 – 2 AZR 560/07, NZA 2009, 142.

nahme, also zB einer Arbeitsverdichtung, Betriebstilllegung, oder sonstiger Rationalisierungsmaßnahme.
Der Arbeitgeber kann eine betriebsbedingte Kündigung auch aussprechen, um Gewinne 304 zu steigern. Trifft er aus Anlass der Gewinnsteigerung die Entscheidung zur Rationalisierung, insbesondere zur Leistungsverdichtung, greift die Kündigung durch, wenn durch die unternehmerische Entscheidung der Beschäftigungsbedarf entfällt und auch die übrigen Kündigungsvoraussetzungen vorliegen. Auch diese unternehmerische Entscheidung unterliegt nur der Missbrauchskontrolle. Es ist aber nicht offenbar unsachlich, unvernünftig oder willkürlich, seinen Gewinn zu steigern.[841]

Insolvenzverfahren. Die Eröffnung des Insolvenzverfahrens ist als solches kein Kündigungs- 305 grund. Ob und wie der Betrieb weitergeführt wird, entscheidet der Insolvenzverwalter. Er kann nach den allgemeinen Voraussetzungen betriebsbedingte Kündigungen aussprechen, soweit dringende betriebliche Erfordernisse vorliegen. Hierfür ist der Insolvenzverwalter darlegungs- und beweispflichtig.

Öffentlicher Dienst. Die allgemeinen Anforderungen einer betriebsbedingten Kündigung gel- 306 ten auch im öffentlichen Dienst. Die Entscheidung, die zum Wegfall einer oder mehrerer Beschäftigungsmöglichkeiten führt, kann auch in einem Haushaltsplan enthalten sein. Ob und inwieweit eine entsprechende unternehmerische Entscheidung der Missbrauchskontrolle unterliegt ist zweifelhaft. In der Rechtsprechung wird zuweilen der Standpunkt vertreten, die Entscheidung unterliege nicht einmal einer Missbrauchskontrolle, sondern sei als gegeben hinzunehmen.[842] Das BAG wendet hingegen zutreffend die allgemeinen Grundsätze an.[843]

Deshalb ist auch im öffentlichen Dienst substantiierter Sachvortrag erforderlich. Dies um- 307 fasst die Darlegungen einer konkreten organisatorischen Entscheidung der Verwaltungsspitze. So kann auch im öffentlichen Dienst das Anforderungsprofil des Arbeitsplatze geändert werden.[844] Auch wenn in einem Haushaltsplan bestimmte Stellen nach sachlichen Merkmalen gestrichen oder im Zusammenhang mit Sparmaßnahmen organisatorische Veränderungen durchgeführt werden, die zum Wegfall von Beschäftigungsmöglichkeiten führen, kann darin ein betriebliches Erfordernis gesehen werden.[845] Im Gegensatz dazu reicht die bloße Kürzung von Haushaltsmitteln im Haushaltsplan ebenso wenig wie der Hinweis auf einen kw-Vermerk. Letzterer selbst dann nicht, wenn mit dem kw-Vermerk zugleich eine bestimmte Frist für den Wegfall der Stelle angegeben wird. Erforderlich ist auch für den kw-Vermerk ein auf die wegfallende Stelle zugeschnittenes organisatorisches Konzept der Verwaltung.[846] Auch rechtfertigt ein ministerieller Erlass alleine keine betriebsbedingte Kündigung. Es besteht keinerlei Veranlassung, den öffentlichen Dienst zu privilegieren.[847] Es muss im Einzelnen dargelegt werden, durch welche Entscheidung der Verwaltungsspitze das Bedürfnis für die Weiterbeschäftigung entfällt.

Der **Entzug von Drittmitteln** ist nur dann als betriebsbedingter Kündigungsgrund taug- 308 lich, wenn der Drittmittelempfänger aufgrund des Entzugs der Drittmittel entscheidet, den subventionierten Bereich einzustellen oder einzuschränken.[848] Kündigungsgrund ist also nicht der Drittmittelentzug des Drittmittelgebers, sondern die sich ggf. anschließende Organisationsentscheidung der Verwaltungsspitze. Der Drittmittelempfänger muss sich also entscheiden, ob er die bisher durch die Drittmittel finanzierten Maßnahmen, zB ein

---

[841] Vgl. nur KR/*Rachor* KSchG § 1 Rn. 634 ff.; vgl. → Rn. 135. Ebenso BAG 20.6.2013 – 2 AZR 379/12, BAGE 145, 265; 20.11.2014 – 2 AZR 512/13, NZA 2015, 679.
[842] LAG Sachsen 10.10.2001 – 2 Sa 744/00, NZA 2002, 905 unter Hinweis auf BAG 18.11.1999 – 2 AZR 77/99, NZA 2000, 484, das von einer „nicht nachprüfbaren Entscheidung spricht".
[843] BAG 22.10.2015 – 2 AZR 582/14, NZA 2016, 33.
[844] BAG 22.10.2015 – 2 AZR 582/14, NZA 2016, 33.
[845] BAG 28.11.1956 – GS 3/56, AP KSchG § 1 Nr. 20; LAG Sachsen 10.10.2001 – 2 Sa 744/00, NZA 2002, 905.
[846] Unklar: BAG 18.11.1999 – 2 AZR 77/99, NZA 2000, 484.
[847] Vgl. BAG 29.5.1985 – 7 AZR 248/84, RzK I 7b 2; 26.9.1978 – 4 AZR 84/77, AP KSchG § 1 Nr. 4.
[848] BAG 30.10.1987 – 7 AZR 138/87, RzK I 5c Nr. 24; 20.2.1986 – 2 AZR 212/85, AP KSchG § 1 Nr. 11; KR/*Rachor* KSchG § 1 Rn. 623.

universitäres Forschungsprojekt mit eigenen Mitteln fortführt, oder ob die Maßnahme eingestellt oder beschränkt wird. Diese Entscheidung unterliegt nur der Missbrauchskontrolle. Dabei wird allerdings nicht geprüft, ob der Entzug der Drittmittel durch den Drittmittelgeber sachwidrig gewesen ist.[849] Daneben ist selbstverständlich zu prüfen, ob und inwieweit Weiterbeschäftigungsmöglichkeiten bestehen. Die bloße Ungewissheit über die Bewilligung weiterer Drittmittel stellt noch keinen betriebsbedingten Kündigungsgrund dar. Will der Arbeitgeber wegen des künftigen Wegfalls von Drittmitteln kündigen muss, wie stets, die Prognose gerechtfertigt sein, dass mit Ablauf der Kündigungsfrist keine weiteren Drittmittel zur Weiterbeschäftigung des Arbeitnehmers zur Verfügung stehen und das Projekt aufgegeben wird.[850]

309 Zuweilen werden bestimmte Stellen, die Angestellte im öffentlichen Dienst innehaben, im Stellenplan des Haushaltes als Beamtenstellen ausgewiesen, sog. „**Stellenumwandlung**". Ob dies die Kündigung des bisher auf dieser Stelle beschäftigten Angestellten begründen kann ist zweifelhaft. Denn der abstrakte Beschäftigungsbedarf entfällt gerade nicht. Es ist jedoch zu berücksichtigen, dass der Bedarf für die konkrete Beschäftigung eines Arbeitnehmers entfällt. Solange ein nachvollziehbares Organisationskonzept vorhanden ist, dürfte die Umwandlung in eine Beamtenstelle nicht zu beanstanden sein.[851] Problematisch ist dann aber im Rahmen der Weiterbeschäftigungsmöglichkeit, ob der Arbeitgeber dem Arbeitnehmer bei Vorliegen der Voraussetzungen nicht in ein Beamtenverhältnis übernehmen muss.[852] Besonderheiten gelten bei **militärischen Einrichtungen** auf Grundlage des Nato-Truppenstatutes.[853]

310 Pandemie. Auch bei einer Pandemie gelten die allgemeinen Kündigungsvoraussetzungen. Insbesondere kann sich ein Arbeitgeber nicht unter erleichterten Bedingungen von seinen Mitarbeitern trennen. Da die Pandemie regelmäßig Einfluss auf die vorhandene Arbeitsmenge hat, kommt eine betriebsbedingte Kündigung in Betracht. Insofern kann auf die allgemeinen Grundsätze und Kündigungsstichworte verwiesen werden. Besonders zu beachten ist aber, dass die Anordnung von Kurzarbeit auch bei einer Pandemie ein milderes Mittel gegenüber einer Kündigung darstellt. Denn dann steht aufgrund der Kurzarbeit fest, dass der Beschäftigungsbedarf nicht auf Dauer entfällt, vgl. → Rn. 166. Insofern müssen – nach der Einführung von Kurzarbeit – weitere Gründe entstanden sein, die zu einer geänderten Prognose über den Beschäftigungsbedarf führen. Hier kommt in Betracht, dass sich während der eingeführten Kurzarbeit eine neue Prognose ergibt, nach der die Kurzarbeit nicht ausreicht und der Beschäftigungsbedarf gleichwohl dauerhaft für jedenfalls einen Teil der Mitarbeiter entfällt.

311 Rationalisierung. Der Begriff der Rationalisierung ist wenig trennscharf. Dahinter verbergen sich die unterschiedlichsten Fallkonstellationen. Üblicherweise steht hinter der Rationalisierung der Wunsch des Arbeitgebers Kosten zu sparen. Dieses Ziel kann jedoch durch vielfältige Maßnahmen erreicht werden. Der Arbeitgeber kann ganze Bereiche seines Betriebes schließen,[854] neue Maschinen oder neue Software einführen oder Produktionsabläufe optimieren und eine Arbeitsplatzverdichtung[855] herbeiführen. Andererseits muss die Rationalisierung nicht zwangsläufig mit dem Wunsch einer Kostensenkung verbunden sein. Die Rationalisierung kann auch dem Wunsch entsprechen, die Gewinne zu maximieren. Auch dies ist eine unternehmerische Entscheidung, die nicht offenbar unvernünftig, unsachlich oder willkürlich ist.[856] Klar ist in sämtlichen Fällen, dass allein die Behauptung, eine Rationalisierungsmaßnahme umzusetzen, die Kündigung nicht begründen kann. Völlig untauglich sind schlagwortartige Behauptungen wie „Lohnkosten

---

[849] BAG 7.11.1996 – 2 AZR 811/95, AP KSchG § 1 Betriebsbedingte Kündigung Nr. 82.
[850] KR/*Rachor* KSchG § 1 Rn. 623.
[851] Vgl. zum Verhältnis Arbeitnehmer/Freier Mitarbeiter → Rn. 147, 276; KR/*Rachor* KSchG § 1 Rn. 624.
[852] So zutreffend BAG 21.9.2000 – 2 AZR 440/99, AP KSchG § 1 Betriebsbedingte Kündigung Nr. 112.
[853] BAG 26.3.2015 – 2 AZR 783/13, NZA 2015, 866.
[854] Dazu → Rn. 280.
[855] Dazu → Rn. 267.
[856] Dazu → Rn. 134, 135.

senken zu wollen", „künftig mit weniger Personal arbeiten zu wollen" oder Ähnliches. Erforderlich ist konkreter Tatsachenvortrag im Hinblick auf die beabsichtigte oder durchgeführte Rationalisierungsmaßnahme. Dabei muss der Rationalisierungsmaßnahme ein unternehmerisches Konzept zugrunde liegen, das darzulegen ist. In diesem Zusammenhang müssen die Einzelheiten der organisatorischen Veränderung ebenso aufgezeigt werden wie der sich aus der Umsetzung der organisatorischen Veränderung ergebende Arbeitskräfteüberhang und wie sich dieser Überhang konkret auf den Arbeitsbereich des gekündigten Arbeitnehmers auswirkt. Weitere Einzelheiten ergeben sich aus den Stichworten „Arbeitsverdichtung", „Auftragsrückgang", „Fremdvergabe" und „Umsatzrückgang". Soweit die Rationalisierungsmaßnahme im Zeitpunkt des Zugangs der Kündigungserklärung noch nicht abgeschlossen ist, muss sie im Zeitpunkt des Zugangs der Kündigungserklärung bereits greifbare Formen angenommen haben. Es muss die Prognose gerechtfertigt sein, dass der Arbeitsplatz des gekündigten Arbeitnehmers spätestens mit dem Ablauf der Kündigungsfrist entfällt.

Umsatzrückgang. Umsatzrückgang kann die betriebsbedingte Kündigung rechtfertigen, wenn der Arbeitgeber darlegt und beweist, dass durch den Umsatzrückgang der Arbeitsanfall so zurückgegangen ist, dass das Bedürfnis für die Weiterbeschäftigung eines oder mehrerer Arbeitnehmer entfällt. Der konkrete Umfang der Darlegungslast richtet sich danach, ob der Arbeitgeber eine gebundene oder freie unternehmerische Entscheidung trifft. **Der Arbeitgeber hat es in der Hand,** wie er auf den Umsatzrückgang reagiert. Er kann den verringerten Arbeitsbedarf unmittelbar aus dem Umsatzrückgang herleiten. Dann liegt eine selbstbindende unternehmerische Entscheidung vor. In diesem Fall muss der Arbeitgeber rechnerisch aus dem Umsatzrückgang den verringerten Beschäftigungsbedarf berechnen. Er muss also eine unmittelbare Relation zwischen Umsatzrückgang und dem Beschäftigungsbedarf darlegen und beweisen. Der Arbeitgeber kann den Umsatzrückgang selbstverständlich auch zum **Anlass für eine gestaltende unternehmerische Entscheidung** nehmen, etwa eine Arbeitsplatzverdichtung aus Anlass eines Umsatzrückgangs in einem bestimmten Bereich vornehmen. Der Wegfall des Arbeitsplatzes ist dann nicht die Folge des Umsatzrückgangs, sondern die Folge der gestaltenden unternehmerischen Entscheidung und beruht nur mittelbar auf dem Umsatzrückgang. Insoweit kann auf die Ausführungen zum Arbeitsmangel verwiesen werden.[857]

IX. Verhaltensbedingte Kündigung

1. Allgemeines

a) **Begriffsbestimmung und Abgrenzung.** Nach § 1 Abs. 2 S. 1 KSchG ist die Kündigung sozial ungerechtfertigt, wenn sie nicht durch Gründe, die in dem Verhalten des Arbeitnehmers liegen, bedingt ist. Damit anerkennt das Gesetz verhaltensbedingte Kündigungsgründe, definiert sie jedoch nicht näher. Kennzeichnend für die verhaltensbedingte Kündigung ist ein vertragswidriges Verhalten des Arbeitnehmers, auf das der Arbeitgeber mit der Kündigung reagiert. Anders als bei einer personenbedingten Kündigung ist Voraussetzung, dass dem Arbeitnehmer vorgeworfen werden kann, er hätte sich anders verhalten können. Entscheidend für die Abgrenzung von personen- und verhaltensbedingten Kündigungen ist also der Gesichtspunkt der Pflichtverletzung. Hat der Arbeitnehmer vorwerfbar Pflichten aus dem Arbeitsverhältnis verletzt, kommt eine verhaltensbedingte Kündigung in Betracht. Fehlt die vorwerfbare Pflichtverletzung, ist allein die personenbedingte Kündigung des Arbeitnehmers möglich.[858]

Die ordentliche verhaltensbedingte Kündigung weist Parallelen zur fristlosen Kündigung auf. Im Gegensatz zu dieser müssen die verhaltensbedingten Gründe allerdings nicht so

---

[857] → Rn. 267.
[858] BAG 10.10.2002 – 2 AZR 472/01, NZA 2003, 483; KR/*Rachor* KSchG § 1 Rn. 431; ErfK/*Oetker* KSchG § 1 Rn. 188; Ascheid/Preis/Schmidt/*Vossen* KSchG § 1 Rn. 266; Stahlhacke/Preis/Vossen Kündigung/Preis Rn. 1197; *Linck/Krause/Bayreuther* KSchG § 1 Rn. 462, 283; Däubler/Deinert/Zwanziger/*Däubler* KSchG § 1 Rn. 154 ff.

schwerwiegend sein, dass sie es dem Arbeitgeber unter Abwägung der Interessen beider Vertragsteile unzumutbar macht, den Arbeitsvertrag bis zum Ablauf der ordentlichen Kündigungsfrist fortzusetzen. Beide Kündigungsarten erfordern also eine Vertragspflichtverletzung des Arbeitnehmers. Ob eine außerordentliche oder ordentliche Kündigung gerechtfertigt ist, kann nur im Einzelfall auf der Grundlage einer umfassenden Interessenabwägung entschieden werden.[859]

315 **b) Verhaltensbedingte Kündigung und AGG.**[860] Bei der Prüfung der Wirksamkeit einer Kündigung im Rahmen des KSchG sind die Diskriminierungsverbote des Allgemeinen Gleichbehandlungsgesetzes und die darin vorgesehenen Rechtfertigungen für unterschiedliche Behandlungen als Konkretisierungen der Sozialwidrigkeit zu beachten. Deshalb kann ein Benachteiligungsmerkmal kein Kündigungsgrund sein und die Kündigung sozial rechtfertigen, solange keine gesetzlich vorgesehene Rechtfertigung für unterschiedliche Behandlungen nach dem AGG Platz greift.[861] Kündigungen, die gegen ein nach den Richtlinien verpöntes Merkmal verstoßen, sind also unwirksam. Bei personen- und verhaltensbedingten Kündigungen wird es sich allerdings in der Regel um Einzelfälle handeln. Es wird für den Arbeitnehmer in der Praxis deshalb schwierig sein, den Zusammenhang der Kündigung mit einem verpönten Merkmal herzustellen, insbesondere vergleichbare Fälle aufzuführen, in denen der Arbeitgeber andere Arbeitnehmer ohne das verpönte Merkmal besser behandelt hat. Ein mögliches Indiz für eine Benachteiligung wäre etwa der Vortrag, Deutsche/Frauen/ältere Arbeitnehmer, die zu spät kommen, sind allenfalls abgemahnt worden. Bestehen solche verpönten Motive, dann ist die Kündigung nach § 138 BGB unwirksam, wenn sie der tragende Beweggrund sind. Im übrigen wird man bei der – bei personen- oder verhaltensbedingten Kündigungen – erforderlichen Interessenabwägung zum Ergebnis kommen, dass eine Fortsetzung des Arbeitsverhältnisses zumutbar ist, wenn der Arbeitgeber vergleichbare Arbeitnehmer bei vergleichbaren Kündigungsgründen weiterbeschäftigt.[862] Im Rahmen der abgestuften Darlegungslast sind die Erleichterungen des AGG zu beachten.[863] Soweit der Arbeitnehmer Tatsachen glaubhaft macht, die eine Diskriminierung überwiegend wahrscheinlich erscheinen lassen, obliegt es dem Arbeitgeber zu beweisen, dass keine Verletzung des Gleichbehandlungsgrundsatzes vorgelegen hat. Erforderlich ist deshalb der Vortrag einer Differenzierung. Nicht ausreichend ist in der Regel allein das Vorhandensein eines verpönten Merkmals in der Person des Gekündigten. Hinzukommen können beispielsweise Äußerungen des Arbeitgebers, seines Repräsentanten oder eines anderen Entscheidungsträgers[864] sowie die Behandlung von gleich gelagerten Kündigungssachverhalten in der Vergangenheit bei Mitarbeitern, die kein verpöntes Differenzierungskriterium aufweisen.

316 **c) Prüfungsaufbau.** Die verhaltensbedingte Kündigung ist gerechtfertigt, wenn Umstände im Verhalten des Arbeitnehmers vorliegen, die bei verständiger Würdigung unter Abwägung der beiderseitigen Interessen der Vertragsparteien die Kündigung als billigenswert und angemessen erscheinen lassen. Diese Prüfung der Sozialwidrigkeit erfolgt regelmäßig in **vier Stufen.** Auf der **ersten Stufe** ist ein vertragswidriges Verhalten des Arbeitnehmers festzustellen. Wie bei der fristlosen Kündigung ist zunächst zu prüfen, ob das Verhalten des Arbeitnehmers „an sich geeignet" ist, eine ordentliche Kündigung zu rechtfertigen. Auf der **zweiten Stufe** ist erforderlich, dass das vertragswidrige Verhalten zu einer konkreten Störung des Arbeitsverhältnisses geführt hat. Entscheidend ist, ob auf der Grundlage des Prognoseprinzips auch in Zukunft Vertragsverstöße zu befürchten sind. Auf der **dritten Stufe** ist im Rahmen des Verhältnismäßigkeitsprinzips zu prüfen, ob die Störung nicht durch ein milderes Mittel beseitigt werden kann, insbesondere durch eine Umsetzung des Arbeitnehmers. Auf

---

[859] Ascheid/Preis/Schmidt/*Vossen* KSchG § 1 Rn. 268.
[860] Vgl. dazu schon → Rn. 42.
[861] BAG 19.12.2013 – 6 AZR 190/12, BAGE 147, 60; 20.6.2013 – 2 AZR 295/12, NZA 2014, 208; 6.11.2008 – 2 AZR 523/07, BAGE 128, 238; 5.11.2009 – 2 AZR 676/08, NZA 2010, 457.
[862] *Hamacher/Ulrich* NZA 2007, 657; ähnlich *Bayreuther* DB 2006, 1842 (1844); im Ergebnis wohl auch *Löwisch* BB 2006, 2189 (2190); vgl. auch *Sagan* NZA 2006, 1257.
[863] BAG 19.12.2013 – 6 AZR 190/12, BAGE 147, 60; 6.11.2008 – 2 AZR 523/07, NZA 2009, 361.
[864] *Hamacher/Ulrich* NZA 2007, 657; vgl. zu § 611a BGB LAG Berlin 19.10.2006 – 2 Sa 1776/06, BB 2006, 2757.

der **vierten Stufe** ist eine umfassende Interessenabwägung vorzunehmen. Unabhängig davon, wie schwerwiegend ein Pflichtverstoß ist, bedarf es stets der Feststellung, ob unter Berücksichtigung der Gesamtumstände des Einzelfalles das Interesse des Arbeitgebers an der Beendigung des Arbeitsverhältnisses das des Arbeitnehmers an seiner Fortsetzung überwiegt. Gedanklich ist deshalb immer folgendes Prüfschema zu durchlaufen:
- Vertragsverletzung des Arbeitnehmers
- Negative Prognose/Erforderlichkeit einer Abmahnung
- Mildere Mittel
- Interessenabwägung.

2. Tatbestandsvoraussetzungen

a) **Vertragsverletzung.** Erforderlich ist zunächst das Vorliegen eines vertragswidrigen Verhaltens des Arbeitnehmers. Dies setzt voraus, dass eine bestimmte Verhaltenspflicht besteht, die durch den Arbeitnehmer verletzt worden ist. Dabei muss es sich nicht um die Verletzung der Hauptleistungspflicht handeln. Auch die Verletzung einer Nebenpflicht ist kündigungsrelevant. Kündigungsgrund kann deshalb im Grundsatz die Verletzung jeder vertraglichen Pflicht sein, die der Arbeitnehmer zu erfüllen hat. Dabei können die Pflichtverletzungen zwar verschiedenen Kategorien zugeordnet werden, nämlich dem Leistungsbereich (zB Schlecht- und Fehlleistungen), der betrieblichen Ordnung (zB Alkoholverbot), dem Vertrauensbereich (zB Diebstahl) sowie den Nebenpflichten (zB Anzeige- und Nachweispflichten bei Krankheit).[865] Allerdings ist mit dieser Einteilung letztlich nichts gewonnen, weshalb sie nicht verwendet werden sollte. Entscheidend ist allein der Verstoß gegen eine dem Arbeitnehmer obliegende Haupt- oder Nebenpflicht. 317

Die Pflichtverletzung muss eine **arbeitsvertragliche Pflicht** betreffen. Kündigungsrelevant ist nur der Inhalt des bestehenden Arbeitsverhältnisses. Dieses Erfordernis grenzt die relevante Pflichtverletzung von Pflichtverletzungen im Privatleben ab. Das vertraglich nicht erfasste Privatleben des Arbeitnehmers ist damit kündigungsrechtlich irrelevant. Selbst Straftaten im Privatbereich rechtfertigen grundsätzlich keine verhaltensbedingte Kündigung. Möglich ist es aber, dass die im Privatbereich begangene Straftat zugleich vertragsrelevant ist, etwa bei privaten Betrugsdelikten eines Kassierers oder im Bereich des öffentlichen Dienstes, soweit hoheitliche Aufgaben wahrgenommen werden. Zwingend ist dies aber nicht.[866] 318

Das vertragswidrige Verhalten des Arbeitnehmers muss **objektiv vorliegen.** Bloße subjektive Einschätzungen des Arbeitgebers rechtfertigen die verhaltensbedingte Kündigung nicht. Erforderlich ist das Vorliegen objektiver Umstände, die einen ruhig und verständig urteilenden Arbeitgeber zur ordentlichen Kündigung bestimmen können.[867] Dabei bedarf schon die Ermittlung des entsprechenden Pflichtverstoßes der sorgfältigen Analyse. Denn ein Pflichtverstoß ist nur bei **bestehender Verhaltenspflicht** denkbar. Bereits an dieser Stelle scheitern eine Vielzahl verhaltensbedingter Kündigungen, weil der bestehende Pflichtenkreis des Arbeitnehmers nicht verbindlich festgelegt worden ist. Aber selbst wenn der Pflichtenkreis des Arbeitnehmers verbindlich festgelegt worden ist, muss die bestehende Pflicht auch **durchsetzbar** sein. Dies gilt insbesondere in Bezug auf die dem Arbeitnehmer obliegende Arbeitspflicht. Entspricht die Zuweisung der Tätigkeit auf der Grundlage des Arbeitsvertrages nicht billigem Ermessen gem. § 106 GewO, § 315 BGB, fehlt es bereits an der Arbeitspflicht. Dabei sind auch religiöse Überzeugungen zu berücksichtigen.[868] Die Arbeitspflicht besteht auch dann nicht, wenn der Arbeitgeber Arbeit unter Verstoß gegen die Mitbestimmungs- 319

---

[865] Vgl. nur BAG 23.8.2018 – AP BGB § 626 Nr. 272; BAG 26.5.1977 – 2 AZR 632/76, AP BGB § 611 Beschäftigungspflicht Nr. 5; aA: Ascheid/Preis/Schmidt/*Vossen* KSchG § 1 Rn. 269; KR/*Rachor* KSchG § 1 Rn. 430.
[866] Vgl. dazu im Einzelnen zum Stichwort „Außerdienstliches Verhalten" → Rn. 333. Zum öffentlichen Dienst vgl. BAG 25.4.2018 – 2 AZR 611/17, NZA 2018, 1405; 10.4.2014 – 2 AZR 684/13, NZA 2014, 1197; 20.6.2013 – 2 AZR 583/12, NZA 2013, 1345; 28.10.2010 – 2 AZR 293/09, NZA 2011, 112; 10.9.2009 – 2 AZR 257/08, NZA 2010, 220.
[867] BAG 21.5.1992 – 2 AZR 10/92, AP KSchG § 1 Verhaltensbedingte Kündigung Nr. 29.
[868] BAG 24.2.2011 – 2 AZR 636/09, NZA 2011, 1087.

rechte des Betriebsrates anordnet, etwa unzulässige Mehrarbeit. Zu beachten sind auch vom Arbeitnehmer rechtmäßig ausgeübte **Zurückbehaltungs- oder bestehende Leistungsverweigerungsrechte**.[869]

320 Ob die verhaltensbedingte Kündigung stets **Verschulden** des Arbeitnehmers voraussetzt, ist umstritten. Nach der ständigen Rechtsprechung des BAG[870] setzt eine verhaltensbedingte Kündigung regelmäßig, aber nicht stets ein Verschulden des Arbeitnehmers voraus. Der Grad des Verschuldens sei nur im Rahmen der Interessenabwägung zu prüfen. Dort handele es sich um ein wichtiges, oft um das wichtigste Kriterium. Deshalb könne die verhaltensbedingte Kündigung regelmäßig nur dann gerechtfertigt sein, wenn der Gekündigte nicht nur objektiv und rechtswidrig, sondern auch schuldhaft seine Pflichten aus dem Arbeitsvertrag verletzt habe.[871] Dem ist zuzustimmen. Allerdings ist nicht erforderlich, dass der Arbeitnehmer vorsätzlich gegen die Vertragspflichten verstößt. Ausreichend ist eine fahrlässige Pflichtverletzung, also wenn der Arbeitnehmer die im Verkehr erforderliche Sorgfalt außer Acht lässt. Es sind jedoch Ausnahmefälle denkbar, in denen es auf ein Verschulden nicht ankommt. Dies ist möglich, wenn die betriebliche Ordnung so nachhaltig gestört wird, dass dem Arbeitgeber die Fortdauer des Zustandes selbst dann nicht zuzumuten ist, wenn die Vertragspflichtverletzung nicht vorwerfbar ist.[872] Entsprechendes gilt, wenn aufgrund objektiver Umstände mit Wiederholungen zu rechnen ist.[873]

321 Problematisch sind Irrtümer des Arbeitnehmers. Möglich ist, dass der Arbeitnehmer sein Verhalten infolge eines **Rechtsirrtums** für gerechtfertigt oder erlaubt hielt. Systematischer Ansatzpunkt der Prüfung ist nicht die Interessenabwägung, sondern der Tatbestand der Pflichtverletzung.[874] Denn der Rechtsirrtum schließt als sog. Verbotsirrtum vorsätzliches Handeln aus. Allerdings hat der Verbotsirrtum regelmäßig keinen Einfluss auf die Wirksamkeit der verhaltensbedingten Kündigung, weil das Verschulden nicht ausgeschlossen wird. Dies gilt insbesondere in den Fällen, in denen der Arbeitnehmer auf eine eigene Rechtsauffassung vertraut, ohne sich zu orientieren. Hier handelt der Arbeitnehmer auf eigene Gefahr.[875] Nichts anderes gilt, wenn er trotz eindeutiger Rechtslage auf eine unrichtige Auskunft einer geeigneten Stelle vertraut.[876] Möglich ist ein relevanter Rechtsirrtum letztlich nur in den Fällen, in denen eine schwierige ungeklärte Rechtsfrage von grundsätzlicher Bedeutung betroffen ist und der Arbeitnehmer die Rechtsfrage sorgfältig geprüft hat.[877]

322 **b) Negative Prognose/Abmahnung.** Die verhaltensbedingte Kündigung ist zukunftsbezogen ausgerichtet. Die Vertragsverletzung kommt deshalb nur dann als Kündigungsgrund in

---

[869] Vgl. BAG 14.12.2017 – 2 AZR 86/17, NZA 2018, 646; 19.1.2016 – 2 AZR 449/15, NZA 2016, 1144; 22.10.2015 – 2 AZR 569/14, NZA 2016, 417 sowie im Einzelnen unten Stichwort „Arbeitspflicht" → Rn. 365.
[870] Vgl. BAG 14.12.2017 – 2 AZR 86/17, NZA 2018, 646; 15.12.2016 – 2 AZR 42/16, NZA 2017, 703; 27.9.2012 – 2 AZR 811/11, NZA 2013, 527; 5.11.2009 – 2 AZR 609/08, NZA 2010, 277; 17.1.2008 – 2 AZR 536/06, NZA 2008, 693.
[871] BAG 27.9.2012 – 2 AZR 811/11, NZA 2013, 527; 21.1.1999 – 2 AZR 665/98, AP BGB § 626 Nr. 151; 21.11.1996 –2 AZR 357/95, AP BGB § 626 Nr. 130; Stahlhacke/Preis/Vossen Kündigung/*Preis* Rn. 1197; *Linck/Krause/Bayreuther* KSchG § 1 Rn. 462; Ascheid/Preis/Schmidt/*Vossen* KSchG § 1 Rn. 275; ErfK/*Oetker* KSchG § 1 Rn. 191. Vgl. auch KR/*Rachor* KSchG § 1 Rn. 431
[872] BAG 21.1.1999 – 2 AZR 665/98, AP BGB § 626 Nr. 151; Ascheid/Preis/Schmidt/*Vossen* KSchG § 1 Rn. 276.
[873] BAG 4.11.1957 – 2 AZR 57/56, AP KSchG § 1 Nr. 39.
[874] So zutreffend: *Kliemt/Vollstädt* NZA 2003, 361; ErfK/*Oetker* KSchG § 1 Rn. 192. Nach wie vor anders: BAG 22.10.2015 – 2 AZR 569/14, NZA 2016, 417; 27.9.2012 – 2 AZR 811/11, NZA 2013, 527.
[875] BAG 27.9.2012 – 2 AZR 811/11, NZA 2013, 527; 7.11.2002 – 2 AZR 475/01, BAGE 103, 277; 23.1.1964 – 2 AZR 289/63, AP SchwBeschG § 12 Nr. 2; *Kliemt/Vollstädt* NZA 2003, 362; Ascheid/Preis/Schmidt/*Vossen* KSchG § 1 Rn. 277.
[876] BAG 12.4.1973 – 2 AZR 291/72, AP BGB § 611 Direktionsrecht Nr. 24.
[877] BAG 13.12.2018 – 2 AZR 370/18, NZA 2019, 445; 23.8.2018 – AP BGB § 626 Nr. 272; 14.12.2017 – 2 AZR 86/17, NZA 2018, 646; 22.10.2015 – 2 AZR 569/14, NZA 2016, 417; 29.8.2013 – 2 AZR 273/12, NJW 2014, 1323; 7.11.2002 – 2 AZR 475/01, BAGE 103, 277; 13.6.2002 – 2 AZR 391/01, AP BGB § 615 Nr. 97; LAG Berlin 6.12.1993 – 9 Sa 12/93, LAGE KSchG § 1 Verhaltensbedingte Kündigung Nr. 42; LAG Düsseldorf 25.1.1993 – 19 Sa 1360/92, LAGE BGB § 626 Nr. 70; Ascheid/Preis/Schmidt/*Vossen* KSchG § 1 Rn. 277; Däubler/Deinert/Zwanziger/*Däubler* KSchG § 1 Rn. 203.

Betracht, wenn daraus geschlossen werden kann, dass auch künftige Vertragspflichtverletzungen des Arbeitnehmers zu erwarten sind. Auch die verhaltensbedingte Kündigung unterliegt damit einer zukunftsbezogenen Prognose. Sie ist keine Sanktion für Pflichtverletzungen der Vergangenheit. Vielmehr soll das Risiko künftiger Vertragsverletzungen ausgeschlossen werden. Maßgeblich ist deshalb, ob Wiederholungsgefahr besteht oder ob die Pflichtverletzung künftige Folgewirkungen aufweist, die eine Fortsetzung des Arbeitsverhältnisses als ausgeschlossen erscheinen lassen.[878] Ausgangspunkt der Prognoseentscheidung ist die Pflichtverletzung des Arbeitnehmers. Gerade die **Schwere der Pflichtverletzung** kann die Fortführung des Arbeitsverhältnisses als ausgeschlossen erscheinen lassen. Liegt ein gravierender Pflichtverstoß des Arbeitnehmers vor, ist die negative Prognose regelmäßig zu bejahen.[879] Im Regelfall wird sich die negative Prognose aber erst nach einer **Abmahnung**[880] treffen lassen. Denn entscheidend ist, dass der Arbeitgeber nicht mehr erwarten kann, der Arbeitnehmer werde sich künftig vertragsgerecht verhalten.[881] Diese Wiederholungsgefahr besteht aber erst dann, wenn der Arbeitnehmer die Vertragspflichten trotz vorheriger Abmahnung wieder in gleicher oder ähnlicher Art verletzt. Erst die vorherige Abmahnung verschafft dazu eine sichere Prognosegrundlage. Liegt sie vor, ist mit weiteren Störungen zu rechnen. Denn mit der Abmahnung fordert der Arbeitgeber gerade für die Zukunft eine beanstandungsfreie Leistung ein.[882] Die verhaltensbedingte Kündigung setzt damit regelmäßig eine vorherige Abmahnung voraus. Erst wenn der Arbeitnehmer erneut gegen seine arbeitsvertraglichen Pflichten verstößt, kann der Arbeitgeber die Pflichtverletzung zum Anlass für eine Kündigung nehmen.

Allerdings reicht nicht jede vorherige Abmahnung. Wesentlich ist grundsätzlich, dass die **formalen und inhaltlichen Voraussetzungen einer Abmahnung** vorliegen. Insbesondere muss die Abmahnung ein Fehlverhalten konkret bezeichnen und eindeutig zum Ausdruck gebracht werden, dass Inhalt und Bestand des Arbeitsverhältnisses bei wiederholten Vertragsverstößen gefährdet sind.[883] Auch wenn formelle Fehler möglicherweise zur Entfernung der Abmahnung aus der Personalakte führen, können die materiell zutreffenden Vorwürfe zur Begründung der Kündigung herangezogen werden. Denn es kommt für die Erfüllung der Warnfunktion auf die sachliche Berechtigung der Abmahnung und darauf an, ob der Arbeitnehmer aus ihr den Hinweis entnehmen kann, der Arbeitgeber erwäge für den Wiederholungsfall die Kündigung. Sind diese Voraussetzungen gegeben, ist der Arbeitnehmer unabhängig von formellen Unvollkommenheiten der Abmahnung gewarnt.[884]

Abmahnung und Kündigungsgrund müssen in einem Zusammenhang stehen. Dies ist nur der Fall, wenn vorangegangene Abmahnung und Kündigung **gleichartige Pflichtverletzungen** betreffen.[885] Ausgangspunkt für die Bestimmung der Gleichartigkeit ist die jeweilige Pflicht-

---

[878] BAG 29.6.2017 – 2 AZR 302/16, NZA 2017, 1121; 20.11.2014 – 2 AZR 651/13, NZA 2015, 294; 19.4.2012 – 2 AZR 258/11, NZA-RR 2012, 567; 10.6.2010 – 2 AZR 541/09, NZA 2010, 1227; 26.11.2009 – 2 AZR 751/08, NZA 2010, 823; 23.6.2009 – 2 AZR 103/08, NZA 2009, 1198; 19.2.2009 – 2 AZR 603/07, NZA 2009, 894; 13.12.2007 – 2 AZR 818/06, NZA 2008, 589; 12.1.2006 – 2 AZR 21/05, NZA 2006, 917; 13.6.2002 – 2 AZR 234/01, NZA 2003, 265; 21.11.1996 – 2 AZR 357/95, AP BGB § 626 Nr. 130; 16.8.1991 – 2 AZR 604/90, AP KSchG § 1 Verhaltensbedingte Kündigung Nr. 27; 4.6.1997 – 2 AZR 526/96, AP BGB § 626 Nr. 137.
[879] BAG 13.12.2018 – 2 AZR 370/18, NZA 2019, 445; 20.11.2014 – 2 AZR 651/13, NZA 2015, 294.
[880] Zu den Voraussetzungen einer Abmahnung → § 18 Rn. 23 ff.
[881] BAG 29.6.2017 – 2 AZR 302/16, NZA 2017, 1121; 24.3.2011 – 2 AZR 282/10, NZA 2011, 1029; 10.6.2010 – 2 AZR 541/09, NZA 2010, 1227; 26.11.2009 – 2 AZR 751/08, NZA 2010, 823; 23.6.2009 – 2 AZR 103/08, NZA 2009, 1198; 19.2.2009 – 2 AZR 603/07, NZA 2009, 894; 31.5.2007 – 2 AZR 200/06, NZA 2007, 923; 12.1.2006 – 2 AZR 21/05, NZA 2006, 917; 27.11.2003 – 2 AZR 692/02, NZA 2004, 452; 17.1.1991 – 2 AZR 375/90, AP KSchG § 1 Verhaltensbedingte Kündigung Nr. 25.
[882] BAG 13.12.2007 – 2 AZR 818/06, NZA 2008, 589; Stahlhacke/Preis/Vossen Kündigung/*Preis* Rn. 1209; KR/*Rachor* KSchG § 1 Rn. 435; ErfK/*Oetker* KSchG § 1 Rn. 199.
[883] Vgl. im Einzelnen § 16 zur Abmahnung.
[884] Vgl. BAG 19.4.2012 – 2 AZR 258/11, NAZ-RR 2012, 567; 19.2.2009 – 2 AZR 603/07, NZA 2009, 894.
[885] BAG 27.9.2012 – 2 AZR 955/11, NZA 2013, 425; 19.4.2012 – 2 AZR 258/11, NZA-RR 2012, 567; 9.6.2011 – 2 AZR 323/10, AP BGB § 626 Nr. 236; 13.12.2007 – 2 AZR 818/06, NZA 2008, 589; 16.9.2004 – 2 AZR 406/03, NZA 2005, 459.

verletzung. Es kommt darauf an, ob abgemahntes Verhalten und Kündigungsvorwurf den gleichen Pflichtenkreis betreffen. Dabei ist kein strenger Maßstab anzulegen, weil der Arbeitnehmer ansonsten alle ungleichartigen Vertragsverstöße bis zur Kündigung gefahrlos „durchprobieren" könnte.[886] Dem BAG reicht es aus, dass die Pflichten aus dem selben Bereich stammen, insbesondere wenn die Verstöße erhebliche „Ähnlichkeiten" aufweisen.[887] Die Gleichartigkeit ist völlig unproblematisch, wenn die verletzten Pflichten identisch sind. Zum gleichen Pflichtenkreis gehören trotz fehlender Identität aber zB auch verspätete Anzeige der Arbeitsunfähigkeit und verspätetes Einreichen der Arbeitsunfähigkeitsbescheinigung. Denn hier geht es um den gleichen Pflichtenkreis „Verhalten bei Krankheit". Demgegenüber besteht zB kein Zusammenhang zwischen verspätetem Arbeitsbeginn und verspätetem Einreichen der Arbeitsunfähigkeitsbescheinigung. Denn im ersten Fall ist die Hauptpflicht betroffen, im zweiten Fall eine Nebenpflicht. Im Ergebnis kommt es darauf an, ob der Arbeitnehmer der Abmahnung entnehmen konnte, dass der Arbeitgeber auch das vergleichbare Fehlverhalten nicht hinnehmen werde.

325 Die negative Prognose hängt nicht von einer bestimmten **Anzahl von Abmahnungen** ab. Ausreichend ist grundsätzlich eine vorherige, den gleichen Pflichtenkreis betreffende Abmahnung. Verstößt der Arbeitnehmer sodann wiederholt gegen seine Pflichten, kann regelmäßig nicht mehr erwartet werden, dass er sich künftig vertragsgerecht verhält. Es besteht eine tragfähige Prognosegrundlage für künftig zu erwartende Pflichtverletzungen. Dies gilt auch für Pflichtverletzungen, denen im Allgemeinen ein geringeres Gewicht zukommt, etwa das verspätete Einreichen der Arbeitsunfähigkeitsbescheinigung. Ob die Kündigung gerechtfertigt ist, wird in diesen Fällen jedoch entscheidend von der anzustellenden umfassenden Interessenabwägung abhängen. Mahnt der Arbeitgeber „zur Sicherheit" noch einmal ab, ist zu beachten, dass eine **Vielzahl von Abmahnungen** wegen gleichartiger Pflichtverletzungen, denen keine weitere Konsequenz folgt, die Warnfunktion abschwächen. Eine Kündigung ist in diesen Fällen nur dann möglich, wenn der Arbeitgeber die letzte Abmahnung vor Ausspruch der Kündigung besonders eindringlich gestaltet. Der Arbeitnehmer muss erkennen können, dass eine weitere Pflichtverletzung nunmehr zum Ausspruch einer Kündigung führt.[888] Arbeitgeber sollten bei mehreren Abmahnungen deshalb sprachlich besonders deutlich machen, dass ihre Toleranzgrenze überschritten ist, etwa durch Verwendung des Hinweises „Letztmalige Abmahnung". Ansonsten handelt es sich nur um eine leere Drohung.[889]

326 Die Abmahnung ist grundsätzlich unabhängig von der **Art der Pflichtverletzung** erforderlich, nicht nur bei Störungen im sog. Leistungsbereich.[890] Auch bei Pflichtverletzungen im Vertrauensbereich bedarf es vor Ausspruch einer Kündigung regelmäßig einer Abmahnung. Dies gilt jedenfalls in den Fällen, in denen die Pflichtverletzung des Arbeitnehmers ein steuerbares Verhalten betrifft und die Wiederherstellung des Vertrauens erwartet werden kann.[891] Gleiches gilt, wenn der Arbeitnehmer mit vertretbaren Gründen annehmen durfte, sein Verhalten sei nicht vertragswidrig oder werde vom Arbeitgeber nicht als erhebliches, den Bestand des Arbeitsverhältnisses gefährdendes Verhalten angesehen.[892]

---

[886] Küttner/*Eisemann* Abmahnung Rn. 21; Stahlhacke/Preis/Vossen Kündigung/*Preis* Rn. 1204.
[887] BAG 19.4.2012 – 2 AZR 258/11, NZA-RR 2012, 567; 9.6.2011 – 2 AZR 323/10, AP BGB § 626 Nr. 236; 13.12.2007 – 2 AZR 818/06, NZA 2008, 589.
[888] BAG 27.9.2012 – 2 AZR 955/11, NZA 2013, 425; 15.11.2001 – 2 AZR 609/00, AP KSchG § 1 Abmahnung Nr. 4.
[889] Vgl. BAG 27.9.2012 – 2 AZR 955/11, NZA 2013, 425; 16.9.2004 – 2 AZR 406/03, NZA 2005, 459 mit dem ausdrücklichen Hinweis, dass nicht bereits eine dritte Abmahnung als „entwertet" angesehen werden kann.
[890] BAG 9.6.2011 – 2 AZR 381/10, NZA 2011, 1027; 10.6.2010 – 2 AZR 541/09, NZA 2010, 1227; 11.11.1988 – 2 AZR 215/88, AP KSchG § 1 Abmahnung Nr. 3; *Linck/Krause/Bayreuther* KSchG § 1 Rn. 477; KR/*Rachor* KSchG § 1 Rn. 435; Ascheid/Preis/Schmidt/*Vossen* KSchG § 1 Rn. 368.
[891] BAG 13.12.2018 – 2 AZR 370/18, NZA 2019, 445; 9.6.2011 – 2 AZR 381/10, NZA 2011, 1027; 10.6.2010 – 2 AZR 541/09, NZA 2010, 1227; 12.5.2010 – 2 AZR 845/08, NZA 2010, 1348; 23.6.2009 – 2 AZR 283/08, NZA 2009, 1168; 23.6.2009 – 2 AZR 103/08, AP KSchG § 1 Verhaltensbedingte Kündigung Nr. 59; 27.11.2003 – 2 AZR 692/02, NZA 2004, 452; 12.8.1999 – 2 AZR 923/98, NZA 2000, 421; 4.6.1997 – 2 AZR 526/96, AP BGB § 626 Nr. 137.
[892] BAG 12.8.1999 – 2 AZR 923/98, NZA 2000, 421; 9.1.1986 – 2 ABR 24/85, AP BGB § 626 Ausschlussfrist Nr. 20.

Die Abmahnung ist **entbehrlich,** wenn sie nicht geeignet ist, die negative Prognose zu begründen. Dies ist der Fall, wenn sie keinen Erfolg verspricht, also ungeeignet ist, die Verhaltensänderung oder Warnung des Arbeitnehmers zu bewirken. Es kommt darauf an, ob die jeweilige Pflichtverletzung bereits eine klare und eindeutige Negativprognose zulässt. Dies kann sich aus der Art der Pflichtverletzung sowie dem Verhalten des Arbeitnehmers bei der Pflichtverletzung ergeben. Entbehrlich ist die Abmahnung deshalb bei hartnäckigen und uneinsichtigen beharrlichen Pflichtverletzungen des Arbeitnehmers.[893] Gleiches gilt für Pflichtverletzungen, bei denen für den Arbeitnehmer ohne weiteres erkennbar ist, dass deren Hinnahme durch den Arbeitgeber ausgeschlossen ist, etwa bei schweren Pflichtverletzungen in einer Vertrauensposition oder bei vorsätzlichem Fehlverhalten.[894] Regelmäßig geht es um Fälle, in denen auch eine fristlose Kündigung möglich ist. Nicht anders liegt der Fall, wenn der Arbeitnehmer erklärt, sein Verhalten nicht ändern zu wollen.[895] In diesem Fall ergibt sich ohne weiteres, dass der Arbeitnehmer künftig weitere Vertragsverletzungen begehen wird. Davon abzugrenzen sind zB einmalige Pflichtverletzungen in einer außerordentlich angespannten persönlichen Situation, von denen keine für den Arbeitgeber schädliche Folgen ausgegangen sind.[896]

327

Ob und inwieweit die **Abmahnung vorweggenommen** werden kann, wird nicht einheitlich beurteilt.[897] Generell kann ein Aushang am Schwarzen Brett, in dem der Arbeitgeber darauf hinweist, ein bestimmtes Verhalten zum Anlass für eine Kündigung zu nehmen, die individuelle Abmahnung nicht ersetzen. Etwas anderes gilt aber dann, wenn der Aushang auf ein konkret eingetretenes Fehlverhalten Bezug nimmt. Werden in einem bestimmten Bereich zB wiederholt Arbeitsschutzbestimmungen von den Arbeitnehmern missachtet, kann eine darauf hin am Schwarzen Brett ausgehängte Abmahnung „an alle, die es angeht" erfolgen. Die Warnfunktion der Abmahnung erfüllt auch eine vorangegangene unwirksame Kündigung, wenn die Pflichtverletzung feststeht, die Kündigung aber aus anderen Gründen unwirksam ist, etwa weil es an einer vorhergehenden Abmahnung fehlt.[898]

328

Hat der Arbeitgeber ein Fehlverhalten abgemahnt, kann er darauf keine verhaltensbedingte Kündigung mehr stützen. Mit der Abmahnung **verzichtet der Arbeitgeber** auf die Kündigung wegen der Gründe, die der Abmahnung zugrunde liegen.[899] Dies gilt nach Auffassung des BAG auch für eine Kündigung, die der Arbeitgeber bereits innerhalb der Wartezeit nach § 1 Abs. 1 KSchG ausgesprochen hat, wenn er das der Kündigung zugrunde liegende Fehlverhalten zuvor abgemahnt hat. Auch wenn das Kündigungsschutzgesetz auf das Arbeitsverhältnis keine Anwendung findet, kann der Arbeitgeber auf eine Kündigung aus einem bestimmten Grund verzichten mit der Folge, dass das Kündigungs-

329

---

[893] BAG 13.12.2018 – 2 AZR 370/18, NZA 2019, 445; BAG 23.8.2018 – AP BGB § 626 Nr. 272; 27.9.2012 – 2 AZR 955/11, NZA 2013, 425; 23.10.2014 – 2 AZR 865/13, NJW 2015, 651; 25.10.2012 – 2 AZR 495/11, NZA 2013, 319; 28.10.2010 – 2 AZR 293/09, NZA 2011, 112; 10.6.2010 – 2 AZR 541/09, NZA 2010, 1227; 12.5.2010 – 2 AZR 845/08, NZA 2010, 1348; 23.6.2009 – 2 AZR 283/08, AP KSchG § 1 Verhaltensbedingte Kündigung Nr. 59; 12.1.2006 – 2 AZR 21/05, NZA 2006, 917; 18.5.1994 – 2 AZR 626/93, AP § 108 BPersVG Nr. 3; 9.8.1984 – 2 AZR 400/83, AP KSchG § 1 Verhaltensbedingte Kündigung Nr. 12.

[894] BAG 20.10.2016 – 6 AZR 471/15, NZA 2016, 1527; 20.11.2014 – 2 AZR 651/13, BAGE 150, 109; 27.9.2012 – 2 AZR 955/11, NZA 2013, 425; 12.1.2006 – 2 AZR 21/05, NZA 2006, 917; 18.8.1999 – 2 AZR 923/98, NZA 2000, 421; 10.2.1999 – 2 ABR 31/98, AP KSchG § 15 Nr. 42; 1.7.1999 – 2 AZR 676/98, AP BBiG § 15 Nr. 11; 18.5.1994 – 2 AZR 626/93, AP BPersVG § 108 Nr. 3; 10.11.1988 – 2 AZR 215/88, AP KSchG § 1 Abmahnung Nr. 3.

[895] BAG 18.5.1994 – 2 AZR 626/93, AP BPersVG § 108 Nr. 3; 17.2.1994 – 2 AZR 616/93, AP BGB § 626 Nr. 116; 12.7.1984 – 2 AZR 320/83, AP BetrVG § 102 Nr. 32; 28.10.1971 – 2 AZR 15/71, AP BGB § 626 Nr. 62.

[896] BAG 13.6.2002 – 2 AZR 234/01, NZA 2003, 265.

[897] LAG Hessen 23.10.2015 – 10 Sa 254/15, BeckRS 2016, 67034; LAG Rheinland-Pfalz 20.3.2014 – 2 TaBV 18/13, BeckRS 2014, 71147; LAG Düsseldorf 15.8.2012 – 12 Sa 697/12, BeckRS 2012, 76085; LAG Hamm 16.12.1982 – 10 Sa 965/82, BB 1983, 1601; LAG Köln 6.8.1999 – 11 Sa 1085/98, LAGE BGB § 626 Nr. 127; Stahlhacke/Preis/Vossen Kündigung/*Preis* Rn. 1207. Vgl. auch BAG 5.4.2001 – 2 AZR 580/99, NZA 2001, 893.

[898] BAG 31.8.1998 – 2 AZR 13/89, AP KSchG § 1 Verhaltensbedingte Kündigung Nr. 27.

[899] BAG 19.11.2015 – 2 AZR 217/15, NZA 2016, 540; 13.5.2015 – 2 AZR 531/14, NZA 2015, 1408.

recht erlischt. Zwar bedarf die Kündigung in diesen Fällen keiner vom Arbeitgeber darzulegenden und zu beweisenden sozialen Rechtfertigung, doch ist der Arbeitgeber auch außerhalb des Geltungsbereichs des Kündigungsschutzgesetzes regelmäßig durch tatsächliche Umstände zum Ausspruch einer Kündigung motiviert. Kündigt der Arbeitgeber im unmittelbaren zeitlichen Zusammenhang mit der Abmahnung, spricht dies dafür, dass die Kündigung wegen der abgemahnten Pflichtverletzung erfolgt ist. Es ist dann Sache des Arbeitgebers darzulegen, dass ihn andere Gründe dazu bewogen haben, den Arbeitnehmer zu kündigen. Wegen der fehlenden Anwendbarkeit des Kündigungsschutzgesetzes ist unerheblich, ob diese Gründe geeignet sind, die Kündigung sozial zu rechtfertigen.[900] Stets erforderlich ist aber, dass die Rüge des Arbeitgebers unzweifelhaft zu erkennen gibt, dass er den Pflichtverstoß mit der Abmahnung als „erledigt" ansieht.[901]

330 Zu beachten ist, dass die Abmahnung mit der Zeit ihre Wirkung verliert, so dass sie durch **Zeitablauf** nicht mehr geeignet ist, die negative Prognose zu begründen. Eine Regelfrist, nach der die Wirkungen einer Abmahnung entfallen, lässt sich allerdings nicht bestimmen. Entscheidend sind die Umstände des Einzelfalls, wobei Art und Schwere des abgemahnten Fehlverhaltens eine Rolle spielen.[902] Bei leichteren Pflichtverletzungen dürfte die Abmahnung aber spätestens nach zwei Jahren ihre Wirksamkeit verlieren, in schweren Fällen zwischen drei und fünf Jahren.[903]

331 **Darlegungs- und Beweispflichtig** für das Vorliegen einer Abmahnung und deren sachliche Berechtigung ist der Arbeitgeber.[904] Dabei ist zu beachten, dass dem Arbeitnehmer keine Nachteile entstehen, wenn er eine Abmahnung nicht gerichtlich angreift. Damit räumt der Arbeitnehmer nicht etwa die inhaltliche Richtigkeit der Abmahnung ein. Der Arbeitnehmer kann im Kündigungsschutzverfahren die Unwirksamkeit der Abmahnung also auch dann geltend machen, wenn er sie zuvor nicht angegriffen hat. Hat er hingegen die Abmahnung gerichtlich angegriffen und steht rechtskräftig fest, dass die Abmahnung gerechtfertigt gewesen ist, ist das Gericht, das über die verhaltenbedingte Kündigung entscheidet, an die Entscheidung über die Abmahnung nach den allgemeinen Grundsätzen der Rechtskraft gebunden. Deshalb sollten sich Arbeitnehmervertreter genau überlegen, ob es sinnvoll ist, die Unwirksamkeit einer Abmahnung gerichtlich geltend zu machen. Denn letztlich nützt der Abmahnungsprozess nur dem Arbeitgeber. Ist die Abmahnung bereits aus formalen Gründen unwirksam, wird der Arbeitgeber die erteilte Abmahnung zurücknehmen und sie unter Vermeidung der Formfehler erneut aussprechen. Ist die Abmahnung inhaltlich ungerechtfertigt, weiß der Arbeitgeber, dass er darauf keine Kündigung stützen kann. Ist die Abmahnung gerechtfertigt, muss der Arbeitgeber im Kündigungsschutzverfahren die Abmahnung nicht mehr darlegen und beweisen, sondern kann sich auf das entsprechende Urteil berufen. Dann hat der Arbeitnehmer ein Beweissicherungsverfahren zugunsten des Arbeitsgebers geführt.

332 c) **Verhältnismäßigkeitsprinzip.** Nach dem Grundsatz der Verhältnismäßigkeit muss eine Kündigung geeignet und erforderlich sein, das angestrebte Ziel zu erreichen und darf nicht unverhältnismäßig sein.[905] Auch die verhaltensbedingte Kündigung kommt deshalb nur als **ultima ratio** in Betracht. Sie ist erst gerechtfertigt, wenn sie nicht durch andere mögliche und geeignete mildere Mittel vermieden werden kann. Entscheidend dafür sind Ursache des Fehlverhaltens, Schwere des Pflichtverstoßes und das zu erwartende künftige Verhalten.

333 Als milderes Mittel zur Vermeidung der verhaltensbedingten Kündigung kommt typischerweise die **Versetzung** des Arbeitnehmers, also seine Weiterbeschäftigung auf einem an-

---

[900] BAG 13.12.2007 – 6 AZR 145/07, NZA 2008, 403.
[901] → Rn. 111; BAG 19.11.2015 – 2 AZR 217/15, NZA 2016, 540; 13.5.2015 – 2 AZR 531/14, NZA 2015, 1408; 26.11.2009 – 2 AZR 751/08, NZA 2010, 823; 2.2.2006 – 2 AZR 222/05, NZA 2006, 880; 6.3.2003 – 2 AZR 128/02, NZA 2003, 1389.
[902] BAG 19.7.2012 – 2 AZR 782/11, BAGE 142, 331; 18.11.1986 – 7 AZR 674/84, AP KSchG § 1 Verhaltensbedingte Kündigung Nr. 17; 13.10.1988 – 6 AZR 144/85, AP BGB § 611 Abmahnung Nr. 4; 21.2.1957 – 5 AZR 555/73, AP LohnFG § 2 Nr. 5.
[903] So auch *Linck/Krause/Bayreuther* KSchG § 1 Rn. 507.
[904] Vgl. dazu → Rn. 340.
[905] Zum Verhältnismäßigkeitsgrundsatz → Rn. 91.

deren Arbeitsplatz, ggf. auch zu veränderten Arbeitsbedingungen in Betracht.[906] Diese Möglichkeit besteht allerdings nur, wenn der Arbeitnehmer aufgrund seiner Fähigkeiten in der Lage ist, diesen anderen Arbeitsplatz zu besetzen. Fehlt ihm die erforderliche Qualifikation, ist die mögliche Versetzung kein geeignetes milderes Mittel. Inhaltlich ist erforderlich, dass es sich um einen gleich- oder geringerwertigen Arbeitsplatz handelt. Der Arbeitnehmer hat auch bei einem Fehlverhalten keinen Anspruch auf Beförderung und Weiterbeschäftigung auf einem höherwertigen Arbeitsplatz. Denn das Arbeitsverhältnis wird nur mit seinem bisherigen Bestand geschützt. Des Weiteren kommt die Weiterbeschäftigung nur in Betracht, wenn der andere Arbeitsplatz tatsächlich frei ist. Der Arbeitgeber ist also wie bei der betriebsbedingten Kündigung nicht dazu verpflichtet, einen neuen Arbeitsplatz zu schaffen oder frei zu machen, um die Kündigung zu vermeiden. Die Pflicht zur Weiterbeschäftigung auf einem freien Arbeitsplatz ist unternehmensbezogen.[907] Zu beachten ist allerdings, dass die Weiterbeschäftigung an einem anderen, freien Arbeitsplatz auch geeignet sein muss, die Kündigung zu vermeiden. Dies ist nur möglich, wenn sich das Fehlverhalten des Arbeitnehmers an dem anderen Arbeitsplatz nicht mehr auswirkt. In Betracht kommt die anderweitige Weiterbeschäftigung deshalb nur bei Pflichtverletzungen, die gerade mit der besonderen Situation des innegehabten Arbeitsplatzes zusammenhängen, also zB **arbeitsplatzbezogene Schlechtleistungen**.[908] Hat die Pflichtverletzung hingegen keinerlei Bezug zum innegehabten Arbeitsplatz, sog. arbeitsplatzunabhängige Verstöße, etwa wiederholte Unpünktlichkeit oder Pflichtverletzungen im Zusammenhang mit einer Krankheit, wird die negative Prognose durch eine Versetzung des Arbeitnehmers nicht beseitigt. Auch bei Störungen im Vertrauensbereich wird eine Weiterbeschäftigung regelmäßig nicht in Betracht kommen.[909] Schließlich darf die Versetzung oder Umsetzung dem Arbeitgeber auch nicht unzumutbar sein. Dies ist der Fall bei erheblich verschuldeter Vertragspflichtverletzung, zB einer Tätlichkeit.[910] Ob die Weiterbeschäftigung auf einem anderen freien Arbeitsplatz möglich und zumutbar ist, hängt deshalb im Wesentlichen von der Art des streitgegenständlichen Pflichtverstoßes ab.[911] Im öffentlichen Dienst hält das BAG die Weiterbeschäftigung mit nicht hoheitlichen Aufgaben für ein milderes Mittel.[912]

Die Pflicht zur Weiterbeschäftigung auf einem freien Arbeitsplatz trifft den Arbeitgeber hingegen nicht, wenn die Weiterbeschäftigung erst nach einer **Umschulung oder Fortbildung** möglich ist. Denn im Falle der verhaltensbedingten Kündigung ist es dem Arbeitgeber nicht zumutbar, den Arbeitnehmer weiter zu qualifizieren, nur um dessen Kündigung zu vermeiden.

Soweit die Weiterbeschäftigung auf einem freien Arbeitsplatz zu geänderten Arbeitsbedingungen möglich ist, hat der Arbeitgeber ggf. eine Änderungskündigung in Betracht zu ziehen. Auch hier ist insbesondere darauf zu achten, dass die Weiterbeschäftigung geeignet sein muss, die Kündigung zu vermeiden.

d) **Interessenabwägung.** § 1 Abs. 2 KSchG setzt seinem Wortlaut nach keine Interessenabwägung voraus. Die verhaltensbedingte Kündigung ist nach allgemeiner Auffassung gleichwohl nur gerechtfertigt, wenn im Rahmen einer umfassenden Interessenabwägung unter Berücksichtigung sämtlicher Umstände des Einzelfalls festgestellt werden kann, dass das Interesse des Arbeitgebers an der Beendigung des Arbeitsverhältnisses das des Arbeitnehmers an seiner Fortsetzung überwiegt.[913] Entscheidend ist letztlich das Gewicht der Pflicht-

---

[906] BAG 20.6.2013 – 2 AZR 583/12, NZA 2013, 1345; 10.6.2010 – 2 AZR 1020/08, NZA 2010, 1234; ; 6.10.2005 – 2 AZR 280/04, NZA 2006, 431.
[907] BAG 20.6.2013 – 2 AZR 583/12, NZA 2013, 1345; vgl. → Rn. 150.
[908] BAG 6.10.2005 – 2 AZR 280/04, NZA 2006, 431; Stahlhacke/Preis/Vossen Kündigung/*Preis* Rn. 1211.
[909] BAG 6.10.2005 – 2 AZR 280/04, NZA 2006, 431.
[910] BAG 6.10.2005 – 2 AZR 280/04, NZA 2006, 431; 31.3.1993 – 2 AZR 492/92, NZA 1994, 409; 27.9.1984 – 2 AZR 62/83, NZA 1985, 455.
[911] BAG 16.1.1997 – 2 AZR 98/96, RzK I 5i Nr. 123; 22.7.1982 – 2 AZR 30/81, AP KSchG § 1 Verhaltensbedingte Kündigung Nr. 5.
[912] BAG 20.6.2013 – 2 AZR 583/12, NZA 2013, 1345.
[913] BAG 23.8.2018 – 2 AZR 235/18, AP BGB § 626 Nr. 272; 20.6.2013 – 2 AZR 583/12, NZA 2013, 1345; 16.8.1991 – 2 AZR 604/90, AP KSchG § 1 Verhaltensbedingte Kündigung Nr. 27; KR/*Rachor* KSchG § 1 Rn. 443.

verletzung des Arbeitnehmers. Als abwägungsrelevantes Material können deshalb nur arbeitsvertragliche und sachverhaltsbezogene Umstände berücksichtigt werden.[914] Alle übrigen Umstände stehen hingegen mit der Pflichtverletzung nicht im Zusammenhang und bleiben grundsätzlich unberücksichtigt. Maßgebender Zeitpunkt der Betrachtung der Interessenabwägung ist auch hier der Zugang der Kündigung. Nachträglich eingetretene Umstände können allenfalls insoweit von Bedeutung sein, als sie die Vorgänge, die zur Kündigung geführt haben, in einem neuen Licht erscheinen lassen.[915] Weshalb das BAG dann einen – späteren – Täter-Opfer-Ausgleich berücksichtigen will, ist unklar, vgl. → Rn. 337. Im Einzelnen:

337 **Auf Seiten des Arbeitnehmers** sind von besonderer Bedeutung Art, Schwere und Häufigkeit der Pflichtverletzung sowie der Grad des Verschuldens des Arbeitnehmers.[916] Von den Sozialdaten ist jedenfalls die Dauer der Betriebszugehörigkeit zu berücksichtigen, insbesondere die Dauer des ungestörten Verlaufs des Arbeitsverhältnisses. Eine lange Jahre ungestörte Vertragsbeziehung wird nicht zwingend durch eine einmalige Verfehlung zerstört.[917] Dies gilt auch bei einem Vermögensdelikt.[918] Die Berücksichtigung der Dauer des Arbeitsverhältnisses und dessen ungestörter Verlauf verstoßen nicht gegen das Verbot der Altersdiskriminierung.[919] Lebensalter und Unterhaltspflichten sowie Schwerbehinderung des Arbeitnehmers spielen demgegenüber nach der hier vertretenen Auffassung keine Rolle. Zwar sind diese Gesichtspunkte für die soziale Lage des Arbeitnehmers von Bedeutung. Die soziale Lage ist aber irrelevant für den verhaltensbedingten Kündigungsgrund. Denn die Pflichtverletzung relativiert sich nicht dadurch, dass der Mitarbeiter viele Kinder zu versorgen hat.[920] Eine Ausnahme wäre denkbar, wenn der Arbeitnehmer zu spät kommt, weil er noch sein Kind betreut hat. Auch das Lebensalter hat regelmäßig keinen Bezug zum verhaltensbedingten Kündigungsgrund, wenn man dem Arbeitnehmer nicht im Einzelfall „jugendlichen Leichtsinn" zugutehalten möchte. Gleichwohl will das **BAG** diese Elemente bei der Interessenabwägung nicht von vornherein ausschließen, weil alle Umstände des Einzelfalls Bedeutung haben können. Unterhaltspflichten und Familienstand könnten – je nach Lage des Falles – Bedeutung gewinnen. Sie seien jedenfalls nicht von vornherein von der Berücksichtigung ausgeschlossen, auch wenn sie im Einzelfall in den Hintergrund treten und im Extremfall sogar völlig vernachlässigt werden können.[921] Eine Schwerbehinderung kann gleichfalls nur dann berücksichtigt werden, wenn sie mit der Vertragsverletzung in Zusammenhang steht. Irrelevant sind auch die Chancen des Arbeitnehmers auf dem Arbeitsmarkt. Eine wie auch immer geartete „Sozialauswahl" findet nicht statt. Das BAG lässt auch die Berücksichtigung von Verhalten nach der Pflichtverletzung zu, etwas das Durchführen eines Täter-Opfer-Ausgleiches oder das Einräumen der Pflichtverletzung.[922] Auch ein **„Augenblicksversagen"** kann relevant sein, aber nur bei wesensfremden Pflichtverletzungen. In einem derartigen Fall müssen aber auch Feststellungen zum Wesen des Arbeitnehmers getroffen werden.[923]

---

[914] Stahlhacke/Preis/Vossen Kündigung/*Preis* Rn. 1184.
[915] BAG 20.6.2013 – 2 AZR 583/12, NZA 2013, 1345; 10.6.2010 – 2 AZR 541/09, NZA 2010, 1227.
[916] BAG 13.12.2018 – 2 AZR 370/18, NZA 2019, 445; 23.8.2018 – AP BGB § 626 Nr. 272; 20.11.2014 – 2 AZR 651/13, BAGE 150, 109; 19.7.2012 – 2 AZR 989/11, NZA 2013, 143; 10.6.2010 – 2 AZR 541/09, NZA 2010, 1227; 12.5.2010 – 2 AZR 845/08, NZA 2010, 1348; 21.1.1999 – 2 AZR 665/98, AP BGB § 626 Nr. 151.
[917] BAG 29.6.2017 – 2 AZR 47/16, NZA 2017, 1605; 20.11.2014 – 2 AZR 651/13, BAGE 150, 109; 19.7.2012 – 2 AZR 989/11, NZA 2013,143; 10.6.2010 – 2 AZR 541/09, NZA 2010, 1227; 12.5.2010 – 2 AZR 845/08, NZA 2010, 1348.
[918] BAG 27.4.2006 – 2 AZR 415/05, NZA 2006, 1033; 13.12.1984 – 2 AZR 454/83, AP BGB § 626 Nr. 81.
[919] BAG 7.7.2011 – 2 AZR 355/10, NZA 2011, 1412.
[920] So zutreffend Stahlhacke/Preis/Vossen Kündigung/*Preis* Rn. 1213; *Linck/Krause/Bayreuther* KSchG § 1 Rn. 471. AA: KR/*Rachor* KSchG § 1 Rn. 445.
[921] Vgl. BAG 19.7.2012 – 2 AZR 989/11, NZA 2013,143; 9.6.2011 – 2 AZR 323/10, NZA 2011, 1342; 10.6.2010 – 2 AZR 541/09, NZA 2010, 1227; 12.5.2010 – 2 AZR 845/08, NZA 2010, 1227; 10.12.2009 – 2 AZR 55/09, NZA-RR 2010, 383; 26.3.2009 – 2 AZR 953/07, NZA-RR 2010, 516; 27.4.2006 – 2 AZR 415/05, NZA 2006, 1033; 12.1.2006 – 2 AZR 179/05, NZA 2006, 980; 16.12.2004 – 2 ABR 7/04, AP BGB § 626 Nr. 191; 20.1.2000 – 2 AZR 378/99, BAGE 93, 255.
[922] BAG 20.11.2014 – 2 AZR 651/13, NZA 2015, 294.
[923] BAG 29.6.2017 – 2 AZR 47/16, NZA 2017, 1605; 20.11.2014 – 2 AZR 651/13, BAGE 150, 109.

Auf Seiten des **Arbeitgebers** können insbesondere die nachteiligen betrieblichen Auswirkungen der Pflichtverletzung zu berücksichtigen sein. Allerdings sind betriebliche Auswirkungen zur Rechtfertigung der Kündigung nicht zwingend erforderlich, da der Kündigungsgrund in der Verletzung der arbeitsvertraglichen Pflichten besteht. Dies gilt vor allem, wenn der Arbeitnehmer seine vertraglichen Hauptleistungspflichten verletzt hat.[924] Als betriebliche Auswirkungen kommen zB Betriebsablaufstörungen und Beeinträchtigung der Funktionsfähigkeit des Betriebes in Betracht. Ebenfalls zu berücksichtigen sind Schäden, zB Vermögensschäden, die der Arbeitgeber erleidet oder die Schädigung des Ansehens des Betriebs in der Öffentlichkeit. Darüber hinaus kann Beachtung finden, ob dem Verhalten des Arbeitnehmers eine besondere Verwerflichkeit innewohnt oder Wiederholungsgefahr besteht.[925] Das prozessuale Verhalten des Arbeitnehmers, insbesondere mehrfach wechselnder Sachvortrag, soll nicht zu Lasten des Arbeitnehmers verwendet werden können.[926]

e) Frist zum Ausspruch der Kündigung. Eine Regelausschlussfrist, innerhalb derer der Arbeitgeber nach einer Pflichtverletzung die Kündigung aussprechen muss, besteht nicht. Es gelten nur die allgemeinen Grundsätze der Verwirkung.[927] Danach ist ein Recht verwirkt, wenn der Berechtigte es längere Zeit nicht geltend gemacht und mit seinem Verhalten den Eindruck erweckt hat, es auch nicht mehr geltend zu machen. Erforderlich sind also Zeit- und Umstandsmoment. Für die Kündigung bedeutet dies: Das Recht zur Kündigung verwirkt, wenn der Arbeitgeber in Kenntnis des Kündigungsgrundes untätig bleibt, also die Kündigung nicht ausspricht, obwohl ihm dies möglich und zumutbar ist (Zeitmoment) und wenn er dadurch beim Arbeitnehmer das berechtigte Vertrauen erweckt, die Kündigung werde unterbleiben und sich der Arbeitnehmer auf den Fortbestand des Arbeitsverhältnisses einrichtet (Umstandsmoment). Eine gleichwohl ausgesprochene Kündigung stellt eine unzulässige Rechtsausübung dar. Das Zeitmoment allein reicht zur Begründung des Umstandsmomentes nicht aus.[928] Dabei kann die Zeit für eine Verwirkung umso kürzer sein, je schwerwiegender das Umstandsmoment ist. Allerdings tritt andererseits das Umstandsmoment in der Bedeutung zurück, je länger das Zeitmoment ist. Setzt der Arbeitgeber das Arbeitsverhältnis in sicherer Kenntnis eines Diebstahls ein Jahr lang fort und beschäftigt er den Arbeitnehmer unverändert im bisherigen Bereich, kann der Arbeitnehmer berechtigterweise darauf vertrauen, dass der Arbeitgeber sein Kündigungsrecht nicht mehr ausübt.

3. Darlegungs- und Beweislast

a) Grundsätze. Die Darlegungs- und Beweislast für den Kündigungsgrund, also die Tatsachen, die die Kündigung bedingen, trägt gem. § 1 Abs. 2 S. 4 KSchG der Arbeitgeber.[929] Dieser Darlegungslast genügt der Arbeitgeber bei der verhaltensbedingten Kündigung nur, wenn er konkret die Gründe darlegt, aus denen sich die Pflichtverletzung des Arbeitnehmers ergibt. Nicht ausreichend sind schlagwortartige Bezeichnungen, zB „Störung des Betriebsfriedens", „häufiges Zuspätkommen" oder „Beleidigung". Erforderlich ist eine detaillierte Schilderung der Pflichtverletzung nach Art, Zeit und Ort. Dies umfasst auch die Umstände, aus denen sich die Rechtswidrigkeit sowie ggf. das Verschulden des Arbeitnehmers ergeben. Der Arbeitgeber hat also auch die Tatsachen zu beweisen, die einen Rechtfertigungsgrund ausschließen.[930] Allerdings muss der Arbeitgeber nicht von vornherein jeden denkbaren Rechtfertigungsgrund

---

[924] BAG BAG 23.8.2018 – AP BGB § 626 Nr. 272; 19.7.2012 – 2 AZR 989/11, NZA 2013; 17.1.1991 – 2 AZR 375/90, AP KSchG 1969 § 1 Verhaltensbedingte Kündigung Nr. 25.
[925] BAG 27.4.2006 – 2 AZR 415/05, NZA 2006, 1033.
[926] BAG 12.5.2010 – 2 AZR 845/08, NZA 2010, 1227.
[927] Vgl. BAG 15.12.2016 – 2 AZR 42/16, NZA 2017, 703; 17.3.2016 – 2 AZR 110/15, EzA BGB § 626 Nr. 56; 23.1.2014 – 2 AZR 638/13, NZA 2014, 965; 15.8.2002 – 2 AZR 514/01, AP KSchG § 1 Verhaltensbedingte Kündigung Nr. 42; 20.8.1998 – 2 AZR 736/97, RzK I 5h Nr. 46; LAG Berlin 11.7.2001 – 17 Sa 293/01, RzK I 5i Nr. 168; Ascheid/Preis/Schmidt/*Vossen* KSchG § 1 Rn. 342b.
[928] BAG 15.12.2016 – 2 AZR 42/16, NZA 2017, 703; 23.1.2014 – 2 AZR 638/13, NZA 2014, 965; 15.8.2002 – 2 AZR 514/01, AP KSchG § 1 Verhaltensbedingte Kündigung Nr. 42.
[929] → Rn. 117. Vgl auch BAG 28.3.2019 – 8 AZR 421/17, NZA 2019, 1212.
[930] BAG 28.3.2019 – 8 AZR 421/17, NZA 2019, 1212; 17.3.2016 – 2 AZR 110/15, EzA BGB § 626 Nr. 56; 22.10.2015 – 2 AZR 369/14, NZA 2016, 417; 12.5.2010 – 2 AZR 587/08, NZA-RR 2011, 15; ErfK/*Oetker* KSchG § 1 Rn. 208.

entkräften. Denn auch bei der verhaltensbedingten Kündigung greifen die Grundsätze der abgestuften Darlegungs- und Beweislast. Der Umfang der Darlegungs- und Beweislast des Arbeitgebers hängt also auch davon ab, wie sich der Arbeitnehmer auf den vom Arbeitgeber behaupteten Kündigungssachverhalt einlässt. Der Arbeitgeber kann sich deshalb zunächst darauf beschränken, die objektive Pflichtverletzung des Arbeitnehmers konkret darzulegen. Es ist dann Sache des Arbeitnehmers, nach § 138 Abs. 2 ZPO substantiiert Rechtfertigungs- oder Entschuldigungsgründe darzulegen. Geschieht dies nicht oder nicht ausreichend, sind die vom Arbeitgeber vorgetragenen Tatsachen nach § 138 Abs. 3 ZPO als zugestanden anzusehen. Ist der Arbeitnehmer seiner Darlegungspflicht hingegen nachgekommen, ist es wiederum Aufgabe des Arbeitgebers, die Umstände darzulegen und zu beweisen, dass weder Rechtfertigungs- noch Entschuldigungsgründe vorlagen.[931]

341 Dies gilt allerdings nicht stets und ausschließlich, sondern ist abhängig vom jeweiligen Rechtfertigungsgrund. So trägt der Arbeitnehmer im Falle einer üblen Nachrede nach § 186 StGB beispielsweise die Beweislast dafür, dass seine schädigenden und vertragswidrigen Behauptungen wahr sind.[932] Auch Notwehr hat derjenige zu beweisen, der sich auf sie beruft. Weitere Besonderheiten bestehen bei der Arbeitsunfähigkeit. Ist der Arbeitnehmer unstreitig der Arbeit ferngeblieben und beruft er sich ohne Vorlage einer Arbeitsunfähigkeitsbescheinigung auf eine Erkrankung, muss der Arbeitnehmer im Einzelnen darlegen, woran er zu welchem Zeitpunkt erkrankt sein will und weshalb eine Arbeitsleistung nicht möglich gewesen ist.[933] Gleiches gilt, wenn der Arbeitnehmer eine Arbeitsunfähigkeitsbescheinigung vorlegt, deren Beweiswert erschüttert ist. Ist er in diesem Falle einer Tätigkeit bei einem Dritten nachgegangen, muss er darlegen, weshalb er dieser Tätigkeit trotz Erkrankung nachgehen konnte, der anderen hingegen nicht.[934] Kommt der Arbeitnehmer seiner subj. Darlegungslast nach, ist der Arbeitgeber beweispflichtig.

342 Zum Kündigungsgrund gehört auch das Vorliegen einer ordnungsgemäßen **Abmahnung**. Auch diese muss der Arbeitgeber konkret darlegen und beweisen.[935] Er hat auch die Tatsachen darzulegen und zu beweisen, aus denen sich ergibt, dass die Abmahnung entbehrlich ist. Der Arbeitgeber genügt seiner Darlegungslast vor dem Hintergrund der abgestuften Darlegungs- und Beweislast zunächst mit der Behauptung, er habe den Arbeitnehmer wegen bestimmter konkreter Pflichtverletzungen unter Hinweis auf die Gefährdung von Bestand und Inhalt des Arbeitsverhältnisses abgemahnt. Bestreitet der Arbeitnehmer dies, muss der Arbeitgeber die Voraussetzungen einer Abmahnung im Detail in zeitlicher und gegenständlicher Hinsicht schildern. Schlagwortartige Bezeichnungen sind untauglich.[936]

343 Der Arbeitgeber ist ebenfalls beweisbelastet für das Nichtbestehen einer anderweitigen Beschäftigungsmöglichkeit auf einem freien Arbeitsplatz. Allerdings genügt er dieser Darlegungslast zunächst mit der Behauptung, freie Arbeitsplätze stünden nicht zur Verfügung. Im Rahmen der abgestuften Darlegungs- und Beweislast ist es nun Sache des Arbeitnehmers darzulegen, wie er sich die konkrete Weiterbeschäftigung vorstellt. Erst nach solch konkretem Sachvortrag des Arbeitnehmers hat der Arbeitgeber im Einzelnen darzulegen und zu beweisen, aus welchen Gründen eine anderweitige Beschäftigung nicht möglich ist, insbesondere, dass der Arbeitsplatz nicht frei ist, der Arbeitnehmer den Arbeitsplatz aufgrund seiner Qualifikation nicht besetzen kann oder die Weiterbeschäftigung wegen der Art der Pflichtverletzung kein geeignetes Mittel ist.[937]

---

[931] BAG 28.3.2019 – 8 AZR 421/17, NZA 2019, 1212; 17.3.2016 – 2 AZR 110/15, EzA BGB § 626 Nr. 56; 12.8.1976 – 2 AZR 237/75, DB 1976, 2357; Ascheid/Preis/Schmidt/*Vossen* KSchG § 1 Rn. 439; ErfK/*Oetker* KSchG § 1 Rn. 206; KR/*Rachor* KSchG § 1 Rn. 446. Zum Ganzen: BAG 22.10.2015 – 2 AZR 369/14, NZA 2016, 417.
[932] ErfK/*Oetker* KSchG § 1 Rn. 208.
[933] BAG 18.10.1990 – 2 AZR 204/90, RzK I 10h Nr. 30; 6.9.1989 – 2 AZR 118/89, AP KSchG § 1 Krankheit Nr. 22.
[934] BAG 7.12.1995 – 2 AZR 849/94, RzK I 10h Nr. 37; ErfK/*Oetker* KSchG § 1 Rn. 208.
[935] Vgl. schon → Rn. 322, 331.
[936] BAG 27.11.2008 – 2 AZR 675/07, AP BGB § 611 *Abmahnung* Nr. 33; 11.12.2003 – 2 AZR 667/02, BAGE 109, 87; KR/*Rachor* KSchG § 1 Rn. 436; ErfK/*Oetker* KSchG § 1 Rn. 207.
[937] So auch KR/*Rachor* KSchG § 1 Rn. 446; ErfK/*Oetker* KSchG § 1 Rn. 206; vgl. auch → Rn. 143. Vgl. BAG 20.6.2013 – 2 AZR 583/12, NZA 2013, 1345.

b) Beweisverwertungsverbote. Im Rahmen des Nachweises von Pflichtverletzungen des Arbeitnehmers stellt sich häufig die Frage nach **Beweisverwertungsverboten**, weil Beweismittel des Arbeitgebers zuweilen rechtswidrig unter Verletzung des Persönlichkeitsrechtes des Arbeitnehmers erlangt worden sind. Im Hinblick auf die Darlegungslast ist zu beachten, dass das Gericht das Vorliegen eines Verwertungsverbotes grundsätzlich nicht von Amts wegen zu prüfen hat. Vielmehr hat das Gericht nur dann zu prüfen, ob ein Verwertungsverbot eingreift, wenn entsprechende Anhaltspunkte dazu Anlass geben und die betreffende Partei nicht wirksam darauf verzichtet hat, die – etwaige – Verletzung ihres allgemeinen Persönlichkeitsrechts geltend zu machen. Es ist der von einer möglicherweise grundrechtswidrigen Erkenntnis- oder Beweismittelgewinnung betroffene Arbeitnehmer, der relevante Umstände aufzeigen muss, wenn sich nicht schon aus dem Vorbringen des Arbeitgebers (einschließlich der Beweisantritte) oder sonst wie „Verwertbarkeitszweifel" ergeben.[938] Bei der Prüfung des Verwertungsverbotes gilt der Grundsatz, dass nicht jedes rechtswidrig erlangte Beweismittel einem Beweisverwertungsverbot unterliegt. Insbesondere ist zu beachten, dass das allgemeine Persönlichkeitsrecht des Arbeitnehmers im Arbeitsverhältnis nicht schrankenlos gewährleistet wird. Eingriffe können durch die Wahrnehmung überwiegender schutzwürdiger Interessen des Arbeitgebers gerechtfertigt sein. Bei der Kollision des Persönlichkeitsrechtes mit Interessen der Allgemeinheit oder Dritter ist deshalb durch eine Güterabwägung im Einzelfall zu ermitteln, ob das allgemeine Persönlichkeitsrecht den Vorzug verdient und die Verwertung des Beweismittels unzulässig ist.[939] Im Rahmen der Abwägung ist zu beachten, dass allein das Interesse einer funktionstüchtigen Zivilrechtspflege ebenso wenig ausreicht, ein im Verhältnis zum allgemeinen Persönlichkeitsrecht gleiches Gewicht zu begründen, wie das Interesse, sich ein Beweismittel zur Durchsetzung von Ansprüchen zu sichern. Vielmehr müssen weitere Umstände hinzutreten. Dies ist anzunehmen, wenn sich der Beweisführer in einer Notwehrsituation oder in einer notwehrähnlichen Lage befindet, die die Beeinträchtigung des allgemeinen Persönlichkeitsrechtes rechtfertigt.[940]

Allerdings kann von vornherein nur die rechtswidrige Beweiserhebung ein Verwertungsverbot begründen. Soweit also eine Datenerhebung und -verwertung nach den Bestimmungen des BDSG oder der DS-GVO erfolgen durfte, kommt ein Beweisverwertungsverbot nicht in Betracht. Nur dann, wenn die fragliche Maßnahme nach den Bestimmungen des BDSG oder der DS-GVO nicht erlaubt war, muss gesondert geprüft werden, ob die Verwertung von im Zuge dieser Maßnahme gewonnenen Erkenntnissen oder Beweismitteln durch das Gericht einen Grundrechtsverstoß darstellen würde.[941] Dabei ist wichtig, dass zur „Durchführung" des Beschäftigungsverhältnisses nach § 26 Abs. 1 BDSG nach Auffassung des BAG auch die Kontrolle, ob der Arbeitnehmer seinen Pflichten nachkommt, zur „Beendigung" im Sinne die Kündigungsvorbereitung die Aufdeckung einer Pflichtverletzung, die die Kündigung des Arbeitsverhältnisses rechtfertigen kann, gehört.[942] Ein Verstoß gegen das BDSG oder die DS-GVO kann aber ein Verwertungsverbot begründen, jedoch immer im Rahmen einer Einzelfallprüfung.

Bei der Videoüberwachung ist zwischen offener und heimlicher Überwachung zu differenzieren. Bei der **offenen**, sich gegen alle Arbeitnehmer gleichermaßen richtenden Aufzeichnung eines Verhaltens handelt es sich um eine zum Schutz des Eigentums des Arbeitgebers grundsätzlich erlaubten Maßnahme.[943] Anders ist die Situation aber auch bei einer

---

[938] BAG 23.8.2018 – 2 AZR 133/18, NZA 2018, 1329.
[939] BAG 28.3.2019 – 8 AZR 421/17, NZA 2019, 1212; 23.8.2018 – 2 AZR 133/18, NZA 2018, 1329; 21.11.2013 – 2 AZR 797/11, NZA 2014, 353; 20.6.2013 – 2 AZR 546/12, NZA 2014, 143; BGH 15.3.2013 – XII ZB 107/08, BeckRS 2013, 11681; BAG 21.6.2012 – 2 AZR 153/11, NZA 2012, 1025; 16.12.2010 – 2 AZR 485/08, NZA 2011, 571; 23.4.2009 – 6 AZR 189/08, NZA 2009, 974; 15.8.2002 – 2 AZR 214/01, NZA 2003, 433; 27.3.2003 – 2 AZR 51/02, NZA 2003, 1193. Vgl. auch *Maschmann* NZA 2002, 20. Aus der Instanzrechtsprechung: ArbG Frankfurt 2.1.2002 – 2 Ca 5340/01, NZA 2002, 1093.
[940] BVerfG 9.10.2002 – 1 BvR 1611/96, AP BGB § 611 Persönlichkeitsrecht Nr. 34. Vgl. auch BAG 21.11.2013 – 2 AZR 797/11, NZA 2014, 353; 20.6.2013 – 2 AZR 546/12, NZA 2014, 143; 21.6.2012 – 2 AZR 153/11, NZA 2012, 1025.
[941] BAG 28.3.2019 – 8 AZR 421/17, NZA 2019, 1212; 23.8.2018 – 2 AZR 133/18, NZA 2018, 1329.
[942] BAG 28.3.2019 – 8 AZR 421/17, NZA 2019, 1212; 23.8.2018 – 2 AZR 133/18, NZA 2018, 1329.
[943] BAG 28.3.2019 – 8 AZR 421/17, NZA 2019, 1212; 23.8.2018 – 2 AZR 133/18, NZA 2018, 1329; 27.7.2017 – 2 AZR 681/16, BAGE 159, 380; 254. 2017 – 1 ABR 46/15, BAGE 159, 49. EGMR (Große Kam-

offenen Videoüberwachung, wenn Anhaltspunkte bestehen, dass die vom Arbeitgeber vorgenommenen Videoaufzeichnungen bei den betroffenen Arbeitnehmern zu einem ständigen Überwachungs- und daran anknüpfenden Anpassungs- und Leistungsdruck führen.[944] Insofern kommt es bei der offenen Überwachung im Regelfall darauf an, ob dem Arbeitnehmer die Überwachung bekannt gewesen ist. Die **heimliche Videoüberwachung** des Arbeitnehmers führt demgegenüber regelmäßig zu einem Eingriff in das Persönlichkeitsrecht des Arbeitnehmers. Dieser Eingriff führt jedoch dann nicht zu einem Beweisverwertungsverbot, wenn der konkrete Verdacht einer strafbaren Handlung oder einer anderen schweren Verfehlung zu Lasten des Arbeitgebers besteht, weniger einschneidende Mittel zur Aufklärung des Verdachtes ausgeschöpft sind, die verdeckte Videoüberwachung praktisch das einzige verbleibende Mittel darstellt und insgesamt nicht unverhältnismäßig ist.[945]

347 Eine **heimliche Tonbandaufnahme** über ein Gespräch ist hingegen grundsätzlich nicht verwertbar.[946] Ein am Gespräch beteiligter Zeuge kann jedoch gleichwohl vernommen werden. Etwas anderes gilt, wenn ein Dritter heimlich ein Telefonat mithört.[947] Aufzeichnungen eines Key-Loggers sind ebenfalls regelmäßig unverwertbar.[948] Ohne weiteres zu verwerten sind demgegenüber Auswertungen der **Telefondatenerfassung**. Denn hier wird der Inhalt der Gespräche nicht aufgezeichnet, sondern nur die Verbindungsdaten nebst Datum, Uhrzeit und Gesprächsdauer. Selbst wenn der Arbeitgeber bei zugelassenen Privattelefonaten unzulässigerweise die vollständige Zielnummer speichert, ist der Eingriff in das Persönlichkeitsrecht eng begrenzt, so dass er regelmäßig bei der Abwägung hinter die berechtigten Interessen des Arbeitgebers zurücktritt.[949] Im Rahmen einer heimlichen **Spindkontrolle** hat das BAG entschieden, dass Arbeitnehmer regelmäßig darauf vertrauen können, dass „ihr" Spind nicht ohne ihr Einverständnis durchsucht wird. Etwas anderes gilt bei Verdacht einer Straftat. In jedem Fall aber muss die Kontrolle erforderlich und angemessen sein. Regelmäßig ist der betroffene Arbeitnehmer bei der Kontrolle hinzuzuziehen.[950]

348 Ob **mitbestimmungswidrig erlangte Beweismittel** zu einem Beweisverwertungsverbot führen, hat das BAG zunächst offen gelassen. Jedenfalls wenn der Betriebsrat der Verwertung dieser Beweismittel zustimmte, was insbesondere durch Zustimmung zur Kündigung zum Ausdruck gebracht werden kann, sollte kein Verwertungsverbot bestehen.[951] Zwischenzeitlich hat sich das BAG aber wie folgt positioniert: Ist eine Informations- bzw. Beweisverwertung nach allgemeinen Grundsätzen zulässig, besteht grundsätzlich auch kein darüber hinausgehendes Verwertungsverbot bei Missachtung des Mitbestimmungsrechts des Betriebsrats oder bei einer nicht ausreichenden Einhaltung eines betriebsverfassungsrechtlichen Verfahrens. Denn der Schutzzweck von § 87 Abs. 1 Nr. 6 BetrVG gebietet die Annahme eines solchen Verwertungsverbots jedenfalls dann nicht, wenn die Verwendung und Verwertung eines Beweismittels und/oder daraus gewonnener, unstreitiger Informationen nach allgemeinen Grundsätzen zulässig ist.[952]

349 Auch Fallen, die der Arbeitgeber dem Arbeitnehmer im Rahmen von sog. „**Ehrlichkeitstests**" stellt, führen nicht zwingend zu einem rechtswidrigen Eingriff in das Persönlichkeits-

---

mer) 17.10.2019 – 1874/13, 8567/13 (López Ribalda ua/Spanien), NZA 2019, 1697; EGMR 28.11.2017 70838/13 [Antović und Mirković/Montenegro], LSK 2017, 141562.

[944] BAG 23.8.2018 – 2 AZR 133/18, NZA 2018, 1329; 27.7.2017 – 2 AZR 681/16, BAGE 159, 380; 254. 2017 – 1 ABR 46/15, BAGE 159, 49.

[945] BAG 20.10.2016 – 2 AZR 395/15, NZA 2017, 443; 22.09.2016 – 2 AZR 848/15, NZA 2017, 112; 29.6.2017 – 2 AZR 597/16, NZA 2017, 1179; 21.11.2013 – 2 AZR 797/11, NZA 2014, 353; 20.6.2013 – 2 AZR 546/12, NZA 2014, 143; 21.6.2012 – 2 AZR 153/11, NZA 2012, 1025; 27.3.2003 – 2 AZR 51/02, NZA 2003, 1193.

[946] BVerfG 31.7.2001 – 1 BvR 304/01, NZA 2002, 284.

[947] BVerfG 9.10.2002 – 1 BvR 1611/96, AP BGB § 611 Persönlichkeitsrecht Nr. 34; 19.12.1991 – 1 BvR 382/85, AP BGB § 611 Persönlichkeitsrecht Nr. 24.

[948] BAG v. 27.7.2017 – 2 AZR 681/16, NZA 2017, 1327.

[949] LAG Niedersachsen 13.1.1998 – 13 Sa 1235/97, LAGE KSchG § 1 Verhaltensbedingte Kündigung Nr. 63.

[950] BAG 20.6.2013 – 2 AZR 546/12, NZA 2014, 143.

[951] BAG 23.4.2009 – 6 AZR 189/08, NZA 2009, 974; 7.12.2006 – 2 AZR 182/06, NZA 2007, 617; 27.3.2003 – 2 AZR 51/02, NZA 2003, 1193; vgl. auch BAG 12.8.1999 – 2 AZR 923/98, NZA 2000, 421.

[952] BAG 20.10.2016 – 2 AZR 395/15, BAGE 157, 69; 31.1.2019 – 2 AZR 426/18, NZA 2019, 893

recht des Arbeitnehmers und damit zu einem Beweisverwertungsverbot. Insbesondere bei der Kontrolle von Personen, die einen Kassenbestand betreuen, sind Ehrlichkeitstests ohne weiteres zulässig.[953]

4. Fallgruppen

Abkehrwille. Unter dem Stichwort Abkehrwille werden die Verhaltensweisen des Arbeitnehmers subsumiert, die darauf schließen lassen, dass er einen anderen Arbeitsplatz sucht und seine Eigenkündigung kurz bevorsteht. Dieses Verhalten stellt als solches keine Vertragspflichtverletzung dar. Denn dem Arbeitnehmer steht es aufgrund der grundrechtlich geschützten Berufsfreiheit (Art. 12 GG) frei, sich beruflich neu zu orientieren. Die Treuepflicht des Arbeitnehmers gegenüber dem Arbeitgeber tritt dahinter zurück.[954] Auch ein betriebsbedingter Kündigungsgrund liegt im Regelfall nicht vor. Dies gilt selbst für den Fall, dass der Arbeitnehmer einen Mangelberuf ausübt und der Arbeitgeber die Möglichkeit hat, kurzfristig eine Ersatzkraft einzustellen. Denn der für die betriebsbedingte Kündigung erforderliche verringerte Personalbedarf besteht nicht.[955] Nur wenn der Arbeitnehmer im Zusammenhang mit den Vorbereitungshandlungen zum Arbeitsplatzwechsel Vertragspflichtverletzungen begeht, zB durch Abwerben anderer Arbeitnehmer, Verrat von Geschäftsgeheimnissen oder Aufnahme einer Konkurrenztätigkeit während des bestehenden Arbeitsverhältnisses, kommt die verhaltensbedingte Kündigung in Betracht.[956] Insbesondere reicht es also nicht, dass der Arbeitnehmer Vorbereitungshandlungen trifft, selbst wenn die Aufnahme einer Konkurrenztätigkeit vorbereitet wird. Nicht ausreichend ist ebenfalls, dass der Arbeitnehmer in Verhandlungen mit einem Konkurrenzunternehmen steht und im Betrieb eine Vertrauensstellung bekleidet. Möglich erscheint die ordentliche verhaltensbedingte Kündigung hingegen, wenn der Arbeitnehmer den Abkehrwillen bereits durch Abschluss eines neuen Arbeitsvertrages dokumentiert hat und er auf Nachfrage des bisherigen Arbeitgebers den Abkehrwillen leugnet. Denn der Arbeitgeber hat ein berechtigtes Interesse daran, rechtzeitig mit der Planung der Neubesetzung der Position des Arbeitnehmers zu beginnen. Kündigungsgrund ist dann aber nicht der Abkehrwille, sondern die Pflichtverletzung der falsch beantworteten Frage.[957]

Abwerbung. Die Abwerbung steht im engen Zusammenhang mit dem Abkehrwillen des Arbeitnehmers. Aufgrund der durch Art. 12 GG geschützten Berufsfreiheit sind Vorbereitung für einen Stellenwechsel oder die Aufnahme einer selbstständigen Tätigkeit als solche noch keine Verletzung von Haupt- oder Nebenpflichten. Diese umfasst auch das Recht, andere in die Planungen zum Stellenwechsel oder zur Aufnahme einer selbstständigen Tätigkeit mit einzubeziehen. Denn im Rahmen der Berufsfreiheit steht es dem Arbeitnehmer auch frei, sich mit anderen zur gemeinsamen Berufsausübung zu verbinden. Allerdings besteht dieses Recht nicht schrankenlos. Der Arbeitnehmer steht im Arbeitsverhältnis zum Arbeitgeber und ist insbesondere aufgrund der ihm obliegenden Treuepflicht gehalten, alles zu unterlassen, was den Arbeitgeber schädigen könnte. Bringt man die kollidierenden Verfassungsrechte zu einem verhältnismäßigen Ausgleich, ist die Abwerbung erst dann kündigungsrelevant, wenn besondere Umstände hinzutreten, die das Verhalten des Arbeitnehmers als sittenwidrig erscheinen lassen.[958] Ob dies der Fall ist, kann nur an Hand der Umstände des konkreten Einzelfalls ermittelt werden. Kündigungsrelevant ist jeden-

---

[953] BAG 18.11.1999 – 2 AZR 743/98, NZA 2000, 418.
[954] BAG 5.11.2009 – 2 AZR 609/08, NZA 2010, 277; Stahlhacke/Preis/Vossen Kündigung/*Preis* Rn. 621.
[955] → Rn. 262 zur Möglichkeit der betriebsbedingten Kündigung.
[956] BAG 29.6.2017 – 2 AZR 597/16, NZA 2017, 1179; 26.1.1995 – 2 AZR 355/94, EzA BGB § 626 Nr. 155; 30.1.1963 – 2 AZR 319/62, AP HGB § 60 Nr. 3; KR/*Rachor* KSchG § 1 Rn. 533; Linck/Krause/Bayreuther KSchG § 1 Rn. 673; Däubler/Deinert/Zwanziger/*Däubler* KSchG § 1 Rn. 176.
[957] Vgl. auch LAG Hamm 14.2.1968 – 8 (5) Sa 37/68, DB 1968, 1182; KR/*Rachor* KSchG § 1 Rn. 449.
[958] BAG 22.11.1965 – 3 AZR 130/65, AP BGB § 611 Abwerbung Nr. 1; KR/*Rachor* KSchG § 1 Rn. 453. AA wohl Stahlhacke/Preis/Vossen Kündigung/*Preis* Rn. 623, die jedes ernsthafte Einwirken auf Kollegen für kündigungsrelevant halten.

falls, dass der Arbeitnehmer versucht, andere Arbeitnehmer unter Verleitung zum Vertragsbruch, also etwa der Nichteinhaltung der Kündigungsfrist, abzuwerben.[959] Demgegenüber reicht es nicht aus, dass der Arbeitnehmer mit Kollegen über seine und deren berufliche Zukunft spricht. Selbst die Aufforderung an Kollegen, gemeinsam den Arbeitsplatz zu wechseln, ist als solche irrelevant, weil sie von der Berufsfreiheit gedeckt ist. Auch den Kollegen steht es nämlich frei, das Arbeitsverhältnis zu beenden, mag dazu auch der Anstoß von einem Kollegen kommen.

352 **Alkohol.** Verletzt der Arbeitnehmer wirksam erlassene einzelvertragliche oder kollektivrechtliche Alkoholverbote, hängt die Rechtsfolge davon ab, ob dem Arbeitnehmer überhaupt ein Schuldvorwurf gemacht werden kann. Handelt der Arbeitnehmer nämlich aufgrund einer **Alkoholabhängigkeit,** ist er krank und handelt nicht schuldhaft. In diesem Fall kommt allein eine personenbedingte Kündigung in Betracht.[960] Nur wenn der Pflichtverstoß nicht auf einer Alkoholabhängigkeit beruht, ist die verhaltensbedingte Kündigung möglich. Es ist deshalb zunächst im Einzelfall abzugrenzen, ob der Verstoß gegen ein bestehendes Alkoholverbot in den Bereich der personen- oder verhaltensbedingten Kündigung fällt. In den Bereich der personenbedingten Gründe fällt neben der Alkoholabhängigkeit beispielsweise auch der Entzug der Fahrerlaubnis infolge Trunkenheit bei einer Privatfahrt, wenn der Arbeitnehmer die Fahrerlaubnis für die vertraglich geschuldete Tätigkeit benötigt.[961]

353 Bei der Prüfung der Möglichkeit der verhaltensbedingten Kündigung ist zunächst zu differenzieren, ob ein Alkoholverbot im Betrieb besteht oder nicht. **Besteht kein Alkoholverbot,** ist nach vorhergehender Abmahnung eine Kündigung möglich, wenn der Alkoholmissbrauch zu einer Beeinträchtigung der Arbeitsleistung führt, insbesondere der Arbeitnehmer wegen des Alkoholgenusses sich oder andere gefährden kann.[962] Denn auch ohne ein betriebliches Alkoholverbot darf sich der Arbeitnehmer nicht in einen Zustand versetzen, der die ordnungsgemäße Erbringung der Arbeitsleistung nicht zulässt. **Besteht ein betriebliches Alkoholverbot,** kann schon der wiederholte Verstoß gegen das Verbot nach vorhergehender Abmahnung die ordentliche verhaltensbedingte Kündigung rechtfertigen, auch wenn dies nicht zur Beeinträchtigung der Arbeitsleitung führt und es nicht zu konkreten Störungen im Betriebsablauf gekommen ist.[963] Denn kündigungsrelevant ist der Pflichtverstoß als solcher. Im Rahmen der Interessenabwägung können sich betriebliche Gepflogenheiten zugunsten des Arbeitnehmers auswirken, etwa geduldeter Alkoholkonsum im Zusammenhang mit Dienstjubiläen oder Geburtstagen.

354 Ob und inwieweit eine Abmahnung entbehrlich ist oder eine fristlose Kündigung in Betracht kommt, ist eine Frage des Einzelfalls. Dies ist möglich, wenn die Alkoholisierung mit einem erheblichen Gefährdungspotenzial einhergeht, was sich insbesondere aus der verrichteten Tätigkeit ergeben kann.[964] Bei konkreter Gefährdung des Lebens, der Gesundheit oder erheblicher Sachwerte kommt im Einzelfall auch eine fristlose Kündigung in Betracht. So hat das LAG Sachsen zutreffend einen wichtigen Kündigungsgrund in einem Fall angenommen, in dem der Fahrer eines Fahrzeugs des Rettungsdienstes unter

---

[959] LAG Berlin 6.12.1962 – 2 Sa 34/62, DB 1963, 871; LAG Düsseldorf 15.10.1969 – 6 Sa 117/69, DB 1969, 2353.
[960] Vgl. zur personenbedingten Kündigung in diesem Fall → Rn. 406 ff. Zur Abgrenzung: BAG 20.3.2014 – 2 AZR 565/12, NZA 2014, 602; 20.12.2012 – 2 AZR 32/11, NZA-RR 2013, 627; 9.4.1987 – 2 AZR 210/86, AP KSchG § 1 Krankheit Nr. 18; 22.7.1982 – 2 AZR 30/81, AP KSchG § 1 Verhaltensbedingte Kündigung Nr. 5; *Bengelsdorf* NZA 2001, 993.
[961] Zur personenbedingten Kündigung → Rn. 462 ff.
[962] Vgl. BAG 26.1.1995 – 2 AZR 649/94, AP KSchG § 1 Verhaltensbedingte Kündigung Nr. 46; Ascheid/Preis/Schmidt/*Vossen* KSchG § 1 Rn. 310.
[963] BAG 22.7.1982 – 2 AZR 30/81, AP KSchG § 1 Verhaltensbedingte Kündigung Nr. 5; 26.1.1995 – 2 AZR 649/94, AP KSchG § 1 Verhaltensbedingte Kündigung Nr. 34; KR/*Rachor* KSchG § 1 Rn. 459; Linck/Krause/Bayreuther KSchG § 1 Rn. 540; Däubler/Deinert/Zwanziger/*Däubler* KSchG § 1 Rn. 180; Stahlhacke/Preis/Vossen Kündigung/*Preis* Rn. 625.
[964] LAG Hamm 13.9.1974 – 4 Sa 410/74, DB 1974, 2164; KR/*Rachor* KSchG § 1 Rn. 460; Ascheid/Preis/Schmidt/*Vossen* KSchG § 1 Rn. 304–309.

Verstoß gegen das Alkoholverbot mit 0,85 Promille seinen Dienst angetreten hat.⁹⁶⁵ Nichts anderes gilt für Piloten, Ärzte (Chirurgen) oder Kranführer.⁹⁶⁶
Der Arbeitgeber hat die Alkoholisierung darzulegen und zu beweisen.⁹⁶⁷ Zuweilen berei- 355 tet dem Arbeitgeber der **Nachweis der Alkoholisierung** Schwierigkeiten, die durch eine Blutprobe oder Alkotest ausgeräumt werden könnten. Allerdings kann der Arbeitgeber den Arbeitnehmer bei dem Verdacht einer Alkoholisierung weder zu einer Blutprobe noch zu einem Alkotest zwingen. Dies gilt unabhängig davon, ob vom Arbeitnehmer im Hinblick auf die ausgeübte Tätigkeit und den Grad der Alkoholisierung ein erhebliches Gefährdungspotenzial ausgeht. Die Blutprobe bedeutet nicht nur einen Eingriff in das allgemeine Persönlichkeitsrecht des Arbeitnehmers nach Art. 2 Abs. 1 GG, sondern darüber hinaus auch einen Eingriff in das Recht auf körperliche Unversehrtheit nach Art. 2 Abs. 2 GG. In Letzteres darf nur aufgrund eines Gesetzes eingegriffen werden, nicht durch eine Betriebsvereinbarung oder den Arbeitsvertrag. Auch der Alkotest kann nicht einseitig angeordnet werden. Vielmehr sind sowohl Blutprobe als auch Alkotest nur mit Einwilligung des Arbeitnehmers möglich.⁹⁶⁸ Im Prozess ist der Arbeitgeber deshalb auf andere Indizien angewiesen, zB auf den Nachweis des schwankenden Ganges, lallender Sprache, einer Alkoholfahne oder sonstigen alkoholbedingten Ausfallerscheinungen. Legt der Arbeitgeber diese Indizien substantiiert dar, ist der Arbeitnehmer nach den Grundsätzen der abgestuften Darlegungs- und Beweislast gehalten, substantiiert zu erwidern.
Ob und inwieweit der Arbeitnehmer seinerseits einen Anspruch darauf hat, einen vom 356 Arbeitgeber geäußerten Alkoholverdacht durch einen Blut- oder Alkotest zu entkräften, ist unklar und vom BAG zuletzt ausdrücklich offen gelassen worden.⁹⁶⁹ Zuvor hat es die Pflicht des Arbeitgebers bejaht, dem Arbeitnehmer bei Anzeichen einer Alkoholisierung Gelegenheit zu geben, durch objektive Tests den Verdacht der Alkoholisierung auszuräumen. Dies setze aber voraus, dass der Arbeitgeber über entsprechende Möglichkeiten verfüge und die Alkoholisierung (zB bei erkennbarer Volltrunkenheit) nicht offensichtlich vorliege.⁹⁷⁰ Nach zutreffender Auffassung lässt sich eine entsprechende Pflicht zum **Entlastungsbeweis** aus der Fürsorgepflicht des Arbeitgebers herleiten. Voraussetzung ist aber ein ausdrücklicher Wunsch des Arbeitnehmers. Der Arbeitgeber ist nicht gehalten, den Entlastungstest von sich aus anzubieten.⁹⁷¹
Bei Alkoholvergehen außerhalb des Dienstes liegt regelmäßig keine Pflichtverletzung des 357 Arbeitnehmers vor. Möglich ist jedoch das Vorliegen eines personenbedingten Kündigungsgrundes, wenn aufgrund der Alkoholisierung im Rahmen der Privatfahrt erhebliche Zweifel an der Eignung des **Kraftfahrers** bestehen.⁹⁷² Im Falle von **Drogenkonsum**, etwa bei der Einnahme von Amphetamin und Methamphetamin kann die außerordentliche Kündigung des Arbeitsverhältnisses eines Berufskraftfahrers auch dann gerechtfertigt sein, wenn nicht feststeht, dass seine Fahrtüchtigkeit bei von ihm durchgeführten Fahrten konkret beeinträchtigt war.⁹⁷³

Anzeigen gegen den Arbeitgeber. Mit der Erstattung einer Strafanzeige über behauptete be- 358 triebliche Missstände nimmt der Arbeitnehmer zunächst eine von Verfassungs wegen geforderte und von der Rechtsordnung erlaubte und gebilligte Möglichkeit der Rechtsver-

---

⁹⁶⁵ LAG Sachsen 26.5.2000 – 2 Sa 995/99, LAGE BGB § 626 Nr. 120a. Einschränkend LAG Mecklenburg-Vorpommern 22.10.2013 – 5 Sa 122/13, BeckRS 2014, 72353.
⁹⁶⁶ LAG Köln 8.11.2010 – 2 Sa 612/10, BeckRS 2011, 65463.
⁹⁶⁷ BAG 26.1.1995 – 2 AZR 649/94, AP KSchG § 1 Verhaltensbedingte Kündigung Nr. 34; *Bengelsdorf* NZA 2001, 1002.
⁹⁶⁸ BAG 16.9.1999 – 2 AZR 123/99, AP BGB § 626 Nr. 159; 12.8.1999 – 2 AZR 55/99, AP KSchG § 1 Verhaltensbedingte Kündigung Nr. 41; 6.11.1997 – 2 AZR 801/96, AP BGB § 626 Nr. 142; 26.1.1995 – 2 AZR 649/94, AP KSchG § 1 Verhaltensbedingte Kündigung Nr. 34; KR/*Rachor* KSchG § 1 Rn. 461; *Diller/Powietzka* NZA 2001, 1227 ff.; *Bengelsdorf* NZA 2001, 1002.
⁹⁶⁹ BAG 16.9.1999 – 2 AZR 123/99, AP BGB § 626 Nr. 159.
⁹⁷⁰ BAG 26.1.1995 – 2 AZR 649/94, AP KSchG § 1 Verhaltensbedingte Kündigung Nr. 34.
⁹⁷¹ BAG 26.1.1995 – 2 AZR 649/94, AP KSchG § 1 Verhaltensbedingte Kündigung Nr. 34; KR/*Rachor* KSchG § 1 Rn. 461; Ascheid/Preis/Schmidt/*Vossen* KSchG § 1 Rn. 312; *Bengelsdorf* NZA 2001, 1002.
⁹⁷² Vgl. Stichwort „Außerdienstliches Verhalten" → Rn. 377.
⁹⁷³ BAG 20.10.2016 – 6 AZR 471/15, NZA 2016, 1527.

folgung wahr. Regelmäßig kann die Strafanzeige deshalb nicht zu einer Verletzung der arbeitsvertraglichen Pflichten führen und die verhaltensbedingte Kündigung rechtfertigen.[974] Andererseits darf nicht übersehen werden, dass der Arbeitnehmer arbeitsvertraglichen Rücksichtnahmepflichten unterliegt. Es sind deshalb Fälle denkbar, in denen die Erstattung einer Strafanzeige gleichwohl kündigungsrelevant sein kann.[975] Dies ist zunächst der Fall, wenn die Strafanzeige entweder in Kenntnis der wahren Umstände zu Unrecht oder aber leichtfertig zu Unrecht erstattet wurde.[976] Zu beachten ist auch, ob die offengelegte Information von öffentlichem Interesse ist, sowie die Beweggründe des Arbeitnehmers.[977] Die Anzeige ist kündigungsrelevant, wenn sie ausschließlich dem Zweck dient, den Arbeitgeber „fertig zu machen".

359 Auch bei tatsächlich gesetzwidrigem Verhalten des Arbeitgebers kann die Anzeige im Einzelfall die verhaltensbedingte Kündigung rechtfertigen. Zwar gebührt der innerbetrieblichen Klärung nicht generell der Vorrang vor der Strafanzeige, der Arbeitnehmer kann aber unter Umständen vor der Erstattung der Strafanzeige verpflichtet sein, zu versuchen, den Arbeitgeber von seinem Verhalten durch entsprechende Hinweise und Vorhalte abzubringen, soweit es ihm nicht unzumutbar ist.[978] Dies ist Ausfluss der arbeitsvertraglichen Treuepflicht. Eine vorherige Meldung und Klärung ist dem Arbeitnehmer unzumutbar, wenn er Kenntnis von Straftaten erhält, durch deren Nichtanzeige er sich selbst der Strafverfolgung aussetzen würde.[979] Entsprechendes gilt bei schwerwiegenden Straftaten oder vom Arbeitgeber selbst begangener Straftaten.[980] Hier tritt die Pflicht des Arbeitnehmers zur Rücksichtnahme zurück. Weiter trifft den Arbeitnehmer keine Pflicht zur innerbetrieblichen Klärung, wenn Abhilfe berechtigterweise nicht zu erwarten ist. Dies ist etwa der Fall, wenn der Arbeitgeber bereits Kenntnis von den Missständen hat und nicht für Abhilfe sorgt. Hat der Arbeitnehmer den Arbeitgeber auf die gesetzeswidrige Praxis im Unternehmen hingewiesen, sorgt dieser jedoch nicht für Abhilfe, besteht auch keine Pflicht zur Rücksichtnahme mehr.[981] Kommt es durch die Strafanzeige zu einer Rufschädigung, ist diese mit dem öffentlichen Interesse an der Information abzuwägen.[982]

360 Bei berechtigten Anzeigen muss der Arbeitnehmer die zuständigen Behörden einschalten. Er darf sich nicht unmittelbar an die Presse wenden. Auch eine Diffamierung des Arbeitgebers ist zu vermeiden.[983]

361 Kein Kündigungsgrund liegt vor, wenn der Arbeitnehmer in einem gerichtlichen Verfahren als Zeuge wahrheitsgemäße Aussagen macht, die den Arbeitgeber belasten.[984] Die Wahrnehmung staatsbürgerlicher Pflichten kann, soweit nicht wissentlich unwahre oder leichtfertig falsche Angaben gemacht werden, keine verhaltensbedingte Kündigung rechtfertigen.

---

[974] EGMR 21.7.2011 – 28274/08, NZA 2011, 1269; BAG 11.7.2013 – 2 AZR 994/12, NZA 2014, 250; 3.7.2003 – 2 AZR 235/02, NJW 2004, 1547; BVerfG 2.7.2001 – 1 BvR 2049/00, AP BGB § 626 Nr. 170; vgl. auch *Müller* NZA 2002, 424.
[975] BAG 15.12.2016 – 2 AZR 42/16, NZA 2017, 703.
[976] BAG 15.12.2016 – 2 AZR 42/16, NZA 2017, 703; 11.7.2013 – 2 AZR 994/12, NZA 2014, 250; 3.7.2003 – 2 AZR 235/02, NJW 2004, 1547; 4.7.1991 – 2 AZR 80/91, RzK I 6a Nr. 74; BVerfG 2.7.2001 – 1 BvR 2049/00, AP BGB § 626 Nr. 170.
[977] EGMR 21.7.2011 – 28274/08, NZA 2011, 1269.
[978] BAG 15.12.2016 – 2 AZR 42/16, NZA 2017, 703; 11.7.2013 – 2 AZR 994/12, NZA 2014, 250; 7.12.2006 – 2 AZR 400/05, NZA 2007, 503; 3.7.2003 – 2 AZR 235/02, NJW 2004, 1547. Vgl. auch: Däubler/Deinert/Zwanziger/*Däubler* KSchG § 1 Rn. 184, 185; KR/*Rachor* KSchG § 1 Rn. 463; Stahlhacke/Preis/Vossen Kündigung/*Preis* Rn. 635.
[979] BAG 11.7.2013 – 2 AZR 994/12, NZA 2014, 250; 3.7.2003 – 2 AZR 235/02, NJW 2004, 1547; LAG Düsseldorf 21.2.1953 – 1 Sa 74/52, BB 1953, 532; KR/*Rachor* KSchG § 1 Rn. 462.
[980] BAG 7.12.2006 – 2 AZR 400/05, NZA 2007, 503; Ascheid/Preis/Schmidt/*Vossen* BGB § 626 Rn. 191.
[981] BAG 3.7.2003 – 2 AZR 235/02, NZA 2004, 427.
[982] EuGH 22.4.2010 – 6 AZR 962/08, NZA 2011, 1296.
[983] BAG 18.6.1970 – 2 AZR 369/69, AP KSchG § 1 Nr. 82; 23.10.1969 – 2 AZR 127/69, AP KSchG § 13 Nr. 19; LAG Köln 3.5.2000 – 2 Sa 78/00, RzK I 6a Nr. 186; Stahlhacke/Preis/Vossen Kündigung/*Preis* Rn. 636.
[984] BVerfG 2.7.2001 – 1 BvR 2049/00, AP BGB § 626 Nr. 170.

Anzeigen gegen Arbeitnehmer/Denunziation. In bestimmten Fällen ist der Arbeitnehmer 362
verpflichtet, Verfehlungen anderer Mitarbeiter beim Arbeitgeber anzuzeigen. Dieses Phänomen wird auch als „Whistleblowing" bezeichnet.[985] Dies ist unproblematisch in den Fällen, in denen ein Personen- oder Sachschaden eingetreten oder zu befürchten ist, insbesondere bei strafbarem Verhalten zu Lasten des Arbeitgebers. Darüber hinaus sind regelmäßig solche Arbeitnehmer zur Anzeige von Verfehlungen verpflichtet, zu deren arbeitsvertraglichen Pflichten die Beaufsichtigung anderer Arbeitnehmer gehört.[986] Verstößt ein Arbeitnehmer gegen diese Anzeigepflicht, kommt im Wiederholungsfalle nach vorangegangener Abmahnung die ordentliche Kündigung in Betracht. Von diesen berechtigten Anzeigen abzugrenzen ist die unberechtigte Denunziation anderer Arbeitnehmer. Sie kann die verhaltensbedingte Kündigung des Denunzianten rechtfertigen.[987] Zu beachten ist, ob die offengelegte Information von öffentlichem Interesse ist und was die Beweggründe des Arbeitnehmers sind.[988]

Arbeitskampf. Bei der Teilnahme an einem Arbeitskampf ist zu differenzieren. Die Teilnahme 363
an einem rechtmäßigen Arbeitskampf kann die verhaltensbedingte Kündigung nie rechtfertigen.[989] War der Arbeitskampf rechtswidrig, kommt nach vorhergehender Abmahnung die ordentliche verhaltensbedingte Kündigung in Betracht.[990] Besonders zu berücksichtigen sind Irrtümer des Arbeitnehmers über die Rechtmäßigkeit des Streiks. Der Verbotsirrtum hat regelmäßig allerdings keinen Einfluss auf die Wirksamkeit der verhaltensbedingten Kündigung. Dies gilt insbesondere in den Fällen, in denen der Arbeitnehmer auf eine eigene Rechtsauffassung vertraut, ohne sich vorher zu informieren. Nichts anderes gilt, wenn er trotz eindeutiger Rechtslage auf eine unrichtige Auskunft einer geeigneten Stelle vertraut. Möglich ist ein relevanter Rechtsirrtum nur in den Fällen, in denen eine schwierige ungeklärte Rechtsfrage von grundsätzlicher Bedeutung betroffen ist und der Arbeitnehmer die Rechtsfrage sorgfältig geprüft hat. Nur wenn die Rechtswidrigkeit für den Arbeitnehmer trotz Nutzung sämtlicher Erkenntnisquellen nicht erkennbar ist, rechtfertigt die Teilnahme an einem rechtswidrigen Streik die verhaltensbedingte Kündigung nicht.[991] Liegen die Voraussetzungen eines Streiks nicht vor, ist stets zu prüfen, ob die Arbeitnehmer nicht berechtigt von einem Zurückbehaltungsrecht Gebrauch machen.[992]

Arbeitspapiere. Legt der Arbeitnehmer trotz Abmahnung die Arbeitspapiere nicht vor, ist die 364
ordentliche verhaltensbedingte Kündigung möglich. Denn die rechtzeitige Vorlage der Arbeitspapiere ist eine arbeitsvertragliche Nebenpflicht. Vorausgesetzt ist aber, dass der Arbeitnehmer die Nichtvorlage zu vertreten hat.[993]

Arbeitspflicht. Verletzungen der Arbeitspflicht durch den Arbeitnehmer sind in diversen 365
Fallkonstellationen denkbar. Der Arbeitnehmer erscheint verspätet zur Arbeit, verweigert

---

[985] EGMR 21.7.2011 – 28274/08, NZA 2011, 1269; LAG Berlin-Brandenburg 7.11.2013 – 10 Sa 1230/13, BeckRS 2014, 74315.
[986] BAG 11.7.2013 – 2 AZR 994/12, NZA 2014, 250; 18.6.1970 – 2 AZR 520/69, AP BGB § 611 Haftung des Arbeitnehmers Nr. 57; LAG Berlin 9.1.1989 – 9 Sa 93/88, LAGE KSchG § 1 Verhaltensbedingte Kündigung Nr. 21.
[987] BAG 21.10.1965 – 2 AZR 2/65, AP KSchG § 1 Verhaltensbedingte Kündigung Nr. 5.
[988] EGMR 21.7.2011 – 28274/08, NZA 2011, 1269. Vgl. auch BAG 8.5.2014 – 2 AZR 249/13, NZA 2014, 1258.
[989] BAG 28.1.1955 – GS 1/54, AP GG Art. 9 Arbeitskampf Nr. 1; *Linck/Krause/Bayreuther* KSchG § 1 Rn. 562; Däubler/Deinert/Zwanziger/*Däubler* KSchG § 1 Rn. 187; KR/*Rachor* KSchG § 1 Rn. 465; Stahlhacke/Preis/Vossen Kündigung/*Preis* Rn. 584.
[990] BAG 17.12.1976 – 1 AZR 605/75, AP GG Art. 9 Arbeitskampf Nr. 51; 29.11.1983 – 1 AZR 469/82, AP BGB § 626 Nr. 78; KR/*Rachor* KSchG § 1 Rn. 465; Stahlhacke/Preis/Vossen Kündigung/*Preis* Rn. 585. AA: DKZ/*Däubler* KSchG § 1 Rn. 188.
[991] Vgl. zum Rechtsirrtum ausführlich → Rn. 321. Zur Teilnahme an einem Streik einer tarifunzuständigen Gewerkschaft BAG 29.11.1983 – 1 AZR 496/82, AP BGB § 626 Nr. 78.
[992] Vgl. zum Zurückbehaltungsrecht → Rn. 368.
[993] BAG 13.3.2008 – 2 AZR 88/07, BB 2008, 2132; *Linck/Krause/Bayreuther* KSchG § 1 Rn. 563; KR/*Rachor* KSchG § 1 Rn. 467; Ascheid/Preis/*Vossen* KSchG § 1 Rn. 293.

die Arbeitsleistung vollständig, erbringt die Arbeitsleistung schlecht oder nimmt eigenmächtig Urlaub. Das BAG hat beispielsweise entschieden, dass die Widersetzung der Weisung zur Anfertigung von Tätigkeitsberichten kündigungsrelevant sein kann.[994] Wegen dieser Vielgestaltigkeit werden die typischerweise auftretenden Arbeitspflichtverletzungen in separaten Stichworten abgearbeitet. Es lassen sich jedoch auch einige gemeinsame Grundsätze aufstellen.

366 Verstößt der Arbeitnehmer trotz Abmahnung wiederholt gegen die Arbeitspflicht, ist dieses Verhalten grundsätzlich kündigungsrelevant. Denn er verletzt damit die ihm obliegende arbeitsvertragliche Hauptleistungspflicht. Ob und inwieweit eine Abmahnung entbehrlich ist oder gar eine fristlose Kündigung durchgreift, ist eine Frage des Einzelfalls, die entscheidend von der Art und Schwere der Verletzung der Arbeitspflicht abhängt.

367 Stets ist jedoch sorgfältig zu prüfen, ob tatsächlich eine Verletzung der Arbeitspflicht vorliegt. Denn die Verletzung der Arbeitspflicht setzt eine **bestehende und durchsetzbare Pflicht zur Erbringung der Arbeitsleistung** voraus. Entscheidend dafür ist zunächst der bestehende Arbeitsvertrag. Weist der Arbeitgeber dem Arbeitnehmer im Rahmen des Arbeitsvertrages einseitig im Wege des Direktionsrechts Arbeit zu, ist nach § 106 GewO, § 315 BGB zu beachten, dass die Zuweisung billigem Ermessen entspricht.[995] Entspricht sie billigem Ermessen nicht, fehlt es bereits an der Arbeitspflicht. Die geforderte Billigkeit wird inhaltlich durch die Grundrechte, insbesondere die Glaubens- und Bekenntnisfreiheit des Art. 4 GG mitbestimmt. Kollidieren Grundrechte des Arbeitnehmers mit der gleichfalls grundrechtlich geschützten unternehmerischen Betätigungsfreiheit, sind die kollidierenden Grundrechte im Wege der praktischen Konkordanz zu einem verhältnismäßigen Ausgleich zu bringen.[996] Darüber hinaus kann das Weisungsrecht durch Gesetz, Tarifvertrag, Betriebsvereinbarung oder den Individualvertrag eingeschränkt sein. Die Arbeitspflicht besteht deshalb auch dann nicht, wenn der Arbeitgeber Arbeit unter Verstoß gegen die Mitbestimmungsrechte des Betriebsrates anordnet, etwa unzulässige Mehrarbeit.[997] Bei einer mitbestimmungspflichtigen Versetzung ist der Arbeitnehmer nicht verpflichtet, seine Arbeitsleistung an dem anderen Arbeitsplatz zu erbringen, solange keine Zustimmung des Betriebsrates vorliegt oder diese ersetzt worden ist.[998] Dies gilt auch für die fehlende Zustimmung des Betriebsrates zur Einstellung, wenn sich der Betriebsrat auf die Verletzung seines Mitbestimmungsrechtes beruft und die Aufhebung der Einstellung verlangt.[999]

368 Zu beachten sind auch vom Arbeitnehmer rechtmäßig ausgeübte **Zurückbehaltungs- oder bestehende Leistungsverweigerungsrechte**.[1000] Dabei sind Zurückbehaltungsrecht einerseits und Leistungsverweigerungsrecht andererseits trennscharf abzugrenzen. Während das Zurückbehaltungsrecht dazu dient, den Arbeitgeber zur Erfüllung der ihm obliegenden Pflichten zu veranlassen, greift das Leistungsverweigerungsrecht Platz, wenn die Arbeitspflicht des Arbeitnehmers mit einer anderen, eigenen Pflicht des Arbeitnehmers kollidiert. Das **Zurückbehaltungsrecht** muss, um Rechtswirkungen zu entfalten, ausgeübt werden. Zuvor muss der Arbeitnehmer unter Angabe des Grundes dem Arbeitgeber klar und eindeutig mitteilen, er werde dieses Recht auf Grund einer ganz bestimmten, konkreten Gegenforderung ausüben.[1001] Macht der Arbeitnehmer zB wegen bestehender Lohnrückstände des Arbeitgebers von seinem Zurückbehaltungsrecht Gebrauch, muss er die geschuldete Arbeitsleistung nicht erbringen und eine verhaltensbedingte Kündigung

---

[994] BAG 19.4.2007 – 2 AZR 78/06, AP BGB § 611 Direktionsrecht Nr. 77.
[995] BAG 24.2.2011 – 2 AZR 636/09, NZA 2011, 1087; 10.10.2002 – 2 AZR 472/01, NZA 2003, 483; 5.4.2001 – 2 AZR 580/99, NZA 2001, 893; BVerfG 30.7.2003 – 1 BvR 792-03, NZA 2003, 959.
[996] BAG 24.2.2011 – 2 AZR 636/09, NZA 2011, 1087; 10.10.2002 – 2 AZR 472/01, NZA 2003, 483; BVerfG 30.7.2003 – 1 BvR 792/03, NZA 2003, 959.
[997] BAG 30.9.1993 – 2 AZR 283/93, AP KSchG § 2 Nr. 33; KR/*Rachor* KSchG § 1 Rn. 467.
[998] BAG 5.4.2001 – 2 AZR 580/99, NZA 2001, 893; 30.9.1993 – 2 AZR 283/93, AP KSchG § 2 Nr. 33; KR/*Rachor* KSchG § 1 Rn. 470.
[999] BAG 5.4.2001 – 2 AZR 580/99, NZA 2001, 893.
[1000] BAG 19.1.2016 – 2 AZR 449/15, NZA 2016, 1144; 22.10.2015 – 2 AZR 569/14, NZA 2016, 417; 13.3.2008 – 2 AZR 88/07, BB 2008, 2132.
[1001] Grundlegend BAG 13.3.2008 – 2 AZR 88/07, BB 2008, 2132. Vgl. auch BAG 22.10.2015 – 2 AZR 569/14, NZA 2016, 417.

scheidet aus.¹⁰⁰² Dabei ist zu beachten, dass das Zurückbehaltungsrecht Treu und Glauben unterliegt. Der Arbeitnehmer kann sich deshalb nicht wegen verhältnismäßig geringfügiger Lohnrückstände oder einer kurzfristigen Verzögerung der Auszahlung auf ein Zurückbehaltungsrecht berufen. Lohnrückstände von einem Monatsgehalt für eine Lohnperiode wird man stets als erheblich anzusehen haben. Nichts anderes gilt, wenn der Arbeitnehmer seine Arbeitskraft wegen gesundheitlicher Gefährdungen am Arbeitsplatz zurückhält.¹⁰⁰³ Ein **Leistungsverweigerungsrecht** setzt demgegenüber die Unzumutbarkeit der Arbeitsleistung für den Arbeitnehmer voraus. Dies kann sich vor allem aus familiären Gründen, Glaubens- und Gewissensgründen oder unzumutbaren Arbeitsbedingungen ergeben. So darf der Arbeitgeber dem Arbeitnehmer keine Arbeit zuweisen, die ihn in einen vermeidbaren Gewissenskonflikt bringt.¹⁰⁰⁴ Familiäre Gründe bestehen beispielsweise, wenn der Arbeitnehmer keine Betreuung für sein Kind findet.¹⁰⁰⁵ Die Anweisung des Arbeitgebers, im Kundenkontakt kein Kopftuch zu tragen, kann bei Arbeitnehmerinnen moslemischen Glaubens gegen die Religionsfreiheit verstoßen.¹⁰⁰⁶

Im Rahmen der Verletzung der Arbeitspflicht tritt typischerweise das Problem des **Rechtsirrtums** des Arbeitnehmers auf.¹⁰⁰⁷ Allerdings hat der Verbotsirrtum regelmäßig keinen Einfluss auf die Wirksamkeit der verhaltensbedingten Kündigung, weil er das Verschulden nicht ausschließt. Dies gilt insbesondere in den Fällen, in denen der Arbeitnehmer auf eine eigene Rechtsauffassung vertraut, ohne sich vorher zu orientieren. Nichts anderes gilt, wenn er trotz eindeutiger Rechtslage auf eine unrichtige Auskunft einer geeigneten Stelle vertraut. Möglich ist ein relevanter Rechtsirrtum nur in den Fällen, in denen eine schwierige ungeklärte Rechtsfrage von grundsätzlicher Bedeutung betroffen ist und der Arbeitnehmer die Rechtsfrage sorgfältig geprüft hat.

Wegen der mit der Verletzung der Arbeitspflicht einhergehenden Kündigungsrisiken kann Arbeitnehmern nur dazu geraten werden, zunächst die Arbeit anzutreten und in einem gerichtlichen Verfahren zu klären, ob ein Zurückbehaltungsrecht besteht. Diese Klage ist als Feststellungsklage ohne weiteres zulässig.

Arbeitsunfähigkeit. Zur Arbeitsunfähigkeit infolge einer Erkrankung siehe Stichwort „Krankheit".

Arbeitsverweigerung. Die Arbeit verweigert, wer die geschuldete Arbeitsleistung (schuldhaft) **nicht oder nicht vollständig** erbringt. Dabei sind die Fallgestaltungen der Arbeitsverweigerung vielfältig, zB unentschuldigtes Fehlen, eigenmächtiger Urlaubsantritt oder unbefugtes Verlassen des Arbeitsplatzes. In sämtlichen Fällen verletzt der Arbeitnehmer seine Hauptleistungspflicht des Arbeitsvertrages. Dies rechtfertigt nach vorhergehender Abmahnung die ordentliche verhaltensbedingte Kündigung.¹⁰⁰⁸ Besonders sorgfältig ist zu untersuchen, ob tatsächlich eine Arbeitsverweigerung vorliegt. Denn die Arbeitsverweigerung setzt eine bestehende und durchsetzbare Pflicht zur Erbringung der Arbeitsleistung voraus. Zuerst muss also geprüft werden, ob der Arbeitnehmer zur Ausübung der ihm zugewiesenen Tätigkeit verpflichtet gewesen ist. Bedeutsam ist hier insbesondere die Reichweite des Direktionsrechtes des Arbeitgebers, Mitbestimmungsrechte des Betriebsrates sowie Leistungsverweigerungs- oder Zurückbehaltungsrechte. Im Rahmen der Reich-

---

¹⁰⁰² BAG 9.5.1996 – 2 AZR 387/95, AP BGB § 273 Nr. 5.
¹⁰⁰³ BAG 19.12.1997 – 5 AZR 982/94, AP BGB § 618 Nr. 24.
¹⁰⁰⁴ BAG 22.10.2015 – 2 AZR 569/14, NZA 2016, 417; 10.10.2002 – 2 AZR 472/01, NZA 2003, 483; 20.12.1984 – 2 AZR 463/83, AP BGB § 611 Nr. 27.
¹⁰⁰⁵ Vgl. auch BAG 22.12.1982 – 2 AZR 282/82, AP BGB § 123 Nr. 23; 21.5.1992 – 2 AZR 10/92, AP KSchG § 1 Verhaltensbedingte Kündigung Nr. 29.
¹⁰⁰⁶ BAG 10.10.2002 – 2 AZR 472/01, NZA 2003, 483 eingehend zur Unterscheidung verhaltens- und personenbedingter Gründe. Zu religiösen Bekundungen auch BAG 10.12.2009 – 2 AZR 55/09, NZA-RR 2010, 383, vgl. zum Kopftuchverbot auch BAG 27.8.2020 – 8 AZR 62/19, juris.
¹⁰⁰⁷ Vgl. schon → Rn. 321.
¹⁰⁰⁸ BAG 23.8.2018 – AP BGB § 626 Nr. 272; 14.12.2017 – 2 AZR 86/17, NZA 2018, 646; 19.1.2016 – 2 AZR 449/15, NZA 2016, 1144; 22.10.2015 – 2 AZR 569/14, NZA 2016, 417; 24.2.2011 – 2 AZR 636/09, NZA 2011, 1087; 27.2.1997 – 2 AZR 302/96, AP KSchG § 1 Verhaltensbedingte Kündigung Nr. 36; 17.1.1991 – 2 AZR 375/90, AP KSchG § 1 Verhaltensbedingte Kündigung Nr. 25; Ascheid/Preis/Schmidt/*Vossen* KSchG § 1 Rn. 282; Stahlhacke/Preis/Vossen Kündigung/*Preis* Rn. 570.

weite des Direktionsrechtes sind auch religiöse Überzeugungen zu berücksichtigen.[1009] Ebenso treten bei der Arbeitsverweigerung typischerweise Rechtsirrtümer des Arbeitnehmers auf.[1010] Verweigert der Arbeitnehmer die Arbeitsleistung in der Annahme, er handele rechtmäßig, hat grundsätzlich er selbst das Risiko zu tragen, dass sich seine Rechtsauffassung als unzutreffend erweist.[1011]

373 In schwerwiegenden Fällen **beharrlicher Arbeitsverweigerung** kann auch die **fristlose Kündigung** gerechtfertigt sein.[1012] Kennzeichnendes Kriterium der Beharrlichkeit ist die Nachhaltigkeit der Arbeitsverweigerung, die durch das Verhalten des Arbeitnehmers zum Ausdruck gebracht wird. Erforderlich ist eine intensive Weigerung. Der Arbeitnehmer muss die Arbeit bewusst nicht leisten wollen. An dieser Intensität der Pflichtverletzung fehlt es regelmäßig, wenn der Arbeitnehmer glaubt, nicht zur Arbeitsleistung verpflichtet zu sein, etwa aufgrund eines tatsächlich nicht bestehenden Zurückbehaltungsrechtes. Möglich bleibt dann aber die ordentliche Kündigung.

374 Auch die **Ankündigung der Arbeitsverweigerung** rechtfertigt die uU fristlose verhaltensbedingte Kündigung, wenn der Arbeitnehmer trotz Abmahnung auf seiner Ankündigung beharrt. Erscheint der Arbeitnehmer mehrere Tage nicht zur Arbeit, ohne den Arbeitgeber zu informieren, und weist er später nach, dass er **krank** gewesen ist, liegt kein Fall der Arbeitsverweigerung vor. Denn wegen der Erkrankung bestand keine Arbeitspflicht. Möglich ist eine Kündigung allenfalls im Hinblick auf die Verletzung der mit der Krankheit verbundenen Nebenpflichten, insbesondere der Anzeige- und der Nachweispflicht.[1013]

375 **Arbeitszeit.** Verstöße gegen die Arbeitszeit sind grundsätzlich kündigungsrelevant. Der Arbeitnehmer, der dem Arbeitgeber geleistete Arbeitszeit vorspiegelt, sich Arbeitsbefreiung erschleicht, verspätet zur Arbeit erscheint oder sie früher verlässt, kann verhaltensbedingt gekündigt werden, da er die Hauptleistungspflicht verletzt, indem er die geschuldete Arbeitsleistung nicht erbringt.[1014] Ob eine Abmahnung erforderlich ist oder gar ist fristlose Kündigung möglich ist, richtet sich nach den Umständen des Einzelfalls.[1015] Soweit erhebliche Arbeitsversäumnisse oder beträchtliche Störungen der betrieblichen Abläufe vorliegen, kann die fristlose Kündigung gerechtfertigt sein. Demgegenüber werden geringfügige Verstöße gegen die Arbeitszeit erst nach vorheriger Abmahnung die verhaltensbedingte Kündigung rechtfertigen können. Bei Versäumung der Arbeitszeit sind auch die konkreten betrieblichen Verhältnisse zu berücksichtigen. So sind durch betriebliche Feiern verursachte Arbeitszeitversäumnisse nicht kündigungsrelevant, wenn sie den betrieblichen Gepflogenheiten entsprechen.

376 Der Arbeitnehmer, der verspätet zur Arbeit erscheint[1016] oder unbefugt seinen Arbeitsplatz vorzeitig verlässt, kann nach vorhergehender Abmahnung regelmäßig ordentlich gekündigt werden. Nichts anderes gilt für die Nichteinhaltung von Arbeitspausen. Die Überziehung einer Frühstückspause wird erst im Wiederholungsfalle nach erfolgter Abmahnung die ordentliche Kündigung rechtfertigen. Handelt es sich hingegen um die systematische „Verlängerung" von Pausen über einen nicht unerheblichen Zeitraum, liegt ein Arbeitszeitbetrug vor, der sogar die fristlose Kündigung rechtfertigen kann. In diesem Fall erreicht die Pflichtverletzung den Grad einer beharrlichen Verweigerung der Arbeitspflicht.[1017] Dies gilt auch

---

[1009] BAG 22.10.2015 – 2 AZR 569/14, NZA 2016, 417; 24.2.2011 – 2 AZR 636/09, NZA 2011, 1087.
[1010] Zum Direktions-, Leistungsverweigerungs-, Zurückbehaltungsrecht und Rechtsirrtum vgl. Stichwort „Arbeitspflicht".
[1011] BAG 14.12.2017 – 2 AZR 86/17, NZA 2018, 646.
[1012] BAG 14.12.2017 – 2 AZR 86/17, NZA 2018, 646; 22.10.2015 – 2 AZR 569/14, NZA 2016, 417; 13.3.2008 – 2 AZR 88/07, DB 2009, 68; 5.4.2001 – 2 AZR 580/99, NZA 2001, 893; 21.11.1996 – 2 AZR 357/95, AP BGB § 626 Nr. 130; KR/*Rachor* KSchG § 1 Rn. 469.
[1013] Dazu Stichwort „Krankheit" → Rn. 406.
[1014] BAG 13.12.2018 – 2 AZR 370/18, NZA 2019, 445; 14.12.2017 – 2 AZR 86/17, NZA 2018, 646; 13.3.2008 – 2 AZR 88/07, BB 2008, 2132; 16.9.2004 – 2 AZR 406/03, NZA 2005, 459.
[1015] Stahlhacke/Preis/Vossen Kündigung/*Preis* Rn. 581.
[1016] Vgl. ausführlich Stichwort „Unpünktlichkeit" → Rn. 452.
[1017] BAG 26.8.1993 – 2 AZR 154/93, AP BGB § 626 Nr. 112; Stahlhacke/Preis/Vossen Kündigung/*Preis* Rn. 581; ErfK/*Oetker* BGB § 626 Rn. 170.

beim Missbrauch von Kontrolleinrichtungen zur Arbeitszeiterfassung, sei es durch das Stempeln einer Stechkarte durch einen Dritten oder das Fälschen einer Stempelkarte oder einer Anwesenheitsliste.[1018] Unerheblich ist in diesen Fällen, wie die Vorgänge strafrechtlich zu würdigen sind. Entscheidend ist der Tatbestand der arbeitsvertraglichen Pflichtverletzung.[1019]

Außerdienstliches Verhalten. Außerdienstliches Verhalten rechtfertigt grundsätzlich keine verhaltensbedingte Kündigung. Denn die verhaltensbedingte Kündigung setzt die Verletzung einer arbeitsvertragsbezogenen Verhaltenspflicht voraus. Der Arbeitgeber hat aus dem Arbeitsvertrag aber keinen Anspruch darauf, dass sich der Arbeitnehmer im Privatleben in einer bestimmten Art und Weise verhält. Privatleben und Arbeitsleben sind deshalb grundsätzlich zu trennen.[1020] Es ist jedoch möglich, dass eine im Privatbereich begangene Handlung zugleich das Arbeitsverhältnis konkret stört und das Arbeitsverhältnis negativ beeinträchtigt. In diesem Fall ist auch außerdienstliches Verhalten kündigungsrechtlich relevant.[1021] Entscheidend sind stets die Umstände des Einzelfalles, wobei vorrangig der Grad der Störung des Arbeitsverhältnisses durch das außerdienstliche Verhalten zu berücksichtigen ist. Von besonderer Bedeutung ist in diesem Fall die Abgrenzung von personen- und verhaltensbedingter Kündigung. Wesentlich für die verhaltensbedingte Kündigung ist, dass das außerdienstliche Verhalten vertragswidrig ist. Andere Verhaltensweisen, die nicht zugleich auch vertragswidrig sind, aber die Eignung des Arbeitnehmers für die geschuldete Tätigkeit entfallen lassen, können nur die **personenbedingte Kündigung** rechtfertigen.[1022] Die betrieblichen Interessen werden im Sinne einer verhaltensbedingten Kündigung beeinträchtigt, wenn das Verhalten negative Auswirkungen auf den Betrieb hat. Dies gilt insbesondere dann, wenn die Tat mit Betriebsmitteln des Arbeitgebers begangen worden ist.[1023] Demgegenüber entfällt die Eignung von pädagogischen Mitarbeitern wie Lehrern und Erziehern bei sittlichen Verfehlungen im Privatbereich ebenso wie bei Vermögensdelikten eines Kassierers oder wenn der Prokurist einer Bank privat in Betrügereien verwickelt ist.

Eine zur **verhaltensbedingten Kündigung** führende **negative Beeinträchtigung** des Arbeitsverhältnisses liegt insbesondere in folgenden Fällen vor: In der Freizeit begangener Ladendiebstahl bei einem konzernangehörigen Unternehmen, wenn dem Arbeitnehmer für Wareneinkäufe in dem bestohlenen Unternehmen ein Personalrabatt eingeräumt war.[1024] Arbeitnehmer, der eine Vertrauensstellung bekleidet, lebt in ungeordneten wirtschaftlichen Verhältnissen.[1025] Arbeitnehmer manipuliert den Kilometerstand des Leasingfahrzeuges, das ihm von einer Leasinggesellschaft wegen des bestehenden Arbeitsverhältnisses überlassen worden ist. Alkoholkonsum eines Piloten vor Dienstantritt, wenn er vor Dienstantritt keinen Alkohol zu sich nehmen darf.[1026] Ebenso, wenn eine Straftat mit Betriebsmitteln begangen wird.[1027]

[1018] BAG 13.12.2018 – 2 AZR 370/18, NZA 2019, 445; 25.4.2018 – 2 AZR 611/17, NZA 2018, 1405; 14.12.2017 – 2 AZR 86/17, NZA 2018, 646; 12.8.1999 – 2 AZR 832/98, AP BGB § 123 Nr. 51; 13.8.1987 – 2 AZR 629/86, RzK I 5i Nr. 31; KR/*Rachor* KSchG § 1 Rn. 450; Däubler/Deinert/Zwanziger/*Däubler* KSchG § 1 Rn. 233; Stahlhacke/Preis/Vossen Kündigung/*Preis* Rn. 639.
[1019] BAG 23.8.2018 – AP BGB § 626 Nr. 272; 14.12.2017 – 2 AZR 86/17, NZA 2018, 646.
[1020] → Rn. 318; Zum öffentlichen Dienst → Rn. 380.
[1021] BAG 28.10.2010 – 2 AZR 293/09, NZA 2011, 112; 21.6.2001 – 2 AZR 325/00, NZA 2002, 1031; 24.9.1987 – 2 AZR 26/87, AP KSchG § 1 Verhaltensbedingte Kündigung Nr. 19; 20.9.1984 – 2 AZR 233/83, AP KSchG § 1 Verhaltensbedingte Kündigung Nr. 13; Däubler/Deinert/Zwanziger/*Däubler* KSchG § 1 Rn. 204; Linck/Krause/Bayreuther KSchG § 1 Rn. 586 ff.; Ascheid/Preis/Schmidt/*Vossen* KSchG § 1 Rn. 327a; Stahlhacke/Preis/Vossen Kündigung/*Preis* Rn. 640.
[1022] BAG 10.4.2014 – 2 AZR 684/13, NZA 2014, 1197; 20.6.2013 – 2 AZR 583/12, NZA 2013, 1345. So zutreffend auch: Stahlhacke/Preis/Vossen Kündigung/*Preis* Rn. 640; Ascheid/Preis/Schmidt/*Vossen* KSchG § 1 Rn. 327a, 328.
[1023] BAG 10.9.2009 – 2 AZR 257/08, NZA 2010, 220.
[1024] BAG 20.9.1984 – 2 AZR 633/82, AP BGB § 626 Nr. 80.
[1025] BAG 15.10.1992 – 2 AZR 188/92, RzK I 5i Nr. 80.
[1026] LAG Rheinland-Pfalz 20.12.1999 – 7 Sa 1112/99, EzBAT BAT § 53 Verhaltensbedingte Kündigung Nr. 51.
[1027] BAG 28.10.2010 – 2 AZR 293/09, NZA 2011, 112; 10.9.2009 – 2 AZR 257/08, NZA 2010, 220.

379 **Keine negative Beeinträchtigung** liegt in folgenden Fällen vor: Das Fordern und Vereinnahmen einer Vermittlungsprovision durch einen gewerblichen Arbeitnehmer für die Einstellung eines Arbeitnehmers.[1028] Die politische Betätigung eines Arbeitnehmers oder ein vom Arbeitgeber als locker oder unsittlich empfundener Lebenswandel. Etwas anderes gilt freilich, wenn zB die politische Betätigung mit Verletzungen der Arbeitspflicht einhergeht, etwa Fernbleiben von der Arbeit wegen Teilnahme an einer Demonstration, Verteilen von politischen Flugblättern während der Arbeitszeit. Selbstverständlich rechtfertigt die politische Auseinandersetzung aber nicht die Herabwürdigung des Arbeitgebers in der Öffentlichkeit. Auch Schulden rechtfertigen die ordentliche Kündigung nicht. Zu Lohnpfändungen vgl. Stichwort „Lohnpfändungen", → Rn. 416.

380 Der im **öffentlichen Dienst** beschäftigte Arbeitnehmer muss sein außerdienstliches Verhalten so einrichten, dass das Ansehen des öffentlichen Arbeitgebers nicht beeinträchtigt wird. Er hat auch außerhalb des Dienstes die Rechtsordnung zu wahren. Außerdienstlich begangene Straftaten sind deshalb kündigungsrelevant, wenn sie ein gewisses Gewicht haben.[1029] Begeht er eine schwere Straftat, etwa ein Tötungsdelikt, kann er auch ohne konkret messbare Ansehensschädigung gekündigt werden.[1030] Steuerhinterziehung des Angestellten der Finanzverwaltung beeinträchtigt ebenfalls das Arbeitsverhältnis unmittelbar, selbst wenn er die Hinterziehung nach § 371 AO selbst angezeigt hat.[1031] Ebenso hat sich der im öffentlichen Dienst Beschäftigte zur freiheitlich demokratischen Grundordnung zu bekennen. Damit ist die Verbreitung rassistischer Schriften im Privatbereich nicht zu vereinbaren.[1032]

381 Besonderheiten bestehen, wenn der Arbeitnehmer bei einem Arbeitgeber beschäftigt wird, der einen anerkannten politischen, konfessionellen, gewerkschaftlichen, karitativen oder ähnlichen Zweck verfolgt und der Arbeitnehmer sich mit seinem außerdienstlichen Verhalten zum **Tendenzschutz** in Widerspruch setzt. Zwar greift das KSchG in vollem Umfang auch für Tendenzbetriebe, verhält sich der Arbeitnehmer im Privatleben jedoch nicht der Tendenz entsprechend, kommt die verhaltensbedingte Kündigung in Betracht. Dies gilt insbesondere im kirchlichen Bereich.[1033]

382 **Beleidigung.** Beleidigungen und Ehrverletzungen können die ordentliche verhaltensbedingte Kündigung rechtfertigen.[1034] Das gilt nicht nur bei Beleidigungen des Arbeitgebers oder Vorgesetzten sondern auch bei Beleidigungen von Kollegen.[1035] Beleidigt der Arbeitnehmer Kunden, ist dies ebenfalls kündigungsrelevant.[1036] Unerheblich ist, ob die Beleidigung inner- oder außerhalb der Arbeitszeit erfolgt. Ob und inwieweit die Abmahnung entbehrlich ist oder die fristlose Kündigung gerechtfertigt ist, richtet sich nach den Umständen des Einzelfalles. Ist mit der Beleidigung nach deren Form und/oder Inhalt eine grobe Ehrverletzung verbunden, ist regelmäßig die fristlose Kündigung gerechtfertigt.[1037]

[1028] BAG 24.9.1987 – 2 AZR 26/87, AP KSchG § 1 Verhaltensbedingte Kündigung Nr. 19.
[1029] BAG 10.4.2014 – 2 AZR 684/13, NZA 2014, 1197; 20.6.2013 – 2 AZR 583/12, NZA 2013, 1345; 10.9.2009 – 2 AZR 257/08, NZA 2010, 220.
[1030] BAG 8.6.2000 – 2 AZR 638/99, AP BGB § 626 Nr. 163.
[1031] BAG 21.6.2001 – 2 AZR 325/00, AP BAT § 54 Nr. 5; LAG Schleswig-Holstein 4.11.1998 – 2 Sa 330/98, NZA-RR 1999, 132; LAG Düsseldorf 20.5.1980 – 19 Sa 624/79, LAGE BGB § 626 Nr. 7; BAG 23.5.1985 – 2 AZR 290/84, RzK I 6e Nr. 4; 26.5.1977 – 2 AZR 632/76, AP BGB § 611 Beschäftigungspflicht Nr. 5.
[1032] BAG 14.2.1996 – 1 ABR 46/94, AP BetrVG § 99 Eingruppierung Nr. 4.
[1033] Stichwort „Tendenzbetrieb" → Rn. 443.
[1034] BAG 19.11.2015 – 2 AZR 217/15, NZA 2016, 540; 18.12.2014 – 2 AZR 265/14, NZA 2015, 797; 27.9.2012 – 2 AZR 646/11, NZA 2013, 808; 7.7.2011 – 2 AZR 355/10, NZA 2011, 1412; 12.1.2006 – 2 AZR 21/05, NZA 2006, 917; 24.11.2005 – 2 AZR 584/04, NZA 2006, 650; 24.6.2004 – 2 AZR 63/03, NZA 2005, 158; 21.1.1999 – 2 AZR 665/98, AP BGB § 626 Nr. 151; 11.7.1991 – 2 AZR 633/90, AP LPVG Bayern Art. 6 Nr. 1; LAG Düsseldorf 14.7.1997 – 18 Sa 596/97, LAGE BGB § 626 Nr. 108; LAG Köln 4.7.1996 – 10 Sa 337/96, RzK I 6e Nr. 9; Ascheid/Preis/Schmidt/*Vossen* KSchG § 1 Rn. 294.
[1035] BAG 15.12.1977 – 3 AZR 184/76, AP BGB § 626 Nr. 69.
[1036] LAG Schleswig-Holstein 5.10.1998 – 5 Sa 309/98, LAGE BGB § 626 Nr. 123.
[1037] BAG 19.11.2015 – 2 AZR 217/15, NZA 2016, 540; 18.12.2014 – 2 AZR 265/14, NZA 2015, 797; 27.9.2012 – 2 AZR 646/11, NZA 2013, 808; 10.12.2009 – 2 AZR 534/08, NZA 2010, 698; 12.1.2006 – 2 AZR 21/05, NZA 2006, 917; 24.11.2005 – 2 AZR 584/04, NZA 2006, 650.

Dabei ist zu berücksichtigen, dass nicht jede kritische Bemerkung des Arbeitnehmers eine 383
Beleidigung darstellt. Kennzeichnendes Element der Beleidigung ist der rechtswidrige Angriff des Arbeitnehmers auf die Ehre eines Dritten durch Kundgabe der Missachtung oder Nichtachtung. Dies kann wörtlich, schriftlich, bildlich, symbolisch oder durch schlüssige Handlungen ebenso geschehen wie durch unmittelbare körperliche Einwirkung auf einen anderen, etwa Anspucken. Von der Kundgabe der Miss- oder Nichtachtung abzugrenzen ist die sachliche Kritik, die der Arbeitnehmer jederzeit äußern darf.[1038] So sind Arbeitnehmer mit Vorgesetztenfunktionen verpflichtet, auf Missstände aufmerksam zu machen. Auch hat jeder Arbeitnehmer das Recht, gegenüber den zuständigen innerbetrieblichen Stellen Sicherheits- und Gesundheitsbedenken zu äußern.[1039] Auch das Grundrecht auf Meinungsfreiheit ist zu beachten, das allerdings durch den Ehrschutz eingeschränkt wird, was letztlich zu einer Abwägung der verschiedenen Rechtsgüter führt. Die Meinungsfreiheit tritt zB bei einer Formalbeleidigung oder Schmähung zurück.[1040] Für unwahre Tatsachenbehauptungen kann sich der Arbeitnehmer ohnehin nicht auf die Meinungsfreiheit berufen.[1041]

Bei der Frage der Kündigungsrelevanz des beleidigenden Verhaltens ist im Rahmen der 384 Interessenabwägung ua der im Betrieb übliche Umgangston zu berücksichtigen. So wird der Bezeichnung des unmittelbaren Vorgesetzten als „Arschloch" auf einem Obst- und Gemüse-Großmarkt eine andere Qualität beizumessen sein als bei einer Investmentbank. Ebenso ist zu berücksichtigen, ob der Arbeitnehmer zu seiner beleidigenden Handlung oder Äußerung provoziert worden ist. Nicht außer Acht gelassen werden darf schließlich auch die Gesprächssituation, insbesondere der Zeitpunkt und Ort der Äußerung.

Erforderlich ist die Kundgabe der Miss- oder Nichtachtung gegenüber einem anderen, der 385 sie als Beleidigung auffasst. Fühlt sich der Adressat nicht nennenswert gekränkt, scheidet die Kündigung regelmäßig aus. Vertrauliche Äußerungen im Familienkreis sind in der Regel nicht beleidigend, wenn nicht damit gerechnet werden kann, dass die Äußerung über den Kreis hinausdringt. Dies wird man für jede Gruppe annehmen können, bei der mit Diskretion zu rechnen ist, also nicht nur bezogen auf Familienangehörige und Freunde, sondern uU auch im engeren Kollegenkreis.[1042]

Zu Beleidigungen, die die ordentliche Kündigung rechtfertigen können, gehören bei- 336 spielsweise: Ausländerfeindliches Verhalten im Betrieb oder rassistische Äußerungen über Kollegen.[1043] Ebenso liegt der Fall, wenn der Arbeitnehmer in maßloser Weise die betrieblichen Verhältnisse kritisiert.[1044]

Betäubungsmittel. Siehe die Stichworte „Alkohol", → Rn. 352 und „Drogen", → Rn. 394. 337

Betriebsfrieden. Als allgemeine Nebenpflicht obliegt es dem Arbeitnehmer, den Betriebsfrie- 338 den zu wahren. Der Begriff des Betriebsfriedens, zuweilen auch als betriebliche Ordnung bezeichnet, bezieht sich auf die Abläufe im Organismus „Betrieb", also das Zusammenleben und Zusammenwirken der im Betrieb Tätigen. Dies soll möglichst reibungslos und ohne Konflikte erfolgen. Hat das Verhalten des Arbeitnehmers zur konkreten Beeinträchtigung des Betriebsfriedens geführt, also das friedliche Zusammenwirken der Arbeitnehmer untereinander und/oder mit dem Arbeitgeber erschüttert oder beeinträchtigt, kommt nach vorhergehender Abmahnung eine verhaltensbedingte Kündigung in Betracht.[1045]

[1038] BAG 22.10.1964 – 2 AZR 479/63, AP KSchG § 1 Verhaltensbedingte Kündigung Nr. 4.
[1039] Zu Anzeigen gegenüber dem Arbeitgeber vgl. → Rn. 358.
[1040] BAG 10.12.2009 – 2 AZR 534/08, NZA 2010, 698; 12.1.2006 – 2 AZR 21/05, NZA 2006, 917; 24.11.2005 – 2 AZR 584/04, NZA 2006, 650; 5.12.2019 – 2 AZR 240/19, NZA 2020, 646.
[1041] BAG 19.11.2015 – 2 AZR 217/15, NZA 2016, 540; 18.12.2014 – 2 AZR 265/14, NZA 2015, 797; 31.7.2014 – 2 AZR 505/13, NZA 2015, 245; 27.9.2012 – 2 AZR 646/11, NZA 2013, 808; 5.12.2019 – 2 AZR 240/19, NZA 2020, 646.
[1042] Vgl. auch BAG 30.11.1972 – 2 AZR 79/72, AP BGB § 626 Nr. 66; KR/*Rachor* KSchG § 1 Rn. 503; Ascheid/Preis/Schmidt/*Vossen* KSchG § 1 Rn. 298.
[1043] BAG 1.7.1999 – 2 AZR 676/98, AP BBiG § 15 Nr. 11.
[1044] BAG 28.9.1972 – 2 AZR 469/71, AP BGB § 134 Nr. 2.
[1045] BAG 29.6.2017, 2 AZR 47/16, NZA 2017, 1605; 19.11.2015 – 2 AZR 217/15, NZA 2016, 540; 9.12.1982 – 2 AZR 620/80, AP BGB § 626 Nr. 73; 15.12.1977 – 3 AZR 184/76, AP BGB § 626 Nr. 69;

389 Derartige den Betriebsfrieden störende Handlungen können sich zB ergeben bei Streitigkeiten mit Kollegen, Diskriminierungen des Arbeitgebers oder Kollegen, Denunziation, Mobbing oder ausländerfeindlichen Äußerungen.[1046] Ebenso kündigungsrelevant sind Drohungen mit Gefahren für Leib und Leben des Arbeitgebers, Vorgesetzten oder Arbeitskollegen, etwa die Ankündigung eines Amoklaufs oder eines Suizids.[1047]

390 Der Betriebsfrieden kann auch durch die exponierte **politische Betätigung** des Arbeitnehmers beeinträchtigt werden, zB durch das demonstrative Tragen von Plaketten mit bestimmten politischen Aussagen, durch die andere Mitarbeiter gestört werden. Unterlässt der Arbeitnehmer trotz Abmahnung das Tragen der Plakette nicht, ist die verhaltensbedingte Kündigung möglich.[1048] Das Tragen einer politischen Plakette als solches rechtfertigt aber allein noch keine verhaltensbedingte Kündigung. Denn dieses Verhalten ist grundgesetzlich durch das Recht aus Art. 5 GG gewährleistet. Erst wenn die parteipolitische Betätigung den Betriebsfrieden konkret stört, wird das Verhalten des Arbeitnehmers kündigungsrelevant. Dies kann der Fall sein, wenn sich diverse Arbeitnehmer beim Arbeitgeber beschweren oder es infolge von Arbeitsniederlegungen zu betrieblichen Ablaufstörungen kommt.

391 Bei Störungen des Betriebsfriedens durch Streitigkeiten zwischen Arbeitnehmern ist der Arbeitgeber verpflichtet, zunächst eine Vermittlungsrolle einzunehmen, sofern dies nicht von vornherein ausgeschlossen erscheint.[1049]

392 **Betriebsgeheimnisse.** Der Arbeitnehmer hat Betriebs- und Geschäftsgeheimnisse des Arbeitgebers zu wahren. Der Verstoß gegen diese Pflicht zur Verschwiegenheit rechtfertigt regelmäßig eine verhaltensbedingte Kündigung.[1050] Ob eine vorherige Abmahnung erforderlich ist oder gar eine fristlose Kündigung möglich ist, hängt von den Umständen des Einzelfalls ab. Eine Abmahnung wird regelmäßig dann entbehrlich sein, wenn dem Arbeitgeber durch das Verhalten des Arbeitnehmers ein Schaden entstanden ist.

393 **Betriebsordnung.** Verstöße gegen die Betriebsordnung können nach vorausgegangener Abmahnung die ordentliche verhaltensbedingte Kündigung rechtfertigen. Dies gilt zB bei Verstößen gegen eine Bekleidungsordnung. Grundsätzlich kann der Arbeitgeber von seinen Arbeitnehmern mit Kundenkontakt verlangen, sich dem Charakter des Handelsgeschäftes und dessen Kundenstamm entsprechend branchenüblich zu kleiden. Dem Persönlichkeitsrecht der Arbeitnehmer können also Grenzen gesetzt werden, um dem berechtigten Interesse des Arbeitgebers nach einem einheitlichen Erscheinungsbild und den Erwartungen der Kundschaft Rechnung zu tragen. Der Anordnung des Arbeitgebers an eine Mitarbeiterin muslimischen Glaubens, kein Kopftuch zu tragen, kann jedoch die grundrechtlich geschützte Religionsfreiheit entgegenstehen. Etwas anderes wäre allenfalls denkbar, wenn der Arbeitgeber konkrete betriebliche Störungen nachweist, die der ebenfalls geschützten unternehmerischen Betätigungsfreiheit im Rahmen einer umfassenden Interessenabwägung den Vorrang gewähren würde.[1051] Anders auch im Tendenzbetrieb.[1052]

394 **Drogen.** Für den Bereich Drogen kann auf die Ausführungen zum Alkohol, → Rn. 352 ff., verwiesen werden. Sie gelten entsprechend für sonstige Drogen. Auch bei einem Verstoß

13.10.1977 – 2 AZR 387/76, AP KSchG § 1 Verhaltensbedingte Kündigung Nr. 1; 6.2.1969 – 2 AZR 241/68, AP BGB § 626 Nr. 58; KR/*Rachor* KSchG § 1 Rn. 506; Ascheid/Preis/Schmidt/*Vossen* KSchG § 1 Rn. 299; *Stahlhacke/Preis/Vossen* Rn. 651.

[1046] BAG 1.7.1999 – 2 AZR 676/98, AP BBiG § 15 Nr. 11; LAG Rheinland-Pfalz 10.6.1997 – 6 Sa 309/97, LAGE KSchG § 1 Verhaltensbedingte Kündigung Nr. 62.

[1047] BAG 29.6.2017, 2 AZR 47/16, NZA 2017, 1605.

[1048] BAG 9.12.1982 – 2 AZR 620/80, AP BGB § 626 Nr. 73. Zum Rechtsextremismus als Kündigungsgrund vgl. auch *Polzer/Powietzka* NZA 2000, 973.

[1049] BAG 14.5.1964 – 2 AZR 244/63, AP BGB § 242 Kündigung Nr. 5; KR/*Rachor* KSchG § 1 Rn. 510.

[1050] BAG 3.7.2003 – 2 AZR 235/02, NZA 2004, 427; 26.9.1990 – 2 AZR 602/89, RzK I 8c Nr. 20; 4.4.1974 – 2 AZR 425/73, AP BGB § 626 Arbeitnehmervertreter im Aufsichtsrat Nr. 1.

[1051] BAG 10.10.2002 – 2 AZR 472/01, NZA 2003, 483; BVerfG 30.7.2003 – 1 BvR 792/03, NZA 2003, 959.

[1052] Vgl. auch BAG 24.9.2014 – 5 AZR 611/12, NZA 2014, 1407.

gegen das Drogenverbot ist in Einzelfällen die fristlose Kündigung gerechtfertigt, etwa wenn ein Heimleiter trotz des im Heim bestehenden generellen Drogenverbotes beim Cannabisverbrauch mitwirkt.[1053] Hier ist der Drogenkonsum mit der Arbeitsaufgabe nicht vereinbar. Im Bereich des Sports kommt auch **Doping** als verhaltensbedingter Kündigungsgrund in Betracht.[1054] In gleicher Weise kann die Einnahme von Amphetamin und Methamphetamin die außerordentliche Kündigung eines Berufskraftfahres rechtfertigen, selbst wenn nicht feststeht, dass seine Fahrtüchtigkeit konkret beeinträchtigt war.[1055]

Druckkündigung. Eine Druckkündigung liegt vor, wenn von Belegschaft, Betriebsrat oder Kunden des Arbeitgebers unter Androhung von Nachteilen die Entlassung eines bestimmten Arbeitnehmers verlangt wird. Nach Auffassung des BAG kann eine betriebsbedingte Kündigung in Ausnahmefällen gerechtfertigt sein, soweit eine personen- oder verhaltensbedingte Kündigung ausscheidet. Richtigerweise scheidet indes eine betriebsbedingte Kündigung von vornherein aus. Systematisch kann die Druckkündigung nur bei personen- oder verhaltensbedingten Gründen verortet werden.[1056] 395

Eine verhaltensbedingte Kündigung kommt in Betracht, wenn der von Dritten ausgeübte Druck aus im Verhalten des Arbeitnehmers liegenden Gründen eine Berechtigung hat. Dass der Arbeitgeber dann dem Druck von Außen nachgibt, macht die Kündigung nicht unwirksam. Allerdings hat sich der Arbeitgeber zunächst aufgrund seiner arbeitsvertraglichen Fürsorgepflicht in jedem Falle schützend vor den Arbeitnehmer stellen und alles Zumutbare zu versuchen, den oder die Dritten von ihrer Drohung abzubringen.[1057] Hat sich der Arbeitnehmer aber überhaupt nichts zuschulden kommen lassen, darf der ungerechtfertigte Druck Dritter nicht zum Verlust des Arbeitsplatzes führen.[1058] 396

E-Mail. Zur unerlaubten Nutzung des betrieblichen E-Mail-Systems siehe Stichwort „Privatkommunikation", → Rn. 424 ff. 397

Falschbeantwortung zulässiger Fragen/Offenbarungspflichten. Der Arbeitnehmer ist sowohl vor als auch nach seiner Einstellung verpflichtet, Fragen des Arbeitgebers zutreffend zu beantworten, die für das Arbeitsverhältnis von Bedeutung sind. Umgekehrt darf der Arbeitgeber also nur die Fragen stellen, an deren Beantwortung er im Hinblick auf die künftige Tätigkeit und den Arbeitsplatz ein berechtigtes, billigenswertes und schützenswertes Interesse hat. Ein solches Interesse wiederum ist nur dann anzunehmen, wenn die Beantwortung der Frage für den in Aussicht gestellten Arbeitsplatz und die zu verrichtende Tätigkeit von Bedeutung ist. Betrifft die Frage demgegenüber die Privat- und Intimsphäre, ohne dass ein Zusammenhang mit der zu übernehmenden Aufgabe besteht, ist die gestellte Frage unzulässig.[1059] Außerdem muss die Frage so formuliert werden, dass der Arbeitnehmer erkennen kann, wonach gefragt wird, damit der Arbeitnehmer die Zulässigkeit der Frage beurteilen kann.[1060] Die vorsätzliche Falschbeantwortung einer zulässigerweise gestellten Frage rechtfertigt je nach Schwere der Pflichtverletzung uU auch ohne Abmahnung die verhaltensbedingte Kündigung.[1061] Allerdings wird der Arbeitgeber in diesen 398

[1053] BAG 18.10.2000 – 2 AZR 131/00, AP BGB § 626 Nr. 169; Stahlhacke/Preis/Vossen Kündigung/*Preis* Rn. 625. Im vom BAG entschiedenen Fall griff die Kündigung allerdings nicht durch.
[1054] *Teschner* NZA 2001, 1233.
[1055] BAG 20.10.2016 – 6 AZR 471/15, NZA 2016, 1527.
[1056] Dazu → Rn. 284. AA: BAG 18.7.2013 – 6 AZR 420/12, NZA 2014, 109.
[1057] Vgl. → Rn. 284; BAG 24.9.2014 – 5 AZR 611/12, NZA 2014, 1407; 8.6.2000 – 2 ABR 1/00, NZA 2001, 91; 31.1.1996 – 2 AZR 158/95, AP BGB § 626 Druckkündigung Nr. 13; 4.10.1990 – 2 AZR 201/90, AP BGB § 626 Druckkündigung Nr. 12; 19.6.1986 – 2 AZR 563/85, AP KSchG § 1 Betriebsbedingte Kündigung Nr. 33; KR/*Rachor* KSchG § 1 Rn. 513.
[1058] BAG 24.9.2014 – 5 AZR 611/12, NZA 2014, 1407; 6.8.1987 – 2 AZR 226/87, AP BGB § 626 Nr. 97; Stahlhacke/Preis/Vossen Kündigung/*Preis* Rn. 970.
[1059] BAG 27.3.2003 – 2 AZR 699/01, NZA 2004, 232; 11.11.1993 – 2 AZR 467/93, AP BGB § 123 Nr. 38; 7.6.1984 – 2 AZR 270/83, AP BGB § 123 Nr. 24; 5.12.1957 – 1 AZR 594/56, AP BGB § 123 Nr. 2; ErfK/*Preis* BGB § 611 Rn. 271 ff.
[1060] BAG 13.6.2002 – 2 AZR 234/01, NZA 2003, 265.
[1061] BAG 13.6.1996 – 2 AZR 483/95, AP KSchG § 1 Nr. 33; 20.8.1997 – 2 AZR 42/97, RzK I 5i Nr. 127; Stahlhacke/Preis/Vossen Kündigung/*Preis* Rn. 567.

Fällen zumeist das Mittel der Anfechtung des Arbeitsvertrages wählen, weil diese im Regelfall zu einer einfacheren Beendigung des Arbeitsverhältnisses führt. Es ist aus Arbeitgebersicht zwar nicht zu empfehlen, jedoch nicht ausgeschlossen, dass der Arbeitgeber den Weg über die Kündigung beschreitet.

399 Eine verhaltensbedingte Kündigung kommt insbesondere in Betracht, wenn der Arbeitnehmer auf ausdrückliches Befragen durch den Arbeitgeber eine einschlägige **Vorstrafe** verschweigt, obwohl er zu deren Offenbarung verpflichtet gewesen wäre. Nach Vorstrafen oder einem laufenden Ermittlungsverfahren darf der Arbeitgeber den Arbeitnehmer allerdings nur dann fragen, wenn sich daraus Rückschlüsse für die zu besetzende Position ergeben. Entscheidend ist die Art des zu besetzenden Arbeitsplatzes. Denn die Resozialisierung von Tätern darf nicht dadurch erschwert werden, dass der sich um Arbeit bemühende Vorbestrafte in einen Gewissenskonflikt gerät.[1062] Etwas anderes gilt, wenn Vorstrafen in ein polizeiliches Führungszeugnis aufzunehmen sind. Danach darf stets gefragt werden. Darüber hinaus kann zB der Kassierer nach Vermögensdelikten, der Kraftfahrer nach Verkehrsdelikten und der Erzieher nach Sittlichkeitsdelikten gefragt werden.[1063] Bei der Falschbeantwortung der Frage nach **Stasi-Kontakten** sind die Umstände des Einzelfalls maßgeblich. Hier darf die Falschbeantwortung der Frage nicht isoliert betrachtet werden. Auch bei bewusst wahrheitswidriger Beantwortung einer zulässigen Frage bedarf es noch der einzelfallbezogenen Würdigung. Zu dieser Würdigung gehören nicht nur die Intensität und die Vorwerfbarkeit der früheren Verstrickung, sondern auch die näheren Umstände der Befragung und Beantwortung.[1064]

400 Die verhaltensbedingte Kündigung kommt des Weiteren in Betracht, wenn der Arbeitnehmer gegen seine **Offenbarungspflichten** verstößt. Auch dabei ist in gravierenden Fällen die fristlose Kündigung möglich.[1065]

401 **Internetnutzung.** Zur unerlaubten Nutzung des betrieblichen Internets siehe Stichwort „Privatkommunikation", → Rn. 424 ff.

402 **Konkurrenztätigkeit.** Dem Arbeitnehmer ist **während des bestehenden Arbeitsverhältnisses** jede Art der Konkurrenztätigkeit untersagt. Dies ergibt sich für Handlungsgehilfen aus § 60 Abs. 1 HGB, für die übrigen Arbeitnehmer aus ihrer arbeitsvertraglichen Treuepflicht. Eine gesonderte Vereinbarung eines Wettbewerbsverbotes im Arbeitsvertrag ist nicht erforderlich. Verstößt der Arbeitnehmer gegen die Verpflichtung zur Wettbewerbsenthaltung, ist je nach den Umständen des Einzelfalls die fristlose oder ordentliche verhaltensbedingte Kündigung möglich.[1066]

403 Entscheidend ist, dass tatsächlich eine Konkurrenzsituation vorliegt. Dabei kommt es maßgeblich auf den Marktbereich an, in dem der Arbeitgeber tätig ist. Der Marktbereich ist weit auszulegen. Anhaltspunkt für den geschützten Marktbereich kann der im Handelsregister definierte Geschäftsgegenstand sein. Eine unerlaubte Konkurrenztätigkeit liegt deshalb nur dann vor, wenn der Arbeitnehmer seine Dienste und Leistungen im Marktbereich des Arbeitgebers ohne dessen Zustimmung anbietet. Der in einem großen Architekturbüro als Architekt beschäftigte Arbeitnehmer verstößt gegen das Konkurrenzverbot, wenn er „nebenbei" Einfamilienhäuser plant, obwohl der Arbeitgeber nur Gewerbeparks plant. Denn geschützt ist der Werkbereich „Architekturleistungen". Die Beweislast für die unerlaubte Konkurrenztätigkeit trägt der Arbeitgeber. Dies gilt auch für die Frage, ob der Arbeitgeber dem Arbeitnehmer die Konkurrenztätigkeit gestattet hat.

[1062] BAG 20.5.1999 – 2 AZR 320/98, AP BGB § 123 Nr. 50.
[1063] So auch KR/*Rachor* KSchG § 1 Rn. 550.
[1064] BAG 27.3.2003 – 2 AZR 699/01, NZA 2004, 232; 13.6.2002 – 2 AZR 234/01, NZA 2003, 265; 25.10.2001 – 2 AZR 559/00, NZA 2002, 639; 6.7.2000 – 2 AZR 543/99, NZA 2001, 317; 16.9.1999 – 2 AZR 902/98, RzK I 5i Nr. 157.
[1065] BAG 5.4.2001 – 2 AZR 159/99, NZA 2001, 954.
[1066] BAG 29.6.2017 – 2 AZR 597/16, NZA 2017, 1179; 23.10.2014 – 2 AZR 644/13, NZA 2015, 429; 28.1.2010 – 2 AZR 1008/08, NZA-RR 2010, 461; 26.6.2008 – 2 AZR 190/07, NZA 2008, 1415; 6.8.1987 – 2 AZR 226/87, AP BGB § 626 Nr. 97; 16.8.1990 – 2 AZR 113/90, AP BGB § 611 Treuepflicht Nr. 10; Linck/Krause/Bayreuther KSchG § 1 Rn. 673; Stahlhacke/Preis/Vossen Kündigung/*Preis* Rn. 663.

Der Arbeitnehmer hat allerdings substantiiert die Tatsachen vorzutragen, aus denen sich die behauptete und bestrittene Einwilligung des Arbeitgebers ergeben soll.

Solange die Parteien kein nachvertragliches Wettbewerbsverbot vereinbart haben, steht es dem Arbeitnehmer frei, **nach Ablauf der Kündigungsfrist** eine Konkurrenztätigkeit aufzunehmen. Das vertragliche Wettbewerbsverbot endet also regelmäßig mit dem Ende des Arbeitsverhältnisses. Mangels eines nachvertraglichen Wettbewerbsverbotes rechtfertigt auch die bloße Vorbereitung der Konkurrenztätigkeit während des bestehenden Arbeitsverhältnisses noch keine Kündigung.[1067] Dies gilt insbesondere für die Anmietung von Büroräumen und den Erwerb der Büroausstattung. Unzulässig ist aber die Ansprache von Kunden des Arbeitgebers.[1068]

Zu beachten ist folgende Besonderheit: Konkurrenztätigkeit ist auch **während des Kündigungsschutzprozesses** nicht statthaft. Nach der ständigen Rechtsprechung des BAG ist der Arbeitnehmer an das allgemeine arbeitsvertragliche Wettbewerbsverbot auch dann noch gebunden, wenn der Arbeitgeber eine fristlose Kündigung ausspricht, die der Arbeitnehmer mit der Kündigungsschutzklage angreift. Verstößt der Arbeitnehmer in dieser Situation gegen das Wettbewerbsverbot, kommt eine weitere Kündigung in Betracht.[1069]

Krankheit. Die Erkrankung also solche rechtfertigt die verhaltensbedingte Kündigung nicht. Möglich ist in den Fallgruppen „häufige Kurzerkrankungen" oder „lang andauernde Erkrankung" jedoch unter Umständen eine ordentliche personenbedingte Kündigung.[1070] Die verhaltensbedingte Kündigung kommt aber bei Pflichtverletzungen im Zusammenhang mit einer Erkrankung in Betracht. Diese haben in der Praxis schon durch ihre Häufigkeit besondere Bedeutung erlangt. Da dem Arbeitnehmer im Zusammenhang mit einer Erkrankung ein Bündel unterschiedlichster Verhaltenspflichten auferlegt ist, die jeweils verletzt werden können, ist besondere Sorgfalt bei der Ermittlung der Pflichtverletzung geboten. Denn das dem Arbeitgeber zur Verfügung stehende Eingriffsinstrumentarium ist je nach Art der Pflichtverletzung unterschiedlich.

Im Falle einer Erkrankung ist der Arbeitnehmer zunächst zur Anzeige der Erkrankung verpflichtet, sog. **Anzeigepflicht.** § 5 EFZG verpflichtet den Arbeitnehmer, dem Arbeitgeber die Arbeitsunfähigkeit und deren voraussichtliche Dauer unverzüglich, also ohne schuldhaftes Zögern (§ 121 Abs. 1 BGB) mitzuteilen. Erforderlich ist regelmäßig, dass der Arbeitnehmer, soweit er dazu krankheitsbedingt in der Lage ist, den Arbeitgeber vor Dienstbeginn von seiner Erkrankung mündlich, fernmündlich oder schriftlich unterrichtet. Dies kann auch durch Dritte, etwa den Lebenspartner erfolgen, da es sich nicht um eine höchstpersönliche Pflicht handelt. Etwaige Übermittlungsfehler fallen aber in den Verantwortungsbereich des Arbeitnehmers. Der häufig anzutreffende Anruf aus den Praxisräumen des behandelnden Arztes: „Ich bin gerade krankgeschrieben worden", ist zu spät. Der Arbeitnehmer kann sich auch nicht darauf berufen, die Arbeitsunfähigkeitsbescheinigung rechtzeitig versendet zu haben, denn Anzeige- und Nachweispflicht sind separate Pflichten. Die wiederholte Verletzung der Anzeigepflicht rechtfertigt nach vorausgegangener Abmahnung in der Regel die ordentliche Kündigung.[1071] Die zuweilen in der Praxis anzutreffende Sichtweise, es handele sich um eine Pflichtverletzung von geringerem Gewicht,[1072] die mehrfach abgemahnt werden müsse, ist abzulehnen. Im Gegenteil:

[1067] BAG 22.2.1980 – 7 AZR 236/78, juris; 30.5.1978 – 2 AZR 598/76, AP HGB § 60 Nr. 9; LAG Köln 19.1.1996 – 11 Sa 907/95, LAGE BGB § 626 Rn. 93. Vgl. auch oben zu den Stichworten „Abkehrwille" und „Abwerbung".

[1068] BAG 25.1.1995 – 2 AZR 355/94, RzK I 6a Nr. 116; KR/*Rachor* KSchG § 1 Rn. 449.

[1069] BAG 28.1.2010 – 2 AZR 1008/08, NZA-RR 2010, 461; 25.4.1991 – 2 AZR 624/90, AP BGB § 626 Nr. 104.

[1070] Vgl. zur personenbedingten Kündigung → Rn. 462 ff.

[1071] BAG 3.11.2011 – 2 AZR 748/10, NZA 2012, 607; 26.3.2015 – 2 AZR 517/14, NZA 2015, 1180 zur Anzeige einer Strafhaft; BAG 23.9.1992 – 2 AZR 199/92, EzA KSchG § 1 Verhaltensbedingte Kündigung Nr. 44; 16.8.1991 – 2 AZR 604/90, AP KSchG § 1 Verhaltensbedingte Kündigung Nr. 27; 31.8.1989 – 2 AZR 13/89, AP KSchG § 1 Verhaltensbedingte Kündigung Nr. 23; *Linck/Krause/Bayreuther* KSchG § 1 Rn. 567; Däubler/Deinert/Zwanziger/*Däubler* KSchG § 1 Rn. 215; Ascheid/Preis/Schmidt/*Dörner* KSchG § 1 Rn. 317.

[1072] So: Stahlhacke/Preis/Vossen Kündigung/*Preis* Rn. 611.

Die Anzeigepflicht ist eine der elementaren Nebenpflichten, die dem Arbeitgeber die Steuerung des Personaleinsatzes ermöglicht. Es ist deshalb auch nicht erforderlich, dass die Pflichtverletzung des Arbeitnehmers zu konkreten Störungen der betrieblichen Abläufe geführt hat.[1073] Auch ohne konkrete Störungen rechtfertigt die wiederholte Pflichtverletzung nach Abmahnung die ordentliche verhaltensbedingte Kündigung. Eine fristlose Kündigung wird demgegenüber nur selten in Betracht kommen, etwa wenn durch das schuldhafte Verhalten des Arbeitnehmers nachweisbar gravierende Schäden eingetreten sind. Gleiches gilt bei einem Verstoß gegen die Pflicht zur unverzüglichen Anzeige der Fortdauer der Arbeitsunfähigkeit.[1074]

408 Dauert die Arbeitsunfähigkeit länger als drei Kalendertage, hat der Arbeitnehmer eine ärztliche Bescheinigung über das Bestehen der Arbeitsunfähigkeit und deren voraussichtliche Dauer spätestens an dem darauffolgenden Arbeitstag, also am 4. Tag vorzulegen, sog. **Nachweispflicht**. Der Arbeitgeber ist berechtigt, die Vorlage der ärztlichen Bescheinigung früher zu verlangen. Auch die wiederholte Verletzung der Nachweispflicht rechtfertigt – nach Abmahnung – die verhaltensbedingte Kündigung.[1075] Die Verletzung der Nachweispflicht hat regelmäßig ein geringes Gewicht. Daraus wird zuweilen gefolgert, dass die Pflichtverletzung nur dann kündigungsrelevant sei, wenn sie zu konkreten negativen Auswirkungen im Betrieb geführt hat. Richtig ist daran, dass die verhaltensbedingte Kündigung jedenfalls dann nach vorheriger Abmahnung gerechtfertigt ist, wenn entsprechende Auswirkungen eingetreten sind. Allerdings ist dies nicht zwingend erforderlich. Denn die Pflichtverletzung liegt bereits in der Nichterfüllung der Nachweispflicht. Jedenfalls ist die Kündigung auch ohne konkrete betriebliche Auswirkungen der Pflichtverletzung gerechtfertigt, wenn der Arbeitnehmer die Nachweispflicht beharrlich verletzt, also mehrfach.

409 Anzeige- und Nachweispflichten treffen den Arbeitnehmer entgegen häufig in der Praxis anzutreffender Vorstellungen auch **nach Ablauf des Entgeltfortzahlungszeitraums**.[1076] Allerdings kommt sowohl der Verletzung der Anzeige- als auch der Nachweispflicht in diesem Falle nur ein geringes Gewicht zu, weil der Arbeitgeber nach Ablauf des Entgeltfortzahlungszeitraums nicht ernsthaft mit der Rückkehr des Arbeitnehmers rechnen und ihn in seine Planungen einbeziehen kann. Angesichts des geringen Gewichtes kommt die ordentliche Kündigung bei wiederholter Pflichtverletzung nach vorheriger Abmahnung in Betracht, wenn konkrete betriebliche Auswirkungen eingetreten sind, oder die Pflichtverletzung beharrlich, also mehrfach begangen worden ist.[1077]

410 Soweit im Arbeitsbereich des erkrankten Mitarbeiters wichtige Arbeitsaufgaben zu erledigen sind, deren Nichterfüllung zu einem Schaden beim Arbeitgeber führen könnte, ist der Arbeitnehmer verpflichtet, den Arbeitgeber über die im Arbeitsbereich dringend erforderlichen Maßnahmen zu unterrichten, soweit der Arbeitnehmer zu dieser Information gesundheitlich in der Lage ist.[1078] Verstößt der Arbeitnehmer dagegen, ist nach vorheriger Abmahnung die ordentliche verhaltensbedingte Kündigung gerechtfertigt. Hat der Pflichtverstoß zu gravierenden Schäden geführt, ist auch die fristlose Kündigung möglich.

411 Nach dem Ende der Arbeitsunfähigkeit trifft den Arbeitnehmer die sog. **Rückmeldepflicht**. Der Arbeitnehmer hat sich beim Arbeitgeber zur Arbeitsaufnahme zurückzumelden. Der Arbeitgeber ist nicht verpflichtet, seinerseits den Arbeitnehmer zur Arbeitsleistung aufzufordern. Verstößt der Arbeitnehmer nach vorangegangener Abmahnung wiederholt gegen die Rückmeldepflicht, kommt die ordentliche verhaltensbedingte Kün-

---

[1073] BAG 23.9.1992 – 2 AZR 199/92, RzK I 5i Nr. 79; 16.8.1991 – 2 AZR 604/90, AP KSchG § 1 Verhaltensbedingte Kündigung Nr. 27; Ascheid/Preis/Schmidt/*Vossen* KSchG § 1 Rn. 318.
[1074] BAG 26.3.2015 – 2 AZR 517/14, NZA 2015, 1180 zur Anzeige einer Strafhaft; BAG 7.12.1988 – 7 AZR 122/88, AP KSchG § 1 Verhaltensbedingte Kündigung Nr. 26; Ascheid/Preis/Schmidt/*Vossen* KSchG § 1 Rn. 317a.
[1075] BAG 15.1.1986 – 2 AZR 128/83, AP BGB § 626 Nr. 93.
[1076] BAG 7.5.2020 – 2 AZR 619/19, NJW 2020, 2428.
[1077] Vgl. auch LAG Sachsen-Anhalt 24.11.2015 – 6 Sa 417/14, BeckRS 2016, 66249.
[1078] BAG 30.1.1976 – 2 AZR 518/74, AP BGB § 626 Nr. 2; KR/*Rachor* KSchG § 1 Rn. 517; Stahlhacke/Preis/Vossen Kündigung/*Preis* Rn. 611.

digung in Betracht. Entscheidend sind aber auch hier die Umstände des Einzelfalls. Bei langfristigen Verzögerungen der Arbeitsaufnahme kommt uU sogar eine außerordentliche Kündigung in Betracht.[1079]

Während der Arbeitsunfähigkeit ist der Arbeitnehmer verpflichtet, sich so zu verhalten, dass der Heilungsprozess nicht verzögert wird. Dabei handelt es sich um eine Nebenpflicht aus dem Arbeitsverhältnis. Verstößt der Arbeitnehmer gegen diese **Pflicht zu heilungsförderndem Verhalten**, kann die ordentliche – oder in Einzelfällen sogar die außerordentliche – verhaltensbedingte Kündigung gerechtfertigt sein.[1080] Erforderlich ist, dass der Heilungsverlauf entweder tatsächlich hinausgezögert wird oder aber die ernsthafte Gefahr einer Verzögerung besteht. Ob es zu einer tatsächlichen Verzögerung kommt, ist unerheblich. Allein die Aufnahme einer Nebentätigkeit trotz Krankheit kann die Kündigung deshalb noch nicht begründen, solange negative Auswirkungen auf den Heilungsprozess nicht zu befürchten sind, es sei denn, es handelt sich um eine Wettbewerbstätigkeit.[1081] Allerdings kann die anderweitige Erwerbstätigkeit ein Hinweis darauf sein, dass der Arbeitnehmer die Genesung pflichtwidrig verzögert oder aber die Krankheit nur vorgespiegelt war.[1082] Kündigungsrelevant sind auch Freizeitaktivitäten des Arbeitnehmers, bei denen die Gefahr der Verzögerung des Heilungsverlaufs besteht.[1083] Entscheidend für die Beurteilung des möglichen Eingriffs in den Heilungsprozess ist die Art der Krankheit. So kann der Arbeitnehmer im Falle diagnostizierter psychosomatischer Störungen (Mobbing) nahezu sämtliche Aktivitäten ausüben, nur nicht die Arbeit bei seinem Arbeitgeber. Er kann deshalb trotz Arbeitsunfähigkeit ein Studium aufnehmen oder eine Nebentätigkeit ausüben, solange diese nicht aus anderen Gründen die Interessen des Arbeitgebers konkret beeinträchtigt. Ob und inwieweit eine Abmahnung entbehrlich ist bzw. eine außerordentliche Kündigung möglich ist, richtet sich nach den Umständen des Einzelfalls. Erforderlich ist jedenfalls ein grober Verstoß gegen die Pflicht zu heilungsförderndem Verhalten.[1084]

Ist der Arbeitnehmer tatsächlich nicht arbeitsunfähig, täuscht er also die Arbeitsunfähigkeit nur vor, sog. **vorgetäuschte Arbeitsunfähigkeit** oder besteht der dringende Verdacht hierzu, rechtfertigt dies ohne weiteres die ordentliche verhaltensbedingte Kündigung, im Regelfall sogar die fristlose Kündigung.[1085] Denn der Arbeitnehmer, der die Arbeitsunfähigkeit nur vorspiegelt, begeht regelmäßig eine schwere Pflichtverletzung. Dies gilt nicht nur, wenn es dem Arbeitnehmer durch die vorgetäuschte Arbeitsunfähigkeit auf die Entgeltfortzahlung ankommt, sondern auch, wenn er die Zeit nutzen will, um einer Konkurrenztätigkeit nachzugehen.[1086]

Wenn ein Arbeitnehmer die Arbeitsunfähigkeit ankündigt, obwohl er im Zeitpunkt der Drohung nicht krank war und sich auch nicht krank fühlen konnte, sog. **angekündigte Krankheit**, etwa für den Fall der Nichtgewährung von Urlaub, rechtfertigt dies die ordentliche verhaltensbedingte Kündigung, regelmäßig sogar eine fristlose Kündigung.[1087] Dies gilt selbst dann, wenn der Arbeitnehmer später tatsächlich erkrankt. Denn die Pflichtverletzung liegt bereits in der Drohung mit einem rechtswidrigen Mittel. Der Ar-

---

[1079] KR/*Rachor* KSchG § 1 Rn. 519; Ascheid/Preis/Schmidt/*Vossen* KSchG § 1 Rn. 320
[1080] BAG 2.3.2006 – 2 AZR 53/05, NZA-RR 2006, 636 zu einer außerordentlichen Kündigung bei Skiurlaub trotz diagnostizierter Hirnhautentzündung eines Gutachters des medizinischen Dienstes; BAG 13.11.1979 – 6 AZR 934/77, AP KSchG § 1 Krankheit Nr. 5; 7.12.1995 – 2 AZR 849/94, RzK I 10h Nr. 37.
[1081] Vgl. dazu → Rn. 355; BAG 26.8.1993 – 2 AZR 154/93, AP BGB § 626 Nr. 112.
[1082] BAG 3.4.2008 – 2 AZR 965/06, NZA 2008, 807.
[1083] BAG 2.3.2006 – 2 AZR 53/05, NZA-RR 2006, 636 zum Skifahren bei Hirnhautentzündung.
[1084] LAG Hamm 23.5.1998 – 4 Sa 1550/97, LAGE KSchG § 1 Verhaltensbedingte Kündigung Nr. 69.
[1085] BAG 29.6.2017 – 2 AZR 597/16, NZA 2017, 1179; 26.8.1993 – 2 AZR 154/93, AP BGB § 626 Nr. 112; KR/*Rachor* KSchG § 1 Rn. 524.
[1086] BAG 29.6.2017 – 2 AZR 597/16, NZA 2017, 1179.
[1087] BAG 29.6.2017, 2 AZR 47/16, NZA 2017, 1605; 12.3.2009 – 2 AZR 251/07, NZA 2009, 779; 5.11.1992 – 2 AZR 147/92, AP BGB § 626 Krankheit Nr. 4; LAG Köln 14.9.2000 – 6 Sa 850/00, LAGE BGB § 626 Nr. 130b; LAG Hamm 23.5.1984 – 5 (8) Sa 226/84, NZA 1985, 65; Linck/Krause/Bayreuther KSchG § 1 Rn. 573; Däubler/Deinert/Zwanziger/*Däubler* KSchG § 1 Rn. 218; KR/*Rachor* KSchG § 1 Rn. 524; Stahlhacke/Preis/Vossen Kündigung/*Preis* Rn. 629.

beitnehmer darf dem Arbeitgeber keine ungerechtfertigten Nachteile androhen. Davon abzugrenzen ist der Fall, dass der tatsächlich arbeitsunfähig erkrankte Arbeitnehmer auf die Möglichkeit hinweist, sich krankschreiben zu lassen.[1088] Eine anderweitige Tätigkeit des Arbeitnehmers bei einem anderen Arbeitgeber kann ein Hinweis darauf sein, dass der Arbeitnehmer die Erkrankung nur vorgespiegelt hat oder gegen die Pflicht zu heilungsförderndem Verhalten verstoßen worden ist.[1089]

415 Die **Darlegungs- und Beweislast** für die Verletzung von Pflichten im Zusammenhang mit einer Erkrankung trägt der Arbeitgeber. Dabei gelten die Grundsätze der abgestuften Darlegungs- und Beweislast. Hat der Arbeitnehmer zum Nachweis der Arbeitsunfähigkeit eine **Arbeitsunfähigkeitsbescheinigung** eingereicht, so begründet diese in der Regel den Beweis für die Arbeitsunfähigkeit. Bei ärztlichen Arbeitsunfähigkeitsbescheinigungen handelt es sich um Privaturkunden im Sinne von § 416 ZPO. Für sie streitet zwar keine gesetzliche Vermutung im Sinne von § 292 ZPO, jedoch spricht für die Richtigkeit des ärztlichen Attests der Beweis des ersten Anscheins. Ein solches Attest hat einen hohen Beweiswert, denn es ist der gesetzlich vorgesehene und wichtigste Beweis für die Tatsache der krankheitsbedingten Arbeitsunfähigkeit. Bezweifelt der Arbeitgeber die Arbeitsunfähigkeit, beruft er sich insbesondere darauf, der Arbeitnehmer habe den die Bescheinigung ausstellenden Arzt durch Simulation getäuscht oder der Arzt habe den Begriff der Arbeitsunfähigkeit verkannt, dann muss er die Umstände, die gegen die attestierte Arbeitsunfähigkeit sprechen, näher darlegen und notfalls beweisen, um dadurch die Beweiskraft des Attestes zu erschüttern.[1090] Der Beweiswert der ärztlichen Arbeitsunfähigkeitsbescheinigung ist erschüttert, wenn die vom Arbeitgeber vorgetragenen Tatsachen zu ernsthaften Zweifeln an der bescheinigten Arbeitsunfähigkeit Anlass geben. Zu dem Begriff der „ernsthaften Zweifel" hat sich eine reichhaltige Kasuistik gebildet, die nach verschiedenen Fallgruppen unterscheidet. Der Beweiswert der ärztlichen Arbeitsunfähigkeitsbescheinigung kann beispielsweise erschüttert werden durch Umstände im Zusammenhang mit der Bescheinigung selbst, durch das Verhalten des Arbeitnehmers vor der Erkrankung oder durch das Verhalten des Arbeitnehmers während der Dauer der bescheinigten Arbeitsunfähigkeit. Umstände im Zusammenhang mit der Bescheinigung selbst sind etwa, dass der Arzt den Arbeitnehmer vor Ausstellung der Bescheinigung nicht untersucht hat, den Befund also nicht selbst erhoben hat. Dies gilt auch, wenn der Arzt den Beginn der Erkrankung rückwirkend für mehr als zwei Tage festsetzt oder die Arbeitsunfähigkeit nach nur telefonischer Rücksprache erteilt. Durch das Verhalten des Arbeitnehmers vor der Erkrankung wird der Beweiswert der Arbeitsunfähigkeitsbescheinigung erschüttert, wenn der Arbeitnehmer seine Erkrankung beispielsweise angekündigt hat oder die Erkrankung nach Ablehnung eines Urlaubsantrags im beantragten Urlaubszeitraum erfolgt oder ein häufiger Arztwechsel zu verzeichnen ist. Der Beweiswert der Arbeitsunfähigkeitsbescheinigung wird auch durch Aufnahme einer Nebentätigkeit erschüttert. All dies muss der Arbeitgeber substantiiert darlegen. Kann der Arbeitnehmer keine Arbeitsunfähigkeitsbescheinigung vorlegen oder ist der Beweiswert der Arbeitsunfähigkeitsbescheinigung erschüttert, muss der Arbeitnehmer im Einzelnen darlegen, woran er zu welchem Zeitpunkt erkrankt ist, insbesondere welche Symptome aufgetreten sind und weshalb er deshalb die geschuldete Arbeitsleistung nicht erbringen konnte. Hat er eine Nebentätigkeit aufgenommen, muss er auch darlegen, weshalb er diese Tätigkeit verrichten konnte. Reicht die Darlegung des Arbeitnehmers nicht aus, gilt die Behauptung des Arbeitgebers, der Arbeitnehmer habe ungerechtfertigt gefehlt, gem. § 138 Abs. 3 ZPO als zugestanden.[1091] Ist die Darlegung des Arbeitnehmers ausreichend, trägt der Arbeitgeber wieder die volle Darlegungs- und Beweislast.

[1088] LAG Köln 26.2.1999 – 11 Sa 1216/98, RzK I 6a Nr. 173.
[1089] BAG 3.4.2008 – 2 AZR 965/06, NZA 2008, 807.
[1090] So ausdrücklich BAG 26.8.1993 – 2 AZR 154/93, AP BGB § 626 Nr. 112; 19.12.1997 – 5 AZR 83/96, AP EntgeltFG § 3 Nr. 4; 21.3.1996 – 2 AZR 543/95, AP BGB § 123 Nr. 42; 15.7.1992 – 5 AZR 312/91, AP LohnFG § 1 Nr. 98; LAG Hamm 12.4.1989 – 1 Sa 1435/88, LAGE LohnFG § 3 Nr. 5; LAG Köln 16.6.1989 – 9/2 Sa 312/89, BB 1989, 2048; ErfK/*Dörner* EFZG § 5 Rn. 14.
[1091] BAG 23.9.1992 – 2 AZR 199/92, RzK I 5i Nr. 79; KR/*Rachor* KSchG § 1 Rn. 527.

Lohnpfändung. Lohnpfändungen oder Lohnabtretungen des Arbeitnehmers rechtfertigen die verhaltensbedingte Kündigung grundsätzlich nicht. Ursache der Lohnpfändung oder Lohnabtretung ist regelmäßig ein Verhalten des Arbeitnehmers im außerdienstlichen Bereich, das nicht kündigungsrelevant ist.[1092] Kommt es infolge der Anzahl und des Umfangs von Lohnpfändungen und Lohnabtretungen zu einem unzumutbaren Mehraufwand des Arbeitgebers oder zu wesentlichen Störungen im Arbeitsablauf, kommt die verhaltensbedingte Kündigung in Betracht. Denn dann wirkt sich das außerdienstliche Verhalten unmittelbar störend auf das Arbeitsverhältnis aus. Eine vorherige Abmahnung ist nicht erforderlich, da das außerdienstliche Verhalten des Arbeitnehmers einer Abmahnung nicht zugänglich ist. Im Übrigen hängt die Durchführung der Lohnpfändung nicht vom Willen des Arbeitnehmers, sondern vom jeweiligen Gläubiger ab.[1093] Zu beachten ist auch der Grundsatz der Verhältnismäßigkeit. Im Einzelfall kann es geboten sein, statt der Beendigungskündigung eine Änderungskündigung mit dem Ziel einer Kostenbeteiligung des Arbeitnehmers auszusprechen, wenn die Kostenbeteiligung ein gleich geeignetes Mittel darstellt, die unzumutbaren Mehraufwendungen des Arbeitgebers auszugleichen. 416

Low Performer. Die Kündigung leistungsschwacher Arbeitnehmer wird unter dem Stichwort „Schlechtleistung", → Rn. 434 ff. behandelt. 417

Missbrauch von Kontrolleinrichtungen. Zum Missbrauch von Kontrolleinrichtungen siehe Stichwort „Arbeitszeit", → Rn. 375 ff. 418

Mobbing. Derjenige, der Arbeitskollegen mobbt, also systematisch schikaniert, stört den Betriebsfrieden nachhaltig und kann im Wiederholungsfall nach vorausgegangener Abmahnung ordentlich gekündigt werden.[1094] Ob und inwieweit eine Abmahnung entbehrlich ist oder eine fristlose Kündigung gerechtfertigt ist, ist eine Frage des Einzelfalls. Schwierigkeiten bereitet allerdings regelmäßig der Nachweis der Mobbinghandlungen.[1095] 419

Nebenpflichten. Den Vertragsparteien des Arbeitsverhältnisses obliegen neben den Hauptpflichten eine Reihe von Nebenpflichten, insbesondere Sorgfalts-, Obhuts-, Fürsorge-, Aufklärungs- und Anzeigepflichten. Allgemein lässt sich formulieren, dass der Arbeitnehmer alles zu unternehmen hat, um den vertraglich vereinbarten Leistungszweck zu fördern und alles zu unterlassen, was ihn vereiteln würde. Die Verletzung vertraglicher Nebenpflichten kann im Wiederholungsfalle nach vorangegangener Abmahnung die ordentliche Kündigung rechtfertigen.[1096] Allerdings ist zu berücksichtigen, dass die dem Arbeitnehmer obliegenden Nebenpflichten vielgestaltig sind, so dass es entscheidend auf die Umstände des Einzelfalls ankommt. Typisch auftretende Nebenpflichtverletzungen werden deshalb unter eigenen Stichworten abgehandelt, zB Anzeige- und Nachweispflichten im Falle der Krankheit, etc. Eine zentrale Nebenpflicht ist die den Arbeitnehmer treffende Pflicht zur Rücksichtnahme auf die Interessen des Arbeitgebers gem. § 241 Abs. 2 BGB.[1097] 420

Daneben sind zB folgende Verletzungen von Nebenpflichten nach vorausgegangener Abmahnung kündigungsrelevant: Die Weigerung des Arbeitnehmers zu einer vom Arbeitgeber angeordneten Rücksprache zu erscheinen.[1098] Der Inhalt des angeordneten Personalgesprächs muss sich aber auf Gegenstände beziehen, die dem Direktionsrecht unterfallen.[1099] Ebenso: Die Nichtbeibringung von Unterlagen, die für die Erstellung der 421

[1092] → Rn. 377; Auch Ascheid/Preis/Schmidt/*Vossen* KSchG § 1 Rn. 334.
[1093] BAG 6.4.1981 – 7 AZR 264/79, AP KSchG § 1 Verhaltensbedingte Kündigung Nr. 9. AA: KR/*Rachor* KSchG § 1 Rn. 499; Ascheid/Preis/Schmidt/*Vossen* KSchG § 1 Rn. 336.
[1094] KR/*Rachor* KSchG § 1 Rn. 528 ff.
[1095] KR/*Rachor* KSchG § 1 Rn. 530; LAG Thüringen 10.4.2001 – 5 Sa 403/00, LAGE GG Art. 2 Persönlichkeitsrecht Nr. 2.
[1096] BAG 25.4.2018 – 2 AZR 611/17, NZA 2018, 1405; 19.11.2015 – 2 AZR 217/15, NZA 2016, 540; 12.5.2010 – 2 AZR 845/08, NZA 2010, 1348; Stahlhacke/Preis/Vossen Kündigung/*Preis* Rn. 605.
[1097] BAG 25.4.2018 – 2 AZR 611/17, NZA 2018, 1405; 19.11.2015 – 2 AZR 217/15, NZA 2016, 540; 8.5.2014 – 2 AZR 249/13, NZA 2014, 1258.
[1098] LAG Düsseldorf 22.3.1963 – 8 Sa 435/65, DB 1966, 947; 6.12.1977 – 11 Sa 1233/77, BB 1978, 813; Stahlhacke/Preis/Vossen Kündigung/*Preis* Rn. 607.
[1099] BAG 23.6.2009 – 2 AZR 605/08, NZA 2009, 1011.

Lohnabrechnung erforderlich sind.[1100] Das Nichtausfüllen von Tätigkeitsberichten, etwa bei einem Außendienstler.[1101] Die Missachtung von Arbeitsschutzbestimmungen. Die Nichtanzeige von fehlerhaften Maschinen oder Material.

422 Bei begründeten Zweifeln an der Arbeitsfähigkeit des Arbeitnehmers hat sich der Arbeitnehmer einer amtsärztlichen Untersuchung nach § 275 Abs. 1 SGB V über seine Arbeitsfähigkeit zu stellen. Kommt der Arbeitnehmer der Untersuchung nicht nach, kommt die ordentliche verhaltensbedingte Kündigung in Betracht. Eine generelle Nebenpflicht, sich ärztlich untersuchen zu lassen, besteht allerdings nicht.[1102]

423 Nebentätigkeit. Der Arbeitnehmer kann im Grundsatz neben seiner Tätigkeit für den Arbeitgeber weiteren Tätigkeiten bei Dritten nachgehen, sei es in abhängiger Beschäftigung oder selbstständig. Der Arbeitnehmer schuldet dem Arbeitgeber nur die Leistung der versprochenen Dienste, nicht seine gesamte Arbeitskraft. Soweit ein Arbeitsvertrag eine Genehmigungspflicht für Nebentätigkeiten enthält, hat der Arbeitnehmer Anspruch auf Erteilung der Genehmigung, wenn die Aufnahme der Nebentätigkeit keine schutzwürdigen Interessen des Arbeitgebers beeinträchtigt.[1103] Wenn keine Genehmigungspflicht besteht, ist der Arbeitnehmer gehalten, die Nebentätigkeit anzuzeigen, wenn hiervon die Interessen des Arbeitgebers berührt werden können.[1104] Daraus ergibt sich für die verhaltensbedingte Kündigung Folgendes: Die verhaltensbedingte Kündigung ist – nach Abmahnung – nur möglich, wenn durch die nicht genehmigte und nicht genehmigungsfähige Nebentätigkeit die Interessen des Arbeitgebers konkret beeinträchtigt werden. Dies ist zB der Fall, wenn der Arbeitnehmer neben seiner Vollzeitbeschäftigung eine weitere Vollzeitbeschäftigung aufnimmt und die erforderlichen Ruhezeiten nicht mehr eingehalten werden können. Handelt es sich bei der Nebentätigkeit um eine Konkurrenztätigkeit, ist dies stets kündigungsrelevant.[1105] Wird die Nebentätigkeit während eines Zeitraums der Arbeitsunfähigkeit erbracht, kommt die Kündigung in Betracht, wenn sich dadurch der Heilungsprozess verzögert hat. In jedem Fall dürfte der Beweiswert einer beigebrachten Arbeitsunfähigkeitsbescheinigung erschüttert sein.[1106] Bei wiederholten Verstößen wegen nicht genehmigungsfähiger Nebentätigkeiten hält das BAG im öffentlichen Dienst auch eine fristlose Kündigung für möglich.[1107]

424 Privatkommunikation. Kündigungen des Arbeitnehmers wegen unerlaubter oder übermäßiger Nutzung dienstlicher Kommunikationsmittel wie Telefon, Internet und E-Mail für private Zwecke erlangen in der gerichtlichen Praxis zunehmende Bedeutung. Dabei ist im Grundsatz anerkannt, dass die wiederholte unerlaubte Privatnutzung der betrieblichen Kommunikationsmittel nach vorangegangener Abmahnung die ordentliche Kündigung rechtfertigen kann. Ob und inwieweit eine Abmahnung entbehrlich ist oder gar eine fristlose Kündigung in Betracht kommt, ist eine Frage des Einzelfalls.[1108]

425 Erste Hürde bei der Prüfung der verhaltensbedingten Kündigung in diesen Fällen ist das Vorliegen einer Pflichtverletzung. Dabei kommt es entscheidend darauf an, ob der Arbeitgeber dem Arbeitnehmer die betrieblichen Kommunikationsmittel zur Privatnutzung zur Verfügung gestellt hat oder nicht. Ob und in welchem Umfang der Arbeitgeber dem Ar-

---

[1100] Stahlhacke/Preis/Vossen Kündigung/*Preis* Rn. 609.
[1101] BAG 19.4.2007 – 2 AZR 78/06, AP BGB § 611 Direktionsrecht Nr. 77; LAG Berlin 27.6.1968 – 8 (2) Sa 592/68, DB 1969, 183.
[1102] BAG 12.8.1999 – 2 AZR 55/99, AP KSchG § 1 Verhaltensbedingte Kündigung Nr. 41; 6.11.1997 – 2 AZR 801/96, AP BGB § 626 Nr. 142; Stahlhacke/Preis/Vossen Kündigung/*Preis* Rn. 617.
[1103] BAG 30.5.2015 – 2 ABR 38/14, NZA 2016, 116; 11.12.2001 – 9 AZR 464/00, AP BGB § 611 Nebentätigkeit Nr. 8.
[1104] BAG 30.5.2015 – 2 ABR 38/14, NZA 2016, 116; 18.1.1996 – 6 AZR 314/95, AP BGB § 242 Auskunftspflicht Nr. 25.
[1105] Stichwort „Konkurrenztätigkeit" → Rn. 402.
[1106] Stichwort „Krankheit" → Rn. 406 ff.
[1107] BAG 18.9.2008 – 2 AZR 827/06, NZA-RR 2009, 393.
[1108] BAG 19.4.2012 – 2 AZR 186/11, NZA 2013, 27; 31.5.2007 – 2 AZR 200/06, NZA 2007, 922; 7.7.2005 – 2 AZR 581/04, NZA 2006, 98; 27.4.2006 – 2 AZR 386/05, NZA 2006, 977; 4.3.2004 – 2 AZR 147/03, NZA 2004, 717.

beitnehmer betriebliche Kommunikationsmittel für private Zwecke zur Verfügung stellt, ist seiner unternehmerischen Entscheidung überlassen. Ein Anspruch auf Privatnutzung besteht nicht. Der Arbeitgeber kann die Privatnutzung der Kommunikationsmittel also ausschließen.

Ist die **Privatnutzung ausgeschlossen**, kann ein wiederholter Verstoß des Arbeitnehmers nach vorhergehender Abmahnung die verhaltensbedingte Kündigung rechtfertigen.[1109] Im Einzelfall kann die Abmahnung entbehrlich oder sogar die fristlose Kündigung gerechtfertigt sein, insbesondere wenn der Arbeitnehmer nach Inhalt und Umfang gravierend gegen das Verbot der Privatnutzung verstoßen hat,[1110] oder durch die unerlaubte Privatnutzung ein Schaden eingetreten ist. Auch das BAG hat klargestellt, dass der Verstoß gegen ein wiederholtes und fortlaufendes Verbot der Privatnutzung die fristlose Kündigung rechtfertigen kann. Dabei sind für die Art und Schwere des Pflichtverstoßes insbesondere folgende Umstände zu berücksichtigen: Herunterladen einer erheblichen Datenmenge mit der Gefahr von Vireninfizierung, Rufschädigung wegen Herunterladens pornografischer Inhalte, etwaige zusätzliche Kosten sowie Verletzung der Arbeitspflicht durch Nichterbringung der Arbeitsleistung. Letzterer Gesichtspunkt ist nach den neueren Entscheidungen des BAG von besonderer Bedeutung. Denn in diesem Fall verletzt der Arbeitnehmer seine Hauptleistungspflicht zur Arbeit. Die Pflichtverletzung wiegt umso schwerer, je mehr der Arbeitnehmer bei der privaten Nutzung des Internets seine Arbeitspflicht in zeitlicher und inhaltlicher Hinsicht verletzt.[1111] Eine erhebliche Pflichtverletzung hat das BAG angenommen, wenn der Arbeitnehmer über einen Zeitraum von zwei Monaten fast täglich zwischen 15 Minuten und drei Stunden surft. Eine fristlose Kündigung dürfte möglich sein, wenn der Server infolge der durch die unerlaubte Privatnutzung des E-Mail-Systems eingeschleppten Viren mehrere Stunden ausfällt. Dies gilt in gleicher Weise, wenn die Privatnutzung **beschränkt gestattet** worden ist. Verstößt der Arbeitnehmer gegen die gesetzten Spielregeln, rechtfertigt dies nach vorangegangener Abmahnung die Kündigung. Die Kündigung ist deshalb möglich, wenn der Arbeitnehmer entgegen seiner Verpflichtung Privattelefonate nicht aufzeichnet oder nicht abrechnet.

Schwierigkeiten bestehen, wenn vom Arbeitgeber **keine klaren Regeln** aufgestellt worden sind, insbesondere die Privatnutzung nur geduldet wird und der Umfang der erlaubten Privatnutzung zweifelhaft ist. In diesem Fall wird allein der „übermäßige Gebrauch" die Kündigung nur selten rechtfertigen können, solange nicht die oben beschriebenen Gesichtspunkte hinzukommen. Möglicher Ansatzpunkt für eine Kündigung kann dann nur die vergeudete Arbeitszeit sein. In der Regel wird der Arbeitgeber hier zunächst im Wege einer Abmahnung die Grenzen klar zu definieren haben. Denn es ist Sache des Arbeitgebers, den Pflichtenkreis konkret zu bestimmen. Es muss für den Arbeitnehmer erkennbar sein, von welchem konkreten Umfang an die Grenze des Erlaubten überschritten ist.[1112]

Aber auch wenn die **Privatnutzung** der Kommunikationsmittel **gestattet** ist, folgt daraus nicht, dass der Arbeitnehmer im beliebigen Umfang private Telefonate führen, im Internet surfen oder E-Mails versenden darf. Denn Inhalt des Arbeitsvertrages ist die Erbringung der Arbeitsleistung gegen Entgelt, nicht die Privatnutzung der betrieblichen Kommunikationsmittel jedweden Ausmaßes. Allerdings ist in den Fällen der erlaubten Privatnutzung die Schwelle der Pflichtverletzung schwierig zu bestimmen. Kündigungsrelevant ist es jedenfalls, wenn der Arbeitnehmer aufgrund der Privatnutzung der Kommunikationsmittel die Arbeitsleistung schlecht oder nicht erbringt. Auch hier wird im Regelfall eine Abmah-

---

[1109] BAG 19.4.2012 – 2 AZR 186/11, NZA 2013, 27; 24.3.2011 – 2 AZR 282/10, NZA 2011, 1029 zur Speicherung privater Dateien auf einem Firmenlaptop; BAG 12.1.2006 – 2 AZR 179/05, NZA 2006, 980.

[1110] BAG 19.4.2012 – 2 AZR 186/11, NZA 2013, 27; LAG Niedersachsen 26.4.2002 – 3 Sa 726/01, MMR 2002, 766 zum Herunterladen pornografischer Inhalte bei verbotener Privatnutzung des Internets. ArbG Düsseldorf 1.8.2001 – 4 Ca 3437/01, NZA 2001, 1387 zur fristlosen Kündigung wegen des „erheblichen Umfangs" der verbotenen Privatnutzung.

[1111] BAG 19.4.2012 – 2 AZR 186/11, NZA 2013, 27; 24.3.2011 – 2 AZR 282/10, NZA 2011, 1029; 31.5.2007 – 2 AZR 200/06, NZA 2007, 922; 27.4.2006 – 2 AZR 386/05, NZA 2006, 977; 12.1.2006 – 2 AZR 179/05, NZA 2006, 980; 7.7.2005 – 2 AZR 581/04, NZA 2006, 98.

[1112] Vgl. dazu BAG 27.11.2003 – 2 AZR 692/02, NZA 2004, 452; ArbG Wesel 21.3.2001 – 5 Ca 4021/00, NZA 2001, 786.

nung erforderlich sein, um dem Arbeitnehmer die Grenzen aufzuzeigen.[1113] Soweit die Privatnutzung erlaubt und nicht auf bestimmte Inhalte beschränkt worden ist, kann der Arbeitnehmer grundsätzlich auch Internetseiten mit pornographischem Inhalt aufrufen. Wie der Arbeitnehmer von der Privatnutzung Gebrauch macht, ist seiner Entscheidung überlassen, solange er dabei nicht zugleich auch Straftatbestände verwirklicht oder nach der Rechtsprechung des BAG eine Rufschädigung droht. Wann dies der Fall sein soll, ist allerdings nicht klar. Das BAG scheint dies insbesondere im öffentlichen Dienst berücksichtigen zu wollen. Es sei zu beachten, „dass durch die Möglichkeit der Rückverfolgung in der Öffentlichkeit der Eindruck erweckt werde, eine Behörde, hier das Bundesministerium Verteidigung, befasse sich mit Pornographie, statt mit Dienstgeschäften".[1114] Der Arbeitnehmer darf auch nicht etwa eine kostenpflichtige Gewinnhotline anrufen.[1115]

429 Bei der Privatnutzung von Kommunikationsmitteln, insbesondere Internet und E-Mail, taucht häufig das Problem von Beweisverwertungsverboten auf, weil der Arbeitgeber regelmäßig Zugriff auf Privatdateien des Arbeitnehmers nimmt.[1116]

430 In den Fällen der unerlaubten Privatkommunikation bereitet der Nachweis, dass der Arbeitnehmer die Arbeitsleistung nicht erbracht hat, große Schwierigkeiten. Denn der Arbeitnehmer lässt sich häufig dahingehend ein, dass zum Zeitpunkt des Surfens ohnehin keine Arbeit zu erledigen gewesen sei. Für diesen Fall hat das BAG aber klargestellt, dass der Arbeitnehmer substantiiert darlegen muss, der Arbeitgeber habe ihm nicht in ausreichendem Umfang Arbeiten zugewiesen. Denn es sei der Regelfall, dass Arbeitnehmer durch unerlaubte Privatnutzung seine Arbeitspflicht vernachlässige.[1117] Dies gilt in besonderem Maße, wenn der Mitarbeiter Anonymisierungssoftware aufgespielt hat, die ein Nachverfolgen der Aktivitäten unmöglich macht.[1118] Dies kommt letztlich einer **Beweislastumkehr** gleich.

431 **Rauchverbot.** Verletzt der Arbeitnehmer wirksam erlassene einzelvertragliche, kollektivrechtliche oder gesetzliche Rauchverbote, ist die verhaltensbedingte Kündigung im Wiederholungsfall nach vorangegangener Abmahnung möglich, auch wenn es nicht zu konkreten Störungen im Betriebsablauf gekommen ist. Denn kündigungsrelevant ist der Pflichtverstoß als solcher.[1119]

432 In Ausnahmefällen kann sogar die Abmahnung entbehrlich sein und ein einmaliger Verstoß die verhaltensbedingte Kündigung rechtfertigen. Dies ist möglich, wenn der Verstoß mit einem erheblichen Gefährdungspotential einhergeht, was sich insbesondere aus der verrichteten Tätigkeit ergeben kann. Bei konkreter Gefährdung des Lebens, der Gesundheit oder erheblicher Sachwerte kommt im Einzelfall auch eine fristlose Kündigung in Betracht, etwa beim Rauchen in feuergefährlichen Bereichen, insbesondere beim Umgang mit explosiven Stoffen.[1120] Daneben ist seit der Neuregelung von § 5 ArbStättV die grundsätzliche gesetzgeberische Wertentscheidung zugunsten des Nichtraucherschutzes zu beachten. Sie wird noch verstärkt durch das am 1.9.2007 in Kraft getretene Bundesnichtraucherschutzgesetz sowie die diversen Nichtraucherschutzgesetze der Länder. Soweit der Arbeitnehmer auch ohne bestehendes konkretes betriebliches Rauchverbot nach vorangegangener Abmahnung wiederholt den Schutz der Nichtraucher ignoriert, kommt ebenfalls die verhaltensbedingte Kündigung in Betracht.

[1113] Vgl. zu gestatteten Privattelefonaten LAG Niedersachsen 13.1.1998 – 13 Sa 1235/97, LAGE KSchG § 1 Verhaltensbedingte Kündigung Nr. 63.
[1114] BAG 27.4.2006 – 2 AZR 386/05, NZA 2006, 977.
[1115] LAG Düsseldorf 16.9.2015 – 12 Sa 630/15, BB 2015, 2420.
[1116] Vgl. dazu ausführlich → Rn. 344.
[1117] BAG 27.4.2006 – 2 AZR 386/05, NZA 2006, 977.
[1118] BAG 12.1.2006 – 2 AZR 179/05, NZA 2006, 580.
[1119] BAG 27.9.2012 – 2 AZR 955/11, NZA 2013, 425; 22.7.1982 – 2 AZR 30/81, AP KSchG § 1 Verhaltensbedingte Kündigung Nr. 5; LAG Düsseldorf 17.6.1997 – 16 Sa 346/97, LAGE KSchG § 1 Verhaltensbedingte Kündigung Nr. 58; KR/*Rachor* KSchG § 1 Rn. 511; Stahlhacke/Preis/Vossen Kündigung/*Preis* Rn. 721; Ascheid/Preis/Schmidt/*Vossen* KSchG § 1 Rn. 304–309.
[1120] BAG 27.9.2012 – 2 AZR 955/11, NZA 2013, 425; LAG Düsseldorf 9.11.2011 – 12 Sa 956/11, AuA 2012, 224; LAG Baden-Württemberg 23.10.1951 – 1 Sa 118/51, DB 1952, 232; ArbG Husum 1.9.1964 – 1 Ca 101/64, DB 1964, 1596; ErfK/*Müller-Glöge* BGB § 626 Rn. 127.

Rücksichtnahmepflicht. In seiner jüngeren Rechtsprechung betont das BAG insbesondere im Bereich des öffentlichen Dienstes bestehende Rücksichtnahmepflichten, deren Verletzung die Kündigung nach sich ziehen kann. Der Arbeitnehmer hat seine Verpflichtungen aus dem Arbeitsverhältnis so zu erfüllen und die im Zusammenhang mit dem Arbeitsverhältnis stehenden Interessen des Arbeitgebers so zu wahren, wie dies von ihm unter Berücksichtigung seiner Stellung und Tätigkeit im Betrieb, seiner eigenen Interessen und der Interessen der anderen Arbeitnehmer des Betriebs nach Treu und Glauben billigerweise verlangt werden kann.[1121] Dies gilt auch außerhalb des öffentlichen Dienstes. Auch hier gehört nach § 241 Abs. 2 BGB zu den Pflichten des Arbeitnehmers, auf die berechtigten Interessen des Arbeitgebers und seiner Vertragspartner Rücksicht zu nehmen.[1122] 433

Schlechtleistung. Der Arbeitnehmer ist nicht zu einer starren Arbeitsleistung verpflichtet. Er muss tun, was er soll und zwar so gut, wie er kann.[1123] Verstößt er durch schlechte oder fehlende Leistung gegen diese Verpflichtung, kann er bei wiederholter Pflichtverletzung nach vorheriger Abmahnung ordentlich gekündigt werden.[1124] Voraussetzung ist allerdings, dass die Schlechtleistung auf einem steuerbaren Verhalten des Arbeitnehmers beruht, er also grundsätzlich die erforderliche Qualifikation aufweist. Ist dies nicht der Fall, kommt eine personenbedingte Kündigung in Betracht. Denn dann beruht die Schlechtleistung auf einem Eignungsmangel, vgl. dazu → Rn. 447 ff. Im Einzelfall kann auch die fristlose Kündigung in Betracht kommen, wenn die Schlechtleistung zu erheblichen Schäden, insbesondere an Leib und Leben geführt hat.[1125] 434

Typische Schlechtleistung im Arbeitsverhältnis ist zunächst der **Arbeitsfehler.** Dieser rechtfertigt die ordentliche verhaltensbedingte Kündigung regelmäßig erst im Wiederholungsfall nach vorangegangener Abmahnung. Soweit es sich jedoch um einen besonders schweren Fehler handelt, kommt auch die fristlose Kündigung in Betracht. So liegt der Fall, wenn der Krankenpfleger auf einer Intensivstation aus Versehen das Beatmungsgerät für einen Patienten ausschaltet.[1126] 435

Besonderheiten gelten bei der Kündigung **leistungsschwacher Arbeitnehmer**, auch „low performer" genannt. Hier kann sowohl die verhaltensbedingte als auch die personenbedingte Kündigung gerechtfertigt sein. Die **verhaltensbedingte** Kündigung setzt voraus, dass dem Arbeitnehmer eine Pflichtverletzung vorzuwerfen ist. Ein Arbeitnehmer genügt mangels anderweitiger Vereinbarungen seiner Vertragspflicht, wenn er unter angemessener Ausschöpfung seiner persönlichen Leistungsfähigkeit arbeitet. Er muss tun, was er soll und zwar so gut er kann. Er verstößt gegen seine Arbeitspflicht also nicht allein dadurch, dass er eine vom Arbeitgeber gesetzte Norm oder die Durchschnittsleistung aller Arbeitnehmer unterschreitet. Allerdings kann die längerfristige deutliche Unterschreitung des Durchschnitts ein Anhaltspunkt dafür sein, dass der Arbeitnehmer deutlich weniger leistet, als er könnte. Legt der Arbeitgeber dies im Prozess dar, muss der Arbeitnehmer erläutern, warum er trotz unterdurchschnittlicher Leistungen seine Leistungsfähigkeit ausschöpft.[1127] Dem BAG genügt hier der Nachweis, dass der Arbeitnehmer nur noch 50 bis 60% der Leistung von vergleichbaren Arbeitnehmern erbringt. Erforderlich ist allerdings die substantiierte Darlegung der Minderleistung. Pauschale Hinweise reichen nicht aus. 436

[1121] BAG 21.6.2012 – 2 AZR 694/11, NZA 2013, 199; 10.9.2009 – 2 AZR 257/08, NZA 2010, 220; 26.3.2009 – 2 AZR 953/07, NZA-RR 2010, 516; auch BAG 24.3.2011 – 2 AZR 282/10, NZA 2011, 1029; 28.10.2010 – 2 AZR 293/09, NZA 2011, 112.

[1122] BAG 12.5.2010 – 2 AZR 587/08, NZA-RR 2011, 15.

[1123] BAG 9.6.2011 – 2 AZR 284/10, NZA-RR 2012, 12; 27.11.2008 – 2 AZR 675/07, NZA 2009, 842; 11.12.2003 – 2 AZR 667/02, NZA 2004, 784; 17.1.2008 – 2 AZR 536/06, NZA 2008, 693.

[1124] BAG 17.1.2008 – 2 AZR 536/06, NZA 2008, 693; 11.12.2003 – 2 AZR 667/02, NZA 2004, 784; 26.6.1997 – 2 AZR 502/96, RzK I 5i Nr. 126; 15.8.1984 – 7 AZR 228/82, AP KSchG § 1 Nr. 8; 22.7.1982 – 2 AZR 30/81, AP KSchG § 1 Verhaltensbedingte Kündigung Nr. 5; LAG Hamm 23.3.2000 – 18 Sa 463/00, LAGE KSchG § 1 Verhaltensbedingte Kündigung Nr. 76a; KR/*Rachor* KSchG § 1 Rn. 487; Ascheid/Preis/Schmidt/*Vossen* KSchG § 1 Rn. 278; Stahlhacke/Preis/Vossen Kündigung/*Preis* Rn. 592; *Hunold* NZA 2000, 804.

[1125] BAG 15.11.2001 – 2 AZR 380/00, NZA 2002, 971.

[1126] BAG 15.11.2001 – 2 AZR 380/00, NZA 2002, 971.

[1127] BAG 11.12.2003 – 2 AZR 667/02, NZA 2008, 784.

Entscheidend ist ein konkreter Leistungsvergleich zur Bezugsgruppe. Im Hinblick auf die Darlegungslast hat es das BAG ausreichen lassen, wenn der Arbeitgeber Tatsachen vorträgt, aus denen ersichtlich ist, dass die Leistungen des Arbeitnehmers hinter denen vergleichbarer Arbeitnehmer zurückbleiben, also den Durchschnitt erheblich unterschreiten. Dabei sind quantitative und qualitative Minderleistungen zu unterscheiden. Bei quantitativen Minderleistungen wird der Durchschnitt erheblich unterschritten, wenn gemessen an der durchschnittlichen Leistung der vergleichbaren Arbeitnehmer das Verhältnis von Leistung und Gegenleistung stark beeinträchtigt ist. Das BAG hat die Unterschreitung um ein Drittel als ausreichend angesehen.[1128] Bei qualitativen Minderleistungen muss der Arbeitgeber Fehlerzahl, Art und Schwere des Fehlers sowie Folgen des Fehlers darlegen und so aufzeigen, dass klar wird, dass die durchschnittliche Fehlerquote deutlich überschritten ist.[1129] Ob es dann um eine personen- oder verhaltensbedingte Kündigung geht, hängt von der Einlassung des Arbeitnehmers ab. Er kann zB Tatsachen vortragen, aus denen geschlossen werden kann, dass er seine persönliche Leistungsfähigkeit auch bei der Minderleistung voll ausschöpft. Trägt er entsprechendes nicht vor, darf das Gericht davon ausgehen, dass er seine Arbeitskraft zurückhält. Dann geht es um eine verhaltensbedingte Kündigung.[1130] Die verhaltensbedingte Kündigung ist auch möglich, wenn der Mitarbeiter eine Fehlerquote in Höhe des dreifachen des Durchschnitts anderer Mitarbeiter hat.[1131] Die **personenbedingte Kündigung** kommt demgegenüber in Betracht, wenn bei einem über längere Zeit erheblich leistungsschwachen Arbeitnehmer auch für die Zukunft mit einer schweren Störung des Vertragsgleichgewichtes zu rechnen ist. Voraussetzung ist allerdings, dass ein milderes Mittel zur Wiederherstellung des Vertragsgleichgewichtes nicht zu erwarten ist und dem Schutz älterer, langjährig beschäftigter und erkrankter Arbeitnehmer ausreichend Rechnung getragen wird.[1132] Da die Anforderungen je nach Kündigungsart also erheblich voneinander abweichen, muss sich der Arbeitgeber im Vorfeld der Kündigung intensiv mit der Frage auseinandersetzen, ob der Arbeitnehmer nicht mehr leisten kann oder will.

437 Der Arbeitgeber trägt die Darlegungs- und Beweislast für die behauptete Schlechtleistung. Dabei reichen insbesondere die in der Praxis vielfach verwendeten pauschalen Werturteile nicht aus, zB „völlig unbrauchbare Arbeitsleistung", „unterdurchschnittlicher Mitarbeiter". Denn aus einer Gruppe von Arbeitnehmern ist einer denknotwendig der Schlechteste. Vielmehr muss der Arbeitgeber die einzelnen Schlechtleistungen so konkret wie möglich bezeichnen, insbesondere etwaige Arbeitsfehler im Detail darlegen.[1133]

438 Ein besonderer Fall der Schlechtleistung ist auch die bewusste Langsamarbeit oder Bummelei. Auch dieses Verhalten kann nach vorangegangener Abmahnung im Wiederholungsfall die ordentliche verhaltensbedingte Kündigung rechtfertigen. Erreicht das Verhalten die Intensität einer beharrlichen Arbeitsverweigerung, ist auch die fristlose Kündigung möglich.

439 **Sexuelle Belästigung.** Sexuelle Belästigungen am Arbeitsplatz können die verhaltensbedingte Kündigung rechtfertigen.[1134] Ob und inwieweit die Abmahnung entbehrlich ist und eine fristlose Kündigung in Betracht kommt, ist eine Frage des Einzelfalls. Dabei sind der Umfang und die Intensität der sexuellen Belästigung zu berücksichtigen.[1135] Für die Verwirk-

---

[1128] BAG 11.12.2003 – 2 AZR 667/02, NZA 2004, 784.
[1129] BAG 17.1.2008 – 2 AZR 536/06, NZA 2008, 693.
[1130] BAG 3.6.2004 – 2 AZR 386/03, NZA 2004, 1380; 11.12.2003 – 2 AZR 667/02, NZA 2004, 784.
[1131] BAG 3.6.2004 – 2 AZR 386/03, NZA 2004, 1380; 11.12.2003 – 2 AZR 667/02, NZA 2004, 784.
[1132] BAG 11.12.2003 – 2 AZR 667/02, NZA 2004, 784.
[1133] Vgl. auch: Ascheid/Preis/Schmidt/*Vossen* KSchG § 1 Rn. 280.
[1134] BAG 29.6.2017 – 2 AZR 302/16, NZA 2017, 1121; 2.3.2017 – 2 AZR 698/15, NZA 2017, 1051; 20.11.2014 – 2 AZR 651/13, NZA 2015, 294; 23.10.2014 – 2 AZR 865/13, NZA 2015, 651; 9.6.2011 – 2 AZR 323/10, NZA 2011, 1342; 19.4.2012 – 2 AZR 258/11, NZA-RR 2012, 567; 12.3.2009 – 2 ABR 24/08, NZA-RR 2010, 180; 25.3.2004 – 2 AZR 341/03, NZA 2004, 1214; 9.1.1986 – 2 ABR 24/85, AP BGB § 626 Ausschlussfrist Nr. 20; LAG Sachsen 11.3.2000 – 1 Sa 635/99, LAGE BGB § 626 Nr. 130; LAG Hamm 10.3.1999 – 18 Sa 2328/98, LAGE KSchG § 1 Verhaltensbedingte Kündigung Nr. 75; LAG Hamburg 21.10.1998 – 4 Sa 53/98, LAGE BSchG § 4 Nr. 3.
[1135] BAG 29.6.2017 – 2 AZR 302/16, NZA 2017, 1121; 2.3.2017 – 2 AZR 698/15, NZA 2017, 1051; 25.3.2004 – 2 AZR 341/03, NZA 2004, 1214.

lichung des Tatbestands der sexuellen Belästigung ist nicht zwingend erforderlich, dass es sich um eine solche im Sinne von § 3 Abs. 4 AGG handelt. Auch wenn die Merkmale der Norm nicht erfüllt sind, jedoch eine sexuelle Tendenz der Handlungen des Arbeitnehmers erkennbar ist, ist die Kündigung möglich. Dies gilt insbesondere bei ambivalenten Verhaltensweisen, etwa Umarmungen, wenn sie sexuell bestimmt sind, was wiederum nach dem Eindruck eines objektiven Beobachters zu beurteilen ist.[1136] Soweit die Merkmale des AGG erfüllt sind, folgt aus § 12 AGG, der auch die Kündigung als zu ergreifende Maßnahme regelt, noch kein spezielles Kündigungsrecht des Arbeitgebers. Vielmehr richtet sich die Kündigungsrelevanz nach den allgemeinen Voraussetzungen.[1137] Eindeutige verbale Aufforderungen zu sexuellen Handlungen, insbesondere zum Geschlechtsverkehr rechtfertigen regelmäßig die fristlose Kündigung, wenn dies von der/dem Betroffenen erkennbar abgelehnt wird.[1138] Dies gilt auch für sexuell bestimmte körperliche Berührungen,[1139] etwa wenn der Ausbilder im Gastronomiegewerbe der Auszubildenden durch Umarmung „von hinten" bestimmte Schnitttechniken mit einem Messer vermitteln will und die Auszubildende dabei mehrfach an sich drückt.

Wird eine Person wahrheitswidrig einer sexuellen Belästigung bezichtigt, so ist eine verhaltensbedingte Kündigung gerechtfertigt, uU sogar fristlos.[1140]

Straftaten. Strafbare Handlungen, die eine Pflicht aus dem Arbeitsvertrag betreffen, sind kündigungsrelevant. Siehe Stichwort „unerlaubte Handlungen". 440

Tätlichkeiten. Tätliche Auseinandersetzungen mit dem Arbeitgeber oder Arbeitskollegen rechtfertigen die ordentliche verhaltensbedingte Kündigung. Denn der tätliche Angriff stellt eine schwere Verletzung der arbeitsvertraglichen Pflicht zur Rücksichtnahme auf die Rechte und Interessen des anderen Arbeitnehmers dar. Meist wird sogar eine fristlose Kündigung in Betracht kommen.[1141] Etwas anderes mag gelten, wenn der Arbeitnehmer zur Tat provoziert worden ist. Zu prüfen ist auch, ob möglicherweise eine Notwehrlage bestand, etwa wenn der Arbeitnehmer selbst angegriffen worden ist. 441

Telefon. Zur unerlaubten Nutzung des betrieblichen Telefonsystems siehe Stichwort „Privatkommunikation" → Rn. 424 ff. 442

Tendenzbetrieb. Der allgemeine Kündigungsschutz greift auch im Tendenzbetrieb. Allerdings sind bei der verhaltensbedingten Kündigung einige Besonderheiten zu berücksichtigen. Insbesondere ist zu prüfen, ob und inwieweit Verhaltensweisen des Arbeitnehmers mit dem Tendenzschutz kollidieren. Eine verhaltensbedingte Kündigung ist möglich, wenn der Arbeitnehmer Auffassungen vertritt, die mit dem Gedankengut des Tendenzbetriebes nicht vereinbar sind.[1142] Dies gilt auch bei außerdienstlichem Verhalten. Denn Mitarbeiter in Tendenzbetrieben dürfen aufgrund einer vertraglichen Nebenpflicht auch im außerdienstlichen Bereich nicht gegen die Tendenz ihres Arbeitgebers tätig werden.[1143] 443

Bei Arbeitsverhältnissen mit **kirchlichen Bediensteten** ist darauf zu achten, dass die Religionsgemeinschaften nach Art. 140 GG iVm Art. 137 Abs. 2 WRV ihre Angelegenheiten selbstständig innerhalb der Schranken des für alle geltenden Gesetzes ordnen und verwal- 444

[1136] BAG 2.3.2017 – 2 AZR 698/15, NZA 2017, 1051.
[1137] BAG 8.6.2000 – 2 ABR 1/00, AP BeschSchG § 2 Nr. 3; ErfK/*Müller-Glöge* BGB § 626 Rn. 130.
[1138] So ausdrücklich: BAG 25.3.2004 – 2 AZR 341/03, NZA 2004, 1214.
[1139] BAG 29.6.2017 – 2 AZR 302/16, NZA 2017, 1121.
[1140] KR/*Rachor* KSchG § 1 Rn. 545.
[1141] BAG 18.9.2008 – 2 AZR 1039/06, DB 2009, 964; 6.10.2005 – 2 AZR 280/04, NZA 2006, 431; 24.10.1996 – 2 AZR 900/95, RzK I 5i Nr. 120; 30.9.1993 – 2 AZR 188/93, RzK I 5i Nr. 85; 12.3.1987 – 2 AZR 176/86, AP BetrVG § 102 Nr. 47; 12.7.1984 – 2 AZR 320/83, AP BetrVG § 102 Nr. 32; LAG Köln 17.4.2002 – 6 Sa 1334/01, LAGE BGB § 626 Nr. 141; KR/*Rachor* KSchG § 1 Rn. 505; Stahlhacke/Preis/Vossen Kündigung/*Preis* Rn. 650.
[1142] BAG 24.9.2014 – 5 AZR 611/12, NZA 2014, 1407; 23.10.2008 – 2 AZR 483/07, NZA-RR 2009, 362; 13.6.2002 – 2 AZR 234/01, NZA 2003, 265; 21.2.2001 – 2 AZR 139/00, NZA 2001, 1137; 6.6.1984 – 7 AZR 456/82, AP KSchG § 1 Verhaltensbedingte Kündigung Nr. 11; 6.12.1979 – 2 AZR 1055/77, AP KSchG § 1 Verhaltensbedingte Kündigung Nr. 2; Stahlhacke/Preis/Vossen Kündigung/*Preis* Rn. 644.
[1143] KR/*Rachor* KSchG § 1 Rn. 494.

ten. Die Kirche legt deshalb in eigener Zuständigkeit fest, welche Verhaltensweisen mit ihrem Verkündigungsauftrag kollidieren.[1144] Dieses Recht kommt neben den verfassten Kirchen auch den ihnen zugeordneten caritativen Einrichtungen zu.[1145] Dies schränkt in gewisser Weise den Kündigungsschutz ein, indem die Gerichte das nach dem kirchlichen Selbstbestimmungsrecht als Pflichtverstoß definierte Verhalten keiner eigenen Bewertung unterziehen dürfen. Nur dann sind die Gerichte nicht an die kirchliche Einschätzung gebunden, wenn sie sich dadurch in Widerspruch zu Grundprinzipien der Rechtsordnung, wie sie im Willkürverbot, im Begriff „gute Sitten" und im „ordre public" ihren Niederschlag gefunden haben, setzen würden.[1146] Stets ist eine umfassende Interessenabwägung zwischen dem Loyalitätsverstoß und den Freiheitsrechten des Arbeitnehmers vorzunehmen.[1147] Verstößt der kirchliche Angestellte gegen Glaubensgrundsätze, kommt nach vorhergehender Abmahnung aufgrund umfassender Güterabwägung die ordentliche verhaltensbedingte Kündigung in Betracht. Allerdings ist das Recht des Arbeitnehmers auf Achtung des Privat- und Familienlebens (Art. 8 EMRK) und auch der Umstand, dass ein von einem kirchlichen Arbeitgeber gekündigter Arbeitnehmer nur begrenzte Möglichkeiten hat, eine neue Stelle zu finden, im Rahmen der Interessenabwägung zu berücksichtigen.[1148] Der Austritt aus der katholischen Kirche ist regelmäßig kündigungsrelevant. Möglich ist die Kündigung beispielsweise, wenn der Chefarzt eines kirchlichen Krankenhauses eine Behandlungsmethode durchführt, die gegen tragende Grundsätze des Kirchenrechtes verstößt, indem er eine künstliche Befruchtung durchführt.[1149] Ebenso ist die Kündigung möglich, wenn eine Lehrkraft eines Gymnasiums in kirchlicher Trägerschaft ein nichteheliches Verhältnis zu einem Mönch als dem Schulleiter hat.[1150] Ob die Tatsache der Wiederverheiratung ausreicht, ist zweifelhaft.[1151] Zu beachten ist im Rahmen kirchlicher Arbeitsverhältnisse auch die neu gefasste Grundordnung der Katholischen Diözesen Deutschlands vom 27.4.2015. Danach darf dem wiederverheirateten Geschiedenen in katholischen Krankenhäusern, Seniorenheimen, Kindergärten oder Schulen nur im Ausnahmefall gekündigt werden. Es hängt von der Art der fraglichen Tätigkeiten oder den Umständen ihrer Ausübung ab, ob die Religion oder Weltanschauung eine wesentliche, rechtmäßige und gerechtfertigte berufliche Anforderung angesichts des Ethos der betreffenden Kirche oder Organisation darstellen kann. Deshalb ist die Kündigung einem katholischen Chefarzt gegenüber, der in einem Krankenhaus tätig ist, das vorrangig eine religiöse Zielsetzung in Form der Verwirklichung von Aufgaben der Caritas als Lebens- und Wesensäußerung der römisch-katholischen Kirche verfolgt, und der sich nach Scheidung einer ersten, nach katholischem Ritus geschlossenen Ehe (standesamtlich) wiederverheiratet, rechtsunwirksam. Denn der Chefarzt wirkt weder an der Bestimmung des Ethos des Arbeitgebers mit noch leistet er einen Beitrag zu dessen Verkündigungsauftrag.[1152] Die dem römisch-katholischen Glaubensbekenntnis angehörende Mitarbeiterin eines evangelischen Kindergartens kann wegen der Mitgliedschaft in einer Vereinigung, die mit kirchlichen Grundsätzen nicht vereinbar ist (hier: „Universale Kirche"), sogar fristlos gekündigt werden. Denn es muss nach dem Selbstverständnis der Kirche gewährleistet sein, dass die den Kindergarten besuchenden Kinder nach ihrer Lehre erzogen werden.[1153]

[1144] EGMR 23.9.2010 – 425/03, NZA 2011, 277; BAG 24.9.2014 – 5 AZR 611/12, NZA 2014, 1407; 26.9.2013 – 2 AZR 741/12, NZA 2014, 529; 25.4.2013 – 2 AZR 579/14, NZA 2013, 1131; BVerfG 7.3.2002 – 1 BvR 1962/01, NZA 2002, 609; 31.1.2001 – 1 BvR 619/92, NZA 2001, 717; 4.6.1985 – 2 BvR 1703/83, AP GG Art. 140 Nr. 24; BAG 21.2.2001 – 2 AZR 139/00, NZA 2001, 1137.
[1145] BAG 25.4.2013 – 2 AZR 579/12, NZA 2013, 1131.
[1146] BAG 25.4.2013 – 2 AZR 579/12, NZA 2013, 1131.
[1147] EGMR 23.9.2010 – 1620/03, NZA 2011, 279; BAG 8.9.2011 – 2 AZR 543/10, NZA 2012, 443; Ascheid/Preis/Schmidt/*Vossen* KSchG § 1 Rn. 863a.
[1148] BAG 25.4.2013 – 2 AZR 579/12, NZA 2013, 1131; EGMR 23.9.2010 – 1620/03, NZA 2011, 279.
[1149] BAG 21.2.2001 – 2 AZR 139/00, NZA 2001, 1137.
[1150] BVerfG 31.1.2001 – 1 BvR 619/92, NZA 2001, 717.
[1151] BAG 20.2.2019 – 2 AZR 746/14, NZA 2019, 901.
[1152] BAG 20.2.2019 – 2 AZR 746/14, NZA 2019, 901.
[1153] EGMR 3.2.2011 – 18136/02, EzA BGB 2002 Kirchlicher Arbeitnehmer Nr. 17; BAG 21.2.2001 – 2 AZR 139/00, NZA 2001, 1137.

Hat sich die Religionsgemeinschaft in einer selbst auferlegten Verfahrensordnung ver- **445**
pflichtet, vor einer Kündigung ein bestimmtes Verfahren durchzuführen, ist die Kündigung unwirksam, wenn das Verfahren nicht eingehalten wird.[1154]

Überstunden. Die Ablehnung von Überstunden, oder genauer Überarbeit, also die Über- **446**
schreitung der vertraglich vereinbarten Arbeitszeit, ist nach vorheriger Abmahnung kündigungsrelevant, wenn der Arbeitnehmer zur Ableistung von Überstunden verpflichtet ist.[1155] Die entsprechende Pflicht kann sich aus einem Tarifvertrag, einer Betriebsvereinbarung oder dem Arbeitsvertrag sowie in Notfällen ergeben. Zu beachten ist insbesondere, ob die Zuweisung im Wege des Direktionsrechtes des Arbeitgebers billigem Ermessen entspricht. Dies ist nicht der Fall, wenn sie dem Arbeitnehmer unter Berücksichtigung aller Umstände unzumutbar ist. Vor allem bei Teilzeitbeschäftigten ist deshalb bei der Anordnung von Überstunden die familiäre Situation zu berücksichtigen. Beruht die Stundenreduzierung auf ihrem Willen, ist die Überarbeit regelmäßig unzumutbar. Liegt keine Verpflichtung zur Ableistung von Überstunden vor, kann der Arbeitnehmer nicht gekündigt werden, wenn er sie verweigert. Hierzu gehören insbesondere Überstunden, die nach dem Arbeitszeitgesetz verboten sind. Ebenso ist zu berücksichtigen, dass die Anordnung von Überstunden eine Sonderverpflichtung darstellt, die über den arbeitsvertraglich vorgesehenen Regelumfang der Arbeitsverpflichtung hinausgeht.

Unerlaubte Handlungen. Unerlaubte Handlungen, die eine Pflicht aus dem Arbeitsverhältnis **447**
betreffen, sind kündigungsrelevant.[1156] Hierzu gehören insbesondere gegen das Eigentum und das Vermögen des Arbeitgebers gerichtete unerlaubte Handlungen des Arbeitnehmers, ohne dass es auf die strafrechtliche Wertung ankommt.[1157] Darauf ist sie aber nicht beschränkt. Ebenso kündigungsrelevant sind Drohungen mit Gefahren für Leib und Leben des Arbeitgebers, Vorgesetzten oder Arbeitskollegen, etwa die Ankündigung eines Amoklaufs oder eines Suizids.[1158] Unerlaubte Handlungen im außerdienstlichen Bereich sind demgegenüber nur kündigungsrelevant, wenn sie sich auf das Arbeitsverhältnis auswirken.[1159] Bei gravierenden unerlaubten Handlungen, insbesondere Straftaten gegen den Arbeitgeber, wird regelmäßig die fristlose Kündigung möglich sein. Allerdings kommt es auch hier stets auf die Umstände des Einzelfalls an. Auch wenn in diesen Fällen eine Abmahnung regelmäßig entbehrlich ist, bedarf es noch einer umfassenden Interessenabwägung, bei der insbesondere Art und Weise sowie die Schwere der Tatbegehung zu berücksichtigen sind.[1160]

Diebstähle und Unterschlagungen von im Eigentum des Arbeitgebers stehenden Sachen recht- **448**
fertigen im Regelfall sogar die fristlose Kündigung, ohne dass es auf den Wert der entwendeten Sachen ankäme. Selbst der Diebstahl geringwertiger Sachen rechtfertigt an sich bereits die fristlose Kündigung.[1161] Daran hat das BAG auch im Fall „Emmely" ausdrücklich festgehalten, gleichzeitig aber betont, dass stets alle Umstände des Einzelfalles zu berücksichtigen sind und eine Abwägung der widerstreitenden Interessen zu erfolgen hat.[1162] Im

---

[1154] BAG 16.9.1999 – 2 AZR 712/98, AP GrO kath. Kirche Art. 4 Nr. 1.
[1155] BAG 28.2.1958 – 1 AZR 491/56, AP AZO § 14 Nr. 1; LAG Schleswig-Holstein 26.6.2001 – 3 Sa 224/01, RzK I 5i Nr. 167; LAG Köln 27.4.1999 – 13 Sa 1380/98, NZA 2000, 39; KR/*Rachor* KSchG § 1 Rn. 476; Ascheid/Preis/Schmidt/*Vossen* KSchG § 1 Rn. 283; Stahlhacke/Preis/Vossen Kündigung/*Preis* Rn. 587.
[1156] Vgl. nur BAG 16.7.2015 – 2 AZR 85/15, NZA 2016, 161; 23.10.2014 – 2 AZR 644/13, NZA 2015, 429; 21.6.2012 – 2 AZR 153/11, NZA 2012, 1025; 5.4.2001 – 2 AZR 217/00, NZA 2001, 837; 12.8.1999 – 2 AZR 923/98, NZA 2000, 421; LAG Köln 7.7.1999 – 7 Sa 22/99, NZA 2001, 1081.
[1157] Nur BAG 23.8.2018 – 2 AZR 235/18, AP BGB § 626 Nr. 272; 14.12.2017 – 2 AZR 86/17, NZA 2018, 646; 16.7.2015 – 2 AZR 85/15, NZA 2016, 161; 12.5.2010 – 2 AZR 845/08, NZA 2010, 1348.
[1158] BAG 29.6.2017, 2 AZR 47/16, NZA 2017, 1605.
[1159] Vgl. Stichwort „außerdienstliches Verhalten" → Rn. 377.
[1160] Zur Interessenabwägung ausführlich → Rn. 336.
[1161] BAG 16.12.2010 – 2 AZR 485/08, NZA 2011, 571; 27.4.2006 – 2 AZR 415/05, NZA 2006, 1033; 27.3.2003 – 2 AZR 51/02, NZA 2003, 1193; 12.8.1999 – 2 AZR 923/98, NZA 2000, 421; 20.9.1984 – 2 AZR 633/82, AP BGB § 626 Nr. 80.
[1162] BAG 10.6.2010 – 2 AZR 541/09, NZA 2010, 1227.

Fall „Emmely" ist das BAG in Anwendung dieser Grundsätze daher zu dem Ergebnis gelangt, dass gegenüber der seit mehr als dreißig Jahren beanstandungsfrei für die Arbeitgeberin tätigen Kassiererin als Reaktion auf deren Fehlverhalten (Einlösen von zwei liegengebliebenen Pfandbons im Wert von 0,48 Euro und 0,82 Euro) eine Abmahnung ausgereicht hätte. **Falsche Spesenabrechnungen** rechtfertigen ebenso die verhaltensbedingte Kündigung. Auf die Höhe des Betrages kommt es ebenso wenig an wie auf die Tatsache, dass es sich um einen einmaligen Fall handelt.[1163] Die Annahme von **Schmiergeld** ist kündigungsrechtlich relevant, wenn der Arbeitnehmer seine Position ausgenutzt hat, um sich persönliche Vorteile zu verschaffen.[1164] Auch mittelbare Vorteile reichen aus. Die Annahme von Schmiergeld ist zu unterscheiden von der Annahme kleinerer Aufmerksamkeiten, wie Kugelschreibern, Kalendern oder vergleichbaren Kleingegenständen. Sie rechtfertigt die ordentliche verhaltensbedingte Kündigung nur, wenn der Arbeitgeber die Annahme derartiger Kleinigkeiten arbeitsvertraglich verboten hat.[1165] Davon zu unterscheiden ist der Fall, dass der Arbeitnehmer nicht geschuldetes Entgelt entgegennimmt.[1166] Auch der **Arbeitszeitbetrug** rechtfertigt regelmäßig die verhaltensbedingte Kündigung. Dies gilt für den Missbrauch von Kontrolleinrichtungen[1167] ebenso wie für unrichtige Einträge in Stundenzetteln oder Änderungen auf Stempelkarten.[1168] Nichts anderes gilt, wenn der Arbeitnehmer die **Vermögensbetreuungspflicht** verletzt, so wenn ein Croupier einem Gast Jetons unberechtigt überlässt.[1169] Auch das unerlaubte Herstellen digitaler Kopien kann einen Kündigungsgrund darstellen.[1170]

449 Ebenfalls kündigungsrelevant sind unerlaubte Handlungen in Ausübung oder bei Gelegenheit der Arbeitsleistung. Begeht der Arbeitnehmer bei einer Dienstfahrt ein Verkehrsdelikt oder entwendet er Gegenstände bei einem Kunden, verletzt er konkret arbeitsvertragliche Pflichten. Ob und inwieweit eine Abmahnung entbehrlich oder eine fristlose Kündigung gerechtfertigt ist, ist eine Frage des Einzelfalls.[1171]

450 Unerlaubte Handlungen im außerdienstlichen Bereich sind kündigungsrelevant, wenn sie Auswirkungen auf das Arbeitsverhältnis haben.[1172]

451 Die Aufklärung von unerlaubten Handlungen des Arbeitnehmers kann mit rechtswidrigen Eingriffen in das Persönlichkeitsrecht des Arbeitnehmers verbunden sein. Ob und inwieweit daraus Beweisverwertungsverbote entstehen, etwa durch sog. Ehrlichkeitstests, ist eine Frage des Einzelfalls.[1173]

452 **Unpünktlichkeit.** Verspätungen, die der Arbeitnehmer zu vertreten hat, rechtfertigen im Wiederholungsfalle nach vorheriger Abmahnung die verhaltensbedingte Kündigung.[1174] Denn der Arbeitnehmer verletzt mit der Verspätung die Arbeitspflicht, also seine Hauptleistungspflicht. Konkrete betriebliche Auswirkungen der Verspätung sind nicht erforderlich, bei Vorliegen aber erschwerend zu berücksichtigen. Ohne konkrete betriebliche Auswirkungen wird die Kündigung erst bei mehrfachem Zuspätkommen durchgreifen. Entscheidend sind die Umstände des Einzelfalls. In besonders krassen Fällen ist die frist-

---

[1163] BAG 17.1.2008 – 2 AZR 536/06, NZA 2008, 693; 2.6.1960 – 2 AZR 91/58, AP BGB § 626 Nr. 42; 22.11.1962 – 2 AZR 42/62, AP BGB § 626 Nr. 49; Stahlhacke/Preis/Vossen Kündigung/*Preis* Rn. 685.
[1164] BAG 21.6.2001 – 2 AZR 30/00, NZA 2002, 232; 15.11.1995 – 2 AZR 974/94, AP BetrVG § 102 Nr. 73; 17.8.1972 – 2 AZR 415/71, AP BGB § 626 Nr. 65; Linck/Krause/Bayreuther KSchG § 1 Rn. 655; Däubler/Deinert/Zwanziger/*Däubler* KSchG § 1 Rn. 234; Stahlhacke/Preis/Vossen Kündigung/*Preis* Rn. 682, 683.
[1165] BAG 15.11.2001 – 2 AZR 605/00, AP BGB § 626 Nr. 175.
[1166] BAG 28.8.2008 – 2 AZR 15/07, NZA 2009, 192.
[1167] BAG 24.11.2005 – 2 AZR 39/05, NZA 2006, 484.
[1168] Stichwort „Arbeitszeit" → Rn. 375.
[1169] BAG 15.8.2002 – 2 AZR 514/01, AP KSchG § 1 Verhaltensbedingte Kündigung Nr. 42.
[1170] Nur BAG 16.7.2015 – 2 AZR 85/15, NZA 2016, 161.
[1171] BAG 30.5.1978 – 2 AZR 630/76, AP BGB § 626 Nr. 70; KR/*Rachor* KSchG § 1 Rn. 546 ff.
[1172] Vgl. Stichwort: „Außerdienstliches Verhalten" → Rn. 377.
[1173] Vgl. dazu unter → Rn. 344, 349.
[1174] BAG 23.6.2009 – 2 AZR 532/08, NZA-RR 2009, 622; 27.2.1997 – 2 AZR 302/96, AP KSchG § 1 Verhaltensbedingte Kündigung Nr. 36; 17.1.1991 – 2 AZR 375/90, AP KSchG § 1 Verhaltensbedingte Kündigung Nr. 25; KR/*Rachor* KSchG § 1 Rn. 483; Ascheid/Preis/Schmidt/*Vossen* KSchG § 1 Rn. 287; Stahlhacke/Preis/Vossen Kündigung/*Preis* Rn. 591.

lose Kündigung möglich.[1175] Der Arbeitnehmer ist selbstverständlich auch dann zum pünktlichen Dienstantritt verpflichtet, wenn er weit entfernt vom Arbeitsplatz wohnt. Entsprechendes gilt in Betrieben mit Gleitzeitarbeit bei einem wiederholten Verstoß gegen die Kernarbeitszeitregelung.

Urlaub. Der **eigenmächtige Urlaubsantritt** oder sonstige eigenmächtige Freizeitnahme des Arbeitnehmers oder die eigenmächtige Überschreitung des bewilligten Urlaubszeitraumes kann die verhaltensbedingte Kündigung rechtfertigen.[1176] Denn dem Arbeitnehmer steht ein Recht zur Selbstbeurlaubung nicht zu. Ob und inwieweit eine Abmahnung entbehrlich ist oder eine fristlose Kündigung in Betracht kommt, ist eine Frage des Einzelfalls. Eine ordentliche verhaltensbedingte Kündigung nach vorheriger Abmahnung ist gerechtfertigt, wenn es sich um kurzfristige Arbeitsversäumnisse handelt, etwa die eigenmächtige Freizeitnahme für wenige Stunden. Gleiches gilt, wenn der Arbeitgeber verpflichtet gewesen wäre, dem Arbeitnehmer den beantragten Urlaub zu erteilen.[1177] Ansonsten wird regelmäßig eine fristlose Kündigung möglich sein. Eine Abmahnung ist in diesen Fällen entbehrlich, weil der Arbeitnehmer nicht davon ausgehen kann, dass der Arbeitgeber den eigenmächtigen Urlaubsantritt billigt. Will der Arbeitnehmer seinen Urlaubsanspruch durchsetzen, muss er gerichtliche Hilfe in Anspruch nehmen, notfalls im Wege der einstweiligen Verfügung. Ein Selbstbeurlaubungsrecht ist demgegenüber nicht anzuerkennen. Unerheblich ist, ob der Arbeitnehmer bezahlten Erholungsurlaub oder unbezahlten Sonderurlaub eigenmächtig antritt. Denn in beiden Fällen ist die Erteilung des Urlaubs durch den Arbeitgeber erforderlich. 453

Kündigungsrelevant ist auch das **Erschleichen von Urlaub** durch den Arbeitnehmer. Spiegelt er dem Arbeitgeber die Dringlichkeit der Urlaubserteilung vor, zB er benötige Urlaub aus einem bestimmten Anlass und besteht dieser Anlass tatsächlich nicht, kommt unter Umständen sogar eine fristlose Kündigung in Betracht. 454

Dem eigenmächtigen Urlaubsantritt gleich steht die eigenmächtige **Urlaubsüberschreitung** des Arbeitnehmers. Auch hier ist für die Reaktionsmöglichkeit des Arbeitgebers entscheidend, ob es sich um eine erhebliche Überschreitung handelt.[1178] Von besonderer Bedeutung sind krankheitsbedingte Urlaubsüberschreitungen. Soweit der Arbeitnehmer tatsächlich arbeitunfähig ist, liegt freilich keine Verletzung der Arbeitspflicht vor. Etwas anderes gilt allerdings, wenn ein Fall der vorgetäuschten Arbeitsunfähigkeit vorliegt.[1179] Dabei ist zunächst zu berücksichtigen, dass der vom Arbeitnehmer vorgelegten Arbeitsunfähigkeitsbescheinigung ein hoher Beweiswert zukommt. Dies gilt grundsätzlich auch für eine im Ausland erteilte Arbeitsunfähigkeitsbescheinigung. Der Beweiswert der Arbeitsunfähigkeitsbescheinigung wird in diesem Fall erschüttert, wenn der Arbeitgeber zuvor den vom Arbeitnehmer beantragten Urlaub nur eingeschränkt genehmigt hat oder der Arbeitnehmer in den letzten Jahren stets zum Ende des Urlaubs erkrankt ist. 455

Verdachtskündigung. Die Verdachtskündigung ist nach der klarstellenden Rechtsprechung des BAG grundsätzlich nur als außerordentliche, nicht auch als ordentliche Kündigung möglich.[1180] Die ordentliche Verdachtskündigung kommt nur in Betracht, wenn das Verhalten, dessen der Arbeitnehmer verdächtig ist, – wäre es erwiesen – sogar eine sofortige Beeendigung des Arbeitsverhältnisses gerechtfertigt hätte.[1181] Der Verdacht eines Vertrauensbruchs oder einer strafbaren Handlung rechtfertigt die Kündigung, wenn objektive tatsächliche Anhaltspunkte einen dringenden Verdacht begründen und es gerade 456

[1175] Vgl. BAG 17.3.1988 – 2 AZR 576/87, AP BGB § 626 Nr. 99.
[1176] BAG 16.3.2000 – 2 AZR 75/99, AP BetrVG § 102 Nr. 114; 20.1.1994 – 2 AZR 521/93, AP BGB § 626 Nr. 115; 25.2.1983 – 2 AZR 298/81, AP BGB § 626 Ausschlussfrist Nr. 14; KR/*Rachor* KSchG § 1 Rn. 479; Linck/Krause/Bayreuther KSchG § 1 Rn. 615; Däubler/Deinert/Zwanziger/*Däubler* KSchG § 1 Rn. 197; Stahlhacke/Preis/Vossen Kündigung/*Preis* Rn. 592.
[1177] BAG 31.1.1996 – 2 AZR 282/95, EzA KSchG § 1 Verhaltensbedingte Kündigung Nr. 47.
[1178] Stahlhacke/Preis/Vossen Kündigung/*Preis* Rn. 594.
[1179] Vgl. ausführlich zum Stichwort „Krankheit" → Rn. 406.
[1180] Grundlegend: BAG 21.11.2013 – 2 AZR 797/11, NZA 2014, 243. Vgl. auch BAG 27.11.2008 – 2 AZR 98/07, NZA 2009, 604; 29.11.2007 – 2 AZR 724/06, BB 2008, 721.
[1181] BAG 31.1.2019 – 2 AZR 426/18, NZA 2019, 893.

die Verdachtsmomente sind, die das schutzwürdige Vertrauen des Arbeitgebers in die Rechtschaffenheit des Arbeitnehmers zerstören und die weitere Fortsetzung des Arbeitsverhältnisses unzumutbar machen.[1182] Die ordentliche Verdachtskündigung ist insbesondere dann in Betracht zu ziehen, wenn die zweiwöchige Kündigungserklärungsfrist des § 626 Abs. 2 BGB abgelaufen ist. Denn anders als für die außerordentliche Verdachtskündigung besteht keine starre Frist, innerhalb derer der Arbeitgeber das Recht zur ordentlichen Vedachtskündigung ausüben müsste.[1183]

457 Systematisch handelt es sich bei der Verdachtskündigung um eine personenbedingte Kündigung. Denn ein schwerwiegender Verdacht einer Pflichtverletzung kann zum Verlust der vertragsnotwendigen Vertrauenswürdigkeit des Arbeitnehmers und damit zu einem Eignungsmangel führen, der einem verständig und gerecht abwägenden Arbeitgeber die Fortsetzung des Arbeitsverhältnisses unzumutbar macht.[1184] Ein tatsächlich pflichtwidriges Verhalten des Arbeitnehmers ist demgegenüber keine Voraussetzung der Verdachtskündigung.[1185] Eine besondere Vertrauensstellung ist keine Voraussetzung für die Verdachtskündigung.[1186]

458 **Verschwiegenheitspflicht.** Der Arbeitnehmer hat, auch ohne besondere Vereinbarung, die Betriebs- und Geschäftsgeheimnisse seines Arbeitgebers zu wahren. Verletzt der Arbeitnehmer die ihm obliegende Verschwiegenheitspflicht, ist die verhaltensbedingte Kündigung möglich. Ob eine fristlose Kündigung in Betracht kommt, richtet sich nach den Umständen des Einzelfalls. So kann zB das unbefugte Abfragen einer geheimen Computerliste die fristlose Kündigung rechtfertigen.[1187]

459 **Vorstrafen.** Siehe Stichwort „Falschbeantwortung von Fragen" → Rn. 398.

460 **Wettbewerbsverbot.** Siehe die Ausführungen zum Stichwort „Konkurrenztätigkeit" → Rn. 402.

461 **Zeugenaussagen.** Kein Kündigungsgrund liegt vor, wenn der Arbeitnehmer in einem gerichtlichen Verfahren wahrheitsgemäße Zeugenaussagen macht, die den Arbeitgeber belasten. Denn es ist mit dem Rechtsstaatsprinzip unvereinbar, wenn demjenigen, der die ihm auferlegten staatsbürgerlichen Pflichten erfüllt und nicht wissentlich unwahre oder leichtfertig falsche Angaben macht, dadurch zivilrechtliche Nachteile entstehen.[1188] Vgl. im Übrigen zum Stichwort „Anzeigen gegen den Arbeitgeber" → Rn. 358.

X. Die personenbedingte Kündigung

1. Begriff

462 Ein personenbedingter Kündigungsgrund iSd § 1 Abs. 2 S. 1 KSchG kommt in Betracht, wenn der Arbeitnehmer die Fähigkeit oder Eignung zur Erfüllung der geschuldeten Arbeitsleistung verloren hat. Die Erreichung des Vertragszwecks muss durch diesen Umstand im Zeitpunkt des Zugangs der Kündigung[1189] und voraussichtlich auch alsbald danach nicht

---

[1182] BAG 21.11.2013 – 2 AZR 797/11, NZA 2014, 243; 23.5.2013 – 2 AZR 102/12, NZA 2013, 1416; 25.11.2010 – 2 AZR 801/09, DB 2011, 880; 3.4.2008 – 2 AZR 965/06, NZA 2008, 807; 6.9.2007 – 2 AZR 264/06, NZA 2008, 639; 3.7.2003 – 2 AZR 437/02, NZA 2004, 307; 30.4.1987 – 2 AZR 283/86, AP BGB § 626 Verdacht strafbarer Handlung Nr. 19; KR/*Fischermeier* BGB § 626 Rn. 225; KR/*Rachor* KSchG § 1 Rn. 422; Stahlhacke/Preis/Vossen Kündigung/*Preis* Rn. 703 ff.
[1183] BAG 31.1.2019 – 2 AZR 426/18, NZA 2019, 893.
[1184] BAG 31.1.2019 – 2 AZR 426/18, NZA 2019, 893.
[1185] Stahlhacke/Preis/Vossen Kündigung/*Preis* Rn. 703 ErfK/*Oetker* KSchG § 1 Rn. 404; *Linck/Krause/Bayreuther* KSchG § 1 Rn. 671.
[1186] BAG 31.1.2019 – 2 AZR 426/18, NZA 2019, 893.
[1187] Stahlhacke/Preis/Vossen Kündigung/*Preis* Rn. 693.
[1188] BVerfG 2.7.2001 – 1 BvR 2049/00, AP BGB § 616 Nr. 170.
[1189] Vgl. hierzu allg. → Rn. 99.

nur vorübergehend zumindest teilweise unmöglich sein.[1190] Als personenbedingte Kündigungsgründe kommen nur solche Umstände in Betracht, die aus der Sphäre des Arbeitnehmers herrühren.[1191]

2. Abgrenzung zur verhaltensbedingten Kündigung

Wesensmerkmal der personenbedingten Kündigung ist, dass der Verlust der Fähigkeit oder Eignung zur Erfüllung der geschuldeten Arbeitsleistung vom Arbeitnehmer nicht oder nicht mehr steuerbar ist.[1192] Dagegen geht es bei einer verhaltensbedingten Kündigung um ein steuerbares Verhalten des Arbeitnehmers, das idR mit einer vorwerfbaren Verletzung arbeitsvertraglicher Pflichten verbunden ist.[1193] Diese so scheinbar klare Abgrenzung zwischen personen- und verhaltensbedingter Kündigung kann manchmal schwierig sein, zB wenn es um die Kündigung ggü. einem leistungsschwachen Arbeitnehmer geht.[1194] Auch kann der personenbedingte Kündigungsgrund, wie Wegfall der Eignung oder Befähigung zur Erbringung der Arbeitsleistung, seine Ursache in einem außerhalb des Vertrages liegenden steuerbaren, ggf. schuldhaften Verhalten des Arbeitnehmers haben, zB bei Straf- und Untersuchungshaft.[1195] Einer Abmahnung bedarf es vor Ausspruch einer personenbedingten Kündigung in der Regel nicht,[1196] da die Abmahnung grundsätzlich steuerbares Verhalten voraussetzt.[1197] Geht es allerdings um ein vom Arbeitnehmer behebbares Leistungshindernis, zB um fehlende Sprachkenntnisse[1198] oder die Wiederaufnahme von Psychopharmaka zur Beseitigung einer Erkrankung,[1199] erscheint im Hinblick auf den das gesamte Kündigungsschutzrecht beherrschenden Verhältnismäßigkeitsgrundsatz[1200] eine Abmahnung zur Beseitigung dieses Hindernisses geboten.[1201] Unabhängig davon, ob man von einem derartigen Gebot ausgeht, gilt: Hält der Arbeitgeber dem Arbeitnehmer in einer Abmahnung einen auf steuerbarem Verhalten beruhenden, somit behebbaren Eignungsmangel vor, ist er – ebenso wie nach der Abmahnung pflichtwidrigen Verhaltens[1202] – gehindert, zur Rechtfertigung einer späteren Kündigung ausschließlich den der Abmahnung zu Grunde liegenden Sachverhalt heranzuziehen.[1203]

3. Prüfungskriterien

a) Negativprognose. Die personenbedingte Kündigung ist, wie die verhaltensbedingte Kündigung,[1204] keine Sanktion für vergangene Vertragsstörungen. Sie ist zukunftsbezogen – das hat vor allem bei einer krankheitsbedingten Kündigung große Bedeutung[1205] – und gibt dem

---

[1190] Vgl. BAG 21.4.2016 – 2 AZR 609/15, NZA 2016, 941 Rn. 35; 10.4.2014 – 2 AZR 812/12, NZA 2014, 653 Rn. 26; LAG Rheinland-Pfalz 25.3.2014 – 6 Sa 357/13, BeckRS 2014, 68672; LAG SchlH 3.7.2014 – 5 Sa 27/14, NZA-RR 2014, 582 (584 f.).
[1191] Vgl. BAG 10.4.2014 – 2 AZR 812/12, NZA 2014, 653 Rn. 26; 23.5.2013 – 2 AZR 120/12, NZA 2013, 1211 Rn. 21.
[1192] Stahlhacke/Preis/Vossen Kündigung/*Preis* Rn. 1219.
[1193] → Rn. 320.
[1194] → Rn. 436.
[1195] → Rn. 513.
[1196] LAG Düsseldorf 6.3.1986 – 5 Sa 1224/85, NZA 1986, 431; KR/*Rachor* KSchG § 1 Rn. 284; Stahlhacke/Preis/Vossen Kündigung/*Preis* Rn. 1219.
[1197] Vgl. BAG 24.3.2011 – 2 AZR 282/10, NZA 2011, 1029 Rn. 14; 10.6.2010 – 2 AZR 541/09, NZA 2010, 1227 Rn. 36; 9.2.2006 – 6 AZR 47/05, NZA 2006, 1046 Rn. 33.
[1198] Vgl. BAG 28.1.2010 – 2 AZR 764/08, NZA 2010, 625 Rn. 28.
[1199] Vgl. LAG Hessen 18.3.2014 – 13 Sa 1207/13, BeckRS 2014, 70656.
[1200] Vgl. → Rn. 91.
[1201] BAG 28.1.2010 – 2 AZR 764/08, NZA 2010, 625 Rn. 28; 13.6.1996 – 2 AZR 483/95, NZA 1997, 204 (205); 30.9.1993 – 2 AZR 283/93, NZA 1994, 615 (620); LAG Hamm 25.9.2012 – 9 Sa 702/12, BeckRS 2012, 75238; LAG MV 17.4.2012 – 5 Sa 191/11, BeckRS 2012, 74634; LAG München 13.4.2016 – 5 Sa 990/15, BeckRS 2016, 120774 Rn. 86; KR/*Rachor* KSchG § 1 Rn. 285; Ascheid/Preis/Schmidt/*Vossen* KSchG § 1 Rn. 131; vgl. auch BAG 3.6.2004 – 2 AZR 386/03, NZA 2004, 1380 (1383); LAG Rheinland-Pfalz 25.3.2014 – 6 Sa 357/13, BeckRS 2014, 68672.
[1202] → Rn. 457.
[1203] BAG 12.5.2011 – 2 AZR 479/09, NZA-RR 2012, 43 Rn. 55.
[1204] → Rn. 322.
[1205] → Rn. 485.

Arbeitgeber die Möglichkeit, zu erwartenden betrieblichen Beeinträchtigungen zuvorzukommen. Für diese kommt es auf den künftigen Handlungsspielraum des Arbeitgebers im Zeitpunkt des Zugangs der Kündigung an.[1206] Deshalb setzt die soziale Rechtfertigung einer personenbedingten Kündigung zunächst voraus, dass mit der baldigen Wiederherstellung der Fähigkeit oder der Eignung des Arbeitnehmers, die geschuldete Arbeitsleistung zu erbringen, nicht gerechnet werden kann.[1207] Hiervon ist ohne weiteres auszugehen, wenn einem Organisationsprogrammierer die wesentlichen Grundlagen des Programmierens fehlen und er sich die notwendigen Kenntnisse nur durch eine zweijährige Ausbildung aneignen könnte.[1208]

465 b) **Störung des Arbeitsverhältnisses.** Der Verlust der Fähigkeit oder Eignung zur Erfüllung der geschuldeten Arbeitsleistung auf Seiten des Arbeitnehmers muss zu einer konkreten Störung des Arbeitsverhältnisses führen, die im Zeitpunkt des Zugangs der Kündigung noch andauert und aufgrund der Negativprognose auch künftig zu befürchten ist.[1209] Es müssen konkrete Auswirkungen auf den Betrieb feststellbar sein.[1210]

466 c) **Vorrang milderer Mittel.** Auch bei einer personenbedingten Kündigung ist aufgrund des allgemein im Kündigungsschutzrecht geltenden Verhältnismäßigkeitsgrundsatzes[1211] zu prüfen, ob die Kündigung nicht durch mildere Maßnahmen verhindert werden kann.[1212] Hier ist insbes. an die Weiterbeschäftigung des Arbeitnehmers auf einem freien Arbeitsplatz,[1213] ggf. nach Änderung der Arbeitsbedingungen oder nach einer Umschulung,[1214] zu denken, bei dem die Defizite in der Person des Arbeitnehmers keine oder nur eine unbedeutende Rolle spielen.[1215] Denkbar ist aber auch ein Aufgabentausch mit anderen Arbeitnehmern, sofern dies im Wege der Ausübung des Direktionsrechts (§ 106 S. 1 GewO) rechtlich möglich ist und einer solchen Maßnahme nicht die dem Arbeitgeber ggü. allen Arbeitnehmern obliegende Pflicht zur Rücksichtnahme nach § 241 Abs. 2 BGB entgegensteht.[1216]

467 d) **Interessenabwägung.** Schließlich muss noch eine umfassende Interessenabwägung vorgenommen werden. Dabei ist vor allem zu prüfen, ob der Arbeitgeber die aufgrund des personenbedingten Kündigungsgrundes eingetretene Störung des Arbeitsverhältnisses billigerweise noch hinnehmen muss oder ob die Kündigung bei verständiger Würdigung und Abwägung der beiderseitigen Interessen der Vertragsparteien und des Betriebes billigenswert und angemessen erscheint.[1217]

468 In die Interessenabwägung **einzubeziehen** sind **neben** den **Wertentscheidungen** des **Grundgesetzes**[1218] insbes. **arbeitsverhältnisbezogene Umstände.** Zu diesen gehören auf Seiten des Arbeitnehmers sein Lebensalter,[1219] seine Betriebszugehörigkeit,[1220] seine Unter-

---

[1206] BAG 12.4.2002 – 2 AZR 148/01, AP KSchG 1969 § 1 Nr. 65.
[1207] Vgl. BAG 10.10.2002 – 2 AZR 472/01, AP KSchG 1969 § 1 Verhaltensbedingte Kündigung Nr. 44; Ascheid/Preis/Schmidt/*Vossen* KSchG § 1 Rn. 124; vgl. auch → Rn. 462.
[1208] BAG 19.4.2012 – 2 AZR 233/11, NZA 2012, 1449 Rn. 33, 34.
[1209] BAG 10.10.2002 – 2 AZR 472/01, AP KSchG 1969 § 1 Verhaltensbedingte Kündigung Nr. 44; vgl. auch BAG 27.11.2008 – 2 AZR 193/07, NZA 2009, 671 Rn. 37.
[1210] Stahlhacke/Preis/Vossen Kündigung/*Preis* Rn. 1222; zur verhaltensbedingten Kündigung → Rn. 302.
[1211] → Rn. 91.
[1212] Stahlhacke/Preis/Vossen Kündigung/*Preis* Rn. 1228; vgl. auch BAG 12.7.2007 – 2 AZR 716/06, NZA 2008, 173 (175); 29.1.1997 – 2 AZR 9/96, NZA 1997, 709; 7.2.1991 – 2 AZR 205/90, NZA 1991, 806 f.
[1213] Vgl. dazu BAG 29.8.2013 – 2 AZR 721/12, NZA-RR 2014, 325 Rn. 17; 20.6.2013 – 2 AZR 583/12, NZA 2013, 1345 Rn. 21.
[1214] BAG 7.2.1991 – 2 AZR 205/90, NZA 1991, 806 (807 f.).
[1215] Vgl. BAG 20.3.2014 – 2 AZR 565/12, NZA 2014, 602 Rn. 29; 24.2.2011 – 2 AZR 636/09, NZA 2011, 1087 Rn. 42; 28.1.1998 – 9 AZR 348/97, AP SchwbG 1986 § 14 Nr. 2.
[1216] BAG 24.2.2011 – 2 AZR 636/09, NZA 2011, 1087 Rn. 48.
[1217] BAG 10.10.2002 – 2 AZR 472/01, AP KSchG 1969 § 1 Verhaltensbedingte Kündigung Nr. 44; Ascheid/Preis/Schmidt/*Vossen* KSchG § 1 Rn. 126; vgl. auch LAG Düsseldorf 13.6.2016 – 9 Sa 233/16, BeckRS 2016, 71239 Rn. 52.
[1218] Vgl. BAG 10.10.2002 – 2 AZR 472/01, AP KSchG 1969 § 1 Verhaltensbedingte Kündigung Nr. 44; 24.5.1989 – 2 AZR 285/88, NZA 1990, 144 (145); vgl. auch BAG 24.2.2011 – 2 AZR 636/09, NZA 2011, 1087 Rn. 48.
[1219] BAG 6.9.1989 – 2 AZR 224/89, AP KSchG 1969 § 1 Krankheit Nr. 23.
[1220] Vgl. BAG 6.9.1989 – 2 AZR 224/89, AP KSchG 1969 § 1 Krankheit Nr. 23.

haltspflichten,[1221] sowie eine Schwerbehinderung.[1222] Bei der Betriebszugehörigkeit ist besonders zu berücksichtigen, wie lange das Arbeitsverhältnis bisher störungsfrei verlaufen ist. Je länger der Arbeitnehmer seine Arbeitsleistung ohne Beanstandungen erbracht hat, desto größer muss das Ausmaß der betrieblichen Störungen sein, damit die Interessenabwägung letztlich zu Gunsten des Arbeitgebers ausgeht.[1223] Schuldhaftes Verhalten des Arbeitnehmers ist zwar keine Voraussetzung für die soziale Rechtfertigung einer personenbedingten Kündigung.[1224] Jedoch kann in der Interessenabwägung erheblich werden, ob der Kündigungsgrund, das Fehlen der Fähigkeit oder der Eignung des Arbeitnehmers, die geschuldete Arbeitsleistung zu erbringen, auf ein zurechenbares Verhalten des Arbeitgebers, zB verschuldeter Betriebsunfall,[1225] oder des Arbeitnehmers, zB Straftaten außerhalb des Arbeitsverhältnisses,[1226] zurückgeführt werden kann.[1227]

4. Einzelfälle

a) Alkoholsucht. Die Kündigung wegen Alkoholsucht, dh wegen chronischer Alkoholabhängigkeit, ist nach den für die krankheitsbedingte Kündigung geltenden Grundsätzen zu beurteilen, da Alkoholabhängigkeit eine Krankheit im medizinischen Sinne ist.[1228] Für die anzustellende negative Gesundheitsprognose[1229] kommt es entscheidend darauf an, ob die Bereitschaft des Arbeitnehmers besteht, eine Entziehungskur oder Therapie durchzuführen.[1230] Erhebliche betriebliche Beeinträchtigungen[1231] liegen nicht nur bei beträchtlichen krankheitsbedingten Fehlzeiten,[1232] sondern auch dann vor, wenn der alkoholerkrankte Arbeitnehmer seine Arbeitsleistungen in einem Umfeld verrichtet, die mit Selbst- und Fremdgefährdung von Personen und Sachen einhergeht.[1233] Sie können bei einem Therapeuten in einer Suchtklinik auch darin bestehen, dass wegen zu befürchtender Alkoholauffälligkeiten während der Arbeitszeit eine sachgerechte Behandlung der Patienten nicht mehr gewährleistet ist.[1234] Im Rahmen der Interessenabwägung kann auf ein etwaiges Verschulden des Arbeitnehmers eingegangen werden.[1235] Private Schicksalsschläge als mögliche Ursache der Alkoholsucht können nicht als Entschuldigung berücksichtigt werden.[1236]

[1221] Vgl. BAG 20.1.2000 – 2 AZR 378/99, AP KSchG 1969 § 1 Krankheit Nr. 38; 5.7.1990 – 2 AZR 154/90, AP KSchG 1969 § 1 Krankheit Nr. 26.
[1222] BAG 20.1.2000 – 2 AZR 378/99, AP KSchG 1969 § 1 Krankheit Nr. 38; 5.7.1990 – 2 AZR 154/90, AP KSchG 1969 § 1 Krankheit Nr. 26; dagegen Stahlhacke/Preis/Vossen Kündigung/*Preis* Rn. 1231.
[1223] Vgl. BAG 6.9.1989 – 2 AZR 224/89, AP KSchG 1969 § 1 Krankheit Nr. 23.
[1224] BAG 5.6.2008 – 2 AZR 984/06, AP BGB § 626 Nr. 212; Ascheid/Preis/Vossen KSchG § 1 Rn. 122; Stahlhacke/Preis/Vossen Kündigung/*Preis* Rn. 1230.
[1225] Vgl. auch → Rn. 497.
[1226] Vgl. BAG 20.6.2013 – 2 AZR 583/12, NZA 2013, 1345 Rn. 30; vgl. auch BAG 27.11.2008 – 2 AZR 193/07, NZA 2009, 671 Rn. 45–47; Stahlhacke/Preis/Vossen Kündigung/*Preis* Rn. 1230.
[1227] Stahlhacke/Preis/Vossen Kündigung/*Preis* Rn. 1230; vgl. auch BAG 20.6.2013 – 2 AZR 583/12, NZA 2013, 1345 Rn. 30; 26.11.2009 – 2 AZR 272/08, NZA 2010, 628 Rn. 38.
[1228] BAG 20.3.2014 – 2 AZR 565/12, NZA 2014, 602 Rn. 15; 20.12.2012 – 2 AZR 32/11, NZA-RR 2013, 627 Rn. 14; LAG Bln-Bbg 12.8.2014 – 7 Sa 852/14, BeckRS 2014, 73384 Rn. 28; LAG Köln 17.5.2010 – 5 Sa 1072/09, NZA-RR 2010, 518 (519); LAG München 13.12.2005 – 8 Sa 739/05, NZA-RR 2006, 350 (351); LAG Rheinland-Pfalz 21.12.2015 – 3 Sa 335/15, BeckRS 2016, 68256 Rn. 82; 5.5.2015 – 7 Sa 641/14, BeckRS 2015, 70218 Rn. 69; vgl. auch BAG 18.3.2015 – 10 AZR 99/14, NZA 2015, 808 Rn. 21.
[1229] BAG 20.3.2014 – 2 AZR 565/12, NZA 2014, 602 Rn. 15; vgl. auch LAG Bln-Bbg 12.8.2014 – 7 Sa 852/14, BeckRS 2014, 73384 Rn. 28 f.; LAG Rheinland-Pfalz 21.12.2015 – 3 Sa 335/15, BeckRS 2016, 68256 Rn. 82; LAG Rheinland-Pfalz 20.3.2008 – 3 Sa 612/07, BeckRS 2008, 54813.
[1230] Vgl. → Rn. 470.
[1231] Allg. zur Krankheit → Rn. 488, 489.
[1232] Vgl. hierzu allg. → Rn. 482.
[1233] Vgl. BAG 20.3.2014 – 2 AZR 565/12, NZA 2014, 602 Rn. 24–26; 13.12.1990 – 2 AZR 336/90, BeckRS 1990, 30735892; LAG Köln 27.10.2011 – 7 Sa 501/11, BeckRS 2012, 74374.
[1234] BAG 20.12.2012 – 2 AZR 32/11, NZA-RR 2013, 627 Rn. 30.
[1235] BAG 9.4.1987 – 2 AZR 210/86, AP KSchG 1969 § 1 Krankheit Nr. 18; Ascheid/Preis/Schmidt/*Vossen* KSchG § 1 Rn. 234.
[1236] LAG Rheinland-Pfalz 27.3.2008 – 10 Sa 669/07, BeckRS 2008, 53518 Rn. 29; vgl. auch LAG Rheinland-Pfalz 5.5.2015 – 7 Sa 641/14, BeckRS 2015, 70218 Rn. 79.

470 Nimmt der Arbeitnehmer an einer Entziehungstherapie teil, muss der Arbeitgeber vor Ausspruch einer ordentlichen Kündigung den Erfolg dieser Maßnahme abwarten, es sei denn, es lägen dringende betriebliche Gründe vor, den Arbeitsplatz dauerhaft anders zu besetzen, weil zB der Einsatz von Springern oder die Einstellung und Einarbeitung zusätzlicher Aushilfskräfte auf Zeit nicht möglich ist.[1237] War eine Entwöhnungskur zunächst erfolgreich, reicht bei weiterbestehender Therapiefähigkeit und -bereitschaft ein Rückfall alleine nicht für eine negative Prognose,[1238] es sei auch künftig mit alkoholbedingter Arbeitsunfähigkeit zu rechnen, aus.[1239] Eine krankheitsbedingte Kündigung wegen Alkoholsucht kommt aber in Betracht, wenn die Prognose angesichts mehrfacher erfolgloser Therapieversuche negativ ist.[1240] Ist der Arbeitnehmer im Kündigungszeitpunkt nicht therapiebereit, kann unterstellt werden, dass er von der Alkoholsucht in absehbarer Zeit nicht geheilt wird.[1241] Verheimlicht der Arbeitnehmer trotz entsprechender Gespräche über entstandene Fehlzeiten oder Betriebsstörungen seine Alkoholabhängigkeit, ist der Schluss gerechtfertigt, dass er bis zur Kündigung nicht therapiebereit war.[1242] Eine von ihm nach Kündigungsausspruch durchgeführte Entziehungstherapie und ihr Ergebnis können nicht zur Berichtigung der Prognose führen,[1243] und im Regelfall auch keinen Wiedereinstellungsanspruch[1244] begründen.[1245]

471 **b) Alter.** Die Vollendung des 65. Lebensjahres (vgl. § 235 Abs. 1 S. 2 SGB VI) bzw. des heute zum Rentenbezug berechtigenden Lebensalters (vgl. §§ 35 S. 2, 235 Abs. 2 SGB VI) ist kein Grund für eine personenbedingte Kündigung.[1246] Dies gilt erst recht unter Berücksichtigung von § 1 AGG bzw. der RL 2000/78/EG vom 27.11.2000.[1247] Ebenso wenig ist die wirtschaftliche Absicherung durch eine Altersrente als personenbedingter Kündigungsgrund anzusehen.[1248] Die Inanspruchnahme von Altersteilzeit rechtfertigt ebenfalls gem. § 8 Abs. 1 ATG keine personenbedingte Kündigung.[1249] Im Rahmen einer betriebsbedingten Kündigung, und zwar bei der sozialen Auswahl, kann zur Sicherung (vgl. § 1 Abs. 3 S. 2 KSchG)[1250] bzw. zur Sicherung und Schaffung (vgl. § 125 Abs. 1 S. 1 Nr. 2 InsO)[1251] einer „ausgewogenen Personalstruktur" die Kündigung älterer Arbeitnehmer auch schon vor Vollendung des 65. Lebensjahres gerechtfertigt sein.

472 **c) Arbeitserlaubnis, Beschäftigungsverbot.** Entfallen Erlaubnisse, die zur Berufsausübung erforderlich sind, wie Arbeits-[1252] und Aufenthaltserlaubnis, Unterrichtserlaubnis in einer

---

[1237] LAG Hamm 2.5.1986 – 16 Sa 1987/85, LAGE KSchG § 1 Personenbedingte Kündigung Nr. 4; Stahlhacke/Preis/Vossen Kündigung/*Preis* Rn. 1233.
[1238] → Rn. 464.
[1239] LAG Bln-Bbg 17.8.2009 – 10 Sa 506/09, BeckRS 2009, 72819; LAG Hamm 4.9.2001– 11 Sa 1918/00, BeckRS 2001, 30793167; LAG Rheinland-Pfalz 5.5.2015 – 7 Sa 641/14, BeckRS 2015, 70218 Rn. 77; vgl. auch LAG Düsseldorf 26.10.2010 – 17 Sa 540/10, BeckRS 2011, 68714; dazu neigend auch LAG Bln-Bbg 5.9.2012 – 15 Sa 911/12, BeckRS 2012, 75041.
[1240] BAG 16.9.1999 – 2 AZR 123/99, NZA 2000, 141 (143); LAG Köln 17.5.2010 – 5 Sa 1072/09, NZA-RR 2010, 516 Rn. 52; vgl. auch BAG 20.3.2014 – 2 AZR 565/12, NZA 2014, 602 Rn. 15; LAG Rheinland-Pfalz 5.5.2015 – 7 Sa 641/14, BeckRS 2015, 70218 Rn. 77.
[1241] BAG 20.3.2014 – 2 AZR 565/12, NZA 2014, 602 Rn. 15; 9.4.1987 – 2 AZR 210/86, NZA 1987, 811 (813); LAG Rheinland-Pfalz 5.5.2015 – 7 Sa 641/14, BeckRS 2015, 70218 Rn. 72.
[1242] BAG 7.11.2002 – 2 AZR 599/01, AP KSchG 1969 § 1 Krankheit Nr. 40; 17.6.1999 – 2 AZR 639/98, AP KSchG 1969 § 1 Krankheit Nr. 37.
[1243] BAG 17.6.1999 – 2 AZR 639/98, AP KSchG 1969 § 1 Krankheit Nr. 37; 9.4.1987 – 2 AZR 210/86, AP KSchG 1969 § 1 Krankheit Nr. 18; LAG Bln-Bbg 17.8.2009 – 10 Sa 506/09 u. 10 Sa 1568/09, BeckRS 2009, 72819; LAG SchlH 24.7.2001 – 3 Sa 317/01, BeckRS 2001, 16957; offen gelassen von BAG 20.3.2014 – 2 AZR 565/12, NZA 2014, 602 Rn. 21.
[1244] Hierzu näher → Rn. 502.
[1245] BAG 17.6.1999 – 2 AZR 639/98, AP KSchG 1969 § 1 Krankheit Nr. 37.
[1246] Vgl. BAG 27.4.2017 – 2 AZR 67/16, NZA 2017, 902 Rn. 18; ErfK/*Oetker* KSchG § 1 Rn. 154; früher schon BAG 20.11.1987 – 2 AZR 284/86, NZA 1988, 617 (618); 28.9.1961 – 2 AZR 428/60, NJW 1962, 73 f.
[1247] ABl. 2000 L 303, 16.
[1248] *Ammermüller* DB 1990, 221 (223); *Leinemann* DB 1990, 732 (737); Stahlhacke/Preis/Vossen Kündigung/*Preis* Rn. 1235.
[1249] Stahlhacke/Preis/Vossen Kündigung/*Preis* Rn. 1235.
[1250] → Rn. 225 ff.
[1251] ErfK/*Gallner* InsO § 125 Rn. 15b.
[1252] BAG 7.2.1990 – 2 AZR 359/89, NZA 1991, 341; 19.1.1977 – 3 AZR 66/75, AP AFG § 19 Nr. 3.

Privatschule,[1253] behördliche[1254] oder innerbetrieblich[1255] notwendige Fahrerlaubnis oder Fluglizenz,[1256] oder Entzug der erteilten Ermächtigung zum Umgang mit Verschlusssachen gem. dem Gesetz vom 20.4.1994 (BGBl. 1994 I 867),[1257] kann eine personenbedingte Kündigung sozial gerechtfertigt sein, wenn die Arbeitsleistung dadurch rechtlich unmöglich wird.[1258] Entsprechendes gilt, wenn nicht die Beschäftigung mit der vertraglich geschuldeten Tätigkeit selbst gegen ein gesetzliches Verbot verstößt, wohl aber der Arbeitgeber aus allein in der Sphäre des Arbeitnehmers liegenden Gründen gesetzliche Verpflichtungen, die mit der Beschäftigung verbunden sind – wie zB die Gewährung des von § 11 Abs. 3 ArbZG vorgeschriebenen Ersatzruhetages – nicht erfüllen kann.[1259] Für die soziale Rechtfertigung einer ordentlichen Kündigung muss zudem die für die Beschäftigung notwendige Erlaubnis auf Dauer wegfallen, dh in absehbarer Zeit darf mit einer Erneuerung der Erlaubnis nicht gerechnet werden,[1260] bzw. der Zeitraum bis zur Erneuerung kann vom Arbeitgeber nicht zumutbar überbrückt werden.[1261] Zudem darf eine anderweitige Beschäftigung, die ohne Erlaubnis ausgeübt werden kann,[1262] nicht möglich sein.[1263]

d) Ehrenamt. Die Übernahme eines Ehrenamtes, zB Vormund, Schöffe, kann eine personenbedingte Kündigung nicht rechtfertigen, auch wenn mit der Ausübung dieses Amtes Arbeitszeit verloren geht.[1264] Eine dennoch ausgesprochene Kündigung aus diesem Grund würde gegen das in § 612a BGB normierte Maßregelungsverbot[1265] verstoßen.[1266] Für politische Mandatsträger gelten uU besondere Kündigungsschutzvorschriften.[1267]

e) Eheschließung und -scheidung. Eine Eheschließung oder eine -scheidung hat idR auf das Arbeitsverhältnis keinen Einfluss. Ausnahmen bestehen bei Arbeitnehmern kirchlicher Einrichtungen, wenn dadurch fundamentale Grundsätze der kirchlichen Glaubens- und Sittenlehre verletzt werden.[1268] Ist der eine Ehegatte Arbeitgeber des anderen und scheitert die Ehe, kann die Kündigung des Arbeitnehmer-Ehegatten im Hinblick auf die Scheidung nur aus personenbedingten Gründen gerechtfertigt sein, wenn sich die Fortsetzung der ehelichen Streitigkeiten negativ auf das Arbeitsverhältnis auswirkt.[1269]

[1253] Vgl. LAG Nds 24.1.2014 – 12 Sa 443/13, BeckRS 2014, 66083.
[1254] BAG 4.6.1997– 2 AZR 526/96, AP BGB § 626 Nr. 137; 25.4.1996 – 2 AZR 74/95, AP KSchG 1969 § 1 Personenbedingte Kündigung Nr. 18; LAG Hessen 1.7.2011 – 10 Sa 245/11 Rn. 27; LAG Nds 9.9.2003 – 13 Sa 699/03, BeckRS 2003, 41806; LAG SchlH 3.7.2014 – 5 Sa 27/14, NZA-RR 2014, 582 (583).
[1255] BAG 5.6.2008 – 2 AZR 984/06, AP BGB § 626 Nr. 212; 25.4.1996 – 2 AZR 74/95, AP KSchG 1969 § 1 Personenbedingte Kündigung Nr. 18.
[1256] BAG 7.12.2000 – 2 AZR 459/99, AP KSchG 1969 § 1 Personenbedingte Kündigung Nr. 23; 31.1.1996 – 2 AZR 68/95, AP KSchG 1969 § 1 Personenbedingte Kündigung Nr. 17.
[1257] Vgl. BAG 26.11.2009 – 2 AZR 272/08, NZA 2010, 628 Rn. 24; vgl. zu § 297 BGB BAG 27.5.2015 – 5 AZR 88/14, NZA 2015, 1053 Rn. 17.
[1258] BAG 21.4.2016 – 2 AZR 609/15, NZA 2016, 941 Rn. 45; 7.2.1990 – 2 AZR 359/89, NZA 1991, 341 (343); vgl. auch BAG 26.11.2009 – 2 AZR 272/08, NZA 2010, 628 Rn. 24; zu Art. 1464 Codice civile vgl. BAG 22.10.2015 – 2 AZR 720/14, NZA 2016, 473 Rn. 55.
[1259] BAG 24.2.2005 – 2 AZR 211/04, NZA 2005, 759 (760); vgl. auch BAG 21.4.2016 – 2 AZR 609/15, NZA 2016, 941 Rn. 45.
[1260] BAG 7.12.2000 – 2 AZR 459/99, NZA 2001, 1304 (1305).
[1261] Vgl. BAG 7.2.1990 – 2 AZR 359/89, NZA 1991, 341 (345).
[1262] BAG 7.2.1990 – 2 AZR 359/89, NZA 1991, 341 (345).
[1263] Vgl. Stahlhacke/Preis/Vossen Kündigung/*Preis* Rn. 1237.
[1264] Ascheid/Preis/Schmidt/*Vossen* KSchG § 1 Rn. 240; ErfK/*Oetker* KSchG § 1 Rn. 161; Stahlhacke/Preis/Vossen Kündigung/*Preis* Rn. 1238.
[1265] Vgl. näher → Rn. 33 ff.
[1266] ErfK/*Oetker* KSchG § 1 Rn. 161; Stahlhacke/Preis/Vossen Kündigung/*Preis* Rn. 1238; vgl. auch Ascheid/Preis/Schmidt/*Vossen* KSchG § 1 Rn. 240.
[1267] Vgl. hierzu näher Ascheid/Preis/Schmidt/*Greiner* GG Art. 48 Rn. 1, AbgG § 2 Rn. 1 ff.
[1268] Vgl. ErfK/*Oetker* KSchG § 1 Rn. 160; früher BAG 8.9.2011 – 2 AZR 543/10, NZA 2012, 443 Rn. 26 ff.; 25.5.1988 – 7 AZR 506/87, AP GG Art. 140 Nr. 36; 18.11.1986 – 7 AZR 274/85, AP GG Art. 140 Nr. 35. Zum Problemkreis näher → Rn. 443, 444.
[1269] BAG 9.2.1995 – 2 AZR 389/94, NZA 1996, 249 (251); LAG Köln 28.11.2002 – 5 Sa 566/02, NZA-RR 2003, 416 f.; Ascheid/Preis/Schmidt/*Vossen* KSchG § 1 Rn. 238a; ErfK/*Oetker* KSchG § 1 Rn. 160; vgl. auch LAG Bln-Bbg 9.5.2008 – 6 Sa 598/08, NZA-RR 2008, 633.

475 **f) Eignung.** Fehlt die fachliche oder persönliche Eignung, die geschuldete Arbeitsleistung – ganz oder teilweise – künftig zu erbringen, kann die personenbedingte Kündigung gerechtfertigt sein.[1270] Das ist zB **der Fall,** wenn **ausreichende Kenntnis** der **deutschen Schriftsprache** eine wesentliche Anforderung an die persönliche Eignung des Arbeitnehmers für die von ihm zu verrichtende Arbeit ist und hierin keine unmittelbare oder mittelbare Benachteiligung gem. § 3 Abs. 1 S. 1 AGG bzw. § 3 Abs. 2 AGG zu sehen ist.[1271] Dagegen kann von fehlender Eignung nicht ausgegangen werden, wenn ein im Bodendienst eines Flughafens tätiger Student aufgrund seiner überlangen Studiendauer von den Sozialversicherungsträgern nicht mehr als sozialversicherungsfrei angesehen wird.[1272] Andererseits setzt die Beschäftigung eines Studenten als „studentische Hilfskraft" an einer Forschungseinrichtung idR voraus, dass er dem Studium nachgeht. Entfällt diese Voraussetzung, zB durch Exmatrikulation, ist eine Kündigung aus personenbedingten Gründen regelmäßig gerechtfertigt.[1273]

476 Da die Fälle **vertragswidriger Schlechtleistung** und **personenbedingter Eignungsmängel** in der Praxis **schwer unterscheidbar** sind,[1274] empfiehlt sich vor Ausspruch einer Kündigung **vorsorglich** die Erteilung einer **Abmahnung.**[1275] Eignungsmängel, die auf **außerbetrieblichen Umständen** beruhen, wie zB außerdienstliche Straftaten[1276] oder – entgegen der nach Art. 33 Abs. 2 GG geschuldeten Verfassungstreue – außerdienstliche Aktivitäten eines im öffentlichen Dienst Beschäftigten für eine verfassungsfeindliche Organisation[1277] oder der Entzug einer Fahrerlaubnis wegen Trunkenheitsfahrt im privaten Bereich,[1278] können eine **personenbedingte Kündigung nur rechtfertigen,** wenn sie das **Arbeitsverhältnis konkret beeinträchtigen.** Dies gilt auch dann, wenn es aufgrund einer nicht durch eine Notlage verursachte Verschuldung eines in einer Vertrauensstellung tätigen Arbeitnehmers zu häufigen Lohnpfändungen kommt.[1279]

477 **g) Glaubens- bzw. Gewissenskonflikt.** Weigert sich der Arbeitnehmer unter Berufung auf Art. 4 Abs. 1 GG wegen eines subjektiven Gewissenskonfliktes bzw. aufgrund seiner Glaubensfreiheit eine von ihm an sich geschuldete Arbeitsleistung zu erbringen, kann dies eine personenbedingte Kündigung rechtfertigen, sofern keine andere Beschäftigungsmöglichkeit für ihn besteht.[1280] Der Arbeitgeber muss einen ihm offenbarten subjektiven Gewissenskonflikt[1281] bei der Ausübung seines Direktionsrechts nach § 106 S. 1 GewO (bis 31.12.2002: § 315 Abs. 1 BGB) berücksichtigen.[1282] Entsprechendes gilt, wenn sich der Arbeitnehmer auf einen Glaubenskonflikt beruft.[1283] Kein Leistungsverweigerungsrecht

---

[1270] Vgl. BAG 21.4.2016 – 2 AZR 609/15, NZA 2016, 941 Rn. 35; 19.8.2008 – 2 AZR 976/06, NZA 2009, 425 Rn. 22; LAG Bln-Bbg 16.12.2016 – 26 Sa 1892/15, BeckRS 2016, 116203 Rn. 50; LAG MV 17.4.2012 – 5 Sa 191/11, BeckRS 2012, 74634; LAG Nds 24.1.2014 – 12 Sa 443/13, BeckRS 2014, 66083.
[1271] Vgl. näher BAG 28.1.2010 – 2 AZR 764/08, NZA 2010, 625 (626 f.); vgl. auch *Herbert/Oberrath* DB 2010, 391 ff.
[1272] BAG 18.1.2007 – 2 AZR 731/05, NZA 2007, 680 (681).
[1273] BAG 19.8.2008 – 2 AZR 976/06, NZA 2009, 425 Rn. 24, 25, 31, 32.
[1274] → Rn. 436.
[1275] Stahlhacke/Preis/Vossen Kündigung/*Preis* Rn. 1240; vgl. auch BAG 18.1.1980 – 7 AZR 75/78, AP KSchG 1969 § 1 Verhaltensbedingte Kündigung Nr. 3; 29.7.1976 – 3 AZR 50/75, AP KSchG § 1 Verhaltensbedingte Kündigung Nr. 9; LAG MV 17.4.2012 – 5 Sa 191/11, BeckRS 2012, 74634.
[1276] BAG 10.4.2014 – 2 AZR 684/13, NZA 2014, 1197 Rn. 26; 20.6.2013 – 2 AZR 583/12, NZA 2013, 1345 Rn. 14; LAG Bln-Bbg 25.10.2011 – 19 Sa 1075/11, BeckRS 2011, 100044 Rn. 33 ff.; vgl. auch → Rn. 377.
[1277] BAG 12.5.2011 – 2 AZR 479/09, NZA-RR 2012, 43 (44 f.); vgl. auch LAG Bln-Bbg 16.10.2017 – 5 Sa 462/17, NZA-RR 2018, 139 Rn. 22 ff. zur Kündigung wegen früherer MfS-Tätigkeit.
[1278] BAG 4.6.1997 – 2 AZR 526/96, AP BGB § 626 Nr. 137; 30.5.1978 – 2 AZR 630/76, AP BGB § 626 Nr. 70.
[1279] BAG 15.10.1992 – 2 AZR 188/92, BeckRS 1992, 30742857.
[1280] BAG 24.2.2011 – 2 AZR 636/09, NZA 2011, 1087 Rn. 42; 10.10.2002 – 2 AZR 472/01, NZA 2003, 483 (485); 24.5.1989 – 2 AZR 285/88, NZA 1990, 144 (147); ErfK/*Oetker* KSchG § 1 Rn. 165; *Scholl* BB 2012, 53 ff.; Stahlhacke/Preis/Vossen Kündigung/*Preis* Rn. 205.
[1281] Hierzu näher ErfK/*Schmidt* GG Art. 4 Rn. 60 ff.
[1282] BAG 24.2.2011 – 2 AZR 636/09, NZA 2011, 1087 Rn. 22; 22.5.2003 – 2 AZR 426/02, AP KSchG 1969 § 1 Wartezeit Nr. 18; 24.5.1989 – 2 AZR 285/88, NZA 1990, 144 (145); LAG Hamm 20.4.2011 – 4 Sa 2230/10, NZA-RR 2011, 640 (642); ausf. *Hunold* DB 2011, 1580 ff.; *Kleinebrink* ArbRB 2011, 209 ff.
[1283] Vgl. BAG 24.2.2011 – 2 AZR 636/09, NZA 2011, 1087 Rn. 9; 10.10.2002 – 2 AZR 472/01, NZA 2003, 483 (485 f.).

steht idR dem Arbeitnehmer zu, der bei Vertragsabschluss davon Kenntnis hatte, welche Arbeiten er zu verrichten haben wird.[1284] Trägt eine Verkäuferin in einem Kaufhaus aus religiösen Gründen (vgl. Art. 4 Abs. 1 und 2 GG) ein islamisches Kopftuch, kann dies eine personenbedingte Kündigung rechtfertigen, wenn die durch Art. 12 Abs. 1 GG geschützte Betätigung des Arbeitgebers durch nicht mehr hinnehmbare konkrete betriebliche Störungen oder wirtschaftliche Einbußen beeinträchtigt wird.[1285] Ein Arbeitgeber kann das Tragen eines islamischen Kopftuchs am Arbeitsplatz untersagen, wenn in seinem Unternehmen das Tragen sichtbarer religiöser, politischer und philosophischer Zeichen allgemein aus sachlich berechtigten Neutralitätsgründen im Einklang mit Art. 2 Buchst. a und b der RL 2000/78/EG des Rates v. 27.11.2000 verboten ist.[1286] Der Wunsch eines einzelnen Kunden, ein derartiges Kopftuchverbot auszusprechen, widerspricht Art. 4 Abs. 1 der RL 2000/78/EG.[1287]

h) Krankheit. aa) Einleitung. Die krankheitsbedingte Kündigung ist der häufigste Anwendungsfall der personenbedingten Kündigung. Sie ist nicht schon deshalb nach § 1 Abs. 1 KSchG rechtsunwirksam, weil sie *wegen* der Krankheit ausgesprochen worden ist (vgl. § 8 Abs. 1 S. 1 EFZG). Auch ist es unschädlich, wenn sie *während* der Krankheit erfolgt. Der Arbeitgeber sollte sie sogar möglichst während der Erkrankung aussprechen, da man ihm anderenfalls vorwerfen könnte, der Arbeitnehmer sei nun wieder arbeitsfähig, könne also seine Leistung erbringen mit der Folge, dass die betrieblichen Gründe für die Kündigung, wie zB Produktions- oder Betriebsablaufstörungen, weggefallen seien. Da das KSchG dem Arbeitnehmer einen besonderen Bestandsschutz für sein Arbeitsverhältnis einräumen will und dieser Schutz ihn auch im Krankheitsfall sichern soll, sind an die soziale Rechtfertigung einer solchen Kündigung **strenge Anforderungen** zu stellen.

Eine Kündigung allein wegen krankheitsbedingter Fehlzeiten verstößt nicht gegen die RL 2000/78/EG vom 27.11.2000.[1288] Die Richtlinie schützt nach dem Urteil des EuGH vom 11.7.2006[1289] nur vor Ungleichbehandlung wegen einer „Behinderung":[1290] Eine Behinderung erfasse eine Einschränkung, die wahrscheinlich von langer Dauer, die insbes. auf physische, geistige oder psychische Beeinträchtigungen zurückzuführen sei und die ein Hindernis für die Teilhabe des Betreffenden am Berufsleben bilde.[1291] Mit diesem Begriff könne derjenige der „Krankheit" nicht gleichgesetzt werden. Allerdings stehe das Diskriminierungsverbot der Kündigung wegen einer Behinderung entgegen, die unter Berücksichtigung der Verpflichtung, angemessene Vorkehrungen für Menschen mit Behinderung zu treffen, nicht dadurch gerechtfertigt sei, dass die betreffende Person für die Erfüllung der wesentlichen Funktionen ihres Arbeitsplatzes nicht (mehr) in der Lage sei.[1292] Nach dem Urteil des EuGH vom 11.4.2013[1293] steht einer Subsumierung des Gesundheitszustandes des Arbeitnehmers unter den vorgenannten Begriff „Behinderung" nicht entgegen, dass der betreffende Arbeitnehmer seine Arbeit nur in begrenztem Umfang ausüben kann.

[1284] BAG 20.12.1984 – 2 AZR 436/83, NZA 1986, 21 (22); vgl. aber auch BAG 24.2.2011 – 2 AZR 636/09, NZA 2011, 1087 Rn. 28.
[1285] Vgl. BAG 10.10.2002 – 2 AZR 472/01, NZA 2003, 483 (486); vgl. auch BVerfG 30.7.2003 – 1 BvR 792/03, NZA 2003, 959 (960).
[1286] EuGH 14.3.2017 – C-157/15, NZA 2017, 373 Rn. 30 ff.; 14.3.2017 – C-188/15, NZA 2017, 375 Rn. 32, 33; s. jetzt aber auch BAG (Vorlagebeschluss) 30.1.2019 – 10 AZR 299/18 (A), NZA 2019, 693 (anhängig: EuGH – C-341/19, BeckRS 2019, 606380); zum Problemfeld *Mayer* EuZA 2020, 206 ff.
[1287] EuGH 14.3.2017 – C-188/15, NZA 2017, 375 Rn. 34 ff.
[1288] ABl. 2000 L 303, 16.
[1289] EuGH 11.7.2006 – C-13/05, NZA 2006, 839; ebenso EuGH 11.4.2013 – C-335/11 u. 337/11, NZA 2013, 553 Rn. 42.
[1290] Vgl. auch BAG 22.10.2009 – 8 AZR 642/08, NZA 2010, 280 (282); 28.6.2007 – 6 AZR 750/06, NZA 2007, 1049 (1054); 3.4.2007 – 9 AZR 823/06, NZA 2007, 1098 (1099).
[1291] EuGH 11.4.2013 – C-335/11, NZA 2013, 553 Rn. 41; vgl. auch EuGH 18.12.2014 – C-354/13, NZA 2015, 33 Rn. 53; 11.7.2006 – C-13/05, NZA 2006, 839 (840); BAG 19.12.2013 – 6 AZR 190/12, NZA 2014, 372 Rn. 57, 58.
[1292] EuGH 11.7.2006 – C-13/05, NZA 2006, 839 Rn. 51; ebenso BAG 24.1.2008 – 6 AZR 96/07, NZA-RR 2008, 404 (408).
[1293] EuGH 11.4.2013 – C-335/11, NZA 2013, 553 Rn. 43; vgl. auch EuGH 18.12.2014 – C-354/13, NZA 2015, 33 Rn. 60.

§ 43 480–482   Teil I. Beendigung des Arbeitsverhältnisses

480 Daraus folgt: Im Hinblick darauf, dass auch eine Kündigung unter die RL 2000/78/EG fällt, ist § 2 Abs. 4 AGG richtlinienkonform dahingehend auszulegen, dass für eine Kündigung auch §§ 1 ff. AGG iVm Art. 2 Abs. 1 und Art. 3 Abs. 1 lit. c RL 2000/78/EG zu beachten sind.[1294] Beruhen danach krankheitsbedingte Fehlzeiten auf einer Behinderung iSd § 1 AGG,[1295] kann eine Kündigung gem. § 7 Abs. 1 AGG iVm § 1 Abs. 1, Abs. 2 S. 1 KSchG unwirksam[1296] bzw. wenn sie während der Wartezeit (§ 1 Abs. 1 KSchG) bzw. im Kleinbetrieb (§ 23 Abs. 1 S. 2–4 KSchG) ausgesprochen wird, nach § 7 Abs. 1 AGG iVm § 134 BGB nichtig[1297] sein, sofern nicht die Voraussetzungen des § 8 Abs. 1 AGG vorliegen.[1298]

481 *bb) Fallgruppen.* Anlass für eine krankheitsbedingte Kündigung können sein: **Häufige Kurzerkrankungen**,[1299] eine **Langzeiterkrankung**,[1300] eine **krankheitsbedingte Leistungsminderung**,[1301] und eine **dauernde Arbeitsunfähigkeit**.[1302] Letzterer Fallgestaltung steht gleich die Ungewissheit der Wiederherstellung der Arbeitsfähigkeit, wenn in den nächsten 24 Monaten ab dem Zeitpunkt des Zugangs der Kündigung mit einer anderen Prognose nicht gerechnet werden kann.[1303] Vor der Kündigung liegende Krankheitszeiten können in diesen Prognosezeitraum nicht eingerechnet werden.[1304]

482 *cc) Vier-Stufen-Prüfung.* Für die Feststellung, ob eine krankheitsbedingte Kündigung sozial gerechtfertigt nach § 1 Abs. 2 S. 1 KSchG ist, gilt grundsätzlich die allgemein für personenbedingte Kündigungen maßgebliche Vier-Stufen-Prüfung.[1305] Sofern das BAG – und ihm teilweise folgend das Schrifttum[1306] – eine dreistufige Prüfung vornimmt,[1307] liegt das darin begründet, dass es den Verhältnismäßigkeitsgrundsatz gesondert erörtert.[1308] Das bedeutet für die Feststellung der sozialen Rechtfertigung einer krankheitsbedingten Kündigung:

- **1. Stufe:**
Zuerst ist eine **negative Gesundheitsprognose** festzustellen. Diese ist gegeben, wenn zum Zeitpunkt des Zugangs der Kündigung und abgestellt auf die bisher ausgeübte Tätig-

---

[1294] Vgl. grundlegend BAG 6.11.2008 – 2 AZR 523/07, NZA 2009, 361 Rn. 34 ff.; vgl. auch BAG 12.12.2013 – 8 AZR 838/12, NZA 2014, 722 Rn. 18; 17.10.2013 – 8 AZR 742/12, NZA 2014, 303 Rn. 16.

[1295] Zum Begriff näher BAG 19.12.2013 – 6 AZR 190/12, NZA 2014, 372; LAG Bln-Bbg 5.6.2014 – 26 Sa 427/14, NZA-RR 2015, 74 (75); 28.4.2011 – 8 AZR 515/10, AP AGG § 15 Nr. 7.

[1296] Vgl. zB BAG 12.12.2013 – 8 AZR 838/12, NZA 2014, 722 Rn. 18; 17.10.2013 – 8 AZR 742/12, NZA 2014, 303 Rn. 16.

[1297] Vgl. auch → Rn. 45.

[1298] BAG 19.12.2013 – 6 AZR 190/12, NZA 2014, 372 Rn. 50 ff.; vgl. auch *Kock* ZIP 2006, 1551 (1553); *Gaul/Ackermann* ArbRB 2007, 15 (18).

[1299] ZB BAG 25.4.2018 – 2 AZR 6/18, NZA 2018, 1056 Rn. 19; 20.11.2014 – 2 AZR 755/13, NZA 2015, 612 Rn. 15; LAG Bln-Bbg 18.5.2017 – 5 Sa 1300/16 ua, BeckRS 2017, 117822 Rn. 24; LAG MV 28.11.2017 – 5 Sa 54/17, BeckRS 2017, 137580 Rn. 25; LAG Nürnberg 18.2.2020 – 7 Sa 124/19, BeckRS 2020, 11989 Rn. 46; LAG SchlH 22.9.2015 – 1 Sa 48a/15, BeckRS 2016, 66302 Rn. 25 ff.; 3.6.2015 – 6 Sa 396/14, BeckRS 2015, 72174 Rn. 26.

[1300] BAG 30.9.2010 – 2 AZR 88/09, NZA 2011, 39 Rn. 11; 24.11.2005 – 2 AZR 514/04, NZA 2006, 665 Rn. 35; zur Kündigung wegen Hepatitis-Infektion vgl. *Lepke* DB 2008, 467 ff.

[1301] ZB BAG 29.1.1997 – 2 AZR 9/96, NZA 1997, 709; vgl. auch LAG Hessen 25.1.2010 – 16 Sa 389/09, BeckRS 2010, 69095.

[1302] ZB BAG 20.11.2014 – 2 AZR 664/13, NZA 2015, 931 Rn. 14; 30.9.2010 – 2 AZR 88/09, NZA 2011, 39 f.; 10.6.2010 – 2 AZR 1020/08, NZA 2010, 1234; LAG Hessen 3.8.2015 – 16 Sa 1378/14 Rn. 19; LAG MV 13.11.2012 – 5 Sa 19/12, BeckRS 2013, 67070.

[1303] Vgl. BAG 20.11.2014 – 2 AZR 664/13, NZA 2015, 931 Rn. 14; 13.5.2015 – 2 AZR 565/14, NZA 2015, 1249 Rn. 18; LAG Bln-Bbg 18.5.2017 – 5 Sa 1300/16 ua, BeckRS 2017, 117822 Rn. 24; LAG MV 13.11.2012 – 5 Sa 19/12, BeckRS 2012, 689.

[1304] BAG 12.7.2007 – 2 AZR 716/06, NZA 2008, 173 (174); 12.4.2002 – 2 AZR 148/01, NZA 2002, 1081 (1083).

[1305] → Rn. 463 ff.

[1306] ZB Däubler/Deinert/Zwanziger/*Deinert* KSchG § 1 Rn. 101 ff.; Linck/Krause/Bayreuther/*Krause* KSchG § 1 Rn. 345 ff.

[1307] Vgl. zB BAG 13.5.2015 – 2 AZR 565/14, NZA 2015, 1249 Rn. 12; 20.11.2014 – 2 AZR 755/13, NZA 2015, 612 Rn. 14; vgl. auch BAG 25.4.2018 – 2 AZR 6/18, NZA 2018, 1056 Rn. 19, 20; 23.1.2014 – 2 AZR 582/13, NZA 2014, 962 Rn. 27.

[1308] Vgl. zB BAG 12.7.2007 – 2 AZR 716/06, NZA 2008, 173 (175); vgl. auch LAG Rheinland-Pfalz 10.2.2014 – 3 Sa 372/13, BeckRS 2014, 69510; für Vier-Stufen-Prüfung LAG MV 7.3.2017 – 2 Sa 158/16, NZA-RR 2017, 347 Rn. 38.

keit[1309] aufgrund objektiver Umstände die ernste Besorgnis weiterer krankheitsbedingter Fehlzeiten im bisherigen Umfang besteht.[1310] Eine nachträgliche Korrektur durch nach Kündigungszugang eingetretene neue Tatsachen ist ausgeschlossen.[1311]

- **2. Stufe:**
  Die entstandenen und prognostizierten Fehlzeiten müssen zu einer **erheblichen Beeinträchtigung** der betrieblichen oder wirtschaftlichen Interessen[1312] führen.[1313]
- **3. Stufe:**
  Die Störungen dürfen wegen des zu beachtenden Verhältnismäßigkeitsgrundsatzes[1314] nicht durch **mildere Mittel,** wie zB Einstellung von Aushilfskräften oder Versetzung auf einen anderen Arbeitsplatz, behebbar sein.[1315]
- **4. Stufe:**
  Eine **umfassende Abwägung** der Interessen beider Vertragsparteien muss ergeben, dass die betrieblichen Beeinträchtigungen zu einer billigerweise nicht mehr hinzunehmenden Belastung des Arbeitgebers führen.[1316]

Es kann **nicht generell beantwortet** werden, **wie lange** der Arbeitgeber **häufige Kurzerkrankungen** (über sechs Wochen im Kalenderjahr hinaus) **hinnehmen muss,** bevor er mit Aussicht auf Erfolg kündigen kann. Dabei kann nicht auf einen „starren" Zeitraum der letzten drei Jahre abgestellt werden. Ausreichend für eine Indizwirkung sind hinreichende prognosefähige Fehlzeiträume. Dies können die letzten drei Jahre sein,[1317] müssen es aber nicht. Ausreichend kann sowohl ein kürzerer Zeitraum als auch bei einzelnen Fehlzeiten erst ein längerer Zeitraum sein, um eine negative Prognose zu rechtfertigen.[1318] Ein kürzerer Beobachtungszeitraum genügt, wenn das Arbeitsverhältnis von Anfang an mit krankheitsbedingten Ausfällen belastet war.[1319]

Eine **Erkundigungspflicht** des Arbeitgebers **über** den **Gesundheitszustand** des Arbeitnehmers vor Ausspruch der Kündigung **besteht nicht.**[1320] Maßgebend ist die objektive Rechtslage. Hat sich der Arbeitnehmer **vorprozessual geweigert,** die ihn behandelnden **Ärzte** von der **Schweigepflicht zu befreien,** ist es ihm trotzdem **nicht versagt,** im Kündigungsschutzprozess die **negative Gesundheitsprognose** unter Bezugnahme auf ein ärztliches Zeugnis zu **bestreiten.**[1321]

dd) Negative Gesundheitsprognose. Welche Umstände geeignet und ausreichend sind, die Besorgnis künftiger, das Arbeitsverhältnis belastender Erkrankungen zu rechtfertigen – es

---

[1309] BAG 12.7.2007 – 2 AZR 716/06, NZA 2008, 173 Rn. 27; 19.4.2007 – 2 AZR 239/06, NZA 2007, 1041 Rn. 20.
[1310] ZB BAG 20.11.2014 – 2 AZR 755/13, NZA 2015, 612 Rn. 16; 23.1.2014 – 2 AZR 582/13, NZA 2014, 962 Rn. 27; vgl. auch BAG 16.7.2015 – 2 AZR 15/15, NZA 2016, 99 Rn. 29; LAG Bln-Bbg 26.9.2019 – 10 Sa 864/19, BeckRS 2019, 34899 Rn. 35; LAG MV 7.3.2017 – 2 Sa 158/16, NZA-RR 2017, 347 Rn. 38.
[1311] BAG 17.6.1999 – 2 AZR 639/98, NZA 1999, 1328 (1330); 29.4.1999 – 2 AZR 431/98, NZA 1999, 978 (980); ErfK/*Oetker* KSchG § 1 Rn. 115; Ascheid/Preis/Schmidt/*Vossen* KSchG § 1 Rn. 201.
[1312] → Rn. 488 ff.
[1313] ZB BAG 25.4.2018 – 2 AZR 6/18, NZA 2018, 1087 Rn. 19; 16.7.2015 – 2 AZR 15/15, NZA 2016, 99 Rn. 29; 13.5.2015 – 2 AZR 565/14, NZA 2015, 1249 Rn. 12.
[1314] → Rn. 466.
[1315] Vgl. zB BAG 13.5.2015 – 2 AZR 565/14, NZA 2015, 1249 Rn. 28; LAG Bln-Bbg 18.5.2017 – 5 Sa 1300/16 ua, BeckRS 2017, 117822 Rn. 26; 20.11.2014 – 2 AZR 755/13, NZA 2015, 612 Rn. 24.
[1316] ZB BAG 25.4.2018 – 2 AZR 6/18, NZA 2018, 1087 Rn. 19; 16.7.2015 – 2 AZR 15/15, NZA 2016, 99 Rn. 29.
[1317] So in BAG 25.4.2018 – 2 AZR 6/18, NZA 2018, 1056 Rn. 23; 23.1.2014 – 2 AZR 582/13, NZA 2014, 962 Rn. 32; LAG Bln-Bbg 16.1.2019 – 26 Sa 1200/19, BeckRS 2020, 11214 Rn. 23.
[1318] BAG 10.11.2005 – 2 AZR 44/05, NZA 2006, 655 (657); vgl. auch BAG 20.11.2014 – 2 AZR 755/13, NZA 2015, 612 Rn. 19.
[1319] Vgl. BAG 10.11.2005 – 2 AZR 44/05, NZA 2006, 655; 19.5.1993 – 2 AZR 598/92, BeckRS 1993, 30745033.
[1320] BAG 22.2.1980 – 7 AZR 295/78, AP KSchG 1969 § 1 Krankheit Nr. 6 mAnm *G. Hueck*; BAG 26.5.1977 – 2 AZR 201/76, AP BetrVG 1972 § 102 Nr. 14; 10.3.1977 – 2 AZR 79/76, AP KSchG 1969 § 1 Krankheit Nr. 4.
[1321] BAG 12.4.2002 – 2 AZR 148/01, NZA 2002, 1081 (1084); LAG Rheinland-Pfalz 10.2.2014 – 3 Sa 372/13, BeckRS 2014, 69510.

muss sich immer um eine objektive, dh nach medizinischen Grundsätzen begründete Prognose handeln[1322] –, hängt von den Besonderheiten des Einzelfalls ab. Aufschlussreich können insbes. die Art, die Dauer und die Häufigkeit der bisherigen Erkrankungen, zB Gastritis, Bronchitis, Grippe, sein,[1323] es sei denn, sie wären ausgeheilt.[1324] Einer negativen Prognose steht nicht entgegen, dass die Arbeitsunfähigkeitszeiten auf unterschiedlichen Erkrankungen beruhten. Selbst wenn die Krankheitsursachen verschieden sind, können sie doch auf eine allgemeine Krankheitsanfälligkeit hindeuten, die prognostisch andauert.[1325] Das gilt selbst dann, wenn einzelne Erkrankungen, wie Erkältungen, ausgeheilt sind.[1326] Fehlzeiten aufgrund von Arbeitsunfällen[1327] oder sonstige auf einmaligen Ereignissen, zB Sportunfällen,[1328] beruhende Fehltage lassen eine Prognose für die künftige Entwicklung ebenso wenig zu wie Erkrankungen, gegen die erfolgreich besondere Therapiemaßnahmen, zB eine Operation, ergriffen wurden.[1329] Liegt bereits eine krankheitsbedingte dauernde Leistungsunfähigkeit vor, ist eine negative Prognose hinsichtlich des voraussichtlichen Gesundheitszustandes indiziert. Steht fest, dass der Arbeitnehmer die (vertraglich) geschuldete Arbeitsleistung überhaupt nicht mehr erbringen kann oder ist die Wiederherstellung seiner Arbeitskraft völlig ungewiss,[1330] ist eine solche negative Prognose gerechtfertigt.[1331]

486 Eine negative Prognose kann nicht angenommen werden, wenn im Zeitpunkt des Zugangs einer ordentlichen Kündigung wegen lang anhaltender Erkrankung bereits ein Kausalverlauf in Gang gesetzt war, der entgegen der Ansicht des den Arbeitnehmer behandelnden Arztes die Wiederherstellung der Arbeitsfähigkeit in absehbarer Zeit als sicher oder zumindest möglich erscheinen lässt.[1332]

487 Dagegen können erst nach Zugang der Kündigung eingetretene neue Umstände, die sich auf die weitere Entwicklung des Gesundheitszustandes auswirken können, keine Berücksichtigung mehr finden.[1333] Es ist aber, da dem hier in Rede stehenden Kündigungsgrund ein prognostisches Element inne wohnt, nicht unzulässig, die Entwicklung nach Kündigungszugang mit in die Betrachtung einzubeziehen, soweit sie die Prognose bestätigt.[1334]

488 *ee) Erhebliche Beeinträchtigung betrieblicher oder wirtschaftlicher Interessen.* Bei **häufigen Kurzerkrankungen** werden betriebliche Interessen insbes. durch erhebliche Betriebsablaufstörungen, also Störungen im Produktionsprozess, wie Stillstand von Maschinen, Rückgang der Produktion wegen kurzfristig eingesetzten, erst einzuarbeitenden Ersatzpersonals oder Abzug von an sich benötigten Arbeitskräften aus anderen Bereichen, im Vordergrund stehen.[1335]

[1322] LAG München 29.11.2007 – 3 Sa 676/06, BeckRS 2009, 67586; vgl. auch BAG 8.11.2007 – 2 AZR 292/06, NZA 2008, 593 Rn. 16; 10.11.2005 – 2 AZR 44/05, NZA 2006, 655 (656).
[1323] Vgl. BAG 10.3.1977 – 2 AZR 79/76, AP KSchG 1969 § 1 Krankheit Nr. 4; LAG SchlH 3.11.2005 – 3 Sa 320/05, NZA-RR 2006, 129 (130); ErfK/*Oetker* KSchG § 1 Rn. 124.
[1324] BAG 20.11.2014 – 2 AZR 755/13, NZA 2015, 612 Rn. 17; 1.3.2007 – 2 AZR 217/06, NZA 2008, 302 Rn. 17; vgl. auch LAG MV 7.3.2017 – 2 Sa 158/16, NZA-RR 2017, 347 Rn. 39; LAG Rheinland-Pfalz 10.2.2014 – 3 Sa 372/13, BeckRS 2014, 69510.
[1325] BAG 20.11.2014 – 2 AZR 755/13, NZA 2015, 612 Rn. 20; 10.11.2005 – 2 AZR 44/05, NZA 2006, 655 Rn. 26; LAG Bln-Bbg 16.1.2020 – 26 Sa 1200/19, BeckRS 2020, 11214 Rn. 26; vgl. auch LAG MV 7.3.2017 – 2 Sa 158/16, NZA-RR 2017, 347 Rn. 77.
[1326] BAG 20.11.2014 – 2 AZR 755/13, NZA 2015, 612 Rn. 20; LAG Bln-Bbg 16.1.2020 – 26 Sa 1200/19, BeckRS 2020, 11214 Rn. 26.
[1327] Vgl. BAG 14.1.1993 – 2 AZR 343/92, NZA 1994, 309 (310).
[1328] BAG 2.11.1989 – 2 AZR 335/89, BeckRS 1989, 30732331.
[1329] BAG 20.11.2014 – 2 AZR 755/13, NZA 2015, 612 Rn. 20; LAG Bln-Bbg 16.1.2020 – 26 Sa 1200/19, BeckRS 2020, 11214 Rn. 26.
[1330] Vgl. BAG 18.1.2007 – 2 AZR 759/05, AP KSchG 1969 § 1 Krankheit Nr. 44 Rn. 23; 21.5.1992 – 2 AZR 399/91, NZA 1993, 497 (498 f.).
[1331] BAG 12.7.2007 – 2 AZR 716/06, NZA 2008, 173 Rn. 27.
[1332] Vgl. BAG 21.2.2001 – 2 AZR 558/99, NZA 2001, 1071 (1072 f.); LAG Köln 28.11.2008 – 10 Sa 739/08, BeckRS 2009, 52074.
[1333] BAG 29.4.1999 – 2 AZR 431/98, NZA 1999, 978 (980); 6.9.1989 – 2 AZR 118/89, NZA 1990, 305 (306); 9.4.1987 – 2 AZR 210/86, NZA 1987, 811 (812).
[1334] BAG 20.3.2014 – 2 AZR 288/13, NZA-RR 2015, 16 Rn. 38; 23.1.2014 – 2 AZR 582/13, NZA 2014, 962 Rn. 32; LAG Bln-Bbg 16.1.2020 – 26 Sa 1200/19, BeckRS 2020, 11214 Rn. 27.
[1335] Vgl. näher LAG Rheinland-Pfalz 10.4.2014 – 3 Sa 372/13, BeckRS 2014, 69510; ErfK/*Oetker* KSchG § 1 Rn. 140; Ascheid/Preis/Schmidt/*Vossen* KSchG § 1 Rn. 155.

Werden krankheitsbedingte Ausfälle mit einer Personalreserve aufgefangen, kann es an Betriebsablaufstörungen fehlen.[1336] Allein der Umstand, dass der Arbeitgeber den Einsatz des Arbeitnehmers aufgrund seiner möglichen krankheitsbedingten Fehlzeiten künftig nur noch eingeschränkt planen kann, reicht für die Annahme beachtlicher Betriebsablaufstörungen nicht aus.[1337]

Bei **lang anhaltenden Erkrankungen,** für die es keine festen Bemessungszeiten gibt,[1338] muss die nicht absehbare Dauer der Arbeitsunfähigkeit und die daraus folgende Ungewissheit zu erheblichen Beeinträchtigungen der betrieblichen oder wirtschaftlichen Interessen führen.[1339] Liegt eine krankheitsbedingte dauernde Unfähigkeit des Arbeitnehmers vor, die geschuldete Arbeitsleistung zu erbringen, oder ist die Wiederherstellung der Arbeitsfähigkeit völlig ungewiss, kann idR ohne weiteres von einer erheblichen Beeinträchtigung der betrieblichen Interessen ausgegangen werden.[1340] Etwaige Vertretungsmöglichkeiten können daran nichts ändern.[1341] Allerdings kann es in dem Fall, dass mit der Wiederkehr des Arbeitnehmers in den nächsten 24 Monaten nicht zu rechnen ist – dieser Fall wird der dauernden Arbeitsunfähigkeit gleichgestellt[1342] – für den Arbeitgeber sinnvoll sein, sich mit einer vorübergehenden Vertretung zu behelfen.[1343] Die dauernde Leistungsunfähigkeit wird nicht durch eine allgemeine vertragliche Versetzungsklausel ausgeschlossen.[1344]

Bei einer Kündigung wegen **krankheitsbedingter Leistungsminderung** wird in erster Linie eine wirtschaftliche Belastung des Arbeitgebers eintreten, wenn der Arbeitnehmer im Leistungslohn nicht mehr eingesetzt werden kann und der Zahlung des vollen Zeitlohns keine nach betriebswirtschaftlichen und arbeitswissenschaftlichen Grundsätzen ausgerichtete adäquate Arbeitsleistung gegenübersteht.[1345] Da die Beeinträchtigung der betrieblichen Interessen erheblich sein muss, genügt hierfür nicht jede geringfügige Minderleistung. In seiner Entscheidung vom 26.9.1991 hat das BAG in einer für längere Zeit erbrachten Arbeitsleistung von 2/3 der Normalleistung eine erhebliche Beeinträchtigung der wirtschaftlichen Interessen gesehen.[1346]

Kündigungsrelevante **wirtschaftliche Belastungen** ergeben sich gerade bei häufigen Kurzerkrankungen durch die dauerhafte und sich wiederholende Störung des Austauschverhältnisses in Folge erheblicher Lohnfortzahlungskosten.[1347] Davon ist auszugehen, wenn für die Zukunft mit immer neuen Lohnfortzahlungskosten zu rechnen ist, die pro Jahr jeweils für einen Zeitraum von mehr als sechs Wochen aufzuwenden sind.[1348] Das gilt auch dann, wenn der Arbeitgeber diese durch ein Vergütungssystem (Tronc in Spielbanken) teilweise abwälzen kann.[1349] Aus dem Umstand, dass der Arbeitgeber uU tariflich verpflichtet ist, dem erkrankten Arbeitnehmer über die Entgeltfortzahlung nach § 3 Abs. 1 S. 1 EFZG

[1336] Vgl. BAG 10.5.1990 – 2 AZR 580/89, BeckRS 1990, 30734040.
[1337] BAG 25.4.2018 – 2 AZR 6/18, NZA 2018, 1056 Rn. 26.
[1338] BAG 29.4.1999 – 2 AZR 431/98, NZA 1999, 978 (979); LAG Thüringen 28.6.2007 – 3 Sa 36/07, BeckRS 2011, 65523.
[1339] Vgl. BAG 25.11.1982 – 2 AZR 140/81, AP KSchG 1969 § 1 Krankheit Nr. 7.
[1340] BAG 13.5.2015 – 2 AZR 565/14, NZA 2015, 1249 Rn. 18; 20.11.2014 – 2 AZR 664/13, NZA 2015, 931 Rn. 14; LAG Bln-Bbg 18.5.2017 – 5 Sa 1300/16 ua, BeckRS 2017, 117822 Rn. 24; LAG MV 13.11.2012 – 5 Sa 19/12, BeckRS 2013, 67070; LAG Rheinland-Pfalz 24.3.2015 – 7 Sa 512/14, BeckRS 2015, 68576.
[1341] BAG 19.4.2007 – 2 AZR 239/06, NZA 2007, 1041 (1042).
[1342] Vgl. → Rn. 481.
[1343] BAG 19.4.2007 – 2 AZR 239/06, NZA 2007, 1041 (1042).
[1344] BAG 29.1.1997 – 2 AZR 9/96, NZA 1997, 709 (710).
[1345] BAG 26.9.1991 – 2 AZR 132/09, NZA 1992, 1073 (1076).
[1346] BAG 26.9.1991 – 2 AZR 132/09, NZA 1992, 1073 (1076); anders BAG 17.6.1999 – 2 AZR 574/98, BeckRS 1999, 30779333.
[1347] BAG 29.7.1993 – 2 AZR 155/93, NZA 1994, 67 (68 f.); 16.2.1989 – 2 AZR 299/88, NZA 1989, 923 f.; LAG Rheinland-Pfalz 10.2.2014 – 3 Sa 372/13, BeckRS 2014, 69510; vgl. auch BAG 25.4.2018 – 2 AZR 6/18, NZA 2018, 1056 Rn. 39; krit. Stahlhacke/Preis/Vossen Kündigung/*Preis* Rn. 1255.
[1348] BAG 20.11.2014 – 2 AZR 755/13, NZA 2015, 612 Rn. 28; 23.1.2014 – 2 AZR 582/13, NZA 2014, 962 Rn. 27; LAG Bln-Bbg 18.5.2017 – 5 Sa 1300/16 ua, BeckRS 2017, 117822 Rn. 25; 26.9.2019 – 10 Sa 864/19, BeckRS 2019, 34899 Rn. 36; LAG Nürnberg 18.2.2020 – 7 Sa 124/19, BeckRS 2020, 11989 Rn. 64; LAG Rheinland-Pfalz 10.2.2014 – 3 Sa 372/13, BeckRS 2014, 69510; ErfK/*Oetker* KSchG § 1 Rn. 144.
[1349] BAG 8.11.2007 – 2 AZR 292/06, NZA 2008, 593 (594).

hinaus für bestimmte Zeiträume einen Zuschuss zum Krankengeld zu zahlen, kann nicht gefolgert werden, selbst sechs Wochen im Jahr übersteigende krankheitsbedingte Ausfallzeiten des Arbeitnehmers sollten grundsätzlich ungeeignet sein, eine ordentliche Kündigung zu rechtfertigen.[1350] Lohnfortzahlungskosten dürfen für Fehlzeiten aufgrund einmaliger Erkrankungen ohne Wiederholungsgefahr nicht zur Begründung der erheblichen wirtschaftlichen Belastungen herangezogen werden, weil sie aufgrund der fehlenden Wiederholungsgefahr in Zukunft voraussichtlich nicht mehr anfallen werden.[1351] Allein die während seiner Arbeitsunfähigkeit weiterhin entstehenden Urlaubsansprüche des Arbeitnehmers führen im Hinblick auf ihr Erlöschen bei fortdauernder Arbeitsunfähigkeit jeweils 15 Monate nach Ablauf des betreffenden Urlaubsjahres[1352] nicht zu einer nicht mehr hinzunehmenden wirtschaftlichen Belastung des Arbeitgebers.[1353]

492 *ff) Vorrang milderer Mittel.* Bei einer lang anhaltenden Krankheit kommt die Kündigung als letztes Mittel erst dann zum Zuge, wenn dem Arbeitgeber die Durchführung von Überbrückungsmaßnahmen – zB die Einstellung von Aushilfskräften, die Anordnung von Über- oder Mehrarbeit, organisatorische Umstellungen – nicht mehr möglich oder zumutbar ist.[1354] Bei langjährig beschäftigten Arbeitnehmern fordert das BAG Überbrückungsmaßnahmen über einen längeren Zeitraum, wozu sogar die unbefristete Einstellung einer Aushilfskraft gehören soll.[1355] Nach dem Verhältnismäßigkeitsgrundsatz muss der Arbeitgeber vor Ausspruch einer Kündigung wegen krankheitsbedingter Minderung der Leistungsfähigkeit vor allem bei älteren Arbeitnehmern prüfen, ob der Minderung ihrer Leistungsfähigkeit nicht durch organisatorische Maßnahmen (Änderung des Arbeitsablaufs, Umgestaltung des Arbeitsplatzes,[1356] Umverteilung der Aufgaben) begegnet werden kann.[1357]

493 Versetzungen, Änderung der Arbeitsbedingungen und Umschulungen können die Kündigung als mildere Maßnahme nur verhindern, wenn die krankheitsbedingten Fehlzeiten arbeitsplatzbezogen sind.[1358] Bei arbeitsplatzbezogener Arbeitsunfähigkeit kommt nicht nur die Möglichkeit einer Weiterbeschäftigung auf einem freien leidensgerechten Arbeitsplatz in Betracht,[1359] sondern auch auf einem solchen, den der Arbeitgeber – sofern nicht von vornherein für den Arbeitgeber und den/die hiervon betroffenen Arbeitnehmer unzumutbar[1360] – erst durch die Ausübung seines Direktionsrechts (§ 106 S. 1 GewO) frei machen muss.[1361] **Unerheblich** ist in diesem Zusammenhang, **ob es vom Direktionsrecht** des Arbeitgebers **gedeckt** ist, **dem Arbeitnehmer** einen derartigen **leidensgerechten Arbeitsplatz zuzuweisen.** Ist das nicht der Fall, müsste der Arbeitgeber ihm zur Vermeidung einer Beendigungskündigung die leidensgerechte Beschäftigung zu geänderten Arbeitsbedingungen **notfalls** im Wege

---

[1350] BAG 25.4.2018 – 2 AZR 6/18, NZA 2018, 1056 Rn. 30; LAG Hamburg 2.10.2019 – 2 Sa 9/19, BeckRS 2019, 39637 Rn. 45.
[1351] Ascheid/Preis/Schmidt/*Vossen* KSchG § 1 Rn. 161; KR/*Rachor* KSchG § 1 Rn. 369; *Weber/Hoss* DB 1993, 2429 (2431).
[1352] → § 27 Rn. 51–53.
[1353] Näher BAG 13.5.2015 – 2 AZR 565/14, NZA 2015, 1249 Rn. 22.
[1354] BAG 25.11.1982 – 2 AZR 140/81, AP KSchG 1969 § 1 Krankheit Nr. 7; 22.2.1980 – 7 AZR 295/78, AP KSchG 1969 § 1 Krankheit Nr. 6; vgl. auch LAG Köln 13.4.2012 – 5 Sa 551/11, BeckRS 2012, 73135 Rn. 41.
[1355] BAG 22.2.1980 – 2 AZR 140/81, AP KSchG 1969 § 1 Krankheit Nr. 7.
[1356] Vgl. bei dauernder Leistungsunfähigkeit BAG 20.11.2014 – 2 AZR 664/13, NZA 2015, 931 Rn. 15; LAG Hessen 3.8.2015 – 16 Sa 1378/14 Rn. 20.
[1357] LAG Hessen 25.1.2010 – 16 Sa 389/09, BeckRS 2010, 69095.
[1358] Vgl. BAG 22.2.1980 – 7 AZR 295/78, AP KSchG 1969 § 1 Krankheit Nr. 6; 5.8.1976 – 3 AZR 110/75, AP KSchG 1969 § 1 Krankheit Nr. 1; vgl. auch BAG 10.6.2010 – 2 AZR 1020/08, NZA 2010, 1234 Rn. 15; 19.4.2007 – 2 AZR 239/06, NZA 2007, 1041 Rn. 24; LAG Bln-Bbg 13.11.2015 – 9 Sa 1297/15, BeckRS 2016, 65167 Rn. 42.
[1359] BAG 22.9.2005 – 2 AZR 519/04, NZA 2006, 486 (488); 29.1.1997 – 2 AZR 9/96, NZA 1997, 709 (710); LAG Rheinland-Pfalz 24.3.2015 – 7 Sa 512/14, BeckRS 2015, 68576.
[1360] Vgl. BAG 13.5.2015 – 2 AZR 565/14, NZA 2015, 1249 Rn. 34.
[1361] BAG 13.5.2015 – 2 AZR 565/14, NZA 2015, 1249 Rn. 34; 20.11.2014 – 2 AZR 664/13, NZA 2015, 931 Rn. 15; LAG Bln-Bbg 2.4.2015 – 10 Sa 1702/14, NZA-RR 2015, 415 (417); vgl. auch BAG 28.6.2017 – 5 AZR 263/16, NZA 2017, 1528 Rn. 35.

der **Änderungskündigung** anbieten.[1362] Dabei ist ggf. die Pflicht des Arbeitgebers zu berücksichtigen, einem schwerbehinderten Menschen gem. § 164 Abs. 4 S. 1 Nr. 1 SGB IX (bis 31.12.2017: § 81 Abs. 4 S. 1 Nr. 1 SGB IX aF) einen seinen Fähigkeiten und Kenntnissen entsprechenden Arbeitsplatz zuzuweisen.[1363]

Voraussetzung für eine Weiterbeschäftigung auf einem leidensgerechten Arbeitsplatz ist, dass der Arbeitnehmer nicht nur gesundheitlich, sondern auch fachlich für die betreffenden Arbeiten geeignet ist.[1364] Soweit dies eine Versetzung iSv von §§ 95 Abs. 3, 99 Abs. 1 BetrVG bedeutet, muss sich der Arbeitgeber auch um die Zustimmung des Betriebsrats – bei einem schwerbehinderten Menschen iSv § 2 Abs. 2 SGB IX[1365] im Hinblick auf die Regelung in § 164 Abs. 4 SGB IX (bis 31.12.2017: § 81 Abs. 4 SGB IX aF) „nach Kräften"[1366] – bemühen.[1367] Ein Zustimmungsersetzungsverfahren nach § 99 Abs. 4 BetrVG wird ihm aber im Regelfall[1368] nicht zugemutet,[1369] erst recht nicht, wenn die Zustimmung des Integrationsamts zur Kündigung (vgl § 168 SGB IX = § 85 SGB IX aF) erteilt worden ist. Denn der Arbeitgeber liefe Gefahr, dass er wegen des mit dem Zustimmungsersetzungsverfahren verbundenen Zeitaufwandes die Monatsfrist des § 171 Abs. 3 SGB IX (= § 88 Abs. 3 SGB IX aF) nicht einhalten könnte und deshalb ein neues Zustimmungsverfahren nach § 170 Abs. 1 S. 1 SGB IX (= § 87 Abs. 1 S. 1 SGB IX aF) einleiten müsste,[1370] was aber mit unverhältnismäßigen Aufwendungen verbunden wäre.[1371]

Ist im Zeitpunkt des Kündigungszugangs eine Beschäftigungsmöglichkeit nicht (mehr) vorhanden, ist es dem Arbeitgeber gleichwohl nach dem **Rechtsgedanken** des **§ 162 BGB** verwehrt, sich auf den Wegfall von Beschäftigungsmöglichkeiten im Kündigungszeitpunkt zu berufen, wenn dieser Wegfall treuwidrig herbeigeführt wurde.[1372] Ein solches treuwidriges Verhalten liegt dann vor, wenn für den Arbeitgeber im Zeitpunkt der Stellenbesetzung ein „Auslaufen" der Beschäftigungsmöglichkeit für den später gekündigten Arbeitnehmer absehbar war, Kündigungsentschluss und anderweitige Besetzung der freien Stelle also „uno actu" erfolgten.[1373] Voraussetzung ist allerdings, dass der durch voreilige Besetzung nicht mehr vakante Arbeitsplatz für den gekündigten Arbeitnehmer geeignet war.[1374] Vor Kündigungen wegen häufiger Kurzerkrankungen stellt sich die Frage nach geeigneten milderen Mitteln nur selten. Wiederholte, nicht vorausehbare Kurzerkrankungen verlangen kurzfristig wirkende personelle und organisatorische Maßnahmen.[1375]

[1362] Vgl. BAG 13.5.2015 – 2 AZR 565/14, NZA 2015, 1249 Rn. 34; LAG Hamm 19.7.2016 – 7 Sa 1707/15, BeckRS 2016, 71736 Rn. 33; vgl. auch BAG 28.6.2017 – 5 AZR 263/16, NZA 2017, 1528 Rn. 35; 20.11.2014 – 2 AZR 664/13, NZA 2015, 931 Rn. 15; 8.5.2014 – 2 AZR 1001/12, NZA 2014, 1200 Rn. 12.

[1363] BAG 16.5.2019 – 8 AZR 530/17, NZA 2019, 1348 Rn. 22; 20.11.2014 – 2 AZR 664/13, NZA 2015, 931 Rn. 25; LAG Düsseldorf 10.5.2017 – 12 Sa 939/16, BeckRS 2017, 118674 Rn. 59; LAG Hessen 20.5.2020 – 18 Sa 170/19, juris Rn. 219 ff.

[1364] BAG 19.5.2010 – 5 AZR 162/09, NZA 2010, 1119 Rn. 36; LAG Rheinland-Pfalz 21.2.2013 – 2 Sa 533/12, BeckRS 2013, 68625; vgl. auch LAG Bln-Bbg 13.11.2015 – 9 Sa 1297/15, BeckRS 2016, 65167 Rn. 50.

[1365] → § 45 Rn. 124–126.

[1366] Vgl. näher BAG 22.9.2005 – 2 AZR 519/04, NZA 2006, 486 Rn. 43; zu § 164 Abs. 4 SGB IX näher → § 34 Rn. 54 f.

[1367] BAG 29.1.1997 – 2 AZR 9/96, NZA 1997, 709 (711).

[1368] Zu Ausnahmefällen vgl. BAG 22.9.2005 – 2 AZR 519/04, NZA 2006, 486 Rn. 42; LAG Hamm 30.9.2010 – 15 Sa 416/10, BeckRS 2010, 74044.

[1369] BAG 29.1.1997 – 2 AZR 9/96, NZA 1997, 709 (711); vgl. auch BAG 19.5.2010 – 5 AZR 162/09, NZA 2010, 1119 Rn. 32; 22.9.2005 – 2 AZR 519/04, NZA 2006, 486 Rn. 39.

[1370] Vgl. hierzu näher BAG 24.11.2011 – 2 AZR 429/10, NZA 2012, 610 Rn. 37; → § 45 Rn. 161.

[1371] BAG 22.9.2005 – 2 AZR 519/04, NZA 2006, 486 Rn. 42; LAG Hamm 30.9.2010 – 15 Sa 416/10, BeckRS 2010, 74044.

[1372] BAG 24.11.2005 – 2 AZR 514/04, NZA 2006, 665 Rn. 39; zur betriebsbedingten Kündigung vgl. BAG 12.8.2010 – 2 AZR 945/08, NZA 2011, 460 Rn. 39; 5.6.2008 – 2 AZR 107/07, NZA 2008, 1180 Rn. 16.

[1373] BAG 24.11.2005 – 2 AZR 514/04, NZA 2006, 665 Rn. 39 mN bzgl. der stRspr zur betriebsbedingten Kündigung; vgl. auch LAG Bln-Bbg 19.12.2011 – 15 Sa 1264/11 ua, NZA-RR 2012, 131 (132).

[1374] BAG 24.11.2005 – 2 AZR 514/04, NZA 2006, 665 Rn. 39; 24.6.2004 – 2 AZR 326/03, NZA 2004, 1268 (1270).

[1375] Stahlhacke/Preis/Vossen Kündigung/*Preis* Rn. 1262.

496 Kündigt der Arbeitgeber einem Arbeitnehmer aus krankheitsbedingten Gründen, ohne zuvor das gem. § 167 Abs. 2 SGB IX (= bis 31.12.2017: § 84 Abs. 2 SGB IX aF) für **alle Arbeitnehmer**[1376] geltende sog. **betriebliche Eingliederungsmanagement** (= BEM)[1377] – unabhängig vom Bestehen einer betrieblichen Interessenvertretung iSv § 176 SGB IX (bis 31.12.2017: § 93 SGB IX aF)[1378] – durchgeführt zu haben, führt dies nicht ohne weiteres zur Unwirksamkeit der Kündigung. Die Durchführung eines BEM nach § 167 Abs. 2 SGB IX (= § 84 Abs. 2 SGB IX aF) ist keine formelle Wirksamkeitsvoraussetzung für eine personenbedingte Kündigung aus krankheitsbedingten Gründen.[1379] Die gesetzliche Regelung ist aber auch nicht nur ein bloßer Programmsatz, sondern **Ausprägung** des das Kündigungsschutzrecht beherrschenden **Verhältnismäßigkeitsgrundsatzes**.[1380] Deshalb ist die unterbliebene Durchführung des BEM kündigungsrechtlich in den ersten sechs Monaten und im Kleinbetrieb (vgl. § 23 Abs. 1 S. 2 und 3 KSchG) unerheblich.[1381] Das gleiche gilt, wenn das Arbeitsverhältnis überhaupt nicht dem deutschen Vertragsstatut unterfällt.[1382] Ansonsten gilt: Führt der **Arbeitgeber,** obwohl er hierfür die **Initiativlast** trägt,[1383] kein BEM durch, kann dies Folgen für die Darlegungs- und Beweislast (vgl. § 1 Abs. 2 S. 4 KSchG) im Rahmen der Prüfung der betrieblichen Auswirkungen von erheblichen Fehlzeiten haben.[1384] **Unterbleibt** die **Durchführung** des **BEM, weil der Arbeitnehmer nicht eingewilligt** hat, kommt es darauf an, ob der Arbeitgeber den Betroffenen zuvor nach § 167 Abs. 2 S. 3 SGB IX (= § 84 Abs. 2 S. 3 SGB IX aF) auf die Ziele des BEM[1385] sowie auf Art und Umfang der hierfür erhobenen und verwendeten Daten hingewiesen hatte. Die Belehrung nach § 167 Abs. 2 S. 3 SGB IX, für die der Arbeitgeber darlegungs- und beweispflichtig ist,[1386] gehört zu einem regelkonformen Ersuchen des Arbeitgebers um Zustimmung des Arbeitnehmers zur Durchführung eines BEM. Sie soll dem Arbeitnehmer die Entscheidung ermöglichen, ob er ihm zustimmt oder nicht.[1387] **Zwingende Voraussetzung** für die **Durchführung** eines **BEM** ist das **Einverständnis** des **betroffenen Arbeitnehmers.**[1388] Stimmt der Arbeitnehmer trotz ordnungsgemäßer Aufklärung nicht zu, ist das Unterbleiben eines BEM „kündigungsneutral".[1389] Nach Ansicht des LAG Schleswig-Holstein muss der Arbeitgeber nach Ablehnung eines BEM dem Arbeitnehmer ein solches im Hinblick auf den Jahreszeitraum des § 167 Abs. 2 S. 1 SGB IX (bis 31.12.2017: § 84 Abs. 2 S. 1 SGB IX aF) erst wieder anbieten, wenn

---

[1376] ZB BAG 13.5.2015 – 2 AZR 565/14, NZA 2015, 1249 Rn. 25; 20.11.2014 – 2 AZR 755/13, NZA 2015, 612 Rn. 28.
[1377] Hierzu näher *Brose* DB 2013, 1727 ff.; *Hoffmann-Remy* NZA 2016, 267 ff.; *Kempter* NZA 2015, 840 ff.; *Matheis/Hippeli* DB 2016, 1134 ff.; *Plocher* DB 2016, 2875 ff.; *Schiefer* RdA 2016, 196 ff.; *Schiefer/Borchard* DB 2011, 2435 ff.; *v. Stein* NZA 2020, 753 ff.; *Stück* ArbR 2015, 169 ff.; *Willemsen/Fritzsche* DB 2012, 860 (861); vgl. auch BAG 19.11.2019 – 1 ABR 36/18, NZA 2020, 389.
[1378] ZB BAG 21.11.2018 – 7 AZR 394/17, NZA 2019, 309 Rn. 38; 20.3.2014 – 2 AZR 565/12, NZA 2014, 602. Zum Überwachungsrecht des Betriebs- bzw. Personalrats nach § 84 Abs. 2 S. 7 SGB IX aF (= § 167 Abs. 2 S. 7 SGB IX nF) vgl. BAG 7.2.2012 – 1 ABR 46/10, NZA 2012, 744 Rn. bzw. BVerwG 4.9.2012 – 6 P 5/11, NZA-RR 2013, 164 ff.; VGH München 15.3.2016 – 17 P 14.2689, BeckRS 2016, 45200.
[1379] 22.10.2015 – 2 AZR 720/14, NZA 2016, 473 Rn. 76; 13.5.2015 – 2 AZR 565/14, NZA 2015, 1249 Rn. 28; LAG Nürnberg 18.2.2020 – 7 Sa 124/19, BeckRS 2020, 11989 Rn. 83.
[1380] Vgl. BAG 18.10.2017 – 10 AZR 47/17, NZA 2018, 162 Rn. 29; 22.10.2015 – 2 AZR 720/14, NZA 2016, 473 Rn. 76; LAG Nürnberg 18.2.2020 – 7 Sa 124/19, BeckRS 2020, 11989 Rn. 83.
[1381] Vgl. BAG 22.10.2015 – 2 AZR 720/14, NZA 2016, 473 Rn. 76; 24.1.2008 – 6 AZR 96/07, NZA-RR 2008, 404 Rn. 33, 34.
[1382] BAG 22.10.2015 – 2 AZR 720/14, NZA 2016, 473 Rn. 76.
[1383] BAG 20.11.2014 – 2 AZR 755/13, NZA 2015, 612 Rn. 31; 7.2.2012 – 1 ABR 46/10, NZA 2012, 744 Rn. 9; LAG SchlH 22.9.2015 – 1 Sa 48a/15, BeckRS 2016, 66302.
[1384] Hierzu näher → Rn. 511.
[1385] Vgl. hierzu BAG 13.3.2012 – 1 ABR 78/10, NZA 2012, 748 Rn. 14; 30.9.2010 – 2 AZR 88/09, NZA 2011, 39 Rn. 32; LAG SchlH 22.9.2015 – 1 Sa 48a/15, BeckRS 2016, 66302.
[1386] LAG Rheinland-Pfalz 24.3.2015 – 7 Sa 512/14, BeckRS 2015, 68576.
[1387] BAG 24.3.2011 – 2 AZR 170/10, NZA 2011, 992 (994).
[1388] BAG 24.3.2011 – 2 AZR 170/10, NZA 2011, 992 (994); 12.7.2007 – 2 AZR 716/06, NZA 2008, 173 (177); LAG Bln-Bbg 13.11.2015 – 9 Sa 1297/15, BeckRS 2016, 65167 Rn. 45.
[1389] BAG 13.5.2015 – 2 AZR 565/14, NZA 2015, 1249 Rn. 26; 24.3.2011 – 2 AZR 170/10, NZA 2011, 992 (994); LAG Hamm 19.7.2016 – 7 Sa 1707/15, BeckRS 2016 Rn. 34; LAG Rheinland-Pfalz 24.3.2015 – 7 Sa 512/14, BeckRS 2015, 68576.

sich innerhalb von 365 Tagen (vgl. § 191 BGB) erneut Fehlzeiten in dem in dieser Norm genannten Umfang angesammelt haben.[1390]

gg) Interessenabwägung. Im Rahmen der Interessenabwägung ist insbes. zu bedenken, ob die Erkrankungen auf betriebliche Ursachen zurückzuführen sind[1391] und ob bzw. wie lange das Arbeitsverhältnis zunächst ungestört[1392] verlaufen ist.[1393] Des Weiteren sind die Betriebszugehörigkeit,[1394] das Alter[1395] und der Familienstand[1396] des Arbeitnehmers bedeutsam. Auch Unterhaltspflichten und eine Schwerbehinderung des Arbeitnehmers sind zu berücksichtigen.[1397]

Im Rahmen der Interessenabwägung ist auch von Bedeutung, ob und inwieweit der Arbeitgeber eine in seiner freien Unternehmerentscheidung stehende[1398] **Personalreserve** vorhält.[1399] Führt eine fehlende, aber bei geordneter Betriebsführung erforderliche Personalreserve zu erheblichen Betriebsbelastungen, kann sich dies zu Lasten des Arbeitgebers auswirken. Zu seinen Gunsten ist dagegen zu berücksichtigen, wenn es trotz angemessener Personalreserve durch übermäßige Kurzerkrankungen zu Betriebsbelastungen kommt.[1400] Personalreserven sind indes nur bei einer Mehrzahl von Arbeitsplätzen mit vergleichbarer Qualifikation zu halten. Die übliche Personalreserve bemisst sich nach dem durchschnittlichen Krankenstand in einem Betrieb.[1401]

Nach der Rspr. des BAG müssen die **Lohnfortzahlungskosten** „außergewöhnlich" bzw. „extrem" hoch sein, um allein die weitere Beschäftigung des Arbeitnehmers unzumutbar machen zu können.[1402] Als „außergewöhnlich" hoch hat das BAG Lohnfortzahlungskosten für 60 Arbeitstage in einem Jahr, was der Verdoppelung des gesetzlichen Sechs-Wochen-Zeitraums entspricht, angesehen.[1403]

Des Weiteren ist bei der Prüfung, ob dem Arbeitgeber die Belastung mit Lohnfortzahlungskosten noch zumutbar ist, auf die **Ausfallquote** von **Arbeitnehmern mit vergleichbaren oder ähnlichen Arbeitsbedingungen** abzustellen. Ist auch bei diesen die Quote der krankheitsbedingten Ausfälle besonders hoch, kann nur eine ganz erheblich höhere Ausfallquote eine Kündigung rechtfertigen, und dies auch nur, wenn Überbrückungsmaßnahmen nicht erfolgreich oder nicht zumutbar gewesen sind.[1404]

[1390] LAG SchlH 3.6.2015 – 6 Sa 396/14, BeckRS 2015, 72174 Rn. 63; vgl. aber auch LAG Bln-Bbg 13.11.2015 – 9 Sa 1297/15, BeckRS 2016, 65167 Rn. 46.
[1391] BAG 20.11.2014 – 2 AZR 664/13, NZA 2015, 931 Rn. 53; 8.11.2007 – 2 AZR 292/06, NZA 2008, 593 Rn. 16; LAG Bln-Bbg 18.5.2017 – 5 Sa 1300/16 ua, BeckRS 2017, 117822 Rn. 24; ErfK/*Oetker* KSchG § 1 Rn. 151; Ascheid/Preis/Schmidt/*Vossen* KSchG § 1 Rn. 174.
[1392] Vgl. hierzu näher BAG 6.9.1989 – 2 AZR 224/89, NZA 1990, 434 (437) mwN.
[1393] BAG 8.11.2007 – 2 AZR 292/06, NZA 2008, 593 Rn. 16; ErfK/*Oetker* KSchG § 1 Rn. 151; Ascheid/Preis/Schmidt/*Vossen* KSchG § 1 Rn. 173; vgl. auch LAG Bln-Bbg 18.5.2017 – 5 Sa 1300/16 ua, BeckRS 2017, 117822 Rn. 24; LAG Rheinland-Pfalz 10.2.2014 – 3 Sa 372/13, BeckRS 2014, 69510.
[1394] BAG 15.2.1984 – 2 AZR 573/82, NZA 1984, 86 (87); ErfK/*Oetker* KSchG § 1 Rn. 151; Ascheid/Preis/Schmidt/*Vossen* KSchG § 1 Rn. 184.
[1395] BAG 23.1.2014 – 2 AZR 582/13, NZA 2014, 962 Rn. 34; 8.11.2007 – 2 AZR 292/06, NZA 2008, 593 Rn. 16; LAG Bln-Bbg 18.5.2017 – 5 Sa 1300/16 ua, BeckRS 2017, 117822 Rn. 24.
[1396] BAG 8.11.2007 – 2 AZR 292/06, NZA 2008, 593 Rn. 16; 10.5.1990 – 2 AZR 580/89, BeckRS 1990, 30734040; LAG Bln-Bbg 18.5.2017 – 5 Sa 1300/16 ua, BeckRS 2017, 117822 Rn. 24; LAG Köln 13.4.2012 – 5 Sa 511/11, BeckRS 2012, 73135 Rn. 41; Ascheid/Preis/Schmidt/*Vossen* KSchG § 1 Rn. 179 und 180.
[1397] BAG 8.11.2007 – 2 AZR 292/06, NZA 2008, 593 Rn. 16; 20.1.2000 – 2 AZR 378/99, AP KSchG 1969 § 1 Krankheit Nr. 38; LAG Bln-Bbg 18.5.2017 – 5 Sa 1300/16 ua, BeckRS 2017, 117822 Rn. 24; LAG Nürnberg 21.6.2006 – 4 (9) Sa 933/05, NZA-RR 2007, 75.
[1398] BAG 29.7.1993 – 2 AZR 155/93, NZA 1994, 67 (69); vgl. auch BAG 17.5.2017 – 7 AZR 420/15, NZA 2017, 1600 Rn. 31; 24.8.2016 – 7 AZR 41/15, NZA 2017, 307 Rn. 26.
[1399] BAG 10.11.2005 – 2 AZR 44/05, NZA 2006, 655 (656); 29.7.1993 – 2 AZR 155/93, NZA 1994, 67 (68 f.).
[1400] BAG 16.2.1989 – 2 AZR 299/88, NZA 1989, 923 (924); Ascheid/Preis/Schmidt/*Vossen* KSchG § 1 Rn. 182; Stahlhacke/Preis/Vossen Kündigung/*Preis* Rn. 1265.
[1401] Stahlhacke/Preis/Vossen Kündigung/*Preis* Rn. 1265.
[1402] BAG 5.7.1990 – 2 AZR 154/90, NZA 1991, 185 (187); vgl. auch LAG Rheinland-Pfalz 10.2.2013 – 3 Sa 372/13, BeckRS 2014, 69510.
[1403] BAG 5.7.1990 – 2 AZR 154/90, NZA 1991, 185 (187); vgl. für ordentlich unkündbare Arbeitsverhältnisse BAG 25.4.2018 – 2 AZR 6/18, NZA 2018, 1056 Rn. 35 u. → § 44 Rn. 125 mit Fn. 349.
[1404] BAG 10.5.1990 – 2 AZR 580/89, BeckRS 1990, 30734040; Ascheid/Preis/Schmidt/*Vossen* KSchG § 1 Rn. 183 mit Rn. 182; vgl. auch LAG Rheinland-Pfalz 10.2.2014 – 3 Sa 372/13, BeckRS 2014, 69510.

501 Bei einer Kündigung wegen **dauernder Leistungsunfähigkeit** besteht kein schützenswertes Interesse des Arbeitnehmers, den Arbeitgeber zu hindern, mit seiner geschuldeten Tätigkeit auf Dauer einen anderen Arbeitnehmer zu beauftragen.[1405] Dies entspricht dem allgemeinen Gedanken aus § 326 Abs. 1 S. 1 1. Hs. BGB (bis 31.12.2001: § 323 Abs. 1 BGB aF): Wird einer Vertragspartei (Arbeitnehmer) die Leistung (Arbeitsleistung) unmöglich, wird die andere Vertragspartei (Arbeitgeber) von ihrer Gegenleistung (Beschäftigungspflicht, Vergütungspflicht) frei.[1406] Deshalb ist bei krankheitsbedingter dauernder Leistungsunfähigkeit[1407] oder im Falle der völligen Ungewissheit der Wiederherstellung der Arbeitskraft[1408] in aller Regel ohne weiteres von einer erheblichen Beeinträchtigung der betrieblichen Interessen auszugehen. Nur bei Vorliegen einer besonderen Schutzbedürftigkeit des Arbeitnehmers kann die Interessenabwägung zu dem Ergebnis führen, dass der Arbeitgeber trotz der erheblichen Störung des Arbeitsverhältnisses dessen Fortsetzung billigerweise weiter hinnehmen muss.[1409] Daran kann auch der Umstand nichts ändern, dass die Erkrankung des Arbeitnehmers im Zusammenhang mit der geleisteten Arbeit steht.[1410] Im Übrigen kann im Rahmen der Interessenabwägung berücksichtigt werden, inwieweit den Arbeitnehmer an der Unmöglichkeit, ihn mit seinen bisherigen Aufgaben weiter zu betrauen, ein Verschulden trifft.[1411]

502 *hh) Wiedereinstellungsanspruch?* Für die Begründung der Voraussetzungen eines Wiedereinstellungsanspruchs nach einer wirksamen krankheitsbedingten Kündigung genügt es nicht, dass der darlegungs- und beweispflichtige Arbeitnehmer[1412] Tatsachen vorträgt, die die negative Gesundheitsprognose erschüttern. Vielmehr kommt ein Wiedereinstellungsanspruch allenfalls dann in Betracht, wenn nach dem Vorbringen des Arbeitnehmers von einer positiven Gesundheitsprognose auszugehen ist.[1413] Deshalb kann ein Arbeitnehmer keine Wiedereinstellung verlangen, wenn die überraschende grundlegende Besserung seines Gesundheitszustandes erst lange nach der wirksamen Beendigung des Arbeitsverhältnisses eingetreten ist.[1414]

503 *ii) Darlegungs- und Beweislast.* Für die anzustellende **Gesundheitsprognose** darf sich der nach § 1 Abs. 2 S. 4 KSchG darlegungs- und beweispflichtige Arbeitgeber bei häufigen Kurzerkrankungen in der Vergangenheit zunächst darauf beschränken, diese Fehlzeiten vorzutragen und zu behaupten, in Zukunft seien Krankheitszeiten in entsprechendem Umfang zu erwarten.[1415] Eine **lang andauernde krankheitsbedingte Arbeitsunfähigkeit in** der **unmittelbaren Vergangenheit** vor Ausspruch der Kündigung stellt ein **gewisses Indiz für die Fortdauer der Arbeitsunfähigkeit in** der **Zukunft** dar.[1416] Der Arbeitgeber genügt deshalb seiner Darlegungslast für eine negative Prognose zunächst, wenn er die bisherige Dauer der Erkrankung und die ihm bekannten Krankheitsursachen vorträgt.[1417] Der Arbeitnehmer muss sodann die sich aus den krankheitsbedingten Fehlzeiten ergebende Indizwirkung für eine negative Prognose erschüttern und im Rahmen seiner prozessualen Mitwirkungspflicht nach

---

[1405] Vgl. BAG 19.4.2007 – 2 AZR 239/06, NZA 2007, 1041 (1042).
[1406] Vgl. auch *Gotthardt/Greiner* DB 2002, 2106 (2107).
[1407] BAG 13.5.2015 – 2 AZR 565/14, NZA 2015, 1249 Rn. 18; 12.7.2007 – 2 AZR 716/06, NZA 2008, 173 Rn. 28; 19.4.2007 – 2 AZR 239/06, NZA 2007, 1041 Rn. 22; LAG Rheinland-Pfalz 24.3.2015 – 7 Sa 512/14, BeckRS 2015, 68576.
[1408] BAG 12.7.2007 – 2 AZR 716/06, NZA 2008, 173 Rn. 28.
[1409] BAG 18.1.2007 – 2 AZR 759/05, AP KSchG 1969 § 1 Krankheit Nr. 44.
[1410] BAG 19.4.2007 – 2 AZR 239/06, NZA 2007, 1041 Rn. 36; LAG Rheinland-Pfalz 24.3.2015 – 7 Sa 512/14, BeckRS 2015, 68576.
[1411] BAG 26.11.2009 – 2 AZR 272/08, NZA 2010, 628 Rn. 38; vgl. auch BAG 19.5.2010 – 5 AZR 162/09, NZA 2010, 1119 Rn. 41.
[1412] BAG 27.6.2001 – 7 AZR 662/99, NZA 2001, 1135 (1136).
[1413] BAG 17.6.1999 – 2 AZR 639/98, NZA 1999, 1328 (1331); vgl. auch → Rn. 470 zur Alkoholsucht.
[1414] BAG 27.6.2001 – 7 AZR 662/99, NZA 2001, 1135 (1136).
[1415] BAG 20.11.2014 – 2 AZR 755/13, NZA 2015, 612 Rn. 17; 10.11.2005 – 2 AZR 44/05, NZA 2006, 655 (656 f.); LAG MV 7.3.2017 – 2 Sa 158/16, NZA-RR 2017, 347 Rn. 42; LAG SchlH 3.6.2015 – 6 Sa 396/14, BeckRS 2015, 72174 Rn. 39.
[1416] BAG 13.5.2015 – 2 AZR 565/14, NZA 2015, 1249 Rn. 14 mwN.
[1417] BAG 13.5.2015 – 2 AZR 565/14, NZA 2015, 1249 Rn. 14.

§ 138 Abs. 2 ZPO vortragen, weshalb die Besorgnis weiterer Erkrankungen[1418] bzw. die Fortdauer der bereits lang anhaltenden Erkrankung[1419] unberechtigt sein soll. Dies kann durch eine detaillierte Darstellung der Krankheitsursachen und ihrer Behandlung geschehen, woraus sich eine Besserung des Gesundheitszustandes des Arbeitnehmers ableiten lässt.[1420] Der Arbeitnehmer muss jedoch nicht den Gegenbeweis führen, dass künftig nicht mit weiteren Erkrankungen zu rechnen ist.[1421]

Kann zB der Arbeitnehmer aus eigener Kenntnis keine konkreten Umstände vortragen, die die Indizwirkung der bisherigen Fehlzeiten erschüttern, genügt er seiner Mitwirkungspflicht aus § 138 Abs. 2 ZPO bereits dann, wenn er die Behauptung des Arbeitgebers bestreitet und die **Ärzte von der Schweigepflicht entbindet**, die ihn behandelt haben. Zusätzlich muss er aber zumindest noch darlegen, diese Ärzte hätten seine künftige gesundheitliche Entwicklung ihm ggü. als günstig beurteilt.[1422] Je nach Erheblichkeit des Vortrags des Arbeitnehmers ist es dann Sache des Arbeitgebers, den Beweis für die Berechtigung einer negativen Gesundheitsprognose zu führen.[1423] Weigert sich der Arbeitnehmer, seine Ärzte von der Schweigepflicht zu entbinden und macht er dem Arbeitgeber die Beweisführung unmöglich, kann dies als Beweisvereitelung im Rahmen der Beweiswürdigung zu berücksichtigen sein.[1424]

Zur Klärung, ob die dem Arbeitnehmer ggü. geäußerte günstige ärztliche Beurteilung tatsächlich zutreffend ist, wird es regelmäßig erforderlich sein, den **behandelnden Arzt als sachverständigen Zeugen** (§ 414 ZPO) zu vernehmen oder von ihm nach § 377 Abs. 2 S. 1 ZPO eine schriftliche Zeugenaussage einzuholen. Da der Arbeitnehmer im Falle der Kündigung wegen häufiger Kurzerkrankungen nicht den Beweis führen muss, dass die Negativprognose nicht gerechtfertigt ist, muss die Indizwirkung der Krankheitszeiten in der Vergangenheit dann als ausreichend erschüttert angesehen werden, wenn sich aus den Auskünften der behandelnden Ärzte jedenfalls Zweifel an der Negativprognose ergeben.[1425]

Fehlt dem Arbeitsgericht selbst die erforderliche Fachkunde für die in diesem Zusammenhang zu prüfenden medizinischen Fragen, wird es das **Gutachten eines Arbeitsmediziners** einholen müssen, ob aufgrund der vorliegenden Tatsachen die ernste Besorgnis weiterer Erkrankungen des Arbeitnehmers gerechtfertigt ist.[1426] Ein derartiges Sachverständigengutachten unterliegt ebenso wie jedes andere Beweismittel der freien Beweiswürdigung (§ 286 ZPO). Der Tatrichter ist daher nicht gehindert, von einem Gutachten abzuweichen. Da ihm aber der Sachverständige gerade die Sachkunde vermitteln soll, die ihm auf einem Spezialgebiet fehlt, muss er prüfen, ob er evtl. Zweifel an dem Gutachten ohne jede weitere sachverständige Hilfe zur Grundlage des Urteils machen darf. Das ist eine Ermessensentscheidung (§§ 144, 286 ZPO), die einer revisionsrechtlichen Überprüfung unterliegt, ob das

---

[1418] Vgl. BAG 10.11.2005 – 2 AZR 44/05, NZA 2006, 655 (657); vgl. auch BAG 20.11.2014 – 2 AZR 755/13, NZA 2015, 612 Rn. 17; LAG MV 7.3.2017 – 2 Sa 158/16, NZA-RR 2017, 347 Rn. 39, 40; LAG München 29.11.2007 – 3 Sa 676/06, BeckRS 2009, 67586; LAG Rheinland-Pfalz 10.2.2014 – 3 Sa 372/13, BeckRS 2014, 69510; LAG SchlH 3.6.2015 – 6 Sa 396/14, BeckRS 2015, 72174 Rn. 39.
[1419] Vgl. BAG 13.5.2015 – 2 AZR 565/14, NZA 2015, 1249 Rn. 15.
[1420] BAG 7.11.2002 – 2 AZR 599/01, AP KSchG 1969 § 1 Krankheit Nr. 30; 6.9.1989 – 2 AZR 14/89, NZA 1990, 307 (308); vgl. auch LAG Rheinland-Pfalz 10.2.2014 – 3 Sa 372/13, BeckRS 2014, 69510; LAG SchlH 3.6.2015 – 6 Sa 396/14, BeckRS 2015, 72174 Rn. 39.
[1421] BAG 6.9.1989 – 2 AZR 19/89, NZA 1990, 307 (308); LAG Bln-Bbg 16.1.2020 – 26 Sa 1200/19, BeckRS 2020, 11214 Rn. 32.
[1422] BAG 10.11.2005 – 2 AZR 44/05, NZA 2006, 655 (657); 7.11.2002 – 2 AZR 599/01, AP KSchG 1969 § 1 Krankheit Nr. 40; vgl. auch BAG 13.5.2015 – 2 AZR 565/14, NZA 2015, 1249 Rn. 15; 20.11.2014 – 2 AZR 755/13, NZA 2015, 612 Rn. 17, 22; LAG Bln-Bbg 16.1.2020 – 26 Sa 1200/19, BeckRS 2020, 11214 Rn. 22; LAG MV 7.3.2017 – 2 Sa 158/16, NZA-RR 2017, 347 Rn. 39; LAG Rheinland-Pfalz 10.2.2013 – 3 Sa 372/13, BeckRS 2014, 69510; LAG SchlH 3.6.2015 – 6 Sa 396/14, BeckRS 2015, 72174 Rn. 39.
[1423] BAG 20.11.2014 – 2 AZR 755/13, NZA 2015, 612 Rn. 17; LAG MV 7.3.2017 – 2 Sa 158/16, NZA-RR 2017, 347 Rn. 39; LAG SchlH 3.6.2015 – 6 Sa 396/14, BeckRS 2015, 72174 Rn. 39.
[1424] Vgl. näher BAG 8.5.2014 – 2 AZR 75/13, NZA 2014, 1356 Rn. 31.
[1425] BAG 7.11.2002 – 2 AZR 599/01, AP KSchG 1969 § 1 Krankheit Nr. 40; vgl. auch LAG Bln-Bbg 16.1.2020 – 26 Sa 1200/19, BeckRS 2020, 11214 Rn. 30.
[1426] BAG 29.7.1993 – 2 AZR 155/93, NZA 1994, 67 (69).

Berufungsgericht seine eigene Sachkunde ausreichend begründet und sich mit dem Gutachten hinlänglich auseinandergesetzt hat.[1427]

507 Außerdem muss der Arbeitgeber die bereits in der Vergangenheit eingetretene erhebliche vertragliche (betriebliche) **Belastung** näher konkretisieren und darlegen.[1428] Allgemeine Redewendungen oder pauschale Werturteile ohne entsprechenden Tatsachenstoff reichen hierfür nicht aus. Die erheblichen Betriebsablaufstörungen oder erheblichen wirtschaftlichen Belastungen müssen in den Einzelheiten vorgetragen werden. Nur dann wird die Erklärungspflicht des Arbeitnehmers nach § 138 Abs. 2 ZPO ausgelöst.

508 Darüber hinaus muss der Arbeitgeber die **Erforderlichkeit** der **Kündigungsmaßnahme** darlegen, dh begründen, dass sich für ihn keine Alternative außer der Beendigungskündigung ermitteln ließ, die erhebliche Beeinträchtigung vertraglicher (betrieblicher) Interessen zu vermeiden oder zumindest weitgehend zu relativieren. Dazu gehört auch die Frage, ob der Arbeitgeber den Arbeitnehmer auf einen anderen Arbeitsplatz versetzen kann, der für ihn gesundheitsgerechter ist und der die im bisherigen Umfang auftretenden Fehlzeiten und damit einhergehenden erheblichen betrieblichen Belastungen nicht mehr erwarten lässt.[1429]

509 Insoweit genügt der Arbeitgeber – außerhalb der Verpflichtung der Durchführung eines BEM[1430] – seiner Darlegungslast zunächst, wenn er im Prozess andere Beschäftigungsmöglichkeiten des Arbeitnehmers – und damit zugleich Möglichkeiten zur leidensgerechten Anpassung von dessen Arbeitsplatz[1431] – pauschal in Abrede stellt.[1432] Dabei ist es zunächst nicht erforderlich, dass der Arbeitgeber von vornherein alle denkbaren Alternativmaßnahmen als nicht möglich oder nicht zumutbar in den Prozess einführt. Der Arbeitnehmer kann aber mit der schlichten Behauptung denkbarer Alternativen die Darlegungslast des Arbeitgebers auf Umstände erweitern, die sich seiner Kenntnis und seiner Beurteilung entziehen. Hierfür hat der Arbeitnehmer darzulegen, welche anderweitige Tätigkeit – trotz seiner gesundheitlichen Beeinträchtigung[1433] – für ihn in Betracht gekommen wäre, um die Kündigung zu vermeiden.[1434] Erst dann trägt der Arbeitgeber die subjektive Beweisführungslast dafür, dass diese Alternativmaßnahmen tatsächlich nicht möglich waren.[1435] Entsprechend abgestuft ist die Darlegungslast des Arbeitgebers, wenn sich der Arbeitnehmer darauf beruft, die Kündigung sei deshalb unverhältnismäßig, weil eine dem Arbeitgeber bekannte, ihm gleichwohl nicht geboten erscheinende Therapiemöglichkeit bestanden habe.[1436]

510 Ist ein **BEM** nach § 167 Abs. 2 SGB IX (bis 31.12.2017: § 84 Abs. 2 SGB IX aF)[1437] **ordnungsgemäß**[1438] **durchgeführt** worden, hat dies – je nach dem Ergebnis des BEM – weitere Folgen für die Darlegungslast:

[1427] BAG 14.1.1993 – 2 AZR 343/93, NZA 1994, 309 (310).
[1428] Vgl. LAG Rheinland-Pfalz 10.2.2013 – 3 Sa 372/13, BeckRS 2014, 69510.
[1429] Vgl. BAG 10.12.2009 – 2 AZR 400/08, NZA 2010, 398 Rn. 16; vgl. auch BAG 20.11.2014 – 2 AZR 664/13, NZA 2015, 931 Rn. 15; 19.4.2007 – 2 AZR 239/06, NZA 2007, 1041 Rn. 24; LAG Hessen 17.2.2017 – 14 Sa 690/16, BeckRS 2017, 123057 Rn. 19; LAG SchlH 3.6.2015 – 6 Sa 396/14, BeckRS 2015, 72174 Rn. 48.
[1430] → Rn. 496.
[1431] BAG 20.11.2014 – 2 AZR 664/13, NZA 2015, 931 Rn. 19.
[1432] Vgl. BAG 20.11.2014 – 2 AZR 755/13, NZA 2015, 612 Rn. 25; 29.8.2013 – 2 AZR 721/12, NZA-RR 2014, 325 Rn. 19; vgl. auch BAG 17.4.2019 – 7 AZR 292/17, NZA 2019, 1355 Rn. 31; 21.11.2018 – 7 AZR 394/17, NZA 2019, 309 Rn. 38.
[1433] BAG 20.11.2014 – 2 AZR 664/13, NZA 2015, 931 Rn. 19.
[1434] BAG 28.2.1990 – 2 AZR 401/89, AP KSchG 1969 § 1 Krankheit Nr. 25; vgl. auch BAG 29.8.2013 – 2 AZR 721/12, NZA-RR 2014, 325 Rn. 19; 20.11.2014 – 2 AZR 755/13, NZA 2015, 612 Rn. 25; LAG Rheinland-Pfalz 24.3.2015 – 7 Sa 512/14, BeckRS 2015, 68576; LAG SchlH 22.9.2015 – 1 Sa 48a/15, BeckRS 2016, 66302.
[1435] Vgl. BAG 20.11.2014 – 2 AZR 755/13, NZA 2015, 612 Rn. 24, 25; 29.8.2013 – 2 AZR 721/12, NZA-RR 2014, 325 Rn. 19; LAG Bln-Bbg 18.5.2017 – 5 Sa 1300/16 ua, BeckRS 2017, 117822 Rn. 26; LAG SchlH 3.6.2015 – 6 Sa 396/14, BeckRS 2015, 72174 Rn. 49.
[1436] BAG 20.11.2014 – 2 AZR 755/13, NZA 2015, 612 Rn. 25.
[1437] → Rn. 496.
[1438] Hierzu näher LAG Köln 13.4.2012 – 5 Sa 551/11, BeckRS 2012, 73135; vgl. auch BAG 20.11.2014 – 2 AZR 755/13, NZA 2015, 612 Rn. 32.

- Hat das BEM zu einem für den Arbeitnehmer **negativen Ergebnis** geführt, genügt der Arbeitgeber seiner Darlegungslast gem. § 1 Abs. 2 S. 4 KSchG, wenn er auf diesen Umstand hinweist und behauptet, es bestünden keine anderen Beschäftigungsmöglichkeiten. Der nun darlegungspflichtige Arbeitnehmer kann allenfalls noch auf alternative Beschäftigungsmöglichkeiten verweisen, die sich erst nach Abschluss des BEM bis zum Zeitpunkt der Kündigung ergeben haben.[1439]
- Hat das BEM zu einem für den Arbeitnehmer **positiven Ergebnis** geführt, ist der Arbeitgeber grundsätzlich gehalten, die empfohlene Maßnahme – soweit dies in seiner alleinigen Macht steht – vor Ausspruch einer krankheitsbedingten Kündigung als milderes Mittel umzusetzen. Kündigt er, ohne diese Maßnahme umgesetzt zu haben, muss er konkret darlegen, warum sie trotz Empfehlung undurchführbar war bzw. selbst ihre Umsetzung nicht zu einer Vermeidung oder Reduzierung von Arbeitsunfähigkeitszeiten geführt hätte.[1440]

Hat der Arbeitgeber **kein BEM** nach § 167 Abs. 2 SGB IX **durchgeführt**,[1441] darf er aus seiner dem Gesetz widersprechenden Untätigkeit keine darlegungs- und beweisrechtlichen Vorteile erlangen.[1442] In diesem Fall darf er sich nicht darauf beschränken, pauschal vorzutragen, er kenne keine alternativen Einsatzmöglichkeiten für den erkrankten Arbeitnehmer bzw. es gebe keine „freien Arbeitsplätze", die dieser aufgrund seiner Erkrankung noch ausfüllen könnte. Es bedarf vielmehr eines umfassenden konkreten Sachvortrags des Arbeitgebers zu einem nicht mehr möglichen Einsatz des Arbeitnehmers auf dem bisher bekleideten Arbeitsplatz einerseits und warum andererseits eine leidensgerechte Anpassung und Veränderung ausgeschlossen ist oder der Arbeitnehmer nicht auf einem (alternativen) anderen Arbeitsplatz bei geänderter Tätigkeit eingesetzt werden kann.[1443] Der Arbeitgeber muss auch darlegen, dass künftige Fehlzeiten ebenso wenig durch gesetzlich vorgesehene Hilfen oder Leistungen der Rehabilitationsträger – insbes. zur medizinischen Rehabilitation iSv § 26 SGB IX[1444] – hätten vermieden werden können.[1445] Auf diesen Vortrag des Arbeitgebers hat sich der Arbeitnehmer substantiiert einzulassen und darzulegen, wie er sich selbst eine leidensgerechte Beschäftigung vorstellt.[1446] Entsprechendes gilt, wenn der Arbeitgeber zur Erfüllung seiner Verpflichtung aus § 167 Abs. 2 SGB IX ein Verfahren durchgeführt hat, das nicht den gesetzlichen Mindestanforderungen[1447] an ein BEM genügte.[1448] Ist es denkbar, dass ein BEM ein positives Ergebnis erbracht hätte, muss sich der Arbeitgeber regelmäßig vorhalten lassen, er habe „vorschnell" gekündigt.[1449]

[1439] BAG 10.12.2009 – 2 AZR 400/08, NZA 2010, 398 (399).
[1440] BAG 10.12.2009 – 2 AZR 400/08, NZA 2010, 398 (399 f.).
[1441] → Rn. 496.
[1442] BAG 10.12.2009 – 2 AZR 400/08, NZA 2010, 398 Rn. 19; 12.7.2007 – 2 AZR 716/06, NZA 2008, 173 (177); vgl. auch BAG 28.4.2011 – 8 AZR 515/10, AP AGG § 15 Nr. 7 Rn. 39.
[1443] Vgl. BAG 13.5.2015 – 2 AZR 565/14, NZA 2015, 1249 Rn. 28; 20.11.2014 – 2 AZR 755/13, NZA 2015, 612 Rn. 39; LAG Hamm 19.7.2016 – 7 Sa 1707/15, BeckRS 2016, 71736 Rn. 32; LAG Hessen 17.2.2017 – 14 Sa 690/16, BeckRS 2017, 123057 Rn. 23; LAG Nürnberg 18.2.2020 – 7 Sa 124/19, BeckRS 2020, 11989 Rn. 83; LAG Rheinland-Pfalz 10.1.2017 – 8 Sa 359/16, NZA-RR 2017, 294 Rn. 27; vgl. auch LAG Bln-Bbg 26.9.2019 – 10 Sa 864/19, BeckRS 2019, 34899 Rn. 43–45.
[1444] BAG 20.11.2014 – 2 AZR 755/13, NZA 2015, 612 Rn. 48; ebenso LAG Rheinland-Pfalz 10.1.2017 – 8 Sa 359/16, NZA-RR 2017, 294 Rn. 44.
[1445] LAG Hessen 17.2.2017 – 14 Sa 690/16, BeckRS 2017, 123057 Rn. 23; LAG Rheinland-Pfalz 10.1.2017 – 8 Sa 359/16, NZA-RR 2017, 294 Rn. 43 jeweils im Anschluss an BAG 20.11.2014 – 2 AZR 755/13, NZA 2015, 612 Rn. 47 ff.; vgl. auch LAG Bln-Bbg 18.5.2017 – 5 Sa 1300/16 ua, BeckRS 2017, 117822 Rn. 31.
[1446] BAG 27.7.2011 – 7 AZR 402/10, BeckRS 2012, 65214; 24.3.2011 – 2 AZR 170/10, NZA 2011, 992 Rn. 21; LAG Rheinland-Pfalz 24.3.2015 – 7 Sa 512/14, BeckRS 2015, 68576.
[1447] Vgl. hierzu BAG 24.3.2011 – 2 AZR 170/10, NZA 2011, 992 Rn. 23; 10.12.2009 – 2 AZR 400/08, NZA 2010, 398 Rn. 20; LAG Nürnberg 18.2.2020 – 7 Sa 124/19, BeckRS 2020, 11989 Rn. 85, 86.
[1448] BAG 24.3.2011, 2 AZR 170/10, NZA 2011, 992 Rn. 22; 10.12.2009 – 2 AZR 400/08, NZA 2010, 398 Rn. 20; LAG Nürnberg 18.2.2020 – 7 Sa 124/19, BeckRS 2020, 11989 Rn. 84; vgl. auch LAG Köln 13.4.2012 – 5 Sa 551/11, BeckRS 2012, 73135; LAG Rheinland-Pfalz 10.2.2013 – 3 Sa 372/13, BeckRS 2014, 69510.
[1449] BAG 13.5.2015 – 2 AZR 565/14, NZA 2015, 1249 Rn. 28; 20.11.2014 – 2 AZR 755/13, NZA 2015, 612 Rn. 40.

512 Auch für die **Interessenabwägung** im konkreten Streitfall trägt der Arbeitgeber die Darlegungs- und Beweislast. So ist es nach Auffassung des *BAG*[1450] im Rahmen der Interessenabwägung von erheblicher Bedeutung, ob die Krankheit des Arbeitnehmers auf betriebliche Ursachen zurückzuführen ist.[1451] Insoweit genügt der Arbeitgeber seiner Darlegungslast zunächst, wenn er die betriebliche Tätigkeit des Arbeitnehmers vorträgt und einen ursächlichen Zusammenhang mit den Fehlzeiten in Abrede stellt. Der Arbeitnehmer muss dann gem. § 138 Abs. 2 ZPO dartun, weshalb ein ursächlicher Zusammenhang bestehen soll. Er genügt dieser prozessualen Mitwirkungspflicht, wenn er für seine Behauptung die behandelnden Ärzte von der Schweigepflicht entbindet. Dann ist es wiederum Sache des Arbeitgebers, für die fehlende Kausalität zwischen Arbeitsbedingungen und Erkrankungen Beweis anzutreten.[1452] Führt der Arbeitgeber entgegen § 167 Abs. 2 SGB IX vor Kündigungsausspruch kein BEM durch, wird dies bei der Interessenabwägung nicht zu seinen Lasten berücksichtigt, wenn der Arbeitnehmer sich hieran ohnehin nicht beteiligt hätte.[1453]

513 **i) Strafhaft, Untersuchungshaft.** Wird der Arbeitnehmer wegen der mit der Verbüßung einer Freiheitsstrafe verbundenen Arbeitsverhinderung gekündigt, handelt es sich um eine personenbedingte Kündigung.[1454] Das gilt auch im Falle einer Untersuchungshaft.[1455] Entscheidend dafür, ob eine personenbedingte Kündigung in diesem Zusammenhang sozial gerechtfertigt ist, sind Art und Umfang der mit Strafhaft bzw. Untersuchungshaft verbundenen Betriebsstörungen und die Möglichkeit von Überbrückungsmaßnahmen.[1456] Zumindest dann, wenn der Arbeitnehmer im Kündigungszeitpunkt noch eine Freiheitsstrafe von mehr als zwei Jahren zu verbüßen hat und nicht absehbar ist, ob und gegebenenfalls wann er vorzeitig aus der Haft entlassen wird – hierzu muss der Arbeitgeber den Arbeitnehmer ggf. anhören[1457] –, ist die ordentliche Kündigung – unbeschadet einer abschließenden Interessenabwägung – nach § 1 Abs. 2 S. 1 KSchG sozial gerechtfertigt.[1458]

514 **j) Wehrdienst.** In der Zeit, in der ein deutscher Arbeitnehmer Grundwehrdienst verrichtet oder an einer Wehrübung teilnimmt, ist die ordentliche Kündigung gem. § 2 Abs. 1 ArbPlSchG ausgeschlossen.[1459] Seit dem 1.7.2011 gilt dies nach § 2 Abs. 1 ArbPlSchG iVm § 16 Abs. 7 ArbPlSchG idF von Art. 6 des WehrRÄndG 2011 vom 28.4.2011 (BGBl. 2011 I 678) – seit dem 13.4.2013: § 16 Abs. 7 ArbPlSchG idF des Art. 2 Abs. 7 des Gesetzes v. 8.4.2013 (BGBl. 2013 I 730) – auch für deutsche Arbeitnehmer, die nach § 54 Abs. 1 S. 1 WehrPflG idF von Art. 1 WehrRÄndG 2011 – seit dem 13.4.2013: § 58b SoldG idF von Art. 1 Nr. 8 des Gesetzes v. 8.4.2013 (BGBl. 2013 I 730) – zu dem seitdem an die Stelle der Wehrpflicht getretenen „freiwilligen Wehrdienst" einberufen worden sind.[1460] Ein derartiger gesetzlicher Arbeitsplatzschutz besteht gem. § 16 Abs. 6 ArbPlSchG für in Deutschland beschäftigte und lebende ausländische Arbeitnehmer, die in ihrem Heimatland Wehrdienst leisten müssen, nur, wenn sie Staatsangehörige der Vertragsparteien der Europäischen Sozialcharta v. 18.10.1961 (BGBl. 1964 II 1262) sind. Ansonsten gilt: Die Ableistung eines verkürzten Grundwehrdienstes von zwei Monaten durch einen ausländischen Arbeitnehmer

---

[1450] BAG 6.9.1989 – 2 AZR 118/89, NZA 1990, 305 (306).
[1451] Vgl. → Rn. 497.
[1452] BAG 6.9.1989 – 2 AZR 118/89, NZA 1990, 305 (306).
[1453] LAG Bln-Bbg 27.2.2019 – 17 Sa 1605/18, NZA-RR 2019, 307 Rn. 15.
[1454] BAG 22.10.2015 – 2 AZR 381/14, NZA 2016, 482 Rn. 14; 23.5.2013 – 2 AZR 120/12, NZA 2013, 1211 Rn. 21.
[1455] BAG 23.5.2013 – 2 AZR 120/12, NZA 2013, 1211 Rn. 21; 24.3.2011 – 2 AZR 790/09, NZA 2011, 1084 Rn. 14.
[1456] Vgl. BAG 23.5.2013 – 2 AZR 120/12, NZA 2013, 1211 Rn. 26; 24.3.2011 – 2 AZR 790/09, NZA 2011, 1084 Rn. 22; hierzu teilw. krit. *Picker* RdA 2012, 40 ff.; vgl. auch BAG 26.3.2015 – 2 AZR 517/14, NZA 2015, 1180 Rn. 33.
[1457] Vgl. näher BAG 23.5.2013 – 2 AZR 120/12, NZA 2013, 1211 Rn. 25; vgl. auch BAG 26.3.2015 – 2 AZR 517/14, NZA 2015, 1180 Rn. 24.
[1458] BAG 22.10.2015 – 2 AZR 381/14, NZA 2016, 482 Rn. 14; 23.5.2013 – 2 AZR 120/12, NZA 2013, 1211 Rn. 37.
[1459] Vgl. näher → § 45 Rn. 258, 262.
[1460] Vgl. näher → § 45 Rn. 258, 260.

reicht weder für eine ordentliche noch eine außerordentliche Kündigung aus.[1461] Ein längerer ausländischer Wehrdienst, zB von zwölf Monaten, kann dagegen eine personenbedingte Kündigung rechtfertigen, falls die mit dem Wehrdienst verbundene Arbeitsversäumnis zu einer erheblichen Beeinträchtigung der betrieblichen Interessen führt und nicht vom Arbeitgeber durch für ihn zumutbare personelle oder organisatorische Maßnahmen überbrückt werden kann.[1462]

XI. Checklisten

Checkliste: Ordentliche Kündigung

☐ Ordentliche Kündigung überhaupt zulässig?
  • Ausschluss der ordentlichen Kündigung durch AV, TV oder BV?
  • Bestehen Zustimmungserfordernisse, zB bei Schwerbehinderten, Schwangeren ist zunächst eine Zustimmung einzuholen.

☐ Kündigungsfrist ermitteln
  • Gesetz, Tarifvertrag, Arbeitsvertrag

☐ Ordnungsgemäße Kündigungserklärung
  • Schriftform
  • Eindeutiger Inhalt
  • Begründung
    Grundsätzlich nicht erforderlich und nicht empfehlenswert, aber
    auf gesetzliche Ausnahmen achten.
  • Kündigungsberechtigung
    Arbeitgeber, also GF/Vorstand muss Kündigung unterzeichnen. Hat der unterzeichnende Recht zur Alleinvertretung?
    Bei Vertretung muss der Kündigung eine schriftliche Originalvollmacht beigefügt werden. Ansonsten besteht Zurückweisungsmöglichkeit des Arbeitnehmers.
  • Zugang der Kündigung
    Zugang rechtssicher mit Nachweis bewirken, am besten per Boten persönlich übergeben

☐ Allgemeine Unwirksamkeitsgründe
  • Treuwidrigkeit
  • Sittenwidrigkeit
  • Verstoß gegen Maßregelungsverbot
  • Mindestmaß sozialer Rücksichtnahme im Kleinbetrieb
  • Diskriminierung

☐ Betriebsratsanhörung
  • Besteht ein Betriebsrat?
  • Anhörungsfrist eingehalten?
  • Anhörung inhaltlich ordnungsgemäß?

☐ Überprüfung der Kündigung am KSchG
  • KSchG anwendbar
    – Persönlicher Geltungsbereich
    – Betrieblicher Geltungsbereich
    – Zeitlicher Geltungsbereich
  • Hat der Arbeitnehmer die Klagefrist eingehalten?
  • Liegt ein Kündigungsgrund vor?
    – Betriebsbedingte Gründe

[1461] BAG 7.9.1983 – 7 AZR 433/82, AP KSchG 1969 § 1 Verhaltensbedingte Kündigung Nr. 7; 22.12.1982 – 2 AZR 282/82, AP BGB § 123 Nr. 23; Stahlhacke/Preis/Vossen Kündigung/*Preis* Rn. 1239; vgl. auch → § 45 Rn. 261.
[1462] BAG 20.5.1988 – 2 AZR 682/87, NZA 1989, 464 (466); Stahlhacke/Preis/Vossen Kündigung/*Preis* Rn. 1239; vgl. auch ErfK/*Oetker* KSchG § 1 Rn. 178 und → § 45 Rn. 261.

- unternehmerische Entscheidung
- Wegfall eines Arbeitsplatzes
- Dringlichkeit
- Keine WB auf freiem, vergleichbarem AP
  Vorrang der Änderungskündigung
  Sonstige Unwirksamkeitsgründe
- Sozialauswahl
  Bestimmung des Personenkreises
  Auswahlkriterien
  Ausnahmen von der Sozialauswahl, zB Leistungsträger
– Verhaltensbedingte Kündigung
  - Vertragswidriges Verhalten („Pflichtverletzung")
  - Negative Zukunftsprognose
    Abmahnung
  - Mildere Mittel („Verhältnismäßigkeitsprinzip")
    Fehlende WB-Möglichkeit, zB durch Versetzung
  - Interessenabwägung
– Personenbedingte Gründe
  - Fehlende persönliche Eignung oder Fähigkeiten („Negative Zukunftsprognose")
  - Störung des Arbeitsverhältnisses
  - Milderes Mittel („Verhältnismäßigkeitsprinzip"), zB Durchführung eines BEM gem. § 84 Abs. 2 SGB IX
  - Fehlende WB-Möglichkeit, zB durch Versetzung
  - Interessenabwägung

Checkliste: Besonderheiten für Arbeitnehmervertreter

☐ Formalie
- Trägt die Kündigung eine Unterschrift?
- Zurückweisungsmöglichkeit prüfen
  – Achtung: Fristgebunden

☐ Antrag
- richtigen Antrag stellen
- wegen § 6 KSchG alle Rügen bereits in erster Instanz geltend machen,
  – fehlerhafte Betriebsratsanhörung nicht vergessen
  – Auskunftsanspruch Sozialauswahl geltend machen.

§ 44 Außerordentliche Kündigung

Übersicht

	Rn.
I. Einleitung	1–7
II. Wichtiger Grund	8–110
1. Begriff	8–34
a) Wichtiger Grund	9–14
b) Interessenabwägung	15–32
c) Mittäter	32/33
d) Entschuldigungs- oder Rechtfertigungsgründe	34
2. Einzelfälle	35–96
a) Arbeitgeberkündigung	36–89
b) Arbeitnehmerkündigung	90–96
3. Beurteilungszeitpunkt	97
4. Nachschieben von Kündigungsgründen	98
5. Anhörung des Betriebsrats	99–106
a) Gesetzliche Regelung	99–103
b) Nachschieben von Kündigungsgründen	104–106
6. Schadensersatzanspruch des Kündigenden	107–110
III. Sonderkündigungsbereiche	111–162
1. Gesetzliche Unkündbarkeit	111
2. Vertraglich und tariflich unkündbares Arbeitsverhältnis	112–127
a) Grundsatz	112–113
b) Betriebsbedingte Kündigungsgründe	114–123
c) Personenbedingte Kündigungsgründe	124–126
d) Unkündbarkeit in der Insolvenz	127
3. Verdachtskündigung	128–160
a) Voraussetzungen	130–136
b) Anhörung des Arbeitnehmers	137–144
c) Ausschlussfrist	145–149
d) Nachschieben eines Verdachts-Kündigungsgrundes	150/151
e) Unschuld des Arbeitnehmers: Wiedereinstellungsanspruch	152
f) Strafverfahren	153–155
g) Anhörung des Betriebsrats	156/157
h) Detektivkosten	158/159
i) Restitutionsklage bei neuen Entlastungsgesichtspunkten	160
4. Druckkündigung	161/162
IV. Ausschlussfrist	163–190
1. Grundsätze	164–170
a) Fristbeginn	165/166
b) Fristhemmung	167–169
c) Darlegungs- und Beweislast	170
2. Sonderfälle	171–186
a) Kenntnis bei Gesamtvertretung, wie zB bei Vereinen und der Gesellschaft bürgerlichen Rechts	171
b) Genehmigung des Vertretenen	172
c) Verwirkung des Kündigungsrechts	173
d) Zwingende Regelung	174
e) Verfristete Kündigungsgründe	175/176
f) Einzelfälle	177–182
g) Treuwidriges Berufen auf die Ausschlussfrist	183
h) Ausschlussfrist und Kündigung von Betriebsratsmitgliedern	184
i) Ausschlussfrist und Verwaltungsverfahren	185
3. Nachschieben von Kündigungsgründen	186
4. Zugang der Kündigung	187–190
V. Schriftformerfordernis für Kündigungen	191–193
VI. Klagerecht und Klagefrist	194–199
1. Arbeitnehmer	194–198
2. Arbeitgeber	199

	Rn.
VII. Umdeutung	200–217
1. Arbeitgeberkündigung	200–216
a) Grundsatz	200
b) Umdeutung in ordentliche Kündigung	201–211
c) Umdeutung in Vertragsaufhebung	212
d) Umdeutung in Anfechtung	213–216
2. Arbeitnehmerkündigung	217
VIII. Außerordentliche Änderungskündigung	218–228
1. Nachprüfung der Wirksamkeit	219–223
2. Annahme unter Vorbehalt	224–226
3. Anrufung des Arbeitsgerichts	227/228

I. Einleitung

1

Checkliste: Außerordentliche Kündigung

I. Prüfungspunkte des vom Fehlverhalten des Arbeitnehmers betroffenen Arbeitgebers vor ausgesprochener Kündigung
- ☐ Gegen welche Vertragspflichten hat der Arbeitnehmer verstoßen?
- ☐ Liegt ein Verstoß gegen eine Hauptpflicht oder Nebenpflicht vor?
- ☐ Hat die Pflichtverletzung das Gewicht eines wichtigen Grundes?
- ☐ Müsste der Arbeitnehmer zuvor einschlägig abgemahnt werden?
- ☐ Steht der Vorwurf fest und lässt er sich vor Gericht nachweisen?
- ☐ Ist der Arbeitnehmer anzuhören, um den Vorwurf aufzuklären oder eine Verdachtskündigung zu ermöglichen?
- ☐ Wann hat sich der Vorfall ereignet?
- ☐ Wann wurden verantwortliche Mitarbeiter des Arbeitgebers erstmals informiert?
- ☐ Muss sich der Arbeitgeber deren Kenntnis zurechnen lassen?
- ☐ Welche weitere Aufklärung war bzw. ist geboten?
- ☐ Wird trotz erforderlicher Anhörung die Kündigungserklärungsfrist gewahrt?
- ☐ Gibt es gesetzliche, tarifvertragliche oder einzelvertragliche Kündigungsbeschränkungen?
- ☐ Muss die Zustimmung einer Behörde (MuSchG, BEEG, SGB IX) zur Kündigung eingeholt werden?
- ☐ Ist ein BR bzw. PR anzuhören?
- ☐ Wer muss die Kündigung erklären?
- ☐ Wird die Schriftform des § 623 BGB eingehalten?
- ☐ Sollte oder kann vorsorglich ordentlich gekündigt werden?
- ☐ Wurde der BR/PR hierzu angehört?
- ☐ Wurden nach Kündigungsausspruch weitere Kündigungsgründe bekannt?
- ☐ Ist der Arbeitnehmer hierzu ergänzend anzuhören?
- ☐ Muss die Zustimmung einer Behörde (MuSchG, BEEG, SGB IX) oder des Betriebsrats bzw. Personalrats hierzu eingeholt werden?
- ☐ Ist der BR/PR ergänzend zu beteiligen?
- ☐ Handelt es sich um völlig andere Kündigungsgründe oder bestärken diese Pflichtverletzungen lediglich den Kündigungsgrund?

II. Prüfungspunkte des von der Arbeitgeberkündigung betroffenen Arbeitnehmers
- ☐ Besteht ein gesetzlicher, tariflicher oder einzelvertraglicher Kündigungsausschluss?
- ☐ Hat der Arbeitgeber die Form des § 623 BGB gewahrt?
- ☐ Hat für den Arbeitgeber eine kündigungsberechtigte Person unterschrieben?
- ☐ Hat der Arbeitgeber sein Kündigungsrecht zuvor verwirkt?
- ☐ Wann ereignete sich der Vorfall, wann erhielt der Arbeitgeber erstmals Kenntnis hiervon?
- ☐ Wurde der BR/PR ordnungsgemäß informiert?
- ☐ Auf welche Tatsachen stützt der Arbeitgeber seine Kündigung?

§ 44 Außerordentliche Kündigung

- ☐ Fehlt ggf. eine einschlägige Abmahnung?
- ☐ Wurde der Arbeitnehmer vom Arbeitgeber vor Ausspruch der Kündigung zum Kündigungssachverhalt angehört?
- ☐ Wird die Klagefrist des § 4 KSchG gewahrt?
- ☐ Liegt ggf. ein sonstiger Unwirksamkeitsgrund iSd § 13 Abs. 3 KSchG vor?

III. Prüfungspunkte des kündigenden Arbeitnehmers
- ☐ Gegen welche Vertragspflicht hat der Arbeitgeber verstoßen?
- ☐ Liegt ein Verstoß gegen eine Hauptleistungspflicht (Lohnzahlungspflicht) vor?
- ☐ Hat der Arbeitgeber lediglich gegen Nebenpflichten (zB § 618 BGB) verstoßen?
- ☐ Wurde der Arbeitgeber einschlägig abgemahnt?
- ☐ Ist dies ggf. noch möglich?
- ☐ Soll von dem Zurückbehaltungsrecht (§ 320 BGB) Gebrauch gemacht werden?
- ☐ Geht die Kündigung dem Arbeitgeber noch rechtzeitig zu (§ 626 Abs. 2 BGB)?
- ☐ Wird die Form des § 623 BGB gewahrt?

IV. Prüfungspunkte des Arbeitgebers für eine zukünftige Vertragsumgestaltung
- ☐ Sind die Vertragsbedingungen für die Zukunft zu ändern?
- ☐ Liegt hierfür ein wichtiger Grund vor?
- ☐ Wäre die Fortsetzung des Arbeitsverhältnisses zu den ursprünglichen Vertragsbedingungen unzumutbar?
- ☐ Sind die neuen Arbeitsbedingungen dem Arbeitnehmer zumutbar?
- ☐ Ist der BR/PR zu beteiligen?
- ☐ Kann dem Arbeitnehmer eine Auslauffrist eingeräumt werden?
- ☐ Muss hierbei ausdrücklich auf den wichtigen Grund hingewiesen werden?
- ☐ Wird die Schriftform des § 623 BGB beachtet?

Dauerschuldverhältnisse können nach § 314 Abs. 1 S. 1 BGB von jedem Vertragsteil aus wichtigem Grund ohne Einhaltung einer Kündigungsfrist gekündigt werden. § 626 BGB ist Ausfluss dieses allgemeinen Rechtsgedankens und garantiert für beide Arbeitsvertragsparteien das **unabdingbare,** also nicht von vornherein ausschließbare, Recht zur außerordentlichen Kündigung.[1] Wegen der zwingenden Natur des § 626 BGB ist auch eine Beschränkung oder eine für den Kündigungsberechtigten unzumutbare Erschwerung des fristlosen Kündigungsrechts unzulässig.[2] Ebenso wenig können Arbeitgeber und Arbeitnehmer das Recht zur außerordentlichen Kündigung vertraglich über das gesetzliche Maß (§ 626 Abs. 1 BGB) hinaus erweitern.[3] Vom Ausschluss des Kündigungsrechts zu unterscheiden ist der nachträgliche **Verzicht auf das Kündigungsrecht.** Für eine fristlose Kündigung hat der Verzicht wegen der Ausschlussfrist des § 626 Abs. 2 BGB aber nur einen kurzfristigen Anwendungsbereich. Um einen Verzicht annehmen zu können, muss der Arbeitgeber ausdrücklich oder konkludent durch eine empfangsbedürftige Willenserklärung zum Ausdruck bringen, dass er das Arbeitsverhältnis fortsetzen will.[4] Schließlich ist auch ein **Verzeihen des Kündigungsgrundes** denkbar.[5] Hierzu müsste der Arbeitgeber erklären, er sehe das an sich zur Kündigung berechtigende Verhalten als nicht so schwerwiegend an und wolle darauf eine Kündigung nicht stützen.[6] Klassisches Beispiel für einen Verzicht auf eine Kündigung ist die Abmahnung.[7] Soweit der

---

[1] Vgl. BAG 22.7.1992 – 2 AZR 84/92, EzA BGB § 626 nF Nr. 14; 19.12.1974 – 2 AZR 565/73, BAGE 26, 417; 11.7.1958 – 1 AZR 366/55, BAGE 6, 109; 6.11.1956 – 3 AZR 42/55, BAGE 3, 168. Offen gelassen zuletzt von BAG 18.6.2015 – 2 AZR 480/14, NZA 2015, 1315.
[2] BAG 8.8.1963 – 5 AZR 395/62, AP BGB § 626 Kündigungserschwerung Nr. 2.
[3] Vgl. BAG 15.10.1992 – 2 AZR 188/92, EzA KSchG § 1 Verhaltensbedingte Kündigung Nr. 45; 31.1.1974 – 3 AZR 58/73, NJW 1974, 1155.
[4] BAG 6.3.2003 – 2 AZR 128/02, NZA 2003, 1388; 10.11.1988 – 2 AZR 215/88, NZA 1989, 633; 8.10.1971 – 2 AZR 15/71, AP BGB § 626 Nr. 62.
[5] BAG 15.8.2002 – 2 AZR 514/01, NZA 2003, 795.
[6] KR/*Fischermeier* BGB § 626 Rn. 70.
[7] BAG 6.3.2003 – 2 AZR 128/02, NZA 2003, 1388. Diese ist allerdings von der Ermahnung abzugrenzen. Der Ermahnung soll keine Verzichtswirkung zukommen, weil ihr die für eine Abmahnung im Rechtssinne typische Warnfunktion fehle: BAG 9.3.1995 – 2 AZR 644/94, NZA 1996, 875.

Arbeitgeber auf Kündigungsgründe verzichtet oder diese verziehen hat, ist es denkbar, sie jedenfalls unterstützend bei der Abwägung der eigentlichen Kündigungsgründe heranzuziehen.[8]

3 Das Recht der außerordentlichen Kündigung ist – abgesehen von wenigen Ausnahmen (§ 89a HGB: Handelsvertreter; §§ 67ff. SeeArbG: Besatzungsmitglied und Kapitän in der Seeschifffahrt; § 22 BBiG: Auszubildende; § 352 RVO: Dienstordnungsangestellte) – ausschließlich in § 626 BGB geregelt.

4 Inhaltlich dient die außerordentliche Kündigung nicht dazu vergangenes Verhalten zu sanktionieren. Vielmehr hat sie – wie die ordentliche Kündigung – zum Ziel, das Vertragsverhältnis zu beenden, weil dem Kündigenden gleichartige Pflichtverletzungen in der Zukunft nicht mehr zugemutet werden können.[9]

5 Die außerordentliche Kündigung erfolgt **im Allgemeinen fristlos** (außerordentliche fristlose Kündigung). Es kann jedoch auch aus wichtigem Grund mit einer sozialen (Auslauf-)Frist gekündigt werden, wobei die Frist regelmäßig der ordentlichen Kündigungsfrist entspricht. Wird nicht fristlos, sondern mit einer Frist gekündigt, so verliert die Kündigung hierdurch nicht ihren Charakter als außerordentliche Kündigung, sofern dem Gekündigten klar erkennbar ist, dass ihm **aus wichtigem Grund** gekündigt wird.[10] Die Erklärung einer außerordentlichen Kündigung aus wichtigem Grund muss also für den **Erklärungsempfänger** zweifelsfrei den Willen des Erklärenden erkennen lassen, von der sich aus § 626 Abs. 1 BGB ergebenden besonderen Kündigungsbefugnis Gebrauch zu machen.[11] Denn eine Kündigungserklärung kann dem Empfänger nur mit dem Inhalt als zugegangen zugerechnet werden, wie er sie vernünftigerweise verstehen konnte.[12]

6 Kündigt der Arbeitgeber einem Arbeitnehmer wegen eines Umstandes, der ihn grundsätzlich zur Kündigung aus wichtigem Grund iSd § 626 Abs. 1 BGB berechtigen würde, indes lediglich ordentlich, dh **unter Einhaltung der gesetzlichen und/oder tariflichen Frist,** gibt er zu erkennen, dass ihm eine Fortsetzung des Arbeitsverhältnisses bis zum Ablauf der ordentlichen Kündigungsfrist eben nicht unzumutbar ist. Damit entfällt eine entscheidende Voraussetzung für den Ausspruch einer Kündigung aus wichtigem Grund iSd § 626 Abs. 1 BGB.[13] Zwar ist es denkbar, dass der Arbeitgeber im Einzelfall – etwa aus sozialen Überlegungen heraus – gehalten sein kann, den Arbeitnehmer noch eine Zeit lang weiterzubeschäftigen, ohne dass der wichtige Grund iSd § 626 Abs. 1 BGB sogleich entfiele.[14] Hierbei dürfte es sich aber um eingeschränkte Sonderfälle handeln. Vielmehr gilt: Je mehr die Dauer der tatsächlichen Weiterbeschäftigung der Dauer der ordentlichen Kündigungsfrist entspricht oder diese gar überschreitet, desto eher entfällt die Voraussetzung der Unzumutbarkeit der Fortsetzung des Arbeitsverhältnisses bis zum Ablauf der ordentlichen Kündigungsfrist.[15] Dementsprechend gibt der Arbeitgeber, der dem Arbeitnehmer zunächst einen Aufhebungsvertrag mit einer ordentlichen Beendigung und einer widerruflichen (!) Freistellung anbietet, zu erkennen, dass ihm die Fortsetzung des Arbeitsverhältnisses bis zum ordentlichen Beendigungszeitpunkt nicht unzumutbar ist. Die später ausgesprochene fristlose Kündigung wäre unwirksam.

7 Wer eine außerordentliche Kündigung ausspricht und damit ein Gestaltungsrecht ausübt, ist **darlegungs- und beweisbelastet** für alle Umstände, die die Kündigung begründen sollen. Die Darlegungs- und Beweislast ist also nicht etwa so aufzuteilen, dass der Kündigende nur die objektiven Merkmale für einen Kündigungsgrund und die bei der Interessenabwägung für den Gekündigten ungünstigen Umstände und der Gekündigte seinerseits Rechtfertigungsgründe und für ihn entlastende Umstände vorzutragen und zu beweisen hätte.[16] Der

---

[8] BAG 29.8.1984 – 7 AZR 15/83, BeckRS 1984, 04594.
[9] Vgl. BAG 13.12.2018 – 2 AZR 370/18, NZA 2019, 445; 21.1.1999 – 2 AZR 665/98, NZA 1999, 863; 21.11.1996 – 2 AZR 357/95, NZA 1997, 487.
[10] BAG 16.7.1959 – 1 AZR 193/57, AP BGB § 626 Nr. 31.
[11] BAG 13.1.1982 – 7 AZR 757/79, NJW 1983, 303.
[12] BAG 11.6.1959 – 2 AZR 334/57, AP BGB § 130 Nr. 1.
[13] BAG 29.8.1991 – 2 AZR 59/91, NZA 1992, 416.
[14] BAG 29.8.1991 – 2 AZR 59/91, NZA 1992, 416.
[15] BAG 29.8.1991 – 2 AZR 59/91, NZA 1992, 416.
[16] BAG 6.8.1987 – 2 AZR 226/87, AP BGB § 626 Nr. 97.

Umfang der Darlegungslast richtet sich jedoch danach, wie substantiiert sich der Gekündigte auf die Kündigungsgründe einlässt. Das pauschale Bestreiten des Kündigungssachverhalts ohne nähere Substantiierung reicht ggf. nicht aus.[17]

II. Wichtiger Grund

1. Begriff

Nach der gesetzlichen Definition wird die Kündigung auf einen wichtigen Grund gestützt, wenn Tatsachen vorliegen, bei denen auf Grund der Umstände des Einzelfalls unter Abwägung der Interessen beider Vertragsteile die Fortsetzung des Arbeitsverhältnisses bis zum vorgesehenen Zeitpunkt bzw. dem Ablauf der Kündigungsfrist nicht zugemutet werden kann. 8

a) Wichtiger Grund. Im Rahmen einer **zweistufigen Prüfung** ist zunächst festzustellen, ob der zur Kündigung herangezogene Sachverhalt ohne die besonderen Umstände des Einzelfalls **an sich** geeignet ist, eine außerordentliche Kündigung aus wichtigem Grund zu rechtfertigen. Ist dies der Fall, ist als nächster Prüfungsschritt festzustellen, ob die Fortsetzung des Arbeitsverhältnisses – auch nur für die Dauer der ordentlichen Kündigungsfrist – unter Berücksichtigung der konkreten Umstände des Einzelfalls und unter Abwägung der Interessen beider Vertragsteile zumutbar ist oder nicht.[18] 9

Bei § 626 Abs. 1 BGB handelt es sich um eine Generalklausel, die durch die Rechtsprechung auszufüllen ist. Dabei ist zu beachten, dass es **keine unbedingten (absoluten) wichtigen Gründe** gibt.[19] Umgekehrt können selbst geringfügige Pflichtverletzungen nicht von vornherein als wichtiger Grund ausgeschlossen werden.[20] Zwar gibt es typische Sachverhalte, die an sich als wichtiger Grund geeignet sind, zB strafbare Handlungen im Arbeitsverhältnis, auch Diebstahl bzw. Unterschlagung von Sachen mit nur geringem Wert,[21] beharrliche Arbeitsverweigerung[22] oder unbefugtes Fernbleiben von der Arbeit.[23] Bei keinem Sachverhalt führt die Art des Kündigungsvorwurfs jedoch dazu, dass die zweite Stufe der Prüfung entfallen würde oder von vornherein zu Gunsten des Kündigenden ausfiele. 10

Da die Kündigung dazu dient, das Vertragsverhältnis zu beenden, weil dem Kündigenden künftige gleichartige Vertragsverstöße nicht mehr zugemutet werden können, kann sie nur auf Gründe gestützt werden, die sich zukünftig noch nachteilig auf das Arbeitsverhältnis auswirken können.[24] Es gilt das **Prognoseprinzip**.[25] 11

Im Übrigen sind grundsätzlich alle in § 1 KSchG genannten Kündigungsgründe geeignet, eine außerordentliche Kündigung zu rechtfertigen. Die außerordentliche Kündigung kann also aus Gründen, die in der Person oder in dem Verhalten des Arbeitnehmers liegen, oder durch dringende betriebliche Erfordernisse, die einer Weiterbeschäftigung des Arbeitnehmers in diesem Betrieb entgegenstehen, gerechtfertigt sein. Der Kündigungsgrund kann die **Hauptleistungspflicht** betreffen; Grund einer außerordentlichen Kündigung kann auch der Verstoß gegen vertragliche **Nebenpflichten** sein.[26] 12

Wird die Kündigung auf **mehrere Pflichtverletzungen** gestützt, ist sowohl zu prüfen, ob jede einzelne Pflichtverletzung die Kündigung für sich gesehen begründet, wie auch, ob die 13

---

[17] BAG 13.8.1987 – 2 AZR 629/86, RzK I 5i Nr. 31.
[18] BAG 16.7.2015 – 2 AZR 85/15, NZA 2016, 161; 23.6.2009 – 2 AZR 103/08, AP KSchG 1969 § 1 Verhaltensbedingte Kündigung Nr. 59; 7.7.2005 – 2 AZR 581/04, AP BGB § 626 Nr. 192.
[19] BAG 19.4.2012 – 2 AZR 186/11, NZA 2013, 27; 10.6.2010 – 2 AZR 541/09, NZA 2010, 1227.
[20] BAG 14.9.1994 – 2 AZR 164/94, BAGE 78, 18; 19.12.1958 – 2 AZR 390/58, BAGE 7, 165.
[21] BAG 31.1.2019 – 2 AZR 426/18, BAGE 165, 255; 10.6.2010 – 2 AZR 541/09, BAGE 134, 349.
[22] BAG 28.6.2018 – 2 AZR 436/17, NZA 2018, 1259; 19.1.2016 – 2 AZR 449/15, NZA 2016, 1144.
[23] BAG 25.2.1983 – 2 AZR 298/81, AP BGB § 626 Ausschlussfrist Nr. 14.
[24] BAG 19.4.2007 – 2 AZR 180/06, NZA-RR 2007, 571.
[25] BAG 23.6.2009 – 2 AZR 103/08, NZA 2009, 1198.
[26] BAG 23.8.2018 – 2 AZR 235/18, AP BGB § 626 Nr. 272; 19.1.2016 – 2 AZR 449/15 NZA 2016, 1144; 18.6.2015 – 2 AZR 256/14, NZA 2016, 287: Pflicht des Arbeitnehmers aus § 241 Abs. 1 BGB im Rahmen des Möglichen und Zumutbaren Schäden vom Arbeitgeber abzuwenden; vgl. auch BAG 18.12.2014 – 2 AZR 265/14, NZA 2015, 797; 31.7.2014 – 2 AZR 505/13, NZA 2015, 245; 8.5.2014 – 2 AZR 249/13, NZA 2014, 1258.

Pflichtverletzungen in ihrer Gesamtheit die Kündigung rechtfertigen können.[27] Dies ist solange unbedenklich und unstreitig, wie es sich um gleichartige, etwa mehrere verhaltensbedingte Kündigungsgründe handelt. Problematisch ist jedoch die Vermischung von ungleichartigen Kündigungsgründen. Richtigerweise sind jedenfalls betriebsbedingte Kündigungsgründe, die ihre Ursache in der Sphäre des Arbeitgebers haben, nicht in eine Gesamtabwägung mit Kündigungsgründen einzubeziehen, die ihre Ursache in der Sphäre des Arbeitnehmers haben, wie personen- oder verhaltensbedingte Kündigungsgründe.[28]

14 Kündigungsgründe, die wegen Versäumens der Ausschlussfrist des § 626 Abs. 1 BGB eigentlich unbeachtlich sind, können im Rahmen der Gesamtabwägung zu berücksichtigen sein, wenn sie mit den nicht **verfristeten Kündigungsründen** in einem inneren Zusammenhang stehen.[29] Entsprechendes gilt für eigentlich schon **verziehene Kündigungsgründe**.[30] Als selbstständige Kündigungsgründe scheiden beide jedoch aus.[31]

15 b) **Interessenabwägung.** Unverzichtbar ist eine **Abwägung der Interessen** beider Parteien bei der Prüfung, ob dem Kündigenden die Fortsetzung des Arbeitsverhältnisses bis zum Ablauf der Kündigungsfrist (bzw. bis zur vereinbarten Beendigung des Arbeitsverhältnisses) zumutbar ist.[32] Es ist also das Interesse des Arbeitgebers an der Auflösung dem Interesse des Arbeitnehmers an der Aufrechterhaltung des Arbeitsverhältnisses gegenüberzustellen.[33] Dabei sind alle Umstände des Einzelfalls zu berücksichtigen.

16 Hierzu können sogar Umstände gehören, die erst nach Zugang der Kündigung entstanden sind.[34] Allerdings kann die tatsächliche Entwicklung nach Kündigungsausspruch nur in eng begrenzten Ausnahmefällen Berücksichtigung finden.[35] Dazu müssen zwischen den neuen Vorgängen und den alten Gründen so enge innere Beziehungen bestehen, dass jene nicht außer Acht gelassen werden können, ohne dass ein einheitlicher Lebensvorgang zerrissen würde. Dagegen darf eine ursprünglich unbegründete Kündigung durch die Berücksichtigung späteren Verhaltens rückwirkend nicht zu einer begründeten werden.[36]

17 Dem Interesse des Arbeitgebers an der Auflösung des Arbeitsverhältnisses kann zunächst entgegenstehen, dass es eine mildere Maßnahme gibt. Kumulativ, aber auch alternativ können darüber hinaus im Rahmen einer Verhältnismäßigkeit im engeren Sinne sonstige Interessen des Arbeitnehmers, wie seine unbelastete Betriebszugehörigkeit oder Unterhaltspflichten dem Auflösungsinteresse entgegenstehen. In diesem Zusammenhang ist auch der Grad des Verschuldens,[37] das Leugnen oder Einräumen einer Tat,[38] das Prozessverhalten des Arbeitnehmers,[39] die Heimlichkeit der Pflichtverletzung[40] oder eine unmittelbare und mittelbare Benachteiligung iSd §§ 1, 3 AGG[41] zu berücksichtigen.

18 aa) **Ultima-ratio-Prinzip.** Die außerordentliche Kündigung muss nach dem Grundsatz der Verhältnismäßigkeit die unausweichlich letzte Maßnahme (ultima ratio) des Kündigenden sein.[42] Sie kommt deshalb nur in Betracht, wenn mildere oder schonendere Gestaltungsmittel (zB Abmahnung (1), Versetzung/Umsetzung (2), Änderungskündigung (3) oder ordentliche Kündigung (4)), die ebenfalls geeignet sind, den mit der außerordentlichen Kündigung

---

[27] BAG 1.7.1999 – 2 AZR 676/98, NZA 1270; 10.12.1992 – 2 AZR 271/92, AP GG Art. 140 Nr. 41.
[28] Vgl. KR/*Fischermeier* BGB § 626 Rn. 262; ErfK/*Niemann* BGB § 626 Rn. 21.
[29] BGH 10.9.2001 – II ZR 14/00, EzA BGB § 611 Abmahnung Nr. 43; BAG 10.12.1992 – 2 ABR 32/92, NZA 1993, 501.
[30] ErfK/*Niemann* BGB § 626 Rn. 22.
[31] BAG 21.2.1957 – 2 AZR 410/54, AP KSchG § 1 Nr. 22.
[32] BAG 23.6.2009 – 2 AZR 103/08, AP KSchG 1969 § 1 Verhaltensbedingte Kündigung Nr. 59; 7.7.2005 – 2 AZR 581/04, AP BGB § 626 Nr. 192; 11.12.2003 – 2 AZR 36/03, AP BGB § 626 Nr. 179.
[33] BAG 27.9.2012 – 2 AZR 955/11, NZA 2013, 425; 27.1.2011 – 2 AZR 825/09, NZA 2011, 798.
[34] BAG 10.6.2010 – 2 AZR 541/09, NZA 2010, 1227.
[35] BAG 24.3.2011 – 2 AZR 790/09, NZA 2011, 1084.
[36] BAG 10.6.2010 – 2 AZR 541/09, NZA 2010, 1227.
[37] BAG 13.12.2018 – 2 AZR 370/18, NZA 2019, 445.
[38] BAG 24.11.2005 – 2 AZR 39/05, NZA 2006, 484.
[39] BAG 10.6.2010 – 2 AZR 541/09, NZA 2010, 1227.
[40] BAG 13.12.2018 – 2 AZR 370/18, NZA 2019, 445.
[41] BAG 10.6.2010 – 2 AZR 541/09, NZA 2010, 947; 6.11.2008 – 2 AZR 523/07, NZA 2009, 361.
[42] BAG 23.6.2009 – 2 AZR 474/07, BAGE 131, 155.

verfolgten Zweck – das Risiko künftiger Störungen des Arbeitsverhältnisses zu vermeiden – unmöglich sind oder als unzumutbar ausscheiden.[43]

(1) Abmahnung. Der Arbeitgeber muss zunächst eine **Prognose** dahingehend anstellen, ob der Arbeitnehmer in Zukunft seinen arbeitsvertraglichen Pflichten nachkommen wird, wenn er ihn durch eine Abmahnung verwarnt.[44] Die verhaltensbedingte Kündigung dient nicht der Sanktionierung eines vergangenen Verhaltens, sondern soll zukünftigem vertragswidrigen Verhalten vorbeugen.[45] Es ist deshalb zu fragen, ob eine Wiederholungsgefahr besteht oder ob sich das vergangene Ereignis auch zukünftig belastend auswirkt.[46] Der Objektivierung dieser Prognose dient die Abmahnung. Wurde das Verhalten des Arbeitnehmers bereits abgemahnt, kann ggf. von weiteren Vertragsverstößen in der Zukunft ausgegangen werden.[47] Der abgemahnte und der zur Kündigung herangezogene Pflichtenverstoß müssen gleichartig sein. **Gleichartig** sind Pflichtverletzungen nicht nur dann, wenn es sich um ein identisches Fehlverhalten handelt, sondern bereits dann, wenn die Pflichtverletzungen aus demselben Bereich stammen und somit Abmahnungs- und Kündigungsgründe in einem inneren Zusammenhang stehen.[48] Dies ist zB bei der Verletzung der Anzeigepflicht bei einer Erkrankung und der späteren Weigerung des Arbeitnehmers, während der Arbeitszeit zu einem Gespräch mit dem Vorgesetzten zu erscheinen, der Fall.[49]

Grundsätzlich ist davon auszugehen, dass **jedes willensbestimmte Verhalten** abänderbar ist.[50] Dies gilt unabhängig davon, ob die Kündigung wegen einer Pflichtverletzung im Leistungs- oder im Verhaltensbereich anvisiert wird. Deshalb ist grundsätzlich eine einschlägige Abmahnung vor Ausspruch einer (außerordentlichen) Kündigung erforderlich.[51] Es bedarf dann keiner Abmahnung, wenn im Einzelfall besondere Umstände vorliegen, aufgrund derer eine Abmahnung als nicht erfolgversprechend angesehen werden kann.[52] Dies gilt etwa dann, wenn der Arbeitnehmer deutlich macht, dass er in keinem Fall gewillt ist, den arbeitsvertraglichen Pflichten gerecht zu werden.[53] Zudem bedürfen besonders schwere Verstöße keiner Abmahnung, wenn es sich um eine schwere Pflichtverletzung handelt, deren Rechtswidrigkeit dem Arbeitnehmer ohne Weiteres erkennbar ist und bei der die Hinnahme des Verhaltens durch den Arbeitgeber offensichtlich ausgeschlossen ist.[54] Folglich kann nicht davon ausgegangen werden, dass bei einer Kündigung aus verhaltensbedingten Gründen eine Abmahnung jedenfalls dann entbehrlich ist, wenn es sich um eine schwere Pflichtverletzung wie zB ein Vermögensdelikt handelt.[55] Es ist immer zu fragen, ob angesichts der weiteren Umstände des Einzelfalls aus Sicht des Arbeitnehmers dennoch mit einer Abmahnung gerechnet werden konnte.[56]

Durch die einmal erteilte Abmahnung **verbraucht** der Arbeitgeber das Recht zur außerordentlichen Kündigung aufgrund des abgemahnten Vertragsverstoßes.[57] Eine erneute Abmahnung wegen desselben Pflichtenverstoßes ist – entsprechend der Rechtsprechung zu

---

[43] Vgl. BAG 13.12.2018 – 2 AZR 370/18, NZA 2019, 445; 19.4.2007 – 2 AZR 180/06, NZA-RR 2007, 571.
[44] BAG 21.11.1996 – 2 AZR 357/95, NZA 1997, 487.
[45] BAG 13.12.2018 – 2 AZR 370/18, NZA 2019, 445.
[46] BAG 10.6.2010 – 2 AZR 541/09, NZA 2010, 1227; 13.12.2007 – 2 AZR 818/06, NZA 2008, 589.
[47] BAG 26.11.2009 – 2 AZR 751/08, NZA 2010, 823; 23.6.2009 – 2 AZR 283/08, AP KSchG 1969 § 1 Abmahnung Nr. 5; 13.12.2007 – 2 AZR 818/06, NZA 2008, 589.
[48] BAG 9.6.2011 – 2 AZR 323/10, NZA 2011, 1342.
[49] BAG 9.6.2011 – 2 AZR 381/10, NZA 2011, 1027; 13.12.2007 – 2 AZR 818/06, NZA 2008, 589.
[50] KR/*Fischermeier* BGB § 626 Rn. 277.
[51] BAG 13.12.2018 – 2 AZR 370/18, NZA 2019, 445; 12.5.2010 – 2 AZR 845/08, NZA 2010, 1348; 23.6.2009 – 2 AZR 103/08, NZA 2009, 1198; 18.9.2008 – 2 AZR 827/06, NZA-RR 2009, 393.
[52] BAG 10.6.2010 – 2 AZR 541/09, NZA 2010, 1227; 26.11.2009 – 2 AZR 751/08, AP KSchG 1969 § 1 Verhaltensbedingte Kündigung Nr. 61; 18.9.2008 – 2 AZR 827/06, NZA-RR 2009, 393.
[53] BAG 19.4.2007 – 2 AZR 180/06, NZA-RR 2007, 571; 12.7.1984 – 2 AZR 320/83, NZA 1985, 96.
[54] BAG 23.6.2009 – 2 AZR 103/08, NZA 2009, 1198; 18.9.2008 – 2 AZR 827/06, NZA-RR 2009, 393.
[55] Vgl. BAG 10.6.2010 – 2 AZR 541/09, NZA 2010, 1227.
[56] Vgl. BAG 23.6.2009 – 2 AZR 103/08, NZA 2009, 1198; 18.9.2008 – 2 AZR 827/06, NZA-RR 2009, 393; 16.3.2000 – 2 AZR 75/99, NZA 2000, 1332; 12.8.1999 – 2 AZR 923/98, NZA 2000, 421; 10.2.1999 – 2 ABR 31/98, NZA 1999, 708.
[57] Zur Wirkung der Abmahnung als Verzicht auf das Kündigungsrecht: BAG 26.11.2009 – 2 AZR 751/08, NZA 2010, 823; 13.12.2007 – 6 AZR 145/07, NZA 2008, 403; 6.3.2003 – 2 AZR 128/02, NZA 2003, 1389.

Wiederholungskündigungen[58] – nach einem erstinstanzlichen Urteil nur dann zulässig, wenn die vorherige Abmahnung allein aus formalen Gründen unwirksam war.

22 Bei der Abmahnung handelt es sich um eine empfangsbedürftige **Willenserklärung**.[59] Zwar besteht grundsätzlich kein Schriftformerfordernis, allerdings ist die schriftliche Abmahnung leichter nachzuweisen als die mündliche. Letztere ist wie die schriftliche nur dann wirksam, wenn mit ihr eine ausreichende Warnfunktion einhergegangen ist.[60] Zur Erfüllung der Warnfunktion ist eine formell wirksame Abmahnung nicht erforderlich.[61] Ist die Abmahnung an sich also aus der Personalakte zu entfernen, weil sie den Vertragsverstoß nicht hinreichend bestimmt beschreibt, kann sie dennoch zur Objektivierung einer negativen Prognose herangezogen werden. Eine Abmahnung kann ihre **Rüge- und Warnfunktion** aber nur dann entfalten, wenn sie zugegangen ist. Für den Nachweis des Zugangs einer Abmahnung reicht es nicht aus, einen Beleg über ein eingeworfenes Einschreiben vorzulegen. Erforderlich ist die Benennung des Zustellers und dessen Vernahme.[62]

23 *(2) Versetzung/Umsetzung.* Vor Ausspruch einer außerordentlichen Kündigung muss der Arbeitgeber von sich aus prüfen, ob der Arbeitnehmer zur Aufrechterhaltung des Arbeitsverhältnisses auf einem anderen Arbeitsplatz weiterbeschäftigt werden kann.[63] Ein solcher Arbeitsplatz muss vorhanden und frei sein und es muss Bedarf an der fraglichen Tätigkeit bestehen.[64] Allerdings muss eine Versetzung nicht geprüft werden, wenn der Kündigungsgrund auch der Beschäftigung auf dem anderweitigen, freien Arbeitsplatz entgegensteht. Die anderweitige Beschäftigung muss dem Arbeitgeber zumutbar sein.[65]

24 Eher fraglich ist, ob der Arbeitgeber zu einem Ringtausch verpflichtet ist.[66] Einer solchen Maßnahme kann die gegenüber allen Arbeitnehmern obliegende Pflicht des Arbeitgebers zur Rücksichtnahme aus § 241 Abs. 2 BGB entgegenstehen. Vom Arbeitgeber kann nicht verlangt werden, die Belange des Arbeitnehmers unter Hintanstellung eigener schutzwürdiger Interessen oder der anderer Arbeitnehmer durchzusetzen.[67]

25 *(3) Änderungskündigung.* Zur Aufrechterhaltung der Beschäftigungsmöglichkeit muss der Arbeitgeber von sich aus auch prüfen, ob das Arbeitsverhältnis nicht **zu geänderten Bedingungen fortgesetzt** werden kann.[68] Auch hier ist die Prüfung nicht auf die unbefristete Aufrechterhaltung des Arbeitsverhältnisses beschränkt. Selbst der nur vorübergehende Einsatz zu geänderten Bedingungen verhindert den Ausspruch der fristlosen Kündigung. Diese Beschäftigung muss für den Betrieb allerdings wirtschaftlich sinnvoll sein. Auch ein solcher Arbeitsplatz muss daher frei und zu besetzen sein. Der Arbeitnehmer hat keinen Anspruch darauf, dass für ihn ein noch nicht vorhandener und nach der betrieblichen Organisation nicht notwendiger Arbeitsplatz geschaffen wird.

26 *(4) Ordentliche Kündigung.* Die fristlose Kündigung ist letztlich ausgeschlossen, sobald dem Arbeitgeber die Fortsetzung des Arbeitsverhältnisses bis zum Auslaufen der ordentlichen Kündigungsfrist zugemutet werden kann. Es ist daher in der Konsequenz zu prüfen, ob nicht die ordentliche Kündigung genügt hätte, um künftigen Pflichtverletzungen vorzubeugen.[69] Denkbar ist dies etwa, wenn die sonstigen Interessen des Arbeitnehmers im Rahmen der Interessenabwägung im engeren Sinne zwar schwer zu seinen Gunsten wiegen, die Interessen des Arbeitgebers aber doch nicht überwiegen und auch die sonstigen Umstände des Einzelfalls – wie etwa eine geringe Wahrscheinlichkeit zum erneuten Pflichtenverstoß bis

---

[58] BAG 18.12.2014 – 2 AZR 163/14, NZA 2015, 635; 20.3.2014 – 2 AZR 840/12, NZA 2014, 1415.
[59] Vgl. BAG 6.3.2003 – 2 AZR 128/02, NZA 2003, 1388; KR/*Fischermeier* BGB § 626 Rn. 283.
[60] BAG 19.7.2012 – 2 AZR 782/11, BAGE 142, 331; 27.11.2008 – 2 AZR 675/07, NZA 2009, 842.
[61] BAG 15.3.2001 – 2 AZR 147/00, EzA BGB § 626 nF Nr. 185.
[62] Vgl. LAG Köln 22.11.2010 – 5 Sa 900/10, NZA-RR 2011, 244; LAG Hamm 22.5.2002 – 3 Sa 847/01, LAG-Report 2003, 8; vgl. aber dagegen LAG Berlin-Brandenburg 12.3.2007 – 10 Sa 1945/06, BeckRS 2008, 54722.
[63] Vgl. BAG 24.2.2011 – 2 AZR 636/09, BAGE 137, 164; 19.4.2007 – 2 AZR 180/06, NZA-RR 2007, 571.
[64] BAG 24.2.2011 – 2 AZR 636/09, BAGE 137, 164.
[65] BAG 9.6.2011 – 2 AZR 284/10, NZA-RR 2012, 12; 6.10.2005 – 2 AZR 280/04, NZA 2006, 431.
[66] Dagegen LAG Hessen 13.1.2006 – 17/13 Sa 220/05.
[67] BAG 24.2.2011 – 2 AZR 636/09, BAGE 137, 164.
[68] BAG 19.4.2007 – 2 AZR 180/06, NZA-RR 2007, 571; 21.4.2005 – 2 AZR 132/04, BAGE 114, 243.
[69] BAG 9.6.2011 – 2 AZR 284/10, NZA-RR 2012, 12.

zum Ablauf der ordentlichen Kündigungsfrist – gegen eine sofortige Beendigung des Arbeitsverhältnisses sprechen. Bei längeren Kündigungsfristen ist die Unzumutbarkeit – abhängig vom Vorwurf und den Umständen des Einzelfalls – eher festzustellen als bei kürzeren Kündigungsfristen. Maßgeblich ist, ob eine Weiterbeschäftigung nur für einen bestimmten Zeitraum, der die Kündigungsfrist jedoch nicht erreichen muss, zumutbar ist.[70] Jedenfalls muss der Arbeitgeber als milderes Mittel zur fristlosen Kündigung keine ordentliche Kündigung bei gleichzeitiger **Freistellung** anbieten.[71] Die Zumutbarkeit der Einhaltung der Kündigungsfrist setzt voraus, dass der Arbeitnehmer bis zu ihrem Ablauf tatsächlich beschäftigt werden kann.[72] Andererseits hat sich der Arbeitgeber durch eine endgültige Freistellung von der Verpflichtung zur Arbeitsleistung unter Fortzahlung der Bezüge nicht die Möglichkeit genommen, die Zumutbarkeit der Fortsetzung des Vertragsverhältnisses bis zum Auslaufen der Kündigungsfrist zu überprüfen. Erhält er also erst nach erfolgter Freistellung Kenntnis von Umständen, die zB das Vertrauen in die Ehrlichkeit des Mitarbeiters entfallen lassen, so kann dies gerade unter Berücksichtigung seiner Lohn-/Gehaltszahlungspflicht zur Unzumutbarkeit der Fortsetzung des Vertragsverhältnisses führen.[73]

bb) Interessenabwägung im engeren Sinne. Schließlich sind die wechselseitigen Interessen 27 umfassend gegeneinander abzuwägen. Dabei können verschiedenste Aspekte der konkreten Pflichtverletzung aber auch des Arbeitsverhältnisses oder der persönlichen Umstände des Arbeitnehmers Bedeutung bekommen: Art und Schwere der Verfehlung, Wiederholungsgefahr, Grad des Verschuldens, Lebensalter des Arbeitnehmers, Folge der Auflösung des Arbeitsverhältnisses und Größe des Betriebs oder eine bestehende Vertrauensstellung.[74]

Zwar enthält der wichtige Grund an sich **kein subjektives Element**, ein **verhaltensbedingter wichtiger Grund** setzt nach § 626 BGB aber nicht nur die objektive und rechtswidrige Verletzung einer Vertragspflicht, sondern darüber hinaus auch ein **schuldhaftes vorwerfbares Verhalten** des Arbeitnehmers voraus.[75] Letzteres ist für die Zumutbarkeit der Fortsetzung des Arbeitsverhältnisses von Bedeutung. Ein **Verschulden** wird dagegen nicht eingefordert.[76] Das schließt jedoch nicht aus, dass einem Verschulden – insbesondere Vorsatz – im Rahmen der Interessenabwägung für die Zumutbarkeit der Fortsetzung des Arbeitsverhältnisses Bedeutung zukommt.[77] Ausnahmsweise können auch schuldlose Pflichtverletzungen des Arbeitnehmers einen wichtigen Grund zur verhaltensbedingten Arbeitgeberkündigung darstellen.[78] Dies kann sich zB bei Pflichtverletzungen eines Süchtigen (Alkohol- oder Spielsucht) auswirken. Dessen erhebliche Pflichtverletzungen können die außerordentliche Kündigung rechtfertigen. Bei erheblichen Fehlverhalten, das über typisch suchtbedingte Ausfallerscheinungen hinausgeht, kommt es nicht darauf an, ob der Arbeitnehmer schuldhaft gehandelt hat oder ihm vor der Kündigung keine Gelegenheit gegeben wurde, sich einer Therapie zu unterziehen.[79] In Extremfällen ist es denkbar, dass es nicht darauf ankommt, ob der Arbeitnehmer schuldhaft gehandelt hat.[80] 28

---

[70] BAG 3.4.2000 – 2 AZR 259/99, NZA 2001, 277.
[71] BAG 11.3.1999 – 2 AZR 507/98, NZA 1999, 587.
[72] BAG 11.3.1999 – 2 AZR 507/98, NZA 1999, 587.
[73] BAG 5.4.2001 – 2 AZR 217/00, NZA 2001, 837.
[74] BAG 17.1.2008 – 2 AZR 821/06, BAGE 125, 267.
[75] BAG 11.7.2013 – 2 AZR 241/12, NZA 2013, 1259; 27.9.2012 – 2 AZR 955/11, NZA 2013, 425; 29.11.2007 – 2 AZR 724/06, AP BGB § 626 Verdacht strafbarer Handlung Nr. 40; 8.11.2007 – 2 AZR 528/06, ZInsO 2008, 335. Vgl. auch BAG 3.11.2011 – 2 AZR 748/10, NZA 2012, 607: Eine Pflichtverletzung ist dem Arbeitnehmer nur dann vorwerfbar, wenn dieser die zugrundeliegende Handlungsweise steuern, dh beeinflussen konnte.
[76] Vorsatz fordert konkret: BAG 11.7.2013 – 2 AZR 241/12, NZA 2013, 1259; 9.6.2011 – 2 AZR 381/10, NZA 2011, 1027.
[77] BAG 13.12.2018 – 2 AZR 370/18, NZA 2019, 445; 28.1.2010 – 2 AZR 1008/08, NZA-RR 2010, 461; 10.11.2005 – 2 AZR 623/04, NZA 2006, 491; 21.1.1999 – 2 AZR 665/98, BAGE 90, 367.
[78] Vgl. BAG 21.1.1999 – 2 AZR 665/98, BAGE 90, 367.
[79] LAG Köln 12.3.2002 – 1 Sa 1354/01, NZA-RR 2002, 519; LAG Baden-Württemberg 21.10.2009 – 13 Sa 24/09; BeckRS 2010, 65774.
[80] BAG 21.1.1999 – 2 AZR 665/98, BAGE 90, 367: Fortwährende Beleidigungen bei denen streitig war, ob sie durch die Psyche des Arbeitnehmers bedingt waren.

29 Ein unverschuldeter **Rechtsirrtum** kann sich zu Gunsten des Arbeitnehmers auswirken.[81] Durfte der Arbeitnehmer etwa nach sorgfältiger Erkundigung und Prüfung überzeugt sein, nicht zur Arbeit verpflichtet zu sein, spricht dies gegen die wegen Arbeitsverweigerung ausgesprochene Kündigung.[82]

30 Zu Gunsten des Arbeitnehmers kann sich auch auswirken, wenn er sich um **Schadensbeseitigung** bemüht,[83] aufrichtige **Reue**[84] zeigt oder – beispielsweise im Rahmen einer Anhörung – den **Vorwurf einräumt**[85] und an der Aufklärung mitwirkt. Auch vorausgegangenes rechtswidriges Verhalten des kündigenden Arbeitgebers muss in die Interessenabwägung mit einbezogen werden.[86]

31 In der Interessenabwägung zu berücksichtigen sind zudem **Art und Schwere** der Pflichtverletzung,[87] der **Umfang des verursachten Schadens**,[88] andere **wirtschaftliche Folgen** der Pflichtverletzung[89] ob die Tat **heimlich** ausgeführt wurde[90] oder inwieweit **Wiederholungsgefahr** besteht.[91] Wurden mehrere Pflichtverletzungen begangen, kann es sich um eine **natürliche Handlungseinheit** handeln, so dass sich nur eine und nicht mehrere Pflichtverletzungen zu Lasten des Arbeitnehmers auswirken.[92] Dagegen ist es arbeitsrechtlich unerheblich, ob der Pflichtverstoß zugleich einen **Straftatbestand** verwirklicht. Kündigungsrechtlich erheblich ist allein der Verstoß gegen vertragliche Haupt- oder Nebenpflichten und der mit ihm verbundene Vertrauensbruch.[93]

32 Daneben sind die immer zu berücksichtigenden Faktoren der (unbelasteten) **Beschäftigungsdauer**,[94] des **Alters** des Arbeitnehmers[95] und seine ggf. hieraus folgenden **Chancen auf dem Arbeitsmarkt**,[96] eine etwaige Schwerbehinderung[97] und die hieraus folgenden Chancen auf dem Arbeitsmarkt[98] sowie seine **Unterhaltspflichten**[99] zu beachten. Allerdings stellen Unterhaltspflichten bei vorsätzlichen Vermögensdelikten zum Nachteil des Arbeitgebers grundsätzlich keinen Umstand dar, der sich im Rahmen der Interessenabwägung entschei-

---

[81] BAG 23.8.2018 – 2 AZR 235/18, AP BGB § 626 Nr. 272; 14.12.2017 – 2 AZR 86/17, BAGE 161, 198; 7.11.2016 – 2 AZR 730/15, NZA 2017, 394; 19.1.2016 – 2 AZR 449/15, NZA 2016, 1144; 6.3.2015 – 2 AZR 517/14, NZA 2015, 1180.
[82] BAG 22.10.2015 – 2 AZR 569/14, BAGE 153, 111; 7.11.2016 – 2 AZR 730/15, NZA 2017, 394.
[83] BAG 7.4.2006 – 2 AZR 415/05, NZA 2006, 1033.
[84] Vgl. BAG 20.11.2014 – 2 AZR 651/13, BAGE 150, 109.
[85] BAG 20.11.2014 – 2 AZR 651/13, BAGE 150, 109.
[86] BAG 13.12.2018 – 2 AZR 370/18, NZA 2019, 445; 14.2.1978 – 1 AZR 76/76, BAGE 30, 50.
[87] BAG 10.6.2010 – 2 AZR 541/09, BAGE 134, 349; LAG Rheinland-Pfalz 21.1.2010 – 10 Sa 562/09, ArbRAktuell 2010, 223; LAG München 19.3.2003 – 7 TaBV 65/02, NZA-RR 2003, 641.
[88] BAG 7.4.2006 – 2 AZR 415/05, NZA 2006, 1033.
[89] BAG 27.1.2011 – 2 AZR 825/09, BAGE 137, 54.
[90] BAG 13.12.2018 – 2 AZR 370/18, NZA 2019, 445.
[91] BAG 7.9.2012 – 2 AZR 955/11, NJW 2013, 1323; 28.1.2010 – 2 AZR 1008/08, NZA-RR 2010, 461.
[92] Vgl. BAG 20.11.2014 – 2 AZR 651/13, BAGE 150, 109.
[93] BAG 10.6.2010 – 2 AZR 541/09, BAGE 134, 349; 19.4.2007 – 2 AZR 78/06, AP BGB § 611 Nr. 77 Direktionsrecht; 2.3.2006 – 2 AZR 53/05, AP BGB § 626 Krankheit Nr. 14.
[94] BAG 31.1.2019 – 2 AZR 426/18, BAGE 165, 255; 25.4.2018 – 2 AZR 6/18, BAGE 162, 327; 22.10.2015 – 2 AZR 381/14, BAGE 153, 102; 20.11.2014 – 2 AZR 664/13, NZA 2015, 931; 18.9.2008 – 2 AZR 827/06, NZA-RR 2009, 393; 12.1.2006 – 2 AZR 179/05, NZA 2006, 980.
[95] BAG 13.12.2018 – 2 AZR 370/18, NZA 2019, 445.
[96] Das Alter des Arbeitnehmers ist nicht in dem Sinne zu berücksichtigen, dass seine Interessen umso schwerer wiegen, je älter er ist. Hierin kann eine unzulässige Diskriminierung wegen des Alters liegen. Dennoch ist das Alter berücksichtigungsfähig (vgl. BAG 25.4.2018 – 2 AZR 6/18, NZA 2018, 1056; 20.11.2014 – 2 AZR 664/13, NZA 2015, 931; 9.6.2011 – 2 AZR 381/10, NZA 2011, 1027; 27.4.2006 – 2 AZR 415/05, NZA 2006, 1033; 12.1.2006 – 2 AZR 179/05, NZA 2006, 980). Aus dem Alter kann auf die Chancen auf dem Arbeitsmarkt geschlossen werden: BAG 23.1.2014 – 2 AZR 582/13, BAGE 147, 162; 27.4.2006 – 2 AZR 415/05, NZA 2006, 1033. Allerdings wird es bei einem wegen seiner Spezialkenntnisse auf dem Arbeitsmarkt gesuchten 60-jährigen weniger ins Gewicht fallen als bei einem ungelernten 40-jährigen.
[97] BAG 31.1.2019 – 2 AZR 426/18, BAGE 165, 255.
[98] BAG 22.10.2015 – 2 AZR 381/14, BAGE 153, 102; 20.11.2014 – 2 AZR 664/13, NZA 2015, 931; 12.1.2006 – 2 AZR 179/05, NZA 2006, 980. Zu den Auswirkungen einer Schwerbehinderung auf die Chancen auf dem Arbeitsmarkt vgl. BAG 23.1.2014 – 2 AZR 582/13, BAGE 147, 162; 21.4.2005 – 2 AZR 255/04, BAGE 114, 264; LAG Köln 16.7.2008 – 3 Sa 190/08; BeckRS 2008, 55734.
[99] BAG 13.12.2018 – 2 AZR 370/18, NZA 2019, 445; 27.9.2012 – 2 AZR 955/11, NZA 2013, 425; 9.6.2011 – 2 AZR 323/10, NZA 2011, 1342; 16.12.2004 – 2 ABR 7/04, AP BGB § 626 Nr. 191.

dend zugunsten des Arbeitnehmers auswirken könnte. Anders als eine insoweit bisher tadelfrei zurückgelegte Beschäftigungszeit besteht nämlich hier regelmäßig kein konkreter Bezug zwischen dem Kündigungsgrund und den ausschließlich dem Lebensbereich des Arbeitnehmers zuzurechnenden Unterhaltspflichten.[100]

c) Mittäter. Begehen mehrere Arbeitnehmer die Vertragspflichtverletzung gemeinsam, steht dies der Kündigung nicht entgegen. Allein- und Mittäterschaft sind in ihrem Unrechtgehalt gleichwertig.[101] Die Kündigung ist auch dann nicht unwirksam, wenn der Arbeitgeber nicht beiden Mittätern kündigt. Der arbeitsrechtliche **Gleichbehandlungsgrundsatz** findet auf Kündigungen – zumindest weitgehend – keine Anwendung.[102] Er hat lediglich mittelbare Auswirkung zur Interessenabwägung und nur bei gleicher Ausgangslage.[103] 33

Ist klar, dass ein Vertragsverstoß mittäterschaftlich begangen wurde, muss sich der Arbeitnehmer im Rahmen der **Darlegungs- und Beweislast** konkret dazu einlassen, wer welchen Vertragsverstoß begangen hat. Auf Nichtwissen kann er sich nicht berufen.[104] 34

d) Entschuldigungs- oder Rechtfertigungsgründe. Der wichtige Grund kann durch Entschuldigungs- oder Rechtfertigungsgründe im Einzelfall ausgeschlossen sein.[105] Die **Darlegungs- und Beweislast** für das Vorliegen des wichtigen Grundes umfasst auch solche Tatsachen, die einen vom Gekündigten behaupteten Rechtfertigungsgrund (zB Arbeitsbefreiung) ausschließen.[106] Allerdings ist die Darlegungs- und Beweislast für Rechtfertigungs- und Entschuldigungsgründe abgestuft. Der Arbeitgeber muss nicht vorbeugend jeden Rechtfertigungs- und Entschuldigungsgrund ausschließen. Erst wenn der Arbeitnehmer greifbare Anhaltspunkte für solche Gründe vorträgt oder sie sich sonst aufdrängen, muss sich der Arbeitgeber hierzu einlassen. Dies gilt insbesondere dann, wenn der Arbeitgeber außerhalb des Geschehensablauf steht und die zugrunde liegenden Tatsachen nicht kennt.[107] 35

2. Einzelfälle

a) Arbeitgeberkündigung. Eine außerordentliche Kündigung wegen einer **Alkoholabhängigkeit** kommt nur in eng begrenzten Ausnahmefällen in Betracht. Sie ist unwirksam, sobald der Arbeitnehmer therapiebereit ist und eine von Arzt angeordnete ambulante Behandlung durchführen lässt, auch wenn der Arbeitgeber ihn zur stationären Behandlung aufgefordert hat. Ein alkoholkranker Arbeitnehmer kann aus personenbedingten Gründen demzufolge regelmäßig erst nach erfolgloser Entziehungskur entlassen werden.[108] Beruht der Alkoholmissbrauch nicht auf einer Abhängigkeit, und verrichtet der Arbeitnehmer seine Tätigkeit unter Alkoholeinfluss, so dass es zu einer Verletzung seiner Hauptleistungspflicht kommt, verletzt der Arbeitnehmer eine ihn treffende Nebenpflicht, was einen wichtigen Grund iSd § 626 Abs. 1 BGB bilden kann.[109] 36

Die **Androhung einer Krankheit,** wenn der Arbeitgeber dem Arbeitnehmer den im bisherigen Umfang bewilligten Urlaub nicht verlängert, obwohl der Arbeitnehmer im Zeitpunkt dieser Ankündigung nicht krank war und sich auf Grund bestimmter Beschwerden auch noch nicht krank fühlen konnte, ist ohne Rücksicht darauf, ob er später tatsächlich er- 37

---

[100] BAG 27.9.2012 – 2 AZR 955/11, NZA 2013, 425; 9.6.2011 – 2 AZR 381/10, NZA 2011, 1027; 18.9.2008 – 2 AZR 827/06, NZA-RR 2009, 393.
[101] BAG 16.7.2015 – 2 AZR 85/15, NZA 2016, 161.
[102] BAG 16.7.2015 – 2 AZR 85/15, NZA 2016, 161 mwN: Dies gilt erst recht, wenn die Taten von Beamten und Arbeitnehmern begangen wurden, da aus einem Beamtenverhältnis besondere Treue- und Fürsorgepflichten resultieren.
[103] BAG 31.1.2019 – 2 AZR 426/18, BAGE 165, 255; 29.6.2017 – 2 AZR 302/16, BAGE 159, 267.
[104] BAG 16.7.2015 – 2 AZR 85/15, NZA 2016, 161.
[105] Vgl. BAG 27.9.2012 – 2 AZR 646/11, AP BGB § 626 Nr. 240; 19.7.2012 – 2 AZR 989/11, BAGE 142, 351.
[106] BAG 18.6.2015 – 2 AZR 256/14, NZA 2016, 287; 6.9.2007 – 2 AZR 264/06, NZA 2008, 636.
[107] BAG 16.7.2015 – 2 AZR 85/15, NZA 2016, 161; 18.6.2015 – 2 AZR 256/14, NZA 2016, 287; 21.6.2012 – 2 AZR 694/11, BAGE 142, 188; 3.11.2011 – 2 AZR 748/10, NZA 2012, 607.
[108] Vgl. BAG 17.6.1999 – 2 AZR 639/98, NZA 1999, 1328; 9.7.1998 – 2 AZR 201/98, EzA BGB § 626 Krankheit Nr. 1; LAG Köln 4.5.1995 – 5 Sa 186/95, LAGE BGB § 626 Nr. 85.
[109] BAG 20.10.2016 – 6 AZR 471/15, NZA 2016, 1527.

krankt, an sich geeignet, einen wichtigen Grund zur außerordentlichen Kündigung zu bilden.[110] Neben der Drohung liegt eine weitere Pflichtverletzung in der vorgetäuschten Arbeitsunfähigkeit, wenn der Arbeitnehmer die Drohung wahr macht. Eine vorherige Abmahnung ist regelmäßig entbehrlich.[111] War der Arbeitnehmer objektiv tatsächlich erkrankt, ohne dies dem Arbeitgeber zu offenbaren, verbleibt es bei der Androhung der Arbeitsunfähigkeit liegenden Pflichtverletzung,[112] während der Vorwurf der vorgetäuschten Arbeitsunfähigkeit entfällt. Die Drohung muss nicht eindeutig artikuliert werden; es genügt eine für eine verständigen Beobachter wahrnehmbare Verknüpfung.[113]

38 **Arbeitsverweigerung oder -verhinderung** kann in den unterschiedlichsten Konstellationen Bedeutung gewinnen. Eine beharrliche Verletzung der Arbeitspflicht kann eine außerordentliche Kündigung rechtfertigen.[114] Dagegen rechtfertigt ein einzelner Fehltag im Regelfall noch keine fristlose Kündigung. Der Arbeitnehmer muss die Arbeitspflicht bewusst und wiederholt bzw. nachhaltig verletzen.[115] Grundsätzlich ist eine Abmahnung erforderlich.[116] Nur ausnahmsweise kann eine einmalige Arbeitsverweigerung einen wichtigen Grund iSd § 626 Abs. 1 BGB bilden.

39 Bei der Kündigung eines Arbeitnehmers wegen **Arbeitsverhinderung durch die Verbüßung einer Freiheitsstrafe** geht es nicht um einen verhaltens-, sondern um einen personenbedingten Kündigungsgrund. Es hängt von Art und Ausmaß der betrieblichen Auswirkungen ab, ob eine haftbedingte Nichterfüllung der Arbeitspflicht durch den Arbeitnehmer eine außerordentliche Kündigung nach § 626 BGB oder eine ordentliche Kündigung nach § 1 KSchG rechtfertigt.[117] Die Verbüßung einer **längeren Strafhaft** ist an sich geeignet, eine außerordentliche Kündigung des Arbeitsverhältnisses zu rechtfertigen, zumal sich die Arbeitsverhinderung konkret nachteilig auf das Arbeitsverhältnis auswirkt. Es dürfen jedoch keine zumutbaren Überbrückungsmöglichkeiten bestehen. Auf Grund seiner Fürsorgepflicht kann der Arbeitgeber gehalten sein, bei der Erlangung des Freigängerstatus mitzuwirken, um Störungen im Arbeitsverhältnis zu vermeiden. Der Arbeitnehmer muss dem Arbeitgeber hierfür die Umstände der Straftat, die Verurteilung sowie die Haft rechtzeitig erläutern. Es ist auf die Umstände des Einzelfalls abzustellen. Dabei kommt es entscheidend darauf an, in welchem Umfang dem Arbeitgeber die Hinnahme der Arbeitsverhinderung des Arbeitnehmers zumutbar ist und wie sich diese im Betrieb konkret nachhaltig ausgewirkt hat. Fehlt hierzu hinreichender Tatsachenvortrag des kündigenden Arbeitgebers, so kann die objektiv festzustellende bloße Abwesenheit des Arbeitnehmers eine außerordentliche Kündigung nicht rechtfertigen.[118] Wohl im Hinblick auf § 14 Abs. 2 S. 1 TzBfG sind dem Arbeitgeber aber jedenfalls dann keine Überbrückungsmaßnahmen zuzumuten, wenn die Haftstrafe die Dauer von zwei Jahren um ein Mehrfaches überschreitet.[119] Soweit der Arbeitgeber eine Personalreserve vorhält, steht dies einer personenbedingten Kündigung vor dem Hintergrund der Haftstrafe nicht entgegen: Diese dient regelmäßig nicht dem Ziel, haftbedingte Ausfälle zu überbücken.[120] Erheblich kann aber sein, ob im Kündigungszeitpunkt sicher zu erwarten ist, dass der Arbeitnehmer den Freigängerstatus erwarten kann oder ob er vorzeitig aus der Haft entlassen wird.[121]

40 Eine Arbeitsverweigerung liegt aber dann nicht vor, sobald ein Arbeitnehmer wegen plötzlicher **Erkrankung eines minderjährigen Kindes** nach Benachrichtigung jedoch ohne

---

[110] BAG 17.6.2003 – 2 AZR 123/02, NZA 2004, 564; 5.11.1992 – 2 AZR 147/92, NZA 1993, 308.
[111] BAG 23.6.2009 – 2 AZR 532/08, NZA-RR 2009, 622.
[112] Die sich aber in einem schwächeren Licht darstellt: BAG 12.3.2009 – 2 AZR 251/07, NZA 2009, 779.
[113] BAG 17.6.2003 – 2 AZR 123/02, NZA 2004, 564.
[114] BAG 28.6.2018 – 2 AZR 436/17, NZA 2018, 1259; 14.12.2017 – 2 AZR 86/17, BAGE 161, 198; 22.10.2015 – 2 AZR 569/14, NZA 2016, 417; 29.8.2013 – 2 AZR 273/12, NJW 2014, 1323.
[115] BAG 29.8.2013 – 2 AZR 273/12, NJW 2014, 1323.
[116] BAG 19.1.2016 – 2 AZR 449/15, NZA 2016, 144.
[117] BAG 22.10.2015 – 2 AZR 381/14, BB 2016, 765; 9.3.1995 – 2 AZR 497/94, NZA 1995, 777.
[118] BAG 24.3.2011 – 2 AZR 790/09, NZA 2011, 1084; 25.11.2010 – 2 AZR 984/08, BAGE 136, 213; 20.11.1997 – 2 AZR 805/96, RzK I 6a Nr. 154; 9.3.1995 – 2 AZR 497/94, NZA 1995, 777.
[119] BAG 22.10.2015 – 2 AZR 381/14, BB 2016, 765.
[120] BAG 22.10.2015 – 2 AZR 381/14, BB 2016, 765.
[121] BAG 22.10.2015 – 2 AZR 381/14, BB 2016, 765.

Einwilligung des Arbeitgebers vom Dienst fernbleibt.[122] Allerdings ist eine Kündigung insoweit bei beharrlicher Arbeitsverweigerung auch nicht ausgeschlossen. Der Arbeitnehmer muss zunächst versuchen, die Kinderbetreuung anderweitig zu organisieren.[123]

Eine Arbeitsverweigerung kann aber als Kündigungsgrund ungeeignet sein, wenn der Arbeitnehmer die Wiederaufnahme seiner Arbeitsleistung deshalb verweigert, weil die **Zustimmung des Betriebsrats** gemäß § 99 Abs. 1 BetrVG nicht eingeholt wurde bzw. noch aussteht.[124] Bei einer beharrlichen Arbeitsverweigerung ist auch die Frage zu prüfen, ob der Arbeitnehmer **berechtigterweise ein Zurückbehaltungsrecht** hinsichtlich seiner Arbeitskraft wegen offener Vergütungsansprüche geltend macht oder weil ihm die Erbringung der Arbeitsleistung nach § 275 Abs. 3 BGB unzumutbar ist; dann wäre die ausgesprochene fristlose Kündigung rechtsunwirksam.[125] 41

Verweigert der Arbeitnehmer die Ableistung von **Überstunden**, ist maßgeblich, ob die Leistung von Mehrarbeit geschuldet ist. Erforderlich ist eine gesonderte Rechtsgrundlage, etwa im Arbeitsvertrag, in einer Betriebsvereinbarung oder in einem Tarifvertrag; das allgemeine Direktionsrecht aus § 106 GewO ist nicht ausreichend.[126] In einem Not- oder Katastrophenfall kann sich die Berechtigung zur Anordnung von Überstunden aus § 241 BGB ergeben.[127] Das unberechtigte Ablehnen zulässig angeordneter Überstunden kann einen wichtigen Grund „an sich" bilden.[128] 42

Bleibt der Arbeitnehmer unberechtigt einem **Personalgespräch** fern, kann dies ebenfalls eine außerordentliche Kündigung rechtfertigen. Allerdings ist der Arbeitnehmer nicht verpflichtet, an einem Personalgespräch teilzunehmen, das der Erörterung einer von ihm bereits abgelehnten Vertragsänderung dient.[129] Während einer Arbeitsunfähigkeit besteht nur in eng begrenzten Ausnahmefällen eine Verpflichtung, zu einem Personalgespräch zu erscheinen.[130] 43

Verschweigt der Arbeitnehmer den Wegfall der **Aufenthalts- bzw. Arbeitserlaubnis**, so kann dies einen wichtigen Grund iSd § 626 Abs. 1 BGB bilden.[131] Fällt eine notwendige Arbeitsgenehmigung weg, kann das Arbeitsverhältnis lediglich durch Kündigung aufgelöst werden.[132] Ob eine fristlose Kündigung möglich ist, hängt von den Umständen des Einzelfalls ab, dürfte aber eher zu verneinen sein. Trifft den Arbeitnehmer die Pflicht, sich um eine Genehmigung zu kümmern, wie dies bei der Aufenthaltserlaubnis der Fall ist, kann er den Arbeitgeber nicht in Annahmeverzug setzen. Die Lohnzahlungsplicht entfällt. Der Arbeitgeber kann eine neue Arbeitskraft einstellen, ohne doppelt zahlen zu müssen. 44

Das heimliche **Aufzeichnen** eines Personalgesprächs kann eine fristlose Kündigung unabhängig von der strafrechtlichen Würdigung (vgl. § 201 StGB) wegen der darin liegenden Verletzung der Pflicht zur Rücksichtnahme auf die berechtigten Interessen des Arbeitgebers rechtfertigen.[133] Dabei kommt es nicht darauf an, ob der Betriebsfrieden konkret gestört wird.[134] Zu beachten sind aber die Umstände des Einzelfalls. 45

Im öffentlichen Dienst gelten nach Einführung des § 41 TVöD keine strengeren **außerdienstlichen Verhaltenspflichten** als bei Arbeitnehmern der gewerblichen Wirtschaft.[135] Gemäß § 41 TVöD ist der Bedienstete „nur" noch gehalten, die geschuldete Leistung gewissenhaft und ordnungsgemäß auszuführen. Das Bekenntnis zur demokratischen Grundordnung 46

---

[122] LAG Köln 10.11.1993 – 7 Sa 690/93, LAGE BGB § 612a Nr. 5.
[123] BAG 21.5.1992 – 2 AZR 10/92, BAGE 70, 262.
[124] Vgl. iE BAG 5.4.2001 – 2 AZR 580/99, BAGE 97, 276.
[125] BAG 22.10.2015 – 2 AZR 569/14, NZA 2016, 417; 13.3.2008 – 2 AZR 88/07, AP KSchG 1969 § 1 Nr. 87.
[126] BAG 3.6.2003 – 1 AZR 349/02, BAGE 106, 204.
[127] LAG Mecklenburg-Vorpommern 18.12.2014 – 5 TaBV 7/14, BeckRS 2015, 67335.
[128] LAG Köln 27.4.1999 – 13 Sa 1380/98, NZA 2000, 39.
[129] BAG 23.6.2009 – 2 AZR 606/08, NZA 2009, 1011.
[130] BAG 2.11.2016 – 10 AZR 596/15, BAGE 157, 153.
[131] LAG Nürnberg 21.9.1994 – 3 Sa 1176/93, NZA 1995, 228.
[132] BAG 13.1.1977 – 2 AZR 423/75, NJW 1977, 1023, 16.12.1976 – 3 AZR 716/75, NJW 1977, 1608.
[133] BAG 19.7.2012 – 2 AZR 989/11, BAGE 142, 351.
[134] So aber LAG Baden-Württemberg 31.5.1995 – 12 Sa 188/94, BeckRS 1995, 30865003.
[135] Vgl. hierzu BAG 27.1.2011 – 2 AZR 825/09, NZA 2011, 798.

erfasst weiterhin das gesamte Verhalten bei der Wahrnehmung **hoheitlicher Aufgaben**.[136] Im Übrigen kann **strafbares Verhalten im außerdienstlichen Bereich** als Nebenpflichtverletzung zur Rechtfertigung einer fristlosen Kündigung genügen, wenn hierdurch berechtigte Interessen des Arbeitgebers beeinträchtigt werden. Das ist der Fall, wenn das Verhalten negative Auswirkungen auf den Betrieb oder einen Bezug zum Arbeitsverhältnis hat.[137] Ein solcher Bezug kann auch dadurch entstehen, dass sich der Arbeitgeber oder andere Arbeitnehmer staatlichen Ermittlungen ausgesetzt sehen oder in der Öffentlichkeit mit der Straftat in Verbindung gebracht werden.[138] Deshalb ist die NPD-Anhängerschaft für sich allein noch nicht dazu geeignet, die Weiterbeschäftigung im öffentl. Dienst als unzumutbar zu bewerten.[139] Auch der dringende Verdacht einer Straftat wegen Volksverhetzung iSd § 130 StGB kann eine fristlose Kündigung nicht per se begründen.[140]

47 **Beleidigt** ein Arbeitnehmer seinen Arbeitgeber oder dessen Vertreter und Repräsentanten, Kunden oder Patienten oder Arbeitskollegen grob, stellt dies einen erheblichen Verstoß gegen seine Pflichten aus dem Arbeitsverhältnis dar und kann an sich einen wichtigen Grund bilden.[141] Entsprechendes gilt bei bewusst **unwahren Tatsachenbehauptungen**.[142] Während sich der Arbeitnehmer für letztere nicht auf sein Recht auf freie Meinungsäußerung aus Art. 5 Abs. 1 GG berufen kann, ist ihm dies bei reinen Werturteilen gestattet.[143] Erweist sich das in einer Äußerung enthaltene Werturteil aber als Formalbeleidigung oder Schmähkritik, muss die Meinungsfreiheit regelmäßig zurücktreten.[144] Eine überzogene Kritik muss aber noch keine Beleidigung sein.[145]

48 Werden **diffamierende und ehrverletzende Äußerungen** über Vorgesetzte und Kollegen nur in **vertraulichen Gesprächen** unter Arbeitskollegen abgegeben, so kann uU die außerordentliche Kündigung nicht gerechtfertigt sein. Der Arbeitnehmer darf regelmäßig darauf vertrauen, dass seine Äußerungen nicht nach außen getragen, der Betriebsfrieden nicht gestört und das Vertrauensverhältnis nicht zerstört wird. Diesen Schutz der Privatsphäre kann derjenige Arbeitnehmer nicht in Anspruch nehmen, der selbst die Vertraulichkeit aufhebt. Die Gelegenheit für Dritte, seine Äußerungen zur Kenntnis zu nehmen, ist ihm selbst zuzurechnen.[146] Die Bezeichnung des Arbeitgebergeschäftsführers als „Arschloch" gibt kein Recht zur fristlosen Kündigung wegen **Beleidigung**, sofern der Geschäftsführer an der Zuspitzung der mentalen Belastungslage des Arbeitnehmers als Auslöser der beleidigenden Äußerung beteiligt war.[147] Eine andere Bewertung erfährt die Gleichsetzung betrieblicher Vorgänge mit vom **Nationalsozialismus** geförderter Verbrechen und denjenigen Menschen, die diese Verbrechen begingen. Das ist eine grobe Beleidigung, die vom Recht auf Meinungsäußerung (Art. 5 GG) nicht mehr gedeckt ist.[148] Reagiert ein Arbeitnehmer auf Fehlermeldungen sei-

---

[136] BAG 28.10.2010 – 2 AZR 293/09, NZA 2011, 112; 10.9.2009 – 2 AZR 257/08, BAGE 132, 72.
[137] BAG 28.10.2010 – 2 AZR 293/09, NZA 2011, 112; 10.9.2009 – 2 AZR 257/08, BAGE 132, 72.
[138] BAG 28.10.2010 – 2 AZR 293/09, NZA 2011, 112.
[139] BAG 12.5.2011 – 2 AZR 479/09, NZA-RR 2012, 43.
[140] Vgl. LAG Köln 7.7.1999 – 7 Sa 22/99, NZA 2001, 1081.
[141] BAG 18.12.2014 – 2 AZR 265/14, NZA 2015, 797; 31.7.2014 – 2 AZR 505/13, BAGE 149, 1; 27.9.2012 – 2 AZR 646/11, AP BGB § 626 Nr. 240; 7.7.2011 – 2 AZR 355/10, BAGE 138, 312; 10.12.2009 – 2 AZR 534/08, NZA 2010, 698; 1.7.1999 – 2 AZR 676/98, NZA 1999, 1270.
[142] BAG 18.12.2014 – 2 AZR 265/14, NZA 2015, 797.
[143] Vgl. BAG 18.12.2014 – 2 AZR 265/14, NZA 2015, 797 zur Abgrenzung von unwahrer Tatsachenbehauptung und Werturteil.
[144] BAG 18.12.2014 – 2 AZR 265/14, NZA 2015, 797.
[145] BAG 18.12.2014 – 2 AZR 265/14, NZA 2015, 797.
[146] BAG 10.12.2009 – 2 AZR 534/08, NZA 2010, 698.
[147] ArbG Berlin 11.5.2001 – 88 Ca 5714/01, NZA-RR 2002, 129 – Mehrmonatige Lohnrückstände.
[148] BAG 7.7.2011 – 2 AZR 355/10, NZA 2011, 1413; 24.11.2005 – 2 AZR 584/04, NZA 2006, 650; 6.11.2003 – 2 AZR 177/02, AP KSchG 1969 Verhaltensbedingte Kündigung § 1 Nr. 46: Städtischer Angestellter bezichtigt seinen Vorgesetzten ohne ausreichenden Grund der Rechtsbeugung; LAG Hessen 14.9.2010 – 3 Sa 243/10, BeckRS 2011, 70780: Wichtiger Grund nach dem Vorwurf, Arbeitgeber sei korrupt u. schlimmer als die Kommunisten, Arbeitgeber lüge wie gedruckt; sein Umgang mit Menschen sei vergleichbar zur Verhaltensweise im Dritten Reich; zurückhaltender: LAG Hessen 3.9.2008 – 8 TaBV 10/08, LAGE BetrVG 2001 § 103 Nr. 7: Ein schwerbehindertes BR-Mitglied schimpft, die Zustände im Betrieb seien schlimmer als im KZ; das LAG bewertet diese Äußerung als einmaligen Ausrutscher nach langjähriger Betriebszugehörigkeit.

nes Vorgesetzten mit dem Vorwurf: „komm her Du Arschloch, ich hau Dir ein paar in die Fresse", so erfüllt diese Äußerung den wichtigen Grund, wenn hierdurch ernsthafte betriebliche Störungen entstehen, weil zB dieser schwierige Arbeitnehmer in keine einzige Kolonne integriert werden kann.[149]

Der gegen eine Führungskraft sprechende dringende Verdacht, sich unbefugt **Betriebs- oder Geschäftsgeheimnisse** durch Herstellung und Speicherung einer privaten Datenkopie verschafft und dabei zu Zwecken des Wettbewerbs gehandelt zu haben – § 17 Abs. 2 Nr. 1 UWG – kann ein wichtiger Grund für eine fristlose Kündigung sein; eine vorausgehende Abmahnung ist nicht zwingend geboten.[150] 49

Eine **Betriebsschließung oder -einschränkung** rechtfertigt regelmäßig keine außerordentliche Kündigung.[151] Die außerordentliche Kündigung ist allein denkbar, wenn die ordentliche Kündigung – etwa aufgrund Tarifvertrags wegen der Beschäftigungsdauer – ausgeschlossen ist.[152] 50

Der Verlust der **Fahrerlaubnis** kann beim Berufskraftfahrer einen wichtigen Grund darstellen, zumal dies zum gesetzlichen Beschäftigungsverbot führt. Dagegen rechtfertigt ein wegen eines außerdienstlich begangenen Verkehrsdelikts verhängtes 1-monatiges Fahrverbot die fristlose Entlassung eines Berufskraftfahrers dann nicht, wenn diese Zeit weitgehend durch Inanspruchnahme von Urlaub überbrückt werden kann,[153] oder ihm in dieser Zeit andere Aufgabe zugewiesen werden können. Der Entzug einer nur innerbetrieblichen Fahrberechtigung steht dem hingegen nicht gleich. Diese Bewertung erfasst auch den öffentl. Personen-Nahverkehr, solange klar definierte Regelungen für den Erwerb und den Verlust einer solchen innerbetrieblichen Fahrerlaubnis fehlen.[154] Entsprechendes gilt für sonstige öffentlich-rechtliche Erlaubnisbescheinigungen, wie einen Waffenschein[155] oder eine Fluglizenz.[156] 51

Äußert ein leitender Mitarbeiter gegenüber Kunden, sein Arbeitgeber sei sowieso bald pleite, man solle die Geschäfte direkt mit ihm machen, so ist dies eine **geschäftsschädigende Äußerung**, die dazu geeignet ist, das Ansehen des Arbeitgebers zu beeinträchtigen. Dies rechtfertigt grundsätzlich die fristlose Kündigung.[157] Auch die nur einmalige, bewusste und gewollte **Geschäftsschädigung**, kann bei Geschäftspartnern des Arbeitgebers Misstrauen in dessen Zuverlässigkeit hervorrufen und daher einen wichtigen Grund iSd § 626 Abs. 1 BGB bilden.[158] Enstprechendes gilt für eine **Rufschädigung** des Arbeitgebers. 52

Der Abschluss eines Arbeitsvertrags mit einem weiteren Arbeitgeber ist im Ausgangspunkt kein Kündigungsgrund. Allerdings ist eine Kündigung nach vorheriger Abmahnung denkbar, wenn der Arbeitnehmer die Pflichten aus den Arbeitsverhältnissen nicht nebeneinander erfüllen kann.[159] Zudem ist dem Arbeitnehmer während des rechtlichen Bestehens eines Arbeitsverhältnisses grundsätzlich jede **Konkurrenztätigkeit** zum Nachteil seines Arbeitgebers untersagt. Dies gilt auch nach Zugang einer von ihm gerichtlich angegriffenen fristlosen Kündigung des Arbeitgebers. Er ist in der Regel auch während des – für ihn erfolgreichen – Kündigungsschutzprozesses an das vertragliche Wettbewerbsverbot gebunden.[160] Dies gilt unabhängig von seiner Schadensminderungspflicht nach § 615 BGB. Beim Verstoß gegen das Wettbewerbsverbot innerhalb der Kündigungsfrist ist ein strengerer Prüfungsmaßstab angebracht.[161] 53

---

[149] LAG Mecklenburg-Vorpommern 23.3.2010 – 5 Sa 254/09, BeckRS 2010, 71595: Die dennoch notwendige Interessenabwägung kann durchaus zugunsten des Arbeitnehmers ausfallen.
[150] LAG Köln 17.8.2001 – 11 (7) Sa 484/00, MDR 2002, 590.
[151] BAG 23.1.2014 – 2 AZR 372/13, NZA 2014, 895.
[152] BAG 23.1.2014 – 2 AZR 372/13, NZA 2014, 895; 22.11.2012 – 2 AZR 673/11, NZA 2013, 730.
[153] LAG Mecklenburg-Vorpommern 16.8.2011 – 5 Sa 295/10, EzTöD 100 § 34 Abs. 2 TVöD-AT Personenbedingte Kündigung Nr. 3.
[154] BAG 5.6.2008 – 2 AZR 984/06, AP BGB § 626 Nr. 212.
[155] BAG 6.9.2012 – 2 AZR 270/11, NJW 2013, 1115.
[156] BAG 7.12.2000 – 2 AZR 459/99, BAGE 96, 336; 31.1.1996 – 2 AZR 68/95, BAGE 82, 139.
[157] BAG 18.12.2014 – 2 AZR 163/14, BAGE 150, 234; 31.7.2014 – 2 AZR 505/13, BAGE 149, 1.
[158] BAG 31.7.2014 – 2 AZR 505/13, BAGE 149, 1; 26.9.2013 – 2 AZR 741/12, AP BGB § 626 Nr. 240.
[159] Vgl. BAG 5.11.2009 – 2 AZR 609/08, NZA 2010, 277.
[160] BAG 23.10.2014 – 2 AZR 644/13, BAGE 149, 367; 26.6.2008 – 2 AZR 190/07, NZA 2008, 1415; 21.11.1996 – 2 AZR 852/95, EzA BGB § 626 nF Nr. 162.
[161] BAG 28.1.2010 – 2 AZR 1008/08, NZA-RR 2010, 461.

Wer betriebliche Unterlagen für eigene Zwecke oder zur Vorbereitung einer Konkurrenztätigkeit fotokopiert oder sich per E-Mail weiterleitet, schafft einen wichtigen Grund an sich.[162]

54 Die grobe Verletzung der Loyalitätspflicht einer kirchlichen Mitarbeiterin kann die außerordentliche Kündigung rechtfertigen. Bei der Kündigung **kirchlicher Mitarbeiter bzw. Mitarbeiter anderer Tendenzträger** ist zwar zu beachten, dass diese Institutionen ein verfassungsrechtlich garantiertes Selbstbestimmungsrecht haben, innerhalb dessen sie eigene Maßstäbe zur Bewertung vertraglicher Loyalitätspflichten entwickeln können. Unannehmbare Anforderungen an die Loyalität ihrer Mitarbeiter dürfen damit aber nicht einhergehen. Aus diesem Grund ist bei der vorzunehmenden Interessenabwägung auch die durch Art. 4 Abs. 1 GG garantierte Glaubensfreiheit des Arbeitnehmers zu berücksichtigen.[163] Eine grobe Verletzung der Loyalitätspflicht kann zB darin gesehen werden, dass die Leiterin eines Ev. Kindergartens Mitglied in einer Sekte ist, die sich massiv gegen die Ev. Kirche stellt.[164] Der kirchliche Arbeitgeber darf eine fristlose Kündigung in Erwägung ziehen, wenn ein von ihm in der Erziehungs- und Eheberatung beschäftigter Dipl. Psychologe sich auf sexuelle Beziehungen mit einer verheirateten Patientin einlässt, die seine Beratung wegen ihrer Eheprobleme vor dem Hintergrund traumatischer Kindheitserlebnisse aufsucht. Dies gilt selbst dann, wenn die Initiative hierzu allein bei der Patientin lag und der Psychologe zunächst nachhaltigen Widerstand geleistet hat.[165] Verstößt ein Chefarzt gegen Art. 5 der Grundordnung des kirchlichen Dienstes vom 22. September 1993 (GrO), indem er durch Wiederverheiratung in „ungültiger Ehe" lebt, so kann trotz dieses schwerwiegenden Loyalitätsverstoßes der wichtige Grund entfallen, wenn das konkrete Interesse des Arztes an der Fortsetzung des Arbeitsverhältnisses überwiegt.[166] Dagegen hat der EGMR die Entlassung eines Chorleiters wegen eines Verstoßes gegen Art. 5 GrO für rechtswidrig erklärt. Der Gerichtshof erkannte hierin eine Verletzung des Art. 8 EMRK, zumal die Interessen des Betroffenen nicht ausreichend berücksichtigt worden seien.[167] Auch Handlungen und Äußerungen von Mitarbeitern, die der Tendenz eines Unternehmens nachhaltig zuwiderlaufen und die betrieblichen Interessen erheblich negativ berühren, sind vertragswidrig und durchaus dazu geeignet, einen wichtigen Grund zu bilden.[168]

55 Eine **Manipulation der Arbeitszeiterfassung** kann einen wichtigen Grund für eine außerordentliche Kündigung darstellen. Überträgt ein Arbeitgeber dem Arbeitnehmer den Nachweis der täglich geleisteten Arbeitszeit und täuscht dieser durch falsches Betätigen bzw. Nichtbetätigen der Gleitzeiteinrichtung oder in anderer Weise für sich bzw. andere eine höhere Arbeitszeit als die tatsächlich geleistete vor, so stellt dies einen schweren Vertrauensmissbrauch dar, der je nach den Umständen des Einzelfalls dazu geeignet ist, einen wichtigen Grund zu bilden.[169] Nimmt ein Arbeitnehmer eine **Raucherpause** in Anspruch, ohne –

---

[162] LAG Berlin 16.5.2017 – 7 Sa 38/17, NZA-RR 2017, 532; LAG Hamm 4.6.2009 – 8 Sa 1940/08, BeckRS 2009, 74892.
[163] BVerfG 7.3.2002 – 1 BvR 1962/01, NZA 2002, 609.
[164] BAG 21.2.2001 – 2 AZR 139/00, NZA 2001, 1136, bestätigt durch EGMR 3.2.2011 – 18136/02, NZA 2012, 199.
[165] LAG Köln 13.11.1998 – 11 Sa 25/98, NZA-RR 1999, 232; LAG Hessen 29.8.2011 – 7 Sa 248/11, ZD 2012, 139.
[166] BAG 8.9.2011 – 2 AZR 543/10, NZA 2012, 443, aufgehoben durch BVerfG 22.10.2014 – 2 BvR 661/12, NZA 2014, 1387. Hierzu hat das BAG dem EuGH mit Beschluss vom 28.7.2016 – 2 AZR 746/14 (A), NZA 2017, 388 die Frage zur Beantwortung vorgelegt, ob die Kirchen nach dem Unionsrecht bei Arbeitnehmern in leitender Stellung für loyales und aufrichtiges Verhalten danach unterscheiden dürfen, ob sie der Kirche angehören oder nicht bzw. einer anderen Kirche angehören, was der EuGH zwar nicht ausgeschlossen hat, aber daran geknüpft hat, dass ein Beschluss, der zu einer solchen Unterscheidung führt, Gegenstand einer wirksamen gerichtlichen Kontrolle sein kann, damit sichergestellt wird, dass die in Art. 4 Abs. 2 Richtlinie 2000/78/EG genannten Kriterien erfüllt sind (EuGH 11.9.2018 – C-68/17, NZA 2018, 1187). Vgl. auch (Kündigung bestätigt): BAG 24.4.1997 – 2 AZR 268/96, NZA 1998, 145, bestätigt durch EGMR 23.9.2010 – 425/03, NZA 2011, 277.
[167] EGMR 23.9.2010 – 1620/03, NZA 2011, 279.
[168] BAG 23.10.2008 – 2 AZR 483/07, NZA-RR 2009, 362.
[169] BAG 13.12.2018 – 2 AZR 370/18, NJW 2019, 1161; 12.8.1999 – 2 AZR 832/98, NZA 2000, 27; 24.11.2005 – 2 AZR 39/05, NZA 2006, 484; 21.4.2005 – 2 AZR 255/04, NZA 2005, 991; LAG Schleswig-Holstein 29.3.2011 – 2 Sa 533/10, FD-ArbR 2011, 319067.

trotz verbindlicher Verhaltensregelung – zuvor abzustempeln, so kann dieses Fehlverhalten daher einen wichtigen Grund beschreiben.[170] Hierin liegt ein Arbeitszeitbetrug, der an sich zur Rechtfertigung einer außerordentlichen Kündigung geeignet ist.[171]

Der unerlaubte Zugriff auf E-Mails von Mitarbeitern, Vorstandsmitgliedern etc durch einen Systemadministrator rechtfertigt die fristlose Kündigung, auch wenn über die weitergeleiteten E-Mails aufgezeigt werden soll, dass die Empfänger der Nachrichten vertragswidrig gegen Dienstpflichten verstoßen haben und hierdurch das Unternehmen geschädigt wurde. Der schwerwiegende Verstoß der Vertragspflicht liegt im **Missbrauch von Befugnissen, Zugriffsrechten und technischen Möglichkeiten**. Einer Abmahnung bedarf es regelmäßig nicht. Der Arbeitgeber muss darauf vertrauen können, dass ein Systemadministrator auch in Ausnahmesituationen seine Zugriffsrechte nicht missbraucht und nach Material sucht, das andere belastet.[172] Entsprechendes gilt, wenn ein Arbeitnehmer Hacker-Programme auf ein Laufwerk des Arbeitgebers lädt.[173]

Daher kann auch die **Speicherung** unternehmensbezogener Dateien auf dem privaten PC ohne Sicherung gegen den Zugriff Dritter eine Pflichtverletzung gemäß § 241 Abs. 2 BGB (Rücksichtnahme der Interessen des Arbeitgebers) begründen.[174]

Die Wahrnehmung einer **Nebentätigkeit** während einer bescheinigten Arbeitsunfähigkeit ist als wichtiger Grund geeignet, wenn dadurch der Heilungsprozess ernsthaft gefährdet wird.[175] Problematisch wird die Ausübung einer Nebentätigkeit, wenn dies mit der Haupttätigkeit in irgendeiner Weise kollidiert, sei es wegen unerlaubter Konkurrenz,[176] weil sich die Arbeitsleistungen in der Haupttätigkeit verschlechtern[177] oder sie negative Auswirkungen auf das öffentliche Ansehen des Arbeitgebers hat.[178] Soweit im öffentlichen Dienst die Ausübung einer Nebentätigkeit gegen berechtigte Interessen des Arbeitgebers verstoßen kann, muss der Arbeitnehmer zwar nicht mit der Aufnahme der Nebentätigkeit bis zu einer rechtskräftigen gerichtlichen Entscheidung warten,[179] widerspricht der Arbeitgeber jedoch der Ausübung der Nebentätigkeit, riskiert der Arbeitnehmer eine berechtigte Kündigung. Allerdings führt die Aufnahme einer nichterlaubten Nebentätigkeit ohne Abmahnung nicht ohne weiteres zu einer gerechtfertigten Kündigung.[180] Jedenfalls die Ausübung einer offensichtlich nicht genehmigungsfähigen Nebentätigkeit in Unkenntnis des Arbeitgebers bildet einen wichtigen Grund iSd § 626 Abs. 1 BGB.[181]

Die **Nichtvorlage einer Arbeitsunfähigkeitsbescheinigung** oder die **Nichtanzeige einer Arbeitsunfähigkeit** sind zwar grundsätzlich geeignet, einen wichtigen Grund an sich zu bilden,[182] eine Kündigung dürfte aber regelmäßig dennoch nicht gerechtfertigt sein. Dies kann aber dann anders zu beurteilen sein, wenn weitere Umstände hinzukommen, wie die Absicht des Arbeitnehmers, hierdurch den Betriebsablauf zu stören.[183]

Vervielfältigt ein Arbeitnehmer unter **Nutzung dienstlicher Ressourcen** urheberrechtswidrig Musik- und Audiodateien ist dies als wichtiger Grund geeignet, weil der Arbeitgeber – unabhängig von der Strafbarkeit des Verhaltens durch den Arbeitnehmer – ein Interesse

---

[170] BAG 11.7.2013 – 2 AZR 241/12, NZA 2013, 1259.
[171] BAG 26.9.2013 – 2 AZR 682/12, BAGE 146, 161; 6.9.2007 – 2 AZR 264/06, NZA 2008, 636.
[172] LAG München 8.7.2009 – 11 Sa 54/09, CR 2010, 269; LAG Köln 14.5.2010 – 4 Sa 1257/09, NZA-RR 2010, 579.
[173] LAG Hamm 4.2.2004 – 9 Sa 502/03, LAGReport 2004, 300.
[174] BAG 24.3.2011 – 2 AZR 282/10, NZA 2011, 1029.
[175] BAG 2.3.2006 – 2 AZR 52/05, AP BGB § 626 Krankheit Nr. 14; LAG Rheinland-Pfalz 11.1.2002 – 8 Sa 1159/01, BeckRS 2002, 30466558.
[176] Vgl. hierzu → Rn. 53.
[177] ErfK/*Niemann* BGB § 626 Rn. 118.
[178] BAG 18.9.2008 – 2 AZR 827/06, NZA-RR 2009, 393.
[179] BAG 13.5.2015 – 2 ABR 38/14, BAGE 151, 317.
[180] LAG Düsseldorf 23.1.2019 – 7 Sa 370/18, NZA-RR 2019, 310.
[181] BAG 18.9.2008 – 2 AZR 827/06, NZA-RR 2009, 393.
[182] Vgl. BAG 15.1.1986 – 7 AZR 128/83, AP BGB § 626 Nr. 93; LAG Rheinland-Pfalz 3.2.2014 – 3 Sa 423/13, BeckRS 2014, 68667; LAG Köln 26.11.2009 – 7 Sa 714/09, BeckRS 2010, 73966; 9.2.2009 – 5 Sa 926/08, LAGE § 626 BGB 2002 Nr. 19; 17.11.2000 – 4 Sa 1066/00, NZA-RR 2001, 368; LAG Hessen 13.7.1999 – 9 Sa 206/99, AuR 2000, 75.
[183] Thüringer LAG 2.8.2005 – 5 Sa 319/04, AuA 2006, 178.

daran hat, dass seine Rechner hierzu nicht benutzt werden. Zugleich liegt hierin auch ein Arbeitszeitbetrug.[184]

61 Durch **sexuelle Belästigung** (§§ 3 Abs. 4, 7 Abs. 3 AGG) verletzt der Arbeitnehmer seine Vertragspflicht. Vom AGG wird sie bejaht, wenn unerwünschtes sexuell bestimmtes Verhalten, unerwünschte sexuelle Handlungen und Aufforderungen zu diesen, sexuell bestimmte körperliche Berührungen bzw. Bemerkungen sexuellen Inhalts oder das unerwünschte Zeigen pornographischer Darstellungen bezweckt oder bewirkt, dass die Würde der betroffenen Person verletzt wird. Für das Tatbestandsmerkmal „Bewirken" genügt der bloße Eintritt der Belästigung; ein vorsätzliches Verhalten ist nicht erforderlich. Für das Tatbestandsmerkmal „unerwünscht" muss der Arbeitnehmer seine ablehnende Einstellung zur fraglichen Verhaltensweise nicht aktiv verdeutlichen; maßgeblich ist allein, ob die Unerwünschtheit der Verhaltensweise objektiv erkennbar war.[185] Ob eine sexuelle Belästigung im Einzelfall zur außerordentlichen Kündigung berechtigt, hängt von den Umständen des Einzelfalls, also zB von ihrem Umfang und ihrer Intensität ab.[186] Auch gemäß § 12 Abs. 3 AGG ist zuvor eine umfassende Interessenabwägung geboten, innerhalb derer zu prüfen ist, ob die Wiederholungsgefahr durch mildere Mittel wie zB Umsetzung, Versetzung oder Abmahnung ausgeschlossen werden kann.[187]

62 Der versuchte **Prozessbetrug** des Arbeitnehmers zu Lasten des Arbeitgebers kann als wichtiger Grund geeignet sein.[188] Ob der Versuch im strafrechtlichen Sinne untauglich war, ist unerheblich. Allerdings kann der Arbeitgeber mit diesem Kündigungsgrund präkludiert sein, wenn der dem prozessualen Vortrag des Arbeitnehmers zu Grunde liegende Vorwurf bereits als Kündigungsgrund im Vorprozess vorgetragen und durch Urteil rechtskräftig als in der Sache nicht ausreichend angesehen worden ist. Eine Nachprüfung dieses Vorwurfs würde dazu führen, dass ein Sachverhalt, von dem rechtskräftig feststeht, dass er keinen wichtigen Grund zur Kündigung des Arbeitsverhältnisses darstellte, nunmehr doch zur Begründung einer Kündigung herangezogen werden könnte.[189]

63 Die Abgabe einer **falschen eidesstattlichen Versicherung** in einem einstweiligen Verfügungsverfahren auf Weiterbeschäftigung ist an sich dazu geeignet, einen wichtigen Grund zu erfüllen.[190]

64 Ein Verstoß gegen die **Pflicht zur Rücksichtnahme** auf die andere Vertragspartei, § 241 Abs. 2 BGB, kann zur Kündigung berechtigen. Der Arbeitnehmer hat die mit dem Arbeitsverhältnis zusammenhängenden Interessen des Arbeitgebers so zu wahren, wie dies von ihm unter Berücksichtigung seiner Stellung und Tätigkeit im Betrieb, seiner eigenen Interessen und der Interessen der anderen Arbeitnehmer des Betriebs nach Treu und Glauben verlangt werden kann.[191] Die Pflicht zur Rücksichtnahme kann sich etwa bei Straftaten außerhalb der Arbeitszeit auswirken,[192] sie kann dazu verpflichten, den Arbeitgeber vor finanziellem Schaden zu bewahren[193] sich nicht vorsätzlich auf Kosten des Arbeitgebers einen ihm nicht zustehenden Vermögensvorteil zu verschaffen,[194] oder Zweifel an der eigenen Arbeitsfähigkeit anzuzeigen.[195] Die Pflicht zur Rücksichtnahme gilt auch während einer krankheitsbe-

---

[184] BAG 16.7.2015 – 2 AZR 85/15, NZA 2016, 161.
[185] BAG 29.6.2017 – 2 AZR 302/16, BAGE 159, 267.
[186] Vgl. BAG 29.6.2017 – 2 AZR 302/16, BAGE 159, 267; 20.11.2014 – 2 AZR 651/13, BAGE 150, 109; 9.6.2011 – 2 AZR 323/10, NZA 2011, 1342.
[187] BAG 20.11.2014 – 2 AZR 651/13, BAGE 150, 109; 9.6.2011 – 2 AZR 323/10, NZA 2011, 1342. Vgl. auch Sächs. LAG 10.3.2000 – 2 Sa 635/99, NZA-RR 2000, 468: Das Verhalten des Arbeitnehmers muss nicht exakt die Merkmale einer sexuellen Belästigung am Arbeitsplatz erfüllen. Es reicht aus, dass dieses Verhalten ihnen nahekommt.
[188] BAG 23.10.2014 – 2 AZR 644/13, BAGE 149, 367; 8.11.2007 – 2 AZR 528/06, AP BGB § 626 Nr. 209: Bewusst wahrheitswidriger Vortrag des Arbeitnehmers im Kündigungsschutzprozess, weil dieser befürchtet, bei wahrheitsgemäßem Vortrag den Prozess zu verlieren.
[189] BAG 8.11.2007 – 2 AZR 528/06, AP BGB § 626 Nr. 209.
[190] BAG 24.11.2005 – 2 ABR 55/04, NZA-RR 2006, 392.
[191] BAG 8.5.2014 – 2 AZR 249/13, NZA 2014, 1258; 28.10.2010 – 2 AZR 293/09, NZA 2011, 112.
[192] Vgl. etwa BAG 26.9.2013 – 2 AZR 741/12, NZA 2014, 529 und unter → Rn. 70.
[193] BAG 23.6.2009 – 2 AZR 103/08, NZA 2009, 1198.
[194] BAG 31.1.2019 – 2 AZR 426/18, BAGE 165, 255; 22.9.2015 – 2 AZR 848/15, NZA 2017, 112.
[195] BAG 20.10.2016 – 6 AZR 471/15, NZA 2016, 1527.

dingten Arbeitsunfähigkeit¹⁹⁶ oder während eines betrieblichen Eingliederungsmanagements.¹⁹⁷

Eine **Schlecht- oder Minderleistung** kann eine ordentliche Kündigung rechtfertigen.¹⁹⁸ 65
Eine außerordentliche Kündigung kann im Einzelfall ausnahmsweise gerechtfertigt sein, etwa bei besonders vertrauensvollen Tätigkeiten (Arzt, Pilot), wenn schon eine fahrlässige Pflichtverletzung das Risiko eines hohen Schadens hat.¹⁹⁹ Allerdings kann eine bewusste Schlechtleistung, um eine vorherige unbeabsichtigte Schlechtleistung zu vertuschen, einen wichtigen Grund bilden.²⁰⁰

Die Erstattung einer **Strafanzeige durch den Arbeitnehmer** gegen seinen Arbeitgeber 66
oder einen Vorgesetzten kann nur dann einen an sich geeigneten Kündigungsgrund darstellen, wenn dem wissentlich unwahre oder leichtfertig gemachte falsche Angaben zugrunde liegen, da mit einer Anzeige bei Behörden grundsätzlich eine von der Rechtsordnung gebilligte Möglichkeit wahrgenommen wird.²⁰¹ Die Zumutbarkeitsprüfung muss sich auf alle vernünftigerweise in Betracht kommenden Umstände des Einzelfalls erstrecken und diese vollständig und widerspruchsfrei gegen einander abwägen. Dabei ist nach bisheriger Rechtsprechung ua entscheidend, ob der Arbeitnehmer zuvor versucht hat, den Arbeitgeber durch entsprechende Hinweise oder Vorhalte von seiner Handlungsweise abzubringen oder ob er sich durch die Nichtanzeige selbst einer Strafverfolgung aussetzt. Deshalb rechtfertigt eine wider besseres Wissen oder leichtfertig erstattete Strafanzeige grundsätzlich auch die außerordentliche Kündigung. Eine **Strafanzeige wegen Missständen am Arbeitsplatz** kann gerechtfertigt sein, wenn vernünftigerweise nicht erwartet werden kann, dass innerbetriebliche Beschwerden zu einer Untersuchung und Abhilfe führen. Arbeitnehmer haben aber grds. zunächst innerbetriebliche Kommunikationswege zu nutzen, bevor sie mögliche Missstände im Betrieb nach Außen tragen.²⁰² Allerdings hat das öffentl. Interesse an Informationen zB über Mängel in der Altenpflege in staatlichen Pflegeheimen so viel Gewicht, dass es gegenüber dem Interesse des Unternehmens am Schutz seines guten Rufs überwiegen kann.²⁰³ Auch wenn die Anzeige Straftaten des Arbeitgebers selbst zum Gegenstand hat, kann eine vorherige innerbetriebliche Aufklärung uU unterbleiben.²⁰⁴

Über welchen Kommunikationsweg der vermeintliche Missstand an die Öffentlichkeit 67
gebracht wird, kann sich auf die Abwägung der gegenseitigen Interessen auswirken.²⁰⁵

Auch die **widerrechtliche Drohung mit einer Strafanzeige oder mit entsprechendem Sachvortrag** 68
in einem gegen den Arbeitgeber geführten Rechtsstreit, kann als wichtiger Grund genügen.²⁰⁶

---

¹⁹⁶ BAG 2.11.2016 – 6 AZR 471/15, NZA 2017, 183.
¹⁹⁷ Vgl. BAG 29.6.2017 – 2 AZR 47/16, NZA 2017, 1605.
¹⁹⁸ BAG 11.2.2003 – 2 AZR 667/02, NZA 2004, 784.
¹⁹⁹ BAG 31.1.1985, BeckRS 1985, 30712705; 14.10.1965 – 2 AZR 466/64, AP BetrVG § 66 Nr. 27; LAG Düsseldorf 4.11.2005 – 9 Sa 993/05, LAGE BGB 2002 § 626 Nr. 7.
²⁰⁰ BAG 17.1.2008 2 AZR 821/06, NZA 2008, 777.
²⁰¹ BVerfG 2.7.2001 – 1 BvR 2049/00, NZA 2001, 888; BAG 3.7.2003 – 2 AZR 235/02, NJW 2004, 1547: Rache, Schädigungsabsicht; LAG Düsseldorf 7.1.2002 – 11 Sa 1422/01, DB 2002, 1612; LAG Rheinland-Pfalz 30.10.2002 – 9 Sa 857/02, BeckRS 2002, 30797276: Lkw-Fahrer behauptet, ohne es belegen zu können, deutliche Lenkzeitüberschreitungen; BAG 7.7.2006 – 2 AZR 400/05, NZA 2007, 503; LAG Berlin 28.3.2006 – 7 Sa 1884/05, LAGE BGB 2002 § 626 Nr. 7b; LAG Schleswig-Holstein 17.8.2011 – 3 Sa 196/11, LAGE BGB 2002 § 626 Nr. 35: Drohung mit einer Strafanzeige nach Eigenkündigung zur Erlangung eines ungerechtfertigten Vermögensvorteils.
²⁰² BAG 15.12.2016 – 2 AZR 42/16, NZA 2017, 703; 31.7.2014 – 2 AZR 505/13, BAGE 149, 1; 3.7.2003 – 2 AZR 235/02, BAGE 107, 36.
²⁰³ Der EGMR 21.7.2011 – 28274/08, NZA 2011, 1269 hat entschieden, dass die deswegen erklärte fristlose Kündigung unverhältnismäßig war und dass durch die entgegenstehenden nationalen Entscheidungen Art. 10 EMRK verletzt worden sei.
²⁰⁴ BAG 7.12.2006 – 2 AZR 400/05, NZA 2007, 502.
²⁰⁵ BAG 31.7.2014 – 2 AZR 505/13, BAGE 149, 1. Künftig werden hier die Vorgaben der Hinweisgeberrichtlinie RL 2019/1937 zu beachten sein, die bis zum 17.12.2021 in deutsches Recht umgesetzt sein muss. Hiernach stehen die Möglichkeiten, ein internes oder ein externes Meldesystem zu nutzen, alternativ nebeneinander.
²⁰⁶ Vgl. BAG 8.5.2014 – 2 AZR 249/13, NZA 2014, 1258.

69 Begeht oder beteiligt sich der Arbeitnehmer an einer (Kartell-)Straftat kann dies einen wichtigen Grund iSd § 626 Abs. 1 BGB bilden. Dabei kommt es maßgeblich auf die Art und das Ausmaß der Mitwirkung des Arbeitnehmers an. Abhängig von der Qualität der Pflichtverletzung und der Stellung des Arbeitnehmers kann bedeutsam sein, ob er annehmen konnte, die wettbewerbswidrigen Handlungen seien dem Arbeitgeber bekannt und würden von ihm gebilligt oder unterstützt.[207]

70 Begeht ein Arbeitnehmer eine **strafbare Handlung außerhalb der Arbeitszeit** zu Lasten seines Arbeitgebers oder schädigt er seinen Arbeitgeber in ähnlich schwerwiegender Weise vorsätzlich, so kann dies die Kündigung aus wichtigem Grund rechtfertigen.[208] Der Arbeitnehmer ist auch außerhalb der Arbeitszeit verpflichtet, auf die berechtigten Interessen des Arbeitgebers Rücksicht zu nehmen.[209] Berechtigte Interessen des Arbeitgebers werden beeinträchtigt, wenn das Verhalten des Arbeitnehmers negative Auswirkungen auf den Betrieb oder einen Bezug zum Arbeitsverhältnis hat.[210] Dies kann wiederum der Fall sein, wenn der Arbeitnehmer die Straftat unter Nutzung von Betriebsmitteln oder betrieblichen Einrichtungen begeht.[211] Der notwendige Bezug kann auch dadurch entstehen, dass sich der Arbeitgeber oder andere Arbeitnehmer staatlichen Ermittlungen ausgesetzt sehen oder in der Öffentlichkeit mit der Straftat in Verbdingung gebracht werden.[212] Fehlt hingegen ein solcher Zusammenhang mit dem Arbeitsverhältnis, scheidet eine Verletzung der vertraglichen Pflicht zur Rücksichtnahme auf die Interessen des Arbeitgebers regelmäßig aus.[213] Daher berechtigen die versuchte Sprengung eines Baumes in einer Rheinaue[214] oder rechtsradikalen Aktivitäten in der Freizeit[215] nicht zur außerordentlichen Kündigung, da kein sonstiger Zusammenhang zum Arbeitsverhältnis vorlag. Entsprechendes gilt für einen Personalsachbearbeiter der Polizei wegen privaten Besitzes kinderpornographischen Materials.[216] Dagegen ist die Verurteilung wegen Körper- oder Sittlichkeitsdelikten bei Lehrern ein wichtiger Grund.[217] Selbst wenn ein Freispruch erfolgt, kann immer noch der Verdacht einer sexuellen Belästigung die Kündigung begründen.[218] Eine Steuerhinterziehung in erheblicher Höhe ist bei einem Angestellten der Finanzbehörde als wichtiger Grund zur fristlosen Kündigung auch dann geeignet, wenn der Angestellte die Hinterziehung selbst angezeigt hat.[219] Der versuchte Aufbruch eines Zigarettenautomaten außerhalb des Arbeitsbereichs unter Verwendung von Werkzeug des öffentlichen Arbeitgebers ist dazu geeignet, einen wichtigen Grund zu beschreiben.[220]

71 **Tätlichkeiten unter Arbeitnehmern** können einen wichtigen Grund für eine außerordentliche Kündigung darstellen. Der tätliche Angriff auf Arbeitskollegen ist eine schwerwiegende Verletzung der arbeitsvertraglichen Nebenpflichten eines Arbeitnehmers. Daher kann dem Angreifer regelmäßig fristlos gekündigt werden. Auch bei anderen Teilnehmern an einer tätlichen Auseinandersetzung kann eine außerordentliche Kündigung gerechtfertigt sein, wenn diese – ohne dass eine eindeutige Notwehrlage bestand – aktiv mit Angriffswillen an der tätlichen Auseinandersetzung teilgenommen haben.[221]

---

[207] BAG 18.6.2015 – 2 AZR 256/14, NZA 2016, 287.
[208] BAG 16.12.2010 – 2 AZR 485/08, NZA 2011, 571.
[209] BAG 28.10.2010 – 2 AZR 293/09, NZA 2011, 112; 10.9.2009 – 2 AZR 257/08, BAGE 132, 72; 23.10.2008 – 2 AZR 483/07, NZA-RR 2009, 362.
[210] BAG 10.9.2009 – 2 AZR 257/08, BAGE 132, 72; 27.11.2008 – 2 AZR 98/07, AP KSchG 1969 § 1 Nr. 90; 23.10.2008 – 2 AZR 483/07, NZA-RR 2009, 362.
[211] BAG 28.10.2010 – 2 AZR 293/09, NZA 2011, 112; 10.9.2009 – 2 AZR 257/08, BAGE 132, 72.
[212] BAG 28.10.2010 – 2 AZR 293/09, NZA 2011, 112; 27.11.2008 – 2 AZR 98/07, NZA 2009, 604; 23.10.2008 – 2 AZR 483/07, NZA-RR 2009, 362.
[213] BAG 28.10.2010 – 2 AZR 293/09, NZA 2011, 112; 10.9.2009 – 2 AZR 257/08, BAGE 132, 72.
[214] LAG Düsseldorf 12.4.2018 – 11 Sa 319/17, LAGE BGB 2002 § 626 Verdacht strafbarer Handlung Nr 18.
[215] LAG Niedersachsen 21.3.2019 – 13 Sa 371/18, BeckRS 2019, 7992
[216] LAG Hamm 27.8.2015 – 15 Sa 262/15, BeckRS 2016, 65489.
[217] Vgl. BAG 25.10.2012 – 2 AZR 700/11, NZA 2013, 371.
[218] BAG 2.3.2017 – 2 AZR 698/15, NZA 2017, 1051.
[219] BAG 21.6.2001 – 2 AZR 325/00, NZA 2002, 1030.
[220] LAG Hamm 17.11.2000 – 17 Sa 1447/00, BeckRS 2000, 30788528.
[221] BAG 6.10.2005 – 2 AZR 280/04, NZA 2006, 431: Tätlichkeit unter Arbeitnehmern; LAG Köln 11.12.2002 – 7 Sa 726/02, NZA-RR 2003, 470; LAG Niedersachsen 27.9.2002 – 10 Sa 626/02, NZA-RR

Das **ungebührliche Behandeln von Untergebenen durch Vorgesetzte** kann als Tatsache an 72 sich geeignet sein, die fristlose Kündigung zu rechtfertigen, etwa wenn es zum berechtigten Boykott der untergebenen Mitarbeiter führt.[222] Auch Bossing oder Mobbing kann zum Ausspruch einer außerordentlichen Kündigung berechtigen.[223]

Das **unentschuldigte Fehlen** des Arbeitnehmers für die Dauer eines ganzen Tages ohne 73 ausreichenden Grund und ohne ausreichende Information des Arbeitgebers ist im Wiederholungsfall nach einschlägiger Abmahnung – je nach den Umständen des Einzelfalls – an sich geeignet, eine außerordentliche Kündigung zu begründen.[224] Der Arbeitgeber ist hierbei regelmäßig nicht verpflichtet, Betriebsablaufstörungen darzulegen. Im Rahmen der vorzunehmenden Interessenabwägung ist unerheblich, ob überhaupt Aufgaben durch die Abwesenheit des Arbeitnehmers nicht erledigt wurden.[225]

Die **unerlaubte Nutzung von Betriebsmitteln** zu privaten Zwecken, kann eine außeror- 74 dentliche Kündigung rechtfertigen. Hierunter fällt die Nutzung eines Dienst-PCs,[226] eines Dienstfahrzeugs[227] oä. Darüber hinaus ist der Arbeitnehmer zum **sorgfältigen Umgang** mit ihm überlassenen Betriebsmitteln verpflichtet.[228]

Ebenso kann eine **unerlaubte Nutzung des Internets** zu einer außerordentlichen Kündi- 75 gung berechtigen. Hierbei ist nach den möglichen Kündigungsgründen zu unterscheiden. Zunächst kann das Herunterladen einer erheblichen Menge von Daten aus dem Internet auf betriebliche Datensysteme („unbefugter Download"), insbesondere wenn damit einerseits die Gefahr möglicher Vireninfizierung oder anderer Störungen des – betrieblichen – Systems verbunden sein könnte oder andererseits von solchen Daten, bei deren Rückverfolgung es zu möglichen Rufschädigungen des Arbeitgebers kommen kann, beispielsweise, weil strafbare oder pornografische Darstellungen heruntergeladen werden, zu einer fristlosen Kündigung berechtigen. Weitere Gründe sind die private Nutzung des vom Arbeitgeber zur Verfügung gestellten Internetanschlusses als solche, weil durch sie dem Arbeitgeber möglicherweise – zusätzliche – Kosten entstehen können und der Arbeitnehmer jedenfalls die Betriebsmittel – unberechtigterweise – in Anspruch genommen hat und die private Nutzung des vom Arbeitgeber zur Verfügung gestellten Internets oder anderer Arbeitsmittel während der Arbeitszeit, weil der Arbeitnehmer während des Surfens im Internet oder einer intensiven Betrachtung von Videofilmen oder -spielen zu privaten Zwecken seine arbeitsvertraglich geschuldete Arbeitsleistung nicht erbringt und dadurch seiner Arbeitspflicht nicht nachkommt und sie verletzt.[229]

Die **unerlaubte Nutzung von Einrichtungen der Telekommunikation** kann einen wich- 76 tigen Grund iSd § 626 Abs. 1 BGB bilden. Eine außerordentliche Kündigung kann in Betracht gezogen werden, wenn der langjährig beschäftigte Arbeitnehmer umfangreiche **private Telefongespräche** geführt und diese nicht abgerechnet hat.[230] Ein Verstoß gegen das vom Arbeitgeber ausgesprochene Verbot des **privaten E-Mail-Verkehrs,** das dem Virenschutz dienen soll, rechtfertigt erst nach vorausgegangener erfolgloser Abmahnung den Ausspruch einer

---

2003, 76: Tätlichkeit gegen Vorgesetze; 5.8.2002 – 5 Sa 517/02, NZA-RR 2003, 75: tätlicher Angriff mit heißem Tee; LAG Hamm 8.11.2000 – 18 Sa 754/00, LAGE BGB § 626 Nr. 132.

[222] BAG 28.5.2009 – 2 AZR 223/08, AP ZPO § 520 Nr. 2: Ein Vorgesetzter hatte auf Untergebene mit einer Soft-Air-Pistole geschossen, einem Untergebene eine Gaspistole an die Schläfe, einem anderen ein Messer an die Kehle gehalten, einem weiteren Mitarbeiter mit einer elektrischen Fliegenklatsche einen Stromschlag versetzt und einen Mitarbeiter mit einer Leder-Peitsche geschlagen.

[223] Thüringer Landesarbeitsgericht 15.2.2001 – 5 Sa 102/2000, NZA-RR 2001, 577; OVG Mecklenburg-Vorpommern 7.1.2004 – 8 L 162/03, NZA-RR 2004, 671 zur Störung des Betriebsfriedens.

[224] BAG 15.3.2001 – 2 AZR 147/00, EZA BGB § 626 nF Nr. 185.

[225] BAG 15.3.2001 – 2 AZR 147/00, EZA BGB § 626 nF Nr. 185.

[226] BAG 16.7.2015 – 2 AZR 85/15, NZA 2016, 161.

[227] BAG 9.3.1961 – 2 AZR 129/60, NJW 1961, 1422.

[228] LAG Rheinland-Pfalz 5.12.2018 – 7 Sa 186/18, BeckRS 2018, 38949; 4.12.2011 – 3 Sa 316/11, NZA-RR 2013, 129.

[229] BAG 31.5.2007 – 2 AZR 200/06, NZA 2007, 922; 27.4.2006 – 2 AZR 386/05, AP BGB § 626 Nr. 202; 12.1.2006 – 2 AZR 179/05, AP KSchG 1969 § 1 Verhaltensbedingte Kündigung Nr. 54; 7.7.2005 – 2 AZR 581/04, AP BGB § 626 Nr. 192.

[230] BAG 5.12.2002 – 2 AZR 478/01, DB 2003, 1685; VG Mainz 2.2.2010 – 5 K 1390/09, PersR 2010, 262.

verhaltensbedingten außerordentlichen/ordentlichen Kündigung.[231] Ohne vorherige Abmahnung kann hingegen die fristlose Kündigung nach festgestellter exzessiver E-Mail Kommunikation statthaft sein.[232]

77 Eine **Urlaubsüberschreitung oder Selbstbeurlaubung** ist an sich dazu geeignet, eine außerordentliche Kündigung gemäß § 626 Abs. 1 BGB zu begründen. Für ein derartiges Selbstbeurlaubungsrecht fehlt jede Rechtsgrundlage.[233] Dies gilt auch kurz vor Ende des Übertragungszeitraums nach § 7 Abs. 3 BUrlG. Der Arbeitnehmer ist auf die Inanspruchnahme gerichtlicher Hilfe angewiesen, um seinen Urlaubsanspruch zu realisieren.[234] Allerdings wäre eine willkürliche Urlaubsverweigerung seitens des Arbeitgebers oder eine Nichtbearbeitung des Urlaubsantrags in der Interessenabwägung zugunsten des Arbeitnehmers zu berücksichtigen.[235] Dagegen wird eine unverschuldete Urlaubsüberschreitung keinen wichtigen Grund iSd § 626 Abs. 1 BGB bilden können.

78 Das **Verbreiten ausländerfeindlicher Parolen** im Betrieb kann auch ohne vorherige Abmahnung eine fristlose Kündigung rechtfertigen.[236]

79 **Vermögensdelikte**, wie ein **Spesenbetrug oder ein Diebstahl** bilden grundsätzlich einen wichtigen Grund iSd § 626 Abs. 1 BGB.[237] Das Gewicht der Pflichtverletzung wird verstärkt, wenn dem Arbeitnehmer aufgrund seiner Position eine Vermögensbetreuungspflicht zukommt.[238] Eine vom Arbeitnehmer zu seinen Gunsten erstellte fehlerhafte Spesenabrechnung rechtfertigt auch dann den Vorwurf unredlichen Verhaltens und erfüllt eine Tatsache, die an sich als wichtiger Grund geeignet ist, wenn der Arbeitnehmer Spesen nicht hat abrechnen wollen und dies nur auf Aufforderung des Arbeitgebers aus dem Gedächtnis heraus erledigt, er den Arbeitgeber dabei allerdings nicht auf die bestehende Unsicherheit hinweist.[239]

80 Auch **Vermögensdelikte mit geringem Wert** sind grundsätzlich dazu geeignet, die Kündigung aus wichtigem Grund zu rechtfertigen.[240] Selbst eine rechtswidrige Handlung bei der überhaupt kein Schaden entstanden ist, kann ggf. eine fristlose Kündigung rechtfertigen, weil der mit der Pflichtverletzung einhergehende Vertrauensbruch maßgebend ist.[241] Immer sind die Umstände des Einzelfalls zu beachten und die beiderseitigen Interessen gegeneinander abzuwägen. Dabei ist insbesondere zu berücksichtigen, ob der Arbeitnehmer bereits geraume Zeit in einer Vertrauensstellung beschäftigt war, ohne vergleichbare Pflichtverletzungen begangen zu haben. Denn eine langjährig ungestörte Vertrauensbeziehung zweier Vertragspartner wird nicht notwendig schon durch eine erstmalige Vertrauensenttäuschung vollständig und unwiederbringlich zerstört. Je länger eine Vertragsbeziehung ungestört bestanden hat, desto eher kann die Prognose berechtigt sein, dass der dadurch erarbeitete Vorrat an Vertrauen durch einen erstmaligen Vorfall nicht vollständig aufgezehrt wird. Entscheidend ist ein objektiver Maßstab, nicht die subjektive Einschätzung des Arbeitgebers.[242]

---

[231] LAG Hessen 13.12.2001 – 5 Sa 987/2001, MDR 2002, 1075.
[232] LAG Niedersachsen 31.5.2010 – 12 Sa 875/09, NZA-RR 2010, 406: Ein schwerbehinderter Arbeitnehmer hatte innerhalb von 7 Wochen jeden Tag mehrere Stunden mit dem Lesen und Schreiben privater E-Mails zugebracht; teilweise sogar in einem solchen Umfang, dass die Erledigung der Tagesarbeit nicht gewährleistet war.
[233] BAG 23.1.2001 – 9 AZR 287/99, BAGE 97, 23.
[234] BAG 20.1.1994 – 2 AZR 521/93, NZA 1994, 548; 31.1.1985 – 2 AZR 486/83, NZA 1994, 548; LAG Köln 16.3.2001 – 11 Sa 1479/00, NZA-RR 2001, 533.
[235] BAG 16.3.2000 – 2 AZR 75/99, NZA 2000, 1332; 31.1.1996 – 2 AZR 282/95, EzA KSchG § 1 Verhaltensbedingte Kündigung Nr. 47; LAG Köln 28.6.2013 – 4 Sa 8/13, NZA-RR 2014, 13.
[236] BAG 1.7.1999 – 2 AZR 676/98, NZA 1999, 1270.
[237] BAG 11.7.2013 – 2 AZR 994/12, NZA 2014, 250; 21.6.2012 – 2 AZR 694/11, NZA 2013, 199; 6.9.2007 – 2 AZR 264/06, NZA 2008, 636; 16.12.2010 – 2 AZR 485/08, NZA 2011, 571.
[238] Vgl. BAG 12.8.1999 – 2 AZR 923/98, NZA 2000, 421; 1.2.2007 – 2 AZR 333/06, NZA 2007, 744.
[239] LAG Nürnberg 28.3.2003 – 4 Sa 136/02, LAGE BGB § 626 Nr. 149.
[240] BAG 6.9.2007 – 2 AZR 264/06, NZA 2008, 636.
[241] BAG 12.2.2015 – 6 AZR 845/13, NZA 2015, 741; 31.7.2014 – 2 AZR 407/13, NZA 2015, 621; 20.6.2013 – 2 AZR 546/12, BAGE 145, 278.
[242] BAG 10.6.2010 – 2 AZR 541/09, NZA 2010, 1227: Getränkepfand Bon über 1,30 EUR; vgl. demgegenüber BAG 12.2.2015 – 6 AZR 845/13, NZA 2015, 741: Ein Betrag von 50,00 EUR ist auch bei einem Bankinstitut eine erhebliche Summe.

Auch **Vermögensdelikte gegenüber Kollegen** können eine fristlose Kündigung rechtfertigen.[243]

Ein nachhaltiger **Verstoß des Arbeitnehmers gegen berechtigte Weisungen** des Arbeitgebers kann eine fristlose Kündigung rechtfertigen.[244] Unzumutbare Arbeiten muss der Arbeitnehmer aber nicht ausführen.[245] Kommt der Arbeitnehmer einer Weisung nicht nach, weil er glaubt, diese Leistung nicht zu schulden, liegt hierin nicht in jedem Fall ein Pflichtverstoß.[246] Maßgeblich ist stattdessen, ob der Arbeitnehmer trotz sorgfältiger Erkundigung und Prüfung der Rechtslage die Überzeugung gewinnen durfte, nicht zu dieser Arbeit verpflichtet zu sein.[247] Der Arbeitnehmer ist auch nicht an solche Weisungen gebunden, die die Grenzen billigen Ermessens überschreiten.[248] Kommt ein Arbeitnehmer einer Anweisung allerdings nicht nach, weil er glaubt, sie sei nicht rechtmäßig, hat grundsätzlich er selbst das Risiko zu tragen, dass sich seine Rechtsauffassung als unzutreffend erweist.[249]

Bei einem generellen **Drogenverbot** in einem Erziehungsheim liegt in der Mitwirkung eines Erziehers am Canabis-Verbrauch eines anvertrauten Heiminsassen ein wichtiger Grund.[250]

Kommt der Arbeitnehmer einer Weisung nicht nach, weil er sich – etwa wegen seiner religiösen Überzeugungen – in einem **Gewissenkonflikt** befindet, kommt es darauf an, ob die Arbeit anderweitig erledigt werden kann, inwiefern sie zur Hauptleistung des Arbeitnehmers gehört und ob der Gewissenskonflikt für den Arbeitnehmer bei Eingehung des Arbeitsverhältnisses absehbar war.[251]

Führt der Arbeitnehmer seinen Vorgesetzten dagegen in die Irre, um den Peinlichkeiten der Entdeckung **unachtsamer Dienstausübung** zu entgehen, kann die **Bemäntelung** regelmäßig keine schärfere Reaktion rechtfertigen als die unachtsame Dienstausübung selbst.[252]

Durch Vollmachtsüberschreitung und daraus resultierender Einbindung in polizeiliche Ermittlungen sind schwerwiegende Gründe gesetzt, die grundsätzlich dazu geeignet sind, die sofortige Beendigung des Arbeitsverhältnisses durch außerordentliche Kündigung zu rechtfertigen.[253] Auch die Vertragsverletzung eines Angestellten in gehobener Stellung wie zB die **Vollmachtsüberschreitung oder Loyalitätsverletzung** beim Vorarbeitgeber schlagen auf das Folgearbeitsverhältnis im Konzern durch, wenn die Konzernzugehörigkeit im Folgearbeitsverhältnis in vollem Umfang angerechnet wird und dieses Fehlverhalten mit Beginn der Tätigkeit zur Unzumutbarkeit des Arbeitsverhältnisses führt. Betreibt der Geschäftsführer eines Vereins die Abwahl von dessen Vorsitzenden in „intriganter Weise", kann hierin ein wichtiger Grund liegen.[254]

Das **Vortäuschen** einer **Arbeitsunfähigkeit** kann eine Kündigung aus wichtigem Grund – auch als Verdachtskündigung – rechtfertigen.[255] Letztere ist jedoch rechtsunwirksam, sobald sich nachträglich ausreichende entlastende Gesichtspunkte für den betroffenen Arbeitneh-

---

[243] Vgl. LAG Rheinland-Pfalz 25.1.2008 – 9 Sa 662/07, BeckRS 2008, 51717; LAG Hamm 7.1.2005 – 10 Sa 1228/04, BeckRS 2005, 41005; LAG Rheinland-Pfalz 11.2.2004 – 9 Sa 2037/03, BeckRS 2013, 70255.
[244] BAG 23.8.2018 – 2 AZR 235/18, AP BGB § 626 Nr. 272; 12.5.2010 – 2 AZR 845/08, NZA 2010, 1348. Vgl. auch LAG Hamm 20.4.2011 – 4 Sa 2230/10, NZA-RR 2011, 640: Mitarbeiter eines Call-Centers verabschiedet sich trotz Abmahnung weiterhin mit dem Gruß „Jesus hat Sie lieb! Vielen Dank für Ihren Einkauf bei … und einen schönen Tag!".
[245] BAG 25.7.1957 – 1 AZR 194/56, AP BGB § 615 Betriebsrisiko Nr. 3.
[246] Vgl. insoweit noch BAG 22.2.2012 – 5 AZR 249/11, BAGE 141, 34.
[247] BAG 22.10.2015 – 2 AZR 569/14, NZA 2016, 417.
[248] BAG 28.6.2018 – 2 AZR 436/17, NZA 2018, 1259; 18.10.2017 – 10 AZR 330/16, NZA 2017, 1452; 14.6.2017 – 10 AZR 330/16, BAGE 160, 296.
[249] BAG 28.6.2018 – 2 AZR 436/17, NZA 2018, 1259; 23.8.2018 – 2 AZR 235/18, AP BGB § 626 Nr. 272.
[250] BAG 18.10.2000 – 2 AZR 131/00, NZA 2001, 383.
[251] Vgl. BAG 22.5.2003 – 2 AZR 426/02, AP KSchG 1969 § 1 Wartezeit Nr. 18; 24.2.2011 – 2 AZR 636/09, BAGE 137, 164.
[252] BAG 25.11.2010 – 2 AZR 801/09, NZA-RR 2012, 222.
[253] LAG Köln 28.3.2001 – 8 Sa 405/00, NZA-RR 2002, 85. Siehe auch BAG 11.3.1999 – 2 AZR 51/98, BeckRS 1999, 15024.
[254] BAG 1.6.2017 – 6 AZR 720/15, NZA 2017, 1332.
[255] BAG 17.6.2003 – 2 AZR 123/02, NZA 2004, 564; 14.2.1996 – 2 AZR 234/95, NZA 1996, 811; 26.8.1993 – 2 AZR 154/93, BAGE 74, 127.

mer ergeben. Grds. ist von einem **hohen Beweiswert** einer vorgelegten Arbeitsunfähigkeitsbescheinigung auszugehen.[256] Dieser ist aber dann erschüttert, wenn die Arbeitsunfähigkeitsbescheinigung mehr als zwei Tage rückdatiert wurde oder der Arbeitnehmer zuvor seine Arbeitsunfähigkeit androht.[257] Eine während der Krankheit ausgeübte Nebentätigkeit erschüttert den Beweiswert einer Arbeitsunfähigkeitsbescheinigung nicht per se. Maßgeblich sind die Umstände des Einzelfalls, wie die Art der Erkrankung oder der Nebentätigkeit.[258] Ist der Beweiswert einer Arbeitsunfähigkeitsbescheinigung erschüttert, führt dies nicht unmittelbar zur Wirksamkeit der Kündigung. Unter Umständen kann die Erschütterung des Beweiswerts zu einer Umkehr der Darlegungs- und Beweislast führen, grundsätzlich verbleibt diese aber beim Arbeitgeber. Er hat weiter nachzuweisen, dass die Arbeitsunfähigkeit vorgetäuscht war.[259] Geeignete Beweismittel sind nach Auffassung des BAG die Vernahme des behandelnden Arztes oder die Einsichtnahme in dessen Patientenkarte.[260] Die Erhebung eines Sachverständigengutachtens wird nicht als Beweismittel genannt. Ggf. liegt hierin auch ein Ausforschungsbeweis.[261]

87 Fordert der Arbeitnehmer bei der Ausführung von vertraglichen Aufgaben Vorteile für sich, lässt er sich etwas versprechen oder nimmt er etwas entgegen, verletzt er seine Pflicht zur Rücksichtnahme auf die berechtigten Interessen des Arbeitgebers. Dies gilt unabhängig davon, ob das Verhalten wegen **Vorteilsannahme** nach § 331 Abs. 1 StGB bzw. **Bestechlichkeit** nach § 332 Abs. 1 StGB oder wegen Bestechlichkeit im geschäftlichen Verkehr nach § 299 Abs. 1 StGB strafbar ist.[262] Wird die Annahme von Bestechungsgeldern in erheblichem Ausmaß erst im ruhenden Arbeitsverhältnis (Vorruhestandsverhältnis) aufgedeckt, so ist auch jetzt noch eine außerordentliche Kündigung statthaft, obwohl der Arbeitnehmer keiner Arbeitspflicht mehr unterliegt und eine negative Zukunftsprognose nicht mehr überprüft werden muss.[263] Die vorsätzliche Zuwiderhandlung gegen die Regelung zur **Inanspruchnahme eines Sachbezugs** mit dem Ziel, an Stelle von Waren oder Dienstleistungen „Bargeld" zu erhalten, ist an sich dazu geeignet, eine Kündigung aus wichtigem Grund zu rechtfertigen. Die bewusste und gewollte Umgehung der Verwendungsbestimmungen (TV, Gesamt-BV) stellt regelmäßig eine erhebliche Pflichtverletzung dar. Unter Umständen kann dennoch vor einer Kündigung eine Abmahnung erforderlich sein.[264]

88 Als Besonderheit im öffentlichen Dienst greift das **Verbot zur Annahme von Geschenken und Belohnungen** (§ 3 Abs. 3 TVöD, § 3 Abs. 3 TV-L).[265] Ein Geschenk ist jede freiwillige unentgeltliche Zuwendung, die einen Vermögenswert besitzt, dh den Empfänger bereichert, ohne dass von ihm eine Gegenleistung erwartet wird. Dieses Verbot erfasst auch Vergünstigungen durch letztwillige Verfügungen. Beim engen zeitlichen Zusammenhang zwischen erbrachter dienstlicher Tätigkeit und Vermittlung der Belohnung entsteht ein Bezug zur dienstlichen Tätigkeit. Auf die subjektive Vorstellung des Zuwendenden kommt es nicht an. Nur

---

[256] Vgl. hierzu BAG 17.6.2003 – 2 AZR 123/02, NZA 2004, 564. Aufgrund des Dritten Bürokratieentlastungsgesetzes wird ab dem 1. Januar 2022 für Kassenpatienten künftig keine Verpflichtung mehr zur Übermittlung einer Arbeitsunfähigkeitsbescheinigung gelten (§ 5 Abs. 1a EFZG nF). Arbeitgeber können dann die Dauer der Arbeitsunfähigkeit und ihre Bescheinigung über die Krankenkasse abrufen. Den Arbeitnehmern ist auf ihr Verlangen aber weiter eine Arbeitsunfähigkeitsbescheinigung auszustellen. Nach dem Willen des Gesetzgebers soll dieser nach wie vor der vom Bundesarbeitsgericht anerkannte hohe Beweiswert zukommen (vgl. BT-Drs. 19/13959, 37).
[257] LAG Köln 21.11.2003 – 4 Sa 588/03, NZA-RR 2004, 572; 17.4.2002 – 7 Sa 462/01, NZA-RR 2003, 15. LAG Rheinland-Pfalz 22.9.2015 – 6 Sa 169/15, BeckRS 2015, 73630: Keine Erschütterung bei einer Rückdatierung von einem Tag.
[258] Vgl. BAG 26.8.1993 – 2 AZR 154/93, BAGE 74, 127.
[259] BAG 26.8.1993 – 2 AZR 154/93, BAGE 74, 127.
[260] BAG 17.6.2003 – 2 AZR 123/02, NZA 2004, 564.
[261] Vgl. hierzu BAG 5.11.2003 – 5 AZR 562/02, AP BGB § 615 Nr. 106.
[262] BAG 24.5.2012 – 2 AZR 206/11, NZA 2013, 137; 17.3.2005 – 2 AZR 245/04, NZA 2006, 101; 15.11.2001 – 2 AZR 605/00, AP BGB § 626 Nr. 175; 21.6.2001 – 2 AZR 30/00, EzA BGB § 626 Unkündbarkeit Nr. 7; LAG Düsseldorf 3.2.2012 – 6 Sa 1081/11, CCZ 2013, 113; LAG Rheinland-Pfalz 6.6.2011 – 10 Sa 456/10, BeckRS 2011, 70447; LAG Düsseldorf 23.2.2011 – 12 Sa 1454/10, LAGE BGB 2002 § 626 Nr. 32.
[263] LAG Rheinland-Pfalz 9.6.2011 – 2 Sa 705/10, BeckRS 2011, 76220.
[264] Vgl. BAG 23.6.2009 – 2 AZR 103/08, NZA 2009, 1198.
[265] BAG 17.3.2005 – 2 AZR 245/04, NZA 2006, 101.

wenn für den Arbeitnehmer die ungenehmigte Entgegennahme von Geschenken von vornherein ausscheidet, ist der Zweck, den bösen Schein zu vermeiden, erreicht.[266]

> **Formulierungsvorschlag: Außerordentliche Kündigung**
> Sehr geehrte(r) ......
> hiermit kündigen wir das mit Ihnen bestehende Arbeitsverhältnis außerordentlich fristlos aus wichtigem Grund. Hilfsweise kündigen wir Ihnen ordentlich fristgerecht zum nächst zulässigen Termin. Dies ist nach unserer Berechnung der ......
> Der Betriebsrat wurde zur Kündigung angehört. Er hat ihr zugestimmt/widersprochen/sich nicht geäußert.
>
> ......
> (Arbeitgeber)

89

b) Arbeitnehmerkündigung. Die arbeitnehmerseitig erklärte Kündigung aus wichtigem Grund hat dieselben Voraussetzungen wie eine entsprechende außerordentliche Kündigung des Arbeitsverhältnisses durch den Arbeitgeber.[267]

90

In gleicher Weise wie ein Arbeitgeber bei einem pflichtwidrigen Verhalten des Arbeitnehmers grds. nicht sofort zur außerordentlichen Kündigung greifen kann, sondern zunächst den Arbeitnehmer abzumahnen hat, bedarf es in aller Regel auch bei einer außerordentlichen Kündigung des Arbeitnehmers zuvor einer erfolglosen **Abmahnung des Arbeitgebers.** Eine Abmahnung ist auch für den Arbeitnehmer ausnahmsweise **entbehrlich,** wenn es sich um besonders schwerwiegende Pflichtverletzungen des Arbeitgebers handelt, deren Rechtswidrigkeit diesem ohne weiteres erkennbar und bei dem es so ausgeschlossen ist, dass der Arbeitnehmer als Vertragspartner ein solches Verhalten hinnimmt bzw. wenn sie zu einer irreparablen Störung der Vertragsbeziehungen führen, so dass aus objektiver Sicht das Interesse an einer weiteren Vertragsdurchführung entfällt oder wenn trotz Abmahnung keine Aussicht auf eine Rückkehr des Vertragspartners zum vertragskonformen Verhalten mehr besteht.[268]

91

Dem Arbeitnehmer, dem von dritter Seite wesentlich günstigere Arbeitsbedingungen angeboten werden, ist es deshalb grundsätzlich zuzumuten, das bisherige Arbeitsverhältnis bis zu seinem vertraglich vereinbarten Ende fortzusetzen, auch wenn er dadurch die Aussicht auf die **besseren Arbeitsbedingungen** verliert.[269] Das entspricht der höchstrichterlichen Rechtsprechung, nach der es für eine außerordentliche Kündigung nicht genügt, wenn ein Arbeitnehmer ein anderes Arbeitsverhältnis mit erheblich höherem Gehalt (hier: 4.500,– DM statt 2.300,– DM) nur dann eingehen kann, wenn er ein langfristig eingegangenes Vertragsverhältnis vorzeitig löst.[270]

92

Wird durch den Fortbestand des Arbeitsverhältnisses der **Gesundheitszustand** verschlechtert, kann dies eine fristlose Kündigung durch den Arbeitnehmer rechtfertigen.[271] Dies kann auch dann der Fall sein, wenn die Krankheit dauerhafte volle Arbeitsunfähigkeit begründet.[272]

93

---

[266] BAG 17.6.2003 – 2 AZR 62/02, NJOZ 2004, 3771.
[267] BAG 12.3.2009 – 2 AZR 894/07, BAGE 130, 14.
[268] BAG 26.7.2007 – 8 AZR 796/06, BAGE 123, 301; 17.1.2002 – 2 AZR 494/00, EzA BGB § 628 Nr. 20; 26.7.2001 – 8 AZR 739/00, NZA 2002, 325; 24.4.1980 – 3 AZR 985/77, BeckRS 1980, 02774; LAG Hamm 29.9.1999 – 18 Sa 118/99, NZA-RR 2000, 242; 14.2.2001 – 14 Sa 1829/00, NZA-RR 2001, 524: Kündigung vor Fälligkeit der Vergütung ohne Anhaltspunkte für eine Zahlungsunfähigkeit des Arbeitgebers; LAG Hamm 29.3.2006 – 2 Sa 1571/05, LAGE BGB 2002 § 628 Nr. 1: Wenn die Abmahnung des Arbeitgebers wegen dessen Zahlungsunfähigkeit nicht Erfolg versprechend gewesen wäre.
[269] LAG Schleswig-Holstein 30.1.1991 – 3 Sa 430/90, LAGE BGB § 626 Nr. 55.
[270] BAG 24.10.1996 – 2 AZR 844/95, BeckRS 1996, 30764702; 1.10.1970 – 2 AZR 542/69, AP BGB § 626 Nr. 59.
[271] LAG Baden-Württemberg 9.12.2016 – 12 Sa 16/16, BeckRS 2016, 120553.
[272] BAG 22.3.2018 – 8 AZR 190/17, NZA 2018, 1191.

94 Erhebliche Verspätungen/Verzögerungen der **Lohnzahlung** rechtfertigen die fristlose Kündigung des Arbeitnehmers ebenfalls.[273] Der Arbeitnehmer ist jedoch gehalten, dem Arbeitgeber vor Ausspruch der Kündigung eine Abmahnung mit klarer Fristsetzung zu erteilen. Die Kündigungserklärungsfrist beginnt mit Ablauf der Fristsetzung.[274] Eine Abmahnung ist entbehrlich, wenn ausgeschlossen ist, dass der Arbeitgeber sich künftig vertragskonform verhält.[275] Auch geringe Rückstände können uU eine fristlose Kündigung durch den Arbeitnehmer rechtfertigen.[276]

95 Die **Umsetzung** eines Arbeitnehmers in einen anderen Arbeitsbereich rechtfertigt nicht dessen außerordentliche Kündigung, wenn der Arbeitsvertrag eine Umsetzung zulässt und diese billigem Ermessen gemäß § 315 BGB entspricht. Dieses Ermessen ist auch dann gewahrt, wenn der Arbeitnehmer, der zu einem Konkurrenzunternehmen wechseln will, auf einem neu geschaffenen Arbeitsplatz mit der Zielsetzung beschäftigt werden soll, Geschäftskontakte im alten Bereich zu unterbinden und seine weitere Tätigkeit zu kontrollieren.[277]

Formulierungsvorschlag: Fristlose Kündigung des Arbeitnehmers

96 Sehr geehrte(r) ......,

seit Monaten halten Sie Ihre vertragliche Pflicht, das Gehalt pünktlich zum 15. d. M./Monatsende zu zahlen, nicht ein. In der Vergangenheit haben Sie den Fälligkeitszeitpunkt teilweise bis zu 2 Wochen überschritten. Da ich zur Vermeidung von Rechtsnachteilen meinen finanziellen Verpflichtungen pünktlich nachkommen muss, habe ich mein Konto mehrmals überzogen. Hierdurch sind mir erhebliche Kosten entstanden. Nunmehr musste ich feststellen, dass Sie mit der Gehaltszahlung für ...... mehr als einen Monat in Verzug sind. Ich hatte Sie mit Schreiben vom ...... vergeblich dazu aufgefordert, das Gehalt bis zum ...... zu zahlen.

Obwohl ich Sie auf meinen Schritt hingewiesen habe, haben Sie auch diese Frist nicht eingehalten. Ich sehe deshalb keine andere Möglichkeit, als das Arbeitsverhältnis aus wichtigem Grund fristlos aufzukündigen. Ich behalte mir alle hieraus entstehenden Rechte vor. Vorsorglich fordere ich Sie auf, nicht nur das für ...... ausstehende Gehalt, sondern auch die bis ...... fällig werdenden Gehälter zu zahlen.

......
(Arbeitnehmer)

---

3. Beurteilungszeitpunkt

97 Bei der Frage, ob ein wichtiger Grund gegeben ist, ist auf den **Zeitpunkt des Ausspruchs der Kündigung** abzustellen.[278] Umstände, die erst nach Ausspruch der Kündigung entstanden sind, sind grundsätzlich unbeachtlich.[279] Nachträglich eingetretene Umstände können von Bedeutung sein, wenn sie die Vorgänge, die zur Kündigung geführt haben, in einem neuen Licht erscheinen lassen. Voraussetzung ist eine so enge innere Beziehung, dass die neuen Umstände nicht außer Acht gelassen werden können, ohne dass ein einheitlicher Lebensvorgang zerrissen würde. Allerdings darf eine ursprünglich unbegründete Kündigung durch die Berücksichtigung späteren Verhaltens nicht rückwirkend zu einer begründeten werden.[280]

---

[273] BAG 12.3.2009 – 2 AZR 894/07, NZA 2009, 840; 26.7.2007 – 8 AZR 796/06, NZA 2007, 1419; 8.8.2002 – 8 AZR 574/01, NZA 2002, 1323; 17.1.2002 – 2 AZR 494/00, EzA BGB § 628 Nr. 20.
[274] LAG Nürnberg 4.7.2001 – 4 Sa 656/00, NZA-RR 2002, 128.
[275] BAG 26.7.2007 – 8 AZR 796/06, NZA 2007, 1419.
[276] BAG 26.7.2001 – 8 AZR 739/00, NZA 2002, 325.
[277] LAG Niedersachsen 12.10.1998 – 13 Sa 103/98, LAGE BGB § 315 Nr 5.
[278] BAG 7.11.2002 – 2 AZR 599/01, AP KSchG 1969 § 1 Krankheit Nr. 40; 29.4.1999 – 2 AZR 431/98, BAGE 91, 271; 27.2.1997 – 2 AZR 160/96, BAGE 85, 194.
[279] BAG 7.11.2002 – 2 AZR 599/01, AP KSchG 1969 § 1 Krankheit Nr. 40; 29.4.1999 – 2 AZR 431/98, BAGE 91, 271.
[280] BAG 10.6.2010 – 2 AZR 541/09, BAGE 134, 349.

4. Nachschieben von Kündigungsgründen

Das Nachschieben von Kündigungsgründen, die bei Ausspruch der Kündigung vorlagen, dem Kündigenden jedoch noch nicht bekannt waren, ist stets von dem immer zulässigen (späteren) Erläutern der Kündigungsgründe gegenüber dem Betriebsrat abzugrenzen.[281] Die Frist des § 626 Abs. 2 BGB bezieht sich nur auf die Ausübung des Kündigungsrechts, so dass vor Ausspruch der Kündigung entstandene aber noch nicht bekannte Kündigungsgründe jederzeit nachgeschoben werden können, wenn sie dem Kündigenden nicht länger als zwei Wochen vor Kündigungsausspruch bekannt waren.[282] Die nachgeschobenen Kündigungsgründe können aber uU nach § 528 ZPO iVm § 67 ArbGG als verspätet zurückgewiesen werden, wenn die dort genannten Voraussetzungen vorliegen.[283] Dagegen ist ein Nachschieben von Kündigungsgründen, die erst nach der Kündigung entstanden sind, nicht zulässig. Sie kommen nur für eine neue Kündigung als Kündigungsgründe in Betracht.[284] Besonderheiten sind zu beachten im Rahmen der Anhörung des BR nach § 102 BetrVG,[285] bei der Verdachtskündigung[286] und im Rahmen der Ausschlussfrist des § 626 Abs. 2 BGB.[287]

5. Anhörung des Betriebsrats

a) **Gesetzliche Regelung.** Hat der nach § 102 Abs. 1 BetrVG angehörte Betriebsrat gegen eine außerordentliche Kündigung Bedenken, so hat er diese unter Angabe der Gründe dem Arbeitgeber unverzüglich, spätestens jedoch innerhalb von 3 Tagen, schriftlich mitzuteilen (Abs. 2 S. 3). Die sich hieraus ergebende Notwendigkeit für den Arbeitgeber, vor Kündigungsausspruch den Eingang der Stellungnahme des Betriebsrats bzw. den Ablauf der dreitägigen Anhörungsfrist abzuwarten, ist ohne Einfluss auf die Frist des § 626 Abs. 2 BGB. Das heißt, die zweiwöchige Ausschlussfrist wird durch die Anhörung des Betriebsrats weder unterbrochen noch um die dreitägige Frist zur Stellungnahme verlängert. Der Arbeitgeber muss also die Anhörung so rechtzeitig einleiten, dass innerhalb der 2-Wochen-Frist die Stellungnahme des Betriebsrats eingeht bzw. die Anhörungsfrist abläuft und auch noch seine außerordentliche Kündigung dem Arbeitnehmer zugeht.[288] Teilt der Betriebsrat jedoch mit, dass er keine Stellungnahme abgeben werde, dann ist das Anhörungsverfahren beendet und der Arbeitgeber kann die Kündigung auch vor Ablauf der Frist des § 102 Abs. 2 BetrVG wirksam aussprechen. Etwaige Mängel bei der Beschlussfassung des Betriebsrats wirken sich nicht zu Lasten des Arbeitgebers aus.[289]

Die im Rahmen des § 102 Abs. 2 BetrVG bestehende Obliegenheit des Arbeitgebers, dem Betriebsrat die Art der beabsichtigten Kündigung, also insbesondere mitzuteilen, ob eine ordentliche oder außerordentliche Kündigung ausgesprochen werden soll, gilt auch im Falle der beabsichtigten Kündigung eines „unkündbaren" Arbeitnehmers, wenn der Arbeitgeber ohne jede Erläuterung eine nach der objektiven Rechtslage nur außerordentlich mögliche Kündigung unter Einhaltung einer Frist aussprechen will.[290]

Der Betriebsrat ist immer dann **ordnungsgemäß** angehört, wenn der Arbeitgeber ihm die aus seiner Sicht tragenden Umstände für die Kündigung unterbreitet hat. Um keine Frage dieser sog. **subjektiven Determinierung** der Kündigungsgründe handelt es sich, wenn der Arbeitgeber dem Betriebsrat den Sachverhalt bewusst irreführend – zB durch Ver-

---

[281] Vgl. BAG 27.11.2008 – 2 AZR 193/07, NZA 2009, 671; 27.2.1997 – 2 AZR 302/96, NJW 1997, 2540.
[282] BAG 18.6.2015 – 2 AZR 256/14, NZA 2016, 287; 23.5.2013 – 2 AZR 102/12, NZA 2013, 1416; 6.9.2007 – 2 AZR 264/06, NZA 2008, 636; 4.6.1997 – 2 AZR 362/96, BAGE 86, 88; BGH 1.12.2003 – II ZR 161/02, BGHZ 157, 151.
[283] BAG 18.1.1980 –7 AZR 260/78, NJW 1980, 2486.
[284] BAG 19.12.1958 – 2 AZR 390/58, NJW 1959, 1149.
[285] Siehe hierzu → Rn. 104.
[286] Siehe hierzu → Rn. 150 f.
[287] Siehe hierzu → Rn. 186.
[288] BAG 18.8.1977 – 2 ABR 19/77, BAGE 29, 270.
[289] BAG 24.6.2004 – 2 AZR 461/03, NZA 2004, 1330; 16.1.2003 – 2 AZR 707/01, NZA 2003, 927.
[290] BAG 29.8.1991 – 2 AZR 59/91, NZA 1992, 416.

schweigen wesentlicher Umstände – schildert.[291] Ausreichend ist es, wenn der Arbeitgeber es durchaus für möglich hält, dass die mitgeteilten und objektiv unzutreffenden Tatsachen nicht der Wahrheit entsprechen. Dagegen führt eine vermeidbare, aber unbewusste, „bloß" objektive Fehlinformation für sich genommen nicht zur Unwirksamkeit der Kündigung.[292] Die Verpflichtung des Arbeitgebers zur umfassenden Information des Betriebsrats erstreckt sich auch auf solche Tatsachen, die ihm bekannt sind und den Arbeitnehmer entlasten können.[293] Dabei darf der Arbeitgeber ihm bekannte Umstände, die sich bei objektiver Betrachtung zugunsten des Arbeitnehmers auswirken können, dem Betriebsrat auch vor dem Hintergrund des Grundsatzes der subjektiven Determination nicht vorenthalten.[294] Der Wirksamkeit einer außerordentlichen Kündigung steht die fehlende Mitteilung der gesamten Sozialdaten des zu kündigenden Arbeitnehmers an den Betriebsrat jedenfalls dann nicht entgegen, wenn es dem Arbeitgeber wegen der Schwere der Kündigungsvorwürfe auf die genauen Daten ersichtlich nicht ankommt, der Betriebsrat die ungefähren Daten kennt und er daher die Kündigungsabsicht ausreichend beurteilen kann. Die fehlenden Daten hätten nur Bedeutung im Rahmen der Interessenabwägung, wenn diese persönlichen Umstände im unmittelbaren Zusammenhang mit der Pflichtverletzung gestanden hätten.[295]

102 Es besteht jedoch keine Verpflichtung des Arbeitgebers, dem Betriebsrat zur Unterstützung des kündigungsrelevanten Sachvortrags **Unterlagen bzw. Beweismittel** vorzulegen.[296] Auch ist der Arbeitgeber nicht gehalten, das Verfahren schriftlich durchzuführen, selbst wenn der kündigungsrelevante Sachverhalt ungewöhnlich komplex ist.[297] Im Kündigungsschutzprozess sind auch solche Tatsachen verwertbar, die der Arbeitgeber dem Betriebsrat im Anhörungsverfahren erst auf Nachfrage mitteilt, sofern der Arbeitgeber vor Ausspruch der Kündigung nochmals die Frist des § 102 Abs. 2 BetrVG bzw. die nunmehr abschließende Stellungnahme des Betriebsrats abwartet. Lediglich Informationen, die sich der Betriebsrat nach der Unterrichtung durch den Arbeitgeber anderweitig selbst beschafft, heilen eine unzureichende Unterrichtung seitens des Arbeitgebers nicht.[298]

103 Letztlich ist eine gesonderte Interessenabwägung wie sie für jede Kündigung, sei es nach § 626 Abs. 1 BGB oder nach § 1 Abs. 1 iVm Abs. 2 KSchG, vorzunehmen ist, in der Betriebsratsanhörung nicht erforderlich. Die Absicht, das Arbeitsverhältnis zu kündigen, impliziert eine Abwägung zu Lasten des Arbeitnehmers.[299] Die Wahrung der Ausschlussfrist des § 626 Abs. 2 BGB muss der Arbeitgeber dem Betriebsrat nicht darlegen. Etwaige eigenständige Ausführungen hierzu, müssen aber wahrheitsgemäß erfolgen.[300]

104 **b) Nachschieben von Kündigungsgründen.** Dem Arbeitgeber vor Ausspruch der Kündigung bekannte Kündigungsgründe, die er dem Betriebsrat vor Abgabe der Kündigungserklärung nicht mitgeteilt hat, kann er im Kündigungsschutzprozess selbst dann nicht nachschieben, wenn dieser der Kündigung auf Grund der ihm mitgeteilten Gründe zugestimmt hat. Der Arbeitgeber kann den Betriebsrat wegen der nachzuschiebenden Gründe auch nicht nachträglich wirksam beteiligen.[301] Andererseits ist die Kündigung nicht gemäß § 102 Abs. 1 S. 3 BetrVG allein deshalb rechtsunwirksam, weil der Arbeitgeber Kündigungsgründe nachschiebt. Hierzu muss er aber zuvor den Betriebsrat anhören.[302] Die Überprüfung im Kündigungsrechtsstreit beschränkt sich aber auf die dem Betriebsrat im Anhörungsverfah-

---

[291] BAG 9.6.2011 – 2 AZR 323/10, NZA 2011, 1342; 9.3.1995 – 2 AZR 461/94, NZA 1995, 678; 22.9.1994 – 2 AZR 31/94, NZA 1995, 363.
[292] BAG 16.7.2015 – 2 AZR 15/15, NZA 2016, 99.
[293] BAG 16.7.2015 – 2 AZR 85/15, NZA 2016, 161; 23.10.2014 – 2 AZR 736/13, NZA 2015, 476.
[294] BAG 16.7.2015 – 2 AZR 15/15, NZA 2016, 99.
[295] BAG 15.11.2001 – 2 AZR 380/00, NZA 2002, 970; 21.6.2001 – 2 AZR 30/00, NZA 2002, 232; 27.2.1997 – 2 AZR 302/96, NZA 1997, 761; 15.11.1995 – 2 AZR 974/94, DB 1995, 2378.
[296] BAG 26.1.1995 – 2 AZR 386/94, NZA 1995, 672.
[297] BAG 6.2.1997 – 2 AZR 265/96, NZA 1997, 656.
[298] BAG 6.2.1997 – 2 AZR 265/96, NZA 1997, 656.
[299] BAG 16.7.2015 – 2 AZR 85/15, NZA 2016, 161; 21.11.2013 – 2 AZR 797/11, NZA 2014, 243.
[300] BAG 7.5.2020 – 3 AZR 678/19, NZA 2020, 1110.
[301] BAG 1.4.1981 – 7 AZR 1003/78, NJW 1981, 2772.
[302] BAG 16.7.2015 – 2 AZR 85/15, NZA 2016, 161.

ren mitgeteilten Gründe.³⁰³ Vom **unzulässigen Nachschieben** ist die Erläuterung (Substantiierung oder Konkretisierung) der dem Betriebsrat mitgeteilten Kündigungsgründe zu unterscheiden; dies ist im Kündigungsschutzprozess immer zulässig. Nicht um erläuternde und ergänzende Angaben, sondern um unzulässiges Nachschieben handelt es sich indes, wenn der Arbeitgeber Tatsachen vorträgt, die dem bisherigen Vortrag erst das Gewicht eines kündigungsrechtlich erheblichen Grundes geben (zB Vortrag des Arbeitgebers im Prozess, der Arbeitnehmer sei wegen des gleichen Vertragsverstoßes im Leistungsbereich schon einmal abgemahnt worden).³⁰⁴

Es gelten also folgende **Rechtsgrundsätze**:

- **Materiell-rechtlich** können Kündigungsgründe, die bei Ausspruch der Kündigung bereits entstanden waren, dem Arbeitgeber aber erst später bekannt geworden sind, im Kündigungsschutzprozess uneingeschränkt nachgeschoben werden.
- **Betriebsverfassungsrechtlich** können derartige Kündigungsgründe nachgeschoben werden, wenn der Arbeitgeber zuvor den Betriebsrat hierzu erneut angehört hat.
- Der Arbeitgeber wird nicht gehindert, im Kündigungsprozess Tatsachen nachzuschieben, die ohne **wesentliche Veränderung** des Kündigungssachverhaltes lediglich zur Erläuterung und Konkretisierung der dem Betriebsrat mitgeteilten Kündigungsgründe dienen.³⁰⁵

Formulierungsvorschlag: Nachschieben von Kündigungsgründen

An das
Arbeitsgericht ......
Kündigungsschutzprozess ......

Die am ...... erklärte außerordentliche, verhaltensbedingte Kündigung wurde bislang mit mehrfachem Spesenbetrug begründet. Rein zufällig haben wir erst heute erfahren, dass der Kläger/die Klägerin ihre Rechtsposition im Betrieb in anderer Form zum eigenen Vorteil vertragswidrig ausgenutzt hat. Anlässlich der mit der Firma ...... geführten Vertragsverhandlungen hat er/sie zum Privatgebrauch auf Kosten des Betriebes ...... erworben. Auf seine/ihre Anweisung hat die Buchhaltung diese Rechnung bezahlt. In diesem Vorfall erkennen wir einen weiteren Vertrauensbruch. Wir sind der Meinung, dass nunmehr die ausgesprochene Kündigung Bestand haben muss. Wir stützen deshalb diese Kündigung auch auf diesen Sachverhalt.

Die Rechte des Betriebsrats wurden gewahrt. Das betriebliche Schreiben vom ...... hat dieser nicht innerhalb der gesetzlichen Frist beantwortet. Die Zustimmung des Betriebsrats gilt folglich als erteilt.

......
Rechtsanwalt

---

6. Schadenersatzanspruch des Kündigenden

Wird die Kündigung durch vertragswidriges Verhalten des anderen Vertragspartners veranlasst, so ist dieser zum Ersatz des durch die Aufhebung des Dienstverhältnisses entstehenden Schadens verpflichtet. Dieser Anspruch kann nur durchgesetzt werden, wenn der Kündigende die Ausschlussfrist des § 626 Abs. 2 BGB eingehalten hat.³⁰⁶ Der Schadenersatzanspruch setzt ein Auflösungsverschulden mit dem Gewicht eines wichtigen Grundes voraus.³⁰⁷ Auf die Form der Vertragsbeendigung kommt es nicht an.³⁰⁸ Für einen derartigen Schadenersatzanspruch muss die schuldhafte Vertragspflichtverletzung kausal für die erklär-

---

³⁰³ BAG 1.4.1981 – 7 AZR 1003/78, NJW 1981, 2772.
³⁰⁴ BAG 18.12.1980 – 2 AZR 1006/78, NJW 1981, 2316. Anders bei behaupteten Betriebsablaufstörungen durch Verspätungen des Arbeitnehmers: BAG 27.2.1997 – 2 AZR 302/96, NZA 1997, 761.
³⁰⁵ BAG 11.4.1985 – 2 AZR 239/84, BAGE 49, 39.
³⁰⁶ BAG 8.8.2002 – 8 AZR 574/01, NZA 2002, 1323; 26.7.2001 – 8 AZR 739/00, BAGE 98, 275.
³⁰⁷ BAG 14.12.2011 – 5 AZR 439/10, BAGE 140, 159; 8.8.2002 – 8 AZR 574/01, NZA 2002, 1323.
³⁰⁸ BAG 8.8.2002 – 8 AZR 574/01, NZA 2002, 1323; 26.7.2001 – 8 AZR 739/00, AP BGB § 628 Nr. 13.

te außerordentliche Kündigung sein. Ein erst später dem Arbeitnehmer bekannt gewordener, zum Kündigungszeitpunkt bereits bestehender wichtiger Grund kann für die Kündigungserklärung nicht ursächlich sein und begründet keinen Schadenersatzanspruch wegen Auflösungsverschuldens.[309] Der Anspruch entfällt, wenn der Arbeitgeber im Zeitpunkt des Zugangs der Kündigung selbst berechtigt hätte kündigen können.[310]

108 Der **beim Arbeitgeber entstehende Schaden** erfasst zusätzliche Lohnkosten und Aufwendungen aus Anlass der Einstellung einer Ersatzkraft (Inseratskosten). Zugunsten des Arbeitnehmers greift das Rechtsinstitut des **rechtmäßigen Alternativverhaltens.** Dies verpflichtet den Arbeitgeber darzulegen und zu beweisen, dass seine Kosten bei Einhaltung der Kündigungsfrist nicht entstanden wären.[311]

109 Der **Schadenersatzanspruch des Arbeitnehmers** wegen des Auflösungsverschuldens des Arbeitgebers erstreckt sich zunächst auf den ausbleibenden **Lohnanspruch.** Dieser Anspruch ist zeitlich begrenzt. Nach dem Zweck der Norm ist dieser Anspruch grundsätzlich auf den dem Kündigenden bis zum Ablauf einer fiktiven Kündigungsfrist entstehenden Vergütungsausfall beschränkt.[312]

110 Hinzu tritt bei Anwendbarkeit des Kündigungsschutzgesetzes eine den Verlust des Bestandsschutzes ausgleichende angemessene **Entschädigung** entsprechend den §§ 9, 10 KSchG.[313]

III. Sonderkündigungsbereiche

1. Gesetzliche Unkündbarkeit

111 Das Gesetz untersagt dem Arbeitgeber aus unterschiedlichen Gründen jegliche Kündigung von Arbeitsverhältnissen mit bestimmten Personengruppen. Betroffen hiervon ist die Kündigung gegenüber einer Frau während der Schwangerschaft bis zum Ablauf von 4 Monaten nach der Entbindung, § 17 Abs. 1 S. 1 MuSchG, und die Kündigung von Arbeitnehmern nach verlangter Elternzeit 8 Wochen vor Beginn der Elternzeit und während der gesamten Elternzeit, § 18 BEEG. Gegenüber Personen, die Belegschaftsinteressen wahrnehmen, beschränkt das Gesetz das Kündigungsrecht auf den wichtigen Grund, § 15 KSchG.[314]

2. Vertraglich und tariflich unkündbares Arbeitsverhältnis

112 **a) Grundsatz.** Ist die ordentliche Kündigung tarifrechtlich bzw. einzelvertraglich[315] oder durch kirchliche Arbeitsvertragsrichtlinien ausgeschlossen, so ist im Rahmen der Interessenabwägung bei einer vom Arbeitgeber erklärten außerordentlichen Kündigung auf die **fiktive Frist** für die ordentliche Kündigung abzustellen.[316] Es widerspräche dem Sinn und Zweck des tariflichen Kündigungsschutzes, dem gesicherten Arbeitnehmer eine der fiktiven Kündigungsfrist entsprechende Auslauffrist zu verweigern, wenn einem vergleichbaren Arbeitnehmer ohne gesteigerten Kündigungsschutz bei (theoretisch) gleichem Kündigungssachver-

---

[309] BAG 17.1.2002 – 2 AZR 494/00, EzA BGB § 628 Nr. 20.
[310] BAG 26.7.2007 – 8 AZR 796/06, NZA 2007, 1419.
[311] Vgl. BAG 23.3.1984 – 7 AZR 37/81, NZA 1984, 122; 26.3.1981 – 3 AZR 485/78, BAGE 35, 179. Vgl. zur Berücksichtigung eines rechtmäßigen Alternativverhaltens im Zusammenhang mit einem Schadenersatzanspruch allgemein außerdem: BAG 26.9.2012 – 10 AZR 370/10, BAGE 143, 165; 29.9.1994 – 8 AZR 570/93, BeckRS 1994, 30919763.
[312] BAG 26.7.2007 – 8 AZR 796/06, DB 2007, 2716.
[313] BAG 21.5.2008 – 8 AZR 623/07, AP BGB § 628 Nr. 23; 26.7.2007 – 8 AZR 796/06, BAGE 123, 301; 20.11.2003 – 8 AZR 608/02, EzA BGB 2002 § 628 Nr. 3; 26.7.2001 – 8 AZR 739/00, BAGE 98, 275.
[314] Zu den Besonderheiten → § 45 Rn. 191 ff.
[315] Der einzelvertragliche Ausschluss der ordentlichen Kündigung ist nicht sittenwidrig; hieran muss sich der Arbeitgeber sogar eher festhalten lassen als an eine pauschal für alle Arbeitsverhältnisse der Branche geltende Tarifregelung, BAG 25.3.2004 – 2 AZR 153/03, AP BGB § 138 Nr. 60.
[316] BAG 31.7.2014 – 2 AZR 408/13, BeckRS 2015, 65973; 18.9.2008 – 2 AZR 827/06, NZA-RR 2009, 393; 2.3.2006 – 2 AZR 53/05, NZA-RR 2006, 636; 13.4.2000 – 2 AZR 259/99, NZA 2001, 277; 12.8.1999 – 2 AZR 923/98, DB 2000, 48; aA BAG 14.11.1984 – 7 AZR 474/83, NZA 1985, 426.

halt – und Zumutbarkeit der Weiterbeschäftigung bis zum Ablauf der Kündigungsfrist – nur fristgerecht gekündigt werden könnte.³¹⁷

> **Formulierungsvorschlag: Außerordentliche fristlose Kündigung**
>
> Sehr geehrte(r) ......,
>
> am ...... haben wir erfahren, dass Sie durch fortlaufende Annahme von Schmiergeldern von den Firmen ...... nicht nur unser Ansehen, sondern uns auch erheblich wirtschaftlich geschädigt haben. Über Jahre/Monate hinweg haben Sie sich nur zu Ihrem eigenen Vorteil auf absolut überhöhte Einkaufspreise eingelassen. Der uns hierdurch zugefügte Schaden geht in die Tausende/Millionen. Die für die Wahrnehmung dieser verantwortlichen Tätigkeit eines Einkaufsleiters notwendige Vertrauensbasis ist für uns unwiderruflich erschüttert. Wir sehen keine Möglichkeit, dass die anfänglich gezeigte Loyalität zurückkehrt. Zu unserem eigenen Schutz und zum Erhalt der Arbeitsplätze Ihrer Mitarbeiter haben wir uns dazu entschlossen, Ihnen außerordentlich fristlos zu kündigen.
>
> Der Betriebsrat wurde zur Kündigung angehört. Er hat ihr zugestimmt/widersprochen/sich nicht geäußert.
>
> ......
> (Arbeitgeber)

b) Betriebsbedingte Kündigungsgründe. Die außerordentliche fristlose Kündigung aus **betriebsbedingten Gründen** ist gegenüber einem tariflich unkündbaren Arbeitnehmer in aller Regel unzulässig. Prüfungsmaßstab ist hierbei, ob dem Arbeitgeber bei einem vergleichbaren ordentlich kündbaren Arbeitnehmer dessen Weiterbeschäftigung bis zum Ablauf der Kündigungsfrist unzumutbar wäre. Dies ist bei betriebsbedingten Kündigungsgründen regelmäßig nicht der Fall. Selbst im Insolvenzfall wird dem Arbeitgeber zugemutet, zumindest die Kündigungsfrist einzuhalten.³¹⁸

Eine außerordentliche Kündigung mit notwendiger Auslauffrist kommt allerdings in Betracht, wenn ein wichtiger Grund zur Kündigung gerade darin zu sehen ist, dass wegen des tariflichen Ausschlusses der ordentlichen Kündigung der Arbeitgeber den Arbeitnehmer noch für Jahre weiter vergüten müsste, ohne dass dem eine entsprechende Gegenleistung gegenüber stünde.³¹⁹ Hierbei ist ein strenger Maßstab anzulegen. Besteht noch irgendeine denkbare **Weiterbeschäftigungsalternative** zur Kündigung, zB nach entsprechender Umschulung, so ist dem Arbeitgeber diese vorrangig zumutbar.³²⁰ Dem Arbeitgeber können auch Änderungen in den organisatorischen Abläufen zumutbar sein, wenn ein Arbeitsplatz so zugeschnitten werden kann, dass ein geeigneter Arbeitsplatz für den zu kündigenden Arbeitnehmer entsteht.³²¹ Auch das „Freimachen" gleichwertiger Arbeitsplätze kommt in Betracht.³²² Im Rechtsstreit hat der Arbeitgeber von sich aus darzutun, dass keine Möglichkeit besteht, das Arbeitsverhältnis sinnvoll fortzusetzen.³²³ Der Verweis auf ein ergebnislos gebliebenes internes Clearingverfahren, das ausschließlich freie und zu besetzende Stellen berücksichtigt, genügt dem nicht.³²⁴ Auch bei der Erstellung neuer unternehmerischer Konzepte muss der Arbeitgeber diese schuldrechtlichen Bindungen berücksichtigen. Durch unter-

---

³¹⁷ BAG 11.3.1999 – 2 AZR 427/98, NZA 1999, 818.
³¹⁸ BAG 18.3.2010 – 2 AZR 337/08, NZA-RR 2011, 18; 8.4.2003 – 2 AZR 355/02, NZA 2003, 856.
³¹⁹ BAG 27.6.2019 – 2 AZR 50/19, NZA 2019, 1345; 24.9.2015 – 2 AZR 562/14, NZA 2016, 366; 29.8.1991 – 2 AZR 59/91, NZA 1992, 416; 28.3.1985 – 2 AZR 113/84, NZA 1985, 559.
³²⁰ BAG 27.6.2019 – 2 AZR 50/19, NZA 2019, 1345; 18.6.2015 – 2 AZR 480/14, NZA 2015, 1315; 23.1.2014 – 2 AZR 372/13, NZA 2014, 895; 20.6.2013 – 2 AZR 379/12, BAGE 145, 265; 27.6.2002 – 2 AZR 367/01, BAGE 102, 40. Nach LAG Hamm 11.10.1995 – 2 Sa 287/95, LAGE BGB § 626 Nr. 92 müssen auch Tätigkeiten aus anderen Arbeitsbereichen zugewiesen werden.
³²¹ BAG 18.3.2010 – 2 AZR 337/08, NZA-RR 2011, 18.
³²² BAG 27.6.2019 – 2 AZR 50/19, NZA 2019, 1345; 6.10.2005 – 2 AZR 362/04, NZA-RR 2006, 416.
³²³ BAG 18.6.2015 – 2 AZR 480/14, NZA 2015, 1315; 20.6.2013 – 2 AZR 379/12, BAGE 145, 265.
³²⁴ BAG 27.6.2019 – 2 AZR 50/19, NZA 2019, 1345.

nehmerische Entscheidungen notwendig werdende Anpassungen müssen auf das unbedingt erforderliche Maß beschränkt werden.[325] Allerdings ist der Arbeitgeber nicht verpflichtet, einen neuen Arbeitsplatz zu schaffen, um die Weiterbeschäftigung zu ermöglichen. Der Arbeitgeber kann auch nicht gezwungen werden, eine organisatorische Maßnahme, die zum Wegfall des Arbeitsplatzes des unkündbaren Arbeitnehmers führt, aufzugeben oder auch nur zu modifizieren.[326] Anders als der öffentliche Arbeitgeber, der eine Weiterbeschäftigung im Wege der Personalgestellung in seine Überlegung einzubeziehen hat, kann der private Arbeitgeber hierzu nicht gezwungen werden, wobei dies anders zu beurteilen sein kann, wenn etwa der BAT auf das Arbeitsverhältnis anzuwenden ist.[327] Hat die Unkündbarkeitsregelung – wie § 55 BAT – den Zweck, das Arbeitsverhältnis einem Beamtenverhältnis anzunähern, ist der Arbeitgeber verpflichtet, eine Unterbringung des Arbeitnehmers im Wege der Personalgestellung bei einem anderen Arbeitgeber, ggf. mit einer Differenzzahlung durch ihn, in die Überlegungen einzubeziehen.[328] Eine Pflicht zur Unterbringung in einem anderen Betrieb des Unternehmers besteht nur dann, wenn sich ein anderes Konzernunternehmen ausdrücklich hierzu bereit erklärt hat oder wenn sich eine Verpflichtung hierzu aus einer vertraglichen Absprache oder einer in der Vergangenheit geübten Praxis ergibt.[329] Erst wenn derartige Lösungsversuche gescheitert sind, kann ein wichtiger Grund für eine Kündigung mit Auslauffrist vorliegen.[330] Dagegen ist die Freistellung idR keine mildere Maßnahme.[331]

116 Bei einer wirtschaftlichen Notlage kann die **Änderungskündigung** ein milderes Mittel zur Entgeltreduzierung (zB Reduzierung der Jahressonderzahlung) sein. Die materiellen Anforderungen an den auf betriebliche Gründe gestützten wichtigen Grund sind allerdings erheblich. Der Betrieb muss sich in einer existenzbedrohenden Situation befinden, die einen Insolvenzantrag unvermeidbar macht. Dann ist auch unkündbaren Mitarbeitern zuzumuten, einen Sanierungsbeitrag zu leisten. Die Sanierung muss dann mit dem angestrebten Eingriff in das Vertragsgefüge stehen bzw. fallen.[332]

117 Bei tariflichem Ausschluss einer ordentlichen Kündigung ist eine **Betriebsstilllegung** geeignet, eine außerordentliche Kündigung zu rechtfertigen. Zwar rechtfertigt eine beabsichtigte Betriebsstilllegung auf der Grundlage des vom Arbeitgeber zu tragenden Betriebsrisikos in der Regel nur eine ordentliche Kündigung. Dies gilt jedoch nicht, wenn von vornherein die ordentliche Kündigung ausgeschlossen und eine Versetzung in einen anderen Betrieb des Unternehmens nicht möglich ist.[333] Es ist jedoch die gesetzliche oder tarifvertragliche Kündigungsfrist einzuhalten, die gelten würde, wenn die ordentliche Kündigungsfrist nicht ausgeschlossen worden wäre.[334]

118 Entsprechend § 1 Abs. 3 KSchG ist auch bei der außerordentlichen betriebsbedingten Kündigung eine **Sozialauswahl** vorzunehmen. Es muss grundsätzlich dem Arbeitnehmer gekündigt werden, der auf den Arbeitsplatz am wenigsten angewiesen ist.[335] § 1 Abs. 5 KSchG findet auf außerordentliche Kündigungen keine Anwendung.[336] Ein internes Clearingverfahren, das sich lediglich mit alternativen Weiterbeschäftigungsmöglichkeiten befasst, ersetzt die Sozialauswahl nicht.[337] Ist keine Sozialauswahl vorgenommen worden, führt dies nicht unmittelbar zur Unwirksamkeit der ausgesprochenen Kündigung. Die Sozialauswahl unterliegt einer Ergebniskontrolle, so dass der Arbeitgeber im Rechtsstreit dennoch nach-

---

[325] BAG 24.9.2015 – 2 AZR 562/14, NZA 2016, 366.
[326] BAG 24.9.2015 – 2 AZR 562/14, NZA 2016, 366; 18.5.2015 – 2 AZR 480/14, NZA 2015, 1315.
[327] Vgl. BAG 24.9.2015 – 2 AZR 562/14, NZA 2016, 366; 29.3.2007 – 8 AZR 538/06, NZA 2008, 48; 6.10.2005 – 2 AZR 362/04, NZA-RR 2006, 416.
[328] BAG 29.3.2007 – 8 AZR 538/06, NZA 2008, 48.
[329] BAG 24.9.2015 – 2 AZR 562/14, NZA 2016, 366 mwN.
[330] BAG 8.4.2003 – 2 AZR 355/02, NZA 2003, 856; 27.6.2002 – 2 AZR 367/01, AP BAT § 55 Nr. 4.
[331] BAG 11.3.1999 – 2 AZR 507/98, NZA 1999, 587.
[332] BAG 20.10.2017 – 2 AZR 783/16 (F), BAGE 160, 364; 1.3.2007 – 2 AZR 580/05, NZA 2007, 1445.
[333] Vgl. BAG 10.5.2007 – 2 AZR 626/05, NZA 2007, 1278; 24.6.2004 – 2 AZR 216/03, AP BGB § 613a Nr. 278; 22.7.1992 – 2 AZR 85/92, NZA 1993, 557.
[334] BAG 28.3.1985 – 2 AZR 113/84, NZA 1985, 559.
[335] BAG 27.6.2019 – 2 AZR 50/19, NZA 2019, 1345.
[336] BAG 27.6.2019 – 2 AZR 50/19, NZA 2019, 1345.
[337] BAG 27.6.2019 – 2 AZR 50/19, NZA 2019, 1345.

weisen kann, dass er die am wenigsten sozial schutzwürdigste Person gekündigt hat.[338] Die Sozialauswahl kann nicht per Betriebsvereinbarung oder Tarifvertrag umgangen werden.[339]

Ist die Stilllegung eines Betriebs erst **für die Zukunft geplant,** so beginnt die **Ausschlussfrist** des § 626 Abs. 2 BGB nicht vor Ablauf des Zeitraums, in dem die betroffenen Arbeitnehmer noch weiterbeschäftigt werden können. Allerdings kann der Arbeitgeber schon vorher außerordentlich zu dem Zeitpunkt kündigen, zu dem die Beschäftigungsmöglichkeit voraussichtlich entfällt.[340] Im Übrigen ist der Wegfall des Beschäftigungsbedarfs ein **Dauertatbestand.** Die Frist des § 626 Abs. 2 BGB beginnt deshalb stets von Neuem.[341]

Auch nach zulässigem Widerspruch des Arbeitnehmers gegen einen Betriebsübergang muss der Arbeitgeber darlegen, weshalb das Freimachen von Arbeitsplätzen zB durch Umorganisation nicht möglich oder nicht zumutbar ist. Auch das Freiwerden von Arbeitsplätzen auf Grund üblicher Fluktuation ist zu berücksichtigen.[342]

Die Vergabe der Aufgaben (nur) eines Arbeitnehmers an ein Drittunternehmen ist nicht per se rechtsmissbräuchlich. Hierzu bedarf es weiterer einschlägiger Umstände.[343] Diese liegen nicht darin, dass die organisatorische Entscheidung durch Gründe im Verhalten des Arbeitnehmers motiviert gewesen sein mögen.[344] Auch die Änderung des Anforderungsprofils des einzig zur Kündigung anstehenden sonst ordentlich nicht kündbaren Arbeitnehmers ist nicht per se willkürlich. Allerdings gelten erhöhte Anforderungen an die Darlegungs- und Beweislast des Arbeitgebers.[345]

Weil betriebsbedingte Gründe Anlass für die Beendigung des unkündbaren Arbeitsverhältnisses sind, ist die Betriebs- bzw. Personalratsbeteiligung hinsichtlich der sozialen Auswahl analog zur ordentlichen Kündigung erweitert. Der Betriebsrat ist deshalb bei seiner Stellungnahme nicht an die Frist von drei Tagen nach § 102 Abs. 2 S. 3 BetrVG gebunden, es gilt vielmehr die Wochenfrist des § 102 Abs. 2 S. 1 BetrVG.[346] Unterliegt die außerordentliche Kündigung nur der Anhörung des Personalrats, während bei der ordentlichen Kündigung die Zustimmung des Personalrats erforderlich und ggf. durch die Einigungsstelle zu ersetzen ist, muss dies auch für die außerordentliche Kündigung mit sozialer Auslauffrist gelten, um Wertungswidersprüche zu vermeiden.[347]

> **Formulierungsvorschlag: Außerordentliche Kündigung bei Wahrung der gesetzlichen Kündigungsfrist**
>
> Sehr geehrte(r) ......,
>
> die Betriebsversammlung/Abteilungsversammlung vom ...... haben wir dazu genutzt, Sie über die wirtschaftliche Situation und unsere zukünftige Planung zu informieren. Wir haben erläutert, aus wirtschaftlichen Gründen die Abteilung/den Betrieb/den Betriebsteil zum ...... zu schließen. Umsetzungsmöglichkeiten haben wir überprüft. Wir sehen uns jedoch nicht in der Lage, Ihnen eine andere, Ihrer Ausbildung entsprechende Beschäftigung anzubieten. Da Sie seit mehr als 20 Jahren im Unternehmen tätig sind und den tariflichen Kündigungsschutz erworben haben, kündigen wir Ihnen außerordentlich mit sozialer Auslauffrist, dh unter Einhaltung der gesetzlichen/tariflichen/arbeitsvertraglichen Kündigungsfrist zum ......
>
> Die Rechte des Betriebsrats sind gewahrt. Der Betriebsrat sah keine Möglichkeit, der Kündigung zu widersprechen.
>
> ......
> (Arbeitgeber)

---

[338] BAG 27.6.2019 – 2 AZR 50/19, NZA 2019, 1345; 27.7.2017 – 2 AZR 476/16, NZA 2018, 234.
[339] BAG 27.6.2019 – 2 AZR 50/19, NZA 2019, 1345.
[340] Vgl. BAG 20.6.2013 – 2 AZR 379/12, BAGE 145, 265; 5.2.1998 – 2 AZR 227/97, BAGE 88, 10.
[341] BAG 18.6.2015 – 2 AZR 480/14, NZA 2015, 1315; 20.6.2013 – 2 AZR 379/12, BAGE 145, 265; 22.11.2012 – 2 AZR 673/11, NZA 2013, 730; 5.2.1998 – 2 AZR 227/97, BAGE 88, 10.
[342] Vgl. BAG 10.5.2007 – 2 AZR 626/05, NZA 2007, 1278; 17.9.1998 – 2 AZR 419/97, NZA 1999, 258.
[343] BAG 18.6.2015 – 2 AZR 480/14, NZA 2015, 1315.
[344] BAG 18.6.2015 – 2 AZR 480/14, NZA 2015, 1315; 21.9.2006 – 2 AZR 607/05, NZA 2007, 431.
[345] BAG 18.3.2010 – 2 AZR 337/08, NZA-RR 2011, 18.
[346] BAG 12.1.2006 – 2 AZR 242/05, AP BGB § 626 Nr. 13.
[347] BAG 5.2.1998 – 2 AZR 227/97, BAGE 88, 10.

124 c) **Personenbedingte Kündigungsgründe.** Krankheit ist nicht grundsätzlich als wichtiger Grund iSd § 626 BGB ungeeignet. Zwar ist an eine Kündigung wegen Erkrankung schon bei einer ordentlichen Kündigung ein strenger Maßstab anzulegen. Dies schließt aber nicht aus, dass dem Arbeitgeber die Fortsetzung des Arbeitsverhältnisses in eng zu begrenzenden Ausnahmefällen unzumutbar iSd § 626 Abs. 1 BGB sein kann. Es muss sich hierbei um eine Erkrankung von einem solchen Gewicht handeln, dass diese einer dauernden Arbeitsunfähigkeit gleichsteht. Da die Einhaltung der Kündigungsfrist bei einer krankheitsbedingten Kündigung eigentlich immer zumutbar sein dürfte, wird die außerordentliche Kündigung allerdings nur bei einem Ausschluss der ordentlichen Kündigung auf Grund tarif- oder einzelvertraglicher Vereinbarung in Betracht kommen. Für diesen Bereich wird ausnahmsweise die Zulässigkeit einer außerordentlichen Kündigung (mit einer, der ordentlichen Kündigung entsprechenden Auslauffrist) wegen Krankheit allgemein anerkannt. Unbedingte Voraussetzung ist, dass ein sinnvoller Austausch von Leistung und Gegenleistung nicht mehr zu erwarten ist und allein dadurch für den Arbeitgeber eine unzumutbare Härte eintritt.[348]

125 Eine außerordentliche Kündigung wegen **häufiger Kurzzeiterkrankungen** ist denkbar.[349]

Ist der Arbeitnehmer auf **Dauer krankheitsbedingt** nicht in der Lage, an seinem bisherigen Arbeitsplatz zu arbeiten und ist ein gleichwertiger, leidensgerechter Arbeitsplatz nicht frei, so ist der Arbeitgeber ggf. gehalten, einen geeigneten Arbeitsplatz durch Ausübung seines Direktionsrechts freizumachen und sich ggf. um die evtl. notwendige Zustimmung des Betriebsrats gemäß § 99 Abs. 1 BetrVG zu bemühen. Eine Verpflichtung zur Einleitung eines Zustimmungsersetzungsverfahrens besteht regelmäßig nicht.[350] Ggf. muss der Arbeitgeber aber zumutbare Umorganisationsmaßnahmen ergreifen.[351] Er ist jedoch nicht verpflichtet, einen anderen Arbeitsplatz freizukündigen.[352]

126 Nur grds. denkbar ist auch eine Kündigung wegen krankheitsbedingter **Minderung der Leistungsfähigkeit**.[353] Nach dem ultima-ratio-Prinzip muss der Arbeitgeber vor Ausspruch einer solchen Kündigung vor allem bei älteren Arbeitnehmern prüfen, ob der Minderung ihrer Leistungsfähigkeit nicht durch organisatorische Maßnahmen, dh Änderung des Arbeitsablaufs, Umgestaltung des Arbeitsplatzes, Umverteilung der Aufgaben begegnet werden kann.[354] Geringe Leistungsminderungen scheiden von vornherein als Kündigungsgrund aus. Eine erhebliche Beeinträchtigung der Leistungsfähigkeit, dh ein objektiv messbarer Leistungsabfall in qualitativer/quantitativer Hinsicht kann aber zu einer unzumutbaren wirtschaftlichen Belastung des Arbeitgebers werden, weil der gezahlten Vergütung dann keine adäquate Arbeitsleistung gegenübersteht.

127 d) **Unkündbarkeit in der Insolvenz.** Die Insolvenz beseitigt den besonderen Kündigungsschutz der tariflichen oder individualrechtlichen Unkündbarkeit. Das Gesetz erlaubt dem Insolvenzverwalter, auch ein derartig geschütztes Arbeitsverhältnis unter Einhaltung einer Kündigungsfrist von bis zu drei Monaten ordentlich aufzukündigen, § 113 InsO. Diese Drei-Monats-Frist ist eine Maximalkündigungsfrist. § 113 InsO beseitigt außerdem einen

---

[348] BAG 25.4.2018 – 2 AZR 6/18, BAGE 162, 327; 12.1.2006 – 2 AZR 242/05, AP BGB § 626 Krankheit Nr. 13; 13.5.2004 – 2 AZR 36/04, NZA 2004, 1271; 18.10.2000 – 2 AZR 627/99, NZA 2001, 219; 9.7.1998 – 2 AZR 201/98, EzA BGB § 626 Krankheit Nr. 1; 18.2.1993 – 2 AZR 526/92, NZA 1994, 74; 9.9.1992 – 2 AZR 190/92, NZA 1993, 598; 18.1.2001 – 2 AZR 616/99, NZA 2002, 455: zu beachten ist, dass die Betriebs- bzw. Personalratsbeteiligung bei einer außerordentlichen Kündigung unter Gewährung einer Auslauffrist gegenüber einem tariflich unkündbaren Arbeitnehmer grundsätzlich wie bei einer ordentlichen Kündigung erfolgen muss.

[349] BAG 25.4.2018 – 2 AZR 6/18, BAGE 162, 327.

[350] BAG 29.1.1997 – 2 AZR 9/96, BAGE 85, 107. Allerdings kann sich eine solche Verpflichtung unter besonderen Umständen jedenfalls gegenüber einem schwerbehinderten Arbeitnehmer ergeben: BAG 22.9.2005 – 2 AZR 519/04, BAGE 116, 7. Zur Verpflichtung des Arbeitgebers, ein solches Verfahren im ungekündigten Arbeitsverhältnis durchzuführen, vgl. BAG 3.12.2002 – 9 AZR 481/01, BAGE 104, 45.

[351] BAG 12.7.2007 – 2 AZR 716/06, BAGE 123, 234; 29.10.1998 – 2 AZR 666/97, NZA 1999, 377. Vgl. auch BAG 13.5.2015 – 2 AZR 565/14, NZA 2015, 1249: Das BAG vermisste Vortrag, warum dem Kläger irgendwelche leidensgerechten Arbeitsplätze nicht zumindest in Teilzeit oder jedenfalls mit einer Arbeitszeit von bis zu drei Stunden täglich hätten angeboten werden können.

[352] BAG 13.5.2004 – 2 AZR 36/04, NZA 2004, 1271.

[353] BAG 12.7.1995 – 2 AZR 762/94, NZA 1995, 1100.

[354] So auch LAG Köln 21.12.1995 – 10 Sa 741/95, LAGE KSchG § 1 Krankheit Nr. 24.

tarifvertraglichen Zustimmungsvorbehalt für den Ausspruch einer betriebsbedingten Kündigung.³⁵⁵ Der Insolvenzverwalter schuldet allerdings dem so geschützten Arbeitnehmer einen sog. Verfrühungsschaden. Dieser entsteht verschuldensunabhängig und ist auf die längste gesetzliche oder tarifliche Kündigungsfrist begrenzt. Ein Anspruch auf eine zusätzliche Kündigungsschutzabfindung (§§ 9, 10 KSchG) entsteht hierdurch jedoch nicht.

3. Verdachtskündigung

Nach ständiger höchstrichterlicher Rechtsprechung kann nicht nur eine erwiesene Vertragsverletzung, sondern auch schon der **Verdacht einer strafbaren Handlung oder einer sonstigen Verfehlung** ein wichtiger Grund zur außerordentlichen Kündigung gegenüber dem verdächtigten Arbeitnehmer sein. Dem steht höherrangiges Recht nicht entgegen.³⁵⁶ Die Unschuldsvermutung des Art. 6 Abs. 2 EMRK bindet den Richter im Strafverfahren, nicht jedoch den Arbeitgeber im Arbeitsverhältnis.³⁵⁷ Die Verdachtskündigung ist auch im Berufsausbildungsverhältnis zulässig.³⁵⁸

128

Die außerordentliche, fristlose Kündigung ist dann gerechtfertigt, wenn starke Verdachtsmomente auf objektive Tatsachen gründen, wenn die Verdachtsmomente geeignet sind, das für die Fortsetzung des Arbeitsverhältnisses erforderliche Vertrauen zu zerstören und wenn der Arbeitgeber alle zumutbaren Anstrengungen zur Aufklärung des Sachverhaltes unternommen, insbesondere dem Arbeitnehmer Gelegenheit zur Stellungnahme gegeben hat. Dann ist die Fortsetzung des Arbeitsverhältnisses bis zum Ablauf der Kündigungsfrist bzw. vertragsgemäßen Beendigung des Arbeitsverhältnisses unter Abwägung der Interessen beider Vertragsteile unzumutbar. Das Gericht ist hierbei jedoch gehalten, den insbesondere vom Arbeitnehmer vorgetragenen entlastenden Sachvortrag vollständig aufzuklären.³⁵⁹

129

a) **Voraussetzungen.** Eine Verdachtskündigung liegt nur dann vor, wenn und soweit der Arbeitgeber eine Kündigung damit begründet, gerade der Verdacht eines (nicht erwiesenen) strafbaren bzw. vertragswidrigen Verhaltens habe das für die Fortsetzung des Arbeitsverhältnisses erforderliche Vertrauen zerstört. Bei einer **Tatkündigung** ist für den Kündigungsentschluss hingegen maßgebend, dass der Arbeitnehmer nach der Überzeugung des Arbeitgebers die strafbare Handlung/Pflichtverletzung tatsächlich begangen hat und dem Arbeitgeber aus diesem Grunde die Fortsetzung des Arbeitsverhältnisses unzumutbar ist. Unschädlich ist, dass diese Überzeugung nur auf Schlussfolgerungen und nicht auch auf eigenen Wahrnehmungen beruht.³⁶⁰

130

Der **Verdacht** einer strafbaren Handlung stellt gegenüber dem Vorwurf, der Arbeitnehmer habe die Tat begangen, einen eigenständigen Kündigungsgrund dar, der in dem Tatvorwurf nicht enthalten ist. Bei der Tatkündigung ist für den Kündigungsentschluss maßgebend, dass der Arbeitnehmer nach der Überzeugung des Arbeitgebers die strafbare Handlung/Pflichtverletzung tatsächlich begangen hat und dem Arbeitgeber aus diesem Grund die Fortsetzung des Arbeitsverhältnisses unzumutbar ist.³⁶¹ Ein schwerwiegender Verdacht einer Pflichtverletzung kann zum Verlust der vertragsnotwendigen Vertrauenswürdigkeit des Arbeitnehmers und damit zu einem Eignungsmangel führen, der einem verständig und gerecht abwägenden Arbeitgeber die Fortsetzung des Arbeitsverhältnisses unzumutbar macht.³⁶² Voraussetzung für einen solchen Vertrauensverlust ist weder eine enge Beziehung zwischen Arbeitgeber und Arbeitnehmer, wie sie in einem Kleinbetrieb eher vorhanden ist, noch eine besondere Vertrauensstellung.³⁶³ Aufgrund des Vertrauensverlust und des damit einhergehenden Eig-

131

---

³⁵⁵ BAG 20.9.2006 – 6 AZR 249/05, NZA 2007, 387; 19.1.2000 – 4 AZR 70/99, NZA 2000, 658.
³⁵⁶ BAG 14.9.1994 – 2 AZR 164/94, NZA 1995, 269; 5.5.1994 – 2 AZR 799/93, RzK I 8c Nr. 32.
³⁵⁷ BAG 31.1.2019 – 2 AZR 426/18, BAGE 165, 255; 12.2.2015 – 6 AZR 845/13, NZA 2015, 741.
³⁵⁸ BAG 12.2.2015 – 6 AZR 845/13, NZA 2015, 741.
³⁵⁹ BAG 12.3.2009 – 2 ABR 24/08, NZA-RR 2010, 180.
³⁶⁰ Vgl. BAG 3.4.1986 – 2 AZR 324/85, NZA 1986, 677.
³⁶¹ BAG 31.1.2019 – 2 AZR 426/18, BAGE 165, 255; 18.6.2015 – 2 AZR 256/14, NZA 2016, 287; 21.11.2013 – 2 AZR 797/11, BAGE 146, 303.
³⁶² BAG 31.1.2019 – 2 AZR 426/18, BAGE 165, 255.
³⁶³ BAG 31.1.2019 – 2 AZR 426/18, BAGE 165, 255.

nungsmangels, handelt es sich bei der Verdachtskündigung stets um eine personenbedingte Kündigung.[364] Die Gerichte können eine Kündigung nur dann unter dem Gesichtspunkt der Verdachtskündigung beurteilen, wenn der Arbeitgeber die Kündigung – zumindest hilfsweise – gerade auf den Verdacht stützt.

132 Typisch für die Verdachtskündigung ist, dass die dem Arbeitnehmer zur Last gelegte Tat **nicht oder noch nicht nachweisbar** ist, aber trotzdem so starke Verdachtsmomente bestehen, dass bereits und gerade diese Ungewissheit dem Arbeitgeber die Fortsetzung des Arbeitsverhältnisses unzumutbar macht. Wegen des Risikos, einen Unschuldigen zu treffen, darf der Arbeitgeber sich dabei nicht mit einem bloßen Verdacht begnügen. Es geht vor allem darum, ob ein dringender Verdacht einer ihrer Art nach schweren Verfehlung gerade gegen diesen Arbeitnehmer durch Tatsachen **objektiv begründet** ist.[365] Der Verdacht muss sich also aus objektiven, im Zeitpunkt der Kündigung vorliegenden Tatsachen ergeben.[366] Die Tatsachen müssen vom Kündigenden „voll" bewiesen werden.[367] Ob der Arbeitgeber diese Tatsachen bei Anwendung gebotener und zumutbarer Sorgfalt hätte erkennen können, ist unerheblich.[368] Ein bloßer Anfangsverdacht genügt nicht.[369] Auch auf mehr oder weniger haltbare Vermutungen gestützte Verdächtigungen reichen nicht aus.[370] Es muss eine große Wahrscheinlichkeit dafür bestehen, dass der Verdacht zutrifft. Die Umstände, die ihn begründen, dürfen daher nach allgemeiner Lebenserfahrung nicht ebenso gut durch ein Geschehen zu erklären sein, das eine außerordentliche Kündigung nicht rechtfertigen könnte.[371] Allerdings sind auch später bekannt gewordenen Umstände zu berücksichtigen – zumindest wenn sie bei Kündigungszugang objektiv bereits vorlagen –, die den ursprünglichen Verdacht abschwächen oder verstärken.[372] Steht nach durchgeführter Beweisaufnahme zur Überzeugung des Gerichts die Pflichtwidrigkeit/unerlaubte Handlung sogar fest, so bleibt die Wirksamkeit des materiell-rechtlichen Kündigungsgrundes hiervon unberührt. Schiebt der Arbeitgeber in diesem Fall eine mögliche Tatkündigung nicht nach, so ist das Gericht dennoch berechtigt, uU sogar verpflichtet, sein Urteil darauf zu stützen, dass sich der Verdacht in seiner schärfsten Form erwiesen hat.[373]

133 Die Wirksamkeit einer Verdachtskündigung hängt – wie im Allgemeinen – nicht von der **strafrechtlichen Würdigung** eines den Sachverhalt begründenden Verhaltens ab, sondern von der Beeinträchtigung des für das Arbeitsverhältnis erforderlichen Vertrauens durch den Verdacht. Es kann sogar einen Rechtsfehler darstellen, wenn vornehmlich auf die strafrechtliche Bedeutung der Pflichtverletzung statt auf die Zerstörung des arbeitsvertraglichen Vertrauensverhältnisses abgestellt wird.[374]

134 Nicht einmal einer Kündigung wegen begangener Straftat steht es entgegen, wenn das Strafverfahren die vom Arbeitgeber erwartete Klärung des Sachverhaltes nicht erbracht hat und ohne Urteilsspruch eine Einstellung erfolgt ist. Die Beurteilung im Strafverfahren ist für die Gerichte für Arbeitssachen nicht bindend. Eine Kündigung bleibt also möglich. Zudem kommt es bei der Beurteilung der Wirksamkeit der Verdachtskündigung nicht einmal entscheidend darauf an, dass der Arbeitnehmer einer Straftat verdächtig ist. Auch der **Verdacht einer sonstigen schweren Pflichtverletzung** kann zur Begründung der Kündigung ausreichen. Im Übrigen ist die **Einstellung des Ermittlungsverfahrens** nach § 170 Abs. 2 S. 1 StPO nicht dazu geeignet, den Verdacht einer strafbaren Handlung auszuräumen. Es ist folglich trotz

---

[364] BAG 31.1.2019 – 2 AZR 426/18, BAGE 165, 255.
[365] BAG 13.9.1995 – 2 AZR 587/94, NZA 1996, 81.
[366] BAG 31.1.2019 – 2 AZR 426/18, BAGE 165, 255; 10.2.2005 – 2 AZR 189/04, NZA 2005, 1056; 14.9.1994 – 2 AZR 164/94, NZA 1995, 269.
[367] BAG 31.1.2019 – 2 AZR 426/18, BAGE 165, 255.
[368] BAG 24.5.2012 – 2 AZR 206/11, NZA 2013, 137.
[369] LAG Hamm 20.7.2000 – 12 Sa 791/00, NZA-RR 2001, 635.
[370] BAG 18.6.2015 – 2 AZR 256/14, NZA 2016, 287; 23.5.2013 – 2 AZR 102/12, NZA 2013, 1416; 25.10.2012 – 2 AZR 700/11, BAGE 143, 244.
[371] BAG 18.6.2015 – 2 AZR 256/14, NZA 2016, 287; 23.5.2013 – 2 AZR 102/12, NZA 2013, 1416.
[372] BAG 23.5.2013 – 2 AZR 102/12, NZA 2013, 1416.
[373] BAG 27.1.2011 – 2 AZR 825/09, NZA 2011, 798: Verpflichtung zur Prüfung einer Tatkündigung, sobald die Verdachtskündigung mangels Anhörung des Arbeitnehmers rechtsunwirksam ist.
[374] BAG 12.8.1999 – 2 AZR 832/98, NZA 2000, 27.

einer derartigen Einstellungsverfügung eine Verdachtskündigung möglich.[375] Die Arbeitsgerichte müssen den Sachverhalt im Kündigungsschutzprozess ohnehin ohne Bindung an das Strafurteil selbst aufklären und bewerten.[376]

Andererseits ist eine **Verurteilung** des verdächtigten Arbeitnehmers durch ein Strafgericht eine gegenüber der auf den Verdacht einer strafbaren Handlung gestützten Kündigungsabsicht neue Tatsache iSd § 626 Abs. 1 BGB.[377] Handlungen oder Anordnungen der Ermittlungsbehörden, die ihrerseits einen dringenden Tatverdacht voraussetzen, wie etwa ein Haftbefehl, können den Kündigungsgrund unterstützen.[378]

Die Verdachtskündigung ist auch nicht ausgeschlossen, wenn der Arbeitnehmer zuvor bereits – aus anderem Grund – **unwiderruflich freigestellt** wurde und der Verdacht während der Freistellungsphase aufkommt.[379]

b) **Anhörung des Arbeitnehmers.** Aufgrund der ihm obliegenden Aufklärungspflicht ist der Arbeitgeber gehalten, den Arbeitnehmer vor Ausspruch einer Verdachtskündigung zu den gegen ihn erhobenen Verdachtsmomenten zu hören. Die Erfüllung dieser Pflicht ist **Wirksamkeitsvoraussetzung für die Verdachtskündigung.**[380] Sie gilt auch dann, wenn der Arbeitnehmer arbeitsunfähig erkrankt ist.

Die an die Anhörung des Arbeitnehmers zu stellenden Anforderungen entsprechen nicht denjenigen des § 102 BetrVG. Der dem Arbeitnehmer vorgehaltene Verdacht darf sich allerdings nicht in einer bloßen unsubstantiierten Wertung erschöpfen; er muss soweit konkretisiert sein, dass sich der Arbeitnehmer darauf substantiiert einlassen kann. Es muss die Möglichkeit bestehen, bestimmte, zeitlich und räumlich eingegrenzte Tatsachen ggf. zu bestreiten oder den Verdacht entkräftende Tatsachen aufzuzeigen und so zur Aufhellung im Dunkeln liegender Geschehnisse beizutragen.[381] Dem Arbeitnehmer dürfen keine wesentlichen Erkenntnisse vorenthalten werden, die der Arbeitgeber besitzt und auf die er den Verdacht stützt.[382] Die Anhörung ist nicht dazu bestimmt, als verfahrensrechtliche Erschwernis die Aufklärung zu verzögern und die Wahrheit zu verdunkeln.[383] Maßgeblich sind die Umstände des Einzelfalls.[384] Die Anhörung des Arbeitnehmers darf jedoch nicht unter für den Arbeitnehmer unzumutbaren **Umständen** erfolgen.[385] Für einen Auszubildenden können strengere Anforderungen zu beachten sein, da es sich um einen im Berufsleben unerfahrenen Menschen handelt.[386]

Eine Unterrichtung des Arbeitnehmers über den **Inhalt der geplanten Anhörung** ist nicht erforderlich. Zum einen besteht die Gefahr der Verdunkelung, zum anderen soll sich der Arbeitnehmer möglichst unbefangen mit den Vorwürfen auseinandersetzen können. Durch seine spontane Reaktion könnte sogar eine Entlastung herbeigeführt werden.[387] Eine Verpflichtung, den Arbeitnehmer auf die Möglichkeit, eine Vertrauensperson oder gar einen

---

[375] BAG 20.8.1997 – 2 AZR 620/96, NZA 1997, 1340.
[376] BAG 24.5.2012 – 2 AZR 206/11, NZA 2013, 137.
[377] BAG 14.2.1996 – 2 AZR 274/95, NZA 1996, 873.
[378] BAG 24.5.2012 – 2 AZR 206/11, NZA 2013, 137.
[379] BAG 5.4.2001 – 2 AZR 217/00, NZA 2001, 837.
[380] BAG 31.1.2019 – 2 AZR 426/18, BAGE 165, 255; 25.4.2018 – 2 AZR 611/17, NZA 2018, 140.; 11.4.1985 – 2 AZR 239/84, NZA 1986, 674; 30.4.1987 – 2 AZR 283/86, NZA 1987, 699. Dagegen ist es nicht erforderlich, den Arbeitnehmer mit Belastungszeugen zu konfrontieren: BAG 18.9.1997 – 2 AZR 36/97, NZA 1998, 95. Vgl. aber auch LAG Düsseldorf 25.6.2009 – 5 TaBV 87/09, NZA-RR 1999, 640: Wenn sich der Arbeitnehmer auf Grund eines Haftbefehls, der auch den Schluss auf gegen den Arbeitgeber gerichtete Delikte zulässt, in U-Haft befindet, könne eine Anhörung entbehrlich sein.
[381] BAG 12.2.2015 – 6 AZR 845/13, NZA 2015, 741; 24.5.2012 – 2 AZR 206/11, NZA 2013, 137.
[382] BAG 26.9.2002 – 2 AZR 424/01, AP BGB § 626 Verdacht strafbarer Handlung Nr. 37; 13.9.1995 – 2 AZR 587/94, NZA 1996.
[383] BAG 13.3.2008 – 2 AZR 961/06, NZA 2008, 809.
[384] BAG 12.2.2015 – 6 AZR 845/13, NZA 2015, 741; 20.3.2014 – 2 AZR 1037/12, NZA 2014, 1015.
[385] Nach LAG Köln 15.4.1997 – 13 (2) Sa 812/96, NZA 1998, 203 soll es dem Arbeitnehmer zB nicht zumutbar sein, sich telefonisch zu dem Vorwurf einer Kassenmanipulation zu äußern, wenn sich das Telefon im Ladenlokal befindet und unbeteiligte Dritte (Kunden) anwesend sind.
[386] BAG 12.2.2015 – 6 AZR 845/13, NZA 2015, 741.
[387] Vgl. BAG 12.2.2015 – 6 AZR 845/13, NZA 2015, 741.

Rechtsanwalt hinzuzuziehen, besteht ebenfalls nicht.[388] Allerdings wird man dem Arbeitnehmer das Recht zur Hinzuziehung eines Rechtsanwalts zuzugestehen haben.[389] Dem Arbeitnehmer muss auch keine Kündigungsabsicht bekannt gegeben werden.[390] Die Anhörung eines Arbeitnehmers ist auch keine unzulässige Datenerhebung iSv § 32 Abs. 1 BDSG.[391]

140 Soweit der Arbeitnehmer zu seiner **Entlastung** Tatsachen vorträgt, die im Zeitpunkt der Kündigung vorlagen, sind diese unabhängig von der Kenntnisnahme durch den Arbeitgeber zu berücksichtigen.[392] Allerdings muss der Arbeitgeber nicht jeder noch so entfernten Möglichkeit einer Entlastung des Arbeitnehmers nachgehen.[393] Hieraus folgt: Den Verdacht stärkende oder entkräftende Tatsachen, die vor Zugang der Kündigung unerkannt vorlagen, können bis zur letzten mündlichen Verhandlung in der Berufungsinstanz vorgetragen werden.[394]

141 Bestreitet der Arbeitnehmer die ihm vorgehaltenen Tatsachen lediglich pauschal, so lässt dies regelmäßig den Schluss zu, der Arbeitnehmer sei an einer **Mitwirkung** der Aufklärung des Verdachts **nicht interessiert.** Das Unterlassen des Arbeitgebers, den Arbeitnehmer zu den anschließend weiter ermittelten Tatsachen erneut anzuhören, hat nicht die formelle Unwirksamkeit der Verdachtskündigung zur Folge.[395] Lässt sich der Arbeitnehmer so konkret ein, dass er den Verdacht zerstreuen kann und führen erst weitere Ermittlungen aus der Sicht des Arbeitgebers zu einer Widerlegung des Entlastungsvorbringens, so ist der Arbeitnehmer vor Ausspruch einer auf den Verdacht gestützten Kündigung erneut anzuhören.[396]

142 **Verletzt** der Arbeitgeber seine **Aufklärungspflicht** schuldhaft, so ist die auf den Verdacht gestützte Kündigung unwirksam. Eine schuldhafte Verletzung der Anhörungspflicht liegt nicht vor, wenn der Arbeitnehmer von vornherein nicht bereit ist, sich auf die gegen ihn erhobenen Vorwürfe einzulassen. Erklärt der Arbeitnehmer, er werde sich zum Vorwurf nicht äußern und nennt er keine relevanten Gründe hierfür, so muss der Arbeitgeber ihn über die Verdachtsmomente nicht näher informieren.[397] Problematisch ist, ob der Arbeitgeber ausnahmsweise von der Anhörung absehen kann, wenn gegen den Arbeitnehmer als Betroffenem Haftbefehl erlassen wurde und er als Beschuldigter die zur Last gelegte Tat im Strafverfahren bestreitet.[398]

143 Die gegenüber dem Arbeitnehmer einzuhaltende **Regelanhörungsfrist** beträgt eine Woche. Sie kann bei Vorliegen besonderer Umstände aber auch überschritten werden.[399] Erst danach läuft die Ausschlussfrist des § 626 Abs. 2 BGB an. Für die Anhörung des Arbeitnehmers vor der beabsichtigten Verdachtskündigung ist es erforderlich, aber auch ausreichend, dass er sich zu den erhobenen Vorwürfen überhaupt äußern kann. Die Regelfrist kann durchaus um bis zu einen Monat überschritten werden, wenn der Arbeitgeber weder Einsicht in die Strafakten noch Informationen von dem vorübergehend inhaftierten Arbeitnehmer zum Tatvorwurf einer im dienstlichen Bereich begangenen Straftat erhält.[400] Soll dem Arbeitnehmer Gelegenheit zur schriftlichen Stellungnahme gewährt werden, darf die damit verbundene Frist nicht zu kurz sein. Allerdings hätte der Arbeitnehmer vorzutragen, aus welchen Gründen die Frist subjektiv oder objektiv zu kurz bemessen war.[401]

---

[388] Vgl. BAG 12.2.2015 – 6 AZR 845/13, NZA 2015, 741.
[389] BAG 13.3.2008 – 2 AZR 961/06, NZA 2008, 809.
[390] BAG 24.5.2012 – 2 AZR 206/11, NZA 2013, 137.
[391] BAG 12.2.2015 – 6 AZR 845/13, NZA 2015, 741.
[392] Zur Aufklärungspflicht von Entlastungsvorbringen: LAG Köln 10.2.2005 – 6 Sa 984/04, BeckRS 2005, 41190.
[393] BAG 16.7.2015 – 2 AZR 85/15, NZA 2016, 161.
[394] BAG 13.3.2008 – 2 AZR 961/06, NZA 2008, 809; 6.11.2003 – 2 AZR 631/02, NZA 2004, 919.
[395] BAG 3.9.1995 – 2 AZR 587/94, BAGE 81, 27.
[396] Vgl. BAG 12.2.2015 – 6 AZR 845/13, NZA 2015, 741; 13.9.1995 – 2 AZR 587/94, BAGE 81, 27.
[397] BAG 13.3.2008 – 2 AZR 961/06, NZA 2008, 809; 26.9.2002 – 2 AZR 424/01, AP BGB § 626 Verdacht strafbarer Handlung Nr. 37.
[398] Bejaht durch LAG Düsseldorf 13.8.1998 – 13 Sa 345/98, NZA-RR 1999, 640 und LAG Rheinland-Pfalz 18.8.2005 – 4 Sa 386/05, BeckRS 2006, 40027; vgl. aber auch BAG 24.5.2012 – 2 AZR 206/11, NZA 2013, 137.
[399] BAG 25.4.2018 – 2 AZR 611/17, NZA 2018, 1405; 12.2.2015 – 6 AZR 845/13, NZA 2015, 741; 20.3.2014 – 2 AZR 1037/12, NZA 2014, 1015; 27.1.2011 – 2 AZR 825/09, BAGE 137, 54.
[400] LAG Köln 25.1.2001 – 6 Sa 1310/00, NJOZ 2001, 1271; 8.8.2000 – 5 Sa 452/00, NZA-RR 2001, 185.
[401] BAG 24.5.2012 – 2 AZR 206/11, NZA 2013, 137.

> **Formulierungsvorschlag: Anhörung zur Verdachtskündigung**
>
> Sehr geehrte(r) ......,
>
> am ...... haben wir von Ihrem Vorgesetzten erfahren, dass Sie letzten Freitag nach Geschäftsschluss Ihr Fahrzeug am Lieferanteneingang abgestellt, mehrmals mit vollen Kartons und Tüten diesen Eingang verlassen und alles in Ihrem PKW verstaut haben sollen. Eine nachträgliche Kontrolle hat aufgezeigt, dass seit diesem Tage mehrere Kartons Rotwein etc. fehlen. Die von uns kontrollierten Kassenkontrollstreifen weisen einen Personaleinkauf Ihrer Person nicht auf. Wir haben deshalb den dringenden Verdacht, dass Sie diese Waren entwendet haben.
>
> Da wir Sie auf Grund Ihrer Erkrankung nicht persönlich befragen konnten, geben wir Ihnen Gelegenheit, zu unserem Verdacht innerhalb Wochenfrist Stellung zu nehmen. Diese Frist sollten Sie im eigenen Interesse einhalten. Wir sind verpflichtet, vor Ausspruch einer Kündigung den Betriebsrat zu beteiligen. Diesem wollen wir auch Ihre Bewertung der Beobachtungen vortragen.
>
> ......
> (Arbeitgeber)

c) Ausschlussfrist. Auch auf die außerordentliche Verdachtskündigung ist die Ausschlussfrist des § 626 Abs. 2 BGB anzuwenden. Die **Frist beginnt** mit dem Zeitpunkt, in dem der Kündigungsberechtigte – ggf. nach der Durchführung von Ermittlungen, insbesondere der Anhörung des Arbeitnehmers – eine zuverlässige und möglichst vollständige positive Kenntnis der für die Kündigung maßgebenden Tatsachen hat, die ihm die Entscheidung ermöglicht, ob die Fortsetzung des Arbeitsverhältnisses zumutbar ist oder nicht. Dazu gehören sowohl die für als auch die gegen die Kündigung sprechenden Umstände.[402] Grob fahrlässige Unkenntnis ist ohne Bedeutung.[403] Allerdings muss der Arbeitgeber nach bekannt gewordenem Anfangsverdacht **eigene Ermittlungen zügig durchführen**.[404] Hat der Arbeitgeber einen Verdacht im Hinblick auf Material-/Werkzeugdiebstähle auf Grund belastender Aussagen von Arbeitskollegen gegen einen Arbeitnehmer und wird dessen konkrete Tatbeteiligung erst durch die Übermittlung staatsanwaltschaftlicher Vernehmungsprotokolle erkannt, so ist der Arbeitgeber nicht verpflichtet, sofort zu kündigen. Die umfangreiche Sichtung von Datenmaterial, insbesondere wenn Daten erst wiederhergestellt werden müssen, oder Feiertage, können dem Beginn der Frist entgegenstehen.[405] Im Rahmen der Ermittlungen ist der Arbeitnehmer nicht verpflichtet, seinem Arbeitgeber Einblick in die Akten eines gegen ihn geführten staatsanwaltschaftlichen Ermittlungsverfahrens zu gewähren.[406]

Handelt es sich bei dem Arbeitgeber um eine **juristische Person,** kommt es grundsätzlich auf die Kenntnis des gesetzlich oder satzungsgemäß für die Kündigung zuständigen Organs an.[407] Sind mehrere Personen vertretungsberechtigt, genügt grundsätzlich die Kenntnis schon eines Gesamtvertreters.[408] Wurde einem Mitarbeiter die Kündigungsberechtigung übertragen, kommt es daneben auch auf dessen Kenntnis an.[409]

Kündigt der Arbeitgeber nicht schon auf Grund des Verdachts einer strafbaren Handlung, sondern wartet er das **Ergebnis des Strafverfahrens** ab, so wird die Ausschlussfrist des § 626 Abs. 2 BGB jedenfalls dann gewahrt, wenn der Arbeitgeber die außerordentliche Kündigung binnen zwei Wochen seit Kenntnis der Verurteilung des Arbeitnehmers ausspricht. Es entspricht der ständigen Rechtsprechung, dass der Arbeitgeber seinen Kündigungsentschluss vom Fortgang eines **Strafermittlungs- bzw. Strafverfahrens** abhängig ma-

---

[402] BAG 27.6.2019 – 2 AZR 2/19, NZA 2019, 1415; 25.4.2018 – 2 AZR 611/17, NZA 2018, 1405.
[403] BAG 25.4.2018 – 2 AZR 611/17, NZA 2018, 1405.
[404] BAG 5.12.2002 – 2 AZR 478/01, AP BGB § 123 Nr. 63; 1.2.2007 – 2 AZR 333/06, NZA 2007, 744: Notwendig erscheinende Maßnahmen zur Sachverhaltsaufklärung hemmen den Fristbeginn.
[405] Vgl. BAG 16.7.2015 – 2 AZR 85/15, NZA 2016, 161.
[406] BAG 23.10.2008 – 2 AZR 483/07, NZA-RR 2009, 362.
[407] BAG 27.6.2019 – 2 AZR 2/19, NZA 2019, 1415.
[408] BAG 27.6.2019 – 2 AZR 2/19, NZA 2019, 1415; 1.6.2017 – 6 AZR 720/15, BAGE 159, 192.
[409] BAG 27.6.2019 – 2 AZR 2/19, NZA 2019, 1415; 16.7.2015 – 2 AZR 85/15, NZA 2016, 161.

chen darf.⁴¹⁰ Stellt der Arbeitgeber allein auf die Tatsache der Verurteilung ab, ohne die schriftlichen Gründe des Strafurteils zu kennen, so genügt eine entsprechende Information gegenüber dem Betriebsrat/Personalrat, soweit dieser die näheren Umstände des Tatvorwurfs bereits kennt.⁴¹¹

148 Der Arbeitgeber kann aber nicht zu einem beliebigen **willkürlich gewählten Zeitpunkt** außerordentlich kündigen, wenn er sich zunächst entschlossen hatte, den Fortgang eines Strafermittlungs- bzw. Strafverfahrens abzuwarten.⁴¹² Grundlegend gilt: Der Kündigungsberechtigte kann sich am Fortgang des Strafverfahrens orientieren und seinen Kündigungsentschluss davon abhängig machen. Der für die Kündigung gewählte Zeitpunkt muss jedoch sachlich begründet sein, dh der Arbeitgeber muss neue Tatsachen erfahren oder neue Beweismittel erlangt haben, so dass ein neuer ausreichender Kenntnisstand für eine Kündigung entsteht. Als letzter Zeitpunkt für den Kündigungsentschluss ist die rechtskräftige Verurteilung des Arbeitnehmers zu bewerten.⁴¹³

149 Eine **Arbeitsunfähigkeit** des betroffenen Arbeitnehmers führt nicht ohne weiteres zu einer **Hemmung der Ausschlussfrist**.⁴¹⁴ Teilt der Arbeitnehmer allerdings auf eine entsprechende Anfrage mit, dass er sich wegen seiner Erkrankung nicht, auch nicht schriftlich äußern, könne und wartet der Arbeitgeber dessen Gesundung ab, um ihm eine Stellungnahme zu den Vorwürfen zu ermöglichen, liegen nach der Rechtsprechung des Bundesarbeitsgerichts in der Regel hinreichende besondere Umstände vor, aufgrund derer der Beginn der Frist des § 626 Abs. 2 BGB entsprechend lange hinausgeschoben wird.⁴¹⁵

150 **d) Nachschieben eines Verdachts-Kündigungsgrundes.** Auch im Rahmen der Verdachtskündigung ist das Nachschieben weiterer Kündigungsgründe wegen des Verdachts strafbarer Handlungen oder grober Pflichtverletzungen **statthaft**.⁴¹⁶ Denn auch hier gilt der Grundsatz der materiell-rechtlichen Zulässigkeit, die bereits zum Zeitpunkt des Kündigungsausspruchs entstandenen Kündigungsgründe zur Rechtfertigung der ausgesprochenen Kündigung nachzuschieben, solange der Kündigungsentschluss hierauf noch nicht gestützt werden konnte, die Verdachtsmomente dem Arbeitgeber bei Kündigungsausspruch also noch nicht bekannt waren.⁴¹⁷ Eine **zeitliche Begrenzung** beschreibt auch hier § 626 Abs. 2 BGB als gesetzlich normierte Verwirkung. Die für die Kündigung maßgebenden Tatsachen dürfen dem Kündigungsberechtigten nicht länger als zwei Wochen vor der Kündigungserklärung bekannt geworden sein.⁴¹⁸ Dies kann dann anders sein, wenn ein enger sachlicher Zusammenhang zwischen den eigentlich verfristeten und bekannten Umständen und den zur Kündigung herangezogenen Umständen besteht.⁴¹⁹ Hat der Arbeitgeber das Kündigungsrecht bereits ausgeübt und waren ihm die nachgeschobenen Tatsachen bei Kündigungsausspruch nicht bekannt, kann er diese jedoch nachschieben, ohne hierbei erneut an die Frist des § 626 Abs. 2 BGB gebunden zu sein.⁴²⁰ Dabei ist es ohne Bedeutung, ob ein sachlicher oder zeitlicher Zusammenhang mit den schon bekannten Gründen besteht.⁴²¹

151 Der betroffene Arbeitnehmer muss vor dem Nachschieben weiterer Verdachtsmomente nicht **angehört** werden. Dies gilt sowohl dann, wenn lediglich verdachtserhärtende Tatsachen nachgeschoben werden sollen, als auch dann, wenn der Arbeitgeber neue Tatsachen in

---

[410] BAG 25.4.2018 – 2 AZR 611/17, NZA 2018, 1405; 2.3.2017 – 2 AZR 698/15, NZA 2017, 1051; 16.7.2015 – 2 AZR 85/15, NZA 2016, 161; 22.11.2012 – 2 AZR 732/11, NZA 2013, 665; 27.1.2011 – 2 AZR 825/09, BAGE 137, 54.
[411] BAG 8.8.1999 – 2 AZR 852/98, NZA 2000, 381; 27.6.1985 – 2 AZR 412/84, NZA 1986, 426. Nach BAG 22.10.2015 – 2 AZR 381/14, BB 2016, 765 liegt in der Haft ein Dauertatbestand.
[412] BAG 17.3.2005 – 2 AZR 245/04, NZA 2006, 101.
[413] BAG 27.1.2011 – 2 AZR 825/09, NZA 2011, 798; 26.6.2008 – 2 AZR 190/07, NZA 2008, 1415; 5.6.2008 – 2 AZR 234/07, NZA-RR 2008, 630; 5.2.2008 – 2 AZR 25/07, NZA-RR 2009, 69.
[414] LAG Düsseldorf 18.6.2019 – 3 Sa 1077/18, ZTR 2019, 633.
[415] BAG 20.3.2014 – 2 AZR 1037/12, NZA 2014, 1015.
[416] BAG 16.7.2015 – 2 AZR 85/15, NZA 2016, 161.
[417] BAG 16.7.2015 – 2 AZR 85/15, NZA 2016, 161; 23.5.2013 – 2 AZR 102/12, NZA 2013, 1416.
[418] Vgl. BAG 10.4.1975 – 2 AZR 113/74, AP BGB § 626 Ausschlussfrist Nr. 7.
[419] BAG 15.3.2001 – 2 AZR 147/00, EzA BGB § 626 nF Nr. 185.
[420] BAG 23.5.2013 – 2 AZR 102/12, NZA 2013, 1416.
[421] BAG 18.6.2015 – 2 AZR 256/14, NZA 2016, 287.

den Rechtsstreit einführen will, die einen neuen Kündigungsgrund begründen.[422] Kollektivrechtlich ist das Nachschieben derartiger weiterer Verdachtsgründe erst dann statthaft, sobald der Betriebsrat erneut beteiligt wurde.[423]

e) Unschuld des Arbeitnehmers: Wiedereinstellungsanspruch. Stellt sich im Verlauf des Rechtsstreits die Unschuld des verdächtigten Arbeitnehmers heraus, dann ist dies zu seinen Gunsten zu berücksichtigen.[424] Ebenso muss das Gericht dem Vorbringen des Arbeitnehmers nachgehen, mit dem er sich von dem Verdacht reinigen will. Wird die Unschuld des Arbeitnehmers oder Umstände, die den Verdacht beseitigen, erst nach Abschluss des zu seinen Ungunsten ausgegangenen Kündigungsschutzprozesses festgestellt, kann ihm ein Wiedereinstellungsanspruch zustehen. Nicht ausreichend ist jedoch die bloße Einstellung des staatsanwaltschaftlichen Ermittlungsverfahrens.[425] 152

f) Strafverfahren. Kann der Arbeitgeber eine hinreichende Aufklärung nicht erlangen oder will er die Kündigung auf eine so unsichere Grundlage nicht stellen, kann er das Ergebnis eines Strafverfahrens abwarten. Kommt es im Strafverfahren zu einer Verurteilung, wird der Arbeitgeber die Kündigung regelmäßig nicht mehr wegen des (geklärten) Verdachts, sondern jetzt nur noch wegen der als erwiesen angesehenen **Tatbegehung** aussprechen; in einem solchen Fall beginnt der Lauf der zweiwöchigen Frist des § 626 Abs. 2 BGB erst mit der Kenntnis des Kündigungsberechtigten von der Verurteilung.[426] 153

Bestreitet der Arbeitnehmer trotz rechtskräftiger Verurteilung weiterhin die Tatbegehung, hat das Arbeitsgericht ohne Bindung an das strafgerichtliche Urteil die erforderlichen Feststellungen selbst zu treffen. Die Verurteilung des Arbeitnehmers im Strafverfahren schließt die Verdachtskündigung deshalb nicht aus. Denkbar ist, dass das Arbeitsgericht zu einem anderen Ergebnis kommt und „nur" ein dringender Verdacht der Tatbegehung besteht. Die Ergebnisse des Strafverfahrens können dabei nach den allgemeinen Beweisregeln verwertet werden.[427] Aus der Tatsache der Anklageerhebung und Eröffnung des Hauptverfahrens folgt, dass auch ein verständiger Arbeitgeber vom Vorliegen eines entsprechenden Tatverdachts ausgehen und eine Verdachtskündigung aussprechen darf. Das Handeln der Behörden hat die Vermutung der Rechtmäßigkeit für sich. Der Arbeitgeber kann nicht verpflichtet sein, in seinen Bewertungen kritischer und zurückhaltender zu sein.[428] 154

> **Formulierungsvorschlag: Warten auf das Ergebnis des Strafverfahrens**
>
> Sehr geehrte(r) ......,
>
> während Ihres Urlaubs hat Ihre Vertretung festgestellt, dass nicht alle im März vergangenen Jahres zur Ansicht mitgenommenen Gegenstände zurückgegeben bzw. bezahlt wurden. Uns fehlt noch der Kaufpreis bzw. der Rückschein für ...... Da Sie uns anlässlich des Gesprächs vom ...... keine weiteren Hinweise zur endgültigen Aufklärung dieses Sachverhaltes geben konnten, haben wir diese Angelegenheit der Polizei übergeben. Damit ist für uns die Angelegenheit jedoch noch nicht abgeschlossen. Sollten unsere Vermutungen durch das strafrechtliche Verfahren bestätigt werden, sehen wir keine weitere Basis zur Zusammenarbeit mit Ihnen. Für diesen Fall behalten wir uns die erforderlichen arbeitsrechtlichen Schritte vor.
>
> ......
> (Arbeitgeber)

155

g) Anhörung des Betriebsrats. Da es sich bei der Verdachtskündigung um einen selbstständigen Kündigungsgrund handelt, muss der Arbeitgeber gegenüber dem Betriebsrat deut- 156

---

[422] BAG 23.5.2013 – 2 AZR 102/12, NZA 2013, 1416.
[423] BAG 16.7.2015 – 2 AZR 85/15, NZA 2016, 161; 18.6.2015 – 2 AZR 256/14, NZA 2016, 287; 23.5.2013 – 2 AZR 102/12, NZA 2013, 1416.
[424] BAG 14.9.1994 – 2 AZR 164/94, NZA 1995, 269.
[425] BAG 20.8.1997 – 2 AZR 620/96, NZA 1997, 1340.
[426] BAG 14.2.1996 – 2 AZR 274/95, NZA 1996, 873; 26.3.1992 – 2 AZR 519/91, NZA 1992, 1121.
[427] BAG 26.3.1992 – 2 AZR 519/91, NZA 1992, 1121.
[428] LAG Hamm 20.8.1999 – 19 Sa 2329/98, DB 1999, 2068.

lich zum Ausdruck bringen, dass er (auch) eine Kündigung des Arbeitsverhältnisses wegen des Verdachts etwa einer Straftat beabsichtigt. Teilt der Arbeitgeber dem Betriebsrat mit, er beabsichtige den Arbeitnehmer wegen einer nach dem geschilderten Sachverhalt für **nachgewiesen** erachteten **Straftat** fristlos und vorsorglich ordentlich zu kündigen und stützt er später die Kündigung bei unverändert gebliebenem Sachverhalt auch auf den **Verdacht** dieser Straftat, so ist der nachgeschobene Kündigungsgrund der Verdachtskündigung wegen insoweit fehlender Anhörung des Betriebsrats im Kündigungsschutzprozess nicht zu verwerten.[429] Allerdings ist zu beachten, dass die Anhörung des Betriebsrats als Willenserklärung auslegungsfähig ist. Aus den gewählten Formulierungen kann sich daher ergeben, dass der Arbeitgeber auch wegen des Verdachts kündigen wollte.[430] Der Arbeitgeber wahrt jedoch seine Anhörungspflicht bezüglich beider selbstständiger Kündigungsbegründungen, dh ein Nachschieben ist kollektivrechtlich statthaft, sobald er dem Betriebsrat zwar seine Tatüberzeugung mitteilt, aber zugleich darauf hinweist, dass eine Verurteilung wegen einer vollendeten Straftat noch nicht erfolgt ist.[431] Hat der Arbeitgeber den Betriebsrat nur zur Verdachtskündigung angehört, so ist die gerichtliche Anerkennung einer nachgewiesenen Pflichtverletzung, wie zB einer unerlaubten Handlung, als Kündigungsgrund möglich, sobald dem Betriebsrat alle Tatsachen bekannt sind, die nicht nur den Verdacht sondern sogar den Tatvorwurf selbst begründen.[432] Hört der Arbeitgeber den Betriebsrat zu einer Verdachtskündigung an, ist zugleich davon auszugehen, dass er ihn auch zu einer Tatkündigung beteiligt hat, wenn dem Betriebsrat alle Tatsachen mitgeteilt worden sind, die – ggf. auch im Rahmen eines zulässigen Nachschiebens – nicht nur den Verdacht, sondern den Tatvorwurf selbst begründen.[433] Die Anhörung zur Verdachtskündigung beinhaltet dann die Anhörung zur Tatkündigung.

Formulierungsvorschlag: Anhörung zur Tat- und Verdachtskündigung

157   An den Betriebsrat
zu Händen der/des Betriebsratsvorsitzenden ......

Sehr geehrte(r) ......,

die Firma ...... beabsichtigt, den/die ...... zum nächstmöglichen Termin außerordentlich und hilfsweise ordentlich zu kündigen.

Der/Die zu Kündigende ist seit dem ...... als ......, zuletzt in der Abteilung ...... beschäftigt. Er/Sie arbeitet in Vollzeit/in Teilzeit/zur Aushilfe. Die weiteren Sozialdaten sind wie folgt: ......
Die Kündigungsfrist beträgt ......

Von den Mitarbeitern ...... haben wir erfahren, dass er/sie während des letzten Wochenenddienstes einen Karton ...... aus dem Warenlager geholt hat, ohne dass dies vom Arbeitsablauf her notwendig war.

Dieser Karton ist unauffindbar. Wir sind zwar davon überzeugt, dass er/sie diesen Karton gestohlen hat. Allerdings stützen wir die beabsichtigte Kündigung auch auf den Verdacht des Diebstahls.

Der Betriebsrat wird gebeten, der Kündigung zuzustimmen. Für den Fall, dass eine Zustimmung nicht möglich sein sollte bitten wir bei der Bekanntgabe von Bedenken, die gesetzliche Frist von drei Tagen/einer Woche einzuhalten.

......
(Geschäftsleitung)

---

158   **h) Detektivkosten.** Überträgt der Arbeitgeber anlässlich eines konkreten Tatverdachts einem Detektiv die Überwachung des Arbeitnehmers und lässt sich so eine vertragswidrige und unerlaubte Handlung nachweisen, so sind die durch das Tätigwerden des Detektivs ent-

---

[429] BAG 1.4.1985 – 2 AZR 239/84, NZA 1986, 677.
[430] BAG 12.2.2015 – 6 AZR 845/13, NZA 2015, 741 (Ausreichend: „müssen wir davon ausgehen, dass er die Differenz ‚verursacht' hat").
[431] BAG 20.8.1997 – 2 AZR 620/96, AP BGB § 626 Verdacht strafbarer Handlung Nr. 27.
[432] BAG 23.6.2009 – 2 AZR 474/07, NZA 2009, 1137.
[433] BAG 23.6.2009 – 2 AZR 474/07, NZA 2009, 1137.

standenen Kosten eine adäquate Folge des schädigenden Verhaltens und dem Arbeitgeber vom Arbeitnehmer ggf. nach § 280 BGB oder § 823 Abs. 1 und Abs. 2 BGB iVm § 246 StGB zu ersetzen.[434]

Voraussetzung ist, dass der Arbeitgeber aufgrund eines konkreten Tatverdachts einem Detektiv die Überwachung des Arbeitnehmers überträgt und der Arbeitnehmer einer vorsätzlichen Vertragspflichtverletzung überführt wird.[435] Die entstandenen Kosten müssen angemessen gewesen sein.[436] Der Arbeitgeber braucht sich nicht darauf verweisen lassen, im Kündigungsrechtsstreit eine Kostengrundentscheidung (§ 269 Abs. 3 und 4 ZPO) herbeizuführen und dann in einem Kostenfestsetzungsverfahren nach den §§ 103 ff. ZPO die Erstattung der Detektivkosten geltend zu machen, sondern kann die Kosten unmittelbar einklagen.[437]

i) Restitutionsklage bei neuen Entlastungsgesichtspunkten. Ist das aus Anlass einer Verdachtskündigung eingeleitete Kündigungsschutzverfahren rechtskräftig abgeschlossen und treten jetzt erst entlastende Momente ein, weil zB belastende Zeugenaussagen relativiert werden und aus diesem Grunde die Eröffnung des Hauptverfahrens wegen mangelnden Tatverdachts abgelehnt wird, so hat eine hierauf gestützte Restitutionsklage keinen Erfolg. Weder das Protokoll über Zeugenvernehmungen noch der die Eröffnung des Hauptverfahrens ablehnende Beschluss stellen Urkunden iSd § 580 Nr. 7b ZPO dar, die eine Restitution begründen könnten. Diese Bewertung gilt, wenn diese Urkunden erst nach rechtskräftigem Abschluss des Kündigungsschutzverfahrens errichtet wurden und ebenso wenig wie ein nachträglicher Strafbefehl oder Freispruch die Arbeitsgerichte binden. Auch wenn diese Urkunden vor dem maßgeblichen Urteil im Kündigungsschutzprozess errichtet und vorgelegt waren, folgt hieraus nicht, dass sie eine für den Arbeitnehmer günstigere Entscheidung gewährleistet hätten, da die Arbeitsgerichte gehalten sind, alle relevanten Verdachtsumstände eigenständig zu würdigen, ohne hierbei an Entscheidungen im Strafverfahren gebunden zu sein.[438]

4. Druckkündigung

Eine Druckkündigung liegt vor, wenn **Dritte unter Androhung von Nachteilen für den Arbeitgeber von diesem die Entlassung eines bestimmten Arbeitnehmers verlangen.** Dabei sind zwei Fallgestaltungen zu unterscheiden: Das Verlangen des Dritten kann gegenüber dem Arbeitgeber durch ein Verhalten des Arbeitnehmers oder einen in dessen Person liegenden Grund objektiv gerechtfertigt sein. In diesem Falle liegt es im Ermessen des Arbeitgebers, ob er eine **personen-** oder eine **verhaltensbedingte Kündigung** ausspricht.[439] Fehlt es an einer objektiven Rechtfertigung der Drohung, kommt eine Kündigung aus betriebsbedingten Gründen in Betracht.[440]

An die Zulässigkeit einer **betriebsbedingten Druckkündigung** sind strenge Anforderungen zu stellen. Beim Verlangen der Belegschaft oder eines Teils der Belegschaft nach Entlassung eines Arbeitnehmers darf der Arbeitgeber diesem nicht ohne weiteres nachgeben. Er hat sich auf Grund seiner arbeitsvertraglichen Fürsorgepflicht schützend vor den betroffenen Arbeitnehmer zu stellen und alles Zumutbare zu versuchen, um die Belegschaft von ihrer Drohung abzubringen.[441] Nur wenn daraufhin trotzdem ein Verhalten in Aussicht gestellt wird

---

[434] BAG 17.9.1998 – 8 AZR 5/97, NZA 1998, 1334; 3.12.1985 – 3 AZR 277/84, BB 1987, 689; LAG Düsseldorf 4.4.1995 – 7 Ta 243/94, NZA 1995, 808; LAG Hamm 7.11.1995 – 6 Sa 187/95, DB 1996, 278; 28.8.1991 – 15 Sa 437/91, DB 1992, 431.
[435] BAG 26.9.2013 – 8 AZR 1026/12, NZA 2014, 301; 28.10.2010 – 8 AZR 547/09, NZA-RR 2011, 231; 17.9.1998 – 8 AZR 5/97, BAGE 90, 1.
[436] BAG 26.9.2013 – 8 AZR 1026/12, NZA 2014, 301.
[437] BAG 28.5.2009 – 8 AZR 226/08, NZA 2009, 1300.
[438] BAG 22.1.1998 – 2 AZR 455/97, NZA 1998, 726.
[439] BAG 18.7.2013 – 6 AZR 421/12, BeckRS 2013, 73495; 31.1.1996 – 2 AZR 158/95, AP BGB § 626 Druckkündigung Nr. 13; 19.6.1986 – 2 AZR 563/85, NZA 1987, 21.
[440] BAG 18.7.2013 – 6 AZR 421/12, BeckRS 2013, 73495; 31.1.1996 – 2 AZR 158/95, AP BGB § 626 Druckkündigung Nr. 13; 4.10.1990 – 2 AZR 201/90, NZA 1991, 468; 19.6.1986 – 2 AZR 563/85, NZA 1987, 21.
[441] BAG 18.7.2013 – 6 AZR 421/12, BeckRS 2013, 73495; 31.1.1996 – 2 AZR 158/95, NZA 1996, 581; 19.6.1986 – 2 AZR 563/85, NZA 1987, 21.

(Ankündigung von Eigenkündigungen, Massenkündigung, Streik oder sonstigen Nachteilen) durch das dem Arbeitgeber schwere wirtschaftliche Schäden drohen, kann die Kündigung gerechtfertigt sein. Dabei ist jedoch Voraussetzung, dass die Kündigung das einzige in Betracht kommende Mittel ist, um die Schäden abzuwehren.[442] Zu berücksichtigen ist hierbei auch, inwieweit der Arbeitgeber die Drucksituation selbst in vorwerfbarer Weise herbeigeführt hat.[443] Kann der dem Betrieb drohende Schaden bereits durch eine Änderungskündigung abgewendet werden, ist eine Beendigungskündigung nicht erforderlich und deshalb rechtsunwirksam.[444] Die vorherige Anhörung des Arbeitnehmers ist keine Wirksamkeitsvoraussetzung für eine Druckkündigung.[445]

IV. Ausschlussfrist

163 Nach **§ 626 Abs. 2 BGB** kann die außerordentliche Kündigung nur **innerhalb von zwei Wochen** erfolgen. Die Frist beginnt mit dem Zeitpunkt, in dem der Kündigungsberechtigte von den für die Kündigung maßgebenden Tatsachen Kenntnis erlangt.

1. Grundsätze

164 Die Frist des § 626 Abs. 2 BGB ist eine **materiell-rechtliche Ausschlussfrist**. Ihre Versäumung führt zur Unwirksamkeit der außerordentlichen Kündigung wegen Fehlens des wichtigen Grundes.[446] Die Unwirksamkeit muss aber unter der Geltung des KSchG gemäß § 13 Abs. 1 iVm § 4 KSchG durch fristgerechte Feststellungsklage geltend gemacht werden.[447] Die Berechnung der Ausschlussfrist richtet sich nach den §§ 187 ff. BGB.[448] Auch unabhängig von § 626 Abs. 2 BGB kann der Arbeitgeber einen Kündigungsgrund nicht beliebig lange zurück halten.[449]

165 a) **Fristbeginn.** Die Frist beginnt, sobald der Kündigungsberechtigte eine zuverlässige und möglichst vollständige **positive Kenntnis** der für die Kündigung maßgebenden Tatsachen des Kündigungssachverhalts hat, die ihm die Entscheidung ermöglicht, ob die Fortsetzung des Arbeitsverhältnisses zumutbar ist oder nicht.[450] Selbst grob fahrlässige Unkenntnis setzt die Frist nicht in Gang.[451] Zu den für die Kündigung maßgebenden Tatsachen gehören auch die im Sinne der Unzumutbarkeitserwägungen für oder gegen die Kündigung sprechenden Umstände.[452] Da sich entlastende Momente regelmäßig nur durch die Anhörung des Arbeitnehmers in Erfahrung bringen lassen, kann der Arbeitgeber nach pflichtgemäßem Ermessen weitere Ermittlungen anstellen und den Betroffenen anhören, ohne dass die Frist des § 626 Abs. 2 BGB zu laufen beginnt.[453] Können mehrere Pflichtverletzungen zu einem Gesamtvorwurf zusammengefasst werden, beginnt die Frist mit Kenntnis vom letzten Vorfall, der ein weiteres und letztes Glied in der Kette der Ereignisse bildet, die in ihrer Gesamtheit zum Anlass für eine Kündigung genommen werden.[454]

166 Kündigungsberechtigt ist der **Arbeitgeber** bzw. ein Angestellter, dem die Kündigungsbefugnis eingeräumt ist. Auf ihre Kenntnis kommt es für den Fristbeginn an.[455] Ausnahmswei-

---

[442] BAG 18.7.2013 – 6 AZR 421/12, BeckRS 2013, 73495; 4.10.1990 – 2 AZR 201/90, NZA 1991, 468.
[443] BAG 4.10.1990 – 2 AZR 201/90, NZA 1991, 468.
[444] BAG 4.10.1990 – 2 AZR 201/90, NZA 1991, 468.
[445] BAG 4.10.1990 – 2 AZR 201/90, NZA 1991, 468.
[446] BAG 8.6.1972 – 2 AZR 336/7, BAGE 24, 292.
[447] BAG 6.7.1972 – 2 AZR 386/71, AP BGB § 626 Ausschlussfrist Nr. 3.
[448] ErfK/Niemann BGB § 626 Rn. 219.
[449] BAG 31.1.2019 – 2 AZR 426/18, NZA 2019, 893.
[450] BAG 9.6.2011 – 2 AZR 323/10, NZA 2011, 1342; 25.11.2010 – 2 AZR 171/09, NZA-RR 2011, 177; 26.6.2008 – 2 AZR 190/07, NZA 2008, 1415.
[451] BAG 16.7.2015 – 2 AZR 85/15, NZA 2016, 161; 12.2.2015 – 6 AZR 845/13, NZA 2015, 741; 22.11.2012 – 2 AZR 732/11, NZA 2013, 665.
[452] BAG 27.1.2011 – 2 AZR 825/09, NZA 2011, 798.
[453] BAG 25.11.2010 – 2 AZR 171/09, NZA-RR 2011, 177.
[454] BAG 1.6.2017 – 6 AZR 720/15, NZA 2017, 1332.
[455] BAG 18.6.2015 – 2 AZR 256/14, NZA 2016, 287.

se genügt auch die **Kenntnis** eines **Dritten,** der keine Entlassungsbefugnis besitzt. Der Kündigungsberechtigte muss sich die Kenntnis eines solchen Dritten nach Treu und Glauben dann zurechnen lassen, wenn dessen herausgehobene Stellung im Betrieb nach den Umständen des Einzelfalls erwarten lässt, er werde den Kündigungsberechtigten von dem Kündigungssachverhalt unterrichten und er tatsächlich und rechtlich in der Lage ist, den Sachverhalt so umfassend zu klären, dass mit dem Bericht an den Kündigungsberechtigten dieser ohne weitere Nachforschungen seine Kündigungsentscheidung abgewogen treffen könnte.[456] Zudem muss die erst später erlangte Kenntnis darauf beruhen, dass die Organisation des Betriebs zu einer Verzögerung des Fristbeginns geführt hat, obwohl eine andere Organisation sachgemäß und zumutbar wäre.[457]

b) Fristhemmung. Die Ausschlussfrist kann nicht beginnen – dh sie ist gehemmt – solange der Kündigungsberechtigte die zur Aufklärung des Kündigungssachverhalts nach pflichtgemäßem Ermessen notwendig erscheinenden Maßnahmen mit der gebotenen Eile durchführt.[458] Der Beginn der Ausschlussfrist darf indes nicht länger als unbedingt notwendig hinausgeschoben werden. Sie ist nur so lange gehemmt, wie **der Kündigungsberechtigte aus verständigen Gründen mit der gebotenen Eile Ermittlungen anstellt,** die ihm eine umfassende und zuverlässige Kenntnis des Kündigungssachverhalts verschaffen sollen.[459] Es ist jedoch nicht darauf abzustellen, ob die Ermittlungen etwas zur Aufklärung des Sachverhalts beigetragen haben oder überflüssig waren.[460] Abzustellen ist vielmehr darauf, welche Aufklärungsmaßnahmen einem verständig handelnden Arbeitgeber erforderlich erscheinen würden. Die Grenze der Ermittlungsfähigkeit ist jedenfalls dann überschritten, wenn der Sachverhalt geklärt oder sogar zugestanden worden ist.[461] Ob diese Voraussetzungen erfüllt sind, hängt von den **Umständen des Einzelfalls** ab. Eine Regelfrist existiert nicht.[462] Selbst für eine Dauer von zwei Monaten kann die Frist grds. gehemmt sein.[463] So lange etwa in einem Fall von umfangreichen und über längere Zeit fortgesetzten Veruntreuungen angezeigte und vertretbare Untersuchungen angestellt werden, wie zB die Prüfung umfangreicher Unterlagen und Abrechnungen, um das Ausmaß des angerichteten Schadens zu ermitteln, ist der Beginn der Frist des § 626 Abs. 2 BGB gehemmt. Ergreift der Arbeitgeber bis zur Anhörung des Arbeitnehmers keine Ermittlungsmaßnahmen, kann dies aufgrund der besonderen Umstände des Falles dennoch unschädlich sein.[464]

Der Beginn der Zweiwochenfrist des § 626 Abs. 2 BGB wird jedoch nicht dadurch gehemmt, dass der Kündigende **Rechtsrat** zwecks Beurteilung einholt, ob die bislang ermittelten Indiztatsachen die beabsichtigte Kündigung tragen, oder weitere Aufklärungsmaßnahmen unternommen werden sollen.[465]

Bei der Arbeitgeberkündigung gehören zum Kündigungssachverhalt auch die für den Arbeitnehmer sprechenden Umstände. Solange diese dem Kündigungsberechtigten nicht umfassend bekannt sind, kann dessen Kündigungsrecht nicht verwirken. Ohne eine **Anhörung des Arbeitnehmers** können sie regelmäßig nicht hinreichend vollständig erfasst werden. Hatte der Arbeitgeber bislang nur Anhaltspunkte für einen Sachverhalt, der zur außerordentlichen Kündigung berechtigen könnte, kann er deshalb den Betroffenen anhören, ohne dass die Frist des § 626 Abs. 2 BGB zu laufen beginnt.[466] Dies gilt auch dann, wenn die Anhörung oder die weiteren Ermittlungsmaßnahmen im Endeffekt nicht zur Aufklärung des

---

[456] BAG 16.7.2015 – 2 AZR 85/15, NZA 2016, 161.
[457] BAG 16.7.2015 – 2 AZR 85/15, NZA 2016, 161; 21.2.2013 – 2 AZR 433/12, NZA-RR 2013, 515.
[458] BAG 5.6.2008 – 2 AZR 234/07, NZA-RR 2008, 630; 5.12.2002 – 2 AZR 478/01, DB 2003, 1685; 10.6.1988 – 2 AZR 25/88, NZA 1989, 10.
[459] BAG 20.3.2014 – 2 AZR 1037/12, NZA 2014, 1015; 17.3.2005 – 2 AZR 245/04, NZA 2006, 101.
[460] BAG 27.6.2019 – 2 AZR 2/19, NZA 2019, 1415 mwN.
[461] BAG 5.12.2002 – 2 AZR 478/01, DB 2003, 1685.
[462] BAG 16.7.2015 – 2 AZR 85/15, NZA 2016, 161.
[463] BAG 1.2.2007 – 2 AZR 333/06, NZA 2007, 744.
[464] BAG 27.6.2019 – 2 AZR 2/19, NZA 2019, 1415.
[465] LAG Hamm 1.10.1998 – 8 Sa 969/98, LAGE BGB § 626 Ausschlussfrist Nr. 10.
[466] BAG 25.11.2010 – 2 AZR 171/09, NZA-RR 2011, 177; 2.3.2006 – 2 AZR 46/05, BAGE 117, 168; 17.3.2005 – 2 AZR 245/04, NZA 2006, 101.

Sachverhalts beigetragen haben oder überflüssig waren.[467] Allerdings hat die Anhörung regelmäßig binnen einer Wochenfrist stattzufinden.[468] Die Anforderungen an eine fristhemmende Anhörung richten sich nach den Umständen des Einzelfalls.[469] Insgesamt ist der Arbeitgeber nicht verpflichtet, vor Ausspruch einer Tatkündigung eigene Ermittlungsmaßnahmen durchzuführen.[470] Außerhalb der Verdachtskündigung ist die Anhörung des Arbeitnehmers keine Wirksamkeitsvoraussetzung für die Kündigung.[471] Der Arbeitgeber geht ohne Anhörung lediglich das Risiko ein, die behauptete Pflichtverletzung im Prozess nicht beweisen zu können.

170   c) **Darlegungs- und Beweislast.** Für die Einhaltung der Ausschlussfrist des § 626 Abs. 2 BGB ist derjenige darlegungs- und beweispflichtig, der die Kündigung erklärt.[472] Der Kündigende hat aber erst dann Anlass zur Ausschlussfrist Stellung zu nehmen, wenn es zweifelhaft erscheint, dass die Frist gewahrt ist, oder wenn der Gekündigte geltend macht, der Kündigungsgrund sei verfristet.[473]

2. Sonderfälle

171   a) **Kenntnis bei Gesamtvertretung, wie zB bei Vereinen und der Gesellschaft bürgerlichen Rechts.** Sind die Mitglieder des Vorstandes eines eingetragenen Vereins nach der Satzung nur insgesamt zur Kündigung von Angestellten des Vereins berechtigt, beginnt die Ausschlussfrist entsprechend der Regelung des § 27 Abs. 2 BGB mit dem Zeitpunkt, in dem auch nur ein Vorstandsmitglied von den für die Kündigung maßgebenden Tatsachen Kenntnis erlangt.[474] Etwas anderes kann dann gelten, wenn ein Vertreter des Arbeitgebers kollusiv mit dem Arbeitnehmer gegen die Interessen des Arbeitgebers zusammenwirkt. Dann kann auf die Kenntnis des nicht in den Sachverhalt verstrickten Vertreters abzustellen sein.[475] Ist Arbeitgeber eine Gesellschaft bürgerlichen Rechts, beginnt die Frist des § 626 Abs. 2 BGB, wenn auch nur einer der Gesellschafter den Kündigungsgrund kennt.[476]

172   b) **Genehmigung des Vertretenen.** Die ohne hinreichende Vertretungsmacht erklärte außerordentliche Kündigung kann vom Vertretenen mit rückwirkender Kraft nach § 184 BGB nur innerhalb der zweiwöchigen Ausschlussfrist des § 626 Abs. 2 S. 2 BGB genehmigt werden.[477]

173   c) **Verwirkung des Kündigungsrechts.** Der Einwand der materiell-rechtlichen Verwirkung nach § 242 BGB wird hinsichtlich des Rechts zur außerordentlichen Kündigung aus wichtigem Grund durch § 626 Abs. 2 BGB konkretisiert. Dieses Kündigungsrecht kann deshalb ohne Kenntnis des Kündigungsberechtigten vom Kündigungssachverhalt nicht verwirken.[478]

174   d) **Zwingende Regelung.** Die zwingende gesetzliche Regelung des § 626 Abs. 2 BGB kann weder durch Parteivereinbarung noch durch Tarifvertrag abgeändert oder ausgeschlossen werden.[479]

175   e) **Verfristete Kündigungsgründe.** Liegen Vorfälle länger als 14 Tage zurück, handelt es sich aber um gleichartige Verfehlungen (Verspätungen, unentschuldigtes Fehlen), so ist auch

---

[467] BAG 25.11.2010 – 2 AZR 171/09, NZA-RR 2011, 177.
[468] BAG 16.7.2015 – 2 AZR 85/15, NZA 2016, 161; 31.7.2014 – 2 AZR 407/13, NZA 2015, 621; 20.3.2014 – 2 AZR 1037/12, NZA 2014, 1015.
[469] BAG 1.6.2017 – 6 AZR 720/15, NZA 2017, 1332.
[470] BAG 16.7.2015 – 2 AZR 85/15, NZA 2016, 161.
[471] BAG 23.6.2009 – 2 AZR 474/07, BAGE 131, 155.
[472] BAG 2.3.2006 – 2 AZR 46/05, BAGE 117, 168; 10.4.1975 – 2 AZR 113/74, AP BGB § 626 Ausschlussfrist Nr. 7.
[473] BAG 28.3.1985 – 2 AZR 113/84, NZA 1985, 559; ErfK/*Niemann* BGB § 626 Rn. 239; KR/*Fischermeier* BGB § 626 Rn. 401.
[474] Vgl. BAG 18.6.2015 – 2 AZR 256/14, NZA 2016, 287 mwN; 28.11.2007 – 6 AZR 1108/06, BAGE 125, 70.
[475] BAG 18.6.2015 – 2 AZR 256/14, NZA 2016, 287 mwN.
[476] BAG 28.11.2007 – 6 AZR 1108/06, BAGE 125, 70.
[477] BAG 4.2.1987 – 7 AZR 583/85, AP BGB § 626 Ausschlussfrist Nr. 24; 26.3.1986 – 7 AZR 585/84, BAGE 51, 314.
[478] BAG 9.1.1986 – 2 ABR 24/85, NZA 1986, 467.
[479] BAG 12.4.1978 – 4 AZR 580/76, AP BGB § 626 Ausschlussfrist Nr. 13.

hinsichtlich der nach § 626 Abs. 2 BGB verfristeten Kündigungsgründe zu prüfen, ob sie unterstützend zur Rechtfertigung der Kündigung herangezogen werden können. Erforderlich ist ein enger sachlicher Zusammenhang, der wiederum dann vorliegt, wenn die neuen Vorgänge ein weiteres und letztes Glied in der Kette der Ereignisse bilden, die zum Anlass der Kündigung genommen worden sind.[480]

Dagegen besteht dieser enge sachliche (innere) Zusammenhang dann nicht, wenn einem Arbeitnehmer wegen nicht schwerwiegender Nachlässigkeit gekündigt wird und der Arbeitgeber diese nicht ausreichenden Gründe durch den Vorwurf verstärken will, der Arbeitnehmer habe früher auch schon seine Zuständigkeiten überschritten und Indiskretionen begangen.[481] Auch auf abgemahnte Kündigungsgründe kann danach nur unterstützend zurückgegriffen werden, wenn zwischen ihnen und dem nicht verfristeten Grund ein enger sachlicher (innerer) Zusammenhang besteht.[482]

f) Einzelfälle. Bei der **Arbeitsverweigerung** handelt es sich um einen Dauertatbestand, der sich fortlaufend neu verwirklicht, so dass die Frist erst beginnt, wenn die Arbeitsverweigerung beendet wird.[483]

Auch im Falle der außerordentlichen **betriebsbedingten Kündigung** ist der Arbeitgeber gehalten, die Kündigungserklärungsfrist einzuhalten. Auch in diesem Regelungsbereich beginnt die Zwei-Wochen-Frist mit Kenntnis des Arbeitgebers von den die Kündigung begründenden Tatsachen. Wegen der Besonderheit dieses Kündigungsgrundes beginnt die Ausschlussfrist jedoch nicht schon mit der Beschlussfassung von betriebsändernden Maßnahmen, sondern grundsätzlich erst mit der Existenz des Kündigungsgrundes. Dies ist der endgültige Wegfall der Beschäftigungsmöglichkeit. Der Wegfall der Beschäftigungsmöglichkeit stellt allerdings einen Dauerzustand dar.[484]

Die Drucksituation setzt nicht zwingend die Ankündigung von Eigenkündigungen durch Mitarbeiter voraus. Eine **Druckkündigung** kann auch dann gerechtfertigt sein, wenn von der Belegschaft die Entlassung eines bestimmten Arbeitnehmers unter Androhung von Nachteilen für den Arbeitgeber verlangt wird. Beruht die Drucksituation auf Gründen in der Person des Arbeitnehmers, etwa auf einem autoritären Führungsstil oder mangelnder Fähigkeit zur Menschenführung, handelt es sich um einen Dauertatbestand.[485]

Nimmt der Arbeitnehmer **eigenmächtig Urlaub**, dh fehlt der Arbeitnehmer unentschuldigt, so beginnt die Ausschlussfrist des § 626 Abs. 2 BGB für eine hierauf gestützte außerordentliche Kündigung des Arbeitgebers aus wichtigem Grund frühestens mit der Rückkehr des Arbeitnehmers aus dem Urlaub, dh dem Ende der unentschuldigten Fehlzeit.[486]

Während des rechtlichen Bestands des Arbeitsverhältnisses ist dem Arbeitnehmer grundsätzlich jede **Konkurrenztätigkeit** zum Nachteil des Arbeitgebers untersagt. Unschädlich ist, dass der Arbeitsvertrag hierüber keine Regelung enthält. Das Verbot erstreckt sich auf die Konkurrenztätigkeit im eigenen Namen und Interesse, auf die Unterstützung von Arbeitskollegen bei konkurrierender Tätigkeit oder für Wettbewerber des Arbeitgebers. An dieses Wettbewerbsverbot ist der Arbeitnehmer trotz außerordentlicher Kündigung des Arbeitgebers auch noch gebunden, solange der Arbeitnehmer deren Unwirksamkeit bestreitet.[487] Die Ausschlussfrist des § 626 Abs. 2 BGB beginnt mit jeder verbotswidrigen Konkurrenztätigkeit erneut, sobald der Kündigungsberechtigte von den für die Kündigung maßgebenden Tatsachen Kenntnis erlangt.[488]

---

[480] BAG 15.3.2001 – 2 AZR 147/00, EzA BGB § 626 nF Nr. 185; 10.12.1992 – 2 ABR 32/92, NZA 1993, 501; 10.4.1975 – 2 AZR 113/74, AP BGB § 626 Ausschlussfrist Nr. 4.
[481] BAG 10.12.1992 – 2 ABR 32/92, NZA 1993, 501; 10.4.1975 – 2 AZR 113/74, AP BGB § 626 Ausschlussfrist Nr. 4.
[482] Vgl. BAG 10.12.1992 – 2 ABR 32/92, NZA 1993, 501.
[483] BAG 28.6.2018 – 2 AZR 436/17, NZA 2018, 1259; 22.10.2015 – 2 AZR 569/14, NZA 2016, 417.
[484] BAG 18.6.2015 – 2 AZR 480/14, NZA 2015, 1315; 20.6.2013 – 2 AZR 379/12, BAGE 145, 265; 22.11.2012 – 2 AZR 673/11, NZA 2013, 730; 5.2.1998 – 2 AZR 227/97, BAGE 88, 10.
[485] BAG 31.1.1996 – 2 AZR 158/95, BAGE 82, 124; 10.12.1992 – 2 AZR 271/92, AP GG Art. 140 Nr. 41.
[486] BAG 22.1.1998 – 2 ABR 19/97, NZA 1998, 708; 25.2.1983 – 2 AZR 298/81, AP BGB § 626 Ausschlussfrist Nr. 14.
[487] BAG 28.1.2010 – 2 AZR 1008/08, NZA-RR 2010, 461.
[488] Vgl. BAG 15.3.1984 – 2 AZR 159/83.

182 Bei **Krankheit** des Arbeitnehmers wird überwiegend davon ausgegangen, dass die Ausschlussfrist nicht erst mit der Beendigung der Erkrankung, sondern bereits dann beginnt, wenn der Arbeitgeber sichere Kenntnis von den maßgebenden Tatsachen hat. Die Rspr. geht dann jedoch von einem Dauerzustand aus. Daraus folgt, dass die Kündigungserklärungsfrist jeden Tag neu beginnt, weil sich bei fortdauernder Arbeitsunfähigkeit jeden Tag die Frage der Beeinträchtigung des betrieblichen Interesses stellt.[489]

183 **g) Treuwidriges Berufen auf die Ausschlussfrist.** Hält der Arbeitnehmer den Arbeitgeber davon ab, rechtzeitig eine Kündigung auszusprechen, kann das Berufen auf die Ausschlussfrist treuwidrig sein. Dies gilt dann nicht, wenn der Arbeitgeber von der fristlosen Kündigung wegen einer versprochenen Eigenkündigung des Arbeitnehmers absieht und der Arbeitnehmer noch innerhalb der Frist des § 626 Abs. 2 BGB hiervon Abstand nimmt.[490] Dagegen kann sich der Arbeitnehmer nicht auf den Sonderkündigungsschutz berufen, wenn der Arbeitgeber das Integrationsamt beteiligt, weil der Arbeitnehmer einen (unbegründeten) Antrag auf Feststellung der Schwerbehinderteneigenschaft gestellt hat und infolgedessen die Frist des § 626 Abs. 2 BGB abgelaufen ist, wenn der Arbeitgeber die Frist des § 174 Abs. 2 SGB IX einhält.[491]

184 **h) Ausschlussfrist und Kündigung von Betriebsratsmitgliedern.** Wurde eine Zustimmung des Betriebsrats nach § 103 BetrVG verweigert und ist durch das Arbeitsgericht zu ersetzen, muss der Arbeitgeber das Verfahren noch innerhalb der Ausschlussfrist des § 626 Abs. 2 BGB einleiten.[492]

185 **i) Ausschlussfrist und Verwaltungsverfahren.** Genießt der Arbeitnehmer nach § 17 MuSchG, § 18 Abs. 1 BEEG oder § 168 SGB IX Sonderkündigungsschutz, muss also die Zustimmung des Integrationsamts zur Kündigung eingeholt werden, muss diese binnen zwei Wochen nach Kenntnis der zur Kündigung berechtigenden Tatsachen beantragt werden.[493] Für die Zustimmung zur außerordentlichen Kündigung einer schwerbehinderten Person wird dies in § 174 Abs. 2 SGB IX ausdrücklich normiert. Verneint der schwerbehinderte Arbeitnehmer nach Ablauf von sechs Monaten des Arbeitsverhältnisses die Frage nach der Schwerbehinderung und holt der Arbeitgeber daraufhin keine Zustimmung des Integrationsamts ein, kann sich der Arbeitnehmer im Rechtsstreit nicht darauf berufen, die Kündigung sei wegen eines Verstoßes gegen § 168 SGB IX unwirksam.[494] Ob die Frist des § 174 Abs. 2 SGB IX eingehalten ist, ist nicht durch die Arbeitsgerichte zu prüfen. Allerdings verdrängt § 174 Abs. 2 SGB IX den § 626 Abs. 2 BGB nicht. § 174 Abs. 5 SGB IX gewährleistet nur, dass der Arbeitgeber trotz Ablaufs der Frist nach § 626 Abs. 2 BGB die Kündigung dennoch aussprechen kann. Die Einhaltung der Ausschlussfrist nach § 626 Abs. 2 BGB haben die Arbeitsgerichte unabhängig davon zu überprüfen, ob das Integrationsamt davon ausgegangen ist, dass die Frist des § 174 Abs. 2 SGB IX eingehalten wurde.[495] Trifft das Integrationsamt binnen zwei Wochen keine Entscheidung, gilt die Zustimmung bei einer schwerbehinderten Person nach § 174 Abs. 3 S. 2 SGB IX als erteilt. Die Kündigung muss dann – ebenso wie nach der ausdrücklichen Zustimmung – gem. § 174 Abs. 5 SGB IX unverzüglich ausgesprochen werden.[496] Ausreichend ist es, wenn der Arbeitgeber ein sog. Negativattest des Integrationsamts abwartet. Dagegen ist eine vor Ablauf der Frist nach § 174 Abs. 3 S. 2 SGB IX ausgesprochene Kündigung auch dann unwirksam, wenn das Integrationsamt angekündigt hat, es werde die Frist verstreichen lassen.[497] Allerdings muss der Arbeitgeber auch nicht die Zustellung eines zustimmenden Bescheids abwarten. Ausreichend

---

[489] BAG 25.4.2018 – 2 AZR 6/18, BAGE 162, 327; 27.11.2003 – 2 AZR 601/02, AP BGB § 626 Krankheit Nr. 11; 18.10.2000 – 2 AZR 627/99, BAGE 96, 65; 21.3.1996 – 2 AZR 455/95, NZA 1996, 871.
[490] BAG 12.2.1973 – 2 AZR 116/72, DB 1973, 1258.
[491] BAG 27.2.1987 – 7 AZR 632/85, NZA 1988, 429.
[492] BAG 24.10.1996 – 2 AZR 3/96, NZA 1997, 371.
[493] BAG 11.9.1979 – 6 AZR 753/78, AP MuSchG § 9 Nr. 6.
[494] BAG 16.2.2012 – 6 AZR 553/10, BAGE 141, 1.
[495] BAG 1.2.2007 – 2 AZR 333/06, NZA 2007, 744; 2.3.2006 – 2 AZR 46/05, BAGE 117, 168. Vgl. aber zuletzt: BAG 27.2.2020 – 2 AZR 390/19, NZA 2020, 717.
[496] BAG 27.2.2020 – 2 AZR 390/19, NZA 2020, 717.
[497] BAG 19.6.2007 – 2 AZR 226/06, NZA 2007, 1153.

ist es, wenn ihm die getroffene Entscheidung zuvor telefonisch bekannt gegeben wurde.[498] Folglich ist auch nicht erforderlich, dass der Bescheid bestandskräftig ist.[499] Der Arbeitgeber kann die Zustellung des zustimmenden Bescheids abwarten, auch wenn er telefonisch erfahren hat, dass die Entscheidung (unbekannten Inhalts) auf dem Postweg ist.[500] Ihn trifft keine Verpflichtung, sich nach dem Inhalt der Entscheidung zu erkundigen. Hat er allerdings schon mündlich oder telefonisch von der Zustimmung erfahren, muss er unverzüglich die Kündigung erklären.[501] Nach Erteilung der Zustimmung läuft auch keine erneute Zwei-Wochen-Frist nach § 626 Abs. 2 BGB an. Dabei ist für die Beurteilung, ob der Arbeitgeber „unverzüglich" iSd § 121 BGB gehandelt hat, auf den Zugang der Kündigung beim Arbeitnehmer abzustellen.[502] Hat das Integrationsamt vor Ablauf der Frist des § 626 Abs. 2 BGB entschieden, muss der Arbeitgeber nicht unverzüglich tätig werden. In diesem Fall kann er die Frist des § 626 Abs. 2 BGB ausschöpfen.[503] Insbesondere bei Dauertatbeständen kann dies dazu führen, dass letztlich nach Zustimmung noch einmal eine zweiwöchige Frist anlaufen kann.[504] Wird der zustimmende Bescheid nach Beendigung des zu Lasten des Arbeitnehmers entschiedenen Kündigungsschutzstreits aufgehoben, liegt hierin ein Restitutionsgrund iSd § 580 ZPO.[505]

3. Nachschieben von Kündigungsgründen

136 Kündigungsgründe, die bei Ausspruch der Kündigung vorlagen, dem Kündigenden jedoch noch nicht bekannt waren, sondern erst später bekannt werden, brauchen mangels einer ausdrücklichen gesetzlichen Vorschrift nicht innerhalb der Frist des § 626 Abs. 2 BGB nachgeschoben zu werden.[506]

4. Zugang der Kündigung

137 Die Ausschlussfrist des § 626 Abs. 2 BGB, innerhalb der eine außerordentliche Kündigung „erfolgen" muss, ist nur dann gewahrt, wenn die Kündigungserklärung innerhalb der Frist dem Kündigungsgegner nach den allgemeinen Regeln (§§ 130 ff. BGB) zugegangen ist. Es genügt nicht, dass die Kündigungserklärung den Machtbereich des Erklärenden innerhalb der Frist verlassen hat.[507]

138 Zugang setzt bei einer schriftlichen Kündigungserklärung unter Anwesenden nicht voraus, dass der Empfänger die Verfügungsgewalt über das Schriftstück dauerhaft erlangt hat.[508] Vielmehr geht eine verkörperte Willenserklärung unter Anwesenden zu, wenn sie durch **Übergabe in den Herrschaftsbereich** des Empfängers gelangt. Es genügt die Aushändigung und Übergabe des Schriftstücks, so dass der Empfänger in der Lage ist, vom Inhalt der Erklärung Kenntnis zu nehmen.[509] Nimmt er trotz bestehender Möglichkeit keine Kenntnis, geht das zu seinen Lasten.[510] Offen ist, ob damit einhergehen muss, dass der Empfänger mit dem Schriftstück zunächst machen kann, was er will oder ob es genügt, ihm das Schriftstück für einen kurzen Moment zur Kenntnisnahme zu übergeben.[511]

189 Streitig wird der Zugang oftmals, wenn die Kündigung in den **Hausbriefkasten** eingeworfen wurde. Der Einwurf in einen Briefkasten bewirkt den Zugang, sobald nach der Verkehrsanschauung mit der nächsten Entnahme zu rechnen ist. Dabei ist nicht auf die indivi-

---

[498] BAG 19.6.2007 – 2 AZR 226/06, NZA 2007, 1153; 12.5.2005 – 2 AZR 159/04, NZA 2005, 1173.
[499] Vgl. BAG 23.5.2013 – 2 AZR 991/11, BAGE 145, 199.
[500] BAG 19.4.2012 – 2 AZR 118/11, NZA 2013, 507.
[501] BAG 13.3.2008 – 2 AZR 961/06, NZA 2008, 809; 12.5.2005 – 2 AZR 159/04, AP SGB IX § 91 Nr. 5.
[502] BAG 19.4.2012 – 2 AZR 118/11, NZA 2013, 507.
[503] BAG 15.11.2001 – 2 AZR 380/00, BAGE 99, 358.
[504] BAG 13.5.2004 – 2 AZR 36/04, NZA 2004, 1271; 7.11.2002 – 2 AZR 475/01, BAGE 103, 277.
[505] BAG 23.5.2013 – 2 AZR 991/11, BAGE 145, 199.
[506] BAG 23.5.2013 – 2 AZR 102/12, NZA 2013, 1416.
[507] BAG 9.3.1978 – 2 AZR 529/76, BAGE 30, 161.
[508] BAG 4.11.2004 – 2 AZR 17/04, NZA 2005, 513.
[509] BAG 4.11.2004 – 2 AZR 17/04, NZA 2005, 513.
[510] BAG 7.1.2004 – 2 AZR 388/03, RzK I 2c Nr. 36.
[511] LAG Düsseldorf 3.7.2018 – 8 Sa 175/18, NZA-RR 2018, 653; LAG Köln 25.3.2013 – 2 Sa 997/12, BeckRS 2013, 199979.

duellen Verhältnisse des Empfängers abzustellen. Im Interesse der Rechtssicherheit ist vielmehr eine generalisierende Betrachtung geboten. Wenn für den Empfänger unter gewöhnlichen Verhältnissen die Möglichkeit der Kenntnisnahme bestand, ist es unerheblich, ob er daran durch Krankheit, zeitweilige Abwesenheit oder andere besondere Umstände einige Zeit gehindert war. Ihn trifft die Obliegenheit, die nötigen Vorkehrungen für eine tatsächliche Kenntnisnahme zu treffen. Unterlässt er dies, wird der Zugang durch solche – allein in seiner Person liegenden – Gründe nicht ausgeschlossen.[512] Deshalb ist die Verkehrsanschauung am Zustellungsort entscheidend. Aus diesem Grund kann auch nicht pauschal unterstellt werden, dass Briefsendungen, die etwa bis 17:00 Uhr eingeworfen wurden, noch zur Kenntnis genommen würden.[513] Aus dem gleichen Grund sind individuellen Absprachen mit dem Postboten unbeachtlich.

190 Streitig ist oftmals auch, wann ein per **Einwurf-Einschreiben** versandtes Kündigungsschreiben zugegangen ist. Der Beweiswert des Einwurf-Einschreibens wird unterschiedlich beurteilt. Während zT davon ausgegangen wird, dass der Einlieferungsbeleg zusammen mit der Reproduktion des Auslieferungsbelegs den Beweis des ersten Anscheins dafür begründet, dass die Sendung durch Einwurf in den Briefkasten oder durch Einlegen in das Postfach zugegangen ist,[514] sehen andere keinen verbesserten Nachweis des Zugangs einer Kündigungserklärung durch das Einwurf-Einschreiben.[515] Ein Beweis des ersten Anscheins kommt jedenfalls nur dann in Betracht, wenn sowohl ein Ein- wie auch ein Auslieferungsnachweis vorgelegt werden.[516] Wird jedoch der Zusteller vernommen, kann die Beweisaufnahme ergeben, dass ein Zugang nachgewiesen ist, wenn die Zustellung ordnungsgemäß verlaufen ist, obwohl sich der Zusteller nicht an die Zustellung der Kündigung selbst erinnern kann. Maßgeblich ist die Beachtung des Grundsatzes der freien Beweiswürdigung im konkreten Einzelfall.[517]

V. Schriftformerfordernis für Kündigungen

191 Die Beendigung von Arbeitsverhältnissen durch Kündigung ist generell **formbedürftig** mit der Konsequenz der Nichtigkeit bei Nichteinhaltung des Formzwangs, §§ 623, 126 Abs. 1, 125 S. 1 BGB. § 623 BGB beschreibt ein klares **konstitutives, zwingendes Schriftformerfordernis**. Dieses kann weder durch Vertrag noch durch Tarifvertrag oder Betriebsvereinbarung abbedungen werden. Diese Formvorschrift erfasst sowohl die Arbeitgeber- als auch Arbeitnehmerkündigung. Der Begriff „Kündigung" beinhaltet neben der ordentlichen die befristete oder fristlose außerordentliche Kündigung, die fristlose Änderungskündigung und die fristlose Kündigung des Insolvenzverwalters.

192 Die Form wird nur durch eigenhändige Namensunterschrift oder mittels notariell beglaubigtem Handzeichen gewahrt, § 126 Abs. 1 BGB. Eine Paraphe ist nicht ausreichend.[518] Die Verwendung von Schreibmaschine, Faksimile bzw. anderer mechanischer und technischer Hilfsmittel (elektronisch, digital) ist unzulässig. Auch das Telegramm und das Telefax wahren dieses Schriftformerfordernis nicht, da die Unterschrift entweder nicht mit übertragen wird oder den Empfänger nur als Kopie erreicht.[519]

---

[512] BAG 22.8.2019 – 2 AZR 111/19, NZA 2019, 1490.
[513] BAG 22.8.2019 – 2 AZR 111/19, NZA 2019, 1490.
[514] BGH 27.9.2016 – II ZR 299/15, BGHZ 212, 104; LAG Rheinland-Pfalz 8.6.2010 – 11 Sa 496/09, BeckRS 2010, 71799; OLG Saarbrücken 20.3.2007 – 4 U 83/06, OLGR 2007, 601; OLG Koblenz 31.1.2005 – 11 WF 1013/04, OLGR 2005, 869; AG Erfurt 20.6.2007 – 5 C 435/07, MDR 2007, 1338; AG Paderborn 27.7.2000 – 51 C 76/00, NJW 2000, 3722.
[515] LAG Rheinland-Pfalz 23.9.2013 – 5 Sa 18/13, BeckRS 2014, 65241; LAG Hamm 5.8.2009 – 3 Sa 1677/08, BeckRS 2009, 73680; ArbG Düsseldorf 18.4.2017 – 10 Ca 7262/16, BeckRS 2017, 120050; LG Potsdam 27.7.2000 – 11 S 233/99, NJW 2000, 3722; ArbG Ulm 7.10.2014 – 5 Ca 129/14, BeckRS 2016, 66403; AG Kempten 22.8.2006 – 11 C 432/05, NJW 2007, 1215.
[516] Vgl. BGH 27.9.2016 – II ZR 299/15, BGHZ 212, 104; 11.7.2007 – XII ZR 164/03, NJW-RR 2007, 1567.
[517] Vgl. LAG Düsseldorf 24.10.2018 – 12 Sa 106/18, BeckRS 2018, 43640.
[518] BAG 6.9.2012 – 2 AZR 858/11, BAGE 143, 84; 24.1.2008 – 6 AZR 519/07, BAGE 125, 325.
[519] BAG 17.12.2015 – 6 AZR 709/14, NZA 2016, 361; LAG Hamm 12.10.1992 – 18 Sa 145/92, LAGE BGB § 130 Nr. 17; LAG Düsseldorf 23.2.1978 – 3 Sa 630/77, EzA BGB § 125 Nr. 4.

Die Nichteinhaltung der gesetzlichen Form hat gemäß § 125 S. 1 BGB die **Nichtigkeit** der 193 Kündigung zur Folge. Eine Heilung ist nicht möglich. Die Kündigung müsste mit den Konsequenzen aus § 626 Abs. 2 BGB wiederholt werden. Die Umdeutung der unwirksamen außerordentlichen Kündigung in eine ordentliche Kündigung gemäß § 140 BGB scheitert ebenfalls an der fehlenden Einhaltung der Schriftform.[520]

VI. Klagerecht und Klagefrist

1. Arbeitnehmer

Jeder Arbeitnehmer ist verpflichtet, innerhalb der **dreiwöchigen Klagefrist** des § 4 KSchG 194 Feststellungs- oder Kündigungsschutzklage zu erheben. Ansonsten greift die Fiktion des § 7 KSchG iVm §§ 23 Abs. 1 S. 2, 13 Abs. 1 S. 2, 4 S. 1 KSchG.[521] Diese Klagefrist greift nach § 4 S. 1 KSchG allerdings nur bei formwirksamer, also **schriftlicher** Kündigung (§ 623 BGB).

Die Klagefrist gilt auch für solche Klagen, mit denen **andere Unwirksamkeitsgründe** wie 195 zB aus § 102 Abs. 1 S. 3 BetrVG, § 613a Abs. 4 BGB oder §§ 168 ff. SGB IX geltend gemacht werden sollen.[522] Gleiches gilt für vertragswidrige oder tarifwidrige (zB Ausschluss des Rechts zur ordentlichen Kündigung), treuwidrige und sittenwidrige Kündigungen.[523] Auch eine Kündigung, die bereits einseitig zurückgenommen wurde, muss angegriffen werden. Nur durch rechtsgeschäftliches Zusammenwirken beider Vertragsparteien kann die rechtsvernichtende Gestaltungswirkung der Kündigung rückgängig gemacht werden.[524] Nur für diesen Fall ist der Arbeitnehmer nicht verpflichtet, eine Kündigungsschutzklage zu erheben, um die Wirkung des § 7 KSchG zu verhindern.[525] Gemäß § 6 KSchG ist die Berufung auf weitere Unwirksamkeitsgründe jeglicher Art auch nach Ablauf der Klagefrist möglich, wenn ein Unwirksamkeitsgrund fristgerecht geltend gemacht worden ist. Allerdings können die Arbeitsgerichte mit einem entsprechenden Hinweis nach § 6 S. 1 KSchG dafür Sorge tragen, dass der Arbeitnehmer mit Kündigungsgründen, die er bis zum Schluss der letzten mündlichen Verhandlung erster Instanz nicht vorgebracht hat, in zweiter Instanz ausgeschlossen ist.[526]

Bedarf die Kündigung allerdings der **Zustimmung einer Behörde** wie zB gemäß § 17 196 MuSchG oder § 18 BEEG bzw. § 168 SGB IX, so läuft die Frist zur Anrufung des Arbeitsgerichts erst ab der Bekanntgabe der Entscheidung der Behörde an den Arbeitnehmer, § 4 S. 4 KSchG. Der Arbeitnehmer, dem die Zustimmungsbedürftigkeit der Kündigung einen besonderen gesetzlichen Schutz gewährt, kann sich zunächst darauf verlassen, dass die Kündigung mangels Zustimmung der Behörde unwirksam ist. Erst ab Bekanntgabe der behördlichen Entscheidung – nicht bereits ab Zugang der Kündigung – muss er nunmehr innerhalb der gesetzlichen Frist reagieren. § 4 Abs. 4 KSchG greift in seinen Auswirkungen aber nur, wenn der Arbeitgeber überhaupt weiß, dass das behördliche Verfahren einzuleiten ist. Das ist nicht der Fall, wenn dem Arbeitgeber die Schwangerschaft oder die Schwerbehinderung gar nicht bekannt ist.[527] In dieser Situation sind die betroffenen Arbeitnehmer zur Wahrung ihrer Rechte verpflichtet, innerhalb der Frist des § 4 Abs. 1 KSchG Klage zu erheben.[528] Wird fristgerecht Klage erhoben, muss der schwerbehinderte Arbeitnehmer binnen drei Wochen

---

[520] Vgl. BAG 20.9.1979 – 2 AZR 967/77, NJW 1980, 1304.
[521] BAG 26.6.2008 – 6 AZN 648/07, NZA 2008, 1145: Zur prozessualen Gefahr bei wiederholt erklärten fristlosen Kündigungen und mehreren Kündigungsschutzprozessen.
[522] BAG 17.10.2013 – 8 AZR 742/12, NZA 2014, 303; 19.2.2009 – 2 AZR 286/07, NZA 2009, 980; 13.2.2008 – 2 AZR 864/06, BAGE 125, 345; 8.11.2007 – 2 AZR 314/06, BAGE 124, 367.
[523] BAG 8.11.2007 – 2 AZR 314/06, NZA 2008, 936; vgl. auch BAG 28.10.2010 – 2 AZR 688/09, NZA-RR 2011, 155: Der tarifliche Ausschluss der ordentlichen Kündigung erfasst auch Änderungskündigungen, auf die §§ 2, 4 S. 2 KSchG entsprechend anzuwenden sind.
[524] BAG 20.1.2016 – 6 AZR 601/14, NZA 2016, 490.
[525] BAG 20.1.2016 – 6 AZR 601/14, NZA 2016, 490; ErfK/*Kiel* KSchG § 4 Rn. 3.
[526] BAG 20.1.2016 – 6 AZR 601/14, NZA 2016, 490; 26.9.2013 – 2 AZR 843/12, NZA-RR 2014, 236.
[527] BAG 19.2.2009 – 2 AZR 286/07, NZA 2009, 980; 13.2.2008 – 2 AZR 864/06, BAGE 125, 345.
[528] BAG 19.2.2009 – 2 AZR 286/07, NZA 2009, 980.

nach Kündigungszugang anzeigen, dass er Sonderkündigungsschutz genießt. Andernfalls kann sich der Arbeitnehmer auf den Sonderkündigungsschutz nicht berufen, wenn nicht offensichtlich ist, dass die Tatsachen, die den Sonderkündigungsschutz begründen, vorliegen.[529] Ist die Schwerbehinderung oder die Gleichstellung mit einem Schwerbehinderten noch nicht festgestellt, muss der diesbezügliche Antrag spätestens drei Wochen vor Zugang der Kündigung beantragt worden sein, damit sich der Arbeitnehmer auf den Unwirksamkeitsgrund berufen kann.[530] Die schwangere Arbeitnehmerin muss dem Arbeitgeber nach § 17 Abs. 1 S. 1 MuSchG binnen zwei Wochen nach Kündigungsausspruch mitteilen, dass sie Sonderkündigungsschutz genießt, wenn dies nicht offensichtlich ist.[531]

197 Auch im Falle eines befristeten Arbeitsverhältnisses sind auf außerordentliche arbeitgeberseitige Kündigungen § 13 Abs. 1 S. 2 und § 4 KSchG anzuwenden.[532]

198 Der Arbeitnehmer hat das Recht, die Rechtsunwirksamkeit der **eigenen Kündigung** gemäß § 256 ZPO überprüfen zu lassen. Dies erstreckt sich auch auf das Vorliegen eines wichtigen Grundes iSd § 626 Abs. 1 BGB. Das Interesse des Arbeitnehmers wird ua mit dem versicherungsrechtlichen Fortbestand des Arbeitsverhältnisses und weniger mit dem Interesse, Verzugslohnansprüche durchzusetzen, begründet. Ansprüche aus § 615 S. 1 BGB erzielt der Arbeitnehmer nur über die Beendigung des eigenen Gläubigerverzuges. Das schützenswerte Interesse wird auch darin gesehen, dass eine rechtsunwirksame fristlose Kündigung nicht ohne weiteres in eine ordentliche Kündigung umzudeuten ist. Dieses Prüfungsrecht bezieht auch das notwendige Formerfordernis der eigenen Kündigung ein. Zwar ist es grundsätzlich nicht rechtsmissbräuchlich, wenn sich ein Arbeitnehmer auf die Rechtsunwirksamkeit der selbst erklärten Kündigung beruft und dabei etwa eine bestehende Schwangerschaft mitteilt. Diese Grenze ist aber immer dann erreicht, sobald der Arbeitnehmer selbst unmissverständlich und definitiv außerordentlich kündigt. Nunmehr kann es dem Arbeitnehmer je nach den Umständen des Einzelfalls wegen widersprüchlichen Verhaltens (§ 242 BGB) verwehrt sein, sich auf die Unwirksamkeit seiner eigenen Kündigung zu berufen.[533] Dies gilt im Hinblick auf das Fehlen des wichtigen Grundes iSd § 626 BGB ebenso wie für die Einhaltung der vereinbarten Schriftform.[534] Auch in Unmut ausgesprochene Kündigungserklärungen sind grundsätzlich verbindlich, wenn das Fehlen des rechtsgeschäftlichen Erklärungswillens nicht erkennbar ist.[535]

2. Arbeitgeber

199 Nicht nur der Arbeitnehmer, sondern auch der Arbeitgeber kann durch eine fristlose Kündigung in seinem Ansehen betroffen sein und deshalb ein alsbaldiges Feststellungsinteresse iSv § 256 ZPO haben.[536]

VII. Umdeutung

1. Arbeitgeberkündigung

200 a) **Grundsatz.** Grundsätzlich kommt eine Umdeutung nach § 140 BGB in Betracht und ist im Prozess durch die Arbeitsgerichte zu beachten, ohne dass der Arbeitgeber einen diesbezüglichen Antrag stellen oder sich ausdrücklich darauf berufen muss, er habe für den Fall der Rechtsunwirksamkeit der außerordentlichen Kündigung eine ordentliche Kündigung

---

[529] BAG 9.6.2011 – 2 AZR 703/09, NZA-RR 2011, 516; 19.2.2009 – 2 AZR 286/07, NZA 2009, 980; 13.2.2008 – 2 AZR 864/06, BAGE 125, 345.
[530] BAG 9.6.2011 – 2 AZR 703/09, NZA-RR 2011, 516; 13.2.2008 – 2 AZR 864/06, BAGE 125, 345.
[531] BAG 19.2.2009 – 2 AZR 286/07, NZA 2009, 980.
[532] BAG 8.6.1972 – 2 AZR 336/71, AP KSchG 1969 § 13 Nr. 1.
[533] BAG 12.3.2009 – 2 AZR 894/07, BAGE 130, 14.
[534] BAG 12.3.2009 – 2 AZR 894/07, BAGE 130, 14; 16.9.2004 – 2 AZR 659/03, NZA 2005, 162.
[535] LAG München 22.12.1987 – 2 Sa 865/87, MDR 1988, 608; 14.12.1988 – 5 Sa 1177/87, LAGE BGB § 140 Nr. 9.
[536] BAG 20.3.1986 – 2 AZR 296/85, NZA 1986, 714.

aussprechen wollen.[537] Allerdings darf auch keine Amtsermittlung stattfinden. Wegen des Beibringungsgrundsatzes darf nur aus den von sich aus vorgetragenen Tatsachen geschlossen werden, dass der Arbeitgeber auch eine ordentliche Kündigung wollte.

b) Umdeutung in ordentliche Kündigung. *aa) Voraussetzungen.* Die Umdeutung einer außerordentlichen in eine ordentliche Kündigung zum nächstzulässigen Termin ist dann zulässig, wenn dem gekündigten Arbeitnehmer aus der Kündigungserklärung oder sonstigen Umständen bereits im Zeitpunkt des Zugangs der Kündigungserklärung eindeutig erkennbar ist, dass der Kündigende das Arbeitsverhältnis in jedem Fall, dh auch bei Nichtdurchgreifen der außerordentlichen Kündigung beenden will. Gemäß § 140 BGB ist also darauf abzustellen, ob die Umdeutung der außerordentlichen unwirksamen Kündigung in eine ordentliche Kündigung nach den gegebenen Umständen dem mutmaßlichen Willen des Arbeitgebers entspricht und ob dieser Wille dem Arbeitnehmer erkennbar geworden ist.[538] Jedenfalls bei einer **Kündigung außerhalb des Anwendungsbereichs des KSchG** kommt eine Umdeutung in eine ordentliche Kündigung zum nächstzulässigen Termin regelmäßig in Betracht.[539] Besondere Umstände, die der Umdeutung entgegenstehen können, sind zu beachten. Diese sollte der Arbeitnehmer von sich aus vortragen.[540] Gegen eine Umdeutung in eine ordentliche Kündigung spricht es, wenn sich der Arbeitgeber ausdrücklich auf eine Umdeutung der außerordentlichen Kündigung in eine Kündigung mit sozialer Auslauffrist festlegt.[541] Auch ein Auflösungsantrag, der sich auf eine vor der fristlosen Kündigung ausgesprochene ordentliche Kündigung bezieht, also zu einer früheren Beendigung führen würde, als die im Wege der Umdeutung gewonnene ordentliche Kündigung, kann der Umdeutung wegen des erklärten Parteiwillens entgegenstehen.[542]

Eine Umdeutung setzt voraus, dass das Geschäft in das umgedeutet wird, zulässig ist.[543] Eine **Umdeutung scheidet daher aus,** wenn die ordentliche Kündigung unwirksam wäre. Etwa weil diese nicht sozial gerechtfertigt iSd § 1 Abs. 2 KSchG wäre,[544] weil sie nicht dem Schriftformgebot entspräche[545] oder weil die ordentliche Kündigung tarifvertraglich ausgeschlossen ist.[546]

Hat der Arbeitgeber in einem sog. unkündbaren Arbeitsverhältnis mit **ordentlicher Frist** gekündigt und ist diese Kündigung allein wegen Ausschlusses des ordentlichen Kündigungsrechts rechtsunwirksam, so ist nicht möglich, diese in eine außerordentliche Kündigung mit Auslauffrist umzudeuten, selbst wenn die Kündigung auf einen wichtigen Grund gestützt werden sollte.[547]

bb) Betriebsratsanhörung. Will der Arbeitgeber sicherstellen, dass die Umdeutung der unwirksamen außerordentlichen Kündigung in eine ordentliche Kündigung nicht an der fehlenden Anhörung des Betriebsrats nach § 102 Abs. 1 BetrVG scheitert, muss er den Betriebsrat deutlich darauf hinweisen, dass die geplante außerordentliche Kündigung hilfsweise als ordentliche Kündigung gelten soll. Die Anhörung allein zur außerordentlichen Kündigung ersetzt nicht die Anhörung zu einer ordentlichen Kündigung; in diesem Falle ist die ordentliche Kündigung nach § 102 Abs. 1 S. 3 BetrVG unwirksam.[548] Die gleiche Rechtswirkung tritt ein, wenn der Arbeitgeber die im unkündbaren Arbeitsverhältnis erklärte außerordent-

---

[537] BAG 25.10.2012 – 2 AZR 700/11, BAGE 143, 244; 15.11.2001 – 2 AZR 310/00, AP BGB § 140 Nr. 13; 25.3.2004 – 2 AZR 153/03, AP BGB § 138 Nr. 60.
[538] BAG 12.5.2010 – 2 AZR 845/08, NZA 2010, 1348; 23.10.2008 – 2 AZR 388/07, AP BGB § 626 Nr. 217; 15.11.2001 – 2 AZR 310/00, AP BGB § 140 Nr. 13.
[539] BAG 15.11.2001 – 2 AZR 310/00, AP BGB § 140 Nr. 13; 13.8.1987 – 2 AZR 599/86, AP KSchG 1969 § 6 Nr. 3.
[540] BAG 12.5.2010 – 2 AZR 845/08, NZA 2010, 1348.
[541] BAG 24.6.2004 – 2 AZR 656/02, NZA-RR 2005, 440.
[542] ArbG Düsseldorf 1.3.2016 – 14 Ca 5198/15, nv.
[543] BGH 2.3.2004 – XI ZR 288/02, NJW-RR 2004, 873.
[544] BAG 23.8.2018 – 2 AZR 133/18, BAGE 163, 239.
[545] BAG 20.9.1979 – 2 AZR 967/77, NJW 1980, 1304.
[546] BAG 27.6.2019 – 2 AZR 50/19, NZA 2019, 1345.
[547] LAG Köln 4.7.1996 – 6 Sa 278/96, NZA-RR 1997, 277.
[548] BAG 23.10.2008 – 2 AZR 388/07, AP Nr 217 zu § 626 BGB; 16.3.1978 – 2 AZR 424/76, NJW 1979, 76.

liche Kündigung in eine außerordentliche Kündigung mit Auslauffrist umdeuten will und der Betriebsrat hierzu nicht angehört wurde. Die Anhörung muss wie bei einer ordentlichen Kündigung erfolgen.[549] Allerdings ist zu beachten, dass die Anhörung zu einer Kündigung auch auslegungsfähig ist,[550] so dass zu überprüfen ist, ob in der Anhörung zu der unwirksamen Kündigung nicht auch die Anhörung zu der im Wege der Umdeutung gewonnenen ggf. wirksamen Kündigung liegt.

205 Eine **Ausnahme** von diesem Grundsatz ist nur zuzulassen, wenn der Betriebsrat, der lediglich zu einer beabsichtigten außerordentlichen Kündigung angehört wird, dieser ausdrücklich und vorbehaltlos zugestimmt hat und auch aus sonstigen Gründen nicht zu ersehen ist, dass der Betriebsrat für den Fall der Unwirksamkeit der außerordentlichen Kündigung der dann verbleibenden ordentlichen Kündigung entgegengetreten wäre. In diesem Falle ist die ordentliche Kündigung jedenfalls nicht nach § 102 Abs. 1 S. 3 BetrVG unwirksam.[551]

206 Hat der Arbeitgeber den Betriebsrat wegen einer beabsichtigten, dann jedoch nicht ausgesprochenen ordentlichen Kündigung ordnungsgemäß angehört, so kann eine von ihm stattdessen erklärte außerordentliche Kündigung, die wegen Verletzung des § 102 Abs. 1 S. 3 BetrVG rechtsunwirksam ist, nicht gemäß § 140 BGB in eine ordentliche Kündigung umgedeutet werden.[552]

Formulierungsvorschlag: Anhörung zur fristlosen, hilfsweise ordentlichen Kündigung

207 An den Betriebsrat
zu Händen der/des Vorsitzenden ......

Die Firma ......
beabsichtigt, den/die ......
fristlos und vorsorglich fristgemäß zu entlassen.

Der/Die zu Kündigende ist seit dem ...... als ......, zuletzt in der Abteilung ...... beschäftigt. Er/Sie arbeitet in Vollzeit/in Teilzeit/zur Aushilfe. Die weiteren Sozialdaten sind wie folgt: ......
Die Kündigungsfrist beträgt ......

Der/Die ...... hat nach Beobachtungen des Vorgesetzten die Arbeit trotz des am ...... beendeten Urlaubs noch nicht wieder aufgenommen. Da weder bei der Personalabteilung noch bei der Krankenkasse eine Arbeitsunfähigkeitsbescheinigung eingegangen ist und der Personalabteilung auch andere Entschuldigungsgründe nicht bekannt sind, fehlt er/sie unentschuldigt. Im Interesse der Arbeitskollegen sind wir nicht bereit, diese erneute Eigenmächtigkeit hinzunehmen. Nach dem Sommerurlaub ...... haben wir sie/ihn darauf hingewiesen, dass ein Fernbleiben vom Arbeitsplatz ohne Angabe der Gründe nicht hingenommen werden kann. Für den Wiederholungsfall haben wir eine Kündigung in Aussicht gestellt. Wir beabsichtigen nunmehr, das Arbeitsverhältnis mit ihm/ihr fristlos aufzukündigen und bitten um Zustimmung innerhalb der gesetzlichen Frist (3 Tage). Für den Fall, dass die beabsichtigte fristlose Kündigung rechtsunwirksam sein sollte, beabsichtigen wir auf Grund des bisherigen Verlaufs des Arbeitsverhältnisses zumindest eine ordentliche Kündigung. Auch hierzu erbitten wir Ihre Zustimmung innerhalb der gesetzten Frist (eine Woche).

......
(Geschäftsleitung)

---

208 *cc) Sonderkündigungsschutz.* Wurde die außerordentliche Kündigung gegenüber einer Person mit Sonderkündigungsschutz ausgesprochen und gibt es nur eine Zustimmung des Integrationsamts zur außerordentlichen Kündigung, steht dies der Umdeutung in eine ordentliche Kündigung entgegen. Die für die außerordentliche Kündigung erteilte Zustimmung gilt nicht zugleich für die ordentliche Kündigung (und auch nicht für die außeror-

---

[549] BAG 18.10.2000 – 2 AZR 627/99, NZA 2001, 219.
[550] BAG 12.2.2015 – 6 AZR 845/13, NZA 2015, 741.
[551] BAG 23.10.2008 – 2 AZR 388/07, AP BGB § 626 Nr. 217 mwN.
[552] BAG 12.8.1976 – 2 AZR 311/75, NJW 1976, 2366.

dentliche Kündigung mit sozialer Auslauffrist) und kann auch ihrerseits nicht umgedeutet werden.[553]

dd) Umdeutung und Klagefrist nach § 4 KSchG. Kann eine fristlose in eine fristgemäße Kündigung umgedeutet werden, ist auch die ordentliche Kündigung innerhalb der Drei-Wochen-Frist des § 4 KSchG anzugreifen. Andernfalls wird die ordentliche Kündigung nach § 7 KSchG wirksam. Beide sind voneinander zu trennende Kündigungen.[554] Der gegen eine bloß außerordentlich erklärte Kündigung gerichtete Kündigungsschutzantrag richtet sich aber regelmäßig „automatisch" gegen eine ggf. nach § 140 BGB per Umdeutung gewonnene ordentliche Kündigung. Es bedarf besonderer Anhaltspunkte, um vom Gegenteil auszugehen.[555] Hat der Arbeitnehmer mit Klageerhebung zugleich einen Schleppnetzantrag gestellt, würde dieser die durch Umdeutung gewonnene ordentliche Kündigung erfassen. Grundsätzlich empfiehlt es sich für den Rechtsanwalt demnach, den Kündigungsschutzantrag nicht auf eine „außerordentliche" Kündigung zu beschränken, sondern den Antrag schlicht gegen die „Kündigung vom" zu richten und sich am Wortlaut des § 4 S. 1 KSchG zu orientieren:

> **Formulierungsvorschlag: Kündigungsschutzantrag**
> Es wird beantragt festzustellen, dass das Arbeitsverhältnis der Parteien nicht durch die Kündigung vom ...... aufgelöst ist.

In der Klagebegründung sollte klargestellt werden, dass sich der Antrag sowohl gegen die ausgesprochene außerordentliche Kündigung richtet als auch gegen eine evtl. ordentliche Kündigung, sollte das Gericht der Ansicht sein, dass die Kündigung umdeutungsfähig ist. Sollte allerdings eine weitere ordentliche Kündigung nachfolgen, dürfte dies einer Umdeutung entgegenstehen, wenn sie mit dem gleichen Sachverhalt wie die außerordentliche Kündigung begründet wird. Wird sie mit einem neuen Sachverhalt begründet, erfasst der hiergegen gerichtete Kündigungsschutzantrag auch die im Wege der Umdeutung gewonnene ordentliche Kündigung, wenn dieser Kündigungsschutzantrag noch innerhalb von drei Wochen nach Ausspruch der außerordentlichen Kündigung erhoben wird. Streitgegenstand der Kündigungsschutzklage ist die Beendigung des Arbeitsverhältnisses durch eine Kündigung zu einem bestimmten Zeitpunkt. Der Kündigungsschutzantrag erfasst damit alle Beendigungstatbestände, die der begehrten Feststellung entgegenstehen.[556]

c) Umdeutung in Vertragsaufhebung. Eine unwirksame fristlose Kündigung kann nicht nur in eine fristgemäße Kündigung, sondern auch in ein Vertragsangebot zur sofortigen einverständlichen Beendigung des Arbeitsverhältnisses umgedeutet werden, wenn es dem mutmaßlichen Willen des Kündigenden entspricht, auch beim Fehlen eines wichtigen Grundes gleichwohl unter allen Umständen das Arbeitsverhältnis sofort zu beenden.[557] Aufgrund eines derartigen Angebots des Kündigenden kommt es indes nicht stets zum Abschluss eines Aufhebungsvertrags, wenn der Kündigungsempfänger die Kündigung „akzeptiert", sondern nur dann, wenn das in dem Bewusstsein geschieht, eine rechtsgeschäftliche Willenserklärung abgeben zu wollen. Das setzt voraus, dass der Kündigungsempfänger die Unwirksamkeit der Kündigung erkannt hat, dieses als Angebot zur Vertragsaufhebung werten kann und diesem mutmaßlichen Willen des Kündigenden zu entsprechen bereit ist. § 147 Abs. 1 S. 2 BGB ist zu beachten.[558] Sowohl die Kündigung als auch die Annahme des Aufhebungsangebots müssen jedoch unter Einhaltung der Schriftform des § 623 BGB erfolgen.

---

[553] BAG 23.1.2014 – 2 AZR 372/13, NZA 2014, 895; 7.7.2011 – 2 AZR 355/10, BAGE 138, 312.
[554] BAG 13.8.1987 – 2 AZR 599/86, NZA 1988, 129.
[555] BAG 27.6.2019 – 2 AZR 28/19, NZA 2019, 1343.
[556] BAG 18.12.2014 – 2 AZR 163/14, NZA 2015, 635.
[557] BAG 13.4.1972 – 2 AZR 243/71, AP BGB § 626 Nr. 64.
[558] BAG 13.4.1972 – 2 AZR 243/71, AP BGB § 626 Nr. 64; LAG Hamm 17.2.1995 – 10 Sa 1126/94, EzA-SD 1995, Nr. 14, Rn. 7–9; LAG Düsseldorf 24.11.1995 – 17 Sa 1181/95, LAGE BGB § 140 Nr. 12.

213   **d) Umdeutung in Anfechtung.** *aa) Allgemeines.* Bei der auch beim Arbeitsverhältnis nach §§ 119, 123 BGB möglichen Anfechtung ist hinsichtlich der Rechtsfolgen zwischen bereits in Vollzug gesetzten und noch nicht aktualisierten Arbeitsverträgen zu unterscheiden. Ein schon in Vollzug gesetzter Arbeitsvertrag kann nämlich – entgegen § 142 Abs. 1 BGB – grundsätzlich nicht mit rückwirkender Kraft angefochten werden.[559]

214   *bb) Verhältnis zur außerordentlichen Kündigung.* Die außerordentliche Kündigung kann neben der Anfechtung wahlweise zulässig sein, wenn der Anfechtungsgrund im Zeitpunkt der Anfechtungserklärung so stark nachwirkt, dass deswegen die Fortsetzung des Arbeitsverhältnisses unzumutbar ist.[560] Die von der höchstrichterlichen Rechtsprechung aufgestellten Grundsätze zu § 626 Abs. 2 BGB finden auf eine gemäß § 119 Abs. 2 BGB erklärte Anfechtung des Arbeitsvertrages entsprechend Anwendung. Eine Anfechtung wegen Irrtums über eine verkehrswesentliche Eigenschaft ist daher nur dann unverzüglich iSd § 121 Abs. 1 BGB erklärt, wenn sie spätestens innerhalb einer Frist von 2 Wochen nach Kenntnis der für die Anfechtung maßgebenden Tatsachen erfolgt.[561] § 121 BGB bleibt aber insofern unberührt, als ein Fristablauf wegen Verzögerung auch schon vor Ablauf der 2-Wochen-Frist eintreten kann. Notwendige Erkundigungen – ggf. auch die Einholung von Rechtsrat – müssen deshalb mit der gebotenen Eile eingeholt werden.[562] Dagegen gilt auch für die auf arglistige Täuschung oder widerrechtliche Drohung nach § 123 BGB gestützte Anfechtung eines Arbeitsvertrags die Jahresfrist des § 124 Abs. 1 BGB.[563]

215   *cc) Umdeutung.* Ob eine Anfechtungserklärung in eine Kündigung ausgelegt oder umgedeutet werden kann, ist Frage des Einzelfalls und insbesondere von der Formulierung der Erklärung abhängig.[564]

Formulierungsvorschlag: Außerordentliche, hilfsweise ordentliche Kündigung

216   Sehr geehrte(r) ......,

wir kündigen Ihnen das Arbeitsverhältnis außerordentlich und fristlos auf. Obwohl Sie in der Vergangenheit wiederholt auf Abmahnungen versprochen haben, Ihren Arbeitspflichten nachzukommen, haben Sie erneut Herrn/Frau ...... unterwertige Arbeit zugeteilt. Wir sind nicht gewillt, Ihre Eigenmächtigkeiten länger hinzunehmen. Da wir befürchten müssen, dass Sie dieses Fehlverhalten fortsetzen, sehen wir uns außerstande, das Arbeitsverhältnis bis zum Ablauf der Kündigungsfrist fortzusetzen.

Der Betriebsrat hat gegen diese Kündigung Bedenken erhoben. Diese vermögen uns nicht zu überzeugen. Dennoch nehmen wir diese Bedenken auf und sprechen rein vorsorglich die ordentliche Kündigung zum nächstzulässigen Termin aus.

......
(Arbeitgeber)

---

2. Arbeitnehmerkündigung

217   In einer mangels wichtigen Grundes unwirksamen Kündigung kann eine ordentliche Kündigung oder ein Vertragsaufhebungsangebot zu erblicken sein.[565] Eine Umdeutung kommt nur in Betracht, wenn nach den Umständen des Einzelfalls anzunehmen ist, dass der Arbeitnehmer bei zutreffender Kenntnis der Rechtslage an Stelle der rechtsunwirksamen, außerordentlichen eine wirksame ordentliche Kündigung erklärt hätte (hypothetischer Par-

---

[559] BAG 29.8.1984 – 7 AZR 34/83, NZA 1985, 58; 6.9.1982 – 2 AZR 228/80, AP BGB § 123 Nr. 24.
[560] BAG 28.3.1974 – 2 AZR 92/73, AP BGB § 119 Nr. 3.
[561] BAG 14.12.1979 – 7 AZR 38/78, NJW 1980, 1302.
[562] BAG 21.2.1991 – 2 AZR 449/90, NJW 1991, 2723.
[563] BAG 19.5.1983 – 2 AZR 171/81, AP BGB § 123 Nr. 25.
[564] Vgl. KR/*Fischermeier* BGB § 626 Rn. 383.
[565] BAG 24.1.1985 – 2 AZR 67/84, NZA 1986, 28; LAG München 14.12.1988 – 5 Sa 1177/87, LAGE BGB § 140 Nr. 9; 3.8.1988 – 5 Sa 89/88, LAGE BGB § 140 Nr. 8; 22.12.1987 – 2 Sa 865/87, MDR 1988, 608.

teiwille) und dieser Wille in der dem Arbeitgeber abgegebenen Erklärung hinreichend zum Ausdruck kommt. Dies wird insbesondere bei einer in Erregung erklärten Kündigung sehr zurückhaltend zu bewerten sein. Der Arbeitgeber kann die an sich unwirksame Arbeitnehmerkündigung jedoch dadurch wirksam werden lassen, dass er das in der Kündigungserklärung liegende Vertragsangebot zur Aufhebung des Arbeitsverhältnisses sofort annimmt.[566] Auch in Unmut ausgesprochene Kündigungserklärungen sind grundsätzlich verbindlich, wenn das Fehlen des rechtsgeschäftlichen Erklärungswillens nicht erkennbar ist.[567] Hinsichtlich der Voraussetzungen zur Umdeutung im Einzelnen gelten die gleichen Rechtsgrundsätze wie für die Umdeutung der durch den Arbeitgeber erklärten außerordentlichen Kündigung. Insbesondere ist also die Einhaltung der Schriftform für eine Umdeutung erforderlich.

VIII. Außerordentliche Änderungskündigung

Eine Änderungskündigung ist nicht nur als ordentliche, sondern auch als außerordentliche Kündigung zulässig.[568] Die außerordentliche Änderungskündigung kann insbesondere zur Änderung von Arbeitsbedingungen genutzt werden.[569]

1. Nachprüfung der Wirksamkeit

Bei Nachprüfung der Wirksamkeit einer vom Arbeitgeber erklärten außerordentlichen Änderungskündigung ist nicht auf die Frage der Beendigung des Arbeitsverhältnisses, sondern auf das Angebot des Arbeitgebers abzustellen, das Arbeitsverhältnis unter bestimmten anderen Bedingungen fortzusetzen. Dem Arbeitgeber muss die Fortsetzung des Arbeitsverhältnisses unter den bisherigen Bedingungen unzumutbar geworden sein und ihre alsbaldige Änderung muss unabweisbar notwendig sein.[570]

Da der Arbeitgeber mit dem **Ausschluss des Rechts zur außerordentlichen Kündigung** gegenüber dem Arbeitnehmer eine besondere Verpflichtung nicht nur hinsichtlich des Bestandes sondern auch in Bezug auf den Inhalt des Arbeitsverhältnisses eingeht, muss der Arbeitgeber bei angedachter Reorganisation bzw. geändertem unternehmerischem Konzept überprüfen, ob dieser Anlass Änderungen erzwingt oder ob weniger einschneidende Änderungen durchsetzbar bleiben. Dies zwingt den Arbeitgeber dazu, schon bei der Entwicklung des Konzept arbeitsvertraglich übernommene Garantien zu beachten.[571] Er muss seinerseits alles Zumutbare unternommen haben, um eine Kündigung zu vermeiden. Ist der Arbeitnehmer ordentlich unkündbar, kann der Arbeitgeber im Einzelfall verpflichtet sein, zur Vermeidung einer außerordentlichen Änderungskündigung einen gleichwertigen Arbeitsplatz freizumachen, wenn er von einem kündbaren Angestellten besetzt ist, der nach einer Zurückstufung um eine Vergütungsgruppe ebenfalls weiter beschäftigt werden könnte.[572] Eine generelle Pflicht zur Freikündigung besteht dagegen nicht.[573]

Der **öffentliche Arbeitgeber** muss grundsätzlich nicht versuchen, zur Vermeidung einer Änderungskündigung eine Weiterbeschäftigung des Arbeitnehmers bei einem anderen Arbeitgeber des öffentlichen Dienstes zu erreichen.[574] Darüber hinaus müssen die neuen Bedingungen dem Gekündigten zumutbar sein.[575] Das gilt auch, wenn der Arbeitnehmer das

---

[566] LAG Hessen 25.5.2011 – 17 Sa 222/11, BeckRS 2011, 75516: Es fehlt die schriftliche Annahmeerklärung auf der gleichen Urkunde.
[567] LAG München 22.12.1987 – 2 Sa 865/87, MDR 1988, 608; 14.12.1988 – 5 Sa 1177/87, LAGE BGB § 140 Nr. 9.
[568] BAG 31.1.1996 – 2 AZR 158/95, NZA 1996, 581; 7.6.1973 – 2 AZR 450/72, AP BGB § 626 Änderungskündigung Nr. 1.
[569] BAG 27.11.2008 – 2 AZR 757/07, BAGE 128, 308.
[570] BAG 28.10.2010 – 2 AZR 688/09, NZA-RR 2011, 155.
[571] BAG 2.3.2006 – 2 AZR 64/05, AP KSchG 1969 § 2 Nr. 84.
[572] BAG 17.5.1984 – 2 AZR 161/83, AP BAT § 55 Nr. 3.
[573] BAG 18.5.2006 – 2 AZR 207/05, NZA-RR 2007, 272.
[574] BAG 28.10.2010 – 2 AZR 688/09, NZA-RR 2011, 155.
[575] BAG 28.10.2010 – 2 AZR 688/09, NZA-RR 2011, 155; 27.11.2008 – 2 AZR 757/07, BAGE 128, 308; 17.3.2005 – 2 ABR 2/04, NZA 2005, 949.

Angebot ablehnt, sich jedoch gegen die Wirksamkeit der Kündigung im Klagewege wendet.[576]

222 Soll die außerordentliche Änderungskündigung zu einer **Entgeltreduzierung** genutzt werden, bestehen in diesem Zusammenhang schon für die Wirksamkeit einer ordentlichen Änderungskündigung hohe Anforderungen.[577] Für die außerordentliche Änderungskündigung zur Entgeltreduzierung dürfte es daher kaum Anwendungsbereich geben. Allerdings könnte eine solche Kündigung begründet sein, wenn sie aus einem im Betrieb angewandten Vergütungssystem resultiert.[578] Denkbar ist die außerordentliche Änderungskündigung zur Entgeltreduzierung im Übrigen nur vor dem Hintergrund einer existenzgefährdenden Situation.[579]

223 Auch für die außerordentliche Änderungskündigung gilt die **Ausschlussfrist des § 626 Abs. 2 BGB**. Bei einer betriebsbedingten Änderungskündigung wegen Wegfall des Beschäftigungsbedarfs gilt, dass es sich um einen Dauertatbestand handelt.[580] Entsprechendes gilt für die wegen mangelnder Eignung des Arbeitnehmers ausgesprochene Änderungskündigung.[581]

2. Annahme unter Vorbehalt

224 § 2 KSchG findet auf die außerordentliche Änderungskündigung entsprechende Anwendung.[582] Der Arbeitnehmer kann das Änderungsangebot daher auch unter dem Vorbehalt annehmen, dass die Änderung der Arbeitsbedingungen nicht sozial ungerechtfertigt ist. Die Annahme – sei es auch unter Vorbehalt – muss unverzüglich erklärt werden.[583] Unverzüglich wird auch hier durch § 121 BGB definiert. Da die Vorbehaltserklärung etc innerhalb einer Kündigungsfrist nicht möglich ist, muss dem Arbeitnehmer aber zumindest eine Überlegungsfrist eingeräumt werden, um sich Klarheit über die Rechtslage verschaffen zu können; es ist ihm demzufolge erlaubt, Rechtsrat einzuholen.[584]

225 Unverzüglich agiert der Arbeitnehmer nicht mehr zwei Wochen nach Aufnahme der geänderten Arbeitsbedingungen.[585] Allein die sofortige widerspruchslose Weiterarbeit des Arbeitnehmers auf dem ihm mit der fristlosen Kündigung angebotenen neuen Arbeitsplatz ist jedenfalls in der Regel so lange nicht als vorbehaltlose Annahme des Änderungsangebots und damit als Verzicht auf die Geltendmachung der Unwirksamkeit der außerordentlichen Änderungskündigung zu verstehen, wie der Arbeitnehmer noch rechtzeitig, dh ohne schuldhaftes Zögern, einen Vorbehalt entsprechend § 2 KSchG erklären kann.

226 Spricht der Arbeitgeber eine außerordentliche Änderungskündigung mit Auslauffrist aus, ist § 2 S. 2 KSchG entsprechend anzuwenden.[586] Der Arbeitnehmer kann die Annahme unter Vorbehalt in diesem Fall also innerhalb von drei Wochen erklären. Eine verspätete Erklärung ist ein neues Angebot gemäß § 150 Abs. 1 BGB, das der Arbeitgeber annehmen kann.[587]

3. Anrufung des Arbeitsgerichts

227 Die Vorschrift des § 4 S. 2 KSchG über die Änderungsschutzklage gegen ordentliche Änderungskündigungen ist auf außerordentliche Änderungskündigungen aus wichtigem Grund

---

[576] KR/*Fischermeier* BGB § 626 Rn. 214.
[577] Vgl. BAG 12.1.2006 – 2 AZR 126/05, NZA 2006, 587; 23.6.2005 – 2 AZR 642/04, BAGE 115, 149.
[578] Vgl. BAG 27.11.2008 – 2 AZR 757/07, BAGE 128, 308 mwN zur ordentlichen Änderungskündigung aus diesem Grund.
[579] Vgl. zu den Voraussetzungen: BAG 1.3.2007 – 2 AZR 580/05, BAGE 121, 347; 20.1.2000 – 2 ABR 40/99, NZA 2000, 592.
[580] BAG 19.7.2012 – 2 AZR 25/11, NZA 2012, 1038; 17.3.2005 – 2 ABR 2/04, NZA 2005, 949.
[581] BAG 28.10.2010 – 2 AZR 688/09, NZA-RR 2011, 155.
[582] BAG 28.10.2010 – 2 AZR 688/09, NZA-RR 2011, 155.
[583] Vgl. BAG 27.3.1987 – 7 AZR 790/85, NZA 1988, 737.
[584] BAG 27.3.1987 – 7 AZR 790/85, NZA 1988, 737.
[585] BAG 19.6.1986 – 2 AZR 565/85, NZA 1987, 94; 27.3.1987 – 7 AZR 790/85, NZA 1988, 737.
[586] KR/*Fischermeier* BGB § 626 Rn. 200 mwN; offen gelassen von BAG 28.10.2010 – 2 AZR 688/09, NZA-RR 2011, 155.
[587] BAG 28.10.2010 – 2 AZR 688/09, NZA-RR 2011, 155.

entsprechend anzuwenden.⁵⁸⁸ Der Arbeitnehmer muss daher innerhalb von drei Wochen Klage vor dem Arbeitsgericht erheben. Nimmt er das Änderungsangebot unter Vorbehalt an, lautet der Klageantrag etwa:

> **Formulierungsvorschlag: Klageantrag für eine Änderungskündigungsschutzklage**
> Es wird beantragt festzustellen, dass die Änderung der Arbeitsbedingungen gemäß der Änderungskündigung der Beklagten vom ...... rechtsunwirksam ist.

228

---

⁵⁸⁸ BAG 28.10.2010 – 2 AZR 688/09, NZA-RR 2011, 155.

§ 45 Sonderkündigungsschutz

Übersicht

	Rn.
I. Beratungscheckliste: Sonderkündigungsschutz *(Betz/Burg)*	1
II. Schwangere und Mütter *(Betz)*	2–58
1. Voraussetzungen des Kündigungsschutzes	4–25
a) Persönlicher Anwendungsbereich	5
b) Bestehen einer Schwangerschaft	6–9
c) Fehlgeburt nach der 12. Schwangerschaftswoche	10/11
d) Entbindung	12–15
e) Kenntnis des Arbeitgebers	16–19
f) Nachträgliche Mitteilung der Schwangerschaft/Fehlgeburt/Entbindung innerhalb von zwei Wochen	20/21
g) Unverzügliche Nachholung der Mitteilung bei unverschuldetem Fristversäumnis	22–25
2. Gegenstand und Rechtsfolgen des Kündigungsschutzes	26–36
a) Kündigungen des Arbeitgebers	27–29
b) Vorbereitungsmaßnahmen des Arbeitgebers	30
c) Anderweitige Beendigung des Arbeitsverhältnisses	31–36
3. Behördliche Zulassung der Kündigung gem. § 17 Abs. 2 S. 1 MuSchG	37–51
a) Zuständige Behörde	38
b) Verfahren	39–42
c) Entscheidung der Behörde und Rechtsbehelfe	43–51
4. Form und Begründung der Kündigung gem. § 17 Abs. 2 S. 2 MuSchG	52
5. Geltendmachung im Kündigungsschutzprozess	53–56
a) Einhaltung der dreiwöchigen Klagefrist des § 4 KSchG	53–55
b) Darlegungs- und Beweislast	56
6. Das Verhältnis zum Sonderkündigungsschutz in der Elternzeit und bei Schwerbehinderten sowie zur Betriebsrats- bzw. Personalratsanhörung	57/58
III. Elternzeit – Berechtigte *(Betz)*	59–89
1. Voraussetzungen des Kündigungsschutzes	60–73
a) Persönlicher Anwendungsbereich	60–64
b) Elternzeitberechtigung und wirksames Verlangen der Elternzeit	64–68
c) Zeitliche Dauer des Sonderkündigungsschutzes	69–73
2. Gegenstand und Rechtsfolgen des Kündigungsschutzes	74
3. Behördliche Zulassung der Kündigung gem. § 18 Abs. 1 S. 4–6 BEEG	75–84
a) Zuständige Behörde	76
b) Verfahren	77/78
c) Entscheidung der Behörde und Rechtsbehelfe	79–84
4. Geltendmachung im Kündigungsschutzprozess	85/86
a) Einhaltung der dreiwöchigen Klagefrist des § 4 KSchG	85
b) Darlegungs- und Beweislast	86
5. Das Verhältnis zum Sonderkündigungsschutz nach § 17 MuSchG und bei Schwerbehinderten sowie zur Betriebsrats- bzw. Personalratsanhörung	87–89
IV. Pflegezeit – Berechtigte *(Betz)*	90–106
1. Voraussetzungen des Kündigungsschutzes	91–102
a) Persönlicher Anwendungsbereich	91
b) Betreuung pflegebedürftiger naher Angehöriger	92/93
c) Kurzzeitige Arbeitsverhinderung nach § 2 PflegeZG oder Freistellung nach § 3 PflegeZG	94–97
d) Zeitliche Dauer des Sonderkündigungsschutzes	98–102
2. Gegenstand und Rechtsfolgen des Kündigungsschutzes	103
3. Behördliche Zulassung der Kündigung gem. § 5 Abs. 2 PflegeZG	104
4. Geltendmachung im Kündigungsschutzprozess	105/106
a) Einhaltung der dreiwöchigen Klagefrist des § 4 KSchG	105
b) Darlegungs- und Beweislast	106
V. Familienpflegezeit – Berechtigte *(Betz)*	107–122
1. Voraussetzungen des Kündigungsschutzes	108–117
a) Persönlicher Anwendungsbereich	108

	Rn.
b) Betreuung pflegebedürftiger naher Angehöriger in häuslicher Umgebung	109
c) Anspruch auf Familienpflegezeit gem. § 2 FPfZG und ordnungsgemäße Inanspruchnahme gem. § 2a FPfZG	110–117
d) Zeitliche Dauer des Sonderkündigungsschutzes	118
2. Gegenstand und Rechtsfolgen des Kündigungsverbots	119
3. Behördliche Zulassung der Kündigung gem. § 2 Abs. 3 FPfZG iVm § 5 Abs. 2 PflegeZG	120
4. Geltendmachung im Kündigungsschutzprozess	121/122
a) Einhaltung der dreiwöchigen Klagefrist des § 4 KSchG	121
b) Darlegungs- und Beweislast	122
VI. Schwerbehinderte Menschen *(Burg)*	123–190
1. Geltungsbereich des Kündigungsschutzes	124–130
a) Räumlicher Geltungsbereich	124
b) Persönlicher Geltungsbereich	125–128
c) Sachlicher Geltungsbereich	129/130
2. Ausnahmen vom Kündigungsschutz des § 168 SGB IX	131–147
a) Ausnahmefälle des § 173 SGB IX	132–140
b) Unkenntnis des Arbeitgebers vom Feststellungsbescheid bzw. Feststellungsverfahren	141–147
3. Die Zustimmung des Integrationsamts	148–177
a) Ordentliche Kündigung	148–166
b) Außerordentliche Kündigung	167–177
4. Anhörung der Schwerbehindertenvertretung	178–182
a) Anwendungsbereich	179/180
b) Anhörung	181/182
5. Rechtsschutz gegen eine Kündigung	183–190
a) Vorgehen gegen die Zustimmung des Integrationsamts	184/185
b) Vorgehen gegen die Kündigungserklärung	186–190
VII. Betriebsvertretung und weitere Amtsinhaber *(Burg)*	191–257
1. Geltungsbereich des Schutzes der Betriebsvertretung nach § 15 KSchG	192–208
a) Persönlicher Geltungsbereich	192–207
b) Sachlicher Geltungsbereich	208
2. Zulässigkeit der außerordentlichen Kündigung	209–240
a) Wichtiger Grund, Zumutbarkeitsprüfung	210–215
b) Zustimmung des Betriebsrats	216–240
3. Zulässigkeit der ordentlichen Kündigung	241–251
a) Voraussetzungen	241–249
b) Kündigungsfrist und -termin	250
c) Anhörung des Betriebsrats	251
4. Amtsinhaber außerhalb von § 15 KSchG	252–257
a) Vertrauensperson der schwerbehinderten Menschen	252–254
b) Mitarbeitervertretung nach dem MVG EKD und der MAVO Caritas	255–257
VIII. Wehrdienstleistende *(Burg)*	258–267
1. Geltungsbereich des Arbeitsplatzschutzgesetzes	258–263
2. Umfang des Kündigungsschutzes	264–267
a) Ordentliche Kündigung	264
b) Vor und nach dem Wehrdienst	265
c) Dringende betriebliche Gründe	266
d) Außerordentliche Kündigung	267
IX. Beauftragte des Arbeitgebers *(Burg)*	268–282
1. Datenschutzbeauftragter	268/269
2. Beauftragter für den Immissionsschutz	270/271
3. Störfallbeauftragter, Betriebsbeauftragter für den Abfall und für den Gewässerschutz	272–274
4. Strahlenschutzbeauftragter	275
5. Betriebsarzt und Fachkraft für Arbeitssicherheit	276–280
6. Sicherheitsbeauftragter und Gefahrgutbeauftragter	281/282

I. Beratungscheckliste: Sonderkündigungsschutz

1 Beratungscheckliste: Sonderkündigungsschutz

I. Mutterschutz
- ☐ Besteht ein Fragerecht zur Schwangerschaft/Familienplanung?
- ☐ Welche Bedeutung hat der besondere Kündigungsschutz?
- ☐ Ab wann greift dieser besondere Kündigungsschutz?
- ☐ Welche Bedeutung hat die Vertragsart?
- ☐ Unter welchen Voraussetzungen greift der besondere Kündigungsschutz?
- ☐ Liegt eine Vorbereitungsmaßnahme vor, die den Sonderkündigungsschutz auslöst?
- ☐ Wessen Kenntnis muss sich der Arbeitgeber zurechnen lassen?
- ☐ Unter welchen Umständen genügt die nachträgliche Mitteilung der Schwangerschaft/Entbindung?
- ☐ Gibt es Ausnahmen von diesem besonderen Kündigungsschutz?
- ☐ Unter welchen Voraussetzungen ist die behördliche Zustimmung zu erreichen?
- ☐ Hat der Widerspruch der betroffenen Arbeitnehmerin gegen die behördliche Zustimmung aufschiebende Wirkung?
- ☐ Wird trotz Einhaltung dieses Verfahrens die Kündigungserklärungsfrist noch gewahrt?
- ☐ Wird die Schriftform bei Ausspruch der Kündigung beachtet?
- ☐ Welche sonstigen Anforderungen müssen eingehalten werden?

II. Elternzeit
- ☐ Wer hat Anspruch auf Elternzeit?
- ☐ Bestehen Antragsfristen oder Anzeigefristen?
- ☐ Muss eine Gesamtplanung für die Elternzeit angezeigt/vorgelegt werden?
- ☐ Welchen Zeitraum umfasst das absolute Kündigungsverbot?
- ☐ Sind Ausnahmen zulässig?
- ☐ Gibt es Parallelen zum Mutterschutz?

III. Pflegezeit
- ☐ Was bedeutet Pflegezeit?
- ☐ Wer hat Anspruch auf Pflegezeit?
- ☐ Kann die Pflegezeit verweigert werden?
- Bestehen Antragsfristen oder Anzeigefristen?
- ☐ Muss eine Gesamtplanung die die Pflegezeit angezeigt werden?
- ☐ Welchen Zeitraum umfasst das absolute Kündigungsverbot?
- Sind Ausnahmen zulässig?

IV. Familienpflegezeit
- ☐ Was bedeutet Familienpflegezeit?
- ☐ Besteht ein Rechtsanspruch auf Familienpflegezeit?
- ☐ Kann die Familienpflegezeit verweigert werden?
- Bestehen Antragfristen oder Anzeigefristen?
- Welchen Zeitraum umfasst das absolute Kündigungsverbot?
- ☐ Sind Ausnahmen zulässig?

V. Schwerbehinderte Menschen
- ☐ Greift der Kündigungsschutz ein?
- Ist eine Schwerbehinderung oder Gleichstellung festgestellt?
- Ist eine Schwerbehinderung offensichtlich?
- Läuft ein Feststellungs- oder Gleichstellungsverfahren?
- ☐ Liegen Ausnahmen vom Kündigungsschutz vor?
- Dauert das Arbeitsverhältnis länger als sechs Monate?
- Wann hat der Arbeitnehmer den Antrag auf Feststellung oder Gleichstellung gestellt?
- ☐ Darf der Arbeitgeber den Arbeitnehmer zur Schwerbehinderung oder Gleichstellung fragen?

- ☐ Wann muss der Arbeitnehmer dem Arbeitgeber seine Schwerbehinderung oder das laufende Verfahren anzeigen?
- ☐ Wann und wo muss der Arbeitgeber einen Antrag auf Zustimmung stellen?
  Was ist formell zu beachten?
  Bis wann muss der Antrag bei einer außerordentlichen Kündigung gestellt sein?
- ☐ Was sind die Entscheidungskriterien des Integrationsamts?
- ☐ Unter welchen Voraussetzungen wird die Zustimmung des Integrationsamts fingiert?
  Liegt bei einer ordentlichen Kündigung ein Sachverhalt im Sinne von § 172 Abs. 1 oder Abs. 3 SGB IX vor?
  Ist bei einer außerordentlichen Kündigung die Zwei-Wochen-Frist abgelaufen?
- ☐ Welche Rechtsschutzmöglichkeiten haben Arbeitgeber und Arbeitnehmer gegen eine Entscheidung des Integrationsamts?
  Welche Wirkungen hat der Widerspruch des Arbeitnehmers gegen die Zustimmung des Integrationsamts?
- ☐ Wie schnell muss der Arbeitgeber die Kündigung nach der Zustimmung des Integrationsamts erklären?
  Wie kann der Arbeitgeber bei einer außerordentlichen Kündigung die Frist des § 626 Abs. 2 BGB einhalten?
- ☐ Wann ist der BR/PR zu beteiligen?
  Was muss der Arbeitgeber beachten, wenn der schwerbehinderte Mensch Betriebsratsmitglied ist?
- ☐ Muss die Schwerbehindertenvertretung angehört werden?
  Was muss der Arbeitgeber dazu tun?
- ☐ Was ist zur Anhörung der Schwerbehindertenvertretung erforderlich?
- ☐ Wann ist die Schwerbehindertenvertretung anzuhören?
- ☐ Welche Rechtsschutzmöglichkeiten hat der Arbeitnehmer?
  Was ist der Prüfungsumfang von Verwaltungsgericht und Arbeitsgericht?
  Welche Fristen sind einzuhalten?
- ☐ Was kann der Arbeitnehmer tun, wenn das Verwaltungsgericht ihm nach rechtskräftigem Abschluss des arbeitsrechtlichen Verfahrens die Schwerbehinderteneigenschaft zuerkennt?

VI. Amtsinhaber

- ☐ Gehört der zu kündigende Arbeitnehmer zum geschützten Personenkreis?
  Ist er als Ersatzmitglied geschützt?
  Ist er eine Vertrauensperson der schwerbehinderten Menschen oder ein Mitarbeitervertreter?
- ☐ Ist der Arbeitnehmer aktuell ein Amtsinhaber oder wirkt der Schutz nach?
- ☐ Liegen die Voraussetzungen für eine ordentliche Kündigung gemäß § 15 Abs. 4 oder 5 KSchG vor?
  Wie muss der Betriebsrat beteiligt werden?
- ☐ Geht es bei einer außerordentlichen Kündigung auch um die Verletzung von Amtspflichten?
- ☐ Ist bei der außerordentlichen Kündigung die Zustimmung des Betriebsrats erforderlich?
- ☐ Bis wann sollte der Arbeitgeber die Zustimmung des Betriebsrats beantragen?
- ☐ Ab wann darf der Arbeitgeber die Zustimmungsersetzung durch das Arbeitsgericht beantragen?
- ☐ Welche Rechtsschutzmöglichkeiten hat der Amtsinhaber im Zustimmungsersetzungsverfahren und im Kündigungsschutzverfahren vor dem Arbeitsgericht?
  Inwiefern ist das Arbeitsgericht im Kündigungsschutzverfahren an das Ergebnis des Zustimmungsersetzungsverfahrens gebunden?
  Was sollte der Amtsinhaber schon im Zustimmungsersetzungsverfahren geltend machen?
- ☐ Welche Fristen muss der Arbeitgeber nach der Zustimmung oder der Zustimmungsersetzung einhalten?

II. Schwangere und Mütter

2 Der bislang in § 9 MuSchG aF geregelte Sonderkündigungsschutz für Schwangere und Wöchnerinnen ist mit Wirkung **ab 1.1.2018 in § 17 MuSchG geregelt** (vgl. Art. 1 und 10 Abs. 1 S. 1 des am 29.5.2017 verkündeten Gesetzes zur Neuregelung des Mutterschutzrechts vom 23.5.2017, BGBl 2017 I 1228). § 17 MuSchG hat den wesentlichen Regelungsgehalt des § 9 MuSchG aF übernommen. Neu geregelt ist der Kündigungsschutz bei einer Fehlgeburt nach der zwölften Schwangerschaftswoche (§ 17 Abs. 1 S. 1 Nr. 2 MuSchG). Neu geregelt ist außerdem, dass der Sonderkündigungsschutz auch dann eingreift, wenn die Kündigung zwar erst nach Ablauf der Schutzfristen erklärt wird, der Arbeitgeber aber innerhalb der Schutzfristen Vorbereitungsmaßnahmen im Hinblick auf die Kündigung getroffen hat (vgl. § 17 Abs. 1 S. 3 MuSchG; diese Regelung setzt die Rechtsprechung des EuGH vom 11.10.2007 in der Sache „Paquay"[1] um). Ersatzlos entfallen ist die Regelung des § 9 Abs. 2 MuSchG aF, wonach der Arbeitgeber entsprechend § 5 Abs. 1 S. 3 MuSchG aF verpflichtet war, die Aufsichtsbehörde bei einer Eigenkündigung der schwangeren Frau unverzüglich zu unterrichten. Ersatzlos gestrichen wurde außerdem die Regelung des § 10 MuSchG aF.

3 § 17 MuSchG regelt unabhängig von der Betriebsgröße ein absolutes **Kündigungsverbot mit Erlaubnisvorbehalt** (vgl. § 17 Abs. 2 S. 1 MuSchG).[2] Das Kündigungsverbot setzt keine Erfüllung einer Wartezeit voraus. Es soll die schwangere Arbeitnehmerin vor der Gefahr schützen, die die Möglichkeit einer Entlassung für ihre psychische und physische Verfassung darstellt.[3]

1. Voraussetzungen des Kündigungsschutzes

4 Der Kündigungsschutz des § 17 Abs. 1 MuSchG setzt voraus, dass die Frau im Zeitpunkt des Zugangs der Kündigung entweder schwanger ist (§ 17 Abs. 1 S. 1 Nr. 1 MuSchG) oder entbunden hat, wobei der Kündigungsschutz in diesem Fall bis zum Ende der Schutzfrist iSd § 3 Abs. 2 MuSchG, mindestens jedoch bis zum Ablauf von vier Monaten nach der Entbindung besteht (§ 17 Abs. 1 S. 1 Nr. 3 MuSchG). Im Falle einer Fehlgeburt steht der Frau der Kündigungsschutz bis zum Ablauf von vier Monaten nach der Fehlgeburt zu, wenn die Fehlgeburt nach der zwölften Schwangerschaftswoche erfolgt ist (§ 17 Abs. 1 S. 1 Nr. 2 MuSchG). Voraussetzung des Kündigungsschutzes ist weiter, dass der Arbeitgeber im Zeitpunkt der Kündigung die Schwangerschaft, die Fehlgeburt nach der zwölften Schwangerschaftswoche oder die Entbindung bereits kennt oder ihm diese Umstände binnen zwei Wochen nach Zugang der Kündigung mitgeteilt werden (§ 17 Abs. 1 S. 1, Halbsatz 2 Alt. 1 und 2 MuSchG). Wird die Zwei-Wochen-Frist nicht eingehalten, bleibt der Kündigungsschutz gleichwohl bestehen, wenn die Frau die Überschreitung der Frist nicht zu vertreten hat und die Mitteilung unverzüglich nachholt (§ 17 Abs. 1 S. 2 MuSchG). Die Regelungen des § 17 Abs. 1 S. 1 und 2 gelten gem. § 17 Abs. 1 S. 3 MuSchG entsprechend für Vorbereitungsmaßnahmen, die der Arbeitgeber im Hinblick auf die Kündigung der Frau trifft. Das hat zur Folge, dass eine Kündigung, die außerhalb des geschützten Zeitraums erklärt wird, dem Kündigungsverbot unterliegt, wenn die Maßnahmen zu ihrer Vorbereitung vom Arbeitgeber während der nach § 17 Abs. 1 S. 1 geschützten Zeiträume getroffen wurden.[4]

5 **a) Persönlicher Anwendungsbereich.** Der persönliche Anwendungsbereich des MuSchG ist durch das am 29.5.2017 verkündete Gesetz zur Neuregelung des Mutterschutzrechts vom 23.5.2017 (BGBl. 2017 I 1228) erweitert worden. Während § 1 Abs. 2 MuSchG aF vorsah, dass dem persönlichen Anwendungsbereich des MuSchG (nur) Frauen in einem Arbeitsverhältnis (§ 1 Abs. 2 Nr. 1 aF) und weibliche in Heimarbeit Beschäftigte und ihnen Gleichgestellte iSd § 1 Abs. 1 und 2 HAG (§ 1 Abs. 2 Nr. 2 aF) unterfallen, regelt § 1 Abs. 2 S. 1 MuSchG in der seit 1.1.2018 geltenden Fassung, dass das MuSchG für (alle) **Beschäftigten**

---

[1] NZA 2007, 1271.
[2] Brose/Weth/Volk/*Volk* MuSchG § 17 Rn. 1.
[3] BAG 26.3.2015 – 2 AZR 237/14, NZA 2015, 734 Rn. 23.
[4] Vgl. BT-Drs. 18/8963, S. 88.

iSd § 7 Abs. 1 SGB IV gilt. Zusätzlich führt § 1 Abs. 2 S. 2 MuSchG nF in den Nummern 1 bis 8 weitere Personengruppen auf, auf die das MuSchG (teilweise mit Einschränkungen) unabhängig davon gelten soll, ob ein Beschäftigungsverhältnis iSd § 7 Abs. 1 SGB IV vorliegt. Hinsichtlich der von § 2 Abs. 2 S. 2 Nr. 8 nF MuSchG erfassten Schülerinnen und Studentinnen wurde die Anwendbarkeit des § 17 MuSchG jedoch ausdrücklich ausgeschlossen. Weil zu den Beschäftigungsverhältnissen iSd § 7 Abs. 1 S. 1 SGB IV „insbesondere" Arbeitsverhältnisse zählen, gilt das Kündigungsverbot weiterhin für alle **Frauen**, die in einem Arbeitsverhältnis stehen, also **Arbeitnehmerinnen** sind. Dabei spielt es keine Rolle, ob es sich um ein unbefristetes oder befristetes Arbeitsverhältnis handelt, ob es sich um ein Vollzeit- oder Teilzeitarbeitsverhältnis handelt und ob es sich um eine Probe – oder Aushilfsarbeitsverhältnis handelt.[5] Auch **geringfügig Beschäftigte** unterfallen dem Geltungsbereich.[6] Mit dem Verweis auf den Beschäftigtenbegriff des § 7 Abs. 1 SGB IV verfolgt der Gesetzgeber das Ziel, den **unionsrechtlichen Arbeitnehmerbegriff** abzubilden.[7] Diesem können auch **Organmitglieder juristischer Personen** unterfallen: Nach der Rechtsprechung des EuGH[8] ist Arbeitnehmer im unionsrechtlichen Sinne ein Mitglied der Unternehmensleitung einer Kapitalgesellschaft, das gegen Entgelt Leistungen gegenüber der Gesellschaft erbringt, die es bestellt hat und in die es eingegliedert ist, das seine Tätigkeit nach der Weisung oder unter der Aufsicht eines anderen Organs der Gesellschaft ausübt und das jederzeit ohne Einschränkungen abberufen werden kann. **Fremdgeschäftsführerinnen** oder **Minderheiten-Gesellschafter-Geschäftsführerinnen** einer GmbH sind daher regelmäßig vom Geltungsbereich umfasst.[9] Darüber hinaus erstreckt sich der Sonderkündigungsschutz auf Frauen in betrieblicher Berufsbildung und Praktikantinnen iSd § 26 BBiG, Frauen mit Behinderung, die in einer Werkstatt für behinderte Menschen beschäftigt sind, Frauen, die als Entwicklungshelferinnen iSd Entwicklungshelfer-Gesetzes tätig sind, Frauen, die als Freiwillige iSd Jugendfreiwilligendienstegesetzes oder des Bundesfreiwilligendienstgesetzes tätig sind, Frauen, die als Mitglieder einer geistlichen Genossenschaft, Diakonisse oder Angehörige einer ähnlichen Gemeinschaft auf einer Planstelle oder aufgrund eines Gleichstellungsvertrages für diese tätig werden, Frauen, die in Heimarbeit beschäftigt sind und ihnen Gleichgestellte sowie Frauen, die wegen ihrer wirtschaftlichen Unselbstständigkeit als **arbeitnehmerähnliche Person** anzusehen sind.[10]

b) Bestehen einer Schwangerschaft. Unter **Schwangerschaft** ist der Zustand der Frau von der Befruchtung (Konzeption) bis zur Geburt zu verstehen.[11] Auch eine Bauchhöhlenschwangerschaft löst den Kündigungsschutz aus.[12] Die Schwangerschaft muss im maßgeblichen **Zeitpunkt des Zugangs** der Kündigung **objektiv** (tatsächlich) vorliegen. Eine erst während des Laufs der Kündigungsfrist einsetzende Schwangerschaft löst das Kündigungsverbot ebenso wenig aus, wie die irrtümliche Annahme der Arbeitnehmerin, schwanger zu sein.[13] Daher kann auch eine **Scheinschwangerschaft** den Sonderkündigungsschutz nicht auslösen.[14] 6

Zur **Feststellung des Beginns der Schwangerschaft** ist bei **natürlicher Empfängnis** in entsprechender Anwendung des § 15 Abs. 2 MuSchG von dem Zeugnis eines Arztes oder einer Hebamme über den voraussichtlichen Tag der Niederkunft auszugehen und von diesem Tag um **280 Tage zurückzurechnen**.[15] Bei der Rückrechnung ist der voraussichtliche Entbindungstag nicht mitzuzählen.[16] Die **ärztliche Bescheinigung** über den mutmaßlichen Tag der 7

---

[5] Brose/Weth/Volk/*Volk* MuSchG § 17 Rn. 8; Roos/Biesborn MuSchG/*Betz* § 17 Rn. 13.
[6] Brose/Weth/Volk/*Volk* MuSchG § 17 Rn. 8; Roos/Biesborn MuSchG/*Betz* § 17 Rn. 13.
[7] Vgl. BT-Drs. 18/8963, 49.
[8] Vgl. EuGH 11.11.2010 – C-232/09, NZA 2011, 143 – Danosa zur Mutterschutz-RL 92/85/EWG; vgl. ferner EuGH 9.7.2015 – C-229/14, NZA 2015, 861 – Balkaya zur Massentlassungs-RL 98/59/EG.
[9] Brose/Weth/Volk/*Volk* MuSchG § 17 Rn. 10; Roos/Biesborn MuSchG/*Betz* § 17 Rn. 15.
[10] Brose/Weth/Volk/*Volk* MuSchG § 17 Rn. 7.
[11] BAG 26.3.2015 – 2 AZR 237/14, NZA 2015, 734 Rn. 15.
[12] Vgl. Brose/Weth/Volk/*Volk* MuSchG § 17 Rn. 19 mwN.
[13] Brose/Weth/Volk/*Volk* MuSchG § 17 Rn. 21 f.
[14] Brose/Weth/Volk/*Volk* MuSchG § 17 Rn. 22.
[15] BAG 26.3.2015 – 2 AZR 237/14, NZA 2015, 734 Rn. 16.
[16] BAG 12.12.1985 – 2 AZR 82/85, NZA 1986, 613.

Entbindung hat dabei einen **hohen Beweiswert**. Der Arbeitgeber kann jedoch diesen Beweiswert der Bescheinigung erschüttern und Umstände darlegen sowie beweisen, auf Grund derer es der wissenschaftlich gesicherten Erkenntnis widersprechen würde, von einer Schwangerschaft bei Kündigungszugang auszugehen. Die Arbeitnehmerin muss nunmehr einen entsprechenden Beweis zum Vorliegen der Schwangerschaft im Zeitpunkt des Zugangs der Kündigung führen und ist ggf. gehalten, ihre Ärzte von der Schweigepflicht zu entbinden.[17]

8 Der auf Grund des ärztlichen Zeugnisses durch Rückrechnung festzustellende Beginn der Schwangerschaft ändert sich nicht deshalb nachträglich, weil sich der Entbindungstermin nach hinten oder nach vorne verschoben hat. Auf den **Tag der tatsächlichen Niederkunft** kann es nicht ankommen, weil die erforderliche Fristbestimmung im Interesse des gesetzlichen Mutterschutzes nicht bis zu diesem Tag in der Schwebe bleiben kann.[18]

9 Bei einer Schwangerschaft auf Grund einer **In-vitro-Fertilisation** beginnt der besondere Kündigungsschutz mit dem Embryonentransfer (Einsetzung der befruchteten Eizelle in die Gebärmutter) und nicht bereits mit der Befruchtung der Eizelle außerhalb des Körpers der Frau. Es kommt insoweit weder die 280-Tage-Regel zur Anwendung, noch entscheidet der Zeitpunkt der Nidation (Einnistung).[19] Offen gelassen hat das BAG, ob durch den Embryonentransfer der Beginn des besonderen Kündigungsschutzes lediglich für den Fall bestimmt wird, dass es in der Folge zu einer Nidation kommt, oder ob der besondere Kündigungsschutz mit der Einsetzung einer befruchteten Eizelle in die Gebärmutter in jeden Fall einsetzt und ohne Nachwirkung wieder endet, wenn die Einnistung ausbleibt.[20] Das BAG hat klargestellt, dass eine **Kündigung**, die **wegen einer beabsichtigten Durchführung einer In-vitro-Fertilisation** und der damit einhergehenden Möglichkeit der Schwangerschaft erklärt wird, außerhalb des Anwendungsbereichs des KSchG als unmittelbare geschlechtsbezogene Diskriminierung iSd §§ 1, 3 AGG nach § 7 Abs. 1 iVm § 134 BGB nichtig ist.[21]

10 c) **Fehlgeburt nach der 12. Schwangerschaftswoche.** Durch das am 29.5.2017 verkündete Gesetz zur Neuregelung des Mutterschutzrechts vom 23.5.2017 (BGBl. 2017 I 1228) neu eingeführt wurde der Kündigungsschutz „bis zum Ablauf von vier Monaten nach einer Fehlgeburt nach der zwölften Schwangerschaftswoche" (vgl. § 17 Abs. 1 S. 1 Nr. 2 MuSchG). Mit der Regelung nimmt der Gesetzgeber unter ausdrücklichen Hinweis auf die Entscheidung des BAG vom 15.12.2005, 2 AZR 462/04, NZA 2006, 994 eine **bewusste Abkehr von der höchstrichterlichen Rechtsprechung** vor, wonach zur Auslegung des Begriffs „Entbindung" auf die Abgrenzung von Fehl- und Totgeburten in der PStV verwiesen wird.[22] Diese Rechtsprechung hatte zur Folge, dass bei einer **Fehlgeburt,** die vorliegt, wenn die tot geborene Leibesfrucht ein geringeres Körpergewicht als 500 g aufweist, von keiner Entbindung auszugehen war, so dass bei einer Fehlgeburt der Schutz vor Kündigungen nur bis zum Zeitpunkt der Trennung der Leibesfrucht vom Mutterleib bestand.

11 Um vom Schutzbereich des § 17 Abs. 1 S. 1 Nr. 2 MuSchG erfasst zu werden, muss die Fehlgeburt **nach der zwölften Schwangerschaftswoche** aufgetreten sein. In diesem Fall erstreckt sich die Schutzfrist bis zum Ablauf von vier Monaten nach einer solchen Fehlgeburt. Ausgehend von der Berechnung zur Feststellung des Beginns der Schwangerschaft auf der Grundlage des Zeugnisses eines Arztes bzw. Hebamme oder Entbindungspflegers durch Rückrechnung um 280 Tage ohne Berücksichtigung des voraussichtlichen Entbindungstages (→ Rn. 6), endet die zwölfte Schwangerschaftswoche am 197. Tag vor dem Tag der voraussichtlichen Entbindung. Da der Kündigungsschutz nach dem Wortlaut der Norm erst „nach" der zwölften Schwangerschaftswoche beginnt, ist zur Berechnung der Schutzfrist

---

[17] BAG 26.3.2015 – 2 AZR 237/14, NZA 2015, 734 Rn. 16.
[18] BAG 12.12.1985 – 2 AZR 82/85, NZA 1986, 613.
[19] BAG 26.3.2015 – 2 AZR 237/14, NZA 2015, 734 Rn. 18 ff.; EuGH 26.2.2008 – C-506/06, NZA 2008, 345 – Mayr.
[20] BAG 26.3.2015 – 2 AZR 237/14, NZA 2015, 734 Rn. 26.
[21] BAG 26.3.2015 – 2 AZR 237/14, NZA 2015, 734 Rn. 31 ff.; vgl. auch EuGH 26.2.2008 – C-506/06, NZA 2008, 345 Rn. 46 – Mayr.
[22] vgl. BT Drs. 18/8963, 87/88.

vom 196. Tag vor dem errechneten Entbindungstermin auszugehen. Die **Dauer** des Sonderkündigungsschutzes beträgt vier Monate. Die **Viermonatsfrist** bestimmt sich sodann nach §§ 187 Abs. 1, 188 Abs. 2 BGB. Sie beginnt mit dem 195. Tag vor dem errechneten Entbindungstermin und endet mit Ablauf des Tages, der unter Hinzurechnung von vier Monaten durch seine Benennung dem Tag entspricht, auf den die Entbindung fällt.[23] Diesem Fristablauf steht nicht entgegen, dass der letzte Tag der Frist ein Sonn-, Feiertag oder Samstag ist, denn die Regelung des § 193 BGB ist nicht anwendbar, weil nicht die Abgabe einer Willenserklärung oder die Bewirkung einer Leistung im Raum steht.[24] Tritt eine Fehlgeburt **bis zur zwölften Schwangerschaftswoche** auf, endet der besondere Kündigungsschutz, wie schon vor der Neufassung der Regelung, mit der Fehlgeburt. Maßgeblich ist der Zeitpunkt der Trennung der Leibesfrucht vom Mutterleib.[25]

d) **Entbindung.** Unter Entbindung ist grundsätzlich die „Trennung der Leibesfrucht vom Mutterleib" zu verstehen.[26] Eine Entbindung liegt stets bei einer **Lebendgeburt** vor, auch wenn es sich um eine Frühgeburt handelt. Von einer **Frühgeburt** ist nach der Rechtsprechung des BAG auszugehen, wenn das Kind bei der Geburt weniger als 2.500 Gramm wiegt.[27] Eine **Totgeburt** stellt eine Entbindung iSd § 17 Abs. 1 MuSchG dar. Von einer Totgeburt ist auszugehen, wenn das Gewicht der Leibesfrucht mindestens 500 Gramm betragen hat (vgl. § 31 Abs. 2 der Verordnung zur Ausführung des Personenstandsgesetzes – PStV).[28] Eine Totgeburt stellt auch im Falle eines **Schwangerschaftsabbruchs** eine Entbindung dar, wenn sich das Kind schon bis zu einem Stadium entwickelt hatte, in dem es zu einem selbstständigen Leben – wenn auch nur kurz – grundsätzlich fähig war.[29] Ist der Schwangerschaftsabbruch – wie bei einer **Abtreibung** – allerdings von vornherein gezielt auf die Tötung der Leibesfrucht ausgerichtet, liegt keine Entbindung vor, weil diese – auch wenn sie ggf. künstlich eingeleitet wird – stets darauf gerichtet ist, eine Geburt herbeizuführen.[30] Von der Totgeburt zu unterscheiden ist die **Fehlgeburt.** Sie liegt vor, wenn das Gewicht der Leibesfrucht weniger als 500 Gramm beträgt (vgl. § 31 Abs. 3 PStV) und sie stellt keine Entbindung iSd § 17 Abs. 1 MuSchG dar.[31]

Nach § 17 Abs. 1 S. 1 Nr. 3 MuSchG besteht der Kündigungsschutz „bis zum Ende ihrer Schutzfrist nach der Entbindung, mindestens jedoch bis zum Ablauf von vier Monaten nach der Entbindung". Im Vergleich zur Vorgängernorm des § 9 Abs. 1 MuSchG aF, die nur einen Kündigungsschutz von (pauschal) vier Monaten nach der Entbindung vorsah, soll nach der Begründung des Regierungsentwurfs[32] in Übereinstimmung mit den unionsrechtlichen Vorgaben des Art. 10 der Mutterschutzrichtlinie 92/85 EWG klargestellt werden, dass eine Kündigung bis zum Ende der Schutzfrist nach § 3 Abs. 2 nF grundsätzlich unzulässig. Zu eine Verlängerung der Dauer des Kündigungsschutzes führt dies angesichts der lediglich achtwöchigen (Regel-)Schutzfrist nach der Entbindung gemäß § 3 Abs. 2 MuSchG nur in den Fällen von Frühgeburten (§ 3 Abs. 2 S. 2 Nr. 1 MuSchG), Mehrlingsgeburten (§ 3 Abs. 2 S. 2 Nr. 2 MuSchG) bzw. der Geburt eines behinderten Kindes (§ 3 Abs. 2 S. 2 Nr. 3 MuSchG).[33] Die **Fristberechnung** erfolgt nach den §§ 187 Abs. 1, 188 Abs. 2 und 3 BGB. Sie beginnt mit dem Tag, der auf die Entbindung folgt und endet mit Ablauf des Tages im folgenden vierten Monat, der durch seine Zahl dem Tag der Entbindung entspricht. Unerheblich ist, ob der letzte Tag der Frist ein Sonn-, Feier- oder Samstag ist, weil § 193 BGB keine Anwendung findet.[34]

---

[23] Brose/Weth/Volk/*Volk* MuSchG § 17 Rn. 31; Roos/Bieresborn MuSchG/*Betz* § 17 Rn. 29.
[24] Brose/Weth/Volk/*Volk* MuSchG § 17 Rn. 31; Roos/Bieresborn MuSchG/*Betz* § 17 Rn. 29.
[25] Brose/Weth/Volk/*Volk* MuSchG § 17 Rn. 31; Roos/Bieresborn MuSchG/*Betz* § 17 Rn. 30.
[26] BAG 12.12.2013 – 8 AZR 838/12, NZA 2014, 722 Rn. 28.
[27] BAG 12.3.1997 – 5 AZR 329/96, NZA 1997, 764.
[28] BAG 12.12.2013 – 8 AZR 838/12, NZA 2014, 722 Rn. 28.
[29] BAG 12.12.2013 – 8 AZR 838/12, NZA 2014, 722 Rn. 28; BAG 15.12.2015 – 2 AZR 462/04, NZA 2006, 994 (995).
[30] Zutreffend Ascheid/Preis/Schmidt/*Rolfs* MuSchG 1968 § 9 Rn. 33.
[31] BAG 12.12.2013 – 8 AZR 838/12, NZA 2014, 722 Rn. 28.
[32] Vgl. BT-Drucks 18/8963, 87
[33] Brose/Weth/Volk/*Volk* MuSchG § 17 Rn. 39; *Bayreuther* NZA 2018, 1145 (1146).
[34] Brose/Weth/Volk/*Volk* MuSchG § 17 Rn. 40.

14 Durch **Freigabe des Kindes zur Adoption** oder durch **Tod des Kindes** während des Viermonatszeitraums nach der Entbindung verliert die Arbeitnehmerin ihren Sonderkündigungsschutz nicht.[35] Wird die Arbeitnehmerin vor oder bei Ablauf des Viermonatszeitraums **erneut schwanger,** so besteht der Sonderkündigungsschutz fort.[36]

15 Hat die Arbeitnehmerin dem Arbeitgeber das Bestehen der Schwangerschaft mitgeteilt, so besteht eine **Verpflichtung zur unverzüglichen Unterrichtung** des Arbeitgebers, wenn die Schwangerschaft – und damit das Kündigungsverbot – vorzeitig endet.[37] Diese Unterrichtungspflicht besteht auch dann, wenn der Arbeitgeber das Arbeitsverhältnis zuvor fristlos gekündigt hat und die Arbeitnehmerin ihm innerhalb der Nachfrist des § 17 Abs. 1 S. 1 MuSchG ihre Schwangerschaft bekannt gemacht hat, durch den Arbeitgeber jedoch nicht weiterbeschäftigt wurde. Die schuldhafte Verletzung dieser Unterrichtungspflicht begründet Ansprüche des Arbeitgebers auf Schadenersatz.[38] Der dem Arbeitgeber zu ersetzende Schaden umfasst allerdings nicht das Entgelt, dass der Arbeitgeber der Arbeitnehmerin auf Grund des eingetretenen Annahmeverzugs schuldet. Die Arbeitnehmerin handelt auch nicht rechtsmissbräuchlich, wenn sie im Falle der Verletzung ihrer Unterrichtungspflicht die ihr auf Grund des Annahmeverzugs zustehenden Entgeltansprüche verfolgt.[39]

16 e) **Kenntnis des Arbeitgebers.** Das Kündigungsverbot greift ein, wenn der Arbeitgeber im Zeitpunkt der Kündigung **positive Kenntnis** von der Schwangerschaft, der Entbindung oder der Fehlgeburt nach der zwölften Schwangerschaftswoche hat. Erforderlich ist ein „überzeugtes Wissen" des Arbeitgebers.[40] Woher der Arbeitgeber die Kenntnis erlangt hat, spielt keine Rolle.[41] Vermutungen oder die Kenntnis von Gerüchten genügen grundsätzlich ebenso wenig wie die (selbst grob) fahrlässige Unkenntnis.[42] Allerdings ist umstritten, ob den Arbeitgeber bei Vorliegen entsprechender Anhaltspunkte oder einer begründeten Vermutung eine **Erkundigungspflicht** trifft.[43] Das BAG[44] hat in einer älteren Entscheidung angenommen, dass ein Arbeitgeber, der von einer Arbeitnehmerin eine ärztliche Bescheinigung erhalten hat, in der als Krankheitsursache Schwangerschaft durch Verwendung von ihm nicht verstandener lateinisch-medizinischer Fachbegriffe („Hyperemesis gravid" für Schwangerschaftserbrechen) angegeben ist, so zu behandeln ist, als habe er von der Schwangerschaft Kenntnis erlangt.[45] Von der positiven Kenntnis des Arbeitgebers ist jedenfalls dann auszugehen, wenn in der ärztlichen Bescheinigung schwangerschaftstypische individuelle Beschäftigungsverbote ausgesprochen sind.[46]

17 Das Wissen seiner **Vertreter** bzw. von Personen, die in seinem Betrieb im Verhältnis zur Arbeitnehmerin mit **Arbeitgeberfunktionen** betraut sind (zB Personalleiter) muss sich der Arbeitgeber nach dem Rechtsgedanken des § 166 Abs. 1 BGB zurechnen lassen, nicht aber die Kenntnis von Kollegen, des Betriebsrats oder des Betriebsarztes.[47] Streitig ist, ob sich der Betriebserwerber bei einem **Betriebsübergang** nach § 613a BGB die Kenntnis des Betriebsveräußerers zurechnen lassen muss. Für den Sonderkündigungsschutz des schwerbehinderten Arbeitnehmers nach § 85 SGB IX aF (§ 168 SGB IX nF) hat das BAG[48] entschieden,

---

[35] Brose/Weth/Volk/*Volk* MuSchG § 17 Rn. 40.
[36] *Buchner/Becker* MuSchG § 9 Rn. 9.
[37] BAG 18.1.2000 – 9 AZR 932/98, AP MuSchG 1968 § 5 Nr. 1; BAG 13.11.2001 – 9 AZR 590/99, AP BGB § 242 Auskunftspflicht Nr. 37.
[38] BAG 18.1.2000 – 9 AZR 932/98, AP MuSchG 1968 § 5 Nr. 1; BAG 13.11.2001 – 9 AZR 590/99, AP BGB § 242 Auskunftspflicht Nr. 37.
[39] BAG 18.1.2000 – 9 AZR 932/98, AP MuSchG 1968 § 5 Nr. 1; BAG 13.11.2001 – 9 AZR 590/99, AP BGB § 242 Auskunftspflicht Nr. 37.
[40] Roos/Biresborn MuSchG/*Betz* § 17 Rn. 37.
[41] Roos/Biresborn MuSchG/*Betz* § 17 Rn. 37.
[42] Brose/Weth/Volk/*Volk* MuSchG § 17 Rn. 44.
[43] Dafür etwa ErfK/*Schlachter* MuSchG § 17 Rn. 7; dagegen etwa Brose/Weth/Volk/*Volk* MuSchG § 17 Rn. 45; Roos/Biresborn MuSchG/*Betz* § 17 Rn. 37.
[44] BAG 13.4.1956 – 1 AZR 390/55, NJW 1956, 1124.
[45] Ablehnend Roos/Biresborn MuSchG/*Betz* § 17 Rn. 37.
[46] HK-MuSchG/BEEG/*Schöllmann* MuSchG § 17 Rn. 47.
[47] Vgl. Brose/Weth/Volk/*Volk* MuSchG § 17 Rn. 54; Roos/Biresborn MuSchG/*Betz* § 17 Rn. 40.
[48] BAG 11.12.2008 – 2 AZR 395/07, NZA 2009, 556 Rn. 18 ff.

dass sich der Betriebserwerber die Kenntnis des Betriebsveräußerers von der Schwerbehinderung zurechnen lassen muss. Es liegt daher nahe, das im Falle des Sonderkündigungsschutzes nach § 17 MuSchG ebenso zu sehen.[49]

Ob der für das Vorliegen der Kenntnis des Arbeitgebers **maßgebliche Zeitpunkt** der Zeitpunkt der Abgabe der Kündigungserklärung oder der ihres Zugangs ist, ist streitig.[50] In der Praxis dürfte dieser – von der Rechtsprechung soweit ersichtlich noch nicht entschiedene – Streit selten eine Rolle spielen: Hatte der Arbeitgeber bei der Abgabe der Kündigungserklärung noch keine Kenntnis von der Schwangerschaft, wohl aber zum Zeitpunkt des Zugangs, dann wird er in der Regel jedenfalls innerhalb der zweiwöchigen Mitteilungsfrist nach § 17 Abs. 1 S. 1 Hs. 2 Alt. 2 MuSchG von der Schwangerschaft erfahren haben, weil zwischen Abgabe und Zugang der Kündigung selten mehr als zwei Wochen liegen werden.

Die Frage des Arbeitgebers nach der (geplanten) Schwangerschaft einer Bewerberin im Rahmen der Einstellung bewirkt eine unzulässige Benachteiligung wegen des Geschlechts gem. §§ 7 Abs. 1, 3 Abs. 1 S. 2, 1 AGG, so dass insoweit **kein Fragerecht des Arbeitgebers** besteht. Dies gilt unabhängig davon, ob sich auch Männer oder nur Frauen um die Stelle beworben haben.[51] Die Frage nach der Schwangerschaft ist auch dann unzulässig, wenn die Bewerberin wegen eines gesetzlichen Beschäftigungsverbotes zu Beginn des Arbeitsverhältnisses nicht beschäftigt werden kann[52] und unabhängig davon, ob die Einstellung befristet oder unbefristet erfolgen soll.[53] Es besteht daher auch **keine Offenbarungspflicht** der Bewerberin. Der Arbeitgeber ist damit nicht berechtigt, den Arbeitsvertrag wegen arglistiger Täuschung gem. § 123 BGB anzufechten, wenn die eingestellte Arbeitnehmerin die Frage nach der Schwangerschaft wahrheitswidrig verneint oder ihre Schwangerschaft verschwiegen hat. Eine Irrtumsanfechtung nach § 119 Abs. 2 BGB scheidet schon deshalb aus, weil die Schwangerschaft als vorübergehender Zustand **keine verkehrswesentliche Eigenschaft** darstellt.[54] Im **bestehenden Arbeitsverhältnis** „sollen" werdende Mütter gem. § 15 MuSchG dem Arbeitgeber ihre Schwangerschaft und den mutmaßlichen Tag der Entbindung mitteilen, sobald ihnen der Zustand bekannt ist sowie auf Verlangen des Arbeitgebers ein ärztliches Zeugnis oder das Zeugnis einer Hebamme vorlegen. § 15 MuSchG enthält jedoch **keine gesetzliche Pflicht zur Offenbarung** des Zustands, deren Erfüllung vom Arbeitgeber einklagbar wäre.[55] Auch zur Vorlage eines ärztlichen Zeugnisses ist die Arbeitnehmerin rechtlich nicht verpflichtet.[56] In der Literatur wird allerdings teilweise vertreten, dass sich im bestehenden Arbeitsverhältnis eine Offenbarungspflicht der Arbeitnehmerin als **arbeitsvertragliche Nebenpflicht** ergeben kann, wenn das eigene betriebliche Interesse des Arbeitgebers an der Offenbarung – insbesondere im Hinblick auf den durch bevorstehende Beschäftigungsverbote zu erwartenden Arbeitsausfall – dem Interesse der schwangeren Arbeitnehmerin an der freien Entscheidung über die Mitteilung überwiegt.[57] Hat die Arbeitnehmerin dem Arbeitgeber von der Schwangerschaft unterrichtet, so ist dieser gem. § 27 Abs. 1 Nr. 1 MuSchG zur **unverzüglichen Unterrichtung der Aufsichtsbehörde** verpflichtet. Die Verletzung dieser Pflicht ist gem. § 32 Abs. 1 Nr. 11 MuSchG bußgeldbewehrt. Die **Weitergabe der Information an unbefugte Dritte** ist dem Arbeitgeber gem. § 27 Abs. 1 S. 2 MuSchG ausdrücklich untersagt. Die **Kosten** für das Zeugnis des Arztes oder der Hebamme trägt nach 9 Abs. 6 S. 2 MuSchG der Arbeitgeber. Das gilt allerdings nur, soweit nicht die gesetzliche Krankenversicherung der Arbeitnehmerin für die Kosten aufzukommen hat (vgl. § 24d S. 1 SGB V).[58]

---

[49] Vgl. Brose/Weth/Volk/*Volk* MuSchG § 17 Rn. 55.
[50] Vgl. Brose/Weth/Volk/*Volk* MuSchG § 17 Rn. 47 mwN zu beiden Ansichten.
[51] BAG 15.10.1992 – 2 AZR 227/92, NZA 1993, 257 zu § 611a BGB aF; EuGH 8.11.1990 – C 177/88, NZA 1991, 171 zu Art. 2 RL 76/207/EWG.
[52] BAG 6.2.2003 – 2 AZR 621/01, NZA 2003, 848 zu § 611a BGB aF.
[53] EuGH 4.10.2001 – C 109/00, NZA 2001, 1241 – Tele Danmark zu Art. 5 RL 76/207/EWG; LAG Köln 11.10.2012 – 6 Sa 641/12, NZA-RR 2013, 232. Eine Entscheidung des BAG zum Fall der befristeten Einstellung gibt es allerdings –soweit ersichtlich – noch nicht.
[54] BAG 6.2.1992 – 2 AZR 408/91, NJW 1992, 2173 (2174).
[55] BAG 13.6.1996 – 2 AZR 736/95, NZA 1996, 1154 (1156); Roos/Bieresborn MuSchG/*Betz* § 15 Rn. 2.
[56] Roos/Bieresborn MuSchG/*Betz* § 15 Rn. 10.
[57] Vgl. *Buchner/Becker* MuSchG § 5 Rn. 26.
[58] Roos/Bieresborn MuSchG/*Betz* § 15 Rn. 15.

20 f) **Nachträgliche Mitteilung der Schwangerschaft/Fehlgeburt/Entbindung innerhalb von zwei Wochen.** Hat der Arbeitgeber im Zeitpunkt der Kündigung keine Kenntnis von der Schwangerschaft, der Fehlgeburt nach der zwölften Schwangerschaftswoche oder der Entbindung, so wird die erklärte Kündigung gem. § 17 Abs. 1 S. 1 Hs. 2 MuSchG unzulässig, wenn ihm diese Umstände binnen zwei Wochen nach Zugang der Kündigung mitgeteilt werden. Aus der Mitteilung muss sich ergeben, dass die Schwangerschaft schon bei Zugang der Kündigung bestand.[59] Beschränkt sich die Mitteilung auf das Bestehen der Schwangerschaft, so hängt es von den Umständen des Einzelfalls ab, ob der Arbeitgeber die Mitteilung so verstehen musste, dass die **Schwangerschaft bereits bei Zugang der Kündigung bestanden hat.**[60] Ist die Arbeitnehmerin selbst über ihren Zustand in Zweifel, so genügt es, wenn sie **vorsorglich** mitteilt, eine Schwangerschaft sei wahrscheinlich oder werde vermutet.[61] Eine Bezugnahme auf das Kündigungsverbot in der Mitteilung ist nicht erforderlich.[62] Nicht erforderlich ist auch, dass die Arbeitnehmerin die Schwangerschaft oder die Entbindung innerhalb der Mitteilungsfrist nachweist.[63] Die Mitteilung unterliegt keinem Formzwang.[64] Die Mitteilung muss nicht durch die Arbeitnehmerin persönlich erfolgen, sondern kann auch durch einen Dritten vorgenommen werden.[65] Die Mitteilung muss gegenüber dem Arbeitgeber, seinem Vertreter oder einem personalverantwortlichen Mitarbeiter des Arbeitgebers erfolgen.[66]

> **Praxistipp:**
> Wegen ihrer weitreichenden Folgen sollte die Mitteilung zur Vermeidung von Beweisschwierigkeiten in schriftlicher Form und mit einem Zugangsnachweis (zB Empfangsbestätigung) erfolgen.[67] Es sollte auch darauf geachtet werden, dass aus der Mitteilung deutlich wird, dass die Schwangerschaft bereits zum Zeitpunkt des Zugangs der Kündigung bestanden hat.

21 Die Mitteilung muss innerhalb der **zweiwöchigen Ausschlussfrist** nach Zugang der Kündigung erfolgen. Die Fristberechnung richtet sich nach den §§ 187 ff. BGB einschließlich § 193 BGB, wenn das Fristende auf einen Sams-, Sonn- oder Feiertag fällt.[68] Der **Fristbeginn** ist unabhängig davon, ob die Arbeitnehmerin von ihrer Schwangerschaft Kenntnis hat.[69] Erfährt die Abnehmerin **während des Laufs der Ausschlussfrist** von ihrer Schwangerschaft, so führt das nicht dazu, dass sich die Mitteilungsfrist und den bereits abgelaufenen Zeitraum verlängert.[70] Allerdings ist in diesen Fällen zu prüfen, ob die Frau von der **Möglichkeit des § 17 Abs. 1 S. 2 MuSchG** Gebrauch kann, denn eine unverschuldete Versäumung der Zwei-Wochen-Frist kann nicht nur vorliegen, wenn die Frau während dieser Frist keine Kenntnis von ihrer Schwangerschaft hat, sondern auch dann, wenn sie zwar ihre Schwangerschaft beim Zugang der Kündigung kennt oder während des Laufs der Zwei-Wochen-Frist von ihr erfährt, aber durch sonstige Umstände an der rechtzeitigen Mitteilung unverschuldet gehindert ist. Dies folgt aus Art. 6 Abs. 4 GG, der den bindenden Auftrag an den Gesetzgeber enthält, jeder Mutter Schutz und Fürsorge der Gemeinschaft angedeihen zu lassen. Hiernach kann es keinen erheblichen Unterschied machen, ob die Frau erst einen Tag nach Ablauf der Zwei-Wochen-Frist des § 17 Abs. 1 S. 1 MuSchG oder kurz vor dem Ab-

---

[59] BAG 15.11.1990 – 2 AZR 270/90, NZA 1991, 669.
[60] BAG 15.11.1990 – 2 AZR 270/90, NZA 1991, 669.
[61] Roos/Bieresborn MuSchG/*Betz* § 17 Rn. 44.
[62] BAG 15.11.1990 – 2 AZR 270/90, NZA 1991, 669.
[63] BAG 6.6.1974 – 2 AZR 278/73, NJW 1975, 229; Brose/Weth/Volk/*Volk* MuSchG § 17 Rn. 61.
[64] Brose/Weth/Volk/*Volk* MuSchG § 17 Rn. 63.
[65] Brose/Weth/Volk/*Volk* MuSchG § 17 Rn. 64.
[66] Brose/Weth/Volk/*Volk* MuSchG § 17 Rn. 66.
[67] HK-MuSchG/BEEG/*Schöllmann* MuSchG § 17 Rn. 54.
[68] HK-MuSchG/BEEG/*Schöllmann* MuSchG § 9 Rn. 44.
[69] BAG 13.3.1996 – 2 AZR 736/95, NJW 1997, 610.
[70] BAG 26.9.2002 – 2 AZR 392/01, AP MuSchG 1968 § 9 Nr. 31.

lauf dieser Frist von ihrer Schwangerschaft erfährt und dann schuldlos an einer rechtzeitigen Mitteilung gehindert ist.[71] Die Mitteilung muss dem Arbeitgeber innerhalb der Frist **zugehen**, die Absendung der Mitteilung reicht zur Fristwahrung nicht aus.[72] Die Mitteilung kann auch im Rahmen einer Kündigungsschutzklage erfolgen, wenn sie innerhalb der Mitteilungsfrist zugestellt wird.[73] Ob im Fall einer **Zustellung der Kündigungsschutzklage nach Fristablauf** die rechtzeitige Klageerhebung gem. § 167 ZPO für die Fristwahrung ausreichend ist, ist streitig.[74]

> **Praxistipp:**
>
> Aus Gründen anwaltlicher Vorsicht sollte die Schwangerschaft daher nicht nur in der Klageschrift mitgeteilt werden. Es sollte vielmehr nachweisbar sichergestellt werden, dass dem Arbeitgeber die Mitteilung binnen zwei Wochen nach Zugang der Kündigung zugeht.

g) Unverzügliche Nachholung der Mitteilung bei unverschuldetem Fristversäumnis. Hat die Arbeitnehmerin aus einem von ihr **nicht zu vertretenden Grund** versäumt, die zweiwöchige Mitteilungsfrist einzuhalten, dann ist die Überschreitung der Frist gem. § 17 Abs. 1 S. 2 MuSchG unschädlich, wenn die Mitteilung von der Schwangerschaft, der Fehlgeburt nach der zwölften Schwangerschaftswoche bzw. der Entbindung **unverzüglich** nachgeholt wird. Der Arbeitnehmerin bleibt in diesem Fall der Sonderkündigungsschutz erhalten. Hat die Arbeitnehmerin jedoch die Nichteinhaltung der Mitteilungsfrist zu vertreten oder unterlässt sie die unverzügliche Nachholung der zunächst unverschuldet unterbliebenen fristgerechten Mitteilung, dann verliert sie den mutterschutzrechtlichen Kündigungsschutz nach § 17 MuSchG **endgültig**.[75]

Die Fristenüberschreitung ist von der Arbeitnehmerin zu vertreten, wenn sie auf einen groben Verstoß gegen das von einem verständigen Menschen im eigenen Interesse billigerweise zu erwartenden Verhalten zurückzuführen ist (**Verschulden gegen sich selbst**).[76] Dabei kommt es nicht darauf an, durch welchen Umstand die Arbeitnehmerin an der Fristeinhaltung gehindert ist, sondern nur darauf, ob die Fristüberschreitung in diesem Sinne verschuldet oder unverschuldet ist.[77] Eine verschuldete Fristüberschreitung ist grundsätzlich dann zu bejahen, wenn die schwangere Arbeitnehmerin zum Zeitpunkt der Kündigung **Kenntnis von der Schwangerschaft** hat und sie die Mitteilung innerhalb der Zwei-Wochen-Frist unterlässt.[78] Etwas anderes gilt allerdings dann, wenn die Arbeitnehmerin zwar Kenntnis von ihrer Schwangerschaft hat, aber durch **sonstige Umstände** unverschuldet an der rechtzeitigen Mitteilung verhindert ist.[79] Ein solcher Umstand liegt beispielsweise vor, wenn sich die schwangere Arbeitnehmerin zum Zeitpunkt der Kündigung auf einer **Urlaubsreise** befindet. In diesem Fall liegt selbst dann kein Verschulden vor, wenn die Arbeitnehmerin dem Arbeitgeber die ihr bekannte Schwangerschaft entgegen der Sollvorschrift des § 15 Abs. 1 MuSchG nicht vor dem Urlaubsantritt angezeigt hat.[80] Kein Verschulden der Arbeitnehmerin liegt auch vor, wenn sie die Mitteilung über ihre Schwangerschaft auf dem **üblichen Postweg** an den Arbeitgeber versendet und der Brief aus ungeklärter Ursache verloren geht.[81] Beauftragt die Arbeitnehmerin einen Dritten damit, dem Arbeitgeber die Schwanger-

---

[71] BAG 26.9.2002 – 2 AZR 392/01 AP MuSchG 1968 § 9 Nr. 31; Roos/Bieresborn MuSchG/*Betz* § 17 Rn. 49.
[72] Brose/Weth/Volk/*Volk* MuSchG § 17 Rn. 73.
[73] Roos/Bieresborn MuSchG/*Betz* § 17 Rn. 50.
[74] Vgl. einerseits *Nägele* NZA 2010, 1377 (1378 f.) und andererseits *Gehlhaar* NZA-RR 2011, 169 (173).
[75] Vgl. Roos/Bieresborn MuSchG/*Betz* § 17 Rn. 51.
[76] BAG 16.5.2002 – 2 AZR 730/00, NJW 2003, 308 (309).
[77] BAG 16.5.2002 – 2 AZR 730/00, NJW 2003, 308 (309).
[78] BAG 6.10.1983 – 2 AZR 368/82, AP MuSchG 1968 § 9 Nr. 12.
[79] BAG 13.6.1996 – 2 AZR 736/95, NZA 1996, 1154 (1155).
[80] BAG 13.6.1996 – 2 AZR 736/95, NZA 1996, 1154 (1155).
[81] BAG 16.5.2002 – 2 AZR 730/00, NJW 2003, 308 (309).

schaft mitzuteilen, so ist ihr das **Verschulden des Dritten** grundsätzlich nicht nach § 278 BGB zuzurechnen.[82] Sie muss sich auch nicht das Verschulden eines im Rahmen eines Kündigungsschutzverfahrens mit der Mitteilung beauftragten **Prozessbevollmächtigten** gem. § 85 Abs. 2 ZPO zurechnen lassen.[83] Eine schuldhafte Verzögerung der Mitteilung liegt nach einer – allerdings älteren – Entscheidung des BAG[84] daher nicht bereits darin, dass die Arbeitnehmerin alsbald nach der Kenntnis von der Schwangerschaft einen Prozessbevollmächtigten mit der Klageschrift gegen die bis dahin nicht angegriffene Kündigung des Arbeitgebers beauftragt und die Schwangerschaft nur in der Klageschrift mitteilen lässt. Die Arbeitnehmerin hat danach auch weder für unverschuldete Hindernisse bei der Übermittlung der Mitteilung noch für die vom Prozessbevollmächtigten (im entschiedenen Fall durch die Angabe einer fehlerhaften Adresse des beklagten Arbeitgebers) verschuldete Verzögerung der Mitteilung einzustehen.

24 Bei **fehlender Kenntnis** der Arbeitnehmerin von ihrer Schwangerschaft ist die Fristüberschreitung regelmäßig unverschuldet.[85] Etwas gilt aber dann, wenn die Arbeitnehmerin zwar noch keine positive Kenntnis von ihrer Schwangerschaft hat, aber gleichwohl zwingende Anhaltspunkte gegeben sind, die das Vorliegen einer Schwangerschaft praktisch unabweisbar erscheinen lassen. In einem solchen Fall einer **zwingenden und unabweisbaren Schwangerschaftsvermutung** ist die Arbeitnehmerin schon im eigenen Interesse gehalten, dem Arbeitgeber hiervon Mitteilung zu machen und sich durch eine geeignete Untersuchung (zB Schwangerschaftstest, ärztliche Untersuchung) Gewissheit zu verschaffen.[86] Nicht ausreichend für den Verschuldensvorwurf ist jedoch das Untätigbleiben der Arbeitnehmerin bei einer bloßen mehr oder weniger vagen Schwangerschaftsvermutung.[87] Es kann der Arbeitnehmerin grundsätzlich nicht als Verschulden angerechnet werden, wenn sie nach Ausbleiben ihrer Regelblutung erst eine gewisse Zeit abwartet, um gelegentlich auftretende Zyklusstörungen bzw. Regelverschiebungen auszuschließen.[88] Das Ausbleiben zweier Regelblutungen hat das BAG demgegenüber als zwingenden Anhaltspunkt für eine Schwangerschaft gewertet.[89]

25 Die Mitteilung muss unverzüglich, also **ohne schuldhaftes Zögern** (§ 121 BGB) nachgeholt werden. Es gibt insoweit weder eine Mindestfrist, bei deren Einhaltung die Nachholung der Mitteilung stets unverzüglich ist, noch eine Höchstfrist, nach deren Ablauf stets von einem schuldhaften Zögern auszugehen ist. Entscheidend sind vielmehr stets die besonderen Umstände des Einzelfalls.[90] Jedoch kann ein **Zeitraum von einer Woche** regelmäßig noch als ausreichend für ein unverzügliches Nachholen angesehen werden.[91]

> **Praxistipp:**
> Auch wenn in der Rechtsprechung der Instanzengerichte teilweise 9 bis 13 Tage noch als unverzüglich angesehen worden sind,[92] sollte die Mitteilung **spätestens binnen einer Woche** erfolgen.

2. Gegenstand und Rechtsfolgen des Kündigungsschutzes

26 Gemäß § 17 Abs. 1 S. 1 MuSchG ist **jede Kündigung des Arbeitgebers unzulässig**, es sei denn es liegt eine behördliche Zulassung nach § 17 Abs. 2 S. 1 MuSchG vor. Es handelt sich

---

[82] BAG 27.10.1983 – 2 AZR 214/82, AP MuSchG 1968 § 9 Nr. 13; Roos/Bieresborn MuSchG/*Betz* § 17 Rn. 55.
[83] BAG 27.10.1983 – 2 AZR 214/82, AP MuSchG 1968 § 9 Nr. 13.
[84] BAG 27.10.1983 – 2 AZR 214/82, AP MuSchG 1968 § 9 Nr. 13.
[85] Roos/Bieresborn MuSchG/*Betz* § 17 Rn. 54; vgl. auch BAG 16.5.2002 – 2 AZR 730/00, NJW 2003, 308 (309).
[86] BAG 6.10.1983 – 2 AZR 368/82, AP MuSchG 1968 § 9 Nr. 12; Roos/Bieresborn MuSchG/*Betz* § 17 Rn. 54.
[87] BAG 6.10.1983 – 2 AZR 368/82, AP MuSchG 1968 § 9 Nr. 12.
[88] BAG 6.10.1983 – 2 AZR 368/82, AP MuSchG 1968 § 9 Nr. 12.
[89] BAG 15.8.1984 – 7 AZR 59/83, BeckRS 1984, 04606 Rn. 33.
[90] BAG 20.5.1988 – 2 AZR 739/87, NZA 1988, 799 (800); Roos/Bieresborn MuSchG/*Betz* § 17 Rn. 56.
[91] Vgl. BAG 26.9.2002 – 2 AZR 392/01, BeckRS 2003, 40757 mwN; Brose/Weth/*Volk* MuSchG § 17 Rn. 83.
[92] Vgl. Roos/Bieresborn MuSchG/*Betz* § 17 Rn. 56 mwN.

bei der Norm um ein **gesetzliches Verbot iSd § 134 BGB**, so dass der Verstoß gegen § 17 Abs. 1 S. 1 MuSchG zur Nichtigkeit der Kündigung führt.[93] Das Kündigungsverbot des § 17 MuSchG ist **zwingend**, so dass die Arbeitnehmerin im Voraus (dh vor der Kündigung, zB durch eine entsprechende Vereinbarung im Arbeitsvertrag) nicht wirksam darauf verzichten kann.[94] Im Hinblick auf eine bereits ausgesprochene Kündigung kann die Arbeitnehmerin allerdings auf den Sonderkündigungsschutz verzichten.[95] Insoweit ist jedoch zu berücksichtigen, dass ein vor Ablauf von drei Wochen nach Zugang der Kündigung erklärter **formularmäßiger Verzicht** auf die Erhebung einer Kündigungsschutzklage nach der Rechtsprechung des BAG[96] der **Inhaltskontrolle nach § 307 Abs. 1 Satz 1 BGB** unterliegt und ohne eine ihn kompensierende Gegenleistung des Arbeitgebers (zB Zahlung einer angemessenen Abfindung) wegen unangemessener Benachteiligung des Arbeitnehmers unwirksam ist.

a) Kündigungen des Arbeitgebers. Erfasst werden vom Kündigungsverbot sowohl die **ordentliche Kündigung** als auch die (ggf. mit sozialer Auslauffrist erklärte) **außerordentliche Kündigung** des Arbeitgebers. Unzulässig ist auch eine **Änderungskündigung**. Keine Rolle spielt, ob es sich um eine Kündigung des Arbeitgebers während der Probezeit handelt und ob die Kündigung im Rahmen einer Massenentlassung, wegen Betriebsstillegung oder im Rahmen eines Insolvenzverfahrens (§ 113 InsO lässt den Kündigungsschutz nach § 17 Abs. 1 MuSchG unberührt, es kann allenfalls nach § 113 S. 2 InsO zur Verkürzung der Kündigungsfrist kommen) ausgesprochen wird.[97] Auch die **Kündigung vor Dienstantritt** wird vom Kündigungsverbot erfasst.[98]

Die **Kündigungserklärungsfrist** bei einer außerordentlichen Kündigung nach § 626 Abs. 2 BGB wird durch das Kündigungsverbot des § 17 Abs. 1 MuSchG gehemmt und kann daher nach Ablauf der Schutzfrist noch eingehalten werden.[99] Der Arbeitgeber muss jedoch die behördliche Zulässigkeitserklärung innerhalb der Frist des § 626 Abs. 2 BGB beantragen und die außerordentliche Kündigung **unverzüglich** nach der erteilten Zulässigkeitserklärung erklären.[100]

Das Kündigungsverbot greift ein, wenn der **Zugang der Kündigung in den geschützten Zeitraum** fällt, auf den Zeitpunkt des Wirksamwerdens der Kündigung kommt es nicht an.[101] Geht die Kündigung während des geschützten Zeitraums zu, dann ist auch dann unwirksam, wenn der Beendigungstermin der Kündigung erst nach Ablauf dieses Zeitraums liegt.[102] Andererseits wird eine vor Eintritt der Schwangerschaft zugegangene Kündigung nicht gem. § 17 Abs. 1 MuSchG unwirksam, wenn der Ablauf der Kündigungsfrist in den Schutzzeitraum fällt.[103] Geht die Kündigung erst nach Ablauf der Schutzfristen zu, so unterfällt die Kündigung gem. § 17 Abs. 1 S. 3 MuSchG (nur) dann dem Kündigungsverbot, wenn der Arbeitgeber innerhalb der Schutzfristen Maßnahmen zu ihrer Vorbereitung getroffen hat (siehe → Rn. 28).

b) Vorbereitungsmaßnahmen des Arbeitgebers. Nach § 17 Abs. 1 S. 3 MuSchG gelten die Sätze 1 und 2 *„entsprechend für Vorbereitungsmaßnahmen des Arbeitgebers, die er im Hinblick auf die Kündigung der Frau trifft"*. Durch den Verweis auf die Sätze 1 und 2 soll nach dem Willen des Gesetzgebers deutlich gemacht werden, dass eine **Kündigung nach Ablauf der Schutzfristen unwirksam** ist, wenn die **Vorbereitungen in den in Satz 1 bezeichneten Zeiträumen getroffen** worden sind.[104] Der Gesetzgeber verfolgt mit dieser Regelung den Zweck,

---

[93] Roos/Biesborn MuSchG/*Betz* § 17 Rn. 86.
[94] Roos/Biesborn MuSchG/*Betz* § 17 Rn. 86; Stahlhacke/Preis/Vossen Kündigung/*Vossen* Rn. 182.
[95] Roos/Biesborn MuSchG/*Betz* § 17 Rn. 86.
[96] Vgl. BAG 25.9.2014 – 2 AZR 788/13 NJW 2015, 1038; BAG 24.9.2015 – 2 AZR 347/14 NZA 2016, 351.
[97] Vgl. Roos/Biesborn MuSchG/*Betz* § 17 Rn. 58.
[98] BAG 27.2.2020 – 2 AZR 498/19 NJW 2020, 1986.
[99] ErfK/*Schlachter* MuSchG § 17 Rn. 11.
[100] LAG Köln 21.1.2000 – 11 Sa 1195/99, NZA-RR 2001, 303; Roos/Biesborn MuSchG/*Betz* § 17 Rn. 59.
[101] ErfK/*Schlachter* MuSchG § 17 Rn. 11.
[102] Roos/Biesborn MuSchG/*Betz* § 17 Rn. 60 mwN.
[103] Roos/Biesborn MuSchG/*Betz* § 17 Rn. 60 mwN.
[104] Vgl. BT-Drs. 18/8963, 88; Roos/Biesborn MuSchG/*Betz* § 17 Rn. 67.

das mutterschutzrechtliche Kündigungsverbot im Sinne der Rechtsprechung des EuGH in der Rechtssache Paquay klarzustellen.[105] Danach liegt bereits dann ein Verstoß gegen das Kündigungsverbot des Art. 10 RL 92/85/EWG vor, wenn *„vor Ablauf dieser Zeit Maßnahmen in Vorbereitung einer solchen Entscheidung wie etwa die Suche und Planung eines endgültigen Ersatzes für die betroffene Angestellte getroffen werden".*[106] § 17 MuSchG definiert den Begriff der Vorbereitungsmaßnahmen nicht. Die **Auslegung** des Begriffs hat entsprechend der Gesetzesbegründung die **Paquay-Entscheidung des EuGH**[107] zu berücksichtigen.[108] Damit fallen unproblematisch Maßnahmen zur **Suche von Ersatzkräften** für die zu kündigende Frau während des Laufs der Schutzfristen unter den besonderen Kündigungsschutz. Gleichermaßen ist ein Zusammenhang mit der Durchführung einer inner- oder außerbetrieblichen Stellenanzeige hinsichtlich der Stelle, die von der geschützten Frau besetzt wird, während der laufenden Schutzfristen herzustellen.[109] Im Übrigen ist im Hinblick auf den Begriff der Vorbereitungsmaßnahme noch vieles ungeklärt und streitig.[110] Als relevante Vorbereitungsmaßnahmen werden zB angesehen: Die **Anhörung des Betriebs- oder Personalrats**,[111] die **Beantragung der Zustimmung des Integrationsamts zur Kündigung** einer schwerbehinderten Arbeitnehmerin nach den §§ 168 ff. SGB IX,[112] die **Beteiligung der Schwerbehindertenvertretung nach § 178 Abs. 2 S. 3 SGB IX**,[113] die Beantragung der Zustimmung des Betriebsrats und das ggf. anschließende gerichtliche Zustimmungsersetzungsverfahren nach § 103 BetrVG[114] sowie das **Konsultations- und Anzeigeverfahren** bei einer geplanten Massenentlassung nach § 17 KSchG.[115] Wohl überwiegend nicht als relevante Vorbereitungsmaßnahmen angesehen werden: Der Beschluss von Umstrukturierungs-maßnahmen, die zum Wegfall des Arbeitsplatzes der Frau führen sowie der Abschluss eines **Interessenausgleichs oder Sozialplans**, der die Frau betrifft,[116] der Antrag auf **behördliche Zulassung der Kündigung** nach § 17 Abs. 2 S. 1 KSchG,[117] die **Abmahnung**[118] sowie das **Präventionsverfahren** nach § 167 Abs. 1 SGB IX und das **betriebliche Eingliederungsmanagement** nach § 167 Abs. 2 SGB IX.[119] Ob die **Anhörung zur Vorbereitung einer Verdachtskündigung** eine relevante Vorbereitungsmaßnahme iSd § 17 Abs. 1 S. 3 MuSchG ist, ist umstritten.[120]

Praxistipp:
Vorsichtshalber sollte vom Arbeitgeber die behördliche Zustimmung nach § 17 Abs. 2 S. 1 MuSchG beantragt werden, wenn Maßnahmen, die mit der Kündigung der Frau im Zusammenhang stehen, zu einem Zeitpunkt getroffen wurden, zu dem die Frau noch schwanger war bzw. die Schutzfristen des § 17 Abs. 1 S. 1 Nr. 2 und 3 MuSchG noch nicht abgelaufen waren.

---

[105] Vgl. BT-Drs. 18/8963, 88; Roos/Bieresborn MuSchG/*Betz* § 17 Rn. 62
[106] EuGH 11.10.2007 – C 460/06, NZA 2007, 1271 (1272).
[107] EuGH 11.10.2007 – C 460/06, NZA 2007, 1271 (1272).
[108] Vgl. dazu eingehend Roos/Bieresborn MuSchG/*Betz* § 17 Rn. 63 ff.
[109] Brose/Weth/Volk/*Volk* MuSchG § 17 Rn. 141; Roos/Bieresborn MuSchG/*Betz* § 17 Rn. 69
[110] Vgl. dazu eingehend Roos/Bieresborn MuSchG/*Betz* § 17 Rn. 67 ff.; *Evermann* NZA 2018, 550.
[111] Ascheid/Preis/Schmidt/*Rolfs*, 5. Aufl., MuSchG 2017§ 16 Rn. 24; Brose/Weth/Volk/*Volk* MuSchG § 17 Rn. 145; Roos/Bieresborn MuSchG/*Betz MuSchG* § 17 Rn. 70; *Oberthür/Stähler* ArbRB 2017, 179 (181); *Benkert* NJW-Spezial 2017, 562.
[112] Brose/Weth/Volk/*Volk* MuSchG § 17 Rn. 145; Roos/Bieresborn MuSchG/*Betz* § 17 Rn. 70; *Oberthür/Stähler* ArbRB 2017, 179 (181).
[113] Brose/Weth/Volk/*Volk* MuSchG § 17 Rn. 145; Roos/Bieresborn MuSchG/*Betz* § 17 Rn. 70; BeckOK ArbR/*Dahn* MuSchG § 17 Rn. 47
[114] Roos/Bieresborn MuSchG/*Betz* § 17 Rn. 70; BeckOK ArbR/*Dahn* MuSchG § 17 Rn. 47
[115] Roos/Bieresborn MuSchG/*Betz* § 17 Rn. 70; *Bayreuther* NZA 2017, 1145 (1146); vgl. aber auch Brose/Weth/Volk/*Volk* MuSchG § 17 Rn. 143.
[116] Vgl. BeckOK ArbR/*Dahn* MuSchG § 17 Rn. 45 mwN; aA Roos/Bieresborn MuSchG/*Betz* § 17 Rn. 69.
[117] Vgl. BeckOK ArbR/*Dahn* MuSchG § 17 Rn. 47; Ascheid/Preis/Schmidt/*Rolfs* MuSchG 2017 § 16 Rn. 25; vgl. aber Roos/Bieresborn MuSchG/*Betz* § 17 Rn. 70.
[118] Vgl. BeckOK ArbR/*Dahn* MuSchG § 17 Rn. 46; Roos/Bieresborn MuSchG/*Betz* § 17 Rn. 70 mwN.
[119] Roos/Bieresborn MuSchG/*Betz* § 17 Rn. 70.
[120] Vgl. dazu Brose/Weth/Volk/*Volk* MuSchG § 17 Rn. 146; BeckOK ArbR/*Dahn* MuSchG § 17 Rn. 49; Roos/Bieresborn MuSchG/*Betz* § 17 Rn. 70; *Evermann* NZA 2018, 550 (551 f.).

c) Anderweitige Beendigung des Arbeitsverhältnisses. § 17 Abs. 1 MuSchG erfasst ausschließlich **Arbeitgeberkündigungen** und nicht auch andere Beendigungstatbestände.¹²¹ § 17 Abs. 1 MuSchG findet daher **keine** Anwendung auf die Beendigung von **befristeten/ auflösend bedingten Arbeitsverträge** durch Fristablauf/Bedingungseintritt, auf die **Anfechtung** des Arbeitsvertrages sowie auf einen **Aufhebungsvertrag**. Die Arbeitnehmerin kann den von ihr geschlossenen Aufhebungsvertrag grundsätzlich auch nicht mit der Begründung anfechten, sie habe keine Kenntnis von der Schwangerschaft gehabt: Der **Irrtum über die mutterschutzrechtlichen Folgen** eines Aufhebungsvertrages stellt einen nicht zur Anfechtung berechtigenden Rechtsfolgenirrtum dar.¹²² § 17 Abs. 1 MuSchG findet ferner keine Anwendung bei einem **nichtigen Arbeitsvertrag**. Das durch ihn begründete faktische Arbeitsverhältnis kann vom Arbeitgeber jederzeit durch einseitige Lossagung beendet werden, ohne dass § 17 Abs. 1 MuSchG entgegensteht.¹²³ In einem **Arbeitskampf** kann der Arbeitgeber das Arbeitsverhältnis mit einer unter den Geltungsbereich des § 17 Abs. 1 MuSchG fallenden Arbeitnehmerin nicht durch eine **lösende Aussperrung** beenden, möglich ist nur eine **suspendierende Aussperrung**.¹²⁴ 31

Auch bei einer **Eigenkündigung** der Arbeitnehmerin gilt § 17 Abs. 1 MuSchG nicht.¹²⁵ Da ergab sich bislang bereits aus § 10 MuSchG aF, der der Arbeitnehmerin sogar ein Sonderkündigungsrecht einräumte. Zwar hat der Gesetzgeber § 10 MuSchG aF im Rahmen des am 29.5.2017 verkündeten Gesetzes zur Neuregelung des Mutterschutzrechts vom 23.5.2017 (BGBl 2017 I 1228) mit Ablauf des 31.12.2017 ersatzlos gestrichen. Grund hierfür ist allerdings nicht, dass der Gesetzgeber sich gegen die Möglichkeit einer Eigenkündigung der Arbeitnehmerin entschieden hat, sondern er sah nach der Einführung der Elternzeit keinen Regelungsbedarf für eine derartige Regelung mehr, da die Ausgestaltung des Elternzeitanspruchs einen angemesseneren Ausgleich der Belange von jungen Eltern und ihren Arbeitgeber biete.¹²⁶ Die Arbeitnehmerin hat daher weiterhin Kündigungsfreiheit. 32

Ist die Arbeitnehmerin im Zeitpunkt ihrer Eigenkündigung in **Unkenntnis über die Schwangerschaft,** so ist sie nicht zur Anfechtung der Eigenkündigung wegen Irrtums über eine verkehrswesentliche Eigenschaft nach § 119 Abs. 2 BGB berechtigt.¹²⁷ 33

Bei der gerichtlichen **Auflösung des Arbeitsverhältnisses gem. § 9 KSchG** ist zu differenzieren: Ist die Kündigung nach § 17 Abs. 1 MuSchG unwirksam, so kommt eine **Auflösung auf Antrag des Arbeitgebers** nach § 9 Abs. 1 S. 2 KSchG von vornherein nicht in Betracht, weil diese nur möglich ist, wenn die Kündigung ausschließlich wegen Sozialwidrigkeit iSd § 1 Abs. 1 und 2 KSchG unwirksam ist.¹²⁸ Verstößt die Kündigung allerdings nicht gegen § 17 Abs. 1 MuSchG, weil sie vor dem Eintritt der Schwangerschaft zugegangen ist, kommt bei ausschließlicher Sozialwidrigkeit der Kündigung ein Auflösungsantrag des Arbeitgebers auch dann in Betracht, ohne dass § 17 Abs. 1 MuSchG entgegensteht, wenn die Arbeitnehmerin inzwischen schwanger geworden ist.¹²⁹ 34

Eine **Auflösung auf Antrag der Arbeitnehmerin** nach § 9 Abs. 1 S. 1 KSchG setzt neben der Unzumutbarkeit der Fortsetzung des Arbeitsverhältnisses voraus, dass die Kündigung nicht nur wegen des Verstoßes gegen § 17 Abs. 1 MuSchG, sondern auch wegen Sozialwidrigkeit iSd § 1 Abs. 1 und 2 KSchG unwirksam ist und die Arbeitnehmerin rechtzeitig nach § 4 KSchG Kündigungsschutzklage erhoben hat.¹³⁰ 35

---

¹²¹ BAG 23.10.1991 – 7 AZR 56/91, NZA 1992, 925 (927); Brose/Weth/Volk/*Volk* MuSchG § 17 Rn. 91.
¹²² BAG 16.2.1983 – 7 AZR 134/81, NJW 2958, 2574.
¹²³ Brose/Weth/Volk/*Volk* MuSchG § 17 Rn. 109.
¹²⁴ BAG 21.4.1971 – GS 1/68, NJW 1971, 1668 (1671); BAG 22.10.1986 – 5 AZR 550/85, NZA 1987, 494 (495).
¹²⁵ Brose/Weth/Volk/*Volk* MuSchG § 17 Rn. 123; Roos/Bieresborn MuSchG/*Betz* § 17 Rn. 83; aA BeckOK ArbR/*Dahn* MuSchG § 17 Rn. 12.
¹²⁶ BT-Drs. 18/8963, 40.
¹²⁷ BAG 6.2.1992 – 2 AZR 408/91, NZA 1992, 790 (791); Brose/Weth/Volk/*Volk* MuSchG § 17 Rn. 127.
¹²⁸ BAG 26.3.2009 – 2 AZR 879/07, NZA 2009, 679 Rn. 69 .
¹²⁹ Brose/Weth/Volk/*Volk* MuSchG § 17 Rn. 136; Roos/Bieresborn MuSchG/*Betz* § 17 Rn. 81; aA LAG Sachsen 12.4.1996 – 2 (4) Sa 102/96 NZA-RR 1997, 9.
¹³⁰ Roos/Bieresborn MuSchG/*Betz* § 17 Rn. 81.

36 Verlangt eine schwangere **Jugend- und Auszubildendenvertreterin** vom Arbeitgeberin nach § 78a Abs. 2 BetrVG die Weiterbeschäftigung nach Beendigung des Ausbildungsverhältnis, so findet nach der Rechtsprechung des LAG Hamm das mutterschutzrechtliche Kündigungsverbot keine Anwendung auf den **Auflösungsantrag des Arbeitgebers** nach § 78a Abs. 4 BetrVG.[131]

3. Behördliche Zulassung der Kündigung gem. § 17 Abs. 2 S. 1 MuSchG

37 § 17 MuSchG ist als **Kündigungsverbot mit behördlichem Erlaubnisvorbehalt** ausgestaltet.[132] Gem. § 17 Abs. 2. S. 1 MuSchG ist eine Kündigung des Arbeitgebers entgegen § 17 Abs. 1 MuSchG ausnahmsweise möglich, wenn die für den Arbeitsschutz zuständige oberste Landesbehörde oder eine von ihr bestimmte Stelle die beabsichtigte Kündigung für zulässig erklärt. Die Zulässigerklärung muss **im Zeitpunkt des Zugangs der Kündigung** vorliegen. Eine behördliche Zulassung der außerordentlichen Kündigung enthält nicht konkludent die behördliche Zulassung der ordentlichen Kündigung und kann in eine solche auch **nicht umgedeutet** werden.[133] Das **Negativattest** der nach § 17 Abs. 2 S. 1 MuSchG zuständigen Behörde, dh der Bescheid, dass das beabsichtigte Rechtsgeschäft nicht der Zulässigerklärung durch die Behörde bedarf, steht der Zulässigerklärung nicht gleich. Maßgebend ist allein, ob die nach § 17 MuSchG (objektiv) erforderliche Zulässigerklärung vorliegt oder nicht.[134]

38 a) **Zuständige Behörde.** Gem. § 17 Abs. 2 S. 1 MuSchG Kündigung ist die für den Arbeitsschutz zuständige oberste Landesbehörde oder eine von ihr bestimmte Stelle zuständig. Oberste Landesbehörde ist das jeweilige Fachministerium des Bundeslandes. Die meisten Bundesländer haben von ihrer **Delegationsbefugnis** Gebrauch gemacht.[135] In **Bayern**, **Bremen** und **Niedersachsen** sind zuständig die Gewerbeaufsichtsämter; in **Baden-Württemberg** die Regierungspräsidien, in **Brandenburg** die Landesämter für Arbeitsschutz, Verbraucherschutz und Gesundheit; in **Berlin** das Landesamt für Arbeitsschutz, Gesundheitsschutz und technische Sicherheit; in **Hamburg** die Behörde für Gesundheit und Verbraucherschutz, Amt für Arbeitsschutz; in **Hessen** die Regierungspräsidenten; in **Mecklenburg-Vorpommern** die Gewerbeaufsichtsämter, Abteilung Arbeitsschutz und technische Sicherheit; in **Nordrhein-Westfalen** die Bezirksregierungen; in **Rheinland-Pfalz** die örtliche Gewerbeaufsicht in den Struktur- und Genehmigungsdirektionen; im **Saarland** das Landesamt für Umwelt und Arbeitsschutz; in **Sachsen** die Landesdirektionen, Abteilung für Arbeitsschutz; in **Sachsen-Anhalt** die Landesämter für Verbraucherschutz; in **Schleswig-Holstein** die Staatliche Aufsichtsbehörde bei der Unfallkasse Nord und in **Thüringen** das Landesamt für Verbraucherschutz.[136]

> **Praxistipp:**
> Eine aktuelle Zusammenstellung der zuständigen Behörden findet sich auf der Internetseite des Bundesministeriums für Familie, Senioren, Frauen und Jugend unter https://www.bmfsfj.de/bmfsfj/themen/familie/familienleistungen/mutterschaftsleistungen/aufsichtsbehoerden-fuer-den-mutterschutz-und-kuendigungsschutz/aufsichtsbehoerden-fuer-mutterschutz-und-kuendigungsschutz--informationen-der-laender/73648.

39 b) **Verfahren.** Zur Einleitung des Verfahrens bedarf es einen **Antrag des Arbeitgebers**, der gem. § 10 S. 1 VwVfG zwar keinem Formzwang unterliegt, der zweckmäßigerweise jedoch

---

[131] LAG Hamm 14.1.2011 – 10 TaBV 58/10, BeckRS 2011, 69869.
[132] Brose/Weth/Volk/*Volk* MuSchG § 17 Rn. 1.
[133] Vgl. zur Zustimmung des Integrationsamtes nach § 85 SGB IX aF/§ 168 SGB IX nF: BAG 7.7.2011 – 2 AZR 355/10, NJW 2011, 3803 Rn. 36.
[134] Brose/Weth/Volk/*Volk* MuSchG § 17 Rn. 195 unter Hinweis auf BAG 28.1.1965 – 2 AZR 29/64, AP MuSchG § 9 Nr. 25.
[135] Brose/Weth/Volk/*Volk* MuSchG § 17 Rn. 213.
[136] Vgl. Brose/Weth/Volk/*Volk* MuSchG § 17 Rn. 214.

schriftlich gestellt werden sollte.[137] Aus dem Antrag muss sich ergeben, dass die Zustimmung für die beabsichtigte Kündigung einer Schwangeren oder Wöchnerin begehrt wird. Um den Verfahrensablauf zu beschleunigen, sollten bereits im Antrag die **wesentlichen Tatsachen** mitgeteilt werden, die die Behörde für ihre Entscheidung benötigt. Das sind insbesondere: Namen und Sozialdaten (Alter, Dauer der Betriebszugehörigkeit, Familienstand, Unterhaltspflichten) der betreffenden Arbeitnehmerin, Art der beabsichtigten Kündigung (außerordentlich, ordentlich, Beendigungs- oder Änderungskündigung), Kündigungsfrist, Kündigungsgründe (möglichst unter Beweisantritt) und Tag der voraussichtlichen oder erfolgten Entbindung bzw. der erfolgten Fehlgeburt.[138] Es empfiehlt sich, dem Antrag eine Kopie der ärztlichen Bescheinigung über den (voraussichtlichen) Tag der Niederkunft beizufügen und (vorsorglich) die sofortige Vollziehbarkeit nach § 80 Abs. 2 Nr. 4 VwGO zu beantragen.[139]

> **Praxistipp:**
>
> Hilfreiche Informationen über die vorzulegenden Unterlagen finden sich in dem Merkblatt „Anträge auf Zulassung zur Kündigung nach § 17 Abs. 2 Mutterschutzgesetz", zu finden auf der Homepage der Gewerbeaufsicht Baden-Württemberg unter www.gaa.baden-wuerttemberg.de.

> **Formulierungsvorschlag: Antrag auf behördliche Zustimmung zur Kündigung nach § 17 Abs. 2 MuSchG**
>
> An
> ......
> (zuständige Behörde)
>
> Sehr geehrte(r) ......,
>
> die am *(Geburtsdatum)* geborene *(Vor- und Zuname, sowie Anschrift der zu Kündigenden)* wurde von uns am *(Einstellungsdatum)* als Buchhalterin eingestellt (vgl. Arbeitsvertrag, Anlage 1). Sie ist verheiratet, schwanger und wird voraussichtlich am *(voraussichtliches Datum der Entbindung)* entbinden (vgl. Abschrift der ärztlichen Bescheinigung vom ..., Anlage 2). Es wird beantragt, die von uns beabsichtigte außerordentliche Kündigung für zulässig zu erklären. Frau ...... hat Unterschlagungen in großem Umfang begangen. Sie hat im Zeitraum von ... bis ... Lohn für fiktive Aushilfsarbeitsverhältnisse berechnet (vgl. die fiktiven Lohnabrechnungen, Anlage 3) und den daraus resultierenden Nettolohn iHv. *(Betrag)* auf das Konto ihres Ehemanns überwiesen (vgl. Kontoauszüge, Anlage 4). Dieser Umstand wurde erstmals während der krankheitsbedingten Abwesenheit von Frau ...... am *(Datum)* durch ihren Kollegen Herrn *(Vor- und Zuname sowie Anschrift des Kollegen)* aufgedeckt. Frau ...... wurde am *(Datum)* von mir zu den Vorwürfen angehört und hat die fiktiven Lohnberechnungen und die beschriebenen Überweisungen eingeräumt. Aufgrund dieser Vermögensschädigung haben wir das Vertrauen in die Rechtschaffenheit von Frau ...... verloren. Sie kann nicht länger als Buchhalterin beschäftigt werden. Wir beantragen, die Zustimmung zur fristlosen Kündigung gemäß § 17 Abs. 2 MuSchG zu erteilen und deren sofortige Vollziehung anzuordnen.
>
> ......
> (Arbeitgeber)

Ist eine **außerordentliche Kündigung** beabsichtigt, dann muss der Antrag innerhalb der zweiwöchigen Kündigungserklärungsfrist des § 626 Abs. 2 BGB gestellt werden, andernfalls ist die Kündigung, selbst dann, wenn sie für zulässig erklärt wird, unwirksam.[140]

---

[137] Brose/Weth/*Volk* MuSchG § 17 Rn. 216 ff.; Roos/Bieresborn MuSchG/*Betz* § 17 Rn. 99.
[138] Roos/Bieresborn MuSchG/*Betz* § 17 Rn. 99.
[139] Roos/Bieresborn MuSchG/*Betz* § 17 Rn. 99.
[140] LAG Köln 21.1.2000 – 11 Sa 1195/99, NZA-RR 2001, 303; Brose/Weth/Volk/*Volk* MuSchG § 17 Rn. 218.

42 Über den Antrag wird im sog. **nichtförmlichen Verwaltungsverfahren** (§ 10 VwVfG) entschieden, wobei die jeweiligen Verwaltungsverfahrensgesetze der Bundesländer zu Grunde zu legen sind, die allerdings mit dem des Bundes in aller Regel übereinstimmen.[141] **Beteiligte** des Verfahrens sind der Arbeitgeber und die Arbeitnehmerin, die Behörde kann jedoch weitere Beteiligte (zB den Betriebsrat) hinzuziehen.[142] Der Arbeitnehmerin ist **rechtliches Gehör** zu gewähren (vgl. § 28 VwVfG). Die Behörde muss den Sachverhalt **von Amts wegen** ermitteln und entscheidet nach pflichtgemäßem Ermessen über die Erhebung von Beweisen (vgl. § 26 VwVfG).[143]

43 c) **Entscheidung der Behörde und Rechtsbehelfe.** Die zuständige Behörde darf die Kündigung gem. § 17 Abs. 2 S. 1 MuSchG nur unter zwei Voraussetzungen ausnahmsweise für zulässig erklären: Es muss ein besonderer Fall vorliegen und die Kündigung darf in keinem Zusammenhang stehen mit der Schwangerschaft der Arbeitnehmerin, der Fehlgeburt nach der zwölften Schwangerschaftswoche oder ihrer Lage bis zum Ablauf von vier Monaten nach der Entbindung.

44 Ein **besonderer Fall** liegt vor, wenn außergewöhnliche Umstände das Zurücktreten der vom Gesetzgeber als vorrangig angesehenen Interessen der Schwangeren hinter die des Arbeitgebers rechtfertigen.[144] Ein besonderer Fall ist **nicht dasselbe wie ein wichtiger Grund iSd § 626 Abs. 1 BGB**.[145] Nicht jeder für eine außerordentliche Kündigung ausreichende Grund ist daher geeignet, die Zulassung der Kündigung zu rechtfertigen. Umgekehrt kann die Zulassung auch dann in Betracht kommen, wenn nur ein Grund für eine ordentliche Kündigung vorliegt.[146] Erforderlich ist stets eine **Interessenabwägung** unter Zugrundelegung der mutterschutzrechtlichen Erwägungen.[147] Die Behörde hat dabei insbesondere den **Zweck des Kündigungsverbots** zu berücksichtigen, der Arbeitnehmerin während der Schutzfristen des § 17 Abs. 1 MuSchG die materielle Existenzgrundlage zu erhalten und die mit einer Kündigung in dieser Zeitspanne verbundenen besonderen psychischen Belastungen zu vermeiden.[148] Entscheidend ist, ob der Arbeitnehmerin bei Abwägung aller maßgeblichen Umstände die Kündigung während der Schutzfrist **zugemutet** werden kann.[149] Es ist zu prüfen, ob eine „wesens- und sinngerechte Fortführung" des Arbeitsverhältnisses überhaupt noch möglich ist.[150] Es handelt sich bei dem besonderen Fall um einen **unbestimmten Rechtsbegriff,** dessen Würdigung durch die Verwaltungsbehörde vollumfänglich der gerichtlichen Kontrolle unterliegt.[151]

45 **Personenbedingte Gründe** stellen regelmäßig keinen besonderen Fall dar, insbesondere nicht die mit der der Schwangerschaft, der Fehlgeburt oder der Entbindung zusammenhängende Arbeitsunfähigkeit.[152] Etwas kann aber dann gelten, wenn die personenbedingten Gründe zu einer existenzgefährdenden wirtschaftlichen Belastung des Arbeitgebers führen.[153] **Verhaltensbedingte Gründe** können einen besonderen Fall darstellen, wenn sie dazu führen, dass dem Arbeitgeber die Fortsetzung des Arbeitsverhältnisses – auch unter Berücksichtigung der Konstitution der Arbeitnehmerin – nicht mehr zugemutet werden kann.[154] In Betracht

---

[141] Roos/Bieresborn MuSchG/*Betz* § 17 Rn. 100.
[142] Roos/Bieresborn MuSchG/*Betz* § 17 Rn. 100.
[143] Roos/Bieresborn MuSchG/*Betz* § 17 Rn. 100.
[144] BVerwG 18.8.1977 – V C 8.77, AP MuSchG 1968 § 9 Nr. 5; Brose/Weth/Volk/*Volk* MuSchG § 17 Rn. 197.
[145] BVerwG 29.10.1958 – V C 88/56, NJW 1959, 690; Brose/Weth/Volk/*Volk* MuSchG § 17 Rn. 198.
[146] Brose/Weth/Volk/*Volk* MuSchG § 17 Rn. 199; Roos/Bieresborn MuSchG/*Betz* § 17 Rn. 102.
[147] Brose/Weth/Volk/*Volk* MuSchG § 17 Rn. 201; Roos/Bieresborn MuSchG/*Betz* § 17 Rn. 102.
[148] Brose/Weth/Volk/*Volk* MuSchG § 17 Rn. 201; Roos/Bieresborn MuSchG/*Betz* § 17 Rn. 102.
[149] Vgl. Roos/Bieresborn MuSchG/*Betz* § 17 Rn. 102.
[150] BVerwG 18.8.1977 – V C 8.77, AP MuSchG 1968 § 9 Nr. 5; Roos/Bieresborn MuSchG/*Betz* § 17 Rn. 102.
[151] BVerwG 29.10.1958 – V C 88/56, NJW 1959, 690; Ascheid/Preis/Schmidt/*Rolfs* MuSchG § 9 Rn. 74 mwN.
[152] Brose/Weth/Volk/*Volk* MuSchG § 17 Rn. 203; Roos/Bieresborn MuSchG/*Betz* § 17 Rn. 103.
[153] Brose/Weth/Volk/*Volk* MuSchG § 17 Rn. 204; Roos/Bieresborn MuSchG/*Betz* § 17 Rn. 103; vgl. auch BVerwG 21.10.1970 – V C 34/69, BeckRS 2010, 51206.
[154] Brose/Weth/Volk/*Volk* MuSchG § 17 Rn. 206; Roos/Bieresborn MuSchG/*Betz* § 17 Rn. 103.

kommen insbesondere vorsätzliche Straftaten, wie Diebstahl, grobe Beleidigung oder tätliche Bedrohung,[155] aber zB auch schwerwiegende Pflichtverletzungen wie wiederholte Verstöße gegen das Wettbewerbsverbot.[156] Als nicht ausreichend wurden beispielsweise angesehen Indiskretionen der Arbeitnehmerin über das Privatleben des Arbeitgebers[157] oder die bewusste Entgegennahme rechtsgrundlos geleisteter Gehaltszahlungen.[158] **Betriebsbedingte Gründe** stellen einen besonderen Fall dar, wenn eine Weiterbeschäftigung der Arbeitnehmerin nicht mehr möglich ist, insbesondere weil der einzige Betrieb des Arbeitgebers stillgelegt wurde.[159] Nach den Vorstellungen des Gesetzgebers[160] kann für die Prüfung, ob ein besondere Fall vorliegt, als **Orientierungshilfe** die Verwaltungsvorschrift nach § 18 Abs. 1 S. 6 BEEG herangezogen werden. Damit wird Bezug genommen auf die **„Allgemeine Verwaltungsvorschrift zum Kündigungsschutz bei Elternzeit"** vom 3.1.2007.[161] Diese zählt in ihrer Nr. 2 zahlreiche Beispielsfälle für einen besonderen Fall iSd § 18 Abs. 1 S. 4 BEEG auf.[162] Zu berücksichtigen ist jedoch, dass den Zulassungsverfahren nach § 17 Abs. 2 S. 1 MuSchG und nach § 18 Abs. 1 S. 4–6 BEEG keine identische Interessenlage zu Grunde liegt.[163]

Selbst wenn ein besonderer Fall vorliegt, scheidet eine Zulassung der Kündigung aus, wenn der besondere Fall **mit dem Zustand der Arbeitnehmerin** während der Schwangerschaft, der Fehlgeburt nach der zwölften Schwangerschaftswoche oder mit ihrer Lage bis zum Ablauf von vier Monaten nach der Entbindung **im Zusammenhang** steht. Diese Klarstellung hat der Gesetzgeber in Umsetzung von Art. 10 der Richtlinie 92/85/EWG vorgenommen.[164] Liegt beispielsweise ein Verhalten vor, dass eine schwerwiegende Pflichtverletzung darstellt, ist zu beachten, ob dieses durch die seelische Ausnahmesituation der Arbeitnehmerin in der Schwangerschaft ausgelöst wurde.[165]

Auch bei Vorliegen der Voraussetzungen des § 17 Abs. 2 S. 1 MuSchG ist die Behörde nicht verpflichtet, die Kündigung zuzulassen. Die Behörde entscheidet darüber nach **pflichtgemäßem Ermessen** (§ 40 VwVfG). Das Ermessen ist jedoch gem. § 17 Abs. 2 S. 1 MuSchG zu Gunsten des Erhalts des Kündigungsschutzes eingeschränkt: Die Behörde darf die beabsichtigte Kündigung **nur ausnahmsweise** zulassen. Eine Zulässigkeitserklärung darf daher nicht bereits dann erfolgen, wenn die Interessen des Arbeitgebers und der Arbeitnehmerin gleichwertig erscheinen, vielmehr muss das Interesse des Arbeitgebers an der Beendigung des Arbeitsverhältnisses während der Schutzfrist **erheblich überwiegen**.[166]

Die Entscheidungsmöglichkeiten der Behörde sind nicht darauf beschränkt, dem Antrag des Arbeitgebers auf Zulässigkeitserklärung entweder stattzugeben oder ihn zurückzuweisen. Die Zulässigkeitserklärung kann auch mit der Zwecksetzung des § 17 MuSchG entsprechenden **Auflagen** und Widerrufsvorbehalten verbunden werden, zB dass die Kündigung erst zu einem bestimmten Zeitpunkt (etwa erst nach der Entbindung) ausgesprochen werden darf.[167] Wird der **Antrag zurückgewiesen,** so verbleibt es beim Kündigungsverbot. Wird dem **Antrag stattgegeben** und die Kündigung für zulässig erklärt, so wird die **Kündigungssperre aufgehoben** und der Arbeitgeber darf die Kündigung aussprechen, ohne dass er an eine bestimmte **Frist** – etwa an die Monatsfrist analog § 171 Abs. 3 SGB IX – gebunden ist[168] (ein hinreichend enger zeitlicher Zusammenhang muss allerdings gewahrt sein[169]).

---

[155] Brose/Weth/Volk/*Volk* MuSchG § 17 Rn. 206; Roos/Bieresborn MuSchG/*Betz* § 17 Rn. 103.
[156] Vgl. LAG Rheinland-Pfalz 24.8.2012 – 9 Sa 80/12, BeckRS 2012, 75818.
[157] Vgl. VGH Mannheim 7.12.1993 – 10 S 2825/92, BeckRS 1993, 05717.
[158] Vgl. VG Darmstadt 26.3.2012 – 5 K 1830/11.DA, BeckRS 2012, 53528.
[159] Vgl. BVerwG 18.8.1977 – V C 8.77, AP MuSchG 1968 § 9 Nr. 5.
[160] Vgl. BT-Drs. 18/8963, 88.
[161] KündSchEltZVwV; BAnz. Nr. 5, S. 247.
[162] Vgl. dazu *Wiebauer* BB 2013, 1784 (1785 ff.).
[163] Brose/Weth/Volk/*Volk* MuSchG § 17 Rn. 206; Roos/Bieresborn MuSchG/*Betz* § 17 Rn. 102.
[164] Ascheid/Preis/Schmidt/*Rolfs* MuSchG § 9 Rn. 75.
[165] Brose/Weth/Volk/*Volk* MuSchG § 17 Rn. 206; Roos/Bieresborn MuSchG/*Betz* § 17 Rn. 103.
[166] Brose/Weth/Volk/*Volk* MuSchG § 17 Rn. 209 ff.; Roos/Bieresborn MuSchG/*Betz* § 17 Rn. 104.
[167] Roos/Bieresborn MuSchG/*Betz* § 17 Rn. 105.
[168] Vgl. zur Kündigungszulassung nach § 18 Abs. 1 BEEG: BAG 22.6.2011 – 8 AZR 107/10, NZA-RR 2012, 119 (121).
[169] ErfK/*Schlachter* MuSchG § 17 Rn. 14.

Leidet die Kündigung unter einem Formfehler (zB mangelnde Schriftform, Zurückweisung nach § 174 S. 1 BGB) kann **auf denselben Sachverhalt ohne erneute Zulässigkeitserklärung** eine wiederholte Kündigung gestützt werden, da die Behörde dem zugrundeliegenden Sachverhalt und nicht der konkreten Kündigungserklärung zugestimmt hat.[170]

49 Bei der Entscheidung der Behörde handelt es sich um einen privatrechtsgestaltenden **Verwaltungsakt mit Doppelwirkung**.[171] Gegen die Entscheidung der Behörde steht den Parteien der **Verwaltungsrechtsweg** (§ 40 Abs. 1 VwGO) offen. Der Arbeitgeber kann im Fall der Versagung der Zulässigkeitserklärung versuchen, eine stattgebende Entscheidung im Rahmen einer **Verpflichtungsklage** (§ 42 Abs. 1 Alt. 2 VwGO) zu erwirken. Für die Arbeitnehmerin ist im Fall der Zulässigkeitserklärung durch die Behörde die **Anfechtungsklage** (§ 42 Abs. 1 Alt. 1 VwGO) statthaft. In beiden Fällen muss gem. § 68 Abs. 1 S. 2 Nr. 1, 2. Alt. VwGO ein **Widerspruchsverfahren** durchgeführt werden, wenn die angefochtene Entscheidung nicht von der obersten Landesbehörde, sondern von einer durch diese bestimmte Stelle (zB dem Gewerbeaufsichtsamt) erlassen wurde. Sowohl die **Widerspruchsfrist** als auch die **Klagefrist** betragen – unter der Voraussetzung, dass eine ordnungsgemäße Rechtsbehelfsbelehrung vorliegt (§ 58 VwGO) – einen Monat (vgl. §§ 70 Abs. 1 und 74 Abs. 1 VwGO).[172]

50 Hat die Arbeitnehmerin gegen die Zulässigkeitserklärung Widerspruch oder Anfechtungsklage erhoben, so führt das trotz der aufschiebenden Wirkung dieser Rechtsbehelfe nach § 80 Abs. 1 S. 1, 80a VwGO nicht dazu, dass der Arbeitgeber nicht kündigen darf. Die aufschiebende Wirkung bezieht sich nur auf die Vollziehbarkeit und nicht auf die Wirksamkeit der Zulässigkeitserklärung. Die Kündigung ist bis zur Bestandskraft der Zulässigkeitserklärung (insoweit) „**schwebend wirksam**".[173]

51 Das Vorliegen der Zulässigkeitserklärung besagt nichts über die **arbeitsrechtliche Wirksamkeit der Kündigung.**[174] Diese zu prüfen ist **allein Sache der Arbeitsgerichtsbarkeit**, die allerdings an die Zulässigkeitserklärung gebunden ist und insoweit nur prüfen darf, ob diese vorhanden und ob sie ggf. nichtig ist.[175] Es kommt daher zu einer **Doppelspurigkeit des Rechtswegs**. Das Arbeitsgericht ist dabei nicht verpflichtet, einen parallel zum verwaltungsgerichtlichen Verfahren laufenden Kündigungsschutzprozess nach **§ 148 ZPO** auszusetzen.[176] Wird das Kündigungsschutzverfahren nicht ausgesetzt und die Kündigungsschutzklage rechtskräftig abgewiesen, so ist für die Arbeitnehmerin die **Restitutionsklage** gem. § 580 Abs. 1 Nr. 6 ZPO statthaft, wenn die ursprünglich gegebene Zulässigkeitserklärung im verwaltungsgerichtlichen Verfahren aufgehoben wird.[177]

4. Form und Begründung der Kündigung gem. § 17 Abs. 2 S. 2 MuSchG

52 Gem. § 17 Abs. 2 S. 2 MuSchG bedarf die Kündigung der **Schriftform** und der **Angabe des zulässigen Kündigungsgrundes**. § 17 Abs. 2 S. 2 MuSchG statuiert als lex specialis zu § 623 BGB ein gesetzliches Schriftformerfordernis iSd **§ 126 Abs. 1 BGB**.[178] Die Kündigungserklärung ist schriftlich abzufassen und vom Arbeitgeber oder einer vertretungsberechtigten Person eigenhändig mit Namensunterschrift zu unterzeichnen. Eine Verletzung des Schriftformerfordernisses führt gem. **§ 125 S. 1 BGB** zur Unwirksamkeit der Kündigung.[179] Die Kündigung bedarf außerdem der **Begründung**. Die Kündigung muss den „zulässigen" Kündigungsgrund anführen, dh diejenigen Gründe, die der behördlichen Zulas-

---

[170] ErfK/*Schlachter* MuSchG § 17 Rn. 14; vgl. zu § 88 SGB IX: BAG 8.11.2007 – 2 AZR 425/06, NZA 2008, 471 (472).
[171] BAG 17.6.2003 – 2 AZR 245/02, NZA 2003, 1329 (1330); Brose/Weth/*Volk* MuSchG § 17 Rn. 232.
[172] Roos/Bieresborn MuSchG/*Betz* § 17 Rn. 107.
[173] BAG 17.6.2003 – 2 AZR 245/02, NZA 2003, 1329 (1330); Roos/Bieresborn MuSchG/*Betz* § 17 Rn. 106.
[174] Roos/Bieresborn MuSchG/*Betz* § 17 Rn. 107.
[175] BAG 17.6.2003 – 2 AZR 245/02, NZA 2003, 1329 (1331).
[176] BAG 17.6.2003 – 2 AZR 245/02, NZA 2003, 1329 (1331).
[177] BAG 17.6.2003 – 2 AZR 245/02, NZA 2003, 1329 (1332).
[178] Roos/Bieresborn MuSchG/*Betz* § 17 Rn. 110.
[179] Roos/Bieresborn MuSchG/*Betz* § 17 Rn. 110.

sungserklärung zu Grunde liegen. Der Arbeitgeber ist jedoch nicht gehindert, im Kündigungsschreiben weitere Kündigungsgründe anzugeben. In dem Kündigungsschreiben müssen die **für die Kündigung maßgebenden Tatsachen** so genau mitgeteilt werden, dass die Arbeitnehmerin erkennen kann, um welche **konkreten Umstände** es sich handelt.[180] Dazu ist zwar keine substantiierte Darlegung wie im Prozess erforderlich. Die bloße Bezeichnung der Kündigung (zB) als „betriebsbedingt" genügt jedoch nicht.[181] Es gelten hinsichtlich der Begründungspflicht die gleichen Anforderungen wie bei § 22 Abs. 3 BBiG.[182] Die Begründung hat **schriftlich und gleichzeitig mit der Kündigung** (möglichst in derselben Urkunde[183]) zu erfolgen.[184] Der Verstoß gegen das Begründungserfordernis hat ebenfalls gem. § 125 BGB die Unwirksamkeit der Kündigung zur Folge.[185] Dem Arbeitgeber ist es verwehrt, Kündigungsgründe, die er in der Kündigungsbegründung nicht genannt hat, im Kündigungsschutzprozess **nachzuschieben**.[186]

5. Geltendmachung im Kündigungsschutzprozess

a) Einhaltung der dreiwöchigen Klagefrist des § 4 KSchG. Die Arbeitnehmerin muss den gesetzlichen Unwirksamkeitsgrund des § 17 Abs. 1 MuSchG als anderen Grund für eine Rechtsunwirksamkeit iSd § 4 S. 1 KSchG innerhalb der **dreiwöchigen Klagefrist** geltend machen, andernfalls kommt es zur Heilung nach § 7 S. 1 KSchG.[187] Dabei kommt es nicht darauf an, ob das KSchG gem. §§ 1 Abs. 1 und 23 KSchG Anwendung findet, so dass die Frist auch bei einer **Kündigung während der Wartezeit oder im Kleinbetrieb** zu wahren ist.[188] Die dreiwöchige Klagefrist des § 4 KSchG ist gem. § 13 Abs. 1 S. 2 KSchG auch bei einer **außerordentlichen Kündigung** einzuhalten.

Für den **Fristbeginn** kommt es darauf an, ob der Arbeitgeber im Zeitpunkt der Kündigung bereits Kenntnis von der Schwangerschaft, der Fehlgeburt nach der zwölften Schwangerschaftswoche oder der Entbindung hatte: Hatte er Kenntnis, so richtet sich der Fristbeginn nach § 4 S. 4 KSchG, dh die Klagefrist beginnt erst, wenn die Entscheidung der Behörde über die Zulassung der Kündigung der Arbeitnehmerin bekannt gegeben worden ist. Hat der Arbeitgeber trotz Kenntnis von der Schwangerschaft, der Fehlgeburt nach der zwölften Schwangerschaftswoche oder der Entbindung keine behördliche Zulassung beantragt, beginnt die Klagefrist nicht zu laufen und die Arbeitnehmerin kann die Unwirksamkeit der Kündigung bis zur **Grenze der Verwirkung** gerichtlich geltend machen.[189] War dem Arbeitgeber dagegen im Zeitpunkt der Kündigung die Schwangerschaft, die Fehlgeburt nach der zwölften Schwangerschaftswoche oder die Entbindung unbekannt und hatte er somit keinen Anlass, die behördliche Zulassung zu beantragen, dann beginnt die Frist gem. § 4 S. 1 KSchG mit Zugang der Kündigung. § 4 S. 4 KSchG findet in diesem Fall keine Anwendung.[190] Hat die Arbeitnehmerin die Kündigung unter Geltendmachung anderer Unwirksamkeitsgründe fristgerecht gerichtlich angegriffen, so kann sie sich gem. § 6 S. 1 KSchG auf das Kündigungsverbot nach § 17 MuSchG noch bis zum Schluss der mündlichen Verhandlung erster Instanz berufen. Es handelt sich bei § 6 S. 1 KSchG um eine **Präklusionsvorschrift**, die zur Folge hat, dass nicht bis zum Schluss der mündlichen Verhandlung erster Instanz geltende gemachte Unwirksamkeitsgründe in der zweiten Instanz nicht mehr vorgebracht werden können.[191] Das Arbeitsgericht genügt seiner gesetzlichen Hinweispflicht nach

---

[180] Roos/Bieresborn MuSchG/*Betz* § 17 Rn. 111.
[181] ErfK/*Schlachter* MuschG § 17 Rn. 15.
[182] Roos/Bieresborn MuSchG/*Betz* § 17 Rn. 111.
[183] Vgl. dazu Ascheid/Preis/Schmidt/*Rolfs* MuSchG 1968 § 9 Rn. 128.
[184] Ascheid/Preis/Schmidt/*Rolfs* MuSchG 1968 § 9 Rn. 128.
[185] Brose/Weth/Volk/*Volk* MuSchG § 17 Rn. 248.
[186] Brose/Weth/Volk/*Volk* MuSchG § 17 Rn. 248.
[187] BAG 17.10.2013 – 8 AZR 742/12, NZA 2014, 303 Rn. 31; BAG 19.2.2009 – 2 AZR 286/07, NZA 2009, 980 Rn. 22 f.
[188] HK-MuSchG/BEEG/*Schöllmann* MuSchG § 17 Rn. 119 mwN.
[189] HK-MuSchG/BEEG/*Schöllmann* MuSchG § 17 Rn. 120; vgl. zur Parallelproblematik bei § 85 SGB IX aF/ § 168 SGB IX nF BAG 13.2.2008 – 2 AZR 864/06, BAG 2008, 1055 Rn. 39 ff.
[190] BAG 19.2.2009 – 2 AZR 286/07, NZA 2009, 980 Rn. 24 ff.
[191] Vgl. BAG 18.1.2012 – 6 AZR 407/10, NZA 2012, 817 Rn. 11 ff.

§ 6 S. 2 KSchG schon mit einem Hinweis auf den Regelungsgehalt des § 6 S. 1 KSchG in der Ladung zum Gütetermin.[192]

55 Hat die Arbeitnehmerin die Klagefrist versäumt, weil sie selbst innerhalb der Frist noch keine Kenntnis von ihrer Schwangerschaft hatte, ist die **verspätete Klage nach § 5 Abs. 1 S. 2 KSchG auf Antrag der Arbeitnehmerin nachträglich zuzulassen,** wenn sie aus einen von ihr nicht zu vertretendem Grund erst nach Fristablauf davon erfahren und dies gem. § 5 Abs. 2 S. 2 KSchG glaubhaft gemacht hat. Für den Verschuldensmaßstab gelten die gleichen Grundsätze wie im Rahmen der nachträglichen Mitteilung nach § 17 Abs. 1 S. 2 MuSchG (vgl. dazu → Rn. 21). Erfährt eine Arbeitnehmerin nach Erhalt einer Kündigung ohne von ihr zu vertretenden Grund erst kurz vor Ablauf der Klagefrist von ihrer Schwangerschaft, wird ihr eine **Überlegungszeit von drei Werktagen** zugebilligt, um abzuwägen, ob sie angesichts der für sie neuen Situation und des nun entstandenen Sonderkündigungsschutzes Kündigungsschutzklage erheben will. Versäumt sie durch die Inanspruchnahme dieser Überlegungszeit die dreiwöchige Klagefrist des § 4 S. 1 KSchG, ist die Klage auf ihren Antrag hin im Regelfall nachträglich zuzulassen, soweit Klage und Zulassungsantrag nach Ablauf von drei Werktagen eingereicht wurden.[193] Der Antrag ist gem. § 5 Abs. 3 S. 1 KSchG nur **binnen zwei Wochen nach Kenntniserlangung** zulässig und muss gem. § 5 Abs. 3 S. 2 KSchG **spätestens sechs Monate nach dem Ablauf der Klagefrist** gestellt werden.

56 **b) Darlegungs- und Beweislast.** Die Arbeitnehmerin ist darlegungs- und beweispflichtig dafür, dass sie im maßgeblichen Zeitpunkt des Zugangs der Kündigung schwanger ist, eine Fehlgeburt nach der zwöften Schwangerschaftswoche hatte oder entbunden hat. Im Hinblick auf den Zeitpunkt des Beginns der Schwangerschaft kommt der **ärztlichen Bescheinigung** über den mutmaßlichen Tag der Entbindung ein hohen Beweiswert zu. Der Arbeitgeber kann jedoch diesen Beweiswert der Bescheinigung erschüttern und Umstände darlegen sowie beweisen, auf Grund derer es der wissenschaftlich gesicherten Erkenntnis widersprechen würde, von einer Schwangerschaft bei Kündigungszugang auszugehen. Die Arbeitnehmerin muss nunmehr einen entsprechenden Beweis zum Vorliegen der Schwangerschaft im Zeitpunkt des Zugangs der Kündigung führen und ist ggf. gehalten, ihre Ärzte von der Schweigepflicht zu entbinden.[194] Die Arbeitnehmerin trägt auch die Darlegungs- und Beweislast für die Kenntnis des Arbeitgebers (oder seines Vertreters) von der Schwangerschaft, der Fehlgeburt nach der zwölften Schwangerschaftswoche oder der Entbindung Entbindung im Zeitpunkt des Kündigungszugang bzw. dafür, dass diesem die Mitteilung dieser Umstände rechtzeitig binnen zwei Wochen nach der Kündigung zugegangen ist.[195] Hat die Arbeitnehmerin die zweiwöchige Mitteilungsfrist versäumt, so obliegt es ihr, darzulegen und ggf. zu beweisen, dass sie Frist unverschuldet versäumt und die Mitteilung unverzüglich nachgeholt hat.[196] Erforderlich ist daher, dass die Arbeitnehmerin – möglichst unter Beweisantritt – vorträgt, wann sie selbst Kenntnis von der Schwangerschaft erhalten hat bzw. welcher Umstand sie zunächst von der Mitteilung der Schwangerschaft abgehalten hat, wann dieser entfallen ist und wann der Arbeitgeber in Kenntnis gesetzt wurde.[197] Liegen die Voraussetzungen des § 17 Abs. 1 MuSchG vor, so trägt der Arbeitgeber die Darlegungs- und Beweislast dafür, dass die **behördliche Zulassungserklärung im Zeitpunkt der Kündigung** vorliegt.[198]

6. Das Verhältnis zum Sonderkündigungschutz in der Elternzeit und bei Schwerbehinderten sowie zur Betriebsrats- bzw. Personalratsanhörung

57 Die Kündigungsverbote des **§ 17 MuSchG** und des **§ 18 BEEG** finden **nebeneinander** Anwendung, so dass der Arbeitgeber ggf. die Zulässigerklärung der zuständigen Behörde

---

[192] BAG 18.1.2012 – 6 AZR 407/10, NZA 2012, 817 Rn. 14 ff.
[193] LAG Schleswig-Holstein 13.5.2008 – 3 Ta 56/08, NZA-RR 2009, 132.
[194] BAG 26.3.2015 – 2 AZR 237/14, NZA 2015, 734 Rn. 16.
[195] Ascheid/Preis/Schmidt/*Rolfs* MuSchG 1968 § 9 Rn. 136 mwN.
[196] BAG 13.1.1982 – 7 AZR 764/79, NJW 1982, 2574; Ascheid/Preis/Schmidt/*Rolfs* MuSchG 1968 § 9 Rn. 136.
[197] Ascheid/Preis/Schmidt/*Rolfs* MuSchG 1968 § 9 Rn. 136.
[198] Ascheid/Preis/Schmidt/*Rolfs* MuSchG 1968 § 9 Rn. 137.

nach beiden Vorschriften bedarf. Dies gilt selbst dann, wenn für beide Erklärungen dieselbe Behörde zuständig ist.[199] Beide Zulässigerklärungen können zB erforderlich sein, wenn die Arbeitnehmerin Elternzeit gleich im Anschluss an die Entbindung nimmt und sich der Schutzzeitraum des § 17 Abs. 1 S. 1 Nr. 2 MuSchG mit der Elternzeit überlappt oder wenn die Arbeitnehmerin während der Elternzeit erneut schwanger wird.[200] Der Arbeitgeber muss in diesen Fällen bei der zuständigen Behörde **sowohl den Antrag nach § 17 Abs. 2 S. 1 MuSchG als auch den nach § 18 Abs. 1 S. 4 BEEG** stellen und gegenüber der Behörde deutlich machen, dass er die Zulassung der Kündigung nach beiden Vorschriften begehrt.[201]

Auch die Vorschriften des **§ 17 MuSchG und der §§ 168 SGB IX ff.** finden nebeneinander Anwendung, so dass der Arbeitgeber ggf. die behördliche Zulassung der Kündigung nach § 17 Abs. 2 S. 1 MuSchG und die Zustimmung des Inklusionsamts zur Kündigung der **schwerbehinderten Schwangeren/Wöchnerin** beantragen muss.[202] Unberührt bleibt auch die Verpflichtung des Arbeitgebers zur **Betriebsratsanhörung** nach § 102 BetrVG bzw. zur **Personalratsbeteiligung** und nunmehr auch zur **Anhörung der Schwerbehindertenvertretung** nach § 178 Abs. 2 S. 3 iVm S. 1 SGB IX[203]. Dem Arbeitgeber steht es dabei grundsätzlich frei, den Antrag auf Zulässigkeitserklärung der Kündigung nach § 17 Abs. 2 S. 1 MuSchG schon vor oder während oder erst nach der Betriebsrats- bzw. Personalratsbeteiligung zu stellen.[204]

III. Elternzeit – Berechtigte

Nach § 18 Abs. 1 BEEG darf der Arbeitgeber das Arbeitsverhältnis ab dem Zeitpunkt, von dem an Elternzeit verlangt worden ist und während der Elternzeit nicht kündigen. Das BEEG ist durch das zum 1.1.2015 in Kraft getretene „Gesetz zur Einführung des Elterngeld Plus mit Partnerschaftsbonus und einer flexibleren Elternzeit" vom 18.12.2014 (BGBl. I 2325) reformiert worden.[205] Gem. § 27 Abs. 1 S. 2 BEEG sind die §§ 2 bis 22 BEEG in der bis 31.12.2014 geltenden Fassung (aF) weiterhin anzuwenden für Kinder, die **vor dem 1.7.2015** geboren oder vor diesem Datum mit dem Ziel der Adoption aufgenommen worden sind. § 18 BEEG regelt – vergleichbar mit § 17 Abs. MuSchG – einen Sonderkündigungsschutz in Form eines **Kündigungsverbots mit Erlaubnisvorbehalt** (vgl. § 18 Abs. 1 S. 3–6 BEEG bzw. § 18 Abs. 1 S. 2–4 BEEG aF). Dieser gilt gem. § 18 Abs. 2 BEEG auch für Eltern, die während der Elternzeit bei ihrem bisherigen Arbeitgeber Teilzeitarbeit leisten (vgl. § 18 Abs. 2 Nr. 1 BEEG) und für Eltern, die zwar Anspruch auf Elterngeld haben, die mögliche Elternzeit aber nicht in Anspruch nehmen und die Teilzeitarbeit leisten (vgl. § 18 Abs. 2 Nr. 2 BEEG). Der Sonderkündigungsschutz besteht **unabhängig von der Größe des Betriebs** oder des Unternehmens des Arbeitgebers und setzt **keine Erfüllung einer Wartezeit** voraus.

1. Voraussetzungen des Kündigungsschutzes

a) **Persönlicher Anwendungsbereich.** Voraussetzung für Anwendbarkeit des Sonderkündigungsschutzes ist das **Bestehen eines Arbeitsverhältnisses** oder eines nach **§ 20 BEEG gleichgestellten Rechtsverhältnisses**. Auf die Art, Dauer und den Umfang des Arbeitsverhältnisses kommt es nicht an, so dass keine Rolle spielt, ob es sich um ein Vollzeit- oder Teilzeitarbeitsverhältnis, um ein unbefristetes oder befristetes Arbeitsverhältnis oder ob es sich um

---

[199] Vgl. zu § 18 BErzGG und § 9 MuSchG BAG 31.3.1993 – 2 AZR 595/92, NZA 1993, 646 (648); Brose/Weth/Volk/Schneider/*Volk* MuschG § 17 Rn. 269.
[200] *Buchner/Becker* MuSchG vor §§ 9 und 10 Rn. 7.
[201] *Buchner/Becker* MuSchG vor §§ 9 und 10 Rn. 7.
[202] Brose/Weth/Volk/Schneider/*Volk* MuschG § 17 Rn. 267.
[203] Vgl. zu § 178 Abs. 2 S. 3 SGB IX BAG 13.12.2018 – 2 AZR 378/18, NZA 2019, 305.
[204] HK-MuSchG/BEEG/*Schöllmann* MuSchG § 17 Rn. 123; vgl. zur Parallelproblematik bei § 18 BEEG BAG 24.11.2011 – 2 AZR 429/10, NZA 2012, 610 Rn. 21.
[205] Vgl. dazu *Fecker/Scheffzek* NZA 2015, 778.

eine Haupt- oder Nebenbeschäftigung bzw. um ein geringfügiges Beschäftigungsverhältnis handelt.[206]

61 Beim **Teilzeitarbeitsverhältnis** ist die Regelung des **§ 18 Abs. 2 BEEG** zu beachten: Danach besteht der Sonderkündigungsschutz während der Teilzeitbeschäftigung gem. § 18 Abs. 2 Nr. 1 BEEG, wenn die Teilzeitbeschäftigung **bei demselben Arbeitgeber** ausgeübt wird, bei dem die Elternzeit in Anspruch genommen wird. Teilzeitarbeit **bei einem anderen Arbeitgeber** löst im Arbeitsverhältnis zu diesem anderen Arbeitgeber keinen Sonderkündigungsschutz aus und zwar auch dann nicht, wenn es gem. § 15 Abs. 4 S. 3 BEEG mit Zustimmung desjenigen Arbeitgebers ausgeübt wird, bei dem die Elternzeit beantragt wurde.[207] Das ruhende Arbeitsverhältnis, in dem die Elternzeit in Anspruch genommen wird, unterliegt demgegenüber dem Sonderkündigungsschutz auch in der Zeit, in dem der Arbeitnehmer bei einem anderen Arbeitgeber in Teilzeit arbeitet. Das gilt selbst dann, wenn der Arbeitgeber die Zustimmung zur Teilzeitbeschäftigung bei dem anderen Arbeitgeber gem. § 15 Abs. 4 S. 4 BEEG zu Recht verweigert hat.[208] Wird im Teilzeitarbeitsverhältnis **keine Elternzeit in Anspruch genommen,** so besteht der Sonderkündigungsschutz gleichwohl gem. § 18 Abs. 2 Nr. 2 iVm § 4 Abs. 1 S. 1 BEEG bis zur Vollendung des 14. Lebensmonats des Kindes des Arbeitnehmers. Die aktuelle Fassung des § 18 Abs. 2 Nr. 2 BEEG nimmt nicht mehr auf § 4 Abs. 1 BEEG insgesamt Bezug, sondern nur auf dessen Sätze 1 und 3. Dadurch soll im Hinblick auf ab dem 1.7.2015 geborene Kinder sichergestellt werden, dass bei der Inanspruchnahme von Elterngeld plus über den 14 Lebensmonat hinaus in den Fällen der Teilzeitarbeit ohne Elternzeit kein Sonderkündigungsschutz besteht.[209] Der Sonderkündigungsschutz besteht im Übrigen sowohl im Fall des § 18 Abs. 2 Nr. 1 als auch im Fall des § 18 Abs. 2 Nr. 2 BEEG nur, wenn die Teilzeitbeschäftigung den gem. § 15 Abs. 4 S. 1 BEEG **zulässigen Umfang von 30 Wochenstunden** im Monatsdurchschnitt nicht überschreitet.[210]

62 Der Sonderkündigungsschutz besteht auch, wenn das Arbeitsverhältnis erst nach der Geburt des Kindes begründet wurde.[211] Im Hinblick auf den nach der RL 2010/18/EU unionsrechtlich gewährleisteten viermonatigen Elternurlaub (vgl. § 2 Abs. 1 S. 1 der Rahmenvereinbarung im Anhang der Richtlinie) stellt sich die Frage, ob – wie beim Sonderkündigungsschutz nach § 17 MuSchG[212] – bei der Auslegung des § 18 BEEG richtlinienkonform der **unionsrechtliche Arbeitnehmerbegriff**[213] mit der Folge zu Grunde zu legen ist, dass etwa Fremdgeschäftsführer einer GmbH unter seinen Anwendungsbereich fallen.[214]

63 Nach § 20 Abs. 1 S. 1 BEEG gelten auch die **zu ihrer Berufsausbildung Beschäftigten** als Arbeitnehmer iSd BEEG. Erfasst werden Auszubildende, Volontäre und Umschüler.[215] Praktikanten werden nur umfasst, wenn sie nicht in eine öffentlich-rechtlich organisierte Ausbildung (zB Studium) organisatorisch und inhaltlich integriert sind.[216] Erfasst werden schließlich nach Maßgabe des § 20 Abs. 2 BEEG **Heimarbeitsverhältnisse.**

64 **b) Elternzeitberechtigung und wirksames Verlangen der Elternzeit.** Den Sonderkündigungsschutz genießen Arbeitnehmer, die einen Anspruch auf Elternzeit haben und die die Elternzeit wirksam verlangt haben. Das Kündigungsverbot des § 18 BEEG gilt grundsätzlich nur dann, wenn zum maßgeblichen Zeitpunkt des Zugangs der Kündigung **sämtliche Anspruchsvoraussetzungen für die Elternzeit** vorliegen. Zum Kündigungszeitpunkt müssen deshalb **sowohl die Voraussetzungen des § 15 BEEG als auch die des § 16 BEEG** erfüllt

---

[206] Brose/Weth/Volk/Schneider/*Schneider* BEEG § 15 Rn. 7.
[207] Vgl. BAG 2.2.2006 – 2 AZR 596/04, NZA 2006, 678; Stahlhacke/Preis/Vossen Kündigung/*Vossen* Rn. 1464.
[208] Vgl. Stahlhacke/Preis/Vossen Kündigung/ *Vossen* Rn. 1464.
[209] Tillmanns/Mutschler/*Tillmanns* BEEG § 18 Rn. 22.
[210] Vgl. ErfK/*Gallner* BEEG § 18 Rn. 6 und 8 mwN.
[211] Vgl. BAG 11.3.1999 – 2 AZR 19/98, NZA 1999, 1047; ErfK/*Gallner* BEEG § 18 Rn. 3.
[212] Dazu eingehend *Oberthür* NZA 2011, 253.
[213] Vgl. dazu EuGH 11.11.2010 – C-232/09, NZA 2011, 143 – Danosa zur Mutterschutz-RL 92/85/EWG; vgl. ferner EuGH 9.7.2015 – C-229/14, NZA 2015, 861 – Balkaya zur Massentlassungs-RL 98/59/EG.
[214] Vgl. ErfK/*Gallner* BEEG § 18 Rn. 3.
[215] ErfK/*Müller-Glöge* BEEG § 20 Rn. 1.
[216] ErfK/*Müller-Glöge* BEEG § 20 Rn. 1.

sein.²¹⁷ Die Inanspruchnahme der Elternzeit ist von keiner Zustimmung des Arbeitgebers abhängig.²¹⁸

Ein **Anspruch auf Elternzeit** besteht gem. § 15 Abs. 1 S. 1 BEEG, wenn der Arbeitnehmer mit seinem leiblichen Kind (§ 15 Abs. 1 S. 1 Nr. 1 Buchst. a BEEG), mit einem Kind, für das ein Anspruch auf Elterngeld nach § 1 Abs. 3 und 4 BEEG besteht (vgl. § 15 Abs. 1 S. 1 Nr. 1 Buchst. b BEEG),²¹⁹ oder mit einem Kind, das in Vollzeitpflege iSd § 33 SGB VIII aufgenommen wurde (vgl. § 15 Abs. 1 S. 1 Nr. 1 Buchst. c BEEG), in **einem Haushalt** lebt und das Kind **selbst betreut und erzieht** (vgl. § 15 Abs. 1 S. 1 Nr. 2 BEEG). Gem. § 15 Abs. 1a BEEG sind auch **Großeltern** elternzeitberechtigt, wenn sie mit ihrem Enkelkind in einem Haushalt leben, es selbst erziehen und betreuen, ein Elternteil des Kindes noch minderjährig (vgl. § 15 Abs. 1a S. 1 Nr. 1 BEEG) oder sich das Elternteil in einer seine Arbeitskraft im Allgemeinen voll beanspruchenden Ausbildung befindet, die es vor dem 18. Lebensjahr begonnen hat (vgl. § 15 Abs. 1a S. 1 Nr. 2 BEEG; für Enkelkinder, die vor dem 1.7.2015 geboren sind, muss sich das Enkelkind gem. § 15 Abs. 1a S. 1 Nr. 2 BEEG aF im letzten oder vorletzten Jahr der Ausbildung befinden). Der Anspruch der Großeltern besteht dabei gem. § 15 Abs. 1a S. 2 BEEG nur für Zeiten, in denen die Eltern des Kindes nicht selbst Elternzeit beanspruchen. Die **Dauer des Anspruchs auf Elternzeit** ist in § 15 Abs. 2 BEEG geregelt. Der Anspruch auf Elternzeit besteht gem. § 15 Abs. 2 S. 1 BEEG bis zur Vollendung des dritten Lebensjahres des Kindes. Bei Kindern, die **vor dem 1.7.2015** geboren sind, kann gem. § 15 Abs. 2 S. 4 BEEG aF ein Anteil der Elternzeit bis zu 12 Monaten mit Zustimmung des Arbeitgebers auf die Zeit bis zur Vollendung des achten Lebensjahres übertragen werden. Für **ab dem 1.7.2015 geborene Kinder** kann gem. § 15 Abs. 2 S. 2 BEEG ein Anteil von bis zu 24 Monaten zwischen dem dritten Geburtstag und dem vollendeten achten Lebensjahres des Kindes vom Arbeitnehmer einseitig, dh unabhängig von der Zustimmung des Arbeitgebers, in Anspruch genommen werden.²²⁰

Die Elternzeit muss bei **vor dem 1.7.2015 geborenen** Kindern gem. § 16 Abs. 1 S. 1 BEEG aF spätestens **sieben Wochen vor Beginn** der Elternzeit verlangt und gleichzeitig erklärt werden, für welche Zeiten innerhalb von zwei Jahren Elternzeit genommen werden soll. Für **ab dem 1.7.2015 geborene Kinder** muss die Elternzeit **für den Zeitraum bis zur Vollendung des dritten Lebensjahres** des Kindes gem. § 16 Abs. 1 S. 1 Nr. 1 BEEG spätestens **sieben Wochen** und für den Zeitraum **zwischen dem dritten Geburtstag und der Vollendung des achten Lebensjahres** des Kindes gem. § 16 Abs. 1 S. 1 Nr. 2 BEEG spätestens **13 Wochen** vor dem Beginn der Elternzeit verlangt werden. Wird die Elternzeit nach § 16 Abs. 1 S. 1 Nr. 1 BEEG in Anspruch genommen, muss der Arbeitnehmer nach § 16 Abs. 1 S. 2 BEEG gleichzeitig erklären, für welche Zeiten innerhalb von zwei Jahren Elternzeit genommen werden soll. Bei dringenden Gründen ist gem. § 16 Abs. 1 S. 3 BEEG bzw. § 16 Abs. 1 S. 2 BEEG aF ausnahmsweise eine kürzere Frist möglich. Die Einhaltung der Frist des § 16 Abs. 1 BEEG ist keine Wirksamkeitsvoraussetzung.²²¹ Wird die jeweilige **Ankündigungsfrist unterschritten**, so verschiebt sich der Zeitpunkt des Beginns der Elternzeit entsprechend, dh sie beginnt sieben bzw. 13 Wochen nach Zugang des Verlangens, es sei denn es liegt der Ausnahmetatbestand des § 16 Abs. 2 BEEG vor oder der Arbeitgeber hat auf die Einhaltung der seinem Schutz dienenden Ankündigungsfrist verzichtet.²²² Demgegenüber ist das Schriftformerfordernis des § 16 Abs. 1 BEEG Wirksamkeitsvoraussetzung für die Inanspruchnahme der Elternzeit.²²³ Das Elternzeitverlangen unterliegt dabei dem **strengen Schriftformerfordernis des § 126 Abs. 1 BGB** und muss daher vom Arbeitnehmer

---

[217] BAG 12.5.2011 – 2 AZR 384/10, NZA 2012, 208 Rn. 22.
[218] BAG 12.5.2011 – 2 AZR 384/10, NZA 2012, 208 Rn. 26.
[219] Das sind beispielsweise Kinder, die mit dem Ziel der Adoption aufgenommen wurden, § 15 Abs. 1 S. 1 Nr. 1 Buchst. b iVm § 1 Abs. 3 S. 1 Nr. 1 BEEG, oder Kinder von Ehe- oder Lebenspartnern, § 15 Abs. 1 S. 1 Nr. 1 Buchst. b iVm § 1 Abs. 3 S. 1 Nr. 2 BEEG.
[220] *Fecker/Scheffzek* NZA 2015, 778 (779).
[221] BAG 18.10.2011 – 9 AZR 315/10, NZA 2012, 262 Rn. 27; ErfK/*Gallner* BEEG § 16 Rn. 5.
[222] Stahlhacke/Preis/Vossen Kündigung/*Vossen* Rn. 1449; BAG 17.2.1994 – 2 AZR 616/93, NZA 1994, 656 zu § 16 Abs. 1 BErzGG.
[223] BAG 26.6.2008 – 2 AZR 23/07, NZA 2008, 1241 Rn. 24; BAG 10.5.2016 – 9 AZR 145/15, NZA 2016, 1137 Rn. 33.

eigenhändig unterschrieben oder mittels notariell beglaubigten Handzeichens unterzeichnet worden sein. Ein **Telefax** oder eine **E-Mail** wahrt die von § 16 Abs. 1 BEEG vorgeschriebene Schriftform nicht und führt gem. § 125 S. 1 BGB zur Nichtigkeit des Elternzeitverlangens.[224] Allerdings kann die Berufung des Arbeitgebers auf die fehlende Schriftform im Einzelfall rechtsmissbräuchlich iSd § 242 BGB sein, wenn dem Arbeitnehmer Elternzeit gewährt worden ist, obwohl dem Arbeitgeber bekannt war, dass die Anspruchsvoraussetzungen, insbesondere die Schriftlichkeit, nicht vorliegen.[225]

> **Praxistipp:**
> Wird die Elternzeit nicht wirksam verlangt, kommt es nicht zum Ruhen des Arbeitsverhältnisses und der Arbeitnehmer bleibt zur Arbeitsleistung verpflichtet. Bleibt er im Hinblick auf die unwirksam beantragte Elternzeit der Arbeit fern, begeht er eine Verletzung der Arbeitspflicht, die eine Abmahnung oder gar eine Kündigung nach sich ziehen kann. Es sollte daher nachweisbar sichergestellt werden, dass dem Arbeitgeber ein vom Arbeitnehmer eigenhändig unterschriebenes Elternzeitverlangen mit Angabe des Elternzeitzeitraums so rechtzeitig zugeht, dass die jeweilige Ankündigungsfrist gewahrt ist.

67 Wird die Elternzeit nur unter der **Bedingung** verlangt, dass der Arbeitgeber **Elternteilzeit** gewährt und lehnt dieser die Elternteilzeit ab, so tritt **kein Sonderkündigungsschutz nach § 18 Abs. 1 BEEG** ein, weil der Arbeitnehmer in diesem Fall keine Elternzeit genommen hat.[226]

68 Arbeitnehmer, die Teilzeitarbeit in einem **Umfang von nicht mehr als 30 Wochenstunden** im Durchschnitt des Monats arbeiten (vgl. § 15 Abs. 4 S. 1 BEEG), genießen gem. § 18 Abs. 2 Nr. 2 BEEG den Sonderkündigungsschutz auch **ohne Inanspruchnahme der Elternzeit**, wenn sie gem. § 1 BEEG Anspruch auf Elterngeld während des Zeitraums nach § 4 Abs. 1 S. 1 und 3 BEEG (bei ab 1.7.2015 geborenen Kindern) bzw. während des Bezugszeitraums nach § 4 Abs. 1 BEEG aF (bei vor dem 1.7.2015 geborenen Kindern) haben.

69 c) **Zeitliche Dauer des Sonderkündigungsschutzes.** Der Sonderkündigungsschutz besteht gem. § 18 Abs. 1 S. 1 BEEG ab dem Zeitpunkt von dem an die **Elternzeit wirksam nach § 16 Abs. 1 S. 1 BEEG verlangt** worden ist und **während der Elternzeit**.

70 Der Sonderkündigungsschutz beginnt **frühestens** zu den in § 18 Abs. 1 S. 1 BEEG aF bzw. in § 18 Abs. 1 S. 2 Nr. 1 und 2 BEEG geregelten Zeitpunkten. Bei Kindern, die **vor dem 1.7.2015** geboren wurden, beginnt der Sonderkündigungsschutz damit gem. § 18 Abs. 1 S. 1 BEEG aF frühestens acht Wochen vor Beginn der Elternzeit und zwar unabhängig davon, ob die Elternzeit in den ersten drei Jahren Lebensjahren genommen wird oder ein Teil gem. § 15 Abs. 2 S. 4 BEEG aF in den Zeitraum nach Vollendung des dritten Lebensjahres bis zur Vollendung des achten Lebensjahres übertragen wird.[227] Bei Kindern, die **ab dem 1.7.2015** geboren wurden, beginnt der Sonderkündigungsschutz gem. § 18 Abs. 1 S. 2 Nr. 1 BEEG frühestens acht Wochen vor Beginn der einer Elternzeit bis zum vollendeten dritten Lebensjahres des Kindes (also in den Fällen des § 16 Abs. 1 S. 1 Nr. 1 BEEG) und gem. § 18 Abs. 1 S. 2 Nr. 2 BEEG frühestens 14 Wochen vor Beginn einer Elternzeit zwischen dem dritten Geburtstag und dem vollendeten achten Lebensjahr des Kindes (also in den Fällen des § 16 Abs. 1 S. 1 Nr. 2 BEEG). Als **Endtermin** des Schutzzeitraums des § 18 Abs. 1 BEEG ist der **Tag der ärztlich prognostizierten Geburt** maßgeblich, auch wenn dieser vor dem Tag der tatsächlichen Geburt liegt.[228] Der Sonderkündigungsschutz beginnt damit frühestens acht Wochen vor dem Tag der ärztlich prognostizierten Geburt. Verlangt der Arbeitnehmer die Elternzeit **früher als acht bzw. 14 Wochen vor Beginn** der Elternzeit, beginnt der Sonder-

---

[224] BAG 10.5.2016 – 9 AZR 145/15, NZA 2016, 1137 Rn. 15 ff.
[225] BAG 26.6.2008 – 2 AZR 23/07, NZA 2008, 1241 Rn. 26 ff.
[226] BAG 12.5.2011 – 2 AZR 384/10, NZA 2012, 208 Rn. 35 ff.
[227] ErfK/*Gallner* BEEG § 18 Rn. 5.
[228] Vgl. BAG 12.5.2011 – 2 AZR 384/10, NZA 2012, 208 Rn. 30 ff.

kündigungsschutz nicht bereits mit dem Verlangen, sondern erst ab dem Acht-Wochen- bzw. 14-Wochen-Zeitpunkt vor dem Beginn der Elternzeit.[229] In den **Fällen des § 18 Abs. 2 Nr. 2 BEEG** beginnt der Sonderkündigungsschutz zu dem Zeitpunkt, zu dem die Elternzeit frühestens hätte angetreten werden können.[230]

Maßgeblich für den Sonderkündigungsschutz ist der **Zugang der Kündigung:** Der Sonderkündigungsschutz greift nur ein, wenn die Kündigung innerhalb des in § 18 Abs. 1 S. 2 Nr. 1 oder 2 bzw. in § 18 Abs. 1 S. 1 BEEG aF geregelten Schutzzeitraums zugeht. Nicht maßgeblich ist demgegenüber, ob der Beendigungstermin in den Schutzzeitraum fällt.[231] Erklärt der Arbeitgeber die Kündigung im zeitlichen Zusammenhang mit einer (verfrühten) Geltendmachung der Elternzeit, so kann die Kündigung als verbotene Maßregelung gem. § 612a BGB iVm § 134 BGB nichtig sein, wenn der Sonderkündigungsschutz nach § 18 Abs. 1 BEEG zum Zeitpunkt des Kündigung noch nicht besteht: Eine umgehend nach dem Elternzeitverlangen ausgesprochene Kündigung indiziert dabei, dass die **Kündigung wegen der Inanspruchnahme der Elternzeit** erfolgt ist.[232]

Die acht- bzw. vierzehnwöchige Frist wird vom beantragten Beginn der Elternzeit rückwärts berechnet.[233] Dies gilt auch dann, wenn die Elternzeit zu einem noch nicht exakt feststehenden Zeitpunkt beansprucht wird, insbesondere (vom Vater oder den Großeltern, die keinen Schutz nach § 17 MuSchG genießen) von der Geburt des Kindes ab. Hier beginnt die Frist im Interesse der Rechtssicherheit acht Wochen vor dem Tag der **prognostizierten Geburt**, auch wenn das Kind das Licht der Welt tatsächlich schon früher oder erst später erblickt.[234]

Der Sonderkündigungsschutz endet mit dem letzten Tag der Elternzeit.[235] Das gilt auch in Fällen einer **vorzeitigen Beendigung** der Elternzeit nach § 16 Abs. 3 S. 1–3 BEEG. Verstirbt das Kind während der Elternzeit, so endet diese – und damit auch der Sonderkündigungsschutz – gem. § 16 Abs. 4 BEEG spätestens (wenn der Arbeitnehmer nicht seine Beschäftigung zu einem früheren Zeitpunkt verlangt[236]) drei Wochen nach dem **Tod des Kindes.** Eine **Verlängerung der Elternzeit,** die – außer im Fall des § 16 Abs. 3 S. 4 BEEG – nach § 16 Abs. 3 S. 1 BEEG im Rahmen des § 15 Abs. 2 TzBfG nur mit Zustimmung des Arbeitgebers möglich ist, führt zur entsprechenden Verlängerung des Sonderkündigungsschutzes.[237] Dabei ist jedoch zu beachten, dass das Verlangen einer Verlängerung der Elternzeit nach § 16 Abs. 3 BEEG dem Elternzeitverlangen nach § 16 Abs. 1 S. 1 BEEG nicht gleichgestellt ist und den Sonderkündigungsschutz nicht auslöst.[238] Hat der Arbeitgeber der Verlängerung jedoch zugestimmt, dann verlängert sich auch der Sonderkündigungsschutz entsprechend.[239]

2. Gegenstand und Rechtsfolgen des Kündigungsschutzes

Bei § 18 Abs. 1 BEEG handelt es sich um ein **gesetzliches Verbot iSd § 134 BGB**, so dass die dagegen verstoßende Kündigung nichtig ist.[240] Das Kündigungsverbot erfasst – wie § 17 MuSchG – **alle ordentlichen oder außerordentlichen Beendigungs– oder Änderungskündigungen des Arbeitgebers** unabhängig vom Grund der Kündigung.[241] Das Kündigungsverbot findet auch in der Insolvenz des Arbeitgebers uneingeschränkt Anwendung: Es wird durch § 113 S. 1 InsO nicht aufgehoben, es kommt gem. § 113 S. 2 InsO allenfalls zur Verkürzung

---

[229] Stahlhacke/Preis/Vossen Kündigung/*Vossen* Rn. 1448.
[230] Ascheid/Preis/Schmidt/*Rolfs* BEEG § 18 Rn. 18.
[231] Ascheid/Preis/Schmidt/*Rolfs* BEEG § 18 Rn. 15.
[232] Vgl. LAG Niedersachsen 12.9.2005 – 5 Sa 396/05, NZA-RR 2006, 346 (348).
[233] Ascheid/Preis/Schmidt/*Rolfs* BEEG § 18 Rn. 15a.
[234] BAG 12.5.2011 – 2 AZR 384/10, NJW 2011, 555; Ascheid/Preis/Schmidt/*Rolfs* BEEG § 18 Rn. 15a.
[235] Brose/Weth/Volk/Schneider/*Schneider* BEEG § 18 Rn. 17.
[236] Vgl. LAG Niedersachsen 12.9.2005 – 5 Sa 396/05, NZA-RR 2006, 346 (348).
[237] ErfK/*Gallner* BEEG § 16 Rn. 10.
[238] Vgl. LAG Berlin 15.12.2004 – 17 Sa 1729/04, NZA-RR 2005, 474; Tillmanns/Mutschler/*Tillmanns* BEEG § 18 Rn. 30.
[239] Tillmanns/Mutschler/*Tillmanns* BEEG § 18 Rn. 30.
[240] BAG 12.5.2011 – 2 AZR 384/10, NZA 2012, 208 Rn. 21.
[241] Vgl. BAG 17.2.1994 – 2 AZR 616/93, NZA 1994, 656 (657); Stahlhacke/Preis/Vossen Kündigung/*Vossen* Rn. 1466.

der einzuhaltenden Kündigungsfrist.²⁴² Ein wirksamer **Verzicht** des Arbeitnehmers auf den Sonderkündigungsschutz ist – wie bei § 17 MuSchG – nur im Hinblick auf eine bereits ausgesprochene Kündigung, nicht aber vorher möglich.²⁴³ Insoweit ist allerdings zu berücksichtigen, dass ein vor Ablauf von drei Wochen nach Zugang der Kündigung erklärter **formularmäßiger Verzicht** auf die Erhebung einer Kündigungsschutzklage nach der Rechtsprechung des BAG²⁴⁴ der Inhaltskontrolle nach § 307 Abs. 1 Satz 1 BGB unterliegt und ohne eine ihn kompensierende Gegenleistung des Arbeitgebers (zB Zahlung einer angemessenen Abfindung) wegen unangemessener Benachteiligung des Arbeitnehmers unwirksam ist. Auf **andere Beendigungstatbestände** – etwa den Aufhebungsvertrag, die Eigenkündigung des Arbeitnehmers (diesem wird von § 19 BEEG sogar ein Sonderkündigungsrecht eingeräumt), die Anfechtung des Arbeitsvertrags oder die Beendigung eines befristeten Arbeitsvertrags durch Befristungsablauf – findet das Kündigungsverbot keine Anwendung.²⁴⁵ In **Berufsausbildungsverhältnissen** findet allerdings gem. § 20 Abs. 1 S. 2 BEEG wegen der dort geregelten Nichtanrechenbarkeit der Elternzeit eine automatische Verlängerung des Berufsausbildungsverhältnisses um die Zeit der in Anspruch genommenen Elternzeit statt.²⁴⁶

3. Behördliche Zulassung der Kündigung gem. § 18 Abs. 1 S. 4–6 BEEG

75 Gem. § 18 Abs. 1 S. 2 und 3 BEEG (bzw. gem. § 18 Abs. 1 S. 2–4 BEEG aF bei vor dem 1.7.2015 geborenen Kindern) kann die für den Arbeitsschutz zuständige oberste Landesbehörde oder eine von ihr bestimmte Stelle die Kündigung in besonderen Fällen ausnahmsweise für zulässig erklären. Zur Durchführung kann die Bundesregierung gem. § 18 Abs. 1 S. 6 BEEG (bzw. S. 4 aF) mit der Zustimmung des Bundesrates eine allgemeine Verwaltungsvorschrift erlassen, was sie mit der „Allgemeinen Verwaltungsvorschrift zum Kündigungsschutz bei Elternzeit" (**KündSchEltZVwV**) vom 3.1.2007²⁴⁷ getan hat. Die Kündigung des Arbeitsverhältnisses durch den Arbeitgeber ist (nur) dann nicht gem. § 18 Abs. 1 BEEG iVm § 134 BGB unwirksam, wenn die behördliche Zulassung zum **Zeitpunkt des Zugangs der Kündigung** bereits vorliegt.²⁴⁸ Eine behördliche Zulassung der außerordentlichen Kündigung enthält nicht konkludent die behördliche Zulassung der ordentlichen Kündigung und kann in eine solche auch nicht umgedeutet werden.²⁴⁹

76 a) **Zuständige Behörde** für die Zulassung der Kündigung sind in **Bayern**, **Bremen** und **Niedersachsen** die Gewerbeaufsichtsämter; in **Baden-Württemberg** der Kommunalverband für Jugend und Soziales, in **Brandenburg** das Landesamt für Arbeitsschutz, Gesundheitsschutz und technische Sicherheit; in **Berlin** das Landesamt für Arbeitsschutz Gesundheitsschutz und technische Sicherheit; in **Hamburg** die Behörde für Gesundheit und Verbraucherschut, Amt für Arbeitsschutz; in **Hessen** die Regierungspräsidenten; in **Mecklenburg-Vorpommern** das Landesamt für Gesundheit und Soziales; in **Nordrhein-Westfalen** die Bezirksregierungen; in **Rheinland-Pfalz** die Regionalstellen Gewerbeaufsicht in den Struktur – und Genehmigungsdirektionen Nord und Süd; im **Saarland** das Landesamt für Umwelt und Arbeitsschutz; in **Sachsen** die Landesdirektion, Abteilung für Arbeitsschutz; in **Sachsen-Anhalt** das Landesamt für Verbraucherschutz, Gewerbeaufsicht; in **Schleswig-Holstein** die Staatliche Aufsichtsbehörde bei der Unfallkasse Nord und in **Thüringen** das Landesamt für Verbraucherschutz.²⁵⁰

---

²⁴² Ascheid/Preis/Schmidt/*Rolfs* BEEG § 18 Rn. 21.
²⁴³ Brose/Weth/Volk/Schneider/*Schneider* BEEG § 18 Rn. 24.
²⁴⁴ Vgl. BAG 25.9.2014 – 2 AZR 788/13 NJW 2015, 1038; BAG 24.9.2015 – 2 AZR 347/14 NZA 2016, 351.
²⁴⁵ Brose/Weth/Volk/Schneider/*Schneider* BEEG § 18 Rn. 7.
²⁴⁶ Vgl. Tillmanns/Mutschler/*Tillmanns* MuSchG/BEEG BEEG § 18 Rn. 2 ff.
²⁴⁷ BAnz. Nr. 5, S. 247; abgedruckt bei Ascheid/Preis/Schmidt/*Rolfs* BEEG § 18 Rn. 35.
²⁴⁸ Stahlhacke/Preis/Vossen Kündigung/*Vossen* Rn. 1467.
²⁴⁹ Vgl. zur Zustimmung des Integrationsamtes nach § 85 SGB IX: BAG 7.7.2011 – 2 AZR 355/10, NJW 2011, 3803 Rn. 36.
²⁵⁰ Vgl. Brose/Weth/Volk/Schneider/*Schneider* BEEG § 18 Rn. 35.

Praxistipp:
Eine aktuelle Zusammenstellung der zuständigen Behörden stellt das Bundesministerium für Familie, Senioren, Frauen und Jugend in seiner Broschüre „Elterngeld, ElterngeldPlus und Elternzeit – Das Bundeselterngeld- und Elternzeitgesetz" zusammen, abrufbar im Internet unter www.bmfsfj.de.

b) Verfahren. Das Verfahren ist in den Nr. 4 ff. KündSchEltZVwV geregelt. Danach bedarf es eines schriftlichen oder zu Protokoll erklärten Antrags des Arbeitgebers bei der zuständigen Behörde, der den Arbeitsort, die vollständige Anschrift des zu kündigenden Arbeitnehmers und eine Begründung der Kündigung unter Angabe bzw. Beifügung von Beweismitteln zu enthalten hat (vgl. Nr. 4 KündSchEltZVwV). Die zuständige Behörde entscheidet über die Zulassung der Kündigung nach Anhörung des betroffenen Arbeitnehmers und ggf. des Betriebs- oder Personalrats (vgl. Nr. 5 KündSchEltZVwV).

Formulierungsvorschlag:
Antrag auf behördliche Zustimmung zur Kündigung des Arbeitsverhältnisses nach § 18 BEEG
An
......
(zuständige Behörde)

Sehr geehrte(r) ......,
Herr/Frau ...... (Vor- und Zuname, Geburtsdatum, vollständige Anschrift.) ......, der/die bei uns auf Grundlage des als Anlage 1 beiliegenden Arbeitsvertrags vom ...... als ...... angestellt ist, hat am ..... im Hinblick auf sein/ihr am ..... zur Welt gekommenes Kind für die Zeit vom ...... bis ...... Elternzeit angezeigt und zwischenzeitlich angetreten. Wir sehen uns gezwungen, das Arbeitsverhältnis mit Herrn/Frau ...... vor Ablauf der Elternzeit fristgemäß zu beenden. Wir haben am .... entschieden, unseren einzigen Betrieb zum ...... stillzulegen. Aus diesem Grunde haben wir mit dem Betriebsrat den als Anlagen 2 und 3 beigefügten Interessenausgleich und Sozialplan geschlossen. Die Produktion wurde bereits eingestellt, allen übrigen Arbeitnehmern wurde gekündigt, die angemieteten Räumlichkeiten wurden – wie aus den als Anlage 4 beiliegenden Kündigungsschreiben ersichtlich- zum ..... gekündigt und es finden derzeit nur noch letzte Abwicklungsarbeiten statt. Aufgrund der endgültigen Stilllegung des einzigen Betriebs haben wir keine Möglichkeit, Herrn/Frau ...... weiterzubeschäftigen.

Aus diesem Grunde sehen wir keine Möglichkeit, das Arbeitsverhältnis mit Herrn/Frau länger aufrecht zu erhalten und beabsichtigen, dass Arbeitsverhältnis unter Einhaltung der gültigen Kündigungsfrist von ...... ordentlich zu kündigen. Wir beantragen daher, die beabsichtigte ordentliche Kündigung für zulässig zu erklären. Der Betriebsrat unterstützt diese Maßnahme. Dies geht aus dem beigefügten Interessenausgleich hervor. Gleichzeitig beantragen wir, die sofortige Vollziehung der Zustimmung anzuordnen.

......
(Arbeitgeber)

c) Entscheidung der Behörde und Rechtsbehelfe. Die zuständige Behörde kann die Kündigung gem. § 18 Abs. 1 S. 4 BEEG (bzw. S. 2 aF) in besonderen Fällen ausnahmsweise für zulässig erklären.

Ein **besonderer Fall** ist nur anzunehmen, wenn außergewöhnliche Umstände es rechtfertigen, dass die vom Gesetzgeber grundsätzlich als vorrangig angesehenen Interessen des die Elternzeit in Anspruch nehmenden Arbeitnehmers hinter die Interessen des Arbeitgebers an der Auflösung des Arbeitsverhältnisses zurücktreten.[251] Die auf Grundlage des § 18 Abs. 1

---
[251] BVerwG 30.9.2009 – 5 C 32/08, NJW 2010, 2074 Rn. 15.

S. 6 BEEG erlassene Allgemeine Verwaltungsvorschrift zum Kündigungsschutz bei Elternzeit (**KündSchEltZVwV**) enthält in ihrer Nr. 2 eine nicht abschließende Aufzählung von besonderen Fällen, die für die Verwaltungsbehörden, nicht aber für die Gerichte bindend ist.[252] Die Verwaltungsgerichte prüfen den **unbestimmten Rechtsbegriff** des besonderen Falls in vollem Umfang. Wird das Vorliegen eines besonderen Falls bejaht, kann die zuständige Behörde die Kündigung **ausnahmsweise** für zulässig erklären. Insoweit entscheidet die Behörde nach – verwaltungsgerichtlich gem. § 114 S. 1 VwGO nur eingeschränkt überprüfbaren – **pflichtgemäßem Ermessen iSd § 40 VwVfG**, ob das Interesse des Arbeitgebers an einer Kündigung während der Elternzeit so erheblich überwiegt, dass Kündigung ausnahmsweise zuzulassen ist.[253]

81 Ein besonderer Fall ist regelmäßig anzunehmen, wenn der Arbeitnehmer nach seiner Rückkehr aus der Elternzeit wegen (endgültiger) **Betriebsstillegung** nicht mehr – auch nicht in einem anderen Betrieb des Arbeitgebers – eingesetzt werden kann (vgl. Nr. 2.1.1 KündSchEltZVwV).[254] Die Erhaltung der beitragsfreien Mitgliedschaft in der gesetzlichen Krankenversicherung stellt dabei keinen Belang dar, denn die zuständige Behörde bei ihrer Ermessensentscheidung zu Gunsten des Arbeitnehmers berücksichtigen darf.[255] Als besondere Fälle kommen außerdem vor allem **besonderes schwere Verstöße gegen arbeitsvertragliche Pflichten,** insbesondere vorsätzliche strafbare Handlungen des Arbeitnehmers in Betracht (vgl. Nr. 2.1.6 KündSchEltZVwV).

82 Die Entscheidung der Behörde über die Zulassung der Kündigung hat **schriftlich unter Angaben von Gründen** zu erfolgen und ist dem Arbeitgeber und dem Arbeitnehmer **zuzustellen** (vgl. Nr. 7 KündSchEltZVwV). Sowohl die Zulassung, die auch unter Bedingungen – etwa, dass die Kündigung erst zum Ende der Elternzeit ausgesprochen werden darf – erklärt werden kann (vgl. Nr. 6 KündSchEltZVwV) als auch die Ablehnung des Antrags stellen **Verwaltungsakte mit Doppelwirkung** dar.[256] Sie sind – soweit sie nicht von der obersten Landesbehörde erlassen worden sind – mittels **Widerspruch,** der gem. § 70 Abs. 1 VwGO binnen einem Monat nach Bekanntgabe der Entscheidung schriftlich bei der Behörde eingelegt werden muss, die die Entscheidung erlassen hat, anfechtbar (vgl. § 68 VwGO). Bleibt der Widerspruch erfolglos, so ist für den Arbeitgeber gegen die Ablehnung der Zulassung auf dem **Rechtsweg der Verwaltungsgerichtsbarkeit** die **Verpflichtungsklage** und für den Arbeitnehmer gegen die Zulassung die **Anfechtungsklage** statthaft (§§ 40 Abs. 1 S. 1, 42 Abs. 1 VwGO). Beide Klagen sind gem. § 74 VwGO binnen eines Monats nach Zustellung des Widerspruchsbescheides zu erheben, sofern dieser mit einer ordnungsgemäßen Rechtsbehelfsbelehrung versehen ist (vgl. § 58 VwGO).

83 Hat die Arbeitnehmerin gegen die Zulässigkeitserklärung **Widerspruch oder Anfechtungsklage** erhoben, so führt das trotz der aufschiebenden Wirkung dieser Rechtsbehelfe nach § 80 Abs. 1 S. 1, 80a VwGO – wie bei § 17 Abs. 2 MuSchG – nicht dazu, dass der Arbeitgeber nicht kündigen darf. Die aufschiebende Wirkung bezieht sich nur auf die Vollziehbarkeit und nicht auf die Wirksamkeit der Zulässigkeitserklärung. Die Kündigung ist bis zur Bestandskraft der Zulässigkeitserklärung (insoweit) „**schwebend wirksam**".[257]

84 Es kommt – wie beim Kündigungsverbot nach § 17 MuSchG oder beim Sonderkündigungsschutz des Schwerbehinderten nach § 168 SGB IX – zu einer **Doppelspurigkeit des Rechtswegs.** Das Arbeitsgericht ist dabei nicht verpflichtet, einen parallel zum verwaltungsgerichtlichen Verfahren laufenden Kündigungsschutzprozess nach **§ 148 ZPO** auszusetzen.[258] Wird das Kündigungsschutzverfahren nicht ausgesetzt und die Kündigungsschutz-

---

[252] Stahlhacke/Preis/Vossen Kündigung/*Vossen* Rn. 1468; vgl. zur KündSchEltZVwV *Wiebauer* BB 2013, 1784
[253] Stahlhacke/Preis/Vossen Kündigung/*Vossen* Rn. 1468.
[254] Vgl. BVerwG 30.9.2009 – 5 C 32/08, NJW 2010, 2074 Rn. 15 ff.; BAG 27.2.2014 – 6 AZR 301/12, NZA 2014, 897 Rn. 20.
[255] Vgl. BVerwG 30.9.2009 – 5 C 32/08, NJW 2010, 2074 Rn. 19 ff.; BAG 27.2.2014 – 6 AZR 301/12, NZA 2014, 897 Rn. 20.
[256] Brose/Weth/Volk/Schneider/*Schneider* BEEG § 18 Rn. 36.
[257] HK-MuSchG/BEEG/*Rancke* BEEG § 18 Rn. 31.
[258] BAG 17.6.2003 – 2 AZR 245/02, NZA 2003, 1329 (1331).

klage rechtskräftig abgewiesen, so ist für die Arbeitnehmerin die **Restitutionsklage** gem. § 580 Abs. 1 Nr. 6 ZPO statthaft, wenn die ursprünglich gegebene Zulässigkeitserklärung im verwaltungsgerichtlichen Verfahren aufgehoben wird.[259]

4. Geltendmachung im Kündigungsschutzprozess

a) Einhaltung der dreiwöchigen Klagefrist des § 4 KSchG. Der Arbeitnehmer muss den gesetzlichen Unwirksamkeitsgrund des § 18 Abs. 1 BEEG als anderen Grund für eine Rechtsunwirksamkeit iSd § 4 S. 1 KSchG innerhalb der dreiwöchigen Klagefrist geltend machen, andernfalls kommt es zur Heilung nach § 7 S. 1 KSchG.[260] Dabei kommt es nicht darauf an, ob das KSchG gem. §§ 1 Abs. 1 und 23 KSchG Anwendung findet, so dass die Frist auch bei einer **Kündigung während der Wartezeit oder im Kleinbetrieb** zu wahren ist. Die dreiwöchige Klagefrist des § 4 KSchG ist gem. § 13 Abs. 1 S. 2 KSchG auch bei einer **außerordentlichen Kündigung** einzuhalten. Der **Fristbeginn** richtet sich – wegen dem behördlichen Zustimmungserfordernis nach § 18 Abs. 1 S. 4 BEEG – nach **§ 4 S. 4 KSchG**: Die Frist beginnt danach nicht bereits mit dem Zugang der Kündigung, sondern **erst mit der Bekanntgabe der Entscheidung** der Behörde an den Arbeitnehmer. Der Arbeitnehmer kann daher ohne die Begrenzung durch die Dreiwochenfrist das Fehlen einer Zulässigerklärung bis zur **Grenze der Verwirkung** geltend machen, wenn ihm die Entscheidung der Behörde – aus welchem Grund auch immer – nicht bekanntgegeben wurde.[261] Hat der Arbeitgeber allerdings vom Sonderkündigungsschutz des Arbeitnehmers nach § 18 Abs. 1 BEEG keine Kenntnis (was wohl nur in den Fällen des § 18 Abs. 2 Nr. 2 BEEG denkbar ist), findet § 4 S. 4 KSchG keine Anwendung und der Arbeitnehmer muss gem. § 4 S. 1 KSchG binnen drei Wochen nach Kündigungszugang Kündigungsschutzklage erheben.[262]

b) Darlegungs- und Beweislast. Für die **Voraussetzungen des Kündigungsverbots** nach § 18 Abs. 1 BEEG bzw. in den Fällen der Teilzeitbeschäftigung nach § 18 Abs. 2 BEEG ist der davon begünstigte **Arbeitnehmer** darlegungs- und beweispflichtig.[263] Im Falle des § 18 Abs. 1 BEEG hat der Arbeitnehmer daher insbesondere die Elternzeitberechtigung iSd § 15 Abs. 1 BEEG und die wirksame Geltendmachung nach § 16 Abs. 1 BEEG darzulegen und ggf. zu beweisen. Im Falle des § 18 Abs. 2 Nr. 1 BEEG hat der Arbeitnehmer darzutun und ggf. zu beweisen, dass die Teilzeitarbeit den **zulässigen Umfang** von 30 Wochenstunden iSd § 15 Abs. 4 S. 1 BEEG nicht übersteigt und im Fall des § 18 Abs. 2 Nr. 2 BEEG, dass er Anspruch auf Elterngeld nach § 1 BEEG während des Zeitraums nach § 4 Abs. 1 S. 1 und 3 BEEG (bzw. bei Kindern, die vor dem 1.7.2015 geboren wurden während des Zeitraums nach § 4 Abs. 1 BEEG aF) hat.[264] Für das **Vorliegen der behördlichen Zulassungserklärung** im Zeitpunkt der Kündigung ist der **Arbeitgeber** darlegungs- und beweispflichtig.[265]

5. Das Verhältnis zum Sonderkündigungsschutz nach § 17 MuSchG und bei Schwerbehinderten sowie zur Betriebsrats- bzw. Personalratsanhörung

Die Kündigungsverbote des **§ 17 MuSchG** und des **§ 18 BEEG** finden **nebeneinander** Anwendung, so dass der Arbeitgeber ggf. die Zulässigerklärung der zuständigen Behörde nach beiden Vorschriften bedarf. Dies gilt selbst dann, wenn für beide Erklärungen dieselbe Behörde zuständig ist.[266] Beide Zulässigerklärungen können zB erforderlich sein, wenn die Arbeitnehmerin Elternzeit gleich im Anschluss an die Entbindung nimmt und sich der Schutzzeitraum des § 17 Abs. 1 S. 1 Nr. 2 MuSchG mit der Elternzeit überlappt oder wenn

---

[259] HK-MuSchG/BEEG/*Rancke* BEEG § 18 Rn. 31.
[260] Stahlhacke/Preis/Vossen Kündigung/*Vossen* Rn. 1472.
[261] BAG 3.7.2003 – 2 AZR 487/02, NZA 2003, 1335 (1336).
[262] Ascheid/Preis/Schmidt/*Rolfs* BEEG § 18 Rn. 23; vgl. zu § 9 Abs. 3 MuSchG BAG 19.2.2009 – 2 AZR 286/07, NZA 2009, 980 Rn. 24 ff.
[263] Ascheid/Preis/Schmidt/*Rolfs* BEEG § 18 Rn. 33.
[264] Ascheid/Preis/Schmidt/*Rolfs* BEEG § 18 Rn. 34.
[265] Ascheid/Preis/Schmidt/*Rolfs* BEEG § 18 Rn. 34.
[266] Vgl. zu § 18 BErzGG und § 9 MuSchG BAG 31.3.1993 – 2 AZR 595/92, NZA 1993, 646 (648); Brose/Weth/Volk/Schneider/*Volk* MuSchG § 17 Rn. 269.

die Arbeitnehmerin während der Elternzeit erneut schwanger wird.[267] Der Arbeitgeber muss in diesen Fällen bei der zuständigen Behörde **sowohl den Antrag nach § 17 Abs. 2 MuSchG als auch den nach § 18 Abs. 1 S. 4 BEEG** (bzw. nach § 18 Abs. 1 S. 2 BEEG aF) stellen und gegenüber der Behörde deutlich machen, dass er die Zulassung der Kündigung nach beiden Vorschriften begehrt.[268]

88 Auch die Vorschriften des **§ 18 BEEG und der §§ 168 SGB IX ff.** finden nebeneinander Anwendung, so dass der Arbeitgeber ggf. die behördliche Zulassung der Kündigung nach § 18 Abs. 1 S. 4 BEEG (bzw. nach § 18 Abs. 1 S. 2 BEEG aF) und die Zustimmung des Inklusionsamts zur Kündigung des schwerbehinderten Arbeitnehmers in Elternzeit beantragen muss.[269] Der Antrag nach § 18 Abs. 1 BEEG muss in diesen Fällen **innerhalb der Monatsfrist des § 171 Abs. 3 SGB IX** gestellt werden. Liegt die behördliche Zulassung nach § 18 Abs. 1 BEEG erst nach Ablauf der Monatsfrist des § 171 Abs. 3 SGB IX vor, dann kann die Kündigung – jedenfalls, wenn sie **unverzüglich** ausgesprochen wird – noch nach Fristablauf wirksam erklärt werden.[270]

89 Unberührt bleibt auch die Verpflichtung des Arbeitgebers zur **Betriebsratsanhörung** nach § 102 BetrVG bzw. zur **Personalratsbeteiligung** und nunmehr auch zur **Anhörung der Schwerbehindertenvertretung** nach § 178 Abs. 2 S. 3 iVm S. 1 SGB IX.[271] Dem Arbeitgeber steht es dabei grundsätzlich frei, den Antrag auf Zulässigkeitserklärung der Kündigung nach § 18 Abs. 1 S. 4–6 BEEG schon vor oder während oder erst nach der Betriebsrats- bzw. Personalratsbeteiligung zu stellen.[272]

IV. Pflegezeit-Berechtigte

90 Mit dem am 1.7.2008 in Kraft getretenen Pflegezeitgesetz (PflegeZG)[273] soll Beschäftigten die Möglichkeit eröffnet werden, unbeeinflusst von der arbeitsvertraglichen Leistungspflicht pflegebedürftige nahe Angehörige in häuslicher Umgebung zu pflegen. Gesetzliches Ziel ist es, die Vereinbarkeit von Beruf und familiärer Pflege zu verbessern (vgl. § 1 PflegeZG). Mit Wirkung zum 1.1.2015 ist das PflegeZG durch Art. 2 des „Gesetzes zur besseren Vereinbarkeit von Familie, Pflege und Beruf" vom 23.12.2014 (BGBl. I 2462) geändert worden. Dadurch wurde das Recht auf Kurzzeitpflege (§ 2 Abs. 1 PflegeZG) und das auf Langzeitpflege (§ 3 Abs. 1 PflegeZG) um zwei weitere Freistellungstatbestände – das Recht auf Minderjährigenbetreuung nach § 3 Abs. 5 PflegeZG und das Recht auf Sterbebegleitung nach § 3 Abs. 6 PflegeZG – ergänzt.[274] Um den Beschäftigten die Sorge vor dem Verlust ihres Arbeitsplatzes zu nehmen, gewährt **§ 5 PflegeZG** im Hinblick auf all diese Freistellungstatbestände einen **Sonderkündigungsschutz** in Anlehnung an den in § 18 Abs. 1 BEEG geregelten Sonderkündigungsschutz während der Elternzeit.[275] Nach § 5 Abs. 1 PflegeZG darf der Arbeitgeber das Beschäftigungsverhältnis von der Ankündigung – seit dem 1.1.2015 höchstens jedoch 12 Wochen vor dem angekündigten Beginn – bis zur Beendigung der kurzzeitigen Arbeitsverhinderung nach § 2 PflegeZG oder der Pflegezeit nach § 3 PflegeZG nicht kündigen. Das Kündigungsverbot steht – wie die Kündigungsverbote nach § 17 MuSchG und § 18 BEEG – unter dem Vorbehalt der ausnahmsweisen Zulässigerklärung der Kündigung durch die zuständige Behörde nach § 5 Abs. 2 PflegeZG (**Kündigungsverbot mit Erlaubnisvorbehalt**).[276] Das Kündigungsverbot setzt **keine Erfüllung einer Wartezeit** (Mindestbeschäf-

---

[267] Buchner/Becker MuSchG vor §§ 9 und 10 Rn. 7.
[268] Buchner/Becker MuSchG vor §§ 9 und 10 Rn. 7.
[269] Vgl. zu § 18 BErzGG und § 85 ff SGB IX a. F. BAG 24.11.2011 – 2 AZR 429/10, NZA 2012, 610 Rn. 23 ff.
[270] BAG 24.11.2011 – 2 AZR 429/10, NZA 2012, 610 Rn. 23 ff.; HK-MuSchG/BEEG/Rancke BEEG § 18 Rn. 24.
[271] Vgl. zu § 178 Abs. 2 S. 3 SGB IX BAG 13.12.2018 – 2 AZR 378/18, NZA 2019, 305.
[272] Vgl. zu § 18 BErzGG BAG 24.11.2011 – 2 AZR 429/10, NZA 2012, 610 Rn. 21.
[273] Gesetz v. 28.5.2008, BGBl. I 874.
[274] Stahlhacke/Preis/Vossen Kündigung/Vossen Rn. 1611.
[275] Stahlhacke/Preis/Vossen Kündigung/Vossen Rn. 1612.
[276] Stahlhacke/Preis/Vossen Kündigung/Vossen Rn. 1612.

tigungsdauer) voraus.[277] Aus Anlass der **COVID 19-Pandemie** ist im Rahmen des Zweiten Gesetzes zum Schutz der Bevölkerung bei einer epidemischen Lage von nationaler Tragweite vom 19.5.2020[278] zum 23.5.2020 § 9 PflZG in Kraft getreten, der – befrist bis 30.9.2020 – die Inanspruchnahmen von Familienpflegezeit in vierlei Hinsicht erleichtert.

1. Voraussetzungen des Kündigungsschutzes

a) Persönlicher Anwendungsbereich. Unter den persönlichen Anwendungsbereich fallen Beschäftigte iSd § 7 Abs. 1 PflegeZG. Hierzu zählen gem. § 7 Abs. 1 Nr. 1 PflegeZG Arbeitnehmerinnen und Arbeitnehmer, gem. § 7 Abs. 1 Nr. 2 PflegeZG zu ihrer Berufsbildung iSd § 1 BBiG und in anderen Vertragsverhältnissen iSd § 26 BBiG Beschäftigte[279] sowie gem. § 7 Abs. 1 Nr. 3 PflegeZG **arbeitnehmerähnliche Personen**[280], zu denen auch die in Heimarbeit Beschäftigten und die ihnen gem. § 1 Abs. 2 HAG Gleichgestellten gehören. Da § 7 Abs. 1 Nr. 3 PflegeZG bei der Begriffsbestimmung der arbeitnehmerähnlichen Personen – anders als § 12a Abs. 1 Nr. 1 TVG – nicht auf die einem Arbeitnehmer vergleichbare soziale Schutzbedürftigkeit abstellt, wird teilweise angenommen, dass es auf dieses Merkmal bei der Beurteilung der Anwendbarkeit des PflegeZG auf arbeitnehmerähnliche Personen nicht ankommt.[281] 91

b) Betreuung pflegedürftiger naher Angehöriger. Der Sonderkündigungsschutz betrifft, wie aus §§ 2 Abs. 1 und 3 Abs. 1 S. 1 PflegeZG ersichtlich, die Betreuung pflegedürftiger **naher Angehöriger**.[282] Wer **naher Angehöriger** ist, bestimmt **§ 7 Abs. 3 Nr. 1–3 PflegeZG**. Seit dem 1.1.2015 zählen dazu auch die Stiefeltern (vgl. § 7 Abs. 3 Nr. 1 PflegeZG), die Partner einer lebenspartnerschaftsähnlichen Gemeinschaft sowie die Schwäger und Schwägerinnen (vgl. § 7 Abs. 3 Nr. 2 PflegeZG). Weiterhin nicht erfasst werden Stiefkinder, Tanten und Onkel sowie Kinder des Partners einer eheähnlichen oder einer lebenspartnerschaftsähnlichen Gemeinschaft.[283] Welche nahen Angehörigen als **pflegebedürftig** anzusehen sind, regelt § 7 Abs. 4 PflegeZG. Danach ist pflegebedürftig, wer die **Voraussetzungen nach §§ 14 und 15 SGB XI** erfüllt, wer also gesundheitlich bedingte Beeinträchtigungen der Selbstständigkeit oder der Fähigkeiten aufweist und deshalb der Hilfe durch andere bedarf. Es muss sich um Personen handeln, die körperliche, kognitive oder psychische Beeinträchtigungen oder gesundheitlich bedingte Belastungen oder Anforderungen nicht selbstständig kompensieren oder bewältigen können. Die Pflegebedürftigkeit muss auf Dauer, voraussichtlich für mindestens sechs Monate und mit mindestens der in § 15 SGB XI festgelegten Schwere bestehen. Diese Voraussetzungen erfüllen alle Personen, bei denen **mindestens Pflegegrad 1 festgestellt** ist.[284] 92

Für die **kurzzeitige Arbeitsverhinderung** nach § 2 Abs. 1 PflegeZG genügt nach § 7 Abs. 4 S. 2 PflegeZG die **voraussichtlich zu erwartende Pflegebedürftigkeit** nach den §§ 14 und 15 SGB XI, weil es sich um eine akute Pflegesituation handelt, bei der Entscheidung der Pflegekasse in aller Regel nicht rechtzeitig vorliegen wird.[285] Von einer voraussichtlich zu erwartenden Pflegebedürftigkeit wird ausgegangen, wenn der Eintritt der Pflegebedürftigkeit hinreichend bzw. überwiegend wahrscheinlich ist.[286] 93

c) Kurzzeitige Arbeitsverhinderung nach § 2 PflegeZG oder Freistellung nach § 3 PflegeZG. Das Kündigungsverbot besteht nur, wenn **im Zeitpunkt des Zugangs der Kündigung** 94

---

[277] Stahlhacke/Preis/Vossen Kündigung/*Vossen* Rn. 1612; Ascheid/Preis/Schmidt/*Rolfs* PflegeZG § 5 Rn. 6.
[278] BGBl. 2020 I 1018.
[279] Vgl. ErfK/*Gallner* PflegeZG § 7 Rn. 1; Auszubildene genießen damit nach Ablauf der Probezeit des § 20 BBiG einen doppelten Schutz vor ordentlichen Kündigungen: nach § 5 PflegeZG und nach § 22 Abs. 2 Nr. 1 BBiG.
[280] ErfK/Gallner PflegeZG § 5 Rn. 1.
[281] Vgl. Stahlhacke/Preis/Vossen Kündigung/*Vossen* Rn. 1615 mwN (auch zur Gegenmeinung).
[282] Stahlhacke/Preis/Vossen Kündigung/*Vossen* Rn. 1618.
[283] Stahlhacke/Preis/Vossen Kündigung/*Vossen* Rn. 1618; ErfK/*Gallner* PflegeZG § 7 Rn. 2.
[284] BeckOK ArbR/*Joussen* PflegeZG § 7 Rn. 16; vgl. auch BT-Drs. 18/5926, 109.
[285] Stahlhacke/Preis/Vossen Kündigung/*Vossen* Rn. 1619.
[286] BeckOK ArbR/*Joussen* PflegeZG § 7 Rn. 17; *Müller* BB 2008, 1058 (1059).

alle Voraussetzungen entweder der kurzzeitigen Arbeitsverhinderung nach § 2 PflegeZG oder für die Pflegezeit bzw. die sonstigen Freistellungen nach § 3 PflegeZG erfüllt sind.[287]

95 Gem. § 2 Abs. 1 PflegeZG haben Beschäftigte in einer akut auftretenden Pflegesituation das Recht, **bis zu 10 Arbeitstage** der Arbeit fernzubleiben, wenn dies erforderlich ist, um für einen pflegebedürftigen Angehörigen eine bedarfsgerechte Pflege zu organisieren oder eine pflegerische Versorgung in dieser Zeit sicherzustellen (**Recht auf Kurzzeitpflege**).

> **Anmerkung:**
> § 9 Abs. 1 S. 1 PflZG erweitert aus Anlass der **COVID-19-Pandemie** mit Wirkung ab 23.5.2020 und befristet bis 30.9.2020 das Recht auf Kurzzeitpflege auf die **Dauer von 20 Tagen,** wenn die akute Pflegesituation auf Grund der COVID-19-Pandemie aufgetreten ist, wobei der Zusammenhang nach § 9 Abs. 1 S. 2 PflZG vermutet wird.

96 Es handelt sich um ein von der Zustimmung des Arbeitgebers unabhängiges **Leistungsverweigerungsrecht** des Arbeitnehmers.[288] Dieses Recht ist weder von einer bestimmten Mindestgröße des Betriebes oder Unternehmens noch von einer bestimmten Dauer des Arbeitsverhältnisses abhängig.[289] Anders als bei der Pflegezeit (§§ 3, 4 PflegeZG) besteht hier nur die Möglichkeit, von der Arbeit vollständig fernzubleiben.[290] Das Leistungsverweigerungsrecht ist auf eine **akut auftretende Pflegesituation**, dh auf Situationen begrenzt, in denen die Pflegsituation **plötzlich** (unerwartet) aufgetreten ist.[291] Das ist zB der Fall, wenn die bisherige Pflegekraft bei häuslicher Pflege unvorhergesehen vorübergehend ausfällt.[292] Das Fernbleiben von der Arbeit muss **erforderlich** sein, um für einen pflegebedürftigen Angehörigen eine bedarfsgerechte Pflege zu organisieren oder eine pflegerische Versorgung in dieser Zeit sicherzustellen. Das ist nicht der Fall, wenn schon eine andere Person eine bedarfsgerechte Pflege organisiert oder die pflegerische Versorgung sicherstellt, sofern diese willens und dazu in der Lage ist.[293] Ein entgegenstehender **Pflegewunsch** des pflegebedürftigen Angehörigen ist zu berücksichtigen.[294] Das Leistungsverweigerungsrecht steht dem Beschäftigten nur **bis zu 10 Arbeitstage** – bzw. bei einer **pandemiebedingten akuten Pfelegsituation** gem. § 9 Abs. 1 PflZG befristet bis 30.9.2020 **bis zu 20 Arbeitstage** - zu. Entscheidend ist auch insoweit die Erforderlichkeit.[295] Nach hM kann eine akut auftretende Pflegesituation in Bezug auf **denselben Pflegebedürftigen** auch **mehrfach auftreten**.[296] Der Beschäftigte ist gem. § 2 Abs. 2 PflegeZG verpflichtet, dem Arbeitgeber seine Verhinderung und die voraussichtliche Dauer unverzüglich mitzuteilen und diesem auf Verlangen eine ärztliche Bescheinigung über die Pflegebedürftigkeit des nahen Angehörigen und die Erforderlichkeit der Pflegemaßnahmen vorzulegen. Eine Verletzung der **Anzeige- und Nachweispflicht** steht dem Leistungsverweigerungsrecht und dem Sonderkündigungsschutz nach § 5 Abs. 1 PflegeZG jedoch nicht entgegen, wobei dieser allerdings erst mit der **Ankündigung der Arbeitsverhinderung** beginnt.[297]

97 Gem. § 3 Abs. 1 PflegeZG haben Beschäftigte gegenüber Arbeitgebern, die **in der Regel mehr als 15 Arbeitnehmer** iSd § 7 Abs. 1 PflegeZG[298] beschäftigen (maßgeblich ist nicht die Größe des Betriebs, in dem der gekündigte Arbeitnehmer beschäftigt wird, sondern die des gesamten Unternehmens[299]), einen Anspruch auf vollständige oder teilweise Freistellung von

---

[287] ErfK/*Gallner* PflegeZG § 5 Rn. 2.
[288] *Preis*/*Nehring* NZA 2008, 729 (731); Stahlhacke/Preis/Vossen Kündigung/*Vossen* Rn. 1620.
[289] Ascheid/Preis/Schmidt/*Rolfs* PflegeZG § 5 Rn. 6.
[290] Ascheid/Preis/Schmidt/*Rolfs* PflegeZG § 5 Rn. 12.
[291] BT-Drs. 16/7439, 90; Stahlhacke/Preis/Vossen Kündigung/*Vossen* Rn. 1620.
[292] *Preis*/*Nehring* NZA 2008, 729 (730); Stahlhacke/Preis/Vossen Kündigung/*Vossen* Rn. 1620.
[293] ErfK/*Gallner* PflegeZG § 2 Rn. 2; Stahlhacke/Preis/Vossen Kündigung/*Vossen* Rn. 1621.
[294] ErfK/*Gallner* PflegeZG § 2 Rn. 2; Stahlhacke/Preis/Vossen Kündigung/*Vossen* Rn. 1621.
[295] Vgl. *Preis*/*Nehring* NZA 2008, 729 (731); Stahlhacke/Preis/Vossen Kündigung/*Vossen* Rn. 1622.
[296] Vgl. Ascheid/Preis/Schmidt/*Rolfs* PflegeZG § 5 Rn. 15 mwN.
[297] Stahlhacke/Preis/Vossen Kündigung/*Vossen* Rn. 1622.
[298] Ascheid/Preis/Schmidt/*Rolfs* PflegeZG § 5 Rn. 17.
[299] Ascheid/Preis/Schmidt/*Rolfs* PflegeZG § 5 Rn. 17.

der Arbeitspflicht, wenn sie einen pflegebedürftigen nahen Angehörigen **in häuslicher Umgebung iSd § 36 Abs. 1 SGB XI** pflegen.[300] Das Merkmal der häuslichen Umgebung dient der Abgrenzung von der Versorgung in Pflegeheimen (§ 71 Abs. 2 SGB XI) bzw. in stationären Einrichtungen (§ 71 Abs. 4 SGB XI). Es muss sich daher nicht um die eigene häusliche Umgebung des Beschäftigten oder seines nahen Angehörigen handeln.[301] Die Beschäftigen haben die Pflegebedürftigkeit ihres nahen Angehörigen nach Maßgabe des § 3 Abs. 2 PflegeZG durch Vorlage einer Bescheinigung der Pflegekasse, des medizinischen Dienstes der Krankenkasse oder der privaten Pflege-Pflichtversicherung nachzuweisen. Die Erfüllung der Nachweispflicht ist jedoch keine Wirksamkeitsvoraussetzung für den Freistellungsanspruch.[302] § 3 Abs. 1 PflegeZG räumt dem Beschäftigen ein **einseitiges Gestaltungsrecht** ein, so dass seine Rechtsfolgen mit der Erklärung des Beschäftigten, Pflegezeit in Anspruch zu nehmen, unmittelbar eintreten, ohne dass einer Freistellungserklärung des Arbeitgebers bedarf.[303] Der Beschäftigte muss gem. § 3 Abs. 3 S. 1 PflegeZG dem Arbeitgeber die Inanspruchnahme der Pflegezeit **10 Arbeitstage vor deren Beginn schriftlich ankündigen** und ihm **gleichzeitig mitteilen, für welchen Zeitraum und in welchem Umfang** er die Freistellung in Anspruch nimmt. Seit dem 1.1.2015 ist bei nicht eindeutiger Festlegung in der Ankündigung, ob der Beschäftigte Pflegezeit nach § 3 PflegeZG oder Familienpflegezeit nach § 2 Abs. 1 FPfZG in Anspruch nehmen will, die **Auslegungsregel des § 3 Abs. 3 S. 3 PflegeZG** (vgl. auch § 2a Abs. 1 S. 3 FPfZG) zu beachten, wonach die Erklärung als Ankündigung von Pflegezeit gilt. Die Einhaltung der **Schriftform iSd § 126 Abs. 1 BGB** ist **Wirksamkeitsvoraussetzung** für die Freistellung und damit auch für den Sonderkündigungsschutz nach § 5 Abs. 1 PflegeZG.[304]

> **Anmerkung:**
>
> § 9 Abs. 3 PflZG ermöglicht aus Anlass der **COVID-19-Pandemie** mit Wirkung ab 23.5.2020 befristet bis 30.9.2020 die Ankündigung in **Textform** (§ 126b BGB) statt in Schriftform (§ 126 BGB).

Bei nur **teilweiser Freistellung** hat der Beschäftigte außerdem gem. § 3 Abs. 3 S. 2 PflegeZG die gewünschte **Verteilung der Arbeitszeit** anzugeben. In diesem Fall haben der Beschäftigte und der Arbeitgeber gem. § 3 Abs. 4 PflegeZG eine **schriftliche Vereinbarung** über die Verringerung und die Verteilung der Arbeitszeit zu treffen, wobei der Arbeitgeber den Wünschen des Beschäftigten zu entsprechen hat, wenn nicht dringende betriebliche Gründe entgegenstehen. Die Frage, ob für die Vereinbarung die Einhaltung des strengen Schriftformerfordernisses nach § 126 Abs. 1 BGB erforderlich ist, wird unter Hinweis auf die bloße Klarstellungsfunktion des Schriftformgebots teilweise verneint.[305]

> **Anmerkung:**
>
> § 9 Abs. 6 PflZG lässt aus Anlass der **COVID-19-Pandemie** mit Wirkung ab 23.5.2020 und befristet bis p30.9.2020 jedenfalls die **Textform** (§ 126b BGB) für die Vereinbarung genügen.

Entgegenstehende **dringende betriebliche Gründe** sind in Anlehnung an § 15 Abs. 7 S. 1 Nr. 4 BEEG nur zu bejahen, wenn es sich um **besonders gewichtige Hindernisse** für die beantragte Verringerung der Arbeitszeit handelt.[306] Kommt es zu keiner Vereinbarung, so

---

[300] ErfK/*Gallner* PflegeZG § 3 Rn. 1.
[301] ErfK/*Gallner* PflegeZG § 3 Rn. 1; Stahlhacke/Preis/Vossen Kündigung/*Vossen* Rn. 1623.
[302] Vgl. *Joussen* NZA 2009, 69 (72); Stahlhacke/Preis/Vossen Kündigung/*Vossen* Rn. 1624.
[303] BAG 15.11.2011 – 9 AZR 348/10, NZA 2012, 323 Rn. 25.
[304] ErfK/*Gallner* PflegeZG § 3 Rn. 2; Stahlhacke/Preis/Vossen Kündigung/*Vossen* Rn. 1625.
[305] Vgl. *Joussen* NZA 2009, 69 (73); Stahlhacke/Preis/Vossen Kündigung/*Vossen* Rn. 1626; aA ErfK/*Gallner* PflegeZG § 3 Rn. 4; vgl. auch *Preis/Nehring* NZA 2008, 729 (735).
[306] ErfK/*Gallner* PflegeZG § 3 Rn. 4; vgl. zu § 15 Abs. 8 S. 1 Nr. 4 BEEG aF BAG 15.12.2009 – 9 AZR 72/09, NZA 2010, 447 Rn. 45.

muss der Arbeitnehmer die Zustimmung des Arbeitgebers auf dem Rechtsweg erstreiten (§ 894 ZPO). Ist er auf die Teilzeitbeschäftigung kurzfristig dringend angewiesen, kommt auch ein Antrag auf Erlass einer einstweiligen Verfügung in Betracht.[307] Das Gesetz legt die **Höchstdauer** zur Pflege eines pflegebedürftigen nahen Angehörigen in § 4 Abs. 1 S. 1 PflegeZG auf **sechs Monate** fest. Die für einen kürzeren Zeitraum in Anspruch genommene Pflegezeit kann gem. § 4 Abs. 1 S. 2 PflegeZG mit Zustimmung des Arbeitgebers bis zur Höchstdauer verlängert werden. Ein **Anspruch auf Verlängerung bis zur Höchstdauer** besteht gem. § 4 Abs. 1 S. 3 PflegeZG, wenn ein vorgesehener Wechsel in der Person des Pflegenden aus einem wichtigen Grund nicht erfolgen kann, etwa weil die Person, die die Pflege des nahen Angehörigen übernehmen sollte, selbst schwer erkrankt.[308]

100 Gem. § 4 Abs. 1 S. 4 PflegeZG darf die **Gesamtdauer** von Pflegezeit nach § 3 Abs. 1 PflegeZG und § 2 FPfZG von **24 Monaten** je pflegebedürftigen nahen Angehörigen nicht überschreiten. § 3 Abs. 1 iVm § 4 Abs. 1 PflegeZG eröffnet dem Beschäftigten nur die Möglichkeit, durch **einmalige Erklärung** bis zu sechs Monaten lang Pflegezeit in Anspruch zu nehmen. Hat der Beschäftigte von dieser Möglichkeit Gebrauch gemacht, so ist er bezogen auf denselben pflegebedürftigen Angehörigen gehindert, erneut die Pflegezeit in Anspruch zu nehmen. Das PflegeZG erlaubt es nicht, die Pflegezeit für ein und denselben nahen Angehörigen mehrfach in Anspruch zu nehmen, es gewährt lediglich ein **einmaliges Gestaltungsrecht**.[309] Ausdrücklich offen gelassen hat das BAG,[310] ob es mit § 3 Abs. 1 PflegeZG vereinbar ist, dass der Arbeitnehmer die Pflegezeit im Rahmen einer einmaligen Erklärung **auf mehrere getrennte Zeitabschnitte** verteilt[311] und ob die zeitliche Höchstgrenze des § 4 Abs. 1 PflegeZG **nur für dasselbe Arbeitsverhältnis** gilt. Ist der nahe Angehörige **nicht mehr pflegebedürftig** oder ist seine häusliche Pflege – etwa weil der Angehörige verstorben ist oder in einer stationären Pflegeeinrichtung untergebracht wurde[312] – unmöglich oder unzumutbar geworden, dann endet die Pflegezeit gem. § 4 Abs. 2 S. 1 PflegeZG vier Wochen nach Eintritt der veränderten Umstände, über die der Arbeitgeber gem. § 4 Abs. 2 S. 2 PflegeZG unverzüglich zu unterrichten ist. Im Übrigen kann die Pflegezeit gem. § 4 Abs. 2 S. 3 PflegeZG **nur mit Zustimmung des Arbeitgebers vorzeitig beendet** werden.

> **Anmerkung:**
> Aus Anlass der **COVID-19-Pandemie** ermöglicht § 9 Abs. 7 PflZG mit Wirkung ab 23.5.2020 und befristet bis 30.9.2020 mit Zustimmung des Arbeitgebers eine Inanspruchnahme von Pflegezeit für die Pflege oder Betreuung desselben nahen Angehörigen, auch wenn eine bereits in Anspruch genommene Pflegezeit beendet ist. Hierbei dürfen insgesamt die Höchstdauer der Pflegezeit von sechs Monaten und die Gesamtdauer von 24 Monaten nicht überschritten werden und die Pflegezeit muss spätestens bis 30.9.2020 beendet sein.[313]

101 Gem. **§ 3 Abs. 5 S. 1 PflegeZG** besteht gegenüber Arbeitgebern, die in der Regel **mehr als 15 Arbeitnehmer** beschäftigen, wahlweise zum Anspruch auf Pflegzeit nach § 3 Abs. 1 PflegeZG (vgl. § 3 Abs. 5 S. 3 PflegeZG) ein Anspruch auf teilweise oder vollständige Freistellung zur **Betreuung eines minderjährigen pflegebedürftigen Angehörigen** in häuslicher oder außerhäuslicher Umgebung. Anders als bei volljährigen Angehörigen ist hier eine Freistellung also nicht allein zur Verrichtung pflegebezogener Dienstleistungen, sondern auch zur Erfüllung des darüber hinausgehenden (bei pflegebedürftigen Kindern ohnehin deutlich er-

---

[307] *Preis/Nehring* NZA 2008, 729 (735).
[308] Stahlhacke/Preis/Vossen Kündigung/*Vossen* Rn. 1627.
[309] BAG 15.11.2011 – 9 AZR 348/10, NZA 2012, 323 Rn. 31 ff.
[310] BAG 15.11.2011 – 9 AZR 348/10, NZA 2012, 323 Rn. 31.
[311] Dafür *Joussen* NZA 2009, 69 (73); dagegen unter Hinweis darauf, dass § 4 PflegeZG eine dem § 16 Abs. 1 S. 6 BEEG entsprechende Regelung nicht enthält ErfK/*Gallner* PflegeZG § 4 Rn. 1; *Preis/Nehring* NZA 2008, 729 (734).
[312] Stahlhacke/Preis/Vossen Kündigung/*Vossen* Rn. 1628.
[313] BT-Drs. 19/19216, 110; BeckOK ArbR/*Rolfs* PflZG § 9 Rn. 7.

höhten) Betreuungsaufwandes möglich.[314] Die Inanspruchnahme der Freistellung ist in Bezug auf denselben Angehörigen gem. § 3 Abs. 5 S. 2 PflegeZG jederzeit – auch mehrfach – im Wechsel mit der Pflegezeit nach § 3 Abs. 1 PflegeZG im Rahmen der 24monatigen Gesamtdauer nach § 4 Abs. 1 S. 4 PflegeZG möglich.[315] Auf die Freistellung nach § 3 Abs. 5 PflegeZG finden gem. § 3 Abs. 5 S. 3 PflegeZG die Vorschriften des § 3 Abs. 1 S. 2, Abs. 2–4 PflegeZG und gem. § 4 Abs. 3 S. 1 PflegeZG die Vorschriften des § 4 Abs. 1 und 2 PflegeZG entsprechend Anwendung. Gem. **§ 3 Abs. 6 S. 1 PflegeZG** sind Beschäftigte von Arbeitgebern, die in der Regel mehr als 15 Arbeitnehmer beschäftigen, zur **Sterbebegleitung eines nahen Angehörigen** nach Maßgabe der gem. § 3 Abs. 6 S. 3 PflegeZG entsprechend anzuwendenden Regelungen des § 3 Abs. 1 S. 2, Abs. 3 S. 1 und 2 sowie Abs. 4 PflegeZG vollständig oder teilweise freizustellen. Die **Höchstdauer** beträgt gem. § 4 Abs. 3 S. 2 PflegeZG **drei Monate** je nahen Angehörigen. Dabei gelten für die Verlängerung und die vorzeitige Beendigung der Freistellung gem. § 4 Abs. 3 S. 3 Hs. 1 PflegeZG die Vorschriften des § 4 Abs. 1 S. 2, 3 und 5 sowie Abs. 2 PflegeZG entsprechend. § 4 Abs. 3 S. 3 Hs. 2 PflegeZG sieht eine Gesamtdauer von insgesamt 24 Monaten bei zusätzlicher Inanspruchnahme der dort aufgeführten anderen Freistellungstatbeständen vor.

d) **Zeitliche Dauer des Sonderkündigungsschutzes.** Gem. § 5 Abs. 1 PflegeZG beginnt der Sonderkündigungsschutz **mit Zugang der Ankündigung** der kurzzeitigen Arbeitsverhinderung gem. § 2 PflegeZG bzw. der Inanspruchnahme der in § 3 PflegeZG geregelten Freistellungen beim Arbeitgeber, jedoch **frühestens 12 Wochen vor dem angekündigten Beginn.** Er endet mit dem Wegfall der kurzzeitigen Arbeitsverhinderung nach § 2 Abs. 1 PflegeZG bzw. mit dem (ggf. nach § 4 Abs. 2 PflegeZG vorzeitig eintretenden) Ende der Freistellung nach § 3 PflegeZG.

2. Gegenstand und Rechtsfolgen des Kündigungsschutzes

Bei § 5 Abs. 1 PflegeZG handelt es sich um ein **gesetzliches Verbot iSd § 134 BGB**, so dass ein Verstoß dagegen die Nichtigkeit der Kündigung zur Folge hat.[316] Das Kündigungsverbot gilt – wie das des § 17 MuSchG und das des § 18 BEEG – **für alle Arten von Beendigungs- und Änderungskündigungen des Arbeitgebers** (auch in der Insolvenz), nicht jedoch für andere Beendigungstatbestände.[317]

3. Behördliche Zulassung der Kündigung gem. § 5 Abs. 2 PflegeZG

In Anlehnung an § 18 Abs. 1 S. 2 BEEG kann die Kündigung des Arbeitgebers **in besonderen Fällen** von der für Arbeitsschutz zuständigen obersten Landesbehörde oder von einer ihr bestimmten Stelle gem. § 5 Abs. 2 S. 1 PflegeZG **ausnahmsweise für zulässig erklärt** werden. Die Zulässigerklärung muss im Zeitpunkt des Zugangs der Kündigung vorliegen. Die **zuständigen Behörden** sind die gleichen wie im Fall des § 18 Abs. 1 S. 2 BEEG (vgl. → Rn. 73). Von der Ermächtigung nach § 5 Abs. 2 S. 2 PflegeZG, mit Zustimmung des Bundesrates allgemeine Verwaltungsvorschriften zu erlassen, hat die Bundesregierung bislang keinen Gebrauch gemacht. Die Begründung des RegE nennt als besonderen Fall beispielhaft die Betriebsstilllegung.[318] Anhaltspunkte für besondere Fälle iSd § 5 Abs. 2 S. 1 PflegeZG können der KündSchEltZVwV (vgl. dazu → Rn. 77) entnommen werden.[319] Im Hinblick auf das **verwaltungsrechtliche – und verwaltungsgerichtliche Verfahren** gelten die gleichen Grundsätze wie im Verfahren nach § 17 Abs. 2 S. 1 MuSchG (vgl. → Rn. 37 ff.).

4. Geltendmachung im Kündigungsschutzprozess

a) **Einhaltung der dreiwöchigen Klagefrist des § 4 KSchG.** Die Nichtigkeit der Kündigung nach § 5 Abs. 1 PflegeZG iVm § 134 BGB ist als sonstiger Unwirksamkeitsgrund innerhalb

---

[314] Ascheid/Preis/Schmidt/*Rolfs* PflegeZG § 5 Rn. 22.
[315] Stahlhacke/Preis/Vossen Kündigung/*Vossen* Rn. 1628a.
[316] Ascheid/Preis/Schmidt/*Rolfs* PflegeZG § 5 Rn. 33.
[317] Ascheid/Preis/Schmidt/*Rolfs* PflegeZG § 5 Rn. 31 f.
[318] BT-Drs. 16/7439, 93.
[319] Stahlhacke/Preis/Vossen Kündigung/*Vossen* Rn. 1633.

der dreiwöchigen **Klagefrist nach § 4 S. 1 KSchG** (bei außerordentlichen Kündigungen iVm § 13 Abs. 1 S. 2 KSchG) gerichtlich geltend zu machen, sonst kommt es zur Heilung nach § 7 KSchG. Für den Beginn der Klagefrist und die **Anwendbarkeit des § 4 S. 4 KSchG** gelten die gleichen Grundsätze wie bei der gerichtlichen Geltendmachung der Nichtigkeit der Kündigung nach § 18 Abs. 1 BEEG iVm § 134 BGB (vgl. dazu → Rn. 82).

106 **b) Darlegungs- und Beweislast.** Für die **Voraussetzungen des Kündigungsverbots** nach § 5 Abs. 1 PflegeZG ist der davon begünstigte **Arbeitnehmer darlegungs- und beweispflichtig**. Das gilt sowohl für die kurzzeitige Arbeitsverhinderung nach § 2 PflegeZG als auch für die Freistellungen nach § 3 PflegeZG und deren wirksame Inanspruchnahme.[320] Eine Ausnahme gilt hinsichtlich der Unternehmensgröße nach § 3 Abs. 1 S. 2 PflegeZG.[321] Auch für das **Vorliegen der behördlichen Zulassungserklärung** im Zeitpunkt der Kündigung ist der **Arbeitgeber darlegungs- und beweispflichtig**.[322]

V. Familienpflegezeit-Berechtigte

107 Gem. Art. 1 iVm Art. 4 des „Gesetzes zur Vereinbarkeit von Pflege und Beruf" vom 6.12.2011 (BGBl. I, S. 2564) ist am 1.1.2012 das Familienpflegezeitgesetz (FPfZG) in Kraft getreten. Mit Wirkung zum 1.1.2015 ist das FPfZG durch Art. 1 des „Gesetzes zur besseren Vereinbarkeit von Familie, Pflege und Beruf" vom 23.12.2014 (BGBl. I 2462) neu gefasst worden (beachte jedoch die Übergangsvorschrift des § 15 FPflZG).[323] Mit diesem Gesetz ist Beschäftigten iSd § 7 Abs. 1 PflegeZG (vgl. § 2 Abs. 3 FPfZG) über das PflegeZG hinaus die Möglichkeit eingeräumt worden, innerhalb eines maximalen Zeitraums von 24 Monaten, die Arbeitszeit auf minimal 15 Wochenstunden zu reduzieren, um nahe Angehörige in häuslicher Umgebung zu pflegen.[324] Während der Arbeitgeber bis zum 31.12.2014 grundsätzlich frei darüber entscheiden konnte, ob er dem Verlangen des Beschäftigten nach einer Familienpflegezeit zustimmte, hat dieser nunmehr gem. § 2 Abs. 1 S. 1–3 FPfZG einen Rechtsanspruch auf teilweise Freistellung unter Einhaltung einer Mindestarbeitszeit von 15 Wochenstunden, sofern der Arbeitgeber in der Regel mehr als 25 Beschäftigte ausschließlich der zu ihrer Berufsausbildung Beschäftigten hat (vgl. § 2 Abs. 1 S. 4 FPfZG). Voraussetzung ist gem. § 2a FPfZG die **ordnungsgemäße Inanspruchnahme** der Familienpflegezeit (vgl. dazu § 2a Abs. 1 FPfZG) und der **Abschluss einer Familienpflegezeitvereinbarung** nach § 2a Abs. 2 S. 1 FPfZG, bei der der Arbeitgeber den Wünschen des Beschäftigten zu entsprechen hat, wenn nicht **dringende betriebliche Gründe** entgegenstehen (vgl. § 2a Abs. 2 S. 2 FPfZG). Wahlweise anstelle des Anspruchs auf Familienpflegezeit können Beschäftigte gegenüber ihrem Arbeitgeber nach § 2 Abs. 5 FPfZG längstens für 24 Monate einen Anspruch auf teilweise Freistellung zur Betreuung eines minderjährigen pflegebedürftigen nahen Angehörigen geltend machen.[325] Während § 9 Abs. 3 S. 1 FPfZG aF für die Zeit der Inanspruchnahme der Familienpflegezeit ein eigenständiges Kündigungsverbot enthielt, gilt seit dem 1.1.2015 aufgrund der Verweisung in § 2 Abs. 3 FPfZG das **Kündigungsverbot des § 5 Abs. 1 PflegeZG** entsprechend.[326] Aus Anlass der **COVID 19-Pandemie** ist im Rahmen des Zweiten Gesetzes zum Schutz der Bevölkerung bei einer epidemischen Lage von nationaler Tragweite vom 19.5.2020[327] zum 23.5.2020 **§ 16 FPfZG** in Kraft getreten, der – befrist bis 30.9.2020 – die Inanspruchnahmen von Familienpflegezeit in vierlei Hinsicht erleichtert.

1. Voraussetzungen des Kündigungsschutzes

108 **a) Persönlicher Anwendungsbereich.** Gem. § 2 Abs. 3 FPfZG gilt das Familienpflegezeitgesetz für **Beschäftigte iSd § 7 Abs. 1 PflegeZG** (vgl. dazu → Rn. 87).

---

[320] Ascheid/Preis/Schmidt/*Rolfs* PflegeZG § 5 Rn. 37.
[321] Ascheid/Preis/Schmidt/*Rolfs* PflegeZG § 5 Rn. 37.
[322] Ascheid/Preis/Schmidt/*Rolfs* PflegeZG § 5 Rn. 38.
[323] Vgl. dazu Stüben/*v. Schwanenflügel* NJW 2015, 577.
[324] Stahlhacke/Preis/Vossen Kündigung/*Vossen* Rn. 1634a.
[325] Stahlhacke/Preis/Vossen Kündigung/*Vossen* Rn. 1634b.
[326] Stahlhacke/Preis/Vossen Kündigung/*Vossen* Rn. 1634c.
[327] BGBl. 2020 I 1018.

b) Betreuung pflegedürftiger naher Angehöriger in häuslicher Umgebung. Insoweit gelten gem. § 2 Abs. 3 FPfZG die Begriffsbestimmungen des § 7 Abs. 3 und 4 PflegeZG entsprechend (vgl. dazu → Rn. 88). Auch das Merkmal „häusliche Umgebung" ist zu bestimmen wie bei den Vorschriften des PflegeZG[328] (vgl. dazu → Rn. 92). § 3 Abs. 4 FPfZG enthält hinsichtlich der Pflegebedürftigkeit eine dem § 3 Abs. 2 PflegeZG entsprechende **Nachweispflicht**.

c) Anspruch auf Familienpflegezeit gem. § 2 FPfZG und ordnungsgemäße Inanspruchnahme gem. § 2a FPfZG. Der Sonderkündigungsschutz gem. § 2 Abs. 3 FPfZG iVm § 5 PflegeZG besteht nur, wenn im Zeitpunkt des Zugangs der Kündigung **sämtliche Voraussetzungen der Familienpflegezeit** vorliegen.[329] Der Beschäftigte muss zu diesem Zeitpunkt also anspruchsberechtigt iSd § 2 FPfZG sein und die Familienpflegezeit ordnungsgemäß nach Maßgabe des § 2a FPfZG in Anspruch genommen haben.

Gem. § 2 Abs. 1 S. 1–3 FPfZG besteht ein **Rechtsanspruch des Beschäftigten,** der einen nahen Angehörigen in häuslicher Umgebung pflegt, auf **teilweise Freistellung** unter Einhaltung einer **Mindestarbeitszeit von 15 Wochenstunden,** sofern der Arbeitgeber **in der Regel mehr als 25 Beschäftigte** ausschließlich der zu ihrer Berufsausbildung Beschäftigten hat (vgl. § 2 Abs. 1 S. 4 FPfZG; maßgeblich für den Schwellenwert ist nicht der Betrieb, sondern das Unternehmen[330]).

> **Anmerkung:**
> 16 Abs. 1 FPfZG regelt aus Anlass der **COVID-19-Pandemie** mit Wirkung ab 23.5.2020 befristet bis 30.9.2020, die wöchentliche Mindestarbeitszeit von 15 Wochenstunden **vorübergehend unterschritten** werden darf, längstens jedoch für die Dauer von einem Monat.

Der Anspruch auf Pflegezeit und der auf Familienpflegezeit dürfen gem. § 2 Abs. 2 FPflZG eine **Gesamtdauer von 24 Monaten** je pflegebedürftigen nahen Angehörigen nicht überschreiten. Die Inanspruchnahme der Familienpflegezeit ist dem Arbeitgeber gem. § 2a Abs. 1 S. 1 FPflZG **spätestens acht Wochen** vor dem gewünschten Beginn **schriftlich** (iSd § 126 Abs. 1 BGB, also nicht durch Telefax oder E-Mail[331]) **anzukündigen** und ihm ist **gleichzeitig mitzuteilen,** für welchen Zeitraum und in welchem Umfang die Freistellung in Anspruch genommen werden soll.

> **Anmerkung:**
> Abweichend von § 2a Absatz 1 S. 1 gilt nach § 16 Abs. 2 FPfZG aus Anlass der **COVID-19-Pandemie** für Familienpflegezeit, die spätestens am 1.9.2020 beginnt, dass die Ankündigung gegenüber dem Arbeitgeber **spätestens zehn Arbeitstage** vor dem gewünschten Beginn nur in **Textform** (§ 126b BGB) erfolgen muss.

Soll die Familienpflegezeit **im unmittelbaren Anschluss** an eine Pflegezeit nach § 3 Abs. 1 PflegeZG oder eine sonstige Freistellung nach § 3 Abs. 5 PflegeZG genommen werden, dann gilt gem. § 2a Abs. 1 S. 5 FPfZG eine verlängerte Ankündigungsfrist von drei Monaten.

> **Anmerkung:**
> Aus Anlass der **COVID-19-Pandemie** werden gem. **§ 16 Abs. 3 FPfZG** Familienpflegezeit und Pflegezeit abweichend § 2a Abs. 1 S. 4 vorübergehend dahingehend flexibilisiert, dass die Beschäftigten das Recht haben, mit Zustimmung des Arbeitgebers Familienpflegezeit nach einer Pflegezeit in Anspruch zu nehmen, ohne dass die Freistellungen unmittelbar aneinander anschließen müssen. Die Familienpflegezeit kann längstens bis zum 30.9.2020 in Anspruch genommen werden. Die

---

[328] *Müller* BB 2014, 3125 (3126).
[329] *Müller* BB 2014, 3125 (3130).
[330] *Müller* BB 2014, 3125.
[331] *Müller* BB 2014, 3125 (3127).

Gesamtdauer von 24 Monaten darf nicht überschritten werden.³³² Gem. § 16 Abs. 4 FPfZG können Beschäftigte mit Zustimmung des Arbeitgebers Pflegezeit oder eine Freistellung nach § 3 Abs. 5 PflegeZG nach einer Familienpflegezeit in Anspruch nehmen, ohne dass der nach § 2a Abs. 1 S. 6 FPfZG sonst notwendige unmittelbare Anschluss erforderlich ist. Die H chstdauer der Pflegezeit wie auch die Gesamtdauer der Freistellungen von 24 Monaten dürfen nicht überschritten werden. Die Pflegezeit oder die Freistellung nach § 3 Abs. 5 PflegeZG muss spätestens zum 30.9.2020 enden. ³³³

114 Bei der Familienpflegezeit besteht kein einseitiges Gestaltungsrecht des Beschäftigten, sondern der Gesetzgeber hat – wie bei § 3 Abs. 4 PflegeZG (vgl. dazu → Rn. 92) – eine Vereinbarungslösung gewählt.³³⁴ Gem. § 2a Abs. 2 S. 1 FPfZG haben die Parteien eine **schriftliche Vereinbarung** zu treffen, bei der der Arbeitgeber den Wünschen des Beschäftigten zu entsprechen hat, wenn nicht **dringende betriebliche Gründe** entgegenstehen (vgl. § 2a Abs. 2 S. 2 FPfZG).

> **Anmerkung:**
> Aus Anlass der **COVID-19-Pandemie** eröffnet § 16 Abs. 5 FPfZG die Möglichkeit, die Vereinbarung zwischen Arbeitgeber und Beschäftigten in **Text- (§ 126b BGB) statt in Schriftform (§ 126 BGB)** zu treffen.

115 Das Vorliegen **entgegenstehender dringender betrieblicher Gründe** kann – wie bei § 3 Abs. 4 S. 2 PflegeZG – anhand der zu § 15 Abs. 7 S. 1 Nr. 4 BEEG entwickelten Grundsätze beurteilt werden.³³⁵ Kommt es zu keiner Vereinbarung, so muss der Arbeitnehmer die Zustimmung des Arbeitgebers auf dem Rechtsweg erstreiten (§ 894 ZPO). Ist er auf die Teilzeitbeschäftigung kurzfristig dringend angewiesen, kommt auch ein Antrag auf Erlass einer einstweiligen Verfügung in Betracht.³³⁶

116 Ein Anspruch **Verlängerung** der Familienpflegezeit bis zur 24monatigen Gesamtdauer besteht gem. § 2a Abs. 3 S. 2 FPfZG, wenn ein vorgesehener Wechsel in der Person des Pflegenden aus einem wichtigen Grund nicht erfolgen kann (das entspricht der Regelung des § 4 Abs. 1 S. 3 PflegeZG). Im Übrigen ist eine Verlängerung gem. § 2a Abs. 3 S. 1 FPfZG, welcher der Regelung des § 4 Abs. 1 S. 2 PflegeZG entspricht, nur mit Zustimmung des Arbeitgebers möglich.

> **Anmerkung:**
> Abweichend von § 2a Abs. 3 FPfZG sieht § 16 Abs. 6 FPfZG aus Anlass der **COVID-19-Pandemie** vor, dass Beschäftigte mit Zustimmung des Arbeitgebers **einmalig nach einer beendeten Familienpflegezeit** zur Pflege oder Betreuung desselben pflegebedürftigen Angehörigen Familienpflegezeit erneut, jedoch insgesamt nur bis zur Höchstdauer nach § 2 Abs. 1 in Anspruch nehmen können, wenn die Gesamtdauer von 24 Monaten nach § 2 Abs. 2 nicht überschritten wird und die Familienpflegezeit spätestens mit Ablauf des 30.9.2020 endet.

117 Die **vorzeitige Beendigung** der Familienpflegezeit ist in § 2a Abs. 5 FPfZG in Übereinstimmung mit § 4 Abs. 2 PflegeZG geregelt (vgl. dazu → Rn. 93).

118 **d) Zeitliche Dauer des Sonderkündigungsschutzes.** Gem. § 2 Abs. 3 FPfZG iVm § 5 Abs. 1 PflegeZG **beginnt** der Sonderkündigungsschutz **mit Zugang der Ankündigung** der

---

³³² BT-Drs. 19/19216, 108 f.; BeckOK ArbR/*Rolfs* FPfZG § 16 Rn. 3.
³³³ BT-Drs. 19/19216, 108 f.; BeckOK ArbR/*Rolfs* FPfZG § 16 Rn. 4.
³³⁴ ErfK/*Gallner* FPfZG § 15 Rn. 4.
³³⁵ *Müller* BB 2014, 3125 (3126).
³³⁶ ErfK/*Gallner* FPfZG § 15 Rn. 4.

Ankündigung der Familienpflegezeit beim Arbeitgeber, jedoch frühestens 12 Wochen vor dem angekündigten Beginn. Er endet mit dem (ggf. nach § 2a Abs. 5 FPfZG vorzeitig eintretenden) Ende der Freistellung nach § 2 FPfZG.

2. Gegenstand und Rechtsfolgen des Kündigungsschutzes

Bei dem gem. § 2 Abs. 3 FPfZG entsprechend anwendbaren § 5 Abs. 1 PflegeZG handelt es sich um ein **gesetzliches Verbot iSd § 134 BGB**, so dass ein Verstoß dagegen die Nichtigkeit der Kündigung zur Folge hat.[337] Das Kündigungsverbot gilt – wie das des § 17 MuSchG und das des § 18 BEEG – **für alle Arten von Beendigungs- und Änderungskündigungen des Arbeitgebers** (auch in der Insolvenz), nicht jedoch für andere Beendigungstatbestände.[338]

3. Behördliche Zulassung der Kündigung gem. § 2 Abs. 3 FPfZG iVm § 5 Abs. 2 PflegeZG

Nach dem gem. § 2 Abs. 3 FPfZG entsprechend anwendbaren § 5 Abs. 2 S. 1 PflegeZG kann die Kündigung des Arbeitgebers **in besonderen Fällen** von der für Arbeitsschutz zuständigen obersten Landesbehörde oder von einer ihr bestimmten Stelle **ausnahmsweise** für zulässig erklärt werden (vgl. dazu → Rn. 96).

4. Geltendmachung im Kündigungsschutzprozess

a) Einhaltung der dreiwöchigen Klagefrist des § 4 KSchG. Die Nichtigkeit der Kündigung nach § 2 Abs. 3 FPfZG iVm § 5 Abs. 1 PflegeZG iVm § 134 BGB ist als sonstiger Unwirksamkeitsgrund innerhalb der dreiwöchigen **Klagefrist nach § 4 S. 1 KSchG** (bei außerordentlichen Kündigungen iVm § 13 Abs. 1 S. 2 KSchG) gerichtlich geltend zu machen, sonst kommt es zur Heilung nach § 7 KSchG. Für den Beginn der Klagefrist und die **Anwendbarkeit des § 4 S. 4 KSchG** gelten die gleichen Grundsätze wie bei der gerichtlichen Geltendmachung der Nichtigkeit der Kündigung nach § 18 Abs. 1 BEEG iVm § 134 BGB (vgl. dazu → Rn. 82).

b) Darlegungs- und Beweislast. Für die **Voraussetzungen des Kündigungsverbots** nach § 2 Abs. 3 FPfZG iVm § 5 Abs. 1 PflegeZG ist der davon begünstigte **Arbeitnehmer darlegungs- und beweispflichtig**. Eine Ausnahme gilt hinsichtlich der Unternehmensgröße nach § 2 Abs. 1 S. 4 FPfZG.[339] Auch für das **Vorliegen der behördlichen Zulassungserklärung** im Zeitpunkt der Kündigung ist der **Arbeitgeber darlegungs- und beweispflichtig**.[340]

VI. Schwerbehinderte Menschen

Nach § 168 SGB IX bedarf die Kündigung eines schwerbehinderten Menschen der vorherigen Zustimmung des Integrationsamts (Kündigungsverbot unter Erlaubnisvorbehalt). Klauseln im Arbeitsvertrag, der Arbeitnehmer verzichte auf den Kündigungsschutz nach dem SGB IX bzw. werde ihn nicht geltend machen, sind unwirksam.[341] Bei ordentlichen Kündigungen besteht ein weiterer Schutz dadurch, dass die Kündigungsfrist gemäß § 169 SGB IX mindestens vier Wochen betragen muss. Seit dem 30.12.2016 wird der besondere Kündigungsschutz der §§ 168–175 SGB IX durch die verfahrensrechtliche Regelung des § 178 Abs. 2 S. 1 und 3 SGB IX flankiert. Demnach ist der Arbeitgeber nicht mehr nur zur Anhörung der Schwerbehindertenvertretung verpflichtet, sondern die Anhörung ist Wirksamkeitsvoraussetzung einer Kündigung. Zu beachten ist, dass sich der Anwendungsbereich der §§ 168 ff. SGB IX und des § 178 Abs. 2 S. 1 und 3 SGB IX unterscheidet.[342]

---

[337] Ascheid/Preis/Schmidt/*Rolfs* PflegeZG § 5 Rn. 33.
[338] Ascheid/Preis/Schmidt/*Rolfs* PflegeZG § 5 Rn. 31 und 32.
[339] *Müller* BB 2014, 3125 (3126).
[340] Ascheid/Preis/Schmidt/*Rolfs* PflegeZG § 5 Rn. 38.
[341] LPK-SGB IX/*Düwell* SGB IX § 168 Rn. 50.
[342] → Rn. 111 ff. und → Rn. 152.

1. Geltungsbereich des Kündigungsschutzes

124 **a) Räumlicher Geltungsbereich.** § 168 SGB IX findet räumlich nur dann Anwendung, wenn der betreffende Arbeitnehmer eine der Voraussetzungen des § 2 Abs. 2 SGB IX erfüllt und das Arbeitsverhältnis deutschem Vertragsstatut unterliegt. Es handelt sich bei § 168 SGB IX um eine privatrechtliche Vorschrift, die öffentlich-rechtlich überlagert ist. Eine Variante des § 2 Abs. 2 SGB IX kann nur dann erfüllt sein, wenn der schwerbehinderte Mensch entweder seinen Wohnsitz, seinen gewöhnlichen Aufenthalt oder seinen Arbeitsplatz iSv § 156 SGB IX im räumlichen Geltungsbereich des Gesetzes hat.[343]

125 **b) Persönlicher Geltungsbereich.** Arbeitnehmer iSd SGB IX sind nicht nur Arbeiter und Angestellte, sondern auch Auszubildende.[344] Kündigungsschutz nach dem SGB IX genießen daneben in Heimarbeit beschäftigte und diesen gleichgestellte schwerbehinderte Menschen (§ 210 Abs. 2 S. 2 SGB IX). Nach der Danosa-Entscheidung des EuGH zum Mutterschutz[345] ist derzeit nicht höchstrichterlich geklärt, ob die §§ 168 ff. SGB IX auf Personen anzuwenden sind, die – wie etwa **Organmitglieder** – aufgrund eines freien Dienstvertrags tätig werden, wenn sie Beschäftigte iSd § 7 SGB IV sind.[346]

126 *aa) Schwerbehinderte Menschen.* §§ 168 ff. SGB IX schützen in erster Linie schwerbehinderte Menschen. Dies sind nach § 2 Abs. 2 SGB IX Personen mit einem **Grad der Behinderung von wenigstens 50**. Für den Kündigungsschutz ist es unerheblich, ob der Arbeitnehmer schon bei der Begründung des Arbeitsverhältnisses ein schwerbehinderter Mensch war oder ob die Schwerbehinderung während des Arbeitsverhältnisses eingetreten ist. Ebenso bedeutungslos ist es, ob der Arbeitgeber den Arbeitnehmer zur Erfüllung seiner Beschäftigungspflicht nach §§ 71 Abs. 1, 2, 74 SGB IX über die dort festgelegte Pflichtzahl hinaus oder trotz fehlender Beschäftigungspflicht beschäftigt.

127 Die Feststellung der Behinderung durch die Versorgungsämter gemäß § 152 SGB IX ist rein deklaratorisch. Für den Kündigungsschutz ist grundsätzlich allein das **tatsächliche Vorliegen** der Schwerbehinderung entscheidend.[347] Stellt das Versorgungsamt erst nach Rechtskraft des klageabweisenden Kündigungsschutzurteils die Schwerbehinderteneigenschaft fest, ist der Feststellungsbescheid ein Restitutionsgrund iSd § 580 Nr. 7b ZPO analog. Auch auf die Kenntnis des Arbeitgebers kommt es grundsätzlich nicht an. Von diesen beiden Grundsätzen gibt es jedoch praktisch bedeutsame Ausnahmen und Rückausnahmen, die sich teilweise nicht unmittelbar aus dem Gesetzestext ergeben.[348]

128 *bb) Gleichgestellte.* Der Kündigungsschutz der §§ 168 ff. SGB IX gilt außerdem für sogenannte Gleichgestellte (vgl. §§ 151 Abs. 2, 152 SGB IX). Nach §§ 151 Abs. 2, 2 Abs. 3 SGB IX soll die **Bundesagentur für Arbeit** Personen mit einem Grad der Behinderung von weniger als 50, aber wenigstens 30 auf ihren Antrag den schwerbehinderten Menschen gleichstellen, wenn sie infolge ihrer Behinderung ohne die Gleichstellung einen geeigneten Arbeitsplatz im Sinne des § 156 SGB IX nicht erlangen oder nicht behalten können. Die Gleichstellung, die auch befristet werden kann, ist zwar ein konstitutiver Verwaltungsakt.[349] Sie wird jedoch **rückwirkend** mit dem Tag des Eingangs des Antrages bei der Bundesagentur für Arbeit wirksam. Eine erst nach Zugang der Kündigung beantragte Gleichstellung ist jedenfalls unerheblich.[350] Einer Zustimmung des Integrationsamts zur Kündigung bedarf es wegen § 173 Abs. 3 Alt. 2 SGB IX nur, wenn der Arbeitnehmer den Gleichstellungsantrag zumindest drei Wochen vor Zugang der Kündigung gestellt hat.[351]

---

[343] BAG 22.10.2015 – 2 AZR 720/14, BB 2016, 884 (Ls.) Rn. 61; zum Vertragsstatut → § 11 Rn. 82 ff.
[344] BAG 10.12.1987 – 2 AZR 385/87, NZA 1988, 428.
[345] EuGH 11.11.2010 – C-232/09, Slg. 2010 I-11405 Rn. 39 – Danosa.
[346] Gegen Anwendbarkeit OLG Düsseldorf 18.10.2012 – I-6 U 47/12, BB 2013, 1403 Rn. 124.
[347] BAG 13.2.2008 – 2 AZR 864/06, NZA 2008, 1055 Rn. 16.
[348] → Rn. 131 ff.
[349] BAG 22.1.2020 – 7 ABR 18/18, Pressemitteilung.
[350] BAG 10.4.2014 – 2 AZR 647/13, NZA 2015, 162 Rn. 39; BAG 31.7.2014 – 2 AZR 434/13, NZA 2015, 358 Rn. 48.
[351] BAG 16.1.2018 – 7 AZR 622/15, NZA 2018, 925 Rn. 18; zu den Ausnahmen des § 173 SGB IX → Rn. 132 ff.

c) **Sachlicher Geltungsbereich.** Die Kündigung bedarf der vorherigen Zustimmung des Integrationsamts, wenn es sich um eine Kündigung **durch den Arbeitgeber** handelt (§ 168 SGB IX). Dieser Kündigungsschutz bezieht sich sowohl auf die ordentliche als auch auf die außerordentliche Kündigung (§ 174 Abs. 1 SGB IX). Der Schutz gilt für die Beendigungs- und Änderungskündigung ebenso wie für Einzel-, Gruppen- oder Massenkündigungen. Auch der Insolvenzverwalter muss den besonderen Kündigungsschutz im Fall der Insolvenz des Arbeitgebers beachten, vgl. § 172 Abs. 3 SGB IX. Der Auflösungsantrag des Arbeitgebers gemäß § 9 Abs. 1 KSchG ist grundsätzlich nicht zustimmungspflichtig. Ein solcher Auflösungsantrag bedarf ausnahmsweise dann zu seiner Wirksamkeit der Zustimmung des Integrationsamts, wenn die Schwerbehinderteneigenschaft erst nach Ausspruch der Kündigung festgestellt wird.[352] § 168 SGB IX findet keine Anwendung, wenn sich der Arbeitgeber auf die Nichtigkeit des Arbeitsverhältnisses beruft oder den Arbeitsvertrag anficht. Es besteht kein Schutz gegen den Ablauf einer Befristung oder den Eintritt einer auflösenden Bedingung. Nicht erfasst sind außerdem der Aufhebungsvertrag und die Kündigung durch den Arbeitnehmer.[353]

Die Beendigung des Arbeitsverhältnisses eines schwerbehinderten Menschen bedarf der vorherigen Zustimmung des Integrationsamts, wenn sie durch den Eintritt der **Berufsunfähigkeit** oder der **Erwerbsunfähigkeit auf Zeit** ohne Kündigung erfolgt (§ 175 S. 1 SGB IX). Nicht erfasst ist dagegen die volle dauernde Erwerbsminderung.[354] Die Beendigung setzt voraus, dass es an zumutbaren Weiterbeschäftigungsmöglichkeiten auf einem freien Arbeitsplatz fehlt. Es gelten die Vorschriften der §§ 168 ff. SGB IX über die Zustimmung zur ordentlichen Kündigung entsprechend (§ 175 S. 2 SGB IX). Während des laufenden Feststellungs- oder Gleichstellungsverfahrens sind die dazu entwickelten Rechtsprechungsgrundsätze anzuwenden.[355] Das Bundesarbeitsgericht wendet iRd Befristungskontrollklage (§§ 21, 17 TzBfG) § 4 S. 4 KSchG analog an, so dass die dreiwöchige Klagefrist nicht zu laufen beginnt, wenn der Arbeitgeber trotz Kenntnis der Schwerbehinderung des Arbeitnehmers die Zustimmung des Integrationsamts nicht beantragt hat.[356]

2. Ausnahmen vom Kündigungsschutz des § 168 SGB IX

Praktisch bedeutsame Ausnahmen von dem Grundsatz, dass die Kündigung zustimmungsbedürftig ist, ergeben sich erstens aus § 173 SGB IX. Dieser ist nach seiner systematischen Stellung unmittelbar nur auf die Zustimmung des Integrationsamts anzuwenden, nicht jedoch auf die ebenfalls erforderliche Anhörung der Schwerbehindertenvertretung.[357] Zweitens hat die Rechtsprechung Ausnahmen für Konstellationen entwickelt, in denen es grob unbillig erscheint, dass es auf die Kenntnis des Arbeitgebers nicht ankommt.

a) **Ausnahmefälle des § 173 SGB IX.** In § 173 SGB IX ist insbesondere die Bestimmung in Abs. 3 zu einem im Zeitpunkt des Kündigungszugangs laufenden Feststellungsverfahren von hoher praktischer Bedeutung. Unglücklicherweise ist hier die Formulierung nur schwer verständlich. Geregelt sind insgesamt folgende Ausnahmen:

aa) Sechsmonatige Dauer des Arbeitsverhältnisses. Der Kündigungsschutz gilt nicht für schwerbehinderte Menschen, deren Arbeitsverhältnis im Zeitpunkt des Zugangs der Kündigung ohne Unterbrechung noch nicht länger als sechs Monate besteht (§ 173 Abs. 1 S. 1 Nr. 1 SGB IX). Damit entspricht der besondere Kündigungsschutz in zeitlicher Hinsicht dem allgemeinen Kündigungsschutz (§ 1 Abs. 1 KSchG). Die zu § 1 Abs. 1 KSchG entwickelten Grundsätze zur Berechnung gelten entsprechend.[358] Auch die unterbliebene Durchführung

---

[352] OVG Lüneburg 12.7.1989 – 4 L 21/89, NZA 1990, 66 (Ls.); ArbG Stuttgart 27.6.2002 – 9 Ca 131/01, DB 2002, 2278; aA LAG Baden-Württemberg 12.3.2003 – 4 Sa 45/02, Behindertenrecht 2003, 154 (155); VGH Mannheim 12.12.2005 – 9 S 1580/05, NZA-RR 2006, 356 (357).
[353] ErfK/*Rolfs* SGB IX § 168 Rn. 12.
[354] BAG 20.6.2018 – 7 AZR 737/16, AP TVöD § 33 Nr. 4 Rn. 38.
[355] BAG 31.7.2002 – 7 AZR 118/01, NZA 2003, 620 (622); zum laufenden Feststellungs- oder Gleichstellungsverfahren → Rn. 137.
[356] BAG 9.2.2011 – 7 AZR 221/10, NZA 2011, 854 Rn. 18.
[357] → Rn. 178 ff.
[358] BAG 19.6.2007 – 2 AZR 94/06, NZA 2007, 1103 Rn. 14.

des betrieblichen Eingliederungsmanagements auf der Grundlage des § 167 Abs. 1 und Abs. 2 SGB IX hat innerhalb der Wartezeit keine kündigungsrelevante Bedeutung. Der Arbeitgeber muss demzufolge andere Beschäftigungsmöglichkeiten nicht in Betracht ziehen. Hierin liegt kein Verstoß gegen Art. 5 der Richtlinie 2000/78/EG, der angemessene Vorkehrungen zum Schutz behinderter Menschen vor Entlassungen verlangt. Dafür ist eine Angemessenheitsprüfung geboten, die auch die Belange des Arbeitgebers, wie zB die Erprobung des schwerbehinderten Menschen einbeziehen muss.[359] Allerdings ist der Arbeitgeber verpflichtet, die Beendigung von Arbeitsverhältnissen schwerbehinderter Menschen in den Fällen des Abs. 1 S. 1 Nr. 1 dem Integrationsamt innerhalb von vier Tagen **anzuzeigen** (§ 173 Abs. 4 SGB IX). Unterlässt der Arbeitgeber die Anzeige oder nimmt er sie nicht fristgerecht vor, macht dies die Kündigung indes nicht unwirksam. Ein schuldhafter Verstoß kann allenfalls aus dem Gesichtspunkt der positiven Vertragsverletzung zu einem Anspruch des schwerbehinderten Menschen auf Ersatz des ihm hieraus entstandenen Schadens führen.[360]

134   bb) *Beschäftigung auf besonderen Stellen.* Keinen besonderen Kündigungsschutz genießen schwerbehinderte Menschen, die auf Stellen iSd § 156 Abs. 2 Nr. 2 bis 5 beschäftigt werden (§ 173 Abs. 1 S. 1 Nr. 2 SGB IX). Diese Ausnahme berücksichtigt den besonderen sozialpolitischen Zweck der Beschäftigung, die religiösen und karitativen Beweggründe der Tätigkeit oder die besondere Art des Auswahlverfahrens.

135   cc) *Sozial abgesicherte schwerbehinderte Menschen.* Die Zustimmung des Integrationsamts zur Kündigung ist nach § 173 Abs. 1 S. 1 Nr. 3 SGB IX ferner nicht erforderlich, wenn der schwerbehinderte Mensch dadurch sozial abgesichert ist, dass er (a) das 58. Lebensjahr vollendet und Anspruch auf eine Abfindung, Entschädigung oder ähnliche Leistung auf Grund eines Sozialplans hat oder (b) Anspruch auf Knappschaftsausgleichsleistung nach § 98a RKG oder auf Anpassungsgeld für entlassene Arbeitnehmer des Bergbaus hat. Im ersten Fall muss es sich um eine Leistung aus einem Sozialplan handeln, also Regelungen, die nach den Vorschriften des Betriebsverfassungsgesetzes (§ 112 Abs. 1 S. 2 BetrVG) oder des Personalvertretungsrechts zustande kommen und für den Arbeitnehmer einen unmittelbaren Anspruch begründen (vgl. § 77 Abs. 4 BetrVG).[361] Eine individuell zugesagte Abfindung genügt nicht. In beiden Fällen ist weiter notwendig, dass der Arbeitgeber dem schwerbehinderten Arbeitnehmer die Kündigungsabsicht rechtzeitig mitgeteilt hat und dieser der beabsichtigten Kündigung bis zu deren Ausspruch nicht widerspricht (§ 173 Abs. 1 S. 2 SGB IX). Eine **rechtzeitige Mitteilung** liegt jedenfalls dann vor, wenn sie drei Wochen vor Ausspruch der Kündigung erfolgt. Auch nach den §§ 4, 7 KSchG hat der Arbeitnehmer eine dreiwöchige Überlegungsfrist. Der Arbeitnehmer kann formlos und ohne Begründung widersprechen.

136   dd) *Witterungsbedingte Kündigung.* Schließlich finden die Vorschriften der §§ 168 ff. SGB IX keine Anwendung bei Entlassungen, die aus Witterungsgründen vorgenommen werden, sofern die Wiedereinstellung des schwerbehinderten Menschen bei Wiederaufnahme der Arbeit gewährleistet ist (§ 173 Abs. 2 SGB IX). Insoweit muss kraft Tarifvertrages, Betriebsvereinbarung oder Einzelabrede ein Anspruch auf Wiedereinstellung bestehen. Kommt der Arbeitgeber seiner Verpflichtung zur Wiedereinstellung nicht nach, wird nicht etwa die Kündigung des schwerbehinderten Arbeitnehmers wegen fehlender Zustimmung des Integrationsamts rückwirkend unwirksam. Vielmehr hat der schwerbehinderte Arbeitnehmer einen einklagbaren Anspruch auf Wiedereinstellung ab dem Tag der Wiederaufnahme der Arbeit.

137   ee) *Laufendes Feststellungs- oder Gleichstellungsverfahren.* § 173 Abs. 3 SGB IX ist in der Praxis der wichtigste gesetzlich geregelte Ausnahmefall. Die Formulierung ist allerdings nur schwer verständlich. Auch wenn das Gesetz zwei Alternativen nennt, den fehlenden Nachweis und die Unfähigkeit, eine Feststellung zu treffen, ist in der Rechtsprechung des

---

[359] BAG 21.4.2016 – 8 AZR 402/14, NZA 2016, 1131 Rn. 30; BAG 28.6.2007 – 6 AZR 750/06, NZA 2007, 1049 Rn. 42.
[360] BAG 21.3.1980 – 7 AZR 314/78, AP SchwbG § 17 Nr. 1.
[361] LAG Köln 4.4.1997 – 11 Sa 1138/96, NZA-RR 1997, 430 (431).

BAG nur die zweite Alternative des Absatzes relevant.³⁶² Aus § 173 Abs. 3 Alt. 2 SGB IX leitet die Rechtsprechung zwei Ausnahmen ab, in denen eine Kündigung auch ohne Zustimmung des Integrationsamts wirksam ist:

Erstens dann, wenn der Arbeitnehmer den Antrag weniger als drei Wochen vor dem Kündigungszugang gestellt hat und seine Schwerbehinderung nicht offensichtlich war. Die **Drei-Wochen-Frist** ergibt sich dabei nicht unmittelbar aus dem Wortlaut des § 173 Abs. 3 SGB IX, sondern aus § 152 Abs. 1 S. 3 SGB IX, auf den § 173 Abs. 3 Alt. 2 SGB IX verweist. Die Rechtsprechung nimmt eine fehlende Mitwirkung des Arbeitnehmers iSd § 173 Abs. 3 Alt. 2 SGB IX insbesondere dann an, wenn er den Anerkennungsantrag nach § 152 Abs. 1 S. 1 SGB IX nicht so rechtzeitig vor Kündigungszugang gestellt hat, dass das Versorgungsamt hierüber innerhalb der vorgesehenen Regelfrist von drei Wochen für eine ordnungsgemäße Bearbeitung noch hätte entscheiden können.³⁶³ Die Rückausnahme der offenkundigen Schwerbehinderung hat die Rechtsprechung aus Billigkeitsgründen entwickelt. Ist die Schwerbehinderteneigenschaft offenkundig (zB Blindheit, Gehörlosigkeit, Verlust von Gliedmaßen), ist der Arbeitgeber nicht schutzwürdig und muss die Zustimmung des Integrationsamts jedenfalls beantragen. In diesem Fall hat er auch ohne Kenntnis von Anerkennung oder Antragstellung Anlass, vorsorglich tätig zu werden.³⁶⁴

> **Praxistipp:**
>
> Der Arbeitnehmer sollte nicht fahrlässig damit warten, einen Antrag auf Anerkennung oder Gleichstellung zu stellen. Sonst läuft er Gefahr, dass ihm die rückwirkende Feststellung nichts nutzt.

Zweitens ist eine Kündigung wirksam, wenn das Versorgungsamt nach Ablauf der Frist des § 152 Abs. 1 S. 3 SGB IX eine Feststellung wegen **fehlender Mitwirkung** nicht treffen konnte. Diese beiden Ausnahmen gelten auch für das Gleichstellungsverfahren.³⁶⁵

Sollte das Versorgungsamt bei rechtzeitigem Antrag rückwirkend feststellen, dass der Arbeitnehmer zum Zeitpunkt des Kündigungszugangs schwerbehindert war oder einem schwerbehinderten Menschen gleichgestellt, ist die Kündigung ohne Zustimmung im Nachhinein unwirksam. Beantragt der Arbeitgeber vor Kündigungsausspruch die Zustimmung, kann ihm das Integrationsamt statt der Zustimmung ein **Negativattest** ausstellen.³⁶⁶ Auch das Negativattest beseitigt die Kündigungssperre, selbst wenn sich im Nachhinein herausstellt, dass der Arbeitnehmer schwerbehindert war.³⁶⁷

> **Praxistipp:**
>
> Der Arbeitgeber sollte die Zustimmung des Integrationsamts bzw. ein Negativattest einholen, wenn der Arbeitnehmer den Antrag auf Anerkennung oder Gleichstellung mindestens drei Wochen zuvor gestellt hat und das Verfahren noch nicht bestandskräftig abgeschlossen ist.

b) Unkenntnis des Arbeitgebers vom Feststellungsbescheid bzw. Feststellungsverfahren.
aa) Geltendmachung innerhalb von drei Wochen. Hat der Arbeitnehmer im Zeitpunkt der

---

³⁶² BAG 1.3.2007 – 2 AZR 217/06, NZA 2008, 302 Rn. 43.
³⁶³ BAG 29.11.2007 – 2 AZR 613/06, NZA 2008, 361 Rn. 15.
³⁶⁴ BAG 9.6.2011 – 2 AZR 703/09, NZA-RR 2011, 516 Rn. 25; BAG 13.2.2008 – 2 AZR 864/06, NZA 2008, 1055 Rn. 15.
³⁶⁵ BAG 16.1.2018 – 7 AZR 622/15, NZA 2018, 925 Rn. 20; BAG 1.3.2007 – 2 AZR 217/06, NZA 2008, 302 Rn. 29.
³⁶⁶ → Rn. 155.
³⁶⁷ BAG 6.9.2007 – 2 AZR 324/06, NZA 2008, 407 Rn. 15; BAG 16.2.2012 – 6 AZR 553/10, NZA 2012, 555 Rn. 16.

Kündigung einen Bescheid iSd § 152 Abs. 1 S. 1 SGB IX über seine Schwerbehinderteneigenschaft erhalten oder wenigstens einen entsprechenden Antrag beim Versorgungsamt gestellt, dann steht ihm der volle Sonderkündigungsschutz im Grundsatz auch dann zu, wenn der Arbeitgeber von der Schwerbehinderteneigenschaft oder der Antragstellung nichts wusste. Die ohne vorherige Zustimmung des Integrationsamts erklärte Kündigung ist nach Maßgabe der §§ 168 ff. SGB IX iVm § 134 BGB unwirksam. Will der Arbeitgeber wirksam kündigen, muss er zu einer künftigen Kündigung zunächst die Zustimmung des Integrationsamts einholen.[368] In diesem Falle, dh bei zum Zeitpunkt der Kündigung fehlender Kenntnis des Arbeitgebers von der beantragten oder bereits getroffenen Feststellung der Schwerbehinderteneigenschaft, ist der Arbeitnehmer allerdings gehalten, nach Zugang der Kündigung innerhalb einer angemessenen Frist, die regelmäßig mit **drei Wochen** anzunehmen ist, gegenüber dem Arbeitgeber seine bereits festgestellte oder zur Feststellung beantragte Schwerbehinderteneigenschaft **geltend zu machen,** wenn er sich den Sonderkündigungsschutz erhalten will.[369] Unterlässt er dies, dann ist diese Kündigung jedenfalls nicht deshalb unwirksam, weil es an der vorherigen Zustimmung des Integrationsamts fehlt. Auch bei einer außerordentlichen Kündigung greift der besondere Kündigungsschutz nach § 174 Abs. 1 iVm § 168 SGB IX nur ein, wenn der Arbeitnehmer dem Arbeitgeber innerhalb einer Regelfrist von drei Wochen eine entsprechende Mitteilung macht.[370] Tut er dies, ist die bereits ausgesprochene Kündigung wegen fehlender Zustimmung des Integrationsamts unwirksam. Der Arbeitgeber kann aber innerhalb von weiteren zwei Wochen nach Erlangung der Kenntnis von einer bereits festgestellten oder beantragten Schwerbehinderteneigenschaft gemäß § 174 Abs. 2 SGB IX die Zustimmung zu einer erneuten außerordentlichen Kündigung bei dem Integrationsamt beantragen. Der Rechtssatz, dass sich der gekündigte Arbeitnehmer innerhalb einer Regelfrist von drei Wochen nach Kündigungszugang auf eine bereits festgestellte oder beantragte Schwerbehinderteneigenschaft berufen kann und muss, gilt auch dann, wenn der Arbeitgeber (vorsorglich) eine weitere Kündigung („Wiederholungskündigung") ausspricht.[371]

142 Der Arbeitnehmer kann dem Arbeitgeber **formfrei** mitteilen, dass er schwerbehindert ist oder einem schwerbehinderten Menschen gleichgestellt oder einen derartigen Antrag gestellt hat. Legt der Arbeitnehmer dem Arbeitgeber innerhalb der dreiwöchigen Regelfrist einen die Schwerbehinderteneigenschaft verneinenden Feststellungsbescheid des Versorgungsamts vor, ohne auf einen zwischenzeitlich eingelegten Widerspruch hinzuweisen, so liegt hierin keine wirksame Geltendmachung des besonderen Kündigungsschutzes.[372]

143 **Adressat** der Mitteilung von der festgestellten oder beantragten Schwerbehinderteneigenschaft kann auch ein Vertreter des Arbeitgebers sein, der kündigungsberechtigt ist oder eine ähnliche selbstständige Stellung bekleidet, nicht dagegen ein untergeordneter Vorgesetzter mit rein arbeitstechnischen Befugnissen.[373] Im Falle eines Betriebsübergangs gemäß § 613a BGB muss sich der Betriebserwerber die Kenntnis des Betriebsveräußerers zurechnen lassen. Das Kündigungsrecht geht mit der Einschränkung des § 168 SGB IX auf den Erwerber über.[374] Der Arbeitnehmer muss die Mitteilung **nicht persönlich** machen. Der Arbeitgeber hat ausreichende Kenntnis, wenn der Betriebsrat ihn im Rahmen der Anhörung gemäß § 102 Abs. 1 BetrVG auf die Antragstellung hinweist. Der Arbeitnehmer muss den Betriebsrat dazu nicht ausdrücklich beauftragen.[375]

144 Der Arbeitnehmer wahrt die Frist auch durch rechtzeitige Erhebung der **Kündigungsschutzklage,** wenn er sich in der Klagebegründung auf seine Schwerbehinderung beruft.[376] § 167 ZPO gilt in diesem Fall analog.

---

[368] BAG 9.6.2011 – 2 AZR 703/09, NZA-RR 2011, 516 Rn. 21.
[369] BAG 9.6.2011 – 2 AZR 703/09, NZA-RR 2011, 516 Rn. 22.
[370] BAG 9.6.2011 – 2 AZR 703/09, NZA-RR 2011, 516 Rn. 22.
[371] BAG 19.1.1983 – 7 AZR 44/81, NJW 1984, 1419 (1420).
[372] BAG 2.6.1982 – 7 AZR 32/80, AP SchwbG § 12 Nr. 8.
[373] BAG 5.7.1990 – 2 AZR 8/90, NZA 1991, 667 (668).
[374] BAG 11.12.2008 – 2 AZR 395/07, NZA 2009, 556 Rn. 18.
[375] BAG 20.1.2005 – 2 AZR 675/03, NZA 2005, 689 Rn. 19.
[376] BAG 23.2.2010 – 2 AZR 659/08, NZA 2011, 411 Rn. 21.

> **Praxistipp:**
>
> Spätestens in seiner Kündigungsschutzklage sollte der Arbeitnehmer auf seine Schwerbehinderung, seine Gleichstellung oder den von ihm gestellten Antrag hinweisen.

Nur in Ausnahmefällen ist die fristgemäße Berufung des Arbeitnehmers auf seine Schwerbehinderung **treuwidrig**. Ein Arbeitnehmer verhält sich treuwidrig, wenn er die im Vorfeld zur Durchführung einer korrekten Sozialauswahl gestellte Frage nach der Schwerbehinderung wahrheitswidrig verneint und anschließend eine Verletzung von § 168 SGB IX geltend macht.[377]

bb) Frageecht des Arbeitgebers vor der Kündigung. Zur Vermeidung des Ausspruchs unwirksamer Kündigungen können Arbeitgeber ein Interesse daran haben, ihre Arbeitnehmer im Vorfeld nach einer Schwerbehinderung oder einem laufenden Feststellungsverfahren zu fragen. Es ist derzeit nicht höchstrichterlich geklärt, ob der Arbeitgeber sich vor Vertragsschluss nach einer anerkannten Schwerbehinderung erkundigen darf, wenn die Behinderung für die Ausübung der vorgesehenen Tätigkeit irrelevant ist.[378] Diese Frage könnte gegen das Benachteiligungsverbot des § 164 Abs. 2 S. 1 SGB IX verstoßen. Jedenfalls nach Ablauf der Frist des § 173 Abs. 1 Nr. 1 SGB IX darf der Arbeitgeber jedoch **nachfragen**. Denn dann dient die Frage dazu, dem Arbeitgeber ein rechtstreues Verhalten zu ermöglichen, etwa im Zusammenhang mit seinen Pflichten zur behinderungsgerechten Beschäftigung (§ 164 Abs. 4 S. 1 Nr. 1 SGB IX), Zahlung einer Ausgleichsabgabe (§ 160 SGB IX) und Gewährung von Zusatzurlaub (§ 208 SGB IX). Insbesondere im Vorfeld einer beabsichtigten Kündigung zeigt der Arbeitgeber mit dieser Frage, dass er seine zum Schutz des schwerbehinderten Menschen bei einer Kündigung bestehenden Pflichten nach § 1 Abs. 3 KSchG und §§ 168 ff. SGB IX erfüllen will.[379]

Ein schwerbehinderter Mensch oder ein Gleichgestellter muss sich bei der Einstellungsverhandlung nur ausnahmsweise **offenbaren**, wenn er erkennen muss, dass er aufgrund seiner Behinderung, die der Feststellung oder Gleichstellung zugrunde liegt, die vorgesehene Arbeit nicht zu leisten vermag oder eine deswegen beschränkte Leistungsfähigkeit für den vorgesehenen Arbeitsplatz von ausschlaggebender Bedeutung ist.[380]

3. Die Zustimmung des Integrationsamts

a) *Ordentliche Kündigung aa) Antragstellung.* Der Arbeitgeber hat die Zustimmung bei dem örtlich zuständigen Integrationsamt schriftlich oder elektronisch unter Beachtung des § 36a SGB I zu beantragen (§ 170 Abs. 1 S. 1 SGB IX). Örtlich zuständig ist das Integrationsamt, in dessen Bezirk der Betrieb seinen Sitz hat. Genügt der Antrag nicht der vorgeschriebenen Form, kann der Arbeitnehmer gegen eine dennoch erteilte Zustimmung auf dem Verwaltungsrechtsweg vorgehen. Wird die Zustimmung bestandskräftig, sind die Arbeitsgerichte daran gebunden. Der Arbeitgeber muss den Namen des schwerbehinderten Arbeitnehmers angeben, mitteilen, dass die Kündigung ordentlich erfolgt, ob es sich um eine Änderungs- oder eine Beendigungskündigung handelt und zu welchem Zeitpunkt gekündigt werden soll. Eine Begründung ist nicht erforderlich, führt aber zu einer Beschleunigung des Verfahrens.[381]

---

[377] BAG 16.2.2012 – 6 AZR 553/10, NZA 2012, 555 Rn. 52.
[378] Zum Streitstand BAG 7.7.2011 – 2 AZR 396/10, NZA 2012, 34 Rn. 17.
[379] BAG 16.2.2012 – 6 AZR 553/10, NZA 2012, 555 Rn. 13.
[380] BAG 28.2.1991 – 2 AZR 515/90, BeckRS 1991, 30736725.
[381] ErfK/*Rolfs* SGB IX § 170 Rn. 3.

> **Formulierungsvorschlag: Antrag auf Zustimmung des Integrationsamts**
>
> 149 An das Integrationsamt
>
> Sehr geehrte(r) ......
>
> wir beantragen die Zustimmung des Integrationsamts zur ordentlichen Kündigung des/der schwerbehinderten Menschen/Gleichgestellten Frau/Herrn ...... geb. am ......,
> wohnhaft in ......
>
> Frau/Herr ist verheiratet und für zwei Kinder unterhaltsverpflichtet. Er/Sie hat einen Grad der Behinderung von 50%/30%. Dieser ist nachgewiesen durch den Behindertenausweis vom ......
> Herr/Frau ist seit ...... als Buchhalter/in in unserem Unternehmen tätig. Ihm/Ihr unterstehen 10 Mitarbeiterinnen und Mitarbeiter. Die Kündigung ist notwendig, weil Herr/Frau nicht in der Lage ist, seinen/ihren vertraglichen Pflichten ordnungsgemäß nachzukommen. Herr/Frau ist ein Störfaktor in der Abteilung. Er/Sie schikaniert die Mitarbeiterinnen und Mitarbeiter nahezu tagtäglich.
>
> Diese sind nicht mehr gewillt, die Launen und Beleidigungen von Herrn/Frau ...... zu ertragen. Sie haben deshalb angekündigt, selbst das Arbeitsverhältnis zu beenden, sollte Herr/Frau ...... weiterhin in dieser Funktion beschäftigt werden. Den Verlust dieser Mitarbeiter/innen kann das Unternehmen nicht verkraften. Es ist deshalb erforderlich, den Betriebsfrieden durch Entlassung von Herrn/Frau ...... wieder herzustellen. Der Betriebsrat hat in seiner Sitzung vom ...... beschlossen, den Antrag auf Zustimmung zur Kündigung zu unterstützen. Auch dem Betriebsrat ist es nicht gelungen, mäßigend auf Herrn/Frau ...... einzuwirken. Die in unserem Unternehmen gewählte Vertrauensperson der schwerbehinderten Menschen sieht genauso wenig eine Möglichkeit, das Arbeitsverhältnis mit Herrn/Frau ...... fortzuführen. Sie befürchtet eher, dass bei einer Umsetzung die beschriebene Betriebsstörung dort fortgesetzt wird.
>
> ......
> (Arbeitgeber)

150 *bb) Entscheidung des Integrationsamts.* Das Integrationsamt trifft – soweit nicht die besonderen Voraussetzungen des § 172 SGB IX erfüllt sind – eine **Ermessensentscheidung**, die gemäß § 39 Abs. 1 S. 1 SGB I nur durch Sinn und Zweck des SGB IX gebunden ist. Die Entscheidung erfordert eine Abwägung des Interesses des Arbeitgebers an der Erhaltung seiner Gestaltungsmöglichkeiten gegen das Interesse des schwerbehinderten Arbeitnehmers an der Erhaltung seines Arbeitsplatzes.[382] Es geht also im Prinzip darum, das Interesse des Arbeitgebers, seinen Betrieb möglichst wirtschaftlich und reibungslos zu führen, dem Interesse des schwerbehinderten Menschen, seinen Arbeitsplatz möglichst zu behalten, gegenüberzustellen. Die Entscheidung des Integrationsamts, und damit auch die Gewichtung der widerstreitenden Interessen, ist auf der Grundlage des Sachverhalts vorzunehmen, der den Kündigungsgrund bildet, wobei auf den Zeitpunkt des **Zugangs** der beabsichtigten **Kündigung** abzustellen ist.

151 Das Integrationsamt holt eine Stellungnahme des Betriebsrats bzw. Personalrats und der Vertrauensperson der schwerbehinderten Menschen ein. Es hört ferner den schwerbehinderten Menschen an (§ 170 Abs. 2 SGB IX). Das Verfahren bei dem Integrationsamt richtet sich grundsätzlich nach den Vorschriften des SGB X. Gemäß § 20 Abs. 1 S. 1 SGB X hat das Integrationsamt von Amts wegen all das zu ermitteln, was erforderlich ist, um die gegensätzlichen Interessen abwägen zu können. Danach hat das Integrationsamt den vom Arbeitgeber darzulegenden Sachverhalt, der die Kündigung rechtfertigen soll, von Amts wegen aufzuklären, soweit das für die Entscheidung erforderlich ist.[383] Ob die beabsichtigte Kündigung iSd § 1 Abs. 2 KSchG sozial gerechtfertigt ist, hat das Integrationsamt im Zustimmungsverfahren nach §§ 168 ff. SGB IX grundsätzlich nicht zu prüfen.[384] Auch die Überprü-

---

[382] BVerwG 22.5.2013 – 5 B 24.13, USK 2013, 168 Rn. 12; BVerwG 2.7.1992 – 5 C 51.90, BVerwGE 90, 287.
[383] KR/*Gallner* SGB IX § 173 Rn. 94.
[384] BVerwG 19.10.1995 – 5 C 24/93, NZA-RR 1996, 288 (289); KR/*Gallner* SGB IX § 173 Rn. 95.

fung der sogenannten Kleinbetriebsklausel des § 23 Abs. 1 KSchG unterliegt nicht der Kompetenz des Integrationsamts. Dies ist vielmehr Aufgabe des Arbeitsgerichts.[385]

Das **Ermessen** des **Integrationsamts** ist **eingeschränkt,** wenn ein Betrieb nicht nur vorübergehend eingestellt oder nicht nur vorübergehend wesentlich eingeschränkt wird (§ 172 Abs. 1 S. 1 und S. 2 SGB IX). Dies gilt wiederum nicht, wenn eine Weiterbeschäftigung auf einem freien Arbeitsplatz in einem anderen Betrieb desselben Arbeitgebers möglich und zumutbar ist (Satz 3). Das Integrationsamt muss dabei auch besetzte Arbeitsplätze desselben Betriebs miteinbeziehen, darf den Arbeitgeber aber nicht zur Schaffung neuer Arbeitsplätze verpflichten.[386] Weitere Besonderheiten gelten bei Kündigungen in der Insolvenz, § 172 Abs. 3 SGB IX. Das Integrationsamt kann seine Zustimmung mit einer **Auflage** versehen oder sie unter eine aufschiebende oder auflösende **Bedingung** stellen. Es ist relevant, um welche Art der Nebenbestimmung es sich handelt: Bei einer Auflage, kann der Arbeitgeber wirksam kündigen, solange das Integrationsamt die Zustimmung nicht nach § 47 Abs. 1 Nr. 2 SGB X widerrufen hat.[387]

Ferner soll das Integrationsamt die Zustimmung erteilen, wenn dem schwerbehinderten Menschen ein anderer angemessener und zumutbarer Arbeitsplatz gesichert ist (§ 172 Abs. 2 SGB IX).[388] Das betrifft insbesondere den Fall der Änderungskündigung, aber ebenso einen verbindlich zugesagten neuen Arbeitsvertrag. Bei der Änderungskündigung soll dem Arbeitgeber nach dem Willen des Gesetzgebers ein möglichst **großer Gestaltungsraum** verbleiben. Das Integrationsamt darf nur ausnahmsweise bei bedeutsamen Belangen des schwerbehinderten Menschen die Zustimmung versagen. Diese Einschränkung erfolgt, weil der Gesetzgeber meint, der schwerbehinderte Mensch könne seine Interessen vor Gericht besser vertreten.

Das Integrationsamt kann auch zu dem Ergebnis kommen, dass die Kündigung nicht zustimmungsbedürftig ist. In diesem Fall erteilt es ein sogenanntes Negativattest. Dieses **Negativattest** beseitigt – ebenso wie die Zustimmung – die Kündigungssperre der §§ 168 ff. SGB IX.[389] Derartige Entscheidungen des Integrationsamts sind vorsorgliche Verwaltungsakte, denen der Vorbehalt immanent ist, dass das Verfahren vor dem Versorgungsamt zu einer Feststellung der Schwerbehinderteneigenschaft des Arbeitnehmers führt.[390]

Das Integrationsamt soll die Entscheidung **innerhalb eines Monats** nach Eingang des Antrags treffen (§ 171 Abs. 1 SGB IX).

Gemäß § 171 Abs. 1 S. 1, Abs. 5 S. 1 SGB IX ist das Integrationsamt verpflichtet, für die Sachverhalte

- Kündigung wegen der Einstellung des Betriebes,
- Kündigung wegen der Auflösung der Dienststelle und
- Kündigung nach Insolvenzeröffnung,

die Entscheidung innerhalb eines Monats vom Tag des Eingangs an zu treffen, wenn zwischen dem Tag der Kündigung und dem Tag der Beendigung des Arbeitsverhältnisses mindestens drei Monate mit Lohnzahlungspflicht liegen. Wird innerhalb dieser Frist eine Entscheidung nicht getroffen, so **gilt die Zustimmung als erteilt,** § 171 Abs. 5 S. 2 iVm § 172 Abs. 1 S. 1 und Abs. 3 Nr. 1–4 SGB IX. In den enumerativ genannten Fällen hat der Arbeitgeber ein besonderes Interesse an einer möglichst kurzfristigen Klärung seiner Kündigungsmöglichkeiten.

cc) *Zustimmung zur Kündigung.* Das Integrationsamt muss **eindeutig** die Zustimmung zur ordentlichen Kündigung erklären. Die Zustimmung zur außerordentlichen Kündigung enthält nicht konkludent auch die Zustimmung zur ordentlichen Kündigung. Eine Umdeutung ist gemäß § 43 Abs. 1 SGB X, der die Voraussetzungen der Umdeutung regelt, ausgeschlossen.[391]

---

[385] VGH Mannheim 4.3.2002 – 7 S 1651/01, NZA-RR 2002, 417 (419).
[386] KR/*Gallner* SGB IX § 173 Rn. 105.
[387] BAG 12.7.1990 – 2 AZR 35/90, NZA 1991, 348 (349).
[388] ErfK/*Rolfs* SGB IX § 173 Rn. 9.
[389] BAG 16.2.2012 – 6 AZR 553/10, NZA 2012, 555 Rn. 16; BAG 6.9.2007 – 2 AZR 324/06, NZA 2008, 407 Rn. 15.
[390] BVerwG 15.12.1988 – 5 C 67.85, NZA 1989, 554 Rn. 21.
[391] BAG 23.1.2014 – 2 AZR 372/13, NZA 2014, 895 Rn. 27; BAG 7.7.2011 – 2 AZR 355/10, NZA 2011, 1413 Rn. 36.

157 Das Integrationsamt bzw. der Widerspruchsausschuss erteilt die Zustimmung. Die beim Verwaltungsgericht erhobene **Verpflichtungsklage des Arbeitgebers** führt nicht zu einer „Ersetzung der bislang fehlenden Zustimmung". Folgt das Verwaltungsgericht dem Arbeitgeber und verpflichtet es das Integrationsamt dazu, die bislang fehlende Zustimmung zu erteilen, so ersetzt das Verpflichtungsurteil nicht den förmlichen Zustimmungsbescheid des Integrationsamts. § 894 ZPO greift nicht ein. **Mit rechtskräftiger Entscheidung wird die fehlende Zustimmung nicht fingiert.** Die allein auf Grund der gerichtlichen Entscheidung ausgesprochene Kündigung ist deshalb rechtsunwirksam.[392]

158 Das Integrationsamt ist gehalten, seine Zustimmung sowohl dem Arbeitgeber als auch dem behinderten Menschen zuzustellen, § 171 Abs. 2 S. 1 SGB IX. Die Erklärung der Kündigung kann erst nach **Zustellung** des **Zustimmungsbescheids** des Integrationsamts an den Arbeitgeber wirksam erfolgen.[393] Die Zustimmung ist bereits dann erteilt, wenn der Zustimmungsbescheid nach § 171 Abs. 2 S. 1 SGB IX nur dem Arbeitgeber, nicht jedoch dem schwerbehinderten Menschen zugestellt worden ist. Die Zustellung an den schwerbehinderten Menschen ist maßgeblich für die Berechnung der Klagefristen.[394] Maßgeblich ist gegenüber dem Arbeitgeber die förmliche Zustellung. Erfolgt die Zustellung des Bescheides mittels Einschreiben, so wird der Bescheid gemäß § 4 Abs. 2 S. 2 VwZG erst mit dem dritten Tag nach Aufgabe zur Post wirksam. Aus Gründen der Rechtssicherheit kommt es auf den vorhergehenden tatsächlichen Empfang des Bescheides nicht an. Die vorzeitig ausgesprochene Kündigung ist unwirksam.[395]

159 Die vom Arbeitgeber vor dem Eintritt eines **Betriebsübergangs** beim Integrationsamt beantragte und nach dem Betriebsübergang an ihn zugestellte Zustimmung zur Kündigung eines schwerbehinderten Arbeitnehmers stellt keine dem Betriebserwerber erteilte Zustimmung iSd § 168 SGB IX dar, auf die er sich zur Kündigung dieses Arbeitnehmers berufen kann. Zum Zeitpunkt der Zustellung war der Betriebsveräußerer nicht mehr Arbeitgeber. Die Voraussetzungen des § 171 Abs. 2 S. 1 SGB IX sind nicht erfüllt.[396]

160 **Widerspruch** und **Anfechtungsklage** gegen die ausdrücklich erklärte oder gem. § 171 Abs. 5 S. 2 SGB IX fingierte Zustimmung des Integrationsamts zur Kündigung haben keine aufschiebende Wirkung (§ 171 Abs. 4 SGB IX). Das bedeutet, dass der Arbeitgeber trotz eines Widerspruchs des Arbeitnehmers gegen den Zustimmungsbescheid die Kündigung aussprechen kann. Denn nach § 171 Abs. 4 SGB IX ist jede erstmals erteilte Zustimmung wirksam, auch wenn sie nicht rechtskräftig oder angefochten ist.[397]

161 *dd) Ausspruch der Kündigung.* Wird die Zustimmung erteilt oder gilt sie als erteilt, so kann der Arbeitgeber die **Kündigung nur innerhalb eines Monats** nach Zustellung des Bescheids erklären (§ 171 Abs. 3 SGB IX). Der Arbeitnehmer soll möglichst bald wissen, ob auf das Zustimmungsverfahren eine Kündigung folgt. Da der Widerspruch und die Anfechtungsklage des Arbeitnehmers gegen den Zustimmungsbescheid keine aufschiebende Wirkung haben, muss der Arbeitgeber trotz eines Widerspruchs des Arbeitnehmers die Monatsfrist des § 171 Abs. 3 SGB IX nach Zustellung des Bescheids einhalten. Bei Versäumung dieser Frist kann ein zweiter Zustimmungsantrag auch wegen desselben Sachverhalts gestellt werden.

162 Nach erfolgter Zustimmung kann der Arbeitgeber durchaus **mehrere Kündigungen** aussprechen, die auf demselben Sachverhalt beruhen, um zB formale Mängel einer vorausgehenden Kündigung auszuräumen. Der Monatszeitraum des § 171 Abs. 3 SGB IX ist dabei allerdings zwingend einzuhalten.[398]

163 Ist ein **Betriebsrat** vorhanden, muss der Arbeitgeber ihn gemäß § 102 BetrVG anhören. Der Arbeitgeber kann das Anhörungsverfahren des Betriebsrats bereits vor Abschluss, aber

---

[392] LAG Saarland 14.5.1997 – 2 Sa 271/96, LAGE SchwbG § 15 Nr. 8.
[393] BAG 16.10.1991 – 2 AZR 332/91, NZA 1992, 503 (504).
[394] → Rn. 157.
[395] LAG Hamm 9.11.2000 – 8 Sa 1016/00, LAGE SchwbG 1986 § 18 Nr. 2; aA LAG Berlin-Brandenburg 19.12.2014 – 2 Sa 1846/14, BB 2015, 627 (Ls.).
[396] BAG 15.11.2012 – 8 AZR 827/11, NZA 2013, 504 Rn. 19.
[397] BAG 26.9.1991 – 2 AZR 132/91, NZA 1992, 1073 (1077); 23.5.2013 – 2 AZR 991/11, NZA 2013, 1373 Rn. 22.
[398] BAG 8.11.2007 – 2 AZR 425/06, NZA 2008, 471 Rn. 20.

auch erst nach dem Ende des Zustimmungsverfahrens oder dem Eintritt der Zustimmungsfiktion einleiten.[399] Hört der Arbeitgeber den Betriebsrat vor dem Abschluss des Zustimmungsverfahrens ein, ist er auch nach jahrelangem verwaltungsgerichtlichen Verfahren nicht verpflichtet, den Betriebsrat vor Ausspruch der Kündigung erneut anzuhören, selbst wenn jetzt erst die erforderliche Zustimmung erteilt ist. Eine Wiederholung des Verfahrens ist nur dann geboten, wenn sich der Kündigungssachverhalt vor Ausspruch der Kündigung wesentlich verändert hat. Die Zustimmung des Integrationsamts allein stellt keine derartige wesentliche Änderung des Kündigungssachverhaltes dar.[400] War dem Arbeitgeber bei Ausspruch der Kündigung nicht bekannt, dass der Arbeitnehmer einen Antrag auf Anerkennung als schwerbehinderter Mensch gestellt hat, so muss er das Verfahren zur Anhörung des Betriebsrats nicht wiederholen.[401]

Muss der Arbeitgeber neben der Zustimmung des Integrationsamts auch nach **§ 18 BEEG** die Zustimmung der zuständigen Behörde einholen, so wahrt der Arbeitgeber die Monatsfrist des § 171 Abs. 3 SGB IX zum Ausspruch der Kündigung jedenfalls dann, wenn er beide Zustimmungen zeitgleich beantragt hat und unverzüglich nach Eingang der Zustimmung gemäß § 18 BEEG kündigt, auch wenn diese ihm später als einen Monat nach erfolgter Zustimmung des Integrationsamts zugehen sollte.[402]

Die **Kündigungsfrist** beträgt mindestens vier Wochen (§ 169 SGB IX). § 622 BGB bleibt unberührt. Soweit in Arbeitsverträgen, Tarifverträgen oder Gesetzen geregelt ist, dass eine ordentliche Kündigung nur zu bestimmten Kündigungsterminen erfolgen kann, hat der Arbeitgeber sowohl diese Termine als auch die Mindestkündigungsfrist zu beachten.[403]

ee) Nachschieben von Kündigungsgründen. Das Nachschieben von Kündigungsgründen im Prozess, die nicht Gegenstand des Zustimmungsverfahrens waren, ist nicht zulässig. Wenn das BAG in seiner älteren Rechtsprechung angenommen hat, dass ein Nachschieben zulässig sei, wenn der nachgeschobene Kündigungsgrund offensichtlich nicht im Zusammenhang mit der Behinderung stehe,[404] entspricht dies nicht dem Sinn und Zweck des Zustimmungsverfahrens vor dem Integrationsamt. Dem Integrationsamt obliegt die Prüfung, ob die Kündigung aus einem Grund erfolgt, der mit der Behinderung im Zusammenhang steht, und gegebenenfalls ein atypischer Fall vorliegt, der trotz fehlenden Zusammenhangs die Versagung der Zustimmung rechtfertigt.[405]

b) Außerordentliche Kündigung. Die Vorschriften über den Sonderkündigungsschutz gelten – abgesehen von der Kündigungsfrist des § 169 SGB IX – auch bei außerordentlichen Kündigungen (§ 174 Abs. 1 SGB IX), allerdings mit den nachfolgenden Abweichungen:

aa) Ausschlussfrist beim Antrag. Die Zustimmung kann nur innerhalb von zwei Wochen beantragt werden. Maßgebend ist dabei der Eingang des Antrags bei dem Integrationsamt. Die Frist beginnt mit dem Zeitpunkt, in dem der Arbeitgeber von den für die Kündigung maßgebenden Tatsachen Kenntnis erlangt (§ 174 Abs. 2 SGB IX). Sollte die Zustimmung des Integrationsamts zur außerordentlichen Kündigung des schwerbehinderten Menschen tatsächlich schon vor Ablauf der Zwei-Wochen-Frist des § 626 Abs. 2 BGB erteilt sein, so ist es dem Arbeitgeber ungenommen, diese Kündigungserklärungsfrist voll auszuschöpfen. Der Arbeitgeber ist nicht gezwungen, unverzüglich zu kündigen. Die dem Schutz des schwerbehinderten Menschen dienende Regelung des § 174 Abs. 5 SGB IX ergänzt als speziellere Regelung § 626 Abs. 2 BGB nur nach Ablauf der zweiwöchigen Kündigungserklärungsfrist. Sie

---

[399] BAG 24.11.2011 – 2 AZR 429/10, NZA 2012, 610 Rn. 24.
[400] BAG 24.11.2011 – 2 AZR 429/10, NZA 2012, 610 Rn. 24; BAG 20.1.2000 – 2 AZR 378/99, NZA 2000, 768 (769).
[401] LAG Berlin 24.6.1991 – 9 Sa 20/91, NZA 1992, 79; aA LAG Hamm 9.10.1987 – 17 Sa 494/87, DB 1988, 916 (Ls.).
[402] BAG 24.11.2011 – 2 AZR 429/10, NZA 2012, 610 Rn. 25.
[403] BAG 25.2.1981 – 7 AZR 25/79, AP SchwbG § 17 Nr. 2.
[404] BAG 20.1.1984 – 7 AZR 143/82, BeckRS 1984, 30710800; BAG 19.12.1991 – 2 AZR 367/91, RzK I 6a Nr. 82.
[405] BVerwG 2.7.1992 – 5 C 39.90, BeckRS 1992, 30440196 Rn. 24; LAG Mecklenburg-Vorpommern 22.6.2006 – 1 Sa 96/06, juris; ErfK/*Rolfs* SGB IX § 171 Rn. 3.

führt nicht zu deren Verkürzung.⁴⁰⁶ Wenn die Frist des § 626 Abs. 2 BGB wegen eines Dauertatbestands nicht läuft, ist auch die Frist des § 174 Abs. 5 SGB IX irrelevant.⁴⁰⁷ Hat der Arbeitgeber bei Ausspruch einer außerordentlichen Kündigung **keine Kenntnis** davon, dass der Arbeitnehmer die Feststellung seiner Schwerbehinderteneigenschaft beantragt hatte oder dass die Feststellung bereits getroffen war und macht der Arbeitnehmer ihm hiervon innerhalb der Regelfrist von drei Wochen Mitteilung, so kann der Arbeitgeber innerhalb von zwei Wochen nach Kenntniserlangung gemäß § 174 Abs. 2 S. 2 SGB IX die Zustimmung zu einer außerordentlichen Kündigung bei dem Integrationsamt beantragen.⁴⁰⁸ Bei sogenannten Dauertatbeständen wie zB einem dauerhaften Wegfall der Beschäftigungsmöglichkeit ist ein Antrag an das Integrationsamt zur außerordentlichen Kündigung auch noch nach Ablauf der Zwei-Wochen-Frist möglich.⁴⁰⁹

Formulierungsvorschlag: Antrag auf Zustimmung des Integrationsamts zur fristlosen Kündigung

169 An das Integrationsamt

Sehr geehrte(r) ......,

Herr/Frau ...... geb. am ...... ist seit dem ...... als Abteilungsleiter/in in unserem Unternehmen tätig. Ihm/Ihr wurde mit Bescheid vom ...... ein Grad der Behinderung von 50%/Gleichstellung mit 30% zuerkannt. Aus besonderen betrieblichen Gründen sind wir gehalten, das mit Herrn/Frau bestehende Arbeitsverhältnis fristlos aufzukündigen.

Herr/Frau ...... beleidigt die Mitarbeiter ständig, ohne dass sie hierzu Anlass geben. Bislang haben wir Rücksicht auf die Schwerbehinderung genommen und versucht, die Mitarbeiter dazu zu bewegen, die Äußerungen von Herrn/Frau ...... nicht zu beachten und die verbalen beleidigenden Äußerungen zu überhören. Dies ist jetzt nicht mehr hinnehmbar. Das wohl als krankhaft zu bezeichnende Verhalten von Herrn/Frau ...... hat ein Ausmaß erreicht, das Schutzmaßnahmen unsererseits fordert. Im Interesse der Abteilung sehen wir uns veranlasst, das Arbeitsverhältnis von Herrn/Frau ...... zu beenden. Eine Versetzung/Umsetzung ist unserer Ansicht nach ausgeschlossen.

Wir bitten um Zustimmung zur fristlosen Kündigung. Es kann nicht davon ausgegangen werden, dass Herr/Frau ...... das bislang gezeigte Verhalten innerhalb einer Kündigungsfrist ändern wird. Der Betriebsrat hat in seiner Sitzung vom ...... beschlossen, den Antrag auf Zustimmung zur fristlosen Kündigung zu unterstützen, zumal eine Vielzahl berechtigter Beschwerden vorgetragen wurden. Die Vertrauensperson der schwerbehinderten Menschen erkennt durchaus die negativen Folgen einer Kündigung, verschließt sich jedoch nicht unserer im Interesse der Belegschaft vorbereiteten Maßnahme.

......
(Arbeitgeber)

---

170 *bb) Entscheidung des Integrationsamts.* Das Integrationsamt soll die Zustimmung erteilen, wenn die Kündigung aus einem Grund erfolgt, der nicht im Zusammenhang mit der Behinderung steht (§ 174 Abs. 4 SGB IX). In einem solchen Fall hat deshalb das Integrationsamt **im Regelfall die Zustimmung** zu erteilen. Nur bei Vorliegen von Umständen, die den Fall als atypisch erscheinen lassen, darf das Integrationsamt nach pflichtgemäßem Ermessen entscheiden.⁴¹⁰ Ob ein atypischer Fall vorliegt, der eine Ermessensentscheidung ermöglicht und gebietet, überprüfen im Rechtsstreit die Verwaltungsgerichte. Ein atypischer Fall liegt vor, wenn die außerordentliche Kündigung den schwerbehinderten Arbeitnehmer in einer die Schutzzwecke des SGB IX berührenden Weise besonders hart trifft und ihm im

---

⁴⁰⁶ BAG 15.11.2001 – 2 AZR 380/00, NZA 2002, 971 (973).
⁴⁰⁷ BAG 22.10.2015 – 2 AZR 381/14, BB 2016, 765 Rn. 39.
⁴⁰⁸ BAG 14.5.1982 – 7 AZR 1221/79, AP SchwbG § 18 Nr. 4; LAG Köln 4.8.2003 – 2 Sa 400/03, LAGE SGB IX § 91 Nr. 1.
⁴⁰⁹ BAG 13.5.2004 – 2 AZR 36/04, NZA 2004, 1271 (1272).
⁴¹⁰ BAG 24.1.2018 – 2 AZR 382/17, NZA 2018, 845 Rn. 54.

Vergleich zu den im Rahmen der allgemein zugemuteten Belastungen bei außerordentlicher Kündigung ein Sonderopfer abverlangt.[411] Das Integrationsamt hat über das Vorliegen eines wichtigen Grundes iSd § 626 Abs. 1 BGB nicht zu urteilen. Es hat jedoch zu überprüfen, ob die geltend gemachten Gründe objektiv vorliegen und ob sie mit der Behinderung im Zusammenhang stehen.[412] Ob etwas anderes gilt, wenn die vom Arbeitgeber geltend gemachten Gründe eine außerordentliche Kündigung offensichtlich nicht zu rechtfertigen vermögen, ist in der Rechtsprechung des BVerwG offen geblieben.[413] Das OVG Münster nimmt auch dann eine Ermessenseinschränkung zulasten des Arbeitnehmers an, wenn der Kündigungsgrund nur im mittelbaren Zusammenhang mit der Behinderung steht wie die Beschaffungskriminalität eines suchtkranken Arbeitnehmers.[414] Das Integrationsamt hat nicht die Kompetenz, die Einhaltung der Zwei-Wochen-Frist abschließend festzustellen. Da § 174 Abs. 2 S. 1 SGB IX nicht § 626 Abs. 2 BGB verdrängt, steht mit zustimmendem Verwaltungsakt des Integrationsamts noch nicht fest, dass der Arbeitgeber die Zwei-Wochen-Frist des § 626 Abs. 2 S. 1 BGB gewahrt hat. Diese Frist ist von den Gerichten für Arbeitssachen eigenständig zu prüfen.[415]

Das Integrationsamt hat seine Entscheidung innerhalb von zwei Wochen vom Tag des Eingangs des Antrags an zu treffen. Wird innerhalb dieser Frist eine Entscheidung nicht getroffen, gilt die **Zustimmung** als **erteilt** (§ 174 Abs. 3 S. 2 SGB IX). Um das Ende der Zwei-Wochen-Frist bestimmen zu können, sollte sich der Arbeitgeber nach dem Eingangstag seines Zustimmungsantrags bei dem Integrationsamt erkundigen.[416] Die Fiktion gilt auch im Fall einer außerordentlichen betriebsbedingten Kündigung unter Wahrung einer Auslauffrist gegenüber einem ordentlich unkündbaren schwerbehinderten Arbeitnehmer.[417] Die Zustellung der Entscheidung ist nicht innerhalb der Zwei-Wochen-Frist erforderlich. Es genügt, wenn der Bescheid den Machtbereich der Behörde verlassen hat. 171

Der Arbeitgeber muss anders als bei einer ordentlichen Kündigung die **Zustellung** der zustimmenden Entscheidung des Integrationsamts vor der Kündigung nicht abwarten. § 174 SGB IX enthält eine von § 171 SGB IX abweichende, speziellere Regelung. Die nach § 171 Abs. 2 S. 1 SGB IX erforderliche Zustellung an beide Parteien ist nur insoweit von Bedeutung, als von ihr der Beginn der verwaltungsprozessualen Widerspruchsfrist abhängt. Für § 174 SGB IX ist nicht einmal erforderlich, dass die Zustimmungsentscheidung schon zum Zeitpunkt ihrer Bekanntgabe an den Arbeitgeber in schriftlicher Form vorliegt. Es reicht etwa aus, dass die Zustimmung zur Kündigung durch das Integrationsamt im Verhandlungstermin mündlich erteilt wird.[418] Wird die vom Arbeitgeber beantragte Zustimmung (erstmals) durch den Widerspruchsausschuss erteilt, so ist die Kündigung ebenfalls nach mündlicher Bekanntgabe möglich; das Abwarten bis zum schriftlich übersandten Bescheid bleibt unschädlich.[419] 172

Widerspruch und Anfechtungsklage gegen die Zustimmung zur außerordentlichen Kündigung haben ebenso wie bei der ordentlichen Kündigung keine aufschiebende Wirkung (§ 171 Abs. 4 SGB IX). Auch fingierte Zustimmungen nach § 171 Abs. 3 S. 2 SGB IX sind – wie tatsächlich erteilte – als Verwaltungsakte mit Widerspruch und Anfechtungsklage angreifbar.[420] Der Arbeitgeber sollte daher bei außerordentlichen Kündigungen nach Ablauf der Zwei-Wochen-Frist einige Tage warten und gegebenenfalls bei der Behörde rückfragen, ob sie eine Entscheidung getroffen hat. Schon auf die fernmündliche Auskunft hin kann er dann gegebenenfalls kündigen. 173

---

[411] BVerwG 10.9.1992 – 5 C 39.88, NZA 1993, 76 (78); OVG Münster 15.7.2015 – 12 A 1314/13, juris, Rn. 15.
[412] LPK-SGB IX/*Düwell* SGB IX § 174 Rn. 23.
[413] Ausdrücklich BVerwG 18.9.1996 – 5 B 109.96, Buchholz 436.61 § 21 SchwbG Nr. 8.
[414] OVG Münster 23.5.2000 – 22 A 3145/98, NZA-RR 2000, 587.
[415] BAG 1.2.2007 – 2 AZR 333/06, NZA 2007, 744 Rn. 14.
[416] BAG 3.7.1980 – 2 AZR 340/78, AP SchwbG § 18 Nr. 2.
[417] BAG 22.10.2015 – 2 AZR 381/14, BB 2016, 765 Rn. 30; BAG 12.5.2005 – 2 AZR 159/04, AP SGB IX § 91 Nr. 5.
[418] BAG 19.6.2007 – 2 AZR 226/06, NZA 2007, 1153 Rn. 13.
[419] BAG 21.4.2005 – 2 AZR 255/04, NZA 2005, 991 (992).
[420] BVerwG 12.7.2012 – 5 C 16.11, NZA 2013, 97 Rn. 12.

> **Praxistipp:**
> Wenn der Arbeitgeber innerhalb der Zwei-Wochen-Frist keinen Bescheid des Integrationsamts erhalten hat, sollte er ggf. zweimal kündigen: Zum ersten Mal unverzüglich nach Ablauf der Zwei-Wochen-Frist, zum zweiten Mal vorsorglich nach der förmlichen Zustellung eines Zustimmungsbescheids des Integrationsamts.[421]

174 cc) *Kündigungserklärung und Zugang der Kündigung.* Die Kündigung kann auch nach Ablauf der Frist des § 626 Abs. 2 S. 1 BGB erfolgen, wenn sie unverzüglich nach Erteilung der Zustimmung erklärt wird (§ 174 Abs. 5 SGB IX). Das Erfordernis einer unverzüglichen Erklärung gilt entsprechend, wenn ein Negativattest erteilt worden ist.[422] Die Kündigung ist nur dann iSd § 174 Abs. 5 SGB IX unverzüglich „erklärt", wenn sie innerhalb dieses Zeitraums dem schwerbehinderten Arbeitnehmer nach den allgemeinen Regeln zugegangen ist. Die Absendung der Kündigungserklärung innerhalb dieses Zeitraums genügt nicht.[423] Dem schwerbehinderten Arbeitnehmer kann die Berufung auf das Fristversäumnis unter Umständen nach **Treu und Glauben** verwehrt sein, wenn er einen niedergelegten Einschreibebrief nicht abholt.[424]

175 Wartet der Arbeitgeber vor der **Betriebsratsanhörung** das Verfahren vor dem Integrationsamt ab, muss er analog § 174 Abs. 5 SGB IX unverzüglich nach der Bekanntgabe der Zustimmungsentscheidung oder nach Ablauf der Zwei-Wochen-Frist des § 173 Abs. 3 S. 1 SGB IX das Anhörungsverfahren einleiten und nach Eingang der Stellungnahme des Betriebsrats oder nach Ablauf der Drei-Tage-Frist des § 102 Abs. 2 S. 3 BetrVG die Kündigung erklären.[425]

176 dd) *Umdeutung der fristlosen in eine fristgemäße Kündigung.* Die Zustimmung des Integrationsamts zur außerordentlichen Kündigung eines schwerbehinderten Arbeitnehmers kann bei Verneinung des wichtigen Grundes nicht in eine solche zur ordentlichen Kündigung umgedeutet werden.[426] Eine Umdeutung wäre nur unter den Voraussetzungen des § 43 Abs. 1 SGB X möglich. Diese liegen regelmäßig nicht vor, weil sich die Verfahren auf Zustimmung zu einer ordentlichen und zu einer außerordentlichen Kündigung nicht unerheblich unterscheiden.

177 ee) *Kündigung eines schwerbehinderten Betriebsratsmitglieds.* Verweigert der Betriebsrat bei einem schwerbehinderten Menschen, der zugleich Betriebsratsmitglied ist, die Zustimmung zur außerordentlichen Kündigung, so ist das Beschlussverfahren auf Ersetzung der Zustimmung nach § 103 Abs. 2 BetrVG in entsprechender Anwendung ,von § 174 Abs. 5 SGB IX **unverzüglich** nach Erteilung der Zustimmung des Integrationsamts oder nach Eintritt der Zustimmungsfiktion des § 174 Abs. 3 SGB IX einzuleiten.[427] § 174 Abs. 5 SBG IX ist analog anzuwenden, wenn vor Ausspruch einer außerordentlichen Kündigung ein personalvertretungsrechtliches Mitbestimmungsverfahren durchzuführen ist. Hat der Arbeitgeber innerhalb der Frist des § 626 Abs. 2 BGB sowohl die erforderliche Zustimmung des Personalrats beantragt als auch bei verweigerter Zustimmung das weitere Mitbestimmungsverfahren eingeleitet, kann die Kündigung auch nach Ablauf der Frist des § 626 Abs. 2 BGB erfolgen, sofern der Arbeitgeber sie unverzüglich nach Erteilung der Zustimmung erklärt. Es genügt jedoch nicht, dass der Arbeitgeber lediglich kurz vor Ablauf der Zwei-Wochen-Frist die Zustimmung des Personalrats zur Kündigung beantragt und nach Ablauf dieser Frist bei verweigerter Zustimmung das weitere Mitbestimmungsverfahren einleitet.[428]

---

[421] KR/*Gallner* SGB IX § 174 Rn. 37.
[422] BAG 27.5.1983 – 7 AZR 482/81, AP SchwbG § 12 Nr. 10.
[423] BAG 3.7.1980 – 2 AZR 340/78, AP SchwbG § 18 Nr. 2; LAG Rheinland-Pfalz 31.3.2004 – 10 Sa 1437/03, NZA-RR 2005, 71 (72).
[424] BAG 7.11.2002 – 2 AZR 475/01, NZA 2003, 719 (723).
[425] KR/*Gallner* SGB IX § 174 Rn. 38.
[426] BAG 23.1.2014 – 2 AZR 372/13, NZA 2014, 895 Rn. 27.
[427] BAG 25.4.2018 – 2 AZR 401/17, NZA 2018, 1087 Rn. 17.
[428] BAG 8.6.2000 – 2 AZR 375/99, NZA 2001, 212 (213).

4. Anhörung der Schwerbehindertenvertretung

Seit Inkrafttreten des § 178 Abs. 2 S. 3 SGB IX zum 31.12.2016 ist die Kündigung eines **178** schwerbehinderten Menschen ohne Beteiligung der Schwerbehindertenvertretung unwirksam.

a) Anwendungsbereich. Der Anwendungsbereich des § 178 Abs. 2 S. 3 SGB IX entspricht **179** nicht genau dem des § 168 SGB IX. In sachlicher Hinsicht werden insbesondere außerdem Kündigungen in der Wartezeit erfasst.[429]

Persönlich gilt § 178 Abs. 2 S. 3 SGB IX für schwerbehinderte und ihnen gleichgestellte **180** Menschen.[430] Das BAG hat klargestellt, dass es auf den Zeitpunkt des Zugangs der Kündigung ankommt. Ein bereits laufendes Feststellungs- oder Gleichstellungsverfahren kann anders als bei § 168 SGB IX kein Anhörungserfordernis begründen.[431] Es ist bisher nicht höchstrichterlich entschieden, ob die bei § 168 SGB IX gemachte Ausnahme für den Fall, dass der Arbeitgeber bei Ausspruch der Kündigung keine Kenntnis von der Schwerbehinderung oder der Gleichstellung des Arbeitnehmers hatte, auf § 178 Abs. 2 S. 3 SGB IX zu übertragen ist. Nach wohl überwiegender Auffassung in der Literatur sprechen allgemeine zivilrechtliche Grundsätze der Verwirkung und der unzulässigen Rechtsausübung dafür.[432] Der Arbeitnehmer ist demnach geschützt, wenn die Schwerbehinderung offensichtlich war oder er sie bzw. seine Gleichstellung innerhalb von drei Wochen nach Zugang der Kündigung geltend macht. Eine Ausnahme besteht nur dann, wenn er die berechtigte Frage des Arbeitgebers nach einer Schwerbehinderung zuvor verneint hat.[433]

b) Anhörung. § 178 Abs. 2 S. 1 SGB IX setzt nach seinem Wortlaut die Unterrichtung der **181** Schwerbehindertenvertretung, ihre Anhörung und die Mitteilung der getroffenen Entscheidung voraus. Nach dem BAG tritt die Unwirksamkeitsfolge des § 178 Abs. 2 S. 3 SGB IX bereits dann nicht ein, wenn der Arbeitgeber die Schwerbehindertenvertretung nach den gleichen Grundsätzen wie den Betriebsrat in § 102 Abs. 1 S. 1 und 2 BetrVG anhört. Eine Verletzung nur der Mitteilungspflicht des § 178 Abs. 2 S. 1 SGB IX ist unschädlich.[434] Für die Anhörung muss der Arbeitgeber die Schwerbehindertenvertretung ausreichend **unterrichten** und ihr genügend Gelegenheit zur Stellungnahme geben. Der Arbeitgeber hat der Schwerbehindertenvertretung „die Gründe für die Kündigung" iSv § 102 Abs. 1 S. 2 BetrVG mitzuteilen. Er muss den Sachverhalt, den er zum Anlass für die Kündigung nehmen will, so umfassend beschreiben, dass sich diese ohne zusätzliche eigene Nachforschungen ein Bild über die Stichhaltigkeit der Kündigungsgründe machen und beurteilen kann, ob es sinnvoll ist, Bedenken zu erheben. Neben dem Kündigungssachverhalt sind der Grad der Behinderung des Arbeitnehmers und ggf. die Gleichstellung sowie grundsätzlich die weiteren Sozialdaten (Beschäftigungsdauer, Lebensalter, Unterhaltspflichten) mitzuteilen.[435] Eine **Stellungnahmefrist** für die Schwerbehindertenvertretung enthält § 178 Abs. 2 S. 1 SGB IX anders als § 102 Abs. 2 S. 1 und 3 BetrVG nicht. Das BAG wendet § 102 Abs. 2 BetrVG analog an, so dass die Schwerbehindertenvertretung bei ordentlichen Kündigungen eine Woche und bei außerordentlichen Kündigungen drei Tage Zeit hat.[436]

Gemäß § 178 Abs. 2 S. 1 SGB IX muss der Arbeitgeber die Schwerbehindertenvertretung **182** „unverzüglich" anhören. Nach der Rechtsprechung des BAG kann die Anhörung aber **bis zum Kündigungsausspruch** nachgeholt werden. Es ist unschädlich, wenn der Arbeitgeber zuvor bereits den Betriebs- oder Personalrat angehört oder den Antrag auf Zustimmung an das Integrationsamt gestellt hat.[437]

---

[429] BAG 13.12.2018 – 2 AZR 378/18, NZA 2019, 305 Rn. 12.
[430] BAG 25.4.2018 – 2 AZR 6/18, NZA 2018, 1056 Rn. 46.
[431] BAG 22.1.2020 – 7 ABR 18/18, NZA 2020, 783 Rn. 25.
[432] KR/*Gallner* SGB IX Vorb. §§ 168–175 Rn. 47; *Bayreuther* NZA 2017, 87 (88 f.); *Lingemann/Steinhauser* NJW 2017, 1369 (1370); gegen nachträgliche Geltendmachung ErfK/*Rolfs* SGB IX § 178 Rn. 8.
[433] → Rn. 128.
[434] BAG 13.12.2018 – 2 AZR 378/18, NZA 2019, 305 Rn. 14.
[435] BAG 13.12.2018 – 2 AZR 378/18, NZA 2019, 305 Rn. 21.
[436] BAG 13.12.2018 – 2 AZR 378/18, NZA 2019, 305 Rn. 23.
[437] BAG 13.12.2018 – 2 AZR 378/18, NZA 2019, 305 Rn. 16.

5. Rechtsschutz gegen eine Kündigung

183 Der Arbeitnehmer kann sich in zwei Richtungen gegen eine Kündigung zur Wehr setzen. Er kann einerseits die Zustimmung des Integrationsamts überprüfen lassen. Andererseits kann er gegen die Kündigung selbst vorgehen.

184 **a) Vorgehen gegen die Zustimmung des Integrationsamts.** Gegen die Zustimmung des Integrationsamts kann der Arbeitnehmer isoliert vorgehen. Widerspruch und Anfechtungsklage haben jedoch **keine aufschiebende Wirkung** (§ 171 Abs. 4 SGB IX).[438] Erklärt der Arbeitgeber nach erteilter Zustimmung die Kündigung des Arbeitsverhältnisses, muss der Arbeitnehmer neben dem laufenden Widerspruchs- oder Klageverfahren fristgerecht Kündigungsschutzklage beim Arbeitsgericht einreichen, um die Unwirksamkeit der Kündigung gemäß § 134 BGB geltend zu machen. Ansonsten wird die Kündigung gemäß § 7 KSchG wirksam.

185 Je nachdem, ob die Landesgesetzgebung ein vorgeschaltetes Widerspruchsverfahren vorsieht,[439] muss er seinen **Widerspruch** erklären oder direkt **Anfechtungsklage** gegen den Zustimmungsbescheid vor dem Verwaltungsgericht erheben. Der Arbeitnehmer kann auch gegen die fingierte Zustimmung oder ein erteiltes Negativattest mit einem Widerspruch oder einer Anfechtungsklage vorgehen. Er muss die Widerspruchs- bzw. Klagefrist von einem Monat nach Bekanntgabe an ihn gemäß § 70 Abs. 1 S. 1 VwGO bzw. § 74 Abs. 1 S. 2 VwGO einhalten.

186 **b) Vorgehen gegen die Kündigungserklärung.** Parallel oder ausschließlich kann der Arbeitnehmer Kündigungsschutzklage vor dem Arbeitsgericht erheben.

187 *aa) Einzuhaltende Fristen.* Grundsätzlich muss der Arbeitnehmer gemäß § 4 S. 1 KSchG die **Kündigungsschutzklage innerhalb von drei Wochen** nach Zugang der Kündigungserklärung erheben. Wird einem schwerbehinderten Menschen der Zustimmungsbescheid aber erst nach Zugang der Kündigung zugestellt, so wird erst zu diesem Zeitpunkt die dreiwöchige Klagefrist für die Erhebung der Kündigungsschutzklage in Lauf gesetzt. § 4 S. 4 KSchG findet auch in einem solchen Fall Anwendung. Die dreiwöchige Klagefrist des § 4 S. 1 KSchG beginnt erst ab der Bekanntgabe der Entscheidung, auch wenn das Integrationsamt trotz positiver Kenntnis der Schwerbehinderteneigenschaft nicht einbezogen wurde. Der Zeitrahmen der Klageerhebung ist begrenzt auf die Verwirkung.[440]

188 Grundsätzlich kann der Arbeitnehmer gemäß § 6 S. 1 KSchG bis zum Schluss der mündlichen Verhandlung erster Instanz geltend machen, dass die Kündigung gemäß § 134 BGB iVm § 168 SGB IX oder gemäß § 178 Abs. 2 S. 3 SGB IX unwirksam ist. Hatte der Arbeitgeber allerdings **keine Kenntnis** von der Schwerbehinderung und war diese auch nicht offensichtlich, muss sich der Arbeitnehmer nach den Grundsätzen der Rechtsprechung innerhalb von drei Wochen nach Zugang der Kündigung darauf berufen.[441]

189 *bb) Prüfungsumfang des Arbeitsgerichts.* Die Gerichte für Arbeitssachen sind an den zunächst einmal vorhandenen Verwaltungsakt gebunden. Ihre Nachprüfungsmöglichkeit beschränkt sich auf dessen Vorhandensein.[442] § 168 SGB IX enthält eine öffentlich-rechtliche Kündigungssperre, die der formelle Zustimmungsbescheid als privatrechtsgestaltender Verwaltungsakt beseitigt. Wenn die Kündigung auch aus anderen Gründen unwirksam ist, muss das Arbeitsgericht vor einer rechtskräftigen Entscheidung über die Anfechtung der Zustimmung des Integrationsamts zwingend über die Rechtmäßigkeit der Kündigung entscheiden. Es liegt kein **Aussetzungsgrund iSd § 148 ZPO** vor, weil die Zustimmung des Integrationsamts nicht entscheidungserheblich ist. Kommt es auf die Zustimmung des Integrationsamts an, steht es im pflichtgemäßen Ermessen des Arbeitsgerichts, ob es das Kündigungsverfahren gemäß § 148 ZPO bis zur rechtskräftigen Entscheidung über die Anfechtung der Zustim-

---

[438] BAG 23.5.2013 – 2 AZR 991/11, NZA 2013, 1373 Rn. 22.
[439] Dazu Eyermann/*Rennert* VwGO § 68 Rn. 24.
[440] BAG 13.2.2008 – 2 AZR 864/06, NZA 2008, 1055 Rn. 38.
[441] → Rn. 124 und 152.
[442] BAG 21.5.2019 – 2 AZR 582/18, NZA 2019, 1052 Rn. 27.

mung des Integrationsamts aussetzt. Gegenüber dem vorrangigen Zweck der Aussetzung, einander widersprechende Entscheidungen in parallel geführten Prozessen zu verhindern, sind der Nachteil einer langen Verfahrensdauer und die daraus für die Parteien entstehenden Folgen abzuwägen. In Rechtsstreitigkeiten über die Kündigung eines Arbeitsverhältnisses kommt dem allgemeinen Beschleunigungsgebot des § 9 Abs. 1 ArbGG besondere Bedeutung zu (vgl. §§ 61a, 64 Abs. 8 ArbGG). Demgegenüber hat das Interesse an der Verhinderung einander widersprechender Entscheidungen zurückzutreten, es sei denn, dass die Rechtslage Anlass zu begründeten Zweifeln gibt. Mit der Entscheidung des arbeitsgerichtlichen Verfahrens besteht dann wenigstens Klarheit im arbeitsrechtlichen Bereich.[443] Die Parteien können die Entscheidung des Arbeitsgerichts über eine Aussetzung mit der sofortigen Beschwerde überprüfen lassen, § 252 ZPO.

Wird nach rechtskräftiger Abweisung der Kündigungsschutzklage die Zustimmung versagt, so kann der schwerbehinderte Mensch gemäß § 580 Nr. 6 ZPO im Wege der **Restitutionsklage** die Abänderung des arbeitsgerichtlichen Urteils erreichen.[444]

VII. Betriebsvertretung und weitere Amtsinhaber

Da eine Betriebsvertretung nicht vom Arbeitgeber eingesetzt, sondern von der jeweiligen Belegschaft gewählt wird und diese bei Wahrnehmung von deren Interessen in Konfliktsituationen mit dem Arbeitgeber geraten kann, bedarf es der Absicherung dieser Arbeitnehmer. Der Arbeitgeber soll nicht die Möglichkeit haben, durch personelle Maßnahmen – insbesondere mittels ordentlicher Kündigung – die persönliche Zusammensetzung des Betriebsrats, Personalrats, Seebetriebsrats oder der Jugendvertretung zu beeinflussen, um die seiner Auffassung nach unliebsamen Amtsinhaber zu entlassen.[445] Aus diesem Grund und zur Sicherung der Stetigkeit der Arbeit der Arbeitnehmervertretung hat der Gesetzgeber gegenüber diesem Personenkreis die ordentliche Kündigung grundsätzlich für unzulässig erklärt und die außerordentliche Kündigung nur mit Zustimmung des Betriebs- bzw. Personalrats erlaubt, § 15 Abs. 1 S. 1 und Abs. 2 S. 1 KSchG. Vergleichbare Regelungen gibt es auch für Amtsträger, die nicht in § 15 Abs. 1 bis Abs. 3 KSchG genannt sind, nämlich die Vertrauenspersonen der schwerbehinderten Menschen und die Mitglieder der Mitarbeitervertretungen im kirchlichen Bereich.[446]

1. Geltungsbereich des Schutzes der Betriebsvertretung nach § 15 KSchG

a) **Persönlicher Geltungsbereich.** Vor Kündigungen des Arbeitgebers besonders geschützt sind nach § 15 Abs. 1 S. 1 KSchG **Mitglieder** eines Betriebsrats (§§ 7 ff. BetrVG), einer Jugend- und Auszubildendenvertretung (§ 60 BetrVG), einer Bordvertretung (§ 155 BetrVG) und eines Seebetriebsrats (§ 116 BetrVG), nach § 15 Abs. 2 S. 1 KSchG die Mitglieder einer Personalvertretung, einer Jugend- und Auszubildendenvertretung oder einer Jugendvertretung sowie nach § 15 Abs. 3 S. 1 KSchG die Mitglieder eines Wahlvorstands (§ 16 BetrVG) und Wahlbewerber (§ 14 BetrVG). Ersatzmitglieder genießen erst dann Schutz, wenn sie für ein ausgeschiedenes Betriebsratsmitglied nachgerückt (§ 25 Abs. 1 S. 1 BetrVG) oder Stellvertreter eines zeitweilig verhinderten Betriebsratsmitglieds (§ 25 Abs. 1 S. 2 BetrVG) sind.[447]

Keinen Sonderkündigungsschutz haben Kandidaten für den Wahlvorstand (§ 17 Abs. 1 BetrVG)[448] sowie Mitglieder einer Einigungsstelle (§ 76 BetrVG), des Wirtschaftsausschusses (§ 107 BetrVG), einer tariflichen Schlichtungsstelle (§ 76 Abs. 8 BetrVG) oder einer betrieblichen Beschwerdestelle (§ 86 BetrVG). Ebenso wenig haben Arbeitnehmervertreter im Auf-

---

[443] BAG 2.3.2006 – 2 AZR 53/05, NZA-RR 2006, 636 Rn. 56.
[444] BAG 29.9.2011 – 2 AZR 674/10, AP ZPO § 580 Nr. 16 Rn. 33.
[445] BAG 27.6.2019 – 2 AZR 38/19, NZA 2019, 1427 Rn. 32 f.
[446] → Rn. 213 ff.
[447] → Rn. 169 ff.
[448] BAG 31.7.2014 – 2 AZR 505/13, NZA 2015, 245 Rn. 18.

sichtsrat oder gewerkschaftliche Vertrauensleute der Belegschaft einen § 15 KSchG entsprechenden Schutz.[449] Für Mitglieder eines Sprecherausschusses für leitende Angestellte sieht der Gesetzgeber weder im SprAuG noch im KSchG einen Sonderkündigungsschutz vor. Verfolgt der Arbeitgeber jedoch mit einer Kündigung das Ziel, einen Arbeitnehmer an der **Vorbereitung** einer **Betriebsratswahl** zu **hindern**, ist die Kündigung gemäß § 134 BGB nichtig, weil niemand die Wahl des Betriebsrats behindern darf (§ 20 Abs. 1 S. 1 BetrVG).[450] Ob der Arbeitgeber dieses Ziel verfolgt, kann sich aus den Umständen ergeben. Ein zeitliches Zusammentreffen kann eine dahingehende Vermutung (prima-facie-Beweis) begründen. Wenn § 1 KSchG anwendbar ist, muss der Arbeitgeber ohnehin die Kündigung begründen und trägt damit im Ergebnis die Beweislast.[451]

194 **Beginn und Ende** des besonderen Kündigungsschutzes sind abhängig vom Amt der geschützten Person. Solange ein Amtsträger Kündigungsschutz iSd § 15 KSchG genießt – sei es während der Amtszeit, sei es im Nachwirkungszeitraum –, ist eine **ordentliche Kündigung** durch den Arbeitgeber grundsätzlich unzulässig. Spricht der Arbeitgeber eine ordentliche Kündigung vor Eintritt des besonderen Kündigungsschutzes aus, ist sie zulässig, auch wenn die Kündigungsfrist während der Schutzzeit ausläuft. Geht die Kündigung dagegen nach Eintritt des Kündigungsschutzes zu, ist sie unzulässig, selbst wenn die Kündigungsfrist erst nach der Schutzzeit endet.

195 *aa) Wahlvorstand, Wahlbewerber und Einladender.* Der Schutz der Mitglieder des **Wahlvorstands** beginnt mit dem Zeitpunkt seiner Bestellung und besteht bis zur Bekanntgabe des Wahlergebnisses (§ 15 Abs. 3 S. 1 KSchG). Danach hat das Wahlvorstandsmitglied noch sechs Monate sogenannten nachwirkenden Kündigungsschutz (§ 15 Abs. 3 S. 2 Hs. 1 KSchG). Auch Mitglieder des Wahlvorstands, die vor Durchführung der Betriebsratswahl ihr Amt niederlegen, erwerben vom Zeitpunkt der Amtsniederlegung an den sechsmonatigen nachwirkenden Kündigungsschutz des § 15 Abs. 3 S. 2 KSchG.[452] Dies gilt jedoch nicht, wenn der Wahlvorstand durch eine gerichtliche Entscheidung durch einen anderen Wahlvorstand ersetzt worden ist (Hs. 2). Auch die in einer nichtigen Wahl gewählten Wahlvorstandsmitglieder genießen nicht den besonderen Kündigungsschutz des § 15 Abs. 3 KSchG.[453] Unverzichtbare Mindestanforderung für eine rechtsgültige Wahl ist, dass sie in einer Betriebsversammlung erfolgt ist und das erforderliche Quorum erreicht ist.[454] Der besondere Kündigungsschutz für gerichtlich bestellte Mitglieder des Wahlvorstands beginnt im Fall ihrer Bestellung durch das Arbeitsgericht mit der Verkündung und nicht erst mit der formellen Rechtskraft des Einsetzungsbeschlusses. Der durch § 15 Abs. 3 KSchG beabsichtigte Schutz vor möglichen Repressalien des Arbeitgebers erfordert es, von einer „Bestellung" des Wahlvorstands in dem Zeitpunkt auszugehen, zu dem erstmals eine nach außen verlautbarte, nach geltendem Verfahrensrecht wirksam zustande gekommene gerichtliche Entscheidung vorliegt, derzufolge der Arbeitnehmer als Mitglied des Wahlvorstands eingesetzt wird.[455]

196 Auch **Wahlbewerber** genießen diesen Kündigungsschutz. Er setzt im Zeitpunkt der Aufstellung des Wahlvorschlags ein (§ 15 Abs. 3 S. 1 KSchG). Notwendig ist, dass ein Wahlvorstand bestellt ist und für den Wahlbewerber ein Wahlvorschlag vorliegt, der die nach dem BetrVG erforderliche Mindestzahl von Stützunterschriften aufweist.[456] Auf die Einreichung des Wahlvorschlags beim Wahlvorstand kommt es nicht an.[457] Für den Beginn des Sonderkündigungsschutzes muss die Frist zur Einreichung von Wahlvorschlägen (ein Tag nach Aushang des Wahlausschreibens, § 6 Abs. 1 WO) bei Erhalt der letzten erforderlichen Stütz-

---

[449] BAG 4.4.1974 – 2 AZR 452/73, AP BGB § 626 Arbeitnehmervertreter im Aufsichtsrat Nr. 1.
[450] BAG 31.7.2014 – 2 AZR 505/13, NZA 2015, 245 Rn. 37.
[451] Fitting BetrVG § 20 Rn. 33.
[452] BAG 9.10.1986 – 2 AZR 650/85, AP KSchG 1969 § 15 Nr. 23.
[453] BAG 26.11.2009 – 2 AZR 185/08, NZA 2010, 443 Rn. 22.
[454] BAG 31.7.2014 – 2 AZR 505/13, NZA 2015, 245 Rn. 20.
[455] BAG 26.11.2009 – 2 AZR 185/08, NZA 2010, 443 Rn. 13.
[456] BAG 31.7.2014 – 2 AZR 505/13, NZA 2015, 245 Rn. 29.
[457] BAG 19.4.2012 – 2 AZR 299/11, AP KSchG 1969 § 15 Nr. 72 Rn. 12; BAG 7.7.2011 – 2 AZR 377/10, NZA 2012, 107 Rn. 14.

unterschrift noch nicht angelaufen sein.[458] Es muss auf jeden Fall die Wählbarkeit des Wahlbewerbers gemäß §§ 8, 24 Abs. 1 Nr. 6 BetrVG gewährleistet sein. Der Arbeitnehmer muss dafür dem Betrieb sechs Monate angehören. Bei der Berechnung der maßgebenden Betriebszugehörigkeit kommt es auf den Zeitpunkt der Wahl an.[459] Der besondere Schutz nach Satz 1 endet mit der Bekanntgabe des Wahlergebnisses. Es folgt der nachwirkende Schutz nach Satz 2 in den sich anschließenden sechs Monaten (§ 15 Abs. 3 KSchG). Die danach zulässige ordentliche Kündigung kann auch auf Umstände gestützt werden, die sich während der Schutzfrist ereignet haben.[460]

Ergänzend zu diesem Personenkreis schützt der Gesetzgeber auch diejenigen **Arbeitnehmer**, die zu einer Betriebs-, Wahl- oder Bordversammlung **einladen** bzw. die gerichtliche Bestellung eines Wahlvorstandes beantragen, § 15 Abs. 3a KSchG, § 16 Abs. 2 BetrVG. Der Kündigungsschutz beginnt mit dem Zeitpunkt der Einladung oder Antragstellung. Er endet mit der Bekanntgabe des Wahlergebnisses. Der Kündigungsschutz ist begrenzt auf die ersten drei in der Einladung oder Antragstellung aufgeführten Arbeitnehmer. Wird ein Betriebsrat, eine Jugend- bzw. Auszubildendenvertretung etc nicht gewählt, so endet der Kündigungsschutz mit dem Ablauf von drei Monaten nach erfolgter Einladung oder Antragstellung.

bb) Betriebsratsmitglied. Für die Amtsträger setzt der Schutz nach § 15 Abs. 1 S. 1 KSchG mit der **Bekanntgabe des Wahlergebnisses** oder, wenn zu diesem Zeitpunkt noch ein Betriebsrat besteht, mit **Ablauf von dessen Amtszeit** ein (§ 21 S. 2 BetrVG). Ob bei der Betriebsratswahl gegen wesentliche Vorschriften über das Wahlrecht, die Wählbarkeit oder das Wahlverfahren verstoßen worden und die Wahl daher nach § 19 BetrVG anfechtbar ist, ist für den besonderen Kündigungsschutz der gewählten Betriebsratsmitglieder unerheblich, solange die Wahl nicht auf Grund einer Anfechtung gerichtlich rechtskräftig für unwirksam erklärt worden ist.[461] Ist hingegen die Betriebsratswahl nichtig, weil gegen allgemeine Grundsätze jeder ordnungsgemäßen Wahl in so hohem Maße verstoßen worden ist, dass auch der Anschein einer dem Gesetz entsprechenden Wahl nicht mehr vorliegt, so besteht kein Vertrauensschutz zugunsten eines aus einer solchen Wahl hervorgegangenen Betriebsrats.[462] Die Nichtigkeit einer Wahl kann jederzeit geltend gemacht werden.[463] Bei einer nichtigen Wahl genießt der Arbeitnehmer unter Umständen den besonderen Kündigungsschutz als Wahlbewerber.[464]

Der Schutz nach § 15 Abs. 1 S. 1 KSchG dauert bis zur **Beendigung der Amtszeit**. Die reguläre Amtszeit endet spätestens mit der konstituierenden Sitzung des neu gewählten Betriebsrats, selbst wenn die förmliche Bekanntgabe des Wahlergebnisses – einschließlich des Aushangs der Wahlniederschrift – unterbleiben sollte, § 15 Abs. 3 S. 1 KSchG. Danach genießt das Betriebsratsmitglied für die Dauer eines Jahres den Schutz nach Satz 2; dies gilt allerdings nicht, wenn die Beendigung der Mitgliedschaft auf einer gerichtlichen Entscheidung beruht (Satz 2 Hs. 2). Die Amtszeit endet nach vier Jahren (§ 21 S. 1 BetrVG), spätestens am 31.5. des Jahres, in dem nach § 13 Abs. 1 S. 1 BetrVG die regelmäßigen Betriebsratswahlen stattfinden (Satz 3). Die Amtszeit eines außerhalb des regelmäßigen Wahlzeitraums gewählten Betriebsrats endet mit der Bekanntgabe des Wahlergebnisses des neu gewählten Betriebsrats.[465] Die Mitgliedschaft im Betriebsrat **erlischt** vor Ablauf der Amtszeit durch Niederlegung des Amts, Beendigung des Arbeitsverhältnisses, Verlust der Wählbarkeit, Ausschluss aus dem Betriebsrat oder Auflösung des Betriebsrats auf Grund gerichtlicher Entscheidung und durch gerichtliche Entscheidung über die Feststellung der Nichtwählbarkeit (§ 24 Abs. 1 S. 2 bis 6 BetrVG). Sie erlischt nicht durch die Übertragung

---

[458] BAG 7.7.2011 – 2 AZR 377/10, NZA 2012, 107 Rn. 28; BAG 19.4.2012 – 2 AZR 299/11, AP KSchG 1969 § 15 Nr. 72 Rn. 14.
[459] BAG 7.7.2011 – 2 AZR 377/10, NZA 2012, 107 Rn. 38.
[460] BAG 13.6.1996 – 2 AZR 431/95, NZA 1996, 1032 (1033).
[461] BAG 12.3.2009 – 2 ABR 24/08, NZA-RR 2010, 180 Rn. 23; BAG 27.1.2011 – 2 ABR 114/09, NZA-RR 2011, 348 Rn. 20.
[462] BAG 27.4.1976 – 1 AZR 482/75, AP KSchG § 19 Nr. 4.
[463] BAG 23.7.2014 – 7 ABR 23/12, NZA 2014, 1288 Rn. 41.
[464] Ascheid/Preis/Schmidt/*Linck* KSchG § 15 Rn. 26.
[465] BAG 28.9.1983 – 7 AZR 266/82, AP BetrVG 1972 § 21 Nr. 1.

eines Betriebs auf einen anderen Inhaber. Der Betriebsinhaberwechsel berührt nicht die Identität des Betriebs; Betriebsverfassung und Betriebsratsamt bleiben bestehen.[466] Die Mitgliedschaft im Betriebsrat endet jedoch mit erklärtem Widerspruch gegen den Arbeitgeberwechsel. Dies gilt auch für die Umwandlung gemäß § 168 UmwG.[467] Betriebsratsmitglieder, die ihr Amt **niedergelegt** haben, besitzen grundsätzlich den nachwirkenden Kündigungsschutz des § 15 Abs. 1 S. 2 KSchG. Gleiches gilt für Betriebsratsmitglieder, die ihr Amt wegen des Widerspruchs gegen einen Betriebsübergang verlieren; § 15 Abs. 4 KSchG kann analog wirken.[468] Beschließt der Betriebsrat seinen Rücktritt, führt er die Geschäfte weiter, bis der neue Betriebsrat gewählt und das Wahlergebnis bekannt gegeben ist (§ 22 BetrVG). Bis dahin genießen die Betriebsratsmitglieder den Schutz nach § 15 Abs. 1 S. 1 KSchG.[469]

200 Die außerordentliche Kündigung eines **ehemaligen** Betriebsratsmitglieds setzt im Nachwirkungszeitraum voraus, dass ein wichtiger Grund vorliegt. Die Zustimmung des Betriebsrats ist dann dagegen nicht mehr erforderlich. Der wichtige Grund kann durchaus auf Tatsachen gestützt werden, die in die Zeit des Kündigungsschutzes zurückwirken.[470]

201 *cc) Ersatzmitglied.* Bei Ersatzmitgliedern sind zwei Fälle zu unterscheiden: Ist ein Betriebsratsmitglied zeitweilig verhindert, kommt es zur vorübergehenden Stellvertretung (§ 25 Abs. 1 S. 2 BetrVG). Bei endgültigem Ausscheiden eines Betriebsratsmitglieds rückt ein Erssatzmitglied dauerhaft nach (§ 25 Abs. 1 S. 1 BetrVG).

202 Scheidet ein Mitglied des Betriebsrats **endgültig** aus (zB durch Amtsniederlegung oder Beendigung des Arbeitsverhältnisses), so rückt ein Ersatzmitglied nach (§ 25 Abs. 1 S. 1 BetrVG). Auch ein Ersatzmitglied, das langwierig arbeitsunfähig erkrankt ist, rückt automatisch unter diesen Voraussetzungen in den Betriebsrat nach. Durch die Arbeitsunfähigkeit wird es von der Wahrnehmung des Amtes nicht ausgeschlossen. Der besondere Kündigungsschutz tritt für das Ersatzmitglied grundsätzlich mit seiner **Vollmitgliedschaft** ein, unabhängig davon, ob es für den Betriebsrat aktiv geworden ist oder nicht. Es muss lediglich die Bereitschaft zum Nachrücken vorliegen.[471] Das nachgerückte Ersatzmitglied genießt von diesem Zeitpunkt ab den vollen Kündigungsschutz des § 15 Abs. 1 S. 1 KSchG iVm § 103 BetrVG[472] und nach Beendigung der Amtszeit des Betriebsrats den nachwirkenden Kündigungsschutz für ein Jahr gemäß Abs. 1 S. 2. Für Mitglieder einer Jugend- und Auszubildendenvertretung, einer Bordvertretung eines Seebetriebsrats gelten die vorstehenden Darlegungen über die Betriebsratsmitglieder entsprechend (vgl. § 15 Abs. 1 KSchG).

203 Bei der **vorübergehenden Stellvertretung** gemäß § 25 Abs. 1 S. 2 BetrVG ist die Rechtslage komplizierter. Hier sind Ersatzmitglieder des Betriebsrats gemäß § 15 Abs. 1 S. 1 KSchG geschützt, solange sie stellvertretend für ein verhindertes ordentliches Betriebsratsmitglied dem Betriebsrat angehören.[473] Der Schutz besteht für die gesamte Dauer der Vertretung und nicht nur an den Tagen, an denen sie Geschäfte eines Betriebsratsmitglieds (zB Sitzungsteilnahme) wahrnehmen. Es ist noch nicht einmal erforderlich, dass während der Vertretungszeit überhaupt Betriebsratstätigkeiten anfallen. Es genügt die Möglichkeit, dass dem Ersatzmitglied Betriebsratsaufgaben zufallen könnten.[474] Der Gefahr eines Rechtsmissbrauchs auf Seiten des Ersatzmitglieds kann mit Hilfe von § 242 BGB sachgerecht begegnet werden: Die Berufung auf den besonderen Kündigungsschutz kann insbesondere dann ausgeschlossen sein, wenn ein Verhinderungsfall kollusiv zu dem Zweck herbeigeführt wurde, dem Ersatzmitglied den besonderen Kündigungsschutz zu verschaffen.[475]

---

[466] BAG 14.9.1994 – 2 AZR 75/94, EzA BetrVG 1972 § 103 Nr. 36.
[467] BAG 25.5.2000 – 8 AZR 416/99, AP BGB § 613a Nr. 209.
[468] BAG 25.5.2000 – 8 AZR 416/99, AP BGB § 613a Nr. 209.
[469] BAG 27.1.2011 – 2 ABR 114/09, NZA-RR 2011, 348 Rn. 21.
[470] LAG Hamm 5.11.1997 – 3 Sa 1021/97, NZA-RR 1998, 350 (351).
[471] LAG Schleswig-Holstein 7.4.1994 – 4 Sa 18/94, LAGE KSchG § 15 Nr. 8; LAG Hamm 9.2.1994 – 3 Sa 1376/93, DB 1995, 2432.
[472] BAG 5.11.2009 – 2 AZR 487/08, NZA-RR 2010, 236 Rn. 26.
[473] BAG 27.9.2012 – 2 AZR 955/11, NZA 2013, 425 Rn. 18; BAG 8.9.2011 – 2 AZR 388/10, NZA 2012, 400 Rn. 22.
[474] BAG 8.9.2011 – 2 AZR 388/10, NZA 2012, 400 Rn. 35.
[475] BAG 16.11.2017 – 2 AZR 14/17, NZA 2018, 240 Rn. 25.

Die Vertretung beginnt an dem Tag, an dem das ordentliche Betriebsratsmitglied **erst- 204 mals verhindert** ist. Es ist nicht erforderlich, dass dem Betriebsratsvorsitzendem oder dem Ersatzmitglied die Verhinderung des ordentlichen Mitglieds bekannt ist.[476] Im Urlaubsfall setzt der Sonderkündigungsschutz regelmäßig mit dem üblichen Arbeitsbeginn am ersten Urlaubstag des verhinderten Betriebsratsmitglieds ein.[477] Fällt in eine kurze Vertretung oder zu Beginn einer längeren Vertretung eine Betriebsratssitzung an, genießt das Ersatzmitglied auch in der Vorbereitungszeit den Kündigungsschutz. Das ist die Zeit ab der Ladung; in der Regel sind jedoch drei Arbeitstage als Vorbereitungszeit ausreichend.[478] Das erste Ersatzmitglied der jeweiligen Vorschlagsliste ist solange Vertreter im Betriebsrat, wie ein Vertretungsfall gegeben ist. Weitere Ersatzmitglieder rücken nach, solange und soweit weitere Vertretungsfälle eintreten. Tritt bei einem zur Amtsausübung berufenen Ersatzmitglied nachträglich ebenfalls ein Verhinderungsfall ein, so behält das Ersatzmitglied den Schutz auch während der eigenen Verhinderung, sofern deren Dauer im Vergleich zur voraussichtlichen Dauer des Vertretungsfalles als unerheblich anzusehen ist. Eine ersichtlich unbedeutende Unterbrechung der Amtsausübung gilt nicht als Unterbrechung der Berufung des Ersatzmitglieds zur stellvertretenden Wahrnehmung des Betriebsratsamts.[479] Den Schutz nach § 15 Abs. 1 S. 1 KSchG haben Ersatzmitglieder bis zum Ende der Stellvertretung eines ordentlichen Betriebsratsmitglieds.[480] Der besondere Kündigungsschutz bleibt auch dann erhalten, wenn sich herausstellt, dass das ordentliche Mitglied überhaupt nicht verhindert war, weil zB keine arbeitsunfähige Erkrankung, sondern unerlaubtes Fehlen vorlag.[481]

Nach Beendigung des Vertretungsfalls genießen Ersatzmitglieder, die stellvertretend für 205 ein zeitweilig verhindertes ordentliches Mitglied dem Betriebsrat angehört und Aufgaben eines Betriebsratsmitglieds wahrgenommen haben, grundsätzlich den **nachwirkenden Kündigungsschutz** nach § 15 Abs. 1 S. 2 KSchG. Auf die Dauer der Amtszeit und auf den Umfang der Tätigkeit kommt es nicht an. Das Gesetz setzt darauf, dass sich in dieser Zeit eine mögliche Verärgerung des Arbeitgebers über die Amtsgeschäfte des Betriebsratsmitglieds deutlich legt und dieses deshalb während seiner aktiven Zeit unbefangen agieren lässt. Einer solchen „Abkühlungsphase" bedarf es nicht, wenn das Ersatzmitglied während der Zeit, in der es vertretungshalber nachgerückt war, weder an Sitzungen des Betriebsrats teilgenommen noch sonstige Betriebsratstätigkeiten ausgeübt hat. Es hat dann dem Arbeitgeber keinen Anlass zu möglichen negativen Reaktionen auf seine Amtsausübung gegeben und bedarf deshalb keines besonderen Schutzes.[482] Es kommt auf die tatsächliche Wahrnehmung an. Selbst wenn die Nichtteilnahme an Sitzungen darauf beruht haben sollte, dass der Betriebsratsvorsitzende die Nachrückregelung des § 25 Abs. 1, Abs. 2 BetrVG bewusst ignoriert hat, besteht kein nachwirkender Kündigungsschutz.[483]

Der Kündigungsschutz besteht auch dann, wenn der Arbeitgeber bei Ausspruch der or- 206 dentlichen Kündigung gegenüber einem Ersatzmitglied des Betriebsrats keine **Kenntnis** von dem Vertretungsfall und dem daraus folgendem Kündigungsschutz hat.[484] Dem Arbeitgeber obliegt es, sich vor einer Kündigung durch Rückfrage Gewissheit zu verschaffen, ob das Ersatzmitglied eine zeitweilige Vertretung innegehabt hat.[485]

---

[476] BAG 19.4.2012 – 2 AZR 233/11, NZA 2012, 1449 Rn. 44; BAG 8.9.2011 – 2 AZR 388/10, NZA 2012, 400 Rn. 34.
[477] BAG 8.9.2011 – 2 AZR 388/10, NZA 2012, 400 Rn. 33.
[478] BAG 17.1.1979 – 5 AZR 891/77, AP KSchG 1969 § 15 Nr. 5; LAG Düsseldorf 9.11.2011 – 12 Sa 956/11, ArbuR 2012, 224 (Ls.).
[479] BAG 9.11.1977 – 5 AZR 175/76, AP KSchG 1969 § 15 Nr. 3; LAG Hessen 30.3.2006 – 9/4 TaBV 209/05, juris, Rn. 51.
[480] BAG 17.1.1979 – 5 AZR 891/77, AP KSchG 1969 § 15 Nr. 5.
[481] BAG 12.2.2004 – 2 AZR 163/03, AP KSchG 1969 § 15 Nr. 1.
[482] BAG 19.4.2012 – 2 AZR 233/11, NZA 2012, 1449 Rn. 41.
[483] BAG 19.4.2012 – 2 AZR 233/11, NZA 2012, 1449 Rn. 44.
[484] BAG 18.5.2006 – 6 AZR 627/05, NZA 2006, 1037 Rn. 24.
[485] BAG 5.9.1986 – 7 AZR 175/85, AP KSchG 1969 § 15 Nr. 26.

> **Praxistipp:**
> Vor einer Kündigung sollte der Arbeitgeber stets prüfen, ob der zu kündigende Arbeitnehmer Ersatzmitglied des Betriebsrats ist und sich in diesem Fall beim Betriebsrat nach einer etwaigen Vertretung erkundigen.

207 *dd) Personalvertretungsrechtliche Amtsinhaber.* § 15 Abs. 2 KSchG regelt den besonderen Kündigungsschutz der Mitglieder einer Personalvertretung, einer Jugend- und Auszubildendenvertretung oder einer Jugendvertretung. Er entspricht im Wesentlichen dem Schutz der Mitglieder von Betriebsräten und betriebsverfassungsrechtlichen Jugend- und Auszubildendenvertretungen. Nur der Nachwirkungszeitraum ist mit einem Jahr doppelt so lang. Das Kündigungsrecht ist in der aktiven Zeit nicht nur auf den **wichtigen Grund** begrenzt. Die Dienststellenleitung muss außerdem die **Zustimmung** des Personalrats einholen, § 108 Abs. 1 S. 1 BPersVG. Das Verwaltungsgericht kann die fehlende Zustimmung ersetzen. Es ist anzurufen, sobald sich der Personalrat innerhalb von drei Arbeitstagen nach Eingang des Antrags nicht erklärt, § 108 Abs. 1 S. 2 BPersVG. Der Sonderkündigungsschutz der Mitglieder von Wahlvorständen und der Wahlbewerber des öffentlichen Dienstes richtet sich nach den Vorschriften des § 15 Abs. 3 KSchG. Die Bestimmungen des § 15 Abs. 4, 5 KSchG über die Kündigungsmöglichkeiten bei der Stilllegung von Betrieben und Betriebsabteilungen gelten für personalvertretungsrechtliche Amtsinhaber entsprechend.

208 **b) Sachlicher Geltungsbereich.** Die Regelungen des § 15 Abs. 1 bis 3a KSchG schließen zugleich eine **Auflösung des Arbeitsverhältnisses** nach § 9 Abs. 1 S. 2 KSchG auf Antrag des Arbeitgebers im Zusammenhang mit einer Kündigung aus, die in dem geschützten Zeitraum erklärt wird. Stellt das Gericht fest, dass eine in diesem Zeitraum erklärte außerordentliche Kündigung unwirksam ist, steht die Möglichkeit, eine Auflösung des Arbeitsverhältnisses zu beantragen, nach § 13 Abs. 1 S. 3 KSchG ohnehin ausschließlich dem Arbeitnehmer zu. Der Arbeitgeber kann die Auflösung des Arbeitsverhältnisses lediglich im Zusammenhang mit einer unwirksamen ordentlichen Kündigung und auch insoweit nur beantragen, wenn die Kündigung ausschließlich gegen § 1 Abs. 1 KSchG verstößt. Während des Bestehens des Sonderkündigungsschutzes ist die Kündigung dagegen auch wegen § 15 Abs. 1 bis 3a KSchG unwirksam.[486]

§ 15 KSchG ist auf die Beendigung eines befristeten Arbeitsvertrags wegen Zeitablaufs oder wegen Eintritts einer auflösenden Bedingung nicht anzuwenden.[487]

2. Zulässigkeit der außerordentlichen Kündigung

209 Bei einer außerordentlichen Kündigung muss nicht nur gemäß § 626 Abs. 1 BGB ein wichtiger Grund vorliegen. Der Arbeitgeber ist während der Amtszeit der Mandatsträger außerdem verpflichtet, die Zustimmung des Betriebsrats gemäß § 103 Abs. 1 BetrVG einzuholen.

210 **a) Wichtiger Grund, Zumutbarkeitsprüfung.** Den in § 15 Abs. 1 bis 3a KSchG genannten Personen kann außerordentlich gekündigt werden, wenn die Voraussetzungen des § 626 Abs. 1 BGB erfüllt sind, also ein wichtiger Grund vorliegt. Ein Betriebsratsmitglied steht für die Beurteilung des wichtigen Grundes im Grundsatz jedem anderen Arbeitnehmer gleich. Die Mitgliedschaft im Betriebsrat darf ihm insoweit weder zum Vorteil noch zum Nachteil gereichen.[488]

211 Gemäß **§ 626 Abs. 1 BGB** kann das Arbeitsverhältnis aus wichtigem Grund ohne Einhaltung einer Kündigungsfrist gekündigt werden, wenn Tatsachen vorliegen, aufgrund derer dem Kündigenden unter Berücksichtigung aller Umstände des Einzelfalls und unter Abwägung der Interessen beider Vertragsteile die Fortsetzung des Arbeitsverhältnisses bis zum Ablauf der **fiktiven ordentlichen Kündigungsfrist** oder bis zu der vereinbarten Beendigung

---

[486] BAG 29.8.2013 – 2 AZR 419/12, NZA 2014, 660 Rn. 25.
[487] BAG 20.3.2019 – 7 AZR 98/17, AP TVG § 1 Tarifverträge: Telekom Nr. 19 Rn. 49; BAG 25.6.2014 – 7 AZR 847/12, NZA 2014, 1209 Rn. 16.
[488] ErfK/*Kiel* KSchG § 15 Rn. 22; Ascheid/Preis/Schmidt/*Linck* KSchG § 15 Rn. 125.

des Arbeitsverhältnisses nicht zugemutet werden kann. Maßgebend ist die Frist, mit der ordentlich gekündigt werden könnte, wenn es sich nicht um ein Betriebsratsmitglied handelte. Auf den frühestmöglichen Kündigungszeitpunkt nach Ablauf der Amtszeit darf nicht abgestellt werden.[489] Ist eine Weiterbeschäftigung bis zum Ablauf der fiktiven ordentlichen Kündigungsfrist zumutbar, ist die außerordentliche Kündigung unwirksam.[490] Dafür ist zunächst zu prüfen, ob der Sachverhalt ohne seine besonderen Umstände „an sich", das heißt typischerweise, als wichtiger Grund geeignet ist. Alsdann bedarf es der weiteren Prüfung, ob dem Kündigenden die Fortsetzung des Arbeitsverhältnisses unter Berücksichtigung der konkreten Umstände des Falls und unter Abwägung der Interessen beider Vertragsteile – jedenfalls bis zum Ablauf der fiktiven Kündigungsfrist – zumutbar ist oder nicht.[491] Dabei kommt es nicht auf die kollektiven Interessen des Betriebsrats und der Belegschaft am Verbleib des betroffenen Arbeitnehmers in seiner betriebsverfassungsrechtlichen Funktion an.[492] Die **Ausschlussfrist** des § 626 Abs. 2 BGB gilt auch bei besonderem Kündigungsschutz nach § 15 KSchG. Sie beginnt mit der Kenntnis des Arbeitgebers von den kündigungserheblichen Tatsachen bzw. der Existenz des Kündigungsgrundes wie zB des Wegfalls der Beschäftigungsmöglichkeit.[493]

Stützt der Arbeitgeber den wichtigen Grund bei einem Betriebsratsmitglied auf dessen **Verhalten**, muss dieses sich als Verletzung von **Pflichten aus dem Arbeitsverhältnis** darstellen. Ist einem Betriebsratsmitglied dagegen ausschließlich eine Verletzung seiner **Amtspflichten** vorzuwerfen, ist nur ein Ausschlussverfahren nach § 23 Abs. 1 BetrVG möglich. Ein Verhalten verletzt ausschließlich Amtspflichten, wenn das Betriebsratsmitglied lediglich „kollektivrechtliche" Pflichten verletzt hat. Verstößt es sowohl gegen solche als auch gegen eine für alle Arbeitnehmer gleichermaßen geltende vertragliche Pflicht, stellt dies – jedenfalls auch – eine Vertragspflichtverletzung dar.[494] Ein derartiger Fall liegt etwa vor, wenn ein Mandatsträger in einem den Arbeitgeber berührenden gerichtlichen Verfahren vorsätzlich falsch aussagt.[495] Es ist in der Interessenabwägung zu berücksichtigen, ob das Betriebsratsmitglied gerade in Ausübung seines Amtes in Konflikt mit den arbeitsvertraglichen Pflichten geraten ist. Das Bundesarbeitsgericht spricht in diesem Zusammenhang davon, dass dann an den wichtigen Grund ein „strengerer Maßstab" anzulegen sei.[496] Die **Verschwiegenheitspflicht** als Mitglied des **Aufsichtsrats** (§§ 93 Abs. 1 S. 3, 116 AktG) wird nicht zum Inhalt des Arbeitsverhältnisses. Ein Verstoß hiergegen kann folglich keine Tatsache iSd § 626 Abs. 1 BGB sein. Es greifen ausschließlich Sanktionen des Gesellschaftsrechts wie zB die Abberufung aus dem Aufsichtsrat.[497]

Die Störung des Betriebsfriedens stellt nach der Rechtsprechung etwa in den folgenden **Fällen** einen wichtigen Grund an sich dar:

- aktive Werbung für die Scientology-Organisation während und außerhalb der Arbeitszeit[498] und über Werktelefon und Werkspost,[499]
- Verdacht, eine Arbeitsunfähigkeit vorgetäuscht zu haben,[500]
- Verkauf von Schrott ohne betriebliche Erlaubnis, auch wenn dies mit dem Ziel geschieht, den Erlös der Sozialkasse zuzuführen,[501]
- Erledigung privater Einkäufe und eines Mittagessens ohne korrekte Bedienung der Zeiterfassung,[502]

---

[489] BAG 10.2.1999 – 2 ABR 31/98, AP KSchG 1969 § 15 Nr. 42.
[490] BAG 27.9.2012 – 2 AZR 955/11, NZA 2013, 425 Rn. 39.
[491] BAG 13.5.2015 – 2 ABR 38/14, NZA 2016, 116 Rn. 18.
[492] BAG 16.11.2017 – 2 AZR 14/17, NZA 2018, 240 Rn. 39.
[493] BAG 21.6.1995 – 2 ABR 28/94, AP KSchG 1969 § 15 Nr. 36.
[494] BAG 19.7.2012 – 2 AZR 989/11, NZA 2013, 143 Rn. 39.
[495] BAG 5.11.2009 – 2 AZR 478/08, NZA-RR 2010, 236 Rn. 31.
[496] BAG 19.7.2012 – 2 AZR 989/11, NZA 2013, 143 Rn. 49.
[497] BAG 23.10.2008 – 2 ABR 59/07, NZA 2009, 855 Rn. 20.
[498] LAG Berlin 11.6.1997 – 13 Sa 19/97, NZA-RR 1997, 422 (423).
[499] LAG Rheinland-Pfalz 12.7.1995 – 9 Sa 890/93, KirchE 33, 250.
[500] LAG Berlin 14.8.1998 – 9 TaBV 4/98, BB 1999, 421.
[501] BAG 10.2.1999 – 2 ABR 31/98, NZA 1999, 708 (709).
[502] LAG Rheinland-Pfalz 24.10.2017 – 8 TaBV 19/17, juris, Rn. 51.

- Abgabe einer vorsätzlich falschen eidesstattlichen Versicherung in einem Rechtsstreit mit dem Arbeitgeber,[503]
- monatelange sexuelle Belästigung durch körperliche Berührungen bzw. Bemerkungen sexuellen Inhalts auch ohne vorherige Abmahnung,[504]
- grobe Beleidigungen unter Betriebsratsmitgliedern und Tätlichkeiten zu Lasten von Betriebsratskollegen, wobei im Rahmen der Interessenabwägung zu berücksichtigen ist, ob ein betriebsratsbezogener Hintergrund Anlass hierfür war und dass die Betriebsöffentlichkeit fehlt,[505]
- Weiterleitung vertraulicher Informationen von Missbrauchsopfern an die beschuldigte Person unter Nennung des Namens des Opfers,[506]
- Weitergabe des erkennbar nicht für einen Dritten bestimmten Wortes mittels einer verdeckten, technischen Einrichtung,[507]
- Öffnen der eingehenden, ausgehenden oder der intern versandten Post unter Verletzung des Briefgeheimnisses,[508]
- Aufstellen von bewusst wahrheitswidrigen Tatsachenbehauptungen über den Arbeitgeber, die Vorgesetzten oder Kollegen, insbesondere wenn sie den Tatbestand der üblen Nachrede erfüllen,[509]
- bewusste und gewollte Geschäftsschädigung, die geeignet ist, bei Geschäftspartnern des Arbeitgebers Misstrauen in dessen Zuverlässigkeit hervorzurufen,[510]
- Verstoß gegen ein aus Sicherheitsgründen erlassenes Rauchverbot.[511]

Keinen wichtigen Grund an sich hat die Rechtsprechung in folgenden Fällen erkannt:
- nicht genehmigte Nebentätigkeit als Beisitzer von Einigungsstellen anderer Betriebe des Arbeitgebers,[512]
- Wahlaufruf für die Betriebsratswahl mit der Aussage, der Arbeitgeber betreibe „Mobbing", indem er auf der Grundlage erfundener Sachverhalte willkürliche Abmahnungen und Kündigungen ausspreche.[513]

214 Krankheit als **personenbedingter Kündigungsgrund** kommt im Ergebnis wohl nicht in Betracht. Selbst wenn häufige Kurzerkrankungen oder eine Dauererkrankung vorliegen, kommt es für die Unzumutbarkeit allein auf die fiktive ordentliche Kündigungsfrist an.[514] Bis dahin dürfte jedes durch personenbedingte Gründe belastete Arbeitsverhältnis fortzuführen sein. Auch wenn das Bundesarbeitsgericht zuletzt ausdrücklich offen gelassen hat, ob im Fall einer außerordentlichen personenbedingten Änderungskündigung bei der Prüfung des wichtigen Grundes auf die Länge der fiktiven Kündigungsfrist abzustellen ist oder auf das (voraussichtliche) Ende des Bestandsschutzes,[515] bleibt wohl die fiktive Kündigungsfrist maßgeblich. Eine Abkehr von diesem für die anderen Kündigungsgründe nicht in Frage gestellten Grundsatz ist nicht geboten. Dem Arbeitgeber ist es darüber hinaus regelmäßig zumutbar, das Ende des nachwirkenden Kündigungsschutzes abzuwarten und sodann ordentlich zu kündigen, wenn er das Arbeitsverhältnis mit einem ehemaligen Betriebsratsmitglied personenbedingt beenden will.[516]

---

[503] BAG 24.11.2005 – 2 ABR 55/04, AP BetrVG 1972 § 103 Nr. 55.
[504] LAG Hessen 27.1.2004 – 13 TaBV 113/03, juris, Rn. 35.
[505] LAG Köln 27.10.2005 – 10 (9) Sa 973/05, ZTR 2006, 342 (Ls.).
[506] LAG Hessen 6.7.2011 – 2 TaBV 205/10, juris, Rn. 27.
[507] LAG Baden-Württemberg 9.9.2011 – 17 Sa 16/11, LAGE KSchG § 15 Nr. 23.
[508] BAG 12.5.2010 – 2 AZR 587/08, NZA-RR 2011, 15 Rn. 19.
[509] BAG 18.12.2014 – 2 AZR 265/14, NZA 2015, 797 Rn. 16.
[510] BAG 31.7.2014 – 2 AZR 505/13, NZA 2015, 245 Rn. 41.
[511] BAG 27.9.2012 – 2 AZR 955/11, NZA 2013, 425 Rn. 40.
[512] BAG 13.5.2015 – 2 ABR 38/14, NZA 2016, 116 Rn. 19.
[513] BAG 29.8.2013 – 2 AZR 419/12, NZA 2014, 660 Rn. 40.
[514] BAG 18.2.1993 – 2 AZR 526/92, AP KSchG § 15 Nr. 35; BAG 19.7.2012 – 2 AZR 989/11, NZA 2013, 143 Rn. 49 zur Vertrauensperson der schwerbehinderten Menschen.
[515] BAG 20.3.2014 – 2 AZR 825/12, NZA 2014, 1089 Rn. 21.
[516] BAG 15.3.2001 – 2 AZR 624/99, NZA-RR 2002, 20 (21); aA Ascheid/Preis/Schmidt/*Linck* KSchG § 15 Rn. 129.

Betriebsbedingte Kündigungen kommen außerhalb des Anwendungsbereichs des § 15 **215**
Abs. 4 und 5 KSchG regelmäßig nur als **außerordentliche Änderungskündigungen** in Betracht. Im Rahmen des § 15 Abs. 1 KSchG setzt die Rechtsprechung dafür folgende Bedingungen voraus: Ein wichtiger Grund für eine außerordentliche Änderungskündigung setzt auf Seiten des Kündigenden voraus, dass für ihn die Fortsetzung derjenigen bisherigen Arbeitsbedingungen, deren Änderung er erstrebt, unzumutbar geworden ist, dh dass die vorgesehenen Änderungen für ihn unabweisbar sind; darüber hinaus müssen die neuen Bedingungen dem Gekündigten zumutbar sein; beide Voraussetzungen müssen kumulativ vorliegen.[517] Eine außerordentliche betriebsbedingte Änderungskündigung darf der Arbeitgeber regelmäßig nur mit Auslauffrist aussprechen.[518] Das Bundesarbeitsgericht legt damit gegenüber der Beendigungskündigung einen reduzierten Maßstab an. Es kommt der im Schrifttum geäußerten Kritik entgegen, dass die Rechtsprechung bei Massenänderungskündigungen zu einer nach § 78 BetrVG unzulässigen Bevorzugung der Amtsträger führe und den Schutzzweck des § 15 KSchG überdehne. Nach der Rechtsprechung darf der Arbeitgeber einem Betriebsratsmitglied auch dann nicht ordentlich zum Zwecke der Änderung seines Arbeitsverhältnisses kündigen, wenn gleichzeitig allen anderen Arbeitnehmern des Betriebs oder einer Betriebsabteilung eine derartige Änderungskündigung erklärt wird und der Arbeitgeber die Arbeitsbedingungen des Betriebsratsmitglieds denen der anderen Arbeitnehmer anpassen will (sogenannte **Massen- oder Gruppenänderungskündigung**).[519] Das wäre eine Umgehung des mit § 15 Abs. 1 KSchG beschriebenen besonderen Kündigungsschutzes. § 15 Abs. 4, 5 KSchG erklärt die ordentliche Kündigung nur für besondere betriebliche Situationen für zulässig. Wegen der Besserstellung der Betriebsratsmitglieder wird im Schrifttum teilweise eine teleologische Reduktion des § 15 KSchG gefordert,[520] die die Rechtsprechung aber nicht anerkennt.[521]

b) **Zustimmung des Betriebsrats.** Vom Beginn bis zur Beendigung der Amtszeit (Mitglieder des Betriebsrats etc) sowie von der Bestellung (Wahlvorstandsmitglieder) bzw. von der Aufstellung des Wahlvorschlags (Wahlbewerber) bis zur Bekanntgabe des Wahlergebnisses ist für die Zulässigkeit der Kündigung ferner Voraussetzung, dass die nach § 103 BetrVG erforderliche Zustimmung vorliegt oder durch gerichtliche Entscheidung ersetzt ist (§ 15 Abs. 1 S. 1 bzw. Abs. 3 S. 1 KSchG). Nach § 103 Abs. 1 BetrVG ist die Zustimmung des Betriebsrats notwendig. Der Betriebsrat kann dieses Recht auf den **Betriebsausschuss** (§ 27 Abs. 2 S. 2 BetrVG) als besonderem Ausschuss gemäß § 28 BetrVG übertragen.[522] Verweigert der Betriebsrat einen Beschluss, kann das Arbeitsgericht ihn auf Antrag des Arbeitgebers ersetzen, wenn die außerordentliche Kündigung unter Berücksichtigung aller Umstände gerechtfertigt ist (§ 103 Abs. 2 S. 1 BetrVG). Die Zustimmung des Betriebsrats bzw. die durch Gerichtsentscheidung ersetzte Zustimmung ist Wirksamkeitsvoraussetzung für die Kündigung. Sie muss zwingend vor Kündigungsausspruch vorliegen. Die nachträgliche Zustimmung ist rechtlich bedeutungslos.[523] **216**

aa) *Zustimmungsverfahren.* Der Arbeitgeber muss die Zustimmung innerhalb der Frist **217**
des § 626 Abs. 2 BGB beim Betriebsrat beantragen und ihm die Gründe für die beabsichtigte außerordentliche Kündigung angeben. Will der Arbeitgeber in einem **betriebsratslosen** Betrieb einem Wahlvorstandsmitglied kündigen, muss er analog § 103 Abs. 2 BetrVG die Zustimmung des Arbeitsgerichts zur Kündigung einholen. Die Kündigung ist erst nach Rechtskraft des Zustimmungsbeschlusses zulässig.[524] Soll das Arbeitsverhältnis des **einzigen Betriebsratsmitglieds** gekündigt werden und fehlt ein gewähltes Ersatzmitglied, hat der Arbeitgeber analog § 103 Abs. 2 BetrVG unmittelbar im Beschlussverfahren die Zu-

---

[517] BAG 17.3.2005 – 2 ABR 2/04, AP KSchG 1969 § 15 Nr. 58.
[518] BAG 7.10.2004 – 2 AZR 81/04, NZA 2005, 156 (158).
[519] BAG 9.4.1987 – 2 AZR 279/86, AP KSchG 1969 § 15 Nr. 28.
[520] Richardi BetrVG/*Thüsing* § 78 Rn. 29.
[521] BAG 7.10.2004 – 2 AZR 81/04, NZA 2005, 156 Rn. 14.
[522] BAG 17.3.2005 – 2 AZR 275/04, NZA 2005, 1065 (1066).
[523] BAG 4.3.1976 – 2 AZR 15/75, AP BetrVG 1972 § 103 Nr. 5.
[524] BAG 12.8.1976 – 2 AZR 303/75, AP KSchG 1969 § 15 Nr. 2.

stimmungsersetzung einzuholen. Ein beteiligungsfähiger Betriebsrat existiert in diesem Fall nicht.[525]

218 Nicht nur der Arbeitgeber selbst, sondern auch ein Bevollmächtigter kann das Zustimmungsersuchen beim Betriebsrat stellen. Die entsprechende **Bevollmächtigung** kann dem Betriebsrat allein auf Grund der dem Mitarbeiter eingeräumten besonderen Stellung bekannt sein. Dies ist zB beim Personalleiter der Fall.

> **Praxistipp:**
> Sollen andere „Bevollmächtigte" das Verfahren einleiten, wie zB ein Vertreter des Arbeitgeberverbandes oder ein Rechtsanwalt, so ist dem Ersuchen gemäß § 103 BetrVG eine Vollmacht im Original beizufügen. Das Zustimmungsersuchen ist eine einseitige empfangsbedürftige Willenserklärung, auf die die §§ 164 ff. BGB anwendbar sind. Hierdurch ist dem Betriebsrat die Möglichkeit eröffnet, das Zustimmungsersuchen bei fehlender Vollmacht gemäß § 174 BGB unverzüglich zurückzuweisen. Dies ist auch nach zwei Tagen noch möglich.

219 Über eine **Zurückweisung gemäß § 174 BGB** hat der Betriebsrat einen formgültigen Beschluss zu fassen, den der Betriebsratsvorsitzende ausführt. Der Betriebsratsvorsitzende ist lediglich Vertreter in der Erklärung, nicht jedoch auch in der Willensbildung.[526]

220 Der Betriebsrat ist entsprechend § 102 Abs. 2 S. 3 BetrVG verpflichtet, seine Entscheidung – also die (formlos mögliche) Zustimmung oder Verweigerung – dem Arbeitgeber **unverzüglich**, spätestens innerhalb von drei Tagen (ggf. auch innerhalb einer längeren ihm vom Arbeitgeber eingeräumten Frist) mitzuteilen. Gibt er innerhalb der Frist keine zustimmende Erklärung ab, gilt dies als Verweigerung der Zustimmung.[527]

221 Das Betriebsratsmitglied, dem gekündigt werden soll, ist rechtlich verhindert, an der **Beratung** und Beschlussfassung des Betriebsrats über die Kündigung **teilzunehmen.** Für das betroffene Betriebsratsmitglied ist ein Ersatzmitglied nach § 25 Abs. 1 S. 2 BetrVG zu laden.[528] Ist kein Ersatzmitglied geladen, nimmt vielmehr das betroffene Betriebsratsmitglied an der Beratung über seine eigene Kündigung teil, ist der Betriebsratsbeschluss nichtig. Bereits die bloße Teilnahme des betroffenen Betriebsratsmitglieds an der Beratung, auch ohne eigene Stimmabgabe, führt zur Unwirksamkeit des Beschlusses.[529] Unschädlich ist es dagegen, wenn das betroffene Betriebsratsmitglied Gelegenheit zur Stellungnahme zu den erhobenen Vorwürfen erhält.

222 Die Grundsätze, die das Bundesarbeitsgericht für die Berücksichtigung der Mängel beim **Anhörungsverfahren** nach § 102 BetrVG entwickelt hat (Sphärentheorie), sind auf das Zustimmungsverfahren nach § 103 BetrVG nicht übertragbar, weil die nach § 15 Abs. 1 S. 1 KSchG erforderliche Zustimmung zur Kündigung einen wirksamen Beschluss voraussetzt. Nach den Grundsätzen des Vertrauensschutzes darf der Arbeitgeber regelmäßig auf die Wirksamkeit eines Zustimmungsbeschlusses nach § 103 BetrVG vertrauen, wenn ihm der Vorsitzende des Betriebsrats oder dessen Stellvertreter mitteilt, der Betriebsrat habe die Zustimmung erteilt. Das gilt jedoch nicht, wenn der Arbeitgeber die Tatsachen kennt oder kennen muss, aus denen die Unwirksamkeit des Beschlusses folgt. Eine Erkundigungspflicht besteht insoweit nicht.[530]

223 Der Betriebsrat kann die von ihm verweigerte oder nicht erteilte **Zustimmung** zur beabsichtigten außerordentlichen Kündigung eines Amtsträgers auch noch während eines Verfahrens nach § 103 Abs. 2 BetrVG **nachträglich erteilen,** wenn die Voraussetzungen des § 626 Abs. 1 BGB erfüllt sind. Der Betriebsrat bleibt „Herr" des vom Arbeitgeber eingeleite-

---

[525] BAG 25.4.2018 – 2 AZR 401/17, NZA 2018, 2659 Rn. 8.
[526] LAG Hessen 29.1.1998 – 5 TaBV 122/97, NZA 1999, 878.
[527] BAG 18.8.1977 – 2 ABR 19/77, AP KSchG 1969 § 15 Nr. 10.
[528] BAG 26.8.1981 – 7 AZR 550/79, AP KSchG 1969 § 15 Nr. 14.
[529] BAG 3.8.1999 – 1 ABR 30/98, NZA 2000, 440 (441).
[530] BAG 23.8.1984 – 2 AZR 391/83, AP BetrVG 1972 § 103 Nr. 17.

ten Beschlussverfahrens bis zur Ersetzung der Zustimmung. Durch eine wirksame nachträgliche Zustimmung des Betriebsrats erledigt sich das Beschlussverfahren in der Hauptsache.[531] Der Arbeitgeber muss in diesem Fall die Kündigung gegenüber dem Amtsträger unverzüglich aussprechen, nachdem er von der nachträglichen Zustimmung Kenntnis erlangt hat.[532] Das Zustimmungsverfahren erledigt sich auch dadurch, dass das betreffende Betriebsratsmitglied während des Beschlussverfahrens auf Grund einer Neuwahl aus dem Betriebsrat ausscheidet. Dann ist vor Ausspruch der außerordentlichen Kündigung auf Grund des nachwirkenden Schutzes eine erneute Anhörung des Betriebsrats gemäß § 102 Abs. 1 BetrVG nicht erforderlich. Nach der Rechtsprechung des Bundesarbeitsgerichts gilt die Zustimmungsverweigerung des früheren Betriebsrats nach erfolgter Neuwahl während des Zustimmungsersetzungsverfahrens fort. Hieraus folgt, dass eine Anhörung des neuen Betriebsrats nicht erforderlich ist, weil es hierdurch zu einer Verzögerung der unverzüglich auszusprechenden Kündigung kommt.[533]

Höchstrichterlich geklärt ist, dass es stets auf den Zeitpunkt des **Zugangs** der **Kündigungserklärung** für die Frage ankommt, ob die außerordentliche Kündigung nur mit Zustimmung oder etwa wegen Beendigung der Amtszeit ohne Zustimmung des Betriebsrats ausgesprochen werden kann. Einen Eingriff in die Zusammensetzung des Betriebsrats stellt die Kündigung des Arbeitsverhältnisses eines ordentlichen oder nachgerückten Mitglieds nach dem Bundesarbeitsgericht erst mit ihrem Zugang dar. In dieser Betrachtung liegt auch keine unzumutbare Benachteiligung des Arbeitgebers, der die Veränderung bis zum Zugang der Kündigung unter Umständen nicht vorhersehen kann. Als der die Kündigung Erklärende trägt der Arbeitgeber das Risiko einer Veränderung der maßgeblichen Umstände zwischen Abgabe und Zugang der Kündigungserklärung. Er hat es in der Hand, den Zugang zeitnah sicherzustellen und dadurch das Risiko zu begrenzen.[534] Es ist nicht erforderlich, dass der Arbeitgeber dem zu kündigendem Betriebsratsmitglied zusammen mit der Kündigung die Zustimmungserklärung schriftlich vorlegt.[535]

Formulierungsvorschlag:
Antrag auf Zustimmung des Betriebsrats zur fristlosen Kündigung eines Betriebsratsmitglieds

An den Betriebsrat ......
zu Händen der/des Vorsitzenden ......

Sehr geehrte(r) ......,

das Unternehmen beabsichtigt, das mit Herrn/Frau ...... bestehende Arbeitsverhältnis aus wichtigem Grund fristlos aufzukündigen.

Herr/Frau ...... ist Vorarbeiter/in in der elektrotechnischen Abteilung. Er/Sie wurde am ...... dabei beobachtet, dass er/sie auf dem Betriebsgelände gelagerte, ausgemusterte Elektromotoren (Elektroschrott) am ...... an den Schrotthändler ...... veräußert hat. Dazu hatte er/sie keine betriebliche Erlaubnis.

Dieser Schrott sollte vielmehr am ...... vom Schrotthändler ...... abgeholt werden. Als Kaufpreis waren ...... Euro vereinbart.

Herr/Frau ...... hat eigenmächtig gegen die Interessen des Betriebes gehandelt. Wir sehen hierdurch den Tatbestand eines Eigentumsdelikts als erfüllt an. Strafanzeige ist erstattet. Obwohl Herr/Frau ...... im Gespräch vom ...... versichert hat, den Erlös nicht für sich behalten sondern der Freud- und Leidkasse zugeführt zu haben, sind wir der Auffassung, dass diese Eigenmächtigkeit einen betriebswirtschaftlichen Nachteil hervorgerufen hat. Wir haben jegliches Vertrauen in die Rechtschaffenheit von Herrn/Frau ...... verloren. Eine Weiterbeschäftigung ist uns nicht zumutbar.

Eine Abmahnung ist unseres Wissens nicht notwendig. Uns kann auch nicht entgegen gehalten werden, dass mit der beabsichtigten Entscheidung eine fünfköpfige Familie notleidend wird. Da

---

[531] BAG 23.6.1993 – 2 ABR 58/92, AP ArbGG 1979 § 83a Nr. 2.
[532] BAG 17.9.1981 – 2 AZR 402/79, AP BetrVG 1972 § 103 Nr. 14.
[533] BAG 8.6.2000 – 2 AZN 276/00, AP BetrVG 1972 § 103 Nr. 41.
[534] BAG 27.9.2012 – 2 AZR 955/11, NZA 2013, 425 Rn. 24.
[535] BAG 4.3.2004 – 2 AZR 147/03, AP BetrVG 1972 § 103 Nr. 50.

> Herr/Frau ...... Mitglied des Betriebsrats ist, kann er/sie ohne Zustimmung dieses Gremiums nicht entlassen werden. Wir beantragen deshalb ausdrücklich, die Zustimmung des Betriebsrats innerhalb der gesetzlich vorgeschriebenen Frist zu erteilen.
>
> ......
> (Arbeitgeber)

226 **bb) Zustimmungsersetzungsverfahren.** Der Zeitraum, der dem Betriebsrat für seine Entscheidung über den Zustimmungsantrag zur Verfügung steht, hemmt nicht den Ablauf der Frist nach § 626 Abs. 2 BGB. Der Arbeitgeber muss deshalb innerhalb dieser **Frist** nicht nur den Antrag beim Betriebsrat stellen, sondern bei ausdrücklicher oder wegen Fristablaufs zu unterstellender Verweigerung der Zustimmung auch noch das Ersetzungsverfahren nach § 103 Abs. 2 BetrVG beim Arbeitsgericht einleiten.[536]

> **Praxistipp:**
> Ein Arbeitgeber sollte spätestens zehn Tage nach Kenntnis der Tatsachen beim Betriebsrat die Zustimmung zu der Kündigung beantragen. Nur dann hat er nach Ablauf von drei weiteren Tagen noch die Möglichkeit, einen Zustimmungsersetzungsantrag beim Arbeitsgericht zu stellen.[537]

227 Nur mit einem zulässigen Zustimmungsersetzungsantrag nach § 103 Abs. 2 BetrVG wahrt der Arbeitgeber die Ausschlussfrist des § 626 Abs. 2 BGB.[538] Der **Zustimmungsersetzungsantrag** ist unheilbar unwirksam, wenn er unter der Bedingung gestellt wird, dass der Betriebsrat die Zustimmung zu der beabsichtigten Kündigung verweigert. Auch ein vor der Entscheidung des Betriebsrats gestellter unbedingter (vorsorglicher) Ersetzungsantrag ist unzulässig und wird nicht mit der Zustimmungsverweigerung zulässig. Ein Zustimmungsersetzungsantrag ist auch unzulässig, sofern der Arbeitgeber zunächst nur die Zustimmung des Betriebsratsvorsitzenden erhält, vor Ablauf von drei Tagen kündigt und nun wegen rechtlicher Bedenken eine weitere Kündigung aussprechen will. In dieser Situation muss der Arbeitgeber das Verfahren gemäß § 103 Abs. 1 BetrVG vollständig neu einleiten.[539]

> **Praxistipp:**
> Ein vor der Zustimmungsverweigerung des Betriebsrats gestellter Zustimmungsersetzungsantrag ist – wie oben angesprochen – unzulässig; er wird nicht dadurch zulässig, dass nachträglich die Zustimmung des Betriebsrats zu der beabsichtigten Kündigung beantragt wird. Hierdurch kann der Arbeitgeber auf gar keinen Fall die Frist des § 626 Abs. 2 BGB einhalten.

228 Scheidet das Betriebsratsmitglied vor der Ersetzung der fehlenden Zustimmung des Betriebsrats zu seiner Kündigung aus dem Betrieb aus, so wird damit das auf Zustimmungsersetzung gerichtete Beschlussverfahren **gegenstandslos**.[540] Hält der Arbeitgeber trotz der Erledigung des Beschlussverfahrens durch den Wegfall des Sonderkündigungsschutzes bzw. durch die Beendigung des Arbeitsverhältnisses seinen Antrag auf Zustimmungsersetzung aufrecht, so weist ihn das Arbeitsgericht als unzulässig ab, weil für ihn kein Rechtsschutzbedürfnis mehr besteht. Der Arbeitgeber ist nunmehr berechtigt, die Kündigung auch ohne

---

[536] BAG 24.10.1996 – 2 AZR 3/96, NZA 1997, 371.
[537] Ascheid/Preis/Schmidt/*Linck* BetrVG § 103 Rn. 22.
[538] BAG 24.10.1996 – 2 AZR 3/96, AP BetrVG 1972 § 103 Nr. 32; BAG 7.5.1986 – 2 ABR 27/85, AP BetrVG 1972 § 103 Nr. 18.
[539] Ascheid/Preis/Schmidt/*Linck* BetrVG § 103 Rn. 28.
[540] BAG 24.11.2005 – 2 ABR 55/04, AP BetrVG 1972 § 103 Nr. 55 Rn. 15.

Zustimmung des Betriebsrats auszusprechen.[541] Wird das betroffene Betriebsratsmitglied bei einer Neuwahl nur zum Ersatzmitglied gewählt und rückt später für ein ausscheidendes Mitglied nach, so kann das noch nicht beendete Zustimmungsersetzungsverfahren nicht fortgesetzt werden. Der Antrag bleibt weiterhin unzulässig.[542]

> **Formulierungsvorschlag:**
> **Antrag auf Einleitung des Beschlussverfahrens zur Ersetzung der fehlenden Zustimmung des Betriebsrats**
>
> An das Arbeitsgericht ……
>
> Antrag auf Einleitung des Beschlussverfahrens zur Ersetzung der fehlenden Zustimmung des Betriebsrats zur beabsichtigten Kündigung des/der Betriebsratsmitglieds ……
>
> Das Unternehmen beabsichtigt, das mit Herrn/Frau …… bestehende Arbeitsverhältnis aus wichtigem Grund fristlos aufzukündigen.
>
> Herr/Frau …… ist Vorarbeiter/in in der elektrotechnischen Abteilung. Er/Sie wurde am …… dabei beobachtet, dass er/sie auf dem Betriebsgelände gelagerte, ausgemusterte Elektromotoren (Elektroschrott) am …… an den Schrotthändler …… veräußert hat. Dazu hatte er/sie keine betriebliche Erlaubnis. Dieser Schrott sollte vielmehr am …… vom Schrotthändler …… abgeholt werden. Als Kaufpreis waren …… Euro vereinbart. Herr/Frau …… hat eigenmächtig gegen die Interessen des Betriebes gehandelt. Wir sehen hierdurch den Tatbestand eines Eigentumsdelikts als erfüllt an. Strafanzeige ist erstattet. Obwohl Herr/Frau …… im Gespräch vom …… versichert hat, den Erlös nicht für sich behalten sondern der Freud- und Leidkasse zugeführt zu haben, sind wir der Auffassung, dass diese Eigenmächtigkeit einen betriebswirtschaftlichen Nachteil hervorgerufen hat. Wir haben jegliches Vertrauen in die Rechtschaffenheit von Herrn/Frau …… verloren. Eine Weiterbeschäftigung ist uns nicht zumutbar. Eine Abmahnung ist unseres Wissens nicht notwendig. Uns kann auch nicht entgegen gehalten werden, dass mit der beabsichtigten Entscheidung eine fünfköpfige Familie notleidend wird.
>
> Da Herr/Frau …… Mitglied des Betriebsrats ist, kann er/sie ohne Zustimmung dieses Gremiums nicht entlassen werden. Wir beantragten deshalb mit beim Betriebsrat am …… eingegangenem Schreiben vom ……, die Zustimmung des Betriebsrats innerhalb der gesetzlich vorgeschriebenen Frist zu erteilen. Obwohl diese Frist inzwischen verstrichen ist, liegt uns die erforderliche Zustimmung nicht vor. Wir gehen davon aus, dass der Betriebsrat die gesetzlich vorgeschriebene Zustimmung zu Unrecht verweigert und beantragen deshalb die gerichtliche Ersetzung.
>
> ……
> (Arbeitgeber)

In dem Beschlussverfahren ist zu prüfen, ob die beabsichtigte Kündigung aus einem **wichtigen Grund** gerechtfertigt ist. Ob der Betriebsrat bei seinem ablehnenden Beschluss einen Ermessens- oder Beurteilungsspielraum überschritten hat, ist unerheblich.[543] Maßgeblicher Beurteilungszeitpunkt für die Wirksamkeit der auszusprechenden Kündigung ist die letzte mündliche Tatsachenverhandlung. Der Arbeitgeber kann während des Zustimmungsersetzungsverfahrens noch **neue Tatsachen nachschieben.** Die Befugnis des Arbeitgebers reicht hier weiter als beim Anhörungsverfahren nach § 102 BetrVG, da noch keine Kündigung ausgesprochen ist: Er kann auch Umstände vorbringen, die erst im Laufe des Verfahrens bis zu dessen rechtskräftigem Abschluss eintreten oder ihm bekannt werden. Da das Verfahren dem betrieblichen Zustimmungsverfahren nachgeordnet ist, muss der Arbeitgeber aber dem Betriebsrat zuvor Gelegenheit geben, seine Stellungnahme im Lichte der neuen Tatsachen zu überprüfen. Die Behandlung neuer Gründe durch den Betriebsrat wird nicht dadurch ersetzt, dass der Vorsitzende des Betriebsrats durch Teilnahme am Beschlussverfahren davon erfährt.[544] Verweigert der Betriebsrat die Zustimmung nach § 103 Abs. 1 BetrVG, kann der

---

[541] BAG 16.11.2017 – 2 AZR 14/17, NZA 2018, 240 Rn. 33.
[542] LAG München 14.9.2005 – 10 TaBV 11/04, juris, Rn. 106.
[543] BAG 16.11.2017 – 2 AZR 14/17, NZA 2018, 240 Rn. 39.
[544] BAG 23.4.2008 – 2 ABR 71/07, NZA 2008, 1081 Rn. 27.

Arbeitgeber die neuen Gründe in dem Zustimmungsersetzungsverfahren vorbringen. Er muss den Betriebsrat innerhalb der Zwei-Wochen-Frist des § 626 Abs. 2 BGB über die neuen Kündigungsgründe unterrichten.[545] Damit scheiden aus zeitlichen Gründen in der Regel Sachverhalte als nachgeschobene Tatsachen aus, die der Arbeitgeber bei Einleitung des Zustimmungsersetzungsverfahrens bereits kannte.[546] Der Arbeitgeber muss die neuen Gründe nicht innerhalb von zwei Wochen nach Bekanntwerden in das gerichtliche Zustimmungsersetzungsverfahren einführen.[547]

231 Im Zustimmungsersetzungsverfahren prüft das Gericht alle Gründe für die Unwirksamkeit der beabsichtigten Kündigung. Nach Rechtskraft ist es deshalb ausgeschlossen, dass sich der Amtsträger auf Kündigungshindernisse beruft, die er schon im Ersetzungsverfahren hätte einwenden können.[548] Wegen dieser Bindungswirkung ist der im Zustimmungsersetzungsverfahren gemäß § 83 Abs. 1 S. 1 ArbGG zu beachtende **Amtsermittlungsgrundsatz** zu **modifizieren**. Die Pflicht zur Amtsermittlung darf weder zu einer Bevorzugung noch zu einer Benachteiligung des Betriebsratsmitglieds führen. Im Individualprozess muss der Kündigende die Voraussetzungen für die Unzumutbarkeit der Weiterbeschäftigung darlegen und beweisen. Bleiben diese Voraussetzungen streitig und kann vom Gericht weder durch weitere Sachverhaltsaufklärung noch durch Würdigung der vorgetragenen oder sonst ermittelten Tatsachen oder durch eine Beweisaufnahme die Richtigkeit der einen oder der anderen Behauptung festgestellt werden, gehen im Regelfall Zweifel an der Erweislichkeit einer Tatsache zulasten des Arbeitgebers.[549]

232 Der Arbeitgeber kann dem Betriebsratsmitglied grundsätzlich erst dann wirksam außerordentlich kündigen, sobald der Beschluss über die Ersetzung der verweigerten Zustimmung **rechtskräftig** oder **unanfechtbar** ist. Das Bundesarbeitsgericht nahm in einem Urteil aus dem Jahr 1979 an, dass eine frühere Kündigung zulässig sei, wenn sich aus den Gründen der zugestellten Entscheidung ergebe, dass eine Nichtzulassungsbeschwerde offensichtlich unstatthaft sei.[550] Derartige Fälle dürfte es heute kaum mehr geben, da die Nichtzulassungsbeschwerde inzwischen auch gemäß § 72a Abs. 3 Nr. 1 ArbGG auf die grundsätzliche Bedeutung einer Rechtssache gestützt werden kann.[551] In jedem Fall kann der Arbeitgeber aus Gründen der Rechtssicherheit die Rechtskraft abwarten.[552] Eine vor Rechtskraft des Beschlusses ausgesprochene Kündigung ist – abgesehen vom Fall der offensichtlich unstatthaften Nichtzulassungsbeschwerde – nicht nur schwebend unwirksam, sondern unheilbar nichtig.[553] Spricht der Arbeitgeber dennoch im Laufe des Ersetzungsverfahrens eine Kündigung aus, bevor die formelle Rechtskraft des die Zustimmung ersetzenden Beschlusses eintritt, erledigt sich zugleich das Zustimmungsersetzungsverfahren. Will der Arbeitgeber dennoch kündigen, so muss er erneut ein Zustimmungsersetzungsverfahren einleiten.[554]

233 Im Zustimmungsverfahren ist das betroffene **Betriebsratsmitglied** (notwendiger) **Beteiligter** (§ 103 Abs. 2 S. 2 BetrVG). Ersetzt das Gericht gemäß § 103 Abs. 2 BetrVG die vom Betriebsrat verweigerte Zustimmung zur außerordentlichen Kündigung, so kann das betroffene Betriebsratsmitglied hiergegen statthafte Rechtsmittel (Beschwerde bzw. zugelassene Rechtsbeschwerde; § 87 Abs. 1, §§ 92, 92a ArbGG) auch dann einlegen, wenn der Betriebsrat die gerichtliche Entscheidung hinnimmt.[555]

234 Die **Klage auf Feststellung der Unwirksamkeit** der außerordentlichen Kündigung ist auch dann zulässig, wenn die Zustimmung nach § 103 Abs. 2 BetrVG bereits rechtskräftig ersetzt

---

[545] BAG 27.5.1975 – 2 ABR 125/74, AP BetrVG 1972 § 103 Nr. 4.
[546] Ascheid/Preis/Schmidt/*Linck* BetrVG § 103 Rn. 26.
[547] BAG 22.8.1974 – 2 ABR 17/74, AP BetrVG 1972 § 103 Nr. 1.
[548] → 234.
[549] LAG Hamm 12.7.2016 – 7 TaBV 3/16, RDG 2017, 20; LAG Düsseldorf 7.1.2004 – 12 TaBV 69/03, LAGReport 2004, 137; ErfK/*Koch* ArbGG § 83 Rn. 5.
[550] BAG 25.1.1979 – 2 AZR 983/77, AP BetrVG 1972 § 103 Nr. 12.
[551] LAG Niedersachsen 22.1.2010 – 10 Sa 424/09, LAGE BetrVG 2001 § 103 Nr. 10.
[552] BAG 9.7.1998 – 2 AZR 142/98, AP BetrVG 1972 § 103 Nr. 36.
[553] BAG 9.7.1998 – 2 AZR 142/98, AP BetrVG 1972 § 103 Nr. 36.
[554] BAG 9.7.1998 – 2 AZR 142/98, AP BetrVG 1972 § 103 Nr. 36.
[555] BAG 10.12.1992 – 2 ABR 32/92, AP ArbGG 1979 § 87 Nr. 4.

worden ist. Mit der rechtskräftigen Ersetzung hat das Gericht jedoch zugleich die für den Kündigungsschutzprozess im Grundsatz bindende Feststellung getroffen, dass die außerordentliche Kündigung unter Berücksichtigung aller Umstände gerechtfertigt ist. Wegen dieser **Präklusionswirkung** kann der Arbeitnehmer im Prozess die unrichtige Entscheidung der Vorfrage nur dann geltend machen, wenn er neue Tatsachen vorträgt, die das Gericht im Beschlussverfahren noch nicht berücksichtigen konnte.[556] Hieraus folgt, dass sich der Mandatsträger nicht mehr auf Kündigungshindernisse berufen kann, die er schon im Zustimmungsverfahren hätte einwenden können. Dies gilt allerdings nicht für solche Kündigungshindernisse, die wie zB die fehlende Zustimmung der zuständigen Stelle zur Kündigung eines schwerbehinderten Menschen noch nach Abschluss des Verfahrens beseitigt werden können. Auch die erst nachträglich mit Rückwirkung festgestellte Schwerbehinderung ist als neue Tatsache im Kündigungsschutzprozess berücksichtigungsfähig.[557] Der Arbeitnehmer kann sich auch darauf berufen, dass der Arbeitgeber nach Abschluss des Zustimmungsersetzungsverfahrens zu lange gewartet hat, bis er die Kündigung erklärt hat.[558] Der Mandatsträger kann die Bindungswirkung nicht dadurch umgehen, dass er sein Amt niederlegt, bevor der bereits ergangene Zustimmungsersetzungsbeschluss rechtskräftig wird. Zwar wird das Zustimmungsersetzungsverfahren dadurch gegenstandslos. Mit dem ergangenen Zustimmungsersetzungsbeschluss ist die Hauptsache in der jeweiligen Instanz aber endgültig entschieden.[559]

> **Praxistipp:**
> Der Mandatsträger sollte das Zustimmungsersetzungsverfahren sorgfältig führen und seine Einwände substantiiert in das Verfahren einbringen. Wenn der Betriebsrat die Zustimmungsersetzung durch das Gericht akzeptiert, sollte er überlegen, selbst Rechtsmittel einzulegen. Im Kündigungsschutzverfahren ist der Prüfungsumfang deutlich begrenzt.

Gleiches gilt im umgekehrten Fall. Wurde im Zustimmungsersetzungsverfahren rechtskräftig entschieden, dass die vom Arbeitgeber vorgebrachten Gründe eine außerordentliche Kündigung nicht rechtfertigen, so ist hieran das Arbeitsgericht in einem nachfolgenden Zustimmungsersetzungsverfahren, das auf dieselben Gründe gestützt wird, gebunden. Diese **Bindungswirkung** tritt nur dann nicht ein, wenn der Arbeitgeber seinen erneuten Antrag gemäß § 103 Abs. 2 S. 1 BetrVG mit neuen Tatsachen begründet, die einen wichtigen Grund iSd § 626 Abs. 1 BGB darstellen sollen. Hierfür reicht allerdings eine zwischenzeitlich erfolgte, noch nicht rechtskräftige Verurteilung des Betriebsratsmitglieds nicht aus, sofern dem Zustimmungsersetzungsverfahren eine vom Arbeitgeber beabsichtigte Tatkündigung zugrunde lag.[560]

Die rechtskräftige Ersetzung der vom Betriebsrat verweigerten Zustimmung zu einer außerordentlichen Kündigung entfaltet keine Bindungswirkung hinsichtlich des Kündigungsgrundes für einen späteren Kündigungsschutzprozess, in dem der Arbeitnehmer die Sozialwidrigkeit einer auf denselben Sachverhalt gestützten **ordentlichen Kündigung** geltend macht. Die im Beschluss des Gerichts inzident enthaltene Entscheidung über das Vorliegen eines wichtigen Grundes nimmt nicht an der Rechtskraft teil. Mit dem Ausspruch der außerordentlichen Kündigung ist die Wirkung des Beschlusses gemäß § 103 Abs. 2 BetrVG verbraucht. Die Rechtswirksamkeit einer nachfolgenden Kündigung muss eigenständig überprüft werden.[561]

---

[556] BAG 25.4.2018 – 2 AZR 401/17, NZA 2018, 1087 Rn. 10.
[557] BAG 11.5.2000 – 2 AZR 276/99, AP BetrVG 1972 § 102 Nr. 42.
[558] BAG 25.4.2018 – 2 AZR 401/17, NZA 2018, 1087 Rn. 18.
[559] BAG 16.11.2017 – 2 AZR 14/17, NZA 2018, 240 Rn. 33.
[560] LAG Düsseldorf 4.9.1998 – 11 TaBV 44/98, AiB 1999, 470.
[561] BAG 15.8.2002 – 2 AZR 214/01, AP BetrVG 1972 § 103 Nr. 48.

> **Formulierungsvorschlag: Antrag auf gerichtliche Zustimmung zur beabsichtigten fristlosen Kündigung von Wahlbewerbern/Mitgliedern des Wahlvorstands**
>
> 237 An das Arbeitsgericht ......
>
> Der/Die Wahlbewerber(in)/das Walvorstandsmitglied ...... geb. am ...... ist seit dem ...... als ...... im Unternehmen tätig. Er/Sie ist verheiratet und Vater/Mutter von 3 Kindern. Für die laufende Betriebsratswahl hat er/sie sich als Bewerber(in) aufstellen lassen. Er/Sie ist gleichzeitig Mitglied des Wahlvorstands. Aufgrund des Wahlausschreibens vom ...... soll die Wahl am ...... durchgeführt werden.
>
> Dem Betrieb ist es nicht zuzumuten, diesen Arbeitnehmer/diese Arbeitnehmerin weiter zu beschäftigen. Während der Abteilungsversammlung vom ...... hat er/sie Vertreter seines/ihres Arbeitgebers grob beleidigt. Er/Sie hat diese als Ausbeuter und Sklaventreiber beschimpft. Er/Sie hat diesen zugleich völlig zu Unrecht vorgeworfen, fortlaufend gegen zwingende gesetzliche und tarifliche Bestimmung zu verstoßen. Er/Sie hat zugleich wahrheitswidrig behauptet, der vor Jahren gewählte Betriebsrat sei nur deshalb übereinstimmend zurückgetreten, weil der Betrieb ihn bei der Wahrnehmung seiner Aufgaben unzulässig behindert habe. All diese Vorwürfe sind haltlos.
>
> Da der frühere Betriebsrat am ...... geschlossen seinen Rücktritt erklärt hatte und nach drei Jahren erstmals ein Betriebsrat wieder gewählt werden soll, ist analog zu § 103 Abs. 2 BetrVG die Zustimmung des Arbeitsgerichts zur Kündigung von Herrn/Frau ...... einzuholen. Das angerufene Arbeitsgericht ist örtlich zuständig. Wir beantragen die zeitnahe Anberaumung eines Termins zur Anhörung der Beteiligten.
>
> ......
> (Arbeitgeber)

238 Gemäß § 103 Abs. 3 S. 1 BetrVG ist auch in bestimmten Fällen der **Versetzung** eines Betriebsratsmitglieds die Zustimmung des Betriebsrats einzuholen. Diese Norm erweitert das Zustimmungserfordernis auf Versetzungen von Betriebsratsmitgliedern – nicht jedoch Ersatzmitgliedern –, sobald die Versetzung zum Amtsverlust oder zum Verlust der Wählbarkeit führen würde. Das Arbeitsgericht kann die fehlende Zustimmung ersetzen, wenn die Versetzung auch unter Berücksichtigung der betriebsverfassungsrechtlichen Stellung des betroffenen Arbeitnehmers aus dringenden betrieblichen Gründen notwendig ist, § 103 Abs. 3 S. 2 BetrVG. Das Zustimmungserfordernis entfällt jedoch gemäß § 103 Abs. 3 S. 1 Hs. 2 BetrVG, wenn der betroffene Arbeitnehmer mit der Versetzung einverstanden ist.

239 Das Zustimmungsverfahren gemäß § 103 BetrVG ist in **Tendenzbetrieben** ausgeschlossen, wenn das Betriebsratsmitglied als Tendenzträger aus tendenzbedingten Kündigungsgründen entlassen werden soll. Bei diesem Sachverhalt entfällt zwar das Zustimmungserfordernis. Der Arbeitgeber ist jedoch in jedem Fall gehalten – auch bei tendenzbezogenen Kündigungsgründen – den Betriebsrat gemäß § 102 BetrVG anzuhören.[562]

240 *cc) Ausschlussfrist.* Auch bei der außerordentlichen Kündigung des Betriebsratsmitglieds muss der Arbeitgeber grundsätzlich die Kündigungserklärungsfrist des **§ 626 Abs. 2 BGB** einhalten. Das Zustimmungsverfahren des § 103 Abs. 1 BetrVG verlängert diese Frist nicht. Da es dem Arbeitgeber nicht immer möglich ist, die Frist einzuhalten, genügt zur Wahrung der Kündigungserklärungsfrist bei Untätigkeit des Betriebsrats und bei verweigerter Zustimmung die Einleitung des Zustimmungsersetzungsverfahrens innerhalb der Frist bei dem zuständigen Arbeitsgericht. Die Rechtsprechung wendet § 174 Abs. 5 SGB IX analog an. Die Kündigung kann dann nach Ablauf der Frist des § 626 Abs. 2 BGB erfolgen, wenn sie **unverzüglich** nach der rechtskräftigen gerichtlichen Entscheidung über die Ersetzung der Zustimmung erklärt wird. Endet der Sonderkündigungsschutz des Amtsträgers während des laufenden Zustimmungsersetzungsverfahrens, muss der Arbeitgeber die Kündigung unverzüglich aussprechen, nachdem er Kenntnis von der Beendigung des Sonderkündigungsschutzes erlangt hat.[563]

---

[562] BAG 28.8.2003 – 2 ABR 48/02, AP BetrVG 1972 § 103 Nr. 49.
[563] BAG 16.11.2017 – 2 AZR 14/17, NZA 2018, 240 Rn. 46.

3. Zulässigkeit der ordentlichen Kündigung

a) Voraussetzungen. Die ordentliche Kündigung nach § 15 Abs. 4 und 5 KSchG setzt die Stilllegung des Betriebs oder der Betriebsabteilung voraus. Bei § 15 Abs. 4 KSchG ist über den Wortlaut hinaus zu berücksichtigen, dass die Kündigung eines Amtsträgers nur gerechtfertigt ist, wenn keine Weiterbeschäftigungsmöglichkeit in einem anderen Betrieb des Unternehmens besteht.[564] Dieses Ergebnis folgt aus einer teleologischen Reduktion.[565] Die ordentliche Kündigung ist auch dann nichtig, wenn zwar ein wichtiger Grund vorliegt, aber der Arbeitgeber eine außerordentliche Kündigung unterlassen und nur ordentlich gekündigt hat.[566] Auch in der **Insolvenz** können Betriebsratsmitglieder nur in den Grenzen des § 15 Abs. 1 KSchG oder des § 15 Abs. 4, 5 KSchG gekündigt werden. § 125 InsO ist nicht Rechtsgrundlage für eine Kündigung des Insolvenzverwalters. Diese Bestimmung ist ausschließlich lex specialis zu § 1 KSchG und § 626 Abs. 1 BGB.[567]

aa) Stilllegung des Betriebes. Im Rahmen des § 15 Abs. 4 KSchG gilt der von der Rechtsprechung entwickelte **Betriebsbegriff**. Der Betrieb ist demnach eine organisatorische Einheit, innerhalb derer der Arbeitgeber mit seinen Arbeitnehmern durch Einsatz technischer und immaterieller Mittel bestimmte arbeitstechnische Zwecke fortgesetzt verfolgt, die sich nicht in der Befriedigung von Eigenbedarf erschöpfen.[568] Die Grundsätze über das Vorliegen eines **gemeinsamen Betriebs**[569] gelten auch für die Kündigung von Mitgliedern der Betriebsverfassungsorgane wegen Stilllegung des Betriebs oder einer Betriebsabteilung nach § 15 Abs. 4 bzw. 5 KSchG.[570]

Der Betrieb ist stillgelegt, wenn nach Einstellung der Produktion und Aufkündigung der Arbeitsverhältnisse die Betriebs- und Produktionsgemeinschaft dauerhaft – zumindest für einen längeren, wirtschaftlich nicht unerheblichen Zeitraum – aufgelöst ist.[571] Die **Betriebsstilllegung** ist auch zu unterstellen, wenn im Kündigungszeitpunkt davon auszugehen ist, dass eine evtl. Wiederaufnahme der Produktion erst nach einem längeren Zeitraum erfolgen kann und die Überbrückung dieses Zeitraumes mit weiteren Vergütungszahlungen nicht zugemutet werden kann.[572]

Von der Stilllegung des Betriebes, dh der endgültigen Zerschlagung der betrieblichen Organisation, ist die Spaltung iSd §§ 123 ff. UmwG abzugrenzen. Zu unterscheiden sind die Aufspaltung und die Abspaltung. Während bei der Aufspaltung die Vermögensteile als Gesamtheit auf schon bestehende oder auf neu gegründete Rechtsträger – bei gleichzeitiger Auflösung der früheren Gesellschaft – übertragen werden und hierdurch die wirtschaftliche Gesamtheit erhalten bleibt, wird bei der Abspaltung diese Gesamtheit aufgelöst und werden Teile der Gesamtheit auf bestehende bzw. neu gegründete Rechtsträger übertragen.

Von der endgültigen Stilllegung des Betriebes ist darüber hinaus der **Betriebsübergang** abzugrenzen, der bis zum Auslaufen der Kündigungsfrist verabredet werden kann und gemäß § 613a Abs. 1 BGB den Fortbestand des Arbeitsverhältnisses bewirkt. Mit der Feststellung eines Betriebsübergangs entfallen die dringenden betrieblichen Erfordernisse iSd § 1 Abs. 2 S. 1 KSchG, die einer Weiterbeschäftigung des Arbeitnehmers auf Dauer entgegenstehen könnten. In Übereinstimmung mit der Rechtsprechung des EuGH stellt das Bundesarbeitsgericht auf die Übertragung der wirtschaftlichen Einheit bei Wahrung von deren Identität ab. Der Begriff „Einheit" bezieht sich auf eine organisierte Gesamtheit von Personen und Sachen zur Ausübung einer wirtschaftlichen Tätigkeit mit eigener Zielsetzung. Diese Identität ergibt sich ua aus dem Personal, deren Fähigkeiten, den Führungskräften, der Arbeitsorganisation, den Betriebsmethoden, aus den materiellen Betriebsmitteln wie Gebäuden, Maschinen, Werkzeugen

---

[564] BAG 22.9.2005 – 2 AZR 544/04, NZA 2006, 558 Rn. 31.
[565] Ascheid/Preis/Schmidt/*Linck* KSchG § 15 Rn. 171.
[566] BAG 12.2.2004 – 2 AZR 163/03, AP KSchG § 15 Nr. 1.
[567] BAG 17.11.2005 – 6 AZR 118/05, NZA 2006, 370 Rn. 17.
[568] → § 43 Rn. 63.
[569] → § 43 Rn. 65.
[570] BAG 5.3.1987 – 2 AZR 623/85, AP KSchG 1969 § 15 Nr. 30.
[571] BAG 28.5.2009 – 8 AZR 273/08, NZA 2009, 1267 Rn. 29.
[572] BAG 21.6.2001 – 2 AZR 137/00, AP KSchG 1969 § 15 Nr. 50.

oder Einrichtungsgegenständen, beweglichen Gütern, aus dem Wert der immateriellen Aktiva und eines etwaigen Übergangs der Kundschaft. Der Betriebsübergang ist abzugrenzen von der reinen Funktionsnachfolge als bloße Weiterführung einer Tätigkeit.[573]

246 *bb) Stilllegung einer Betriebsabteilung.* Eine **Betriebsabteilung** iSd § 15 Abs. 5 S. 1 KSchG ist ein räumlich und organisatorisch abgegrenzter Teil des Betriebs, der eine personelle Einheit erfordert, dem eigene technische Betriebsmittel zur Verfügung stehen und der einen eigenen Betriebszweck verfolgt, auch wenn dieser in einem bloßen Hilfszweck für den arbeitstechnischen Zweck des Gesamtbetriebs besteht.[574] Beispiele sind etwa die Stepperei in einer Schuhfabrik, die Buchdruckerei in einer chemischen Fabrik oder die Kartonageabteilung einer Zigarettenfabrik.[575]

247 Die ordentliche Kündigung ist im Falle der Stilllegung ausdrücklich nur das letzte Mittel. Beschäftigt der Arbeitgeber dort eine der in den Absätzen 1 bis 3a genannten Personen, so muss er sie primär in eine andere Betriebsabteilung **übernehmen** (§ 15 Abs. 5 KSchG). Dies soll auch gelten, wenn ein Betriebsratsmitglied einem Teilbetriebsübergang gemäß § 613a Abs. 6 S. 1 BGB mit der Begründung widerspricht, sein Betriebsratsamt im alten Betrieb weiter ausüben zu wollen.[576] Der Arbeitgeber muss ggf. einen geringerwertigen Arbeitsplatz für das Betriebsratsmitglied **freikündigen**. Kann der Arbeitgeber das Betriebsratsmitglied zu ansonsten unveränderten Bedingungen auf einem freien Arbeitsplatz in einer anderen Betriebsabteilung weiterbeschäftigen, ist er grundsätzlich nicht verpflichtet, einen örtlich näher gelegenen und deshalb das Betriebsratsmitglied weniger belastenden Arbeitsplatz freizukündigen.[577] Es besteht auch keine Verpflichtung, dem von der Stilllegung einer Betriebsabteilung betroffenen Betriebsratsmitglied zur Vermeidung der Kündigung die Beschäftigung auf einem **höherwertigen** Arbeitsplatz anzubieten.[578] Der Mandatsträger ist darlegungspflichtig dafür, wie er sich im Hinblick auf seine Qualifikation seine Weiterbeschäftigung vorstellt.[579] Die Kontinuität des Betriebsratsamts muss oberstes Gebot bleiben. Deshalb scheiden grundsätzlich solche Änderungen aus, die zu einem Ausscheiden des Betriebsratsmitglieds aus dem Betrieb führen würden. Die Versetzung des Betriebsratsmitglieds in einen anderen Betrieb des Unternehmens muss der Arbeitgeber nur dann anbieten, wenn eine zumutbare Weiterbeschäftigung im Betrieb selbst nicht möglich ist. Die gesetzliche Übernahmepflicht gilt ohne Einschränkung auch für Wahlbewerber[580] und Wahlvorstandsmitglieder.[581]

248 **Grundsätzlich ist festzuhalten:** Das Gesetz lässt eine Kündigung nur zu, sobald es unmöglich ist, das betreffende Betriebsratsmitglied in eine andere Betriebsabteilung zu übernehmen. Der Arbeitgeber ist gehalten, hierbei alle Möglichkeiten auszuschöpfen, ehe er zum äußersten Mittel der Kündigung greift. Wegen des grundlegenden Schutzzwecks der Kontinuität des Betriebsratsmandats ist die Kündigung frühestens möglich, sobald die Verhandlungen über bestehende Umsetzungsmöglichkeiten endgültig gescheitert sind und damit feststeht, dass eine Kündigung durch Umsetzung nicht vermieden werden kann.[582] Besteht nur eine begrenzte Weiterbeschäftigungsmöglichkeit in anderen Abteilungen, so haben die aktiven Mandatsträger bei der Besetzung dieser Stellen nach Sinn und Zweck des § 15 KSchG Vorrang vor den Ersatzmitgliedern, die im Nachwirkungszeitraum gesondert geschützt sind.[583]

249 Erfolgt nach der Beendigung des nachwirkenden Kündigungsschutzes eine wirksame Kündigung, kann der Funktionsträger einen **Schadenersatzanspruch** nicht auf die frühere Verletzung der Übernahmeverpflichtung des § 15 Abs. 5 S. 1 KSchG stützen.[584]

---

[573] Zuletzt BAG 25.8.2016 – 8 AZR 53/15, NZA-RR 2017, 123 Rn. 25 ff.
[574] BAG 23.2.2010 – 2 AZR 656/08, NZA 2010, 1288 Rn. 29.
[575] KR/*Kreft* KSchG § 15 Rn. 147.
[576] BAG 25.5.2000 – 8 AZR 416/99, NZA 2000, 1115 (1118).
[577] BAG 28.10.1999 – 2 AZR 437/98, AP KSchG 1969 § 15 Nr. 44.
[578] BAG 23.2.2010 – 2 AZR 656/08, NZA 2010, 1288 Rn. 36.
[579] BAG 23.2.2010 – 2 AZR 656/08, NZA 2010, 1288 Rn. 34.
[580] BAG 12.3.2009 – 2 AZR 47/08, NZA 2009, 1264 Rn. 27.
[581] BAG 14.2.2002 – 8 AZR 175/01, AP BGB § 611 Haftung des Arbeitgebers Nr. 21.
[582] BAG 13.6.2002 – 2 AZR 391/01, AP BGB § 615 Nr. 97.
[583] BAG 2.3.2006 – 2 AZR 83/05, NZA 2006, 988 Rn. 26.
[584] BAG 14.2.2002 – 8 AZR 175/01, AP BGB § 611 Haftung des Arbeitgebers Nr. 21.

b) Kündigungsfrist und -termin. Die Kündigung ist nur unter Einhaltung der im konkreten Fall an sich geltenden **Kündigungsfrist** möglich, weil es sich um eine ordentliche Kündigung handelt.[585] Wird der Betrieb stillgelegt, so ist die Kündigung der in den Absätzen 1 bis 3a genannten Personen frühestens zum Zeitpunkt der Stilllegung zulässig, es sei denn, dass ihre Kündigung zu einem früheren Zeitpunkt durch zwingende betriebliche Erfordernisse bedingt ist (§ 15 Abs. 4 KSchG).

c) Anhörung des Betriebsrats. Bevor nach § 15 Abs. 4 oder 5 KSchG gekündigt wird, ist der Betriebsrat nach § 102 BetrVG anzuhören. § 103 BetrVG ist unanwendbar, weil es sich nicht um eine außerordentliche Kündigung handelt. Dies gilt auch im Falle der sog. **tariflichen Unkündbarkeit**, obwohl nur eine außerordentliche betriebsbedingte Kündigung möglich ist. Diese setzt voraus, dass der Arbeitgeber sehr sorgfältig alle möglichen anderen, eine Kündigung vermeidenden geeigneten Mittel überprüft. Der Arbeitnehmer muss konkrete Beschäftigungsmöglichkeiten uU im Konzern aufzeigen und belegen können, dass ein solcher Arbeitsplatz frei ist.[586] Die Unanwendbarkeit des § 103 BetrVG ist im Verfahren auf Ersetzung der Zustimmung gemäß § 103 Abs. 2 BetrVG auch ohne ausdrücklichen Antrag des Arbeitgebers festzustellen. Die Entscheidung präjudiziert für den nachfolgenden Kündigungsschutzprozess die Rechtsfrage, dass es einer Zustimmung des Betriebsrats zur Kündigung nicht bedurfte.[587] Auf die zuvor erfolgte Freistellung des Betriebsratsmitglieds kommt es hierbei nicht an. Die Rechtsprechung folgt nicht dem Argument, eine betriebsbedingte Kündigung komme schon deshalb nicht in Betracht, weil ein Mangel an Arbeit bei einem freigestellten Betriebsratsmitglied nicht denkbar sei.[588]

4. Amtsinhaber außerhalb von § 15 KSchG

a) Vertrauensperson der schwerbehinderten Menschen. In Betrieben (und Dienststellen), in denen wenigstens fünf schwerbehinderte Menschen nicht nur vorübergehend beschäftigt sind, werden als Schwerbehindertenvertretung eine **Vertrauensperson** und wenigstens ein stellvertretendes Mitglied gewählt, das die Vertrauensperson im Falle der Verhinderung vertritt (§ 177 Abs. 1 S. 1 SGB IX). Betriebe oder Dienststellen, die diese Voraussetzungen nicht erfüllen, können für die Wahl mit räumlich naheliegenden Betrieben des Arbeitgebers oder gleichstufigen Dienststellen derselben Verwaltung zusammengefasst werden. Über die Zusammenfassung entscheidet der Arbeitgeber im Benehmen mit dem zuständigen Integrationsamt.

Wahlberechtigt sind alle in dem Betrieb oder der Dienststelle beschäftigten schwerbehinderten Menschen, die nicht nur vorübergehend beschäftigt sind, das 18. Lebensjahr vollendet haben und eine sechsmonatige Beschäftigungsdauer aufweisen. Die **Amtszeit** der Vertrauensperson beträgt vier Jahre (§ 177 Abs. 7 S. 1 SGB IX). Scheidet die Vertrauensperson vorzeitig aus dem Amt aus – weil sie das Amt niederlegt, aus dem Arbeitsverhältnis ausscheidet oder die Wählbarkeit verliert – rückt das mit der höchsten Stimmenzahl gewählte stellvertretende Mitglied für den Rest der Amtszeit nach. Dies gilt für das stellvertretende Mitglied entsprechend (§ 177 Abs. 7 S. 4 Hs. 2 SGB IX). Zuvor hat das stellvertretende Mitglied das Recht zur Vertretung der Vertrauensperson im Falle deren Verhinderung, die nicht nur bei Abwesenheit, sondern auch dann vorliegt, sobald die Vertrauensperson andere Aufgaben wahrnimmt. Vertrauenspersonen können zu ihrer Entlastung stellvertretende Mitglieder zu bestimmten Aufgaben heranziehen, sobald im Betrieb eine sehr hohe Anzahl schwerbehinderter Menschen zu betreuen sind und die Vertrauensperson trotz möglicher Freistellung als Ein-Personen-Institution überfordert ist. Gemäß § 178 Abs. 1 S. 4 SGB IX kann die Vertrauensperson bei in der Regel mehr als 100 schwerbehinderten Menschen das stellvertretende Mitglied zu bestimmten Aufgaben heranziehen, bei mehr als 200 schwerbehinderten Menschen sogar das mit der nächsthöchsten Stimmzahl gewählte weitere stellver-

---

[585] BAG 29.3.1977 – 1 AZR 46/75, AP BetrVG 1972 § 102 Nr. 11.
[586] BAG 10.5.2007 – 2 AZR 626/05, NZA 2007, 1278 Rn. 42.
[587] BAG 18.9.1997 – 2 ABR 15/97, NZA 1998, 189 (192); BAG 10.5.2007 – 2 AZR 626/05, NZA 2007, 1278 Rn. 20.
[588] BAG 18.9.1997 – 2 ABR 15/97, NZA 1998, 189 (192).

tretende Mitglied. Ist den stellvertretenden Mitgliedern die Erledigung der ihnen übertragenen Aufgaben nicht möglich, so sind diese Aufgaben für die Dauer ihrer Verhinderung von der Vertrauensperson selbst wahrzunehmen. Die Heranziehung eines anderen stellvertretenden Mitglieds nach § 178 Abs. 1 S. 4 SGB IX kommt nicht in Betracht. Dies kann nur bei eigener Verhinderung der Vertrauensperson mit der Konsequenz einer Arbeitsbefreiung erfolgen (§ 179 Abs. 4 S. 1 SGB IX).[589]

254 Die Vertrauenspersonen dürfen in der Ausübung ihres Amtes nicht behindert und wegen des Amtes nicht benachteiligt werden. Die Vertrauenspersonen besitzen gegenüber dem Arbeitgeber den gleichen **Kündigungs- und Versetzungsschutz wie ein Mitglied des Betriebs- oder Personalrats** (§ 179 Abs. 3 S. 1 SGB IX), also den Sonderkündigungsschutz nach § 15 KSchG. Das stellvertretende Mitglied besitzt während der Dauer der Vertretung und der Heranziehung die gleiche persönliche Rechtsstellung wie die Vertrauensperson, im Übrigen die gleiche Rechtsstellung wie Ersatzmitglieder der Betriebs- oder Personalräte (§ 179 Abs. 3 S. 2 SGB IX). Der Arbeitgeber kann grundsätzlich nur außerordentlich kündigen und muss zudem die Zustimmung der Organe iSd § 15 Abs. 1 KSchG einholen.

255 **b) Mitarbeitervertretung nach dem MVG EKD und der MAVO Caritas.** Auch die im Rahmen des Dritten Weges (Art. 140 GG iVm Art. 137 Abs. 3 WRV) gewählten Mitglieder von Mitarbeitervertretungen genießen besonderen Kündigungsschutz.

256 *aa) MVG EKD.* Gemäß § 21 Abs. 2 S. 1 MVG ist die ordentliche Kündigung unzulässig. Einem Mitglied der Mitarbeitervertretung darf nur aus Gründen gekündigt werden, die einen **wichtigen Grund** gemäß § 626 Abs. 1 BGB darstellen. Dieser Schutz erfasst nicht nur die Amtszeit. Er greift auch noch ein Jahr nach deren Beendigung, § 21 Abs. 2 S. 3 MVG. Der nachwirkende Kündigungsschutz entfällt jedoch, wenn die **Amtszeit** durch eine Entscheidung der Schlichtungsstelle beendet wurde. Die außerordentliche Kündigung bedarf der Zustimmung der Mitarbeitervertretung, § 21 Abs. 2 S. 2 MVG. Die Frist zur Stellungnahme kann auf drei Arbeitstage verkürzt werden, § 21 Abs. 2 S. 4 MVG. Verweigert die Mitarbeitervertretung die erforderliche Zustimmung, so kann das Kirchengericht die fehlende Zustimmung ersetzen, § 38 Abs. 4 MVG. Die Anrufung des Arbeitsgerichts ist ausgeschlossen. Die Rechtsprechung sieht in dem kirchengerichtlichen Verfahren die rechtsstaatlichen Grundsätze ausreichend gewahrt, so dass es einer weiteren gerichtlichen Überprüfung nicht bedarf.[590] Ausnahmsweise lässt das MVG eine **ordentliche Kündigung** bei Auflösung der Dienststelle bzw. bei Auflösung eines wesentlichen Teils zu, § 21 Abs. 3 MVG. Die Kündigung ist grundsätzlich frühestens zum Zeitpunkt der Auflösung zulässig. Zu einem früheren Zeitpunkt kann regelmäßig nur dann gekündigt werden, wenn hierfür zwingende betriebliche Gründe sprechen. Auch diese Kündigung bedarf der Zustimmung der Mitarbeitervertretung. Die Frist zur Stellungnahme kann auf drei Arbeitstage abgekürzt werden. Schließlich kann die fehlende Zustimmung durch die Schlichtungsstelle ersetzt werden. Mitglieder der Mitarbeitervertretung dürfen ohne ihre Zustimmung nur **abgeordnet** oder **versetzt** werden, soweit dies aus wichtigen dienstlichen Gründen unvermeidbar ist und die Mitarbeitervertretung ihre Zustimmung erteilt, § 21 Abs. 1 MVG.

257 *bb) MAVO Caritas.* Auch hier gilt der Grundsatz des **Ausschlusses** der **ordentlichen Kündigung** während der Amtszeit, § 19 Abs. 1 S. 1 MAVO. Dieser Kündigungsschutz greift noch ein Jahr nach deren Beendigung, § 19 Abs. 1 S. 3 MAVO. Die Kündigung bedarf anders als nach dem MVG der EKD nicht der Zustimmung der Mitarbeitervertretung. Der Schutz entfällt, sobald die **Mitgliedschaft** in der Mitarbeitervertretung durch Niederlegung des Amtes oder durch den Verlust der Wählbarkeit **erloschen** ist oder die Schlichtungsstelle den Verlust der Mitgliedschaft wegen grober Vernachlässigung bzw. Verletzung der Befugnisse und Pflichten beschließt. Ausnahmsweise ist die ordentliche Kündigung bei Verstößen gegen die Grundordnung der katholischen Kirche statthaft, Art. 5 Abs. 3 bis 5 GO für die kirchlichen Arbeitsverhältnisse. Die **ordentliche Kündigung** ist außerdem bei der Schließung einer Einrichtung statthaft, § 19 Abs. 3 S. 1 MAVO. Die Kündigung ist dann grundsätzlich

---

[589] BAG 7.4.2004 – 7 ABR 35/03, NZA 2004, 1103 (1105).
[590] BAG 21.5.1992 – 2 AZR 49/92, KirchE 30, 225.

zum endgültigen Zeitpunkt der Schließung zu erklären. Nur aus zwingenden Gründen ist ein vorzeitiges Ausscheiden möglich. Bei einer Teilschließung ist das Mitglied der Mitarbeitervertretung in die verbleibenden Teile der Einrichtung zu übernehmen, § 19 Abs. 3 S. 2 MAVO. Dies ist nur dann nicht geboten, sofern eine Übernahme aus betrieblichen Gründen nicht möglich ist. Auch **Wahlbewerber** (vom Zeitpunkt der Aufstellung des Wahlvorschlags) und Mitglieder des Wahlausschusses (vom Zeitpunkt der Bestellung) fallen unter diese Kündigungsbeschränkung. Sie greift bis zu sechs Monaten nach Bekanntgabe des Wahlergebnisses, § 19 Abs. 2 MAVO.

VIII. Wehrdienstleistende

1. Geltungsbereich des Arbeitsplatzschutzgesetzes

Nach der **Aussetzung der Pflichtdienste** im Wehrpflichtgesetz (WPflG) hat der Kündigungsschutz in § 2 ArbPlSchG vor allem Bedeutung für die Fälle, für die der Gesetzgeber diese Norm in § 16 und § 16a ArbPlSchG für entsprechend anwendbar erklärt hat. Relevant sind insbesondere der freiwillige Wehrdienst gemäß § 16 Abs. 7 ArbPlSchG, der Wehrdienst als Soldat auf Zeit gemäß § 16a ArbPlSchG und der Wehrdienst für in Deutschland beschäftigte Ausländer gemäß § 16 Abs. 6 ArbPlSchG, wenn diese in ihrem Heimatstaat zur Erfüllung ihrer dort bestehenden Wehrpflicht zum Wehrdienst herangezogen werden. Daneben ist der Kündigungsschutz für Wehrübungen relevant. 258

Voraussetzung ist stets, dass es sich um einen **Arbeitnehmer** iSd § 15 Abs. 1 ArbPlSchG handelt. Die Definition umfasst neben Arbeitern und Angestellten auch die zu ihrer Berufsausbildung Beschäftigten. Für in Heimarbeit Beschäftigte gilt das ArbPlSchG sinngemäß, solange wir ihren Lebensunterhalt überwiegend aus der Heimarbeit beziehen, § 7 Abs. 1 ArbPlSchG. Das Gesetz findet nur im Bereich der Bundesrepublik Deutschland Anwendung. Wehrpflichtige in einem echten Auslandsarbeitsverhältnis, dh mit einer Beschäftigung im Ausland bei einem ausländischen Arbeitgeber, fallen deshalb nicht unter den Sonderkündigungsschutz, gleichgültig, ob sie ihren Wohnsitz in Deutschland oder im Ausland haben. 259

Beim **freiwilligen** Wehrdienst gelten die ersten sechs Monate als Probezeit, § 58b Abs. 1 S. 2 SG. Hieran kann sich ein bis zu 17 Monate andauernder zusätzlicher Wehrdienst anschließen. **Soldaten auf Zeit** sind für die zunächst auf sechs Monate festgesetzte Dienstzeit und darüber hinaus für eine endgültig auf insgesamt nicht mehr als zwei Jahre festgesetzte Dienstzeit geschützt, § 16a Abs. 1 ArbPlSchG. 260

In Deutschland beschäftigte und lebende **Ausländer,** die in ihrem Heimatland Wehrdienst leisten müssen, sind nur erfasst, wenn sie Staatsangehörige der Vertragsparteien der Europäischen Sozialcharta vom 18.10.1961 sind, § 16 Abs. 6 ArbPlSchG. Damit gilt § 2 ArbPlSchG insbesondere auch für türkische Staatsangehörige. Für alle nicht erfassten ausländischen Arbeitnehmer ist für die Zulässigkeit der Kündigung entscheidend, wie lange der Wehrdienst dauert. Arbeitnehmer, die in ihrem Heimatland einen verkürzten Wehrdienst von bis zu zwei Monaten antreten müssen, können für dessen Dauer ein Leistungsverweigerungsrecht haben.[591] Dagegen scheidet ein Leistungsverweigerungsrecht aus, wenn der Ausländer einen Wehrdienst von mehr als zwei Monaten abzuleisten hat. In diesem Fall kann eine ordentliche Kündigung personenbedingt sozial gerechtfertigt sein.[592] 261

Auch nach dem Aussetzen der Wehrpflicht können sich ehemalige Soldaten freiwillig zu einer **Wehrübung** melden, § 4 Abs. 3 S. 1 und 2 WPflG. Gemäß § 10 ArbPlSchG besteht der Kündigungsschutz des § 2 ArbPlSchG allerdings nur, soweit diese Wehrübung allein oder zusammen mit anderen freiwilligen Wehrübungen im Kalenderjahr nicht länger als sechs Wochen dauert. 262

Teilnehmer am **Bundesfreiwilligendienst** gemäß dem Bundesfreiwilligendienstgesetz (BFDG) fallen im Unterschied zu den früheren Zivildienstleistenden nicht unter die Schutz- 263

---

[591] BAG 22.12.1982 – 2 AZR 282/82, AP BGB § 123 Nr. 23; BAG 7.9.1983 – 7 AZR 433/82, AP KSchG 1969 § 1 Nr. 7.
[592] BAG 20.5.1988 – 2 AZR 682/87, AP KSchG 1969 § 1 Nr. 9.

bestimmungen des ArbPlSchG. Ebenso werden **Entwicklungshelfer** gemäß dem Entwicklungshelfer-Gesetz (EhfG) nicht in den Schutzbereich des ArbPlSchG einbezogen.

2. Umfang des Kündigungsschutzes

264   a) **Ordentliche Kündigung.** Von der Zustellung des Einberufungsbescheids, den der Arbeitnehmer unverzüglich dem Arbeitgeber vorzulegen hat (§ 1 Abs. 3 ArbPlSchG), bis zur Beendigung des Wehrdienstes sowie während einer Wehrübung darf der Arbeitgeber nicht ordentlich kündigen (§ 2 Abs. 1 ArbPlSchG). Eine trotzdem ausgesprochene ordentliche Kündigung ist nichtig, § 134 BGB. Auf die Kenntnis des Arbeitgebers kommt es nicht an. Die Unwirksamkeit wegen Verstoßes gegen § 2 Abs. 1 ArbPlSchG kann nur während der dreiwöchigen Frist des § 4 S. 1 KSchG geltend gemacht werden.

265   b) **Vor und nach dem Wehrdienst.** Vor und nach dem Wehrdienst darf der Arbeitgeber zwar grundsätzlich ordentlich und außerordentlich kündigen, aber nicht aus Anlass des Wehrdienstes (§ 2 Abs. 2 S. 1 ArbPlSchG). Aus Anlass des Wehrdienstes erfolgt jede Kündigung, für die der bevorstehende oder bereits abgeleistete Wehrdienst den Grund abgibt (zB wegen der Wehrerfassung, der Musterung oder einer Wehrübung). Es genügt, dass der Wehrdienst mitbestimmendes Motiv des Arbeitgebers ist.[593] Eine derartige Kündigung ist nichtig, § 134 BGB. Ist streitig, ob der Arbeitgeber aus Anlass des Wehrdienstes gekündigt hat, so trifft die **Beweislast** den Arbeitgeber (§ 2 Abs. 2 S. 3 ArbPlSchG). Dieser muss etwa nachweisen, dass die Kündigung schon vor der Musterung beschlossen oder betrieblich erforderlich war.[594]

266   c) **Dringende betriebliche Gründe.** Muss der Arbeitgeber aus dringenden betrieblichen Erfordernissen (§ 1 Abs. 2 KSchG) Arbeitnehmer entlassen, so darf er bei der Auswahl der zu Entlassenden den Wehrdienst eines Arbeitnehmers nicht zu dessen Ungunsten berücksichtigen (§ 2 Abs. 2 S. 2 ArbPlSchG). Im Streitfall trifft die Beweislast wiederum den Arbeitgeber (§ 2 Abs. 2 S. 3 ArbPlSchG).

267   d) **Außerordentliche Kündigung.** Das Recht des Arbeitgebers zur Kündigung aus wichtigem Grund bleibt unberührt (§ 2 Abs. 3 S. 1 ArbPlSchG). Die **Einberufung** zum Wehrdienst ist kein solcher Kündigungsgrund (§ 2 Abs. 3 S. 2 Hs. 1 ArbPlSchG). Als Tatbestände iSd § 626 Abs. 1 BGB kommen personen- und verhaltensbedingte Gründe in Betracht. Aus betrieblichen Gründen kann der Arbeitgeber nicht kündigen.[595] Nur ausnahmsweise, nämlich in **Kleinbetrieben,** die in der Regel nicht mehr als fünf Arbeitnehmer ausschließlich der zu ihrer Berufsausbildung Beschäftigten beschäftigen, gilt die Einberufung zum Grundwehrdienst von mehr als sechs Monaten unter bestimmten Voraussetzungen als wichtiger Grund (§ 2 Abs. 3 S. 2 Hs. 2 ArbPlSchG).

IX. Beauftragte des Arbeitgebers

1. Datenschutzbeauftragter

268   Gemäß § 38 Abs. 2 iVm § 6 Abs. 4 S. 2 und 3 BDSG genießt der Datenschutzbeauftragte nichtöffentlicher Stellen besonderen Kündigungsschutz, wenn seine Benennung verpflichtend ist. Der Arbeitgeber ist zur Benennung eines Datenschutzbeauftragten in den Fällen des Art. 37 Abs. 1 DS-GVO und des § 38 Abs. 1 S. 1 BDSG verpflichtet. Entfallen diese Voraussetzungen nach der Bestellung des Datenschutzbeauftragten etwa durch eine Verkleinerung des Betriebs, endet der Sonderkündigungsschutz des § 6 Abs. 4 S. 2 BDSG. Es schließt sich der Kündigungsschutz des § 6 Abs. 4 S. 3 BDSG an.[596] Nach der Rechtsprechung ist auch der Stellvertreter des Datenschutzbeauftragten geschützt, wenn er als Datenschutzbeauftragter tätig geworden ist.[597] Gemäß § 6 Abs. 4 S. 2 BDSG ist die ordentliche Kündigung ausge-

---

[593] LAG Hessen 17.1.2014 – 3 Sa 232/13, juris, Rn. 29.
[594] LAG Hessen 17.1.2014 – 3 Sa 232/13, juris, Rn. 44.
[595] Ascheid/Preis/Schmidt/*Dörner/Linck* ArbPlSchG § 2 Rn. 16.
[596] BAG 5.12.2019 – 2 AZR 223/19, NZA 2020, 227.
[597] BAG 27.7.2017 – 2 AZR 812/16, NZA 2018, 166 Rn. 13.

schlossen. Dieser Schutz erstreckt sich auch auf ein Jahr nach Beendigung der Funktion, § 6 Abs. 4 S. 3 BDSG. Nicht höchstrichterlich entschieden ist, ob der nachwirkende Schutz ausnahmsweise entfällt, wenn der Datenschutzbeauftragte das Amt aus eigener Veranlassung niederlegt.[598] Zulässig bleibt die Kündigung aus wichtigem Grund. Die außerordentliche Kündigung wegen Betriebsstilllegung ist unzulässig, weil der Arbeitgeber in diesem Fall den Beauftragten abberufen und ein Jahr später kündigen kann. Nach der Rechtsprechung des Bundesarbeitsgerichts ist es dem Arbeitgeber grundsätzlich zuzumuten, einen solchen Zeitraum ggf. auch ohne adäquate Gegenleistung des Arbeitnehmers zu überbrücken. Die Grenze zum wichtigen Grund ist demnach allenfalls dann überschritten, wenn ein sinnentleertes Arbeitsverhältnis über deutlich längere Zeiträume fortgeführt werden müsste.[599]

Die einer ordentlichen Kündigung vorausgehende Abberufung des Datenschutzbeauftragten ist gemäß § 38 Abs. 2 iVm § 6 Abs. 4 S. 1 BDSG ebenfalls nur aus wichtigem Grund zulässig. Als wichtige Gründe kommen insbesondere solche in Betracht, die mit der Funktion und Tätigkeit des Datenschutzbeauftragten zusammenhängen und eine weitere Ausübung dieser Tätigkeit unmöglich machen oder sie zumindest erheblich gefährden, beispielsweise ein Geheimnisverrat oder eine dauerhafte Verletzung der Kontrollpflichten als Datenschutzbeauftragter.[600] Einer Teilkündigung bedarf es dafür nicht. Wird ein Arbeitnehmer von seinem Arbeitgeber zum Beauftragten für den Datenschutz bestellt, ändert sich damit zwar regelmäßig der Inhalt seines Arbeitsvertrages. Die Aufgabe des Datenschutzbeauftragten wird zur zusätzlichen Arbeitsaufgabe. Diese Beauftragung ist aber nicht vom Direktionsrecht gedeckt.[601] Es ist bisher nicht höchstrichterlich entschieden, ob eine befristete Bestellung zulässig ist.[602]

2. Beauftragter für den Immissionsschutz

Der Kündigungsschutz für den Immissionsschutzbeauftragten gilt aufgrund von Verweisungsnormen auch für vergleichbare Beauftragte wie den Gewässerschutzbeauftragten, den Störfallbeauftragten, den Abfallbeauftragten und den Strahlenschutzbeauftragten.[603] Gemäß § 53 BImSchG haben Betreiber genehmigungspflichtiger Anlagen Betriebsbeauftragte für den Immissionsschutz zu bestellen. Gemäß den §§ 54 ff. BImSchG berät dieser Beauftragte den Unternehmer, um die Arbeitnehmer und die Bevölkerung vor schädlichen Umwelteinwirkungen, vor Luftverunreinigungen, vor Geräuschen und Erschütterungen zu schützen. Während der Amtsdauer ist die **ordentliche Kündigung ausgeschlossen**, § 58 Abs. 2 S. 1 Hs. 2 BImSchG. Das Recht zur fristlosen Kündigung bleibt unberührt. Der Sonderkündigungsschutz setzt voraus, dass der Arbeitnehmer zum Beauftragten für den Immissionsschutz schriftlich bestellt worden ist, § 55 Abs. 1 S. 1 BImSchG. Die Bestellung iSv § 55 Abs. 1 S. 1 BImSchG ist die konkrete Zuweisung der Aufgaben im Rahmen eines bestehenden Vertragsverhältnisses. Die Bestellung erzeugt für den Beauftragten keine Pflichten gegenüber der Überwachungsbehörde, sondern nur im Verhältnis zum Anlagenbetreiber und ist deshalb eine rein privatrechtliche Willenserklärung. Da die Bestellung nicht gegen den Willen des Beauftragten erfolgen kann, bedarf sie seiner Zustimmung. Sie kann auch im Rahmen des Arbeitsvertrags erfolgen.[604] Unterlässt der Arbeitgeber die Anzeige der Bestellung bei der Behörde gemäß § 55 Abs. 1 S. 2 BImSchG, ist dies für den Sonderkündigungsschutz unschädlich.[605]

Der Beauftragte ist auch für die Dauer eines Jahres **nach Abberufung** vor einer ordentlichen Kündigung geschützt. Anders als beim Datenschutzbeauftragten[606] ist der jederzeitige

---

[598] Ausdrücklich offengelassen BAG 27.7.2017 – 2 AZR 812/16, NZA 2018, 166 Rn. 25.
[599] BAG 23.1.2014 – 2 AZR 372/13, NZA 2014, 895 Rn. 20.
[600] BAG 23.3.2011 – 10 AZR 562/09, NZA 2011, 1036 Rn. 15.
[601] BAG 23.3.2011 – 10 AZR 562/09, NZA 2011, 1036 Rn. 30.
[602] Ausdrücklich offen gelassen BAG 27.7.2017 – 2 AZR 812/16, NZA 2018, 166 Rn. 23; zum Streitstand ErfK/*Franzen* BDSG § 38 Rn. 7.
[603] → Rn. 233 f.
[604] BAG 26.3.2009 – 2 AZR 633/07, NZA 2011, 166 Rn. 20.
[605] BAG 26.3.2009 – 2 AZR 633/07, NZA 2011, 166 Rn. 18.
[606] → Rn. 230.

Widerruf der Bestellung auch ohne wichtigen Grund möglich.[607] Hat der Beauftragte sein Amt niedergelegt, so entfällt der nachwirkende Kündigungsschutz. Nur wenn der Arbeitnehmer sich bei der Niederlegung in einer Konfliktsituation befunden hat, die der Gesetzgeber zum Anlass der Einführung des nachwirkenden Kündigungsschutzes genommen hat, ist § 58 Abs. 2 S. 2 BImSchG analog anzuwenden.[608]

3. Störfallbeauftragter, Betriebsbeauftragter für den Abfall und für den Gewässerschutz

272 Gemäß § 58d BImSchG gilt für den **Störfallbeauftragten,** den die Betreiber genehmigungspflichtiger Anlagen, die Gefahren für die Allgemeinheit hervorrufen, bestellen müssen, derselbe Kündigungsschutz wie für den Immissionsschutzbeauftragten gemäß § 58 Abs. 2 BImSchG.[609]

273 Gemäß § 59 Abs. 1 S. 1 Kreislaufwirtschaftsgesetz (KrWG) haben Betreiber genehmigungspflichtiger Anlagen **Beauftragte für den Abfall** zu bestellen. Diese Personen beraten die Betreiber sowie die Arbeitnehmer in Angelegenheiten, die für die Kreislaufwirtschaft und Abfallbeseitigung bedeutsam sein können. Diese Aufgaben kann zB der Immissionsschutzbeauftragte (§ 53 Abs. 1 S. 1 BImSchG) oder der Gewässerschutzbeauftragte (§ 64 Abs. 1 WHG) wahrnehmen. Gemäß § 60 Abs. 3 S. 1 KrWG gilt der Kündigungsschutz für den Betriebsbeauftragten für den Immissionsschutz gemäß § 58 Abs. 2 BImSchG entsprechend.[610]

274 Gewässerbenutzer, die an einem Tag mehr als 750 Kubikmeter Abwasser einleiten dürfen, haben gemäß § 64 Abs. 1 WHG einen **Betriebsbeauftragten für Gewässerschutz** zu bestellen. Auch dieser Beauftragte hat den besonderen Kündigungsschutz gemäß § 66 WHG iVm § 58 Abs. 2 BImSchG.[611]

4. Strahlenschutzbeauftragter

275 Unternehmer, die genehmigungs- oder anzeigepflichtige Anlagen nach dem Strahlenschutzgesetz betreiben, müssen einen Beauftragten für den Strahlenschutz bestellen, soweit dies erforderlich ist, § 70 Abs. 1 S. 1 StrlSchG. Zum 31.12.2018 hat der Gesetzgeber den Kündigungsschutz des Strahlenschutzbeauftragten an den der anderen Beauftragten angepasst. Die Regelungen in § 70 Abs. 6 S. 2 und 3 StrlSchG entsprechen denen in § 58 Abs. 2 S. 1 und 2 BImSchG.[612]

5. Betriebsarzt und Fachkraft für Arbeitssicherheit

276 Aufgrund des Gesetzes für Betriebsärzte, Sicherheitsingenieure und andere Fachkräfte für Arbeitssicherheit (ASiG) ist der Arbeitgeber, dem unverändert die Verantwortung für den Arbeitsschutz und die Unfallverhütung obliegt, verpflichtet, Betriebsärzte (§ 2 ASiG) und Fachkräfte für Arbeitssicherheit (§ 5 ASiG) zu bestellen. Ihre **Bestellung** und ihre **Abberufung** bedürfen der Zustimmung des Betriebsrats gemäß § 9 Abs. 3 ASiG. Notfalls ist ein Einigungsstellenverfahren gemäß § 87 Abs. 2 BetrVG durchzuführen.

277 Obwohl das Gesetz dies nicht ausdrücklich erwähnt, wird diesem Personenkreis ein **amtsbezogener Kündigungsschutz** eingeräumt. Hieraus folgt, dass der Arbeitgeber vor einer Kündigung aus Gründen, die mit der Ausübung der betrieblichen Sonderfunktion untrennbar verbunden sind, die Zustimmung des Betriebsrats zur Kündigung „als Abberufung" einholen muss. Dies ist aus dem Schutz der kollektiven Interessen der Belegschaft auf dem Gebiet der Arbeitsmedizin, des Arbeitsschutzes, der Unfallverhütung und der Humanisierung des Arbeitslebens herzuleiten. Der Gesetzeszweck darf nicht durch zustimmungsfreie Kündigung des Arbeitsverhältnisses unterlaufen werden. § 102 Abs. 1 BetrVG genügt nicht.[613] Das Bundesarbeitsgericht hat ausdrücklich offen gelassen, ob dieser Kündigungs-

---

[607] LAG Hamm 9.2.2012 – 16 Sa 1195/11, ZUR 2012, 636.
[608] BAG 22.7.1992 – 2 AZR 85/92, NZA 1993, 557 (560).
[609] → Rn. 231 f.
[610] → Rn. 231 f.
[611] → Rn. 231 f.
[612] → Rn. 231 f.
[613] BAG 24.3.1988 – 2 AZR 369/87, AP ASiG § 9 Nr. 1.

schutz auch dann gilt, wenn der Arbeitgeber aus betriebsbedingten Gründen kündigt, die in keinem Bezug zur Tätigkeit der Fachkraft für Arbeitssicherheit stehen. Die besseren Argumente sprechen dagegen, weil in diesem Fall der Schutz nicht erforderlich ist.[614]

Der **zustimmende Beschluss** des Betriebsrats muss ordnungsgemäß zustande kommen. Hieran fehlt es bei einer fehlerhaften Ladung. § 29 Abs. 2 S. 3 BetrVG verlangt die Ladung aller Betriebsratsmitglieder unter Mitteilung der konkreten Tagesordnung. Die Beschlussfassung kann in der Sitzung nachgeholt werden, sobald alle geladenen Betriebsratsmitglieder einschließlich der erforderlichen Ersatzmitglieder anwesend sind. Der unwirksame Beschluss führt aber dann nicht zur Unwirksamkeit der Abberufung, wenn der Arbeitgeber auf die Wirksamkeit des Beschlusses vertrauen durfte. Ein Arbeitnehmer, der mit Zustimmung des Betriebsrats als Fachkraft für Arbeitssicherheit abberufen wurde und hiergegen nichts unternommen hat, kann nach einer Neubesetzung der Stelle nicht verlangen, erneut als Fachkraft für Arbeitssicherheit beschäftigt zu werden.[615]

Der Antrag nach § 9 Abs. 3 ASiG und die Anhörung des Betriebsrats nach § 102 BetrVG können in ein und demselben **Schreiben** enthalten sein. Dies muss allerdings für den Betriebsrat erkennbar sein.[616]

Wird nach der Abberufung eines angestellten Betriebsarztes ein freiberuflicher Arzt bzw. Betriebsarzt eines anderen Konzernunternehmens mit den betriebsärztlichen Aufgaben betraut und nutzt dieser die Räume sowie Geräte des Arbeitgebers und arbeitet er mit den zuvor schon anwesenden Krankenschwestern zusammen, liegt **kein Betriebsübergang** iSd § 613a BGB vor.[617]

6. Sicherheitsbeauftragter und Gefahrgutbeauftragter

Bei mehr als 20 Arbeitnehmern hat der Unternehmer unter Mitwirkung des Betriebsrats einen Sicherheitsbeauftragten zu bestellen, § 22 Abs. 1 S. 1 SGB VII. Zusammen mit der Fachkraft für Arbeitssicherheit unterstützt dieser den Unternehmer bei der Durchführung des Unfallschutzes. Seine Abberufung kann nur mit Zustimmung des Betriebsrats erfolgen. Ein besonderer Kündigungsschutz besteht allerdings nicht. Hier gilt ausschließlich ein Benachteiligungsverbot gemäß § 22 Abs. 3 SGB VII. Daraus folgt, dass der Arbeitgeber den Arbeitnehmer nicht ohne sachlichen Grund abberufen oder ihm kündigen darf.[618]

Gleiches gilt für den **Gefahrgutbeauftragten**, § 9 Abs. 1 GbV. Einen Gefahrgutbeauftragten müssen gemäß § 3 Abs. 1 S. 1 GbV Unternehmer bestellen, die gefährliche Güter befördern.

---

[614] LAG Niedersachsen 29.10.2015 – 4 Sa 951/14, NZA-RR 2016, 186; LAG Hamm 14.6.2005 – 19 Sa 287/05, NZA-RR 2005, 640 (642).
[615] LAG Berlin 17.12.1999 – 6 Sa 1728/99, juris Rn. 15.
[616] LAG Bremen 9.1.1998 – 4 Sa 11/97, AP ASiG § 9 Nr. 3.
[617] LAG Bremen 9.1.1998 – 4 Sa 11/97, AP ASiG § 9 Nr. 3.
[618] Ascheid/Preis/Schmidt/*Greiner* SGB VII § 22 Rn. 2.

§ 46 Änderungskündigung

Übersicht

	Rn.
I. Einführung	1–16
1. Vorrang der Änderungskündigung	8–12
2. Schranken einseitiger Leistungsbestimmungen	13–16
II. Begriff der Änderungskündigung	17–30
1. Zusammenhang zwischen Kündigung und Änderungsangebot	18–22
2. Die Teilkündigung	23–25
3. Unbedingte oder bedingte Kündigung	26/27
4. Wechselbeziehung zwischen Kündigung und Änderungsangebot	28–30
III. Form und sonstige Wirksamkeitsvoraussetzungen der Änderungskündigung	31–59
1. Form der Änderungskündigung	35–40
2. Einhaltung der Kündigungsfrist	41–43
3. Sonstige Wirksamkeitsvoraussetzungen	44–59
a) Geltung des Sonderkündigungsschutzes	50/51
b) Ausschluss der ordentlichen Kündigung	52–58
c) Änderung in mehreren Punkten	59
IV. Das Vertragsänderungsangebot	60–118
1. Bestimmtheit des Vertragsänderungsangebots	61/62
2. Vorbehaltlose Annahme	63–72
a) Form der Annahmeerklärung	65
b) Annahmefrist	66–70
c) Gegenstandslosigkeit der Kündigung	71/72
3. Ablehnung des Änderungsangebots	73–80
4. Die Annahme des Änderungsangebots unter Vorbehalt	81–118
a) Rechtsnatur und Wirkung des Vorbehalts	83/84
b) Form und Frist der Vorbehaltserklärung	85–102
c) Die Reichweite der Vorbehaltserklärung	102–106
d) Rechtsfolgen der Annahme unter Vorbehalt	107–118
V. Der Streitgegenstand der Änderungsschutzklage	119–135
1. Der Klageantrag der Änderungsschutzklage	123–127
2. Die Bedeutung der Klagefrist bei unwirksamem Änderungsangebot	128–135
VI. Der Prüfungsmaßstab der Änderungskündigung	136–148
1. Der allgemeine Prüfungsmaßstab	137–139
2. Die überflüssige Änderungskündigung	140–145
3. Änderungskündigung zur Anpassung von Nebenabreden	146–148
VII. Die soziale Rechtfertigung einer Änderungskündigung	149–203
1. Insolvenzrechtliche Besonderheiten	150–154
2. Betriebsbedingte Gründe	155–172
a) Die vorgelagerte Unternehmerentscheidung	156–164
b) Der betriebsbedingte Anlass der Änderungskündigung	165/166
c) Billigerweise hinzunehmende Änderung	167–170
d) Mehrere Änderungsangebote	171/172
3. Besonderheiten der Sozialauswahl	173–195
a) Der auswahlrelevante Personenkreis	174–176
b) Die Kriterien der Sozialauswahl	177–183
c) Die Auswahlrichtlinie nach § 1 Abs. 4 KSchG	184
d) Die Ausnahmeregelung des § 1 Abs. 3 S. 2 KSchG	185–188
e) Die Anwendung des § 1 Abs. 5 KSchG	189–195
4. Personen- und verhaltensbedingte Gründe	196/197
5. Die Darlegungs- und Beweislast	198–203
VIII. Die Beteiligung des Betriebsrats	204–220
1. Die Anhörung des Betriebsrats nach § 102 BetrVG	205–209
2. Die Beteiligung des Betriebsrats bei Versetzungen und Umgruppierungen	210–216
3. Die Mitbestimmung nach § 87 BetrVG	217–220
IX. Die Wiederherstellung der früheren Arbeitsbedingungen	221–226

I. Einführung

Die zunächst ohne gesetzliche Grundlage von der Rechtsprechung[1] und Lehre[2] entwickelte Änderungskündigung hat erst lange nach Inkrafttreten des Kündigungsschutzgesetzes[3] durch das Erste Arbeitsrechtsbereinigungsgesetz[4] seit dem 1.9.1969 Eingang in das Kündigungsschutzgesetz (§§ 2, 4 S. 2, 7, 8 KSchG) gefunden.[5] Der gesetzliche Kündigungsschutz (§§ 1 KSchG, 626 BGB) soll damit dem Arbeitnehmer nicht nur die Weiterbeschäftigung als solche (Bestandsschutz), sondern auch die Aufrechterhaltung des Vertragsinhalts (Vertragsinhaltsschutz) gewährleisten.[6] Geschütztes Rechtsgut des KSchG ist das Arbeitsverhältnis mit seinem im Zeitpunkt der Kündigung bestehenden Inhalt, das in § 1 KSchG gegen seine Beendigung und in § 2 KSchG gegen die Änderung seines Inhalts geschützt werden soll.[7] § 2 KSchG will dem Arbeitnehmer abweichend von § 150 Abs. 2 BGB die Möglichkeit einräumen, ohne Risiko für den Bestand seines Arbeitsverhältnisses den Streit auf die Berechtigung der unter Vorbehalt akzeptierten Vertragsänderung zu beschränken, so dass ihm bei verlorenem Änderungsschutzprozess der neue Arbeitsvertrag erhalten bleibt.[8] Obsiegt der Arbeitnehmer hingegen, so ergibt sich aus der Rechtsfolgenanordnung des § 8 KSchG, dass die Änderungskündigung als von Anfang an rechtsunwirksam gilt.[9]

Die damit einhergehende Risikoentlastung des Arbeitnehmers hat auch ihren Preis: Der Vorbehalt bewirkt zwar, dass der durch die Annahme zustande gekommene Änderungsvertrag unter der **rückwirkend** (§ 8 KSchG) **auflösenden Bedingung** (§ 158 Abs. 2 BGB) der vom Gericht festzustellenden Unwirksamkeit der Änderung der Arbeitsbedingungen steht, der Änderungsvertrag jedoch die vorläufige neue Grundlage der arbeitsvertraglichen Beziehungen bildet und vom Arbeitnehmer zunächst erfüllt werden muss.[10]

Wenn auch der Gesetzgeber in § 13 Abs. 1 S. 1, 2 KSchG die **außerordentliche Änderungskündigung** nicht ausdrücklich anspricht, besteht kein Zweifel darüber, dass die §§ 2, 4 KSchG auf die außerordentliche Kündigung gem. § 626 BGB entsprechend anwendbar sind.[11] Dies gilt auch für die Kündigungserklärungsfrist aus § 626 Abs. 2 BGB.[12] Der entsprechenden Anwendung der §§ 2, 4 S. 2 KSchG auf außerordentliche Änderungskündigungen steht nicht entgegen, dass § 13 Abs. 1 S. 2 KSchG keine Verweisung auf §§ 2, 4 S. 2 KSchG enthält.[13] Der Arbeitnehmer kann daher auch eine außerordentliche Änderungskündigung unter dem in § 2 KSchG bezeichneten Vorbehalt annehmen und eine gerichtliche Klärung herbeiführen, ob das Arbeitsverhältnis zu den alten oder den neuen Arbeitsbedingungen fortbesteht. Die Besonderheit der als solche zulässigen außerordentlichen Ände-

---

[1] Vgl. nur BAG 12.1.1961 – 2 AZR 171/59, AP BGB § 620 Änderungskündigung Nr. 10.
[2] *A. Hueck*, Kündigungsschutzgesetz, 5. Aufl. 1965, § 1 Rn. 30a ff.; zur Entstehungsgeschichte MüKoBGB/*Hergenröder* Rn. 1, 4; Ascheid/Preis/Schmidt/*Künzl* KSchG § 2 Rn. 1; KR/*Kreft* KSchG § 2 Rn. 1.
[3] Ges. v. 10.8.1951, BGBl. I 499; zur Geschichte *Kittner/Kohler* BB 2000 Beil. 4, 18 ff.; zum Hattenheimer Entwurf v. 13.1.1950, RdA 1950, 63.
[4] Ges. v. 14.8.1969, BGBl. I 1106.
[5] BT-Drs. V/3913; *Schwerdtner* FS 25 Jahre BAG, 558; Ascheid/Preis/Schmidt/*Künzl* KSchG § 2 Rn. 1, 2.
[6] BAG 7.6.1973 – 2 AZR 450/72, AP BGB § 626 Änderungskündigung Nr. 1; BAG 23.6.2005 – 2 AZR 642/04, NZA 2006, 92; KR/*Kreft* KSchG § 2 Rn. 6; BeckOK ArbR/*Rolfs* KSchG § 2 Rn. 2; ablehnend ErfK/*Oetker* KSchG § 2 Rn. 3.
[7] BAG 19.5.1993 – 2 AZR 584/92, NZA 1993, 1075; BAG 23.6.2005 – 2 AZR 642/04, NZA 2006, 92.
[8] BT-Drs. V/3913, 8 zu Art. 1 § 1a KSchG.
[9] Auf Anregung des Bundesrats hat der 19. Ausschuss auf Drs. V/4376, 2, 7 die Rückwirkung des Bedingungseintritts zu § 6a RegE vorgeschlagen.
[10] BAG 27.3.1987 – 7 AZR 790/85, NZA 1988, 737; BAG 18.1.1990 – 2 AZR 183/89, NZA 1990, 734.
[11] BAG 7.6.1973 – 2 AZR 450/72, NJW 1973, 1819; BAG 1.3.2007 – 2 AZR 580/05, NZA 2007, 1445; BAG 28.10.2010 – 2 AZR 688/09, NZA-RR 2011, 155; BAG 25.4.2013 – 2 AZR 960/11, AP GVG § 20 Nr. 7; BAG 20.3.2014 – 2 AZR 825/12, NZA 2014, 1089; Ascheid/Preis/Schmidt/*Künzl* KSchG § 2 Rn. 41; *Moll* DB 1984, 1346; *Fischermeier* NZA 2000, 737; Stahlhacke/Preis/Vossen Kündigung/*Preis* Rn. 528 ff.
[12] BAG 20.10.2017 – 2 AZR 783/16 (F), NZA 2018, 440 Rn. 46 und zum Dauertatbestand.
[13] BAG 28.10.2010 – 2 AZR 688/09, NZA-RR 2011, 155.

§ 46 4
Teil I. Beendigung des Arbeitsverhältnisses

rungskündigung liegt darin, dass sie wie jede außerordentliche Kündigung eines wichtigen Grundes (§ 626 Abs. 1 BGB) bedarf,[14] der voraussetzt, dass die alsbaldige Änderung der Arbeitsbedingungen unabweisbar notwendig (zwingend) ist und die geänderten Bedingungen dem gekündigten Arbeitnehmer zumutbar sind,[15] und sich der Arbeitnehmer **unverzüglich**, dh ohne schuldhaftes Zögern (§ 121 Abs. 1 S. 2 BGB), zu erklären hat, ob er das Änderungsangebot ablehnt oder es mit oder ohne den in § 2 KSchG bezeichneten **Vorbehalt** annimmt.[16] Dies muss nicht sofort geschehen. Vielmehr ist dem Arbeitnehmer eine – wenn auch kurz bemessene – Überlegungsfrist einzuräumen, die es ihm erlaubt, mit der gebotenen Eile Rechtsrat einzuholen.[17] Eine über diese Frist hinausgehende widerspruchslose Weiterarbeit kann als Annahme des Änderungsangebots angesehen werden. Dies gilt jedenfalls dann, wenn sich die neuen Arbeitsbedingungen alsbald auf das Arbeitsverhältnis auswirken.[18] Erklärt der Arbeitnehmer die Annahme unter Vorbehalt nicht fristgerecht, ist die verspätete Erklärung nach § 150 Abs. 1 BGB als neues Angebot auf Abschluss eines Änderungsvertrags unter Vorbehalt zu verstehen. Dieses kann der Arbeitgeber seinerseits annehmen. Der Arbeitgeber kann sich folglich auch nachträglich auf eine verspätete Annahme unter Vorbehalt einlassen.[19] Ob die Annahme bei einer außerordentlichen Änderungskündigung mit **Auslauffrist** unverzüglich erklärt werden muss, oder, wie bei einer ordentlichen Kündigung, lediglich innerhalb der Frist gemäß § 2 S. 2 KSchG, hat das BAG bislang offen gelassen.[20] Die außerordentliche Änderungskündigung mit einer notwendigen Auslauffrist kommt vor allem in Betracht, wenn etwa durch tarifvertragliche Regelung die ordentliche Kündigung ausgeschlossen ist.[21] Modifikationen ergeben sich allerdings für die Anwendung einer nur auf die ordentliche Kündigung gemünzte sog. Namensliste (§ 1 Abs. 5 KSchG)[22] und das vorläufige Weiterbeschäftigungsinteresse[23] des Arbeitnehmers zu den bisherigen Arbeitsbedingungen.[24]

4   Der Begriff der „**Entlassung**" in § 17 Abs. 1 KSchG[25] erfasst in unionsrechtskonformer Auslegung von Art. 1 der RL 98/59/EG[26] (MERL) auch Änderungskündigungen, wenn die Ablehnung der Änderung(en) zu einer Beendigung des Arbeitsverhältnisses führt.[27] Diese zählen bei der Berechnung der für eine **Massenentlassungsanzeige** maßgebenden Zahl zu entlassender Arbeitnehmer mit und lösen das Konsultationsverfahren (§ 17 Abs. 2 KSchG,

---

[14] BAG 7.6.1973 – 2 AZR 450/72, AP § 626 Änderungskündigung Nr. 1; BAG 28.10.2010 – 2 AZR 688/09, NZA-RR 2011, 155; BAG 25.4.2013 – 2 AZR 960/11, AP GVG § 20 Nr. 7; BAG 20.3.2014 – 2 AZR 825/12, NZA 2014, 1089 Rn. 20; BAG 20.10.2017 – 2 AZR 783/16 (F), NZA 2018, 440.
[15] BAG 28.5.2009 – 2 AZR 844/07, NZA 2009, 954 Rn. 22: Erheblich verschärfte Maßstäbe gegenüber ordentlicher Kündigung; BAG 28.10.2010 – 2 AZR 688/09, NZA-RR 2011, 155 Rn. 32; BAG 20.10.2017 – 2 AZR 783/16 (F), NZA 2018, 440 Rn. 40: Entgeltabsenkung nur in Extremfällen.
[16] BAG 19.6.1986 – 2 AZR 565/85, NZA 1987, 94; BAG 27.3.1987 – 7 AZR 790/85, NZA 1988, 737; Schaub ArbR-HdB/*Linck* § 137 Rn. 11, 27, 28; ErfK/*Oetker* KSchG § 2 Rn. 35b.
[17] Das BAG 27.3.1987 – 7 AZR 790/85, NZA 1988, 737 hat bei einer am Freitag zugegangenen Änderungskündigung die am Mittwoch eingehende Vorbehaltserklärung für unverzüglich angesehen. Ebenso BAG 20.10.2017 – 2 AZR 783/16 (F), NZA 2018, 440: Zugang 12.11., Annahme unter Vorbehalt am 16.11. Zu § 9 Abs. 1 S. 1 MuSchG hat das BAG 26.9.2002 – 2 AZR 392/01, DB 2003, 1448 eine Höchstfrist von **einer** Woche noch als unverzüglich betrachtet. Ebenso zu § 174 S. 1 BGB: BAG 8.12.2011 – 6 AZR 354/10, NZA 2012, 495; BAG 5.12.2019 – 2 AZR 147/19, NZA 2020, 505 Rn. 44.
[18] BAG 19.6.1986 – 2 AZR 565/85, NZA 1987, 94; Schaub ArbR-HdB/*Linck* § 137 Rn. 27; Stahlhacke/Preis/Vossen Kündigung/*Preis* Rn. 533.
[19] BAG 28.10.2010 – 2 AZR 688/09, NZA-RR 2011, 155.
[20] BAG 28.10.2010 – 2 AZR 688/09, NZA-RR 2011, 155.
[21] Vgl. etwa BAG 20.10.2010 – 2 AZR 688/09, NZA-RR 2011, 155.
[22] Keine planwidrige Regelungslücke: BAG 28.5.2009 – 2 AZR 844/07, NZA 2009, 954.
[23] BAG 27.2.1985 – GS 1/84, NZA 1985, 702; BAG 28.3.1985 – 2 AZR 548/83, NZA 1985, 709.
[24] BAG 28.5.2009 – 2 AZR 844/07, NZA 2009, 954; aA LAG Köln 1.8.2007 – 3 Sa 906/06, ArbuR 2008, 404.
[25] EuGH 27.1.2005 – C-188/03, NZA 2005, 213 – Junk; BAG 25.4.2013 – 6 AZR 49/12, AP InsO § 343 Nr. 1; BAG 21.3.2013 – 2 AZR 60/12, NZA 2013, 966.
[26] Vom 20.7.1998, ABl. L 263, 1.
[27] EuGH 21.9.2017 – C-429/16, NZA 2017, 1325 – Ciupa; EuGH 11.11.2015 – C-422/14, NZA 2015, 1441- Pujante Rivera; BAG 20.2.2014 – 2 AZR 346/12, NZA 2014, 1069 Rn. 36 ff.; ErfK/*Kiel* KSchG § 17 Rn. 15, 16; Ascheid/Preis/Schmidt/*Moll* KSchG § 17 Rn. 26a.

Art. 2 MERL) mit dem Betriebsrat aus.²⁸ Dabei gilt der autonome Arbeitnehmerbegriff der MERL,²⁹ sodass § 17 Abs. 5 Nr. 1 KSchG richlinienkonform dahin zu reduzieren ist, dass (weisungsabhängige) Fremdgeschäftsführer einer GmbH als Arbeitnehmer mitzählen.³⁰ Die gleiche Rechtsfolgenproblematik betrifft die in § 17 Abs. 5 Nr. 3 KSchG europarechtswidrig geregelte Herausnahme der leitenden Angestellten aus dem Anwendungsbereich des § 17 KSchG.³¹ Auch der Betriebsbegriff für die Schwellenwerte in § 17 Abs. 1 Nr. 1 bis 3 KSchG wird durch die MERL autonom und einheitlich determiniert und ähnelt dem selbständigen Betriebsteilbegriff des § 4 Abs. 1 S. 1 BetrVG.³² Im Hinblick auf die Änderungskündigung kommt es nicht darauf an, ob von einer Änderungskündigung betroffene Arbeitnehmer das ihnen unterbreitete Änderungsangebot bei oder nach Zugang der Kündigungserklärung abgelehnt oder – ggf. unter dem Vorbehalt des § 2 KSchG – angenommen haben. Die Pflicht zur Konsultation des Betriebsrats nach § 17 Abs. 2 KSchG und die in § 17 Abs. 1, Abs. 3 KSchG geregelte Anzeigepflicht gegenüber der Agentur für Arbeit enthalten jeweils eigene Wirksamkeitsvoraussetzungen, weil sie in unterschiedlicher Weise der Erreichung des mit dem Massenentlassungsschutz nach § 17 KSchG verfolgten Ziels dienen.³³ Das Konsultationsverfahren soll dem Betriebsrat ermöglichen, konstruktive Vorschläge unterbreiten zu können, um die Massenentlassung zu verhindern oder ihre Folgen durch soziale Begleitmaßnahmen zu mildern,³⁴ während das Anzeigeverfahren vornehmlich beschäftigungspolitischen Zwecken dient.³⁵ Auch bei der Änderungskündigung sind weder das Schutzbedürfnis des Arbeitnehmers noch das Unterrichtungsinteresse der Arbeitsverwaltung geringer.³⁶ Aus jedem dieser beiden eigenständigen Verfahren kann sich bei Verletzung der jeweils eigenständigen Wirksamkeitsvoraussetzungen ein eigenständiger Unwirksamkeitsgrund für die im Zusammenhang mit einer Massenentlassung erfolgte Kündigung ergeben.³⁷ Diese Bewertung hat vor allem Bedeutung für § 4 S. 2 KSchG sowie für § 6 KSchG, wonach bei entsprechender Belehrung durch das Arbeitsgericht alle Unwirksamkeitsgründe einer Kündigung im ersten Rechtszuge geltend gemacht werden müssen, um mit ihnen nicht präkludiert zu sein.³⁸ Erst nach ordnungsgemäßer Anzeige der Massenentlassung bei der zuständigen Agentur für Arbeit kann dem Arbeit-

---

²⁸ EuGH 21.9.2017 – C-429/16, NZA 2017, 1325 Rn. 31 – Ciupa; *Temming/Duit* jurisPR-ArbR 5/2019 Anm. 1.
²⁹ EuGH 9.7.2015 – C-229/14, NZA 2015, 861 – Balkaya: Fremdgeschäftsführer und Praktikanten; EuGH 13.2.2014 – C-596/12, juris-dirigenti: Leitende Angestellte.
³⁰ ErfK/*Kiel* KSchG § 17 Rn. 6, 7. Gegen eine richtlinienkonforme Auslegung: Ascheid/Preis/Schmidt/*Moll* KSchG § 17 Rn. 16a, 16b mwN.
³¹ EuGH 13.2.2014 – C-596/12, juris – dirigenti; dazu ErfK/*Kiel* KSchG § 17 Rn. 7 einerseits und Ascheid/Preis/Schmidt/*Moll* KSchG § 17 Rn. 16a, 16b andererseits. Der EuGH konnte wegen Erledigung des Rechtsstreits nicht entscheiden, ob Leiharbeitnehmer bei den Schwellenwerten zu berücksichtigen sind: BAG 16.11.2017 – 2 AZR 90/17 (A), NZA 2018, 245.
³² EuGH 30.4.2015 – C-80/14, NZA 2015, 601 – USDAW und B. Wilson Rn. 45, 47, 49: Autonomer Betriebsbegriff, wobei die Einheit weder rechtliche noch wirtschaftliche, finanzielle, verwaltungsmäßige oder technologische Autonomie besitzen muss. BAG 13.12.2012 – 6 AZR 348/11, NZA 2013, 669 Rn. 84, 85 mwN; BAG 26.1.2017 – 6 AZR 442/16, NZA 2017, 577 Rn. 21; BAG 13.2.2020 – 6 AZR 146/19, NZA 2020, 1006 Rn. 32; BAG 27.2.2020 – 8 AZR 215/19, juris Rn. 171.
³³ BAG 20.1.2016 – 6 AZR 601/14, ZIP 2016, 633; BAG 21.3.2013 – 2 AZR 60/12, NZA 2013, 966; BAG 13.2.2020 – 6 AZR 146/19, NZA 2020, 1006 Rn. 75.
³⁴ EuGH 3.3.2011 – C-235/10 bis C-239/10, NZA 2011, 337 Rn. 56 – Claes ua.; BAG 13.6.2019 – 6 AZR 459/18, ZInsO 2019, 2225 Rn. 27. Die Schwerbehindertenvertretung ist kein Gremium, dessen Konsultation nach der Kompetenzzuweisung nach dem BetrVG erforderlich ist: BAG 13.2.2020 – 6 AZR 146/19, NZA 2020, 1006 Rn. 64.
³⁵ BAG 22.9.2016 – 2 AZR 276/16, NZA 2017, 175 Rn. 24; BAG 13.6.2019 – 6 AZR 459/18, ZInsO 2019, 2225 Rn. 28.
³⁶ BAG 20.2.2014 – 2 AZR 346/12, NZA 2014, 1069 Rn. 45.
³⁷ BAG 20.1.2016 – 6 AZR 601/14, ZIP 2016, 633: Auch zur Frage der Präklusion nach § 6 KSchG; BAG 13.6.2019 – 6 AZR 459/18, ZInsO 2019, 2225 Rn. 40; BAG 13.2.2020 – 6 AZR 146/19, NZA 2020, 1006 Rn. 32; BAG 27.2.2020 – 8 AZR 215/19, juris Rn. 171. Zur verfassungskonformen Auslegung des Entlassungsbegriffs in § 17 KSchG für Arbeitnehmer in Elternzeit: BVerfG 8.6.2016 – 1 BvR 3634/13, NZA 2016, 939 sowie *Spelge* RdA 2018, 297 (300 ff.).
³⁸ BAG 25.10.2012 – 2 AZR 845/11, NZA 2013, 900; BAG 20.1.2016 – 6 AZR 601/14, ZIP 2016, 633.

nehmer wirksam gekündigt werden,[39] wobei die Entlassungssperre nach § 18 Abs. 1 KSchG **weder den Ausspruch** einer Änderungskündigung hindert noch die Sperrzeit die gesetzlichen Kündigungsfristen verlängert.[40] Von der Sperrzeit werden nur solche Kündigungen unmittelbar erfasst, bei denen die Kündigungsfrist kürzer als ein Monat (bzw. zwei Monate, § 18 Abs. 2 KSchG) ist. Da gemäß § 17 Abs. 1 KSchG alle maßgeblichen Entlassungen, die innerhalb von 30 Kalendertagen erfolgen, zusammenzuzählen sind, lösen alle weiteren Kündigungserklärungen, die innerhalb von 30 Tagen nach einer dem Arbeitnehmer erklärten Kündigung erfolgen, die Pflichten nach § 17 KSchG aus, unabhängig davon, ob sie auf einem neuen Kündigungsentschluss des Arbeitgebers beruhen. Dies kann auch bei einer Nachkündigung nur eines Arbeitnehmers der Fall sein. Der Arbeitgeber hat dann eine **Nachmeldung** des später gekündigten Arbeitnehmers an die zuständige Agentur für Arbeit vorzunehmen.[41] Die §§ 17 ff. KSchG gelten auch im Insolvenzverfahren des Arbeitgebers.[42] Der sachliche Anwendungsbereich des § 17 KSchG bezieht sich nach § 17 Abs. 4 S. 1, 2 KSchG nicht auf fristlose Änderungskündigungen (§ 626 Abs. 1 BGB), die ihre Veranlassung in der Person oder im Verhalten des Arbeitnehmers haben,[43] wobei gleichgültig ist, ob sie mit sozialer Auslauffrist oder bei tariflich oder vertraglich unkündbaren Arbeitnehmern unter Einhaltung einer der ordentlichen Kündigung entsprechenden Auslauffrist ausgesprochen werden.[44] § 17 Abs. 4 KSchG gilt jedoch nicht für betriebsbedingte Kündigungen aus wichtigem Grund, die ausnahmsweise mit einer Auslauffrist erklärt werden dürfen.[45]

5 **Streitgegenstand**[46] und **Prüfungsmaßstab**[47] der Änderungsschutzklage (§ 4 S. 2 KSchG) unterscheiden sich von der Kündigungsschutzklage (§ 4 S. 1 KSchG). Dies ist vor allem deshalb von Bedeutung, weil nach der Rechtsprechung des BAG neben der Unwirksamkeit der Änderungskündigung auch aus sonstigen Gründen (§ 4 S. 2 Alt. 2 KSchG)[48] die soziale Rechtfertigung bzw. die Rechtswirksamkeit der angebotenen geänderten Arbeitsbedingungen im Mittelpunkt der Prüfung steht.[49] So hat das BAG[50] in Abkehr von der früheren Rspr.[51] auch eine überflüssige Änderungskündigung für rechtsunwirksam angesehen, wenn bereits die **Kündigungserklärung** als solche an einem rechtlichen Mangel leidet.[52] Der entsprechende Vorbehalt ist im Zusammenhang mit § 4 S. 2 Alt. 2 KSchG von der Regelung

---

[39] EuGH 27.1.2005 – C-188/03, NZA 2005, 213 Rn. 46 ff. – Junk; BAG 9.6.2016 – 6 AZR 405/15, NZA 2016, 1198 Rn. 17; BAG 13.6.2019 – 6 AZR 459/18, ZInsO 2019, 2225 Rn. 22; BAG 13.2.2020 – 6 AZR 146/19, NZA 2020, 1006 Rn. 43 zu den objektiv richtigen „Mussangaben" und zur sog. Sammelanzeige.
[40] BAG 6.11.2008 – 2 AZR 935/07, DB 2009, 515.
[41] BAG 20.1.2016 – 6 AZR 601/14, ZIP 2016, 633.
[42] BAG 13.6.2019 – 6 AZR 459/18, ZInsO 2019, 2225; BAG 13.2.2020 – 6 AZR 146/19, NZA 2020, 1006; ErfK/*Kiel* KSchG § 17 Rn. 16.
[43] Vgl. Art. 1 Abs. 1a RL 98/59/EG: Entlassungen, die nicht in der Person des Arbeitnehmers liegen.
[44] Ascheid/Preis/Schmidt/*Moll* KSchG § 17 Rn. 39, 40; ErfK/*Kiel* KSchG § 17 Rn. 16.
[45] Stahlhacke/Preis/Vossen Kündigung/*Vossen* Rn. 1644; Ascheid/Preis/Schmidt/*Moll* KSchG § 17 Rn. 40; ErfK/*Kiel* KSchG § 17 Rn. 16.
[46] Vgl. dazu BAG 19.5.1993 – 2 AZR 584/92, NZA 1993, 1075; BAG 24.8.2004 – 1 AZR 419/03, NZA 2005, 5; BAG 26.8.2008 – 1 AZR 353/07, NZA-RR 2009, 300; BAG 26.1.2012 – 2 AZR 102/11, NZA 2012, 856; BAG 19.7.2012 – 2 AZR 25/11, DB 2012, 2106; BAG 22.10.2015 – 2 AZR 124/14, NZA 2016, 225; *Boewer* BB 1996, 2618 und RdA 2001, 380 (385, 393); *Niemann* RdA 2016, 339 (342 ff).
[47] BAG 18.1.1990 – 2 AZR 183/89, NZA 1990, 734; BAG 10.2.1999 – 2 AZR 422/98, NZA 1999, 657; BAG 20.2.2014 – 2 AZR 346/12, NZA 2014, 1069 Rn. 38; BAG 22.10.2015 -2 AZR 124/14, NZA 2016, 225 Rn. 29, 30; *Hromadka* NZA 1996, 1 (8) und NZA 2000, 737 (738); *Boewer* RdA 2001, 380 (394); ausführlich KR/*Kreft* KSchG § 2 Rn. 145, 146, 282 ff.
[48] So bereits BAG 28.5.1998 – 2 AZR 615/97, NZA 1998, 1167 Rn. 22, 23; BAG 22.10.2015 – 2 AZR 124/14, NZA 2016, 225; ErfK/*Oetker* KSchG § 2 Rn. 67; *Niemann* RdA 2016, 339 (342).
[49] BAG 3.4.1987 – 7 AZR 66/86, NZA 1988, 37: Der Kündigungsgrund muss nicht so gewichtig sein, dass er die Beendigung des Arbeitsverhältnisses auch ohne Vorliegen eines Änderungsangebots rechtfertigen könnte; BAG 10.2.1999 – 2 AZR 422/98, NZA 1999, 657; BAG 10.4.2014 – 2 AZR 812/12, NZA 2014, 653. Vgl. auch BAG 28.5.1998 – 2 AZR 615/97, NZA 1998, 1167 Rn. 22, 23. Ausführlich KR/*Kreft* KSchG § 2 Rn. 139, 142.
[50] BAG 22.10.2015 – 2 AZR 124/14, NZA 2016, 225.
[51] Vgl. nur BAG 19.7.2012 – 2 AZR 25/11, NZA 2012, 1038.
[52] BAG 22.10.2015 – 2 AZR 124/14, NZA 2016, 225 Rn. 29, 30; wohl auch BAG 21.5.2019 – 2 AZR 26/19, NZA 2019, 1143 Rn. 19: § 4 S. 2 KSchG als abgewandelter Fall der Klage gem. § 4 S. 1 KSchG im Anschluss an *Niemann* RdA 2016, 339 (342).

des § 2 S. 1 KSchG gedeckt und stellt damit keine Ablehnung des Änderungsangebots gem. § 150 Abs. 2 BGB dar.[53] Außerdem gilt grundsätzlich ein **einheitlicher Prüfungsmaßstab** unabhängig davon, ob der Arbeitnehmer das Änderungsangebot unter Vorbehalt akzeptiert oder ablehnt.[54]

Außerhalb des KSchG, etwa in Kleinbetrieben,[55] die nicht unter den Geltungsbereich des KSchG fallen (§ 23 Abs. 1 KSchG), oder in den ersten 6 Monaten eines Arbeitsverhältnisses (§ 1 Abs. 1 KSchG),[56] wird im Schrifttum eine **analoge Anwendung** des § 2 KSchG befürwortet,[57] weil § 23 Abs. 1 S. 2 KSchG ohne Einschränkung auf die §§ 4 bis 7 KSchG verweist und der Arbeitnehmer die Unwirksamkeit einer Änderungskündigung aus einem anderen Grund als dem der Sozialwidrigkeit geltend machen kann. Dieser Bewertung steht entgegen, dass das Gesetz zu Reformen am Arbeitsmarkt v. 24.12.2003[58] die Herausnahme der Kleinbetriebe aus dem sachlichen Anwendungsbereich des KSchG beabsichtigt hat und damit die Konstruktion der Annahme unter Vorbehalt, die von § 150 Abs. 2 BGB abweicht, nur auf die unter den Geltungsbereich des KSchG fallenden Arbeitnehmer beziehen wollte.[59] Im Falle einer Änderungskündigung kann der Arbeitnehmer daher nur mit einer Annahme oder Ablehnung des Änderungsangebots reagieren und sich gegen die Beendigungskündigung innerhalb der **Klageerhebungsfrist** des § 4 S. 1 KSchG (§ 23 Abs. 1 S. 2 KSchG) unter Berufung auf den bürgerlich-rechtlichen Kündigungsschutz oder aus § 134 BGB iVm § 7 Abs. 1, §§ 1, 3 AGG zur Wehr setzen.[60] Aus § 313 Abs. 3 S. 2 BGB folgt, dass Umstände, die eine Vertragsanpassung unter dem Gesichtspunkt einer Störung oder des Wegfalls der **Geschäftsgrundlage** rechtfertigen könnten, ausschließlich nach §§ 2, 1 KSchG zu würdigen sind.[61] Das Kündigungsrecht ist gegenüber einer Anpassung nach § 313 BGB lex specialis. Tatbestände, die zu einer Störung oder dem Wegfall der Geschäftsgrundlage geführt haben, werden in kündigungsrechtlicher Hinsicht berücksichtigt.[62] Auch Gesetzesänderungen können die Geschäftsgrundlage eines Vertrags so verändern, dass Leistung und Gegenleistung nicht mehr in dem zuvor vereinbarten Verhältnis stehen und die vertraglichen Absprachen nach den Regeln über den Wegfall oder die Änderung der Geschäftsgrundlage mittels einer Änderungskündigung anzupassen sind.[63]

Für die Änderungskündigung gilt der **gesamte Sonderkündigungsschutz,** so dass etwa die §§ 15 KSchG, 17 MuSchG, 18 BEEG, 168, 174 ff. SGB IX, 5 PflegeZG, 2 Abs. 3 FPfZG, 2 Abs. 3 AbgG, 3 Abs. 3 EuAbgG[64] zu beachten sind.[65] Der gesetzlich (§ 613a Abs. 4 BGB),

---

[53] BAG 28.5.1998 – 2 AZR 615/97, NZA 1998, 1167 Rn. 23; BAG 22.10.2015 – 2 AZR 124/14, NZA 2016, 225 Rn. 31.
[54] Seit BAG 7.6.1973 – 2 AZR 450/72, AP BGB § 626 Änderungskündigung Nr. 1; BAG 24.5.2012 – 2 AZR 163/11, NZA-RR 2013, 74; BAG 23.2.2012 – 2 AZR 45/11, AP KSchG 1969 § 2 Nr. 156; BAG 22.10.2015 – 2 AZR 550/14, ArbR 2016, 192; BAG 21.5.2019 – 2 AZR 26/19, NZA 2019, 1143 Rn. 24. Zum Ganzen auch Stahlhacke/Preis/Vossen Kündigung/*Preis* Rn. 532, 1305, 1306; KR/*Kreft* KSchG § 2 Rn. 143, 144, 146.
[55] BAG 28.10.2010 – 2 AZR 392/08, AP KSchG 1969 § 23 Nr. 48; BAG 23.5.2013 – 2 AZR 54/12, NZA 2013, 1197 zur Maßgeblichkeit des abgesenkten Schwellenwerts; BAG 2.3.2017 – 2 AZR 427/16, NZA 2017, 859.
[56] Vgl. zur Kündigung in der Wartezeit: BAG 19.12.2013 – 6 AZR 190/12, NZA 2014, 372.
[57] LAG Köln 9.4.2009 – 7 Sa 1467/08, PersV 2010, 276 (Ls.) für den Fall der außerordentlichen Änderungskündigung; für eine analoge Anwendung Ascheid/Preis/Schmidt/*Künzl* KSchG § 2 Rn. 351a; KR/*Kreft* KSchG § 2 Rn. 7, 8, 9.
[58] BGBl. I 3002.
[59] BT-Drs. V/3913, 8. Vgl. auch BAG 19.10.2017 – 8 AZR 845/15, NZA 2018, 436 Rn. 14: Kein Wiedereinstellungsanspruch im Kleinbetrieb. Der Privathaushalt ist kein Betrieb, was auch für § 622 Abs. 2 BGB gilt: BAG 11.6.2020 – 2 AZR 660/19, juris Rn. 14, 19.
[60] BVerfG 27.1.1998 – 1 BvL 22/93, NZA 1998, 469 (470); BAG 6.2.2003 – 2 AZR 672/01, NZA 2003, 717; BAG 8.12.2011 – 6 AZN 1371/11, NZA 2012, 286: Kein Schutz durch Art. 30 GRC; BAG 26.3.2015 – 2 AZR 237/14, NJW 2015, 1899: In-vitro-Fertilisation; BAG 23.7.2015 – 6 AZR 457/14, ZIP 2015, 2242: Altersdiskriminierung.
[61] BAG 8.10.2009 – 2 AZR 235/08, NZA 2010, 465 Rn. 32; BAG 5.6.2014 – 2 AZR 615/13, NZA 2015, 40 Rn. 23; BAG 21.4.2016 – 2 AZR 609/15, NZA 2016, 941 Rn. 19; BAG 20.10.2017 – 2 AZR 783/16 (F), NZA 2018, 440 Rn. 30.
[62] BAG 20.10.2017 – 2 AZR 783/16 (F), NZA 2018, 440 Rn. 30.
[63] BAG 5.6.2014 – 2 AZR 615/13, NZA 2015, 40 Rn. 23
[64] BAG 18.5.2017 – 2 AZR 79/16, NZA 2017, 1250.
[65] BeckOK ArbR/*Rolfs* KSchG § 2 Rn. 111, 112.

tariflich oder vertraglich vorgesehene Ausschluss einer ordentlichen Kündigung erfasst zugleich auch die Änderungskündigung.[66] Der Kündigungsschutz nach § 15 KSchG gilt uneingeschränkt auch für sog. Massenänderungskündigungen.[67] Mangels anderweitiger Vereinbarung (§ 15 Abs. 3 TzBfG) kann sich bei einem befristeten Arbeitsvertrag der Ausschluss einer ordentlichen Änderungskündigung ergeben.[68] Verstößt eine ordentliche Kündigung gegen Diskriminierungsverbote des AGG (§§ 1–3 AGG), sind diese nicht als eigenständige Unwirksamkeitsnormen anzuwenden, sondern ungeachtet von § 2 Abs. 4 AGG einschließlich möglicher Rechtfertigungsgründe unter dem Gesichtspunkt der Sozialwidrigkeit der Kündigung nach §§ 1, 2 KSchG zu prüfen.[69] Im Kleinbetrieb (§ 23 KSchG) oder während der Wartezeit (§ 1 Abs. 1 KSchG) ist die Unwirksamkeit einer nach dem AGG diskriminierenden Kündigung aus § 134 BGB iVm §§ 7 Abs. 1, 1 bis 3 AGG herzuleiten.[70] Dies gilt gleichermaßen für die Änderungskündigung.

1. Vorrang der Änderungskündigung

8   Der **Grundsatz der Verhältnismäßigkeit** ist für das gesamte Kündigungsschutzrecht maßgebend.[71] Das Mittel der Kündigung soll vom Arbeitgeber erst eingesetzt werden, wenn ihm keine anderen geeigneten Möglichkeiten zur Befriedigung seiner Interessen oder zur Abwehr von arbeitsvertraglichen Störungen zur Verfügung stehen. Dieses Prinzip hat der Gesetzgeber selbst in § 1 Abs. 2 und deutlicher in § 1 Abs. 2 S. 2 und 3 KSchG positiviert, soweit es um die Weiterbeschäftigung des Arbeitnehmers in demselben Betrieb oder einem anderen Betrieb desselben Unternehmens geht. Nach dem Grundsatz der Verhältnismäßigkeit hat der Arbeitgeber daher vor jeder Beendigungskündigung die Möglichkeit einer Änderungskündigung als milderes Mittel zu prüfen.[72] Die früher vom BAG[73] geforderte Initiativlast des Arbeitgebers, eine Verhandlungslösung zu suchen und vor jeder ordentlichen Beendigungskündigung dem Arbeitnehmer eine beiden Parteien zumutbare Weiterbeschäftigung auf einem freien Arbeitsplatz auch zu geänderten Arbeitsbedingungen unter einer Überlegungsfrist von einer Woche anbieten zu **müssen**, hat sich durch zwei Grundsatzentscheidungen des BAG vom 21.4.2005[74] erledigt.[75] Die Aussagen dieser Entscheidungen lassen sich wie folgt zusammenfassen: Der Arbeitgeber muss vor jeder ordentlichen Beendigungskündigung dem Arbeitnehmer von sich aus eine beiden Parteien objektiv mögliche und zumutbare Beschäftigung auf einem freien Arbeitsplatz auch zu geänderten Bedingungen anbieten. Er ist dabei nicht verpflichtet, mit dem Arbeitnehmer eine einvernehmliche Lösung zu suchen. Auch

---

[66] BAG 2.3.2006 – 2 AZR 64/05, NZA 2006, 985; BAG 28.10.2010 – 2 AZR 688/09, NZA-RR 2011, 155; vgl. auch BAG 20.6.2013 – 2 AZR 295/12, DB 2014, 186: Ausschluss der ordentlichen Kündigung und Altersdiskriminierung; BAG 20.6.2013 – 2 AZR 295/12, NZA 2014, 208: Tarifliche Unkündbarkeitsregelung.
[67] BAG 7.10.2004 – 2 AZR 81/04, NZA 2005, 156.
[68] BAG 22.7.2010 – 6 AZR 480/09, NZA 2010, 1142.
[69] BAG 6.11.2008 – 2 AZR 523/07, NZA 2009, 361 Rn. 36 ff.; BAG 20.6.2013 – 2 AZR 295/12, NZA 2014, 208 Rn. 36; BAG 16.5.2019 – 6 AZR 329/18, NZA 2019, 1198 Rn. 38.
[70] BAG 19.12.2013 – 6 AZR 190/12, NZA 2014, 372 (Wartezeit-HIV); BAG 23.7.2015 – 6 AZR 457/14, NZA 2015, 1380 (Kleinbetrieb-Pensionsberechtigung); BAG 16.5.2019 – 6 AZR 329/18, NZA 2019, 1198 Rn. 38.
[71] BAG 30.5.1978 – 2 AZR 630/76, AP BGB § 626 Nr. 70; BAG 3.7.1996 – 2 AZR 833/95, BeckRS 1996, 30762378; *Preis* NJW 1998, 1889; *Boewer* FS Gaul, 19 ff.; Schaub ArbR-HdB/*Linck* § 137 Rn. 3; Stahlhacke/Preis/Vossen Kündigung/*Preis* Rn. 1295.
[72] BAG 27.9.1984 – 2 AZR 62/83, NZA 1985, 455; BAG 21.4.2005 – 2 AZR 132/04, NZA 2005, 1289; BAG 21.4.2005 – 2 AZR 244/04, NZA 2005, 1294; *Annuß* NZA 2005, 443; *Lelley/Sabin* DB 2006, 1110; *Bauer/Winzer* BB 2006, 266; *Berkowsky* NZA 2008, 26; Schaub ArbR-HdB/*Linck* § 137 Rn. 3; im Ergebnis zustimmend ErfK/*Oetker* KSchG § 2 Rn. 4.
[73] BAG 27.9.1984 – 2 AZR 62/83, NZA 1985, 455; bestätigend: BAG 7.12.2000 – 2 AZR 391/99, NZA 2001, 495.
[74] BAG 21.4.2005 – 2 AZR 132/04, NZA 2005, 1289: Verneint bei Hauptabteilungsleiter dessen Bezüge von 138.681 EUR auf 68.900 EUR bei geänderter Tätigkeit gekürzt werden sollten; BAG 21.4.2005 – 2 AZR 244/04, NZA 2005, 1294: Verneint im Falle deutlicher Arbeitszeitverringerung mit gleichzeitiger Lohnkürzung bei Kommissionierer; BAG 21.9.2006 – 2 AZR 607/05, NZA 2007, 431: Verneint bei Bereichsleiter mit 10.137 EUR monatlich, dem Sachbearbeitertätigkeit mit 3.200 EUR angeboten werden konnte. Siehe auch BAG 3.4.2008 – 2 AZR 500/06, NZA 2008, 812 Rn. 11, 12.
[75] Dazu *Bröhl* BB 2007, 437 (445); *Annuß* NZA 2005, 443; *Bauer/Winzer* BB 2006, 266.

ohne vorherige Verhandlungen mit dem Arbeitnehmer kann er direkt eine Änderungskündigung aussprechen, indem er Angebot und Kündigung miteinander verbindet. Der Grundsatz der Verhältnismäßigkeit erfordert keine zwingend vorgeschaltete Überlegungsfrist. Den Interessen des Arbeitnehmers ist durch § 2 KSchG genügend Rechnung getragen. Diese Vorgehensweise des Arbeitgebers ist am wenigsten problematisch. Alternativ kann der Arbeitgeber den Verhandlungsweg beschreiten und dem Arbeitnehmer zunächst das Angebot unterbreiten, den Arbeitsvertrag der noch bestehenden Weiterbeschäftigungsmöglichkeit anzupassen. Lehnt der Arbeitnehmer das Vertragsänderungsangebot ab, so muss der Arbeitgeber nach dem Grundsatz der Verhältnismäßigkeit gleichwohl eine Änderungskündigung aussprechen. Eine Beendigungskündigung ist nur dann zulässig, wenn der Arbeitnehmer unmissverständlich zum Ausdruck gebracht hat, er werde die geänderten Arbeitsbedingungen im Fall des Ausspruchs einer Änderungskündigung nicht, auch nicht unter dem Vorbehalt ihrer sozialen Rechtfertigung annehmen. Späteres Verhalten des Arbeitnehmers muss einen sicheren Rückschluss darauf zulassen, dass er das Änderungsangebot definitiv abgelehnt hätte.[76] Dafür trägt der Arbeitgeber die Darlegungs- und Beweislast, wenn sich der Arbeitnehmer auf eine entsprechende Weiterbeschäftigungsmöglichkeit berufen hat.[77] Die Obliegenheit des Arbeitsplatzangebots trifft den Arbeitgeber auch dann, wenn er den freien Arbeitsplatz nur vorübergehend einrichten und den zeitlich ungewissen Beschäftigungsbedarf mit einem Arbeitnehmer abdecken will, der wirksam befristet (weiter)beschäftigt werden kann.[78] Hält der Arbeitgeber im Rahmen einer betrieblichen Einheit Stellen vor, die ausschließlich der Qualifizierung und Vermittlung an andere Unternehmen innerhalb und außerhalb des Konzerns dienen, handelt es sich jedoch nicht um freie Arbeitsplätze iSv § 1 Abs. 2 S. 2, S. 3 KSchG, die der Arbeitgeber dem Arbeitnehmer bei Wegfall seines Arbeitsplatzes im Wege der Änderungskündigung anbieten müsste.[79]

Erfüllt der Arbeitnehmer das Anforderungsprofil des fraglichen Arbeitsplatzes, darf eine Änderungskündigung lediglich in **Extremfällen** unterbleiben, wenn der Arbeitgeber bei vernünftiger Betrachtung nicht mit einer Annahme des neuen Vertragsangebots durch den Arbeitnehmer rechnen konnte (zB Angebot einer Pförtnerstelle an den bisherigen Personalchef).[80] Regelmäßig hat der Arbeitnehmer selbst zu entscheiden, ob er eine Weiterbeschäftigung unter möglicherweise erheblich verschlechterten Arbeitsbedingungen für **zumutbar** hält oder nicht.[81] Indizielle Bedeutung ist dem Umstand beizumessen, wenn sich der Arbeitnehmer nicht zeitnah, insbesondere erst im späteren Verlauf eines Kündigungsschutzprozesses auf eine ihm bekannte deutlich unterqualifizierte Beschäftigungsmöglichkeit beruft, weil dann alles dafür spricht, dass er diese nicht als zumutbare Beschäftigungsalternative angesehen hat.[82]

So kann auch die Pflicht des Arbeitgebers, einem **schwerbehinderten Arbeitnehmer** gemäß § 164 Abs. 4 S. 1 Nr. 1 SGB IX einen seinen Fähigkeiten und Kenntnissen entsprechenden Arbeitsplatz zuzuweisen, eine Beendigungskündigung ausschließen, wenn eine mit einer Änderungskündigung verbundene Versetzung auf einen solchen Arbeitsplatz möglich ist.[83] Eine

---

[76] BAG 3.4.2008 – 2 AZR 500/06, NZA 2008, 812.
[77] BAG 21.9.2006 – 2 AZR 607/05, NZA 2007, 431 Rn. 34; BAG 3.4.2008 – 2 AZR 500/06, NZA 2008, 812; BAG 26.3.2015 – 2 AZR 417/14, NZA 2015, 1083 Rn. 29.
[78] BAG 26.3.2015 – 2 AZR 417/14, NZA 2015, 1083 Rn 40: In der Sache zielt ein solches unternehmerisches Konzept auf eine – unzulässige – Austauschkündigung.
[79] BAG 8.5.2014 – 2 AZR 1001/12, NZA 2014, 1200 Rn. 22.
[80] BAG 21.4.2005 – 2 AZR 132/04, NZA 2005, 1289; BAG 21.4.2005 – 2 AZR 244/04, NZA 2005, 1294; 29.8.2013 – 2 AZR 809/12, NZA 2014, 730; BAG 8.5.2014 – 2 AZR 1001/12, NZA 2014, 1200; BAG 26.3.2015 – 2 AZR 417/14, NZA 2015, 1083 Rn. 28. Überholt BAG 25.4.2002 – 2 AZR 260/01, NZA 2003, 605: Die Weiterbeschäftigung muss aber sowohl dem Arbeitnehmer als auch dem Arbeitgeber objektiv möglich und zumutbar sein; vgl. dazu auch *Annuß/Bartz* NJW 2006, 2153.
[81] BAG 21.9.2006 – 2 AZR 607/05, NZA 2007, 431; BAG 29.8.2013 – 2 AZR 809/12, NZA 2014, 730; BAG 8.5.2014 – 2 AZR 1001/12, NZA 2014, 1200.
[82] BAG 21.9.2006 – 2 AZR 607/05, NZA 2007, 431; BAG 23.2.2010 – 2 AZR 656/08, NZA 2010, 1288; BAG 26.3.2015 – 2 AZR 417/14, NZA 2015, 1083 Rn. 28.
[83] BAG 22.9.2005 – 2 AZR 519/04, NZA 2006, 486; BAG 16.5.2019 – 6 AZR 329/18, NZA 2019, 1198 Rn. 45. Zur Darlegungs- und Beweislast bei fehlendem BEM (§ 167 Abs. 2 SGB IX): BAG 20.5.2020 – 7 AZR 100/19, juris Rn. 27.

darauf gerichtete Zustimmungsverweigerung des Betriebsrats (§§ 99, 95 Abs. 3 BetrVG) muss der Arbeitgeber allerdings nur bei Vorliegen besonderer Umstände (offensichtlich unbegründete Zustimmungsverweigerung oder kollusives Zusammenwirken) durch ein Zustimmungsersetzungsverfahren zu überwinden suchen.[84] Der Prüfungs- und Handlungsaufwand des Arbeitgebers soll sich dabei regelmäßig danach richten, mit welcher Intensität entsprechende Weiterbeschäftigungsmöglichkeiten bereits in dem Verfahren vor dem Integrationsamt behandelt worden sind.[85] In diesem Verfahren spielen insbesondere die Möglichkeiten, den Arbeitnehmer auf einem anderen, behindertengerechten Arbeitsplatz weiterzubeschäftigen, eine entscheidende Rolle.[86]

11 Hat der Arbeitnehmer sein Einverständnis zu den neuen Bedingungen erklärt (§ 311 Abs. 1 BGB), ist der Arbeitgeber nicht verpflichtet, mit dem Änderungsangebot zugleich eine Änderungs- oder gegebenenfalls eine Beendigungskündigung aussprechen müssen, um eine gerichtliche Prüfung der sozialen Rechtfertigung der erstrebten Änderung nach § 2 iVm § 1 Abs. 2 und Abs. 3 KSchG zu ermöglichen.[87]

12 Das nach dem Verhältnismäßigkeitsgrundsatz erforderliche Änderungsangebot einer Weiterbeschäftigung des Arbeitnehmers bezieht sich jedoch nicht auf einen freien Arbeitsplatz zu **günstigeren** Arbeitsbedingungen (keine Obliegenheit zur Beförderung), sondern nur zu gleichwertigen oder schlechteren Arbeitsbedingungen, weil das Arbeitsverhältnis durch §§ 1, 2 KSchG in seinem **bisherigen Bestand und Inhalt** geschützt werden soll.[88] Ebenso wenig besteht eine Obliegenheit des Arbeitgebers, den Arbeitnehmer zur Vermeidung einer Beendigungskündigung an einem anderen – freien – Arbeitsplatz in einem im **Ausland** gelegenen Betrieb oder Betriebsteil des Unternehmens zu beschäftigen.[89] Da § 2 S. 1 KSchG die Änderungskündigung in den Zusammenhang mit der modifizierten Fortsetzung des **Arbeitsverhältnisses** stellt, kommt das Angebot einer „**freien Mitarbeit**" als „milderes Mittel" nicht in Betracht.[90] Beschäftigt der Arbeitgeber Leiharbeitnehmer nicht als Personalreserve oder zur Abdeckung von Auftragsspitzen, sondern als reguläre Arbeitnehmer, kann von einer alternativen Beschäftigungsmöglichkeit iSv § 1 Abs. 2 S. 2 KSchG auszugehen sein, die vorrangig für sonst zur Kündigung anstehende Stammarbeitnehmer genutzt werden muss.[91] Bei mehreren geeigneten Weiterbeschäftigungsmöglichkeiten hat der Arbeitgeber dem Arbeitnehmer den Arbeitsplatz anzubieten, dessen Arbeitsbedingungen sich am wenigsten von den bisherigen entfernen. Ist dies schwierig zu bestimmen, kann der Arbeitgeber die in Betracht kommenden Arbeitsplätze **alternativ** anbieten.[92]

2. Schranken einseitiger Leistungsbestimmungen

13 Die Schutzfunktion des § 2 KSchG begrenzte auch bis zum Inkrafttreten des SMG[93] arbeitgeberseitige Änderungsvorbehalte im Hinblick auf wesentliche Elemente im Arbeitsvertrag, die das Gleichgewicht von Leistung und Gegenleistung ausmachen.[94] Diesen Inhaltsschutz haben seit dem 1.1.2002 die §§ 305 ff. BGB in Allgemeinen Geschäftsbedingungen (§§ 305 ff. BGB) oder in Einmalbedingungen (§ 310 Abs. 3 Nr. 2 BGB) übernommen.

---

[84] BAG 22.9.2005 – 2 AZR 519/04, NZA 2006, 486; zur Problematik während des laufenden Arbeitsverhältnisses vgl. BAG 3.12.2002 – 9 AZR 481/01, NZA 2003, 1215.
[85] BAG 22.9.2005 – 2 AZR 519/04, NZA 2006, 486. Vgl. auch BAG 20.5.2020 – 7 AZR 100/19, juris Rn. 27.
[86] BAG 16.5.2019 – 6 AZR 329/18, NZA 2019, 1198 Rn. 35, 45.
[87] BAG 13.3.2007 – 9 AZR 588/06, NZA 2007, 1016; Berkowsky NZA 2008, 26.
[88] BAG 29.3.1990 – 2 AZR 369/89 NZA 1991, 181; BAG 23.2.2010 – 2 AZR 656/08, NZA 2010, 1288 bei Stilllegung einer Betriebsabteilung.
[89] BAG 29.8.2013 – 2 AZR 809/12, NZA 2014, 730; BAG 24.9.2015 – 2 AZR 3/14, NZA 2015, 1457.
[90] BAG 21.2.2002 – 2 AZR 556/00, EzA KSchG § 2 Nr. 45.
[91] BAG 15.12.2011 – 2 AZR 42/10, NZA 2012, 1044 Rn. 30.
[92] BAG 10.4.2014 – 2 AZR 812/12, NZA 2014, 653; Schaub ArbR-HdB/Linck § 137 Rn. 7.
[93] Ges. v. 26.11.2001, BGBl. I 3138.
[94] BAG 12.12.1984 – 7 AZR 509/83, NZA 1985, 321: Arbeitszeitreduzierung nach Bedarf; BAG 30.8.1995 – 1 AZR 47/95, NZA 1996, 440: Übertragung geringerwertiger Tätigkeit; BAG 4.6.2003 – 7 AZR 406/02, BB 2003, 1683: Befristung einzelner Vertragsbedingungen. Vgl. dazu Ascheid/Preis/Schmidt/Künzl KSchG § 2 Rn. 106.

Nunmehr wird durch die AGB-Kontrolle kraft konkreter gesetzlicher Vorgaben der angemessene Interessenausgleich gesucht und damit gleichzeitig auf nicht individuell ausgehandelte Arbeitsbedingungen begrenzt.[95] Einseitige Leistungsbestimmungsrechte, die dem Verwender das Recht einräumen, die Hauptleistungspflichten einzuschränken, zu verändern, auszugestalten oder zu modifizieren, unterliegen einer **Inhaltskontrolle**. Sie weichen von dem allgemeinen Grundsatz pacta sunt servanda ab. Der Vertragsinhaltsschutz des § 2 KSchG bildet dabei eine Schranke, die der Arbeitgeber bei einseitigen Leistungsbestimmungsrechten nicht überwinden kann. Hat sich der Arbeitgeber das Recht vorbehalten, in den Inhalt des Arbeitsvertrags einzugreifen, ohne dass die in § 1 Abs. 2 S. 1 bis 3, Abs. 3 S. 1 und 2 KSchG vorausgesetzten Bedingungen für eine soziale Rechtfertigung der Änderung der vertraglich vereinbarten Arbeitsbedingung vorliegen, spricht dies dafür, nach § 307 Abs. 2 Nr. 1 BGB eine unangemessene Benachteiligung anzunehmen.[96] Dies gilt unabhängig davon, dass sich ein im Rahmen des Vertragsinhaltsschutzes bewegendes Leistungsbestimmungsrecht eine **Ausübungskontrolle** nach billigem Ermessen gefallen lassen muss.[97] Eine Bindung des Arbeitnehmers nach § 106 S. 1 GewO, § 315 BGB an unbillige Weisungen besteht nicht.[98]

Hat sich der Arbeitgeber etwa vertraglich vorbehalten, einem Arbeitnehmer einen Arbeitsplatz mit geringwertigerer Tätigkeit zuzuweisen, so wird in den durch § 2 KSchG gesetzlich gewährleisteten Inhaltsschutz eingegriffen (§ 307 Abs. 3 BGB) und damit eine unangemessene Benachteiligung des Arbeitnehmers nach § 307 Abs. 2 Nr. 1 BGB erzeugt.[99] Das anerkennenswerte Interesse des Arbeitgebers wegen der Ungewissheit der wirtschaftlichen Entwicklung des Unternehmens und der allgemeinen Entwicklung des Arbeitsverhältnisses, bestimmte Zusatzleistungen flexibel auszugestalten, darf nicht zu einer Verlagerung des Wirtschaftsrisikos auf den Arbeitnehmer führen. Daher sind Eingriffe in den **Kernbereich** des Arbeitsvertrags nach der Wertung des § 307 Abs. 2 Nr. 1 BGB unzulässig. Der Vertragsinhaltsschutz gem. § 2 KSchG dient dabei als Maßstab. Danach ist etwa die Vereinbarung eines Widerrufsvorbehalts (§ 308 Nr. 4 BGB) zulässig, soweit der im Gegenseitigkeitsverhältnis stehende widerrufliche Teil des Gesamtverdienstes unter 25 % liegt und der Tariflohn nicht unterschritten wird.[100] Die vom Arbeitgeber abrufbare über die vereinbarte Mindestarbeitszeit hinausgehende Arbeitsleistung des Arbeitnehmers darf nicht mehr als 25 % der vereinbarten wöchentlichen Mindestarbeitszeit betragen. Bei einer Vereinbarung über die Verringerung der vereinbarten Arbeitszeit beträgt das Volumen 20 % der Arbeitszeit.[101]

Wenn auch das Direktionsrecht durch Tarifvertrag zugunsten des Arbeitgebers erweitert werden darf (Art. 9 Abs. 3 GG),[102] gebietet es die aus Art. 12 Abs. 1 GG und Art. 2 Abs. 1 GG folgende Schutzpflicht, dass die tarifvertragliche Erweiterung des Direktionsrechts mit den Wertungen des § 2 KSchG in Einklang steht.[103] Ungeachtet dessen können die Arbeits-

---

[95] BAG 12.1.2005 – 5 AZR 364/04, AP BGB § 308 Nr. 1; BAG 27.7.2005 – 7 AZR 486/04, NZA 2006, 40; BAG 7.12.2005 – 5 AZR 535/04, NZA 2006, 423. Vgl. auch KR/*Kreft* KSchG § 2 Rn. 61 ff., 78 ff., 80 ff.

[96] BAG 9.5.2006 – 9 AZR 424/05, NZA 2007, 145 Rn. 21. Vgl. Außerdem zur Transparenzkontrolle: BAG 25.8.2010 – 10 AZR 275/09, NZA 2010, 1355 Rn. 25.

[97] BAG 28.8.2013 – 10 AZR 569/12, NZA-RR 2014, 181; BAG 10.12.2014 – 10 AZR 63/14, NZA 2015, 483.

[98] BAG 18.10.2017 – 10 AZR 330/16, NZA 2017, 1452 Rn. 63; BAG 28.11.2019 – 8 AZR 125/18, NZA 2020, 589 Rn. 26 sowie zur Frage des Schadensersatzes.

[99] BAG 9.5.2006 – 9 AZR 424/05, NZA 2007, 145; BAG 25.8.2010 – 10 AZR 275/09, NZA 2010, 1355 Rn. 28; BAG 26.1.2012 – 2 AZR 102/11, NZA 2012, 856 Rn. 22: Es gelten die gesetzlichen Vorschriften (§ 306 Abs. 2 BGB) ohne geltungserhaltende Reduktion auf das angemessene Maß.

[100] BAG 11.10.2006 – 5 AZR 721/05, NZA 2007, 87; BAG 11.2.2009 – 10 AZR 222/08, NZA 2009, 428; BAG 21.3.2012 – 5 AZR 651/10, NZA 2012, 616: Widerruf der Privatnutzung eines Dienstwagens.

[101] BAG 7.12.2005 – 5 AZR 535/04, NZA 2006, 423. Vgl. jetzt § 12 Abs. 2 TzBfG in der Fassung vom 11.12.2018 BGBl. I 2384. Zur Frage der Ortsbestimmung mit Versetzungsvorbehalt: BAG 26.1.2012 – 2 AZR 102/11, NZA 2012, 856 Rn. 17, 21 ff.

[102] BAG 29.1.2015 – 2 AZR 1005/13, NZA-RR 2015, 523 Rn. 12 ff.; BAG 24.5.2018 – 6 AZR 116/17, NZA-RR 2018, 568 Rn. 29; Ascheid/Preis/Schmidt/*Künzl* KSchG § 2 Rn. 98 ff.; BeckOK ArbR/*Rolfs* KSchG § 2 Rn. 39.

[103] BAG 23.9.2004 – 6 AZR 442/03, NZA 2005, 475.

vertragsparteien ihre vertraglichen Absprachen dahingehend gestalten, dass sie einer Abänderung durch betriebliche Normen (Betriebsvereinbarungsoffenheit) unterliegen. Eine solche Vereinbarung kann ausdrücklich oder bei entsprechenden Begleitumständen konkludent ohne Verstoß gegen die Unklarheitenregelung (§ 305c Abs. 2 BGB)[104] erfolgen und ist namentlich bei betrieblichen Einheitsregelungen und Allgemeinen Geschäftsbedingungen mit kollektivem Bezug möglich.[105] Die von Arbeitgeber und Betriebsrat ausgehandelte Betriebsvereinbarung unterliegt ihrerseits der Inhaltskontrolle nach § 75 BetrVG.[106] Ein anderes Verständnis gilt im Falle die Parteien Vertragsbedingungen unabhängig von einer für den Betrieb geltenden normativen Regelung vereinbaren.[107]

16 Wenn der Arbeitgeber kraft wirksamer Ausübung des Direktionsrechts (§§ 106 GewO, 315 BGB) Ort, Zeit und Art der Tätigkeit des Arbeitnehmers einseitig ändern kann, erweist sich eine auf diese Änderung ausgerichtete Änderungskündigung als überflüssig.[108] Sie könnte allerdings als unbedingte Kündigung vorsorglich unter der Rechtsbedingung der unwirksamen Ausübung des Direktionsrechts ausgesprochen werden und soll nur unter dieser Prämisse Rechtswirkungen entfalten.[109] Der Arbeitnehmer muss bei derartigem Befund mit dem Hauptantrag Klage auf Feststellung der Unwirksamkeit der einseitigen Leistungsbestimmung des Arbeitgebers erheben und innerhalb der Klageerhebungsfrist aus § 4 S. 2 KSchG zur Vermeidung der Wirkungen aus § 7 KSchG hilfsweise einen Änderungsschutzantrag unter der Bedingung stellen, dass es nach Auffassung des Gerichts keiner Vertragsänderung für die vom Arbeitgeber erstrebte Versetzung bedurfte.[110] Demgegenüber geht das BAG[111] nach bisheriger Rspr. davon aus, dass eine Änderungsschutzklage gegen eine überflüssige Änderungskündigung als unbegründet abzuweisen ist, wenn sich die vom Arbeitgeber erstrebten Änderungen schon durch die Ausübung des Weisungsrechts gemäß § 106 S. 1 GewO durchsetzen lassen, weil sich diese bereits im Rahmen der vertraglichen Vereinbarungen halten und keine „Änderung der Arbeitsbedingungen" iSv § 2 S. 1, § 4 S. 2 KSchG sein können.[112]

II. Begriff der Änderungskündigung

17 Nach der Legaldefinition in § 2 S. 1 KSchG liegt eine Änderungskündigung vor, wenn der Arbeitgeber das Arbeitsverhältnis kündigt und im Zusammenhang mit der Kündigung dessen Fortsetzung zu geänderten Arbeitsbedingungen anbietet. Die Änderungskündigung ist daher ein **aus zwei Willenserklärungen zusammengesetztes Rechtsgeschäft**.[113] Zur Kündi-

---

[104] AA BAG 11.4.2018 – 4 AZR 119/17, NZA 2018, 1273 Rn. 55; *Creutzfeldt* NZA 2018, 1111 (1119).
[105] BAG 5.3.2013 – 1 AZR 417/12, NZA 2013, 916 Rn. 60 (Altersgrenze); BAG 24.10.2017 – 1 AZR 846/15, AP-Newsletter 2018, 53 Rn. 18; BAG 30.1.2019 – 5 AZR 450/17, NZA 2019, 1065 Rn. 60; BAG 23.6.2020 – 3 AZN 442/20, NZA 2020, 1025 Rn. 11; einschränkend bei Bezugnahme auf einen Tarifvertrag aber BAG 11.4.2018 – 4 AZR 119/17, NZA 2018, 1273 Rn. 55; kritisch *Preis/Ulber* NZA 2014, 6 (9).
[106] BAG 5.3.2013 – 1 AZR 417/12, NZA 2013, 916 Rn. 32, 33; BAG 30.1.2019 – 5 AZR 450/17, NZA 2019, 1065 Rn. 71.
[107] BAG 30.1.2019 – 5 AZR 450/17, NZA 2019, 1065 Rn. 60. Ein Arbeitsvertrag, der formularmäßig kirchliches Arbeitsrecht in Bezug nimmt, ist nicht betriebsvereinbarungsoffen: BAG 11.7.2019 – 6 AZR 40/17, NZA-RR 2019, 590 Rn. 22.
[108] BAG 26.8.2008 – 1 AZR 353/07, NZA-RR 2009, 300; BAG 26.1.2012 – 2 AZR 102/11, NZA 2012, 856.
[109] BAG 17.12.2015 – 2 AZR 304/15, NZA 2016, 568; *Hromadka* NZA 2008, 1338 (1339); KR/*Kreft* KSchG § 2 Rn. 91, 92.
[110] BAG 17.12.2015 – 2 AZR 304/15, NZA 2016, 568 Rn. 16, 20, 24; vgl. auch *Wallner* NZA 2017, 1562 (1565). Näher zur Formulierung des Klageantrags → § 46 Rn. 140.
[111] Nur BAG 19.7.2012 – 2 AZR 25/11, NZA 2012, 1038 Rn. 21; BAG 26.1.2012 – 2 AZR 102/11, NZA 2012, 856 Rn. 14; BAG 28.8.2013 – 10 AZR 569/12, NZA-RR 2014, 181 Rn. 48; ebenso ErfK/*Oetker* KSchG § 2 Rn. 14a; KR/*Kreft* KSchG § 2 Rn. 41; ablehnend *Preis* NZA 2015, 1 (7 ff); *Boewer* FS Bartenbach 587 ff.; *Niemann* RdA 2016, 339 (342).
[112] Näher dazu → § 46 Rn. 140.
[113] BAG 10.9.2009 – 2 AZR 822/07, NZA 2010, 333; BAG 16.12.2010 – 2 AZR 576/09, AP KSchG 1969 § 2 Nr. 150; BAG 17.2.2016 – 2 AZR 613/14, AP § 2 KSchG 1969 Nr. 168 Rn. 18; BAG 21.5.2019 – 2 AZR 26/19, NZA 2019, 1143 Rn. 30; Stahlhacke/Preis/Vossen Kündigung/*Preis* Rn. 1288; ErfK/*Oetker* KSchG § 2 Rn. 6.

gungserklärung, die auf die Beendigung des Arbeitsverhältnisses zu richten ist,[114] muss als zweites Element ein **bestimmtes** bzw. bestimmbares, somit den Voraussetzungen des § 145 BGB entsprechendes, **Angebot** zur Fortsetzung des Arbeitsverhältnisses zu geänderten Arbeitsbedingungen hinzukommen.[115] Auch eine vorsorgliche Änderungskündigung, die der Arbeitgeber hilfsweise nur für den Fall erklärt, dass er nicht bereits einseitig zu der von ihm beabsichtigten Veränderung der Arbeitsbedingungen berechtigt ist, ist zulässigerweise unter eine auflösende Rechtsbedingung gestellt.[116] Geänderte Arbeitsbedingungen iSv § 2 S. 1 KSchG sind andere Vertragsbedingungen.[117] Die auch für den **Arbeitnehmer** mögliche Änderungskündigung fällt nicht unter den Geltungsbereich der §§ 2, 4 S. 2, 7 KSchG.[118]

1. Zusammenhang zwischen Kündigung und Änderungsangebot

Der erforderliche Zusammenhang zwischen Beendigungskündigung und Änderungsangebot besteht nur dann, wenn das **Vertragsänderungsangebot spätestens mit dem Zugang der Kündigungserklärung** abgegeben wird. Ein **nach** diesem Zeitpunkt unterbreitetes Änderungsangebot ist nicht zu berücksichtigen.[119] Anderenfalls bezöge man in die Bewertung der Kündigung Umstände ein, die im Zeitpunkt des Zugangs der Kündigung noch nicht vorlagen. Dies wäre mit dem Prinzip, dass die Wirksamkeit einer Kündigung nur nach den objektiven Verhältnissen im **Zeitpunkt des Kündigungszugangs** zu beurteilen ist, nicht in Übereinstimmung zu bringen.[120] Eine unbedingte Kündigungserklärung ohne gleichzeitiges oder vorausgegangenes Änderungsangebot, auf das in der Kündigung Bezug genommen wird, ist daher nicht als Änderungskündigung, sondern als Beendigungskündigung zu qualifizieren.[121] Das Änderungsangebot kann zwar nach Ansicht des BAG[122] schon **vor Ausspruch der Kündigung abgegeben** werden. In diesem Fall muss der Arbeitgeber aber beim späteren Ausspruch der Kündigung klarstellen, dass er das Änderungsangebot trotz der gescheiterten Vertragsverhandlungen aufrechterhält. Das **Angebot** ist praktisch zu **wiederholen,** weil mangels Bestimmung einer Annahmefrist (§ 148 BGB)[123] nicht feststeht, ob das ursprüngliche Vertragsänderungsangebot bei Ausspruch der Kündigung bereits erloschen war (§§ 145, 147 BGB). Abzulehnen ist die Auffassung, wonach das vom Arbeitgeber erst später **nach Zugang** einer Beendigungskündigung abgegebene Änderungsangebot als Angebot einer „Kündigungsrücknahme" und Ausspruch einer Änderungskündigung interpretiert werden kann.[124] Im Interesse klarer Verhältnisse sollte stets die Kündigung mit dem Vertragsänderungsangebot verbunden werden. Die rechtzeitige vorbehaltlose Annahme oder die rechtzeitige Annahme des Angebots unter Vorbehalt (§ 2 S. 2 KSchG) beseitigt die Beendigungswirkung der Kündigung.[125] Ob diese Rechtsfolge unmittelbar aus den §§ 2, 4 S. 2, 8 KSchG

---

[114] Nur ErfK/*Oetker* KSchG § 2 Rn. 7.
[115] BAG 10.9.2009 – 2 AZR 822/07, NZA 2010, 333; BAG 29.9.2011 – 2 AZR 523/10, NZA 2012, 628; BAG 20.6.2013 – 2 AZR 396/12, NZA 2013, 1409; BAG 5.6.2014 – 2 AZR 615/13, NZA 2015, 40; BAG 21.5.2019 – 2 AZR 26/19, NZA 2019, 1143 Rn. 30.
[116] BAG 17.12.2015 – 2 AZR 304/15, NZA 2016, 568; Schaub ArbR-HdB/*Linck* § 137 Rn. 9a.
[117] BAG 26.1.2012 – 2 AZR 102/11, NZA 2012, 856; ErfK/*Oetker* KSchG § 2 Rn. 14a.
[118] BAG 21.9.2017 – 2 AZR 57/17, NZA 2017, 1524; KR/*Kreft* KSchG § 2 Rn. 10; BeckOK ArbR/*Rolfs* KSchG § 2 Rn. 5.
[119] BAG 17.5.2001 – 2 AZR 460/00, NZA 2002, 54; BAG 21.4.2005 – 2 AZR 132/04, NZA 2005, 1289; BAG 20.2.2014 – 2 AZR 346/12, NZA 2014, 1069 Rn. 38; BAG 17.2.2016 – 2 AZR 613/14, AP KSchG 1969 § 2 Nr 168 Rn. 18; BAG 21.5.2019 – 2 AZR 26/19, NZA 2019, 1143 Rn. 30.
[120] BAG 17.5.2001 – 2 AZR 460/00, NZA 2002, 54; BAG 21.4.2005 – 2 AZR 132/04, NZA 2005, 1289; BAG 17.2.2016 – 2 AZR 613/14, AP KSchG 1969 § 2 Nr 168 Rn. 31; aA wohl ErfK/*Oetker* KSchG § 2 Rn. 11; unklar BeckOK ArbR/*Rolfs* KSchG § 2 Rn. 18, der einen sachlichen Zusammenhang genügen lässt.
[121] BAG 17.5.2001 – 2 AZR 460/00, NZA 2002, 54; BAG 21.4.2005 – 2 AZR 132/04, NZA 2005, 1289; ErfK/*Oetker* KSchG § 2 Rn. 11; aA *Löwisch* NZA 1988, 633 (634), der auch ein der Kündigung nachfolgendes Änderungsangebot für statthaft hält, weil kein zeitlicher, sondern ein sachlicher Zusammenhang entscheidend sei. Vgl. zur Alternative einer unbedingten oder bedingten Kündigung: KR/*Kreft* KSchG § 2 Rn. 15 ff.
[122] BAG 21.4.2005 – 2 AZR 132/04, NZA 2005, 1289; so auch ErfK/*Oetker* KSchG § 2 Rn. 11.
[123] Vgl. dazu BAG 18.5.2006 – 2 AZR 230/05, NZA 2006, 1092; ErfK/*Oetker* KSchG § 2 Rn. 11.
[124] So ErfK/*Oetker* KSchG § 2 Rn. 12; KR/*Kreft* KSchG § 2 Rn. 34; MüKoBGB/*Hergenröder* KSchG § 2 Rn. 21.
[125] BAG 26.1.2012 – 2 AZR 102/11, NZA 2012, 856 Rn. 13.

herzuleiten ist oder sich daraus ergibt, dass die Beendigungskündigung unter der auflösenden Potestativbedingung ausgesprochen wird, dass der Arbeitnehmer das Vertragsänderungsangebot vorbehaltlos oder unter Vorbehalt akzeptiert, kann dabei dahinstehen.[126]

19 Ob überhaupt eine **Änderungskündigung**, ein **einseitiger Widerruf** oder eine **Beendigungskündigung** vom Arbeitgeber gewollt und erklärt wurde, bedarf ggf. der Auslegung (§§ 133, 157 BGB). Dabei ist ein objektiver Maßstab anzulegen. Es ist zu prüfen, wie der Erklärungsempfänger die Erklärung nach Treu und Glauben und nach der Verkehrsauffassung verstehen musste.[127] Das bedeutet, dass die subjektive Auffassung des Erklärungsempfängers, wenn sie nicht Treu und Glauben und der Verkehrssitte entspricht, keine Berücksichtigung bei der Auslegung der Willenserklärung finden darf. So kann die Formulierung *„wir kündigen hiermit das Ihnen unter dem Vorbehalt jederzeitigen Widerrufs eingeräumte Liquidationsrecht zum nächst zulässigen Termin"* keine ordentliche Änderungskündigung darstellen, auch wenn beide Parteien von einer Änderungskündigung ausgehen und diese zum Gegenstand einer Feststellungsklage gemacht wird.[128]

20 Liegt kein hinreichend bestimmtes, annahmefähiges Änderungsangebot vor, lässt sich jedoch andererseits aus der Erklärung des Arbeitgebers entnehmen, dass es ihm vor allem um eine Änderung der Arbeitsbedingungen geht und keine von einem Änderungsangebot unabhängige Beendigung des Arbeitsverhältnisses wünscht, so ist die von ihm erklärte Beendigungskündigung rechtsunwirksam (§ 139 BGB).[129] Ein bloßes **Vertragsänderungsangebot** des Arbeitgebers ist auf eine einvernehmliche Vertragsänderung gerichtet und genügt nicht den Anforderungen an eine Änderungskündigung.[130]

21 Will der Arbeitgeber mit einer sog. Änderungskündigung keine Änderung des Arbeitsvertrages herbeiführen, sondern lediglich eine bestimmte Rechtsauffassung zum Ausdruck bringen, liegt eine nach §§ 2, 4 S. 2 KSchG angreifbare Änderungskündigung nicht vor, so dass eine entsprechende Klage als unbegründet abzuweisen ist.[131]

22 Ursprünglich hat das BAG[132] das Vorliegen einer Änderungskündigung bereits begrifflich verneint, wenn der Arbeitgeber dem Arbeitnehmer im Zusammenhang mit einer Kündigung nur noch eine **befristete Weiterbeschäftigung** anbietet, weil eine Änderungskündigung nach § 2 KSchG voraussetzte, dass das Arbeitsverhältnis, wenn auch zu geänderten Bedingungen, auf **unbestimmte** Zeit fortgesetzt werden soll. Von dieser Rechtsprechung ist das BAG[133] abgerückt, so dass die nachträgliche Befristung eines zunächst auf unbestimmte Zeit eingegangenen Arbeitsverhältnisses auch im Wege der Änderungskündigung erfolgen kann. So hat der Arbeitgeber einem Arbeitnehmer, dessen bisheriger Arbeitsplatz weggefallen ist, eine anderweitige Beschäftigungsmöglichkeit iSd § 1 Abs. 2 S. 2 Nr. 1 lit. b KSchG – ggf. im Wege der Änderungskündigung – auch dann anzubieten, wenn nach seinem unternehmerischen Konzept der zeitlich ungewisse Beschäftigungsbedarf mit einem Arbeitnehmer abgedeckt werden soll, der wirksam befristet (weiter)beschäftigt werden kann.[134] Die auf eine befristete Weiterbeschäftigung gerichtete Änderungskündigung stellt keine unzulässige Vorratskündigung dar.[135] Die Änderung der Arbeitsbedingungen ist allerdings ua dann unwirk-

---

[126] Vgl. zum Ganzen nur KR/*Kreft* KSchG § 2 Rn. 15 ff.
[127] BAG 2.3.1973 – 3 AZR 325/72, AP BGB § 133 Nr. 36; BAG 30.5.1980 – 7 AZR 215/78, AP BGB § 611 Arzt-Krankenhausvertrag Nr. 8 Rn. 63; LAG MV 29.10.2019 – 5 Sa 72/19, juris Rn. 25
[128] BAG 30.5.1980 – 7 AZR 215/78, AP BGB § 611 Arzt-Krankenhausvertrag Nr. 8.
[129] BAG 17.5.2001 – 2 AZR 460/00, NZA 2002, 54.
[130] KR/*Kreft* KSchG § 2 Rn. 13.
[131] BAG 10.12.1975 – 4 AZR 41/75, AP BAT §§ 22, 23 Nr. 90: Änderungskündigung wegen einer im Arbeitsvertrag nicht aufgeführten, tatsächlich aber gewährten übertariflichen Eingruppierung einer Arbeitnehmerin.
[132] BAG 17.5.1984 – 2 AZR 109/83, AP KSchG 1969 § 1 Betriebsbedingte Kündigung Nr. 21.
[133] BAG 25.4.1996 – 2 AZR 681/95, BeckRS 1996, 30761144; BAG 25.4.1996 – 2 AZR 609/95, NZA 1996, 1197; BAG 16.12.2010 – 2 AZR 576/09, NZA 2011, 1247; BAG 26.3.2015 – 2 AZR 417/14, NZA 2015, 1083.
[134] BAG 26.3.2015 – 2 AZR 417/14, NZA 2015, 1083 mablAnm *Hasler-Hagedorn*, AP Nr. 208 zu § 1 KSchG 1969 Betriebsbedingte Kündigung.
[135] BAG 16.12.2010 – 2 AZR 576/09, NZA 2011, 1247. Zur Vorratskündigung: BAG 12.4.2002 – 2 AZR 256/01, NZA 2002, 1205; BAG 13.2.2008 – 2 AZR 75/06, BeckRS 2008, 54794; BAG 13.2.2008 – 2 AZR 543/06, NZA 2008, 821.

sam, wenn die Befristung nicht aus sachlichen Gründen gerechtfertigt ist.[136] Hat der Arbeitnehmer die Befristung des Arbeitsverhältnisses **vorbehaltlos** angenommen, wird er nicht daran gehindert, trotz unterlassener Änderungsschutzklage die **sachliche Rechtfertigung der Befristung** nach § 17 TzBfG überprüfen zu lassen.[137] Ein Arbeitnehmer, dem mehrere Möglichkeiten der Inanspruchnahme gerichtlichen Rechtsschutzes zur Verfügung stehen, verliert regelmäßig nicht die eine Möglichkeit, wenn er die andere – hier Erhebung einer Änderungsschutzklage – nicht wahrnimmt.

2. Die Teilkündigung

Keine Änderungskündigung stellt eine einseitige Aufkündigung vertraglicher Abmachungen im Wege einer **Teilkündigung** dar, die grundsätzlich für unzulässig angesehen wird, soweit vertraglich nicht eine Widerrufsmöglichkeit vereinbart worden ist.[138] Insofern kommt auch keine Umdeutung in eine Änderungskündigung in Betracht, wenn der Arbeitgeber nicht zu erkennen gibt, dass er den Fortbestand des Arbeitsverhältnisses vom Verzicht des Arbeitnehmers auf den durch die Teilkündigung zu beseitigenden Vertragsbestandteil abhängig machen wollte. Entscheidendes Merkmal der Teilkündigung ist – wie bei jeder Kündigung des Arbeitsverhältnisses – die einseitige Änderung von Vertragsbedingungen gegen den Willen der anderen Vertragspartei. Gegenüber der Kündigung unterscheidet sich die Teilkündigung nur dadurch, dass die **Kündigung** das Arbeitsverhältnis in seinem **ganzen Bestand** erfasst,[139] mit der Teilkündigung eine Vertragspartei sich dagegen unter Aufrechterhaltung des Arbeitsverhältnisses im Übrigen nur von einzelnen Rechten oder Pflichten aus dem Arbeitsverhältnis lösen will. Eine solche Teilkündigung scheitert in ihrer Wirksamkeit regelmäßig daran, dass durch sie das von den Parteien vereinbarte Äquivalenz- und Ordnungsgefüge durch einseitigen Entzug von Rechten gestört wird.[140] Wird zB der Datenschutzbeauftragte wirksam abberufen (§ 38 Abs. 2[141] iVm § 6 Abs. 4 BDSG und § 626 BGB),[142] ist die Tätigkeit des Beauftragten für den Datenschutz nicht mehr Bestandteil der vertraglich geschuldeten Leistung. Es bedarf dann keiner Teilkündigung.[143] Sie erweist sich damit als überflüssig (unverhältnismäßig) und unwirksam.

Ist das Recht zur einseitigen Änderung der Vertragsbedingungen vertraglich vereinbart, so handelt es sich – unabhängig von der gewählten Bezeichnung – um den **Vorbehalt eines Widerrufs** (§§ 307, 308 Nr. 4 BGB). Dieser unterliegt bei Anwendung des AGB-Rechts seinerseits zunächst einer **Inhaltskontrolle**, die sich auf die Wirksamkeit unter Einschluss der hinreichenden Transparenz nach § 307 Abs. 1 S. 2 BGB[144] sowie bei § 308 Nr. 4 BGB auf die Bezeichnung der Widerrufsgründe bezieht,[145] und sodann einer **Ausübungskontrolle**.[146]

---

[136] Ablehnend Stahlhacke/Preis/Vossen Kündigung/*Preis* Rn. 1292 unter Hinweis auf die fehlende Dringlichkeit der Kündigung. Ebenso ErfK/*Oetker* KSchG § 2 Rn. 50. Differenzierend KR/*Kreft* KSchG § 2 Rn. 50 im Hinblick auf denselben oder einen anderen Arbeitsplatz.
[137] BAG 8.7.1998 – 7 AZR 245/97, NZA 1999, 81. Ablehnend *Preis* NZA 1997, 1073 (1080); kritisch auch KR/*Kreft* KSchG § 2 Rn. 50 unter Hinweis auf § 7 KSchG; KR/*Lipke* TzBfG § 14 Rn. 86 schlägt eine Entfristungsklage nach § 17 TzBfG innerhalb von drei Wochen nach Zugang der Kündigung vor.
[138] BAG 4.12.1986 – 2 AZR 776/85, BeckRS 1986, 30719472; BAG 19.6.2001 – 1 AZR 463/00, NZA 2002, 397: Teilkündigung eines auf arbeitsvertraglicher Einheitsregelung beruhenden Redaktionsstatuts. BAG 18.5.2017 – 2 AZR 721/16, NZA 2017, 1195 Rn. 17: Teilkündigung einer Pauschalierungsabrede.
[139] *Niemann* RdA 2016, 339 (340).
[140] BAG 7.10.1982 – 2 AZR 455/80, AP BGB § 620 Teilkündigung Nr. 5; BAG 25.2.1988 – 2 AZR 346/87, NZA 1988, 769 Rn. 47, 48; BAG 23.8.1989 – 5 AZR 569/88, NZA 1990, 191; BAG 23.3.2011 – 10 AZR 562/09, NZA 2011, 1036 Rn. 27; LAG MV 29.10.2019 – 5 Sa 72/19, juris Rn. 28, kritisch dazu Stahlhacke/Preis/Vossen Kündigung/*Preis* Rn. 167.
[141] In der Fassung von Art. 12 Nr. 9 2. DSAnpUG-EU v. 20.11.2019, BGBl. I 1626.
[142] § 6 Abs. 4 BDSG entspricht der bisherigen Regelung des § 4f Abs. 3 S. 4 BDSG aF: BT-Drs. 18/11325, 82. Vgl. auch BAG 5.12.2019 – 2 AZR 223/19, juris.
[143] BAG 23.3.2011 – 10 AZR 562/09, NZA 2011, 1036 unter Aufgabe von BAG 13.3.2007 – 9 AZR 612/05, NZA 2007, 563, das eine Teilkündigung der Aufgaben des Datenschutzbeauftragten zulassen wollte.
[144] BAG 24.1.2017 – 1 AZR 772/14, NZA 2017, 777 Rn. 17, 18; *Stoffels* NZA 2017, 1217 ff.
[145] Nur BAG 24.1.2017 – 1 AZR 772/14, NZA 2017, 777 Rn. 14, 18.
[146] Grundsätzlich BAG 12.1.2005 – 5 AZR 364/04, NZA 2005, 465; zur Befristung einzelner Arbeitsbedingungen: BAG 27.7.2005 – 7 AZR 486/04, NZA 2006, 40; Befristung einer Arbeitszeiterhöhung: BAG

25 Die Ausübung eines zulässigen Widerrufs hat nach billigem Ermessen (§ 315 BGB) zu erfolgen. Eine Leistungsbestimmung entspricht billigem Ermessen, wenn zum Zeitpunkt der Entscheidung die wesentlichen Umstände des Falls abgewogen und die beiderseitigen Interessen angemessen berücksichtigt worden sind.[147] Ein vertraglich vorbehaltener Widerrufsvorbehalt nach **freiem Ermessen** erweist sich regelmäßig als unangemessene Benachteiligung des Arbeitnehmers (§ 307 Abs. 1 S. 1 BGB) und damit als unwirksam, weil der Arbeitnehmer nicht zugleich auf den Schutz kündigungsrechtlicher Vorschriften (§ 2 KSchG) und den Schutz durch gerichtliche Ermessenskontrolle nach § 315 Abs. 3 BGB verzichten kann (§ 307 Abs. 2 Nr. 1 BGB).[148] Anderenfalls könnte der Arbeitgeber das Gleichgewicht von Leistung und Gegenleistung unkontrolliert zum Nachteil des Arbeitnehmers verändern. Dagegen ist die Anrechnung einer Tarifentgelterhöhung auf eine übertarifliche Zulage grundsätzlich möglich, wenn dem Arbeitnehmer nicht vertraglich ein selbständiger Entgeltbestandteil neben dem jeweiligen Tarifentgelt zugesagt worden ist.[149] Der übertarifliche Lohnbestandteil verringert sich durch die Tariflohnerhöhung automatisch um den Betrag der Erhöhung.[150] Ein ausdrücklicher Anrechnungsvorbehalt hält einer Inhaltskontrolle nach §§ 307 ff. BGB stand.[151]

3. Unbedingte oder bedingte Kündigung

26 Der Wortlaut des § 2 KSchG spricht dafür, dass der Arbeitgeber eine unbedingte Beendigungskündigung ausspricht, mit welcher er das Vertragsänderungsangebot verbindet. Davon sollte der Kündigende in der Anwendungspraxis Gebrauch machen. Ungeachtet dessen liegt auch dann eine Änderungskündigung vor, wenn die Beendigungskündigung unter der **Bedingung** ausgesprochen wird, dass sie nur für den Fall der Nichtannahme des Änderungsangebotes gelten soll.[152] Genauer: Es soll die mit der Kündigung verbundene Rechtsfolge der Beendigung des Arbeitsverhältnisses bei rechtzeitiger Annahme des Vertragsänderungsangebots nicht eintreten (aufschiebende Bedingung) oder wieder entfallen (auflösende Bedingung). Die Rechtsfolge der Kündigung kann immer nur die Beendigung des Arbeitsverhältnisses sein. Die Besonderheit der Änderungskündigung liegt gerade darin, dass sie die Beendigung des gesamten Arbeitsverhältnisses bewirken soll, wenn sich der Kündigungsempfänger nicht mit einer bestimmten Änderung des Arbeitsverhältnisses einverstanden erklärt hat. Daher ist es sachlich ohne Bedeutung, ob die Kündigung ausdrücklich unter der **Bedingung,** dass der Arbeitnehmer der angestrebten Änderung des Vertrags nicht zustimmt, oder äußerlich **unbedingt** verbunden mit dem Angebot eines neuen Vertrags mit abgeändertem Inhalt erklärt wird.[153] In **beiden** Fällen steht die Wirkung der Kündigung unter der **Bedingung,** dass der Arbeitnehmer die gleichzeitig angetragene Vertragsänderung ablehnt oder nicht rechtzeitig annimmt.[154] Damit handelt es sich um eine **potestative Bedingung,** deren Eintritt ausschließlich vom Willen des gekündigten Arbeitnehmers abhängt, so dass die Be-

---

8.8.2007 – 7 AZR 855/06, NZA 2008, 229; BAG 25.4.2018 – 7 AZR 520/16, NZA 2018, 1061 Rn. 28, 36; zum Widerruf: BAG 9.5.2006 – 9 AZR 424/05, NZA 2007, 145; BAG 21.3.2012 – 5 AZR 651/10, NZA 2012, 616 Rn. 22 mwN: Widerruf der privaten Dienstwagennutzung; BAG 16.4.2014 – 4 AZR 802/11, NZA 2014, 1277; BAG 24.1.2017 – 1 AZR 772/14, NZA 2017, 931Rn. 24: Widerruf von Weihnachtsgeld bei wirtschaftlicher Notlage

[147] BAG 25.2.2015 – 1 AZR 642/13, NZA 2015, 442 Rn. 36; BAG 24.1.2017 – 1 AZR 772/14, NZA 2017, 931 Rn. 29.
[148] BAG 13.5.1987 – 5 AZR 125/86, NZA 1988, 95.
[149] BAG 19.4.2012 – 6 AZR 691/10, NZA-RR 2012, 525 Rn. 35; BAG 25.1.2017 – 4 AZR 517/15, NZA 2017, 1623 Rn. 66.
[150] BAG 1.3.2006 – 5 AZR 540/05, NZA 2006, 688 Rn. 25.
[151] BAG 19.4.2012 – 6 AZR 691/10, NZA-RR 2012, 525 Rn. 35.
[152] BAG 30.5.1980 – 7 AZR 215/78, NJW 1981, 646. Zu den Einzelheiten KR/*Kreft* KSchG § 2 Rn. 15 bis 19.
[153] *Plander* NZA 1993, 1057 (1061); *Schwerdtner* FS 25 Jahre BAG, 556; ausführlich dazu KR/*Kreft* KSchG § 2 Rn. 15 bis 19 mwN; BeckOK ArbR/*Rolfs* KSchG § 2 Rn. 9; Ascheid/Preis/Schmidt/*Künzl* KSchG § 2 Rn. 11.
[154] Anders noch RAG ARS 16, 288: Mit der Einwilligung des Arbeitnehmers in die vorgeschlagene Änderung erklärt er sich mit der Zurücknahme der Kündigung einverstanden.

dingungsfeindlichkeit der Kündigung als einseitiges Rechtsgeschäft[155] dieser Bedingung nicht im Wege steht.[156] Im Übrigen stellt auch die Änderungskündigung eine normale Kündigung des Arbeitgebers dar, so dass insoweit die allgemeinen an eine wirksame Kündigung zu stellenden Anforderungen (Vollmacht, Form, Anhörung des Betriebsrats, Beachtung des Sonderkündigungsschutzes) vorliegen müssen.[157] Dies gilt auch für den Grundsatz der Klarheit und Bedingungsfeindlichkeit der Kündigung, soweit nicht eine sog. Potestativbedingung vorliegt.[158] Daneben kann die Änderungskündigung zulässigerweise unter eine auflösende Rechtsbedingung gestellt werden, dass die vom Arbeitgeber beabsichtigte Veränderung der Arbeitsbedingungen nicht bereits einseitig durchgesetzt werden kann.[159]

Da nicht feststeht, wie der Arbeitnehmer auf das Vertragsänderungsangebot reagiert und eine Änderungskündigung immer auch eine Beendigungskündigung enthält, kann der Arbeitgeber mit einer aus dringenden betrieblichen Gründen ausgesprochenen Änderungskündigung ein **Abfindungsangebot** nach § 1a KSchG verbinden, soweit diese Kündigung wegen Nichtannahme oder vorbehaltloser Ablehnung des Änderungsangebots zur Beendigung des Arbeitsverhältnisses führt.[160] Das schließt allerdings nicht aus, dass der Arbeitgeber dem Arbeitnehmer im Zusammenhang mit einer betriebsbedingten Änderungskündigung abweichend von § 1a KSchG ein geringeres oder höheres Abfindungsangebot unterbreitet und von dem ungenutzten Verstreichenlassen der Frist zur Erhebung einer Kündigungsschutzklage abhängig macht.[161] Der Arbeitnehmer muss jedoch bei Zugang der Kündigung klar erkennen können, dass ihm der Arbeitgeber ein von § 1a KSchG **abweichendes Angebot** unterbreitet.[162] Anderenfalls würden zum Nachteil des Arbeitnehmers unumkehrbare Verhältnisse geschaffen, wenn sich erst nach Ablauf der Klageerhebungsfrist (§ 4 KSchG) herausstellen würde, worauf er sich eingelassen hat.[163] Beinhaltet daher das Kündigungsschreiben des Arbeitgebers einen vollständigen Hinweis nach § 1a KSchG, so ist ohne weiteres von einem Anspruch des Arbeitnehmers nach § 1a Abs. 2 KSchG auszugehen.[164] Greift der Arbeitnehmer die Kündigung klageweise an, was auch für eine **nach Ablauf** der dreiwöchigen Klageerhebungsfrist eingereichte Kündigungsschutzklage und einen Antrag auf **nachträgliche Klagezulassung** nach § 5 KSchG gilt, entsteht der Abfindungsanspruch nach § 1a KSchG nicht.[165] Eine spätere Rücknahme des Antrags nach § 5 KSchG und die **Rücknahme** der Kündigungsschutzklage führen trotz § 269 Abs. 3 S. 1 ZPO, wonach der Rechtsstreit als nicht anhängig geworden anzusehen ist, zu keinem anderen Ergebnis.[166] Ein Abfindungsanspruch nach § 1a Abs. 1 KSchG in der gesetzlichen Höhe des § 1a Abs. 2 KSchG entsteht auch dann, wenn der Arbeitgeber dem Arbeitnehmer einen **niedrigeren** Abfindungsbetrag angeboten hat.[167] Mit Erfüllung der Anforderungen des § 1a Abs. 1 KSchG entsteht der Abfindungsanspruch ohne Weiteres in der von § 1a Abs. 2 KSchG gesetzlich vorgegebenen

---

[155] BAG 15.3.2001 – 2 AZR 705/99, NZA 2001, 1070 Rn. 25.
[156] BAG 10.11.1994 – 2 AZR 207/94, NZA 1995, 309; KR/*Kreft* KSchG § 2 Rn. 15 bis 19; Stahlhacke/Preis/Vossen Kündigung/*Preis* Rn. 162; BeckOK ArbR/*Rolfs* KSchG § 2 Rn. 9; Ascheid/Preis/Schmidt/*Künzl* KSchG § 2 Rn. 12.
[157] BAG 20.3.2014 – 2 AZR 825/12, NZA 2014, 1089 Rn. 17.
[158] BAG 15.3.2001 – 2 AZR 705/99, NZA 2001, 1070 Rn. 25; Stahlhacke/Preis/Vossen Kündigung/*Preis* Rn. 162, 163; Schaub ArbR-HdB/*Linck* § 137 Rn. 2, 24a
[159] Vgl. → § 46 Rn. 17; BAG 17.12.2015 – 2 AZR 304/15, NZA 2016, 568; Schaub ArbR-HdB/*Linck* § 137 Rn. 9a.
[160] BAG 13.12.2007 – 2 AZR 663/06, NZA 2008, 528; ebenso ErfK/*Oetker* KSchG § 1a Rn. 6; Stahlhacke/Preis/Vossen Kündigung/*Preis* Rn. 1177; KR/*Spilger* KSchG § 1a Rn. 27.
[161] BT-Drs. 15/1204, 12; BAG 19.6.2007 – 1 AZR 340/06, NZA 2007, 1357; BAG 10.7.2008 – 2 AZR 209/07, NZA 2008, 1292.
[162] So bereits *Preis* DB 2004, 70 (73).
[163] BAG 13.12.2007 – 2 AZR 663/06, NZA 2008, 528.
[164] BAG 13.12.2007 – 2 AZR 807/06, AP KSchG 1969 § 1a Nr. 6; BAG 19.7.2016 – 2 AZR 536/15, NZA 2017, 121 Rn. 14.
[165] BAG 13.12.2007 – 2 AZR 971/06, NZA 2008, 696; BAG 19.2.2009 – 2 AZR 286/07, NZA 2009, 980; BAG 20.8.2009 – 2 AZR 267/08, NZA 2009, 1197.
[166] BAG 13.12.2007 – 2 AZR 971/06, NZA 2008, 696; ErfK/*Oetker* KSchG § 1a Rn. 14; MüKoBGB/*Hergenröder* KSchG § 1a Rn. 16; Stahlhacke/Preis/Vossen Kündigung/*Preis* Rn. 1183.
[167] BAG 19.6.2007 – 1 AZR 340/06, NZA 2007, 1357.

Höhe, ohne dass diese vom Arbeitgeber im Kündigungsschreiben beziffert werden müsste. Das bezifferte Angebot wird daher der Berechnung auf gesetzlicher Grundlage angepasst. Gem. § 10 Abs. 3 KSchG gilt als Monatsverdienst gem. § 1a Abs. 2 KSchG, was dem Arbeitnehmer bei der für ihn maßgeblichen regelmäßigen Arbeitszeit im letzten Monat des Bestehens des Arbeitsverhältnisses an Geld- und Sachbezügen zusteht. Einmalbeträge, die für einen längeren Zeitraum geleistet werden, sind anteilig zu berücksichtigen. Da die Abfindung aus § 1a KSchG dem Zweck dient, die wirtschaftlichen Nachteile des Arbeitsplatzverlustes auszugleichen oder zu mildern, die Abfindung aus einem Sozialplan zum Ausgleich und zur Überbrückung künftiger Nachteile, die aus einer geplanten Betriebsänderung resultieren entstehen können, gewährt wird, können die Betriebsvereinbarungsparteien eine Abfindung nach § 1a KSchG auf eine Abfindung aus einem Sozialplan anrechnen.[168] Die Abfindung nach § 1a KSchG führt nicht zum Ruhen des Arbeitslosengeldanspruchs (§ 158 SGB III).[169]

4. Wechselbeziehung zwischen Kündigung und Änderungsangebot

28   Kündigung und Änderungsangebot stehen nicht beziehungslos nebeneinander. Aus diesem Grunde besteht auch eine Wechselbeziehung zwischen Unwirksamkeit der Kündigung und dem unter Vorbehalt angenommenen oder abgelehnten **rechtsunwirksamen** Änderungsangebot nach § 134 oder § 139 BGB. Eine Änderungskündigung, mit der etwa der Arbeitgeber den Abbau gesetzlich oder tariflich gesicherter Leistungen durchzusetzen versucht, ist nach § 134 BGB iSv § 13 Abs. 3 KSchG rechtsunwirksam oder sozial ungerechtfertigt, § 2, 1 Abs. 2 KSchG.[170] Die das Änderungsangebot betreffende Unwirksamkeit erfasst zugleich die Kündigung.[171] Angesichts der Neufassung von § 4 S. 1 und 2 KSchG durch das Gesetz zu Reformen am Arbeitsmarkt,[172] wonach für alle Fälle der Rechtsunwirksamkeit einer Arbeitgeberkündigung eine einheitliche Klagefrist gilt,[173] führt ein rechtlich unwirksames und damit nicht annahmefähiges Vertragsänderungsangebot zur Sozialwidrigkeit oder Unwirksamkeit der Änderungskündigung (Änderung der Arbeitsbedingungen iSv § 2 KSchG), sodass die Frage der Wirksamkeit im Änderungsschutzverfahren stets nach § 4 S. 2 KSchG zu klären ist.[174]

29   Problematisch sind in diesem Zusammenhang Vertragsänderungsangebote, zu deren Durchsetzung der Arbeitgeber der **Zustimmung des Betriebsrats** bedarf, wie dies zB bei einer Änderungskündigung zum Zwecke der Versetzung nach §§ 95 Abs. 3, 99 BetrVG oder einer nach § 87 Abs. 1 BetrVG mitbestimmungspflichtigen Vertragsänderung sein kann.[175] Im Ergebnis befürwortet das BAG[176] ungeachtet der **Theorie der Wirksamkeitsvorausset-**

---

[168] BAG 19.6.2007 – 1 AZR 340/06, NZA 2007, 1357. Tarifvertraglicher Abfindungsanspruch und § 1a KSchG: BAG 16.12.2010 – 6 AZR 423/09, NZA-RR 2011, 421.
[169] BSG 8.12.2016 – B 11 AL 5/15 R, NZS 2017, 310 Rn. 19, 25.
[170] BAG 10.2.1999 – 2 AZR 422/98, NZA 1999, 657 Rn. 17, 19; aA aber BAG 18.12.1997 – 2 AZR 709/96, NZA 1998, 304: Eine Änderungskündigung, die auf einer tarifwidrigen Arbeitszeitgestaltung beruht, ist sozial ungerechtfertigt, § 2, 1 Abs. 2 KSchG; wohl auch BAG 29.6.1988 – 7 AZR 459/87, NZA 1989, 364, wonach sich nach § 139 BGB richten soll, ob die Unwirksamkeit des Vertragsänderungsangebots auch die Unwirksamkeit der Kündigung als solche zur Folge hat.
[171] BAG 10.2.1999 – 2 AZR 422/98, NZA 1997, 1047; BAG 10.2.1999 – 2 AZR 422/98, NZA 1999, 657 mkritAnm von *Berkowsky* DB 1999, 1606; vgl. auch BAG 23.6.2005 – 2 AZR 642/04, NZA 2006, 92.
[172] Vom 23.12.2003, BGBl. I 3002.
[173] BT-Drs. 15/1204, 13.
[174] Vgl. dazu BAG 21.5.2019 – 2 AZR 26/19, NZA 2019, 1143 Rn. 37 im Falle eines mangels Bestimmtheit unwirksamen Änderungsangebots; ähnlich BAG 20.6.2013 – 2 AZR 295/12, NZA 2014, 208 Rn. 36; BAG 16.5.2019 – 6 AZR 329/18, NZA 2019, 1198 Rn. 38 für Diskriminierungsfälle. Vgl. auch ErfK/*Oetker* KSchG § 2 Rn. 56; Ascheid/Preis/Schmidt/*Künzl* KSchG § 2 Rn. 22b.
[175] BAG 30.9.1993 – 2 AZR 283/93, NZA 1994, 615; BAG 17.6.1998 – 2 AZR 336/97, NZA 1998, 1225; BAG 22.4.2010 – 2 AZR 491/09, NZA 2010, 1235; BAG 22.10.2015 – 2 AZR 550/14, NZA-RR 2016, 243 Rn. 51 zu §§ 99, 95 Abs. 3 BetrVG; BAG 12.8.2010 – 2 AZR 945/08, NZA 2011, 460 zu § 102 BetrVG; vgl. auch Schaub ArbR-HdB/*Linck* § 137 Rn. 22 bis 24; ErfK/*Oetker* KSchG § 2 Rn. 17ff. Näher dazu → § 46 Rn. 169, 176.
[176] BAG 17.6.1998 – 2 AZR 336/97, NZA 1998, 1225; BAG 22.4.2010 – 2 AZR 491/09, NZA 2010, 1235; *BAG 18.5.2017 – 2 AZR 606/16, EzA § 2 KSchG Nr. 101 Rn. 18.*

zung[177] eine **getrennte** Betrachtung und will weder dem kollektiven noch dem individualrechtlichen Erfordernis Vorrang einräumen,[178] wenn auch im Falle eines rechtskräftig durchgeführten Zustimmungsersetzungsverfahrens vom BAG eine partielle Bindungswirkung für den Änderungsschutzprozess befürwortet wird.[179] Die **Trennungstheorie** kann zu bösen Überraschungen für den Arbeitnehmer führen, wenn er in Anbetracht der fehlenden Zustimmung des Betriebsrats das Änderungsangebot des Arbeitgebers abgelehnt hat.[180]

Da mit der Änderungskündigung eine Fortsetzung des **Arbeitsverhältnisses** zu geänderten Arbeitsvertragsbedingungen bewirkt werden soll, scheidet sie als Gestaltungsmittel aus, wenn mit ihr eine **andere zivilrechtliche Grundlage** – etwa ein freies Mitarbeiterverhältnis oder ein Dienstvertrag, der eine Geschäftsbesorgung zum Inhalt hat (§ 35 GmbHG), – erreicht werden soll.[181] Die Kündigung ist in diesem Fall rechtlich als Beendigungskündigung zu qualifizieren, weil das Arbeitsverhältnis gerade nicht fortgesetzt wird.[182]

III. Form und sonstige Wirksamkeitsvoraussetzungen der Änderungskündigung

Die Änderungskündigung ist wie jede Kündigung eine **einseitige empfangsbedürftige Willenserklärung** und damit eine echte Kündigung in dem Sinne, dass sie die Beendigung des **gesamten** Arbeitsverhältnisses bewirken kann, wenn sich der Adressat der Kündigung nicht mit einer bestimmten Änderung der Arbeitsbedingungen rechtzeitig – zumindest unter Vorbehalt – einverstanden erklärt.[183] Die auf die Beendigung des Arbeitsverhältnisses gerichtete Rechtsfolge muss vom Standpunkt des Kündigungsempfängers aus betrachtet zumindest durch Auslegung (§ 133 BGB) unmissverständlich erkennbar sein, anderenfalls dem **Bestimmtheitsgebot** der Änderungskündigung nicht genügt wird und damit keine wirksame Kündigung vorliegt.[184]

Dies gilt auch für die **Art** der Kündigung. Die Erklärung einer **außerordentlichen** Änderungskündigung aus wichtigem Grund muss für den Erklärungsempfänger zweifelsfrei den Willen des Erklärenden erkennen lassen, von der sich aus § 626 Abs. 1 BGB ergebenden besonderen Kündigungsbefugnis Gebrauch zu machen, was auch aus einer beigefügten Begründung hervorgehen kann.[185] Ist eine ordentliche Kündigung durch Tarifvertrag ausge-

---

[177] BAG 3.12.1991 – GS 1/90, AP BetrVG 1972 § 87 Lohngestaltung Nr. 52.
[178] Vgl. BAG 22.10.2015 – 2 AZR 550/14, NZA-RR 2016, 243 Rn. 51; Ascheid/Preis/Schmidt/*Künzl* KSchG § 2 Rn. 126; KR/*Kreft* KSchG § 2 Rn. 234; aA *Berkowsky* NZA 2010, 250; *Wolter* RdA 2006, 141: Wirksamkeitsvoraussetzung der Änderungskündigung; Schaub ArbR-HdB/*Linck* § 137 Rn. 24.
[179] BAG 28.8.2008 – 2 AZR 967/06, NZA 2009, 505 bei rechtskräftig verweigerter Zustimmung des Betriebsrats zur Umgruppierung Vgl. auch BAG 22.10.2015 – 2 AZR 550/14, NZA-RR 2016, 243 Rn. 51: Keine Aussetzung des Änderungsschutzprozesses nach § 148 ZPO bei gleichzeitig anhängigem Zustimmungsersetzungsverfahren.
[180] Siehe den Fall BAG 17.6.1998 – 2 AZR 336/97, NZA 1998, 1225; ErfK/*Oetker* KSchG § 2 Rn. 23.
[181] ErfK/*Oetker* KSchG § 2 Rn. 6. Siehe aber auch BAG 25.10.2007 – 6 AZR 1045/06, NZA 2008, 168, wonach auch ein Arbeitsvertrag Grundlage der Organstellung sein kann. Dazu auch BAG 11.6.2020, 1609 Rn. 25: extremer Ausnahmefall. Zur Rechtswegzuständigkeit: BAG 22.10.2014 – 10 AZB 46/14, NZA 2015, 60; BAG 3.12.2014 – 10 AZB 98/14, NZG 2015, 159.
[182] Vgl. den Fall BAG 13.3.2008 – 2 AZR 1037/06, NZA 2008, 878: „Moskito-Anschläger"; ErfK/*Oetker* KSchG § 2 Rn. 6; Schaub ArbR-HdB/*Linck* § 137 Rn. 16. AA Henssler/Willemsen/Kalb/*Molkenbur* KSchG § 2 Rn. 17 unter Hinweis auf BAG 9.5.1996 – 2 AZR 438/95, NZA 1996, 1145, das jedoch keinen entsprechenden Hinweis enthält.
[183] BAG 27.9.1984 – 2 AZR 62/83, NZA 1985, 455; BAG 10.12.1992 – 2 AZR 269/92, AP BGB § 611 Arzt-Krankenhaus-Vertrag Nr. 27; BAG 1.2.2007 – 2 AZR 44/06, NZA 2007, 925; BAG 17.2.2016 – 2 AZR 613/14, AP KSchG 1969 § 2 Nr. 168 Rn. 18; Stahlhacke/Preis/Vossen Kündigung/*Preis* Rn. 1293; ErfK/*Oetker* KSchG § 2 Rn. 7; KR/*Kreft* KSchG § 2 Rn. 11, 12.
[184] BAG 27.5.1982 – 2 AZR 96/80, DB 1984, 620 Rn. 28, 31; BAG 10.12.1992 – 2 AZR 269/92, DB 1993, 1038 Rn. 34, 36: Die Ausübung eines Bestimmungsrechts ist keine Kündigung; BAG 28.10.2010 – 2 AZR 688/09, NZA-RR 2011, 155 Rn. 13; Stahlhacke/Preis/Vossen Kündigung/*Preis* Rn. 1290; Ascheid/Preis/Schmidt/*Künzl* KSchG § 2 Rn. 7 bis 9; ErfK/*Oetker* KSchG § 2 Rn. 6, 7.
[185] BAG 19.6.1980 – 2 AZR 660/78, NJW 1981, 246; BAG 13.1.1982 – 7 AZR 757/79, AP BGB § 620 Kündigungserklärung Nr. 2.

schlossen, gilt dieser Ausschluss gleichermaßen für die Änderungskündigung.[186] Insofern kann eine außerordentliche Änderungskündigung mit einer der ordentlichen Kündigung entsprechenden Auslauffrist in Frage kommen.[187] Es ist unzulässig, Elemente einer ordentlichen und einer außerordentlichen Kündigung zu vermengen, wie dies gelegentlich in der Praxis geschieht. So ist eine **ordentliche** Änderungskündigung mit dem Angebot, die Arbeitsbedingungen bereits erhebliche Zeit **vor Ablauf** der ordentlichen **Kündigungsfrist** zu ändern, nach § 1 Abs. 2, § 2 KSchG unwirksam.[188] Der Arbeitnehmer muss nicht vorzeitig in eine Vertragsänderung mit schlechteren Arbeitsbedingungen einwilligen.[189] Anders als bei einer ordentlichen Beendigungskündigung[190] verbietet sich auch eine denkbare Auslegung, dass die Änderung erst nach Ablauf der ordentlichen Kündigungsfrist eintreten soll.[191] Dies hindert den Arbeitgeber aber nicht daran, schriftlich eine unbedingte Änderungskündigung zu einem ersten und nach § 158 Abs. 2 BGB mit auflösender Rechtsbedingung hilfsweise Änderungskündigungen zu einem späteren Termin und äußerst hilfsweise zum nächstmöglichen Termin auszusprechen, wenn für ihn die ordentliche Kündigungsfrist unklar ist.[192] Der Arbeitnehmer kann sämtliche Vertragsänderungsangebote unter dem Vorbehalt nach § 2 KSchG annehmen und sämtliche Änderungskündigungen mit der Maßgabe nach § 4 S. 2 KSchG angreifen, dass die Unwirksamkeit der hilfsweise erklärten Änderungskündigungen auflösend bedingt durch unechte Hilfsanträge zur Entscheidung des Gerichts gestellt werden.[193]

33 Die Kündigung ist aus Gründen der Rechtsklarheit grundsätzlich **bedingungsfeindlich**, weil die mit der Bedingung verbundene Ungewissheit für den Kündigungsadressaten unzumutbar wäre. Ein derartiger Schwebezustand tritt nicht ein, wenn der Arbeitgeber eine **vorsorgliche** Änderungskündigung erklärt.[194] Bei einer Änderungskündigung, mit der in erster Linie nicht die Auflösung des Arbeitsverhältnisses, sondern eine Änderung der Arbeitsbedingungen erstrebt wird, bedeutet die **vorsorgliche** Erklärung typischerweise, dass sie nur für den Fall Rechtswirkungen erzeugen soll, dass die gewollte Änderung nicht bereits zuvor oder zeitgleich aus anderen Rechtsgründen erfolgt. Eine solche Rechtsbedingung begegnet keinen Bedenken, weil sie nicht von einem künftigen ungewissen Ereignis, sondern von der bereits beim Zugang der Kündigungserklärung objektiv bestehenden Rechtslage abhängen soll.[195] Ordnet zB der Arbeitgeber eine Änderung der Arbeitsbedingungen im Wege des Direktionsrechts an, so kann er für den Fall, dass die Maßnahme nicht ohne eine Änderung des Arbeitsvertrags zulässig ist, vorsorglich eine darauf bezogene Änderungskündigung aussprechen. Der Arbeitnehmer hat nur Anlass, die vorsorgliche Kündigung im Klageweg zu bekämpfen, wenn er die Rechtsbedingung für gegeben hält. Dem Arbeitnehmer ist bei derartiger Sachlage jedoch zu empfehlen, mit dem Hauptantrag die Feststellung der Unwirksamkeit der Versetzung zu begehren und hilfsweise eine Änderungsschutzklage zu erheben. Da die Kündigung des Arbeitgebers ihre Wirkung verlieren soll, wenn er für die angestrebte Maßnahme – etwa eine Versetzung – keiner Vertragsänderung bedarf (auflösende Rechtsbedingung), kann der Arbeitnehmer seinerseits einen Änderungsschutzantrag gem. § 4 S. 2 KSchG unter der innerprozessualen Bedingung stellen, dass es nach Auffassung des Gerichts keiner Vertragsänderung für die vom Arbeitgeber angestrebte Maßnahme bedurfte.[196] Der

---

[186] BAG 28.10.2010 – 2 AZR 688/09, NZA-RR 2011, 155.
[187] BAG 28.10.2010 – 2 AZR 688/09, NZA-RR 2011, 155.
[188] BAG 21.9.2006 – 2 AZR 120/06, NZA 2007, 435; BAG 29.9.2011 – 2 AZR 523/10, NZA 2012, 628 Rn. 40.
[189] BAG 21.9.2006 – 2 AZR 120/06, NZA 2007, 435; BAG 29.9.2011 – 2 AZR 523/10, NZA 2012, 628 Rn. 40.
[190] BAG 15.12.2005 – 2 AZR 148/05, NZA 2006, 791.
[191] BAG 21.9.2006 – 2 AZR 120/06, NZA 2007, 435; BAG 1.9.2010 – 5 AZR 700/09, NZA 2010, 1409; BAG 9.9.2010 – 2 AZR 714/08, NZA 2011, 343.
[192] BAG 18.10.2018 – 2 AZR 374/18, NZA 2019, 246 Rn. 12.
[193] BAG 18.10.2018 – 2 AZR 374/18, NZA 2019, 246 Rn. 14.
[194] BAG 11.3.1998 – 2 AZR 325/97, BeckRS 1998, 30309081; BAG 17.12.2015 – 2 AZR 304/15, NJW 2016, 2054; ErfK/*Oetker* KSchG § 2 Rn. 7.
[195] BAG 17.12.2015 – 2 AZR 304/15, NJW 2016, 2054; ErfK/*Oetker* KSchG § 2 Rn. 7; *Wallner* NZA 2017, 1562 (1565).
[196] BAG 17.12.2015 – 2 AZR 304/15, NJW 2016, 2054 Rn. 23; BAG 23.2.2017 – 6 AZR 665/15, NZA 2017, 995 Rn. 55.

Änderungsschutzantrag soll nicht zur Entscheidung anfallen, wenn für die vom Arbeitgeber angestrebte Maßnahme keine Vertragsänderung erfolgen muss. Gelangt das Arbeitsgericht zu diesem Ergebnis, wird mit der Feststellung, der Änderungsschutzantrag sei nicht zur Entscheidung angefallen, mit Rechtskraftwirkung iSd § 322 Abs. 1 ZPO geklärt, dass für die angestrebte Maßnahme keine Vertragsänderung erforderlich gewesen ist.[197] Dieses Verständnis der materiellen Rechtskraft ist der Klageobliegenheit des Arbeitnehmers gem. §§ 4, 7 KSchG und der fehlenden Feststellung des Gerichts nach § 8 KSchG geschuldet.

> **Formulierungsvorschlag:**
> 1. Festzustellen, dass die mit Schreiben der Beklagten vom ...... ausgesprochene Versetzung des (der) Klägers (erin) von A nach B rechtsunwirksam ist.
> 2. Hilfsweise, im Falle die Versetzungsanordnung der Beklagten bezüglich des Antrags zu 1. einer Vertragsänderung bedarf, festzustellen, dass die Änderung der Arbeitsbedingungen durch die Änderungskündigung der Beklagten vom ...... sozial ungerechtfertigt oder aus sonstigen Gründen rechtsunwirksam ist und dass die Änderungskündigung der Beklagten vom ...... rechtsunwirksam ist.

1. Form der Änderungskündigung

Gemäß § 623 BGB[198] bedarf seit dem 1.5.2000 die Beendigung eines Arbeitsverhältnisses durch **Kündigung** (beider Seiten) aus Gründen der Rechtssicherheit und der Beweiserleichterung[199] zu ihrer Wirksamkeit der **Schriftform** des § 126 BGB. Die elektronische Form (§ 126a BGB)[200] ist ebenso ausgeschlossen wie eine per Telefax oder E-Mail übermittelte schriftliche Kündigungserklärung.[201] Da es sich bei der Änderungskündigung um ein im rechtlichen Sinne aus zwei Willenserklärungen zusammengesetztes, aber **einheitliches Rechtsgeschäft** handelt, ist das Schriftformerfordernis nicht nur für die Kündigung, sondern auch für das damit verbundene **Vertragsänderungsangebot** zu beachten.[202] Die Schriftform des § 623 BGB **schützt** damit vor allem den **Kündigungsempfänger**, der bei einem Zugang einer Kündigung, die nicht in seiner Anwesenheit abgegeben wird (§ 130 Abs. 1 S. 1 BGB), hinsichtlich der Identität des Ausstellers, der Echtheit der Urkunde und der Frage, wer die Erklärung abgegeben hat, nicht im Unklaren bleiben soll.[203] Im Änderungskündigungsschutzprozess hat der kündigende Arbeitgeber die Wahrung der Schriftform gem. § 138 Abs. 1 ZPO substantiiert darzulegen und zu beweisen. Ein entsprechender schlüssiger Vortrag gilt als zugestanden (§ 138 Abs. 3 ZPO), wenn sich der Kündigungsempfänger nicht substantiiert darauf einlässt.[204]

Dem Schriftformerfordernis des § 623 BGB ist nur genügt, wenn die Änderungskündigung durch den Aussteller **eigenhändig** (handschriftlich) durch Namensunterschrift (oder mittels notariell beglaubigten Handzeichens) unterzeichnet ist. Die schriftliche Form wird durch die

---

[197] BAG 17.12.2015 – 2 AZR 304/15, NJW 2016, 2054 = NZA 2016, 568 Rn. 20.
[198] Eingefügt durch das Arbeitsgerichtsbeschleunigungsgesetz v. 30.3.2000 (BGBl. I 333); vgl. dazu *Lakies* BB 2000, 667; *Däubler* AiB 2000, 188; *Preis/Rolfs* NZA 2000, 348.
[199] Zu den Funktionen der Schriftform: BAG 17.12.2015 – 6 AZR 709/14, NZA 2016, 361 Rn. 27 mwN.
[200] Gesetz zur Anpassung der Formvorschriften des Privatrechts und anderer Vorschriften an den modernen Rechtsgeschäftsverkehr v. 13.7.2001 (BGBl. I 1542).
[201] BAG 17.12.2015 – 6 AZR 709/14, NZA 2016, 361 Rn. 47, 48.
[202] BAG 16.9.2004 – 2 AZR 628/03, NZA 2005, 635; BAG 18.1.2007 – 2 AZR 796/05, AP KSchG 1969 § 1 Soziale Auswahl Nr. 89; BAG 10.9.2009 – 2 AZR 822/07, NZA 2010, 333; BAG 28.10.2010 – 2 AZR 688/09, NZA-RR 2011, 155; BAG 16.12.2010 – 2 AZR 576/09, AP KSchG 1969 § 2 Nr. 150; BAG 18.10.2018 – 2 AZR 374/18, NZA 2019, 246 Rn. 17; BAG 21.5.2019 – 2 AZR 26/19, NZA 2019, 1143 Rn. 30; ErfK/*Oetker* KSchG § 2 Rn. 6; Stahlhacke/Preis/Vossen Kündigung/*Preis* Rn. 1289; KR/*Kreft* KSchG § 2 Rn. 51.
[203] BAG 21.4.2005 – 2 AZR 162/04, NZA 2005, 865; BAG 13.12.2007 – 6 AZR 145/07, NZA 2008, 403; BAG 24.9.2015 – 6 AZR 492/14, NZA 2016, 102; BAG 17.12.2015 – 6 AZR 709/14, ZIP 2016, 542.
[204] BAG 23.2.2017 – 6 AZR 665/15, NZA 2017, 995 Rn. 25. Zur Zurückweisung verspäteten Vorbringens: BAG 11.6.2020 – 2 AZR 400/19, juris Rn. 26, 54.

notarielle Beurkundung ersetzt (§ 126 Abs. 3 BGB), die ihrerseits durch einen **protokollierten gerichtlichen Vergleich** ersetzt werden kann (§ 127a BGB).[205] Die Unterschrift muss den Urkundentext abschließen, sich demgemäß am Ende der Urkunde befinden.[206] Bei der Anerkennung eines Schriftzeichens als **Unterschrift** legt die Rechtsprechung[207] einen großzügigen Maßstab an. Danach soll die Unterschrift lediglich sicherstellen, dass das Schriftstück auch vom Unterzeichner stammt. Deshalb reicht es aus, dass ein die Identität des Unterschreibenden ausreichend kennzeichnender, individuell gestalteter Namenszug vorliegt, der die Absicht einer vollen Unterschrift (nicht nur einer Paraphe oder eines Handzeichens) erkennen lässt, selbst wenn er nur flüchtig geschrieben worden ist. Die Unterschrift braucht **weder lesbar noch voll ausgeschrieben** zu sein.[208] Der Aussteller soll nur identifiziert werden können. Wird die Kündigungserklärung – wie das häufig in der betrieblichen Praxis geschieht – nicht vom Arbeitgeber selbst, sondern von einem dazu **bevollmächtigten Vertreter** unterzeichnet, ist die **gesetzliche Schriftform** nur dann gewahrt, wenn dies in der Urkunde durch einen das **Vertretungsverhältnis anzeigenden Zusatz hinreichend deutlich** zum Ausdruck kommt.[209] Unterschreibt etwa für eine GbR nur ein Mitglied ohne einen Vertreterzusatz, so ist regelmäßig nicht auszuschließen, dass vorgesehen war, auch das andere Mitglied oder die anderen Mitglieder sollten die Urkunde unterschreiben und dass deren Unterschrift noch fehlt.[210] So kann eine Unterschrift beispielsweise „als alleiniger Vertreter der ABC GbR" oder „in Alleinvertretung für die ABC GbR" erfolgen.[211] Ob jemand tatsächlich ermächtigt ist, als Vertreter handeln zu dürfen, ist für die Frage der Einhaltung der **Formvorschriften** unerheblich.[212] Hat der Gekündigte Zweifel an einer wirksamen Bevollmächtigung des Unterzeichners, kann er die Kündigung gem. § 180 BGB wegen fehlender Vollmacht[213] unverzüglich[214] zurückweisen (iSv §§ 111 S. 2, 174 Abs. 1 BGB).[215] Dann scheidet auch eine nachträgliche Genehmigung nach §§ 180 S. 2, 177 BGB aus.[216] Ohne unverzügliche Beanstandung der fehlenden Vertretungsmacht ist die (formwirksame Kündigung durch einen Vertreter ohne Vertretungs-macht rückwirkend (§ 184 Abs. 2 BGB) genehmigungsfähig (§§ 177 Abs. 1, 180 S. 2 BGB).[217] Die Klagefrist des § 4 KSchG beginnt erst mit dem Zugang der Genehmigung des Arbeitgebers beim Arbeitnehmer, weil dem Arbeitgeber vorher die Kündigung iSd Schutzfunktion des § 4 KSchG nicht zurechenbar ist.[218]

---

[205] BAG 24.1.2008 – 6 AZR 519/07, NZA 2008, 521.
[206] BGH 26.5.1994 – III ZB 35/93, NJW 1994, 2300.
[207] BAG 25.2.2015 – 5 AZR 849/13, NZA 2015, 701.
[208] BAG 15.12.1986 – 5 AZB 28/86, BeckRS 1986, 30719579; BAG 24.1.2008 – 6 AZR 519/07, NZA 2008, 521; BAG 6.9.2012 – 2 AZR 858/11, NZA 2013, 524 Rn. 17, 18; BAG 25.2.2015 – 5 AZR 849/13, NZA 2015, 701.
[209] BAG 21.4.2005 – 2 AZR 162/04, NZA 2005, 865; BAG 25.9.2014 – 2 AZR 567/13, NZA 2015, 159: Personalleiter mit Gesamtprokura; BAG 24.9.2015 – 6 AZR 492/14, NZA 2016, 102 Rn. 27: Inkenntnissetzen nach § 174 S. 2 BGB bei früher vorgelegter Vollmacht.
[210] BAG 21.4.2005 – 2 AZR 162/04, NZA 2005, 865.
[211] So BAG 28.11.2007 – 6 AZR 1108/06, NZA 2008, 348. Zur analogen Anwendung von § 174 BGB bei einem alleinvertretungsberechtigten Gesellschafter einer BGB-Gesellschaft: BAG 5.12.2019 – 2 AZR 147/19, NZA 2020, 505 Rn. 39.
[212] BAG 25.9.2014 – 2 AZR 567/13, NJW 2014, 3595; BAG 24.9.2015 – 6 AZR 492/14, NZA 2016, 102.
[213] BAG 18.2.1993 – 2 AZR 482/92, juris; BAG 16.12.2010 – 2 AZR 485/08, NZA 2011, 571 Rn. 15; BAG 10.4.2014 – 2 AZR 684/13, NZA 2014, 1197 Rn. 32: Bei einer Kündigung ist eine Vertretung ohne Vertretungsmacht unzulässig (§ 180 S. 1 BGB).
[214] Die Dauer einer Woche nach Zugang der Kündigung sollte nicht überschritten werden: BAG 8.12.2011 - 6 AZR 354/10, NZA 2012, 495 Rn. 33; BAG 13.12.2012 – 6 AZR 608/11, AP BGB § 620 Kündigungserklärung Nr. 23 Rn. 67. Zur Zurückweisung mangels Vorlage einer Einwilligung bei Kündigung eines Nichtberechtigten mit Einwilligung des Berechtigten: BAG 27.2.2020 – 2 AZR 570/19, AP § 626 BGB Nr. 277 Rn. 46.
[215] BAG 6.9.2012 – 2 AZR 858/11, NZA 2013, 524 Rn. 14: Beanstandung bei Vornahme des Rechtsgeschäfts; vgl. auch BAG 16.12.2010 – 2 AZR 485/08, NZA 2011, 571 Rn. 13. Bei Zurückweisung durch einen Vertreter (§ 174 BGB) ist eine Originalvollmacht beizufügen.
[216] BAG 11.12.1997 – 8 AZR 699/96, BeckRS 1997, 30773010.
[217] Die Genehmigung kann auch konkludent dadurch erfolgen, dass die Kündigung im Rechtsstreit verteidigt wird: BAG 10.4.2014 – 2 AZR 684/13, NZA 2014, 1197 Rn. 33; BAG 21.5.2019 – 2 AZR 582/18, NZA 2019, 1052 Rn. 28 mwN. § 185 BGB gilt auch für die Kündigung eines Arbeitsverhältnisses: BAG 27.2.2020 – 2 AZR 570/19, AP § 626 BGB Nr. 277 Rn. 20.
[218] BAG 6.9.2012 – 2 AZR 858/11, NZA 2013, 524 Rn. 14.

Ob jemand eine Erklärung auch in fremdem Namen abgibt, ist mangels eines deutlichen 37
Hinweises auf das **Vertretungsverhältnis** nach ihrem objektiven Erklärungswert durch Auslegung zu ermitteln. Da die Schriftform des § 623 BGB vor allem den **Kündigungsempfänger schützt**,[219] kommt es für die Frage, ob jemand eine Erklärung auch in fremdem Namen abgibt, darauf an, wie sich die Erklärung nach Treu und Glauben unter Berücksichtigung der Verkehrssitte für den Empfänger darstellt. So kann die Unterzeichnung der Kündigung mit dem Zusatz „i. A." aus den Gesamtumständen für den Erklärungsempfänger erkennbar werden lassen, dass der Erklärende nicht lediglich als Bote, sondern als Vertreter gehandelt hat.[220]

Die Nichteinhaltung der gesetzlichen Form des § 623 BGB führt zur **Nichtigkeit** der Änderungskündigung (§ 125 BGB). Insoweit gilt auch nicht die Klageerhebungsfrist aus § 4 S. 2 38
KSchG, die erst nach Zugang einer **schriftlichen** Kündigung zu laufen beginnt (§ 4 S. 1 KSchG). Dieser Form unterliegt hingegen nicht die **Annahmeerklärung** des Arbeitnehmers, unabhängig davon, ob sie vorbehaltlos oder unter dem Vorbehalt des § 2 KSchG abgegeben wird.

Die Änderungskündigung wird als empfangsbedürftige Willenserklärung damit erst wirksam, wenn sie dem Empfänger auch dem Schriftformerfordernis genügend **zugeht** (§ 130 39
BGB).[221] Nicht erforderlich für den wirksamen Zugang ist allerdings, dass die Änderungskündigung in der jeweiligen Landessprache des Empfängers abgefasst oder eine Übersetzung beigefügt ist.[222] Da nach der bisherigen Rechtsprechung[223] für den Zugang einer schriftlichen Willenserklärung auf die tatsächliche Verfügungsgewalt des Empfängers und seine unter gewöhnlichen Umständen mögliche Kenntnisnahme abzustellen ist, bestehen Bedenken, in der Person des Empfängers liegende Umstände wie Sprach-, Schreib- und Lesekenntnis für den Zugang für maßgeblich zu erachten. Die Verantwortung für die tatsächliche Kenntnisnahme liegt beim Empfänger.

§ 623 BGB gilt auch für die sog. **Schriftsatzkündigung**. Das Formerfordernis ist in diesem 40
Falle nur gewahrt, wenn die dem Arbeitnehmer zugehende Abschrift, zumindest aber der Beglaubigungsvermerk, vom Prozessbevollmächtigen des Arbeitgebers als Erklärendem eigenhändig unterzeichnet ist.[224] Die Prozessvollmacht, aufgrund derer neben der Änderungsschutzklage eine allgemeine Feststellungsklage auf Fortbestand des Arbeitsverhältnisses zu den bisherigen Arbeitsbedingungen nach § 256 ZPO erhoben wird, ermächtigt den Prozessbevollmächtigen auch zur Abgabe und zur Entgegennahme von Willenserklärungen, die sich auf den Streitgegenstand beziehen.[225] Dies gilt sowohl für eine weitere Beendigungskündigung wie für eine weitere Änderungskündigung. Es kommt dann nicht darauf an, ob und wann die Kündigung auch dem Arbeitnehmer selbst zugegangen ist.

2. Einhaltung der Kündigungsfrist

Bei der Änderungskündigung gelten keine Besonderheiten gegenüber einer Beendigungskündigung für die Einhaltung der **ordentlichen Kündigungsfrist**, sofern keine außerordentli- 41

---

[219] BAG 21.4.2005 – 2 AZR 162/04, NZA 2005, 865.
[220] BAG 13.12.2007 – 6 AZR 145/07, NZA 2008, 403; BAG 25.3.2009 – 7 AZR 59/08, AP TzBfG § 14 Nr. 58. Zu den Anforderungen an Inkenntnissetzen iSd § 174 S. 2 BGB: BAG 14.4.2011 – 6 AZR 727/09, NZA 2011, 683; BAG 24.9.2015 – 6 AZR 492/14, NZA 2016, 102.
[221] BAG 9.6.2011 – 6 AZR 687/09, NZA 2011, 847.
[222] BAG 9.8.1990 – 2 AZR 34/90, BeckRS 1990, 30734781 Rn. 27, 28 zur Frage des Zugangs eines in englischer Sprache abgefassten Kündigungsschreibens; LAG Köln 24.3.1988 – 8 Ta 46/88, NJW 1988, 1870; LAG Hamm 4.1.1979 – 8 Ta 105/78, NJW 1979, 2488: Zugang erst nach einer Zeitspanne, um eine Übersetzung zu erlangen; offen gelassen BAG 9.8.1984 – 2 AZR 400/83, NZA 1985, 124 Rn. 30 für eine Abmahnung. Vgl. aber BAG 7.2.2019 – 6 AZR 75/18, NZA 2019, 688 Rn. 35: Ein Aufhebungsvertrag ist unwirksam, wenn er unter Missachtung des Gebots fairen Verhandelns zustande gekommen ist, was auch bei Ausnutzung unzureichender Sprachkenntnisse der Fall sein soll.
[223] Vgl. nur BAG 26.3.2015 – 2 AZR 483/14, NZA 2015, 1183 Rn. 37: Bei Anwesenden bereits durch Übergabe in den Herrschaftsbereich mit der Möglichkeit der Kenntnisnahme; BAG 25.4.2018 – 2 AZR 493/17, NZA 2018, 1157, Rn. 15; BAG 22.8.2019 – 2 AZR 111/19, NZA 2019, 1490 Rn. 12; BGH 14.2.2019 – IX ZR 181/17, NJW 2019, 1151 Rn. 11.
[224] BGH 4.7.1986 – V ZR 41/86, NJW-RR 1987, 395 zu II 3; LAG Hannover 30.11.2001 – 10 Sa 1046/01, NZA-RR 2002, 242 Rn. 21, 23; Stahlhacke/Preis/Vossen Kündigung/*Preis* Rn. 109 ff.; Schaub ArbR-HdB/*Linck* § 123 Rn. 18; KR/*Fischermeier* BGB § 626 Rn. 194.
[225] BAG 21.1.1988 – 2 AZR 581/86, NZA 1988, 651.

che Änderungskündigung ausgesprochen wird. Spricht der Arbeitgeber eine ordentliche Kündigung ohne Einhaltung der objektiv einzuhaltenden Kündigungsfrist aus, ist durch Auslegung zu ermitteln, ob sie sich als solche mit der rechtlich gebotenen Frist auslegen lässt.[226] Eine Kündigung „zum nächstzulässigen Termin" oder „nächstmöglichen Zeitpunkt" ist jedenfalls dann hinreichend bestimmt, wenn dem Erklärungsempfänger die Dauer der Kündigungsfrist bekannt oder für ihn ohne umfassende tatsächliche Ermittlungen oder die Beantwortung schwieriger Rechtsfragen feststellbar ist.[227] Ist davon auszugehen,[228] wird bei Nichteinhaltung der ordentlichen Kündigungsfrist weder die Wirksamkeit der Änderungskündigung als Lösungskündigung noch die soziale Rechtfertigung oder Wirksamkeit des Vertragsänderungsangebots in Frage gestellt. Der Arbeitnehmer ist dann nicht an die Klageerhebungsfrist aus den §§ 2, 4 KSchG gebunden,[229] wenn er bis zum Ablauf der ordentlichen Kündigungsfrist den ihm nach dem ursprünglichen Vertrag zustehenden höheren Lohnanspruch geltend macht. Die vorbehaltlose oder unter Vorbehalt erklärte Annahme des Vertragsänderungsangebots steht dem nicht im Wege. Gegenstand des Änderungsangebotes sind die veränderten Arbeitsvertragsbedingungen, nicht der Zeitpunkt, zu dem der Arbeitgeber die das Änderungsangebot begleitende Kündigung ausgesprochen hat. Ansonsten führt die Nichteinhaltung der objektiv richtigen Kündigungsfrist bei einer ordentlichen Kündigung zu ihrer Unwirksamkeit, die mit der fristgebundenen Klage nach § 4 S. 1 und 2 KSchG geltend gemacht werden muss.[230]

42   Der **Massenentlassungsschutz** des § 17 KSchG galt nach früherer Rspr. des BAG nicht für Änderungskündigungen, die von den Arbeitnehmern unter dem Vorbehalt ihrer sozialen Rechtfertigung angenommen worden sind.[231] Nachdem der EuGH[232] auf der Grundlage der Massenentlassungsrichtlinie (MERL)[233] die **Kündigungserklärung** des Arbeitgebers als Ereignis angesehen hat, das als **Entlassung** gilt und der Arbeitgeber Massenentlassungen (Kündigungen) erst nach Ende des Konsultationsverfahrens iSd Art. 2 MERL und nach der Anzeige der beabsichtigten Massenentlassung iSd Art. 3 und 4 MERL vornehmen darf, hat das BAG[234] in Abkehr von seiner früheren Rechtsprechung[235] in richtlinienkonformer Auslegung den Begriff „Entlassung" iSd §§ 17, 18 KSchG als Ausspruch der Kündigung angesehen.[236] Da es sich bei der Änderungskündigung um eine „echte" Kündigung handelt, fällt sie unter die Anzeigepflicht nach § 17 Abs. 1 KSchG, wobei gleichgültig ist, ob der Arbeitnehmer das ihm im Zusammenhang mit der Kündigung unterbreitete Änderungsangebot bei oder nach Zugang der Kündigung mit oder ohne Vorbehalt angenommen hat. Durch die Annahmeerklärung fällt weder die Anzeigepflicht – rückwirkend – weg, noch wird eine erfolgte Anzeige gegenstandslos.[237] Gleiches gilt für die Konsultationspflicht gegenüber dem Betriebsrat gem. § 17 Abs. 2 KSchG.[238] Nach § 17 Abs. 3 S. 1 und S. 2 KSchG hat der Arbeitgeber der Agentur für Arbeit mit der schriftlichen Anzeige eine Abschrift der Mitteilung an den Betriebsrat (§ 17

---

[226] BAG 1.9.2010 – 5 AZR 700/09, NZA 2010, 1409; BAG 9.9.2010 – 2 AZR 714/08, NZA 2011, 343.
[227] BAG 10.4.2014 – 2 AZR 647/13, NZA 2015, 162.
[228] Bejaht bei ordentlicher Kündigung zum (Datum), hilfsweise zum nächstmöglichen Zeitpunkt: BAG 9.9.2010 – 2 AZR 714/08, NZA 2011, 343. Verneint bei ordentlicher Kündigung zu einem bestimmten Datum ohne weiteren Zusatz: BAG 1.9.2010 – 5 AZR 700/09, NZA 2010, 1409.
[229] BAG 15.12.2005 – 2 AZR 148/05, NZA 2006, 791; BAG 9.9.2010 – 2 AZR 714/08, NZA 2011, 343; aA *Bader* NZA 2004, 65 (68) bezüglich der Neufassung des § 4 KSchG auf Grund des Gesetzes zu Reformen am Arbeitsmarkt vom 30.12.2003 (BGBl. I 3002), das am 1.1.2004 in Kraft getreten ist (Art. 5).
[230] BAG 1.9.2010 – 5 AZR 700/09, NZA 2010, 1409.
[231] → Rn. 4. BAG 1.3.2007 – 2 AZR 580/05, NZA 2007, 1445.
[232] EuGH 27.1.2005 – C-188/03, AP KSchG 1969 § 17 Nr. 18 – Junk; EuGH 10.9.2009 – C-44/08, NZA 2009, 1083 – Keskusliitto; EuGH 11.11.2015 – C-422/14, ZIP 2015, 2292 – Pujante Rivera.
[233] Richtlinie 98/59/EG des Rates vom 20.7.1998 zur Angleichung der Rechtsvorschriften der Mitgliedstaaten über Massenentlassungen, ABl. EG 1998 L 225, 16.
[234] BAG 23.3.2006 – 2 AZR 343/05, AP KSchG 1969 § 17 Nr. 21; BAG 13.7.2006 – 6 AZR 198/06, NZA 2007, 25; BAG 22.4.2010 – 6 AZR 948/08, NZA 2010, 1057.
[235] BAG 18.9.2003 – 2 AZR 244/03, NZA 2004, 1389; BAG 21.5.2008 – 8 AZR 84/07, NZA 2008, 753.
[236] BAG 23.2.2010 – 2 AZR 268/08, NZA 2010, 944; BAG 13.6.2019 – 6 AZR 459/18, ZInsO 2019, 2225 mwN.
[237] BAG 20.2.2014 – 2 AZR 346/12, NZA 2014, 1069.
[238] Vgl. auch BAG 20.1.2016 – 6 AZR 601/14, NZA 2016, 490; KR/*Weigand* KSchG § 17 Rn. 64.

Abs. 2 S. 1 KSchG) sowie die Stellungnahme des Betriebsrats zu den Entlassungen (Kündigungen) beizufügen. Aus § 17 Abs. 3 S. 3 KSchG folgt, dass die beigefügte **Stellungnahme** des Betriebsrats als Bestandteil der Anzeige grundsätzlich **Wirksamkeitsvoraussetzung** für die Massenentlassungsanzeige ist.[239] Der Zugang der Kündigungen darf damit erst nach dem Ende des Konsultationsverfahrens mit dem Betriebsrat (§ 17 Abs. 2 S. 2 KSchG),[240] das dem Betriebsrat konstruktive Vorschläge ermöglichen soll, um die Massenentlassung zu verhindern oder jedenfalls zu beschränken,[241] und nach der vollständigen Anzeige bei der Agentur für Arbeit erfolgen (§ 17 Abs. 1 S. 1, Abs. 3 KSchG).[242] Die Unterlassung der Massenentlassungsanzeige oder eine den Anforderungen des § 17 KSchG nicht genügende Massenentlassungsanzeige vor der Kündigung führt dazu, dass die Kündigung unwirksam ist (§ 134 BGB).[243] Es ist deshalb geboten, die Klageerhebungsfrist (§ 4 S. 1, 2 KSchG) zu wahren und sich rechtzeitig im ersten Rechtszug (§ 6 S. 1 KSchG) auf diesen Unwirksamkeitsgrund zu berufen.[244] Das in § 17 Abs. 2 KSchG geregelte Konsultationsverfahren einerseits und die in § 17 Abs. 1, Abs. 3 KSchG geregelte Anzeigepflicht gegenüber der Agentur für Arbeit andererseits stellen jeweils ein eigenständiges Wirksamkeitserfordernis für Kündigungen bei Massenentlassungen dar.[245] Ein vor der Entlassung (Kündigung) zwischen den Betriebspartnern vereinbarter **Interessenausgleich mit Namensliste** (§§ 1 Abs. 5 KSchG, 125 Abs. 2 InsO) ersetzt zwar die Stellungnahme des Betriebsrats nach § 17 Abs. 3 S. 2 KSchG gegenüber der Agentur für Arbeit, entbindet den Arbeitgeber jedoch nicht von der Unterrichtungspflicht gegenüber dem Betriebsrat nach § 17 Abs. 2 S. 1 KSchG.[246] Die Unterrichtung des Arbeitgebers nach § 17 Abs. 2 S. 1 Hs. 2 Nr. 1 bis Nr. 6 KSchG kann in Textform (§ 126b BGB) erfolgen.[247] Ansonsten kann der Arbeitgeber seine Pflichten aus § 17 Abs. 2 S. 2 KSchG und nach § 111 S. 1 BetrVG **gleichzeitig** erfüllen, wobei allerdings für den Betriebsrat klar erkennbar sein muss, dass die stattfindenden Beratungen (auch) der Erfüllung der Konsultationspflicht des Arbeitgebers aus § 17 Abs. 2 S. 2 KSchG dienen sollen.[248] § 17 Abs. 2 S. 2 KSchG verlangt jedoch – auch unter unionsrechtlichen Aspekten (Art. 2 Abs. 2 MERL) – nicht, dass außer der Unterrichtung und Beratung auch eine **Einigung** mit dem Betriebsrat vor Durchführung der Massenentlassungen erzielt worden sein muss.[249] Es ist nicht erforderlich, bei Scheitern der Ver-

---

[239] BAG 20.1.2016 – 6 AZR 601/14, NZA 2016, 490; BAG 13.6.2019 – 6 AZR 459/18, ZInsO 2019, 2225 mwN.
[240] BAG 20.1.2016 – 6 AZR 601/14, NZA 2016, 490. Zum Beginn der Konsultationspflicht auch EuGH 10.9.2009 – C-44/08, NZA 2009, 1083.
[241] BAG 20.9.2012 – 6 AZR 155/11, NZA 2013, 32; BAG 20.1.2016 – 6 AZR 601/14, NZA 2016, 490. Konsultationen mit dem Wirtschaftsausschuss bilden keinen Ersatz: BAG 26.2.2015 – 2 AZR 955/13, NZA 2015, 881.
[242] BAG 13.6.2019 – 6 AZR 459/18, ZInsO 2019, 2225 Rn. 19.
[243] BAG 20.2.2014 – 2 AZR 346/12, NZA 2014, 1069; BAG 20.1.2016 – 6 AZR 601/14, NZA 2016, 490; BAG 13.6.2019 – 6 AZR 459/18, ZInsO 2019, 2225; BAG 13.2.2020 – 6 AZR 146/19, NZA 2020, 1006 Rn. 75, 77, 102, 107 auch zu den „Mussangaben".
[244] BAG 18.1.2012 – 6 AZR 407/10, NZA 2012, 817; BAG 20.1.2016 – 6 AZR 601/14, NZA 2016, 490.
[245] BAG 20.1.2016 – 6 AZR 601/14, NZA 2016, 490; BAG 13.6.2019 – 6 AZR 459/18, ZInsO 2019, 2225 Rn. 29; BAG 13.2.2020 – 6 AZR 146/19, NZA 2020, 1006 Rn. 63, 107.
[246] BAG 18.1.2012 – 6 AZR 407/10, NZA 2012, 817; BAG 13.12.2012 – 6 AZR 752/11, AP KSchG § 17 Nr. 44: Dies gilt nicht für den Sozialplan durch Spruch der Einigungsstelle. Vgl. dazu *Niklas/Koehler* NZA 2010, 913; *Krieger/Ludwig* NZA 2010, 919; *Mückl* ArbR 2011, 238. Nach BAG 21.5.2008 – 8 AZR 84/07, NZA 2008, 753 erfüllt der Interessenausgleich die Beratung mit dem Betriebsrat, wenn diese in den Interessenausgleich integriert ist: BAG 21.3.2012 – 6 AZR 596/10, NZA 2012, 1058.
[247] BAG 22.9.2016 – 2 AZR 276/16, NZA 2017, 175 Rn. 42.
[248] BAG 20.9.2012 – 6 AZR 155/11, NZA 2013, 32; BAG 26.2.2015 – 2 AZR 955/13, NZA 2015, 881 offen lassend, ob noch eine Schlussberatung stattfinden muss und ob die Beratungen gemäß § 17 Abs. 2 S. 2 KSchG bereits vor Erstattung der Anzeige und nicht erst vor Ausspruch der Kündigungen abgeschlossen sein müssen. Vgl. auch die Empfehlung von *Moll/Katendahl* RdA 2013, 165. Das BAG 21.3.2012 – 6 AZR 596/10, NZA 2012, 1058 hat in einem Interessenausgleich genügen lassen, dass dem Betriebsrat die nach § 17 Abs. 2 KSchG erforderlichen Auskünfte erteilt worden seien, dieser abschließend keine Möglichkeiten sehe, die beabsichtigten Entlassungen zu vermeiden, und das Konsultationsverfahren somit abgeschlossen sei. Vgl. auch BAG 9.6.2016 – 6 AZR 405/15, NZA 2016, 1198 Rn. 21. Zu getrennten Beratungen bei mehreren Arbeitnehmervertretungen: BAG 13.2.2020 – 6 AZR 146/19, NZA 2020, 1006 Rn. 69.
[249] BAG 13.7.2006 – 6 AZR 198/06, NZA 2007, 25; BAG 21.5.2008 – 8 AZR 84/07, NZA 2008, 753; BAG 22.9.2016 – 2 AZR 276/16, NZA 2017, 175 Rn. 50 Keine Vorlagepflicht nach Art. 267 AEUV: BVerfG

handlungen mit dem Betriebsrat einen unparteiischen Dritten (§ 112 Abs. 2 BetrVG) einzuschalten oder das in § 112 Abs. 2 bis Abs. 5 BetrVG vorgesehene weitere Verfahren zu durchlaufen, um der Konsultationspflicht aus § 17 Abs. 2 S. 2 KSchG oder Art. 2 MERL zu genügen.[250] Hat der Arbeitgeber dem Betriebsrat alle zweckdienlichen Auskünfte iSv § 17 Abs. 2 S. 1 Hs. 1 KSchG erteilt, sind die Konsultationen ohne Einigung der Betriebsparteien beendet, wenn der Arbeitgeber annehmen darf, es bestehe kein Ansatz für weitere, zielführende Verhandlungen.[251] Von einer Verbindung des Konsultationsverfahrens nach § 17 Abs. 2 KSchG mit einer Anhörung des Betriebsrats nach § 102 BetrVG zu den beabsichtigten Kündigungen ist abzuraten, weil damit die Ernsthaftigkeit der Konsultation in Frage gestellt wird.[252] Gemäß § 17 Abs. 3 S. 3 KSchG ist die Massenentlassungsanzeige auch dann wirksam erfolgt, wenn zwar keine abschließende Stellungnahme des Betriebsrats vorliegt, der Arbeitgeber aber glaubhaft macht, dass er das Gremium mindestens zwei Wochen vor Erstattung der Anzeige nach § 17 Abs. 2 S. 1 KSchG unterrichtet hat, und er gleichzeitig den Stand der Beratungen darlegt.[253] Sieht der Betriebsrat von einer Stellungnahme ab, ist es für den Arbeitgeber ratsam, die Massenentlassungsanzeige erst nach Ablauf der Zwei-Wochen-Frist vorzunehmen.[254] Soweit § 17 Abs. 5 Nr. 3 KSchG bestimmte **leitende Angestellte** bei der Berechnung der Mindestzahl unberücksichtigt lässt und für andere leitende Angestellte keine Konsultation mit dem Betriebsrat möglich ist (§ 5 Abs. 3 BetrVG), steht dies im Widerspruch zur MERL.[255] Deshalb müssen leitende Angestellte iSd § 17 Abs. 5 Nr. 3 KSchG nicht nur bei den Schwellenwerten mitgezählt werden, sondern bezüglich der leitenden Angestellten auch entsprechende Konsultationen mit dem Sprecherausschuss stattfinden. Fremdgeschäftsführer einer GmbH sind entgegen § 17 Abs. 5 Nr. 1 KSchG bei der Berechnung der Beschäftigtenzahl in unionskonformer Auslegung dieser Vorschrift bei der Berechnung der Beschäftigtenzahl zu berücksichtigen.[256] Die **Darlegungs- und Beweislast** für die Anwendung des § 17 KSchG trägt der Arbeitnehmer, die Einhaltung der Anzeigepflichten der Arbeitgeber.[257]

43   Aus diesen Ausführungen ergeben sich – auch für Änderungskündigungen – **mehrere Konsequenzen:** Die Verletzung der Konsultationspflicht aus § 17 Abs. 2 KSchG als auch der Anzeigepflicht aus § 17 Abs. 3 KSchG stellen eigenständige Unwirksamkeitsgründe der Kündigung im Sinne von § 4 S. 1, 2 KSchG dar und müssen daher innerhalb der dreiwöchigen Klagerhebungsfrist geltend gemacht werden,[258] wobei dies innerhalb der verlängerten Anrufungsfrist des § 6 KSchG erfolgen kann. Da jeder eigenständige Unwirksamkeitsgrund von der Präklusionswirkung des § 6 KSchG bei ordnungsgemäßer Belehrung erfasst wird, muss sich der Kläger bereits im ersten Rechtszug auf **beide** Unwirksamkeitsgründe berufen.[259] Des Weiteren ist **vor** dem Zugang von Massenänderungskündigungen stets eine **Konsultation** des Betriebsrats nach § 17 Abs. 2 KSchG sowie eine **Anzeige** des Arbeitgebers an

---

25.2.2010 – 1 BvR 230/09, NZA 2010, 439 Rn. 39. Zu den Einzelheiten ErfK/*Kiel* KSchG § 17 Rn. 24 ff.; Ascheid/Preis/Schmidt/*Moll* KSchG § 17 Rn. 74 ff.

[250] BAG 21.5.2008 – 8 AZR 84/07, NZA 2008, 753; BAG 9.6.2016 – 6 AZR 405/15, NZA 2016, 1198 Rn. 32: Sieht der Betriebsrat seinen Beratungsanspruch (§ 17 Abs. 2 S. 2 KSchG) als erfüllt an, können geringfügige Unterrichtungsmängel (fehlende Angaben zu Berufsgruppen) geheilt werden. Vgl. auch *Moll/Katendahl* RdA 2018, 57 ff.; zurückhaltend ErfK/*Kiel* KSchG § 17 Rn. 25, 25a.

[251] BAG 22.9.2016 – 2 AZR 276/16, NZA 2017, 175 Rn. 50.

[252] BAG 21.3.2013 – 2 AZR 60/12, NZA 2013, 966 Rn. 16 offen lassend unter Hinweis auf die Bedenken von Ascheid/Preis/Schmidt/*Moll* KSchG § 17 Rn. 85; ErfK/*Kiel* KSchG § 17 Rn. 26. Zuvor hat das BAG eine derartige Kombination bei entsprechender Klarstellung für möglich gehalten: BAG 20.9.2012 – 6 AZR 155/11, NZA 2013, 32 Rn. 47; BAG 21.3.2012 – 6 AZR 596/10, NZA 2012, 1058 Rn. 23.

[253] BAG 22.9.2016 – 2 AZR 276/16, NZA 2017, 175 Rn. 23.

[254] *Bauer/Krieger* NZA 2009, 174; *Mückl* ArbR 2011, 238.

[255] EuGH 13.2.2014 – C 596/12, juris – dirigenti; EuGH 9.7.2015 – C-229/14, NZA 2015, 861 – Balkaya. Zu getrennten Konsultationsverfahren: BAG 13.2.2020 – 6 AZR 146/19, NZA 2020, 1006 Rn. 69.

[256] EuGH 9.7.2015 – C-229/14, NZA 2015, 861 – Balkaya.

[257] BAG 18.1.2012 – 6 AZR 407/10, NZA 2012, 817; BAG 13.12.2012 – 6 AZR 5/12, AP KSchG 1969 § 17 Nr. 43.

[258] Schaub/*Linck* § 142 Rn. 20, 24.

[259] BAG 8.11.2007 – 2 AZR 314/06, NZA 2008, 936; BAG 18.1.2012 – 6 AZR 407/10, NZA 2012, 817.

die örtlich zuständige Agentur für Arbeit geboten.[260] Da es für die Wirksamkeit einer Kündigung auf den Zeitpunkt ihres Zugangs ankommt, erweist sich die Änderungskündigung auch dann als unwirksam, wenn der Arbeitnehmer das Vertragsänderungsangebot vorbehaltlos oder unter Vorbehalt annimmt.[261]

3. Sonstige Wirksamkeitsvoraussetzungen

Zu den sonstigen Wirksamkeitsvoraussetzungen der Änderungskündigung gehört auch die **ordnungsgemäße Anhörung** des Betriebsrats nach § 102 Abs. 1 BetrVG oder bei leitenden Angestellten (§ 5 Abs. 3 BetrVG) die Anhörung des Sprecherausschusses nach § 31 Abs. 2 SprAuG. Es gelten zunächst die für eine Beendigungskündigung maßgebenden Anhörungsgrundsätze. Der Inhalt der Unterrichtung nach § 102 Abs. 1 S. 2 BetrVG ist deshalb grundsätzlich subjektiv determiniert mit der Maßgabe für den Betriebsrat, zugunsten des Arbeitnehmers auf die Willensbildung des Arbeitgebers einwirken zu können.[262] Im Falle der Änderungskündigung hat der Arbeitgeber dem Betriebsrat bzw. Sprecherausschuss neben den Personalien, Sozialdaten, Kündigungsart, Kündigungsfrist und Kündigungstermin, die seiner Ansicht nach maßgebende Gründe[263] für die beabsichtigte Änderung der Arbeitsbedingungen sowie das **Änderungsangebot** und dessen voraussichtliches Inkrafttreten mitzuteilen.[264] Stets empfiehlt sich eine umfassende Information der Interessenvertretung, weil im Rahmen des Kündigungsschutz- oder Änderungsschutzprozesses dem Arbeitgeber bekannte und für die Kündigung objektiv erhebliche Gründe unberücksichtigt bleiben, zu denen die Interessenvertretung nicht gehört worden ist.[265] Da im Anhörungsverfahren die Reaktion des Arbeitnehmers auf die beabsichtigte Änderungskündigung nicht feststeht, kann der Betriebsrat auch von seinem **Widerspruchsrecht** nach § 102 Abs. 3 BetrVG Gebrauch machen, was allerdings nur dann von Bedeutung ist, wenn der Arbeitnehmer das Änderungsangebot ablehnt.[266] In diesem Falle liegt ein ordnungsgemäßer Widerspruch iSv § 102 Abs. 5 iVm § 102 Abs. 3 BetrVG nicht vor, wenn sich der Betriebsrat darauf beruft, der Arbeitnehmer könne an dem bisherigen Arbeitsplatz weiterbeschäftigt werden.[267] Für die Anhörung der **Schwerbehindertenvertretung** vor Ausspruch der Kündigung gelten die für die Beteiligung des Betriebsrats gemäß § 102 Abs. 1 und Abs. 2 BetrVG geltenden Grundsätze zur Vermeidung der Unwirksamkeit der Kündigung aus § 178 Abs. 2 S. 3 SGB IX entsprechend.[268] Dabei muss die Anhörung der Schwerbehindertenvertretung nicht bereits vor der Beteiligung des Betriebs- oder Personalrats oder der Beantragung der Zustimmung des Integrationsamtes zu einer beabsichtigten Kündigung erfolgen.[269]

---

[260] BAG 20.1.2016 – 6 AZR 601/14, NZA 2016, 490; BAG 13.6.2019 – 6 AZR 459/18, ZInsO 2019, 2225 Rn. 19. Die Schwerbehindertenvertretung ist neben dem Betriebsrat nicht zu konsultieren: BAG 13.2.2020 – 6 AZR 146/19, NZA 2020, 1006 Rn. 64.
[261] BAG 20.2.2014 – 2 AZR 346/12, NZA 2014, 1069.
[262] BAG 21.11.2013 – 2 AZR 797/11, NZA 2014, 243 Rn. 24; BAG 23.10.2014 – 2 AZR 736/13, NZA 2015, 476 Rn. 14; BAG 16.7.2015 – 2 AZR 15/15, NZA 2016, 99 Rn. 15, 16 ff., 19: Der Arbeitgeber darf ihm bekannte Umstände, die sich bei objektiver Betrachtung zugunsten des Arbeitnehmers auswirken können, dem Betriebsrat vorenthalten. BAG 25.5.2016 – 2 AZR 345/15, NZA 2016, 1140: Zur abschließenden Stellungnahme des Betriebsrats.
[263] BAG 27.9.2001 – 2 AZR 236/00, NZA 2002, 750; BAG 12.8.2010 – 2 AZR 945/08, NZA 2011, 460; bei leitenden Angestellten: BAG 27.9.2001 – 2 AZR 176/00, NZA 2002, 1277. Vgl. auch Stahlhacke/Preis/Vossen Kündigung/*Preis* Rn. 1293; Schaub ArbR-HdB/*Linck* § 137 Rn. 20, 21; ErfK/*Oetker* KSchG § 2 Rn. 17; KR/*Kreft* KSchG § 2 Rn. 210; BeckOK ArbR/*Rolfs* KSchG § 2 Rn. 97 ff.
[264] BAG 27.9.2001 – 2 AZR 236/00, NZA 2002, 750; BAG 12.8.2010 – 2 AZR 945/08, NZA 2011, 460; BAG 19.7.2012 – 2 AZR 25/11, NZA 2012, 1038 Rn. 29; näher dazu → Rn. 200.
[265] BAG 11.12.2003 – 2 AZR 536/02, AP KSchG 1969 § 1 Soziale Auswahl Nr. 65; BAG 15.7.2004 – 2 AZR 376/03, NZA 2005, 523; zum zulässigen Nachschieben von Kündigungsgründen: BAG 18.6.2015 – 2 AZR 256/14, NZA 2016, 287.
[266] KR/*Kreft* KSchG § 2 Rn. 214, 216; ErfK/*Oetker* KSchG § 2 Rn. 22. Keine analoge Anwendung von § 102 Abs. 5 BetrVG bei Prozessbeschäftigung: BAG 27.5.2020 – 5 AZR 247/19, juris Rn. 38; aA MHdB ArbR/*Rachor* § 131 Rn. 47.
[267] BAG 12.9.1985 – 2 AZR 324/84, NZA 1986, 424.
[268] BAG 13.12.2018 – 2 AZR 378/18, NZA 2019, 305 Rn. 15 ff.
[269] BAG 13.12.2018 – 2 AZR 378/18, NZA 2019, 305 Rn. 19.

45 Lässt der Arbeitgeber im Rahmen des Anhörungsverfahrens des Betriebsrates offen, ob er im Ergebnis eine **Änderungs- oder eine Beendigungskündigung** aussprechen wird, soll jedoch eine der beiden Kündigungen erklärt werden, so soll nach Ansicht des BAG[270] im Falle der Kündigungssachverhalt für beide Alternativen bereits feststeht, die Anhörung nicht dem Schutzzweck von § 102 Abs. 1 BetrVG widersprechen.

46 Bei der **Personalratsbeteiligung** zur Änderungskündigung gelten prinzipiell die gleichen Grundsätze. Ist eine Änderungskündigung personalvertretungsrechtlich zustimmungsbedürftig, ist sie unwirksam, wenn die Zustimmung des Personalrats nicht vorliegt. Steht dem Personalrat lediglich ein **Mitwirkungsrecht** zu (etwa §§ 72, 79 BPersVG) und hat er fristgerecht Einwendungen gegen eine beabsichtigte Änderungskündigung erhoben, so ist diese regelmäßig unwirksam, wenn der Arbeitgeber eine nach dem einschlägigen Personalvertretungsgesetz vorgeschriebene Erörterung mit dem Personalrat unterlassen hat.[271]

47 Unterlaufen dem Arbeitgeber im Zuge der Anhörung der Interessenvertretung (Betriebsrat, Personalrat, Sprecherausschuss) bei einer beabsichtigten Änderungskündigung Fehler, so führen diese nur dann zu ihrer Unwirksamkeit, wenn der Arbeitnehmer das Änderungsangebot **ablehnt** oder lediglich unter **Vorbehalt** (§ 2 KSchG) annimmt und rechtzeitig innerhalb der Klageerhebungsfrist des § 4 S. 1 und 2 KSchG Kündigungsschutz- oder Änderungsschutzklage erhebt.[272]

> **Formulierungsvorschlag:**
>
> **48** Festzustellen, dass die Änderung der Arbeitsbedingungen durch die ordentliche Änderungskündigung der Beklagten vom ...... zum ...... sozial ungerechtfertigt oder aus anderen Gründen rechtsunwirksam ist und dass die Änderungskündigung der Beklagten vom ...... rechtsunwirksam ist.

49 Nimmt der Arbeitnehmer hingegen das Vertragsänderungsangebot ungeachtet der Kenntnis der Unwirksamkeit der Kündigung **vorbehaltlos** an, spielt die Unwirksamkeit der damit verbundenen Kündigung keine Rolle mehr. Die Kündigung hat sich erledigt. Die Unwirksamkeit der Kündigung führt nicht nach § 139 BGB zur Unwirksamkeit des Vertragsänderungsangebots, weil es regelmäßig unabhängig vom Schicksal der Kündigung gewollt ist.[273] Ein Schuldner kann auch nach Eröffnung des **Verbraucherinsolvenzverfahrens** über den Inhalt seines Arbeitsvertrags ohne Zustimmung des Insolvenzverwalters verfügen (§ 81 InsO) und in die Änderung seines Arbeitsvertrags vorbehaltlos einwilligen, weil die Arbeitskraft nicht dem Insolvenzbeschlag unterliegt.[274] Weder §§ 81 Abs. 1 S. 1, 97 Abs. 2 InsO noch § 295 Abs. 1 Nr. 1 InsO stehen dem entgegen.

50 **a) Geltung des Sonderkündigungsschutzes.** Für die Änderungskündigung gilt auch der gesamte **Sonderkündigungsschutz**.[275] Die Rechtsfolge der Kündigung kann immer nur die Beendigung des Arbeitsverhältnisses sein. Und deshalb gelten die gesetzlichen Kündigungsbeschränkungen auch für Kündigungen, mit denen lediglich eine Änderung der Arbeitsbedingungen bezweckt wird. Dies betrifft vor allem den Mutterschutz (§ 17 Abs. 1 MuSchG), die Kündigung bei Elternzeit (§ 18 BEEG), den Kündigungsschutz schwerbehinderter Menschen (§§ 168, 174 SGB IX), das Kündigungsverbot aus § 5 PflegeZG, § 2 Abs. 3 FPfZG sowie den besonderen Kündigungsschutz bei Funktionsträgern der Betriebsverfassung oder Personalvertretung (§ 15 KSchG). Der besondere Kündigungsschutz aus § 15 KSchG erfasst

---

[270] BAG 22.4.2010 – 2 AZR 991/08, NZA-RR 2010, 583 Rn. 17, 18.
[271] BAG 20.1.2000 – 2 AZR 65/99, NZA 2000, 367.
[272] BAG 22.10.2015 – 2 AZR 124/14, NZA 2016, 225.
[273] BAG 20.6.2013 – 6 AZR 789/11, NZA 2013, 1147 Rn. 34; *Schwerdtner* FS-25 Jahre BAG, 576; ErfK/*Oetker* KSchG § 2 Rn. 19; Schaub ArbR-HdB/*Linck* § 137 Rn. 32; Stahlhacke/Preis/Vossen Kündigung/*Preis* Rn. 1297.
[274] BAG 20.6.2013 – 6 AZR 789/11, NZA 2013, 1147 Rn. 14, 27, 30.
[275] → Rn. 7.

§ 46 Änderungskündigung

auch die **ordentliche Änderungskündigung**[276] und gilt ebenfalls für **Massen-** oder **Gruppenänderungskündigungen**.[277] Daher hat das BAG[278] eine **ordentliche Änderungskündigung** gegenüber einem durch § 15 KSchG geschützten Arbeitnehmer auch dann für unzulässig gehalten, wenn der Arbeitgeber dadurch die Arbeitsbedingungen des Amtsträgers denen einer Gruppe von Arbeitnehmern anpassen will, zu der auch der Amtsträger gehört. Eine Angleichung der Arbeitsbedingungen des nach § 15 KSchG geschützten Arbeitnehmers an die der übrigen Mitglieder einer bestimmten Gruppe von Arbeitnehmern kann jedoch eine **außerordentliche** Änderungskündigung rechtfertigen, wenn hierfür ein wichtiger Grund nach § 626 Abs. 1 BGB vorliegt.[279] Ein solches, auf **betrieblichen Gründen** beruhendes **außerordentliches** Kündigungsrecht ist auch gegenüber einem Amtsträger nicht von vornherein ausgeschlossen. Geht es dabei um ein betriebliches Erfordernis, das bei vergleichbaren Arbeitnehmern ohne den Sonderkündigungsschutz des § 15 KSchG lediglich eine ordentliche Kündigung rechtfertigt, ist dem Funktionsträger des § 15 KSchG jedenfalls eine **notwendige Auslauffrist** entsprechend der „fiktiven" Kündigungsfrist einzuräumen, damit sich der Sonderschutz nicht systemwidrig zu Lasten des besonders Geschützten auswirkt.[280] Außerdem ist erforderlich, dass der Betriebsrat zuvor **zugestimmt** hat oder die Zustimmung durch das Arbeitsgericht ersetzt worden ist.[281] Einer Vorlage der schriftlichen Zustimmungserklärung des Betriebsrats gegenüber dem gekündigten Betriebsratsmitglied bedarf es nicht. Das Betriebsratsmitglied kann daher die Kündigung nicht nach § 182 Abs. 3 BGB iVm § 111 S. 2, 3 BGB zurückweisen.[282] Ist ein Betriebsratsmitglied **tariflich** ordentlich unkündbar, so ist seine außerordentliche betriebsbedingte Kündigung mit notwendiger Auslauffrist beim Vorliegen der Voraussetzungen des § 15 Abs. 4 oder Abs. 5 KSchG nicht nach § 103 BetrVG zustimmungsbedürftig.[283]

Soweit die Kündigung der **Zustimmung** einer **Behörde** bedarf, ist für den **Anlauf** der dreiwöchigen Klageerhebungsfrist § 4 S. 4 KSchG zu beachten. Danach läuft die Frist zur Anrufung des Arbeitsgerichts erst von der Bekanntgabe der Entscheidung der Behörde an den Arbeitnehmer an, soweit diese Entscheidung dem Arbeitnehmer erst **nach** Zugang der Kündigung bekannt gegeben wird.[284] Dies gilt jedenfalls dann, wenn der Arbeitgeber bei Ausspruch der Kündigung ihre Zustimmungsbedürftigkeit, da ihm die den Sonderkündigungsschutz begründenden Tatsachen der Kündigung, kennt.[285] Anderenfalls – bei Unkenntnis des Arbeitgebers- muss der Arbeitnehmer die Klageerhebungsfrist aus § 4 S. 1 und 2 KSchG

51

---

[276] BAG 21.6.1995 – 2 ABR 28/94, NZA 1995, 1157; BAG 20.1.2000 – 2 ABR 40/99, NZA 2000, 592; BAG 17.3.2005 – 2 ABR 2/04, NZA 2005, 949; BAG 12.3.2009 – 2 AZR 47/08, DB 2009, 1712 zur Änderungskündigung eines Wahlbewerbers. BAG 27.6.2019 – 2 AZR 38/19, NZA 2019, 1427 Rn. 18; BAG 24.10.2019 – 2 AZR 85/19, juris Rn. 15: Ersatzmitglieder eines nach § 3 Abs. 1 Nr. 1 bis Nr. 3 BetrVG gebildeten Betriebsrats können den nachwirkenden Sonderkündigungsschutz gemäß § 15 Abs. 1 S. 2 KSchG genießen.
[277] BAG 7.10.2004 – 2 AZR 81/04, NZA 2005, 156 Rn. 14: Eine ordentliche Kündigung gegenüber den durch § 15 KSchG besonders geschützten Funktionsträgern ist nur in den gesetzlich geregelten Ausnahmefällen des § 15 Abs. 4 KSchG und § 15 Abs. 5 KSchG zulässig. So auch BAG 21.6.2012 – 2 AZR 343/11, NZA 2013, 224 Rn. 21.
[278] BAG 6.3.1986 – 2 ABR 15/85, NZA 1987, 102.
[279] BAG 7.10.2004 – 2 AZR 81/04, NZA 2005, 156 Rn. 21.
[280] BAG 7.10.2004 – 2 AZR 81/04, NZA 2005, 156: Im Rahmen der Prüfung des § 626 BGB ist nicht auf die fiktive Kündigungsfrist abzustellen; BAG 17.3.2005 – 2 ABR 2/04, NZA 2005, 949.
[281] BAG 7.10.2004 – 2 AZR 81/04, NZA 2005, 156; zur Übertragung des Zustimmungsrechts nach § 103 BetrVG auf einen Betriebsausschuss gem § 27 Abs. 2 S. 2 BetrVG oder einen besonderen Ausschuss nach § 28 BetrVG: BAG 17.3.2005 – 2 AZR 275/04, NZA 2005, 1064; nur Anhörung nach § 102 BetrVG bei Kündigung eines als Tendenzträger beschäftigten Betriebsratsmitglieds aus tendenzbezogenen Gründen: BAG 28.8.2003 – 2 ABR 48/02, NZA 2004, 501.
[282] BAG 4.3.2004 – 2 AZR 147/03, NZA 2004, 717.
[283] BAG 10.5.2007 – 2 AZR 626/05, NZA 2007, 1278.
[284] BAG 3.7.2003 – 2 AZR 487/02, NZA 2003, 1335.
[285] BAG 13.2.2008 – 2 AZR 864/06, NZA 2008, 1055 im Fall der Schwerbehinderung; BAG 19.2.2009 – 2 AZR 286/07, NZA 2009, 980 im Fall des Mutterschutzes. Der Betriebsübernehmer muss sich die Kenntnis des Betriebsveräußerers von der Schwerbehinderteneigenschaft eines Arbeitnehmers zurechnen lassen: BAG 11.12.2008 – 2 AZR 395/07, NZA 2009, 556. Die dem Arbeitgeber mitgeteilte Antragstellung beim Versorgungsamt reicht aus: BAG 9.6.2011 – 2 AZR 703/09, NZA-RR 2011, 516 Rn. 31.

einhalten, um die Rechtsfolge aus § 7 KSchG zu vermeiden. Der Nichtigkeitsgrund der Kündigung wird sonst rückwirkend geheilt. Teilt der Arbeitnehmer dem Arbeitgeber seinen Schwerbehindertenstatus bzw. seine Gleichstellung innerhalb von drei Wochen nach Zugang der Kündigung oder spätestens innerhalb der Klagefrist des § 4 S. 1, 2 KSchG mit,[286] dann kann sich der Arbeitnehmer auf den Sonderkündigungsschutz berufen, wenn er zugleich die Klagefrist aus § 4 S. 1, 2 KSchG gewahrt hat. Bei Vorliegen einer Schwangerschaft (Fehlgeburt nach der zwölften Schwangerschaftswoche) muss die Arbeitnehmerin den Arbeitgeber nach Zugang der Kündigung noch innerhalb der Zweiwochenfrist des § 17 Abs. 1 S. 1 MuSchG von ihrer Schwangerschaft in Kenntnis setzen und rechtzeitig (§ 4 S. 1, 2 KSchG) Klage erheben, um sich auf den Sonderkündigungsschutz berufen zu können.[287]

52 b) **Ausschluss der ordentlichen Kündigung.** Ist die **ordentliche Kündigung** auf Grund eines **Tarifvertrags**[288] oder einzelvertraglich[289] **ausgeschlossen,** so gilt dies mangels anderweitiger Anhaltspunkte auch für die Änderungskündigung.[290] Diese ist nur als außerordentliche Kündigung aus wichtigem Grunde möglich, was voraussetzt, dass die alsbaldige Änderung der Arbeitsbedingungen unabweisbar notwendig ist und die geänderten Bedingungen dem gekündigten Arbeitnehmer zumutbar sind.[291] Ob der Arbeitnehmer in eine ihm angesonnene Änderung billigerweise einwilligen muss, ist nach dem Verhältnismäßigkeitsgrundsatz zu ermitteln.[292] Der tarifvertragliche oder arbeitsvertragliche Ausschluss der ordentlichen Kündigung zählt dabei zu den **Unwirksamkeitsgründen** einer vom Arbeitgeber ausgesprochenen ordentlichen Kündigung und muss danach gemäß §§ 4, 6 KSchG rechtzeitig prozessual geltend gemacht werden.[293] Mit dem Ausschluss der ordentlichen Kündbarkeit geht der Arbeitgeber gegenüber dem Arbeitnehmer eine besondere Verpflichtung nicht nur hinsichtlich des Bestandes, sondern auch in Bezug auf den **Inhalt** des Arbeitsverhältnisses ein.[294] Dem müssen die materiellen Anforderungen an den wichtigen Grund entsprechen. Bei der außerordentlichen Änderungskündigung eines tariflich ordentlich unkündbaren Arbeitnehmers muss der Arbeitgeber daher mit allen zumutbaren Mitteln eine Fortsetzung des Arbeitsverhältnisses zu den bisherigen Arbeitsbedingungen versuchen.[295] Der Arbeitgeber kann nach Ansicht des BAG sogar verpflichtet sein, zur Vermeidung einer außerordentlichen Änderungskündigung einen gleichwertigen Arbeitsplatz freizukündigen.[296] Diese weitreichende Konsequenz begegnet Bedenken, weil ohne rechtliche Legitimation in den Bestandsschutz des Arbeitsplatzes eines anderen Arbeitnehmers eingegriffen wird, was der Gesetzgeber zwar im Falle der Sozialauswahl (§ 1 Abs. 3 KSchG), aber nicht schlechthin erlaubt. Insofern steht das KSchG weder zur Disposition der Tarifvertragsparteien noch der Arbeitsvertragsparteien.[297] Besteht für den

---

[286] BAG 13.2.2008 – 2 AZR 864/06, NZA 2008, 1055; BAG 23.2.2010 – 2 AZR 659/08, NZA 2011, 411; BAG 22.9.2016 – 2 AZR 700/15, NZA 2017, 304 Rn. 22: Für die Rechtzeitigkeit der Geltendmachung ist von der Drei-Wochen-Frist des § 4 S. 1 KSchG auszugehen unter Hinzurechnung der Übermittlungszeit.
[287] BAG 19.2.2009 – 2 AZR 286/07, NZA 2009, 980. Zum Kündigungsschutz aus § 17 MuSchG vor Arbeitsantritt: BAG 27.2.2020 – 2 AZR 498/19, NZA 2020, 721 Rn. 10.
[288] BAG 1.3.2007 – 2 AZR 580/05, NZA 2007, 1445; BAG 8.11.2007 – 2 AZR 314/06, NZA 2008, 936; BAG 18.6.2015 – 2 AZR 480/14, NZA 2015, 1315 Rn. 30; BAG 27.6.2019 – 2 AZR 50/19, NZA 2019, 1345.
[289] BAG 25.3.2004 – 2 AZR 153/03, AP BGB § 138 Nr. 60.
[290] So bereits BAG 10.3.1982 – 4 AZR 158/79, AP KSchG 1969 § 2 Nr. 2; BAG 28.10.2010 – 2 AZR 688/09, NZA-RR 2011, 155.
[291] BAG 28.10.2010 – 2 AZR 688/09, NZA-RR 2011, 155 Rn. 32, 33.
[292] BAG 28.10.2010 – 2 AZR 688/09, NZA-RR 2011, 155 Rn. 34; BAG 20.10.2017 – 2 AZR 783/16 (F), NZA 2018, 440 Rn. 44.
[293] BAG 8.11.2007 – 2 AZR 314/06, NZA 2008, 936; BAG 28.10.2010 – 2 AZR 688/09, NZA-RR 2011, 155; *Fornasier/Werner* NJW 2007, 2729.
[294] BAG 2.3.2006 – 2 AZR 64/05, NZA 2006, 985; BAG 26.11.2009 – 2 AZR 272/08, NZA 2010, 628; BAG 28.10.2010 – 2 AZR 688/09, NZA-RR 2011, 155.
[295] BAG 27.6.2019 – 2 AZR 50/19, NZA 2019, 1345 Rn. 13.
[296] BAG 18.5.2006 – 2 AZR 207/05, NZA-RR 2007, 272 Rn. 28; BAG 28.10.2010 – 2 AZR 688/09, NZA-RR 2011, 155 Rn. 33; BAG 27.6.2019 – 2 AZR 50/19, NZA 2019, 1345 Rn. 15; vgl. *Bröhl,* Die außerordentliche Kündigung mit notwendiger Auslauffrist, S. 152 ff., 159; *Schleusener* DB 1998, 2368.
[297] So Schaub ArbR-HdB/*Linck* § 128 Rn. 35; vgl. auch die ursprüngliche Fassung der später aufgehobenen Regelung des § 10 S. 3 Nr. 7 AGG und dazu jetzt die differenzierende Bewertung von BAG 20.6.2013 – 2 AZR 295/12, NZA 2014, 208 Rn. 50: In Auswahlsituationen sind grobe Auswahlfehler iSv § 10 S. 1 AGG bzw. § 1 Abs. 3 KSchG zu vermeiden.

Arbeitgeber noch irgendeine Alternative, die Änderung des Arbeitsvertragsinhalts zu vermeiden, ist es ihm regelmäßig zumutbar, diese andere Möglichkeit zu wählen. So bedarf es auch der Prüfung, ob etwa ein geändertes unternehmerisches Konzept die vorgeschlagene Änderung erzwingt oder ob es im Wesentlichen auch ohne oder mit weniger einschneidenden Änderungen im Arbeitsvertrag des Gekündigten durchsetzbar bleibt.[298] Erst wenn alle Lösungsversuche (etwa Umsetzungen, Änderung der Arbeitsverteilung) gescheitert sind, kann ein wichtiger Grund zur außerordentlichen Änderungskündigung mit Auslauffrist vorliegen. Davon ist auszugehen, wenn dem Kündigenden die Fortsetzung zu den bisherigen Arbeitsbedingungen unzumutbar geworden ist, dh wenn für ihn die alsbaldige Änderung der Arbeitsbedingungen ohne Alternative zwingend geboten ist.[299] Dieser **erste** Prüfungsabschnitt ist zunächst unabhängig von den Auswirkungen der Änderungen für den Arbeitnehmer vorzunehmen.[300] Darüber hinaus müssen die neuen Bedingungen auch dem Gekündigten **zumutbar** sein, dh sie dürfen den Gekündigten nicht stärker als zur Vermeidung einer Beendigungskündigung unumgänglich belasten (**zweiter** Prüfungsabschnitt).[301] In diesem Sinne hat das BAG[302] einen wichtigen Grund für eine außerordentliche Änderungskündigung mit notwendiger Auslauffrist zur Reduzierung des Entgelts eines ordentlich unkündbaren Arbeitnehmers bejaht, wenn die Änderung der Arbeitsbedingungen das Ziel hat, der konkreten Gefahr einer Betriebsschließung wegen Insolvenz zu begegnen. Dabei hat der Arbeitgeber darzulegen, dass die Sanierung mit den Eingriffen in die Arbeitsverträge steht und fällt und alle gegenüber der beabsichtigten Änderungskündigung milderen Mittel ausgeschöpft sind.[303] Eine außerordentliche Änderungskündigung mit einer der ordentlichen Kündigung entsprechenden Auslauffrist kann ebenfalls berechtigt sein, wenn eine in der Sphäre des Arbeitnehmers liegende schwere und dauerhafte Störung des vertraglichen Austauschverhältnisses eine Weiterbeschäftigung auf dem bisherigen Arbeitsplatz unmöglich macht und der Arbeitgeber alles Zumutbare unternommen hat, um eine Kündigung zu vermeiden.[304]

In Anbetracht der Erwägung, dass der **befristete Ausschluss** der ordentlichen Kündigung der nach § 15 KSchG **geschützten Personengruppen** bei der Prüfung der Unzumutbarkeit der Fortsetzung des Arbeitsverhältnisses oder der Änderung der Arbeitsbedingungen nach § 626 BGB nicht zu ihren Ungunsten berücksichtigt werden darf, hat das BAG[305] bei der Interessenabwägung nach §§ 15 KSchG, 626 BGB hinsichtlich der Prüfung, ob die Fortsetzung des Arbeitsverhältnisses bis zum Ablauf der Kündigungsfrist unzumutbar ist oder nicht, die Frist zugrunde gelegt, die ohne den besonderen Kündigungsschutz bei einer ordentlichen Kündigung gelten würde (Prüfung anhand der sogenannten „fiktiven" Kündigungsfrist).[306]

Die Prüfung anhand der sog. **fiktiven Kündigungsfrist** hat das BAG zunächst auch bei **betriebsbedingtem** Anlass einer außerordentlichen Änderungskündigung im Rahmen der Prüfung des § 626 BGB angestellt,[307] diese Auffassung jedoch unter Hinweis darauf revi-

53

54

---

[298] BAG 2.3.2006 – 2 AZR 64/05, NZA 2006, 985: Einrichtung eines Heimarbeitsplatzes als Weiterbeschäftigungsmöglichkeit an Stelle örtlicher Veränderung; BAG 28.5.2009 – 2 AZR 844/07, NZA 2009, 954: Verlegung des Betriebssitzes unter Beibehaltung einer Personalreserve am bisherigen Betriebssitz.
[299] BAG 26.11.2009 – 2 AZR 272/08, NZA 2010, 628; BAG 28.10.2010 – 2 AZR 688/09, NZA-RR 2011, 155.
[300] BAG 21.6.1995 – 2 ABR 28/94, NZA 1995, 1157; BAG 20.1.2000 – 2 ABR 40/99, NZA 2000, 592.
[301] BAG 6.3.1986 – 2 ABR 15/85, NZA 1987, 102; BAG 23.6.2005 – 2 AZR 642/04, AP KSchG 1969 § 2 Nr. 81; BAG 1.3.2007 – 2 AZR 580/05, NZA 2007, 1445; BAG 28.10.2010 – 2 AZR 688/09, NZA-RR 2011, 155; BAG 20.10.2017 – 2 AZR 783/16 (F), NZA 2018, 440 Rn. 44; *Moll* DB 1984, 1346 (1347).
[302] BAG 1.3.2007 – 2 AZR 580/05, NZA 2007, 1445 Rn. 29; BAG 20.10.2017 – 2 AZR 783/16 (F), NZA 2018, 440 Rn. 41.
[303] BAG 20.10.2017 – 2 AZR 783/16 (F), NZA 2018, 440 Rn. 42.
[304] BAG 28.10.2010 – 2 AZR 688/09, NZA-RR 2011, 155 Rn. 32, 33: Bei chronischen Erkrankungen des Herz- und Kreislauf- sowie des Stoffwechselsystems eines Schwimmmeisters.
[305] BAG 6.3.1986 – 2 ABR 15/85, NZA 1987, 102.
[306] Vgl. dazu auch BAG 18.2.1993 – 2 AZR 526/92, AP KSchG 1969 § 15 Nr. 35; BAG 10.2.1999 – 2 ABR 31/98, NZA 1999, 708; BAG 17.1.2008 – 2 AZR 821/06, NZA 2008, 777; BAG 21.6.2012 – 2 AZR 343/11, NZA 2013, 224 Rn. 21: Keine Umdeutung einer verhaltensbedingten außerordentlichen Kündigung eines Mandatsträgers in eine außerordentliche Kündigung mit Auslauffrist.
[307] BAG 6.3.1986 – 2 ABR 15/85, NZA 1987, 102: Streichung sämtlicher Abteilungsleiterpositionen in einem Warenhaus, von der der Betriebsratsvorsitzende betroffen war.

diert,³⁰⁸ dass es nicht um die **Beendigung**, sondern um die **inhaltliche Umgestaltung** des Arbeitsverhältnisses ginge und die Einhaltung einer hypothetisch zu veranschlagenden Kündigungsfrist vom Schutzzweck der §§ 2, 15 KSchG wegen des Fortbestandes der jeweiligen Arbeitnehmervertretung nicht zu fordern sei.³⁰⁹ Bei krankheitsbedingter Leistungsminderung kommt allenfalls dann eine außerordentliche Änderungskündigung in Betracht, wenn die verbliebene Arbeitsleistung die berechtigte Gleichwertigkeitserwartung des Arbeitgebers in einem Maße unterschreitet, dass ihm ein Festhalten an dem (unveränderten) Arbeitsvertrag unzumutbar ist.³¹⁰ Das BAG hat in diesem Zusammenhang bei einem Funktionsträger offen gelassen, ob deswegen überhaupt ein wichtiger Grund nach § 15 KSchG anzunehmen ist und ob in einem solchen Fall bei der Prüfung des wichtigen Grundes iSv § 626 Abs. 1 BGB auf die Länge der fiktiven Kündigungsfrist oder auf das (voraussichtliche) Ende des Bestandsschutzes abzustellen ist.³¹¹

55 Da die unabweisbar notwendige alsbaldige Änderung der Arbeitsbedingungen auch dem Gekündigten **zumutbar** sein muss (**zweiter** Prüfungsabschnitt), hat der Arbeitgeber jedenfalls bei betriebsbedingten Gründen dem nach § 15 KSchG geschützten Arbeitnehmer eine **Auslauffrist** einzuräumen, die der ordentlichen Kündigungsfrist entspricht.³¹²

56 Bei einer außerordentlichen Änderungskündigung gegenüber einem Betriebsratsmitglied mit dem Ziel der Begrenzung von Lohnkosten (Verrechnung einer Tariflohnerhöhung mit festen übertariflichen Vergütungsbestandteilen) ist bereits ein wichtiger Grund zu verneinen, wenn der Arbeitgeber die Vergütungsreduzierung mit einer entsprechenden Gesamtbetriebsvereinbarung und Gleichbehandlungsgesichtspunkten begründet.³¹³ Eine entsprechende Änderungskündigung ist unverhältnismäßig, wenn die angebotene Absenkung der Bezüge hätte geringer ausfallen können.³¹⁴ Der Arbeitgeber ist jedoch nicht verpflichtet, einen örtlich näher gelegenen und deshalb das Betriebsratsmitglied weniger belastenden Arbeitsplatz freizukündigen, wenn das Betriebsratsmitglied bei unveränderten Bedingungen auf einem freien Arbeitsplatz in einer anderen Betriebsabteilung weiterbeschäftigt werden kann.³¹⁵ Das BAG³¹⁶ hat eine **Freikündigungspflicht** im Rahmen des § 15 Abs. 5 S. 1 KSchG bei einer Obliegenheit des Arbeitgebers zur Übernahme in eine andere Betriebsabteilung anerkannt, wenn dies nicht mangels wirtschaftlich vertretbarer Weiterbeschäftigungsbedingungen aus betrieblichen Gründen ausgeschlossen ist,³¹⁷ jedoch bisher offen gelassen, ob dabei eine Abwägung zwischen den Interessen des unkündbaren und des betroffenen kündbaren Arbeitnehmers vorgenommen werden muss.³¹⁸ Eine den Beschäftigungsbetrieb übersteigende Verdrängung von Arbeitnehmern in den § 15 Abs. 4 und Abs. 5 KSchG zugrunde liegenden

---

³⁰⁸ BAG 21.6.1995 – 2 ABR 28/94, NZA 1995, 1157: Ersatzlose Abschaffung der Position der Aufsichten in einem Warenhausunternehmen, von der 53 Betriebsratsmitglieder betroffen waren. Vgl. auch BAG 21.6.2012 – 2 AZR 343/11, NZA 2013, 224 Rn. 14.

³⁰⁹ Vgl. zur Schutzfunktion des § 15 KSchG BAG 18.10.2000 – 2 AZR 494/99, NZA 2001, 321: Schutzzweck der Kontinuität des Betriebsratsmandates, die auf eine unveränderte personelle Zusammensetzung während der Dauer des Mandats gerichtet ist. Anschließend: BAG 2.3.2006 – 2 AZR 83/05, NZA 2006, 988; BAG 23.2.2010 – 2 AZR 656/08, NZA 2010, 1288.

³¹⁰ BAG 23.1.2014 – 2 AZR 582/13, NZA 2014, 962 Rn. 33: Keine Unzumutbarkeit bei konstanten Fehlzeiten von jährlich 18,81 Wochen bei einer Friedhofshilfsgärtnerin.

³¹¹ BAG 20.3.2014 – 2 AZR 825/12, NZA 2014, 1089 Rn. 21: Rückstufung eines Croupiers wegen krankheitsbedingter Nichteinsatzmöglichkeit am Pokertisch.

³¹² BAG 21.6.1995 – 2 ABR 28/94, NZA 1995, 1157; BAG 23.2.2010 – 2 AZR 656/08, NZA 2010, 1288.

³¹³ BAG 20.1.2000 – 2 ABR 40/99, NZA 2000, 592.

³¹⁴ BAG 17.3.2005 – 2 ABR 2/04, NZA 2005, 949: Abgruppierung um zwei Gehaltsgruppen statt einer Gehaltsgruppe.

³¹⁵ BAG 28.10.1999 – 2 AZR 437/98, NZA 2000, 825.

³¹⁶ BAG 18.10.2000 – 2 AZR 494/99, NZA 2001, 321; BAG 2.3.2006 – 2 AZR 83/05, NZA 2006, 988: Nach dem Sinn und Zweck des § 15 KSchG genießt der Mandatsträger grundsätzlich einen Vorrang bei der Weiterbeschäftigung vor anderen – auch sonderkündigungsgeschützten – Arbeitnehmern. BAG 12.3.2009 – 2 AZR 47/08, NZA 2009, 1264 Rn. 27, 28 bei einem Wahlbewerber. Vgl. auch BAG 27.6.2019 – 2 AZR 38/19, NZA 2019, 1427 Rn. 27; BAG 24.10.2019 – 2 AZR 85/19, juris Rn. 25.

³¹⁷ BAG 12.3.2009 – 2 AZR 47/08, NZA 2009, 1264 Rn. 28: Wenn keine wirtschaftlich vertretbare Einsatzmöglichkeit besteht.

³¹⁸ BAG 12.3.2009 – 2 AZR 47/08, NZA 2009, 1264 Rn. 29; BAG 23.2.2010 – 2 AZR 656/08, NZA 2010, 1288.

Fällen scheidet aus.³¹⁹ Der Amtsträger kann – wie andere betriebsangehörige Arbeitnehmer – die Weiterbeschäftigung nur auf einem freien Arbeitsplatz in einem anderen Betrieb des Unternehmens beanspruchen (§ 1 Abs. 2 S. 2 KSchG).³²⁰ Die Beschäftigung auf einem **höherwertigen** Arbeitsplatz muss der Arbeitgeber dem Funktionsträger nicht offerieren.³²¹

Ist die ordentliche Kündigung – und damit eine entsprechende Änderungskündigung – **tariflich** oder **vertraglich ausgeschlossen,** stellt das BAG im Rahmen der **Interessenabwägung** nicht wie bei einem nach § 15 KSchG **befristeten** Ausschluss der ordentlichen Kündigung auf die fiktive Frist für die ordentliche Kündigung, sondern auf die **tatsächliche künftige Vertragsbindung** ab, die bis zum Erreichen der Altersgrenze währen kann.³²² Damit soll dem Umstand Rechnung getragen werden, dass die vom Gesetzgeber in § 626 Abs. 1 BGB für den Zumutbarkeitszeitraum als maßgeblich erklärte Kündigungsfrist wegen des tariflichen oder vertraglichen Ausschlusses der ordentlichen Kündigung nicht eingreift. Die langfristige Vertragsbindung kann dazu führen, dass gerade bei **Dauertatbeständen** (Wegfall der Beschäftigungsmöglichkeit,³²³ dauernde Arbeitsunfähigkeit)³²⁴ oder Vorfällen mit Wiederholungsgefahr (wiederholte Trunkenheit) die Fortsetzung des Arbeitsverhältnisses für den Arbeitgeber wegen des Ausschlusses der ordentlichen Kündigungsmöglichkeit unzumutbar sein kann, weil auf ungebührlich lange Zeit Vergütung ohne Gegenleistung gezahlt werden oder ein auf Dauer sinnentleertes oder gestörtes Arbeitsverhältnis über viele Jahre hinweg aufrecht erhalten werden müsste.³²⁵ 57

Allerdings hat der Arbeitgeber auch bei einer danach zulässigen außerordentlichen Kündigung eines ordentlich unkündbaren Arbeitnehmers die gesetzliche oder tarifliche Kündigungsfrist als notwendige Auslauffrist einzuhalten, die gelten würde, wenn die Kündigung nicht ausgeschlossen wäre.³²⁶ Es käme sonst zu einem **Wertungswiderspruch,** wenn man den Arbeitnehmer mit besonderem tariflichen Kündigungsschutz durch eine fristlose Kündigung schlechter stellte als den Arbeitnehmer, dem gegenüber eine ordentliche Kündigung zulässig ist und dem aus demselben Kündigungsgrund nur ordentlich gekündigt werden könnte.³²⁷ In einer Konkurrenzsituation ist der Arbeitgeber deshalb zur gerechten Verteilung der vorhandenen Arbeitsplätze auch zu einer Sozialauswahl entsprechend § 1 Abs. 3 KSchG verpflichtet.³²⁸ Die **Umdeutung** einer außerordentlichen fristlosen Kündigung gegenüber einem ordentlich unkündbaren Arbeitnehmer in eine außerordentliche Kündigung mit notwendiger Auslauffrist ist grundsätzlich möglich.³²⁹ Hält es der Arbeitgeber schon für unzu- 58

---

³¹⁹ BAG 27.6.2019 – 2 AZR 38/19, NZA 2019, 1427 Rn. 27; BAG 24.10.2019 – 2 AZR 85/19, juris Rn. 25.
³²⁰ BAG 27.6.2019 – 2 AZR 38/19, NZA 2019, 1427 Rn. 27.
³²¹ BAG 23.2.2010 – 2 AZR 656/08, NZA 2010, 1288. Vgl. zum Ganzen ErfK/*Kiel* KSchG § 15 Rn. 42 ff.
³²² BAG 2.3.2006 – 2 AZR 64/05, NZA 2006, 985; BAG 28.10.2010 – 2 AZR 688/09, NZA-RR 2011, 155; BAG 18.6.2015 – 2 AZR 480/14, NZA 2015, 1315 Rn. 30; BAG 27.6.2019 – 2 AZR 50/19, NZA 2019, 1345 Rn. 13.
³²³ BAG 2.3.2006 – 2 AZR 64/05, NZA 2006, 985; BAG 27.6.2019 – 2 AZR 50/19, NZA 2019, 1345 Rn. 14: Das Fehlen jeglicher Beschäftigungsmöglichkeit zählt bei der außerordentlichen betriebsbedingten Kündigung zum wichtigen Grund.
³²⁴ BAG 28.10.2010 – 2 AZR 688/09, NZA-RR 2011, 155; BAG 23.1.2014 – 2 AZR 582/13, NZA 2014, 962; BAG 13.5.2015 – 2 AZR 531/14, AP BGB § 626 Nr. 254: Verhaltensbedingte Gründe; BAG 22.10.2015 – 2 AZR 381/14, NZA 2016, 482: Personenbedingter Grund bei langjähriger Strafhaft; BAG 24.9.2015 – 2 AZR 562/14, NZA 2016, 366: Betriebsbedingter Grund im Fall des Wegfalls der Beschäftigung bei Betriebsübergang.
³²⁵ Vgl. zu den Einzelheiten Schaub ArbR-HdB/*Linck* § 128 Rn. 14 ff.; Stahlhacke/Preis/Vossen Kündigung/*Preis* Rn. 741 ff., 746 ff., 760 ff.
³²⁶ BAG 20.6.2013 – 2 AZR 295/12, NZA 2014, 208 Rn. 13 mwN; *Bröhl*, Die außerordentliche Kündigung mit notwendiger Auslauffrist, § 18 IV, S. 170 ff.
³²⁷ BAG 5.2.1998 – 2 AZR 227/97, NZA 1998, 771; BAG 1.3.2007 – 2 AZR 580/05, NZA 2007, 1445; BAG 28.10.2010 – 2 AZR 688/09, NZA-RR 2011, 155.
³²⁸ BAG 20.6.2013 – 2 AZR 295/12, NZA 2014, 208 Rn. 30; BAG 27.6.2019 – 2 AZR 50/19, NZA 2019, 1345 Rn. 18.
³²⁹ BAG 18.10.2000 – 2 AZR 627/99, NZA 2001, 219; offen gelassen BAG 25.3.2004 – 2 AZR 153/03, AP BGB § 138 Nr. 60: Voraussetzung ist eine Beteiligung des Betriebs- bzw. Personalrats nach den für eine ordentliche Kündigung geltenden Bestimmungen. Ebenso offen gelassen BAG 22.4.2010 – 2 AZR 80/09, NZA-RR 2011, 75 Rn. 21.

mutbar, den Arbeitnehmer bis zum Ablauf einer fiktiven Kündigungsfrist weiterzubeschäftigen, so macht er damit regelmäßig geltend, es sei ihm aus den gleichen Gründen erst recht unzumutbar, den Arbeitnehmer über einen viel längeren Zeitraum etwa bis zu dessen Pensionierung zu beschäftigen. Dem Arbeitnehmer ist ein Schutzstandard zu gewähren, der dem der ordentlichen Kündigung entspricht. Dies bedeutet auch, dass hinsichtlich der **Betriebs- bzw. Personalratsbeteiligung** eine derartige außerordentliche Kündigung einer ordentlichen Kündigung gleich steht, so dass § 102 Abs. 1, 3–5 BetrVG und § 79 Abs. 1, 2 BPersVG entsprechend anwendbar sind.[330] Demgemäß steht etwa dem Betriebsrat die volle Frist von **einer Woche** zur Stellungnahme zur Verfügung (§ 102 Abs. 2 S. 2 BetrVG). Der Arbeitgeber hat deshalb bei der Anhörung der Interessenvertretung klarzustellen, dass er gegenüber einem unkündbaren Arbeitnehmer eine außerordentliche Kündigung mit Auslauffrist erklären will.[331] Richtet der Arbeitnehmer die Kündigungsschutzklage zunächst nur gegen die außerordentliche Änderungskündigung, erfasst der Klageantrag automatisch auch die umgedeutete außerordentliche Kündigung mit notwendiger Auslauffrist oder ordentliche Änderungskündigung.[332]

59 c) **Änderung in mehreren Punkten.** Will der Arbeitgeber den Arbeitsvertrag in **mehreren Punkten ändern,** müssen die Voraussetzungen der **außerordentlichen** Kündigung grundsätzlich für **jeden einzelnen** Änderungsvorschlag erfüllt sein.[333] Bei der Beurteilung der Wirksamkeit einer derartigen Kündigung tritt an die Stelle der sozialen Rechtfertigung der **wichtige Grund** (§ 626 BGB). Dabei ist entsprechend dem Ziel der Änderungskündigung nicht auf die vorzeitige Beendigung des Arbeitsverhältnisses, sondern auf dessen **vorzeitige Inhaltsänderung** abzustellen. Außerdem ist die vom Gesetz für eine außerordentliche Kündigung geforderte **Interessenabwägung** (§ 626 Abs. 1 BGB) von besonderer Bedeutung. Der Arbeitgeber kann daher nur solche Änderungen verlangen, die der Arbeitnehmer billigerweise hinnehmen muss. Diese Erwägungen kommen auch dann zum Zuge, wenn der Arbeitgeber in einer Reihe von Punkten den bisherigen Vertrag abändern möchte und ein dementsprechendes vielgestaltiges Änderungsangebot unterbreitet. Jede Änderung muss an sich nicht nur für den Arbeitgeber unabweisbar notwendig, sondern auch für den Arbeitnehmer zumutbar sein. Die angebotenen Änderungen dürfen sich nicht weiter vom Inhalt des bisherigen Arbeitsverhältnisses entfernen, als zur Erreichung des angestrebten Zieles zwingend notwendig ist. Fehlt für **eine** der Änderungen der wichtige Grund, so hat dies die Unwirksamkeit der Änderungskündigung **insgesamt** zur Folge, weil das Gericht die Änderung der Arbeitsbedingungen nicht teilweise für wirksam erklären kann.[334] Im Prozess muss daher aus dem Vorbringen des Arbeitgebers erkennbar sein, dass er auch unter Berücksichtigung der tariflich vorhandenen oder vertraglich eingegangenen besonderen Verpflichtungen des Ausschlusses der ordentlichen Kündigung alles Zumutbare unternommen hat, die notwendig gewordenen Anpassungen auf das unbedingt erforderliche Maß zu beschränken.[335]

IV. Das Vertragsänderungsangebot

60 Das im Zusammenhang mit der Kündigung stehende Vertragsänderungsangebot ist eine einseitige, empfangsbedürftige, auf einen Vertragsabschluss gerichtete Willenserklärung des

---

[330] BAG 5.2.1998 – 2 AZR 227/97, NZA 1998, 771 Rn. 35; BAG 18.10.2000 – 2 AZR 627/99, NZA 2001, 219 im Falle einer außerordentlichen krankheitsbedingten Kündigung und zur Frage der Umdeutung in eine außerordentliche Kündigung mit notwendiger Auslauffrist; BAG 12.1.2006 – 2 AZR 242/05, NZA 2006, 512; Vgl. auch Stahlhacke/Preis/Vossen Kündigung/*Preis* Rn. 781; Schaub ArbR-HdB/*Linck* § 128 Rn. 22, 23.

[331] BAG 29.8.1991 – 2 AZR 59/91, NZA 1992, 416; Ascheid/Preis/Schmidt/*Koch* BetrVG § 102 Rn. 99a; Schaub ArbR-HdB/*Linck* § 128 Rn. 24.

[332] BAG 27.6.2019 – 2 AZR 28/19, NZA 2019, 1343 Rn. 21.

[333] BAG 18.5.2006 – 2 AZR 207/05, NZA-RR 2007, 272; vgl. auch BAG 23.6.2005 – 2 AZR 95/05, NZA-RR 2006, 280; BAG 3.4.2008 – 2 AZR 500/06, NZA 2008, 812; BAG 28.10.2010 – 2 AZR 688/09, NZA-RR 2011, 155 Rn. 35; BAG 29.9.2011 – 2 AZR 523/10, NZA 2012, 628 Rn. 28.

[334] BAG 5.6.1973 – 2 AZR 450/72, AP BGB § 626 Änderungskündigung Nr. 1; BAG 18.5.2006 – 2 AZR 207/05, NZA-RR 2007, 272; KR/*Kreft* KSchG § 2 Rn. 31; KR/*Fischermeier* BGB § 626 Rn. 215 ff.

[335] BAG 2.3.2006 – 2 AZR 64/05, NZA 2006, 985; BAG 18.5.2006 – 2 AZR 207/05, NZA-RR 2007, 272: Berücksichtigung vereinbarter Kündigungsausschlüsse bei der Erstellung eines unternehmerischen Konzepts.

Arbeitgebers, die der **Form** des § 623 BGB entsprechen muss.[336] Der vom Arbeitgeber erklärte Antrag auf Vertragsänderung ist nach Zugang (§ 130 BGB) beim Arbeitnehmer **bindend** (§ 145 BGB) und **nicht widerruflich**.

1. Bestimmtheit des Vertragsänderungsangebots

Wie zuvor[337] bereits hervorgehoben worden ist, muss die Offerte des Arbeitgebers den wesentlichen Inhalt der angestrebten Vertragsänderung so genau wiedergeben, dass sie zumindest unter Zuhilfenahme der maßgebenden Auslegungsgrundsätze (§§ 133, 157 BGB) feststellbar ist und durch bloße Zustimmung des Arbeitnehmers angenommen werden kann.[338] Es kommt auf den Empfängerhorizont an. Dabei können und müssen auch außerhalb des Kündigungsschreibens liegende, zur Erforschung des Angebotsinhalts geeignete Umstände herangezogen und mitberücksichtigt werden, soweit diese wegen der vorgeschriebenen Form (§ 623 BGB)[339] in der Urkunde noch einen hinreichenden Ausdruck gefunden haben.[340] Daher hat eine erst nach Zugang der Änderungskündigung erfolgende Klarstellung keine heilende Wirkung.[341] Dem gekündigten Arbeitnehmer muss bei Zugang der Änderungskündigung[342] erkennbar sein, welchen Inhalt das Arbeitsverhältnis zukünftig haben soll. Anderenfalls kann er seine Entscheidung über die Annahme oder Ablehnung des Vertragsangebots nicht treffen. Ist das Änderungsangebot nicht hinreichend bestimmt oder bestimmbar, so führt dies zur Sozialwidrigkeit und damit zur Unwirksamkeit der Änderungskündigung.[343] Will der Arbeitgeber mit einer Änderungskündigung eine Änderung der Arbeitsbedingungen in mehreren Punkten erreichen, führt bereits die mangelnde Bestimmtheit einer der angestrebten Vertragsänderungen zur Unwirksamkeit der Kündigung insgesamt.[344] Das Gericht kann in einem solchen Fall die Änderungskündigung nicht teilweise für wirksam erklären. Dieser Bestimmtheitsgrundsatz wird in der Praxis nicht selten vernachlässigt, indem das Änderungsangebot lediglich eine Pauschalumschreibung einer neuen Tätigkeit enthält, ohne die sich damit ändernden Vertragsbedingungen zu konkretisieren. Dies gilt auch für vage Hinweise, das bisherige Fixgehalt zu senken und einen Ausgleich über eine erfolgsabhängige Vergütung leisten zu wollen. Gelegentlich lässt sich dem Änderungsangebot des Arbeitgebers nicht einmal ein auf die Vertragsänderung gerichteter Rechtsbindungswille entnehmen, wenn er mit der Kündigung lediglich auf eine Vertragsfortsetzung gerichtete Vertragsverhandlungen in Aussicht stellt. Dem Änderungsangebot fehlt die Bestimmtheit, wenn der Arbeitgeber dem Arbeitnehmer die Weiterbeschäftigung zu den Arbeitsbedingungen eines bestimmten Tarifvertrags und bei deren vollständiger oder teilweiser Unwirksamkeit die Anwendung eines anderen Tarifvertrags anbietet.[345] Dies gilt auch, wenn die Fortsetzung des Arbeitsverhältnisses zu den in einem näher bezeichneten Ta-

---

[336] BAG 29.9.2011 – 2 AZR 523/10, NZA 2012, 628; BAG 20.6.2013 – 2 AZR 396/12, NZA 2013, 1409; BAG 5.6.2014 – 2 AZR 615/13, NZA 2015, 40. Der in der Urkunde bekundete Wille ist entscheidend: BAG 28.10.2010 – 2 AZR 688/09, NZA-RR 2011, 155; BAG 21.5.2019 – 2 AZR 26/19, NZA 2019, 1143 Rn. 30.
[337] Vgl. Begriff der Änderungskündigung § 46 Rn. 17. Vgl. auch Stahlhacke/Preis/Vossen Kündigung/*Preis* Rn. 1290; ErfK/*Oetker* KSchG § 2 Rn. 10a.
[338] BAG 10.9.2009 – 2 AZR 822/07, AP KSchG 1969 § 2 Nr. 142 mit teils ablAnm von *Wallner*; BAG 5.6.2014 – 2 AZR 615/13, NZA 2015, 40; BAG 17.2.2016 – 2 AZR 613/14, AP KSchG 1969 § 2 Nr. 168 Rn. 18; BAG 21.5.2019 – 2 AZR 26/19, NZA 2019, 1143 Rn. 30.
[339] BAG 29.9.2011 –2 AZR 523/10, NZA 2012, 628 Rn. 31; BAG 21.5.2019 – 2 AZR 26/19, NZA 2019, 1143 Rn. 30.
[340] Zur Andeutungstheorie BGH 17.2.2000 – IX ZR 32/99, NJW 2000, 1569: Außerhalb der Urkunde liegende Umstände müssen einen andeutungsweisen Ausdruck in der Urkunde gefunden haben. So auch BAG 28.10.2010 – 2 AZR 688/09, NZA-RR 2011, 155; BAG 26.1.2017 – 2 AZR 68/16, NZA 2017, 499 Rn. 17; BAG 21.5.2019 – 2 AZR 26/19, NZA 2019, 1143 Rn. 30.
[341] BAG 15.1.2009 – 2 AZR 641/07, NZA 2009, 957 Rn. 20.
[342] Zum Zugang unter Anwesenden und Abwesenden: BAG 26.3.2015 – 2 AZR 483/14, NZA 2015, 1183; BAG 22.8.2019 – 2 AZR 111/19, NZA 2019, 1490.
[343] BAG 15.1.2009 – 2 AZR 641/07, NZA 2009, 957; BAG 21.5.2019 – 2 AZR 26/19, NZA 2019, 1143 Rn. 26, 29.
[344] BAG 21.9.2006 – 2 AZR 120/06, NZA 2007, 435 Rn. 26; BAG 10.9.2009 – 2 AZR 822/07, AP KSchG 1969 § 2 Nr. 142 Rn. 22.
[345] BAG 15.1.2009 – 2 AZR 641/07, NZA 2009, 957.

rifvertrag geregelten Bedingungen erfolgen soll, der jedoch im Zeitpunkt des Zugangs der Änderungskündigung noch nicht unter Wahrung des Schriftformerfordernisses des § 1 Abs. 2 TVG zustande gekommen ist.[346] Ebenso hat das BAG bei einem widersprüchlichen Änderungsangebot entschieden, bei dem eine Änderung der Arbeitsbedingungen in mehreren Punkten erfolgen sollte und der Arbeitgeber zur selben Zeit mehrere Änderungskündigungen unter Hinweis darauf erklärt hatte, dass jeweils die übrigen Arbeitsbedingungen unverändert blieben.[347] Unbestimmt ist auch ein Vertragsänderungsangebot, das bei fehlender sozialer Rechtfertigung mit einem weiteren Änderungsangebot verbunden wird, weil unklar bleibt, welches Angebot von einem Vorbehalt erfasst werden soll.[348] Kann dem Änderungsangebot nicht zweifelsfrei entnommen werden, ab welchem Zeitpunkt die Änderung der Arbeitsbedingungen eintreten soll, fehlt die Bestimmtheit.[349] Stehen das Kündigungsschreiben und der Inhalt des beigefügten Änderungsvertrags, aus dem sich die angestrebten Änderungen ergeben, in dieser Hinsicht in einem unauflöslichen Widerspruch, führt das zu einer mangelnden Bestimmtheit des Angebots.[350] Einem Änderungsangebot müssen Anhaltspunkte zu entnehmen sein, innerhalb welchen Rahmens sich das Direktionsrecht des Arbeitgebers gegenüber dem Arbeitnehmer bei einer Beschäftigung zu halten hat, sodass eine schlichte Funktionsbezeichnung (Sachbearbeiter, Servicemitarbeiter) erkennen lassen muss, worin die geschuldete Tätigkeit bestehen soll.[351] Nicht zu beanstanden ist es, wenn der Arbeitgeber mit der Änderungskündigung zwei oder mehrere bestimmte Vertragsänderungsangebote anbietet und dem Arbeitnehmer überlässt, für welches Angebot er sich entscheidet. Dies kann deshalb erforderlich sein, weil sich die Verhältnismäßigkeit der Vertragsänderungen nicht ausreichend sicher feststellen lässt.[352] Fehlt es an einem hinreichend bestimmten oder zumindest bestimmbaren Änderungsangebot, erweist sich die Änderungskündigung schon aus diesem Grunde als unwirksam.[353] Zweifelhaft ist, ob der Arbeitgeber mit dem Element der Beendigungskündigung den gesamten Vertrag beseitigt und demgemäß mit dem Änderungsangebot auch den gesamten Arbeitsvertrag wiederherstellen will, so dass das Änderungsangebot auch die Vertragsbedingungen enthalten muss, die nicht geändert werden sollen.[354] Diese Auffassung entfernt sich vom Wortlaut der §§ 2 S. 1, 4 S. 2, 8 KSchG, wonach der Arbeitnehmer auf der Grundlage des bisherigen, aber in einem oder mehreren Punkten geänderten Arbeitsvertrag weiterbeschäftigt werden soll. Der Bezugspunkt der Änderung (Arbeitsvertrag) als solcher bleibt erhalten. Daran ändert auch die im Zusammenhang mit der Änderungskündigung ausgesprochene bedingte Beendigungskündigung nichts, weil diese im Fall einer vorbehaltlosen oder einer unter Vorbehalt erklärten Annahme des Änderungsangebots keinerlei Wirkung auf den bestehenden Arbeitsvertrag entfaltet und diesen nicht auflösend bedingt beseitigt.[355] Bei rechtzeitiger Annahme des Vertragsänderungsangebots wird der bisherige Arbeitsvertrag mit der entsprechenden Inhaltsänderung fortgeführt.[356]

62 Liegt ein der Form und dem Bestimmtheitsgebot entsprechendes und damit wirksames Vertragsänderungsangebot des Arbeitgebers vor, hat der Arbeitnehmer dank der Regelung

---

[346] BAG 17.2.2016 – 2 AZR 613/14, EzA-SD 2016, Nr. 9, 5.
[347] BAG 10.9.2009 – 2 AZR 822/07, NZA 2010, 333.
[348] BAG 20.6.2013 – 2 AZR 396/12, NZA 2013, 1409.
[349] BAG 29.9.2011 – 2 AZR 523/10, NZA 2012, 628 Rn. 30.
[350] BAG 29.9.2011 – 2 AZR 523/10, NZA 2012, 628.
[351] BAG 21.5.2019 – 2 AZR 26/19, NZA 2019, 1143 Rn. 33.
[352] BAG 28.10.1999 – 2 AZR 437/98, NZA 2000, 825; BAG 10.4.2014 – 2 AZR 812/12, NZA 2014, 653; Schaub ArbR-HdB/*Linck* § 137 Rn. 7.
[353] BAG 15.1.2009 – 2 AZR 641/07, NZA 2009, 957; BAG 10.9.2009 – 2 AZR 822/07, NZA 2010, 333.
[354] So jetzt BAG 27.3.2018 – 4 AZR 208/17, NZA 2018, 1264 Rn. 27: Aufrechterhaltung der Kontinuität des Arbeitsverhältnisses, aber Diskontinuität der unmittelbar aneinandergereihten Arbeitsverträge und damit „Neuvertrag" iS einer vertraglichen Bezugnahmeklausel. Ebenso bereits *Niemann* RdA 2016, 339 (340): Die Rechtsgrundlage des Arbeitsverhältnisses soll durch einen komplett neuen Vertrag ersetzt werden.
[355] Dazu auch die Rspr. zur überflüssigen Änderungskündigung: BAG 19.7.2012 – 2 AZR 25/11, NZA 2012, 1038 Rn. 21; BAG 26.1.2012 – 2 AZR 102/11, NZA 2012, 856 Rn. 14; BAG 28.8.2013 – 10 AZR 569/12, NZA-RR 2014, 181 Rn. 48.
[356] Vgl. auch ErfK/*Oetker* KSchG § 2 Rn. 10.

des § 2 KSchG drei Entscheidungsalternativen: Er kann das Vertragsänderungsangebot **annehmen**, mit einer **Ablehnung** reagieren oder es nur unter dem **Vorbehalt annehmen**, „dass die Änderung der Arbeitsbedingungen nicht sozial ungerechtfertigt ist" (§ 2 S. 1 KSchG).

2. Vorbehaltlose Annahme

Der Arbeitnehmer kann den Vertragsänderungsantrag des Arbeitgebers ausdrücklich oder durch schlüssiges Verhalten, zB durch die widerspruchslose Erbringung der geänderten vertraglichen Leistung (§§ 133, 157 BGB), annehmen und damit einen geänderten Arbeitsvertrag herbeiführen.[357] Da die Arbeitskraft des Schuldners und dessen Arbeitsverhältnis als solches nicht dem Insolvenzmassebeschlag unterfallen und daher nicht dem Verfügungsverbot des § 81 Abs. 1 S 1 InsO, kann ein Arbeitnehmer auch nach Eröffnung des Verbraucherinsolvenzverfahrens über den Inhalt seiner Arbeitsvertrags ohne Zustimmung des Insolvenzverwalters oder Treuhänders verfügen.[358] Allerdings kommt eine **konkludente** Annahme eines Änderungsangebots des Arbeitgebers erst dann in Betracht, wenn sich die Vertragsänderung unmittelbar im Arbeitsverhältnis auswirkt, nicht hingegen, so lange deren Folgen noch nicht hervortreten.[359] Nur dann hat nämlich der Arbeitnehmer Veranlassung, der Änderung zu widersprechen. Aber auch wenn sich die neuen Arbeitsbedingungen sofort oder alsbald auf das Arbeitsverhältnis auswirken, muss dem Arbeitnehmer eine **angemessene Überlegungsfrist** zur Prüfung eines Vorbehalts eingeräumt werden, die bei einer ordentlichen Änderungskündigung nicht unterhalb der Frist für die Erklärung eines Vorbehalts nach § 2 S. 2 KSchG liegt. Diese Frage wird vor allem bei einer **fristlosen Änderungskündigung** akut. Daher ist **allein** die nur **sofortige widerspruchslose Weiterarbeit** des Arbeitnehmers auf dem ihm mit der fristlosen Kündigung angebotenen neuen Arbeitsplatz so lange nicht als **vorbehaltlose Annahme** des Änderungsangebots und damit als Verzicht auf die Geltendmachung der Unwirksamkeit der außerordentlichen Änderungskündigung anzusehen, wie der Arbeitnehmer noch rechtzeitig, dh ohne schuldhaftes Zögern, einen Vorbehalt entsprechend § 2 KSchG erklären kann.[360] Der Arbeitnehmer bringt mit der Weiterarbeit zunächst lediglich zum Ausdruck, dass er das Änderungsangebot **nicht ablehnen** will. Das BAG[361] hat jedoch einen erstmals nach zwei Wochen nach Aufnahme der anderen Arbeiten durch Klageerhebung erklärten Vorbehalt nicht mehr als unverzüglich angesehen, dagegen trotz widerspruchloser sofortiger Weiterarbeit zu den geänderten Arbeitsbedingungen bei einem Vorbehalt, der fünf Tage nach Zugang der fristlosen Änderungskündigung bei dem Arbeitgeber einging, als noch unverzüglich und damit rechtzeitig qualifiziert.[362] Im Falle einer ordentlichen Änderungskündigung kann eine konkludente vorbehaltlose Annahme des Änderungsangebots nicht vor Ablauf der Frist des § 2 S. 2 KSchG angenommen werden.[363] Der Arbeitgeber ist nicht verpflichtet, mit dem Änderungsangebot zugleich eine Änderungs- oder gegebenenfalls eine Beendigungskündigung aussprechen müssen, um eine gerichtliche Prüfung der sozialen Rechtfertigung der erstrebten Änderung des Beschäftigungsumfangs nach § 2 iVm § 1 Abs. 2, Abs. 3 KSchG zu ermöglichen.[364] Die Drohung des Arbeitgebers, eine Beendigungskündigung auszuspre-

---

[357] BAG 19.6.1986 – 2 AZR 565/85, NZA 1987, 94; BAG 1.8.2001 – 4 AZR 129/00, NZA 2003, 924 Rn. 45; LAG RhPf 19.12.2018 – 7 Sa 99/18, juris Rn. 72; Stahlhacke/Preis/Vossen Kündigung/*Preis* Rn. 1297; ErfK/*Oetker* KSchG § 2 Rn. 28; Schaub ArbR-HdB/*Linck* § 137 Rn. 32, 33.
[358] BAG 20.6.2013 – 6 AZR 789/11, NZA 2013, 1147 Rn. 14, 15.
[359] BAG 13.5.1987 – 2 AZR 202/75, AP BGB § 305 Nr. 4; BAG 1.8.2001 – 4 AZR 129/00, NZA 2003, 924 Rn. 45.
[360] BAG 27.3.1987 – 7 AZR 790/85, NZA 1988, 737; BAG 1.8.2001 – 4 AZR 129/00, NZA 2003, 924; ErfK/*Oetker* KSchG § 2 Rn. 29.
[361] BAG 19.6.1986 – 2 AZR 565/85, NZA 1987, 94.
[362] BAG 27.3.1987 – 7 AZR 790/85, NZA 1988, 737; BAG 20.10.2017 – 2 AZR 783/16 (F), NZA 2018, 440: Zugang 12.11. Annahme unter Vorbehalt am 16.11. Zu § 9 Abs. 1 S. 1 MuSchG hat das BAG 26.9.2002 – 2 AZR 392/01, DB 2003, 1448 eine Höchstfrist von **einer** Woche noch als unverzüglich betrachtet. Ebenso zu § 174 S. 1 BGB: BAG 8.12.2011 – 6 AZR 354/10, NZA 2012, 495; BAG 5.12.2019 – 2 AZR 147/19, NZA 2020, 505 Rn. 48.
[363] Ebenso ErfK/*Oetker* KSchG § 2 Rn. 29.
[364] BAG 13.3.2007 – 9 AZR 588/06, AP KSchG 1969 § 2 Nr. 133.

chen, falls der Arbeitnehmer die angebotene Vertragsänderung nicht annehme, kann zur **Anfechtung** des Änderungsvertrags berechtigen.[365]

64 Bei der **Annahme** des Vertragsänderungsangebots handelt es sich um eine **empfangsbedürftige** Willenserklärung, deren Inhalt auf die vorbehaltlose Akzeptanz des Änderungsantrags gerichtet sein muss.[366] In Zweifelsfällen bedarf dies der Auslegung (§§ 133, 157 BGB). Schweigen oder Untätigkeit hat keinen Erklärungswert, so dass das Vertragsänderungsangebot mit Ablauf der Annahmefrist erlischt (§§ 147 ff. BGB).

65 a) **Form der Annahmeerklärung.** Grundsätzlich ist die Annahmeerklärung **formfrei**, so dass sie auch per Telefax oder E-Mail erfolgen kann. Haben die Arbeitsvertragsparteien im Arbeitsvertrag eine **doppelte Schriftformklausel** vereinbart, nach der Ergänzungen des Arbeitsvertrages der Schriftform bedürfen und eine mündliche Änderung der Schriftformklausel nichtig sein soll bzw. auch Änderungen der Schriftformklausel ihrerseits der Schriftform unterstellt,[367] bedarf die Annahmeerklärung **keiner** schriftlichen Form, weil § 2 S. 1 KSchG nicht zu Ungunsten des Arbeitnehmers abbedungen werden kann. Eine Verdrängung der Form durch § 305b BGB (Vorrangprinzip) würde hier ausscheiden, weil es an einer individuellen Vertragsabrede fehlt.[368] Der Arbeitgeber will die mit der Kündigung verbundene Vertragsänderung gerade nicht zur Disposition stellen.

66 b) **Annahmefrist.** Gemäß § 146 BGB erlischt ein Vertragsänderungsantrag, wenn er nicht innerhalb der nach §§ 147 ff. BGB bestimmten Frist durch rechtzeitigen Zugang beim Anbietenden angenommen wird. Daher müssen die Annahmefähigkeitsfrist und damit die Dauer der Bindung des Arbeitgebers für das Vertragsänderungsangebot bestimmt werden. Da die Änderungskündigung der gesetzlichen Schriftform (§ 623 BGB) als Wirksamkeitsvoraussetzung bedarf, also dem Arbeitnehmer auch ein verkörpertes schriftliches Änderungsangebot zugehen muss, richtet sich die Annahmefrist grundsätzlich nach § 147 Abs. 2 BGB.

67 Der Gesetzgeber hat in § 2 S. 2 KSchG nur für die Annahme **unter Vorbehalt** eine Erklärungsfrist des Arbeitnehmers von max. drei Wochen bestimmt. Diese Überlegungsfrist wurde von den Instanzgerichten[369] als Konkretisierung der Annahmefrist des § 147 BGB schlechthin angesehen und aus Gründen der Planungssicherheit (Neubesetzung des Arbeitsplatzes) für den Arbeitgeber befürwortet.

68 Der Zweite Senat des BAG[370] hat es jedoch abgelehnt, die vorbehaltlose Annahme des in einer Änderungskündigung enthaltenen Änderungsangebots an die Höchstfrist von drei Wochen nach Zugang der Änderungskündigung (§ 2 S. 2 KSchG) zu binden, vielmehr darauf abgestellt, wann der Arbeitgeber unter regelmäßigen Umständen (§ 147 Abs. 2 BGB) eine Antwort auf sein Änderungsangebot erwarten darf. Dieser Zeitpunkt kann auch **nach Ablauf** der Dreiwochenfrist des § 2 S. 2 KSchG liegen, wenn die Kündigungsfrist – was regelmäßig der Fall sein wird – erst danach abläuft.

69 Nach **Ablauf** der **Klageerhebungsfrist** des § 4 S. 1 KSchG findet das Arbeitsverhältnis mit Ablauf der **Kündigungsfrist** sein Ende, wenn nicht der Arbeitnehmer zuvor das Änderungsangebot des Arbeitgebers vorbehaltlos annimmt. Das BAG[371] hat offen gelassen, ob dem Arbeitnehmer für die vorbehaltlose Annahme des Änderungsangebots die volle Kündigungsfrist[372]

---

[365] BAG 13.3.2007 – 9 AZR 588/06, AP KSchG 1969 § 2 Nr. 133.
[366] Stahlhacke/Preis/Vossen Kündigung/*Preis* Rn. 1297; ErfK/*Oetker* KSchG § 2 Rn. 28.
[367] Vgl. zur doppelten Schriftformklausel: BAG 24.6.2003 – 9 AZR 302/02, NZA 2003, 1145; grundsätzlich *Hromadka* DB 2004, 1261.
[368] BGH 3.11.1999 – VIII ZR 269/98, NJW 2000, 1110; BAG 20.5.2008 – 9 AZR 382/07, NZA 2008, 1233: Unwirksamkeit nach § 307 Abs. 1 S. 1 BGB.
[369] LAG BW 30.10.1990 – 8 Sa 39/90, BB 1991, 69; LAG Hamm 30.1.1997- 8 Sa 1148/96, NZA-RR 1997, 419; LAG Köln 10.2.2000 – 5 Sa 1371/99, NZA-RR 2000, 303; aA aber LAG Köln 19.9.2001 – 7 Sa 13/01, BeckRS 2001, 30904019.
[370] BAG 6.2.2003 – 2 AZR 674/01, NZA 2003, 659; BAG 1.2.2007 – 2 AZR 44/06, NZA 2007, 925 Rn. 13. Näher dazu auch Stahlhacke/Preis/Vossen Kündigung/*Preis* Rn. 1297; Schaub ArbR-HdB/*Linck* § 137 Rn. 33; ErfK/*Oetker* KSchG § 2 Rn. 30; MüKoBGB/*Hergenröder* KSchG § 2 Rn. 74.
[371] BAG 6.2.2003 – 2 AZR 674/01, NZA 2003, 659.
[372] So *Berkowsky* NZA-RR 2003, 458.

oder nur eine kürzere Regelfrist als Überlegungsfrist zur Verfügung steht und ob der Arbeitnehmer dem Arbeitgeber wegen dessen Planungsinteresse eine angemessene Zeit vor Ablauf der Kündigungsfrist mitzuteilen hat, ob er zu den geänderten Arbeitsbedingungen weiterarbeiten will. Nach Ablauf der Klagefrist des § 4 S. 1 KSchG steht zunächst nur fest, dass der Arbeitnehmer zu den neuen Bedingungen weiterarbeitet oder das Arbeitsverhältnis mit Ablauf der Kündigungsfrist endet. Dem **Arbeitnehmer** ist wegen dieser Rechtsunsicherheit dringend zu empfehlen, dem Arbeitgeber bei längeren Kündigungsfristen möglichst innerhalb der Dreiwochenfrist die Annahme des Änderungsangebotes zu erklären, um der Gefahr zu begegnen, dass die Annahmeerklärung vom Arbeitsgericht als nach § 147 BGB verspätet angesehen wird. Unterschreitet die Kündigungsfrist die Klageerhebungsfrist, dann sollte die Annahmeerklärung vor Ablauf der Kündigungsfrist erfolgen.

Dem **Arbeitgeber** ist anzuraten, dem Arbeitnehmer nach § 148 BGB für die **Annahmeerklärung** eine **Frist zu setzen,** die allerdings die unabdingbare Fristenregelung des § 2 S. 2 KSchG nicht unterschreiten darf.[373] Dabei muss der Arbeitgeber nicht einen konkreten Termin bestimmen. Ausreichend ist jede zeitliche Konkretisierung, durch die der Arbeitgeber zu erkennen gibt, von der gesetzlichen Regelung des § 147 BGB nach oben oder unten abweichen zu wollen.[374] Dem Arbeitnehmer muss nämlich die volle Überlegungsfrist bleiben, um die Annahmeerklärung mit einem Vorbehalt versehen zu dürfen. Hat der Arbeitgeber die Fristbestimmung für die vorbehaltlose Annahme des Änderungsangebots zu kurz bemessen, wird die gesetzliche Frist des § 2 S. 2 KSchG in Lauf gesetzt, so dass der Arbeitnehmer das Angebot noch bis zum Ablauf dieser Frist annehmen kann.[375] Bei nicht rechtzeitiger vorbehaltloser Annahme erlischt das Änderungsangebot (§ 146 BGB). Kommt es in Arbeitsverträgen mit einer **zeitdynamischen Verweisung** auf einen einschlägigen Tarifvertrag, die vor dem 1.1.2002 vereinbart worden und als Gleichstellungsabrede iS einer bedingten zeitdynamischen Verweisung zu qualifizieren ist („Altvertrag"), nach dem 31.12.2001 zu einer Arbeitsvertragsänderung infolge einer Änderungskündigung, gilt es für den Arbeitgeber zu verhindern, dass die Gleichstellungsabrede, die von der Dauer der Tarifbindung des Arbeitgebers abhängt, nicht in Gestalt eines kompletten Neuvertrags den Charakter einer konstitutiven Bezugnahme auf einen Tarifvertrag unabhängig von der Tarifbindung des Arbeitgebers (unbedingte zeitdynamische Verweisung) annimmt,[376] was aber durch den Hinweis auf die Weitergeltung des vor dem 31.12.2001 anwendbaren Tarifvertrags oder die Formulierung „des Weiteren bleibt es bei den bisherigen Arbeitsbedingungen" geschehen kann.[377] Die ursprüngliche Gleichstellungsabrede mutiert dann zu einer unbedingten zeitdynamischen Bezugnahmeklausel, die nunmehr eine vertragliche Bindung an den in Bezug genommenen Tarifvertrag für den Arbeitgeber ungeachtet seiner weiteren Tarifbindung auslöst.[378] Da der Vierte Senat des BAG[379] dafür plädiert, bei einer Änderungskündigung im Falle der Annahme des Änderungsangebots durch den Arbeitnehmer stets insgesamt einen Neuvertrag anzunehmen, ist mit dem Änderungsangebot der ausdrückliche Hinweis zu verbinden,

---

[373] BAG 18.5.2006 – 2 AZR 230/05, NZA 2006, 1092; BAG 1.2.2007 – 2 AZR 44/06, NZA 2007, 925; BAG 27.3.1987 – 7 AZR 790/85, AP KSchG 1969 § 2 Nr. 20 für die fristlose Änderungskündigung.

[374] BAG 1.2.2007 – 2 AZR 44/06, NZA 2007, 925: Aufforderung zu „sofortiger" bzw. „rascher Annahme" oder zu „umgehendem Anruf" oder „umgehender Antwort".

[375] BAG 18.5.2006 – 2 AZR 230/05, NZA 2006, 1092; BAG 1.2.2007 – 2 AZR 44/06, NZA 2007, 925: Die Formulierung lautet: „teilen Sie uns umgehend mit, ob Sie ... einverstanden sind". Bestätigt durch BAG 18.10.2018 – 2 AZR 374/18, NZA 2019, 246 Rn. 29.

[376] Vgl. dazu BAG 5.7.2017 – 4 AZR 867/16, NZA 2018, 47 Rn. 24.

[377] BAG 19.10.2011 – 4 AZR 811/09, DB 2011, 2783. Anders bei der Formulierung, dass „alle anderen Vereinbarungen aus dem Anstellungsvertrag unberührt bleiben": BAG 18.11.2009 – 4 AZR 514/08, NZA 2010, 170; BAG 24.8.2011 – 4 AZR 717/10, NZA-RR 2013, 112. Vgl. auch BAG 26.8.2015 – 4 AZR 719/13, NZA 2016, 177; vgl. auch BAG 27.3.2018 – 4 AZR 208/17, NZA 2018, 1264 Rn. 31: Mit der Formulierung „alle übrigen Vertragsbedingungen würden unverändert bleiben" in dem schriftlichen Änderungsangebot wird deutlich zum Ausdruck gebracht, alle übrigen Vertragsklauseln, die aktuell keiner Änderung unterliegen sollten, seien ebenfalls geprüft worden und sollten nicht umformuliert werden.

[378] Vgl. dazu auch im Falle eines Betriebsübergangs bei kirchlichen Arbeitsrechtsregelungen: BAG 11.7.2018 – 6 AZR 40/17, NZA-RR 2019, 590 Rn. 19.

[379] BAG 27.3.2018 – 4 AZR 208/17, NZA 2018, 1264 Rn. 27 unter Hinweis auf *Niemann* RdA 2016, 339 (340).

dass der weitere Inhalt der für das Arbeitsverhältnis bisher geltenden Vertragsbedingungen nicht Gegenstand des Vertragsänderungsangebots (der Änderungskündigung) ist.

71 **c) Gegenstandslosigkeit der Kündigung.** Da die mit der Kündigung notwendigerweise verbundene Rechtsfolge der Beendigung des Arbeitsverhältnisses nicht eintreten soll, wenn die vom Arbeitgeber gewünschte Änderung der Arbeitsbedingungen zustande kommt, verliert die Kündigung mit dem Eintritt dieser Bedingung ihre Wirkung. Sie wird gegenstandslos.[380] Mit der Annahme des Änderungsangebots unter Vorbehalt soll der Arbeitsvertrag seine Fortsetzung finden.Gleichwohl wirken sich Mängel der Kündigung – wie eine fehlerhafte Anhörung des Betriebsrats (§ 102 BetrVG) oder eine fehlende Zustimmung des Integrationsamts (§ 168 SGB IX)- trotz ihrer inzwischen eingetretenen Erledigung auf das unter Vorbehalt angenommene Vertragsänderungsangebot des Arbeitgebers aus, weil sich der Vorbehalt des Arbeitnehmers auch auf die Unwirksamkeit der Kündigung bezieht.[381] Das Ziel des Arbeitnehmers, den unveränderten Fortbestand seines bisherigen Arbeitsvertrags zu erhalten, kann bei einer unwirksamen Kündigung nicht davon abhängen, ob er das Änderungsangebot ablehnt und Kündigungsschutzklage (§ 4 S. 1 KSchG) erhebt oder das Änderungsangebot unter Vorbehalt annimmt und mit einer Änderungsschutzklage reagiert.[382] Dies kann auch angenommen werden, wenn die Änderungskündigung nach den Grundsätzen der Verhältnismäßigkeit als milderes Mittel eingesetzt wird.[383] Dabei macht es auch keinen Unterschied, ob die Vertragsänderung sachlich rechtswirksam zustande gekommen ist. Auch wenn sich das mit der Kündigung verbundene Vertragsänderungsangebot als **rechtsunwirksam** erweist, weil es auf einen tarifwidrigen[384] oder gesetzwidrigen Vertragsabschluss gerichtet ist, führt die **vorbehaltlose Annahme** des Arbeitnehmers zur Erledigung der Kündigung, obwohl die mit der Kündigung beabsichtigte Vertragsänderung nicht eintritt.[385]

72 Der Arbeitnehmer muss daher keine Kündigungsschutzklage (§ 4 S. 1 KSchG) erheben, um die Beendigung des Arbeitsverhältnisses abzuwenden. Er kann **vielmehr eine allgemeine Feststellungsklage** gegen den Arbeitgeber richten, um den Fortbestand der **bisherigen** Arbeitsbedingungen feststellen zu lassen, ohne an die Klageerhebungsfrist des § 4 S. 1 KSchG gebunden zu sein.[386] Das erforderliche **Rechtsschutzinteresse** (§ 256 ZPO) ergibt sich daraus, dass der Arbeitnehmer die Rechtsunsicherheit darüber beseitigen lassen will, ob es zu einer Umgestaltung der Arbeitsbedingungen gekommen ist oder nicht. Dabei muss sich die Feststellungsklage nicht notwendig auf das Rechtsverhältnis im Ganzen erstrecken; sie kann vielmehr auch einzelne Beziehungen oder Folgen aus dem Rechtsverhältnis betreffen.[387]

3. Ablehnung des Änderungsangebots

73 Der Arbeitnehmer kann das mit der Änderungskündigung verbundene Vertragsänderungsangebot durch ausdrückliche zugangsbedürftige Erklärung gegenüber dem Arbeitgeber **ablehnen.** Dies ist wegen des fehlenden Kontrahierungszwangs eine bare Selbstverständlichkeit, ohne dass diese rechtliche Möglichkeit in § 2 KSchG erwähnt werden musste.[388] Mit der Ablehnung des Vertragsänderungsangebots geht es nur noch um das Element der Beendigungskündigung, die der Arbeitnehmer zur Vermeidung der Rechtsfolge aus § 7 KSchG

---

[380] BAG 26.1.2012 – 2 AZR 102/11, NZA 2012, 856 Rn. 13; BAG 22.10.2015 – 2 AZR 124/14, NZA 2016, 225 Rn. 30; KR/*Kreft* KSchG § 2 Rn. 219. AA *Niemann* RdA 2016, 339 (344): Die wirksame Beendigungskündigung wird gem. § 8 KSchG rückwirkend zu Fall gebracht.

[381] BAG 22.10.2015 – 2 AZR 124/14, NZA 2016, 225 Rn. 30; KR/*Kreft* KSchG § 2 Rn. 219.

[382] BAG 22.10.2015 – 2 AZR 124/14, NZA 2016, 225 Rn. 30. Vgl. → Rn. 127.

[383] Vgl. → Rn. 8 ff.

[384] BAG 10.2.1999 – 2 AZR 422/98, NZA 1999, 657: Abbau tariflich gesicherter Leistungen.

[385] Ebenso im Falle der Annahme unter Vorbehalt: BAG 21.5.2019 – 2 AZR 26/19, NZA 2019, 1143 Rn. 37.

[386] Ebenso Stahlhacke/Preis/Vossen Kündigung/*Preis* Rn. 1297. AA Ascheid/Preis/Schmidt/*Künzl* KSchG § 2 Rn. 22, wonach die Klageerhebungsfrist aus § 4 S. 2 KSchG wegen § 7 KSchG einzuhalten ist. Ausführlich → Rn. 124 ff.

[387] BAG 19.10.2011 – 4 AZR 811/09, DB 2011, 2783; BAG 26.8.2015 – 4 AZR 719/13, NZA 2016, 177.

[388] BAG 7.6.1973 – 2 AZR 450/72, AP BGB § 626 Änderungskündigung Nr. 1; KR/*Kreft* KSchG § 2 Rn. 134.

und damit ihrer Wirksamkeit rechtzeitig durch Kündigungsschutzklage nach § 4 S. 1 KSchG angreifen muss.[389]

Ein Kontrahierungszwang des Arbeitnehmers mit der Folge einer Vertragsänderung besteht auch dann nicht, wenn er sich im Kündigungsschutzprozess im Falle einer Beendigungskündigung auf die Möglichkeit einer Weiterbeschäftigung zu anderen Arbeitsbedingungen beruft und der Arbeitgeber daraufhin zu einer entsprechenden Vertragsänderung bereit ist. Mangels Ausspruchs einer Änderungskündigung ist der Arbeitnehmer nicht gehalten, auf ein Vertragsänderungsangebot des Arbeitgebers zu reagieren.[390]

Die früher vertretene Auffassung,[391] der Arbeitgeber sei grundsätzlich in entsprechender Anwendung des § 2 S. 2 KSchG nur für die dreiwöchige Höchstfrist an sein Vertragsänderungsangebot gebunden, hat sich beim Zweiten Senat des BAG[392] nicht durchsetzen können. Damit bleibt auch bezüglich einer Ablehnung offen, ob diese noch zumindest angemessene Zeit vor Ablauf der Kündigungsfrist erklärt werden kann, soweit der Arbeitgeber nicht nach § 148 BGB eine Annahmefrist gesetzt hat. Da der Arbeitnehmer bis zu diesem Zeitpunkt das Änderungsangebot noch annehmen darf, kann er bis dahin seine zustimmende oder ablehnende Entscheidung offen halten. Ist die Klageerhebungsfrist nach § 4 S. 1 KSchG allerdings verstrichen, endet das Arbeitsverhältnis auf Grund der Kündigung des Arbeitgebers mit Ablauf der Kündigungsfrist (§ 7 KSchG), sofern das Änderungsangebot nicht rechtzeitig vom Arbeitnehmer angenommen worden ist. Erhebt der Arbeitnehmer eine Kündigungsschutzklage nach § 4 S. 1 KSchG, kann darin eine konkludente vorbehaltlose Ablehnung des Änderungsangebots zu sehen sein.[393]

Von einer **Ablehnung** des Änderungsangebots ist auch dann auszugehen, wenn der Arbeitnehmer die Annahme **unter Vorbehalt** erst **nach Ablauf** der Frist des § 2 S. 2 KSchG gegenüber dem Arbeitgeber erklärt. Dabei ist gleichgültig, ob der Arbeitnehmer möglicherweise am Ende der dreiwöchigen Klageerhebungsfrist die Änderungsschutzklage (§ 4 S. 2 KSchG) rechtzeitig **anhängig** gemacht hat (§ 167 ZPO), wenn diese erst nach Ablauf von drei Wochen dem Arbeitgeber zugestellt wird.[394] Da es sich bei § 2 S. 2 KSchG um eine materiell-rechtliche Ausschlussfrist handelt, die der Rechtssicherheit dient, wie der Formulierung „spätestens" zu entnehmen ist, duldet sie keine Verlängerung mittels § 167 ZPO.[395] Es bleibt dann bei der durch § 2 S. 1 KSchG verdrängten Vorschrift des § 150 Abs. 2 BGB, so dass der mit der Annahmeerklärung verbundene, aber **verspätet** erklärte Vorbehalt wie eine **Ablehnung** verbunden mit einem **neuen Antrag** des Arbeitnehmers zu behandeln ist (§ 150 Abs. 1 BGB), der auf Abschluss eines Änderungsvertrags unter Vorbehalt zu verstehen ist. Der Arbeitgeber kann sich auf das neue Vertragsangebot des Arbeitnehmers einlassen und damit den Schwebezustand wiederherzustellen, der erst durch den rechtskräftigen Abschluss des Änderungsschutzprozesses beseitigt wird.[396] Dies könnte auch konkludent dadurch geschehen, dass er den Arbeitnehmer nach Ablauf der Kündigungsfrist zu den neuen Arbeitsbedingungen weiterbeschäftigt.[397]

---

[389] BAG 10.4.2014 – 2 AZR 812/12, NZA 2014, 653: Entzug der missio canonica. Vgl. auch Stahlhacke/Preis/Vossen Kündigung/*Preis* Rn. 1302; KR/*Kreft* KSchG § 2 Rn. 134; ErfK/*Oetker* KSchG § 2 Rn. 31.

[390] BAG 27.1.1994 – 2 AZR 584/93, NZA 1994, 840: Dies gilt vor allem für Ansprüche aus Annahmeverzug des Arbeitgebers.

[391] Vgl. die Nachweise bei BAG 6.2.2003 – 2 AZR 674/01, NZA 2003, 659 Rn. 25.

[392] BAG 6.2.2003 – 2 AZR 674/01, NZA 2003, 659.

[393] BAG 21.5.2019 – 2 AZR 26/19, NZA 2019, 1143 Rn. 14; KR/*Kreft* KSchG § 2 Rn. 131.

[394] Angesichts der geänderten Rspr. des BGH 17.7.2008 – I ZR 109/05, NJW 2009, 765 zu § 167 ZPO, wonach diese Vorschrift auch zur Wahrung für materiell-rechtlicher Fristen gelten soll, ist zweifelhaft geworden, ob dies auch für die Frist des § 2 S. 2 KSchG gilt. Bejahend: *Nägele/Gertler* NZA 2010, 1377; ErfK/*Oetker* KSchG § 2 Rn. 35a unter Hinweis auf BAG 22.5.2014 – 8 AZR 662/13, NZA 2014, 924 Rn. 9, 14 ff. zu § 15 Abs. 4 AGG; verneinend *Gelhaar* NZA-RR 2011, 169; Stahlhacke/Preis/Vossen Kündigung/*Preis* Rn. 1298; Schaub ArbR-HdB/*Linck* § 137 Rn. 26, weil es nicht um die Geltendmachung eines Anspruchs geht. Keine Anwendung von § 167 ZPO bei tariflichen Ausschlussfristen: BAG 16.3.2016 – 4 AZR 421/15, NZA 2016, 1154 Rn. 20.

[395] Vgl. auch zur einstufigen tariflichen Ausschlussfrist: BAG 16.3.2016 – 4 AZR 421/15, NZA 2016, 1154.

[396] BAG 28.10.2010 – 2 AZR 688/09, NZA-RR 2011, 155.

[397] BAG 17.6.1998 – 2 AZR 336/97, NZA 1998, 1225.

77 Die **Ablehnung** des Änderungsangebots durch den Arbeitnehmer ist **als solche** kein eigenständiger Grund für eine Beendigungskündigung, deren Rechtfertigung sich aus § 1 Abs. 2 KSchG oder § 626 BGB ergeben muss.[398] Dem Arbeitnehmer bleibt jedoch verwehrt, den Arbeitgeber bei der nunmehr zu beurteilenden Beendigungskündigung auf eine Fortsetzung des Arbeitsverhältnisses zu den **abgelehnten** Bedingungen verweisen zu dürfen. Dies schließt freilich nicht aus, dass sich der Arbeitnehmer im Kündigungsschutzprozess auf **andere** Weiterbeschäftigungsmöglichkeiten berufen darf.[399]

78 Die Ablehnung des Änderungsangebots kann sich für den Arbeitnehmer als **nachteilig** erweisen, weil das BAG[400] in ständiger Spruchpraxis auch dann wegen der **Einheit** zwischen Kündigung und Änderungsangebot den **Prüfungsmaßstab** einer **Änderungskündigung** und nicht den einer Beendigungskündigung anlegt, um die es in Wahrheit geht.[401] Begründungsansatz bildet dabei die Erwägung, dass der Prüfungsmaßstab für die nun einmal zum Zweck der Änderung und gerade nicht zum Zwecke der Beendigung des Arbeitsverhältnisses erklärte Kündigung nicht dadurch verändert werden kann, dass der Arbeitnehmer nach seinem Belieben das Angebot entweder unter Vorbehalt annimmt oder von vornherein ablehnt.[402] Im Ergebnis hat diese Bewertung zur Konsequenz, dass eine Kündigung, die als bloße Beendigungskündigung nicht hätte durchgreifen können, nunmehr zum Verlust des Arbeitsplatzes des Arbeitnehmers führt, weil er ein ihm billigerweise zumutbares Änderungsangebot ausgeschlagen hat.[403] Es wird damit ein unterschiedlicher Prüfungsmaßstab angelegt, weil bei der Änderungskündigung nicht der Bestandsschutz, sondern der Inhaltsschutz des Arbeitsverhältnisses im Vordergrund steht.[404] Dies kann sich bei betriebsbedingter Änderungskündigung auch auf die Frage der **Sozialauswahl** auswirken. Anders als bei einer Beendigungskündigung richtet sich die Austauschbarkeit der in die Sozialauswahl einzubeziehenden Arbeitnehmer nicht nur nach ihren bisherigen Tätigkeiten. Die Austauschbarkeit muss sich auch auf den mit der Änderungskündigung angebotenen Arbeitsplatz beziehen.[405] Lehnt der sozial schutzbedürftigste Arbeitnehmer die nur ihm anbietbare Vertragsänderung ab, muss er den Verlust seines Arbeitsplatzes hinnehmen, weil sich die Frage der Sozialauswahl nicht stellt.[406]

79 Das in Verbindung mit einer Änderungskündigung erklärte Angebot kann die Obliegenheit zur Annahme einer **zumutbaren** Arbeit auslösen. Daher kann der Arbeitnehmer die Annahme einer zumutbaren Arbeit allein dadurch **böswillig unterlassen** (§ 11 S. 1 Nr. 2 KSchG, § 615 S. 2 BGB),[407] dass er ein im Zusammenhang mit einer Kündigung erklärtes

---

[398] BAG 7.6.1973 – 2 AZR 450/72, AP BGB § 626 Änderungskündigung Nr. 1; Schaub ArbR-HdB/*Linck* § 137 Rn. 37.

[399] BAG 27.2.1985 – GS 1/84, NZA 1985, 455.

[400] Seit BAG 7.6.1973 – 2 AZR 450/72, AP BGB § 626 Änderungskündigung Nr. 1; BAG 16.12.2010 – 2 AZR 576/09, AP KSchG 1969 § 2 Nr. 150; BAG 24.5.2012 – 2 AZR 163/11, NZA-RR 2013, 74; BAG 22.10.2015 – 2 AZR 550/14, NZA-RR 2016, 243 Rn. 23; BAG 20.10.2017 – 2 AZR 783/16 (F), NZA 2018, 440 Rn. 44; BAG 21.5.2019 – 2 AZR 26/19, NZA 2019, 1143 Rn. 24; Stahlhacke/Preis/Vossen Kündigung/*Preis* Rn. 1305.

[401] BAG 23.6.2005 – 2 AZR 642/04, NZA 2006, 92; BAG 10.4.2014 – 2 AZR 812/12, NZA 2014, 653; BAG 20.1.2015 – 9 AZR 860/13, NZA 2015, 805; BAG 21.5.2019 – 2 AZR 26/19, NZA 2019, 1143 Rn. 24; MüKoBGB/*Hergenröder* KSchG § 2 Rn. 70 ff.; Stahlhacke/Preis/Vossen Kündigung/*Preis* Rn. 1303; KR/*Kreft* KSchG § 2 Rn. 143 ff., 146 ff.; kritisch dazu *Boewer* RdA 2001, 380 (394).

[402] Dieser Gedanke geht auf *Bötticher* FS Molitor, 123 ff. zurück, der die strengen Maßstäbe des § 1 KSchG nur für die den Bestandsschutz (und nicht den Inhaltsschutz) tangierende Kündigung anwenden will.

[403] Näher → Rn. 132 ff.

[404] So bereits die Leitentscheidung des BAG 7.6.1973 – 2 AZR 450/72, AP BGB § 626 Änderungskündigung Nr. 1.

[405] BAG 13.6.1986 – 7 AZR 623/84, NZA 1987, 155; BAG 18.1.2007 – 2 AZR 796/05, AP KSchG 1969 § 1 Nr. 89; BAG 9.9.2010 – 2 AZR 936/08, AP KSchG 1969 § 2 Nr. 149 Rn. 44; BAG 18.5.2017 – 2 AZR 606/16, EzA KSchG § 2 Nr. 101 Rn. 17; Schaub ArbR-HdB/*Linck* § 137 Rn. 37; *Schwerdtner* NJW 1987, 1607; KR/*Kreft* KSchG § 2 Rn. 164; *Fischermeier* NZA 2000, 738 (739); *Boewer* BB 1996, 2621.

[406] Vgl. dazu ausführlich KR/*Kreft* KSchG § 2 Rn. 164 mit Hinweisen auf das unterschiedliche Meinungsspektrum. Vgl. auch Schaub ArbR-HdB/*Linck* § 137 Rn. 43 unter Hinweis auf BAG 9.9.2010 – 2 AZR 936/08, AP KSchG 1969 § 2 Nr. 149.

[407] Vgl. dazu näher BAG 7.2.2007 – 5 AZR 422/06, NZA 2007, 561 mAnm *Lunk* ArbRB 2007, 170; BAG 17.11.2011 – 5 AZR 564/10, NZA 2012, 260; Stahlhacke/Preis/Vossen Kündigung/*Preis* Rn. 1304.

Änderungsangebot nicht nach § 2 KSchG unter Vorbehalt annimmt.[408] Die Unzumutbarkeit ergibt sich auch nicht allein aus einer Verschlechterung der Vertragsbedingungen im Vergleich zu den bisherigen. Lehnt der Arbeitnehmer das Angebot ab, bedarf es keines neuen, auf eine sog. Prozessbeschäftigung gerichteten Angebots. Den Arbeitnehmer trifft das Anrechnungsrisiko, wenn sich herausstellt, dass die angebotene Arbeit zumutbar war.

Hat der Arbeitnehmer das Änderungsangebot abgelehnt, geht es im Kündigungsschutzprozess nur noch um den Fortbestand des Arbeitsverhältnisses, so dass der Arbeitnehmer einen Auflösungsantrag[409] nach § 9 Abs. 1 S. 1 KSchG stellen und den allgemeinen Beschäftigungsanspruch[410] über den Ablauf der Kündigungsfrist bis zum rechtskräftigen Abschluss des Kündigungsprozesses geltend machen kann, der regelmäßig als unecht-eventuell gestellter Hilfsantrag anzusehen ist.[411]

4. Die Annahme des Änderungsangebots unter Vorbehalt

Mit § 2 S. 1 KSchG wird dem Arbeitnehmer das Recht eingeräumt, das mit der Kündigung verbundene Vertragsänderungsangebot des Arbeitgebers unter dem **Vorbehalt** annehmen zu können, dass die „Änderung der Arbeitsbedingungen nicht sozial ungerechtfertigt ist". In Anbetracht der Änderung des § 4 S. 2 KSchG,[412] wonach die Änderungsschutzklage auf Feststellung zu erheben ist, dass die Änderung der Arbeitsbedingungen sozial ungerechtfertigt „oder aus anderen Gründen rechtsunwirksam" ist, hätte auch § 2 S. 1 KSchG entsprechend angepasst werden sollen, um vermeidbaren Missverständnissen vorzubeugen. Da der Gesetzgeber den Vorbehalt in § 2 S. 1 KSchG lediglich auf die **Sozialwidrigkeit** der Änderung der Arbeitsbedingungen begrenzt, wurde vertreten, das Gesetz lasse keine Annahme unter dem Vorbehalt zu, dass nicht auch andere **Unwirksamkeitsgründe** – etwa ein Verstoß gegen § 102 Abs. 1 BetrVG die Kündigung betreffend– vorliegen. Damit war bei versäumter Klagefrist die Änderungsvereinbarung wegen sonstiger Unwirksamkeitsgründe nicht mehr angreifbar.[413]

Da sich die Klageerhebungsfrist bei einer Änderungsschutzklage nunmehr auf **sämtliche Unwirksamkeitsgründe** bezieht, ist dieser Streit erledigt, soweit es sich um Unwirksamkeitsgründe handelt, die **fristgebunden** (§ 4 S. 2 KSchG) geltend gemacht werden müssen. Dazu gehören auch die Voraussetzungen für die Wirksamkeit der Kündigung, sodass deren Missachtung bei einer Annahme des Änderungsangebots unter Vorbehalt rechtlich von Bedeutung sind.[414] Die Annahme des Änderungsangebots unter Vorbehalt lässt zwar die Beendigungswirkung der Kündigung entfallen.[415] Ungeachtet dessen bezieht sich regelmäßig – auch aus der Perspektive des Arbeitgebers als Erklärungsempfänger (§§ 133, 157 BGB) – der Vorbehalt auch auf andere Unwirksamkeitsgründe nach § 4 S. 2 KSchG, die zur Unwirksamkeit der Kündigungserklärung führen könnten, wie etwa die mangelhafte Anhörung des Betriebsrats (§ 102 BetrVG), das Fehlen einer vorherigen Zustimmung des Integrationsamts (§ 168 SGB IX) oder das Fehlen einer Zulässigerklärung durch die zuständige Stelle (§ 17 Abs. 2 MuSchG).[416] Insoweit besteht eine Übereinstimmung mit der Kündigungs-

---

[408] BAG 16.6.2004 – 5 AZR 508/03, NZA 2004, 1155; BAG 26.9.2007 – 5 AZR 870/06, NZA 2008, 1063; BAG 22.3.2017 – 5 AZR 337/16, NZA 2017, 988 Rn. 27; *Bader* BB 2008, 282.
[409] BAG 29.1.1981 – 2 AZR 1055/78, NJW 1982, 1118; BAG 24.10.2013 – 2 AZR 320/13, NZA 2014, 486.
[410] Grundlegend BAG 27.2.1985 – GS 1/84, NZA 1985, 702. Vgl. auch BAG 24.6.2015 – 5 AZR 462/14, NZA 2016, 108.
[411] BAG 30.8.2011 – 2 AZR 668/10, juris; BAG 13.8.2014 – 2 AZR 871/12, NZA 2014, 1359 Rn. 3. Zur Zulässigkeit (§ 259 ZPO) des Verlangens über den rechtskräftigen Abschluss des Rechtsstreits hinaus beschäftigt zu werden: BAG 24.5.2018 – 2 AZR 67/18, NZA 2018, 1127 Rn. 44.
[412] Durch das Gesetz zu Reformen am Arbeitsmarkt v. 24.12.2003, BGBl. I 3002.
[413] So KR/*Rost*, 6. Aufl., KSchG § 7 Rn. 14a, 14b; *Berkowsky* BB 1999, 1267; *Hufnagel* AuA 2000, 355; aA aber BAG 28.5.1998 – 2 AZR 615/97, NZA 1998, 1167, wonach die Geltendmachung sonstiger Unwirksamkeitsgründe bei versäumter Klagefrist möglich sein sollten; vgl. auch *Löwisch* Anm. BAG 28.5.1998 – 2 AZR 615/97, AP KSchG § 2 Nr. 48.
[414] BAG 22.10.2015 – 2 AZR 124/14, NZA 2016, 225 Rn. 29.
[415] BAG 26.1.2012 – 2 AZR 102/11, NZA 2012, 856 Rn. 13; BAG 22.10.2015 – 2 AZR 124/14, NZA 2016, 225 Rn. 30; KR/*Kreft* KSchG § 2 Rn. 219.
[416] BAG 22.10.2015 – 2 AZR 124/14, NZA 2016, 225 Rn. 30.

schutzklage nach § 4 S. 1 KSchG, die bei einer Ablehnung des Änderungsangebots zu erheben ist. Nur wenn der Arbeitnehmer die Wirksamkeit der Kündigungserklärung nicht in Frage stellen will und damit den Vorbehalt beschränkt, ist Streitgegenstand gemäß § 4 S. 2 Alt. 1 KSchG allein der Inhalt der für das Arbeitsverhältnis geltenden Arbeitsbedingungen.[417] Ob der Arbeitnehmer **nicht fristgebundene** Unwirksamkeitsgründe – etwa fehlende Schriftform nach § 623 BGB oder fehlende Zustimmung nach § 4 S. 4 KSchG – bei rechtzeitiger Annahme des Änderungsangebots unter Vorbehalt auch noch nach Ablauf der Klageerhebungsfrist (§ 4 S. 2 KSchG) klageweise geltend machen kann, oder der fristgemäß erklärte Vorbehalt auch für derartige Unwirksamkeitsgründe erlischt (§ 7 KSchG), oder der Arbeitnehmer auf ihre Geltendmachung verzichtet und damit die Änderung kraft vertraglicher Vereinbarung endgültig wird, kann zweifelhaft sein.[418] Nach Sichtweise des BAG[419] vor Inkrafttreten des Reformgesetzes musste ein Verzicht auf die Geltendmachung sonstiger Unwirksamkeitsgründe ausdrücklich erklärt oder aus sonstigen Umständen eindeutig hervorgehen. Daran ist im Hinblick auf Unwirksamkeitsgründe der Kündigung, die nicht innerhalb der Frist des § 4 S. 1, 2 KSchG geltend gemacht werden müssen, festzuhalten. Solange noch eine höchstrichterliche Klärung aussteht, empfiehlt sich eine rechtzeitige Klageerhebung. Hat allerdings der Arbeitnehmer rechtzeitig eine Änderungsschutzklage wegen fristgebundener Unwirksamkeitsgründe erhoben, muss er auch in diesem Verfahren die nicht fristgebundenen Unwirksamkeitsgründe geltend machen, weil die Rechtskraftwirkung einer die Klage abweisenden Entscheidung auch diese Unwirksamkeitsgründe erfasst.[420] Unabhängig von der Klageerhebungsfrist (§ 4 S. 2 KSchG) betrifft der Prüfungsgegenstand der Änderungsschutzklage sämtliche Unwirksamkeitsgründe der beiden Elemente der Änderungskündigung.

83 **a) Rechtsnatur und Wirkung des Vorbehalts.** Mit dem Vorbehalt wird dem Arbeitnehmer – wie sich aus den in § 8 und § 7 Hs. 2 KSchG angeordneten Rechtsfolgen ergibt – das Recht eingeräumt, das Angebot des Arbeitgebers unter der **auflösenden Bedingung** (§ 158 Abs. 2 BGB) anzunehmen, dass die Unwirksamkeit der Änderung der Arbeitsbedingungen in einem Änderungsschutzprozess gerichtlich festgestellt wird.[421] Außerdem lässt die Annahme unter Vorbehalt die Beendigungswirkung der Kündigung entfallen.[422] Die Rechtsfolge der auflösend bedingten Vertragsänderung tritt gemäß § 158 Abs. 2 BGB **sofort** ein. Sie endet mit dem Eintritt der auflösenden Bedingung. Abweichend von § 158 Abs. 2 BGB, wonach der frühere Rechtszustand wieder ex nunc hergestellt wird, ordnet § 8 KSchG im Interesse des Arbeitnehmers an, dass er in Übereinstimmung mit § 159 BGB so zu stellen ist, als hätte er von vornherein zu den bisherigen Arbeitsbedingungen weitergearbeitet.[423]

84 Der Vorbehalt hat damit nicht nur prozessualen Charakter, weil er erst die Änderungsschutzklage ermöglicht,[424] sondern stellt vor allem eine **privatrechtsgeschäftliche Willenserklärung** dar, die kraft Gesetzes erlaubt, abweichend von § 150 Abs. 2 BGB ein Vertragsan-

---

[417] BAG 20.2.2014 – 2 AZR 346/12, NZA 2014, 1069 Rn. 38; BAG 22.10.2015 – 2 AZR 124/14, NZA 2016, 225 Rn. 30; anders noch BAG 26.1.2012 – 2 AZR 102/11, NZA 2012, 856 Rn. 13: Hat der Arbeitnehmer das Änderungsangebot des Arbeitgebers unter Vorbehalt angenommen und Änderungsschutzklage nach § 4 S. 2 KSchG erhoben, streiten die Parteien nicht über eine Beendigung ihres Arbeitsverhältnisses und damit nicht über die Rechtswirksamkeit der ausgesprochenen Kündigung, sondern über die Berechtigung des Angebots auf Änderung der Arbeitsbedingungen.
[418] Bejahend KR/*Rost*, 6. Aufl., KSchG § 7 Rn. 14a–14 f. AA aber BAG 28.5.1998 – 2 AZR 615/97, NZA 1998, 1167 zur früheren Rechtslage.
[419] BAG 28.5.1998 – 2 AZR 615/97, NZA 1998, 1167.
[420] So wohl auch KR/*Kreft* KSchG § 2 Rn. 249.
[421] BAG 27.3.2018 – 4 AZR 208/17, NZA 2018, 1264 Rn. 27; Erfk/*Oetker* KSchG § 2 Rn. 33; Stahlhacke/Preis/Vossen Kündigung/*Preis* Rn. 189.
[422] BAG 26.1.2012 – 2 AZR 102/11, NZA 2012, 856 Rn. 13; BAG 22.10.2015 – 2 AZR 124/14, NZA 2016, 225 Rn. 30; KR/*Kreft* KSchG § 2 Rn. 219. AA *Niemann* RdA 2016, 339 (344): Die Annahme unter Vorbehalt lässt eine unbedingte Kündigung unberührt.
[423] Änderungsvorschlag des BR auf Drs. V/3913, 14, den der Ausschuss auf Drs. V/4376, 2 (7) übernommen hat. BAG 27.9.1984 – 2 AZR 62/83, NZA 1985, 455; KR/*Kreft* KSchG § 2 Rn. 109; ErfK/*Oetker* KSchG § 2 Rn. 33; Stahlhacke/Preis/Vossen Kündigung/*Preis* Rn. 1298.
[424] So aber *Adomeit* DB 1969, 2179 (2180); *Schaub* RdA 1970, 230 (234).

gebot unter einer Bedingung anzunehmen.[425] Zugleich werden die §§ 154, 155 BGB verdrängt. Wegen der materiell-rechtlichen Wirkung des Vorbehalts wird eine Änderungsschutzklage mit verspäteter Vorbehaltserklärung nicht als unzulässig, sondern als **unbegründet** abgewiesen.[426]

b) Form und Frist der Vorbehaltserklärung. Die **Vorbehaltserklärung** des Arbeitnehmers ist an **keine Form** gebunden, so dass sie dem Arbeitgeber gegenüber auch mündlich oder per Telefax und E-Mail abgegeben werden kann.[427] Ebenso kann sich der Arbeitnehmer eines Vertreters oder Boten bedienen.[428] Da es sich um eine empfangsbedürftige Willenserklärung handelt, kann sie erst mit ihrem Zugang wirksam werden (§ 130 BGB). Für den Arbeitgeber muss dabei erkennbar werden, dass sich der Arbeitnehmer auf die geänderten Arbeitsbedingungen nur einlassen will, wenn sie sich bei einer gerichtlichen Überprüfung als wirksam erweisen. 85

Die **Formulierung** der Vorbehaltserklärung könnte etwa lauten: 86

Formulierungsvorschlag: Annahmeerklärung unter Vorbehalt

Die mir am ...... zugegangene Änderungskündigung nehme ich unter dem Vorbehalt an, dass die Änderung der Arbeitsbedingungen nicht sozialwidrig oder aus anderen Gründen rechtsunwirksam ist und dass sich die Kündigung nicht als unwirksam erweist.[429]

87

Ausreichend wäre auch die Erklärung des Arbeitnehmers, er nähme die Kündigung oder die Änderungskündigung „unter Vorbehalt" an oder jede Erklärung, mit der ein Arbeitnehmer zum Ausdruck bringt, er halte die Kündigung für sozialwidrig, werde jedoch zunächst zu den geänderten Arbeitsbedingungen arbeiten, bis eine gerichtliche Entscheidung ergeht. Es wird auch nicht zu beanstanden sein, wenn der **Betriebsrat** im Rahmen des Anhörungsverfahrens nach § 102 BetrVG auf Weisung des Arbeitnehmers den Vorbehalt erklärt.[430] 88

Eine Annahme der geänderten Vertragsbedingungen unter Vorbehalt durch **schlüssiges Verhalten** wird nur in seltenen Ausnahmefällen in Betracht kommen können, weil die **bloße Fortsetzung** des Arbeitsverhältnisses zu den geänderten Bedingungen nach Ablauf der Kündigungsfrist und vor Ablauf der Klageerhebungsfrist aus § 4 KSchG eher ein Einverständnis als einen Vorbehalt signalisiert.[431] In der Erhebung einer **Änderungsschutzklage** kann auch ohne besonderen Hinweis ein konkludenter Vorbehalt gesehen werden (§§ 133, 157 BGB).[432] Die Klage muss allerdings innerhalb der Frist des § 2 S. 2 KSchG zugestellt worden sein.[433] 89

Ein einmal erklärter Vorbehalt nach § 2 S. 1 KSchG kann **nicht** einseitig **zurückgenommen** werden,[434] weil mit dem Zugang des Vorbehalts beim Arbeitgeber ein auflösend bedingter Änderungsvertrag zustande kommt, der sich nicht einseitig widerrufen lässt. Die Frage der Rücknahme des Vorbehalts kann sich deshalb stellen, weil der Arbeitnehmer ei- 90

---

[425] BAG 27.9.1984 – 2 AZR 62/83, NZA 1985, 455; BAG 18.5.2006 – 2 AZR 230/05, NZA 2006, 1092; ErfK/*Oetker* KSchG § 2 Rn. 34; KR/*Kreft* KSchG § 2 Rn. 109; kritisch dazu *Enderlein* ZfA 1992, 21 (33) mit anderer Rechtskonstruktion.
[426] KR/*Kreft* KSchG § 2 Rn. 110.
[427] Schaub ArbR-HdB/*Linck* § 137 Rn. 26; KR/*Kreft* KSchG § 2 Rn. 114.
[428] Ascheid/Preis/Schmidt/*Künzl* KSchG § 2 Rn. 212.
[429] Vgl. → Rn. 46, 101; KR/*Kreft* KSchG § 2 Rn. 114.
[430] LAG Hamm 22.8.1997 – 10 Sa 411/97, LAGE KSchG § 2 Nr. 29.
[431] BAG 19.6.1986 – 2 AZR 565/85, AP KSchG 1969 § 2 Nr. 16; BAG 27.3.1987 – 7 AZR 790/85, NZA 1988, 737 im Falle einer außerordentlichen fristlosen Änderungskündigung; KR/*Kreft* KSchG § 2 Rn. 115, 116.
[432] BAG 17.6.1998 – 2 AZR 336/97, NZA 1998, 1225; LAG Hamm 22.8.1997 – 10 Sa 411/97, LAGE KSchG § 2 Nr. 29; differenzierend KR/*Kreft* KSchG § 2 Rn. 122.
[433] Zur Frage der Anwendung von § 167 ZPO auf die Vorbehaltserklärung → Rn. 73.
[434] BAG 21.5.2019 – 2 AZR 26/19, NZA 2019, 1143 Rn. 14; BGH 7.11.2017 – XI ZR 369/16, NJW-RR 2018, 301 Rn. 29; LAG RhPf 2.5.1994 – 10 Sa 68/94, LAGE KSchG § 2 Nr. 14; LAG Hamm 22.8.1997 – 10 Sa 411/97, LAGE KSchG § 2 Nr. 29; Stahlhacke/Preis/Vossen Kündigung/*Preis* Rn. 1298.

nen allgemeinen Weiterbeschäftigungsanspruch zu den bisherigen Arbeitsbedingungen[435] nur für die Dauer des Bestandsstreites bei einer **Beendigungskündigung** verfolgen kann[436] und auch auf die Beendigungskündigung beschränkte **Auflösung** des Arbeitsverhältnisses nach § 9 KSchG bei einer Annahme unter Vorbehalt nicht in Betracht kommt.[437]

91 Eine **Anfechtung** der Vorbehaltserklärung nach §§ 119, 123 BGB ist allerdings möglich.[438] Sie kann jedoch nicht auf die spätere Erkenntnis des Arbeitnehmers gestützt werden, dass die vom Arbeitgeber zur Rechtfertigung der Änderungskündigung angeführten Gründe nicht ausreichend sind oder der Arbeitnehmer verkannt hat, bis zum rechtskräftigen Abschluss des Änderungsschutzprozesses zu den **neuen** Arbeitsbedingungen arbeiten zu müssen. Insofern unterliegt der Arbeitnehmer einem unbeachtlichen Motiv- oder mittelbaren Rechtsfolgenirrtum.

92 Der Vorbehalt ist nach § 2 S. 2 KSchG **innerhalb der Kündigungsfrist** – und geht diese über drei Wochen hinaus – spätestens **innerhalb** von **drei Wochen** seit **Zugang** der **Kündigung** zu erklären. Die Berechnung der Frist richtet sich nach den §§ 187 Abs. 1, 188 Abs. 2, 193 BGB. Bei dieser Erklärungsfrist handelt es sich um eine **materiell-rechtliche Ausschlussfrist**,[439] so dass gegen ihre Versäumung keine Wiedereinsetzung – etwa analog § 5 KSchG – möglich ist. Die Unkenntnis der Rechtslage hat deshalb grundsätzlich ebenso wenig wie eine rechtliche Fehleinschätzung Einfluss auf den Beginn wie den Ablauf der Ausschlussfrist. Sie ist von **Amts wegen** zu beachten.[440]

93 Der Arbeitnehmer kann den Vorbehalt auch durch Erhebung einer Änderungsschutzklage wirksam erklären. Dies gilt jedoch nur dann, wenn die Kündigungsfrist länger als drei Wochen währt und dem Arbeitgeber die Klage innerhalb der dreiwöchigen Erklärungsfrist des § 2 S. 2 KSchG **zugestellt** worden ist. Die Vorschrift des § 167 ZPO, die für die fristgerechte Klageerhebung als Prozesshandlung die Einreichung bei Gericht ausreichen lässt, ist auf die Vorbehaltsfrist des § 2 S. 2 KSchG nicht übertragbar.[441] Daran ändert – wie bereits dargelegt –[442] die neue Rechtsprechung des BGH[443] nichts, wonach § 167 ZPO grundsätzlich auch in den Fällen anwendbar ist, in denen durch die Zustellung eine Frist gewahrt werden soll, die auch durch außergerichtliche Geltendmachung gewahrt werden kann.[444] Bei der Vorbehaltserklärung geht es nicht um die Geltendmachung eines Anspruchs, sondern um die Annahme eines Vertragsangebots unter einer auflösenden Bedingung.[445] Anderenfalls müsste dies auch bei nachträglicher Klagezulassung (§ 5 KSchG) gelten.

94 Überschreitet die Kündigungsfrist die Dreiwochenfrist, ist angesichts des klaren Gesetzeswortlauts und der amtlichen Begründung zum Regierungsentwurf[446] im Interesse der Rechtssicherheit eine erweiternde Auslegung des § 2 S. 2 KSchG abzulehnen, wonach es für

---

[435] BAG 27.2.1985 – GS 1/84, NZA 1985, 702; BAG 24.6.2015 – 5 AZR 462/14, NZA 2016, 108 Rn. 34. Zur Frage der Bestimmtheit des Beschäftigungstitels: BAG 27.5.2015 – 5 AZR 88/14, NZA 2015, 1053 Rn. 44.
[436] BAG 18.1.1990 – 2 AZR 183/89, NZA 1990, 734; BAG 28.5.2009– 2 AZR 844/07, NZA 2009, 954 Rn. 26 mwN; BAG 22.10.2015 – 2 AZR 124/14, NZA 2016, 225 Rn. 33; Stahlhacke/Preis/Vossen Kündigung/*Preis* Rn. 1298; *v. Hoyningen-Huene* NZA 1993, 146; aA *Enderlein* ZfA 1992, 51 ff.
[437] BAG 24.10.2013 – 2 AZR 320/13, NZA 2014, 486; Stahlhacke/Preis/Vossen Kündigung/*Vossen* Rn. 2199; ErfK/*Oetker* KSchG § 2 Rn. 73.
[438] BAG 19.6.1986 – 2 AZR 565/85, Rn. 34; Ascheid/Preis/Schmidt/*Künzl* KSchG § 2 Rn. 216.
[439] Vgl. dazu BT-Drs. V/3913, 8: muss "im Interesse der Rechtssicherheit der Arbeitnehmer diesen Vorbehalt innerhalb der Kündigungsfrist oder, falls diese länger als drei Wochen ist, innerhalb von drei Wochen nach Zugang der Kündigung dem Arbeitgeber erklären". BAG 17.6.1998 – 2 AZR 336/97, NZA 1998, 1225.
[440] Allgemeiner Grundsatz: BAG 15.6.1993 – 9 AZR 208/92, NZA 1994, 274 Rn. 17; BAG 25.1.2012 – 4 AZR 15/10, juris Rn. 46; BAG 27.6.2012 – 5 AZR 51/11, ZTR 2012, 714 Rn. 27.
[441] BAG 17.6.1998 – 2 AZR 336/97, NZA 1998, 1225; Stahlhacke/Preis/Vossen Kündigung/*Preis* Rn. 1298; Ascheid/Preis/Schmidt/*Künzl* KSchG § 2 Rn. 227, 228; aA KR/*Kreft* KSchG § 2 Rn. 129, 130.
[442] → Rn. 73.
[443] BGH 17.7.2008 – I ZR 109/05, NJW 2009, 765.
[444] So aber *Nägele/Gertler* NZA 2010, 1377 (1378); aA und zutreffend *Gehlhaar* NZA-RR 2011, 169 (171); Schaub ArbR-HdB/*Linck* § 137 Rn. 26.
[445] So wohl auch BAG 28.10.2010 – 2 AZR 688/09, NZA-RR 2011, 155, das bei einer verspäteten Vorbehaltserklärung in der rechtzeitig erhobenen Klage das Problem nicht einmal aufgreift.
[446] BT-Drs. 5/3913, 8.

die Rechtzeitigkeit der Vorbehaltserklärung ausreichen soll, wenn diese noch innerhalb der Kündigungsfrist zugeht.[447] Die gesetzliche Frist des § 2 S. 2 KSchG ist zwingend.[448]

Ebenso wenig kommt eine teleologische Reduktion des § 2 S. 2 KSchG in Betracht, wenn die Kündigungsfrist kürzer als drei Wochen ist und der Vorbehalt innerhalb der Kündigungsfrist erklärt werden muss.[449] Dieses Auseinanderfallen von Klageerhebungsfrist und Erklärungsfrist nach § 2 S. 2 KSchG ist für den Rechtsanwender misslich, jedoch zu respektieren. Bedeutung kann dieses Problem regelmäßig nur bei vom Gesetz (§ 622 BGB) abweichenden kürzeren tariflichen Kündigungsfristen erlangen.

Bei einer **außerordentlichen Änderungskündigung** hat der Arbeitnehmer den Vorbehalt in entsprechender Anwendung des § 2 S. 2 KSchG **unverzüglich**, dh ohne schuldhaftes Zögern (§ 121 BGB), zu erklären.[450] Empfohlen wird – wie im Falle einer Zurückweisung einer Kündigung gem. § 174 S. 1 BGB[451] die Frist von längstens einer Woche.[452] Die Vorbehaltserklärung erfolgt nicht mehr unverzüglich, wenn sie erst zwei Wochen nach Zugang der fristlosen Änderungskündigung abgegeben wird.[453] Dieser Zeitraum überschreitet eine angemessene Überlegungsfrist. Gleichwohl sind an den Begriff der Unverzüglichkeit **keine allzu strengen Anforderungen** zu stellen. Das Interesse des Arbeitgebers an einer Klärung, ob der fristlos gekündigte Arbeitnehmer ein ihm unterbreitetes Änderungsangebot mit oder ohne Vorbehalt annimmt, ist nicht so dringend für seine unmittelbar nach der fristlosen Änderungskündigung zu treffenden betrieblichen Dispositionen wie das schnelle Wissen darüber, ob der Arbeitnehmer das Änderungsangebot ablehnt. Dem von einer fristlosen Änderungskündigung betroffenen Arbeitnehmer muss daher eine – wenn auch kurz bemessene – Überlegungsfrist eingeräumt werden, in der er mit der gebotenen Eile Rechtsrat darüber einholen kann, ob er die ausgesprochene Änderungskündigung akzeptieren oder sich eine gerichtliche Überprüfung vorbehalten soll. Kein schuldhaftes Zögern hat das BAG[454] bei einer Vorbehaltserklärung angenommen, die dem Arbeitgeber **fünf Tage** nach Zugang der fristlosen Änderungskündigung durch Anwaltsschreiben vorlag. Zu § 9 Abs. 1 S. 1 MuSchG aF (jetzt § 17 Abs. 1 S. 1 MuSchG) hat das BAG[455] eine **Höchstfrist** von einer Woche als unverzüglich betrachtet.[456]

Handelt es sich – etwa bei einem altersgesicherten Arbeitnehmer – um eine außerordentliche Änderungskündigung mit einer (zwingenden)[457] **Auslauffrist**, die der ordentlichen Kündigungsfrist entspricht,[458] oder räumt der Arbeitgeber dem Arbeitnehmer eine **soziale Auslauffrist**[459] ein, spricht zur Vermeidung von Wertungswidersprüchen vieles dafür, dass der

---

[447] BAG 17.6.1998 – 2 AZR 336/97, NZA 1998, 1225; Ascheid/Preis/Schmidt/*Künzl* KSchG § 2 Rn. 228; aA aber LAG Hamm 13.10.1988 – 10 Sa 411/97, LAGE KSchG § 2 Nr. 7 im Anschluss an *Richardi* ZfA 1971, 73 (99); LAG Hamm 22.8.1997 – 10 Sa 411/97, LAGE KSchG § 2 Nr. 29.
[448] BAG 25.10.2001 – 2 AZR 216/00, NZA 2002, 1000; BAG 18.5.2006 – 2 AZR 230/05, NZA 2006, 1092; ErfK/*Oetker* KSchG § 2 Rn. 35b.
[449] BAG 19.6.1986 – 2 AZR 565/85, NZA 1987, 94; BAG 27.3.1987 – 7 AZR 790/85, NZA 1988, 737; BAG 18.5.2006 – 2 AZR 230/05, NZA 2006, 1092; ErfK/*Oetker* KSchG § 2 Rn. 35b; Stahlhacke/Preis/Vossen Kündigung/*Preis* Rn. 1299; aA *Schwerdtner* FS 25 Jahre BAG, 555 (571), der als Obersatz ohne Rücksicht auf die Länge der Kündigungsfrist auf die Drei-Wochen-Frist abstellen will.
[450] Dazu → Rn. 3. BAG 19.6.1986 – 2 AZR 565/85, NZA 1987, 94; BAG 27.3.1987 – 7 AZR 790/85, NZA 1988, 737; BAG 20.10.2017 – 2 AZR 783/16 (F), NZA 2018, 440; Ascheid/Preis/Schmidt/*Künzl* KSchG § 2 Rn. 217; *Zirnbauer* NZA 1995, 1975. Der Gesetzgeber hat es erneut versäumt, mit dem Gesetz zu Reformen am Arbeitsmarkt eine Anpassung des § 13 Abs. 1 S. 2 KSchG vorzunehmen.
[451] BAG 8.12.2011 – 6 AZR 354/10, NZA 2012, 495.
[452] KR/*Kreft* KSchG § 2 Rn. 57. Vgl. auch BAG 5.12.2019 – 2 AZR 147/19, NZA 2020, 505 Rn. 48, 49.
[453] BAG 19.6.1986 – 2 AZR 565/85, NZA 1987, 94.
[454] BAG 27.3.1987 – 7 AZR 790/85, NZA 1988, 737; BAG 20.10.2017 – 2 AZR 783/16 (F), NZA 2018, 440.
[455] BAG 26.9.2002 – 2 AZR 392/01, BeckRS 2003, 40757, AP MuSchG 1968 § 9 Nr. 31.
[456] Vgl. auch BAG 28.10.2010 – 2 AZR 688/09, NZA-RR 2011, 155: Nachträgliche Einlassung des Arbeitgebers auf eine verspätete Vorbehaltserklärung des Arbeitnehmers.
[457] Bei betriebsbedingten Gründen: BAG 2.3.2006 – 2 AZR 64/05, NZA 2006, 985.
[458] Vgl. BAG 2.3.2006 – 2 AZR 64/05, NZA 2006, 985; BAG 28.10.2010 – 2 AZR 688/09, NZA-RR 2011, 155; BAG 20.6.2013 – 2 AZR 379/12, NZA 2014, 139; BAG 22.10.2015 – 2 AZR 650/14, BB 2016, 756.
[459] BAG 18.10.2000 – 2 AZR 627/99, NZA 2001, 219; BAG 13.5.2015 – 2 AZR 531/14, AP BGB § 626 Nr. 254.

Arbeitnehmer den Vorbehalt bis zum Ende der Auslauffrist – und falls diese die Drei-Wochen-Frist überschreitet – innerhalb von drei Wochen nach Zugang der Kündigung erklären kann.[460] Mangels bisheriger Klärung durch das BAG[461] empfiehlt sich auch in diesem Fall eine unverzügliche Erklärung des Vorbehalts.

98 Eine **Verkürzung** der Erklärungsfrist aus § 2 S. 2 KSchG durch entsprechende **Vereinbarung** zwischen den Arbeitsvertragsparteien oder durch die Bestimmung einer Annahmefrist (§ 148 BGB) ist ausgeschlossen.[462] § 2 KSchG ist zum Nachteil des Arbeitnehmers weder vertrags- noch tarifdispositiv oder betriebsvereinbarungsoffen. Für den Arbeitnehmer nachteilige Abweichungen von den Vorschriften des Kündigungsschutzgesetzes können nicht vereinbart oder einseitig durch den Arbeitgeber festgelegt werden.[463] Wegen § 148 BGB bestehen jedoch keine Bedenken dagegen, die Vorbehaltsfrist **verlängern** zu dürfen, was allerdings wegen der nicht dispositiven Klageerhebungsfrist von drei Wochen (§ 4 S. 1 und 2 KSchG) kaum praktische Bedeutung erlangen dürfte. Hat der Arbeitgeber eine **zu kurze Annahmefrist** gesetzt, hat dies nicht die Unwirksamkeit der Kündigung zur Folge. Vielmehr wird die gesetzliche Annahmefrist des § 2 S. 2 KSchG in Gang gesetzt. Der Arbeitnehmer kann also in jedem Fall die Annahme unter Vorbehalt innerhalb der Frist des § 2 S. 2 KSchG erklären.[464]

99 Geht dem Arbeitnehmer während seiner **urlaubsbedingten Abwesenheit** eine Änderungskündigung zu und versäumt er deswegen die Annahmefrist aus § 2 S. 2 KSchG, wäre sein Recht, einen Vorbehalt zu erklären, erloschen. Da es sich bei der Frist aus § 2 S. 2 KSchG um eine **materiell-rechtliche** Ausschlussfrist handelt, kann dem Arbeitnehmer – wie vorerwähnt[465] – auch nicht in entsprechender Anwendung des § 5 KSchG geholfen werden. Bei derartiger Situation bleibt jedoch der Arbeitgeber nach Treu und Glauben auch über die Drei-Wochen-Frist hinaus an sein Angebot gebunden, das vom Arbeitnehmer **unverzüglich** angenommen werden müsste.

100 Besteht zwischen den Parteien Streit darüber, ob der Arbeitnehmer den Vorbehalt nach § 2 S. 1 KSchG **überhaupt oder rechtzeitig erklärt** hat, so trifft den Arbeitnehmer im Rahmen der Änderungsschutzklage die Darlegungs- und Beweislast. Hatte der Arbeitnehmer nur die Änderungsschutzklage nach § 4 S. 2 KSchG erhoben, so ist § 6 KSchG zumindest analog anwendbar, wenn der Arbeitnehmer den Nachweis des erklärten Vorbehalts nicht führen kann und **hilfsweise** eine **Kündigungsschutzklage** nach § 4 S. 1 KSchG noch während des Verfahrens vor dem Arbeitsgericht erhebt.[466] Dem stehen keine schutzwürdigen Interessen des Arbeitgebers entgegen. Dieser muss bei Ausspruch einer Änderungskündigung von Vornherein damit rechnen, dass der betroffene Arbeitnehmer sich hiergegen auch vorsorglich durch Erhebung einer Kündigungsschutzklage gemäß § 4 S. 1 KSchG wendet, falls er mit der Änderung der Vertragsbestimmungen nicht einverstanden ist.

101 Das **Arbeitsgericht** hat den Arbeitnehmer bei derartigem Befund in entsprechender Anwendung des § 6 KSchG ausdrücklich auf die Möglichkeit der Kündigungsschutzklage hinzuweisen. Unterlässt das Arbeitsgericht den Hinweis aus § 6 S. 2 KSchG auf die verlängerte Anrufungsfrist, so liegt ein **Verfahrensmangel** vor, der allerdings keine Zurückverweisung an das Arbeitsgericht erlaubt.[467] Der Antrag nach § 4 S. 1 KSchG muss jedoch stets bis zum Schluss der mündlichen Verhandlung **erster Instanz besonders gestellt** werden.[468] Sieht der

---

[460] KR/*Kreft* KSchG § 2 Rn. 57.
[461] Ausdrücklich offengelassen: BAG 28.10.2010 – 2 AZR 688/09, NZA-RR 2011, 155.
[462] BAG 27.3.1987 – 7 AZR 790/85, AP KSchG 1969 § 2 Nr. 20 bei fristloser Änderungskündigung.
[463] BAG 25.10.2001 – 2 AZR 216/00, NZA 2002, 1000; BAG 18.5.2006 – 2 AZR 230/05, NZA 2006, 1092; BAG 1.2.2007 – 2 AZR 44/06, NZA 2007, 925; ErfK/*Oetker* KSchG § 2 Rn. 30.
[464] BAG 18.5.2006 – 2 AZR 230/05, NZA 2006, 1092 Rn. 20; BAG 18.10.2018 – 2 AZR 374/18, NZA 2019, 246 Rn. 29.
[465] → Rn. 88.
[466] Vgl. dazu BAG 23.3.1983 – 7 AZR 157/81, AP KSchG 1969 § 6 Nr. 1; BAG 17.5.2001 – 2 AZR 460/00, EzA BGB § 620 Kündigung Nr. 3. In diesem Sinne auch BAG 21.5.2019 – 2 AZR 26/19, NZA 2019, 1143 Rn. 14, 15 bei einem Übergang vom Antrag nach § 4 S. 1 KSchG auf einen Änderungsschutzantrag nach § 2 S. 2 KSchG.
[467] Vgl. dazu BAG 25.10.2012 – 2 AZR 845/11, NZA 2013, 900; ErfK/*Kiel* KSchG § 6 Rn. 5.
[468] BAG 17.5.2001 – 2 AZR 460/00, EzA BGB § 620 Kündigung Nr. 3; BAG 8.11.2007 – 2 AZR 314/06, NZA 2008, 936.

Arbeitnehmer davon trotz eines entsprechenden Hinweises des Arbeitsgerichts ab und erweist sich der Vorbehalt als rechtsunwirksam oder nicht rechtzeitig, wird die Kündigungsschutzklage als unbegründet abgewiesen.[469]

c) **Die Reichweite der Vorbehaltserklärung.** Legt man den reinen Wortlaut des § 2 S. 1 KSchG zugrunde, dann kann sich der vom Arbeitnehmer erklärte Vorbehalt für die auf das Vertragsänderungsangebot des Arbeitgebers erklärte Annahme nur darauf beziehen, dass die Änderung der Arbeitsbedingungen nicht sozial ungerechtfertigt ist. Entsprechend verlangte die Regelung des § 4 S. 2 KSchG in der bis zum 31.12.2003 geltenden Fassung, dass im Falle des § 2 KSchG die Klage auf Feststellung zu erheben war, dass die Änderung der Arbeitsbedingungen sozial ungerechtfertigt ist. Deshalb stellte sich die Frage, ob bei **versäumter Klagefrist** über die Sozialwidrigkeit der Änderungskündigung hinaus sonstige Unwirksamkeitsgründe noch nach Ablauf der Klagefrist des § 4 KSchG bis zur Grenze der Verwirkung geltend gemacht werden konnten.

Das Gesetz zu Reformen am Arbeitsmarkt[470] hat durch Art. 1 Nr. 3 in S. 2 des § 4 KSchG neben den Wörtern „sozial ungerechtfertigt" die Wörter „oder aus anderen Gründen rechtsunwirksam ist" ergänzt und damit zum Ausdruck gebracht, dass ab 1.1.2004 für **alle Fälle** der Rechtsunwirksamkeit der Änderung der Arbeitsbedingungen eine **einheitliche Klageerhebungsfrist** von drei Wochen nach Zugang der schriftlichen Kündigung des Arbeitgebers gilt.

Ob diese Ergänzung in § 4 S. 2 KSchG auch eine Parallelbedeutung für die dem Arbeitnehmer eingeräumte Vorbehaltsannahme aufweist, die nach wie vor nur auf die Sozialwidrigkeit der Änderung der Arbeitsbedingungen begrenzt bleibt, lässt sich weder aus dem Gesetz selbst noch aus der Regierungsbegründung zu Art. 1 Nr. 3 des Reformgesetzes entnehmen.[471] Schon bisher ging das BAG[472] gefolgt vom Schrifttum[473] davon aus, dass **Streitgegenstand** der Änderungskündigung über den Wortlaut des § 4 S. 2 KSchG hinausgehend insgesamt die Unwirksamkeit der Änderung der Arbeitsbedingungen schlechthin ist und daher der Kläger **sämtliche Unwirksamkeitsgründe** im Prozess geltend machen muss, weil mit der Rechtskraft der arbeitsgerichtlichen Entscheidung die Wirksamkeit oder Unwirksamkeit der Änderung der Arbeitsbedingungen abschließend feststeht. Eine andere Lösung hätte zu dem prozessökonomisch wenig sinnvollen Ergebnis geführt, dass der Kläger nach rechtskräftig abgewiesener Änderungsschutzklage die Unwirksamkeit der Änderung der Arbeitsbedingungen aus anderen Gründen als der Sozialwidrigkeit ungehindert hätte weiterhin verfolgen können.

Diese Bewertung wird nunmehr durch die Neufassung des § 4 S. 2 KSchG im Gesetz nachvollzogen und klargestellt. Folgerichtig muss die Ergänzung des § 4 S. 2 KSchG zugleich in den § 2 S. 1 KSchG als ungeschriebenes Merkmal „hineingelesen" werden. Es geht darum, ob der Vorbehalt des Arbeitnehmers nur auf die Sozialwidrigkeit verengt ist oder auch und ausschließlich auf andere Unwirksamkeitsgründe gestützt werden darf. Dies ist zu bejahen, zumal das BAG[474] diesen Schritt bereits lange vor der Gesetzesänderung vollzogen hatte. Dabei beziehen sich die für den Vorbehalt maßgebenden und zu prüfenden Unwirksamkeitsgründe – wie das BAG[475] zu Recht hervorhebt – auf den **gesamten Vorgang** der Änderung der Arbeitsbedingungen und betreffen damit **beide Elemente** der Änderungskündigung gleichermaßen. In Wahrheit richtet sich der Vorbehalt gegen die **Änderungskündi-**

---

[469] BAG 28.3.1985 – 2 AZR 548/83, NZA 1985, 709; BAG 27.7.2011 – 7 AZR 402/10, EzA TzBfG § 17 Nr. 14; BAG 18.1.2012 – 6 AZR 407/10, NJW-Spezial 2012, 244.
[470] BGBl. I 3002.
[471] BT-Drs. 15/1587, 22, 23 bzw. BT-Drs. 15/1204, 25 (Fraktionen SPD und Bündnis 90/Die Grünen).
[472] BAG 23.3.1983 – 7 AZR 157/81, NJW 1983, 2719; BAG 19.5.1993 – 2 AZR 584/92, NZA 1993, 1075; BAG 28.5.1998 – 2 AZR 615/97, NZA 1998, 1167.
[473] Vgl. nur *v. Hoyningen-Huene/Linck* § 4 Rn. 93; *Boewer* BB 1996, 2618.
[474] BAG 28.5.1998 – 2 AZR 615/97, NZA 1998, 1167: Der Arbeitnehmer will die angesonnene Vertragsänderung nur akzeptieren, „wenn alle Stricke reißen". Jetzt auch BAG 20.2.2014 – 2 AZR 346/12, NZA 2014, 1069 Rn. 38; BAG 22.10.2015 – 2 AZR 124/14, NZA 2016, 225 Rn. 30.
[475] BAG 20.2.2014 – 2 AZR 346/12, NZA 2014, 1069 Rn. 38; BAG 22.10.2015 – 2 AZR 124/14, NZA 2016, 225 Rn. 30. So bereits *Boewer* BB 1996, 2618 ff. und RdA 2001, 380 (395); im Ergebnis ebenso *Niemann* RdA 2016, 339 (342).

gung insgesamt, wie zudem § 8 KSchG bestätigt. Diese Vorschrift ordnet nicht etwa die rückwirkende Unwirksamkeit der Vertragsänderung, sondern die der **Änderungskündigung** an, die beide Elemente einschließt. Bei der Vorbehaltsannahme gemäß § 2 S. 1 KSchG geht es mithin um den Vorbehalt, dass weder die ausgesprochene Kündigung noch das Vertragsänderungsangebot aus welchen Gründen auch immer rechtsunwirksam sind. Dem gegenüber hat das BAG[476] bislang ausgehend vom Streitgegenstand der Änderungsschutzklage die Wirksamkeit der Kündigung bei einer Annahme der Vertragsänderung unter Vorbehalt ausgeblendet, weil es bei diesem Streitgegenstand nicht um die Wirksamkeit der Kündigung, sondern um die Wirksamkeit der für das Arbeitsverhältnis geltenden geänderten Vertragsbedingungen ginge.[477] Das BAG[478] hat nunmehr klargestellt, dass sich der **Vorbehalt** des **Arbeitnehmers (§ 2 S. 1 KSchG)** auch auf die **Wirksamkeit der Kündigung als solche** erstreckt, so dass der Änderungsschutzklage trotz der Annahme des Änderungsangebots unter Vorbehalt auch dann stattzugeben ist, wenn die mit dem Vertragsänderungsangebot ausgesprochene Kündigung selbst an einem Wirksamkeitsmangel, etwa der fehlerhaften Anhörung des Betriebsrats (§ 102 BetrVG), dem Fehlen einer vorherigen Zustimmung des Integrationsamts (§ 168 SGB IX) oder dem Fehlen einer Zulässigerklärung der zuständigen Stelle (§ 17 Abs. 2 MuSchG), leidet. Ein Mangel in der Kündigungserklärung soll gleichermaßen auch bei einer möglicherweise „überflüssigen" Änderungskündigung zum Erfolg einer Änderungsschutzklage führen.[479] Die Frage der Wirksamkeit der Kündigung soll nur dann keine Rolle spielen, wenn sich aus einer entsprechenden **Beschränkung des Vorbehalts** oder dem Vorbringen des Arbeitnehmers im Prozess ergibt, dass die Kündigung als solche nicht in Frage gestellt werden soll. Dann beschränkt sich der Streitgegenstand gemäß § 4 S. 2 Alt. 1 KSchG allein auf den Inhalt der für das Arbeitsverhältnis geltenden Arbeitsbedingungen. Es ist daher ratsam, für den Vorbehalt eine Formulierung zu wählen, die dem Vorschlag unter → Rn. 83 entspricht.[480] Ist ein Vertragsänderungsangebot – etwa wegen mangelnder Bestimmtheit – nicht annahmefähig oder erweist es sich aus sonstigen Gründen als rechtsunwirksam, kann es unter Vorbehalt vom Arbeitnehmer angenommen werden, wie aus §§ 2 S. 1, 2, 4 S. 2 KSchG hervorgeht, wonach auch in diesem Fall die Änderungsschutzklage die zutreffende Klageart ist.[481] Durch die Änderungsschutzklage wird geklärt, ob die neuen oder die bisherigen Arbeitsbedingungen für das Arbeitsverhältnis maßgebend sind (§ 8 KSchG).[482] Mit dieser Rechtskonstruktion wird der Arbeitnehmer von dem Druck der Beendigungskündigung befreit, die ihre Wirkung verliert,[483] ohne das Recht einzubüßen, die früheren Arbeitsbedingungen gerichtlich (§ 8 KSchG) wiederherzustellen zu lassen.

106 Nach der Neufassung des § 4 S. 1 und 2 KSchG durch das Gesetz zu Reformen am Arbeitsmarkt[484] kann der Arbeitgeber nach Ablauf der Klageerhebungsfrist im Gegensatz zu dem vom BAG[485] vor der Gesetzesänderung entschiedenen Fall auf eine beständige Vertragsänderung vertrauen, weil nunmehr sämtliche, die Kündigung betreffenden Unwirksamkeitsgründe – von der fehlenden Schriftform nach § 623 BGB oder der fehlenden Zu-

---

[476] BAG 26.1.2012 – 2 AZR 102/11, NZA 2012, 856; BAG 19.7.2012 – 2 AZR 25/11, NZA 2012, 1038 Rn. 20: „Streiten die Parteien nicht über die Beendigung des Arbeitsverhältnisses und damit nicht über die Rechtswirksamkeit der ausgesprochenen Kündigung, sondern nur noch über die Berechtigung des Angebots auf Änderung der Arbeitsbedingungen". Vgl. ErfK/*Kiel* KSchG § 4 Rn. 27.
[477] Vgl. dazu *Preis* NZA 2015, 1 ff. im Hinblick auf überflüssige Änderungskündigungen.
[478] BAG 22.10.2015 – 2 AZR 124/14, NZA 2016, 225 mit dem Vorschlag einer Urteilsformel: „Es wird festgestellt, dass die Änderungskündigung (des Arbeitgebers) vom (...) rechtsunwirksam ist." So bereits KR/*Kreft* KSchG § 2 Rn. 112, 113.
[479] Näher dazu → Rn. 134.
[480] Vgl. dazu auch die Beschränkung des Streitgegenstandes nach § 4 S. 1 KSchG: BAG 18.12.2014 – 2 AZR 163/14, NZA 2015, 635.
[481] BAG 21.5.2019 – 2 AZR 26/19, NZA 2019, 1143 Rn. 37.
[482] BAG 22.4.2010 – 2 AZR 491/09, NZA 2010, 1235 Rn. 19.
[483] BAG 22.10.2015 – 2 AZR 124/14, NZA 2016, 225 Rn. 30; BAG 21.5.2019 – 2 AZR 26/19, NZA 2019, 1143 Rn. 37.
[484] BGBl. I 3002.
[485] BAG 28.5.1998 – 2 AZR 615/97, NZA 1998, 1167: Der Arbeitnehmer kann sich auf sonstige Unwirksamkeitsgründe (zB § 102 BetrVG) auch dann noch berufen, wenn er die Klage erst nach Ablauf der Frist des § 4 KSchG erhebt.

stimmung nach § 4 S. 4 KSchG abgesehen – innerhalb der Klagefrist des § 4 KSchG geltend gemacht werden müssen, was zuvor nur für die Sozialwidrigkeit der Kündigung galt. Im Rahmen der Änderungsschutzklage gilt zur Vermeidung der Präklusionswirkung aus § 6 S. 1 KSchG die aktenkundig zu machende allgemeine Hinweispflicht des Arbeitsgerichts nach § 6 S. 2 KSchG, dass sich der Arbeitnehmer bis zum Schluss der mündlichen Verhandlung erster Instanz auf weitere innerhalb der Klagefrist des § 4 KSchG noch nicht geltend gemachte Unwirksamkeitsgründe berufen kann.[486] Dieser Hinweis müsste sich sowohl auf die Kündigung als auch auf das Vertragsänderungsangebot beziehen. Genügt der gerichtliche Hinweis dieser Voraussetzung nicht, ist der Arbeitnehmer mit dem weiteren Unwirksamkeitsgrund in zweiter Instanz nicht ausgeschlossen.[487]

d) **Rechtsfolgen der Annahme unter Vorbehalt.** Da mit der wirksamen Vorbehaltserklärung ein **auflösend bedingter Änderungsvertrag** zustande kommt, und zwar auflösend bedingt durch die **rechtskräftige** gerichtliche Feststellung der Unwirksamkeit der Änderungskündigung (§ 8 KSchG), ergeben sich daraus für den Arbeitnehmer materiell-rechtliche, aber auch prozessuale Rechtsfolgen für die Dauer des Schwebezustandes. **107**

Da die Parteien nicht über den Fortbestand, sondern im Rahmen der Änderungsschutzklage über die Fortsetzung des Arbeitsverhältnisses zu geänderten Vertragsbedingungen streiten, ist der Arbeitnehmer zunächst verpflichtet, bis zur **rechtskräftigen** Feststellung der Unwirksamkeit der Vertragsänderung bzw. Änderungskündigung zu den **geänderten Arbeitsbedingungen** weiterzuarbeiten.[488] Er kann daher nicht verlangen, bereits bei einem der Änderungsschutzklage stattgebenden Urteil des Arbeitsgerichts während der Dauer des weiteren Rechtsstreits zu den früheren Vertragsbedingungen beschäftigt zu werden, wenn der Arbeitgeber ein Rechtsmittel einlegt.[489] Dies gilt entgegen der Ansicht des BAG[490] auch dann, wenn bei **Zustimmungsverweigerung** des Betriebsrats nach § 99 BetrVG und mangels Anwendbarkeit des § 100 BetrVG die Beschäftigung zu den geänderten Arbeitsbedingungen tatsächlich nicht vollzogen werden darf. Für die vom BAG[491] bis zum rechtskräftigen Abschluss eines Zustimmungsersetzungsverfahrens bejahte Beschäftigungspflicht zu den **bisherigen** Arbeitsbedingungen fehlt jedwede Rechtsgrundlage. Die bisherigen Arbeitsbedingungen sind geändert und existieren bis zum rechtskräftigen Abschluss des Änderungsschutzverfahrens nicht mehr.[492] Eine ganz andere Frage ist, ob der Arbeitgeber mangels Zustimmung oder ersetzter Zustimmung des Betriebsrats zur Versetzung den Arbeitnehmer zu den geänderten Arbeitsbedingungen beschäftigen darf und dann möglicherweise den Lohn aus Annahmeverzug (§ 615 BGB) oder nach § 326 Abs. 2 BGB schuldet. **108**

Wenn auch § 8 KSchG für die Wiederherstellung der früheren Arbeitsbedingungen keinen ausdrücklichen Hinweis auf die **Rechtskraft** der gerichtlichen Entscheidung enthält, so herrscht kein Streit darüber, dass nur eine rechtskräftige Entscheidung diese Wirkung auslöst.[493] Der vom Großen Senat des BAG[494] entwickelte **allgemeine Weiterbeschäftigungsan- 109**

---

[486] Vgl. BAG 18.1.2012 – 6 AZR 407/10, NZA 20112, 817; BAG 26.9.2013 – 2 AZR 843/12, NZA-RR 2014, 236.
[487] BAG 25.10.2012 – 2 AZR 845/11, NZA 2013, 900 Rn. 35; BAG 21.3.2018 – 7 AZR 408/16, AP TzBfG § 17 Nr. 16 Rn. 30.
[488] BAG 28.3.1985 – 2 AZR 548/83, NZA 1985, 709; BAG 24.3.2004 – 5 AZR 355/03, AP EFZG § 3 Nr. 22 Rn. 33; MüKoBGB/*Hergenröder* KSchG § 2 Rn. 69; Schaub ArbR-HdB/*Linck* § 137 Rn. 29.
[489] BAG 18.1.1990 – 2 AZR 183/89, NZA 1990, 734; BAG 19.12.1991 – 2 AZR 280/91, BeckRS 2009, 69341; BAG 28.5.2009 – 2 AZR 844/07, NZA 2009, 954 Rn. 26; BAG 22.10.2015 – 2 AZR 124/14, NZA 2016, 225 Rn. 33; Stahlhacke/Preis/Vossen Kündigung/*Preis* Rn. 1300.
[490] BAG 30.9.1993 – 2 AZR 283/93, NZA 1994, 615; ebenso KR/*Kreft* KSchG § 2 Rn. 255: Der Arbeitnehmer ist zu den alten Arbeitsbedingungen zu beschäftigen. Anders wohl BAG 22.4.2010 – 2 AZR 491/09, NZA 2010, 1235 Rn. 19, 21.
[491] BAG 30.9.1993 – 2 AZR 283/93, NZA 1994, 615. Ablehnend ErfK/*Oetker* KSchG § 2 Rn. 26.
[492] Das BAG 22.4.2010 – 2 AZR 491/09, NZA 2010, 1235 Rn. 21 erwägt einen Anspruch des Arbeitnehmers darauf, die Änderung der Arbeitsbedingungen wegen der Unmöglichkeit ihrer Realisierung rückgängig zu machen.
[493] BAG 18.1.1990 – 2 AZR 183/89, NZA 1990, 734 unter Hinweis auf § 6a Abs. 1 des Regierungsentwurfs des Ersten Arbeitsrechtsbereinigungsgesetzes vom 24.2.1969, BT-Drs. 5/3913; *Bauer* BB 1986, 799 (800); *Schäfer* NZA 1985, 691 (692); *Färber/Kappes* NZA 1986, 215 (222).
[494] BAG 27.2.1985 – GS 1/84, NZA 1985, 702. Vgl. auch BAG 27.5.2020 – 5 AZR 247/19, juris Rn. 23, 27.

spruch für die Dauer eines Bestandsstreites bei einer Beendigungskündigung (Prozessbeschäftigung) betrifft das sich aus dem Persönlichkeitsrecht (Art. 1 und 2 GG) herleitbare **ideelle Beschäftigungsinteresse** des Arbeitnehmers. Diesem Beschäftigungsinteresse ist genügt, wenn der Arbeitnehmer zu den anderen Arbeitsbedingungen tatsächlich arbeitet.[495] Die Annahme unter Vorbehalt lässt auch auf die Billigung der Weiterbeschäftigung zu den geänderten Arbeitsbedingungen schließen.

110 Streiten die Parteien im Rahmen der Änderungsschutzklage nach § 4 S. 2 KSchG um die **Rechtzeitigkeit** des vom Arbeitnehmer erklärten **Vorbehalts** nach § 2 KSchG, so ist neben dem Inhalt zugleich der Bestand des Arbeitsverhältnisses Gegenstand des gerichtlichen Verfahrens.[496] Ein solcher Fall liegt etwa vor, wenn der Arbeitnehmer am Ende der Dreiwochenfrist des § 4 S. 1 KSchG noch rechtzeitig die Änderungsschutzklage beim Arbeitsgericht anhängig macht (§ 167 ZPO), die dem Arbeitgeber gegenüber abzugebende Vorbehaltserklärung aber erst nach Ablauf der Frist des § 2 S. 2 KSchG zugeht. Bei derartiger Sachlage liegt eine modifizierte Annahme des Vertragsänderungsangebots des Arbeitgebers durch den Arbeitnehmer vor, die mangels Anwendung des § 2 S. 2 KSchG gemäß § 150 Abs. 2 BGB als **Ablehnung** verbunden mit einem **neuen Angebot** zu qualifizieren ist. Dem Arbeitnehmer hilft hier nicht, dass er die **vorbehaltlose** Annahme des Änderungsangebots auch noch **nach** Ablauf der Frist des § 2 S. 2 KSchG erklären könnte.[497] Geht der Arbeitgeber auf das neue Angebot des Arbeitnehmers nicht ein,[498] hat dies zur Folge, dass nunmehr die **unbedingt** gewordene Kündigung das Arbeitsverhältnis in seinem ganzen Bestand erfasst und zur Beendigung der arbeitsvertraglichen Beziehungen führen kann. Der Arbeitnehmer ist daher gut beraten, wenn er neben der rechtzeitigen Änderungsschutzklage **hilfsweise** für den Fall der verspäteten Annahme des Vertragsänderungsangebots eine **Kündigungsschutzklage** erhebt, was noch nach Ablauf der Klageerhebungsfrist innerhalb des Verfahrens vor dem Arbeitsgericht in entsprechender Anwendung von § 6 KSchG geschehen kann.[499] Ob dieses Ergebnis allein durch Auslegung des Klageantrags[500] zu ermitteln ist, hat das BAG[501] offen gelassen. Weist das Arbeitsgericht die Änderungsschutzklage als unbegründet ab, weil die Annahme unter Vorbehalt **verspätet** erklärt wurde, tritt die Beendigung des Arbeitsverhältnisses ein, wenn die Beendigungskündigung nicht klageweise nach § 4 S. 1 KSchG angegriffen worden ist.

111 Hat der Arbeitnehmer bei einem Streit über die rechtzeitige Erklärung der Vorbehaltsannahme Kündigungsschutzklage (§ 4 S. 1 KSchG)erhoben, kann der Arbeitgeber eine vorläufige Weiterbeschäftigung zu den geänderten Arbeitsbedingungen ablehnen, so lange kein der Änderungsschutzklage (§ 4 S. 2 KSchG) stattgebendes Urteil des Arbeitsgerichts vorliegt.[502] Eine **isolierte** Verurteilung des Arbeitgebers durch **Teilurteil** zur **Weiterbeschäftigung** zu den geänderten Arbeitsbedingungen bis zur Entscheidung des Arbeitsgerichts über die Änderungsschutzklage darf nicht erfolgen, auch wenn das Arbeitsgericht von der Rechtzeitigkeit des erklärten Vorbehalts ausgeht. Bis zu einer positiven gerichtlichen Entscheidung des Arbeitsgerichts über eine Änderungsschutzklage oder Kündigungsschutzklage, kommt eine Weiterbeschäftigung des Arbeitnehmers zu den neuen oder bisherigen Arbeitsbedingungen nicht in Frage.[503] Nur wenn das Arbeitsgericht die Wirksamkeit des Vorbehalts feststellt, kann bis zum rechtskräftigen Abschluss des Änderungsschutzverfahrens eine vorläufige **Weiterbeschäftigung** zu den **geänderten** Arbeitsbedingungen in Betracht kommen.[504]

---

[495] BAG 28.5.2009 – 2 AZR 844/07, NZA 2009, 954 Rn. 26.
[496] BAG 28.3.1985 – 2 AZR 548/83, NZA 1985, 709.
[497] BAG 6.2.2003 – 2 AZR 674/01, NZA 2003, 659; näher dazu → Rn. 72.
[498] Vgl. auch → Rn. 73 und BAG 28.10.2010 – 2 AZR 688/09, NZA-RR 2011, 155; vgl. dazu auch KR/*Kreft* KSchG § 2 Rn. 262, 263.
[499] KR/*Kreft* KSchG § 2 Rn. 264, 265.
[500] BAG 15.11.2018 – 6 AZR 522/17, NZA 2019, 928 Rn. 14.
[501] BAG 21.5.2019 – 2 AZR 26/19, NZA 2019, 1143 Rn. 14.
[502] BAG 28.3.1985 – 2 AZR 548/83, NZA 1985, 709 im Anschluss an BAG 27.2.1985 – GS 1/84, NZA 1985, 702; Stahlhacke/Preis/Vossen Kündigung/*Vossen* Rn. 2196.
[503] BAG 27.2.1985 – GS 1/84, NZA 1985, 702.
[504] BAG 28.3.1985 – 2 AZR 548/83, NZA 1985, 709. So wohl auch KR/*Kreft* KSchG § 2 Rn. 263; Stahlhacke/Preis/Vossen Kündigung/*Vossen* Rn. 2197, 2198.

Entspricht das Arbeitsgericht der hilfsweise erhobenen Kündigungsschutzklage (§ 4 S. 1 **112** KSchG), weil der Vorbehalt nach § 2 S. 1 KSchG verspätet erklärt worden sei, dann kann der Arbeitnehmer mit dieser Klage den unecht eventuell zu stellenden Weiterbeschäftigungsantrag zu den bisherigen Arbeitsbedingungen bis zum rechtskräftigen Abschluss des Kündigungsrechtsstreits verbinden.[505]

Mit der Annahme der angebotenen neuen Arbeitsbedingungen unter Vorbehalt scheidet **113** auch eine **Weiterbeschäftigung** nach § 102 Abs. 5 BetrVG aus.[506] Der für den besonderen Weiterbeschäftigungsanspruch nach § 102 Abs. 5 S. 1 BetrVG erforderliche Betriebsratswiderspruch nach § 102 Abs. 3 BetrVG wird gegenstandslos, weil mit der Vorbehaltserklärung des Arbeitnehmers die gleichzeitig ausgesprochene Kündigung wirkungslos geworden ist. Abgesehen davon setzt § 102 Abs. 5 BetrVG tatbestandlich voraus, dass eine Kündigungsschutzklage (§ 4 S. 1 KSchG) erhoben wird.[507]

Mit der rechtzeitigen Annahme unter Vorbehalt verliert der Arbeitnehmer das Recht, im **114** Änderungsschutzprozess die **Auflösung des Arbeitsverhältnisses** unter Zahlung einer Abfindung nach §§ 9 Abs. 1 S. 1, 10 KSchG betreiben zu können, weil die tatbestandlichen Voraussetzungen dieser Vorschrift eine **Kündigungsschutzklage** voraussetzen.[508] Auch eine analoge Anwendung von § 9 KSchG im Rahmen einer Änderungsschutzklage scheidet aus.[509] Ein mit der Änderungsschutzklage verbundener unecht eventueller Auflösungsantrag wäre daher bereits unstatthaft.[510] Die Auflösung ist bei einer sozialwidrigen Änderungskündigung des Arbeitgebers nur dann möglich, wenn der Arbeitnehmer das Änderungsangebot abgelehnt hat. Gleiches gilt selbstverständlich auch für einen Auflösungsantrag des Arbeitgebers nach § 9 Abs. 1 S. 2 KSchG.

Ebenso wenig ist dem Arbeitnehmer ein Rückgriff auf § 12 KSchG erlaubt, der ihm nach **115** gewonnenem Kündigungsschutzprozess ein fristgebundenes Sonderkündigungsrecht gegenüber dem Arbeitgeber einräumt, wenn er inzwischen ein **neues Arbeitsverhältnis** eingegangen ist.[511] Auch diese Regelung setzt eine **Beendigungskündigung** voraus, die der Arbeitnehmer erfolgreich mit einer Kündigungsschutzklage bekämpft hat.[512] Für eine analoge Anwendung des § 12 KSchG auf den Änderungsschutzprozess besteht kein Bedürfnis, weil sich der Arbeitnehmer in keiner dem Regelungsziel dieser Vorschrift vergleichbaren Interessen- und Pflichtenkollision durch seine Weiterarbeit bei dem bisherigen Arbeitgeber befindet. Macht der Arbeitnehmer gleichwohl von dem ihm nicht zustehenden Sonderkündigungsrecht Gebrauch, das dem **Schriftformerfordernis** des § 623 BGB (§ 126 BGB) genügen muss,[513] wäre an eine Umdeutung in eine ordentliche Kündigung (§ 140 BGB) zu denken.[514]

In der Erhebung der Kündigungsschutzklage liegt **keine antizipierte Zustimmung** des Ar- **116** beitnehmers zur Rücknahme der Kündigung des Arbeitgebers,[515] was bei erklärter „Rücknahme der Kündigung" durch den Arbeitgeber zu einer einverständlichen Fortsetzung des Arbeitsverhältnisses zu den bisherigen Arbeitsbedingungen führte. Erklärt jedoch der Arbeitgeber die Kündigungsrücknahme, so liegt darin das Vertragsangebot an den Arbeitnehmer, das Arbeitsverhältnis durch die Kündigung nicht als beendet anzusehen, dh unter Besei-

---

[505] BAG 30.8.2011 – 2 AZR 668/10, juris; BAG 13.8.2014 – 2 AZR 871/12, NZA 2014, 1359 Rn. 3. Zur Bestimmtheit des Weiterbeschäftigungsantrags (§ 253 Abs. 2 Nr. 2 ZPO) BAG 15.4.2009 – 3 AZB 93/08, NZA 2009, 917 Rn. 19; BAG 18.10.2017 – 10 AZR 330/16, NZA 2017, 1452 Rn. 74.
[506] BAG 18.1.1990 – 2 AZR 183/89, NZA 1990, 734; ebenso Ascheid/Preis/Schmidt/*Künzl* KSchG § 2 Rn. 317, 318; MüKoBGB/*Hergenröder* KSchG § 2 Rn. 69; Schaub ArbR-HdB/*Linck* § 137 Rn. 31.
[507] BAG 18.1.1990 – 2 AZR 183/89, NZA 1990, 734; ebenso ErfK/*Oetker* KSchG § 2 Rn. 22.
[508] Grundsätzlich BAG 24.10.2013 – 2 AZR 320/13, NZA 2014, 486 Rn. 9 ff.; ErfK/*Oetker* KSchG § 2 Rn. 73; Stahlhacke/Preis/Vossen Kündigung/*Vossen* Rn. 2199; KR/*Kreft* KSchG § 2 Rn. 266 ff.; Ascheid/Preis/Schmidt/*Künzl* KSchG § 2 Rn. 340; aA *Bauer/Krets* DB 2002, 1937.
[509] BAG 24.10.2013 – 2 AZR 320/13, NZA 2014, 486 Rn. 9 ff.
[510] Das BAG 24.10.2013 – 2 AZR 320/13, NZA 2014, 486 Rn. 12 hält den Antrag für unbegründet.
[511] ErfK/*Oetker* KSchG § 2 Rn. 73; BAG 25.10.2007 – 6 AZR 662/06, AP KSchG 1969 § 12 Nr. 3: Kein Sonderkündigungsrecht bei Aufnahme einer selbstständigen Tätigkeit; aA *Schier* BB 2006, 2578 (2581).
[512] *Bauer* BB 1993, 2444.
[513] BAG 17.12.2015 – 6 AZR 709/14, NZA 2016, 361; ErfK/*Kiel* KSchG § 12 Rn. 6; *Preis/Gotthardt* NZA 2000, 350; *Richardi/Annuß* NJW 2000, 1232.
[514] So BAG 25.10.2007 – 6 AZR 662/06, AP KSchG 1969 § 12 Nr. 3.
[515] So bereits BAG 19.8.1982 – 2 AZR 230/80, AP KSchG 1969 § 9 Nr. 9.

tigung der Kündigungswirkungen das Arbeitsverhältnis unverändert fortzusetzen. Der Arbeitnehmer kann das Vertragsangebot nach den allgemeinen Regeln über den Vertragsabschluss gem. §§ 145 ff. BGB annehmen oder ablehnen.[516] Hat jedoch der Arbeitnehmer nach Ausspruch einer Änderungskündigung das Vertragsänderungsangebot des Arbeitgebers unter Vorbehalt angenommen, wird erwogen, in der Erhebung einer Änderungsschutzklage, die auf die Herstellung der bisherigen Arbeitsbedingungen abzielt, eine **vorweggenommene Zustimmung** des Arbeitnehmers zur Rücknahme der Änderungskündigung zu erblicken.[517] Macht der Arbeitgeber von der Rücknahme der Änderungskündigung Gebrauch, erledigt sich das Verfahren vor dem Arbeitsgericht. Der Arbeitnehmer muss dann die Hauptsache für erledigt erklären. Schließt sich der Arbeitgeber der Erledigungserklärung an, ist nach § 91a ZPO über die Kosten des Rechtsstreits zu entscheiden, die regelmäßig den Arbeitgeber treffen werden.

117 Diese Rechtskonstruktion der **antizipierten Zustimmung** begegnet Bedenken, weil der Arbeitnehmer über diesen Weg keine verlässliche Entscheidung darüber erreicht, ob die vom Arbeitgeber beabsichtigte Änderung der Arbeitsbedingungen überhaupt rechtlich zulässig war. Diese Frage bleibt unentschieden, so dass der Arbeitgeber die Änderungskündigung mit dem gleichen Vertragsänderungsangebot jederzeit wiederholen kann. Der Arbeitnehmer hat aber ein berechtigtes Interesse an klaren Verhältnissen. Daher bietet sich hier eher die mit Rechtskraftwirkung ausgestattete Alternative eines Anerkenntnisses aus § 307 ZPO mit einem entsprechenden **Anerkenntnisurteil** an. Verweigert der Arbeitgeber ein derartiges Anerkenntnis, dann spricht dieser Umstand dafür, dass er bei unveränderten tatsächlichen Umständen eine erneute Änderungskündigung mit gleichem Inhalt offen halten möchte.[518]

118 Von der Rechtsprechung noch nicht entschieden ist, ob dem Arbeitnehmer als Korrektiv ein dem Wiedereinstellungsanspruch[519] entsprechender **Wiederherstellungsanspruch**[520] gegen den Arbeitgeber zusteht, wenn sich die zum Zeitpunkt des Ausspruchs der Änderungskündigung tatsächlichen die Änderungskündigung rechtfertigenden Verhältnisse bis zum Ablauf der ordentlichen Kündigungsfrist so geändert haben, dass sich die Änderungskündigung als nicht mehr billigenswert und damit überflüssig erweist. So hat das BAG[521] bereits eine **dauerhafte** Entgeltkürzung mittels Änderungskündigung, die durch dringende betriebliche Gründe auf Grund **vorübergehender** wirtschaftlicher Verluste gerechtfertigt werden sollte, als nicht billigerweise hinnehmbar angesehen. Das LAG Hamm[522] verlangt unter Bezugnahme auf diese Entscheidung des BAG, bei einer Liquiditätskrise die in der Änderungskündigung angebotene Lohnkürzung von vornherein zeitlich zu beschränken. Eine angebotene Einkommenssenkung auf Dauer muss der Arbeitnehmer nicht akzeptieren.

V. Der Streitgegenstand der Änderungsschutzklage

119 **Allgemeines.** Der Begriff des Streitgegenstandes (prozessualer Anspruch) wird durch § 253 Abs. 2 Nr. 2 ZPO umrissen. Danach muss die Klageschrift die bestimmte Angabe des Gegenstandes und des Grundes des erhobenen Anspruchs sowie einen bestimmten Antrag enthalten. Der Kläger begehrt den richterlichen Ausspruch einer für sich in Anspruch genommenen Rechtslage, die er aus dem angegebenen Lebensvorgang (Grund des Anspruchs) herleitet. Über die Berechtigung dieser Rechtsfolgebehauptung wird im Prozess gestritten.

---

[516] Vgl. dazu BAG 24.5.2018 – 2 AZR 67/18, NZA 2018, 1127 Rn. 41.
[517] LAG Köln 12.6.1997 – 10 Sa 1494/96, NZA 1998, 767. Ebenso KR/*Kreft* KSchG § 2 Rn. 259.
[518] Vgl. dazu BAG 24.5.2018 – 2 AZR 67/18, NZA 2018, 1127 Rn. 38: In der Erklärung des Arbeitgebers, an einer Kündigung nicht festhalten zu wollen, liegt auch kein Anerkenntnis (§ 307 ZPO).
[519] Vgl. dazu grundsätzlich BAG 27.2.1997 – 2 AZR 160/96, NZA 1997, 757; 2.12.1999 – 2 AZR 757/98, NZA 2000, 531; 25.10.2007 – 8 AZR 989/06, NZA 2008, 357; *Boewer* NZA 1999, 1121 ff. und 1177 ff.; *Oetker* ZIP 2000, 643 ff.; *Raab* RdA 2000, 1147 ff.
[520] Erstmals *Stoffels* ZfA 2000, 401 (419, 420) unter Hinweis auf § 114 Abs. 2 des Entwurfs des Arbeitskreises Deutsche Rechtseinheit im Arbeitsrecht.
[521] BAG 20.8.1998 – 2 AZR 84/98, NZA 1999, 255.
[522] LAG Hamm 29.11.2000 – 18 Sa 174/00, LAGE KSchG § 2 Nr. 38; dazu auch BAG 1.3.2007 – 2 AZR 580/05, NZA 2007, 1445.

Das BAG[523] geht in Übereinstimmung mit dem BGH[524] vom sog. **zweigliedrigen Streitge-** 120
genstandsbegriff aus, der nicht allein durch den Klageantrag, sondern auch durch den Lebenssachverhalt, aus dem der Kläger die begehrte Rechtsfolge herleitet, bestimmt wird.
Streitgegenstand des **allgemeinen Feststellungsantrags** (§ 256 ZPO) ist demgemäß der Fortbestand des Arbeitsverhältnisses ungeachtet der nach dem Vortrag der Parteien in Betracht
kommenden Beendigungs- oder Änderungstatbestände über den durch eine Kündigung bestimmten Auflösungstermin hinaus bis zum Zeitpunkt der letzten mündlichen Verhandlung.[525] Dabei ist für den Kündigungsschutzprozess zu beachten, dass die Ergänzung eines
Antrags aus § 4 S. 1 KSchG durch den Zusatz „und das Arbeitsverhältnis fortbesteht" regelmäßig keinen eigenständigen allgemeinen Feststellungsantrag enthält, wenn sich dies
nicht aus der Klagebegründung ergibt. Um die Schleppnetzfunktion des allgemeinen Feststellungsantrags (§ 256 ZPO) neben der Kündigungsschutzklage zu nutzen, sollte dieser **besonders** gestellt werden.[526]

Die stattgebende rechtskräftige Entscheidung über einen Antrag nach § 4 S. 1 KSchG bein- 121
haltet zugleich die Feststellung, dass bei **Zugang** der Kündigung und zum vorgesehenen **Auflösungszeitpunkt** zwischen den Parteien ein **Arbeitsverhältnis** bestanden hat und das Arbeitsverhältnis auch nicht durch andere Beendigungstatbestände aufgelöst worden ist (sog.
erweiterter punktueller Streitgegenstandsbegriff).[527] Dieses Ergebnis entspricht der vom Gesetzgeber selbst in § 11 und § 12 KSchG verwendeten Formulierung des Fortbestandes des
Arbeitsverhältnisses. Dieser Umfang der Rechtskraftwirkung und damit der erweiterte punktuelle Streitgegenstand gelten gleichermaßen für die stattgebende Änderungsschutzklage.[528]
Sowohl bei Zugang der Änderungskündigung als auch zum Änderungstermin muss ein Arbeitsverhältnis zwischen den Parteien bestehen, weil sonst nach § 8 KSchG die früheren Ver-
trags- oder Arbeitsbedingungen nicht wiederhergestellt werden könnten.[529] Die Streitgegenstände des Beendigungsschutzantrags gemäß § 4 S. 1 KSchG und der Änderungsschutzklage
nach § 4 S. 2 KSchG sind aufgrund der nicht identischen, vom Gesetz vorgegebenen Antrags-
fassungen zwar unterschiedlich, aber dennoch insoweit miteinander verknüpft, als es entweder um die Nichtbeendigung (Satz 1) oder die Nichtänderung (Satz 2) des Arbeitsverhältnisses und damit jeweils um seinen **unveränderten Fortbestand** über den Kündigungstermin
hinaus geht.[530] Einem Änderungsschutzantrag kann demgemäß nur stattgegeben werden,
wenn die Parteien bei Zugang der Kündigungserklärung durch ein Arbeitsverhältnis verbunden waren und dieses bis einschließlich zu dem durch die Kündigung angestrebten Änderungstermin nicht durch einen Beendigungstatbestand – etwa eine nachfolgende Kündigung
oder ein rechtskräftiges Auflösungsurteil (§ 9 Abs. 2 KSchG)[531] – aufgelöst worden ist.[532]
Damit wahrt eine **Kündigungsschutzklage** die Frist des § 4 S. 1 KSchG auch für eine **Folgekündigung,** die vor dem oder zeitgleich mit dem Termin der ersten Kündigung wirksam werden soll, jedenfalls dann, wenn der Kläger ihre Unwirksamkeit noch vor Schluss der mündlichen Verhandlung erster Instanz explizit geltend gemacht und analog § 6 KSchG mit einem

---

[523] BAG 10.10.2002 – 2 AZR 622/01, AP KSchG 1969 § 4 Nr. 49; BAG 18.12.2014 – 2 AZR 163/14, NZA 2015, 635; BAG 2.8.2018- 6 AZR 437/17, NZA 2019, 641 Rn. 20 mwN; BAG 30.1.2019 – 5 AZR 43/18, NZA 2019, 768 Rn. 19.
[524] Vgl. auch BGH 11.7.1996 – III ZR 133/95, NJW 1996, 3151 (3152); BGH 20.3.2000 – II ZR 250/99, NJW 2000, 1958; BGH 22.10.2013 – XI ZR 42/12, NJW 2014, 314; BGH 2.12.2014 – XI ZB 17/13, NJW-RR 2015, 299 Rn. 16 mwN.
[525] BAG 20.3.2014 – 2 AZR 1071/12, NZA 2014, 1131; BAG 18.12.2014 – 2 AZR 163/14, NZA 2015, 635.
[526] BAG 18.12.2014 – 2 AZR 163/14, NZA 2015, 635.
[527] BAG 5.10.1995 – 2 AZR 909/94, NZA 1996, 651; BAG 27.9.2001 – 2 AZR 389/00, NZA 2002, 1171; BAG 27.4.2006 – 2 AZR 360/05, NZA 2007, 229; BAG 27.1.2011 – 2 AZR 826/09, NZA 2011, 804; BAG 18.12.2014 – 2 AZR 163/14, NZA 2015, 635; BAG 24.5.2018 – 2 AZR 67/18, NZA 2018, 1127 Rn. 20.
[528] Bestand zwischen den Parteien kein Arbeitsverhältnis, ist die Kündigungsschutzklage oder Änderungs-schutzklage unbegründet: ErfK/*Kiel* KSchG § 4 Rn. 30.
[529] Ausdrücklich BAG 24.5.2018 – 2 AZR 67/18, NZA 2018, 1127 Rn. 24; *Niemann* RdA 2016, 339 (342, 345).
[530] BAG 24.5.2018 – 2 AZR 67/18, NZA 2018, 1127.
[531] BAG 29.1.2015 – 2 AZR 698/12, NZA 2015, 1022.
[532] BAG 18.12.2014 – 2 AZR 163/14, NZA 2015, 635; BAG 24.5.2018 – 2 AZR 67/18, NZA 2018, 1127.

Antrag nach § 4 S. 1 KSchG erfasst hat.[533] Dies gilt gleichermaßen für einen Änderungsschutzantrag nach § 4 S. 2 KSchG im Hinblick auf die Einhaltung der Klagefrist des § 4 S. 1 KSchG für eine nachfolgende Beendigungskündigung, die vor dem oder zeitgleich mit dem Änderungstermin der ersten Kündigung wirksam werden soll, wenn sich der Kläger noch vor Schluss der mündlichen Verhandlung erster Instanz darauf beruft (kleines Schleppnetz).[534] Allerdings kann der Kläger den Gegenstand eines Kündigungsschutzantrags – auch konkludent[535] – auf die Wirksamkeit der konkret angegriffenen Kündigung **begrenzen,** sodass das Arbeitsgericht bei einem Obsiegen des Klägers allein die Unwirksamkeit dieser Kündigung feststellt, ohne dass damit zugleich über eine frühere Kündigung oder spätere Kündigung des Arbeitgebers zum gleichen Termin mitentschieden wird.[536] Insofern dürfen die Parteien die Wirkungen der materiellen Rechtskraft durch entsprechende Vereinbarung beeinflussen.[537]

122 Die Frage der Rechtskraft im Kündigungsschutzprozess oder Änderungsschutzprozess spielt auch dann eine Rolle, wenn das Arbeitsgericht in einem nachfolgenden Prozess den Inhalt der rechtskräftigen Entscheidung von **Amts wegen** zu beachten hat (Präjudizialität),[538] oder die im Vorprozess unterlegene Partei sich in einem neuen Rechtsstreit nicht mehr auf solche **Tatsachen** berufen darf, die schon zurzeit der letzten mündlichen Verhandlung des rechtskräftigen Vorprozesses vorgelegen haben (Präklusion).[539] Bei einer rechtskräftigen Abweisung der Änderungsschutzklage **erlischt** der vom Arbeitnehmer erklärte **Vorbehalt,** so dass das Arbeitsverhältnis infolge des abgeschlossenen Änderungsvertrags zu den geänderten Arbeitsbedingungen fortbesteht. Dabei ist der aus der Begründung zu ermittelnde, diese Rechtsfolge bestimmende Abweisungsgrund Teil des in Rechtskraft erwachsenden Entscheidungssatzes und nicht allein ein Element der Entscheidungsbegründung, so dass die Änderung der Arbeitsbedingungen mit präjudizieller Wirkung für weitere Streitfragen zwischen den Arbeitsvertragsparteien feststeht.

1. Der Klageantrag der Änderungsschutzklage

123 Orientiert man sich am Wortlaut des § 4 S. 2 KSchG in der ab 1.1.2004 geltenden Fassung durch das Gesetz zu Reformen am Arbeitsmarkt vom 24.12.2003,[540] dann ist im Falle des § 2 KSchG, dh wenn der Arbeitnehmer das mit der Kündigung verbundene Vertragsänderungsangebot unter **Vorbehalt** angenommen hat, die Klage auf Feststellung zu erheben, „dass die Änderung der Arbeitsbedingungen sozial ungerechtfertigt oder aus anderen Gründen rechtsunwirksam ist". Damit wird nach bisheriger Auffassung des BAG[541] der Streitgegenstand der Änderungsschutzklage umschrieben, der insgesamt die Wirksamkeit der Änderung der Arbeitsbedingungen zum Inhalt hat. Nachdem das BAG[542] den **Vorbehalt** des

---

[533] BAG 18.12.2014 – 2 AZR 163/14, NZA 2015, 635 Rn. 28; BAG 24.5.2018 – 2 AZR 67/18, NZA 2018, 1127 Rn. 19.
[534] BAG 24.5.2018 – 2 AZR 67/18, NZA 2018, 1127 Rn. 18.
[535] Hierfür bedarf es deutlicher Anhaltspunkte: BAG 23.5.2013 – 2 AZR 102/12, NZA 2013, 1416.
[536] Vgl. dazu BAG 26.9.2013 – 2 AZR 682/12, NZA 2014, 443 Rn. 19, wonach sich die Rechtskraftwirkung der Festellung der Unwirksamkeit einer früheren Kündigung zum gleichen Termin nicht auf den Fortbestand des Arbeitsverhältnisses erstrecken sollte. Ebenso BAG 23.5.2013 – 2 AZR 102/12, NZA 2013, 1416 Rn. 14. Die Parteien können auch bezüglich der Rechtskraft eines stattgebenden späteren Urteils die Auflösung des Arbeitsverhältnisses durch eine frühere Kündigung ausklammern: BAG 22.11.2012 – 2 AZR 732/11, NZA 2013, 665 Rn. 20. Eine derartige Begrenzung des Streitgegenstandes ist zur Vermeidung einer Abweisung der Änderungsschutzklage angezeigt, wenn der Arbeitnehmer das Arbeitsverhältnis vor Eintritt der Änderung beendet. BAG 29.1.2015 – 2 AZR 698/12, NZA 2015, 1022.
[537] BAG 23.5.2013 – 2 AZR 102/12, NZA 2013, 1416.
[538] BAG 12.2.2004 – 2 AZR 307/03, AP KSchG 1969 § 1 Nr. 75; BAG 8.11.2007 – 2 AZR 528/06, EzA BGB 2002 § 626 Nr. 19.
[539] BAG 26.8.1993 – 2 AZR 159/93, NZA 1994, 70; BAG 8.11.2007 – 2 AZR 528/06, EzA BGB 2002 § 626 Nr. 19.
[540] BGBl. I 3002.
[541] Vgl. nur BAG 26.8.2008 – 1 AZR 353/07, NZA-RR 2009, 300; BAG 26.1.2012 – 2 AZR 102/11, NZA 2012, 856.
[542] BAG 22.10.2015 – 2 AZR 124/14, NZA 2016, 225 mit dem Vorschlag einer Urteilsformel: „Es wird festgestellt, dass die Änderungskündigung (des Arbeitgebers) vom (...) rechtsunwirksam ist". So bereits KR/*Kreft* KSchG § 2 Rn. 112, 113.

Arbeitnehmers (§ 2 S. 1 KSchG) auch auf Mängel in der Kündigungserklärung als solche (etwa Verstoß gegen § 102 BetrVG oder gegen § 168 SGB IX) erstreckt, ist der Änderungsschutzklage trotz der Annahme des Änderungsangebots unter Vorbehalt auch dann stattzugeben, wenn nur das mit dem Vertragsänderungsangebot verbundene Element der Kündigung an einem derartigen Wirksamkeitsmangel leidet.[543]

Mit der in § 4 S. 2 KSchG vorgegebenen Antragsformulierung nimmt der Gesetzgeber darauf Rücksicht, dass im Gegensatz zu § 4 S. 1 KSchG nicht mehr über die Wirksamkeit oder Unwirksamkeit der Kündigung selbst entschieden wird, weil diese mit der Annahme des Vertragsänderungsangebots durch den Arbeitnehmer ihre Beendigungswirkung verloren hat.[544] Das Arbeitsverhältnis soll auf jeden Fall wie bisher oder zu geänderten Vertragsbedingungen fortgesetzt werden. Es müsste daher für den **Klageantrag** im Änderungsschutzprozess genügen, diesen Text des Gesetzes – wie bei der Kündigungsschutzklage nach § 4 S. 1 KSchG – lediglich zu wiederholen. Bei diesem Antragsverständnis stellt sich jedoch die Frage, ob damit noch dem **Bestimmtheitsgebot** aus § 253 Abs. 2 Nr. 2 ZPO genügt ist. Auch ein Feststellungsantrag muss die Identität und damit den Umfang der Rechtskraftwirkung des begehrten Feststellungsanspruchs deutlich erkennen lassen. Eine Änderung von Arbeitsbedingungen kann jedoch verschiedene Ursachen haben. Angesichts dessen hat die konkrete **Änderungskündigung** im **Klageantrag** zu erscheinen.[545] Da die Erstreckung des Vorbehalts nach § 4 S. 2 KSchG auf „andere Unwirksamkeitsgründe" verzichtbar ist und damit die Wirksamkeit der Kündigung nicht in Frage gestellt werden kann,[546] sollte der Klageantrag der Änderungsschutzklage aus Gründen der Klarheit auch auf die Unwirksamkeit der Kündigung gerichtet werden. 124

Formulierungsvorschlag:
...... Festzustellen, dass die Änderung der Arbeitsbedingungen durch die ordentliche Änderungskündigung der Beklagten vom ...... zum ...... sozial ungerechtfertigt oder aus anderen Gründen rechtsunwirksam ist und dass die Änderungskündigung (oder die mit der Änderung der Arbeitsbedingungen verbundene Kündigung) der Beklagten vom ...... rechtsunwirksam ist.[547] 125

Die Neufassung des § 4 S. 2 KSchG ist unstimmig, weil auch die sozialwidrige Änderungskündigung zu einer rechtswirksamen Vertragsänderung führt und die Konjunktion „oder" entweder eine Möglichkeit zur Wahl stellt oder von mehreren Möglichkeiten nur eine in Frage kommt. Die Neufassung des Gesetzes könnte daher suggerieren, dass der Gesetzgeber eine Beschränkung des Streitgegenstandes der Änderungsschutzklage auf die Frage zulassen würde, ob die Änderung der Arbeitsbedingungen sozial gerechtfertigt ist oder nicht. Genau dies wollte der Gesetzgeber jedoch nicht, sondern lediglich sicherstellen, dass der Arbeitnehmer die Rechtsunwirksamkeit der Kündigung unabhängig von dem Grund der Unwirksamkeit innerhalb einer Frist von drei Wochen nach Zugang der Kündigung geltend machen muss, was auch für Änderungskündigungen gelten soll.[548] Daher ist es überflüssig, neben der Rechtsunwirksamkeit auch die Sozialwidrigkeit der Änderung der Arbeitsbedingungen in den Klageantrag aufzunehmen.[549] Da die außerordentliche Änderungskündigung eines wichtigen Grundes 126

---

[543] Dazu auch → Rn. 132.
[544] BAG 26.1.2012 – 2 AZR 102/11, NZA 2012, 856 Rn. 13; BAG 22.10.2015 – 2 AZR 124/14, NZA 2016, 225 Rn. 30; BAG 21.5.2019 – 2 AZR 25/19, NZA 2019, 1143 Rn. 37; KR/*Kreft* KSchG § 2 Rn. 219.
[545] So auch *Niemann* NZA 2019, 65 (70).
[546] So BAG 22.10.2015 – 2 AZR 124/14, NZA 2016, 225 Rn. 30.
[547] Unbeanstandet hat das BAG 28.10.2010 – 2 AZR 688/09, NZA-RR 2011, 155 gelassen „festzustellen, dass die Änderung der Arbeitsbedingungen gemäß dem Schreiben vom (Datum) rechtsunwirksam ist". ErfK/*Kiel* KSchG § 4 Rn. 27, wonach der Antrag lauten muss, „dass die Änderung der Arbeitsbedingungen sozial ungerechtfertigt oder aus anderen Gründen rechtsunwirksam ist".
[548] BT-Drs. 15/1509, 22 (23).
[549] Anders *Bader* NZA 2004, 65 (68), der die Übernahme des Gesetzestextes in den Klageantrag empfiehlt. Das BAG 28.10.2010 – 2 AZR 688/09, NZA-RR 2011, 155; BAG 22.10.2015 – 2 AZR 124/14, NZA 2016,

bedarf und nicht auf ihre Sozialwidrigkeit geprüft wird, kann sich der Klageantrag auf die Rechtsunwirksamkeit der Änderung der Arbeitsbedingungen beschränken.[550]

127 Ebenso wie bei einer Kündigungsschutzklage kann mit der Änderungsschutzklage eine **allgemeine Feststellungsklage** (§ 256 ZPO) verbunden werden (§ 260 ZPO), um nachfolgende Beendigungskündigungen des Arbeitgebers zu erfassen (Schleppnetzfunktion),[551] weil auch eine ursprünglich unzulässige Feststellungsklage die Klagefrist des § 4 S. 1 KSchG bei weiteren Beendigungskündigungen wahrt,[552] die durch zulässige Beschränkung des Klageantrags (§ 264 Nr. 2 ZPO) in entsprechender Anwendung von § 6 KSchG bis zur letzten mündlichen Verhandlung vor dem Arbeitsgericht auf eine Kündigungsschutzklage umgestellt werden kann. Bei einer weiteren Änderungskündigung während einer bereits anhängigen Änderungsschutzklage müsste geprüft werden, ob die weitere Änderungskündigung vom Arbeitgeber auflösend bedingt (§ 158 Abs. 2 BGB) für den Fall der Unwirksamkeit der vorangegangenen Änderungskündigung erklärt worden ist und demgemäß bei einer Annahme unter Vorbehalt auch der weitere Änderungsschutzantrag (§ 4 S. 2 KSchG) auflösend bedingt für den Fall des Misserfolgs vorgehenden Änderungsschutzklage gestellt wird.[553] Besonderheiten für die Formulierung des Klageantrags einer Änderungsschutzklage betreffen auch die „vorsorgliche" Änderungskündigung des Arbeitgebers, die unter der rechtlich zulässigen auflösenden Rechtsbedingung erklärt wird, dass die beabsichtigte Änderung der Arbeitsbedingungen nicht bereits einseitig kraft Direktionsrechts durchsetzbar ist.[554]

2. Die Bedeutung der Klagefrist bei unwirksamem Änderungsangebot

128 Nach der bis zum 31.12.2003 geltenden Fassung der §§ 4 S. 1 und 2, 13 Abs. 3 KSchG konnte der Arbeitnehmer eine Kündigung, die bereits aus anderen als den in § 1 Abs. 2 und 3 KSchG genannten Gründen rechtsunwirksam war, auch nach Ablauf der Klageerhebungsfrist – bis zur Grenze der Verwirkung – problemlos prozessual angreifen. Diese Rechtslage hat sich nach Inkrafttreten des Gesetzes zu Reformen am Arbeitsmarkt[555] am 1.1.2004 (Art. 5) grundlegend geändert.

129 Seit dem 1.1.2004 gilt für sämtliche Fälle[556] der Rechtsunwirksamkeit einer Arbeitgeberkündigung eine **einheitliche Klageerhebungsfrist** von **drei Wochen** nach Zugang der schriftlichen Kündigung, wie aus den neugefassten §§ 4 S. 1 und 2, 13 Abs. 3 KSchG unmissverständlich hervorgeht. Davon ist auch die **Änderungskündigung** betroffen.

130 Bis zur Änderung der Gesetzeslage ging das BAG[557] davon aus, dass ein **gesetzwidriges Änderungsangebot** des Arbeitgebers zur Sozialwidrigkeit oder Rechtsunwirksamkeit der zu seiner Durchsetzung eingesetzte Beendigungskündigung führte. In den entschiedenen Fällen waren die vom Arbeitgeber mit der Änderungskündigung unterbreiteten Vertragsänderungsangebote von den Arbeitnehmern nicht angenommen worden. In dem einen Fall hatte die Arbeitnehmerin rechtzeitig (§ 4 S. 1 KSchG) Kündigungsschutzklage erhoben. In dem anderen Fall hatte der Arbeitnehmer die Klageerhebungsfrist versäumt. Seiner auf Feststellung des Fortbestandes des Arbeitsverhältnisses zu unveränderten Bedingungen gerichteten Klage hat das BAG[558] unter Hinweis auf den damals geltenden § 13 Abs. 3 KSchG entspro-

---

225; BAG 24.5.2018 – 2 AZR 67/18, NZA 2018, 1127 Rn. 7 hat entsprechend formulierte Anträge nicht beanstandet.

[550] So BAG 28.10.2010 – 2 AZR 688/09, NZA-RR 2011, 155; vgl. auch BAG 19.7.2012 – 2 AZR 25/11, NZA 2012, 1038.

[551] Vgl. *Bitter* DB 1997, 1497; *Bauer/Preis/Schunder* NZA 2004, 196; *Richardi* DB 2004, 489; näher dazu Stahlhacke/Preis/Vossen Kündigung/*Vossen* Rn. 2022 ff.

[552] BAG 12.5.2005 – 2 AZR 426/04, NZA 2005, 1259.

[553] BAG 18.10.2018 – 2 AZR 374/18, NZA 2019, 246 Rn. 13, 14.

[554] BAG 17.12.2015 – 2 AZR 304/15, NZA 2016, 568. Näher zur Antragsformulierung → Rn. 140.

[555] BGBl. I 3002.

[556] § 4 S. 4 KSchG soll hier vernachlässigt werden.

[557] BAG 24.4.1997 – 2 AZR 352/96, NZA 1997, 1047 mablAnm von *Henssler* EzA KSchG § 2 Nr. 26; BAG 10.2.1999 – 2 AZR 422/98, NZA 1999, 657 mablAnm von *Rieble* RdA 2000, 40; *Weber* SAE 1997, 339 ff.; *Lenart* AuA 1998, 285; im Ergebnis zust. *Reuter* JuS 1998, 186; *Lakies* NJ 1998, 224; *Berkowsky* DB 1999, 1606 ff.; *Diller* EWiR 1999, 757; *Wendeling-Schröder* AuR 1999, 327; *Quecke* NZA 2001, 812 ff.

[558] BAG 10.2.1999 – 2 AZR 422/98, NZA 1999, 657.

chen, weil die Nichtigkeit eines Vertragsänderungsangebots gleichzeitig zur Nichtigkeit der Änderungskündigung (§ 134 BGB) und nicht nur zu ihrer Sozialwidrigkeit geführt habe. Für eine nichtige Kündigung aus anderen Gründen als der Sozialwidrigkeit galt die Klageerhebungsfrist von drei Wochen nicht (§§ 13 Abs. 3, 4 S. 1 und 2 KSchG aF). Demgegenüber waren das Arbeitsgericht und das Landesarbeitsgericht[559] davon ausgegangen, das gesetzwidrige Angebot des Arbeitgebers könne nicht die Nichtigkeit der parallel ausgesprochenen Kündigung auslösen, die sich daher gemäß § 7 KSchG als wirksam erwiese.

Für die hier interessierende Frage, ob das Ergebnis dieser Entscheidung des BAG auch nach dem 1.1.2004 ebenso ausfallen müsste, kann unentschieden bleiben, ob die beiden Rechtsgeschäfte (Kündigung und Änderungsangebot) nach dem Trennungsprinzip in ihrer Wirksamkeit separat zu beurteilen sind oder über den Bedingungszusammenhang (Potestativbedingung) oder sonst **einheitlich** behandelt werden müssen[560] (§ 134 oder § 139 BGB), wie das BAG[561] überzeugend angenommen hat. Dafür spricht, dass der Arbeitgeber mit der Änderungskündigung ein rechtmäßiges Ziel verfolgen muss. Verfehlt er dies mit einem gesetzwidrigen Änderungsangebot, erstreckt sich dessen Unwirksamkeit gleichermaßen auf die Beendigungskündigung, weil letztere als Druckmittel dazu dienen soll, den Arbeitnehmer zu einer gesetzwidrigen Vertragsänderung zu veranlassen.[562] In jedem Fall muss der Arbeitnehmer nach der **gegenwärtigen Gesetzeslage** die Änderungskündigung innerhalb der Klageerhebungsfrist des § 4 S. 1 KSchG angreifen, wenn er das Änderungsangebot ausdrücklich **ablehnt,** was auch durch verspätete Erklärung des Vorbehalts geschehen kann,[563] weil er sonst seinen Arbeitsplatz verliert. § 5 KSchG (nachträgliche Klagezulassung) wird dem Arbeitnehmer als Rettungsanker nur selten helfen können. 131

Etwas anderes könnte anzunehmen sein, wenn der Arbeitgeber seine Beendigungskündigung nicht nur unter die Bedingung der Nichtannahme (Ablehnung) des Änderungsangebots stellt, sondern ausdrücklich mit der zusätzlichen Bedingung verknüpft, dass sein Vertragsänderungsangebot rechtswirksam ist,[564] was in der Praxis bislang keine Rolle gespielt hat. Die Frage der Beendigung des Arbeitsverhältnisses bei einer Änderungskündigung wird nicht akut, wenn der Arbeitnehmer das **unwirksame** Vertragsänderungsangebot **vorbehaltlos** oder **rechtzeitig** unter **Vorbehalt** (§ 2 S. 2 KSchG) annimmt. Stellt der Arbeitgeber die Beendigungskündigung – was grundsätzlich unausgesprochen geschieht – unter die **Potestativbedingung** der Nichtannahme oder Ablehnung des Vertragsänderungsangebots, erledigt sich die Kündigung mit der Annahmeerklärung des Arbeitnehmers von selbst.[565] Ohne Belang ist dabei die Rechtswirksamkeit des arbeitgeberseitigen Änderungsangebots, weil zum einen § 2 S. 2 KSchG in der Lesart von § 4 S. 2 KSchG die Annahme eines unwirksamen Änderungsangebots ermöglicht, das Gegenstand einer Änderungsschutzklage sein kann.[566] Des Weiteren soll dem Arbeitnehmer vollständig das Risiko der Beendigung des Arbeitsverhältnisses genommen werden, wenn er das arbeitgeberseitige Angebot, so wie es unterbreitet worden ist, mit oder ohne Vorbehalt annimmt.[567] 132

Bei vom Arbeitnehmer vorbehaltlos oder rechtzeitig unter Vorbehalt erklärter Annahme des rechtsunwirksamen arbeitgeberseitigen Angebots wird die Unwirksamkeit der Vertrags- 133

---

[559] LAG Mainz 18.12.1997 – 7 Sa 374/97, LAGE § 4 KSchG Nr. 40: Die etwaige Unwirksamkeit des Angebotes, das rechtlich selbständig neben der Kündigungserklärung steht, lässt die Kündigungserklärung unberührt.
[560] Siehe dazu einprägsam *Rieble* RdA 2000, 40 (42).
[561] Ausdrücklich bejahend: BAG 16.9.2004 – 2 AZR 628/03, NZA 2005, 635: Das Änderungsangebot ist Bestandteil der Kündigung. Kündigung und Änderungsangebot bilden eine Einheit (einheitliches Rechtsgeschäft). BAG 16.12.2010 – 2 AZR 576/09, AP KSchG 1969 § 2 Nr. 150 Rn. 21, 22; BAG 21.5.2019 – 2 AZR 26/19, NZA 2019, 1143 Rn. 30.
[562] BAG 10.2.1999 – 2 AZR 422/98, NZA 1999, 657 Rn. 15, 17.
[563] Dazu → Rn. 73, Rn. 103. BAG 1.2.2007 – 2 AZR 44/06, NZA 2007, 925.
[564] Vgl. dazu bereits *Rieble* RdA 2000, 40 (42).
[565] BAG 26.1.2012 – 2 AZR 102/11, NZA 2012, 856 Rn. 13; BAG 22.10.2015 – 2 AZR 124/14, NZA 2016, 225 Rn. 30; KR/*Kreft* KSchG § 2 Rn. 219.
[566] Nur BAG 21.5.2019 – 2 AZR 26/19, NZA 2019, 1143 Rn. 37.
[567] BAG 22.10.2015 – 2 AZR 124/14, NZA 2016, 225 Rn. 30; BAG 21.5.2019 – 2 AZR 26/19, NZA 2019, 1143 Rn. 37. Vgl. auch → Rn. 68; aA *Rieble* RdA 2000, 40 (42), der auch hier einen Zusammenhang mit der Kündigung herstellen will und diese für nichtig hält.

änderung nicht dadurch geheilt (§ 7 KSchG), dass der Arbeitnehmer keine Änderungsschutzklage erhebt. Der Arbeitnehmer kann vielmehr **unabhängig** von der **Klageerhebungsfrist** des § 4 S. 1 und 2 KSchG gegen den Arbeitgeber auf Leistung klagen oder um Feststellung (§ 256 ZPO) nachsuchen, dass das Arbeitsverhältnis zu unveränderten Arbeitsbedingungen fortbesteht.

134 Ungeachtet dessen erscheint es ratsam, auch im Fall eines gesetzwidrigen oder unwirksamen Änderungsangebots vorsorglich den Weg der Änderungsschutzklage (§ 4 S. 2 KSchG) zu beschreiten, weil durchaus zweifelhaft sein kann, ob das Vertragsänderungsangebot des Arbeitgebers und damit der Vertragsabschluss nichtig sind (§ 134 BGB). So hat das BAG[568] zB eine Trennung zwischen der individualrechtlichen und kollektivrechtlichen Seite des Vorgangs befürwortet, wenn die Änderung der Arbeitsbedingungen bei einer Versetzung (§ 95 Abs. 3 BetrVG) oder Lohnänderung (§ 87 Abs. 1 Nr. 10 BetrVG) der Zustimmung bzw. Mitbestimmung des Betriebsrats bedarf, ohne die der Arbeitgeber die Maßnahme nicht umsetzen kann. Ein Arbeitnehmer, der sich auf die fehlende Beteiligung des Betriebsrats verlässt, riskiert bei der **Nichtannahme** des Änderungsangebots den Arbeitsplatzverlust, wenn er nicht durch eine rechtzeitige Klageerhebung nach § 4 S. 1 und 2 KSchG die Beendigungswirkung der Kündigung beseitigt (§ 7 KSchG).

135 Es ist das Risiko des ein Änderungsangebot vorbehaltlos ablehnenden Arbeitnehmers, dass sich die Änderungskündigung als wirksam erweist und damit die Zustimmung des Betriebsrats zur beabsichtigten Durchführung der geplanten Vertragsänderung bedeutungslos wird.

VI. Der Prüfungsmaßstab der Änderungskündigung

136 Der für die Wirksamkeitsklärung der Änderungskündigung maßgebende **Prüfungsmaßstab** ist zweifelhaft und lässt sich nicht eindeutig aus den §§ 2, 4 S. 2 KSchG entnehmen. Es geht darum, ob der Bestandsschutz (§§ 1, 4 S. 1 KSchG) und der Inhaltsschutz (§§ 2, 4 S. 2 KSchG) des Arbeitsvertrages nach unterschiedlichen Maßstäben zu gewährleisten sind.[569] Dies ist vor allem dann von Bedeutung, wenn der Arbeitnehmer das Änderungsangebot **abgelehnt** hat, weil auch dann im Kündigungsschutzprozess (§ 4 S. 1 KSchG) auf das Änderungsangebot und seine soziale Rechtfertigung abgestellt wird.[570] Nimmt der Arbeitnehmer das Änderungsangebot rechtzeitig unter Vorbehalt an, wird teilweise angenommen, dass der Streitgegenstand der Änderungsschutzklage den Beurteilungsmaßstab der Wirksamkeit oder Unwirksamkeit der Änderungskündigung abgeben soll.[571] In der Hauptsache geht es darum, welche Bedeutung dem sog. **Kündigungselement** beizumessen ist, insbesondere, ob stets die Wirksamkeit der Beendigungskündigung separat neben dem Änderungsangebot geprüft werden muss, obwohl sich die Kündigung mit der Annahme unter Vorbehalt erledigt hat. Diese Frage hat sich vor allem bei der sog. „überflüssigen" Änderungskündigung gestellt, bei der das Änderungsangebot des Arbeitgebers bereits Gegenstand des bisherigen Arbeits-

---

[568] BAG 30.9.1993 – 2 AZR 283/93, NZA 1994, 615; BAG 17.6.1998 – 2 AZR 336/97, NZA 1998, 1225 mzustAnm von *Henssler* SAE 2000, 247; teilweise zust. *H. Hanau* AP KSchG 1969 § 2 Nr. 49, die Klage des Arbeitnehmers ist schließlich vom BAG 23.11.2000 – 2 AZR 690/99, BeckRS 2000, 30788293 abgewiesen worden. Vgl. auch BAG 28.8.2008 – 2 AZR 967/06, NZA 2009, 505; BAG 22.4.2010 – 2 AZR 491/09, NZA 2010, 1235; ErfK/*Oetker* KSchG § 2 Rn. 24, 25, 27.
[569] Vgl. dazu ErfK/*Oetker* KSchG § 2 Rn. 39, 40; Stahlhacke/Preis/Vossen Kündigung/*Preis* Rn. 1305 ff.; KR/*Kreft* KSchG § 2 Rn. 152 ff.
[570] BAG 24.5.2012 – 2 AZR 163/11, NZA-RR 2013, 74; BAG 23.2.2012 – 2 AZR 45/11, AP KSchG 1969 § 2 Nr. 156; BAG 22.10.2015 – 2 AZR 550/14, NZA-RR 2016, 243; Stahlhacke/Preis/Vossen Kündigung/*Preis* Rn. 1305.
[571] Nur BAG 29.9.2011 – 2 AZR 523/10, NZA 2012, 628 Rn. 14: Streitgegenstand der Änderungsschutzklage ist aber nicht die Wirksamkeit der Kündigung, sondern der Inhalt der für das Arbeitsverhältnis geltenden Arbeitsbedingungen.Vgl. nur aus der Fülle der Literaturbeiträge: *Moll* DB 1984, 1346; *Schwerdtner* FS BAG, 1979, 555 (562 ff.); *Hromadka* NZA 1996, 1 ff.; *Berkowsky* NZA 1999, 293 ff.; *ders*. DB 1999, 1606; *ders*. NZA 2000, 1129 (1130); *Fischermeier* NZA 2000, 737 ff.; *Boewer* BB 1996, 2618 ff.; *ders*. RdA 2001, 380 (394 ff.) und die weiteren Nachweise bei KR/*Kreft* KSchG § 2 Rn. 146 ff.

vertrags ist und mittels Direktionsrechts durchgesetzt werden kann.[572] Danach ist eine Klage nach § 4 S. 2 KSchG angesichts ihres Streitgegenstands unbegründet, wenn der Arbeitgeber schon nach den bestehenden Vertragsbedingungen rechtlich in der Lage ist, die im „Änderungsangebot" genannten Änderungen durchzusetzen. Darauf, ob er sein Direktionsrecht tatsächlich bereits (wirksam) ausgeübt hat, kommt es nicht an.[573] Der Bewertungsansatz liegt darin, dass ohne Änderung der Arbeitsbedingungen das Fehlen der sozialen Rechtfertigung einer Änderung der Arbeitsbedingungen oder deren Unwirksamkeit aus anderen Gründen nicht festgestellt werden kann.[574] So soll auch nicht außer Betracht bleiben, dass der Arbeitgeber keine Beendigung, sondern nur eine Änderung der Arbeitsvertragsbedingungen beabsichtigt, so dass keine so hohen Anforderungen wie bei einer Beendigungskündigung gestellt werden dürften.[575] Die Lösung ist darin zu suchen, dass zwischen der Annahmeerklärung und der Vorbehaltserklärung des Arbeitnehmers differenziert werden muss, die ganz unterschiedlichen Zielen dienen sollen. Mit der Annahme des Vertragsänderungsangebots beseitigt der Arbeitnehmer die Wirkung der ihm zugegangenen Beendigungskündigung und vermeidet damit den vollständigen Verlust seines Arbeitsverhältnisses. Die daneben abgegebene Vorbehaltserklärung signalisiert dem Arbeitgeber (§§ 133, 157 BGB), dass der Arbeitnehmer seine bisherigen Arbeitsbedingungen verteidigen will und sich deshalb sowohl gegen die Wirksamkeit der Beendigungskündigung als auch gegen die Wirksamkeit der Vertragsänderung zur Wehr setzt. Dieser Inhalt der Vorbehaltserklärung entspricht bei zutreffender Auslegung der §§ 2, 4 S. 2 KSchG der Vorgabe des Gesetzes, sodass kein Konflikt mit § 150 Abs. 2 BGB auftritt. Wenn Kündigung und Änderungsangebot eine Einheit (einheitliches Rechtsgeschäft) bilden,[576] ist dieser Befund auch bei der Verteidigung der Rechtsposition des Arbeitnehmers zu beachten. Ob die Entscheidung des Zweiten Senats vom 22.10.2015,[577] wonach auch bei einer überflüssigen Änderungskündigung ein Mangel in der Kündigungserklärung (§§ 102 BetrVG, 168, 178 Abs. 2 SGB IX, 17 MuSchG) bei einem unter Vorbehalt vom Arbeitnehmer angenommenen „Änderungsangebot" zum Erfolg der Änderungsschutzklage führen kann, unausgesprochen eine Aufgabe der bisherigen Rspr. bedeutet und stets geprüft werden muss, ob überhaupt ein Grund für die Kündigung vorliegt (allgemeiner Kündigungsschutz), erscheint zumindest fraglich. Dafür könnte sprechen, dass das BAG in einer späteren Entscheidung[578] davon ausgegangen ist, dass ein Änderungsschutzantrag nach § 4 S. 2 KSchG die Klagefrist des § 4 S. 1 KSchG für eine nachfolgende zum gleichen Termin ausgesprochene Beendigungskündigung wahrt.

1. Der allgemeine Prüfungsmaßstab

Regelmäßig verwendet das BAG[579] die **Prüfungsformel**, ob dringende betriebliche, personen- oder verhaltensbedingte Gründe das Änderungsangebot des Arbeitgebers nach § 1 Abs. 2 S. 1–3, Abs. 3 KSchG bedingt haben und ob sich der Arbeitgeber bei einem anerkennenswerten Anlass zur Änderungskündigung darauf beschränkt hat, nur solche Änderungen vorzuschlagen, die der Arbeitnehmer billigerweise hinnehmen muss. Ob der Arbeitnehmer eine ihm vorgeschlagene Änderung billigerweise hinnehmen muss, ist nach dem Verhältnismäßigkeitsgrundsatz zu ermitteln. Die Änderungen müssen geeignet und erforderlich sein,

137

---

[572] Vgl. etwa BAG 29.9.2011 – 2 AZR 523/10, NZA 2012, 628 Rn. 14; BAG 26.1.2012 – 2 AZR 102/11, NZA 2012, 856 Rn. 14; BAG 19.7.2012 – 2 AZR 25/11, NZA 2012, 1038 Rn. 21, BAG 28.8.2013 – 10 AZR 569/12, NZA-RR 2014, 181 Rn. 48; zust. ErfK/*Oetker* KSchG § 2 Rn. 14a; abl. *Preis* NZA 2015, 1 (7 ff); *Niemann* RdA 2016, 339 (342).
[573] BAG 26.1.2012 – 2 AZR 102/11, NZA 2012, 856 Rn. 14.
[574] BAG 19.7.2012 – 2 AZR 25/11, NZA 2012, 1038 Rn. 19.
[575] ErfK/*Oetker* KSchG § 2 Rn. 39.
[576] BAG 16.9.2004 – 2 AZR 628/03, NZA 2005, 635 Rn. 16.
[577] BAG – 2 AZR 124/14, NZA 2016, 225 Rn. 28.
[578] BAG 24.5.2018 – 2 AZR 67/18, NZA 2018, 1127 Rn. 18 mit Blick auf den erweiterten punktuellen Streitgegenstand der Änderungsschutzklage.
[579] Vgl. etwa BAG 16.12.2010 – 2 AZR 576/09, AP KSchG 1969 § 2 Nr. 150; BAG 10.4.2014 – 2 AZR 812/12, NZA 2014, 653 Rn. 24; BAG 5.6.2014 – 2 AZR 615/13, NZA 2015, 40 Rn. 22 mwN; BAG 18.5.2017 – 2 AZR 606/16, EzA KSchG § 2 Nr. 101 Rn. 11; BAG 18.10.2018 – 2 AZR 374/18, NZA 2019, 246 Rn. 17.

um den Inhalt des Arbeitsvertrags an die verbliebenen Beschäftigungsmöglichkeiten anzupassen. Die angebotenen Änderungen dürfen sich nicht weiter vom bisherigen Inhalt des Arbeitsvertrags entfernen, als dies zur Erreichung des angestrebten Ziels erforderlich ist.[580] Dieser Prüfungsmaßstab soll wegen der **Einheit** zwischen Kündigung und Änderungsangebot auch dann angelegt werden, wenn der Arbeitnehmer das Änderungsangebot des Arbeitgebers **ablehnt** und Kündigungsschutzklage erhebt.[581]

138   Dieser Prüfungsmaßstab resultiert einmal aus dem Wortlaut der § 2 S. 1 und § 4 S. 2 KSchG, der mit Blick auf die Wirksamkeit der Änderungskündigung die „Änderung der Arbeitsbedingungen" zum Gegenstand der Prüfung erhebt, des Weiteren daraus, dass die Annahme unter Vorbehalt das Kündigungselement dem Streit der Parteien entzieht. Es wird auch argumentiert, dass der Gesetzestext nicht laute, „kündigt der Arbeitgeber sozialgemäß iSv § 1 KSchG".[582] Bereits in der Leitentscheidung vom 7.6.1973 hat das BAG[583] allerdings darauf aufmerksam gemacht, dass sich bei einer Änderungskündigung aus dem **Streitgegenstand** keine Anhaltspunkte für den **Prüfungsmaßstab** gewinnen lassen. Diese überzeugende Ausgangsposition ist in der weiteren Rechtsprechung vernachlässigt worden. Lediglich in der Entscheidung vom 28.5.1998 hat das BAG[584] deutlich ausgeführt: *„Ein Arbeitnehmer, der die angebotene Vertragsänderung unter dem Vorbehalt des § 2 KSchG annimmt, bringt in der Regel gerade nicht zum Ausdruck, auf sonstige Unwirksamkeitsgründe wie eine fehlerhafte Betriebsratsanhörung (§ 102 BetrVG), eine fehlende Zustimmung der Hauptfürsorgestelle (jetzt Integrationsamt) bei Schwerbehinderung, eine fehlende Zulässigkeitserklärung der zuständigen Stelle bei Schwangerschaft oder Erziehungsurlaub (jetzt Elternzeit) solle es nicht ankommen. Der Arbeitnehmer bringt mit seiner Vorbehaltsannahme regelmäßig nur zum Ausdruck, er wolle seinen Arbeitsplatz in jedem Fall behalten und die unter dem Druck der Kündigung angesonnene Vertragsänderung akzeptieren, wenn alle Stricke reißen."* In dem eine Änderungskündigung betreffenden Streitfall stand damit **ausschließlich** die Wirksamkeit der **Kündigung** im Mittelpunkt der Prüfung. So kann man nicht darüber streiten, dass eine Änderungskündigung, die gegenüber einer schwangeren Arbeitnehmerin ohne Zustimmung der zuständigen Stelle ausgesprochen worden ist, von Vornherein auch dann rechtsunwirksam ist, wenn die schwangere Arbeitnehmerin das Änderungsangebot unter Vorbehalt akzeptiert hat. Dabei ist völlig gleichgültig, ob der Arbeitnehmerin das Änderungsangebot zumutbar oder unzumutbar gewesen ist. An diese Rechtsprechung knüpft der Zweite Senat des BAG[585] in einer neuen Entscheidung in Fortentwicklung der früheren Rechtsprechung[586] an und lässt ausdrücklich zu, dass sich ein Arbeitnehmer, der das Angebot auf Änderung seiner Arbeitsbedingungen gemäß § 2 S. 1 KSchG unter dem Vorbehalt der sozialen Rechtfertigung angenommen hat, im Prozess regelmäßig darauf berufen kann, die Änderung der Vertragsbedingungen scheide schon aus einem anderen Grund aus, der zur Unwirksamkeit der Kündigung**erklärung** führte. Das gilt auch dann, wenn die Kündigung (möglicherweise) „überflüssig" war. Die Urteilsformel[587] sollte dann entsprechend § 4 S. 2 Alt. 2 KSchG lauten: *„Es wird festgestellt, dass die Änderungskündigung (des Arbeitgebers) vom (...) rechtsunwirksam ist."* Mit dieser Tenorierung wird dem Umstand Rechnung getragen, dass die mit dem Änderungsangebot verknüpfte Beendigungskündigung rechtsunwirksam ist mit der weiteren Rechtsfolge, dass sich die bisherigen Arbeitsbedingungen, de-

---

[580] Nur BAG 18.5.2017 – 2 AZR 606/16, EzA KSchG § 2 Nr. 101 Rn. 11.
[581] StRspr seit BAG 7.6.1973 – 2 AZR 450/72, AP BGB § 626 Änderungskündigung Nr. 1 mablAnm v. Löwisch/Knigge/Lieb; BAG 24.5.2012 – 2 AZR 163/11, NZA-RR 2013, 74; BAG 23.2.2012 – 2 AZR 45/11, AP KSchG 1969 § 2 Nr. 156; BAG 22.10.2015 – 2 AZR 550/14, NZA-RR 2016, 243.
[582] ErfK/*Oetker* KSchG § 2 Rn. 40.
[583] BAG 7.6.1973 – 2 AZR 450/72, AP BGB § 626 Änderungskündigung Nr. 1.
[584] BAG 28.5.1998 – 2 AZR 615/97, NZA 1998, 1167.
[585] BAG 22.10.2015 – 2 AZR 124/14, NZA 2016, 225 Rn. 30 unter Hinweis auf BAG 28.5.1998 – 2 AZR 615/97, NZA 1998, 1167.
[586] BAG 24.8.2004 – 1 AZR 419/03, NZA 2005, 51; BAG 26.8.2008 – 1 AZR 353/07, NZA-RR 2009, 300; BAG 26.1.2012 – 2 AZR 102/11, NZA 2012, 856.
[587] *Niemann* NZA 2019, 65 (70) schlägt bei Mängeln in der Kündigungserklärung diesen Tenor als Klageantrag vor. Ein entsprechender Klageantrag sollte jedenfalls hilfsweise neben dem Änderungsschutzantrag gestellt werden.

ren Inhalt die angebotene Vertragsänderung bereits enthalten, nicht geändert haben. Diese auf die zweite Alternative von § 4 S. 2 KSchG gestützte Feststellung verhilft der Änderungsschutzklage – wie das BAG[588] ausführt – zum vollen Erfolg, ohne dass eine Aussage über die Erforderlichkeit der Änderung der Arbeitsbedingungen getroffen werden müsste. Nur wenn sich aus einer entsprechenden **Beschränkung** des **Vorbehalts** oder dem Vorbringen des Arbeitnehmers im Prozess ergibt, dass die Wirksamkeit der Kündigungserklärung nicht in Frage gestellt werden soll, ist nach Ansicht des BAG[589] Streitgegenstand gemäß § 4 S. 2 Alt. 1 KSchG allein der Inhalt der für das Arbeitsverhältnis geltenden Arbeitsbedingungen, was nach bisheriger Rspr. des BAG[590] bei einer überflüssigen Änderungskündigung die Abweisung der Änderungsschutzklage als unbegründet nach sich zöge. Noch nicht klargestellt hat das BAG, dass auch die Kündigungsgründe ohne Unterschied zur Beendigungskündigung der sozialen Rechtfertigung bedürfen.

Gute Argumente sprechen dafür, im Hinblick auf einen vom Arbeitnehmer erklärten Vorbehalt Beendigungskündigung und Änderungskündigung, soweit es um die **Wirksamkeit** der **Kündigung** geht, den gleichen Prüfungsmaßstäben nach dem allgemeinen und besonderen Kündigungsschutz zu unterwerfen. Erweist sich bereits das Element der Kündigung als unwirksam, kommt es überhaupt nicht mehr zu einer besonderen Prüfung, ob das Änderungsangebot den Grundsätzen der Verhältnismäßigkeit entspricht. Der Änderungsschutzklage des Arbeitnehmers ist zu entsprechen. Ist die Beendigungskündigung als solche wirksam und sozial gerechtfertigt, tritt der zweite Prüfungsschritt hinzu, ob das Änderungsangebot eine sonst notwendige Beendigung des Arbeitsverhältnisses vermeidet[591] und den Grundsätzen der Verhältnismäßigkeit entspricht, dh geeignet und erforderlich ist, um den Inhalt des Arbeitsvertrags den geänderten Beschäftigungsmöglichkeiten anzupassen. Diese Voraussetzungen müssen für alle angebotenen Vertragsänderungen vorliegen.[592] Dabei darf sich nach dem Grundsatz der Verhältnismäßigkeit keine der angebotenen Vertragsänderungen weiter vom Inhalt des bisherigen Arbeitsvertrages entfernen, als zur Anpassung an die geänderten Beschäftigungsmöglichkeiten erforderlich ist.[593]

2. Die überflüssige Änderungskündigung

Nach langjähriger Rechtsprechung des BAG[594] führt eine „überflüssige" Änderungskündigung bei Annahme des mit der Änderungskündigung verbundenen Angebots unter Vorbehalt nicht zur Unwirksamkeit der Änderung der Arbeitsbedingungen, obwohl die Beendigungskündigung zweifelsfrei gegen den Grundsatz der Verhältnismäßigkeit verstößt. Die Änderungsschutzklage des Arbeitnehmers wird als unbegründet abgewiesen.[595] Dieses Resultat ist der Erwägung geschuldet, dass es bei der Änderungsschutzklage nach § 2 KSchG um den Inhaltsschutz des Arbeitsvertrags ginge, der nicht betroffen sei, wenn die angebotenen Änderungen ohnehin bereits gölten, so dass es einer sozialen Rechtfertigung nicht bedürfe, wenn die angebotenen Arbeitsbedingungen zB wegen einer wirksamen Weisung oder einer Änderung des Tarifvertrags bereits Inhalt des Arbeitsvertrags seien. Im Ausspruch einer überflüssigen Änderungskündigung liegt auch kein Verzicht des Arbeitgebers während

---

[588] BAG 22.10.2015 – 2 AZR 124/14, NZA 2016, 225 Rn. 32.
[589] BAG 22.10.2015 – 2 AZR 124/14, NZA 2016, 225 Rn. 30.
[590] BAG 26.1.2012 – 2 AZR 102/11, NZA 2012, 856 Rn. 14 und → Rn. 132.
[591] Grundsätzlich BAG 21.4.2005 – 2 AZR 132/04, NZA 2005, 1289; BAG 3.4.2008 – 2 AZR 500/06, NJW 2008, 2736.
[592] BAG 23.6.2005 – 2 AZR 642/04, NZA 2006, 92 Rn. 28; BAG 8.10.2009 – 2 AZR 235/08, NZA 2010, 465 Rn. 18; BAG 5.6.2014 – 2 AZR 615/13, NZA 2015, 40 Rn. 24.
[593] BAG 13.6.2012 – 10 AZR 296/11, NZA 2012, 1154; BAG 10.4.2014 – 2 AZR 812/12, NZA 2012, 1154; BAG 22.10.2015 – 2 AZR 124/14, NZA 2016, 225.
[594] Die Rechtsprechung zusammenfassend: BAG 6.9.2007 – 2 AZR 368/06, AP KSchG 1969 § 2 Nr. 135; BAG 29.9.2011 – 2 AZR 523/10, NZA 2012, 628; BAG 26.1.2012 – 2 AZR 102/11, NZA 2012, 856 Rn. 12; BAG 5.6.2014 -2 AZR 615/13, NZA 2015, 40 Rn. 12. Kritisch dazu *Preis* NZA 2015, 1 ff.; *Berkowsky* BB 2009, 1867; *Boewer* FS Bartenbach, 587 ff.; *Benecke* NZA 2005, 1092; *Hromadka* NZA 2008, 1338.
[595] BAG 26.1.2012 – 2 AZR 102/11, NZA 2012, 856 Rn. 12; BAG 19.7.2012 – 2 AZR 25/11, NZA 2012, 1038 Rn. 18 ff.; BAG 5.6.2014 – 2 AZR 615/13, NZA 2015, 40 Rn. 12; LAG RhPf 18.10.2019 – 1 Sa 76/19, juris Rn. 38.

der Kündigungsfrist auf die bereits bestehende Rechtsposition.[596] Eine Änderungsschutzklage gegen eine Änderungskündigung des Arbeitgebers wird auch dann als unbegründet angesehen, wenn er das gleiche Ergebnis durch einen schlichten **Widerruf** oder **kraft Weisungsrechts** erreichen könnte. Allein die Möglichkeit, eine Änderung der aktuellen Arbeitsbedingungen durch **Ausübung** des **Direktionsrechts** zu bewirken, führt deshalb nach Ansicht des BAG[597] bei Annahme des mit der Änderungskündigung verbundenen Angebots unter Vorbehalt nicht zur Unwirksamkeit der Änderung der Arbeitsbedingungen.[598] Die Handhabe, eine Änderung der aktuellen Arbeitsbedingungen durch Ausübung des Direktionsrechts zu bewirken, führte bei Annahme des mit der Änderungskündigung verbundenen Angebots unter Vorbehalt nicht zur Unwirksamkeit der Änderung der Arbeitsbedingungen aus dem Gesichtspunkt der Verhältnismäßigkeit. Unverhältnismäßig wäre allenfalls das Element der Kündigung, nicht dagegen das mit der Kündigung verbundene Änderungsangebot. Ebenso hat das BAG[599] eine Änderungskündigung zwecks Reduzierung der Dauer der Arbeitszeit einer Halbtagskraft von 20 auf 19,5 Stunden für gerechtfertigt angesehen und die Änderungsschutzklage abgewiesen, obwohl und weil sich diese Reduzierung bereits durch schlichte **Auslegung** aus dem Arbeitsvertrag ergab. Desgleichen ist eine mit dem Ziel des bereits durch Betriebsvereinbarung eingetretenen Wechsels der Lohnart erklärte „überflüssige" Änderungskündigung vom BAG[600] für berechtigt erachtet worden. Auch im Verhältnis von **Widerrufsvorbehalt** und Änderungskündigung will das BAG[601] die vorstehenden Grundsätze anwenden. Erfolgt der Widerruf im Zusammenhang mit einer Änderungskündigung und nimmt der Arbeitnehmer das darin liegende Änderungsangebot unter Vorbehalt an, so ist die Änderungskündigung sozial gerechtfertigt, wenn die Ausübung des Widerrufsrechts billigem Ermessen entspricht. Auch wenn der Arbeitgeber die Zahlung des die tariflich geschuldete Vergütung übersteigenden Teilbetrages grundsätzlich einseitig einstellen darf, ist die mit eben diesem Ziel ausgesprochene Änderungskündigung wirksam.[602]

141 Hat der Arbeitnehmer das **Änderungsangebot** des Arbeitgebers jedoch **nicht angenommen**, widerspricht eine „überflüssige" Änderungskündigung wegen der damit verbundenen Bestandsgefährdung nach Ansicht des BAG[603] dem Grundsatz der Verhältnismäßigkeit mit der Folge der Unwirksamkeit. Die Parteien streiten ausschließlich um die Beendigung des Arbeitsverhältnisses. Bereits diese **Bestandsgefährdung** verbiete es, die Kündigung als verhältnismäßig zu betrachten, obwohl es ihrer nicht bedurfte, weil die Änderung der Arbeitsbedingungen bereits auf Grund der Ausübung des Direktionsrechts eingetreten war.[604] Im Ergebnis wird damit die gleiche Änderungskündigung als wirksam oder unwirksam angesehen, je nachdem, ob der Arbeitnehmer das Änderungsangebot ablehnt oder unter Vorbehalt akzeptiert. Allerdings hat das BAG[605] erwogen, die Frage der Wirksamkeit der Kündigung

---

[596] BAG 26.8.2008 – 1 AZR 353/07, NZA-RR 2009, 300: Bei Wechsel der Lohnart durch Betriebsvereinbarung. Ablehnend *Reuter/Sagan/Witschen* NZA 2013, 935 (936).
[597] BAG 26.1.1995 – 2 AZR 371/94, NZA 1995, 626: Der Arbeitgeber hätte in dem entschiedenen Fall während der Schulferien ausfallende Arbeitszeit kraft Direktionsrechts durch Erhöhung der Arbeitszeit außerhalb der Schulferien ausgleichen können; BAG 24.6.2004 – 8 AZR 22/03, NZA 2005, 656: Änderung der Eingruppierung bei sinkender Schülerzahl. Eine in der „Preisauszeichnung" beschäftigte Arbeitnehmerin eines Kaufhauses sollte im Verkauf eingesetzt werden, was kraft Weisungsrechts möglich gewesen wäre: BAG 19.7.2012 – 2 AZR 25/11, NZA 2012, 1038 Rn. 21. Ebenso Wechsel des Arbeitseinsatzes in eine andere Geschäftsstelle: BAG 26.1.2012 – 2 AZR 102/11, NZA 2012, 856.
[598] Kritisch dazu *Preis* NZA 2015, 1 ff.; MHdB ArbR/*Berkowsky* § 145 Rn. 32 und NZA 2000, 1134; *Boewer* BB 1996, 2620 und FS Bartenbach, 587 ff.
[599] BAG 21.2.1991 – 2 AZR 432/90, BeckRS 2009, 69342.
[600] BAG 26.8.2008 – 1 AZR 353/07, NZA-RR 2009, 300.
[601] BAG 15.11.1995 – 2 AZR 521/95, NZA 1996, 603: Die Parteien hatten vereinbart, dass dem Kläger als Trainings-Purser eine Zulage nur gezahlt werden sollte, solange er mit dieser Aufgabe betraut war. Nach Entzug der Aufgabe sprach der Arbeitgeber eine Änderungskündigung (!) aus.
[602] BAG 9.7.1997 – 4 AZR 635/95, NZA 1998, 494.
[603] BAG 9.2.1989 – 6 AZR 16/87, BeckRS 1989, 30729841; BAG 24.6.2004 – 8 AZR 22/03, ZTR 2004, 579; BAG 6.9.2007 – 2 AZR 368/06, NZA-RR 2008, 291.
[604] Kritisch dazu ErfK/*Oetker* KSchG § 2 Rn. 14a, 15, der danach differenzieren will, ob der Umfang des Direktionsrechts zweifelhaft ist und im letzteren Fall eine Änderungskündigung befürwortet.
[605] BAG 25.4.2013 – 2 AZR 960/11, AP GVG § 20 Nr. 7 Rn. 29.

zu prüfen, wenn der Arbeitnehmer den Vorbehalt nach § 2 KSchG mit dem weiteren Vorbehalt verbindet, dass die Änderungskündigung nicht überflüssig ist.

Bei näherer Betrachtung kann es bei den geschilderten Fällen kaum zweifelhaft sein, dass 142 der Arbeitgeber mit der Änderungskündigung gegen den **Grundsatz der Verhältnismäßigkeit** verstößt, wenn er das gleiche Ziel **ohne Vertragsänderung** kraft Direktionsrechts oder durch Widerruf, dh durch eine deutlich mildere Maßnahme, erreichen kann, diese Möglichkeit aber nicht wahrnimmt. Dabei kann es keinen Unterschied machen, ob der Arbeitnehmer das Änderungsangebot ablehnt oder unter Vorbehalt annimmt.[606] Auch in sonstigen Fällen der Änderungskündigung will das BAG[607] hinsichtlich des anzulegenden Prüfungsmaßstabs nicht danach differenzieren, ob der Arbeitnehmer das Änderungsangebot unter Vorbehalt annimmt oder ablehnt. Abgesehen davon kommt es bei der Änderungskündigung – wie bei der Beendigungskündigung – für die Beurteilung der Sozialwidrigkeit/Unwirksamkeit auf den **Zeitpunkt ihres Zugangs** und nicht auf den Zeitpunkt der Vorbehaltserklärung an.[608]

Ist die **Änderung** der Arbeitsbedingungen durch erfolgte Ausübung des einseitigen Gestal- 143 tungsrechts (Direktionsrecht, Weisungsrecht) oder etwa auf Grund eines neuen Tarifvertrags oder einer geänderten Betriebsvereinbarung **bereits eingetreten**,[609] und spricht der Arbeitgeber gleichwohl noch eine zusätzliche vollkommen überflüssige Änderungskündigung aus, die an dem bestehenden Rechtszustand nichts mehr ändern kann, so **muss** sich der Arbeitnehmer gegen diese mit einer rechtzeitigen Annahme unter Vorbehalt oder nach Ablehnung des Änderungsangebots mit einer Kündigungsschutzklage (§ 4 S. 1 KSchG) schützen, weil er sonst seinen Arbeitsplatz verliert. Im Gegensatz zur Auffassung des BAG ist auch einer Änderungsschutzklage des Arbeitnehmers zu entsprechen. Die Rechtskraft einer zusprechenden Entscheidung ändert nichts an der bereits eingetretenen Änderung. Denn mit der Entscheidung des Gerichts werden lediglich die **bisherigen** Arbeitsbedingungen wiederhergestellt (§ 8 KSchG). Dieses Ergebnis muss nur im Tenor des Urteils zum Ausdruck kommen. Der Tenor könnte etwa lauten: „Es wird festgestellt, dass der Vertrag vom … durch die Änderungskündigung der Beklagten vom … nicht entsprechend dem Vertragsangebot der Beklagten vom … geändert worden ist." In seiner Entsprechung müsste der Klageantrag ebenso ausfallen.

Ob sich an dieser Rechtsprechung der verschiedenen Senate des BAG zur „überflüssigen" 144 Änderungskündigung durch die Entscheidung des Zweiten Senats des BAG vom 22.10. 2015[610] etwas ändert, weil der Zweite Senat den vom Arbeitnehmer erklärten Vorbehalt[611] auch auf die Unwirksamkeit der Kündigungserklärung (etwa Verstoß gegen §§ 102 BetrVG, 168, 178 Abs. 2 SGB IX, 17 MuSchG) erstreckt, lässt sich nicht mit Sicherheit prognostizieren. Zumindest handelt es sich um einen Prüfungsansatz, der sich mit der hier vertretenen Auffassung deckt, dass im Änderungsschutzprozess (§ 4 S. 2 KSchG) im ersten Schritt immer die Wirksamkeit der mit dem Änderungsangebot verbundenen Beendigungskündigung im Hinblick auf den besonderen und allgemeinen Kündigungsschutz und damit auch auf ihre soziale Rechtfertigung geprüft werden muss.[612] Die soziale Rechtfertigung einer überflüssigen Änderungskündigung ist daher stets zu verneinen, weil die Kündigung von vornherein mangels Erforderlichkeit dem Grundsatz der Verhältnismäßigkeit widerspricht.[613]

---

[606] Ausführlich dazu *Preis* NZA 2015, 1 (7 ff.).
[607] BAG 18.5.2006 – 2 AZR 230/05, NZA 2006, 1092; BAG 29.11.2007 – 2 AZR 388/06, NZA 2008, 523; BAG 24.5.2012 – 2 AZR 163/11, NZA-RR 2013, 74; BAG 23.2.2012 – 2 AZR 45/11, AP KSchG 1969 § 2 Nr. 156; BAG 22.10.2015 – 2 AZR 550/14, NZA-RR 2016, 243.
[608] Ebenso Stahlhacke/Preis/Vossen Kündigung/*Preis* Rn. 1321c.
[609] So im Fall BAG 26.8.2008 – 1 AZR 353/07, NZA-RR 2009, 300.
[610] BAG – 2 AZR 124/14, NZA 2016, 225, vgl. dazu näher → Rn. 134. Offen gelassen BAG 20.10.2017 – 2 AZR 783/16 (F), NZA 2018, 440 Rn. 25 unter Hinweis auf *Niemann* RdA 2016, 339.
[611] Vgl. zur Vorbehaltserklärung → Rn. 132.
[612] Näher dazu → Rn. 135. Vgl. auch BAG 25.4.2013 – 2 AZR 960/11, AP GVG § 20 Nr. 7 Rn. 29: Die Wirksamkeit der Kündigung steht allenfalls dann weiterhin im Streit, wenn der Arbeitnehmer die Annahme des Änderungsangebots unter dem Vorbehalt des § 2 KSchG mit dem weiteren Vorbehalt verbunden haben sollte, dass die Änderungskündigung nicht „überflüssig" ist.
[613] BAG 9.2.1989 – 6 AZR 16/87, BeckRS 1989, 30729841; BAG 24.6.2004 – 8 AZR 22/03, ZTR 2004, 579; BAG 6.9.2007 – 2 AZR 368/06, NZA-RR 2008, 291. Vgl. auch *Niemann* NZA 2019, 65 (70).

Die erstrebte faktische Änderung der Arbeitsbedingungen ergibt sich bereits aus dem bestehenden Vertrag oder lässt sich auf seiner unveränderten Grundlage umsetzen. Allerdings hat das BAG[614] im Fall der Arbeitgeber eine **Änderung** der Arbeitsbedingungen bereits im Wege des Direktionsrechts[615] **angeordnet** hat und **zusätzlich** eine darauf bezogene **Änderungskündigung** für den Fall ausspricht, dass die Maßnahme nicht ohne eine Änderung des Arbeitsvertrags zulässig ist, dem Arbeitnehmer die prozessuale Möglichkeit eingeräumt, seinen Änderungsschutzantrag nach § 4 S. 2 KSchG unter die **Bedingung** zu stellen, dass über diesen nur befunden wird, wenn es nach Auffassung des Gerichts für die streitgegenständliche Maßnahme einer Vertragsänderung bedarf. Dieser Hilfsantrag setzt aber stets voraus, dass der Arbeitnehmer mit dem Hauptantrag **zugleich** die einseitige Maßnahme des Arbeitgebers gerichtlich angreift. Die vom Arbeitgeber vorsorglich ausgesprochene Änderungskündigung steht unter der auflösenden Rechtsbedingung, nicht bereits einseitig zu der von ihm beabsichtigten Veränderung berechtigt zu sein, weshalb der Arbeitnehmer seinerseits einen Änderungsschutzantrag gem. § 4 S. 2 KSchG unter der **Bedingung** stellen darf, dass es nach Auffassung des Gerichts keiner Vertragsänderung für die vom Arbeitgeber angestrebte Versetzung bedurfte.

Formulierungsvorschlag:

145
1. Festzustellen, dass die mit Schreiben der Beklagten vom ...... ausgesprochene Versetzung des (der) Klägers (erin) von A nach B rechtsunwirksam ist.
2. Hilfsweise, im Falle die Versetzungsanordnung der Beklagten bezüglich des Antrags zu 1. einer Vertragsänderung bedarf, festzustellen, dass die Änderung der Arbeitsbedingungen durch die Änderungskündigung der Beklagten vom ...... sozial ungerechtfertigt oder aus sonstigen Gründen rechtsunwirksam ist und dass die Änderungskündigung der Beklagten vom ...... rechtsunwirksam ist.

3. Änderungskündigung zur Anpassung von Nebenabreden

146 Besonderheiten gelten nach der Rechtsprechung des BAG[616] auch für Änderungskündigungen, die zur **Anpassung** vertraglicher **Nebenabreden** ausgesprochen werden, die auf Umständen beruhen, die einem Wegfall der Geschäftsgrundlage (§ 313 BGB) gleichkommen. Danach unterliegen Änderungskündigungen zur Anpassung vertraglicher Nebenabreden (zB Fahrtkostenzuschuss, Mietzuschuss) an geänderte Umstände weniger strengen Maßstäben als Änderungskündigungen zur Entgeltabsenkung. Ein dringendes betriebliches Erfordernis zur Änderung der Arbeitsbedingungen wird bejaht,[617] wenn die Parteien eine Nebenabrede zum Arbeitsvertrag vereinbart haben, die an Umstände anknüpft, die erkennbar nicht während der gesamten Dauer des Arbeitsverhältnisses gleich bleiben müssen. Es geht gleichsam um einen Randbereich der vertraglichen Vereinbarungen.[618] Möchte sich der Arbeitgeber wegen veränderter Umstände von einer solchen Nebenabrede lösen, so kann dies eine Änderungskündigung erforderlich machen, wenn die Parteien nicht von vornherein in der Ne-

---

[614] BAG 17.12.2015 – 2 AZR 304/15, NZA 2016, 568.
[615] Vgl. dazu *Preis* NZA 2015, 1 (4 ff.); BAG 25.8.2010 – 10 AZR 275/09, NZA 2010, 1355; BAG 18.10.2017 – 10 AZR 330/15, NZA 2017, 1452 unter Aufgabe von BAG 22.2.2012 – 5 AZR 249/11, NZA 2012, 858; BAG 28.11.2019 – 8 AZR 125/18, NZA 2020, 589 Rn. 26; *Boemke* NZA 2013, 6; *Kühn* NZA 2015, 10 ff.
[616] BAG 27.3.2003 – 2 AZR 74/02, NZA 2003, 1029: Der Fall betraf die jahrelange kostenlose Beförderung zum Betriebssitz, die der Arbeitgeber auf Grund geänderter Verhältnisse durch Änderungskündigung mit gleichzeitigem Angebot eines Pauschalzuschusses für Fahrtkosten beseitigen wollte, das die Klägerin abgelehnt hat. Vgl. auch BAG 8.10.2009 – 2 AZR 235/08, NZA 2010, 465; BAG 20.6.2013 – 2 AZR 396/12, NZA 2013, 1409 Rn. 26; BAG 5.6.2014 – 2 AZR 615/13, NZA 2015, 40 Rn. 23; Stahlhacke/Preis/Vossen Kündigung/*Preis* Rn. 1314.
[617] BAG 23.11.2000 – 2 AZR 547/99, NZA 2001, 492; BAG 27.3.2003 – 2 AZR 74/02, NZA 2003, 1029; BAG 23.6.2005 – 2 AZR 642/04, NZA 2006, 92.
[618] BAG 20.6.2013 – 2 AZR 396/12, NZA 2013, 1409 Rn. 26.

benabrede einen Widerrufsvorbehalt vereinbart haben. Begründungsansatz bildet dabei die Erwägung, dass derartige Fälle außerhalb des § 2 KSchG unter dem Gesichtspunkt des Wegfalls oder der Änderung der Geschäftsgrundlage (§ 313 BGB) abgehandelt werden, wenn sich der Arbeitgeber auf inzwischen veränderte Umstände beruft.[619] „Der unvorhergesehene Eintritt besonderer Umstände könne nach Treu und Glauben (§ 242 BGB) das Verlangen einer vereinbarten Leistung als unbillig und ungerechtfertigt erscheinen lassen (so schon RGZ 99, 1 „Ostgalizische Eier")."[620] Stellt man zur näheren Kennzeichnung der Nebenabrede auf einen sonst üblichen Widerrufsvorbehalt ab, müsste die Änderungskündigung unter diesem Aspekt auch in Betracht kommen, wenn sich ein Widerrufsvorbehalt- etwa mangels Transparenz (§ 307 Abs. 1 S. 2 BGB) – als unwirksam erweist.

Derartige **Nebenabreden** oder Nebenleistungen sind vom BAG zB angenommen worden, wenn in einem Arbeitsverhältnis ursprünglich eine pauschale Überstundenabgeltung vereinbart war, der Arbeitgeber aber wegen veränderter Umstände nunmehr zur „Spitzabrechnung" der Mehrarbeitsvergütung übergehen wollte,[621] oder wenn Kontrollschaffner eines Verkehrsunternehmens zunächst ihre Arbeit an der ihrer Wohnung nächstgelegenen Haltestelle aufnehmen durften, dann aber die Arbeit stets vom Betriebshof aus aufnehmen sollten,[622] oder der Arbeitgeber einen kostenlosen Buszubringerdienst gegen Zahlung einer Fahrtkostenerstattung einstellen wollte,[623] aber auch bei einer Beteiligung von ärztlichen Mitarbeitern eines liquidationsberechtigten Chefarztes an dessen Honorareinnahmen bei entsprechender gesetzlicher Änderung.[624] Voraussetzung des dringenden betrieblichen Grundes ist, ob sich die der ursprünglichen Vereinbarung zugrunde liegenden Umstände so stark geändert haben, dass sie eine Änderung der Arbeitsbedingungen erforderlich machen und ob sich der Arbeitgeber darauf beschränkt hat, dem Arbeitnehmer nur solche Änderungen vorzuschlagen, die dieser nach den Grundsätzen der Verhältnismäßigkeit hinnehmen muss.[625] 147

Die Praxis der anwaltlichen Beratung hat sich auf diese Besonderheit der Rechtsprechung des BAG einzustellen, und im Falle einer Änderungskündigung zum Abbau von Nebenabreden dem Arbeitnehmer regelmäßig zu empfehlen, das Änderungsangebot unter Vorbehalt zu akzeptieren, um nicht den Arbeitsplatz zu riskieren. Dies ist umso mehr geboten, als nicht mit ausreichender Trennschärfe feststeht, was alles zum unmittelbaren Austauschverhältnis gehört und was als sog. Nebenabrede (Nebenleistung) zu qualifizieren ist und im Falle der Ablehnung des Änderungsangebots der Maßstab der Änderungskündigung angelegt wird.[626] Was gilt etwa für den Entzug der Privatnutzung eines Dienstfahrzeugs? Bei einem Eingriff in das arbeitsvertraglich vereinbarte Verhältnis von Leistung und Gegenleistung – etwa bei einer Änderung des regulären Gehalts – geht es nicht um eine vertragliche Nebenleistung.[627] 148

VII. Die soziale Rechtfertigung einer Änderungskündigung

Änderungskündigungen können wie Beendigungskündigungen aus betriebs-, personen- oder verhaltensbedingten Gründen erfolgen. Diese Konsequenz ist aus dem Verweis in § 2 149

---

[619] BAG 20.6.2013 – 2 AZR 396/12, NZA 2013, 1409 Rn. 25, 26. Die Störung der Geschäftsgrundlage (§ 313 BGB) hat neben der Änderungskündigung keine eigenständige Bedeutung. Soweit überhaupt der Wegfall der Geschäftsgrundlage die Änderung der Arbeitsbedingungen notwendig macht, hat der Arbeitgeber eine Änderungskündigung auszusprechen: BAG 13.3.1987 – 7 AZR 792/85, juris Rn. 21; BAG 16.5.2002 – 2 AZR 292/01, NZA 2003, 147; BAG 8.10.2009 – 2 AZR 235/08, NZA 2010, 465 Rn. 32; BAG 5.6.2014 – 2 AZR 615/13, NZA 2015, 40 Rn. 31.
[620] BAG 27.3.2003 – 2 AZR 74/02, NZA 2003, 1029 Rn. 21 mAnm von *Berkowsky* NZA 2003, 1133; *Hamann* jurisPR-ArbR 19/2005 Anm. 4.
[621] BAG 23.11.2000 – 2 AZR 547/99, NZA 2001, 492.
[622] BAG 26.7.2001 – 6 AZR 434/99, EzBAT § 8 BAT Direktionsrecht Nr. 50.
[623] BAG 27.3.2003 – 2 AZR 74/02, NZA 2003, 1029.
[624] BAG 5.6.2014 – 2 AZR 615/13, NZA 2015, 40 Rn. 15, 23.
[625] BAG 27.3.2003 – 2 AZR 74/02, NZA 2003, 1029; BAG 5.6.2014 – 2 AZR 615/13, NZA 2015, 40 Rn. 24.
[626] BAG 24.5.2012 – 2 AZR 163/11, NZA-RR 2013, 74; BAG 23.2.2012 – 2 AZR 45/11, AP KSchG 1969 § 2 Nr. 156; BAG 22.10.2015 – 2 AZR 550/14, NZA-RR 2016, 243; BAG 21.5.2019 – 2 AZR 26/19, NZA 2019, 1143 Rn. 30.
[627] BAG 20.6.2013 – 2 AZR 396/12, NZA 2013, 1409 Rn. 28, 31; BAG 5.6.2014 – 2 AZR 615/13, NZA 2015, 40 Rn. 38.

S. 1 KSchG auf die allgemeinen Bestimmungen des § 1 Abs. 2 S. 1–3 Abs. 3, S. 1, 2 KSchG zweifelsfrei herzuleiten. Auch bei der Änderungskündigung ist – wie bei der Beendigungskündigung – für die **Beurteilung** der Sozialwidrigkeit der **Zeitpunkt** ihres **Zugangs** maßgebend.[628] Dies ist auch der Grund dafür, dass das Änderungsangebot des Arbeitgebers spätestens zugleich mit der Kündigung zugehen muss, weil es sonst nicht in die Beurteilung, insbesondere auch des Vorrangs milderer Mittel, einbezogen werden könnte. Folgt das Änderungsangebot erst nach, liegt eine Beendigungskündigung vor, die der Arbeitnehmer mit der Kündigungsschutzklage (§ 4 S. 1 KSchG) angreifen muss.[629]

1. Insolvenzrechtliche Besonderheiten

150 Im Insolvenzverfahren stehen Änderungskündigungen, die durch betriebsbedingte Gründe veranlasst sind, im Vordergrund. Die §§ 113, 125–128 InsO gelten auch für betriebsbedingte Änderungskündigungen.[630] Der **Insolvenzverwalter** rückt in die Arbeitgeberstellung der nach § 108 Abs. 1 S. 1 InsO fortbestehenden Arbeitsverhältnisse ein und wird kraft Amtes Rechtsnachfolger des Schuldners.[631] Der Insolvenzverwalter hat die allgemein für Kündigungen geltenden Bestimmungen (etwa § 623 BGB) sowie den besonderen Kündigungsschutz (etwa §§ 102 BetrVG, 15 KSchG, 17 MuSchG, 18 BEEG, 168 SGB IX) einzuhalten, auf deren Geltung die Insolvenz keinen Einfluss hat.[632] Ist ein Insolvenzverwalter bestellt, ist eine Kündigungs- oder Änderungsschutzklage gegen ihn in seiner Eigenschaft als Partei kraft Amtes zu erheben. Eine Klage gegen den Schuldner macht den Insolvenzverwalter nicht zur Partei des Rechtsstreits und kann die Klagefrist des § 4 S. 1, 2 KSchG nicht wahren.[633] Eine Kündigungsschutzklage ist aber auch nach Eröffnung des Insolvenzverfahrens gegen den Schuldner zu richten, wenn dieser eine selbständige Tätigkeit ausübt und der Insolvenzverwalter das Vermögen aus dieser Tätigkeit gemäß § 35 Abs. 2 InsO aus der Insolvenzmasse freigegeben hat. Mit Zugang der Freigabeerklärung bei dem Schuldner fällt die Verwaltungs- und Verfügungsbefugnis über die zu diesem Zeitpunkt bestehenden Arbeitsverhältnisse an den Schuldner zurück.[634] Dies gilt nach § 279 S. 1 InsO auch bei Eigenverwaltung.[635] Danach tritt bei der Anwendung der §§ 103 bis 128 InsO der Schuldner an die Stelle des Insolvenzverwalters, sodass dem Schuldner das Kündigungsrecht verbleibt. Soweit der vorläufige Insolvenzverwalter die Verwaltungs- und Verfügungsbefugnis über das Vermögen des Schuldners besitzt (§ 22 Abs. 1 InsO), ist er nach allgemeinen arbeitsrechtlichen Grundsätzen zur Kündigung berechtigt. Die Kündigungsschutzklage ist gegen den vorläufigen (starken) Insolvenzverwalter zu richten.[636] Hat das Insolvenzgericht nach § 22 Abs. 2 S. 2 InsO den „schwachen" vorläufigen Insolvenzverwalter zur Kündigung von Arbeitsverhältnissen ermächtigt,[637] rückt er hinsichtlich der Kündigungsberechtigung in die Arbeitgeberstellung ein. Besteht ein beschränkter Zustimmungsvorbehalt des

---

[628] Vgl. nur BAG 9.4.1987 – 2 AZR 210/86, NZA 1987, 811; BAG 17.1.1991 – 2 AZR 375/90, NZA 1991, 557; BAG 27.2.1997 – 2 AZR 160/96, NZA 1997, 757.

[629] Vgl. näher → Rn. 18.

[630] Vgl. *Rieble* NZA 2007, 1393; *Zwanziger* BB 1997, 626; *Fischermeier* NZA 1997, 1089 ff.; *Löwisch* RdA 1997, 80 (85) und die Nachweise bei KR/*Weigand* InsO §§ 113, 120 – 124 Rn. 67 ff. Vgl. auch *Fischer* NZA 2002, 536.

[631] GmS-OGB 27.9.2010 – GmS-OGB 1/09, NZA 2011, 534 Rn. 18: Für Ansprüche aus dem Arbeitsverhältnis ist der Insolvenzverwalter für die Dauer des Insolvenzverfahrens Arbeitgeber kraft Amtes. BGH 26.1.2006 – IX ZR 282/03, ZInsO 2006, 260; BAG 18.10.2012 – 6 AZR 41/11, NZA 2013, 1007 Rn. 19; BGH 6.12.2012 – IX ZB 84/12, NZA 2013, 694 Rn. 10; BAG 21.11.2013 – 6 AZR 979/11, NZA 2014, 276.

[632] BAG 3.7.2003 – 2 AZR 487/02, NZA 2003, 1335; 1BAG 5.11.2012 – 8 AZR 827/11, NZA 2013, 504; BAG 20.9.2012 – 6 AZR 253/11, NZA 2013, 797 Rn. 20.

[633] BAG 18.10.2012 – 6 AZR 41/11, NZA 2013, 1007 Rn. 19: Die versehentlich gegen den Schuldner gerichtete Klage kann durch Rubrumsberichtigung als gegen den Insolvenzverwalter erhoben angesehen werden, wenn dies aus dem zu den Gerichtsakten gereichten Kündigungsschreiben zu entnehmen ist. BAG 21.11.2013 – 6 AZR 979/11, NZA 2014, 276 Rn. 12.

[634] BAG 21.11.2013 – 6 AZR 979/11, NZA 2014, 276 Rn. 13.

[635] BAG 23.2.2017 – 6 AZR 665/15, NZA 2017, 995 Rn. 29.

[636] BAG 27.10.2005 – 6 AZR 5/05, NZA 2006, 727 Rn. 15; vgl. auch ErfK/*Müller-Glöge* InsO Einführung Rn. 37, 37a mwN.

[637] BAG 16.2.2012 – 6 AZR 553/10, NZA 2012, 555 Rn. 48.

Insolvenzgerichts nach § 21 Abs. 2 Nr. 2 Alt. 2 InsO, ist eine ohne Zustimmung des vorläufigen Insolvenzverwalters ausgesprochene Kündigung des Schuldners rechtsunwirksam. Liegt die Zustimmung vor, kann der Arbeitnehmer die Kündigung des Schuldners zurückweisen (§ 182 Abs. 3 iVm § 111 S. 2, 3 BGB), wenn die Einwilligung nicht in schriftlicher Form vorgelegt wird.[638]

Der Insolvenzverwalter kann bei über drei Monate hinausgehenden gesetzlichen, tariflichen oder vertraglichen Kündigungsfristen oder bei einem tariflichen oder durch Betriebsvereinbarung festgelegten Ausschluss der ordentlichen Kündigung mit einer Kündigungsfrist von drei Monaten zum Monatsende kündigen (§ 113 InsO).[639] Ist die Kündigung bereits **vor Eröffnung** des Insolvenzverfahrens vom Schuldner ausgesprochen worden, darf der Insolvenzverwalter (nicht der vorläufige Insolvenzverwalter)[640] eine sog. **Nachkündigung** erklären, um eine längere Kündigungsfrist auf drei Monate zum Monatsende zu reduzieren.[641] Eine analoge Anwendung des § 113 InsO auf den vorläufigen Insolvenzverwalter mit Verwaltungs- und Verfügungsbefugnis („starker vorläufiger Insolvenzverwalter") ist wegen der unterschiedlichen Funktionen nicht möglich.[642] Anders ist zu entscheiden, wenn der vorläufige (schwache) Insolvenzverwalter zur Kündigung von Arbeitsverhältnissen nach § 22 Abs. 2 S. 2 InsO ermächtigt worden ist.[643] Im Falle der **Eröffnung** des Insolvenzverfahrens über das Vermögen einer Partei wird das Verfahren, wenn es die Insolvenzmasse betrifft, was bei einer Kündigung oder Änderungskündigung der Fall ist, stets unterbrochen (§ 240 S. 1 ZPO), bis es nach den für das Insolvenzverfahren geltenden Vorschriften aufgenommen oder das Insolvenzverfahren beendet wird.[644] Die von Amts wegen zu beachtende Unterbrechung des Verfahrens führt zum Stillstand des Verfahrens.[645] Nach § 24 Abs. 2 InsO gelten für die Aufnahme eines Rechtsstreits gegen den vorläufigen Insolvenzverwalter mit Verwaltungs- und Verfügungsbefugnis die §§ 85 Abs. 1 S. 1, 86 InsO entsprechend. § 86 Abs. 1 Nr. 3 InsO bestimmt, dass Rechtsstreitigkeiten vom Gegner (Arbeitnehmer) nur aufgenommen werden können, wenn sie eine Masseverbindlichkeit betreffen, wovon bei einer Änderungs- oder Kündigungsschutzklage auszugehen ist, weil sie Ausgangspunkt weiterer vermögensrechtlicher Ansprüche, etwa auf Vergütung, ist.[646] Durch die Eröffnung des vereinfachten **Verbraucherinsolvenzverfahrens** über das Vermögen des Arbeitnehmers wird jedoch ein Kündigungsrechtsstreit nicht unterbrochen.[647] Ist die Änderungskündigung bereits vor Eröffnung des Insolvenzverfahrens vom Schuldner ausgesprochen und Änderungs- oder Kündigungsschutzklage erhoben worden, wird das Kündigungs- bzw Änderungsschutzverfahren bei der Bestellung eines vorläufigen Insolvenzverwalters, der keine allgemeine Verfügungsbefugnis besitzt (schwacher oder halbstarker vorläufiger Insolvenzverwalter), noch nicht unterbrochen. Eine Unterbrechung des Verfahrens tritt gemäß § 240 S. 2 ZPO jedoch dann ein, wenn die Verwaltungs- und Verfügungsbefugnis über das Vermögen des Schuldners auf den vorläufigen Insolvenzverwalter übergeht (starker vorläufiger Insolvenzverwalter: § 22 Abs. 1 InsO), was erst durch einen weiteren Beschluss des Insolvenzgerichts geschehen kann.

---

[638] BAG 10.10.2002 – 2 AZR 532/01, NZA 2003, 909 Rn. 28, 32.
[639] BAG 16.6.1999 – 4 AZR 191/98, NZA 1999, 1331 mAnm von *Moll* EWiR 2000, 685; BAG 22.9.2005 – 6 AZR 526/04, NZA 2006, 658; BAG 17.11.2005 – 6 AZR 107/05, NZA 2006, 661; BAG 16.5.2019 – 6 AZR 3229/18, NZA 2019, 1198 Rn. 23, 24 mwN.
[640] BAG 20.1.2005 – 2 AZR 134/04, AP InsO § 113 Nr. 18.
[641] BAG 19.1.2000 – 4 AZR 70/99, NZA 2000, 658; BAG 22.5.2003 – 2 AZR 255/02, NZA 2003, 1086; BAG 13.5.2004 – 2 AZR 329/03, NZA 2004, 1037.
[642] BAG 20.1.2005 – 2 AZR 134/04, NZA 2006, 1352 mAnm *Thüsing/Grosse-Brockhoff* EWiR 2005, 867.
[643] BAG 16.2.2012 – 6 AZR 553/10, NZA 2012, 555.
[644] Vgl. BAG 26.6.2008 – 6 AZR 478/07, NZA 2008, 1204 Rn. 11 und BAG 27.2.2007 – 3 AZR 618/06, NZI 2008, 122 bei Insolvenz im Ausland.
[645] BAG 18.10.2006 – 2 AZR 563/05, NZA 2007, 765 Rn. 20.
[646] Vgl. dazu BAG 18.10.2006 – 2 AZR 563/05, NZA 2007, 765 Rn. 19 mwN. Zur Frage der Wirksamkeit der Kündigung und der Entstehung von Neumasseverbindlichkeiten: BAG 22.2.2018 – 6 AZR 95/17, NZA 2018, 651; BAG 2.10.2018 – 5 AZR 376/17, NZA 2018, 1544.
[647] BAG 5.11.2009 – 2 AZR 609/08, NZA 2010, 277; BAG 11.2.2015 – 7 AZR 17/13, NZA 2015, 1066.

152 Wie aus dem Wortlaut des § 125 Abs. 1 Nr. 1 InsO[648] hervorgeht, kann sich bei einem vom Insolvenzverwalter und Betriebsrat abgeschlossenen Interessenausgleich mit der Liste der zu kündigenden Arbeitnehmer[649] die erleichterte Darlegungs- und Beweislast in Bezug auf die Betriebsbedingtheit einer Kündigung sowie die Sozialauswahl der betroffenen Arbeitnehmer auch auf die Änderungskündigung beziehen.[650] Die Reichweite der Vermutungen nach § 1 Abs. 5 S. 1 KSchG erstreckt sich auf den Wegfall des Beschäftigungsbedürfnisses zu den bisherigen Bedingungen einschließlich des Fehlens einer anderweitigen Beschäftigungsmöglichkeit im Betrieb.[651] Die Anwendung des § 1 Abs. 5 KSchG bei der Prüfung des Vorliegens dringender betrieblicher Erfordernisse bedeutet nicht ohne weiteres, dass die vorgeschlagene Änderung vom Arbeitnehmer auch billigerweise hingenommen werden muss, dh dem Grundsatz der Verhältnismäßigkeit entspricht. Etwas anderes kann dann gelten, wenn die Betriebsparteien einzelne vorgesehene Änderungen in den Interessenausgleich mit aufgenommen haben.[652]

153 Ist eine umfassende Klärung der Rechtmäßigkeit von Kündigungen durch einen Interessenausgleich nicht möglich – sei es, weil kein Betriebsrat besteht, sei es, weil keine Einigung zwischen Betriebsrat und Insolvenzverwalter zustande kommt –, kann der Insolvenzverwalter die soziale Rechtfertigung der geplanten Kündigungen in einem besonderen **Beschlussverfahren**(Sammelverfahren) vor dem Arbeitsgericht nach § 126 Abs. 1 InsO feststellen lassen.[653] Der Insolvenzverwalter darf in **betriebsratslosen** Betrieben sofort den Antrag nach § 126 InsO stellen, ohne zuvor einen Einigungsversuch mit der Belegschaft über ein freiwilliges Ausscheiden unternommen zu haben.[654] Der Wortlaut des § 126 InsO erfasst auch betriebsbedingte Kündigungen, wenn § 111 BetrVG mangels ausreichender Anzahl von Arbeitnehmern keine Anwendung findet,[655] oder mangels Anzahl der betroffenen Arbeitnehmer der Tatbestand einer Betriebsänderung nicht erreicht wird.[656] Da gemäß § 126 Abs. 2 InsO an dem Sammelverfahren diejenigen Arbeitnehmer nicht beteiligt werden, die mit der Beendigung des Arbeitsverhältnisses oder den **geänderten Arbeitsbedingungen** einverstanden sind, bezieht sich diese Vorschrift auch auf **Änderungskündigungen**.[657] Beteiligte des Sammelverfahrens nach § 126 InsO sind neben dem Insolvenzverwalter der vorhandene Betriebsrat sowie die im Antrag bezeichneten Arbeitnehmer (§ 126 Abs. 2 InsO) und gemäß § 128 Abs. 1 S. 2 InsO auch der mögliche Erwerber eines Betriebs oder Betriebsteils.

154 Mit dem Verfahren nach § 126 InsO sollen in der Insolvenz die Kündigungsschutzverfahren (§ 127 Abs. 1 S. 1 InsO) und die Feststellungsklagen bei einem Betriebsübergang gemäß § 613a Abs. 4 BGB (§ 128 Abs. 1 S. 1 InsO) im Interesse der Beschleunigung zusammengefasst und zügig erledigt werden. Darüber hinaus soll die **rechtskräftige** Entscheidung im Ver-

---

[648] BAG 26.4.2007 – 8 AZR 695/05, ZIP 2007, 2136 Rn. 38: § 125 InsO kann nicht auf Vorgänge erstreckt werden, die sich nicht als Betriebsänderung darstellen und damit außerhalb des Anwendungsbereichs des § 111 BetrVG liegen.

[649] BAG 18.10.2012 – 6 AZR 289/11, NZA-RR 2013, 68; BAG 24.10.2013 – 6 AZR 854/11, NZA 2014, 46; zum notwendigen Schriftformerfordernis: BAG 6.7.2006 – 2 AZR 520/05, NZA 2007, 266; BAG 12.5.2010 – 2 AZR 551/08, NZA 2011, 114.

[650] BAG 19.6.2007 – 2 AZR 304/06, NZA 2008, 103; nicht bei betriebsbedingter außerordentlicher Änderungskündigung: BAG 28.5.2009 – 2 AZR 844/07, NZA 2009, 954. Vgl. auch *Schrader* NZA 1997, 70 (73 f.); *Lakies* RdA 1997, 145 (149).

[651] BAG 19.6.2007 – 2 AZR 304/06, NZA 2008, 103; BAG 20.9.2012 – 6 AZR 253/11, NZA 2013, 797 auch zur unionskonformen Anwendung des § 125 InsO bei einem Administrator nach englischem Insolvenzrecht; BAG 19.12.2013 – 6 AZR 790/12, NZA-RR 2014, 185; BAG 26.3.2015 -2 AZR 478/13, NZA 2015, 1122 auch zur Bildung von Altersgruppen.

[652] BAG 19.6.2007 – 2 AZR 304/06, NZA 2008, 103.

[653] Vgl. BAG 29.6.2000 – 8 ABR 44/99, NZA 2000, 1180; *Schaub* DB 1999, 217 (222); ErfK/*Gallner* InsO § 126 Rn. 1 mwN; *Boewer* RdA 2001, 380 (391); *Menke/Wolf* BB 2011, 1461 ff.

[654] Vgl. dazu *Grunsky/Moll*, Arbeitsrecht und Insolvenz, Rn. 375; *Schrader* NZA 1997, 70 (76); KR/*Weigand* InsO § 126 Rn. 3, 8.

[655] *Löwisch* RdA 1997, 8085; *Lakies* BB 1999, 206 (208); ErfK/*Gallner* InsO § 126 Rn. 1; aA HK-InsO/*Linck* § 126 Rn. 5; Kübler/Prütting/Bork/*Moll* InsO § 126 Rn. 11.

[656] So *Löwisch* RdA 1997, 8085; aA *Fischermeier* NZA 1997, 1089 (1099); *Müller* NZA 1998, 1315 (1319); das BAG 29.6.2000 – 8 ABR 44/99, NZA 2000, 1180 hat die Frage offen gelassen.

[657] *Müller* NZA 1998, 1315 (1319); KR/*Weigand* InsO § 126 Rn. 8; Däubler/Deinert/Zwanziger/*Däubler* InsO § 126 Rn. 9.

fahren nach § 126 InsO mit seiner Bindungswirkung den Kündigungsschutzprozess substituieren, soweit es um die Kündigungsberechtigung aus betriebsbedingtem Grunde geht. Im Fall des Betriebsübergangs bezieht sich die Rechtskraftwirkung nach § 128 Abs. 2 InsO auch auf den Unwirksamkeitsgrund des § 613a Abs. 4 BGB. Diese Rechtsfolge, die auch bei einer **Änderungsschutzklage** eintritt, ergibt sich aus § 127 Abs. 1 S. 1 und 2 InsO, wonach die **rechtskräftige Entscheidung** im vorbeschriebenen Beschlussverfahren im Kündigungsschutzprozess für die Parteien **bindend** ist, soweit sich die Sachlage nach dem Schluss der letzten mündlichen Anhörung nicht wesentlich geändert hat, dh der betriebsbedingte Kündigungsgrund entfallen ist. Zur Vermeidung widersprüchlicher gerichtlicher Entscheidungen ist auf Antrag des Insolvenzverwalters die bereits vom Arbeitnehmer erhobene Kündigungs- oder Änderungsschutzklage bis zum rechtskräftigen Abschluss des Verfahrens nach § 126 Abs. 1 InsO auszusetzen (§ 127 Abs. 2 InsO). Da die präjudizielle Qualität der Beschlussentscheidung nach § 126 Abs. 1 InsO nur auf den betriebsbedingten Kündigungsgrund des § 1 Abs. 2 KSchG bezogen ist, kommt eine Aussetzung des vom Arbeitnehmer angestrengten Kündigungsschutz- oder Änderungsschutzprozesses nicht in Betracht, wenn die Kündigung an **anderen Unwirksamkeitsgründen** leidet.

2. Betriebsbedingte Gründe

Nach gefestigter Rechtsprechung des BAG[658] ist eine betriebsbedingte Änderungskündigung iSv § 2 KSchG sozial gerechtfertigt, wenn das Änderungsangebot des Arbeitgebers durch Gründe iSd § 1 Abs. 2 KSchG bedingt ist und sich darauf beschränkt, solche Änderungen vorzusehen, die der Arbeitnehmer billigerweise hinnehmen muss. Im Rahmen von § 1 Abs. 2 S. 1 iVm 2 KSchG ist zu prüfen, ob das Bedürfnis für die Weiterbeschäftigung des Arbeitnehmers in diesem Betrieb ganz oder unter Zugrundelegung des Vertragsinhalts zu den **bisherigen Arbeitsbedingungen** entfällt (1. Stufe). Dies ist stets zu bejahen, wenn die betriebsbedingte Änderungskündigung eine sonst notwendige Beendigungskündigung vermeidet.[659] Dieser Maßstab gilt unabhängig davon, ob der Arbeitnehmer das Änderungsangebot abgelehnt oder unter Vorbehalt angenommen hat.[660] Ob der Arbeitnehmer eine ihm vorgeschlagene Änderung billigerweise hinnehmen muss, ist nach dem **Verhältnismäßigkeitsgrundsatz** zu ermitteln (2. Stufe). Die Änderungen müssen geeignet und erforderlich sein, um den Inhalt des Arbeitsvertrags an die verbliebenen Beschäftigungsmöglichkeiten anzupassen. Die angebotenen Änderungen dürfen sich nicht weiter vom bisherigen Inhalt des Arbeitsverhältnisses entfernen, als dies zur Erreichung des angestrebten Ziels erforderlich ist.[661] Diese Wertung gilt für **alle** Vertragsänderungen.[662] Will der Arbeitgeber mit einer Änderungskündigung eine Änderung der Arbeitsbedingungen in mehreren Punkten erreichen, führt bereits die Unverhältnismäßigkeit nur einer der angestrebten Vertragsänderungen zur Unwirksamkeit der Kündigung insgesamt. Das Gericht kann in einem solchen Fall die Kündigung nicht in Teilen für wirksam erklären.[663] Soll zB durch das Änderungsangebot neben der Tätigkeit (Arbeitsleistungspflicht) auch die Gegenleistung (Vergütung) geändert

---

[658] BAG 26.11.2009 – 2 AZR 658/08, AP KSchG 1969 § 2 Nr. 144; BAG 29.9.2011 – 2 AZR 451/10, NZA-RR 2012, 158; BAG 20.6.2013 – 2 AZR 396/12, NZA 2013, 1409; BAG 5.6.2014 – 2 AZR 615/13, NZA 2015, 40; BAG 10.4.2014 – 2 AZR 812/12, NZA 2014, 653; BAG 2.3.2017 – 2 AZR 546/16, NZA 2017, 905 Rn. 19 (vom Chefarzt zum Assistenzarzt); BAG 18.5.2017 – 2 AZR 606/16, EzA KSchG § 2 Nr 101 Rn. 11 (Standortwechsel).
[659] BAG 29.3.2007 – 2 AZR 31/06, NZA 2007, 855; BAG 24.5.2012 -2 AZR 163/11, NZA-RR 2013, 74 Rn. 18, 19.
[660] StRspr nur BAG 15.1.2009 – 2 AZR 641/07, NZA 2009, 957; BAG 16.12.2010 – 2 AZR 576/09, AP KSchG 1969 § 2 Nr. 150; BAG 29.9.2011 – 2 AZR 451/10, NZA-RR 2012, 158; BAG 29.9.2011 – 2 AZR 523/10, NZA 2012, 628.
[661] BAG 29.9.2011 – 2 AZR 523/10, NZA 2012, 628 mwN; BAG 24.9.2015 – 2 AZR 680/14, AP KSchG 1969 § 2 Nr. 165.
[662] BAG 15.1.2009 – 2 AZR 641/07, NZA 2009, 957; BAG 8.10.2009 – 2 AZR 235/08, NZA 2010, 465; BAG 12.8.2010 – 2 AZR 945/08, NZA 2011, 460; BAG 29.9.2011 – 2 AZR 523/10, NZA 2012, 628; BAG 20.6.2013 – 2 AZR 396/12, NZA 2013, 1409; BAG 5.6.2014 – 2 AZR 615/13, NZA 2015, 40; Ebenso Stahlhacke/Preis/Vossen Kündigung/*Preis* Rn. 1306.
[663] BAG 10.9.2009 – 2 AZR 822/07, NZA 2010, 333.

werden, sind beide Elemente des Änderungsangebots am Verhältnismäßigkeitsgrundsatz zu messen.[664] Erweitert etwa der Arbeitgeber den Arbeitsvertrag durch das Änderungsangebot mit der Vereinbarung einer doppelten Schriftformklausel, die sich aus betriebsbedingten Gründen (§ 2 S. 1 und § 1 Abs. 2 KSchG) nicht rechtfertigen lässt, noch Gegenstand bisheriger arbeitsvertraglicher Regelungen war, ist die Änderungskündigung insgesamt rechtsunwirksam.[665] Ebenso unwirksam wäre eine Änderungskündigung, wenn bei Wegfall des Arbeitsplatzes der Arbeitnehmer auf einem anderen vakanten gleichwertigen Arbeitsplatz zu unveränderten Arbeitsbedingungen beschäftigt werden könnte, der Arbeitgeber jedoch mehrere Arbeitsbedingungen zuungunsten des Arbeitnehmers verändern will.[666] Aus dem Vorbringen des Arbeitgebers muss erkennbar sein, dass er auch unter Berücksichtigung der vertraglich eingegangenen besonderen Verpflichtungen alles Zumutbare unternommen hat, die durch die unternehmerische Entscheidung notwendig gewordenen Anpassungen auf das unbedingt erforderliche Maß zu beschränken.[667] Maßgeblicher Beurteilungszeitpunkt für die Frage der Berechtigung der Änderungskündigung ist wie bei der Beendigungskündigung stets der **Zeitpunkt ihres Zugangs**.[668] Der Arbeitgeber muss schon in diesem Zeitpunkt endgültig und vorbehaltlos zur Vornahme einer Maßnahme entschlossen sein, die, wenn sie tatsächlich durchgeführt wird, bis zum Ablauf der Kündigungsfrist den Arbeitsplatzverlust zur Folge hat oder zum Wegfall der bisherigen Arbeitsbedingungen führt. Nicht erforderlich ist, dass bereits mit vorbereitenden Maßnahmen oder der Verwirklichung der Organisationsentscheidung begonnen wurde. Es genügt, dass der Arbeitgeber berechtigterweise annehmen durfte, die laufende Kündigungsfrist biete ihm hierfür ausreichend Zeit.[669]

156 **a) Die vorgelagerte Unternehmerentscheidung.** In der überwiegenden Zahl der Fälle wird der Wegfall des Beschäftigungsbedürfnisses des Arbeitnehmers zu den bisherigen Arbeits- und Vertragsbedingungen auf einer unternehmerischen **Organisationsentscheidung** des Arbeitgebers beruhen, die etwa in einer Ausgliederung von Betriebsteilen,[670] in einer Änderung des Anforderungsprofils von durch Umstrukturierung neu zugeschnittener Arbeitsplätze,[671] in einer Anpassung des Personalbestandes an geändertes Arbeitsvolumen,[672] in einem Wegfall einer Hierarchiestufe,[673] in einer örtlichen Verlegung des Betriebs,[674] in einer Neugliederung von Geschäftsführungsressorts, Bereichen und Abteilungen,[675] in der Umstellung eines

---

[664] BAG 29.3.2007 – 2 AZR 31/06, NZA 2007, 855; BAG 3.4.2008 – 2 AZR 500/06, NZA 2008, 812 Rn. 26; BAG 24.5.2012 – 2 AZR 163/11, NZA-RR 2012, 74 Rn. 34. Anders für die Vergütung bei Eingreifen einer sog. Tarif- oder Vergütungsautomatik: BAG 9.9.2010 – 2 AZR 936/08, AP KSchG 1969 § 2 Nr. 149 Rn. 35.
[665] BAG 29.9.2011 – 2 AZR 523/10, NZA 2012, 628.
[666] BAG 12.8.2010 – 2 AZR 558/09, NJW 2011, 251.
[667] BAG 29.3.2007 – 2 AZR 31/06, NZA 2007, 855; BAG 3.4.2008 – 2 AZR 500/06, NZA 2008, 812; BAG 8.10.2009 – 2 AZR 235/08, NZA 2010, 465; BAG 12.8.2010 – 2 AZR 945/08, NZA 2011, 460.
[668] So bereits BAG 10.3.1982 – 4 AZR 158/79, AP KSchG 1969 § 2 Nr. 2; BAG 15.1.2009 – 2 AZR 641/07, NZA 2009, 957; BAG 16.2.2012 – 8 AZR 693/10, NZA-RR 2012, 465; BAG 31.7.2014 – 2 AZR 422/13, NZA 2015, 101; BAG 20.11.2014 – 2 AZR 512/13, NZA 2015, 679; KR/*Kreft* KSchG § 2 Rn. 179.
[669] BAG 20.11.2014 – 2 AZR 512/13, NZA 2015, 679: Fremdvergabe von Hausmeisterdiensten an Drittunternehmen.
[670] BAG 21.9.2006 – 2 AZR 120/06, NZA 2007, 435: Verlagerung der Luftfrachtabfertigung auf eine Tochtergesellschaft.
[671] BAG 29.11.2007 – 2 AZR 388/06, NZA 2008, 523: Einsatz pädagogischer Mitarbeiter an Stelle von Lehrkräften zur Betreuung von Schülern bei ausfallendem Unterricht. BAG 24.5.2012 – 2 AZR 163/11, NZA-RR 2012, 74: Entscheidung darüber, an welchem Standort mit welchem Anforderungsprofil mit welcher Anzahl von Arbeitskräften Arbeitsaufgaben erledigt werden sollen.
[672] BAG 3.4.2008 – 2 AZR 500/06, NZA 2008, 812: Reduzierung der Arbeitnehmerzahl von 24,5 auf 8 Vollzeitkräfte in IT-Abteilung.
[673] BAG 17.3.2005 – 2 ABR 2/04, NZA 2005, 949: Wegfall der Substituten in einem Textilhandelsunternehmen; BAG 16.12.2010 – 2 AZR 770/09, NZA 2011, 505: Abbau einer Hierarchieebene verbunden mit einer Umverteilung der dem betroffenen Arbeitnehmer bisher zugewiesenen Aufgabe.
[674] BAG 18.5.2006 – 2 AZR 230/05, NZA 2006, 1092: Verlegung eines privaten Fernsehsenders von Berlin nach Köln; BAG 12.8.2010 – 2 AZR 945/08, NZA 2011, 460: Auflösung einer Geschäftsstelle und Verlagerung der Arbeit an einen anderen Ort.
[675] BAG 21.9.2006 – 2 AZR 607/05, NZA 2007, 431: Auflösung des Bereichs Marketing/Werbung und Zuordnung der einzelnen Aufgaben zu anderen Organisationseinheiten.

Verkaufskonzepts mit geänderten Arbeitsplatzprofilen,[676] in der Bestimmung der Abdeckung eines konkretisierten Dienstleistungsbedarfs mit Vollzeit- oder Halbtagsbeschäftigungen,[677] Umwandlung einer Vollzeitstelle in zwei Halbtagsstellen bei einem plausiblen unternehmerischen Konzept,[678] in dem vollständigen Wegfall bestimmter unternehmerischer Aktivitäten[679] oder in der Entscheidung, ab sofort keine neuen Aufträge mehr anzunehmen,[680] bestehen kann und sich konkret auf die Einsatzmöglichkeiten des gekündigten Arbeitnehmers auswirken muss. Dem Arbeitgeber ist es kündigungsschutzrechtlich nicht verwehrt, Tätigkeiten, die bisher von Arbeitnehmern geleistet wurden, künftig freien Mitarbeitern oder Mitgliedern seiner Vertretungsorgane, die keine Arbeitnehmer sind, zu übertragen[681] oder als Fremdaufträge (Outsourcing) zu vergeben.[682] Dies gilt allerdings nicht bei unverändert vorhandenem Arbeitsvolumen und Ersetzung von Stammarbeitnehmern durch Leiharbeitskräfte (Austauschkündigung)[683] oder durch unzulässige Leistungsverdichtung für bereits vorhandene Arbeitnehmer.[684] Es gehört zur Organisation und Gestaltung des Betriebes, neben der Anschaffung von Technologien (Gerätschaften, Computern, Maschinen) und der Gestaltung der Arbeitsabläufe, die **Stärke der Belegschaft**, mit der das Betriebsziel erreicht werden soll, festzulegen. Dazu gehört auch die Entscheidung über die Kapazität an Arbeitskräften und an Arbeitszeit und wie diese Kapazität verteilt werden soll.[685] Dabei kann die Unternehmerentscheidung auch darin liegen, künftig auf weniger Personal auszukommen.[686] Im **öffentlichen Dienst** kann sich eine vergleichbare Entscheidung darin ausdrücken, dass in einem Haushaltsplan eine konkrete Stelle gestrichen oder ein auf einen konkreten Termin bezogener sog. kw-Vermerk angebracht oder aus einem Personalbedarfsplan der Wegfall einer Stelle ersichtlich wird.[687]

Eine der betriebsbedingten Änderungskündigung zugrundeliegende **Unternehmerentscheidung**, die grundsätzlich **keiner bestimmten Form** unterliegt[688] und keines formell gültigen Be-

---

[676] BAG 23.6.2005 – 2 AZR 642/04, NZA 2006, 92: Umwandlung eines beratungsorientierten Facheinzelhandels zu einem beratungsarmen Discountgeschäft. BAG 13.3.2008 – 2 AZR 1037/06, NZA 2008, 878: Bisher in Arbeitsverhältnissen erbrachte Tätigkeiten künftig an freie Mitarbeiter (Subunternehmer) zu vergeben.

[677] BAG 22.4.2004 – 2 AZR 385/03, NZA 2004, 1158: Reduzierung von Vollzeit auf Teilzeit wegen unterschiedlicher Zuständigkeitsbereiche in einem Krankenhaus. Vgl. auch Lehrerpersonalkonzept: BAG 26.11.2009 – 2 AZR 658/08, AP KSchG 1969 § 2 Nr. 144.

[678] BAG 22.4.2004 – 2 AZR 385/03, NZA 2004, 1158 Rn. 16, 17: Bei einer Arbeitnehmerin, die für zwei Vorgesetzte jeweils halbtägig tätig war mit anschließender Aufteilung der Arbeitsaufgaben auf zwei Teilzeitkräfte.

[679] BAG 2.2.2006 – 2 AZR 154/05, AP BGB § 611 Kirchendienst Nr. 46: Auflösung einer Pfarrstelle durch den Kreiskirchenrat. Vgl. zum Ganzen auch *Walker* ZfA 2004, 501.

[680] BAG 18.1.2001 – 2 AZR 514/99, NZA 2001, 719.

[681] BAG 31.7.2014 – 2 AZR 422/13, NZA 2015, 101.

[682] BAG 23.4.2008 – 2 AZR 1110/06, NZA 2008, 939 Rn. 18, 19: Vergabe der Tätigkeit des bauleitenden Monteurs an ein Drittunternehmen (Subunternehmen). BAG 20.11.2014 – 2 AZR 512/13, NZA 2015, 679: Fremdvergabe von Diensten des einzigen Hausmeisters an ein Drittunternehmen; BAG 18.6.2015 – 2 AZR 480/14, NZA 2015, 1315 Rn. 36: Der Arbeitgeber muss grundsätzlich auch dann nicht von einem „Outsourcing" absehen, wenn dadurch einem Arbeitsverhältnis die Grundlage entzogen wird, das ordentlich nicht mehr kündbar ist. Vgl. auch BAG 16.5.2019 – 6 AZR 329/18, NZA 2019, 1198 Rn. 36: Der Arbeitgeber darf bis zur Grenze des Rechtsmissbrauchs eine unternehmerische Entscheidung treffen, welche den bisherigen Arbeitsplatz eines schwerbehinderten Menschen durch eine Organisationsänderung entfallen lässt.

[683] BAG 26.9.1996 – 2 AZR 200/96, NZA 1997, 202 Rn. 21, 22: Besetzung des Arbeitsplatzes eines Kapitäns durch eine ausländische Crewing-Gesellschaft mit ausgeliehenem Arbeitnehmer. Vgl. auch BAG 12.3.2009 – 2 AZR 418/07, NZA 2009, 1023 Rn. 24; *Moll/Ittmann* RdA 2008, 321.

[684] BAG 17.6.1999 – 2 AZR 522/98, NZA 1999, 1095 Rn. 20: Es ging um die Übertragung von Hilfsarbeiten von ungelernten Bauwerkern auf Fachkräfte.

[685] BAG 22.4.2004 – 2 AZR 385/03, NZA 2004, 1158: Betriebliche Umorganisation, die zu einer anderen zeitlichen Lage und zur Herabsetzung der Dauer der Arbeitszeit führt.

[686] BAG 24.4.1997 – 2 AZR 352/96, NZA 1997, 1047; BAG 27.1.2011 – 2 AZR 9/10, AP KSchG 1969 § 1 Betriebsbedingte Kündigung Nr. 187: Verkleinerung eines Kulturorchesters. Vgl. auch BAG 23.2.2012 – 2 AZR 548/10, NZA 2012, 852; BAG 24.5.2012 – 2 AZR 163/11, NZA-RR 2013, 74.

[687] Die Rspr. zusammenfassend BAG 23.11.2004 – 2 AZR 38/04, NZA 2005, 986; BAG 6.7.2006 – 2 AZR 442/05, NZA 2007, 139.

[688] BAG 7.12.2000 – 2 AZR 391/99, NZA 2001, 495; BAG 5.4.2001 – 2 AZR 696/99, NZA 2001, 949: Zur Frage, ob ein wirksamer Beschluss der Gesellschafter vorliegen muss für die unternehmerische Entscheidung zur Stilllegung eines Betriebes einer GmbH. Vgl. auch BAG 31.7.2014 – 2 AZR 422/13, NZA 2015, 101.

schlusses des zuständigen Organs einer juristischen Person bedarf, ist nur einer **Rechts- und Missbrauchskontrolle** zugänglich (Art. 2 Abs. 1, 12, 14 GG).[689] Sie ist lediglich dahingehend zu überprüfen, ob sie offenbar unvernünftig oder willkürlich ist und ob sie ursächlich für den vom Arbeitgeber geltend gemachten Änderungsbedarf ist. Dementsprechend kann das gesetzliche Kündigungsschutzrecht den Arbeitgeber nicht dazu verpflichten, betriebliche Organisationsstrukturen und -abläufe oder Standorte[690] beizubehalten und geplante Organisationsänderungen[691] zu unterlassen. Für eine beschlossene und tatsächlich durchgeführte Organisationsentscheidung spricht die Vermutung, dass sie aus sachlichen Gründen erfolgt. Daher hat im Kündigungsschutzprozess grundsätzlich der **Arbeitnehmer** die Umstände für einen Rechtsmissbrauch **darzulegen** und im Streitfall zu **beweisen**.[692] Anders ist zu entscheiden, wenn die Organisationsentscheidung des Arbeitgebers und sein Kündigungsentschluss praktisch deckungsgleich sind, dh sich eine Organisationsentscheidung des Arbeitgebers im Wesentlichen darin erschöpft, Personal einzusparen.[693] Da die **Kündigungsberechtigung** des Arbeitgebers **als solche** den gesetzlichen Schranken des KSchG unterliegt, würde dieser Kontrollmechanismus versagen, wenn die organisatorische Entscheidung lediglich als Vorwand dienen könnte, Arbeitnehmern trotz vorhandenen Beschäftigungsbedarfs zu kündigen oder als belastend empfundene Arbeitsvertragsinhalte nach unten zu korrigieren.[694] Der verfassungsrechtlich gebotene Mindestbestandsschutz für ein Arbeitsverhältnis (Art. 12 GG) strahlt hier auf die Auslegung und Anwendung der Vorschriften des Kündigungsschutzgesetzes aus.[695] In diesen Fällen muss der **Arbeitgeber konkrete Angaben** dazu machen, wie sich die Organisationsentscheidung auf die Einsatzmöglichkeiten auswirkt und in welchem Umfang dadurch ein konkreter Änderungsbedarf und Überhang an Arbeitsvolumen entsteht.[696]

158   **Offenbar unsachlich** können zB Unternehmerentscheidungen sein, die unmittelbar oder mittelbar gegen Gesetze oder Verträge verstoßen, ihrer Umgehung dienen, oder die sich nur unter Verstoß gegen Gesetzes- bzw. Tarifrecht, gegen betriebsverfassungsrechtliche Vorgaben bzw. gegen Gesellschaftsverträge oder Satzungen realisieren lassen, sofern der Schutzzweck der verletzten Norm das betroffene Arbeitsverhältnis unmittelbar erfasst. Insofern findet nicht nur eine eingeschränkte Missbrauchskontrolle, sondern eine **Rechtskontrolle** durch die Arbeitsgerichte statt.[697] Ein Missbrauch der unternehmerischen Organisationsfreiheit liegt beispielsweise vor, wenn die Umgestaltung der Arbeitsabläufe sich als rechtswidrige Maßregelung (§ 612a BGB) oder als Verstoß gegen das AGG erweist[698] oder wenn das Konzept des Arbeitgebers alleine darauf abzielt, den Arbeitnehmer „loszuwerden" und dies mit einer unternehmerischen Entscheidung begründet wird, wofür der Arbeitnehmer die Darlegungs- und Beweislast trägt.[699] Die Entscheidung des Unternehmers, einen Betriebsteil

---

[689] BAG 21.2.2002 – 2 AZR 556/00, NZA 2002, 1416; BAG 12.8.2010 – 2 AZR 558/09, AP KSchG 1969 § 2 Nr. 146; BAG 24.5.2012 – 2 AZR 163/11, NZA-RR 2013, 74: Der gesetzliche Kündigungsschutz verpflichtet den Arbeitgeber nicht, eine bestimmte betriebliche Organisationsstruktur oder einen konkreten Standort beizubehalten. BAG 31.7.2014 – 2 AZR 422/13, NZA 2015, 101; BAG 22.10.2015 – 2 AZR 650/14, NZA 2016, 630 Rn. 34; vgl. auch BAG 16.5.2019 – 6 AZR 329/18, NZA 2019, 1198 Rn. 39; ErfK/*Oetker* KSchG § 2 Rn. 47a; Stahlhacke/Preis/Vossen Kündigung/*Preis* Rn. 1308.

[690] BAG 12.8.2010 – 2 AZR 558/09, NJW 2011, 251.

[691] BAG 27.1.2011 – 2 AZR 9/10, AP KSchG 1969 § 1 Betriebsbedingte Kündigung Nr. 187.

[692] StRspr vgl. nur BAG 29.3.2007 – 2 AZR 31/06, NZA 2007, 855; BAG 29.11.2007 – 2 AZR 388/06, NZA 2008, 523.

[693] BAG 20.2.2014 – 2 AZR 346/12, NZA 2016, 630 Rn. 17; BAG 16.5.2019 – 6 AZR 329/18, NZA 2019, 1198 Rn. 39, 43.

[694] BAG 29.11.2007 – 2 AZR 388/06, NZA 2008, 523; BAG 16.12.2010 – 2 AZR 770/09, NZA 2011, 505.

[695] BAG 26.9.2002 – 2 AZR 636/01, NZA 2003, 549.

[696] BAG 17.6.1999 – 2 AZR 141/99, NZA 1999, 1098; BAG 29.11.2007 – 2 AZR 388/06, NZA 2008, 523; BAG 13.2.2008 – 2 AZR 1041/06, NZA 2008, 819.

[697] BAG 7.12.2000 – 2 AZR 391/99, NZA 2001, 495.

[698] BAG 22.4.2004 – 2 AZR 385/03, NZA 2004, 1158: Die Bestimmung, ob ein umfangmäßig konkretisierter Dienstleistungsbedarf nur mit Volltags- oder teilweise auch mit Halbtagsbeschäftigungen abgedeckt werden soll, gehört zum Bereich der von den Arbeitsgerichten nur beschränkt überprüfbaren „Unternehmenspolitik".

[699] BAG 18.6.2015 – 2 AZR 480/14, NZA 2015, 1315: Für eine beschlossene und durchgeführte „Outsourcing"-Maßnahme spricht die Vermutung, dass sie nicht auf Rechtsmissbrauch beruht. BAG 27.4.2017 – 2 AZR 67/16, NZA 2017, 902 Rn. 34; BAG 16.5.2019 – 6 AZR 329/18, NZA 2019, 1198 Rn. 39, 43.

durch eine noch zu gründende, finanziell, wirtschaftlich und organisatorisch in sein Unternehmen **voll eingegliederte Organgesellschaft** mit von dieser neu einzustellenden Arbeitnehmern weiter betreiben zu lassen, hat das BAG[700] ebenfalls als rechtsmissbräuchlich angesehen und daher ein dringendes betriebliches Erfordernis im Sinne von § 1 Abs. 2 KSchG verneint, den in diesem Betriebsteil bisher beschäftigten Arbeitnehmern zu kündigen. Beabsichtigt der Arbeitgeber aus **organisatorischen Gründen** mit dem Ausspruch einer Änderungskündigung, den Rechtszustand herbeizuführen, der vor der Reduzierung der Arbeitszeit im Wege der Fiktion nach § 8 Abs. 5 S. 2 und S. 3 TzBfG bestand, kann der Arbeitgeber die mit der Kündigung bezweckte Änderung der Arbeitsbedingungen nur mit solchen Tatsachen rechtfertigen, die er nicht bereits dem Teilzeitverlangen des Arbeitnehmers hätte entgegenhalten können.[701] Gleiches gilt, wenn der Änderungsvertrag, der die Verringerung und Neuverteilung der Arbeitszeit vorsieht, zuvor nach § 894 ZPO durch klagestattgebendes rechtskräftiges Urteil zustande gekommen ist.[702]

Die Entscheidung des Arbeitgebers, den **Personalbestand auf Dauer zu reduzieren,** gehört zu den sogenannten unternehmerischen Maßnahmen, die zum Wegfall von Arbeitsplätzen führen und damit den entsprechenden Beschäftigungsbedarf entfallen lassen können. Je näher aber die eigentliche Unternehmerentscheidung an den Kündigungsentschluss rückt, umso mehr muss der Arbeitgeber durch Darlegung eines **unternehmerischen Konzepts** verdeutlichen, dass ein Beschäftigungsbedürfnis für den Arbeitnehmer entfallen ist.[703] Reduziert sich die Organisationsentscheidung zur Personaleinschränkung auf die Kündigung als solche, sind diese beiden Unternehmerentscheidungen ohne nähere Konkretisierung nicht voneinander zu unterscheiden und daher nicht nur einer Missbrauchskontrolle unterworfen. Nur auf diesem Wege kann ausgeschlossen werden, dass die unternehmerische Entscheidung lediglich als Vorwand dient, um Arbeitnehmer aus dem Betrieb zu drängen oder den Vertragsinhalt zu verändern, obwohl der bisherige Beschäftigungsbedarf besteht.[704] Der Arbeitgeber muss die außerbetrieblichen oder innerbetrieblichen Umstände näher substantiieren und darlegen, welche organisatorischen oder technischen Maßnahmen er angeordnet hat und wie sich die von ihm behaupteten Umstände hinsichtlich ihrer Durchführbarkeit und Nachhaltigkeit (Dauer) unmittelbar oder mittelbar auf die Beschäftigungsmöglichkeit für den gekündigten Arbeitnehmer auswirken.[705] Misslingt dem Arbeitgeber ein derartiger Sachvortrag, erweist sich die betriebsbedingte Änderungskündigung als unwirksam (§ 1 Abs. 1, 2 KSchG). Geht es um den **Abbau einer Hierarchieebene** hat der Arbeitgeber konkret den Umfang und die Maßnahmen für den Wegfall der von den Arbeitnehmern bisher wahrgenommenen Tätigkeiten zu erläutern sowie darzulegen, wie die zukünftige Arbeitsmenge von dem verbliebenen Personal ohne überobligationsmäßige Leistungen erledigt werden kann.[706] Auch für die **Neubestimmung des Anforderungsprofils** eines Arbeitsplatzes ist vom Arbeitgeber der Zusammenhang mit einer organisatorischen oder geschäftlichen Maßnahme zu erklären, um den betrieblichen Anlass ausreichend zu begründen.[707]

---

[700] BAG 26.9.2002 – 2 AZR 636/01, NZA 2003, 549: Gesellschaftszweck der Organgesellschaft war die Durchführung von Dienstleistungen für die Beklagte, ua im Bereich der Reinigungstätigkeiten und der Speisen- und Getränkeversorgung. Hier war an einen Betriebsteilübergang zu denken.
[701] BAG 20.1.2015 – 9 AZR 860/13, NZA 2015, 805.
[702] BAG 20.1.2015 – 9 AZR 860/13, NZA 2015, 805.
[703] BAG 17.6.1999 – 2 AZR 141/99, NZA 1999, 1098; BAG 13.2.2008 – 2 AZR 1041/06, NZA 2008, 819; BAG 20.2.2014 – 2 AZR 346/12, NZA 2016, 630 Rn. 17; BAG 16.5.2019 – 6 AZR 329/13, NZA 2019, 1198 Rn. 39, 43.
[704] BAG 22.5.2003 – 2 AZR 326/02, AP KSchG 1969 § 1 Betriebsbedingte Kündigung Nr. 128.
[705] BAG 29.11.2007 – 2 AZR 388/06, NZA 2008, 523; BAG 24.5.2012 – 2 AZR 124/11, NZA 2012, 1223 Rn. 23: Wegfall einer Hierarchieebene; BAG 20.2.2014 – 2 AZR 346/12, NZA 2014, 1069 Rn. 17; BAG 22.10.2015 – 2 AZR 650/14, NZA 2016, 630 Rn. 34; BAG 16.5.2019 – 6 AZR 329/13, NZA 2019, 1198 Rn. 39, 43.
[706] BAG 16.12.2010 – 2 AZR 770/09, NZA 2011, 505.
[707] BAG 10.7.2008 – 2 AZR 1111/06, NZA 2009, 312; BAG 26.3.2015 – 2 AZR 417/14, NZA 2015, 1083: Die Möglichkeit, mit einem Stellenbewerber wirksam eine Befristung zu vereinbaren, stellt kein beachtliches, tätigkeitsbezogenes Anforderungsprofil dar.

160 So ist auch der **bloße Entschluss** des Arbeitgebers, die **Lohnkosten** zu **senken,** nicht als eine im Kündigungsschutzprozess von den Gerichten als vorgegeben hinzunehmende, bindende Unternehmerentscheidung zu qualifizieren.[708] Damit könnte sich der Arbeitgeber der Prüfung entziehen, ob für diese Entgeltkürzung ein dringendes betriebliches Bedürfnis vorliegt. Anders ist zu entscheiden, wenn bei einer Aufrechterhaltung der **bisherigen Personalkostenstruktur** weitere, betrieblich nicht mehr auffangbare Verluste entstehen, die absehbar zu einer Reduzierung der Belegschaft oder sogar zu einer Schließung des Betriebes führen, weil damit eine sonst **erforderliche Beendigungskündigung vermieden** wird. Das Vorliegen einer solchen Situation setzt grundsätzlich einen umfassenden **Sanierungsplan** voraus,[709] der alle gegenüber der beabsichtigten Änderungskündigung mildern Mittel ausschöpft. Dabei sind auch die Sanierungsfähigkeit des Betriebes und eigene Sanierungsbeiträge des Arbeitgebers bzw. Dritter (Banken) zu bewerten. Der Arbeitgeber hat demgemäß die Finanzlage des Betriebes, den Anteil der Personalkosten, die Auswirkung der erstrebten Kostensenkungen für den Betrieb und für die Arbeitnehmer sowie das Nichtvorhandensein anderer milderer Maßnahmen darzulegen. Außerdem bedarf auch der **Umfang** der Lohnkostensenkung einer Stellungnahme des Arbeitgebers. Unter diesen strengen Voraussetzungen hat das BAG[710] eine betriebsbedingte Änderungskündigung zur **Entgeltsenkung** nicht beanstandet, wenn damit der konkreten Gefahr einer Betriebsschließung wegen Insolvenz begegnet werden soll. Dabei ist auf die wirtschaftliche Situation des **Gesamtbetriebes** und nicht nur die eines **unselbständigen Betriebsteils** abzustellen, es sei denn, die Unrentabilität einer unselbständigen Betriebsabteilung schlägt im Einzelfall auf das Ergebnis des Gesamtbetriebes durch.[711] Dagegen ist die unternehmerische Entscheidung, auf Dauer mit weniger Arbeitskräften auszukommen, als Alternative weniger problematisch.[712]

161 Eine auf betriebliche Gründe gestützte Änderungskündigung zur Entgeltsenkung ist sozial ungerechtfertigt (§§ 2, 1 Abs. 2 KSchG), wenn eine neue gesetzliche Regelung dem Arbeitgeber erlaubt, durch vertragliche Bezugnahme auf einen beim Verleiher anwendbaren Tarifvertrag von der „Equal-Pay"-Regelung abzuweichen.[713] Gleiches gilt bei einem **Tarifwechsel** des Arbeitgebers, der für die Arbeitnehmer eine geringere Vergütung vorsieht. Dieser Umstand rechtfertigt keine Änderungskündigung gegenüber Arbeitnehmern mit günstigeren Arbeitsbedingungen.[714]

162 Die **Gleichbehandlung** mit anderen Arbeitnehmern stellt ebenfalls kein dringendes betriebliches Erfordernis iSv § 1 Abs. 2 S. 1 KSchG dar, das die Verschlechterung einer arbeitsvertraglichen Vergütungsregelung im Wege der Änderungskündigung bedingt.[715] Dies gilt unabhängig davon, ob sich der Arbeitgeber auf eine die angestrebte Neuregelung vorgebende Betriebsvereinbarung berufen kann.[716]

---

[708] BAG 26.1.1995 – 2 AZR 371/94, NZA 1995, 626; BAG 27.9.2001 – 2 AZR 236/00, NZA 2002, 750; BAG 16.5.2002 – 2 AZR 292/01, NZA 2003, 147: Geldmangel entlastet den Schuldner nicht. BAG 1.3.2007 – 2 AZR 580/05, NZA 2007, 1445: Reduzierung des Entgelts zur Vermeidung der Insolvenz; BAG 26.6.2008 – 2 AZR 139/07, NZA 2008, 1182: Sicherung der wirtschaftlichen Existenz und damit der Arbeitsplätze; BAG 20.6.2013 – 2 AZR 396/12, NZA 2013, 1409; BAG 20.10.2017 – 2 AZR 783/16 (F), NZA 2018, 440 Rn. 42.

[709] BAG 1.3.2007 – 2 AZR 580/05, NZA 2007, 1445; BAG 20.6.2013 – 2 AZR 396/12, NZA 2013, 1409 Rn. 31; BAG 20.10.2017 – 2 AZR 783/16 (F), NZA 2018, 440 Rn. 42; vgl. dazu *Stoffels* ZfA 2002, 401 (412); Stahlhacke/Preis/Vossen Kündigung/*Preis* Rn. 1310a; ErfK/*Oetker* KSchG § 2 Rn. 60, 61, 62.

[710] BAG 1.3.2007 – 2 AZR 580/05, NZA 2007, 1445; BAG 26.6.2008 – 2 AZR 139/07, NZA 2008, 1182.

[711] BAG 20.8.1998 – 2 AZR 84/98, NZA 1999, 255.

[712] BAG 24.4.1997 – 2 AZR 352/96, NZA 1997, 1047; BAG 18.1.2007 – 2 AZR 796/05, AP KSchG 1969 § 1 Soziale Auswahl Nr. 89: Reduzierung der Zahl der Betriebsberaterstellen bundesweit von 12 auf 7 bei einer Versicherung.

[713] BAG 12.1.2006 – 2 AZR 126/05, NZA 2006, 587; BAG 19.9.2007 – 4 AZR 656/06, NZA-RR 2008, 231.

[714] BAG 25.10.2001 – 2 AZR 216/00, EzA BGB § 626 Änderungskündigung Nr. 2.

[715] BAG 1.7.1999 – 2 AZR 826/98, NZA 1999, 1336 mwN; BAG 20.1.2000 – 2 ABR 40/99, NZA 2000, 592; BAG 29.9.2011 – 2 AZR 523/10, NZA 2012, 628: Das Interesse des Arbeitgebers an einer zukünftigen Vereinheitlichung der Arbeitsbedingungen kann im Rahmen von § 1 Abs. 2 S. 1 KSchG regelmäßig keine Beachtung finden.

[716] BAG 20.1.2000 – 2 ABR 40/99, NZA 2000, 592; BAG 12.1.2006 – 2 AZR 126/05, NZA 2006, 587. Weitere Hinweise bei Stahlhacke/Preis/Vossen Kündigung/*Preis* Rn. 1313.

Der sparsame Umgang mit Haushaltsmitteln kann im **öffentlichen Dienst** eine Ände- 163
rungskündigung rechtfertigen,[717] was vor allem dann von Bedeutung ist, wenn die Änderungskündigung dazu dient, eine irrtümlich zu hohe tarifliche Vergütung auf das zutreffende
Maß zurückzuführen.[718]

Dem Kündigungsschutzgesetz, insbesondere § 1 Abs. 2 und 3 KSchG, lässt sich nicht die 164
Wertung entnehmen, der Arbeitgeber müsse auf Grund einer **Rationalisierung im Dienstleistungsbereich** ohne Rücksicht auf eine einschlägige Organisationsentscheidung in jedem Falle anstelle mehrerer **Änderungskündigungen** (zwei Änderungskündigungen mit dem Ziel
von Halbtagsbeschäftigungen) eine **geringere Anzahl** von Beendigungskündigungen (hier
nur eine Beendigungskündigung) aussprechen.[719] Dagegen ist eine Änderungskündigung
wegen der Weigerung eines Arbeitnehmers, von einem Vollzeit- in ein Teilzeitarbeitsverhältnis oder umgekehrt zu wechseln, gem. § 11 TzBfG rechtsunwirksam.[720]

b) Der betriebsbedingte Anlass der Änderungskündigung. Für eine Änderungskündigung 165
nach § 2 KSchG müssen hinsichtlich ihrer sozialen Rechtfertigung die Voraussetzungen
nach § 1 Abs. 2 S. 1–3, Abs. 3 KSchG vorliegen. Wie bei einer betriebsbedingten Beendigungskündigung können sich dringende betriebliche Erfordernisse für eine Änderungskündigung iSv §§ 2 S. 1, 1 Abs. 2 KSchG aus innerbetrieblichen (Rationalisierungsmaßnahmen,
Umstrukturierungen oder außerbetrieblichen Gründen (Auftragsmangel, Umsatzrückgang)
ergeben. Eine Kündigung ist aus innerbetrieblichen Gründen gerechtfertigt, wenn sich der
Arbeitgeber zu einer organisatorischen Maßnahme entschließt, bei deren innerbetrieblicher
Umsetzung die Möglichkeit und das Bedürfnis entfällt, den Arbeitnehmer nach Ablauf der
Kündigungsfrist in dem Betrieb überhaupt noch oder unter Zugrundelegung des Vertragsinhalts zu den **bisherigen Vertragsbedingungen** beschäftigen zu können.[721] Die Änderungskündigung muss im Ergebnis zur **Vermeidung einer Beendigungskündigung** erfolgen.[722] Der
Bedarf der Weiterbeschäftigung des Arbeitnehmers zu den bisherigen Arbeitsbedingungen
muss auf Dauer entfallen. Der Arbeitgeber trägt für diese Umstände die Darlegungs- und
Beweislast (§ 1 Abs. 2 S. 4 KSchG).[723] Es geht dabei um die Prüfung der Wirksamkeit der
Kündigung selbst, aber auch ihrer Gründe im Hinblick auf ihre soziale Rechtfertigung.
Wenn nach der Rspr. des BAG[724] dringende betriebliche Erfordernisse das Änderungsangebot gem. § 1 Abs. 2 KSchG bedingen müssen, bedarf es einer sozialen Rechtfertigung (§ 1
Abs. 2 KSchG) des durch die Kündigung veranlassten Entzugs der bisherigen Inhalte des
Arbeitsvertrags. Dies gilt unabhängig davon, dass die Parteien im Falle der Annahme unter
Vorbehalt im Hinblick auf den Streitgegenstand über den zukünftigen Inhalt des Arbeitsvertrags und nicht mehr über die Wirksamkeit der Kündigung, die gegenstandslos wird (§§ 158

---

[717] BAG 15.3.1991 – 2 AZR 582/90, NZA 1992, 120. Vgl. dazu auch Stahlhacke/Preis/Vossen Kündigung/*Preis* Rn. 1312.

[718] BAG 9.7.1997 – 4 AZR 635/95, NZA 1998, 494; BAG 29.9.2011- 2 AZR 451/10, NZA-RR 2012, 158 Rn. 17, 21: Änderungskündigung zur Herabgruppierung bei Wegfall der Funktion der Leiterin eines Gymnasiums mit mehr als 360 Schülern bei dauerhaftem Rückgang der Schülerzahl unter diese Größe; vgl. aber zum Vertrauensschutz des Arbeitnehmers: BAG 13.12.2017 – 4 AZR 576/16, NZA 2018, 601; Stahlhacke/Preis/Vossen Kündigung/*Preis* Rn. 1312.

[719] BAG 19.5.1993 – 2 AZR 584/92, NZA 1993, 1075. Vgl. auch *Gaul* DB 1998, 1914; Stahlhacke/Preis/Vossen Kündigung/*Preis* Rn. 1315.

[720] Vgl. dazu *Bauer* NZA 2000, 1042; *Preis/Gotthardt* DB 2000, 2069; *Boewer* TzBfG § 11 Rn. 4, 7. Vgl. auch BAG 26.11.2009 – 2 AZR 658/08, NZA-RR 2010, 448: Reduzierung der Arbeitszeit nach Lehrerpersonalkonzept; LAG Hamm 7.4.2016 – 15 Sa 1648/15, juris Rn. 35: Änderungskündigung des in Teilzeit arbeitenden Arbeitnehmers mit dem Ziel der Vollzeitbeschäftigung.

[721] Nur BAG 26.11.2009 – 2 AZR 658/08, AP KSchG 1969 § 2 Nr. 144; BAG 29.9.2011 – 2 AZR 451/10, NZA-RR 2012, 158; BAG 20.6.2013 – 2 AZR 396/12, NZA 2013, 1409; BAG 5.6.2014 – 2 AZR 615/13, NZA 2015, 40; BAG 10.4.2014 – 2 AZR 812/12, NZA 2014, 653.

[722] BAG 29.3.2007 – 2 AZR 31/06, NZA 2007, 855; BAG 29.9.2011 – 2 AZR 451/10, NZA-RR 2012, 158 Rn 17.

[723] Wie bei der Beendigungskündigung: Nur BAG 25.10.2012 – 2 AZR 552/11, NZA-RR 2013, 632; BAG 29.8.2013 – 2 AZR 809/12, NZA 2014, 730; BAG 26.3.2015 – 2 AZR 417/14, NZA 2015, 1083.

[724] BAG 26.11.2009 – 2 AZR 658/08, AP KSchG 1969 § 2 Nr. 144; BAG 29.9.2011 – 2 AZR 451/10, NZA-RR 2012, 158; BAG 20.6.2013 – 2 AZR 396/12, NZA 2013, 1409; BAG 10.4.2014 – 2 AZR 812/12, NZA 2014, 653; BAG 5.6.2014 – 2 AZR 615/13, NZA 2015, 40.

Abs. 2, 159 BGB),[725] streiten. Da der Arbeitnehmer mit der Änderungsschutzklage die bisherigen Vertragsinhalte zurückgewinnen will, erstreckt sich notwendigerweise sein Vorbehalt auch darauf, dass ihm diese Vertragsinhalte iSv § 1 Abs. 2, 3 KSchG nicht entzogen werden durften. Während die Organisationsentscheidung im Kündigungsschutz- oder Änderungsschutzprozess nur einer Missbrauchskontrolle unterliegt, haben die Arbeitsgerichte voll nachzuprüfen, ob die vom Arbeitgeber behauptete unternehmerische Entscheidung tatsächlich vorliegt und diese für die Änderung der Arbeitsbedingungen des Arbeitnehmers wirklich ursächlich ist.[726]

166 Auch insoweit kann sich der Grundsatz der **Verhältnismäßigkeit** dahin auswirken, dass neben der Möglichkeit der Weiterbeschäftigung in der durch die Änderungskündigung angebotenen Weise ein freier vergleichbarer und damit **gleichwertiger** Arbeitsplatz vorhanden ist, auf dem der Arbeitnehmer hätte weiterbeschäftigt werden können, weil er über die hierfür erforderlichen Fähigkeiten und Kenntnisse verfügt.[727] Darlegungs- und beweisbelastet für das Fehlen dieser Beschäftigungsmöglichkeit ist gemäß § 1 Abs. 2 S. 4 KSchG der Arbeitgeber.[728] Er hat zu erläutern, aus welchen Gründen eine Umsetzung auf diesen Arbeitsplatz nicht erfolgen konnte.

167 **c) Billigerweise hinzunehmende Änderung.** Die soziale Rechtfertigung der Änderungskündigung setzt neben dem betrieblichen Anlass voraus, dass der Arbeitgeber nach dem Grundsatz der **Verhältnismäßigkeit** nur solche Änderungen vorschlägt, die der Arbeitnehmer billigerweise hinnehmen muss (zweite Prüfungsstufe).[729] Nach gefestigter Spruchpraxis des BAG[730] gilt, dass die Änderungen geeignet und erforderlich sein müssen, um den Inhalt des Arbeitsvertrages den geänderten Beschäftigungsmöglichkeiten anzupassen. Diese Voraussetzungen müssen für **alle** Vertragsänderungen vorliegen.[731] Ob der Arbeitnehmer die vorgeschlagenen Änderungen billigerweise hinnehmen muss, richtet sich nach dem Verhältnismäßigkeitsgrundsatz. Ausgangspunkt ist die bisherige vertragliche Regelung, dh die angebotenen Änderungen dürfen sich nicht weiter vom Inhalt des bisherigen Arbeitsverhältnisses entfernen, als zur Erreichung des angestrebten Ziels erforderlich ist. Es darf daher vom bisherigen Vertragsinhalt nur das geändert, ergänzt oder entzogen werden, was die Aufrechterhaltung des bisherigen Vertrags, soweit es geht, ermöglicht. Das ist der Fall, wenn neben dem konkret unterbreiteten Vertragsänderungsangebot keine dem bisherigen Vertragsinhalt entsprechende Alternativen bestehen, die dem Arbeitnehmer hätten angeboten werden können. Aus dem Vorbringen des Arbeitgebers muss erkennbar sein, dass er auch unter Berücksichtigung der vertraglich eingegangenen besonderen Verpflichtungen alles Zumutbare unternommen hat, die durch die unternehmerische Entscheidung notwendig gewordenen Anpassungen auf das unbedingt erforderliche Maß zu beschränken.

168 Das BAG[732] hat **Fallgruppen** gebildet, bei denen die Maßstäbe der Verhältnismäßigkeit unterschiedlich ausfallen. Der Grundsatz der Verhältnismäßigkeit ist danach nicht gewahrt, wenn der Arbeitgeber ein Vertragsangebot unterbreitet, das einen Verstoß gegen den arbeits-

---

[725] BAG 26.1.2012 – 2 AZR 102/11, NZA 2012, 856 Rn. 13; BAG 22.10.2015 – 2 AZR 124/14, NZA 2016, 225 Rn. 30; KR/*Kreft* KSchG § 2 Rn. 219.
[726] BAG 20.8.1998 – 2 AZR 84/98, NZA 1999, 255; BAG 16.5.2002 – 2 AZR 292/01, NZA 2003, 147; BAG 16.12.2010 – 2 AZR 576/09, AP KSchG 1969 § 2 Nr. 150; vgl. dazu auch Stahlhacke/Preis/Vossen Kündigung/*Preis* Rn. 1017 bis 1020.
[727] BAG 25.4.2002 – 2 AZR 260/01, NZA 2003, 605; BAG 26.3.2015 – 2 AZR 417/14, NZA 2015, 1083.
[728] BAG 29.8.2013 – 2 AZR 809/12, NZA 2014, 730; BAG 26.3.2015 – 2 AZR 417/14, NZA 2015, 1083.
[729] Vgl. nur BAG 29.9.2011 – 2 AZR 523/10, NZA 2012, 628 mwN; BAG 24.9.2015 – 2 AZR 680/14, AP KSchG 1969 § 2 Nr. 165; BAG 18.5.2017 – 2 AZR 606/16, EzA KSchG § 2 Nr. 101 Rn. 11; BAG 20.10.2017 – 2 AZR 783/16 (F), NZA 2018, 440 Rn. 44: Bei einer Absenkung der Bezüge zum Zweck der Vermeidung einer Insolvenz muss sich das Änderungsangebot an dem Sanierungsplan orientieren.
[730] BAG 23.6.2005 – 2 AZR 642/04, NZA 2006, 92; BAG 28.5.2009 – 2 AZR 844/07, NZA 2009, 954; BAG 10.4.2014 – 2 AZR 812/12, NZA 2014, 653; BAG 20.1.2015 – 9 AZR 860/13, NZA 2015, 805.
[731] Etwa BAG 29.9.2011 – 2 AZR 523/10, NZA 2012, 628 Rn. 28: Zusätzliche Vertragsänderung durch Angebot einer doppelten Schriftformklausel. BAG 13.6.2012 – 10 AZR 296/11, NZA 2012, 1154 Rn. 35; BAG 10.4.2014 – 2 AZR 812/12, NZA 2014, 653 Rn. 24; BAG 5.6.2014 – NZA 2015, 40 Rn. 24; BAG 22.10.2015 – 2 AZR 550/14, NZA-RR 2016, 243 Rn. 23.
[732] BAG 23.6.2005 – 2 AZR 642/04, NZA 2006, 92; *Fischermeier* NZA 2000, 737; ErfK/*Oetker* KSchG § 2 Rn. 53, 56, 60, 65; Stahlhacke/Preis/Vossen Kündigung/*Preis* Rn. 1310, 1313, 1314, 1319.

rechtlichen **Gleichbehandlungsgrundsatz** beinhalten würde.[733] Ein derartiges Angebot führt zur Unwirksamkeit der Änderungskündigung nach § 2 S. 1 KSchG iVm § 1 Abs. 2 KSchG. Ebenso hat das BAG[734] bei einer ordentlichen Änderungskündigung entschieden, die mit dem Angebot, die Arbeitsbedingungen bereits erhebliche Zeit **vor Ablauf** der **ordentlichen Kündigungsfrist** zu ändern, versehen war. Dabei blieb unentschieden, ob eine ordentliche Änderungskündigung überhaupt mit dem Angebot verbunden werden kann, die Beschäftigungsbedingungen bereits vor Ablauf der ordentlichen Kündigungsfrist zu ändern. Insofern verbietet sich eine Auslegung, wonach die neuen Arbeitsbedingungen bei Unzulässigkeit der vorfristigen Änderung erst mit dem Ablauf der ordentlichen Kündigungsfrist gelten sollen. Das mit einer Änderungskündigung zum Zweck der Versetzung verbundene zusätzliche **Angebot** an den Arbeitnehmer, eine **Dienstwohnung** beziehen zu müssen, obwohl die neue Tätigkeit wie bisher von der privaten Wohnung aus wahrgenommen werden kann, verstößt gegen den Grundsatz der Verhältnismäßigkeit und führt insgesamt zur Unwirksamkeit der Änderungskündigung.[735] Aus sozialen Erwägungen kann das **Angebot eines Altersteilzeitarbeitsverhältnisses** im Blockmodell verhältnismäßig sein, wenn dem Arbeitnehmer damit ein nahtloser Übergang in den Ruhestand ermöglicht werden soll.[736] Bei **örtlicher Verlagerung** eines Arbeitsplatzes ist der für den Arbeitnehmer am günstigsten zu erreichende Arbeitsplatz anzubieten.[737] Konkurrieren mehrere vergleichbare Arbeitnehmer um eine geringere Anzahl günstigerer anderweitiger Beschäftigungsmöglichkeiten in demselben Betrieb oder anderen Betrieben des Arbeitgebers, hat der Arbeitgeber in entsprechender Anwendung von § 1 Abs. 3 S. 1 KSchG eine Sozialauswahl zu treffen.[738] Die Auswahlentscheidung nach § 1 Abs. 3 S. 1 KSchG kann der Arbeitgeber nicht dadurch umgehen, dass er zunächst den freien Arbeitsplatz besetzt, wenn bereits zu diesem Zeitpunkt der Wegfall der Beschäftigung des sozial schutzbedürftigeren Arbeitnehmers absehbar war (§ 162 BGB).[739] Die **nachträgliche Befristung** eines unbefristeten Arbeitsverhältnisses im Wege einer Änderungskündigung setzt voraus, dass sich die Befristung – gemessen am Maßstab des § 14 Abs. 1 TzBfG – ihrerseits als wirksam erweist.[740] Im Arbeitsverhältnis kommt der Höhe der Vergütung pro Zeiteinheit und damit der Wertigkeit der Tätigkeit eine besondere Bedeutung zu. Diese bleibt – anders als beim Angebot einer geringerwertigen Tätigkeit mit unverändertem Stundenumfang – bei einer bloßen Reduzierung des Beschäftigungsumfangs gleich. Sie stellt deshalb grundsätzlich den weniger weit reichenden Eingriff in das vertragliche Austauschverhältnis dar, so dass sich nach Ansicht des BAG[741] das Angebot einer Weiterbeschäftigung mit Aufgaben der bisherigen Entgeltgruppe in einem geringeren zeitlichen Umfang als bisher weniger weit vom bisherigen Arbeitsvertrag entfernt als eine Vollzeitstelle mit höherer Vergütung. Ist im Einzelfall zweifelhaft, welches von mehreren möglichen Änderungsangeboten sich weniger weit vom bisherigen Vertragsinhalt entfernt, hat der Arbeitgeber die Möglichkeit, dem Arbeitnehmer die in Betracht kommenden Änderungen **alternativ** anzubieten. Der Arbeitnehmer kann dann wahlweise eines der Angebote vorbehaltlos oder unter dem Vorbehalt des § 2 KSchG annehmen oder sämtliche Änderungsangebote ablehnen.[742]

---

[733] BAG 3.7.2003 – 2 AZR 617/02, AP KSchG 1969 § 2 Nr. 73: Der Arbeitgeber hatte einem dienstunfähigen Rangierleiter die Tätigkeit eines Hilfsgärtners angeboten, während bei vergleichbaren Fällen die bisherige Vergütung unter Beibehaltung des Angestellten-Status weitergezahlt worden war. Vgl. auch BAG 26.6.2008 – 2 AZR 139/07, NZA 2008, 1182.
[734] BAG 21.9.2006 – 2 AZR 120/06, NZA 2007, 435: Lohnsenkung **vor Ablauf** der Kündigungsfrist. Ebenso BAG 29.9.2011 – 2 AZR 523/10, NZA 2012, 628. Abweichend *Löwisch* NZA 1988, 633 (636), der eine Umdeutung in ein Änderungsangebot ohne die unverhältnismäßigen Elemente zulassen will.
[735] BAG 26.6.2008 – 2 AZR 147/07, AP BAT § 55 Nr. 8.
[736] BAG 16.12.2010 – 2 AZR 576/09, AP KSchG 1969 § 2 Nr. 150.
[737] BAG 16.12.2010 – 2 AZR 576/09, AP KSchG 1969 § 2 Nr. 150.
[738] BAG 12.8.2010 – 2 AZR 945/08, NZA 2011, 460.
[739] BAG 21.9.2000 – 2 AZR 440/99, NZA 2001, 255; BAG 12.8.2010 – 2 AZR 945/08, NZA 2011, 460; BAG 9.9.2010 – 2 AZR 493/09, AP KSchG 1969 § 1 Betriebsbedingte Kündigung Nr. 185; BAG 26.3.2015 – 2 AZR 417/14, NZA 2015, 1083.
[740] BAG 16.12.2010 – 2 AZR 576/09, AP KSchG 1969 § 2 Nr. 150; BAG 26.3.2015 – 2 AZR 417/14, NZA 2015, 1083.
[741] BAG 10.4.2014 – 2 AZR 812/12, NZA 2014, 653.
[742] BAG 10.4.2014 – 2 AZR 812/12, NZA 2014, 653 Rn. 53.

169 Änderungen zur Anpassung **vertraglicher Nebenabreden** – etwa kostenlose Beförderung zum Betriebssitz, Fahrtkostenzuschuss, Mietzuschuss – an geänderte Umstände unterliegen nach Ansicht des BAG[743] nicht den gleichen strengen Maßstäben wie Änderungskündigungen zur Entgeltabsenkung.[744]

170 Besonders strenge Anforderungen gelten, wenn die vom Arbeitgeber angebotene Vertragsänderung **allein** in einer **Absenkung** der bisherigen **Vergütung** besteht. Hier müssen die Reduzierung der Belegschaft, die Schließung des Betriebs oder ein Insolvenzverfahren auf dem Spiele stehen.[745] Eine gesonderte Rechtfertigung der Vergütungsänderung ist nur dann nicht vonnöten, wenn sich die geänderte Vergütung aus einer **Tarifautomatik** ergibt.[746] Dies gilt selbst dann, wenn der Arbeitnehmer zuvor **übertariflich** entlohnt wurde.[747] Zweifelhaft kann sein, welche Maßstäbe für eine Änderungskündigung anzulegen sind, wenn ein Betriebserwerber (§ 613a Abs. 1 BGB) die Aufrechterhaltung der Dynamik einer vom Betriebsveräußerer mit dem Arbeitnehmer individualrechtlich vereinbarten dynamischen Bezugnahme auf einen Tarifvertrag im Wege einer sozial gerechtfertigten Änderungskündigung beseitigen will. Hierzu hat der EuGH mit Urteil vom 27.4.2017[748] auf Vorlage des BAG[749] entschieden, dass die Bindung des Betriebserwerbers an die vom Betriebsveräußerer mit dem Arbeitnehmer individualrechtlich vereinbarte dynamische Bezugnahme auf einen Tarifvertrag nicht gegen Art. 3 RL 2001/23/EG iVm Art. 16 GRC verstößt, sofern das nationale Recht sowohl einvernehmliche als auch **einseitige** Anpassungsmöglichkeiten für den Erwerber vorsieht. Da der EuGH in diesem Sinne lediglich „erforderliche" Anpassungen zuließe,[750] hat das BAG[751] in der nachgehenden Entscheidung bei Anwendung des KSchG in der Änderungskündigung iSv § 2 KSchG eine nach nationalem Recht gesetzlich vorgesehene einseitige Anpassungsmöglichkeit gesehen, die in der mit dem Änderungsangebot verbundenen einseitigen Willenserklärung der Beendigungskündigung liege. Sei die angestrebte Änderung der dynamischen Bezugnahmeklausel sozial gerechtfertigt, käme es nicht darauf an, ob der Arbeitnehmer das Änderungsangebot unter Vorbehalt angenommen oder abgelehnt habe, weil letzterenfalls auch die Beendigungskündigung, die nach dem Maßstab der Änderungskündigung geprüft werde,[752] wirksam sei und damit die einseitige Lösung von der nicht gewünschten Regelung ermögliche. Dabei ist für die Beurteilung der sozialen Rechtfertigung zu berücksichtigen, dass es sich bei der Entdynamisierung der Verweisungsklausel nicht um eine Entgeltabsenkung handelt, sodass der dafür vom BAG[753] geforderte strenge Maßstab des Sanierungsfalls nicht herangezogen werden kann, solange nicht der Arbeitgeber eine bereits eingetretene Vergütungsanhebung mit einer Änderungskündigung beseitigen will. Bei einer dynamischen Bezugnahmeklausel geht es regelmäßig um die zukünftig zu erwartende Personalkostensteigerung für den Arbeitgeber, die sich aus der vertraglichen Anpassungspflicht an einen Tarifvertrag ergibt. Will sich der Arbeitgeber dieser Dynamik

---

[743] BAG 27.3.2003 – 2 AZR 74/02, NZA 2003, 1029; BAG 20.6.2013 – 2 AZR 396/12, NZA 2013, 1409.
[744] Vgl. dazu ausführlich → Rn. 140–142.
[745] Ausführlich → Rn. 155. BAG 1.3.2007 – 2 AZR 580/05, NZA 2007, 1445; BAG 26.6.2008 – 2 AZR 139/07, NZA 2008, 1182; BAG 20.6.2013 – 2 AZR 396/12, NZA 2013, 1409; BAG 20.10.2017 – 2 AZR 783/16 (F), NZA 2018, 440 Rn. 42.
[746] BAG 23.6.2005 – 2 AZR 642/04, NZA 2006, 92; BAG 29.3.2007 – 2 AZR 31/06, NZA 2007, 855; BAG 9.9.2010 – 2 AZR 936/08, AP KSchG 1969 § 2 Nr. 149; BAG 28.10.2010 – 2 AZR 688/09, NZA-RR 2011, 155.
[747] BAG 28.10.2010 – 2 AZR 688/09, NZA-RR 2011, 155.
[748] EuGH – C-680/15 und C-681/15, NZA 2017, 571 (Asklepios Kliniken Langen-Seligenstadt), im Anschlus an EuGH 18.7.2013 – C-426/11 (Alemo-Heron), NZA 2013, 835.
[749] BAG 17.6.2015 – 4 AZR 61/14 (A), NZA 2016, 373.
[750] EuGH 18.7.2013 – C-426/11, NZA 2013, 835 Rn. 25 (Alemo-Heron); EuGH – C-680/15 und C-681/15, NZA 2017, 571 Rn. 22 (Asklepios Kliniken Langen-Seligenstadt) allerdings ohne Konkretisierung der für Art. 3 RL 2001/23/EG maßgebenden Kriterien.
[751] BAG 30.8.2017 – 4 AZR 95/14, NZA 2018, 255 Rn. 53.
[752] Zum Prüfungsmaßstab → Rn. 132 und BAG 24.5.2012 – 2 AZR 163/11, NZA-RR 2013, 74; BAG 23.2.2012 – 2 AZR 45/11, AP KSchG 1969 § 2 Nr. 156; BAG 22.10.2015 – 2 AZR 550/12, NZA-RR 2016, 243.
[753] BAG 20.6.2013 – 2 AZR 396/12, NZA 2013, 1409; BAG 20.10.2017 – 2 AZR 783/16 (F), NZA 2018, 440 Rn. 42; BAG 30.8.2017 – 4 AZR 95/14, NZA 2018, 255 Rn. 57.

durch betriebsbedingte Änderungskündigung entledigen, setzen die dringenden betrieblichen Gründe voraus (§ 1 Abs. 2 KSchG), dass der Fortbestand der Bezugnahmeklausel zu einer andauernden übermäßigen wirtschaftlichen Belastung des Arbeitgebers oder zu einer Gefährdung seiner Wettbewerbsfähigkeit führte, weil ihn Geldmangel an notwendigen Investitionen hindert. Es erscheint jedoch im Lichte von Art. 3 RL 2001/23/EG iVm Art. 16 GRC angemessen, in einer unionskonformen Auslegung von § 1 Abs. 2 KSchG plausible wirtschaftliche Gründe für eine Anpassung der Bezugnahmeklausel ausreichen zu lassen,[754] zumal die vom EuGH in Relation zu Art. 3 RL 2001/23/EG angesprochene Erforderlichkeit keinerlei Bezug zu § 1 Abs. 2 KSchG aufweist.

d) Mehrere Änderungsangebote. Soweit der Arbeitgeber mit einer betriebsbedingten Änderungskündigung **mehrere Änderungsvorschläge** an den Arbeitnehmer richtet, muss die betriebliche Notwendigkeit (erster Prüfungsschritt) für **jede** erstrebte Inhaltsänderung vorliegen.[755] Es reicht also nicht aus, dass möglicherweise dem Arbeitnehmer das **Gesamtpaket** der vom Arbeitgeber vorgeschlagenen Vertragsänderungen zugemutet werden könnte. Diese Frage stellt sich erst, wenn für jeden einzelnen Punkt der erstrebten Inhaltsänderung eine betriebliche Notwendigkeit besteht. Ist dies nicht der Fall, hat dies die Unwirksamkeit der Änderungskündigung **insgesamt** zur Folge, weil das Gericht nicht in entsprechender Anwendung von § 315 BGB die Änderung der Arbeitsbedingungen teilweise für wirksam erklären kann.[756] Der Arbeitgeber hat auch nicht die Möglichkeit, im Verlaufe des Änderungsschutzprozesses Änderungen fallen zu lassen, die sich aus betriebsbedingten Gründen nicht halten lassen. Vielmehr muss er eine neue Änderungskündigung erklären, die von sozialwidrigen Änderungspunkten bereinigt worden ist.

Außerdem muss neben dem betrieblichen Anlass für **jede** der vorgeschlagenen Änderungen der Grundsatz der Verhältnismäßigkeit gewahrt sein (zweite Prüfungsstufe).[757] Diese Situation tritt vor allem dann auf, wenn der Arbeitgeber mit der Änderungskündigung neben einer Veränderung der Tätigkeit eine Lohnminderung anstrebt. Hierbei differenziert das BAG danach, ob sich die geänderte Vergütung aus einem im Betrieb angewandten Vergütungssystem in Gestalt einer Tarifautomatik ergibt. Dann ist eine gesonderte Rechtfertigung der Vergütungsänderung entbehrlich.[758] Sie folgt automatisch dem Vergütungssystem. Besteht ein derartiges Vergütungssystem nicht und hat der Arbeitgeber die Vergütung **ausgehandelt,** so kann er dem Arbeitnehmer bei geändertem Arbeitsinhalt dann eine geringere Vergütung anbieten, wenn diese durch einen **evident geringeren Marktwert** der neu angebotenen gegenüber der bisherigen Tätigkeit gerechtfertigt ist.[759] Hierfür trägt der Arbeitgeber die Darlegungs- und Beweislast. Allein der Gesichtspunkt der Gleichbehandlung mit anderen, auf derselben Ebene der Betriebshierarchie beschäftigten Arbeitnehmern rechtfertigt eine Reduzierung der arbeitsvertraglich vereinbarten Vergütung nicht. Eine vom Arbeitgeber angebotene geringere Vergütung verstößt nicht gegen den Verhältnismäßigkeitsgrundsatz, wenn sich der Marktwert der durch Änderungskündigung angebotenen neuen Tätigkeit mangels anderer Anhaltspunkte nach § 612 Abs. 2 BGB bemisst.[760] Hat der Arbeitgeber die **Gehälter** aller vergleichbaren Arbeitnehmer **frei ausgehandelt,** so ist der Arbeitgeber bei einer Änderungskündigung, mit der neben der Tätigkeit auch die Vergütung geändert werden

---

[754] Das BAG 30.8.2017 – 4 AZR 95/14, NZA 2018, 255 Rn. 58 weist dem gegenüber darauf hin, dass kein Grund bestehe, einen Betriebsübernehmer im Vergleich zu anderen Arbeitnehmern zu privilegieren.
[755] Grundsätzlich BAG 6.3.1986 – 2 ABR 15/85, NZA 1987, 102; BAG 21.9.2006 – 2 AZR 120/06, NZA 2007, 435; BAG 10.9.2009 – 2 AZR 822/07, NZA 2010, 333; BAG 29.9.2011 – 2 AZR 523/10, NZA 2012, 628; BAG 5.6.2014 – NZA 2015, 40 Rn. 24; BAG 22.10.2015 – 2 AZR 550/14, NZA-RR 2016, 243 Rn. 23.
[756] BAG 7.6.1973 – 2 AZR 450/72, AP BGB § 626 Änderungskündigung Nr. 1; BAG 25.10.1984 – 2 AZR 455/83, BeckRS 1984, 30712064; BAG 21.9.2006 – 2 AZR 120/06, NZA 2007, 435.
[757] BAG 21.9.2006 – 2 AZR 120/06, NZA 2007, 435; BAG 29.3.2007 – 2 AZR 31/06, NZA 2007, 855; BAG 3.4.2008 – 2 AZR 500/06, NZA 2008, 812; BAG 5.6.2014 – 2 AZR 615/13, NZA 2015, 40 Rn. 24; BAG 22.10.2015 – 2 AZR 550/14, NZA-RR 2016, 243 Rn. 23. Dazu auch *Annuß* NJW 2006, 2153; *Schrader* DB 2006, 1678.
[758] BAG 23.6.2005 – 2 AZR 642/04, NZA 2006, 92; BAG 29.3.2007 – 2 AZR 31/06, NZA 2007, 855; BAG 28.10.2010 – 2 AZR 688/09, NZA-RR 2011, 155.
[759] BAG 23.6.2005 – 2 AZR 642/04, NZA 2006, 92; BAG 29.3.2007 – 2 AZR 31/06, NZA 2007, 855.
[760] BAG 29.3.2007 – 2 AZR 31/06, NZA 2007, 855.

soll, **nicht** verpflichtet, aus Gründen des Änderungsschutzes die **höchste** für vergleichbare Tätigkeiten gezahlte Vergütung anzubieten. Er hat den Arbeitnehmer in das frei ausgehandelte **Vergütungsgefüge einzuordnen**.[761] **Unterschreitet** er dabei die **durchschnittliche Vergütung**, so hat er darzulegen, welche Gesichtspunkte dafür maßgebend waren. Bewegt sich das Vergütungsangebot im **oberen Bereich,** muss der **Arbeitnehmer** weitere Gesichtspunkte – etwa eine Qualifikation, die seine schon im oberen Bereich liegende Vergütung übersteigt –, vortragen, weswegen seine geänderte Tätigkeit noch höher vergütet werden müsste.

3. Besonderheiten der Sozialauswahl

173 Das Gebot der Berücksichtigung sozialer Gesichtspunkte bei der Auswahl des zu kündigenden Arbeitnehmers gilt auch für betriebsbedingte Änderungskündigungen, wie die Verweisung in § 2 S. 1 KSchG auf § 1 Abs. 3 S. 1 und 2 KSchG belegt.[762] Nach diesen Vorschriften ist eine Änderungskündigung trotz Vorliegens dringender betrieblicher Erfordernisse iSv § 1 Abs. 2 KSchG sozial ungerechtfertigt, wenn der Arbeitgeber bei der Auswahl des Arbeitnehmers die Dauer der Betriebszugehörigkeit, das Lebensalter, bestehende Unterhaltspflichten und eine Schwerbehinderung des Arbeitnehmers nicht oder nicht ausreichend berücksichtigt hat. Bei dieser Sozial**auswahl** kommt es für die **Vergleichbarkeit** der Arbeitnehmer nicht nur darauf an, ob die Arbeitnehmer nach ihren **bisherigen Tätigkeiten** miteinander verglichen und damit gegeneinander ausgetauscht werden können. Die Arbeitnehmer müssen vielmehr auch für die Tätigkeit, die Gegenstand des Änderungsangebots ist, wenigstens annähernd gleich geeignet sein, sodass sich die **Austauschbarkeit** auch auf den mit der Änderungskündigung **angebotenen Arbeitsplatz** beziehen muss.[763] Im Anschluss an diese Feststellung ist die soziale Rangfolge (Auswahl) der vergleichbaren Arbeitnehmer zu bestimmen. Diese nach den vier Kriterien von § 1 Abs. 3 S. 1 KSchG vorzunehmende Rangfolge (Sozialauswahl) richtet sich nicht allein danach, welcher von den vergleichbaren Arbeitnehmern durch den Verlust des bisherigen Arbeitsplatzes am wenigsten hart getroffen würde. Da es bei der ordentlichen Änderungskündigung um die soziale Rechtfertigung des **Änderungsangebots** geht, ist zu prüfen, ob der Arbeitgeber, statt die Arbeitsbedingungen des gekündigten Arbeitnehmers zu ändern, diese Änderung einem vergleichbaren Arbeitnehmer hätte anbieten können, dem sie eher nach den Kriterien Betriebszugehörigkeit, Unterhaltspflichten, Lebensalter und Schwerbehinderung zumutbar gewesen wäre.[764] Die gesetzlich vorgegebene Aufzählung der vier Kriterien ist abschließend, sodass eine Heranziehung weiterer Faktoren ausgeschlossen ist.[765] Unabhängig davon, dass keinem Kriterium nach § 1 Abs. 3 S. 1 KSchG eine Priorität gegenüber den anderen beizumessen ist,[766] kommt dem Arbeitgeber allerdings bei der **Gewichtung** der Sozialkriterien ein Wertungsspielraum zu.[767] Es

---

[761] BAG 3.4.2008 – 2 AZR 500/06, NZA 2008, 812: Der Arbeitnehmer sollte nicht mehr als Software Developer, sondern als Multimedia Producer mit geringeren Bezügen in Höhe von 3.200 EUR beschäftigt werden. Die Gehaltsbandbreite der Multimedia Producer bewegte sich zwischen 2.500 EUR bis 3.941 EUR.

[762] BAG 18.1.2007 – 2 AZR 796/05, AP KSchG 1969 § 1 Soziale Auswahl Nr. 89; BAG 12.8.2010 – 2 AZR 945/08, NZA 2011, 460; BAG 29.1.2015 – 2 AZR 164/14, NZA 2015, 426 Rn. 10; BAG 24.9.2015 – 2 AZR 680/14, AP KSchG 1969 § 2 Nr. 165 Rn. 37ff.; BAG 18.5.2017 – 2 AZR 606/16, EzA KSchG § 2 Nr. 101 Rn. 17 mwN. Näher dazu auch Stahlhacke/Preis/Vossen Kündigung/*Preis* Rn. 1325, 1327; Schaub ArbRHdB/*Linck* § 137 Rn. 43; ErfK/*Oetker* KSchG § 2 Rn. 52.

[763] So BAG 18.1.2007 – 2 AZR 796/05, AP KSchG 1969 § 1 Soziale Auswahl Nr. 89; BAG 9.9.2010 – 2 AZR 936/08, AP KSchG 1969 § 2 Nr. 149; BAG 18.5.2017 – 2 AZR 606/16, EzA KSchG § 2 Nr. 101 Rn. 17 mwN; zu den Besonderheiten der Vergleichbarkeit: KR/*Kreft* KSchG § 2 Rn. 164 mwN.

[764] BAG 12.8.2010 – 2 AZR 945/08, NZA 2011, 460; BAG 29.1.2015 – 2 AZR 164/14, NZA 2015, 426. Kritisch dazu Stahlhacke/Preis/Vossen Kündigung/*Preis* Rn. 1326: Problematische Formel. Vgl. aber BAG 12.8.2010 – 2 AZR 945/08, NZA 2011, 460: Sozialauswahl, wenn mehrere Arbeitnehmer um eine geringere Anzahl günstigerer Beschäftigungsmöglichkeiten konkurrieren. Dazu auch BAG 24.5.2012 – 2 AZR 163/11, NZA-RR 2013, 74.

[765] BAG 29.1.2015 – 2 AZR 164/14, NZA 2015, 426 Rn. 12.

[766] BAG 18.9.2018 – 9 AZR 20/18, AP AGG § 22 Nr. 16 Rn. 28.

[767] So kann die Dauer der Beschäftigung – anders als etwa das Lebensalter und die Unterhaltspflichten – bei einer örtlichen Versetzung nur eine untergeordnete Rolle spielen: BAG 12.8.2010 – 2 AZR 945/08, NZA 2011, 460 Rn. 52. Das BAG 12.8.2010 – 2 AZR 945/08, NZA 2011, 460 Rn. 46; BAG 29.1.2015 – 2 AZR 164/14, NZA 2015, 426 Rn. 12 will ergänzende Faktoren nur im Rahmen der Gewichtung der vier Grundda-

genügt, wenn er bei der Sozialauswahl die sozialen Gesichtspunkte **ausreichend** berücksichtigt. Dieser vom Gesetz eingeräumte Wertungsspielraum führt dazu, dass nur deutlich schutzwürdigere Arbeitnehmer mit Erfolg die Fehlerhaftigkeit der sozialen Auswahl rügen können.[768] Maßgebend sind die Verhältnisse zum Zeitpunkt der beabsichtigten Kündigung, wobei hinreichend sicher voraussehbare künftige Entwicklungen zu berücksichtigen sind.[769]

a) **Der auswahlrelevante Personenkreis.** Hinreichend geklärt ist, dass sich die Frage der sozialen Auswahl im Gegensatz zur unternehmensbezogenen Weiterbeschäftigungsmöglichkeit grundsätzlich nur auf den **Beschäftigungsbetrieb** bezieht.[770] Dabei ist die soziale Auswahl für diejenigen Arbeitnehmer relevant, die von demselben dringenden betrieblichen Erfordernis betroffen sind.[771] Insofern unterscheiden sich betriebsbedingte Beendigungskündigung und Änderungskündigung nicht. Die soziale Auswahl nach § 1 Abs. 3 S. 1 KSchG und damit die Zusammensetzung des auswahlrelevanten Personenkreises erstreckt sich innerhalb eines Betriebs nur auf die Arbeitnehmer, die miteinander vergleichbar sind. Ob diese Vergleichbarkeit besteht, richtet sich in erster Linie nach arbeitsplatzbezogenen Merkmalen, dh zunächst nach der ausgeübten Tätigkeit. Davon ist nicht nur bei einer Identität der Arbeitsplätze, sondern auch dann auszugehen, wenn der Arbeitnehmer auf Grund seiner Tätigkeit und Ausbildung eine andersartige, aber gleichwertige Tätigkeit ausführen kann.[772] Werden nach dem Organisationskonzept des Arbeitgebers Arbeitnehmer mit und ohne abgeschlossene Berufsausbildung für die gleiche Tätigkeit eingesetzt, so sind sie regelmäßig auch miteinander vergleichbar.[773] Eine kurze Einarbeitungszeit steht der Vergleichbarkeit nicht entgegen (qualifikationsmäßige Austauschbarkeit).[774] Auch die tarifliche Eingruppierung kann für die Beurteilung der Vergleichbarkeit in engen Grenzen herangezogen werden. Dies gilt vor allem im öffentlichen Dienst, weil der öffentliche Arbeitgeber dem Arbeitnehmer im Rahmen seines Direktionsrechts nur solche Tätigkeiten zuweisen kann, die dessen Fähigkeiten und Kräfte einerseits und den Merkmalen seiner im Arbeitsvertrag genannten **Vergütungsgruppe** andererseits entsprechen.[775] An einer Vergleichbarkeit fehlt es jedoch, wenn der Arbeitgeber den Arbeitnehmer nicht einseitig im Rahmen des Direktionsrechts auf den anderen Arbeitsplatz umsetzen oder versetzen kann (arbeitsvertragliche Austauschbarkeit etwaiger Kündigungsanwärter).[776] Auf der Ebene der Betriebshierarchie ist eine vertikale Vergleichbarkeit ausgeschlossen. Tarifliche Regelungen über den Ausschluss ordentlicher Kündigungen erweisen sich in Auswahlsituationen nur dann als angemessen und gesetzeskonform im Sinne von § 10 S. 1 AGG bzw. § 1 Abs. 3 KSchG, wenn sie zumindest grobe Auswahlfehler vermeiden.[777] Arbeitnehmer, die besonderen gesetzlichen Kündigungsschutz genießen (etwa §§ 17 Abs. 1 MuSchG, 18 Abs. 1 BEEG, 15 KSchG, 168 SGB IX, 5 PflegeZG), und denen gegenüber eine ordentliche Kündigung ausgeschlossen ist, sind in diesen Personenkreis nicht einzubeziehen.[778] Eine **betriebsübergreifende** Sozialauswahl ist dann zu bejahen, wenn mehrere Arbeitnehmer aus verschiedenen Betrieben eines Unternehmens um

---

ten zulassen. Das könnte der Fall sein, wenn eine gesetzlich unterhaltsberechtigte Person pflegebedürftig ist, nicht aber bei fehlender gesetzlicher Unterhaltsberechtigung.

[768] BAG 22.3.2012 – 2 AZR 167/11, NZA 2012, 1040 Rn. 19; BAG 29.1.2015 – 2 AZR 164/14, NZA 2015, 426 Rn. 11: Eine um drei Jahre längere Betriebszugehörigkeit bei 1½ Jahren Altersunterschied ist nicht geeignet, drei Unterhaltspflichten bei 6jähriger Betriebszugehörigkeit aufzuwiegen. BAG 27.4.2017 – 2 AZR 67/16, NZA 2017, 902 Rn. 15, 16: Bezug von Altersrente und Sozialauswahl; BAG 18.9.2018 – 9 AZR 20/18, AP AGG § 22 Nr. 16 Rn. 28: Hohe Bewertung von Unterhaltspflichten gegenüber Alter und Dauer der Betriebszugehörigkeit. Vgl. auch *Gaul/Lunk* NZA 2004, 184 (185).
[769] BAG 21.4.2005 – 2 AZR 241/04, NZA 2005, 1307 Rn. 15.
[770] BAG 26.2.1987 – 2 AZR 177/86, NZA 1987, 775; BAG 2.6.2005 – 2 AZR 158/04, NZA 2005, 1175; BAG 18.10.2006 – 2 AZR 676/05, NZA 2007, 798; vgl. auch *Boewer* NZA 1988, 1 ff.
[771] BAG 21.4.2005 – 2 AZR 241/04, NZA 2005, 1307 Rn. 18.
[772] BAG 5.6.2008 – 2 AZR 907/06, NZA 2008, 1120 Rn. 18.
[773] BAG 6.7.2006 – 2 AZR 442/05, NZA 2007, 139.
[774] BAG 31.5.2007 – 2 AZR 306/06, NZA 2007, 1362; BAG 5.6.2008 – 2 AZR 107/07, NZA 2008, 1180.
[775] BAG 23.11.2004 – 2 AZR 38/04, NZA 2005, 986.
[776] BAG 17.2.2000 – 2 AZR 142/99, NZA 2000, 822; BAG 5.12.2002 – 2 AZR 697/01, NZA 2003, 849; BAG 18.10.2006 – 2 AZR 676/05, NZA 2007, 798; BAG 29.3.2007 – 2 AZR 31/06, NZA 2007, 855.
[777] So BAG 20.6.2013 – 2 AZR 295/12, NZA 2014, 208.
[778] BAG 21.4.2005 – 2 AZR 241/04, NZA 2005, 1307 Rn. 18.

denselben Arbeitsplatz in einem weiteren Betriebe konkurrieren.[779] Eine **unternehmensübergreifende** Sozialauswahl kommt ausnahmsweise in Betracht, wenn mehrere Unternehmen einen Gemeinschaftsbetrieb unterhalten.[780]

175 Da die **Änderungskündigung** nicht auf eine Beendigung, sondern auf eine Änderung des Arbeitsvertrages abzielt, wird vom BAG[781] – unabhängig davon, ob der Arbeitnehmer die geänderten Arbeitsbedingungen unter Vorbehalt angenommen hat oder nicht[782] – eine dieser Besonderheit angepasste Betrachtung der Vergleichbarkeit der Arbeitnehmer angestellt, indem neben der Austauschbarkeit auf den **innegehabten** Arbeitsplätzen **hinzukommen** muss, dass diese Arbeitnehmer auch für die Tätigkeit, die **Gegenstand** des **Änderungsangebots** ist, wenigstens annähernd gleich geeignet sind. Die **Austauschbarkeit** muss sich demgemäß zugleich auf den mit der Änderungskündigung **angebotenen Arbeitsplatz** beziehen.[783] Mit der Einbeziehung des mit der Änderungskündigung verbundenen Änderungsangebots verfolgt das BAG konsequent seine Linie, dass im Mittelpunkt der Prüfung die **Änderung der Arbeitsbedingungen** steht und nicht etwa der Entzug der bisherigen Tätigkeit des Arbeitnehmers. Dies hat zur Konsequenz, dass möglicherweise der schutzbedürftigste Arbeitnehmer, der von demselben dringenden betrieblichen Erfordernis betroffen ist, aufgrund seiner flexibleren Einsatzmöglichkeit eine Änderungskündigung zum Zwecke der Versetzung hinnehmen muss.[784] Dieses unbefriedigende Ergebnis wird nicht dadurch kompensiert, dass sonst ein auf dem bisherigen Arbeitsplatz austauschbarer Arbeitnehmer seinen Arbeitsplatz gänzlich verlöre,[785] weil der Grundsatz der Verhältnismäßigkeit nur in Relation zum Arbeitgeber, nicht aber zu anderen Arbeitnehmern zur Anwendung gelangt.

176 Ob bei der Kündigung **teilzeitbeschäftigter** Arbeitnehmer Vollzeitbeschäftigte und bei der Kündigung **vollzeitbeschäftigter** Arbeitnehmer Teilzeitbeschäftigte in die Sozialauswahl nach § 1 Abs. 3 S. 1 KSchG einzubeziehen sind, hängt davon ab, ob der Arbeitgeber auf Grund eines nachvollziehbaren unternehmerischen Konzepts der Arbeitszeitgestaltung eine Organisationsentscheidung getroffen hat, auf Grund derer bestimmte Arbeiten für Vollzeitkräfte oder für Teilzeitkräfte vorgesehen sind.[786]

177 **b) Die Kriterien der Sozialauswahl.** Bis zur Neufassung des § 1 Abs. 3 KSchG zum 1.1.2004 durch das **Gesetz zu Reformen am Arbeitsmarkt** v. 24.12.2003[787] ging das BAG davon aus, dass sich im Falle einer betriebsbedingten Änderungskündigung bei der Sozialauswahl die Abwägung neben dem Lebensalter, der Dauer der Betriebszugehörigkeit und den Unterhaltspflichten auch daran orientieren musste, welchem Arbeitnehmer eine Umstellung auf die **neue Tätigkeit** nach seiner Vorbildung und seinen persönlichen Eigenschaften leichter oder schwerer fiel, wobei Eigenschaften wie Wendigkeit, schnelle Auffassungsgabe, Anpassungsfähigkeit und Gesundheitszustand von Bedeutung sein konnten.[788] Da § 1

---

[779] BAG 21.9.2000 – 2 AZR 385/99, AP KSchG 1969 § 1 Betriebsbedingte Kündigung Nr. 111.
[780] BAG 5.5.1994 – 2 AZR 917/93, NZA 1994, 1023; BAG 24.2.2005 – 2 AZR 214/04, NZA 2005, 867; BAG 22.11.2007 – 2 AZR 763/06, AP KSchG 1969 § 1 Soziale Auswahl Nr. 95.
[781] BAG 18.1.2007 – 2 AZR 796/05, AP KSchG 1969 § 1 Soziale Auswahl Nr. 89; BAG 12.8.2010 – 2 AZR 945/08, NZA 2011, 460; dazu auch *Preis* RdA 1999, 321; *Rost* NZA 2004, Sonderbeil. Nr. 1, 3b.
[782] BAG 24.5.2012 – 2 AZR 163/11, NZA-RR 2013, 74; BAG 23.2.2012 – 2 AZR 45/11, AP KSchG 1969 § 2 Nr. 156; BAG 22.10.2015 – 2 AZR 550/14, NZA-RR 2016, 243; BAG 21.5.2019 – 2 AZR 26/19, NZA 2019, 1143 Rn. 30.
[783] So BAG 18.1.2007 – 2 AZR 796/05, AP KSchG 1969 § 1 Soziale Auswahl Nr. 89; BAG 9.9.2010 – 2 AZR 936/08, AP KSchG 1969 § 2 Nr. 149; BAG 12.8.2010 – 2 AZR 945/08, NZA 2011, 460; abl. *Schwerdtner* NJW 1987, 1607 und *Berkowsky* DB 1990, 834 ff.; *Boewer* BB 1996, 2621; kritisch auch *Fischermeier* NZA 2000, 739. Zustimmend KR/*Kreft* KSchG § 2 Rn. 164.
[784] Dazu bereits *Schwerdtner* NJW 1987, 1607.
[785] So KR/*Kreft* KSchG § 2 Rn. 164.
[786] BAG 3.12.1998 – 2 AZR 341/98, NZA 1999, 431; BAG 12.8.1999 – 2 AZR 12/99, NZA 2000, 30; BAG 7.12.2006 – 2 AZR 748/05, NZA-RR 2007, 460; BAG 15.7.2004 – 2 AZR 376/03, NZA 2005, 523: Die Grundsätze über die Einbeziehung von Teilzeit- und Vollzeitbeschäftigten in die Sozialauswahl gelten auch für die soziale Auswahl zwischen Teilzeitbeschäftigten mit unterschiedlichen Arbeitszeiten. Vgl. dazu auch *Björn Gaul*/*Andrea Bonanni*/*Darius Kulejewski* ArbRB 2005, 112.
[787] BGBl. I 3002.
[788] BAG 13.6.1986 – 7 AZR 623/84, NZA 1987, 155; BAG 18.1.2007 – 2 AZR 796/05, AP KSchG 1969 § 1 Soziale Auswahl Nr. 89. So immer noch BeckOK ArbR/*Rolfs* KSchG § 2 Rn. 92.

Abs. 3 S. 1 KSchG in der ab 1.1.2004 geltenden Fassung die Sozialauswahl **abschließend** auf die Kriterien Betriebszugehörigkeit, Lebensalter, gesetzliche Unterhaltspflichten und die Schwerbehinderung des Arbeitnehmers begrenzt, sind nur noch diese sozialen Gesichtspunkte in Relation zur neuen Tätigkeit bei der Auswahlentscheidung zu berücksichtigen.[789] Eine Heranziehung zusätzlicher Faktoren und Kriterien kommt nicht in Betracht, was jedoch nicht ausschließt, eine Ergänzung im Rahmen der Gewichtung der Grunddaten aus § 1 Abs. 3 KSchG vorzunehmen, soweit damit ein unmittelbarer Bezug zu diesen Daten hergestellt wird.[790] Bei den Auswahlkriterien kann auch stärker ins Gewicht fallen, dass einem älteren oder schwerbehinderten Arbeitnehmer die Umstellung auf eine andere Tätigkeit deutlich schwerer fallen wird, als einem jüngeren Arbeitnehmer. Der Gesichtspunkt der Unterhaltspflichten ist dort relevant, wo die Änderung der Arbeitsbedingungen mit einer materiellen Einbuße einhergeht.

Da der Arbeitgeber die gesetzlich vorgegebenen sozialen Gesichtspunkte nicht fehlerfrei, sondern nur „ausreichend" zu berücksichtigen hat, wird dem Arbeitgeber bei ihrer Gewichtung vom Gesetz ein Wertungsspielraum[791] eingeräumt. Die Auswahlentscheidung muss nur **vertretbar** sein und nicht unbedingt der Entscheidung entsprechen, die das Gericht getroffen hätte, so dass nur **deutlich schutzwürdigere** Arbeitnehmer mit Erfolg die Fehlerhaftigkeit der sozialen Auswahl rügen können.[792] Dabei ist entscheidend, ob die Sozialauswahl im Ergebnis zutreffend ist, nicht wie der Arbeitgeber zu diesem Ergebnis gelangt ist.[793]

Die relevanten Sozialdaten kann der Arbeitgeber entweder aus den Personalunterlagen entnehmen oder durch **Befragung** der Arbeitnehmer in Erfahrung bringen.[794] Der Arbeitgeber darf die **Lohnsteuermerkmale** heranziehen, wenn er keinen Anlass hat, diese Daten träfen nicht zu.[795] Dem Gesetzeswortlaut ist nicht zu entnehmen, wie die in § 1 Abs. 3 S. 1 KSchG genannten sozialen Gesichtspunkte zueinander ins Verhältnis zu setzen sind. Daher ist jedem der vier Sozialkriterien die **gleiche Bedeutung** beizumessen.[796] Sie bilden nach ihrer Benennung im Gesetz keine Rangliste und müssen stets vom Arbeitgeber **insgesamt** berücksichtigt und gewichtet werden. Bei dem Kriterium des **Alters** ist im Rahmen der Sozialauswahl das Verbot der **Altersdiskriminierung** (RiL 2000/78/EG) durch europarechtskonforme Auslegung des § 1 Abs. 3 S. 1 KSchG zu beachten.[797]

Die jetzt gültige Begriffsbestimmung des **schwerbehinderten Menschen** fußt auf Art. 1 § 2 Abs. 2 SGB IX idF des am 1.1.2018 in seinem wesentlichen Teil in Kraft getretenen BTHG.[798] Die Berücksichtigung der Schwerbehinderung hat zur Konsequenz, dass bei sonst

---

[789] BAG 18.1.2007 – 2 AZR 796/05, AP KSchG § 1 Soziale Auswahl Nr. 89; BAG 12.8.2010 – 2 AZR 945/08, NZA 2011, 460; BAG 29.1.2015 – 2 AZR 164/14, NZA 2015, 426; Stahlhacke/Preis/Vossen Kündigung/*Preis* Rn. 1326; KR/*Kreft* KSchG § 2 Rn. 166 unter Hinweis darauf, dass sich die Abwägung der Kriterien am Ziel der Änderungskündigung ausrichten muss. AA BeckOK ArbR/*Rolfs* KSchG § 2 Rn. 92, der zusätzlich weiterhin auf persönliche Eigenschaften wie Wendigkeit, Auffassungsgabe, Anpassungsfähigkeit, Gesundheitszustand abstellen will.

[790] BAG 12.8.2010 – 2 AZR 945/08, NZA 2011, 460; BAG 29.1.2015 – 2 AZR 164/14, NZA 2015, 426.

[791] BT-Drs. 15/1204, 21; BAG 12.8.2010 – 2 AZR 945/08, NZA 2011, 460; BAG 22.3.2012 – 2 AZR 167/11, NZA 2012, 1040; BAG 29.1.2015 – 2 AZR 164/14, NZA 2015, 426; BAG 18.9.2018 – 9 AZR 20/18, AP AGG § 22 Nr. 16 Rn. 28.

[792] BAG 12.8.2010 – 2 AZR 945/08, NZA 2011, 460; BAG 29.1.2015 – 2 AZR 164/14, NZA 2015, 426.

[793] BAG 9.11.2006 – 2 AZR 812/05, NZA 2007, 549; BAG 5.11.2009 – 2 AZR 676/08, NZA 2010, 457; BAG 10.6.2010 – 2 AZR 420/09, NZA 2010, 1352; BAG 20.9.2012 – 6 AZR 483/11, NZA 2013, 94.

[794] Ausdrücklich BAG 6.7.2006 – 2 AZR 442/05, NZA 2007, 139: Nachträgliche Änderungen hat der Arbeitnehmer – sollen sie Berücksichtigung finden – mitzuteilen. BAG 16.2.2012 – 6 AZR 553/10, NZA 2012, 555: Frage nach der Schwerbehinderung. Vgl. auch *Preis* DB 2004, 70 ff.; *Löwisch* NZA 2003, 689 ff.; *Thüsing/Stelljes* BB 2003, 1673 ff.; *Willemsen/Annuß* NJW 2004, 177 ff.

[795] BAG 17.1.2008 – 2 AZR 405/06, NZA-RR 2008, 571.

[796] BAG 2.6.2005 – 2 AZR 480/04, NZA 2006, 207; BAG 9.11.2006 – 2 AZR 812/05, NZA 2007, 549; BAG 29.1.2015 – 2 AZR 164/14, NZA 2015, 426.

[797] BAG 15.12.2011 – 2 AZR 42/10, NZA 2012, 1044; BAG 24.10.2013 – 6 AZR 854/11, NZA 2014, 46; BAG 27.4.2017 – 2 AZR 67/16, NZA 2017, 902 Rn. 15, 16: Bezug von Altersrente und Sozialauswahl. Vgl. auch *Hamacher/Ulrich* NZA 2007, 657 (662); wohl anders (lineare Punktvergabe) *Kamanabrou* RdA 2007, 199 (202); *Freckmann* BB 2007, 1049 (1052).

[798] Vom 23.12.2016, BGBl I 3234. Vgl. zu den Gründen der Begriffsbestimmung BT-Drs. 18/9522, 227.

vergleichbarer Gewichtung der Sozialdaten die Schwerbehinderung (§ 2 Abs. 2 SGB IX) den Ausschlag geben kann.[799] Zweifelhaft und vom Gesetz nicht angesprochen ist, ob auch schwerbehinderten Menschen **Gleichgestellte** (§ 2 Abs. 3 SGB IX) erfasst werden. Dies ist zu bejahen.[800] Allerdings sind schwerbehinderte Arbeitnehmer erst dann in den auswahlrelevanten Personenkreis einzubeziehen, wenn die **Zustimmung** des Integrationsamtes bereits vorliegt. Den Arbeitgeber trifft keine Pflicht, die Zustimmung des Integrationsamtes einholen zu müssen.

181 Anders als in § 1 Abs. 3 S. 1 KSchG hat im **Insolvenzverfahren** in § 125 Abs. 1 S. 1 Nr. 2 InsO keine Anpassung der Sozialkriterien stattgefunden, so dass dort nach wie vor die Schwerbehinderung im Gesetzestext unerwähnt bleibt, wenn eine Betriebsänderung geplant ist und zwischen Insolvenzverwalter und Betriebsrat ein Interessenausgleich zustande kommt, in dem die von einer Änderungskündigung betroffenen Arbeitnehmer **namentlich** bezeichnet sind.[801]

182 In der betrieblichen Praxis werden bei Personalabbaumaßnahmen und Umstrukturierungen größeren Umfangs, für die auch zahlreiche Änderungskündigungen in Betracht kommen können, nicht selten **Punkteschemata**[802] aufgestellt,[803] um für alle Beteiligten die Gewichtung der Sozialdaten und damit die Sozialauswahl transparenter zu machen.[804] Diese auch für eine Vielzahl von Änderungskündigungen sinnvollen Auswahlkonzepte haben sich bei beabsichtigten Änderungskündigungen vor allem darauf auszurichten, welchen vergleichbaren Arbeitnehmern iSd in § 1 Abs. 3 S. 1 KSchG festgelegten sozialen Schutzbedürftigkeitskriterien die Änderung der Arbeitsbedingungen am ehesten zugemutet werden können. Zentraler Bewertungsansatz ist nicht die Beendigung des Arbeitsverhältnisses, sondern die Änderung der Arbeitsbedingungen. Dabei muss der Arbeitgeber neben den vier im Gesetz vorgeschriebenen Kriterien **keine weiteren** berücksichtigen. Ein Punktesystem bedarf deshalb auch **keiner individuellen Abschlussprüfung** im Sinne einer sozialen Feinabstimmung.[805] Das BAG[806] hat in diesem Zusammenhang auch seine frühere Rechtsprechung[807] aufgegeben, wonach sich **beliebig viele** sozial schwächere zur gleichen Zeit gekündigte Arbeitnehmer auf einen Auswahlfehler bei Anwendung eines Punktesystems berufen konnten, wenn auch nur **ein** vergleichbarer sozial stärkerer Arbeitnehmer von der betriebsbedingten Kündigung ausgenommen worden war (sog. „Domino-Effekt").[808] Hat der Arbeitgeber die Sozialauswahl durch den korrekten Vollzug eines zulässigen Punkteschemas vorgenommen, kann er sich erfolgreich darauf berufen, dass sich ein Auswahlfehler auf die Kündigungsent-

---

[799] Rechtsgrundlage für die Feststellung eines GdB ist § 152 Abs. 1 S. 1 SGB IX. Nach dieser Vorschrift stellen die für die Durchführung des Bundesversorgungsgesetzes (BVG) zuständigen Behörden auf Antrag eines behinderten Menschen in einem besonderen Verfahren das Vorliegen einer Behinderung und den Gesamt-GdB fest.
[800] *Gaul/Lunk* NZA 2004, 185; *Quecke* RdA 2004, 86 (87); *Bader* NZA 2004, 65 (74).
[801] Vgl. dazu BAG 17.11.2005 – 6 AZR 107/05, NZA 2006, 661; BAG 19.12.2013 – 6 AZR 790/12, NZA-RR 2014, 185.
[802] **Keine Überschreitung des Wertungsspielraums:** Lebensalter: 1 Punkt bis maximal 55 Jahre, – Betriebszugehörigkeit: bis zu 10 Jahren 1 Punkt; ab dem 11. Jahr 2 Punkte, – Unterhaltspflichten: je unterhaltsberechtigtem, auf der Lohnsteuerkarte eingetragenem Kind 3 Punkte – Familienstand: verheiratet 4 Punkte – Schwerbehinderteneigenschaft: ab 50 % 5 Punkte, darüber pro je weiteren 10 % GdB jeweils 1 weiterer Punkt: BAG 9.11.2006 – 2 AZR 812/05, NZA 2007, 549; BAG 6.11.2008 – 2 AZR 523/07, NZA 2009, 361; BAG 18.9.2018 – 9 AZR 20/18, AP AGG § 22 Nr. 16 Rn. 8: Betriebszugehörigkeit: 1 Punkt pro Beschäftigungsjahr, Lebensalter: 1 Punkt pro Lebensjahr, Unterhaltspflichten: je 8 Punkte für jedes Kind und weitere 8 Punkte für den Ehegatten, Schwerbehinderung: 5 Punkte sowie 1 weiterer Punkt für je 10 % der Überschreitung von 50 %; Stahlhacke/Preis/Vossen Kündigung/*Preis* Rn. 1101.
[803] Etwa BAG 26.7.2005 – 1 ABR 29/04, NZA 2005, 1372; BAG 18.9.2018 – 9 AZR 20/18, AP AGG § 22 Nr. 16.
[804] Vgl. dazu näher *Gaul/Bonanni/Naumann* BB 2006, 549; *Gaul*, Aktuelles Arbeitsrecht, 2007, 123 ff., 476 ff. zur Problematik der Altersdiskriminierung bei der Sozialauswahl. Vgl. auch BAG 15.12.2011 – 2 AZR 42/10, NZA 2012, 1044; BAG 27.4.2017 – 2 AZR 67/16, NZA 2017, 902 Rn. 15, 16.
[805] BAG 9.11.2006 – 2 AZR 812/05, NZA 2007, 549; BAG 24.10.2013 – 6 AZR 854/11, NZA 2014, 46. Zustimmend Stahlhacke/Preis/Vossen Kündigung/*Preis* Rn. 1101.
[806] BAG 9.11.2006 – 2 AZR 812/05, NZA 2007, 549.
[807] BAG 18.10.1984 – 2 AZR 543/83, NZA 1985, 423.
[808] BAG 9.11.2006 – 2 AZR 812/05, NZA 2007, 549.

scheidung nicht ausgewirkt hat.⁸⁰⁹ Dies entspricht auch dem Grundsatz, dass es ausschließlich auf das **richtige Auswahlergebnis** ankommt.⁸¹⁰

Das BAG⁸¹¹ bewertet die Verwendung eines Punkteschemas für die soziale Auswahl als eine nach § 95 Abs. 1 BetrVG **mitbestimmungspflichtige Auswahlrichtlinie**. Diese rechtliche Würdigung hängt nicht davon ab, ob der Arbeitgeber das Punkteschema generell auf alle künftigen oder nur auf konkret bevorstehende betriebsbedingte Kündigungen anwenden will. Ein Verstoß gegen das Mitbestimmungsrecht des Betriebsrats (Personalvertretung) hat jedoch nicht zur Folge, dass die in Anwendung eines vom Arbeitgeber allein aufgestellten Punkteschemas ausgesprochene Kündigung rechtsunwirksam ist.⁸¹² Dies schließt nicht aus, dass der übergangene Betriebsrat gegenüber dem Arbeitgeber die **Untersagung** des mitbestimmungswidrigen Verhaltens gerichtlich verfolgen kann. 183

c) Die Auswahlrichtlinie nach § 1 Abs. 4 KSchG. Da § 2 S. 1 KSchG uneingeschränkt auf § 1 Abs. 2 S. 1 bis 3, Abs. 3 S. 1 und 2 KSchG verweist, ist für Änderungskündigungen die Aufstellung von Auswahlrichtlinien nach § 1 Abs. 4 KSchG grundsätzlich möglich.⁸¹³ Die Betriebsparteien dürfen jedoch die gesetzlichen Anforderungen an die Sozialauswahl nicht abweichend von § 1 Abs. 3 KSchG festlegen, was gleichermaßen für ein der Änderungskündigung vorgeschaltetes Auswahlverfahren gilt.⁸¹⁴ Die Sozialauswahl nach § 1 Abs. 3 KSchG stellt bei einer ordentlichen Kündigung zwingendes Recht dar, das weder einzelvertraglich noch durch kollektivrechtliche Vereinbarungen abbedungen werden kann.⁸¹⁵ Die Regelung des § 1 Abs. 4 KSchG betrifft nicht die Festlegung der Vergleichbarkeit der Arbeitnehmer. Auch in diesem Zusammenhang hat sich die Sozialauswahl nicht allein daran auszurichten, welcher von mehreren vergleichbaren Arbeitnehmern durch den Verlust des Arbeitsplatzes am wenigsten hart getroffen wird, sondern vor allem daran, ob der Arbeitgeber, statt die Arbeitsbedingungen des gekündigten Arbeitnehmers zu ändern, diese Änderung einem anderen vergleichbaren Arbeitnehmer hätte anbieten können, dem sie eher zumutbar gewesen wäre.⁸¹⁶ Erfolgt die **Bewertung der Sozialdaten zueinander** durch einen **Tarifvertrag**, eine **Betriebsvereinbarung** nach § 95 BetrVG oder in einer entsprechenden Richtlinie nach den Personalvertretungsgesetzen, kann sie gem. § 1 Abs. 4 KSchG nur auf **grobe Fehlerhaftigkeit** überprüft werden.⁸¹⁷ Dieser erweiterte Bewertungsspielraum der groben Fehlerhaftigkeit hat zur Voraussetzung, dass die Auswahlrichtlinie die gesetzlichen Sozialkriterien in ihrer Gesamtheit in einer Weise berücksichtigt, wie sie in § 1 Abs. 3 S. 1 KSchG vorgegeben sind. Die Tarifvertragsparteien oder Betriebspartner haben nur die Regelungskompetenz, das Alter, die Dauer der Betriebszugehörigkeit, die gesetzlichen Unterhaltspflichten (§§ 1360 ff., 1569 ff., 1601 ff. BGB)⁸¹⁸ und die Schwerbehinderung so zu bewerten, dass sie – wie § 1 Abs. 3 S. 1 KSchG vorschreibt – bei der Sozialauswahl eine **ausreichende** Berücksichtigung finden.⁸¹⁹ Entspricht eine Auswahlrichtlinie diesen Vorgaben und richtet sich 184

---

⁸⁰⁹ BAG 10.6.2010 – 2 AZR 420/09, NZA 2010, 1352; BAG 20.9.2012 – 6 AZR 483/11, NZA 2013, 94. Vgl. dazu auch *Bröhl* BB 2006, 1050 (1055).
⁸¹⁰ BAG 9.11.2006 – 2 AZR 812/05, NZA 2007, 549; BAG 10.6.2010 – 2 AZR 420/09, NZA 2010, 1352; BAG 20.9.2012 – 6 AZR 483/11, NZA 2013, 94; BAG 21.5.2015- 8 AZR 409/13, AP BGB § 613a Nr. 462 Rn. 61; BAG 27.7.2017 – 2 AZR 476/16, NZA 2018, 234 Rn. 41.
⁸¹¹ BAG 26.7.2005 – 1 ABR 29/04, NZA 2005, 1372; auch *Rossa/Salamon* NJW 2008, 1991 ff.
⁸¹² BAG 6.7.2006 – 2 AZR 442/05, NZA 2007, 139; BAG 6.7.2006 – 2 AZR 443/05, NZA 2007, 197.
⁸¹³ Grundsätzlich BAG 12.8.2010 – 2 AZR 945/08, NZA 2011, 460 Rn. 43.
⁸¹⁴ BAG 12.8.2010 – 2 AZR 945/08, NZA 2011, 460 Rn. 44. Zum Gestaltungsspielraum und zur Zuständigkeit des Betriebsrats oder Gesamtbetriebsrats vgl. *Gaul/Lunk* NZA 2004, 184 (186).
⁸¹⁵ BAG 20.6.2013 – 2 AZR 271/12, NZA 2013, 837 Rn. 15; BAG 27.6.2019 – 2 AZR 50/19, NZA 2019, 1345 Rn. 19.
⁸¹⁶ BAG 12.8.2010 – 2 AZR 945/08, NZA 2011, 460.
⁸¹⁷ BAG 12.8.2010 – 2 AZR 945/08, NZA 2011, 460; vgl. auch BAG 5.6.2008 – 2 AZR 907/06, AP KSchG 1969 § 1 Betriebsbedingte Kündigung Nr. 179 sowie BAG 20.6.2013 – 2 AZR 295/12, NZA 2014, 208 zur tarifvertraglichen Unkündbarkeit.
⁸¹⁸ BAG 12.8.2010 – 2 AZR 945/08, NZA 2011, 460 Rn. 48: Die Norm geht von gesetzlichen Unterhaltspflichten aus. Vgl. Stahlhacke/Preis/Vossen Kündigung/*Preis* Rn. 1088.
⁸¹⁹ So BAG 18.10.2006 – 2 AZR 473/05, NZA 2007, 504; BAG 12.8.2010 – 2 AZR 945/08, NZA 2011, 460.

der Arbeitgeber danach,[820] ist die Sozialauswahl nicht zu beanstanden. Erweist sich die Auswahlrichtlinie bezüglich der **konkret zu treffenden Sozialauswahl** jedoch als **grob fehlerhaft**, indem abweichend von § 1 Abs. 3 S. 1 KSchG die sozialen Kriterien Lebensalter, Dauer der Betriebszugehörigkeit, gesetzliche Unterhaltspflichten und Schwerbehinderung nicht vollständig berücksichtigt worden sind oder ihre Gewichtung jede Ausgewogenheit vermissen lässt[821] und damit zugleich die konkret getroffene Sozialauswahl beeinflussen, ist sie gesetzwidrig und als Grundlage der Sozialauswahl untauglich, so dass im konkreten Fall wieder auf die gesetzliche Grundlage des § 1 Abs. 3 S. 1 KSchG zurückzugreifen ist.[822] Als Beispiel führt das BAG[823] an, dass eine die Schwerbehinderung nicht berücksichtigende Auswahlrichtlinie nur bei einem Arbeitnehmer eine Rolle spielen kann, der schwerbehindert ist. Anders ausgedrückt muss der Bewertungsfehler in der Auswahlrichtlinie bei der konkret getroffenen Sozialauswahl relevant geworden sein. Deshalb spielen mangelhafte Auswahlrichtlinien keine Rolle, wenn die konkrete Auswahlentscheidung (zufällig) objektiv iSv § 1 Abs. 3 KSchG ausreichend ist.[824] Arbeitgeber und Betriebsrat können Auswahlrichtlinien im Sinn von § 1 Abs. 4 KSchG später oder etwa bei Abschluss eines Interessenausgleichs mit Namensliste ändern.[825] Die für Änderungskündigungen konzipierten Auswahlrichtlinien sind unabhängig davon maßgebend, ob der gekündigte Arbeitnehmer das Änderungsangebot unter Vorbehalt angenommen oder abgelehnt hat und Kündigungsschutzklage erhebt.[826]

185   d) **Die Ausnahmeregelung des § 1 Abs. 3 S. 2 KSchG.** Nach der Neufassung des § 1 Abs. 3 S. 2 KSchG durch das Gesetz zu Reformen am Arbeitsmarkt sind in die Sozialauswahl solche Arbeitnehmer nicht einzubeziehen, deren Weiterbeschäftigung, insbesondere wegen ihrer Kenntnisse, Fähigkeiten und Leistungen oder zur Sicherung einer ausgewogenen Personalstruktur des Betriebs, im berechtigten betrieblichen Interesse liegt.[827] Einen **Leistungsträger**, der sich für den Betrieb unentbehrlich gemacht hat, soll der Arbeitgeber nicht entlassen müssen, auch wenn er gegenüber anderen Arbeitnehmern sozial weniger schutzbedürftig ist. Der Begriff der **Personalstruktur** ist nicht nur mit dem der Altersstruktur gleichzusetzen, sondern in einem umfassenderen Sinn zu verstehen.[828] Diese Ausnahmeregelung[829] gilt gleichermaßen für die Änderungskündigung (§ 2 S. 1 iVm § 1 Abs. 3 S. 2 KSchG).

---

[820] BAG 17.1.2008 – 2 AZR 405/06, NZA-RR 2008, 571 Rn. 23: Der Arbeitgeber darf auf die ihm bekannten Daten vertrauen (hier Lohnsteuerkarte). BAG 6.7.2006 – 2 AZR 520/05, NZA 2007, 266 Rn. 21: Für die Unterrichtung über die Veränderung seiner Personalien ist der Arbeitnehmer verantwortlich.
[821] BAG 21.1.1999 – 2 AZR 624/98, NZA 1999, 866; BAG 21.7.2005 – 6 AZR 592/04, NZA 2006, 162; BAG 12.8.2010 – 2 AZR 945/08, NZA 2011, 460: Unzulässige Berücksichtigung von Pflegebedürftigkeit naher Angehöriger oder im Haushalt lebender Kinder unabhängig von gesetzlichen Unterhaltspflichten in einer Auswahlrichtlinie. Vgl. auch BAG 26.3.2015 – 2 AZR 478/13, NZA 2015, 1122: Bildung von Altersgruppen; BAG 20.9.2012 – 6 AZR 483/11, NZA 2013, 94: Grobe Verkennung des Betriebsbegriffs.
[822] BAG 12.8.2010 – 2 AZR 945/08, NZA 2011, 460; BAG 19.12.2013 – 6 AZR 790/12, NZA-RR 2014, 185.
[823] BAG 18.10.2006 – 2 AZR 473/05, NZA 2007, 504.
[824] BAG 12.8.2010 – 2 AZR 945/08, NZA 2011, 460 Rn. 52; BAG 7.7.2011 – 2 AZR 476/10, juris Rn. 48; BAG 21.5.2015 – 8 AZR 409/13, AP BGB § 613a Nr. 462 Rn. 61; BAG 27.7.2017 – 2 AZR 476/16, NZA 2018, 234 Rn. 41.
[825] BAG 24.10.2013 – 6 AZR 854/11, NZA 2014, 46 Rn. 42.
[826] BAG 24.5.2012 – 2 AZR 163/11, NZA-RR 2013, 74; BAG 23.2.2012 – 2 AZR 45/11, AP KSchG 1969 § 2 Nr. 156; BAG 22.10.2015 – 2 AZR 550/14, NZA-RR 2016, 243; BAG 21.5.2019 – 2 AZR 26/19, NZA 2019, 1143 Rn. 30.
[827] BAG 19.7.2012 – 2 AZR 352/11, NZA 2013, 86; BAG 24.10.2013 – 6 AZR 854/11, NZA 2014, 46; BAG 26.3.2015 – 2 AZR 478/13, NZA 2015, 1122.
[828] BAG 28.8.2003 – 2 AZR 368/02, NZA 2004, 432 Rn. 36: Differenzierung zwischen Arbeitnehmern mit einer kaufmännischen Ausbildung und Arbeitnehmern ohne kaufmännische Ausbildung. Vgl. auch LAG Köln 15.3.2017 – 11 Sa 521/16, juris Rn. 27: Änderungskündigung – ausgewogene Geschlechterstruktur. Das LAG Sachsen 16.5.2017 – 3 Sa 630/16, ZInsO 2018, 826 Rn. 93 will Ausbildung und die Qualifikation der Arbeitnehmer und Arbeitnehmerinnen im Betrieb und damit die Bildung entsprechender Qualifikationsgruppen darunter einordnen. AA *Preis* NZA 1997, 1073 (1084): Beschränkung auf Altersstruktur.
[829] BAG 22.3.2012 – 2 AZR 167/11, NZA 2012, 1040; Stahlhacke/Preis/Vossen Kündigung/*Preis* Rn. 1102 ff.; *Thüsing/Wege* RdA 2005, 12 ff.

Zum gleich lautenden Gesetzestext des § 1 Abs. 3 S. 2 KSchG idF vom 25.9.1996 ist das **186** BAG[830] davon ausgegangen, dass der Arbeitgeber bei der Herausnahme von Leistungsträgern aus der Sozialauswahl das Interesse des sozial schwächeren Arbeitnehmers gegen das betriebliche Interesse an der Herausnahme des Leistungsträgers abzuwägen hat. Dabei war für das BAG maßgebend, dass die Sozialauswahl die Regel und die Ausklammerung von Leistungsträgern aus der Sozialauswahl die Ausnahme bleiben sollte und der Gesetzgeber das bloße betriebliche Interesse nicht ausreichen lässt, sondern einschränkend fordert, dass es berechtigt sein muss.[831] Der Umstand, dass der Gesetzgeber in Kenntnis dieser Rechtsprechung den Text unverändert gelassen hat, lässt darauf schließen, dass es bei der Interessenabwägung bleiben soll.[832] In der Regierungsbegründung[833] heißt es dazu: „Die Neuregelung macht deutlicher als bisher, dass **bestimmte Arbeitnehmer aus der Sozialauswahl herausgenommen** werden können, wenn ihre Weiterbeschäftigung im **berechtigten betrieblichen Interesse** liegt. Als berechtigtes betriebliches Interesse wird im Gesetz ausdrücklich die Weiterbeschäftigung eines Arbeitnehmers wegen seiner Kenntnisse, Fähigkeiten und Leistungen hervorgehoben. Einen „**Leistungsträger**", der sich für den Betrieb **unentbehrlich** gemacht hat, soll der Arbeitgeber nicht entlassen müssen, auch wenn er gegenüber anderen Arbeitnehmern sozial weniger schutzbedürftig ist. Weiterhin wird ausdrücklich die Sicherung einer **ausgewogenen Personalstruktur** als berechtigtes betriebliches Interesse genannt. **Sicherung der Personalstruktur** bedeutet, dass der Arbeitgeber von der Auswahl nach den Sozialkriterien absehen kann, um die Personalstruktur, so wie sie aufgebaut ist, zu erhalten."

Da § 1 Abs. 3 S. 2 KSchG die Leistungsträger- und Personalstruktursicherungsregelung **187** von einem entsprechenden betrieblichen Interesse des Arbeitgebers abhängen lässt, muss das Interesse des sozial schwächeren Arbeitnehmers gegen das betriebliche Interesse an einer Herausnahme eines Leistungsträgers aus der Sozialauswahl abgewogen werden. Je schwerer dabei das soziale Interesse wiegt, umso gewichtiger müssen die Gründe für die Ausklammerung des Leistungsträgers sein.[834] So begründet nach Ansicht des BAG[835] die besonders hohe Krankheitsanfälligkeit eines Arbeitnehmers bei der Sozialauswahl für sich noch kein berechtigtes betriebliches Interesse im Sinne von § 1 Abs. 3 S. 2 KSchG, einen anderen vergleichbaren und nach § 1 Abs. 3 S. 1 KSchG weniger schutzbedürftigen Arbeitnehmer weiterzubeschäftigen. Entscheidend ist vielmehr, ob der **Leistungsträger** dem Betrieb **erhebliche Vorteile** vermittelt, so dass für den Arbeitgeber weder eine Zwangslage eintreten muss noch die Nützlichkeit dafür ausreicht.[836] Die Weiterbeschäftigung bestimmter Arbeitnehmer muss dem Betrieb erhebliche Vorteile verschaffen und von besonderer Bedeutung sein. Das kann bei Arbeitnehmern in Schlüsselpositionen mit besonderen Arbeitsaufgaben der Fall sein, wenn sich diese nicht oder nur unter großen Schwierigkeiten ersetzen lassen.[837] Problema-

---

[830] So bereits BAG 12.4.2002 – 2 AZR 706/00, NZA 2003, 42; BAG 6.7.2006 – 2 AZR 442/05, NZA 2007, 139; aA *Bader* NZA 1996, 1125 (1129); v. *Hoyningen-Huene/Linck* DB 1997, 41; vgl. auch die Nachweise bei *Fischermeier* NZA 1998 Sonderheft Kündigung und Kündigungsschutz, 18 (20 ff.). Grundsätzlich dazu *Thüsing/Wege* RdA 2005, 12 ff.

[831] Dem BAG zustimmend: *Kittner* AuR 1997, 182 (187); *Löwisch* NZA 1996, 1009 (1011); *Preis* NZA 1997, 1073 (1084); ablehnend: *Bader* NZA 1996, 1125 (1129); *von Hoyningen-Huene/Linck* DB 1997, 41; *Stückmann* AuA 1997, 5. Vgl. dazu auch *Fischermeier* NZA 1998 Sonderheft Kündigung und Kündigungsschutz, 18 (20 ff.).

[832] Vgl. BAG 6.9.2007 – 2 AZR 387/06, EzA KSchG § 1 Soziale Auswahl Nr. 78; BAG 31.5.2007 – 2 AZR 306/06, NZA 2007, 1362; aA *Bader* NZA 2004, 65 (73); *Willemsen/Annuß* NJW 2004, 177 (179), die hier für die Praxis kaum lösbare Schwierigkeiten sehen, weil keine handhabbaren Kriterien für eine derartige Abwägung ersichtlich sind. Vgl. dazu auch Stahlhacke/Preis/Vossen Kündigung/*Preis* Rn. 1102, 1105, 1106.

[833] BR-Drs. 421/03, 15.

[834] BAG 31.5.2007 – 2 AZR 306/06, NZA 2007, 1362; BAG 22.3.2012 – 2 AZR 167/11, NZA 2012, 1040.

[835] BAG 31.5.2007 – 2 AZR 306/06, NZA 2007, 1362: Anders aber, wenn im Betrieb infolge einer Sozialauswahl nach allein sozialen Kriterien sonst nur noch bzw. im Wesentlichen Arbeitnehmer mit hohen Fehlzeiten verblieben oder bei Schlüsselpositionen mit Schlüsselqualifikationen ein kurzfristiger Ersatz anderer Arbeitnehmer nicht oder nur mit sehr großen Schwierigkeiten organisiert werden kann.

[836] BAG 10.6.2010 – 2 AZR 420/09, NZA 2010, 1352: Konkreter Vergleich. Vgl. auch Stahlhacke/Preis/Vossen Kündigung/*Preis* Rn. 1104 mit Hinweisen auf die frühere Rechtsprechung.

[837] BAG 31.5.2007 – 2 AZR 306/06, NZA 2007, 1362.

tisch ist allerdings der vom BAG[838] geforderte Interessenabgleich zwischen betrieblichen Belangen und dem Grad der Schutzbedürftigkeit des sozial schwächeren Arbeitnehmers, weil damit erhebliche Unsicherheiten verbunden sind. So ist zB überraschend, wenn das BAG[839] die Beschäftigung einer Reinigungskraft als Mitglied der freiwilligen Feuerwehr ausreichen lässt, um bei einem öffentlichen Arbeitgeber ein berechtigtes betriebliches Bedürfnis zur Herausnahme aus der Sozialauswahl zu bejahen. Die Prüfung verläuft in der Weise, dass zunächst alle auch bezüglich der mit der Änderungskündigung angebotenen Arbeitsplätze vergleichbaren Arbeitnehmer in die Sozialauswahl einzubeziehen sind und anschließend zu prüfen ist, ob dieses Ergebnis korrigiert werden muss.[840]

188 Die Ausnahmeregelung des § 1 Abs. 3 S. 2 KSchG bildet auch die Grundlage für die **Bildung von Altersgruppen** zur Erhaltung der Altersstruktur als Unterfall der Personalstruktur. Eine derartige Altersgruppenbildung kann im berechtigten betrieblichen Interesse des Arbeitgebers liegen, was jedoch voraussetzt, dass die aus der Altersgruppenbildung abgeleiteten Änderungskündigungen geeignet sind, die bestehende Personalstruktur zu sichern.[841] Dafür muss die **bisherige** Verteilung der Beschäftigten auf die Altersgruppen **ihre prozentuale Entsprechung** in der Anzahl der in der jeweiligen Altersgruppe zu Kündigenden finden,[842] weil es zum Wesen der Sozialauswahl gehört, dass innerhalb von Vergleichsgruppen zu erfolgen hat[843] und sich dann wieder nach § 1 Abs. 3 S. 1, 2 KSchG richtet.[844] Der Arbeitgeber hat die Auswirkungen und möglichen Nachteile von Änderungskündigungen gem. § 1 Abs. 3 S. 1 KSchG auf die Altersstruktur der Belegschaft im Einzelnen darzulegen, wenn er sich wegen der Sicherung der Altersstruktur auf § 1 Abs. 3 S. 2 KSchG berufen will.[845] Dabei ist im Falle von Änderungskündigungen nicht der Verlust des Arbeitsplatzes von Bedeutung, vielmehr stehen für die Bewahrung der Altersstruktur vor allem die vorgesehenen Vertragsänderungen im Vordergrund. Erreicht die Anzahl der Entlassungen bzw. Änderungskündigungen innerhalb der Gruppe vergleichbarer Arbeitnehmer im Verhältnis zur Anzahl aller Arbeitnehmer des Betriebs die Schwellenwerte des § 17 KSchG, wird ein berechtigtes betriebliches Interesse an der Beibehaltung der Altersstruktur – widerlegbar – angenommen.[846] In diesen Fällen sieht das BAG[847] die Erhaltung einer auch altersmäßig ausgewogenen Personalstruktur regelmäßig als gefährdet an. Die Voraussetzungen für eine berechtigte Sicherung der Altersstruktur hat das BAG[848] bei einer Gruppenbildung in 10-Jahres-Schritten (30–40 Jahre/41–50 Jahre/51–60 Jahre) im Arbeitsbereich Grafikdesign mit 11

---

[838] BAG 10.6.2010 – 2 AZR 420/09, NZA 2010, 1352; BAG 19.7.2012 – 2 AZR 352/11, NZA 2013, 86 mwN.
[839] BAG 7.12.2006 – 2 AZR 748/05, NZA-RR 2007, 460.
[840] BAG 10.6.2010 – 2 AZR 420/09, NZA 2010, 1352.
[841] BAG 6.9.2007 – 2 AZR 387/06, NZA 2008, 405; BAG 22.3.2012 – 2 AZR 167/11, NZA 2012, 1040; BAG 19.7.2012 – 2 AZR 352/11, NZA 2013, 86; BAG 26.3.2015 – 2 AZR 478/13, NZA 2015, 1122 Rn. 13; vgl. dazu auch *Thüsing* BB 2007, 1506; *Nupnau* DB 2007, 1202; *Gaul*, Aktuelles Arbeitsrecht, 2007, 482 ff.
[842] BAG 19.7.2012 – 2 AZR 352/11, NZA 2013, 86; BAG 24.10.2013 – 6 AZR 854/11, NZA 2014, 46; BAG 26.3.2015 – 2 AZR 478/13, NZA 2015, 1122: Es müssen innerhalb des zur Sozialauswahl anstehenden Personenkreises – dh innerhalb der Vergleichsgruppe – nach sachlichen Kriterien Altersgruppen gebildet (Schritt 1), die prozentuale Verteilung der Belegschaft auf die Altersgruppen festgestellt (Schritt 2) und die Gesamtzahl der auszusprechenden Kündigungen diesem Proporz entsprechend auf die einzelnen Altersgruppen verteilt werden (Schritt 3). Innerhalb der jeweiligen Gruppe erfolgt die Sozialauswahl nach § 1 Abs. 3 S. 1, 2 KSchG.
[843] BAG 22.3.2012 – 2 AZR 167/11, NZA 2012, 1040 Rn. 33; BAG 19.7.2012 – 2 AZR 352/11, NZA 2013, 86 Rn. 31; BAG 26.3.2015 – 2 AZR 478/13, NZA 2015, 1122 Rn. 15.
[844] BAG 22.3.2012 – 2 AZR 167/11, NZA 2012, 1040: Innerhalb der jeweiligen Altersgruppe kommt auch die Leistungsträgerklausel zum Tragen.
[845] BAG 19.12.2013 – 6 AZR 790/12, NZA-RR 2014, 185 Rn. 33; BAG 26.3.2015 – 2 AZR 478/13, NZA 2015, 1122 Rn. 14.
[846] BAG 24.10.2013 – 6 AZR 854/11, NZA 2014, 46; BAG 26.3.2015 – 2 AZR 478/13, NZA 2015, 1122. Stahlhacke/Preis/Vossen Kündigung/*Preis* Rn. 1130a weist zutreffend darauf hin, dass viele Altersgruppenbildungen scheitern, weil es um zu kleine Gruppen geht und der Arbeitgeber keine durchschlagenden berechtigten Interessen für die Gruppenbildung vorweisen kann.
[847] BAG 6.11.2008 – 2 AZR 523/07, NZA 2009, 361 Rn. 54, 56: Die beiden untersten Altersbänder bis 25 und 26 bis 35 Jahre wären nahezu verschwunden.
[848] BAG 6.9.2007 – 2 AZR 387/06, NZA 2008, 405.

Arbeitnehmern, von denen 5 Arbeitnehmer entlassen werden mussten, unter Anwendung eines Punkteschemas bejaht, wenn eine Sozialauswahl ohne Altersgruppenbildung den Altersdurchschnitt ganz erheblich nach oben verschoben hätte und dies im künstlerischen Bereich des Graphikdesigns mit unterschiedlichsten Kunden dem Interesse des Arbeitgebers an einer Überalterung im Bereich der Graphikdesigner zuwidergelaufen wäre. Dabei nimmt das BAG durchaus in Kauf, dass damit ungleich große Altersgruppen gebildet werden können und gerade in Randbereichen einer Altersgruppe hingenommen werden muss, dass ein sonst von der Kündigung nicht betroffener Arbeitnehmer seinen Arbeitsplatz verliert.[849] Darin liegt kein Verstoß gegen §§ 1, 7 Abs. 2 AGG. Auch das in der Richtlinie 2000/78/EG des Rates enthaltene europarechtliche Verbot der Altersdiskriminierung steht der Verwendung einer Punktetabelle zur Sozialauswahl, die eine Bildung von Altersgruppen und auch die Zuteilung von Punkten für das Lebensalter vorsieht, nach Ansicht des BAG[850] nicht im Wege. Eine Vorlage an den EuGH nach Art. 267 AEUV hält das BAG bislang nicht für erforderlich, weil es abweichend vom Wortlaut des Gesetzes, der allein auf das betriebliche Interesse abstellt, davon ausgeht, dass § 1 Abs. 3 S. 2 KSchG auch (?) sozialpolitische Ziele verfolgt.[851]

e) **Die Anwendung des § 1 Abs. 5 KSchG.** Sind bei einer Kündigung auf Grund einer **Betriebsänderung** nach § 111 BetrVG die Arbeitnehmer, denen gekündigt werden soll, in einem Interessenausgleich zwischen Arbeitgeber und Betriebsrat namentlich bezeichnet, so wird nach dieser Vorschrift vermutet, dass die Kündigung durch dringende betriebliche Erfordernisse bedingt ist und die Sozialauswahl nur auf grobe Fehlerhaftigkeit überprüft werden kann. Der Gesetzgeber hat mit dem Gesetz zu Reformen am Arbeitsmarkt[852] in § 2 S. 1 KSchG für Änderungskündigungen keinen besonderen Verweis auf die Neuregelungen des § 1 Abs. 5 KSchG vorgenommen, der bei betriebsbedingten Kündigungen eine **Verschiebung der Beweislast** zum Nachteil des Arbeitnehmers vorsieht, indem nicht nur die Betriebsbedingtheit (§ 1 Abs. 2 KSchG) der Kündigung **vermutet** wird, sondern auch die Überprüfung der Sozialauswahl auf **grobe Fehlerhaftigkeit** begrenzt ist. Wie aus den §§ 125, 126 InsO zweifelsfrei hervorgeht, können auch **betriebsbedingte Änderungskündigungen** Gegenstand eines Interessenausgleichs (§ 111 BetrVG) mit **Namensliste** sein. Die gleiche Frage stellte sich bereits zum Arbeitsrechtlichen Beschäftigungsförderungsgesetz vom 25.9.1996.[853] Die Literatur[854] ging damals überwiegend von einem redaktionellen Versehen aus.[855] Ob das erneute Schweigen des Gesetzgebers wiederum auf einem Versehen beruht[856] oder beredt ist,[857] wurde bislang uneinheitlich beantwortet. Inzwischen hat das BAG[858] in einer Grundsatzentscheidung die Anwendung des § 1 Abs. 5 KSchG auch für Änderungskündigungen bejaht. Begründungsansatz bildet die Erwägung, dass § 1 Abs. 5 KSchG auf dem in § 2 S. 1 KSchG in Bezug genommenen § 1 Abs. 3 KSchG aufbaut[859] und die Darlegungs- und Beweislastregelung des § 1 Abs. 2 S. 4 KSchG verändert, der seinerseits auch für die Änderungskündigung gilt. Dann aber sei es folgerichtig, auch die Regelung des § 1 Abs. 5 S. 1 und 2 KSchG im Falle einer durch Betriebsänderung veranlassten Änderungskündigung anzuwenden. Wenn auch der Interessenausgleich mit Namensliste (§ 111 BetrVG) vor allem

---

[849] BAG 6.7.2006 – 2 AZR 442/05, NZA 2007, 139.
[850] Grundsätzlich: BAG 15.12.2011 – 2 AZR 42/10, NZA 2012, 1044; nachfolgend BAG 19.12.2013 – 6 AZR 790/12, NZA-RR 2014, 185; BAG 26.3.2015 – 2 AZR 478/13, NZA 2015, 1122.
[851] BAG 15.12.2011 – 2 AZR 42/10, NZA 2012, 1044. Zur Vorlagepflicht (Art. 267 AEUV): BVerfG 25.1.2011 – 1 BvR 1741/09, NJW 2011, 1427; BVerfG 10.12.2014 – 2 BvR 1549/07, NZA 2015, 375.
[852] Ges. v. 24.12.2003, BGBl. I 3002.
[853] BGBl. I 1476.
[854] Vgl. etwa *Giesen* ZfA 1997, 145 (161, 174); *Zwanziger* BB 1997, 626; *Löwisch* RdA 1997, 80 (81); *Preis* NZA 1997, 1073 (1087).
[855] AA *Kittner* AuR 1997, 182 (190).
[856] So *Willemsen/Annuß* NJW 2004, 177 (180); *Richardi* DB 2004, 486 (488); Stahlhacke/Preis/Vossen Kündigung/*Preis* Rn. 1329.
[857] So *Däubler* NZA 2004, 184; *Gaul/Bonanni* ArbRB 2004, 49; KR/*Griebeling* KSchG § 1 Rn. 703.
[858] BAG 19.6.2007 – 2 AZR 304/06, NZA 2008, 103 und zustimmend *Peter* BB 2008, 225; vgl. auch BAG 28.5.2009 – 2 AZR 844/07, NZA 2009, 954; BAG 23.2.2012 – 2 AZR 44/11, AP KSchG 1969 § 2 Nr. 154.
[859] ErfK/*Oetker* KSchG § 2 Rn. 52.

eine Rolle bei durch Betriebsänderungen veranlasste Beendigungskündigungen spielt, können mit einer Betriebsänderung verbundene betriebliche Umstrukturierungsmaßnahmen dazu führen, dass eine größere Anzahl vergleichbarer Arbeitnehmer um eine geringere Anzahl günstigerer Weiterbeschäftigungsmöglichkeiten konkurrieren und diese Konkurrenz durch eine soziale Auswahl aufzulösen ist,[860] die Gegenstand eines Interessenausgleichs mit Namensliste sein kann. Dies gilt jedoch nicht für eine **außerordentliche** betriebsbedingte Kündigung mit Auslauffrist, weil es bei dem Prüfungsmaßstab des § 626 BGB (§ 13 Abs. 1 S. 1 KSchG) verbleibt, der keine Verweisung auf § 1 KSchG enthält.[861] Anderes gilt für den Fall der Kündigung in der Insolvenz nach § 113 S. 1 InsO, der die tarifliche Unkündbarkeit beseitigt und einen Interessenausgleich mit Namensliste gemäß § 125 InsO ermöglicht.[862]

190 Diese sog. **Namensliste,** in der die von der Kündigung oder Änderungskündigung betroffenen Arbeitnehmer konkret mit Namen benannt sein müssen,[863] kann die Wirkungen des § 1 Abs. 5 S. 1 und 2 KSchG nur auslösen, wenn sie auch Urkundenbestandteil eines dem § 112 BetrVG entsprechenden formgerechten Interessenausgleichs (§§ 125, 126 BGB) auf Grund einer **Betriebsänderung** nach § 111 BetrVG ist. Eine **„Teil-Namensliste"**, die nicht alle Personen aufführt, deren Arbeitsverhältnis beendet oder geändert werden soll, genügt grundsätzlich nicht den Anforderungen des § 1 Abs. 5 S. 1 und 2 KSchG.[864] Da die Betriebsbedingtheit der Kündigung an die Betriebsänderung als Kündigungsgrund anknüpft, dürfen in die Namensliste nur diejenigen Arbeitnehmer aufgenommen werden, deren Kündigung oder Änderungskündigung nach der Vorstellung der Betriebsparteien auf die Betriebsänderung unmittelbar zurückzuführen ist. Werden Arbeitnehmer, die freiwillig ausscheiden wollen, zur Vermeidung von Sperrzeiten in die Namensliste aufgenommen, verliert diese die Wirkungen des § 1 Abs. 5 S. 1 und 2 KSchG.[865] Interessenausgleich und die Namensliste müssen eine **einheitliche Urkunde** bilden, wovon auszugehen ist, wenn sowohl Interessenausgleich als auch Namensliste unterschrieben und von Anfang an körperlich miteinander verbunden sind.[866] Eine einheitliche Urkunde liegt auch dann vor, die insgesamt dem Schriftformerfordernis der §§ 125, 126 BGB genügt, wenn im Interessenausgleich auf die noch zu erstellende Namensliste verwiesen wird, die erstellte Namensliste – ebenso wie zuvor der Interessenausgleich – von den Betriebsparteien **unterschrieben** worden ist und die Liste ihrerseits eindeutig auf den Interessenausgleich Bezug nimmt (textlicher Rückbezug).[867] Interessenausgleich und Namensliste müssen nicht zeitgleich unterzeichnet werden. Der unterzeichnete Interessenausgleich kann noch nach seinem Abschluss zeitnah um eine unterzeichnete Namensliste ergänzt werden.[868] Das BAG[869] hat ferner angenommen, dass die Unterschrift unter dem Interessenausgleich eine als Anlage nicht unterschriebene Namensliste hinsichtlich der Schriftform noch abdeckt, wenn im (unterschriebenen) Interessenausgleich auf diese Anlage ausdrücklich Bezug genommen wird und Interessenausgleich und Anlage schon bei dessen Unterzeichnung mit einer Heftmaschine körperlich derart mitein-

---

[860] BAG 12.8.2010 – 2 AZR 945/08, NZA 2011, 460 Rn. 41 mwN; BAG 23.2.2012 – 2 AZR 45/11, AP KSchG 1969 § 2 Nr. 154 Rn. 12, 13.
[861] BAG 28.5.2009 – 2 AZR 844/07, NZA 2009, 954. Anderenfalls könnte auch die tarifliche Unkündbarkeit umgangen werden.
[862] BAG 28.5.2009 – 2 AZR 844/07, NZA 2009, 954.
[863] Eine Negativliste erfüllt diese Voraussetzung nicht: BAG 26.3.2009 – 2 AZR 296/07, NZA 2009, 1151; Kübler/Prütting/Bork/*Moll* InsO § 125 Rn. 25; ErfK/*Oetker* KSchG § 1 Rn. 362; *Gaul/Süßbrich* ArbRB 2004, 224; aA KR/*Giebeling* KSchG § 1 Rn. 703i.
[864] BAG 26.3.2009 – 2 AZR 296/07, NZA 2009, 1151: Anders, wenn die Entlassungen in Wellen erfolgen. Vgl. auch BAG 17.3.2016 – 2 AZR 182/15, NZA 2016, 1072.
[865] BAG 26.3.2009 – 2 AZR 296/07, NZA 2009, 1151.
[866] BAG 12.5.2010 – 2 AZR 551/08, NZA 2011, 114 Rn. 17.
[867] BAG 12.5.2010 – 2 AZR 551/08, NZA 2011, 114 Rn. 17; BAG 19.7.2012 – 2 AZR 352/11, NZA 2013, 86 Rn. 26. Damit korrigiert das BAG die Entscheidung vom BAG 19.6.2007 – 2 AZR 304/06, NZA 2008, 103 Rn. 32, wonach es ausreichen sollte, dass eine Namensliste getrennt vom Interessenausgleich erstellt wird, wenn in ihr auf den Interessenausgleich **oder** im Interessenausgleich auf die Liste Bezug genommen ist.
[868] BAG 19.7.2012 – 2 AZR 352/11, NZA 2013, 86: Interessenausgleich am 10.7. und Namensliste am 20.8. ist zeitnah.
[869] BAG 6.7.2006 – 2 AZR 520/05, NZA 2007, 266 Rn. 33, 37; BAG 12.5.2010 – 2 AZR 551/08, NZA 2011, 114 Rn. 17.

ander verbunden waren, dass eine Lösung nur durch Gewaltanwendung (Lösen der Heftklammer) möglich war.[870] Die erst nach Unterzeichnung des Interessenausgleichs erfolgte Zusammenheftung genügt daher dem Schriftformerfordernis nicht. Da ein derartiger Interessenausgleich nur mit dem für den Interessenausgleich jeweils zuständigen Betriebsrat oder Gesamtbetriebsrat abgeschlossen werden kann,[871] können Arbeitgeber ohne Betriebsrat die Möglichkeit der Namensliste nicht nutzen. Mangels Anwendbarkeit der §§ 111, 112 BetrVG ist § 1 Abs. 5 KSchG für **leitende Angestellte** (§ 5 Abs. 3, 4 BetrVG) oder **Tendenzbetriebe** (§ 118 Abs. 2 BetrVG) nicht von Bedeutung. Die Anwendung der **Leistungsträgerregelung** des § 1 Abs. 3 S. 2 KSchG wird durch § 1 Abs. 5 KSchG nicht ausgeschlossen.[872]

Die **Reichweite** der **Vermutung** nach § 1 Abs. 5 S. 1 KSchG bezieht sich im Falle der Änderungskündigung auf den **Wegfall** des **Beschäftigungsbedürfnisses** zu den bisherigen Bedingungen einschließlich des Fehlens einer auf gleichem Niveau liegenden **anderweitigen Beschäftigungsmöglichkeit** im bisherigen Beschäftigungsbetrieb oder in einem **anderen Betrieb** des Unternehmens,[873] wenn sich Arbeitgeber und Betriebsrat bei der Aufstellung des Interessenausgleichs mit Namensliste damit befasst haben, wovon regelmäßig auszugehen ist.[874] Der Arbeitnehmer kann dies jedoch **bestreiten,** indem er im Prozess konkrete Anhaltspunkte für Beschäftigungsmöglichkeiten in anderen Betrieben aufzeigt. Will sich der Arbeitgeber weiterhin auf die Vermutungswirkung stützen, hat er darzulegen und zu beweisen, dass sich die Betriebsparteien mit der Frage der Beschäftigungsmöglichkeiten in anderen Betrieben beschäftigt haben.[875]

Der auf **grobe Fehlerhaftigkeit** eingeschränkte Prüfungsmaßstab erfasst die **gesamte Sozialauswahl** und damit neben der Bildung der auswahlrelevanten Gruppen die sozialen Indikatoren und deren Gewichtung und inwieweit Arbeitnehmer gem. § 1 Abs. 3 S. 2 KSchG nicht in die soziale Auswahl einzubeziehen sind.[876] So wäre die Sozialauswahl nicht als grob fehlerhaft zu bewerten, wenn die Betriebsparteien den auswahlrelevanten Personenkreis dergestalt bestimmen, dass sie Arbeitnehmer, die sich erst auf einem bestimmten Arbeitsplatz einarbeiten müssen (fehlende sofortige Substituierbarkeit), von der Vergleichbarkeit ausnehmen.

Der beklagte Arbeitgeber braucht daher bei einer betriebsbedingten Änderungskündigung zur Rechtfertigung des **Elements der Kündigung** keine weiteren Tatsachen vorzutragen.[877]

Von **grober Fehlerhaftigkeit,** die der Namensliste die eingeschränkte Überprüfbarkeit der **Sozialauswahl** nimmt, ist auszugehen, wenn die Sozialauswahl jede Ausgewogenheit vermissen lässt bzw. tragende Gesichtspunkte nicht in die Bewertung einbezogen worden sind, wenn etwa bei der Bestimmung des Kreises vergleichbarer Arbeitnehmer bei einer Änderungskündigung die Austauschbarkeit bezüglich des Änderungsangebots[878] offensichtlich verkannt worden ist und bei der Anwendung des Ausnahmetatbestandes des § 1 Abs. 3 S. 2 KSchG die betrieblichen Interessen augenfällig überbewertet worden sind.[879] Ein grober Verstoß gegen die Sozialauswahl hat nicht die Unwirksamkeit der Namensliste und des In-

---

[870] BAG 12.5.2010 – 2 AZR 551/08, NZA 2011, 114 Rn. 17 mwN.
[871] BAG 19.7.2012 – 2 AZR 352/11, NZA 2013, 86; BAG 19.7.2012 – 2 AZR 386/11, NZA 2013, 333: Ist der Gesamtbetriebsrat für den Abschluss des Interessenausgleichs zuständig, folgt hieraus seine Zuständigkeit auch für die Vereinbarung der Namensliste; vgl. auch *Gaul* BB 2004, 2686.
[872] Ebenso besteht eine Auskunftspflicht gemäß § 1 Abs. 3 S. 1 Hs. 2 KSchG: BAG 12.3.2009 – 2 AZR 418/07, NZA 2009, 1023; BAG 27.9.2012 – 2 AZR 516/11, NZA 2013, 559.
[873] BAG 6.9.2007 – 2 AZR 715/06, NZA 2008, 633; BAG 15.12.2011 – 2 AZR 42/10, NZA 2012, 1044; BAG 27.9.2012 – 2 AZR 516/11, NZA 2013, 559; *Preis* NZA 1997, 1073 ff.; aA *Kothe* BB 1998, 946 ff.
[874] BAG 6.9.2007 – 2 AZR 715/06, NZA 2008, 633; BAG 19.6.2007 – 2 AZR 304/06, NZA 2008, 103: Das gilt vor allem, wenn der Gesamtbetriebsrat den Interessenausgleich aufgestellt hat.
[875] BAG 6.9.2007 – 2 AZR 715/06, NZA 2008, 633.
[876] BAG 17.11.2005 – 6 AZR 107/05, NZA 2006, 661; BAG 10.6.2010 – 2 AZR 420/09, NZA 2010, 1352; BAG 27.9.2012 – 2 AZR 516/11, NZA 2013, 559.
[877] BAG 28.8.2003 – 2 AZR 368/02, NZA 2004, 432.
[878] BAG 18.1.2007 – 2 AZR 796/05, AP KSchG 1969 § 1 Soziale Auswahl Nr. 89; BAG 9.9.2010 – 2 AZR 936/08, AP KSchG 1969 § 2 Nr. 149; BAG 12.8.2010 – 2 AZR 945/08, NZA 2011, 460.
[879] BAG 17.11.2005 – 6 AZR 107/05, NZA 2006, 661; zu weiteren Gesichtspunkten: BAG 19.12.2013 – 6 AZR 790/12, NZA-RR 2014, 185; *Bader* NZA 2004, 65.

teressenausgleichs insgesamt und damit den Wegfall der gesetzlichen Vermutung der Betriebsbedingtheit der Kündigung zur Folge.[880]

195 Die Anwendung des § 1 Abs. 5 KSchG bei der Prüfung des Vorliegens dringender betrieblicher Erfordernisse besagt allerdings noch nichts darüber, ob die vorgeschlagene **Änderung des Vertrags** dem Grundsatz der **Verhältnismäßigkeit** entspricht und vom Arbeitnehmer auch billigerweise hingenommen werden muss.[881] Enthält der Interessenausgleich dazu keine weiteren Angaben, so ist von vornherein ausgeschlossen, daraus eine ausreichende Rechtfertigung für das dem Arbeitnehmer unterbreitete Änderungsangebot zu entnehmen. Das BAG[882] will aber die **Vermutungswirkung** des § 1 Abs. 5 S. 1 KSchG auf das **Änderungsangebot** des Arbeitgebers dann übertragen, wenn die Betriebspartner einzelne **vorgesehene Änderungen** in den Interessenausgleich mit aufgenommen haben. Dann kann eine ausreichende Rechtfertigung für die Vermutung des § 1 Abs. 5 KSchG auch hinsichtlich des Änderungsangebots vorliegen. Das soll etwa gelten, wenn im Interessenausgleich für die von der Änderungskündigung betroffenen Arbeitnehmer längere Wegezeiten, ein Wohnortwechsel und eine Beschäftigung unterhalb des bisherigen Qualifikationsniveaus als zumutbar angesehen werden. Es ist dann Sache des **Arbeitnehmers,** durch den Beweis des Gegenteils diese Vermutung zu widerlegen. Soweit sich die **Sachlage** nach Zustandekommen des Interessenausgleichs **wesentlich geändert** hat, wird § 1 Abs. 5 S. 1 und 2 KSchG gem. § 1 Abs. 5 S. 3 KSchG wirkungslos. Davon ist auszugehen, wenn sich die Verhältnisse nach Abschluss des Interessenausgleichs und vor Zugang der Kündigung iS eines Wegfalls der Geschäftsgrundlage entwickelt haben,[883] was etwa der Fall ist, wenn keine oder eine andere Betriebsänderung durchgeführt werden soll oder wenn sich die im Interessenausgleich vorgesehene Zahl der zur Kündigung vorgesehenen Arbeitnehmer erheblich verringert hat.[884]

4. Personen- und verhaltensbedingte Gründe

196 Anlass für eine **personenbedingte** Änderungskündigung kann sein, dass der Arbeitnehmer die Fähigkeit oder Eignung zur Erfüllung der geschuldeten Arbeitsleistung – ob verschuldet oder unverschuldet- verloren hat und damit die Erreichung des Vertragszwecks nicht nur vorübergehend zumindest teilweise unmöglich wird. Dies kommt nicht nur im Fall einer Erkrankung,[885] sondern auch dann in Betracht, wenn dem Arbeitnehmer etwa der Führerschein entzogen wird, der Arbeitnehmer die Flugtauglichkeit verliert oder ihm die Erlaubnisbehörde die erforderliche Lizenz für eine bestimmte Tätigkeit entzieht[886] oder der Arbeitnehmer aus religiösen Gründen die bisherige Tätigkeit nicht mehr wahrnehmen kann.[887] Bei derartiger Sachlage entspricht es bereits dem Grundsatz der **Verhältnismäßigkeit,** dass der Arbeitgeber vor Ausspruch einer Beendigungskündigung zu prüfen hat, ob die Weiterbeschäftigung auf einem anderen freien Arbeitsplatz möglich ist, bei dem sich

---

[880] BAG 5.11.2009 – 2 AZR 676/08, NZA 2010, 457; BAG 15.12.2011 – 2 AZR 42/10, NZA 2012, 1044; vgl. auch *Lingemann/Beck* NZA 2009, 577 (581); *Adomeit/Mohr* NJW 2009, 2255 (2256); *Schiefer* DB 2009, 733 (734).
[881] S. dazu *Quecke* RdA 2004, 86 (90).
[882] BAG 19.6.2007 – 2 AZR 58/06, NZA 2008, 103 Rn. 26, 39.
[883] BAG 12.3.2009 – 2 AZR 418/07, NZA 2009, 1023; BAG 15.12.2011 – AZR 42/10, NZA 2012, 1044.
[884] BAG 12.3.2009 – 2 AZR 418/07, NZA 2009, 1023.
[885] BAG 28.8.2008 – 2 AZR 967/06, NZA 2009, 505: Der wegen gesundheitlicher Probleme am Pokertisch nicht mehr einsetzbare Croupier; dazu auch BAG 20.3.2014 – 2 AZR 825/12, NZA 2014, 1089: Ein sich aus unterschiedlicher Leistungsfähigkeit ergebendes Ungleichgewicht haben Arbeitgeber und Mitarbeiter in gewissem Rahmen hinzunehmen; BAG 28.10.2010 – 2 AZR 688/09, NZA-RR 2011, 155: An chronischen Erkrankungen des Herz- und Kreislauf- sowie des Stoffwechselsystems leidender Schwimmmeister mit ausgeprägter Adipositas; BAG 10.4.2014 – 2 AZR 812/12, NZA 2014, 653: Entzug der kanonischen Beauftragung einer Gemeindereferentin; BAG 22.10.2015 – 2 AZR 550/14, NZA-RR 2016, 243: Eine lediglich geringfügige – qualitative oder quantitative – Minderleistung reicht dafür nicht aus.
[886] Vgl. etwa BAG 25.8.1999 – 7 AZR 75/98, NZA 2000, 656; BAG 23.4.2008 – 2 AZR 1012/06, NZA-RR 2008, 515: Gravierende Störung des Äquivalenzgefüges. Eine lediglich geringfügige – qualitative oder quantitative – Minderleistung reicht nicht aus.
[887] BAG 24.2.2011 – 2 AZR 636/09, NZA 2011, 1087. Zur Freiheitsstrafe: BAG 24.3.2011 – 2 AZR 790/09, NJW 2011, 2825.

die Leistungshindernisse nicht vertragsstörend auswirken.[888] Dabei darf der Arbeitgeber dem Arbeitnehmer nur solche Änderungen vorschlagen, die er billigerweise hinnehmen muss. Der Ersatzarbeitsplatz muss im Verhältnis zu dem bisherigen Arbeitsplatz nicht gleichwertig sein, wenn ein solcher nicht vorhanden ist. Es wäre denkbar, dass das Änderungsangebot des Arbeitgebers auch eine Teilzeitbeschäftigung zum Gegenstand hat. Auf eine Weiterbeschäftigung eines Arbeitnehmers nach zumutbaren Umschulungs- oder Fortbildungsmaßnahmen (§ 1 Abs. 2 S. 3 KSchG) kann der Arbeitgeber jedenfalls dann nicht verwiesen werden, wenn bei Ausspruch der Änderungskündigung nicht mit hinreichender Sicherheit vorhersehbar ist, dass nach Abschluss der Maßnahmen eine Beschäftigungsmöglichkeit aufgrund der durch die Fortbildung oder Umschulung erworbenen Qualifikation besteht.[889]

Grundsätzlich kommt auch eine **verhaltensbedingte** Änderungskündigung in Betracht, wenn sich zB das beanstandete Verhalten des Arbeitnehmers gegen einen Arbeitskollegen richtet und die betriebliche Störung durch eine Versetzung in einen anderen Bereich zukünftig vermieden werden kann.[890] Anlass für eine mit einer Versetzung verbundene Änderungskündigung kann ein autoritärer Führungsstil und die mangelnde Fähigkeit zur Menschenführung sein.[891] Stets bedarf es hier zusätzlich der Prüfung, ob die geänderten Arbeitsbedingungen dem Prinzip der Verhältnismäßigkeit entsprechen. Nach ständiger Rechtsprechung des BAG ist bei Störungen im Leistungsbereich regelmäßig vor Ausspruch einer Kündigung – und dies gilt gleichermaßen für eine Änderungskündigung – eine vergebliche **Abmahnung** mit ausreichender Warnfunktion erforderlich.[892]

5. Die Darlegungs- und Beweislast

Da es sich bei der Änderungskündigung auch um eine Beendigungskündigung handelt, gelten für diese mangels anderweitiger Regelung in § 2 KSchG die in § 1 Abs. 2 S. 4, Abs. 3 S. 3, Abs. 4 und Abs. 5 KSchG geregelten Grundsätze für die Verteilung der Darlegungs- und Beweislast. Der Arbeitgeber hat daher die Tatsachen zu beweisen, die die Kündigung im Sinne von § 1 Abs. 2 KSchG bedingen, während der Arbeitnehmer die Beweislast für die mangelnde soziale Auswahl nach § 1 Abs. 3 S. 1 KSchG trägt. Dabei obliegt dem Arbeitgeber auch die Darlegungs- und Beweislast dafür, dass er sich mit der Änderungskündigung darauf beschränkt hat, nur solche Änderungen vorzuschlagen, die der Arbeitnehmer billigerweise hinnehmen muss.[893]

Ein **personenbedingter** Grund für eine Änderungskündigung iSd § 2 S. 1, § 1 Abs. 2 KSchG kommt in Betracht, wenn der Arbeitnehmer die Fähigkeit oder Eignung zur Erfüllung der geschuldeten Arbeitsleistung verloren hat. Die Erreichung des Vertragszwecks muss durch diesen Umstand nicht nur vorübergehend zumindest teilweise unmöglich sein. Den Hauptanwendungsfall des personenbedingten Kündigungsgrundes bildet die Kündigung wegen **Krankheit**.[894] Insofern kann die unterlassene Durchführung einer Prävention nach § 167 Abs. 1 SGB IX oder eines „betrieblichen Eingliederungsmanagements" (bEM) (§ 167 Abs. 2 SGB IX) als Konkretisierung des Grundsatzes der Verhältnismäßigkeit die **Vortragslast** des Arbeitgebers **erhöhen**.[895] Es bedarf eines konkreteren Sachvortrags des Arbeitsge-

---

[888] Vgl. KR/*Kreft* KSchG § 2 Rn. 156; Stahlhacke/Preis/Vossen Kündigung/*Preis* Rn. 1331.
[889] BAG 7.2.1991 – 2 AZR 205/90, NZA 1991, 806.
[890] Vgl. LAG RhPf 18.10.2019 – 1 Sa 76/19, BeckRS 2019, 31858: Änderungskündigung als Reaktion auf sexuelle Belästigung; ErfK/*Oetker* KSchG § 2 Rn. 46; KR/*Kreft* KSchG § 2 Rn. 157; Stahlhacke/Preis/Vossen Kündigung/*Preis* Rn. 1330.
[891] BAG 31.1.1996 – 2 AZR 158/95, NZA 1996, 581.
[892] Vgl. nur BAG 26.1.1995 – 2 AZR 649/94, NZA 1995, 517; BAG 17.1.2008 – 2 AZR 536/06, NZA 2008, 693; BAG 24.3.2011 – 2 AZR 282/10, NZA 2011, 1029; LAG Nürnberg 6.8.2012 – 2 Sa 643/11, NZA-RR 2012, 631. Vgl. auch ErfK/*Oetker* KSchG § 2 Rn. 46.
[893] Nur BAG 18.1.2007 – 2 AZR 796/05, AP KSchG 1969 § 1 Soziale Auswahl Nr. 89; BAG 26.6.2008 – 2 AZR 139/07, NZA 2008, 1182; BAG 10.9.2009 – 2 AZR 22/07, NZA 2010, 333.
[894] BAG 25.4.2018 – 2 AZR 6/18, NZA 2018, 1056: Referenzzeitraum von drei Jahren für Gesundheitsprognose bei Kurzerkrankungen.
[895] BAG 10.12.2009 – 2 AZR 400/08, NZA 2010, 398; BAG 30.9.2010 – 2 AZR 88/09, NZA 2011, 39; BAG 20.11.2014 – 2 AZR 755/13, NZA 2015, 612; BAG 17.4.2019 – 7 AZR 292/17, NZA 2019, 1355

bers zu einem nicht mehr möglichen Einsatz des Arbeitnehmers auf dem bisherigen Arbeitsplatz einerseits und warum andererseits der alternativ angebotene Arbeitsplatz dem Grundsatz der Verhältnismäßigkeit entspricht.[896] **Verhaltensbedingte** Änderungskündigungen sind in der Praxis relativ selten anzutreffen, weil der Arbeitgeber regelmäßig mit einer Beendigungskündigung reagiert, wenn der Arbeitnehmer seine vertraglichen Haupt- oder Nebenpflichten erheblich und in der Regel schuldhaft verletzt hat und eine dauerhaft störungsfreie Vertragserfüllung in Zukunft nicht mehr zu erwarten steht.[897] Es wird auch im Regelfall keine für den Arbeitgeber zumutbare Möglichkeit einer anderen, eine weitere Störung zuverlässig ausschließenden Beschäftigung bestehen. Der Arbeitgeber muss alle Umstände darlegen und beweisen, die den **Vorwurf begründen**, der Arbeitnehmer habe **vertragswidrig** gehandelt.[898] Der Arbeitgeber hat ggf. auch die Tatsachen zu beweisen, die einen Rechtfertigungsgrund für das Verhalten des Arbeitnehmers ausschließen.[899] Es reicht allerdings nicht aus, wenn der Arbeitnehmer Rechtfertigungsgründe nur **pauschal** ohne nähere Substantiierung vorbringt.[900] Beruht die Vertragspflichtverletzung auf steuerbarem Verhalten des Arbeitnehmers, wird auch vor einer Änderungskündigung nach Maßgabe des auch in § 314 Abs. 2 BGB iVm § 323 Abs. 2 BGB zum Ausdruck kommenden Verhältnismäßigkeitsgrundsatzes eine Abmahnung nur dann nicht in Betracht kommen, wenn bereits ex ante erkennbar ist, dass eine Verhaltensänderung in Zukunft auch nach Abmahnung nicht zu erwarten steht.[901]

200 Geht es um den häufigen Sachverhalt einer **betriebsbedingten Änderungskündigung,** gehört zur Darlegungs- und Beweislast des Arbeitgebers die organisatorische Maßnahme (unternehmerische Entscheidung) und ihre Ursächlichkeit dafür, dass das Beschäftigungsbedürfnis für den betreffenden Arbeitnehmer zu den bisherigen Vertragsbedingungen entfällt.[902] Diese Prognose muss schon im Zeitpunkt des Zugangs der Kündigung objektiv berechtigt sein.[903] Da die der Änderungskündigung vorgeschaltete Organisationsentscheidung des Arbeitgebers nur einer **Missbrauchskontrolle** unterliegt, Rechtsmissbrauch die Ausnahme ist, hat der **Arbeitnehmer** im Streitfall die Umstände darzulegen und zu beweisen, aus denen sich dieser Rechtsmissbrauch ergeben soll.[904] Können jedoch die Organisationsentscheidung des Arbeitgebers und sein Kündigungsentschluss ohne nähere Konkretisierung nicht voneinander getrennt werden, muss der Arbeitgeber die näheren außerbetrieblichen Faktoren oder unternehmerischen Vorgaben darlegen und erklären, weshalb dadurch ein konkreter Arbeitskräfteüberhang entsteht.[905] Je näher die eigentliche Organisationsentscheidung an den Kündigungsentschluss rückt, umso mehr muss der Arbeitgeber durch Tatsachenvortrag ver-

---

Rn. 33: Nur wenn die Durchführung eines betrieblichen Eingliederungsmanagements objektiv nutzlos gewesen wäre, ist sein Fehlen unschädlich, was der Arbeitgeber darlegen und nachweisen muss.
[896] BAG 7.12.2006 – 2 AZR 182/06, NZA 2007, 617; BAG 23.4.2008 – 2 AZR 1012/06, NZA-RR 2008, 515; BAG 28.10.2010 – 2 AZR 688/09, NZA-RR 2011, 155; BAG 17.4.2019 – 7 AZR 292/17, NZA 2019, 1355 Rn. 32: Der Arbeitgeber hat von sich aus denkbare oder vom Arbeitnehmer bereits genannte Alternativen zu würdigen und im Einzelnen darzulegen, aus welchen Gründen die Beschäftigung auf einem anderen Arbeitsplatz ausscheidet.
[897] BAG 10.9.2009 – 2 AZR 257/08, AP KSchG 1969 § 1 Verhaltensbedingte Kündigung Nr. 60; BAG 28.10.2010 – 2 AZR 293/09, NZA 2011, 112.
[898] BAG 10.9.2009 – 2 AZR 257/08, AP KSchG 1969 § 1 Verhaltensbedingte Kündigung Nr. 60; BAG 28.10.2010 – 2 AZR 293/09, NZA 2011, 112; BAG 7.5.2020 – 2 AZR 619/19, NZA 2020, 1022 Rn. 15.
[899] BAG 3.11.2011 – 2 AZR 748/10, NZA 2012, 607; BAG 27.9.2012 – 2 AZR 646/11, AP BGB § 626 Nr. 240.
[900] BAG 26.8.1993 – 2 AZR 154/93, NZA 1994, 63; BAG 17.6.2003 – 2 AZR 123/02, NZA 2004, 564; BAG 12.3.2009 – 2 AZR 251/07, NZA 2009, 779.
[901] BAG 10.6.2010 – 2 AZR 541/09, NZA 2010, 1227; BAG 25.10.2012 – 2 AZR 495/11, NZA 2013, 319.
[902] BAG 20.6.2013 – 2 AZR 379/12, NZA 2014, 139; BAG 31.7.2014 – 2 AZR 422/13, NZA 2015, 101.
[903] BAG 23.2.2010 – 2 AZR 268/08, NZA 2010, 944; BAG 31.7.2014 – 2 AZR 422/13, NZA 2015, 101.
[904] BAG 23.6.2005 – 2 AZR 642/04, NZA 2006, 92; BAG 18.1.2007 – 2 AZR 796/05, AP KSchG 1969 § 1 Soziale Auswahl Nr. 89; BAG 18.6.2015 – 2 AZR 480/14, NZA 2015, 1315 Rn. 35: Für eine beschlossene und durchgeführte „Outsourcing"-Maßnahme spricht die Vermutung, dass sie nicht auf Rechtsmissbrauch beruht.
[905] BAG 22.5.2003 – 2 AZR 326/02, AP KSchG 1969 § 1 Betriebsbedingte Kündigung Nr. 128; BAG 13.2.2008 – 2 AZR 1041/06, NZA 2008, 819: Abbau einer Hierarchieebene verbunden mit einer Neuverteilung der dem betroffenen Arbeitnehmer bisher zugewiesenen Aufgaben.

deutlichen, dass ein Beschäftigungsbedürfnis für den Arbeitnehmer zu den bisherigen Arbeitsbedingungen entfallen ist.[906] Denn die Kündigung selbst ist keine freie Unternehmerentscheidung. Nach § 2 S. 1 iVm § 1 Abs. 3 S. 1 KSchG hat der Arbeitgeber außerdem das Vorliegen dringender betrieblicher Erfordernisse iSd § 1 Abs. 2 KSchG für die Änderungskündigung vorzutragen und zu beweisen. Aus dem Vorbringen des Arbeitgebers muss auch erkennbar sein, dass er unter Berücksichtigung der vertraglich eingegangenen Verpflichtung alles Zumutbare unternommen hat, die durch die unternehmerische Entscheidung erforderlich gewordenen Anpassungen des Vertragsinhalts auf das unbedingt notwendige Maß zu beschränken.[907]

Die Darlegungs- und Beweislast für die Tatsachen, aus denen sich die **Unrichtigkeit der** 201 **Sozialauswahl** ergibt, obliegt zunächst dem Arbeitnehmer. Will der Arbeitnehmer geltend machen, der Arbeitgeber habe bei der Beurteilung, welchem Arbeitnehmer er die Weiterbeschäftigung zu objektiv schlechteren Bedingungen anbietet, soziale Gesichtspunkte nicht hinreichend beachtet, muss er dies – wie in den Fällen der Beendigungskündigung – **konkret rügen**.[908] Soweit er von einer gewissen **Einarbeitungszeit** ausgeht, hat er die von ihm angenommene Dauer anzugeben und zu begründen. Nur dann ist es Sache des Arbeitgebers, konkret darzulegen, welche Qualifikationsanforderungen er an den als nicht vergleichbar angesehenen Arbeitsplatz stellt und in welcher Zeit Arbeitnehmer die geforderte Qualifikation erlangen können.[909] Dabei geht das BAG[910] von einer abgestuften Darlegungslast aus. Zunächst hat der Arbeitnehmer die Fehlerhaftigkeit der Sozialauswahl zu rügen und namentlich die sozial stärkeren Arbeitnehmer zu nennen. Fehlen ihm die dafür erforderlichen Informationen, kann er deswegen den Arbeitgeber zur Mitteilung der Gründe auffordern, die ihn zu der Auswahl veranlasst haben (§ 1 Abs. 3 S. 1 Hs. 2 KSchG). Die sich aus der Mitteilungspflicht ergebende Vortragslast des Arbeitgebers beschränkt sich allerdings auf die subjektiven, vom Arbeitgeber tatsächlich angestellten Überlegungen. Der Arbeitnehmer hat keinen Anspruch auf die vollständige Auflistung der Sozialdaten aller objektiv vergleichbaren Arbeitnehmer. Unterlässt der Arbeitgeber einen entsprechenden Vortrag, kann sich der Arbeitnehmer mit Erfolg auf die unrichtige Sozialauswahl berufen.[911] Sie wird damit unstreitig. Die gleichen Erwägungen gelten, wenn dem Vortrag des Arbeitgebers zu entnehmen ist, er habe die Sozialauswahl unter Berücksichtigung des Vortrags des Arbeitnehmers nicht auf aus dessen Sicht **vergleichbare Arbeitnehmer** erstreckt und er es unterlässt, seinen Vortrag im Prozess zu ergänzen.[912]

Beruft sich der Arbeitgeber auf die **Ausnahmeregelung** des § 1 Abs. 3 S. 2 KSchG trägt er 202 die Darlegungs- und Beweislast für deren Vorliegen, wozu auch das berechtigte betriebliche Interesse gehört, von dieser Ausnahmeregelung Gebrauch machen zu dürfen.[913]

Durch § 1 Abs. 5 S. 1 KSchG wird die Darlegungs- und Beweislastregelung des § 1 Abs. 2 203 S. 4 KSchG umgekehrt, indem diese Norm eine gesetzliche Vermutung zu Gunsten des Vorliegens dringender betrieblicher Erfordernisse aufstellt. Der Arbeitnehmer muss damit den Nachweis fehlender betrieblicher Gründe führen. Dies betrifft bei der Änderungskündigung sowohl den Wegfall des Beschäftigungsbedürfnisses zu den bisherigen Bedingungen als auch

---

[906] So BAG 17.6.1999 – 2 AZR 141/99, NZA 1999, 1098; BAG 13.2.2008 – 2 AZR 1041/06, NZA 2008, 819.
[907] BAG 2.3.2006 – 2 AZR 64/05, NZA 2006, 985; BAG 3.4.2008 – 2 AZR 500/06, NZA 2008, 812; BAG 23.2.2012 – 2 AZR 45/11, BeckRS 2012, 73012.
[908] BAG 24.5.2012 – 2 AZR 163/11, NZA-RR 2013, 74.
[909] BAG 18.3.2010 – 2 AZR 337/08, NZA-RR 2011, 18.
[910] BAG 18.5.2006 – 2 AZR 245/05, AP KSchG 1969 § 1 Betriebsbedingte Kündigung Nr. 157; BAG 18.1.2007 – 2 AZR 796/05, AP KSchG 1969 § 1 Soziale Auswahl Nr. 89; BAG 12.8.2010 – 2 AZR 945/08, NZA 2011, 460; BAG 29.1.2015 – 2 AZR 164/14, NZA 2015, 426: Im Rahmen der Sozialauswahl ist eine um drei Jahre längere Betriebszugehörigkeit nicht geeignet, drei Unterhaltspflichten aufzuwiegen, wenn der Unterhaltsverpflichtete seinerseits eine Betriebszugehörigkeit von immerhin sechs Jahren aufzuweisen hat.
[911] Ständige Rspr. vgl. nur BAG 18.1.2007 – 2 AZR 796/05, AP KSchG 1969 § 1 Nr. 89 Soziale Auswahl mwN.
[912] Näher dazu BAG 18.1.2007 – 2 AZR 796/05, AP KSchG 1969 § 1 Soziale Auswahl Nr. 89.
[913] BAG 6.7.2006 – 2 AZR 442/05, NZA 2007, 139; BAG 29.9.2011 – 2 AZR 523/10, NZA 2012, 628; BAG 22.3.2012 – 2 AZR 167/11, NZA 2012, 1040.

das Fehlen anderweitiger Beschäftigungsmöglichkeiten im Betrieb oder einem anderen Betrieb des Unternehmens[914] und kann sich bei entsprechenden Regelungen im Interessenausgleich auch auf die Verhältnismäßigkeit des Änderungsangebots beziehen.[915] Der Arbeitnehmer trägt auch die Darlegungs- und Beweislast für die **grobe Fehlerhaftigkeit** der Sozialauswahl. Auch wenn ein Arbeitnehmer in die **Namensliste** aufgenommen worden ist, kann er vom Arbeitgeber nach § 1 Abs. 3 S. 3 2. Hs. KSchG verlangen, die Gründe mitzuteilen, die zu der getroffenen sozialen Auswahl geführt haben.[916] Erst nach Erfüllung dieser Obliegenheit durch den Arbeitgeber trägt er die volle Darlegungslast für die Fehlerhaftigkeit der Sozialauswahl. Werden die Änderungskündigungen auf **Altersgruppen** verteilt, müssen innerhalb des zur Sozialauswahl anstehenden Personenkreises – dh innerhalb der Vergleichsgruppe – nach sachlichen Kriterien Altersgruppen gebildet (Schritt 1), die prozentuale Verteilung der Belegschaft auf die Altersgruppen festgestellt (Schritt 2) und die Gesamtzahl der auszusprechenden Kündigungen diesem Proporz entsprechend auf die einzelnen Altersgruppen verteilt werden (Schritt 3).[917] Die Missachtung dieser strengen Proportionalität löst die grobe Fehlerhaftigkeit der Sozialauswahl aus. Die Sozialauswahl innerhalb der Altersgruppen[918] richtet sich dann wieder nach § 1 Abs. 3 S. 1, Abs. 4 KSchG,[919] für deren Fehlerhaftigkeit der Arbeitnehmer beweisbelastet ist (§ 1 Abs. 3 S. 3 KSchG), während der Arbeitgeber den Leistungsträgernachweis (§ 3 Abs. 3 S. 2 KSchG) zu erbringen hat.

VIII. Die Beteiligung des Betriebsrats

204   Im Zusammenhang mit einer Änderungskündigung des Arbeitgebers ergeben sich unter verschiedenen Aspekten Beteiligungsrechte des Betriebsrats. Zunächst hat der Arbeitgeber eine **Anhörung des Betriebsrats** nach § 102 BetrVG als Wirksamkeitsvoraussetzung durchzuführen, weil es sich bei der Änderungskündigung um eine normale Kündigung handelt. Zusätzliche Beteiligungsrechte können außerdem mit dem Vertragsänderungsangebot des Arbeitgebers verknüpft sein, wenn dieses etwa auf eine **Versetzung** und/oder **Umgruppierung** gerichtet ist, die unter betriebsverfassungsrechtlichen Gesichtspunkten nach §§ 95 Abs. 3, 99 BetrVG der Zustimmung des Betriebsrats bedarf, oder die angestrebte Änderung der Arbeitsbedingungen zugleich eine **mitbestimmungspflichtige Maßnahme** nach § 87 Abs. 1 BetrVG darstellt.

1. Die Anhörung des Betriebsrats nach § 102 BetrVG

205   Soweit es um die **Anhörung** des Betriebsrats nach § 102 Abs. 1 BetrVG geht, gelten zunächst bei der ordentlichen Änderungskündigung keine Besonderheiten, soweit die mit dem Änderungsangebot verbundene Beendigungskündigung in Rede steht. Auch hier soll die Anhörung zur Kündigung in geeigneten Fällen dazu beitragen, dass es gar nicht zum Ausspruch einer Änderungskündigung kommt. Der Betriebsrat soll in die Lage versetzt werden, sachgerecht auf den Arbeitgeber einzuwirken, dh die Stichhaltigkeit und Gewichtigkeit der Kündigungsgründe zu überprüfen und sich über sie eine eigene Meinung bilden zu können.[920] Der Arbeitgeber hat daher dem Betriebsrat insbesondere die Personalien des zu kündigenden Arbeitnehmers, die Kündigungsabsicht, die Kündigungsart, ggf. auch den Kündigungstermin und die Kündigungsfrist sowie deutlich genug die Kündigungsgründe mitzuteilen.[921] Bezüg-

---

[914] BAG 19.6.2007 – 2 AZR 304/06, NZA 2008, 103.
[915] Vgl. BAG 19.6.2007 – 2 AZR 304/06, NZA 2008, 103; BAG 6.9.2007 – 2 AZR 715/06, NZA 2008, 633.
[916] BAG 17.11.2005 – 6 AZR 107/05, NZA 2006, 661.
[917] So BAG 26.3.2015 – 2 AZR 478/13, NZA 2015, 1122.
[918] BAG 22.3.2012 – 2 AZR 167/11, NZA 2012, 1040 Rn. 33; BAG 19.7.2012 – 2 AZR 352/11, NZA 2013, 86 Rn. 31; BAG 26.3.2015 – 2 AZR 478/13, NZA 2015, 1122 Rn. 15.
[919] BAG 22.3.2012 – 2 AZR 167/11, NZA 2012, 1040: Innerhalb der jeweiligen Altersgruppe kommt auch die Leistungsträgerklausel zum Tragen.
[920] BAG 21.11.2013 – 2 AZR 797/11, NZA 2014, 810; BAG 23.10.2014 – 2 AZR 736/13, NJW-Spezial 2015, 211; BAG 25.5.2016 – 2 AZR 345/15, NZA 2016, 1140.
[921] Vgl. BAG 12.8.2010 – 2 AZR 945/08, NZA 2011, 460; BAG 16.12.2010 – 2 AZR 576/09, AP KSchG 1969 § 2 Nr. 150.

lich der Kündigungsgründe gilt auch hier der Grundsatz der sog. **subjektiven Determinierung,** demzufolge der Betriebsrat immer dann ordnungsgemäß angehört ist, wenn der Arbeitgeber ihm die aus seiner Sicht tragenden Umstände unterbreitet hat.[922] Um den Zweck der Anhörung nicht zu verfehlen, darf der Arbeitgeber ihm bekannte Umstände, die sich bei **objektiver Betrachtung** zugunsten des Arbeitnehmers auswirken können, dem Betriebsrat nicht deshalb vorenthalten, weil sie für seinen eigenen Kündigungsentschluss nicht von Bedeutung waren.[923] Die Mitteilungspflicht des Arbeitgebers im Rahmen von § 102 Abs. 1 S. 2 BetrVG reicht nicht so weit wie seine Darlegungslast im Prozess.[924] Gleichwohl ist es ratsam, dem Betriebsrat diejenigen Gründe mitzuteilen, die auch Gegenstand des Vorbringens zur Kündigungsberechtigung im Prozess sein sollen. Die in **objektiver** Hinsicht **unvollständige** Anhörung verwehrt es dem Arbeitgeber lediglich, im Kündigungsschutzprozess Gründe **nachzuschieben,** die über die Erläuterung des dem Betriebsrat mitgeteilten Sachverhalts hinausgehen.[925] Nicht mehr ordnungsgemäß ist die Anhörung des Betriebsrats, wenn der Arbeitgeber dem Betriebsrat einen schon aus seiner eigenen Sicht **unrichtigen** oder **unvollständigen** Sachverhalt unterbreitet oder dem Betriebsrat für dessen Beurteilung bedeutsame, zuungunsten des Arbeitnehmers sprechende, objektiv unzutreffende Tatsachen mitteilt, deren Unrichtigkeit oder Unwahrheit er selbst durchaus für möglich hält.[926] Eine zwar vermeidbare, aber unbewusst erfolgte objektive Fehlinformation führt dagegen für sich genommen nicht zur Unwirksamkeit der Kündigung, weil es auf die subjektive Gutgläubigkeit des Arbeitgebers ankommt.[927] Auch bei der **sozialen Auswahl** gilt der Grundsatz der **subjektiven Determinierung** im Anhörungsverfahren gegenüber dem Betriebsrat.[928] Bei einer betriebsbedingten Änderungskündigung ist grundsätzlich die vom Arbeitgeber getroffene Sozialauswahl notwendiger Bestandteil einer ordnungsgemäßen Anhörung. Er hat die in seine Auswahl einbezogenen Arbeitnehmer und deren Sozialdaten, die Auswahlkriterien und seinen Bewertungsmaßstab anzugeben.[929] Der Arbeitgeber braucht dem Betriebsrat bei einer betriebsbedingten Änderungskündigung keine Auswahlgründe mitzuteilen, auf die er selbst nicht abstellen wollte. Der Arbeitnehmer ist ausreichend dadurch geschützt, dass im Streit um die soziale Rechtfertigung der Kündigung solche Kündigungsgründe unberücksichtigt bleiben, zu denen keine Anhörung des Betriebsrats erfolgt ist. Hat der Arbeitnehmer unterhaltspflichtige Kinder, so kann der Arbeitgeber mangels anderweitiger Kenntnisse auch von den Lohnsteuermerkmalen ausgehen, wenn er dies dem Betriebsrat gegenüber kennzeichnet.[930] Der Arbeitgeber ist im Rahmen der Betriebsratsanhörung nicht verpflichtet, die Richtigkeit dokumentierter Daten zu überprüfen. Bei Vorliegen eines **Interessenausgleichs mit Namensliste** kann der Arbeitgeber die Anhörung nach § 102 BetrVG mit den Verhandlungen über den Interessenausgleich verbinden, was aber gegenüber dem Betriebsrat klarzustellen ist. Sie muss wie die Anhörung des Betriebsrats zu jeder anderen Kündigung den von der Rechtsprechung zu § 102 BetrVG aufgestellten Grundsätzen entsprechen.[931]

Abweichend von der Anhörung des Betriebsrats bei einer Beendigungskündigung hat der Arbeitgeber dem Betriebsrat im Anhörungsverfahren nach § 102 Abs. 1 BetrVG das Ände-

---

[922] Vgl. nur BAG 24.6.2004 – 2 AZR 461/03, NZA 2004, 1330; BAG 18.1.2007 – 2 AZR 796/05, AP KSchG 1969 § 1 Nr. 89; BAG 12.8.2010 – 2 AZR 945/08, NZA 2011, 460; BAG 23.10.2014 – 2 AZR 736/13, NJW-Spezial 2015, 211; BAG 16.7.2015 – 2 AZR 15/15, NZA 2016, 99.
[923] BAG 16.7.2015 – 2 AZR 15/15, NZA 2016, 99.
[924] BAG 23.10.2014 – 2 AZR 736/13, NJW-Spezial 2015, 211; BAG 7.5.2020 – 2 AZR 678/19, NZA 2020, 1110 Rn. 15.
[925] BAG 12.8.2010 – 2 AZR 945/08, NZA 2011, 460; BAG 23.10.2014 – 2 AZR 736/13, NJW-Spezial 2015, 211: Bei ergänzenden Angaben, die über das Notwendige einer ordnungsgemäßen Information hinausgehen, beginnt die Frist zur Stellungnahme für den Betriebsrat regelmäßig nicht neu zu laufen. Zum zulässigen Nachschieben von Kündigungsgründen: BAG 18.6.2015 – 2 AZR 256/14, NZA 2016, 287.
[926] BAG 23.10.2014 – 2 AZR 736/13, NJW-Spezial 2015, 211; BAG 18.6.2015 – 2 AZR 256/14, NZA 2016, 287.
[927] BAG 12.9.2013 – 6 AZR 121/12, NZA 2013, 1412; BAG 21.11.2013 – 2 AZR 797/11, NZA 2014, 353; BAG 23.10.2014 – 2 AZR 736/13, NJW-Spezial 2015, 211.
[928] BAG 12.8.2010 – 2 AZR 945/08, NZA 2011, 460 Rn. 19.
[929] BAG 12.8.2010 – 2 AZR 945/08, NZA 2011, 460 Rn. 19.
[930] BAG 24.11.2005 – 2 AZR 514/04, NZA 2006, 665.
[931] BAG 20.5.1999 – 2 AZR 532/98, NZA 1999, 1101; BAG 21.7.2005 – 6 AZR 592/04, NZA 2006, 162.

rungsangebot und die Gründe für die beabsichtigte Änderung der Arbeitsbedingungen mitzuteilen,[932] sowie dann, wenn er sich eine Beendigungskündigung vorbehalten und dazu keine erneute Anhörung des Betriebsrats vornehmen will, zugleich zu verdeutlichen, dass im Fall der Ablehnung des Änderungsangebotes oder der nicht rechtzeitigen Annahme durch den Arbeitnehmer eine Beendigungskündigung ausgesprochen werden soll.[933] Bleibt für den Betriebsrat ungewiss, ob der Arbeitgeber im Falle der Ablehnung des Änderungsangebots eine Beendigungskündigung erklären will, so liegt keine ordnungsgemäße Anhörung des Betriebsrats zu der vom Arbeitgeber ausgesprochenen Beendigungskündigung vor.[934] Nimmt allerdings der Arbeitnehmer das Änderungsangebot des Arbeitgebers vorbehaltlos an, wird die Wirksamkeit des Änderungsvertrags nicht mehr wegen einer unterlassenen oder nicht ordnungsgemäßen Anhörung des Betriebsrats in Frage gestellt.[935] Nimmt der Arbeitnehmer rechtzeitig das Vertragsänderungsangebot des Arbeitgebers unter Vorbehalt an, kann er im Änderungsschutzprozess die Unwirksamkeit der Kündigungserklärung bei einem Verstoß gegen § 102 Abs. 1 BetrVG geltend machen.[936] Die vorstehenden Grundsätze zur Anhörung des Betriebsrats bei einer Änderungskündigung gelten entsprechend für die Anhörung der Schwerbehindertenvertretung nach § 178 Abs. 2 S. 3 SGB IX vor Ausspruch einer Änderungskündigung.[937]

207 Der Betriebsrat kann innerhalb der Frist des § 102 Abs. 2 S. 1 BetrVG von seinem **Widerspruchsrecht** nach § 102 Abs. 3 Nr. 1 bis 5 BetrVG Gebrauch machen, um dem Arbeitnehmer bei einer **Ablehnung** des Änderungsangebots den Weiterbeschäftigungsanspruch aus § 102 Abs. 5 BetrVG offen zu halten. Diesen Widerspruch kann er zB auf eine fehlerhafte Sozialauswahl (§ 102 Abs. 2 Nr. 1 BetrVG) stützen[938] oder deshalb erklären, weil es für den Arbeitnehmer aus seiner Sicht entgegen dem Änderungsangebot des Arbeitgebers eine Weiterbeschäftigungsmöglichkeit auf einem anderen vakanten Arbeitsplatz zu weniger benachteiligenden Bedingungen gibt.

208 Spricht der Arbeitgeber ungeachtet des Widerspruchs des Betriebsrats die beabsichtigte Änderungskündigung aus und lehnt der Arbeitnehmer das Vertragsänderungsangebot ab, dann kann er nach Erhebung der Kündigungsschutzklage den **Weiterbeschäftigungsanspruch** nach § 102 Abs. 5 BetrVG gegenüber dem Arbeitgeber geltend machen.[939]

209 Ein **Weiterbeschäftigungsanspruch** nach § 102 Abs. 5 BetrVG zu den bisherigen Arbeitsbedingungen scheidet indes aus, wenn der Arbeitnehmer das Vertragsänderungsangebot unter Vorbehalt angenommen hat. Damit kommt ein auflösend bedingter Arbeitsvertrag zu den geänderten neuen Arbeitsbedingungen zustande, den der Arbeitnehmer zunächst erfüllen muss. Deshalb entfällt zugleich die Weiterbeschäftigungsmöglichkeit nach § 102 Abs. 5 BetrVG zu den bisherigen Bedingungen.[940] Offen gelassen hat das BAG,[941] ob entsprechend § 102 Abs. 5 BetrVG ein Beschäftigungsanspruch dann besteht, wenn der Betriebsrat einer mit der Änderung der Arbeitsbedingungen verbundenen Versetzung oder Umgruppierung widersprochen hat, die Zustimmung nicht ersetzt ist und es dem Arbeitgeber auch verwehrt ist, die Maßnahmen vorläufig durchzuführen.

---

[932] BAG 27.9.2001 – 2 AZR 236/00, NZA 2002, 750; BAG 12.8.2010 – 2 AZR 945/08, NZA 2011, 460; BAG 19.7.2012 – 2 AZR 25/11, NZA 2012, 1038 Rn. 29.
[933] BAG 30.11.1989 – 2 AZR 197/89, NZA 1990, 529; BAG 7.10.1993 – 2 AZR 423/93, RzK III 1d Nr. 8; BAG 19.5.1993 – 2 AZR 584/92, NZA 1993, 1075.
[934] BAG 30.11.1989 – 2 AZR 197/89, NZA 1990, 529.
[935] Stahlhacke/Preis/Vossen Kündigung/*Vossen* Rn. 2181; ErfK/*Oetker* KSchG § 2 Rn. 19.
[936] BAG 22.10.2015 – 2 AZR 124/14, NZA 2016, 225 Rn. 28. Näher dazu → Rn. 132.
[937] BAG 13.12.2018 – 2 AZR 378/18, NZA 2019, 305 Rn. 12, 19, 21 ff.
[938] BAG 9.7.2003 – 5 AZR 305/02, NZA 2003, 1191.
[939] Vgl. dazu BAG 17.6.1999 – 2 AZR 608/98, AP BetrVG 1972 § 102 Weiterbeschäftigung Nr. 11; BAG 11.5.2000 – 2 AZR 54/99, NZA 2000, 1055; KR/*Kreft* KSchG § 2 Rn. 215.
[940] Ebenso ErfK/*Oetker* KSchG § 2 Rn. 22; KR/*Kreft* KSchG § 2 Rn. 216; vgl. auch BAG 18.1.1990 – 2 AZR 183/89, NZA 1990, 734 zum **allgemeinen** Weiterbeschäftigungsanspruch zu den bisherigen Arbeitsbedingungen; zur Prozessbeschäftigung: BAG 27.5.2020 – 5 AZR 247/19, juris Rn. 23, 27.
[941] BAG 18.1.1990 – 2 AZR 183/89, NZA 1990, 734.

2. Die Beteiligung des Betriebsrats bei Versetzungen und Umgruppierungen

Will der Arbeitgeber mit einer Änderungskündigung eine **Versetzung** des Arbeitnehmers iSv § 95 Abs. 3 BetrVG bewirken, sind die §§ 102 und 99 BetrVG[942] **nebeneinander** anwendbar. Wenn der Arbeitnehmer das Änderungsangebot mit dem Ziel einer Versetzung unter Vorbehalt angenommen hat und sich die Änderungskündigung als wirksam erweist, tritt damit eine entsprechende individualrechtliche Vertragsänderung ein, unabhängig davon, ob der Betriebsrat die Zustimmung zur Versetzung des Arbeitnehmers verweigert hat. Der Arbeitgeber kann jedoch die Maßnahme der Versetzung durch Ausübung seines Weisungsrechts kollektivrechtlich nicht vollziehen, so lange keine Zustimmung des Betriebsrats nach § 99 BetrVG oder ihre gerichtliche Ersetzung vorliegt.[943] Es kommt allenfalls eine vorläufige Versetzung nach § 100 BetrVG in Betracht.

Angesichts der Trennung zwischen individualrechtlicher Vertragsänderung und dem betriebsverfassungsrechtlichen Schicksal der Versetzung hängt die Wirksamkeit einer Änderungskündigung nicht von der Durchführung des Verfahrens nach § 99 BetrVG und dessen Ergebnis ab.[944] Für die Änderungskündigung zum Zwecke der Versetzung ist die Zustimmung des Betriebsrats zur Versetzung als solche keine Wirksamkeitsvoraussetzung.[945] Deshalb muss die Zustimmung des Betriebsrats zu einer Versetzung nach § 99 BetrVG nicht bereits bei Ausspruch der darauf abzielenden Änderungskündigung vorliegen. Dies gilt grundsätzlich auch für eine mit der Versetzung verbundene Umgruppierung, solange keine anderslautende rechtskräftige Entscheidung nach § 99 Abs. 4 BetrVG vorliegt.[946] Es besteht auch eine **betriebsverfassungsrechtliche Trennung** der Beteiligungsrechte des Betriebsrats aus § 102 BetrVG einerseits und der Zustimmungsvoraussetzung des Betriebsrats nach § 99 BetrVG andererseits. Die §§ 99 und 102 BetrVG betreffen unterschiedliche Ebenen. Während § 102 BetrVG an die Änderungskündigung anknüpft, also auf die arbeitsvertragliche Ebene bezogen ist, behandelt das Mitbestimmungsrecht nach § 99 BetrVG den völlig anders gelagerten Tatbestand des kollektivrechtlichen Vollzugs der eingetretenen Vertragsänderung. Dabei sind die Verfahren unterschiedlich ausgestaltet. Während bei der Kündigung nach § 102 BetrVG der Betriebsrat nur anzuhören ist und eine ohne Anhörung des Betriebsrats ausgesprochene Kündigung unwirksam ist, bedarf bei § 99 BetrVG die geplante Maßnahme der Zustimmung des Betriebsrats mit den in den §§ 100, 101 BetrVG vorgegebenen Modalitäten.

Unterliegt der Arbeitnehmer nach einer Annahme des Änderungsangebots unter Vorbehalt in dem Änderungsschutzprozess, so steht lediglich individualrechtlich fest, dass der Arbeitgeber dem Arbeitnehmer den neuen Arbeitsbereich zuweisen darf. Die **tatsächliche Zuweisung** des **anderen** Arbeitsbereichs setzt zusätzlich die noch fehlende **Zustimmung** des **Betriebsrats** nach § 99 BetrVG voraus. Liegt daher bei Ablauf der Kündigungsfrist keine Zustimmung des Betriebsrats vor und macht der Arbeitgeber von der Möglichkeit einer vorläufigen Personalmaßnahme nach § 100 BetrVG keinen Gebrauch, so ist die von ihm trotzdem erteilte Versetzungsanweisung nach § 134 BGB nichtig. Der Arbeitnehmer kann dies durch eine entsprechende Feststellungsklage klären lassen.[947] Auch die **rechtskräftige** Abweisung des Zustimmungsersetzungsantrags führt nach Ansicht des BAG[948] nicht zu einer

---

[942] § 99 kommt nur in Betrieben von Unternehmen mit mehr als 20 wahlberechtigten Arbeitnehmern zur Anwendung. Zum Gemeinschaftsbetrieb: BAG 29.9.2004 – 1 AZR 473/03, NZA-RR 2005, 616.
[943] BAG 22.4.2010 – 2 AZR 491/09, NZA 2010, 1235 Rn. 15: Der Arbeitnehmer hat beim Fehlen der Zustimmung des Betriebsrats das Recht, die Arbeit zu den geänderten Bedingungen zu verweigern. BAG 22.10.2015 – 2 AZR 550/14, NZA-RR 2016, 243 Rn. 51.
[944] Grds. BAG 30.9.1993 – 2 AZR 283/93, NZA 1994, 615 Rn. 37; BAG 22.4.2010 – 2 AZR 491/09, NZA 2010, 1235 Rn. 15.
[945] BAG 22.4.2010 – 2 AZR 491/09, NZA 2010, 1235 Rn. 15.
[946] BAG 30.9.1993 – 2 AZR 283/93, NZA 1994, 615 Rn. 36; BAG 28.8.2008 – 2 AZR 967/06, NZA 2009, 505; BAG 20.3.2014 – 2 AZR 840/12, NZA 2014, 1415 Rn. 24: Die rechtskräftige gerichtliche Zustimmungsersetzung ist solange bindend, wie keine neue Eingruppierung erforderlich wird, die das Mitbestimmungsrecht nach § 99 BetrVG auslöst.
[947] BAG 26.1.1993 – 1 AZR 303/92, NZA 1993, 714; BAG 30.9.1993 – 2 AZR 283/93, NZA 1994, 615 Rn. 31; BAG 22.4.2010 – 2 AZR 491/09, NZA 2010, 1235 Rn. 13, 22.
[948] BAG 22.4.2010 – 2 AZR 491/09, NZA 2010, 1235 Rn. 21; kritisch dazu Schaub ArbR-HdB/Linck § 137 Rn. 22a, der die vorübergehende der dauernden Unmöglichkeit nach § 275 Abs. 1 BGB gleichset-

dauernden Unmöglichkeit des Arbeitnehmers (§ 275 Abs. 1 BGB), die Leistung an dem neuen Arbeitsplatz zu erbringen, weil der Arbeitgeber durch ein erneutes Zustimmungsersetzungsverfahren die kollektivrechtliche Sperre beseitigen kann.

213 Nach Auffassung des BAG[949] bleibt der Arbeitnehmer bei derartigem Befund nach wie vor zur Tätigkeit in dem **alten Bereich** berechtigt und verpflichtet, der ihm ordnungsgemäß zugewiesen war, weil der Entzug und die Zuweisung einer Tätigkeit einen einheitlichen Vorgang darstellten, der auf seine rechtliche Zulässigkeit nur einheitlich beurteilt werden könne. Diese Ansicht ist nicht überzeugend, weil nach rechtskräftiger Abweisung der Änderungsschutzklage auf individualrechtlicher Ebene feststeht, dass der Arbeitnehmer nur einen Beschäftigungsanspruch zu den **geänderten** Arbeitsbedingungen hat.[950] Und nur **diese** darf der Arbeitgeber dem Arbeitnehmer mangels Zustimmung des Betriebsrats nach § 99 BetrVG **nicht übertragen,** so dass der Arbeitgeber dem leistungswilligen und leistungsbereiten Arbeitnehmer bezogen auf die **neue Tätigkeit** den Annahmeverzugslohn (§ 615 S. 1 BGB) schuldet.[951] Etwas anderes kann nur dann gelten, wenn die neue Beschäftigung im Sinne der Erweiterung des Direktionsrechts zu der bisherigen **hinzutreten** sollte und damit die bisherige Tätigkeit weiterhin vom Arbeitnehmer geschuldet wird. Ginge man von einer dauernden Unmöglichkeit (§ 275 Abs. 1 BGB) des Arbeitgebers aus, den Arbeitnehmer mangels Zustimmung des Betriebsrats an dem neuen Arbeitsplatz einsetzen zu können, würde sich der Vergütungsanspruch des Arbeitnehmers aus § 326 Abs. 2 BGB herleiten lassen. Will der Arbeitgeber die Zustimmung des Betriebsrats nach § 99 Abs. 4 BetrVG nicht durchsetzen[952] und besteht keine Möglichkeit, den Arbeitnehmer auf einem anderen vakanten Arbeitsplatz zu beschäftigen, so kann eine Beendigungskündigung erforderlich werden.[953]

214 Hat der Arbeitgeber bei einer beabsichtigten Änderungskündigung zum Zwecke der Versetzung **zunächst** den Betriebsrat nach §§ 99, 95 Abs. 3 BetrVG eingeschaltet und dieser die **Zustimmung verweigert,** dann kann der Arbeitgeber bei betriebsbedingtem Anlass eine Beendigungskündigung aussprechen, falls die Beschäftigungsmöglichkeit auf dem bisherigen Arbeitsplatz entfallen ist und keine weitere neben der vom Betriebsrat abgelehnten Beschäftigungsmöglichkeit besteht. Der Arbeitgeber ist nicht verpflichtet, ein Zustimmungsersetzungsverfahren nach § 99 Abs. 4 BetrVG gegen den Betriebsrat durchführen zu müssen.[954] Ebenso wenig kann vom Arbeitgeber verlangt werden, die verweigerte Zustimmung zunächst mit einer vorläufigen Maßnahme nach § 100 Abs. 1 BetrVG zu überbrücken, weil auch dieser Schritt den Arbeitgeber nicht von einem Zustimmungsersetzungsverfahren zu der endgültigen Maßnahme entbindet.

215 Da sich nach dem Vorhergesagten die Sozialwidrigkeit der Änderungskündigung unabhängig von Mitbestimmungsfragen allein nach §§ 1, 2 KSchG zum Zeitpunkt des Zugangs der Kündigung beurteilt, gelten die gleichen Grundsätze, wenn zu einer **Umgruppierung** (Herabgruppierung) eine Änderungskündigung notwendig ist.[955] Ein Verstoß gegen das

---

zen will und eine Beendigungskündigung bei fehlender anderweitiger Beschäftigungsmöglichkeit für berechtigt hält.

[949] BAG 30.9.1993 – 2 AZR 283/93, NZA 1994, 615 Rn. 31.
[950] ErfK/*Oetker* KSchG § 2 Rn. 26, 27; KR/*Kreft* KSchG § 2 Rn. 237; Schaub ArbR-HdB/*Linck* § 137 Rn. 22a.
[951] Ebenso BAG 16.1.1991 – 4 AZR 301/90, NZA 1991, 490 im Falle der Übertragung einer höherwertigen Tätigkeit ohne Beteiligung des Personalrats. Eine andere Frage ist, ob der Arbeitnehmer wegen § 615 S. 2 BGB bzw. § 11 S. 1 KSchG einem entsprechenden Angebot nachkommen muss: BAG 17.11.2011 – 5 AZR 564/10, NZA 2012, 260. Nach BAG 26.1.1993 – 1 AZR 303/92, NZA 1993, 714 unterläge die Maßnahme nicht der Zustimmung des Betriebsrats. S. auch BAG 15.4.2014 – 1 ABR 101/12, NZA 2014, 920.
[952] Vgl. zur Frage der Beseitigung einer Zustimmungsverweigerung im Falle der Versetzung eines schwerbehinderten Menschen: BAG 3.12.2002 – 9 AZR 481/01, AP BetrVG 1972 § 99 Versetzung Nr. 34.
[953] BAG 30.9.1993 – 2 AZR 283/93, NZA 1994, 615; KR/*Kreft* KSchG § 2 Rn. 239; *Berkowsky* NZA 2010, 253 (254); *v. Hoyningen-Huene*/*Linck* KSchG § 2 Rn. 203.
[954] BAG 29.1.1997 – 2 AZR 9/96, NZA 1997, 709; BAG 22.9.2005 – 2 AZR 519/04, NZA 2006, 486: Der Arbeitgeber ist nur bei Vorliegen besonderer Umstände verpflichtet, ein Zustimmungsersetzungsverfahren nach § 99 Abs. 4 BetrVG durchzuführen. Vgl. auch BAG 16.3.2010 – 3 AZR 31/09, NZA 2010, 1028. Etwas anderes kann gelten, soweit es um die Erfüllung des schwerbehinderten-rechtlichen Beschäftigungsanspruchs geht: BAG 3.12.2002 – 9 AZR 481/01, AP SGB IX § 81 Nr. 2.
[955] BAG 30.9.1993 – 2 AZR 283/93, NZA 1994, 615; BAG 28.8.2008 – 2 AZR 967/06, NZA 2009, 505.

Mitbestimmungsrecht des Betriebsrats bleibt individualrechtlich ohne Belang, weil es sich bei der Umgruppierung nicht um einen Akt der rechtlichen Gestaltung, sondern um **Rechtsanwendung** handelt. Das Mitbestimmungsrecht des Betriebsrats stellt deshalb kein Mitgestaltungsrecht, sondern nur ein Mitbeurteilungsrecht dar. Der Arbeitnehmer kann mithin die ihm zustehende tarifvertragliche Vergütung einfordern, unabhängig davon, ob der Betriebsrat einer Ein- oder Umgruppierung zugestimmt hat.[956]

Ist jedoch in einem Zustimmungsersetzungsverfahren (§ 99 Abs. 4 BetrVG) wegen der **Herabgruppierung** des Arbeitnehmers die Zustimmungsersetzung des Betriebsrats **rechtskräftig** zurückgewiesen worden und hat das Gericht die Richtigkeit der beabsichtigten Eingruppierung materiell geprüft, ist der Arbeitgeber bei gleichbleibenden Voraussetzungen hieran gegenüber dem Arbeitnehmer auch im späteren Rechtsstreit über eine Änderungskündigung gebunden.[957] Da sich der Arbeitgeber im Verhältnis zum Arbeitnehmer nicht mehr auf die Maßgeblichkeit der von ihm für zutreffend erachteten Entgeltgruppe berufen kann, widerspricht das mit der Änderungskündigung verbundene Angebot der Herabgruppierung dem Gebot der Verhältnismäßigkeit, so dass sich die Änderungskündigung damit insgesamt als sozial ungerechtfertigt erweist. Solange sich weder die Tätigkeiten des Arbeitnehmers noch das Entgeltschema ändern, wirkt die im Rahmen des Verfahrens nach § 99 Abs. 4 BetrVG rechtskräftige Entscheidung über die zutreffende Eingruppierung des Arbeitnehmers fort, so dass sich eine bei identischem Sachverhalt erneut ausgesprochene Änderungskündigung als unzulässige Wiederholungskündigung erweist.[958] Richtet sich die Vergütung des Arbeitnehmers nach einem Tarifvertrag, so kann der Arbeitgeber die Änderungskündigung zunächst auf die Versetzung beschränken, weil sich im Falle ihrer Wirksamkeit der Tariflohn als Akt der Rechtsanwendung automatisch an der dann anwendbaren Vergütungsgruppe orientiert. Insoweit bedarf es keiner Vertragsänderung. Anschließend kann der Arbeitgeber das Beteiligungsverfahren zur Umgruppierung nach § 99 BetrVG durchführen und im Falle der Zustimmungsverweigerung des Betriebsrats zunächst nach § 100 BetrVG verfahren.

3. Die Mitbestimmung nach § 87 BetrVG

Die mit der Änderungskündigung angestrebte Änderung der arbeitsvertraglichen Bedingungen kann zugleich eine mitbestimmungspflichtige Maßnahme nach § 87 BetrVG sein. Davon ist auszugehen, wenn die Arbeitsbedingungen einer Gruppe von Arbeitnehmern – etwa die Einführung von Schichtarbeit oder die Reduzierung von außertariflichen Lohnbestandteilen – geändert werden sollen.[959] Hier stellt sich die Frage, ob und wie sich die Verletzung des Mitbestimmungsrechts nach § 87 BetrVG auf die Individualmaßnahme auswirkt. Nach Ansicht des Großen Senats des BAG[960] gilt hier die Theorie der **Wirksamkeitsvoraussetzung**.[961] Danach führt die Verletzung von Mitbestimmungsrechten des Betriebsrats im Verhältnis zwischen Arbeitgeber und Arbeitnehmer zur Unwirksamkeit von Maßnahmen oder Rechtsgeschäften, die den Arbeitnehmer **belasten**.[962] Die Rechtsunwirksamkeit von arbeitsvertraglichen Maßnahmen oder Abreden soll zugleich eine Sanktion dafür sein, dass der Arbeitgeber das Mitbestimmungsrecht des Betriebsrats verletzt hat.

Demgegenüber hat das BAG[963] bei einer **Änderungskündigung** zur Reduzierung und Umgestaltung von Lohnzusatzleistungen die bereits zu §§ 99, 95 Abs. 3 BetrVG entwickelte

---

[956] BAG 3.5.1994 – 1 ABR 58/93, NZA 1995, 484.
[957] BAG 28.8.2008 – 2 AZR 967/06, NZA 2009, 505 Rn. 37; BAG 20.3.2014 – 2 AZR 840/12, NZA 2014, 1415 Rn. 24.
[958] BAG 20.3.2014 – 2 AZR 840/12, NZA 2014, 1415.
[959] Vgl. dazu BAG 28.10.1986 – 1 ABR 11/85, NZA 1987, 248; BAG 17.6.1998 – 2 AZR 336/97, NZA 1998, 1225; BAG 23.11.2000 – 2 AZR 690/99, FA 2001, 243.
[960] BAG 3.12.1991 – GS 2/90, NZA 1992, 749.
[961] Vgl. auch BAG 3.12.1991 – GS 2/90, NZA 1992, 749 Rn. 113; BAG 22.6.2010 – 1 AZR 853/08, NZA 2010, 1243; BAG 17.5.2011 – 1 AZR 797/09, NZA-RR 2011, 644; BAG 22.10.2014 – 5 AZR 731/12, NZA 2015, 501 Rn. 31.
[962] BAG 16.9.1986 – GS 1/82, NZA 1987, 168 Rn. 97.
[963] BAG 17.6.1998 – 2 AZR 336/97, AP KSchG 1969 § 2 Nr. 49; BAG 23.11.2000 – 2 AZR 690/99, FA 2001, 243.

Trennung zwischen der kollektivrechtlichen Seite und der individualrechtlichen Änderungsvereinbarung auf die Mitbestimmung des Betriebsrats bei sozialen Angelegenheiten nach § 87 BetrVG übertragen.[964] Danach ist die vorhergehende Mitbestimmung des Betriebsrats nach § 87 Abs. 1 BetrVG für die Wirksamkeit der Änderungskündigung nicht erforderlich. Im Fall rechtzeitiger Vorbehaltsannahme (§ 2 S. 2 KSchG) ist lediglich die **Durchsetzung der Änderung** davon abhängig, dass die Mitbestimmung des Betriebsrats vorliegt.

219 Nimmt dagegen der Arbeitnehmer das mit der Änderungskündigung verbundene Änderungsangebot nicht oder nicht rechtzeitig an, kann sich damit die Änderungskündigung als wirksam erweisen und zu einer Beendigung des Arbeitsverhältnisses führen, weil es dann auf die Durchsetzung der Maßnahme mangels Mitbestimmung des Betriebsrats nicht mehr ankommt.[965]

220 Wird die Änderungsschutzklage des Arbeitnehmers rechtskräftig abgewiesen, ist im Falle der fehlenden Mitbestimmung des Betriebsrats nach § 87 BetrVG wegen der Theorie der Wirksamkeitsvoraussetzung davon auszugehen, dass der Arbeitnehmer die frühere Vergütung behält.[966] Jedenfalls ist bei der praktischen Umsetzung zu empfehlen, der Änderungskündigung die kollektivrechtliche Behandlung **vorzuschalten**.

IX. Die Wiederherstellung der früheren Arbeitsbedingungen

221 Stellt das Gericht im Änderungsschutzprozess fest, dass die Änderung der Arbeitsbedingungen sozial ungerechtfertigt ist, so **gilt** gemäß § 8 KSchG die Änderungskündigung als **von Anfang an** rechtsunwirksam.[967] Der Gesetzgeber hat im Gesetz zu Reformen am Arbeitsmarkt[968] § 8 KSchG unangepasst gelassen. Der Text müsste eigentlich lauten, dass die Änderung der Arbeitsbedingungen sozial ungerechtfertigt oder aus anderen Gründen rechtsunwirksam ist (§ 4 S. 2 KSchG).[969] Die Bestimmung stellt im Ergebnis klar, dass die mit der Annahme unter Vorbehalt verbundene auflösende Bedingung abweichend von § 158 Abs. 2 BGB rückwirkend eintritt und damit der Arbeitsvertragsinhalt von Anfang an als unverändert fortbestehend fingiert wird, wenn der Arbeitnehmer mit der Änderungsschutzklage obsiegt.[970]

222 Nimmt der Arbeitnehmer die geänderten Vertragsbedingungen unter Vorbehalt an, so kommt zwischen den Arbeitsvertragsparteien ein auf die Feststellung der Unwirksamkeit der Änderung des Arbeitsvertragsinhalts **auflösend bedingter Arbeitsvertrag** mit dem geänderten Inhalt zustande.[971] Obsiegt der Arbeitnehmer rechtskräftig im Änderungsschutzprozess, stellt der Gesetzgeber mit § 8 KSchG abweichend von § 158 Abs. 2 BGB den Zustand vor Ausspruch der Änderungskündigung **rückwirkend** wieder her. Im Ergebnis wird der geänderte Teil des Arbeitsvertrags wieder durch den früheren Teil des Arbeitsvertrags rückwirkend ausgetauscht als wenn die Vertragsänderung nicht stattgefunden hät-

---

[964] BAG 17.6.1998 – 2 AZR 336/97, AP KSchG 1969 § 2 Nr. 49: Die allgemeine Abänderung einer auf einer vertraglichen Einheitsregelung beruhenden Auslösung; BAG 23.11.2000 – 2 AZR 690/99, FA 2001, 243: Änderungskündigung zur Reduzierung und Umgestaltung von Lohnzusatzleistungen. Zustimmend *Henssler* SAE 2000, 247; *Fischermeier* NZA 2000, 742; ablehnend *Wolter* RdA 2006, 141; Schaub ArbR-HdB/*Linck* § 137 Rn. 24.
[965] BAG 23.11.2000 – 2 AZR 690/99, FA 2001, 243; *Henssler* SAE 2000, 247 ff. stellt zu Recht fest, dass damit die Theorie der Wirksamkeitsvoraussetzung in eine Theorie der Durchsetzungsvoraussetzung modifiziert worden ist.
[966] BAG 22.6.2010 – 1 AZR 853/08, NZA 2010, 1243; BAG 17.5.2011 – 1 AZR 797/09, NZA-RR 2011, 644.
[967] Zur Entstehungsgeschichte KR/*Kreft* KSchG § 8 Rn. 1, 2; BT-Drs. V/3913, 8, 9, 14 sowie BT-Drs. V/4376, 7.
[968] Ges. v. 24.12.2003, BGBl. I 3002.
[969] Kritisch insofern auch KR/*Kreft* KSchG § 8 Rn. 7, 8.
[970] BAG 24.10.2013 – 2 AZR 320/13, NZA 2014, 486 Rn. 15; ErfK/*Kiel* KSchG § 8 Rn. 1; KR/*Kreft* KSchG § 8 Rn. 3; Ascheid/Preis/Schmidt/*Künzl* KSchG § 8 Rn. 4.
[971] BAG 27.9.1984 – 2 AZR 62/83, NZA 1985, 455 Rn. 44; BAG 24.3.2004 – 5 AZR 355/03, AP EntgeltFG § 3 Nr. 22 Rn. 33; BAG 27.3.2018 – 4 AZR 208/17, NZA 2018, 1264 Rn. 27; Stahlhacke/Preis/Vossen Kündigung/*Preis* Rn. 1298; näher dazu → Rn. 80.

te.[972] Daraus erwächst ein **Erfüllungsanspruch** (§ 611a BGB) des Arbeitnehmers, weil dieser so behandelt werden muss, als hätte es eine Vertragsänderung nicht gegeben.[973] Diese Grundsätze gelten gleichermaßen für eine **außerordentliche Änderungskündigung**.[974] Die rückwirkende Wiederherstellung des früheren Vertragsinhalts schließt es jedoch nicht aus, dass die tatsächlichen Arbeitsbedingungen nicht von Anfang an, sondern erst nach der rechtskräftigen gerichtlichen Feststellung revidiert werden können, wie dies etwa bei einer vollzogenen Versetzung oder Veränderung der Arbeitszeitlage der Fall ist.[975]

War etwa durch die Änderungskündigung das Arbeitsentgelt verringert worden, so hat der Arbeitgeber die Entgeltminderung auszugleichen.[976] War die Änderungskündigung mit einer Reduzierung der Arbeitszeit oder einer Versetzung auf einen geringer bezahlten Arbeitsplatz verbunden, hat der Arbeitgeber als Erhalt des Entgeltanspruchs für die höherwertigere Tätigkeit unter dem Gesichtspunkt des Annahmeverzugs (§ 615 S. 1 BGB) die dadurch eingetretene Lohnminderung nachzuzahlen.[977] Für den Fall einer unwirksamen Arbeitgeberkündigung ist ein Angebot der Arbeitsleistung regelmäßig nach § 296 BGB entbehrlich.[978] Bei Entzug der vertragsgemäß eingeräumten Privatnutzung eines Dienstfahrzeugs, kann der Arbeitnehmer wegen der nicht nachholbaren Nutzung Schadensersatz (§§ 275, 280 Abs. 1 S. 1, 283 S. 1 BGB) in Geld in Höhe der steuerlichen Bewertung der privaten Nutzungsmöglichkeit (§ 8 Abs. 2 iVm § 6 Abs. 1 Nr. 4 EStG) verlangen.[979]

Der Zahlungsanspruch ist auf die **Brutto**vergütung gerichtet, auf die sich auch die Verzugszinsen beziehen.[980] Führt die Nachzahlung der Vergütung durch die Steuerprogression zu einer höheren Steuerbelastung des Arbeitnehmers, kann auch ein Ersatz des **Steuerschadens** unter dem Gesichtspunkt des Schuldnerverzugs in Betracht kommen.[981]

Allerdings muss sich der Arbeitnehmer für die Gesamtdauer des Annahmeverzugs anrechnen lassen, was er durch das Freiwerden seiner Arbeitskraft anderweitig erworben hat oder zu erwerben böswillig unterließ (§ 11 Nr. 2 KSchG).[982] Böswillig iSv § 11 Nr. 2 KSchG handelt der Arbeitnehmer, dem ein Vorwurf daraus gemacht werden kann, dass er während des Annahmeverzugs trotz Kenntnis aller objektiven Umstände (Arbeitsmöglichkeit, Zumutbarkeit der Arbeit und Nachteilsfolgen für den Arbeitgeber) vorsätzlich untätig bleibt oder die Aufnahme der Arbeit bewusst verhindert. Eine Schädigungsabsicht ist allerdings

---

[972] Vgl. dazu BAG 26.1.2012 – 2 AZR 102/11, NZA 2012, 856 Rn. 13: Da aber schon die Annahme des Angebots unter Vorbehalt die Beendigungswirkung der Kündigung beseitigt, ist § 8 KSchG so zu verstehen, dass nur die unter Vorbehalt akzeptierte Änderung der Arbeitsbedingungen von Beginn an entfällt. AA Niemann RdA 2016, 339 (344), der davon ausgeht, dass die ursprünglichen Arbeitsbedingungen durch die Änderungskündigung (genauer Beendigungskündigung) zunächst insgesamt beseitigt worden und durch die Fiktion des § 8 KSchG mit der Beseitigung der Kündigung wiederhergestellt worden sind. Ebenso, aber nicht tragend, BAG 27.3.2018 – 4 AZR 208/17, NZA 2018, 1264 Rn. 27.
[973] BAG 27.9.1984 – 2 AZR 62/83, NZA 1985, 455 Rn. 44 unter Hinweis auf § 159 BGB; KR/*Kreft* KSchG § 8 Rn. 10; Ascheid/Preis/Schmidt/*Künzl* KSchG § 8 Rn. 8, 9; ErfK/*Kiel* KSchG § 8 Rn. 2.
[974] KR/*Kreft* KSchG § 8 Rn. 15; Ascheid/Preis/Schmidt/*Künzl* KSchG § 8 Rn. 20.
[975] Ascheid/Preis/Schmidt/*Künzl* KSchG § 8 Rn. 11; ErfK/*Kiel* KSchG § 8 Rn. 2.
[976] BAG 27.9.1984 – 2 AZR 62/83, NZA 1985, 455 Rn. 44; Ascheid/Preis/Schmidt/*Künzl* KSchG § 8 Rn. 9; ErfK/*Kiel* KSchG § 8 Rn. 2; MüKoBGB/*Hergenröder* KSchG § 8 Rn. 4; Schaub ArbR-HdB/*Linck* § 137 Rn. 55.
[977] BAG 14.12.2017 – 2 AZR 86/17, NZA 2018, 646.
[978] BAG 24.10.2013 – 2 AZR 1078/12, NZA 2014, 540; BAG 24.9.2014 – 5 AZR 593/12, NZA 2015, 35; BAG 24.2.2016 – 5 AZR 425/15, NZA 2016, 687; BAG 14.12.2017 – 2 AZR 86/17, NZA 2018, 646 Rn. 32; BAG 18.9.2019 – 5 AZR 240/18, NZA 2020, 174 Rn. 19.
[979] BAG 27.5.1999 – 8 AZR 415/98, NZA 1999, 1038; BAG 19.12.2006 – 9 AZR 294/06, NZA 2007, 809; BAG 21.3.2012 – 5 AZR 651/10, NJW-Spezial 2012, 339. Zum Schadensersatz bei unwirksamer Versetzung: BAG 28.11.2019 – 8 AZR 125/18, NZA 2020, 589 Rn. 21.
[980] BAG 7.3.2001 – GS 1/00, NZA 2001, 1195.
[981] BAG 14.5.1998 – 8 AZR 633/96, FA 1998, 348; BAG 20.6.2002 – 8 AZR 488/01, NZA 2003, 268.
[982] BAG 29.7.1993 – 2 AZR 110/93, NZA 1994, 116; BAG 22.2.2000 – 194/99, NZA 2000, 817; BAG 24.2.2016 – 5 AZR 425/15, NZA 2016, 687; BAG 2.10.2018 – 5 AZR 376/17, NZA 2018, 1544 Rn. 29: Im Umfang des erzielten anderweitigen Verdienstes erfolgt die Anrechnung gemäß § 11 Nr. 1 KSchG ipso iure und bedarf keiner Erklärung des Arbeitgebers. Dabei ist § 11 Nr. 1 KSchG eine Spezialregelung zu § 615 S. 2 BGB: BAG 21.2.2012 – 9 AZR 487/10, NZA 2012, 793 Rn. 20; BAG 2.10.2018 – 5 AZR 376/17, NZA 2018, 1544 Rn. 29.

nicht erforderlich.⁹⁸³ Das in Verbindung mit einer Änderungskündigung erklärte Angebot des Arbeitgebers kann die Obliegenheit zur Annahme einer zumutbaren Arbeit gem. § 11 S. 1 Nr. 2 KSchG auslösen.⁹⁸⁴ Es ist nicht auf eine endgültige Vertragsänderung gerichtet, auf die sich der Arbeitnehmer allerdings nicht einlassen muss.⁹⁸⁵ Lehnt der Arbeitnehmer das Angebot ab, muss der Arbeitgeber kein neues, auf eine sog. Prozessbeschäftigung gerichtetes Angebot unterbreiten. Nimmt der Arbeitnehmer die mit einer Änderungskündigung verbundene zumutbare Arbeitsmöglichkeit (§ 2 KSchG) nicht wahr, muss er die Anrechnung unterlassenen Erwerbs hinnehmen.⁹⁸⁶

226 **Tarifliche Ausschlussfristen,** die auf die Fälligkeit der Ansprüche abstellen, beginnen erst mit der Rechtskraft des obsiegenden Urteils zu laufen.⁹⁸⁷ Da das Arbeitsverhältnis zunächst mit dem geänderten Inhalt fortbestanden hat, kann erst mit Rechtskraft des obsiegenden Urteils die durch § 8 KSchG angeordnete Rückwirkung und damit die Fälligkeit der Ansprüche eintreten. Dies ist für den Lauf von **Verjährungsfristen** ebenso zu entscheiden.

---

⁹⁸³ BAG 7.11.2002 – 2 AZR 650/00, AP BGB § 615 Nr. 98; BAG 7.2.2007 – 5 AZR 422/06, NZA 2007, 561; BAG 17.11.2011 – 5 AZR 564/10, NZA 2012, 260; BAG 22.3.2017 – 5 AZR 337/16, NZA 2017, 988.
⁹⁸⁴ BAG 16.6.2004 – 5 AZR 508/03, NZA 2004, 1155.
⁹⁸⁵ BAG 11.1.2006 – 5 AZR 98/05, NZA 2006, 314.
⁹⁸⁶ BAG 26.9.2007 – 870/06, NZA 2008, 1063 Rn. 23.
⁹⁸⁷ KR/*Kreft* KSchG § 8 Rn. 13; ErfK/*Kiel* KSchG § 8 Rn. 2; Ascheid/Preis/Schmidt/*Künzl* KSchG § 8 Rn. 17, 18.

§ 47 Beteiligung des Betriebsrats bei Kündigungen

Übersicht

	Rn.
I. Einleitung	1–3
II. Voraussetzungen für die Beteiligung des Betriebsrats	4–27
1. Bestehen eines Betriebsrats	5–10
2. Funktionsfähigkeit des Betriebsrats	11/12
3. Zuständigkeit des Betriebsrats	13–17
4. Kündigung des Arbeitgebers	18–22
5. Arbeitnehmereigenschaft des Kündigungsempfängers	23–27
III. Unterrichtung des Betriebsrats	28–68
1. Zeitpunkt der Unterrichtung	28–32
2. Form der Unterrichtung	33–36
3. Inhalt der Unterrichtung	37–66
a) Grundsatz der subjektiven Determination	37–40
b) Person des Arbeitnehmers	41–44
c) Art der Kündigung	45–47
d) Kündigungsgründe	48–65
e) Vorkenntnisse des Betriebsrats	66
4. Erweiterung des Mitbestimmungsrechts	67/68
IV. Reaktion des Betriebsrats	69–94
1. Grundlagen	69–72
2. Zustimmung	73
3. Absehen von sachlicher Stellungnahme	74/75
4. Bedenken	76–78
5. Widerspruch	79–92
a) Form und Frist	80/81
b) Widerspruchsgründe	82–89
c) Rechtsfolgen	90–92
6. Anhörung des Arbeitnehmers	93/94
V. Rechtsfolgen unterlassener und fehlerhafter Anhörung des Betriebsrats	95/96
VI. Prozessuales	97–103
1. Geltendmachung der unterlassenen oder fehlerhaften Anhörung im Prozess	97
2. Darlegungs- und Beweislast	98/99
3. Nachschieben von Kündigungsgründen	100–103
VII. Beteiligungsrechte anderer Arbeitnehmervertretungen bei Kündigungen	104–115
1. Kirchliche Mitarbeitervertretungen	104–112
a) Grundlagen	104/105
b) Katholische Kirche	106–109
c) Evangelische Kirche	110–112
2. Öffentlicher Dienst	113–115

I. Einleitung

Checkliste: Beteiligung des Betriebsrats 1

- ☐ Ist eine Anhörung des Betriebsrats erforderlich?
  - Existiert im maßgeblichen Betrieb ein Betriebsrat?
  - Ist der Betriebsrat funktionsfähig?
  - Ist der Ausspruch einer Kündigung geplant?
  - Ist die zu kündigende Person Arbeitnehmer iSd § 5 Abs. 1 BetrVG?
- ☐ Wie und wann ist der Betriebsrat anzuhören?
  - Mündlich oder schriftlich, Schriftform aus Beweisgründen vorzugswürdig
  - Erklärungen erfolgen gegenüber dem Vorsitzenden bzw. dessen Stellvertreter
  - Anhörung hat vor Ausspruch der Kündigung zu erfolgen

- Äußerungsfristen des Betriebsrats (bei ordentlichen Kündigungen eine Woche, bei außerordentlichen Kündigungen drei Tage) sind zu beachten
☐ Was ist dem Betriebsrat mitzuteilen?
  - Name und Sozialdaten des zu kündigenden Arbeitnehmers
  - Art der Kündigung
  - Kündigungsfrist und -termin
  - Kündigungsgründe
  - Es gilt der Grundsatz der subjektiven Determination
☐ Welche Reaktionsmöglichkeiten hat der Betriebsrat?
  - Zustimmung
  - Absehen von sachlicher Stellungnahme
  - Mitteilung von Bedenken
  - Widerspruch
☐ Welche Folgen hat eine unterlassene oder fehlerhafte Anhörung des Betriebsrats?
  - Eine ohne Anhörung ausgesprochene Kündigung ist unwirksam
  - Fehler aus der Sphäre des Arbeitgebers führen ebenfalls zur Unwirksamkeit
  - Fehler aus der Sphäre des Betriebsrats lassen die Wirksamkeit der Anhörung unberührt

2 Gemäß Art. 12 Abs. 1 GG wird nicht nur das Recht des Arbeitnehmers geschützt, den frei gewählten Arbeitsplatz als Erwerbsgrundlage beibehalten zu dürfen. Zugleich schützt dieser Grundrechtsartikel die unternehmerische Freiheit des Arbeitgebers einschließlich seiner Entscheidung darüber, welche Arbeitnehmer er wie lange beschäftigt. Diese Grundrechtsposition des Arbeitgebers wird durch materielle Kündigungsschutzbestimmungen (§§ 1 Abs. 2 KSchG, 242 BGB, 626 Abs. 1 BGB), aber auch durch das Betriebsverfassungsrecht eingeschränkt. § 102 BetrVG gewährt dem Betriebsrat ein Mitwirkungsrecht bei Kündigungen, dessen Nichtbeachtung zur Unwirksamkeit der Kündigung führt (§ 102 Abs. 1 S. 3 BetrVG).

3 Der Sinn und Zweck der Anhörung besteht darin, den Betriebsrat in die Lage zu versetzen, sachgerecht, dh ggf. zugunsten des Arbeitnehmers auf den Arbeitgeber einzuwirken und ihm seine Überlegungen zu der Kündigungsabsicht zur Kenntnis zu bringen. Der Betriebsrat soll die Stichhaltigkeit und Gewichtigkeit der Kündigungsgründe überprüfen und sich über sie eine eigene Meinung bilden können.[1] Bei der ordentlichen Kündigung wird das Mitwirkungsrecht des Betriebsrats durch ein Widerspruchsrecht ergänzt (§ 102 Abs. 3 BetrVG). Dessen ordnungsgemäße Ausübung führt zwar nicht zur Unwirksamkeit der Kündigung, verbessert jedoch in mehrfacher Hinsicht die Position des Arbeitnehmers in einem anschließenden Kündigungsschutzprozess.[2]

II. Voraussetzungen für die Beteiligung des Betriebsrats

4 Die Pflicht zur Anhörung des Betriebsrats setzt voraus, dass ein funktionsfähiger und zuständiger Betriebsrat besteht und der Arbeitgeber den Ausspruch einer Kündigung gegenüber einem Arbeitnehmer iSd § 5 Abs. 1 BetrVG beabsichtigt.

1. Bestehen eines Betriebsrats

5 § 102 Abs. 1 BetrVG ist nur anwendbar, wenn in dem Betrieb, dem der Arbeitnehmer angehört, ein handlungsfähiger Betriebsrat gebildet ist. Bei erstmaliger (nicht nichtiger) Wahl eines Betriebsrats entsteht die Anhörungspflicht nicht schon mit der Bekanntgabe des Wahlergebnisses, sondern erst mit erfolgter Konstituierung des Betriebsrats, dh wenn der Betriebsrat seinen Vorsitzenden und dessen Stellvertreter nach § 26 BetrVG gewählt hat.[3] War

---
[1] BAG 16.7.2015 – 2 AZR 15/15, NZA 2016, 99 Rn. 14; 2.11.1983 – 7 AZR 65/82, BAGE 44, 201.
[2] Vgl. im Einzelnen → Rn. 90 ff.
[3] BAG 23.8.1984 – 6 AZR 520/82, NZA 1985, 566; LAG Düsseldorf 24.6.2009 – 12 Sa 336/09, BeckRS 2009, 69090.

§ 47 Beteiligung des Betriebsrats bei Kündigungen 6–9 § 47

die Betriebsratswahl nichtig, ist die daraus hervorgegangene Vertretung der Arbeitnehmer kein Betriebsrat im Rechtssinne, so dass auch eine Anhörung nach § 102 Abs. 1 BetrVG nicht möglich ist.[4] Allerdings ist eine Betriebsratswahl nach der Rechtsprechung des BAG nur in ganz besonderen Ausnahmefällen nichtig, in denen gegen allgemeine Grundsätze jeder ordnungsgemäßen Wahl in so hohem Maße verstoßen worden ist, dass auch der Anschein einer dem Gesetz entsprechenden Wahl nicht mehr vorliegt.[5] Hingegen lässt die Anfechtung einer Betriebsratswahl gemäß § 19 BetrVG die Beteiligungsrechte des Betriebsrats zunächst unberührt. Trotz erklärter Anfechtung bleibt der Betriebsrat bis zur rechtskräftigen Entscheidung im Beschlussverfahren mit allen betriebsverfassungsrechtlichen Befugnissen im Amt.[6]

Das Amt des Betriebsrats endet grundsätzlich mit Ablauf seiner regelmäßigen Amtszeit 6 (§ 21 BetrVG). Vor diesem Zeitpunkt endet es in den Fällen des § 13 Abs. 2 BetrVG. Allerdings bleibt der Betriebsrat in den Fällen des § 13 Abs. 2 Nr. 1–3 BetrVG bis zur Bekanntgabe des Wahlergebnisses des neu gewählten Betriebsrats im Amt, § 22 BetrVG. Daher ist der Betriebsrat zB auch dann gemäß § 102 BetrVG zu beteiligen, wenn die Zahl der Betriebsratsmitglieder trotz ausgeschöpfter Ersatzliste unter die nach § 9 BetrVG vorgeschriebene Zahl von Betriebsratsmitgliedern sinkt, solange kein neuer Betriebsrat gewählt worden ist.[7] Gleiches gilt nach einem gemeinschaftlichen Rücktritt aller Betriebsratsmitglieder sowie bei Veränderungen der regelmäßigen Arbeitnehmerzahlen in dem in § 13 Abs. 2 Nr. 1 BetrVG genannten Umfang.[8]

Geht der gesamte **Betrieb auf einen anderen Inhaber über,** bleibt der Betriebsrat wegen 7 der Identität des Betriebs im Amt.[9] Widersprechen in diesem Fall einzelne Arbeitnehmer dem Übergang ihres Arbeitsverhältnisses auf den Betriebserwerber und kündigt daraufhin der bisherige Betriebsinhaber die Arbeitsverhältnisse, ist nach der Rechtsprechung des BAG zu diesen Kündigungen kein Betriebsrat anzuhören. Es besteht weder ein Restmandat noch ein Übergangsmandat des im übergegangenen Betrieb fortbestehenden Betriebsrats.[10]

Geht ein **Betrieb** durch **Stilllegung, Spaltung oder Zusammenlegung unter,** so bleibt des- 8 sen Betriebsrat gemäß § 21b BetrVG so lange im Amt, wie dies zur Wahrnehmung der damit im Zusammenhang stehenden Mitwirkungs- und Mitbestimmungsrechte erforderlich ist. Dieses **Restmandat** ist kein Vollmandat, sondern lediglich ein nachwirkendes Teilmandat. Es soll bei Eingreifen eines der in § 21b BetrVG beschriebenen Tatbestände gewährleisten, dass die zur Abwicklung nötigen betrieblichen Regelungen noch getroffen werden können. Es setzt daher einen funktionalen Bezug zu den durch die Stilllegung, Spaltung oder Zusammenlegung ausgelösten Aufgaben des Betriebsrats voraus.[11] Im Falle der Betriebsstilllegung ist der Betriebsrat danach vor jedem Kündigungsausspruch nach § 102 Abs. 1 BetrVG auch nach erfolgter Betriebsstilllegung zu hören.[12] Hingegen besteht im Zusammenhang mit einer Betriebsspaltung kein Beteiligungsrecht des Betriebsrats gemäß § 102 BetrVG, wenn ein Arbeitnehmer dem Übergang seines Arbeitsverhältnisses auf einen der Betriebsteilerwerber widerspricht und der ursprüngliche Betriebsinhaber daraufhin kündigt. Nach Ansicht des BAG weist eine solche Kündigung keinen hinreichenden Bezug zur Betriebsspaltung auf, weil sie nicht auf dieser, sondern auf dem Widerspruch des Arbeitnehmers beruht.[13]

Wird ein **Betrieb gespalten,** so bleibt dessen Betriebsrat gemäß § 21a Abs. 1 S. 1 BetrVG 9 im Amt und führt die Geschäfte für die ihm bislang zugeordneten Betriebsteile weiter, soweit sie die Voraussetzungen des § 1 Abs. 1 S. 1 BetrVG erfüllen und nicht in einen Betrieb

---

[4] KR/*Etzel* BetrVG § 102 Rn. 18.
[5] BAG 23.7.2014 – 7 ABR 23/12, NZA 2014, 1288 Rn. 41.
[6] BAG 9.6.2011 – 6 AZR 132/10, BAGE 138, 116 Rn. 13.
[7] BAG 12.1.2000 – 7 ABR 61/98, NZA 2000, 669.
[8] *Fitting* BetrVG § 22 Rn. 5.
[9] BAG 5.2.1991 – 1 ABR 32/90, BAGE 67, 168.
[10] BAG 21.3.1996 – 2 AZR 559/95, BAGE 82, 316; 8.5.2014 – 2 AZR 1005/12, NZA 2015, 889 Rn. 34 ff. Das BAG hat offengelassen, ob etwas anderes gilt, wenn in einem betriebsmittelarmen Betrieb ein erheblicher Teil der Belegschaft vom Widerspruchsrecht Gebrauch macht.
[11] BAG 24.9.2015 – 2 AZR 562/14, NZA 2016, 366 Rn. 64.
[12] BAG 25.10.2007 – 8 AZR 917/06, NZA-RR 2008, 367 Rn. 49.
[13] BAG 24.9.2015 – 2 AZR 562/14, NZA 2016, 366 Rn. 65 f.

Müntefering

eingegliedert werden, in dem ein Betriebsrat besteht (**Übergangsmandat**). Werden **Betriebe oder Betriebsteile** zu einem Betrieb **zusammengefasst,** so nimmt der Betriebsrat des nach der Zahl der wahlberechtigten Arbeitnehmer größten Betriebs oder Betriebsteils das Übergangsmandat wahr, § 21a Abs. 2 BetrVG. Das Übergangsmandat endet, sobald in den Betriebsteilen ein neuer Betriebsrat gewählt und das Wahlergebnis bekannt gegeben ist, spätestens jedoch sechs Monate nach Wirksamwerden der Spaltung bzw. Zusammenfassung, § 21a Abs. 1 S. 3 BetrVG. Das Übergangsmandat ist ein Vollmandat; es umfasst auch das Anhörungsrecht gemäß § 102 BetrVG.[14]

10 Stellt bei einem **Gemeinschaftsbetrieb** mehrerer Unternehmen eines der Unternehmen seine betriebliche Tätigkeit ein, führt dies nicht zur Beendigung der Amtszeit des für den Gemeinschaftsbetrieb gewählten Betriebsrats, wenn das bzw. die anderen Unternehmen ihre betriebliche Tätigkeit fortsetzen und die Identität des Betriebes gewahrt bleibt. Das Mandat des Betriebsrats besteht in diesem Fall für die verbliebene Belegschaft bis zum Ende der regelmäßigen Amtszeit fort. Er ist dementsprechend gemäß § 102 Abs. 1 BetrVG vor Ausspruch von Kündigungen zu beteiligen.[15] Sinkt in einem solchen Fall die Gesamtzahl der Betriebsratsmitglieder unter die gesetzlich vorgeschriebene Zahl, so ist eine Neuwahl des Betriebsrats gemäß § 13 Abs. 2 Nr. 2 BetrVG geboten. Bis zur Wahl bleibt der frühere Betriebsrat jedoch im Amt. Dieser Betriebsrat ist vom Arbeitgeber gemäß § 102 Abs. 1 BetrVG zu beteiligen.[16]

2. Funktionsfähigkeit des Betriebsrats

11 Trotz Bestehen eines Betriebsrats entfällt die Anhörungspflicht nach § 102 BetrVG, wenn der Betriebsrat funktionsunfähig ist. Nach der Rechtsprechung ist der Arbeitgeber ist in diesen Fällen auch nicht verpflichtet, mit dem Ausspruch der Kündigung zu warten, bis der Betriebsrat wieder funktionsfähig ist.[17] Eine Funktionsunfähigkeit kann allerdings nur eintreten, wenn **sämtliche Betriebsratsmitglieder** aufgrund von Urlaub, Krankheit, Dienstreisen oÄ an der Amtsausübung **verhindert** sind.[18] Ist auch nur ein Betriebsratsmitglied in der Lage, seine Betriebsratsaufgaben wahrzunehmen, ist der Betriebsrat gemäß § 102 BetrVG zu beteiligen.[19] Zudem führt die Erkrankung eines Betriebsratsmitglieds nicht stets zu dessen Amtsunfähigkeit. Ist das einzige Betriebsratsmitglied erkrankt und hat der Arbeitgeber es gleichwohl schon in anderen Personalangelegenheiten beteiligt, so muss er es auch vor Ausspruch einer Kündigung beteiligen.[20]

12 Der Betriebsrat bleibt auch während eines **Arbeitskampfes** grundsätzlich funktionsfähig.[21] Er ist daher zu beteiligen, wenn während eines Streiks eine Kündigung aus anderen als arbeitskampfbedingten Gründen ausgesprochen werden soll.[22] Etwas anderes gilt aber für Kündigungen, die nicht lediglich während, sondern *wegen* eines Arbeitskampfes, dh als Reaktion auf Arbeitskampfmaßnahmen ausgesprochen werden. Solche sog. Kampfkündigungen unterliegen nach der Rechtsprechung des BAG nicht dem Beteiligungsrecht des Betriebsrats gemäß § 102 BetrVG.[23]

3. Zuständigkeit des Betriebsrats

13 Der Arbeitgeber muss den zuständigen Betriebsrat anhören. Beteiligt er einen nicht zuständigen Betriebsrat zu einer beabsichtigten Kündigung, so fehlt es an einer ordnungsge-

---

[14] Vgl. BAG 24.5.2012 – 2 AZR 62/11 Rn. 45 f., BAGE 142, 36.
[15] BAG 19.11.2003 – 7 AZR 11/03, BAGE 109, 1.
[16] BAG 19.11.2003 – 7 AZR 11/03, BAGE 109, 1.
[17] BAG 15.11.1984 – 2 AZR 341/83, BAGE 47, 201; vgl. auch BAG 28.10.1992 – 10 ABR 75/91, NZA 1993, 420; aA KR/*Etzel* BetrVG § 102 Rn. 24b.
[18] BAG 15.11.1984 – 2 AZR 341/83, BAGE 47, 201.
[19] BAG 18.8.1982 – 7 AZR 437/80, BAGE 40, 42; 16.10.1986 – 2 ABR 71/85, AP BGB § 626 Nr. 95.
[20] BAG 15.11.1984 – 2 AZR 341/83, BAGE 47, 201.
[21] BAG 13.12.2011 – 1 ABR 2/10, BAGE 140, 113 Rn. 25.
[22] BAG 6.3.1979 – 1 AZR 866/77, NJW 1979, 2635; Richardi BetrVG/*Thüsing* § 102 Rn. 44.
[23] BAG 14.2.1978 – 1 AZR 76/76, BAGE 30, 50; 10.12.2002 – 1 ABR 7/02, BAGE 104, 175; kritisch KR/*Etzel* BetrVG § 102 Rn. 26.

mäßen Anhörung der Arbeitnehmervertretung.[24] Die Zuständigkeit des Gesamtbetriebsrats scheidet bei personellen Einzelmaßnahmen wie einer Kündigung regelmäßig aus.[25] Sie kann allenfalls dann gegeben sein, wenn ein Arbeitsverhältnis mehreren Betrieben zugleich zugeordnet ist.[26]

Zuständig für das Anhörungsverfahren gemäß § 102 BetrVG ist der Betriebsrat des **Betriebs, dessen Belegschaft** der zu kündigende **Arbeitnehmer** im Zeitpunkt der Kündigung angehört.[27] Als betriebszugehörig sind dabei die Arbeitnehmer anzusehen, die in einem Arbeitsverhältnis zum Betriebsinhaber stehen und in die Organisation des Betriebs tatsächlich eingegliedert sind.[28] Bei Heimarbeitern ist dies der Betrieb, für den sie in der Hauptsache tätig werden (§ 5 Abs. 1 S. 2 BetrVG).[29] Leiharbeitnehmer bleiben auch während der Zeit ihrer Arbeitsleistung bei einem Entleiher Angehörige des entsendenden Betriebs des Verleihers, § 14 Abs. 1 AÜG. Der Betriebsrat des Entleiherbetriebs ist bei Kündigungen von dort eingesetzten Leiharbeitnehmern folglich nicht zu beteiligen.[30] Vielmehr ist vor Kündigungsauspruch der beim überlassenden Arbeitgeber gebildete Betriebsrat zu beteiligen.[31]

Bei einer nicht angefochtenen Betriebsratswahl erstreckt sich die Zuständigkeit des Betriebsrats nach der Rechtsprechung des BAG nur auf die Betriebsteile, deren Belegschaft an der Wahl teilgenommen haben.[32] Haben zB die Arbeitnehmer einer Niederlassung nicht an der Betriebsratswahl des Stammbetriebes teilgenommen, so ist der Arbeitgeber danach nicht verpflichtet, den Betriebsrat des Stammbetriebes zur Kündigung von der Niederlassung angehörenden Arbeitnehmern gemäß § 102 Abs. 1 BetrVG anzuhören, selbst wenn es sich um einen unselbständigen, nicht betriebsratsfähigen Betriebsteil handelt.[33]

Bei **im Ausland tätigen Arbeitnehmern** besteht eine Anhörungspflicht gemäß § 102 Abs. 1 BetrVG nur, soweit der Arbeitnehmer einem inländischen Betrieb zuzuordnen ist. Dies folgt aus dem Territorialitätsprinzip, nach dem das BetrVG nur für die in der Bundesrepublik Deutschland ansässigen Betriebe gilt.[34] Ob der Arbeitnehmer einem inländischen betrieb angehört mit der Folge, dass sich dessen Auslandstätigkeit als „Ausstrahlung" des Inlandsbetriebs darstellt, ist jeweils unter Berücksichtigung aller Umstände des Einzelfalles festzustellen, wobei unter anderem die Dauer der Entsendung, die Frage der Integration in einen ausländischen Betrieb, das Bestehen und die Voraussetzungen eines Rückrufrechts zu einem Inlandseinsatz sowie der sonstige Inhalt der Weisungsbefugnisse des Arbeitgebers eine wesentliche Rolle spielen.[35] Eine solche Ausstrahlung liegt nach der Rechtsprechung des BAG zB vor, wenn Arbeitnehmer eines inländischen Betriebs im Ausland außerhalb einer dort bestehenden festen betrieblichen Organisation beschäftigt werden wie dies etwa bei Monteuren der Fall sein kann. In solchen Fällen bleibt die Bindung an den inländischen Betrieb auch in betriebsverfassungsrechtlicher Hinsicht ungeschmälert erhalten.[36] Eine Ausstrahlung eines inländischen Betriebs ist darüber hinaus auch dann noch gegeben, wenn der im Ausland tätige Arbeitnehmer dort in eine fest betriebliche Organisation eingegliedert wird, seine Tätigkeit aber nur zeitlich beschränkter Natur ist, zB zur Vertretung oder zur Erledigung eines zeitlich befristeten Auftrags. Auch in solchen Fällen überwiegt in der Regel die persönliche und rechtliche Bindung an den inländischen Betrieb bei weitem die Wirkung der vorübergehenden Eingliederung in den ausländischen Betrieb. Dieser Sachlage entspricht es,

---

[24] BAG 12.5.2005 – 2 AZR 149/04, NZA 2005, 1358 Rn. 15; 8.5.2014 – 2 AZR 1005/12, NZA 2015, 889 Rn. 31.
[25] BAG 24.5.2012 – 2 AZR 62/11, BAGE 142, 36 Rn. 42.
[26] BAG 18.10.2012 – 6 AZR 41/11, NZA 2013, 1007 Rn. 3; *Fitting* BetrVG § 102 Rn. 20b.
[27] BAG 8.5.2014 – 2 AZR 1005/12, NZA 2015, 889 Rn. 31.
[28] BAG 12.5.2005 – 2 AZR 149/04, NZA 2005, 1358 Rn. 16.
[29] BAG 7.11.1995 – 9 AZR 268/94, BAGE 81, 245.
[30] KR/*Etzel* BetrVG § 102 Rn. 12; *Fitting* BetrVG § 102 Rn. 20d.
[31] BAG 24.5.2018 – 2 AZR 54/18, NZA 2018, 1396 Rn. 15.
[32] BAG 3.6.2004 – 2 AZR 577/03, NZA 2005, 175; aA *Fitting* BetrVG § 102 Rn. 20c.
[33] BAG 3.6.2004 – 2 AZR 577/03, NZA 2005, 175.
[34] BAG 21.8.2007 – 3 AZR 269/06, BAGE 124, 22 Rn. 17; 24.5.2018 – 2 AZR 54/18, NZA 2018, 1396 Rn. 13.
[35] BAG 7.12.1989 – 2 AZR 228/89, NZA 1990, 658; 24.5.2018 – 2 AZR 54/18, NZA 2018, 1396 Rn. 13.
[36] BAG 25.4.1978 – 6 ABR 2/77, BAGE 30, 266.

den im Ausland nur vorübergehend tätigen Arbeitnehmer dem deutschen Betriebsverfassungsrecht zu unterstellen.[37] Selbst bei einem nicht nur vorübergehend im Ausland tätigen Arbeitnehmer können die sonstigen Umstände des Falles eine Zugehörigkeit zum Inlandsbetrieb begründen.[38] Demgegenüber fehlt es an einer hinreichenden Beziehung zum Inlandsbetrieb bei Arbeitnehmern, die nur für einen bestimmten Auslandseinsatz eingestellt wurden und nie im inländischen Betrieb tätig waren.[39]

17 Umgekehrt fallen Arbeitnehmer, die dauerhaft in einem **inländischen Betrieb eines ausländischen Unternehmens** tätig sind, aufgrund des Territorialitätsprinzips auch dann unter den Schutz des § 102 Abs. 1 BetrVG, wenn für ihr Arbeitsverhältnis ein ausländisches Vertragsstatut gilt.[40] Soweit Arbeitnehmer eines ausländischen Unternehmens hingegen nur vorübergehend von ihrem ausländischen Betrieb in die Bundesrepublik entsandt werden, sind sie dem inländischen Betrieb nicht zuzuordnen mit der Folge, dass § 102 BetrVG keine Anwendung findet.[41] Für die maßgebliche betriebliche Zuordnung trägt der Arbeitnehmer die Darlegungs- und Beweislast, sobald er sich auf die Anwendbarkeit des Betriebsverfassungsgesetzes beruft.[42]

4. Kündigung des Arbeitgebers

18 Der Betriebsrat ist nach § 102 Abs. 1 S. 1 BetrVG **„vor jeder Kündigung"** zu hören. Hierunter ist jede Art der Kündigung durch den Arbeitgeber zu verstehen, die ordentliche ebenso wie die außerordentliche Kündigung.[43] Will der Arbeitgeber neben einer außerordentlichen Kündigung vorsorglich ein ordentliche Kündigung aussprechen, muss er den Betriebsrat zu beiden Kündigungen anhören. Die Anhörung zu einer außerordentlichen Kündigung ersetzt nicht die Anhörung zu einer hilfsweise vorgesehenen ordentlichen Kündigung.[44] Etwas anderes kann nur ausnahmsweise dann gelten, wenn der Betriebsrat der außerordentlichen Kündigung ausdrücklich und vorbehaltlos zugestimmt hat und einer ordentlichen Kündigung erkennbar nicht entgegengetreten wäre.[45] Hört der Arbeitgeber den Betriebsrat zueiner außerordentlichen und hilfsweise ordentlichen Kündigung an, hat er hinsichtlich letzterer die Wochenfrist (§ 102 Abs. 2 S. 1 BetrVG) zu wahren. Ist ihm dies wegen der für den Ausspruch der außerordentlichen Kündigung geltenden Ausschlussfrist (§ 626 Abs. 2 BGB) nicht möglich, kann er die beiden Kündigungen nur zu verschiedenen Zeitpunkten aussprechen.[46]

19 Der Betriebsrat ist auch bei **Änderungskündigungen** zu beteiligen, weil deren Ausspruch ebenfalls zur Auflösung des Arbeitsverhältnisses führen kann.[47] Führen die mit einer Änderungskündigung angebotenen neuen Arbeitsbedingungen zu einer Versetzung oder Umgruppierung des Arbeitnehmers, muss der Arbeitgeber sowohl das Anhörungsverfahren gemäß § 102 BetrVG als auch das Mitbestimmungsverfahren nach § 99 BetrVG durchführen.[48] Eine Anhörungspflicht besteht auch bei Kündigungen durch den Insolvenzverwalter,[49] Mas-

---

[37] BAG 25.4.1978 – 6 ABR 2/77, BAGE 30, 266.
[38] BAG 7.12.1989 – 2 AZR 228/89, NZA 1990, 658: Dort hatte sich der Arbeitgeber eines im Ausland eingesetzten Reiseleiters vorbehalten, ihn jederzeit in ein anderes Zielgebiet zu versetzen oder ihn mit Sonderaufgaben in der Bundesrepublik zu beauftragen. Im Anschluss an einen vierjährigen Tunesienaufenthalt sollte er in der Türkei arbeiten. Nach entsprechender Weigerung sollte der Reiseleiter in die Zentrale nach München versetzt werden. Auch hierzu weigerte er sich. Aus diesem Grunde kündigte der Arbeitgeber ohne Beteiligung des Betriebsrats. Der 2. Senat des BAG vertrat die Auffassung, der Reiseleiter sei insbesondere wegen der Rückrufmöglichkeit weiterhin der Zentrale in München zuzuordnen. Vgl. auch BAG 20.2.2001 – 1 ABR 30/00, NZA 2001, 1033; 24.5.2018 – 2 AZR 54/18, NZA 2018, 1396 Rn. 14 ff.
[39] BAG 21.10.1980 – 6 AZR 640/79, NJW 1981, 1175.
[40] BAG 9.11.1977 – 5 AZR 132/76, NJW 1978, 1124.
[41] KR/*Etzel* BetrVG § 102 Rn. 17.
[42] LAG Rheinland-Pfalz 10.12.1996 – 6 Sa 927/96, BB 1997, 2002.
[43] ErfK/*Kania* BetrVG § 102 Rn. 1.
[44] BAG 16.3.1978 – 2 AZR 424/76, BAGE 30, 176; 29.8.1991 – 2 AZR 59/91, NZA 1992, 416.
[45] BAG 16.3.1978 – 2 AZR 424/76, BAGE 30, 176; 20.9.1984 – 2 AZR 633/82, NZA 1985, 286.
[46] Richardi BetrVG/*Thüsing* BetrVG § 102 Rn. 104; KR/*Etzel* BetrVG § 102 Rn. 33.
[47] BAG 10.3.1982 – 4 AZR 158/79, BAGE 38, 106; *Fitting* BetrVG § 102 Rn. 9.
[48] BAG 30.9.1993 – 2 AZR 283/93, BAGE 74, 291; KR/*Etzel* BetrVG § 102 Rn. 31.
[49] BAG 13.5.2004 – 2 AZR 329/03, BAGE 110, 331.

senentlassungen[50] sowei bei Aufnahme zu kündigender Arbeitnehmer in eine Namensliste (§§ 1 Abs. 5 KSchG, 125 InsO).[51]

Der Arbeitgeber ist auch **außerhalb des Anwendungsbereichs des Kündigungsschutzgesetzes** verpflichtet, den Betriebsrat gemäß § 102 Abs. 1 BetrVG anzuhören. Auch wenn ein individualrechtlicher Kündigungsschutz nicht oder noch nicht besteht, soll der Betriebsrat in die Lage versetzt werden, auf den Arbeitgeber einzuwirken, um ihn ggf. mit besseren Argumenten von seinem Kündigungsentschluss abzubringen. Dafür muss der Betriebsrat die Gründe kennen, die den Arbeitgeber zur Kündigung veranlassen.[52] Allerdings ist die Substantiierungspflicht in diesen Fällen nicht an den objektiven Merkmalen der Kündigungsgründe des noch nicht anwendbaren § 1 KSchG, sondern allein an den Umständen zu messen, aus denen der Arbeitgeber subjektiv seinen Kündigungsentschluss herleitet.[53]

Das Anhörungsverfahren entfaltet nur für die konkrete Kündigung Wirksamkeit, für die es eingeleitet wurde. Der Arbeitgeber ist deshalb gehalten, den Betriebsrat vor jeder weiteren Kündigung erneut anzuhören. Diese erneute Anhörungspflicht tritt schon dann ein, wenn dem Arbeitnehmer die erste Kündigung zugegangen ist und der Arbeitgeber nunmehr eine neue, wenn auch auf den gleichen Sachverhalt gestützte **Wiederholungskündigung** ausspricht.[54]

Da eine Anhörungspflicht nur bei Kündigungen besteht, ist **§ 102 BetrVG unanwendbar**, wenn das **Arbeitsverhältnis aus anderen Gründen beendet** wird. Der Betriebsrat ist daher zB nicht zu beteiligen, wenn die Arbeitsvertragsparteien einen Aufhebungsvertrag schließen, das Arbeitsverhältnis wegen einer wirksamen Befristungsabrede endet, die Nichtigkeit des Arbeitsvertrags geltend gemacht wird oder das Arbeitsverhältnis aufgrund einer Anfechtung des Arbeitsvertrags endet.[55] Eine Anhörungspflicht scheidet ebenfalls aus, wenn das Arbeitsverhältnis im Wege des Betriebsübergangs (§ 613a BGB) auf einen Betriebsnachfolger übergeht, weil dieser ohne jede Änderung in das bestehende Rechtsverhältnis eintritt.[56] Zudem besteht auch bei einer Teilkündigung, die nur einzelne Vertragsabreden erfasst und den Bestand des Arbeitsverhältnisses unberührt lässt,[57] kein Beteiligungsrecht des Betriebsrats.[58] Da § 102 BetrVG lediglich für arbeitgeberseitige Kündigungen gilt, kommt die Vorschrift schließlich auch bei Kündigungen durch Arbeitnehmer nicht zur Anwendung.[59]

5. Arbeitnehmereigenschaft des Kündigungsempfängers

Die Anhörungspflicht erstreckt sich auf alle Arbeitnehmer des Betriebs. Zu den Arbeitnehmern in diesem Sinne gehören alle in § 5 Abs. 1 BetrVG genannten Personen einschließlich der zu ihrer Berufsausbildung Beschäftigten und der Heimarbeiter. § 102 BetrVG findet keine Anwendung, soweit den in § 5 Abs. 2 BetrVG genannten Personen gekündigt wird. Dies sind neben Organmitgliedern und Personen, deren Beschäftigung nicht in erster Linie ihrem Erwerb dienen, sondern vorwiegend durch Beweggründe karitativer/religiöser Art bestimmt ist, die Ehegatten, Lebenspartner und Verwandte sowie Verschwägerte ersten Grades, die mit dem Arbeitgeber in häuslicher Gemeinschaft leben.

Darüber hinaus ist der Betriebsrat vor der Kündigung **leitender Angestellter** nicht gemäß § 102 BetrVG zu beteiligen. Eine Kündigung dieser Personen ist dem Betriebsrat gemäß § 105 BetrVG lediglich rechtzeitig mitzuteilen. Allerdings ist bei Bestehen eines Sprecherausschusses dieser vor jeder Kündigung eines leitenden Angestellten zu hören (§ 31 Abs. 2 S. 1 SprAuG). Eine ohne Anhörung des Sprecherausschusses ausgesprochene Kündigung ist unwirksam (§ 31 Abs. 2 S. 3 SprAuG). Ist zweifelhaft, ob der zu kündigende Arbeitnehmer leitender Angestellter ist, so sollte der Arbeitgeber zweckmäßigerweise neben dem Sprecher-

---

[50] BAG 16.9.1993 – 2 AZR 267/93, BAGE 74, 185.
[51] BAG 23.10.2008 – 2 AZR 163/07, BeckRS 2009, 60407, Rn. 17.
[52] BAG 12.9.2013 – 6 AZR 121/12, NZA 2013, 1412 Rn. 19.
[53] Vgl. im Einzelnen → Rn. 49.
[54] BAG 10.11.2005 – 2 AZR 623/04, NZA 2006, 491 Rn. 42.
[55] *Fitting* BetrVG § 102 Rn. 15; ErfK/*Kania* BetrVG § 102 Rn. 1; KR/*Etzel* BetrVG § 102 Rn. 39, 42.
[56] KR/*Etzel* BetrVG § 102 Rn. 43.
[57] BAG 13.3.2007 – 9 AZR 612/05, BAGE 121, 369 Rn. 30.
[58] *Fitting* BetrVG § 102 Rn. 5; Richardi BetrVG/*Thüsing* § 102 Rn. 12.
[59] KR/*Etzel* BetRVG § 102 Rn. 43.

ausschuss gemäß § 31 Abs. 2 SprAuG auch den Betriebsrat gemäß § 102 BetrVG anhören. Dem Betriebsrat ist deutlich aufzuzeigen, dass er zur Kündigung angehört und ihm diese nicht lediglich mitgeteilt wird.[60]

25 Ob ein Mitarbeiter leitender Angestellter ist, bestimmt sich nach § 5 Abs. 3 BetrVG, der alternativ drei Tatbestände benennt, die diesen Status begründen können.[61] Gemäß § 5 Abs. 3 S. 2 Nr. 1 BetrVG ist leitender Angestellter, wer nach Arbeitsvertrag und Stellung im Unternehmen oder im Betrieb zur **selbständigen Einstellung und Entlassung** von im Betrieb oder in der Betriebsabteilung beschäftigten Arbeitnehmern berechtigt ist. Diese Zuordnungskriterien beruhen auf der Wertung des Gesetzgebers, nach der eine Einstellungs- und Entlassungsbefugnis die leitende Funktion eines Angestellten im Betrieb oder im Unternehmen in besonderer Weise zum Ausdruck bringt. Einstellungen und Entlassungen sind Instrumente der Personalwirtschaft und damit unternehmerische Tätigkeit. Wird diese Befugnis einem Angestellten übertragen, so ist der zur selbständigen Einstellung und Entlassung befugte Angestellte der Repräsentant des Arbeitgebers gegenüber dem Betriebsrat.[62] Die Einstellungs- und Entlassungsbefugnis muss sich auf einen quantitativ oder qualitativ bedeutsamen Personenkreis beziehen.[63] Sie muss zudem sowohl im Innenverhältnis als auch im Außenverhältnis bestehen. An dem Merkmal der Selbständigkeit fehlt es daher, wenn der Angestellte nur im Verhältnis zu den Arbeitnehmern, nicht aber im Innenverhältnis zu seinen Vorgesetzten befugt ist, über Einstellungen und Entlassungen zu entscheiden. Die Ausübung der Personalkompetenz darf nicht von der Zustimmung einer anderen Person abhängig sein. Allerdings liegt nach der Rechtsprechung des BAG keine Beschränkung der Einstellungs- und Entlassungsbefugnis vor, wenn der Angestellte lediglich Richtlinien oder Budgets zu beachten hat oder Zweitunterschriften einholen muss, die einer Richtigkeitskontrolle dienen, aber nicht mit einer Entscheidungsbefugnis des Dritten verbunden sind.[64]

26 Nach § 5 Abs. 3 S. 2 Nr. 2 BetrVG ist leitender Angestellter, wer nach Arbeitsvertrag und Stellung im Unternehmen oder im Betrieb **Generalvollmacht oder Prokura** hat und die Prokura auch **im Verhältnis zum Arbeitgeber nicht unbedeutend** ist. Ausschlaggebend für die Zuordnung eines Prokuristen zum Personenkreis der leitenden Angestellten sind nicht nur die mit der Prokura verbundenen formellen und umfassenden Vertretungsbefugnisse im Außenverhältnis, sondern auch die damit verbundenen unternehmerischen Aufgaben, um derentwillen dem Arbeitnehmer die Prokura verliehen worden ist. Diese unternehmerischen Aufgaben dürfen nach Sinn und Zweck des § 5 Abs. 3 S. 2 Nr. 2 BetrVG nicht von untergeordneter Bedeutung sein, weil es sonst an dem vom Gesetzgeber für den Personenkreis der leitenden Angestellten angenommenen Interessengegensatz zum Betriebsrat fehlen würde. Als leitender Angestellter muss ein Prokurist unternehmerische Führungsaufgaben wahrnehmen. Ob dies der Fall ist, bestimmt sich nach den für die Zuordnung iSd § 5 Abs. 3 S. 2 Nr. 3 BetrVG entwickelten Grundsätzen.[65] Der unternehmerische Einfluss von Angestellten in Stabsfunktionen ist auf das Innenverhältnis zum Unternehmer beschränkt. Sie üben keine Aufgaben aus, die regelmäßig einem Prokuristen kraft gesetzlicher Vertretungsmacht (§ 49 HGB) vorbehalten sind. Ihren Entscheidungen kommt im Gegensatz zu denjenigen eines Angestellten in sog. „Linienfunktionen" keine unmittelbare Außenwirkung zu. Für ihre Aufgaben hat die Prokura keine sachliche Bedeutung. Prokuristen, die ausschließlich Stabsfunktionen wahrnehmen, sind deshalb keine leitenden Angestellten iSd § 5 Abs. 3 S. 2 Nr. 2 BetrVG.[66]

27 Gemäß § 5 Abs. 3 S. 2 Nr. 3 BetrVG ist leitender Angestellter, wer nach seinem Arbeitsvertrag und seiner Stellung im Unternehmen oder Betrieb regelmäßig Aufgaben wahrnimmt, die für den Bestand und für die Entwicklung des Unternehmens oder eines Betriebs von Bedeutung sind und deren Erfüllung besondere Erfahrungen und Kenntnisse voraussetzt, wenn er dabei entweder die Entscheidungen im Wesentlichen frei von Weisungen trifft oder sie

---

[60] BAG 7.12.1979 – 7 AZR 1063/77, AP BetrVG 1972 § 102 Nr. 21.
[61] Ausführlich zum Begriff des leitenden Angestellten *Fitting* BetrVG § 5 Rn. 347 ff.
[62] BAG 10.10.2007 – 7 ABR 61/06, DB 2008, 590 Rn. 12.
[63] BAG 16.4.2002 – 1 ABR 23/01, BAGE 101, 53.
[64] BAG 10.10.2007 – 7 ABR 61/06, DB 2008, 590 Rn. 13.
[65] BAG 25.3.2009 – 7 ABR 2/08, NZA 2009, 1296 Rn. 16.
[66] BAG 29.6.2011 – 7 ABR 5/10, NZA-RR 2011, 647 Rn. 20.

maßgeblich beeinflusst. Voraussetzung für die **Wahrnehmung einer unternehmerischen (Teil-)Aufgabe** in diesem Sinne ist es, dass dem leitenden Angestellten rechtlich und tatsächlich ein eigener und erheblicher Entscheidungsspielraum zur Verfügung steht und er kraft seiner leitenden Funktion maßgeblichen Einfluss auf die Unternehmensführung ausübt. Dieser Einfluss auf die Unternehmensführung kann darin bestehen, dass der leitende Angestellte selbst die Entscheidungen trifft, aber auch darin, dass er kraft seiner Schlüsselposition Entscheidungsvoraussetzungen schafft, an denen die Unternehmensleitung nicht vorbeigehen kann. Der maßgebliche Einfluss fehlt, wenn der Angestellte nur bei der rein arbeitstechnischen, vorbestimmten Durchführung unternehmerischer Entscheidungen eingeschaltet wird, etwa im Rahmen von Aufsichts- oder Überwachungsfunktionen. Erforderlich ist im Übrigen, dass die unternehmerische Aufgabenstellung mit Entscheidungsspielraum die Tätigkeit des leitenden Angestellten prägt, dh als deren Schwerpunkt bestimmt.[67] In Zweifelsfällen ist § 5 Abs. 4 BetrVG als Entscheidungshilfe heranzuziehen.

III. Unterrichtung des Betriebsrats

1. Zeitpunkt der Unterrichtung

Der Betriebsrat ist in jedem Fall **vor Ausspruch der Kündigung** zu hören. Eine Kündigung ist ausgesprochen, wenn das Kündigungsschreiben (§ 623 BGB) den Machtbereich des Arbeitgebers verlassen hat, zB zur Post gegeben oder einem Kurierdienst übergeben wurde.[68] Einer ordnungsgemäßen Beteiligung des Betriebsrats steht nicht entgegen, dass der Arbeitgeber seinen Kündigungswillen vor der Anhörung bereits abschließend gebildet und zB das Kündigungsschreiben schon unterzeichnet hat. Denn auch in diesen Fällen ist es nicht auszuschließen, dass es dem Betriebsrat gelingt, auf den Kündigungswillen des Arbeitgebers noch Einfluss zu nehmen.[69]

28

Einen genauen Zeitpunkt für die Unterrichtung legt das Gesetz nicht fest. Die vom Arbeitgeber **mindestens einzuhaltende Frist** ergibt sich jedoch mittelbar aus § 102 Abs. 2 S. 1 und 3 BetrVG. Danach hat der Betriebsrat dem Arbeitgeber Bedenken gegen die **ordentliche Kündigung** spätestens innerhalb **einer Woche,** Bedenken gegen eine **außerordentliche Kündigung** unverzüglich, spätestens innerhalb von **drei Tagen** schriftlich mitzuteilen. Kündigt der Arbeitgeber erst geraume Zeit nach erfolgter Anhörung des Betriebsrats, so ist eine erneute Anhörung erforderlich, falls sich der Kündigungssachverhalt inzwischen geändert hat.[70]

29

Eine ordnungsgemäße Beteiligung gemäß § 102 BetrVG liegt nicht vor, wenn der Arbeitgeber das Anhörungsverfahren bereits zu einem Zeitpunkt einleitet, in dem er seine Kündigungsabsicht noch gar nicht verwirklichen kann oder will. Die Anhörung des Betriebsrats erfolgt dann vorzeitig, nämlich in einer Phase, in der die Kündigungsüberlegungen noch unter dem Vorbehalt der weiteren Entwicklung stehen (sog. **Vorratsanhörung**).[71] Eine solche Konstellation liegt beispielsweise vor, wenn die Betriebsratsanhörung zu einer Kündigung erfolgt, für die ein verhaltensbedingter Kündigungsgrund noch gar nicht vorliegt, sondern nur erwartet wird.[72] Gleiches gilt, wenn der Arbeitgeber den Betriebsrat zu einer Kündigung anhört, deren Ausspruch noch von einer Einigung über einen Interessenausgleich und Sozialplan abhängt.[73] Der Arbeitgeber kann allerdings bei Einleitung des Anhörungsverfahrens die Art der Kündigung (Änderungs- oder Beendigungskündigung) offen lassen, wenn der Kündigungssachverhalt für beide Fälle feststeht und die Kündigung auf jeden Fall ausgesprochen werden soll.[74]

30

---

[67] BAG 5.6.2014 – 2 AZR 615/13, BAGE 148, 227 Rn. 51.
[68] BAG 13.11.1975 – 2 AZR 610/74, BAGE 27, 331; 8.4.2003 – 2 AZR 515/02, BAGE 106, 14.
[69] BAG 28.9.1978 – 2 AZR 2/77, BAGE 31, 83; ErfK/*Kania* BerVG § 102 Rn. 3.
[70] BAG 26.5.1977 – 2 AZR 201/76, NJW 1978, 603.
[71] BAG 22.4.2010 – 2 AZR 991/08, NZA-RR 2010, 583 Rn. 14; 17.3.2016 – 2 AZR 182/15, NZA 2016, 1072 Rn. 17.
[72] BAG 19.1.1983 – 7 AZR 514/80, NJW 1983, 2047.
[73] BAG 27.11.2003 – 2 AZR 654/02, BeckRS 2004, 40928.
[74] BAG 22.4.2010 – 2 AZR 991/08, NZA-RR 2010, 583 Rn. 16; 17.3.2016 – 2 AZR 182/15, NZA 2016, 1072 Rn. 17; *Fitting* BetrVG § 102 Rn. 57b.

31 Bei einer außerordentlichen Kündigung ist zu beachten, dass die Anhörung des Betriebsrats rechtzeitig vor Ablauf der Kündigungserklärungsfrist eingeleitet werden muss. Die Zwei-Wochen-Frist (§ 626 Abs. 2 BGB) wird nicht um die dreitägige Anhörungsfrist (§ 102 Abs. 2 S. 3 BetrVG) verlängert.[75] Dies bedeutet, dass der Arbeitgeber das Anhörungsverfahren spätestens am zehnten Tage nach Kenntnis der für die Kündigung maßgebenden Tatsachen einleiten muss, damit er nach Ablauf der dreitägigen Anhörungsfrist dann noch am folgenden letzten Tag der Ausschlussfrist die Kündigung aussprechen kann.[76]

32 Ist für den Ausspruch der Kündigung die **Zustimmung einer staatlichen Behörde** erforderlich, zB die Zustimmung des Integrationsamts für die Kündigung eines schwerbehinderten Menschen (§§ 168, 174 SGB IX), bleibt es dem Arbeitgeber überlassen, ob er den Betriebsrat vor oder nach Einholung der Zustimmung anhört.[77] Hat der Arbeitgeber den Betriebsrat vor Einschaltung des Integrationsamts angehört, so ist eine erneute Anhörung des Betriebsrats nicht erforderlich, wenn die Entscheidung des Integrationsamts erst später ergeht und sich der Kündigungssachverhalt inzwischen nicht geändert hat. Das gilt auch dann, wenn die Zustimmung des Integrationsamts erst nach einem jahrelangen verwaltungsgerichtlichen Verfahren erteilt wird.[78] Die Anhörung der Schwerbehindertenvertretung gemäß § 178 Abs. 2 S. 1 SGB IX muss nicht vor der Unterrichtung des Betriebsrats erfolgen.[79]

2. Form der Unterrichtung

33 Das Gesetz sieht für die Unterrichtung des Betriebsrats **keine besondere Form** vor. Sie kann daher mündlich, fernmündlich oder schriftlich erfolgen.[80] Die Schriftform ist auch dann nicht zwingend erforderlich, wenn der Kündigungssachverhalt ungewöhnlich komplex ist.[81] Allerdings ist eine schriftliche Unterrichtung aus Beweisgründen zu empfehlen, weil der Arbeitgeber darlegungs- und beweispflichtig ist, wenn der Arbeitnehmer die ordnungsgemäße Anhörung des Betriebsrats bestreitet.[82] Dem Betriebsrat sind lediglich die Gründe für die Kündigung mitzuteilen. Der Arbeitgeber ist nicht verpflichtet, ihm Unterlagen oder Beweismaterial zur Verfügung zu stellen oder Einsicht in die Personalakten des betreffenden Arbeitnehmers zu gewähren.[83] Wird der Betriebsrat durch einen Bevollmächtigten des Arbeitgebers unterrichtet, der keinen Nachweis seiner Botenmacht oder keine Vollmacht vorlegt, kann der Betriebsrat diese Unterrichtung nicht analog § 174 BGB zurückweisen.[84]

34 Informiert der Arbeitgeber den Betriebsrat unter Angabe der entsprechenden Gründe über seine Kündigungsabsicht, so muss er damit keine ausdrückliche Aufforderung an den Betriebsrat verbinden, zur beabsichtigten Kündigung Stellung zu nehmen. Der Arbeitgeber kann vielmehr davon ausgehen, dass der Betriebsrat weiß, welche Rechte ihm aus § 102 Abs. 2 und 3 BetrVG zustehen.[85] Wenn der Arbeitgeber den zu kündigenden Arbeitnehmer für einen leitenden Angestellten hält, so muss sich aus der Mitteilung des Arbeitgebers an den Betriebsrat jedoch eindeutig ergeben, dass er den Betriebsrat nicht nur nach § 105 BetrVG unterrichtet, sondern ihn gemäß § 102 Abs. 1 BetrVG zu einer beabsichtigten Kündigung vorsorglich auch anhören will.[86]

35 Die Informationen sind grundsätzlich dem **Vorsitzenden des Betriebsrats** und im Falle seiner Verhinderung dessen Stellvertreter zu übermitteln.[87] Wurde das Beteiligungsrecht gemäß § 102 BetrVG einem Ausschuss übertragen, ist der Ausschussvorsitzende bzw. im Falle

---

[75] BAG 18.8.1977 – 2 ABR 19/77, BAGE 29, 270.
[76] KR/*Fischermeier* BGB § 626 Rn. 332.
[77] BAG 5.9.1979 – 4 AZR 875/77, NJW 1980, 1918; 23.10.2008 – 2 AZR 163/07 Rn. 32, BeckRS 2009, 60407; KR/*Etzel* BetrVG § 102 Rn. 78; Richardi BetrVG/*Thüsing* § 102 Rn. 83.
[78] BAG 18.5.1994 – 2 AZR 626/93, NZA 1995, 65; *Fitting* BetrVG § 102 Rn. 61.
[79] BAG 13.12.2018 – 2 AZR 378/18, NZA 2019, 305 Rn. 19.
[80] BAG 25.4.2013 – 6 AZR 49/12, NZI 2013, 758 Rn. 135.
[81] BAG 6.2.1997 – 2 AZR 265/96, NZA 1997, 656.
[82] ErfK/*Kania* BetrVG § 102 Rn. 4; vgl. zur Darlegungs- und Beweislast im Einzelnen → Rn. 98 ff.
[83] BAG 27.6.1985 – 2 AZR 412/84, BAGE 49, 136; 26.1.1995 – 2 AZR 386/94, NZA 1995, 672.
[84] BAG 13.12.2012 – 6 AZR 348/11, BAGE 144, 125 Rn. 75; 25.4.2013 – 6 AZR 49/12, NZI 2013, 758 Rn. 134.
[85] BAG 28.2.1974 – 2 AZR 455/73, BAGE 26, 27.
[86] BAG 26.5.1977 – 2 AZR 135/76, DB 1977, 1852; 7.12.1979 – 7 AZR 1063/77, DB 1980, 742.
[87] BAG 7.7.2011 – 6 AZR 248/10, BAGE 138, 301 Rn. 17.

seiner Verhinderung dessen Stellvertreter zu informieren.[88] Der Betriebsrat bzw. der zuständige Ausschuss können jedoch auch ein anderes Betriebsratsmitglied zur Entgegennahme der Unterrichtung ermächtigen.[89] Nur dann, wenn kein zur Entgegennahme Berechtigter vorhanden ist (etwa wegen Urlaubsabwesenheit), ist jedes Betriebsratsmitglied berechtigt und verpflichtet, Erklärungen des Arbeitgebers für den Betriebsrat entgegenzunehmen.[90] Unterrichtet der Arbeitgeber ein nicht zur Entgegennahme der Unterrichtung ermächtigtes Betriebsratsmitglied, so gilt dieses als Erklärungsbote des Arbeitgebers, dh die Mitteilung wird erst wirksam, wenn sie vom unzuständigen Mitglied an den Vorsitzenden oder ein zum Empfang ermächtigtes Mitglied des Betriebsrates oder eines zuständigen Ausschusses weitergeleitet werden.[91]

Die Unterrichtung hat grundsätzlich **während der Arbeitszeit** und **in den Betriebsräumen** 36 stattzufinden.[92] Nimmt jedoch ein empfangsberechtigtes Betriebsratsmitglied die Unterrichtung außerhalb der persönlichen Arbeitszeit oder außerhalb der Betriebsräume widerspruchslos entgegen, so ist hiermit das Anhörungsverfahren vom Arbeitgeber ordnungsgemäß eingeleitet.[93]

3. Inhalt der Unterrichtung

a) Grundsatz der subjektiven Determination. Der notwendige Inhalt der Unterrichtung 37 nach § 102 Abs. 1 S. 2 BetrVG richtet sich nach Sinn und Zweck der Anhörung. Dieser besteht darin, den Betriebsrat in die Lage zu versetzen, sachgerecht, dh ggf. zugunsten des Arbeitnehmers auf den Arbeitgeber einzuwirken. Der Betriebsrat soll die Stichhaltigkeit und Gewichtigkeit der Kündigungsgründe überprüfen und sich über sie eine eigene Meinung bilden können.[94] Die Mitteilungspflicht des Arbeitgebers reicht allerdings nicht so weit wie seine Darlegungslast im Prozess.[95] Die Anhörung soll dem Betriebsrat nicht die selbständige – objektive – Überprüfung der rechtlichen Wirksamkeit der beabsichtigten Kündigung, sondern ggf. eine Einflussnahme auf die Willensbildung des Arbeitgebers ermöglichen.[96] Der Inhalt der Unterrichtung nach § 102 Abs. 1 S. 2 BetrVG ist deshalb grundsätzlich **subjektiv determiniert:** Der Arbeitgeber muss dem Betriebsrat diejenigen Umstände mitteilen, die seinen Kündigungsentschluss tatsächlich bestimmt haben.[97] Der Betriebsrat ist ordnungsgemäß angehört worden, wenn ihm der Arbeitgeber die aus seiner Sicht tragenden Umstände unterbreitet hat.[98] Dazu gehören auch dem Arbeitgeber bekannte Tatsachen, die den Arbeitnehmer entlasten und gegen den Ausspruch einer Kündigung sprechen.[99]

Nach diesen Grundsätzen liegt **keine ordnungsgemäße Anhörung** vor, wenn der Arbeitgeber dem Betriebsrat einen schon aus seiner eigenen Sicht unrichtigen oder unvollständigen Sachverhalt unterbreitet. Schildert er dem Betriebsrat **bewusst** einen **unrichtigen oder unvollständigen** – und damit irreführenden – **Kündigungssachverhalt,** der sich bei der Würdigung durch den Betriebsrat zum Nachteil des Arbeitnehmers auswirken kann, ist die Anhörung unzureichend und die Kündigung unwirksam.[100] Das ist etwa der Fall, wenn der Arbeitgeber im Rahmen der Anhörung zu einer verhaltensbedingten Kündigung verschweigt, dass der Arbeitnehmer in Bezug auf eine ihm erteilte Abmahnung eine ausführli-

---

[88] BAG 4.8.1975 – 2 AZR 266/74, BAGE 27, 209; ErfK/*Kania* BetrVG § 102 Rn. 4.
[89] BAG 27.6.1985 – 2 AZR 412/84, BAGE 49, 136.
[90] BAG 27.6.1985 – 2 AZR 412/84, BAGE 49, 136; LAG Niedersachsen 23.10.2014 – 5 Sa 423/14, ZIP 2015, 243 Rn. 61.
[91] BAG 27.6.1985 – 2 AZR 412/84, BAGE 49, 136; Richardi BetrVG/*Thüsing* § 102 Rn. 80.
[92] *Fitting* BetrVG § 102 Rn. 21.
[93] BAG 27.8.1982 – 7 AZR 30/80, BAGE 40, 95.
[94] BAG 23.10.2014 – 2 AZR 736/13, NZA 2015, 476 Rn. 15.
[95] BAG 26.3.2015 – 2 AZR 417/14, NZA 2015, 1083 Rn. 46.
[96] BAG 16.7.2015 – 2 AZR 15/15, NZA 2016, 99 Rn. 14.
[97] BAG 21.11.2013 – 2 AZR 797/11, BAGE 146, 303 Rn. 24; 16.7.2015 – 2 AZR 15/15, NZA 2016, 99 Rn. 15.
[98] BAG 22.9.1994 – 2 AZR 31/94, BAGE 78, 39; Ascheid/Preis/Schmidt/*Koch* BetRVG § 102 Rn. 88.
[99] BAG 6.2.1997 – 2 AZR 265/96, NZA 1997, 656; KR/*Etzel* BetRVG § 102 Rn. 62.
[100] BAG 10.4.2014 – 2 AZR 684/13, NZA 2014, 1197 Rn. 22; 22.9.2016 – 2 AZR 70/15, NZA 2017, 304 Rn. 26.

che Gegendarstellung zu seiner Personalakte gereicht hat.[101] An einer ordnungsgemäßen Unterrichtung über die Kündigungsgründe iSd § 102 Abs. 1 S. 2 BetrVG fehlt es nach der Rechtsprechung des BAG auch dann, wenn der Arbeitgeber dem Betriebsrat für dessen Beurteilung bedeutsame, zuungunsten des Arbeitnehmers sprechende, **objektiv unzutreffende Tatsachen** mitteilt, von denen er selbst durchaus **für möglich hält**, dass sie **nicht der Wahrheit** entsprechen. Es handelt sich in diesem Fall nicht um eine unbewusste Fehlinformation. Der Arbeitgeber ist nicht gutgläubig. Er stellt vielmehr seinen Kenntnisstand bewusst als umfassender dar, als er es in Wirklichkeit ist. Er nimmt damit in Kauf, den Betriebsrat in unzutreffender Weise zu unterrichten.[102]

39 Hingegen führt eine zwar vermeidbare, aber unbewusst erfolgte, „bloß" objektive Fehlinformation für sich genommen nicht zur Unwirksamkeit der Kündigung.[103] Dabei kommt es nicht darauf an, ob der Arbeitgeber bei größerer Sorgfalt die richtige Sachlage hätte kennen können. Maßgeblich ist, ob er subjektiv gutgläubig und ob trotz objektiv falscher Unterrichtung dem Sinn und Zweck der Betriebsratsanhörung Genüge getan ist. Dies ist bei einer **unbewussten Falschinformation** dann der Fall, wenn sich der Inhalt der Unterrichtung mit dem tatsächlichen Kenntnisstand des Arbeitgebers deckt und der Betriebsrat damit auf derselben Tatsachenbasis wie dieser auf dessen Kündigungsabsicht einwirken kann.[104]

40 Allerdings gilt der Grundsatz der subjektiven Determinierung **nicht uneingeschränkt**. Zum einen hat der Arbeitgeber dem Betriebsrat regelmäßig bestimmte Personalien des zu kündigenden Arbeitnehmer mitzuteilen.[105] Darüber hinaus ist die subjektive Überzeugung des Arbeitgebers von der Relevanz oder Irrelevanz bestimmter Umstände für den Umfang der Unterrichtung nach § 102 Abs. 1 S. 2 BetrVG nicht maßgeblich, wenn dadurch der **Zweck der Betriebsratsanhörung verfehlt** würde. Der Arbeitgeber darf ihm bekannte Umstände, die sich bei objektiver Betrachtung zugunsten des Arbeitnehmers auswirken können, dem Betriebsrat nicht deshalb vorenthalten, weil sie für seinen eigenen Kündigungsentschluss nicht von Bedeutung waren.[106] In diesem Sinne ist die Betriebsratsanhörung – ausgehend vom subjektiven Kenntnisstand des Arbeitgebers – auch objektiv, dh durch Sinn und Zweck der Anhörung determiniert.[107] Ändert sich die Sachlage vor Zugang der Kündigung, muss der Arbeitgeber den Betriebsrat hierauf hinweisen, wenn die Unterrichtung anderenfalls irreführend wäre. Dies gilt bei einer wesentlichen Änderung des für den Kündigungsentschluss maßgeblich dargestellten Sachverhalts selbst dann, wenn das Anhörungsverfahren bereits abgeschlossen war.[108]

41 **b) Person des Arbeitnehmers.** Der Arbeitgeber muss den Betriebsrat eindeutig wissen lassen, wen er zu kündigen beabsichtigt. Daher hat er dem Betriebsrat in jedem Fall den **Namen** des zu kündigenden Arbeitnehmers mitzuteilen.[109] Im Falle einer Massenentlassung genügt es somit nicht, dem Betriebsrat lediglich die Anzahl der zu berücksichtigenden Arbeitnehmer mitzuteilen, ohne die Arbeitnehmer näher zu bezeichnen.[110]

42 Zudem sind dem Betriebsrat regelmäßig die sozialen Daten des Arbeitnehmers mitzuteilen. Zu diesen gehören das **Lebensalter**, die **Betriebszugehörigkeit**, **Unterhaltspflichten** sowie ggf. eine **Schwerbehinderung** des Arbeitnehmers.[111] Diese Gesichtspunkte sind insbesondere deshalb von Relevanz, weil sie bei personen- oder verhaltensbedingten Kündigungen regelmäßig im Rahmen der nach § 1 Abs. 2 S. 1 KSchG bzw. § 626 Abs. 1 BGB notwendigen Interessenabwägung und bei betriebsbedingten Kündigungen im Rahmen der Sozialauswahl

---

[101] BAG 31.8.1989 – 2 AZR 453/88, AP LPVG § 77 Nr. 1.
[102] BAG 16.7.2015 – 2 AZR 15/15, NZA 2016, 99 Rn. 15.
[103] BAG 21.11.2013 – 2 AZR 797/11, BAGE 146, 303 Rn. 26.
[104] BAG 16.7.2015 – 2 AZR 15/15, NZA 2016, 99 Rn. 17.
[105] Vgl. hierzu im Einzelnen → Rn. 41 ff.
[106] BAG 23.10.2014 – 2 AZR 736/13, NZA 2015, 476 Rn. 15; 22.9.2016 – 2 AZR 700/15, NZA 2017, 304 Rn. 27.
[107] BAG 16.7.2015 – 2 AZR 15/15, NZA 2016, 99 Rn. 17.
[108] BAG 22.9.2016 – 2 AZR 700/15, NZA 2017, 304 Rn. 33.
[109] Ascheid/Preis/Schmidt/*Koch* BetrVG § 102 Rn. 92; KR/*Etzel* BetrVG § 102 Rn. 58.
[110] BAG 16.9.1993 – 2 AZR 267/93, BAGE 74, 185.
[111] BAG 23.4.2009 – 6 AZR 516/08, BAGE 130, 369 Rn. 21; KR/*Etzel* BetrVG § 102 Rn. 58a; ErfK/*Kania* BetrVG § 102 Rn. 5; ausführlich Ascheid/Preis/Schmidt/*Koch* BetrVG § 102 Rn. 93.

zu berücksichtigen sind.[112] Nach den oben dargelegten Grundsätzen braucht der Arbeitgeber dem Betriebsrat die Sozialdaten jedoch nicht mitzuteilen, wenn und soweit sie – für den Betriebsrat erkennbar – für seinen Kündigungsentschluss völlig unmaßgeblich sind und sich auch bei objektiver Betrachtung nicht zugunsten des Arbeitnehmers auswirken können.[113] Daher muss der Arbeitgeber den Betriebsrat zB nicht über Familienstand und Unterhaltspflichten des zu kündigenden Arbeitnehmers unterrichten, wenn eine Sozialauswahl nach der für den Betriebsrat erkennbaren Auffassung des Arbeitgebers wegen der Stilllegung des gesamten Betriebs nicht vorzunehmen ist.[114] In einem solchen Fall sind darüber hinaus auch Angaben zu Lebensalter und Betriebszugehörigkeit des Arbeitnehmers entbehrlich, wenn der Insolvenzverwalter die Kündigung unter Beachtung der Kündigungsfrist des § 113 S. 2 InsO aussprechen will.[115] Bei einer Wartezeitkündigung ist der Arbeitgeber nicht verpflichtet, dem Betriebsrat Sozialdaten, die bei vernünftiger Betrachtung weder aus seiner Sicht noch aus Sicht der Arbeitnehmervertretung für die Beurteilung der Wirksamkeit der Kündigung eine Rolle spielen können (zB Lebensalter, Unterhaltspflichten), mitzuteilen.[116] Schließlich steht nach der Rechtsprechung des BAG die fehlende Mitteilung der genauen Sozialdaten des zu kündigenden Arbeitnehmers der Wirksamkeit einer Betriebsratsanhörung zu einer außerordentlichen Kündigung nicht entgegen, wenn es dem Arbeitgeber wegen der Schwere der Kündigungsvorwürfe auf die genauen Daten ersichtlich nicht ankommt, der Betriebsrat die ungefähren Daten kennt und er daher die Kündigungsabsicht des Arbeitgebers ausreichend beurteilen kann.[117] Der Praxis ist zu empfehlen, dem Betriebsrat bei jeder Anhörung sämtliche dem Arbeitgeber bekannte Sozialdaten des Arbeitnehmers mitzuteilen.[118]

Dem Betriebsrat sind zudem neben der Schwerbehinderung auch andere Umstände mitzuteilen, die einen **besonderen Kündigungsschutz** des Arbeitnehmers begründen.[119] Darüber hinaus hat der Arbeitgeber den Betriebsrat über die arbeitsvertraglich vereinbarte **Tätigkeit** des zu kündigenden Arbeitnehmers zu informieren. Nur so kann der Betriebsrat beurteilen, ob eine Weiterbeschäftigungsmöglichkeit für den Arbeitnehmer in Betracht kommt und er der Kündigung daher gemäß § 102 Abs. 3 Nr. 3–5 BetRVG widersprechen soll.[120] Dies gilt unabhängig davon, ob der Arbeitgeber etwaige Weiterbeschäftigungsmöglichkeiten bei seinem Kündigungsentschluss berücksichtigt hat oder nicht. Insofern wird der Grundsatz der subjektiven Determination eingeschränkt.[121]

Datenschutzrechtliche Bestimmungen stehen der Mitteilung der persönlichen Daten des betroffenen Arbeitnehmers an den Betriebsrat nicht entgegen. Gleiches gilt bei betriebsbedingten Kündigungen für die Daten der weiteren in die Sozialauswahl einbezogenen Arbeitnehmer.[122] Der Arbeitgeber ist im Rahmen der Betriebsratsanhörung nicht verpflichtet, die Richtigkeit dokumentierter Daten zu überprüfen. Er kann deshalb mangels anderweitiger Kenntnisse auch von den Eintragungen in der Lohnsteuerkarte ausgehen, hat dies aber dann gegenüber dem Betriebsrat zu kennzeichnen.[123]

c) Art der Kündigung. Der Arbeitgeber hat den Betriebsrat auch über die Art der beabsichtigten Kündigung zu unterrichten, insbesondere ob eine ordentliche oder eine außeror-

---

[112] BAG 23.4.2009 – 6 AZR 516/08, BAGE 130, 369 Rn. 21.
[113] Vgl. BAG 16.7.2015 – 2 AZR 15/15, NZA 2016, 99 Rn. 15, 19; 23.4.2009 – 6 AZR 516/08, BAGE 130, 369 Rn. 22.
[114] BAG 13.5.2004 – 2 AZR 329/03, BAGE 110, 331; 20.9.2006 – 6 AZR 219/06, AP KSchG 1969 § 17 Nr. 24 Rn. 23.
[115] BAG 20.9.2006 – 6 AZR 219/06, AP KSchG 1969 § 17 Nr. 24.
[116] BAG 23.4.2009 – 6 AZR 516/08, BAGE 130, 369 Rn. 21; KR/*Etzel* BetrVG § 102 Rn. 58.
[117] BAG 15.11.1995 – 2 AZR 974/94, NZA 1996, 419; 26.9.2002 – 2 AZR 424/01, AP BGB § 626 Nr. 37; 23.10.2014 – 2 AZR 865/13, BAGE 149, 355 Rn. 61; 13.12.2018 – 2 AZR 378/18, NZA 2019, 305 Rn. 45 (zur Personalratsanhörung).
[118] ErfK/*Kania* BetrVG § 102 Rn. 5; Ascheid/Preis/Schmidt/*Koch* BetrVG § 102 Rn. 93, 94a.
[119] BAG 15.12.1994 – 2 AZR 327/94, NZA 1995, 521.
[120] KR/*Etzel* BetrVG § 102 Rn. 58c; Ascheid/Preis/Schmidt/*Koch* BetrVG § 102 Rn. 95.
[121] Ebenso Ascheid/Preis/Schmidt/*Koch* BetrVG § 102 Rn. 95; insoweit aA KR/*Etzel* BetrVG § 102 Rn. 58c.
[122] Fitting BetrVG § 102 Rn. 32; KR/*Etzel* BetrVG § 102 Rn. 71.
[123] BAG 24.11.2005 – 2 AZR 514/04, NZA 2006, 665; KR/*Etzel* BetrVG § 102 Rn. 58b.

dentliche Kündigung ausgesprochen werden soll.[124] Dies gilt auch im Falle eines ordentlich unkündbaren Arbeitnehmers. Stellt der Arbeitgeber hier die Art der Kündigung nicht klar und ergibt sich die Kündigungsart auch nicht mit hinreichender Deutlichkeit aus den Umständen, ist bereits die Kündigungsart nicht ausreichend bezeichnet und das Anhörungsverfahren fehlerhaft eingeleitet.[125] Die Aussage, allen Arbeitnehmern werde mit der gesetzlichen oder tariflichen Kündigungsfrist gekündigt, ist hierfür nicht ausreichend.[126] Will der Arbeitgeber neben einer außerordentlichen Kündigung vorsorglich ein ordentliche Kündigung aussprechen, muss er dies gegenüber dem Betriebsrat deutlich machen und ihn zu beiden Kündigungen anhören. Die Anhörung zu einer außerordentlichen Kündigung ersetzt grundsätzlich nicht nicht die Anhörung zu einer hilfsweise vorgesehenen ordentlichen Kündigung.[127] Plant der Arbeitgeber den Ausspruch einer Änderungskündigung, hat er auch dies gegenüber dem Betriebsrat klarzustellen. Ihm sind dabei sowohl die Gründe für die Änderung der Arbeitsbedingungen als auch das Änderungsangebot mitzuteilen.[128]

46 Beabsichtigt der Arbeitgeber den Ausspruch einer **ordentlichen Kündigung,** hat er dem Betriebsrat zudem die Dauer der **Kündigungsfrist** und den **Kündigungstermin** mitzuteilen.[129] Dies gilt auch bei einer ordentlichen Änderungskündigung[130] sowie im Falle des Ausspruchs einer außerordentlichen Kündigung mit sozialer Auslauffrist gegenüber einem ordentlich unkündbaren Arbeitnehmer.[131] Die Angabe der Kündigungsfrist ist entbehrlich, wenn sie dem Betriebsrat bekannt ist oder er über die zur Berechnung der Kündigungsfrist notwendigen Kenntnisse verfügt.[132] Nach dem Grundsatz der subjektiven Determination hat der Arbeitgeber dem Betriebsrat nur seine subjektiven Vorstellungen hinsichtlich der Kündigungsfrist mitzuteilen. Stimmen diese nicht mit der objektiven Rechtslage überein, führt dies nicht zur Fehlerhaftigkeit des Anhörungsverfahrens.[133]

47 Hat der Arbeitgeber dem Betriebsrat die aus seiner Sicht maßgebliche Kündigungsfrist mitgeteilt, reicht es für die Angabe des Kündigungstermins aus, dass der Arbeitgeber ausdrücklich erklärt oder sich aus den Umständen mit hinreichender Deutlichkeit ergibt, dass die Kündigung alsbald nach Abschluss des Anhörungsverfahrens zum nächstmöglichen Termin ausgesprochen werden soll.[134] Dabei wird berücksichtigt, dass der Arbeitgeber bei Einleitung des Anhörungsverfahrens oftmals nicht sicher beurteilen kann, zu welchem Zeitpunkt die beabsichtigte Kündigung dem Arbeitnehmer zugehen wird.[135] Plant der Arbeitgeber hingegen, die Kündigung erst geraume Zeit nach Abschluss des Anhörungsverfahrens auszusprechen, hat er neben der Kündigungsfrist auch den konkreten Kündigungstermin zu nennen. Nur so wird der Betriebsrat in solchen Fällen in die Lage versetzt, zu prüfen, ob die vorgetragenen Kündigungsgründe im Entlassungzeitpunkt tatsächlich vorliegen.[136]

48 d) **Kündigungsgründe.** Der Arbeitgeber muss den Betriebsrat auch über die Gründe für die in Aussicht genommene Kündigung informieren. Dabei genügt es grundsätzlich nicht, die Kündigungsgründe nur pauschal, schlagwort- oder stichwortartig zu bezeichnen oder bloße Werturteile ohne Angabe der für die Bewertung maßgebenden Tatsachen anzugeben.[137] Vielmehr sind die **maßgebenden Tatsachen substantiiert mitzuteilen**.[138] Den von ihm

---

[124] BAG 26.3.2015 – 2 AZR 517/14, NZA 2015, 1180 Rn. 18.
[125] Ascheid/Preis/Schmidt/*Koch* BetrVG § 102 Rn. 99a.
[126] BAG 29.8.1991 – 2 AZR 59/91, NZA 1992, 416.
[127] BAG 16.3.1978 – 2 AZR 424/76, BAGE 30, 176; 29.8.1991 – 2 AZR 59/91, NZA 1992, 416.
[128] BAG 12.8.2010 – 2 AZR 945/08, NZA 2011, 460 Rn. 18.
[129] BAG 25.4.2013 – 6 AZR 49/12, NZI 2013, 758 Rn. 143; 27.11.2003 – 2 AZR 654/02, AP BetrVG 1972 § 102 Nr. 136.
[130] BAG 29.3.1990 – 2 AZR 420/89, NZA 1990, 894.
[131] BAG 29.8.1991 – 2 AZR 59/91, NZA 1992, 416.
[132] BAG 29.1.1986 – 7 AZR 257/84, NZA 1987, 32; ErfK/*Kania* BetRVG § 102 Rn. 5.
[133] BAG 15.12.1994 – 2 AZR 327/94, NZA 1995, 521.
[134] BAG 29.1.1986 – 7 AZR 257/84, NZA 1987, 32; 12.9.2013 – 6 AZR 121/12, NZA 2013, 1412 Rn. 37; KR/*Etzel* BetrVG § 102 Rn. 59a; Ascheid/Preis/Schmidt/*Koch* BetrVG § 102 Rn. 103.
[135] BAG 15.12.1994 – 2 AZR 327/94, NZA 1995, 521.
[136] BAG 3.4.1987 – 7 AZR 66/86, NZA 1988, 37; 15.12.1994 – 2 AZR 327/94, NZA 1995, 521.
[137] BAG 21.7.2005 – 6 AZR 498/04, NZA-RR 2006, 331.
[138] KR/*Etzel* BetrVG § 102 Rn. 62a.

als maßgebend angesehene Sachverhalt hat der Arbeitgeber unter Angabe von Tatsachen so zu beschreiben, dass der Betriebsrat ohne zusätzliche eigene Nachforschungen in die Lage versetzt wird, die Stichhaltigkeit der Kündigungsgründe zu prüfen und sich über eine Stellungnahme schlüssig zu werden.[139] Für die einzelnen Arten von Kündigungen gelten dabei folgende Grundsätze:

aa) Kündigung vor Ablauf der Wartezeit des § 1 Abs. 1 KSchG. Hat das Arbeitsverhältnis im Zeitpunkt des Zugangs der Kündigung noch keine sechs Monate bestanden, findet das KSchG keine Anwendung. Vor diesem Hintergrund bestimmt sich die Substantiierungspflicht des Arbeitgebers bei Kündigungen vor Ablauf der Wartezeit allein nach den Umständen, aus denen der Arbeitgeber subjektiv seinen Kündigungsentschluss herleitet.[140] Hinsichtlich der Anforderungen, die an die Information des Betriebsrats durch den Arbeitgeber bei Wartezeitkündigungen zu stellen sind, ist deshalb zwischen Kündigungen, die auf substantiierbare Tatsachen gestützt werden und Kündigungen, die auf personenbezogenen Werturteilen beruhen, die sich in vielen Fällen durch Tatsachen nicht näher belegen lassen, zu differenzieren.[141] In der ersten Konstellation genügt die Anhörung den Anforderungen des § 102 BetrVG nur, wenn dem Betriebsrat die zugrunde liegenden Tatsachen bzw. Ausgangsgrundlagen mitgeteilt werden.[142] In der zweiten Konstellation reicht die Mitteilung allein des Werturteils für eine ordnungsgemäße Betriebsratsanhörung aus. Der Arbeitgeber ist in diesem Fall nicht verpflichtet, im Rahmen des Anhörungsverfahrens nach § 102 BetrVG sein Werturteil gegenüber der Arbeitnehmervertretung zu substantiieren oder zu begründen.[143] Nach der Rechtsprechung des BAG genügt daher zB die Mitteilung, die Arbeitnehmerin habe sich „während der Probezeit nicht bewährt" und sei „nicht geeignet, die ihr übertragenen Aufgaben ordnungsgemäß zu erfüllen"[144] ebenso den Anforderungen an eine ordnungsgemäße Anhörung des Betriebsrats wie die Angaben, „nach unserer allgemeinen, subjektiven Einschätzung genügt die Arbeitnehmerin unseren Anforderungen nicht"[145] oder der Arbeitnehmer habe die „in ihn gesetzten Erwartungen nicht erfüllt".[146] Die Formulierung, „eine Fortsetzung des Arbeitsverhältnisses ist nicht in unserem Interesse", wurde ebenfalls für ausreichend erachtet.[147] Dieselben Grundsätze gelten für die Anhörung des Betriebsrats bei der Kündigung eines Ausbildungsverhältnisses in der Probezeit (§§ 20, 22 Abs. 1 BBiG).[148]

Formulierungsvorschlag:
Anhörung zur Kündigung innerhalb der Wartezeit/Probezeit

An den Betriebsrat ......
zu Händen des/der Betriebsratsvorsitzenden ......

Sehr geehrte(r) ......,
wir beabsichtigen, das Arbeitsverhältnis mit
Name: ......
geboren am: ......
Familienstand: ......
Kinder: ......
bei uns beschäftigt seit dem: ......

---

[139] BAG 15.11.1995 – 2 AZR 974/94, NZA 1996, 419; 26.3.2015 – 2 AZR 417/14, NZA 2015, 1083 Rn. 46.
[140] BAG 12.9.2013 – 6 AZR 121/12, NZA 2013, 1412 Rn. 20.
[141] BAG 18.5.1994 – 2 AZR 920/93, BAGE 77, 13; 12.9.2013 – 6 AZR 121/12, NZA 2013, 1412 Rn. 20.
[142] BAG 19.11.2015 – 6 AZR 844/14, NZA 2016, 228 Rn. 31.
[143] BAG 12.9.2013 – 6 AZR 121/12, NZA 2013, 1412 Rn. 20.
[144] BAG 22.4.2010 – 6 AZR 828/08, AP LPVG Bayern Art. 77 Nr. 2 Rn. 26 f.
[145] BAG 3.12.1998 – 2 AZR 234/98, NZA 1999, 477.
[146] BAG 18.5.1994 – 2 AZR 920/93, BAGE 77, 13.
[147] BAG 12.9.2013 – 6 AZR 121/12, NZA 2013, 1412 Rn. 20.
[148] BAG 19.11.2015 – 6 AZR 844/14, NZA 2016, 228 Rn. 33 ff.

zuletzt als: ......
Kündigungsfrist: ......
ordentlich zum ....../zum nächstmöglichen Zeitpunkt zu kündigen.

Herr ...... hat sich während seiner Probezeit nicht bewährt. Er ist nicht geeignet, die ihm übertragenen Aufgaben ordnungsgemäß zu erfüllen. Das für eine dauerhafte Zusammenarbeit notwendige Vertrauensverhältnis konnte aufgrund der mangelnden persönlichen Eignung von Herrn ...... nicht aufgebaut werden.

Der Betriebsrat wird gebeten, der Kündigung zuzustimmen. Für den Fall, dass der Betriebsrat nicht zustimmt, wird er gebeten, binnen einer Woche schriftlich seine Bedenken gegen die Kündigung mitzuteilen.

......
(Geschäftsleitung)

51 **bb) Betriebsbedingte Kündigung.** Bei der Anhörung des Betriebsrats zu einer betriebsbedingten Kündigung hat der Arbeitgeber zunächst substantiiert darzulegen, aus welchen Gründen das **Beschäftigungsbedürfnis** für den zu kündigenden Arbeitnehmer **wegfällt**. Pauschale Begründungen wie der bloße Verweis auf Auftragsmangel oder Rationalisierungsmaßnahmen reichen nicht aus.[149]

52 Zur fehlenden **Weiterbeschäftigungsmöglichkeit** des zu kündigenden Arbeitnehmers braucht der Arbeitgeber grundsätzlich keine konkreten Ausführungen zu machen. In der Mitteilung der Kündigungsabsicht liegt regelmäßig seine konkludente Erklärung, dass eine Weiterbeschäftigungsmöglichkeit für den Arbeitnehmer nicht besteht.[150] Gesonderte Angaben sind nur erforderlich, wenn der Arbeitgeber bestimmte freie Arbeitsplätze ernsthaft in Betracht gezogen oder sogar dem Arbeitnehmer angeboten hat.[151] Gleiches gilt, wenn der Betriebsrat vor Einleitung des Anhörungsverfahrens Auskunft über Weiterbeschäftigungsmöglichkeiten für den zu kündigenden Arbeitnehmer auf einem konkreten, kürzlich frei gewordenen Arbeitsplatz verlangt.[152] In diesem Fall muss der Arbeitgeber dem Betriebsrat nach § 102 Abs. 1 S. 2 BetrVG mitteilen, warum aus seiner Sicht eine Weiterbeschäftigung des Arbeitnehmers auf diesem Arbeitsplatz nicht möglich ist. Der lediglich pauschale Hinweis auf fehlende Weiterbeschäftigungsmöglichkeiten im Betrieb reicht dann nicht aus.[153] Hat der Arbeitgeber den Betriebsrat über Weiterbeschäftigungsmöglichkeiten auf dem vom Betriebsrat benannten Arbeitsplatz zunächst objektiv falsch informiert und rügt der Betriebsrat dies innerhalb der Frist des § 102 Abs. 2 BetrVG unter Angabe des zutreffenden Sachverhalts, so ist der Arbeitgeber verpflichtet, dem Betriebsrat ergänzend mitzuteilen, warum aus seiner Sicht trotzdem eine Weiterbeschäftigung des Arbeitnehmers auf diesem Arbeitsplatz nicht in Betracht kommt. Unterlässt er dies und kündigt, so ist die Kündigung nach § 102 BetrVG unwirksam.[154]

53 Der Arbeitgeber hat den Betriebsrat zudem unaufgefordert über die Gründe für die vorgenommene **Sozialauswahl** zu informieren.[155] Hat er eine Auswahl anhand der gesetzlich vorgesehenen Kriterien vorgenommen, muss er dem Betriebsrat die Sozialdaten (Lebensalter, Betriebszugehörigkeit, Unterhaltspflichten, Schwerbehinderung) des zur Kündigung anstehenden und der als vergleichbar erachteten Arbeitnehmer sowie die Gesichtspunkte, nach denen er bei der Sozialauswahl vorgegangen ist, mitteilen.[156] Bezieht der Arbeitgeber bestimmte Arbeitnehmer nicht in die Sozialauswahl ein (§ 1 Abs. 3 S. 2 KSchG), hat er auch dies gegenüber dem Betriebsrat darzulegen und zu begründen.[157] Allerdings gilt auch im

---

[149] ErfK/*Kania* BetrVG § 102 Rn. 9.
[150] BAG 29.3.1990 – 2 AZR 369/89, BAGE 65, 61.
[151] Ascheid/Preis/Schmidt/*Koch* BetrVG § 102 Rn. 110.
[152] BAG 26.1.2017 – 2 AZR 61/16, NZA 2017, 1199 Rn. 22.
[153] BAG 15.3.2001 – 2 AZR 141/900, NZA 2001, 1267.
[154] BAG 17.2.2000 – 2 AZR 913/98, BAGE 93, 366.
[155] BAG 29.3.1984 – 2 AZR 429/93, NZA 1984, 169.
[156] BAG 20.5.1999 – 2 AZR 532/98, BAGE 91, 341; KR/*Etzel* BetrVG § 102 Rn. 62h.
[157] LAG Hamm 6.4.2011 – 6 Sa 2023/10, LAGE BetrVG 2001 § 102 Nr. 13; KR/*Etzel* BetrVG § 102 Rn. 62f.

Hinblick auf die Sozialauswahl der Grundsatz der subjektiven Determination. Der Arbeitgeber erfüllt seine Mitteilungspflicht nach § 102 BetrVG auch dann, wenn er zwar alle für ihn subjektiv erheblichen Auswahlüberlegungen darlegt, sich aber aus seiner Auskunft ergibt, daß er nicht alle nach dem Gesetz maßgeblichen Sozialdaten berücksichtigt, auf ungeeignete Kriterien abgestellt hat oder die von ihm beachteten Kriterien im Kündigungsschutzprozess bei objektiver Würdigung noch weiterer Konkretisierung bedürfen.[158] In diesen Fällen kann die Kündigung allenfalls gemäß § 1 Abs. 3 KSchG, nicht aber nach § 102 BetrVG unwirksam sein.[159] Hat der Arbeitgeber überhaupt keine Sozialauswahl vorgenommen, weil er zB den zur Kündigung anstehenden Arbeitnehmer mit keinem anderen für vergleichbar hält oder im Falle der Betriebsschließung allen Arbeitnehmern kündigen will, braucht er dem Betriebsrat dementsprechend auch keine Auswahlgesichtspunkte mitzuteilen.[160] Der Betriebsrat kann in diesen Fällen zwar gemäß § 80 Abs. 2 BetrVG verlangen, dass ihm der Arbeitgeber die Sozialdaten der vom Betriebsrat als vergleichbar angesehenen Arbeitnehmer mitteilt.[161] Ein auf § 80 Abs. 2 BetrVG gestütztes Verlangen hat allerdings keine Auswirkungen auf den Fristlauf für die Äußerung des Betriebsrats. Ein Verstoß gegen die Mitteilungsverpflichtung aus § 80 Abs. 2 BetrVG führt auch nicht zur Unwirksamkeit der Kündigung nach § 102 BetrVG.[162]

Formulierungsvorschlag:
Anhörung zur ordentlichen betriebsbedingten Kündigung

An den Betriebsrat ......
zu Händen des/der Betriebsratsvorsitzenden ......

Sehr geehrte(r) ......,
wir beabsichtigen, das Arbeitsverhältnis mit
Name: ......
geboren am: ......
Familienstand: ......
Kinder: ......
bei uns beschäftigt seit dem: ......
zuletzt als: ......
Kündigungsfrist: ......
ggf. Sonderkündigungsschutz: ......
aus betriebsbedingten Gründen ordentlich zum ....../zum nächstmöglichen Zeitpunkt zu kündigen.

Wie Ihnen bekannt ist, wurden mit dem Produktionsbereich X in den vergangenen Jahren durchgehend Verluste erwirtschaftet. Vor diesem Hintergrund haben wir am ...... beschlossen, den Geschäftsbereich X mit Wirkung zum ...... zu schließen. Die dort eingesetzten Maschinen werden wir veräußern. Aufgrund der Schließung des Produktionsbereichs entfällt das Beschäftigungsbedürfnis für die dort beschäftigten Mitarbeiter, zu denen auch Herr ...... gehört.

Eine Weiterbeschäftigungsmöglichkeit für Herrn ...... auf einem anderen freien Arbeitsplatz besteht nicht.

Wir haben eine ordnungsgemäße Sozialauswahl durchgeführt. Herr ...... ist nach unserer Überprüfung nur vergleichbar mit folgenden Mitarbeitern: ...... Sämtliche dieser Mitarbeiter sind jedoch sozial schutzbedürftiger als Herr ......, wie die nachfolgende Aufstellung der Sozialdaten aller vergleichbaren Arbeitnehmer belegt ...... (ggf. ergänzende Ausführungen zu Auswahlüberlegungen).

---

[158] BAG 30.6.1988 – 2 AZR 49/88, BeckRS 1988, 30726762; 12.8.2010 – 2 AZR 104/09, BeckRS 2011, 67804 Rn. 18.
[159] BAG 16.1.1987 – 7 AZR 495/85, EzA KSchG § 1 Betriebsbedingte Kündigung Nr. 48.
[160] BAG 16.1.1987 – 7 AZR 495/85, EzA KSchG § 1 Betriebsbedingte Kündigung Nr. 48; 12.8.2010 – 2 AZR 104/09, BeckRS 2011, 67804 Rn. 18.
[161] BAG 20.1.2000 – 2 ABR 19/99, BeckRS 2010, 67140.
[162] Ascheid/Preis/Schmidt/*Koch* BetrVG § 102 Rn. 113a; KR/*Etzel* BetrVG § 102 Rn. 62l.

Im Übrigen verweisen wir auf das mit der/dem Betriebsratsvorsitzenden am ...... geführte Gespräch, in dem die Kündigungsgründe eingehend erläutert wurden.

Der Betriebsrat wird gebeten, der Kündigung zuzustimmen. Für den Fall, dass der Betriebsrat nicht zustimmt, wird er gebeten, binnen einer Woche schriftlich seine Bedenken gegen die Kündigung mitzuteilen.

......

(Geschäftsleitung)

55 *cc) Verhaltensbedingte Kündigung.* Bei der Anhörung des Betriebsrats zu einer verhaltensbedingten Kündigung hat der Arbeitgeber das Fehlverhalten des Arbeitnehmers, auf das er die Kündigung stützen will, genau zu bezeichnen und ggf. auch mitzuteilen, wann und aufgrund welcher Umstände der Arbeitnehmer in der Vergangenheit bereits abgemahnt worden ist. Die Unterrichtung ist dabei nur vollständig, wenn der Arbeitgeber ihm bekannte Tatsachen, die den Arbeitnehmer entlasten und gegen den Ausspruch einer Kündigung sprechen, dem Betriebsrat ebenfalls mitteilt.[163] Wenn zB der Arbeitnehmer in Bezug auf eine ihm erteilte Abmahnung eine Gegendarstellung zu seiner Personalakte gereicht hat, hat der Arbeitgeber den Betriebsrat hierüber zu unterrichten.[164] Gleiches gilt, wenn der einzige in Betracht kommende Tatzeuge den von einem Zeugen vom Hörensagen erhobenen Vorwurf einer schweren Pflichtwidrigkeit nicht bestätigt.[165] Betriebsablaufstörungen hat der Arbeitgeber ebenfalls darzulegen, soweit sich diese nicht bereits aus dem Verhalten des Arbeitnehmers ergeben.[166] Nähere Ausführungen zur Interessenabwägung sind gegenüber dem Betriebsrat regelmäßig nicht erforderlich. Die Anhörung zu der Absicht, das Arbeitsverhältnis zu kündigen, impliziert eine Abwägung zu Lasten des Arbeitnehmers.[167]

Formulierungsvorschlag:
Anhörung zur ordentlichen verhaltensbedingten Kündigung

56 An den Betriebsrat ......
zu Händen des/der Betriebsratsvorsitzenden ......

Sehr geehrte(r) ......,
wir beabsichtigen, das Arbeitsverhältnis mit
Name: ......
geboren am: ......
Familienstand: ......
Kinder: ......
bei uns beschäftigt seit dem: ......
zuletzt als: ......
Kündigungsfrist: ......
ggf. Sonderkündigungsschutz: ......

aus verhaltensbedingten Gründen ordentlich zum ....../zum nächstmöglichen Zeitpunkt zu kündigen.

Der Vorgesetzte hat uns mitgeteilt, dass Herr ...... erneut ohne Abmeldung nicht zur Arbeit erschienen ist. Dies ist, wie der Betriebsrat weiß, nicht das erste Mal. Wir waren veranlasst, Herrn ...... in den letzten Jahren mehrfach darauf hinzuweisen, dass er den Vorgesetzten unmittelbar nach Bekanntwerden einer Arbeitsverhinderung anzurufen hat, um ihm die Möglichkeit der Umorganisation einzuräumen.

---

[163] BAG 6.2.1997 – 2 AZR 265/96, NZA 1997, 656.
[164] BAG 31.8.1989 – 2 AZR 453/88, EzA BetrVG 1972 § 102 Nr. 75; 17.2.1994 – 2 AZR 673/93, BeckRS 1994, 30747946.
[165] BAG 2.11.1983 – 7 AZR 65/82, BAGE 40, 201.
[166] KR/*Etzel* BetrVG § 102 Rn. 64; Ascheid/Preis/Schmidt/*Koch* BetrVG § 102 Rn. 125.
[167] BAG 23.10.2014 – 2 AZR 736/13, NZA 2015, 476 Rn. 15.

> Herr ...... ist in der Vergangenheit mehrfach wegen vergleichbarer Pflichtverletzungen abgemahnt worden. Kopien der Abmahnungen sind beigefügt.
>
> Wir sind nicht mehr gewillt, diese Eigenmächtigkeiten von Herrn ...... zu akzeptieren. Aufgrund der betrieblichen Situation gelingt es dem Vorgesetzten frühestens nach einer Stunde, für notwendigen Ersatz zu sorgen. Dies bedeutet einen erheblichen Produktionsausfall. Da Herr ...... durch sein Verhalten in der Vergangenheit gezeigt hat, dass er nicht gewillt ist, die betrieblichen Interessen zu wahren, sehen wir nunmehr keine andere Möglichkeit, als das Arbeitsverhältnis zu beenden.
>
> Im Übrigen verweisen wir auf das mit der/dem Betriebsratsvorsitzenden am ...... geführte Gespräch, in dem die Kündigungsgründe eingehend erläutert wurden.
>
> Der Betriebsrat wird gebeten, der Kündigung zuzustimmen. Für den Fall, dass der Betriebsrat nicht zustimmt, wird er gebeten, binnen einer Woche schriftlich seine Bedenken gegen die Kündigung mitzuteilen.
>
> ......
> (Geschäftsleitung)

dd) Personenbedingte Kündigung. Mit der Befugnis zur personenbedingten Kündigung wird dem Arbeitgeber die Möglichkeit eröffnet, das Arbeitsverhältnis aufzulösen, wenn der Arbeitnehmer die erforderliche Eignung oder Fähigkeit nicht (mehr) besitzt, die geschuldete Arbeitsleistung vertragsgerecht zu erfüllen.[168] Beabsichtigt der Arbeitgeber den Ausspruch einer solchen Kündigung, hat er dem Betriebsrat die Tatsachen mitzuteilen, die aus seiner Sicht zum dauernden Wegfall der Eignung für die Tätigkeit führen.[169]

In der Praxis ist Hauptanwendungsfall der personenbedingten Kündigung die **krankheitsbedingte Kündigung,** bei der zwischen häufigen Kurzerkrankungen, dauernder Leistungsunfähigkeit und lang anhaltender Krankheit zu unterscheiden ist.[170] Bei einer Kündigung wegen **häufiger Kurzerkrankungen** hat der Arbeitgeber den Betriebsrat zunächst über die Fehlzeiten aus der Vergangenheit einschließlich ihrer zeitlichen Lage zu unterrichten.[171] Soweit ihm die Krankheitsursachen bekannt sind, hat er auch diese dem Betriebsrat mitzuteilen.[172] Darüber hinaus muss er den Betriebrat substantiiert über die Tatsachen unterrichten, aus denen sich eine erhebliche Beeinträchtigung betrieblicher Interessen ergibt.[173] Macht er insoweit Betriebsablaufstörungen geltend, so muss er die betrieblichen Auswirkungen der Fehlzeiten darstellen. Begründet er die Beeinträchtigung betrieblicher Interessen mit erheblichen wirtschaftlichen Belastungen in Form von Entgeltfortzahlungskosten, hat er die in der Vergangenheit aufgewendeten Beträge zu nennen.[174] Eine Darstellung der durch die Fehlzeiten hervorgerufenen betrieblichen und/oder wirtschaftlichen Belastungen ist ausnahmsweise entbehrlich, wenn dem Betriebsrat diese Auswirkungen bereits bekannt sind.[175]

Bei einer Kündigung, die der Arbeitgeber wegen **dauernder Leistungsunfähigkeit** auszusprechen beabsichtigt, muss er dem Beriebsrat keine darüber hinausgehenden Betriebsbeeinträchtigungen mitteilen.[176] Dies ist konsequent, weil bei krankheitsbedingter dauernder Leistungsunfähigkeit in aller Regel ohne Weiteres von einer erheblichen Beeinträchtigung der betrieblichen Interessen auszugehen ist.[177] Bei einer Kündigung wegen **langanhaltender Krankheit** hat der Arbeitgeber dem Betriebsrat neben den Fehlzeiten aus der Vergangenheit

---

[168] BAG 6.9.2012 – 2 AZR 372/11, NZA-RR 2013, 441 Rn. 19.
[169] Ascheid/Preis/Schmidt/*Koch* BetrVG § 102 Rn. 122.
[170] Vgl. im Einzelnen → § 43 Rn. 462.
[171] BAG 24.11.1983 – 2 AZR 347/82, BAGE 44, 249.
[172] BAG 2.11.1989 – 2 AZR 366/89, BeckRS 1989, 30732349; KR/*Etzel* BetrVG § 102 Rn. 63; Ascheid/Preis/Schmidt/*Koch* BetrVG § 102 Rn. 121.
[173] BAG 24.11.1983 – 2 AZR 347/82, BAGE 44, 249; 9.4.1987 – 2 AZR 210/86, NZA 1987, 811.
[174] BAG 18.9.1986 – 2 AZR 638/85, BeckRS 1986, 30718426; Ascheid/Preis/Schmidt/*Koch* BetrVG § 102 Rn. 121.
[175] BAG 24.11.1983 – 2 AZR 347/82, BAGE 44, 249; allg. zur Berücksichtigung von Vorkenntnissen des Betriebsrats → Rn. 66.
[176] BAG 30.1.1986 – 2 AZR 668/84, NZA 1987, 555.
[177] BAG 13.5.2015 – 2 AZR 565/14, NZA 2015, 1249 Rn. 18.

entweder die Tatsachen mitzuteilen, aus denen sich eine erhebliche Beeinträchtigung betrieblicher Interessen ergibt, oder darzulegen, dass in den nächsten 24 Monaten nicht mit einer günstigeren Prognose zu rechnen ist.[178] Auch dies korrespondiert mit dem Prüfungsprogramm im Rahmen des § 1 Abs. 2 KSchG.[179]

Formulierungsvorschlag:
Anhörung zur ordentlichen krankheitsbedingten Kündigung

60 An den Betriebsrat ......
zu Händen des/der Betriebsratsvorsitzenden ......

Sehr geehrte(r) ......,

wir beabsichtigen, das Arbeitsverhältnis mit
Name: ......
geboren am: ......
Familienstand: ......
Kinder: ......
bei uns beschäftigt seit dem: ......
zuletzt als: ......
Kündigungsfrist: ......
ggf. Sonderkündigungsschutz: ......
aus krankheitsbedingten Gründen ordentlich zum ....../zum nächstmöglichen Zeitpunkt zu kündigen.

Herr ...... war in den letzten fünf Jahren an insgesamt ...... Arbeitstagen arbeitsunfähig erkrankt. In diesem Zeitraum sind Entgeltfortzahlungskosten in Höhe von insgesamt ...... angefallen. Die genaue Lage und Anzahl der Fehltage in der Vergangenheit sowie die Einzelheiten der Entgeltfortzahlungskosten entnehmen Sie bitte der beigefügten Anlage.

Durch die Fehlzeiten von Herrn ...... sind die betrieblichen Interessen in erheblicher Weise beeinträchtigt worden. Zum einen sind in den letzten vier Jahren erhebliche Entgeltfortzahlungskosten entstanden, die in jedem Kalenderjahr den Zeitraum von sechs Wochen überstiegen (vgl. Anlage). Zum anderen kam es aufgrund des wiederholten Ausfalls von Herrn ...... zu folgenden Betriebsablaufstörungen: (......)

Aufgrund des Fehlzeitenbildes ist davon auszugehen, dass Herr ...... auch in Zukunft in gleichem Umfang krankheitsbedingt ausfällt und es dadurch zu weiteren erheblichen Beeinträchtigungen der betrieblichen Interessen kommen wird. Auch unter Berücksichtigung der Interessen von Herrn ...... haben wir uns daher entschieden, das Arbeitsverhältnis ordentlich zu kündigen.

Im Übrigen verweisen wir auf das mit der/dem Betriebsratsvorsitzenden am ...... geführte Gespräch, in dem die Kündigungsgründe eingehend erläutert wurden.

Der Betriebsrat wird gebeten, der Kündigung zuzustimmen. Für den Fall, dass der Betriebsrat nicht zustimmt, wird er gebeten, binnen einer Woche schriftlich seine Bedenken gegen die Kündigung mitzuteilen.

......
(Geschäftsleitung)

---

61 *ee) Änderungskündigung.* Beabsichtigt der Arbeitgeber, eine Änderungskündigung auszusprechen, so hat er dem Betriebsrat sowohl die Gründe für die Änderung der Arbeitsbedingungen als auch das Änderungsangebot mitzuteilen.[180] Führen die mit einer Änderungskündigung angebotenen neuen Arbeitsbedingungen zu einer Versetzung oder Umgruppierung

---

[178] Ascheid/Preis/Schmidt/*Koch* BetrVG § 102 Rn. 120.
[179] Vgl. BAG 20.11.2014 – 2 AZR 664/13, NZA 2015, 931 Rn. 14.
[180] BAG 30.11.1989 – 2 AZR 197/89, BAGE 63, 351; 16.12.2010 – 2 AZR 576/09, AP KSchG 1969 § 2 Nr. 150 Rn. 11.

des Arbeitnehmers, muss der Arbeitgeber sowohl das Anhörungsverfahren gemäß § 102 BetrVG als auch das Mitbestimmungsverfahren nach § 99 BetrVG durchführen.[181]

ff) Verdachtskündigung. Der Verdacht einer Pflichtverletzung stellt gegenüber dem Vorwurf, der Arbeitnehmer habe die Tat begangen, einen eigenständigen Kündigungsgrund dar.[182] Will der Arbeitgeber seine Kündigung auf den dringenden Verdacht einer arbeitsvertraglichen Pflichtverletzung stützen, muss er dies dem Betriebsrat mitteilen und die Umstände angeben, aus denen sich dieser Verdacht ergeben soll.[183] Informiert er das Gremium lediglich über eine – aus seiner Sicht tatsächlich erfolgte – Vertragspflichtverletzung des Arbeitnehmers, kann er sich im späteren Kündigungsschutzprozess zur Begründung der Kündigung nicht mehr auf den bloßen Verdacht einer entsprechenden Handlung stützen, wenn ihm die Verdachtsmomente bei Ausspruch der Kündigung bereits bekannt waren.[184] Hat der Arbeitgeber den Betriebsrat hingegen lediglich zu einer Verdachtskündigung angehört, kann sich der Arbeitgeber im späteren Kündigungsschutzprozess zur Begründung der Kündigung gleichwohl auf die erwiesene Tat berufen, wenn dem Betriebsrat alle Tatsachen mitgeteilt worden sind, die – ggf. auch im Rahmen eines zulässigen Nachschiebens – nicht nur den Verdacht, sondern den Tatvorwurf selbst begründen.[185]

62

Eine Verdachtskündigung setzt voraus, dass sich der Verdacht auf objektive Tatsachen gründet, die Verdachtsmomente geeignet sind, das für die Fortsetzung des Arbeitsverhältnisses erforderliche Vertrauen zu zerstören, und der Arbeitgeber alle zumutbaren Anstrengungen zur Aufklärung des Sachverhalts unternommen hat, insbesondere dem Arbeitnehmer Gelegenheit zur Stellungnahme gegeben hat.[186] Dementsprechend hat der Arbeitgeber dem Betriebsrat im Rahmen der Anhörung zu einer Verdachtskündigung die Umstände mitzuteilen, auf die sich sein Verdacht gründet, und ihn zudem über seine Aufklärungsbemühungen und die Stellungnahme des Arbeitnehmers zu unterrichten.[187]

63

gg) Außerordentliche Kündigung. Im Rahmen der Anhörung des Betriebsrats zu einer beabsichtigten außerordentlichen Kündigung hat der Arbeitgeber die Tatsachen zu bezeichnen, die aus seiner Sicht einen wichtigen Grund iSd § 626 Abs. 1 BGB bilden. Darüber hinaus hat er dem Betriebsrat mitzuteilen, wann er von den Vorwürfen gegen den Arbeitnehmer Kenntnis erlangt hat, um dem Betriebsrat zu ermöglichen, zur Einhaltung der Kündigungserklärungsfrist (§ 626 Abs. 2 BGB) Stellung zu nehmen.[188] Will der Arbeitgeber neben einer außerordentlichen Kündigung vorsorglich ein ordentliche Kündigung aussprechen, muss er dies gegenüber dem Betriebsrat deutlich machen und ihn zu beiden Kündigungen anhören.[189]

64

Formulierungsvorschlag:
Anhörung zur außerordentlichen, hilfsweise ordentlichen Kündigung

An den Betriebsrat ......
zu Händen des/der Betriebsratsvorsitzenden ......

Sehr geehrte(r) ......,

wir beabsichtigen, das Arbeitsverhältnis mit
Name: ......
geboren am: ......
Familienstand: ......

65

---

[181] BAG 30.9.1993 – 2 AZR 283/93, BAGE 74, 291; KR/*Etzel* BetrVG § 102 Rn. 31.
[182] BAG 25.10.2012 – 2 AZR 700/11, BAGE 143, 244 Rn. 13.
[183] BAG 12.2.2015 – 6 AZR 845/13, NZA 2015, 741 Rn. 97.
[184] BAG 16.7.2015 – 2 AZR 85/15, NZA 2016, 161 Rn. 25.
[185] BAG 23.6.2009 – 2 AZR 474/07, BAGE 131, 155 Rn. 59; aA KR/*Etzel* BetrVG § 102 Rn. 64b.
[186] BAG 25.10.2012 – 2 AZR 700/11, BAGE 143, 244 Rn. 13.
[187] Ascheid/Preis/Schmidt/*Koch* BetrVG § 102 Rn. 128.
[188] LAG Hamm 13.3.2009 – 13 Sa 1452/08, BeckRS 2009, 73671 Rn. 60; KR/*Etzel* BetrVG § 102 Rn. 64; Ascheid/Preis/Schmidt/*Koch* BetrVG § 102 Rn. 129.
[189] BAG 16.3.1978 – 2 AZR 424/76, BAGE 30, 176; 29.8.1991 – 2 AZR 59/91, NZA 1992, 416.

> Kinder: ......
> bei uns beschäftigt seit dem: ......
> zuletzt als: ......
> Kündigungsfrist: ......
> ggf. Sonderkündigungsschutz:
> aus verhaltensbedingten Gründen außerordentlich fristlos zu kündigen.
> Herr ...... hat am ...... eine schwerwiegende Pflichtverletzung begangen, indem er ...... (genaue Darstellung des Fehlverhaltens). Von diesem Vorfall hat die Geschäftsleitung am ...... durch ...... erfahren.
> Herr ...... ist in der Vergangenheit bereits zweimal wegen vergleichbarer Pflichtverletzungen abgemahnt worden. Kopien der beiden Abmahnungen sind beigefügt.
> Wir sind nicht mehr gewillt, diese Pflichtverletzungen von Herrn ...... zu akzeptieren. Da Herr ...... durch sein Verhalten in der Vergangenheit gezeigt hat, dass er nicht gewillt ist, die betrieblichen Interessen zu wahren, sehen wir nunmehr keine andere Möglichkeit, als das Arbeitsverhältnis sofort zu beenden.
> Für den Fall, dass die außerordentliche Kündigung aus nicht vorhersehbaren Gründen rechtsunwirksam sein sollte, beabsichtigen wir, das Arbeitsverhältnis hilfsweise ordentlich zum ....../zum nächstmöglichen Zeitpunkt zu kündigen.
> Im Übrigen verweisen wir auf das mit der/dem Betriebsratsvorsitzenden am ...... geführte Gespräch, in dem die Kündigungsgründe eingehend erläutert wurden.
> Der Betriebsrat wird gebeten, der Kündigung zuzustimmen. Für den Fall, dass der Betriebsrat nicht zustimmt, wird er gebeten, hinsichtlich der außerordentlichen Kündigung binnen drei Tagen und der hilfsweise ordentlichen Kündigung binnen einer Woche schriftlich seine Bedenken gegen die Kündigung mitzuteilen.
>
> ......
> (Geschäftsleitung)

66 e) **Vorkenntnisse des Betriebsrats.** Der Umfang der Unterrichtungspflicht des Arbeitgebers wird durch den Kenntnisstand des Betriebsrats bei Einleitung des Anhörungsverfahrens bestimmt. Einer näheren Darlegung der Kündigungsgründe durch den Arbeitgeber bedarf es nicht, wenn der Betriebsrat bei Einleitung des Anhörungsverfahrens bereits über den erforderlichen Kenntnisstand verfügt, um zu der konkret beabsichtigten Kündigung eine sachgerechte Stellungnahme abgeben zu können.[190] ZB muss ein Arbeitgeber die dem Wegfall des Beschäftigungsbedürfnisses und der Sozialauswahl zugrunde liegenden Tatsachen, die dem Betriebsrat bereits aus den Verhandlungen zum Abschluss eines Interessenausgleichs bekannt sind, im Anhörungsverfahren nicht erneut mitteilen.[191] Maßgebend ist dabei grundsätzlich der Kenntnisstand der Personen, die zur Entgegennahme von Erklärungen gemäß § 26 Abs. 2 S. 2 BetrVG berechtigt sind (Betriebsratsvorsitzender bzw. im Falle seiner Verhinderung dessen Stellvertreter).[192] Im Zweifel ist dem Arbeitgeber anzuraten, den Betriebsrat trotz etwaiger Vorkenntnisse im Rahmen des Anhörungsverfahrens nochmals vollständig zu unterrichten. Denn im Bestreitensfall trägt er die Darlegungs- und Beweislast für Vorkenntnisse des Betriebsrats.[193]

4. Erweiterung des Mitbestimmungsrechts

67 Hat der Arbeitgeber den Betriebsrat nach den vorstehenden Grundsätzen ordnungsgemäß angehört, kann die Kündigung grundsätzlich auch dann ausgesprochen werden, wenn der Betriebsrat damit nicht einverstanden ist. Das Mitbestimmungsrecht des Betriebsrats bei Kündigungen kann allerdings gemäß § 102 Abs. 6 BetrVG erweitert werden, indem Arbeit-

---
[190] BAG 23.10.2008 – 2 AZR 163/07, AP KSchG 1969 § 1 Namensliste Nr. 18 Rn. 21.
[191] BAG 28.6.2012 – 6 AZR 682/10, BAGE 142, 225 Rn. 63.
[192] BAG 27.6.1985 – 2 AZR 412/84, BAGE 49, 136; KR/*Etzel* BetrVG § 102 Rn. 69a.
[193] BAG 20.5.1999 – 2 AZR 532/98, BAGE 91, 341.

geber und Betriebsrat vereinbaren, dass Kündigungen der Zustimmung des Betriebsrats bedürfen. Eine ohne die Zustimmung des Betriebsrats ausgesprochene Kündigung ist dann unwirksam. Das Erfordernis der Zustimmung des Betriebsrats zur Kündigung kann auch in einem Tarifvertrag vereinbart werden.[194] Eine einzelvertraglich vereinbarte Zustimmungspflicht des Betriebsrats zu Kündigungen ist hingegen unwirksam.[195]

Eine Regelung iSd § 102 Abs. 6 BetrVG erfordert den Abschluss einer schriftlichen Betriebsvereinbarung; eine formlose Regelungsabrede genügt nicht.[196] Das Beteiligungsverfahren gemäß § 102 Abs. 6 BetrVG tritt an die Stelle des Anhörungsverfahrens nach § 102 Abs. 1 und 2 BetrVG.[197] Es entfällt daher die Möglichkeit des Widerspruchs des Betriebsrats gemäß § 102 Abs. 3 BetrVG und damit ein Weiterbeschäftigungsanspruch des Arbeitnehmers gemäß § 102 Abs. 5 BetrVG. Allerdings dürfte in diesen Fällen bei fehlender Zustimmung des Betriebsrats ein Weiterbeschäftigungsanspruch des Arbeitnehmers nach allgemeinen Grundsätzen[198] in Betracht kommen.[199]

IV. Reaktion des Betriebsrats

1. Grundlagen

Hat der Arbeitgeber den Betriebsrat nach den dargestellten Grundsätzen ordnungsgemäß unterrichtet, ist es die Aufgabe des Betriebsrats, sich mit der beabsichtigten Kündigung zu befassen und darüber zu entscheiden, ob und in welchem Sinne er Stellung nehmen will.[200] Dem Betriebsrat stehen hierbei verschiedene Reaktionsmöglichkeiten zur Verfügung. Er kann der Kündigung ausdrücklich zustimmen, innerhalb der Äußerungsfrist kein sachliche Stellungnahme abgeben oder Bedenken gegen den Ausspruch der Kündigung geltend machen (§ 102 Abs. 2 S. 1 und S. 3 BetrVG). Im Falle einer beabsichtigten ordentlichen Kündigung hat er zudem die Möglichkeit, der Kündigung gemäß § 102 Abs. 3 BetrVG zu widersprechen.

Über diese Reaktionsmöglichkeiten entscheidet der Betriebsrat durch **Beschluss** (§ 33 BetrVG), für den die allgemeinen Wirksamkeitsvoraussetzungen gelten. Erforderlich ist demnach, dass der Beschluss in einer Betriebsratssitzung gefasst worden ist, zu der die Mitglieder des Betriebsrats rechtzeitig unter Mitteilung der Tagesordnung geladen worden sind. Darüber hinaus muss der Betriebsrat beschlussfähig sein (§ 33 Abs. 2 BetrVG) und durch Abstimmung eine einheitliche Willensbildung mit der erforderlichen Mehrheit (§ 33 Abs. 1 BetrVG) herbeigeführt haben.[201] Wurde nicht formgerecht geladen, reicht es nach dem Zweck des § 29 Abs. 2 S. 3 BetrVG aus, dass alle Betriebsratsmitglieder einschließlich erforderlicher Ersatzmitglieder rechtzeitig zur Sitzung geladen worden sind und die beschlussfähig (§ 33 Abs. 2 BetrVG) Erschienenen auf dieser Sitzung eine Ergänzung oder Erstellung der Tagesordnung einstimmig beschließen.[202] Die Entscheidung über die Stellungnahme zu Kündigung kann nicht generell an ein einzelnes Betriebsratsmitglied delegiert werden.[203] Beschließt der Betriebsrat, zur Kündigung Stellung zu nehmen, hat der Betriebsratsvorsitzende bzw. im Falle seiner Verhinderung dessen Stellvertreter dem Arbeitgeber dies mitzuteilen (§ 26 Abs. 2 S. 1 BetrVG).

Eine **Stellungnahme** hat der Betriebsrat dabei innerhalb der gesetzlichen Äußerungsfrist abzugeben. Diese beträgt bei der **ordentlichen Kündigung eine Woche** (§ 102 Abs. 2 S. 1 BetrVG) und bei der **außerordentlichen Kündigung drei Tage** (§ 102 Abs. 2 S. 3 BetrVG). Beabsichtigt der Arbeitgeber, gegenüber einem ordentlich unkündbaren Arbeitnehmer eine außerordentliche Kündigung mit sozialer Auslauffrist auszusprechen, hat er den Betriebsrat

---

[194] BAG 21.6.2000 – 4 AZR 379/99, BAGE 95, 124.
[195] BAG 23.4.2009 – 6 AZR 263/08, BAGE 130, 364 Rn. 10.
[196] BAG 14.2.1978 – 1 AZR 76/76, BAGE 30, 50.
[197] BAG 7.12.2000 – 2 AZR 391/99, NZA 2001, 495.
[198] Vgl. BAG 27.2.1985 – GS 1/84, BAGE 48, 122.
[199] KR/*Etzel* BetrVG § 102 Rn. 251.
[200] BAG 4.8.1975 – 2 AZR 266/74, BAGE 27, 209; 16.1.2003 – 2 AZR 707/01, NZA 2003, 927.
[201] BAG 15.4.2014 – 1 ABR 2/13, BAGE 148, 26 Rn. 20.
[202] BAG 15.4.2014 – 1 ABR 2/13, BAGE 148, 26 Rn. 35.
[203] BAG 28.2.1974 – 2 AZR 455/73, BAGE 26, 27.

wie bei einer ordentlichen Kündigung zu beteiligen, dh ihm eine Stellungnahmefrist von einer Woche einzuräumen.[204] Für die Fristberechnung gelten die §§ 187 Abs. 1, 188 Abs. 2, 193 BGB.[205] Die Frist beginnt an dem Tag, an dem die Mitteilung des Arbeitgebers dem Betriebsrat zugeht, wobei dieser Tag bei der Fristberechnung nicht mitgerechnet wird (§ 187 Abs. 1 BGB). Bei der ordentlichen Kündigung endet die Wochenfrist mit dem Tage, der durch seine Benennung dem Tage entspricht, an dem der Betriebsrat vom Arbeitgeber unterrichtet wurde (§ 188 Abs. 2 BGB). Geht die Mitteilung des Arbeitgebers zB am Dienstag beim Betriebsrat ein, endet die Dreitagesfrist folglich am Freitag und die Wochenfrist am Dienstag der folgenden Woche. Fällt das nach diesen Grundsätzen berechnete Fristende auf einen Samstag, Sonntag oder gesetzlichen Feiertag, verlängert sich die Frist bis zum Ablauf des nächsten Werktags (§ 193 BGB). Die Frist läuft dabei jeweils um 24:00 Uhr ab und nicht etwa mit Dienstschluss der Personalabteilung des Arbeitgebers.[206]

72 Die genannten Fristen können durch Vereinbarung zwischen Arbeitgeber und Betriebsrat verlängert,[207] aber nicht verkürzt werden.[208] Erst recht kann der Arbeitgeber die gesetzlichen Anhörungsfristen nicht einseitig verkürzen, auch wenn es sich um Eilfälle handelt. Der Betriebsrat darf die gesetzlichen oder verlängerten Fristen stets voll ausschöpfen.[209] Der Betriebsrat muss mit seiner Äußerung allerdings nicht bis zum Fristablauf warten. Er kann bereits vor diesem Zeitpunkt zur mitgeteilten Kündigungsabsicht des Arbeitgebers abschließend Stellung nehmen. Das Beteiligungsverfahren ist dann vorzeitig beendet und der Arbeitgeber kann die Kündigung umgehend erklären.[210] Einer Äußerung des Betriebsrats kommt indes nur dann fristverkürzende Wirkung zu, wenn der Arbeitgeber ihr unzweifelhaft entnehmen kann, dass es sich um eine abschließende Stellungnahme handelt. Die ggf. erforderliche Auslegung der Erklärung des Betriebsrats muss eindeutig ergeben, dass der Betriebsrat sich bis zum Ablauf der Anhörungfrist nicht noch einmal – und sei es „nur" zur Ergänzung der Begründung seiner bereits eröffneten Entschließung – äußern möchte.[211] Vervollständigt der Arbeitgeber eine zunächst unzureichende Unterrichtung durch eine nachträgliche Mitteilung, dann beginnt die Frist zu diesem Zeitpunkt von neuem zu laufen.[212] Hat der Arbeitgeber den Betriebsrat hingegen ordnungsgemäß unterrichtet, dann wird die Frist durch bloße Rückfragen des Betriebsrats nicht verlängert.[213]

2. Zustimmung

73 Der Betriebsrat kann der Kündigung ausdrücklich zustimmen, auch wenn diese Reaktionsmöglichkeit im Gesetz nicht vorgesehen ist. Die Zustimmung kann **schriftlich oder mündlich** erklärt werden.[214] Wird der Arbeitgeber vom Betriebsratsvorsitzenden (§ 26 Abs. 2 S. 1 BetrVG) über die Zustimmung des Betriebsrats zur beabsichtigten Kündigung unterrichtet, ist das Anhörungsverfahren abgeschlossen und der Arbeitgeber darf die Kündigung somit auch schon vor Ablauf der Äußerungsfrist aussprechen.[215]

3. Absehen von einer sachlichen Stellungnahme

74 Der Betriebsratsvorsitzende kann dem Arbeitgeber auch mitteilen, dass der Betriebsrat eine sachliche Stellungnahme zur Kündigung nicht abgeben möchte oder sich zur Kündi-

---

[204] BAG 12.1.2006 – 2 AZR 242/05, AP BGB § 626 Nr. 13.
[205] BAG 8.4.2003 – 2 AZR 515/02, BAGE 106, 14.
[206] BAG 25.5.2016 – AZR 345/15, NZA 2016, 1140 Rn. 29.
[207] BAG 14.8.1986 – 2 AZR 561/85, BAGE 52, 346.
[208] ErfK/*Kania* BetrVG § 102 Rn. 11; KR/*Etzel* BetrVG § 102 Rn. 89; aA Richardi BetrVG/*Thüsing* § 102 Rn. 102.
[209] BAG 29.3.1977 – 1 AZR 46/75, BAGE 29, 114; KR/*Etzel* BetrVG § 102 Rn. 88; ErfK/*Kania* BetrVG § 102 Rn. 11.
[210] BAG 25.5.2016 – 2 AZR 345/15, NZA 2016, 1140 Rn. 23.
[211] BAG 25.5.2016 – 2 AZR 345/15, NZA 2016, 1140 Rn. 24.
[212] BAG 3.4.1987 – 7 AZR 66/86, NZA 1988, 37.
[213] LAG Hessen 21.3.1973 – 7 Sa 667/72, DB 1973, 1806; ErfK/*Kania* BetrVG § 102 Rn. 11; KR/*Etzel* BetrVG § 102 Rn. 87.
[214] BAG 24.8.1983 – 7 AZR 475/81.
[215] BAG 4.8.1975 – 2 AZR 266/74, BAGE 27, 209; 16.1.2003 – 2 AZR 707/01, NZA 2003, 927.

gung nicht äußern möchte. Mit einer solchen Erklärung ist das Anhörungsverfahren abgeschlossen mit der Folge, dass die Kündigung auch schon vor Ablauf der Anhörungsfrist ausgesprochen werden kann.[216] Allerdings muss sich aus der Erklärung des Betriebsrats jeweils eindeutig ergeben, dass es sich um eine abschließende Stellungnahme handelt. Erklärt der Betriebsratsvorsitzende dies nicht ausdrücklich, so ist der Inhalt seiner Stellungnahme durch Auslegung zu ermitteln.[217] Ist die Äußerung des Betriebsrats nach diesen Grundsätzen noch nicht als abschließend anzusehen, darf der Arbeitgeber die Kündigung nicht vor Ablauf der Äußerungsfrist aussprechen. Dem Arbeitgeber ist bei derartiger Sachlage anzuraten, vorsorglich den Ablauf der Wochenfrist abzuwarten, bevor er die Kündigung erklärt, so lange für ihn noch eine gewisse Unsicherheit verbleibt.

Äußert sich der Betriebsrat innerhalb der gesetzlichen Äußerungsfrist überhaupt nicht zur beabsichtigten Kündigung, ist das Anhörungsverfahren mit Ablauf der Äußerungsfrist abgeschlossen. Bei einer ordentlichen Kündigung gilt die Zustimmung zur Kündigung in einem solchen Fall als erteilt (§ 102 Abs. 2 S. 2 BetrVG). Für die außerordentliche Kündigung, bei der mit einem Widerspruch des Betriebsrats keine besonderen Rechtsfolgen verknüpft sind, sieht das Gesetz keine entsprechende Zustimmungsfiktion vor. Gleichwohl ist das Anhörungsverfahren auch bei einer außerordentlichen Kündigung nach Ablauf der Äußerungsfrist abgeschlossen, wenn der Betriebsrat schweigt.[218] 75

4. Bedenken

Gemäß § 102 Abs. 2 S. 1 und 3 BetrVG kann der Betriebsrat gegen die Kündigung Bedenken erheben. Die Geltendmachung von Bedenken ist der generelle Auffangtatbestand für alle ablehnenden Stellungnahmen des Betriebsrats.[219] Im Unterschied zu einem ordnungsgemäßen Widerspruch nach § 102 Abs. 3 BetrVG hat die Geltendmachung von Bedenken, selbst wenn sie form- und fristgerecht erfolgt, keine konkreten Auswirkungen auf die Rechtsstellung des betroffenen Arbeitnehmers. Die Äußerung von Bedenken kann allenfalls mittelbar die Stellung des Arbeitnehmers im Kündigungsschutzprozess verstärken.[220] 76

Die Bedenken sind **schriftlich unter Angabe von Gründen** mitzuteilen. Dabei ist der Betriebsrat nicht an die Widerspruchsgründe des § 102 Abs. 3 BetrVG gebunden, sondern er kann seine Bedenken auf beliebige Gründe und Erwägungen stützen. ZB kann er auch auf persönliche oder soziale Verhältnisse des Arbeitnehmers verweisen. Für die Schriftform gilt nicht § 126 BGB, sondern eine Mitteilung in Textform iSd § 126b BGB ist ausreichend.[221] Dies entspricht der Rechtsprechung des BAG zur vergleichbaren Vorschrift des § 99 Abs. 3 S. 1 BetrVG.[222] Die Bedenken können dem Arbeitgeber daher zB auch per Telefax oder E-Mail übermittelt werden.[223] 77

Etwaige Bedenken sind dem Arbeitgeber innerhalb der maßgeblichen Äußerungsfrist von einer Woche bzw. drei Tagen mitzuteilen. Teilt der Betriebsrat seine Bedenken form- und fristgerecht mit, ist das Anhörungsverfahren bereits zu diesem Zeitpunkt abgeschlossen, wenn sich aus der Erklärung des Betriebsrats ergibt, dass es sich um eine abschließende Stellungnahme handelt.[224] 78

5. Widerspruch

Gemäß § 102 Abs. 3 BetrVG kann der Betriebsrat einer ordentlichen Kündigung innerhalb der Wochenfrist unter Berufung auf einen oder mehrere der dort genannten Gründe widersprechen. Für die außerordentliche Kündigung sieht das Gesetz kein entsprechendes 79

---

[216] BAG 12.3.1987 – 2 AZR 176/86, NZA 1988, 137; 24.6.2004 – 2 AZR 461/03, NZA 2004, 1330; KR/*Etzel* BetrVG § 102 Rn. 103.
[217] BAG 25.5.2016 – 2 AZR 345/15, NZA 2016, 1140 Rn. 24.
[218] ErfK/*Kania* BetrVG § 102 Rn. 11; KR/*Etzel* BetrVG § 102 Rn. 129.
[219] *Fitting* BetrVG § 102 Rn. 65.
[220] *Fitting* BetrVG § 102 Rn. 70.
[221] KR/*Etzel* BetrVG § 102 Rn. 142; *Fitting* BetrVG § 102 Rn. 64; Richardi BetrVG/*Thüsing* § 102 Rn. 95.
[222] BAG 9.12.2008 – 1 ABR 79/07, BAGE 128, 364 Rn. 27; 10.3.2009 – 1 ABR 93/07, BAGE 130, 1 Rn. 29.
[223] Vgl. BAG 11.6.2002 – 1 ABR 43/01, BAGE 101, 298; 10.3.2009 – 1 ABR 93/07, BAGE 130, 1 Rn. 36.
[224] Vgl. → Rn. 74.

Widerspruchsrecht vor. Zwar ist dem Betriebsrat gleichwohl das Recht zuzubilligen, auch einer außerordentlichen Kündigung zu widersprechen, da der Widerspruch nur eine qualifizierte Art von Bedenken ist.[225] Ein solcher Widerspruch bewirkt jedoch nicht die für den Widerspruch gegen eine ordentliche Kündigung vorgesehenen Rechtsfolgen und führt insbesondere nicht zu einem Weiterbeschäftigungsanspruch des Arbeitnehmers gemäß § 102 Abs. 5 BetrVG.[226] Etwas anderes gilt nur, wenn der Arbeitgeber eine außerordentliche Kündigung mit sozialer Auslauffrist gegenüber einem ordentlich unkündbaren Arbeitnehmer ausspricht. In diesem Fall hat er den Betriebsrat wie bei einer ordentlichen Kündigung zu beteiligen, so dass dem Betriebsrat in einem solchen Fall auch ein Widerspruchsrecht gemäß § 102 Abs. 3–5 BetrVG zusteht.[227]

80 a) **Form und Frist.** Der Widerspruch bedarf der Schriftform und muss begründet werden.[228] Dieses **Schriftform- und Begündungserfordernis** ergibt sich zwar nicht unmittelbar aus dem Wortlaut des § 102 Abs. 3 BetrVG, folgt jedoch aus dem Zusammenhang mit der Regelung in § 102 Abs. 2 BetrVG, da es sich beim Widerspruch um eine qualifizierte Art von Bedenken handelt.[229] Zudem gehen auch §§ 102 Abs. 4 BetrVG, 1 Abs. 2 Nr. 1 KSchG davon aus, dass der Widerspruch gemäß § 102 Abs. 3 BetrVG schriftlich unter Angabe der Gründe zu erfolgen hat.[230] Für die Schriftform gilt nicht § 126 BGB, sondern eine Mitteilung in Textform iSd § 126b BGB ist ausreichend.[231]

81 Der Betriebsrat muss in seiner schriftlichen Stellungnahme die Gründe für seinen Widerspruch unter Anführung konkreter Tatsachen darlegen.[232] Dabei ist dem Betriebsrat ein Mindestmaß an konkreter Argumentation abzuverlangen.[233] Ein rein spekulativer Widerspruch reicht ebenso wenig aus wie die formelhafte Wiederholung des Gesetzestextes oder die Angabe von Leerformeln ohne konkreten Inhalt.[234] Der Widerspruch ist danach ordnungsgemäß, wenn die vom Betriebsrat zur Begründung seines Widerspruchs angeführten Tatsachen es als möglich erscheinen lassen, dass einer der in § 102 Abs. 3 BetrVG genannten Widerspruchsgründe vorliegt. Nicht erforderlich ist, dass die vom Betriebsrat angegebenen Tatsachen schlüssig einen Widerspruchsgrund iSv § 102 Abs. 3 BetrVG ergeben. Die vom Betriebsrat angeführten Tatsachen müssen zusammen mit anderen Tatsachen aber einen Widerspruchsgrund ergeben können.[235] Der Widerspruch muss dem Arbeitgeber innerhalb der **Wochenfrist** zugehen. Nach Ablauf der Äußerungsfrist kann der Betriebsrat keine neuen Widerspruchsgründe nachschieben.[236]

82 b) **Widerspruchsgründe.** Bei den Widerspruchsgründen handelt es sich in erster Linie um Gesichtspunkte betriebsbedingter Kündigungen mit kollektivem Einschlag, die der Betriebsrat wegen seines besseren Überblicks über die betrieblichen Geschehnisse leichter geltend machen kann als der einzelne Arbeitnehmer.[237] Ein Widerspruch des Betriebsrats kommt aber auch bei personen- und verhaltensbedingten Kündigungen in Betracht.[238]

83 Gemäß **§ 102 Abs. 3 Nr. 1 BetrVG** kann der Betriebsrat der Kündigung widersprechen, wenn der Arbeitgeber bei der Auswahl des zu kündigenden Arbeitnehmers soziale Gesichts-

---

[225] BAG 4.2.1993 – 2 AZR 469/92, EzA BGB § 626 nF Nr. 144.
[226] BAG 4.2.1993 – 2 AZR 469/92, EzA BGB § 626 nF Nr. 144.
[227] BAG 5.2.1998 – 2 AZR 227/97, BAGE 88, 10; 12.1.2006 – 2 AZR 242/05, AP BGB § 626 Krankheit Nr. 13 Rn. 17.
[228] Vgl. zum Erfordernis eines ordnungsgemäßen Betriebsratsbeschlusses → Rn. 70.
[229] BAG 4.2.1993 – 2 AZR 469/92, EzA BGB § 626 nF Nr. 144.
[230] Richardi BetrVG/*Thüsing* § 102 Rn. 180; *Fitting* BetrVG § 102 Rn. 71.
[231] *Fitting* BetrVG § 102 Rn. 64, 71; s. ausführlich → Rn. 77.
[232] BAG 24.3.1988 – 2 AZR 680/87, BeckRS 1988, 30725596.
[233] BAG 17.6.1999 – 2 AZR 608/98, NZA 1999, 1154; 11.5.2000 – 2 AZR 54/99, NZA 2000, 1055.
[234] BAG 24.3.1988 – 2 AZR 680/87, BeckRS 1988, 30725596; 11.5.2000 – 2 AZR 54/99, NZA 2000, 1055.
[235] BAG 11.5.2000 – 2 AZR 54/99, NZA 2000, 1055; LAG Hamburg 21.5.2008 – 4 SaGa 2/08 Rn. 48, BeckRS 2011, 66752; LAG Hessen 15.2.2013 – 14 SaGa 1700/12, LAGE 2001 § 102 Beschäftigungspflicht Nr. 6; KR/*Etzel* BetrVG § 102 Rn. 144.
[236] BAG 6.12.1984 – 2 AZR 542/83, BeckRS 1984, 04425; KR/*Etzel* BetrVG § 102 Rn. 142a.
[237] *Fitting* BetrVG § 102 Rn. 73.
[238] BAG 22.7.1982 – 2 AZR 30/81, NJW 1983, 700.

punkte nicht oder nicht ausreichend berücksichtigt hat. Damit ist die Sozialauswahl bei betriebsbedingten Kündigungen (§ 1 Abs. 3 S. 1 KSchG) angesprochen.[239] Macht der Betriebsrat mit seinem Widerspruch geltend, der Arbeitgeber habe zu Unrecht Arbeitnehmer nicht in die soziale Auswahl einbezogen, müssen diese Arbeitnehmer vom Betriebsrat entweder konkret benannt oder anhand abstrakter Merkmale aus dem Widerspruchsschreiben bestimmbar sein.[240] Zudem muss der Betriebsrat plausibel darlegen, warum ein anderer Arbeitnehmer sozial weniger schutzwürdig sei. Hierzu sind zwar nicht die einzelnen Sozialdaten iSd § 1 Abs. 3 S. 1 KSchG aufzuführen. Der Betriebsrat hat aber aufzuzeigen, welche Gründe aus seiner Sicht zu einer anderen Bewertung der sozialen Schutzwürdigkeit führen.[241]

Nach § 102 Abs. 3 Nr. 2 BetrVG kann der Betriebsrat der Kündigung widersprechen, 84 wenn die Kündigung gegen eine Auswahlrichtlinie iSd § 95 BetrVG verstößt. Auswahlrichtlinien sind Grundsätze, die zu berücksichtigen sind, wenn bei beabsichtigten personellen Einzelmaßnahmen, für die mehrere Arbeitnehmer oder Bewerber in Betracht kommen, zu entscheiden ist, welchem gegenüber sie vorgenommen werden sollen.[242] Unter § 95 BetrVG fallen insbesondere Richtlinien über die soziale Auswahl der zu kündigenden Arbeitnehmer im Rahmen betriebsbedingter Kündigungen.[243] Ist in einer wirksamen Betriebsvereinbarung nach § 95 BetrVG festgelegt, wie die sozialen Gesichtspunkte nach § 1 Abs. 3 S. 1 KSchG im Verhältnis zueinander zu bewerten sind, so kann die Bewertung gemäß § 1 Abs. 4 KSchG nur auf grobe Fehlerhaftigkeit überprüft werden.

Gemäß § 102 Abs. 3 Nr. 3 BetrVG kann der Betriebsrat der Kündigung widersprechen, 85 wenn der zu kündigende Arbeitnehmer an einem anderen Arbeitsplatz im selben Betrieb oder in einem anderen Betrieb des Unternehmens weiterbeschäftigt werden kann. Eine solche Weiterbeschäftigungsmöglichkeit setzt das Vorhandensein eines freien Arbeitsplatzes voraus.[244] Von Leiharbeitnehmern besetzte Arbeitsplätze sind dabei nur dann als frei anzusehen, wenn mit ihnen ein nicht schwankendes, ständig vorhandenes (Sockel-)Arbeitsvolumen abgedeckt werden soll, nicht aber, wenn sie lediglich zur Abdeckung von „Auftragsspitzen" oder als „Personalreserve" zur Abdeckung von Vertretungsbedarf eingesetzt werden.[245] Auf eine Weiterbeschäftigungsmöglichkeit in einem anderen Unternehmen des Konzerns kann der Widerspruch grundsätzlich nicht gestützt werden. Etwas anderes gilt nur in Ausnahmefällen, in denen eine konzernbezogene Betrachtung geboten ist. Das ist zB der Fall, wenn arbeitsvertraglich eine konzernweite Versetzungsmöglichkeit des Arbeitnehmers vorgesehen ist.[246]

Stützt der Betriebsrat seinen Widerspruch auf § 102 Abs. 3 Nr. 3 BetrVG, muss er konkret 86 darlegen, auf welchem (freien) Arbeitsplatz eine Weiterbeschäftigung des Arbeitnehmers in Betracht kommt. Hierbei muss der Arbeitsplatz zumindest in bestimmbarer Weise angegeben und der Bereich bezeichnet werden, in dem der Arbeitnehmer anderweitig beschäftigt werden kann. Ein rein spekulativer Widerspruch des Betriebsrats etwa in dem Sinne, es sei im Betrieb irgendeine anderweitige Beschäftigungsmöglichkeit vorhanden, reicht nicht aus.[247]

§ 102 Abs. 3 Nr. 4 BetrVG sieht eine Widerspruchsmöglichkeit des Betriebsrats für den 87 Fall vor, dass eine Weiterbeschäftigungsmöglichkeit des Arbeitnehmers nach zumutbaren Umschulungs- oder Fortbildungsmaßnahmen möglich ist. Dies setzt ebenso wie bei Nr. 3 einen freien Arbeitsplatz voraus, auf dem der Arbeitnehmer nach der Umschulung eingesetzt werden kann.[248] Eine Umschulung ist dem Arbeitgeber nicht zumutbar, wenn der Arbeitnehmer ihr nicht zustimmt oder sie in angemessener Zeit offenbar keinen Erfolg ver-

---

[239] KR/*Etzel* BetrVG § 102 Rn. 150 f.; ErfK/*Kania* BetrVG § 102 Rn. 18.
[240] BAG 9.7.2003 – 5 AZR 305/02, BB 2003, 2400.
[241] BAG 9.7.2003 – 5 AZR 305/02, BB 2003, 2400.
[242] Ascheid/Preis/Schmidt/*Koch* BetrVG § 102 Rn. 195.
[243] Vgl. dazu im Einzelnen *Fitting* BetrVG § 95 Rn. 23 ff.
[244] BAG 29.3.1990 – 2 AZR 369/89, BAGE 65, 61; Richardi BetrVG/*Thüsing* § 102 Rn. 167.
[245] BAG 15.12.2011 – 2 AZR 42/10, BAGE 140, 169 Rn. 25 ff.
[246] Vgl. BAG 23.3.2006 – 2 AZR 177/05 Rn. 20 ff., juris; Richardi BetrVG/*Thüsing* § 102 Rn. 168; ErfK/*Kania* BetrVG § 102 Rn. 20.
[247] BAG 17.6.1999 – 2 AZR 608/98, NZA 1999, 1154; 11.5.2000 – 2 AZR 54/99, NZA 2000, 1055.
[248] BAG 7.2.1991 – 2 AZR 205/90, BAGE 67, 198; Ascheid/Preis/Schmidt/*Koch* BetrVG § 102 Rn. 202.

spricht.²⁴⁹ Im Rahmen des Widerspruchs hat der Betriebsrat darzulegen, welche dem Arbeitgeber zumutbare Bildungsmaßnahme für den Arbeitnehmer in Betracht kommt und auf welchem freien Arbeitsplatz der Arbeitnehmer anschließend eingesetzt werden kann.²⁵⁰

88 Nach § 102 Abs. 3 Nr. 5 BetrVG kann der Betriebsrat der Kündigung schließlich widersprechen, wenn eine Weiterbeschäftigung des Arbeitnehmers unter geänderten Vertragsbedingungen möglich ist und der Arbeitnehmer sein Einverständnis hiermit erklärt hat. Dieses Einverständnis kann der Arbeitnehmer gegenüber dem Betriebsrat auch unter dem Vorbehalt erteilen, dass eine Änderung der Arbeitsbedingungen sozial gerechtfertigt ist.²⁵¹ Darauf kann der Arbeitgeber reagieren, indem er statt einer Beendigungs- eine Änderungskündigung ausspricht. Folgt er dem Vorschlag des Betriebsrats nicht und spricht wie ursprünglich geplant eine Beendigungskündigung aus, ist diese unwirksam, wenn eine Weiterbeschäftigung des Arbeitnehmers zu geänderten Vertragsbedingungen tatsächlich möglich war.

Formulierungsvorschlag:
Widerspruch des Betriebsrats

89 An die Geschäftsleitung
Im Hause

Sehr geehrte Damen und Herren,
der Betriebsrat hat sich in seiner Sitzung vom ...... mit der beabsichtigten Kündigung von Herrn ...... befasst und beschlossen, der Kündigung aus folgenden Gründen zu widersprechen:

1. Bei der von Ihnen getroffenen Auswahl des zu kündigenden Arbeitnehmers sind soziale Gesichtspunkte nicht ausreichend berücksichtigt worden (§ 102 Abs. 3 Nr. 1 BetrVG). Es gibt mehrere mit Herrn ...... vergleichbare Arbeitnehmer, die sozial weniger schutzbedürftig sind. So ist beispielsweise Herr A lediglich ...... Jahre alt und erst seit ca ...... Jahren in unserem Betrieb beschäftigt. Herr A ist zwar auch verheiratet, er hat aber keine Kinder. Nach Ansicht des Betriebsrats ist auch Herr B sozial weniger schutzbedürftig als der zur Kündigung ausgewählte Herr ......, weil ......

2. Zudem könnte Herr ...... nach Ansicht des Betriebsrats an einem anderen Arbeitsplatz weiterbeschäftigt werden (§ 102 Abs. 3 Nr. 1 BetrVG). Aufgrund seiner Ausbildung und bisherigen Tätigkeit könnte er nach einer sehr kurzen Einarbeitungszeit die Position des ...... in der Abteilung ...... übernehmen. Für diese Position suchen Sie derzeit einen Mitarbeiter.

......
(Betriebsratsvorsitzende/r)

90 c) **Rechtsfolgen.** Hat der Betriebsrat einer ordentlichen Kündigung frist- und ordnungsgemäß widersprochen, hindert dies den Arbeitgeber nicht, die beabsichtigte Kündigung auszusprechen.²⁵² Er hat **dem Arbeitnehmer** jedoch mit der Kündigung eine **Abschrift** der widersprechenden **Stellungnahme des Betriebsrats zuzuleiten.** Die Einhaltung dieser in § 102 Abs. 4 BetrVG normierten Verpflichtung ist allerdings keine Wirksamkeitsvoraussetzung für die ausgesprochene Kündigung.²⁵³

91 Erhebt der Arbeitnehmer Kündigungsschutzklage, ist der Arbeitgeber darüber hinaus verpflichtet, auf Verlangen des Arbeitnehmers diesen nach Ablauf der Kündigungsfrist bis zum rechtskräftigen Abschluss des Rechtsstreits bei unveränderten Arbeitsbedingungen weiterbeschäftigen, sofern er nicht durch einstweilige Verfügung von dieser Verpflichtung entbunden

---
²⁴⁹ Richardi BetrVG/*Thüsing* § 102 Rn. 173; *Fitting* BetrVG § 102 Rn. 91; Ascheid/Preis/Schmidt/*Koch* BetrVG § 102 Rn. 202.
²⁵⁰ KR/*Etzel* BetrVG § 102 Rn. 169; ErfK/*Kania* BetrVG § 102 Rn. 21.
²⁵¹ *Fitting* BetrVG § 102 Rn. 96; KR/*Etzel* BetrVG § 102 Rn. 173.
²⁵² Richardi BetrVG/*Thüsing* § 102 Rn. 189.
²⁵³ LAG Köln 19.10.2000 – 10 Sa 342/00, MDR 2001, 517; ErfK/*Kania* BetrVG § 102 Rn. 16; KR/*Etzel* BetrVG § 102 Rn. 180.

wird, § 102 Abs. 5 BetrVG. Ein solcher **Weiterbeschäftigungsanspruch** setzt nach herrschender Auffassung zusätzlich voraus, dass das Arbeitsverhältnis dem KSchG unterliegt.[254]

Hat der Betriebsrat einer beabsichtigten Kündigung ordnungsgemäß unter Berufung auf einen der in § 102 Abs. 3 Nr. 2–5 BetrVG genannten Gründe widersprochen und liegt ein derartiger Widerspruchsgrund tatsächlich vor, führt dies gemäß § 1 Abs. 2 KSchG zur **absoluten Sozialwidrigkeit der Kündigung**. Dies bedeutet, dass eine sonst stets erforderliche weitergehende Abwägung der beiderseitigen Interessen der Parteien nicht stattfindet, sondern die Sozialwidrigkeit der Kündigung unmittelbar aus dem begründeten Widerspruch des Betriebsrats folgt.[255] Durch diese Regelungen soll der individualrechtliche Kündigungsschutz für den Fall verstärkt werden, dass sich der Arbeitgeber über die fristgerecht vorgebrachten und durch die objektive Rechtslage begründeten Einwendungen des Betriebsrats zum Nachteil des Arbeitnehmers hinwegsetzt.[256]

6. Anhörung des Arbeitnehmers

Gemäß § 102 Abs. 2 S. 4 BetrVG soll der Betriebsrat vor seiner Stellungnahme den betroffenen Arbeitnehmer hören, soweit dies erforderlich erscheint. Er entscheidet hierüber nach pflichtgemäßem Ermessen.[257] Eine Anhörung des Arbeitnehmers ist insbesondere geboten, wenn der Betriebsrat auf der Grundlage des § 102 Abs. 3 Nr. 4 und 5 BetrVG widersprechen will. Ein derartiger Widerspruch wäre unbegründet, falls der Arbeitnehmer weder mit einer Fortbildungs- oder Umschulungsmaßnahme noch mit einer Änderung seiner Arbeitsbedingungen einverstanden ist. Aber auch in anderen Fällen kann die Anhörung erforderlich sein, damit der Arbeitnehmer den Sachverhalt aus seiner Sicht darstellen kann.[258] Wird der Arbeitnehmer angehört, sind die Betriebsratsmitglieder verpflichtet, über die im Rahmen der Anhörung bekannt gewordenen persönlichen Verhältnisse und Angelegenheiten des Arbeitsnehmers, die ihrer Bedeutung oder ihrem Inhalt nach einer vertraulichen Behandlung bedürfen, Stillschweigen zu bewahren (§ 102 Abs. 2 S. 5 BetrVG iVm § 99 Abs. 1 S. 3 BetrVG).

Ein etwaiger Ermessensfehlgebrauch des Betriebsrats und eine dadurch eintretende Verhinderung des dem Arbeitnehmer nach § 102 Abs. 2 S. 4 BetrVG zugedachten Schutzes hat keine Auswirkungen auf die Ordnungsmäßigkeit des Anhörungsverfahrens. Schließlich bleibt der Arbeitnehmer in einem solchen Falle nicht schutzlos ist. Zur Wahrung seiner Rechte verbleibt ihm der individuelle Kündigungsschutz.[259]

V. Rechtsfolgen unterlassener und fehlerhafter Anhörung des Betriebsrats

Eine **ohne Anhörung des Betriebsrats** ausgesprochene Kündigung ist gemäß § 102 Abs. 1 S. 3 BetrVG **unwirksam**. Auf die materiellen Gründe für die Kündigung kommt es dann nicht mehr an.[260] Die Unwirksamkeitsfolge tritt auch ein, wenn das Beteiligungsverfahren zwar nicht gänzlich unterbleibt, jedoch vom Arbeitgeber fehlerhaft durchgeführt wird.[261] Das ist insbesondere der Fall, wenn der Arbeitgeber seiner Unterrichtungspflicht nicht ausreichend nachgekommen ist oder er die Kündigung ausspricht, bevor das Anhörungsverfahren abgeschlossen ist.[262] Derartige Fehler aus der **Sphäre des Arbeitgebers** führen stets zur Un-

---

[254] *Fitting* BetrVG § 102 Rn. 107; Richardi BetrVG/*Thüsing* § 102 Rn. 216; ErfK/*Kania* BetrVG § 102 Rn. 16; unklar KR/*Etzel* BetrVG § 102 Rn. 11, 205a.
[255] BAG 13.9.1973 – 2 AZR 601/72, BAGE 25, 278; KR/*Griebeling* KSchG § 1 Rn. 195.
[256] BAG 6.6.1984 – 7 AZR 451/82, NZA 1985, 93; Ascheid/Preis/Schmidt/*Koch* BetrVG § 102 Rn. 92.
[257] BAG 2.4.1976 – 2 AZR 513/75, NJW 1976, 1519.
[258] KR/*Etzel* BetrVG § 102 Rn. 94.
[259] BAG 2.4.1976 – 2 AZR 513/75, NJW 1976, 1519.
[260] *Fitting* BetrVG § 102 Rn. 56; Ascheid/Preis/Schmidt/*Koch* BetrVG § 102 Rn. 152.
[261] BAG 27.11.2003 – 2 AZR 653/02, BeckRS 2003, 30800003; 6.10.2005 – 2 AZR 316/04, NZA 2006, 990; *Fitting* BetrVG § 102 Rn. 56.
[262] BAG 4.8.1975 – 2 AZR 266/74, BAGE 27, 209; 16.9.1993 – 2 AZR 267/93, BAGE 74, 185; ErfK/*Kania* BetrVG § 102 Rn. 26.

wirksamkeit der Kündigung. Sie können auch durch eine nachträgliche Zustimmung des Betriebsrats nicht geheilt werden.[263]

96 Ist das Anhörungsverfahren fehlerhaft durchgeführt worden, tritt die Unwirksamkeitsfolge aber nur ein, wenn auftretende Fehler dem Verantwortungsbereich des Arbeitgebers zuzurechnen sind. Liegen sie hingegen in der **Sphäre des Betriebsrats**, führen sie grundsätzlich nicht zur Unwirksamkeit der Kündigung wegen fehlerhafter Anhörung. Dies gilt auch dann, wenn der Arbeitgeber im Zeitpunkt der Kündigung weiß oder erkennen kann, dass der Betriebsrat die Angelegenheit nicht fehlerfrei behandelt hat. Solche Fehler gehen schon deshalb nicht zu Lasten des Arbeitgebers, weil er keine wirksamen rechtlichen Einflussmöglichkeiten auf die Beschlussfassung des Betriebsrats hat.[264] Derartige Fehler im Verantwortungsbereich des Betriebsrats, welche die Wirksamkeit der Anhörung unberührt lassen, sind zB eine fehlerhafte Ladung zur Betriebsratssitzung, eine fehlerhafte Beschlussfassung, eine ermessensfehlerhaft unterlassene Anhörung des Arbeitnehmers gemäß § 102 Abs. 2 S. 4 BetrVG oder eine fehlerhafte Weitergabe der vom Betriebsratsvorsitzenden erhaltenen Informationen an den Betriebsrat.[265] Ausnahmsweise sind auch Mängel aus der Sphäre des Betriebsrats beachtlich und führen zur Unwirksamkeit der Kündigung, wenn der Arbeitgeber den Fehler des Betriebsrats durch unsachgemäßes Verhalten selbst veranlasst hat oder – für den Arbeitgeber erkennbar – keine Stellungnahme des Gremiums „Betriebsrat", sondern etwa nur eine persönliche Äußerung des Betriebsratsvorsitzenden vorliegt.[266] Letzteres ist zB der Fall, wenn der Arbeitgeber den Betriebsratsvorsitzenden von einer beabsichtigten Kündigung unterrichtet und dieser der Kündigung sofort zustimmt.[267]

VI. Prozessuales

1. Geltendmachung unterlassener oder fehlerhafter Anhörung im Prozess

97 Die Unwirksamkeit der Kündigung wegen einer unterlassenen oder fehlerhaften Anhörung des Betriebsrats ist grundsätzlich an die Klagefrist des § 4 S. 1 KSchG gebunden. Versäumt der Arbeitnehmer die Klagefrist, gilt die Kündigung als von Anfang an rechtswirksam (§ 7 KSchG). Hat der Arbeitnehmer fristgerecht Kündigungsschutzklage erhoben und sich zunächst auf andere Unwirksamkeitsgründe berufen, dann muss er die Unwirksamkeit der Kündigung wegen fehlender oder fehlerhafter Anhörung des Betriebsrats spätestens bis zum Schluss der mündlichen Verhandlung erster Instanz geltend machen, § 6 S. 1 KSchG. Geschieht dies nicht, ist er mit dieser Rüge grundsätzlich ausgeschlossen. Gemäß § 6 S. 2 KSchG soll das Arbeitsgericht ihn hierauf hinweisen.[268]

2. Darlegungs- und Beweislast

98 Im Rahmen des § 102 Abs. 1 BetrVG gilt eine abgestufte Darlegungs- und Beweislast,[269] die sich an dem allgemeinen Grundsatz orientiert, dass jede Partei im Prozess die ihr günstigen Tatsachen darlegen und ggf. beweisen muss. Zunächst hat der Arbeitnehmer darzulegen und ggf. zu beweisen, dass für den Betrieb oder Betriebsteil, in dem er beschäftigt wird und dem er daher betriebsverfassungsrechtlich zuzuordnen ist, ein funktionsfähiger Betriebsrat gebildet ist.[270] Denn nur unter diesen Voraussetzungen besteht eine Anhörungspflicht gemäß § 102 Abs. 1 BetrVG.

---

[263] BAG 28.2.1974 – 2 AZR 455/73, BAGE 26, 27.
[264] BAG 22.11.2012 – 2 AZR 732/11, NZA 2013, 665 Rn. 43; 6.10.2005 – 2 AZR 316/04, NZA 2006, 990 Rn. 21.
[265] BAG 24.6.2004 – 2 AZR 461/03, NZA 2004, 1330; LAG Hamm 12.12.1996 – 8 Sa 1246/96, LAGE BetrVG 1972 § 102 Nr. 56; KR/*Etzel* BetrVG § 102 Rn. 116; Ascheid/Preis/Schmidt/*Koch* BetrVG § 102 Rn. 156.
[266] BAG 22.11.2012 – 2 AZR 732/11, NZA 2013, 665 Rn. 43; 6.10.2005 – 2 AZR 316/04, NZA 2006, 990 Rn. 21.
[267] BAG 28.3.1974 – 2 AZR 472/73, BAGE 26, 102.
[268] Vgl. zum Ganzen BAG 18.1.2012 – 6 AZR 407/10 Rn. 13 ff., BAGE 140, 261.
[269] BAG 23.6.2005 – 2 AZR 193/04, NZA 2005, 1233.
[270] BAG 18.10.2012 – 6 AZR 41/11, NZA 2013, 1007 Rn. 27.

Der Arbeitnehmer kann sich dann zunächst darauf beschränken, die ordnungsgemäße 99
Anhörung des Betriebsrats pauschal mit Nichtwissen zu bestreiten. Auf einen entsprechenden Sachvortrag des Arbeitnehmers hin obliegt es dem Arbeitgeber, darzulegen, dass der Betriebsrat ordnungsgemäß angehört worden ist. Da die Betriebsratsanhörung nach § 102 BetrVG Wirksamkeitsvoraussetzung der Kündigung ist, trifft die Darlegungs- und Beweislast insoweit grundsätzlich den Arbeitgeber.[271] Hat der Arbeitgeber eine ordnungsgemäße Anhörung des Betriebsrats im Detail schlüssig dargelegt, darf sich der Arbeitnehmer nicht mehr darauf beschränken, die ordnungsgemäße Betriebsratsanhörung pauschal mit Nichtwissen zu bestreiten. Er hat sich vielmehr nach den Grundsätzen der abgestuften Darlegungslast vollständig über den vom Arbeitgeber vorgetragenen Sachverhalt zu erklären und im Einzelnen deutlich machen, welche der Angaben er aus welchem Grund weiterhin – ggf. mit Nichtwissen, § 138 Abs. 4 ZPO – bestreiten will.[272] Wenn der Arbeitnehmer dem Vorbringen des Arbeitgebers nicht nochmals entgegentritt, hat das mit der Sache befasste Gericht dieses Vorbringen dennoch auf seine Schlüssigkeit hin zu überprüfen.[273] Das gilt jedoch dann nicht, wenn der Arbeitnehmer deutlich zum Ausdruck gebracht hat, dass er an der betriebsverfassungsrechtlichen Rüge als solcher nicht mehr festhalte. Dann ist die Wirksamkeit der Kündigung unter dem Aspekt des § 102 Abs. 1 BetrVG nicht zu überprüfen.[274]

3. Nachschieben von Kündigungsgründen

Kündigungsgründe, die dem **Arbeitgeber im Zeitpunkt der Unterrichtung des Betriebsrats** 100
bereits bekannt waren, von denen er dem Betriebsrat aber keine Mitteilung gemacht hat, kann er im späteren Kündigungsschutzprozess **nicht nachschieben**.[275] Dies folgt aus Sinn und Zweck des Anhörungsverfahrens. Dem Betriebsrat soll Gelegenheit gegeben werden, vor Erklärung der Kündigung auf den Kündigungsentschluss des Arbeitgebers im Hinblick auf die diesem bekannten und deshalb seine Absicht beeinflussenden Umstände einzuwirken. Diesem Zweck widerspricht es, dem Arbeitgeber zu gestatten, sich im späteren Kündigungsschutzprozess auf „neue" Gründe zu berufen, die zwar seinen Kündigungsentschluss womöglich mit beeinflusst haben, hinsichtlich derer je jedoch dem Betriebsrat keine Gelegenheit zur Stellungnahme gegeben hatte.[276] Derartige Kündigungsgründe können im späteren Kündigungsschutzprozess selbst dann keine Berücksichtigung finden, wenn der Betriebsrat der beabsichtigten Kündigung bereits aufgrund der ihm mitgeteilten Gründe uneingeschränkt zugestimmt hat.[277] Nach diesen Grundsätzen kann sich zB ein Arbeitgeber, der den Betriebsrat zu einer verhaltensbedingten Kündigung angehört hat, im Kündigungsschutzverfahren nicht auf das Vorliegen ihm bei Ausspruch der Kündigung bekannter personenbedingter Kündigungsgründe berufen.[278] Kündigungsgründe, die dem Arbeitgeber im Zeitpunkt der Unterrichtung des Betriebsrats noch unbekannt sind, ihm aber vor Ausspruch der Kündigung bekannt werden, kann er im Kündigungsschutzprozess nur verwerten/vorbringen, wenn er hinsichtlich dieser Gründe vor Ausspruch der Kündigung den Betriebsrat angehört hat. Denn im Zeitpunkt des Ausspruchs der Kündigung wird der Kündigungsentschluss durch diese Gründe mitbestimmt.[279]

Das unzulässige Nachschieben von Kündigungsgründen führt dabei nicht zur Unwirksamkeit der Kündigung. Vielmehr beschränkt sich die Überprüfung im Kündigungsrechts- 101

---

[271] BAG 8.5.2014 – 2 AZR 1005/12, NZA 2015, 889 Rn. 32.
[272] BAG 24.5.2012 – 2 AZR 206/11, NZA 2013, 137 Rn. 49; 24.4.2008 – 8 AZR 268/07, NZA 2008, 1314 Rn. 30; 13.12.2018 – 2 AZR 378/18, NZA 2019, 305 Rn. 42 (zur Personalratsanhörung).
[273] BAG 20.6.2012 – 2 AZR 546/12, BAGE 145, 278 Rn. 45; 24.5.2012 – 2 AZR 206/11, NZA 2013, 137 Rn. 49.
[274] BAG 20.6.2012 – 2 AZR 546/12, BAGE 145, 278 Rn. 45; 24.5.2012 – 2 AZR 206/11, NZA 2013, 137 Rn. 49.
[275] BAG 18.6.2015 – 2 AZR 256/14, NZA 2016, 287 Rn. 47.
[276] BAG 18.6.2015 – 2 AZR 256/14, NZA 2016, 287 Rn. 47.
[277] BAG 26.9.1991 – 2 AZR 132/91, NZA 1992, 1073.
[278] LAG Hamburg 22.2.1991 – 6 Sa 81/90, LAGE BetrVG 1972 § 102 Nr. 28; vgl. zur umgekehrten Konstellation (Wechsel von der personenbedingten zur verhaltensbedingten Kündigung) LAG Hamm 1.3.2007 – 17 Sa 1503/06, BeckRS 2007, 44237.
[279] KR/*Etzel* BetrVG § 102 Rn. 186.

streit auf die dem Betriebsrat im Anhörungsverfahren mitgeteilten Kündigungsgründe.[280] Ein betriebsverfassungsrechtliches **Verwertungsverbot** für nicht mitgeteilte Kündigungsgründe erstreckt sich allerdings nicht auf die Verwendung dieser Gründe im Rahmen eines Auflösungsantrages nach § 9 Abs. 1 S. 2 KSchG.[281]

102 Um ein unzulässiges Nachschieben von Kündigungsgründen handelt es sich aber nicht, wenn der Arbeitgeber die dem Betriebsrat mitgeteilten **Kündigungsgründe** im Prozess nur **weiter erläutert und konkretisiert,** ohne dass dies den Kündigungssachverhalt wesentlich verändert. Wenn der Arbeitgeber den Betriebsrat beispielsweise vor einer beabsichtigten betriebsbedingten Kündigung über einen objektiv zu kleinen Kreis von Arbeitnehmern unterrichtet, die er in die soziale Auswahl einbezogen hat, dann darf er auf Verlangen des Arbeitnehmers im Kündigungsschutzprozess seinen Vortrag zur Sozialauswahl ergänzen. Damit konkretisiert er lediglich den für den Betriebsrat erkennbaren Hinweis, andere als die ihm benannten Arbeitnehmer seien nicht vergleichbar.[282] Die Grenze zur bloßen Konkretisierung der dem Betriebsrat mitgeteilten Kündigungsgründe ist jedoch überschritten, wenn die neuen Tatsachen dem mitgeteilten Kündigungssachverhalt erstmals das Gewicht eines Kündigungsgrundes geben oder weitere, selbständig zu würdigende Kündigungssachverhalte betreffen.[283] Deshalb ist zB der Vortrag des Arbeitgebers im Kündigungsschutzprozess, der Arbeitnehmer sei wegen des gleichen Vertragsverstoßes im Leistungsbereich schon einmal abgemahnt worden, nicht verwertbar, wenn dieser Umstand dem Betriebsrat nicht mitgeteilt wurde.[284]

103 **Kündigungsgründe,** die im **Zeitpunkt des Ausspruchs der Kündigung bereits vorlagen,** dem **Arbeitgeber aber erst nach diesem Zeitpunkt bekannt** werden, können im Kündigungsschutzprozess grundsätzlich **nachgeschoben werden.**[285] Da nach dem Schutzzweck des § 102 BetrVG der Arbeitgeber zu Begründung der Kündigung nur Gründe heranziehen darf, mit denen sich der Betriebsrat befassen konnte, können diese nachträglich bekannt gewordenen Gründe aber nur/erst dann in den Kündigungsschutzprozess eingeführt twerden, wenn der Arbeitgeber zuvor den Betriebsrat hierzu erneut angehört hat.[286] Ein zulässiges Nachschieben von Kündigungsgründen kommt zudem nur in Betracht, wenn die Anhörung des Betriebsrats vor Ausspruch der Kündigung nicht fehlerhaft war.[287]

VII. Beteiligungsrechte anderer Arbeitnehmervertretungen bei Kündigungen

1. Kirchliche Mitarbeitervertretungen

104 a) **Grundlagen.** Gemäß Art. 140 GG iVm Art. 137 Abs. 3 WRV haben die Religionsgemeinschaften das Recht, ihre Angelegenhietn selbst zu regeln. Als Teil dieses Selbstbestimmungsrechts ist den Kirchen auch die Gestaltung ihrer Mitbestimmungsordnung verfassungsrechtlich garantiert. Sie bestimmen als eigene Angelegenheit iSd Art. 140 GG iVm Art. 137 Abs. 3 WRV, ob und in welcher Weise die Arbeitnehmer und ihre Vertretungsorgane in Angelegenheiten des Betriebs, die ihre Interessen berühren, mitwirken und mitbestimmen.[288] Dem entsprechen die Bereichsausnahmen in § 118 Abs. 2 BetrVG und zB § 112 BPersVG.

105 Soweit sich die Kirchen der Privatautonomie zur Begründung von Arbeitsverhältnissen bedienen, findet auf diese Arbeitsverhältnisse jedoch das staatliche Arbeitsrecht Anwen-

---

[280] BAG 1.4.1981 – 7 AZR 1003/78, BAGE 35, 190; 18.10.2006 – 2 AZR 676/05, NZA 2007, 798 Rn. 35.
[281] BAG 10.10.2002 – 2 AZR 240/01, BAGE 103, 100.
[282] BAG 15.6.1989 – 2 AZR 580/88, BAGE 62, 116; 18.9.1997 – 2 AZR 657/96, EzA KSchG § 1 Betriebsbedingte Kündigung Nr. 97.
[283] BAG 10.4.2014 – 2 AZR 684/13, NZA 2014, 1197 Rn. 23.
[284] BAG 18.12.1980 – 2 AZR 1006/78, BAGE 34, 309.
[285] BAG 18.6.2015 – 2 AZR 256/14, NZA 2016, 287 Rn. 47.
[286] BAG 28.2.1990 – 2 AZR 401/89, NZA 1990, 727; 18.6.2015 – 2 AZR 256/14, NZA 2016, 287 Rn. 47.
[287] KR/*Etzel* BetrVG § 102 Rn. 185b.
[288] BVerfG 11.10.1977 – 2 BvR 209/76, BVerfGE 46, 73; BAG 21.11.2013 – 6 AZR 664/12, NZA 2014, 362 Rn. 54.

dung.[289] Macht hierbei ein kirchlicher Arbeitnehmer geltend, dass eine Kündigung des kirchlichen Arbeitgebers unwirksam ist, weil dieser die kirchliche Mitarbeitervertretung nicht ordnungsgemäß beteiligt habe, so hat das staatliche Arbeitsgericht die Pflicht, dies zu überprüfen.[290]

b) Katholische Kirche. Grundlage für das Mitarbeitervertretungsrecht der katholischen Kirche ist die Rahmenordnung für eine Mitarbeitervertretungsordnung (MAVO). Nach § 30 Abs. 1 MAVO ist der Mitarbeitervertretung vor jeder **ordentlichen Kündigung** durch den Dienstgeber schriftlich die Absicht der Kündigung mitzuteilen. Bestand das Arbeitsverhältnis im Zeitpunkt der beabsichtigten Kündigung bereits mindestens sechs Monate, so hat er auch die Gründe für die Kündigung darzulegen. Eine nur mündliche Information der Mitarbeitervertretung stellt keine ordnungsgemäße Mitteilung iSd § 30 Abs. 1 MAVO dar. Die schriftliche Unterrichtung hat gegenüber dem Vorsitzenden der Mitarbeitervertretung bzw. bei dessen Verhinderung gegenüber dem Stellvertreter zu erfolgen.[291] 106

Will die Mitarbeitervertretung gegen die Kündigung Einwendungen geltend machen, so hat sie diese unter Angabe der Gründe dem Dienstgeber spätestens innerhalb einer Woche schriftlich mitzuteilen (§ 30 Abs. 2 MAVO). Als Einwendung kann dabei insbesondere geltend gemacht werden, dass nach Ansicht der Mitarbeitervertretung die Kündigung gegen ein Gesetz, eine Rechtsverordnung, kircheneigene Ordnung oder sonstiges geltendes Recht verstößt, der Dienstgeber bei der Auswahl des zu kündigenden Mitarbeiters soziale Gesichtspunkte nicht oder nicht ausreichend berücksichtigt hat, der zu kündigende Mitarbeiter an einem anderen Arbeitsplatz in einer Einrichtung desselben Dienstgebers weiter beschäftigt werden kann, die Weiterbeschäftigung des Mitarbeiters nach zumutbaren Umschulungs- oder Fortbildungsmaßnahmen möglich ist oder eine Weiterbeschäftigung des Mitarbeiters unter geänderten Vertragsbedingungen möglich ist und der Mitarbeiter sein Einverständnis hiermit erklärt hat (§ 30 Abs. 3 S. 1 MAVO). Diese Einwendungen bedürfen der Schriftform und der Angabe der konkreten, auf den Einzelfall bezogenen Gründe (§ 30 Abs. 3 S. 2 MAVO). 107

Erhebt die Mitarbeitervertretung innerhalb der Frist keine Einwendungen, so gilt die beabsichtigte Kündigung als nicht beanstandet (§ 30 Abs. 2 S. 2 MAVO). Erhebt die Mitarbeitervertretung Einwendungen und hält der Dienstgeber an der Kündigungsabsicht fest, so werden die Einwendungen in einer gemeinsamen Sitzung von Dienstgeber und Mitarbeitervertretung mit dem Ziel einer Verständigung beraten (§ 30 Abs. 2 S. 3 MAVO). Kündigt der Dienstgeber, obwohl die Mitarbeitervertretung Einwendungen erhoben hat, so hat er dem Mitarbeiter mit der Kündigung eine Abschrift der Einwendungen der Mitarbeitervertretung zuzuleiten (§ 30 Abs. 4 MAVO). Eine Kündigung, die ohne Einhaltung des beschriebenen Verfahrens ausgesprochen wird, ist gemäß § 30 Abs. 5 MAVO unwirksam. 108

Gemäß § 31 Abs. 1 MAVO muss der Dienstgeber der Mitarbeitervertretung vor Ausspruch einer **außerordentlichen Kündigung** schriftlich die Absicht der Kündigung und die Gründe hierfür mitteilen. Will die Mitarbeitervertretung gegen die Kündigung Einwendungen geltend machen, so hat sie diese unter Angabe der Gründe dem Dienstgeber spätestens innerhalb von drei Tagen schriftlich mitzuteilen, wobei diese Frist vom Dienstgeber auf 48 Stunden verkürzt werden kann (§ 31 Abs. 1 S. 1 und 2 MAVO). Erhebt die Mitarbeitervertretung innerhalb der Frist keine Einwendungen, so gilt die beabsichtigte Kündigung als nicht beanstandet. Erhebt die Mitarbeitervertretung Einwendungen, so entscheidet der Dienstgeber über den Ausspruch der außerordentlichen Kündigung (§ 31 Abs. 1 S. 3 und 4 MAVO). Eine ohne Einhaltung des beschriebenen Verfahrens ausgesprochene Kündigung ist gemäß § 31 Abs. 3 MAVO unwirksam. 109

c) Evangelische Kirche. Grundlage für das Mitarbeitervertretungsrecht der evangelischen Kirche ist das Kirchengesetz über Mitarbeitervertretungen in der Evangelischen Kirche in Deutschland (MVG.EKD). Dieses sieht je nach Art der Kündigung unterschiedliche Mitwirkungsrechte der Mitarbeitervertretung vor. 110

---

[289] BAG 11.3.1986 – 1 ABR 26/84, BAGE 51, 238.
[290] BAG 4.7.1991 – 2 AZR 16/91, BeckRS 1991, 30738125.
[291] BAG 16.10.1991 – 2 AZR 156/91, EzA BetrVG 1972 § 102 Nr. 83.

Müntefering

111   Bei Ausspruch einer **ordentlichen Kündigung nach Ablauf der Probezeit** besteht ein **eingeschränktes Mitbestimmungsrecht** der Mitarbeitervertretung (§ 42 Buchst. b) iVm §§ 41, 38 MVG.EKD). Eine solche Kündigung darf nur ausgesprochen werden, wenn die Mitarbeitervertretung ihr nach ordnungsgemäß durchgeführtem Verfahren zugestimmt hat oder das Kirchengericht die Zustimmung ersetzt hat. In diesen Fällen hat die Dienststellenleitung die Mitarbeitervertretung zunächst über die beabsichtigte Kündigung zu unterrichten und deren Zustimmung zu beantragen (§ 38 Abs. 2 S. 1 MVG.EKD). Hierbei gelten die zur Unterrichtung nach § 102 BetrVG maßgeblichen Grundsätze.[292] Auf Verlangen der Mitarbeitervertretung ist die beabsichtigte Maßnahme mit ihr zu erörtern (§ 38 Abs. 2 S. 2 MVG.EKD). Wenn die Mitarbeitervertretung nicht innerhalb von zwei Wochen schriftlich die Zustimmung verweigert oder eine mündliche Erörterung beantragt, gilt die Kündigung als gebilligt. Diese Frist kann die Dienststellenleitung in dringenden Fällen bis auf drei Arbeitstage abkürzen (§ 38 Abs. 3 S. 1 und 2 MVG.EKD). Im Fall der Erörterung gilt die Zustimmung als erteilt, wenn die Mitarbeitervertretung die Zustimmung nicht innerhalb von zwei Wochen nach dem Abschluss der Erörterung schriftlich verweigert (§ 38 Abs. 3 S. 6 MVG.EKD). Eine Zustimmungsverweigerung der Mitarbeitervertretung hat schriftlich zu erfolgen und ist zu begründen (§ 38 Abs. 3 S. 5 MVG.EKD). Sie kann nur darauf gestützt werden, dass die Kündigung gegen eine Rechtsvorschrift, eine arbeitsrechtliche Regelung, eine andere bindende Bestimmung oder eine rechtskräftige gerichtliche Entscheidung verstößt (§ 41 Abs. 2 MVG.EKD). Nach Verweigerung der Zustimmung durch die Mitarbeitervertretung kann die Dienststellenleitung innerhalb von zwei Wochen das Kirchengericht anrufen, um die Zustimmung ersetzen zu lassen (§ 38 Abs. 4 MVG.EKD). Eine nach Ablauf der Probezeit ausgesprochene ordentliche Kündigung ist unwirksam, wenn die Zustimmung der Mitarbeitervertretung bzw. eine diese ersetzende Entscheidung des Kirchengerichts nicht vorliegt (§ 38 Abs. 1 S. 1 MVG.EKD). Gleiches gilt, wenn die Mitarbeitervertretung nicht ordnungsgemäß entsprechend dem beschriebenen Verfahren beteiligt worden ist.[293]

112   Bei Ausspruch einer **außerordentlichen Kündigung** sowie einer **ordentlichen Kündigung innerhalb der Probezeit** steht der Mitarbeitervertretung lediglich ein **Mitberatungsrecht** zu (§ 46 Buchst. b) und c) iVm § 45 MVG.EKD). Die Mitberatung nach § 45 MVG.EKD unterscheidet sich von dem Zustimmungserfordernis bei ordentlicher Kündigung außerhalb der Probezeit dadurch, dass die Dienststellenleitung auch ohne Zustimmung der Mitarbeitervertretung oder Ersetzung der Zustimmung durch das Kirchengericht nach ordnungsgemäßem Abschluss des Verfahrens die Kündigung wirksam erklären kann.[294] In diesen Fällen ist die beabsichtigte Kündigung der Mitarbeitervertretung rechtzeitig vor deren Ausspruch bekannt zu geben und auf Verlangen mit ihr zu erörtern. Die Erörterung kann innerhalb von zwei Wochen nach Bekanntgabe der Kündigungsabsicht verlangt werden. Bei der fristlosen Kündigung ist der Dienstgeber berechtigt, diese Frist auf drei Arbeitstage abzukürzen. Eine Kündigung ist gemäß § 45 Abs. 2 MVG.EKD unwirksam, wenn die Mitarbeitervertretung nicht nach diesen Grundsätzen beteiligt worden ist.

2. Öffentlicher Dienst

113   Die Mitwirkung der Personalvertretungen bei Kündigungen gegenüber Arbeitnehmern in den Verwaltungen des Bundes und der bundesunmittelbaren Körperschaften, Anstalten und Stiftungen des öffentlichen Rechts sowie in den Gerichten des Bundes ist im Bundespersonalvertretungsgesetz (BPersVG) geregelt.[295]

114   Gemäß § 79 Abs. 3 BPersVG ist der Personalrat vor **außerordentlichen Kündigungen** anzuhören. Ihm sind die Gründe für die beabsichtigte Kündigung mitzuteilen. Hat der Personalrat Bedenken, so hat er sie unter Angabe der Gründe dem Dienststellenleiter unverzüglich, spätestens innerhalb von drei Arbeitstagen schriftlich mitzuteilen. Eine außerordentli-

---

[292] KR/*Friedrich* Kirchl. ArbN Rn. 23.
[293] *Richardi* NZA 1998, 113 (115).
[294] KR/*Friedrich* Kirchl. ArbN Rn. 27.
[295] Zur Mitwirkung bei Kündigungen von Landesbediensteten KR/*Etzel* BPersVG §§ 72, 79, 108 Abs. 2 Rn. 68 ff.

che Kündigung ist unwirksam, wenn der Personalrat nicht ordnungsmeäß beteiligt worden ist, § 79 Abs. 4 BPersVG. Die Anhörung des Personalrats bei außerordentlichen Kündigungen ist wie das Anhörungsverfahren beim Betriebsrat vor außerordentlichen Kündigungen ausgestaltet. Es gelten daher dieselben Grundsätze wie im Rahmen des § 102 BetrVG.[296]

Die Mitwirkung des Personalrats bei **ordentlichen Kündigungen** ist hingegen stärker ausgestaltet als das Beteiligungsrecht des Betriebsrats nach § 102 BetrVG, weil der Personalrat hier nicht nur anzuhören ist, sondern die beabsichtigte Kündigung mit ihm mit dem Ziele einer Verständigung rechtzeitig und eingehend zu erörtern ist und er bei fehlender Einigung mit dem Dienststellenleiter die übergeordnete Dienststelle einschalten kann.[297] Zunächst ist der Personalrat in diesen Fällen vom Dienststellenleiter über die Kündigungsabsicht zu unterrichten. Für diese Unterrichtung gelten dieselben Grundsätze wie im Rahmen des § 102 BetrVG.[298] Nach Erhalt der Informationen hat der Personalrat zehn Arbeitstage Zeit, zu reagieren. Er kann der Kündigung zustimmen, eine Erörterung mit dem Dienststellenleiter beantragen oder Einwendungen gegen die Kündigung erheben, wenn nach seiner Ansicht Gründe iSd § 79 Abs. 1 S. 3 BPersVG vorliegen.[299] Äußert er sich innerhalb der Frist nicht, gilt die Kündigung als gebilligt (§ 72 Abs. 2 BPersVG). Will der Dienststellenleiter die Kündigung trotz ordnungsgemäßer Einwendungen des Personalrats weiterhin aussprechen, hat er dies dem Personalrat unter Angabe der Gründe schriftlich mitzuteilen (§ 72 Abs. 3 BPersVG). Der Personalrat kann dann binnen drei Tagen nach Erhalt der Mitteilung auf dem Dienstweg eine Entscheidung der übergeordneten Dienststelle beantragen, welche über die Kündigung nach Verhandlung mit der bei ihr bestehenden Stufenvertretung entscheidet. Tut der Personalrat dies, darf die Kündigung erst nach Entscheidung der übergeordneten Dienststelle ausgesprochen werden (§ 72 Abs. 5 BPersVG). Ordnungsgemäße Einwendungen des Personalrats haben ähnliche Wirkungen wie der form- und fristgerechte Widerspruch des Betriebsrats: Wird dem Arbeitnehmer gekündigt, obwohl der Personalrat Einwendungen gegen die Kündigung erhoben hat, so ist dem Arbeitnehmer mit der Kündigung eine Abschrift der Stellungnahme des Personalrates zuzuleiten (§ 79 Abs. 1 S. 4 BPersVG). Erhebt der Arbeitnehmer Kündigungsschutzklage, ist der Arbeitgeber darüber hinaus verpflichtet, auf Verlangen des Arbeitnehmers diesen nach Ablauf der Kündigungsfrist bis zum rechtskräftigen Abschluss des Rechtsstreits bei unveränderten Arbeitsbedingungen weiter beschäftigen (§ 79 Abs. 2 BPersVG). Hat der Personalrat Einwendungen gegen die Kündigung erhoben und liegen die geltend gemachten Gründe tatsächlich vor, führt dies zur absoluten Sozialwidrigkeit der Kündigung (§ 1 Abs. 2 S. 2 und 3 KSchG). Diese Rechtsfolgen treten nicht ein, wenn die Stufenvertretung in der Verhandlung mit der übergeordneten Dienststelle Einwendungen nicht aufrechterhalten hat.

---

[296] BAG 21.6.2001 – 2 AZR 30/00, EzA BGB § 626 Unkündbarkeit Nr. 7.
[297] KR/*Etzel* BPersVG §§ 72, 79, 108 Abs. 2 Rn. 2.
[298] BAG 12.3.1986 – 7 AZR 20/83, BAGE 51, 246.
[299] KR/*Etzel* BPersVG §§ 72, 79, 108 Abs. 2 Rn. 32 ff.

§ 48 Der Kündigungsschutzprozess

Übersicht

	Rn.
I. Anrufung des Arbeitsgerichts	1–178
1. Ordnungsgemäße Klageerhebung	14–88
a) Örtliche Zuständigkeit	18–28
b) Die Entscheidung über Rechtswegstreitigkeiten	29–42
c) Prüfungskompetenz und Streitgegenstand	43–50
d) Mitglieder eines Vertretungsorgans	51–55
e) Internationale Zuständigkeit	56–88
2. Die Parteien des Kündigungsschutzprozesses	89–101
3. Anwendungsbereich und Klageerhebungsfrist des § 4 KSchG	102–147
a) Die fristwahrende Klageerhebung	109–132
b) Sonstige Unwirksamkeitsgründe und die Bedeutung des § 4 S. 4 KSchG	133–147
4. Streitgegenstand und Rechtskraftwirkung	148–169
a) Die allgemeine Feststellungsklage	153–158
b) Präjudizialität und Präklusion	159–167
5. Das Feststellungsinteresse	168–179
II. Die Zulassung verspäteter Klagen	180–237
1. Allgemeine Vorbemerkungen	180–184
2. Der Gegenstand des Verfahrens nach § 5 KSchG	185–190
3. Voraussetzungen der nachträglichen Klagezulassung	191–204
a) Maßstab der Sorgfalt	192–203
b) Schwangerschaft und nachträgliche Klagezulassung	204
4. Das Verfahren auf nachträgliche Klagezulassung	205–226
a) Form und Inhalt des Antrags	206–217
b) Die Antragsfrist	218–225
c) Rechtsschutzinteresse	226
5. Verfahrensfragen	227–231
6. Rechtsmittel	232–237
III. Verlängerte Anrufungsfrist	238–267
1. Einführung	238–240
2. Normzweck	241–244
3. Die direkte Anwendung des § 6 S. 1 KSchG	245–251
4. Die entsprechende Anwendung des § 6 S. 1 KSchG	252–260
5. Die Hinweispflicht des Arbeitsgerichts	261–267
IV. Wirksamwerden der Kündigung	268–278
1. Reichweite des § 7 KSchG	269–273
2. Weitere Rechtsfolgen der Fiktion	274–276
3. Wirksamwerden der Änderungskündigung	277/278
V. Die Auflösung der Arbeitsverhältnisse durch Urteil	279–402
1. Verfahrensrechtliche Voraussetzungen des Auflösungsurteils	301–324
a) Sozialwidrigkeit der ordentlichen Kündigung	311–318
b) Außerordentliche und sittenwidrige Kündigung	319–321
c) Auflösungszeitpunkt	322–324
2. Der Auflösungsantrag des Arbeitnehmers	325–334
a) Unzumutbarkeit	328–333
b) Darlegungs- und Beweislast	334
3. Der Auflösungsantrag des Arbeitgebers	335–357
a) Sonderregelung für leitende Angestellte	350–356
b) Darlegungs- und Beweislast	357
4. Der von beiden Parteien gestellte Auflösungsantrag	358–363
5. Die Abfindung nach § 10 KSchG	364–402
a) Normzweck	364–366
b) Verfahrensrechtliche Behandlung	367–373
c) Bemessungsfaktoren	374–377
d) Höhe der Abfindung	378–382
e) Hinweise auf die rechtliche Behandlung von Abfindungsansprüchen	383–397

	Rn.
f) Streitwert und Kosten	398/399
g) Rechtsmittel	400–402
VI. Das Wahlrecht des Arbeitnehmers nach § 12 KSchG	403–432
1. Normzweck	403–409
2. Voraussetzungen des Wahlrechts	408–421
a) Gerichtliches Urteil	409–416
b) Neues Arbeitsverhältnis	417–421
3. Die Nichtfortsetzungserklärung	422–428
a) Form der Erklärung	424
b) Zugang der Erklärung	425/426
c) Erlöschen des Arbeitsverhältnisses	427/428
4. Fortsetzung des bisherigen Arbeitsverhältnisses	429
5. Vergütungsfragen	430–432

I. Anrufung des Arbeitsgerichts

Nach Inkrafttreten des Gesetzes zu Reformen am Arbeitsmarkt[1] am 1.1.2004 (Art. 5) muss ein Arbeitnehmer, der geltend machen will, dass eine Kündigung des Arbeitgebers sozial ungerechtfertigt (§ 1 KSchG) oder aus anderen Gründen rechtsunwirksam ist, gem. § 4 S. 1 KSchG innerhalb von **drei Wochen** nach Zugang (§ 130 BGB) der **schriftlichen** (§ 623 BGB) Kündigung Klage beim Arbeitsgericht auf Feststellung erheben, dass das Arbeitsverhältnis durch die Kündigung nicht aufgelöst ist. Im Falle einer Änderungskündigung (§ 2 KSchG) ist die Klage auf Feststellung zu erheben, dass die Änderung der Arbeitsbedingungen sozial ungerechtfertigt oder aus anderen Gründen rechtsunwirksam ist.[2] Auch die Rechtsunwirksamkeit einer **außerordentlichen Kündigung** oder außerordentlichen Änderungskündigung kann nur nach Maßgabe des § 4 S. 1 und 2 KSchG geltend gemacht werden (§ 13 Abs. 1 S. 2 KSchG). Das gilt ebenfalls für eine **hilfsweise oder** (bedingt) **vorsorglich** ausgesprochene Kündigung.[3] Eine derartige Kündigung hängt nicht in unzulässiger Weise von einem künftigen ungewissen Ereignis ab, sondern von der bereits beim Zugang der Kündigungserklärung objektiv bestehenden Rechtslage. Sie ist lediglich an eine zulässige auflösende sog. Rechtsbedingung geknüpft,[4] wie dies bei der sog. Verbundkündigung von fristloser und fristgerechter Kündigung der Fall ist.[5] Ihre Wirkung endigt, wenn feststeht, dass das Arbeitsverhältnis bereits zu einem früheren Zeitpunkt aufgelöst worden ist. Von § 4 S. 1 und 2 KSchG wird auch die unter einer **Potestativbedingung** stehende Kündigung, deren Hauptanwendungsfall die Änderungskündigung ist, erfasst.[6] Auch eine vorsorgliche Änderungskündigung, die der Arbeitgeber nur für den Fall erklärt, dass seine bereits einseitig von ihm vorgenommene Veränderung der Arbeitsbedingungen unwirksam ist, ist zulässigerweise unter eine auflösende Rechtsbedingung gestellt (§ 158 Abs. 2 BGB).[7] Es werden außerdem **sämtliche außerhalb** des Kündigungsschutzgesetzes der ordentlichen oder außerordentlichen Kündigung anhaftende Unwirksamkeitsgründe von der dreiwöchigen Klageerhebungsfrist betroffen. Hierzu gehören ua die fehlende oder nicht ordnungsgemäße Anhörung des Betriebs- oder Personalrats (§ 102 BetrVG, §§ 79, 108 PersVG),[8] die fehlende oder

---

[1] Gesetz v. 24.12.2003, BGBl. 2003 I 3002.
[2] Vgl. dazu → § 46 Rn. 115 ff.
[3] BAG 11.3.1998 – 2 AZR 325/97; 23.5.2013 – 2 AZR 54/12, NZA 2013, 1197; 10.4.2014 – 2 AZR 567/13, NZA 2015, 162; 17.12.2015 – 2 AZR 304/15, NZA 2016, 568; Stahlhacke/Preis/Vossen Kündigung/*Preis* Rn. 164, 165.
[4] BAG 3.4.2008 – 2 AZR 500/06, NZA 2008, 812; 17.12.2015 – 2 AZR 304/15, NZA 2016, 568.
[5] BAG 10.4.2014 – 2 AZR 647/13, NZA 2015, 162 Rn. 12; 20.1.2016 – 6 AZR 782/14, NZA 2016, 485 Rn. 15, 18.
[6] BAG 10.11.1994 – 2 AZR 207/94, NZA 1995, 309; 15.3.2001 – 2 AZR 705/99, NZA 2001, 1070 Rn. 25; Stahlhacke/Preis/Vossen Kündigung/*Preis* Rn. 162; KR/*Kreft* KSchG § 2 Rn. 15 ff. Näher dazu → § 46 Rn. 26.
[7] BAG 17.12.2015 – 2 AZR 304/15, NZA 2016, 568; Schaub ArbR-HdB/*Linck* § 137 Rn. 9a.
[8] BAG 9.2.2006 – 6 AZR 283/05, NZA 2006, 1207 Rn. 29; 16.7.2015 – 2 AZR 15/15, NZA 2016, 99; 25.5.2016 – 2 AZR 345/15, NZA 2016, 1140.

nicht ordnungsgemäße Anhörung der Schwerbehindertenvertretung (§ 178 Abs. 2 S. 3 SGB IX),[9] der Sonderkündigungsschutz nach §§ 168, 174 SGB IX, § 17 MuSchG, § 18 BEEG,[10] §§ 15, 17 KSchG,[11] § 613a Abs. 4 BGB, § 5 PflegeZG, § 2 Abs. 3 FPfZG, § 3 Abs. 3 EuAbgG,[12] § 15 Abs. 3 TzBfG,[13] sowie die Nichtbeachtung eines tariflichen oder vertraglichen Kündigungsverbots[14] oder der Verstoß gegen § 7 AGG iVm § 134 BGB bei diskriminierenden Kündigungen.[15] Dies betrifft desgleichen die in § 13 Abs. 2 KSchG geregelte **sittenwidrige Kündigung**,[16] obwohl diese Vorschrift nur auf die entsprechende Anwendung der §§ 9 Abs. 1 S. 1, Abs. 2 und §§ 10–12 KSchG verweist.[17]

2   Diese **Klageerhebungsfrist** aus § 4 S. 1 und 2 KSchG betrifft gemäß § 23 Abs. 1 S. 2, 3 KSchG nach der Neuregelung ebenfalls Arbeitgeberkündigungen in sog. **Kleinbetrieben**,[18] auf die eine Anwendung des KSchG wegen der geringen Arbeitnehmerzahl nicht in Betracht kommt, und ist auch bei Kündigungen innerhalb der **ersten sechs Monate** des Arbeitsverhältnisses maßgebend, in denen der Arbeitnehmer wegen Nichterfüllung der Wartezeit noch keinen Kündigungsschutz iSd KSchG erlangt hat.[19] Das folgt bereits aus dem Wortlaut des § 4 S. 1 KSchG, der insoweit keine Einschränkung enthält.[20] Davon ist auch eine Kündigung betroffen, die **vor** dem Zeitpunkt des **vereinbarten Beginns** des Arbeitsverhältnisses zugegangen ist.[21] Aufgrund vertraglicher Vereinbarung kann der allgemeine Kündigungsschutz bereits vor Ablauf der Wartezeit (§ 1 Abs. 1 KSchG) und vor Dienstantritt gewährt werden.[22] Ebenso können die Parteien die Anrechnung von Vorbeschäftigungszeiten bei demselben oder einem anderen Arbeitgeber vorsehen.[23] Der Erste Abschnitt des Kündigungsschutzgesetzes ist gemäß § 23 Abs. 1 KSchG nur auf Betriebe anzuwenden, die in der **Bundesrepublik Deutschland** liegen. In diesem Sinne muss auch der Betriebsbegriff in § 1 Abs. 2 S. 1, S. 2 KSchG verstanden werden.[24] Nimmt der Arbeitnehmer die Kündigung des Arbeitgebers hin oder macht er die Rechtsunwirksamkeit einer schriftlichen Kündigung nicht rechtzeitig geltend (§ 4 S. 1, §§ 5 und 6 KSchG), so gilt die Kündigung als von Anfang an rechtswirksam (§ 7 KSchG). Es tritt damit eine **rückwirkende Heilung** einer auch unwirksamen Kündigung ein.[25] Mit der ersatzlosen Aufhebung des § 113 Abs. 2 InsO durch das Gesetz zu Reformen am Arbeitsmarkt[26] ist § 4 S. 1 und 2 KSchG allein maßgebend,

---

[9] BAG 13.12.2018 – 2 AZR 378/18, NZA 2019, 305 Rn. 19 ff.
[10] BVerfG 8.6.2016 – 1 BvR 3634/13, NZA 2016, 939 Rn. 19; BAG 26.1.2017 – 6 AZR 442/16, NZA 2017, 577.
[11] BAG 13.6.2019 – 6 AZR 459/18, NZA 2019, 1638; EuGH 27.1.2005 – C-188/03, NZA 2005, 213 – Junk.
[12] BAG 18.5.2017 – 2 AZR 79/16, NZA 2017, 1250.
[13] BAG 22.7.2010 – 6 AZR 480/09, NZA 2010, 1142.
[14] BAG 8.11.2007 – 2 AZR 314/06, NZA 2008, 936; 13.5.2015 – 2 AZR 531/14, BB 2015, 2682.
[15] BAG 19.12.2013 – 6 AZR 190/12, NZA 2014, 372 – Behinderung bei HIV; 23.7.2015 – 6 AZR 457/14, ZIP 2015, 2242: Altersdiskriminierung bei Hinweis auf Pensionsberechtigung; 20.2.2019 – 2 AZR 746/14, NZA 2019, 901: Zweitehe eines katholischen Chefarztes in von der kath. Kirche betriebenen Krankenhaus. BGH 26.3.2019 – II ZR 244/17, NZA 2019, 706: Altersdiskriminierung eines Fremdgeschäftsführers.
[16] BAG 5.4.2001 – 2 AZR 185/00, NZA 2001, 890; 15.11.2012 – 6 AZR 339/11, NZA 2013, 429; vgl. auch BAG 20.3.2014 – 2 AZR 1071/12, NZA 2014, 1131; 5.12.2019 – 2 AZR 107/19, NZA 2020, 171.
[17] *Löwisch* BB 2004, 154 (159); KR/*Friedrich/Rinck* KSchG § 13 Rn. 138.
[18] BAG 28.10.2010 – 2 AZR 392/08, AP KSchG 1969 § 23 Nr. 48; 24.1.2013 – 2 AZR 140/12, NZA 2013, 726; 19.10.2017 – 8 AZR 845/15, NZA 2018, 436: Kein Wiedereinstellungsanspruch. Der Privathaushalt ist kein Betrieb iSv § 1 Abs. 1 KSchG oder § 622 Abs. 2 BGB: BAG 11.6.2020 – 2 AZR 660/19, juris Rn. 11.
[19] BAG 9.2.2006 – 6 AZR 283/05, NZA 2006, 1207; 8.12.2011 – 6 AZN 13/71, NZA 2012, 286; 24.10.2013 – 2 AZR 1057/12, NZA 2014, 725 Rn. 29; 23.2.2017 – 6 AZR 665/15, NZA 2017, 995 Rn. 38; *Preis* DB 2004, 70 (77).
[20] BAG 28.6.2007 – 6 AZR 873/06, NZA 2007, 972 unter Aufgabe von BAG 17.8.1972 – 2 AZR 415/71, AP BGB § 626 Nr. 65; 20.2.2014 – 2 AZR 859/11, NZA 2014, 1083: Keine Berücksichtigung von Zeiten als Leiharbeitnehmer.
[21] BAG 9.2.2006 – 6 AZR 283/05, NZA 2006, 1207; 23.2.2017 – 6 AZR 665/15, NZA 2017, 995 Rn. 38.
[22] BAG 23.2.2017 – 6 AZR 665/15, NZA 2017, 995 Rn. 38.
[23] BAG 20.2.2014 – 2 AZR 859/11, NZA 2014, 1083 Rn. 44.
[24] BAG 29.8.2013 – 2 AZR 809/12, NZA 2014, 730; 24.9.2015 – 2 AZR 3/14, NZA 2015, 1457.
[25] Vgl. BT-Drucks. 15/1204, 13; BAG 1.9.2010 – 5 AZR 700/09, NZA 2010, 1409; ErfK/*Kiel* KSchG § 7 Rn. 3; KR/*Rost* KSchG § 7 Rn. 2, 8.
[26] Gesetz v. 24.12.2003 Art. 4 BGBl. 2003 I 3002.

wenn eine ordentliche oder außerordentliche Kündigung durch den **Insolvenzverwalter** als Partei kraft Amtes ausgesprochen wird.[27]

Der **persönliche Geltungsbereich** des § 4 KSchG betrifft seinem Wortlaut nach nur **Arbeitnehmer**. Dies setzt das Bestehen eines Arbeitsverhältnisses bei Zugang der Kündigung des Arbeitgebers voraus. Anderenfalls ist die Kündigungsschutzklage von vornherein als unbegründet abzuweisen.[28] Begrenzt der Kläger den Gegenstand eines Kündigungsschutzantrags nicht auf die Wirksamkeit der angegriffenen Kündigung, ist von § 4 S. 1 KSchG regelmäßig das Begehren umfasst festzustellen, dass das Arbeitsverhältnis bis zum vorgesehenen Auflösungszeitpunkt noch bestanden hat.[29] Ist das Arbeitsverhältnis zuvor beendet worden, erweist sich die Kündigungsschutzklage ebenfalls als unbegründet.[30] Steht rechtskräftig – etwa durch ein Auflösungsurteil nach § 9 Abs. 2 KSchG – fest, dass das Arbeitsverhältnis bereits zu einem früheren Zeitpunkt beendet wurde, kann die Klage gegen eine Kündigung, die erst zu einem späteren Zeitpunkt wirken soll, wegen Rechtskraftwirkung gemäß § 322 ZPO keinen Erfolg haben.[31] Ein Arbeitnehmer, der mit einer Beendigungsschutzklage Erfolg haben will, muss deshalb zugleich nicht nur alle vor dem fraglichen Auflösungszeitpunkt wirkenden, sondern auch sämtliche zu demselben Zeitpunkt wirkenden Auflösungstatbestände angreifen.[32] Gemäß § 14 Abs. 1 Nr. 1 und 2 KSchG, der eine negative Fiktion enthält,[33] gelten die Vorschriften des ersten Abschnitts des Kündigungsschutzgesetzes (§§ 1–14 KSchG) in Betrieben einer juristischen Person **nicht** für die **Mitglieder** des **Organs**, das zur gesetzlichen Vertretung der juristischen Person berufen ist. Davon ist jedenfalls dann auszugehen, wenn die organschaftliche Stellung zum Zeitpunkt des Zugangs der Kündigung noch besteht. Ein späterer Wegfall der Organstellung (Abberufung, Amtsniederlegung) ändert nichts daran, dass dieser gesellschaftsrechtliche Status im Zeitpunkt des Zugangs der Kündigung bestanden hat.[34] Da ein Organmitglied einer juristischen Person auf der Grundlage eines Dienstvertrags ohnehin nicht von § 1 KSchG erfasst wird, spricht bereits dieser Umstand dafür, dass die negative Fiktion des § 14 Abs. 1 Nr. 1 KSchG gerade den Fall betrifft, dass der Organstellung materiell-rechtlich ein Arbeitsverhältnis zugrunde liegt.[35] Offengelassen hat das BAG,[36] ob die negative Fiktion des § 14 Abs. 1 Satz 1 KSchG auch dann eingreift, wenn die Organstellung bereits vor Zugang der Kündigung geendet hat.[37] Die §§ 1–14 KSchG gelten ebenfalls nicht in Betrieben einer Personengesamtheit für die durch Gesetz, Satzung oder Gesellschaftsvertrag zur **Vertretung der Personengesamtheit** berufenen Personen. Die dort bezeichneten Personengruppen sind ohne Rücksicht darauf, ob im Einzelfall der Organstellung ein **Arbeitsverhältnis** zugrunde

---

[27] BAG 21.9.2006 – 2 AZR 573/05, NZA 2007, 404; 16.2.2012 – 6 AZR 553/10, NZA 2012, 555 – Zur Kündigungsbefugnis des „halbstarken" vorläufigen Insolvenzverwalters;BAG 21.11.2013 – 6 AZR 979/11, NZA 2014, 276; *Zwanziger* BB 2005, 1682 (1684).

[28] BAG 12.5.2011 – 2 AZR 479/09, NZA-RR 2012, 43 Rn. 18; 26.9.2013 – 2 AZR 682/12, NZA 2014, 443 Rn. 18; 18.12.2014 – 2 AZR 163/14, NZA 2015, 635 Rn. 22; 20.1.2016 – 7 AZR 535/13, BB 2016, 1850 Rn. 15 – im Falle einer fehlenden Erlaubnis zur Arbeitnehmerüberlassung; 24.5.2018 – 2 AZR 67/18, NZA 2018, 1127 Rn. 19, 20 für die Änderungskündigung; BAG 11.6.2020 – 2 AZR 374/19, ZIP 2020, 1609 Rn. 17: Die Beschränkung der Vertretungsmacht ändert grundsätzlich nichts an der Stellung als Organmitglied iSv § 14 Abs. 1 Nr. 1 KSchG; Stahlhacke/Preis/Vossen Kündigung/*Vossen* Rn. 1815 mwN.

[29] BAG 27.4.2006 – 2 AZR 360/05, NZA 2007, 229; 18.12.2014 – 2 AZR 163/14, NZA 2015, 635; 24.5.2018 – 2 AZR 67/18, NZA 2018, 1127 Rn. 20, 22.

[30] BAG 27.4.2006 – 2 AZR 360/05, NZA 2007, 229; 24.5.2018 – 2 AZR 67/18, NZA 2018, 1127 Rn. 22; Stahlhacke/Preis/Vossen Kündigung/*Vossen* Rn. 1815.

[31] BAG 29.1.2015 – 2 AZR 698/12, NZA 2015, 1022.

[32] BAG 18.12.2014 – 2 AZR 163/14, NZA 2015, 635 Rn. 44; 24.5.2018 – 2 AZR 67/18, NZA 2018, 1127 Rn. 22.

[33] BAG 17.1.2002 – 2 AZR 719/00, NZA 2002, 854: § 14 Abs. 1 Nr. 1 KSchG gilt auch für nicht beamtete organschaftliche Vertreter juristischer Personen des öffentlichen Rechts; BAG 23.2.2017 – 6 AZR 665/15, NZA 2017, 995 Rn. 34; 21.9.2017 – 2 AZR 865/16, NZA 2018, 452 Rn. 12: Fremdgeschäftsführer einer GmbH; BGH 25.7.2002 – III ZR 207/01, NJW 2002, 3104. Vgl. auch KR/*Rost* KSchG § 14 Rn. 4.

[34] BAG 21.9.2017 – 2 AZR 865/16, NZA 2018, 452 Rn. 14.

[35] BAG 21.9.2017 – 2 AZR 865/16, NZA 2018, 452 Rn. 18, 19. Vgl. auch BAG 11.6.2020 – 2 AZR 374/19, ZIP 2020, 1609 Rn. 17, 25.

[36] BAG 21.9.2017 – 2 AZR 865/16, NZA 2018, 452 Rn. 17.

[37] Verneinend LAG Bln-Bbg 21.11.2018 – 17 Sa 916/18 Rn. 21.

liegt,[38] **während** ihrer organschaftlichen Stellung bzw. Vertreterstellung aus dem Anwendungsbereich des allgemeinen Kündigungsschutzes herausgenommen.[39] Auch der Geschäftsführer einer Vor-GmbH ist davon betroffen.[40] So bedarf die ordentliche Kündigung des schuldrechtlichen freien Dienstvertrags (§§ 611, 675 BGB)[41] eines GmbH-Geschäftsführers nicht der sozialen Rechtfertigung.[42] Da der im KSchG geregelte Bestandsschutz nicht vom Unionsrecht erfasst wird, insbesondere Art. 30 GRC, der allein zur Durchführung des Rechts der Union nach Art. 51 Abs. 1 GRC herangezogen werden darf, keine Anwendung findet, können Organmitglieder auch unter unionsrechtlichen Aspekten den allgemeinen Kündigungsschutz nicht in Anspruch nehmen.[43] Eine gegen die Kündigung des Dienstvertrags gerichtete Klage unterliegt nicht der Klageerhebungsfrist des § 4 KSchG. Ist eine GmbH Komplementärin der KG, so ist der Geschäftsführer der Komplementär-GmbH kraft Gesetzes zur Vertretung dieser Personengesamtheit berufen und damit von den §§ 1 bis 14 KSchG nicht erfasst.[44] Der als Geschäftsführer Beschäftigte kann nach der Fiktion des § 5 Abs. 1 S. 3 ArbGG während seiner Organmitgliedschaft seine Ansprüche gegen die Gesellschaft nicht vor den Arbeitsgerichten geltend machen und sich auf den gesetzlichen Kündigungsschutz berufen, auch wenn er tatsächlich in einem Arbeitsverhältnis zur Gesellschaft steht.[45] Wird in diesem Fall nach Klagezustellung die Organstellung durch Abberufung[46] oder Niederlegung[47] beendet, endet für die Rechtswegszuständigkeit die Fiktion des § 5 Abs. 1 S. 3 ArbGG.[48] Mit dem Abschluss des Geschäftsführer-Dienstvertrags wird nach Ansicht des BAG[49] das bisherige Arbeitsverhältnis des angestellten Mitarbeiters im Zweifel aufgehoben. Die wirksame Aufhebung des früheren Arbeitsverhältnisses setzt jedoch die Einhaltung des Schriftformerfordernisses nach § 623 BGB voraus. Diese wird regelmäßig durch den Abschluss eines schriftlichen Geschäftsführer-Dienstvertrags gewahrt. Dem Formerfordernis aus § 623 BGB wird aber nur genügt, wenn die Parteien des Geschäftsführerdienstvertrags zugleich die Parteien des Arbeitsvertrags sind.[50] Wird die Gesellschaft nicht durch den **geschäftsführenden Gesellschafter** vertreten, ist der Abschluss eines Dienstvertrages einer GmbH Angelegenheit der Gesellschafter (§ 46 Nr. 5 GmbHG) oder der Gesellschafterversammlung (Aufsichtsrat), während es den Geschäftsführern einer GmbH obliegt, die Arbeitsverträge mit der Gesellschaft abzuschließen und zu beenden (§ 35 GmbHG). Es ist daher dringend anzuraten, bei der Bestellung eines ehemaligen Arbeitneh-

---

[38] BAG 25.10.2007 – 6 AZR 1045/06, NZA 2008, 168; 21.9.2017 – 2 AZR 865/16, NZA 2018, 452 Rn. 18, 19; BGH 8.1.2007 – II ZR 267/05, NZA 2007, 1174; dazu *Bauer/Arnold* DB 2008, 350.

[39] BAG 23.8.2011 – 10 AZB 51/10, AP ArbGG 1979 § 5 Nr. 69; 15.3.2011 – 10 AZB 32/10, NZA 2011, 874; 22.10.2014 – 10 AZB 46/14, NZA 2015, 60; BAG 21.9.2017 – 2 AZR 865/16, NZA 2018, 358 Rn. 12; BAG 11.6.2020 – 2 AZR 374/19, ZIP 2020, 1609 Rn. 16; dies gilt nicht für Mitglieder des Aufsichtsrats: ErfK/*Kiel* KSchG § 14 Rn. 3; KR/*Rost* KSchG § 14 Rn. 8.

[40] BAG 13.5.1996 – 5 AZB 27/95, NZA 1996, 952; BGH 31.3.2008 – II ZR 308/06, NJW 2008, 2441.

[41] BGH 10.5.2010 – II ZR 70/09, NZA 2010, 889 Rn. 7; BAG 21.1.2019 – 9 AZB 23/18, NZA 2019, 490 Rn. 24: Sein Dienstvertrag ist auf eine Geschäftsbesorgung durch Ausübung des Geschäftsführeramts gerichtet.

[42] BGH 3.11.2003 – II ZR 158/01, NJW-RR 2004, 540; BAG 25.10.2007 – 6 AZR 1045/06, NZA 2008, 168 Rn. 22; 21.9.2017 – 2 AZR 865/16, NZA 2018, 452. Zur Möglichkeit der Vereinbarung des KSchG: BGH 10.5.2010 – II ZR 70/09, NZA 2010, 889 Rn. 13, 14; ebenso *Preis* NZA 1997, 1256 (1259); aA *Bauer/Arnold* ZIP 2010, 709 (712); BAG 4.2.2013 – 10 AZB 78/12, NZA 2013, 397. Durch die **Eröffnung des Insolvenzverfahrens** ändert sich formal nichts an der Organstellung des Vertretungsorgans; vgl. auch EuGH 11.11.2010 – C-232/09, NZA 2011, 143 – Danosa, wonach im Hinblick auf den Mutterschutz ein Organmitglied Arbeitnehmerin iSd RL 92/85/EG sein kann. Vgl. auch EuGH 9.7.2015 – C-229/14, NZA 2015, 861 – Balkaya: Arbeitnehmereigenschaft des Fremdgeschäftsführers einer GmbH iSd Art. 1 Abs. 1 Buchst. a der RL 98/59/EG.

[43] BAG 21.9.2017 – 2 AZR 865/16, NZA 2018, 358 Rn. 21.

[44] So jetzt BAG 20.8.2003 – 5 AZB 79/02, NZA 2003, 1108 Rn. 21ff.

[45] BAG 22.10.2014 – 10 AZB 46/14, NZA 2015, 60; 3.12.2014 – 10 AZB 98/14, NZG 2015, 159.

[46] BAG 23.2.2017 – 6 AZR 665/15, NZA 2017, 995.

[47] BAG 3.12.2014 – 10 AZB 98/14, NZG 2015, 159.

[48] BAG 22.10.2014 – 10 AZB 46/14, NZA 2015, 60.

[49] So bereits BAG 14.6.2006 – 5 AZR 592/05, NZA 2006, 1154; 15.3.2011 – 10 AZB 32/10, NZA 2011, 874; 26.10.2012 – 10 AZB 60/12, NZA 2013, 54; 4.2.2013 – 10 AZB 78/12, NZA 2013, 397.

[50] BAG 24.10.2013 – 2 AZR 1078/12, NZA 2014, 540 Rn. 25.

mers zum Organmitglied, den bisherigen Arbeitsvertrag ausdrücklich aufzuheben. **Gesellschafter** können in einem Arbeitsverhältnis zu der Gesellschaft stehen, deren Gesellschafter sie sind. Verfügt ein in einer GmbH mitarbeitender Gesellschafter jedoch über mehr als 50 % der Stimmrechte, steht er regelmäßig nicht in einem Arbeitsverhältnis zu der Gesellschaft.[51] Auch der Minderheitsgesellschafter ist bei Bestehen einer Sperrminorität im Regelfall kein Arbeitnehmer.[52]

Der Kündigungsschutz **leitender Angestellten**[53] wird gem. § 14 Abs. 2 KSchG grundsätzlich wie bei sonstigen Arbeitnehmern garantiert. Es bestehen zwei Einschränkungen. Leitende Angestellte haben kein Kündigungseinspruchsrecht beim Betriebsrat nach § 3 KSchG, das ohnehin bedeutungslos ist. Außerdem kann der Arbeitgeber bei einer sozialwidrigen Kündigung entgegen § 9 Abs. 1 S. 2 KSchG einen **begründungslosen Auflösungsantrag** (§ 14 Abs. 2 S. 2 KSchG)[54] stellen, wodurch der Bestandsschutz dieser Personengruppe, wenn auch gegen Zahlung einer Abfindung, relativiert wird. Ansonsten gelten die Bestimmungen des allgemeinen Kündigungsschutzes und damit die Klageerhebungsfrist aus § 4 KSchG. Nach § 25a Abs. 5a KWG[55] findet auf Risikoträger (§ 1 Abs. 21 KWG, § 2 Abs. 8 der Instituts-VergV) bedeutender Institute im Bankensektor (§§ 1 Abs. 1b, 25n, 53 KWG), deren jährliche fixe Vergütung das Dreifache der Beitragsbemessungsgrenze in der allgemeinen Rentenversicherung im Sinne des § 159 des SGB VI überschreitet und die keine Geschäftsführer, Betriebsleiter und ähnliche leitende Angestellte sind, die zur selbständigen Einstellung oder Entlassung von Arbeitnehmern berechtigt sind, § 9 Abs. 1 S. 2 KSchG mit der Maßgabe Anwendung, dass der Antrag des Arbeitgebers auf Auflösung des Arbeitsverhältnisses keiner Begründung bedarf.[56] Für Risikoträger mit geringerem Fixgehalt verbleibt es bei den allgemeinen Regelungen des KSchG. Das bedeutende Institut hat nach § 25a Abs. 5b KWG auf der Grundlage einer Risikoanalyse die Risikoträger zu ermitteln und sie von dieser Einstufung zu unterrichten. Dieser Einschätzung ist jedoch nur eine deklaratorische Bedeutung beizumessen.[57] Unabhängig davon, dass auch Versicherungen eine systemrelevante Bedeutung für die Finanzstabilität haben, erstreckt sich die Risikoträgerregelung nicht auf Versicherungen oder sonstige Wirtschaftsbereiche.[58]

Da § 4 S. 1 und 2 KSchG nur für **schriftliche** Kündigungen anwendbar ist, kann die **mangelnde Schriftform** noch nach Ablauf der Dreiwochenfrist geltend gemacht werden.[59] Die dreiwöchige Klageerhebungsfrist findet des Weiteren nur auf eine dem Arbeitgeber zurechenbare Kündigung Anwendung. Kündigt ein **vollmachtloser Vertreter** oder ein **Nichtberechtigter** oder ein **falscher Arbeitgeber** das Arbeitsverhältnis des Arbeitnehmers, liegt keine Kündigung des Arbeitgebers iSv § 4 S. 1, 2 KSchG vor.[60] Im Falle des formwirksamen Ausspruchs einer Kündigung durch einen Vertreter ohne Vertretungsmacht beginnt die Klagefrist des § 4 KSchG erst mit dem Zugang der Genehmigung des Arbeitgebers beim Arbeitnehmer.[61]

---

[51] BAG 17.9.2014 – 10 AZB 43/14, NZA 2014, 1293 Rn. 22.
[52] BAG 6.5.1998 – 5 AZR 612/97, NZA 1998, 939; 17.9.2014 – 10 AZB 43/14, NZA 2014, 1293 Rn. 22.
[53] Zur Kennzeichnung: BAG 10.10.2007 – 7 ABR 61/06, AP BetrVG 1972 § 5 Nr. 72; 19.4.2012 – 2 AZR 186/11, NZA 2013, 27.
[54] Näher dazu → Rn. 334 ff.
[55] Kreditwesengesetz idF v. 8.7.2019, BGBl. 2019 I 1002. Der Koalitionsvertrag zwischen CDU, CSU und SPD sieht in Nummer 3189 ff. (S. 70) vor, den Kündigungsschutz für Risikoträger und Risikoträgerinnen in Banken anzupassen. Vgl. dazu den Entwurf des Brexit-SteuerbegleitG auf Drs. 19/7377, 2, 3, 24–26.
[56] Die im Gesetzgebungsverfahren geltend gemachten verfassungsrechtlichen Bedenken in Bezug auf Art. 12 GG und Art. 3 GG sind zurückgewiesen worden. Vgl. dazu BT-Drs. 19/7959, 33; *Bonanni* ArbRB 2019, 79 (80 ff.).
[57] ErfK/*Kiel* KSchG § 14 Rn. 14.
[58] BT-Drs. 19/7377, 25.
[59] BAG 28.6.2007 – 6 AZR 873/06, NZA 2007, 972; 6.9.2012 – 2 AZR 858/11, NZA 2013, 524.
[60] BAG 26.3.2009 – 2 AZR 403/07, NJW-Spezial 2009, 546 – Dies gilt auch bei einer Kündigung durch den „falschen" Arbeitgeber; BAG 16.12.2010 – 2 AZR 485/08, NZA 2011, 571; 6.9.2012 – 2 AZR 858/11, NZA 2013, 524 – auch zur Aufforderung einer Genehmigung. Vgl. dazu auch *Niemann* NZA 2019, 65 (67), der im Falle sich der Arbeitnehmer darauf beruft, die Kündigungsschutzklage für unstatthaft ansieht. Ebenso ErfK/*Kiel* KSchG § 4 Rn. 7.
[61] BAG 6.9.2012 – 2 AZR 858/11, NZA 2013, 524; 13.12.2012 – 6 AZR 608/11, AP BGB § 620 Kündigungserklärung Nr. 23 Rn. 65 Zur Erledigung von Rechtsangelegenheiten innerhalb verbundener Unternehmen iSd § 15 AktG: BAG 21.5.2019 – 2 AZR 582/18, NZA 2019, 1052.

6 Die **rechtzeitige** Anrufung des Arbeitsgerichts nach § 4 S. 1 KSchG ist nicht erforderlich, wenn der Arbeitgeber den Arbeitsvertrag wegen arglistiger Täuschung (§ 123 BGB) oder Irrtums über eine verkehrswesentliche Eigenschaft (§ 119 Abs. 2 BGB)[62] **angefochten** hat[63] oder die Arbeitsvertragsparteien über die Wirksamkeit eines Aufhebungsvertrags streiten.[64] Bei einer vom Arbeitnehmer erklärten Anfechtung eines Aufhebungsvertrags wegen widerrechtlicher Drohung des Arbeitgebers mit einer außerordentlichen Kündigung hat das BAG[65] eine teleologische Reduktion des § 124 BGB bezüglich der Anfechtung binnen Jahresfrist durch eine analoge Anwendung der in § 2 S. 2 KSchG geregelten Drei-Wochen-Frist zur Annahme eines Änderungsangebots unter Vorbehalt abgelehnt. Da § 4 KSchG in diesen Fällen unanwendbar ist, bedarf es einer allgemeinen Feststellungsklage iSd § 256 ZPO, die auf den Fortbestand des Arbeitsverhältnisses gerichtet ist.[66] Ein vom Kläger in Anlehnung an § 4 S. 1 KSchG formulierter Antrag ist als allgemeine Feststellungsklage auszulegen.[67]

7 Auch bei einem **faktischen** Arbeitsverhältnis, dessen Kennzeichnung darin besteht, dass die Arbeit des Arbeitnehmers im Vollzug eines **übereinstimmend gewollten** Arbeitsvertrages erbracht wird, der sich jedoch als nichtig oder fehlerhaft erweist,[68] ist § 4 KSchG unanwendbar.[69] Dem Arbeitsverhältnis fehlt der Bestandsschutz. Es kann ohne Einhaltung einer Frist von beiden Parteien aufgelöst werden, unabhängig davon, dass es für die Vergangenheit wie ein fehlerfrei zustande gekommenes Arbeitsverhältnis behandelt werden muss.[70] Die Klagefrist gem. § 4 S. 1 KSchG und die Fiktionswirkung des § 7 KSchG finden auch auf die Eigenkündigung eines Arbeitnehmers keine Anwendung.[71] Ebenso scheidet eine analoge Anwendung von § 4 S. 1 KSchG auf Arbeitnehmereigenkündigungen aus.

8 Entsprechendes gilt, wenn ein Arbeitgeber vom Arbeitsgericht **verurteilt** wird, einen Arbeitnehmer bis zum **rechtskräftigen** Abschluss des Kündigungsrechtsstreits weiterhin zu beschäftigen[72] und den Urteilsspruch befolgt (Prozessbeschäftigung zur Abwendung der Zwangsvollstreckung). Das ideelle Beschäftigungsinteresse des Arbeitnehmers während des Kündigungsrechtsstreits erfordert nur die **tatsächliche** Beschäftigung, nicht aber den Fortbestand des wirksam gekündigten Arbeitsverhältnisses oder die Begründung eines auflösend bedingten oder zweckbefristeten Arbeitsvertrags bis zur rechtskräftigen Abweisung der Kündigungsschutzklage oder bis zum rechtskräftigen Abschluss des Kündigungsschutzprozesses.[73] Wegen seiner vorläufigen Vollstreckbarkeit (§ 62 Abs. 1 S. 1 ArbGG) wirkt das Urteil des Arbeitsgerichts nur **auflösend bedingt** bis zum Zeitpunkt seiner **Aufhebung,** mit der das Arbeitsverhältnis automatisch endet. Das wegen der Androhung der Zwangsvollstreckung erzwungene faktische Beschäftigungsverhältnis entfällt.[74] Erwirkt der Arbeitnehmer

---

[62] Vgl. zur verkehrswesentlichen Eigenschaft bei Schwangerschaft: BAG 6.2.1992 – 2 AZR 408/91, AP BGB § 119 Nr. 13.
[63] BAG 21.9.2017 – 2 AZR 57/17, NZA 2017, 1524 Rn. 22; ErfK/*Oetker* KSchG § 4 Rn. 7; Stahlhacke/Preis/Vossen Kündigung/*Vossen* Rn. 1826; MüKoBGB/*Hergenröder* KSchG § 4 Rn. 7; zweifelnd KR/*Friedrich/Klose* KSchG § 4 Rn. 27.
[64] BAG 21.9.2017 – 2 AZR 57/17, NZA 2017, 1524 Rn. 22; ErfK/*Kiel* KSchG § 4 Rn. 3.
[65] BAG 28.11.2007 – 6 AZR 1108/06, NZA 2008, 348 Rn. 42; *Gastell* BB 2008, 385.
[66] BAG 21.6.2000 – 4 AZR 379/99, NZA 2001, 271; 28.11.2007 – NZA 2008, 348; 7.10.2015 – 7 AZR 40/14, NZA 2016, 358.
[67] BAG 28.11.2007 – 6 AZR 1108/06, NZA 2008, 348 Rn. 15.
[68] BAG 30.4.1997 – NZA 1998, 199; 16.2.2000 – NZA 2000, 385; 7.10.2015 – 7 AZR 40/14, NZA 2016, 358.
[69] BAG 24.6.1981 – 7 AZR 198/79, AP TVG § 4 Formvorschriften Nr. 2; 7.10.2015 – 7 AZR 40/14, NZA 2016, 358; KR/*Friedrich/Klose* KSchG § 4 Rn. 28.
[70] BAG 15.1.1986 – 5 AZR 237/84, NZA 1986, 561 Rn. 17; 27.7.2010 – 3 AZR 317/08, AP BBiG § 4 Nr. 3 Rn. 26, 27; ErfK/*Preis* BGB § 611 Rn. 147.
[71] BAG 21.9.2017 – 2 AZR 57/17, NZA 2017, 1524 Rn. 17 ff.
[72] BAG GS 27.2.1985 – GS 1/84, NZA 1985, 702; 24.9.2003 – 5 AZR 500/02, NZA 2004, 90 Rn. 25; 8.4.2014 – 9 AZR 856/11 Rn. 39; zum Annahmeverzug: BAG 17.8.2011 – 5 AZR 251/10, NZA-RR 2012, 342. Zur Entgeltfortzahlung im Krankheitsfall und an Feiertagen: BAG 27.5.2020 – 5 AZR 247/19, juris Rn. 12.
[73] BAG 15.1.1986 – 5 AZR 213/84; 24.9.2003 – 5 AZR 500/02, NZA 2004, 90: Unterlassen anderweitigen Erwerbs; BAG 24.6.2015 – 5 AZR 462/14, NZA 2016, 108: Bei Nichtbefolgung der Beschäftigungspflicht gehört der entgangene Verdienst nicht zum ersatzfähigen Schaden.
[74] BAG 8.4.2014 – 9 AZR 856/11 Rn. 39.

mit der Kündigungsschutzklage ein klagestattgebendes Urteil und beschäftigt der Arbeitgeber ihn daraufhin zur Erfüllung des **allgemeinen Weiterbeschäftigungsanspruchs**,[75] muss dieser Weiterbeschäftigung nicht zusätzlich ein Vertrag der Parteien zugrunde liegen.[76] Es empfiehlt sich dabei die Klarstellung gegenüber dem Arbeitnehmer, dass die Beschäftigung ausschließlich aufgrund des nach der Rechtsprechung des GS des BAG bestehenden allgemeinen Weiterbeschäftigungsanspruchs erfolgt.

Vereinbaren die Parteien nach Ausspruch der Kündigung und nach Ablauf der Kündigungsfrist **vor** einer Verurteilung des Arbeitgebers zur Weiterbeschäftigung formgerecht (§ 14 Abs. 4 TzBfG) die **zweckbefristete** Weiterbeschäftigung des Arbeitnehmers bis zum rechtskräftigen Abschluss des Kündigungsschutzprozesses,[77] so endet das Arbeitsverhältnis kraft Gesetzes mit **objektiver Zweckerreichung und Auslauffrist** nach § 15 Abs. 2 TzBfG.[78] Will sich der Arbeitnehmer gegen die Wirksamkeit der Befristung wenden, muss er die dreiwöchige Klageerhebungsfrist aus § 17 TzBfG wahren, die nach **objektiver Zweckerreichung** mit Zugang der schriftlichen Erklärung des Arbeitgebers nach § 15 Abs. 2 TzBfG über die Zweckerreichung anläuft.[79] Das Formerfordernis des § 15 Abs. 2 TzBfG wird durch die Einhaltung der Textform nach § 126b BGB gewahrt.[80] § 4 KSchG gilt indes dann, wenn innerhalb eines befristet abgeschlossenen Arbeitsverhältnisses eine Arbeitgeberkündigung erfolgt.[81] Da die von § 4 KSchG erfasste Kündigung das Arbeitsverhältnis in seinem **ganzen Bestand** betrifft, findet diese Vorschrift auf eine **Teilkündigung** keine Anwendung, die unter Aufrechterhaltung des Arbeitsverhältnisses im Übrigen nur einzelne Rechte und Pflichten aus dem Arbeitsvertrag beseitigen soll.[82]

Der in § 17 KSchG geregelte besondere Kündigungsschutz bei **Massenentlassungen** verpflichtet den Arbeitgeber nach § 17 Abs. 1, 3 KSchG, der Agentur für Arbeit Anzeige zu erstatten, die **schriftlich**[83] unter Beifügung der Stellungnahme des Betriebsrats zu erfolgen hat, bevor er in Betrieben der in § 17 Abs. 1 S. 1 Nr. 1 bis 3 KSchG genannten Anzahl der Arbeitnehmer innerhalb von 30 Kalendertagen (§ 187 Abs. 2, § 188 Abs. 1 BGB)[84] kündigt.[85] Der Begriff der „**Entlassung**" in § 17 Abs. 1 KSchG[86] erfasst in unionsrechtskonformer Auslegung von Art. 1 der RL 98/59/EG[87] (MERL) auch beabsichtigte ordentliche Änderungskündigungen.[88] Im Hinblick auf beabsichtigte ordentliche Änderungskündigungen kommt es nicht darauf an, ob von einer Änderungskündigung betroffene Arbeitnehmer das ihnen un-

---

[75] BAG GS 27.2.1985 – GS 1/84, NZA 1985, 702.
[76] BAG 22.7.2014 – 9 AZR 1066/12, NZA 2014, 1330.
[77] BAG 30.3.1989 – 6 AZR 288/87 Rn. 16; 22.10.2003 – 7 AZR 113/03, NZA 2004, 1275; 8.4.2014 – 9 AZR 856/11, ArbR 2014, 414.
[78] BAG 9.9.2015 – 7 AZR 148/14, NZA 2016, 169; 12.8.2015 – 7 AZR 592/13, NZA 2016, 173; dazu Boewer TzBfG § 15 Rn. 18 ff.; zum Sachgrund der Befristung: LAG Köln 30.5.2011 – 2 Sa 209/11, ArbR 2011, 624. Zum zwingenden Charakter des § 15 Abs. 2 TzBfG: BAG 12.8.2015 – 7 AZR 592/13, NZA 2016, 173 Rn. 29.
[79] So BAG 27.7.2011 – 7 AZR 402/10, AP TzBfG § 21 Nr. 9; 21.11.2013 – NZA 2014, 362; 9.9.2015 – 7 AZR 148/14, NZA 2016, 169; Stahlhacke/Preis/Vossen Kündigung/*Vossen* Rn. 1824.
[80] BAG 20.6.2018 – 7 AZR 689/16, NZA 2019, 331 Rn. 65.
[81] BAG 6.11.2003 – 2 AZR 690/02, NZA 2005, 218 Rn. 33, 37 unter Verneinung der Anwendung der §§ 612a, 242 BGB.
[82] BAG 22.1.1997 – 5 AZR 658/95, NZA 1997, 711.
[83] Ob die strenge Schriftform des § 126 BGB angezeigt ist, ist bislang vom BAG nicht entschieden, wenn auch bei der Unterrichtung des Betriebsrats nach § 17 Abs. 2 S. 1 Hs. 2 Nr. 1 bis 6 KSchG Textform (§ 126b BGB) ausreicht: BAG 22.9.2016 – 2 AZR 276/16, NZA 2017, 175 Rn. 42. Da es sich bei der Anzeige um eine rechtsgeschäftsähnliche Erklärung handelt, spricht diese rechtliche Einordnung für eine Anwendung von § 126b BGB.
[84] BAG 25.4.2013 – 6 AZR 49/12, AP InsO § 343 Nr. 1 Rn. 155.
[85] EuGH 27.1.2005 – C-188/03, NZA 2005, 213 – Junk; vgl. dazu auch *Spelge* RdA 2018, 297 ff.; *Temming* RdA 2019, 102 ff.; ErfK/*Kiel* KSchG § 17 Rn. 1 ff.
[86] EuGH 27.1.2005 – C-188/03, NZA 2005, 213 – Junk; BAG 25.4.2013 – 6 AZR 49/12, AP InsO § 343 Nr. 1; 21.3.2013 – 2 AZR 60/12, NZA 2013, 966.
[87] Vom 20.7.1998, ABl. 1998 L 263, 1.
[88] EuGH 21.9.2017 – C-429/16, NZA 2017, 1325 – Ciupa; 11.11.2015 – C-422/14, NZA 2015, 1441 – Pujante Rivera; BAG 20.2.2014 – 2 AZR 346/12, NZA 2014, 1069 Rn. 36 ff.; ErfK/*Kiel* KSchG § 17 Rn. 15, 16; Ascheid/Preis/Schmidt/*Moll* KSchG § 17 Rn. 26a.

terbreitete Änderungsangebot bei oder nach Zugang der Kündigungserklärung abgelehnt oder – ggf. unter dem Vorbehalt des § 2 KSchG – angenommen haben.[89] Durch die Annahmeerklärung fällt weder die Anzeigepflicht – rückwirkend – weg, noch wird eine erfolgte Anzeige gegenstandslos.[90] Da bei einer unter Vorbehalt erklärten Annahme des Änderungsangebots bereits die **Kündigungserklärung** als solche an einem rechtlichen Mangel leidet,[91] führt dieser im Änderungsschutzprozess zur Unwirksamkeit der Änderungskündigung.[92] Für die Anzeigepflicht nach § 17 Abs. 1 KSchG ist die Zahl der in einem Betrieb erfolgenden Kündigungen im Verhältnis zur Zahl der in der Regel in diesem Betrieb beschäftigten Arbeitnehmer ausschlaggebend. Dabei wird der Betriebsbegriff für die Schwellenwerte in § 17 Abs. 1 Nr. 1 bis 3 KSchG durch die MERL[93] autonom und einheitlich determiniert.[94] Da der Begriff „Arbeitnehmer" in Art. 1 Abs. 1 Buchst. a der Richtlinie 98/59 nicht durch Verweisung auf die Rechtsvorschriften der Mitgliedstaaten definiert werden kann, sondern innerhalb der Unionsrechtsordnung **autonom** und einheitlich ausgelegt werden muss, hat der EuGH[95] in Übereinstimmung mit der Entscheidung „Danosa"[96] einen **Fremdgeschäftsführer** einer GmbH, der seine Tätigkeit nach Weisung und Aufsicht eines anderen Organs dieser Gesellschaft ausübt, als Gegenleistung für seine Tätigkeit eine Vergütung erhält und selbst keine Anteile an dieser Gesellschaft besitzt, entgegen § 17 Abs. 5 Nr. 1 KSchG als Arbeitnehmer angesehen. Anders ist bei einem Geschäftsführer mit Mehrheitsanteil zu entscheiden.[97] Die gleiche Rechtsfolgenproblematik betrifft die in § 17 Abs. 5 Nr. 3 KSchG europarechtswidrig geregelte Herausnahme der leitenden Angestellten aus dem Anwendungsbereich des § 17 KSchG.[98] Soweit § 17 Abs. 5 Nr. 3 KSchG bestimmte **leitende Personen**[99] bei der Berechnung der Mindestzahl unberücksichtigt lässt und für andere leitende Angestellte keine Konsultation mit dem Betriebsrat möglich ist (§ 5 Abs. 3 BetrVG), steht dies im Widerspruch zur MERL.[100] Deshalb sollten leitende Angestellte iSd § 17 Abs. 5 Nr. 3 KSchG nicht nur bei den Schwellenwerten mitgezählt werden, sondern bezüglich der leitenden Angestellten auch entsprechende Konsultationen mit dem Sprecherausschuss stattfinden.[101] Auch **Praktikanten,** deren Finanzierung von der staatlichen Arbeitsförderung vorgenommen wird, zählen mit.[102] Arbeitnehmer, bei denen im Zeitpunkt der Massenentlassungsanzeige noch nicht feststeht, dass sie in eine Transfergesellschaft (§ 110 SGB III) wechseln werden, sind bei der Berech-

---

[89] BAG 20.2.2014 – 2 AZR 346/12, NZA 2014, 1069 Rn. 36.
[90] BAG 20.2.2014 – 2 AZR 346/12, NZA 2014, 1069 Rn. 36.
[91] BAG 22.10.2015 – 2 AZR 124/14, NZA 2016, 225 Rn. 29, 30; wohl auch BAG 21.5.2019 – 2 AZR 26/19, NZA 2019, 1143 Rn. 19: § 4 S. 2 KSchG als abgewandelter Fall der Klage gem. § 4 S. 1 KSchG im Anschluss an *Niemann* RdA 2016, 339 (342).
[92] Näher dazu → § 46 Rn. 120.
[93] RL 98/59/EG v. 20.7.1998, ABl. 1998 L 263, 1 (MERL).
[94] EuGH 30.4.2015 – C-80/14, NZA 2015, 601 – USDAW und B. Wilson Rn. 45, 47, 49: Autonomer Betriebsbegriff, wobei die Einheit weder rechtliche noch wirtschaftliche, finanzielle, verwaltungsmäßige oder technologische Autonomie besitzen muss. BAG 13.12.2012 – 6 AZR 348/11, NZA 2013, 669 Rn. 84, 85 mwN; 26.1.2017 – 6 AZR 442/16, NZA 2017, 577 Rn. 21; 13.2.2020 – 6 AZR 146/19, NZA 2020, 1006 Rn. 32: Ein Rückgriff des KSchG oder BetrVG verbietet sich, BAG 27.2.2020 – 8 AZR 215/19, juris Rn. 171.
[95] EuGH 9.7.2015 – C-229/14, NZA 2015, 861 – Balkaya; EuGH 11.11.2015 – C-422/14, ZIP 2015, 2292 – Pujante Rivera; vgl. dazu *Lunk* NZA 2015, 917.
[96] EuGH 11.11.2010 – C-232/09, NZA 2011, 143.
[97] KR/*Weigand* KSchG § 17 Rn. 49, wonach auch Vorstandsmitglieder nicht unter § 17 KSchG fallen. Ebenso *Lunk* NZA 2015, 917.
[98] EuGH 13.2.2014 – C-596/12 – s- dirigenti; dazu ErfK/*Kiel* KSchG § 17 Rn. 7 einerseits und Ascheid/Preis/Schmidt/*Moll* KSchG § 17 Rn. 16a, 16b andererseits. Der EuGH konnte wegen Erledigung des Rechtsstreits nicht entscheiden, ob Leiharbeitnehmer bei den Schwellenwerten zu berücksichtigen sind: BAG 16.11.2017 – 2 AZR 90/17 (A), NZA 2018, 245.
[99] Zum Begriff: BAG 18.10.2000 – 2 AZR 465/99, NZA 2001, 437; 16.4.2002 – 1 ABR 23/01, NZA 2003, 56; 14.4.2011 – 2 AZR 167/10, AP KSchG 1969 § 14 Nr. 12; 19.4.2012 – 2 AZR 186/11, NZA 2013, 27.
[100] EuGH 18.1.2007 – C-385/05, NZA 2007, 193: Art. 1 Abs. 1 Buchst. a der Richtlinie 98/59 ist dahin auszulegen, dass er einer nationalen Regelung entgegensteht, die eine bestimmte Gruppe von Arbeitnehmern bei der in dieser Vorschrift vorgesehenen Berechnung der Beschäftigtenzahl unberücksichtigt lässt.
[101] Bejahend BAG 13.2.2020 – 6 AZR 146/19, NZA 2020, 1006 Rn. 63, 69, aber keine Konsultation der Schwerbehindertenvertretung Rn. 64 ff.; vgl. dazu *Spelge* RdA 2018, 297 (298); Ascheid/Preis/Schmidt/*Moll* KSchG § 17 Rn. 57; *Krieger/Ludwig* NZA 2010, 919 (923); ErfK/*Kiel* KSchG § 17 Rn. 19b.
[102] EuGH 9.7.2015 – C-229/14, NZA 2015, 861 – Balkaya.

nung des Schwellenwerts mitzuzählen.[103] Neben der Pflicht zur Massenentlassungsanzeige besteht die in § 17 Abs. 2 KSchG normierte Pflicht zur **Konsultation** des Betriebsrats, die selbstständig neben dem Anzeigeverfahren vom Arbeitgeber zu erfüllen ist.[104] Die dafür erforderliche Unterrichtung des Arbeitgebers nach § 17 Abs. 2 S. 1 Hs. 2 Nr. 1 bis Nr. 6 KSchG kann in **Textform** (§ 126b BGB) erfolgen.[105] Das Konsultationsverfahren soll dem Betriebsrat ermöglichen, durch konstruktive Vorschläge die Massenentlassung zu verhindern oder jedenfalls zu beschränken,[106] während das Anzeigeverfahren vornehmlich beschäftigungspolitischen Zwecken dient.[107] Der Arbeitgeber darf im Zeitpunkt der Einleitung des Konsultationsverfahrens bei einer geplanten Betriebsänderung noch keine unumkehrbaren Maßnahmen getroffen und damit vollendete Tatsachen geschaffen haben,[108] um die dem Anzeigeverfahren vorgelagerte Konsultation mit dem Betriebsrat nicht leerlaufen zu lassen. Dem Zweck der Konsultation entsprechend soll die Stellungnahme des Betriebsrats gegenüber der Arbeitsverwaltung belegen, ob und welche Möglichkeiten dieser sieht, die angezeigten Kündigungen zu vermeiden, und dass soziale Maßnahmen mit dem Betriebsrat beraten und ggf. getroffen worden sind. Außerdem soll sichergestellt werden, dass der Arbeitgeber eine ihm ungünstige Stellungnahme des Betriebsrats der Arbeitsverwaltung nicht verschweigen kann.[109] Nur eine **endgültige** Stellungnahme des Betriebsrats zu den vom Arbeitgeber beabsichtigten Kündigungen schließt die Konsultation ab. Die Äußerung des Betriebsrats muss erkennen lassen, dass er seine Beteiligungsrechte als gewahrt ansieht und dass es sich um eine abschließende Erklärung zu den vom Arbeitgeber beabsichtigten Kündigungen handelt.[110] Erst danach kann der Arbeitgeber die Massenentlassungsanzeige erstatten, ohne die Zwei-Wochen-Frist des § 17 Abs. 3 S. 3 KSchG abwarten zu müssen.[111] Nachdem der EuGH[112] auf der Grundlage der Massenentlassungsrichtlinie (MERL)[113] entschieden hat, dass die **Kündigungserklärung** des Arbeitgebers als Ereignis anzusehen ist, das als **Entlassung** gilt und der Arbeitgeber Massenentlassungen (Kündigungen) erst nach Ende des Konsultationsverfahrens iSd Art. 2 MERL und nach der Anzeige der beabsichtigten Massenentlassung iSd Art. 3 und 4 MERL vornehmen darf,[114] hat das BAG[115] in Abkehr von seiner früheren Rechtspre-

---

[103] BAG 28.6.2012 – 6 AZR 780/10, NZA 2012, 1029 Rn. 50: Auf die zu niedrige Angabe der Zahl der zu entlassenden Arbeitnehmer im Rahmen des § 17 KSchG können sich nur diejenigen Arbeitnehmer berufen, die von der Massenentlassungsanzeige nicht erfasst sind.

[104] BAG 21.3.2013 – 2 AZR 60/12, NZA 2013, 966; 20.1.2016 – 6 AZR 601/14, NZA 2016, 490; vgl. dazu *Moll* RdA 2018, 57 ff. Für das Konsultationsverfahren ist der Gesamtbetriebsrat gemäß § 50 Abs. 1 BetrVG originär zuständig, wenn der geplante Personalabbau auf der Grundlage eines unternehmenseinheitlichen Konzepts durchgeführt werden soll und mehrere Betriebe – etwa von einer Betriebsänderung – betroffen sind. Vgl. BAG 13.12.2012 – 6 AZR 772/11 Rn. 42.

[105] BAG 22.9.2016 – 2 AZR 276/16, NZA 2017, 175 Rn. 42; 26.10.2017 – 2 AZR 298/16, ZAT 2017, 197 Rn. 20.

[106] EuGH 3.3.2011 – C-235/10 bis C-239/10, NZA 2011, 337 – Claes ua Rn. 56; BAG 20.9.2012 – 6 AZR 155/11, NZA 2013, 32; 20.1.2016 – 6 AZR 601/14, NZA 2016, 490; 13.6.2019 – 6 AZR 459/18, ZInsO 2019, 2225 Rn. 27.

[107] BAG 22.9.2016 – 2 AZR 276/16, NZA 2017, 175 Rn. 24; BAG 13.6.2019 – 6 AZR 459/18, ZInsO 2019, 2225 Rn. 28; BAG 13.2.2020 – 6 AZR 146/19, NZA 2020, 1006 Rn. 75: Abmilderung der sozialökonomischen Auswirkungen der Massenentlassung.

[108] BAG 26.1.2017 – 6 AZR 442/16, NZA 2017, 577 Rn. 25.

[109] BAG 18.1.2012 – 6 AZR 407/10, NZA 2012, 817 Rn. 45; 21.3.2012 – 6 AZR 596/10, NZA 2012, 1058 Rn. 22; 28.6.2012 – 6 AZR 780/10, NZA 2012, 1029 Rn. 53.

[110] BAG 28.6.2012 – 6 AZR 780/10, NZA 2012, 1029; 26.2.2015 – 2 AZR 955/13, NZA 2015, 881.

[111] BAG 28.6.2012 – 6 AZR 780/10, NZA 2012, 1029; 9.6.2016 – 6 AZR 405/15, NZA 2016, 1198: Mangelnde Information des Betriebsrats entgegen § 17 Abs. 2 S. 1 Nr. 2 und 3 KSchG über die betroffenen Berufsgruppen.

[112] EuGH 27.1.2005 – C-188/03, NZA 2005, 213 – Junk; 10.9.2009 – C-44/08, NZA 2010, 1083 – Keskusliitto; 3.3.2011 – C-235/10 ua, NZA 2011, 337 – Claes.

[113] Richtlinie 98/59/EG des Rates vom 20.7.1998 zur Angleichung der Rechtsvorschriften der Mitgliedstaaten über Massenentlassungen AGB. EG L 225 v. 12.8.1998 S. 16.

[114] EuGH 27.1.2005 – C-188/03, NZA 2005, 213 Rn 46 ff. – Junk; BAG 9.6.2016 – 6 AZR 405/15, NZA 2016, 1198 Rn. 17; 13.6.2019 – 6 AZR 459/18, ZInsO 2019, 2225 Rn. 22; 13.2.2020 – 6 AZR 146/19.

[115] BAG 23.3.2006 – 2 AZR 343/05, NZA 2006, 971; 13.7.2006 – 6 AZR 198/06, NZA 2007, 25; 22.4.2010 – 6 AZR 948/08, NZA 2010, 1057 bei Nachkündigung in der Insolvenz; dazu auch BAG 20.1.2016 – 6 AZR 601/14, NZA 2016, 490.

chung[116] in richtlinienkonformer Auslegung den Begriff „Entlassung" iSd §§ 17, 18 KSchG als Ausspruch der Kündigung angesehen.[117] Eine Kündigung kann deswegen schon unmittelbar nach Eingang der Massenentlassungsanzeige bei der **örtlich zuständigen** Agentur für Arbeit erklärt werden.[118] Die betroffenen Arbeitnehmer dürfen allerdings nicht vor Ablauf der Fristen des § 18 Abs. 1 oder Abs. 2 KSchG ausscheiden.[119] Erfolgt im selben Betrieb iSv § 17 KSchG eine weitere Kündigung innerhalb der 30-Tages-Frist im zeitlichen Zusammenhang mit der Massenentlassung, ist für sie vor Abgabe der Kündigungserklärung eine eigenständige Massenentlassungsanzeige erforderlich, die durch Nachmeldung des später gekündigten Arbeitnehmers an die zuständige Agentur für Arbeit erfolgt.[120] Das Konsultationsverfahren einerseits und die Massenentlassungsanzeige andererseits stellen **eigenständige** Wirksamkeitserfordernisse für die im Zusammenhang mit einer Massenentlassung erfolgte Kündigung dar, so dass Verstöße gegen die gesetzlichen Anforderungen dieser Verfahren jeweils unabhängig voneinander zur **Unwirksamkeit** der Kündigung führen.[121] Diese Bewertung hat vor allem Bedeutung für § 4 S. 1, 2 KSchG sowie für § 6 KSchG, wonach bei entsprechender Belehrung durch das Arbeitsgericht alle Unwirksamkeitsgründe einer Kündigung im ersten Rechtszuge geltend gemacht werden müssen, um mit ihnen nicht in zweiter Instanz präkludiert zu sein.[122] § 17 Abs. 2 S. 2 KSchG verlangt jedoch – auch unter unionsrechtlichen Aspekten (Art. 2 Abs. 2 MERL) – nicht, dass außer der Unterrichtung und Beratung auch eine **Einigung** mit dem Betriebsrat vor Durchführung der Massenentlassungen erzielt worden sein muss.[123] Es ist daher nicht erforderlich, bei Scheitern der Verhandlungen mit dem Betriebsrat einen unparteiischen Dritten (§ 112 Abs. 2 BetrVG) einzuschalten oder das in § 112 Abs. 2 bis Abs. 5 BetrVG vorgesehene weitere Verfahren zu durchlaufen, um der Konsultationspflicht aus § 17 Abs. 2 S. 2 KSchG oder Art. 2 MERL zu genügen.[124] Auch eine absolute Verhandlungsmindestdauer ist weder nach nationalem noch nach Unionsrecht vorgeschrieben.[125] Die Konsultationen sind ohne Einigung der Betriebsparteien beendet, wenn der Arbeitgeber annehmen darf, es bestehe kein Ansatz für weitere, zielführende Verhandlungen.[126] Ein bestandskräftiger Verwaltungsakt der Agentur für Arbeit gem. §§ 18 Abs. 1, 20 KSchG, der von einer Wirksamkeit der Anzeige ausgeht, hat auf die Frage der

---

[116] BAG 21.5.2008 – 8 AZR 84/07, NZA 2008, 753.
[117] BAG 23.2.2010 – 2 AZR 268/08, NZA 2010, 944; zum Betriebsbegriff: EuGH 30.4.2015 – C-80/14, NZA 2015, 601 – B. Wilson: Eine unterscheidbare Einheit von einer gewissen Dauerhaftigkeit und Stabilität, die zur Erledigung einer oder mehrerer bestimmter Aufgaben bestimmt ist und über eine Gesamtheit von Arbeitnehmern sowie über technische Mittel und eine organisatorische Struktur zur Erfüllung dieser Aufgaben verfügt. Ob die fragliche Einheit eine Leitung hat, die selbstständig Massenentlassungen vornehmen kann, ist für die Definition des Begriffs „Betrieb" nicht entscheidend; so auch EuGH 13.5.2015 – C-392/13, NZA 2015, 669 – Rabal Cañas; BAG 26.1.2017 – 6 AZR 442/16, NZA 2017, 577 Rn. 21; 13.2.2020 – 6 AZR 146/19, NZA 2020, 1006 Rn. 32: Die Betriebsbegriffe des KSchG oder des BetrVG sind nicht maßgeblich. BAG 27.2.2020 – 8 AZR 215/19, juris Rn. 171.
[118] BAG 13.2.2020 – 6 AZR 146/19, NZA 2020, 1006 Rn. 77, 78; BAG 27.2.2020 – 8 AZR 215/19, juris Rn. 192: Die Massenentlassungsanzeige ist bei der Agentur für Arbeit zu erstatten, in deren Bezirk die Auswirkungen der Massenentlassung auftreten. Vgl. auch BAG 21.1.2020 – 1 AZR 149/19 Rn. 40: Der Terminus „Flugbetrieb" iSd § 117 BetrVG ist keine betriebliche Organisationseinheit. Vgl. auch BAG 22.9.2016 – 2 AZR 276/16, NZA 2017, 175 Rn. 69, 70 nach erfolgter Stilllegung.
[119] BAG 6.11.2008 – 2 AZR 935/07, NZA 2009, 1013.
[120] BAG 20.1.2016 – 6 AZR 601/14, NZA 2016, 490.
[121] BAG 20.1.2016 – 6 AZR 601/14, NZA 2016, 490; 13.6.2019 – 6 AZR 459/18, ZInsO 2019, 2225 Rn. 40. Das gilt auch, wenn die Anzeige infolge der Verkennung des Betriebsbegriffs objektiv unrichtige Mussangaben enthält: BAG 13.2.2020 – 6 AZR 146/19, NZA 2020, 1006 Rn. 93, 107. Zur verfassungskonformen Auslegung des Entlassungsbegriffs in § 17 KSchG für Arbeitnehmer in Elternzeit: BVerfG 8.6.2016 – 1 BvR 3634/13, NZA 2016, 939 sowie *Spelge* RdA 2018, 297 (300 ff.).
[122] BAG 25.10.2012 – 2 AZR 845/11, NZA 2013, 900; 20.1.2016 – 6 AZR 601/14, ZIP 2016, 633.
[123] BAG 21.5.2008 – 8 AZR 84/07, NZA 2008, 753.
[124] BAG 21.5.2008 – 8 AZR 84/07, NZA 2008, 753; insoweit zustimmend BVerfG 25.2.2010 – 1 BvR 230/09, NZA 2010, 1268, das im Übrigen die Entscheidung aufgehoben hat; BAG 26.2.2015 – 2 AZR 955/13, NZA 2015, 881; 22.9.2016 – 2 AZR 276/16, NZA 2017, 175 Rn. 50; *Bauer/Krieger/Powietzka* DB 2005, 445 (447); *Klumpp* NZA 2006, 703 (705); aA *Wolter* AuR 2005, 135 (139).
[125] BAG 22.9.2016 – 2 AZR 276/16, NZA 2017, 175 Rn. 50.
[126] BAG 22.9.2016 – 2 AZR 276/16, NZA 2017, 175 Rn. 50; BAG 14.5.2020 – 6 AZR 235/19, NZA 2020, 1092 Rn. 143, 144: Der Arbeitgeber beurteilt, wann er den Betriebsrat für ausreichend unterrichtet hält.

Einhaltung der Konsultationspflicht keinen Einfluss.[127] Soweit es um die **Massenentlassungsanzeige** geht, hat der Arbeitgeber nach § 17 Abs. 3 S. 1 und S. 2 KSchG der für den Betriebssitz örtlich zuständigen Agentur für Arbeit mit der **schriftlichen** Anzeige[128] eine Abschrift der Mitteilung an den Betriebsrat (§ 17 Abs. 2 S. 1 KSchG) sowie die Stellungnahme des Betriebsrats zu den Entlassungen (Kündigungen) beizufügen[129] bzw. diese nach den in § 17 Abs. 3 S. 3 KSchG geregelten Grundsätzen durch Glaubhaftmachung zu ersetzen. Ob die Konsultationen mit dem Betriebsrat vor der Massenentlassungsanzeige **abgeschlossen** sein müssen oder **nachgereicht** werden können,[130] ist allerdings nach Ansicht des BVerfG[131] aufgrund der MERL zweifelhaft und bedarf der Klärung durch den EuGH.[132] Der Arbeitgeber kann die Verfahren nach den §§ 111 ff. BetrVG, § 102 BetrVG und § 17 Abs. 2 KSchG verbinden, soweit dieselbe Arbeitnehmervertretung zu beteiligen ist und ihr gegenüber klargestellt wird, dass neben dem Verfahren nach §§ 111 ff. BetrVG auch das Verfahren nach § 17 Abs. 2 KSchG durchgeführt werden soll.[133] Ein vor der Entlassung (Kündigung) zwischen den Betriebspartnern vereinbarter **Interessenausgleich mit Namensliste** (§§ 1 Abs. 5 S. 4 KSchG, 125 Abs. 2 InsO) erfüllt in jedem Fall die Beratungspflicht nach § 17 Abs. 2 S. 2 KSchG und ersetzt auch die Stellungnahme des Betriebsrats nach § 17 Abs. 3 S. 2 KSchG.[134] Ein Interessenausgleich, der sich nur auf Teile der Betriebsänderung bezieht, reicht jedoch nicht aus. Die der Kündigung zugrunde liegende Betriebsänderung muss **insgesamt** Gegenstand des Interessenausgleichs mit Namensliste sein.[135] Diese Voraussetzung wird nicht durch den Abschluss eines Sozialplans erfüllt, auch wenn dieser auf dem Spruch einer Einigungsstelle beruht.[136] Macht der Arbeitgeber mit der Anzeige **glaubhaft**,[137] dass er den Betriebsrat mindestens zwei Wochen vor Anzeigenerstattung, dh vor Vollständigkeit der Anzeige nach § 17 Abs. 2 S. 1 KSchG, unterrichtet hat und legt er den **Stand der Beratungen,** die noch nicht abgeschlossen sein müssen,[138] dar (§ 17 Abs. 3 S. 3 KSchG), und hat der Betriebsrat keine oder keine ausreichende Stellungnahme abgegeben, so ist die Anzeige ebenfalls wirksam. Verweigert der Betriebsrat eine Stellungnahme oder ist die von ihm abgegebene Erklärung – möglicherweise – unzureichend, kann der Arbeitgeber (vorsorglich) gemäß § 17 Abs. 3 S. 3 KSchG verfahren. Er kann zwei Wochen nach vollständiger Unter-

---

[127] BAG 13.12.2012 – 6 AZR 772/11 Rn. 56, 57; BAG 27.2.2020 – 8 AZR 215/19, juris Rn. 193.
[128] BAG 13.2.2020 – 6 AZR 146/19, NZA 2020, 1006 Rn. 78: Bei einer anderen Agentur erfüllt der Arbeitgeber seine Anzeigepflicht nicht; BAG 14.5.2020 – 6 AZR 235/19, NZA 2020, 1092 Rn. 123. Zu den Mussangaben in der Anzeige § 17 Abs. 3 S. 4 KSchG BAG 13.2.2020 – 6 AZR 146/19, NZA 2020, 1006 Rn. 93, 102 (107).
[129] BAG 28.6.2012 – 6 AZR 780/10, NZA 2012, 1029; 26.2.2015 – 2 AZR 955/13, NZA 2015, 881: Dafür reicht auch die eindeutige Mitteilung aus, keine Stellung nehmen zu wollen; vgl. dazu den Formulierungsvorschlag von *Moll/Katendahl* RdA 2013, 165.
[130] So noch BAG 21.5.2008 – 8 AZR 84/07, NZA 2008, 753: Der Arbeitgeber hatte vor Ablauf von zwei Wochen nach Unterrichtung des Betriebsrats der Anzeige keine Stellungnahme des Betriebsrats beigefügt, sondern stattdessen gegenüber der Bundesagentur für Arbeit in dem Begleitschreiben angekündigt, die Stellungnahme des Betriebsrats umgehend nachzureichen, die der Betriebsrat zwei Wochen nach Unterrichtung an die Bundesagentur erstattete. Das BAG hielt diese Verfahrensweise durch § 17 Abs. 3 S. 3 KSchG für gedeckt.
[131] BVerfG 25.2.2010 – NZA 2010, 1268 entgegen BAG 21.5.2008 – 8 AZR 84/07, NZA 2008, 753.
[132] Sind die Konsultationen des Arbeitgebers mit dem Betriebsrat im Sinne des § 17 Abs. 2 S. 2 KSchG, Art. 2 Abs. 1 und Abs. 2 S. 1 MERL wirklich beendet, kann ein Nachreichen der Stellungnahme des Betriebsrats in Frage kommen.
[133] BAG 13.12.2012 – 6 AZR 752/11, AP KSchG 1969 § 17 Nr. 44 Rn. 46; BAG 14.5.2020 – 6 AZR 235/19, NZA 2020, 1092 Rn. 140 ff.: Die Verbindung muss ersichtlich sein.
[134] BAG 7.7.2011 – 6 AZR 248/10, NZA 2011, 1108 Rn. 18; 18.1.2012 – 6 AZR 407/10, NZA 2012, 817; 21.3.2012 – 6 AZR 596/10, NZA 2012, 1058: Aus Sinn und Zweck des § 17 Abs. 3 S. 2 KSchG folgt, dass eine in einen Interessenausgleich **ohne Namensliste** integrierte Stellungnahme des Betriebsrats den gesetzlichen Anforderungen genügt; vgl. auch BAG 9.6.2016 – 6 AZR 405/15, NZA 2016, 1198 Rn. 32: Der abschließenden Stellungnahme des Betriebsrats muss zu entnehmen sein, dass der Betriebsrat seinen Beratungsanspruch als erfüllt ansieht (hier: fehlende Mitteilung der Berufsgruppen).
[135] BAG 17.3.2016 – 2 AZR 182/15, NZA 2016, 1072 Rn. 34.
[136] BAG 13.12.2012 – 6 AZR 752/11, AP KSchG 1969 § 17 Nr. 44 Rn. 57.
[137] Zur technischen Abwicklung: *Niklas/Koehler* NZA 2010, 913; *Krieger/Ludwig* NZA 2010, 919; *Mückl* ArbR 2011, 238.
[138] BAG 21.5.2008 – 8 AZR 84/07, NZA 2008, 753 Rn. 44; KR/*Weigand* KSchG § 17 Rn. 106, 146; Ascheid/Preis/Schmidt/*Moll* KSchG § 17 Rn. 118.

richtung des Betriebsrats gemäß § 17 Abs. 2 S 1 KSchG rechtssicher und rechtswirksam unter Darlegung des Stands der Beratungen Massenentlassungsanzeige erstatten.[139] Die Beifügung der Stellungnahme des Betriebsrats bzw. das Vorbringen des Arbeitgebers nach § 17 Abs. 3 S. 3 KSchG ist Voraussetzung für die Wirksamkeit der Massenentlassungsanzeige.[140] Der Ausschluss einer Frau in **Elternzeit** vom Massenentlassungsschutz des § 17 KSchG verletzt Art. 3 Abs. 1 GG iVm Art. 6 Abs. 1 GG sowie Art. 3 Abs. 3, Abs. 2 GG, wenn ihr ohne das Zustimmungserfordernis aus § 18 BEEG gleichzeitig mit den anderen Beschäftigten im zeitlichen Zusammenhang mit einer Massenentlassung gekündigt worden und ihre Kündigung wegen Mängeln im Konsultationsverfahren nach § 17 Abs. 2 KSchG unwirksam gewesen wäre.[141] Diese Entscheidung des BVerfG hat zur Konsequenz, dass der Arbeitgeber Arbeitnehmer, deren Kündigung von der **Zustimmung einer Behörde** abhängt, wie dies etwa bei schwerbehinderten Menschen oder Schwangeren der Fall ist, vorsorglich in die Massenentlassungsanzeige aufnehmen muss, wenn ihnen ohne das Zustimmungserfordernis in der für § 17 Abs. 1 KSchG maßgebenden 30-Tages-Frist gekündigt worden wäre.[142] Dies gilt unabhängig davon, dass die Kündigung erst nach Zustimmung der Behörde wirksam ausgesprochen werden kann. Nach § 17 Abs. 1 S. 2 KSchG stehen den Entlassungen **andere Beendigungen** des Arbeitsverhältnisses gleich, die vom Arbeitgeber veranlasst werden. Nach der Rspr. des EuGH[143] setzt Art. 1 Abs. 1 UAbs. 1 Buchst. a der Richtlinie 98/59 für diese Gleichstellung anderer Beendigungen voraus, dass mit den Entlassungen fünf Kündigungen des Arbeitgebers verbunden sind. Diese Abweichung begegnet nach Ansicht des BAG[144] keinen Bedenken, weil die Richtlinie 98/59/EG nach ihrem Art. 5 für die Arbeitnehmer günstigere Rechts- oder Verwaltungsvorschriften zulässt. In der Praxis wird nicht selten zur sozialverträglicheren Gestaltung des Personalabbaus und Vermeidung von betriebsbedingten Kündigungen der Abschluss von Aufhebungsverträgen angeboten. Dabei stellt das **Angebot von Aufhebungsverträgen** zur Beendigung des Arbeitsverhältnisses eine die Veranlassung des Arbeitgebers iSv § 17 Abs. 1 S. 2 KSchG kennzeichnende unmittelbare Willensäußerung des Arbeitgebers dar.[145] Solche auf Veranlassung des Arbeitgebers abgeschlossene Aufhebungsverträge sind deshalb bei der Berechnung des Schwellenwertes zu berücksichtigen. Gleiches gilt für Eigenkündigungen, wenn der Arbeitnehmer damit einer sonst erforderlichen betriebsbedingten Arbeitgeberkündigung zuvorkommt.[146] Die **Darlegungs- und Beweislast** für die Anwendung des § 17 KSchG trägt der Arbeitnehmer,[147] die Einhaltung der Konsultations- und Anzeigepflichten der Arbeitgeber.[148] Die §§ 17 ff. KSchG gelten auch im Insolvenzverfahren des Arbeitgebers.[149] Der sachliche Anwendungsbereich bezieht sich nach § 17 Abs. 4 S. 1, 2 KSchG nicht auf fristlose Änderungskündigungen (§ 626 Abs. 1 BGB), die ihre Veranlassung in der Person oder im Verhalten des Arbeitnehmers haben,[150] wobei gleichgültig ist, ob sie mit sozialer Auslauffrist oder bei tariflich oder vertraglich unkündbaren Arbeitnehmern unter Einhaltung einer der

---

[139] BAG 26.2.2015 – 2 AZR 955/13, NZA 2015, 881 Rn. 40; BAG 14.5.2020 – 6 AZR 235/19, NZA 2020, 1092 Rn. 143, 144; *Bauer/Krieger* NZA 2009, 174; *Mückl* ArbR 2011, 238.
[140] BAG 13.12.2012 – 6 AZR 772/11 Rn. 53; 26.2.2015 – 2 AZR 955/13, NZA 2015, 881; BAG 14.5.2020 – 6 AZR 235/19, NZA 2020, 1092 Rn. 136 ff. Vgl. auch BAG 13.2.2020 – 6 AZR 146/19, NZA 2020, 1006 Rn. 64 ff.: Eine Konsultation der Schwerbehindertenvertretung ist nicht vorgesehen.
[141] BVerfG 8.6.2016 – 1 BvR 3634/13, unter Aufhebung von BAG 25.4.2013 – 6 AZR 49/12, AP InsO § 343 Nr. 1.
[142] Vgl. auch die Notwendigkeit der Massenentlassungsanzeige bei Änderungskündigungen: BAG 22.2.2014 – 2 AZR 346/12, NZA 2014, 1069 Rn. 46.
[143] EuGH 11.11.2015 – C-422/14, ZIP 2015, 2292 – Pujante Rivera.
[144] BAG 19.3.2015 – 8 AZR 119/14, EzA KSchG § 17 Nr. 34.
[145] BAG 19.3.2015 – 8 AZR 119/14, EzA KSchG § 17 Nr. 34 Rn. 48.
[146] BAG 28.6.2012 – 6 AZR 780/10, NZA 2012, 1029 Rn. 48; 19.3.2015 – 8 AZR 119/14, ZInsO 2015, 2601 Rn. 48.
[147] BAG 18.1.2012 – 6 AZR 407/10, NZA 2012, 817; Ascheid/Preis/Schmidt/*Moll* KSchG § 18 Rn. 52; ErfK/*Kiel* KSchG § 17 Rn. 40.
[148] BAG 18.1.2012 – 6 AZR 407/10, NZA 2012, 817 Rn. 25; 13.12.2012 – 6 AZR 752/11, AP KSchG 1969 § 17 Nr. 44; 25.4.2013 – 6 AZR 49/12, NZI 2013, 758 Rn. 155.
[149] BAG 13.6.2019 – 6 AZR 459/18, ZInsO 2019, 2225; ErfK/*Kiel* KSchG § 17 Rn. 16.
[150] Vgl. Art. 1 Abs. 1a RL 98/59: Entlassungen, die nicht in der Person des Arbeitnehmers liegen.

ordentlichen Kündigung entsprechenden Auslauffrist ausgesprochen werden.[151] § 17 Abs. 4 KSchG gilt jedoch nicht für betriebsbedingte Kündigungen aus wichtigem Grund, die ausnahmsweise mit einer Auslauffrist erklärt werden dürfen.[152] Nach § 18 Abs. 1 KSchG werden anzeigepflichtige Entlassungen (Kündigungen)[153] vor Ablauf eines Monats nach Eingang der Anzeige bei der örtlich zuständigen Agentur für Arbeit (§§ 187 Abs. 1, 188 Abs. 2 BGB) nur mit deren Zustimmung wirksam (sog. Sperrfrist). Die Sperrfrist kann auf längstens zwei Monate ausgedehnt werden (§ 18 Abs. 2 KSchG). Demgemäß darf der Arbeitgeber die Kündigung bereits unmittelbar nach Eingang der Anzeige bei der Agentur für Arbeit gegenüber den Arbeitnehmern erklären (§ 130 BGB), deren Arbeitsverhältnis jedoch nicht vor Ablauf der gesetzlichen Mindestkündigungsfristen des § 18 Abs. 1 und 2 KSchG endet.[154] Mit dem Tag des Ablaufs der Sperrfrist darf der Arbeitgeber nach § 18 Abs. 4 KSchG[155] innerhalb der Freifrist von 90 Tagen die beabsichtigten Entlassungen (Kündigungen) der von der Massenentlassungsanzeige erfassten Arbeitnehmer durchführen.[156] Der Arbeitgeber muss unter der Voraussetzung des § 17 Abs. 1 KSchG nach Ablauf der sog. Freifrist eine erneute Massenentlassungsanzeige erstatten, wenn er von der Möglichkeit der Kündigungserklärung bis dahin keinen Gebrauch gemacht hat.

Die fristgebundene Klageerhebung (§§ 4, 13 Abs. 1 S. 2 KSchG) ist auf **außerordentliche** Kündigungen von **Berufsausbildungsverhältnissen** nicht anzuwenden, wenn gemäß § 111 Abs. 2 S. 5 ArbGG eine Verhandlung vor einem zur Beilegung von Streitigkeiten aus einem Berufsbildungsverhältnis gebildeten Ausschuss stattfinden muss. Der Klageerhebung kann nur der Einwand der Prozessverwirkung entgegengehalten werden.[157] Die Vorschriften des Kündigungsschutzgesetzes über die fristgebundene Klageerhebung sind nicht analog anzuwenden.[158] Die erforderliche Anrufung eines bestehenden Schlichtungsausschusses ist eine von Amts wegen zu beachtende **Prozessvoraussetzung.** Solange sie nicht vorliegt, ist die Klage unzulässig.[159] Es reicht aus, wenn die Verhandlung vor dem Ausschuss nach Klageerhebung, aber vor der streitigen Gerichtsverhandlung stattfindet.[160] Bei Zweifeln, ob ein Ausschuss gebildet ist, sollte das Risiko, die Drei-Wochen-Frist zu versäumen, durch (vorsorgliche) fristgerechte Klageerhebung ausgeschaltet werden.[161] Verweigert der Ausschuss die Durchführung des Verfahrens, kann das dem Antragsteller nicht angelastet werden. In einem solchen Fall kann er deshalb unmittelbar Klage erheben.[162] Die Klageerhebungsfrist aus § 4 KSchG ist jedoch dann auf Berufsausbildungsverhältnisse anzuwenden, soweit eine Verhandlung vor einem Schlichtungsausschuss nicht stattfinden muss.[163]

Spricht der Arbeitgeber eine ordentliche Kündigung **ohne Einhaltung** der objektiv einzuhaltenden **Kündigungsfrist** aus, ist durch Auslegung zu ermitteln, ob sie sich als solche mit

11

12

---

[151] Ascheid/Preis/Schmidt/*Moll* KSchG § 17 Rn. 39, 40; ErfK/*Kiel* KSchG § 17 Rn. 16.
[152] Stahlhacke/Preis/Vossen Kündigung/*Vossen* Rn. 1644; Ascheid/Preis/Schmidt/*Moll* KSchG § 17 Rn. 40; ErfK/*Kiel* KSchG § 17 Rn. 16.
[153] Unionsrechtlich korrekt „Kündigungen": BAG 25.4.2013 – 6 AZR 49/12, NZI 2013, 758 Rn. 153.
[154] BAG 6.11.2008 – 2 AZR 935/07, NZA 2009, 1013 Rn. 25 ff.; 25.4.2013 – 6 AZR 49/12, NZI 2013, 758 Rn. 153; 13.6.2019 – 6 AZR 459/18, NZA 2019, 1638 Rn. 19.
[155] Insoweit hat das BAG 25.4.2013 – 6 AZR 49/12, NZI 2013, 758 Rn. 153 offengelassen, ob der Begriff Entlassung als Kündigungserklärung zu verstehen ist.
[156] Vgl. dazu BAG 9.6.2016 – 6 AZR 638/15, NZA 2016, 1202 Rn. 27: Die Regelung ist dahin zu verstehen, dass der Arbeitgeber verpflichtet wird, die Kündigungen innerhalb der 90-Tage-Frist zu erklären.
[157] BAG 23.7.2015 – 6 AZR 490/14, NZA-RR 2015, 628.
[158] BAG 23.7.2015 – 6 AZR 490/14, NZA-RR 2015, 628.
[159] BAG 13.3.2007 – 9 AZR 494/06, AP BBiG § 14 Nr. 13.
[160] BAG 25.11.1976 – 2 AZR 751/75, DB 1977, 868 Rn. 22; 13.3.2007 – 9 AZR 494/06, ZTR 2007, 579 Rn. 10: Damit ist der Fall vergleichbar, dass die Voraussetzungen für die Anrufung des Schlichtungsausschusses nach Klageerhebung entfallen sind.
[161] BAG 23.7.2015 – 6 AZR 490/14, NZA-RR 2015, 628.
[162] BAG 12.2.2015 – 6 AZR 845/13, NZA 2015, 741 Rn. 25; 22.2.2018 – 6 AZR 50/17, NZA 2018, 575 Rn. 10.
[163] BAG 5.7.1990 – 2 AZR 53/90, NZA 1991, 671 Rn. 16; 26.1.1999 – 2 AZR 134/98, NZA 1999, 934; 23.7.2015 – 6 AZR 490/14, NZA-RR 2015, 628; zur Frage, inwieweit das Berufsausbildungsverhältnis dem Arbeitsverhältnis gleichgestellt werden kann: BAG 20.8.2003 – 5 AZR 436/02, NZA 2004, 205.

der rechtlich gebotenen Frist auslegen lässt.[164] Ist das der Fall,[165] wird bei Nichteinhaltung der ordentlichen Kündigungsfrist weder die Wirksamkeit der Kündigung als Lösungskündigung noch ihre soziale Rechtfertigung in Frage gestellt. Der Arbeitnehmer ist dann nicht an die Klageerhebungsfrist aus den § 4 KSchG gebunden.[166] Eine Kündigung „zum nächstzulässigen Termin" oder „nächstmöglichen Zeitpunkt" ist typischerweise dahin zu verstehen, dass der Kündigende das Arbeitsverhältnis unter Einhaltung der einschlägigen gesetzlichen, tarifvertraglichen und/oder vertraglichen Kündigungsfrist zum rechtlich frühestmöglichen Beendigungstermin auflösen will. Die Kündigung ist dann hinreichend **bestimmt,** wenn dem Erklärungsempfänger die Dauer der Kündigungsfrist bekannt oder für ihn ohne umfassende tatsächliche Ermittlungen oder die Beantwortung schwieriger Rechtsfragen feststellbar ist.[167] Dies ist dann zu verneinen, wenn für den Adressaten der Kündigung nicht erkennbar wird, ob es sich um eine fristlose Kündigung oder eine fristgemäße Kündigung handelt oder in der Erklärung mehrere Termine für die Beendigung des Arbeitsverhältnisses genannt werden und für den Erklärungsempfänger nicht erkennbar ist, welcher Termin gelten soll.[168] Wird eine ordentliche Kündigung nicht isoliert erklärt, sondern nur **hilfsweise** für den Fall der Unwirksamkeit einer außerordentlichen fristlosen Kündigung, dann ist für den Kündigungsempfänger klar, dass die Beendigung offensichtlich bereits mit Zugang der fristlosen Kündigung erfolgen soll. Unter diesen Umständen kommt es nicht darauf an, ob es ihm ohne Schwierigkeiten möglich ist, die Kündigungsfrist der hilfsweise erklärten ordentlichen Kündigung zu ermitteln.[169] Etwas anderes gilt, wenn die objektiv unzutreffende Kündigungsfrist oder der objektiv unrichtige Kündigungstermin integraler Bestandteil der Kündigungserklärung ist.[170] Eine Umdeutung (§ 140 BGB) einer mit zu kurzer Kündigungsfrist ausgesprochenen Kündigung in eine Kündigung mit der objektiv zutreffenden Kündigungsfrist kann bei derartiger Sachlage nur erfolgen, wenn die Kündigung rechtzeitig mit der Klage aus § 4 KSchG angegriffen worden ist.[171] Wegen der Auslegungsproblematik sollte die Klageerhebungsfrist sicherheitshalber eingehalten werden. Auf die Einhaltung der Kündigungsfrist eines für das Arbeitsverhältnis maßgebenden Tarifvertrags kann der Arbeitnehmer wegen § 4 Abs. 4 TVG im Allgemeinen nicht wirksam verzichten.[172] Die Erklärung, auf eine **Kündigungsschutzklage** zu **verzichten,** kann ein Aufhebungsvertrag, ein Vergleich, ein Klageverzichtsvertrag oder ein vertragliches Klagerücknahmeversprechen sein, sofern eine Kündigungsschutzklage bereits rechtshängig ist. **Klageverzichtsvereinbarungen,** die im unmittelbaren zeitlichen und sachlichen Zusammenhang mit dem Ausspruch einer Kündigung getroffen werden, können nach Ansicht des BAG[173] **Auflösungsverträge** iSd § 623 BGB sein und bedürfen daher der **Schriftform.** Diese gekünstelte Bewertung scheint das BAG allerdings wieder aufgeben zu wollen.[174] Durch einen solchen Klageverzicht wird von der gesetzlichen Regelung des § 4 S. 1 KSchG abgewichen. Ohne Gegenleistung – etwa in Bezug auf

---

[164] BAG 1.9.2010 – 5 AZR 700/09, NZA 2010, 1409 Rn. 23, 27; 9.9.2010 – 2 AZR 714/08, NZA 2011, 343 Rn. 12; 15.5.2013 – 5 AZR 130/12, NZA 2013, 1076 Rn. 15. Vgl. auch *Niemann* NZA 2019, 64 (68 ff.).
[165] Bejaht bei ordentlicher Kündigung zum (Datum), hilfsweise zum nächstmöglichen Zeitpunkt: BAG 9.9.2010 – 2 AZR 714/08, NZA 2011, 343; verneint bei ordentlicher Kündigung zu einem bestimmten Datum ohne weiteren Zusatz: BAG 1.9.2010 – 5 AZR 700/09, NZA 2010, 1409.
[166] BAG 15.12.2005 – 2 AZR 148/05, NZA 2006, 791; 9.9.2010 – 2 AZR 714/08, NZA 2011, 343 Rn. 12; aA *Bader* NZA 2004, 65 (68) bezüglich der Neufassung des § 4 KSchG auf Grund des Gesetzes zu Reformen am Arbeitsmarkt vom 30.12.2003 (BGBl. 2003 I 3002), das am 1.1.2004 in Kraft getreten ist (Art. 5).
[167] BAG 10.4.2014 – 2 AZR 647/13, NZA 2015, 162; 20.1.2016 – 6 AZR 782/14, NZA 2016, 485: Eine Kündigung „zum nächstzulässigen Termin" ist möglich, wenn dem Erklärungsempfänger die Dauer der Kündigungsfrist bekannt oder für ihn bestimmbar ist.
[168] BAG 10.4.2014 – 2 AZR 647/13, NZA 2015, 162; 20.1.2016 – 6 AZR 782/14, NZA 2016, 485.
[169] BAG 20.1.2016 – 6 AZR 782/14, NZA 2016, 485.
[170] BAG 1.9.2010 – 5 AZR 700/09, NZA 2010, 1409.
[171] BAG 1.9.2010 – 5 AZR 700/09, NZA 2010, 1409; 29.1.2015 – 2 AZR 280/14, NZA 2015, 673 Rn. 24, 25.
[172] BAG 18.11.1999 – 2 AZR 147/99, NZA 2000, 605 Rn. 14.
[173] BAG 19.4.2007 – 2 AZR 208/06, NZA 2007, 1227 Rn. 21.
[174] BAG 25.9.2014 – 2 AZR 788/13, NZA 2015, 350: Der erforderliche Zusammenhang muss jedoch die Annahme rechtfertigen, Kündigung und Klageverzicht seien gemeinsam nur ein anderes Mittel, um das Arbeitsverhältnis in Wirklichkeit im gegenseitigen Einvernehmen zu lösen.

den Beendigungszeitpunkt, die Beendigungsart, die Zahlung einer Entlassungsentschädigung oder den Verzicht auf eigene Ersatzansprüche – benachteiligt ein solcher im unmittelbaren Anschluss an eine Arbeitgeberkündigung vor Ablauf von drei Wochen nach Zugang der Kündigung vereinbarter Verzicht den Arbeitnehmer unangemessen (§ 307 Abs. 1 S. 1 BGB), wenn dieser vom Arbeitgeber formularmäßig verwendet wird oder auch zur einmaligen Verwendung vorformuliert worden ist (§ 310 Abs. 3 Nr. 2 BGB).[175] Keine ausreichende Kompensation stellt die Verpflichtung des Arbeitgebers dar, dem Arbeitnehmer ein Zeugnis mit einer näher bestimmten überdurchschnittlichen Leistungs- und Führungsbeurteilung zu erteilen.[176] Die Arbeitsvertragsparteien sind grundsätzlich nicht gehindert, nach Ausspruch einer Kündigung des Arbeitgebers eine Vereinbarung zu treffen, nach welcher der Arbeitnehmer gegen Zahlung einer Abfindung auf die Erhebung der Kündigungsschutzklage verzichtet. Zur Förderung der **außergerichtlichen Streiterledigung** erlaubt § 1a Abs. 1 KSchG – allerdings **nur** bei **betriebsbedingter** Kündigung –, dass der Arbeitgeber dem Arbeitnehmer eine Abfindung von je 0,5 Monatsverdiensten für jedes Beschäftigungsjahr anbieten kann, wenn er die **Klagefrist verstreichen** lässt.[177] Den Arbeitsvertragsparteien bleibt es jedoch unbenommen, eine niedrigere oder höhere Abfindung zu vereinbaren.[178] Der Wille des Arbeitgebers, ein von der gesetzlichen Vorgabe abweichendes Angebot unterbreiten zu wollen, muss sich aber aus dem Kündigungsschreiben eindeutig und unmissverständlich ergeben. Enthält das Kündigungsschreiben einen vollständigen Hinweis nach § 1a Abs. 1 S. 2 KSchG, spricht dies für die gesetzlich vorgesehene Abfindung nach § 1a Abs. 2 KSchG.[179] Der Anspruch nach § 1a KSchG setzt keine wirksame Kündigung des Arbeitgebers voraus, weil der Streit darüber gerade vermieden werden soll.[180]

Gemäß § 101 Abs. 2 ArbGG können die **Tarifvertragsparteien** für bürgerliche Rechtsstreitigkeiten aus einem Arbeitsverhältnis, das sich nach einem Tarifvertrag bestimmt, im Tarifvertrag die Arbeitsgerichtsbarkeit durch die ausdrückliche Vereinbarung ausschließen, dass die Entscheidung durch ein **Schiedsgericht** erfolgen soll, wenn der persönliche Geltungsbereich des Tarifvertrags überwiegend Bühnenkünstler, Filmschaffende oder Artisten umfasst.[181] Kündigungsschutzklagen (§ 4 S. 1 KSchG) sind damit innerhalb von drei Wochen nach Zugang der Kündigung beim Schiedsgericht einzureichen.[182] Die für **weitere Berufsgruppen nicht anwendbare** Regelung des § 101 Abs. 2 ArbGG[183] gilt nur für **tarifgebundene** Parteien und setzt sich während der Nachwirkung (§ 4 Abs. 5 TVG) fort, soweit das Schiedsgericht von den Tarifvertragsparteien weiterhin unterhalten wird.[184] Eine **einzelvertragliche Bezugnahme** einer tariflichen Schiedsvereinbarung, die der gesetzlichen Schriftform bedarf, ist nur bei solchen Arbeitsverhältnissen möglich, für die § 101 Abs. 2 S. 1 ArbGG die tarifvertragliche Vereinbarung einer Schiedsklausel erlaubt.[185] Die Wahrung der gesetzlichen Schriftform bei einer vertraglichen Vereinbarung setzt nach § 126 Abs. 2 BGB

---

[175] BAG 6.9.2007 – 2 AZR 722/06, NZA 2008, 219 Rn. 29; 25.9.2014 – 2 AZR 788/13, NZA 2015, 350.
[176] BAG 24.9.2015 – 2 AZR 347/14, NZA 2016, 351.
[177] BT-Drs. 15/1204, 9; näher dazu BAG 19.6.2007 – 1 AZR 340/06, NZA 2007, 1357: Auch zur Anrechenbarkeit auf kollektivrechtliche Nachteilsausgleichsansprüche; 13.12.2007 – 2 AZR 663/06, NZA 2008, 528; 13.12.2007 – 2 AZR 807/06, EzA KSchG § 1a Nr. 4; 13.12.2007 – 2 AZR 971/06, NZA 2008, 696 Rn. 47: Durch Rücknahme einer Kündigungsschutzklage oder Rücknahme eines Antrags nach § 5 KSchG können die Voraussetzungen des § 1a Abs. 1 KSchG nicht mehr nachträglich erfüllt werden. Eine nach Fristablauf erhobene Kündigungsschutzklage, die mit einem Antrag auf nachträgliche Zulassung verbunden ist, schließt einen Anspruch nach § 1a KSchG aus: BAG 20.8.2009 – 2 AZR 267/08, NZA 2009, 1197 Rn. 10. Vgl. auch BAG 19.7.2016 – 2 AZR 536/15, NZA 2017, 121.
[178] BAG 13.12.2007 – 2 AZR 663/06, NZA 2008, 528 Rn. 20; 10.7.2008 – 2 AZR 209/07, NZA 2008, 1292 Rn. 15; 16.12.2010 – 6 AZR 423/09, NZA-RR 2011, 421 Rn. 21.
[179] BAG 19.7.2016 – 2 AZR 536/15, NZA 2017, 121 Rn. 14.
[180] BAG 19.7.2016 – 2 AZR 536/15, NZA 2017, 121 Rn. 18.
[181] § 53 NV Bühne vom 15.10.2002 in der Fassung vom 14.4.2011 genügt den Anforderungen des § 101 Abs. 2. S. 1 ArbGG: BAG 28.1.2009 – 4 AZR 987/07, NZA-RR 2009, 465; 20.3.2019 – 7 AZR 237/17, NZA 2019, 1492.
[182] KR/*Friedrich/Klose* KSchG § 4 Rn. 242 ff.; Ascheid/Preis/Schmidt/*Hesse* KSchG § 4 Rn. 55.
[183] BAG 14.1.2004 – 4 AZR 581/02, NZA-RR 2004, 590 Rn. 53.
[184] BAG 3.9.1986 – 5 AZR 319/85, NZA 1987, 178.
[185] BAG 31.5.2000 – 7 AZR 909/98.

grundsätzlich die Unterzeichnung derselben Vertragsurkunde durch beide Vertragsparteien voraus.[186] Das Bestehen eines **Schiedsvertrags** begründet im arbeitsgerichtlichen Verfahren eine verzichtbare **prozesshindernde Einrede**,[187] die nicht von Amts wegen zu berücksichtigen ist (§ 102 Abs. 1 ArbGG).[188] Die unmittelbar beim Arbeitsgericht erhobene Klage ist nach § 101 Abs. 2 ArbGG **unzulässig** (§ 102 Abs. 1 ArbGG). Nach Ansicht des BAG[189] ist die Klagefrist des § 4 KSchG noch gewahrt, wenn der gekündigte Arbeitnehmer rechtzeitig eine Kündigungsschutzklage zum Arbeitsgericht erhoben hat, diese Klage auf Grund der Einrede des Schiedsvertrages jedoch zurücknimmt und danach innerhalb eines angemessenen Zeitraums, wenn auch erst nach Ablauf der Klageerhebungsfrist, Schiedsklage erhebt. Nach § 110 Abs. 1 ArbGG kann auf Aufhebung eines Schiedsspruchs ua geklagt werden, wenn das schiedsgerichtliche Verfahren unzulässig war (§ 110 Abs. 1 Nr. 1 ArbGG) oder wenn der Schiedsspruch auf der Verletzung einer Rechtsnorm beruht (§ 110 Abs. 1 Nr. 2 ArbGG). Die Aufhebungsklage nach § 110 ArbGG kann nur gegen Schiedssprüche erhoben werden, die bestandskräftig sind, bei denen also die Rechtskraftwirkung des § 108 Abs. 4 ArbGG eingetreten ist.[190] Die Klage auf Aufhebung des Schiedsspruchs ist in den Fällen des § 110 Abs. 1 Nr. 1 und 2 ArbGG binnen einer Notfrist von zwei Wochen nach Zustellung des Schiedsspruchs zu erheben (§ 110 Abs. 3 ArbGG). Dabei ist das Aufhebungsverfahren nach § 110 Abs. 1 ArbGG in allen drei Instanzen der Arbeitsgerichtsbarkeit ein auf die Überprüfung von Rechtsfehlern ausgerichtetes revisionsähnliches Verfahren, sodass neuer Sachvortrag grundsätzlich ausgeschlossen ist.[191]

1. Ordnungsgemäße Klageerhebung

14   Die Kündigungsschutzklage wird im arbeitsgerichtlichen Verfahren schriftlich durch Einreichung einer Klageschrift bei Gericht (§ 253 Abs. 5 ZPO) oder mündlich zum Protokoll der Geschäftsstelle des Arbeitsgerichts (§§ 46 Abs. 2 ArbGG, 496 ZPO) anhängig gemacht. Die Kündigungsschutzklage kann auch als elektronisches Dokument bei dem Arbeitgericht eingereicht werden (§ 46c ArbGG). Die Prozesshandlung der rechtzeitigen Klageerhebung durch bestimmenden Schriftsatz wird im Regelfall durch den **Eingangsstempel** des angerufenen Gerichts auf dem entsprechenden Schriftsatz nachgewiesen (§ 418 Abs. 1 ZPO). Der Gegenbeweis ist jedoch zulässig (§ 418 Abs. 2 ZPO).[192] Wählt der Kläger die Alternative der Einreichung einer Klageschrift (§§ 46 Abs. 2 ArbGG, 130 ZPO), hat er die für bestimmende Schriftsätze notwendigen Mindestanforderungen zu beachten. Dazu gehört nach § 253 Abs. 4 ZPO iVm § 130 Nr. 6 ZPO die **Unterschrift** der Person, die den Schriftsatz verantwortet. Bei Übermittlung der Klageschrift durch einen **Telefaxdienst** (Telekopie)[193] oder sog. **Computerfax**,[194] das eine Textdatei elektronisch auf ein Faxgerät versendet, ist für das **Telefax** die Wiedergabe der Originalunterschrift in der Kopie erforderlich.[195] Für das **Computerfax**, für das mangels Vorhandenseins eines körperlichen Originalschriftstücks beim Absender eine eigenhändige Unterzeichnung nicht möglich ist, reicht es aus, wenn die durch

---

[186] BAG 28.1.2009 – 4 AZR 987/07, NZA-RR 2009, 465.
[187] BAG 20.9.2017 – 6 AZR 474/16, NZA 2018, 1643 Rn. 24; LAG Nürnberg 24.10.2012 – 2 Sa 131/12, ZTR 2013, 100 Rn. 66.
[188] BAG 30.9.1987 – 4 AZR 233/87, AP BGB § 611 Bühnenengagementvertrag Nr. 33 Rn. 20.
[189] BAG 24.9.1970 – 5 AZR 54/70, NJW 1971, 213.
[190] BAG 28.9.2016 – 7 AZR 128/14, AP ArbGG 1979 § 110 Nr. 9 Rn. 34.
[191] BAG 28.9.2016 – 7 AZR 128/14, MDR 2017, 528 Rn. 48; 20.3.2019 – 7 AZR 237/17, NZA 2019, 1492 Rn. 26.
[192] BAG 18.1.2012 – 7 AZR 211/09, NZA 2012, 691: Gleiches gilt, wenn ein Eingangsstempel fehlt. Der (Gegen-)Beweis erfordert mehr als bloße Glaubhaftmachung iSv § 294 Abs. 1 ZPO. Notwendig ist die volle Überzeugung des Gerichts von dem rechtzeitigen Eingang.
[193] Vorhandensein eines körperlichen Originalschriftstücks mit eigenhändiger Unterschrift.
[194] Zur Differenzierung Telefax und Computerfax BGH 14.10.2014 – XI ZB 13/13, NJW-RR 2015, 624.
[195] BAG 24.11.2011 – 2 AZR 614/10, NZA 2012, 413; 15.12.1987 – 3 AZR 606/87, NZA 1989, 227: Der zweite Teil eines Doppelnamens kann mit den beiden Anfangsbuchstaben abgekürzt werden. BGH 27.8.2015 – III ZB 60/14, NJW 2015, 3246: Die aus einem Blankoexemplar ausgeschnittene und auf die Telefax-Vorlage eines bestimmten Schriftsatzes geklebte Unterschrift des Prozessbevollmächtigten einer Partei erfüllt nicht die an eine eigenhändige Unterschrift nach § 130 Nr. 6 ZPO.

elektronische Übertragung einer Textdatei auf ein Faxgerät des Gerichts übermittelte Klageschrift eine eingescannte Unterschrift aufweist.[196] Eine telegraphische Einreichung der Klage ist zulässig.[197] Ein bestimmender Schriftsatz kann auch ohne qualifizierte elektronische Signatur formgerecht per E-Mail als eingescannte pdf-Datei übermittelt werden, wenn er dem zuständigen Gericht – mit der in Kopie wiedergegebenen Unterschrift des Prozessbevollmächtigten versehen – noch innerhalb der Frist in **ausgedruckter Form** vorliegt.[198] Die Unterschrift ist grundsätzlich Wirksamkeitserfordernis.[199] Die Wiedergabe des Namens in **Computerschrift** reicht dafür nicht.[200] Ergibt sich aus anderen, eine Beweisaufnahme nicht erfordernden Umständen zweifelsfrei, dass der Prozessbevollmächtigte die Verantwortung für den Inhalt des Schriftsatzes übernimmt, ist dem Formerfordernis genügt.[201] So kann der Mangel der Unterschrift in dem als Urschrift gedachten Schriftsatz durch die gleichzeitig eingereichte beglaubigte Abschrift dieses Schriftsatzes behoben werden, auf der der Beglaubigungsvermerk von dem Prozessbevollmächtigten handschriftlich vollzogen worden ist oder der in Rede stehende Schriftsatz fest mit einem von dem Rechtsanwalt unterzeichneten Begleitschreiben verbunden war.[202] Eine vom Kläger unterschriebene und zu den Gerichtsakten gereichte Prozessvollmacht für seinen Prozessbevollmächtigten ersetzt die fehlende Unterschrift unter der Klage jedoch nicht.[203]

Die entgegen ihrem Wortlaut **zwingende** Regelung des § 130 Nr. 6 ZPO[204] setzt eine **eigenhändige** Unterschrift, die ein individuelles Schriftbild mit charakteristischen Merkmalen aufzuweisen hat, voraus,[205] die sich – ohne lesbar sein zu müssen – als Wiedergabe eines Namens darstellt und die Absicht einer vollen Unterschriftsleistung erkennen lässt. Unter diesen Voraussetzungen kann selbst ein vereinfachter, von einem starken Abschleifungsprozess gekennzeichneter Namenszug als Unterschrift anzuerkennen sein.[206] Ist ein Schriftsatz so oder geringfügig abweichend allgemein von den Gerichten über längere Zeit als in sehr verkürzter Weise geleistete Unterschrift unbeanstandet geblieben, darf der Rechtsanwalt darauf vertrauen, dass die Unterschrift den in der Rechtsprechung anerkannten Anforderungen entspricht. Anderenfalls muss das Gericht eine Vorwarnung aussprechen.[207] Eine maschinenschriftliche Unterzeichnung oder ein Faksimile-Stempel[208] reichen ebenso wenig aus wie die Kennzeichnung des Namens mit einer Paraphe.[209] Ob ein Schriftzug eine Unterschrift oder lediglich eine Abkürzung darstellt, beurteilt sich dabei nach dem äußeren Er-

---

[196] GmS-OGB 5.4.2000 – 1/98, NJW 2000, 2340; BGH 14.10.2014 – XI ZB 13/13, NJW-RR 2015, 624.
[197] GemS OGB 30.4.1979 – 1/78, NJW 1980, 172 Rn. 32.
[198] BAG 11.7.2013 – 2 AZB 6/13, NZA 2013, 983; so bereits BGH 15.7.2008 – X ZB 8/08, NJW 2008, 2649; 14.10.2014 – XI ZB 13/13, NJW-RR 2015, 624; vgl. aber auch BVerfG 1.8.1996 – 1 BvR 121/95, 1 BvR 989/95, EzA ZPO § 233 Nr. 37: (hier: Verfassungsbeschwerde) ist zu fingieren, wenn Anhaltspunkte dafür vorliegen, dass die abgesandten Signale eingegangen sind, das Empfangsgerät daraus aber keinen vollständigen Ausdruck gefertigt hat; BGH 4.12.2008 – IX ZB 41/08, NJW-RR 2009, 357: Eine **E-Mail** fällt nicht unter § 130 ZPO, sondern unter § 130a ZPO. Eine E-Mail, welche diesen Anforderungen nicht genügt, ist nicht geeignet, die gesetzliche Frist für einen bestimmenden Schriftsatz zu wahren.Vgl. dazu BGH 8.5.2019 – XII ZB 8/19, NJW 2019, 2096 Rn. 9.
[199] BAG 25.2.2015 – 5 AZR 849/13, NZA 2015, 701.
[200] BGH 10.5.2005 – XI ZR 128/04, NJW 2005, 2086; 14.10.2014 – XI ZB 13/13, NJW-RR 2015, 624.
[201] BAG 25.2.2015 – 5 AZR 849/13, NZA 2015, 701; 3.7.2019 – 10 AZR 499/17, NZA 2019, 1725; BGH 15.10.2019 – VI ZB 22/19, NJW-RR 2020, 309 Rn. 12.
[202] BAG 25.2.2015 – 5 AZR 849/13, NZA 2015, 701.
[203] BAG 26.6.1986 – 2 AZR 358/85, NZA 1986, 761.
[204] BAG 19.1.1999 – 9 AZR 679/97, NZA 1999, 925; BGH 15.7.2008 – X ZB 8/08, NJW 2008, 2649; 14.1.2010 – VII ZB 112/08, NJW 2010, 2134.
[205] BAG 5.8.2009 – 10 AZR 692/08, NZA 2009, 1165: Faksimili - Stempel; BGH 11.4.2013 – VII ZB 43/12, NJW 2013, 1966.
[206] BGH 16.7.2013 – VIII ZB 62/12, NJW-RR 2013, 1395; 9.7.2015 – V ZB 205/14; 22.10.2019 – VI ZB 51/18, AnwBl 2020, 175 großzügig bei unleserlichen Unterschrift mit iV und individuellen Merkmalen; BAG 25.2.2015 – 5 AZR 849/13, NZA 2015, 701.
[207] BAG 3.3.2015 – VI ZB 71/14, NJW-RR 2015, 699; 3.7.2019 – 10 AZR 499/17, NZA 2019, 1725 Rn. 20, 21.
[208] Vgl. BAG 5.8.2009 – 10 AZR 692/08, NZA 2009, 1165; *Salamon* NZA 2009, 1249.
[209] BAG 27.3.1996 – 5 AZR 576/94, NZA 1996, 1115.

16 scheinungsbild, wobei ein großzügiger Maßstab vorherrscht, wenn die Autorenschaft gesichert ist.[210]

16 Das Fehlen einer ordnungsgemäßen **Unterzeichnung** der **Klageschrift** verstößt gegen eine das Verfahren betreffende Vorschrift (§§ 253 Abs. 4, 130 Nr. 6 ZPO) auf deren Befolgung der Beklagte nach § 295 Abs. 2 ZPO wirksam verzichten kann. Einem solchen Verzicht steht ein öffentliches Interesse nicht entgegen.[211] Die Heilung aus § 295 ZPO scheitert auch nicht an § 4 KSchG, weil der Beklagte mit der rügelosen Einlassung nicht auf die Klageerhebungsfrist des § 4 KSchG, sondern ausschließlich auf den Formmangel der fehlenden Unterschrift unter der Klageschrift verzichtet. Da es sich bei der Klagefrist des § 4 KSchG abgesehen von ihrer materiell-rechtlichen Auswirkung (§ 7 KSchG) iS einer Ausschlussfrist um eine **prozessuale** Klageerhebungsfrist[212] handelt, bewirkt die rügelose Einlassung, dass die Klageerhebung mit rückwirkender Kraft die gleiche Wirksamkeit erlangt, als sei sie niemals mit dem Mangel behaftet gewesen. Damit wird die Heilungswirkung nach § 295 ZPO ausschließlich auf den Formmangel der fehlenden Unterschrift, nicht aber auf das Fristerfordernis des § 4 KSchG erstreckt.[213] Die für die Anbringung der Rüge bestimmte **nächste mündliche Verhandlung** muss nicht unbedingt zeitlich durch einen **besonderen Termin** von dem anzufechtenden Verfahren getrennt sein. Es reicht vielmehr aus, dass sich die mündliche Verhandlung an einen entsprechenden Hinweis des Gerichts anschließt.[214] Wird die Kündigungsschutzklage als elektronisches Dokument bei dem Arbeitsgericht eingereicht, muss es zwingend die in § 46c Abs. 2 bis 4 ArbGG (§ 130a Abs. 2 bis 4 ZPO)[215] aufgestellten Voraussetzungen erfüllen.[216] Das elektronische Dokument muss für die Bearbeitung durch das Gericht geeignet sein(Dateiversionen PDF), anstelle der vom Urheber unterzeichneten Urkunde mit einer qualifizierten elektronischen Signatur (qeS) der verantwortenden Person versehen sein[217] oder von der verantwortenden Person signiert und auf einem sicheren Übermittlungsweg eingereicht werden. Bei der qeS handelt es sich um eine elektronische Signatur nach § 2 Nr. 1 SigG, die zusätzlich die Voraussetzungen der fortgeschrittenen elektronischen Signatur nach § 2 Nr. 2 SigG erfüllen und auf einem zum Zeitpunkt ihrer Erzeugung gültigen qualifizierten Zertifikat beruhen und mit einer sicheren Signaturerstellungseinheit erzeugt worden sein muss.[218] Zu den sicheren Übermittlungswegen, die in § 46c Abs. 4 ArbGG, § 130a Abs. 4 ZPO festgelegt werden, gehört der Übermittlungsweg zwischen dem beA nach § 31a der Bundesrechtsanwaltsordnung und der elektronischen Poststelle des Gerichts (§ 46c Abs. 4 Nr. 2 ArbGG, § 130a Abs. 4 Nr. 2 ZPO).[219] Nur wenn ein

---

[210] BAG 25.4.2007 – 10 AZR 246/06, NZA-RR 2007, 528; BGH 9.7.2015 – V ZB 205/14 – Großzügiger Maßstab; 22.10.2019 – VI ZB 51/18, AnwBl 2020, 175.

[211] BAG 26.6.1986 – 2 AZR 358/85, NZA 1986, 761; 6.8.1987 – 2 AZR 553/86; offengelassen von BAG 18.1.2012 – 7 AZR 211/09, NZA 2012, 691. Vgl. dazu auch ErfK/*Kiel* KSchG § 4 Rn. 14.

[212] BAG 26.6.1986 – 2 AZR 358/85, NZA 1986, 761; 24.6.2004 – 2 AZR 461/03, AP BGB § 620 Kündigungserklärung Nr. 22; 11.12.2008 – 2 AZR 472/08, NZA 2009, 692 Rn. 26; 18.1.2012 – 7 AZR 211/09, NZA 2012, 691 Rn. 15; jedoch differenzierend: BAG 25.4.2018 – 2 AZR 493/17, NZA 2018, 1157 Rn. 24. Vgl. auch Rn. 109, 110.

[213] Näher dazu → Rn. 110.

[214] So bereits RGZ 12, 436; BAG 26.6.1986 – 2 AZR 358/85, NZA 1986, 761.

[215] Eingefügt durch Art. 1 und 3 Gesetz zur Förderung des elektronischen Rechtsverkehrs mit den Gerichten vom 10. Oktober 2013, BGBl. 2013 I 3786 idF von Art. 2 und Art. 8 Gesetz zur Regelung der Wertgrenze für die Nichtzulassungsbeschwerde in Zivilsachen v. 12.12.2019 mit Wirkung ab 1.1.2020 (Art. 10) BGBl. 2020 I 2633.

[216] BGH 8.5.2019 – XII ZB 8/19, NJW 2019, 2096 Rn. 9; BAG 24.10.2019 – 8 AZN 589/19, NZA 2019, 1661 Rn. 5. Alle elektronisch übermittelten Dokumente müssen elektronisch durchsuchbar sein: BAG 12.3.2020 – 6 AZR 1/20, NZA 2020, 607 Rn. 2, 5; BAG 3.6.2020 – 3 AZR 730/19, juris Rn. 32 auch zur Korrektur bei Formatfehlern (§ 130a Abs. 6 S. 1 ZPO).

[217] BGH 21.12.2010 – VI ZB 28/10, NJW 2011, 1294 Rn. 8, 9: Daran fehlt es, wenn die Signatur von einer Rechtsanwaltsgehilfin unter Verwendung der Signaturkarte des Rechtsanwalts vorgenommen wird, ohne dass dieser den Inhalt des betreffenden Schriftsatzes geprüft und sich zu eigen gemacht hat.

[218] BGH 8.5.2019 – XII ZB 8/19, NJW 2019, 2096 Rn. 9.

[219] Vgl. dazu BAG 24.10.2019 – 8 AZN 589/19, NZA 2019, 1661 Rn. 9: Dabei ist es unerheblich, wenn die Unterschrift am Ende des Schriftsatzes nicht diejenige des Inhabers des beA-Postfaches ist. Dessen Inhaber hat mit der Hinzufügung der qeS die Verantwortung für den Inhalt des Schriftsatzes übernommen, da diese die gleiche Rechtswirkung wie eine handschriftliche Unterschrift hat. Vgl. aber auch BAG 5.6.2020 – 10 AZN

elektronisches Dokument den vorstehenden Anforderungen genügt, ist es nach § 46c Abs. 5 ArbGG, § 130a Abs. 5 ZPO bei Gericht eingegangen, sobald es auf der für den Empfang bestimmten Einrichtung des Gerichts gespeichert ist. Dem Absender ist eine automatische Bestätigung über den Zeitpunkt des Eingangs zu erteilen. Ab 1.1.2022 wird für Rechtsanwälte und andere vertretungsberechtigte Personen die Teilnahme am elektronischen Rechtsverkehr verpflichtend. Vorbereitende Schriftsätze und deren Anlagen sowie schriftlich einzureichende Anträge und Erklärungen sind als elektronisches Dokument zu übermitteln (§ 46g ArbGG).[220] Die Landesregierungen können diesen Termin auf den 1.1.2020 oder 1.1.2021 durch Rechtsverordnung ganz oder teilweise vorziehen (Art. 24 Abs. 2 FördElRV), wovon etwa Schleswig-Holstein für sog. professionelle Einreicher in Arbeitssachen aufgrund Landesverordnung v. 13.12.2019 Gebrauch gemacht hat.[221]

Der **notwendige Inhalt** der in deutscher Sprache (§ 184 GVG) abzufassenden **Klageschrift** ergibt sich aus § 253 Abs. 2 ZPO, wonach die Klageschrift die Bezeichnung der Parteien und des Gerichts sowie die bestimmte Angabe des Gegenstandes und des Grundes des erhobenen Anspruchs, sowie einen **bestimmten Antrag** enthalten muss. Der Klageschrift muss der Wille zur Erhebung einer Kündigungsschutzklage hinreichend deutlich zu entnehmen sein, wobei keine strengen Anforderungen zu stellen sind. Der Arbeitnehmer ist nach §§ 4, 6 KSchG nur verpflichtet, durch eine rechtzeitige Anrufung des Arbeitsgerichts seinen Willen, sich gegen die Wirksamkeit einer Kündigung zu wehren, genügend klar zum Ausdruck zu bringen.[222] Es genügt, dass aus der Klage ersichtlich ist, gegen wen sie sich richtet, wo der Kläger tätig war und vor allem, dass er seine Kündigung nicht als berechtigt anerkennen will.[223] Das Erfordernis eines bestimmten Antrags gilt als notwendige Prozessvoraussetzung auch für die Feststellungsklage aus § 4 KSchG.[224] Nach § 4 S. 1 KSchG muss der Antrag einer Kündigungsschutzklage auf die Feststellung gerichtet sein, „dass das Arbeitsverhältnis durch die Kündigung nicht aufgelöst ist". Da die Klageschrift als Prozesshandlung ebenso wie eine private Willenserklärung auslegungsfähig ist,[225] reicht es aus, dass aus dem Antrag bzw. aus der Klageschrift der Wille des Klägers zur Erhebung einer Kündigungsschutzklage hinreichend deutlich hervorgeht.[226] Es obliegt dem Arbeitsgericht nach § 139 Abs. 1 ZPO, auf die Stellung eines entsprechenden Antrags nach § 4 S. 1 KSchG hinzuwirken. Die Darlegung aller klagebegründenden Tatsachen, wie die Erfüllung der kündigungsschutzrechtlichen Voraussetzungen nach § 1 Abs. 1 KSchG und § 23 Abs. 1 KSchG, gehört nicht zur Zulässigkeit der Kündigungsschutzklage, sondern zur Schlüssigkeit des Sachvortrags.[227]

a) **Örtliche Zuständigkeit.** Die Klage muss innerhalb der dreiwöchigen Klageerhebungsfrist beim örtlich zuständigen Arbeitsgericht (§ 46 Abs. 2 ArbGG, §§ 12 bis 37 ZPO) erhoben werden. Die Erhebung der Klage erfolgt nach § 253 Abs. 1 ZPO durch Zustellung der Klageschrift, wobei wegen § 167 ZPO zur Fristwahrung der Klageeingang bei Gericht genügt, wenn die Zustellung demnächst erfolgt. Die Erhebung der Kündigungsschutzklage beim **örtlich unzuständigen** Arbeitsgericht innerhalb der Klagefrist ist **fristwahrend.** Nach § 48 Abs. 1 ArbGG finden für die örtliche Zuständigkeit die §§ 17 bis 17b GVG entsprechende Anwendung. Auf entsprechende Rüge der beklagten Partei hat das örtlich unzustän-

---

53/20, NZA 2020, 965 Rn. 10: Ohne qeS muss die signierende Person mit dem tatsächlichen Versender übereinstimmen.

[220] Art. 3 Nr. 5 FördElRV v. 10.10.2013, BGBl. 2013 I 3786 mWv 1.1.2022.

[221] Vgl. Auch die VO über die elektronische Aktenführung bei den obersten Gerichten des Bundes v. 27.3.2020 (BGAktFV) BGBl. 2020 I 2020, wonach die Akten ab dem 2.4.2020 elektronisch geführt werden können (Art. 1 § 2). Für Nordrhein-Westfalen AV d. JM v. 19.3.2020 JMBl. NRW S. 88 für die Arbeitsgerichte Aachen, Krefeld, Rheine ab 1.4.2020.

[222] BAG 23.4.2008 – 2 AZR 699/06, NZA-RR 2008, 466; 18.7.2013 – 6 AZR 420/12, NZA 2014, 109.

[223] BAG 13.12.2007 – 2 AZR 818/06, NZA 2008, 589; 18.7.2013 – 6 AZR 420/12, NZA 2014, 109.

[224] BAG 13.12.2007 – 2 AZR 818/06, NZA 2008, 589.

[225] BAG 1.3.2007 – 2 AZR 525/05, AP KSchG 1969 § 4 Nr. 60 Rn. 12; 11.7.2013 – 2 AZR 597/12, NZA 2014, 331 Rn. 16; 15.11.2018 – 6 AZR 522/17, NZA 2019, 928 Rn. 14; 21.5.2019 – 2 AZR 26/19, NZA 2019, 1143 Rn. 12.

[226] BAG 13.12.2007 – 2 AZR 818/06, NZA 2008, 589: Die Klageschrift enthielt keinen konkreten Antrag nach § 4 S. 1 KSchG.

[227] BAG 18.7.2013 – 6 AZR 420/12, NZA 2014, 109 Rn. 20.

dige Arbeitsgericht seine Unzuständigkeit auszusprechen und den Rechtsstreit im Beschlusswege an das örtlich zuständige Arbeitsgericht zu verweisen. Nach § 48 Abs. 1 Nr. 1 ArbGG iVm § 17a Abs. 2 S. 3 GVG sind Verweisungsbeschlüsse über die örtliche Zuständigkeit unanfechtbar und für das Gericht, an das der Rechtsstreit verwiesen worden ist, bindend (§§ 48 Abs. 1 Nr. 1 ArbGG, 17a Abs. 2 S. 3 GVG).[228] Gemäß § 17b Abs. 1 S. 2 GVG bleiben die Wirkungen der Rechtshängigkeit erhalten, so dass es unschädlich ist, wenn die Verweisung erst nach Ablauf der Klageerhebungsfrist erfolgt.[229] Bei einem Streit über die örtliche Zuständigkeit innerhalb des beschrittenen Rechtswegs ist im arbeitsgerichtlichen Verfahren nach § 36 Abs. 2 ZPO das Landesarbeitsgericht zuständig, zu dessen Bezirk das zuerst mit der Sache befasste Gericht gehört.[230]

19 Vor Eintritt der Rechtshängigkeit kommt nur eine **formlose Abgabe** der Klage von dem örtlich unzuständigen an das örtlich zuständige Arbeitsgericht in Betracht.[231] Geschieht dies nach Ablauf der Klageerhebungsfrist (§ 4 S. 1 KSchG), ist § 17b Abs. 1 S. 2 GVG nicht anwendbar. Nur ein förmlicher Verweisungsbeschluss nach Zustellung der Klage löst die Wirkung des § 17b Abs. 1 S. 2 GVG aus.[232] Da die Klage jedoch vom abgebenden Gericht hätte unverzüglich zugestellt werden müssen (§ 271 Abs. 1 ZPO), ist die Kündigungsschutzklage nachträglich zuzulassen (§ 5 Abs. 1 KSchG), wenn sie unter Berücksichtigung von § 167 ZPO rechtzeitig erhoben worden wäre. Nicht fristwahrend ist es, wenn die Kündigungsschutzklage vom Urkundsbeamten der Geschäftsstelle eines örtlich unzuständigen Arbeitsgerichts aufgenommen und an das örtlich zuständige Gericht nach Überschreitung der Frist des § 4 KSchG weitergeleitet worden ist.[233]

20 Die Klage nach § 4 KSchG kann dadurch erhoben werden, dass in einem zwischen den Arbeitsvertragsparteien anhängigen Arbeitsrechtsstreit eine entsprechende **Klageänderung** erfolgt. Sofern nach den allgemeinen Grundsätzen gem. § 533 ZPO eine Klageänderung zulässig ist, kann daher die Erhebung einer Kündigungsschutzklage auch in einem zwischen den Parteien anhängigen Berufungsverfahren vor dem Landesarbeitsgericht klageerweiternd erfolgen.[234] Weder aus dem Wortlaut noch dem Zweck von § 4 KSchG oder aus sonstigen Grundsätzen des Kündigungsschutzprozesses ist zu schließen, dass die Kündigungsschutzklage ausschließlich beim Arbeitsgericht als erster Instanz anhängig gemacht werden muss. Der Arbeitgeber ist ausreichend geschützt, weil die entsprechende Klageerweiterung nur unter den Voraussetzungen des § 533 ZPO zulässig ist. Sofern die im Wege der Klageänderung erhobene Feststellungsklage nicht als sachdienlich zugelassen wird (§§ 264, 533 ZPO), wahrt der Arbeitnehmer die Klagefrist des § 4 KSchG, wenn er innerhalb eines angemessenen Zeitraums danach, ungeachtet des Ablaufs der Dreiwochenfrist, erneut Klage erhebt.[235]

21 Das BAG hat die Klageerhebungsfrist des § 4 KSchG als eingehalten angesehen, wenn der gekündigte Arbeitnehmer rechtzeitig Kündigungsschutzklage zum Arbeitsgericht erhoben hat, diese Klage auf Grund der Einrede des Schiedsvertrages (§ 102 ArbGG) zurücknimmt

---

[228] BAG 2.7.2014 – 10 AS 3/14, NZA 2015, 448; 5.9.2018 – 9 AS 3/18, NZA 2019, 202. Anders bei krassen Rechtsverletzungen: BAG 12.7.2006 – 5 AS 7/06, NZA 2006, 1004 Rn. 5; 2.7.2014 – 10 AS 3/14, NZA 2015, 448 Rn. 3, etwa wenn der Verweisungsbeschluss nicht mit einer Begründung versehen ist: Vgl. BAG 16.6.2015 – 10 AS 2/15, NZA 2015, 1020 Rn. 4, 6; 14.11.2017 – 9 AS 8/17 Rn. 7.
[229] BAG 16.4.1959 – 2 AZR 227/58, NJW 1959, 1512; 31.3.1993 – 2 AZR 467/92, NZA 1994, 237 Rn. 24; ErfK/*Kiel* KSchG § 4 Rn. 16; Stahlhacke/Preis/Vossen Kündigung/*Vossen* Rn. 1903 mwN; KR/*Friedrich/Klose* KSchG § 4 Rn. 233.
[230] BAG 2.7.2014 – 10 AS 3/14, NZA 2015, 448 Rn. 4.
[231] So BAG 16.4.1959 – 2 AZR 227/58, NJW 1959, 1512; 9.2.2006 – 5 AS 1/06, NZA 2006, 454 Rn. 17: Ein vor Rechtshängigkeit der Klage ergehender Verweisungsbeschluss nach § 17a GVG entfaltet keine Bindungswirkung.
[232] BAG 2.7.2014 – 10 AS 3/14, NZA 2015, 448: Rechtskräftige Verweisungsbeschlüsse sind für das Gericht, an das der Rechtsstreit verwiesen worden ist, bindend. Dies folgt aus § 48 Abs. 1 Nr. 1 ArbGG iVm § 17a Abs. 2 S. 3 GVG und betrifft auch die **örtliche Zuständigkeit**. Ebenso BAG 21.12.2015 – 10 AS 9/15, BB 2016, 372.
[233] KR/*Friedrich/Klose* KSchG § 4 Rn. 237; Stahlhacke/Preis/Vossen Kündigung/*Vossen* Rn. 1904.
[234] BAG 14.12.2017 – 2 AZR 86/17, NZA 2018, 646 Rn. 16. So bereits BAG 24.9.1970 – 2 AZR 82/70 AP KSchG § 3 Nr. 37.
[235] BAG 10.12.1970 – 2 AZR 82/70, AP KSchG § 3 Nr. 40.

und danach innerhalb eines angemessenen Zeitraums zur Schiedsklage übergeht, obwohl die Frist des § 4 KSchG bereits verstrichen ist.[236]

Die **örtliche Zuständigkeit** richtet sich nach § 46 Abs. 2 S. 1 ArbGG iVm §§ 12 bis 37 ZPO.[237] Der allgemeine Gerichtsstand juristischer Personen wird durch ihren **Sitz** bestimmt (§ 17 ZPO). Handelt es sich bei dem Arbeitgeber um eine **natürliche Person**, so bestimmt sich sein allgemeiner Gerichtsstand nach seinem **Wohnsitz** (§§ 12, 13 ZPO). Die Kündigungsschutzklage kann auch am besonderen Gerichtsstand des **Erfüllungsortes** (§ 29 ZPO) erhoben werden. Dieser richtet sich nach materiell-rechtlichen Bestimmungen, insbesondere nach § 269 BGB.[238] In der Regel wird bei einem Arbeitsverhältnis ein **einheitlicher Erfüllungsort** vorliegen, der dort liegt, wo der Arbeitnehmer die Arbeitsleistung zu erbringen hat.[239] Durch das am 1.4.2008 in Kraft getretene **Gesetz zur Änderung des Sozialgerichtsgesetzes, des Arbeitsgerichtsgesetzes und anderer Gesetze** (SGGArbGGÄndG) vom 26.3. 2008[240] ist mit § 48 Abs. 1a ArbGG ein besonderer **Gerichtsstand** des **Arbeitsortes** eingeführt worden. Danach ist für Streitigkeiten nach § 2 ArbGG auch das Arbeitsgericht zuständig, in dessen Bezirk der Arbeitnehmer gewöhnlich seine Arbeit verrichtet oder zuletzt gewöhnlich verrichtet hat. Ist ein gewöhnlicher Arbeitsort in diesem Sinne nicht feststellbar, ist das Arbeitsgericht örtlich zuständig, von dessen Bezirk aus der Arbeitnehmer gewöhnlich seine Arbeit verrichtet oder zuletzt gewöhnlich verrichtet hat.[241] Diese Regelung entspricht Art. 21 Abs. 1 Buchst. b) der Verordnung (EU) 1215/2012 v. 12.12.2012 (Brüssel-Ia-Verordnung).[242] Für den besonderen Gerichtsstand des Arbeitsortes ist der Ort maßgeblich, an dem der Arbeitnehmer die geschuldete Arbeitsleistung tatsächlich erbringt. Erbringt der Arbeitnehmer die Arbeitsleistung gewöhnlich an mehreren Orten, entscheidet der Ort, an dem die Arbeitsleistung überwiegend erbracht wird. Dies kann auch der Ort sein, an dem die Arbeit gemessen an der Gesamtdauer des Arbeitsverhältnisses erst kurzzeitig geleistet wurde, wenn auf der Grundlage des Arbeitsvertrages an diesem Ort die Arbeitsleistung bis auf weiteres verrichtet werden soll.[243] Der gewöhnliche Arbeitsort ändert sich nicht dadurch, dass die Arbeitnehmerin oder der Arbeitnehmer die Arbeitsleistung vorübergehend an einem anderen Ort erbringt. Bei einem beendeten Arbeitsverhältnis ist der Arbeitsort derjenige Ort, an dem die Arbeitsleistung zuletzt gewöhnlich verrichtet worden ist.[244] Lässt sich der Schwerpunkt der Tätigkeit nicht ermitteln, weil Tätigkeiten vertragsgemäß in mehreren Gerichtsbezirken zu erbringen sind, ist auf den Ort abzustellen, **von dem aus** die Arbeitsleistung erbracht wird.[245] Der **Wohnort** kann Arbeitsort sein, wenn dort mit der Arbeitsleistung verbundene Tätigkeiten erbracht werden, zB wenn ein Außendienstmitarbeiter zu Hause seine Reisetätigkeit für den ihm zugewiesenen Bezirk plant,[246] Berichte schreibt oder andere

---

[236] BAG 24.9.1970 – 2 AZR 82/70, AP KSchG § 3 Nr. 37.
[237] Näher dazu ErfK/*Koch* ArbGG § 48 Rn. 19 ff.
[238] Vgl. dazu KR/*Friedrich/Klose* KSchG § 4 Rn. 227.
[239] BAG 11.12.1995 – 5 AS 27/95: Auf die Frage, von wo aus das Arbeitsentgelt gezahlt wird und wo sich die Personalverwaltung befindet, kommt es regelmäßig nicht an. BAG 9.10.2002 – 5 AZR 307/01, NZA 2003, 339 Rn. 22: Der tatsächliche Mittelpunkt seiner Berufstätigkeit; BAG 20.4.2004 – 3 AZR 301/03, NZA 2005, 297 Rn. 26. Zum Gerichtsstand des Erfüllungsorts bei fliegendem Personal: LAG München 24.1.2019 – 1 SHa 22/18, LAGE ArbGG 1979 § 48 Nr. 25.
[240] BGBl. 2008 I 444.
[241] BAG 17.8.2015 – 10 AZB 27/15, NJW 2015, 3053: Die prozessuale Möglichkeit, Klagen gemäß § 29 Abs. 1 ZPO am Erfüllungsort oder in arbeitsrechtlichen Verfahren am gewöhnlichen Arbeitsort gemäß § 48 Abs. 1a ArbGG erheben zu können, besagt noch nichts über den Umfang der Kostentragungspflicht nach § 91 Abs. 1 ZPO.
[242] ABl. L 351, 1: Sie ersetzt ab dem 10.1.2015 die Verordnung (EG) Nr. 44/2001 des Rates über die gerichtliche Zuständigkeit und die Anerkennung und Vollstreckung von Entscheidungen in Zivil- und Handelssachen (Brüssel-I-Verordnung) ABl. 2001 L 12, 1 v. 16.1.2001: Ergänzende Durchführungsvorschriften sind durch das Gesetz zur Durchführung der Verordnung (EU) Nr. 1215/2012 sowie zur Änderung sonstiger Vorschriften vom 8.7.2014 (BGBl. I S. 890) ergangen und als §§ 1110 bis 1117 ZPO in das 11. Buch der ZPO integriert worden.
[243] BT-Drs.16/7716, 24; dazu auch GK-ArbGG/*Bader* § 48 Rn. 92 ff.
[244] BT-Drs.16/7716, 24.
[245] LAG München 8.2.2010 – 1 SHa 4/10, juris Rn. 18; BAG 7.5.2020 – 2 AZR 692/19, AP EGBGB Art. 30 Nr. 11 Rn. 26; ErfK/*Koch* ArbGG § 48 Rn. 20.
[246] LAG Hamm 8.3.2011 – 1 ShA 5/11 Rn. 7 – Home-Office.

mit der Arbeitsleistung verbundene Tätigkeiten verrichtet.[247] Kein Arbeitsort ist gegeben, wenn sich zB ein Montagearbeiter oder ein Kraftfahrer im Rahmen einer Vielzahl einzelner weisungsgebundener Entsendungen vom Wohnort aus zum jeweiligen Einsatzort begibt.[248] Der Arbeitnehmer darf gemäß § 35 ZPO zwischen mehreren örtlich zuständigen Arbeitsgerichten wählen.[249]

23 Der allgemeine Gerichtsstand eines **Insolvenzverwalters** für Klagen, die sich auf die **Insolvenzmasse** beziehen, wird durch den Sitz des **Insolvenzgerichts** bestimmt (§ 19a ZPO). Der mit dem Inkrafttreten der InsO am 1.1.1999 geschaffene Gerichtsstand (Art. 18 Nr. 1 EGInsO) dient der Klärung der im Insolvenzrecht streitigen Frage, ob Klagen gegen die Insolvenzmasse am Wohnsitz des Schuldners, des Insolvenzverwalters oder am Ort der Insolvenzverwaltung erhoben werden müssen.[250]

24 Ebenso wenig wie eine **Gerichtsstandsvereinbarung** im Arbeitsverhältnis zulässig ist (§§ 38 Abs. 1, 3 ZPO, 48 Abs. 2 ArbGG), können die Arbeitsvertragsparteien mit der Vereinbarung über den **Erfüllungsort** die Zuständigkeit eines örtlich unzuständigen Arbeitsgerichts begründen (§ 29 Abs. 2 ZPO). Dadurch wird verhindert, dass die Beschränkung der Gerichtsstandsvereinbarung durch die vertragliche Festlegung des Erfüllungsorts umgangen werden kann.[251]

25 Gemäß § 48 Abs. 2 ArbGG können die **Tarifvertragsparteien** im **Tarifvertrag** ein sich örtlich unzuständiges Arbeitsgericht für bürgerliche Rechtsstreitigkeiten zwischen Arbeitnehmern und Arbeitgebern aus einem Arbeitsverhältnis festlegen, worunter auch Kündigungsschutzprozesse zu subsumieren sind.[252] Diese Prorogationsmöglichkeit setzt beiderseitige Tarifbindung oder Allgemeinverbindlichkeit des Tarifvertrages voraus. Im **Geltungsbereich** eines derartigen Tarifvertrages gelten die tarifvertraglichen Bestimmungen über das örtlich zuständige Arbeitsgericht auch zwischen nicht tarifgebundenen Arbeitgebern und Arbeitnehmern, wenn die Anwendung des **gesamten** Tarifvertrags zwischen ihnen vereinbart ist.[253]

26 Erhebt der Arbeitnehmer die Klage innerhalb der Frist des § 4 KSchG vor dem **Amtsgericht,** dh bei dem Gericht des **unzulässigen Rechtsweges,**[254] bleiben gleichwohl die Wirkungen der einmal eingetretenen Rechtshängigkeit erhalten (§ 17b Abs. 1 S. 2 GVG), wenn der Rechtsstreit nach Ablauf der Frist des § 4 KSchG an das nach den Rechtswegvorschriften zuständige Arbeitsgericht verwiesen wird.[255]

27 Nach hM[256] soll dies ebenfalls gelten, wenn die Kündigungsschutzklage innerhalb der Dreiwochenfrist beim Sozialgericht oder beim Verwaltungsgericht eingereicht worden und an das Arbeitsgericht verwiesen worden ist (§§ 173 VwGO, 202 SGG iVm § 17a Abs. 2, 4 GVG).

---

[247] So bereits BAG 12.6.1986 – 2 AZR 398/85, NJW-RR 1988, 482 Rn. 52; 3.11.1993 – 5 AS 20/93, NZA 1994, 479; ebenso *Schulz* NZA 1995, 14.
[248] BT-Drs. 16/7716, 24.
[249] BAG 14.1.1994 – 5 AS 22/93, NZA 1994, 478 Rn. 15.
[250] Vgl. auch BAG 18.10.2006 – 2 AZR 563/05, NZA 2007, 765 zur Aufnahme eines Kündigungsschutzprozesses nach Unterbrechung wegen Insolvenzeröffnung; BAG 18.7.2013 – 6 AZR 882/11 (A), NZA-RR 2014, 32 zur Unterbrechung bei ausländischem Insolvenzverfahren; vgl. zum Verfahren nach Chapter 11 B. C. BAG 24.9.2015 – 6 AZR 492/14, NZA 2016, 102. Vgl. aber BGH 12.4.2018 – IX ZB 66/17, ZInsO 2018, 1144: § 19a ZPO gilt nicht in Bezug auf das eigene Vermögen des Insolvenzverwalters.
[251] Vgl. nur GK-ArbGG/*Schütz* § 2 Rn. 238; KR/*Friedrich/Klose* KSchG § 4 Rn. 228.
[252] KR/*Friedrich/Klose* KSchG § 4 Rn. 231, 232; vgl. auch ArbG Kiel 10.12.2009 – 1 Ca 2203d/09, DB 2010, 288 Rn. 19.
[253] Nach Ansicht des ArbG Limburg 21.4.2008 – 1 Ca 195/06, ArbuR 2008, 363 (Ls.) wird von einer tarifvertraglich zulässigen Gerichtsstandsvereinbarung ein Kündigungsrechtsstreit nicht erfasst. Ebenso ErfK/*Koch* ArbGG § 48 Rn. 23.
[254] Vgl. die Änderung des § 48 ArbGG durch das 4. VwGOÄndG vom 17.12.1990: BGBl. 1990 I 2809.
[255] Grundsätzlich: BGH 13.3.2006 – II ZB 26/04, NJW-RR 2006, 1113; LAG Köln 10.7.1998 – 6 Ta 150/98, NZA-RR 1998, 561; ErfK/*Kiel* KSchG § 4 Rn. 16; KR/*Friedrich/Klose* KSchG § 4 Rn. 239, 240 auch bei formloser Abgabe an das Arbeitsgericht; Stahlhacke/Preis/Vossen Kündigung/*Vossen* Rn. 1905; *Bader* NZA 1997, 905 (906); aA *Berkowsky* NZA 1997, 352 (354) unter Hinweis auf den Wortlaut des § 4 S. 1 KSchG; *Lüke* JuS 1996, 970, der eine Verweisung nach § 17a Abs. 2, 3 GVG nur für ausreichend erachtet, wenn sie vor Fristablauf erfolgt.
[256] KR/*Friedrich/Klose* KSchG § 4 Rn. 241; Däubler/Deinert/Zwanziger/*Zwanziger* KSchG § 4 Rn. 35; *Schaub* BB 1993, 1666 (1669); *Hilbrandt* NJW 1999, 3594 (3601).

Zweifelhaft kann sein, ob es ausreicht, wenn die fristgerecht eingereichte Klage vom zunächst angegangenen Gericht des unzulässigen Rechtsweges nicht verwiesen, sondern **formlos** an das Arbeitsgericht abgegeben und die Zustellung erst von diesem nach Ablauf der Dreiwochenfrist veranlasst wird.[257] Ein vor Rechtshängigkeit der Klage ergehender Verweisungsbeschluss nach § 17a GVG entfaltet keine Bindungswirkung.[258] Ist die Klage dadurch verfristet, so wird eine nachträgliche Klagezulassung nach § 5 KSchG angezeigt sein, weil das angerufene Gericht des unzulässigen Rechtsweges die Kündigungsschutzklage hätte unverzüglich zustellen müssen (§ 271 Abs. 1 ZPO) und dieses Versäumnis von klagenden Partei nicht verschuldet ist. 28

b) Die Entscheidung über Rechtswegstreitigkeiten. Die gegen eine ordentliche oder außerordentliche Kündigung gerichtete Kündigungsschutzklage (§§ 4, 13 Abs. 1 S. 2 KSchG) betrifft die Kündigung des Arbeitsverhältnisses gegenüber einem **Arbeitnehmer** (§ 1 Abs. 1 S. 1 KSchG). Auszugehen ist dabei vom allgemeinen nationalen und nicht von einem unionsrechtlichen Arbeitnehmerbegriff.[259] Keine Anwendung findet das KSchG auf sonstige Dienstverhältnisse, die sich nicht als Arbeitsverhältnisse qualifizieren lassen. Mit der Arbeitnehmereigenschaft korrespondiert die **ausschließliche Rechtswegzuständigkeit** der Gerichte für Arbeitssachen im Urteilsverfahren. Maßgebender Anknüpfungspunkt für die Beurteilung der Zulässigkeit eines Rechtsweges ist dabei die wahre Natur des im Sachvortrag des Klägers behaupteten Rechtsverhältnisses, aus dem der Klageanspruch hergeleitet wird.[260] Mit der gesetzlichen Definition des Arbeitsvertrags in § 611a Abs. 1 BGB[261] hat der Gesetzgeber auf der Grundlage der bisherigen Rspr. des BAG eine begriffliche Kennzeichnung des Arbeitnehmers vorgenommen.[262] 29

Der Rechtsweg zu den Gerichten für Arbeitssachen ist in den §§ 2 bis 5 ArbGG **zwingend** festgelegt.[263] Bei Rechtsstreitigkeiten über die Beendigung eines Vertragsverhältnisses ist der Rechtsweg nach § 2 Abs. 1 Nr. 3b ArbGG nur dann eröffnet, wenn es sich um eine bürgerliche Rechtsstreitigkeit zwischen Arbeitnehmer und Arbeitgeber über das Bestehen oder Nichtbestehen eines Arbeitsverhältnisses handelt. Dabei wird der Arbeitnehmerbegriff in § 5 ArbGG näher gekennzeichnet. Nach § 5 Abs. 1 S. 1 ArbGG sind Arbeitnehmer Arbeiter und Angestellte sowie die zu ihrer Berufsausbildung Beschäftigten. Als Arbeitnehmer gelten nach § 5 Abs. 1 S. 2 ArbGG auch die in Heimarbeit Beschäftigten und die ihnen Gleichgestellten sowie sonstige Personen, die wegen ihrer wirtschaftlichen Unselbstständigkeit als arbeitnehmerähnliche Personen anzusehen sind. 30

In diesem Zusammenhang hat das Arbeitsgericht im Rahmen einer bei ihm anhängig gemachten Kündigungsschutzklage **von Amts wegen**[264] die Zulässigkeit des beschrittenen Rechtsweges zu prüfen, wenn die Parteien über den Fortbestand eines Rechtsverhältnisses streiten, das der Kläger für ein Arbeitsverhältnis hält, während der Beklagte von einem freien Dienstverhältnis ausgeht. Bei einer Kündigungsschutzklage streiten die Parteien nämlich 31

---

[257] Bejahend LAG Sachsen-Anhalt 23.2.1995 – 3 Ta 162/94, LAGE KSchG § 4 Nr. 26 unter Hinweis darauf, dass dem Kläger kein Nachteil daraus erwachsen darf, dass das zunächst angegangene Gericht die Klageschrift entgegen § 271 Abs. 1 ZPO nicht unverzüglich zugestellt hat. Ebenso KR/*Friedrich/Klose* KSchG § 4 Rn. 240; aA *Bader* NZA 1997, 905 (906), der hier eine wirksame Verweisung verlangt.
[258] BAG 9.2.2006 – 5 AS 1/06, NZA 2006, 454. Zur gerichtlichen Fürsorgepflicht: BAG 5.6.2020 – 10 AZN 53/20, NZA 2020, 965 Rn. 39 ff.
[259] BAG 21.1.2019 – 9 AZB 23/18, NZA 2019, 490 Rn. 14: § 5 ArbGG liegt keine unionsrechtliche Bestimmung zugrunde.
[260] GmS-OGB 29.10.1987 – GmS-OGB 1/86, NJW 1988, 2295; 10.7.1989 – GmS-OGB 1/88, NJW 1990, 1527; GmS – OBG 27.9.2010 – GmS-OGB 1/09, NJW 2011, 1211 Rn. 11.
[261] Eingefügt durch Art. 2 des Gesetzes zur Änderung des Arbeitnehmerüberlassungsgesetzes und anderer Gesetze v. 21.2.2017 BGBl. 2017 I 258 mWv 1.4.2017 (Art. 7).
[262] BT-Drs 18/9232, 31 (32): „Dazu legt die Vorschrift des § 611a BGB unter wörtlicher Wiedergabe der Leitsätze der höchstrichterlichen Rechtsprechung fest, wer Arbeitnehmer ist." Die auf BT-Drs 18/10064, 6 (17) durch den 11. Ausschuss vorgenommene Änderung von „Arbeitnehmer" in „Arbeitsvertrag" sollte der Vertragstypenwahl des BGB genügen, nicht aber die Begriffsbestimmung ändern. Vgl. BAG 21.1.2019 – 9 AZB 23/18, NZA 2019, 490 Rn. 23.
[263] BAG 30.8.1993 – 2 AZB 6/93, NZA 1994, 141; 10.12.1996 – 5 AZB 20/96, NZA 1997, 674.
[264] BAG 24.4.1996 – 5 AZB 25/95, NZA 1996, 1005; 15.3.2011 – 10 AZB 32/10, NZA 2011, 874; 18.12.2014 – 2 AZR 163/14, NZA 2015, 635; 24.5.2018 – 2 AZR 67/18, NZA 2018, 1127.

neben der Frage der Wirksamkeit der Kündigung auch darüber, ob überhaupt ein Arbeitsverhältnis bestanden hat. Das ergibt sich aus der Erweiterung des Streitgegenstandes auf den Bestand des Arbeitsverhältnisses.[265] Die stattgebende rechtskräftige Entscheidung über einen Antrag gemäß § 4 S. 1 KSchG beinhaltet zugleich die Feststellung, dass bei **Zugang der Kündigung und zum vorgesehenen Auflösungszeitpunkt zwischen den Parteien ein Arbeitsverhältnis bestanden** hat.[266] Mit der stattgebenden oder abweisenden Entscheidung über die Kündigungsschutzklage wird zugleich positiv oder negativ über die Statusklage entschieden.[267]

32 Das erstinstanzliche Gericht hat die **Zulässigkeit** des zu ihm beschrittenen **Rechtswegs** in jeder Lage des Verfahrens, also auch nach Durchführung einer Beweisaufnahme, **von Amts wegen** zu prüfen. Es darf den Rechtsstreit nur dann nicht mehr verweisen, wenn es seine Rechtswegzuständigkeit durch Beschluss nach § 17a Abs. 2 S. 1 GVG (§ 48 Abs. 1 ArbGG) bejaht hat, oder der Rechtsstreit in dieser Instanz bereits abgeschlossen ist. Daher ist der Verweisungsbeschluss des Arbeitsgerichts noch nach Erlass eines **Versäumnisurteils** möglich oder sogar nötig.[268]

33 Die Prüfung der Rechtswegzuständigkeit von Amts wegen gilt nur für das Gericht in **erster Instanz**, was aus § 17a Abs. 5 GVG und §§ 65, 73 Abs. 2, 88 und 93 Abs. 2 ArbGG deutlich hervorgeht. Da das Arbeitsgericht den Rechtsweg zu den Gerichten für Arbeitssachen stillschweigend durch Erlass eines Urteils bejaht, ist das Berufungsgericht gemäß § 17a Abs. 5 GVG, § 65 ArbGG gehindert, die Frage des Rechtswegs erneut zu prüfen. Dies entspricht auch dem Ziel des § 17a Abs. 5 GVG, nach einer Klärung der Frage der Rechtswegzuständigkeit das weitere Verfahren nicht mehr mit dem Risiko eines später erkannten Mangels des gewählten Rechtsweges zu belasten.[269]

34 Die Vorabentscheidung über die Rechtswegzuständigkeit ergeht auch außerhalb der mündlichen Verhandlung durch zu begründenden **Beschluss** stets durch die **Kammer** des Arbeitsgerichts (§§ 17a Abs. 4 GVG, 48 Abs. 1 Nr. 2 ArbGG) und ist für das Gericht, an das der Rechtsstreit verwiesen worden ist, hinsichtlich des Rechtsweges bindend (§ 17a Abs. 2 S. 1 und 3 GVG).[270] Auch ein rechtskräftiger Verweisungsbeschluss, der nicht hätte ergehen dürfen, ist grundsätzlich einer weiteren Überprüfung entzogen.[271] Lediglich eine **offensichtlich gesetzwidrige** Verweisung kann keine Bindungswirkung entfalten.[272] Offensichtlich gesetzwidrig ist ein Verweisungsbeschluss nur dann, wenn er jeder Rechtsgrundlage entbehrt,[273] willkürlich gefasst ist, auf der Versagung rechtlichen Gehörs gegenüber den Verfahrensbeteiligten[274] oder einem von ihnen beruht[275] oder vor Rechtshängigkeit der Klage ergangen ist,[276] oder entgegen § 17a Abs. 4 S. 2 GVG nicht mit einer Begründung versehen ist.[277]

---

[265] BAG 18.12.2014 – 2 AZR 163/14, NZA 2015, 635; 24.5.2018 – 2 AZR 67/18, NZA 2018, 1127.
[266] BAG 27.1.2011 – 2 AZR 826/09, NZA 2011, 804; 20.3.2014 – 2 AZR 1071/12, NZA 2014, 1131; 18.12.2014 – 2 AZR 163/14, NZA 2015, 635; 24.5.2018 – 2 AZR 67/18, NZA 2018, 1127.
[267] BAG 27.1.2011 – 2 AZR 826/09, NZA 2011, 804; 21.5.2019 – 9 AZR 295/16, NZA 2019, 1411 Rn. 10: Das ArbG hat nach § 4 S. 1 KSchG inzidenter zu prüfen, ob das Rechtsverhältnis der Parteien als Arbeitsverhältnis zu qualifizieren ist.
[268] BAG 6.1.1997 – 5 AS 14/96 Rn. 20.
[269] BT-Drs. 11/7030, 36 ff.; BAG 9.7.1996 – 5 AZB 6/96, NZA 1996, 1117; 14.12.1998 – 5 AS 8/98, NZA 1999, 390; 28.3.2019 – 8 AZR 366/16, NZA 2019, 1301 Rn. 24. Vgl. dazu BAG 11.6.2020 – 2 AZR 374/19, ZIP 2020, 1609 Rn. 17.
[270] BAG 16.6.2015 – 10 AS 2/15, NZA 2015, 1020; 8.9.2015 – 9 AZB 21/15, NZA 2015, 1342.
[271] Vgl. BAG 19.3.2003 – 5 AS 1/03, NZA 2003, 683 Rn. 11; 9.2.2006 – 5 AS 1/06, NZA 2006, 454 Rn. 13; 28.2.2006 – 5 AS 19/05, NZA 2006, 453 Rn. 7; 16.6.2015 – 10 AS 2/15, NZA 2015, 1020 Rn. 4; 14.11.2017 – 9 AS 8/17 Rn. 7 Das Gericht, an das verwiesen worden ist, ist jedoch nicht daran gehindert, wegen örtlicher Unzuständigkeit innerhalb seines Rechtsweges weiterzuverweisen: BAG 9.2.2006 – 5 AS 1/06, NZA 2006, 454.
[272] BAG 31.8.2010 – 3 ABR 139/09, NZA 2011, 995; 16.6.2015 – 10 AS 2/15, NZA 2015, 1020; 14.11.2017 – 9 AS 8/17, juris Rn. 7. Vgl. auch *Fischer* MDR 2020, 75.
[273] Zu einem solchen Fall: BAG 17.7.1995 – 5 AS 8/95, NZA 1995, 1175: Die Klage eines aus dem Amt ausgeschiedenen Richters, der eine Zusatzversorgung beanspruchte, war vom Verwaltungsgericht an das Arbeitsgericht verwiesen worden.
[274] OLG Hamm 16.8.2019 – I-32 SA 50/19, ZInsO 2019, 2129 Rn. 26, 30.
[275] BAG 19.3.2003 – 5 AS 1/03, NZA 2003, 683.
[276] BAG 9.2.2006 – 5 AS 1/06, NZA 2006, 454; BGH 25.2.2016 – IX ZB 61/15, NJW 2016, 1520 Rn. 9.
[277] BAG 16.6.2015 – 10 AS 2/15, NZA 2015, 1020 Rn. 4, 6; 14.11.2017 – 9 AS 8/17, juris Rn. 7.

Kommt es in diesem Zusammenhang zu einem **negativen Kompetenzkonflikt** zwischen 35
Gerichten **verschiedener** Gerichtsbarkeiten – etwa zwischen einem Arbeitsgericht und einem
Amts- oder Landgericht – sind in entsprechender Anwendung von § 36 Nr. 6 ZPO die
obersten Gerichte des Bundes zur Bestimmung des zuständigen Gerichts berufen.[278] Allerdings ist eine endgültige Bestimmung des zuständigen Gerichts durch den Obersten Gerichtshof des Bundes erst erforderlich, wenn sich die verschiedenen Gerichte **rechtskräftig**
(unanfechtbar) für unzuständig erklärt haben, jedoch eines der beteiligten Gerichte in
Wahrheit zuständig ist. Davon ist etwa auszugehen, wenn das Arbeitsgericht den Rechtsstreit rechtskräftig an das Landgericht verwiesen hat und Letzteres sich ebenfalls durch Beschluss für unzuständig hält und die Sache dem Bundesarbeitsgericht gemäß § 36 Abs. 1
Nr. 6 ZPO vorlegt. Zuständig für die Zuständigkeitsbestimmung ist derjenige oberste Gerichtshof des Bundes, der **zuerst** darum angegangen wird.[279]

Wird das Fehlen der Zulässigkeit des Rechtsweges gemäß § 17a Abs. 3 GVG von **keiner** 36
Partei gerügt und ist nach Ansicht des Arbeitsgerichts der beschrittene Rechtsweg zulässig,
so ist es zu einer Vorabentscheidung durch Beschluss nicht verpflichtet, aber nach pflichtgemäßem Ermessen berechtigt (§ 17a Abs. 3 S. 1 GVG). **Rügt** jedoch eine Partei die **Zulässigkeit** des beschrittenen Rechtsweges, so **muss** das Arbeitsgericht gemäß § 17a Abs. 3 S. 2
GVG, § 48 Abs. 1 Nr. 2 ArbGG vorab durch **Kammerbeschluss**[280] entscheiden und im Übrigen den Rechtsstreit gemäß § 148 ZPO aussetzen.[281]

Hat das Arbeitsgericht vorab durch Beschluss über die Zulässigkeit des Rechtsweges entschieden, ist dagegen nach § 17a Abs. 4 S. 3 GVG **sofortige Beschwerde** nach § 78 ArbGG, 37
§§ 567 ff. ZPO an das Landesarbeitsgericht gegeben. Die sofortige Beschwerde ist bei dem
Gericht einzulegen, von dem die angefochtene Entscheidung erlassen ist. Sie kann auch beim
Beschwerdegericht eingelegt werden (§ 569 Abs. 1 ZPO). Das Arbeitsgericht muss der sofortigen Beschwerde abhelfen, wenn es diese für begründet erachtet (§ 572 Abs. 1 ZPO). Die
beim Landesarbeitsgericht eingelegte sofortige Beschwerde ist dem Arbeitsgericht zur Abhilfeprüfung vorzulegen.

Bejaht das Landesarbeitsgericht die Zulässigkeit des Rechtsweges, hat es dies vorab durch 38
Beschluss auszusprechen. Lässt es hiergegen gemäß § 17a Abs. 4 S. 4 und 5 GVG, § 78
ArbGG die **Rechtsbeschwerde**[282] an das BAG zu, hat es das Verfahren bis zur Entscheidung
hierüber auszusetzen.[283] Anderenfalls hat das LAG in der Hauptsache durch Urteil zu entscheiden.

Hält das Landesarbeitsgericht die Zulässigkeit des Rechtsweges nicht für gegeben, so hat 39
es dies jedenfalls durch Beschluss auszusprechen und den Rechtsstreit an das zuständige Gericht des zulässigen Rechtsweges zu verweisen.[284]

Im Beschwerdeverfahren nach § 17a Abs. 4 GVG ist eine **Zurückverweisung** der Rechts- 40
sache vom Landesarbeitsgericht an das Arbeitsgericht unzulässig, unabhängig davon, dass
nach dem über § 78 ArbGG auch im arbeitsgerichtlichen Beschwerdeverfahren anwendbaren § 572 Abs. 3 ZPO grundsätzlich eine Zurückverweisung an das Arbeitsgericht in Betracht kommen könnte. Dem steht der das arbeitsgerichtliche Verfahren prägende Be-

---

[278] BAG 19.3.2003 – 5 AS 1/03, NZA 2003, 683; 9.2.2006 – 5 AS 1/06, NZA 2006, 454; 16.8.2016 – 9 AS 4/16, NZA 2016, 1358 Rn. 6; 14.11.2017 – 9 AS 8/17, juris; BGH 9.6.2011 – IX ZB 247/09, ZInsO 2011, 1368.
[279] BAG 19.3.2003 – 5 AS 1/03, NZA 2003, 683; 9.2.2006 – 5 AS 1/06, NZA 2006, 454; 21.12.2015 – 10 AS 9/15, NZA 2016, 446 Rn. 14; 16.8.2016 – 9 AS 4/16, NZA 2016, 1358 Rn. 6; vgl. auch BGH 7.1.2014 – X ARZ 578/13, NJW-RR 2014, 248 Rn. 7: Einer Gerichtsstandsbestimmung steht nicht entgegen, dass gemäß § 240 Satz 1 ZPO durch die Eröffnung des Insolvenzverfahrens der Rechtsstreit gegen die Schuldnerin unterbrochen ist.
[280] BAG 8.9.2015 – 9 AZB 21/15, NZA 2015, 1342 Rn. 11: Sofern der Beschluss nicht die örtliche Zuständigkeit zum Gegenstand hat, ergeht er auch außerhalb der mündlichen Verhandlung durch die Kammer.
[281] BAG 26.3.1992 – 2 AZR 443/91, NZA 1992, 954.
[282] BAG 26.9.2002 – 5 AZB 15/02, NZA 2002, 1302; 15.2.2005 – 5 AZB 13/04, NZA 2005, 487.
[283] Keine Nichtzulassungsbeschwerde: BAG 22.2.1994 – 10 AZB 4/94, NZA 1995, 1223; 19.12.2002 – 5 AZB 54/02, NZA 2003, 287. Eine Möglichkeit der nachträglichen Zulassung der Rechtsbeschwerde besteht nicht: BAG 27.8.2003 – 5 AZB 45/03, FA 2004, 30.
[284] BAG 21.5.1999 – 5 AZB 31/98, NZA 1999, 837.

schleunigungsgrundsatz, der in § 68 ArbGG eine spezielle Ausgestaltung erfahren hat, entgegen.[285]

41 Angesichts der Vorabentscheidung über Rechtswegstreitigkeiten darf wegen der Unzulässigkeit des Rechtsweges **kein klageabweisendes** Urteil ergehen. Käme es gleichwohl ohne Vorabentscheidung über die Zulässigkeit des Rechtsweges zu einer Klageabweisung in der Hauptsache wegen fehlender Zulässigkeit des Rechtsweges, so richtet sich die Statthaftigkeit eines Rechtsmittels nach dem Grundsatz der **Meistbegünstigung**.[286] Damit kann der durch die Entscheidung Beschwerte dasjenige Rechtsmittel einlegen, das der vom Gericht gewählten Entscheidungsform entspricht, aber auch das Rechtsmittel, das bei einer in der richtigen Form getroffenen Entscheidung statthaft wäre (hier: Berufung oder sofortige Beschwerde).

42 Durch den Verweisungsbeschluss tritt **keine Bindungswirkung** hinsichtlich der **materiellen Rechtslage** ein.[287] Das verweisende Gericht hat nur rechtskräftig über den zu ihm beschrittenen Rechtsweg entschieden (§ 17a Abs. 1 GVG). Dieser Beschluss ist nur hinsichtlich des Rechtsweges bindend (§ 17a Abs. 2 S. 3 GVG). Aus § 17 Abs. 2 S. 1 GVG folgt, dass erst das Gericht des zulässigen Rechtsweges den Rechtsstreit unter allen in Betracht kommenden rechtlichen Gesichtspunkten zu prüfen hat.

43 **c) Prüfungskompetenz und Streitgegenstand.** Nach nunmehr gefestigter Spruchpraxis des BAG[288] werden hinsichtlich der Rechtswegabgrenzung zwischen ordentlichen Gerichten und Arbeitsgerichten drei verschiedene Fallkonstellationen unterschieden: Einmal geht es um diejenigen Fälle, bei denen der Anspruch **lediglich** auf eine **arbeitsrechtliche** Anspruchsgrundlage gestützt werden kann, jedoch zweifelhaft ist, ob deren Voraussetzungen vorliegen (sog. **sic-non-Fall**). Hierunter fallen zB die auf die Feststellung des Bestehens eines Arbeitsverhältnisses gerichtete Klage, aber auch die gegen eine **ordentliche Kündigung** allein wegen deren Sozialwidrigkeit gerichtete Kündigungsschutzklage.[289] Die entsprechenden Tatsachenbehauptungen des Klägers sind hier **doppelrelevant**, nämlich sowohl für die Rechtswegzuständigkeit, als auch für die Begründetheit der Klage maßgebend.[290] Die Richtigkeit der Klagevortrags wird bei derartiger Sachlage unterstellt, so dass bei sogenannten sic-non-Fällen bei streitiger Tatsachengrundlage die bloße Rechtsansicht einer Klagepartei, es handele sich um ein Arbeitsverhältnis, den Rechtsweg zu den Arbeitsgerichten eröffnet.[291] Der Kläger riskiert damit allerdings die endgültige Aberkennung des eingeklagten Anspruchs als unbegründet, falls sich seine Behauptungen nicht als wahr feststellen lassen, während er bei einer Abweisung der Klage nur als unzulässig diese nach Behebung des Hinderungsgrundes – etwa vor dem zuständigen Gericht – wiederholen könnte.[292]

44 Davon abzugrenzen sind Fälle, bei denen ein Anspruch **entweder** auf eine arbeitsrechtliche **oder** eine bürgerlich-rechtliche Anspruchsgrundlage gestützt werden kann, sich jedoch die in Betracht zu ziehenden Anspruchsgrundlagen **gegenseitig ausschließen** (sog. **aut-aut-Fall**). Diese Fallgestaltung betrifft etwa die Klage auf Zahlung des vereinbarten Entgelts für

---

[285] BAG 17.2.2003 – 5 AZB 37/02, NZA 2003, 517.
[286] BAG 26.3.1992 – 2 AZR 443/91, NZA 1992, 954; LAG Bln-Bbg 27.1.2014 – 4 Sa 1731/13, LAGE GVG § 17a Nr. 14 Rn. 19; OLG Frankfurt a. M. 21.4.2011 – 3 U 216/10 Rn. 2; *Kissel* NZA 1995, 345 (351).
[287] BGH 7.1.2014 – X ARZ 578/13, NJW-RR 2014, 248 Rn. 7.
[288] Vgl. nur BAG 17.2.2003 – 5 AZB 37/02, NZA 2003, 517; 8.9.2015 – 9 AZB 21/15, NZA 2015, 1342: Die drei Fallgruppen der sic-non-Fälle, der aut-aut-Fälle und der et-et-Fälle hat die Rechtsprechung im Hinblick auf die Frage entwickelt, welche Anforderungen an das klägerische Vorbringen zur Begründung der Rechtswegzuständigkeit der Arbeitsgerichte in Abgrenzung zu den ordentlichen Gerichten zu stellen sind. BAG 24.4.2018 – 9 AZB 62/17, ZAT 2018, 156 Rn. 14; 21.1.2019 – 9 AZB 23/18, NZA 2019, 490 Rn. 20; 9.4.2019 – 9 AZB 2/19, NZA 2020, 67 Rn. 12.
[289] BAG 24.4.1996 – 5 AZB 25/95, NZA 1996, 1005; 18.12.1996 – 5 AZB 25/96; NZA 1997, 509; 15.11.2013 – 10 AZB 28/13, GmbHR 2014, 137 Rn. 21 mwN; 21.1.2019 – 9 AZB 23/18, NZA 2019, 490 Rn. 20.
[290] BAG 3.12.2014 – 10 AZB 98/14, NZA 2015, 180 Rn. 17; 21.1.2019 – 9 AZB 23/18, NZA 2019, 490 Rn. 20; BGH 27.10.2009 – VIII ZB 42/08, NZA-RR 2010, 99.
[291] BGH 27.10.2009 – VIII ZB 42/08, NZA-RR 2010, 99; BAG 15.11.2013 – 10 AZB 28/13, GmbHR 2014, 137; 22.10.2014 – 10 AZB 46/14, NZA 2015, 60; 21.1.2019 – 9 AZB 23/18, NZA 2019, 490 Rn. 20; 9.4.2019 – 9 AZB 2/19, NZA 2020, 67 Rn. 12; 21.5.2019 – 9 AZR 295/18, NZA 2019, 1411 Rn. 10.
[292] BGH 27.10.2009 – VIII ZB 42/08, NZA-RR 2010, 99.

geleistete Arbeit aus einem Rechtsverhältnis, das der Kläger für ein Arbeitsverhältnis, der Beklagte indes für ein freies Mitarbeiterverhältnis hält.[293]

Darüber hinaus gibt es Rechtsstreitigkeiten, in denen ein einheitlicher Anspruch widerspruchslos **sowohl** auf eine **arbeitsrechtliche als auch** auf eine **nicht arbeitsrechtliche** Anspruchsgrundlage gestützt werden kann (sog. **et-et-Fall**). Davon ist etwa auszugehen, wenn sich der Kläger gegen eine **außerordentliche Kündigung** des Rechtsverhältnisses wendet, das er für ein Arbeitsverhältnis, die beklagte Partei aber für ein freies Dienstverhältnis hält. Für beide Rechtsverhältnisse gilt § 626 BGB, so dass die Klage unabhängig davon Erfolg haben kann, ob der Kläger Arbeitnehmer ist oder sich ausschließlich in einem freien Dienstverhältnis befindet. Greift etwa der Geschäftsführer einer GmbH eine fristlose Kündigung (§ 626 Abs. 1 BGB) klageweise unabhängig davon an, ob das zwischen den Parteien bestehende Anstellungsverhältnis als Arbeitsverhältnis oder als freies Dienstverhältnis einzuordnen ist, hängt der Erfolg der Klage nicht allein von der Arbeitnehmerstellung ab, weil sie auch erfolgreich sein kann, wenn ein Dienstverhältnis bestünde.[294]

Bei Streitgegenständen, für die entweder arbeitsrechtliche oder bürgerlich-rechtliche Anspruchsgrundlagen in Betracht kommen (aut-aut-Fälle), oder die widerspruchslos auf beide Rechtsgrundlagen gestützt werden können (et-et-Fälle), reicht nach der Rechtsprechung des BAG[295] die **bloße Rechtsbehauptung** des Klägers, er sei Arbeitnehmer, zur Begründung der Zuständigkeit der Arbeitsgerichte **nicht** aus. Vielmehr hat der Kläger die für die Begründung der Rechtswegzuständigkeit maßgeblichen Tatsachen zu **beweisen**, sofern der Beklagte diese bestreitet.[296]

Soweit die bloße Rechtsbehauptung des Klägers, Arbeitnehmer zu sein, genügt, um die arbeitsgerichtliche Zuständigkeit zu begründen (sog. sic-non-Fall),[297] ist die Rechtswegzuständigkeit des Arbeitsgerichts immer dann zu bejahen, wenn der Kläger im Klagewege die **ordentliche Kündigung** eines Rechtsverhältnisses angreift, das er selbst als Arbeitsverhältnis qualifiziert und nur Unwirksamkeitsgründe geltend macht, die seine Arbeitnehmerstellung voraussetzen. Fehlt dem Kläger die Arbeitnehmereigenschaft, ist die Klage als **unbegründet** abzuweisen. Eine Verweisung des Rechtsstreits an das Gericht eines anderen Rechtswegs kommt nicht in Betracht, unabhängig davon, dass der Beklagte von einem freien Dienstverhältnis ausgeht.[298] Wehrt sich etwa ein als **freier Mitarbeiter** eingestellter Beschäftigter gegen eine Kündigung mit dem Antrag festzustellen, dass das **Arbeitsverhältnis** durch die ausgesprochene Kündigung nicht beendet worden ist, sondern fortbesteht, ist der Streitgegenstand nicht nur die Frage, ob das Vertragsverhältnis zwischen den Parteien infolge der Kündigung beendet worden ist, sondern darüber hinaus auch die Frage, ob dieses Vertragsverhältnis ein **Arbeitsverhältnis** ist.[299] Bei derartiger Sachlage ist die Kündigungsschutzklage schon dann als **unbegründet** abzuweisen, wenn kein Arbeitsverhältnis besteht, ohne dass eine Entscheidung darüber ergehen müsste, ob die angegriffene Kündigung aus Gründen unwirksam ist, die den Arbeitnehmerstatus nicht voraussetzen.[300] Daher liegt ein sic-non-Fall immer dann vor, wenn auf Grund eines einheitlichen Klageantrags nicht nur zu entscheiden ist, ob das Vertragsverhältnis der Parteien durch die Kündigung beendet worden ist, sondern auch, ob dieses Vertragsverhältnis ein Arbeitsverhältnis ist. Das gilt nur dann nicht, wenn nach der Klagebe-

---

[293] BAG 10.12.1996 – 5 AZB 20/96, NZA 1997, 674.
[294] BAG 21.1.2019 – 9 AZB 23/18, NZA 2019, 490 Rn. 21.
[295] BAG 10.12.1996 – 5 AZB 20/96, NZA 1997, 674; 21.1.2019 – 9 AZB 23/18, NZA 2019, 490 Rn. 22; BGH 27.10.2009 – VIII ZB 42/08, NZA-RR 2010, 99.
[296] BGH 27.10.2009 – VIII ZB 42/08, NZA-RR 2010, 99.
[297] BAG 24.4.1996 – 5 AZB 25/95, NZA 1996, 1005; 21.2.2007 – 5 AZB 52/06, NZA 2007, 699; 8.9.2015 – 9 AZB 21/15, NZA 2015, 1342; aA *Dütz/Singer* AuR 1994, 354 (356); *Kissel* NZA 1995, 345 (353), die den Nachweis der die Arbeitnehmereigenschaft begründenden Tatsachen verlangen.
[298] BAG 24.4.1996 – 5 AZB 25/95, NZA 1996, 1005; 20.9.2000 – 5 AZR 271/99, NZA 2001, 210; vgl. auch BGH 21.10.2015 – VII ZB 8/15, NJW 2016, 316.
[299] BAG 21.5.2019 – 9 AZR 295/16, NZA 2019, 1411 Rn. 10: Das ArbG hat nach § 4 S. 1 KSchG inzidenter zu prüfen, ob das Rechtsverhältnis der Parteien als Arbeitsverhältnis zu qualifizieren ist.
[300] BAG 19.12.2000 – 5 AZB 16/00, NZA 2001, 285; 17.1.2001 – 5 AZB 18/00, NZA 2001, 341; 12.5.2011 – 2 AZR 479/09, NZA-RR 2012, 43 Rn. 18; 21.5.2019 – 9 AZR 295/18, NZA 2019, 1411 Rn. 10: Besteht kein Arbeitsverhältnis, kann ein der Klage stattgebendes Urteil nicht ergehen.

gründung ein Fall des § 5 Abs. 1 S. 3 ArbGG vorliegt. So hat das BAG[301] einen sic-non-Fall bei einer Eingliederungsvereinbarung bejaht, deren Beendigung durch eine private Einrichtung vom Kläger mit einer Kündigungsschutzklage angegriffen worden war.

48 Ein sog. sic-non-Fall, der den Rechtsweg zu den Gerichten für Arbeitssachen eröffnet, ist auch dann zu bejahen, wenn ein **abberufenes** Mitglied des **Vertretungsorgans** eine ausschließlich auf Sozialwidrigkeit gestützte Kündigungsschutzklage mit der Behauptung erhebt, sein **ehemaliges Arbeitsverhältnis** mit dem Arbeitgeber sei nach der Beendigung der Organstellung wieder**aufgelebt**.[302]

49 Das BVerfG[303] hat die Rechtsprechung des BAG zu den sic-non-Fällen bestätigt und darin keine Verletzung des Anspruchs der Prozessbeteiligten auf den **gesetzlichen Richter** (Art. 101 Abs. 1 S. 2 GG) gesehen. Es hat aber vor der Gefahr der Manipulation hinsichtlich der Auswahl des zuständigen Gerichts durch den Kläger gewarnt, wenn dieser im Wege der Zusammenhangsklage (§ 2 Abs. 3 ArbGG) mit einem sic-non-Fall **weitere Streitgegenstände** verbindet. Ein derartiger Fall liegt vor, wenn andere Streitgegenstände mit einer **Statusklage** verbunden werden, die nur erhoben worden ist, um den Rechtsstreit vor die Arbeitsgerichte zu bringen. In Übereinstimmung mit dieser Bewertung ist das BAG[304] davon ausgegangen, dass für **Leistungsanträge**, die zusätzlich zu einem Feststellungsantrag, der einen sic-non-Fall darstellt, gestellt werden, die Rechtswegzuständigkeit der Gerichte für Arbeitssachen nach § 2 Abs. 1 oder 2 ArbGG **gesondert** festgestellt werden muss. Ein sic-non-Antrag kann bei **Zusammenhangsklagen** nach § 2 Abs. 3 ArbGG nicht die Zuständigkeit der Gerichte für Arbeitssachen begründen.[305] Im Streitfall machte der Kläger zunächst die Unwirksamkeit einer Kündigung nach dem KSchG geltend und verlangte außerdem für erbrachte Dienstleistungen eine weitere Vergütung und Schadensersatz.[306]

50 Eine **Zusammenhangszuständigkeit** nach § 2 Abs. 3 ArbGG kann auch nicht dadurch hergestellt werden, dass der Kläger bei einem Streit um die Wirksamkeit einer **fristlosen** Kündigung eines von ihm angenommenen Arbeitsverhältnisses, das der Beklagte dagegen als selbstständiges Dienstverhältnis bezeichnet, im Wege einer **Zwischenfeststellungsklage** zusätzlich die Feststellung eines Arbeitsverhältnisses betreibt. Entscheidend ist für das Vorliegen eines sic-non-Falles, ob die **Hauptsacheklage** in die Zuständigkeit der Gerichte für Arbeitssachen fällt, wie dies bei einer reinen Statusklage der Fall wäre.[307]

51 d) **Mitglieder eines Vertretungsorgans**.[308] Nach § 5 Abs. 1 S. 3 ArbGG gelten in Betrieben einer juristischen Person oder Personengesamtheit Personen nicht als Arbeitnehmer, die kraft Gesetzes, Satzung oder Gesellschaftsvertrags allein oder als Mitglieder des Vertretungsorgans zur Vertretung der juristischen Person oder der Personengesamtheit berufen sind. Für die Vertreter juristischer Personen ist dabei zwischen der **Organstellung** und dem **schuldrechtlichen Vertragsverhältnis**, das der Bestellung zugrunde liegt, zu unterscheiden.[309] Beide Rechtsverhältnisse stehen rechtlich selbständig nebeneinander.[310] Die Bestellung und die Abberufung als Vertretungsorgan sind ausschließlich körperschaftsrechtliche Rechtsakte. Durch sie werden gesetzliche oder satzungsmäßige Kompetenzen übertragen oder wieder entzogen. Dagegen ist die Anstellung zum Zwecke des Tätigwerdens als Vertretungsorgan ein schuldrechtlicher Vertrag.[311] Gewöhnlich ist der Anstellungsvertrag des Geschäftsführers

---

[301] BAG 8.11.2006 – 5 AZB 36/06, NZA 2007, 53.
[302] BAG 18.12.1996 – 5 AZB 25/96, NZA 1997, 509. Vgl. auch BAG 23.8.2011 – 10 AZB 51/10, AP ArbGG 1979 § 5 Nr. 69; 22.10.2014 – 10 AZB 46/14, NZA 2015, 60.
[303] BVerfG 31.8.1999 – 1 BvR 1389/97, NZA 1999, 1234.
[304] BAG 11.6.2003 – 5 AZB 43/02, NZA 2003, 1163.
[305] BAG 11.6.2003 – 5 AZB 43/02, NZA 2003, 1163.
[306] Vgl. dazu auch BAG 8.11.2006 – 5 AZB 36/06, NZA 2007, 53.
[307] BAG 28.10.1993 – 2 AZB 12/93, NZA 1994, 234.
[308] Vgl. dazu ErfK/*Koch* ArbGG § 5 Rn. 6 ff.; *Preis/Sagan* ZGR 2013, 26 ff.; *Graef/Heilemann* GmbHR 2015, 225.
[309] BGH 28.10.2002 – II ZR 146/02, NJW 2003, 351; 10.5.2010 – II ZR 70/09, NJW 2010, 2343; OLG Köln 19.3.2018 – 18 U 95/17; BAG 25.10.2007 – 6 AZR 1045/06, NZA 2008, 168.
[310] BGH 28.10.2002 – II ZR 146/02, NJW 2003, 351; 10.5.2010 – II ZR 70/09, NJW 2010, 2343; BAG 22.10.2014 – 10 AZB 46/14, NZA 2015, 60.
[311] BAG 20.8.2003 – 5 AZB 79/02, NZA 2003, 1108.

einer GmbH ein auf die Geschäftsbesorgung durch Ausübung des Geschäftsführeramtes gerichteter freier Dienstvertrag.[312] Dies gilt ungeachtet der Frage, welchen Gebrauch der GmbH-Geschäftsführer im Innenverhältnis durch interne Beschränkungen nach § 37 Abs. 1 GmbHG von seiner im Außenverhältnis wegen §§ 35, 37 Abs. 2 GmbHG unbeschränkten Vertretungsbefugnis machen darf.[313] In diesem Dienstvertrag kann vereinbart werden, dass die materiellen Regeln des Kündigungsschutzgesetzes zu Gunsten des Organmitglieds gelten sollen.[314] Es ist jedoch nicht ausgeschlossen, dass der Organstellung ein Arbeitsvertrag zugrunde liegt. So kann der mit der Konzernobergesellschaft abgeschlossene Arbeitsvertrag die Rechtsgrundlage für die Geschäftsführerbestellung bei der Tochtergesellschaft sein.[315] Davon ist auch auszugehen, wenn die Parteien ihr Rechtsverhältnis ausdrücklich als Arbeitsverhältnis vereinbart haben, das die Gesellschaft mit einem Weisungsrecht ausstattet, das dem eines Arbeitsverhältnisses entspricht.[316] Der Organstellung liegt ein Arbeitsvertrag zugrunde, wenn ein Arbeitnehmer ohne Aufhebung des Arbeitsvertrags aufgrund einer formlosen Abrede zum Geschäftsführer der GmbH bestellt wird.[317] Der Verlust der Organstellung führt nicht automatisch zur Beendigung des Anstellungsverhältnisses.[318] Geht es um Rechtsstreitigkeiten, die mit der Organstellung zusammenhängen, wie dies bei einer Klage eines Mitglieds des Vertretungsorgans gegen seine **Abberufung** der Fall ist, wird ausschließlich der **gesellschaftsrechtliche** Teil der Rechtsbeziehung betroffen, so dass keine Streitigkeit aus einem Arbeitsverhältnis iSd § 2 Abs. 1 Nr. 3a, b ArbGG vorliegt.[319]

Da Mitglieder des Vertretungsorgans gemäß § 5 Abs. 1 S. 3 ArbGG nicht als Arbeitnehmer gelten und die Fiktion dieser Vorschrift das der Organstellung zugrunde liegende Rechtsverhältnis erfasst, sind für Rechtsstreitigkeiten aus dem Anstellungsvertrag, die während der Organstellung geführt werden, ausschließlich die **ordentlichen Gerichte** zuständig (§ 13 GVG).[320] Deshalb kann für Geschäftsführer einer GmbH hinsichtlich der Rechtswegzuständigkeit unentschieden bleiben, ob das der Organstellung zugrunde liegende Vertragsverhältnis als freies Dienstverhältnis[321] oder als Arbeitsverhältnis[322] qualifiziert werden kann.

Anders stellt sich freilich die Rechtslage dar, wenn die Rechtsstreitigkeit zwischen dem Mitglied des Leitungsorgans und der juristischen Person nicht das der Organstellung zugrunde liegende Rechtsverhältnis, sondern eine **weitere Rechtsbeziehung** (ruhendes Arbeitsverhältnis) betrifft.[323] Macht ein Organvertreter Rechte aus einem angeblich weiter bestehenden Arbeitsverhältnis geltend, das schon **vor Abschluss** des der Organstellung zugrunde

---

[312] BGH 10.5.2010 – II ZR 70/09, NZA 2010, 889; BAG 21.1.2019 – 9 AZB 23/18, NZA 2019, 490 Rn. 24. Dem steht nicht entgegen, dass der Fremdgeschäftsführer iSv § 7 Abs. 1 SGB IV abhängig beschäftigt ist: BSG 14.3.2018 – B 12 K 13/17R, NJW 2018, 2662 Rn. 18. Vgl. dazu BAG 8.5.2018 – 9 AZR 531/17, ZTR 2018, 598 Rn. 20.
[313] BAG 21.1.2019 – 9 AZB 23/18, NZA 2019, 490 Rn. 24. Da der Fremdgeschäftsführer einer GmbH Arbeitgeberfunktionen wahrnimmt, gehört er auch nicht zu den arbeitnehmerähnlichen Personen iSv § 5 Abs. 1 S. 2 ArbGG. Vgl. BAG 11.6.2020 – 2 AZR 374/19, ZIP 2020, 1609 Rn. 25, 29.
[314] BGH 10.5.2010 – II ZR 70/09, NZA 2010, 889: Derartige Abreden dürfen allerdings nicht in die gesetzliche oder statutarische Ausgestaltung des Organverhältnisses eingreifen.
[315] BAG 25.10.2007 – 6 AZR 1045/06, NZA 2008, 168.
[316] BAG 8.9.2015 – 9 AZB 21/15, NZA 2015, 1342 Rn. 13; 21.1.2019 – 9 AZB 23/18, NZA 2019, 490 Rn. 24.
[317] BAG 26.10.2012 – 10 AZB 55/12, GmbHR 2013, 253 Rn. 19.
[318] Der Geschäftsführer hat keinen Anspruch auf Weiterbeschäftigung in seiner bisherigen leitenden Funktion: BGH 11.10.2010 – II ZR 266/08, NJW 2011, 920 – Bundeskunsthalle.
[319] BAG 6.5.1999 – 5 AZR 22/98, NZA 1999, 839; vgl. aber auch EuGH 11.11.2010 – C-232/09, NZA 2011, 143 – Danosa; 9.7.2015 – C-229/14, NZA 2015, 86 – Balkaya.
[320] BAG 6.5.1999 – 5 AZR 22/98, NZA 1999, 839; 15.3.2011 – 10 AZB 32/10, NZA 2011, 874; 22.10.2014 – 10 AZB 46/14, NZA 2015, 60; 3.12.2014 – 10 AZB 98/14, NZG 2015, 159.
[321] BGH 9.3.1987 – II ZR 132/86, NJW 1987, 2073, vgl. auch BAG 19.5.2010 – 5 AZR 253/09, NZA 2010, 939: Der Geschäftsführer einer GmbH ist jedenfalls dann Verbraucher im Sinne des § 13 BGB, wenn er nicht zugleich als Gesellschafter über zumindest eine Sperrminorität verfügt und Leitungsmacht über die Gesellschaft ausüben kann.
[322] BAG 26.5.1999 – 5 AZR 664/98, NZA 1999, 987; 19.7.2007 – 6 AZR 774/06, NZA 2007, 1095; 25.10.2007 – 6 AZR 1045/06, NZA 2008, 168; 15.3.2011 – 10 AZB 32/10, NZA 2011, 874.
[323] Vgl. dazu auch *Diller* NJW 2008, 1019.

liegenden Anstellungsverhältnisses vorhanden war,[324] oder beruft er sich darauf, nach dem Verlust seiner Organstellung habe sich das nicht gekündigte und fortgesetzte Anstellungsverhältnis in ein Arbeitsverhältnis gewandelt, kann der Rechtsweg zu den Gerichten für Arbeitssachen iSeines sic-non-Falles geöffnet sein. Liegt der Organstellung ein Arbeitsvertrag zugrunde und hat der Geschäftsführer die Organstellung bei **Zugang der Kündigung** des Arbeitsvertrags noch inne, gilt neben § 5 Abs. 1 S. 3 ArbGG die negative Fiktion des § 14 Abs. 1 KSchG.[325] Ein Dienstvertrag verwandelt sich bei einem Verlust der Organstellung nicht automatisch in einen Arbeitsvertrag.[326] Das gilt bei einer Verschmelzung ebenso wie in sonstigen Fällen des Verlustes der Organstellung – etwa bei einer Abberufung[327] –, weil die bisherige rechtliche Zuordnung eines schuldrechtlichen Vertrages zu den Vertragstypen des BGB von dem Verlust der Organstellung unberührt bleibt.[328] Da § 613a Abs. 1 BGB nur Arbeitsverhältnisse erfasst, geht der freie Dienstvertrag eines GmbH-Geschäftsführers nicht auf den Betriebserwerber über.[329] Das organschaftliche Anstellungsverhältnis des Geschäftsführers einer GmbH verändert sich nicht durch deren Umwandlung in eine GmbH & Co. KG und seine Bestellung zum Geschäftsführer der Komplementär-GmbH in ein dem Kündigungsschutzgesetz unterliegendes Arbeitsverhältnis.[330] Solange ein GmbH-Geschäftsführer zum Zeitpunkt der Klagezustellung noch nicht abberufen gewesen ist, steht einer Zuständigkeit der Arbeitsgerichte zunächst § 5 Abs. 1 S. 3 ArbGG entgegen. Auch die **Eröffnung des Insolvenzverfahrens** ändert formal nichts an der Organstellung des Vertretungsorgans, so dass die Fiktion des § 5 Abs. 1 S. 3 ArbGG bei einer Kündigung des zugrunde liegenden Rechtsverhältnisses durch den Insolvenzverwalter gilt.[331] Unter Aufgabe seiner früheren Rechtsprechung,[332] wonach es für das Eingreifen der Fiktionswirkung des § 5 Abs. 1 S. 3 ArbGG ausschließlich auf die Umstände zum Zeitpunkt der Klageerhebung ankommen sollte, hat das BAG[333] nunmehr entschieden, dass die Sperrwirkung der Fiktion entfällt, wenn die Abberufung vor einer rechtskräftigen Entscheidung über die Rechtswegzuständigkeit erfolgt. Dabei sind zuständigkeitsbegründende Umstände im Rahmen des Verfahrens nach § 17a Abs. 3 GVG zu berücksichtigen, auch wenn sie bei Klageerhebung noch nicht vorlagen. Hat der Geschäftsführer einer GmbH sein **Amt wirksam niedergelegt,** endet ebenfalls die Fiktion des § 5 Abs. 1 S. 3 ArbGG.[334] Dabei ist die Handelsregistereintragung deklaratorischer Natur. Eine Rechtswegzuständigkeit der Arbeitsgerichte kann dann – neben einem sog. sic-non-Fall – vorliegen, wenn die Klagepartei Ansprüche aus einem auch während der Zeit als Geschäftsführer nicht aufgehobenen Arbeitsverhältnis nach Abberufung als Organmitglied geltend macht, was etwa der Fall sein kann, wenn der Arbeitnehmer aufgrund einer **formlosen** Abrede zum Geschäftsführer der GmbH bestellt worden ist und damit eine wirksame Aufhebung des früheren Arbeitsverhältnisses an der mangelnden Schriftform des § 623 BGB scheitert.[335] Dies gilt auch für die während der Zeit der Geschäftsführerbestellung auf dieser arbeitsvertraglichen Basis entstandenen Ansprüche.[336] Ungeachtet der nachträglichen Beendigung der Fiktionswirkung des § 5 Abs. 1 S. 3 ArbGG durch Abberufung oder Amtsniederlegung bleibt es bei der negativen Fiktion des § 14 Abs. 1 Nr. 1 KSchG,

---

[324] BAG 23.8.2011 – 10 AZB 51/10, AP ArbGG 1979 § 5 Nr. 69.
[325] BAG 25.10.2007 – 6 AZR 1045/06, NZA 2008, 168; 21.9.2017 – 2 AZR 865/16, NZA 2018, 358: Die negative Fiktion des § 14 Abs. 1 Nr. 1 KSchG ist vor allem dann relevant, wenn der Organstellung ein Arbeitsverhältnis zugrunde liegt.
[326] BAG 15.11.2013 – 2 AZB 28/13, GmbHR 2014, 137 Rn. 16; 21.1.2019 – 9 AZB 23/18, NZA 2019, 490 Rn. 17.
[327] Die Bestellung des Geschäftsführers ist gem. § 38 Abs. 1 GmbHG zu jeder Zeit seitens der Gesellschafter (§ 46 Nr. 5 GmbHG) widerruflich (§ 130 BGB): BAG 23.2.2017 – 6 AZR 665/15, NZA 2017, 995.
[328] BAG 21.2.1994 – 2 AZB 28/93, NZA 1994, 905; 13.2.2003 – 8 AZR 654/01, NZA 2003, 552.
[329] BAG 13.2.2003 – 8 AZR 654/01, NZA 2003, 552.
[330] BGH 10.1.2000 – II ZR 251/98, ZIP 2000, 508; 8.1.2007 – II ZR 267/05, NJW-RR 2007, 1632 Rn. 6.
[331] BAG 4.2.2013 – 10 AZB 78/12, NZA 2013, 397.
[332] So noch BAG 15.11.2013 – 10 AZB 28/13, GmbHR 2014, 137; 26.10.2012 – 10 AZB 55/12, GmbHR 2013, 253.
[333] BAG 22.10.2014 – 10 AZB 46/14, NZA 2015, 60; 8.9.2015 – 9 AZB 21/15, NZA 2015, 1342.
[334] BAG 3.12.2014 – 10 AZB 98/14, NZG 2015, 159.
[335] BAG 15.3.2011 – 10 AZB 32/10, NZA 2011, 874.
[336] BAG 23.8.2011 – AZB 51/10, AP ArbGG 1979 § 5 Nr. 69; 22.10.2014 – 10 AZB 46/14, NZA 2015, 60.

wenn die Organstellung zum Zeitpunkt des Zugangs der Kündigung noch besteht, so dass diese nicht der sozialen Rechtfertigung iSd § 1 Abs. 2 KSchG bedarf.[337]

Da der Geschäftsführer der Komplementär-GmbH, der einen Anstellungsvertrag mit der KG geschlossen hat, kraft Gesetzes zur Vertretung dieser Personengesamtheit berufen ist, gilt er bei einem Rechtsstreit mit der KG nach § 5 Abs. 1 S. 3 ArbGG nicht als Arbeitnehmer iSd Arbeitsgerichtsgesetzes.[338] Der Geschäftsführer führt mittelbar auch die Geschäfte der KG, weil die GmbH gemäß § 161 Abs. 2, § 114 HGB zur Führung der Geschäfte der KG berechtigt und verpflichtet ist, als juristische Person jedoch gemäß § 35 GmbHG ihrerseits nur durch Geschäftsführer handeln kann. Ist der Geschäftsführer der Komplementär-GmbH zugleich Arbeitnehmer der GmbH u. Co. KG, so muss er den Kündigungsschutz vor den ordentlichen Gerichten geltend machen.[339] Dagegen mutiert das organschaftliche Anstellungsverhältnis des Geschäftsführers einer GmbH durch deren Umwandlung in eine GmbH & Co. KG und seine Bestellung zum Geschäftsführer der Komplementär-GmbH nicht in ein dem Kündigungsschutzgesetz unterliegendes Arbeitsverhältnis.[340] 54

In Anknüpfung an § 5 Abs. 1 S. 3 ArbGG können nach § 2 Abs. 4 ArbGG auf Grund einer **Vereinbarung** auch bürgerliche Rechtsstreitigkeiten zwischen **juristischen Personen** des **Privatrechts** und Personen, die kraft Gesetzes allein oder als Mitglieder des Vertretungsorgans der juristischen Person zu deren Vertretung befugt sind, vor die Gerichte für Arbeitssachen gebracht werden. Nicht unter § 2 Abs. 4 ArbGG fallen jedoch die durch Gesetz, Satzung oder Gesellschaftsvertrag zur Vertretung der GbR, der OHG oder der KG berufenen Personen, weil diese Gesellschaften als Personengesamtheit keine juristischen Personen des Privatrechts, sondern Personengesellschaften sind.[341] Die entsprechende Vereinbarung der Zuständigkeit der Arbeitsgerichte kann im Anstellungsvertrag, aber auch im Gesellschaftsvertrag oder in der Satzung enthalten sein. Sie lässt sich auch für den einzelnen Streitfall abschließen.[342] Eine **rügelose Einlassung** iSv § 39 ZPO reicht hierfür jedoch nicht aus, weil diese Vorschrift auf die Rechtswegzuständigkeit nicht übertragbar ist.[343] 55

e) **Internationale Zuständigkeit.** Soweit Arbeitsverhältnisse einen Auslandsbezug aufweisen, geht es bei Ausspruch einer Kündigung nicht nur um die Frage, welchem Recht das Arbeitsverhältnis unterliegt,[344] sondern auch um die internationale Zuständigkeit des angerufenen Gerichts. Für die internationale Zuständigkeit innerhalb der EU ist vor allem die **Verordnung (EU) Nr. 1215/2012** über die gerichtliche Zuständigkeit und die Anerkennung und Vollstreckung von Entscheidungen in Zivil- und Handelssachen (Brüssel-Ia-Verordnung) maßgebend,[345] die seit dem **10.1.2015** in 27 EU-Mitgliedstaaten sowie mittelbar auch im Verhältnis zu Dänemark anwendbar ist.[346] Sie ersetzt die Verordnung (EG) Nr. 44/2001 des Rates über die gerichtliche Zuständigkeit und die Anerkennung und Vollstreckung von Entscheidungen in Zivil- und Handelssachen (Brüssel-I-Verordnung) (Art. 80),[347] die ihrerseits das Übereinkommen über die gerichtliche Zuständigkeit und die Vollstreckung gericht- 56

---

[337] BAG 23.2.2017 – 6 AZR 665/15, NZA 2017, 995 Rn. 34; 21.9.2017 – 2 AZR 865/16, NZA 2018, 358 Rn. 12.
[338] BAG 20.8.2003 – 5 AZB 79/02, NZA 2003, 1108 unter Aufgabe von BAG 13.7.1995 – 5 AZB 37/94, AP ArbGG 1979 § 5 Nr. 23; ebenso BAG 19.7.2007 – 6 AZR 774/06, NZA 2007, 1095.
[339] BAG 19.7.2007 – 6 AZR 774/06, NZA 2007, 1095; KR/*Rost* KSchG § 14 Rn. 19, 20; aA ErfK/*Kiel* KSchG § 14 Rn. 14.
[340] BGH 8.1.2007 – II ZR 267/05, NZA 2007, 1174: Über die Kündigung gegenüber dem Geschäftsführer der Komplementär-GmbH einer KG haben nicht deren Gesellschafter, sondern hat die Gesellschafterversammlung der Komplementär-GmbH entsprechend § 46 Nr. 5 GmbHG zu entscheiden.
[341] Ebenso Germelmann/Matthes/Prütting/*Müller-Glöge* ArbGG § 2 Rn. 134; aA MHdB ArbR/*Brehm* § 389 Rn. 52 wegen der gleichen Interessenlage.
[342] Germelmann/Matthes/Prütting/*Müller-Glöge* ArbGG § 2 Rn. 137.
[343] AA Germelmann/Matthes/Prütting/*Müller-Glöge* ArbGG § 2 Rn. 137.
[344] Vgl. Verordnung (EG) Nr. 593/2008 des Europäischen Parlaments und des Rates über das auf vertragliche Schuldverhältnis anzuwendende Recht (Rom I), ABl. 2008 L 177 vom 4.7.2008; vgl. dazu BAG 13.3.2014 – 5 AZR 252/12 (B), NZA 2014, 1076; 22.10.2015 – 2 AZR 720/14, NZA 2016, 473.
[345] ABl. 2012 L 351, 1 vom 20.12.2012, zuletzt geändert durch Art. 1 ÄndVO (EU) 2015/281 v. 26.11.2014 – ABl. 2015 L 54, 1.
[346] Dänemark hat sich verpflichtet, die VO anzuwenden: ABl. 2013 L 79, 4.
[347] ABl. 2001 L 12, 1 vom 16.1.2001.

licher Entscheidungen in Zivil- und Handelssachen vom 27.9.1968[348] (**Brüsseler Übereinkommen**) in der konsolidierten Fassung des Übereinkommens nach dem Beitritt Österreichs, Finnlands und Schwedens vom 26.1.1998[349] (EuGVÜ) abgelöst hat. Die VO Nr. 1215/2012 ist auf Verfahren anzuwenden, die am 10.1.2015 eingeleitet worden sind (Art. 66 Abs. 1). Für bis zum 9.1.2015 eingeleitete Verfahren gilt weiterhin die VO Nr. 44/2001/EG. Die VO Nr. 1215/2012/EU wird ergänzt durch die Durchführungsbestimmungen der §§ 1110 bis 1117 ZPO durch das Gesetz zur Durchführung der VO (EU) Nr. 1215/2012 sowie zur Änderung sonstiger Vorschriften v. 8.7.2014.[350] Die internationale Zuständigkeit der deutschen Gerichte ist eine in jeder Instanz **von Amts** wegen zu prüfende Sachurteilsvoraussetzung.[351] Die Brüssel-Ia-VO ist seit ihrem Inkrafttreten am 10.1.2015 in allen ihren Teilen verbindlich und gilt unmittelbar. Sie geht nationalem Recht im Rang vor.[352] Streiten die Parteien darüber, ob der Rechtsstreit der deutschen Gerichtsbarkeit unterliegt, entscheidet hierüber das angerufene Gericht nicht nach § 17a GVG, sondern durch Zwischenurteil nach § 280 Abs. 1 ZPO.[353]

57 Für die Wahl der Rechtsform der Verordnung war ua maßgebend, dass den Mitgliedstaaten kein Ermessensspielraum für die Festlegung der Zuständigkeitsvorschriften und für die Anerkennungs- und Vollstreckungsverfahren überlassen werden sollte. Die Rechtsform der Verordnung gibt außerdem dem EuGH die Möglichkeit, die einheitliche Anwendung der Bestimmungen in allen Mitgliedstaaten zu gewährleisten.[354]

58 Bei der Konzeption des EuGVVO sind zahlreiche Artikel des **Brüsseler Übereinkommens** und der VO 44/2001/EG unverändert übernommen worden, so dass die dazu ergangene Rechtsprechung des EuGH weiter nutzbar gemacht werden kann.[355] Dies gilt zunächst für den Anwendungsbereich der Verordnung. Sie ist in Zivil- und Handelssachen anzuwenden, ohne dass es auf die Art der Gerichtsbarkeit ankommt (Art. 1). Dazu gehört auch das arbeitsgerichtliche Verfahren.[356]

59 **Dänemark** beteiligt sich gemäß den Art. 1 und 2 des dem Vertrag über die Europäische Union und dem Vertrag zur Gründung der Europäischen Gemeinschaft beigefügten Protokolls über die Position Dänemarks nicht an der Annahme der EuGVVO (Erwägungsgrund Nr. 41). Im Verhältnis zwischen Dänemark und den durch die EuGVVO gebundenen Mitgliedstaaten galt seit dem 1.7.2007 das am 19.10.2005 in Brüssel unterzeichnete Abkommen zwischen der Europäischen Gemeinschaft und dem Königreich Dänemark über die gerichtliche Zuständigkeit und die Anerkennung und Vollstreckung von Entscheidungen in Zivil- und Handelssachen.[357] Dänemark hat sich der EU gegenüber verpflichtet, auch die VO 1215/2012/EU anzuwenden.[358] Auf die Grundlage des Beitrittsvertrags vom 4.3.2003 unterfielen auch die zehn neuen Mitgliedstaaten ab dem 1.5.2004 der EuGVVO 44/2001/EG.[359] Mit Beitritt der weiteren EU-Mitgliedstaaten Bulgarien und Rumänien zum 1.1.2007 fand die VO 44/2001/EG auch in diesen Ländern unmittelbare Anwendung,[360] so dass für diese Mitgliedstaaten nunmehr auch die VO 1215/2012/EU gilt.

---

[348] BGBl. 1973 II 773.
[349] BGBl. 1998 II 1411.
[350] BGBl. 2014 I 890.
[351] BAG 20.9.2012 – 6 AZR 253/11, NZA 2013, 797; 19.3.2014 – 5 AZR 252/12 (B), NZA 2014, 1076.
[352] BAG 24.9.2009 – 8 AZR 306/08, NZA-RR 2010, 604; 27.1.2011 – 2 AZR 646/09, NZA 2011, 1309; 25.6.2013 – 3 AZR 138/11, NZA-RR 2014, 46.
[353] BAG 15.2.2005 – 9 AZR 116/04, NZA 2005, 1117; 20.10.2015 – 9 AZR 525/14, NZA 2016, 254; BAG 7.5.2020 – 2 AZR 692/19, AP EGBGB Art. 30 Nr. 11 Rn. 13.
[354] Vgl. dazu Erwägungsgründe Nr. 4 und 6 VO Nr. 1215/2012.
[355] Vgl. dazu die Synopse bei Geimer/Schütze/B. *Pfeiffer*/M. *Pfeiffer* VO (EG) 1215/2012 Art. 1 Rn. 34 sowie die Entsprechungstabelle Anhang III VO 1215/2012/EU; vgl. auch EuGH 19.7.2012 – C-154/11, NZA 2012, 935 – Mahamdia.
[356] BAG 25.6.2013 – 3 AZR 138/11, NZA-RR 2014, 46; BAG 7.5.2020 – 2 AZR 692/19, AP EGBGB Art. 30 Abs. 11 Rn. 13.
[357] ABl. 2005 L 299, 62 v. 16.11.2005.
[358] ABl. 2013 L 79, 4. Dies bedeutet, dass die Bestimmungen der Verordnung (EU) Nr. 1215/2012 auf die Beziehungen zwischen der Union und Dänemark Anwendung finden.
[359] Vgl. nach Art. 20 der Beitrittsakte (Anhang II) Nr. 18 A.
[360] Art. 4 Abs. 2 der Beitrittsakte, ABl. 2005 L 157, 11.

Flankiert wird die sog. Brüssel-Ia-Verordnung durch die **Verordnung (EG) Nr. 1393/** **60** **2007** des Europäischen Parlaments und des Rates vom 13.11.2007 über die Zustellung gerichtlicher und außergerichtlicher Schriftstücke in Zivil- oder Handelssachen in den Mitgliedstaaten („Zustellung von Schriftstücken") und zur Aufhebung der Verordnung (EG) Nr. 1348/2000.[361] Die Verordnung gilt ab dem 13.11.2008 in den Mitgliedstaaten bis auf Dänemark.[362] Durch das **Gesetz zur Verbesserung der grenzüberschreitenden Forderungsdurchsetzung und Zustellung**[363] erfolgt eine Ergänzung der VO Nr. 1393/2007 durch innerstaatliche Verfahrensregeln im 11. Buch ZPO (Abschnitt 1 §§ 1067 bis 1069 ZPO).[364]

Für die Schweiz,[365] Norwegen, Island und die Europäische Union gilt das Übereinkom- **61** men über die gerichtliche Zuständigkeit und die Anerkennung und Vollstreckung von Entscheidungen in Zivil- und Handelssachen (LugÜ II) vom 30.10.2007.[366] Mit dem revidierten Lugano-Übereinkommen vom 30.10.2007, dem die EU als selbständige Vertragspartei an Stelle ihrer Mitgliedstaaten am 18.5.2009 beigetreten ist, wird der räumliche Geltungsbereich des Lugano-Raums um die EU-Staaten, die im Rahmen der Osterweiterung der EU beigetreten sind, ausgeweitet. Außerdem wird eine weitgehende Übereinstimmung zwischen dem LuganoÜ und der für die EU-Staaten maßgeblichen EU-Verordnung 44/2001/EG des Rates vom 22.12.2000 hergestellt.[367]

Rechtsstreitigkeiten, die unter die EuGVVO fallen, müssen einen **Auslandsbezug** zu einem **62** Hoheitsgebiet eines der Mitgliedstaaten aufweisen, die durch diese Verordnung gebunden sind.[368] Dies folgt nicht nur aus den Erwägungsgründen 3 und 4 in der Präambel, sondern auch daraus, dass die EuGVVO bezweckt, die Vorschriften über die internationale Zuständigkeit in Zivil- und Handelssachen zu vereinheitlichen, aber auch bewirken will, dass die gemeinsamen Zuständigkeitsvorschriften grundsätzlich dann zur Anwendung gelangen sollen, wenn der **Beklagte** seinen Wohnsitz in einem **dieser Mitgliedstaaten** hat.[369] Daher wird ein **reiner Inlandsbezug** von der EuGVVO nicht erfasst.[370] Für Gesellschaften und juristische Personen ist dies der Ort, an dem sich ihr satzungsmäßiger Sitz, ihre Hauptverwaltung oder ihre Hauptniederlassung befindet (Art. 62 Abs. 1, 63 Abs. 1 EuGVVO). Hat der Beklagte keinen Wohnsitz im Hoheitsgebiet eines Mitgliedstaates, dh in einem Drittland, und liegt kein Fall einer **Wohnsitzfiktion** nach Art. 20 Abs. 2 EuGVVO vor,[371] so sind die **innerstaatlichen Zuständigkeitsvorschriften** anwendbar (Art. 62 Abs. 2 EuGVVO). Soweit die Rechtsbegriffe der EuGVVO autonom zu interpretieren sind, ist für die Auslegung gem. Art. 267 AEUV prinzipiell der EuGH zuständig, so dass im Erkenntnisverfahren ein letztinstanzliches

---

[361] ABl. 2000 L 324, 79.
[362] Dort gilt die Verordnung (EG) Nr. 1393/2007 aufgrund des Abkommens zwischen der Europäischen Gemeinschaft und dem Königreich Dänemark über die Zustellung vom 19.10.2005: ABl. 2005 L 300, 55.
[363] BGBl. 2006 I 2012 zur Verordnung (EG) Nr. 1896/2006 zur Einführung eines Europäischen Mahnverfahrens (ABl., 12.12.2006, L 399, 1), Verordnung (EG) Nr. 861/2007 zur Einführung eines europäischen Verfahrens für geringfügige Forderungen (ABl., 11.7.2007, L 199, 1), Verordnung (EG) Nr. 1393/2007 über die Zustellung gerichtlicher und außergerichtlicher Schriftstücke in Zivil- oder Handelssachen in den Mitgliedstaaten („Zustellung von Schriftstücken") und zur Aufhebung der Verordnung (EG) Nr. 1348/2000 (ABl., 13.12.2007, L 324, 79).
[364] Zuletzt durch Gesetz zur Änderung von Vorschriften im Bereich des Internationalen Privat- und Zivilverfahrensrecht v. 11.6.2017, BGBl. 2017 I 1607.
[365] BAG 15.12.2016 – 6 AZR 430/15, NZA 2017, 502.
[366] ABl. 2007 L 339, 3 idF des ÄndÜbk. vom 3.3.2017 ABl. 2017 L 57, 63.
[367] Es ist seit dem 1.10.2010 in Kraft.
[368] *Junker* NZA 2001, 199 ff.; vgl. auch Erwägungsgrund Nr. 13 VO 1215/2012/EU; EuGH 17.11.2011 – C-327/10, Slg. 2011, I-11543 – Hypoteční banka; 19.12.2013 – C-9/12, EuZW 2014, 181 – Corman-Collins; BAG 7.5.2020 – 2 AZR 692/19, AP EGBGB Art. 30 Abs. 11 Rn. 17, 18.
[369] EuGH 27.2.2002 – C-37/00, NZA 2002, 459; 19.12.2013 – C-9/12, EuZW 2014, 181 – Corman-Collins; vgl. auch Erwägungsgrund Nr. 13 VO 1215/2012/EU.
[370] EuGH 17.11.2011 – C-327/10, Slg. 2011, I-11543 – Hypoteční banka; 19.12.2013 – C-9/12, EuZW 2014, 181 – Corman-Collins; *Piltz* NJW 2002, 789 (790); BAG 20.9.2012 – 6 AZR 253/11, NZI 2012, 1011 Rn. 15; 25.4.2013 – 6 AZR 49/12, NZI 2013, 758 Rn. 25; MüKoZPO/*Gottwald* EuGVÜ vor Art. 1 Rn. 1.
[371] Vgl. dazu BAG 25.6.2013 – 3 AZR 138/11, NZA-RR 2014, 46.

Gericht von Amts wegen zur Vorlage verpflichtet ist, um einen Verstoß gegen Art. 101 Abs. 1 S. 2 GG (Gewährleistung des gesetzlichen Richters) zu vermeiden.[372]

63 Gemäß Art. 7 Nr. 5 der EuGVVO kann eine Person, die ihren **Wohnsitz im Hoheitsgebiet** eines Mitgliedstaates hat, in einem **anderen Mitgliedstaat** verklagt werden, wenn es sich um Streitigkeiten aus dem Betrieb einer Zweigniederlassung, einer Agentur oder einer sonstigen Niederlassung handelt.[373] In diesem Fall kann die Klage auch vor dem Gericht des Ortes erhoben werden, an dem sich die Niederlassung befindet. Damit wird dem Umstand Rechnung getragen, dass für die Erbringung von Dienstleistungen Erfüllungsort der Ort ist, an dem die Dienstleistungen vertragsgemäß zu erbringen sind oder hätten erbracht werden müssen.

64 In Kapitel II. (Zuständigkeit) wird im Abschnitt 5 der VO 1215/2012/EU die **Zuständigkeit für individuelle Arbeitsverträge** in den Art. 20 bis 23 geregelt. Für Rechtsstreitigkeiten über Arbeitsverträge enthält Kapitel II Abschnitt 5 der VO 1215/2012/EU eine Reihe von Vorschriften, die, wie aus dem 18. Erwägungsgrund der Verordnung hervorgeht, die schwächere Vertragspartei durch Zuständigkeitsvorschriften schützen sollen, die für sie günstiger sind als die allgemeine Regelung. Unter Berücksichtigung dieser Zielsetzung sind die Bestimmungen des Kapitels II Abschnitt 5 der VO 1215/2012/EU auszulegen.[374] Soweit ein individueller Arbeitsvertrag oder Ansprüche aus einem individuellen Arbeitsvertrag den Gegenstand des Verfahrens bilden, bestimmt sich die Zuständigkeit unbeschadet des Art. 7 Nr. 5 EuGVVO nach dem 5. Abschnitt (Art. 20 Abs. 1 EuGVVO). Ein Streit aus dem Arbeitsverhältnis und um die Wirksamkeit einer Kündigung stellt einen Verfahrensgegenstand aus einem individuellen Arbeitsvertrag iSd Art. 20 EuGVVO dar.[375] Der **Arbeitgebergerichtsstand** ist in Art. 21 EuGVVO geregelt. Danach kann ein Arbeitgeber, der seinen Wohnsitz im Hoheitsgebiet eines Mitgliedstaats hat, alternativ verklagt werden vor den Gerichten des Mitgliedstaats, in dem er seinen Wohnsitz hat, oder in einem anderen Mitgliedstaat vor dem Gericht des Ortes, an dem oder von dem aus der Arbeitnehmer gewöhnlich seine **Arbeit verrichtet** oder zuletzt verrichtet hat, oder wenn der Arbeitnehmer seine Arbeit gewöhnlich nicht in ein und demselben Staat verrichtet oder verrichtet hat, vor dem Gericht des Ortes, an dem sich die Niederlassung, die den Arbeitnehmer **eingestellt** hat, befindet oder befand.

65 Dabei ist zu beachten, dass nach ständiger Rechtsprechung des EuGH[376] die in Art. 20 Abs. 1, 21 EuGVVO verwendeten Begriffe autonom[377] auszulegen sind, um eine einheitliche Anwendung in allen Vertragsstaaten des Übereinkommens sicherzustellen. Demzufolge ist das **innerstaatliche Recht** für die Anwendung der Art. 20, 21 EuGVVO ohne jede Relevanz und damit ohne jeden Einfluss auf die Auslegung der Begriffe Arbeitsvertrag und des Ortes, an dem der Arbeitnehmer iSv Art. 21 Abs. 1 EuGVVO gewöhnlich seine Arbeit verrichtet.[378]

66 Auch der Begriff **Arbeitnehmer** in Art. 21 EuGVVO ist nach der Rechtsprechung des EuGH aus der Verordnung heraus zu interpretieren.[379] Das **wesentliche** Merkmal der Arbeitnehmereigenschaft ist darin zu sehen, dass jemand während einer bestimmten Zeit für einen anderen nach dessen Weisungen Leistungen erbringt, für die er als Gegenleistung eine

---

[372] Vgl. dazu BVerfG 25.2.2010 – 1 BvR 230/09, NJW 2010, 1268; 10.12.2014 – 2 BvR 1549/07, NZA 2015, 375; EuGH 6.10.1982 – C 283/81, NJW 1983, 1257 – CILFIT; 9.9.2015 – C-160/14, EuZW 2016, 111 – João Filipe Ferreira da Silva e Brito.
[373] EuGH 9.12.1987 – 218/86, NJW 1988, 625; BAG 25.6.2013 – 3 AZR 138/11, NZA-RR 2014, 46.
[374] EuGH 19.7.2012 – C-154/11, NZA 2012, 935 – Mahamdia; 14.9.2017 -C-168 und weitere, NZA 2017, 1477 Rn. 49 – Nogueira.
[375] BAG 22.10.2015 – 2 AZR 720/14, NZA 2016, 473.
[376] Vgl. die Nachweise bei EuGH 27.2.2002 – C-37/00, NJW 2002, 1635 für die Anwendung des Art. 5 Nr. 1 EuGVÜ; EuGH 19.7.2012 – C-154/11, NZA 2012, 935 – Mahamdia.
[377] EuGH 26.2.1992 – C 357/89, NJW 1992, 1493 – Raulin; BAG 25.6.2013 – 3 AZR 138/11, NZA-RR 2014, 46; 20.10.2015 – 9 AZR 525/14, NZA 2016, 254.
[378] EuGH 19.7.2012 – C-154/11, NZA 2012, 935 – Mahamdia; BAG 25.6.2013 – 3 AZR 138/11, NZA-RR 2014, 46; 20.10.2015 – 9 AZR 525/14, NZA 2016, 254.
[379] EuGH 11.11.2010 – C-232/09, NZA 2011, 143 – Danosa; 9.7.2015 – C-229/14, NZA 2015, 861 – Balkaya; 10.9.2015 – C-47/14, NZA 2016, 183 – Holterman Ferho Exploitatie gegen Spies von Büllesheim; BAG 20.10.2015 – 9 AZR 525/14, NZA 2016, 254.

Vergütung erhält.[380] Die Eigenschaft als Arbeitnehmer im Sinne des Unionsrechts wird nicht dadurch berührt, dass eine Person nach innerstaatlichem Recht als selbständiger Dienstleistungserbringer beschäftigt wird, sofern sie nach Weisung ihres Arbeitgebers handelt, insbesondere was ihre Freiheit bei der Wahl von Zeit, Ort und Inhalt ihrer Arbeit angeht, nicht an den geschäftlichen Risiken dieses Arbeitgebers beteiligt ist und während der Dauer des Arbeitsverhältnisses in dessen Unternehmen eingegliedert ist.[381] Danach ist ein **individueller Arbeitsvertrag** eine Vereinbarung, mittels deren sich eine Person zu einer derartigen Leistung verpflichtet.[382]

Gleiches gilt für das Tatbestandsmerkmal Ansprüche aus einem individuellen Arbeitsvertrag iSv Art. 20 Abs. 1 EuGVVO. Auch dieser Begriff ist zur Gewährleistung einer einheitlichen Anwendung der im EuGVVO verwendeten Rechtsbegriffe autonom aus dem Sinnzusammenhang des EuGVVO zu interpretieren.[383] Die Regelung erfasst individualrechtliche Ansprüche aller Art aus dem Arbeitsverhältnis, wobei gleichgültig ist, ob sich diese aus dem Vertrag selbst oder aus dem Gesetz oder einer kollektivrechtlichen Rechtsgrundlage herleiten lassen. Dazu zählen auch entsprechende Ansprüche aus einem bereits beendeten Arbeitsverhältnis.

Ein Arbeitgeber, der seinen Wohnsitz im Hoheitsgebiet eines Mitgliedstaates hat, kann vor den Gerichten des Mitgliedstaates, in dem er **seinen Wohnsitz** (Art. 21 Abs. 1 Buchst. a EuGVVO) hat, verklagt werden. **Gesellschaften** und juristische Personen haben in Anwendung der EuGVVO nach Art. 63 Abs. 1 EuGVVO ihren Wohnsitz an dem Ort, an dem sich ihr satzungsmäßiger Sitz, ihre Hauptverwaltung oder ihre Hauptniederlassung befindet. Die **Hauptverwaltung** ist dort zu lokalisieren, wo die Willensbildung und die grundlegenden unternehmerischen Entscheidungen getroffen werden, was regelmäßig am Sitz der Organe geschieht.[384] Die **Hauptniederlassung** ist der tatsächliche Sitz der Gesellschaft, von dem aus die Gesellschaft mit dem Markt in Kontakt tritt. Der Schwerpunkt des unternehmensexternen Geschäftsverkehrs muss bei dieser Niederlassung liegen, was eine Konzentration bedeutsamer Personal- und Sachmittel voraussetzt.[385] Hat der Arbeitgeber, mit dem der Arbeitnehmer einen individuellen Arbeitsvertrag geschlossen hat, im **Hoheitsgebiet** eines Mitgliedstaates **keinen Wohnsitz,** besitzt er aber in einem Mitgliedstaat eine **Zweigniederlassung, Agentur** oder **sonstige Niederlassung,** so wird er für Streitigkeiten **aus ihrem Betrieb** so behandelt, wie wenn er seinen Wohnsitz im Hoheitsgebiet dieses Mitgliedstaates hätte (Art. 20 Abs. 2 EuGVVO).[386] Die Niederlassung ist der Oberbegriff. Unterfälle dieses Oberbegriffs bilden die Zweigniederlassung und Agentur. Der Niederlassungsbegriff ist **autonom** auszulegen.[387] Erstens setzt der Begriff „Zweigniederlassung", „Agentur" oder „sonstige Niederlassung" voraus, dass es einen Mittelpunkt geschäftlicher Tätigkeit gibt, der auf Dauer als Außenstelle eines Stammhauses hervortritt.[388] Zweitens muss der Rechtsstreit entweder Handlungen betreffen, die sich auf den Betrieb dieser Einheiten beziehen, oder Verpflichtungen, die diese im Namen des Stammhauses eingegangen sind, wenn die Verpflichtungen in dem Staat zu erfüllen sind, in dem sich die Einheiten befinden.[389] Dieser Mittelpunkt muss eine Geschäftsführung haben und sachlich so ausgestattet sein, dass er in der Weise Geschäfte mit Dritten betreiben kann, dass diese sich nicht unmittelbar an das

---

[380] EuGH 11.11.2010 – C-232/09, NZA 2011, 143 – Danosa; 9.7.2015 – C-229/14, NZA 2015, 861 – Balkaya; BAG 20.10.2015 – 9 AZR 525/14, NZA 2016, 254; vgl. auch *Temming* jurisPR-ArbR 8/2016 Anm. 6.
[381] EuGH 4.12.2014 – C-413/13, NZA 2015, 55 – FNV Kunsten Informatie en Media; 10.9.2015 – C-47/14, NZA 2016, 183 – Holterman Ferho Exploitatie gegen Spies von Büllesheim.
[382] BAG 20.10.2015 – 9 AZR 525/14, NZA 2016, 254.
[383] EuGH 8.3.1989 – C-9/87, NJW 1989, 1424; BAG 25.6.2013 – 3 AZR 138/11, NZA-RR 2014, 46.
[384] BAG 23.1.2008 – 5 AZR 60/07, NZA 2008, 1374; 24.9.2009 – 8 AZR 306/08, NZA-RR 2010, 604.
[385] BAG 24.9.2009 – 8 AZR 306/08, NZA-RR 2010, 604.
[386] BAG 25.6.2013 – 3 AZR 138/11, NZA-RR 2014, 46; zur Botschaft eines Drittstaates als Niederlassung: EuGH 19.7.2012 – C-154/11, NZA 2012, 935 – Mahamdia; BAG 1.7.2010 – 2 AZR 270/09, AP GG Art. 25 Nr. 5; nachgehend BAG 10.4.2014 – 2 AZR 741/13, AP GVG § 20 Nr. 8; 25.6.2013 – 3 AZR 138/11, NZA-RR 2014, 46.
[387] EuGH 9.12.1987 – 218/86, NJW 1988, 625; BAG 25.6.2013 – 3 AZR 138/11, NZA-RR 2014, 46.
[388] EuGH 19.7.2012 – C-154/11, NZA 2012, 935 – Mahamdia.
[389] EuGH 19.7.2012 – C-154/11, NZA 2012, 935 – Mahamdia.

Stammhaus zu wenden brauchen. Zweigniederlassung und Agentur (Niederlassung) sind damit wesentlich dadurch gekennzeichnet, dass sie der Aufsicht und Leitung des Stammhauses unterliegen[390] und über eine hinreichende materielle und personelle Ausstattung verfügen, um Geschäfte mit Dritten betreiben zu können, so dass sich diese trotz Kenntnis, ein Rechtsverhältnis mit dem im Ausland ansässigen Stammhaus zu begründen, nicht unmittelbar an dieses zu wenden brauchen, sondern mit dessen Außenstelle begründen.[391] Wesentlich ist dabei die **Dauer der Betätigung** an einem Ort, so dass vorübergehende Veranstaltungen – wie Messen oder Ausstellungen – den Niederlassungsbegriff nicht erfüllen.[392] Ebenso wenig kann eine lediglich vorübergehend bestehende Präsenz eines Beauftragten eines Unternehmens aus einem anderen Staat zur Einstellung von Arbeitnehmern als Niederlassung angesehen werden, die die Verbindung zwischen dem Vertrag und diesem Staat herstellt.[393] § 20 Abs. 2 EuGVVO ist auch auf einen Fall anwendbar, in dem eine in einem Vertragsstaat ansässige juristische Person in einem anderen Vertragsstaat zwar keine unselbstständige Zweigniederlassung, Agentur oder sonstige Niederlassung unterhält, dort aber ihre Tätigkeiten mit Hilfe einer **gleichnamigen selbstständigen Gesellschaft** mit identischer Geschäftsführung entfaltet, die in ihrem Namen verhandelt und Geschäfte abschließt und deren sie sich wie einer Außenstelle bedient.[394] In einem derartigen Fall müssen sich Dritte, die Geschäfte mit einer Niederlassung abschließen, die als Außenstelle einer anderen Gesellschaft tätig wird, auf den so erweckten Anschein verlassen und diese Niederlassung als eine Niederlassung der anderen Gesellschaft ansehen können, selbst wenn die beiden Gesellschaften gesellschaftsrechtlich voneinander unabhängig sind. Außerdem muss eine **Rechtsstreitigkeit aus dem Betrieb** der Niederlassung im Sinne einer Streitigkeit mit dort eingestelltem oder beschäftigtem Personal vorliegen.[395] Dies erfordert, dass der Rechtsstreit entweder Handlungen betrifft, die sich auf den Betrieb der Niederlassung beziehen, oder Verpflichtungen, die diese im Namen des Stammhauses eingegangen ist.[396]

69 Der Arbeitgeber kann auch in einem **anderen** Mitgliedstaat vor dem **Gericht** des **Ortes** verklagt werden, an dem der Arbeitnehmer gewöhnlich seine **Arbeit verrichtet** oder zuletzt gewöhnlich verrichtet hat (Art. 21 Buchst. b i EuGVVO). Wenn der Arbeitnehmer gewöhnlich nicht in ein- und demselben Staat seine Arbeit verrichtet oder verrichtet hat, kann der Arbeitgeber auch vor dem Gericht des Ortes verklagt werden, an dem sich die **Niederlassung**,[397] die den Arbeitnehmer **eingestellt** hat, befindet bzw. befand (Art. 21 Buchst. b ii EuGVVO). Letztere Regelung ist subsidiär und nur anzuwenden, wenn das angerufene Gericht nicht in der Lage ist, den Staat zu bestimmen, in dem gewöhnlich die Arbeit verrichtet wird.[398] Es handelt sich dabei ausschließlich um die Niederlassung, die die Einstellung vorgenommen hat, und nicht um die Niederlassung, bei der die Beschäftigung des Arbeitnehmers erfolgt ist.[399] Die einstellende Niederlassung muss keine Rechtspersönlichkeit, jedoch eine dauerhafte Struktur aufweisen, so dass neben Zweigstellen auch andere Einheiten wie etwa die Büros eines Unternehmens eine derartige Niederlassung sein können.[400]

70 Soweit es in Art. 21 EuGVVO um den **Erfüllungsort** für die Verpflichtung, die Gegenstand des Verfahrens bildet, geht, ist bei Arbeitsverträgen unter dem Erfüllungsort (gewöhn-

---

[390] EuGH 19.7.2012 – C-154/11, NZA 2012, 935 – Mahamdia; BAG 25.6.2013 – 3 AZR 138/11, NZA-RR 2014, 46. EuGH 6.10.1976 – C-14/76, NJW 1977, 490: Ein Alleinvertriebshändler ist nicht als Zweigniederlassung, Agentur oder sonstige Niederlassung seines Lieferanten anzusehen, wenn er weder der Aufsicht noch der Leitung seines Lieferanten untersteht.
[391] EuGH 9.12.1987 – C-218/86, NJW 1988, 625; 19.7.2012 – C-154/11, NZA 2012, 935 – Mahamdia; BAG 25.6.2013 – 3 AZR 138/11, NZA-RR 2014, 46.
[392] EuGH 15.12.2011 – C-384/10, NZA 2012, 227 zu Art. 6 Abs. 2 Buchst. b Rom I.
[393] EuGH 15.12.2011 – C-384/10, NZA 2012, 227 zu Art. 6 Abs. 2 Buchst. b Rom I.
[394] EuGH 9.12.1987 – 218/86, NJW 1988, 625; BAG 25.6.2013 – 3 AZR 138/11, NZA-RR 2014, 46.
[395] BAG 13.11.2007 – 9 AZR 134/07, NZA 2008, 761.
[396] EuGH 19.7.2012 – C-154/11, NZA 2012, 935 – Mahamdia; BAG 25.6.2013 – 3 AZR 138/11, NZA-RR 2014, 46.
[397] EuGH 9.12.1987 – C-218/86, NJW 1988, 625; BAG 25.6.2013 – 3 AZR 138/11, NZA-RR 2014, 46.
[398] EuGH 15.12.2011 – C-384/10, NZA 2012, 227 zu Art. 6 Abs. 2 Buchst. b Rom I; BAG 24.9.2009 – 8 AZR 306/08, NZA-RR 2010, 604.
[399] EuGH 15.12.2011 – C-384/10, NZA 2012, 227 zu Art. 6 Abs. 2 Buchst. b Rom I.
[400] EuGH 15.12.2011 – C-384/10, NZA 2012, 227 zu Art. 6 Abs. 2 Buchst. b Rom I.

licher Arbeitsort) der maßgeblichen Verpflichtung iS dieser Vorschrift der Ort zu verstehen, an dem der Arbeitnehmer die mit seinem Arbeitgeber vereinbarten **Tätigkeiten tatsächlich ausübt**[401] und den tatsächlichen Mittelpunkt seiner Berufstätigkeit bildet. Mangels anderer Kriterien ist der gewöhnliche Arbeitsort der Ort, an dem der Arbeitnehmer den größten Teil seiner Arbeitszeit geleistet hat.[402] In einem Arbeitsvertrag, zu dessen Erfüllung der Arbeitnehmer für seinen Arbeitgeber dieselben Tätigkeiten in **mehr als einem** Vertragsstaat ausübt, ist grundsätzlich die **gesamte Dauer** des Arbeitsverhältnisses für die Bestimmung des Ortes, an dem der Betroffene gewöhnlich seine Arbeit verrichtet hat, zu berücksichtigen.[403] Dies ist mangels anderer Kriterien der Ort, an dem der Arbeitnehmer den **größten Teil seiner Arbeitszeit** geleistet hat. Das BAG[404] hat bei einem zwischen Deutschland und den Niederlanden verkehrenden Binnenschiffer für die Annahme des gewöhnlichen Arbeitsortes iSd Art. 21 Abs. 1 Buchst. b i EuGVVO den Ort, **an dem oder von dem aus**[405] der Arbeitnehmer seine Verpflichtung aus dem Arbeitsvertrag im Wesentlichen erfüllt, für maßgebend gehalten. Lässt sich der Ort, an dem der Arbeitnehmer gewöhnlich seine Arbeit verrichtet, nicht zweifelsfrei feststellen, kann zur Klärung der Zuständigkeit auf den Ort, von dem aus der Arbeitnehmer den wesentlichen Teil seiner Verpflichtungen gegenüber seinem Arbeitgeber tatsächlich erfüllt, zurückgegriffen werden.[406] Etwas anderes gilt nur dann, wenn angesichts der tatsächlichen Umstände **engere Verknüpfungen** zu einem **anderen** Arbeitsort bestehen, weil etwa der Arbeitnehmer, nachdem er eine gewisse Zeit an einem bestimmten Ort gearbeitet hat, anschließend **dauerhaft** an einem **anderen Ort** tätig ist, so dass dieser sein neuer gewöhnlicher Arbeitsort sein soll.[407]

Erlauben es die vom EuGH aufgestellten Kriterien dem nationalen Gericht nicht, den gewöhnlichen Arbeitsort iSv Art. 21 EuGVVO zu bestimmen, so kann der Arbeitnehmer seinen Arbeitgeber **wahlweise** vor dem Gericht des Ortes der **Niederlassung**, die ihn eingestellt hat, oder vor den Gerichten des Vertragsstaats, in dessen Hoheitsgebiet der Arbeitgeber seinen **Wohnsitz** hat, verklagen. 71

Zusammenfassend gilt, dass der Arbeitnehmer den Arbeitgeber, soweit ein individueller Arbeitsvertrag oder Ansprüche aus einem individuellen Arbeitsvertrag den Gegenstand des Verfahrens bilden, stets an seinem **Wohnsitz** (bei juristischen Personen ihr satzungsmäßiger Sitz, ihre Hauptverwaltung oder ihre Hauptniederlassung: Art. 63 EuGVVO) **im Hoheitsgebiet** eines Mitgliedstaates verklagen kann (Art. 21 Abs. 1 Buchst. a EuGVVO). Hat der Arbeitgeber einen **Wohnsitz im Hoheitsgebiet,** so kann der Arbeitnehmer ihn auch in einem **anderen Mitgliedstaat** vor dem Gericht des Ortes, an dem oder von dem aus er **gewöhnlich seine Arbeit verrichtet** oder zuletzt gewöhnlich verrichtet hat, oder wenn er seine Arbeit gewöhnlich nicht in ein und demselben Staat verrichtet oder verrichtet hat, vor dem Gericht des Ortes, an dem sich die **Niederlassung** befindet bzw. befand, die ihn **eingestellt hat** (Art. 21 Abs. 1 Buchst. b EuGVVO), verklagen. Hat der Arbeitgeber, mit dem der Arbeitnehmer einen individuellen Arbeitsvertrag geschlossen hat, **im Hoheitsgebiet** eines Mitgliedstaates **keinen Wohnsitz,** besitzt er aber in einem Mitgliedstaat eine **Zweigniederlassung, Agentur oder sonstige Niederlassung,** so wird er für Streitigkeiten **aus ihrem Betrieb** so behandelt, wie wenn er seinen Wohnsitz **im Hoheitsgebiet** dieses Mitgliedstaates hätte (Art. 20 72

---

[401] Vgl. etwa EuGH 28.9.1999 – C-440/97, NJW 2000, 719; 27.2.2002 – C-37/00, NJW 2002, 1635; BAG 24.9.2009 – 8 AZR 306/08, NZA-RR 2010, 604.
[402] EuGH 27.2.2002 – C-37/00, NZA 2002, 459 – Weber.
[403] Gewöhnlicher Arbeitsort für Seeleute ist regelmäßig ihr Schiff: BAG 24.9.2009 – 8 AZR 306/08, NZA-RR 2010, 604 mAnm Temming jurisPR-ArbR 15/2010 Anm. 6; vgl. aber auch BAG 22.10.2015 – 2 AZR 720/14, NZA 2016, 473.
[404] BAG 27.1.2011 – 2 AZR 646/09, NZA 2011, 1309.
[405] Die Arbeitnehmer wurden – was Arbeitskleidung, Proviant etc betrifft – von Duisburg aus versorgt. Von hier aus wurden auch die Zubringerdienste organisiert und bezahlt.
[406] EuGH 14.9.2017 – C-168/16, NZA 2017, 1477 Rn. 60. Für Das Flugpersonal sind maßgebende Indizien, wo es sich seinen Arbeitstag beginnt und beendet sowie seine tägliche Arbeit organisiert und in dessen Nähe es für die Dauer des Vertragsverhältnisses seinen tatsächlichen Wohnsitz begründet hat und dem Luftfahrtunternehmer zur Verfügung steht (Rn. 70); BAG 7.5.2020 – 2 AZR 692/19, AP EGBGB Art. 30 Nr. 11 Rn. 26.
[407] EuGH 27.2.2002 – C-37/00, NJW 2002, 1635.

Abs. 2 EuGVVO). Der Arbeitgeber, der einen Wohnsitz **im Hoheitsgebiet** eines Mitgliedstaates hat, kann in einem **anderen Mitgliedstaat** außerdem verklagt werden, wenn es sich um Streitigkeiten aus dem Betrieb einer Zweigniederlassung, einer Agentur oder einer sonstigen Niederlassung handelt, vor dem Gericht des Ortes, an dem sich diese befindet (Art. 20 Abs. 1 iVm Art. 7 Nr. 5 EuGVVO).

73 Da es bei den Zuständigkeitsregeln auf den Wohnsitz des Beklagten oder einer sonstigen Niederlassung in einem Mitgliedstaat ankommt, regelt die EuGVVO auch im Verhältnis zu **Drittstaaten** die internationale Zuständigkeit für das Erkenntnisverfahren. **Nicht** unter die Zuständigkeitsordnung der EuGVVO fallen Sachverhalte, bei denen der Beklagte seinen Wohnsitz außerhalb des mitgliedschaftlichen Hoheitsgebiets hat und in Arbeitssachen auch keine sonstige Niederlassung in den Mitgliedstaaten besteht und außerdem keine wirksame Gerichtsstandsvereinbarung nach Maßgabe des Art. 23 EuGVVO vorliegt.

74 Gemäß Art. 22 Abs. 1 EuGVVO (Arbeitnehmergerichtsstand) kann die **Klage des Arbeitgebers** nur vor den Gerichten des Mitgliedstaats erhoben werden, in dessen Hoheitsgebiet der **Arbeitnehmer** seinen **Wohnsitz** hat (Art. 62 EuGVVO).[408] Allerdings erlaubt Art. 20 Abs. 2 EuGVVO die Erhebung einer **Widerklage** vor dem Gericht, bei dem die Klage des Arbeitnehmers gegen den Arbeitgeber anhängig ist.

75 Der Abschluss einer **Gerichtsstandsvereinbarung** ist nach Art. 23 EuGVVO nur zulässig, wenn die Vereinbarung **nach der Entstehung** der Streitigkeit getroffen wird **oder** wenn sie dem **Arbeitnehmer** die Befugnis einräumt, **andere** als die in Abschnitt 5 (Zuständigkeit für individuelle Arbeitsverträge) angeführten Gerichte anzurufen.[409] Weitere Wirksamkeitsvoraussetzungen ergeben sich aus Art. 25 EuGVVO. Gerichtsstandsvereinbarungen haben danach keine rechtliche Wirkung, wenn sie den Vorschriften des Art. 23 EuGVVO zuwiderlaufen (Art. 25 Abs. 4 EuGVVO). Auch insoweit gilt als ungeschriebene Anwendungsvoraussetzung, dass ein zwischenstaatlicher Bezug vorliegen muss, der unter den Anwendungsbereich der EuGVVO fällt.[410]

76 Nach Entstehung der Streitigkeit wird eine Gerichtsstandsvereinbarung getroffen, wenn die Parteien nach Abschluss des Hauptvertrags über einen bestimmten Punkt uneins werden und ein gerichtliches Verfahren unmittelbar oder in Kürze bevorsteht.[411] Art. 23 Nr. 2 EuGVVO lässt eine Gerichtsstandsvereinbarung **vor** Entstehung der Streitigkeit nur zu, sofern sie dem Arbeitnehmer das Recht einräumt, über die in Art. 21 EuGVVO vorgesehenen Zuständigkeiten hinaus **weitere** Gerichtsstände anrufen zu dürfen.[412] Eine Gerichtsstandsvereinbarung kann sich dabei auch auf die Zuständigkeit der Gerichte eines Drittstaats beziehen, wenn damit nicht die Zuständigkeit nach den Artikeln der EuGVVO ausgeschlossen wird.[413] Damit wird das grundsätzliche Prorogationsverbot **vor** der Entstehung der Streitigkeit zugunsten des Arbeitnehmers relativiert.[414] Die Regelung gilt indes nur für Aktivprozesse des Arbeitnehmers, so dass er die Gerichtsstandsvereinbarung einer Klage des Arbeitgebers nach Art. 22 Abs. 1 EuGVVO nicht entgegensetzen kann.

77 Gemäß Art. 25 Abs. 1 S. 3 EuGVVO muss eine derartige Gerichtsstandsvereinbarung **schriftlich** oder mündlich mit **schriftlicher Bestätigung** geschlossen werden. Dabei sind gemäß Art. 25 Abs. 2 EuGVVO **elektronische Übermittlungen**, die eine dauerhafte Aufzeichnung der Vereinbarung ermöglichen, der Schriftform gleichgestellt.[415] Die **Formerfordernisse** des Art. 25 EuGVVO sollen als Wirksamkeitsvoraussetzung gewährleisten, dass die Einigung zwischen den Parteien tatsächlich feststeht.[416]

---

[408] EuGH 10.9.2015 – C-47/14, NZA 2016, 183 – Holterman Ferho Exploitatie gegen Spies von Büllesheim.
[409] BAG 10.4.2014 – 2 AZR 741/13, AP GVG § 20 Nr. 8 Rn. 27.
[410] EuGH 17.11.2011 – C-327/10, Slg. 2011, I-11543 – Hypoteční banka; 19.12.2013 – C-9/12, EuZW 2014, 181 – Corman-Collins.
[411] BAG 8.12.2010 – 10 AZR 562/08, NZA-RR 2012, 320.
[412] BAG 10.4.2014 – 2 AZR 741/13, AP GVG § 20 Nr. 8 Rn. 27.
[413] EuGH 19.7.2012 – C-154/11, NZA 2012, 935 – Mahamdia.
[414] *Franzen* RIW 2000, 81.
[415] EuGH 21.5.2015 – C-322/14, NJW 2015, 2171 – El Majdoub/CarsOnTheWeb.Deutschland GmbH.
[416] Vgl. EuGH 9.11.2000 – C-387/98, NJW 2001, 501; 21.5.2015 – C-322/14, NJW 2015, 2171 – El Majdoub/CarsOnTheWeb.Deutschland GmbH.

Soweit Art. 25 Abs. 1 S. 3 EuGVVO eine **schriftliche Vereinbarung** über die Zuständigkeit 78
verlangt, liegt eine solche nur dann vor, wenn **jede Partei ihre Willenserklärung schriftlich
abgegeben hat.**[417] Dies kann – abweichend von § 126 Abs. 2 BGB – auch in getrennten
Schriftstücken geschehen, sofern aus ihnen die inhaltliche Übereinstimmung beider Erklärungen hinreichend deutlich hervorgeht. Nicht ausreichend ist, dass eine schriftliche Gerichtsstandsvereinbarung dem anderen Teil ohne eigene Unterschrift übersandt worden und
von jenem unterzeichnet zurückgegeben worden ist.

Eine **mündliche** Vereinbarung mit **schriftlicher Bestätigung** ist dann anzunehmen, wenn 79
zunächst eine mündliche Einigung über die Gerichtsstandsklausel erzielt worden ist, die
dann anschließend von **einer** der Parteien innerhalb einer angemessenen Frist schriftlich bestätigt worden ist und sich inhaltlich mit der mündlichen Einigung deckt (sog. Halbschriftlichkeit).[418]

Ist eine Gerichtsstandsvereinbarung Teil eines Vertrags, stellt sie gem. Art. 25 Abs. 5 80
EuGVVO eine von den übrigen Vertragsbedingungen unabhängige Vereinbarung dar, die
sich nicht nach dem Vertragsstatut des Vertrags als solchem richtet.

Nach Art. 26 Abs. 1 S. 1 EuGVVO kann ein an sich **nicht zuständiges Gericht** eines Mit- 81
gliedstaats zuständig werden, wenn sich der Beklagte vor ihm auf das **Verfahren rügelos
einlässt,** was allerdings dann nicht gilt, wenn dies geschieht, um den Mangel der Zuständigkeit geltend zu machen (Art. 26 Abs. 1 S. 2 EuGVVO). Art. 26 EuGVVO stellt dabei auf
jede Art der Einlassung ab, so dass der Beklagte die Zuständigkeit des Gerichts mit seinem
ersten Vorbringen rügen muss.[419] Die Wahrnehmung eines **Gütetermins** vor den Arbeitsgerichten stellt jedoch noch keine zuständigkeitsbegründende Einlassung des Beklagten auf
das Verfahren iSd Art. 26 EuGVVO dar.[420] Nach § 54 Abs. 2 S. 3 ArbGG sind im Verfahren
vor dem Arbeitsgericht § 39 S. 1 und § 282 Abs. 3 S. 1 ZPO nicht anzuwenden. Daher kann
erst eine rügelose Einlassung im Kammertermin die internationale Zuständigkeit deutscher
Gerichte begründen.[421] Wird die internationale Zuständigkeit des angerufenen Arbeitsgerichts von dem Beklagten gerügt, lässt er sich zur Hauptsache lediglich hilfsweise ein, wird
ebenfalls keine Zuständigkeit nach Art. 26 Abs. 1 EuGVVO begründet.[422] Eine Rüge der internationalen Zuständigkeit ist dann verspätet, wenn sie erst nach Abgabe derjenigen Stellungnahme erhoben wird, die nach dem innerstaatlichen Prozessrecht als das erste Verteidigungsvorbringen vor dem angerufenen Gericht anzusehen ist.[423] Art. 26 EuGVVO ist auch
dann anwendbar, wenn die Parteien eine Zuständigkeitsvereinbarung iSd Art. 23 EuGVVO
getroffen haben. Lässt sich der Beklagte, der seinen Wohnsitz im Hoheitsgebiet eines Mitgliedstaats hat und vor dem Gericht eines anderen Mitgliedstaats verklagt wird, auf das
Verfahren nicht ein, so hat sich das Gericht von Amts wegen für unzuständig zu erklären,
wenn seine Zuständigkeit nicht nach der EuGVVO begründet ist (Art. 28 Abs. 1 EuGVVO).

Das **revidierte Lugano-Übereinkommen** vom 30.10.2007 (LugÜ II)[424] enthält in den Arti- 82
keln 18 bis 21 Gerichtsstandsregelungen für arbeitsvertragliche Streitigkeiten, die den
Art. 18 bis 21 EuGVVO entsprechen. Gleiches gilt für eine Gerichtsstandsvereinbarung
nach Maßgabe von Art. 23 rev. LuganoÜ (LugÜ II) und Art. 23 EuGVVO. Das an die
EuGVVO 44/2001 angepasste Lugano-Übereinkommen wird in seiner Anwendung gem.
Art. 73 Abs. 1 EuGVVO 1215/2012 unberührt gelassen. Die Durchführung des Lugano-

---

[417] Vgl. dazu BGH 22.2.2001 – IX ZR 19/00, NJW 2001, 1731; 16.1.2014 – IX ZR 194/13, WM 2014, 534.
[418] BGH 22.2.2001 – IX ZR 19/00, NJW 2001, 1731. Vgl. auch EuGH 21.5.2015 – C-322/14, NJW 2015, 2171 – El Majdoub/CarsOnTheWeb.Deutschland GmbH.
[419] BAG 2.7.2008 – 10 AZR 355/07, NZA 2008, 1084 Rn. 23; 23.8.2012 – 8 AZR 394/11, NJW 2013, 252 Rn. 21: Jede Verteidigungshandlung genügt, die auf eine Klageabweisung zielt.
[420] BAG 24.9.2009 – 8 AZR 306/08, NZA-RR 2010, 604.
[421] BAG 24.9.2009 – 8 AZR 306/08, NZA-RR 2010, 604; vgl. auch EuGH 27.2.2014 – C-1/13, ZIP 2014, 1142; BGH 19.5.2015 – XI ZR 27/15, NJW 2015, 2667: Die internationale Zuständigkeit deutscher Gerichte gem. Art. 24 S. 1 EuGVVO aF wird durch eine rügelose Einlassung in der Klageerwiderung begründet.
[422] BGH 17.10.2007 – XII ZR 146/05, NJW-RR 2008, 156.
[423] EuGH 24.6.1981 – C-150/80, NJW 1982, 507; BAG 2.7.2008 – 10 AZR 355/07, NZA 2008, 1084; 24.9.2009 – 8 AZR 306/08, NZA-RR 2010, 604.
[424] ABl. 2009 L 147, 5 mit Anhängen und Protokoll und Berichtigung ABl. 2014 L 18, 70.

Übereinkommens erfolgt durch das Anerkennungs- und Vollstreckungsausführungsgesetz (AVAG).[425]

83 Das Lugano-Übereinkommen vom 30.10.2007 (LugÜ II)[426] ist für die Europäische Union und Norwegen am 1.1.2010 in Kraft getreten.[427] Für Island gilt das LuganoÜ seit dem 1.5.2011 und für die Schweiz seit dem 1.1.2011. Die EU ist dem Übereinkommen am 18.5.2009 beigetreten.[428] Zwischen den EU-Mitgliedstaaten und den Ländern der Europäischen Freihandelsassoziation ist das Lugano-Übereinkommen vom 30.10.2007 derzeit noch bedeutsam im Verhältnis zu Island, Norwegen und der Schweiz.

84 Die Zuständigkeit für **individuelle Arbeitsverträge**[429] ist im Abschnitt 5 in den Art. 18 bis 21 LugÜ II, die den Art. 18 bis 21 EuGVVO 44/2001 entsprechen, besonders geregelt. Bilden ein individueller Arbeitsvertrag oder Ansprüche aus einem individuellen Arbeitsvertrag den Gegenstand des Verfahrens, so bestimmt sich die Zuständigkeit unbeschadet des Art. 4 LugÜ II (kein Wohnsitz im Hoheitsgebiet eines durch das Abkommen gebundenen Staates) und des Art. 5 Nr. 5 (Gerichtsort der Zweigniederlassung, einer Agentur oder einer sonstigen Niederlassung) nur nach diesem Abschnitt (§ 18 Abs. 1 LugÜ II). Dabei wird danach differenziert, ob der Arbeitgeber im Hoheitsgebiet eines durch das LugÜ II gebundenen Staates einen Wohnsitz hat oder nicht. Hat der Arbeitgeber dort keinen Wohnsitz, besitzt er aber in einem der durch das Abkommen gebundenen Staaten eine Zweigniederlassung, eine Agentur oder sonstige Niederlassung, so wird er für **Streitigkeiten aus ihrem Betrieb** so behandelt, wie wenn er seinen Wohnsitz im Hoheitsgebiet dieses Staates hätte (Art. 18 Abs. 2 LugÜ II). Hat ein Arbeitgeber seinen Wohnsitz in einem durch das Übereinkommen gebundenen Staat, kann er vor den Gerichten des Staates, in dem er seinen Wohnsitz hat (Art. 60 Abs. 1 und 2 LugÜ II), verklagt werden (Art. 19 Nr. 1 LuganoÜ) oder in einem anderen durch das Übereinkommen gebundenen Staat vor dem Gericht des Ortes, an dem der Arbeitnehmer gewöhnlich **seine Arbeit verrichtet** oder zuletzt gewöhnlich verrichtet hat (Art. 19 Nr. 2a LugÜ II). Wenn der Arbeitnehmer seine Arbeit gewöhnlich nicht in ein und demselben Staat verrichtet oder verrichtet hat, kann der Arbeitgeber vor dem Gericht des Ortes, an dem sich die Niederlassung, die den Arbeitnehmer **eingestellt** hat, befindet bzw. befand (Art. 19 Nr. 2b LuganoÜ) verklagt werden. Der Ort, an dem der Arbeitnehmer gewöhnlich seine Arbeit iSv Art. 5 Nr. 1 LugÜ II verrichtet, ist der Ort, den der Arbeitnehmer als tatsächlichen Mittelpunkt seiner Berufstätigkeit gewählt hat oder von dem aus er den wesentlichen Teil seiner Verpflichtungen gegenüber seinem Arbeitgeber tatsächlich erfüllt. Dies gilt nicht nur, wenn der Arbeitnehmer in **verschiedenen Staaten** tätig ist, sondern auch, wenn er ausschließlich in **einem Vertragsstaat** abwechselnd an verschiedenen Arbeitsorten arbeitet.[430] Eine vorübergehende Entsendung des Arbeitnehmers in einen anderen Mitgliedstaat kann daher keine weitere internationale Zuständigkeit am Entsendungsort begründen.

85 Die in Art. 18 bis 21 LugÜ II verwendeten Begriffe „Arbeitsvertrag" und „Arbeitnehmer" sind ebenso wie in Art. 20 und 21 EuGVVO aus dem Übereinkommen heraus, dh autonom zu interpretieren, so dass auf die Ausführungen zu diesen Vorschriften verwiesen werden kann.[431] Art. 18 und 19 LugÜ II begründen lediglich **Passivgerichtsstände** und eröffnen dem Arbeitnehmer die Wahl eines Forums. Dagegen kann die Klage des Arbeitgebers nur vor den Gerichten des Mitgliedstaats erhoben werden, in dessen Hoheitsgebiet der Arbeitnehmer seinen Wohnsitz hat (Art. 20 Abs. 1 LugÜ II). Allerdings erlaubt Art. 20 Abs. 2 LugÜ II eine Widerklage vor dem Gericht zu erheben, bei dem die Klage des Arbeitnehmers anhängig ist.

---

[425] IdF v. 3.12.2009 – BGBl. 2009 I 3830 idF der Bekanntmachung v. 30.11.2015 – BGBl. 2015 I 2146.
[426] ABl. 2007 L 339, 3.
[427] BGBl. 2009 I 2862.
[428] Genehmigungsbeschluss 2009/430/EG des Rates v. 27.11.2008.
[429] BAG 8.12.2010 – 10 AZR 562/08, NZA-RR 2012, 320: Darunter fällt auch der Aufhebungsvertrag.
[430] EuGH 9.1.1997 – C-383/95, NZA 1997, 225 – Rutten; BAG 29.5.2002 – 5 AZR 141/01, NJW 2002, 3196.
[431] Vgl. dazu näher → Rn. 61 ff.; EuGH 9.1.1997 – C-383/95, NZA 1997, 225 – Rutten; BAG 20.8.2003 – 5 AZR 45/03, NZA 2004, 58; vgl. auch EuGH 19.7.2012 – C-154/11, NZA 2012, 935 – Mahamdia; BAG 22.10.2015 – 2 AZR 720/14, NZA 2016, 473.

Nach Art. 21 LugÜ II darf von den Vorschriften im Abschnitt 5 im Wege der Vereinba- 86
rung nur abgewichen werden, wenn diese **nach der Entstehung** der Streitigkeit[432] getroffen
wird, oder wenn sie dem Arbeitnehmer die Befugnis einräumt, **andere** als die im Abschnitt 5
angeführten Gerichte anzurufen. Mit dieser Regelung sollen Vereinbarungen verhindert
werden, die es den Arbeitsvertragsparteien ermöglichen würden, abweichend vom LugÜ II
Gerichtsstände festzulegen und damit den Arbeitnehmerschutz praktisch zu unterlaufen.
Nach Entstehung der Streitigkeit wird eine Gerichtsstandsvereinbarung getroffen, wenn die
Parteien nach Abschluss des Hauptvertrags über einen bestimmten Punkt uneins werden
und ein gerichtliches Verfahren unmittelbar oder in Kürze bevorsteht.[433] Eine **vor Entstehung** der Streitigkeit getroffene Gerichtsstandsvereinbarung darf für einen Arbeitnehmer
nicht den Ausschluss der im LugÜ II vorgesehenen Gerichtsstände bewirken, sondern kann
lediglich die Befugnis begründen oder erweitern, unter mehreren zuständigen Gerichten zu
wählen.[434] Ebenso wie Art. 26 Abs. 1 S. 1 EuGVVO gestattet auch Art. 24 LugÜ II die Begründung einer Zuständigkeit durch rügelose Einlassung.[435] Dies gilt jedoch nicht, wenn
sich der Beklagte nur **einlässt,** um den Mangel der Zuständigkeit geltend zu machen
(Art. 24 S. 2 LugÜ II).[436]

Finden auf ein Arbeitsverhältnis keine internationalen Verträge oder Übereinkommen 87
Anwendung, wird die **internationale Zuständigkeit** mit Ausnahme hier nicht interessierender Vorschriften durch die **örtliche Zuständigkeit** indiziert.[437] Die Regelungen der EuGVVO
oder des LugÜ II sind vorrangig und verdrängen die nationalen zivilprozessualen Regelungen.[438] Ist ein deutsches Gericht nach den §§ 12 ff. ZPO örtlich zuständig, ist es regelmäßig
auch im Verhältnis zu einem ausländischen Gericht zuständig. Gemäß § 29 Abs. 1 ZPO ist
für Streitigkeiten aus einem Vertragsverhältnis das Gericht des Ortes **örtlich zuständig,** an
dem die streitige Verpflichtung zu erfüllen ist. Richtet sich dies nach deutschem Recht, ist
der maßgebende Erfüllungsort gemäß § 269 Abs. 1 BGB aus den Umständen und der Natur
des Arbeitsverhältnisses zu bestimmen. Dabei ist regelmäßig von einem **einheitlichen** (gemeinsamen) Erfüllungsort auszugehen. Dies ist der Ort, an dem der Arbeitnehmer die Arbeitsleistung zu erbringen hat und damit der tatsächliche Mittelpunkt seiner Berufstätigkeit
liegt.[439] Der Gerichtsstand des **Erfüllungsortes** gilt dann für alle Streitigkeiten aus dem Arbeitsverhältnis und die auf dem Arbeitsverhältnis beruhen. Die **örtliche und daran anknüpfend die internationale Zuständigkeit** kann sich auch aus § 21 ZPO (**Gerichtsstand der Niederlassung**) ergeben. Diese Vorschrift stellt auf die Verhältnisse bei Klageerhebung ab.
Lediglich Veränderungen nach Eintritt der Rechtshängigkeit berühren die Zuständigkeit des
Prozessgerichts nicht mehr (§ 261 Abs. 3 Nr. 2 ZPO, sog. *perpetuatio fori*).[440] Die **internationale Zuständigkeit** kann sich auch aus § 23 S. 1 ZPO ergeben. Danach ist für Klagen wegen vermögensrechtlicher Ansprüche gegen eine Person, die im Inland keinen Wohnsitz hat,
das Gericht zuständig, in dessen Bezirk sich **Vermögen** der Beklagten befindet. Für die internationale Zuständigkeit deutscher Gerichte ist über diese Vermögensbelegenheit hinaus
ein **hinreichender Inlandsbezug** des Rechtsstreits erforderlich.[441] Was die Vermögensbele-

---

[432] BAG 8.12.2010 – 10 AZR 562/08, NZA-RR 2012, 320; Geimer/Schütze/*Geimer/Schütze* LugÜ Art. 21 Rn. 2, A.1 Art. 13 Rn. 5.
[433] BAG 8.12.2010 – 10 AZR 562/08, NZA-RR 2012, 320; *Junker* NZA 2005, 199 (201).
[434] BAG 10.4.2014 – 2 AZR 741/13, AP GVG § 20 Nr. 8.
[435] BAG 23.3.2016 – 5 AZR 767/14, NJW 2016, 2285.
[436] Näher dazu → Rn. 80.
[437] Vgl. nur BAG 9.10.2002 – 5 AZR 307/01, NZA 2003, 339; 8.12.2010 –10 AZR 562/08, NZA-RR 2012, 320; 25.6.2013 – 3 AZR 138/11, NZA-RR 2014, 46; 24.9.2015 – 6 AZR 492/14, NZA 2016, 102; BGH 20.12.2012 – IX ZR 130/10, NJW-RR 2013, 880.
[438] BAG 23.1.2008 – 5 AZR 60/07, NZA 2008, 1374; 8.12.2010 – 10 AZR 562/08, NZA-RR 2012, 320; 25.6.2013 – 3 AZR 138/11, NZA-RR 2014, 46.
[439] BAG 6.1.1998 – 5 AS 24/97 Rn. 10; 9.10.2002 – 5 AZR 307/01, NZA 2003, 339. Für die Gewährung von Aktienoptionen gegen eine amerikanische Konzernmutter der Arbeitgeberin hat das OLG Hamm 5.12.2018 – 8 U 50/17, NZG 2019, 232 die Zuständigkeit deutscher Gerichte verneint.
[440] BAG 20.4.2004 – 3 AZR 301/03, NZA 2005, 297.
[441] BAG 15.2.2005 – 9 AZR 116/04, NZA 2005, 1117; 13.11.2007 – 9 AZR 134/07, EzA EGBGB Art. 30 Nr. 9; BGH 13.12.2012 – III ZR 282/11, NJW 2013, 386.

genheit angelangt, reicht bereits eine Büroausstattung aus. Geringwertiges oder unpfändbares Vermögen genügt jedoch nicht.[442] Ein hinreichender Inlandsbezug des Rechtsstreits kann sich daraus ergeben, dass etwa der Kläger in Deutschland seinen Wohnsitz unterhält, die deutsche Staatsangehörigkeit hat, der deutschen Steuer- und Sozialversicherung unterfällt und von Deutschland aus Arbeitseinsätze unternommen werden.[443] Die Zulässigkeit und Wirkung einer die deutsche Gerichtsbarkeit **derogierenden Gerichtsstandsvereinbarung** richtet sich nach **deutschem Prozessrecht,** während das **Zustandekommen dieser Vereinbarung** nach dem **allgemeinen Vertragsrecht** derjenigen Rechtsordnung zu beurteilen ist, nach der sich auch das zugrunde liegende, den Inhalt des gesamten Vertrags bildende materielle Rechtsverhältnis der Parteien richtet, mithin also, je nach Sachlage, entweder nach ausländischem oder deutschem Recht.[444] Nach § 38 Abs. 2 S. 2 ZPO muss die Gerichtsstandsvereinbarung **schriftlich** abgeschlossen oder, falls sie mündlich getroffen wird, schriftlich bestätigt werden. Dabei ist zweifelhaft, ob die Form des § 126 Abs. 2 BGB gewahrt werden muss oder auch getrennte Schriftstücke genügen. Eine einseitige schriftliche Bestätigung genügt dagegen nicht.[445] Die Zulässigkeit internationaler Gerichtsstandsvereinbarungen ist außerhalb des Geltungsbereichs der EuGVVO Nr. 1215/2012 keinen weiteren, über § 38 Abs. 2 ZPO hinausgehenden, Beschränkungen unterworfen.[446] Die Parteien des Arbeitsverhältnisses dürfen das für ihren Vertrag maßgebende nationale Recht wählen (Art. 3, 8 Abs. 1 Rom I).[447] Allerdings darf nach Art. 8 Rom I bei Arbeitsverträgen die Rechtswahl nicht dazu führen, dass dem Arbeitnehmer der Schutz entzogen wird, der ihm durch die zwingenden Bestimmungen des Rechts gewährt wird, das nach Art. 8 Abs. 2 bis 4 Rom I mangels einer Rechtswahl anzuwenden wäre.[448] In einem Günstigkeitsvergleich (Sachgruppenvergleich) sind in diesem Fall die zwingenden Bestimmungen des objektiv anwendbaren Rechts, die dem Arbeitnehmer Schutz gewähren, und die Bestimmungen der gewählten Rechtsordnung gegenüberzustellen.[449] Außerdem berührt die wirksame Wahl ausländischen Rechts nach Art. 9 Rom I nicht die Anwendung der Bestimmungen des deutschen Rechts, die den Sachverhalt zwingend regeln (Eingriffsnormen), was bei Normen der Fall ist, die öffentliche Gemeinwohlinteressen schützen.[450] Die Vorschriften der §§ 1 bis 14 KSchG stellen keine Eingriffsnormen dar.[451]

---

[442] BGH 22.9.2005 – IX ZR 1/05. Keine Begründung inländischer Zuständigkeit nach § 23 ZPO bei Beteiligung an einer nur Verluste erwirtschaftenden Handelsgesellschaft: OLG München 29.4.2015 – 7 U 185/15, MDR 2015, 728.
[443] So bei einer Flugbegleiterin einer amerikanischen Airline, die in Frankfurt/Main wohnte und von dort ihre Flugeinsätze wahrnahm: BAG 13.11.2007 – 9 AZR 134/07, NZA 2008, 761; vgl. auch BGH 13.12.2012 – III ZR 282/11, NJW 2013, 386: Als hinreichender Inlandsbezug für die Anwendung des § 23 ZPO ist der Wohnsitz des Klägers in Deutschland anzusehen.
[444] BGH 18.3.1997 – XI ZR 34/96, NJW 1997, 2885; BAG 13.11.2007 – 9 AZR 134/07, NZA 2008, 761.
[445] BAG 13.11.2007 – 9 AZR 134/07, NZA 2008, 761.
[446] So jetzt BAG 13.11.2007 – 9 AZR 134/07, NZA 2008, 761 Rn. 25: Ob eine Gerichtsstandsvereinbarung überhaupt zustande gekommen ist, muss nach derjenigen Rechtsordnung beurteilt werden, nach der sich auch das zugrunde liegende, den Inhalt des gesamten Vertrags bildende materielle Rechtsverhältnis der Parteien richtet. Seine Zulässigkeit und Wirksamkeit richtet sich ausschließlich nach Prozessrecht (§ 38 Abs. 2 ZPO) (Rn. 58); anders noch BAG 29.6.1978 – 2 AZR 973/77, NJW 1979, 1119: Unwirksamkeit der Derogation der deutschen Arbeitsgerichtsbarkeit, weil die Rechtsverfolgung vor dem ausländischen Gericht zB wegen eines dort bestehenden Kriegszustandes nicht möglich war. Vgl. auch BGH 17.10.2019 – III ZR 24/19, BB 2019, 3023 Rn. 26: Bei der Vereinbarung eines internationalen Gerichtsstandes handelt es sich um einen materiellrechtlichen Vertrag über prozessrechtliche Beziehungen.
[447] VO 593/2008 v. 17.6.2008 ABl. v. 4.7.2008 L 177, 6; für vor dem 17.12.2009 geschlossene Verträge gelten die Art. 27 ff. EGBGB.
[448] Vgl. dazu EuGH 12.9.2013 – C-64/12, NZA 2013, 1163 – Schlecker; BAG 19.3.2014 – 5 AZR 252/12, NZA 2014, 1076 – B; 10.4.2014 – 2 AZR 741/13, AP GVG § 20 Nr. 8; 22.10.2015 – 2 AZR 720/14, NZA 2016, 473.
[449] BAG 10.4.2014 – 2 AZR 741/13, AP GVG § 20 Nr. 8.
[450] BAG 12.12.2001 – 5 AZR 255/00, NZA 2002, 734: § 3 EFZG und § 14 Abs. 1 MuSchG sind Eingriffsnormen; BAG 13.11.2007 – 9 AZR 134/07, NZA 2008, 761: § 8 TzBfG hat nicht die Qualität einer Eingriffsnorm. Auch § 18 BEEG hat nicht die Qualität einer Eingriffsnorm: BAG 7.5.2020 – 2 AZR 692/19, AP EGBGB Art. 30 Nr. 11 Rn. 53.
[451] BAG 1.7.2010 – 2 AZR 270/09, AP GG Art. 25 Nr. 5.

Die **deutsche Gerichtsbarkeit** erstreckt sich nach § 20 Abs. 2 GVG nicht auf Personen, die gemäß den allgemeinen Regeln des Völkerrechts, auf Grund völkerrechtlicher Vereinbarungen oder sonstiger Rechtsvorschriften von ihr befreit sind (Grundsatz der Staatenimmunität).[452] Nach allgemeinem Völkergewohnheitsrecht, bei dem es sich um bindendes Bundesrecht handelt (Art. 25 GG), sind Staaten der Gerichtsbarkeit anderer Staaten nicht unterworfen, **soweit ihre hoheitliche Tätigkeit** (acta iure imperii) von einem Rechtsstreit betroffen ist (par in parem non habet imperium).[453] Ihre diplomatischen und konsularischen Beziehungen dürfen nicht behindert werden, um deren ungehinderte Erfüllung ihrer Aufgaben nicht zu beeinträchtigen.[454] Möglich ist jedoch, dass ein ausländischer Staat in einem völkerrechtlichen Vertrag, einem privatrechtlichen Vertrag oder, speziell für ein bestimmtes gerichtliches Verfahren, vor Gericht auf die Staatenimmunität verzichtet.[455] Ein derartiger Verzicht unterliegt strengen Anforderungen und ist im Zweifel nicht zu vermuten.[456] Soweit die Parteien für ihr Arbeitsverhältnis die Anwendung deutschen Rechts vereinbart haben, liegt darin – für sich genommen – kein Verzicht des ausländischen Staats auf seine Staatenimmunität.[457] Anders kann zu entscheiden sein, wenn die Parteien eine Gerichtsstandsvereinbarung über die örtliche Zuständigkeit und damit auch internationale Zuständigkeit getroffen haben.[458] Die Einordnung als hoheitliches oder nichthoheitliches Handeln (acta iure gestionis) richtet sich nach der Natur des streitigen Rechtsverhältnisses, insbesondere danach, ob es sich nach dem Inhalt der ausgeübten Tätigkeit um typisches Verhalten der Staatsgewalt handelt.[459] Mangels entsprechender Regelungen im allgemeinen Völkerrecht ist die Abgrenzung grundsätzlich nach der nationalen Rechtsordnung des Gerichtsstaates vorzunehmen.[460] Es kommt darauf an, ob der ausländische Staat in Ausübung der ihm zustehenden Hoheitsgewalt oder wie eine Privatperson tätig geworden ist.[461] So hat das BAG[462] angenommen, dass ein ausländischer Staat hinsichtlich arbeitsrechtlicher Bestandsstreitigkeiten mit **Konsulatsangestellten,** die vertragsgemäß originär konsularische Aufgaben wahrzunehmen haben, grundsätzlich nicht der deutschen Gerichtsbarkeit unterworfen ist.[463] Für einen an der Botschaft der Vereinigten Staaten als Haustechniker beschäftigten Arbeitnehmer hat das BAG[464] eine nichthoheitliche Tätigkeit angenommen. Anders hat das BAG bei Angestellten zur Visa-Bearbeitung[465] oder bei einem Pressereferenten[466] entschieden. Bei einer Secretaria Ejecutiva (Chefsekretärin) in einem Konsulat der Bolivarischen Republik Venezuela in Hamburg hat das BAG[467] eine hoheitliche Tätigkeit angenommen. Die Eröffnung der deutschen Gerichtsbarkeit ist eine allgemeine Verfahrensvoraussetzung. Ihr Bestehen

---

[452] Der Grundsatz der Staatenimmunität ist von Amts wegen zu prüfen: BGH 25.10.2016 – VI ZR 678/15, NJW 2017, 827 Rn. 7.
[453] BAG 15.2.2005 – 9 AZR 116/04, NZA 2005, 1117; 14.12.2017 – 2 AZR 216/17, NZA 2018, 739 Rn. 12, 13.
[454] BAG 1.7.2010 – 2 AZR 270/09, AP GG Art. 25 Nr. 5.
[455] BVerfG 17.3.2014 – 2 BvR 736/13, NZA 2014, 1046; BAG 29.6.2017 – 2 AZR 759/16, NZA 2017, 1350 Rn. 20; 14.12.2017 – 2 AZR 216/17, NZA 2018, 739 Rn. 38 mwN.
[456] BAG 14.12.2017 – 2 AZR 216/17, NZA 2018, 739 Rn. 38; BGH 30.1.2013 – III ZB 40/12, NJW 2013, 3184.
[457] BAG 18.12.2014 – 2 AZR 1004/13, NZA-RR 2015, 546; 14.12.2017 – 2 AZR 216/17, NZA 2018, 739 Rn. 38.
[458] BAG 29.6.2017 – 2 AZR 759/16, NZA 2017, 1350 Rn. 25; 14.12.2017 – 2 AZR 216/17, NZA 2018, 739 Rn. 49.
[459] BAG 1.7.2010 – 2 AZR 270/09, AP GG Art. 25 Nr. 5; 29.6.2017 – 2 AZR 759/16, NZA 2017, 1350 Rn. 11 mwN.
[460] BVerfG 17.3.2014 – 2 BvR 736/13, NZA 2014, 1046; BAG 10.4.2014 – 2 AZR 741/13, AP GVG § 20 Nr. 8; BGH 24.3.2016 – VII ZR 150/15, MDR 2016, 903.
[461] BAG 10.4.2014 – 2 AZR 741/13, AP GVG § 20 Nr. 8; 18.12.2014 – 2 AZR 1004/13, NZA-RR 2015, 546.
[462] BAG 25.10.2001 – 2 AZR 501/00, NZA 2002, 640; 16.5.2002 – 2 AZR 688/00, NZA 2002, 1416.
[463] Wenn dem Arbeitnehmer nach dem Vertragsinhalt auch konsularische Tätigkeiten oblegen haben: BAG 14.12.2017 – 2 AZR 216/17, NZA 2018, 739 Rn. 26.
[464] BAG 15.2.2005 – 9 AZR 116/04, NZA 2005, 1117.
[465] BAG 16.5.2002 – 2 AZR 688/00, AP GVG § 20 Nr. 3.
[466] BAG 23.11.2000 – 2 AZR 490/99, NZA 2001, 683.
[467] BAG 18.12.2014 – 2 AZR 1004/13, NZA-RR 2015, 546.

und ihre Grenzen sind als Rechtsfragen in jeder Lage des Verfahrens **von Amts** wegen zu prüfen.[468] Die Frage, welche Partei die objektive Beweislast für die Eröffnung der bzw. die Befreiung von der deutschen Gerichtsbarkeit trägt, ist noch nicht abschließend geklärt.[469] Das BAG[470] verlangt von der klagenden Partei im Rahmen einer sekundären Darlegungslast ihre Tätigkeit zumindest der Art und dem groben Inhalt nach umfassend darzustellen, um die Beurteilung ihres hoheitlichen oder nicht-hoheitlichen Charakters zu ermöglichen. Genießt die beklagte Partei Immunität und hat sie hierauf nicht verzichtet, ist die Klage durch Prozessurteil abzuweisen. Hierüber kann das Gericht gemäß § 280 Abs. 1 ZPO nach abgesonderter Verhandlung durch **Zwischenurteil** über die Zulässigkeit der Klage entscheiden. Besonderheiten gelten auch bei Streitigkeiten zwischen den in Deutschland **stationierten Streitkräften anderer Nato-Staaten** und ihren zivilen Beschäftigten. Für diese ist die deutsche Gerichtsbarkeit nach Maßgabe von Art. 56 Abs. 8 S. 2 des Zusatzabkommens zu dem Abkommen zwischen den Parteien des Nordatlantikvertrages über die Rechtsstellung ihrer Truppen hinsichtlich der in der Bundesrepublik Deutschland stationierten ausländischen Truppen (ZA-NTS)[471] gegeben.[472] Eine solche Streitigkeit aus dem Arbeitsverhältnis unterliegt nach Art. 56 Abs. 8 S. 1 des ZA-NTS der deutschen Gerichtsbarkeit. Nach S. 2 dieser Bestimmung sind Klagen gegen den Arbeitgeber nicht gegen diesen, sondern gegen die Bundesrepublik als Prozessstandschafterin für den Entsendestaat zu richten, unabhängig davon, dass die Arbeitgeberstellung des Entsendestaats erhalten bleibt.

2. Die Parteien des Kündigungsschutzprozesses

89   Ein Erfolg im Kündigungsschutzprozess setzt voraus, dass zum Zeitpunkt der Kündigung noch oder überhaupt ein Arbeitsverhältnis besteht.[473] Auch enthält ein rechtskräftiges Urteil, wonach das Arbeitsverhältnis der Parteien durch eine bestimmte Kündigung zu dem vorgesehenen Termin nicht aufgelöst worden ist, grundsätzlich die konkludente Feststellung, dass dieses Arbeitsverhältnis nicht zuvor durch andere Ereignisse aufgelöst worden ist.[474] Etwas anderes gilt, wenn der Kläger den Gegenstand eines Kündigungsschutzantrags (konkludent) auf die Wirksamkeit der angegriffenen Kündigung begrenzt.[475] Daher muss die Kündigungsschutzklage gegen den richtigen Arbeitgeber gerichtet werden. Eine gegen den falschen Arbeitgeber gerichtete Klage wahrt die Klagefrist nicht.[476] Da nur dem Arbeitnehmer das **höchstpersönliche Recht** der Kündigungsschutzklage zusteht, hat nur dieser die Aktivlegitimation, nicht etwa ein Dritter, auf den kraft gesetzlicher oder vertraglicher Zession Ansprüche übergegangen sind, die Unwirksamkeit der Kündigung des Arbeitgebers klageweise verfolgen.[477] Dies gilt auch für den Fall der Eröffnung eines **Verbraucherinsolvenzverfahrens**.[478] Verstirbt der Arbeitnehmer nach Ablauf der Kündigungsfrist, jedoch vor Ablauf der dreiwöchigen Klageerhebungsfrist, können die Erben Kündigungsschutzklage erheben,

---

[468] BAG 22.8.2012 – 5 AZR 949/11, NZA 2013, 343; 18.12.2014 – 2 AZR 1004/13, NZA-RR 2015, 546; BGH 25.10.2016 – VI ZR 678/15, NJW 2017, 827 Rn. 7.
[469] Vgl. dazu BAG 3.7.1996 – 2 AZR 513/95, NZA 1996, 1229: Der Kläger ist beweispflichtig; wieder offengelassen von BAG 18.12.2014 – 2 AZR 1004/13, NZA-RR 2015, 546.
[470] BAG 14.12.2017 – 2 AZR 216/17, NZA 2018, 739 Rn. 31.
[471] V. 3.8.1959 idF v. 18.3.1993 BGBl. 1994 II 2594. Keine Anwendung in Berlin und den neuen BL: § 3 Nr. 5, 6 Überleitungsgesetz v. 25.9.1990 BGBl. 1990 I 2106.
[472] BAG 20.2.2014 – 2 AZR 248/13, NZA-RR 2015, 380; 27.7.2017 – 2 AZR 476/16, NZA 2018, 234.
[473] BAG 24.5.2005 – 8 AZR 398/04, NZA 2005, 1302; 22.11.2012 – 2 AZR 732/11, NZA 2013, 665; 18.12.2014 – 2 AZR 163/14, NZA 2015, 635; 24.5.2018 – 2 AZR 67/18, NZA 2018, 1127 Rn. 20; Stahlhacke/Preis/Vossen Kündigung/*Vossen* Rn. 1886; ErfK/*Kiel* KSchG § 4 Rn. 18.
[474] BAG 22.11.2012 – 2 AZR 732/11, NZA 2013, 665; 18.12.2014 – 2 AZR 163/14, NZA 2015, 635; 24.5.2018 – 2 AZR 67/18, NZA 2018, 1127 Rn. 20.
[475] BAG 18.12.2014 – 2 AZR 163/14, NZA 2015, 635 mwN; 20.1.2016 – 7 AZR 535/13, BB 2016, 1850.
[476] BAG 21.9.2006 – 2 AZR 573/05, NZA 2007, 404; 1.3.2007 – 2 AZR 525/05, NZA 2007, 1013: Klage gegen eingetragene Partnerschaft; BAG 28.8.2008 – 2 AZR 279/07, NZA 2009, 221; 18.10.2012 – 6 AZR 41/11, NZA 2013, 1007: Entscheidend ist, dass die rechtliche Identität gewahrt bleibt; BAG 20.2.2014 – 2 AZR 248/13, NZA-RR 2015, 380.
[477] ErfK/*Kiel* KSchG § 4 Rn. 17; Schaub ArbR-HdB/*Linck* § 138 Rn. 22.
[478] BAG 12.8.2014 – 10 AZB 8/14, NZA 2014, 1155: Die Entscheidung über eine Klage gegen eine Arbeitgeberkündigung und die Prozessführungsbefugnis verbleiben beim Insolvenzschuldner.

um etwaige Annahmeverzugsansprüche über den Ablauf der Kündigungsfrist bis zum Zeitpunkt des Todes zu verfolgen.[479] Verstirbt der Arbeitnehmer während des Kündigungsschutzverfahrens liegt ein Fall der gesetzlichen Parteiwechsels durch Aufnahme des Rechtsstreits iSv § 239 Abs. 1, § 250 ZPO vor.[480] Die **Parteien** eines Prozesses werden vom Kläger in der Klageschrift bezeichnet. Ist diese Bezeichnung nicht eindeutig, so ist die Partei durch **Auslegung** zu ermitteln, die jederzeit und uneingeschränkt möglich ist. Es gehört zu den Geboten rechtsstaatlicher Verfahrensgestaltung, dem jedes Gerichtsverfahren genügen muss, dass die erforderliche Klarheit über die Person des Beklagten auch im Wege der Auslegung und der etwa sonst vorliegenden Unterlagen gewonnen werden kann.[481] Daher ist nicht allein die **formale Bezeichnung** der Partei für die Parteistellung maßgeblich, vielmehr kommt es auf die Wahrung der rechtlichen Identität zwischen der ursprünglich bezeichneten und der tatsächlich gemeinten Partei an. Auch bei offenkundig unrichtiger Bezeichnung ist diejenige Partei angesprochen, die erkennbar bei objektiver Würdigung des Erklärungsinhalts gemeint ist.[482] Dabei ist die **Parteifähigkeit** (§ 50 ZPO, § 10 ArbGG) von der **Prozessfähigkeit** (§ 52 ZPO) zu unterscheiden. Als Prozessvoraussetzungen sind diese von Amts wegen in allen Instanzen zu prüfen (§ 56 ZPO).[483] Eine Überprüfung der Parteifähigkeit und Prozessfähigkeit ist jedoch nur geboten, wenn hinreichende Anhaltspunkte für deren Fehlen vorliegen. So sind juristische Personen des öffentlichen und privaten Rechts, Gesellschaften, die nicht juristische Personen sind, etwa die OHG (§ 124 HGB), die KG (§ 161 Abs. 2 HGB), die Partnerschaft (§ 7 PartGG) und die am Rechtsverkehr teilnehmende BGB-Gesellschaft[484] aktiv und passiv parteifähig. Werden fälschlicherweise die Gesellschafter als Partei aufgeführt, ist das Rubrum zu berichtigen.[485] Verlegt eine ausländische Gesellschaft, die entsprechend ihrem Statut nach dem Recht des Gründungsstaates als rechtsfähige Gesellschaft zu behandeln wäre, ihren Verwaltungssitz nach Deutschland, so ist sie nach deutschem Recht jedenfalls eine rechtsfähige Personengesellschaft und damit vor den deutschen Gerichten aktiv und passiv parteifähig.[486] Bei Auflösung einer GmbH ist anerkannt, dass die Parteifähigkeit weder durch Auflösung noch durch Eintragung der Auflösung allein endet.[487] Eine aufgelöste juristische Person ist zum Zwecke der Schuldentilgung und Vermögensverteilung als fortbestehend zu behandeln.[488] Juristische Personen und Gesellschaften sind prozessunfähig, weil sie nur durch ihre gesetzlichen Vertreter handeln können. Die gesetzliche Vertretung ersetzt dabei die fehlende Prozessfähigkeit. So vertritt der Vorstand den rechtsfähigen Verein (§ 26 Abs. 2 BGB), die Stiftung (§ 86 BGB) und die AG (§ 78 Abs. 1 AktG), die im Falle des § 112 AktG vom Aufsichtsrat vertreten wird. Die GmbH wird durch ihre Geschäftsführer und die OHG, KG, BGB-Gesellschaft werden durch den oder die geschäftsführenden Gesellschafter (§§ 125, 161 Abs. 2 HGB, 714 BGB) und die Partnerschaftsgesellschaft durch die Partner (§ 7 Abs. 3 PartGG, § 125 HGB) vertreten. Nach Art. 56 Abs. 8 S. 2 des ZA-NTS ist bei einem Arbeitsverhältnis mit Stationierungsstreitkräften eine Kündigungsschutzklage nicht gegen den Arbeitgeber, sondern gegen die Bundesrepublik in Prozessstandschaft für den Arbeitgeber handelnd zu richten.[489] Da der Kläger für

---

[479] BAG 18.1.2012 – 7 AZR 112/08, NZA 2012, 575 Rn. 14 für den Fall der Befristung unter Hinweis auf § 4 KSchG; Schaub ArbR-HdB/*Linck* § 138 Rn. 22; ErfK/*Kiel* KSchG § 4 Rn. 17.
[480] BAG 18.1.2012 – 7 AZR 112/08, NZA 2012, 575 Rn. 14.
[481] BVerfG 9.8.1991 – 1 BvR 630/91, NJW 1991, 3140; BGH 15.5.2006 – II ZB 5/05, NJW-RR 2006, 1569; BAG 22.11.2012 – 2 AZR 732/11, NZA 2013, 665; 18.12.2014 – 2 AZR 163/14, NZA 2015, 635.
[482] BAG 22.11.2012 – 2 AZR 732/11, NZA 2013, 665; 18.12.2014 – 2 AZR 163/14, NZA 2015, 635.
[483] BGH 4.5.2004 – XI ZR 40/03, NJW 2004, 2523; BAG 21.5.2008 – 8 AZR 623/07, NZA-RR 2009, 75.
[484] BVerfG 2.9.2002 – 1 BvR 1103/02, NJW 2002, 3533; BGH 8.3.2004 – II ZR 175/02, NJW-RR 2005, 118; BAG 1.12.2004 – 5 AZR 597/03, NZA 2005, 318; 26.7.2007 – 8 AZR 769/06, NZA 2008, 118.
[485] BGH 14.9.2005 – VIII ZR 117/04, NJW-RR 2006, 42; BAG 1.3.2007 – 2 AZR 525/05, NZA 2007, 1013; 26.7.2007 – 8 AZR 769/06, NZA 2008, 118; vgl. dazu *Clasen* NJW 2007, 2887.
[486] BGH 1.7.2002 – II ZR 380/00, NJW 2002, 3539; EuGH 5.11.2002 – C-208/00, NJW 2002, 3614 – Überseering.
[487] BAG 22.3.1988 – 3 AZR 350/86, NZA 1988, 841; 24.6.2004 – 2 AZR 215/03, AP BGB § 613a Nr. 278.
[488] BAG 24.6.2004 – 2 AZR 215/03, AP BGB § 613a Nr. 278; 21.5.2008 – 8 AZR 623/07, NZA-RR 2009, 75.
[489] BAG 20.2.2014 – 2 AZR 248/13, NZA-RR 2015, 380.

die ordnungsgemäße Klageerhebung verantwortlich ist, gilt dies auch für die Frage der gesetzesgemäßen Vertretung. Der Vertretungsmangel führt zur **Abweisung** der Klage als **unzulässig**.[490] Eine nachträgliche Heilung des Vertretungsmangels ist jedoch möglich.

90 Die Rechtsprechung lässt im Hinblick auf die richtige Parteibezeichnung Großzügigkeit walten. Ergibt sich in einem Kündigungsschutzprozess etwa aus dem der Klageschrift **beigefügten Kündigungsschreiben** zweifelsfrei, wer als beklagte Partei gemeint ist, so liegt eine nach § 4 S. 1 KSchG **rechtzeitige** Klage auch dann vor, wenn auf Grund des bloßen Wortlauts der Klageschrift eine andere existierende oder nicht existierende, natürliche oder juristische Person als Partei bezeichnet worden ist.[491] Durch eine in Beschlussform gehaltene **prozessleitende Verfügung** erfolgt durch das Gericht eine Berichtigung des Rubrums, die jederzeit von Amts wegen vorgenommen und abgeändert werden kann.[492]

91 Eine Berichtigung des Rubrums scheidet allerdings dann aus, wenn auch bei objektiver Würdigung des Erklärungsinhalts die Partei nicht dieselbe bleibt, sondern im Wege der Parteiänderung eine andere Partei in den Prozess eingeführt wird.[493] Dies ist etwa der Fall, wenn die Klageschrift keinen Hinweis auf die Eröffnung eines Insolvenzverfahrens enthält und anstelle des Insolvenzverwalters in seiner Eigenschaft als Partei kraft Amtes die Schuldnerin eindeutig als Beklagte bezeichnet wird.[494]

92 Für die anwaltliche Praxis ist es daher unverzichtbar, der Kündigungsschutzklage das **Kündigungsschreiben** des Arbeitgebers beizufügen, weil dies für die Richtigstellung des Beklagtenrubrums von entscheidender Bedeutung sein kann.[495] So hat das BAG eine Rubrumsberichtigung für zulässig gehalten, wenn der Arbeitnehmer bei einer Kündigung des Arbeitsverhältnisses durch den Insolvenzverwalter die Klage zunächst gegen den Schuldner gerichtet hat, jedoch aus dem beigefügten Kündigungsschreiben des Insolvenzverwalters hervorging, dass dieser gekündigt hatte und damit Partei kraft Amtes war.[496] Enthält die Klageschrift dagegen keinen Hinweis auf ein eröffnetes Insolvenzverfahren und die Bestellung des Insolvenzverwalters und wird vielmehr der Schuldner eindeutig als Beklagter bezeichnet, kann die Klageschrift nur dahin aufgefasst und ausgelegt werden, dass sich die Klage allein gegen den Schuldner richten soll.[497] Eine Kündigungsschutzklage ist aber auch nach Eröffnung des Insolvenzverfahrens gegen den Schuldner zu richten, wenn dieser eine selbständige Tätigkeit ausübt und der Insolvenzverwalter das Vermögen aus dieser Tätigkeit gemäß § 35 Abs. 2 InsO aus der Insolvenzmasse freigegeben hat. Mit Zugang der Freigabeerklärung bei dem Schuldner fällt die Verwaltungs- und Verfügungsbefugnis über die zu diesem Zeitpunkt bestehenden Arbeitsverhältnisse ohne weitere Erklärung an den Schuldner zurück.[498] Richtet der Kläger die Kündigungsschutzklage gegen eine GmbH als phG einer OHG, obwohl er bei einer OHG beschäftigt war, ergibt sich jedoch aus dem

---

[490] BGH 28.4.1997 – II ZR 282/95, NJW 1997, 2324; BAG 4.7.2001 – 2 AZR 142/00, NJW 2002, 1444: Wendet sich ein ausgeschiedenes Vorstandsmitglied einer Aktiengesellschaft gegen die Kündigung seines für die Dauer der Vorstandstätigkeit angeblich ruhenden Arbeitsverhältnisses, ist seine Kündigungsschutzklage gem. § 112 AktG gegen die Aktiengesellschaft, vertreten durch den Aufsichtsrat zu richten, wenn die Kündigungsgründe in unmittelbarem Zusammenhang mit seiner Tätigkeit als Mitglied des Vertretungsorgans stehen.
[491] BAG 18.10.2012 – 6 AZR 41/11, NZA 2013, 1007; 20.2.2014 – 2 AZR 248/13, NZA-RR 2015, 380.
[492] BAG 27.11.2003 – 6 AZR 692/02, NZA 2004, 452 Rn. 31; 25.4.2013 – 6 AZR 49/12, NZI 2013, 758 Rn. 74; 21.8.2019 – 7 AZR 572/17, NZA 2019, 1709 Rn. 15 bei einer Klage gegen eine Behörde, die das Land betraf; 20.11.2019 – 5 AZR 578/18, NZA 2020, 386 Rn. 10 bei einer gegen die Partnerschaftsgesellschaft mbB zu richtenden Klage.
[493] BAG 13.12.2012 – 6 AZR 348/11, NZA 2013, 669 Rn. 41; 25.4.2013 – 6 AZR 49/12, NZI 2013, 758 Rn. 74.
[494] BAG 21.9.2006 – 2 AZR 573/05, NZA 2007, 404.
[495] BAG 21.2.2002 – 2 AZR 55/01, NZA 2002, 1112: Ausweislich des beigefügten Kündigungsschreibens war die Kündigung von der Sparkasse „im Namen des Zweckverbandes Sparkasse A" erklärt worden, während der Kläger die Klage gegen die Sparkasse gerichtet hatte.
[496] BAG 18.4.2002 – 8 AZR 346/01, NZA 2002, 1207; 18.10.2012 – 6 AZR 41/11, NZA 2013, 1007; 21.11.2013 – 6 AZR 979/11, NZA 2014, 276; vgl. auch GmS-OGB 27.9.2010 – GmS-OGB 1/09, NZA 2011, 534.
[497] BAG 21.9.2006 – 2 AZR 573/05, NZA 2007, 404.
[498] BAG 21.11.2013 – 6 AZR 979/11, NZA 2014, 276 Rn. 15; BGH 9.2.2012 – IX ZR 75/11, NJW 2012, 1361 Rn. 19, 20.

der Klage beigefügten Kündigungsschreiben und der Stellungnahme des Betriebsrats zweifelsfrei die Passivlegitimation der OHG, hat das BAG[499] eine Rubrumsberichtigung nicht beanstandet. Das beigefügte Kündigungsschreiben reichte dem BAG[500] ebenfalls für eine Rubrumsberichtigung, wenn der Kläger im Rubrum der Klageschrift den Bevollmächtigten seines Arbeitgebers als Beklagten benannt hat oder bei einer Partnergesellschaft oder BGB-Gesellschaft nicht diese als seine Arbeitgeberin, sondern die Gesellschafter verklagt hat.[501] Ein Vollkaufmann kann nach § 17 Abs. 2 HGB unter seiner Firma verklagt werden. Dies ändert nichts daran, dass der Kaufmann persönlich beklagte Partei ist, was durch ihre Beifügung zum Firmennamen zum Ausdruck kommen muss. Erhebt ein Arbeitnehmer gegen **den persönlich haftenden Gesellschafter** einer GmbH & Co. KG Kündigungsschutzklage, obwohl sein Arbeitgeber die GmbH & Co. KG ist, so fehlt es an der Passivlegitimation der beklagten Partei. Eine Berichtigung des Passivrubrums kommt nicht in Betracht, weil zwischen der GmbH einerseits und der GmbH & Co. KG andererseits keine rechtliche Identität besteht. Zum **Kommanditisten** einer KG unterhalten die Arbeitnehmer keine arbeitsvertraglichen Beziehungen. Anders als der persönlich unbeschränkt haftende Komplementär der KG vertritt der Kommanditist die Gesellschaft nicht nach außen (§§ 170, 161 Abs. 2, 125 Abs. 1 HGB) und ist von der Führung der Geschäfte ausgeschlossen (§ 164 S. 1 HGB).

Nach der Rechtsprechung des BGH[502] ist die **Außengesellschaft bürgerlichen Rechts** 93 (GbR), soweit sie durch Teilnahme am Rechtsverkehr eigene Rechte und Pflichten begründet, rechtsfähig und parteifähig, so dass sie für die Kündigungsschutzklage passiv legitimiert ist.[503] Sie muss in der Klageschrift ausreichend genau nach § 253 Abs. 2 Nr. 1 ZPO bezeichnet werden, wobei ein unterscheidungskräftiger Name mit dem sie im Rechtsverkehr – etwa dem Gesellschaftervertrag entsprechend – auftritt, ausreicht.[504] Fehlt ein derartiger Name, kann die Bezeichnung der Beklagten mit „Gesellschaft bürgerlichen Rechts" unter dem Zusatz „bestehend aus den Gesellschaftern (Namen)" oder Voranstellung der Namen der Gesellschafter (A&B GbR) erfolgen.[505] Geht es nicht nur um die Kündigungsschutzklage, sondern um zusätzliche Ansprüche auf Zahlung, ist es wegen der persönlichen Gesellschafterhaftung für den Kläger – wie bei der OHG – ratsam, neben der Gesellschaft auch die Gesellschafter persönlich zu verklagen. Das sollte immer dann erwogen werden, wenn nicht sicher ist, ob eine wirkliche Außengesellschaft mit Gesamthandsvermögen existiert (Prinzip der Akzessorietät der Gesellschafterhaftung).[506] Dies gilt auch dann, wenn mit der Kündigungsschutzklage zugleich **Vergütungsansprüche** aus Annahmeverzug (§ 615 BGB) oder auf Zahlung einer **Abfindung** (§§ 9, 10 KSchG) verbunden werden, weil ein nur gegen die Gesellschaft erstrittenes Urteil wegen der Verschiedenheit der Rechtssubjekte nicht zur Zwangsvollstreckung in das Vermögen der einzelnen Gesellschafter berechtigt.[507] Obsiegt der Kläger mit seinen Zahlungsansprüchen gegen die mitverklagten Gesellschafter, so kann er einschließlich der Kosten sowohl gegen die Gesellschafter, aber auch nach § 736 Abs. 2 BGB in das Gesellschaftsvermögen vollstrecken. Überdies sind die vertretungsberechtigten

---

[499] BAG 27.11.2003 – 2 AZR 692/02, NZA 2004, 452: Ein Beschluss, durch den das Arbeitsgericht vor Erlass eines Urteils das Rubrum „berichtigt", ist nicht der materiellen Rechtskraft fähig.
[500] BAG 15.3.2001 – 2 AZR 141/00, NZA 2001, 1267.
[501] BAG 1.3.2007 – 2 AZR 525/05, NZA 2007, 1013; vgl. auch BAG 26.7.2007 – 8 AZR 769/06, NZA 2008, 118; 28.8.2008 – 2 AZR 279/07, NZA 2009, 221: Die Klage war gegen ein F-Krankenhaus gerichtet.
[502] BGH 29.1.2001 – II ZR 331/00, NJW 2001, 1056; 15.1.2003 – XII ZR 300/99, NJW 2003, 1043; BAG 1.12.2004 – 5 AZR 597/03, NZA 2005, 318; BVerfG 2.9.2002 – 1 BvR 1103/02, NJW 2002, 3533; vgl. auch *Karsten Schmidt* NJW 2001, 993 ff.; *Diller* NZA 2003, 401 (403); KR/*Friedrich/Klose* KSchG § 4 Rn. 118; Stahlhacke/Preis/Vossen *Kündigung/Vossen* Rn. 1889.
[503] BAG 1.12.2004 – 5 AZR 597/03, NZA 2005, 318 Rn. 16; 17.7.2007 – 9 AZR 819/06, NZA 2008, 118 Rn. 14. Vgl. zu einer als Gesellschaft bürgerlichen Rechts geführten Anwaltssozietät: BAG 17.12.2014 – 5 AZR 663/13, NZA 2015, 992.
[504] BGH 4.12.2008 – V ZB 74/08, NJW 2009, 594 Rn. 20.
[505] BGH 4.12.2008 – V ZB 74/08, NJW 2009, 594 Rn. 20.
[506] Vgl. zur Annahme des Rechtsscheins einer Außensozietät bei Rechtsanwälten, die im Briefkopf der Kanzlei ohne Hinweis auf ein Angestelltenverhältnis aufgeführt sind: BAG 5.2.2004 – 8 AZR 112/03, NZA 2004, 540 Rn. 71.
[507] KR/*Friedrich/Klose* KSchG § 4 Rn. 118.

Gesellschafter in der Klageschrift aufzuführen.[508] Für die Zustellung der Kündigungsschutzklage reicht auf der Grundlage der Parteifähigkeit der GbR bei mehreren Vertretern (§§ 709, 714 BGB) die Zustellung an einen Vertreter aus (§ 170 Abs. 3 ZPO). Es liegt ein Parteiwechsel vor, wenn die Kündigungsschutzklage zunächst gegen die Gesellschafter erhoben worden ist und nunmehr gegen die rechtsfähige GbR gerichtet werden soll.[509]

94 Haben sich Angehörige freier Berufe zur Ausübung ihrer Berufe zusammengeschlossen und eine **Partnerschaft** gebildet (§ 1 PartGG) und ist die Partnerschaft im Verhältnis zu Dritten mit ihrer Eintragung in das Partnerschaftsregister wirksam geworden (§ 7 Abs. 1 PartGG), so kann sie wie eine OHG verklagt werden (§ 7 Abs. 2 PartGG, 124 HGB).[510] Sie wird vertreten durch die geschäftsführenden Partner (§ 7 Abs. 3 PartGG). Richtige Partei für eine Kündigungsschutzklage gegen eine Partnerschaftsgesellschaft ist deshalb die Gesellschaft selbst und sind nicht deren Gesellschafter.[511]

95 Die Frist nach § 4 S. 1, § 13 Abs. 1 S. 2 KSchG kann auch durch eine **hilfsweise** gegen den **richtigen** Arbeitgeber erhobene Kündigungsschutzklage gewahrt werden, obwohl eine eventuelle **subjektive** Klagehäufung unzulässig ist, weil die Klageerhebung gegen den Zweitbeklagten selbst unter einer Bedingung steht.[512] Auch die hilfsweise erhobene Kündigungsschutzklage ist zuzustellen und über ihre Zulässigkeit nach mündlicher Verhandlung durch Urteil zu entscheiden. Da der Zweckgehalt des § 4 KSchG darin besteht, dem Arbeitgeber alsbald Klarheit darüber zu verschaffen, ob der Arbeitnehmer die Kündigung hinnimmt oder ihre Unwirksamkeit gerichtlich geltend macht, kann auch eine unzulässige Klage diesen Zweck erfüllen.

96 **Besonderheiten** gelten für den **Betriebsübergang.** Bei einer **vor** einem **Betriebsübergang** (§ 613a BGB) noch vom **Veräußerer** als Arbeitgeber ausgesprochenen und dem Arbeitnehmer zugegangenen Kündigung ist die Kündigungsschutzklage gegen **diesen** zu richten. Dies gilt unabhängig davon, ob die Kündigungsschutzklage vor oder nach dem Betriebsübergang erhoben wird.[513] Der Arbeitgeber, der das Arbeitsverhältnis vor einem Betriebsübergang gekündigt hat, ist für die gerichtliche Klärung der Wirksamkeit der Kündigung auch nach dem Betriebsübergang passiv legitimiert. Erfolgt der Betriebsübergang **nach Klageerhebung** während des Prozesses, sind die §§ 265, 325 ZPO entsprechend anzuwenden.[514] Der Erwerber des Betriebs ist nicht berechtigt, ohne Zustimmung des Gegners den Prozess als Hauptpartei anstelle des Rechtsvorgängers zu übernehmen (§ 265 Abs. 2 S. 2 ZPO). Er kann sich jedoch am Rechtsstreit als **Nebenintervenient** beteiligen (§ 265 Abs. 2 S. 3 ZPO).[515] Unabhängig davon, dass der Nebenintervenient weder Partei ist noch verurteilt werden kann, darf er – wie aus § 66 Abs. 2 ZPO hervorgeht – selbstständig Rechtsmittel einlegen, soweit nicht die Hauptpartei ausdrücklich oder konkludent der Rechtsmitteleinlegung widerspricht.[516] Ob-

---

[508] BGH 14.2.2005 – II ZR 11/03, ZIP 2005, 524; 19.7.2010 – II ZR 56/09, NJW 2010, 2886 Rn. 6: Eine Gesellschaft bürgerlichen Rechts wird gerichtlich durch alle Gesellschafter vertreten, denen die Geschäftsführungsbefugnis zusteht, soweit der Gesellschaftsvertrag keine abweichenden Regelungen enthält.

[509] BGH 10.3.2011 – VII ZR 54/10, NJW 2011, 1453 Rn. 11.

[510] Schaub ArbR-HdB/*Linck* § 138 Rn. 23.

[511] BAG 1.3.2007 – 2 AZR 525/05, NZA 2007, 1013 Rn. 14.

[512] BAG 31.3.1993 – 2 AZR 467/92, NZA 1994, 237; zur Unzulässigkeit der subjektiven eventuellen Klagehäufung: BGH 25.9.1972 – II ZR 28/69, NJW 1972, 2302; BAG 23.2.2010 – 2 AZR 720/08; 24.9.2015 – 2 AZR 562/14, NZA 2016, 366; BGH 6.12.2006 – XII ZR 190/06, NJW 2007, 913; 10.3.2011 – VII ZR 54/10, NJW 2011, 1453 Rn. 21.

[513] BAG 20.3.1997 – 8 AZR 769/95, NZA 1999, 706; 24.8.2006 – 8 AZR 574/05, NZA 2007, 328; 16.2.2012 – 8 AZR 693/10, NZA-RR 2012, 465; *Düwell* NZA 2012, 761; Schaub ArbR-HdB/*Linck* § 138 Rn. 25.

[514] BAG 27.4.1995 – 8 AZR 197/94, NZA 1995, 1155; 19.11.2014 – 4 AZR 761/12, NZA 2015, 950 Rn. 23; 25.1.2018 – 8 AZR 309/16, NZA 2018, 933 Rn. 30.

[515] Kommt es nicht zu einem Zwischenstreit über die Zurückweisung der Nebenintervention, wird die Wirksamkeit des Beitritts erst im Folgeprozess zwischen dem Streitverkünder und dem Streitverkündungsempfänger geprüft: BGH 8.2.2011 – VI ZB 31/09, NJW 2011, 1078 Rn. 7 mwN.

[516] BAG 16.9.1986 – 3 AZR 72/85, AP ZPO § 67 Nr. 4; OLG Köln 30.6.2014 – 19 U 159/13: Der Streithelfer kann nicht im eigenen Namen, sondern nur für die Hauptpartei Berufung einlegen; BGH 24.5.2012 – VII ZR 24/11, NJW-RR 2012, 1042 Rn. 3: Der einfache Streithelfer (§ 66 ZPO) kann ein Rechtsmittel nur solange einlegen, wie die Rechtsmittelfrist für die Hauptpartei läuft.

wohl nach § 613a Abs. 1 BGB der Betriebserwerber neuer Arbeitgeber wird, kann der Betriebsveräußerer in dem gegen ihn geführten Kündigungsrechtsstreit trotz des Verlustes der Arbeitgeberstellung in **Prozessstandschaft** für den Erwerber einen **Beendigungsvergleich** abschließen. Jedenfalls kann der Erwerber den bisherigen Arbeitgeber dazu ermächtigen oder einen solchen Vergleich auch konkludent genehmigen (§§ 177 Abs. 1, 184 Abs. 1, 180 S. 2 BGB).[517] Die Genehmigung hat rückwirkende Kraft und kann formlos erteilt werden. Daran anknüpfend hat das LAG Köln[518] angenommen, dass die **Kündigung eines Betriebserwerbers** vor der wirksamen Ausübung eines rückwirkenden[519] Widerspruchs (§ 613a Abs. 6 BGB) gegen den Betriebsübergang unmittelbar für und gegen den Betriebsveräußerer wirkt, wenn dieser die Kündigung zumindest konkludent genehmigt. Werde die Kündigung nicht gemäß § 4 S. 1 KSchG angegriffen, gölte sie als von Anfang an rechtswirksam. Diese Auffassung ist abzulehnen, weil der während der Klageerhebungsfrist von drei Wochen nach Zugang der Kündigung erklärte Widerspruch aus dem Grund seiner Rückwirkung auf den Zeitpunkt des Betriebsübergangs[520] die Kündigung des Betriebserwerbers ins Leere gehen lässt. Aus gleichem Grund ist ein nach Ausübung des Widerspruchsrechts noch mit dem Betriebserwerber abgeschlossener **Aufhebungsvertrag** bedeutungslos.[521] Das Gestaltungsrecht des Widerspruchs ist fristgebunden und muss schriftlich innerhalb eines Monats nach Zugang der Unterrichtung vom Arbeitnehmer gegenüber dem bisherigen Arbeitgeber oder dem neuen Inhaber wahrgenommen werden, es sei denn, dass die dem Arbeitnehmer zuteil gewordene Information unterblieben ist oder unvollständig oder unrichtig war mit der Folge, dass eine zeitliche Grenze des Widerspruchs mangels Anlaufs der Widerspruchsfrist nicht eintritt.[522] Wird das Widerspruchsrecht letzterenfalls nach dem Betriebsübergang ausgeübt, wirkt es auf den Zeitpunkt des Betriebsübergangs zurück,[523] weil seine Ausübung bewirkt, dass die Rechtsfolgen des § 613a Abs. 1 S. 1 BGB von vornherein nicht eintreten.[524]

Stellt das Gericht in einem Kündigungsrechtsstreit zwischen Arbeitnehmer und bisherigem Betriebsinhaber rechtskräftig die Unwirksamkeit der von diesem ausgesprochenen Kündigung wegen Betriebsübergangs (§ 613a Abs. 4 BGB) fest, findet § 325 ZPO zu der vom Arbeitnehmer als Übernehmer des Betriebs in Anspruch genommenen Person **keine Anwendung**, wenn der Betriebsübergang **vor Eintritt der Rechtshängigkeit** der Kündigungsschutzklage erfolgt ist.[525] Mit der Feststellung der Unwirksamkeit der Kündigung nach § 613a Abs. 4 BGB wird im Kündigungsschutzprozess gegen den früheren Arbeitgeber nur eine **Vorfrage** für den Übergang des Arbeitsverhältnisses geklärt. Das entsprechende Urteil gegen den früheren Betriebsinhaber enthält jedoch **keine** den Erwerber bindende **Feststellung** darüber, ob ein **Betriebsübergang** stattgefunden hat.[526]

Es kann daher geboten sein, in subjektiver Klagehäufung gegen den **bisherigen** Arbeitgeber auf Feststellung zu klagen, dass das Arbeitsverhältnis durch eine von diesem ausgesprochene Kündigung nicht aufgelöst worden ist, und gegen den **Betriebsübernehmer** zugleich auf **Feststellung** zu klagen, dass mit ihm das beim bisherigen Arbeitgeber begründete Ar-

---

[517] BAG 24.8.2006 – 8 AZR 574/05, NZA 2007, 328.
[518] LAG Köln 5.10.2007 – 11 Sa 257/07, NZA-RR 2008, 5.
[519] Nur BAG 14.12.2006 – 8 AZR 763/05, NZA 2007, 682; 2.4.2009 – 8 AZR 178/07, AP BGB § 613a Widerspruch Nr. 9; 2.4.2009 – 8 AZR 318/07, AP BGB § 613a Widerspruch Nr. 8; *Gaul/Niklas* DB 2009, 452.
[520] BAG 20.5.2010 – 8 AZR 734/08, NZA 2010, 1295; zur Frage der Verwirkung bei mehreren Betriebsübergängen: BAG 19.11.2015 – 8 AZR 773/14, NZA 2016, 647 und allgemein: BAG 9.12.2010 – 8 AZR 592/08.
[521] BAG 2.4.2009 – 8 AZR 318/07, AP BGB § 613a Widerspruch Nr. 8.
[522] BAG 13.7.2006 – 8 AZR 305/05, NZA 2006, 1268; 20.5.2010 – 8 AZR 734/08, NZA 2010, 1295; ErfK/*Preis* BGB § 613a Rn. 93 ff. mwN.
[523] BAG 13.7.2006 – 8 AZR 305/05, NZA 2006, 1268; 20.5.2010 – 8 AZR 734/08, NZA 2010, 1295: Zum Annahmeverzug.
[524] BAG 21.8.2014 – 8 AZR 619/13, NZA 2014, 1405; 19.11.2015 – 8 AZR 773/14, NZA 2016, 647; vgl. auch BVerfG 25.1.2011 – 1 BvR 1741/09, NZA 2011, 400. Zur Verwirkung des Widerspruchsrechts: BAG 19.11.2015 – 8 AZR 773/14, NZA 2016, 647 Rn. 15, 26; 24.8.2017 – 8 AZR 265/16, NZA 2018, 168 Rn. 25; 28.2.2019 – 8 AZR 201/18, NZA 2019, 1279 Rn. 82.
[525] BAG 18.2.1999 – 8 AZR 485/97, NZA 1999, 648.
[526] BAG 4.3.1993 – 2 AZR 507/92, NZA 1994, 260.

beitsverhältnis mit unverändertem Inhalt fortbesteht.[527] Der Antrag gegen den Betriebsübernehmer könnte lauten : festzustellen, dass ein Arbeitsverhältnis zwischen dem Kläger und der Beklagten seit dem (Datum) zu den Bedingungen des Arbeitsvertrages mit (bisheriger Arbeitgeber) vom (Datum und späteren Änderungen v. Datum) besteht. Kommt es zu einer zeitgleichen und einheitlichen Klage gegen den bisherigen Betriebsinhaber wegen einer von diesem vor dem Betriebsübergang ausgesprochenen Kündigung und einer Klage gegen den neuen Betriebsinhaber, weil dieser den Betriebsübergang bestreitet, kann im Falle der Abweisung der Kündigungsschutzklage ein Wiedereinstellungsanspruch (Vertragsfortsetzungsanspruch)[528] gegen den neuen Betriebsinhaber in Betracht kommen.[529] Es geht hierbei um eine Klage nach § 894 ZPO, dh auf Abgabe einer Willenserklärung, die auf die Annahme des Angebots auf Abschluss eines Arbeitsvertrags gerichtet ist, die mit Rechtskraft der Verurteilung als abgegeben gilt.[530] Regelmäßig ist der auf die Abgabe eines Angebots zum Abschluss eines Arbeitsvertrags gerichtete Klageantrag nur dann hinreichend bestimmt iSv. § 253 Abs. 2 Nr. 2 ZPO, wenn der Klageantrag ggf. in Verbindung mit der Klagebegründung die wesentlichen Vertragsbedingungen im Hinblick auf die Art der Tätigkeit, ihren zeitlichen Umfang, die Vergütung, den Vertragsbeginn und die Dauer aufweist.[531] Da es um die Fortsetzung eines bereits mit dem bisherigen Betriebsinhaber abgeschlossenen Vertrags geht, könnte der Klageantrag unter Beifügung des bisherigen Vertrags lauten: die Beklagte zu verurteilen, das Vertragsangebot des Klägers auf Abschluss eines Fortsetzungsvertrags als in Vollzeit beschäftigter (Art der Tätigkeit) am Standort (Ort der Tätigkeit) mit Wirkung ab dem (Zeitpunkt des Betriebsübergangs) auf der Grundlage und zu den Vertragsbedingungen des zuvor zwischen dem Kläger und der X GmbH (bisheriger Arbeitgeber) vorhandenen Arbeitsvertrags vom (Zeitpunkt des Abschlusses) anzunehmen. Zu welchem Zeitpunkt die fingierte Annahmeerklärung des neuen Arbeitgebers wirkt, richtet sich nach materiellem Recht und ist der Zeitpunkt, zu dem der Arbeitnehmer berechtigt war, den Abschluss eines neuen Arbeitsvertrags vom Arbeitgeber zu verlangen (§ 311a BGB).[532] Da bei Prozessbeginn für den Arbeitnehmer regelmäßig nicht absehbar ist, ob er mit seiner Kündigungsschutzklage obsiegt, ist zudem zu erwägen, den Feststellungsantrag und den Antrag aus § 894 ZPO in ein Eventualverhältnis zu setzen. Allerdings gilt für das **Fortsetzungsverlangen** eines Arbeitnehmers gegenüber dem Betriebserwerber grundsätzlich die gleiche Frist wie für die Widerspruchserklärung, dh **ein Monat** nach Zugang der Unterrichtung gem. § 613a Abs. 5 BGB.[533] Der durch Fristablauf eintretende Verlust des Fortsetzungsanspruchs setzt voraus, dass gegenüber dem Arbeitnehmer eine der Regelung des § 613a Abs. 5 BGB entsprechende ordnungsgemäße Unterrichtung stattgefunden hat. Ist eine solche Unterrichtung unterblieben oder war sie fehlerhaft, kann das Fortsetzungsverlangen jedoch wegen Verwirkung ausgeschlossen sein.[534] Ein Fortsetzungsverlangen gegenüber dem Betriebserwerber wird sich auch dann verbieten, wenn der Arbeitnehmer in wirksamer Weise von seinem Widerspruchsrecht Gebrauch gemacht hat (§ 613a Abs. 6 BGB). Da im Falle einer Klage nach § 894 ZPO noch kein Arbeitsverhältnis zu dem neuen Betriebsinhaber besteht, lässt sich mit dieser Klage kein erfolgreicher Antrag auf Weiterbeschäftigung verbinden.[535] Werden Betriebsveräußerer und Betriebserwerber in **demselben Rechtsstreit** als Arbeitgeber auf Feststellung nach § 4 S. 1 KSchG und Fortbestand des Arbeitsverhältnisses verklagt, sind sie

---

[527] BAG 4.3.1993 – 2 AZR 507/92, NZA 1994, 260; 8.8.2002 – 8 AZR 583/01, NZA 2003, 315.
[528] Ein Wiedereinstellungsanspruch steht grundsätzlich nur Arbeitnehmern mit Kündigungsschutz zu: BAG 19.10.2017 – 8 AZR 845/15, NZA 2018, 436 Rn. 14: Keine Anwendung auf Kleinbetriebe.
[529] Näher dazu → § 48 Rn. 100.
[530] Unzutreffend daher BAG 27.1.2011 – 8 AZR 326/09, NZA 2011, 1162 Rn. 11, das eine Feststellungsklage des Fortbestandes des Arbeitsverhältnisses nicht beanstandet hat, obwohl die Kündigungsschutzklage rechtskräftig abgewiesen worden war. Zutreffend aber BAG 25.10.2007 – 8 AZR 989/06, NZA 2008, 357 Rn. 14.
[531] Näher dazu BAG 22.10.2019 – 1 AZR 217/18, NZA 2020, 181 Rn. 14.
[532] Nur BAG 24.9.2019 – 9 AZR 435/18, NZA 2020, 340 Rn. 24 mwN.
[533] BAG 27.1.2011 – 8 AZR 326/09, NZA 2011, 1162.
[534] BAG 8.8.2002 – 8 AZR 583/01, NZA 2003, 315; 27.1.2011 – 8 AZR 326/09, NZA 2011, 1162.
[535] BAG 17.3.2015 – 9 AZR 702/13, NZA 2016, 124 Rn. 28: Ein erfolgreicher Beschäftigungsantrag setzt grundsätzlich das Bestehen eines Arbeitsverhältnisses voraus.

keinen notwendigen Streitgenossen (§ 62 Abs. 1 ZPO), vielmehr **einfache Streitgenossen** (§ 59 2. Alt. ZPO). Haben Betriebsveräußerer und Betriebserwerber verschiedene allgemeine Gerichtsstände, so ist das zuständige Gericht nach § 36 Nr. 3 ZPO zu bestimmen.[536] Ist zwischen den Parteien streitig, **ob überhaupt oder zu welchem Zeitpunkt ein Betriebsübergang** stattgefunden hat, und hat der bisherige Arbeitgeber gekündigt, muss der Arbeitnehmer vorsorglich innerhalb der Klageerhebungsfrist aus § 4 S. 1 KSchG gegen den **bisherigen Arbeitgeber** Kündigungsschutzklage erheben, um den Eintritt der Fiktionswirkung aus § 7 KSchG zu vermeiden. Außerdem sollte er gegen den **potentiellen Betriebserwerber** eine allgemeine Feststellungsklage (§ 256 ZPO) auf Fortbestand des Arbeitsverhältnisses oder eine Vertragsfortsetzungsklage erheben. Eine nur **hilfsweise** erhobene Feststellungsklage oder Vertragsfortsetzungsklage gegen den neuen Betriebsinhaber auf Fortbestand des Arbeitsverhältnisses oder auf eine Vertragsfortsetzung (Wiedereinstellung) ist **unzulässig.**[537] Eine eventuelle subjektive Klagehäufung würde bis zum Ende des Rechtsstreits in der Schwebe lassen, ob gegen einen von mehreren Beklagten überhaupt Klage erhoben worden ist.[538] Der Kläger kann aber eine subjektive Eventualklage in eine unbedingte Klage ändern und damit die Bedingung nachträglich fallen lassen. Gehen Arbeitgeber und Arbeitnehmer zunächst rechtsirrtümlich von einem Betriebsübergang auf einen neuen Betriebsinhaber (Arbeitgeber) aus, kann der Arbeitnehmer jederzeit den wahren Arbeitgeber klageweise auf Feststellung in Anspruch nehmen (§ 256 ZPO), dass zwischen den Parteien über das Datum des angenommenen Betriebsübergangs hinaus ein ungekündigtes Arbeitsverhältnis zu unveränderten Vertragsbedingungen auf der Grundlage des Arbeitsvertrags vom (Datum) besteht.[539] Insofern kommt keine sog. negative Betriebsübergangsfeststellungsklage, wonach kein Übergang des Arbeitsverhältnisses infolge eines Betriebsübergangs auf einen neuen Arbeitgeber stattgefunden hat, in Betracht.[540] Voraussetzung für die begehrte Feststellung bei einem vermeintlichen Betriebsübergang ist auch nicht, dass der Arbeitnehmer in analoger Anwendung von § 613a Abs. 6 BGB von seinem Widerspruchsrecht Gebrauch macht, um die Rechtsfolgen des § 613a Abs. 1 S. 1 BGB nicht eintreten zu lassen, weil der Widerspruch mangels Arbeitgeberwechsels ins Leere ginge.[541]

Hat nach einem vermeintlichen Betriebsübergang, der rechtlich nicht stattgefunden hat, der Veräußerer das Arbeitsverhältnis gekündigt, hat das BAG[542] die Möglichkeit erwogen, dass der Arbeitnehmer sowohl gegen den Betriebserwerber als auch gegen den kündigenden Betriebsveräußerer eine „**Betriebsübergangs-Feststellungsklage**" (§ 256 ZPO) mit dem Antrag erheben kann, *„festzustellen, dass das Arbeitsverhältnis vor Zugang der Kündigung von dem Veräußerer (Beklagten zu 1.) auf den Erwerber (Beklagter zu 2.) übergegangen ist"* und diesen Feststellungsantrag gegenüber dem kündigenden Veräußerer mit einer *hilfsweise zu erhebenden Kündigungsschutzklage* verbinden darf.[543] Bei der hilfsweise erhobene Kündigungsschutzklage handelte es sich um eine objektive Eventualklage innerhalb eines zum Veräußerer bereits unbedingt bestehenden Prozessrechtsverhältnisses. Da die Entscheidung über die zwingend gegen beide potenzielle Arbeitgeber gemeinsam zu richtende Betriebsübergangs-Feststellungsklage aus Gründen des materiellen Rechts nur einheitlich erge-

---

[536] BAG 25.4.1996 – 5 AS 1/96, NZA 1996, 1062.
[537] Dazu RG 6.6.1904 – VI 456/03, RGZ 58, 248; BAG 23.2.2010 – 2 AZR 720/08 Rn. 35 mwN; 23.2.2010 – 2 AZR 959/08, AP KSchG 1969 § 18 Nr. 6; 24.9.2015 – 2 AZR 562/14, NZA 2016, 366.
[538] BAG 11.12.1997 – 8 AZR 729/96, NZA 1998, 534; 12.11.1998 – 8 AZR 265/97, NZA 1999, 311; 24.9.2015 – 2 AZR 562/14, NZA 2016, 366.
[539] BAG 25.1.2018 – 8 AZR 309/16, NZA 2018, 933 Rn. 24.
[540] Vgl. dazu BAG 24.9.2015 – 2 AZR 562/14, NZA 2016, 366 Rn. 22.
[541] BAG 25.1.2018 – 8 AZR 309/16, NZA 2018, 933 Rn. 27, 63.
[542] BAG 24.9.2015 – 2 AZR 562/14, NZA 2016, 366 Rn. 22. Der Antrag könnte lauten: Es wird gegenüber den Beklagten zu 1) und 2) festgestellt, dass das Arbeitsverhältnis des Klägers vor Zugang der Kündigung der Beklagten zu 1) am ...... von der Beklagten zu 1) auf die Beklagte zu 2) übergangen ist und zu der Beklagten zu 2) seitdem ein ungekündigtes Arbeitsverhältnis besteht. Ablehnend BAG 25.1.2018 – 8 AZR 309/16, NZA 2018, 933 Rn. 24.
[543] BAG 21.2.2013 – 8 AZR 877/11, AP BGB § 613a Nr. 440; 24.9.2015 – 2 AZR 562/14, NZA 2016, 366 unter Hinweis auf die Gefahr widersprüchlicher Entscheidungen; vgl. Dazu auch *Kloppenburg* jurisPR-ArbR 32/2016 Anm. 2; *Schuster* ArbR 2016, 146.

hen kann, bestünde zwischen den Beklagten insofern eine notwendige Streitgenossenschaft iSv § 62 ZPO. Mit dieser Verfahrensweise würde der Kläger eine in subjektiver Hinsicht bedingte unzulässige Klagehäufung vermeiden und müsste den von ihm für unbegründet erachteten Kündigungsschutzantrag nicht als unbedingten Antrag stellen. Da ein erfolgreicher Kündigungsschutzprozess unabdingbar voraussetzt, dass zum Zeitpunkt der Kündigung noch oder überhaupt ein Arbeitsverhältnis besteht, und die stattgebende rechtskräftige Entscheidung über einen Antrag gemäß § 4 S. 1 KSchG zugleich die Feststellung enthält, dass zwischen den Parteien im Zeitpunkt des Zugangs der Kündigung ein Arbeitsverhältnis existiert,[544] ist eine Kündigungsschutzklage gegen einen **Betriebsveräußerer**, der die Kündigung **nach** einem **Betriebsübergang** ausgesprochen hat, als unbegründet abzuweisen.[545] Die Betriebsübergangs-Feststellungsklage ist jedoch dem Zulässigkeitsbedenken ausgesetzt, dass sie die Vorfrage eines Rechtsverhältnisses und kein feststellungsfähiges Rechtsverhältnis iSd § 256 ZPO betrifft. Gleichwohl ist der damit verbundene hilfsweise gestellte Kündigungsschutzantrag zulässig, weil er gegen einen der Beklagten (Betriebsveräußerer) objektiv bedingt zur Entscheidung gestellt wird, falls der Hauptantrag als unzulässig oder unbegründet abgewiesen wird.[546] Vorsorglich sollte allerdings schriftsätzlich die innerprozessuale Bedingung auch auf die Unzulässigkeit des Hauptantrags erstreckt werden, um der Gefahr der Fiktionswirkung von § 7 KSchG zu begegnen.

100 Der auf Abgabe einer auf den Abschluss eines Arbeitsvertrages gerichteten **Willenserklärung** (§ 894 ZPO) gerichtete Anspruch des Arbeitnehmers auf **Wiedereinstellung/Fortsetzung** des Arbeitsverhältnisses gegenüber dem Arbeitgeber bzw. Betriebserwerber kommt grundsätzlich **nach wirksamer betriebsbedingter Kündigung** als Nebenpflicht aus dem Arbeitsverhältnis (§§ 611, 241 Abs. 2, 242 BGB) in Betracht, wenn es trotz einer ursprünglich vorgesehenen Stilllegung des Betriebes oder eines Wegfalls der Beschäftigungsmöglichkeit aus anderen Gründen nachträglich zu einem Betriebsübergang und damit zur Fortführung des Betriebes oder der Entstehung eines anderen Weiterbeschäftigungsmöglichkeit für den Arbeitnehmer kommt.[547] Dies gilt jedenfalls dann, wenn sich die Weiterbeschäftigungsmöglichkeit für den Arbeitnehmer durch Betriebsübergang noch **während des Laufs der Kündigungsfrist** ergibt[548] und der Betriebserwerber mit Rücksicht auf die Wirksamkeit der Kündigung noch keine Disposition getroffen hat und ihm die unveränderte Fortsetzung des Arbeitsverhältnisses zumutbar ist.[549] Ausnahmsweise hat das BAG auch dann einen Fortsetzungsanspruch des Arbeitnehmers gegenüber dem neuen Betriebsinhaber bejaht, wenn der Betriebsübergang zwar erst am Tag nach Ablauf der Kündigungsfrist stattfand, die Weiterbeschäftigungsmöglichkeit jedoch schon während des Laufs der Kündigungsfrist entstanden und die ursprünglich bei Ausspruch der Kündigung anzustellende Prognose dadurch während des Laufs der Kündigungsfrist unzutreffend geworden war.[550] Dies ist zB der Fall, wenn bereits während des Laufs der Kündigungsfrist der Betriebsübergang zwar beschlossen wurde, aber erst nach Ablauf der Kündigungsfrist vollzogen worden ist. Dann geht der noch während des Bestandes des Arbeitsverhältnisses entstehende Wiedereinstellungsan-

---

[544] BAG 27.10.2005 – 8 AZR 568/04, NZA 2006, 668; 27.9.2007 – 8 AZR 941/06, NZA 2008, 1130; 22.11.2012 – 2 AZR 732/11, NZA 2013, 665; 18.12.2014 – 2 AZR 163/14, NZA 2015, 635; 22.11.2012 – 2 AZR 732/11, NZA 2013, 665; 18.12.2014 – 2 AZR 163/14, NZA 2015, 635.

[545] BAG 18.3.1999 – 8 AZR 306/98, NZA 1999, 706; 18.4.2002 – 8 AZR 346/01, NZA 2002, 1207; 27.10.2005 – 8 AZR 568/04, NZA 2006, 668; 15.12.2005 – 8 AZR 202/05, NZA 2006, 597; *Müller-Glöge* NZA 1999, 449 (456); *Preis/Steffan* DB 1998, 309 (310).

[546] BAG 21.1.2020 – 1 AZR 149/19 Rn. 18, 19. AA aber ErfK/*Kiel* KSchG § 4 Rn. 20.

[547] BAG 25.10.2007 – 8 AZR 989/06, NZA 2008, 357; 25.9.2008 – 8 AZR 607/07, NZA-RR 2009, 469; 15.12.2011 – 8 AZR 197/11, NZA-RR 2013, 179 Rn. 37; 26.1.2017 – 2 AZR 61/16, NZA 2017, 1199 Rn. 33; 19.10.2017 – 8 AZR 845/15, NZA 2018, 436 Rn. 15, 16; vgl. dazu *Preis/Steffan* DB 1998, 309; *Müller-Glöge* NZA 1999, 449 (455); zur dogmatischen Begründung: *Langenbucher* ZfA 1999, 299 (306 ff.).

[548] BAG 13.5.2004 – 8 AZR 198/03, AP BGB § 613a Nr. 264; 28.10.2004 – 8 AZR 199/04, NZA 2005, 405; 26.1.2017 – 2 AZR 61/16, NZA 2017, 1199 Rn. 33; 19.10.2017 – 8 AZR 845/15, NZA 2018, 436 Rn. 15, 16; *Moll* KTS 2002, 635 (648); ErfK/*Preis* BGB § 613a Rn. 30, 163 ff.

[549] BAG 27.2.1997 – 2 AZR 160/96, NZA 1997, 757 Rn. 26 ff.; 26.1.2017 – 2 AZR 61/16, NZA 2017, 1199 Rn. 33; 19.10.2017 – 8 AZR 845/15, NZA 2018, 436 Rn. 15, 16; ErfK/*Preis* BGB § 613a Rn. 30, 163 ff.

[550] BAG 13.11.1997 – 8 AZR 295/95, NZA 1998, 251; 25.10.2007 – 8 AZR 989/06, NZA 2008, 357; 15.12.2011 – 8 AZR 197/11, NZA-RR 2013, 179; 19.10.2017 – 8 AZR 845/15, NZA 2018, 436 Rn. 16.

spruch nach § 613a Abs. 1 S. 1 BGB auf den Betriebsübernehmer über, wenn der Betriebsübergang unmittelbar im Anschluss an den Ablauf der Kündigungsfrist stattfindet.[551] Der Arbeitnehmer hat **unverzüglich nach Kenntniserlangung** von den den Betriebsübergang ausmachenden tatsächlichen Umständen sein Fortsetzungsverlangen an den Betriebserwerber zu richten. Entsprechend der Frist zur Ausübung des Widerspruchsrechts muss auch das Wiedereinstellungs- oder Fortsetzungsverlangen binnen einer **Frist von einem Monat** gegenüber dem Betriebserwerber geltend gemacht werden.[552] Führt nach Ausspruch der Kündigung der bisherige Betriebsinhaber zunächst den Betrieb bis über den Ablauf der Kündigungsfrist des gekündigten Arbeitnehmers fort und wird der Betrieb erst nach Ablauf der Kündigungsfrist auf den Erwerber übertragen, ist eine Wiedereinstellungsklage gegen den bisherigen Betriebsinhaber zu verfolgen.[553] Findet **nach Ablauf** der Kündigungsfrist einer **insolvenzbedingten Kündigung** (§ 113 InsO) ein Betriebsübergang statt, besteht kein Anspruch auf Wiedereinstellung bzw. Fortsetzung des Arbeitsverhältnisses beim Betriebsübernehmer, wobei gleichgültig ist, ob es sich um eine zerschlagende oder sanierende Insolvenz handelt.[554] Unionsrechtliche Gesichtspunkte stehen dieser Bewertung nicht entgegen, weil nach Art. 3 Abs. 1 RL 2001/23/EG nur die Rechte und Pflichten aus bestehenden Arbeitsverhältnissen auf den Betriebserwerber übergehen und der Betriebsübergangsrichtlinie Wiedereinstellungsansprüche an keiner Stelle zu entnehmen sind. Diese Grundsätze beanspruchen keine Geltung, wenn es um den Übergang eines **ungekündigten** Arbeitsverhältnisses auf den Betriebserwerber geht.[555] Will sich ein Arbeitnehmer nach einem Betriebsübergang lediglich darauf berufen, er sei nach § 613a Abs. 1 S. 1 BGB Arbeitnehmer des neuen Betriebsinhabers geworden, so kann er eine **allgemeine Feststellungsklage** nach § 256 ZPO nur gegen den **neuen Betriebsinhaber** erheben.[556] Wird dem Arbeitnehmer vom bisherigen Arbeitgebers für den Fall eines betriebsbedingten Verlustes des Arbeitsplatzes bei dem neuen Betriebsinhaber eine **Wiedereinstellungszusage** erteilt, die lediglich schuldrechtlich zu einer vertraglich begründeten Wiedereinstellungspflicht führt, ist dieser Anspruch vom Arbeitnehmer durch Klage auf Abgabe einer Willenserklärung geltend zu machen (§ 894 ZPO).[557] Im Hinblick darauf, dass vor Rechtskraft einer stattgebenden Entscheidung (§ 894 ZPO) kein Arbeitsverhältnis der Parteien besteht, ist ein Antrag auf (tatsächliche) Weiterbeschäftigung unbegründet.[558]

Grundsätzlich richtet sich der **Auflösungsantrag** des Arbeitnehmers nach § 9 Abs. 1 S. 1 KSchG ebenfalls gegen den Arbeitgeber, der die Kündigung ausgesprochen hat. Besonderheiten können sich jedoch daraus ergeben, dass im Laufe der Kündigungsfrist ein Betriebsübergang stattfindet. Hat der Arbeitnehmer gegen den Arbeitgeber, der ihm gekündigt hat, eine Kündigungsschutzklage erhoben und wird **nach** deren Rechtshängigkeit und **vor** Ablauf der Kündigungsfrist der Betrieb gemäß § 613a S. 1 BGB übertragen, kann der Arbeitnehmer einen bisher nicht gestellten **Auflösungsantrag** nur gegenüber dem **neuen Betriebsinhaber** klageweise verfolgen.[559] Eine gerichtliche Auflösung durch gestaltendes Urteil kann nämlich nur in Betracht kommen, wenn das Arbeitsverhältnis zu dem gesetzlich zwingend vorgeschriebenen Auflösungszeitpunkt noch bestanden hat.[560] Der frühere Arbeitgeber ver-

101

---

[551] BAG 25.10.2007 – 8 AZR 989/06, NZA 2008, 357; 15.12.2011 – 8 AZR 197/11, NZA-RR 2013, 179.
[552] BAG 25.10.2007 – 8 AZR 989/06, NZA 2008, 357; 27.1.2011 – 8 AZR 326/09, NZA 2011, 1162; *Luke* NZA 2005, 92 tritt für eine entsprechende Anwendung von § 4 S. 1 KSchG ein, nachdem der Betriebsübernehmer den Antrag auf Wiedereinstellung abgelehnt hat.
[553] BAG 19.10.2017 – 8 AZR 845/15, NZA 2018, 436 Rn. 21.
[554] BAG 13.5.2004 – 8 AZR 198/03, AP BGB § 613a Nr. 264 Rn. 19, 35, 37; 28.10.2004 – 8 AZR 199/04, NZA 2005, 405 Rn. 28, 29; vgl. auch *Moll* KTS 2002, 635 (648); *Annuß* ZInsO 2001, 48 (59); Tschöpe ArbR-HdB/*Fuhlrott* Betriebsübergang Rn. 93; ErfK/*Preis* BGB § 613a Rn. 163; zum Betriebsübergang in der Insolvenz Staudinger/*Annuß* BGB § 613 Rn. 356 ff.
[555] Zur Frage des rechtzeitigen Fortsetzungsverlangens → Rn. 97.
[556] BAG 16.3.1989 – 2 AZR 726/87; 27.1.2011 – 8 AZR 326/09, NZA 2011, 1162.
[557] BAG 26.4.2006 – 7 AZR 190/05, AP BGB § 611 Wiedereinstellung Nr. 1; 17.3.2015 – 9 AZR 702/13, NZA 2016, 124.
[558] BAG 17.3.2015 – 9 AZR 702/13, NZA 2016, 124.
[559] BAG 20.3.1997 – 8 AZR 769/95, NZA 1997, 937.
[560] BAG 24.5.2005 – 8 AZR 246/04, NZA 2005, 1178; 23.2.2010 – 2 AZR 554/08, NZA 2010, 1123.

liert für den Auflösungsantrag seine Passivlegitimation, weil das Arbeitsverhältnis des Arbeitnehmers zu dem **neuen** Arbeitgeber aufgelöst werden soll. Für den **nach Betriebsübergang** gestellten Auflösungsantrag entfällt eine Prozessführungsbefugnis des bisherigen Arbeitgebers. Das BAG[561] lässt allerdings ausdrücklich offen, ob eine entsprechende Anwendung der §§ 265, 325 ZPO auf den **vor** Betriebsübergang gestellten Auflösungsantrag in Betracht kommt. Ein **Arbeitgeber,** der eine Kündigung **vor** einem Betriebsübergang ausgesprochen hat, kann trotz des Verlustes der Arbeitgeberstellung durch einen Betriebsübergang einen Auflösungsantrag nach § 9 Abs. 1 S. 2 KSchG jedenfalls dann stellen, wenn der Auflösungszeitpunkt zeitlich vor dem Betriebsübergang liegt.[562] Grundsätzlich scheitert eine Auflösung des Arbeitsverhältnisses nicht schon daran, dass das Arbeitsverhältnis der Parteien im Zeitpunkt der letzten mündlichen Verhandlung bereits beendet war. Allerdings ist in einem solchen Fall ein anderer als der sonst vorgesehene Beurteilungszeitpunkt maßgeblich. Die bei der Beurteilung eines Auflösungsantrags anzustellende **Prognose** kann sich nur auf den Zeitpunkt zwischen dem Termin, zu dem die Kündigung gewirkt hätte und dem Zeitpunkt des Betriebsübergangs beziehen.[563]

3. Anwendungsbereich und Klageerhebungsfrist des § 4 KSchG

102   Gemäß § 4 S. 1 KSchG in der Fassung des Gesetzes zu Reformen am Arbeitsmarkt vom 24.12.2003[564] (Art. 1 Nr. 3) muss der Arbeitnehmer seit dem 1.1.2004 (Art. 5) die **Rechtsunwirksamkeit** der Kündigung **unabhängig** von dem **Grund** der **Unwirksamkeit** innerhalb einer Frist von drei Wochen **nach Zugang** der schriftlichen Kündigung durch Klageerhebung beim Arbeitsgericht geltend machen, um den Eintritt der Fiktionswirkung aus § 7 KSchG zu vermeiden. Der Gesetzgeber wollte damit eine **Vereinheitlichung der Klagefrist** erreichen. Daher ist es gleichgültig, ob es sich um eine ordentliche oder außerordentliche Kündigung aus wichtigem Grunde handelt. Die Klagefrist des § 4 S. 1 KSchG ist auch einzuhalten, wenn die ordentliche Kündigung gegen das Kündigungsverbot aus § 15 Abs. 3 TzBfG verstößt.[565] Nach § 23 Abs. 1 S. 3 KSchG gilt die Klageerhebungsfrist aus § 4 KSchG mit der Fiktionswirkung aus § 7 KSchG auch für Arbeitnehmer in einem sog. Kleinbetrieb, die ohne das Erfordernis einer besonderen Rechtfertigung nach § 1 Abs. 2 KSchG vom Arbeitgeber gekündigt werden dürfen.[566] Die Klagefrist greift auch bei Kündigungen innerhalb der ersten sechs Monate des Arbeitsverhältnisses, in denen der Arbeitnehmer wegen Nichterfüllung der Wartezeit noch keinen Kündigungsschutz iSd KSchG hat.[567] Für die **außerordentliche Kündigung** sieht § 13 Abs. 1 S. 2 KSchG ebenfalls die Klageerhebungsfrist nach Maßgabe des § 4 S. 1 KSchG vor, wenn sich der Arbeitnehmer auf die Rechtsunwirksamkeit berufen will.[568] Davon macht auch eine gegen die **guten Sitten** verstoßende ordentliche oder außerordentliche Kündigung nach § 13 Abs. 2 KSchG keine Ausnahme. Will der Arbeitnehmer mit diesem Unwirksamkeitsgrund die Kündigung angreifen, hat er die Klageerhebungsfrist des § 4 S. 1 KSchG einzuhalten.[569]

---

[561] BAG 20.3.1997 – 8 AZR 769/95, NZA 1997, 937.
[562] BAG 24.5.2005 – 8 AZR 246/04, NZA 2005, 1178; 23.2.2010 – 2 AZR 554/08, NZA 2010, 1123.
[563] BAG 23.2.2010 – 2 AZR 554/08, NZA 2010, 1123.
[564] BGBl. 2003 I 3002.
[565] BAG 22.7.2010 – 6 AZR 480/09, NZA 2010, 1142, weil der befristete Vertrag keine Kündigungsmöglichkeit vorsieht und keine entsprechende tarifliche Kündigungsmöglichkeit besteht.
[566] BAG 5.12.2019 – 2 AZR 107/19, NZA 2020, 171 Rn. 21. Zur Frage der verfassungsrechtlichen Unbedenklichkeit: BAG 2.3.2017 – 2 AZR 427/16, NZA 2017, 859 Rn. 27. Arbeitnehmer zählen für die Bestimmung der Betriebsgröße iSd § 23 Abs 1 S. 3 KSchG nur mit, wenn sie in die betriebliche Struktur eingebunden sind: BAG 19.7.2016 – 2 AZR 468/15, NZA 2016, 1196 Rn. 15, 20.
[567] BAG 9.2.2006 – 6 AZR 283/05, NZA 2006, 1207 Rn. 17, 18.
[568] BAG 28.6.2007 – 6 AZR 873/06, NZA 2007, 972 bei fristloser Kündigung innerhalb der sechsmonatigen Wartezeit (§ 1 Abs. 1 KSchG) unter Aufgabe von BAG 17.8.1972 – 2 AZR 415/71, AP BGB § 626 Nr. 65; BAG 14.12.2017 – 2 AZR 86/17, NZA 2018, 646 Rn. 16. Zur Änderungskündigung (§ 4 S. 2 KSchG) vgl. näher → § 46.
[569] Vgl. dazu → Rn. 1 und BAG 5.4.2001 – 2 AZR 185/00, NZA 2001, 890; 15.11.2012 – 6 AZR 339/11, NZA 2013, 429 Rn. 14; vgl. auch BAG 20.3.2014 – 2 AZR 1071/12, NZA 2014, 1131; 5.12.2019 – 2 AZR 107/19, NZA 2020, 171.

Mit § 13 Abs. 3 KSchG stellt der Gesetzgeber klar, dass mit Ausnahme der §§ 4 bis 7 **103**
KSchG die sonstigen Vorschriften der §§ 1 bis 14 KSchG nicht gelten sollen, wenn eine
Kündigung **aus anderen** als den in § 1 Abs. 2 und 3 KSchG bezeichneten Gründen rechtsunwirksam ist. Von der Rechtsunwirksamkeit einer **außerordentlichen oder sittenwidrigen**
Kündigung abgesehen, bei deren Vorliegen nur der **Arbeitnehmer** einen Auflösungsantrag
nach § 9 Abs. 1 S. 1 KSchG stellen kann (§ 13 Abs. 1 S. 3, Abs. 2 KSchG), sind bei aus **sonstigen Gründen** unwirksamen Kündigungen weder die sechsmonatige Wartezeit nach § 1
Abs. 1 KSchG noch die Bestimmungen über die gerichtliche Auflösung des Arbeitsverhältnisses nach den §§ 9, 10 KSchG anwendbar.[570]

Jede Beendigungskündigung eines Arbeitsverhältnisses,[571] unabhängig davon, ob sie vom **104**
Arbeitgeber oder Arbeitnehmer ausgesprochen wird, oder ob es sich um eine ordentliche
oder außerordentliche Kündigung handelt, bedarf gemäß § 623 BGB der **gesetzlichen
Schriftform.** Die Umstände, aus denen sich die Wahrung der Schriftform nach § 623 iVm
§ 126 Abs. 1 BGB ergibt, sind von der Partei darzulegen und zu beweisen, die Rechte aus
der Kündigung herleiten will. Hierzu bedarf es einer substantiierten Darlegung des Arbeitgebers gem. § 138 Abs. 1 ZPO.[572] Als Beendigungskündigung ist auch die **Nichtfortsetzungserklärung** des Arbeitnehmers nach § 12 KSchG,[573] nicht aber die **Nichtverlängerungsmitteilung** des Arbeitgebers bei Ablauf eines befristeten Arbeitsvertrags[574] zu verstehen. Ist dem Arbeitnehmer in einem Abwicklungsvertrag das Recht zum vorzeitigen
Ausscheiden aus dem Arbeitsverhältnis eingeräumt worden, bedarf eine entsprechende Erklärung gemäß § 623 BGB zwingend der Schriftform.[575] Das FormVAnpG[576] hat § 623 BGB
dahingehend ergänzt, dass die **elektronische Form** ausgeschlossen ist.[577] Da der Formmangel (§§ 623, 126 BGB) nach § 125 BGB zur Unwirksamkeit der Kündigung führt, handelt es
sich um einen **sonstigen Unwirksamkeitsgrund** iSv § 13 Abs. 3 KSchG, bei dem der Arbeitnehmer ausnahmsweise die Klageerhebungsfrist aus § 4 S. 1 und 2 KSchG nicht einhalten
muss. Ausweislich des § 4 S. 1 KSchG beginnt die dreiwöchige Klagefrist erst dann zu laufen, wenn dem Arbeitnehmer die Kündigung in **schriftlicher Form zugegangen** ist. Mit dieser
erst auf Beschlussempfehlung des 9. Ausschusses[578] vorgenommenen Ergänzung des § 4 S. 1
KSchG wollte der Gesetzgeber[579] dem Schriftformerfordernis der Kündigung nach § 623
BGB Rechnung tragen. Es sollte zudem vermieden werden, dass der Arbeitnehmer bei nur
mündlich ausgesprochener Kündigung Kündigungsschutzklage erheben musste, um die Fiktionswirkung des § 7 KSchG zu vermeiden. Es handelt sich deshalb um zwingendes Recht,
welches weder durch vertragliche noch tarifvertragliche Regelungen abbedungen werden
kann.[580] Dieser vom Gesetzgeber angenommene Zusammenhang mit § 623 BGB lässt sich
allerdings nicht mit ausreichender Sicherheit dem Wortlaut des § 4 S. 1 KSchG entnehmen,
weshalb die Auffassung vertreten wird,[581] dass die schriftliche Form durch die elektronische
Form des § 126a BGB ersetzt werden kann. **Telefax, E-Mail, Telegramm oder ein Computerfax** mit eingescannter Unterschrift genügen nicht dem Schriftformerfordernis des § 623
BGB.[582] Dabei ist unbeachtlich, dass nach Regelungen des Zivilprozessrechts die Übermittlung von Schriftstücken durch Telekopie ausreichend sein kann. Die durch Gesetz **vorge-**

---

[570] BT-Drs. 15/1587, 27.
[571] § 623 BGB erfasst jedes Arbeitsverhältnis: BAG 19.1.2006 – 6 AZR 638/04, NZA 2007, 97; 17.12.2015 – 6 AZR 709/14, NZA 2016, 361.
[572] BAG 23.2.2017 – 6 AZR 665/15, NZA 2017, 995 Rn. 25.
[573] BAG 17.12.2015 – 6 AZR 709/14, NZA 2016, 361; ErfK/*Müller-Glöge* BGB § 623 Rn. 3a.
[574] BAG 20.3.2019 – 7 AZR 237/17, NZA 2019, 1492 Rn. 40; ErfK/*Müller-Glöge* BGB § 623 Rn. 3b.
[575] BAG 17.12.2015 – 6 AZR 709/14, NZA 2016, 361.
[576] Gesetz v. 13.7.2001 BGBl. 2001 I 1542.
[577] BAG 17.12.2015 – 6 AZR 709/14, NZA 2016, 361.
[578] BT-Drs. 15/1587, 9.
[579] BT-Drs. 15/158, 727.
[580] BAG 17.12.2015 – 6 AZR 709/14, NZA 2016, 361; ErfK/*Müller-Glöge* BGB § 623 Rn. 10a; KR/*Spilger* BGB § 623 Rn. 30.
[581] *Löwisch* BB 2004, 154 (159).
[582] BAG 17.12.2015 – 6 AZR 709/14, NZA 2016, 361; dazu auch *Kramer* DB 2006, 502 ff.; ErfK/*Müller-Glöge* BGB § 623 Rn. 13; Schaub ArbR-HdB/*Linck* § 123 Rn. 50.

schriebene **Schriftform** wird nach § 126 Abs. 1 BGB dadurch erfüllt, dass die Urkunde von dem Aussteller eigenhändig durch Namensunterschrift oder mittels notariell beglaubigten Handzeichens unterzeichnet wird. Unterzeichnet für eine Vertragspartei ein **Vertreter** die Erklärung, muss das Vertretungsverhältnis in der Urkunde deutlich zum Ausdruck kommen.[583] Dies kann insbesondere durch einen entsprechenden Zusatz bei der Unterschrift erfolgen. Die gesetzliche Schriftform (§ 126 BGB) ist nur gewahrt, wenn der rechtsgeschäftliche Vertretungswille in der Urkunde, sei es auch nur unvollkommen, Ausdruck gefunden hat.[584] Für die Einhaltung der **Schriftform** ist dabei unerheblich, ob der Vertreter tatsächlich ausreichend ermächtigt ist.[585] Die in § 623 BGB angeordnete Schriftform der Kündigung soll Rechtssicherheit für die Vertragsparteien und eine Beweiserleichterung im Rechtsstreit bewirken und durch die dazu von § 126 Abs. 1 BGB verlangte eigenhändige Unterschrift den Aussteller der Urkunde erkennbar werden lassen (Echtheits- und Verifikationsfunktion).[586] Hat der Kündigungsadressat Zweifel an der Vertretungsmacht, kann er deren Fehlen nach § 180 BGB beanstanden.[587] Ebenso wenig bedarf die rechtsgeschäftliche Erteilung der Vertretungsvollmacht nach §§ 164 ff. BGB gemäß § 167 Abs. 2 BGB der für das Rechtsgeschäft der Kündigung bestimmten Form.[588] Dies ist von Bedeutung, wenn der Erklärungsempfänger der Kündigung iSv § 174 S. 2 BGB von der Bevollmächtigung in Kenntnis gesetzt worden ist, wofür ebenfalls keine Form vorgeschrieben ist.[589] Ist ein Kündigungsschreiben mit dem Zusatz „i.A." unterschrieben, muss durch Auslegung ermittelt werden, ob in Wahrheit in Vertretung unterschrieben worden ist.[590] Diese für die rechtsgeschäftliche Vertretung (§§ 164 ff. BGB) maßgebenden rechtlichen Vorgaben gelten nicht für die gesetzliche Vertretung juristischer Personen durch ihre Organe (Vorstand, Geschäftsführer).[591]

105 Kündigt der Arbeitgeber dem Arbeitnehmer nur **mündlich,** wird überwiegend vertreten, dass mangels Eintritts der Wirksamkeitsfiktion aus § 7 KSchG kein Anwendungsfall einer zulässigen Klage nach § 4 KSchG vorliegt und nur eine allgemeine Feststellungsklage des Fortbestandes des Arbeitsverhältnisses nach § 256 ZPO in Betracht kommt.[592] Da der Gesetzgeber in § 4 S. 1 KSchG die Kündigungsschutzklage auf sonstige Unwirksamkeitsgründe der Kündigung erweitert hat, handelt es sich bei formnichtiger Kündigung (§ 623 BGB)um einen **sonstigen Unwirksamkeitsgrund,** den der Arbeitnehmer unabhängig von der in diesem Fall nicht einzuhaltenden Klageerhebungsfrist[593] zum Anlass nehmen kann, eine Kündigungsschutzklage nach § 4 S. 1 KSchG zu erheben. Das BAG[594] hat bei einem Streit der Parteien über die Formnichtigkeit (fehlende eigenhändige Unterschrift) einer Kündigung sowie die mangelnde Vertretungsmacht der die Kündigung aussprechenden Person (§ 180 BGB) die Erhebung einer Kündigungsschutzklage nach § 4 S. 1 KSchG nicht beanstandet. Der Ar-

---

[583] BGH 5.11.2003 – XII ZR 134/02, NJW 2004, 1103; BAG 13.12.2007 – 6 AZR 145/07, NZA 2008, 403; 6.9.2012 – 2 AZR 858/11, NZA 2013, 524.
[584] BAG 21.4.2005 – 2 AZR 162/04, NZA 2005, 865 Rn. 14, 15; 28.11.2007 – 6 AZR 1108/06, NZA 2008, 348: So kann eine Unterschrift beispielsweise „als alleiniger Vertreter der ABC GbR" erfolgen BAG 21.5.2008 – 8 AZR 84/07, NZA 2008, 753 Rn. 14 zur Prokura. Vgl. auch allgemein zur Vertretung einer GbR: BAG 5.12.2019 – 2 AZR 147/19, BB 2020, 947.
[585] BAG 28.11.2007 – 6 AZR 1108/06, NZA 2008, 348.
[586] BAG 6.9.2012 – 2 AZR 858/11, NZA 2013, 524.
[587] BAG 24.9.2015 – 6 AZR 492/14, NZA 2016, 102; 5.12.2019 – 2 AZR 147/19, BB 2020, 947 Rn. 44; § 185 Abs. 1 BGB gilt auch für die Kündigung eines Arbeitsverhältnisses: BAG 27.2.2020 – 2 AZR 570/19, AP BGB § 626 Nr. 277 Rn. 20; *Spelge* RdA 2016, 309 (311).
[588] BAG 28.11.2007 – 6 AZR 1108/06, NZA 2008, 348.
[589] BAG 24.9.2015 – 6 AZR 492/14, NZA 2016, 102; 5.12.2019 – 2 AZR 147/19, BB 2020, 947 Rn. 52.
[590] BAG 13.12.2007 – 6 AZR 145/07, NZA 2008, 403; 25.3.2009 – 7 AZR 59/08, ZTR 2009, 441; 6.9.2012 – 2 AZR 858/11, NZA 2013, 524.
[591] BAG 5.12.2019 – 2 AZR 147/19, BB 2020, 947 Rn. 36; BGH 20.2.2014 – III ZR 443/13, NJW 2014, 1587 Rn. 14.
[592] *Niemann* NZA 2019, 65 (66, 67) jedoch anders, wenn das Kündigungsschreiben mit einer Paraphe versehen ist; ErfK/*Kiel* KSchG § 4 Rn. 8; Ascheid/Preis/Schmidt/*Hesse* KSchG § 4 Rn. 11; *Bender/Schmidt* NZA 2004, 358 (361).
[593] BAG 28.6.2007 – 6 AZR 873/06, NZA 2007, 972 Rn. 10; 6.9.2012 – 2 AZR 858/11, NZA 2013, 524 Rn. 11.
[594] BAG 6.9.2012 – 2 AZR 858/11, NZA 2013, 524.

beitnehmer **muss** bei nur mündlicher oder in Textform ausgesprochener Kündigung **keine Kündigungsschutzklage** erheben, um die Fiktionswirkung des § 7 KSchG zu vermeiden.[595] Es stellt sich sogar die Frage, ob sich der Arbeitgeber an einer formunwirksamen Kündigung festhalten lassen muss (§ 242 BGB), wenn der Arbeitnehmer an dem Fortbestand des Arbeitsverhältnisses kein Interesse mehr hat. Der Arbeitnehmer kann durchaus an einer Kündigungsschutzklage interessiert sein, um eine Auflösung des Arbeitsverhältnisses nach den §§ 9, 10 KSchG zu betreiben. Voraussetzung für den Auflösungsantrag ist freilich, dass das KSchG anwendbar ist und sich die Kündigung des Arbeitgebers neben dem Unwirksamkeitsgrund der fehlenden Schriftform als sozialwidrig erweist. Solange keine abschließende Stellungnahme des BAG vorliegt, sollte vorsorglich die Klage aus § 4 S. 1 KSchG mit einer hilfsweisen Feststellungsklage verbunden werden. Dem nur **faktischen Arbeitsverhältnis**[596] fehlt der Bestandsschutz, so dass es ohne Einhaltung einer Frist von beiden Parteien jederzeit beendet werden kann.[597] Entsprechendes gilt, wenn nach entsprechender Verurteilung bis zum rechtskräftigen Abschluss des Kündigungsschutzprozesses eine **Prozessbeschäftigung** zur Abwendung der Zwangsvollstreckung erfolgt, weil das ideelle Beschäftigungsinteresse nur eine tatsächliche Beschäftigung, nicht aber den Fortbestand eines Arbeitsvertrags erfordert.[598] Wegen seiner vorläufigen Vollstreckbarkeit (§ 62 Abs. 1 S. 1 ArbGG) wirkt das Urteil nur auflösend bedingt bis zum Zeitpunkt seiner Aufhebung, mit der das Prozessbeschäftigungsverhältnis automatisch endet. Spricht der Arbeitgeber eine ordentliche Kündigung **ohne Einhaltung** der objektiv einzuhaltenden **Kündigungsfrist** aus, ist durch Auslegung zu ermitteln, ob sie sich als solche mit der rechtlich gebotenen Frist auslegen lässt.[599] Eine Kündigung „zum nächstzulässigen Termin" oder „nächstmöglichen Zeitpunkt" ist jedenfalls dann hinreichend bestimmt, wenn dem Erklärungsempfänger die Dauer der Kündigungsfrist bekannt oder für ihn ohne umfassende tatsächliche Ermittlungen oder die Beantwortung schwieriger Rechtsfragen feststellbar ist.[600] Um kein Missverständnis aufkommen zu lassen, sollte die Formulierung dahingehend gefasst werden, dass dem Arbeitnehmer ordentlich fristgemäß zum (genaues Datum) hilfsweise oder vorsorglich zum nächstmöglichen Termin gekündigt wird. Bei derartiger Sachlage ist der Arbeitnehmer nicht an die Klageerhebungsfrist aus den §§ 2, 4 KSchG gebunden,[601] wenn er sich nicht gegen die Auflösung des Arbeitsverhältnisses an sich wenden, sondern nur die Beendigung zu einem späteren Termin geltend machen will. Insofern reicht eine Feststellungsklage (§ 256 ZPO) mit dem Antrag aus, dass das Arbeitsverhältnis der Parteien bis zum (objektiven Beendigungstermin) fortbestanden hat.[602] Das BAG[603] hat den Antrag akzeptiert, festzustellen, dass das Arbeitsverhältnis durch die Kündigung der Beklagten vom (Datum) nicht zum (Datum im Kündigungsschreiben) aufgelöst worden ist, sondern bis zum (späteres Datum) fortbestanden hat. Da die Fiktion des § 7 KSchG unangewendet bleibt, könnte der Arbeitnehmer auch durch

---

[595] Vgl. dazu die Beschlussempfehlung des 9. Aussschusses auf BT-Drs. 15/1587, 27 zum Entwurf eines Gesetzes zu Reformen am Arbeitsmarkt. Es sollte auch dem Schriftformerfordernis aus § 623 BGB Rechnung getragen werden. Vgl. dazu BT-Drs. 13/11289, 11, 12: zur Vermeidung unergiebiger Rechtsstreitigkeiten.

[596] BAG 16.4.2008 – 7 AZR 1048/06, NZA 2008, 1184; 22.7.2014 – 9 AZR 1066/12, NZA 2014, 1330; 7.10.2015 – 7 AZR 40/14, NZA 2016, 358.

[597] BAG 30.4.1997 – 7 AZR 122/96, NZA 1998, 199; 7.10.2015 – 7 AZR 40/14, NZA 2016, 358. Vgl. auch BGH 20.8.2019 – II ZR 121/16, NZA-RR 2019, 524 bei einem unwirksamen Anstellungsvertrag eines GmbH-Geschäftsführers.

[598] BAG 24.9.2003 – 5 AZR 500/02, NZA 2004, 90; 8.4.2014 – 9 AZR 856/11, ArbR 2014, 414; 17.8.2011 – 5 AZR 251/10, NZA-RR 2012, 342: Nimmt der Arbeitnehmer die ihm vom Arbeitgeber zur Vermeidung der eingeleiteten Zwangsvollstreckung aus einem Weiterbeschäftigungstitel angebotene urteilsgemäße Beschäftigung nicht wahr, belegt dies seinen fehlenden Leistungswillen. Vgl. auch BAG 27.5.2020 – 5 AZR 247/19, juris Rn. 23, 27.

[599] BAG 1.9.2010 – 5 AZR 700/09, NZA 2010, 1409; 9.9.2010 – 2 AZR 714/08, NZA 2011, 343. Näher dazu *Niemann* NZA 2019, 65 (68, 69); *ErfK/Kiel* KSchG § 4 Rn. 5, 6.

[600] BAG 20.6.2013 – 6 AZR 805/11, NZA 2013, 1137; 10.4.2014 – 2 AZR 647/13, NZA 2015, 162.

[601] BAG 15.12.2005 – 2 AZR 148/05, NZA 2006, 791; 9.9.2010 – 2 AZR 714/08, NZA 2011, 343; aA *Bader* NZA 2004, 65 (68) bezüglich der Neufassung des § 4 KSchG auf Grund des Gesetzes zu Reformen am Arbeitsmarkt vom 30.12.2003 (BGBl. 2003 I 3002), das am 1.1.2004 in Kraft getreten ist (Art. 5).

[602] So wohl auch *Niemann* NZA 2019, 65 (69).

[603] BAG 9.9.2010 – 2 AZR 714/08, NZA 2011, 343 Rn. 5.

eine Klage auf Vergütung oder Beschäftigung bis zum Ablauf der objektiv zutreffenden Klagefrist seine Rechte wahren. Die mit zu kurzer Frist erklärte Kündigung gilt nach § 7 Halbs. 1 KSchG als rechtswirksam, wenn sie nach § 140 BGB in ein anderes Rechtsgeschäft umgedeutet werden müsste, also in eine Kündigung mit zutreffender Frist. Sie beendet das Arbeitsverhältnis zum unrichtigen Termin, wenn die zu kurze Kündigungsfrist nicht als anderer Rechtsunwirksamkeitsgrund binnen drei Wochen nach Zugang der schriftlichen Kündigung im Klageweg nach § 4 S. 1 oder § 6 S. 1 KSchG geltend gemacht worden ist.[604] Dies kann der Fall sein, wenn in der Kündigungserklärung mehrere Termine für die Beendigung des Arbeitsverhältnisses genannt sind und für den Arbeitnehmer unklar bleibt, zu welchem Termin gekündigt werden soll.[605] Die **Umdeutung** nach § 140 BGB erfordert die Ermittlung des hypothetischen Willens des Kündigenden, bei Kenntnis der objektiven Fehlerhaftigkeit der Kündigungsfrist das Arbeitsverhältnis nicht fortsetzen, sondern zum nächstzulässigen Termin beenden zu wollen.[606] Sie setzt des Weiteren voraus, der Arbeitnehmer die fehlerhafte Kündigungsfrist mit der fristgebundenen Klage nach § 4 S. 1 KSchG als **Unwirksamkeitsgrund** besonders angegriffen hat und damit nicht die Fiktionswirkung des § 7 KSchG eingetreten ist. Um die Möglichkeit der Umdeutung offen zu halten, sollte die Klageerhebungsfrist des § 4 S. 1 KSchG bei einer Kündigung mit zu kurzer Kündigungsfrist gewahrt werden.

106 Unterliegt die Kündigung – wie dies etwa im Fall der §§ 17 Abs. 2 S. 2 MuSchG,[607] 22 Abs. 3 (26) BBiG[608] vorgesehen ist – einem **schriftlichen Begründungszwang**, handelt es sich um einen Unwirksamkeitsgrund nach § 125 S. 1 BGB,[609] der bei einer auch die Form des § 623 BGB wahrenden Kündigungserklärung nicht innerhalb der dreiwöchigen Klagefrist geltend gemacht werden muss, wenn die schriftliche Begründung als qualifizierte Formvorschrift fehlt oder nicht ausreicht,[610] zumal sich die Begründung nicht nachholen lässt.[611]

107 § 623 BGB gilt auch für die sog. **Schriftsatzkündigung**.[612] Wird durch den Prozessbevollmächtigten des Arbeitgebers während des Kündigungsrechtsstreits eine **weitere** Kündigung in einem Schriftsatz erklärt, muss grundsätzlich eine vom Prozessbevollmächtigten **unterzeichnete** Ausfertigung (§ 126 BGB) des Schriftsatzes dem Kündigungsempfänger persönlich oder einem Empfangsbevollmächtigten zugehen.[613] Da jedoch die Prozessvollmacht nicht weiter reicht als der Streitgegenstand (punktueller Streitgegenstand),[614] ermächtigt eine Kündigungsschutzklage nach § 4 S. 1 KSchG den Prozessbevollmächtigten nur zur Abgabe und zur Entgegennahme von Willenserklärungen, die sich auf den **Streitgegenstand** beziehen, dh die mit der Klage angegriffene konkrete Kündigung.[615] Demgemäß bedarf es für den Ausspruch der Schriftsatzkündigung einer über die Prozessvollmacht hinausgehenden

---

[604] BAG 15.5.2013 – 5 AZR 130/12, NZA 2013, 1076 Rn. 15 mwN; 15.12.2016 – 6 AZR 430/15, NZA 2017, 502 Rn. 70.
[605] BAG 15.5.2013 – 5 AZR 130/12, NZA 2013, 1076; 20.6.2013 – 6 AZR 805/11, NZA 2013, 1137: Ein Hinweis auf die maßgebliche gesetzliche Regelung reicht aus, wenn der Erklärungsempfänger dadurch unschwer ermitteln kann, zu welchem Termin das Arbeitsverhältnis enden soll. Vgl. dazu auch Schaub ArbR-HdB/*Linck* § 123 Rn. 3.
[606] BAG 1.9.2010 – 5 AZR 700/09, NZA 2010, 1409 Rn. 29.
[607] Vgl. dazu Art. 10 Nr. 2 RL 92/85/EWG v. 19.10.1992 ABl. 1992 L 348, 1.
[608] Gegenüber einem nach § 106 BGB beschränkt Geschäftsfähigen muss die Kündigung gegenüber den Eltern als gesetzlichen Vertretern erklärt werden: BAG 8.12.2011 – 6 AZR 354/10, NZA 2012, 495 Rn. 18. Vgl. zu einer Kündigung ohne Begründung: BAG 23.7.2015 – 6 AZR 490/14, NZA-RR 2015, 628.
[609] BAG 29.11.1984 – 2 AZR 354/83, NZA 1986, 230; auch bei Kündigung vor vereinbarter Arbeitsaufnahme: BAG 27.2.2020 – 2 AZR 498/19, NZA 2020, 721 Rn. 9; vgl. auch KR/*Gallner* MuSchG § 17 Rn. 10.
[610] Vgl. → Rn. 5 und BAG 28.6.2007 – 6 AZR 873/06, NZA 2007, 972; 6.9.2012 – 2 AZR 858/11, NZA 2013, 524; aA *Bender/Schmidt* NZA 2004, 358 (361).
[611] BAG 25.11.1976 – 2 AZR 751/75, AP BBiG § 15 Nr. 4 Rn. 42, 43; 10.2.1999 – 2 AZR 848/98, AP BMT-G II § 54 Nr. 3; 23.7.2015 – 6 AZR 490/14, NZA-RR 2015, 628 Rn. 22.
[612] Stahlhacke/Preis/Vossen Kündigung/*Preis* Rn. 109 ff.; Schaub ArbR-HdB/*Linck* § 123 Rn. 18; KR/*Spilger* BGB § 623 Rn. 126, 144.
[613] Vgl. dazu BAG 21.1.1988 – 2 AZR 581/86, NZA 1988, 651; 18.12.2014 – 2 AZR 163/14, NZA 2015, 635.
[614] So auch BAG 18.12.2014 – 2 AZR 163/14, NZA 2015, 635.
[615] BAG 21.1.1988 – 2 AZR 581/86, NZA 1988, 651; 22.11.2012 – 2 AZR 732/11, NZA 2013, 665; 26.9.2013 – 2 AZR 682/12, NZA 2014, 443; *Weidemann* NZA 1989, 247.

rechtsgeschäftlichen Vollmacht und für die **Entgegennahme** der Schriftsatzkündigung einer **Empfangsvollmacht.** Die Schriftsatzkündigung wird damit mangels Empfangsvollmacht erst wirksam, wenn der Mandant von seinem Prozessbevollmächtigten den Schriftsatz erhalten hat.[616] Hat allerdings der Kläger die Kündigungsschutzklage nach § 4 S. 1 KSchG mit der **allgemeinen Feststellungsklage** nach § 256 ZPO verbunden, so ermächtigt die Prozessvollmacht den Prozessbevollmächtigten auch zur Abgabe und Entgegennahme von Willenserklärungen, die sich auf **diesen Streitgegenstand** beziehen,[617] so dass es für den Beginn der Klagefrist nicht auf den Kündigungszugang beim Arbeitnehmer ankommt.

In der Rechtsprechung[618] wird die **Schriftform** des § 623 BGB auch dann als gewahrt angesehen, wenn die dem zum Empfang der Kündigung bevollmächtigten Prozessbevollmächtigten des Arbeitnehmers zugegangene Abschrift **beglaubigt** ist und der Prozessbevollmächtigte des Arbeitgebers den Beglaubigungsvermerk **selbst unterschrieben** hat. Dies setzt voraus, dass der auf die Abschrift der Urkunde gesetzte Beglaubigungsvermerk nicht nur ihre Übereinstimmung mit der Urschrift bezeugt, sondern der Prozessbevollmächtigte bei einem von ihm selbst unterschriebenen Beglaubigungsvermerk zugleich die Verantwortung für den Inhalt der Urkunde übernimmt.[619] Unter diesen Umständen stellt auch die Abschrift des Schriftsatzes eine eigenhändig unterzeichnete und damit die Schriftform des § 126 Abs. 1 BGB wahrende Kündigungserklärung dar.[620]

a) Die fristwahrende Klageerhebung. Bei der Dreiwochenfrist des § 4 S. 1 KSchG handelt es sich um eine **Ausschlussfrist.** Ihre Nichteinhaltung ist demgemäß vom Prozessgericht **von Amts wegen** auch dann zu beachten, wenn sich die beklagte Partei nicht darauf beruft.[621] Wird die Rechtsunwirksamkeit nicht rechtzeitig geltend gemacht, gilt die Kündigung nach § 7 KSchG als von Anfang an rechtswirksam. Die dreiwöchige Klagefrist dient vor allem dem Schutz des Arbeitgebers. Er soll nach Ablauf von drei Wochen nach Zugang und einer Zeitspanne für die Klagezustellung darauf vertrauen dürfen, dass seine Kündigung das Arbeitsverhältnis aufgelöst hat.[622] Wegen ihres zwingenden Charakters ist die Klageerhebungsfrist der Disposition der Arbeitsvertragsparteien entzogen.[623] Die Klageerhebungsfrist kann daher weder durch Vertrag verlängert oder verkürzt werden. Dies gilt gleichermaßen für einen Tarifvertrag oder eine Betriebsvereinbarung. Besonderheiten gelten bei einem Berufsausbildungsverhältnis. Gemäß § 111 Abs. 2 S. 5 ArbGG **muss einer Klage** in **allen Fällen** die Verhandlung vor dem Ausschuss vorangegangen sein, soweit ein solcher besteht. Der Ausschuss ist zuständig zur Beilegung von Streitigkeiten zwischen Ausbildenden und Auszubildenden aus einem **bestehenden Berufsausbildungsverhältnis**. Eine ohne die nach § 111 Abs. 2 S. 5 ArbGG erforderliche vorherige Anrufung des Schlichtungsausschusses erhobene Klage ist unzulässig, was von Amts wegen zu berücksichtigen ist.[624] Der Mangel der Nichtanrufung des Schlichtungsausschusses kann aber noch nach Klageeinreichung geheilt werden, wenn das Schlichtungsverfahren gemäß § 111 Abs. 2 ArbGG nachgeholt wird und *vor* der streitigen Gerichtsverhandlung stattfindet.[625] Verweigert der Ausschuss die Durchführung des Verfahrens, kann das dem Antragsteller nicht angelastet werden. In einem solchen

---

[616] Vgl. dazu *Diller* NZA 1994, 830 ff.; Schaub ArbR-HdB/*Linck* § 123 Rn. 18.
[617] BAG 10.8.1977 – 5 AZR 394/76, AP ZPO § 81 Nr. 2; 21.1.1988 – 2 AZR 581/86, NZA 1988, 651; Schaub ArbR-HdB/*Linck* § 123 Rn. 18.
[618] Vgl. LAG Hannover 30.11.2001 – 10 Sa 1046/01, NZA-RR 2002, 242 Rn. 21 unter Hinweis auf BGH 4.7.1986 – V ZR 41/86, NJW-RR 1987, 395.
[619] KR/*Spilger* BGB § 623 Rn. 144; ErfK/*Müller-Glöge* BGB § 623 Rn. 17.
[620] So BAG 13.7.2006 – 8 AZR 382/05, NZA 2006, 1406.
[621] BAG 26.6.1986 – 2 AZR 358/85, NZA 1986, 761; 6.8.1987 – 2 AZR 553/86 Rn. 23; KR/*Friedrich/Klose* KSchG § 4 Rn. 180, 181; ErfK/*Kiel* KSchG § 4 Rn. 1; Stahlhacke/Preis/Vossen Kündigung/*Vossen* Rn. 1810; vgl. aber auch → Rn. 118.
[622] BAG 6.9.2012 – 2 AZR 858/11, NZA 2013, 524.
[623] Siehe Diskussionsentwurf eines ArbVG von *Henssler/Preis* ArbVtrG § 133 Abs. 3, wonach die Klagefrist innerhalb eines Monats nach Zugang der Kündigung durch schriftliche Vereinbarung auf bis zu sechs Monate verlängert werden kann; zustimmend *Gravenhorst* NZA 2006, 1999 Fn. 1. Eine solche Änderung wäre nicht sinnvoll, weil ohnehin die Mithilfe des Gerichts vergleichsfördernd ist.
[624] BAG 12.2.2015 – 6 AZR 845/13 Rn. 24.
[625] BAG 23.7.2015 – 6 AZR 490/14, NZA-RR 2015, 628.

Fall kann er deshalb unmittelbar Klage erheben.[626] Auf Anrufung des Ausschusses sind die Vorschriften des Kündigungsschutzgesetzes über die fristgebundene Klageerhebung nicht analog anzuwenden.[627] Die zunächst unzulässige Klage wird in einem solchen Fall nach Beendigung des Verfahrens vor dem Ausschuss zulässig.[628] Das Schlichtungsverfahren ist nicht mehr erforderlich, wenn das Ausbildungsverhältnis beendet ist (§ 111 Abs. 2 S. 1 ArbGG).[629] Damit ist der Zugang zum Arbeitsgericht unmittelbar eröffnet. Allerdings verlangt das BAG ein besonderes Feststellungsinteresse für die Kündigungsschutzklage des Auszubildenden, wenn das Ausbildungsverhältnis möglicherweise erst während des Prozesses durch Zeitablauf geendet hat.[630] Die §§ 4 S. 1, 13 Abs. 1 S. 2, 7 KSchG finden vermittelt über die Generalklausel des § 10 Abs. 2 BBiG bei einer außerordentlichen Kündigung des Ausbildungsverhältnisses durch den Ausbildenden jedoch dann Anwendung, wenn kein Ausschuss nach § 111 Abs. 2 ArbGG gebildet ist.[631] Für Mitglieder der **Besatzungen** von **Seeschiffen** oder **Binnenschiffen** gilt gem. § 24 Abs. 4 S. 2 KSchG[632] eine besondere Regelung für die Klagefrist. Geht dem Besatzungsmitglied eines Seeschiffes oder eines Binnenschiffes die Kündigung während der Fahrt des Schiffes zu, ist die Klage innerhalb von **sechs Wochen** nach dem Dienstende an Bord zu erheben. Im Unterschied zur früheren Regelung wird nicht mehr bei der Klagefrist an die Ankunft des Schiffes in einem deutschen Hafen, sondern an den Zeitpunkt angeknüpft, an dem das Besatzungsmitglied tatsächlich seinen Dienst an Bord des Schiffes beendet. Der Gesetzgeber hat dabei berücksichtigt, dass der Rücktransfer nach Deutschland üblicherweise mit dem Flugzeug erfolgt.[633] Geht dem Besatzungsmitglied die **Kündigung an Land** zu, besteht kein Bedarf für eine Abweichung von der allgemeinen Regelung des § 4 KSchG (§ 24 Abs. 4 S. 1 KSchG), so dass die Kündigungsschutzklage binnen drei Wochen zu erheben ist.[634] Für die Beibehaltung einer längeren Klagefrist für **Besatzungsmitglieder** von **Flugzeugen** hat der Gesetzgeber keine Notwendigkeit mehr gesehen, weil das Besatzungsmitglied innerhalb kurzer Zeit nach Deutschland zurückkehren und eine Kündigungsschutzklage erheben kann.[635] Gemäß § 24 Abs. 5 S. 1 KSchG sind Reedereien mit deutschflaggigen Schiffen verpflichtet, **Massenentlassungen** bei der Bundesagentur für Arbeit anzuzeigen. Damit unterliegen auch Reedereien mit deutschflaggigen Schiffen dieser Informationspflicht.[636] Satz 2 dieser Vorschrift regelt, dass an die Stelle des Betriebsrats der nach § 116 BetrVG zu bildende Seebetriebsrat tritt. Der Seebetriebsrat ist anstelle des Betriebsrats nach § 17 Abs. 2 bis 3a KSchG zu beteiligen. Die Zuständigkeit des Seebetriebsrats erstreckt sich ausschließlich auf Seeschiffe, die unter deutscher Flagge fahren und nicht regelmäßig binnen 24 Stunden nach dem Auslaufen an den Sitz des Landbetriebs zurückkehren, da diese als Teil des Landbetriebs gelten (§ 114 Abs. 4 BetrVG).[637]

---

[626] BAG 12.2.2015 – 6 AZR 845/13, NZA 2015, 741 Rn. 25; 22.2.2018 – 6 AZR 50/17, NZA 2018, 575 Rn. 10.
[627] BAG 23.7.2015 – 6 AZR 490/14, NZA-RR 2015, 628 Rn. 17, 23.
[628] BAG 13.3.2007 – 9 AZR 494/06, AP BBiG § 14 Nr. 13; 23.7.2015 – 6 AZR 490/14, NZA-RR 2015, 628 Rn 60.
[629] BAG 19.2.2008 – 9 AZR 1091/06, NZA 2008, 828 Rn. 13; 23.7.2015 – 6 AZR 490/14, NZA-RR 2015, 628 Rn. 14.
[630] BAG 12.2.2015 – 6 AZR 831/13, NZA 2015, 737 Rn. 14; 23.7.2015 – 6 AZR 490/14, NZA-RR 2015, 628 Rn. 17.
[631] BAG 23.7.2015 – 6 AZR 490/14, NZA-RR 2015, 628 Rn 47.
[632] Die Neufassung des § 24 KSchG wurde eingeführt durch Art. 3 Abs. 2 des Gesetzes zur Umsetzung des Seearbeitsübereinkommens 2006 der Internationalen Arbeitsorganisation vom 20.4.2013 (BGBl. 2013 I 868), das am 1.8.2013 in Kraft getreten ist und der Umsetzung der Richtlinie 2009/13/EG des Rates vom 16.2.2009 zur Durchführung der Vereinbarung zwischen dem Verband der Reeder in der Europäischen Gemeinschaft (ECSA) und der Europäischen Transportarbeiter-Föderation (ETF) über das Seearbeitsübereinkommen 2006 und zur Änderung der Richtlinie 1999/63/EG (ABl. 1999 L 124, 30 vom 20.5.2009) dient.
[633] BR-Drs. 456/12, 196.
[634] Vgl. dazu BR-Drs. 456/12, 196.
[635] BR-Drs. 456/12, 196; näher dazu KR/*Bader* KSchG § 24 Rn. 29 ff.
[636] Diese durch Art. 4 des EM-Leistungsverbesserungsgesetzes v. 17.7.2017 mit Wirkung v. 10.10.2017 in Kraft getretene Regelung geht auf Artikel 4 EU-Richtlinie 2015/1794 zurück.
[637] BT-Drs. 18/11926, 24.

Die **Rechtsnatur** der Dreiwochenfrist ist umstritten. Sie wird teilweise dem **materiellen** 110
Recht zugeordnet,[638] von der Rechtsprechung des BAG[639] als **prozessuale Klageerhebungsfrist**
angesehen. In einer neueren Entscheidung hat das BAG[640] aufgrund der Fiktion in § 7 KSchG,
die mit einer unmittelbaren materiellen Wirkung einhergeht, in der Klageerhebungsfrist keine
rein prozessuale Frist, sondern zugleich eine materiell-rechtliche Frist gesehen. Mit der einer
Ausschlussfrist vergleichbaren materiell-rechtlichen Wirkung aus § 7 KSchG verbinden sich
bezüglich der Klageerhebungsfrist zwei Konsequenzen: Zum einen ist die Einhaltung der Klagefrist aus § 4 KSchG von **Amts wegen** zu prüfen.[641] Des Weiteren lässt sich die Heilungswirkung des § 295 ZPO nicht auf das Fristerfordernis des § 4 KSchG übertragen.[642] Der beklagte
Arbeitgeber kann weder auf die Einhaltung der Klagefrist wirksam verzichten noch durch rügelose Einlassung die bereits eingetretene Wirkung aus § 7 KSchG wieder beseitigen. Diese
rechtliche Konsequenz wird durch § 5 KSchG, bestätigt. Nur mit dieser Vorschrift wird ein
Weg aus der Fristversäumnis durch nachträgliche Klagezulassung eröffnet. Soweit die fehlende Unterschrift auf der Klage durch rügeloses Verhandeln fristwahrend nach § 295 ZPO geheilt werden kann, gilt dies nur für die **innerhalb der Frist** des § 4 KSchG und damit rechtzeitig
beim Arbeitsgericht eingegangene Klageschrift.[643] Dies gilt auch, wenn es bei der nachträglichen Klagezulassung gemäß § 5 KSchG darum geht, ob sich der Arbeitnehmer bei der Versäumung der Klageerhebungsfrist das Verschulden seines Rechtsanwalts (§ 85 Abs. 2 ZPO)
oder Gewerkschaftsvertreters zurechnen lassen muss.[644] Auch die verlängerte Anrufungsfrist
nach § 6 KSchG, wonach die dreiwöchige Klagefrist als Ausschlussfrist vorausgesetzt wird,
belegt, dass die verspätete Klageerhebung der unterlassenen Klageerhebung gleichsteht.

Dem BAG ist in seiner ambivalenten Aussage beizutreten, wenn es zugleich den **prozessu-** 111
alen Charakter der Klageerhebungsfrist bejaht. Dem Arbeitnehmer wird mit der in § 4
KSchG getroffenen Regelung nur befristet die Möglichkeit eröffnet, Rechtsschutz wegen der
offenen materiellen Rechtslage der Unwirksamkeit der Kündigung begehren zu können. Für
diese Bewertung spricht vor allem § 5 KSchG, der – wenn auch keine Wiedereinsetzung in
den vorherigen Stand (§ 233 ZPO) – eine nachträgliche **Klagezulassung** ermöglicht. Seit
dem Inkrafttreten des BGB ist dem deutschen Recht eine Wiedereinsetzung gegen die Versäumung von materiell-rechtlichen Fristen fremd.[645] Diese rechtliche Einordnung der Klagefrist steht nicht im Widerspruch zu § 7 KSchG, weil der Gesetzgeber mit der in dieser Vorschrift vorgesehenen materiellen Wirkung das Interesse des Arbeitgebers an einer materiell-rechtlichen Rechtssicherheit im Hinblick auf die wirksame Auflösung des Arbeitsverhältnisses durch die arbeitgeberseitige Kündigung schützen wollte.[646]

Fristwahrend ist die Klageerhebung[647] nach § 4 S. 1 KSchG bereits dann, wenn die Kün- 112
digungsschutzklage innerhalb von drei Wochen beim Arbeitsgericht **eingegangen** ist **und** die
Klage **demnächst** dem Arbeitgeber **zugestellt** wird (§ 46 Abs. 2 ArbGG, §§ 495, 167 ZPO).
Die Erhebung der Klage erfolgt durch Zustellung der Klageschrift (§ 253 Abs. 1 ZPO). Dokumente, deren Zustellung vorgeschrieben ist, sind von Amts wegen zuzustellen, soweit

---

[638] So etwa *Lepke* DB 1991, 2034 ff. mwN; *Lüke* JuS 1996, 969; *Schönfelder* JuS 1997, 933 (995); *Berkowsky* NZA 1997, 352 (353, 355).
[639] BAG 24.6.2004 – 2 AZR 461/03, NZA 2004, 1330; 11.12.2008 – 2 AZR 472/08, NZA 2009, 692; 18.1.2012 – 7 AZR 211/09, NZA 2012, 691 zu § 17 TzBfG.
[640] BAG 25.4.2018 – 2 AZR 493/17, NZA 2018, 1157 Rn. 24.
[641] KR/*Friedrich* KSchG § 4 Rn. 137; Stahlhacke/Preis/Vossen Kündigung/*Vossen* Rn. 1922.
[642] AA Stahlhacke/Preis/Vossen Kündigung/*Vossen* Rn. 1921 mwN; KR/*Friedrich* KSchG § 4 Rn. 275, die eine Anwendung von § 295 ZPO bejahen wollen.
[643] BAG 26.6.1986 – 2 AZR 358/85, NZA 1986, 761.
[644] Bejahend: BAG 11.12.2008 – 2 AZR 472/08, NZA 2009, 692 – Anwaltsverschulden; 28.5.2009 – 2 AZR 548/08, NZA 2009, 1052 – Vertreterverschulden-Einzelgewerkschaft. Vgl. auch BAG 5.6.2020 – 10 AZN 53/20, NZA 2020, 965 Rn. 36, 37.
[645] Dies entspricht auch der Genese des KSchG: RdA 1951, 63: Nach dem Willen des Gesetzgebers sollte „bei schuldloser Fristversäumnis, wie im früheren Recht, eine nachträgliche Zulassung der Klage vorgesehen werden."
[646] BAG 24.6.2004 – 2 AZR 461/03, NZA 2004, 1330: Prozessuale Frist mit materiell-rechtlicher Wirkung. Vgl. auch Stahlhacke/Preis/Vossen Kündigung/*Vossen* Rn. 1919 mwN. Jetzt deutlicher BAG 25.4.2018 – 2 AZR 493/17, NZA 2018, 1157 Rn. 24, 25.
[647] Zu Form und notwendigem Inhalt einer ordnungsgemäßen Klageschrift vgl. → Rn. 14 ff.

nicht ein anderes bestimmt ist (§ 166 Abs. 2 ZPO). Dabei ist die Zustellung einer beglaubigten Abschrift stets dann ausreichend, wenn das Gesetz keine andere Regelung enthält. Gemäß § 169 Abs. 2 ZPO wird die Beglaubigung von der Geschäftsstelle vorgenommen. Dies gilt auch dann, wenn die Klage **mündlich** zum Protokoll bei der Geschäftsstelle des Arbeitsgerichts erklärt wird (§§ 46 Abs. 2, 7 ArbGG, 496 ZPO). Da § 166 Abs. 1 ZPO nicht regelt, in welcher Form das Dokument (Klageschrift) – Urschrift oder beglaubigte Abschrift – mittels Zustellung an den Beklagten bekannt zu geben ist, geht das BAG[648] im Gegensatz zum BGH[649] davon aus, dass es für die Wirksamkeit der Zustellung der Klage gleichgültig ist, dass dem Beklagten keine beglaubigte Abschrift der Klageschrift, sondern ihre Urschrift oder eine einfache Abschrift ohne Beglaubigung zugestellt worden ist. Die **Prozesshandlung der rechtzeitigen Klageerhebung** wird im Regelfall durch den **Eingangsstempel** des angerufenen Gerichts auf dem entsprechenden Schriftsatz nachgewiesen (§ 418 Abs. 1 ZPO). Der Gegenbeweis ist jedoch zulässig (§ 418 Abs. 2 ZPO).[650] Die **Beweislast** dafür, dass die Klagefrist gewahrt ist, trägt nach allgemeinen Grundsätzen der Kläger.[651]

113 Für die Rechtzeitigkeit der Klageerhebung durch **Telefax, Computerfax** oder ein **elektronisches Dokument**[652] sind Besonderheiten zu beachten. Da auch bei **Telefax und Computerfax** Bilddokumente auf elektronischem Wege übermittelt werden und damit im weiteren Sinne elektronische Dokumente,[653] haben das BAG[654] und der BGH[655] im Anschluss an das BVerfG[656] für die Beurteilung der Rechtzeitigkeit des Eingangs eines per Telefax übersandten Schriftsatzes darauf abgehoben, ob die gesendeten Signale noch vor Ablauf der Frist des letzten Tages vom Telefaxgerät des Gerichts vollständig empfangen (gespeichert) und nicht bereits ausgedruckt worden sind. Entscheidend ist daher, dass die gesendeten Signale einschließlich der letzten Seite der Klageschrift mit der Unterschrift bis 24:00 Uhr des letzten Tages der Dreiwochenfrist (§ 4 S. 1 KSchG) vom Gerät des Arbeitsgerichts gespeichert worden sind. Der Eingangszeitpunkt bestimmt sich nach dem **Uhrzeitaufdruck** des Telefaxgeräts des Gerichts.[657] Die in **Computerschrift** erfolgte Wiedergabe des Vor- und Nachnamens des Prozessbevollmächtigten unter einer als **Computerfax** übermittelten Klageschrift stellt jedoch keine den Anforderungen des § 130 Nr. 6 ZPO genügende Wiedergabe der Unterschrift dar.[658] Es bedarf vielmehr der elektronischen Übertragung einer Textdatei mit **eingescannter Unterschrift** (handschriftlicher Namenszug).[659] Dafür spricht, dass die Unterschrift beim Computerfax ohne nennenswerte Schwierigkeiten eingescannt werden kann, so dass kein Grund ersichtlich ist, darauf entgegen dem Gesetzeswortlaut zu verzichten. Ein **Faksimile-Stempel** der Unterschrift eines Prozessbevollmächtigten unter der Klageschrift genügt nicht den Anforderungen des § 130 Nr. 6 ZPO.[660] Nach § 46c Abs. 5 ArbGG[661] ist ein

---

[648] BAG 25.2.2015 – 5 AZR 849/13, NZA 2015, 701.
[649] BGH 22.12.2015 – VI ZR 79/15, NJW 2016, 1517: Bei der durch die Geschäftsstelle veranlassten Zustellung einer einfachen statt einer beglaubigten Abschrift der Klageschrift handelt es sich um eine Verletzung zwingender Zustellungsvorschriften, die nach § 189 ZPO geheilt werden kann.
[650] BAG 18.1.2012 – 7 AZR 211/09, NZA 2012, 691; zum Eingang einer Faxkopie: BAG 14.7.2010 – 10 AZR 781/08.
[651] BAG 18.1.2012 – 7 AZR 211/09, NZA 2012, 691.
[652] → Rn. 14 ff. zur ordnungsgemäßen Klageerhebung; BT-Drs. 14/5561, 20.
[653] BT-Drs. 14/4987, 19; BT-Drs. 14/5561, 20; GmS-OGB 5.4.2000 – GmS-OGB 1/98, NJW 2000, 2340: In Prozessen mit Vertretungszwang können bestimmende Schriftsätze formwirksam durch elektronische Übertragung einer Textdatei mit eingescannter Unterschrift auf ein Faxgerät des Gerichts übermittelt werden.
[654] BAG 27.6.2002 – 2 AZR 427/01, NZA 2003, 573.
[655] BGH 25.4.2006 – IV ZB 20/05, NJW 2006, 2263.
[656] BVerfG 1.8.1996 – 1 BvR 121/95, NZA 1996, 1173 Rn. 8; OLG München 6.6.2018 – 20 U 2297/17, BRAK-Mitt 2018, 187 Rn. 19 mwN.
[657] BAG 14.7.2010 – 10 AZR 781/08; vgl. zur Ausgangskontrolle eines Rechtsanwalts: BGH 25.2.2016 – III ZB 42/15, NJW 2016, 1742; BAG 25.5.2016 – 5 AZR 614/15, NJW 2016, 2522.
[658] BGH 10.5.2005 – XI ZR 128/04, NJW 2005, 2086.
[659] Vgl. → Rn. 14 und BGH 25.4.2006 – IV ZB 20/05, NJW 2006, 2263; 14.10.2014 – XI ZB 13/13, NJW-RR 2015, 624.
[660] BAG 5.8.2009 – 10 AZR 692/08, NZA 2009, 1165.
[661] § 46c ArbGG ist eingefügt durch Art. 3 Nr. 2 des Gesetzes zur Förderung des elektronischen Rechtsverkehrs mit den Gerichten v. 10.10.2013, BGBl. 2013 I 3786 zuletzt geändert durch Art. 8 des Gesetzes zur Regelung der Wertgrenzen für die Nichtzulassungsbeschwerde in Zivilsachen v. 12.12.2019, BGBl. 2019 I 2633.

elektronisches Dokument eingegangen, sobald es auf der für den Empfang bestimmten Einrichtung des Gerichts gespeichert ist. Auf einen etwaigen Ausdruck kommt es nicht an. Dem Absender ist eine automatisierte Bestätigung über den Zeitpunkt des Eingangs zu erteilen. Ist ein elektronisches Dokument für das Gericht zur Bearbeitung nicht geeignet, ist dies dem Absender nach § 46c Abs. 6 S. 1 ArbGG unter Hinweis auf die Unwirksamkeit des Eingangs und die geltenden technischen Rahmenbedingungen unverzüglich mitzuteilen. Nach § 46c Abs. 6 S. 2 ArbGG gilt das Dokument als zum Zeitpunkt der früheren Einreichung eingegangen, sofern der Absender es unverzüglich in einer für das Gericht zur Bearbeitung geeigneten Form nachreicht und glaubhaft macht, dass es mit dem zuerst eingereichten Dokument inhaltlich übereinstimmt. Die technischen Rahmenbedingungen des elektronischen Rechtsverkehrs ergeben sich aus der ERVV.[662] Das elektronische Dokument muss außerdem mit einer qualifizierten elektronischen Signatur (§ 2 Nr. 3 SigG, § 126a BGB)[663] der verantwortenden Person versehen sein *oder* von der verantwortenden Person signiert und auf einem sicheren Übermittlungsweg eingereicht werden (§ 46c Abs. 3 ArbGG), wozu der Übermittlungsweg zwischen dem besonderen elektronischen Anwaltspostfach (beA) nach § 31a der BRAO oder einem entsprechenden, auf gesetzlicher Grundlage errichteten elektronischen Postfach und der elektronischen Poststelle des Gerichts gehört (§ 46c Abs. 4 Nr. 2 ArbGG).[664] Im Falle einer Schriftsatz als elektronisches Dokument über das beA unter Hinzufügung der qeS des Postfachinhabers übermittelt wird, sind dadurch die Anforderungen des § 46c Abs. 3 Alt. 1 ArbGG (§ 130a Abs 3 Alt. 1 ZPO) erfüllt, auch wenn die Unterschrift am Ende des Schriftsatzes nicht diejenige des Inhabers des beA-Postfaches ist.[665]

Soll durch die Zustellung einer Klage eine Frist gewahrt werden, so tritt diese Wirkung gem. § 167 ZPO (§ 46 Abs. 2, ArbGG iVm § 495 ZPO) bereits mit **Eingang** der Klage bei Gericht ein, wenn die Zustellung demnächst erfolgt. Damit wirkt die ordnungsgemäße Zustellung der Kündigungsschutzklage auf den Zeitpunkt ihres Eingangs zurück.[666] Damit soll der Partei, die auf die amtswegige Zustellung angewiesen ist, das Risiko einer Verspätung der amtlichen Zustellung abgenommen werden.[667] Die Fristwahrung tritt jedoch nur dann ein, wenn die Klage auch **demnächst zugestellt** wird (§ 46 Abs. 2 ArbGG, §§ 495, 167 ZPO). Insofern gilt ohne absolute zeitliche Grenze, die der Gesetzgeber auch nicht konkret vorgibt, eine wertende Betrachtung.[668] Der Zustellungsbetreiber muss alles ihm Zumutbare für eine alsbaldige Zustellung getan haben. Einer Partei sind nur solche Verzögerungen zuzurechnen, die sie oder ihr Prozessbevollmächtigter bei sachgerechter Prozessführung hätten vermeiden können.[669] Verzögerungen im gerichtlichen Geschäftsbetrieb sollen nicht zu ihren Lasten gehen. Auch einen durch die Sachbearbeitung des Gerichts verursachten längeren

---

[662] Elektronischer-Rechtsverkehr-Verordnung v. 24.11.2017, BGBl. 2017 I 3803, idF 9.2.2018, BGBl. 2018 I 200.

[663] Die qeS hat gem. Art. 25 Abs. 2 der VO 910/2014 v. 23.7.2014 (L257/73) die gleiche Rechtswirkung wie eine handschriftliche Unterschrift. Zum generellen Verbot der mehrere elektronische Dokumente umfassenden Container-Signatur: BAG 15.8.2018 – 2 AZN 269/18, NJW 2018, 2978 Rn. 5 ff.; BGH 15.5.2019 – XII ZB 573/18, NJW 2019, 2230 Rn. 18 unter Hinweis auf BR-Drs. 645/17, 15.

[664] Vgl. dazu BAG 24.10.2019 – 8 AZN 589/19, NZA 2019, 1661 Rn. 5, 9; BAG 5.6.2020 – 10 AZN 53/20, NZA 2020, 965 Rn. 10, 25, 40.

[665] BAG 24.10.2019 – 8 AZN 589/19, NZA 2019, 1661 Rn. 9. Das BAG hat zunächst offen gelassen, ob bei nicht gegebener Personenidentität zwischen der am Ende des Schriftsatzes angegebenen Person (hier: L K, LL. M.) und dem beA-Postfachinhaber (hier: A M) eine Übermittlung nach § 130a Abs. 3 Alt. 2 ZPO – also ohne qeS der verantwortenden Person – genügen kann. Jetzt aber BAG 5.6.2020 – 10 AZN 53/20, NZA 2020, 965 Rn. 10, 13: Signatur und Einreichung müssen durch die gleiche verantwortende Person erfolgen.

[666] BAG 24.9.2015 – 6 AZR 497/14, AP ZPO § 167 Nr. 2. Näher dazu KR/*Friedrich/Klose* KSchG § 4 Rn. 184 ff. mwN; NJW 2018, 2978/*Vossen* Rn. 1914 ff.

[667] BAG 23.8.2012 – 8 AZR 394/11, NZA-RR 2015, 380; 24.9.2015 – 6 AZR 497/14, AP ZPO § 167 Nr. 2; vgl. zur Genese des § 167 ZPO, BAG 16.3.2016 – 4 AZR 421/15, NZA 2016, 1154 Rn. 22 ff.

[668] BAG 23.8.2012 – 8 AZR 394/11, NZA-RR 2015, 380; 20.2.2014 – 2 AZR 248/13, NZA-RR 2015, 380. Vgl. auch BAG 23.8.2012 – 8 AZR 394/11, NZA 2013, 227: Bei einer vom Gericht durchzuführenden Auslandszustellung kann auch eine 19 Monate nach Ablauf der Verjährungsfrist erfolgte Zustellung noch „demnächst" iSv § 167 ZPO sein.

[669] BAG 23.8.2012 – 8 AZR 394/11, NZA 2013, 227; vgl. auch die Beispiele bei KR/*Friedrich/Klose* KSchG § 4 Rn. 187.

Aufschub muss der Kläger sich grundsätzlich nicht zurechnen lassen.[670] Angesichts des Verzichts des § 167 ZPO auf eine bestimmte Frist sind auch verhältnismäßig **geringfügige** Verzögerungen, die der Nachlässigkeit des Klägers zuzuschreiben sind, sich aber in einem hinnehmbaren Rahmen halten, unschädlich.[671] Eine Zustellung ist zumindest dann noch demnächst erfolgt, wenn die durch den Kläger zu vertretende Verzögerung den Zeitraum von **14 Tagen** nicht überschreitet.[672] Bei der Berechnung der Zeitdauer ist auf die Zeitspanne abzustellen, um die sich die ohnehin erforderliche Zustellung der Klage als Folge der Nachlässigkeit des Klägers verzögert. Der auf vermeidbare Verzögerungen im Geschäftsablauf des Gerichts zurückzuführende Zeitraum wird nicht angerechnet.[673] Dabei kommt es nicht auf den Zeitpunkt zwischen der Einreichung der Klage und der verspäteten Zustellung, sondern allein auf den Zeitraum zwischen dem Ablauf der Klageerhebungsfrist und der Zustellung an. Die Partei hat sich das **Verschulden** ihres **Prozessbevollmächtigten** gemäß § 85 Abs. 2 ZPO anrechnen zu lassen, wenn etwa durch schuldhafte **falsche Adressierung** die Klagezustellung erheblich länger als zwei Wochen verzögert worden ist.[674]

115 Werden **mehrere Kündigungen** vom Arbeitgeber ausgesprochen, so muss der Arbeitnehmer nach dem punktuellen Streitgegenstandsbegriff[675] bezüglich sämtlicher Kündigungen die Klageerhebungsfrist aus § 4 S. 1 KSchG wahren.[676] Davon ist auch auszugehen, wenn die Kündigungsschutzklage die Klagefrist des § 4 S. 1 KSchG auch für eine Folgekündigung wahrt, die vor dem oder zeitgleich mit dem Auflösungstermin der ersten Kündigung wirksam werden soll, weil der Kläger ihre Unwirksamkeit noch vor Schluss der mündlichen Verhandlung erster Instanz explizit geltend machen und mit einem Antrag nach § 4 S. 1 KSchG angreifen muss.[677] Dies gilt auch für weitere **vorsorglich** oder **hilfsweise** ausgesprochene Kündigungen. Eine derartige Kündigung drückt ebenfalls den Willen des Arbeitgebers aus, das Arbeitsverhältnis zu beenden. Der Zusatz hilfsweise oder vorsorglich macht lediglich deutlich, dass der Arbeitgeber sich in erster Linie auf einen anderen Beendigungstatbestand beruft, auf dessen Rechtswirkungen er nicht verzichten will. Die vorsorgliche Kündigung steht unter einer auflösenden Rechtsbedingung iSv § 158 Abs. 2 BGB, so dass Ihre Wirkung endigt, wenn feststeht, dass das Arbeitsverhältnis bereits zu einem früheren Zeitpunkt aufgelöst worden ist.[678] Eine solche Rechtsbedingung begegnet keinen Bedenken.[679] Auch eine sog. **Wiederholungskündigung** oder sog. **Trotzkündigung,** die nach Rechtskraft des Urteils in dem ersten Prozess mit gleichem Kündigungsgrund vom Arbeitgeber ausgesprochen wird, muss der Arbeitnehmer im Klagewege nach § 4 S. 1 KSchG angreifen. Dabei ist gleichgültig, dass der zweiten rechtzeitig erhobenen Klage aus Gründen der Präjudizialität ohne weiteres stattzugeben ist.[680] Eine Präklusionswirkung entfaltet die Entscheidung über die frühere

---

[670] Vgl. dazu die zahlreichen Beispiele aus der Rspr. bei BAG 16.3.2016 – 4 AZR 421/15, NZA 2016, 1154 Rn. 22 ff.
[671] BGH 3.2.2012 – V ZR 44/11, NJW-RR 2012, 527; BAG 20.2.2014 – 2 AZR 248/13, NZA-RR 2015, 380.
[672] BAG 20.2.2014 – 2 AZR 248/13, NZA-RR 2015, 380; BGH 26.2.2016 – V ZR 131/15, NJW-RR 2016, 650; 26.3.2018 – III ZB 135/17, NJW-RR 2018, 763 Rn. 16 mwN.
[673] BAG 17.1.2002 – 2 AZR 57/01, NZA 2002, 999.
[674] BAG 17.1.2002 – 2 AZR 57/01, NZA 2002, 999: Die Klage war gegen die Insolvenzschuldnerin gerichtet, obwohl der Insolvenzverwalter gekündigt hatte; vgl. auch BAG 28.5.2009 – 2 AZR 548/08, NZA 2009, 1052.
[675] BAG 18.12.2014 – 2 AZR 163/14, NZA 2015, 635; Niemann NZA 2019, 65 näher dazu → Rn. 147 ff.
[676] BAG 23.6.2009 – 2 AZR 474/07, NZA 2009, 1136; 9.6.2011 – 2 AZR 284/10, NZA-RR 2012, 12; 10.4.2014 – 2 AZR 647/13, NZA 2015, 162.
[677] BAG 18.12.2014 – 2 AZR 163/14, NZA 2015, 635. Vgl. aber BAG 21.5.2019 – 2 AZR 26/19, NZA 2019, 1143 Rn. 20, 25 bei Umstellung einer Klage nach § 4 S. 1 KSchG auf eine Klage nach § 4 S. 2 KSchG.
[678] BAG 23.5.2013 – 2 AZR 54/12, NZA 2013, 1197; 21.11.2013 – 2 AZR 474/12, AP SGB V § 164 Nr. 1; 10.4.2014 – 2 AZR 647/13, NZA 2015, 162; 14.12.2017 – 2 AZR 86/17, NZA 2018, 646 Rn. 26; 18.10.2018 – 2 AZR 374/18, NZA 2019, 246 Rn. 12, 13. Vgl. auch zur vorsorglichen Kündigung nach Ausübung des Direktionsrechts: BAG 17.12.2015 – 2 AZR 304/15, NZA 2016, 568 Rn. 15, 24.
[679] BAG 11.3.1998 – 2 AZR 390/97, Rn. 26; 21.11.2013 – 2 AZR 474/12, AP SGB V § 164 Nr. 1; 10.4.2014 – 2 AZR 647/13, NZA 2015, 162; 17.12.2015 – 2 AZR 304/15, NZA 2016, 568.
[680] BAG 26.8.1993 – 2 AZR 159/93, NJW 1994, 473; 11.7.2013 – 2 AZR 994/12, NZA 2014, 250; 18.12.2014 – 2 AZR 163/14, NZA 2015, 635.

Kündigung allerdings nur bei **identischem** Kündigungssachverhalt. Hat sich dieser wesentlich geändert, darf der Arbeitgeber ein weiteres Mal kündigen.[681] Dies gilt auch dann, wenn die frühere Kündigung bereits allein aus formellen Gründen, also etwa wegen der nicht ordnungsgemäßen Beteiligung des Betriebsrats, für unwirksam erklärt worden ist.[682] Ergibt die Auslegung von **zwei Kündigungsschreiben**, dass der Arbeitgeber lediglich **eine** (doppelt verlautbarte) Kündigungserklärung abgegeben hat, deren Zugang er auf zwei verschiedenen Wegen sicherstellen wollte, so reicht es aus, dass der Arbeitnehmer gegen diese doppelt verlautbarte Kündigungserklärung nur einmal rechtzeitig nach §§ 4, 7 KSchG Klage erhebt. Dies gilt auch dann, wenn beide Kündigungsschreiben an zwei aufeinander folgenden Tagen abgeschickt werden und deshalb unterschiedliche Daten tragen.[683] Anders wäre allerdings zu entscheiden, wenn der Arbeitgeber **zwei unterschiedliche Kündigungssachverhalte** nacheinander zum Anlass **zweier Kündigungen** nimmt. Dies hat das BAG jedoch bei einer am selben Tag ausgesprochenen Tatkündigung und einer separat ausgesprochenen Verdachtskündigung – jeweils als außerordentliche, hilfsweise ordentliche Kündigung – verneint und die ohne Differenzierung erhobene Kündigungsschutzklage gegen die nach Datum bezeichnete Kündigung für die Fristwahrung ausreichen lassen.[684]

Dem BAG[685] genügt auch die Klage gegen eine als **sicher in Aussicht** gestellte Kündigung, selbst wenn der Feststellungsantrag erst nach Ablauf der Dreiwochenfrist der tatsächlich abgegebenen Kündigungserklärung angepasst wird. Kündigt der Arbeitgeber zunächst aufgrund eines bestimmten Sachverhalts **mündlich** und folgt auf die mündliche Erklärung unmittelbar eine schriftliche Kündigung, so handelt es sich regelmäßig um **einen einheitlichen Lebenssachverhalt**, so dass die gegen die mündliche Kündigung rechtzeitig erhobene Kündigungsschutzklage die Klageerhebungsfrist wahrt, wenn die **formgerechte später ausgesprochene schriftliche** Kündigung nicht besonders angegriffen worden ist.[686] Erhebt der Arbeitnehmer binnen dreier Wochen nach Zugang einer Kündigung eine **unzulässige** auf den Fortbestand des Arbeitsverhältnisses gerichtete **allgemeine Feststellungsklage** iSv § 256 Abs. 1 ZPO, hat er die Frist des § 4 S. 1 KSchG jedenfalls dann gewahrt, wenn er die fragliche Kündigung noch bis zum Schluss der mündlichen Verhandlung erster Instanz – nunmehr konkret bezeichnet – in den Prozess einführt und auf sie bezogen einen punktuellen Kündigungsschutzantrag stellt.[687] Eine fristwahrende Klageerhebung nach § 4 KSchG hat das BAG[688] auch dann angenommen, wenn sie wenn sie durch unzulässige eventuelle subjektive Klagehäufung **hilfsweise** gegen den richtigen Arbeitgeber erhoben worden ist.[689]

Hat der Arbeitgeber eine sog. **Verbundkündigung**[689] ausgesprochen, bei der zugleich mit der außerordentlichen Kündigung hilfsweise (vorsorglich) eine ordentliche Kündigung verbunden wird, und hat der Arbeitnehmer innerhalb der Klageerhebungsfrist mit seinem Feststellungsantrag lediglich die außerordentliche Kündigung angegriffen, so erfasst seine Klage automatisch auch die hilfsweise erklärte ordentliche Kündigung, wenn er sich mit der Klagebegründung insgesamt gegen die Wirksamkeit der Kündigung wendet.[690] Der Arbeitnehmer kann jedoch auch bei einer Verbundkündigung die ordentliche Kündigung **ausdrücklich** hin-

---

[681] BAG 11.7.2013 – 2 AZR 994/12, NZA 2014, 250; 20.3.2014 – 2 AZR 840/12, NZA 2014, 1415; 18.12.2014 – 2 AZR 163/14, NZA 2015, 635.
[682] BAG 20.3.2014 – 2 AZR 840/12, NZA 2014, 1415 Rn. 13.
[683] BAG 6.9.2007 – 2 AZR 264/06, NZA 2008, 636; 7.7.2011 – 6 AZR 248/10, NZA 2011, 1108.
[684] BAG 23.6.2009 – 2 AZR 474/07, NZA 2009, 1136: Der Kläger hatte sich zunächst nur „gegen die Kündigung vom 18.8.2006" gewandt; vgl. auch BAG 23.6.2009 – 2 AZR 474/07, NZA-RR 2012, 12: Der Arbeitgeber kündigte mit vier separaten Schreiben am gleichen Tag zweimal fristlos und zweimal ordentlich; vgl. zur Verdachtskündigung: BAG 21.11.2013 – 2 AZR 797/11, NZA 2014, 243: Eine Verdachtskündigung ist auch als ordentliche Kündigung sozial nur gerechtfertigt, wenn Tatsachen vorliegen, die zugleich eine außerordentliche, fristlose Kündigung gerechtfertigt hätten; ebenso BAG 18.6.2015 – 2 AZR 256/14, NZA 2016, 287.
[685] BAG 4.3.1980 – 1 AZR 125/78, AP GG Art. 140 Nr. 3; bestätigt durch BAG 31.3.1993 – 2 AZR 467/92, NZA 1994, 237; vgl. auch Stahlhacke/Preis/Vossen *Kündigung/Vossen* Rn. 1912.
[686] BAG 28.6.1973 – 2 AZR 378/72, AP KSchG 1969 § 13 Nr. 2; 25.4.1996 – 2 AZR 13/95, NZA 1996, 1227.
[687] BAG 26.9.2013 – 2 AZR 682/12, NZA 2014, 443.
[688] BAG 31.3.1993 – 2 AZR 467/92, NZA 1994, 237.
[689] Vgl. → Rn. 114.
[690] BAG 16.11.1970 – 2 AZR 33/70, AP KSchG § 3 Nr. 38; vgl. auch BAG 10.4.2014 – 2 AZR 647/13, NZA 2015, 162; 27.6.2019 – 2 AZR 28/19, NZA 2019, 1343 Rn. 21.

nehmen und lediglich gegen die außerordentliche Kündigung mit der Kündigungsschutzklage vorgehen. Nach Ablauf der Dreiwochenfrist ist dann die ordentliche Kündigung gemäß §§ 4 S. 1, 7 KSchG nicht mehr angreifbar. Der Arbeitnehmer könnte jedoch auch hilfsweise (unecht eventuell) seinen Klageantrag gegen die ordentliche Kündigung unter die Bedingung stellen, dass die Unwirksamkeit der außerordentlichen Kündigung festgestellt wird.[691]

118 Anders ist jedoch zu entscheiden, wenn die außerordentliche Kündigung und eine weitere ordentliche Kündigung **hintereinandergeschaltet** werden, weil dann nicht nur **eine** Kündigung, sondern **zwei** eigenständige Kündigungen vorliegen, die gesondert mit der Feststellungsklage nach § 4 S. 1 KSchG angegriffen werden müssen.

119 Wird die Klage **nicht demnächst zugestellt**, kann die Klageerhebungsfrist des § 4 S. 1 und 2 KSchG gleichwohl gewahrt sein, wenn der beklagte Arbeitgeber die **unterlassene** oder **verspätete Klagezustellung ungerügt** hinnimmt (§ 295 ZPO),[692] weil auch die Unterlassung der Zustellung einer Klage einen verzichtbaren Verfahrensmangel darstellt.[693] Die Heilung tritt nach § 295 Abs. 1 ZPO ein, wenn die Partei auf die Befolgung der Vorschrift verzichtet, oder wenn sie bei der nächsten mündlichen Verhandlung, die auf Grund des betreffenden Verfahrens stattgefunden hat oder in der darauf Bezug genommen ist, den Mangel nicht gerügt hat, obgleich sie erschienen und ihr der Mangel bekannt war oder bekannt sein musste. Nach § 189 ZPO kann die Heilung eines vom Gericht veranlassten Zustellungsmangels dadurch eintreten, dass dem Beklagten die Kündigungsschutzklage formlos zugegangen ist, was allerdings voraussetzt, dass die Zustellung vom Gericht beabsichtigt war.[694] Gelangt das zuzustellende Schriftstück zum richtigen Empfänger, so hat die Zustellung – mit Wirkung ex nunc – ihren Zweck erfüllt. Da die Fiktion des § 189 ZPO sämtliche Rechtsfolgen einer wirksamen Zustellung herbeiführt, ist auch auf diesen Fall § 167 ZPO anwendbar, so dass die Zustellung unter dieser Prämisse auf den Zeitpunkt der Einreichung der Kündigungsschutzklage zurückwirkt.[695]

120 Die **Berechnung** der Dreiwochenfrist erfolgt auf der Grundlage der §§ 187 Abs. 1, 188 Abs. 2, 193 BGB. Bei der Fristberechnung ist der Tag, an dem die Kündigung zugeht, nach § 187 Abs. 1 BGB nicht mitzurechnen, so dass die Frist mit dem Ablauf desjenigen Tages der dritten Woche endet, der durch seine Benennung dem Tage entspricht, an dem die Kündigung zuging (§ 188 Abs. 2 BGB). Endet die Frist an einem Samstag, einem Sonntag oder einem staatlich anerkannten Feiertag am Sitz des örtlich zuständigen Arbeitsgerichts,[696] so tritt an seine Stelle der nächste folgende Werktag (§ 193 BGB).[697]

121 Indem die **Fristberechnung** auf den **Zugang** der Kündigungserklärung abhebt, ist dieser Zeitpunkt exakt zu bestimmen. Da die Kündigungserklärung gem. § 623 BGB der gesetzlichen Schriftform unterliegt, richtet sich ihr Zugang nach § 130 BGB.[698] Dabei muss die Kündigung dem Arbeitnehmer in der für ihre Abgabe vorgesehenen **Form** (§ 623 BGB) zugehen, so dass etwa der Zugang einer Telefaxkopie oder einer E-Mail nicht ausreicht.[699]

---

[691] So auch ErfK/*Kiel* KSchG § 4 Rn. 23; vgl. zur überflüssigen Änderungskündigung: BAG 17.12.2015 – 2 AZR 304/15, NZA 2016, 568.
[692] Stahlhacke/Preis/Vossen Kündigung/*Vossen* Rn. 1921; KR/*Friedrich/Klose* KSchG § 4 Rn. 188.
[693] BGH 8.2.1996 – IX ZR 107/95, NJW 1996, 1351; 9.1.2008 – VIII ZR 12/07, FamRZ 2008, 680; 15.1.2014 – VIII ZR 100/13, NJW 2014, 937; 29.3.2017 – VIII ZR 11/16, NJW 2017, 2472; BAG 21.8.2019 – 7 AZR 572/17, NZA 2019, 1709 Rn. 16.
[694] BGH 26.11.2002 – VI ZB 41/02, NJW 2003, 1192; BAG 29.10.2007 – 3 AZB 25/07, NZA 2008, 967; BGH 12.3.2015 – III ZR 207/14, NJW 2015, 1760.
[695] BGH 12.3.2015 – III ZR 207/14, NJW 2015, 1760.
[696] BAG 24.9.1996 – 9 AZR 364/95, NZA 1997, 507.
[697] ErfK/*Kiel* KSchG § 4 Rn. 21; Stahlhacke/Preis/Vossen Kündigung/*Vossen* Rn. 1908; KR/*Friedrich/Klose* KSchG § 4 Rn. 78.
[698] Grundsätzlich dazu BAG 9.6.2011 – 6 AZR 687/09, NZA 2011, 847: Der Ehegatte als Empfangsbote auch außerhalb der gemeinsamen Wohnung; BAG 8.12.2011 – 6 AZR 354/10, NZA 2012, 495: Zugang bei Minderjährigkeit; vgl. auch BAG 26.3.2015 – 2 AZR 483/14, NZA 2015, 1183 Rn. 37; 25.4.2018 – 2 AZR 493/17, NZA 2018, 1157 Rn. 15; 22.8.2019 – 2 AZR 111/19, NZA 2019, 1490 Rn. 12; BGH 14.2.2019 – IX ZR 181/17, NJW 2019, 1151 Rn. 11.
[699] BAG 17.12.2015 – 6 AZR 709/14, NZA 2016, 361; der Gesetzgeber hat das Schriftformerfordernis als konstitutiv angesehen: BT-Drs. 14/626, 11; es handelt sich deshalb um zwingendes Recht: ErfK/*Müller-Glöge* BGB § 623 Rn. 10a; KR/*Spilger* BGB § 623 Rn. 31.

Wegen des Schriftformerfordernisses des § 623 BGB ist unzureichend, dass der Kündigende die dem Schriftformerfordernis unterliegende Vertragsurkunde unterzeichnet und den anderen Teil hierüber in anderer Form, die die Voraussetzungen nach § 126 BGB nicht wahrt, in Kenntnis setzt.[700] Allerdings sind die Voraussetzungen des wirksamen Zugangs einer der gesetzlichen Formvorschrift des § 623 BGB genügenden Kündigung **dispositiv** und können abweichend von den Vorschriften der §§ 130, 132 BGB erleichtert werden.[701]

Im Allgemeinen gilt nach der Rechtsprechung des BAG,[702] dass eine Kündigung als **schriftliche und damit verkörperte Willenserklärung** nach § 130 Abs. 1 BGB unter **Anwesenden** zugeht, wenn sie durch Übergabe in den Herrschaftsbereich des Empfängers gelangt. Es kommt nicht darauf an, ob der Empfänger die Verfügungsgewalt über das Schriftstück dauerhaft erlangt. Es genügt die Aushändigung und Übergabe, so dass für ihn die Möglichkeit der Kenntnisnahme besteht. Der Zugang wird auch dann bewirkt, wenn das Schriftstück dem Empfänger mit der für ihn erkennbaren Absicht, es ihm zu übergeben, angereicht und, falls er die Entgegennahme ablehnt, so in seiner unmittelbaren Nähe abgelegt wird, dass er es ohne Weiteres an sich nehmen und von seinem Inhalt Kenntnis nehmen kann.[703] Eine verkörperte Willenserklärung geht unter **Abwesenden** iSv § 130 Abs. 1 S. 1 BGB zu, sobald sie in verkehrsüblicher Weise in die tatsächliche Verfügungsgewalt des Empfängers gelangt ist und für diesen unter gewöhnlichen Voraussetzungen die Möglichkeit besteht, von ihr Kenntnis zu nehmen, was nach den Gepflogenheiten des Verkehrs (abstrakte objektive Möglichkeit der Kenntnisnahme) zu beurteilen ist, so dass es auf die **individuellen** Verhältnisse des Empfängers nicht ankommt.[704] Wenn für den Empfänger diese (üblicherweise) abstrakte Möglichkeit der Kenntnisnahme besteht, ist es unerheblich, wann er die Erklärung tatsächlich zur Kenntnis nimmt und ob er daran durch Krankheit, zeitweilige Abwesenheit oder durch besondere Umstände wie Urlaub oder Untersuchungshaft oder eigene Leerungsgewohnheiten zunächst gehindert war[705] oder möglicherweise mit dem Postzusteller individuell eine andere als die übliche Zustellzeit der Post vereinbart hat.[706] Der Einwurf eines Kündigungsschreibens in den Briefkasten als Empfangseinrichtung des Arbeitnehmers bewirkt damit den Zugang, sobald nach der Verkehrsanschauung mit der nächsten Entnahme zu rechnen ist.[707] Den Arbeitnehmer trifft die Obliegenheit, die nötigen Vorkehrungen für eine tatsächliche Kenntnisnahme zu treffen.[708] Er hat als Empfänger die Risiken seines räumlichen Machtbereichs zu tragen.[709] Wird einem Arbeitnehmer ein Kündigungsschreiben ausgehändigt und gibt dieser das Kündigungsschreiben kurze Zeit später zurück, so ist vom Zugang der Kündigung auszugehen, da die Möglichkeit der Kenntnisnahme bestand.[710] Da eine Willenserklärung bereits mit ihrem Zugang wirksam wird und nicht erst dann, wenn

---

[700] BAG 7.7.2010 – 4 AZR 1023/08, NZA-RR 2011, 30.
[701] BGH 7.6.1995 – VIII ZR 125/94, NJW 1995, 2217.
[702] Grundsätzlich BAG 26.3.2015 – 2 AZR 483/14, NZA 2015, 1183 mwN.
[703] BAG 26.3.2015 – 2 AZR 483/14, NZA 2015, 1183: Es geht dagegen nicht zu, wenn es dem Empfänger zum Zwecke der Übergabe zwar angereicht, aber von dem Erklärenden oder Überbringer wieder an sich genommen wird, weil der Empfänger die Annahme abgelehnt hat.
[704] BAG 22.3.2012 – 2 AZR 224/11, AP KSchG 1969 § 5 Nr. 19; 26.3.2015 – 2 AZR 483/14, NZA 2015, 1183; 25.4.2018 – 2 AZR 493/17, NZA 2018, 1157 Rn. 15; 22.8.2019 – 2 AZR 111/19, NZA 2019, 1490 Rn. 12; dazu auch Stahlhacke/Preis/Vossen Kündigung/*Preis* Rn. 123, 124.
[705] BAG 2.3.1989 – 2 AZR 275/88, NZA 1989, 635: Bei Untersuchungshaft; BAG 24.6.2004 – 2 AZR 461/03, NZA 2004, 1330: Auch bei Kenntnis des Arbeitgebers von der Urlaubsabwesenheit des Arbeitnehmers; ebenso BAG 22.3.2012 – 2 AZR 224/11, AP KSchG 1969 § 5 Nr. 19; 26.3.2015 – 2 AZR 483/14, NZA 2015, 1183; Stahlhacke/Preis/Vossen Kündigung/*Preis* Rn. 125, 127 ff.; eingehend dazu auch Schaub ArbR-HdB/*Linck* § 123 Rn. 36.
[706] BGH 21.1.2004 – XII ZR 214/00, NJW 2004, 1320 Rn. 16; BAG 25.4.2018 – 2 AZR 493/17, NZA 2018, 1157 Rn. 15.
[707] BAG 22.8.2019 – 2 AZR 111/19, NZA 2019, 1490 Rn. 12.
[708] BAG 22.8.2019 – 2 AZR 111/19, NZA 2019, 1490 Rn. 12.
[709] Bei längerer Urlaubsabwesenheit über sechs Wochen hinaus kann dem Arbeitnehmer zumutbar sein, eine Person seines Vertrauens mit der Leerung des Briefkastens zu beauftragen: BAG 25.4.2018 – 2 AZR 493/17, NZA 2018, 1157 Rn. 28.
[710] BAG 25.4.2018 – 2 AZR 493/17, NZA 2018, 1157 Rn. 15 mwN; 22.8.2019 – 2 AZR 111/19, NZA 2019, 1490 Rn. 12 mwN.

sie vom Empfänger tatsächlich wahrgenommen worden ist, hindern eventuell **fehlende Sprachkenntnisse** des Arbeitnehmers nicht den Zugang der Kündigung.[711] Bei Geschäftsunfähigkeit oder nur **beschränkter Geschäftsfähigkeit** wird die Kündigung erst wirksam, wenn sie an den gesetzlichen Vertreter gerichtet ist und ihm zugeht (§ 131 Abs. 1 und 2 BGB).[712] Eine Kündigung, die nicht zugegangen ist, bleibt als einseitiges empfangsbedürftiges Rechtsgeschäft unvollständig und kommt damit schon tatbestandlich nicht zustande.[713]

123 Bei der Frage, ob die Kenntnisnahme vom Empfänger nach der Verkehrsanschauung erwartet werden kann, ist auf die vom **Empfänger** getroffenen **Empfangsvorkehrungen** abzustellen. Die schriftliche Kündigung muss die allgemeinen oder für den Einzelfall bestimmten **Empfangseinrichtungen** des Adressaten erreichen. In erster Linie zählt die **Wohnung,** solange sie nicht aufgegeben ist, zum **Machtbereich des Empfängers** einer schriftlichen Willenserklärung, in den sie deshalb nach der Verkehrssitte in der Regel mit dem Einwurf des Schreibens in den **Wohnungsbriefkasten** als einer technischen Empfangsvorrichtung gelangt.[714] Erfolgt die im Kündigungsschreiben verkörperte Willenserklärung nicht durch Aushändigung an den Arbeitnehmer, sondern durch Einwurf in seinen **Briefkasten,** wird der Zugang zu dem Zeitpunkt bewirkt, in dem nach gewöhnlichen Verhältnissen und den Geflogenheiten des Verkehrs mit der nächsten Entnahme gerechnet werden kann.[715] Das BAG hat insoweit eine Verkehrsanschauung angenommen, wonach bei Hausbriefkästen im Allgemeinen mit einer Leerung **unmittelbar nach Abschluss** der üblichen örtlichen Postzustellzeiten, die gerade nicht zu den individuellen Verhältnissen des Erklärungsempfängers gehören, zu rechnen ist.[716] Möglicherweise müssen einer Beweisaufnahme zugängliche geeignete Tatsachenfeststellungen getroffen werden, wann die Postzustellung auch unter Berücksichtigung anderer Anbieter vor Ort üblicherweise abgeschlossen ist. Gelegentlich davon abweichende Zustellzeiten üben dabei auf die sonst bestehende Üblichkeit keinen Einfluss aus. Wird daher das Kündigungsschreiben erst erhebliche Zeit nach der allgemeinen Postzustellung in den Wohnungsbriefkasten eingeworfen, geht die Kündigung dem Arbeitnehmer erst am Folgetage zu.[717] Das ist anders zu beurteilen, wenn der Kündigungsadressat weiß oder annehmen muss, dass ihm nach der allgemeinen Postzustellung die Kündigung in seinen Briefkasten eingeworfen wird.[718] Neben Empfangsvertretern (§ 164 Abs. 3 BGB) und rechtsgeschäftlich bestellten Empfangsboten werden im Wege der Rechtsfortbildung nach der Verkehrsanschauung in einer gemeinsamen Wohnung lebende Ehegatten füreinander als Empfangsboten angesehen, auch wenn die Kündigung außerhalb der Wohnung übermittelt wird.[719] Wird eine Erklärung gegenüber einem **Empfangsboten** abgegeben, kommt es anders als bei einer Empfangsvollmacht allein auf die Person des Adressaten an. Erst wenn dieser unter Zugrundelegung gewöhnlicher Übermittlungsverhältnisse die (theoretische) Möglichkeit der Kenntnisnahme hat, ist die an seinen Empfangsboten abgegebene Erklärung zugegangen.[720]

---

[711] BAG 19.3.2014 – 5 AZR 252/12, NZA 2014, 1076 – B; ebenso Schaub ArbR-HdB/*Linck* § 123 Rn. 30.
[712] BAG 28.10.2010 – 2 AZR 794/09, NZA 2011, 340 – bei Geschäftsunfähigkeit; BAG 8.12.2011 – 6 AZR 354/10, NZA 2012, 495 – beschränkte Geschäftsfähigkeit eines Auszubildenden; ausführlich dazu Stahlhacke/Preis/Vossen Kündigung/*Preis* Rn. 115 ff.
[713] BAG 28.10.2010 – 2 AZR 794/09, NZA 2011, 340.
[714] BAG 2.3.1989 – 2 AZR 275/88, NZA 1989, 635; 16.3.1994 – 5 AZR 447/92, AP BGB § 611 Abhängigkeit Nr. 68: Ein dem Arbeitnehmer im Betrieb eingerichtetes Schließfach reicht nicht aus. Vgl. BAG 25.4.2018 – 2 AZR 493/17, NZA 2018, 1157 Rn. 15 mwN; 22.8.2019 – 2 AZR 111/19, NZA 2019, 1490 Rn. 12 mwN.
[715] BAG 25.4.2018 – 2 AZR 493/17, NZA 2018, 1157 Rn. 15 mwN; 22.8.2019 – 2 AZR 111/19, NZA 2019, 1490 Rn. 12.
[716] BAG 22.3.2012 – 2 AZR 224/11, AP KSchG 1969 § 5 Nr. 19 Rn. 21; 22.8.2019 – 2 AZR 111/19, NZA 2019, 1490 Rn. 15 mwN. AA LAG Baden-Württemberg 14.12.2018 – 9 Sa 69/18, ArbR 2019, 283 Rn. 50, 54: Geflogenheit der Kenntnisnahme von Schriftstücken, die bis 17 Uhr in den Briefkasten eingeworfen werden. Dem zustimmend *Boemke* jurisPR-ArbR 31/2019 Anm. 4.
[717] BAG 8.12.1983 – 2 AZR 337/82, NJW 1984, 1651.
[718] BAG 26.3.2015 – 2 AZR 483/14, NZA 2015, 1183.
[719] BAG 9.6.2011 – 6 AZR 687/09, NZA 2011, 847.
[720] BAG 9.6.2011 – 6 AZR 687/09, NZA 2011, 847; 24.5.2018 – 2 AZR 72/18, NZA 2018, 1335 Rn. 28: Mitarbeiter einer JVA als Empfangsboten für einen inhaftierten Arbeitnehmer.

Ein **Übergabe-Einschreiben** und **Übergabe-Einschreiben mit Rückschein**, das dem Empfänger wegen Abwesenheit nicht übergeben werden kann, geht nicht bereits mit der Hinterlassung des **Benachrichtigungsscheins**, sondern erst dann zu, wenn der Arbeitnehmer das Einschreiben noch innerhalb der ihm von der Post mitgeteilten Aufbewahrungsfrist abholt oder abholen lässt.[721] Auch wenn der Empfänger den Zugang des Einschreibens dadurch verzögert, dass er den Einschreibebrief nicht unverzüglich beim Postamt abholt, rechtfertigt dies noch nicht einen anderen Zugangszeitpunkt, etwa den der frühestmöglichen Abholung des Einschreibebriefs, zu fingieren.[722] Bei einem Übergabe-Einschreiben besteht damit das Risiko, dass der Zugang nicht bewirkt werden kann, weil der Empfänger die Sendung trotz Benachrichtigung nicht abholt. Zu diesen Zugangsschwierigkeiten kann es beim Einwurf-Einschreiben nicht kommen. Beim **Einwurf-Einschreiben** erfolgt die Ablieferung durch Einwurf der Sendung in den Briefkasten oder das Postfach des Empfängers. Für den Zugang gemäß § 130 Abs. 1 S. 1 BGB genügt das Einlegen in den Briefkasten und der Empfänger unter normalen Verhältnissen die Möglichkeit hat, vom Inhalt der Erklärung Kenntnis zu nehmen.[723] Dem Einlieferungsbeleg können die Sendungsnummer und der Einlieferungstag entnommen werden. Mit diesen Daten kann die Sendungsverfolgung für Einschreiben genutzt werden. Unmittelbar vor dem Einwurf zieht der Postangestellte das sog. „Peel-off-Label" (Abziehetikett), das zur Identifizierung der Sendung dient, von dieser ab und klebt es auf den so vorbereiteten, auf die eingeworfene Sendung bezogenen Auslieferungsbeleg. Auf diesem Beleg bestätigt der Postangestellte nach dem Einwurf mit seiner Unterschrift und der Datumsangabe die Zustellung. Wie bei einem Übergabe-Einschreiben erhält der Absender auch beim Einwurf-Einschreiben auf Wunsch – neben der telefonischen Auskunft – eine Reproduktion des elektronisch archivierten Auslieferungsbelegs. Bei Einhaltung dieses Verfahrens ist der Schluss gerechtfertigt, dass die eingelieferte Sendung tatsächlich in den Briefkasten des Empfängers gelangt ist.[724] Für den Absender streitet daher beim Einwurf-Einschreiben nach Vorlage des Einlieferungsbelegs zusammen mit der Reproduktion des Auslieferungsbelegs der Beweis des ersten Anscheins dafür, dass die Sendung durch Einlegen in den Briefkasten bzw. das Postfach zugegangen ist.[725]

Grundsätzlich muss derjenige, der aufgrund bestehender oder angebahnter vertraglicher Beziehungen mit dem Zugang rechtserheblicher Erklärungen zu rechnen hat, geeignete Vorkehrungen treffen, dass ihn derartige Erklärungen auch erreichen.[726] Aus der Existenz derartiger Rechtsbeziehungen zwischen dem Erklärenden und dem Erklärungsempfänger und der besonderen Art solcher Beziehungen kann sich ergeben, dass der Erklärungsempfänger, wenn er das niedergelegte Schriftstück nicht abholt, sich so behandeln lassen muss, als sei es in seinen Machtbereich gelangt. Obliegenheitsverletzungen des Empfängers, die eine Verzögerung oder eine Vereitelung des Zugangs der Erklärung bewirken, können daher für die Frage der **Rechtzeitigkeit** des Zugangs der Kündigungserklärung bedeutsam sein. Der Empfänger einer Kündigungserklärung muss sich deshalb, hat er den rechtzeitigen Zugang der Kündigung vereitelt, so behandeln lassen, als habe der Absender die **entsprechenden Fristen** gewahrt. Die Rechtzeitigkeit der Kündigung des Arbeitgebers vor Ablauf der Frist des § 626 Abs. 2 BGB, vor Eintritt des Sonderkündigungsschutzes, vor Eintritt der Wartefrist nach dem KSchG darf der Arbeitnehmer nicht durch eine **treuwidrige Verzögerung** des Kündigungszugangs verhindern (vgl. § 162 BGB).[727] Ebenso hat das

---

[721] BAG 25.4.1996 – 2 AZR 13/95, NZA 1996, 1227; BGH 26.11.1997 – VIII ZR 22/97, NJW 1998, 976; BAG 26.3.2015 – 2 AZR 483/14, NZA 2015, 1183; BGH 27.6.2016 – II ZR 299/15, NJW 2017, 68 Rn. 23; vgl. auch *Becker-Schaffner* BB 1998, 422 ff.; *Bauer/Diller* NJW 1998, 2796 ff.; *Neuvians/Mensler* BB 1998, 1206; *Reichert* NJW 2001, 2523; *Gaul/Otto* ArbRB 2003, 306 ff.; ausführlich dazu KR/*Friedrich/Klose* KSchG § 4 Rn. 147 ff. und Schaub ArbR-HdB/*Linck* § 123 Rn. 37, 38.
[722] Vgl. auch BAG 26.3.2015 – 2 AZR 483/14, NZA 2015, 1183.
[723] BGH 8.1.2014 – IV ZR 206/13, NJW 2014, 1010 Rn. 8; 27.9.2016 – II ZR 299/15, NJW 2017, 68 Rn. 25.
[724] BGH 27.9.2016 – II ZR 299/15, NJW 2017, 68 Rn. 26, 27, 33.
[725] BGH 27.9.2016 – II ZR 299/15, NJW 2017, 68 Rn. 33.
[726] BGH 26.11.1997 – VIII ZR 22/97, NJW 1998, 976; BAG 26.3.2015 – 2 AZR 483/14, NZA 2015, 1183.
[727] BAG 25.4.1996 – 2 AZR 13/95, NZA 1996, 1227; 22.9.2005 – 2 AZR 366/04, NZA 2006, 204: Treuwidrige Zugangsvereitelung durch Angabe einer unrichtigen Anschrift; *Bertzbach* jurisPR-ArbR 5/2006 Anm. 4; BAG 26.3.2015 – 2 AZR 483/14, NZA 2015, 1183.

BAG[728] entschieden, wenn etwa ein **schwerbehinderter Arbeitnehmer** aus dem Verfahren vor dem Integrationsamt weiß, dass der Ausspruch einer fristlosen Kündigung durch seinen Arbeitgeber unmittelbar bevorsteht, er den Benachrichtigungsschein über die Postzustellung des Kündigungsschreibens tatsächlich erhält oder die Unkenntnis von dessen Zugang zu vertreten hat und dann das Kündigungsschreiben verspätet bei der Poststelle abholt.

126 Allerdings hat der BGH[729] zum **Zugang** bei **Nichtabholung** eines **Einschreibebriefs** angenommen, dass der Erklärende grundsätzlich verpflichtet ist, nach Kenntnis von dem nicht erfolgten Zugang unverzüglich einen **erneuten Versuch** zu unternehmen, seine Erklärung derart in den Machtbereich des Empfängers zu bringen, dass diesem ohne weiteres eine Kenntnisnahme möglich ist. Ein wiederholter Zustellungsversuch soll nur dann entbehrlich sein, wenn der Empfänger die Annahme einer an ihn gerichteten schriftlichen Mitteilung grundlos verweigert, obwohl er mit dem Eingang rechtserheblicher Mitteilungen seines Vertragspartners rechnen muss. Gleiches gilt, wenn der Adressat den Zugang der Erklärung arglistig vereitelt. Nach einem unverzüglichen zweiten Zustellungsversuch wird dem Adressaten nicht nur der Einwand abgeschnitten, die Erklärung sei nicht zugegangen, sondern auch der Einwand, diese Erklärung sei nicht rechtzeitig zugegangen.[730]

127 Die Deutsche Post AG bietet als Einschreiben auch das **Einschreiben-Eigenhändig** an.[731] Bei dem Einschreiben-Eigenhändig wird die Sendung nur an den Empfänger persönlich oder einen besonders Bevollmächtigten ausgehändigt. Die Zustellung einer Kündigung im Wege der Postzustellung mit **Postzustellungsurkunde** wird wie bei einem Einschreiben–Einwurf bei Nichtantreffen des Adressaten erst durch Abholung bei der Post bewirkt.[732] Der Praxis ist wohl anzuraten, die Zustellung durch **Boten** oder durch **Gerichtsvollzieher** ausführen zu lassen, wenn sich die Zustellungsfrage als problematisch erweist.

128 Stellt der **Gerichtsvollzieher** zu, richtet sich die Zustellung nach den Vorschriften der ZPO (§ 29 Abs. 3 GVGA). Gemäß §§ 191, 192 iVm § 180 ZPO gilt das Schriftstück als zugestellt, wenn es mangels persönlicher Zustellung oder Ersatzzustellung in der Wohnung des Kündigungsadressaten (§ 178 ZPO iVm § 191 ZPO) in einen zu der Wohnung gehörenden Briefkasten des Arbeitnehmers (§ 180 ZPO) durch den Gerichtsvollzieher eingelegt worden ist. Dabei kann auch der Zeitpunkt der Einlegung keine Rolle spielen. Der Zugangsbegriff als solcher ist nämlich in § 130 BGB nicht definiert und wird durch die og Kennzeichnung der Rspr. umschrieben. Da durch § 132 BGB iVm § 180 ZPO (§ 191 ZPO) der Zugang **insgesamt** fingiert wird, ist damit auch die Möglichkeit der Kenntnisnahme eingeschlossen. Daher wird mit der **Zustellungsfiktion** zugleich die **Zugangsfiktion** ausgelöst.[733] Da der Gerichtsvollzieher mit dem Zustellungsauftrag das unverschlossene Original der Kündigung nebst Kopie erhält, wird damit auch der gelegentlich vorgebrachte Einwand, es sei nur der Umschlag ohne das Kündigungsschreiben zugestellt worden, ausgeräumt. Der GV handelt als staatliches Organ und benötigt keine Vollmacht nach § 174 BGB. Stets sollte gem. § 15 Abs. 2 Nr. 2 GVGA die Zustellung durch den Gerichtsvollzieher selbst beantragt werden, um eine Zustellung durch Beauftragung der Post zu vermeiden (§ 194 ZPO). Da § 167 ZPO grundsätzlich auch in den Fällen anwendbar ist, in denen durch die Zustellung eine außergerichtliche Frist gewahrt werden soll und dabei gleichgültig ist, ob die Zustellung durch das Gericht oder durch Vermittlung eines Gerichtsvollziehers (§ 132 BGB) erfolgt,[734] ist daran zu denken, diese Vorschrift zur Wahrung der zweiwöchigen Erklärungsfrist auf die Zustellung einer außerordentlichen Kündigung (§ 626 Abs. 2 BGB) anzuwenden. Allerdings dürfte hier das Interesse des Arbeitnehmers vorrangig sein, rasch Klarheit darüber zu gewinnen, ob der Kündigungsberechtigte von seinem Gestaltungsrecht Gebrauch macht.[735]

---

[728] BAG 7.11.2002 – 2 AZR 475/01, NZA 2003, 719.
[729] BGH 26.11.1997 – VIII ZR 22/97, NJW 1998, 976.
[730] BGH 26.11.1997 – VIII ZR 22/97, NJW 1998, 976.
[731] Zu den Varianten: Stahlhacke/Preis/Vossen Kündigung/*Preis* Rn. 134, 135.
[732] BAG 7.11.2002 – 2 AZR 475/01, NZA 2003, 719.
[733] Vgl. dazu *Gaul/Otto* ArbRB 2003, 306 ff.
[734] BGH 17.7.2008 – I ZR 109/05, NJW 2009, 765; 25.6.2014 – VIII ZR 10/14, NJW 2014, 2568.
[735] Zur entsprechenden Problematik: BAG 22.5.2014 – 8 AZR 662/13, NZA-RR 2014, 667; 21.10.2014 – 3 AZR 937/12, AP BetrAVG § 16 Nr. 106. Vgl. aber BAG 16.3.2016 – 4 AZR 421/15, NZA 2016, 1154

Des Weiteren muss dem Arbeitnehmer die volle Klageerhebungsfrist von drei Wochen nach Kündigungszugang erhalten bleiben.

Eine verkörperte Kündigungserklärung geht auch dann zu, wenn sie einer Person ausgehändigt wird, die nach der **Verkehrsauffassung** als ermächtigt angesehen werden kann, den Empfänger in der Empfangnahme zu vertreten.[736] Empfangsbote ist, wer vom Empfänger zur Entgegennahme von Erklärungen ermächtigt worden oder nach der Verkehrsauffassung als ermächtigt anzusehen ist, Willenserklärungen oder diesen gleichstehende Mitteilungen mit Wirkung für den Erklärungsempfänger entgegenzunehmen.[737] Davon ist auszugehen, wenn eine auf eine gewisse Dauer angelegte räumliche Nähe zum Adressaten gegeben ist sowie bei Bestehen einer persönlichen oder vertraglichen Beziehung oder einer normativ ausgestalteten Verpflichtung, eine Willenserklärung an den Adressaten weiterzuleiten.[738] Einer **besonderen Vollmacht** bedarf es hierzu nicht. Entscheidend ist vielmehr auf die Verkehrssitte abzuheben, so dass nicht nur Familienangehörige, die Lebensgefährten, sondern auch die Hausangestellte als Mittelspersonen des Empfängers in Betracht kommen.[739] Der **Ersatzempfänger muss genügend einsichtsfähig** sein, um die unverzügliche Weitergabe der Sendung an den Empfänger erwarten zu lassen. Dies ist vor allem dann zu prüfen, wenn einem minderjährigen Mitbewohner die Kündigung ausgehändigt wird.[740] Wird eine Erklärung gegenüber einem Empfangsboten abgegeben, kommt es anders als bei einer Empfangsvollmacht oder einem Empfangsvertreter (§ 164 Abs. 3 BGB) allein auf die Person des Adressaten an, so dass die (theoretische) Möglichkeit der Kenntnisnahme erst nach Ablauf der Zeit, die der Empfangsbote für die Übermittlungstätigkeit benötigt, erwartet werden kann.[741]

Verhindert ein nur als **Empfangsbote** in Betracht kommender **Dritter** durch Annahmeverweigerung den Zugang der Kündigung, so kann dies dem Adressaten nur dann zugerechnet werden, wenn der Dritte im Einvernehmen mit ihm bewusst die Entgegennahme verweigert hat.[742]

Die Darlegungs- und Beweislast für den wirksamen Zugang der Kündigung trifft den Arbeitgeber.[743] Dies gilt auch für alle Tatsachen, die den Einwand begründen, der Arbeitnehmer berufe sich treuwidrig auf den verspäteten Zugang der Kündigung.[744] Derjenige, der sich auf den Zugang eines abgesandten Kündigungsschreibens beruft, kann nicht allein argumentieren, normalerweise werde ein der Post anvertrauter Brief auch zugestellt. Der sonst bei typischen Geschehensabläufen geltende **Anscheinsbeweis** gilt hier **nicht**.[745] Dem ist beizupflichten, weil damit der Nachweis des Zugangs durch den Nachweis der Absendung im Gegensatz zur Regelung des § 130 Abs. 1 BGB ersetzt würde. Bei der Zustellung einer Kündigung durch **Boten** empfiehlt es sich, das Kündigungsschreiben in seiner Gegenwart in den Briefumschlag einzulegen und den Zustellvorgang in einen Briefkasten des Adressaten nach Ort und Zeit protokollieren zu lassen.

Rn. 27 das eine Anwendung von § 167 ZPO auf Fristen, die auch außergerichtlich geltend gemacht werden können, im Gegensatz zum BGH 17.7.2008 – I ZR 109/05, NJW 2009, 765 grundsätzlich ablehnt und dies auch auf § 626 Abs. 2 BGB bezieht.

[736] Näher dazu BAG 9.6.2011 – 6 AZR 687/09, NZA 2011, 847; Schaub ArbR-HdB/*Linck* § 123 Rn. 33 mwN; Stahlhacke/Preis/Vossen Kündigung/*Preis* Rn. 107 ff.

[737] BAG 24.5.2018 – 2 AZR 72/18, NZA 2018, 1335 Rn. 26, 27.

[738] BAG 24.5.2018 – 2 AZR 72/18, NZA 2018, 1335 Rn. 26.

[739] BAG 11.11.1992 – 2 AZR 328/92, NZA 1993, 259; 24.5.2018 – 2 AZR 72/18, NZA 2018, 1335 Rn. 26.

[740] BAG 24.5.2018 – 2 AZR 72/18, NZA 2018, 1335 Rn. 26.

[741] Die an die Klägerin gerichtete Kündigung war dem Ehemann an dessen aushäusigen Arbeitsplatz ausgehändigt worden: BAG 9.6.2011 – 6 AZR 687/09, NZA 2011, 847.

[742] BAG 11.11.1992 – 2 AZR 328/92, NZA 1993, 259; 9.6.2011 – 6 AZR 687/09, NZA 2011, 847.

[743] BAG 9.6.2011 – 6 AZR 687/09, NZA 2011, 847. Vgl. auch BVerfG 15.5.1991 – 1 BvR 1441/90, NJW 1991, 2757: Es besteht keine Vermutung für den Zugang eines formlos mit der Post übersandten gerichtlichen Schreibens, da Postsendungen verloren gehen können. Näher dazu auch Stahlhacke/Preis/Vossen Kündigung/*Preis* Rn. 139, 140.

[744] BAG 3.4.1986 – 2 AZR 258/85, AP SchwbG § 18 Nr. 9.

[745] BVerfG 15.5.1991 – 1 BvR 1441/90, NJW 1991, 2757; Schaub ArbR-HdB/*Linck* § 123 Rn. 40 mwN.

132 Wird eine **unwirksame außerordentliche** Kündigung in eine **ordentliche** Kündigung nach § 140 BGB umgedeutet,[746] richtet sich der die außerordentliche Kündigung betreffende Klageantrag des Arbeitnehmers **zugleich** gegen die ordentliche Kündigung.[747] Etwas anderes ist anzunehmen, wenn der Arbeitnehmer die Kündigungsschutzklage ausdrücklich auf die Wirksamkeit der außerordentlichen Kündigung beschränkt und damit die Frage der Wirksamkeit einer etwaigen umgedeuteten ordentlichen Kündigung im Prozess ausklammert.[748] Entschließt sich der Arbeitnehmer nach Ablauf der Klageerhebungsfrist dann doch noch, auch die umgedeutete ordentliche Kündigung mit der Kündigungsschutzklage anzugreifen, kommt eine verlängerte Anrufung nach § 6 KSchG nicht in Betracht.[749] Aus dem Grundsatz, dass das Ersatzgeschäft keine weitergehenden Wirkungen als das unwirksame haben darf, ergibt sich die Unzulässigkeit der Umdeutung von ordentlicher in außerordentliche Kündigung sowie die Unzulässigkeit der Umdeutung einer nichtigen fristgemäßen Kündigung in eine Anfechtung wegen Betrugs oder Täuschung.[750] Die Umdeutung einer unwirksamen außerordentlichen in eine ordentliche Kündigung ist nach § 140 BGB stets möglich, wenn dies dem mutmaßlichen Willen des Kündigenden entspricht und dem Kündigungsempfänger im Zeitpunkt des Kündigungszugangs erkennbar ist.[751] Ist im Arbeitsvertrag vorgesehen, dass eine unwirksame fristlose Kündigung als fristgemäße Kündigung gelten soll, so ersetzt eine derartige Klausel nicht die vorsorgliche Kündigung, sie verdeutlicht aber den hypothetischen Parteiwillen und dessen Erkennbarkeit für den Kündigungsempfänger.[752] Eine mangels Vorliegens eines wichtigen Grundes iSv § 15 Abs. 1 KSchG, § 626 Abs. 1 BGB unwirksame, auf Gründe im Verhalten eines Mandatsträgers gestützte außerordentliche fristlose Kündigung kann nicht in eine außerordentliche Kündigung mit einer der fiktiven ordentlichen Kündigungsfrist entsprechenden Auslauffrist oder in eine ordentliche Kündigung umgedeutet werden.[753] Soweit die prozessuale Behandlung der Umdeutung in Rede steht, ist sie vom Gericht **ohne besonderen Antrag** zu prüfen, falls das Vorbringen des Arbeitgebers im Prozess auf eine derartige Umdeutung schließen lässt.[754] Bei feststehendem Sachverhalt kann dies auch noch in der Revisionsinstanz erfolgen.[755]

133 **b) Sonstige Unwirksamkeitsgründe und die Bedeutung des § 4 S. 4 KSchG.** Wie zuvor[756] bereits dargelegt worden ist, muss nach § 4 S. 1 KSchG **jeder** Unwirksamkeitsgrund der Kündigung innerhalb der Klageerhebungsfrist mit der Kündigungsschutzklage (§ 4 S. 1 KSchG) angegriffen werden.[757] Dies folgt aus § 13 Abs. 3 KSchG, wonach die §§ 4 bis 7 KSchG auf eine Kündigung, die bereits aus anderen als den in § 1 Abs. 2 und 3 KSchG bezeichneten Gründen rechtsunwirksam ist, zur Anwendung gelangen. Als **sonstige Unwirksamkeitsgründe**[758] kommen etwa die nicht ordnungsgemäße oder überhaupt unterlassene Anhörung des Betriebs- oder Personalrats (§ 102 BetrVG, §§ 79, 108 BPersVG), die Nicht-

---

[746] Vgl. zu den Voraussetzungen BAG 15.11.2001 – 2 AZR 310/00, NJW 2002, 2972; 12.5.2010 – 2 AZR 845/08, NZA 2010, 1348; 5.10.2012 – 2 AZR 700/11, NZA 2013, 371. Näher dazu Stahlhacke/Preis/Vossen Kündigung/*Preis* Rn. 410 (413 ff.).
[747] BAG 27.6.2019 – 2 AZR 28/19, NZA 2019, 1343 Rn. 21. Vgl. dazu auch *Niemann* NZA 2019, 65 (68), der hier von zwei Kündigungserklärungen ausgeht und den Kündigungsschutzantrag gegen die ordentliche Kündigung als unechten Hilfsantrag qualifiziert.
[748] BAG 31.5.1979 – 2 AZR 473/77, AP ZPO § 256 Nr. 50; 13.8.1987 – 2 AZR 599/86, NZA 1988, 129.
[749] BAG 13.8.1987 – 2 AZR 599/86, NZA 1988, 129.
[750] BAG 14.10.1975 – 2 AZR 365/74, NJW 1976, 592. Näher dazu Stahlhacke/Preis/Vossen Kündigung/*Preis* Rn. 413, 416.
[751] BAG 31.3.1993 – 2 AZR 294/92, NZA 1994, 409 bei der Formulierung: „Wir sind an einer Fortsetzung des Arbeitsverhältnisses nicht interessiert und lehnen eine Weiterbeschäftigung ab." BAG 15.11.2001 – 2 AZR 310/00, NJW 2002, 2972: Regelmäßige Umdeutung, wenn das KSchG noch keine Anwendung findet.
[752] BAG 12.8.1976 – 2 AZR 311/75, AP BetrVG § 102 Nr. 10.
[753] BAG 12.5.2010 – 2 AZR 587/08, AP KSchG 1969 § 15 Nr. 67; 21.6.2012 – 2 AZR 343/11, NZA 2013, 22.
[754] BAG 25.10.2011 – 2 AZR 700/11, NZA 2013, 371.
[755] BAG 12.5.2010 – 2 AZR 845/08, NZA 2010, 1348.
[756] → Rn. 102.
[757] BAG 9.2.2006 – 6 AZR 283/05, NZA 2006, 1207. Vgl. Dazu ErfK/*Kiel* KSchG § 13 Rn. 11 ff.
[758] Zur Frage der Nichteinhaltung der Kündigungsfrist und fehlenden Anzeige bei Massenentlassungen vgl. → Rn. 9 ff.

einhaltung des Zustimmungsverfahrens nach § 103 BetrVG, §§ 47, 108 BPersVG, in Betracht. Weitere Beispiele sind § 17 Abs. 1 MuSchG, § 18 Abs. 1 S. 1 BEEG, § 5 PflegeZG, § 2 Abs. 3 FPfZG, §§ 15, 17 KSchG, § 7 AGG.[759] Gleiches gilt, wenn die ordentliche Kündigung auf Grund eines Tarifvertrages bei **altersgesicherten Arbeitnehmern** oder **vertraglich ausgeschlossen ist**[760] oder die Unwirksamkeit der Kündigung aus dem **bürgerlich-rechtlichen Kündigungsschutz** nach §§ 134, 138, 242, 612a BGB hergeleitet wird.[761] Ein sonstiger Unwirksamkeitsgrund ist auch für der Verstoß des Arbeitgebers gegen § 613a Abs. 4 BGB anzunehmen, der ein eigenständiges Kündigungsverbot iSv § 13 Abs. 3 KSchG enthält.[762] Ziel der Neuregelung des § 4 S. 1 KSchG war ausweislich der Gesetzesbegründung,[763] dass für **alle Fälle** der Rechtsunwirksamkeit einer schriftlichen Arbeitgeberkündigung eine einheitliche Klagefrist gelten soll.

Im Zusammenhang mit § 613a Abs. 4 BGB kann allerdings die Frage auftauchen, dass **134** der Arbeitnehmer erst lange nach Ablauf der dreiwöchigen Klageerhebungsfrist von diesem Unwirksamkeitsgrund Kenntnis erlangt. Dieses Problem hat der Gesetzgeber nur im Falle der Kenntniserlangung einer Schwangerschaft in § 5 Abs. 1 S. 2 KSchG im Zusammenhang mit der Zulassung verspäteter Klagen aufgegriffen. Diese Regelung verdeutlicht, dass der Gesetzgeber in **sonstigen Fällen** verspäteter Kenntniserlangung – etwa auch von der nicht ordnungsgemäßen Anhörung des Betriebsrats – das Risiko nicht rechtzeitiger Klageerhebung dem Arbeitnehmer auferlegt. Ihm bleibt allenfalls die Möglichkeit, über den Weg der **nachträglichen Klagezulassung** die Wirkung des § 7 KSchG zu vermeiden. Eine Gesetzeslücke[764] liegt bei derartiger Sachlage nicht vor.[765]

Zweifelhaft kann in diesem Zusammenhang sein, ob **Vertretungsmängel** ebenfalls einen **135** Unwirksamkeitsgrund iSv §§ 13 Abs. 3, 4 S. 1 und 2 KSchG darstellen können, weil davon abhängt, ob die Klageerhebungsfrist einzuhalten ist. Es wird danach differenziert, ob es sich um einen Vertretungsmangel nach § 180 BGB oder um die Beanstandung der Nichtvorlage einer Vollmachtsurkunde nach § 174 BGB handelt. Letzternfalls liegt eine Bevollmächtigung vor, was beanstandet wird, ist deren fehlender Nachweis durch Vorlage einer Vollmachtsurkunde. Dagegen betrifft § 180 BGB die Kündigung durch einen Vertreter ohne Vertretungsmacht. Kündigt ein vollmachtloser Vertreter oder ein Nichtberechtigter das Arbeitsverhältnis des Arbeitnehmers, liegt keine dem Arbeitgeber **zurechenbare** Kündigung vor. Die Klagefrist kann deshalb frühestens mit Zugang einer nachträglich erteilten Genehmigung des Arbeitgebers zu laufen beginnen.[766] Die Kündigung ist ein einseitiges Rechtsgeschäft, bei dem eine Vertretung ohne Vertretungsmacht grundsätzlich unzulässig ist (§ 180 S. 1 BGB).[767] Ausnahmsweise findet jedoch gemäß § 180 S. 2 BGB die Vorschrift des § 177 BGB

---

[759] BAG 20.2.2019 – 2 AZR 746/14, NZA 2019, 901 im Anschluss an EuGH 11.9.2018 – C-68/17, NZA 2018, 1187.
[760] Vgl. etwa BAG 5.2.1998 – 2 AZR 227/97, NZA 1998, 771 Rn. 16; 25.4.2007 – 6 AZR 746/06, NZA 2007, 881 Rn. 13; 8.11.2007 – 2 AZR 314/06, NZA 2008, 936.
[761] BAG 15.11.2012 – 6 AZR 339/11, NZA 2013, 429 Rn. 14; 20.3.2014 – 2 AZR 1071/12, NZA 2014, 1131; 26.3.2015 – 2 AZR 237/14, NZA 2015, 734 Rn. 32, 35 – In-vitro-Fertilisation; 5.12.2019 – 2 AZR 107/19, NZA 2020, 171 Rn. 12, 13.
[762] Vgl. nur BAG 3.9.1998 – 8 AZR 306/97, NZA 1999, 147; 27.10.2005 – 8 AZR 568/04, NZA 2006, 668; 27.9.2007 – 8 AZR 941/06, NZA 2008, 1130.
[763] BT-Drs. 15/1204, 13.
[764] BAG 13.2.2008 – 2 AZR 864/06, NZA 2008, 1055.
[765] Ebenso *Willemsen/Annuß* NZA 2004, 177; *Bader* NZA 2004, 64 (68).
[766] So BAG 26.3.2009 – 2 AZR 403/07, NZA 2009, 1146; 16.12.2010 – 2 AZR 485/08, NZA 2011, 571; 6.9.2012 – 2 AZR 858/11, NZA 2013, 524: Auch zur Aufforderung einer Genehmigung. Für die Kündigung eines Arbeitsverhältnisses gilt auch § 185 BGB: BAG 27.2.2020 – 2 AZR 570/19, AP BGB § 626 Nr. 277 Rn. 20 auch zur Zurückweisung mangels Vorlage der Einwilligung in schriftlicher Form Rn. 46. Näher dazu Stahlhacke/Preis/Vossen Kündigung/*Preis* Rn. 98 ff.; aA bei § 180 BGB wohl *Löwisch* BB 2004, 154 (158); *Bayreuther* ZfA 2005, 391 (393).
[767] Nach Ansicht von *Niemann* NZA 2019, 65 (67) ist im Falle von § 180 BGB ohne Genehmigung eine Kündigungsschutzklage nicht statthaft; ebenso ErfK/*Kiel* KSchG § 4 Rn. 7; wohl auch *Genenger* RdA 2010, 274 (277); Vgl. dazu → Rn. 105. Das BAG 26.3.2009 – 2 AZR 403/07, NZA 2009, 1146 Rn. 8; 10.4.2014 – 2 AZR 684/13, NZA 2014, 1197 Rn. 8 hat bisher einen Antrag nach § 4 S. 1 KSchG nicht beanstandet.

auf empfangsbedürftige einseitige Willenserklärungen entsprechende Anwendung, wenn der Erklärungsempfänger die von dem Vertreter behauptete Vertretungsmacht nicht **bei der Vornahme** des Rechtsgeschäfts, also **unverzüglich**,[768] gemäß § 174 S. 1, § 111 S. 2 BGB, § 121 Abs. 1 S. 1 BGB beanstandet.[769] In diesen Fällen ist das einseitig vorgenommene vollmachtlose Rechtsgeschäft nicht sofort nichtig, sondern zunächst schwebend unwirksam mit der Möglichkeit der Genehmigung durch den Geschäftsherrn und damit rückwirkender Wirksamkeit.[770] Es finden die Vorschriften über den vollmachtlosen Abschluss von Verträgen (§§ 177 ff. BGB) entsprechende Anwendung. Die ohne hinreichende Vertretungsmacht erklärte **außerordentliche Kündigung** kann vom Vertretenen mit rückwirkender Kraft nach § 184 BGB jedoch nur innerhalb der **zweiwöchigen Ausschlussfrist** des § 626 Abs. 2 S. 1 BGB genehmigt werden.[771] Erfolgt eine Genehmigung, soll in entsprechender Anwendung von § 4 S. 4 KSchG die Klageerhebungsfrist des § 4 S. 1 KSchG erst mit dem Zugang der Genehmigung an den Kündigungsadressaten zu laufen beginnen.[772] Eine Erklärung kann neben einer Beanstandung gemäß § 180 S. 2 BGB auch eine Zurückweisung gemäß § 174 S. 1 BGB enthalten, sofern aus ihr eindeutig hervorgeht, dass das Bestehen der Vertretungsmacht bemängelt und zugleich das Rechtsgeschäft wegen der fehlenden Vorlage einer Vollmachtsurkunde zurückgewiesen wird.[773]

136 Größere Bedeutung gewinnt in der Praxis die Regelung des § 174 BGB. Danach ist ein einseitiges Rechtsgeschäft, das ein Bevollmächtigter einem anderen gegenüber vornimmt, wenn der Bevollmächtigte dem Erklärungsempfänger weder eine Vollmachtsurkunde (im Original) vorlegt noch der Vollmachtgeber den Erklärungsempfänger von der Bevollmächtigung zuvor in Kenntnis gesetzt hat, und der Erklärungsempfänger das Rechtsgeschäft aus diesem Grunde **unverzüglich zurückweist**.[774] Eine Faxkopie, Fotokopie oder eine Vollmachtsurkunde nur in beglaubigter Abschrift sind ungenügend.[775] Das Zurückweisungsrecht ist nach § 174 S. 2 BGB nur dann ausgeschlossen, wenn der Vollmachtgeber demjenigen, gegenüber dem das einseitige Rechtsgeschäft vorgenommen werden soll, die Bevollmächtigung **vorher** mitgeteilt hat. Folge der Zurückweisung iSd § 174 S. 1 BGB ist – unabhängig vom Bestehen der Vollmacht – die Unwirksamkeit des Rechtsgeschäfts; eine Heilung oder Genehmigung nach § 177 scheidet aus.[776] Insofern kommt nur die Neuvornahme einer Kündigung in Frage. Die Unwirksamkeit einer Kündigung nach § 174 S. 1 BGB kommt nicht in Betracht, wenn der Gekündigte nur die Kündigungsbefugnis des Kündigenden an sich verneint, nicht aber deren Nachweis durch Vorlage einer wirksamen Vollmachtsurkunde fordert.[777] § 174 BGB schützt den Empfänger nicht davor, dass er der Mitteilung über die Vertretungsverhältnisse keinen Glauben schenkt, sondern will ihm nur die

---

[768] BAG 9.9.2010 – 2 AZR 582/09, AP AVR § 15 Caritasverband Nr. 1; 16.12.2010 – 2 AZR 485/08, NZA 2011, 571; 6.9.2012 – 2 AZR 858/11, NZA 2013, 524.

[769] Vgl. zur Kündigung „iA" *Klein* NZA 2004, 1198, der in der Verwendung dieses Kürzels nur eine Botenstellung des Kündigenden annehmen will, das nicht der Form des § 623 BGB genügt. S. aber BAG 13.12.2007 – 6 AZR 145/07, NZA 2008, 403; 6.9.2012 – 2 AZR 858/11, NZA 2013, 524.

[770] Zur konkludenten Genehmigung BAG 16.12.2010 – 2 AZR 485/08, NZA 2011, 571 Rn. 13; zu den Anforderungen an eine Zurückweisung: BAG 8.12.2011 – 6 AZR 354/10, NZA 2012, 495 Rn. 33 mwN.

[771] BAG 26.3.1986 – 7 AZR 585/84, NJW 1987, 1038; 4.2.1987 – 7 AZR 583/85, AP BGB § 626 Ausschlussfrist Nr. 24. Nicht thematisiert bei BAG 16.12.2010 – 2 AZR 485/08, NZA 2011, 571, das eine konkludente Genehmigung durch Verteidigung der Kündigung im Rechtsstreit für möglich hält.

[772] *Bender/Schmidt* NZA 2004, 358 (362); ebenso wohl KR/*Friedrich* KSchG § 13 Rn. 289.

[773] BGH 25.10.2012 – V ZB 5/12, NJW 2013, 297.

[774] BAG 24.9.2015 – 6 AZR 492/14, NZA 2016, 102; 25.4.2013 – 6 AZR 49/12, AP InsO § 343 Nr. 1: Eine analoge Anwendung des § 174 BGB auf die **Anhörung des Betriebsrats** ist nach dem Zweck des Anhörungserfordernisses in § 102 Abs. 1 BetrVG und dem Zweck der Zurückweisungsmöglichkeit des § 174 S. 1 BGB ausgeschlossen. BAG 5.12.2019 – 2 AZR 147/19, NZA 2020, 505 bei Kündigung durch alleinvertretungsberechtigten Gesellschafter.

[775] BGH 4.2.1981 – VIII ZR 313/79, NJW 1981, 1210; näher dazu KR/*Friedrich/Treber* KSchG § 13 Rn. 212 ff.

[776] BAG 25.9.2014 – 2 AZR 567/13, NZA 2015, 159 Rn. 12; 5.12.2019 – 2 AZR 147/19, NZA 2020, 505 Rn. 34.

[777] BAG 19.4.2007 – 2 AZR 180/06, NZA-RR 2007, 571 Rn. 37, 38. Bei Kündigung eines Nichtberechtigten mit Einwilligung des Berechtigten nach § 185 Abs. 1 BGB: BAG 27.2.2020 – 2 AZR 570/19, AP BGB § 626 Nr. 277 Rn. 46.

Nachforschung darüber ersparen. Bei Zweifeln über die Vertretungsmacht kann er gemäß § 180 BGB deren Fehlen rügen.[778] Die Vorschrift des § 174 BGB gilt auch im Bereich des **öffentlichen Dienstes**.[779] Beruht die Vertretungsmacht nicht auf der Erteilung einer Vollmacht durch den Vertretenen, sondern auf **gesetzlicher Grundlage**, ist eine Zurückweisung nach § 174 S. 1 BGB grundsätzlich ausgeschlossen.[780] Ebenso wenig besteht das Recht zur Zurückweisung im Falle organschaftlicher Vertretung. Die organschaftliche Vertretungsmacht beruht auf der Bestellung des Vertreters zum Organ einer juristischen Person, die nur durch ihre Organe am Rechtsverkehr teilnehmen kann.[781] Vom Wortlaut her gilt § 174 BGB unmittelbar lediglich für das Handeln eines Vertreters aufgrund einer durch Rechtsgeschäft erteilten Vertretungsmacht. Eine analoge Anwendung von § 174 BGB wird in Fällen befürwortet, in denen die Vertretungsmacht auf einer Willensentscheidung des Vertretenen basiert und für den Erklärungsempfänger eine vergleichbare Unsicherheit über die Vertretungsmacht des Vertreters besteht.[782] Haben zwei Geschäftsführer einer GmbH eine Gesamtvertretungsbefugnis und ermächtigt ein Geschäftsführer den anderen Geschäftsführer intern zur Abgabe einer Kündigungserklärung, handelt es sich um eine **Erweiterung der gesetzlichen Vertretungsmacht**, auf die die Vorschriften über die rechtsgeschäftliche Stellvertretung entsprechend anzuwenden sind. Ein Arbeitnehmer kann daher die Kündigung nach § 174 BGB unverzüglich mit der Begründung zurückweisen, eine Ermächtigungsurkunde sei nicht vorgelegt worden.[783] Ebenso ist § 174 BGB analog anwendbar auf einseitige Rechtsgeschäfte – zB eine Kündigung –, die in abweichend von der gesetzlichen Grundregel der §§ 709, 714 BGB gem. § 710 BGB allein vertretungsberechtigter Gesellschafter im Namen einer GbR vornimmt.[784]

Die Zurückweisung der fehlenden Vorlage der Vollmachtsurkunde hat **ohne schuldhaftes Zögern** (§ 121 BGB) zu erfolgen. Dies erfordert **kein sofortiges** Handeln. Es gelten die zu § 121 BGB entwickelten Grundsätze.[785] Dem Arbeitnehmer steht eine gewisse Zeit der Überlegung und für die Einholung rechtskundigen Rats zur Verfügung, wobei auf die Umstände des Einzelfalles abzustellen ist.[786] Eine unverzügliche Zurückweisung liegt nicht mehr vor, wenn eine Frist von 14 Tagen überschritten wird oder wenn die Zurückweisung in der zwar fristgerecht erhobenen Kündigungsschutzklage erfolgt, diese aber erst nach Ablauf der Drei-Wochen-Frist des § 4 S. 1 KSchG zugestellt wird.[787] Das BAG[788] hat den Zugang einer Zurückweisung innerhalb von drei Tagen und bei dazwischen liegendem Wochenende innerhalb von fünf Tagen ab Zugang der Kündigung für unverzüglich gehalten. Im Schrifttum[789] wird der Zeitraum von **einer Woche** noch als unverzüglich angesehen.

---

[778] BAG 24.9.2015 – 6 AZR 492/14, NZA 2016, 102; 5.12.2019 – 2 AZR 147/19, BB 2020, 947 Rn. 44.
[779] BAG 29.6.1989 – 2 AZR 482/88, NZA 1990, 63: Die Kündigung eines Arbeitsverhältnisses stellt auch im öffentlichen Dienst ein derartiges einseitiges Rechtsgeschäft auf dem Gebiet des Privatrechts dar, gleichgültig ob die Kündigung von einem privaten oder einem öffentlich-rechtlichen Arbeitgeber ausgesprochen wird. So auch BAG 20.9.2006 – 6 AZR 82/06, NZA 2007, 377.
[780] BAG 10.2.2005 – 2 AZR 584/03, NZA 2005, 1207; 20.9.2006 – 6 AZR 82/06, NZA 2007, 377. Die gesetzliche Vertretungsmacht beruht nicht auf einer Willensentscheidung des Vertretenen. Sie kann nicht durch eine Vollmachtsurkunde nachgewiesen werden.
[781] BGH 20.2.2014 – III ZR 443/13, NJW 2014, 1587 Rn. 14.
[782] BAG 5.12.2019 – 2 AZR 147/19, NZA 2020, 505 Rn. 35.
[783] BAG 18.12.1980 – 2 AZR 980/78, NJW 1981, 2374; LAG Berlin 28.6.2006 – 15 Sa 632/06, NZA-RR 2007, 15; vgl. auch OLG Köln 13.8.2015 – 18 U 153/14, GmbHR 2016, 647.
[784] BAG 5.12.2019 – 2 AZR 147/19, NZA 2020, 505 Rn. 39: wenn keine Vollmacht der übrigen Gesellschafter erteilt ist, kann die Vertretungsmacht entweder durch Vorlage des Gesellschaftsvertrags (ggf. in Auszügen) oder durch eine Erklärung der anderen Gesellschafter über die von §§ 709, 714 BGB abweichende Vertretungsbefugnis des Handelnden belegt werden; vgl. auch BGH 20.2.2014 – III ZR 443/13 Rn. 14; Stahlhacke/Preis/Vossen Kündigung/*Preis* Rn. 103; *Spelge* RdA 2016, 309 (311).
[785] BAG 8.12.2011 – 6 AZR 354/10, NZA 2012, 495 Rn. 32; 5.12.2019 – 2 AZR 147/19, NZA 2020, 505 Rn. 48.
[786] BAG 11.3.1999 – 2 AZR 427/98, NZA 1999, 818; 8.12.2011 – 6 AZR 354/10, NZA 2012, 495 Rn. 32; 5.12.2019 – 2 AZR 147/19, NZA 2020, 505 Rn. 48.
[787] BAG 11.3.1999 – 2 AZR 427/98, NZA 1999, 818.
[788] BAG 30.5.1978 – 2 AZR 633/76 AP BGB § 174 Nr. 2 Rn. 17; 20.8.1997 – 2 AZR 518/96, NZA 1997, 1343.
[789] KR/*FriedrichTreber* KSchG § 13 Rn. 218; Stahlhacke/Preis/Vossen Kündigung/*Preis* Rn. 102 mwN.

Dem hat sich der BAG angeschlossen.⁷⁹⁰ Die Frist beginnt mit der tatsächlichen Kenntnis des Empfängers von der Kündigung und der fehlenden Vorlegung einer Vollmachtsurkunde.

138 Der Kündigungsempfänger soll nach § 174 S. 1 BGB nur dann eine Kündigungserklärung wirksam **zurückweisen** können, wenn er keine Gewissheit darüber hat, ob der Erklärende wirklich bevollmächtigt ist und der Vertretene die Erklärung gegen sich gelten lassen muss. Von einer solchen Ungewissheit ist bei Ausspruch einer Arbeitgeberkündigung nicht auszugehen, wenn der Arbeitgeber zuvor die Arbeitnehmer allgemein darüber in Kenntnis gesetzt hat, dass ein **bestimmter** Mitarbeiter kündigungsberechtigt ist (§ 174 S. 2 BGB).⁷⁹¹ Davon kann ausgegangen werden, wenn der betreffende Mitarbeiter in eine Stellung berufen wird, mit der das Kündigungsrecht regelmäßig verbunden ist, was zB bei einem Leiter der Personalabteilung, einem Prokuristen oder einem Generalbevollmächtigten des Betriebs der Fall ist, und dass sie auch nach außen im Betrieb ersichtlich ist oder eine sonstige Bekanntmachung erfolgt.⁷⁹² Die bloße Übertragung einer solchen Funktion reicht nicht aus. Vielmehr muss der Erklärungsempfänger davon in Kenntnis gesetzt werden, dass der Erklärende diese Stellung tatsächlich innehat.⁷⁹³ Für das Inkenntnissetzen nach § 174 S. 2 BGB ist keine Form vorgeschrieben.⁷⁹⁴ Die in der Praxis gelegentlich anzutreffende Mitteilung im Arbeitsvertrag, dass der Inhaber einer bestimmten Stelle (Personalleiter, Betriebsleiter, Niederlassungsleiter) kündigungsbefugt ist, reicht für sich betrachtet daher nicht für § 174 S. 2 BGB aus. Vielmehr hat der Vollmachtgeber den Erklärungsempfänger zusätzlich über die **Person** des jeweiligen Stelleninhabers zu unterrichten, wofür als Informationsquelle das Intranet in Betracht kommen kann.⁷⁹⁵ Der Erklärungsempfänger ist iSv § 174 S. 2 BGB von der Bevollmächtigung auch dann in Kenntnis gesetzt, wenn eine **früher** vorgelegte, den Anforderungen des § 174 S. 1 BGB genügende Vollmacht sich auch auf das später vorgenommene einseitige Rechtsgeschäft erstreckt, etwa auf eine **Folgekündigung**, sofern dem Erklärungsempfänger nicht zwischenzeitlich vom Vollmachtgeber das Erlöschen der Vollmacht angezeigt worden ist.⁷⁹⁶ Wird die Kündigung von einem Prokuristen des Arbeitgebers ausgesprochen, dessen Prokura im Handelsregister eingetragen und vom Registergericht gemäß § 10 Abs. 1 HGB (§ 15 Abs. 2 S. 1 HGB) bekannt gemacht worden ist, werden damit die Voraussetzungen des § 174 S. 2 BGB erfüllt.⁷⁹⁷ Ist der kündigende Personalleiter zugleich (Gesamt-)Prokurist und deckt die im Handelsregister publizierte Prokura sein – alleiniges – Handeln nicht, genügt es, dass der Kündigungsempfänger aufgrund der – ihm bekannten – Stellung des Kündigenden als Personalleiter von einer ordnungsgemäßen Bevollmächtigung zum alleinigen Ausspruch von Kündigungen ausgehen muss. Ob der Personalleiter zugleich eine ausreichende Vertretungsmacht als (Gesamt-)Prokurist besitzt, ist dabei ohne Belang.⁷⁹⁸ Die Zurückweisung ist nicht nach § 174 S. 2 BGB ausgeschlossen, wenn ein dazu beauftragter Sozius des Insolvenzverwalters ohne Vorlage einer Vollmacht die Kündigung erklärt.⁷⁹⁹ Der Referatsleiter innerhalb der Personalabteilung einer Behörde gehört nicht ohne weiteres zu dem Personenkreis, der nach § 174 S. 2 BGB – wie der Personalabteilungsleiter – als Bevollmächtigter des Arbeitgebers gilt.⁸⁰⁰ Die Zurückweisung ist nach § 242 BGB unzulässig, wenn der Kündigungsempfänger den Vertreter in der bestehenden Geschäftsverbindung

---

[790] BAG 8.12.2011 – 6 AZR 354/10, NZA 2012, 495: Ohne besondere Umstände ist die Überschreitung einer Woche nicht mehr unverzüglich; BAG 13.12.2012 – 6 AZR 608/11, ZInsO 2013, 1366 Rn. 67; 5.12.2019 – 2 AZR 147/19, NZA 2020, 505 Rn. 48.
[791] Der allgemeine Hinweis auf einen – zeitlich befristeten – Aushang am Schwarzen Brett reicht nicht aus: BAG 3.7.2003 – 2 AZR 235/02, NZA 2004, 427; 25.9.2014 – 2 AZR 567/13, NZA 2015, 159 Rn. 20; 5.12.2019 – 2 AZR 147/19, NZA 2020, 505 Rn. 52.
[792] BAG 25.9.2014 – 2 AZR 567/13, NZA 2015, 159.
[793] BAG 25.9.2014 – 2 AZR 567/13, NZA 2015, 159; 5.12.2019 – 2 AZR 147/19, NZA 2020, 505 Rn. 52.
[794] BAG 24.9.2015 – 6 AZR 492/14, NZA 2016, 102.
[795] BAG 20.9.2006 – 6 AZR 82/06, NZA 2007, 377; 14.4.2011 – 6 AZR 727/09, NZA 2011, 683.
[796] BAG 24.9.2015 – 6 AZR 492/14, NZA 2016, 102; 5.12.2019 – 2 AZR 147/19, NZA 2020, 505 Rn. 52.
[797] BAG 11.7.1991 – 2 AZR 107/91, NZA 1992, 449 Rn. 34, 36; 21.5.2008 – 8 AZR 84/07, NZA 2008, 753.
[798] BAG 25.9.2014 – 2 AZR 567/13, NZA 2015, 159.
[799] BAG 18.4.2002 – 8 AZR 346/01, NZA 2002, 1207.
[800] BAG 18.4.2002 – 2 AZR 518/96, NZA 1997, 1343.

auch ohne Vorlage der Vollmachtsurkunde bereits wiederholt als solchen anerkannt hat, solange kein begründeter Zweifel am Bestehen der Vollmacht aufgetreten ist.[801] Nicht aussagekräftig ist dabei die Erteilung von Weisungen nach § 106 GewO im laufenden Arbeitsverhältnis.

Scheitert die Wirksamkeit der Kündigung an der Zurückweisung wegen unterbliebener Vorlage einer Vollmachtsurkunde, handelt es sich um einen anderen Unwirksamkeitsgrund iSv § 13 Abs. 3 KSchG,[802] der innerhalb der Klagefrist (§ 4 S. 1 KSchG) oder innerhalb der verlängerten Anrufungsfrist (§ 6 KSchG) geltend zu machen ist.

Kündigt ein **vorläufiger Insolvenzverwalter mit Verwaltungs- und Verfügungsbefugnis** – sog. starker Insolvenzverwalter – die Arbeitsverhältnisse der bei der Insolvenzschuldnerin beschäftigten Arbeitnehmer wegen einer geplanten Unternehmensstilllegung, sind die Kündigungen nicht deshalb unwirksam, weil die Zustimmung des Insolvenzgerichts zur Unternehmensstilllegung (§ 22 Abs. 1 S. 2 Nr. 2 InsO) im Zeitpunkt des Zugangs der Kündigungen nicht vorliegt.[803] Ermächtigt das Insolvenzgericht nach § 22 Abs. 2 S. 2 InsO den „schwachen" vorläufigen Insolvenzverwalter zur Kündigung bestimmbarer Arten von Dauerschuldverhältnissen bereits im Insolvenzeröffnungsverfahren, rückt dieser hinsichtlich der Kündigungsberechtigung in die Arbeitgeberstellung ein.[804] Ein beschränkter Zustimmungsvorbehalt des Insolvenzgerichts nach § 21 Abs. 2 Nr. 2 2. Alt. InsO, wonach Verfügungen des Schuldners über Gegenstände seines Vermögens nur noch mit **Zustimmung** des vorläufigen Insolvenzverwalters wirksam sind, erfasst auch die Kündigung von Arbeitsverhältnissen. Eine **ohne Zustimmung** des vorläufigen Insolvenzverwalters ausgesprochene Kündigung ist unwirksam.[805] Der Arbeitnehmer kann eine vom Schuldner mit Einwilligung des vorläufigen Insolvenzverwalters erklärte Kündigung **zurückweisen**, weil die **Einwilligung nicht in schriftlicher Form vorgelegt** wird (§ 182 Abs. 3 BGB iVm § 111 S. 2 und 3 BGB). Aus dem Inhalt der Zurückweisungserklärung muss sich ergeben, dass die Zurückweisung wegen der nicht urkundlich nachgewiesenen Einwilligung erfolgt.[806] Wird durch das Insolvenzgericht die **Eigenverwaltung** angeordnet, bleibt der Schuldner gem. § 270 Abs. 1 InsO berechtigt, unter der Aufsicht eines Sachwalters die Insolvenzmasse zu verwalten. Da der Schuldner im Falle der Eigenverwaltung die Verwaltungs- und Verfügungsmacht ausübt, behält er auch die Prozessführungsbefugnis.[807] Gleiches gilt, wenn der Insolvenzverwalter das Vermögen aus der selbstständigen Tätigkeit gemäß § 35 Abs. 2 InsO aus der Insolvenzmasse freigegeben hat, weil damit die Verwaltungs- und Verfügungsbefugnis an den Schuldner zurückfällt.[808] Der Insolvenzverwalter kann ein Arbeitsverhältnis auch dann mit der kurzen Kündigungsfrist des § 113 Abs 1 Satz 2 InsO kündigen, wenn er zuvor als vorläufiger Insolvenzverwalter unter Einhaltung der ordentlichen Kündigungsfrist zu einem späteren Zeitpunkt gekündigt hat.[809]

Folgt man der Begründung des Entwurfs des Gesetzes zu Reformen am Arbeitsmarkt[810] soll auch beim Verstoß gegen ein **gesetzliches Verbot** (§ 134 BGB) wie § 17 MuSchG, § 18 BEEG oder §§ 168 ff. SGB IX im Interesse einer raschen Klärung der Frage, ob eine Kündigung das Arbeitsverhältnis beendet hat oder nicht, die Dreiwochenfrist für die Erhebung der Kündigungsschutzklage des Arbeitnehmers gelten. Diese Bewertung war of-

---

[801] BGH 20.10.2008 – II ZR 107/07, NJW 2009, 293 Rn. 15; BAG 14.4.2011 – 6 AZR 727/09, NZA 2011, 683 Rn. 34; 5.12.2019 – 2 AZR 147/19, NZA 2020, 505 Rn. 59.
[802] So wohl BAG 14.4.2011 – 6 AZR 727/09, NZA 2011, 683; KR/*Friedrich/Treber* KSchG § 13 Rn. 225; *Niemann* NZA 2019, 65 (68); aA *Ulrici* DB 2004, 250 (251); *Raab* RdA 2004, 321 (325).
[803] BAG 27.10.2005 – 6 AZR 5/05, NZA 2006, 727; aA noch BAG 29.6.2000 – 8 ABR 44/99, AP InsO § 126 Nr. 2.
[804] BAG 16.2.2012 – 6 AZR 553/10, NZA 2012, 555.
[805] BAG 10.10.2002 – 2 AZR 532/01, NZA 2003, 909.
[806] BAG 10.10.2002 – 2 AZR 532/01, NZA 2003, 909.
[807] BAG 8.5.2008 – 6 AZR 517/07, NZA 2008, 1148; 24.9.2015 – 6 AZR 492/14, NZA 2016, 102; 23.2.2017 – 6 AZR 665/15, NZA 2017, 995 Rn. 29, 30 auch zur Zulässigkeit der Kündigung vor Dienstantritt. Vgl. auch BAG 16.5.2019 – 6 AZR 329/18, NZA 2019, 1198 Rn. 23.
[808] BAG 21.11.2013 – 6 AZR 979/11, ZIP 2014, 339.
[809] BAG 22.5.2003 – 2 AZR 255/02, NZA 2003, 1086 Rn. 14 mwN.
[810] BT-Drs. 15/1204, 9 (10, 13).

fenbar auch Anlass für die Beschlussempfehlung des 9. Ausschusses, § 5 Abs. 1 KSchG durch einen S. 2 zu ergänzen, wonach eine nachträgliche Klagezulassung zu erfolgen hat, wenn eine Frau von ihrer Schwangerschaft aus einem von ihr nicht zu vertretenden Grund erst nach Ablauf der Frist des § 4 S. 1 KSchG Kenntnis erlangt hat.[811] In der Begründung hierzu[812] heißt es, die Einbeziehung dieses Sachverhalts in die Vorschriften über die nachträgliche Klagezulassung sei erforderlich, weil die dreiwöchige Klagefrist künftig auch für die Geltendmachung der Unwirksamkeit einer Kündigung wegen Verstoßes gegen das Kündigungsverbot nach § 9 Abs. 1 (jetzt § 17) MuSchG Anwendung findet und die geltende Fassung des § 5 Abs. 1 KSchG den Fall der fehlenden Kenntnis eines Unwirksamkeitsgrundes der Kündigung nicht erfasste.

142 Nach § 4 S. 4 KSchG läuft die Frist zur Anrufung des Arbeitsgerichts erst von der **Bekanntgabe** der Entscheidung der **Behörde** an den Arbeitnehmer ab, soweit die Kündigung der **Zustimmung** einer **Behörde** bedarf. Der Gesetzgeber hat die Bedeutung des § 4 S. 4 KSchG[813] mit dem Gesetz zu Reformen am Arbeitsmarkt[814] nicht weiter beachtet, weil diese Regelung für die zuvor auf die Sozialwidrigkeit und das Fehlen eines wichtigen Grundes bezogene Klageerhebungsfrist aus § 4 S. 1 und 2 KSchG nur eine geringe Bedeutung hatte. Im Gegensatz zur Neuregelung des § 4 S. 1 KSchG, der auch andere zur Unwirksamkeit der Kündigung führenden Gründe erfasst, galt die Klageerhebungsfrist des § 4 S. 1, 2 KSchG aF gerade nicht bei Kündigungen, die der Zustimmung einer Behörde bedurften, wie dies bei § 168 SGB IX, § 17 MuSchG, § 18 BEEG der Fall ist. Fehlte es an der Zustimmung, war die Kündigung damit aus einem sonstigen Grunde rechtsunwirksam, so dass es des Schutzes aus § 4 S. 4 KSchG zugunsten des Arbeitnehmers praktisch nicht bedurfte. Der Arbeitnehmer konnte auch noch nach Ablauf der Klagefrist die Unwirksamkeit der Kündigung aus anderen Gründen gerichtlich geltend machen. Diese gesetzliche Ausnahmeregelung hat das BAG[815] angewandt, wenn der Arbeitgeber kündigte, bevor die zum Ausspruch der Kündigung erforderliche Zustimmung der Behörde existierte oder gar bevor er sie beantragt hatte. Die weitere Anwendung des § 4 Satz 4 KSchG auf derartige Fälle schränkt die Anwendung des § 4 S. 1 KSchG nF für die Fälle des gesetzlichen Sonderkündigungsschutzes gegen den Willen des Gesetzgebers ein.[816]

143 Diesen Widerspruch löst das BAG[817] durch die Annahme auf, dass mit der Übernahme des § 4 S. 4 KSchG durch das Gesetz zu Reformen am Arbeitsmarkt trotz des grundsätzlichen Ansatzes, alle Unwirksamkeitsgründe unter § 4 S. 1 KSchG zu erfassen, vermieden werden sollte, dass der Arbeitgeber etwa bei einer Schwerbehinderung das gesetzlich festgelegte Verfahren vor dem Integrationsamt unterläuft, indem er zunächst einmal trotz **Kenntnis** von der Schwerbehinderteneigenschaft des Arbeitnehmers kündigt, um abzuwarten, ob sich das behördliche Verfahren einfach dadurch erledigt, dass der Arbeitnehmer die Frist des § 4 S. 1 KSchG versäumt. Ungeachtet dessen gibt es daneben Fälle, in denen Arbeitnehmer ihren gesetzlichen Sonderkündigungsschutz (etwa nach § 168 SGB IX, § 17 MuSchG, § 18 BEEG) im Klagewege nur innerhalb der Fristen des § 4 S. 1 KSchG geltend machen können. Dies hängt davon ab, ob dem Arbeitgeber das behördliche Zustimmungserfordernis **bekannt** ist oder nicht. Mit dieser vom BAG entwickelten Kohärenz der S. 1 und 4 des § 4 KSchG ergeben sich nachfolgende Konstellationen.

144 Kündigt der Arbeitgeber einem Arbeitnehmer in **Kenntnis** der **Zustimmungsbedürftigkeit** der Kündigung durch eine Behörde, so kann der Arbeitnehmer die Unwirksamkeit der Kündigung bis zur Grenze der **Verwirkung** gerichtlich geltend machen.[818] Die Zustimmungsbe-

---

[811] BT-Drs. 15/1587, 10.
[812] BT-Drs. 15/1587, 27.
[813] S. 4 noch idF vom 25.8.1969, BGBl. 1969 I 1317.
[814] Vom 24.12.2003, BGBl. 2003 I 3002, gültig ab 1.1.2004.
[815] BAG 17.2.1982 – 7 AZR 846/79, NJW 1982, 2630; 3.7.2003 – 2 AZR 487/02, NZA 2003, 1335; vgl. dazu *Berscheid* ArbRB 2003, 357; *Berkowsky* NZA 2004, 164; *Jan Schmidt* NZA 2004, 79 ff.
[816] BR-Drs. 421/03, 11: § 4 S. 1 KSchG sollte gerade auch gesetzliche Kündigungsverbote wie § 9 MuSchG, § 18 BEEG oder § 85 SGB IX erfassen.
[817] BAG 13.2.2008 – 2 AZR 864/06, NZA 2008, 1055; 19.2.2009 – 2 AZR 286/07, NZA 2009, 980.
[818] BAG 13.2.2008 – 2 AZR 864/06, NZA 2008, 1055.

dürftigkeit setzt nach § 173 Abs. 1 Nr. 1 SGB IX jedoch erst ein, wenn das Arbeitsverhältnis des schwerbehinderten oder gleichgestellten Arbeitnehmers (§ 151 Abs. 3 SGB IX) bei Zugang der Kündigung länger als sechs Monate besteht. Nach der Wartezeit wird die Kenntnis bereits dann bejaht, wenn der schwerbehinderte oder gleichgestellte Arbeitnehmer den Arbeitgeber vor Zugang der Kündigung – auch ohne weitergehende Informationen über den Zeitpunkt – über die Antragstellung beim Versorgungsamt informiert hat[819] und diese Antragstellung länger als **drei Wochen** vor Zugang der Kündigung zurückliegt (§ 173 Abs. 3 SGB IX).[820] Das Eingreifen des Sonderkündigungsschutzes setzt damit grundsätzlich voraus, dass im Zeitpunkt des Zugangs der Kündigung entweder die Schwerbehinderung bereits anerkannt (oder eine Gleichstellung erfolgt) ist oder die Stellung des Antrags auf Anerkennung der Schwerbehinderung (bzw. auf Gleichstellung) mindestens drei Wochen zurückliegt.[821] Nachgewiesen in diesem Sinne ist die Schwerbehinderteneigenschaft aber auch dann, wenn die Behinderung offenkundig ist.[822] Im Falle des **Betriebsübergangs** nach § 613a BGB muss sich der Betriebsübernehmer die Kenntnis des Betriebsveräußerers von der Schwerbehinderteneigenschaft eines Arbeitnehmers zurechnen lassen.[823] Nach § 4 S. 4 KSchG beginnt in derartigen Fällen die dreiwöchige Klagefrist gemäß § 4 S. 1 KSchG erst ab der Bekanntgabe der Entscheidung der Behörde an den Arbeitnehmer,[824] unabhängig davon, dass der Arbeitgeber wirksam kündigen kann, sobald ihm die Zustimmung vorliegt. Ist dem Arbeitgeber bei Ausspruch der Kündigung zB die Schwerbehinderung des Arbeitnehmers bzw. dessen Gleichstellung **nicht bekannt** und hatte der Arbeitgeber die Zustimmung des Integrationsamts folglich auch nicht beantragt, so muss sich der Arbeitnehmer, um seinen Sonderkündigungsschutz nach § 168 SGB IX (§ 174 SGB IX) nicht durch Verwirkung (§ 242 BGB) zu verlieren, innerhalb von **drei Wochen** nach Zugang der Kündigung auf diesen Sonderkündigungsschutz gegenüber dem Arbeitgeber berufen.[825] Zur Vermeidung einer starren Grenze will allerdings das BAG die Zeitspanne hinzurechnen, innerhalb derer der Arbeitnehmer den Zugang der Mitteilung über den bestehenden Sonderkündigungsschutz beim Arbeitgeber zu bewirken hat.[826] Hierbei soll für den Arbeitnehmer nicht nachteilig sein, wenn er eine schriftliche Information wählt. Teilt der Arbeitnehmer dem Arbeitgeber seinen Schwerbehindertenstatus bzw. seine Gleichstellung **nicht** innerhalb dieser **drei Wochen** mit, so wird mit Ablauf der Klagefrist des § 4 S. 1 KSchG der eigentlich gegebene Nichtigkeitsgrund nach § 134 BGB iVm § 168 SGB IX wegen § 7 KSchG geheilt. § 4 S. 4 KSchG kommt hier nicht zur Anwendung.[827] Dabei hat das BAG genügen lassen, dass der gesetzliche Sonderkündigungsschutz noch **innerhalb der Klagefrist** des § 4 S. 1 KSchG mit der rechtzeitig anhängig gemachten Kündigungsschutzklage (§ 167 ZPO) reklamiert wird.[828] Ohne diese Rspr. aufzugeben, hat das BAG[829] in einer späteren Entscheidung die Anwendung von § 167 ZPO auf die Mitteilungsfrist abgelehnt. Teilt der Arbeitnehmer dem Arbeitgeber seinen Schwerbehindertenstatus bzw. seine Gleichstellung innerhalb von drei Wochen nach der Kündigung mit, kann sich der Arbeitnehmer zwar auf den **Sonderkündigungsschutz** berufen, er muss jedoch die **Klagefrist des § 4 S. 1 KSchG** wahren, um den Nichtigkeitsgrund nach

---

[819] BAG 9.6.2011 – 2 AZR 703/09, NZA-RR 2011, 516.
[820] BAG 29.11.2007 – 2 AZR 613/06, NZA 2008, 361: Der Antrag der erwerbstätigen Person muss nach § 173 Abs. 3 SGB IX mindestens drei Wochen vor Zugang der Kündigung mit den erforderlichen Angaben gestellt worden sein, so dass über ihn eine positive Entscheidung vor Kündigungsausspruch bei ordnungsgemäßer Bearbeitung hätte ergehen können.
[821] BAG 9.6.2011 – 2 AZR 703/09, NZA-RR 2011, 516 Rn. 18.
[822] BAG 13.2.2008 – 2 AZR 864/06, NZA 2008, 1055.
[823] BAG 11.12.2008 – 2 AZR 395/07, NZA 2009, 556; 15.11.2012 – 8 AZR 827/11, ZIP 2013, 537: Auf die dem Insolvenzverwalter erteilte Zustimmung des Integrationsamtes kann sich der Erwerber des Betriebs nicht berufen.
[824] BAG 3.7.2003 – 2 AZR 487/02, NZA 2003, 1335; 13.2.2008 – 2 AZR 864/06, NZA 2008, 1055.
[825] BAG 23.2.2010 – 2 AZR 659/08, NZA 2011, 411 Rn. 16; 9.6.2011 – 2 AZR 703/09, NZA-RR 2011, 516; 22.9.2016 – 2 AZR 700/15, NZA 2017, 304 Rn. 20, 22.
[826] BAG 22.9.2016 – 2 AZR 700/15, NZA 2017, 304 Rn. 22.
[827] BAG 9.6.2011 – 2 AZR 703/09, NZA-RR 2011, 516; so bereits *Preis* DB 2004, 70 (77); *Jan Schmidt* NZA 2004, 79 (80); aA *Bauer/Krieger* KündigungsR Rn. 117.
[828] BAG 23.2.2010 – 2 AZR 659/08, NZA 2011, 411.
[829] BAG 22.9.2016 – 2 AZR 700/15, NZA 2017, 304 Rn. 22.

§ 134 BGB iVm § 168 SGB IX (§ 174 SGB IX) reklamieren zu können. Da der Arbeitgeber zum Zeitpunkt des Zugangs der Kündigung **keine Kenntnis** des Sonderkündigungsschutzes hatte, konnte er eine Zustimmung der Behörde nicht einholen. Mit Zugang der Kündigung beginnt daher die Klagefrist des § 4 S. 1 KSchG zu laufen. Bedarf die ordentliche Kündigung eines schwerbehinderten Menschen außer der Zustimmung des Integrationsamts einer Zulässigkeitserklärung nach § 18 Abs. 1 S. 3, Abs. 2 BEEG und hat der Arbeitgeber diese vor dem Ablauf der Monatsfrist des § 171 Abs. 3 SGB IX (Kündigungserklärungsfrist) beantragt, kann die Kündigung noch nach Fristablauf jedenfalls dann wirksam ausgesprochen werden., wenn der Arbeitgeber die Kündigung unverzüglich erklärt, nachdem die Zulässigkeitserklärung nach § 18 BEEG vorliegt.[830]

145   Keine Anwendung findet § 4 S. 4 KSchG, wenn die **behördliche Zustimmung** bei einer **außerordentlichen** Kündigung nach § 174 Abs. 3 S. 2 SGB IX wegen nicht rechtzeitiger Entscheidung des Integrationsamtes **fingiert** wird, da § 13 Abs. 1 S. 2 KSchG nicht auf § 4 S. 4 KSchG verweist.[831] Soweit die Zustimmung des Integrationsamtes in den Fällen des § 172 Abs. 1 S. 1 (Auflösung von Betrieben und Dienststellen) und Abs. 3 SGB IX (Insolvenzverfahren) gemäß § 171 Abs. 5 S. 2 SGB IX zur ordentlichen Kündigung fingiert (einen Monat nach Antragstellung) wird, wäre mangels Bekanntgabe einer behördlichen Entscheidung an den Arbeitnehmer § 4 S. 4 KSchG vom Wortlaut her nicht anwendbar.[832] Es wird gleichwohl erwogen, die Zustimmungsfiktion wie die Bekanntgabe der Behördenentscheidung iSv § 4 S. 4 KSchG zu behandeln.[833] Dies würde allerdings eine Unterrichtung des schwerbehinderten Arbeitnehmers durch das Integrationsamt über den Zeitpunkt des Eingangs des Zustimmungsantrags voraussetzen,[834] um den Beginn der dreiwöchigen Klagefrist des § 4 S. 1 KSchG gemäß § 4 S. 4 KSchG auszulösen. Anderenfalls könnte der Arbeitnehmer bis zur Grenze der Verwirkung (§ 242 BGB) Klage gegen die von § 171 Abs. 5 SGB IX betroffene ordentliche Kündigung erheben.[835] Da dem Gesetzgeber zumindest die Fiktionswirkung des § 174 Abs. 3 S. 2 SGB IX bekannt war, ohne darauf in § 4 S. 4 KSchG zu reagieren, dürfte sich diese Auffassung nicht durchsetzen.

146   Die vom BAG[836] im Falle des Schwerbehindertenschutzes entwickelten Grundsätze zu § 4 S. 4 KSchG lassen sich auch auf **andere Fälle** des **Sonderkündigungsschutzes** übertragen. Ist dem Arbeitgeber die **Schwangerschaft**,[837] **die Fehlgeburt nach der zwölften Schwangerschaftswoche** oder die **Entbindung** der Arbeitnehmerin zur Zeit der Kündigung **nicht** bekannt, wird ihm diese jedoch innerhalb von zwei Wochen nach Zugang der Kündigung mitgeteilt, ist die Kündigung nur mit Zustimmung der obersten Landesbehörde zulässig (§ 17 Abs. 1, 2 MuSchG). Bei derartiger Sachlage ist die Klagefrist nach § 4 S. 1 KSchG angelaufen, weil im **Zeitpunkt des Zugangs der Kündigung** die Voraussetzungen des Sonderkündigungsschutzes (Kenntnis des Arbeitgebers von Schwangerschaft, Fehlgeburt bzw. Entbindung) nicht vorgelegen haben.[838] Durch die nachträgliche Bekanntgabe der Schwangerschaft wird die angelaufene Klagefrist nicht mehr gehemmt. Dies gilt auch für das besondere Formerfordernis der schriftlichen Angabe des Kündigungsgrundes (§ 17 Abs. 2 S. 2 MuSchG).[839] Die Arbeitnehmerin ist deshalb gehalten, die Klagefrist des § 4 S. 1 KSchG

---

[830] BAG 24.11.2011 – 2 AZR 429/10, NZA 2012, 610.
[831] *Quecke* RdA 2004, 86 (100); Stahlhacke/Preis/Vossen Kündigung/*Vossen* Rn. 1927; aA KR/*Friedrich/Klose* KSchG § 4 Rn. 270 und KR/*Friedrich/Rinck* KSchG § 13 Rn. 52, die von einem Redaktionsversehen ausgehen. Nach Ansicht von ErfK/*Kiel* KSchG § 4 Rn. 25 und Hako-KSchR/*Gallner* KSchG § 4 Rn. 117 muss das Integrationsamt den Arbeitnehmer vom Antragseingang informieren, um die dreiwöchige Klagefrist in Lauf zu setzen.
[832] So *Bauer/Krieger* KündigungsR Rn. 118c; Löwisch/Spinner/*Wertheimer* KSchG § 4 Rn. 65.
[833] So *Bauer/Preis/Schunder* NZA 2004, 195 (196); vgl. auch KR/*Friedrich* KSchG § 4 Rn. 202a.
[834] *Bauer/Preis/Schunder* NZA 2004, 195 (196).
[835] Ebenso *Bauer/Krieger* KündigungsschutzR Rn. 118c.
[836] Etwa BAG 13.2.2008 – 2 AZR 864/06, NZA 2008, 1055.
[837] Vgl. zum Beginn der Schwangerschaft durch den Embryonentransfer bei In-Vitro-Fertilisation BAG 26.3.2015 – 2 AZR 237/14, NZA 2015, 734 Rn. 18, 20.
[838] BAG 19.2.2009 – 2 AZR 286/07, NZA 2009, 980 Rn. 22, 27; 17.10.2013 – 8 AZR 742/12, NZA 2014, 303 Rn. 31 unter Hinweis auf BAG 9.6.2011 – 2 AZR 703/09, NZA-RR 2011, 516 Rn. 22.
[839] Vgl. dazu auch EuGH 22.2.2018 – C-103/16, NZA 2018, 432 zu Art. 10 Nr. 1 der Richtlinie 92/85.

einzuhalten, um den eigentlich gegebenen Nichtigkeitsgrund nach § 134 BGB iVm. § 17 Abs. 1 MuSchG geltend zu machen. Eine Anwendung des § 4 S. 4 KSchG scheidet aus.[840] Diese Vorschrift ist nur anwendbar, wenn die Arbeitnehmerin dem Arbeitgeber vor Ausspruch der Kündigung ihre Schwangerschaft (Fehlgeburt, Entbindung) mitgeteilt hat oder dem Arbeitgeber durch Offensichtlichkeit bekannt ist. Erfährt eine Arbeitnehmerin erst nach Zugang der Kündigung, aber vor Ablauf der Klagefrist von der bereits bei Zugang der Kündigung eingetretenen Schwangerschaft,[841] verkürzt sich entsprechend die Klagefrist, wenn sie nur wegen dieses Unwirksamkeitsgrundes der Kündigung den Klageweg beschreiten will.[842] Unterrichtet eine Arbeitnehmerin den Arbeitgeber erst **nach Ablauf** der Klageerhebungsfrist unverzüglich nach Kenntnisnahme über ihre Schwangerschaft, muss sie innerhalb der Zweiwochenfrist des § 5 Abs. 3 KSchG mit dem Antrag auf nachträgliche Klagezulassung die Klageerhebung verbinden.[843]

Da der Gesetzgeber in § 5 Abs. 1 S. 2 KSchG **nur im Falle der Schwangerschaft** eine nachträgliche Klagezulassung ermöglicht, könnte ein schwerbehinderter Mensch auch nicht über diesen Weg seinen Sonderkündigungsschutz retten, wenn er nach Ablauf der Klageerhebungsfrist den Arbeitgeber über seine Schwerbehinderung unterrichtet. Zu diesem Zeitpunkt wäre die Kündigung bereits nach § 7 KSchG als wirksam zu behandeln.

4. Streitgegenstand und Rechtskraftwirkung

Der Begriff des **Streitgegenstandes** (prozessualer Anspruch) wird durch § 253 Abs. 2 Nr. 2 ZPO umrissen. Danach muss die Klageschrift die bestimmte Angabe des **Gegenstandes** und des **Grundes** des erhobenen Anspruchs sowie einen **bestimmten Antrag** enthalten. Nach der heute in der Rechtsprechung des BAG und BGH gefestigten prozessrechtlichen Auffassung vom Streitgegenstand im Zivilprozess[844] wird mit der Klage nicht ein bestimmter materiellrechtlicher Anspruch geltend gemacht; vielmehr ist Gegenstand des Rechtsstreits der als Rechtsschutzbegehren oder Rechtsfolgenbehauptung aufgefasste eigenständige prozessuale Anspruch. Dieser wird bestimmt durch den **Klageantrag**, in dem sich die vom Kläger in Anspruch genommene Rechtsfolge konkretisiert, **und den Lebenssachverhalt** (Anspruchsgrund), aus dem der Kläger die begehrte Rechtsfolge herleitet. Dieser sog. **zweigliedrige Streitgegenstandsbegriff** wird damit durch den Vortrag des Klägers bestimmt, der die Richtung oder den Klagegrund angibt, über den die Parteien endgültige Rechtsgewissheit vom Richterspruch erwarten.[845]

Entspricht der **Klageantrag** der Formulierung in § 4 S. 1 KSchG, dass das Arbeitsverhältnis durch die Kündigung nicht aufgelöst ist, so ist nach der Rechtsprechung des BAG[846] Streitgegenstand der Kündigungsschutzklage die Auflösung bzw. Nichtauflösung des Arbeitsverhältnisses gerade durch die angegriffene **konkrete Kündigung** des Arbeitgebers zu dem in ihr **vorgesehenen** Termin.[847] Dadurch unterscheidet sich die Klage nach § 4 S. 1

---

[840] BAG 19.2.2009 – 2 AZR 286/07, NZA 2009, 980 Rn. 27.
[841] Bei natürlicher Empfängnis wird der Beginn des Kündigungsverbots in der Weise bestimmt, dass von dem ärztlich festgestellten mutmaßlichen Tag der Entbindung um 280 Tage zurückgerechnet wird: BAG 12.5.2011 – 2 AZR 384/10, NZA 2012, 208 Rn. 33.
[842] Vgl. dazu den Fall LAG Schleswig-Holstein 13.5.2008 – 3 Ta 56/08, NZA-RR 2009, 132 Rn. 2, 3: Festellung der Schwangerschaft am Tag vor Ablauf der Klagefrist.
[843] Vgl. dazu LAG Schleswig-Holstein 13.5.2008 – 3 Ta 56/08, NZA-RR 2009, 132; BAG 19.2.2009 – 2 AZR 286/07, NZA 2009, 980.
[844] Vgl. nur BAG 15.9.2011 – 8 AZR 846/09, NZA 2012, 377; 18.12.2014 – 2 AZR 163/14, NZA 2015, 635; 2.8.2018 – 6 AZR 437/17, NZA 2019, 641 mwN; 30.1.2019 – 5 AZR 43/18, NZA 2019, 768.
[845] BAG 10.10.2002 – 2 AZR 622/01, AP KSchG 1969 § 4 Nr. 49; 18.12.2014 – 2 AZR 163/14, NZA 2015, 635; 17.12.2015 – 8 AZR 54/14, EzA-SD 2016, Nr 10, 14; BGH 22.10.2013 – XI ZR 42/12, NJW 2014, 314; 2.8.2018 – 6 AZR 437/17, NZA 2019, 641 Rn. 20 mwN; 30.1.2019 – 5 AZR 43/18, NZA 2019, 768 Rn. 19.
[846] BAG 22.11.2012 – 2 AZR 732/11, NZA 2013, 665; 26.9.2013 – 2 AZR 682/12, NZA 2014, 443; 18.12.2014 – 2 AZR 163/14, NZA 2015, 635; dazu auch Boemke RdA 1995, 211 ff. Boewer NZA 1997, 359 ff. mwN.
[847] BAG 26.6.2008 – 6 AZN 648/07, NZA 2008, 1145; 22.11.2012 – 2 AZR 732/11, NZA 2013, 665; 26.9.2013 – 2 AZR 682/12, NZA 2014, 443; 18.12.2014 – 2 AZR 163/14, NZA 2015, 635; 24.5.2018 – 2 AZR 67/18, NZA 2018, 1127 Rn. 20.

KSchG von der **Feststellungsklage** nach § 256 ZPO, die auf die Frage gerichtet ist, ob ein Rechtsverhältnis besteht oder nicht. Streitgegenstand der allgemeinen Feststellungsklage nach § 256 ZPO ist daher nicht die Wirksamkeit einer konkreten Kündigung, sondern der Bestand des Arbeitsverhältnisses zum Zeitpunkt der letzten mündlichen Verhandlung oder einem sonstigen näher bezeichneten Zeitpunkt.[848]

150 Schon vor dem 1.1.2004[849] gingen das BAG[850] und ihm folgend die hM[851] bei § 4 S. 1 KSchG[852] von einem weiter gefassten Streitgegenstand aus, der **sämtliche Unwirksamkeitsgründe** der Kündigung einschließt. Durch die Neuregelung des § 4 S. 1 und 2 KSchG hat der Gesetzgeber die damit zusammenhängenden Streitfragen gelöst, weil der Arbeitnehmer nunmehr **sämtliche Unwirksamkeitsgründe** innerhalb der Klagefrist geltend machen muss. Die **rechtskräftige Abweisung** einer Kündigungsschutzklage durch ein Sachurteil hat zur Folge, dass die Beendigung des Arbeitsverhältnisses durch die Kündigung feststeht und vom Arbeitnehmer in Folgeprozessen nicht mehr geltend gemacht werden kann, die Kündigung sei etwa mangels Schriftform oder auch aus anderen Gründen doch unwirksam.[853]

151 Nach nunmehriger Spruchpraxis des BAG[854] beinhaltet die **stattgebende rechtskräftige Entscheidung** über einen Antrag gemäß § 4 S. 1 KSchG zugleich die Feststellung, dass bei **Zugang** der Kündigung und zum vorhergesehenen **Auflösungszeitpunkt** zwischen den Parteien ein **Arbeitsverhältnis bestanden** hat und das Arbeitsverhältnis auch nicht durch andere Beendigungstatbestände aufgelöst worden ist (erweiterter punktueller Streitgegenstand). In einer Kündigungsschutzklage nach § 4 S. 1 KSchG liegt damit regelmäßig zugleich der Angriff gegen solche Kündigungen, die dem Arbeitnehmer noch während des Laufs der von der ersten Kündigung ausgelösten Auflösungsfrist zugehen und innerhalb dieser Frist oder zeitgleich mit ihrem Ablauf Wirkung entfalten sollen.[855] Eine Kündigungsschutzklage wahrt daher die Klagefrist des § 4 S. 1 KSchG auch für eine derartige Folgekündigung, wenn der Kläger in analoger Anwendung von § 6 KSchG ihre Unwirksamkeit noch vor Schluss der mündlichen Verhandlung erster Instanz explizit geltend gemacht und mit einem Antrag nach § 4 S. 1 KSchG erfasst hat.[856] Dies gilt gleichermaßen für einen Änderungsschutzantrag nach § 4 S. 2 KSchG im Hinblick auf die Einhaltung der Klagefrist des § 4 S. 1 KSchG für eine nachfolgende Beendigungskündigung, die vor dem oder zeitgleich mit dem Änderungstermin der ersten Kündigung wirksam werden soll, wenn sich der Kläger noch vor Schluss der mündlichen Verhandlung erster Instanz darauf beruft (kleines Schleppnetz).[857] Umgekehrt schließt die Rechtskraft einer abgewiesenen Kündigungsschutzklage den Erfolg einer Klage gegen eine danach ausgesprochene Kündigung aus, wenn das Arbeitsverhältnis bereits durch die erste Kündigung beendet war.[858] Die Einengung des Streitgegenstandes auf die bloße Frage der Wirksamkeit einer bestimmten Kündigung wird dem weitergehenden Wortlaut von § 4 S. 1 KSchG, wonach das **Arbeitsverhältnis** nicht beendet wird, nicht gerecht

---

[848] BAG 13.3.1997 – 2 AZR 512/96, NZA 1997, 844; 12.5.2005 – 2 AZR 426/04, NZA 2005, 1259 mAnm *Lenz* AuR 2006, 281; BAG 23.5.2013 – 2 AZR 102/12, NZA 2013, 1416.
[849] Gesetz zu Reformen am Arbeitsmarkt vom 24.12.2003 (BGBl. 2003 I 3002).
[850] BAG 12.1.1977 – 5 AZR 593/75, AP KSchG 1969 § 4 Nr. 3; 12.5.2005 – 2 AZR 426/04, NZA 2005, 1259; vgl. auch *Boewer* NZA 1997, 359 (361); Stahlhacke/Preis/Vossen Kündigung/*Vossen* Rn. 2015 mwN.
[851] Vgl. *Boewer* RdA 2001, 380 (386) mwN; ablehnend *Berkowsky* NZA 2001, 801 (804), der für die Anwendung des § 256 Abs. 1 ZPO plädierte.
[852] Zum Streitgegenstand der Änderungsschutzklage ausführlich → § 46 Rn. 115 ff.
[853] BAG 28.8.2008 – 2 AZR 63/07, NZA 2009, 275; Stahlhacke/Preis/Vossen Kündigung/*Vossen* Rn. 2020; KR/*Friedrich*/*Klose* KSchG § 4 Rn. 306 ff.
[854] Grundsätzlich BAG 18.12.2014 – 2 AZR 163/14, NZA 2015, 635; 24.5.2018 – 2 AZR 67/18, NZA 2018, 1127 Rn. 20; Schaub ArbR-HdB/*Linck* § 138 Rn. 8, 9; ErfK/*Kiel* KSchG § 4 Rn. 30, 31; KR/*Friedrich*/*Klose* KSchG § 4 Rn. 279, 280 mwN; aA *Schwab* RdA 2013, 357 (360); abl. *Preis*/*Schneider* in FS Prütting, 467 (478).
[855] BAG 18.12.2014 – 2 AZR 163/14, NZA 2015, 635; 24.5.2018 – 2 AZR 67/18, NZA 2018, 1127 Rn. 20.
[856] BAG 18.12.2014 – 2 AZR 163/14, NZA 2015, 635; 1.8.2018 – 7 AZR 882/16, NZA 2019, 314 Rn. 22, 23.
[857] BAG 24.5.2018 – 2 AZR 67/18, NZA 2018, 1127 Rn. 18.
[858] BAG 27.1.2011 – 2 AZR 826/09, NZA 2011, 804 Rn. 12; Schaub ArbR-HdB/*Linck* § 138 Rn. 8, 9, 37; vgl. zum Ganzen *Gallner* in FS Wank, 124.

und könnte vor allem das Ziel der Rechtskraft, Rechtsfrieden und Rechtsgewissheit zu erzeugen nicht erreichen. Anderenfalls könnten auch nach erfolgreicher Kündigungsschutzklage vor der jeweiligen für unwirksam erklärten Kündigung liegende Auflösungstatbestände behauptet werden.[859] Einer Kündigungsschutzklage kann demgemäß nur stattgegeben werden, wenn die Parteien bei Zugang der Kündigungserklärung durch ein Arbeitsverhältnis verbunden waren und dieses bis einschließlich zu dem durch die Kündigung angestrebten Änderungstermin nicht durch einen Beendigungstatbestand – etwa eine nachfolgende Kündigung oder ein rechtskräftiges Auflösungsurteil (§ 9 Abs. 2 KSchG)[860] – aufgelöst worden ist.[861] Steht rechtskräftig – etwa durch ein Auflösungsurteil nach § 9 Abs. 2 KSchG – fest, dass das Arbeitsverhältnis bereits zu einem früheren Zeitpunkt beendet wurde, kann die Klage gegen eine Kündigung, die erst zu einem späteren Zeitpunkt wirken soll, keinen Erfolg haben.[862] Hat der Arbeitgeber neben einer ordentlichen Kündigung die Anfechtung des Arbeitsvertrags erklärt, hängt der Erfolg der Kündigungsschutzklage auch von der Wirksamkeit der Anfechtung ab, wenn diese – ihre Berechtigung unterstellt – auf einen Zeitpunkt wirkt, der vor dem Auflösungstermin der Kündigung liegt.[863] Der Gegenstand der Kündigungsschutzklage kann jedoch auf die Auflösung des Arbeitsverhältnisses durch die **konkret angegriffene Kündigung** beschränkt werden.[864] Damit wird die Frage, ob auch noch im Zeitpunkt des Wirksamwerdens der Kündigung ein Arbeitsverhältnis bestanden hat, nicht Streitgegenstand der betreffenden Klage, so dass die der Klage stattgebende Entscheidung **nicht zugleich** die Feststellung enthält, dass bei Zugang der Kündigung ein Arbeitsverhältnis bestanden und zum vorgesehenen Auflösungstermin noch bestanden hat und nicht durch ein zeitlich früher wirkendes Ereignis aufgelöst worden ist. Daher kann der Streitgegenstand und damit der Umfang der Rechtskraft eines stattgebenden Kündigungsschutzurteils dahingehend beschränkt werden, dass die (streitige) Auflösung des Arbeitsverhältnisses **durch eine frühere Kündigung ausgeklammert** wird.[865] Eine solche Einschränkung **des Streitgegenstands** und Umfangs der Rechtskraft bedarf deutlicher Anhaltspunkte, die sich aus der Entscheidung ergeben müssen.[866]

Hat der Arbeitgeber **mehrere** Kündigungen zum **selben** Beendigungstermin ausgesprochen, so kann über sämtliche Kündigungen nur **einheitlich** vom Arbeitsgericht entschieden werden. Dies folgt daraus, dass der Bestand des Arbeitsverhältnisses am Tag seiner beabsichtigten Beendigung für sämtliche Kündigungsschutzanträge jeweils zum Streitgegenstand gehört. Da die Kündigungen in diesem Falle voneinander abhängig sind, kann der Arbeitnehmer nur dann obsiegen, wenn sämtliche Kündigungen rechtsunwirksam sind.[867] Betreffen zwei Kündigungsschreiben denselben Kündigungsvorgang, die in Form und Wortlaut völlig identisch sind und lediglich ein (computergeneriertes) unterschiedliches Datum tragen, handelt es sich nur um **eine** Kündigung.[868] Etwas anderes gilt, wenn sich zwei Kündigungsschreiben, die gleichzeitig zugehen, in der Angabe des Kündigungsgrundes unterscheiden.[869]

a) Die allgemeine Feststellungsklage. Der Kläger ist nicht daran gehindert, **neben** der Kündigungsschutzklage (§ 4 S. 1 KSchG) eine **allgemeine Feststellungsklage** (§ 256 ZPO)

---

[859] BAG 25.3.2004 – 2 AZR 399/03, NZA 2004, 1216; 26.6.2008 – 6 AZN 648/07, NZA 2008, 1145.
[860] BAG 29.1.2015 – 2 AZR 698/12, NZA 2015, 1022.
[861] BAG 18.12.2014 – 2 AZR 163/14, NZA 2015, 635; 24.5.2018 – 2 AZR 67/18 – NZA 2018, 1127.
[862] BAG 27.1.2011 – 2 AZR 826/09, NZA 2011, 804 Rn. 12; 29.1.2015 – 2 AZR 698/12, NZA 2015, 1022.
[863] BAG 20.3.2014 – 2 AZR 1071/12, NZA 2014, 1131.
[864] BAG 23.5.2013 – 2 AZR 102/12, NZA 2013, 1416; 26.9.2013 – 2 AZR 682/12, NZA 2014, 443; 17.12.2015 – 6 AZR 709/14, NZA 2016, 361; ErfK/*Kiel* KSchG § 4 Rn. 31.
[865] BAG 26.3.2009 – 2 AZR 633/07 – NZA 2011, 166 Rn. 16; 22.11.2012 – 2 AZR 732/11, NZA 2013, 665 Rn. 20.
[866] BAG 23.5.2013 – 2 AZR 102/12, NZA 2013, 1416 Rn. 20. Es geht dabei um die zulässige Einschränkung der materiellen Folgen und nicht um unzulässige Eingriffe in die Rechtskraft.
[867] Vgl. aber → Rn. 150; BAG 15.3.2001 – 2 AZR 141/00, NZA 2001, 1267; KR/*Friedrich/Klose* KSchG § 4 Rn. 284.
[868] BAG 6.9.2007 – 2 AZR 264/06, NZA 2008, 636; 9.6.2011 – 2 AZR 284/10, NZA-RR 2012, 12 bei zwei außerordentlichen und zwei ordentlichen Kündigungen vom gleichen Tage.
[869] BAG 22.3.2012 – 2 AZR 224/11, AP KSchG 1969 § 5 Nr. 19.

mit dem Antrag zu erheben, dass das Arbeitsverhältnis zwischen den Parteien auch nicht durch andere Auflösungstatbestände aufgelöst wird, sondern fortbesteht, um ua der Fiktionswirkung aus § 7 KSchG durch weitere Kündigungen des Arbeitgebers vorzubeugen, die zunächst nicht rechtzeitig nach § 4 S. 1 KSchG klageweise angegriffen worden sind. Der Kläger kann insoweit zwei selbstständige prozessuale Ansprüche geltend machen und gemäß § 260 ZPO zu einer Klage verbinden. Dabei handelt es sich jedoch um zwei **unterschiedliche Streitgegenstände**.[870] Gegenüber dem engeren und spezielleren Streitgegenstand der Kündigungsschutzklage ist der Streitgegenstand der allgemeinen Feststellungsklage nach § 256 ZPO erweitert. Er umfasst regelmäßig die Frage, ob ein Arbeitsverhältnis über den Beendigungszeitpunkt einer Kündigung hinaus noch zurzeit der letzten mündlichen Verhandlung in der Tatsacheninstanz fortbesteht.[871] Es sind deshalb alle nach dem Vortrag der Parteien in Betracht kommenden Beendigungsgründe zu prüfen, die von der Rechtskraft eines positiven Feststellungsurteils umfasst werden.[872]

154 Für den mit einer Kündigungsschutzklage verbundenen Antrag auf Feststellung des Fortbestandes des Arbeitsverhältnisses muss vom Kläger ua ein **Rechtsschutzinteresse** an alsbaldiger Feststellung dargetan werden, das von **Amts wegen** zu prüfen ist.[873] Ein derartiges Rechtsschutzinteresse ist immer dann zu bejahen, wenn neben einer Kündigung auch **andere Auflösungstatbestände** – etwa eine angebliche Eigenkündigung des Arbeitnehmers, ein Aufhebungsvertrag, eine Anfechtung oder Befristung – vom Arbeitgeber im Prozess behauptet werden. Allerdings reicht nicht die **abstrakte Möglichkeit** aus, dass sich der Arbeitgeber auf weitere Beendigungsgründe berufen könnte; vielmehr müssen konkrete Anhaltspunkte dafür vorliegen.[874] Der in Kündigungsschutzklagen nicht selten gestellte zusätzliche Feststellungsantrag, dass das Arbeitsverhältnis auch nicht durch andere Beendigungstatbestände endet, sondern auf unbestimmte Zeit fortbesteht, ist als **unzulässig** abzuweisen, wenn keine weiteren Beendigungstatbestände zwischen den Parteien strittig sind.[875]

155 Das BAG[876] hat anerkannt, dass der Kläger mit einer innerhalb der Klageerhebungsfrist des § 4 S. 1 KSchG erhobenen allgemeinen Feststellungsklage in Anwendung des Rechtsgedankens aus § 6 KSchG auch eine **erst während des Prozesses** vom Arbeitgeber ausgesprochene weitere Kündigung erfasst, so dass er diese auch noch nach Ablauf der Dreiwochenfrist durch die **dafür vorgesehene Klageart** des § 4 S. 1 KSchG im Prozessweg angreifen kann.[877] Der Arbeitnehmer ist dabei nach Kenntnis von einer weiteren Kündigung in analoger Anwendung von § 6 KSchG gehalten, diese nunmehr eigens in den Prozess einzuführen und unter entsprechender Einschränkung des allgemeinen Feststellungsantrags iSv § 264 Nr. 2 ZPO einen dem Wortlaut des § 4 KSchG angepassten Antrag zu stellen.[878] Dies ist unproblematisch, wenn sich der Arbeitnehmer auf die Unwirksamkeit der weiteren Kündigung noch vor Schluss der mündlichen Verhandlung in erster Instanz berufen und einen auf sie bezogenen, dem Wortlaut des § 4 S. 1 KSchG angepassten Antrag gestellt hat. Nach einer

---

[870] Grds. dazu BAG 13.3.1997 – 2 AZR 512/96, NZA 1997, 844; 12.5.2005 – 2 AZR 426/04, NZA 2005, 1259; 26.9.2013 – 2 AZR 682/12, NZA 2014, 443; 18.12.2014 – 2 AZR 163/14, NZA 2015, 635; ErfK/*Kiel* KSchG § 4 Rn. 36; Schaub ArbR-HdB/*Linck* § 138 Rn. 14, 15; *Niemann* NZA 2019, 65 (71); *Reinartz* NZA 2020, 215 ff.

[871] Vgl. nur BAG 12.5.2005 – 2 AZR 426/04, NZA 2005, 1259; 26.9.2013 – 2 AZR 682/12, NZA 2014, 443.

[872] BAG 13.3.1997 – 2 AZR 512/96, NZA 1997, 844; 12.5.2005 – 2 AZR 426/04, NZA 2005, 1259; 26.9.2013 – 2 AZR 682/12, NZA 2014, 443.

[873] Nur BAG 15.3.2001 – 2 AZR 141/00, NZA 2001, 1267; 12.5.2005 – 2 AZR 426/04, NZA 2005, 1259; 26.9.2013 – 2 AZR 682/12, NZA 2014, 443.

[874] BAG 7.12.1995 – 2 AZR 772/94, NZA 1996, 334; 10.10.2002 – 2 AZR 622/01, NZA 2003, 684; *Boewer* RdA 2001, 380 (388).

[875] BAG 13.3.1997 – 2 AZR 512/96, NZA 1997, 844 mAnm *Diller* NJW 1998, 663; BAG 15.3.2001 – 2 AZR 141/00, NZA 2001, 1267; *Schwab* NZA 1998, 342; *Lüke* JuS 1998, 498; *Boewer* NZA 1997, 359 ff.

[876] BAG 13.3.1997 – 2 AZR 512/96, NZA 1997, 844; 10.10.2002 – 2 AZR 622/01, NZA 2003, 684; *Boewer*, Schriften des Deutschen Anwaltsinstituts, 1996, S. 296 ff.; ders. NZA 1997, 359 (363).

[877] Sog. Schleppnetztheorie: *Bitter* DB 1997, 1407 ff.; *Boewer* RdA 2001, 380 (388).

[878] BAG 26.9.2013 – 2 AZR 682/12, NZA 2014, 443 Rn. 33, 34; vgl. dazu *Gallner* FA 2015, 33 ff. Ebenso BAG 18.12.2014 – 2 AZR 163/14, NZA 2015, 635 Rn. 28.

früheren Entscheidung des BAG[879] durfte die angepasste Antragstellung noch bis zum Schluss der mündlichen Verhandlung in der Berufungsinstanz erfolgen. Ob daran nach der Novellierung des Kündigungsschutzgesetzes durch das Arbeitsmarktreformgesetz vom 24.12.2003[880] auch für Kündigungen, die schon bis zum Schluss der mündlichen Verhandlung erster Instanz ausgesprochen worden sind, festgehalten werden kann, hat das BAG[881] bislang nicht abschließend beantwortet. Deshalb ist es ratsam, insbesondere nach einer Belehrung des Gerichts (§ 139 ZPO), die Antragsumstellung nach § 6 KSchG bis zum Schluss der mündlichen Verhandlung erster Instanz vorzunehmen. Das BAG hat diese Rechtsprechung auch auf die Fallkonstellation ausgedehnt, dass der Arbeitgeber bereits **vor Erhebung der Kündigungsschutzklage** mehrere Kündigungen ausgesprochen hat, von denen der Arbeitnehmer nur eine mit der Kündigungsschutzklage angegriffen hat, die Kündigungsschutzklage jedoch mit der allgemeinen Feststellungsklage innerhalb der Klagerhebungsfrist aus § 4 S. 1 KSchG verbunden (§ 260 ZPO) worden ist.[882]

Angesichts dieser sog. **Schleppnetzfunktion**[883] kann es sich als vorteilhaft erweisen, die Kündigungsschutzklage mit einer (gesonderten) allgemeinen Feststellungsklage nach § 256 ZPO zu verbinden, um bei weiteren Kündigungen des Arbeitgebers – auch bei übersehenen Schriftsatzkündigungen – die Versäumung der Klageerhebungsfrist aus § 4 S. 1 KSchG mit der Fiktionswirkung aus § 7 KSchG zu vermeiden. Kommt es dabei zu einer notwendigen Anpassung des an dem Wortlaut des § 4 S. 1 KSchG orientierten Klageantrags hinsichtlich einer weiteren Arbeitgeberkündigung und hält der Kläger seinen allgemeinen Feststellungsantrag daneben aufrecht, so ist dieser mangels Rechtsschutzinteresses als unzulässig abzuweisen, wenn keine anderen Beendigungstatbestände im Streit sind. Hat die Kündigungsschutzklage des Arbeitnehmers Erfolg, so ist die Abweisung oder Rücknahme der allgemeinen Feststellungsklage mit einer (geringen) Kostenquote (§ 92 Abs. 1 ZPO) zu berücksichtigen, wobei allerdings auch von § 92 Abs. 2 Nr. 1 ZPO Gebrauch gemacht wird.[884]

Besonderheiten können sich dabei dann ergeben, wenn die weitere Kündigung des Arbeitgebers erst **nach Verkündung** des erstinstanzlichen Urteils, dh zwischen den Instanzen, ausgesprochen wird. Wegen des zweigliedrigen Streitgegenstandsbegriffs kann sich der mit dem Streitgegenstand identische Urteilsgegenstand der allgemeinen Feststellungsklage nicht auf Sachverhalte beziehen, die sich erst **nach der letzten mündlichen Verhandlung** zugetragen haben und die deshalb auch nicht von den Parteien zur Stützung ihres Antrags vorgetragen sein können.[885] Derartige Sachverhalte werden nicht von der Rechtskraftwirkung einer zusprechenden oder abweisenden Entscheidung über den allgemeinen Feststellungsantrag erfasst. Angesichts dessen muss der Arbeitnehmer gegen eine **zwischen den Instanzen** ausgesprochene weitere Kündigung des Arbeitgebers besonders im Klagewege nach § 4 S. 1 KSchG vorgehen. Dies sollte durch gesonderte Kündigungsschutzklage beim Arbeitsgericht geschehen. Die Einlegung der Berufung gegen das klageabweisende Feststellungsurteil des Arbeitsgerichts könnte die Klageerhebungsfrist des § 4 S. 1 KSchG nur dann wahren, wenn sie spätestens innerhalb von drei Wochen nach Zugang der Kündigung erfolgt und darüber hinaus neben einem Klageantrag einen Hinweis auf die weitere Kündigung enthält.[886] Überdies kann eine Kündigungsschutzklage unter den Voraussetzungen des § 533 ZPO klageerweiternd in einem zwischen den Parteien anhängigen Berufungsverfahren erhoben werden. Nach den Grundsätzen des § 533 ZPO ist eine Klageerweiterung in der Berufungsinstanz zulässig, wenn entweder der Gegner einwilligt oder das Gericht die Klageerweiterung

---

[879] BAG 13.3.1997 – 2 AZR 512/96, NZA 1997, 844.
[880] BGBl. 2003 I 3002.
[881] BAG 26.9.2013 – 2 AZR 682/12, NZA 2014, 443 Rn. 34; 18.12.2014 – 2 AZR 163/14, NZA 2015, 635 Rn. 28, 29; befürwortend HaKo-KSchR/*Gallner* KSchG § 4 Rn. 52; *Lingemann/Groneberg* NJW 2013, 2809; ablehnend *Bayreuther* ZfA 2005, 391.
[882] BAG 26.9.2013 – 2 AZR 682/12, NZA 2014, 443.
[883] Der Ausdruck stammt von *Bitter* DB 1997, 1407 ff.
[884] LAG Berlin-Brandenburg 26.2.2016 – 6 Sa 1581/15, BeckRS 2016, 69454; vgl. dazu *Roloff* NZA 2007, 900 (901 ff.); *Niemann* NZA 2019, 65 (71); *Reinartz* NZA 2020, 215 (217).
[885] BAG 10.10.2002 – 2 AZR 622/01, NZA 2003, 684.
[886] Zur Erhebung der Kündigungsschutzklage im zweiten Rechtszug: BAG 10.12.1970 – 2 AZR 82/70, AP KSchG § 3 Nr. 40.

für sachdienlich hält.[887] Ob das Risiko der vom Berufungsgericht verneinten Sachdienlichkeit durch eine unverzügliche Klageerhebung beim Arbeitsgericht[888] oder über eine nachträgliche Klagezulassung aufgefangen werden kann, ist zweifelhaft.

158 Verbindet der Kläger mit der Kündigungsschutzklage die Feststellung, dass das Arbeitsverhältnis ungekündigt fortbesteht, bedarf diese Antragsformulierung zunächst der **Auslegung**. Als Prozesshandlung ist der Klageantrag ebenso wie eine privatrechtliche Willenserklärung auslegungsfähig, wobei entscheidend auf den geäußerten Parteiwillen, der aus dem Antrag und dem sonstigen Parteivorbringen erkennbar wird, abzustellen ist.[889] Greift der Arbeitnehmer nur die Wirksamkeit einer bestimmten Kündigung mit der Kündigungsschutzklage an, ohne dass weitere Beendigungstatbestände im Prozess vorgetragen werden, ist durch Auslegung zu ermitteln, ob wirklich eine zusätzliche Feststellung nach § 256 ZPO gewünscht wird oder nur ein sog. **unselbstständiges Anhängsel** ohne prozessrechtliche Bedeutung vorliegt. Dies kann selbst dann gelten, wenn das Arbeitsgericht über das **unselbstständige Anhängsel** entschieden hat, weil auch der Tenor des arbeitsgerichtlichen Urteils auslegungsfähig ist.[890] Nach Ansicht des BAG[891] reicht ein Antrag nach § 4 S. 1 KSchG mit dem **Zusatz** *„und das Arbeitsverhältnis unverändert fortbesteht"* regelmäßig nicht für die Annahme einer zusätzlichen Feststellungsklage nach § 256 ZPO aus, wenn sich nicht aus der Klagebegründung ergibt, dass damit ein eigener Sachantrag gestellt werden soll. Um den Schleppnetzeffekt[892] zu erreichen, ist der Praxis daher anzuraten, einen **gesonderten** Feststellungsantrag nach § 256 ZPO zu stellen.

159 **b) Präjudizialität und Präklusion.** Aus der materiellen Rechtskraft eines Urteils folgt, dass erneute abweichende Entscheidungen desselben oder eines anderen Gerichts innerhalb bestimmter objektiver, subjektiver und zeitlicher Grenzen ausgeschlossen sind.[893] Die materielle Rechtskraft einer Entscheidung wirkt nur solange (zeitliche Grenzen der Rechtskraft), wie sich der entscheidungserhebliche Sachverhalt nicht wesentlich geändert hat. Dazu müssen sich diejenigen Tatsachen geändert haben, die für die in der früheren Entscheidung ausgesprochene Rechtsfolge als maßgeblich angesehen wurden.[894] Eine erneute Sachentscheidung im Sinne der objektiven Grenzen der Rechtskraftwirkung liegt nicht nur vor, wenn der Streitgegenstand des zweiten Rechtsstreits mit dem ersten identisch ist, sondern vor allem in Fällen der **Präjudizialität**, dh, wenn die im Vorprozess entschiedene Rechtsfrage **Vorfrage** für die Entscheidung des nachfolgenden Rechtsstreits ist. Die Bindungswirkung bei Präjudizialität ist in jeder Lage des Rechtsstreits **von Amts** wegen zu beachten.[895]

160 Ist in einem Kündigungsrechtsstreit entschieden, dass das Arbeitsverhältnis durch eine bestimmte Kündigung **nicht aufgelöst** worden ist, so kann der Arbeitgeber eine erneute Kündigung nicht auf Kündigungsgründe stützen, die er schon zur Begründung der ersten Kündigung vorgebracht hat und die in dem ersten Kündigungsschutzprozess materiell geprüft worden sind mit dem Ergebnis, dass sie die Kündigung nicht rechtfertigen können.[896] Dem zweigliedrigen Streitgegenstand entsprechend ist Gegenstand der Rechtskraft im Kündi-

---

[887] BAG 14.12.2017 – 2 AZR 86/17, NZA 2018, 646 Rn. 16.
[888] So wohl BAG 10.12.1970 – 2 AZR 82/70, AP KSchG § 3 Nr. 40.
[889] BAG 18.12.2014 – 2 AZR 163/14, NZA 2015, 635; 15.11.2018 – 6 AZR 522/17, NZA 2019, 928; 21.5.2019 – 2 AZR 26/19, NZA 2019, 1143; vgl. auch Schaub ArbR-HdB/*Linck* § 138 Rn. 15 mwN.
[890] BAG 28.2.1995 – 5 AZB 24/94, NZA 1995, 595.
[891] BAG 18.12.2014 – 2 AZR 163/14, NZA 2015, 635; vgl. auch Schaub ArbR-HdB/*Linck* § 138 Rn. 15; ErfK/*Kiel* KSchG § 4 Rn. 34.
[892] Vgl. → Rn. 154.
[893] Vgl. etwa BAG 15.8.2002 – 2 AZR 214/01, NZA 2003, 432; 22.5.2003 – 2 AZR 485/02, AP KSchG 1969 § 1 Nr. 71; 6.9.2012 – 2 AZR 372/11, NZA-RR 2013, 441; 20.12.2012 – 2 AZR 867/11, NZA 2013, 1003. Dazu KR/*Friedrich*/*Klose* KSchG § 4 Rn. 316 ff.
[894] BAG 22.5.2003 – 2 AZR 485/02, AP KSchG 1969 § 1 Nr. 71; 20.12.2012 – 2 AZR 867/11, NZA 2013, 1003.
[895] BGH 21.12.1988 – VIII ZR 277/87, NJW 1989, 2133; BAG 12.2.2004 – 2 AZR 307/03, AP KSchG 1969 § 1 Nr. 75; 8.11.2007 – 2 AZR 528/06, EzA BGB 2002 § 626 Nr. 19 Rn. 21, 22.
[896] BAG 6.9.2012 – 2 AZR 372/11, NZA 2013, 1003 Rn. 13 mwN; 20.12.2012 – 2 AZR 867/11, NZA 2013, 1003 Rn. 23, 26; 11.7.2913 – 2 AZR 994/12, NZA 2014, 250 Rn. 37; 20.3.2014 – 2 AZR 840/12, NZA 2014, 1415 Rn. 13.

gungsschutzprozess nicht nur die durch das Urteil festgestellte Rechtsfolge der Unwirksamkeit der Kündigung, sondern auch das durch die vorgetragenen Gründe individualisierte Recht des Gegners zur Kündigung.[897] Eine Präklusionswirkung entfaltet die Entscheidung über die frühere Kündigung allerdings nur bei identischem Kündigungssachverhalt. Hat sich dieser wesentlich geändert, darf der Arbeitgeber ein weiteres Mal kündigen.[898] Die Präklusionswirkung tritt auch dann nicht ein, wenn die frühere Kündigung bereits aus formellen Gründen, also etwa wegen der nicht ordnungsgemäßen Beteiligung der Mitarbeitervertretung für unwirksam erklärt worden ist.[899] Auch im Verhältnis zwischen **Kündigung** und **Abmahnung** geht das BAG davon aus, dass eine Abmahnung den Kündigungsgrund verbraucht und eine spätere Kündigung nicht allein auf den abgemahnten Grund gestützt werden kann.[900]

Die Präklusionswirkung gilt für die sog. **Wiederholungskündigung** oder sog. **Trotzkündigung** nach Rechtskraft des Urteils in dem ersten Prozess,[901] die auf Umstände gestützt wird, die der Arbeitgeber erfolglos für die vorangegangene Kündigung herangezogen hat. Wer nach rechtskräftiger Erledigung eines Kündigungsschutzprozesses aufgrund desselben Kündigungssachverhalts eine Trotzkündigung ausspricht oder schon während des ersten Prozesses vorsorglich für den Fall, dass die erste Kündigung vom Gericht für rechtsunwirksam gehalten wird, aufgrund desselben Kündigungssachverhalts eine zweite Kündigung erklärt, greift in unzulässiger Weise die Rechtskraft des Urteils in dem ersten Kündigungsschutzverfahren an. Allerdings muss der Arbeitnehmer gegen die zweite Kündigung wegen § 7 KSchG rechtzeitig nach § 4 S. 1 KSchG vorgehen, unabhängig davon, dass der Kündigungsschutzklage aus Gründen der Präjudizialität ohne weiteres stattzugeben ist.[902] War im Vorverfahren auch die Sozialwidrigkeit der Kündigung festgestellt worden, so ist auch die zweite Kündigung nach § 1 KSchG bzw. nach §§ 13 KSchG, 626 BGB als unwirksam anzusehen, so dass auch in **diesem Verfahren die Auflösung** des Arbeitsverhältnisses nach § 9 Abs. 1 S. 1 KSchG erfolgen kann.[903] Der Auflösung nach § 9 KSchG steht nicht entgegen, dass die Unwirksamkeit der Kündigung im Ergebnis aus der Präjudizialität der Entscheidung im Vorverfahren hergeleitet wird.

Kündigt der Arbeitgeber wegen **derselben** Kündigungsgründe **zunächst ordentlich**, anschließend aber **außerordentlich** und stützt das Arbeitsgericht die Feststellung der Unwirksamkeit der ordentlichen Kündigung allein darauf, dass sie auf Grund einer Alterssicherung tariflich ausgeschlossen ist, so hat eine materielle Prüfung der Kündigungsgründe nicht stattgefunden, so dass auch keine Bindungswirkung für die nachfolgende außerordentliche Kündigung eintreten kann.[904]

Der Arbeitgeber ist auch nicht aus Gründen der Präjudizialität gehindert, die im Vorprozess lediglich an der fehlenden Betriebsratsanhörung, also aus **formellen Gründen** gescheiterte Kündigung, zu wiederholen.[905] Eine Präklusionswirkung tritt auch dann nicht ein, wenn der Arbeitnehmer im Kündigungsschutzprozess gegen eine **Verdachtskündigung** obsiegt und der Arbeitgeber nach Abschluss des Strafverfahrens wegen der Verurteilung des Klägers nunmehr eine **Tatkündigung** erklärt.[906]

---

[897] So bereits BAG 26.8.1993 – 2 AZR 159/93, NZA 1994, 70 Rn. 24.
[898] BAG 20.3.2014 – 2 AZR 840/12, NZA 2014, 1415 Rn. 13 mwN.
[899] BAG 20.12.2012 – 2 AZR 867/11, NZA 2013, 1003 Rn. 23, 26.
[900] BAG 19.11.2015 – 2 AZR 217/15, NZA 2016, 540 Rn. 28 mwN. Etwas anderes gilt, wenn gem. §§ 133, 157 BGB der Abmahnung selbst oder den Umständen zu entnehmen ist, dass der Arbeitgeber die Angelegenheit mit der Abmahnung nicht als „erledigt" ansieht: BAG 13.5.2015 – 2 AZR 531/14, BB 2015, 2682 Rn. 33.
[901] BAG 26.8.1993 – 2 AZR 159/93, NZA 1994, 70; 11.7.2013 – 2 AZR 994/12, NZA 2014, 250; 20.3.2014 – 2 AZR 840/12, NZA 2014, 1415; 18.12.2014 – 2 AZR 163/14, NZA 2015, 635. Vgl. auch Stahlhacke/Preis/Vossen Kündigung/*Vossen* Rn. 2046.
[902] BAG 26.8.1993 – 2 AZR 159/93, NZA 1994, 70; 7.3.1996 – 2 AZR 180/95, NZA 1996, 931.
[903] BAG 26.8.1993 – 2 AZR 159/93, NZA 1994, 70 Rn. 44.
[904] BAG 5.2.1998 – 2 AZR 227/97, NZA 1998, 771.
[905] BAG 20.12.2012 – 2 AZR 867/11, NZA 2013, 1003; 20.3.2014 – 2 AZR 840/12, NZA 2014, 1415; 31.1.2019 – 2 AZR 426/18, NZA 2019, 893: mehrere Kündigungen aus gleichem Anlass, die teils an der fehlenden Zustimmung des Integrationsamtes und teilweise an der fehlerhaften Anhörung des Betriebsrats gescheitert waren; Stahlhacke/Preis/Vossen Kündigung/*Vossen* Rn. 2046a.
[906] BAG 12.12.1984 – 7 AZR 575/83, NZA 1985, 623; 16.9.1999 – 2 ABR 68/98, NZA 2000, 158; Stahlhacke/Preis/Vossen Kündigung/*Vossen* Rn. 2046a.

164 Das sog. **Präklusionsprinzip** hindert die unterlegene Partei, sich innerhalb der durch den Streitgegenstand gesetzten Grenzen **nachträglich** auf **Tatsachen** zu berufen, die zu dem abgeurteilten Lebensvorgang gehören und schon zurzeit der letzten mündlichen Verhandlung des rechtskräftigen Prozesses vorgelegen haben (§ 767 Abs. 2 ZPO). Dies gilt unabhängig davon, ob der Partei die Tatsachen bekannt waren oder nicht.[907] So hindert die Rechtskraft des der Kündigungsschutzklage **stattgebenden** Urteils den Arbeitgeber daran, sich in einem späteren Verfahren zwischen denselben Parteien darauf zu berufen, ein Arbeitsverhältnis habe niemals bestanden.[908] Die stattgebende rechtskräftige Entscheidung über einen Antrag gemäß § 4 S. 1 KSchG enthält nämlich zugleich die Feststellung, dass zwischen den Parteien zum vorgesehenen Auflösungszeitpunkt ein Arbeitsverhältnis bestanden hat.[909]

165 Die Präklusion von Tatsachen gilt jedoch nur dann, soweit es um den **bereits rechtskräftig** entschiedenen Anspruch geht. Werden **andere Rechtsfolgen** aus demselben Tatsachenkomplex hergeleitet, greift die Präklusionswirkung nicht ein. Hat etwa das Arbeitsgericht eine ordentliche Kündigung des Arbeitgebers sowohl nach § 1 KSchG als auch wegen fehlerhafter Betriebsratsanhörung für unwirksam gehalten und deshalb den Auflösungsantrag des Arbeitgebers nach § 9 Abs. 1 S. 2 KSchG zurückgewiesen, so kann das LAG bei einer auf den Auflösungsantrag beschränkten Berufung des Arbeitgebers erneut prüfen, ob die Betriebsratsanhörung ordnungsgemäß gewesen ist.[910]

166 Spricht der Arbeitgeber **zunächst** eine fristlose Kündigung und **später** eine ordentliche Kündigung aus, die beide zum Gegenstand von Kündigungsschutzklagen gemacht werden, führt die rechtskräftige Feststellung der Unwirksamkeit der ordentlichen Kündigung dazu, dass auch der Feststellungsklage über die später entschiedene außerordentliche Kündigung entsprochen werden muss, weil die stattgebende rechtskräftige Entscheidung über die ordentliche Kündigung zugleich feststellt, dass bei Zugang der Kündigung und zum vorgesehenen Auflösungszeitpunkt ein Arbeitsverhältnis zwischen den Parteien bestanden hat.[911] Hat das Arbeitsgericht bei derartigen Befunden die Entscheidung des Rechtsstreits über die zweite Kündigung nicht gemäß § 148 ZPO ausgesetzt oder beide Verfahren miteinander verbunden, so muss der Arbeitgeber zur Vermeidung der vorbeschriebenen Rechtsfolge hinsichtlich der ordentlichen Kündigung Berufung einlegen.

167 Die Frage der **Präklusion** spielt auch dann eine Rolle, wenn sich der Streit der Parteien lediglich auf die Wirksamkeit einer **außerordentlichen Kündigung** im Vorprozess bezogen hat, deren Rechtsunwirksamkeit festgestellt worden ist, und sich der Arbeitgeber in einem **nachfolgenden Zahlungsprozess** aus Annahmeverzug auf eine **Umdeutung** in eine **ordentliche Kündigung** berufen will. Das BAG[912] hat den Einwand des Arbeitgebers nicht gelten lassen und ihn auf den Verfahrensabschnitt des Kündigungsschutzprozesses verwiesen. Eine unwirksame außerordentliche Kündigung kann nach § 140 BGB in eine ordentliche Kündigung umgedeutet werden, wenn dies dem mutmaßlichen Willen des Kündigenden entspricht und dieser Wille dem Kündigungsempfänger im Zeitpunkt des Kündigungszugangs erkennbar ist.[913] Ob auf Grund der feststehenden Tatsachen eine Umdeutung der außerordentlichen Kündigungserklärung in Betracht kommt, hat das Arbeitsgericht von sich aus zu prüfen.[914] Die Frage der Umdeutung ist prozessual vor allem dann von Interesse, wenn der Arbeitnehmer einen **Auflösungsantrag** nach § 9 KSchG mit dem Zeitpunkt des ordentlichen Kündigungstermins verbinden will. Scheitert die Umdeutung einer fristlosen Kündigung in

---

[907] BAG 12.1.1977 – 5 AZR 593/75, AP KSchG 1969 § 4 Nr. 3; 27.9.2001 – 2 AZR 389/00, NZA 2002, 1171.
[908] BAG 12.1.1977 – 5 AZR 593/75, AP KSchG 1969 § 4 Nr. 3; 5.10.1995 – 2 AZR 909/94, NZA 1996, 651.
[909] Grundsätzlich BAG 18.12.2014 – 2 AZR 163/14, NZA 2015, 635; Schaub ArbR-HdB/*Linck* § 138 Rn. 8, 9; ErfK/*Kiel* KSchG § 4 Rn. 31.
[910] BAG 27.9.2001 – 2 AZR 389/00, NZA 2002, 1171.
[911] Vgl. dazu BAG 18.4.2002 – 8 AZR 346/01, NZA 2002, 1207; 18.12.2014 – 2 AZR 163/14, NZA 2015, 635.
[912] BAG 14.8.1974 – 5 AZR 497/73, AP KSchG 1969 § 13 Nr. 3 mkritAnm *von Vollkommer*.
[913] BAG 15.11.2001 – 2 AZR 310/00, AP BGB § 140 Nr. 13; 12.5.2010 – 2 AZR 845/08, NZA 2010, 1348; 25.10.2012 – 2 AZR 700/11, NZA 2013, 371.
[914] BAG 15.11.2001 – 2 AZR 310/00, AP BGB § 140 Nr. 13; 25.10.2012 – 2 AZR 700/11, NZA 2013, 371.

eine ordentliche aus formellen Gründen und hat sich das Gericht deshalb mit den sachlichen Kündigungsgründen nicht befasst, so ist der Arbeitgeber mit diesen Gründen für die soziale Rechtfertigung einer später ausgesprochenen, den formellen Anforderungen entsprechenden Kündigung nicht ausgeschlossen.[915] Eine vom Arbeitgeber mit zu kurzer Kündigungsfrist erklärte ordentliche Kündigung des Arbeitsverhältnisses kann nur dann in eine Kündigung zum richtigen Kündigungstermin umgedeutet werden (§ 140 BGB), wenn sie nicht gemäß § 7 KSchG als rechtswirksam gilt.[916] Eine mangels Vorliegens eines wichtigen Grundes iSv § 15 Abs. 1 KSchG, § 626 Abs. 1 BGB unwirksame, auf Gründe im Verhalten des Mandatsträgers gestützte außerordentliche fristlose Kündigung kann nicht in eine außerordentliche Kündigung mit einer der fiktiven ordentlichen Kündigungsfrist entsprechenden Auslauffrist oder eine ordentliche Kündigung umgedeutet werden.[917] Eine Umdeutung kommt nicht in Betracht, wenn der Arbeitnehmer seine Feststellungsklage ausschließlich auf die Wirksamkeit der außerordentlichen Kündigung beschränkt und damit die Frage der Wirksamkeit einer etwaigen umgedeuteten ordentlichen Kündigung im Prozess ausklammert.[918] Auch für das Verhältnis eines Verfahrens nach § 103 BetrVG zum etwa nachfolgenden Kündigungsschutzprozess hat das BAG eine vergleichbare, als Präklusion bezeichnete Wirkung angenommen, sodass sich der im Beschlussverfahren beteiligte Arbeitnehmer im nachfolgenden, die außerordentliche Kündigung betreffenden Verfahren in Bezug auf das Vorliegen eines wichtigen Grundes iSv § 626 BGB nur auf solche Tatsachen berufen kann, die er im Zustimmungsersetzungsverfahren nicht geltend gemacht hat und auch nicht hätte geltend machen können.[919]

5. Das Feststellungsinteresse

Im Falle der Kündigungsschutzklage bedarf es **keines** besonderen **Feststellungsinteresses** iSv § 256 ZPO, unabhängig davon, dass es sich bei der Kündigungsschutzklage um eine Feststellungsklage handelt.[920] Das Rechtsschutzinteresse des Arbeitnehmers an der Feststellung der Unwirksamkeit einer ordentlichen oder außerordentlichen Arbeitgeberkündigung besteht schon deswegen, weil ausschließlich die Klageerhebung die **Fiktionswirkung** aus § 7 KSchG verhindert.[921]

Die **Rücknahme** der **Kündigung** durch den Arbeitgeber – auch im Kündigungsschutzverfahren – lässt das Feststellungsinteresse nicht entfallen.[922] Die Erhebung der Kündigungsschutzklage hat nicht die Bedeutung einer antizipierten Zustimmung des Arbeitnehmers zur Rücknahme der Kündigung des Arbeitgebers.[923] In der Kündigungsrücknahmeerklärung liegt das **Vertragsangebot** an den Arbeitnehmer, die Wirkungen der Kündigung einverständlich rückgängig zu machen und das Arbeitsverhältnis fortzusetzen. Das Angebot des Arbeitgebers kann der Arbeitnehmer nach den allgemeinen Regeln über den Vertragsabschluss gemäß §§ 145 ff. BGB annehmen oder ablehnen.[924] Die Annahmeerklärung könnte darin zu sehen sein, dass der Arbeitnehmer den Rechtsstreit für erledigt erklärt.[925] Stimmt der Arbeitnehmer der Kündigungsrücknahme zu, so gehen die Arbeitsvertragsparteien übereinstimmend mangels anderweitiger Abrede von der Unwirksamkeit der Kündigung und damit

---

[915] BAG 25.11.1982 – 2 AZR 21/81, AP KSchG 1969 § 9 Nr. 10.
[916] BAG 1.9.2010 – 5 AZR 700/09, NZA 2010, 1409.
[917] BAG 21.6.2012 – 2 AZR 343/11, NZA 2013, 224; vgl. auch BAG 12.5.2010 – 2 AZR 587/08, NZA-RR 2011, 15.
[918] BAG 31.5.1979 – 2 AZR 473/77, AP ZPO § 256 Nr. 50; vgl. dazu auch BAG 13.8.1987 – 2 AZR 599/86, NZA 1988, 129.
[919] BAG 25.4.2018 – 2 AZR 401/17, NZA 2018, 1087 Rn. 10.
[920] BAG 23.7.2015 – 6 AZR 490/14, NZA-RR 2015, 628 Rn. 16.
[921] So bereits BAG 11.2.1981 – 7 AZR 12/79, AP KSchG 1969 § 4 Nr. 8; 21.3.2012 – 6 AZR 596/10, NZA 2012, 1058; Schaub ArbR-HdB/*Linck* § 138 Rn. 13; Stahlhacke/Preis/Vossen Kündigung/*Vossen* Rn. 1839 mwN.
[922] BAG 26.3.2009 – 2 AZR 633/07, NZA 2011, 166.
[923] BAG 19.8.1982 – 2 AZR 230/80, AP KSchG 1969 § 9 Nr. 9; dazu ausführlich Stahlhacke/Preis/Vossen Kündigung/*Preis* Rn. 149 ff.; KR/*Friedrich/Klose* KSchG § 4 Rn. 75 ff. und 86 ff.
[924] BAG 19.8.1982 – 2 AZR 230/80, AP KSchG 1969 § 9 Nr. 9; 19.2.2009 – 2 AZR 286/07, NZA 2009, 980.
[925] BAG 17.4.1986 – 2 AZR 308/85, NZA 1987, 17.

auch für die Frage des Annahmeverzugs (§ 615 BGB) vom Fortbestand des Arbeitsverhältnisses aus.[926] Kein Vertragsfortsetzungsangebot stellt jedoch die Aufforderung des Arbeitgebers nach Ablauf der Kündigungsfrist oder während des Kündigungsschutzprozesses dar, die Arbeit wieder aufzunehmen.[927] Stellt der Arbeitnehmer nach erklärter Rücknahme der Kündigung den **Auflösungsantrag** gemäß § 9 KSchG, ist darin die Ablehnung des Arbeitgeberangebots zu sehen.[928] Erklärt der Arbeitgeber bereits **vor Klageerhebung** die Rücknahme der Kündigung und nimmt der Arbeitnehmer dieses Vertragsfortsetzungsangebot nicht an, so wird die Kündigung des Arbeitgebers mangels Klageerhebung nach § 7 KSchG rechtswirksam.[929] Der Arbeitgeber muss sich seinerseits an der Kündigung festhalten lassen. Werden dem Arbeitgeber die den Sonderkündigungsschutz auslösenden Voraussetzungen (Schwangerschaft) erst nach Zugang der Kündigung der Arbeitnehmerin bekannt, und erhebt die schwangere Arbeitnehmerin trotz erklärter Rücknahme der Kündigung keine Kündigungsschutzklage, so wird mit Ablauf der Dreiwochenfrist nach § 4 S. 1 KSchG nach § 7 KSchG die Kündigung als von Anfang an rechtswirksam fingiert.[930]

170 Die Rücknahme der Kündigung durch den Arbeitgeber während des Kündigungsschutzprozesses hat nicht die Qualität eines Anerkenntnisses iSv § 307 ZPO. Erkennt allerdings der Arbeitgeber den gegen ihn gemachten Feststellungsanspruch bei der mündlichen Verhandlung eindeutig und bedingungslos an, ergeht auch ohne entsprechenden Antrag des Klägers ein **Anerkenntnisurteil** gegen den Beklagten. Verlangt der Kläger ausdrücklich ein streitiges Sachurteil, so fehlt diesem Begehren das Rechtsschutzbedürfnis.[931] Das Gericht kann von der Darstellung des Tatbestands und der Entscheidungsgründe absehen (§ 313b Abs. 1 S. 1 ZPO).[932]

171 Das Feststellungsinteresse an der Kündigungsschutzklage entfällt nicht dadurch, dass der Arbeitnehmer während der prozessualen Auseinandersetzung ein **anderes** Arbeitsverhältnis eingeht. Dies folgt aus den §§ 11 KSchG, 615 BGB, wonach eine **Obliegenheit** zur anderweitigen Verwertung der Arbeitskraft besteht. Bestätigt wird dies durch § 12 KSchG, der dem Arbeitnehmer ausdrücklich im Falle eines für ihn positiven Urteils die Wahl belässt, zu seinem alten Arbeitgeber zurückzukehren oder bei seinem neuen Arbeitgeber zu verbleiben.[933]

172 Das Feststellungsinteresse für die Kündigungsschutzklage entfällt auch nicht allein deswegen, weil der Kläger neben der Feststellung Schadenersatz nach BGB § 628 Abs. 2 fordert. Allenfalls dann, wenn er erklärt, auch im Falle seines Unterliegens mit den auf BGB § 628 Abs. 2 gestützten Klageanträgen weder das Arbeitsverhältnis fortsetzen zu wollen, noch dessen Auflösung gem. §§ 9, 10 KSchG zu begehren, fehlt es am Feststellungsinteresse für die Klage nach KSchG § 4 S. 1.[934]

173 Das Interesse des Arbeitnehmers an der Feststellung der Sozialwidrigkeit einer Kündigung fehlt wegen eines vor- oder gleichzeitig mit Ablauf der Kündigungsfrist wirksam werdenden **anderen Beendigungstatbestandes** nur dann, wenn die Wirksamkeit dieser anderen Beendigung zwischen den Parteien **unstreitig** oder **rechtskräftig** festgestellt ist. Daher entfällt das Feststellungsinteresse für eine Kündigungsschutzklage gegen eine Arbeitgeberkündigung auch nicht bei einer vorausgegangenen **fristlosen Eigenkündigung** des Arbeitnehmers, wenn die Wirksamkeit dieser Kündigung zwischen den Parteien streitig ist. Die Wirksamkeit der Kündigung ist im Kündigungsschutzprozess als Vorfrage zu klären.[935]

---

[926] BAG 17.4.1986 – 2 AZR 308/85, NZA 1987, 17. Vgl. auch BAG 24.5.2018 – 2 AZR 67/18, NZA 2018, 1127 Rn. 41.
[927] Zur befristeten Beschäftigung während des Kündigungsschutzprozesses: BAG 22.10.2003 – 7 AZR 113/03, NZA 2004, 1275; 8.4.2014 – 9 AZR 856/11, ArbR 2014, 414; 22.7.2014 – 9 AZR 1066/12, NZA 2014, 1330.
[928] BAG 19.8.1982 – 2 AZR 230/80, AP KSchG 1969 § 9 Nr. 9; vgl. dazu auch *Fischer* NZA 1999, 459.
[929] BAG 21.2.1957 – 2 AZR 410/54, AP KSchG § 1 Nr. 2; 19.2.2009 – 2 AZR 286/07, NZA 2009, 980.
[930] BAG 19.2.2009 – 2 AZR 286/07, NZA 2009, 980.
[931] Vgl. dazu *Thüsing* AuR 1996, 245.
[932] BAG 23.10.2013 – 4 AZR 866/11 Rn. 1.
[933] Vgl. dazu BAG 23.5.2013 – 2 AZR 54/12, NZA 2013, 1197.
[934] BAG 11.2.1981 – 7 AZR 12/79, AP KSchG 1969 § 4 Nr. 8.
[935] BAG 4.8.1983 – 2 AZR 43/82, juris Rn. 21; zur Eigenkündigung des Arbeitnehmers: BAG 9.6.2011 – 2 AZR 418/10, NZA-RR 2012, 129: Das Geltendmachen der Unwirksamkeit einer schriftlich erklärten fristlosen Eigenkündigung durch den Arbeitnehmer selbst ist regelmäßig treuwidrig.

Stellt eine Erklärung des Arbeitgebers nach ihrem **objektiven Erklärungswert** keine Kündigung dar, so fehlt es an dem in § 4 KSchG vorausgesetzten rechtlichen Interesse an der Erhebung der Kündigungsschutzklage.[936] Anders wäre zu entscheiden, wenn bei dem Arbeitnehmer die begründete Besorgnis besteht, die Erklärung des Arbeitgebers könne doch als Kündigung qualifiziert werden.

Das Feststellungsinteresse kann auch im Laufe des Rechtsstreits entfallen, wenn die Parteien des Arbeitsverhältnisses einvernehmlich die Folgen der mit der Kündigungsschutzklage angegriffenen Kündigung vertraglich aufgehoben haben. Gleiches gilt, wenn die Parteien eine Kündigungsrücknahmevereinbarung schließen, indem sie sich darauf verständigen, die mit der Klage angegriffene Kündigung solle keine Rechtswirkungen entfalten.[937] Es ist nicht die Aufgabe der Arbeitsgerichte durch Rechtsgutachten festzustellen, ob eine vor der vereinbarten Fortsetzung des Arbeitsverhältnisses ausgesprochene Kündigung rechtsunwirksam war oder nicht.[938] Hat sich der Arbeitnehmer in einem außergerichtlichen Vergleich zur Rücknahme der Kündigungsschutzklage verpflichtet, beruft sich der Arbeitgeber im Prozess auf dieses **Klagerücknahmeversprechen,** ist ein Rechtsschutzinteresse für die Fortsetzung der Kündigungsschutzklage zu verneinen.[939]

Nach erfolgter **Kündigung**[940] kann der Arbeitnehmer auch **vor Ablauf** der Klagefrist[941] des § 4 S. 1 KSchG wirksam auf die Erhebung der Kündigungsschutzklage **verzichten.**[942] Klageverzichtsvereinbarungen, die im unmittelbaren zeitlichen und sachlichen Zusammenhang mit dem Ausspruch einer Kündigung getroffen werden, können Auflösungsverträge iSd § 623 BGB sein und daher der Schriftform bedürfen,[943] wenn Kündigung und Klageverzicht gemeinsam nur ein anderes Mittel darstellen, um das Arbeitsverhältnis in Wirklichkeit im gegenseitigen Einvernehmen zu lösen.[944] Fehlt es daran, wird das Arbeitsverhältnis nicht durch Vertrag aufgelöst, sondern durch Kündigung. Daraus kann sich auch die **Formbedürftigkeit** des **Abwicklungsvertrags** ergeben, wenn er den Verzicht auf die Erhebung einer Kündigungsschutzklage zum Inhalt hat.[945] Die Formbedürftigkeit aus § 623 BGB stellt sich stets dann, wenn der Abwicklungsvertrag die Auflösung des Arbeitsverhältnisses bewirken soll. Da die Frage, ob das Arbeitsverhältnis durch Kündigung oder Auflösungsvertrag beendet worden ist, auslegungsbedürftig sein kann, muss der Arbeitnehmer vorsorglich **innerhalb der Klageerhebungsfrist** Kündigungsschutzklage (§ 4 S. 1 KSchG) erheben, jedoch zusätzlich um Feststellung des Fortbestandes des Arbeitsverhältnisses nachsuchen (§ 256 ZPO), um nicht Gefahr zu laufen, den Prozess um den Fortbestand des Arbeitsverhältnisses zu verlieren. Für die formersetzende Wirkung eines **Beschlussvergleichs** bezüglich eines Aufhebungsvertrags kann nicht danach differenziert werden, ob der Vergleichsvorschlag vom Gericht stammt oder von den Parteien zur Feststellung vorgelegt wurde. In § 278 Abs. 6 ZPO werden beide Möglichkeiten des Vergleichsschlusses gleichgestellt, so dass sich schon aus diesem Grund eine differenzierte Betrachtung der formersetzenden Wirkung verbietet, die danach unterscheidet, ob der Vergleichsschluss auf einem Vorschlag des Gerichts oder der

---

[936] BAG 22.5.1980 – 2 AZR 613/78 Rn. 55.
[937] BAG 24.5.2018 – 2 AZR 67/18, NZA 2018, 1127 Rn. 41.
[938] BAG 24.5.2018 – 2 AZR 67/18, NZA 2018, 1127 Rn. 41.
[939] LAG Berlin 26.7.1982 – 9 Sa 38/82, ZIP 1982, 1352.
[940] Weder bei Abschluss des Arbeitsvertrages noch während der Dauer des Arbeitsverhältnisses vor Ausspruch der Kündigung ist der Kündigungsschutz verzichtbar. BAG 4.12.1991 – 7 AZR 307/90, EzA BGB § 620 Nr. 113: Auf den gesetzlichen Kündigungsschutz kann (aber) im Voraus nicht verzichtet werden; vgl. auch Stahlhacke/Preis/Vossen Kündigung/*Vossen* Rn. 1285, 1286 mwN.
[941] LAG Düsseldorf 2.10.1992 – 9 (3) Sa 843/92, LAGE KSchG § 4 Nr. 22.
[942] BAG 19.4.2007 – 2 AZR 208/06, NZA 2007, 1227. Vgl. dazu ausführlich Stahlhacke/Preis/Vossen Kündigung/*Preis* Rn. 1285, 1286.
[943] BAG 19.4.2007 – 2 AZR 208/06, NZA 2007, 1227: Die Zulässigkeit eines solchen Verzichts ergibt sich bereits daraus, dass das Kündigungsschutzgesetz im Gegensatz zu anderen Gesetzen, die einen Verzicht auf bestimmte Rechte für unzulässig erklären (vgl. § 4 Abs. 4 TVG, § 13 Abs. 1 S. 3 BUrlG, § 12 EFZG, § 77 Abs. 4 BetrVG), keine Regelung getroffen hat, die dem Arbeitnehmer den Verzicht auf den Kündigungsschutz untersagt.
[944] BAG 25.9.2014 – 2 AZR 788/13, NZA 2015, 350.
[945] Anders noch LAG Hamm 25.10.2001 – 8 Sa 956/01 Rn. 32, 33; *Preis/Gotthardt* NZA 2000, 348 (354); *Rolfs* NJW 2000, 1227 (1228); *Bauer* NZA 2002, 169 (170).

Beteiligten beruht.[946] Die Erklärung des Arbeitnehmers, auf den Kündigungsschutz zu **verzichten,** kann je nach Lage des Falls ein Aufhebungsvertrag, ein Vergleich, ein Klageverzichtsvertrag oder ein vertragliches Klagerücknahmeversprechen sein, sofern eine Kündigungsschutzklage bereits rechtshängig ist.[947] Voraussetzung ist dafür jedoch stets eine **eindeutige** Erklärung des Arbeitnehmers, aus der sich unmissverständlich der Verzicht auf den Kündigungsschutz ergibt. Die Formulierung: *„Ich erkläre hiermit, dass mir aus Anlass der Beendigung des Arbeitsverhältnisses keine Ansprüche mehr zustehen,"* **reicht nicht** aus.[948] Dagegen hat das BAG eine **Ausgleichsquittung**[949] mit dem Wortlaut: *„Ich erhebe gegen die Kündigung keine Einwendungen und werde mein Recht, das Fortbestehen des Arbeitsverhältnisses geltend zu machen, nicht wahrnehmen oder eine mit diesem Ziel erhobene Klage nicht durchführen,"* als Klageverzicht qualifiziert.[950] Eine Vertragsklausel mit dem vorbeschriebenen Inhalt wird jedoch **nicht Vertragsinhalt,** wenn der Verwender sie in eine Erklärung mit falscher oder missverständlicher Überschrift ohne besonderen Hinweis oder drucktechnische Hervorhebung einfügt.[951] Zu beachten ist außerdem, dass der **ohne Gegenleistung** – etwa in Bezug auf den Beendigungszeitpunkt, die Beendigungsart, die Zahlung einer Entlassungsentschädigung oder den Verzicht auf eigene Ersatzansprüche – erklärte, **formularmäßige Verzicht** des Arbeitnehmers auf die Erhebung einer Kündigungsschutzklage eine **unangemessene Benachteiligung** iSv § 307 Abs. 1 S. 1 BGB darstellt und damit unwirksam ist.[952] Die vorstehenden Grundsätze der AGB-Kontrolle gelten gleichermaßen, wenn der Arbeitgeber den Klageverzicht **vorformuliert** hat (§ 310 Abs. 3 Nr. 1 BGB). Soweit es dabei als Kompensation um eine Abfindung geht, wird in jedem Fall die Größenordnung aus § 1a Abs. 2 KSchG angemessen sein, jedoch auch deutlich etwa um die Hälfte (25 % eines Monatsentgelts) unterschritten werden können. Konkrete Maßstäbe fehlen bislang. Die in einer Abwicklungsvereinbarung vom Arbeitgeber übernommene Verpflichtung, dem Arbeitnehmer ein Zeugnis mit einer näher bestimmten (überdurchschnittlichen) Leistungs- und Führungsbeurteilung zu erteilen, stellt jedenfalls keine ausreichende Kompensation für den Verzicht auf die Erhebung einer Kündigungsschutzklage dar.[953] Die **vertragliche Verpflichtung, eine bestimmte Klage nicht zu erheben,** ist wirksam, sofern die Vereinbarung nicht gegen ein gesetzliches Verbot oder gegen die guten Sitten verstößt.[954] Wird gleichwohl Klage erhoben, ist diese als unzulässig abzuweisen. Erfolgt der Klageverzicht zur Vermeidung einer vom Arbeitgeber angedrohten fristlosen Kündigung, ist dieser für den Arbeitnehmer unangemessen benachteiligend (§ 307 Abs. 1, Abs. 2 Nr. 1 BGB), wenn die Drohung mit der außerordentlichen Kündigung rechtswidrig iSv § 123 BGB ist.[955] Ein Klageverzichtsvertrag, in dem gleichzeitig auf die Einhaltung der zwingenden tariflichen Kündigungsfrist verzichtet wird, ist jedoch wegen eines Verstoßes gegen § 4 Abs. 4 TVG **teilnichtig.**[956]

177 Dagegen unterliegt die formularmäßig oder die in einem vom Arbeitgeber **vorformulierten Aufhebungsvertrag** vereinbarte **einvernehmliche Beendigung** des Arbeitsverhältnisses als

---

[946] BGH 1.2.2017 – XII ZB 71/16, NJW 2017, 1946 Rn. 30.
[947] BAG 6.9.2007 – 2 AZR 722/06, NZA 2008, 219.
[948] So bereits BAG 3.5.1979 – 2 AZR 679/77, AP KSchG 1969 § 4 Nr. 6; 17.5.2001 – 2 AZR 460/00, NZA 2002, 54. Das BAG 7.11.2007 – 5 AZR 880/06, NZA 2008, 355 stellt hohe Anforderungen an die Feststellung eines Verzichtswillens des Arbeitnehmers und qualifiziert die Ausgleichsquittung allenfalls als **deklaratorisches negatives Schuldanerkenntnis:** BAG 23.10.2013 – 5 AZR 135/12, NZA 2014, 200. **Ausgleichsklauseln in gerichtlichen Vergleichen,** die ausdrücklich auch **unbekannte** Ansprüche erfassen, sind regelmäßig als umfassender Anspruchsausschluss in Form eines **konstitutiven** negativen Schuldanerkenntnisses zu verstehen: BAG 27.5.2015 – 5 AZR 137/14, NZA 2015, 1125.
[949] Grundsätzlich dazu *Preis/Bleser* DB 2006, 2812 ff.
[950] BAG 20.6.1985 – 2 AZR 427/84, NZA 1986, 258; 27.11.2003 – 2 AZR 135/03, NZA 2004, 597; vgl. auch LAG Köln 22.2.2000 – 13 (10) Sa 1388/99, LAGE KSchG § 4 Verzicht Nr. 6, das bei einer Erklärung: „Zur Kenntnis genommen und hiermit einverstanden" einen Klageverzicht bejaht hat.
[951] BAG 23.2.2005 – 4 AZR 139/04, NZA 2005, 1193.
[952] BAG 6.9.2007 – 2 AZR 722/06, NZA 2008, 219; 25.9.2014 – 2 AZR 788/13, NZA 2015, 350; 24.9.2015 – 2 AZR 347/14, NZA 2016, 351.
[953] BAG 24.9.2015 – 2 AZR 347/14, NZA 2016, 351.
[954] BAG 12.3.2015 – 6 AZR 82/14, NZA 2015, 676.
[955] BAG 12.3.2015 – 6 AZR 82/14, NZA 2015, 676.
[956] BAG 18.11.1999 – 2 AZR 147/99, NZA 2000, 605.

solche **keiner Angemessenheitskontrolle** iSv § 307 Abs. 1 S. 1 BGB, weil hierdurch nicht von Rechtsvorschriften abgewichen wird (§ 307 Abs. 3 BGB).[957] Dies gilt gleichermaßen für den Umfang einer als Gegenleistung für die Zustimmung des Arbeitnehmers zur Auflösung des Arbeitsverhältnisses gezahlten Abfindung.[958] Die Beendigungsvereinbarung ist ein selbständiges Rechtsgeschäft, bei dem die Hauptleistung die Beendigung des Arbeitsverhältnisses ist.[959] Die Beendigung als solche kann daher keiner Angemessenheitsprüfung unterzogen werden.[960] Der Aufhebungsvertrag unterliegt prinzipiell keiner gerichtlichen Inhaltskontrolle.[961] Der Aufhebungsvertrag ist auch nicht deshalb unwirksam, weil der Arbeitgeber dem Arbeitnehmer weder eine **Bedenkzeit** noch ein **Rücktritts- oder Widerrufsrecht** eingeräumt hat.[962] Auch eine **Ankündigung** des Unterbreitens einer Aufhebungsvereinbarung ist nicht erforderlich.[963] Dem Arbeitnehmer steht kein Widerrufsrecht gemäß § 355 iVm § 312g Abs. 1, § 312b BGB zu, wenn der Aufhebungsvertrag außerhalb von Geschäftsräumen etwa in der Wohnung des Arbeitnehmers geschlossen worden ist.[964] Das BAG[965] hat jedoch neuerdings die Unwirksamkeit eines Aufhebungsvertrags angenommen, wenn dieser unter Missachtung des Gebots fairen Verhandelns zustande gekommen ist. Bei dem Gebot fairen Verhandelns handelt es sich im Zusammenhang mit der Verhandlung eines arbeitsrechtlichen Aufhebungsvertrags um eine durch die Aufnahme von Vertragsverhandlungen begründete Nebenpflicht iSd § 311 Abs. 2 Nr. 1 BGB iVm § 241 Abs. 2 BGB, deren Verletzung bei einem wirtschaftlichen Nachteil[966] Schadensersatzfolgen aus § 280 Abs. 1 iVm §§ 249 bis 253 BGB auslöst, sodass der Arbeitnehmer nach § 249 BGB so zu stellen ist, als hätte er den Aufhebungsvertrag nicht geschlossen.[967] Eine unfaire Verhandlungssituation kann dann vorliegen, wenn eine psychische Drucksituation geschaffen oder ausgenutzt wird, die eine freie und überlegte Entscheidung des Vertragspartners erheblich erschwert oder sogar unmöglich macht, oder eine objektiv erkennbare körperliche oder psychische Schwäche oder unzureichende Sprachkenntnisse oder ein Überraschungsmoment (Überrumpelung) genutzt werden, die eine Entscheidungsfreiheit des Vertragspartners beeinträchtigen. Der Abschluss eines Aufhebungsvertrags mit einem schwerbehinderten Menschen bedarf nicht der Anhörung der Schwerbehindertenvertretung (§ 178 Abs. 2 S. 1 SGB IX).[968] Die Unterrichtung der Schwerbehindertenvertretung kann nach Abschluss des Aufhebungsvertrags erfolgen. **Ausgleichsklauseln** in einem Aufhebungsvertrag sind als Nebenabreden jedoch **nicht kontrollfrei**. Sie sind unangemessen benachteiligend (§ 307 Abs. 1 S. 1 BGB), wenn sie einseitig nur Ansprüche des Arbeitnehmers erfassen und dafür keine entsprechende Gegenleistung gewähren.[969] Der Aufhebungsvertrag zielt nicht auf die befristete Fortsetzung des Arbeitsverhältnisses, sondern auf dessen Beendigung ab und unterliegt deshalb nicht einer Befristungskontrolle gem. § 14 Abs. 1 TzBfG.[970]

Ein **Klageverzichtsvertrag** kann auch auf der Grundlage von § 1a KSchG[971] **formlos** geschlossen werden, indem der Arbeitnehmer gegen ein Abfindungsangebot des Arbeitgebers

---

[957] Ausführlich dazu Stahlhacke/Preis/Vossen Kündigung/*Preis* Rn. 36 ff.; *Preis* NZA 2003, 19; BAG 8.5.2008 – 6 AZR 517/07, NZA 2008, 1148; 7.2.2019 – 6 AZR 75/18, NZA 2019, 688 Rn. 12 mwN.
[958] BAG 12.3.2015 – 6 AZR 82/14 Rn. 23 mwN; 7.2.2019 – 6 AZR 75/18, NZA 2019, 688 Rn. 12
[959] BAG 8.5.2008 – 6 AZR 517/07, NZA 2008, 1148. Zur sozialrechtlichen Behandlung: BSG 2.5.2012 –B 11 AL 6/11 R, NZS 2012, 874; *Lembke* BB 2008, 293 ff.; *Lipinski/Kumm* BB 2008, 162 ff.
[960] BAG 22.4.2004 – 2 AZR 281/03, AP BGB § 620 Aufhebungsvertrag Nr. 27; 22.4.2004 – 2 AZR 281/03, AP BGB § 620 Aufhebungsvertrag Nr. 27; 8.5.2008 – 6 AZR 517/07, NZA 2008, 1148.
[961] Zur Frage des Rücktritts vom Aufhebungsvertrag: BAG 10.11.2011 – 6 AZR 357/10, NZA 2012, 205.
[962] BAG 10.11.2011 – 6 AZR 357/10, NZA 2012, 205; 7.2.2019 – 6 AZR 75/18, NZA 2019, 688 Rn. 34.
[963] BAG 30.9.1993 – 2 AZR 268/93, NZA 1994, 209 Rn. 26; 7.2.2019 – 6 AZR 75/18, NZA 2019, 688 Rn. 34.
[964] BAG 7.2.2019 – 6 AZR 75/18, NZA 2019, 688 Rn. 13 ff.; Vgl. auch *Kamanabrou* NZA 2016, 919 ff.
[965] BAG 7.2.2019 – 6 AZR 75/18, NZA 2019, 688 Rn. 34, 35.
[966] BGH 13.12.2017 – IV ZR 353/15, VersR 2018, 211 Rn. 14.
[967] BAG 7.2.2019 – 6 AZR 75/18, NZA 2019, 688 Rn. 31, 36, 39.
[968] BAG 14.3.2012 – 7 ABR 67/10, AP SGB IX § 95 Nr. 4.
[969] BAG 21.6.2011 – 9 AZR 203/10, NZA 2011, 1338 Rn. 42, 47.
[970] BAG 28.11.2007 – 6 AZR 1108/06, NZA 2008, 348; 10.11.2011 – 6 AZR 357/10, NZA 2012, 205.
[971] Das BAG 16.12.2010 – 6 AZR 423/09, NZA-RR 2011, 421 Rn. 22 geht davon aus, dass die in § 1a KSchG geregelte Abfindung ihrem Charakter nach einer einzelvertraglich zwischen Arbeitgeber und Arbeitnehmer für die Hinnahme der Kündigung vereinbarten Abfindung entspricht.

nach einer aus dringenden betrieblichen Gründen ausgesprochenen Kündigung von einer Kündigungsschutzklage (Verstreichenlassen der Klagefrist) Abstand nimmt.[972] Der Anspruch entsteht nach dem Gesetz jedoch nur dann, wenn der Arbeitgeber den Arbeitnehmer in der **schriftlichen Kündigungserklärung,** dh der Form des § 126 BGB entsprechend, auf die vorgenannten Anspruchsvoraussetzungen hinweist.[973] Aus dieser muss der Arbeitnehmer eindeutig und unmissverständlich erkennen können, ob und ggf. welche Abfindung der Arbeitgeber anbietet. Die formalisierten Voraussetzungen für den Abfindungsanspruch und die **gesetzlich festgesetzte Abfindungshöhe** in § 1a Abs. 2 KSchG (0,5 Monatsverdienste für jedes Beschäftigungsjahr) sollen es den Arbeitsvertragsparteien erleichtern, die außergerichtliche Option wahrzunehmen. Daher ist eine **Bezifferung** der Abfindung durch den Arbeitgeber nicht erforderlich.[974] Mit Erfüllung der Anforderungen des § 1a Abs. 1 KSchG entsteht der Abfindungsanspruch ohne Weiteres in der von § 1a Abs. 2 KSchG vorgegebenen Höhe, auch wenn der Arbeitgeber den Abfindungsbetrag zu niedrig beziffert, aus Empfängersicht nach §§ 133, 157 BGB aber erkennbar von der Möglichkeit des § 1a KSchG Gebrauch gemacht werden soll.[975] Die Regelung des § 1a KSchG etabliert keinen unabdingbaren Mindestanspruch auf eine Abfindung bei Ausspruch einer betriebsbedingten Kündigung, so dass die Arbeitsvertragsparteien bei einer betriebsbedingten Kündigung eine geringere oder höhere als die vom Gesetz vorgesehene Abfindung vereinbaren können.[976] Will der Arbeitgeber dem Arbeitnehmer eine geringere Abfindung anbieten, so muss er jedoch unmissverständlich erklären, dass es sich bei seinem Angebot nicht um ein solches nach § 1a KSchG handelt.[977] Der Abfindungsanspruch nach § 1a Abs. 1 S. 1 KSchG **entsteht** erst mit dem Ablauf der **Kündigungsfrist.**[978] Der Arbeitnehmer kann keine Abfindung nach § 1a Abs. 1 KSchG beanspruchen, wenn er die Kündigung klageweise angreift. Dies gilt auch für eine nach Ablauf der dreiwöchigen Klagefrist eingereichte (Kündigungsschutz-)Klage und einen Antrag auf **nachträgliche Klagezulassung** nach § 5 KSchG ungeachtet der Rücknahmefiktion des § 269 Abs. 3 S. 1 ZPO.[979]

179 Ist ein **Klageverzicht** zwischen den Parteien **unstreitig,** so nimmt er der Kündigungsschutzklage das **Rechtsschutzinteresse.** Anders ist jedoch zu entscheiden, wenn die Parteien über die **Wirksamkeit** des Verzichts im Kündigungsschutzprozess **streiten,** dann ist die Klage als **unbegründet** abzuweisen, wenn sich als Vorfrage die Wirksamkeit eines derartigen Verzichts herausstellt.[980]

II. Die Zulassung verspäteter Klagen

1. Allgemeine Vorbemerkungen

180 Hat der Arbeitnehmer die Klageerhebungsfrist aus § 4 KSchG versäumt, so wird gemäß § 7 KSchG auch eine unwirksame Kündigung des Arbeitgebers rückwirkend geheilt. Dies entspricht der Grundkonzeption des KSchG, über die Rechtswirksamkeit einer arbeitgeber-

---

[972] Die Rechtsnatur des Abfindungsangebots ist umstritten: Vgl. dazu ausführlich Stahlhacke/Preis/Vossen Kündigung/*Preis* Rn. 1173 ff.; *Preis* DB 2004, 70 ff.; KR/*Spilger* KSchG § 1a Rn. 34 ff.; ErfK/*Oetker* KSchG § 1a Rn. 7 ff.; *Bader* NZA 2004, 65 ff.; *Bauer/Krieger* NZA 2004, 77 ff.; *Däubler* NZA 2004, 177 ff.; *Richardi* DB 2004, 486 ff.; *Rolfs* ZIP 2004, 333 ff.; *Willemsen/Annuß* NJW 2004, 177 ff.; *Hergenröder/von Wickede* RdA 2008, 364 ff.
[973] BAG 13.12.2007 – 2 AZR 971/06, NZA 2008, 696 zur Zweckbestimmung des § 1a KSchG; 19.7.2016 – 2 AZR 536/15, NZA 2017, 121 Rn. 12 auch zur Frage der Verrechnung mit einem Abfindungsnspruch nach § 112 BetrVG.
[974] BAG 19.6.2007 – 1 AZR 340/06, NZA 2007, 1357.
[975] BAG 19.6.2007 – 1 AZR 340/06, NZA 2007, 1357.
[976] BAG 19.7.2016 – 2 AZR 536/15, NZA 2017, 121 Rn. 14 mwN.
[977] BAG 13.12.2007 – 2 AZR 807/06, AP KSchG 1969 § 1a Nr. 6; 10.7.2008 – 2 AZR 971/06, NZA 2008, 696.
[978] BAG 10.5.2007 – 2 AZR 45/06, NZA 2007, 1043.
[979] BAG 13.12.2007 – 2 AZR 971/06, NZA 2008, 696; 19.2.2009 – 2 AZR 286/07, NZA 2009, 980.
[980] Siehe den Fall BAG 27.11.2003 – 2 AZR 135/03, NZA 2004, 597. Die Klägerin berief sich auf die Anfechtung der Vereinbarung und hilfsweise auf deren Widerruf.

seitigen Kündigung rasche Klarheit zu schaffen.[981] Der Gesetzgeber hat mit der Entscheidung für eine absolute Ausschlussfrist zur Erhebung einer Kündigungsschutzklage eine Abwägung zwischen den Interessen des Arbeitnehmers an einer gerichtlichen Überprüfung der Wirksamkeit einer Kündigung und den Interessen des Arbeitgebers an einer baldigen Gewissheit über die endgültige Rechtsbeständigkeit der Beendigung des Arbeitsverhältnisses getroffen.[982] Diese radikale Lösung wird dann als ungerecht empfunden, wenn der Arbeitnehmer trotz Anwendung aller ihm nach Lage der Umstände zuzumutenden Sorgfalt außerstande war, die Kündigungsschutzklage innerhalb von drei Wochen nach Zugang der schriftlichen Kündigung zu erheben.[983] Diesem Gedanken trägt § 5 KSchG Rechnung. Der Anspruch der Prozessparteien auf effektiven Rechtsschutz (Art. 2 Abs. 1 GG iVm Art. 20 Abs. 3 GG) verbietet ua, den Zugang zu den Gerichten in unzumutbarer, durch Sachgründe nicht mehr zu rechtfertigender Weise zu erschweren. Das gilt auch für Entscheidungen über die Wiedereinsetzung nach Versäumung einer Frist. Diese verfassungsrechtlichen Grundsätze gelten auch im Verfahren über die nachträgliche Zulassung der Kündigungsschutzklage nach § 5 KSchG.[984]

Das **Verfahren** der nachträglichen Klagezulassung ist inhaltlich ein **Bestandteil des Hauptsacheverfahrens,** weil der Kläger nur bei nachträglicher Klagezulassung die Fiktion der Wirksamkeit der Kündigung nach § 7 KSchG erfolgreich vermeiden kann.[985] Das Gesetz zur Änderung des Sozialgerichtsgesetzes, des Arbeitsgerichtsgesetzes und anderer Gesetze (SGGArbGGÄndG) vom 26.3.2008[986] verdeutlicht diese Bewertung, indem seit dem 1.4.2008 das Verfahren über die nachträgliche Klagezulassung grundsätzlich mit dem Verfahren über die Kündigungsschutzklage **verbunden** wird (§ 5 Abs. 4 S. 1 KSchG), aber daneben die Möglichkeit eröffnet, **gesondert** über die nachträgliche Klagezulassung durch **Zwischenurteil** entscheiden zu können (§ 5 Abs. 4 S. 3 KSchG).[987]

181

Auch bei der nachträglichen Zulassung der Kündigungsschutzklage verliert der Gesetzgeber den Gedanken einer raschen Klarstellung der Rechtslage nicht aus dem Auge. Der Antrag auf nachträgliche Zulassung muss nämlich innerhalb von **zwei Wochen** nach Behebung des Hindernisses, das die Nichteinhaltung der Dreiwochenfrist verursacht hat, bei dem Arbeitsgericht angebracht werden, um zulässig zu sein (§ 5 Abs. 3 KSchG). Jedenfalls nach Ablauf von **sechs Monaten,** vom Ende der versäumten Frist an gerechnet, kann der Antrag nicht mehr gestellt werden (§ 5 Abs. 3 S. 2 KSchG).[988]

182

Mit der Neuregelung durch das SGGArbGGÄndG wird nunmehr auch die Möglichkeit der **Revision** zum BAG eröffnet, was angesichts der teilweise unterschiedlichen Rechtsprechung der Landesarbeitsgerichte der Rechtsvereinheitlichung dient.

183

Da sich seit Inkrafttreten des Gesetzes zu Reformen am Arbeitsmarkt[989] ab dem 1.1.2004 der Anwendungsbereich des § 4 S. 1 und 2 KSchG auf **sämtliche Unwirksamkeitsgründe** der Kündigung erstreckt, erlangt die nachträgliche Klagezulassung aus § 5 KSchG gegenüber dem früheren Rechtszustand größere Bedeutung.[990]

184

2. Der Gegenstand des Verfahrens nach § 5 KSchG

Da § 5 KSchG verhindern will, dass der Arbeitnehmer die Fiktion des § 7 KSchG gegen sich gelten lassen muss, ist notwendige Voraussetzung für das Verfahren nach § 5 KSchG die

185

---

[981] BAG 25.4.2018 – 2 AZR 493/17, NZA 2018, 1157 Rn. 24 mwN; KR/*Friedrich/Bader* KSchG § 5 Rn. 12; Stahlhacke/Preis/Vossen Kündigung/*Vossen* Rn. 1948; ErfK/*Kiel* KSchG § 5 Rn. 1.
[982] BAG 28.1.2010 – 2 AZR 985/08, NZA 2010, 1373: Auch zur Verfassungsgemäßheit.
[983] BAG 28.1.2010 – 2 AZR 985/08, NZA 2010, 1373.
[984] BVerfG 23.7.2019 – 1 BvR 2032/18, NZA 2019, 1372.
[985] BAG 20.8.2002 – 2 AZB 16/02, NZA 2002, 1228.
[986] BGBl. 2008 I 444.
[987] BAG 22.3.2012 – 2 AZR 224/11, AP KSchG 1969 § 5 Nr. 19; *Reinhard/Böggemann* NJW 2008, 1263 ff.; *Francken/Natter/Rieker* NZA 2008, 377 ff.; *Bader* NZA 2008, 620 ff.
[988] BAG 28.1.2010 – 2 AZR 985/08, NZA 2010, 1373: Die Frist trägt dem Umstand Rechnung, dass der Arbeitgeber an alsbaldiger Planbarkeit ein besonderes, sachlich begründetes Interesse hat. Zur Berechnung der Frist: BAG 25.4.2013 – 6 AZR 49/12, AP InsO § 343 Nr. 1.
[989] Gesetz v. 24.12.2003 BGBl. 2003 I 3002.
[990] So auch Stahlhacke/Preis/Vossen Kündigung/*Vossen* Rn. 1948.

Versäumung der Frist des § 4 KSchG. Die nachträgliche Zulassung der Kündigungsschutzklage setzt voraus, dass die Klage entweder innerhalb der Dreiwochenfrist überhaupt nicht oder verspätet erhoben worden ist.[991] Das Gericht darf über den (Hilfs-)Antrag auf nachträgliche Klagezulassung daher nur entscheiden, wenn seiner Ansicht nach der Kläger gegen eine ihm zugegangene und dem Arbeitgeber zurechenbare schriftliche Kündigungserklärung verspätet Klage erhoben hat.[992] Demgemäß hat das Gericht zunächst Feststellungen darüber zu treffen, ob überhaupt eine dem Arbeitgeber zurechenbare schriftliche Kündigung vorliegt, ob und wann die Kündigungserklärung dem Arbeitnehmer zugegangen und wann die Klage beim Arbeitsgericht eingegangen ist.[993] Das sog. Verbundverfahren dient damit allein der Klärung, ob die **verspätete** Klageerhebung **verschuldet** ist.

186 In Übereinstimmung mit der früheren Rspr. des BAG[994] ist deshalb davon auszugehen, dass die Fragen der **Verspätung** und des **Verschuldens** im Urteil oder Zwischenurteil nach § 5 Abs. 4 KSchG mit **innerer Rechtskraft** festgestellt werden.[995]

187 Da auch das Zwischenurteil nach § 5 Abs. 4 S. 3 KSchG der **formellen Rechtskraft** fähig ist und hinsichtlich der Feststellung, dass die Kündigungsschutzklage **verspätet** ist, **Präjudizwirkung** für den Kündigungsschutzprozess entfaltet, darf das Arbeitsgericht nach rechtskräftiger Zurückweisung des Antrags auf nachträgliche Zulassung nicht noch einmal prüfen, ob die Klage überhaupt verspätet ist. Es ist in diesem Punkt an die **rechtskräftige Feststellung** im Verfahren nach § 5 KSchG **gebunden** (§ 318 ZPO). Diese Bindungswirkung gilt auch für das Revisionsgericht.

188 Das Zulassungsverfahren durch **Zwischenurteil** nach § 5 Abs. 4 S. 3 KSchG erstreckt sich nicht darauf, ob die Kündigungsschutzklage selbst Aussicht auf Erfolg bietet, weil etwa der Arbeitnehmer durch eine Ausgleichsquittung oder einen Abwicklungsvertrag auf die Klageerhebung verzichtet hat.[996] Beschränkt das Arbeitsgericht das Verfahren nicht auf die Verhandlung und Entscheidung über die nachträgliche Klagezulassung, sondern entscheidet durch Endurteil, kann es bei **Abweisung** der Kündigungsschutzklage aus anderen Gründen eine Verfristung der Klageerhebung unentschieden lassen.[997] Im Falle der Berufung wird dann die Entscheidung auf das Landesarbeitsgericht verlagert, wenn es die Kündigung aus anderen Gründen nicht für gerechtfertigt hält (§ 5 Abs. 5 KSchG).

189 Wird der nachträglichen Zulassung der verspäteten Kündigungsschutzklage **rechtskräftig** durch Endurteil oder Zwischenurteil **entsprochen,** kann die Fiktionswirkung des § 7 KSchG nicht eintreten. Nach dem ersten Halbsatz dieser Bestimmung gilt die Kündigung nur dann von Anfang als rechtswirksam, wenn ihre Rechtsunwirksamkeit nicht rechtzeitig geltend gemacht wird (§ 4 S. 1, §§ 5 und 6 KSchG). Da der Gesetzgeber die §§ 4, 5 und 6 KSchG gleichgeordnet nebeneinander aufführt, kann nicht davon ausgegangen werden, dass nach Versäumung der Klageerhebungsfrist die Unwirksamkeit der Kündigung zunächst geheilt ist, dh die Kündigung gleichsam bis zur nachträglichen Zulassung fiktiv wirksam geworden ist und erst nach rechtskräftiger Zulassung die Fiktionswirkung wieder aufgehoben wird.[998] Vielmehr ist über den Umweg des § 5 KSchG die Fiktionswirkung des § 7 KSchG überhaupt nicht eingetreten. Diese Bewertung ist vor allem für den Vergütungsanspruch unter dem rechtlichen Gesichtspunkt des Annahmeverzugs (§§ 615, 293, 296 BGB) von Bedeutung.

190 Für die anwaltliche Beratungspraxis ist die Verfahrensänderung der nachträglichen Klagezulassung zu begrüßen, weil nunmehr unter den gesetzlichen Voraussetzungen die Revision zum Bundesarbeitsgericht möglich ist, während nach der bisherigen Gesetzeslage die

---

[991] BAG 28.5.2009 – 2 AZR 732/08, NZA 2009, 1229; 22.3.2012 – 2 AZR 224/11, AP KSchG 1969 § 5 Nr. 19; 25.4.2018 – 2 AZR 493/17, NZA 2018, 1157 Rn. 14.
[992] BAG 28.5.2009 – 2 AZR 732/08, NZA 2009, 1229; 22.3.2012 – 2 AZR 224/11, AP KSchG 1969 § 5 Nr. 19.
[993] BAG 28.5.2009 – 2 AZR 732/08, NZA 2009, 1229 Rn. 17; 22.3.2012 – 2 AZR 224/11, AP KSchG 1969 § 5 Nr. 19.
[994] BAG 28.4.1983 – 2 AZR 438/81, AP KSchG 1969 § 5 Nr. 4; 28.5.2009 – 2 AZR 732/08, NZA 2009, 1229 Rn. 17 mit ausführlichen Hinweisen auf die frühere Rspr.
[995] Vgl. BAG 28.5.2009 – 2 AZR 732/08, NZA 2009, 1229 Rn. 17.
[996] Vgl. dazu → Rn. 175 bis 177.
[997] *Francken/Natter/Rieker* NZA 2008, 377 (381).
[998] BAG 24.11.1994 – 2 AZR 179/94, NZA 1995, 263.

Rechtsbeschwerde gegen eine Entscheidung des Landesarbeitsgerichts im Verfahren der nachträglichen Zulassung einer Kündigungsschutzklage nach § 5 KSchG nicht statthaft war.[999]

3. Voraussetzungen der nachträglichen Klagezulassung

Zu den **materiellen** Voraussetzungen für die nachträgliche Zulassung verspäteter Klagen gehört nach § 5 Abs. 1 KSchG, dass den Arbeitnehmer **keinerlei Verschulden** an der verspäteten Klageerhebung treffen darf. Von fehlendem Verschulden geht der Gesetzgeber ohne weiteres aus, wenn eine Frau ohne ihr Verschulden von ihrer Schwangerschaft erst nach Ablauf der dreiwöchigen Klagefrist Kenntnis erlangt[1000] (§ 5 Abs. 1 S. 2 KSchG).[1001] Daneben sind **formelle** Voraussetzungen zu beachten, die vor allem die **Antragstellung** selbst, den Inhalt des Antrags, seine **Anbringung** bei dem Arbeitsgericht sowie die **Fristen** für den Antrag betreffen.

a) Maßstab der Sorgfalt. Da § 5 Abs. 1 S. 1 KSchG auf die aller dem Arbeitnehmer nach Lage der Umstände **zuzumutenden Sorgfalt** abstellt, geht das BAG[1002] bestätigt durch das BVerfG[1003] von einem grundsätzlich objektiv-abstrakt zu bestimmenden Sorgfaltsmaßstab unter Berücksichtigung der betroffenen Interessen aus. Individuelle Besonderheiten verdienen bei der dem Arbeitnehmer zuzumutenden Sorgfalt Beachtung, die in der konkreten Situation den Schutz des Arbeitnehmers auch in Anbetracht der Interessen des Arbeitgebers geboten erscheinen lassen. Fallgestaltungen, die nach Sinn und Zweck von § 4 S. 1, § 5 Abs. 1 S. 1 und § 7 KSchG keine Abweichung von den von der Rechtsprechung zu § 233 ZPO entwickelten Grundsätzen gebieten, wie etwa allgemeine Probleme im Zusammenhang mit der Übermittlung fristwahrender Schriftsätze, lassen sich im Rahmen von § 5 Abs. 1 S. 1 KSchG gleichbehandeln. Die nach Lage der Umstände zuzumutende Sorgfalt ist dabei nach § 276 Abs. 2 BGB zu bestimmen und damit auch dann nicht beachtet, wenn dem Antragsteller subjektiv nur **Fahrlässigkeit** vorwerfbar ist.[1004] Verschulden umfasst danach jede Form von Vorsatz und Fahrlässigkeit.

Angesichts des maßgebenden objektiv-subjektiven Maßstabs hängt es jeweils von den Besonderheiten des Einzelfalles ab, ob von einem Verschulden des Arbeitnehmers auszugehen ist. Eine Prognose über die Entscheidungsfindung des Arbeitsgerichts ist daher jedenfalls in Grenzfällen kaum möglich.[1005]

Unkenntnis der Klagefrist nach § 4 KSchG entlastet den Arbeitnehmer ebenso wenig wie **Irrtum** über die **Erfolgsaussichten** seiner Kündigungsschutzklage.[1006] Es gehört zu den für jeden Arbeitnehmer geltenden Sorgfaltspflichten, sich zumindest nach Erhalt einer Kündigung unverzüglich darum zu kümmern, ob und wie er dagegen vorgehen kann.[1007] Ein Irrtum über die für die Fristberechnung erheblichen tatsächlichen Umstände kann nur dann zur nachträglichen Klagezulassung führen, wenn er unverschuldet ist.[1008] Dies betrifft auch **ausländische** Arbeitnehmer, denen eine Erkundigungspflicht obliegt.[1009] Grundsätzlich muss sich der Arbeitnehmer nach Zugang der Kündigung bei einer **zuverlässigen Stelle** erkundi-

---

[999] BAG 20.8.2002 – 2 AZB 16/02, NZA 2002, 1228; 15.9.2005 – 3 AZB 48/05, NZA-RR 2006, 211.
[1000] BAG 19.2.2009 – 2 AZR 286/07, NZA 2009, 980; LAG Schleswig-Holstein 13.5.2008 – 3 Ta 56/08, NZA-RR 2009, 132 Rn. 17 auch für den Fall, dass die Arbeitnehmerin erst kurz vor Ablauf der Klageerhebungsfrist von der Schwangerschaft erfährt und erst nach deren Ablauf klagt.
[1001] BAG 13.2.2008 – 2 AZR 864/06, NZA 2008, 1055.
[1002] BAG 25.4.2018 – 2 AZR 493/17, NZA 2018, 1157 Rn. 21 ff.
[1003] BVerfG 23.7.2019 – 1 BvR 2032/18, NZA 2019, 1372.
[1004] BAG 24.11.2011 – 2 AZR 614/10, NZA 2012, 413; KR/*Friedrich/Bader* KSchG § 5 Rn. 21.
[1005] Vgl. dazu die zahlreichen Beispiele aus der Rspr. bei Stahlhacke/Preis/Vossen Kündigung/*Vossen* Rn. 1954 ff.; KR/*Friedrich/Bader* KSchG § 5 Rn. 28 ff. alphabetisch geordnet; ErfK/*Kiel* KSchG § 5 Rn. 5 bis 21.
[1006] BAG 25.4.2018 – 2 AZR 493/17, NZA 2018, 1157 Rn. 24.
[1007] BAG 22.3.2012 – 2 AZR 224/11, AP KSchG 1969 § 5 Nr. 19 Rn. 44; 25.4.2018 – 2 AZR 493/17, NZA 2018, 1157 Rn. 24.
[1008] BAG 22.3.2012 – 2 AZR 224/11, AP KSchG 1969 § 5 Nr. 19 Rn. 46.
[1009] LAG Hamburg 6.7.1990 – 1 Ta 3/90, LAGE BGB § 130 Nr. 16 Rn. 24, 26. Ebenso ErfK/*Kiel* KSchG § 5 Rn. 11; KR/*Kreft* KSchG § 5 Rn. 49.

gen, in welcher Weise eine Kündigung bei Gericht angegriffen werden kann.[1010] Eine **Aufklärungspflicht** des **Arbeitgebers** über die Möglichkeit einer Kündigungsschutzklage besteht nicht. Es ist allein Sache des Arbeitnehmers, zu überlegen, ob er sich gegen eine Kündigung zur Wehr setzt und dabei die vom Arbeitgeber angeführten Kündigungsgründe auf ihre Stichhaltigkeit hin überprüfen lässt.[1011] Ebenso wenig kann ein Arbeitnehmer die nachträgliche Klagezulassung damit begründen, er habe auf eine **gütliche Einigung** auf Grund von schwebenden Vergleichsverhandlungen vertraut.[1012] Etwas anderes kann allenfalls dann gelten, wenn der Arbeitgeber nur eine vergleichsweise Regelung mit dem Arbeitnehmer vortäuscht und ihn dadurch von einer rechtzeitigen Klageerhebung abhält. Auch eine **Wiedereinstellungszusage** ist kein ausreichender Grund für eine nachträgliche Klagezulassung. Der Kläger kann nur im Wege der Leistungsklage auf Abgabe einer Willenserklärung die Wiedereinstellungszusage des Arbeitgebers durchsetzen.[1013]

195   Bemüht sich der Arbeitnehmer um eine **zuverlässige Auskunft** und wendet sich daher an eine kompetente Stelle (Rechtsanwalt,[1014] Rechtsschutzsekretär,[1015] Deutsche Botschaft bei Auslandsaufenthalt),[1016] um das richtige Vorgehen gegen eine Arbeitgeberkündigung abzuklären, so kann ihn dies entlasten.[1017] Dies ist auch dann zu bejahen, wenn er sich an die **Rechtsantragsstelle** des Arbeitsgerichts wendet und dort eine unzutreffende Auskunft über die Klagefrist erhält.[1018]

196   Anders ist zu entscheiden, wenn sich der Arbeitnehmer an die **Geschäftsstelle** des Arbeitsgerichts[1019] oder an den **Betriebs-** bzw. **Personalrat**[1020] wendet, die **Agentur für Arbeit**[1021] oder den Vertreter einer **Rechtsschutzversicherung** befragt[1022] oder auf die Beratung eines **Büroangestellten** eines Rechtsanwalts[1023] vertraut oder sich auf eine Auskunft eines **Richters am Landgericht**[1024] verlässt. **Erkrankungen** und **Krankenhausaufenthalt** ohne Hinzutreten weiterer Umstände entlasten den Arbeitnehmer nicht.[1025] Gelangt ein Kündigungsschreiben in den **Hausbriefkasten** eines Arbeitnehmers, kann er als Empfänger dieser verkörperten Kündigungserklärung eine nachträgliche Klagezulassung nicht allein darauf stützen, dieses Schreiben sei aus ungeklärten Gründen nicht zu seiner Kenntnis gelangt.[1026]

197   Dagegen kann **urlaubsbedingte Ortsabwesenheit** eine nachträgliche Klagezulassung rechtfertigen, wenn der Arbeitnehmer deswegen erst nach Ablauf der Klageerhebungsfrist von der Kündigung Kenntnis erlangt.[1027] Den Arbeitnehmer trifft grundsätzlich keine Obliegen-

---

[1010] LAG Köln 26.11.1999 – 11 Ta 348/99, LAGE KSchG § 5 Nr. 97.
[1011] BAG 25.4.2018 – 2 AZR 493/17, NZA 2018, 1157 Rn. 35, 36.
[1012] BAG 19.2.2009 – 2 AZR 286/07, NZA 2009, 980; LAG Mecklenburg-Vorpommern 20.11.2018 – 2 Sa 44/18; Stahlhacke/Preis/Vossen Kündigung/*Vossen* Rn. 1983.
[1013] Stahlhacke/Preis/Vossen Kündigung/*Vossen* Rn. 1984. Vgl. zur Wiedereinstellungsklage: BAG 17.3.2015 – 9 AZR 702/13, NZA 2016, 124.
[1014] LAG Düsseldorf 21.10.1997 – 1 Ta 321/97, LAGE KSchG § 5 Nr. 89.
[1015] AA aber LAG Sachsen 9.5.2000 – 4 Ta 120/00, FA 2001, 215 bei einem Gewerkschaftssekretär der IG Metall, der den Vorgang an die DGB-Rechtsschutz GmbH abgibt.
[1016] LAG Bremen 31.10.2001 – 4 Ta 76/01, NZA 2002, 580.
[1017] Kritisch dazu *Griebeling* NZA 2002, 838 (843), der hier § 278 BGB anwenden will, weil der Arbeitnehmer besser gestellt wird als derjenige, der bereits eine Prozessvollmacht erteilt hat.
[1018] LAG Baden-Württemberg 11.4.1988 – 10 Ta 11/88, NZA 1989, 153. Anders bei Rechtsantragsstelle des Amtsgerichts: LAG Nürnberg 28.1.2016 – 3 Ta 192/15, NZA-RR 2016, 248.
[1019] LAG Köln 28.11.1985 – 8 Ta 193/85, LAGE KSchG § 5 Nr. 21.
[1020] LAG Baden-Württemberg 3.4.1998 – 9 Ta 39/97, LAGE KSchG § 5 Nr. 94.
[1021] LAG Düsseldorf 25.4.1991 – 1 Ta 97/91, LAGE KSchG § 5 Nr. 51.
[1022] LAG Sachsen 23.7.1998 – 9 Ta 193/98, NZA 1999, 112.
[1023] LAG Düsseldorf 21.10.1997 – 1 Ta 321/97, LAGE KSchG § 5 Nr. 89.
[1024] LAG Düsseldorf 25.7.2002 – 15 Ta 306/02, NZA-RR 2003, 101.
[1025] LAG Düsseldorf 19.9.2002 – 15 Ta 343/02, NZA-RR 2003, 78; LAG Köln 9.3.2006 – 14 Ta 21/06, FA 2006, 189: Eine psychische Erkrankung allein rechtfertigt eine nachträgliche Zulassung einer verspäteten Kündigungsschutzklage noch nicht. LAG Hamm 8.2.2007 – 1 Ta 769/06, bei Erkrankung im Ausland. Vgl. auch LAG Sachsen 11.5.2015 – 4 Ta 19/15 (6), LAGE KSchG § 5 Nr. 119.
[1026] BAG 28.5.2009 – 2 AZR 732/08, NZA 2009, 1229: Die Möglichkeit der Kenntnisnahme wird erwartet. Anders wohl LAG Hamm 18.12.2014 – 8 Sa 432/14, AA 2015, 126.
[1027] LAG Thüringen 19.4.2001 – 7 Ta 159/2000, EzA-SD 2001 Nr. 13, 8; LAG Berlin 23.8.2001 – 7 Ta 1587/01, NZA-RR 2002, 355; LAG Köln 9.2.2004 – 3 Ta 430/03, NZA-RR 2005, 215; LAG Nürnberg

heit, während seiner Ortsabwesenheit für den Zugang rechtsgeschäftlicher Erklärungen sorgen zu müssen.[1028] Ob dies anders zu beurteilen ist, wenn der Arbeitnehmer sicher mit der Kündigung des Arbeitgebers rechnen muss, ist zweifelhaft.[1029] Ist ein Arbeitnehmer länger als sechs Wochen urlaubsbedingt oder aus sonstigen Gründen von einer sonst von ihm benutzten Wohnung abwesend oder hält er dort weiterhin einen Briefkasten mit seinem Namen vor, muss er besondere Vorkehrungen treffen, dass er normalerweise rechtzeitig Kenntnis von Zustellungen erlangt.[1030] Fraglich kann sein, welche **zumutbare Restfrist** dem Arbeitnehmer für die Erhebung der Kündigungsschutzklage einzuräumen ist, wenn die Klagefrist bei Rückkehr aus dem Urlaub noch läuft.[1031]

Die **Mittellosigkeit** des Arbeitnehmers ist kein nachträglicher Zulassungsgrund, da die Partei selbst Kündigungsschutzklage erheben kann, ohne einen Gebührenvorschuss leisten zu müssen.[1032] Wird daher eine Kündigungsschutzklage unter der Bedingung der Prozesskostenhilfebewilligung erhoben und erst nach Ablauf der Klageerhebungsfrist darüber entschieden, bildet die enttäuschte Hoffnung auf eine zeitnähere positive Entscheidung über die Prozesskostenhilfe keinen Zulassungsgrund.[1033] Legt der Prozessvertreter das **Mandat nieder**, weil die Vergütung nicht gesichert ist, handelt es sich um ein Parteiverschulden, wenn dadurch die Kündigungsschutzklage verspätet bei Gericht eingereicht wird.[1034]

Dagegen kann je nach Sachlage ein Zulassungsgrund vorliegen, wenn der Arbeitgeber den Arbeitnehmer von der **rechtzeitigen Klageerhebung** abhält.[1035] Dies ist etwa der Fall, wenn sich erst nach Ablauf der Klagefrist herausstellt, dass der im Kündigungsschreiben angegebene Grund der Einsparung der Arbeitsstelle nur vorgeschoben ist. Davon kann auch auszugehen sein, wenn ein Kündigungsschreiben in Kopf- und Schlusszeile verschiedene Rechtspersonen ausweist und der Arbeitnehmer zunächst den falschen Arbeitgeber verklagt.[1036] Hat der Arbeitgeber dem Arbeitnehmer nach Ausspruch der Kündigung eine nahtlose Weiterbeschäftigung zugesagt, rechtfertigt die anschließende Weigerung keine nachträgliche Zulassung. Der Arbeitnehmer ist auf die Durchsetzung des Vertragsfortsetzungsanspruchs zu verweisen.[1037] Der **Verlust** des rechtzeitig auf dem **Postweg** versandten Klageschriftsatzes oder **überlange Brieflaufzeiten** können bei lückenloser Darstellung des Absendevorgangs die nachträgliche Zulassung rechtfertigen.[1038] Allerdings muss der Zeitpunkt der Kenntnis vom Nichteingang oder verspäteten Eingang der Klageschrift bei Gericht feststellbar sein.[1039]

Der Arbeitnehmer muss sich das **Verschulden** seines **Prozessbevollmächtigten** an der Versäumung der Klagefrist iSv § 5 KSchG iVm § 85 Abs. 2 ZPO zurechnen lassen.[1040] Letztere

---

23.8.2005 – 6 Ta 136/05, BB 2005, 2696; aA aber LAG Niedersachsen 8.11.2002 – 5 Ta 257/02, NZA-RR 2003, 556, wonach der Arbeitnehmer bei Erkrankung im Urlaub sicher zu stellen hat, dass ihn Erklärungen nach Urlaubsende erreichen. Zur Frage der Vortragslast vgl. LAG Köln 14.3.2003 – 4 Ta 3/03, LAGE KSchG § 5 Nr. 106a.

[1028] LAG Berlin 23.8.2001 – 7 Ta 1587/01, NZA-RR 2002, 355 auch wenn sich der Aufenthalt durch Arbeitsunfähigkeit verlängert; aA LAG Niedersachsen 8.11.2002 – 5 Ta 257/02, NZA-RR 2003, 556.

[1029] Bejahend LAG Nürnberg 6.11.1995 – 5 Ta 193/95, LAGE KSchG § 5 Nr. 71; ablehnend LAG Köln 4.3.1996 – 10 Ta 322/95 NZA-RR 1996, 455 auch wenn eine alsbaldige Kündigung nicht auszuschließen ist.

[1030] BAG 25.4.2018 – 2 AZR 493/17, NZA 2018, 1157 Rn. 28.

[1031] Vgl. dazu LAG Thüringen 19.4.2001 – 7 Ta 159/2000, EzA-SD 2001 Nr. 13, 8: Der Kläger hatte die Kündigung am Samstag erhalten. Am Montag lief die Klagefrist ab. Bei am Freitag eingegangener Klage hat das LAG die Zulassung bejaht.

[1032] LAG Nürnberg 23.10.2003 – 7 Ta 174/03, AuR 2004, 79; LAG Köln 18.2.2005 – 9 Ta 452/04; LAG Schleswig-Holstein 10.5.2011 – 3 Ta 85/11: Die bedingte Erhebung einer Kündigungsschutzklage unter dem Vorbehalt der Gewährung von Prozesskostenhilfe ist unzulässig.

[1033] LAG Nürnberg 23.10.2003 – 7 Ta 174/03, AuR 2004, 79.

[1034] LAG Köln 3.5.2001 – 2 Ta 1/01, NZA-RR 2002, 438.

[1035] LAG Düsseldorf 9.9.2003 – 15 Ta 395/03, FA 2004, 60.

[1036] LAG Köln 20.12.2001 – 4 Ta 270/01, AuR 2002, 156.

[1037] LAG Berlin 15.4.2002 – 6 Ta 609/02; 17.12.2002 – 6 Ta 2022/02, LAGE KSchG § 5 Nr. 106.

[1038] LAG Nürnberg 2.6.2003 – 5 Ta 78/03, NZA-RR 2003, 661; LAG Hessen 24.5.2000 – 2 Ta 74/00, BB 2001, 1907: Die Aufgabe eines Briefes in Taschkent/Usbekistan.

[1039] LAG Thüringen 5.3.2001 – 7 Ta 3/01, LAGE KSchG § 5 Nr. 100.

[1040] BAG 11.12.2008 – 2 AZR 472/08, NZA 2009, 692; 19.2.2009 – 2 AZR 286/07, NZA 2009, 980; 22.3.2012 – 2 AZR 224/11, AP KSchG § 5 Nr. 19; 25.4.2013 – 6 AZR 49/12, AP InsO § 343 Nr. 1.

Regelung erfasst auch solche Fristen, die erstmalig den Zugang zum Gericht eröffnen. Ein Rechtsanwalt handelt pflichtwidrig, wenn er die Angaben des Mandanten der Berechnung der Klageerhebungsfrist aus § 4 KSchG zugrunde legt, obwohl er durch das Datum des Kündigungsschreibens mit der Aufschrift per Boten eine frühere Zustellung in Betracht ziehen muss.[1041] Versendet ein Rechtsanwalt fristwahrende Schriftsätze über das besondere elektronische Anwaltspostfach (beA) an das Gericht, hat er in seiner Kanzlei das zuständige Personal dahingehend zu belehren, dass stets der Erhalt der automatisierten Eingangsbestätigung nach § 46c Abs. 5 S. 2 ArbGG zu kontrollieren ist.[1042] Im Falle der Übersendung der Klageschrift durch Fax muss der Prozessbevollmächtigte – entweder allgemein oder im Einzelfall – Weisung erteilen, dass die von ihm beauftragte Hilfskraft nach der Übersendung per Telefax einen Einzelnachweis ausdruckt und anhand dessen die Vollständigkeit der Übermittlung, nämlich die Übereinstimmung der Zahl der übermittelten Seiten mit derjenigen des Originalschriftsatzes, überprüft.[1043]

201 Da Bevollmächtigter iSd § 85 Abs. 2 ZPO derjenige ist, dem durch Rechtsgeschäft die Befugnis zur eigenverantwortlichen Vertretung der Partei erteilt wurde, ist dem Arbeitnehmer das Verschulden einer rechtsschutzgewährenden Gewerkschaft zuzurechnen.[1044] Davon ist zB auszugehen, wenn der Arbeitnehmer auf deren Veranlassung eine Prozessvollmacht für die DGB-Rechtsschutz-GmbH unterschreibt, die Einzelgewerkschaft aber versäumt, der DGB-Rechtsschutz-GmbH den Klageauftrag rechtzeitig weiterzuleiten. Im Fall eines der Partei zuzurechnenden Anwaltsverschuldens bestimmt sich das rechtliche Maß nach der zu erwartbaren Sorgfalt eines ordentlichen Rechtsanwalts.[1045]

202 Ein Rechtsanwalt handelt schuldhaft, wenn er bei einer **Wiederholungskündigung** nur gegen die letzte Kündigung Kündigungsschutzklage erhebt.[1046] Ein Rechtsanwalt darf jedoch einfache Verrichtungen, die keine juristische Schulung verlangen, seinem geschulten und zuverlässigen Büropersonal zur selbständigen Erledigung übertragen. Versehen dieses Personals, die nicht auf eigenes Verschulden des Rechtsanwalts zurückzuführen sind, hat die Partei nicht zu vertreten.[1047] Den Prozessbevollmächtigten darf kein eigenes Organisationsverschulden an der Fristversäumung treffen.[1048]

203 Verzichtet ein Arbeitnehmer auf die Erhebung einer Kündigungsschutzklage, weil ihm der Arbeitgeber eine **Abfindung** in Aussicht gestellt hat, die jedoch wegen später gescheiterter Vergleichsverhandlungen nicht gezahlt wird, liegt darin kein Umstand, der eine nachträgliche Klagezulassung rechtfertigen kann.[1049] Da eine Kündigung nach ihrem Zugang nicht mehr einseitig zurückgenommen werden kann, hat das BAG[1050] in der Erklärung des Arbeitgebers, aus der Kündigung keine Rechte herleiten zu wollen und die Fortsetzung des Arbeitsverhältnisses anzubieten, keinen Grund für eine nachträgliche Klagezulassung gesehen. Dies kann anders zu beurteilen sein, wenn der Arbeitgeber den Arbeitnehmer wegen schwebender Vergleichsverhandlungen veranlasst hat, von einer Kündigungsschutzklage Abstand zu nehmen.

204 **b) Schwangerschaft und nachträgliche Klagezulassung.** Die Regelung des § 5 Abs. 1 S. 2 KSchG, wonach auf entsprechenden Antrag die verspätete Klage zuzulassen ist, wenn eine Frau von ihrer Schwangerschaft aus einem von ihr nicht zu vertretenden Grund erst nach

---

[1041] BGH 14.2.2019 – IX ZR 181/17, NJW 2019, 1151.
[1042] BAG 7.8.2019 – 5 AZB 16/19, NZA 2019, 1237. Zum Formatfehler: BAG 12.3.2020 – 6 AZM 1/20, NZA 2020, 607 Rn. 2, 5; zum sicheren Übertragungsweg: BAG 5.6.2020 – 10 AZN 537/20, NZA 2020, 965 Rn. 10.
[1043] BAG 24.11.2011 – 2 AZR 614/10, NZA 2012, 413 Rn. 17.
[1044] BAG 28.5.2009 – 2 AZR 548/08, NZA 2009, 1052.
[1045] BAG 24.11.2011 – 2 AZR 614/10, NZA 2012, 413; 25.4.2013 – 6 AZR 49/12, AP InsO § 343 Nr. 1.
[1046] BGH 11.2.1999 – IX ZR 14/98, NJW 1999, 1391; OLG Düsseldorf 4.5.2010 – I-24 U 84/09, 24 U 84/09: Bestehen hinsichtlich des Zeitpunkts der Zustellung einer Kündigung Zweifel oder müssen sich solche aufdrängen, hat der Rechtsanwalt den für seinen Mandanten sichersten Weg zu wählen, um Risiken zu vermeiden. BGH 19.4.2012 – IX ZR 99/10.
[1047] BAG 25.4.2013 – 6 AZR 49/12, AP InsO § 343 Nr. 1.
[1048] BAG 7.8.2019 – 5 AZB 16/19, NZA 2019, 1237 Rn. 23.
[1049] BAG 19.2.2009 – 2 AZR 286/07, NZA 2009, 980.
[1050] BAG 19.2.2009 – 2 AZR 286/07, NZA 2009, 980.

Ablauf der Frist des § 4 S. 1 KSchG **Kenntnis** erlangt hat,[1051] knüpft an den **Sonderkündigungsschutz** des § 17 Abs. 1 MuSchG an. Danach ist die Kündigung des Arbeitgebers gegenüber einer Frau auch dann unzulässig, wenn sie die zweiwöchige Frist für die Mitteilung der Schwangerschaft gegenüber dem Arbeitgeber nicht einhält, die Fristversäumnis aber darauf beruht, dass ihr ihre Schwangerschaft unverschuldet nicht bekannt war und sie die Mitteilung unverzüglich nachholt. Die Einbeziehung dieses Sachverhalts in die Vorschriften über die nachträgliche Klagezulassung ist deswegen erforderlich, weil die dreiwöchige Klageerhebungsfrist auch für die Geltendmachung der Unwirksamkeit einer Kündigung wegen Verstoßes gegen das Kündigungsverbot nach § 9 Abs. 1 MuSchG Anwendung findet, dem Arbeitgeber bei Ausspruch der Kündigung die Schwangerschaft nicht bekannt ist (§ 4 S. 4 KSchG),[1052] und § 5 Abs. 1 S. 1 KSchG den Fall der **fehlenden Kenntnis eines Unwirksamkeitsgrundes** der Kündigung nicht erfasst. Deshalb bestimmt § 5 Abs. 1 S. 2 KSchG, dass die nachträgliche Zulassung einer verspäteten Klage auch dann zu erfolgen hat, wenn eine Frau ohne ihr Verschulden von ihrer Schwangerschaft erst **nach Ablauf** der dreiwöchigen Klagefrist Kenntnis erlangt.[1053] Hat der Arbeitgeber der Arbeitnehmerin in Unkenntnis von ihrer Schwangerschaft gekündigt und teilt die Arbeitnehmerin dem Arbeitgeber binnen zwei Wochen die Schwangerschaft mit (§ 9 Abs. 1 S. 1 MuSchG), muss sie rechtzeitig nach § 4 S. 1 KSchG Klage erheben, um die Rechtsfolge des § 7 KSchG zu vermeiden.[1054] War dem Arbeitgeber die Schwangerschaft bei Ausspruch der Kündigung bekannt, weil eine entsprechende Mitteilung der Arbeitnehmerin vorliegt oder die Schwangerschaft offenkundig ist, findet § 4 S. 4 KSchG Anwendung.

4. Das Verfahren auf nachträgliche Klagezulassung

Formelle Voraussetzung für eine nachträgliche Klagezulassung ist stets ein **entsprechender Antrag** des Arbeitnehmers (§ 5 Abs. 1 S. 1 KSchG). Mit diesem Antrag ist die **Klageerhebung** zu verbinden, soweit die Kündigungsschutzklage nicht bereits zuvor bei dem Arbeitsgericht anhängig gemacht worden ist. Dabei wird der Inhalt des Antrags durch § 5 Abs. 2 KSchG vorgegeben. Er muss die Angabe der die nachträgliche Zulassung begründenden Tatsachen und der Mittel für deren Glaubhaftmachung enthalten. Schließlich ist der Antrag nur innerhalb von **zwei Wochen** nach Behebung des Hindernisses zulässig und kann nach Ablauf von **sechs Monaten** nach Ablauf der dreiwöchigen Klageerhebungsfrist überhaupt nicht mehr gestellt werden. 205

a) Form und Inhalt des Antrags. Der **Antrag** auf nachträgliche Klagezulassung muss **besonders** vom Kläger gestellt werden. Es ist nicht Sache des Arbeitsgerichts von **Amts wegen** bei verspäteter Klagerhebung die nachträgliche Klagezulassung zu prüfen.[1055] Eine entsprechende Anwendung des § 236 Abs. 2 S. 2 ZPO iVm § 46 Abs. 2 ArbGG kommt nicht in Betracht, wonach das Gericht eine Wiedereinsetzung **von Amts** wegen gewähren kann, wenn die sie rechtfertigenden Tatsachen offenkundig sind oder aus dem Akteninhalt hervorgehen.[1056] Dies gilt unabhängig davon, dass es sich bei der Klageerhebungsfrist auch um eine prozessuale Frist[1057] handelt, weil § 5 KSchG als Sonderregelung den Vorschriften der 206

[1051] Eingefügt durch das Gesetz zu Reformen am Arbeitsmarkt v. 24.12.2003: BGBl. I 3002.
[1052] BAG 19.2.2009 – 2 AZR 286/07, NZA 2009, 980.
[1053] LAG Düsseldorf 10.2.2005 – 15 Ta 26/05, NZA-RR 2005, 382; KR/*Friedrich/Kreft* KSchG § 5 Rn. 190 ff.; Stahlhacke/Preis/Vossen Kündigung/*Vossen* Rn. 1985 ff. Erfährt die Schwangere einen Tag vor Ablauf der Klagefrist von der Schwangerschaft, will das LAG Schleswig-Holstein 13.5.2008 – 3 Ta 56/08, NZA-RR 2009, 132 der Arbeitnehmerin eine Überlegungsfrist von drei Tagen zur Erhebung einer Kündigungsschutzklage einräumen und eine nachträgliche Klagezulassung nach § 5 Abs. 1 S. 1 KSchG gewähren. Zustimmend Stahlhacke/Preis/Vossen Kündigung/*Vossen* Rn. 1987; ErfK/*Kiel* KSchG § 5 Rn. 18.
[1054] BAG 19.2.2009 – 2 AZR 286/07, NZA 2009, 980.
[1055] BAG 2.3.1989 – 2 AZR 275/88, AP BGB § 130 Nr. 17; 19.2.2009 – 2 AZR 286/07, NZA 2009, 980; Stahlhacke/Preis/Vossen Kündigung/*Vossen* Rn. 1988; Schaub ArbR-HdB/*Linck* § 139 Rn. 16; ErfK/*Kiel* KSchG § 5 Rn. 22.
[1056] BGH 24.5.2000 – III ZB 8/00, NJW-RR 2000, 1590; BAG 5.6.2020 – 10 AZN 53/20, NZA 2020, 965 Rn. 44.
[1057] Vgl. → Rn. 110.

§§ 233 ff. ZPO vorgeht.[1058] Daher reicht die Erhebung der Kündigungsschutzklage allein nicht aus.[1059] Allerdings muss der **Antrag** nach § 5 Abs. 1 KSchG **nicht ausdrücklich** gestellt werden. Es genügt, wenn aus dem Vorbringen des Klägers erkennbar hervorgeht, dass er trotz Fristversäumnis eine Zulassung der Klage begehrt.[1060]

207 Es handelt sich bei dem Antrag nach § 5 Abs. 1 KSchG stets um einen **Hilfsantrag**, der nur für den Fall zur Entscheidung des Gerichts gestellt wird, dass die Klage **verspätet** ist. Dabei fällt nicht ins Gewicht, ob der Antrag als Hilfsantrag bezeichnet wird.[1061]

208 Der Antrag ist bei dem **Arbeitsgericht** anzubringen, das für die Entscheidung der Kündigungsschutzklage **zuständig** ist. Erfährt der Kläger erst im Gütetermin von dem Einwurf einer weiteren Kündigung in seinen Hausbriefkasten, kann das Gericht den Antrag nach § 5 Abs. 1 KSchG nebst Begründung und evtl. Glaubhaftmachung nach § 160 Abs. 2 ZPO in das Protokoll aufnehmen.[1062] Wird der Antrag bei einem **örtlich unzuständigen** Arbeitsgericht iVm der Kündigungsschutzklage angebracht, hat dies auf die Wirksamkeit der Antragstellung keinen Einfluss.[1063] Dies gilt auch für die Fristwahrung aus § 5 Abs. 3 KSchG. Ebenso ist nach hM[1064] zu entscheiden, wenn der mit der Kündigungsschutzklage verbundene Antrag nach § 5 Abs. 1 KSchG fristgerecht (§ 5 Abs. 3 KSchG) bei einem Gericht des **unzuständigen Rechtswegs** eingereicht wird, auch wenn der Rechtsstreit nach Ablauf der Frist des § 5 Abs. 3 KSchG an das nach den Rechtswegvorschriften zuständige Arbeitsgericht verwiesen wird. Dieser Ansicht ist beizupflichten, weil § 5 KSchG die Klageerhebungsfrist **verlängert** und dieser Sachverhalt nicht anders behandelt werden darf, als die rechtzeitige Klageerhebung im unzuständigen Rechtsweg.[1065] Hat der Kläger bereits die Kündigungsschutzklage bei dem dafür zuständigen Arbeitsgericht erhoben, jedoch den Antrag nach § 5 Abs. 1 KSchG an ein anderes Gericht gerichtet, muss dieser fristwahrend an das zuständige Arbeitsgericht weitergeleitet worden sein.[1066]

209 Wird eine Kündigungsschutzklage erst im **zweiten Rechtszug** im Wege des Parteiwechsels gegen die richtige Partei gerichtet, so ist der Antrag auf nachträgliche Klagezulassung ausnahmsweise vor dem Landesarbeitsgericht anzubringen, weil die Klage zuvor nicht bei dem Arbeitsgericht anhängig war.[1067]

210 Die Zulässigkeit des Antrags auf nachträgliche Klagezulassung wird nicht dadurch beeinflusst, dass die im Antrag in Bezug genommene Klageschrift nicht unterschrieben ist.[1068] Es ist jedoch zu beachten, dass das Verfahren nach § 5 KSchG **ausschließlich** der Verlängerung der Klageerhebungsfrist dient und keine anderweitigen Mängel der Klage beseitigt.

211 Abzulehnen ist die Auffassung, dass bei **mündlicher** Verhandlung der Antrag auf nachträgliche Klagezulassung besonders gestellt (verlesen) werden muss, ansonsten er zur Entscheidung nicht anfällt.[1069] Die Verlesung von Anträgen, die auch durch ausdrückliche Be-

---

[1058] Vgl. dazu BAG 28.1.2010 – 2 AZR 985/08, NZA 2010, 1373 im Hinblick auf die analoge Anwendung von § 233 ZPO auf die Versäumung der Frist des § 5 Abs. 3 S. 2 KSchG; KR/*Friedrich*/*Kreft* KSchG § 5 Rn. 131.

[1059] BAG 2.3.1989 – 2 AZR 275/88, NZA 1989, 635 mAnm *Klinkhammer* EzA BGB § 130 Nr. 22; BAG 19.2.2009 – 2 AZR 286/07, NZA 2009, 980.

[1060] BAG 2.3.1989 – 2 AZR 275/88, NZA 1989, 635; 19.2.2009 – 2 AZR 286/07, NZA 2009, 980; LAG Köln 12.4.2006 – 14 Ta 133/06, NZA-RR 2006, 492; KR/*Friedrich*/*Kreft* KSchG § 5 Rn. 131 der die Formulierung „ich bitte um Fristverlängerung" für ausreichend hält.

[1061] BAG 5.4.1984 – 2 AZR 67/83, NZA 1984, 124; 28.5.2009 – 2 AZR 732/08, NZA 2009, 1229; 22.3.2012 – 2 AZR 224/11, AP KSchG 1969 § 5 Nr. 19.

[1062] LAG Nürnberg 5.1.2004 – 9 Ta 162/03, NZA-RR 2004, 631.

[1063] KR/*Friedrich*/*Kreft* KSchG § 5 Rn. 150 mwN; ErfK/*Kiel* KSchG § 5 Rn. 23.

[1064] KR/*Friedrich*/*Kreft* KSchG § 5 Rn. 150 mwN; aA LAG Köln 14.3.2003 – 4 Ta 3/03, LAGE KSchG § 5 Nr. 106a; *Berkowsky* NZA 1997, 352 (354): Nur dann, wenn innerhalb der Frist des § 5 Abs. 3 KSchG verwiesen worden ist. Ebenso ErfK/*Kiel* KSchG § 5 Rn. 23.

[1065] Vgl. → Rn. 25, 26.

[1066] Vgl. auch LAG Köln 14.3.2003 – 4 Ta 3/03, LAGE KSchG § 5 Nr. 106a: Die Klageschrift und der Antrag nach § 5 KSchG waren an das Oberlandesgericht gefaxt worden.

[1067] LAG Hamm 15.7.1993 – 8 Ta 440/92, LAGE KSchG § 5 Nr. 60; zustimmend KR/*Friedrich*/*Kreft* KSchG § 5 Rn. 207.

[1068] LAG Hamm 21.12.1995 – 5 Ta 602/94, LAGE KSchG § 5 Nr. 73.

[1069] So LAG Hessen 25.8.1980 – 11 Sa 1002/79, EzA KSchG § 5 Nr. 10.

zugnahme auf Schriftsätze ersetzt werden kann, ist lediglich für **Sachanträge** und nicht für Prozessanträge geboten (§ 297 ZPO). Daher hat das Arbeitsgericht über den schriftsätzlich erhobenen Antrag auf nachträgliche Klagezulassung, soweit er nicht ausdrücklich fallen gelassen wird, unabhängig von seiner Verlesung zu entscheiden.

Nach § 5 Abs. 2 KSchG gehört es zum **Inhalt** des Antrags, dass er mit der Kündigungsschutzklage zu verbinden ist bzw., falls die Klage bereits eingereicht ist, auf sie im Antrag Bezug genommen werden muss. Soweit es um die Alternative der Klageverbindung geht, reicht es aus,[1070] wenn sowohl der Antrag nach § 5 Abs. 1 KSchG als auch die Klageschrift innerhalb der **Zweiwochenfrist** des § 5 Abs. 3 KSchG bei dem Arbeitsgericht vorliegen. Dieser großzügigen Interpretation ist beizutreten, weil die zweite Alternative der Bezugnahme auf die bereits vorliegende Klageschrift nur verlangt, dass eine Beziehung zwischen dem Antrag nach § 5 Abs. 1 KSchG und der Klage hergestellt wird, ohne dass sie untereinander **unmittelbar verbunden** sein müssen. 212

Der Antrag muss außerdem die für die nachträgliche Zulassung **begründenden Tatsachen** und die **Mittel** der Glaubhaftmachung enthalten.[1071] Da der **Arbeitnehmer** die Darlegungs- und Beweislast dafür trägt, dass er die Klageerhebungsfrist unverschuldet überschritten hat,[1072] muss er sämtliche Umstände in den Einzelheiten darstellen, die seine Schuldlosigkeit an der Fristversäumung belegen sollen.[1073] 213

Neben den für die nachträgliche Zulassung maßgeblichen Tatsachen sind im Antrag die **Mittel** für deren **Glaubhaftmachung** anzugeben. Zwischen der Verfahrensvoraussetzung der Angabe der Mittel der Glaubhaftmachung und der Glaubhaftmachung der Tatsachen, die die Zulassung begründen, ist zu unterscheiden. Die Beweisführung der Glaubhaftmachung, die als Wahrscheinlichkeitsfeststellung (§ 286 ZPO) an die Stelle des Vollbeweises tritt und dem Richter nicht die volle Überzeugung des § 286 Abs. 1 S. 1 ZPO vermitteln muss, vielmehr eine überwiegende Wahrscheinlichkeit ausreichen lässt,[1074] kann nach § 294 ZPO mit **allen Beweismitteln** (etwa Beweis durch Zeugen, Urkunden, Sachverständige), auch mit der Versicherung an **Eides statt** (vgl. § 156 StGB) des Beweisführers selbst oder Dritter, erbracht werden. Da keine Bindung an die sonst für das Beweisaufnahmeverfahren geltenden Formvorschriften bestehen, kann der Zeugenbeweis durch Vorlage einer **schriftlichen** Zeugenaussage geführt werden.[1075] Im Zusammenhang mit einem Antrag auf nachträgliche Zulassung müssen jedoch nur bestrittene Umstände glaubhaft gemacht werden,[1076] so dass Tatsachen zu berücksichtigen sind, die aktenkundig und vom beklagten Arbeitgeber nicht bestritten werden. 214

Soweit es um die **eidesstattliche Versicherung** geht, wird gelegentlich in der Praxis übersehen, dass eine Bezugnahme des Antragstellers auf die Erklärung eines anderen, insbesondere den anwaltlichen Schriftsatz, nicht ausreicht.[1077] Die eidesstattliche Versicherung, die dem Gericht auch per Telefax[1078] zugeleitet werden kann, muss eine **eigene Darstellung** der glaubhaft zu machenden Tatsachen enthalten. 215

Als Mittel der Glaubhaftmachung nach § 294 Abs. 1 ZPO kann eine **einfache anwaltliche Erklärung** ausreichen, sofern sie sich auf die eigene Berufstätigkeit des Anwalts und eigene Wahrnehmungen bezieht. Eine ausdrückliche anwaltliche Versicherung oder eine Versicherung an Eides statt ist dann nicht erforderlich.[1079] 216

Innerhalb der **zweiwöchigen Antragsfrist** sind lediglich die **Mittel** der Glaubhaftmachung **anzubieten,** so dass sie nicht schon selbst dem Antrag beigefügt oder präsent sein müssen. 217

[1070] LAG Baden-Württemberg 8.3.1988 – 8 Ta 8/88, LAGE KSchG § 5 Nr. 37.
[1071] BAG 25.4.2013 – 6 AZR 49/12, AP InsO § 343 Nr. 1.
[1072] LAG Rheinland-Pfalz 26.7.2004 – 8 Ta 154/04 Rn. 15; ErfK/*Kiel* KSchG § 5 Rn. 24; KR/*Kreft* KSchG § 5 Rn. 78; Stahlhacke/Preis/Vossen Kündigung/*Vossen* Rn. 1990.
[1073] LAG Köln 30.8.1989 – 5 Ta 176/89, LAGE KSchG § 5 Nr. 42; ErfK/*Kiel* KSchG § 5 Rn. 24.
[1074] BAG 7.11.2012 – 7 AZR 314/12, NZA 2013, 1035; 25.4.2013 – 6 AZR 49/12, AP InsO § 343 Nr. 1.
[1075] BLHAG ZPO § 294 Rn. 8.
[1076] BAG 25.4.2013 – 6 AZR 49/12, AP InsO § 343 Nr. 1.
[1077] BAG 22.2.1990 – 8 AZR 533/88 Rn. 14; BGH 26.5.1988 – X ZB 4/88, VersR 1988, 860.
[1078] BayObLG 23.2.1995 – 5St RR 79/94, NJW 1996, 406.
[1079] BAG 14.11.1985 – 2 AZR 652/84, AP ZPO § 251a Nr. 1; BGH 18.12.2019 – XII ZB 379/19, NJW-RR 2020, 501 Rn. 12: Von der Richtigkeit einer anwaltlichen Versicherung ist grundsätzlich auszugehen.

Vielmehr kann die Glaubhaftmachung selbst **nachgereicht** werden, und zwar noch bis zum Zeitpunkt der Entscheidung über den Antrag auf nachträgliche Klagezulassung.[1080]

218 b) **Die Antragsfrist.** Der Antrag auf nachträgliche Klagezulassung kann nur innerhalb von **zwei Wochen** nach Behebung des Hindernisses, jedenfalls aber nur binnen sechs Monaten vom Ende der versäumten Frist an gestellt werden (§ 5 Abs. 3 KSchG). Das **Hindernis** ist iSv § 5 Abs. 1 KSchG zu verstehen, so dass der **subjektive** Beurteilungsmaßstab auch hier heranzuziehen ist. Die Frist beginnt demnach mit Kenntnis vom Wegfall des Hindernisses für die Klageerhebung (Kenntnis von der verspäteten Klageerhebung), aber auch schon **vorher**, wenn der Kläger diese Kenntnis bei zumutbarer Sorgfalt hätte erlangen können, dh sobald der Arbeitnehmer bzw. sein Prozessbevollmächtigter auf Grund konkreter Anhaltspunkte bei gehöriger Sorgfalt erkennen muss, dass die Frist möglicherweise versäumt worden ist.[1081] Versäumt ein Arbeitnehmer unverschuldet die Drei-Wochen-Frist zur Erhebung einer Kündigungsschutzklage, weil die rechtzeitig abgesandte sowie ordnungsgemäß adressierte und frankierte Klageschrift auf dem **Postweg** verloren geht, beginnt die Zwei-Wochen-Frist für den Antrag auf nachträgliche Klagezulassung, wenn der Arbeitnehmer bzw. sein Prozessbevollmächtigter Kenntnis von dem unterbliebenen Klageeingang erlangt oder bei ordnungsgemäßer Verfolgung der Rechtssache haben könnte.[1082] Insoweit vermag sich der Arbeitnehmer nicht darauf zu berufen, er habe die Notwendigkeit, einen Antrag auf nachträgliche Klagezulassung innerhalb von zwei Wochen nach Behebung des Hindernisses stellen zu müssen, nicht gekannt.[1083]

219 Da es sich bei der Antragsfrist des § 5 Abs. 3 S. 1 KSchG um eine **prozessuale Frist**[1084] handelt, muss sich der Kläger nach § 85 Abs. 2 ZPO auch die **Kenntnis** oder das **Kennenmüssen** seines **Prozessbevollmächtigten** zurechnen lassen.[1085] Es gehört zu den anwaltlichen Sorgfaltspflichten, nahe liegendem Zweifel an der Wahrung einer Klagefrist unverzüglich nachzugehen, wovon auszugehen ist, wenn sich der Arbeitgeber im Prozess darauf beruft, bereits zu einem früheren Zeitpunkt gekündigt zu haben und diese frühere Kündigung durch Beweisaufnahme bestätigt wird. Schon mit Kenntnisnahme der angeblich früheren Kündigung beginnt die zweiwöchige Frist zur Erlangung der nachträglichen Klagezulassung zu laufen. Ebenso ist zu entscheiden, wenn der anwaltlich vertretene Arbeitnehmer mit der Terminsmitteilung zur Güteverhandlung einen Vermerk des verspäteten Eingangs der Klageschrift erhält.[1086]

220 Eine **Wiedereinsetzung in den vorigen Stand** gegen die Versäumung der Antragsfrist aus § 5 Abs. 3 KSchG gibt es nicht. Bei der Antragstellung aus § 5 Abs. 3 KSchG handelt es sich weder um eine **Notfrist** (§ 224 Abs. 1 S. 2 ZPO) noch um einen sonst in § 233 ZPO bezeichneten Anwendungsfall. Dies gilt gleichermaßen für eine Überschreitung der Sechs-Monats-Frist gemäß § 5 Abs. 3 S. 2 KSchG.[1087] Sie ist eine absolute Frist. Eine analoge Anwendung von § 233 ZPO kommt nicht in Betracht.[1088]

[1080] BAG 25.4.2013 – 6 AZR 49/12, AP InsO § 343 Nr. 1; LAG Saarland 27.6.2002 – 2 Ta 22/02, NZA-RR 2002, 488.
[1081] BAG 16.3.1988 – 7 AZR 587/87, NZA 1988, 875; 6.10.2010 – 7 AZR 569/09, NZA 2011, 477; 25.4.2013 – 6 AZR 49/12, AP InsO § 343 Nr. 1; LAG Hessen 11.3.2005 – 15 Ta 638/04, NZA-RR 2005, 322.
[1082] BAG 6.10.2010 – 7 AZR 569/09, NZA 2011, 477: Der Anwalt ist nicht verpflichtet, den Eingang seiner Schriftsätze bei Gericht zu überwachen. Dies gilt ungeachtet dessen, dass eine Güteverhandlung bei Streitigkeiten über den Bestand eines Arbeitsverhältnisses zwei Wochen nach Klageerhebung stattfinden soll. Er darf die Sache allerdings nicht dauerhaft wiedervorlagefrei stellen.
[1083] LAG Köln 8.11.1994 – 6 Ta 209/94, LAGE KSchG § 5 Nr. 70.
[1084] BAG 11.12.2008 – 2 AZR 472/08, NZA 2009, 692; 19.2.2009 – 2 AZR 286/07, NZA 2009, 980; 28.5.2009 – 2 AZR 548/08, NZA 2009, 1052.
[1085] BAG 19.2.2009 – 2 AZR 286/07, NZA 2009, 980; 28.5.2009 – 2 AZR 548/08, NZA 2009, 1052; 22.3.2012 – 2 AZR 224/11, AP KSchG 1969 § 5 Nr. 19.
[1086] LAG Hamm 8.7.1998 – 12 Ta 167/98 Rn. 25.
[1087] BAG 16.3.1988 – 7 AZR 587/87, NZA 1988, 875; 28.1.2010 – 2 AZR 985/08, NZA 2010, 1373; ebenso LAG Köln 14.3.2003 – 4 Ta 3/03, LAGE KSchG § 5 Nr. 106a; LAG Hessen 11.3.2005 – 15 Ta 638/04, NZA-RR 2005, 322.
[1088] BAG 28.1.2010 – 2 AZR 985/08, NZA 2010, 1373; 25.4.2013 – 6 AZR 49/12, AP InsO § 343 Nr. 1; Stahlhacke/Preis/Vossen Kündigung/*Vossen* Rn. 1994 ff.

Ist die Frist des § 5 Abs. 3 S. 1, 2 KSchG verstrichen, so bedarf es **keiner** weiteren **Verspä-** 221
tungsrüge des Beklagten, weil die Zulässigkeit des Antrags auf nachträgliche Klagezulassung und damit die Wahrung der Fristen von **Amts wegen** zu beachten ist.[1089]

Für die **Berechnung** der **Fristen** gelten die allgemeinen Vorschriften der §§ 187 ff. BGB. 222
Der Tag, an dem das Hindernis für die Klageerhebung entfällt, wird daher nicht mitgerechnet. Fällt das Ende der Antragsfrist auf einen Samstag, Sonn- oder Feiertag läuft die Frist erst am darauf folgenden Werktag ab (§ 193 BGB).[1090] Soweit das Hindernis für die Erhebung der Kündigungsschutzklage sechs Monate nach Ablauf der Klageerhebungsfrist des § 4 S. 1, 2 KSchG noch nicht behoben ist, kann der Antrag auf nachträgliche Klagezulassung nicht mehr in zulässiger Weise gestellt werden (§ 5 Abs. 3 S. 2 KSchG). Ein entsprechender Antrag nach § 5 Abs. 1 KSchG wäre durch Urteil als unstatthaft zurückzuweisen.[1091]

Wird in der Güteverhandlung vor dem Arbeitsgericht die Verspätung der Kündigungs- 223
schutzklage festgestellt, das Verfahren jedoch zum Ruhen gebracht, hört die prozessuale Frist des § 5 Abs. 3 S. 1 KSchG ungeachtet der Regelung des § 251 S. 2 ZPO auf, zu laufen (§ 249 ZPO). Erst mit Zustellung des Aufnahmeantrags (§ 250 ZPO) beginnt der Lauf der vollen Frist von neuem.[1092]

Der **Arbeitnehmer** hat **darzulegen** und **glaubhaft** zu machen, dass er die Antragsfrist des 224
§ 5 Abs. 3 KSchG eingehalten hat. Dazu gehört auch die Angabe des Zeitpunktes der Behebung des Hindernisses.[1093] Fehlt es an entsprechenden Darlegungen und einer entsprechenden Glaubhaftmachung und kann deshalb der Beginn der Zweiwochenfrist nach § 5 Abs. 3 S. 1 KSchG nicht ermittelt werden, ist der Antrag als unzulässig zurückzuweisen.[1094]

Von besonderer Bedeutung ist dabei, dass **nach Ablauf** der Frist des § 5 Abs. 3 S. 1 KSchG 225
vorgetragene Gründe und bezeichnete Mittel der Glaubhaftmachung nicht mehr zu berücksichtigen sind.[1095] **Nachgeschobene** Gründe finden nur Berücksichtigung, wenn sie lediglich Ergänzungen und Konkretisierungen der fristgerecht vorgetragenen Gründe beinhalten.[1096]

c) Rechtsschutzinteresse. Das auch für den Antrag aus § 5 KSchG erforderliche Rechts- 226
schutzinteresse muss sich nur auf den Antrag **als solchen** beziehen. Demgemäß ist für diesen Antrag ohne Belang, ob die Kündigungsschutzklage selbst Aussicht auf Erfolg bietet. Auch der im Kündigungsschutzprozess **vorsorglich** gestellte Antrag auf nachträgliche Zulassung der Klage bedarf stets dann einer Entscheidung, wenn das Arbeitsgericht von einer verspäteten Klageerhebung ausgeht und daher der Kläger schon wegen der Präklusionswirkung des § 5 Abs. 3 S. 1 KSchG den Antrag stellen muss.[1097]

5. Verfahrensfragen

Die verfahrensrechtlichen Vorschriften über die nachträgliche Zulassung der Kündigungs- 227
schutzklage in § 5 KSchG sind durch das SGGArbGGÄndG vom 26.3.2008[1098] seit dem 1.4.2008 (Art. 4) geändert worden.[1099] Gemäß § 5 Abs. 4 KSchG ist das Verfahren über den Antrag auf nachträgliche Zulassung mit dem **Verfahren** über die **Klage** zu **verbinden** (Ver-

---

[1089] LAG Berlin-Brandenburg 7.11.2019 – 5 Sa 134/19, NZA-RR 2020, 183 Rn. 43.
[1090] BAG 28.1.2010 – 2 AZR 985/08, NZA 2010, 1373; 25.4.2013 – 6 AZR 49/12, AP InsO § 343 Nr. 1; ErfK/*Kiel* KSchG § 5 Rn. 28; KR/*Friedrich*/*Kreft* KSchG § 5 Rn. 183.
[1091] BAG 28.1.2010 – 2 AZR 985/08, NZA 2010, 1373; ErfK/*Kiel* KSchG § 5 Rn. 31, der den Antrag als unzulässig abweisen will. Nach Stahlhacke/Preis/Vossen Kündigung/*Vossen* Rn. 2002 ist der Antrag als unzulässig zu verwerfen. Ebenso *Roloff* NZA 2009, 761 (765).
[1092] LAG Sachsen 5.10.2000 – 2 Ta 235/00, LAGE KSchG § 5 Nr. 101.
[1093] BAG 28.5.2009 – 2 AZR 732/08, NZA 2009, 1229; 24.11.2011 – 2 AZR 614/10, NZA 2012, 413.
[1094] LAG Thüringen 5.3.2001 – 7 Ta 3/01, LAGE KSchG § 5 Nr. 100.
[1095] BAG 28.5.2009 – 2 AZR 732/08, NZA 2009, 1229; 24.11.2011 – 2 AZR 614/10, NZA 2012, 413; LAG Düsseldorf 19.9.2002 – 15 Ta 343/02, NZA-RR 2003, 78; LAG Köln 14.3.2003 – 4 Ta 3/03, LAGE KSchG § 5 Nr. 106a.
[1096] BAG 28.5.2009 – 2 AZR 732/08, NZA 2009, 1229; 24.11.2011 – 2 AZR 614/10, NZA 2012, 413.
[1097] MüKoBGB/*Hergenröder* KSchG § 5 Rn. 18.
[1098] BGBl. 2008 I 444.
[1099] Vgl. dazu *Reinhard*/*Böggemann* NJW 2008, 1263; *Francken*/*Natter*/*Rieker* NZA 2008, 377; *Bader* NZA 2008, 620; ErfK/*Kiel* KSchG § 5 Rn. 29 ff.; Stahlhacke/Preis/Vossen Kündigung/*Vossen* Rn. 1988 ff.

bundverfahren). Das Arbeitsgericht kann das Verfahren zunächst auf die Verhandlung und Entscheidung über den Antrag beschränken. In diesem Fall ergeht die Entscheidung durch **Zwischenurteil** (Vorabverfahren), das wie ein Endurteil angefochten werden kann. In einem neuen Abs. 5 dieser Vorschrift ist vorgesehen, dass die Kammer des Landesarbeitsgerichts über den Antrag auf nachträgliche Klagezulassung durch **Endurteil** oder **Zwischenurteil** (§ 5 Abs. 5 S. 2 KSchG) entscheidet, wenn das Arbeitsgericht über einen Antrag auf nachträgliche Klagezulassung nicht entschieden hat oder ein solcher Antrag erstmals vor dem Landesarbeitsgericht gestellt wird.

228 Das Verfahren der nachträglichen Zulassung der Kündigungsschutzklage soll dadurch beschleunigt und die besondere Prozessförderung im Kündigungsverfahren nach § 61a ArbGG gestärkt werden, indem über die nachträgliche Zulassung nicht in einem gesonderten Vorverfahren durch Beschluss – wie früher – entschieden werden muss.[1100] Außerdem tritt eine Beschleunigung des Verfahrens in der Berufungsinstanz ein, weil das Landesarbeitsgericht stets in der Sache selbst entscheiden kann und damit eine nach dem bisherigen Rechtszustand notwendige Zurückverweisung entfällt.[1101]

229 Hat das Arbeitsgericht die Einhaltung der Frist aus § 4 KSchG **übersehen** oder deshalb nicht über einen hilfsweise gestellten Antrag auf nachträgliche Zulassung der Kündigungsschutzklage entschieden, weil es die Klage für **rechtzeitig** erhoben angesehen hat, und ergeht ein Urteil über die Kündigungsschutzklage, gegen das Berufung eingelegt worden ist, so muss das Landesarbeitsgericht, wenn es eine Fristversäumnis für gegeben hält, im Urteil darüber entscheiden (§ 5 Abs. 5 KSchG).

230 Entscheidet das Arbeitsgericht im Urteil über den Antrag auf nachträgliche Klagezulassung, weil es die Kündigungsschutzklage für **verspätet** erhoben ansieht, gelangt jedoch die Berufungskammer zu dem Ergebnis, dass eine Fristversäumung nicht vorliegt, so ist der Antrag auf nachträgliche Klagezulassung nicht als unzulässig zurückzuweisen, sondern das arbeitsgerichtliche Urteil insoweit **ersatzlos** aufzuheben, weil nach der Rechtsprechung des BAG[1102] die Entscheidung über die **Verspätung** in **Rechtskraft** erwächst.[1103] Entscheidet das Arbeitsgericht ausnahmsweise wegen schwieriger rechtlicher Fragen durch **Zwischenurteil** (§ 303 ZPO) über die nachträgliche Klagezulassung unter Aussetzung des Hauptverfahrens (§ 148 ZPO), ist diese Vorabentscheidung mit **Bindungswirkung** für das Hauptverfahren ausgestattet, als es darum geht, ob überhaupt eine dem Arbeitgeber zurechenbare schriftliche Kündigung vorliegt, ob und wann die Kündigungserklärung dem Arbeitnehmer zugegangen und wann die Klage beim Arbeitsgericht eingegangen ist. Außerdem erstreckt sich die Bindungswirkung auf die Frage des Verschuldens.[1104] Diese Konsequenz folgt aus der Erwägung, dass das Gericht nur über einen nachträglichen Klagezulassungsantrag entscheiden kann, wenn nach seiner Auffassung die Klage verspätet erhoben worden ist. Wird durch rechtskräftiges Zwischenurteil die Kündigungsschutzklage nachträglich zugelassen, gilt die Klage als von vornherein rechtzeitig iSv § 4 S. 1 KSchG erhoben, so dass bis zur Rechtskraft des Zwischenurteils nicht etwa eine auflösend bedingte Wirksamkeit der Kündigung nach § 7 KSchG anzunehmen ist.

231 Erscheint der Kläger, der den Antrag nach § 5 KSchG angekündigt hat, im Termin zur mündlichen Verhandlung nicht oder verhandelt er nicht, so ist auf Antrag des Arbeitgebers die Kündigungsschutzklage durch **Versäumnisurteil** im Ganzen abzuweisen.[1105] Es ergeht im Urteil keine Entscheidung über den Antrag auf nachträgliche Zulassung der Klage. Wird

---

[1100] BT-Drs. 16/7716, 25.
[1101] So zur früheren Rechtslage vor dem 1.4.2008 etwa LAG Köln 17.8.2000 – 10 Sa 292/00, LAGE KSchG § 5 Nr. 99.
[1102] BAG 5.4.1984 – 2 AZR 67/83, NZA 1984, 124: Der Antrag auf nachträgliche Zulassung der Kündigungsschutzklage ist stets ein Hilfsantrag für den Fall, dass die Klage verspätet; näher dazu → Rn. 185.
[1103] Vgl. dazu Stahlhacke/Preis/Vossen Kündigung/*Vossen* Rn. 2005; LAG Mainz 24.2.2000 – 3 Ta 3/00, NZA-RR 2000, 475; LAG Nürnberg 8.10.2001 – 7 Ta 163/01, NZA-RR 2002, 212, das zusätzlich feststellen will, dass die Kündigungsschutzklage rechtzeitig erhoben worden ist.
[1104] BAG 28.5.2009 – 2 AZR 732/08, NZA 2009, 1229; ebenso Stahlhacke/Preis/Vossen Kündigung/*Vossen* Rn. 2013; ErfK/*Kiel* KSchG § 5 Rn. 30; aA *Roloff* NZA 2009, 761 (765).
[1105] *Reinecke* NZA 1985, 243; KR/*Friedrich*/*Kreft* KSchG § 5 Rn. 203; Stahlhacke/Preis/Vossen Kündigung/ *Vossen* Rn. 2004.

rechtzeitig vom Arbeitnehmer **Einspruch** eingelegt (§ 59 ArbGG), so ist über den Antrag auf nachträgliche Klagezulassung nach § 5 KSchG zu befinden, wenn nicht aus sonstigen Gründen das Versäumnisurteil aufrechtzuerhalten ist. Das kann etwa der Fall sein, wenn – von der Klageerhebungsfrist abgesehen – das KSchG bei einem Kleinbetrieb nicht anwendbar ist und keine sonstigen Unwirksamkeitsgründe für die Kündigung vorliegen. Ist der **beklagte Arbeitgeber säumig,** muss das Arbeitsgericht **zunächst** über die **nachträgliche Klagezulassung** nach § 5 KSchG im Urteil befinden, so dass im Falle der Ablehnung ein **unechtes Versäumnisurteil** gegen den Kläger ergeht.

6. Rechtsmittel

Nach der Neuregelung des § 5 Abs. 4 KSchG ist das **Rechtsmittel** gegen das Urteil oder Zwischenurteil des Arbeitsgerichts, das über den Antrag auf nachträgliche Klagezulassung entschieden hat, die **Berufung** an das Landesarbeitsgericht (§ 64 Abs. 1 ArbGG), die ohne Zulassungsentscheidung (§ 64 Abs. 2 Buchst. a, Abs. 3a ArbGG) nach § 64 Abs. 2 Buchst. c ArbGG uneingeschränkt statthaft ist.

Dies gilt wegen der ausdrücklichen Anordnung des Gesetzgebers in § 5 Abs. 4 S. 3 KSchG auch für das **Zwischenurteil,** wenn das Arbeitsgericht **ausnahmsweise** zunächst gesondert über die nachträgliche Klagezulassung entschieden hat.[1106]

Die Zulässigkeit eines Rechtsmittels setzt die **Beschwer** des Rechtsmittelklägers voraus, die nicht allein im Kostenpunkt bestehen darf.[1107] Ob eine Beschwer vorliegt, bestimmt sich nach dem rechtskraftfähigen Inhalt der angegriffenen Entscheidung. Beim Kläger wird in der Regel eine **formelle Beschwer** vorausgesetzt, die zu verneinen ist, wenn der Kläger in der ersten Instanz voll obsiegt hat.[1108] Hat daher das Arbeitsgericht der Kündigungsschutzklage des Arbeitnehmers entsprochen, ohne über die beantragte nachträgliche Zulassung der Klage zu entscheiden, könnte der Arbeitnehmer das Urteil mangels formeller Beschwer nicht mit der Berufung anfechten. Ebenso fehlt es an der **materiellen Beschwer** des Arbeitgebers,[1109] wenn ohne Entscheidung über die nachträgliche Klagezulassung die Kündigungsschutzklage aus anderen Gründen als unbegründet abgewiesen worden ist. Durch die Verbindung des Antrags aus § 5 Abs. 1 KSchG mit der Feststellungsklage nach § 4 S. 1 KSchG entsteht ein einheitlicher Rechtsstreit mit einem einheitlichen Urteil. Daher stellt die Versäumung der Klagefrist nur einen von mehreren denkbaren Gründen dar, die zur Abweisung der Kündigungsschutzklage des Arbeitnehmers führen können (§ 7 KSchG).

Die **Präklusion** mit weiterem Vorbringen nach Ablauf der Frist des § 5 Abs. 3 S. 1 KSchG[1110] ist deshalb von besonderer Bedeutung, weil abweichend von § 67 ArbGG[1111] die Berufung gegen das erstinstanzliche Urteil nicht mehr auf Tatsachen und Beweise gestützt werden kann, die nicht bereits innerhalb der Antragsfrist des § 5 Abs. 3 S. 1 KSchG vorgebracht worden sind.[1112] An dieser Beurteilung hat sich durch die geänderte Entscheidungsform durch Urteil auf Grund des SGGArbGGÄndG nichts geändert. § 5 Abs. 2, 3 KSchG geht als Sonderregelung dem § 67 ArbGG vor. Daher kann die Berufung im Hinblick auf die Anwendung des § 5 KSchG nur darauf gestützt werden, dass die Entscheidung des Arbeitsgerichts auf einer Rechtsverletzung beruht oder erstinstanzliches Vorbringen innerhalb der Antragsfrist unberücksichtigt geblieben ist. Ist der Arbeitgeber Berufungsführer, kann er die Berufung auch darauf stützen, dass erst nach Ablauf der Frist des § 5 Abs. 3 KSchG vorgebrachte Tatsachen und Mittel der Glaubhaftmachung, die vom Arbeitsgericht nicht mehr hätten berücksichtigt werden dürfen, für die nachträgliche Klagezulassung entscheidend waren.

[1106] Das Verbundverfahren ist der Regelfall: BT-Drs. 16/7716, 14.
[1107] ErfK/*Koch* ArbGG § 64 Rn. 7, 13.
[1108] BAG 23.6.1993 – 2 AZR 56/93, NZA 1994, 264.
[1109] Allgemein zur materiellen Beschwer: BAG 18.9.2019 – 4 AZR 275/18, NZA 2019, 1738 Rn. 12, 13 mwN.
[1110] Vgl. → Rn. 224.
[1111] § 67 ArbGG geht § 531 ZPO als Spezialregelung eindeutig vor, wie aus § 64 Abs. 6 S. 1 ArbGG zu entnehmen ist: BAG 15.2.2005 – 9 AZN 892/04, NZA 2005, 484; 25.4.2007 – 6 AZR 436/05, NZA 2007, 1387.
[1112] BAG 28.5.2009 – 2 AZR 732/08, NZA 2009, 1229; 24.11.2011 – 2 AZR 614/10, NZA 2012, 413.

236 Das Landesarbeitsgericht entscheidet stets durch Endurteil (§ 5 Abs. 5 S. 2 KSchG), wenn bereits das Arbeitsgericht durch Endurteil entschieden hat. Eine Entscheidung durch Zwischenurteil kommt nur dann in Frage, wenn bereits das Arbeitsgericht durch Zwischenurteil entschieden hat oder das Arbeitsgericht keine Entscheidung über einen Antrag auf nachträgliche Zulassung der Klage getroffen hat, oder der Antrag erstmalig vor dem Landesarbeitsgericht gestellt worden ist. Das Landesarbeitsgericht kann mit Zustimmung der Prozessparteien eine Entscheidung ohne mündliche Verhandlung nach § 128 Abs. 2 ZPO treffen, weil § 64 Abs. 7 ArbGG nicht auf die Regelung des § 46 Abs. 2 S. 2 ArbGG verweist.[1113]

237 Im Interesse der **bundeseinheitlichen Rechtsanwendung** ist nunmehr unter den gesetzlichen Voraussetzungen (§§ 72, 72a ArbGG) die **Revision** zum Bundesarbeitsgericht zulässig. Da das Zwischenurteil wie ein Endurteil angefochten werden kann, ist auch das Zwischenurteil revisibel. Die Revision zum Bundesarbeitsgericht ist daher statthaft, wenn sie vom Landesarbeitsgericht oder auf Nichtzulassungsbeschwerde vom Bundesarbeitsgericht zugelassen worden ist.

III. Verlängerte Anrufungsfrist

1. Einführung

238 Nach § 6 S. 1 KSchG idF des Gesetzes zu Reformen am Arbeitsmarkt[1114] kann sich ein Arbeitnehmer, der innerhalb von drei Wochen nach Zugang der schriftlichen Kündigung im Klagewege geltend gemacht hat, dass eine rechtswirksame Kündigung nicht vorliege, in diesem Verfahren bis zum Schluss der mündlichen Verhandlung **erster Instanz** zur Begründung der Unwirksamkeit der Kündigung auch auf innerhalb der Klagefrist nicht geltend gemachte Gründe berufen. Das Arbeitsgericht soll ihn hierauf hinweisen (§ 6 S. 2 KSchG). Diese in § 6 S. 1 KSchG vorgesehene **verlängerte Anrufungsfrist** bezieht sich vom **Wortlaut** her nur darauf, dass der Arbeitnehmer **weitere Unwirksamkeitsgründe** für die Kündigung auch nach Ablauf der Frist des § 4 KSchG in den Prozess einzuführen darf, auf die er sich zunächst nicht berufen hat, wobei diese Rügemöglichkeit jedoch auf die Zeit bis zum Schluss der mündlichen Verhandlung in der ersten Instanz (§ 136 Abs. 4 ZPO iVm § 53 Abs. 2 ArbGG) beschränkt wird, um dem Arbeitgeber alsbald Klarheit über den Bestand oder die Beendigung des Arbeitsverhältnisses zu verschaffen.[1115] Problematisch ist daher, ob sich diese Vorschrift – wie vor der Neuregelung – generell auf eine **Verlängerung der Klagefrist** bezieht, wenn etwa der Arbeitnehmer aus der Unwirksamkeit einer Kündigung folgende Lohnansprüche mit einer Leistungsklage binnen drei Wochen nach Zugang der Kündigung geltend macht.[1116] Die Neuorientierung des § 6 S. 1 KSchG bewirkt in Relation zur Vorgängerregelung eine **Einschränkung:** Während der Arbeitnehmer nach der bis zum 1.1.2004 geltenden Fassung des § 6 S. 1 KSchG bis zum Schluss der mündlichen Verhandlung erster Instanz auch noch die Unwirksamkeit der Kündigung gemäß § 1 Abs. 2 und 3 KSchG geltend machen konnte, war er nicht gehindert, sich noch im zweiten Rechtszuge auf weitere Unwirksamkeitsgründe der Kündigung zu berufen, die nicht unter die Klagefrist des § 4 S. 1 KSchG fielen. Die Grenze dafür bildeten allenfalls prozessuale Ausschlussfristen (§§ 61a Abs. 5, 64 Abs. 8, 67 ArbGG). Diese Möglichkeit wird durch die Neufassung des § 6 S. 1 KSchG auf das Verfahren vor dem **Arbeitsgericht begrenzt,** weil die Klagefrist aus § 4 S. 1 KSchG nunmehr sämtliche Unwirksamkeitsgründe – bis auf die Wahrung der Schriftform – der Kündigung erfasst.[1117] Dies gilt allerdings nur unter

---

[1113] BAG 28.5.2009 – 2 AZR 732/08, NZA 2009, 1229.
[1114] Art. 1 Nr. 4, 24.12.2003, BGBl. 2003 I 3002.
[1115] BAG 18.1.2012 – 6 AZR 407/10, NZA 2012, 817; 24.5.2012 – 2 AZR 206/11, NZA 2013, 137; 20.1.2016 – 6 AZR 601/14, NZA 2016, 490.
[1116] So zum bisherigen Rechtszustand: BAG 16.4.2003 – 7 AZR 119/02, NZA 2004, 283; 12.5.2005 – 2 AZR 426/04, NZA 2005, 1259; Stahlhacke/Preis/Vossen Kündigung/*Vossen* Rn. 1929 mwN.
[1117] BAG 8.11.2007 – 2 AZR 314/06, NZA 2008, 936: Der Kläger hatte sich erst in der Revisionsinstanz auf den Unwirksamkeitsgrund der tariflichen Unkündbarkeit berufen. BAG 18.1.2012 – 6 AZR 407/10, NZA 2012, 817: Rügen eines Verstoßes gegen § 17 KSchG und § 102 BetrVG erstmals in zweiter Instanz; BAG 20.1.2016 – 6 AZR 601/14, NZA 2016, 490 Rn. 14.

der Voraussetzung, dass das Gericht von seiner Hinweispflicht aus § 6 S. 2 KSchG Gebrauch macht.[1118]

Da sich bis zum 1.1.2004 die Klageerhebungsfrist des § 4 S. 1 KSchG nur auf die **Sozialwidrigkeit** der Kündigung bezog, ging es bis zur Gesetzesänderung nur darum, den Arbeitnehmer, der die Unwirksamkeit der Kündigung innerhalb der Klagefrist aus **anderen Gründen** als der Sozialwidrigkeit verfolgt hat, durch § 6 aF KSchG vor Rechtsnachteilen zu bewahren, wenn er sich doch noch auf die Sozialwidrigkeit der Kündigung berufen wollte.[1119] Das konnte für den Arbeitnehmer ua von Bedeutung sein, wenn er von der Möglichkeit, die Auflösung des Arbeitsverhältnisses gegen Zahlung einer Abfindung zu verlangen (§§ 9, 10 KSchG), Gebrauch machen wollte.

239

Die zum 1.1.2004 vorgenommene Änderung des § 6 S. 1 KSchG stellt eine Folge der **Vereinheitlichung** der Klagefrist für alle Kündigungen dar.[1120] Der meist nicht rechtskundige Arbeitnehmer, der bei Klageerhebung oft nicht alle Unwirksamkeitsgründe kennt, soll nach der Begründung des Gesetzes[1121] Gelegenheit haben, auch später noch andere Unwirksamkeitsgründe im erstinstanzlichen Verfahren in den Prozess einzuführen, auf die er sich zunächst nicht berufen hat. Hierauf soll ihn das Arbeitsgericht hinweisen. Andererseits besteht außerdem nach der Vorstellung des Gesetzgebers[1122] ein Interesse des Arbeitgebers daran, dass alsbald Klarheit über den Bestand oder die Beendigung des Arbeitsverhältnisses vorherrscht. Für die außerordentliche Kündigung gilt über § 13 Abs. 1 S. 2 KSchG Entsprechendes. Gem. § 23 Abs. 1 S. 2 KSchG werden auch Arbeitnehmer in Kleinbetrieben von § 6 KSchG erfasst, die eine Kündigung nicht aus Gründen der Sozialwidrigkeit angreifen können.

240

2. Normzweck

Die Neufassung des § 6 S. 1 KSchG wird teilweise als missglückt angesehen,[1123] weil sie eine anachronistische Formelklage provoziere,[1124] vor allem aber – wie vor ihrer Novellierung – generell auf die Verlängerung der Frist zur Erhebung der Kündigungsschutzklage angelegt sei.[1125]

241

Wenn auch einiges dafür spricht, dass der Gesetzgeber die prozessuale Dimension der Neufassung des § 6 S. 1 KSchG nicht gesehen hat, wie die Regierungsbegründung belegt,[1126] macht die umgestaltete Regelung des § 6 S. 1 KSchG durchaus Sinn, wenn man ihren vor allem **prozessualen** Gehalt beachtet. Ausgangspunkt der Betrachtung ist auch bei § 6 S. 1 KSchG der **Streitgegenstand** der Kündigungsschutzklage. Das BAG[1127] geht von einem **zweigliedrigen** Streitgegenstandsbegriff aus, der nicht allein durch den Klageantrag, sondern zusätzlich durch den Lebenssachverhalt, aus dem der Kläger die begehrte Rechtsfolge herleitet, bestimmt wird. Im Ergebnis gestattet der Gesetzgeber mit § 6 S. 1 KSchG daher, dass der Arbeitnehmer im Wege der **Klageänderung** abweichend von 263 ZPO weitere Unwirksamkeitsgründe der Kündigung bis zum Schluss der mündlichen Verhandlung **erster** Instanz **nachschieben** darf, wenn er überhaupt innerhalb der Klagefrist des § 4 S. 1 KSchG gegen die

242

[1118] BAG 18.1.2012 – 6 AZR 407/10, NZA 2012, 817; 25.10.2012 – 2 AZR 845/11, NZA 2013, 900 Rn. 35; 26.9.2013 – 2 AZR 843/12, NZA-RR 2014, 236.
[1119] BAG 13.8.1987 – 2 AZR 599/86, NZA 1988, 129; 23.4.2008 – 2 AZR 699/06, NZA-RR 2008, 466.
[1120] BT-Drs. 15/1204, 13.
[1121] BT-Drs. 15/1204, 13.
[1122] BT-Drs. 15/1204, 13; vgl. auch BAG 20.1.2016 – 6 AZR 601/14, NZA 2016, 490 Rn. 14; *Eylert* NZA 2012, 9 (10).
[1123] So ausdrücklich BAG 23.4.2008 – 2 AZR 699/06, NZA-RR 2008, 466; 18.1.2012 – 6 AZR 407/10, NZA 2012, 817; *Bader* NZA 2004, 65 (68); *Quecke* RdA 2004, 86 (101). Vgl. Zum Ganzen Stahlhacke/Preis/Vossen Kündigung/*Vossen* Rn. 1929 ff.
[1124] So *Quecke* RdA 2004, 86 (102); im Ergebnis zustimmend *Bader* NZA 2004, 65 (68, 69); vgl. zur bisherigen Regelung *Boewer* RdA 2001, 380 (391).
[1125] BAG 23.4.2008 – 2 AZR 699/06, NZA-RR 2008, 466.
[1126] BT-Drs. 15/1204, 13.
[1127] BAG 10.10.2002 – 2 AZR 622/01, AP KSchG 1969 § 4 Nr. 49; 17.4.2002 – 5 AZR 400/00, AP ZPO § 322 Nr. 34; 15.9.2011 – 8 AZR 846/09, NZA 2012, 377; näher dazu → Rn. 147.

Wirksamkeit der Kündigung angetreten ist.[1128] Insoweit verdrängt § 6 S. 1 KSchG die Regelung des § 61a Abs. 5 ArbGG.[1129] Das BAG[1130] verneint eine Klageänderung und geht davon aus, dass Unwirksamkeitsgründe, deren Vorliegen sich unmittelbar aus dem Vortrag einer der Parteien ergibt, von den Gerichten grundsätzlich von **Amts wegen** zu berücksichtigen sind, weil Streitgegenstand der nach § 4 KSchG erhobenen Klage die (Un-)Wirksamkeit der Kündigung **als solche** unter allen in Betracht kommenden rechtlichen Gesichtspunkten mit Ausnahme der Wahrung der Schriftform sei.[1131] Danach erlaubt die Regelung des § 6 KSchG, dass der Arbeitnehmer über die Einführung der Unwirksamkeitsgründe frei entscheiden und den Prozessstoff insoweit von vornherein begrenzen oder in den zeitlichen Grenzen des § 6 S. 1 KSchG erweitern kann. Die gerichtliche Überprüfung der Wirksamkeit der Kündigung hat nur im Rahmen der iSv § 4 S. 1 iVm § 6 Satz 1 KSchG rechtzeitig angebrachten Unwirksamkeitsgründe zu erfolgen.[1132] Etwas anderes soll nur dann gelten, wenn der Arbeitnehmer im Prozess zweifelsfrei zu erkennen gibt, dass er sich auf einen bestimmten Unwirksamkeitsgrund iSd § 6 S. 1 KSchG ausdrücklich nicht oder nicht mehr berufen will.[1133] Ungeachtet dieser Bewertung des Streitgegenstandes bestätigt § 6 KSchG, dass der klagende Arbeitnehmer den Prozessstoff bestimmt, indem er sich nur auf bestimmte Unwirksamkeitsgründe der Kündigung berufen oder diese Unwirksamkeitsgründe im ersten Rechtszug ergänzen kann.[1134] Jedenfalls verlangt § 6 KSchG die **Geltendmachung** der Unwirksamkeitsgründe durch den Arbeitnehmer, was allerdings auch konkludent möglich ist.[1135] Aus der in § 139 ZPO geregelten materiellen Prozessleitungspflicht des Gerichts kann sich außerdem eine Aufklärungspflicht ergeben, ob eine Partei sich mit ihrem Vorbringen auf einen bestimmten Unwirksamkeitsgrund berufen will.

243 Aus dem Vorhergesagten ergeben sich für § 6 S. 1 KSchG folgende Konturen: Während nach bisheriger Regelung nur die **Sozialwidrigkeit** der Kündigung bis zum Schluss der mündlichen Verhandlung erster Instanz und nicht mehr in der Berufungsinstanz nachgeschoben werden durfte, gilt dies nunmehr für **sämtliche** Unwirksamkeitsgründe der Kündigung. Diese **Präklusionswirkung**, die über § 67 ArbGG hinausgeht, dient der Konzentration und damit der Beschleunigung des Kündigungsschutzprozesses (§ 9 Abs. 1 ArbGG) und wirkt damit der nach der bisherigen Fassung des § 6 S. 1 KSchG vorhandenen Möglichkeit entgegen, mit anderen Unwirksamkeitsgründen außer der Sozialwidrigkeit noch in der Be-

---

[1128] AA BAG 26.9.2013 – 2 AZR 843/12, NZA-RR 2014, 236, das nicht von einer Änderung des Streitgegenstandes ausgeht. So auch BAG 14.5.2020 – 6 AZR 674/19, juris Rn. 27: Alle Unwirksamkeitsgründe sind Sachvortrag innerhalb eines einzigen Streitgegenstandes. Ebenso ErfK/*Kiel* KSchG § 6 Rn. 2: Erweiterung des Sachvortrags iS einer mehrfachen Begründung des Klageantrags; Schaub ArbR-HdB/*Linck* § 138 Rn. 42: Vgl. dazu auch *Eylert* NZA 2012, 9 ff., wonach der Arbeitgeber alsbald Klarheit über den Fortbestand des Arbeitsverhältnisses gewinnen soll.

[1129] AA Stahlhacke/Preis/Vossen Kündigung/*Vossen* Rn. 1931; *Preis* DB 2004, 70 (77); *Schiefer*/*Worzalla* NZA 2004, 345 (356), die § 61a Abs. 5 ArbGG neben § 6 KSchG anwenden wollen. Vgl. dazu auch *Bader* NZA 2004, 65 (69). Das BAG 20.9.2012 – 6 AZR 483/11, NZA 2013, 94 hat die Frage unentschieden gelassen. Zur Frage einer Zurückweisung des Vorbringens nach § 61a Abs. 3 und 5 ArbGG: BAG 11.6.2020 – 2 AZR 400/19, juris Rn. 12, 54.

[1130] BAG 18.1.2012 – 6 AZR 407/10, NZA 2012, 817; 26.9.2013 – 2 AZR 843/12, NZA-RR 2014, 236. Ebenso *Eylert* NZA 2012, 9 (10).

[1131] Anders aber BAG 8.11.2007 – 2 AZR 314/06, NZA 2008, 936; 20.1.2016 – 6 AZR 601/14, NZA 2016, 490; vgl. auch BAG 4.5.2011 – 7 AZR 252/10, NZA 2011, 1178: kann im Ergebnis offenbleiben, welche **Anforderungen an eine Geltendmachung** weiterer Unwirksamkeitsgründe iSv § 17 S. 2 TzBfG, § 6 S. 1 KSchG zu stellen sind.

[1132] BAG 24.5.2012 – 2 AZR 206/11, NZA 2013, 137 Rn. 50; 20.1.2016 – 6 AZR 601/14, NZA 2016, 490 Rn. 14; *Eylert* NZA 2012, 9 (10).

[1133] BAG 26.9.2013 – 2 AZR 843/12, NZA-RR 2014, 236.

[1134] BAG 20.6.2013 – 2 AZR 546/12, NZA 2014, 143: Hält der Arbeitnehmer an der Rüge der nicht ordnungsgemäßen Anhörung des Betriebsrats nicht mehr fest, ist diese nicht zu prüfen.

[1135] So jedenfalls BAG 20.1.2016 – 6 AZR 601/14, NZA 2016, 490 bezüglich der Massenentlassungsanzeige (§ 17 Abs. 1 und 3 KSchG) und der Pflicht zur Konsultation des Betriebsrats nach § 17 Abs. 2 KSchG. Sehr großzügig aber Schaub ArbR-HdB/*Linck* § 138 Rn. 44: iura novit curia auch im Fall der Arbeitnehmer zwar die Anwendung eines Tarifvertrags vorträgt, sich aber nicht auf die darin vorgesehene Unkündbarkeit beruft. Vgl. dazu BAG 8.11.2007 – 2 AZR 314/06, NZA 2008, 936.

rufsinstanz aufwarten zu können.[1136] Allerdings setzt die Präklusionwirkung voraus, dass das Arbeitsgericht den Arbeitnehmer nach § 6 S. 2 KSchG darauf hingewiesen hat.[1137]

Für die anwaltliche Beratung ist daher dringend zu empfehlen, die Neuregelung des § 6 S. 1 KSchG so anzuwenden, wie es der Wortlaut gebietet.

3. Die direkte Anwendung des § 6 S. 1 KSchG

Der **unmittelbare** Anwendungsbereich des § 6 S. 1 KSchG erfasst dem Wortlaut nach die **Beendigungs-**, nicht die Änderungskündigung. Mit dem Verweis auf den **Klageweg** gegen die **Kündigung** wird zugleich ein unmittelbarer Zusammenhang mit § 4 S. 1 KSchG hergestellt und damit nur die Beendigungskündigung angesprochen, weil im Falle des § 2 KSchG die Änderung der Arbeitsbedingungen und nicht die Kündigung den Streitgegenstand bildet.[1138] Da sich der Arbeitnehmer, der bei einer **Änderungskündigung** des Arbeitgebers das Angebot auf Änderung seiner Arbeitsbedingungen gemäß § 2 S. 1 KSchG unter dem Vorbehalt der sozialen Rechtfertigung angenommen hat, nach aktueller Rspr. des BAG[1139] im Prozess regelmäßig auch auf einen **Mangel der Kündigungserklärung** berufen kann, um der Änderungsschutzklage zum Erfolg zu verhelfen, betrifft § 6 S. 1 KSchG auch die **Änderungskündigung**. Dies gilt auch dann, wenn der Arbeitnehmer rügt, dass die Änderung der Arbeitsbedingungen nicht nur sozial ungerechtfertigt, sondern auch aus anderen Gründen rechtsunwirksam ist.[1140]

Außerdem muss sich die Klage als **Feststellungsklage**[1141] gegen die Wirksamkeit der Kündigung selbst richten, dh diese Frage den Verfahrensgegenstand der Hauptsache ausmachen. Hier sind alle Gründe angesprochen, die die Wirksamkeit der Kündigung zu Fall bringen können, wie etwa die nicht ordnungsgemäße Anhörung des Betriebsrats (§ 102 Abs. 1 S. 3 BetrVG), ihre Sozialwidrigkeit (§ 1 Abs. 2, Abs. 3 S. 1 KSchG), die notwendige, aber noch fehlende Zustimmung einer Behörde (§§ 168, 174 SGB IX, § 17 Abs. 2 MuSchG, 18 Abs. 1 BEEG), ein Verstoß gegen das AGG (§ 7 Abs. 2 AGG iVm § 134 BGB) bis hin zu ihrer Treuwidrigkeit (§ 242 BGB) und Sittenwidrigkeit (§ 138 BGB).

Von besonderer Bedeutung ist dabei vor allem für den Arbeitnehmer der nachschiebbare Unwirksamkeitsgrund der **Sozialwidrigkeit** der Kündigung, weil er sich nur darüber den Weg für einen Antrag auf **Auflösung** des Arbeitsverhältnisses gegen Zahlung einer vom Gericht festzusetzenden **Abfindung** (§§ 9 Abs. 1 S. 1, 10 KSchG) ebnen kann.

Wie unmissverständlich aus § 13 Abs. 1 S. 2 KSchG hervorgeht, gelten diese Vorgaben sowohl für die **ordentliche** als auch für die **außerordentliche** Kündigung aus wichtigem Grunde. Auch bei der außerordentlichen Kündigung ist Voraussetzung für den **nur** dem **Arbeitnehmer** vorbehaltenen **Auflösungsantrag** nebst Abfindungszahlung (§§ 9, 10 KSchG iVm § 13 Abs. 1 S. 3 KSchG), dass neben etwaigen anderen Unwirksamkeitsgründen die Kündigung mangels Vorliegens eines **wichtigen Grundes** (§ 626 Abs. 1 und 2 BGB) der Wirksamkeit entbehrt (§ 13 Abs. 3 KSchG).

Das Nachschieben oder die Erweiterung von zusätzlichen Unwirksamkeitsgründen der Kündigung kann nur bis zum Schluss der mündlichen Verhandlung vor dem Arbeitsgericht (§ 136 Abs. 4 ZPO) erfolgen und setzt zwingend voraus, dass zumindest **ein** Unwirksamkeitsgrund innerhalb der Klagefrist des § 4 S. 1 KSchG bei dem Arbeitsgericht anhängig gemacht worden ist.[1142] Eine entsprechende Ergänzung des Klagegrundes im zweiten Rechtszug ist nicht mehr möglich.[1143]

[1136] BAG 8.11.2007 – 2 AZR 314/06, NZA 2008, 936; 18.1.2012 – 6 AZR 407/10, NZA 2012, 817. Vgl. auch Schaub ArbR-HdB/*Linck* § 138 Rn. 42: Präklusion und Konzentration des Prozessstoffs. AA *Bayreuther* ZfA 2005, 391 (392); *Quecke* RdA 2004, 86 (102); *Bender/Schmidt* NZA 2004, 358 (365); KR/*Friedrich/Treber* KSchG § 6 Rn. 14, die die Beschränkung der Unwirksamkeitsgründe ungeachtet eines Verstoßes gegen die Hinweispflicht aus § 6 S. 2 KSchG auf die erste Instanz ablehnen.
[1137] BAG 26.9.2013 – 2 AZR 843/12, NZA-RR 2014, 236. Näher dazu → Rn. 261.
[1138] Näher dazu → § 46 Rn. 115 ff.
[1139] BAG 22.10.2015 – 2 AZR 124/14, NZA 2016, 225.
[1140] Ebenso ErfK/*Kiel* KSchG § 6 Rn. 3; Ascheid/Preis/Schmidt/*Hesse* KSchG § 6 Rn. 16.
[1141] BAG 16.4.2003 – 7 AZR 119/02, NZA 2004, 283.
[1142] KR/*Friedrich/Treber* KSchG § 6 Rn. 9.
[1143] BAG 8.11.2007 – 2 AZR 314/06, NZA 2008, 936; 4.5.2011 – 7 AZR 252/10, NZA 2011, 1178; 18.1.2012 – 6 AZR 407/10, NZA 2012, 817.

250 Die Notwendigkeit der **rechtzeitigen** Klageerhebung (§ 4 S. 1 KSchG) folgt bereits daraus, dass anderenfalls die Kündigung gemäß § 7 KSchG als von Anfang an rechtswirksam gilt und damit **jeder** Unwirksamkeitsgrund – von dem fehlenden Schriftformerfordernis abgesehen – rückwirkend **geheilt** wird. Daran ändert § 6 S. 1 KSchG nichts, weil § 7 KSchG sämtliche Unwirksamkeitsgründe betrifft. Deshalb reicht ein bloßes Bestreiten der Wirksamkeit der Kündigung außerhalb eines aktiven gerichtlichen Vorgehens gegen den Arbeitgeber nicht aus,[1144] um die Wirkung des § 7 KSchG zu verhindern.

251 Der **Schluss der mündlichen Verhandlung** erster Instanz bestimmt sich nach § 136 Abs. 4 ZPO (§ 53 Abs. 2 ArbGG). Die Schließung der mündlichen Verhandlung bedarf keines förmlichen Beschlusses und kann konkludent dadurch erfolgen, dass die Verkündung einer Entscheidung am Schluss der Sitzung angekündigt oder etwa die nächste Sache vom Gericht aufgerufen wird.[1145] Die Folge des Verhandlungsschlusses besteht ua darin, dass die Parteien das Recht auf Berücksichtigung weiteren Vorbringens verlieren (§ 296a ZPO).

4. Die entsprechende Anwendung des § 6 S. 1 KSchG

252 Bereits vor der Novellierung lag der eigentliche Schwerpunkt der Verlängerung der Anrufungsfrist des § 6 S. 1 KSchG nicht bei seiner direkten, sondern bei seiner **analogen** Anwendung.[1146] Daran hat sich durch die Neufassung des Gesetzes nichts geändert, weil die Gründe für die Analogie nicht weggefallen sind.[1147] Nach dem Willen des Gesetzgebers sollte die Neufassung des § 6 KSchG durch das Arbeitsmarktreformgesetz vom 24.12.2003 der bisherigen Regelung entsprechen und lediglich angepasst werden.[1148] Der Begründungsansatz für die analoge Heranziehung dieser Vorschrift liegt vor allem darin, dass der Arbeitnehmer vor dem Verlust des Kündigungsschutzes aus rein formalen Gründen bewahrt werden soll, wenn er während der dreiwöchigen Klagefrist des § 4 S. 1 KSchG auch ohne einen ausdrücklichen Hinweis auf eine ganz bestimmte Kündigungserklärung für den Kündigenden hinreichend klar zu erkennen gegeben hat, sich mit der Beendigung des Arbeitsverhältnisses in keiner Form zufrieden geben zu wollen.[1149] Der Wille des Arbeitnehmers, eine Beendigung seines Arbeitsverhältnisses durch Kündigung nicht zu akzeptieren und sein Arbeitsverhältnis fortführen zu wollen, kann beispielsweise dadurch zum Ausdruck kommen, dass der Arbeitnehmer mit einer Leistungsklage Ansprüche für die Zeit nach Zugang der Kündigung bzw. nach Ablauf der Kündigungsfrist innerhalb von drei Wochen nach Zugang der schriftlichen Kündigung klageweise geltend gemacht hat, deren Berechtigung zwingend die Unwirksamkeit der ausgesprochenen Kündigung voraussetzt.[1150] Dies führt zugleich jedoch zur Unanwendbarkeit des § 1a KSchG.[1151]

253 So ist eine analoge Heranziehung des § 6 S. 1 KSchG geboten, wenn der Arbeitnehmer eine Änderungsschutzklage gemäß § 4 S. 2 KSchG rechtzeitig erhoben hat und in diesem Verfahren zur Kündigungsschutzklage wechselt, weil in Wahrheit nur eine Beendigungskündigung vorlag, oder der Arbeitnehmer vor Erhebung der Änderungsschutzklage das Ände-

---

[1144] ErfK/*Kiel* KSchG § 6 Rn. 1.
[1145] MüKoZPO/*Peters* § 136 Nr. 7; Thomas/Putzo/*Reichold* ZPO § 136 Rn. 4; KR/*Friedrich*/*Treber* KSchG § 6 Rn. 15.
[1146] Vgl. nur BAG 28.6.1973 – 2 AZR 378/72, AP KSchG § 13 Nr. 2; 13.3.1997 – 2 AZR 512/96, NZA 1997, 844; 17.5.2001 – 2 AZR 460/00, NZA 2002, 54.
[1147] BAG 23.4.2008 – 2 AZR 699/06, NZA-RR 2008, 466; 24.5.2018 -2 AZR 67/18, NZA 2018, 1127 Rn. 30 ff.; ErfK/*Kiel* KSchG § 6 Rn. 4; Stahlhacke/Preis/Vossen Kündigung/*Vossen* Rn. 1936 ff.; *Preis* DB 2004, 70 (75); *Giesen/Besgen* NJW 2004, 185 (188); aA *Bader* NZA 2004, 65 (69).
[1148] BT-Drs.15/1204, 13: Das entspricht dem Sinn der bisherigen Regelung. Der meist nicht rechtskundige Arbeitnehmer, der bei Klageerhebung oft nicht alle Unwirksamkeitsgründe kennt, soll die Möglichkeit haben, auch später noch andere Unwirksamkeitsgründe in den Prozess einzuführen, auf die er sich zunächst nicht berufen hat.
[1149] Vgl. nur BAG 13.3.1997 – 2 AZR 512/96, NZA 1997, 844; 17.5.2001 – 2 AZR 460/00, NZA 2002, 54; 18.12.2014 – 2 AZR 163/14, NZA 2015, 635; *Boewer* RdA 2001, 380 (389).
[1150] BAG 15.5.2012 – 7 AZR 6/11, NZA 2012, 1148; 26.9.2013 – 2 AZR 682/12, NZA 2014, 443; 18.12.2014 – 2 AZR 163/14, NZA 2015, 635; 24.5.2018 – 2 AZR 67/18, NZA 2018, 1127 Rn. 31; 21.5.2019 – 2 AZR 26/19, NZA 2019, 1143 Rn. 25 mwN.
[1151] Vgl. dazu → Rn. 164; *Bauer/Krieger* NZA 2004, 77 (79); *Willemsen/Annuß* NJW 2004, 177 (182).

rungsangebot des Arbeitgebers abgelehnt hatte.[1152] So wahrt ein Änderungsschutzantrag nach § 4 S. 2 KSchG die Klagefrist des § 4 S. 1 KSchG für eine nachfolgende schriftliche Beendigungskündigung, die vor oder zeitgleich mit dem Termin zur Änderung der Arbeitsbedingungen wirksam werden soll, wenn der Kläger die Unwirksamkeit der Folgekündigung in entsprechender Anwendung von § 6 KSchG vor Schluss der mündlichen Verhandlung erster Instanz mit einem Antrag nach § 4 S. 1 KSchG verfolgt.[1153] Dem ist beizupflichten: Gemeinsamer auslösender Anlass für beide Klagen ist die Kündigung des Arbeitgebers zu demselben Änderungs- oder Beendigungstermin. Demgemäß ist auch bei einer Änderungsschutzklage die Kündigung des Arbeitgebers ein Angriffsziel des Arbeitnehmers. In beiden Fällen soll das Arbeitsverhältnis mit seinem vor Ausspruch der Kündigung vorhandenen Inhalt unverändert fortbestehen.[1154] Auch der Streitgegenstand der Änderungsschutzklage ist erweitert punktuell.[1155] Die entsprechende Anwendung des § 6 S. 1 KSchG bildet auch die Grundlage für die **Schleppnetzfunktion**[1156] der die Klagefrist des § 4 S. 1 KSchG wahrenden **allgemeinen Feststellungsklage** nach § 256 ZPO, um damit Kündigungen, die dem Arbeitnehmer schon vor Klageerhebung zugegangen sind, Schriftsatzkündigungen oder weiteren Kündigungen des Arbeitgebers während der prozessualen Auseinandersetzung zu begegnen.[1157] In analoger Anwendung des § 6 KSchG wahrt eine Kündigungsschutzklage die Klagefrist des § 4 S. 1 KSchG auch für eine **Folgekündigung**, die vor dem oder zeitgleich mit dem Termin der ersten Kündigung wirksam werden soll, jedenfalls dann, wenn der Kläger ihre Unwirksamkeit noch vor Schluss der mündlichen Verhandlung erster Instanz explizit geltend gemacht und mit einem Antrag nach § 4 S. 1 KSchG erfasst hat.[1158] Das BAG[1159] hat im Fall der Arbeitnehmer ein mit der Kündigung verbundenes Angebot des Arbeitgebers zur Fortsetzung des Arbeitsverhältnisses zu geänderten Bedingungen unter dem Vorbehalt des § 2 KSchG rechtzeitig angenommen hat, zur Vermeidung der Rechtsfolgen des § 7 KSchG bereits aufgrund einer am Rechtsschutzziel orientierten Auslegung des Klageantrags ohne Rückgriff auf § 6 KSchG genügen lassen, wenn er innerhalb der Klagefrist Kündigungsschutzklage nach § 4 S. 1 KSchG erhebt und den Antrag später entsprechend § 4 S. 2 KSchG umstellt. Die Umstellung auf die richtige Antragsformulierung gem. § 4 S. 2 KSchG kann daher auch noch im Berufungsverfahren erfolgen.[1160] Dieses Auslegungsergebnis bezüglich des Klageantrags ist plausibel, weil der Arbeitgeber durch die rechtzeitige Vorbehaltsannahme nicht im Zweifel sein kann, dass es nicht um die Beendigung des Arbeitsverhältnisses geht, sondern um den unveränderten Fortbestand.

Eine analoge Anwendung des § 6 KSchG ist von der Rechtsprechung ebenfalls befürwortet worden, wenn der Arbeitnehmer aus der Unwirksamkeit einer Kündigung folgende **Lohnansprüche** mit einer Leistungsklage binnen drei Wochen nach Zugang der Kündigung gerichtlich verfolgt.[1161] Entsprechendes gilt, wenn der Arbeitnehmer im Wege der Leistungs-

---

[1152] BAG 23.3.1983 – 7 AZR 157/81, AP KSchG 1969 § 6 Nr. 1; 17.5.2001 – 2 AZR 460/00, NZA 2002, 54; 24.5.2018 – 2 AZR 67/18, NZA 2018, 1127 Rn. 31.
[1153] BAG 24.5.2018 – 2 AZR 67/18, NZA 2018, 1127 Rn. 18, 30; 21.5.2019 – 2 AZR 26/19, NZA 2019, 1143 Rn. 25; ErfK/*Kiel* KSchG § 6 Rn. 3.
[1154] Vgl. zum erweiterten punktuellen Streitgegenstand der Kündigungsschutzklage: BAG 18.12.2014 – 2 AZR 163/14, NZA 2015, 635 Rn. 22.
[1155] Ausführlich → Rn. 119ff.; *Niemann* RdA 2016, 339 (345); Stahlhacke/Preis/Vossen Kündigung/*Vossen* Rn. 1938; ErfK/*Kiel* KSchG § 6 Rn. 3.
[1156] Vgl. dazu näher → Rn. 153, 154.
[1157] Grds. dazu BAG 13.3.1997 – 2 AZR 512/96, NZA 1997, 844; 26.9.2013 – 2 AZR 682/12, NZA 2014, 443; ebenso ErfK/*Kiel* KSchG § 6 Rn. 3; vgl. aber BAG 18.12.2014 – 2 AZR 163/14, NZA 2015, 635 zur Formulierung des Antrags.
[1158] BAG 18.12.2014 – 2 AZR 163/14, NZA 2015, 635.
[1159] BAG 21.5.2019 – 2 AZR 26/19, NZA 2019, 1143 Rn. 17, 20. Das BAG hat offengelassen, ob der Übergang vom Antrag nach § 4 S. 1 KSchG auf einen Antrag nach § 4 S. 2 KSchG als Klageänderung iSv §§ 263, 264 ZPO anzusehen ist.
[1160] BAG 21.5.2019 – 2 AZR 26/19, NZA 2019, 1143 Rn. 25.
[1161] BAG 15.5.2012 – 7 AZR 6/11, NZA 2012, 1148; 26.9.2013 – 2 AZR 682/12, NZA 2014, 443; 18.12.2014 – 2 AZR 163/14, NZA 2015, 635; 24.5.2018 – 2 AZR 67/18, NZA 2018, 1127 Rn. 31; Stahlhacke/Preis/Vossen Kündigung/*Vossen* Rn. 1936. Nicht ausreichend ist es jedoch, dass in der Klageschrift Lohnansprüche aus der Zeit **vor** dem Zugang der Kündigung geltend gemacht werden.

klage seine **Weiterbeschäftigung** für einen Zeitraum nach Zugang der außerordentlichen Kündigung innerhalb von drei Wochen gerichtlich geltend gemacht hat.[1162] Das BAG[1163] hat eine analoge Anwendung des § 6 S. 1 KSchG befürwortet, wenn der Arbeitnehmer gegen eine **erste** Kündigung zu einem bestimmten Termin Kündigungsschutzklage erhoben hat verbunden mit einem – vorläufigen – **Weiterbeschäftigungsantrag** und eine auf dieselben Gründe gestützte **zweite** zum selben oder sogar einem früheren Beendigungstermin ausgesprochene Kündigung erst nach Ablauf der dreiwöchigen Klagefrist ausdrücklich angegriffen hat.[1164] Etwas anderes kann gelten, wenn der Arbeitgeber eine zweite Kündigung aus anderen Kündigungsgründen oder zu einem anderen, deutlich späteren Beendigungstermin erklärt hat. Ist eine analoge Anwendung des § 6 S. 1 KSchG geboten, muss der Kläger einen zusätzlichen Antrag nach § 4 S. 1 KSchG stellen, weil sich nur dann die Rechtskraftwirkung des Feststellungsurteils auf die Unwirksamkeit der nachträglich angegriffenen Kündigung erstrecken kann.

255 Rügt der Arbeitnehmer mit der rechtzeitig erhobenen Klage nur die **Nichteinhaltung** der **Kündigungsfrist**, ist von Bedeutung, ob sich durch Auslegung ermitteln lässt, dass die rechtlich gebotene Frist eingehalten werden sollte.[1165]

256 Hat der Arbeitgeber eine sog. **Verbundkündigung** ausgesprochen, dh zugleich mit einer außerordentlichen Kündigung vorsorglich eine ordentliche Kündigung verknüpft, und hat der Arbeitnehmer innerhalb der Klageerhebungsfrist mit seinem Feststellungsantrag lediglich die außerordentliche Kündigung angegriffen, so erfasst seine Klage auch ohne besonderen Hinweis zugleich die hilfsweise erklärte ordentliche Kündigung, wenn er sich mit der Klagebegründung **insgesamt** gegen die Wirksamkeit der Kündigung wendet. Sein Klageantrag ist dann in diesem weiten Sinne aufzufassen.[1166] Anders ist es jedoch, wenn die außerordentliche Kündigung und eine weitere ordentliche Kündigung **hintereinander ausgesprochen** werden, weil dann nicht nur **eine** Kündigung, sondern **zwei** eigenständige Kündigungen vorliegen, die **gesondert** mit der Kündigungsschutzklage nach § 4 S. 1 KSchG angegriffen werden müssen. Wendet sich daher der Arbeitnehmer nur gegen die zunächst ausgesprochene außerordentliche Kündigung, kommt **keine** entsprechende Anwendung des § 6 S. 1 KSchG in Betracht, wenn er die weitere Kündigung außerhalb der Klagefrist gerichtlich angreift.

257 Die **Umdeutung** einer außerordentlichen Kündigung in eine **ordentliche** Kündigung ist **kein** Fall von § 6 S. 1 KSchG.[1167] Die Umdeutung einer unwirksamen außerordentlichen in eine ordentliche Kündigung ist nach § 140 BGB stets möglich, wenn dies dem mutmaßlichen Willen des Kündigenden entspricht und dem Kündigungsempfänger im Zeitpunkt des Kündigungszugangs erkennbar ist.[1168] Liegen diese Voraussetzungen vor, so hat das Arbeitsgericht **ohne** entsprechenden **Antrag** der Parteien von sich aus zu prüfen, ob auf Grund der feststehenden Tatsachen eine Umdeutung in Betracht kommt.[1169] Regelmäßig umfasst daher ein gegen eine außerordentliche Kündigung gerichteter Kündigungsschutzantrag nach § 4 S. 1 KSchG auch den Antrag der Festellung der Unwirksamkeit einer umgedeuteten ordentlichen Kündigung, wenn nicht aufgrund besonderer Umstände zu entnehmen ist, dass der Arbeitnehmer die ordentliche Kündigung hinnehmen will.[1170] Angesichts dessen kann sich die Frage der Umdeutung noch in der **Berufungsinstanz** stellen, ohne dass hier § 6 S. 1

[1162] BAG 23.4.2008 – 2 AZR 699/06, NZA-RR 2008, 466.
[1163] BAG 23.4.2008 – 2 AZR 699/06, NZA-RR 2008, 466.
[1164] Vgl. dazu aber auch BAG 18.12.2014 – 2 AZR 163/14, NZA 2015, 635; 24.5.2018 – 2 AZR 67/18, NZA 2018, 1127 Rn. 31.
[1165] BAG 1.9.2010 – 5 AZR 700/09, NZA 2010, 1409 einerseits und BAG 9.9.2010 – 2 AZR 714/08, NZA 2011, 343 andererseits. Vgl. auch BAG 29.1.2015 – 2 AZR 280/14, NZA 2015, 673 zur Umdeutung einer vertraglichen Kündigungsfrist in die maßgebliche gesetzliche Kündigungsfrist.
[1166] BAG 16.11.1970 – 2 AZR 33/70, AP KSchG § 3 Nr. 38.
[1167] Stahlhacke/Preis/Vossen Kündigung/*Vossen* Rn. 1934, 2030; aA ErfK/*Kiel* KSchG § 6 Rn. 4.
[1168] BAG 31.3.1993 – 2 AZR 492/92, NZA 1994, 409; 15.11.2001 – 2 AZR 310/00, AP BGB § 140 Nr. 13 mAnm *Vossen* RdA 2003, 181 (185).
[1169] Die Gerichte haben die Umdeutung von sich aus ohne besonderen Antrag vorzunehmen: BAG 12.5.2010 – 2 AZR 845/08, NZA 2010, 1348; 25.10.2012 – 2 AZR 700/11, NZA 2013, 371.
[1170] BAG 27.6.2019 – 2 AZR 28/19, NZA 2019, 1343 Rn. 21.

KSchG einschlägig wäre.[1171] Wird daher der Klage des Arbeitnehmers auf Feststellung der Unwirksamkeit einer außerordentlichen Kündigung rechtskräftig entsprochen, dann kann sich der Arbeitgeber in der nachfolgenden Klage auf Gehaltszahlung nicht mehr mit Erfolg darauf berufen, die unwirksame außerordentliche Kündigung sei in eine ordentliche Kündigung umzudeuten und als solche wirksam.[1172] Diese Rechtsfolge ist zwingend, weil die Möglichkeit der Umdeutung einer außerordentlichen in eine ordentliche Kündigung nicht ihren Charakter als einer **einzigen und einheitlichen** rechtsgeschäftlichen Willenserklärung aufhebt. Angesichts dessen ist Streitgegenstand einer außerordentlichen Kündigung die Auflösung des Arbeitsverhältnisses nicht nur zu dem vorzeitigen, sondern von vornherein zugleich zu dem nächst zulässigen Kündigungstermin, so dass die **Rechtskraft** des der Kündigungsschutzklage stattgebenden Urteils die Feststellung einschließt, dass das Arbeitsverhältnis zu keinem der möglichen Termine aufgelöst worden ist. Scheitert die Umdeutung einer fristlosen Kündigung in eine ordentliche Kündigung aus formellen Gründen – etwa wegen fehlender Anhörung des Betriebsrats – und hat sich das Gericht nicht mit den sachlichen Kündigungsgründen befasst, ist der Arbeitgeber nicht gehindert, eine erneute ordentliche Kündigung zu erklären.[1173]

Eine Umdeutung einer **außerordentlichen fristlosen** Kündigung in eine außerordentliche Kündigung mit **notwendiger Auslauffrist** ist bei einem tariflich unkündbaren Arbeitnehmer möglich.[1174] Eine Umdeutung in eine ordentliche Kündigung kommt nicht in Frage. Eine Umdeutung der außerordentlichen Kündigung in eine ordentliche Kündigung nach § 140 BGB scheidet aus, wenn bei einem schwerbehinderten Arbeitnehmer nur die Zustimmung des Integrationsamtes zur außerordentlichen Kündigung vorliegt.[1175] Ist eine außerordentliche fristlose Kündigung aus Gründen im Verhalten des Mandatsträgers mangels Vorliegens eines wichtigen Grundes iSv § 15 Abs. 1 KSchG, § 626 Abs. 1 BGB unwirksam, kann diese nicht in eine außerordentliche Kündigung mit Auslauffrist oder in eine ordentliche Kündigung umgedeutet werden.[1176]

Etwas anderes gilt indessen dann, wenn der Arbeitnehmer seine Feststellungsklage ausschließlich auf die Wirksamkeit der außerordentlichen Kündigung beschränkt und damit die Frage der Wirksamkeit einer etwaigen umgedeuteten ordentlichen Kündigung im Prozess ausklammert. Entschließt sich der Arbeitnehmer bei derartiger Sachlage nach Ablauf der Klageerhebungsfrist dann doch noch, auch die umgedeutete ordentliche Kündigung mit der Kündigungsschutzklage anzugreifen, kommt eine verlängerte Anrufungsfrist nach § 6 S. 1 KSchG **nicht** in Betracht.[1177]

Ist eine analoge Anwendung des § 6 S. 1 KSchG geboten, hat der Kläger die Unwirksamkeit der (weiteren) Kündigung noch vor Schluss der mündlichen Verhandlung erster Instanz explizit mit einem besonderen Antrag nach § 4 S. 1 KSchG zu erfassen, worauf das Arbeitsgericht nach § 139 ZPO hinzuweisen hat.[1178]

5. Die Hinweispflicht des Arbeitsgerichts

Nach § 6 S. 2 KSchG **soll** das Gericht den Arbeitnehmer auf die verlängerte Anrufungsfrist hinweisen. Wie bei der Vorgängervorschrift wird man auch nach der Neuregelung davon auszugehen haben, dass § 6 S. 2 KSchG nicht nur eine **Sollvorschrift**, sondern eine **Mussvorschrift** darstellt.[1179]

[1171] AA K. Schmidt NZA 1989, 661 (667), wonach eine Umdeutung einer außerordentlichen in eine ordentliche Kündigung in der Berufungsinstanz nicht mehr möglich sein soll. Da es sich um ein Auslegungsproblem handelt, ist § 6 KSchG nicht relevant: Vgl. dazu auch BAG 21.5.2019 – 2 AZR 26/19, NZA 2019, 1143 Rn. 17, 20.
[1172] Vgl. dazu BAG 14.8.1974 – 5 AZR 497/73, AP KSchG 1969 § 13 Nr. 2.
[1173] Vgl. den Fall BAG 31.1.2019 – 2 AZR 426/18, NZA 2019, 893.
[1174] BAG 18.10.2000 – 2 AZR 627/99, NZA 2001, 219: Auch zur Beteiligung des Betriebsrats.
[1175] BAG 23.1.2014 – 2 AZR 372/13, NZA 2014, 895; Zur Kündigungserkärungsfrist: BAG 27.2.2020 – 2 AZR 390/19, NZA 2020, 717 Rn. 24, 28.
[1176] BAG 21.6.2012 – 2 AZR 343/11, NZA 2013, 224.
[1177] BAG 13.8.1987 – 2 AZR 599/86, NZA 1988, 129.
[1178] BAG 13.3.1997 – 2 AZR 512/96, NZA 1997, 844; 18.12.2014 – 2 AZR 163/14, NZA 2015, 635.
[1179] BAG 8.11.2007 – 2 AZR 314/06, NZA 2008, 936; 18.1.2012 – 6 AZR 407/10, NZA 2012, 817; 21.8.2019 – 7 AZR 563/17, NZA 2020, 42 Rn. 52, 54; vgl. auch *Eylert* NZA 2012, 9 (11).

262 Soweit es um die Formalie der Hinweisung geht, ist zusätzlich auf § 139 ZPO zurückzugreifen, der im arbeitsgerichtlichen Verfahren gilt (§ 46 Abs. 2 ArbGG). In § 139 Abs. 4 ZPO wird ausdrücklich vorgeschrieben, dass Hinweise nach § 139 ZPO aktenkundig zu machen sind. Ihre Erteilung kann nur durch den Inhalt der Akten bewiesen werden. Diese Dokumentationspflicht gerichtlicher Hinweise kann insbesondere für das Rechtsmittelverfahren Bedeutung gewinnen, wenn zweifelhaft ist, ob das Arbeitsgericht seiner Hinweispflicht nach § 6 S. 2 KSchG ordnungsgemäß nachgekommen ist.

263 Hat das Arbeitsgericht die mündliche Verhandlung bereits **geschlossen** und stellt sich während der Beratung der Kammer das Versäumnis nach § 6 S. 2 KSchG heraus, ist die **Wiedereröffnung** der Verhandlung anzuordnen (§ 156 Abs. 2 Nr. 1 ZPO). Wird das Urteil des Arbeitsgerichts ohne den Hinweis nach § 6 S. 2 KSchG verkündet, dann besteht entgegen dem Wortlaut des § 6 S. 1 KSchG die Möglichkeit, den weiteren Unwirksamkeitsgrund der Kündigung auch erst im zweiten Rechtszug vortragen zu können, weil sich ein Versäumnis des Gerichts nicht zum Nachteil einer Partei auswirken darf.[1180] Art. 103 Abs. 1 GG ist verletzt, wenn durch die fehlerhafte Anwendung der Präklusionsvorschrift des § 6 S. 2 KSchG eine verfassungsrechtlich erforderliche Anhörung nicht stattgefunden hat. Der Anspruch auf rechtliches Gehör ist nur gewahrt, wenn die betroffene Partei ausreichend Gelegenheit hatte, sich in den ihr wichtigen Punkten zur Sache zu äußern, dies aber aus von ihr zu vertretenden Gründen versäumt hat.[1181]

264 Verstößt das Arbeitsgericht gegen die Hinweispflicht aus § 6 S. 2 KSchG, führt der erst im zweiten Rechtszug vorgetragene weitere Unwirksamkeitsgrund der Kündigung nicht zur **Zurückverweisung** an das Arbeitsgericht, um den Hinweis nachholen zu können.[1182] Der weitere Unwirksamkeitsgrund ist vom Landesarbeitsgericht zu prüfen. Für eine eigene Sachentscheidungsbefugnis des Landesarbeitsgerichts spricht dabei entscheidend der allgemeine arbeitsgerichtliche Beschleunigungsgrundsatz, der für Bestandsschutzstreitigkeiten in besonderem Maß gilt (vgl. §§ 61a, 64 Abs. 8 ArbGG).[1183]

265 Zweifelhaft kann sein, welche Voraussetzungen vorliegen müssen, damit das Arbeitsgericht seiner Hinweispflicht nach § 6 S. 2 KSchG nachkommen muss. So wird vertreten,[1184] dass das Arbeitsgericht nach dem Gesetzeswortlaut den Kläger **generell** ohne besonderen Anlass darauf hinzuweisen hat, sämtliche Unwirksamkeitsgründe bis zum Schluss der letzten mündlichen Verhandlung erster Instanz in das Verfahren einführen zu müssen, um damit nicht vor dem Landesarbeitsgericht präkludiert zu sein. In diesem Zusammenhang wird zusätzlich empfohlen, dem Kläger bereits vor oder in dem Gütetermin ein entsprechendes Hinweisformular auszuhändigen oder ihm mit dem Protokoll zu übersenden.[1185] Nach Ansicht des BAG genügt das Arbeitsgericht durch Wiedergabe des Gesetzeswortlauts des § 6 S. 1 KSchG seiner Hinweispflicht.[1186] Die Hinweisung kann mit der Ladung zur Güteverhandlung erfolgen. Hinweise auf **konkrete Unwirksamkeitsgründe** sind dabei nicht geboten, auch wenn im Laufe des Verfahrens Unwirksamkeitsgründe in Erscheinung treten, auf die sich der Arbeitnehmer bisher nicht berufen hat. Die Pflicht zu derartigen Hinweisen kann

---

[1180] BAG 8.11.2007 – 2 AZR 314/06, NZA 2008, 936; 4.5.2011 – 7 AZR 252/10, NZA 2011, 1178; 15.5.2012 – 7 AZR 6/11, NZA 2012, 1148; 20.8.2014 – 7 AZR 924/12, NZA-RR 2015, 9: Entsprechende Anwendung von § 6 KSchG bei Entfristungsklage; vgl auch ErfK/*Kiel* KSchG § 6 Rn. 5.

[1181] Vgl. dazu BVerfG 5.5.1987 – 1 BvR 903/85, NJW 1987, 2733; BAG 18.1.2012 – 6 AZR 407/10, NZA 2012, 817.

[1182] So jetzt BAG 4.5.2011 – 7 AZR 252/10, NZA 2011, 1178 zu § 17 S. 2 TzBfG; BAG 27.7.2011 – 7 AZR 402/10, AP TzBfG § 21 Nr. 9; vgl. auch BAG 5.6.2020 – 10 AZN 53/20, NZA 2020, 965 Rn. 39 zur Hinweispflicht des Gerichts; Schaub ArbR-HdB/*Linck* § 138 Rn. 45; Stahlhacke/Preis/Vossen Kündigung/*Vossen* Rn. 1942.

[1183] BAG 4.5.2011 – 7 AZR 252/10, NZA 2011, 1178; 15.5.2012 – 7 AZR 6/11, NZA 2012, 1148; 25.10.2012 – 2 AZR 845/11, NZA 2013, 900; ErfK/*Kiel* KSchG § 6 Rn. 5.

[1184] *Bader* NZA 2004, 65 (69); im Ergebnis ebenso *Quecke* RdA 2004, 86 (102).

[1185] So ausdrücklich *Bader* NZA 2004, 65 (69).

[1186] BAG 18.1.2012 – 6 AZR 407/10, NZA 2012, 817. Die Formulierung lautete: „Die klagende Partei wird darauf hingewiesen, dass nur bis zum Schluss der mündlichen Verhandlung in der ersten Instanz auch weitere Unwirksamkeitsgründe geltend gemacht werden können (§ 6 KSchG)."Vgl. aber auch BAG 21.8.2019 – 7 AZR 563/17, NZA 2020, 42 Rn. 56: nicht ausreichend ist die reine Wiedergabe von § 6 S. 1 KSchG im Falle einer Entfristungsklage nach § 17 TzBfG.

sich allerdings aus der in § 139 ZPO geregelten materiellen Prozessleitungspflicht des Gerichts ergeben, wenn nicht hinreichend klar ist, ob sich der Kläger auf diesen Unwirksamkeitsgrund berufen will.[1187] Die prozessleitende Anordnung nach § 61a Abs. 4 ArbGG, auf die zu erwartende Klageerwiderung binnen bestimmter Frist abschließend weiter vorzutragen, erfüllt die Hinweispflicht aus § 6 S. 2 KSchG nicht.[1188]

Bei **entsprechender** Anwendung des § 6 KSchG[1189] reicht allerdings die reine Wiedergabe des Gesetzeswortlauts nicht aus, weil dieser diese Fallkonstellation ausdrücklich nicht erfasst.

Ein entsprechender Hinweis nach § 6 S. 2 KSchG ist etwa dann geboten, wenn die Unwirksamkeit der Kündigung nur im Rahmen einer **Leistungsklage** oder **einer allgemeinen Feststellungsklage** geltend gemacht wird. Hier ist es Aufgabe des Arbeitsgerichts, den Kläger darauf aufmerksam zu machen, dass die Rechtskraftwirkung der Leistungsklage die Vorfrage der Unwirksamkeit der Kündigung nicht einschließt, es also eines besonderen Feststellungsantrags die Kündigung betreffend nach § 4 S. 1 KSchG bedarf. Entsprechendes ist anzunehmen, wenn der Arbeitnehmer die Auflösung des Arbeitsverhältnisses nach § 9 Abs. 1 S. 1 KSchG betreiben will. Das Gericht muss hier dem Kläger den Hinweis geben, dass sein Anliegen die Feststellung der Sozialwidrigkeit der Kündigung voraussetzt.

IV. Wirksamwerden der Kündigung

In § 7 KSchG legt der Gesetzgeber die Rechtsfolgen fest, wenn die Rechtsunwirksamkeit einer schriftlichen Kündigung oder einer Änderungskündigung nicht rechtzeitig nach §§ 4 S. 1, 2, 5 und 6 KSchG vom Arbeitnehmer geltend gemacht wird: Die Kündigung gilt als von Anfang an rechtswirksam. Ein vom Arbeitnehmer nach § 2 KSchG erklärter Vorbehalt erlischt.

1. Reichweite des § 7 KSchG

Von der Rechtsfolge des § 7 KSchG werden nach der Neuregelung des § 4 S. 1, 2 KSchG seit dem 1.1.2004 durch das Gesetz zu Reformen am Arbeitsmarkt[1190] **sämtliche Unwirksamkeitsgründe** der schriftlichen Kündigung erfasst, soweit diese innerhalb der Klageerhebungsfrist von drei Wochen geltend zu machen sind. Die **rückwirkende Heilung** der Kündigung betrifft gemäß § 13 Abs. 1 S. 2 KSchG auch die Rechtsunwirksamkeit einer **außerordentlichen** Kündigung. Dies bezieht sich auf die Frage, ob ein **wichtiger Grund** im Sinne von § 626 Abs. 1 BGB vorliegt, wozu auch die Einhaltung der 2-Wochen-Frist zur Kündigung nach § 626 Abs. 2 BGB gehört, aber auch auf sonstige Unwirksamkeitsgründe wie etwa die fehlende Anhörung des Betriebsrats.[1191] Unwirksamkeitsgründe der Kündigung, die nicht mit der fristgebundenen Kündigungsschutzklage verfolgt werden müssen, wie dies bei mangelnder Schriftform der Kündigung, noch nicht erfolgter Bekanntmachung der Zustimmung der Behörde (§ 4 S. 4 KSchG) oder bei vollmachtloser Vertretung[1192] der Fall ist, werden von § 7 KSchG nicht erfasst. Sie können jedoch **verwirkt** werden.[1193] Das Klagebegehren ist danach verwirkt, wenn der Anspruchsteller die Klage erst nach Ablauf eines längeren Zeitraumes erhebt (Zeitmoment) und dadurch ein Vertrauenstatbestand beim Anspruchsgegner geschaffen wird, er werde nicht mehr gerichtlich belangt (Umstandsmoment). Hierbei muss das Erfordernis des Vertrauensschutzes des Arbeitgebers das Interesse des Arbeitnehmers an einer sachlichen Prüfung der von ihm behaupteten Unwirksamkeit

---

[1187] BAG 26.9.2013 – 2 AZR 843/12, NZA-RR 2014, 236.
[1188] BAG 25.10.2012 – 2 AZR 845/11, NZA 2013, 900.
[1189] Vgl. → Rn. 251.
[1190] Gesetz v. 24.12.2003, BGBl. 2003 I 302.
[1191] BAG 6.7.1972 – 2 AZR 386/71, AP BGB § 626 Ausschlussfrist Nr. 3.
[1192] BAG 26.3.2009 – 2 AZR 403/07, NZA 2009, 1146; 16.12.2010 – 2 AZR 485/08, NZA 2011, 571.
[1193] BAG 20.5.1988 – 2 AZR 711/87, NZA 1989, 16; 2.12.1999 – 8 AZR 890/98, NZA 2000, 540; 25.11.2010 – 2 AZR 323/09, NZA 2011, 821; 21.4.2016 – 2 AZR 609/15, NZA 2016, 941.

der Kündigung derart überwiegen, dass dem Arbeitgeber die Einlassung auf die nicht innerhalb angemessener Frist erhobene Klage nicht mehr zuzumuten ist.[1194] Hierbei kommt es auf die Umstände des jeweiligen Einzelfalles an.

270 Mit § 7 KSchG stellt der Gesetzgeber klar, dass eine **rückwirkende** Heilung einer an sich unwirksamen Kündigung des Arbeitsverhältnisses oder einer unter Vorbehalt angenommenen Vertragsänderung eintritt.[1195] Der Arbeitnehmer wird mithin so gestellt, als ob eine von vornherein wirksame, an keinem Makel leidende Kündigung ausgesprochen wurde oder der Arbeitnehmer das Vertragsänderungsangebot vorbehaltlos angenommen hat.[1196] Soweit es um eine Beendigungskündigung geht, wird das Arbeitsverhältnis zu dem vorgesehenen Zeitpunkt beendet. Die Kündigungsschutzklage wird als unbegründet abgewiesen.[1197] Die Fiktionswirkung des § 7 KSchG tritt ebenfalls ein, wenn die rechtzeitig erhobene Kündigungsschutzklage nach Ablauf der Klageerhebungsfrist zurückgenommen wird (§§ 269 Abs. 3, 495 ZPO, 46 Abs. 2 ArbGG).

271 Mit der Ausdehnung der Fiktionswirkung des § 7 KSchG auf sämtliche Unwirksamkeitsgründe wird im Ergebnis der Rechtszustand hergestellt, der bis zum 31.12.2003 nur nach Rechtskraft eines die Kündigungsschutzklage abweisenden Urteils eintreten konnte.[1198]

272 Da der Gesetzgeber in § 7 Hs. 1 KSchG neben dem § 4 S. 1 KSchG die §§ 5 und 6 KSchG gleichberechtigt erwähnt, hat das nicht etwa die Bedeutung, dass nach Ablauf der Dreiwochenfrist des § 4 S. 1 KSchG die Kündigung des Arbeitgebers so lange rückwirkend geheilt ist, bis nach § 5 KSchG die Klage nachträglich zugelassen oder etwa bei einer zunächst innerhalb der Klagefrist erhobenen Leistungsklage während der verlängerten Anrufungsfrist des § 6 KSchG eine Kündigungsschutzklage erhoben worden ist. Wie zuvor[1199] begründet wurde, wird in diesen Fällen die Klageerhebungsfrist über den Ablauf der Dreiwochenfrist ausnahmsweise verlängert, so dass die Wirkung des § 7 KSchG zu keinem Zeitpunkt eintreten konnte.[1200]

273 Ein redaktionelles Versehen des Gesetzgebers dürfte darin zu sehen sein, dass er in § 7 Hs. 1 KSchG den § 4 S. 4 KSchG unerwähnt lässt.[1201] Sobald dem Arbeitnehmer die Entscheidung der Behörde zugegangen ist, läuft die Klageerhebungsfrist an, deren Versäumung ebenfalls die Rechtsfolgen des § 7 KSchG auslöst.

2. Weitere Rechtsfolgen der Fiktion

274 Die Rechtsfolgen der Fiktion des § 7 Hs. 1 KSchG beschränken sich **ausschließlich** auf die **Wirksamkeit** der **Kündigung**, ohne gleichzeitig auch den Kündigungsanlass festzustellen.[1202] Hat etwa der Arbeitgeber dem Arbeitnehmer verhaltensbedingt wegen einer Schadenszufügung gekündigt, steht dieser Sachverhalt mit dem Verstreichenlassen der Klageerhebungsfrist als Kündigungsgrund keineswegs zwischen den Parteien fest. Will der Arbeitgeber Ersatzansprüche gegen den Arbeitnehmer verfolgen, muss er diese hinsichtlich der anspruchsbegründenden Voraussetzungen vortragen und nachweisen. Ein Hinweis auf die versäumte Klagefrist gegen die Kündigung reicht nicht aus. Gleichermaßen ist zu entscheiden, wenn etwa sozialrechtliche Leistungsansprüche des Arbeitnehmers – wie etwa der Anspruch auf Zahlung von Arbeitslosengeld – dadurch beeinflusst werden, dass der Arbeitnehmer

---

[1194] Vgl. hierzu näher BAG 20.4.2011 – 4 AZR 368/09, NZA-RR 2011, 609 Rn. 23 mwN; 21.9.2017 – 2 AZR 57/17, NZA 2017, 1524 Rn. 29.
[1195] KR/*Rost* KSchG § 7 Rn. 9, 10; ErfK/*Kiel* KSchG § 7 Rn. 2.
[1196] BAG 21.5.2019 – 2 AZR 26/19, NZA 2019, 1143 Rn. 17: Unbegründetheit der Klage bei Erlöschen des Vorbehalts nach § 7 Hs. 2 KSchG.
[1197] BAG 22.3.2012 – 2 AZR 224/11, NZA 2014, 443 Rn. 38; 18.12.2014 – 2 AZR 163/14, NZA 2015, 635 Rn. 16.
[1198] *Boewer* NZA 1997, 359 (361).
[1199] Vgl. → Rn. 188.
[1200] Vgl. BAG 24.11.1994 – 2 AZR 179/94, NZA 1995, 263.
[1201] BAG 13.2.2008 – 2 AZR 864/06, NZA 2008, 1055; ErfK/*Kiel* KSchG § 7 Rn. 1; KR/*Rost* KSchG § 7 Rn. 15 mwN.
[1202] ErfK/*Kiel* KSchG § 7 Rn. 2.

durch ein arbeitsvertragswidriges Verhalten Anlass für die Lösung des Beschäftigungsverhältnisses gegeben hat (§ 159 SGB III).[1203]

Weitere Rechtsfolgen können freilich daraus resultieren, dass sie in ihren Voraussetzungen vom Fortbestand des Arbeitsverhältnisses abhängen. So kann der unter dem rechtlichen Gesichtspunkt des **Annahmeverzugs** in Anspruch genommene Arbeitgeber (§ 615 BGB) die Fiktionswirkung des § 7 Hs. 1 KSchG einwenden.[1204] Das BAG[1205] hat bei einer ua von der fristlosen Kündigung abhängigen **Vertragsstrafenabrede**[1206] für deren Verwirkung das Tatbestandsmerkmal der fristlosen Kündigung ohne weitere Prüfung bejaht, wenn sie dadurch wirksam geworden ist, dass der Arbeitnehmer die zunächst erhobene Kündigungsschutzklage zurückgenommen hat. Hängt das Vertragsstrafenversprechen zusätzlich von einem **schuldhaft** vertragswidrigen Verhalten des Arbeitnehmers ab, lässt sich diese weitere Voraussetzung jedoch nicht über § 7 KSchG fingieren.[1207] Lediglich die **Beendigungswirkung** des Arbeitsverhältnisses wird auch für andere Ansprüche des Arbeitgebers – etwa Rückzahlung von Gratifikationen oder sonstigen Leistungen – durch § 7 Hs. 1 KSchG fingiert. Müssen daneben weitere Tatbestandsvoraussetzungen – etwa bestimmte Kündigungsgründe – hinzutreten, sind diese von der Fiktionswirkung nicht betroffen.

Mit der Fiktion einer wirksamen Kündigung muss sich auch der **Pfändungspfandgläubiger** abfinden, der in den Lohnanspruch des Arbeitnehmers vollstreckt hat.[1208] Gleiches gilt für den Zessionar im Falle einer Lohnabtretung.[1209] Auch ein **Sozialleistungsträger** – etwa die Krankenkasse bei Zahlung von Krankengeld – muss eine rechtsunwirksame ordentliche oder außerordentliche Kündigung gegen sich gelten lassen, wenn der Arbeitnehmer von einer rechtzeitigen Kündigungsschutzklage Abstand nimmt.[1210] Der Gesetzgeber hat es ausschließlich als höchstpersönliches Recht dem Arbeitnehmer überlassen, ob er Kündigungsschutzklage erheben oder es bei der Kündigung belassen will.[1211]

3. Wirksamwerden der Änderungskündigung

Wird die Rechtsunwirksamkeit der Änderung der Arbeitsbedingungen nach § 4 S. 2 KSchG nicht innerhalb der dreiwöchigen Klageerhebungsfrist vom Arbeitnehmer geltend gemacht, **erlischt** nach § 7 Hs. 2 KSchG sein, nach § 2 KSchG dem Arbeitgeber gegenüber erklärter, **Vorbehalt**.[1212] Da die Annahme des Vertragsänderungsangebots des Arbeitgebers unter Vorbehalt die auflösende Bedingung enthält, dass die Unwirksamkeit der Änderung der Arbeitsbedingungen in einem Änderungsschutzprozess festgestellt wird (§ 8 KSchG),[1213] kann mit dem Erlöschen des Vorbehalts die auflösende Bedingung nicht mehr eintreten. Damit wird die Änderung des Vertrags endgültig und das Arbeitsverhältnis nach Ablauf der Kündigungsfrist zu den neuen Arbeitsbedingungen fortgesetzt.

Keine Besonderheiten zur Beendigungskündigung treten auf, wenn der Arbeitnehmer das Änderungsangebot des Arbeitgebers ablehnt.[1214] Dann geht es nur noch um die Beendigung des Arbeitsverhältnisses, so dass die allgemeine Rechtsfolge des § 7 Hs. 1 KSchG bei nicht rechtzeitiger Klageerhebung eintritt. Das Arbeitsverhältnis der Parteien endet.

[1203] Gesetz zur Verbesserung der Eingliederungschancen am Arbeitsmarkt v. 20.12.2011, BGBl. 2011 I 2854. Bis zum 31.3.2012 § 144 Abs. 3 SGB III.
[1204] BAG 1.9.2010 – 5 AZR 700/09, NZA 2010, 1409; 15.5.2013 – 5 AZR 130/12, NZA 2013, 1076.
[1205] BAG 23.5.1984 – 4 AZR 129/82, NZA 1984, 255; *Tschöpe* DB 1984, 1522; kritisch dazu *Leisten* AuR 1985, 181.
[1206] Vgl. zu deren Wirksamkeit BAG 23.9.2010 – 8 AZR 897/08, NZA 2011, 89; 17.3.2016 – 8 AZR 665/14, NZA 2016, 945.
[1207] KR/*Rost* KSchG § 7 Rn. 30.
[1208] BAG 20.8.1980 – 5 AZR 227/79, AP LohnFG § 6 Nr. 14; KR/*Rost* KSchG § 7 Rn. 31; ErfK/*Kiel* KSchG § 7 Rn. 2; *Boewer*, Handbuch Lohnpfändung und Lohnabtretung, 3. Aufl. 2015, Rn. 157.
[1209] *Boewer*, Handbuch Lohnpfändung und Lohnabtretung, 3. Aufl. 2015, Rn. 1367.
[1210] BAG 28.11.1979 – 5 AZR 849/77, AP LohnFG § 6 Nr. 9.
[1211] So bereits BAG 29.11.1978 – 5 AZR 457/77, AP LohnFG § 6 Nr. 7 mAnm *Küchenhoff*.
[1212] Näher dazu → § 46 Rn. 79. Zur Bedeutung des § 7 Hs. 2 KSchG BAG 21.5.2019 – 2 AZR 26/19, NZA 2019, 1143 Rn. 18 ff.
[1213] Näher dazu → § 46 Rn. 79.
[1214] Vgl. dazu näher → § 46 Rn. 60.

V. Die Auflösung des Arbeitsverhältnisses durch Urteil

279 Nach der **Grundkonzeption** des KSchG führt die Sozialwidrigkeit einer Kündigung zu deren Rechtsunwirksamkeit und damit zum Fortbestand des Arbeitsverhältnisses. Das Kündigungsschutzgesetz ist vorrangig ein **Bestandsschutz-** und **kein Abfindungsgesetz**.[1215] Erweist sich eine vom Arbeitgeber ausgesprochene Kündigung nach der gerichtlichen Würdigung als nicht gerechtfertigt, so besteht das Arbeitsverhältnis fort und der Arbeitnehmer ist weiterzubeschäftigen. Dieser Grundsatz wird mittels § 9 KSchG durchbrochen. Stellt das Gericht im Kündigungsschutzprozess fest, dass die Kündigung **sozialwidrig** ist, kann jedoch dem Arbeitnehmer die Fortsetzung des Arbeitsverhältnisses nicht mehr zugemutet werden, so hat das Gericht auf Antrag des Arbeitnehmers das Arbeitsverhältnis aufzulösen und den Arbeitgeber zugleich zur Zahlung einer angemessenen Abfindung zu verurteilen (§ 9 Abs. 1 S. 1 KSchG). Die gleiche Entscheidung hat das Gericht auf Antrag des Arbeitgebers zu treffen, wenn Gründe vorliegen, die eine den Betriebszwecken dienliche weitere Zusammenarbeit zwischen den Arbeitsvertragsparteien nicht mehr erwarten lassen (§ 9 Abs. 1 S. 2 KSchG). Der Arbeitgeber wird von dem **Begründungszwang** nach § 14 Abs. 2 S. 2 KSchG **befreit**, wenn die sozialwidrige Kündigung Titulargeschäftsführer, Betriebsleiter und ähnliche leitende Angestellte betrifft, soweit diese Personengruppen zur selbständigen Einstellung oder Entlassung von Arbeitnehmern berechtigt sind (§ 14 Abs. 2 S. 1 KSchG).[1216] Nach § 25a Abs. 5a KWG findet auf Risikoträger (§ 1 Abs. 21 KWG)[1217] bedeutender Institute (§ 25n KWG), deren jährliche fixe Vergütung das Dreifache der Beitragsbemessungsgrenze in der allgemeinen Rentenversicherung im Sinne des § 159 SGB VI überschreitet und die keine Geschäftsführer, Betriebsleiter und ähnliche leitende Angestellte sind, die zur selbständigen Einstellung oder Entlassung von Arbeitnehmern berechtigt sind, § 9 Abs. 1 S. 2 KSchG mit der Maßgabe Anwendung, dass der Antrag des Arbeitgebers auf Auflösung des Arbeitsverhältnisses keiner Begründung bedarf.[1218] Begründungsansatz für diese Regelung ist die Erwägung des Gesetzgebers, dass Risikoträger eine den leitenden Angestellten iSv § 14 Abs. 2 KSchG vergleichbare besondere Vertrauensstellung zum Arbeitgeber bekleiden und für die Systemstabilität des Finanzsystems von besonderer Bedeutung sind.[1219] Eine Besonderheit gilt auch für die Beschäftigungsverhältnisse der zivilen Arbeitskräfte nach Art. 56 Abs. 2a ZA-NTS,[1220] wonach § 9 Abs. 1 S. 2 KSchG mit der Maßgabe gilt, dass der Antrag des Arbeitgebers auch darauf gestützt werden kann, dass der Fortsetzung des Arbeitsverhältnisses besonders schutzwürdige militärische Interessen entgegenstehen.[1221] Die Regelung des § 9 KSchG wird für den Fall der **außerordentlichen Kündigung** und der **sittenwidrigen Kündigung** durch § 13 Abs. 1 S. 3 und § 13 Abs. 2 KSchG dahingehend ergänzt, dass **allein** der **Arbeitnehmer** bei unwirksamer Kündigung den Auflösungsantrag stellen kann. § 9 KSchG dient der Ausgleich der wechselseitigen Interessen der Arbeitgeber und Arbeitnehmer bei der Auflösung zerrütteter Arbeitsverhältnisse. Trotz rechtswidriger Kündigung kann es gerechtfertigt sein, eine weitere Zusammenarbeit der Arbeitsvertragsparteien, die voraussichtlich keinen Sinn mehr macht, durch gerichtliche Auflösung zu beenden. Mitbestimmend für die gesetzliche Regelung ist dabei aber auch die Erwägung, dass es insbesondere **während eines Kündigungsschutzprozesses** zu zusätzlichen Spannungen zwischen den Parteien kom-

---

[1215] BVerfG 22.10.2004 – 1 BvR 1944/01, NZA 2005, 41; 15.12.2008 – 1 BvR 347/08, BVerfGK 14, 507; BAG 23.6.2005 – 2 AZR 256/04, NZA 2006, 363; 10.7.2008 – 2 AZR 1111/06, NZA 2009, 312; 23.2.2010 – 2 AZR 554/08, NZA 2010, 1123; 11.7.2013 – 2 AZR 241/12, NZA 2013, 1259; 14.12.2017 – 2 AZR 86/17, NZA 2018, 646 Rn. 40 Vgl. schon Begründung Regierungsentwurf vom 23.1.1951 zu § 7 KSchG in: RdA 1951, 58 (64). Zu Reformvorschlägen vgl. etwa *Bauer* NZA 2002, 533; *Rüthers* NJW 2002, 1608; *Buchner* NZA 2002, 535; *Hromadka* NZA 2002, 783; kritisch dazu *Willemsen* NJW 2000, 2779 (2780).
[1216] Näher dazu → Rn. 349 ff.
[1217] Risikoträger und Risikoträgerinnen sind Mitarbeiter und Mitarbeiterinnen, deren berufliche Tätigkeit sich wesentlich auf das Risikoprofil eines Instituts auswirkt.
[1218] Vgl. dazu BT-Drs. 19/7377, 24 ff.; *Bonani* ArbRB 2019, 79 ff.
[1219] BT-Drs. 19/7377, 25.
[1220] Zuletzt geändert durch Gesetz v. 18.3.1993, BGBl. 1993 II 2594.
[1221] Davon ausgenommen sind die Mitglieder der Betriebsvertretungen (Art. 56 Abs. 2a Buchst. c ZA-NTS).

men kann, die eine Fortsetzung des Arbeitsverhältnisses sinnlos erscheinen lassen.[1222] Dabei wird keine Entscheidung von Amts wegen, sondern nur auf eine entsprechende Initiative der Arbeitsvertragsparteien getroffen, so dass diese zunächst darüber befinden, was sie sich bei einer Fortsetzung des Arbeitsverhältnisses zumuten wollen. Arbeitnehmer und Arbeitgeber können daher den Antrag auf Auflösung des Arbeitsverhältnisses bis zum Schluss der **letzten mündlichen Verhandlung** in der **Berufungsinstanz** stellen (§ 9 Abs. 1 S. 3 KSchG). **Maßgeblicher Zeitpunkt** für die Beurteilung der Frage, ob die Voraussetzungen für eine Auflösung des Arbeitsverhältnisses vorliegen, ist deshalb grundsätzlich der **Zeitpunkt** der **letzten mündlichen Verhandlung** in der Tatsacheninstanz.[1223]

Die Regelung des § 9 Abs. 1 KSchG ist **verfassungsrechtlich nicht zu beanstanden.**[1224] Der Verlust des Arbeitsplatzes ungeachtet der Rechtswidrigkeit der Kündigung verstößt nicht gegen die dem Staat aus dem Grundrecht der **Berufswahlfreiheit** obliegende Schutzpflicht. Einerseits ist mit der Berufswahlfreiheit kein Anspruch auf Bereitstellung eines Arbeitsplatzes eigener Wahl oder eine Bestandsgarantie für den einmal gewählten Arbeitsplatz verbunden. Des Weiteren dient § 9 KSchG dem Ausgleich der wechselseitigen Interessen der Arbeitgeber und Arbeitnehmer bei der Auflösung zerrütteter Arbeitsverhältnisse.

Gemäß § 9 Abs. 2 KSchG hat das **Gericht** für die Auflösung des Arbeitsverhältnisses den **Zeitpunkt festzustellen,** an dem es bei **sozial gerechtfertigter Kündigung** geendet hätte. Dabei ist die **objektiv** zutreffende Kündigungsfrist zugrunde zu legen.[1225] Ungeachtet der nach § 9 Abs. 2 KSchG gesetzlich angeordneten Rückwirkung auf den Kündigungszeitpunkt ist der **Auflösungsantrag zukunftsbezogen** zu bewerten. Das Gericht muss sich bei der Entscheidung über den Auflösungsantrag fragen, ob dem Arbeitnehmer die Fortsetzung des Arbeitsverhältnisses nicht mehr zugemutet werden kann, oder ob auf Grund des Verhaltens des Arbeitnehmers in der Vergangenheit in Zukunft noch mit einer den Betriebszwecken dienenden weiteren Zusammenarbeit der Parteien zu rechnen ist. Wegen dieses zeitlichen Beurteilungsansatzes können mögliche Auflösungsgründe ihr **Gewicht** wieder **verlieren,** weil die tatsächlichen oder rechtlichen Umstände sich im Zeitpunkt der abschließenden Entscheidung geändert haben.[1226]

Aus dem Bestandsschutzcharakter des KSchG folgt, dass eine Auflösung des Arbeitsverhältnisses **nur ausnahmsweise** in Betracht kommt.[1227] Daher verlangt das BAG,[1228] dass hinsichtlich des Auflösungsantrags des **Arbeitgebers** an die Auflösungsgründe **strenge Anforderungen**[1229] zu stellen sind. Dies sollte jedoch nicht zu der Missdeutung führen, der Auflösungsantrag des **Arbeitnehmers** sei weniger streng zu bewerten. Wenn auch die dafür erforderliche Unzumutbarkeit der Fortsetzung des Arbeitsverhältnisses nicht die Qualität eines

---

[1222] Vgl. die Begründung des Regierungsentwurfs vom 23.1.1951 zu § 7 KSchG abgedruckt in RdA 1951, 64; *Boewer* DB 1982, 751 (753); BAG 25.11.1982 – 2 AZR 21/81, AP KSchG 1969 § 9 Nr. 10; 10.10.2002 – 2 AZR 240/01, AP KSchG 1969 § 9 Nr. 45; 8.10.2009 – 2 AZR 682/08, AP KSchG 1969 § 9 Nr. 65 mwN; zur Entstehungsgeschichte besonders KR/*Spilger* KSchG § 9 Rn. 1 bis 7.
[1223] BAG 7.3.2002 – 2 AZR 158/01, AP KSchG 1969 § 9 Nr. 42; 24.3.2011 – 2 AZR 674/09, NZA-RR 2012, 243; 19.11.2015 – 2 AZR 217/15, NZA 2016, 540; vgl. aber auch BAG 23.2.2010 – 2 AZR 554/08, NZA 2010, 1123, wonach die Auflösung nicht schon daran scheitert, dass das Arbeitsverhältnis der Parteien im Zeitpunkt der letzten mündlichen Verhandlung in der Berufungsinstanz bereits beendet war.
[1224] BVerfG 22.10.2004 – 1 BvR 1944/01, NZA 2005, 41; 15.12.2008 – 1 BvR 347/08, BVerfGK 14, 507 Rn. 11; 8.11.2016 – 1 BvR 988/15, EzA § 9 nF KSchG Nr. 68 Rn. 6. Ausführlich BAG 19.11.2015 – 2 AZR 217/15, NZA 2016, 540 Rn. 62 ff.
[1225] BAG 21.6.2012 – 2 AZR 694/11, NZA 2013, 199.
[1226] BAG 7.3.2002 – 2 AZR 158/01, AP KSchG 1969 § 9 Nr. 42; 23.6.2005 – 2 AZR 256/04, NZA 2006, 363; 12.1.2006 – 2 AZR 21/05, NZA 2006, 917; 19.11.2015 – 2 AZR 217/15, NZA 2016, 540.
[1227] BAG 10.10.2002 – 2 AZR 240/01, AP KSchG 1969 § 9 Nr. 45; 21.6.2012 – 2 AZR 694/11, NZA 2013, 199; 19.11.2015 – 2 AZR 217/15, NZA 2016, 540.
[1228] BAG 23.6.2005 – 2 AZR 256/04, NZA 2006, 363; 12.1.2006 – 2 AZR 21/05, NZA 2006, 917; 6.9.2007 – 2 AZR 264/06, NZA 2008, 636; 29.8.2013 – 2 AZR 419/12, NZA 2014, 660 Rn. 18; 14.12.2017 – 2 AZR 86/17, NZA 2018, 646 Rn. 40.
[1229] Ablehnend *Gravenhorst* NZA-RR 2007, 57 (61), die in enger Anlehnung an *Tschöpe* in FS Schwerdtner, 228 ff. dafür im Gesetz keinen Begründungsansatz erkennen kann, aber dabei die verfassungsrechtliche Dimension des Bestandsschutzes ausblendet. Vgl. BVerfG 22.10.2004 – 1 BvR 1944/01, NZA 2005, 41; 15.12.2008 – 1 BvR 347/08, BVerfGK 14, 507.

wichtigen Grundes iSv § 626 Abs. 1 BGB erreichen muss,[1230] können nur wirklich wichtige (strenge) Gründe die Unzumutbarkeit begründen. An dieser Beurteilung hat sich durch den seit dem 1.1.2004 durch das Gesetz zu Reformen am Arbeitsmarkt[1231] eingeführten § 1a KSchG nichts geändert, wonach der Arbeitgeber dem Arbeitnehmer bei betriebsbedingter Kündigung **zur Vermeidung eines Kündigungsschutzprozesses** eine Abfindung in Höhe von 0,5 Monatsverdiensten für jedes Jahr des Bestehens des Arbeitsverhältnisses anbieten kann.[1232] Die Rechtsschutzziele der §§ 1a und 9 KSchG sind völlig unterschiedlich. Abgesehen davon setzt § 9 KSchG gerade einen Kündigungsschutzprozess voraus. Auch bei der Bemessung der Abfindungshöhe nach §§ 9, 10 KSchG hat § 1a Abs. 2 KSchG keine beeinflussende Bedeutung.[1233]

283 Der Gesetzgeber verbindet mit der Auflösung des Arbeitsverhältnisses zwingend die gleichzeitige Verurteilung des Arbeitgebers zur Zahlung einer **Abfindung** (§§ 9 Abs. 1 S. 1, 10 KSchG). Da der Arbeitgeber durch die unberechtigte Kündigung die **rechtswidrige** Erstursache im Sinne einer **positiven Vertragsverletzung** für den Verlust des Arbeitsplatzes setzt, soll der dadurch entstehende Nachteil des Arbeitnehmers in pauschalierter Form in Gestalt einer Abfindung kompensiert werden,[1234] ohne dass der Arbeitnehmer den Nachweis eines schuldhaften Verhaltens des Arbeitgebers führen muss.

284 Die Stattgabe eines **arbeitgeberseitigen Auflösungsantrags** nach § 9 Abs. 1 S. 2 KSchG iVm § 9 Abs. 2 KSchG ist deshalb auf verfassungsrechtliche Bedenken gestoßen, weil diese Regelung über die Beendigung des Arbeitsverhältnisses bei sozialwidriger Kündigung auch den Lohnverzugsanspruch des § 615 BGB verändert.[1235] Er teilt insofern das Schicksal des Arbeitsverhältnisses. Für die Zeit nach Ablauf der Kündigungsfrist steht er unter dem Vorbehalt einer möglichen Ersetzung durch den Abfindungsanspruch des § 10 KSchG, was den Arbeitnehmer wirtschaftlich erheblich benachteiligen kann. Das BVerfG[1236] hat dazu festgestellt, dass die Vorschriften der §§ 9, 10 KSchG nicht gegen Art. 1, Art. 2 Abs. 1, Art. 3 Abs. 1, 12 und Art. 14 GG verstoßen.

285 Der **Arbeitgeber** kann mit einer von ihm ausgesprochenen **fristlosen Kündigung**, wie aus § 13 Abs. 1 S. 3 iVm § 13 Abs. 3 KSchG hervorgeht, **keinen Auflösungsantrag** nach § 9 KSchG verbinden.[1237] Dies gilt auch für eine unwirksam erkannte außerordentliche Kündigung unter Einhaltung einer der ordentlichen Kündigung entsprechenden Auslauffrist.[1238] Nur dem Arbeitnehmer wird gemäß § 13 Abs. 1 S. 3 KSchG gestattet, einen Auflösungsantrag anzubringen, wenn das Gericht feststellt, dass die **außerordentliche** Kündigung unbegründet ist, dem Arbeitnehmer jedoch die Fortsetzung des Arbeitsverhältnisses nicht zugemutet werden kann.[1239] Das Gericht hat dann für die **Auflösung** des Arbeitsverhältnisses den **Zeitpunkt** festzulegen, zu dem die außerordentliche Kündigung ausgesprochen wurde (§ 13 Abs. 1 S. 4 KSchG).[1240] Kommt die Umdeutung einer fristlosen Kündigung des Arbeitgebers in eine ordentliche Kündigung in Betracht, so hat der Arbeitnehmer grundsätzlich die Möglichkeit, die Auflösung des Arbeitsverhältnisses nach § 9 KSchG bezogen auf die fristlose Kündigung oder nur auf die umgedeutete fristgerechte Kündigung zu beantragen.[1241]

[1230] Seit BAG 26.11.1981 – 2 AZR 509/79, NJW 1982, 2015 stRspr nur BAG 27.3.2003 – 2 AZR 9/02, AP KSchG 1969 § 9 Nr. 48; 11.7.2013 – 2 AZR 241/12, NZA 2013, 1259.
[1231] Gesetz v. 24.12.2003, BGBl. 2003 I 3002.
[1232] Dazu näher *Rolfs* ZIP 2004, 333 ff.
[1233] Allerdings ist das BAG 18.10.2011 – 1 AZR 335/10, NZA 2012, 221 bei § 113 BetrVG von dem Regelwert eines halben Bruttomonatsgehalts pro Beschäftigungsjahr ausgegangen.
[1234] BAG 15.2.1973 – 2 AZR 16/72, AP KSchG 1969 § 9 Nr. 2; 24.10.1974 – 3 AZR 488/73, AP BGB § 276 Vertragsverletzung Nr. 2; 11.2.1981 – 7 AZR 12/79, AP KSchG 1969 § 4 Nr. 8.
[1235] *Bleckmann/Coen* DB 1981, 640 ff.; *Belling* DB 1985, 1890 ff.; aA *Boewer* DB 1982, 751 ff.; *Redeker* BB 1986, 1219 ff.; BAG 16.5.1984 – 7 AZR 280/82, AP KSchG § 9 Nr. 12.
[1236] BVerfG 29.1.1990 – 1 BvR 42/82, NZA 1990, 535; 13.8.1991 – 1 BvR 128/87, juris Rn. 8; 8.11.2016 – 1 BvR 988/15, EzA KSchG § 9 nF Nr. 68 Rn. 6.
[1237] BAG 30.9.2010 – 2 AZR 160/09, NZA 2011, 349.
[1238] BAG 30.9.2010 – 2 AZR 160/09, NZA 2011, 349.
[1239] BAG 29.8.2013 – 2 AZR 419/12, NZA 2014, 660 Rn. 25.
[1240] In der Fassung des Gesetzes zu Reformen am Arbeitsmarkt v. 24.12.2003, BGBl. 2003 I 3002. So bereits die ständige Rspr. des BAG: BAG 9.4.1981 – 6 AZR 787/78, AP KSchG 1969 § 11 Nr. 1; 26.8.1999 – 2 AZR 159/93, NZA 1994, 70; vgl. dazu auch Stahlhacke/Preis/Vossen Kündigung/*Vossen* Rn. 2112.
[1241] BAG 26.8.1993 – 2 AZR 159/93, NZA 1994, 70.

Für die **anwaltliche Beratung** des Arbeitnehmers bedarf es einer eingehenden Prüfung, ob 286
es sinnvoll ist, den Weg des § 9 KSchG zu beschreiten. Die dabei auftretenden Fallkonstellationen betreffen vor allem sog. **Auflösungsschäden**, die dadurch entstehen, dass dem Arbeitnehmer durch die gestaltende Wirkung des Auflösungsurteils erhebliche Ansprüche aus Annahmeverzug (§ 615 S. 1 BGB), aber auch sonstige Ansprüche – wie etwa das Entstehen einer unverfallbaren Betriebsrentenanwartschaft – verloren gehen, die mit dem **Fortbestand** des Arbeitsverhältnisses verknüpft sind.[1242] Soweit der Auflösungsantrag bei einer außerordentlichen fristlosen Kündigung des Arbeitgebers unter Zahlung einer Abfindung erfolgreich gestellt wird, kann das **Ruhen des Arbeitslosengeldanspruchs** nach § 158 Abs. 1 SGB III die Folge sein.[1243] Es ist auch zu überlegen, ob und unter welchen Voraussetzungen **Schadensersatzansprüche** neben oder anstelle einer dem Arbeitnehmer gemäß §§ 9, 10 KSchG zuerkannten Abfindung denkbar sind.[1244]

Bei einer sozialwidrigen und damit **rechtswidrigen** ordentlichen oder mangels Vorliegens 287
eines wichtigen Grundes unwirksamen **außerordentlichen** Kündigung des Arbeitgebers stellt sich für den Arbeitnehmer die Frage, ob neben einem notwendigen Kündigungsschutzprozess zur Vermeidung der rückwirkenden Heilung der Unwirksamkeit der Kündigung bei nicht rechtzeitiger Klageerhebung (§ 7 KSchG) ein **Schadensersatzanspruch** nach § 628 Abs. 2 BGB die günstigere Alternative darstellt. Nach dieser Vorschrift ist zum Schadensersatz verpflichtet, wer durch sein vertragswidriges schuldhaftes Verhalten die Kündigung des Arbeitsverhältnisses veranlasst hat. Dabei sind allerdings Barrieren zu überschreiten, die für die klagende Partei mit hohen Risiken befrachtet sind.

Dem Schadensersatzanspruch aus § 628 Abs. 2 BGB steht nicht entgegen, dass der Arbeitnehmer 288
keine ausdrückliche fristlose Kündigung ausgesprochen hat. Denn über den Wortlaut der Vorschrift hinaus ist der Anspruch aus § 628 Abs. 2 BGB auch dann gegeben, wenn das Vertragsverhältnis **in anderer Weise** als durch fristlose Kündigung beendet wurde, sofern nur der Arbeitgeber durch sein vertragswidriges schuldhaftes Verhalten den **Anlass** für die Beendigung gegeben hat.[1245] Grund für den Anspruch aus § 628 Abs. 2 BGB ist das **Auflösungsverschulden** und nicht der **Formalakt** der fristlosen Kündigung.[1246]

Mehr **formaler Natur** ist dabei die Wahrung der Zweiwochenfrist gemäß § 626 Abs. 2 289
BGB. Sie ist notwendige Voraussetzung für einen Schadensersatzanspruch aus § 628 Abs. 2 BGB.[1247] Das Recht der fristlosen Kündigung aus **wichtigem Grund** ist **verwirkt**, wenn die gesetzliche **Ausschlussfrist** gemäß § 626 Abs. 2 BGB vom Kündigungsberechtigten versäumt wird. Damit entfällt gleichzeitig auch der Schadensersatzanspruch nach § 628 Abs. 2 BGB.[1248] Die Verwirkungsproblematik wird nur dann entschärft, wenn es sich um einen sog. **Dauertatbestand** handelt, bei dem die Frist nicht **vor Beendigung des Zustandes**, der den Dauertatbestand bildet, zu laufen beginnt. Von einem Dauertatbestand ist das BAG[1249] etwa ausgegangen, wenn dem Arbeitnehmer ihm zustehende Bezüge vorenthalten werden oder eine zugesagte Bestellung zum Geschäftsführer unterblieben ist.[1250]

Erfolgt die **Beendigung** der vertraglichen Beziehungen durch eine Kündigung aus wichtigem 290
Grund (§ 626 Abs. 1 BGB), muss diese wirksam sein. Der wichtige Grund muss in

---

[1242] BAG 12.6.2003 – 8 AZR 341/02, AP BGB § 628 Nr. 16.
[1243] BSG 8.12.1987 – 7 RAr 48/86, NZA 1988, 443; LSG Nordrhein-Westfalen 11.12.2014 – L 9 AL 49/14, NZA 2015, 600.
[1244] BAG 26.7.2001 – 8 AZR 739/00, NZA 2002, 325; 22.4.2004 – 8 AZR 269/03, AP BGB § 628 Nr. 18.
[1245] BAG 8.8.2002 – 8 AZR 574/01, NZA 2002, 1323: Außerordentliche Kündigung mit Auslauffrist. Vgl. zu den Gründen vertragswidrigen Verhaltens die Beispiele bei KR/*Weigand* BGB § 628 Rn. 26 ff.
[1246] BAG 26.3.1985 – 3 AZR 200/82; 26.7.2001 – 8 AZR 739/00, NZA 2002, 325; 8.8.2002 – 8 AZR 574/01, NZA 2002, 1323.
[1247] BAG 26.7.2007 – 8 AZR 796/06, NZA 2007, 1419; BGH 16.7.2020 – IX ZR 298/19, NJW 2020, 2538 Rn. 15; KR/*Weigand* BGB § 628 Rn. 22.
[1248] BAG 22.6.1989 – 8 AZR 164/88, AP BGB § 628 Nr. 11; 26.7.2001 – 8 AZR 739/00, NZA 2002, 325; BGH 16.7.2020 – IX ZR 298/19, NJW 2020, 2538 Rn. 15: Die Kündigungsfrist von zwei Wochen muss gewahrt sein.
[1249] BAG 26.7.2001 – 8 AZR 739/00, NZA 2002, 325; 8.8.2002 – 8 AZR 574/01, NZA 2002, 1323.
[1250] Vgl. auch KR/*Weigand* BGB § 628 Rn. 26 ff.

einem vertragswidrigen und grundsätzlich schuldhaften Verhalten des anderen Vertragsteils seine Ursache (Auflösungsverschulden) finden. Hierfür reicht nicht jede geringfügige schuldhafte Vertragsverletzung aus. Diese muss vielmehr das Gewicht eines **wichtigen Grundes** haben und zum Ausspruch einer fristlosen Kündigung nach § 626 Abs. 1 BGB berechtigen.

291   Haben die Arbeitsvertragsparteien bei derartigem Befund das Arbeitsverhältnis im Wege des **Aufhebungsvertrages** aufgelöst, ist es ratsam, sich etwaige Ansprüche aus § 628 Abs. 2 BGB ausdrücklich vorzubehalten. Fehlt ein derartiger Vorbehalt, so kann der andere Teil die Einigung über die Auflösung des Arbeitsverhältnisses möglicherweise dahingehend verstehen, dass etwaige Rechte aus dem Auflösungsverschulden nicht mehr geltend gemacht werden sollen.[1251]

292   Ergänzend ist darauf aufmerksam zu machen, dass ein die außerordentliche Kündigung aus wichtigem Grund auslösender Anlass für den Arbeitnehmer regelmäßig nur dann bestehen wird, wenn er auch seinerseits zuvor den Arbeitgeber wegen eines vertragswidrigen Verhaltens **abgemahnt** hat (§ 314 Abs. 2 BGB), was nur dann entbehrlich ist, wenn die Abmahnung eine Rückkehr zum vertragskonformen Verhalten nicht erwarten lässt.[1252]

293   Für die Anwendung des § 628 Abs. 2 BGB ist des Weiteren zu bedenken, dass auf Seiten des Arbeitgebers eine **schuldhafte** Vertragsverletzung vorliegen muss, die Veranlassung für die Auflösung des Vertragsverhältnisses ist (Auflösungsverschulden). Es muss daher ein **unmittelbarer Zusammenhang**[1253] zwischen dem vertragswidrigen Verhalten und der Kündigung gegeben sein. Davon ist stets auszugehen, wenn der Arbeitnehmer etwa im Abmahnungsschreiben sein künftiges Verhalten – Ausspruch einer außerordentlichen Kündigung – angekündigt und dabei auch auf die Geltendmachung von Schadensersatzansprüchen nach § 628 Abs. 2 BGB hingewiesen hat. Anders wäre zu entscheiden, wenn der Arbeitnehmer ungeachtet des vertragswidrigen Verhaltens des Arbeitgebers kündigt oder einen Aufhebungsvertrag abschließt, weil er einen für ihn günstigeren Arbeitsvertrag bei einem anderen Arbeitgeber abgeschlossen hat.

294   Liegen die anspruchsbegründenden Voraussetzungen für § 628 Abs. 2 BGB vor, kann der Arbeitnehmer den Ausgleich aller **adäquat kausal verursachten Schadensfolgen** verlangen, die durch die vorzeitige Beendigung des Arbeitsverhältnisses auf Grund des Auflösungsverschuldens des Arbeitgebers entstanden sind. Der Anspruch geht auf das **Erfüllungsinteresse**, dh der Berechtigte ist so zu stellen, wie er bei Fortbestand des Arbeitsverhältnisses stehen würde.[1254] Dabei gilt jedoch die ordentliche Kündigungsfrist als **zeitliche Grenze** für den Schaden des entgangenen Verdienstes,[1255] der allerdings um eine den **Verlust des Bestandsschutzes** ausgleichende **angemessene Entschädigung** entsprechend §§ 9, 10 KSchG **angehoben** werden kann.[1256] Dabei hat BAG die Lage des wegen schuldhafter Vertragspflichtverletzung des Arbeitgebers selbst kündigenden Arbeitnehmers mit derjenigen des Arbeitnehmers verglichen, dem gegenüber der Arbeitgeber eine unberechtigte Kündigung ausgesprochen hat und der nun seinerseits einen Auflösungsantrag stellt, weil ihm die Fortsetzung des Arbeitsverhältnisses unzumutbar ist (§ 9 KSchG). Wenn nach der Wertung des Gesetzgebers trotz Kündigungsschutzes bei grob sozialwidrigen oder sittenwidrigen Kündigungen durch den Arbeitgeber in diesem Fall eine Ersatzpflicht im Rahmen der §§ 9, 10 KSchG beschränkt wird, kann im Falle der fristlosen Kündigung

---

[1251] BAG 10.5.1971 – 3 AZR 126/70, NJW 1971, 2092.
[1252] BAG 8.8.2002 – 8 AZR 574/01, NZA 2002, 1323; 9.6.2011 – 2 AZR 381/10, NZA 2011, 1027.
[1253] LAG Köln 21.7.2006 – 4 Sa 574/06, NZA-RR 2007, 134.
[1254] BGH 16.7.2008 – VIII ZR 151/05, NJW 2008, 3436; BAG 8.8.2002 – 8 AZR 574/01, NZA 2002, 1323; Staudinger/*Preis* BGB § 628 Rn. 44; ErfK/*Müller-Glöge* BGB § 628 Rn. 23, 24 auch zur historischen Entwicklung.
[1255] BAG 22.4.2004 – 8 AZR 269/03, AP BGB § 628 Nr. 18: Zeitliche Begrenzung bis zum Ablauf der Kündigungsfrist einer fiktiven ordentlichen Kündigung. KR/*Weigand* BGB § 628 Rn. 40.
[1256] BAG 26.7.2001 – 8 AZR 739/00, NZA 2002, 325; 21.5.2008 – 8 AZR 623/07, NZA-RR 2009, 75; 16.7.2013 – 9 AZR 784/11, NZA 2013, 1202 unter Hinweis darauf, dass der nach § 23 Abs. 1 S. 1 BBiG dem Auszubildenden zu ersetzende Schaden keine Abfindung entsprechend den §§ 9, 10 KSchG umfasst. Dazu bereits BAG 20.11.2003 – 8 AZR 439/02, AP BGB § 611 Haftung des Arbeitgebers zum Schadensersatz wegen ungerechtfertigter Kündigung eines Ausbildungsverhältnisses Nr. 28.

durch den Arbeitnehmer wegen eines vertragswidrigen Verhaltens des Arbeitgebers **kein Endlosschaden** zuerkannt werden. Diese Grundsätze gelten auch in der Insolvenz.[1257] Ein Entschädigungsanspruch für den **Verlust des Bestandsschutzes** setzt neben der Anwendbarkeit des Kündigungsschutzgesetzes weiter voraus, dass der Arbeitgeber im Zeitpunkt der Arbeitnehmerkündigung das Arbeitsverhältnis nicht selbst hätte kündigen können, dass also kein Kündigungsgrund iSv § 1 Abs. 2 KSchG bestand, weil dann ein nach dem Schutzzweck von § 628 Abs. 2 BGB über den Verdienstausfall für die Dauer der Kündigungsfrist hinaus auszugleichender Schaden nicht besteht.[1258] Der BGH[1259] hat allerdings eine Begrenzung des Schadensersatzanspruchs aus § 89a Abs. 2 HGB wegen einer von dem Kündigungsgegner schuldhaft veranlassten fristlosen Kündigung verneint, wenn die ordentliche Kündigung durch den Kündigungsgegner vertraglich ausgeschlossen ist. Demgegenüber ist das BAG[1260] davon ausgegangen, dass ein durch § 15 KSchG geschützter Arbeitnehmer, der sein Arbeitsverhältnis wegen eines durch vertragswidriges Verhalten seines Arbeitgebers veranlassten Grundes gekündigt hat, keine weitergehenden Ansprüche auf Schadensersatz wegen Verlustes seines Arbeitsplatzes als ein nicht dem Sonderkündigungsschutz unterfallender Arbeitnehmer hat. Auch in anderen Fällen eines besonderen Bestandsschutzes – etwa §§ 17 MuSchG, 18 BEEG – begründet der Verlust des Arbeitsplatzes durch Eigenkündigung des Arbeitnehmers keinen über § 628 Abs. 2 BGB iVm §§ 9, 10, 13 KSchG hinausgehenden Schadensersatzanspruch.[1261]

Berechnungsmaßstab bildet die sog. **Differenzmethode.**[1262] Dem tatsächlichen durch die Kündigung eingetretenen Zustand ist der hypothetische ohne das schädigende Ereignis (die Kündigung) zu verzeichnende Zustand gegenüberzustellen.[1263] Der Schaden besteht daher im Ausfall der Vergütung einschließlich aller besonderer Zuwendungen[1264] sowie einer etwaigen Naturalvergütung. Soweit es um den Verlust der Vergütung geht, ist bei der Schadensberechnung der entgangene **Bruttoverdienst** des Arbeitnehmers anzusetzen.[1265] Der Arbeitnehmer muss sich dabei nach dem Grundsatz der Vorteilsausgleichung anrechnen lassen, was er infolge der Vertragsbeendigung durch den Wegfall von Sozialabgaben und Steuern oder Aufwendungen – wie Fahrtkosten – erspart.[1266] Ebenso gilt die Schadensminderungspflicht aus § 254 Abs. 2 BGB, so dass sich der Arbeitnehmer anrechnen lassen muss, was er zu erwerben schuldhaft unterlassen hat. Es gelten hier vergleichbare Grundsätze wie bei § 615 S. 2 BGB.[1267]

Zweifelhaft kann sein, inwieweit neben § 628 Abs. 2 BGB auch andere Anspruchsgrundlagen für einen Schadensersatzanspruch, insbesondere die Grundsätze der **positiven Forderungsverletzung** (§ 280 BGB), im Zusammenhang mit einer Kündigung des Arbeitsverhältnisses in Betracht kommen können. Dies ist deshalb von Bedeutung, weil damit die strengeren Voraussetzungen des § 628 Abs. 2 BGB, insbesondere ein Auflösungsverschulden vom Gewicht eines **wichtigen Grundes,** nicht vorliegen müssen. Für die Annahme einer Pflichtverletzung aus § 280 BGB reicht **jede schuldhafte** Vertragsverletzung aus. Eine solche kann auch im Ausspruch einer rechtswidrigen Kündigung liegen.[1268]

[1257] BAG 26.7.2007 – 8 AZR 796/06, NZA 2007, 1419.
[1258] BAG 26.7.2007 – 8 AZR 796/06, NZA 2007, 1419; 21.5.2008 – 8 AZR 623/07, NZA-RR 2009, 75.
[1259] BGH 16.7.2008 – VIII ZR 151/05, NJW 2008, 3436.
[1260] BAG 21.5.2008 – 8 AZR 623/07, NZA-RR 2009, 75.
[1261] Vgl. dazu *Gehlhaar* NZA 2010, 373.
[1262] BAG 8.8.2002 – 8 AZR 574/01, NZA 2002, 1323.
[1263] BGH 18.1.2011 – VI ZR 325/09, NJW 2011, 1962; BAG 15.9.2011 – 8 AZR 846/09, NZA 2012, 377 – Liquidationsrecht als Erwerbschance.
[1264] BAG 20.11.1996 – 5 AZR 518/95, NZA 1997, 647 Rn. 34, 35.
[1265] BAG 8.8.2002 – 8 AZR 574/01, NZA 2002, 1323. Ebenso *Schulte* in FS Schwerdtner, 196; ErfK/*Müller-Glöge* BGB § 628 Rn. 40 will alternativ die modifizierte Nettomethode (das fiktive Nettoeinkommen des Geschädigten zuzüglich aller seiner aus dem Schadenereignis folgenden weiteren Nachteile einschließlich der auf die Schadensersatzleistung geschuldeten Steuern) zulassen. Vgl. dazu BGH 15.11.1994 – VI ZR 194/93, NJW 1995, 389.
[1266] *Bauer/Diller/Krets* DB 2003, 2687 (2690); ErfK/*Müller-Glöge* BGB § 628 Rn. 41, 41a.
[1267] ErfK/*Müller-Glöge* BGB § 628 Rn. 41, 41a unter Hinweis auf BGH 14.11.1966 – VII ZR 112/64, NJW 1967, 24.
[1268] BAG 24.10.1974 – 3 AZR 488/73, AP BGB § 276 Vertragsverletzung Nr. 2.

297 Das BAG[1269] ist in seiner bisherigen Rechtsprechung davon ausgegangen, dass § 628 Abs. 2 BGB als ein spezialgesetzlich geregelter Fall die Anwendung von § 280 BGB ausschließt. Dies gilt jedenfalls für den gerade durch die Beendigung des Arbeitsverhältnisses entstandenen Schaden, der auf das **Erfüllungsinteresse** (Erfüllungsschaden) gerichtet ist.

298 Neben den §§ 9, 10 KSchG kommen bereits **tatbestandlich** Ansprüche aus § 628 Abs. 2 oder aus § 280 BGB nicht mehr in Betracht. Wählt der Arbeitnehmer den Antrag auf Auflösung des Arbeitsverhältnisses (§ 9 Abs. 1 S. 1 KSchG) mit der damit verbundenen Abfindungsregelung aus § 10 KSchG, kann dies für ihn durchaus vorteilhafter sein als der Weg des § 628 Abs. 2 BGB. Zunächst reichen für den Auflösungstatbestand aus § 9 Abs. 1 S. 1 KSchG vom Arbeitgeber gesetzte Gründe bereits aus, die den wichtigen Grund des § 626 Abs. 1 BGB unterschreiten können. Darüber hinaus wird der Arbeitnehmer davon entlastet, ein **Verschulden** des Arbeitgebers für die Unzumutbarkeit einer **dauerhaften** Fortsetzung der arbeitsvertraglichen Beziehungen darlegen und nachweisen zu müssen. Gerade bei Verdachtskündigungen wird es häufig dem Arbeitnehmer schwerfallen, den Verschuldensnachweis zu erbringen, wenn der Arbeitgeber mit guten Gründen zunächst von der Berechtigung seines Kündigungsausspruchs ausgehen durfte.

299 Der Preis, über die §§ 9, 10 KSchG zu einer Abfindung zu gelangen, besteht für den Arbeitnehmer darin, dass die **Auflösung** des Arbeitsverhältnisses durch einen **rechtmäßigen** Gestaltungsakt des Gerichts zu einem Zeitpunkt erfolgt, zu dem auch eine sozial gerechtfertigte Kündigung das Arbeitsverhältnis beendet hätte (§ 9 Abs. 2 KSchG). Konsequenterweise **entfallen** damit Vergütungsansprüche aus **Annahmeverzug** (§ 615 S. 1 BGB) nach dem Zeitpunkt der durch Auflösungsurteil eingetretenen Beendigung des Arbeitsverhältnisses. Ebenso wenig lassen sich weitere Schadensersatzansprüche, die mit der Auflösung des Arbeitsverhältnisses im Zusammenhang stehen, begründen, weil der gerichtliche Gestaltungsakt rechtmäßig ist und dem Arbeitgeber nicht als rechtswidriges und schuldhaftes Verhalten zugerechnet werden kann.[1270]

300 Auf dieser Rechtsprechungslinie liegt es, wenn das BAG[1271] bei gerichtlicher Auflösung des Arbeitsverhältnisses und Zuerkennung einer Abfindung nach §§ 9, 10 KSchG den durch die Beendigung des Arbeitsverhältnisses eingetretenen Verlust einer **Anwartschaft auf betriebliche Altersversorgung** daneben nicht als Schadensersatz nach § 628 Abs. 2 BGB oder aus dem Gesichtspunkt einer positiven Vertragsverletzung nach § 280 BGB für ersetzbar gehalten hat. Der nach § 23 Abs. 1 S. 1 BBiG bei **vorzeitiger Beendigung des Ausbildungsverhältnisses** dem Auszubildenden zu ersetzende Schaden umfasst keine Abfindung entsprechend den §§ 9, 10 KSchG, weil keine Begrenzung des Schadensersatzanspruchs auf den Lohnausfall während einer fiktiven Kündigungsfrist eintritt, so dass kein Ausgleich für den Wert des Bestandsschutzes als zusätzliche Schadensposition anzuerkennen ist.[1272]

1. Verfahrensrechtliche Voraussetzungen des Auflösungsurteils

301 Als eigenständiges prozessuales Institut des Kündigungsschutzrechts[1273] kann der **Antrag auf Auflösung des Arbeitsverhältnisses nach § 9 Abs. 1 KSchG nicht isoliert,** sondern ausschließlich im Rahmen eines **anhängigen Kündigungsschutzprozesses** angebracht werden, so dass grundsätzlich über die Rechtswirksamkeit der Kündigung und über die Auflösung des Arbeitsverhältnisses nur **einheitlich** entschieden werden kann.[1274] Der Antrag auf Auflösung ist **vor** der Entscheidung des Gerichts im Kündigungsschutzprozess zu stellen. Hat das Gericht **rechtskräftig** festgestellt, dass das Arbeitsverhältnis nicht aufgelöst ist, so ist eine iso-

---

[1269] BAG 11.2.1981 – 7 AZR 12/79, AP KSchG 1969 § 4 Nr. 8; 26.7.2001 – 8 AZR 739/00, NZA 2002, 325; 12.6.2003 – 8 AZR 341/02, AP BGB § 628 Nr. 16; 22.4.2004 – 8 AZR 269/03, AP BGB § 628 Nr. 18.
[1270] BAG 12.6.2003 – 8 AZR 341/02, AP BGB § 628 Nr. 16.
[1271] BAG 12.6.2003 – 8 AZR 341/02, AP BGB § 628 Nr. 16.
[1272] BAG 16.7.2013 – 9 AZR 784/11, NZA 2013, 1202.
[1273] So bereits BAG 26.10.1979 – 7 AZR 752/77, AP KSchG § 9 Nr. 5; 24.5.2005 – 8 AZR 246/04, NZA 2005, 1178; 10.12.2009 – 2 AZR 534/08, NZA 2010, 698; 11.7.2013 – 2 AZR 241/12, NZA 2013, 1259; 19.11.2015 – 2 AZR 217/15, NZA 2016, 540.
[1274] BAG 27.9.2001 – 2 AZR 389/00, NZA 2002, 1171 mwN; Stahlhacke/Preis/Vossen Kündigung/*Vossen* Rn. 2095, 2131; ErfK/*Kiel* KSchG § 9 Rn. 3.

lierte Antragstellung auf Auflösung nach § 9 KSchG nicht mehr zulässig. Ebenso wenig wäre eine **Aufteilung** der Entscheidung in ein Teilurteil wegen Unwirksamkeit der Kündigung und ein Schlussurteil wegen Auflösung gegen Zahlung einer Abfindung zulässig.[1275] Eine rechtskräftige Auflösung nach § 9 Abs. 1 S. 1 KSchG kann nämlich nicht in Betracht kommen, solange über die Sozialwidrigkeit der Kündigung noch gestritten wird. Bedingung für die gerichtliche Auflösung ist gerade, dass das Arbeitsverhältnis nicht schon durch die Kündigung aufgelöst ist.[1276]

Der Grundsatz der einheitlichen Entscheidung gilt aber **nicht ausnahmslos,** wenn es sich um Fälle **vorzeitiger** Entscheidung über den Feststellungsantrag handelt. In diesen Fällen ist eine **Trennung** von Feststellungsantrag und Gestaltungsantrag trotz an sich gebotener Einheitlichkeit des Verfahrens aus prozessualen Gründen unumgänglich. Daher ist eine Teilbarkeit für den Fall des **Teilanerkenntnisurteils** über den Kündigungsschutzantrag und des Schlussurteils über die Auflösung des Arbeitsverhältnisses vom BAG[1277] bejaht worden. Ebenso hat das BAG[1278] anerkannt, dass die Entscheidung über den Auflösungsantrag durch Nichteinlegung eines Rechtsmittels gegen die stattgebende Entscheidung über den Kündigungsschutzantrag oder durch Beschränkung eines Rechtsmittels allein auf den Auflösungsanspruch isoliert angegriffen werden kann. Da in der **Erhebung** der **Kündigungsschutzklage** keine antizipierte **Zustimmung** des Arbeitnehmers zur Rücknahme der Kündigung des Arbeitgebers liegt, nimmt die **Kündigungsrücknahme** dem Arbeitnehmer auch nicht das Recht, **erst danach** gemäß § 9 KSchG die Auflösung des Arbeitsverhältnisses zu beantragen.[1279] Etwas anderes würde freilich dann gelten, wenn der Arbeitnehmer das in der Kündigungsrücknahme liegende Vertragsangebot des Arbeitgebers annimmt.[1280] Damit wäre der **unecht eventuell** erhobene Auflösungsantrag nach § 9 KSchG nicht mehr zur Entscheidung des Arbeitsgerichts gestellt.

Da es sich bei dem Auflösungsantrag nach § 9 Abs. 1 KSchG um ein **eigenständiges prozessuales Institut**[1281] des Kündigungsschutzrechts handelt, wie aus § 9 Abs. 1 S. 3 KSchG hervorgeht, setzt die Auflösung des Arbeitsverhältnisses gegen Abfindung immer einen **besonderen Antrag** voraus, für den die **Prozesshandlungsvoraussetzungen** gelten. Der Kündigungsschutzantrag und der Auflösungsantrag des Arbeitnehmers, der **unecht eventuell** gestellt wird, bilden einen Fall **objektiver Klagehäufung** nach § 260 ZPO.[1282] Nach § 9 Abs. 1 S. 3 KSchG steht es jeder Partei frei, ohne das Erfordernis prozessualer Mitwirkungshandlungen seitens des Prozessgegners oder des Gerichts, darüber zu befinden, ob sie eine Auflösung des Arbeitsverhältnisses gegen Zahlung einer Abfindung begehren will oder nicht. Aus diesem Grunde bedarf die **Nichtweiterverfolgung** eines Auflösungsantrags **keiner Einwilligung** des Prozessgegners im Sinne einer teilweisen Klagerücknahme (§ 269 ZPO). Vielmehr handelt es sich um einen besonderen Anwendungsfall einer Beschränkung des Klageantrags (§ 264 Nr. 2 ZPO).[1283]

Der Antrag nach § 9 Abs. 1 KSchG darf bis zum **Schluss** der letzten **mündlichen Verhandlung** in der **Berufungsinstanz** gestellt werden (§ 9 Abs. 1 S. 3 KSchG). Er kann daher erst im zweiten Rechtszuge angebracht werden, ohne dass dieser als Klageänderung (§ 263 ZPO) zugelassen werden müsste.[1284] Der Arbeitgeber ist nicht mit Gründen, die bereits zum Zeitpunkt der letzten mündlichen Verhandlung vor dem Arbeitsgericht vorlagen, deshalb ausgeschlossen, weil er die Auflösung des Arbeitsverhältnisses erst in der Berufungsinstanz bean-

---

[1275] BAG 9.12.1971 – 2 AZR 118/71, AP ZA-Nato-Truppenstatut Art. 56 Nr. 3.
[1276] BAG 20.3.1997 – 8 AZR 769/95, NZA 1997, 937.
[1277] Vgl. BAG 29.1.1981 – 2 AZR 1055/78, AP KSchG 1969 § 9 Nr. 6; KR/*Spilger* KSchG § 9 Rn. 16.
[1278] BAG 29.1.1981 – 2 AZR 1055/78, AP KSchG 1969 § 9 Nr. 6; 20.3.1997 – 8 AZR 769/95, NZA 1997, 937; 27.3.2003 – 2 AZR 9/02, AP KSchG 1969 § 9 Nr. 48; 21.6.2012 – 2 AZR 694/11, NZA 2013, 199.
[1279] BAG 19.8.1982 – 2 AZR 230/80, AP KSchG 1969 § 9 Nr. 9.
[1280] Vgl. BAG 24.5.2018 – 2 AZR 67/18, NZA 2018, 1127 Rn. 41 und → Rn. 169.
[1281] BAG 20.3.1997 – 8 AZR 769/95, NZA 1997, 937; 24.5.2005 – 8 AZR 246/04, NZA 2005, 1178 Rn. 28.
[1282] Nur Stahlhacke/Preis/Vossen *Kündigung/Vossen* Rn. 2107.
[1283] BAG 26.10.1979 – 2 AZR 230/80, AP KSchG 1969 § 9 Nr. 9 mAnm *Grunsky* SAE 1980, 57.
[1284] BAG 19.11.2015 – 2 AZR 217/15, NZA 2016, 540 Rn. 61; KR/*Spilger* KSchG § 9 Rn. 20; ErfK/*Kiel* KSchG § 9 Rn. 30.

trägt.[1285] Dem Arbeitnehmer oder Arbeitgeber, der durch ein erstinstanzliches Urteil nicht beschwert ist, steht für die erstmalige Stellung eines Auflösungsantrags im Berufungsrechtszug nur der Weg der **Anschlussberufung** offen.[1286] Deren Anbringung ist gemäß § 9 Abs. 1 S. 3 KSchG bis zum Schluss der mündlichen Verhandlung in der Berufungsinstanz möglich. Der Antrag darf auch nicht als nachträgliches oder verspätetes Vorbringen gemäß § 67 ArbGG zurückgewiesen werden. Eine **Rücknahme** des Auflösungsantrags ist ebenfalls bis zum Schluss der letzten mündlichen Verhandlung in der **Berufungsinstanz** möglich. Dies gilt unabhängig davon, ob bereits das Arbeitsgericht dem Auflösungsantrag entsprochen hatte, weil die Gestaltungswirkung nach § 9 Abs. 2 KSchG erst mit der **Rechtskraft** des Urteils eintritt.[1287]

305   Bei **mehrfach ausgesprochenen Kündigungen**, die vom Arbeitnehmer klageweise nach § 4 S. 1 KSchG angegriffen worden sind, kann mit jeder Kündigungsschutzklage – soweit im Übrigen statthaft – ein Auflösungsantrag beider Arbeitsvertragsparteien verbunden werden. Auflösungsanträge, die auf unterschiedliche Kündigungen bezogen sind, haben unterschiedliche Streitgegenstände.[1288] Da mit der Rechtskraft des der Kündigungsschutzklage stattgebenden Urteils festgestellt ist, dass im Zeitpunkt des Zugangs der Kündigung ein Arbeitsverhältnis zwischen den Parteien bestanden hat und das Arbeitsverhältnis durch die angegriffene Kündigung zu dem bestimmten Termin nicht aufgelöst worden ist,[1289] muss über den **zeitlich vorgehenden und zugleich vorgreiflichen Auflösungsantrag** zunächst entschieden werden, bevor über einen Kündigungsschutzantrag hinsichtlich einer später ausgesprochenen Kündigung und über einen darauf bezogenen Auflösungsantrag entschieden werden darf.[1290] Bezüglich der nach § 9 KSchG **erforderlichen Prognose** hat das über den zeitlich vorgehenden Auflösungsantrag und über die Bestimmung der Abfindungshöhe entscheidende Gericht den wahrscheinlichen Ausgang des Rechtsstreits über den nachgehenden Beendigungstatbestand im Rahmen seiner vorausschauenden Würdigung in Betracht zu ziehen.[1291] Die Auflösung eines Arbeitsverhältnisses nach § 9 Abs. 1 S. 2 KSchG scheitert nicht schon daran, dass das Arbeitsverhältnis der Parteien im Zeitpunkt der letzten mündlichen Verhandlung in der Berufungsinstanz **bereits beendet** war. Die nach § 9 Abs. 1 KSchG anzustellende Prognose ist vielmehr anhand der Umstände vorzunehmen, die zwischen dem Termin, zu dem die Kündigung gewirkt hätte, und dem anderweitigen Beendigungstermin eingetreten sind.[1292] Beruft sich der Arbeitgeber neben der Kündigung, auf die sich ein Antrag des Arbeitnehmers nach §§ 9, 10 KSchG bezieht, noch auf andere, später wirksam werdende Beendigungstatbestände, hindert dies die Entscheidung über den zeitlich vorgehenden Auflösungsantrag ebenfalls nicht.[1293]

306   Ein Arbeitnehmer, der im ersten Rechtszug die Abweisung eines vom **Arbeitgeber** nach § 9 Abs. 1 S. 2 KSchG gestellten Auflösungsantrages begehrt und **im zweiten Rechtszug** eine **höhere Abfindung** als die vom Arbeitsgericht im Hinblick auf den Antrag des Arbeitgebers festgesetzte verlangt, stellt **nicht selbst** einen **Auflösungsantrag** nach § 9 Abs. 1 S. 1 KSchG.[1294] Ist der Auflösungsantrag des Arbeitgebers mangels Vorliegens eines Auflösungsgrundes abgewiesen worden, fehlt einem Rechtsmittel des Arbeitnehmers die Beschwer und ist unzulässig, wenn es darauf gestützt wird, der Auflösungsantrag des Arbeitgebers hätte

---

[1285] BAG 19.11.2015 – 2 AZR 217/15, NZA 2016, 540 Rn. 61.
[1286] BAG 11.7.2013 – 2 AZR 241/12, NZA 2013, 1259: Einer ausdrücklichen Bezeichnung des Begehrens als Anschlussberufung bedarf es nicht.
[1287] BAG 28.1.1961 – 2 AZR 482/59, AP KSchG § 7 Nr. 8; ErfK/*Kiel* KSchG § 9 Rn. 30 mwN.
[1288] BAG 27.4.2006 – 2 AZR 360/05, NZA 2007, 229.
[1289] Nur → Rn. 147 ff. und BAG 18.12.2014 – 2 AZR 163/14, NZA 2015, 635.
[1290] BAG 27.4.2006 – 2 AZR 360/05, NZA 2007, 229 unter Aufgabe von BAG 17.9.1987 – 2 AZR 2/87, RzK I 11a Nr. 16.
[1291] BAG 28.5.2009 – 2 AZR 282/08, NZA 2009, 966; 11.7.2013 – 2 AZR 241/12, NZA 2013, 1259. Nach BAG 27.4.2006 – 2 AZR 360/05, NZA 2007, 229 kann das Gericht, falls die übrigen Voraussetzungen vorliegen, einen über die vorgreifliche Rechtsfrage anhängigen Rechtsstreit hinzuverbinden (§ 147 ZPO). Ausführlich dazu ErfK/*Kiel* KSchG § 9 Rn. 29.
[1292] BAG 23.2.2010 – 2 AZR 554/08, NZA 2010, 1123.
[1293] BAG 11.7.2013 – 2 AZR 241/12, NZA 2013, 1259.
[1294] BAG 28.1.1961 – 2 AZR 482/59, AP KSchG § 7 Nr. 8.

wegen eines anderen Unwirksamkeitsgrundes abgewiesen werden müssen.[1295] Nimmt der **Arbeitgeber** im Berufungsrechtszug seinen **Auflösungsantrag zurück**, erledigt sich damit zugleich die Forderung des Arbeitnehmers nach einer höheren Abfindung. Denn der Antrag auf Zahlung einer Abfindung wird nur (hilfsweise) für den Fall gestellt, dass der Auflösungsantrag begründet ist (sog. unechter Eventualantrag).[1296] Nimmt der im Kündigungsschutzprozess in erster Instanz unterlegene Arbeitgeber die von ihm eingelegte **Berufung** in der Berufungsverhandlung zurück, so wird damit der vom Arbeitnehmer erstmals durch **Anschlussberufung** verfolgte Auflösungsantrag unzulässig (§ 524 Abs. 4 ZPO).[1297]

Hat das Arbeitsgericht dem **Hauptantrag** des **Arbeitgebers** auf Abweisung der gegen die Wirksamkeit der ordentlichen Kündigung gerichteten Klage stattgegeben und ist das Arbeitsgericht daher auf den echt evtl. gestellten Hilfsantrag des Arbeitgebers nach § 9 KSchG nicht eingegangen, fällt dieser Hilfsantrag auch **ohne Anschlussrechtsmittel** automatisch in der Rechtsmittelinstanz an.[1298]

307

In der **Revisionsinstanz** kann **erstmals** der Antrag auf Auflösung des Arbeitsverhältnisses nach § 9 KSchG nicht mehr in zulässiger Weise gestellt werden.[1299] Der bereits in der Tatsacheninstanz hilfsweise gestellte Auflösungsantrag nach § 9 Abs. 1 KSchG wird jedoch auch **ohne Anschlussrevision** in der Revisionsinstanz anhängig. Wenn das Revisionsgericht auf die Revision der Kündigungsschutzklage stattgibt oder ein entsprechendes Feststellungsurteil des Arbeitsgerichts bestätigt, dann ist zugleich auch über den Auflösungsantrag des Arbeitgebers oder Arbeitnehmers zu entscheiden.[1300] Da die tatsächlichen Voraussetzungen für eine Auflösung des Arbeitsverhältnisses sowie die Angemessenheit der Höhe der Abfindung regelmäßig nicht unstreitig sind, wird das BAG den Rechtsstreit an das LAG zurückverweisen.[1301]

308

Grundsätzlich richtet sich der **Auflösungsantrag** des Arbeitnehmers nach § 9 Abs. 1 S. 1 KSchG **gegen** den **Arbeitgeber**, der die **Kündigung ausgesprochen** hat. **Besonderheiten** für den Auflösungsantrag gelten indes dann, wenn ein Betriebsübergang im Laufe der Kündigungsfrist stattfindet und der Antrag erst anschließend vom Arbeitnehmer im Kündigungsschutzprozess gegenüber dem bisherigen Arbeitgeber gestellt wird. Geht nämlich das Arbeitsverhältnis mangels Widerspruchs (§ 613a Abs. 6 BGB) noch **vor** dem Auflösungszeitpunkt des § 9 Abs. 2 KSchG auf den neuen Inhaber des Betriebs über (§ 613a Abs. 1 S. 1 BGB), scheidet der bisherige Arbeitgeber aus dem Arbeitsverhältnis aus. Damit verliert der frühere Arbeitgeber für den Auflösungsantrag seine Passivlegitimation, weil das Arbeitsverhältnis des Arbeitnehmers zu dem **neuen Arbeitgeber** aufgelöst werden soll.[1302] Nur gegen diesen kann sich der Auflösungsantrag des Arbeitnehmers richten. Will der Arbeitnehmer den Auflösungsantrag gegen den bisherigen Arbeitgeber verfolgen, muss er den Übergang seines Arbeitsverhältnisses durch **Widerspruch** verhindern (§ 613a Abs. 6 BGB). Die **Passivlegitimation** des Arbeitgebers für den Auflösungsantrag folgt damit nicht automatisch dem bereits erhobenen Kündigungsschutzantrag. Geht das Arbeitsverhältnis nach Ausspruch der Kündigung auf einen **Betriebserwerber** gemäß § 613a BGB über, so kann dieser auch noch in der **Berufungsinstanz** dem Prozess **beitreten**, um einen **Auflösungsantrag** zu stellen.[1303] Andererseits bleiben der **vor** dem **Betriebsübergang** gekündigte Arbeitnehmer und der Be-

309

[1295] BAG 23.2.2010 – 2 AZR 554/08, NZA 2010, 1123.
[1296] BAG 16.9.1993 – 2 AZR 267/93, NZA 1994, 311.
[1297] BAG 3.4.2008 – 2 AZR 720/06, NZA 2008, 1258; BGH 30.3.2006 – III ZB 123/05, NJW 2006, 2124: Die Wirkungen der unselbständigen Anschlussberufung entfallen ohne Weiteres mit der Rücknahme des Hauptrechtsmittels.
[1298] BAG 18.12.1980 – 2 AZR 1006/78, AP BetrVG 1972 § 102 Nr. 22; 25.10.1989 – 2 AZR 633/88, AP BGB § 611 Direktionsrecht Nr. 36; 10.10.2002 – 2 AZR 598/01, AP KSchG 1969 § 1 Betriebsbedingte Kündigung Nr. 123; 31.7.2014 – 2 AZR 434/13, NZA 2015, 358.
[1299] ErfK/*Kiel* KSchG § 9 Rn. 33; Ascheid/Preis/Schmidt/*Biebl* KSchG § 9 Rn. 106.
[1300] BAG 18.12.1980 – 2 AZR 1006/78, AP BetrVG 1972 § 102 Nr. 22; 10.10.2002 – 2 AZR 598/01, AP KSchG 1969 § 1 Betriebsbedingte Kündigung Nr. 123.
[1301] ErfK/*Kiel* KSchG § 9 Rn. 33.
[1302] BAG 20.3.1997 – 8 AZR 769/95, NZA 1997, 937; Stahlhacke/Preis/Vossen Kündigung/*Vossen* Rn. 2091; *Boewer* RdA 2001, 380 (397); *Keßler* NZA-RR 2002, 1 (5).
[1303] LAG Köln 15.2.2002 – 4(2) Sa 575/01, MDR 2002, 1323 Rn. 211; *Vossen* in FS Leinemann, 284.

triebsveräußerer berechtigt, die gerichtliche Auflösung eines Arbeitsverhältnisses zu einem Zeitpunkt nach vollzogenem Betriebsübergang zu beantragen, wenn der festzulegende **Auflösungszeitpunkt (§ 9 Abs. 2 KSchG) vor** dem Betriebsübergang liegt.[1304] Eine gerichtliche Auflösung kann deshalb erfolgen, weil das Arbeitsverhältnis zu dem gesetzlich zwingend vorgeschriebenen (rückwirkenden) Auflösungszeitpunkt noch bestanden hat.[1305] Der Arbeitgeber kann dabei geltend machen, die Fortsetzung des Arbeitsverhältnisses sei ihm **bis zum Zeitpunkt des Betriebsübergangs** nicht zumutbar. Hat das Arbeitsverhältnis zwar erst nach dem gemäß § 9 Abs. 2 KSchG festzusetzenden Zeitpunkt, aber schon vor Erlass des Auflösungsurteils **geendet**, steht dies generell einer gerichtlichen Auflösung nicht entgegen.[1306] Die erforderliche Prognose nach § 9 Abs. 1 BGB ist dann auf den Zeitraum zwischen dem Termin, zu dem die Kündigung gewirkt hätte, wenn sie sozial gerechtfertigt gewesen wäre, und dem Beendigungszeitpunkt zu erstrecken.[1307]

310 Eine bestimmte **Antragsformulierung** ist durch das KSchG nicht vorgeschrieben. Dies gilt auch für die **Höhe der Abfindung.** Es genügt ein **Antrag,** wonach das Arbeitsverhältnis zum (Datum) unter Zahlung einer Abfindung aufgelöst werden soll.[1308] Das Arbeitsgericht hat bei einer antragsgemäßen Auflösung des Arbeitsverhältnisses im Rahmen der Angemessenheit **von Amts wegen** über die Höhe der Abfindung zu befinden und ist hierbei an Anträge **nicht** gebunden. Damit schließt § 9 Abs. 1 KSchG eine Anwendung von § 308 Abs. 1 S. 1 ZPO aus. Die Parteien sind allerdings nicht gehindert, einen **bezifferten Abfindungsantrag** zu stellen. In diesem Fall sind der Partei nach § 92 ZPO anteilige Kosten aufzuerlegen, falls das Gericht einem Antrag hinsichtlich der Höhe der Abfindungssumme nicht voll entspricht.[1309] Die Bezifferung des Antrags kann uU für die Frage der **Beschwer** von Bedeutung sein.[1310]

311 a) **Sozialwidrigkeit der ordentlichen Kündigung.** Eine Auflösung des Arbeitsverhältnisses gem. § 9 KSchG kommt jedoch erst dann in Betracht, wenn das Gericht zuvor die Feststellung getroffen hat, dass die vom Arbeitgeber erklärte Kündigung gem. § 1 Abs. 2 KSchG **sozial ungerechtfertigt** ist.[1311] Das Gesetz zu Reformen am Arbeitsmarkt[1312] hat daran nichts geändert, wie aus § 9 Abs. 2 KSchG unmissverständlich hervorgeht, der weiterhin auf die **sozialwidrige Kündigung** abhebt. Ist die Kündigung **nicht sozialwidrig**, aber aus einem anderen Grunde unwirksam, so darf das Gericht das Arbeitsverhältnis gemäß § 9 KSchG – außer in den Fällen der ungerechtfertigten **außerordentlichen** Kündigung (§ 13 Abs. 1 S. 3 KSchG) oder der **sittenwidrigen** Kündigung (§ 13 Abs. 2 KSchG) auf Antrag des Arbeitnehmers[1313] – nicht auflösen, sondern hat lediglich die Fortdauer des Arbeitsverhältnisses festzustellen.[1314] Dies gilt unabhängig davon, welche Partei den Auflösungsantrag stellt. Der Auflösungsantrag ist **nicht statthaft**.[1315] Die Abhängigkeit des Auflösungsantrags von der Sozialwidrigkeit der Kündigung führt dazu, dass der die Auflösung des Arbeitsverhältnisses

---

[1304] BAG 24.5.2005 – 8 AZR 246/04, NZA 2005, 1178; 23.2.2010 – 2 AZR 554/08, NZA 2010, 1123; aA *Gravenhorst* NZA-RR 2007, 57 (63) ohne Berücksichtigung von § 9 Abs. 2 KSchG.
[1305] BAG 23.2.2010 – 2 AZR 554/08, NZA 2010, 1123.
[1306] BAG 23.2.2010 – 2 AZR 554/08, NZA 2010, 1123.
[1307] BAG 23.2.2010 – 2 AZR 554/08, NZA 2010, 1123.
[1308] Vgl. Schaub ArbR-HdB/*Linck* § 141 Rn. 20, Ascheid/Preis/Schmidt/*Biebl* KSchG § 9 Rn. 23 schlägt die Formulierung vor: „Das Arbeitsverhältnis wird zum ... aufgelöst und der/die Beklagte zur Zahlung einer angemessenen Abfindung verurteilt." Durch Auslegung kann ermittelt werden, ob ein Antrag des Arbeitnehmers, den Arbeitgeber zur Zahlung einer Abfindung zu verurteilen, aus § 9 Abs. 1 S. 1 KSchG hergeleitet werden soll.
[1309] BAG 26.6.1986 – 2 AZR 522/85, NZA 1987, 139.
[1310] Vgl. → Rn. 369 ff.
[1311] BAG 29.1.1981 – 2 AZR 1055/78, AP KSchG 1969 § 9 Nr. 6; 16.9.1993 – 2 AZR 267/93, NZA 1994, 311; 20.3.1997 – 8 AZR 769/95, NZA 1997, 937.
[1312] Gesetz v. 24.12.2003, BGBl. 2003 I 3002; BT-Drs. 15/1587, 27; vgl. ausführlich BAG 28.8.2008 – 2 AZR 63/07, NZA 2009, 279 Rn. 27, 40; 31.7.2014 – 2 AZR 434/13, NZA 2015, 361 Rn. 44; 24.5.2018 – 2 AZR 73/18, NZA 2018, 1131 Rn. 37; 13.12.2018 – 2 AZR 378/18, NZA 2019, 305 Rn. 35.
[1313] LAG Schleswig-Holstein 22.6.2011 – 3 Sa 95/11, ArbR 2011, 494 Rn. 83, 84.
[1314] BAG 21.9.2000 – 2 AZN 576/00, NZA 2001, 102; 24.11.2011 – 2 AZR 429/10, NZA 2012, 610; 31.7.2014 – 2 AZR 434/13, NZA 2015, 358.
[1315] BAG 27.9.2001 – 2 AZR 176/00, NZA 2002, 1277.

begehrende Arbeitnehmer die Kündigung des Arbeitgebers zumindest auch wegen ihrer **mangelnden sozialen Rechtfertigung** gerichtlich angreifen muss, worauf ihn das Arbeitsgericht nach § 6 KSchG hinzuweisen hat. **Anerkennt** der Arbeitgeber den Feststellungsantrag des Arbeitnehmers (§ 307 ZPO), ist durch Auslegung von Tenor und Klagevorbringen zu ermitteln, ob der Arbeitgeber auch die Sozialwidrigkeit der Kündigung anerkannt hat. Nur dann kommt das Anerkenntnisurteil als Grundlage für einen Auflösungsantrag des Arbeitnehmers nach § 9 KSchG in Betracht.[1316]

Außerdem ist danach zu differenzieren, ob der Arbeitnehmer oder der Arbeitgeber von der Stellung des Auflösungsantrags nach § 9 Abs. 1 S. 1 und 2 KSchG Gebrauch macht. Der **Arbeitnehmer** kann den Auflösungsantrag auch dann stellen, wenn die aus **anderen Gründen unwirksame Kündigung** (etwa wegen eines Verstoßes gegen § 102 Abs. 1 S. 3 BetrVG, § 9 MuSchG, § 134 BGB) **zusätzlich sozialwidrig ist** und der Arbeitnehmer die Sozialwidrigkeit im Rahmen einer rechtzeitig (§ 4 S. 1 KSchG) erhobenen Kündigungsschutzklage bis zum Schluss der mündlichen Verhandlung erster Instanz (§ 6 KSchG) geltend gemacht hat.[1317] Das Gericht darf daher die Frage der Sozialwidrigkeit nicht unentschieden lassen, wenn der Arbeitnehmer die Auflösung des Arbeitsverhältnisses nach § 9 Abs. 1 S. 1 KSchG betreibt.[1318] Es reicht dabei für die Berufung auf § 1 Abs. 2, 3 KSchG aus, dass der Arbeitnehmer vorträgt, es **bestünden keine Kündigungsgründe**.[1319] Dem ist beizutreten, weil der Umstand, dass die Kündigung auch aus anderen Gründen nichtig ist, nicht der Unzumutbarkeit der Fortsetzung des Arbeitsverhältnisses wegen der Sozialwidrigkeit der Kündigung im Wege steht.

Im Zusammenhang mit einer **ordentlichen Kündigung** kann der **Arbeitgeber** nach ständiger Rechtsprechung des BAG[1320] die Auflösung des Arbeitsverhältnisses nach § 9 Abs. 1 S. 2 KSchG grundsätzlich nur verlangen, wenn die Kündigung **ausschließlich** nach § 1 Abs. 2 und 3 KSchG sozialwidrig ist. Ist die Kündigung **auch aus anderen Gründen** unwirksam (etwa wegen Nichtanhörung des Betriebsrats, tariflicher Ausschluss der ordentlichen Kündigung),[1321] ist der Auflösungsantrag des Arbeitgebers unstatthaft.[1322] Die Lösungsmöglichkeit aus § 9 Abs. 1 S. 2 KSchG will zugunsten des Arbeitgebers den **Begründungszwang** aus § 1 Abs. 2 KSchG unter der Voraussetzung einer wirtschaftlichen Kompensation relativieren und durch den Vortrag und Nachweis ersetzen, dass eine den Betriebszwecken dienliche weitere Zusammenarbeit mit dem Arbeitnehmer ausgeschlossen erscheint. Diese nach § 9 KSchG vergünstigte Lösungsmöglichkeit für den Arbeitgeber soll nur in Betracht kommen, wenn eine Kündigung ausschließlich sozialwidrig und nicht (auch) aus anderen Gründen nichtig ist.[1323] Dieses Ergebnis lässt sich aus § 13 Abs. 3 KSchG iVm § 9 Abs. 2 KSchG ableiten, wonach die Bestimmungen des Ersten Abschnittes des KSchG auf eine Kündigung, die bereits aus **anderen** als den in § 1 Abs. 2 und 3 bezeichneten **Gründen unwirksam** ist, **keine Anwendung** findet.[1324] Im Übrigen könnte über den Auflösungsantrag des Arbeitgebers der besondere Kündigungsschutz aus anderen Gründen (etwa § 17 MuSchG, § 168 SGB IX) zum Nachteil des Arbeitnehmers verloren gehen,[1325] wenn sich der Arbeitnehmer zusätzlich auf fehlende Kündigungsgründe beruft. Schließlich darf nicht der Arbeitgeber

---

[1316] BAG 29.1.1981 – 2 AZR 1055/78, NJW 1982, 1118.
[1317] BAG 29.1.1981 – 2 AZR 1055/78, AP KSchG 1969 § 9 Nr. 6; 16.9.1993 – 2 AZR 267/93, NZA 1994, 311; 20.3.1997 – 8 AZR 769/95, NZA 1997, 937; 28.8.2008 – 2 AZR 63/07, NZA 2009, 275.
[1318] BAG 10.2.2005 – 2 AZR 584/03, AP BGB § 174 Nr. 18; 28.8.2008 – 2 AZR 63/07, NZA 2009, 275.
[1319] BAG 20.3.1997 – 8 AZR 769/95, NZA 1997, 937.
[1320] BAG 9.10.1979 – 6 AZR 1059/77, AP KSchG 1969 § 9 Nr. 4; 28.8.2008 – 2 AZR 63/07, NZA 2009, 275; 23.2.2010 – 2 AZR 554/08, NZA 2010, 1123; 24.11.2011 – 2 AZR 429/10, NZA 2012, 610; 31.7.2014 – 2 AZR 434/13, NZA 2015, 358.
[1321] BAG 28.11.2007 – 5 AZR 952/06, NZA-RR 2008, 344.
[1322] BAG 28.8.2008 – 2 AZR 63/07, NZA 2009, 275; 23.2.2010 – 2 AZR 554/08, NZA 2010, 1123; 24.5.2018 – 2 AZR 73/18, NZA 2018, 1131 Rn. 37; 13.12.2018 – 2 AZR 378/18, NZA 2019, 305 Rn. 35.
[1323] BAG 28.8.2008 – 2 AZR 63/07, NZA 2009, 275; 24.5.2018 – 2 AZR 73/18, NZA 2018, 1131 Rn. 37; 13.12.2018 – 2 AZR 378/18, NZA 2019, 305 Rn. 35.
[1324] BAG 23.2.2010 – 2 AZR 554/08, NZA 2010, 1123.
[1325] Vgl. etwa BAG 24.11.2011 – 2 AZR 429/10, NZA 2012, 610; aA KR/*Spilger* KSchG § 9 Rn. 34, wonach sich dieses Ergebnis weder aus dem Wortlaut noch aus dem Zweck des § 9 Abs. 1 KSchG herleiten lässt.

privilegiert werden, der neben sonstigen Unwirksamkeitsgründen noch die Sozialwidrigkeit „draufsattelt". Der von der Gegenmeinung bemühte historische Ansatz,[1326] wonach § 7 Abs. 1 S. 2 KSchG 1951[1327] in Abkehr vom Betriebsrätegesetz[1328] (§ 87 Abs. 1 S. 1 BRG) und dem Gesetz zur Ordnung der nationalen Arbeit[1329] (§ 57 Abs. 1 AOG) das darin geregelte freie Wahlrecht des Arbeitgebers, sich bei sozial zu missbilligender Kündigung für eine Abfindungslösung entscheiden zu dürfen, durch ein an bestimmte Voraussetzungen gebundenes Antragsrecht ersetzt hat, besitzt wenig Aussagekraft, weil der Gesetzgeber von 1951 ein völlig anderes Konzept für die Kündigungsberechtigung des Arbeitgebers und vor allem für die beiderseitige Auflösungsinitiative eingeführt hat. Richtig ist, dass der für den Arbeitgeber vorgesehene Begründungszwang aus § 7 Abs. 1 S. 2 KSchG 1951 darauf abzielte, einer willkürlichen Ablehnung der Weiterbeschäftigung durch vom Arbeitgeber vorzutragende Zerrüttungsgründe vorzubeugen.[1330] Damit ist aber keineswegs gesagt, dass dieser Gesichtspunkt auch bei einer unwirksamen Kündigung aus anderen Gründen eine Rolle spielen sollte.

314 Nicht zu überzeugen vermag der gegen die Rechtsprechung des BAG vorgetragene Einwand, dass es auch bei sonstiger Unwirksamkeit der Kündigung in der Hand des Arbeitnehmers liege, ob er die sozialwidrige Kündigung **nur** wegen **anderer Unwirksamkeitsgründe** außerhalb der Sozialwidrigkeit angriffe, was ihm § 6 KSchG erlaube.[1331] Er könne mit dieser Beschränkung des Streitgegenstandes einen Auflösungsantrag des Arbeitgebers verhindern, der den Streitgegenstand nicht auf die Sozialwidrigkeit der Kündigung erweitern dürfe.[1332] Deshalb müsse der Arbeitnehmer auf Antrag des Arbeitgebers die Auflösung des Arbeitsverhältnisses nur hinnehmen, wenn er die Unwirksamkeit der Kündigung **auch** mit ihrer **Sozialwidrigkeit** begründe. Das ist richtig, hindert jedoch auch den Arbeitnehmer daran, einen Auflösungsantrag zu stellen. Zu Recht weist das BAG[1333] darauf hin, dass ein nicht begründbarer Wertungswiderspruch dadurch entstünde, wenn man den „zusätzlich" sozialwidrig kündigenden Arbeitgeber besserstellte als den Arbeitgeber, dessen Kündigung „lediglich" aus sonstigen Gründen unwirksam ist.

315 Kann die Unwirksamkeit der Kündigung **nur** auf ihre Sozialwidrigkeit im Kündigungsschutzgesetz gestützt werden, darf dem Arbeitgeber die Vergünstigung des § 9 Abs. 1 S. 2 KSchG nicht entzogen werden, wenn er die Kündigung **zusätzlich** auf **weitere Kündigungsgründe** iSd § 1 Abs. 2 KSchG stützt, die wegen Verstoßes gegen Vorschriften **außerhalb** des Kündigungsschutzgesetzes nicht zur Wirksamkeit der Kündigung führen können. Es ist daher für den Auflösungsantrag nach § 9 Abs. 1 S. 2 KSchG unschädlich, wenn der Arbeitgeber die **verhaltensbedingt** ausgesprochene Kündigung im Prozess auf einen **weiteren personenbedingten Kündigungssachverhalt** – etwa Krankheit – stützt, der bereits wegen fehlender Anhörung des Betriebsrats zur Unwirksamkeit der Kündigung führt und deshalb als Kündigungsgrund nicht herangezogen werden kann, während die verhaltensbedingte Kündigung nur an der Sozialwidrigkeit leidet.[1334]

316 Der Ausschluss der Lösungsmöglichkeit für den Arbeitgeber nach § 9 Abs. 1 S. 2 KSchG bei einer Kündigung, die auch aus **anderen Gründen** rechtsunwirksam ist, setzt zudem voraus, dass die Unwirksamkeit Folge eines Verstoßes gegen eine **Schutznorm zugunsten** des **Arbeitnehmers** ist, wie dies etwa bei §§ 17 MuSchG, 18 BEEG, 102 BetrVG, 613a Abs. 4 BGB der Fall ist.[1335]

[1326] *Tschöpe* in FS Schwerdtner, S. 228 ff.
[1327] BGBl. 1951 I 499 mit der durch das Erste Gesetz zur Bereinigung arbeitsrechtlicher Vorschriften von 1969 geänderten Beweislastverteilung zu Lasten des Arbeitgebers: BGBl. 1969 I 1317.
[1328] Ges. v. 4.2.1920, RGBl. 1920 S. 147.
[1329] Ges. v. 20.1.1934, RGBl. 1934 S. 45.
[1330] BT-Drs. I/2090, 14 abgedruckt RdA 1951, 61 ff.
[1331] So KR/*Spilger* KSchG § 9 Rn. 34; Stahlhacke/Preis/Vossen Kündigung/*Vossen* Rn. 2098 f.
[1332] Stahlhacke/Preis/Vossen Kündigung/*Vossen* Rn. 2098 im Anschluss an KR/*Spilger* § 9 KSchG Rn. 34; ebenso Ascheid/Preis/Schmidt/*Biebl* KSchG § 9 Rn. 11; Bauer in FS Hanau, 163.
[1333] BAG 28.8.2008 – 2 AZR 63/07, NZA 2009, 275.
[1334] BAG 21.9.2000 – 2 AZN 576/00, NZA 2001, 102.
[1335] BAG 10.11.1994 – 2 AZR 207/94, NZA 1995, 309: Verneint bei einem Schulleiter einer deutschen Schule in Saudi-Arabien, dessen Kündigung von der Zustimmung der deutschen Auslandsvertretung abhän-

Hat das Arbeitsgericht angenommen, eine ordentliche Arbeitgeberkündigung sei sowohl 317
nach § 1 KSchG als auch wegen fehlerhafter Anhörung des Betriebs- oder Personalrats unwirksam und deshalb den Auflösungsantrag des Arbeitgebers zurückgewiesen, so kann das **Berufungsgericht** auch bei einer auf den **Auflösungsantrag beschränkten Berufung** des Arbeitgebers erneut prüfen, ob eine ordnungsgemäße Betriebsrats- oder Personalratsbeteiligung vorliegt.[1336] Der Streitgegenstand des Auflösungsantrags wird nämlich durch die rechtskräftige Entscheidung über den Kündigungsschutzantrag nicht berührt. Mit der Rechtskraft des der Kündigungsschutzklage stattgebenden Urteils steht nur fest, dass das Arbeitsverhältnis durch die angegriffene Kündigung zu dem bestimmten Termin nicht aufgelöst worden ist. In Rechtskraft erwächst nicht die Feststellung, dass die Kündigung sozialwidrig war und deshalb das Arbeitsverhältnis nicht aufgelöst hat. Dem gegenüber geht es beim **Auflösungsantrag** um die Frage, ob auf Grund des mitgeteilten Sachverhalts ein Auflösungsgrund besteht mit der Rechtsfolge, dass das Gericht das Arbeitsverhältnis durch Gestaltungsurteil gegen Zahlung einer Abfindung aufzulösen hat (§ 9 Abs. 1 S. 2 KSchG). Daher kann die zur Unwirksamkeit einer Kündigung führende Vorfrage einer ordnungsgemäßen Betriebs- oder Personalratsanhörung vom Berufungsgericht abweichend von der bereits rechtskräftigen Entscheidung des Arbeitsgerichts beurteilt werden.

Hat der Arbeitnehmer im Falle einer sog. **Änderungskündigung** des Arbeitgebers die Än- 318
derung der Arbeitsbedingungen **rechtzeitig** unter **Vorbehalt angenommen** und **Änderungsschutzklage** erhoben (§§ 2, 4 S. 2 KSchG), ist für einen Antrag aus § 9 Abs. 1 KSchG **kein Raum.** Streitgegenstand der Feststellungsklage ist nämlich die Frage, ob die Änderung der Arbeitsbedingungen sozial gerechtfertigt ist, während der Fortbestand des Arbeitsverhältnisses als solcher außer Streit steht.[1337] Nur im Falle der Arbeitnehmer die Änderung der Arbeitsbedingungen nicht innerhalb der Kündigungsfrist oder innerhalb von drei Wochen nach Zugang der Kündigung unter Vorbehalt angenommen hat, ist eine gerichtliche Auflösung des Arbeitsverhältnisses möglich, weil nur dann die Feststellung getroffen werden kann, dass das Arbeitsverhältnis durch die Kündigung des Arbeitgebers nicht aufgelöst worden ist.[1338]

b) **Außerordentliche und sittenwidrige Kündigung.** Da in § 13 Abs. 1 S. 3 KSchG nur ein 319
vom Arbeitnehmer gestellter Auflösungsantrag vorgesehen ist, kann nur dieser und **nicht** der **Arbeitgeber**[1339] im Falle einer **unbegründeten außerordentlichen Kündigung** des Arbeitgebers die **Auflösung** des Arbeitsverhältnisses gegen Zahlung einer Abfindung beantragen. Ein Antragsrecht des Arbeitgebers analog § 9 Abs. 1 S. 2 KSchG kommt auch im Zusammenhang mit einer für unwirksam erkannten außerordentlichen Kündigung mit Auslauffrist nicht in Betracht.[1340] Die außerordentliche Kündigung im Sinne von § 13 Abs. 1 S. 3 KSchG ist nur dann **unbegründet,** wenn **kein wichtiger Grund** im Sinne des § 626 BGB vorliegt. Dies gilt auch bei einer Versäumung der Frist des § 626 Abs. 2 BGB, weil dies dem Fehlen eines wichtigen Grundes gleichsteht (materiell-rechtliche Verwirkung des Kündigungsgrundes).[1341] Da das Gesetz zu Reformen am Arbeitsmarkt[1342] trotz der Änderung des § 4 KSchG den Text des § 13 Abs. 1 S. 3 KSchG insoweit beibehalten hat, ist nach wie vor da-

---

gen sollte. BAG 27.9.2001 – 2 AZR 389/00, NZA 2002, 1171; 10.2.2005 – 2 AZR 584/03, AP BGB § 174 Nr. 18.
[1336] BAG 27.9.2001 – 2 AZR 389/00, NZA 2002, 1171.
[1337] BAG 29.1.1981 – 2 AZR 1055/78, AP KSchG 1969 § 9 Nr. 6; 24.10.2013 – 2 AZR 320/13, NZA 2014, 486: § 9 Abs. 1 S. 1 KSchG findet im Rahmen einer Änderungsschutzklage nach § 4 S. 2 KSchG weder unmittelbare noch analoge Anwendung; Ascheid/Preis/Schmidt/*Biebl* KSchG § 9 Rn. 13; KR/*Spilger* KSchG § 9 Rn. 37; *Müller* DB 2002, 2597; ErfK/*Kiel* KSchG § 9 Rn. 2; aA *Bauer/Krets* DB 2002, 1937 ff.
[1338] BAG 29.1.1981 – 2 AZR 1055/78, AP KSchG 1969 § 9 Nr. 6; 24.10.2013 – 2 AZR 320/13, NZA 2014, 486; ausführlich KR/*Kreft* KSchG § 2 Rn. 266 ff.; *Niemann* NZA 2019, 64, 70.
[1339] BAG 26.10.1979 – 7 AZR 752/77, AP KSchG 1969 § 9 Nr. 5; 23.6.1993 – 2 AZR 56/93, NZA 1994, 264; 30.9.2010 – 2 AZR 160/09, NZA 2011, 349. Der vom Arbeitgeber gestellte Auflösungsantrag ist insoweit unzulässig. Kritisch dazu *Trappel/Lambrich* RdA 1999, 243 (250) mit verfassungsrechtlichen Bedenken.
[1340] BAG 30.9.2010 – 2 AZR 160/09, NZA 2011, 349.
[1341] BAG 8.6.1972 – 2 AZR 336/71, AP KSchG 1969 § 13 Nr. 1; 6.7.1972 – 2 AZR 386/71, AP BGB § 626 Ausschlussfrist Nr. 3; 20.10.2017 – 2 AZR 783/16 (F), NZA 2018, 440 Rn. 46 und zum Dauertatbestand.
[1342] Gesetz v. 24.12.2003, BGBl. 2003 I 2003.

von auszugehen, dass **sonstige Unwirksamkeitsgründe** der außerordentlichen Kündigung **allein** nicht zu einem Auflösungsantrag berechtigen. Damit sind Kündigungen, die gegen ein Maßregelungsverbot verstoßen (§ 612a BGB),[1343] gesetzwidrige Kündigungen aus Gründen der Diskriminierung (§ 7 Abs. 2 AGG iVm § 134 BGB)[1344] oder unwirksame Kündigungen wegen Missachtung der Anforderungen an eine Massenentlassungsanzeige oder einer in diesem Zusammenhang unterbliebenen Konsultation des Betriebsrats (§ 17 Abs. 1 bis 3 KSchG),[1345] die nicht zugleich sozialwidrig sind, von § 9 Abs. 1 S. 1 KSchG nicht erfasst.

320 Richtet sich die Klage des Arbeitnehmers gegen eine **außerordentliche** Kündigung **und** eine vorsorglich ausgesprochene oder umgedeutete **ordentliche** Kündigung des Arbeitgebers, so hat der Arbeitnehmer ein **Wahlrecht**, ob er nach § 13 Abs. 1 S. 3 KSchG oder nach § 9 Abs. 1 S. 1 KSchG **lediglich in Bezug auf die ordentliche Kündigung** den Auflösungsantrag stellen will.[1346] Dem Arbeitnehmer ist darüber hinaus das Recht zuzubilligen, **sowohl** nach § 13 Abs. 1 S. 3 KSchG **als auch** nach § 9 Abs. 1 S. 1 KSchG zu verfahren. Bei derartigem Befund ist jedoch wegen des Auflösungszeitpunktes (§ 13 Abs. 1 S. 4 KSchG) der Auflösungsantrag nach § 13 Abs. 1 S. 3 KSchG **vorrangig**.

321 Für das **Ausbildungsverhältnis** auf der Grundlage des BBiG kommt eine Anwendung des § 13 Abs. 1 S. 3 iVm §§ 9, 10 KSchG **nicht in Frage**. In Übereinstimmung mit dem BAG[1347] ist davon auszugehen, dass es mit dem am Zweck des Berufsausbildungsverhältnisses ausgerichteten Interesse des Gesetzgebers an dem Fortbestand von Berufsausbildungsverhältnissen nicht zu vereinbaren ist, dem Auszubildenden bei unwirksamer Kündigung des Ausbildenden die erleichterte Auflösungsmöglichkeit nach § 13 Abs. 1 S. 3, §§ 9, 10 KSchG zu eröffnen. Der selten in der Praxis der Gerichtsbarkeit anzutreffende Fall der **sittenwidrigen Kündigung** mit der Rechtsfolge aus § 138 BGB liegt vor, wenn sie auf einem **verwerflichen Motiv** des Kündigenden beruht, wie **insbesondere Rachsucht oder Vergeltung,** oder wenn sie aus anderen Gründen dem Anstandsgefühl aller billig und gerecht Denkenden widerspricht.[1348] Da auf die sittenwidrige Kündigung gemäß § 13 Abs. 2 KSchG die §§ 9 Abs. 1 S. 1, 9 Abs. 2 und 10 bis 12 KSchG entsprechend anwendbar sind, kann der Arbeitnehmer (nicht der Arbeitgeber) die Auflösung des Arbeitsverhältnisses unter Zahlung einer Abfindung verlangen. Nach überwiegender Auffassung[1349] verbleibt es auch nach der Neufassung des § 13 Abs. 2 KSchG durch das Gesetz zu Reformen am Arbeitsmarkt[1350] dabei, dass der Arbeitnehmer unter den persönlichen und betrieblichen Geltungsbereich des KSchG (§§ 1, 23 KSchG) fallen muss, um die Auflösung des Arbeitsverhältnisses nach § 9 Abs. 1 S. 1 KSchG betreiben zu können.[1351] Eine sittenwidrige Kündigung wird regelmäßig einen Auflösungsgrund abgeben. Problematisch ist allerdings, dass der Arbeitnehmer den Nachweis für die Sittenwidrigkeit der Kündigung zu führen hat,[1352] so dass es angezeigt ist, daneben die Sozialwidrigkeit der Kündigung zu reklamieren. Zu denken ist als Reaktion auf eine sit-

---

[1343] BAG 23.4.2009 – 6 AZR 189/08, NZA 2009, 974.
[1344] Vgl. etwa BAG 19.12.2013 – 6 AZR 190/12, NZA 2014, 372; 12.12.2013 – 8 AZR 838/12, NZA 2014, 722; 26.3.2015 – 2 AZR 237/14, NJW 2015, 1899; 23.7.2015 – 6 AZR 457/14, NZA 2015, 1380.
[1345] BAG 20.1.2016 – 6 AZR 601/14, ZIP 2016, 633: Auch zur Frage der Präklusion nach § 6 KSchG; BAG 13.6.2019 – 6 AZR 459/18, ZInsO 2019, 2225 Rn. 40.
[1346] BAG 26.8.1993 – 2 AZR 159/93, NZA 1994, 70; LAG Düsseldorf 2.4.2008 – 12 Sa 1679/07, LAGE KSchG § 9 Nr. 40 Rn. 30; *Boewer* RdA 2001, 380 (399).
[1347] BAG 29.11.1984 – 2 AZR 354/83, NZA 1986, 230; Schaub ArbR-HdB/*Linck* § 141 Rn. 16; Stahlhacke/Preis/Vossen Kündigung/*Vossen* Rn. 2093.
[1348] BAG 21.2.2001 – 2 AZR 15/00, NZA 2001, 833 Rn. 25; 5.4.2001 – 2 AZR 185/00, NZA 2001, 890 Rn. 17; 22.5.2003 –2 AZR 426/02, AP KSchG 1969 § 1 Wartezeit Nr. 18 Rn. 47; 5.12.2019 – 2 AZR 107/19, NZA 2020, 171 Rn. 11. Näher dazu KR/*Friedrich* KSchG § 13 Rn. 111 ff. mit Beispielen bei Rn. 137 bis 154.
[1349] Stahlhacke/Preis/Vossen Kündigung/*Vossen* Rn. 2079 mwN; Ascheid/Preis/Schmidt/*Biebl* KSchG § 13 Rn. 52; KR/*Friedrich* Rn. 163; MüKoBGB/*Hergenröder* KSchG § 13 Rn. 54; LAG Nürnberg 11.4.2016 – 2 Sa 502/15, ArbuR 2016, 378 Rn. 76; aA LAG Schleswig-Holstein 22.6.2011 – 3 Sa 95/11, ArbRB 2011, 257 Rn. 83, 84 bei Kündigung in der Wartezeit.
[1350] Ges. v. 24.12.2003, BGBl. I 3002.
[1351] Ebenso zum Wiedereinstellungsanspruch: BAG 19.10.2017 – 8 AZR 845/15, NZA 2018, 436 Rn. 17.
[1352] BAG 16.2.1989 – 2 AZR 347/88, NZA 1989, 962; 21.2.2001 – 2 AZR 15/00, NZA 2001, 833; 20.3.2014 – 2 AZR 1071/12, NZA 2014, 1131. Ausführlich dazu ErfK/*Kiel* KSchG § 13 Rn. 7 ff.

tenwidrige Kündigung des Arbeitgebers außerdem an eine außerordentliche Kündigung (§ 626 BGB) mit der Möglichkeit des Schadensersatzes aus § 628 Abs. 2 BGB.[1353]

c) Auflösungszeitpunkt. Gemäß § 9 Abs. 2 KSchG hat das Gericht für die Auflösung des Arbeitsverhältnisses den genauen **Zeitpunkt** festzusetzen, an dem es bei sozial gerechtfertigter Kündigung geendet hätte. Zugrunde zu legen ist dabei die **objektiv zutreffende** Kündigungsfrist. Dies gilt auch dann, wenn der Arbeitgeber sie nicht eingehalten hat. Es kommt nicht darauf an, ob der Arbeitnehmer dies im Rechtsstreit gerügt hat.[1354] Die Tenorierung der Entscheidung muss dabei nicht zusätzlich einen Feststellungsausspruch über die Sozialwidrigkeit der Kündigung enthalten.[1355] Es reicht aus, dass das Gericht die Auflösung des Arbeitsverhältnisses unter Verurteilung des Arbeitgebers zur Zahlung einer Abfindung im Tenor des Urteils ausspricht. Es genügt, dass sich das Gericht in den Entscheidungsgründen des Urteils mit der Sozialwidrigkeit der Kündigung befasst und diese feststellt. Da diese Feststellung gemäß § 9 Abs. 1 KSchG zwingende Voraussetzung der Auflösung ist, wird sie im Auflösungsausspruch **konkludent** zum Ausdruck gebracht und ist ihrerseits der **Rechtskraft** fähig. Die Tenorierung des Feststellungsausspruchs bleibt indes notwendig, wenn das Arbeitsgericht zu einer Abweisung des Auflösungsantrags gelangt. Allerdings ist eine Auflösung nach § 9 Abs. 2 KSchG nur möglich, wenn nicht bereits das Arbeitsverhältnis aus anderen Gründen **vorher** endet.[1356] Das Arbeitsverhältnis kann auch dann aufgelöst werden, wenn es **nach** dem vom Gericht **festzusetzenden Zeitpunkt** etwa infolge eines Betriebsübergangs oder wegen Eintritts der Altersgrenze sein Ende findet.[1357] Stets wird das Arbeitsverhältnis erst mit **Rechtskraft** des Gestaltungsurteils aufgelöst. Dies gilt unabhängig davon, dass das Urteil über die damit verbundene Abfindungszahlung nach § 62 Abs. 1 ArbGG vorläufig vollstreckbar ist. Wird das Auflösungsurteil vor Ablauf der ordentlichen Kündigungsfrist (§ 9 Abs. 2 KSchG) rechtskräftig, geht der Abfindungsanspruch auf die Erben über, wenn der Arbeitnehmer anschließend vor dem Auflösungszeitpunkt verstirbt.[1358]

Das Arbeitsgericht ist an die Vorgabe des § 9 Abs. 2 KSchG **gebunden.** Das Gericht darf nicht etwa aus **Billigkeitserwägungen** den nach § 9 Abs. 2 KSchG maßgebenden Auflösungszeitpunkt verändern, weil zB der zur Auflösung vorgebrachte Umstand erst nach längerer Prozessdauer eingetreten ist und bei rückwirkender Auflösung des Arbeitsverhältnisses der Arbeitnehmer nur eine Abfindung erhielte, die erheblich unter dem im Falle des Fortbestehens des Arbeitsverhältnisses zu zahlenden Verzugslohn läge.[1359] Derartige Konsequenzen hat der Gesetzgeber bewusst in Kauf genommen, unabhängig davon, dass dem Arbeitnehmer bei langjährigen Rechtsstreitigkeiten mit einer rückwirkenden Auflösung des Arbeitsverhältnisses die ihm nach § 615 BGB zustehenden Vergütungsansprüche entzogen werden und die Höhe der Abfindung diesen Verlust nicht kompensiert.[1360]

Dies hat seit dem 1.1.2004 der Gesetzgeber in § 13 Abs. 1 S. 4 KSchG durch das Gesetz zu Reformen am Arbeitsmarkt[1361] klargestellt. Danach hat das Gericht für die Auflösung des Arbeitsverhältnisses den Zeitpunkt festzulegen, zu dem die außerordentliche Kündigung ausgesprochen wurde. Erfolgt eine **außerordentliche** Kündigung mit einer **Auslauffrist**, die der ordentlichen Kündigungsfrist entspricht[1362] oder kündigt der Arbeitgeber außerordent-

---

[1353] Näher dazu → Rn. 279 ff.
[1354] BAG 21.6.2012 – 2 AZR 694/11, NZA 2013, 199.
[1355] BAG 2.12.1999 – 2 AZR 843/98, NZA 2000, 733.
[1356] BAG 20.3.1997 – 8 AZR 769/95, NZA 1997, 937; 24.5.2005 – 8 AZR 246/04, NZA 2005, 1178; 27.4.2006 – 2 AZR 360/05, NZA 2007, 229.
[1357] BAG 27.4.2006 – 2 AZR 360/05, NZA 2007, 229.
[1358] So v. BAG 25.6.1987 – 2 AZR 504/86, NZA 1988, 466; 22.5.2003 – 2 AZR 250/02, AP ZPO § 767 Nr. 8 im Falle eines Prozessvergleichs, wenn nicht das Erleben des vereinbarten Beendigungszeitpunkts Vertragsinhalt geworden ist. Anders aber im Falle von § 1a KSchG, weil der Abfindungsanspruch erst mit dem Ablauf der Kündigungsfrist entsteht: BAG 10.5.2007 – 2 AZR 45/06, NZA 2007, 1043.
[1359] BAG 25.11.1982 – 2 AZR 21/81, AP KSchG 1969 § 9 Nr. 10; 21.6.2012 – 2 AZR 694/11, NZA 2013, 199.
[1360] Vgl. dazu BVerfG 29.1.1990 – 1 BvR 42/82, NZA 1990, 535; BAG 16.5.1984 – 7 AZR 280/82, NZA 1985, 60; *Boewer* DB 1982, 751 ff.; aA aber *Bleckmann/Coen* DB 1981, 640 (641).
[1361] Ges. v. 24.12.2003, BGBl. 2003 I 3002.
[1362] Vgl. dazu BAG 5.2.1998 – 2 AZR 227/97, NZA 1998, 771; 18.10.2000 – 2 AZR 627/99, NZA 2001, 219; 8.4.2003 – 2 AZR 355/02, NZA 2003, 856; 22.10.2015 – 2 AZR 569/14, NZA 2016, 417.

lich mit einer **sozialen** Auslauffrist,[1363] fällt der Auflösungszeitpunkt mit dem vorgesehenen Ende des Arbeitsverhältnisses zusammen.

2. Der Auflösungsantrag des Arbeitnehmers

325 Bei dem Auflösungsantrag des Arbeitnehmers nach § 9 Abs. 1 KSchG handelt es sich um einen **unechten Eventualantrag**, der nur für den Fall zur Entscheidung des Gerichts gestellt wird, dass der Feststellungsantrag nach § 4 KSchG begründet ist.[1364] Die Feststellung der Unwirksamkeit der Kündigung und die Auflösung gegen Abfindung betreffen dabei **unterschiedliche Streitgegenstände**, die isoliert mit einem Rechtsmittel angegriffen werden können.[1365]

326 Da in der **Erhebung** der **Kündigungsschutzklage keine antizipierte Zustimmung** des Arbeitnehmers zur Rücknahme der Kündigung des Arbeitgebers liegt,[1366] nimmt die **Kündigungsrücknahme** dem Arbeitnehmer auch nicht das Rechtsschutzinteresse, erst **danach** gemäß § 9 KSchG die Auflösung des Arbeitsverhältnisses zu beantragen.[1367] In der Stellung des Auflösungsantrags gemäß § 9 KSchG nach der erklärten Kündigungsrücknahme liegt vielmehr in der Regel die Ablehnung des Arbeitgeberangebots, das Arbeitsverhältnis fortzusetzen. Etwas anderes würde freilich dann gelten, wenn der Arbeitnehmer das in der Kündigungsrücknahme liegende Vertragsangebot des Arbeitgebers annimmt. Damit wäre der unecht eventuell erhobene Auflösungsantrag nach § 9 KSchG nicht mehr zur Entscheidung des Arbeitsgerichts gestellt.

327 Der Arbeitnehmer kann im Übrigen die **Erklärung** nach § 12 KSchG, dass er im Falle seines Obsiegens im Kündigungsschutzprozess das bisherige Arbeitsverhältnis nicht fortsetzen wolle, auch schon **vor der Rechtskraft** des Urteils abgeben und **daneben** den Antrag auf Auflösung des Arbeitsverhältnisses nach § 9 KSchG verfolgen.[1368] Im Hinblick auf den Antrag aus § 9 Abs. 1 S. 1 KSchG wird die Erklärung aus § 12 KSchG unter der **Rechtsbedingung** abgegeben, dass nicht schon der Richter dem Antrag aus § 9 Abs. 1 S. 1 KSchG stattgibt. Wird allerdings der Antrag des Arbeitnehmers nach § 9 KSchG auf Auflösung des Arbeitsverhältnisses rechtskräftig abgewiesen, so verbleibt es bei der Erklärung aus § 12 KSchG, die zur Beendigung des Arbeitsverhältnisses führt.

328 a) **Unzumutbarkeit.** Der Auflösungsantrag des Arbeitnehmers ist nach § 9 Abs. 1 S. 1 KSchG nur begründet, wenn ihm die Fortsetzung des Arbeitsverhältnisses nicht zuzumuten ist. Das in dieser Vorschrift geregelte Merkmal der **Unzumutbarkeit** ist **nicht identisch** mit der für eine außerordentliche Kündigung nach § 626 Abs. 1 BGB zu fordernde Unzumutbarkeit. Dies hat das BAG[1369] unter Aufgabe seiner früheren Rspr.[1370] klargestellt. Im Übrigen ist zu beachten, dass § 626 Abs. 1 BGB auch dem Schutz des **Arbeitgebers** dient, während § 9 Abs. 1 S. 1 KSchG ausschließlich den berechtigten Interessen des **Arbeitnehmers** Geltung verschaffen soll. Gründe, die den Arbeitnehmer zur fristlosen Kündigung berechtigen, erfüllen regelmäßig zugleich das Tatbestandsmerkmal der Unzumutbarkeit nach § 9 Abs. 1 S. 1 KSchG. Für § 9 Abs. 1 S. 1 KSchG reichen hingegen bereits solche Tatsachen, die für eine fristlose Kündigung noch nicht genügen. Diese Bewertung ist schon deswegen zutreffend, weil sich das Merkmal der Unzumutbarkeit nach § 9 Abs. 1 S. 1 KSchG nicht wie bei § 626 Abs. 1 BGB auf einen zeitlich begrenzten Zeitraum, sondern auf die **gesamte zu-**

[1363] BAG 18.10.2000 – 2 AZR 627/99, NZA 2001, 219; 13.5.2015 – 2 AZR 531/14, AP BGB § 626 Nr. 254.
[1364] BAG 5.11.1964 – 2 AZR 15/64, AP KSchG § 7 Nr. 20; 23.6.1993 – 2 AZR 56/93, NZA 1994, 264; Stahlhacke/Preis/Vossen Kündigung/*Vossen* Rn. 2107 mwN; ErfK/*Kiel* § 9 Rn. 3; Schaub ArbR-HdB/*Linck* § 141 Rn. 18.
[1365] BAG 2.12.1999 – 2 AZR 843/98, NZA 2000, 733.
[1366] BAG 17.4.1986 – 2 AZR 308/85, AP BGB § 615 Nr. 40; 16.3.2000 – 2 AZR 75/99, NZA 2000, 1332.
[1367] BAG 19.8.1982 – 2 AZR 230/80, AP KSchG 1969 § 9 Nr. 9.
[1368] BAG 19.10.1972 – 2 AZR 150/72, AP KSchG 1969 § 12 Nr. 1; 25.10.2007 – 6 AZR 662/06, AP KSchG 1969 § 12 Nr. 3; ErfK/*Kiel* KSchG § 12 Rn. 5.
[1369] BAG 26.11.1981 – 2 AZR 509/79, AP KSchG 1969 § 9 Nr. 8; 27.3.2003 – 2 AZR 9/02, AP KSchG 1969 § 9 Nr. 48; 11.7.2013 – 2 AZR 241/12, NZA 2013, 1259 Rn. 15.
[1370] BAG 5.11.1964 – 2 AZR 15/64, AP KSchG § 7 Nr. 20.

künftige Dauer des Arbeitsverhältnisses bezieht.[1371] Dies richtet sich nach der **voraussichtlichen** Dauer einer Weiterbeschäftigung des Arbeitnehmers. Ist der Eintritt einer anderweitigen Beendigung des Arbeitsverhältnisses – wie etwa bei Ausspruch einer späteren Kündigung des Arbeitgebers – möglich, steht er aber nicht mit Gewissheit fest, muss das zur Entscheidung über einen Auflösungsantrag berufene Gericht ggf. eine Prognose über die Wahrscheinlichkeit eines solchen Eintritts treffen und in die Zumutbarkeitserwägungen einbeziehen.[1372] Als wichtiger Grund für die Auflösung des Arbeitsverhältnisses genügt dabei nicht allein die Sozialwidrigkeit der Kündigung. Es bedarf vielmehr **zusätzlicher**, vom Arbeitnehmer darzulegender Umstände. Diese müssen im Zusammenhang mit der Kündigung oder doch dem Kündigungsschutzprozess stehen.[1373] Dies ist der Konzeption des KSchG geschuldet, die bei sozial ungerechtfertigter Kündigung grundsätzlich den Fortbestand des Arbeitsverhältnisses erreichen will.

Für die Beurteilung der Frage, ob dem Arbeitnehmer die Fortsetzung des Arbeitsverhältnisses zuzumuten ist, kommt es – anders als bei der Bewertung der Sozialwidrigkeit der Kündigung – ausschließlich auf den **Zeitpunkt der Entscheidung** über den Auflösungsantrag an.[1374] Dies folgt aus der auch nach § 9 Abs. 1 S. 1 KSchG anzustellenden Prognose.

Da das Kündigungsschutzgesetz von seiner Konzeption her nicht in ein Abfindungsgesetz umfunktioniert werden darf,[1375] weil der Bestandsschutz des Arbeitsverhältnisses im Vordergrund steht, ist es geboten, die Auflösung des Arbeitsverhältnisses an Umstände zu binden, die deutlich über die bloße Rechtsunwirksamkeit der Kündigung nach § 1 KSchG hinausgehen und damit dem Ausnahmecharakter der Regelung ausreichend Rechnung tragen.[1376] Die Unzumutbarkeit muss sich aus **weiteren Gründen** ergeben, die der Arbeitgeber setzt und im Zusammenhang mit der Kündigung oder dem Kündigungsschutzprozess stehen.[1377] § 9 Abs. 1 S. 1 KSchG führt nicht zu einem eigenständigen Kündigungsgrund mit Abfindungsanspruch.[1378]

Diese Gründe können darin liegen, dass der Arbeitgeber im **Zusammenhang mit der ausgesprochenen sozialwidrigen Kündigung** durch unzutreffende, **ehrverletzende** Behauptungen[1379] über die Person oder das Verhalten des Arbeitnehmers das Vertrauensverhältnis zwischen den Arbeitsvertragsparteien unheilbar zerstört oder das **Kündigungsschutzverfahren** über eine offensichtlich sozialwidrige Kündigung seitens des Arbeitgebers mit einer derartigen Schärfe geführt worden ist, dass der Arbeitnehmer mit einem schikanösen Verhalten des Arbeitgebers und der anderen Mitarbeiter rechnen muss, wenn er in den Betrieb zurückkehrt.[1380] Auch mit der Kündigung verbundene unzulässige Maßregelungen, wie etwa eine völlig **ungerechtfertigte Suspendierung**, können einen Auflösungsgrund abgeben.[1381] Es rechtfertigt einen arbeitnehmerseitigen Auflösungsantrag, wenn der Arbeitnehmer in einem Dienstgespräch von seiner Vorgesetzten im Beisein Dritter verbal und mittels einer Schere

---

[1371] So BAG 24.9.1992 – 8 AZR 557/91, NZA 1993, 362; 27.3.2003 – 2 AZR 9/02, AP KSchG 1969 § 9 Nr. 48; 27.4.2006 – 2 AZR 360/05, NZA 2007, 229; 11.7.2013 – 2 AZR 241/12, NZA 2013, 1259 Rn. 18; *Keßler* NZA-RR 2002, 16.

[1372] BAG 23.2.2010 – 2 AZR 554/08, NZA 2010, 1123 Rn. 22, 23 mwN; 11.7.2013 – 2 AZR 241/12, NZA 2013, 1259 Rn. 18.

[1373] BAG 11.7.2013 – 2 AZR 241/12, NZA 2013, 1259 Rn. 15.

[1374] BAG 30.9.1976 – 2 AZR 402/75, AP KSchG 1969 § 9 Nr. 3; 27.4.2006 – 2 AZR 360/05, NZA 2007, 229; 11.7.2013 – 2 AZR 241/12, NZA 2013, 1259 Rn. 17; *Bauer* DB 1985, 1180 ff.; ErfK/*Kiel* KSchG § 9 Rn. 7; Ascheid/Preis/Schmidt/*Biebl* KSchG § 9 Rn. 36; aA *Gravenhorst* NZA-RR 2007, 57 (62), die auf den Zeitpunkt der Antragstellung abstellen will.

[1375] BAG 10.7.2008 – 2 AZR 1111/06, NZA 2009, 312; 23.2.2010 – 2 AZR 554/08, NZA 2010, 1123; 24.3.2011 – 2 AZR 674/09, NZA-RR 2012, 243; 29.8.2013 – 2 AZR 419/12, NZA 2014, 660.

[1376] BAG 27.3.2003 – 2 AZR 9/02, AP KSchG 1969 § 9 Nr. 48; LAG München 19.9.2007 – 11 Sa 242/07 Rn. 59.

[1377] BAG 24.9.1992 – 8 AZR 557/91, NZA 1993, 362; 11.7.2013 – 2 AZR 241/12, NZA 2013, 1259.

[1378] BAG 11.7.2013 – 2 AZR 241/12, NZA 2013, 1259 Rn. 42 unter Hinweis auf ErfK/*Kiel* KSchG § 9 Rn. 7.

[1379] BAG 26.8.1993 – 2 AZR 159/93, NZA 1994, 70; 27.3.2003 – 2 AZR 9/02, AP KSchG 1969 § 9 Nr. 48.

[1380] BAG 27.3.2003 – 2 AZR 9/02, AP KSchG 1969 § 9 Nr. 48.

[1381] BAG 24.9.1992 – 8 AZR 557/91, NZA 1993, 362.

bedroht und durch einen Schlag auf den Kopf tätlich beleidigt wird.[1382] Nicht ausreichend ist es, dass der Arbeitgeber nach erstinstanzlichem Verlust des Kündigungsschutzprozesses erneut aus seiner Sicht nunmehr mit sozial gerechtfertigten Gründen kündigt.[1383] Auch die Drohung mit einer erneuten, nunmehr aus Sicht des Arbeitgebers nach § 1 KSchG sozial gerechtfertigten Kündigung hält sich noch im Rahmen der Wahrnehmung berechtigter Interessen und ist ohne das Vorliegen weiterer Umstände nicht als rechtswidrig anzusehen.[1384] Für einen Arbeitnehmer ist die Fortsetzung des Arbeitsverhältnisses nicht unzumutbar iSd § 9 Abs. 1 S. 1 KSchG, wenn er durch eine nicht grob sozialwidrige Änderungskündigung seine herausgehobene Position im Unternehmen des Arbeitgebers verliert und kurzfristig von der Arbeit freigestellt wird.[1385] Ein Auflösungsgrund iSd § 9 Abs. 1 S. 1 KSchG liegt nicht vor, wenn die einer Weiterarbeit entgegenstehenden Tatsachen im Einfluss- oder Risikobereich des Arbeitnehmers liegen. Dies ist der Fall, wenn der Arbeitnehmer infolge einer sozialwidrigen Kündigung erkrankt oder durch sie eine schon bestehende Erkrankung verschlimmert wird, ohne dass der Arbeitgeber die Krankheit zielgerichtet herbeigeführt oder etwa mit ehrverletzenden Äußerungen die Verschlechterung des Gesundheitszustands des Arbeitnehmers bewusst in Kauf genommen hat.[1386]

332 Mit der Kündigung im Zusammenhang steht es jedoch, wenn der Arbeitnehmer auf Grund konkreter Umstände besorgen muss, im Falle seiner Rückkehr in den Betrieb gegenüber anderen Mitarbeitern benachteiligt oder sonst wie unkorrekt behandelt oder sogleich wieder gekündigt zu werden, insbesondere eine **Trotzkündigung**[1387] zu besorgen ist.[1388] In diesem Zusammenhang keine ausreichende Begründung ist es, wenn der Arbeitnehmer bei einer fehlerhaften Sozialauswahl des Arbeitgebers bei seiner Rückkehr in den Betrieb mit Spannungen zu den Arbeitskollegen rechnet.[1389] Nicht ausreichend für § 9 Abs. 1 S. 1 KSchG ist es ebenfalls, dass der Arbeitnehmer im Verlaufe der prozessualen Auseinandersetzung ein neues Arbeitsverhältnis eingegangen ist.[1390] Das Verhalten **dritter Personen** ist als Grund für den Auflösungsantrag des Arbeitnehmers nach § 9 KSchG nur dann geeignet, wenn der Arbeitgeber dieses Verhalten durch eigenes Tun entscheidend veranlasst hat.[1391]

333 Der Auflösungsantrag kann aber deshalb als begründet angesehen werden, wenn sich der Arbeitgeber, ohne hierzu berechtigt zu sein, im Zuge des Kündigungsschutzprozesses an den behandelnden Arzt wendet und Zweifel an der Berechtigung einer Krankschreibung geäußert hat.[1392] Haben die vom Arbeitnehmer vorgebrachten Unzumutbarkeitsgründe mit der **Kündigung** des Arbeitgebers oder dem **Kündigungsschutzprozess** nichts zu tun, so können sie lediglich den Arbeitnehmer veranlassen, von sich aus das Arbeitsverhältnis durch eine Eigenkündigung zu beenden.

334 b) **Darlegungs- und Beweislast.** Für die Voraussetzungen des § 9 Abs. 1 S. 1 KSchG trägt der **Arbeitnehmer** die **Darlegungs- und Beweislast.**[1393] Es bedarf dabei eines ausreichenden Tatsachenvortrags für die Unzumutbarkeit. Allgemeine Redewendungen, etwa des Inhalts, dass die Vertrauensgrundlage weggefallen oder ein unüberbrückbares Zerwürfnis eingetre-

---

[1382] LAG Köln 6.12.2006 – 7 Sa 452/06 Rn. 32.
[1383] BAG 27.3.2003 – 2 AZR 9/02, AP KSchG § 9 Nr. 48.
[1384] BAG 27.3.2003 – 2 AZR 9/02, AP KSchG § 9 Nr. 48.
[1385] LAG München 19.9.2007 – 11 Sa 242/07 Rn. 59.
[1386] So BAG 11.7.2013 – 2 AZR 241/12, NZA 2013, 1259 Rn. 40.
[1387] BAG 26.8.1993 – 2 AZR 159/93, NZA 1994, 70.
[1388] BAG 27.3.2003 – 2 AZR 9/02, AP KSchG § 9 Nr. 48 für den Fall, dass der Arbeitgeber ungeachtet der Rechtsauffassung des Gerichts sich auf jeden Fall von dem Arbeitnehmer trennen will und offensichtlich beabsichtigt, mit derselben oder einer beliebigen anderen Begründung solange Kündigungen auszusprechen, bis er sein Ziel erreicht hat.
[1389] LAG Köln 23.2.1987 – 2 Sa 1265/86, LAGE KSchG § 9 Nr. 9.
[1390] BAG 19.10.1972 – 2 AZR 150/72, AP KSchG 1969 § 12 Nr. 1; Stahlhacke/Preis/Vossen Kündigung/Vossen Rn. 2110; KR/*Spilger* KSchG § 9 Rn. 44; ErfK/*Kiel* KSchG § 9 Rn. 9; *Boewer* RdA 2001, 380 (400).
[1391] BAG 14.5.1987 – 2 AZR 294/86, NZA 1988, 16.
[1392] BAG 20.11.1997 – 2 AZR 803/96, RzK I 11c Nr 13 Rn. 46.
[1393] BAG 30.9.1976 – 2 AZR 402/75, AP KSchG 1969 § 9 Nr. 3; 11.7.2013 – 2 AZR 241/12, NZA 2013, 1259; Stahlhacke/Preis/Vossen Kündigung/*Vossen* Rn. 2111; KR/*Spilger* KSchG § 9 Rn. 58, 59; *Boewer* RdA 2001, 380 (400).

ten sei, genügen hierfür nicht. Nur wenn im Einzelnen konkrete Tatsachen vorgetragen werden, ist es auch der Gegenpartei möglich, diesen Tatsachenstoff aufgegliedert zu bestreiten. Wegen des **Verhandlungsgrundsatzes** darf das Arbeitsgericht keine Auflösungsgründe verwerten, die nicht von der darlegungspflichtigen Partei aufgegriffen worden sind, selbst wenn sie **offenkundig** sind.[1394]

3. Der Auflösungsantrag des Arbeitgebers

Der Auflösungsantrag des Arbeitgebers nach § 9 Abs. 1 S. 2 KSchG wird **echt eventuell** gestellt.[1395] Über ihn soll nur dann entschieden werden, falls der Arbeitgeber mit seinem auf Abweisung gerichteten Hauptantrag unterliegt.[1396] Dem Arbeitgeber bleibt es zudem unbenommen, die Sozialwidrigkeit seiner Kündigung nicht zu bestreiten oder sogar anzuerkennen. Bei derartigem Befund wird ausnahmsweise der Auflösungsantrag des Arbeitgebers zum **Hauptantrag**.[1397] 335

Der Auflösungsantrag des Arbeitgebers setzt in seiner materiellen Berechtigung voraus, dass Gründe vorliegen, die eine den Betriebszwecken dienliche weitere Zusammenarbeit zwischen Arbeitgeber und Arbeitnehmer nicht erwarten lassen. Das Gericht muss bei Vorliegen der gesetzlichen Voraussetzungen dem Auflösungsantrag des Arbeitgebers mittels eines rechtsgestaltenden Richterspruchs entsprechen. 336

Auch hier ist **maßgebender Zeitpunkt** für die Bewertung der Voraussetzungen des § 9 Abs. 1 S. 2 KSchG der **Zeitpunkt der Entscheidung** über den Auflösungsantrag.[1398] Dies entspricht der Intention des Gesetzes, auch erst während der prozessualen Auseinandersetzung der Parteien auftretende Gründe für die Prognose der Qualität der weiteren Zusammenarbeit der Parteien heranziehen zu können. Wegen dieses zeitlichen Beurteilungsansatzes können mögliche Auflösungsgründe ihr **Gewicht verlieren**, weil die tatsächlichen oder rechtlichen Umstände sich im Zeitpunkt der abschließenden Entscheidung geändert haben. So kann etwa ein zwischenzeitlich eingetretener **Wandel** in den betrieblichen **Verhältnissen** – zB der Austausch des Vorgesetzten oder eine Veränderung in der Belegschaftsstruktur – Berücksichtigung finden und zur Unbegründetheit des Auflösungsantrags des Arbeitgebers führen.[1399] 337

Wegen der Funktion des Kündigungsschutzgesetzes, den Bestand des Arbeitsverhältnisses zu sichern, sind an die Berechtigungslage für einen Auflösungsantrag des Arbeitgebers **strenge Anforderungen** zu stellen.[1400] Diese müssen freilich nicht den Grad der Unzumutbarkeit im Sinne von § 626 Abs. 1 BGB erreichen, weil bei derartiger Sachlage der Arbeitgeber auch ohne die Pflicht zur Zahlung einer Abfindung sich durch außerordentliche Kündigung mit sofortiger Wirkung aus dem Arbeitsverhältnis lösen könnte. 338

Da es sich bei § 9 Abs. 1 S. 2 KSchG um eine dem Arbeitgeber eingeräumte **eigenständige Lösungsmöglichkeit** aus dem Arbeitsverhältnis handelt, wobei der Arbeitgeber trotz Vorlie- 339

[1394] BAG 30.9.1976 – 2 AZR 402/75, AP KSchG 1969 § 9 Nr. 3 Rn. 13, 14; 11.7.2013 – 2 AZR 241/12, NZA 2013, 1259 Rn. 15; Ascheid/Preis/Schmidt/*Biebl* KSchG § 9 Rn. 38; Stahlhacke/Preis/Vossen Kündigung/*Vossen* Rn. 2111; KR/*Spilger* KSchG § 9 Rn. 59; ErfK/*Kiel* KSchG § 9 Rn. 7; *Boewer* RdA 2001, 380 (400).

[1395] BAG 10.2.2005 – 2 AZR 584/03, AP BGB § 174 Nr. 18; ErfK/*Kiel* KSchG § 9 Rn. 11; *Niemann* NZA 2019, 64 (71). Die daraus folgende Ungewissheit über den Fortbestand des Arbeitsverhältnisses begründet das schutzwürdige Interesse des Arbeitgebers an der Nichtbeschäftigung des Arbeitnehmers: BAG 5.12.2019 – 2 AZR 240/19, NZA 2020, 647 Rn. 123.

[1396] BAG 23.6.1993 – 2 AZR 56/93, NZA 1994, 264; 10.2.2005 – 2 AZR 584/03, AP BGB § 174 Nr. 18; Stahlhacke/Preis/Vossen Kündigung/*Vossen* Rn. 2113.

[1397] BAG 29.1.1981 – 2 AZR 1055/78, NJW 1982, 1118.

[1398] BAG 23.6.2005 – 2 AZR 256/04, NZA 2006, 363; 23.10.2008 – 2 AZR 483/07, NZA-RR 2009, 362; 8.10.2009 – 2 AZR 682/08, AP KSchG 1969 § 9 Nr. 65; 24.3.2011 – 2 AZR 674/09, NZA-RR 2012, 243.

[1399] BAG 7.3.2002 – 2 AZR 158/01, AP KSchG 1969 § 9 Nr. 42. Dies kann auch bei einem Anwaltswechsel in Betracht kommen. BAG 6.11.2003 – 2 AZR 177/02, AP KSchG 1969 § 1 Nr. 46 Verhaltensbedingte Kündigung: Bezichtigung des Vorgesetzten in einer Personalversammlung der Rechtsbeugung, der zwischenzeitlich ausgeschieden ist. Sehr großzügig! Vgl. auch BAG 19.11.2015 – 2 AZR 217/15, NZA 2016, 540.

[1400] BVerfG 22.10.2004 – 1 BvR 1944/01, NZA 2005, 41; BAG 7.3.2002 – 2 AZR 158/01, AP KSchG § 9 Nr. 42; 24.3.2011 – 2 AZR 674/09, NZA-RR 2012, 243; 24.11.2011 – 2 AZR 429/10, NZA 2012, 610; 29.8.2013 – 2 AZR 419/12, NZA 2014, 660 Rn. 18; 14.12.2017 – 2 AZR 86/17, NZA 2018, 646 Rn. 40.

gens einer sozialwidrigen Kündigung durch gestaltendes Urteil die Beendigung der arbeitsvertraglichen Beziehung herbeiführen kann, vermag sich der Arbeitgeber auf **alle Gründe** zu berufen, die seiner Auffassung nach die vom Gesetz geforderte Negativprognose rechtfertigen. Der Arbeitgeber darf die Begründung seines Auflösungsantrags grundsätzlich auch auf solche Gründe stützen, mit denen er zuvor – erfolglos – die **ausgesprochene Kündigung** begründet hat. Er muss jedoch in diesen Fällen **zusätzlich** greifbare Tatsachen dafür vortragen, dass der Kündigungssachverhalt, obwohl er die Kündigung nicht rechtfertigt, gleichwohl so beschaffen ist, dass er eine weitere gedeihliche Zusammenarbeit nicht erwarten lässt.[1401] Hierfür reicht ein schlichter Hinweis auf die Kündigungsgründe nicht aus, vielmehr bedarf es einer substantiierten Darstellung der Zerrüttungsgründe. Das Gericht darf sich allerdings nicht in Widerspruch zu seiner Beurteilung des Kündigungsgrundes als unzureichend setzen.[1402] Hat der Arbeitgeber als Auflösungsgründe bestimmte Verhaltensweisen des Arbeitnehmers vorgetragen, die die Befürchtung begründen, eine den Betriebszwecken dienliche weitere Zusammenarbeit zwischen den Parteien sei nicht zu erwarten, können die Kündigungsgründe geeignet sein, den sonstigen Auflösungsgründen besonderes Gewicht zu verleihen.[1403] Eine Verwertung der Kündigungsgründe ist auch dann möglich, wenn bereits rechtskräftig feststeht, dass sie eine Kündigung nicht rechtfertigen konnten.[1404]

340 Allerdings können Gründe, die eine den Betriebszwecken dienliche weitere Zusammenarbeit nicht erwarten lassen, **nur solche** sein, die in der **Person** des Arbeitnehmers angelegt sind und das persönliche Verhältnis zum Arbeitnehmer, die Wertung seiner Persönlichkeit, seiner Leistung oder seiner Eignung für die ihm gestellten Aufgaben und sein Verhältnis zu den übrigen Mitarbeitern betreffen. In diesem Sinne als Auflösungsgrund geeignet sind etwa Beleidigungen, sonstige ehrverletzende Äußerungen oder persönliche Angriffe des Arbeitnehmers gegen den Arbeitgeber, Vorgesetze oder Kollegen, auch das Verhalten im Kündigungsschutzprozess, was sich ua in einem bewusst wahrheitswidrigen Vortrag ausdrücken kann.[1405] Dagegen scheiden **betriebliche** oder **wirtschaftliche** Gründe, die einer Weiterbeschäftigung im Wege stehen könnten, aus.[1406] Der Arbeitgeber ist mit Gründen, die eine den Betriebszwecken dienliche weitere Zusammenarbeit iSv § 9 Abs. 1 S. 2 KSchG nicht erwarten lassen und die bereits zum Zeitpunkt der letzten mündlichen Verhandlung vor dem Arbeitsgericht vorlagen, nicht deshalb ausgeschlossen, weil er die Auflösung des Arbeitsverhältnisses erst in der Berufungsinstanz beantragt, was allerdings nicht ausschließt, dass die Gründe zwischenzeitlich ihre Bedeutung verloren haben.[1407]

341 Der auf die **Person** des Arbeitnehmers bezogene Anlass folgt aus der Fassung des § 9 Abs. 1 S. 2 KSchG. Mit der auf die **weitere Zusammenarbeit** abzielenden Formulierung des Gesetzes wird vor allem das persönliche Verhältnis zum Arbeitnehmer, eine Wertung seiner Persönlichkeit, seiner Leistung und Eignung für die ihm gestellten Aufgaben und sein Verhältnis zu den übrigen Mitarbeitern angesprochen.[1408] Ein **schuldhaftes** Verhalten ist nicht erforderlich, aber regelmäßig anzunehmen.[1409] Es kommt darauf an, ob die **objektive Lage** beim Schluss der mündlichen Verhandlung in der Tatsacheninstanz beim Arbeitgeber die Be-

---

[1401] BVerfG 22.10.2004 – 1 BvR 1944/01, NZA 2005, 41; BAG 24.5.2005 – 8 AZR 246/04, NZA 2005, 1178; 23.6.2005 – 2 AZR 256/04, NZA 2006, 363; 10.12.2009 – 2 AZR 534/08, NZA 2010, 698; 19.11.2015 – 2 AZR 217/15, NZA 2016, 540 Rn. 60; 24.5.2018 – 2 AZR 73/18, NZA 2018, 1131 Rn. 19.
[1402] BVerfG 15.12.2008 – 1 BvR 347/08, BVerfGK 14, 507 Rn. 14; BAG 24.5.2018 – 2 AZR 73/18, NZA 2018, 1131 Rn. 19.
[1403] BAG 23.6.2005 – 2 AZR 256/04, NZA 2006, 363; 28.11.2007 – 5 AZR 952/06, NZA-RR 2008, 344; 10.12.2009 – 2 AZR 534/08, NZA 2010, 698.
[1404] BAG 2.6.2005 – 2 AZR 234/04, NZA 2005, 1208 Rn. 28.
[1405] BAG 24.11.2011 – 2 AZR 429/10, NZA 2012, 610 Rn. 42; 11.7.2013 – 2 AZR 994/12, NZA 2014, 250 Rn. 56; 29.8.2013 – 2 AZR 419/12, NZA 2014, 660 Rn. 19; 19.11.2015 – 2 AZR 217/15, NZA 2016, 540 Rn. 60; 24.5.2018 – 2 AZR 73/18, NZA 2018, 1131 Rn. 17 ff.
[1406] BAG 7.3.2002 – 2 AZR 158/01, AP KSchG 1969 § 9 Nr. 42; 10.10.2002 – 2 AZR 240/01, AP KSchG 1969 § 9 Nr. 45 Rn. 32, 33.
[1407] BAG 19.11.2015 – 2 AZR 217/15, NZA 2016, 540.
[1408] BAG 8.10.2009 – 2 AZR 682/08, AP KSchG 1969 § 9 Nr. 65; 24.11.2011 – 2 AZR 429/10, NZA 2012, 610; 11.7.2013 – 2 AZR 994/12, NZA 2014, 250.
[1409] BAG 7.3.2002 – 2 AZR 158/01, AP KSchG 1969 § 9 Nr. 42; 23.6.2005 – 2 AZR 256/04, NZA 2006, 363.

sorgnis aufkommen lassen kann, dass die weitere Zusammenarbeit mit dem Arbeitnehmer gefährdet ist.[1410] **Spannungen** zwischen dem **Arbeitnehmer und Kollegen oder Vorgesetzten** dürfen nicht ohne Beachtung der **Verursachungsanteile** zu Lasten eines Arbeitnehmers Berücksichtigung finden. Auch die bloße **Weigerung** von Arbeitskollegen, mit einem Arbeitnehmer **zusammenzuarbeiten**, kann die Auflösung nach § 9 Abs. 1 S. 2 KSchG nicht rechtfertigen. Ein Arbeitgeber verstößt gegen Treu und Glauben, wenn er sich auf Auflösungsgründe beruft, die von ihm selbst oder von Personen, für die er einzustehen hat, provoziert worden sind.[1411] Jedenfalls unter den strengen, für die sogenannte Verdachtskündigung entwickelten Voraussetzungen[1412] ist die Auflösung eines Arbeitsverhältnisses nach dieser Vorschrift auch wegen eines Verdachts möglich.[1413] Der notwendige, schwerwiegende Verdacht muss sich aus den Umständen ergeben beziehungsweise objektiv durch Tatsachen begründet sein. Er muss ferner dringend sein, das heißt bei einer kritischen Prüfung muss eine auf Beweisanzeichen (Indizien) gestützte große Wahrscheinlichkeit für die erhebliche Pflichtverletzung (Tat) des Arbeitnehmers bestehen. Außerdem muss dem Arbeitnehmer zuvor Gelegenheit eingeräumt werden, sich zu dem Verdacht äußern zu können. Darüber hinaus bedarf die Auflösung des Arbeitsverhältnisses im Vergleich mit der gescheiterten Kündigung einer zusätzlichen Begründung. Der Auflösungsantrag darf nicht auf den Verdacht einer Pflichtverletzung gestützt werden, wenn auch schon die Kündigung mit diesem Verdacht begründet und von den Gerichten als sozialwidrig beurteilt wurde.[1414]

Bei der Prüfung der Voraussetzungen des § 9 Abs. 1 S. KSchG ist auch die **Stellung** des **Arbeitnehmers** im Betrieb zu berücksichtigen. Eine weitere den Betriebszwecken dienliche Zusammenarbeit zwischen Arbeitgeber und Arbeitnehmer kann gerade deshalb nicht zu erwarten sein, weil der Arbeitnehmer, ohne leitender Angestellter im Sinne von § 14 Abs. 2 KSchG zu sein, im Betrieb eine Schlüsselstellung innehat und aus beachtlichen Gründen das Vertrauen des Arbeitgebers verloren hat.[1415] 342

Die in der **Person** des Arbeitnehmers liegenden **Umstände** können im **außerprozessualen** Verhalten liegen (zB die Beeinflussung oder Bedrohung von Zeugen oder des Arbeitgebers) oder im **prozessualen** Verhalten des Arbeitnehmers selbst ihren Niederschlag finden. Letzteres wäre etwa zu bejahen, wenn die schriftsätzlichen Darlegungen oder mündlichen Erklärungen des Arbeitnehmers den Tatbestand einer Verleumdung oder üblen Nachrede erfüllen. Dies gilt nicht, soweit die Darlegungen des Arbeitnehmers die Grenzen der **Wahrnehmung berechtigter Interessen** nicht überschreiten.[1416] Jedenfalls dann, wenn es bei dem Kündigungsvorwurf um einen vorsätzlichen Verstoß gegen die prozessuale Wahrheitspflicht geht, kann sich der Arbeitnehmer auch nicht erfolgreich mit der „Wahrnehmung berechtigter Interessen" verteidigen.[1417] 343

Problematisch ist in diesem Zusammenhang, ob sich der Arbeitnehmer auch das **Verhalten** seines **Prozessbevollmächtigten** zurechnen lassen muss. Dies ist nach Auffassung des 344

[1410] BAG 24.11.2011 – 2 AZR 429/10, NZA 2012, 610; 11.7.2013 – 2 AZR 994/12, NZA 2014, 250.
[1411] BAG 15.2.1973 – 2 AZR 16/72, AP KSchG 1969 § 9 Nr. 2; 8.10.2009 – 2 AZR 682/08, AP KSchG § 9 Nr. 65; 24.11.2011 – 2 AZR 429/10, NZA 2012, 610; 11.7.2013 – 2 AZR 994/12, NZA 2014, 250.
[1412] BAG 29.11.2007 – 2 AZR 724/06, AP BGB § 626 Verdacht strafbarer Handlung Nr. 40; 18.6.2015 – 2 AZR 256/14, NZA 2016, 287; 17.3.2016 – 2 AZR 110/15, EzA BGB 2002 § 626 Nr. 56.
[1413] BVerfG 15.12.2008 – 1 BvR 347/08, BVerfGK 14, 507 Rn. 13, 14.
[1414] BVerfG 15.12.2008 – 1 BvR 347/08, BVerfGK 14, 507 Rn. 14.
[1415] BAG 26.6.1997 – 2 AZR 502/96, RzK I 5i Nr 126: Verkaufsleiterposition mit erheblichem Gehalt. LAG Thüringen 26.2.2008 – 7 Sa 160/07, LAGE KSchG § 9 Nr. 39: Kindergartenleiterin bei Leitungskonflikt mit Belegschaft und Eltern.
[1416] BVerfG 8.11.2016 – 1 BvR 988/15, EzA KSchG § 9 nF Nr. 68 Rn. 6; BAG 23.2.2010 – 2 AZR 554/08, NZA 2010, 1123; 24.3.2011 – 2 AZR 674/09, NZA-RR 2012, 243: Das gilt allerdings nur in den Grenzen der Wahrheitspflicht. Auch dürfen die Parteien nicht leichtfertig Tatsachenbehauptungen aufstellen, deren Unhaltbarkeit ohne Weiteres auf der Hand liegt. Vgl. auch BAG 29.8.2013 – 2 AZR 419/12, NZA 2014, 660: Ein Prozessbeteiligter darf auch starke, eindringliche Ausdrücke und sinnfällige Schlagworte benutzen, um seine Rechtsposition zu unterstreichen.
[1417] BAG 8.11.2007 – 2 AZR 528/06, AP BGB § 626 Nr. 209. Ausführlich dazu BAG 24.5.2018 – 2 AZR 73/18, NZA 2018, 1131 Rn. 25, 27: auch bewusst wahrheitswidriger Prozessvortrag durch Aufrechterhalten einer Schutzbehauptung vor Ausspruch der Kündigung.

BAG[1418] zu bejahen. Dies gilt auch für von ihm nicht veranlasste Erklärungen des Prozessbevollmächtigten jedenfalls dann, wenn der Arbeitnehmer sich diese zu eigen macht und sich auch nachträglich **nicht** hiervon **distanziert**.[1419] Dies trifft allerdings nicht auf Rechtsausführungen zur Unwirksamkeit einer Kündigung etwa wegen eines Verstoßes gegen Treu und Glauben und/oder Sittenwidrigkeit zu. Solche Ausführungen können jedenfalls nicht ohne weiteres als Auflösungsgrund herangezogen werden, selbst wenn sie rechtlich unzutreffend sind.[1420] Grundsätzlich sind wertende Äußerungen im Prozess durch Art. 5 Abs. 1 S. 1 GG und gleichzeitig durch Art. 103 GG geschützt.[1421] Die Formulierungen, der Arbeitnehmer solle „weichgekocht" werden, er sei in ein „Sterbezimmer" versetzt worden und solle „mürbe" gemacht werden, hat das BAG[1422] großzügig als noch hinnehmbare bildhafte, umgangssprachlich geläufige Wendungen angesehen, mit denen dem Arbeitgeber anschaulich eine gewisse Unnachgiebigkeit bei der Verfolgung seines Ziels zugeschrieben wird.

345 Das lässt sich jedoch nicht auf ein **Verhalten unbeteiligter Dritter** übertragen, soweit es nicht vom Arbeitnehmer durch eigenes Tun entscheidend veranlasst worden ist. Die Erwägung, auf die Zerrüttung des Vertrauensverhältnisses durch ein Verhalten des Prozessbevollmächtigten abzustellen, beruht darauf, dass der Arbeitnehmer das Verhalten seines Prozessbevollmächtigten beeinflussen kann. Bei Stellungnahmen bzw. Verhaltensweisen am Vertrag nicht beteiligter Dritter spricht dagegen zunächst keine Vermutung dafür, dass der Arbeitnehmer diese Stellungnahmen bzw. Verhaltensweisen veranlasst hat oder auch nur billigt. Insoweit muss der Arbeitgeber weitere Umstände vortragen, die auf eine Veranlassung durch den Arbeitnehmer schließen lassen.[1423]

346 **Meinungsäußerungen** des Arbeitnehmers, auf die sich der Arbeitgeber als Auflösungsgrund nach § 9 Abs. 1 S. 2 KSchG beruft, dürfen nicht isoliert bewertet werden. Es kommt auf die näheren Umstände an, unter denen die Äußerung gefallen ist.[1424] Bei der Bewertung verbaler Entgleisungen im Arbeitsverhältnis ist zudem stets das Grundrecht auf freie Meinungsäußerung (Art. 5 Abs. 1 S. 1, Art. 5 Abs. 2 GG) zu berücksichtigen.[1425] So hat das BAG[1426] eine allgemeine Kritik an den wirtschaftlichen und sozialen Verhältnissen einerseits und am Arbeitgeber und den betrieblichen Verhältnissen andererseits, auch wenn sie – etwa in Betriebsversammlungen – überspitzt und polemisch ausfällt, noch vom Grundrecht der freien Meinungsäußerung gedeckt angesehen. Allein die Schmähkritik oder Formalbeleidigung scheidet von vornherein aus dem Schutzbereich des Grundrechts aus. Die Verletzung von Loyalitätsobliegenheiten in kirchlichen Einrichtungen kann im Hinblick auf den Betriebszweck (Glaubwürdigkeit in der Öffentlichkeit) ebenfalls Vorrang vor der Meinungsfreiheit haben.[1427] Erklärt ein Chefbuchhalter im Anschluss an eine Kündigung des Arbeitgebers, „auspacken" zu wollen, um eine höhere Abfindung zu erzielen, kann dies die Auflösung des Arbeitsverhältnisses rechtfertigen.[1428] Der in einem Schriftsatz erhobene

---

[1418] BAG 3.11.1983 – 2 AZR 204/82 Rn. 25; 21.9.2000 – 2 AZR 440/99, NZA 2001, 255; 7.3.2002 – 2 AZR 158/01, AP KSchG 1969 § 9 Nr. 42; 10.6.2010 – 2 AZR 297/09, NJW 2010, 3796; 9.9.2010 – 2 AZR 482/09, AP KSchG 1969 § 9 Nr. 64.
[1419] BAG 10.6.2010 – 2 AZR 297/09, NJW 2010, 3796.
[1420] BAG 21.9.2000 – 2 AZR 440/99, NZA 2001, 255; 7.3.2002 – 2 AZR 158/01, AP KSchG 1969 § 9 Nr. 42.
[1421] BAG 29.8.2013 – 2 AZR 419/12, NZA 2014, 660 Rn. 36, 37.
[1422] BAG 9.9.2010 – 2 AZR 482/09, AP KSchG 1969 § 9 Nr. 64.
[1423] BAG 7.12.1972 – 2 AZR 235/72, AP KSchG 1969 § 9 Nr. 1; 14.5.1987 – 2 AZR 294/86, NZA 1988, 16 m. krit. Anm. von *Natzel* SAE 1988, 246 ff.
[1424] BAG 13.6.2002 – 2 AZR 234/01, NZA 2003, 265: Zur Äußerung einer Arbeitnehmerin in einem Tendenzbetrieb, „dass die jetzt bei Gauck rumwühlen und etwas gegen mich finden wollen." Vgl. auch BAG 29.8.2013 – 2 AZR 419/12, NZA 2014, 660 Rn. 36, 37. Schmähkritik genießt nicht den Schutz aus Art. 5 GG: BAG 5.12.2019 – 2 AZR 240/19, NZA 2020, 647 Rn. 87.
[1425] BVerfG 16.10.1998 – 1 BvR 1685/92, NZA 1999, 77; 29.7.2003 – 1 BvR 2145/02, NJW 2003, 3760; BAG 23.2.2010 – 2 AZR 554/08, NZA 2010, 1123; *Schmitz-Scholemann* BB 2000, 926.
[1426] BAG 12.1.2006 – 2 AZR 21/05, NZA 2006, 917.
[1427] BVerfG 31.1.2001 – 1 BvR 619/92, NZA 2001, 717: Einer katholischen Schule ist die Weiterbeschäftigung einer Lehrerin, die jahrelang in einer heimlichen Beziehung zu einem Mönch als dem Leiter der Schule einer Benediktinerabtei stand und diese Beziehung nun **öffentlich gemacht** hat, nicht zumutbar.
[1428] LAG Hamm 8.2.2005 – 19 Sa 2287/04, ArbuR 2005, 343 Rn. 119, 126.

Vorwurf trotz anderer Kenntnis, der Arbeitgeber decke Manipulationen des Vorgesetzten und wolle innerbetriebliche Kritiker mundtot machen, ist nicht mehr durch die Meinungsfreiheit gedeckt.[1429]

Die Frage, ob das **betriebsverfassungsrechtliche** bzw. personalvertretungsrechtliche **Verwertungsverbot**[1430] für nicht mitgeteilte Kündigungsgründe auch auf die Verwendung dieser Gründe als Auflösungsgründe nach § 9 Abs. 1 S. 2 KSchG zu erstrecken ist, hat das BAG[1431] zunächst offen gelassen, dann aber mit überzeugenden Gründen klargestellt, dass dies zu verneinen ist.[1432] Der Gesetzeswortlaut in § 102 Abs. 1 S. 2 BetrVG verpflichtet den Arbeitgeber lediglich, die „Gründe für die Kündigung", nicht aber Gründe für eine anderweitige Beendigung mitzuteilen. Gegen eine Ausweitung des Verwertungsverbots spricht außer dem Wortlaut auch **das der betrieblichen Mitbestimmung zugrunde liegende Konzept,** das für bestimmte personelle Einzelmaßnahmen des Arbeitgebers je darauf zugeschnittene Beteiligungsrechte ausgestaltet hat (vgl. §§ 99 ff., 102, 103 BetrVG, § 15 KSchG). Der Arbeitgeber ist daher nicht gehindert, Gründe, die er mangels Anhörung des Betriebsrats nicht mehr im Prozess nachschieben kann, für den Auflösungsantrag nach § 9 Abs. 1 S. 2 KSchG nutzbar machen zu können.

347

Wird ein Arbeitnehmer, der gegen seinen Arbeitgeber einen Kündigungsschutzprozess führt, in dem der Arbeitgeber den Auflösungsantrag nach § 9 Abs. 1 S. 2 KSchG gestellt hat, zum **Mitglied des Betriebsrats** oder **Personalrats** gewählt, so kann das Gericht dem Auflösungsantrag, der auf einen **Sachverhalt** gestützt ist, der **nach der Wahl** des Arbeitnehmers liegt, nur dann stattgeben, wenn dieser Sachverhalt geeignet ist, einen **wichtigen Grund** zur außerordentlichen Kündigung im Sinne des § 626 BGB abzugeben.[1433] Diese **Einschränkung** folgt aus § 15 KSchG, wonach sichergestellt werden soll, dass ein Mitglied des Betriebsrats oder Personalrats nicht aus irgendeinem Grunde, der die ordentliche Kündigung rechtfertigt, seinen Arbeitsplatz verliert und damit die Kontinuität der Arbeit des betriebsverfassungsrechtlichen oder personalvertretungsrechtlichen Organs betroffen wird. Das Problem stellt sich nicht, wenn dem **Funktionsträger nach der Amtsübernahme** gekündigt wird, weil bei einer außerordentlichen Kündigung aus wichtigem Grunde (§ 15 KSchG) ein Auflösungsantrag des Arbeitgebers nicht möglich ist (§ 13 Abs. 1 S. 3 KSchG).[1434] Allerdings können nach Ende des Sonderkündigungsschutzes (§ 15 KSchG) während der Zeit des Sonderkündigungsschutzes entstandene Sachverhalte nicht nur dann als Auflösungsgrund zu berücksichtigen sein, wenn sie geeignet wären, einen wichtigen Grund iSv § 626 Abs. 1 BGB abzugeben.[1435]

348

Ein Antrag eines Arbeitgebers auf Auflösung des Arbeitsverhältnisses nach § 9 Abs. 1 S. 2 KSchG bedarf nicht der Zustimmung des Integrationsamts, weil dieser Fall durch die §§ 168 ff. SGB IX nicht erfasst wird und auch keine Gesetzeslücke vorliegt, die durch eine entsprechende Anwendung der §§ 168 ff. SGB IX zu schließen wäre.[1436] Dies gilt auch dann, wenn für einen Zeitpunkt nach Zugang der Kündigung die **Schwerbehinderung** des Arbeitnehmers festgestellt bzw. dessen Gleichstellung ausgesprochen wird. Darauf, ob Schwerbehinderteneigenschaft kraft Gesetzes entsteht,[1437] wenn die Voraussetzungen des § 2 Abs. 1

349

[1429] So LAG Köln 22.5.2006 – 14(12) Sa 8/06, BB 2007, 51 Rn. 42.
[1430] StRspr nur BAG 26.9.1991 – 2 AZR 132/91, AP KSchG 1969 § 1 Krankheit Nr. 28; 11.12.2003 – 2 AZR 536/02, EzA BetrVG 2001 § 102 Nr. 5; 15.7.2004 – 2 AZR 376/03, NZA 2005, 523 Rn. 24.
[1431] BAG 18.12.1980 – 2 AZR 1006/78, AP BetrVG 1972 § 102 Nr. 22.
[1432] BAG 10.10.2002 – 2 AZR 240/01, AP KSchG 1969 § 9 Nr. 45; *Boewer* RdA 2001, 380 (401); aA *Müller* BB 2002, 2014 (2015).
[1433] BAG 7.12.1972 – 2 AZR 235/72, AP KSchG 1969 § 9 Nr. 1. Im Ergebnis ebenso LAG Baden-Württemberg 12.3.2003 – 4 Sa 45/02 Rn. 80; ErfK/*Kiel* KSchG § 9 Rn. 20: Nur nach Zustimmung des Betriebsrats. So auch KR/*Spilger* § 9 Rn. 76; *Bauer* ArbR 2010, 5.
[1434] BAG 29.8.2013 – 2 AZR 419/12, NZA 2014, 660.
[1435] BAG 29.8.2013 – 2 AZR 419/12, NZA 2014, 660.Vgl. zu einer ähnlichen Problematik bei § 78a Abs. 4 S. 1 Nr. 2 BetrVG: BAG 18.9.2019 – 7 ABR 44/17, NZA 2020, 329 Rn. 43 ff.
[1436] BVerwG 11.5.2006 – 5 B 24/06, Behindertenrecht 2007, 107; LAG Baden-Württemberg 12.3.2003 – 4 Sa 45/02, Behindertenrecht 2003, 154 Rn. 71, 72; VGH Mannheim 12.12.2005 – 9 S 1580/05, NZA-RR 2006, 356 Rn. 25, 26. Vgl. dazu auch KR/*Spilger* KSchG § 9 Rn. 77 mwN.
[1437] BAG 20.1.2005 – 2 AZR 675/03, NZA 2005, 689 Rn. 12, 13.

SGB IX vorliegen und damit der Feststellungsbescheid des Versorgungsamtes nach §§ 2 Abs. 2, 152 SGB IX nur deklaratorischen Charakter hat, kommt es insoweit nicht an. Dem Umstand der Schwerbehinderung ist jedoch bei der Gewichtung des Auflösungsgrundes Bedeutung beizumessen.[1438]

350 a) **Sonderregelung für leitende Angestellte.** Während nach § 14 Abs. 1 Nr. 1 und 2 KSchG für Organmitglieder[1439] einer juristischen Person und für die Vertreter einer Personengesamtheit die Vorschriften des Ersten Abschnitts des KSchG nicht gelten, enthält § 14 Abs. 2 S. 2 KSchG für Geschäftsführer, Betriebsleiter und ähnliche leitende Angestellte, soweit diese zur **selbstständigen Einstellung oder Entlassung** von Arbeitnehmern berechtigt sind, eine **gesetzliche Sonderregelung**. Für diesen Personenkreis wird der Arbeitgeber von der **Begründungspflicht** für den Auflösungsantrag nach § 9 Abs. 1 S. 2 KSchG **befreit** (§ 14 Abs. 2 S. 2 KSchG). Damit wird der Bestandsschutz des Arbeitsverhältnisses dieser Personengruppe relativiert, wenn auch unter der Voraussetzung der Zahlung einer **angemessenen Abfindung** durch den Arbeitgeber. Kommt es gegenüber einem leitenden Angestellten nach § 14 Abs. 2 KSchG zu einer Kündigung des Arbeitgebers, wird vom Gesetzgeber unwiderlegbar vermutet, dass aus der Perspektive des Arbeitgebers die Vertrauensgrundlage zwischen den Arbeitsvertragsparteien gestört sein kann. Abgesehen vom Wegfall des Begründungszwangs bleibt es indes bei den sonstigen weiteren Voraussetzungen für die Anwendung von § 9 Abs. 1 S. 2 KSchG, sodass die ordentliche Kündigung ausschließlich sozial ungerechtfertigt sein muss.[1440] Auch der Sonderkündigungsschutz aus §§ 17 MuSchG, 18 BEEG, 168 SGB IX bleibt unberührt. Zu Gunsten des leitenden Angestellten wird vom Gesetzgeber merkwürdigerweise der Begründungszwang aus § 9 Abs. 1 S. 1 KSchG nicht aufgehoben. Er muss einen Auflösungsantrag nach § 9 Abs. 1 S. 1 KSchG wie jeder Arbeitnehmer begründen.[1441] Ein leitender Angestellter iSd § 14 Abs. 2 S. 1 KSchG kann sich auf einen – die Sperrzeit wegen Arbeitsaufgabe (§ 159 Abs. 1 Nr. 1 SGB III) ausschließenden – wichtigen Grund für die Lösung des Beschäftigungsverhältnisses durch Aufhebungsvertrag berufen, wenn ihm ohne Abschluss des Aufhebungsvertrages die fristgerechte Kündigung und für den Fall ihrer Sozialwidrigkeit die Auflösung des Arbeitsverhältnisses auf Antrag des Arbeitgebers gemäß § 9 Abs. 1 S. 2 KSchG iVm § 14 Abs. 2 S. 2 KSchG droht.[1442]

351 Der Begriff des leitenden Angestellten in § 14 Abs. 2 KSchG muss nicht mit dem Begriff des leitenden Angestellten iSv § 5 Abs. 3 BetrVG übereinstimmen, er kann aber mit ihm übereinstimmen.[1443] Im Gegensatz zu § 5 Abs. 3 S. 2 Nr. 3 BetrVG, der auch leitende Angestellte ohne Einstellungs- oder Entlassungsbefugnisse – etwa in Stabsfunktionen- erfasst, knüpft § 14 Abs. 2 S. 1 KSchG für **sämtliche** darin genannten Personen an die Kompetenz zur selbstständigen Einstellung oder Entlassung von Arbeitnehmern an.[1444] Das BAG[1445] begrenzt den Anwendungsbereich des § 14 Abs. 2 KSchG zusätzlich. Es verlangt, dass die Einstellungs- oder Entlassungsbefugnis die Stellung des leitenden Angestellten **prägen** muss. Das setzt voraus, dass die Befugnis zur **eigenverantwortlichen** Einstellung oder Entlassung ebenso wie bei den leitenden Angestellten iSv § 5 Abs. 3 S. 2 Nr. 1 BetrVG eine **bedeutende Anzahl** von Arbeitnehmern erfassen muss. Ein nur eng umgrenzter Personenkreis genügt nicht. Vielmehr muss die Personalkompetenz einen **wesentlichen Teil** der Tätigkeit des Angestellten ausmachen.

[1438] BAG 7.3.2002 – 2 AZR 158/01, NZA 2003, 261 Rn. 44.
[1439] BGH 10.5.2010 – II ZR 70/09, NZA 2010, 889: Im Anstellungsvertrag des Geschäftsführers einer GmbH kann vereinbart werden, dass die materiellen Regeln des Kündigungsschutzgesetzes zu Gunsten des Organmitglieds gelten sollen. In einem solchen Fall ist durch Auslegung des Vertrages festzustellen, ob sich die Gesellschaft in Anlehnung an §§ 9 f. KSchG gegen Abfindung aus dem Vertrag lösen kann.
[1440] Vgl. dazu → Rn. 311 ff.
[1441] Kritisch dazu *Bauer* in FS Hanau, 157.
[1442] BSG 17.11.2005 – B 11a/11 AL 69/04 R, AP SGB III § 144 Nr. 7; SG München 14.10.2011 – S 36 AL 976/08, ArbRB 2011, 372.
[1443] BAG 6.12.2001 – 2 AZR 733/00, NZA 2002, 816. Vgl. auch ErfK/*Kiel* KSchG § 14 Rn. 7; KR/*Rost*/*Kreutzberg-Kowalczyk* KSchG § 14 Rn. 31.
[1444] BAG 18.10.2000 – 2 AZR 465/99, NZA 2001, 437; 24.3.2011 – 2 AZR 674/09, NZA-RR 2012, 243; 14.4.2011 – 2 AZR 167/10, AP KSchG 1969 § 14 Nr. 12.
[1445] BAG 18.10.2000 – 2 AZR 465/99, NZA 2001, 437; 14.4.2011 – 2 AZR 167/10, AP KSchG 1969 § 14 Nr. 12.

Allerdings hängt die erforderliche Personalbefugnis **nicht allein von der Zahl der unterstellten Mitarbeiter** ab. Entscheidend ist vielmehr, welche **Bedeutung** die Tätigkeit der Mitarbeiter, die der Angestellte einstellt oder entlässt, für das Unternehmen hat. Deshalb kann die für § 14 Abs. 2 S. 1 KSchG maßgebende Personalkompetenz auch dann vorliegen, wenn sich die personellen Entscheidungskompetenzen des Angestellten zumindest auf eine abgeschlossene Gruppe von Mitarbeitern beziehen, die für das Unternehmen und den unternehmerischen Erfolg wesentlich ist. Davon ist auszugehen, wenn der Leiter eines Zentralbereichs die ihm nachgeordneten vier leitenden Angestellten, die ihrerseits zur selbstständigen Einstellung oder Entlassung der ihnen nachgeordneten Mitarbeitern berechtigt sind, selbständig einstellen oder entlassen kann (Kaskadenmodell).[1446] Das kann auch der Fall sein, wenn sich die Personalkompetenz auf Arbeitnehmer erstreckt, die entweder hochqualifizierte Tätigkeiten mit entsprechenden Entscheidungsspielräumen ausüben oder einen für das Unternehmen herausgehobenen Geschäftsbereich betreuen.[1447] Im Ergebnis muss die Einstellungs- oder Entlassungsbefugnis eine bedeutende Anzahl von Arbeitnehmern oder eine gewisse Anzahl bedeutender Arbeitnehmer betreffen.[1448]

Wegen des Merkmals der **Selbstständigkeit** in § 14 Abs. 2 S. 1 KSchG darf die Ausübung der Personalkompetenz auch nicht von der Zustimmung einer anderen Person abhängig sein. Eine derartige **Beschränkung** der Einstellungs- und Entlassungsbefugnis ist zu verneinen, wenn der Angestellte lediglich **Richtlinien** oder **Budgets** zu beachten hat oder **Zweitunterschriften** einholen muss, die einer Richtigkeitskontrolle dienen, aber nicht mit einer Entscheidungsbefugnis des Dritten verbunden sind.[1449]

Es **genügt** jedoch **nicht**, wenn ein Angestellter zwar nach dem Anstellungsvertrag die für § 14 Abs. 2 S. 1 KSchG notwendigen **Personalkompetenzen** aufweist, diese vertraglichen Kompetenzen aber über einen längeren Zeitraum **nicht ausübt**.[1450] Die Personalkompetenz muss vielmehr einen wesentlichen Teil der **ausgeübten** Tätigkeit des Angestellten ausmachen und nicht nur auf dem Papier stehen. Anderenfalls könnte durch die Vertragsgestaltung die nach § 9 Abs. 1 S. 2 KSchG vorgeschriebene Begründungspflicht gesetzwidrig umgangen werden.[1451] An einer selbstständigen Einstellungsbefugnis fehlt es auch dann, wenn der betreffende Arbeitnehmer im **Außenverhältnis nicht berechtigt** ist, die Einstellung vorzunehmen, und lediglich im Innenverhältnis verbindliche Vorschläge machen kann, die nur unter bestimmten Voraussetzungen abgelehnt werden. Eine derart eingeschränkte Einstellungsbefugnis entspricht nicht dem Sinn des § 14 Abs. 2 KSchG.[1452]

Hinzutreten muss außerdem, dass die zur selbstständigen Ausübung zugewiesene Personalführungsbefugnis auch von **hinreichender unternehmerischer Relevanz** sein muss. Denn nur unter dieser Voraussetzung ist gewährleistet, dass es sich um ein Aufgabengebiet handelt, das wegen seiner unternehmerischen Bedeutung die Zuordnung des Betroffenen zum Kreis der leitenden Angestellten rechtfertigt.[1453] Dies folgt aus der Gleichstellung der Geschäftsführer, Betriebsleiter mit den ähnlichen leitenden Angestellten. Damit verknüpft der Gesetzgeber die Aussage, dass Geschäftsführer und Betriebsleiter als leitende Angestellte zu qualifizieren sind, wenn sie eine **leitende** Position bekleiden. Nur unter dieser weiteren Vor-

---

[1446] BAG 27.9.2001 – 2 AZR 176/00, NZA 2002, 1277 für einen Leiter eines Zentralbereichs eines Unternehmens, in dem mindestens 2000 Beschäftigte tätig sind.
[1447] BAG 10.10.2007 – 7 ABR 61/06, AP BetrVG 1972 § 5 Nr. 72 verneint bei einem Chefarzt einer geriatrischen Abteilung eines Krankenhauses, die lediglich über 41 von insgesamt 405 stationären Betten verfügte und am Gesamtumsatz von 33 Mio. EUR im Jahr mit 3,3 Mio. EUR beteiligt war.
[1448] BAG 14.4.2011 – 2 AZR 167/10, AP KSchG 1969 § 14 Nr. 12; 19.4.2012 – 2 AZR 186/11, NZA 2013, 27 Rn. 31.
[1449] BAG 16.4.2002 – 1 ABR 23/01, NZA 2003, 56.
[1450] BAG 14.4.2011 – 2 AZR 167/10, AP KSchG 1969 § 14 Nr. 12; 19.4.2012 – 2 AZR 186/11, NZA 2013, 27 Rn. 33.
[1451] BAG 10.10.2002 – 2 AZR 598/01, AP KSchG 1969 § 1 Betriebsbedingte Kündigung Nr. 123; 14.4.2011 – 2 AZR 167/10, AP KSchG 1969 § 14 Nr. 12 Rn. 15; 19.4.2012 – 2 AZR 186/11, NZA 2013, 27 Rn. 33.
[1452] BAG 18.11.1999 – 2 AZR 903/98, NZA 2000, 427 Rn. 42 bei dem Chefarzt eines Krankenhauses, der für die Einstellung nachgeordneter Ärzte der vorherigen Zustimmung der Krankenhausleitung bedurfte.
[1453] BAG 18.11.1999 – 2 AZR 903/98, NZA 2003, 56; 14.4.2011 – 2 AZR 167/10, AP KSchG 1969 § 14 Nr. 12 Rn. 14; 19.4.2012 – 2 AZR 186/11, NZA 2013, 27 Rn. 31.

aussetzung sind sie von § 14 Abs. 2 S. 1 KSchG erfasst. Hinzutreten muss dann noch die selbständige Einstellungs- oder Entlassungsbefugnis im vorbeschriebenen Sinne.

356 Zu den **Betriebsleitern** des § 14 Abs. 2 S. 1 KSchG ist zu rechnen, wer innerhalb eines Unternehmens einen selbstständigen Betrieb eigenverantwortlich führt, dabei bedeutungsvolle unternehmerische Teilaufgaben wahrnimmt, Vorgesetzter der im Betrieb Beschäftigten ist und das Weisungsrecht ausübt sowie bei seiner Tätigkeit einen erheblichen Entscheidungsspielraum hat, wenn er zumindest zur selbstständigen Einstellung von gewerblichen Arbeitnehmern berechtigt ist.[1454] **Geschäftsführer** iSd § 14 Abs. 2 S. 1 KSchG sind nicht die Organvertreter des § 35 GmbHG, sondern leitende Angestellte, die wie Betriebsleiter vor allem maßgebenden Einfluss auf die kaufmännische, organisatorische und personelle Unternehmensführung ausüben, wobei die konkrete Bezeichnung als Geschäftsführer nicht von ausschlaggebender Bedeutung ist. Zu den ähnlich leitenden Angestellten gehören Arbeitnehmer mit gehobenen Führungsaufgaben und Schlüsselfunktionen, die einen wesentlichen Anteil ihrer tatsächlich wahrgenommenen Aufgabenerfüllung ausmachen und mit eigener, erheblicher Entscheidungskompetenz ausgeführt werden. Hinzutreten muss die selbständige Einstellungs- oder Entlassungsbefugnis im vorbeschriebenen Sinne.[1455] Bei einem einheitlichen Arbeitsverhältnis mit **mehreren** Arbeitgebern kann eine Auflösung des Arbeitsverhältnisses grundsätzlich nur insgesamt erfolgen, wobei regelmäßig ein Auflösungsgrund, der für oder gegen einen der Arbeitgeber vorliegt, ausreicht.[1456] Ist der Arbeitnehmer leitender Angestellter iSv § 14 Abs. 2 KSchG nur im Verhältnis zu einem der Arbeitgeber und stellt dieser einen Auflösungsantrag, wird das Arbeitsverhältnis wegen der vereinbarten Einheitlichkeit zu beiden Arbeitgebern aufgelöst.[1457]

357 **b) Darlegungs- und Beweislast.** Die **Darlegungs- und Beweislast** für die Voraussetzungen des arbeitgeberseitigen Auflösungsantrags nach § 9 Abs. 1 S. 2 KSchG trifft den **Arbeitgeber**.[1458] Zur Schlüssigkeit des Auflösungsantrags des Arbeitgebers gehört dabei der Vortrag von greifbaren Tatsachen, die so beschaffen sind, dass sie eine den Betriebszwecken dienliche weitere Zusammenarbeit nicht erwarten lassen. Eine bloße Bezugnahme auf die für die Kündigung vorgetragenen Gründe genügt dem nicht. Auch **offenkundige Tatsachen** muss der Arbeitgeber vorgetragen oder aufgegriffen haben, weil sie nicht unter Verstoß gegen den Verhandlungsgrundsatz verwertet werden dürfen.[1459] Ebenso wenig reichen allgemeine Redewendungen etwa des Inhalts, die Vertrauensgrundlage sei weggefallen oder ein Zerwürfnis sei eingetreten, aus.[1460]

4. Der von beiden Parteien gestellte Auflösungsantrag

358 Der Gesetzgeber lässt es in § 9 Abs. 1 KSchG zu, dass beide Parteien im Kündigungsschutzprozess den Auflösungsantrag stellen dürfen. Nach hM[1461] ist der gemeinsame Wille beider Parteien, das Arbeitsverhältnis im Fall sozialwidriger Kündigung durch richterlichen Akt zur Auflösung zu bringen, **für das Gericht bindend.** Das Arbeitsgericht hat dann **ohne**

[1454] BAG 25.11.1993 – 2 AZR 517/93, NZA 1994, 837 für den Leiter eines einzelnen Restaurants einer Restaurantkette.
[1455] Vom BAG 27.9.2001 – 2 AZR 176/00, NZA 2002, 1277 bejaht bei dem Leiter eines Zentralbereichs mit 2000 Arbeitnehmern, jedoch vom BAG 25.10.2001 – 2 AZR 358/00, NZA 2002, 584 verneint bei einem Zentraleinkäufer eines Warenhausunternehmens mit beschränktem Warensortiment.
[1456] BAG 19.4.2012 – 2 AZR 186/11, NZA 2013, 27.
[1457] BAG 19.4.2012 – 2 AZR 186/11, NZA 2013, 27.
[1458] BAG 23.6.2005 – 2 AZR 256/04, NZA 2006, 363; 19.4.2012 – 2 AZR 186/11, NZA 2013, 27.
[1459] BAG 18.12.1980 – 2 AZR 1006/78, AP BetrVG 1972 § 102 Nr. 22; 14.5.1987 – 2 AZR 294/86, NZA 1988, 16; 23.6.2005 – 2 AZR 256/04, NZA 2006, 363.
[1460] BAG 14.1.1993 – 2 AZR 343/92, EzA KSchG § 1 Krankheit Nr. 39; 24.5.2005 – 8 AZR 246/04, NZA 2005, 1178; 23.6.2005 – 2 AZR 256/04, NZA 2006, 363; 10.12.2009 – 2 AZR 534/08, NZA 2010, 698; Stahlhacke/Preis/Vossen Kündigung/*Vossen* Rn. 2121 mwN; *Boewer* RdA 2001, 380 (400).
[1461] Vgl. etwa Stahlhacke/Preis/Vossen Kündigung/*Vossen* Rn. 2128, 2129 mwN; ErfK/*Kiel* KSchG § 9 Rn. 24; Ascheid/Preis/Schmidt/*Biebl* KSchG § 9 Rn. 71; LAG München 19.5.2015 – 4 Sa 46/15, ZAP EN-Nr 759/2015; LAG Düsseldorf 19.2.2019 – 3 Sa 559/17, LAGE BGB 2002 § 626 Nr. 82 Rn. 89; offengelassen von BAG 23.6.1993 – 2 AZR 56/93, NZA 1994, 264. Der Hinweis auf BAG 29.3.1960 – 3 AZR 568/58, AP KSchG § 7 Nr. 7 geht fehl, weil dort die Erklärung des Arbeitnehmers vorlag, er widerspreche dem Auflösungsantrag des Arbeitgebers nicht. AA KR/*Spilger* KSchG § 9 Rn. 81.

weiteres die Auflösung des Arbeitsverhältnisses vorzunehmen und nur noch zu prüfen, wie hoch es die Abfindung bemessen will.

Für diese Lösung streitet in der Tat, dass es widersinnig sein kann, die Parteien an einem Arbeitsverhältnis festzuhalten, das sie beide nicht mehr wünschen. Eine vergleichbare Situation kann eintreten, wenn sich eine Partei gegen den Auflösungsantrag der anderen Partei prozessual nicht zur Wehr setzt. So bringt der Arbeitnehmer mit der Erklärung, dass er dem Auflösungsantrag des Arbeitgebers nicht widersprechen wolle, zum Ausdruck, dass auch er sich für die Zukunft eine gedeihliche Zusammenarbeit mit dem Arbeitgeber nicht mehr verspricht, so dass das Arbeitsgericht von der Richtigkeit der vom Arbeitgeber vorgebrachten Auflösungsgründe ausgehen kann.

Die Ansicht der hM ist nicht bedenkenfrei: Das Gericht darf sich auch bei beiderseitigem Auflösungsantrag nicht der Prüfung der materiell-rechtlichen Berechtigungsvoraussetzungen entziehen, so dass sich beide Auflösungsanträge als unbegründet erweisen können und das Arbeitsverhältnis auch gegen den Willen der Parteien fortbesteht. Der Gesetzgeber hat unmissverständlich in § 9 Abs. 1 KSchG die gestaltende Entscheidung des Gerichts an bestimmte Voraussetzungen geknüpft, die nicht damit überspielt werden dürfen, dass beide Parteien das Arbeitsverhältnis auflösen wollen und das Gericht zum Schiedsrichter über die Höhe der Abfindung machen. Nach seiner Grundkonzeption ist das Kündigungsschutzgesetz eben kein Abfindungsgesetz, sondern ein Bestandsschutzgesetz, das nur unter eng begrenzten Voraussetzungen durchbrochen werden darf.[1462] Solange keine Abklärung durch das BAG vorliegt, sollte der Weg über den Prozessvergleich gesucht werden. Denkbar wäre auch, im Falle einer nur mangelnden Verständigung der Parteien über die Höhe einer Abfindung mit einem beiderseitigen Auflösungsantrag das Gericht zum Schiedsrichter zu machen.

Haben in einem Kündigungsschutzprozess **beide Parteien** einen Auflösungsantrag gestellt und löst das Arbeitsgericht daraufhin das Arbeitsverhältnis auf, so ist der **Arbeitnehmer**, der die Höhe der festgesetzten Abfindung nicht angreift, durch dieses Urteil **nicht beschwert** und seine Berufung deshalb unzulässig, auch wenn das Arbeitsgericht das Arbeitsverhältnis auf den **Antrag** des Arbeitgebers hin aufgelöst hat. Der Arbeitnehmer kann in einem derartigen Fall nicht allein mit dem Ziel Berufung einlegen, seinen erstinstanzlich gestellten Auflösungsantrag zurückzunehmen und eine Fortsetzung des Arbeitsverhältnisses zu erreichen.[1463]

Der Rechtsmittelzug soll nämlich nur eröffnet werden, wenn dafür ein Rechtsschutzinteresse vorliegt. Angesichts dessen besteht Einigkeit darüber, dass der Kläger nur dann beschwert ist, wenn die angefochtene Entscheidung von dem in der unteren Instanz gestellten Antrag abweicht (sog. formelle Beschwer), dh wenn ein Vergleich des rechtskräftigen Inhalts des angefochtenen Urteils mit dem Klagebegehren ergibt, dass die Entscheidung für den Rechtsmittelkläger in irgendeiner Weise sachlich nachteilig ist. Dem gemäß wird die Beschwer entscheidend von zwei Faktoren bestimmt: Zum einen vom **Antrag**, den der Rechtsmittelkläger in der **unteren Instanz** gestellt hat und zum anderen vom **rechtskräftigen Inhalt** der angefochtenen Entscheidung.[1464]

Im Gegensatz zur Ansicht des BAG wäre jedoch eine **Beschwer** des Klägers zu bejahen, wenn er mit der Berufung reklamiert, die Entscheidung über den Auflösungsantrag des **Arbeitgebers** habe für ihn im Hinblick auf sein weiteres berufliches Fortkommen eine benachteiligende Qualität. Wegen der in § 9 Abs. 1 KSchG geregelten Auflösungsgründe macht es nämlich durchaus einen Unterschied, aus welchen Gründen eine Auflösung des Arbeitsverhältnisses durch gestaltendes Urteil vorgenommen wird.

5. Die Abfindung nach § 10 KSchG

a) **Normzweck.** Mit der Auflösung des Arbeitsverhältnisses durch gestaltendes Urteil hat das Arbeitsgericht den Arbeitgeber zwingend zur Zahlung einer angemessenen Abfindung zu verurteilen (§§ 9 Abs. 1 S. 1 und 2, 13 Abs. 1 S. 3 KSchG). Die **Abfindung** ist eine Entschä-

---

[1462] Vom BAG 23.6.1993 – 2 AZR 56/93, NZA 1994, 264 wird erwogen, **beide Auflösungsanträge** für **begründet** zu halten und auf beide Anträge hin das Arbeitsverhältnis aufzulösen.
[1463] BAG 23.6.1993 – 2 AZR 56/93, NZA 1994, 264.
[1464] BAG 23.6.1993 – 2 AZR 56/93, NZA 1994, 264.

digung eigener Art für die Auflösung des Arbeitsverhältnisses und hat die Funktion, dem Arbeitnehmer einen pauschalen Ausgleich für die Vermögens- und Nichtvermögensschäden zu gewähren, die sich aus dem Verlust des Arbeitsplatzes ergeben.[1465]

365 Andererseits wird die Abfindung durch § 10 KSchG ihrer Höhe nach begrenzt. Mit der Abfindung wird keine uneingeschränkte Sicherung gegen die Beendigung des Arbeitsverhältnisses als Folge einer Kündigung gewährt.[1466] Sie ist weder Arbeitsentgelt oder Ersatz für entgangenes Arbeitsentgelt noch vertraglicher oder **deliktischer** Schadensersatz. Der Abgeltungscharakter bzw. die Entschädigungsfunktion der Abfindung zeigt sich auch daran, dass mit der Gewährung des Abfindungsbetrages alle unmittelbar mit dem Verlust des Arbeitsplatzes verbundenen vermögensrechtlichen und immateriellen Nachteile des Arbeitnehmers abgegolten werden sollen.[1467]

366 Wurde daher im Rahmen der gerichtlichen Auflösung des Arbeitsverhältnisses eine Abfindung nach §§ 9, 10 KSchG zuerkannt, kann daneben **kein Schadensersatz** nach § 628 Abs. 2 BGB oder aus dem Gesichtspunkt einer positiven Vertragsverletzung nach § 280 BGB verlangt werden.[1468] Durch die Zwischenschaltung der gerichtlichen Entscheidung über die **Auflösung** des Arbeitsverhältnisses ist der **Rechtswidrigkeitszusammenhang** zwischen einem möglichen Auflösungsverschulden des Kündigenden und dem Schaden unterbrochen, der dem Gekündigten durch die gerichtliche Auflösung entsteht. Neben einer Kündigungsabfindung können nur solche Schadenersatzansprüche bestehen, die mit dem Verlust des alten Arbeitsplatzes nicht in Zusammenhang stehen, wie etwa Schadensersatzansprüche wegen unrichtiger Beurteilungen, wenn der Arbeitnehmer wegen dieser unrichtigen Beurteilung keinen neuen Arbeitsplatz findet.

367 **b) Verfahrensrechtliche Behandlung.** Bei der **Bemessung** der **Höhe** ist das Gericht entgegen § 308 Abs. 1 S. 1 ZPO an die **Anträge** der Parteien **nicht gebunden**.[1469] Da das Gericht innerhalb der Höchstgrenzen des § 10 Abs. 1 und 2 KSchG nach billigem Ermessen entscheidet, braucht der Arbeitnehmer die Höhe der von ihm mit der Klage geforderten Abfindung nicht ziffernmäßig anzugeben, sondern kann sie in das Ermessen des Gerichts stellen. Ein solcher Klageantrag wahrt das **Bestimmtheitserfordernis** des § 253 Abs. 2 Nr. 2 ZPO, wenn die für die Bemessung der Abfindung maßgeblichen Umstände mitgeteilt werden, wozu das Lebensalter, Art und Dauer der Beschäftigung bei dem Arbeitgeber und das monatliche Bruttogehalt gehören. Die Angemessenheit erfordert eine Berücksichtigung aller Umstände, die eine Erhöhung oder Ermäßigung der Abfindung als billig erscheinen lassen, so zB die für den Arbeitnehmer eintretenden Folgen der Entlassung.[1470]

368 Dem Arbeitnehmer bleibt es jedoch unbenommen, auch einen **bezifferten Abfindungsantrag** zu stellen. Allerdings ist bei derartigem Befund eine **kostenmäßige Berücksichtigung** im Rahmen von § 92 ZPO angebracht, wenn das Gericht mit seiner Entscheidung unter dem bezifferten Abfindungsanspruch bleibt. Wenn auch nach § 42 Abs. 2 GKG[1471] bei Streitigkeiten über das Bestehen des Arbeitsverhältnisses eine Abfindung **nicht wertsteigernd** hinzuzurechnen ist, folgt daraus nicht, dass dies auch für die Kostenentscheidung gilt.[1472]

369 Der Anspruch auf Abfindung **entsteht** nicht erst mit Rechtskraft des Urteils des Arbeitsgerichts über die Auflösung des Arbeitsverhältnisses, sondern bereits durch die richterliche Festsetzung im Urteil und wird damit, frühestens jedoch zum Zeitpunkt des festgesetzten Endes des Arbeitsverhältnisses, fällig.[1473] Der obsiegende Arbeitnehmer kann daher für die

---

[1465] BAG 12.6.2003 – 8 AZR 341/02, AP BGB § 628 Nr. 16; KR/*Spilger* KSchG § 10 Rn. 11, 79 ff.
[1466] BAG 15.2.1973 – 2 AZR 16/72, AP KSchG 1969 § 9 Nr. 2; 12.6.2003 – 8 AZR 341/02, AP BGB § 628 Nr. 16.
[1467] BAG 12.6.2003 – 8 AZR 341/02, AP BGB § 628 Nr. 16.
[1468] → Rn. 297.
[1469] BAG 26.6.1986 – 2 AZR 522/85, NZA 1987, 139.
[1470] BAG 12.6.2003 – 8 AZR 341/02, AP BGB § 628 Nr. 16.
[1471] Neugefasst durch Bek. v. 27.2.2014, BGBl. 2014 I 154. Zur Rechtsanwaltsvergütungsvereinbarung BGH 13.2.2020 – IX ZR 140/19, MDR 2020, 570.
[1472] BAG 26.6.1986 – 2 AZR 522/85, AP KSchG 1969 § 10 Nr. 3; KR/*Spilger* KSchG § 9 Rn. 105 bis 113.
[1473] BAG 9.12.1987 – 4 AZR 561/87, NZA 1988, 329; 15.7.2004 – 2 AZR 630/03, NZA 2005, 292 Rn. 26; aA Ascheid/Preis/Schmidt/*Biebl* KSchG § 10 Rn. 41; wie hier KR/*Spilger* KSchG § 10 Rn. 21; ErfK/*Kiel* KSchG § 10 Rn. 9; Stahlhacke/Preis/Vossen Kündigung/*Vossen* Rn. 2005.

Zeit ab richterlicher Festsetzung der Abfindung, also vor Eintritt der Rechtskraft des Urteils, eine Verzinsung des Abfindungsbetrags verlangen. Mit der richterlichen Festsetzung der Abfindung ist der Anspruch des Arbeitnehmers auf Zahlung der Abfindung allerdings noch nicht **unbedingt** entstanden, vielmehr ist er **auflösend bedingt** durch die Aufhebung des Urteils. Insoweit unterscheidet sich die Verurteilung des beklagten Arbeitgebers zur Zahlung einer Abfindung nicht von der Verurteilung zur Zahlung von Vergütungsansprüchen. Das Urteil auf Abfindungszahlung ist nach § 62 Abs. 1 ArbGG **vorläufig vollstreckbar**.[1474] Der Umstand, dass die Festsetzung der Abfindung an die Auflösung des Arbeitsverhältnisses, also an ein Gestaltungsurteil gebunden ist, das erst mit seiner Rechtskraft wirksam wird, ändert nichts daran, dass es sich bei der Abfindungsverurteilung durch das Arbeitsgericht um ein sog. **Leistungsurteil** handelt.[1475] Wird das die Abfindung enthaltene vorläufig vollstreckbare Urteil abgeändert, erfolgt die Rückabwicklung des bereits vollstreckten Urteils nach § 717 Abs. 2 ZPO.

Die **Berufung** (Revision) gegen ein Auflösungsurteil kann auf die Höhe der **Abfindung begrenzt** werden.[1476] Im Übrigen wird das Auflösungsurteil rechtskräftig. Was die Beschwer angeht, ergeben sich bei **bezifferten** Abfindungsanträgen keine Besonderheiten. War der Abfindungsantrag unbeziffert geblieben, so ist fraglich, ob eine **Beschwer des Arbeitnehmers** vorliegt, wenn das Gericht einen Abfindungsbetrag festgesetzt hat, der unterhalb der gesetzlichen Höchstgrenze bleibt.[1477] Wird lediglich beantragt, das Arbeitsverhältnis gegen Zahlung einer angemessenen Abfindung, deren Höhe in das **Ermessen des Arbeitsgerichts gestellt** werden soll, aufzulösen, und kommt das Arbeitsgericht dem nach, ohne die Klage hinsichtlich der Höhe der begehrten Abfindung teilweise unter entsprechender Kostenquotelung abzuweisen, dann hatte das Auflösungsbegehren aus der Sicht des Arbeitsgerichts in vollem Umfang Erfolg.[1478] 370

Um diesem Problem aus dem Wege zu gehen, kann sich für den Arbeitnehmer als ratsam erweisen, mit der Antragstellung den Hinweis zu verbinden, dass die Höhe der Abfindung einen bestimmten Betrag nicht unterschreiten sollte. Zumindest müsste der Kläger ungefähre Angaben zur erwarteten Größenordnung der begehrten Abfindung machen. Erstrebt allerdings der Arbeitnehmer mit der Berufung nicht nur eine Erhöhung der Abfindung, sondern rügt er auch eine fehlerhafte Ermessensausübung des Gerichts hinsichtlich der Kriterien, die das Arbeitsgericht seiner Würdigung zugrunde gelegt hat, ist er durch einen solchen **Ermessensfehler beschwert**, unabhängig davon, welche Summe er erwartet hat.[1479] Er hat in jedem Fall Anspruch auf eine ermessensfehlerfreie Würdigung. 371

Keine Beschwer des Arbeitnehmers liegt vor, wenn er die Höhe der Abfindung **nicht** mit der Berufung angreift, sondern das Rechtsmittel mit dem Ziel einlegt, den im ersten Rechtszug gestellten Auflösungsantrag zurückzunehmen.[1480] 372

Dagegen ist der **Arbeitgeber beschwert**, wenn die Festsetzung der Abfindung über die von ihm angegebene Summe hinausgeht[1481] oder seiner Bewertung nach zu hoch ausgefallen ist, worauf er die Berufung beschränken kann.[1482] Demgegenüber wird gelegentlich in der Rspr.[1483] eine Beschwer des Arbeitgebers bei einem unbezifferten Auflösungsantrag – wenn der Arbeitgeber mit seinem Rechtsmittel lediglich die Höhe der Abfindung rügen will – nur

---

[1474] BAG 9.12.1987 – 4 AZR 561/87, NZA 1988, 329; 15.7.2004 – 2 AZR 630/03, NZA 2005, 292 Rn. 25.
[1475] AA LAG Hamburg 28.12.1982 – 1 Sa 6/82, DB 1983, 724; LAG Berlin 17.2.1986 – 9 Sa 110/85, LAGE KSchG § 9 Nr. 1.
[1476] BAG 21.6.2012 – 2 AZR 694/11, NZA 2013, 199.
[1477] So KR/*Spilger* KSchG § 10 Rn. 75; aA Ascheid/Preis/Schmidt/*Biebl* KSchG § 10 Rn. 36, wenn das Gericht bei der Höhe der Abfindung unter der gesetzlichen Höchstgrenze geblieben ist. Ebenso ErfK/*Kiel* KSchG § 9 Rn. 31; Stahlhacke/Preis/Vossen Kündigung/*Vossen* Rn. 2139 mwN; *Bauer* ArbR 2010, 5.
[1478] So LAG Hamm 5.12.1996 – 4 Sa 1785/96, LAGE ArbGG § 64 Nr. 32 Rn. 43; LAG Hessen 22.4.1997 – 9 Sa 2125/96, LAGE ArbGG 1979 § 64 Nr. 33 Rn. 43, 44.
[1479] BAG 10.12.1996 – 1 AZR 290/96, NZA 1997, 787.
[1480] BAG 23.6.1993 – 2 AZR 56/93, NZA 1994, 264.
[1481] Stahlhacke/Preis/Vossen Kündigung/*Vossen* Rn. 2142; Ascheid/Preis/Schmidt/*Biebl* KSchG § 10 Rn. 36; ErfK/*Kiel* KSchG § 9 Rn. 32.
[1482] BAG 21.6.2012 – 2 AZR 694/11, NZA 2013, 199 Rn. 35, 36.
[1483] LAG Hamm 5.12.1996 – 4 Sa 1785/96, LAGE ArbGG § 64 Nr. 32 Rn. 43.

angenommen, wenn und soweit das Arbeitsgericht bei Ausübung seines Ermessens über einen in einem Hilfsantrag und/oder in der Hilfsbegründung angegebenen Höchstbetrag hinausgegangen ist, also die vom Arbeitgeber avisierte Höchstgrenze überschritten und/oder vorgetragene Bemessungsfaktoren zu seinen Gunsten nicht berücksichtigt hat. Daher sollte auch hier bedacht werden, dem Gericht mitzuteilen, dass ein bestimmter Höchstbetrag nicht überschritten werden sollte.

374 c) **Bemessungsfaktoren.** Der Gesetzgeber hat in § 10 KSchG davon abgesehen, die näheren Umstände für die Festlegung des Abfindungsbetrages durch das Gericht zu konkretisieren. Während in der ursprünglichen Fassung des § 8 Abs. 2 KSchG 1951 vorgesehen war, dass das Gericht bei der Festsetzung der Abfindung insbesondere die Dauer der Betriebszugehörigkeit des Arbeitnehmers sowie die wirtschaftliche Lage des Arbeitnehmers und des Arbeitgebers angemessen zu berücksichtigen hatte, enthält die durch das Erste Arbeitsrechtsbereinigungsgesetz vom 14.8.1969[1484] neu geschaffene Regelung in § 10 Abs. 2 KSchG als Bemessungsfaktoren vor allem das **Lebensalter** des Arbeitnehmers **und die Dauer** des **Arbeitsverhältnisses.** Dies folgt daraus, dass der Gesetzgeber allein diese beiden Faktoren bei der **Erhöhung** der Abfindung über die **regelmäßige Höchstbegrenzung** aus § 10 Abs. 1 KSchG auf bis zu 12 Monatsverdienste heranzieht.

375 Die besondere Berücksichtigung des Lebensalters bei der Abfindungsbemessung hat keine altersdiskriminierende Qualität iSd RL 2000/78/EG. Dabei kann unentschieden bleiben, ob § 2 Abs. 4 AGG unionsrechtswidrig ist,[1485] soweit es den Kündigungsschutz vom Anwendungsbereich des AGG ausnimmt.[1486] Die Vorschrift des § 10 KSchG lässt sich jedenfalls unionsrechtskonform auszulegen.[1487] Nach Art. 1 der RL 2000/78/EG besteht deren Zweck in der Schaffung eines allgemeinen Rahmens zur Bekämpfung der Diskriminierung ua wegen des Alters im Hinblick auf die Verwirklichung des Grundsatzes der Gleichbehandlung in den Mitgliedstaaten. Art. 2 Abs. 1 RL 2000/78/EG bestimmt, dass es keine unmittelbare oder mittelbare Diskriminierung wegen des Alters geben darf. Nach Art. 6 Abs. 1 RL 2000/78/EG können die Mitgliedstaaten vorsehen, dass Ungleichbehandlungen wegen des Alters keine Diskriminierung darstellen, sofern sie objektiv und angemessen sind und im Rahmen des nationalen Rechts durch ein legitimes Ziel aus den Bereichen Beschäftigungspolitik, Arbeitsmarkt und berufliche Bildung gerechtfertigt und die Mittel zur Erreichung dieses Zwecks angemessen und erforderlich sind.[1488] Insoweit stellt es ein legitimes Ziel des § 10 KSchG dar, im Hinblick auf die vom Alter abhängigen Chancen auf dem Arbeitsmarkt diesen Gesichtspunkt für den Verlust des Arbeitsplatzes bei der Bemessung der Abfindungshöhe zu berücksichtigen und die Höhe der Abfindung wieder zu relativieren, wenn der Arbeitnehmer die Regelaltersgrenze erreicht (§ 10 Abs. 2 S. 2 KSchG).[1489]

376 Das Merkmal der **Angemessenheit** belässt dem Arbeitsgericht bei der Festsetzung der Abfindung ein **Ermessen.**[1490] Die Angemessenheit hat sich dabei an dem Zweck der Abfindung zu orientieren. Sie soll einen **Ausgleich** für den **Verlust** des **Arbeitsplatzes** trotz Vorliegens einer sozialwidrigen Kündigung schaffen.[1491] Die mit dem **Zweck** der Abfindung verbundene Individualisierung schließt es aus, die Höhe der Abfindung **nach bestimmten Regelsätzen**

[1484] BGBl. 1969 I 1006.
[1485] Offengelassen BAG 22.10.2009 – 8 AZR 642/08, AP AGG § 15 Nr. 2; 28.4.2011 – 8 AZR 515/10, NJW 2011, 2458; *Annuß* BB 2006, 325 (326 ff.); *Bayreuther* DB 2006, 1842 (1843); *Löwisch* BB 2006, 2189; *Willemsen/Schweibert* NJW 2006, 2583 (2584); *Hamacher/Ulrich* NZA 2007, 657 ff.
[1486] Vgl. dazu die überzeugende Lösung des BAG 19.12.2013 – 6 AZR 190/12, NZA 2014, 372.
[1487] *Diller/Krieger/Arnold* NZA 2006, 887 (889 ff.).
[1488] EuGH 22.11.2005 – C-144/04, NZA 2005, 1345 – Mangold; 13.9.2011 – C-447/09, NZA 2011, 1039 – Prigge; 19.4.2016 – C-441/14, NZA 2016, 537 – Dansk Industri. Dazu *Preis* NZA 2006, 401; *Thüsing* ZIP 2005, 2149; *Bauer/Arnold* NJW 2006, 6 ff.; vgl. auch EuGH 3.10.2006 – C-17/05, NZA 2006, 1205 – Cadman: Dienstalter (Ancienntät) als entgeltbestimmender Faktor.
[1489] Zu § 1 Abs. 3 S. 2 KSchG, BAG 15.12.2011 – 2 AZR 42/10, NZA 2012, 1044; KR/*Spilger* KSchG § 10 Rn. 45, 49.
[1490] BAG 26.8.1976 – 2 AZR 377/75, AP BGB § 626 Nr. 68; ErfK/*Kiel* KSchG § 10 Rn. 5.
[1491] Entschädigungsfunktion: BAG 6.12.1984 – 2 AZR 348/81, AP KO § 61 Nr. 14; 25.6.1987 – 2 AZR 504/86, NZA 1988, 466; 15.7.2004 – 2 AZR 630/03, NZA 2005, 292; vgl. auch Stahlhacke/Preis/Vossen Kündigung/*Vossen* Rn. 2145; Schaub ArbR-HdB/*Linck* § 141 Rn. 45.

– etwa ein halber Monatsverdienst pro Beschäftigungsjahr – zu schematisieren.[1492] Soweit § 1a KSchG unter den dort genannten Voraussetzungen eine derartige Pauschalierung vorsieht, handelt es sich um einen Sondertatbestand, der auf die §§ 9, 10 KSchG nicht übertragungsfähig ist. Das Gericht hat vielmehr auf die jeweiligen Besonderheiten des Einzelfalls Bedacht zu nehmen. So können zB neben der Dauer der Betriebszugehörigkeit[1493] und dem Alter auch der Familienstand, der Umfang der gesetzlichen Unterhaltspflichten, die Vermittlungsfähigkeit auf dem Arbeitsmarkt (§ 10 Nr. 6 AGG), der Verdienstausfall, aber auch die Begründung eines neuen Arbeitsverhältnisses im unmittelbaren Anschluss an den Ablauf der Kündigungsfrist Beachtung finden.[1494] Dies gilt auch für den Verlust einer verfallbaren Versorgungsanwartschaft.[1495] Nach Ansicht des BAG ist es auch nicht ermessenswidrig, den **Grad der Sozialwidrigkeit** der Kündigung bei der Abfindungsfestsetzung zu gewichten.[1496] Das liegt darin begründet, dass der Abfindung ua auch eine Sanktionsfunktion zukommt, um ungerechtfertigten Kündigungen vorzubeugen. Auch die **Sicherheit** des Arbeitsplatzes kann als Bemessungskriterium berücksichtigt werden. Liegen zum Zeitpunkt der Auflösungsentscheidung Anzeichen dafür vor, dass der Arbeitnehmer auch ohne eine gerichtliche Auflösung des Arbeitsverhältnisses in naher Zukunft mit einem Verlust seines Arbeitsplatzes rechnen muss, kann dieser Umstand die Höhe der Abfindung beeinflussen.[1497] Im Gegensatz zum früheren Recht sieht die heutige Fassung des § 10 KSchG nicht mehr vor, dass bestimmte Umstände besonders zu berücksichtigen sind. Damit soll dem Tatsachengericht ein erweiterter Ermessensspielraum eingeräumt werden, welche Umstände es im bestimmten Einzelfall für bedeutsam erachtet. Das BAG[1498] hat ein halbes Bruttomonatsgehalt zwar nicht als Regelabfindung angesehen, aber unbeanstandet gelassen, wenn ein Instanzgericht ein halbes Monatsentgelt pro Beschäftigungsjahr für angemessen erachtet.

Dagegen sind im Gegensatz zu § 112 Abs. 5 BetrVG, der auf § 10 KSchG keine Anwendung findet,[1499] weder die wirtschaftliche Lage des Arbeitgebers[1500] noch die wirtschaftliche Situation des Arbeitnehmers[1501] für die Höhe der Abfindung relevant. Diese ursprünglich in § 8 Abs. 2 KSchG 1951 aufgeführten Kriterien hat der Gesetzgeber fallen gelassen.

d) **Höhe der Abfindung.** Nach § 10 Abs. 1 KSchG ist als Abfindung ein Betrag bis zu 12 Monatsverdiensten festzusetzen. Die in § 10 Abs. 1 KSchG **vorgesehene Höchstgrenze von 12 Monatsverdiensten erhöht sich** nach § 10 Abs. 2 S. 1 KSchG auf 15 Monatsver-

---

[1492] Das BAG 18.10.2011 – 1 AZR 335/10, NZA 2012, 221 hat für § 113 Abs. 3 BetrVG einen Regelwert von einem halben Monatsbruttogehalt pro Beschäftigungsjahr angenommen. BAG 21.6.2012 – 2 AZR 694/11, NZA 2013, 199 Rn. 42. Vgl. aber LAG Köln 15.9.1994 – 10 Sa 595/94, MDR 1995, 726: Die Bemessung der Abfindung im Auflösungsurteil kann schon aus gesetzlichen Gründen nicht auf einer Grundregel von ½ Monatsbezug je Beschäftigungsjahr beruhen. Eigenes Vermögen mindert nicht die Höhe der Abfindung. Vgl. die Übersicht von *Hümmerich* NZA 1999, 348 ff.

[1493] BAG 28.5.2009 – 2 AZR 282/08, NZA 2009, 966 Rn. 22.

[1494] BAG 15.2.1973 – 2 AZR 16/72, AP KSchG 1969 § 9 Nr. 2; 18.3.1993 – 8 AZR 341/92, NZA 1993, 601; 21.6.2012 – 2 AZR 694/11, NZA 2013, 199 Rn. 40: Begründung eines neuen Arbeitsverhältnisses mit etwa gleichem Verdienst; aA Ascheid/Preis/Schmidt/*Biebl* KSchG § 10 Rn. 26, weil ein besonderes Engagement des Arbeitnehmers dem Arbeitgeber nicht zum Vorteil gereichen kann. Das BAG 26.8.1976 – 2 AZR 377/75, AP BGB § 626 Nr. 68 hat die Nichtberücksichtigung unbeanstandet gelassen.

[1495] BAG 12.6.2003 – 8 AZR 341/02, AP BGB § 628 Nr. 16.

[1496] BAG 25.11.1982 – 2 AZR 21/81, AP KSchG 1969 § 9 Nr. 10; 20.11.1997 – 2 AZR 803/96, RzK I 11c Nr 13 Rn. 53; 21.6.2012 – 2 AZR 694/11, NZA 2013, 199 Rn. 42; 24.5.2018 – 2 AZR 73/18, NZA 2018, 1131 Rn. 38.

[1497] BAG 20.11.1997 – 2 AZR 803/96, RzK I 11c Nr 13 Rn. 54.

[1498] BAG 21.6.2012 – 2 AZR 694/11, NZA 2013, 199 Rn 42: Das Revisionsgericht kann nur überprüfen, ob das Berufungsgericht die Voraussetzungen und Grenzen seines Ermessens beachtet hat.

[1499] BAG 19.1.1999 – 1 AZR 342/98, NZA 1999, 949.

[1500] BAG 22.7.2003 – 1 AZR 541/02, AP BetrVG 1972 § 113 Nr. 42: Bei der Festsetzung der Höhe der Abfindung ist im Falle des § 113 Abs. 3 BetrVG die Insolvenzsituation ohne Bedeutung; BAG 18.10.2011 – 1 AZR 335/10, NZA 2012, 221 zu § 113 Abs. 1 BetrVG: Der Sanktionscharakter der Abfindung führt dazu, dass der Abfindungsanspruch nicht von der finanziellen Leistungsfähigkeit oder individuellen Leistungsbereitschaft des Arbeitgebers abhängt; aA Stahlhacke/Preis/Vossen Kündigung/*Vossen* Rn. 2157 mwN: Auch die wirtschaftliche Lage des Arbeitgebers; ebenso KR/*Spilger* KSchG § 10 Rn. 60; Ascheid/Preis/Schmidt/*Biebl* KSchG § 10 Rn. 66.

[1501] BT-Drs. V/3913, 9; KR/*Spilger* KSchG § 10 Rn. 59; wohl auch Ascheid/Preis/Schmidt/*Biebl* KSchG § 10 Rn. 27; *Mayhofer* BB 1993, 2382; aA *Gerauer* BB 1993, 1945 bei Freistellung unter Fortzahlung der Bezüge.

dienste, wenn der Arbeitnehmer bereits das 50. Lebensjahr vollendet und das Arbeitsverhältnis bei der **Entlassung** (nicht Kündigung) mindestens 15 Jahre bestanden hat. Sie steigt bis auf 18 Monatsverdienste an, wenn der Arbeitnehmer das 55. Lebensjahr vollendet und das Arbeitsverhältnis zum **Zeitpunkt der Entlassung** mindestens 20 Jahre bestanden hat. Europarechtliche Bedenken wegen des Verbots der Altersdiskriminierung bestehen nicht, weil diese Entlassungsbedingung von der Zweckdetermination her dem sozialpolitischen Anliegen dient, älteren Arbeitnehmern, die erfahrungsgemäß deutlich länger benötigen, einen neuen Arbeitsplatz zu finden, eine höhere wirtschaftliche Überbrückung gewähren zu dürfen (Art. 6 RL 2000/78/EG, § 10 Nr. 6 AGG).[1502]

379 Hat allerdings der Arbeitnehmer zum Zeitpunkt der vom Gericht nach § 9 Abs. 2 KSchG festgesetzten Entlassung das in der Vorschrift des 6. Buches SGB über die Regelaltersrente bezeichnete Lebensalter erreicht (§ 35 SGB VI),[1503] kommt eine Anhebung über die normale Höchstgrenze von 12 Monatsverdiensten nicht in Betracht. Die für das vorgezogene Altersruhegeld maßgebenden Altersgrenzen lassen § 10 Abs. 2 KSchG unberührt.

380 Für die **Berechnung** der **Dauer** des Arbeitsverhältnisses ist der vom Gericht im Urteil festzulegende Zeitpunkt der Beendigung des Arbeitsverhältnisses maßgebend. Dabei sind die Zeiten des Arbeitsverhältnisses zu berücksichtigen, die **ohne Unterbrechung** angefallen sind.[1504] Die unmittelbar vor der Begründung des Arbeitsverhältnisses zurückgelegten Zeiten der beruflichen Ausbildung sind einzubeziehen.[1505] Hier kann auf die Grundsätze zurückgegriffen werden, die zu § 1 Abs. 1 KSchG entwickelt worden sind, so dass kurzfristige Unterbrechungen des Arbeitsverhältnisses unschädlich sein können.[1506]

381 In § 10 Abs. 3 KSchG determiniert der Gesetzgeber, was als Monatsverdienst im Sinne der Absätze 1 und 2 der Vorschrift gilt. Monatsverdienst ist danach, was dem Arbeitnehmer bei der **für ihn maßgebenden Arbeitszeit** in dem **Monat**, in dem das Arbeitsverhältnis **endet** (§ 9 Abs. 2 KSchG), an **Geld- und Sachleistungen** zusteht. Dies kann auch der Mindestlohn (§§ 1, 3 MiLoG) sein, unabhängig davon, ob der tatsächlich gezahlt worden ist. Neben dem eigentlichen Lohn oder Gehalt sind damit weitere Zuwendungen mit Entgeltcharakter (13. Monatsgehalt, Tantiemen, Umsatzbeteiligungen, Provisionen, Jahresabschlussvergütungen, Schichtarbeitszuschläge, Nachtarbeitszuschläge, Prämien) auch der Wert von Sachbezügen, etwa die unentgeltliche Überlassung von Wohnraum oder eines Kraftfahrzeugs,[1507] einzubeziehen.[1508] Geldwerte Leistungen, die für längere Zeiträume gewährt werden, sind auf den Gesamtzeitraum umzulegen und zu zwölfteln.[1509] Dabei sind stets die **Bruttoentgelte** zugrunde zu legen.[1510] **Nicht** zu berücksichtigen sind alle Arten von **Aufwendungsersatzansprüchen** des Arbeitnehmers.[1511]

[1502] BAG 26.3.2013 – 1 AZR 813/11, NZA 2013, 921; 23.4.2013 – 1 AZR 25/12 Rn. 11; 16.7.2019 – 1 AZR 842/16, NZA 2019, 1432 Rn. 18 – Sozialplan – Ungleichbehandlung wegen des Alters; EuGH 6.12.2012 – C-152/11, NZA 2013, 921 – Odar; zum Ganzen ausführlich KR/*Spilger* KSchG § 10 Rn. 45 mwN.

[1503] Die Regelaltersgrenze wird gem. § 35 Nr. 1 SGB VI idF von Art. 8 des Gesetzes vom 20.4.2007 (BGBl. 2007 I 554) bis zum 1.1.2029 stufenweise auf 67 Jahre angehoben.

[1504] BAG 20.8.2003 – 5 AZR 436/02, NZA 2004, 205; 9.9.2010 – 2 AZR 714/08, NZA 2011, 343.

[1505] BAG 26.8.1976 – 2 AZR 377/75, AP BGB § 626 Nr. 68. Hier gelten die Grundsätze für die Wartezeit nach § 1 Abs. 1 KSchG entsprechend: BAG 9.9.2010 – 2 AZR 714/08, NZA 2011, 343; Ascheid/Preis/Schmidt/*Biebl* KSchG § 10 Rn. 11; ErfK/*Kiel* KSchG § 10 Rn. 4.

[1506] BAG 2.12.1999 – 2 AZR 139/99, NZA 2000, 721; 27.6.2002 – 2 AZR 270/01, NZA 2003, 145; 22.5.2003 – 2 AZR 426/02, AP KSchG 1969 § 1 Wartezeit Nr. 18. ErfK/*Kiel* KSchG § 10 Rn. 5; KR/*Spilger* KSchG § 10 Rn. 41. Im Falle eines Betriebsübergangs nach § 613a BGB werden die bei dem früheren Betriebsinhaber verbrachten Dienstzeiten angerechnet: BAG 19.9.2007 – 4 AZR 711/06, NZA 2008, 241.

[1507] BAG 27.5.1999 – 8 AZR 415/98, NZA 1999, 1038; 9.12.2006 – 9 AZR 294/06, NZA 2007, 809: Geld in Höhe der steuerlichen Bewertung der privaten Nutzungsmöglichkeit; BAG 21.3.2012 – 5 AZR 651/10, NZA 2012, 616.

[1508] Vgl. dazu Ascheid/Preis/Schmidt/*Biebl* KSchG § 10 Rn. 16, 17; KR/*Spilger* KSchG § 10 Rn. 38, 39; ErfK/*Kiel* KSchG § 10 Rn. 3; Däubler/Deinert/Zwanziger/*Zwanziger* KSchG § 10 Rn. 18.

[1509] BAG 19.6.2007 – 1 AZR 340/06, NZA 2007, 1357: Einmalbeträge, die für einen längeren Zeitraum geleistet werden, sind anteilig zu berücksichtigen. Vgl. auch ErfK/*Kiel* KSchG § 10 Rn. 3.

[1510] ErfK/*Kiel* KSchG § 10 Rn. 3.

[1511] HM ErfK/*Kiel* KSchG § 10 Rn. 3; *v. Hoyningen-Huene/Linck* KSchG § 10 Rn. 8; Däubler/Deinert/Zwanziger/*Zwanziger* KSchG § 10 Rn. 19.

Umstritten ist, ob auch Zuwendungen mit **Gratifikationscharakter** bei der Ermittlung des maßgeblichen Monatsverdienstes Berücksichtigung finden dürfen.[1512] Eine ähnliche Problematik tritt bei Urlaubsgeldern auf. Diese Leistungen haben zwar Entgeltcharakter, lassen sich jedoch nicht anteilig auf einzelne Monate umlegen.[1513]

e) **Hinweise auf die rechtliche Behandlung von Abfindungsansprüchen.** Da § 9 Abs. 1 KSchG nicht tarifdispositiv ist, können **tarifvertragliche Ausschlussfristen** nicht das Recht des Arbeitnehmers erfassen, den **Antrag** auf Auflösung des Arbeitsverhältnisses bis zum Schluss der letzten mündlichen Verhandlung in der Berufungsinstanz stellen zu dürfen. Ebenso wenig sind **tarifliche Ausschlussfristen** auf eine durch Urteil festgesetzte Abfindung anzuwenden, weil dies der Intention der Ausschlussfrist, alsbald Klarheit darüber zu schaffen, welche Ansprüche der Gläubiger gegen den Schuldner noch geltend machen will, widerspräche.[1514] Für den rechtskräftig ausgeurteilten Abfindungsanspruch gilt nach § 197 Abs. 1 Nr. 3 BGB eine dreißigjährige Verjährungsfrist.

Da das dem Arbeitnehmer nach § 9 Abs. 1 S. 1 KSchG zustehende **Antragsrecht** ein **höchstpersönliches Recht** darstellt, kommt eine **Vererbung des Antragsrechts** nicht in Betracht. Zudem ist der **rechtliche Bestand** des Arbeitsverhältnisses zum **Auflösungszeitpunkt** eine materiell-rechtliche Voraussetzung für das Auflösungsurteil.[1515] Wird das Auflösungsurteil jedoch **vor** dem nach § 9 Abs. 2 KSchG zu **bestimmenden Auflösungszeitpunkt rechtskräftig**, wie dies bei langen Kündigungsfristen möglich ist, so entfällt die Verpflichtung des Arbeitgebers zur Zahlung der im Urteil festgesetzten Abfindung selbst dann nicht, wenn der Arbeitnehmer vor dem Auflösungszeitpunkt stirbt. Der **rechtskräftig** ausgeurteilte **Abfindungsbetrag** ist auch **vererblich**.[1516]

Die **Abfindung aus den §§ 9, 10 KSchG** ist **pfändbar** und damit **abtretbar**.[1517] Gemäß § 850 Abs. 4 ZPO erfasst die Pfändung des in Geld zahlbaren Arbeitseinkommens alle Vergütungen, die dem Schuldner aus der Arbeitsleistung zustehen, ohne Rücksicht auf ihre Benennung oder Berechnungsart. Für das Lohnpfändungsrecht ist daraus zu schließen, dass formularmäßig erlassene Pfändungs- und Überweisungsbeschlüsse, die sich an der Wortfassung der ZPO orientieren, alles das an Arbeitseinkommen erfassen, was der Gesetzgeber in den §§ 850 ff. ZPO darunter versteht. Zum Arbeitseinkommen gehören auch Abfindungen nach §§ 9, 10 KSchG.[1518] Die durch **Urteil festgesetzte Abfindung** genießt jedoch **keinen gesetzlichen Pfändungsschutz** aus § 850c ZPO, sondern als **nicht wiederkehrend** zahlbare **Vergütung** lediglich einen Pfändungsschutz aus § 850i ZPO, der konstitutiv durch das Amtsgericht Vollstreckungsgericht auf Antrag des Schuldners (Arbeitnehmers) verfügt wird.[1519] Auf den Schutz des § 850i Abs. 1 ZPO vermag sich der Arbeitnehmer allerdings nicht zu berufen, wenn er sämtliche Lohnansprüche im Sinne von § 850 ZPO **abgetreten** hat.[1520] Den Arbeitgeber trifft im Allgemeinen keine Rechtspflicht (§ 241 Abs. 2 BGB), den Arbeitnehmer über die Möglichkeit eines Vollstreckungsschutzantrages nach § 850i ZPO zu belehren. Insoweit ist allein das Rechtsverhältnis des Arbeitnehmers zu dessen Gläubigern betroffen, für das der Arbeitgeber keine Schutzpflichten hat.[1521]

[1512] KR/*Spilger* KSchG § 10 Rn. 38 mwN zum Streitstand.
[1513] Bei dauernder Zahlung wohl anders: BAG 19.6.2007 – 1 AZR 340/06, NZA 2007, 1357. Zur Frage der Vielflieger – Bonusmeilen: BAG 11.4.2006 – 9 AZR 500/05, NZA 2006, 1089.
[1514] BAG 13.1.1982 – 5 AZR 546/79, AP KSchG 1969 § 9 Nr. 7.
[1515] BAG 25.6.1987 – 2 AZR 504/86, NZA 1988, 466.
[1516] BAG 25.6.1987 – 2 AZR 504/86, NZA 1988, 466.
[1517] *Boewer*, Handbuch Lohnpfändung und Lohnabtretung, 3. Aufl. 2015, Rn. 469 ff., 1120.
[1518] BAG 12.8.2014 – 10 AZB 8/14, NZA 2014, 1155 Rn. 16: Dies gleichermaßen für vertraglich vereinbarte Abfindungen. Vgl. auch BGH 11.5.2010 – IX ZR 139/09, NZA-RR 2010, 425 Rn. 11.
[1519] BAG 13.11.1991 – 4 AZR 39/91, RzK I 11c Nr. 8; 20.8.1996 – 9 AZR 964/94, NZA 1997, 563; LG Wuppertal 15.1.2019 – 16 T 235/17, ZInsO 2019, 1969.
[1520] AA und unrichtig LAG Köln 27.3.2006 – 14 (9) Sa 1335/05, NZA-RR 2006, 365; LAG Düsseldorf 29.6.2006 – 11 Sa 291/06, DB 2006, 2691; Die Vorausabtretung von Arbeitsentgeltansprüchen schließt nicht den Abfindungsanspruch ein. Vgl. aber BGH 11.5.2010 – IX ZR 139/09, NZA-RR 2010, 425 zu § 114 Abs. 1 InsO aF.
[1521] BAG 13.11.1991 – 4 AZR 20/91, NZA 1992, 384; *Boewer*, Handbuch Lohnpfändung und Lohnabtretung, 3. Aufl. 2015, Rn. 469 ff. Allgemein zur Belehrungspflicht: BAG 18.2.2020 – 3 AZR 206/18, NZA 2020, 860 Rn. 38.

386 Die **Insolvenzordnung** differenziert zwischen Insolvenzforderungen, die vor der Eröffnung des Insolvenzverfahrens entstanden sind, und Masseforderungen, die nach Maßgabe von § 55 Abs. 1 InsO nach der Eröffnung des Insolvenzverfahrens begründet werden. Dies gilt auch für das Verbraucherinsolvenzverfahren des Arbeitnehmers als Schuldner. Der während des laufenden Insolvenzverfahrens bis zur Restschuldbefreiung vom Insolvenzschuldner erworbene Anspruch auf Zahlung einer Abfindung nach §§ 9, 10 KSchG unterfällt als Neuerwerb dem Insolvenzbeschlag (§ 35 Abs. 1 Alt. 2 InsO).[1522] Die Pfändbarkeit bestimmt sich dabei gemäß § 36 Abs. 1 Satz 2 InsO nach § 850i ZPO.[1523] Es kommt für die insolvenzrechtliche Einordnung des Abfindungsurteils für die Insolvenzmasse nach den §§ 9, 10 KSchG darauf an, ob das Gericht auf Grund eines vom Insolvenzverwalter gestellten **Antrags** (Handlung) nach § 9 Abs. 1 S. 2 KSchG iSd Begründung einer Verbindlichkeit das Arbeitsverhältnis auflöst. Dann liegt eine Masseverbindlichkeit nach § 55 Abs. 1 Nr. 1 InsO (Neumasseverbindlichkeit nach § 209 Abs. 1 Nr. 2 InsO) vor.[1524] Beruht das Abfindungsurteil noch auf einem **Antrag** des Schuldners nach § 9 Abs. 1 S. 2 KSchG, handelt es sich um eine Insolvenzforderung nach §§ 38, 108 Abs. 3 InsO auch dann, wenn der Insolvenzverwalter den bereits rechtshängigen Antrag auf Auflösung des Arbeitsverhältnisses lediglich weiterverfolgt.[1525] Danach kommt es für die Abgrenzung zwischen Insolvenzforderung und Masseverbindlichkeit nicht darauf an, ob die Kündigung vom Schuldner oder Insolvenzverwalter ausgeht.[1526] Eine vom Insolvenzverwalter neu begründete Verbindlichkeit iSd § 55 Abs. 1 Nr. 1 InsO liegt danach vor, wenn er nach Verfahrenseröffnung bzw. nach Anzeige der Masseunzulänglichkeit einen gerichtlichen oder außergerichtlichen Abfindungsvergleich abschließt.[1527]

387 Art. 9 des Haushaltsbegleitgesetzes 2004 vom 29.12.2003,[1528] das gem. Art. 29 am 1.1.2004 in Kraft getreten ist, hatte bereits die **Steuerfreibeträge** des § 3 Nr. 9 EStG deutlich abgesenkt. Mit Wirkung ab 1.1.2006 wurde § 3 Nr. 9 EStG durch das Gesetz zum Einstieg in ein steuerliches Sofortprogramm vom 22.12.2005 aufgehoben,[1529] so dass für Abfindungen wegen Auflösung des Dienstverhältnisses keine Steuerfreibeträge mehr in Betracht kommen.

388 Die Abfindung ist jedoch weiterhin ermäßigt zu besteuern, wenn sie die Voraussetzungen einer Entschädigung nach § 24 Nr. 1 EStG iVm § 34 Abs. 1 und 2 EStG erfüllt.[1530] Mit der ermäßigten Steuer gemäß § 24 Nr. 1 EStG iVm § 34 EStG soll versucht werden, den sogenannten Progressionseffekt, der durch die **Zusammenballung** von Einnahmen entsteht, die sich sonst über mehrere Jahre verteilt hätten, abzumildern. Die Besteuerung wird unter Heranziehung der Fünftelungsmethode (§ 39b Abs. 3 S. 9 EStG) durchgeführt.[1531]

389 Festzuhalten bleibt, dass die Fünftelungsregelung nur dann nennenswerte Effekte bringen wird, wenn bei einem relativ niedrigen Arbeitseinkommen eine hohe Abfindung gezahlt wird, und dass die sich aus der Fünftelungsregelung ergebenden Steuervorteile für die einzelnen Arbeitnehmer sehr stark vom Einzelfall abhängen.

390 Das Merkmal der **Zusammenballung** von Einkünften ist nicht erfüllt, wenn die anlässlich der Beendigung des Dienstverhältnisses gezahlte Entschädigung die bis zum Ende des (Zufluss)Veranlagungszeitraums entgehenden Einnahmen nicht übersteigt und der Steuerpflichtige keine weiteren Einnahmen bezieht, die er bei Fortsetzung des Dienstverhältnisses nicht bezogen hätte. Andererseits kommt § 34 Abs. 1 EStG unter dem Gesichtspunkt der Zusam-

---

[1522] BAG 12.8.2014 – 10 AZB 8/14, NZA 2014, 1155 Rn. 16.
[1523] BAG 20.6.2013 – 6 AZR 789/11, NZA 2013, 1147 Rn. 19; 12.8.2014 – 10 AZB 8/14, NZA 2014, 1155 Rn. 16.
[1524] BAG 14.3.2019 – 6 AZR 4/18, NZA 2019, 567 Rn. 21, 22.
[1525] BAG 14.3.2019 – 6 AZR 4/18, NZA 2019, 567 Rn. 22.
[1526] So noch die Vorauflage und KR/*Spilger* KSchG § 10 Rn. 23 mwN.
[1527] BAG 14.3.2019 – 6 AZR 4/18, NZA 2019, 567 Rn. 15 mwN.
[1528] BGBl. 2003 I 3076.
[1529] BGBl. 2005 I 3682.
[1530] BFH 8.4.2014 – IX R 33/13, BFH/NV 2014, 1358; 13.3.2018 – IX R 16/17, NZA-RR 2018, 511.
[1531] Zur Zusammenballung BFH 24.1.2002 – XI R 43/99, BFHE 197, 522, BStBl. 2004 II 442; 4.3.2016 – IX B 146/15, BFH/NV 2016, 925. Vgl. auch Stahlhacke/Preis/Vossen Kündigung/*Vossen* Rn. 2158 ff. Ausführlich KR/*Vogt* EStG §§ 24, 34 Rn. 29 ff. sowie Berechnungsbeispiele bei Rn. 46, 47.

menballung auch dann in Betracht, wenn im Jahr des Zuflusses der Entschädigung weitere Einkünfte erzielt werden, die der Steuerpflichtige nicht bezogen hätte, wenn das Dienstverhältnis ungestört fortgesetzt worden wäre und er dadurch mehr erhält, als er bei normalem Ablauf der Dinge erhalten hätte.[1532] Grundsätzlich müssen Abfindungen zusammengeballt in **einem** Veranlagungszeitraum zufließen.[1533]

Nach übereinstimmender Auffassung des BAG[1534] und des BSG[1535] unterliegen Abfindungen nicht der Beitragspflicht zur Sozialversicherung, soweit sie für Zeiten **nach dem Ende des Arbeitsverhältnisses** gezahlt werden, wovon bei einer Verurteilung des Arbeitgebers nach §§ 9, 10 KSchG auszugehen ist. Sie unterliegen nicht der Beitragspflicht zur Kranken-, Pflege-, Renten- und Arbeitslosenversicherung. Dabei ist gleichgültig, ob für sie Einkommen- oder Lohnsteuer abzuführen ist.

Vom **Ruhen** des Anspruchs auf **Arbeitslosengeld** nach § 158 SGB III[1536] sind nicht die Fälle ausgenommen, in denen nach einer unbegründeten **außerordentlichen** Kündigung des Arbeitgebers das Arbeitsverhältnis durch arbeitsgerichtliches Urteil zum Zeitpunkt der Kündigung gegen Zahlung einer Abfindung aufgelöst wird (§ 13 Abs. 1 S. 3 KSchG).[1537] Nach § 158 Abs. 2 S. 2 Nr. 1 SGB III ruht der Anspruch auf Arbeitslosengeld nicht über den Tag hinaus, bis zu dem der Arbeitslose bei Weiterzahlung des während der letzten Beschäftigungszeit kalendertäglich verdienten Arbeitsentgelts einen Betrag in Höhe von sechzig Prozent der nach § 158 Abs. 1 SGB III zu berücksichtigenden Entlassungsentschädigung (EE) verdient hätte. Aufgrund dieser Regelung bleiben **mindestens 40 % der Abfindungssumme** unangetastet.

§ 158 Abs. 2 S. 3 SGB III enthält die Regelung, dass sich der nach § 158 Abs. 2 S. 2 SGB III zu berücksichtigende Anteil der EE sowohl für je 5 Jahre des Arbeitsverhältnisses in demselben Betrieb oder Unternehmen **als auch** für je 5 Lebensjahre nach Vollendung des **fünfunddreißigsten** Lebensjahres um je fünf Prozent vermindert. Insgesamt bleiben **mindestens 40 %, höchstens 75 % der Abfindungssumme unangetastet.**

Der **Ruhenszeitraum** ergibt sich daraus, dass der zu berücksichtigende Teil der EE durch den kalendertäglichen Brutto-Tagesverdienst geteilt wird. Das Ergebnis gibt die Anzahl von Kalendertagen an, an denen der Anspruch auf Arbeitslosengeld ruht.

Das führt zu folgender **Formel:**

$$\text{Zahl der Ruhenstage} = \frac{\text{Entschädigung mal Berücksichtigungsquote}}{\text{kalendertägliches Arbeitsentgelt}}$$

Die Berechnung des Brutto-Tagesverdienstes ergibt sich aus § 158 Abs. 2 S. 4 und 5 SGB III. Danach wird die Vergütung der letzten vom Arbeitgeber aus dem Beschäftigungsverhältnis abgerechneten zwölf Monate durch die Anzahl der Kalendertage, die diesen Abrechnungen zugrunde liegen, geteilt. Dabei bleiben Arbeitsentgeltkürzungen infolge von Krankheit, Kurzarbeit, Arbeitsausfall oder Arbeitsversäumnis sowie einmalig gezahlte Arbeitsentgelte außer Betracht (§ 158 Abs. 2 S. 5 SGB III).

Beispiel:
Ein 13-jähriges Arbeitsverhältnis eines 50-jährigen Arbeitnehmers wird zum Zeitpunkt der außerordentlichen Kündigung unter Verurteilung des Arbeitgebers zur Zahlung einer Abfindung in Höhe von 16.000,– EUR beendet. Das zuletzt bezogene Arbeitsentgelt lag bei monatlich 3.000,– EUR brutto.

[1532] BFH 4.3.1998 – XI R 46/97, NZA-RR 1998, 418; 8.4.2014 – IX R 33/13, BFH/NV 2014, 1358; 13.3.2018 – IX R 16/17, NZA-RR 2018, 511.
[1533] BFH 3.7.2002 – XI R 80/00, BStBl 2004 II 447. Zur unschädlichen geringfügigen Teilauszahlung in einem anderen Veranlagungszeitraum bei der die Teilzahlung geringer war als die Steuerermäßigung der Hauptleistung: BFH 13.10.2015 – IX R 46/14, BStBl 2016 II 214.
[1534] BAG 9.11.1988 – 4 AZR 433/88, NZA 1989, 270.
[1535] BSG 21.2.1990 – 12 RK 20/88, NZA 1990, 751; 17.11.2005 – B 11a/11 AL 49/04 R, NZA 2006, 780. Stahlhacke/Preis/Vossen Kündigung/*Vossen* Rn. 2161.
[1536] Gesetz zur Verbesserung der Eingliederungschancen am Arbeitsmarkt v. 20.12.2011, BGBl. 2011 I 2854. Neugeregelt durch Art. 2 Nr. 18, Gesetz v. 20.12.2011, BGBl. 2011 I 2854 mWv 1.4.2012. § 158 Abs. 1 S. 3 Nr. 2: IdF d. Art. 1 Nr. 16, Gesetz v. 18.7.2016, BGBl. 2016 I 1710 mWv 1.8.2016. Ausführlich dazu ErfK/*Rolfs* SGB III § 158 Rn. 30 ff.
[1537] BSG 8.12.1987 – 7 RAr 48/86, NZA 1988, 443; LSG Nordrhein-Westfalen 11.12.2014 – L 9 AL 49/14, NZA 2015, 600 Rn. 37 ff.

Der nicht zu berücksichtigende Anteil der Abfindung beträgt:
a) 40 % von 16.000,– EUR   = 6.400,– EUR
b) weitere 10 % (Betriebszugehörigkeit) = 1.600,– EUR
c) weitere 15 % (Alter)   = 2.400,– EUR
                                  10.400,– EUR

16.000,– EUR – 10.400,– EUR = 5.600,– EUR zu berücksichtigender Teil der Abfindung. Kalendertägliches Arbeitsentgelt = 100,– EUR 5.600,– EUR : 100 = 56 Tage ruht längstens der Anspruch auf Arbeitslosengeld.

396 Löst das Arbeitsgericht das Arbeitsverhältnis wegen einer sozialwidrigen **ordentlichen** Kündigung auf, weil dem Arbeitnehmer die Fortsetzung des Arbeitsverhältnisses nicht zuzumuten ist (§ 9 Abs. 1 KSchG), so erfolgt dies zu dem Zeitpunkt, an dem es bei sozial gerechtfertigter Kündigung geendet hätte (§ 9 Abs. 2 KSchG). Die dem Arbeitnehmer in diesen Fällen zugesprochene Abfindung (§ 9 Abs. 1 iVm § 10 KSchG) enthält folglich keine Arbeitsentgeltanteile, sondern dient voll dem Ausgleich für den Verlust des sozialen Besitzstandes.[1538]

397 Da der Anspruch auf Arbeitslosengeld nach § 158 SGB III immer dann ruhen soll, wenn der Arbeitnehmer gegen Zahlung einer Abfindung **ohne Einhaltung der Kündigungsfrist** des Arbeitgebers ausgeschieden ist, werden Abfindungen aufgrund von arbeitsgerichtlichen Gestaltungsurteilen nach §§ 13 Abs. 1 S. 2, 4, 9 Abs. 2 KSchG im Anschluss an eine unbegründete fristlose (außerordentliche) Kündigung des Arbeitgebers von der Ruhenswirkung nicht ausgenommen. § 158 SGB III bezweckt vor allem, den Doppelbezug von Arbeitsentgelt und Arbeitslosengeld zu verhindern.[1539] Ein solcher Doppelbezug wird unwiderlegbar vermutet, wenn wegen vorzeitiger Beendigung des Arbeitsverhältnisses eine Abfindung gewährt wird. Die Auflösung des Arbeitsverhältnisses durch Urteil, steht dieser Bewertung nicht entgegen, weil diese Vorschrift bezüglich der Beendigung des Arbeitsverhältnisses nicht zwischen verschiedenen Rechtshandlungen oder Rechtsakten differenziert.[1540] Die Abfindung nach § 1a KSchG ist keine Entlassungsentschädigung, die zum Ruhen des Anspruchs auf Arbeitslosengeld führt.[1541]

398 **f) Streitwert und Kosten.** § 42 Abs. 2 GKG bestimmt, dass für die **Wertberechnung** bei Rechtsstreitigkeiten über das Bestehen, das Nichtbestehen oder die Kündigung eines Arbeitsverhältnisses höchstens der Betrag des für die Dauer eines Vierteljahres zu leistenden Arbeitsentgelts maßgebend ist; eine Abfindung wird nicht hinzugerechnet. Damit werden die Kosten eines Rechtsstreits und einer streitigen außergerichtlichen Auseinandersetzung zwischen Arbeitgeber und Arbeitnehmer im Verhältnis zu den allgemeinen Vorschriften der §§ 2, 9 ZPO aus sozialen Gründen niedrig gehalten,[1542] um zu verhindern, dass Arbeitnehmer aus Furcht vor hohen Gebühren davon Abstand nehmen, den Bestand ihres Arbeitsverhältnisses zu verteidigen.[1543] Dies gilt sowohl für die Festsetzung des Gebührenstreitwerts wie für die Festsetzung des Gegenstandswertes zum Zwecke der anwaltlichen Vergütungsrechnung (§ 23 Abs. 1 RVG). Das schließt allerdings nicht aus, eine kostenmäßige Berücksichtigung im Rahmen von § 92 ZPO vorzunehmen. Unterliegt der Arbeitnehmer mit dem Auflösungsantrag oder wird das Arbeitsverhältnis auf Antrag des Arbeitgebers aufgelöst, findet eine Kostenteilung (§ 92 ZPO) statt, wobei eine Quotelung von ¾ (Arbeitgeber) zu ¼ (Arbeitnehmer) für angemessen erachtet wird.[1544]

[1538] BSG 23.6.1981 – 7 RAr 29/80, SozR 4100 § 117 Nr. 7; LSG Nordrhein-Westfalen 11.12.2014 – L 9 AL 49/14, NZA 2015, 600 Rn. 41.
[1539] BSG 29.1.2001 – B 7 AL 62/99 R, NZA-RR 2002, 441; LSG Nordrhein-Westfalen 11.12.2014 – L 9 AL 49/14, NZA 2015, 600 Rn. 42; 11.4.2019 – L 9 L 224/18, NZA 2019, 1124 Rn. 15.
[1540] BSG 8.12.1987 – 7 RAr 48/86, NZA 1988, 443; LSG Nordrhein-Westfalen 11.12.2014 – L 9 AL 49/14, NZA 2015, 600 Rn. 42; ErfK/*Rolfs* SGB III § 158 Rn. 11 ff.; Stahlhacke/Preis/Vossen Kündigung/*Vossen* Rn. 2171 ff.
[1541] BSG 8.12.2016 – B 11 AL 5/15 R, NZS 2017, 310 Rn. 25, 26.
[1542] LAG Rheinland-Pfalz 27.4.2015 – 8 Ta 12/15, NZA-RR 2015, 440 Rn 20; OLG Karlsruhe 7.7.2015 – 17 U 125/14, ArbRB 2016, 141 Rn. 24; LAG Düsseldorf 25.11.2016 – 4 Ta 634/16 Rn. 29.
[1543] BGH 13.2.2020 – IX ZR 140/19, MDR 2020, 570 Rn. 22; LAG Berlin-Brandenburg 14.6.2019 – 26 Ta (Kost) 6114/18, FA 2019, 318 Rn. 14.
[1544] BAG 26.6.1986 – 2 AZR 522/85, NZA 1987, 139 Rn. 5; ErfK/*Kiel* KSchG § 9 Rn. 34.

Hat der Arbeitnehmer die von ihm begehrte Abfindung nach den §§ 9, 10 KSchG **bezif-** 399 **fert**, dann sind ihm nach § 92 ZPO anteilige Kosten aufzuerlegen, falls das Gericht seinem Antrag hinsichtlich der Höhe der Abfindungssumme nicht voll entspricht.[1545] Richtet der Arbeitnehmer das Rechtsmittel allein gegen die Höhe der vom Arbeitsgericht festgesetzten Abfindung, muss er im Falle des Unterliegens die Rechtsmittelkosten nach § 97 ZPO tragen.

g) **Rechtsmittel**. Ein arbeitsgerichtliches Urteil, das neben der Kündigungsschutzklage 400 über einen Auflösungsantrag entscheidet, betrifft eine Rechtsstreitigkeit über das Bestehen, das Nichtbestehen oder die Kündigung eines Arbeitsverhältnisses, und ist daher ohne Rücksicht auf eine Zulassung durch das Arbeitsgericht oder den Wert des Beschwerdegegenstandes berufungsfähig (§ 64 Abs. 2c ArbGG). Davon ist auch auszugehen, wenn sich die Berufung auf den Auflösungsantrag beschränkt.[1546] Haben die Parteien im Zusammenhang mit ihren Auflösungsanträgen einen Abfindungsmindestbetrag (Arbeitnehmer) oder ein Abfindungslimit (Arbeitgeber) bezeichnet, kann das Rechtsmittel der Berufung auf die **Höhe der Abfindung begrenzt** werden, wenn das Arbeitsgericht den Betrag der Abfindung unter- oder überschritten hat,[1547] sodass das Urteil über die **Auflösung** des Arbeitsverhältnisses rechtskräftig wird.

Ist der **Auflösungsantrag** im ersten Rechtszuge **zurückgewiesen** worden und legt nur der 401 Gegner gegen die erstinstanzliche Entscheidung Berufung ein, so setzt die Weiterverfolgung des Auflösungsantrags ein Anschlussrechtsmittel (Anschlussberufung) voraus.[1548] Die Regelung des § 9 Abs. 1 S. 3 KSchG, wonach der Auflösungsantrag vom Arbeitnehmer und Arbeitgeber bis zum Schluss der letzten mündlichen Verhandlung in der Berufungsinstanz gestellt werden kann, ist in diesem Fall nicht anwendbar. Nur der **erstmals** in der Berufungsinstanz gestellte Auflösungsantrag ist ein Fall des § 9 Abs. 1 S. 3 KSchG, ohne dass eine Anschlussberufung erforderlich ist.[1549] Legt der Arbeitgeber gegen das der Kündigungsschutzklage stattgebende Urteil Berufung ein, so kann der Arbeitnehmer im Berufungsverfahren den bisher im ersten Rechtszuge nicht gestellten Auflösungsantrag nunmehr ohne prozessuale Beschränkungen (§§ 263, 296, 530, 531 ZPO, § 67 ArbGG) einbringen. Ein vom Arbeitgeber im ersten Rechtszug gestellter Auflösungsantrag fällt **ohne Anschlussberufung** im Berufungsverfahren zur Entscheidung an, wenn der Arbeitnehmer gegen ein die Kündigungsschutzklage abweisendes Urteil Berufung eingelegt hat, weil insoweit mangels Entscheidung im ersten Rechtszug ein **Erstantrag** nach § 9 Abs. 1 S. 3 KSchG vorliegt.[1550] Nimmt der Arbeitgeber nach Ablauf der Berufungsfrist die **Berufung zurück** (§ 516 ZPO), entfällt mit der damit eintretenden Rechtskraft des erstinstanzlichen Urteils der Auflösungsantrag des Arbeitnehmers, über den nicht mehr zu entscheiden ist.[1551] Das BAG[1552] verweist auch darauf, dass eine vom Arbeitnehmer bei derartiger Sachlage eingelegte unselbständige Anschlussberufung ihre Wirkung verliert. Wird der Auflösungsantrag des Arbeitgebers mit der Begründung mangels eines Auflösungsgrundes abgewiesen, ist ein Rechtsmittel des Arbeitnehmers, das allein auf die Abweisung des Auflösungsantrags wegen Vorliegens eines anderen Unwirksamkeitsgründe iSv § 13 Abs. 3 KSchG abzielt, ist unzulässig.[1553]

Hat der Arbeitnehmer im Kündigungsschutzverfahren vor dem Arbeitsgericht neben dem 402 Feststellungsantrag aus § 4 S. 1 KSchG keinen Auflösungsantrag gestellt, kann er eine Berufung mit dem Ziel, einen Auflösungsantrag zu stellen, nicht einlegen, weil er nicht beschwert

---

[1545] BAG 26.6.1986 – 2 AZR 522/85, NZA 1987, 139 Rn. 8.
[1546] BAG 27.9.2001 – 2 AZR 389/00, NZA 2002, 1171; Stahlhacke/Preis/Vossen Kündigung/*Vossen* Rn. 2139.
[1547] BAG 21.6.2012 – 2 AZR 694/11, NZA 2013, 199.
[1548] BAG 3.4.2008 – 2 AZR 720/06, NZA 2008, 1258; 11.7.2013 – 2 AZR 241/12, NZA 2013, 1259.
[1549] BAG 19.11.2015 – 2 AZR 217/15, NZA 2016, 540 Rn. 61; LAG Niedersachsen 4.6.2004 – 10 Sa 198/04, LAGReport 2005, 103; KR/*Spilger* KSchG § 9 Rn. 117.
[1550] BAG 25.10.1989 – 2 AZR 633/88, NZA 1990, 561; 10.10.2002 – 2 AZR 598/01, AP KSchG 1969 § 1 Betriebsbedingte Kündigung Nr. 123.
[1551] BAG 3.4.2008 – 2 AZR 720/06, NJW 2008, 2605. AA LAG Bremen 29.6.2006 – 3 Sa 222/05, LAGE KSchG § 9 Nr. 38 Rn. 44, wenn der Auflösungsantrag zum Zeitpunkt der Berufungsrücknahme rechtshängig war.
[1552] BAG 3.4.2008 – 2 AZR 720/06, NJW 2008, 2605.
[1553] BAG 23.2.2010 – 2 AZR 554/08, NZA 2010, 1123.

wäre.¹⁵⁵⁴ Ebenso fehlte es an der Beschwer, wenn der Arbeitnehmer im ersten Rechtszug einen Auflösungsantrag gestellt hat, über den zu seinen Gunsten vom Arbeitsgericht entschieden worden ist, und seine Berufung mit dem Ziel eingelegt wird, den Auflösungsantrag zurückzunehmen, um die Fortsetzung des Arbeitsverhältnisses zu erreichen.¹⁵⁵⁵

VI. Das Wahlrecht des Arbeitnehmers nach § 12 KSchG

1. Normzweck

403 Mit § 12 KSchG will der Gesetzgeber eine Interessen- und Pflichtenkollision lösen, die sich daraus ergeben kann, dass der Arbeitnehmer seinen Kündigungsschutzprozess gewinnt, aber zwischenzeitlich während der Dauer der prozessualen Auseinandersetzung mit dem Arbeitgeber über die Berechtigung der Kündigung ein neues Arbeitsverhältnis begründet hat. Dem Arbeitnehmer, der seine Arbeitskraft auch in der Zwischenzeit bis zur Rechtskraft des Urteils möglichst anderweitig verwerten soll (§ 11 S. 1 Nr. 2 KSchG)¹⁵⁵⁶ und nicht wissen kann, wie der Prozess ausgehen wird, kann nicht zugemutet werden, die Möglichkeit, in der Zwischenzeit eine andere Arbeitsstelle zu erhalten, abzulehnen. Ist das alte Arbeitsverhältnis nicht rechtswirksam aufgelöst, befindet sich der Arbeitnehmer in **zwei** Arbeitsverhältnissen.

404 Um diesen Konflikt aufzulösen, gewährt § 12 KSchG dem Arbeitnehmer ein **Wahlrecht** in Form eines **einseitigen Gestaltungsrechts**,¹⁵⁵⁷ bindet aber dieses Wahlrecht im Interesse des Arbeitgebers an eine kurze Frist. Besteht nach der Entscheidung des Gerichts das Arbeitsverhältnis zum bisherigen Arbeitgeber fort, ist jedoch der Arbeitnehmer inzwischen ein neues Arbeitsverhältnis eingegangen, dann kann er gem. § 12 S. 1 KSchG binnen **einer Woche** nach der **Rechtskraft** des Urteils durch **Erklärung** gegenüber dem alten Arbeitgeber die Fortsetzung des Arbeitsverhältnisses bei diesem **verweigern**. Mit Zugang der (schriftlichen) Erklärung **erlischt** dann das Arbeitsverhältnis mit dem alten Arbeitgeber (§ 12 S. 3 KSchG). § 12 KSchG eröffnet dem Arbeitnehmer damit die Möglichkeit, das alte Arbeitsverhältnis mit sofortiger Wirkung zu beenden, ohne dass ein **wichtiger Grund** im Sinne des § 626 Abs. 1 BGB vorliegen müsste. Die übrigen Gestaltungsmittel, das bis zum rechtskräftigen Abschluss des Kündigungsschutzprozesses in seinem Bestand umstrittene alte Arbeitsverhältnis zu beenden, werden durch diese Vorschrift nicht berührt. Der Arbeitnehmer kann demgemäß das alte Arbeitsverhältnis auch durch ordentliche Kündigung unter Einhaltung der gesetzlichen oder vereinbarten Kündigungsfrist lösen¹⁵⁵⁸ oder mit dem alten Arbeitgeber einen Aufhebungsvertrag schließen.¹⁵⁵⁹

405 In § 12 S. 4 KSchG regelt der Gesetzgeber zugleich, für welchen Zeitraum dem Arbeitnehmer **entgangener Verdienst** zu gewähren ist, wenn er sich nach erfolgreichem Kündigungsschutzprozess von dem bisherigen Arbeitsverhältnis lossagt: Er kann Zahlung des entgangenen Verdienstes nur für die Zeit zwischen der **Entlassung** und dem Tag des **Eintritts** in das neue Arbeitsverhältnis verlangen. Der Anspruch des § 12 S. 4 KSchG ist ein echter Lohnanspruch, weshalb auf ihn die **Kürzungsvorschriften** des § 11 KSchG entsprechende Anwendung finden (§ 12 S. 5 KSchG).¹⁵⁶⁰ Im Umfang des erzielten anderweitigen Verdiens-

---

¹⁵⁵⁴ BAG 23.6.1993 – 2 AZR 56/93, AP KSchG 1969 § 9 Nr. 23; 3.4.2008 – 2 AZR 720/06, NJW 2008, 2605; *Boewer* RdA 2001, 380 (397).

¹⁵⁵⁵ BAG 23.6.1993 – 2 AZR 56/93, AP KSchG 1969 § 9 Nr. 23 Rn. 43; Stahlhacke/Preis/Vossen *Kündigung/Vossen* Rn. 2141.

¹⁵⁵⁶ Auch hypothetische Einkünfte, deren Erwerb der Arbeitnehmer böswillig unterlässt, sind auf den Verzugslohn anzurechnen: BAG 24.9.2003 – 5 AZR 500/02, NZA 2004, 90. Vgl. auch BAG 2.10.2018 – 5 AZR 376/17, NZA 2018, 1544 Rn. 35: die zur Erzielung des anderweitigen Verdienstes erforderlichen Aufwendungen können von diesem in Abzug gebracht werden.

¹⁵⁵⁷ BAG 19.10.1972 – 2 AZR 150/72, AP KSchG 1969 § 12 Nr. 1; 25.10.2007 – 6 AZR 662/06, AP KSchG 1969 § 12 Nr. 3; *Breitfeld* BB 2008, 282.

¹⁵⁵⁸ Stahlhacke/Preis/Vossen *Kündigung/Preis* Rn. 23 sowie Stahlhacke/Preis/Vossen *Kündigung/Vossen* Rn. 2048 ff.; aA *Bauer* BB 1993, 2445.

¹⁵⁵⁹ BAG 6.11.1986 – 2 AZR 744/85, RzK I 13b Nr 4 Rn. 54.

¹⁵⁶⁰ Zur Differenzierung der Anrechnung von Zwischenverdienst nach § 615 S. 2 BGB und § 11 KSchG: BAG 24.2.2016 – 5 AZR 425/15, NZA 2016, 687.

tes erfolgt die Anrechnung gemäß § 11 Nr. 1 KSchG ipso iure und bedarf keiner Erklärung des Arbeitgebers.[1561] Mit § 12 S. 4 KSchG vereinfacht der Gesetzgeber die Abrechnung, unabhängig davon, ob der Arbeitnehmer bei seinem früheren Arbeitgeber einen höheren Verdienst erzielt hätte.

Deshalb wird es in vielen Fällen für den Arbeitnehmer günstiger und finanziell attraktiver sein, das alte Arbeitsverhältnis zunächst fortzusetzen und **erst nach** Ablauf der Wochenfrist ordentlich zu kündigen. Dann greift § 12 S. 4 KSchG nicht ein. Vielmehr richten sich die Ansprüche aus Annahmeverzug nach den §§ 615 S. 1 BGB, 11 KSchG, wonach der Arbeitgeber die Vergütungsdifferenz bis zum Ablauf der Kündigungsfrist zahlen muss.[1562]

Die bereits seit Inkrafttreten des KSchG am 14.8.1951[1563] bestehende und auf § 89 BRG und § 60 AOG zurückgehende Regelung hat in der Praxis kaum Bedeutung erlangt, wie auch die wenigen dazu veröffentlichten Entscheidungen der Arbeitsgerichte verdeutlichen.[1564] Dies mag ua daran liegen, dass mit dieser Regelung Unsicherheiten bei der praktischen Anwendung einhergehen.

2. Voraussetzungen des Wahlrechts

Voraussetzung des Wahlrechts ist zunächst das Vorliegen eines **rechtskräftigen** klagestattgebenden Feststellungsurteils, wonach das Arbeitsverhältnis durch die mit der Klage angegriffene arbeitgeberseitige Kündigung nicht aufgelöst worden ist. Gegenstand der Feststellungsklage kann sowohl eine **ordentliche** als auch eine **außerordentliche** Kündigung (§ 13 Abs. 1 S. 5) sein. Des Weiteren muss der Arbeitnehmer **inzwischen** ein neues **Arbeitsverhältnis**[1565] eingegangen sein.

a) Gerichtliches Urteil. Aus dem Wortlaut des § 12 S. 1 KSchG könnte entnommen werden, dass es auf den **Grund** für die rechtskräftige Feststellung der Unwirksamkeit der ordentlichen oder außerordentlichen Kündigung nicht ankäme, so dass ein Auflösungsrecht des Arbeitnehmers auch dann zu bejahen wäre, wenn das Gericht die Unwirksamkeit der Kündigung nicht auf ihre Sozialwidrigkeit (§ 1 Abs. 2, Abs. 3 S. 1 KSchG) oder das Fehlen eines wichtigen Grundes (§ 626 BGB), sondern allein auf sonstige Unwirksamkeitsgründe wie einen Verstoß gegen § 102 Abs. 1 S. 3 BetrVG oder gegen § 9 MuSchG stützt.[1566]

Die Antwort auf diese Frage erschließt sich aus § 13 KSchG. Diese Vorschrift befasst sich in ihrem ersten Absatz mit dem Recht zur **außerordentlichen Kündigung,** das durch das KSchG **nicht berührt** werden soll (§ 13 Abs. 1 S. 1 KSchG). Diesen Obersatz ergänzt der Gesetzgeber in § 13 Abs. 1 S. 2 bis 5 KSchG durch Vorschriften aus dem KSchG. Dies gilt nach § 13 Abs. 1 S. 2 KSchG für die Klageerhebungsfrist von drei Wochen (§ 4 S. 1 KSchG), die nachträgliche Klagezulassung (§ 5 KSchG) und die verlängerte Anrufungsfrist (§ 6 KSchG). Bei **unbegründeter** außerordentlicher Kündigung, dh bei fehlendem wichtigen Grund iSd § 626 Abs. 1 BGB – wozu auch die Verwirkung des Kündigungsgrundes nach § 626 Abs. 2 BGB gehört –, soll (nur) der **Arbeitnehmer** wie bei einer sozialwidrigen Kündigung das Recht haben, die Auflösung des Arbeitsverhältnisses nach § 9 Abs. 1 S. 1 KSchG betreiben zu können (§ 13 Abs. 1 S. 3 KSchG).[1567] Außerdem wird durch § 13 Abs. 1 S. 5 KSchG eine entsprechende Geltung der §§ 10 bis 12 KSchG angeordnet.

[1561] Die Anrechnung anderweitigen Verdienstes nach § 11 Nr. 1 KSchG hindert bereits die Entstehung des Anspruchs aus § 615 S. 1 BGB und führt nicht nur zu einer Aufrechnungslage: BAG 2.10.2018 – 5 AZR 376/17, NZA 2018, 1544 Rn. 29; BAG 27.5.2020 – 5 AZR 101/19, NZA 2020, 1131 Rn. 16; so bereits BAG 22.11.2005 – 1 AZR 407/04, NZA 2006, 736 Rn. 27.
[1562] BAG 6.11.1986 – 2 AZR 744/85, RzK I 13b Nr 4 Rn. 51, 55.
[1563] Das Gesetz ist am 13.8.1951 im BGBl. 1951 I 499 veröffentlicht worden.
[1564] Vgl. zu § 12 KSchG.
[1565] BAG 25.10.2007 – 6 AZR 662/06, NJW 2008, 1466; Stahlhacke/Preis/Vossen Kündigung/*Preis* Rn. 23; ErfK/*Kiel* KSchG § 12 Rn. 2.
[1566] So ErfK/*Kiel* KSchG § 12 Rn. 2 unter Hinweis auf BAG 19.7.1978 – 5 AZR 748/77, AP BGB § 242 Auskunftspflicht Nr. 16 Rn. 34, 35, das jedoch wegen des bis zur Aufnahme der anderweitigen Tätigkeit vom Kläger begrenzten Zahlungsanspruch aus Annahmeverzug die Frage nicht entscheiden musste. Ebenso KR/*Rost/Spilger* KSchG § 12 Rn. 39 unter Hinweis darauf, dass die Klagefrist auch bei sonstigen Unwirksamkeitsgründen gilt.
[1567] Näher dazu → Rn. 318.

411 Der Anwendungsbereich des § 12 KSchG wird damit auf das die Unwirksamkeit der außerordentlichen Kündigung feststellende Urteil bezogen, wenn das Gericht **zumindest auch** den **wichtigen Grund** für die Kündigung verneint hat. Wie sieht es aber aus, wenn die ordentliche oder außerordentliche Kündigung **nur** an Mängeln leidet, die **außerhalb** des KSchG liegen. Einen Fingerzeig liefert der Gesetzgeber in § 13 Abs. 2 KSchG: Verstößt eine Kündigung gegen die **guten Sitten**,[1568] so finden die Vorschriften des § 9 Abs. 1 S. 1 und Abs. 2 und der §§ 10 bis 12 entsprechende Anwendung. Damit will der Gesetzgeber dem Arbeitnehmer, der in solchen Fällen auch unter den Voraussetzungen des § 628 Abs. 2 BGB seinerseits das Arbeitsverhältnis kündigen und Ersatz des durch die Auflösung des Arbeitsverhältnisses entstehenden Schadens verlangen kann, ohne Nachweis eines Schadens und Verschuldens des Arbeitgebers einen Abfindungsanspruch zubilligen. **Im Übrigen** finden nach § 13 Abs. 3 KSchG die Vorschriften dieses Abschnitts – und damit die §§ 1 bis 14 KSchG – mit Ausnahme der §§ 4 bis 7 auf eine Kündigung, die bereits aus **anderen** als den in § 1 Abs. 2 und 3 bezeichneten **Gründen rechtsunwirksam ist, keine Anwendung**. Aus dem Wortlaut des § 13 Abs. 3 KSchG könnte die Folgerung zu ziehen sein, dass die Vorschriften des KSchG nur dann greifen sollen, wenn der Schutz des Arbeitsverhältnisses nicht durch andere Vorschriften gewährleistet ist.[1569] Dies liefe jedoch auf eine sinn- und zweckwidrige Einengung dieser Vorschrift hinaus, weil nicht einzusehen wäre, dass ein Arbeitgeber vor den Folgen der §§ 9 bis 12 KSchG geschützt werden soll, weil die Kündigung neben ihrer Sozialwidrigkeit noch an einem weiteren Mangel leidet.

412 Im **Regierungsentwurf** des Gesetzes zu **Reformen am Arbeitsmarkt**[1570] war § 13 Abs. 3 KSchG ersatzlos gestrichen worden, weil seine bisherige Fassung lediglich klarstellte, „dass die Geltendmachung anderer Rechtsunwirksamkeitsgründe für eine Kündigung als die fehlende soziale Rechtfertigung oder das Fehlen eines wichtigen Grundes nicht an die dreiwöchigen Klagefrist des § 4 S. 1 KSchG gebunden ist."[1571] Aufgrund der **Beschlussempfehlung** des Ausschusses für Wirtschaft und Arbeit (9. Ausschuss) vom 24.9.2003[1572] ist die ab 1.1.2004 Gesetz gewordene Fassung des § 13 Abs. 3 KSchG in den Gesetzentwurf aufgenommen worden. In der Begründung heißt es hierzu: „An der Vorschrift des geltenden § 13 Abs. 3, der bei aus sonstigen Gründen unwirksamen Kündigungen, zB wegen Verstoßes gegen das Kündigungsverbot nach dem Mutterschutzgesetz, die Anwendung der Vorschriften des Ersten Abschnitts des Gesetzes ausschließt, wird im Grundsatz festgehalten. Eine Ausnahme wird nur hinsichtlich der Vereinheitlichung der Klagefrist zugelassen. Ansonsten soll es dabei bleiben, dass für die aus sonstigen Gründen unwirksamen Kündigungen die Vorschriften der §§ 1 bis 14 nicht gelten. Das betrifft insbesondere die Bestimmungen über die sechsmonatige Wartezeit nach § 1 Abs. 1 und über die gerichtliche Auflösung des Arbeitsverhältnisses nach den §§ 9 und 10."[1573]

413 Aus dieser Begründung ist für die Neufassung des § 13 Abs. 3 KSchG – wie schon bisher – zu schließen, dass die Möglichkeiten der §§ 9 bis 12 KSchG für den Arbeitnehmer entfallen sollen, wenn die Kündigung des Arbeitgebers **nicht** zumindest **auch sozialwidrig** oder bei außerordentlicher Kündigung nicht auch deshalb rechtsunwirksam ist, weil ein **wichtiger Grund** fehlt.[1574] Diese Sichtweise führt zu einer deutlichen Relativierung des § 12 KSchG und begrenzt seine Reichweite auf den normalen Kündigungsschutzprozess und den Mangel des wichtigen Grundes bei der außerordentlichen Kündigung. Anders als bei § 9 KSchG kann der Arbeitnehmer das Gericht regelmäßig nicht zwingen, über die Sozialwidrigkeit der

---

[1568] Vgl. etwa BAG 16.2.1989 – 2 AZR 347/88, NZA 1989, 962; 24.4.1997 – 2 AZR 268/96, NZA 1998, 145; 5.4.2001 – 2 AZR 185/00, NZA 2001, 890: Es gelten insoweit jedoch schärfere Anforderungen als bei der Prüfung der Treuwidrigkeit nach § 242 BGB. Sittenwidrig nach § 138 BGB ist eine während der gesetzlichen Wartezeit nach § 1 Abs. 1 KSchG erklärte ordentliche Arbeitgeberkündigung nur in besonders krassen Fällen; vgl. auch BAG 5.12.2019 – 2 AZR 107/19, NZA 2020, 171 Rn. 11.
[1569] So in der Tat die Begründung zu § 11 KSchG abgedruckt RdA 1951, 64.
[1570] BR-Drs. 421/03 v. 19.6.2003.
[1571] BR-Drs. 421/03, 20 und gleich lautender Gesetzentwurf der Fraktionen SPD und Bündnis 90/Die Grünen v. 24.6.2003 auf BT-Drs. 15/1204, 13.
[1572] BT-Drs. 15/1587, 10.
[1573] BT-Drs. 15/1587, 27.
[1574] Ebenso wohl Henssler/Willemsen/Kalb/*Thies* KSchG § 12 Rn. 2.

Kündigung oder den wichtigen Grund befinden zu müssen,[1575] wenn die Wirksamkeit der Kündigung bereits aus anderen Gründen scheitert. Es wäre zudem **prozessökonomisch** wenig sinnvoll, das Gericht über die möglicherweise erst nach Durchführung einer Beweisaufnahme schwierige Frage der Sozialwidrigkeit einer Kündigung entscheiden zu lassen, wenn diese bereits streitlos mangels Anhörung des Betriebsrats rechtsunwirksam ist. Der Arbeitnehmer, der das neue Arbeitsverhältnis nach Verkündung des Urteils eingehen kann und erst dann Veranlassung hat, über eine Beendigung des Arbeitsverhältnisses zu seinem früheren Arbeitgeber nachzudenken, büßt bei derartiger Sachlage aber sein Wahlrecht nach § 12 KSchG ein. Ein unbefriedigendes Ergebnis.[1576]

Als **Alternative** bleibt dem Arbeitnehmer nur die rechtliche Möglichkeit, das Arbeitsverhältnis zu dem bisherigen Arbeitgeber durch **ordentliche Kündigung** aufzulösen.[1577] Allerdings hat das BAG[1578] im Falle einer fristlosen Kündigung eines Betriebsratsvorsitzenden, die rechtskräftig für unwirksam erklärt wurde, weil sie ohne Zustimmung des Betriebsrats ausgesprochen worden war, in der nachfolgenden Klage auf Zahlung von Arbeitsvergütung aus Annahmeverzug, die der Kläger bis zum Eintritt in ein neues Arbeitsverhältnis unter Abzug erhaltenen Arbeitslosengeldes begrenzt hatte, unter Hinweis auf § 12 S. 4 KSchG als **allgemeinen Grundsatz** eine Anrechnung anderweitigen Verdienstes auf die Zeit zwischen Entlassung und Antritt der neuen Tätigkeit beschränkt und **keine Gesamtberechnung** vorgenommen.[1579] Offen gelassen hat das BAG dabei, ob § 13 Abs. 3 KSchG auf einen solchen Sachverhalt anzuwenden ist. Angesichts des Umstandes, dass nach § 4 KSchG jetzt alle Unwirksamkeitsgründe geltend gemacht werden müssen, wird entgegen dem Wortlaut des § 13 Abs. 3 KSchG eine Anwendung von § 12 S. 1 KSchG teilweise auch dann befürwortet, wenn die Kündigung nur aus anderen als in § 1 Abs. 1 und 2 KSchG genannten Gründen rechtsunwirksam ist.[1580]

414

Da nur ein der Klage stattgebendes rechtskräftiges Urteil das Wahlrecht des Arbeitnehmers auslöst, darf das Arbeitsverhältnis nicht zuvor durch einen **anderweitigen Beendigungstatbestand** – weitere Kündigung oder Befristung – beendet worden sein.[1581] Die Anwendung des § 12 KSchG scheidet daher aus, wenn das Arbeitsverhältnis nach § 9 KSchG auf Antrag des Arbeitnehmers oder Arbeitgebers **aufgelöst** wird. Es bleibt jedoch bei § 12 KSchG, wenn das Arbeitsgericht den Auflösungsantrag des Arbeitnehmers nach § 9 S. 1 KSchG zurückgewiesen hat.

415

Der Arbeitnehmer kann im Übrigen die **Erklärung** nach § 12 S. 1 KSchG, dass er im Falle seines Obsiegens im Kündigungsschutzprozess das bisherige Arbeitsverhältnis nicht fortsetzen wolle, auch schon **vor der Rechtskraft** des Urteils abgeben[1582] und **daneben** den Antrag auf Auflösung des Arbeitsverhältnisses nach § 9 KSchG verfolgen. Im Hinblick auf den Antrag aus § 9 Abs. 1 S. 1 KSchG wird die Erklärung aus § 12 S. 1 KSchG unter der **Rechtsbedingung** abgegeben, dass nicht schon das Gericht dem Antrag aus § 9 Abs. 1 S. 1 KSchG stattgibt. Ist dies der Fall, wird der Antrag aus § 12 KSchG gegenstandslos. Anderenfalls, dh bei einer Abweisung des Auflösungsantrags, verbleibt es bei der Erklärung aus § 12 S. 1 KSchG, die zur Beendigung des Arbeitsverhältnisses führt.[1583]

416

b) **Neues Arbeitsverhältnis.** Als weiteres Erfordernis verlangt § 12 S. 1 KSchG, dass der Arbeitnehmer inzwischen ein neues Arbeitsverhältnis eingegangen ist. Der neue Arbeitsvertrag muss daher **nach** Zugang der Kündigung, aber noch **vor Rechtskraft** des der Kündigungsschutzklage stattgebenden Urteils (inzwischen) **abgeschlossen** worden sein.[1584] Bedeu-

417

[1575] → Rn. 310.
[1576] Vgl. dazu KR/*Rost*/*Spilger* KSchG § 12 Rn. 39 mwN.
[1577] Ebenso Stahlhacke/Preis/Vossen Kündigung/*Vossen* Rn. 2049.
[1578] BAG 19.7.1978 – 5 AZR 748/77, AP BGB § 242 Auskunftspflicht Nr. 16.
[1579] Vgl. zur Abrechnung nach vom Kläger gewählten Zeitabschnitten: BAG 24.8.1999 – 9 AZR 804/98, NZA 2000, 818 Rn. 44.
[1580] So KR/*Rost*/*Spilger* KSchG § 12 Rn. 39; ErfK/*Kiel* KSchG § 12 Rn. 2.
[1581] Ascheid/Preis/Schmidt/*Biebl* KSchG § 12 Rn. 4.
[1582] BAG 25.10.2007 – 6 AZR 662/06, NJW 2008, 1466.
[1583] BAG 19.10.1972 – 2 AZR 150/72, AP KSchG § 12 Nr. 1; Ascheid/Preis/Schmidt/*Biebl* KSchG § 12 Rn. 25, 26.
[1584] HM nur Ascheid/Preis/Schmidt/*Biebl* KSchG § 12 Rn. 6; ErfK/*Kiel* KSchG § 12 Rn. 2.

tungslos ist, zu welchem Zeitpunkt der Arbeitnehmer die Arbeit bei dem neuen Arbeitgeber **aufnehmen** soll, da die Bindungswirkung, auf die es hier ankommt, bereits mit Abschluss des Arbeitsvertrages entsteht. Doch setzt § 12 S. 1 KSchG voraus, dass das andere Arbeitsverhältnis **rechtswirksam**[1585] zustande gekommen sein muss und zum Zeitpunkt der Rechtskraft des Verfahrens nicht schon wieder beendet worden ist. Andernfalls stellt sich das Problem der Pflichtenkollision für den Arbeitnehmer nicht.[1586] Der erforderliche Eintritt der Rechtskraft bestimmt sich nach den prozessualen Vorschriften (§ 705 ZPO).[1587]

418 Ist das **neue Arbeitsverhältnis** bei Rechtskraft des arbeitsgerichtlichen Urteils **gekündigt**, führt dies **nicht** zum Verlust des Wahlrechts. Hat der Arbeitnehmer das neue Arbeitsverhältnis unter der **auflösenden Bedingung** der Klagestattgabe im Kündigungsschutzverfahren abgeschlossen, steht dem Arbeitnehmer nunmehr **kein** Wahlrecht mehr zu, da das neue Arbeitsverhältnis mit Eintritt der Rechtskraft des klagestattgebenden Urteils erlischt und den Arbeitnehmer die Verpflichtung trifft, seine Arbeitsleistung bei dem alten Arbeitgeber wieder aufzunehmen.[1588] Gibt der Arbeitnehmer gleichwohl eine **Nichtfortsetzungserklärung** ab, so kann dies unter den Voraussetzungen des § 140 BGB in eine **ordentliche Kündigung** des Arbeitnehmers **umgedeutet** werden.[1589] Eine Umdeutung der ordentlichen Kündigung in eine Nichtfortsetzungserklärung ist jedoch wegen der weiterreichenden Rechtsfolgen ausgeschlossen.[1590]

419 Begründet der Arbeitnehmer das neue Arbeitsverhältnis erst im **Anschluss** an die **Rechtskraft** des Urteils, so ist er verpflichtet, nach entsprechender Aufforderung seine Arbeit bei dem alten Arbeitgeber wieder aufzunehmen. Beginnt er zu diesem Zeitpunkt eine Tätigkeit bei einem neuen Arbeitgeber, ist er **nicht** berechtigt, die Fortsetzung des Arbeitsverhältnisses bei dem alten Arbeitgeber nach § 12 S. 1 KSchG zu verweigern, selbst wenn er schon vor Rechtskraft des Urteils Verhandlungen über den Abschluss des neuen Vertrages aufgenommen hatte. Der Arbeitnehmer ist zur Fortsetzung des alten Arbeitsverhältnisses auch dann verpflichtet, wenn er sich binnen der Frist des § 12 S. 1 KSchG nicht äußert.[1591] Der Arbeitnehmer kann und muss deshalb jederzeit damit rechnen, dass der Arbeitgeber ihn zur Wiederaufnahme der Arbeit auffordert.[1592] Der Arbeitnehmer kann das bisherige Arbeitsverhältnis nur mit der nach dem Arbeitsvertrag geltenden ordentlichen Kündigungsfrist aufkündigen und setzt sich selbst der Gefahr einer ordentlichen[1593] oder in Ausnahmefällen außerordentlichen Kündigung[1594] des bisherigen Arbeitgebers wegen Arbeitsverweigerung aus, wenn er nicht berechtigt ist, mangels geforderter Zahlung des bis dahin aufgelaufenen Lohnrückstandes seine Arbeitsleistung zurückzuhalten.[1595] Zugleich entfällt ab dem Zeitpunkt der Weigerung der Arbeitsaufnahme nach entsprechender Arbeitsaufforderung des Arbeitgebers mangels Leistungsbereitschaft des Arbeitnehmers regelmäßig der Annahmeverzug des Arbeitgebers.[1596] Der gewonnene Kündi-

---

[1585] KR/*Rost*/*Spilger* KSchG § 12 Rn. 12; Stahlhacke/Preis/Vossen Kündigung/*Vossen* Rn. 2050.
[1586] *Bauer* BB 1993, 2444.
[1587] Ascheid/Preis/Schmidt/*Biebl* KSchG § 12 Rn. 6.
[1588] KR/*Rost*/*Spilger* KSchG § 12 Rn. 13.
[1589] LAG Berlin 15.10.1999 – 6 Sa 1235/99, MDR 2000, 281; Stahlhacke/Preis/Vossen Kündigung/*Preis* Rn. 23.
[1590] KR/*Rost*/*Spilger* KSchG § 12 Rn. 13; Stahlhacke/Preis/Vossen Kündigung/*Preis* Rn. 24; es besteht insoweit keine Gesetzeslücke: BAG 6.11.1986 – 2 AZR 744/85, RzK I 13b Nr 4 Rn. 52 ff.: Die Kürzungsbestimmung des § 12 S. 4 KSchG kann nicht analog angewendet werden, wenn der Arbeitnehmer nach Ablauf der Wochenfrist des § 12 S. 1 KSchG das alte Arbeitsverhältnis kündigt oder mit dem Arbeitgeber einen Aufhebungsvertrag schließt.
[1591] BAG 16.5.2012 – 5 AZR 251/11, NZA 2012, 971; 23.5.2013 – 2 AZR 54/12, NZA 2013, 1197.
[1592] BAG 19.1.2016 – 2 AZR 449/15, NZA 2016, 1144.
[1593] BAG 16.10.1991 – 2 AZR 197/91, RzK I 6b 12 Rn. 31, 32, 36; 23.5.2013 – 2 AZR 54/12, NZA 2013, 1197 Rn. 40, 42; LAG Köln 13.2.1991 – 7 Sa 48/90, LAGE BGB § 626 Nr. 57. Dem beitretend Stahlhacke/Preis/Vossen Kündigung/*Preis* Rn. 23. Sicherlich entscheiden die Umstände des Einzelfalls.
[1594] BAG 16.10.1991 – 2 AZR 197/91, RzK I 6b 12 Rn. 31, 32, 36; KR/*Rost*/*Spilger* KSchG § 12 Rn. 21.
[1595] BAG 25.10.1984 – 2 AZR 417/83, NZA 1985, 355.
[1596] Vgl. aber zur Beendigung des Annahmeverzugs nach unwirksamer Kündigung: BAG 19.1.2016 – 2 AZR 449/15, NZA 2016, 1144: Ist der Arbeitgeber nach einer unwirksamen Kündigungserklärung in Annahmeverzug geraten, muss er, um den Annahmeverzug zu beenden, den Arbeitnehmer zur Arbeit auffordern.

gungsschutzprozess verleiht dem Arbeitnehmer kein Recht zur fristlosen Kündigung gegenüber dem neuen Arbeitgeber.[1597]

Bei dem **neuen Arbeitsverhältnis** kann es sich um ein solches jeder Art handeln, so dass ein Probe-, Aushilfs-, Leiharbeits- oder ein Berufsausbildungsverhältnis darunterfallen. Auch ein Teilzeitarbeitsverhältnis wird davon erfasst. Ebenfalls zur Anwendung gelangt § 12 KSchG dann, wenn der Arbeitnehmer das zwischenzeitlich begründete Teilzeitarbeitsverhältnis in Form einer Nebenbeschäftigung fortführen kann. Nach teilweiser Ansicht im Schrifttum[1598] soll wegen der Gleichheit der Interessenlage eine **entsprechende Anwendung** des § 12 KSchG geboten sein, wenn der Arbeitnehmer ein **Dienstverhältnis** als Organmitglied einer juristischen Person (zB Vorstandsmitglied einer AG oder Geschäftsführer einer GmbH) eingeht. Angesichts des klaren Hinweises des Gesetzes auf ein Arbeitsverhältnis begründet eine gleichartige Interessenlage noch nicht das Bedürfnis für eine Analogie.[1599] Billigkeitsgesichtspunkte reichen hierfür nicht. Normzweck und Interessenlage verlangen keine Analogie, weil dem Arbeitnehmer das Recht zur ordentlichen Kündigung nicht beschnitten wird.

Angesichts dessen findet § 12 KSchG ebenfalls keine Anwendung, wenn der Arbeitnehmer eine **selbstständige Gewerbe – oder Berufstätigkeit** (etwa als Handelsvertreter) aufgenommen, einen Werkvertrag abgeschlossen oder sich an einer Gesellschaft beteiligt hat.[1600] Nach überzeugender Auffassung des BAG[1601] verdeutlicht der systematische Zusammenhang zwischen § 12 und § 11 KSchG, dass der in § 12 KSchG verwendete Begriff des „Arbeitsverhältnisses" wörtlich zu nehmen ist und deswegen eine planwidrige Lücke als Voraussetzung für eine analoge Anwendung des § 12 KSchG bei Aufnahme einer selbstständigen Tätigkeit nicht vorliegt. Während § 11 S. 1 Nr. 1 und 2 KSchG gerade nicht auf den in „Arbeitsverhältnissen" erlangten bzw. zu erzielenden Verdienst verweist, sondern auf das, was der gekündigte Arbeitnehmer durch „Arbeit" verdient hat oder hätte verdienen können, stellt das Gesetz in § 12 KSchG als Voraussetzung für die Ausübung des dort geregelten Sonderkündigungsrechts ausdrücklich auf das Eingehen eines „Arbeitsverhältnisses" ab. Eine gleichwohl vom Arbeitnehmer abgegebene unwirksame Erklärung nach § 12 KSchG kann nach § 140 BGB in eine ordentliche Kündigungserklärung umgedeutet werden.[1602]

3. Die Nichtfortsetzungserklärung

Die Anwendung des § 12 S. 1 KSchG setzt voraus, dass der Arbeitnehmer die **Nichtfortsetzungserklärung** spätestens binnen **einer Woche** nach der Rechtskraft des Urteils dem bisherigen Arbeitgeber gegenüber abgibt. Da mit dem **Zugang** der Erklärung das Arbeitsverhältnis **erlischt** (§ 12 S. 3 KSchG), hat der Gesetzgeber dem Arbeitnehmer damit ein **einseitiges Gestaltungsrecht** zur Beendigung des Arbeitsverhältnisses gegenüber dem **bisherigen** Arbeitgeber eingeräumt,[1603] das ein **Sonderkündigungsrecht** aus wichtigem Grunde darstellt, ohne dass die Voraussetzungen des § 626 Abs. 1 BGB erfüllt sein müssen.[1604]

Bei der für die Ausübung dieses Rechts vorgeschriebenen einwöchigen Frist handelt es sich um eine **materiell-rechtliche Ausschlussfrist** ohne Wiedereinsetzungsmöglichkeit,[1605] de-

---

[1597] ErfK/*Kiel* KSchG § 12 Rn. 8; KR/*Rost* KSchG § 12 Rn. 18.
[1598] Vgl. ErfK/*Kiel* KSchG § 12 Rn. 2; KR/*Rost*/*Spilger* KSchG § 12 Rn. 10 mwN; Ascheid/Preis/Schmidt/*Biebl* KSchG § 12 Rn. 5; Bauer BB 1993, 2444. Dagegen spricht die Entscheidung des BAG 25.10.2007 – 6 AZR 662/06, NJW 2008, 1466. Ablehnend *Diller* RdA 2008, 299.
[1599] Vgl. auch BAG 25.10.2007 – 6 AZR 662/06, NJW 2008, 1466 Rn. 19; Stahlhacke/Preis/Vossen Kündigung/*Preis* Rn. 23.
[1600] In diesem Punkte ebenso ErfK/*Kiel* KSchG § 12 Rn. 2; von Hoyningen-Huene/Linck KSchG § 12 Rn. 2; Ascheid/Preis/Schmidt/*Biebl* KSchG § 12 Rn. 5; aA KR/*Rost*/*Spilger* KSchG § 12 Rn. 10; Däubler/Deinert/Zwanziger/*Deinert* KSchG § 12 Rn. 6, die konsequent auch bei derartiger Beschäftigung eine Pflichtenkollision annehmen.
[1601] BAG 25.10.2007 – 6 AZR 662/06, NJW 2008, 1466 Rn. 21.
[1602] LAG Niedersachsen 2.5.2006 – 13 Sa 1585/05 Rn. 51; nachfolgend BAG 25.10.2007 – 6 AZR 662/06, NJW 2008, 1466 Rn. 24.
[1603] BAG 19.10.1972 – 2 AZR 150/72, AP KSchG 1969 § 12 Nr. 1; 6.11.1986 – 2 AZR 744/85, RzK I 13b Nr 4 Rn. 48.
[1604] BAG 17.12.2015 – 6 AZR 709/14, NZA 2016, 361 Rn. 39, 41.
[1605] BAG 6.11.1986 – 2 AZR 744/85, RzK I 13b Nr 4 Rn. 48 mwN; ErfK/*Kiel* KSchG § 12 Rn. 4; KR/*Rost*/*Spilger* KSchG § 12 Rn. 28.

ren Versäumung zum **Erlöschen** dieses Sonderbeendigungsrechts führt.[1606] Sie beginnt mit der Rechtskraft des Urteils. Die **Berechnung** der Frist richtet sich nach den §§ 187 Abs. 1, 188 Abs. 2, 193 BGB. Danach rechnet für den Fristbeginn der Tag, an dem die Rechtskraft des Urteils eintritt, nicht mit. Die Frist endet mit dem Ablauf desjenigen Tages der nächsten Woche, der durch seine Benennung dem Tag des Eintritts der Rechtskraft entspricht. Fällt der letzte Tag der Frist auf einen Samstag, Sonntag oder anerkannten Feiertag, endet die Frist mit Ablauf des nächsten Werktags.

424 a) **Form der Erklärung.** Für die **Erklärung** des Arbeitnehmers wird vom Gesetz **keine besondere Form** vorgeschrieben, wenn man davon absieht, dass die Wochenfrist nach Rechtskraft des Urteils auch durch eine vor ihrem Ablauf zur Post gegebene **schriftliche** Erklärung gewahrt wird (§ 12 S. 2 KSchG). Da die Nichtfortsetzungserklärung die Qualität einer **außerordentlichen Kündigung** aus wichtigem Grunde aufweist, unterliegt sie dem zwingenden Schriftformerfordernis aus § 623 BGB.[1607] Eine per Telefax übermittelte schriftliche Nichtfortsetzungserklärung nach § 12 S. 1 KSchG genügt § 126 Abs. 1 BGB nicht.[1608]

425 b) **Zugang der Erklärung.** Übermittelt der Arbeitnehmer die verkörperte Erklärung selbst oder durch Boten, muss sie **innerhalb der Wochenfrist** dem bisherigen Arbeitgeber **zugehen**. Wählt der Arbeitnehmer den **postalischen Weg**, dann reicht es auf Grund ausdrücklicher gesetzlicher Regelungen aus, dass die Frist auch durch eine **vor ihrem Ablauf** zur Post gegebene schriftliche Erklärung gewahrt wird (§ 12 S. 2 KSchG). Als Nichtfortsetzungserklärung iSd § 12 S. 1 KSchG kann auch eine Kündigungserklärung des bisherigen Arbeitsverhältnisses durch den Arbeitnehmer angesehen werden, die innerhalb der Wochenfrist des § 12 S. 1 KSchG abgegeben wird.[1609]

426 Der Arbeitnehmer kann die der Form des § 623 BGB iVm § 126 BGB entsprechende Erklärung nach § 12 S. 1 KSchG, dass er im Falle seines Obsiegens im Kündigungsschutzprozess das bisherige Arbeitsverhältnis nicht fortsetzen wolle, auch schon **vor** der Rechtskraft des Urteils **abgeben**.[1610] Nach Ansicht des BAG,[1611] der sich das Schrifttum[1612] weitgehend angeschlossen hat, markiert § 12 Abs. 1 S. 1 KSchG lediglich das **Ende** der Frist für die Verweigerungserklärung des Arbeitnehmers, nicht aber deren Beginn. Es liegt im Interesse des Arbeitnehmers, zu dessen Schutz diese Norm bestimmt ist, sich bereits vor der Rechtskraft des der Kündigungsschutzklage stattgebenden Urteils endgültig für einen neuen Arbeitgeber entscheiden zu können.

427 c) **Erlöschen des Arbeitsverhältnisses.** Mit Zugang der Nichtfortsetzungserklärung **erlischt** gem. § 12 S. 3 KSchG das Arbeitsverhältnis mit dem bisherigen Arbeitgeber. Nicht einheitlich wird die Frage beantwortet, zu welchem Zeitpunkt das Arbeitsverhältnis erlischt, wenn die Nichtfortsetzungserklärung **vorzeitig** abgegeben wird. Das BAG[1613] hat einer dem bisherigen Arbeitgeber vor Ablauf der ordentlichen Kündigungsfrist zugegangenen Nichtfortsetzungserklärung eine Beendigungswirkung erst mit Ablauf der ordentlichen Kündigungsfrist des von diesem gekündigten Arbeitsverhältnis beigemessen, nachdem das der Klage stattgebende Urteil zu einem Zeitpunkt danach rechtskräftig geworden war.[1614] Da der Erlass eines

---

[1606] BAG 6.11.1986 – 2 AZR 744/85, RzK I 13b Nr 4 Rn. 54.
[1607] BAG 17.12.2015 – 6 AZR 709/14, NZA 2016, 361 Rn. 41; *Preis/Gotthardt* NZA 2000, 348 (350); *Richardi/Annuß* NJW 2000, 1231 (1232); Stahlhacke/Preis/Vossen Kündigung/*Preis* Rn. 23; Stahlhacke/Preis/Vossen Kündigung/*Vossen* Rn. 2052; ErfK/*Kiel* KSchG § 12 Rn. 6.
[1608] BAG 17.12.2015 – 6 AZR 709/14, NZA 2016, 361 Rn. 46, 47.
[1609] LAG Düsseldorf 13.6.1979 – 3 Sa 253/79, AP KSchG 1969 § 12 Nr. 2 mzustAnm *Herschel*. Zur Frage der Auslegung einer Erklärung als Nichtfortsetzungserklärung auch BAG 16.12.1982 – 6 AZR 1193/79, juris Rn. 17.
[1610] BAG 19.10.1972 – 2 AZR 150/72, AP KSchG 1969 § 12 Nr. 1 Rn. 18.
[1611] BAG 19.10.1972 – 2 AZR 150/72, AP KSchG 1969 § 12 Nr. 1 Rn. 18, 19.
[1612] KR/*Rost/Spilger* KSchG § 12 Rn. 29 mwN; ErfK/*Kiel* KSchG § 12 Rn. 4; *Hümmerich* DB 1999, 1264 (1265).
[1613] BAG 19.10.1972 – 2 AZR 150/72, AP KSchG 1969 § 12 Nr. 1 Rn. 20.
[1614] Ebenso wohl ErfK/*Kiel* KSchG § 12 Rn. 4; *von Hoyningen-Huene/Linck* KSchG § 12 Rn. 5: Sie wirkt wie eine Kündigung zu dem Termin, zu dem der Arbeitgeber unwirksam gekündigt hatte. AA wohl Schaub ArbR-HdB/*Linck* § 140 Rn. 4 Beendigung mit Eintritt der Rechtskraft des Urteils.

rechtskräftigen Urteils zugunsten des Arbeitnehmers Tatbestandsvoraussetzung für die Anwendung des § 12 S. 1 KSchG ist, muss in jedem Fall diese Voraussetzung vorliegen, bevor die Nichtfortsetzungserklärung überhaupt eine Wirkung entfalten kann.[1615]

Das BAG[1616] hat der Regelung des § 12 S. 1 KSchG entsprechend die in einem **Abwicklungsvertrag** für den Arbeitnehmer vorgesehene Möglichkeit, sein **vorzeitiges Ausscheiden** aus dem Arbeitsverhältnis auch ohne Einhaltung der Mindestkündigungsfrist (§ 622 Abs. 1 BGB) erklären zu können, davon abhängig gemacht, dass eine solche Erklärung gemäß § 623 BGB zwingend der Schriftform bedarf, die nach § 126 Abs. 1 BGB dadurch erfüllt wird, dass die Urkunde von dem Aussteller eigenhändig durch Namensunterschrift oder mittels notariell beglaubigten Handzeichens unterzeichnet wird. 428

4. Fortsetzung des bisherigen Arbeitsverhältnisses

Nicht ausdrücklich geregelt hat der Gesetzgeber die Frage, wie mit welchen Rechtskonsequenzen zu verfahren ist, wenn der Arbeitnehmer nach erfolgreichem Kündigungsschutzprozess das Arbeitsverhältnis mit dem **bisherigen** Arbeitgeber **fortsetzen** möchte. Hat der Arbeitnehmer ein neues Arbeitsverhältnis begründet, so wird er dieses regelmäßig nur unter Einhaltung der ordentlichen Kündigungsfrist beenden können. Unterbleibt aus diesem Grunde die Leistung der Arbeit bei dem alten Arbeitgeber, hat der Arbeitnehmer diesen Umstand nicht zu vertreten (§ 275 BGB). Der bisherige Arbeitgeber muss deshalb hinnehmen, dass das neue Arbeitsverhältnis gegebenenfalls noch gekündigt werden muss und der Arbeitnehmer erst nach Ablauf einer Kündigungsfrist die Arbeit wieder antreten kann.[1617] In jedem Falle ist der alte Arbeitgeber nicht berechtigt, wegen der nicht unverzüglichen Aufnahme der Arbeit das Arbeitsverhältnis berechtigterweise durch eine außerordentliche oder ordentliche Kündigung beenden zu dürfen.[1618] Andererseits hat der Arbeitnehmer die nächste Kündigungsmöglichkeit bei dem neuen Arbeitgeber zu nutzen, um in das bisherige Arbeitsverhältnis zurückkehren zu können. Bei **langfristigen Bindungen** mit dem neuen Arbeitgeber kann eine verhaltensbedingte oder betriebsbedingte Kündigung des Arbeitnehmers in Betracht kommen, wenn der bisherige Arbeitgeber den Arbeitsplatz besetzen muss.[1619] 429

5. Vergütungsfragen

Macht der Arbeitnehmer von der **Nichtfortsetzungserklärung** nach § 12 S. 1 KSchG **keinen Gebrauch**, so bestimmen sich die Rechtsfolgen für die Vergütungsansprüche gegen den alten Arbeitgeber nach den allgemeinen Vorschriften der §§ 615, 296 BGB, wenn sich die Kündigung des Arbeitsverhältnisses als unwirksam erweist. Solange das alte Arbeitsverhältnis fortbesteht, kann der Arbeitnehmer grundsätzlich Entgeltfortzahlung unter dem Gesichtspunkt des Annahmeverzugs beanspruchen. Da er zur Vermeidung von Rechtsnachteilen (§ 11 S. 1 Nr. 2 KSchG) ein neues Arbeitsverhältnis eingegangen ist, ist er gemäß § 275 Abs. 1 und 2 BGB von der Verpflichtung zur Arbeitsleistung frei, weil er das durch Eingehung des neuen Arbeitsverhältnisses eingetretene Unvermögen, die Arbeitsleistung gegenüber dem alten Arbeitgeber zu erbringen, nicht zu vertreten hat. Bis zur Beendigung des neuen Arbeitsverhältnisses behält der Arbeitnehmer damit seinen Vergütungsanspruch gegen den alten Arbeitgeber. Der alte Arbeitgeber kann sich nicht auf § 297 BGB (Unvermögen des Schuldners) berufen, weil er die vorübergehende Leistungsunfähigkeit des Schuldners herbeigeführt hat (§ 242 BGB).[1620] Überzeugender dürfte sein, den Vergütungsanspruch des 430

[1615] KR/*Rost*/*Spilger* KSchG § 12 Rn. 29.
[1616] BAG 17.12.2015 – 6 AZR 709/14, NZA 2016, 361.
[1617] BAG 16.10.1991 – 2 AZR 197/91, RzK I 6b 12 Rn. 31; LAG Köln 23.11.1994 – 8 Sa 862/94, NZA 1995, 992.
[1618] Das Sächsische LAG 19.5.2004 – 5 Sa 873/03 Rn. 66, 67 hat eine außerordentliche Kündigung des bisherigen Arbeitgebers für berechtigt gehalten, wenn der zur Arbeitsaufnahme aufgeforderte Arbeitnehmer sich weder innerhalb der Erklärungsfrist des § 12 S. 1 KSchG noch nach Ablauf dieser Frist äußert.
[1619] KR/*Rost*/*Spilger* KSchG § 12 Rn. 20; Ascheid/Preis/Schmidt/*Biebl* KSchG § 12 Rn. 11.
[1620] BAG 6.11.1986 – 2 AZR 744/85, RzK I 13b Nr 4 Rn. 55; Ascheid/Preis/Schmidt/*Biebl* KSchG § 12 Rn. 21.

Arbeitnehmers gegen den alten Arbeitgeber bis zur Beendigung des neuen Arbeitsverhältnisses aus § 326 Abs. 2 BGB herzuleiten, weil dieser für den Umstand auf Grund dessen der Arbeitnehmer nicht zu leisten braucht (§ 275 BGB), verantwortlich ist.[1621] Für den Vergütungsanspruch aus § 615 S. 1 BGB bleibt es außerdem bei der Anrechnungsregelung aus § 11 KSchG.[1622] Lehnt der Arbeitnehmer die Fortsetzung des alten Arbeitsverhältnisses auf Dauer ab oder hat er mit dem neuen Arbeitgeber eine außergewöhnlich lange Kündigungsfrist vereinbart, entfällt nunmehr der Annahmeverzug des alten Arbeitgebers und damit der Lohnfortzahlungsanspruch des Arbeitnehmers wegen fehlender Leistungsbereitschaft gemäß § 297 BGB.[1623]

431   Nimmt der Arbeitnehmer das **Verweigerungsrecht** aus § 12 S. 1 KSchG für sich in Anspruch, so ist ihm entsprechend den Voraussetzungen des Annahmeverzuges (§ 615 S. 1 BGB) **entgangener Arbeitsverdienst** nur für die Zeit **nach der Entlassung** und dem **Eintritt** in das neue Arbeitsverhältnis zu gewähren (§ 12 S. 4 KSchG). Nach den allgemeinen Vorschriften der §§ 615, 296 BGB behielte der Arbeitnehmer bis zum **Zugang** der Nichtfortsetzungserklärung seinen Vergütungsanspruch aus Annahmeverzug. Er müsste sich nach § 11 S. 1 Nr. 2 KSchG nur den im neuen Arbeitsverhältnis bis dahin erzielten Verdienst anrechnen lassen. Von dieser Regel weicht der Gesetzgeber in § 12 S. 4 KSchG ab, indem er aus Vereinfachungsgründen den Entgeltfortzahlungsanspruch mit dem Eintritt in das neue Arbeitverhältnis enden lässt.[1624] Damit verliert der Arbeitnehmer die Vergütungsdifferenz zwischen der höheren bisherigen Vergütung und dem niedrigeren Verdienst in dem neuen Arbeitsverhältnis. Daher ist wirtschaftlich genau abzuwägen, ob man dem Arbeitnehmer die Abgabe einer Nichtfortsetzungserklärung anrät.[1625]

432   Für den **Berechnungszeitraum** zwischen Entlassung und Eintritt in das neue Arbeitsverhältnis entscheidet nicht der **Abschluss** des Arbeitsvertrages, weil Arbeitsentgeltansprüche erst ab dem Tag der **Einstellung** entstehen. Daher kann der Vertragsabschluss des neuen Arbeitsverhältnisses vor Rechtskraft des Urteils liegen und die Arbeitsaufnahme erst nach Rechtskraft erfolgen. Der in § 12 S. 4 KSchG bezeichnete Anspruch ist ein echter Lohnanspruch, weshalb auf ihn die Kürzungsvorschriften des § 11 KSchG entsprechende Anwendung finden (§ 12 S. 5 KSchG). § 615 S. 1 BGB erhält dem Arbeitnehmer den originären vertraglichen Erfüllungsanspruch des § 611 BGB, obwohl er seine Arbeitsleistung nicht erbringt.[1626]

[1621] AA ErfK/*Kiel* KSchG § 12 Rn. 8: Vergütungsanspruch aus § 615 S. 1 BGB; BeckOKArbR/*Pleßner* KSchG § 12 Rn. 17.
[1622] Vgl. auch BAG 24.2.2016 – 5 AZR 425/15, NZA 2016, 687.
[1623] BAG 6.11.1986 – 2 AZR 744/85, RzK I 13b Nr 4 Rn. 55; Ascheid/Preis/Schmidt/*Biebl* KSchG § 12 Rn. 23. Zur fehlenden Leistungsbereitschaft auch BAG 17.8.2011 – 5 AZR 251/10, NZA-RR 2012, 342.
[1624] BAG 19.7.1978 – 5 AZR 748/77, AP BGB § 242 Nr. 16 Rn. 35; 6.11.1986 – 2 AZR 744/85, RzK I 13b Nr 4 Rn. 51.
[1625] Vgl. dazu auch die instruktiven Berechnungsbeispiele von *Bauer* BB 1993, 2444 (2445).
[1626] BAG 27.1.2016 – 5 AZR 9/15, NZA 2016, 691 Rn. 16; 18.9.2019 – 5 AZR 240/18, NZA 2020, 174 Rn. 24.

§ 49 Aufhebungsverträge

Übersicht

	Rn.
I. Zulässigkeit	1–27
1. Grundsatz der Vertragsfreiheit	1–5
2. Vorteile	6–8
3. Abgrenzung zum Abwicklungsvertrag	9–24
4. Abgrenzung zum Kündigungsbestätigungsvertrag	25–27
II. Abschluss	28–89
1. Form	29–45
2. Zustandekommen	46–88
a) Angebot/Annahme	46/47
b) Angebot/Annahme durch ausdrückliche Erklärung	48–56
c) Ausländische Arbeitnehmer	57/58
d) Minderjährige	59/60
e) Berufsausbildungsverhältnis	61
f) Bedingter/befristeter Aufhebungsvertrag	62–68
g) Altersgrenzen	69–75
h) Berufs- oder Erwerbsunfähigkeit	76/77
i) Gerichtliche Aufhebungsverträge	78–88
3. Darlegungs- und Beweislast	89
III. Hinweis-/Aufklärungspflichten des Arbeitgebers	90–120
1. Informationsgefälle zwischen den Arbeitsvertragsparteien	92
2. Beendigungsinitiative auf Seiten des Arbeitnehmers	93/94
3. Beendigungsinitiative auf Seiten des Arbeitgebers	95–108
a) Sozialrechtliche Nachteile	98/99
b) Steuerrechtliche Nachteile	100/101
c) Versorgungsrechtliche Nachteile	102–105
d) Kündigungsrechtliche Nachteile/Sonderkündigungsschutz	106/107
e) Tarifliche Nachteile	108
4. Sachkundige Vertretung/Gerichtlicher Aufhebungsvertrag	109
5. Inhalt/Umfang der Aufklärungspflicht	110–114
6. Folgen	115–117
7. Abdingbarkeit	118–120
IV. Einfluss des Kündigungsschutzes	121–129
1. Kündigungsfristen/Kündigungstermine	121/122
2. Allgemeiner Kündigungsschutz	123
3. Besonderer Kündigungsschutz	124
4. Anzeigepflichtige Entlassungen	125–129
V. Betriebsänderungen (§§ 111 ff. BetrVG)	130–136
VI. Inhalt des Aufhebungsvertrages	137–332
1. Einfacher/ausführlicher Aufhebungsvertrag	137–139
2. Mindestinhalt	140–143
3. Regelungsmaterien des Aufhebungsvertrags	144–332
a) Beendigung	144
b) Bezüge	145–182
c) Abfindung	183–228
d) Freistellung und Urlaub	229–243
e) Wettbewerbsverbot während des Arbeits-/Berufsausbildungsverhältnisses	244
f) Nachvertragliches Wettbewerbsverbot	245–249
g) Geschäfts- und Betriebsgeheimnisse	250–253
h) Diensterfindungen	254–258
i) Aus- und Fortbildungskosten	259–267
j) Dienstwagen	268–276
k) Werkwohnung	277–284
l) Betriebliche Altersversorgung	285–298
m) Geschäftsunterlagen und Arbeitsmittel	299–301
n) Zeugnis und Auskunft	302–305
o) Arbeitspapiere	306/307

	Rn.
p) Aufrechnung/Zurückbehaltungsrecht	308/309
q) Steuer-/Sozialrechtliche Konsequenzen	310
r) Erledigungsklausel	311–329
s) Salvatorische Klausel	330–332
VII. Auslegung	333/334
VIII. Gesetzliche Grenzen	335–358
1. Nichtigkeit nach §§ 104 Nr. 2, 105 BGB	335/336
2. Nichtigkeit nach § 134 BGB	337–346
3. Nichtigkeit nach § 138 BGB	347–352
4. Unwirksamkeit nach § 242 BGB	353
5. AGB-Kontrolle	354/355
6. Benachteiligungsverbot nach § 7 AGG	356/357
7. Verbot der Ungleichbehandlung nach Art. 3 GG	358
IX. Beseitigung von Aufhebungsverträgen	359–420
1. Anfechtung	359–396
a) Inhalts-/Eigenschaftsirrtum nach § 119 BGB	360–365
b) Arglistige Täuschung/Widerrechtliche Drohung nach § 123 BGB	366–392
c) Darlegungs- und Beweislast	393
d) Anfechtungsfrist	394–396
2. Rücktritts-/Widerrufsrecht	397–420
a) Gesetzliches Rücktritts-/Widerrufsrecht	398–402
b) Tarifvertragliches Widerrufsrecht	403
c) Einzelvertragliches Rücktritts-/Widerrufsrecht	404–407
d) Außerordentliche/ordentliche Kündigung während Ausflauffrist	408–410
e) Schadensersatz	411
f) Störung der Geschäftsgrundlage	412/418
g) Unzulässige Rechtsausübung	419/420
X. Prozessuale Folgen	421–423
XI. Rechtsfolgen	424–445
1. Arbeitsrechtliche Folgen	424
2. Sozialrechtliche Folgen	425–445
a) Ruhen des Anspruchs auf Arbeitslosengeld	426–435
b) Sperrzeit beim Arbeitslosengeldanspruch	436–445

I. Zulässigkeit

1. Grundsatz der Vertragsfreiheit

1   Der **Arbeits-, Dienst-** und **(Berufs)Ausbildungsvertrag** darf nach dem in Art. 2 Abs. 1 GG, Art. 12 Abs. 1 GG (Arbeitnehmer/Auszubildender), Art. 12 Abs. 1 GG (Arbeitgeber) garantierten und in §§ 241, 311 BGB normierten Grundsatz der Vertragsfreiheit jederzeit mit Wirkung **für die Zukunft** durch Aufhebungsvertrag beendet werden. Der Aufhebungsvertrag ist nach seinem Regelungsgehalt auf eine **alsbaldige** Beendigung der vertraglichen Beziehungen gerichtet.[1] Die zweiseitige Vereinbarung über das vorzeitige Ausscheiden aus dem Arbeitsverhältnis wird in § 623 BGB als **Auflösungsvertrag** bezeichnet. Der Arbeitnehmer hat grundsätzlich **keinen** Anspruch auf Abschluss eines Aufhebungsvertrags, insbesondere wird sich ein solcher Anspruch nicht aus dem Gleichbehandlungsgrundsatz herleiten lassen.[2] § 623 BGB bezeichnet diesen Vertrag als **Auflösungsvertrag**.

2   Der Aufhebungsvertrag bei einem geplanten **Betriebsübergang** im Rahmen eines **dreiseitigen** Vertrags mit einer Beschäftigungs- und Qualifizierungsgesellschaft ist zulässig, wenn die Abrede auf das **endgültige** Ausscheiden des Arbeitnehmers aus dem Betrieb gerichtet und nicht zugleich ein neues Arbeitsverhältnis zum Betriebsübernehmer vereinbart oder verbindlich in Aussicht gestellt ist.[3] Eine Umgehung des § 1 Abs. 3 KSchG liegt nicht vor, wenn der Veräußerer mit dem Arbeitnehmer einen Aufhebungsvertrag schließt und dieser dann in

---
[1] *Bengelsdorf* Aufhebungsvertrag S. 2 f.
[2] BAG 25.2.2010 – 6 AZR 911/08, NZA 2010, 561, 564 Rn. 26 ff.
[3] BAG 18.8.2005 – 8 AZR 523/04, BB 2006, 664 (666) Rn. 26 ff.

einer **Beschäftigungsgesellschaft** tätig ist, aus der der Erwerber wieder Arbeitnehmer einstellt.[4]

Die **rückwirkende Beendigung** des Arbeitsverhältnisses ist nur in den **Ausnahmefällen** 3 möglich, in denen das Arbeitsverhältnis vor Aufnahme der Tätigkeit des Arbeitnehmers einvernehmlich beendet wird oder nach Beginn der Arbeit außer Funktion bzw. Vollzug gesetzt ist. Scheidet der Arbeitnehmer nach einer arbeitgeberseitigen Kündigung aus, wird das Arbeitsverhältnis zu diesem Zeitpunkt außer Funktion gesetzt und die Arbeitsvertragsparteien dürfen zB in einem Kündigungsschutzverfahren vereinbaren, das Arbeitsverhältnis zu diesem Zeitpunkt einvernehmlich zu beenden.[5] Das Gleiche gilt, falls das Arbeitsverhältnis nach anfänglich vertragsgemäßer Durchführung in seinem weiteren Verlauf außer Vollzug gesetzt wird. Die Arbeitsvertragsparteien dürfen das nur noch rechtlich bestehende Vertragsverhältnis zu dem **Zeitpunkt** aufheben, zu dem es faktisch nicht mehr durchgeführt ist.[6] Liegt eine unwirksame rückwirkende Aufhebungsvereinbarung vor, ist zu prüfen, ob sie sich nach § 140 BGB in eine Vereinbarung zum Zeitpunkt des Vertragsabschlusses **umdeuten** lässt.

Die Arbeitsvertragsparteien dürfen einen **Vorvertrag** über die Aufhebung ihrer Vertrags- 4 beziehungen schließen, in dem sie sich zur Vereinbarung eines Aufhebungsvertrags nebst Zahlung einer Abfindung verpflichten. Der Vertrag ist **schriftlich** zu vereinbaren.[7]

Ist der Arbeits-, Dienst-, Ausbildungsvertrag wirksam einvernehmlich beendet, darf der 5 Arbeitgeber frei entscheiden, ob er dem ausgeschiedenen Vertragspartner ein Angebot zum Abschluss eines neuen Vertrags macht oder dessen entsprechendes Angebot annimmt. Ein **Kontrahierungszwang** besteht allenfalls in eng begrenzten Ausnahmefällen. Arbeitgeber, die sich auf einen zulässigen Aufhebungsvertrag nach **§ 10 S. 3 Nr. 5 AGG** berufen können, dürfen auch die Bewerbung des Arbeitnehmers für ein Anschlussarbeitsverhältnis unter Hinweis auf dessen Alter ohne Verstoß gegen das AGG ablehnen.[8]

2. Vorteile

Der Aufhebungsvertrag stellt als Alternative zur risikoreichen Kündigung vor allem für 6 den Arbeitgeber ein nützliches und wirtschaftlich sinnvolles Instrument zur – kurzfristigen – Beendigung der vertraglichen Beziehungen dar. Es sollte daher **stets** geprüft werden, ob nicht anstelle einer Kündigung die einverständliche Auflösung des Arbeitsverhältnisses möglich ist. Sie ist ein wichtiges Mittel der **Personalarbeit,** das eine flexible und konfliktfreie Beendigung des Arbeitsverhältnisses ermöglicht und kosten– sowie arbeitsintensive Folgestreitigkeiten vermeidet.

Für den **Arbeitgeber** sind insbesondere folgende Vorteile zu nennen: Das Arbeitsverhältnis 7 darf ohne Berücksichtigung von gesetzlichen oder kollektivrechtlich bzw. einzelvertraglich festgelegten **Kündigungsfristen** und -terminen kurzfristig aufgelöst werden. Der **allgemeine Kündigungsschutz** findet keine Anwendung. Der **besondere Kündigungsschutz** für bestimmte Arbeitnehmergruppen – zB Betriebsratsmitglieder, Jugendvertreter, Schwerbehinderte, Schwangere und Mütter nach der Entbindung, Arbeitnehmer ab Verlangen der Elternzeit und während der Elternzeit bzw. der Pflegezeit sowie ältere Arbeitnehmer mit besonderem tariflichen Kündigungsschutz – greift nicht ein. Behördliche **Genehmigungen** nach § 9 Abs. 3 MuschG, § 18 Abs. 3 S. 4, 5 BEG, § 5 Abs. 2 PflegeZG, § 2 Abs. 3 FPlZG iVm § 5 Abs. 2 PflegeZG, §§ 85 ff. SGB IX sind entbehrlich. Bei Abschluss eines prinzipiell zulässigen Aufhebungsvertrags mit einem **arbeitsunfähig krank geschriebenen** Arbeitnehmer ist zu beachten, dass sich nach Maßgabe des § 8 EFZG Zahlungsansprüche der Krankenkasse gegen den Arbeitgeber aus übergegangenem Recht ergeben können. Ferner beziehen sich das **Anhörungs-** und **Zustimmungsrecht des Betriebsrats** nach §§ 102, 103 BetrVG mit den damit verbundenen Unwägbarkeiten für eine ordnungsgemäße Kündigung nicht auf den Auf-

---

[4] BAG 23.11.2006 – 8 AZR 349/06, NZA 2007, 866 (868) Rn. 23 ff.
[5] *Bengelsdorf* Aufhebungsvertrag S. 83 f.
[6] BAG 18.8.2011 – 8 AZR 312/10, NZA 2012, 152 (154) Rn. 32 ff.
[7] BAG 17.12.2009 – 6 AZR 242/09, NZA 2010, 273 (276) Rn. 23 ff.
[8] BAG 24.2.2011 – 6 AZR 626/09, NZA-RR 2012, 148 (154) Rn. 76 ff.

hebungsvertrag. Es besteht auch kein genereller Anspruch des Arbeitnehmers auf **Hinzuziehung** eines Betriebsratsmitglieds beim geplanten Abschluss eines Aufhebungsvertrags.[9] Allerdings ist der Betriebsrat bei der verabredeten Kündigung und dem Abschluss eines **Abwicklungsvertrags** nach § 102 BetrVG anzuhören. Gleiches gilt grundsätzlich für die Anhörungspflicht nach § 31 Abs. 2 SprAuG, sofern es sich bei dem Arbeitnehmer um einen **leitenden Angestellten** handelt. Allerdings hat der Arbeitgeber den Sprecherausschuss nach § 31 Abs. 1 SprAuG über den Aufhebungsvertrag rechtzeitig zu unterrichten. Es ist umstritten, ob die Unterrichtung **vor** Einleitung der Aufhebungsverhandlungen stattfinden muss. Außerdem ist der leitende Angestellte nach § 26 Abs. 1 SprAuG berechtigt, bei den Verhandlungen über den Abschluss eines Aufhebungsvertrags ein Mitglied des Sprecherausschusses zur Unterstützung zu beteiligen. Es ist nicht abschließend geklärt, ob ein Anspruch des leitenden Angestellten besteht, einen Anwalt an solchen Gesprächen teilnehmen zu lassen.[10] Schließlich werden Aufhebungsverträge nicht ohne weiteres vom Tatbestand der **anzeigepflichtigen Entlassungen** in §§ 17ff. KSchG erfasst. Im Gegensatz zur Befristung bzw. auflösenden Bedingung des Arbeitsvertrags bedarf der Aufhebungsvertrag **keiner sachlichen Rechtfertigung**. So liegt in der Vereinbarung der Arbeitsvertragsparteien, das Arbeitsverhältnis zum Ablauf der ordentlichen Kündigungsfrist aus betrieblichen Gründen gegen Zahlung einer Abfindung zu beenden, keine nachträgliche Befristung des Arbeitsverhältnisses, die eines sachlichen Grundes bedarf. Das gilt ebenfalls, wenn die Parteien später den Beendigungstermin auf das Ende der nächsten Kündigungsfrist hinausschieben. Ebenso bedarf ein **Altersaufhebungsvertrag** im Rahmen des § 41 SGB VI keines sachlichen Grundes im Sinne der Befristungsrechtsprechung. **Ausnahmsweise** soll etwas anderes gelten, wenn der Aufhebungsvertrag nach seinem Regelungsgehalt nicht auf die alsbaldige Beendigung, sondern auf die befristete Fortsetzung des Arbeitsverhältnisses gerichtet ist, zB der Beendigungszeitpunkt die einschlägige Kündigungsfrist um ein vielfaches überschreitet und Abreden fehlen, wie sie im Aufhebungsvertrag üblich sind, ua Freistellung, Urlaubsregelungen, Abfindung.[11] Diese Auffassung überzeugt nicht. Der Arbeitnehmer kann das Befristungsangebot des Arbeitgebers wie dessen Aufhebungsofferte durch ein **schlichtes Nein** ablehnen. Ebenso wenig setzt der Aufhebungsvertrag zu seiner Wirksamkeit das Vorliegen eines **wichtigen Grundes** iSd § 626 Abs. 1 BGB voraus. Der **vorsorgliche Aufhebungsvertrag** während der **Probezeit** ermöglicht, den neuen Mitarbeiter zusätzlich zu prüfen. Sieht der Arbeitgeber die Probezeit als nicht bestanden an, darf er dem Arbeitnehmer eine Bewährungschance geben, indem er in der sechsmonatigen Wartezeit des § 1 KSchG einen unbedingten Aufhebungsvertrag mit bedingter Wiedereinstellungszusage bei Erreichen der nötigen Qualifikation innerhalb eines überschaubaren Zeitraums vereinbart.[12] Der überschaubare Zeitraum darf vier[13] bzw. sechs Monate[14] betragen. Die Vorschriften der § 77 Abs. 4 BetrVG, § 4 Abs. 4 TVG stehen dem Abschluss eines Aufhebungsvertrags nicht entgegen.

8 Für den **Arbeitnehmer** ist zunächst der Bestandsschutz des Arbeitsverhältnisses und weniger die Möglichkeit seiner Beendigung von ausschlaggebender Bedeutung. Außerdem kann der Abschluss eines Aufhebungsvertrags nach § 159 Abs. 1 S. 2 Nr. 1 SGB III eine **Sperrzeit** von zwölf Wochen zur Folge haben und eine Abfindung nach Maßgabe des § 158 SGB III zu einem weiteren **Ruhen** des **Arbeitslosengeldanspruchs** führen. Gleichwohl kann auch der Arbeitnehmer aus dem Abschluss eines Aufhebungsvertrags Vorteile haben: Die Beendigung der arbeitsvertraglichen Beziehungen ohne Einhaltung der an sich zu beachtenden Kündigungsfrist kann dem Arbeitnehmer die **Wahrnehmung** einer sich kurzfristig anbietenden **beruflichen Chance** in einem anderen Unternehmen ermöglichen. Er setzt sich auf diese Weise keinen Schadensersatzansprüchen des Arbeitgebers wegen Verletzung der Arbeitspflicht während der Kündigungsfrist aus. Liegen personen- oder verhaltensbedingte Gründe vor, die den Arbeitgeber zur Kündigung des Arbeitsverhältnisses berechtigen, kann der Mitarbei-

---

[9] *Bauer/Krieger/Arnold* ArbR-Aufhebungsverträge II Rn. 306 ff.
[10] *Abeln* AuA 9 (2005), 546 (547).
[11] BAG 15.2.2007 – 6 AZR 286/06, NZA 2007, 614 (616) Rn. 16.
[12] *Lembke* DB 2002, 2648; krit. *Hümmerich* Aufhebungsvertrag § 9 Rn. 199 f.
[13] LAG Mecklenburg-Vorpommern 24.6.2014 – 5 Sa 222/13, NZA-RR 2015, 72 (73).
[14] LAG Rheinland-Pfalz 5.1.1999 – 2 (4) Sa 1139/98, NZA 2000, 259.

ter durch den Abschluss eines Aufhebungsvertrags der **Publizität** des **Kündigungsgrundes** und den daraus folgenden Nachteilen entgehen. Bei schweren Verfehlungen kann er sich den Makel einer außerordentlichen Kündigung ersparen. Für die Erteilung eines **Zeugnisses** kann in diesen Fällen der Hinweis auf die einvernehmliche Beendigung des Arbeitsvertrags auf Wunsch des Arbeitnehmers vorteilhaft sein. Im Übrigen kann sich bereits die Tatsache eines laufenden Kündigungsschutzverfahrens nachteilig auf die Bewerbung des Arbeitnehmers auswirken. Schließlich kann es das Interesse des Arbeitnehmers sein, auf seinen gesetzlichen Arbeitnehmerschutz gegen Geld zu verzichten.[15]

3. Abgrenzung zum Abwicklungsvertrag

Aufhebungsvertrag und Abwicklungsvertrag stellen völlig **unterschiedliche Gestaltungsmöglichkeiten** der Beendigung des Arbeitsverhältnisses dar. Durch den **Aufhebungsvertrag** wird das Arbeitsverhältnis einvernehmlich, dh durch zwei übereinstimmende Willenserklärungen beendet, ohne dass zuvor seitens des Arbeitgebers eine Kündigung erklärt sein muss. Es besteht ein **zweiseitiges** Rechtsgeschäft. Demgegenüber liegt dem **Abwicklungsvertrag** eine Kombination aus **einseitigem** und **zweiseitigem** Rechtsgeschäft zugrunde. Der Abwicklungsvertrag führt nicht zur Beendigung des Arbeitsverhältnisses.[16] Dem Vertrag geht eine arbeitgeberseitige – regelmäßig fristgerechte – Kündigung des Arbeitsverhältnisses voraus. Sie löst das Arbeitsverhältnis durch einseitiges Rechtsgeschäft auf. Die kündigungsschutzrechtlichen Bestimmungen ua im Kündigungsschutzgesetz und in den Sonderschutzgesetzen (zB MuSchG, BEEG, SGB IX für Schwerbehinderte, § 5 PflegeZG, § 2 Abs. 3 FPfZG iVm § 5 Abs. 2 PflegeZG) **sind anzuwenden**. Der Betriebsrat ist gem. §§ 102, 103 BetrVG zu beteiligen. Die Regelung von Modalitäten der Arbeitsverhältnisbeendigung erfolgt über das zweiseitige Rechtsgeschäft des Abwicklungsvertrags. Der Arbeitnehmer bringt im Abwicklungsvertrag zum Ausdruck, die Kündigung hinzunehmen, und regelt mit dem Arbeitgeber einverständlich Pflichten und Rechte im Zusammenhang mit der Beendigung des Arbeitsverhältnisses.[17] Der Abschluss eines Abwicklungsvertrags wird vor allem zur **Vermeidung** der Anrechnung einer Abfindung (§ 143a SGB III) und des Ausspruchs einer Sperrzeit vor Bezug von Arbeitslosenunterstützung (§ 144 Abs. 1 Nr. 1 SGB III) empfohlen.[18] Er ist mit hohen Risiken verbunden.[19]

Nach allgemeinen Auslegungsgrundsätzen (§§ 157, 133 BGB) ist zu ermitteln, ob ein Aufhebungs-, **echter** oder **unechter** Abwicklungsvertrag geschlossen ist. Dem **echten** Abwicklungsvertrag geht eine zwischen den Parteien nicht abgesprochene Kündigung voraus. Die Auslegung des zweiseitigen Rechtsgeschäfts ist von besonderer Bedeutung. Erklärt der Arbeitnehmer zB in der Erledigungsklausel, keine Einwendungen gegen die Kündigung zu haben oder die Kündigung hinzunehmen, liegt ein **Klageverzichts**vertrag vor,[20] der einerseits bewirkt, dass die Erhebung einer Kündigungsschutzklage unzulässig ist, **und** je nach Lage des Falles andererseits die materiell-rechtliche Beendigung des Arbeitsverhältnisses in Form eines Aufhebungsvertrags enthalten kann. Ein Aufhebungsvertrag soll vorliegen, wenn der Klageverzicht im unmittelbaren zeitlichen und sachlichen Zusammenhang mit der Kündigungserklärung erfolgt.[21] Es lässt sich nicht klar abgrenzen, unter welchen Voraussetzungen ein solcher Zusammenhang besteht, so dass stets eine **schriftliche Erklärung** vorliegen sollte.[22] Die Klageverzichtsvereinbarung ist als **gesonderte Abrede** nur mit einer kompensatorischen Gegenleistung wirksam, zB in Bezug auf Beendigungszeitpunkt, Beendigungsart, Zahlung einer Abfindung, Verzicht auf Ersatzansprüche.[23] Etwas anderes wird grundsätzlich bei

---

[15] BAG 25.2.2010 – 6 AZR 911/08, NZA 2010, 561 (566) Rn. 41.
[16] BAG 17.12.2015 – 6 AZR 709/14, NZA 2016, 361 (363) Rn. 32.
[17] *Hümmerich* SAE 2005, 100.
[18] *Hümmerich* NZA 2001, 1280.
[19] *Popp* AuA 2001, 148 (150 ff.).
[20] *Hümmerich* SAE 2005, 100 (101 f.); *Bauer/Krieger* NZA 2006, 306.
[21] BAG 19.4.2007 – 2 AZR 208/06, NZA 2007, 1227 (1229) Rn. 25 ff.; *Kroeschell* NZA 2008, 560 (562); aA *Hümmerich* SAE 2005, 100 (101 f.); *Schöne* SAE 2008, 155 (156).
[22] *Bauer/Krieger/Arnold* ArbR-Aufhebungsverträge A Rn. 16.
[23] BAG 25.9.2014 – 2 AZR 788/13, NZA 2015, 351 (352) Rn. 24; *Laws* MDR 2015, 1342 (1346 ff.).

einem Klageverzicht gegen eine Kündigung innerhalb eines Aufhebungsvertrags zu gelten haben.[24] Der formularmäßige Verzicht auf eine Klage gegen den **Aufhebungsvertrag** soll dagegen unangemessen benachteiligend sein, wenn er ohne kompensatorische Gegenleistung erfolgt oder der Aufhebungsvertrag mittels einer widerrechtlichen Drohung zustande kommt.[25] Sperrzeitrechtlich stellt das BSG den echten Abwicklungsvertrag dem Aufhebungsvertrag gleich und wirft dem Arbeitnehmer die Lösung des Beschäftigungsverhältnisses im Sinne des § 144 Abs. 1 S. 2 Nr. 1 SGB III vor.[26] Der **unechte** Abwicklungsvertrag ist dadurch gekennzeichnet, dass die Arbeitsvertragsparteien **vor** Erklärung der Kündigung in einer Vorfeldabsprache den Konsens erzielen, ihr Arbeitsverhältnis einvernehmlich durch arbeitgeberseitige Kündigung mit anschließendem Abwicklungsvertrag zu beenden.[27] **Sperrzeitrechtlich** stellt das BSG den unechten Abwicklungsvertrag einem Aufhebungsvertrag gleich und wirft dem Arbeitnehmer die Lösung des Beschäftigungsverhältnisses im Sinne des § 159 Abs. 1 S. 2 Nr. 1 SGB III vor.[28] Unabhängig davon, ob dem BSG zu folgen ist, kommen **arbeitsrechtlich** andere Auslegungsvarianten in Betracht: Der unechte Abwicklungsvertrag muss nicht zwingend als getarnter Aufhebungsvertrag die Auflösung des Arbeitsverhältnisses bewirken. Er kann als Vorvertrag über eine künftig abzuschließende Abwicklungsvereinbarung oder als rechtlich unverbindliches faktisches Übereinkommen ausgelegt werden, wie zum Zwecke der Beendigung des Arbeitsverhältnisses und dessen gerichtlicher Unanfechtbarkeit verfahren werden soll.[29]

11 Mit Ausnahme der Regelung bezüglich der einvernehmlichen Beendigung des Arbeitsverhältnisses, die ausschließlich Gegenstand des Aufhebungsvertrages sein darf, können der Aufhebungsvertrag und Abwicklungsvertrag den **gleichen Inhalt** haben.

Muster: Einfacher Aufhebungs-/Abwicklungsvertrag

12 **Aufhebungsvertrag**

Zwischen
......
(im Nachstehenden „Firma" genannt)
und
Herrn/Frau ......, wohnhaft in ......

§ 1 Beendigung

Die Firma und Herr/Frau ...... sind sich einig, dass das am ...... begründete Arbeitsverhältnis auf Veranlassung der Firma mit Ablauf des ...... im beiderseitigen Einverständnis geendet hat/enden wird.

Alternativ

Die Firma und Herr/Frau ...... sind sich einig, dass das am ...... begründete Arbeitsverhältnis aus betriebsbedingten/personenbedingten Gründen auf Veranlassung der Firma mit Ablauf des ...... geendet hat/enden wird.

§ 2 Aufklärung

Herr/Frau ...... verzichtet auf Hinweise der Firma auf mögliche Konsequenzen, die sich aus diesem Aufhebungsvertrag für Herrn/Frau ...... ergeben können.

---

[24] *Laws* MDR 2015, 1342 (1349).
[25] BAG 12.3.2015 – 6 AZR 82/14, NZA 2015, 676 (678) Rn. 27, kritisch *Laws* MDR 2015, 1342 (1349).
[26] BSG 18.12.2003 – B 11 AL 35/03 R, SAE 2005, 109 (111 ff.); Bundesagentur für Arbeit, DA zu § 144 SGB III Nr. 144.109 (Stand 4/2011).
[27] *Bauer/Krieger* NZA 2006, 306 f.; *Bauer/Krieger/Arnold* ArbR-Aufhebungsverträge I Rn. 20; kritisch *Hümmerich* SAE 2005, 100 (101).
[28] BSG 18.12.2003 – B 11 AL 35/03 R, SAE 2005, 109 (112).
[29] BAG 28.6.2005 – 1 ABR 25/04, BB 2006, 1059 (1060) Rn. 21 ff.; krit. *Bauer/Krieger* NZA 2006, 306 (307 f.).

§ 3 Erledigungsklausel

Herr/Frau ...... und die Firma sind sich einig, dass mit der Erfüllung dieser Vereinbarung alle bekannten und unbekannten gegenseitigen Ansprüche aus und in Verbindung mit dem Arbeitsverhältnis und seiner Beendigung abgegolten sind und keine Tatsachen vorliegen, aus denen sich im Hinblick auf das Arbeitsverhältnis sowie auf seine Beendigung Ansprüche irgendwelcher Art herleiten lassen. Von dieser Erledigungsklausel nicht erfasst sind die Ansprüche des Arbeitnehmers auf zu zahlen.

- ☐ Restliches Arbeitsentgelt einschließlich Lohnfortzahlung
- ☐ Provision/Tantieme/Jahressonderzahlung/Jahresabschlussvergütung
- ☐ Gratifikation
- ☐ Urlaubsentgelt/zusätzliches Urlaubsgeld
- ☐ Abfindung aus § ... des Vertrags/Sozialplans vom ......
- ☐ Betriebliche Altersversorgung
- ☐ Vermögenswirksame Leistungen
- ☐ Qualifiziertes Zeugnis
- ☐ Karenzentschädigung für das im Arbeitsvertrag/am ...... vereinbarte nachvertragliche Wettbewerbsverbot
- ☐ Arbeitnehmererfindervergütung

und des Arbeitgebers auf

- ☐ Zahlung von ...... (zB aus Darlehensvertrag vom ......)
- ☐ Herausgabe des/der ......

Damit sind alle Ansprüche – gleichgültig aus welchen Rechtsgründen – abgegolten.

Herr/Frau ...... verzichtet ausdrücklich auf die Geltendmachung etwaiger Anfechtungs- und Widerrufsrechte. Her/Frau ...... erhebt gegen die Kündigung keine Einwendungen und nimmt sein/ihr Recht nicht wahr, das Fortbestehen des Arbeitsverhältnisses geltend zu machen. Herr/Frau ...... wird eine mit diesem Ziel bereits erhobene Klage nicht mehr durchführen.

......
(Ort, Datum)

....
(Arbeitgeber) (Arbeitnehmer)

Abwicklungsvertrag

Zwischen

......
(im Nachstehenden „Firma" genannt)

und

Herrn/Frau ......, wohnhaft in ......

§ 1 Beendigung

Die Firma hat das am ...... begründete Arbeitsverhältnis fristgerecht aus betriebsbedingten/personenbedingten Gründen am ...... zum ...... gekündigt. Die Firma und Herr/Frau ...... sind sich einig, dass die Herrn/Frau ...... ausgesprochene Kündigung das Arbeitsverhältnis rechtswirksam zum ...... beendet hat/beenden wird. Für die Abwicklung des Arbeitsverhältnisses werden die folgenden Abreden vereinbart:

§ 2 Abwicklung

Das Arbeitsverhältnis wird bis zu seiner Beendigung von beiden Seiten ordnungsgemäß abgewickelt.

> **§ 3 Erledigungsklausel**
> Herr/Frau ...... und die Firma sind sich einig, dass mit der Erfüllung dieser Vereinbarung alle bekannten und unbekannten gegenseitigen Ansprüche aus und in Verbindung mit dem Arbeitsverhältnis und seiner Beendigung abgegolten sind und keine Tatsachen vorliegen, aus denen sich im Hinblick auf das Arbeitsverhältnis sowie auf seine Beendigung Ansprüche irgendwelcher Art herleiten lassen. Von dieser Erledigungsklausel nicht erfasst sind die Ansprüche des Arbeitnehmers auf
> ☐ Restliches Arbeitsentgelt einschließlich Lohnfortzahlung
> ☐ Provision/Tantieme/Jahressonderzahlung/Jahresabschlussvergütung
> ☐ Gratifikation
> ☐ Urlaubsentgelt/zusätzliches Urlaubsgeld
> ☐ Abfindung aus § ... des Vertrags/Sozialplans vom ......
> ☐ Betriebliche Altersversorgung
> ☐ Vermögenswirksame Leistungen
> ☐ Qualifiziertes Zeugnis
> ☐ Karenzentschädigung für das im Arbeitsvertrag/am ...... vereinbarte nachvertragliche Wettbewerbsverbot
> ☐ Arbeitnehmererfindervergütung
> und des Arbeitgebers auf
> ☐ Zahlung von ...... (zB aus Darlehensvertrag vom ......)
> ☐ Herausgabe des/der ......
>
> Damit sind alle Ansprüche – gleichgültig aus welchen Rechtsgründen – abgegolten.
>
> Gegen die Kündigung werden von Herrn/Frau ...... keine Einwendungen erhoben.
>
> ......
> (Ort, Datum)
>
> ....
> (Arbeitgeber)   (Arbeitnehmer)

14 In der Sache wird der Abwicklungsvertrag durch den neu eingefügten **§ 1a KSchG** legalisiert. Die Norm sieht vor, dass der betriebsbedingt gekündigte Arbeitnehmer unter bestimmten Voraussetzungen einen Anspruch auf Abfindung erwirbt. Die Abfindung entspricht nach ihrem Charakter einer einzelvertraglich zwischen den Arbeitsvertragsparteien für die Hinnahme der Kündigung vereinbarten Abfindung Die Vorschrift enthält nach umstrittener Ansicht eine Kombination aus **einseitigem Rechtsgeschäft** – Hinweis des Arbeitgebers auf Entstehung des Abfindungsanspruchs bei Verstreichenlassen der Klagefrist – und **gesetzlichem Schuldverhältnis** – Entstehung des Abfindungsanspruchs über das durch Zeitablauf generierte gesetzliche Schuldverhältnis.[30] § 1a KSchG beschränkt die Vertragsfreiheit der Arbeitsvertragsparteien nicht. Sie dürfen neben dem Prozedere des § 1a KSchG durch einvernehmliche Abrede das Arbeitsverhältnis gegen Zahlung einer geringeren oder höheren Abfindung auflösen. Entscheidend ist, ob das Vorgehen der Arbeitsvertragsparteien nach der Erklärung des Arbeitgebers dem Verfahren des § 1a KSchG zuzuordnen oder als vertragliche Abfindungsvereinbarung zu deuten ist.[31] Bezüglich der **Sperrzeit** nach **§ 159 Abs. 1 S. 2 Nr. 1 SGB III** soll § 1a Abs. 2 KSchG eine Ausstrahlung entfalten und eine Privilegierung als wichtiger Grund in Betracht kommen, wenn die Höhe der Abfindung den Betrag nach § 1a Abs. 2 KSchG nicht übersteigt.[32]

15 Die Entstehung des Anspruchs setzt im Einzelnen voraus.
- Der Arbeitnehmer muss den **allgemeinen Kündigungsschutz** nach §§ 1 Abs. 1, 23 Abs. 1 KSchG genießen.[33]

---

[30] *Hümmerich* SAE 2005, 100; aA *Thüsing/Stelljes* BB 2003, 1673 (1677); offengelassen BAG 10.5.2007 – 2 AZR 45/06, NZA 2007, 1043 (1044) Rn. 23.
[31] BAG 19.6.2007 – 1 AZR 340/06, NZA 2007, 1357 (1358) Rn. 18 ff.
[32] BSG 12.7.2006 – B 11a AL 47/05 R, NJW 2006, 3514 (3516) mAnm *Ricken*; → Rn. 437 ff.
[33] *Maschmann* AuA 2003, 6.

- Der Anspruch kommt nur bei **betriebsbedingten** Kündigungen in Betracht. Allerdings genügt es nach dem Willen des Gesetzgebers, dass der Arbeitgeber die Kündigung als betriebsbedingt bezeichnet. Es kann auch eine Kündigung aus **verhaltens-** oder **personenbedingten** Gründen als betriebsbedingt iSd § 1a KSchG deklariert werden. Es ist letztlich gleichgültig, ob überhaupt ein Kündigungsgrund besteht.[34]
- Die Abfindungsregelung des § 1a KSchG gilt nach dem Willen des Gesetzgebers nur bei einer **ordentlichen** betriebsbedingten Kündigung. Nach Sinn und Zweck der Norm ist es geboten, sie auf die Fälle analog anzuwenden, in denen ausnahmsweise eine **außerordentliche betriebsbedingte** Kündigung mit **Auslauffrist** möglich ist, insbesondere bei tarif- oder einzelvertraglichem Ausschluss der ordentlichen Kündigung.[35] Entsprechendes gilt für die **Änderungskündigung**. Der Hinweis, den der Arbeitgeber für den Abfindungsanspruch zu geben hat, muss dann mit dem Kündigungsausspruch verbunden werden.[36]
- **Unverzichtbare** Voraussetzung für den Abfindungsanspruch ist der **Hinweis** des Arbeitgebers, der Arbeitnehmer könne die Abfindung nach Beendigung des Arbeitsverhältnisses beanspruchen, wenn er die dreiwöchige Frist für die Erhebung der Kündigungsschutzklage nach § 4 S. 1 KSchG verstreichen lasse. Ein Hinweis auf die Rechtskraft der Kündigung genügt diesen Anforderungen nicht. Der Arbeitgeber muss die Zahlung der Abfindung ausdrücklich anbieten. Es ist in die Entscheidungsbefugnis des Arbeitgebers gestellt, ob er dem Arbeitnehmer das Abfindungsverfahren nach § 1a KSchG anträgt oder eine betriebsbedingte Kündigung ohne Abfindungsangebot ausspricht.[37]
- Dieser Hinweis des Arbeitgebers ist eine **empfangsbedürftige Willenserklärung**.[38] Es gelten für Fragen der Geschäftsfähigkeit des Arbeitgebers und Arbeitnehmers, des Vertretungsrechts, der Form, des Zugangs, der Auslegung, der Anfechtung oder des Dissenses die allgemeinen Vorschriften des BGB. Der Arbeitgeber ist an seinen Hinweis bis zum Ablauf der Klagefrist gebunden (§ 145 BGB).[39]
- Der Hinweis hat **schriftlich zusammen** mit der Kündigungserklärung zu erfolgen, § 623 BGB.[40] Die Grundsätze zur Einheitlichkeit der Urkunde sind zu beachten. Es reicht nicht aus, wenn das Angebot in einem gesonderten Schreiben an den Arbeitnehmer erfolgt. Es kann als Angebot auf Abschluss einer Vereinbarung außerhalb des § 1a KSchG auszulegen sein.[41] Kündigt der Arbeitgeber **mehrfach**, ist der Hinweis zu wiederholen. Es ist umstritten, ob sich der Arbeitgeber auf den Verstoß gegen das Schriftformerfordernis berufen darf, wenn er die Abfindung nach § 1a KSchG nur **mündlich** anbietet und der Arbeitnehmer daraufhin keine Kündigungsschutzklage einreicht.[42]
- Die Angabe des genauen **Abfindungsbetrags** ist nicht erforderlich, um den Abfindungsanspruch zu begründen. Es genügt, wenn der Arbeitgeber erklärt, die Abfindung in der gesetzlichen Höhe zahlen zu wollen. Es entsteht ein Abfindungsanspruch in Höhe von 0,5 Monatsgehältern pro Beschäftigungsjahr. Soll die Abfindung **geringer** ausfallen, muss der Arbeitgeber ausdrücklich klarstellen, dass sein Angebot kein Angebot nach § 1a KSchG ist.[43] Beziffert der Arbeitgeber auf Wunsch des Arbeitnehmers die Höhe des Abfindungsbetrags und **verrechnet** er sich, entsteht der Abfindungsanspruch mit Ablauf der Kündigungsfrist.[44] Liegt das Angebot **über** dem gesetzlichen Abfindungsbetrag, ist durch Auslegung zu ermitteln, ob der Arbeitgeber über die gesetzliche Regelung hinaus ein Angebot auf eine höhere Abfindung unterbreiten will, das der Annahme durch den Arbeitnehmer

---

[34] AllgM, siehe zB *Preis* DB 2004, 70 (73).
[35] AllgM, siehe statt aller *Willemsen/Annuß* NJW 2004, 177 (182); *Raab* RdA 2005, 1 (5).
[36] *Maschmann* AuA 2003, 6 (8).
[37] AllgM, siehe stellvertretend *Bauer/Krieger* NZA 2004, 77.
[38] *Preis* DB 2004, 70 (71); *Bauer/Krieger* NZA 2004, 77; aA *Löwisch* NZA 2003, 689 (694): Geschäftsähnliche Handlung.
[39] *Bauer/Krieger* NZA 2004, 77; ErfK/*Oetker* KSchG § 1a Rn. 9.
[40] BAG 13.12.2007 – 2 AZR 663/06, NZA 2008, 528 (529) Rn. 21.
[41] *Thüsing/Stelljes* BB 2003, 1673 (1677).
[42] Ablehnend *Bauer/Krieger* NZA 2004, 77; BAG 13.12.2007 – 2 AZR 663/06, NZA 2008, 528 (529) Rn. 23; bejahend *Grobys* DB 2003, 2174 (2176).
[43] BAG 13.12 2007 – 2 AZR 663/06, NZA 2008, 528 (529) Rn. 21.
[44] BAG 19.6.2007 – 1 AZR 340/06, NZA 2007, 1357 (1359) Rn. 22 ff.; *Preis* DB 2004, 70 (72).

bedarf, **oder** ob er nur einen Hinweis auf die Berechnung nach § 1a Abs. 2 KSchG geben will. Entsprechendes gilt, falls der Arbeitgeber **weniger** anbietet als nach § 1a Abs. 2 KSchG vorgesehen. Bleibt der Arbeitnehmer gleichwohl untätig, kann er lediglich den reduzierten Betrag auf der Grundlage einer üblichen Abfindungsvereinbarung verlangen.[45] Ein Umgehungstatbestand liegt nicht vor.[46] An seine Erklärung nach § 1a Abs. 1 KSchG ist der Arbeitgeber mit deren Zugang beim Arbeitnehmer gebunden.[47]

- Weitere Voraussetzung ist, dass der Arbeitnehmer bis zum Ablauf der Frist des § 4 S. 1 KSchG keine **Klage** auf **Feststellung** erhebt, dass das Arbeitsverhältnis durch die Kündigung nicht aufgelöst ist. Der Ablauf der dreiwöchigen Klagefrist nach Zugang der Kündigung gem. § 4 S. 1 KSchG lässt sich im Regelfall ohne weiteres feststellen. Dem Arbeitnehmer steht kein Abfindungsanspruch aus § 1a KSchG zu, wenn er zunächst eine Kündigungsschutzklage einreicht und diese später wieder **zurücknimmt**.[48] Es ist umstritten, ob das Verstreichenlassen der Klagefrist als **Realakt**, als **geschäftsähnliche Handlung** oder als **konkludente Willenserklärung** zu verstehen ist.[49] Jedenfalls finden die allgemeinen Regelungen des BGB Anwendung.[50] Für die Anfechtung nach §§ 142 ff., 119 ff. BGB dürften arglistige Täuschungen über den Kündigungsgrund und die Zahlungsfähigkeit des Arbeitgebers von besonderer Bedeutung sein.[51] Der Abfindungsanspruch steht unter der **auflösenden Bedingung**, dass der Arbeitnehmer nach Ablauf der Kündigungsfrist keine prozessualen Schritte einleitet, um die Rechtswirksamkeit der Kündigung im Rahmen einer Kündigungsschutzklage überprüfen zu lassen. Der Anspruch ist nicht bleibend entstanden, wenn der Arbeitnehmer einen Antrag auf **nachträgliche Klagezulassung** nach § 5 KSchG stellt.[52] Das gilt auch, falls der Antrag erfolglos bleibt[53] oder die Klage **verspätet** erhoben und nicht mit einem Antrag nach § 5 KSchG verbunden wird. Entsprechendes gilt, wenn der Arbeitnehmer eine **Klage** nach **§ 6 KSchG** erhebt.[54] Macht der Arbeitnehmer später einen **Wiedereinstellungsanspruch** geltend, kann das nach richtiger Ansicht gem. § 313 BGB den Rücktritt des Arbeitgebers rechtfertigen.[55] Hat der Arbeitgeber den Abfindungsanspruch gezahlt, kann er den Betrag nach § 812 Abs. 1 S. 2 Alt. 1 BGB zurückfordern.[56]

16 Die **Rechtsfolgen** sind in § 1a Abs. 2 KSchG normiert. Es ist umstritten, ob sie **zwingend** sind.[57] Es steht den Arbeitsvertragsparteien in jedem Fall frei, andere außergerichtliche Auflösungsmöglichkeiten (Aufhebungs-, Abwicklungsvertrag) mit geringerer Abfindungsquote zu wählen.[58]

17 Die **Höhe** der Abfindung ist in § 1a Abs. 2 KSchG geregelt. Sie beträgt 0,5 Monatsverdienste für jedes Jahr des Bestehens des Arbeitsverhältnisses. § 10 Abs. 3 KSchG gilt entsprechend. Bei der Ermittlung der Dauer des Arbeitsverhältnisses ist ein Zeitraum von mehr als sechs Monaten auf ein volles Jahr aufzurunden.

18 In § 10 Abs. 3 KSchG ist geregelt, wie der zugrunde zu legende **Monatsverdienst** festzustellen ist. Es gilt als Monatsverdienst, was dem Arbeitnehmer bei der für ihn maßgebenden regelmäßigen Arbeitszeit in dem Monat, in dem das Arbeitsverhältnis endet, an Geld und Sachbezügen zusteht. Es ist zunächst auf die regelmäßige **individuelle Arbeitszeit** des Arbeit-

---

[45] *Preis* DB 2004, 70 (73).
[46] *Maschmann* AuA 2003, 6 (10); aA *Meinel* DB 2003, 1438 (1439).
[47] ErfK/*Oetker* KSchG § 1a Rn. 12.
[48] BAG 20.8.2009 – 2 AZR 267/08, NZA 2009, 1197 Rn. 10 f.
[49] *Grobys* DB 2003, 2174; *Bader* NZA 2004, 65 (70): Realakt; *Löwisch* NZA 2003, 689 (694): Geschäftsähnliche Handlung; *Preis* DB 2004, 70 (71 f.): Konkludente Willenserklärung.
[50] *Bauer/Krieger* NZA 2004, 77; aA folgerichtig *Bader* NZA 2004, 65 (71): Keine Anwendung der Vorschriften über Willenserklärungen auf Realakt.
[51] *Bauer/Krieger* NZA 2004, 77.
[52] BAG 19.2.2009 – 2 AZR 286/07, NZA 2009, 980 (984) Rn. 57.
[53] BAG 20.8.2009 – 2 AZR 287/08, NZA 2009, 1197 Rn. 10.
[54] Schaub ArbR-HdB/*Linck* § 134 Rn. 65.
[55] ErfK/*Oetker* KSchG § 1a Rn. 14a.
[56] ErfK/*Oetker* KSchG § 1a Rn. 14a.
[57] So *Preis* DB 2004, 70 (72); aA *Willemsen/Annuß* NJW 2004, 177 (183).
[58] AllgM, siehe nur *Thüsing/Stelljes* BB 2003, 1673 (1677); *Bader* NZA 2004, 65 (72).

nehmers abzustellen. Diese kann von der regelmäßigen betriebsüblichen Arbeitszeit abweichen. Nicht zu berücksichtigen sind zB Kurzarbeit oder unregelmäßig anfallende Überstunden. Kontinuierlich über einen längeren Zeitraum geleistete Überstunden können zu einer Verlängerung der individuellen regelmäßigen Arbeitszeit führen. Verdienstminderungen, die durch Krankheit, Urlaub oder sonstige außergewöhnliche Ereignisse eintreten, sind nicht zu beachten. Es ist dann die regelmäßige individuelle Arbeitszeit zugrunde zu legen, die der Arbeitnehmer ohne Eintritt der Ereignisse leisten musste. Der maßgebliche **Zeitpunkt** ist der Monatsverdienst für den Monat, in dem das Arbeitsverhältnis endet. Das ist der Monat, in dem der Tag liegt, der das Ende der Kündigungs- oder Auslauffrist bestimmt. Zu den **Geldbezügen** zählt die Grundvergütung. Hat der Arbeitnehmer Anspruch auf **Sonderzahlungen** mit **Entgeltcharakter** (zB 13., 14. Monatsgehalt, Urlaubs- oder Weihnachtsgeld, Tantieme), sind diese bei der Berechnung des Monatsverdienstes einzubeziehen.[59] Sonderzahlungen, die zB allein die Betriebstreue honorieren sollen, sind nicht zu berücksichtigen. Einzurechnen sind **Sachbezüge,** ua der zum privaten Gebrauch überlassene Dienstwagen.

Für die **Berechnung der Abfindung** ist von dem festgestellten Monatsverdienst die **Hälfte** 19 zugrunde zu legen. Diese ist mit der **Dauer** der Betriebszugehörigkeit in Jahren zu multiplizieren. Bei der Ermittlung der Dauer des Arbeitsverhältnisses ist ein Zeitraum von mehr als sechs Monaten auf ein volles Jahr aufzurunden.

Der Anspruch **entsteht** mit dem Ablauf der **Kündigungs-** oder **Auslauffrist** und ist zu die- 20 sem Zeitpunkt auch fällig. Kündigt der Arbeitgeber mit zu kurzer Frist, entsteht der Anspruch mit Ablauf der zutreffenden Frist.[60] Er ist mit Beendigung des letzten Tages des Arbeitsverhältnisses zu erfüllen. Anderenfalls ist er ab dem folgenden Tag gemäß §§ 286 Abs. 1, 2 Nr. 1, 288 BGB zu **verzinsen.** Endet das Arbeitsverhältnis zB wegen außerordentlicher Kündigung oder Tod des Arbeitnehmers zu einem **früheren Zeitpunkt,** entsteht der Anspruch nicht.[61] Die Abfindung gehört zum Arbeitseinkommen, ist indessen als Einmalzahlung allein nach § 840i ZPO **pfändungsgeschützt.**

Der Abfindungsanspruch ist ein Anspruch aus dem Arbeitsverhältnis, der einzelvertragli- 21 chen oder tariflichen **Ausschlussfristen** unterliegt.[62] Allgemein gilt für ihn die normale dreijährige **Verjährungsfrist,** § 195 BGB.

Der Anspruch aus § 1a KSchG kann auf den daneben bestehenden Abfindungsanspruch 22 aus einer **kollektivrechtlichen Regelung** zum Ausgleich von Nachteilen aus einer Betriebsänderung **angerechnet** werden. Es ist offen, ob die Ansprüche nicht ohnehin generell im Verhältnis der Anspruchskonkurrenz zueinander stehen. Es empfiehlt sich, die Anrechnung des Anspruchs aus § 1a KSchG auf einen Anspruch aus kollektiver Regelung **ausdrücklich** zu vereinbaren.

> **Formulierungsvorschlag:**
> Die Firma und Herr/Frau ...... erklären ihr Einvernehmen, dass der Herrn/Frau ...... zustehende 23
> Abfindungsanspruch aus § 1a KSchG auf seinen/ihren Abfindungsanspruch aus dem Sozialplan/der Betriebsvereinbarung/dem Tarifvertrag vom ...... angerechnet wird.

Die Auswirkungen der Beendigung des Arbeitsverhältnisses über § 1a KSchG auf etwaige 24 **sozialrechtliche Folgen,** die mit der Beendigung des Arbeitsverhältnisses in Zusammenhang stehen können, sind derzeit ungeklärt. Es geht insbesondere um die Sperrzeitenregelungen in § 159 Abs. 1 S. 2 Nr. 2 SGB III. Die neue Abfindungsvorschrift ist mit den sozialversicherungsrechtlichen Regelungen nicht abgestimmt.[63] **Sperrzeitrechtlich** liegt eine Beteiligung des Arbeitnehmers an der Auflösung des Arbeitsverhältnisses im Sinne des § 159 Abs. 1 S. 2

---

[59] BAG 19.6.2007 – 1 AZR 340/06, NZA 2007, 1357 (1359) Rn. 28 f.
[60] SchaubArbR-HdB/*Linck* § 134 Rn. 66.
[61] BAG 10.5.2007 – 2 AZR 45/06, NZA 2007, 1043; *Reiter* BB 2006, 42 (45).
[62] *Bader* NZA 2004, 65 (72); im Einzelnen → Rn. 199 ff.
[63] Siehe im Einzelnen *Preis* DB 2004, 70 (76 f.); *Preis/Schneider* NZA 2006, 1297 (1302 f.).

Nr. 1 SGB III nicht vor, wenn er die Klagefrist verstreichen lässt, also schlicht nichts unternimmt. Dieses rein passive Verhalten stellt keine Lösung im Sinne der Norm dar.[64] Daran ändert auch der Umstand nichts, dass der Arbeitnehmer durch seine Untätigkeit finanzielle Vorteile erlangt.[65]

4. Abgrenzung zum Kündigungsbestätigungsvertrag

25 Dieser Vertrag stellt eine Mischform zwischen Aufhebungs- und Abwicklungsvertrag dar. Er hat die Rechtsnatur eines **negativen Schuldanerkenntnisses** und soll alle Einwendungen gegen eine zuvor ausgesprochene Kündigung ausschließen. Die Arbeitsvertragsparteien gehen von einem wirksamen Beendigungstatbestand aus – Arbeitgeberkündigung, Arbeitnehmerkündigung, Befristung – und wollen ausdrücklich die Wirksamkeit dieses Beendigungstatbestandes bestätigen.

26 **Formulierungsvorschlag:**
Zwischen ......
(im Nachstehenden „Firma" genannt)
und
Herrn/Frau ......, wohnhaft in ......
besteht Einigkeit, dass das Arbeitsverhältnis vom ...... durch Kündigung der Firma/des Herrn/der Frau ...... vom ...... mit dem ...... seine Beendigung findet/seine Beendigung gefunden hat.

27 Das Arbeitsverhältnis wird **nicht** durch den Kündigungsbestätigungsvertrag **konstitutiv** beendet, sondern durch einen vorausgegangenen wirksamen Beendigungstatbestand.[66]

II. Abschluss

28 Der Abschluss von Aufhebungsverträgen richtet sich nach allgemeinen zivilrechtlichen Regeln. Er kommt nach §§ 145 ff. BGB durch **zwei übereinstimmende Willenserklärungen** – Angebot und Annahme – zustande.

1. Form

29 Aufhebungsverträge müssen kraft Gesetzes **schriftlich** abgeschlossen werden, § 623 BGB. Das gilt auch für den auf Abschluss eines Aufhebungsvertrags gerichteten **Vorvertrag**.[67] Der Norm kommt Warn-, Klarstellungs- und Beweisfunktion zu.[68] Sie gilt für **Arbeitsverhältnisse** und über § 10 Abs. 2 BBiG für **Berufsausbildungsverhältnisse** einschließlich der Rechtsverhältnisse der Volontäre und Praktikanten.[69] Auf **Umschulungsverträge** nach §§ 1 Abs. 5, 58 ff. BBiG ist § 623 BGB nicht anzuwenden.[70] Die Norm findet auch keine Anwendung auf die Aufhebung **freier Dienstverträge** mit GmbH-Geschäftsführern.[71] Die Form des § 623 BGB ist gewahrt, wenn der Arbeitnehmer zum Geschäftsführer bestellt wird und in einen schriftlichen freien Dienstvertrag wechselt.[72] Auch der **dreiseitige Vertrag** bedarf der Schriftform, mit dem das Ausscheiden beim bisherigen Arbeitgeber und die Begründung des Ar-

---

[64] BSG 17.10.2007 – B 11a AL 51/06, NZA-RR 2008, 383 (385) Rn. 37.
[65] Schaub ArbR-HdB/*Koch* § 23 Rn. 53.
[66] *Schmitt-Rolfes*, Arbeitsrechtliche Aufhebungsverträge und Abfindungsvereinbarungen, 2001, Rn. 56 ff.
[67] → Rn. 4.
[68] BAG 28.11.2007 – 6 AZR 1108/06, NZA 2008, 348 (349) Rn. 18.
[69] *Preis/Gotthardt* NZA 2000, 348 (349, 354).
[70] BAG 19.1.2006 – 6 AZR 638/04, NZA 2007, 96 (98) Rn. 12 ff.
[71] ErfK/*Müller-Glöge* BGB § 623 Rn. 2a.
[72] BAG 19.7.2007 – 6 AZR 774/06, BB 2008, 390 (392) mAnm *Mark Lembke*; Goll-Müller/Langenhan-Komm NZA 2008, 687 (688 ff.).

beitsverhältnisses bei einem anderen Arbeitgeber zB in einer Beschäftigungsgesellschaft geregelt wird.[73] Dagegen begründet § 623 BGB grundsätzlich keine Formbedürftigkeit für einen **Abwicklungsvertrag**. Das Arbeitsverhältnis wird durch die vom Arbeitnehmer akzeptierte Kündigung beendet.[74] Etwas anderes soll gelten, wenn der Abwicklungsvertrag ein zweiseitiges Rechtsgeschäft enthält, das mit materiell-rechtlicher Wirkung den Bestand des Arbeitsverhältnisses beseitigt[75] oder die Kündigung unwirksam ist und der Abwicklungsvertrag die Auflösung des Arbeitsverhältnisses bewirkt.[76] Diese Voraussetzungen sollen auch bei einem **Kündigungsbestätigungsvertrag** vorliegen, weil der Kündigungsgegner die Unwirksamkeit der Kündigung nicht mehr geltend machen kann.[77] **Änderungsverträge** werden von § 623 BGB ebenfalls nicht erfasst.

Zur Wahrung der Schriftform muss der Aufhebungsvertrag vom Arbeitgeber und Arbeitnehmer **eigenhändig** durch **Namensunterschrift** unterzeichnet sein, § 126 Abs. 1, 2 S. 1 BGB. Die Erklärungen müssen in einer Urkunde enthalten sein. Diese muss im Gegensatz zur Unterschrift nicht eigenhändig geschrieben, sondern kann maschinenschriftlich, vorgedruckt, fotokopiert, in sonstiger Form vervielfältigt oder von einem Dritten gefertigt sein. Die Angabe von Ort und Zeit der Erstellung der Erklärungen ist nicht erforderlich. Die Formvorschrift verlangt nicht, dass die Erklärungen in der jeweiligen Landessprache des Arbeitnehmers abgefasst oder eine Übersetzung beigefügt wird. Eine Übersetzung der Aufhebungsofferte des Arbeitgebers und des Vertrags ist gleichwohl zweckmäßig.[78] Die Unterschrift muss die voranstehenden Erklärungen decken und deshalb unterhalb des Textes stehen.[79] Die **Namensunterschrift** soll die Person des Unterzeichnenden erkennbar machen. Es genügt die Unterschrift mit Familiennamen ohne Vornamen, bei einem Kaufmann die Unterzeichnung mit der Firma, § 17 HGB. Der Name kann unleserlich, muss indessen vollständig sein und seine Buchstabenfolge erkennen lassen. Es genügt ein die Identität des Unterschreibenden kennzeichnender individueller Schriftzug, der einmalig ist, charakteristische Merkmale aufweist und sich als Wiedergabe seines Namens darstellt.[80] Die Unterzeichnung mit **Handzeichen/Initialen** setzt zur Wirksamkeit die notarielle Beurkundung voraus. 30

Arbeitgeber und Arbeitnehmer müssen den Aufhebungsvertrag **eigenhändig** durch Namensunterschrift unterzeichnen. Die Verwendung von mechanischen Hilfsmitteln ist unzulässig, zB Stempel, Schreibmaschine, Faksimile. Ein bloßes **Namenskürzel**, eine **Paraphe** oder ein durch **Telefax** übermitteltes Schreiben mit einer Kopie der Unterschrift reichen ebenso wenig aus wie eine **E-Mail**. Gleiches gilt für eine digital erstellte Signatur.[81] 31

Ein **Vertreter** darf mit dem Namen des Vollmachtgebers unterschreiben. Unterzeichnet er mit eigenem Namen, muss die Stellvertretung in der Urkunde zum Ausdruck kommen. Die eigenhändige Unterschrift durch den Vertreter ist erforderlich. Die Stellvertretung bei der Unterschrift ist zulässig.[82] 32

Zusätzlich ist der Grundsatz der **Urkundeneinheit** zu beachten, § 126 Abs. 2 S. 1 BGB. Der gesamte Vertragsinhalt einschließlich Nebenabreden muss durch die Unterschrift beider Parteien gedeckt sein.[83] Es genügt nicht, wenn die eine Partei das Angebot und die andere die Annahme unterzeichnet und die Parteien ihre jeweils persönlich unterzeichneten Erklärungen austauschen. Das soll selbst dann gelten, wenn sich beide Erklärungen auf einem Blatt befinden. Die Schriftform soll auch nicht gewahrt sein, falls der Arbeitnehmer unter das vom Arbeitgeber unterzeichnete Vertragsangebot seine Annahmeerklärung setzt. Es feh- 33

---

[73] *Preis/Gotthardt* NZA 2000, 348 (354).
[74] → Rn. 8.
[75] BAG 19.4.2007 – 2 AZR 208/06, NZA 2007, 1227 (1229) Rn. 25 ff.: Klageverzichtsvereinbarung.
[76] *Müller-Glöge/von Senden* AuA 2000, 199 (200).
[77] *Schmitt-Rolfes*, Arbeitsrechtliche Aufhebungsverträge und Abfindungsvereinbarungen, 2001, Rn. 62.
[78] → Rn. 52 f.
[79] BAG 19.4.2007 – 2 AZR 208/06, NZA 2007, 1227 (1228) Rn. 20; *Müller-Glöge/von Senden* AuA 2000, 199 (200).
[80] LAG Berlin 12.10.2001 – 6 Sa 1727/01, NZA-RR 2002, 211 (Abgrenzung zum Handzeichen).
[81] *Preis/Gotthardt* NZA 2000, 348 (351).
[82] BAG 28.11.2007 – 6 AZR 1108/06, NZA 2008, 348 (349) Rn. 18 ff.; *Müller-Glöge/von Senden* AuA 2000, 199 (202).
[83] BAG 26.8.2008 – 1 AZR 346/07, NZA 2009, 161 (162) Rn. 18; *Richardi* NZA 2001, 57 (61).

le die den ganzen Vertrag abschließende Unterschrift des Arbeitgebers.[84] Jedenfalls genügt es nicht, wenn der Aufhebungsvertrag im Rahmen eines **Briefwechsels** geschlossen wird.[85] Der Grundsatz der Urkundeneinheit verlangt **keine körperliche Verbindung** der einzelnen Blätter der Urkunde, sofern sich deren Einheit aus fortlaufender Paginierung bzw. Nummerierung der einzelnen Bestimmungen, einheitlicher graphischer Gestaltung, inhaltlichem Zusammenhang des Textes oder vergleichbaren Merkmalen zweifelsfrei ergibt. Nehmen die Parteien wesentliche Bestandteile des Vertrags in eine **Anlage** auf, so dass sich der gesamte Inhalt erst aus Vertrag und Anlage ergibt, müssen sie die Zusammengehörigkeit dieser Schriftstücke in geeigneter Form eindeutig kenntlich machen. Das kann durch eine körperliche Verbindung oder Verweisung im Vertrag sowie Unterzeichnung der Parteien auf jedem Blatt der Anlage geschehen. Zur Vermeidung von Unsicherheiten sollten Verweisungen auf Sozialpläne und Tarifverträge unterlassen und die jeweiligen Bestimmungen wortgleich in den Aufhebungsvertrag übernommen werden.[86]

34 Werden über den Vertrag mehrere **gleich lautende** Urkunden mit vollem Text aufgenommen, genügt es nach § 126 Abs. 2 S. 2 BGB, dass jede Partei die für die andere Partei bestimmte Urkunde unterschreibt. Abweichungen durch Schreibfehler sind unerheblich. Nicht erforderlich ist, dass die Urkunden gleichzeitig oder in Anwesenheit des Vertragspartners unterzeichnet werden.

35 Das Formerfordernis erstreckt sich auf den Aufhebungsvertrag als Ganzen. Die Vertragsurkunde muss **alle wesentlichen** Bestandteile des formbedürftigen Vertrags enthalten. Die Parteien müssen genannt und etwaige Vertretungsverhältnisse in der Urkunde ausgedrückt sein. Es sind alle **Nebenabreden** in die Urkunde aufzunehmen, ohne die die Parteien den Vertrag nicht geschlossen hätten, dh die Vertragsinhalt werden sollen. Dazu gehören ua die Zahlung einer Abfindung oder der Verzicht auf weitere Ansprüche.[87] Hat eine formlose Nebenabrede wesentliche Bedeutung für den Aufhebungsvertrag, ist diese Nebenabrede **und** der gesamte Aufhebungsvertrag unwirksam.[88]

36 Spätere **Änderungen/Ergänzungen** des Aufhebungsvertrags unterliegen dem Formzwang.[89] Der formwirksam geschlossen Aufhebungsvertrag kann aber formlos aufgehoben werden.[90]

37 Bei einem **dreiseitigen Vertrag** ist der Vertrag insgesamt formbedürftig. Die Begründung des neuen Arbeitsverhältnisses ist wesentlicher Vertragsbestandteil des einheitlichen Vertrags.

38 Mit dem Schriftformerfordernis ist die Problematik von Aufhebungsverträgen durch **schlüssiges Verhalten** weitgehend erledigt.[91] Allerdings heben Arbeitgeber und Arbeitnehmer das zwischen ihnen bestehende Arbeitsverhältnis **konkludent** auf, wenn sie einen **Geschäftsführer-Dienstvertrag** abschließen. Etwas anderes gilt nur in den Ausnahmefällen, in denen deutliche abweichende Anhaltspunkte vorliegen. Der schriftliche Geschäftsführer-Dienstvertrag wahrt regelmäßig das Formerfordernis des § 623 BGB für den Vertrag über die Auflösung des Arbeitsverhältnisses.[92]

39 Der Aufhebungsvertrag kann nach § 623 BGB nicht in **elektronischer** Form und **Textform** (§§ 623, 126 Abs. 3, 126b BGB), wohl aber in **notarieller Form** abgeschlossen werden, § 126 Abs. 4 BGB. Das ist zwingend erforderlich, wenn nicht nur die Beendigung des Arbeitsverhältnisses, sondern auch Rechtsgeschäfte geregelt werden, für die die notarielle Form vorgeschrieben ist, zB Veräußerung von Grundstücken nach § 313 BGB.

---

[84] *Müller-Glöge/von Senden* AuA 2000, 199 (202); *Preis/Gotthardt* NZA 2000, 348 (354); aA *Bauer* NZA 2002, 169 (170).
[85] *Bauer/Krieger/Arnold* ArbR-Aufhebungsverträge A Rn. 21; aA LAG Berlin-Brandenburg 18.3.2015 – 17 Sa 2219/14, NZA-RR 2015, 402 (403) für die Konstellation, dass eine unterschriebene Empfangsbestätigung als Unterzeichnung des Vertrags gedeutet werden kann.
[86] *Richardi/Annuß* NJW 2000, 1231 (1233).
[87] *Müller-Glöge/von Senden* AuA 2000, 199 (202); *Caspers* RdA 2001, 28 (33).
[88] *Preis/Gotthardt* NZA 2000, 348 (355).
[89] BAG 26.8.2008 – 1 AZR 346/07, NZA 2009, 161 (162) Rn. 18: Konstellation des § 150 Abs. 2 BGB.
[90] *Müller-Glöge/von Senden* AuA 2000, 199 (202).
[91] Zur Problematik der schlüssigen Aufhebungsverträge mit Organmitgliedern siehe *Baeck/Hopfner* DB 2000, 1914, mit Arbeitnehmern bei Bestellung zum Geschäftsführer BAG 19.7.2007 – 6 AZR 774/06, BB 2008, 390; *Goll-Müller/Langehan-Komus* NZA 2008, 687.
[92] Siehe BAG 24.10.2013 – 2 AZR 1078/12, NZA 2014, 540 (542) Rn. 24 f.

40 Der Aufhebungsvertrag kann nach §§ 126 Abs. 4, 127a BGB in einem **gerichtlichen Vergleich** formwirksam geschlossen werden.[93] Der im schriftlichen Verfahren nach **§ 278 Abs. 6 ZPO** geschlossene und durch Beschluss des Gerichts festgestellte Vergleich wahrt die Schriftform. § 127a BGB ist analog anzuwenden.[94]

41 Halten die Parteien die Form des § 623 BGB nicht ein, ist der Aufhebungsvertrag **nichtig**, §§ 125 S. 1, 139 BGB. Das Arbeitsverhältnis besteht mit allen Rechten und Pflichten weiter.[95] Die einseitige Erfüllung des formunwirksamen Aufhebungsvertrags – zB Zahlung der Abfindung – heilt den Formmangel nicht.[96] Anders als bei einer formunwirksamen Kündigung gerät der Arbeitgeber nicht ohne weiteres in Annahmeverzug.[97] Der Abfindungsbetrag ist nach bereicherungsrechtlichen Grundsätzen rückabzuwickeln, §§ 812 ff. BGB. Etwas anderes gilt, wenn der Leistende die Nichtigkeit des Vertrags kannte (§ 814 BGB). Bei einem formunwirksamen **dreiseitigen Vertrag** ist dieser insgesamt nichtig. Das ursprüngliche Arbeitsverhältnis beim bisherigen Arbeitgeber besteht fort und das Arbeitsverhältnis beim anderen Arbeitgeber ist nicht wirksam begründet.[98]

42 Die **Darlegungs-** und **Beweislast** für die die Rechtswirksamkeit eines Rechtsgeschäfts begründenden Umstände und damit für die Einhaltung der Schriftform hat die Partei zu tragen, die Rechte aus diesem Rechtsgeschäft herleiten will. Einer Urkunde kommt die Vermutung der Richtigkeit und Vollständigkeit zu.[99]

43 Gegen den **Formmangel** können unter besonderen Umständen die Grundsätze von Treu und Glauben, der unzulässigen Rechtsausübung, des widersprüchlichen Verhaltens, der Existenzgefährdung, der Verwirkung eingewandt werden.[100] Die Berufung auf die Formnichtigkeit ist für sich genommen weder arglistig noch treuwidrig. Das gilt auch, wenn im Einzelfall einem, mehreren oder allen Schutzzwecken des Schriftformerfordernisses auf andere Weise Genüge getan ist.

44 Auf die Unwirksamkeit des Aufhebungsvertrags kann sich der Arbeitnehmer **ohne** feste zeitliche Befristung bis zur Grenze der Verwirkung berufen.

45 Das gesetzliche Schriftformerfordernis kann mit **einzelvertraglichen/kollektivrechtlichen** Schriftformklauseln konkurrieren. § 623 BGB enthält ein **konstitutives** Schriftformerfordernis, das weder durch Arbeitsvertrag noch durch Betriebsvereinbarung oder Tarifvertrag abbedungen werden darf.[101] Der Formzwang kann insbesondere nicht durch die Einigung der Arbeitsvertragsparteien beseitigt werden, ihr Auflösungsvertrag solle auch ohne Einhaltung der Schriftform gültig sein.[102] Es dürfen strengere Formvorschriften als die in § 623 BGB festgelegt werden.[103] Das ist für bestehende kollektivrechtliche Regelungen anerkannt, für einzelvertragliche Abreden indessen umstritten.[104] Sofern die einzelvertraglichen/kollektivrechtlichen Schriftformklauseln nur deklaratorische Bedeutung haben, also nur Beweiszwecken dienen, geht § 626 BGB in jedem Fall vor.

2. Zustandekommen

46 **a) Angebot/Annahme.** Der Aufhebungsvertrag setzt den beiderseitigen Willen voraus, das Arbeits- oder (Berufs)Ausbildungsverhältnis mit sofortiger Wirkung bzw. mit einer Auslauffrist zu beenden. Der Aufhebungsvertrag kann **ausdrücklich** und – bei Fehlen eines Formerfordernisses – durch **schlüssiges Verhalten** vereinbart werden.

---

[93] → Rn. 73 ff.
[94] BAG 23.11.2006 – 6 AZR 394/06, NJW 2007, 1831 (1832) Rn. 26 ff.
[95] *Caspers* RdA 2001, 28 (33).
[96] *Rolfs* NJW 2000, 1227 (1228).
[97] *Richardi/Annuß* NJW 2000, 1231 (1233); *Caspers* RdA 2001, 28 (33).
[98] *Preis/Gotthardt* NZA 2000, 348 (355).
[99] *Müller-Glöge/von Senden* AuA 2000, 199 (203).
[100] Siehe im Einzelnen *Preis/Gotthardt* NZA 2000, 348 (355 f.); *Böhm* NZA 2000, 561 (563).
[101] *Schaub* NZA 2000, 344 (347); *Richardi* NZA 2001, 57 (60).
[102] ErfK/*Müller-Glöge* BGB § 623 Rn. 10a.
[103] *Müller-Glöge/von Senden* AuA 2000, 199 (202); *Preis/Gotthardt* NZA 2000, 348 (349).
[104] Siehe einerseits *Müller-Glöge/von Senden* AuA 2000, 199 (202) und andererseits *Preis/Gotthardt* NZA 2000, 348 (349).

47 Nach Einführung des zwingenden Schriftformerfordernisses durch § 623 BGB ist das Phänomen der in der Praxis häufiger anzutreffenden Aufhebungsverträge durch schlüssiges Verhalten weitgehend beseitigt.[105] In einer nur vom Arbeitnehmer unterzeichneten **Ausgleichsquittung** kann schon deswegen kein wirksamer Aufhebungsvertrag mehr gesehen werden, weil die einseitige Unterzeichnung den Anforderungen des § 126 Abs. 2 BGB nicht genügt. Etwas anderes gilt in den Fällen, in denen der Arbeitnehmer in der Ausgleichsquittung auf seinen **Kündigungsschutz verzichtet,** diese Erklärung je nach tatsächlicher Rechtslage als Aufhebungs- oder Klageverzichtsvertrag zu deuten ist und von beiden Arbeitsvertragsparteien unterzeichnet wird.[106] Anlässlich des Aufstiegs eines Arbeitnehmers zum **Organ** seiner AG oder GmbH sollte die Aufhebung des Arbeitsvertrags unmissverständlich im Anstellungsvertrag vereinbart werden. Fehlt die Abrede, streitet eine Vermutung für die konkludente Auflösung des Arbeitsverhältnisses.[107]

48 **b) Angebot/Annahme durch ausdrückliche Erklärungen.** Für den Abschluss eines Aufhebungsvertrags reicht es nicht aus, dass eine Aufhebungsofferte und eine korrespondierende Annahmeerklärung der Arbeitsvertragsparteien vorliegen. Die Differenzierungen der §§ 145 ff. BGB sind jeweils zu beachten.

49 Wer einem anderen den Abschluss eines (Aufhebungs-)Vertrags anbietet, ist nach § 145 BGB zunächst an den Antrag gebunden. Der Antrag erlischt gem. § 146 BGB bei Ablehnung des Angebots und bei nicht rechtzeitiger Annahme seitens des Vertragspartners. Grundsätzlich kann der Anbietende durch **Fristsetzung** selbst bestimmen, wie lange sein Angebot gelten soll. Die Annahme des Antrags kann in diesem Fall nur innerhalb der gesetzten Frist erfolgen, § 148 BGB. Wird keine Annahmefrist festgelegt, ist zwischen einem Angebot, das einem **Anwesenden** gemacht wird, und einem Angebot unter **Abwesenden** zu unterscheiden.

50 Ein Angebot unter **Anwesenden** kann nach § 147 Abs. 1 BGB nur **sofort** angenommen werden. Bietet der Arbeitgeber dem Arbeitnehmer zB am 4.4. den Abschluss eines Aufhebungsvertrags an und stimmt der Arbeitnehmer erst am 6.4. der vertraglichen Beendigung des Arbeitsverhältnisses zu, ist kein Aufhebungsvertrag abgeschlossen worden.

51 Haben sich die Parteien **mündlich** über die wesentlichen Punkte eines Aufhebungsvertrags geeinigt und soll der Arbeitgeber dem Arbeitnehmer den vollständigen Vertrag schriftlich zur Unterschrift zusenden, kommt der Vertrag gem. § 154 Abs. 2 BGB im Zweifel erst mit **Unterzeichnung** der **Vertragsurkunde** zustande.

52 Das einem **Abwesenden** gemachte Angebot „kann nur bis zu dem Zeitpunkt angenommen werden, in welchem der Antragende den Eingang der Antwort unter regelmäßigen Umständen erwarten darf", § 147 Abs. 2 BGB. Bei der Bestimmung dieses Zeitpunkts ist von den Erwartungen auszugehen, die die den Aufhebungsvertrag **anbietende** Arbeitsvertragspartei hegen darf. Dabei ist auch zu berücksichtigen, wie sich der Antragende hinsichtlich seines Angebots verhält. Ergeben sich aus dem Verhandlungsverlauf über den Aufhebungsvertrag für eine vom **Antragenden** geforderte eilige Annahme des Vertrags keine Hinweise, ist ein Zeitraum zugrunde zu legen, der eine angemessene Überlegungsfrist unter Einschluss einer anwaltlichen Beratung miterfasst. Die Annahmefrist kann dann mehrere Wochen betragen.[108]

53 Die verspätete Annahme des Vertragsangebots gilt nach § 150 Abs. 1 BGB als **neuer Antrag**, der wiederum der Annahme bedarf, um zum Abschluss eines Aufhebungsvertrags zu führen. Das Gleiche gilt gem. § 150 Abs. 2 BGB, wenn die Annahme unter Erweiterungen, Einschränkungen bzw. sonstigen Änderungen erfolgt, der **Arbeitgeber** etwa den Verzicht auf bestimmte Ansprüche verlangt oder der **Arbeitnehmer** seine Zustimmung von einer Abfindungszahlung bzw. einem anderem Beendigungstermin abhängig macht.[109]

54 Die in §§ 145 ff. BGB getroffene Unterscheidung von Angebot und Annahme wird bedeutungslos, wenn beide Parteien die Modalitäten der Aufhebung ausgehandelt und in einer

---

[105] → Rn. 26 ff.
[106] BAG 19.4.2007 – 2 AZR 208/06, NZA 2007, 1227 (1228 ff.); → Rn. 9.
[107] BAG 15.3.2011 – 10 AZB 32/10, NZA 2011, 274 Rn. 11.
[108] Zur Annahmefähigkeit des Angebots siehe BAG 18.8.2011 – 8 AZR 312/10, NZA 2012, 152 (154) Rn. 23 ff.
[109] BAG 26.8.2008 – 1 AZR 346/07, NZA 2009, 161 (162) Rn. 18.

Vertragsurkunde gemeinsam niedergelegt haben, die sie danach durch ihre Unterschrift in Geltung setzen. Bei einem derartigen Vertragsschluss durch beiderseitige Zustimmung zu einem Vertragstext befindet sich jede Partei zugleich in der Rolle des Antragenden und Annehmenden.

Ein Aufhebungsvertrag kommt nur **zustande**, wenn die Arbeitsvertragsparteien eine Übereinstimmung in den für den Abschluss des Vertrags erforderlichen Willenserklärungen erzielt **und** sie sich über alle Punkte geeinigt haben, über die eine Regelung nach dem Wunsch einer Partei getroffen werden sollte. Anderenfalls liegt ein **Dissens** vor, der zum Nichtzustandekommen des Aufhebungsvertrags führt. Diese Voraussetzungen sind zB gegeben, wenn Arbeitgeber und Arbeitnehmer über den **notwendigen** Inhalt des Aufhebungsvertrags – Beendigung des Arbeitsverhältnisses zu einem bestimmten Zeitpunkt – keine Verständigung erreicht haben. Haben sie auch über Fragen, die mit dem Ausscheiden in Verbindung stehen – zB Abfindungszahlung, Freistellung von der Arbeit, Anrechnung bzw. Abgeltung von Urlaub, Abwicklung eines Darlehens, Rückgabe des Dienstwagens usw – verhandelt und ist eine diesbezügliche Abrede unterblieben, kommt es darauf an, ob sich die Parteien des Dissenses bei Vertragsabschluss bewusst sind – sog. **offener Dissens** gemäß § 154 Abs. 1 BGB – oder ob sie irrtümlich gemeint haben, einen Konsens erreicht zu haben, der in Wahrheit nicht erzielt ist, sog. **versteckter Dissens** nach § 155 BGB.[110] In Anbetracht der **Dissensempfindlichkeit** des Aufhebungsvertrags sollte ausdrücklich hervorgehoben werden, dass über eine bestimmte Frage oder über weitere als die im Vertragstext angesprochenen Fragen keine Regelung getroffen werden soll.

> **Formulierungsvorschlag:**
> Über andere als die im Vertragstext geregelten Fragen sollen keine Abreden getroffen werden. Hierdurch soll die Wirksamkeit des Aufhebungsvertrags nicht berührt werden.

c) **Ausländische Arbeitnehmer.** Das einem ausländischen Arbeitnehmer unterbreitete schriftliche Angebot zur einvernehmlichen Beendigung des Arbeitsvertrags in deutscher Sprache ist wirksam, wenn es diesem gem. § 130 Abs. 1 S. 1 BGB ordnungsgemäß **zugeht**. Die Unterzeichnung eines schriftlichen Aufhebungsangebots darf der Arbeitgeber nach richtiger Ansicht[111] regelmäßig als Annahmeerklärung des Arbeitnehmers verstehen. Der Arbeitnehmer trägt das **Sprachrisiko**.[112] Der Aufhebungsvertrag darf in deutscher Sprache geschlossen werden. Dem stehen fehlende oder mangelhafte Kenntnisse der Vertragssprache nicht entgegen. Der Arbeitgeber sollte jedes Risiko durch Hinzuziehung eines **Dolmetschers** ausräumen.

Ein Aufhebungsangebot unter **Abwesenden**, zu dem auch die **Übergabe** eines **Schriftstücks** an den Empfänger gehört, ist nach § 130 Abs. 1 S. 1 BGB zugegangen, sobald es in verkehrsüblicher Weise in die tatsächliche Verfügungsgewalt des Adressaten gelangt **und** für den Empfänger unter gewöhnlichen Umständen die Möglichkeit besteht, vom Inhalt des Schreibens Kenntnis zu nehmen.[113] Es ist **strittig**, ob bei einem in deutscher Sprache verfassten Aufhebungsangebot die Möglichkeit der Kenntnisnahme für den sprachunkundigen ausländischen Mitarbeiter bereits in dem Zeitpunkt gegeben ist, in dem das Angebot in seinen Machtbereich gelangt, **oder** ob der Zugang erst vollzogen ist, wenn die zur Beschaffung einer Übersetzung erforderliche Zeitspanne abgelaufen ist. Die Rechtsprechung stellt für das Zugehen des schriftlichen Aufhebungsangebots nicht mehr auf das **Verstehen** seines Inhalts ab. Entscheidend ist allein die **Möglichkeit** der **Kenntnisnahme** mit dem Zugang des Angebots, nicht der Zeitpunkt der Wahrnehmung.[114] Der Arbeitgeber sollte dem sprachunkundi-

---
[110] Siehe im Einzelnen *Bengelsdorf* Aufhebungsvertrag S. 70 ff.
[111] Schaub ArbR-HdB/*Koch* § 27 Rn. 35; *Boemke/Schönfelder* NZA 2015, 1222 (1224).
[112] *Schmalkalden/Oberrath* DB 2010, 391 (394).
[113] BAG 19.3.2014 – 5 AZR 252/12 (B), NZA 2014, 1076 (1079) Rn. 40.
[114] BAG 19.3.2014 – 5 AZR 252/12 (B), NZA 2014, 1076 (1079) Rn. 48 f.; aA noch BAG in seiner früheren Rechtsprechung; *Bengelsdorf* Aufhebungsvertrag S. 73; *Schmalkalden/Oberrath* DB 2010, 391 (394).

gen ausländischen Arbeitnehmer vorsorglich **stets** eine Übersetzung der Aufhebungsofferte zukommen lassen.

59 **d) Minderjährige.** Will ein Minderjähriger seinen Arbeitsvertrag einvernehmlich beenden bzw. ein Aufhebungsangebot des Arbeitgebers annehmen, bedarf er der **Einwilligung** bzw. **Genehmigung** seines gesetzlichen Vertreters nach §§ 107, 108 BGB **oder** der – zumindest schlüssig erklärten – **Ermächtigung** des gesetzlichen Vertreters „in Dienst oder in Arbeit zu treten" gem. § 113 Abs. 1 S. 1 BGB. Eine solche Ermächtigung erstreckt sich auch auf die einverständliche Aufhebung des Arbeitsverhältnisses. Eine Ermächtigung liegt nicht vor, wenn der gesetzliche Vertreter den Arbeitsvertrag selbst oder mit dem Minderjährigen unterzeichnet. Für diesen Fall bedarf der Abschluss des Aufhebungsvertrags der Einwilligung bzw. Genehmigung des gesetzlichen Vertreters. Bei Bestehen der Ehe sind Vater und Mutter gem. § 1626 BGB die **gesetzlichen Vertreter.** Sie vertreten das Kind gemeinschaftlich, § 1629 Abs. 1 S. 2 BGB. Wird die Ehe der Eltern geschieden, bestimmt das Familiengericht, welchem Elternteil die elterliche Sorge zustehen soll, § 1671 Abs. 1 BGB. Leben die Eltern nicht nur vorübergehend getrennt, gilt Entsprechendes wie im Fall der Scheidung, § 1672 BGB. Bei nichtehelichen minderjährigen Kindern übt die Mutter gem. § 1705 BGB die elterliche Sorge alleine aus.

60 Die Ermächtigung erstreckt sich nur auf Rechtsgeschäfte, die **verkehrsüblich** sind und nicht zum Nachteil des Minderjährigen wesentlich vom üblichen abweichen. Als unwirksam ist der Aufhebungsvertrag einer minderjährigen Person zu behandeln, durch den mittelbar auf den besonderen Kündigungsschutz aus dem SGB IX für Schwerbehinderte oder MuSchG verzichtet wird.

61 **e) Berufsausbildungsverhältnis.** Das Berufsausbildungsverhältnis darf in beiderseitigem Einvernehmen in jedem Stadium der Ausbildung beendet werden. Die Zustimmung zur Aufhebung darf der **minderjährige** Auszubildende gem. §§ 107, 111 BGB nur mit ausdrücklicher **schriftlicher** Einwilligung seines **gesetzlichen Vertreters** erklären. § 113 Abs. 1 S. 1 BGB ist auf das Berufsausbildungsverhältnis nicht anwendbar.[115] Die einvernehmliche Aufhebung des Berufsausbildungsverhältnisses bedarf der **Schriftform.**[116]

62 **f) Bedingter/befristeter Aufhebungsvertrag.** Aufhebungsverträge dürfen an sich unter einer **aufschiebenden** Bedingung gem. § 158 Abs. 1 BGB wirksam vereinbart werden. Das Arbeitsverhältnis endet dann automatisch, wenn das vertraglich vereinbarte künftige, objektive Ereignis eintritt. Der Abschluss eines bedingten Aufhebungsvertrags ist indessen nur unter **engen Voraussetzungen** möglich. Die vereinbarte Bedingung muss dem wohl verstandenen Interesse des Arbeitnehmers dienen **oder** durch besondere sachliche Gründe gerechtfertigt sein **oder** die Wirksamkeit des Rechtsgeschäfts muss allein vom Willen des Arbeitnehmers abhängen. So dient der **soziale Überbrückungszweck** eines bedingten Vertrags – zB Weiterbeschäftigung eines wirksam gekündigten Arbeitnehmers zur Erleichterung der Begründung eines neuen Arbeitsverhältnisses bzw. Übernahme eines ausgelernten Auszubildenden bis zum Abschluss eines Arbeitsvertrags mit einem neuen Arbeitgeber – in erster Linie dem wohl verstandenen Interesse des Mitarbeiters. Im Übrigen werden den genannten Anforderungen die in der Praxis häufig eingesetzten bedingten Aufhebungsverträge den Maßstäben der Rechtsprechung öfter nicht gerecht.

63 Eine vertragliche Vereinbarung, nach der das Arbeitsverhältnis automatisch endet, falls der Arbeitnehmer nach dem **Ende seines Urlaubs** die Arbeit an dem vereinbarten Tag nicht wieder aufnimmt, ist wegen Umgehung des Kündigungsschutzes unwirksam. Das Gleiche gilt für eine vertragliche Abrede, nach der das Arbeitsverhältnis zum Urlaubsende aufgelöst, dem Arbeitnehmer indessen gleichzeitig die Wiedereinstellung zu den bisherigen Arbeitsbedingungen unter bestimmten Voraussetzungen – zB termingerechte Rückkehr aus dem Urlaub, Zustimmung des Betriebsrats und günstige Beschäftigungslage – zugesagt wird.

64 Unwirksam ist auch die Abrede mit einem Auszubildenden, nach der das **Berufsausbildungsverhältnis** automatisch endet, sofern das Zeugnis des Auszubildenden in bestimmten

---

[115] *Große* BB 1993, 2081; *Opolony* BB 1999, 1706 (1708).
[116] → Rn. 26.

Fächern die Note „mangelhaft" ausweist. Die an sich zulässige vertragliche Aufhebung des Berufsausbildungsvertrags scheitert an der Umgehung des zwingenden Kündigungsschutzes in § 22 Abs. 2 Nr. 1 BBiG.

Die Vereinbarung mit einem **alkoholgefährdeten Arbeitnehmer,** das Arbeitsverhältnis ende bei weiterem Alkoholkonsum, soll ebenfalls einen unzulässigen Verzicht auf den Kündigungsschutz darstellen. Das Gleiche gilt für einen Aufhebungsvertrag unter der Bedingung, dass ein **suchtkranker Arbeitnehmer** bis zu einem bestimmten Termin keine Entziehungskur zur Heilung der Suchterkrankung antritt. Dagegen unterliegt ein Aufhebungsvertrag mit einem alkoholkranken Arbeitnehmer nach richtiger Ansicht keinen rechtlichen Bedenken, in dem ihm für den Fall einer erfolgreichen Entziehungskur die Wiedereinstellung zu den bisherigen Arbeitsbedingungen zugesagt wird. Die Voraussetzungen für die Wiedereinstellung sollten im Aufhebungsvertrag konkret festgelegt werden.[117] Ein solcher Vertrag darf in jedem Fall im Rahmen eines Prozessvergleichs wirksam vereinbart werden.[118] 65

Zulässig ist eine sog. **Heimkehrerklausel,** in der mit einem ausländischen Arbeitnehmer in einem Aufhebungsvertrag vereinbart wird, dass dieser bei endgültiger Rückkehr in seine Heimat eine Abfindung erhält. Eine solche Regelung kann allerdings wegen **funktionswidriger Umgehung** der §§ 111, 112 BetrVG unwirksam sein, falls der Aufhebungsvertrag in Ausführung einer Betriebsvereinbarung geschlossen wird, die einen Personalabbau durch Abschluss von Aufhebungsverträgen zum Ziel hat und der deshalb ein Sozialplanersatzcharakter zukommt. Das Arbeitsverhältnis wird durch den Aufhebungsvertrag beendet. Der Arbeitnehmer behält aber den Anspruch auf die Abfindung auch für den Fall, dass er nicht in seine Heimat zurückkehrt. 66

Im Rahmen von **Prozessvergleichen** werden an die Zulässigkeit aufschiebend bedingter Aufhebungsverträge teilweise geringere Anforderungen gestellt. So ist ein Prozessvergleich zulässig, nach dem das Arbeitsverhältnis endet, falls der Arbeitnehmer während eines bestimmten Zeitraums mehr als 10% der Arbeitstage **krankheitsbedingt** fehlen sollte. Dadurch wird der Kündigungsschutz nicht umgangen, sondern das Prozessrisiko durch Vergleich gemildert. Die Rechtslage ist dagegen bei einem **außergerichtlichen Aufhebungsvertrag** anders zu beurteilen, sofern zuvor keine Kündigung ausgesprochen ist. So ist die Abrede unwirksam, dass ein Arbeitnehmer mit häufigen Erkrankungen einvernehmlich ausscheidet, falls er künftig jährlich mehr als 20 krankheitsbedingte Fehltage erreicht.[119] 67

Es ist rechtlich nicht zu beanstanden, ein unbefristetes Arbeitsverhältnis unter Einhaltung einer **Auslauffrist** auf Grund eines gerichtlichen oder außergerichtlichen Aufhebungsvertrags zu beenden. Ein sachlicher Grund für die Auslauffrist im Sinne des § 14 Abs. 1 TzBfG ist grundsätzlich nicht erforderlich. Das trifft auch zu, falls die Parteien später den Beendigungstermin auf das Ende der nächsten Kündigungsfrist verlegen.[120] Etwas anderes soll gelten, falls ein unbefristetes Arbeitsverhältnis **nachträglich befristet** wird. Insoweit wird für die Befristung die Existenz eines sachlichen Grundes im Sinne des § 14 Abs. 1 TzBfG verlangt. Ein solcher Grund kann die **Erprobung** gemäß § 14 Abs. 1 S. 2 Nr. 5 TzBfG sein. Sieht der Arbeitgeber die Probezeit als nicht bestanden an, darf er dem Arbeitnehmer eine Bewährungschance geben, indem er mit ihm einen **vorsorglichen** (unbedingten) Aufhebungsvertrag mit (bedingter) Wiedereinstellungszusage bei Erreichen der nötigen Qualifikation innerhalb eines überschaubaren Zeitraums – zB vier/sechs Monate – vereinbart.[121] Abgrenzungsschwierigkeiten zur Beendigung des Arbeitsverhältnisses unter Einhaltung einer Auslauffrist sind nicht zu leugnen. Entscheidend ist der Regelungsgehalt der getroffenen Vereinbarung, ua zeitnahe Vertragsauflösung und Vereinbarung beendigungstypischer Abreden, zB Freistellung, Anrechnung von Urlaub, Urlaubsabgeltung, Abfindung, Zeugnis. Diese Indizien lassen den Schluss auf eine endgültige Beendigung des Arbeitsverhältnisses durch Aufhebungsvertrag zu. Überschreitet die Auslauffrist die einschlägige Kündigungsfrist 68

---

[117] *Graefe* BB 2001, 1251 (1253) mit Formulierungsvorschlag.
[118] *Bengelsdorf* Aufhebungsvertrag S. 12.
[119] LAG Baden-Württemberg 15.10.1990 – 15 Sa 92/90, BB 1991, 209 (210).
[120] Siehe im Einzelnen: → § 41 Rn 40 ff.
[121] → Rn. 6.

indessen um ein Vielfaches und fehlen Beendigungsabsprachen, geht es im Kern um die Befristung und nicht um die Aufhebung.[122]

69 **g) Altersgrenzen.** Wird das Arbeitsverhältnis auf unbestimmte Zeit geschlossen, endet es **nicht** automatisch mit dem Entstehen eines Anspruchs des Arbeitnehmers auf Altersrente. Nach § 41 S. 1 SGB VI ist der Anspruch des Arbeitnehmers auf Altersrente auch nicht als Grund anzusehen, der die Kündigung des Arbeitsverhältnisses durch den Arbeitgeber nach dem Kündigungsschutzgesetz bedingen kann. Demgemäß kann die Erreichen der Altersgrenze nicht schematisierend als personenbedingter Kündigungsgrund anerkannt werden.[123] Zur Vermeidung der sich daraus ergebenden Schwierigkeiten ist in zahlreichen **Arbeitsverträgen** geregelt, dass das Arbeitsverhältnis spätestens mit **Erreichen** eines **bestimmten Alters** – zB Vollendung des 65. Lebensjahres – enden soll. Entsprechende Bestimmungen sind auch in **Tarifverträge** und **Betriebsvereinbarungen** aufgenommen. Sie haben nicht vorweggenommene Aufhebungsverträge, sondern eine auflösende Bedingung, bzw. eine Höchstbefristung zum Inhalt.

70 Derartige Vereinbarungen über Altersgrenzen in Arbeitsverträgen, Tarifverträgen und Betriebsvereinbarungen sind – jedenfalls soweit sie sich auf die **Vollendung** des **65. Lebensjahres** beziehen und ein Anspruch auf Sozialversicherungsrente besteht – nach § 41 S. 2 SGB VI als wirksam zu behandeln.[124] Eine solche Altersgrenzenvereinbarung stellt sich als Sachgrund für einen auflösend bedingten oder befristeten Arbeitsvertrag im Sinne der §§ 14 Abs. 1 S. 2 Nr. 6, 21 TzBfG dar.[125]

71 Die Rechtswirksamkeit einer Altersgrenzenvereinbarung, die auf das Erreichen des 65. Lebensjahres abstellt, ist **nicht** an § 41 S. 2 SGB VI zu messen, sofern dem Arbeitnehmer kein Anspruch auf Altersrente aus der gesetzlichen Rentenversicherung zusteht, weil er eine **befreiende Lebensversicherung** abgeschlossen hat, für die der Arbeitgeber vertragsgemäß Zahlungen in Höhe des jeweiligen Rentenversicherungsbeitrags geleistet hat. **Entscheidend** ist die Vereinbarkeit jeder Altersgrenzenregelung mit dem **AGG**. Altersgrenzen benachteiligen unmittelbar wegen des Alters und sind nach § 7 AGG unwirksam, wenn sie nicht nach § 8 Abs. 1 oder § 10 S. 1, 2 AGG gerechtfertigt sind.[126] Eine dem AGG entsprechende Altersbefristung ist sachlich gerechtfertigt.[127]

72 Legt die arbeits- oder kollektivvertragliche Vereinbarung wegen der Möglichkeit der Inanspruchnahme von Altersrente eine automatische Beendigung des Arbeitsverhältnisses zu einem Zeitpunkt **vor Vollendung** des **65. Lebensjahres** fest, muss diese Vereinbarung innerhalb der letzten drei Jahre vor diesem Zeitpunkt abgeschlossen oder vom Arbeitnehmer bestätigt werden. Anderenfalls gilt die Vereinbarung gegenüber dem Arbeitnehmer als auf die Vollendung des 65. Lebensjahres abgeschlossen, § 41 S. 2 SGB VI. Die Vereinbarung darf auch vor Erreichen des 62. Lebensjahres abgeschlossen werden, sofern sie innerhalb von 3 Jahren vor dem Zeitpunkt der **Beendigung** des Arbeitsverhältnisses unterzeichnet ist. Maßgeblich für die Berechnung der Dreijahresfrist ist nicht die Vollendung des 65. Lebensjahres, sondern der vereinbarte **Zeitpunkt** des **Ausscheidens**.[128]

Formulierungsvorschlag:

73 Die Firma und Herr/Frau ...... stimmen überein, dass es bei der einzelvertraglichen Regelung vom ....../Regelung der Betriebsvereinbarung vom ....../Regelung im Tarifvertrag vom ...... bleiben soll, nach der das Arbeitsverhältnis mit Ablauf des Monats endet, in dem Herr/Frau ...... das 63. Lebensjahr vollendet, also zum ......

---

[122] BAG 10.11.2011 – 6 AZR 357/10, NZA 2012, 205 (206) Rn. 17.
[123] → § 43 Rn 455.
[124] BAG 5.3.2013 – 1 AZR 417/12, NZA 2013, 916 (917) Rn. 25 ff.; *Baeck/Diller* NZA 1995, 360 ff.
[125] ErfK/*Müller-Glöge* TzBfG § 14 Rn. 56.
[126] BAG 18.1.2012 – 7 AZR 211/09, NZA 2012, 691 (693) Rn. 21, 38 ff.; ErfK/*Müller-Glöge* TzBfG § 14 Rn. 56b–56g; *Bengelsdorf* FA 2020, 58 ff.
[127] BAG 12.6.2013 – 7 AZR 917/11, NZA 2013, 1428 (1431) Rn. 31 ff.
[128] ErfK/*Rolfs* SGB IV § 41 Rn. 20.

Als Vereinbarung bzw. Bestätigung im Sinne des § 41 S. 2 SGB VI ist auch ein **Aufhe-** 74
bungsvertrag anzusehen.

Die Vereinbarung, dass das Arbeitsverhältnis mit oder nach Vollendung des 65. Lebens- 75
jahres des Arbeitnehmers enden soll, stellt nach **§ 10 S. 3 Nr. 5 AGG** keine **Altersdiskrimi-**
nierung dar.[129] Aus der **Richtlinie 2000/78/EG** folgen keine weitergehenden Einschränkungen für Altersgrenzenvereinbarungen.[130] Die Begrenzung auf ein **früheres** als das **65. Le-**
bensjahr ist nach § 10 S. 3 Nr. 5 AGG unter der Geltung des AGG prinzipiell nicht mehr als
wirksam zu rechtfertigenn.[131]

h) Berufs- oder Erwerbsunfähigkeit. Berufs- oder Erwerbsunfähigkeit beendet das Ar- 76
beitsverhältnis **nicht** automatisch. Eine einzel- oder kollektivvertragliche Vereinbarung, nach
der das Arbeitsverhältnis für den Fall der Berufs- oder Erwerbsunfähigkeit endet, ist grundsätzlich zulässig. Es handelt sich dabei um eine **auflösende Bedingung** nach § 21 TzBfG, für
die ein sachlich gerechtfertigter Grund im Sinne des § 14 Abs. 1 TzBfG besteht. Einer Klausel, die nur auf den „Eintritt" der Erwerbsunfähigkeit abstellt, kann noch nicht entnommen
werden, der Rentenbeginn solle der maßgebende Beendigungszeitpunkt sein. Demgemäß
stellen Tarifverträge überwiegend nicht auf den Eintritt der Erwerbsunfähigkeit, sondern auf
den Zeitpunkt der **Zustellung** des **Rentenbescheides** ab. Eine entsprechende arbeitsvertragliche Vereinbarung, nach der das Arbeitsverhältnis mit Zugang des Rentenbescheides bzw.
mit Bezug von Erwerbsunfähigkeitsrente endet, unterliegt – auch im Hinblick auf das Bestimmtheitsgebot des Auflösungszeitpunktes – keinen rechtlichen Bedenken.[132]

Tarifliche Beendigungsklauseln wegen Berufsunfähigkeit führen nur zur wirksamen Be- 77
endigung des Arbeitsverhältnisses, wenn es an zumutbaren Weiterbeschäftigungsmöglichkeiten auf einem freien Arbeitsplatz fehlt. Das Gleiche dürfte für einzelvertraglich vereinbarte
auflösende Bedingungen gelten.

i) Gerichtliche Aufhebungsverträge. Der Aufhebungsvertrag darf im Rahmen eines 78
Rechtsstreits über die Wirksamkeit einer Kündigung, einer Befristung oder Bedingung in
Form eines **Prozessvergleichs** – also mit Hilfe des Gerichts – abgeschlossen werden. Er setzt
voraus, dass der Vergleich **selbst** und **allein** die Aufhebung des Arbeitsverhältnisses bewirkt.
Davon ist nicht auszugehen, wenn die Parteien festlegen, Grundlage für die Beendigung ihres Arbeitsverhältnisses solle die arbeitgeberseitige betriebsbedingte Kündigung sein. Der gerichtliche Aufhebungsvertrag hat besondere praktische Bedeutung. Der überwiegende Teil
aller gerichtlichen Auseinandersetzungen um den Fortbestand des Arbeitsverhältnisses wird
in der ersten Instanz verglichen.

Der Prozessvergleich ist nach **§ 794 Abs. 1 Nr. 1 ZPO** ein Vergleich, der zwischen den 79
Parteien zur Beilegung von Streitigkeiten vor einem **deutschen Gericht** abgeschlossen wird.
Das ist bei arbeitsrechtlichen Aufhebungsvergleichen regelmäßig das Arbeitsgericht als Prozessgericht. Ein gerichtlicher Vergleich kann auch dadurch zustande kommen, dass die Parteien einen **gerichtlichen Vergleichsvorschlag** schriftsätzlich annehmen. Das Gericht hat den
Abschluss und Inhalt des Vergleichs durch Beschluss festzustellen, **§ 278 Abs. 6 ZPO**. Durch
einen solchen Vergleich wird die Schriftform des § 623 BGB gewahrt.[133] **Außergerichtliche**
Vergleiche, die auf Anregung des Gerichts zustande kommen und diese Voraussetzungen
nicht erfüllen, gehören nicht zu den Prozessvergleichen. Soll ein außergerichtlich vereinbarter Vergleich noch **gerichtlich protokolliert** werden, ist nach § 154 Abs. 2 BGB regelmäßig
anzunehmen, dass der Vergleich erst mit der Protokollierung abgeschlossen ist. Der Vergleich kann im Gütetermin, in der nachfolgenden streitigen Verhandlung, nach der streitigen
Verhandlung vor dem Vorsitzenden Richter allein und während der Rechtsmittelinstanzen
vereinbart werden. Dagegen ist nach **rechtskräftiger** gerichtlicher Entscheidung eine vergleichsweise Erledigung des Rechtsstreits nicht mehr möglich.[134] Es ist für die Zulässigkeit

---

[129] *Bauer/Krieger/Arnold* ArbR-Aufhebungsverträge A Rn. 124; Erfk/*Müller-Glöge* TzBfG § 14 Rn. 56c.
[130] Erfk/*Müller-Glöge* TzBfG § 14 Rn. 57; aA: *Bengelsdorf* FA 2020, 58 ff.
[131] Erfk/*Müller-Glöge* TzBfG § 14 Rn. 57.
[132] *Weber/Ehrich/Burmester* Teil 1 Rn. 52.
[133] → Rn. 37.
[134] *Bengelsdorf* Aufhebungsvertrag S. 7 f.

des Prozessvergleichs unerheblich, ob die Klageschrift und/oder ihre Zustellung ordnungsgemäß, die Prozessvoraussetzungen – zB Zuständigkeit des Gerichts – gegeben sind oder ein Rechtsmittel statthaft, ordnungsgemäß eingelegt und begründet ist.

80 Der wirksame Abschluss des Prozessvergleichs vor einem deutschen Gericht setzt ua voraus, dass der Vergleich in der für das angerufene Gericht vorgeschriebenen **Form** zu beurkunden ist. Der Vergleich muss in das Sitzungsprotokoll oder eine Anlage davon aufgenommen werden, § 160 Abs. 3 Nr. 1, Abs. 5 ZPO. Der Vergleich ist weiterhin den Vertragsschließenden vorzulesen oder zur Durchsicht vorzulegen und von ihnen zu genehmigen, allerdings nicht zu unterschreiben. Das ist im Protokoll zu vermerken, § 162 Abs. 1 ZPO. Auf die Erfordernisse des Vorlesens oder Vorlegens zur Durchsicht und die Genehmigung kann von den Parteien **nicht verzichtet** werden. Das Protokoll ist vom Vorsitzenden und vom Urkundsbeamten der Geschäftsstelle zu unterschreiben, § 163 Abs. 1 S. 1 ZPO. Ein Vergleich, der diese Formalien nicht einhält, führt nicht zur Prozessbeendigung. Allerdings kann ein aus prozessrechtlichen Gründen unwirksamer Vergleich als außergerichtlicher Vergleich aufrechterhalten werden.[135]

81 Der gerichtliche Aufhebungsvertrag muss als **Mindestinhalt** die verbindliche Festlegung des Beendigungszeitpunkts des Arbeitsverhältnisses enthalten.

> **Formulierungsvorschlag:**
> 82 Zwischen den Parteien besteht Einigkeit, dass das Arbeitsverhältnis vom ...... zum ...... beendet ist/wird.

83 Der **Beendigungszeitpunkt** kann dem sich aus der Kündigung, der Befristung oder dem Bedingungseintritt ergebenden Termin entsprechen. Möglich ist auch die Vereinbarung eines **späteren** Zeitpunktes.[136] Die **rückwirkende Beendigung** eines vollzogenen Arbeitsverhältnisses ist unzulässig. Etwas anderes gilt in den Fällen, in denen das Arbeitsverhältnis außer Vollzug gesetzt ist. Die Aufhebung darf dann zum Zeitpunkt der tatsächlichen Einstellung des Arbeitsverhältnisses vereinbart werden.[137] Werden **weitere Abreden** zur Abwicklung des Arbeitsverhältnisses getroffen, müssen sie sorgfältig ausgehandelt und formuliert werden. Sie können neue Verpflichtungen der Arbeitsvertragsparteien begründen.

84 Der Prozessvergleich hat eine **Doppelnatur**.[138] Er stellt einerseits einen **privatrechtlichen Vertrag** dar, für den die Regelung des § 779 BGB und alle sonstigen Vorschriften des BGB gelten. Er enthält andererseits eine **Prozesshandlung**, deren Wirksamkeit sich nach den Grundsätzen des Verfahrensrechts richtet. **Materiellrechtlich** beendet der Prozessvergleich das Arbeitsverhältnis zu dem im Vergleich angegebenen Zeitpunkt. **Verfahrensrechtlich** beendet er den Rechtsstreit und die Rechtshängigkeit des Verfahrens, soweit er den Streitgegenstand betrifft. Ein vorangegangenes, noch nicht rechtskräftiges Urteil verliert damit seine Wirkungen.[139]

85 Der Prozessvergleich stellt einen **Vollstreckungstitel** dar, sofern er einen vollstreckbaren Inhalt hat, § 794 Abs. 1 Nr. 1 ZPO. Beim gerichtlichen Aufhebungsvertrag ist diese Voraussetzung etwa bei der Pflicht des Arbeitgebers zur Zahlung einer Abfindung oder bei der Pflicht des Arbeitnehmers zur Herausgabe bestimmter Gegenstände – zB Werkzeug, Dienstwagen, Schlüssel – gegeben. Dagegen kommt eine Zwangsvollstreckung nicht in Betracht, wenn nur eine über den Kündigungstermin hinausgehende **Auslauffrist** vereinbart ist.[140] Das Gleiche gilt für die in gerichtlichen Aufhebungsverträgen häufig anzutreffende bloße Verpflichtung des Arbeitgebers, das Arbeitsverhältnis bis zum Zeitpunkt der Beendigung **ordnungsgemäß abzuwickeln**.

---

[135] *Bauer/Krieger/Arnold* ArbR-Aufhebungsverträge A Rn. 143, 244.
[136] → Rn. 63.
[137] → Rn. 3.
[138] BAG 23.11.2006 – 6 AZR 394/06, NJW 2007, 1831 (1832) Rn. 15.
[139] *Bengelsdorf* Aufhebungsvertrag S. 8 f.
[140] *Bauer/Krieger/Arnold* ArbR-Aufhebungsverträge A Rn. 138.

Da Prozesshandlung und materielles Rechtsgeschäft des Prozessvergleichs eine untrennbare Einheit bilden,[141] haben **materiellrechtliche Mängel** des Prozessvergleichs, soweit sie auf Umständen beruhen, die bereits **zum Zeitpunkt des Vergleichsabschlusses** vorgelegen haben, nach unbestrittener Ansicht[142] folgende **prozessuale Auswirkungen:** Führen diese Umstände zur Nichtigkeit des Vergleichs von Anfang an – zB nach §§ 134, 138, 306, 779 BGB – **oder** begründen sie ein Anfechtungsrecht nach §§ 119, 123 BGB mit der Folge, dass der Vergleich nach Erklärung der Anfechtung gem. § 142 BGB rückwirkend nichtig ist, ist auch der Prozessvergleich als Prozesshandlung unwirksam. Seine **prozessendende Wirkung** ist nicht eingetreten. Die Rechtshängigkeit des Prozesses hat fortbestanden und das bisherige Verfahren ist fortzusetzen. Der Streit über die Wirksamkeit des Vergleichs ist in diesem Verfahren auszutragen.[143]

Wird dagegen der Prozessvergleich materiellrechtlich aus Gründen unwirksam, deren tatsächliche Grundlagen erst **nach Vergleichsabschluss** entstanden sind – Fälle des gesetzlichen Rücktritts nach §§ 323 ff. BGB und der vertraglichen Aufhebung des Vergleichs durch die Parteien –, ist wegen des in § 9 Abs. 1 ArbGG festgelegten Beschleunigungsgrundsatzes ebenfalls von der Unwirksamkeit des Vergleichs und der weiteren Rechtshängigkeit des bisherigen Verfahrens auszugehen. Demgegenüber soll nach älterer höchstrichterlicher Rechtsprechung die nachträgliche Unwirksamkeit eines Prozessvergleichs wegen später eingetretener Umstände nicht in dem bisherigen, sondern nur in einem neuen Rechtsstreit geltend gemacht werden.[144]

Der **Widerrufsvorbehalt** in gerichtlichen Aufhebungsverträgen ist unter → Rn. 373 f. dargestellt.

3. Darlegungs- und Beweislast

Die Arbeitsvertragspartei, die sich auf das Zustandekommen eines Aufhebungsvertrags beruft, hat die Voraussetzungen der einvernehmlichen Beendigung des Arbeitsverhältnisses darzulegen und zu beweisen. Die Darlegungs- und Beweislast liegt zB in den Fällen beim **Arbeitgeber**, in denen er gegen ein Weiterbeschäftigungsverlangen des Arbeitnehmers nach Ablauf des Kündigungstermins oder gegen eine Kündigungsschutzklage die Existenz eines Aufhebungsvertrags einwendet. Macht der Arbeitnehmer geltend, der Aufhebungsvertrag sei wegen Dissenses nicht zustande gekommen, nichtig oder wirksam angefochten, hat er die Umstände darzutun und zu beweisen, aus denen sich die Unwirksamkeit der Auflösungsvereinbarung ergeben soll.

III. Hinweis- und Aufklärungspflichten des Arbeitgebers

Der Abschluss eines Aufhebungsvertrags kann für den Arbeitnehmer über die eigentliche Beendigung des Arbeitsverhältnisses hinaus **nachteilige Folgen** haben, zB Ruhen des Anspruchs auf Arbeitslosengeld nach §§ 157 ff. SGB III, Erteilung einer Sperrzeit gem. § 159 SGB III, Verlust einer Versorgungsanwartschaft, steuerrechtliche Nachteile. Die Frage, ob der Arbeitgeber **überhaupt** und ggf. in welchem **Umfang** aus §§ 311 Abs. 2, 241 Abs. 2 BGB – **vorvertragliche** Nebenpflicht aus angestrebtem Aufhebungsvertrag – oder aus § 241 Abs. 2 BGB – **vertragliche** Nebenpflicht aus Arbeitsvertrag – verpflichtet ist, auf diese Nachteile hinzuweisen, ist nach den folgenden (vagen) Grundsätzen zu beantworten. Sicher ist lediglich, dass seit der neu eingeführten unverzüglichen Meldepflicht des Arbeitnehmers nach Abschluss eines Aufhebungsvertrags gem. § 38 SGB III eine **zwingende** Hinweispflicht des Arbeitgebers über § 2 Abs. 2 Nr. 3 SGB III entstanden ist. Danach soll der Arbeitgeber den Arbeitnehmer vor der Beendigung des Arbeitsverhältnisses frühzeitig über die Notwendigkeit eigener Aktivitäten bei der Suche nach einer anderen Beschäftigung sowie über die

---

[141] *Weber/Ehrich* DB 1995, 2369.
[142] BAG 23.11.2006 – 6 AZR 394/06, NJW 2007, 1831 (1832) Rn. 15.
[143] BAG 23.11.2006 – 6 AZR 394/06, NJW 2007, 1831 (1832) Rn. 15.
[144] *Bengelsdorf* Aufhebungsvertrag S. 9.

Verpflichtung zur unverzüglichen Meldung beim Arbeitsamt informieren. Die Norm ist kein Schutzgesetz zugunsten des Arbeitnehmers. Unterlässt der Arbeitgeber einen entsprechenden Hinweis, trifft ihn keine **Schadensersatzpflicht** aus §§ 280 Abs. 1, 241 Abs. 2 BGB.[145]

> **Formulierungsvorschlag:**
>
> 91 Zur Vermeidung einer Sperrzeit bei Meldeversäumnis ist Herr/Frau ...... nach § 38 SGB III verpflichtet, sich spätestens drei Monate vor Beendigung des Arbeits-/Berufsausbildungsverhältnisses persönlich bei der Agentur für Arbeit arbeitsuchend zu melden. Die Meldepflicht besteht unabhängig davon, ob der Fortbestand des Arbeits-/Berufsausbildungsverhältnisses gerichtlich geltend gemacht wird. Durch diesen Hinweis kommt die Firma ihrer Verpflichtung aus § 2 Abs. 2 S. 2 Nr. 3 SGB III nach.
>
> **Oder** für den Fall, dass das Arbeits-/Berufsausbildungsverhältnis nur noch weniger als drei Monate besteht.
>
> Zur Aufrechterhaltung ungekürzter Ansprüche auf Arbeitslosengeld ist Herr/Frau ...... nach § 38 SGB III verpflichtet, sich innerhalb von drei Tagen nach Kenntnis des Beendigungszeitpunkts persönlich bei der Agentur für Arbeit arbeitsuchend zu melden. Die Meldepflicht besteht unabhängig davon, ob der Fortbestand des Arbeits-/Berufsausbildungsverhältnisses gerichtlich geltend gemacht wird. Durch diesen Hinweis kommt die Firma ihrer Verpflichtung aus § 2 Abs. 2 S. 2 Nr. 3 SGB III nach.

1. Informationsgefälle zwischen den Arbeitsvertragsparteien

92 Eine Hinweis- und Aufklärungspflicht des Arbeitgebers setzt voraus, dass zwischen ihm und dem Arbeitnehmer ein Informationsgefälle besteht. Er muss auf Grund seiner **überlegenen Sachkunde** ohne weiteres zu entsprechenden Auskünften imstande und der Arbeitnehmer zur **sachgerechten Entscheidung** nur nach entsprechender Aufklärung in der Lage sein.[146] Bei in etwa **gleichem Kenntnisstand** beider Vertragsparteien kommt eine Hinweis- und Aufklärungspflicht nicht in Betracht. Regelmäßig wird der Arbeitgeber in den Fällen einer von ihm selbst erstellten **betrieblichen Altersversorgung** das erforderliche überlegene Wissen besitzen, dagegen nicht in den Konstellationen der Zusatzversorgung des öffentlichen Dienstes.[147] Angesichts der Komplexität und Schnelllebigkeit des Arbeits-, Sozialversicherungs- und Lohnsteuerrechts kann auch auf diesen Gebieten grundsätzlich nicht von einem Informationsgefälle zwischen den Arbeitsvertragsparteien ausgegangen werden. Der Arbeitnehmer hat vielmehr im Einzelfall darzulegen und nachzuweisen, dass der Arbeitgeber über ein derartiges überlegenes Wissen verfügt.[148]

2. Beendigungsinitiative auf Seiten des Arbeitnehmers

93 Wünscht der Arbeitnehmer die Aufhebung seines Arbeitsvertrags, trifft den Arbeitgeber grundsätzlich keine Hinweis- und Aufklärungspflicht. Der Arbeitnehmer muss sich über die Konsequenzen seines Handelns und der Klauseln seines Aufhebungsvertrags selbst informieren.[149] Die Beendigungsinitiative liegt zB auf Seiten des Arbeitnehmers, wenn er dem Arbeitgeber mitteilt, er wolle aus gesundheitlichen Gründen in den Ruhestand gehen, und der Arbeitgeber ihm daraufhin den Abschluss eines Aufhebungsvertrags anbietet.

94 Etwas anderes gilt in den Fällen, in denen sich der Arbeitnehmer vor Auflösung des Arbeitsvertrags nach den rechtlichen Auswirkungen der vorgesehenen Beendigungsvereinbarung auf Arbeitslosengeld, Abfindung, Altersversorgung oder Steuer beim Arbeitgeber **erkundigt**. Es besteht dann eine **Hinweis-** und **Aufklärungspflicht** des Arbeitgebers. Es liegt in

---

[145] BAG 29.9.2005 – 8 AZR 571/04, BB 2006, 48 (49 f.).
[146] BAG 18.2.2020 – 3 AZR 206/18, NZA 2020, 860 (863), Rn. 41; *Bengelsdorf* Aufhebungsvertrag S. 37.
[147] *Rolfs* Anm. 2. c), d) zu BAG 17.10.2000 – 3 AZR 605/99, AP BGB § 611 Fürsorgepflicht Nr. 116.
[148] *Rolfs* Anm. 2. c), d) zu BAG 17.10.2000 – 3 AZR 605/99, AP BGB § 611 Fürsorgepflicht Nr. 116.
[149] BAG 24.2.2011 – 6 AZR 626/09, NZA-RR 2012, 148 (153) Rn. 60.

seinem Ermessen, die Frage selbst zu beantworten **oder** an die zuständigen Stellen – zB Träger der betrieblichen Altersversorgung – weiterzuleiten **oder** den Arbeitnehmer an die sachkundigen Anstalten – zB Arbeitsverwaltung, gesetzliche Rentenversicherungsträger, Zusatzversorgungskasse, Finanzverwaltung – zu verweisen. Entschließt er sich, die Frage selbst zu beantworten, haftet der Arbeitgeber für die Folgen von Fehlern, die ihm dabei unterlaufen.

3. Beendigungsinitiative auf Seiten des Arbeitgebers

Geht die Beendigungsinitiative vom Arbeitgeber aus, werden Hinweis- und Aufklärungspflichten nach richtiger Ansicht in **engen Grenzen** anerkannt. Der Arbeitgeber hat die Aufgaben eines Sachwalters der wirtschaftlichen Interessen des Arbeitnehmers allenfalls eingeschränkt zu übernehmen. Der Arbeitgeber wäre anderenfalls regelmäßig überfordert.[150] Das ist auch die Auffassung des BAG. Nach seiner Rechtsprechung besteht ohne Vorliegen besonderer Umstände **keine** Hinweis- und **Aufklärungspflicht** des Arbeitgebers.[151] Ein solcher **Ausnahmefall** liegt nach Ansicht des Gerichts vor, wenn die Abwägung der beiderseitigen Interessen unter Billigkeitsgesichtspunkten und Berücksichtigung aller Umstände des Einzelfalls ergibt, dass der Arbeitnehmer durch eine sachgerechte und vom Arbeitgeber redlicherweise zu erwartende Aufklärung vor Auflösung des Arbeitsverhältnisses geschützt werden muss, weil er sich durch diese aus Unkenntnis selbst schädigen würde.[152] Dabei sind die erkennbaren Informationsbedürfnisse des Arbeitnehmers einerseits und die Beratungsmöglichkeiten des Arbeitgebers andererseits stets zu beachten. Hinweis- und Aufklärungspflichten können den Arbeitgeber vor allem treffen, wenn der Aufhebungsvertrag auf seine **Initiative** und in seinem Interesse zustande kommt. Regelmäßig muss sich der Arbeitnehmer vor Abschluss eines Aufhebungsvertrags selbst über die Folgen der Beendigung des Arbeitsverhältnisses Klarheit verschaffen.[153] Durch das Angebot eines Aufhebungsvertrags kann der Arbeitgeber indessen den Eindruck erwecken, er werde bei vorzeitiger Beendigung des Arbeitsverhältnisses auch die Interessen des Arbeitnehmers wahren und ihn nicht ohne ausreichende Aufklärung erheblichen atypischen (Versorgungs-)Risiken aussetzen.[154]

Sofern eine **Präzisierung** dieser vagen Vorgaben **außerhalb** einer Einzelfallentscheidung überhaupt möglich ist, muss zunächst davon ausgegangen werden, dass der Arbeitnehmer vor Abschluss des Aufhebungsvertrags dessen Folgen überlegen und sich notfalls über etwaige Nachteile informieren muss. Der Arbeitgeber ist regelmäßig nicht gehalten, von sich aus auf schädliche Auswirkungen hinzuweisen.[155]

Im Übrigen ist nach den Auswirkungen des Aufhebungsvertrags in den **jeweiligen Rechtskreisen** zu differenzieren.

a) **Sozialrechtliche Nachteile.** Der Arbeitgeber ist nach richtiger Ansicht regelmäßig nicht verpflichtet, den Arbeitnehmer von sich aus über die möglichen sozialrechtlichen Konsequenzen der einvernehmlichen Vertragsbeendigung aufzuklären. Die Rechtslage zum Ruhen des Anspruchs auf Arbeitslosengeld bei Zahlung einer Abfindung (§§ 157, 158 SGB III) und zum Ausspruch einer Sperrzeit (§ 159 SGB III) ist zum einen so kompliziert, dass Rechtsrat nur von ausgewiesenen Spezialisten – zB Arbeitsverwaltung – und nicht vom Arbeitgeber erwartet werden darf.[156] Zum anderen konkretisieren sich die möglichen sozialrechtlichen Auswirkungen nach §§ 157 ff. SGB III ausschließlich in der **Sphäre** des **Arbeitnehmers**, so-

---

[150] LAG Berlin 18.1.1999 – 9 Sa 107/98, NZA-RR 1999, 179; *Rolfs* Anm. 2. c) zu BAG 17.10.2000 – 3 AZR 605/99, AP BGB § 611 Fürsorgepflicht Nr. 116; aA zu Unrecht: ArbG Wetzlar 7.8.1990 – 1 Ca 48/90, DB 1991, 976 [Leitsätze]; ArbG Hamburg 10.12.1990 – 21 Ca 252/90, BB 1991, 625 [Leitsätze]; ArbG Freiburg 20.6.1991 – 2 Ca 145/91, DB 1991, 2600 [Leitsätze]: Der Arbeitgeber müsse alles dafür tun, eventuelle Schäden abzuwenden, die dem Arbeitnehmer durch den Abschluss des Aufhebungsvertrags entstehen können.
[151] BAG 21.1.2014 – 3 AZR 807/11, NZA 2014, 903 (904) Rn. 16; BAG 18.2.2020 – 3 AZR 206/18, NZA 2020, 860 (862), Rn. 34; *Reinecke* NZA 2015, 1153 (1157 f.).
[152] BAG 15.10.2013 – 3 AZR 10/12, NZA-RR 2014, 87 (90) Rn. 49.
[153] *Lingemann/Groneberg* NJW 2010, 3496 f.
[154] BAG 24.6.2004 – 6 AZR 320/03, NZA 2004, 1295 (Leitsatz).
[155] BAG 24.2.2011 – 6 AZR 626/09, NZA-RR 2012, 148 (153) Rn. 56 ff.; BAG 18.2.2020 – 3 AZR 206/13, NZA 2020, 860 (863), Rn. 40 ff.
[156] *Bengelsdorf* Aufhebungsvertrag S. 39.

fern dieser nach Abschluss des Aufhebungsvertrags keine Folgebeschäftigung findet. Die **Selbstverantwortung** des Arbeitnehmers ist gefordert.[157] Gleiches gilt für die **sozialversicherungsrechtlichen Folgen** einer einvernehmlichen unwiderruflichen **Freistellung**.[158]

99 **Ausnahmsweise** soll etwas anderes gelten, wenn im Rahmen der Aufhebungsverhandlungen die Kündigungsfrist verkürzt wird, um die Abfindung zu erhöhen. Diese Abweichung von der normalen Beendigung soll eine Hinweis- und Aufklärungspflicht des Arbeitgebers begründen, **sofern** er über die entsprechenden Kenntnisse verfügt.[159] Das überzeugt nicht. Jedenfalls wäre der Arbeitgeber nur verpflichtet, den Arbeitnehmer auf Risiken aufmerksam zu machen und ihn an die fachkundigen Stellen – zB Arbeitsverwaltung, Rechtsauskunftsstellen des DGB – zu verweisen.[160]

100 **b) Steuerrechtliche Nachteile.** Es gilt das zu den sozialrechtlichen Nachteilen Ausgeführte entsprechend.[161]

101 Die erforderliche überlegene Sachkunde des Arbeitgebers auf dem Gebiet des Lohnsteuerrechts – ua Besteuerung einer Abfindung – wird angesichts der verwickelten Rechtslage regelmäßig fehlen. Es bleibt Sache des Arbeitnehmers, sich vor Abschluss des Aufhebungsvertrags selbst fachkundigen Rat einzuholen.[162]

102 **c) Versorgungsrechtliche Nachteile.** Über den **Verlust** von **Versorgungsanwartschaften** muss der Arbeitgeber den Arbeitnehmer grundsätzlich nicht von sich aus vor Abschluss des Aufhebungsvertrags unterrichten.[163] Der Arbeitnehmer hat sich selbst über die rechtlichen Folgen dieser Abrede Klarheit zu verschaffen.

103 Eine Hinweis- und Aufklärungspflicht besteht **ausnahmsweise,** sofern der Arbeitnehmer auf Grund besonderer Umstände darauf vertrauen darf, der Arbeitgeber werde bei der vorzeitigen Beendigung des Arbeitsvertrags seine Interessen wahren und ihn in redlicher Weise vor unbedachten, nachteiligen Folgen des vorzeitigen Ausscheidens bei der Versorgung bewahren. Ein solcher **Vertrauenstatbestand** kann zB daraus folgen, dass die Initiative des Arbeitgebers zum Abschluss des Aufhebungsvertrags und einem **atypischen Versorgungsfall** führt. Gleiches gilt, wenn der Abschluss des Aufhebungsvertrags im zeitlichen oder sachlichen Zusammenhang mit dem Ruhestand steht.[164]

104 Das **Fehlen** einer Aufklärungspflicht wird selbst für den Fall angenommen, dass einer Arbeitnehmerin durch Abschluss des Aufhebungsvertrags zum 30.9. die Anwartschaft auf eine Altersversorgung verloren geht, die nur drei Wochen später ab 20.10. unverfallbar geworden wäre.[165] Das Gericht begründet seine Entscheidung mit der Erwägung, dass der Arbeitnehmerin die Versorgungsordnung ausgehändigt sei, aus der die Stichtags- und Fristenregelungen eindeutig zu erkennen seien. Es liege in der Eigenart von Stichtags- und Fristenregelungen, dass auch nur kurze Über- und Unterschreitungen zu Rechtsnachteilen führten.

105 **Anders** werden dagegen Versorgungsnachteile beurteilt, deren Kenntnis sich für den Arbeitnehmer nicht ohne weiteres aus den ihm vorliegenden Unterlagen erschließt. Tritt in einem solchen Fall der Arbeitnehmer an den Arbeitgeber mit der Bitte um **Auskunft** über die Versorgungsregelung heran, muss der Arbeitgeber die Auskunft erteilen, soweit er hierzu zuverlässig in der Lage ist. Anderenfalls muss der Arbeitgeber den Arbeitnehmer an eine zuständige oder kompetente Stelle verweisen.

106 **d) Kündigungsrechtliche Nachteile/Sonderkündigungsschutz.** Gegenüber Arbeitnehmern mit besonderem Kündigungsschutz – zB Betriebsratsmitglieder, Schwangere, Arbeitnehmer

---

[157] *Hoß/Ehrich* DB 1997, 625 f. mit Nachweisen in Fn. 14; *Bauer/Krieger/Arnold* ArbR-Aufhebungsverträge A Rn. 174.
[158] → Rn. 230; *Lindemann/Simon* BB 2005, 2462 (2464); *Thomas/Weidmann* NJW 2006, 257 (260); *Bauer* NZA 2007, 409 (412).
[159] *Reufels* ArbRB 2001, 26 (27).
[160] *Bauer/Krieger/Arnold* ArbR-Aufhebungsverträge A Rn. 178.
[161] *Bengelsdorf* Aufhebungsvertrag S. 39.
[162] *Hoß/Ehrich* DB 1997, 626.
[163] *Hoß/Ehrich* DB 1997, 626.
[164] *Bengelsdorf* Aufhebungsvertrag S. 40.
[165] *Bengelsdorf* Aufhebungsvertrag S. 40.

in Elternzeit, Pflege- und Familienpflegezeit, Schwerbehinderte – ist der Arbeitgeber vor Abschluss des Aufhebungsvertrags **nicht** zum Hinweis auf den Verlust des Sonderkündigungsschutzes verpflichtet. Von den Arbeitnehmern dieser Gruppe kann erwartet werden, dass sie sich hierüber selbst informieren.[166]

Ein spezifisches **Anfechtungsrecht** dieser Arbeitnehmer wegen Nichtbeachtung des besonderen Kündigungsschutzes besteht nicht.[167]

e) **Tarifliche Nachteile.** Gelegentlich sehen Tarifverträge vor allem des Einzelhandels vor, dass der Arbeitnehmer den Abschluss des Aufhebungsvertrags innerhalb einer bestimmten Frist – schriftlich – widerrufen darf. Der Arbeitgeber ist nicht verpflichtet, den Arbeitnehmer auf das Schriftformerfordernis und/oder den Lauf der **Widerrufsfrist** hinzuweisen. Es liegt im Eigeninteresse des Arbeitnehmers, sich über den Inhalt der tariflichen Bestimmungen zu informieren.[168]

4. Sachkundige Vertretung/Gerichtlicher Aufhebungsvertrag

Hinweis- und Aufklärungspflichten des Arbeitgebers bestehen nicht, sofern der Arbeitnehmer durch einen **Rechtsanwalt** bzw. **Gewerkschaftssekretär** vertreten wird oder der Aufhebungsvertrag im Rahmen eines **Prozessvergleichs** geschlossen wird.[169] Die betriebsrätliche Unterstützung genügt für die Klärung von Fragen aus einem komplizierten Zusatzversorgungssystem nicht.

5. Inhalt/Umfang der Aufklärungspflicht

Inhalt und Umfang der Aufklärungspflicht richten sich danach, inwieweit der Arbeitgeber mit der **Unkenntnis** des Arbeitnehmers rechnen muss. Auf die bei jedem Arbeitnehmer ohne weiteres als bekannt vorauszusetzenden Rentennachteile aus einer kürzeren Dienstzeit muss der Arbeitgeber nicht hinweisen. Anders ist es bei **atypischen Versorgungsschäden** von erheblichem Gewicht, die auf den ersten Blick nicht voraussehbar sind.

Generell wird dem Arbeitgeber nicht mehr an Aufklärung zugemutet werden können, als er auch erfüllen kann. Das bedeutet, dass er primär über Sachverhalte zu unterrichten hat, die zu seinem Verantwortungsbereich gehören, zB **betriebliches Altersruhegeld**.[170]

Der Arbeitgeber erfüllt seine Hinweis- und Aufklärungspflicht, wenn er den Arbeitnehmer generell an eine **kompetente Stelle** – Arbeitsverwaltung, Rentenversicherungsträger, Zusatzversorgungskasse, Finanzverwaltung – verweist. Der Arbeitgeber ist nach richtiger Ansicht nicht gehalten, dem Arbeitnehmer in allen Einzelheiten zu erläutern, welche Fragen er dort stellen und welche Auskünfte er genau einholen muss. Wenn dem Arbeitgeber zugemutet wird, den Arbeitnehmer auf ein Gespräch mit der Zusatzversorgungseinrichtung oder einer anderen der genannten kompetenten Stellen so vorzubereiten, dass er dort verstanden wird und sich die Auskunftsstelle ihm gegenüber leicht verständlich ausdrückt, wird der Arbeitgeber regelmäßig überfordert.

Durch die unverzügliche Meldepflicht des Arbeitnehmers nach Abschluss eines Aufhebungsvertrags gem. § 38 SGB III ist eine **zwingende Hinweispflicht** des Arbeitnehmers über § 2 Abs. 2 S. 2 Nr. 3 SGB III entstanden. Danach soll der Arbeitgeber den Arbeitnehmer vor Beendigung des Arbeitsverhältnisses frühzeitig über die Notwendigkeit eigener Aktivitäten bei der Suche nach einer anderen Beschäftigung sowie über die Verpflichtung zur unverzüglichen Meldung bei der Agentur für Arbeit informieren. Unterlässt der Arbeitgeber einen entsprechenden Hinweis, trifft ihn keine **Schadenersatzpflicht** aus §§ 280 Abs. 1 S. 1, 241 Abs. 2 BGB.

Der Arbeitgeber hat die Schwerbehindertenvertretung über den Abschluss eines Aufhebungsvertrages zu **unterrichten,** diese aber nicht vorher anzuhören.

---

[166] *Germelmann* NZA 1997, 236 (241); *Reufels* ArbRB 2001, 26 (27).
[167] → Rn. 358 ff.
[168] *Bengelsdorf* Aufhebungsvertrag S. 40.
[169] *Germelmann* NZA 1997, 241; *Reufels* ArbRB 2001, 26; *Bauer/Krieger/Arnold* ArbR-Aufhebungsverträge A Rn. 177.
[170] *Nägele* BB 1992, 1274 (1277 f.); BAG 18.2.2020 – 3 AZR 206/18, NZA 2020, 860 (863), Rn. 38.

6. Folgen

115 Erteilt der Arbeitgeber, der eine Hinweis- und Aufklärungspflicht hat, eine **falsche, unvollständige** oder **irreführende Auskunft**, ist er zum **Schadensersatz** verpflichtet.[171] Der Schadensersatzanspruch ergibt sich aus positiver Forderungsverletzung.[172]

116 Die Verletzung der Hinweis- und Aufklärungspflicht muss für den eingetretenen Schaden **ursächlich** sein. Dem Arbeitnehmer wird seine diesbezügliche Beweisführung nach den Grundsätzen des Anscheinsbeweises erleichtert, wenn ein bestimmter Rat geschuldet ist und es in der gegebenen Situation unvernünftig wäre, einen solchen Rat nicht zu befolgen, **Grundsatz** des **beratungsmäßigen Verhaltens**. Die Kausalität entfällt, wenn der Schaden auch eingetreten wäre, wenn der Arbeitgeber sich pflichtengemäß verhalten und den Arbeitnehmer ausreichend aufgeklärt hätte, zB bei genügender vorheriger Unterrichtung des Arbeitnehmers durch Dritte. Die **Darlegungs-** und **Beweislast** für eine solche Aufklärung vor Abschluss des Aufhebungsvertrags trägt der Arbeitgeber.

117 Der Anspruch ist nach hM auf **Geldersatz** gerichtet, also bei einem Versorgungsschaden aus der betrieblichen Altersversorgung auf monatliche Rente oder wirtschaftlich gleichwertige Nachversicherung, die der Arbeitnehmer erhalten hätte, falls das schadensstiftende Ereignis nicht eingetreten wäre. **Naturalrestitution** durch Beseitigung des Aufhebungsvertrags gem. § 249 BGB und **Fortsetzung** des **Arbeitsverhältnisses** kann der Arbeitnehmer dagegen nicht verlangen.[173]

7. Abdingbarkeit

118 Die Aufklärungspflicht ist als **nebenvertragliche Pflicht** aus dem Arbeitsverhältnis abdingbar. Der Verzicht auf Hinweise des Arbeitgebers auf mögliche Konsequenzen aus der Aufhebungsvereinbarung darf bisher im Aufhebungsvertrag zulässigerweise aufgenommen werden.[174]

Formulierungsvorschlag:

119 Hinweise über die rentenrechtlichen Auswirkungen des Abschlusses des Aufhebungs- bzw. Abwicklungsvertrags erteilen die BfA bzw. die LVA und ...... (Träger der betrieblichen Altersversorgung). Hinweise zu den steuerrechtlichen Auswirkungen des Aufhebungs- bzw. Abwicklungsvertrags erteilen die Finanzämter. Auskünfte über die arbeitslosenrechtlichen Folgen des Aufhebungs- bzw. Abwicklungsvertrags erteilt die Agentur für Arbeit. Auskünfte über die Folgen für die Kranken- und Pflegeversicherung erteilt ...... (zuständige Kranken-, Pflegekasse). Nachdem Herrn/Frau ...... auf die Möglichkeit der Inanspruchnahme von Beratung durch die vorgenannten Stellen hingewiesen ist und Gelegenheit hat, sich bei diesen Stellen zu informieren, verzichtet er/sie auf weitergehende Hinweise durch die Firma.

120 Es ist offen, ob und mit welchem Ergebnis die Arbeitsgerichte eine solche Verzichtsklausel der **ABG-Kontrolle** nach § 307 BGB unterziehen.

IV. Einfluss des Kündigungsschutzes

1. Kündigungsfristen/Kündigungstermine

121 Die Arbeitsvertragsparteien müssen beim Abschluss des Aufhebungsvertrags weder die gesetzlichen, tariflichen noch die einzelvertraglich vereinbarten Kündigungsfristen und Kündigungstermine beachten.

---

[171] BAG 15.10.2013 – 3 AZR 10/12, NZA-RR 2014, 87 (90) Rn. 40; *Reinecke* NZA 2015, 1153 (1157 f.).
[172] Siehe zu den einzelnen Anspruchsvoraussetzungen und zur Darlegungs- und Beweislast *Bengelsdorf* Anm. zu LAG Hamburg 3.7.1991 – 5 Sa 20/91, LAGE BGB § 611 Aufhebungsvertrag Nr. 6.
[173] BAG 24.2.2011 – 6 AZR 626/09, NZA-RR 2012, 148 (153) Rn. 62 ff.
[174] *Hoß/Ehrich* DB 1997, 627; *Reufels* ArbRB 2001, 26 (28).

Verpflichtet sich der Arbeitgeber wegen der Beendigung des Arbeitsverhältnisses zur Zahlung einer **Abfindung**, ist im Interesse des Arbeitnehmers die Einhaltung der ordentlichen Kündigungsfrist zu erwägen, um das Ruhen des Anspruchs auf Arbeitslosengeld nach § 158 SGB III zu vermeiden.

2. Allgemeiner Kündigungsschutz

Die Wirksamkeit des Aufhebungsvertrags setzt weder das Vorliegen eines **wichtigen Grundes** im Sinne des § 626 Abs. 1 BGB voraus noch muss eine **soziale Rechtfertigung** nach § 1 Abs. 2, 3 KSchG gegeben sein.

3. Besonderer Kündigungsschutz

Beim Abschluss eines Aufhebungsvertrags greift der gesetzliche, kollektivrechtliche bzw. einzelvertragliche Sonderkündigungsschutz **bestimmter Arbeitnehmergruppen**[175] nicht ein.

4. Anzeigepflichtige Entlassungen

Der Arbeitgeber ist nach § 17 Abs. 1 S. 1 KSchG verpflichtet, der **Agentur für Arbeit** Anzeige zu erstatten, wenn er innerhalb von 30 Kalendertagen Arbeitnehmer in der in dieser Norm bestimmten Größenordnung entlässt. Den Entlassungen stehen gem. § 17 Abs. 1 S. 2 KSchG andere Beendigungen des Arbeitsverhältnisses gleich, die vom Arbeitgeber veranlasst werden, ua der **Aufhebungsvertrag** zur Vermeidung einer betriebsbedingten Kündigung.[176]

Der Begriff der **Entlassung** in § 17 KSchG ist nach der **Junk-Entscheidung** des EuGH richtlinienkonform in dem Sinne auszulegen, dass unter diesem Begriff die **Erklärung** der **Kündigungen** der Arbeitsverhältnisse zu verstehen ist. Der Arbeitgeber darf Kündigungen im Rahmen einer Massenentlassung erst **nach** Ende des Konsultationsverfahrens mit der Arbeitnehmervertretung und **nach** Anzeige der beabsichtigten Massenentlassung bei der zuständigen Behörde aussprechen. Anderenfalls sind die Kündigungen **unwirksam**.[177] Die gegenteilige jahrzehntelange Rechtsprechung des BAG, nach der die Massenentlassungsanzeige vor der tatsächlichen Beendigung des Arbeitsverhältnisses zu erstatten war, ist überholt. Der **Kündigungsgrund** ist für die Anzeigepflicht ohne Bedeutung. Scheidet der Arbeitnehmer in anderer Weise, etwa auf Grund einer von ihm selbst ausgesprochenen Kündigung, im **Einvernehmen** mit dem **Arbeitgeber**, infolge Ablaufs eines befristeten Arbeitsvertrags bzw. Bedingungseintritts eines bedingten Arbeitsvertrags oder wegen Anfechtung bzw. Nichtigkeit des Arbeitsvertrags aus, liegt an sich keine Entlassung vor.

Etwas anderes gilt nach § 17 Abs. 1 S. 2 KSchG in den Fällen, in denen die Beendigung des Arbeitsverhältnisses vom Arbeitgeber **veranlasst** ist. Eine **Veranlassung** im Sinne der Norm ist gegeben, wenn der Arbeitgeber den Arbeitnehmer im Hinblick auf eine **konkrete Kündigungsabsicht** oder eine **konkret geplante Betriebsänderung** bestimmt, das Arbeitsverhältnis aufzulösen. Die Auflösung muss auf die Entscheidung des Arbeitgebers zurückgehen, das Arbeitsverhältnis zu beenden und den Arbeitnehmer neben anderen in den Arbeitsmarkt zu entlassen. Es genügt nicht, dass die Beendigung durch die **betrieblichen Verhältnisse** verursacht ist. So reicht es nicht aus, wenn der Arbeitnehmer ausscheidet, weil der Arbeitgeber mit Lohnzahlungen in Rückstand geraten ist, einen pessimistischen Bericht über die Lage des Unternehmens abgegeben bzw. empfohlen hat, sich eine neue Stelle zu suchen.[178] Allerdings soll eine Entlassung vorliegen, wenn der Arbeitgeber einseitig und zu Lasten des Arbeitnehmers aus nicht in dessen Person liegenden Gründen eine **erhebliche Änderung** der wesentlichen Bestandteile des Arbeitsvertrags vornimmt.[179] Bei der Einordnung von **Aufhebungsverträgen** als – anzeigepflichtige – Entlassungen sollte wie folgt unterschieden werden:[180]

---

[175] Siehe im Einzelnen *Bengelsdorf* Aufhebungsvertrag S. 75 f.
[176] → § 50 Rn. 16 f.
[177] BAG 13.6.2019 – 6 AZR 459/18, NZA 2019, 1638 (1640), Rn. 22.
[178] *Bengelsdorf* Aufhebungsvertrag S. 77.
[179] EuGH 11.11.2015 – C-422/14, NZA 2015, 1441 (1443) Rn. 47 ff.
[180] *Bengelsdorf* Aufhebungsvertrag S. 77 f.; *Bauer/Krieger/Arnold* ArbR-Aufhebungsverträge E Rn. 72.

- Scheidet der Arbeitnehmer **völlig freiwillig** im gegenseitigen Einvernehmen mit dem Arbeitgeber aus dem Arbeitsverhältnis aus, liegt **keine** Entlassung im Sinne einer vom Arbeitgeber veranlassten Beendigung vor.
- Hat der Arbeitgeber dem Arbeitnehmer bereits eine **ordentliche Kündigung** erklärt, ist eine Entlassung auch **gegeben,** wenn sich Arbeitgeber und Arbeitnehmer später über die einverständliche Beendigung des Arbeitsverhältnisses zum Kündigungstermin einigen. Der Arbeitgeber ist nicht mehr in der Lage, durch spätere Abfindungsvergleiche mit einer begrenzten Anzahl von Arbeitnehmern die für ihn geltende Grenzzahl des § 17 Abs. 1 S. 1 KSchG zu unterschreiten und somit eine Anzeigepflicht zu vermeiden.
- Kündigt der Arbeitgeber im **Vorfeld** von **Massenentlassungen** einen Personalabbau an und teilt er der Belegschaft oder Teilen der Belegschaft seine Kündigungsabsicht bei gleichzeitigem Angebot eines Aufhebungsvertrags einschließlich Abfindungszahlung mit, ist die Gleichstellung von Aufhebungsverträgen mit Entlassungen gerechtfertigt, **falls** die vom Arbeitgeber geäußerte Kündigungsabsicht die **alleinige Ursache** für die einvernehmliche Beendigung des Arbeitsverhältnisses ist, dh die Kündigungsabsicht des Arbeitgebers sich bezüglich Zeitpunkt und Person des Entlassenen konkretisiert hat.
- Nicht anzeigepflichtig ist das Ausscheiden auf Grund von **Vorruhestandsvereinbarungen.**
- Wird mit einem älteren Arbeitnehmer **Altersteilzeit** mit Blockbildung nach § 2 Abs. 2, § 3 ATG vereinbart, liegt auch in der Freizeitphase keine Entlassung vor, weil das Arbeitsverhältnis weiterhin besteht.

128 Dieser Fragenkomplex ist durch die Rechtsprechung nicht abschließend geklärt. Es ist der Praxis dringend zu empfehlen, in Grenzfällen eine **vorsorgliche Massenentlassungsanzeige** einzureichen.

129 Die mit dem Aufhebungsvertrag bezweckte Entlassung soll – bei Vorliegen der Voraussetzungen einer Massenentlassung – nach § 17 KSchG so lange unwirksam sein, wie nicht eine formgerechte Massenentlassungsanzeige gem. § 17 Abs. 3 KSchG beim Arbeitsamt eingereicht und dessen Zustimmung eingeholt wird. Der zugrunde liegende Aufhebungsvertrag bleibt danach wirksam, darf indessen nicht vollzogen werden. Allerdings wirkt sich die Entlassungssperre auf das Arbeitsverhältnis des einzelnen Arbeitnehmers nur aus, wenn er sie geltend macht. Es ist nach der Junk-Entscheidung des EuGH **fraglich** gewesen, ob die fehlende Anzeige weiterhin nur als Entlassungssperre und nicht als Unwirksamkeitsgrund zu deuten ist. Nach jüngerer Rechtsprechung ist eine **Kündigung** nichtig, wenn im Zeitpunkt ihres Zugangs die nach § 17 Abs. 1 KScHG erforderliche Massenentlassungsanzeige nicht wirksam erstattet ist.[181] Gleiches gilt wohl auch für **Aufhebungsverträge,**[182] die ohne vorherige Erstattung einer ordnungsgemäßen Massenentlassungsanzeige abgeschlossen werden. Allerdings löst bei diesen Verträgen erst der Abschluss des Vertrags die Entlassung aus dem Arbeitsverhältnis aus. Es genügt daher, dass der Arbeitgeber **nach** Abgabe und **vor** Annahme seines Vertragsangebots seitens des Arbeitnehmers die Massenentlassungsanzeige erstattet.[183] Der **Vertrauensschutz,** der Kündigungen ohne ordnungsgemäße Beteiligung der Arbeitsagentur vor Bekanntwerden der Junk-Entscheidung des EuGH zugestanden wird, ist auch entsprechenden Aufhebungsverträgen zu gewähren. Ein **Verzicht** auf die Geltendmachung der Unwirksamkeit soll in den Aufhebungsvertrag nicht aufgenommen werden dürfen.[184] Dem ist jedenfalls in den Fällen nicht zu folgen, in denen der Aufhebungsvertrag eine arbeitgeberseitige Kompensation etwa in Bezug auf den Beendigungszeitpunkt, die Beendigungsart, Zahlung einer Abfindung, den Verzicht auf eigene Ersatzansprüche usw enthält. Eine unangemessene Benachteiligung im Sinne des § 307 Abs. 1 S. 1 BGB liegt dann nicht vor.[185]

---

[181] BAG 22.11.2012 – 2 AZR 371/11, NZA 2013, 845 (847) Rn. 38 ff.
[182] *Bauer/Krieger/Arnold* ArbR-Aufhebungsverträge E Rn. 78 unter Berufung auf BAG 11.3.1999 – 2 AZR 461/98, NZA 1999, 761.
[183] *Bauer/Krieger/Arnold* ArbR-Aufhebungsverträge E Rn. 74.
[184] *Bauer/Krieger/Arnold* ArbR-Aufhebungsverträge E Rn. 80.
[185] *Bauer/Krieger/Arnold* ArbR-Aufhebungsverträge E Rn. 80.

V. Betriebsänderungen (§§ 111 ff. BetrVG)

Nach § 112a Abs. 1 S. 2 BetrVG ist bei der Ermittlung der für eine Betriebsänderung geforderten **Grenzzahlen** das vom Arbeitgeber aus Gründen der Betriebsänderung veranlasste Ausscheiden von Arbeitnehmern auf Grund von **Aufhebungsverträgen** den Entlassungen gleichgestellt. Durch die Regelung soll verhindert werden, dass die Anwendung des § 112 Abs. 4, 5 BetrVG nur deshalb entfällt, weil mit einigen von der Betriebsänderung betroffenen Arbeitnehmern Aufhebungsverträge geschlossen werden, um auf diesem Wege unter der die Erzwingbarkeit des Sozialplans auslösenden Grenzzahl zu bleiben.[186]

Entscheidend ist, ob die Aufhebungsverträge auf **Veranlassung** des **Arbeitgebers** zustande kommen. Eine **Veranlassung** liegt vor, wenn der Arbeitgeber beim Arbeitnehmer im Hinblick auf eine konkret geplante Betriebsänderung die berechtigte Annahme hervorruft, mit der eigenen Initiative zur Beendigung des Arbeitsverhältnisses, also dem Abschluss des Aufhebungsvertrags komme er einer sonst notwendigen betriebsbedingten Kündigung des Arbeitgebers zuvor. Das ist für den **Einzelfall** festzustellen.

Ein bloßer Hinweis des Arbeitgebers in einer Betriebsversammlung, durch Rundschreiben, Aushang bzw. über die Presse auf eine unsichere Lage des Unternehmens, auf notwendig werdende Betriebsänderungen **oder** der Rat, sich eine neue Stelle zu suchen, **genügen nicht**.[187] Schließt der Arbeitnehmer dann wegen des seitens des Arbeitgebers signalisierten Personalabbaus einen Aufhebungsvertrag, ist dieser jedenfalls in den Fällen nicht durch den Arbeitgeber veranlasst, in denen der Arbeitnehmer im Zeitpunkt der einvernehmlichen Vertragsaufhebung keinen Grund für die Annahme mehr hat, ihm werde im Zuge der Personalreduzierung gekündigt, zB weil keine weiteren der vorgesehenen personellen Maßnahmen zur Durchführung des im Interessenausgleich geregelten Personalabbaus erfolgt sind.[188] Der Arbeitgeber kann also die einmal gesetzte Ursache für die Veranlassung des Aufhebungsvertrags wieder zurücknehmen.

Die auf Veranlassung des Arbeitgebers abgeschlossenen Aufhebungsverträge müssen auch bei Feststellung der für § 111 BetrVG maßgeblichen **Grenzzahl** der von der **geplanten Betriebsänderung** betroffenen Arbeitnehmer berücksichtigt werden. Es liegt ebenfalls eine Entlassung im Sinne des **§ 113 Abs. 3 BetrVG** vor.

Arbeitnehmer, die auf Veranlassung des Arbeitgebers in einem **zeitlichen** und **inneren Zusammenhang** mit der geplanten Betriebsänderung einvernehmlich ausgeschieden sind, werden nach herrschender Auffassung von einem **späteren Sozialplan** bzw. **Interessen- und Nachteilsausgleich** erfasst. Voraussetzung ist, dass der Aufhebungsvertrag aus **betriebsbedingten** nicht aus personen- oder verhaltensbedingten Gründen abgeschlossen ist.

Die einzelvertraglich zugesagte **Abfindung** ist regelmäßig mit der höheren Sozialplanabfindung im Wege der Auslegung oder auf Grund einer zweckmäßigerweise in den Aufhebungsvertrag aufzunehmenden Anrechnungsklausel zu verrechnen.[189]

Ist ein Sozialplan aufgestellt, darf der Arbeitnehmer ohne Zustimmung des Betriebsrats auch im Rahmen eines Aufhebungsvertrags nicht auf die ihm **eingeräumten Rechte** verzichten, § 77 Abs. 4 BetrVG in Verbindung mit § 397 BGB.

VI. Inhalt des Aufhebungsvertrags

1. Einfacher/ausführlicher Aufhebungsvertrag

Die Arbeitsvertragsparteien können ihr Arbeitsverhältnis durch **einfachen** oder **ausführlichen** Aufhebungsvertrag beenden.

Der **einfache Aufhebungsvertrag** enthält die Mindestanforderungen einer wirksamen einverständlichen Beendigung des Arbeitsverhältnisses. Er hat den **Vorteil**, das Ziel der Auf-

---

[186] Siehe im Einzelnen *Bauer/Krieger/Arnold* ArbR-Aufhebungsverträge E Rn. 35 ff.
[187] *Hauck* AuA 1998, 69 (71 f.).
[188] kritisch *Hümmerich/Spirolke* BB 1995, 42 (46).
[189] Formulierungsvorschlag unter → Rn. 226.

lösung des Arbeitsverhältnisses nicht durch umfangreiche und möglicherweise schwierige Verhandlungen über Nebenabreden des Ausscheidens zu gefährden. Der einfache Aufhebungsvertrag hat den **Nachteil**, dass über solche Abreden später Streit entstehen kann.

139 Der **ausführliche Aufhebungsvertrag** hat den **Vorteil**, durch Regelungen aller mit dem Ausscheiden verbundener Punkte einer späteren Auseinandersetzung über die Beendigungsmodalitäten entgegenzuwirken. Er hat den **Nachteil**, die angestrebte Aufhebung des Arbeitsverhältnisses durch komplizierte Verhandlungen über Nebenabsprachen zu gefährden. Eine **AGB-Kontrolle** kommt bei Aufhebungs-, Abwicklungs- und Kündigungsbestätigungsverträgen über § 310 Abs. 4 BGB allenfalls sehr eingeschränkt in Betracht.[190]

2. Mindestinhalt

140 Zwingender Bestandteil eines jeden Aufhebungsvertrags ist die Einigung zwischen den Arbeitsvertragsparteien, das Arbeitsverhältnis mit **sofortiger Wirkung** oder zu einem **späteren Zeitpunkt** zu beenden.[191] Die **rückwirkende** Auflösung eines vollzogenen Arbeitsverhältnisses ist grundsätzlich nicht möglich. Etwas anderes gilt in den Fällen, in denen in der Vergangenheit eine **Kündigung** ausgesprochen ist und sich die Parteien anschließend darauf einigen, dass das Arbeitsverhältnis tatsächlich zum Zeitpunkt des Ablaufs der Kündigungsfrist bzw. bei der außerordentlichen Kündigung zum Zeitpunkt des Zugangs der Kündigungserklärung geendet hat, **oder** das Arbeitsverhältnis **außer Funktion** gesetzt[192] **oder** infolge eines besonders schweren Mangels **nichtig** ist.

141 Zusätzlich kann im Interesse des Arbeitnehmers der **Grund** der Beendigung – zB betriebsbedingter/personenbedingter Grund unter Einhaltung der einschlägigen Kündigungsfrist – angegeben werden. Die einvernehmliche Vertragsbeendigung auf Grund arbeitgeberseitiger betriebsbedingter/personenbedingter Kündigung unter Einhaltung der Kündigungsfrist löst **an sich** keine **Sperrzeit** nach § 144 SGB III aus. Die geänderte **Dienstanweisung** der Bundesagentur für Arbeit[193] führt indessen in der Praxis dazu, dass das Arbeitsamt bei einverständlicher Aufhebung des Arbeitsverhältnisses regelmäßig eine Sperrzeit verhängt. Die **vorzeitige** Beendigung des Arbeitsverhältnisses ohne Einhaltung der ordentlichen Kündigungsfrist kann neben dem Ausspruch einer Sperrzeit ein Ruhen des Anspruchs auf Arbeitslosengeld nach § 143a SGB III bewirken.[194]

142 Weitere Regelungen sind **nicht** erforderlich, da sich die Ansprüche bis zum Beendigungszeitpunkt aus dem Arbeitsvertrag ergeben. Sollen über die vertraglichen Ansprüche hinaus Leistungen – zB eine **Abfindung** – erbracht werden, müssen diese ausdrücklich in den Aufhebungsvertrag aufgenommen werden. Zweckmäßigerweise sollte im einfachen Aufhebungsvertrag weiterhin der **Verzicht** auf **Hinweise** des Arbeitgebers auf mögliche Konsequenzen aus der einvernehmlichen Vertragsauflösung für den Arbeitnehmer sowie eine Erledigungsklausel geregelt werden.

143 Ein **Formulierungsvorschlag** ist unter → Rn. 11 abgedruckt.

3. Regelungsmaterien des Aufhebungsvertrags

144 a) **Beendigung.** Es gilt zunächst das unter → Rn. 113 ff. Ausgeführte. Wird dem Arbeitnehmer eine **Abfindung** gezahlt, ist sie nicht steuerfrei.[195] Abfindungen sind aber regelmäßig außerordentliche Einkünfte im Sinne des § 34 Abs. 2 Nr. 2 in Verbindung mit § 24 Nr. 1 EStG mit einer **Tarifbegünstigung**. Der Hinweis auf die Veranlassung des Arbeitgebers kann für den Arbeitnehmer nach diesen Vorschriften steuerlich **vorteilhaft** sein. Allerdings wird die Finanzverwaltung durch die Formulierung nicht gebunden.[196]

---

[190] → Rn. 351.
[191] *Bengelsdorf* Aufhebungsvertrag S. 6.
[192] → Rn. 3.
[193] Stand 4/2011.
[194] → Rn. 220 ff.
[195] → § 48 Rn. 87.
[196] → Rn. 206 ff.

b) Bezüge. Der ausführliche Aufhebungsvertrag sollte **alle Leistungen** regeln, die der ausscheidende Arbeitnehmer noch erhalten soll. Dazu gehören die Arbeitsvergütung, die bis zu dem im Aufhebungsvertrag festgelegten Beendigungstermin des Arbeitsverhältnisses noch fällig ist, **und** sonstige Leistungen, die arbeitsvertraglich zusätzlich zu gewähren sind, zB Provision, Umsatzbeteiligung, Tantieme, Gratifikation, 13./14. Monatsgehalt, Urlaubsgeld usw. Die **Herabsetzung** der vertragsgemäßen Bezüge während der Kündigungs- bzw. Auslauffrist ist nur möglich, wenn sich der Arbeitnehmer hiermit ausdrücklich einverstanden erklärt. Nach sorgfältiger Prüfung der Rechtslage sollte zweckmäßigerweise zum Ausdruck gebracht werden, **ob überhaupt,** ggf. **in welcher Höhe** – zB anteilig oder voll – sowie zu **welchem Zeitpunkt** diese Leistungen an den Arbeitnehmer gezahlt werden sollen.

> **Formulierungsvorschlag:**
>
> Herr/Frau . . . . . . erhält bis zum Vertragsende seine/ihre vertraglichen Bezüge.

aa) Provision. Erhält der Arbeitnehmer neben seiner Grundvergütung **vereinbarungsgemäß** eine Provision, sind über § 65 HGB die für Handelsvertreter geltenden Vorschriften der § 87 Abs. 1, 3 HGB sowie §§ 87a bis 87c HGB anzuwenden.[197] Soweit arbeitsvertraglich nichts anderes vereinbart wird, ist ein **Provisionsanspruch** endgültig **verdient**, wenn das Geschäft abgeschlossen (§ 87 Abs. 1, 3 HGB), es vom Arbeitgeber ausgeführt ist (§ 87a Abs. 1 HGB) **und** der Dritte leistet (§ 87a Abs. 2 HGB) **oder** das Geschäft abgeschlossen ist und der Arbeitgeber es schuldhaft nicht ausführt, § 87a Abs. 3 HGB. Nach diesen gesetzlichen Regelungen können Provisionsansprüche **bis** zur Beendigung des Arbeitsverhältnisses und **nach** dessen Beendigung endgültig entstehen.

Während und **bis** zur Beendigung des Arbeitsverhältnisses ist eine Provision endgültig verdient, wenn das Geschäft bis zur Beendigung des Arbeitsverhältnisses abgeschlossen und auf die Tätigkeit des Arbeitnehmers zurückzuführen ist **oder** mit einem Dritten abgeschlossen ist, den der Arbeitnehmer als Kunde für Geschäfte der gleichen Art geworben hat (§ 87 Abs. 1 HGB), **und** der Arbeitgeber das Geschäft bis zur Beendigung des Arbeitsverhältnisses ausführt, § 87a Abs. 1 HGB.

Auch nach Abschluss des Geschäfts ist der Provisionsanspruch **aufschiebend bedingt** durch die Ausführung des Geschäfts durch den Arbeitgeber. Anderseits ist der Provisionsanspruch **auflösend bedingt** durch die Leistung des Dritten; der Anspruch entfällt, wenn feststeht, dass der Dritte nicht leistet, § 87a Abs. 2 HGB. Ein Provisionsanspruch kann gleichwohl bis zur Beendigung des Arbeitsverhältnisses entstanden sein, wenn der Arbeitgeber das Geschäft schuldhaft nicht ausführt, § 87a Abs. 3 HGB.

Nach Beendigung des Arbeitsverhältnisses können Provisionen bei den folgenden drei Fallgestaltungen erzielt werden: a) Das Geschäft ist **vor** Beendigung des Arbeitsverhältnisses abgeschlossen, wird indessen vom Arbeitgeber erst nach Beendigung des Arbeitsverhältnisses ausgeführt, sog. **Überhangprovision.** Der Provisionsanspruch entsteht gemäß § 87a Abs. 1 S. 1 HGB erst mit Geschäftsausführung. Überhangprovisionen können nur mit erheblichen Einschränkungen vertraglich ausgeschlossen werden. Für die noch nicht ausgeführten Geschäfte darf eine **Ausführungsfrist** bestimmt werden. Bei ihrer Einhaltung ist die zwingende Norm des § 87a Abs. 3 HGB zu beachten. Die schuldhaft verspätete Ausführung gilt als Nichtausführung. Der Provisionsanspruch bleibt trotz Überschreiten der Ausführungsfrist bestehen, wenn der Arbeitgeber das Geschäft innerhalb der Frist **schuldhaft** nicht ausführt. Der Arbeitgeber ist für das Gegenteil darlegungs- und beweispflichtig. Mit diesen Einschränkungen kann für nachvertragliche Provisionsansprüche im **Aufhebungsvertrag** eine Frist für den Geschäftsabschluss und dessen Ausführung bestimmt werden. b) Das Geschäft ist **nach** Beendigung des Arbeitsverhältnisses abgeschlossen, der Arbeitnehmer hat das Geschäft indessen vermittelt/eingeleitet und so vorbereitet, dass der Abschluss überwiegend

---

[197] *Schmitt-Rolfes*, Arbeitsrechtliche Aufhebungsverträge und Abfindungsvereinbarungen, 2001, Rn. 551 f.; Arbeitsrechtslexikon – *Nebendahl*, Provision I. 2.

auf seine Tätigkeit zurückzuführen ist. Das Geschäft muss dann innerhalb einer **angemessenen Frist** nach Beendigung des Vertragsverhältnisses abgeschlossen werden, § 87 Abs. 3 S. 1 Nr. 1 HGB. Die Angemessenheit der Frist hat der Bundesgerichtshof in Extremfällen mit 10 Monaten oder sogar 2 Jahren terminiert.[198] Voraussetzung für den endgültigen Provisionsanspruch ist, dass der Arbeitgeber das Geschäft ausführt und der Dritte mit seiner Gegenleistung nicht endgültig ausfällt, § 87a Abs. 1, 2 HGB. c) Das Angebot des Dritten für ein provisionspflichtiges Geschäft geht dem Arbeitgeber oder Arbeitnehmer **vor** Beendigung des Arbeitsverhältnisses zu, § 87 Abs. 3 S. 1 Nr. 2 HGB. Die Ausführung des Geschäfts durch den Arbeitgeber und die Gegenleistungsbereitschaft des Dritten sind Voraussetzungen für den endgültigen Provisionsanspruch.

151   Wegen der in den Aufhebungsvertrag zweckmäßigerweise aufzunehmenden **Erledigungsklausel**[199] sollte bei Abschluss des Vertrags eine eindeutige und abschließende Regelung über bereits entstandene und noch nicht abgerechnete bzw. noch nicht bezahlte Provisionen und über Provisionsansprüche getroffen werden, die noch nach Beendigung des Arbeitsverhältnisses entstehen können. Aus Gründen der Rechtsklarheit ist eine **pauschale Abgeltung** sämtlicher Provisionsansprüche zu empfehlen.

Formulierungsvorschlag:

152   Die Herrn/Frau ...... gemäß Arbeitsvertrag/Vereinbarung vom ..... zustehende Provision wird mit einem Betrag von ...... EUR brutto abgegolten. Dies gilt auch für nachträgliche Provisionsansprüche gemäß § 87 Abs. 3 HGB.

153   Ist die pauschale Abgeltung nicht durchzusetzen, kann eine differenzierende Regelung nach bereits entstandenen Provisionsansprüchen, Überhangprovisionen und nachträglichen Provisionen gewählt werden.

Formulierungsvorschlag:

154   Für während des Arbeitsverhältnisses abgeschlossene und ausgeführte Geschäfte stehen Herrn/Frau ...... noch Provisionsansprüche in Höhe von ...... EUR brutto zu. § 87a Abs. 2 HGB bleibt unberührt.
Alternativ
Für die in Anlage ...... aufgeführten und während des Arbeitsverhältnisses abgeschlossenen und noch nicht ausgeführten Geschäfte erhält Herr/Frau ...... Provision, sobald diese vom Arbeitgeber ausgeführt sind. § 87a Abs. 2 HGB bleibt unberührt.

Für die in Anlage ...... aufgeführten und während des Arbeitsverhältnisses von Herrn/Frau ...... vermittelten, jedoch noch nicht abgeschlossenen Geschäfte erhält Herr/Frau ...... Provision, sofern diese innerhalb eines Monats nach Beendigung des Vertragsverhältnisses abgeschlossen und innerhalb von 6 Monaten ab Beendigung des Arbeitsvertragsverhältnisses vom Arbeitgeber ausgeführt werden. § 87a Abs. 2 HGB bleibt unberührt.

155   *bb) Tantieme.* Die Tantieme wird regelmäßig an Führungskräfte gezahlt. Sie wird als Gewinn-, Umsatz-, Ermessens- oder Garantietantieme zugesagt.[200] a) **Garantietantiemen** sind keine Tantiemen, sondern Gehalt. Sie werden regelmäßig als Tantiemen ausgewiesen, weil sie im Gegensatz zum laufenden Arbeitsentgelt als Bemessungsgrundlage für andere Leis-

---

[198] Zitiert nach *von Gamm* NJW 1979, 2492.
[199] → Rn. 309 ff.
[200] *Schmitt-Rolfes*, Arbeitsrechtliche Aufhebungsverträge und Abfindungsvereinbarungen, 2001, Rn. 569 ff.

tungen nicht herangezogen werden sollen, zB für eine betriebliche Versorgungsanwartschaft. **b) Ermessenstantiemen** sind nicht zwingend Gewinnbeteiligungen, da sie vom Arbeitgeber nach billigem Ermessen gemäß § 315 BGB alljährlich festgelegt werden können. **c)** Eine vom Umsatz des jeweiligen Arbeitnehmers abhängige **Umsatztantieme** ist eine Provision. Es gelten die Provisionsvorschriften.[201] **d)** Die eigentliche Tantieme ist die **Gewinntantieme** in Form einer **Gewinnbeteiligung.** Sie wird regelmäßig als zusätzliche **Vergütung** für eine im Geschäftsjahr erbrachte Arbeitsleistung des Arbeitnehmers gezahlt.[202]

Berechnungsgrundlage der Gewinntantieme ist normalerweise der jährliche Reingewinn.[203] Die **Höhe** der Beteiligung richtet sich nach der vertraglichen Vereinbarung. Dabei kann die Tantieme in ein festes Verhältnis – etwa in Form eines bestimmten Prozent- oder Promille-Satzes – zum Jahresgewinn gesetzt werden. **156**

Der Anspruch auf (Gewinn)Tantieme entsteht dem Grunde nach zu dem Zeitpunkt, zu **157** dem der Jahresabschluss aufzustellen ist, also zum Ende des Geschäftsjahres, § 264 Abs. 1 HGB. Er wird **fällig,** sobald der Abschluss aufgestellt/festgestellt ist bzw. bei ordnungsgemäßem Geschäftsgang aufgestellt/festgestellt sein musste. Damit ergeben sich für die einzelnen Unternehmensformen unterschiedliche Zeitpunkte für die Fälligkeit des Anspruchs.[204] **a)** Für **Einzelunternehmen** und **Personenhandelsgesellschaften** mit mindestens einem persönlich haftenden Gesellschafter ist der Jahresabschluss innerhalb der einem ordnungsgemäßen Geschäftsgang entsprechenden Zeit aufzustellen (§ 243 Abs. 3 HGB), soweit sie nicht dem Publizitätsgesetz unterliegen. **b)** Für alle **anderen Unternehmen** ist der Jahresabschluss innerhalb der ersten 3 Monate des folgenden Geschäftsjahres aufzustellen (§ 264 Abs. 1 HGB, § 5 PublG), soweit sie nicht Kleinkapitalgesellschaften sind, für die die Frist auf 6 Monate verlängert ist, § 264 Abs. 1 S. 3 HGB. **c)** Für **Aktiengesellschaften** und **GmbHs** gilt die Besonderheit, dass der Tantiemeanspruch nicht mit der Aufstellung des Jahresabschlusses, sondern erst mit dessen **Feststellung** fällig wird. Für die GmbH wird der Jahresabschluss von der Geschäftsführung aufgestellt und von der Gesellschafterversammlung festgestellt, § 46 Nr. 1 GmbHG. Bei der Aktiengesellschaft ist der Jahresabschluss festgestellt, wenn der Aufsichtsrat den vom Vorstand aufgestellten Jahresabschluss billigt (§ 172 AktG), sofern nicht beide Organe beschließen, die Feststellung der Hauptversammlung zu überlassen, § 173 AktG.

Beginnt oder endet das Arbeitsverhältnis **während** des Geschäftsjahres, ist – wenn nichts **158** anderes vereinbart ist – keine Zwischenbilanz zu erstellen. Die Jahresbilanz bleibt maßgebend. Der Anspruch mindert sich auf den dem Zeitraum der Beschäftigung entsprechenden Gewinnanteil, **pro rata temporis.**[205] Gewinne und **Verluste,** die erst nach Ausscheiden des Arbeitnehmers eintreten, dürfen berücksichtigt werden. Die anteilsmäßige Forderung wird ebenfalls erst nach Feststellung des Jahresabschlusses **fällig.**

Die anteiligen Ansprüche dürfen **pauschaliert** und im Aufhebungsvertrag **einvernehmlich 159** festgelegt werden.

Aus **steuerlichen Gründen** dürfen bereits zum Zeitpunkt der Vereinbarung des Aufhe- **160** bungsvertrags erworbene Tantiemeansprüche **nicht** in die **Abfindung** eingerechnet werden. Die Gewinntantieme in Form der Gewinnbeteiligung ist in vollem Umfang steuerpflichtig. Die privilegierte Steuerentschädigung für die gesamte Abfindung würde bei einer Einrechnung gefährdet.[206]

Enthält die Tantiemeabsprache eine Klausel, nach der die Gewinnbeteiligung bei Aus- **161** scheiden des Arbeitnehmers vor Feststellung der Bilanz **entfällt,** dürfte diese Klausel nach umstrittener Ansicht regelmäßig unwirksam sein.[207]

---

[201] → Rn. 140 ff.
[202] BAG 7.6.2011 – 1 AZR 807/09, NZA 2011, 1234 (1236) Rn. 25 ff.
[203] Arbeitsrechtslexikon – *Nebendahl,* Gewinnbeteiligung/Tantieme III. 1.
[204] *Schmitt-Rolfes,* Arbeitsrechtliche Aufhebungsverträge und Abfindungsvereinbarungen, 2011, Rn. 575 ff.
[205] *Bengelsdorf* Aufhebungsvertrag S. 145.
[206] *Hümmerich/Spirolke* NZA 1998, 225 (228).
[207] Arbeitsrechtslexikon – *Nebendahl,* Gewinnbeteiligung/Tantieme III. 3.; aA *Weber/Ehrich/Burmester* Aufhebungsverträge Teil 1 Rn. 682.

Formulierungsvorschlag:

162 Herr/Frau ...... erhält zur Abgeltung der ihm/ihr für das laufende Geschäftsjahr zustehenden Tantieme zeitanteilig ....../12 von ......% des ausgewiesenen Jahresgewinns. Die Auszahlung erfolgt 14 Tage nach Ende des laufenden Geschäftsjahres und Aufstellung/Feststellung des Jahresabschlusses/am ......

Alternativ

Herr/Frau ...... hat für das laufende Geschäftsjahr Anspruch auf Tantieme in Höhe von ......% des ausgewiesenen Jahresgewinns. Sie wird ungekürzt ausgezahlt. Die Auszahlung erfolgt 14 Tage nach Ende des laufenden Geschäftsjahres und Aufstellung/Feststellung des Jahresabschlusses/am ......

Alternativ

Herr/Frau ...... hat Anspruch auf eine Tantieme. Diese wird mit einem Pauschalbetrag von ...... EUR brutto abgegolten. Die Auszahlung erfolgt 14 Tage nach Ende des laufenden Geschäftsjahres und Aufstellung/Feststellung des Jahresabschlusses/am ......

163 *cc) Sonderzahlungen.* Bei den Jahressonderzahlungen kann zwischen **Gratifikationen, Jahresabschlussvergütungen** und **13./14. Monatsgehalt** unterschieden werden.

164 **Gratifikationen.** Die Gratifikation ist eine Sonderzuwendung, die auf Grund eines **besonderen Anlasses** – zB Weihnachtsfest, Urlaub, Geschäftsjubiläum – zusätzlich zur Arbeitsvergütung gewährt wird. Sie steht nicht im unmittelbaren Gegenseitigkeitsverhältnis zur Arbeitsleistung. Sie kann Anerkennung für geleistete Dienste und/oder Anreiz für weitere Dienstleistungen sein. Der **Zweck** der Zuwendung ist durch sorgfältige Auslegung der Zusage zu ermitteln,[208] sofern die Klausel, die der Gewährung der Sonderzahlung zugrunde liegt, keine eindeutige Regelung enthält. Es ist in erster Linie auf den Inhalt der Zusage abzustellen.[209] Die Rechtsprechung verlangt eine klare Abgrenzung der Zwecke. Im Zweifel gilt die Sonderzahlung als Gegenleistung für die Arbeitsleistung geschuldet.[210] Die Gratifikation ist nur in den Fällen Arbeitsentgelt im engeren Sinne, in denen sie eine anteilig verdiente, üblicherweise zum Jahresende fällige **Vergütung** darstellt, die dem Arbeitnehmer nachträglich nicht mehr entzogen werden darf.

165 Ein **allgemeiner Anspruch** auf eine solche Leistung besteht nicht. Es muss stets eine besondere **Rechtsgrundlage** vorhanden sein, zB Tarifvertrag, Betriebsvereinbarung, Einzelarbeitsvertrag, betriebliche Übung, Gesamtzusage, Gleichbehandlungsgrundsatz.[211]

166 Soweit der Arbeitgeber nicht durch Tarifvertrag, Betriebsvereinbarung oder Arbeitsvertrag gebunden ist, darf der Arbeitgeber zu jedem Zahlungstermin erneut entscheiden, **ob** er eine Gratifikation gewähren will.[212] Der Arbeitgeber muss die Freiwilligkeit der Leistung **deutlich** erklären. Wird die Jahressonderzahlung vom Arbeitgeber ausdrücklich als **freiwillige Leistung** unter **Ausschluss** eines **Rechtsanspruchs** für die Zukunft gewährt, kann der Arbeitgeber diese Leistung für die Zukunft **und** für den laufenden Bezugszeitraum, also während des laufenden Jahres mit Wirkung für dieses Jahr einstellen.[213] Die Bezeichnung als **freiwillige Leistung** und **ohne** jegliche **rechtliche Verpflichtung** soll nicht genügen.[214] Ebenfalls unwirksam ist eine Stichtagsklausel zum 31.12. für Gratifikationen mit **Mischcharakter**, die neben der Arbeitsleistung auch die Betriebstreue vergüten.[215] Der Arbeitgeber darf dann jedes Jahr erneut entscheiden, **ob** er eine solche Leistung gewähren will.[216] Bei Existenz eines wirksamen Freiwilligkeitsvorbehalts kann der Arbeitgeber auch Arbeitnehmer

---

[208] *Hanau/Vossen* DB 1992, 213 (214) mit Auslegungshilfen.
[209] BAG 12.10.2010 – 9 AZR 522/09, NZA 2011, 695 (697) Rn. 21 ff.
[210] BAG 18.1.2012 – 10 AZR 667/10, NZA 2012, 620 (621) Rn. 13 ff.
[211] → § 20 Rn. 122 ff.; Arbeitsrechtslexikon/*Nebendahl*, Gratifikationen/Sonderzuwendung, I. 2., II.
[212] BAG 14.9.2011 – 10 AZR 526/10, NZA 2012, 81 (82) Rn. 20.
[213] BAG 8.12.2010 – 10 AZR 671/09, NZA 2011, 628 (629) Rn. 19.
[214] *Jensen* NZA-RR 2011, 225 (227 f.).
[215] Siehe im Einzelnen ErfK/*Preis* BGB § 611a Rn. 534a–534c.
[216] BAG 14.9.2011 – 10 AZR 526/10, NZA 2012, 81 (82) Rn. 20.

von der Leistung ausnehmen, die im Bezugszeitraum durch **Aufhebungsvertrag** aus dem Arbeitsverhältnis ausscheiden, ohne gegen den Gleichbehandlungsgrundsatz zu verstoßen.

An der Zulässigkeit von solchen Freiwilligkeitsvorbehalten ist unter der Geltung des **AGB-Rechts** festzuhalten. Die Freiwilligkeitsvorbehalte müssen allerdings dem **Transparenzgebot** des § 307 Abs. 1 S. 2 BGB genügen. So ist bei einer arbeitsvertraglichen Verknüpfung von **Freiwilligkeits-** und **Widerrufsvorbehalt** nach § 307 Abs. 1 S. 2 BGB regelmäßig unklar, ob ein Rechtsbindungswillen des Arbeitgebers für die Zukunft ausgeschlossen bleiben soll.[217] Außerdem muss der Maßstab von §§ 307 Abs. 1, 2, 308 Nr. 4 BGB in der Klausel selbst zum Ausdruck kommen: Die widerrufliche Leistung muss nach Art und Höhe eindeutig sein und es bedarf der **Präzisierung,** aus welchen Gründen – zB wirtschaftliche Gründe, Leistung oder Verhalten des Arbeitnehmers – der Leistungsvorbehalt ausgeübt wird.[218] Hält die Klausel der Inhaltskontrolle nach §§ 305 ff. BGB stand, ist auf der **zweiten Stufe** zu prüfen, ob die Ausübung des Widerrufs im Einzelfall **billigem Ermessen** im Sinne des § 315 BGB entspricht.

Die **Höhe** der Gratifikation richtet sich nach der ausdrücklich bzw. stillschweigend getroffenen Vereinbarung, nach der Zusage bzw. betrieblichen Übung.

Der Arbeitgeber bzw. die Tarifvertrags- oder Betriebsparteien dürfen die **Voraussetzungen** bestimmen, unter denen der Arbeitnehmer einen Anspruch auf Gratifikation erwirbt.[219] Sie können insbesondere festlegen, dass die Gratifikation nur Arbeitnehmern gezahlt wird, die zu einem **bestimmten Stichtag** in einem Arbeitsverhältnis zum Betrieb stehen. Scheidet der Arbeitnehmer **vor Fälligkeit/Stichtag** der Gratifikation aus, ist entscheidend, ob der Anspruch davon abhängt, dass das Arbeitsverhältnis während des gesamten Bezugszeitraums oder eines Teils davon besteht. Ist die Gratifikationszusage so ausgestaltet, können vor Fälligkeit/Stichtag aus dem Arbeitsverhältnis ausgeschiedene Arbeitnehmer vom Bezug ausgeschlossen werden. Das trifft auch auf die Beendigung durch **betriebsbedingte Kündigung** bzw. auf einen an deren Stelle tretenden **Aufhebungsvertrag** zu.[220] Der **Gleichbehandlungsgrundsatz,** an den der Arbeitgeber bei Gewährung freiwilliger Leistungen gebunden ist, wird nicht verletzt. Ein Verstoß liegt erst vor, wenn die unterschiedliche Behandlung nach dem Zweck der Leistung nicht gerechtfertigt ist.

Der **Ausschluss** von der Gratifikation setzt eine entsprechende **eindeutige** Regelung voraus. Wird der Anspruch auf Zahlung einer Gratifikation lediglich davon abhängig gemacht, dass das Arbeitsverhältnis zum festgesetzten Zeitpunkt der Zahlung **ungekündigt** besteht, schließt der vor diesem Zeitpunkt vereinbarte **Aufhebungsvertrag,** nach dem das Arbeitsverhältnis erst nach dem Termin der Auszahlung der Gratifikation endet, den Anspruch auf die Gratifikation nicht aus. Ist keine solche Voraussetzung für die Gewährung der Gratifikation bestimmt, ist – wie erwähnt – **im Zweifel** anzunehmen, dass lediglich eine zusätzliche Vergütung für die im Bezugszeitraum geleistete Arbeit erbracht werden soll. Scheidet der Arbeitnehmer in einem derartigen Fall vor Ende des Bezugszeitraums aus, behält er einen Anspruch auf den Teil der vollen Gratifikation, der dem Verhältnis der tatsächlichen Arbeitsleistung zur Gesamtdauer des Bezugszeitraums entspricht, **Zwölftelung.**[221] Dieser Teilanspruch wird zum Ende des Bezugszeitraums **fällig,** es sei denn, es ist etwas anderes vereinbart.

Die Gratifikation darf mit dem **Vorbehalt** verknüpft werden, dass sie **zurückzuzahlen** ist, wenn der Arbeitnehmer in einer bestimmten Zeit nach ihrer Gewährung aus dem Arbeitsverhältnis ausscheidet. Der Vorbehalt muss **eindeutig** nach § 307 Abs. 1 S. 2 BGB und dem Arbeitnehmer spätestens bei **Auszahlung** bzw. **Gutschrift** auf seinem Konto bekannt sein. Der Vorbehalt der **Freiwilligkeit** genügt nicht. Ist ein Rückzahlungsvorbehalt für alle Fälle der **Kündigung** vereinbart, muss nach den Umständen des Einzelfalls unter Berücksichtigung des Wortlauts sowie Zwecks des Vorbehalts entschieden werden, ob die Rückzahlungspflicht auch beim Abschluss eines **Aufhebungsvertrags** entstehen soll. Im Zweifel er-

---

[217] BAG 14.9.2011 – 10 AZR 526/10, NZA 2012, 81 (83) Rn. 24.
[218] *Lingemann/Gotham* NZA 2008, 509 ff.; *Bayreuther* BB 2009, 102 ff.; *Preis* NZA 2009, 281 ff.
[219] *Sowka* NZA 1993, 783; *Schiefer* NZA 1993, 1015 f.
[220] BAG *Reiserer* NZA 1992, 436 mit Rechtsprechungsnachweisen.
[221] *Gaul* BB 1994, 494 (565).

fasst der auf die **Kündigung** beschränkte Rückzahlungsvorbehalt den Aufhebungsvertrag nicht. Ergreift der Vorbehalt den **Aufhebungsvertrag**, ist für die Beurteilung der Rückzahlungsverpflichtung auf den **Anlass** für den Abschluss des Aufhebungsvertrags abzustellen. Die Gratifikation ist nicht zurückzuzahlen, falls dem Aufhebungsvertrag eine unwirksame Kündigung des Arbeitgebers vorausgegangen ist oder der Arbeitgeber sich zur Zahlung einer Abfindung verpflichtet hat.[222]

172 Zur **Bindungsdauer** einzelvertraglicher Rückzahlungsklauseln sind[223] folgende Grundsätze entwickelt. Sie sind auch der **Inhaltskontrolle** nach § 307 BGB zugrunde zulegen. Werden die Grenzwerte überschritten, liegt bei den AGB-Klauseln eine unzulässige Beeinträchtigung der Berufsausübungsfreiheit nach § 307 Abs. 1 BGB in Verbindung mit Art. 12 GG vor.
- Erhält der Arbeitnehmer eine Gratifikation, die einen **zweifachen Monatsbetrag** nicht erreicht, kann er durch eine Rückzahlungsklausel jedenfalls dann nicht über den 30.6. des folgenden Jahres hinaus an den Betrieb gebunden werden, wenn er bis dahin mehrere Kündigungsmöglichkeiten hat.
- Erhält der Arbeitnehmer **einen Monatsbetrag** und hat er bis zum 31.3. des folgenden Jahres nur **eine** Kündigungsmöglichkeit, ist ihm zuzumuten, diese auszulassen, wenn er die Gratifikation behalten will. Er ist dann bis zum 30.6. des Folgejahres gebunden.
- Erhält der Arbeitnehmer **einen Monatsbetrag** und hat er bis zum 31.3. des folgenden Jahres mehrere Kündigungsmöglichkeiten, ist ihm wegen der Höhe der gewährten Gratifikation zuzumuten, den Betrieb erst nach dem 31.3. zum nächstzulässigen Kündigungstermin zu verlassen, wenn er die Gratifikation behalten will. Wird die Gratifikation vertragsgemäß in zwei **Raten** gezahlt, gilt für jede Rate eine gesonderte Bindungsfrist entsprechend der Ratenhöhe.
- Erhält der Arbeitnehmer einen Betrag, der **100 EUR** brutto übersteigt, jedoch nicht einen Monatsbetrag erreicht, ist ihm regelmäßig zuzumuten, eine Rückzahlungsklausel einzuhalten, die bis zum 31.3. des folgenden Jahres reicht.
- Erhält der Arbeitnehmer als Gratifikation einen Betrag, der **100 EUR** brutto nicht übersteigt, kann damit keine Rückzahlungsklausel verbunden werden.

173 Auch bei **frühzeitiger Auszahlung** von Weihnachtsgratifikationen – etwa im November – verbleibt es bei den vorgenannten Grundsätzen, obwohl die Bindungsdauer zum 31.3. dann einen Zeitraum von über vier Monaten erreicht.

174 Innerhalb der beschriebenen Bindungsdauer darf statt der sofortigen Rückzahlung in einem Betrag die Rückzahlungspflicht **ratenweise** abgestuft werden. Wird als Gratifikation ein Betrag von zwei Monatsgehältern gezahlt, ist eine Rückzahlungsklausel zulässig, nach der beim Ausscheiden bis zum 31.3. des folgenden Jahres 1,5 Monatsgehälter, zum 30.6. ein Monatsgehalt und zum 30.9. ein halbes Monatsgehalt zurückzuzahlen sind.[224]

175 Die zulässige Bindungsdauer bei Zahlung der Gratifikation bestimmt sich nach der Höhe des Arbeitsentgelts im **Auszahlungsmonat** der Gratifikation.

176 Werden **zu lange** Bindungsfristen vereinbart, sind die Rückzahlungsvereinbarungen hinsichtlich der Bindungsfristen unwirksam. Lediglich bei vor Inkrafttreten der neuen §§ 305 ff. BGB am 1.1.2002 vereinbarten Verträgen darf eine durch den Wegfall der unwirksamen Klausel entstandene Lücke im Wege der **ergänzenden Vertragsauslegung** geschlossen werden.[225]

177 **Jahresabschlussvergütung.** Wird an alle Arbeitnehmer oder bestimmte Arbeitnehmergruppen des Betriebs **unabhängig** von der individuell erbrachten Arbeitsleistung bzw. **unabhängig** vom persönlichen Anteil am Gewinn des Unternehmens eine **Jahresabschlussvergütung** gezahlt, liegt eine Leistung mit **Gratifikationscharakter** vor. Das Gesamtvolumen ist jeweils am Gewinn, seltener am Umsatz des Geschäftsjahres orientiert. Die Verteilung kann nach einem Schlüssel erfolgen, der sich aus einer Kombination von Gewinnfaktoren und Faktoren wie Dauer der Betriebszugehörigkeit, Lebensalter usw zusammensetzt.

178 Es sind die für **Gratifikationen** geltenden Grundsätze anzuwenden.

---

[222] Bengelsdorf Aufhebungsvertrag S. 147.
[223] → § 20 Rn 154 ff.
[224] Arbeitsrechtslexikon/*Nebendahl* Gratifikation/Sonderzuwendung V.
[225] BAG 20.4.2011 – 5 AZR 191/10, NZA 2011, 796 (797) Rn. 13.

13./14. Monatsgehalt. Das 13./14. Monatsgehalt stellt regelmäßig eine Vergütung zur **unmittelbaren Abgeltung** der vom Arbeitnehmer erbrachten Arbeitsleistung dar. Es ist ein Teil der **Arbeitsvergütung.** Der Arbeitnehmer, der vor dem Auszahlungstermin im Laufe des Kalenderjahres ausscheidet, hat grundsätzlich einen **zeitanteiligen** Anspruch von je ein Zwölftel des 13./14. Monatsgehalts.[226]

Das Gleiche gilt für die Zusage einer **Jahresleistung,** die an keine weiteren Voraussetzungen geknüpft ist.

Vor Abschluss des Aufhebungsvertrags ist zu prüfen, ob ein Anspruch des Arbeitnehmers auf Sonderzahlung trotz Ausscheidens entsteht. Existiert der Anspruch, sollte er zur Klarstellung im Vertrag bestätigt werden.

> **Formulierungsvorschlag:**
>
> Herr/Frau ...... erhält am ...... für das Jahr ... die Jahressonderzahlung/Jahresabschlussvergütung/ Gratifikation ungekürzt/zu ....../12 in Höhe von ...... EUR brutto/mit Rücksicht auf die vorzeitige Beendigung des Arbeitsverhältnisses nicht.

c) Abfindung. aa) Begriff. Abfindungen sind in erster Linie **Entschädigungen** für den Verlust des Arbeitsplatzes. Sie bedürfen einer besonderen **kollektivrechtlichen** oder **einzelvertraglichen** Grundlage. Sie haben weiterhin **Überleitungs-** und **Vorsorgefunktionen,** indem sie etwaige Nachteile ausgleichen sollen, die mit dem Verlust des Arbeitsplatzes in Zukunft verbunden sind.[227] Diese Funktion wirkt sich ua auf die **Vererbbarkeit** des Abfindungsanspruchs aus.

Die Abfindung hat daneben **Abgeltungscharakter,** wie mit der Gewährung des Abfindungsbetrags alle unmittelbar mit dem Verlust des Arbeitsplatzes verbundenen vermögensrechtlichen und immateriellen Nachteile des Arbeitnehmers ausgeglichen werden sollen. Die Abfindung schließt regelmäßig **Schadensersatzansprüche** wegen Verlustes der Arbeitsvergütung für die Zeit nach Auflösung des Arbeitsverhältnisses aus. Steht dem Arbeitnehmer allerdings für den Zeitraum nach seiner außerordentlichen Kündigung bis zum Ablauf der ordentlichen Kündigungsfrist ein Schadensersatzanspruch wegen entgangenen Arbeitsentgelts nach § 628 Abs. 2 BGB zu, erwirbt er daneben einen Abfindungsanspruch in Höhe der Abfindung, die ihm durch Urteil nach §§ 9, 10, 13 Abs. 1 S. 3 KSchG zuzusprechen wäre.

Die Abfindung kann auch eine Gegenleistung – eine Art Kaufpreis – für den Abkauf des Arbeitsplatzes sein. Diese Funktion wirkt sich wiederum auf die Vererbbarkeit der Abfindung aus.[228]

Die Abfindung kann schließlich **Entgeltcharakter** besitzen, falls im Abfindungsbetrag auch Ansprüche auf Arbeitsentgelt – zB Vergütungsansprüche bis zum Zeitpunkt der Beendigung des Arbeitsverhältnisses bzw. Ansprüche aus Annahmeverzug gem. § 615 BGB, Krankenlohn gem. § 3 EFZG, Urlaubsabgeltungsansprüche gem. § 7 Abs. 4 BUrlG – einbezogen sind. Die Abfindung mit ausschließlichem Entgeltcharakter bzw. Teile der Abfindung mit Entgeltcharakter sind **keine Abfindungen** im Sinne des Sozialversicherungs- und Lohnsteuerrechts. Es sollte deswegen **nur** der Betrag als Abfindung ausgewiesen werden, der dem Arbeitnehmer als Entschädigung für den Verlust des Arbeitsplatzes bzw. aus Überleitungs- und Versorgungsgründen gezahlt wird. Alle übrigen Ansprüche, die der Arbeitnehmer während der Dauer des Arbeitsverhältnisses erworben hat, sollten in der Beendigungsvereinbarung **gesondert** aufgeführt werden. Anderenfalls muss damit gerechnet werden, dass diese Ansprüche **nachträglich** zu ermitteln und für die Lohnsteuer, Kirchensteuer und Sozialabgaben abzuführen sind. Dabei hat der **Arbeitgeber** die Abgaben auch wegen der zeitlichen Begrenzung des Beitragsabzugs vom Arbeitsentgelt gem. § 28g SGB IV **in voller Höhe** zu übernehmen. Er kann sich uU ebenso wie der Arbeitnehmer **strafbar** machen. Mitarbeiter in

---

[226] Schaub ArbR-HdB/*Linck* § 78 Rn. 5.
[227] *Kreßel* NZA 1997, 1138 (1140); *Hümmerich* NZA 1999, 342 (347).
[228] → Rn. 191 ff.

der Personalverwaltung, die an **Manipulationen** zur Hinterziehung von Steuern und Sozialversicherungsabgaben mitwirken, müssen mit der **außerordentlichen Kündigung** ihres Arbeitsvertrags rechnen. Das gilt selbst für den Fall, dass dies auf Weisung des unmittelbaren Vorgesetzten geschieht.

187 Gleiches gilt für den nach **§ 15 Abs. 2 S. 1 AGG** zu leistenden Schadensersatz zum Ausgleich immaterieller Diskriminierungsschäden. Die Entschädigungszahlung ist im Gegensatz zur Abfindung **steuerfrei**.[229] Außerdem dürfte eine Benachteiligung im Sinne des § 3 AGG dem Arbeitnehmer regelmäßig einen wichtigen Grund nach § 159 Abs. 1 S. 1 SGB III geben, das Arbeitsverhältnis **sperrzeitfrei** zu beenden.[230] Die günstigere sozial- und steuerrechtliche Behandlung der Entschädigungszahlung nach § 15 Abs. 2 S. 1 AGG sollte die Arbeitsvertragsparteien in keinem Fall veranlassen, mittels einer Diskriminierungsabrede eine steuerpflichtige Abfindung in eine steuerfreie und sperrzeitvermeidende Entschädigungszahlung umzudeklarieren. Sowohl der Arbeitnehmer als auch der Arbeitgeber machen sich strafbar.[231]

188 Bei der Abfindung von **Versorgungsanwartschaften** sind die einschränkenden Voraussetzungen des § 3 BetrAVG zu beachten.[232]

189 *bb) Entstehung/Fälligkeit.* Der in einem außergerichtlichen oder gerichtlichen Aufhebungsvertrag festgelegte Anspruch auf Zahlung einer Abfindung entsteht nach den **Vorgaben der Arbeitsvertragsparteien.** Sie dürfen frei bestimmen, unter welchen Voraussetzungen der Anspruch entstehen soll. Fehlen eindeutige Vorgaben, entstehen Abfindungsansprüche nach umstrittener Ansicht regelmäßig mit Abschluss bzw. Wirksamwerden der Aufhebungsvereinbarung.[233]

190 Die vereinbarte Abfindung steht regelmäßig unter der **aufschiebenden Bedingung,** dass das Arbeitsverhältnis bis zum vereinbarten Beendigungszeitpunkt fortgesetzt wird. Löst eine außerordentliche Kündigung das Arbeitsverhältnis **vor** dem vorgesehenen Aufhebungszeitpunkt auf, wird der Aufhebungsvertrag einschließlich der zugesagten Abfindung **gegenstandslos.**[234] Aus Gründen der Rechtsklarheit empfiehlt sich die Aufnahme einer Klausel in den Aufhebungsvertrag, nach der der Abfindungsanspruch **entfällt,** falls das Arbeitsverhältnis vor dem vereinbarten Auflösungstermin beendet wird.[235]

191 Der Abfindungsanspruch wird zum Zeitpunkt des **Ausscheidens** aus dem Arbeitsverhältnis **fällig.** Etwas anderes gilt nur, wenn die Arbeitsvertragsparteien einen anderen Fälligkeitstermin ausdrücklich vereinbart haben. Zur Vermeidung jeden Streits sollten der **Entstehungs-** und **Fälligkeitszeitpunkt** in der Abfindungsregelung bestimmt werden.[236]

192 *cc) Höhe.* Es gibt keine zwingende **gesetzliche Abfindungsregelung.** Insbesondere enthalten §§ 1a, 9, 10 KSchG weder das Verbot einer abfindungsfreien Beendigung des Arbeitsverhältnisses noch das Gebot einer Beendigung nur gegen Gewährung einer Abfindung. Den Arbeitsvertragsparteien steht es **frei,** hinsichtlich der Höhe der Abfindung eigene Abreden zu treffen. Der **Gleichbehandlungsgrundsatz** gebietet dem Arbeitgeber, die Arbeitnehmer oder Gruppen von Arbeitnehmern gleich zu behandeln, soweit sie sich in gleicher oder vergleichbarer Lage befinden. Eine sachfremde Differenzierung liegt nicht vor, wenn bei Zahlung einer Abfindung Zeiten von **Wehr-** oder **Zivildienst,** auf Grund **Langzeiterkrankung,** oder **Elternzeit** bzw. aus vergleichbaren Gründen anspruchsmindernd berücksichtigt werden. Damit ist bei der Elternzeit keine – mittelbare – Diskriminierung verbunden.[237] Es stellt auch keine unzulässige Benachteiligung dar, wenn **Teilzeitbeschäftigten** nur eine Abfindung nach dem Grundsatz pro rata temporis gezahlt wird.

193 Eine allseits anerkannte **Faustregel** zur Bemessung der Abfindungshöhe hat sich nicht durchgesetzt. Teils wird für ein Beschäftigungsjahr ein Monatseinkommen, teils wird für

---

[229] → Rn. 206 f.; *Cornelius/Lipinski* BB 2007, 496 (498).
[230] *Cornelius/Lipinski* BB 2007, 496 (497).
[231] *Cornelius/Lipinski* BB 2007, 496 (499 ff.).
[232] → Rn. 283 ff.
[233] *Reiter* BB 2006, 42 (44).
[234] BAG 10.11.2011 – 6 AZR 357/10, NZA 2012, 205 (206) Rn. 17.
[235] → Rn. 226.
[236] → Rn. 226.
[237] ErfK/*Gallner* BEEG § 15 Rn. 28.

dd) Abtretung. Der Abfindungsanspruch **darf** abgetreten werden, soweit ausdrücklich nichts anderes vereinbart ist. Eine **Vorausabtretung** ist zulässig. Der Übergang tritt in dem Zeitpunkt ein, in dem der Anspruch auf Abfindung entsteht. Die **Vorausabtretung** von Arbeitsentgeltansprüchen bzw. eine **Gehaltsabtretung** erfasst mangels ausdrücklicher Festlegung nicht den Abfindungsanspruch. 194

ee) Aufrechnung. Der Arbeitgeber **darf** die Aufrechnung mit Gegenansprüchen erklären. Das **Aufrechnungsverbot** des § 394 BGB greift nur ein, wenn das Vollstreckungsgericht einen Teil der Abfindung gem. § 850i ZPO für **unpfändbar** erklärt hat. Die Aufrechnung ist dann in Höhe des unpfändbaren Teils der Abfindung ausgeschlossen.[238] Soll die in einem Aufhebungsvertrag vereinbarte Abfindung mit der bis zur Vollendung des 60. Lebensjahres entstehenden betrieblichen **Invalidenrente** verrechnet werden, ist die in der Verrechnungsabrede enthaltene aufschiebend bedingte Tilgungsbestimmung wegen Verstoßes gegen § 3 Abs. 1 BetrAVG unwirksam. Dem Arbeitgeber kann nach § 812 Abs. 1 S. 2 BGB ein Bereicherungsanspruch auf Rückzahlung der Abfindung zustehen. 195

ff) Anrechnung. Die Abfindungsregelungen in einem **Sozialplan** sind für die Arbeitsvertragsparteien nach § 77 Abs. 4 S. 1 BetrVG **zwingend**. Sie dürfen in einem Aufhebungsvertrag gem. § 77 Abs. 4 S. 2 BetrVG nur mit Zustimmung des Betriebsrats **unterschritten** werden. 196

Arbeitnehmer, die auf **Veranlassung** des Arbeitgebers aus betriebsbedingten Gründen in zeitlichem und innerem Zusammenhang mit der geplanten Betriebsänderung einvernehmlich ausscheiden, werden regelmäßig von einem späteren Sozialplan erfasst.[239] Die Arbeitsvertragsparteien sollten deswegen eindeutig festlegen, dass die **einzelvertragliche** Abfindung für den Verlust des Arbeitsplatzes auf eine aus dem Sozialplan in Betracht kommende Abfindung **angerechnet** wird.[240] Fehlt eine solche Anrechnungsklausel, darf die Anrechnung gleichwohl vorgenommen werden, wenn aus der Auslegung der einzelvertraglichen und kollektivrechtlichen Abfindungszahlung folgt, dass die Abfindung jeweils zum Ausgleich der mit dem Verlust des Arbeitsplatzes verbundenen materiellen und immateriellen Nachteile gewährt wird.[241] Bei der Verrechnung der zweifachen Abfindung gilt das **Günstigkeitsprinzip**. 197

gg) Vererbbarkeit. Der Abfindungsanspruch ist regelmäßig vererbbar, so dass er von den Erben nach § 1922 BGB geltend gemacht werden kann. Er muss allerdings **vor** dem Tod des Erblassers **entstanden** und somit Bestandteil seines Vermögens geworden sein. Stirbt der frühere Arbeitnehmer **nach** dem rechtlichen Ende des Arbeitsverhältnisses, treten die Erben ohne weiteres an die Stelle des Erblassers. 198

Für den Fall des Todes des Arbeitnehmers **nach** Abschluss des Aufhebungsvertrags und **vor** rechtlicher Beendigung des Arbeitsverhältnisses gilt etwas anderes. Es ist – falls eine ausdrückliche Abrede fehlt – eine Auslegung des Vertrags nach dem **Leistungszweck** vorzunehmen. Es ist – auch für den Abwicklungsvertrag – zu ermitteln, ob die Abfindung der Preis für den **Abkauf** des **Arbeitsplatzes** ist oder ob sie der **Abfederung** des **Entgeltverlustes** nach dem Ausscheiden dienen soll. Stellt die Abfindung eine Art Kaufpreis dar, ist sie vererbbar. Hat sie lediglich eine Überleitungs- und Vorsorgefunktion, ist sie nicht vererbbar.[242] 199

Aus Gründen der Rechtsklarheit empfiehlt sich bei **Diskrepanzen** zwischen Zeitpunkt des Abschlusses des Aufhebungsvertrags und rechtlichem Ende des Arbeitsverhältnisses eine entsprechende Regelung im Aufhebungsvertrag, zB eine **Vererbbarkeitsklausel**.[243] 200

hh) Pfändbarkeit. Die Abfindung gehört zum **Arbeitseinkommen** im Sinne des § 850 Abs. 1 ZPO und wird von einem formularmäßig erlassenen Pfändungs- und Überweisungs- 201

---

[238] Bengelsdorf, Pfändung und Abtretung von Lohn, 2. Aufl. 2002, Rn. 252 ff., 495 ff.
[239] → Rn. 127.
[240] → Rn. 226.
[241] Siehe BAG 16.12.2010 – 6 AZR 423/09, NZA-RR 2011, 421 (423) Rn. 20: Zweckidentität der Ansprüche.
[242] BAG 22.5.2003 – 2 AZR 250/02, BB 2004, 894 (895 f.).
[243] → Rn. 226.

beschluss erfasst. Die **Pfändungsgrenzen** des § 850c ZPO gelten nicht. Anzuwenden ist § 850i Abs. 1 ZPO. Danach hat das Vollstreckungsgericht dem Arbeitnehmer auf dessen **Antrag** so viel zu belassen, wie er während eines angemessenen Zeitraums zur Bestreitung des notwendigen Unterhalts für sich und seine Unterhaltsberechtigten benötigt.

202 Die Abfindung ist bei Fehlen eines **Pfändungsschutzantrags** nach § 850i Abs. 1 ZPO und/oder einer entsprechenden Entscheidung des Vollstreckungsgerichts **in vollem Umfang** pfändbar.[244]

203 *ii) Störung der Geschäftsgrundlage.* Die Geschäftsgrundlage für einen **betriebsbedingten** Aufhebungsvertrag mit **Abfindungszusage** entfällt nach § 313 BGB nicht ohne weiteres, wenn nach dessen Abschluss zum gleichen Auflösungszeitpunkt noch eine **verhaltensbedingte Kündigung** – zB wegen Urkundenfälschungen – ausgesprochen wird. Die gemeinsame Vorstellung der Arbeitsvertragsparteien über ein allein betriebsbedingtes Ausscheiden muss vereinbart sein. In den Aufhebungsvertrag sollte eine **ausdrückliche Regelung** der Abfindungszahlung für den Fall einer gleichzeitigen Beendigung auf Grund wirksamer Kündigung aufgenommen werden. Die Geschäftsgrundlage für einen Aufhebungsvertrag mit Abfindungszahlung entfällt auch nicht ohne weiteres, wenn sich während der Auslauffrist unvorhergesehen eine Weiterbeschäftigungsmöglichkeit ergibt. Ist eine angemessene Abfindung nach den Wertungen der § 10 KSchG, § 113 Abs. 1, 2 BetrVG zugesagt, führt das Festhalten am Vertrag keineswegs regelmäßig zu untragbaren Ergebnissen.

204 Wird im Aufhebungsvertrag eine Abfindungssumme in Höhe des **Differenzbetrags** vereinbart, der sich aus dem zum Vertragsabschluss maßgeblichen **Nettoeinkommen** des Arbeitnehmers und der Höhe des **Arbeitslosengelds** bis zum Rentenbezug zusammensetzt, berechtigt die Minderung des Arbeitslosengelds infolge einer späteren Gesetzesänderung den Arbeitnehmer nicht, den Differenzbetrag nach den Grundsätzen des **Wegfalls der Geschäftsgrundlage** vom Arbeitgeber ersetzt zu verlangen.

205 Die Zusage des Arbeitgebers im Aufhebungsvertrag, den Arbeitnehmer so zu stellen, dass dieser während der Arbeitslosigkeit unter Anrechnung eines Teils der Abfindung und Leistungen Dritter im Monatsdurchschnitt **90 %** des **letzten Nettogehalts** erhält, verpflichtet ihn nicht, dem Arbeitnehmer **steuerliche Nachteile** auszugleichen, die sich aus der Berücksichtigung des nach § 3 Nr. 2 EStG steuerfreien Arbeitslosengelds für die Höhe des Steuersatzes nach § 32b Abs. 1 EStG ergeben. Das gilt jedenfalls in den Fällen, in denen im Aufhebungsvertrag die vom Arbeitgeber zu berücksichtigen Steuermerkmale und ein bestimmter vom Arbeitgeber monatlich zu leistender Nettobetrag einvernehmlich festgelegt werden.

206 *jj) Ausschlussfrist.* **Tarifliche** Ausschlussfristen, nach denen Ansprüche auf Vergütung sowie alle sonstigen Ansprüche aus dem Arbeitsverhältnis bei nicht rechtzeitiger Geltendmachung verfallen, **erfassen** auch Abfindungsansprüche aus einem **außergerichtlichen** Aufhebungsvertrag. Das trifft auch für den Abfindungsanspruch in einem **außergerichtlichen** Vergleich zu, der **nach** Erhebung der Kündigungsschutzklage abgeschlossen wird.

207 Tarifliche Verfallfristen sind dagegen nicht anwendbar für Abfindungsansprüche, die in einem **gerichtlichen Vergleich** vereinbart sind.

208 Die Berufung des Arbeitgebers auf die Ausschlussfrist allein stellt keine **missbräuchliche Ausnutzung** einer Rechtsposition dar. Davon ist erst auszugehen, wenn der Arbeitnehmer die fristgemäße Geltendmachung seiner Rechte unterlässt, weil er hierzu durch ein Verhalten des Arbeitgebers veranlasst wird. Der Arbeitgeber muss den Arbeitnehmer von der Geltendmachung des Anspruchs bzw. von der Einhaltung der Verfallfrist abhalten. Dazu genügt es nicht, dass er dem Arbeitnehmer eine unzutreffende Auskunft über das Bestehen des Anspruchs erteilt.

209 Eine **Inhaltskontrolle** tariflicher Ausschlussfristen nach §§ 305 ff. BGB ist nicht möglich, § 310 Abs. 4 S. 1 BGB. Etwas anderes gilt für **formularmäßig** zwischen den Arbeitsvertragsparteien vereinbarte Ausschlussfristen bzw. **Ausgleichs-/Erledigungs- oder Abgeltungsklauseln.** Lediglich ausgehandelte Fristen oder Klauseln im Sinne des § 305 Abs. 1 S. 3 BGB bzw.

---

[244] *Bengelsdorf,* Pfändung und Abtretung von Lohn, 2. Aufl. 2002, Rn. 252 ff.

zur einmaligen Verwendung bestimmte Klauseln, auf die der Arbeitnehmer Einfluss nehmen kann, unterliegen keiner Inhaltskontrolle.²⁴⁵ Im Zentrum der Inhaltskontrolle steht § 307 Abs. 1 BGB. Dagegen ist die regelmäßig weit auszulegende Ausgleichs-/Erledigungs- oder Abgeltungsklausel grundsätzlich keine überraschende oder ungewöhnliche Abrede im Sinne des § 305c BGB. Sie darf nur nicht in eine Erklärung mit falscher oder missverständlicher Überschrift ohne besonderen Hinweis oder drucktechnische Hervorhebung eingefügt werden.

kk) Verjährung. Abfindungsansprüche aus einem **Prozessvergleich** verjähren nach § 197 Abs. 1 Nr. 4 BGB in **30 Jahren**. Das Gleiche gilt nach § 197 Abs. 1 Nr. 3 BGB für **rechtskräftig festgestellte** Ansprüche. 210

Abfindungsansprüche, die aus Anlass der Vertragsbeendigung **außergerichtlich** vereinbart werden, unterliegen der **dreijährigen Verjährung** nach § 195 BGB.²⁴⁶ 211

ll) Steuerliche und sozialversicherungsrechtliche Fragen. Die Abfindungszahlung ist regelmäßig mit schwierigen lohnsteuer-, beitrags- und sozialversicherungsrechtlichen Fragen verbunden. Die praxisrelevanten Aspekte dieser Problematik sollten bei Abschluss eines Aufhebungsvertrags stets mit berücksichtigt werden. 212

(1) Lohnsteuerrecht. (a) Abfindung. Abfindungen sind grundsätzlich **nicht** mehr steuerbefreit. Allerdings können **Entschädigungen** nach § 24 Nr. 1 EStG, die als Ersatz für entgangene oder entgehende Einnahmen oder für die Aufgabe oder Nichtausübung einer Tätigkeit gewährt werden, nach Maßgabe des § 34 Abs. 2 Nr. 2 EStG einem ermäßigten Steuersatz unterliegen.²⁴⁷ 213

Die aus Gründen des Vertrauensschutzes geschaffene Übergangsregelung in § 52 Abs. 4a EStG ist obsolet. 214

Gleiches gilt für die Geltung der bisherigen Rechtslage während der Phase der Übergangsregelung. 215

(b) Entschädigungen (§§ 24, 34 EStG). Nach § 24 EStG gehören zu den Einkünften im Sinne des § 2 Abs. 1 EStG ua Entschädigungen, die als Ersatz *für entgangene oder entgehende Einnahmen* (**§ 24 Nr. 1a EStG**) oder *für die Aufgabe oder Nichtausübung einer Tätigkeit, für die Aufgabe einer Gewinnbeteiligung oder einer Anwartschaft auf eine solche* (**§ 24 Nr. 1b EStG**) gewährt werden. Sie sind als **außerordentliche Einkünfte** nach Maßgabe des § 34 EStG nF steuerbegünstigt. Der Abfindungsbetrag wird fiktiv auf fünf Veranlagungszeiträume verteilt und es wird ein Mittelwert aus dem im Veranlagungszeitraum ohne die Abfindung zu zahlenden Steuerbetrag und dem mit der Abfindung zu zahlenden Steuerbetrag gebildet, multipliziert mit dem Faktor 5.²⁴⁸ Gleichwohl werden die auf diese Weise errechneten außerordentlichen Einkünfte im **Jahr** des **Zuflusses** versteuert.²⁴⁹ 216

Bei den **Entschädigungen** nach § 24 Nr. 1a EStG handelt es sich um Zahlungen, die als **Ersatz** für entgangene oder entgehende Einnahmen gewährt werden. Dabei entfällt durch ein Schadensereignis, zB die vom Arbeitgeber veranlasste Auflösung des Arbeitsverhältnisses, die Rechtsgrundlage für Einnahmen, mit denen der Steuerpflichtige rechnen konnte. Der Betroffene erhält als Kompensation für dieses Ereignis eine steuerbegünstigte Entschädigung, sofern folgende Voraussetzungen erfüllt sind:
a) Die Entschädigung muss auf Grund einer **neuen** Rechts- oder Billigkeitsgrundlage erfolgen, die sich von der ursprünglichen Anspruchsgrundlage unterscheidet.²⁵⁰ So ist die Nachzahlung einer vom Arbeitgeber geschuldeten Vergütung keine Entschädigung. Gleiches gilt für die Zahlung einer Abfindung wegen Verzichts auf eine Tantieme. Das trifft auch bei einer einvernehmlichen Änderung der **Zahlungsmodalitäten** zu, zB Umwandlung der laufenden Zahlungen in eine einmalige Nachzahlung, Abfindung oder Kapitalisierung.²⁵¹ Der Ent- 217

---

²⁴⁵ BAG 28.9.2005 – 5 AZR 52/05, BB 2006, 327 (328 ff.).
²⁴⁶ Küttner Personalbuch 2018/*Schmidt* Verjährung Rn. 7.
²⁴⁷ → Rn. 209 ff.
²⁴⁸ → Rn. 213.
²⁴⁹ Im Einzelnen: *Bauer/Krieger/Arnold* ArbR-Aufhebungsverträge G Rn. 53 ff.
²⁵⁰ BFH 25.8.2009 – IX R 3/09, NZA-RR 2010, 257.
²⁵¹ BFH 16.6.2004 – XI R 55/03, BB 2004, 2450 (2451 f.).

schädigungsanspruch darf – auch wenn er früher vereinbart ist – erst als **Folge** einer vorzeitigen Beendigung des Arbeitsverhältnisses entstehen. Als **neue Rechtsgrundlage** gelten ua der Aufhebungsvertrag und Prozessvergleich. Die neue Rechtslage kann auch bereits bei **Abschluss** des Arbeitsverhältnisses oder in dessen **Verlauf** für den Fall des vorzeitigen Ausscheidens vereinbart sein, ua Vereinbarung eines Ersatzanspruchs/einer Entlassungsabfindung für den Fall der betriebsbedingten Kündigung des Dienstverhältnisses.[252] Eine **neue Billigkeitsgrundlage** kann im Grundsatz von Treu und Glauben sowie in der Fürsorgepflicht des Arbeitgebers gesehen werden.

b) Bei einer Zahlung infolge der vom Arbeitgeber veranlassten Aufhebung des Arbeitsverhältnisses handelt es sich insoweit um eine Entschädigung, wie damit nicht die bis zum Ende des Vertragsverhältnisses **entstandenen** Ansprüche auf Arbeitsentgelt, Tantieme, Gratifikation, Provision sowie sonstige geldwerte Nebenleistungen abgegolten werden. Auch hier ist der Zeitpunkt maßgebend, zu dem das Arbeitsverhältnis arbeitsrechtlich wirksam beendet wird. Der Mitarbeiter muss anstelle der ursprünglich für seine Arbeit geschuldeten Leistungen eine **andere** Leistung erhalten, zB eine finanzielle Hilfe für eine berufliche oder private Umorientierung während eines unbezahlten Übergangsurlaubs.[253] **Mehrere** in sachlicher und/oder zeitlicher Hinsicht unterschiedliche Entschädigungsleistungen im Zusammenhang mit der Beendigung des Arbeitsverhältnisses sind grundsätzlich einheitlich zu beurteilen.[254]

c) Nicht jede **Mitwirkung** des Steuerpflichtigen an dem zum Einnahmeausfall führenden Ereignis ist steuerschädlich. In Fällen erheblichen rechtlichen, wirtschaftlichen oder tatsächlichen Drucks auf den Arbeitnehmer[255] ist es für die Annahme einer Entschädigung irrelevant, ob der Arbeitnehmer an dem schadensverursachenden Ereignis, dh der Auflösung des Arbeitsverhältnisses mitgewirkt hat. Maßgeblich ist nur, dass der Ausfall der ursprünglichen Einnahmen nicht durch den Steuerpflichtigen selbst, sondern durch den Arbeitgeber veranlasst ist.

218 Die **Entschädigung** gemäß § 24 Nr. 1b EStG setzt allein voraus, dass der Steuerpflichtige als Gegenleistung für die **Aufgabe** bzw. **Nichtausübung** seiner gegenwärtigen Tätigkeit eine Zahlung des Arbeitgebers erhält. Die Aufgabe bzw. Nichtausübung der Tätigkeit infolge rechtlichen, tatsächlichen oder wirtschaftlichen Drucks des Arbeitgebers oder die Existenz einer neuen Rechts- bzw. Billigkeitsgrundlage für die Leistung werden nicht verlangt. Die **Aufgabe** einer Tätigkeit nach § 24 Nr. 1b EStG erfasst die Konstellationen, in denen der Arbeitnehmer seine Tätigkeit nicht nur inhaltlich verändert, sondern endgültig beendet. Dabei kommt es darauf an, dass der Steuerpflichtige aus dem Arbeitsverhältnis ausscheidet. Die Aufgabe des Berufs ist nicht erforderlich. Wird das Arbeitsverhältnis aufgelöst, greift § 24 Nr. 1b EStG in den Fällen ein, in denen dem Arbeitnehmer eine Entschädigung dafür gezahlt wird, dass er sich verpflichtet, die bisherige Tätigkeit für immer oder für eine bestimmte Zeit nicht auszuüben. Der Hauptanwendungsfall ist die **Karenzentschädigung** aus einer **nachvertraglichen Wettbewerbsverbotsabrede**. Diese Leistungen werden von der Norm unabhängig davon erfasst, ob das Wettbewerbsverbot bereits im Arbeitsvertrag, während des Arbeitsverhältnisses oder erst im Aufhebungsvertrag vereinbart wird. Erhält der durch das Wettbewerbsverbot gebundene Steuerpflichtige durch seinen **künftigen** Arbeitgeber Zuwendungen während der Geltungsdauer des Verbots, kann er sich dafür nicht auf die Regelung des § 24 Nr. 1b EStG berufen. Die Zuwendungen stellen eine Vorauszahlung ohne Entschädigungscharakter dar.

219 Für die **Steuerbegünstigung** nach § 34 EStG ist im Einzelnen folgendes zu beachten:
a) Es muss sich bei der Entschädigung um eine **Zusammenballung** von Einnahmen handeln, die sich bei normalem Ablauf auf **mehrere** Jahre verteilt hätten. Der Zufluss mehrerer Teilbeträge in unterschiedlichen Veranlagungszeiträumen ist schädlich, zB mehrere in sachlicher und/oder zeitlicher Hinsicht unterschiedliche Entschädigungsleistungen im Zu-

---

[252] BFH 16.6.2004 – XI R 55/03, BB 2004, 2450 (2451 f.).
[253] BFH 28.6.2006 – XI R 58/05, NZA-RR 2007, 87 (88).
[254] BFH 16.6.2004 – XI R 55/03, BB 2004, 2450 (2451 f.).
[255] BFH 25.8.2009 – IX R 3/09, NZA-RR 2010, 257 f.

sammenhang mit der Beendigung des Arbeitsverhältnisses.[256] Das gilt auch in den Fällen des § 24 Nr. 1b EStG. Entschädigungen für entgangene bzw. entgehende Einnahmen oder für Aufgabe bzw. Nichtausübung einer Tätigkeit müssen deshalb grundsätzlich als **Einmalbetrag** in einem Veranlagungszeitraum gezahlt werden. Es reicht aus, wenn die Entschädigung innerhalb eines Kalenderjahres in mehreren Teilbeträgen erfolgt. Laufende Bezüge, die dem Arbeitnehmer in zwei Kalenderjahren zufließen, sind grundsätzlich nicht tarifbegünstigt. **Ausnahmsweise** gilt etwas anderes, wenn der Arbeitnehmer in einem Kalenderjahr zunächst nur eine **geringfügige** Teilleistung von 1,3 % der Entschädigung und im Folgejahr den ganz überwiegenden Teil der Entschädigung von 98,7 % erhält.[257] **Regelmäßig** scheidet die Anwendung des ermäßigten Steuersatzes aber aus, wenn zB **zusätzlich** zur Abfindung in einem späteren Kalenderjahr ein Ausgleich gezahlt wird, weil ein Bestandteil der Abfindungs- bzw. Aufhebungsvereinbarung – zB das Arbeitslosengeld – nachträglich teilweise oder vollständig ausfällt.[258] Das trifft grundsätzlich auch zu, wenn der Arbeitnehmer einen **Dienstwagen,** der nicht in sein Eigentum übergeht, **betriebliche Einrichtungen** – zB Telefon, Faxgerät, Büroräume – unentgeltlich bzw. teilentgeltlich über den Veranlagungszeitraum nutzen darf, in dem die Abfindung gezahlt wird. Gleiches gilt für die Nutzung einer verbilligten **Dienstwohnung,** falls die Mietverbilligung mietrechtlich frei vereinbar, dem Grunde nach geldwerter Vorteil aus dem früheren Arbeitsverhältnis und nicht auf Lebenszeit des Berechtigten abgeschlossen ist. **Ausnahmsweise** gelten die Entschädigungen als außerordentliche Einkünfte, wenn sie als einmalige Leistungen beabsichtigt sind, die Zahlungen sich indessen wegen besonderer, vor allem betrieblicher Umstände auf mehrere Kalenderjahre verteilen. Gleiches gilt in Fällen, in denen neben einer Hauptentschädigungsleistung aus Gründen der **sozialen Fürsorge** für eine gewisse Übergangszeit in späteren Veranlagungszeiträumen **Entschädigungszusatzleistungen** gewährt werden. Das sind Leistungen, die der (frühere) Arbeitgeber dem Steuerpflichtigen zur Erleichterung des Arbeitsplatz- oder Berufswechsels oder als Anpassung an eine dauerhafte Berufsaufgabe und Arbeitslosigkeit erbringt. Sie dürfen auch betragsmäßig nur einen **ergänzenden Zusatz** zur Hauptleistung bilden, diese also bei weitem nicht erreichen.[259] Sie müssen weniger als 20 % der Hauptleistung betragen. Als ergänzende Zusatzleistungen kommen die befristete Weiternutzung des Dienstwagens, die befristete Übernahme von Versicherungsbeiträgen, die befristete Zahlung von Zuschüssen zum Arbeitslosengeld und Zahlungen zur Verwendung für die Altersversorgung in Betracht.[260] Die **Bedürftigkeit** des Arbeitnehmers wird nicht vorausgesetzt. Es ist auch gleichgültig, ob der Arbeitgeber zur **Fürsorge** arbeitsrechtlich verpflichtet ist.

b) Einmalzahlungen, die den Verlust von Einnahmen des **Zahlungsjahres** ausgleichen sollen, führen regelmäßig nicht zu einer Steuerermäßigung. Übersteigt die anlässlich der Beendigung des Arbeitsverhältnisses gezahlte Entschädigung die bis zum Ende des Veranlagungszeitraums entgehenden Einnahmen nicht und bezieht der Steuerpflichtige keine weiteren Einnahmen, die er bei Fortsetzung des Arbeitsverhältnisses nicht bezogen hätte, ist die Entschädigung prinzipiell **nicht** tarifbegünstigt. Was der Steuerpflichtige bei normalem Ablauf erhalten würde, ist aufgrund einer hypothetischen und prognostischen Beurteilung zu ermitteln, die sich grundsätzlich, aber nicht zwingend an den Verhältnissen des Vorjahres orientiert.[261] Im Einzelfall kann bei einer relativ geringfügigen Überschreitung der bei ungestörter Fortsetzung des Arbeitsverhältnisses erzielbaren Beträge eine erhebliche Steuerentlastung eintreten. Ebenso kann es für den Steuerpflichtigen möglicherweise günstig sein, das Arbeitsverhältnis erst zum Ende eines Veranlagungszeitraums aufzulösen.

c) § 34 EStG nF enthält nur die Möglichkeit der rechnerischen Verteilung des steuerpflichtigen Teils der Abfindung auf fünf Jahre, um eine Progressionsabschwächung zu erreichen.

---

[256] BFH 27.1.2010 – IX R 31/09, NZA-RR 2010, 486.
[257] *Lingemann/Groneberg* NJW 2010, 3625.
[258] Siehe dazu FM Baden-Württemberg 13.11.1996 – S 2290/13, NZA 1997, 704.
[259] BFH 28.6.2006 – XI R 58/05, NZA-RR 2007, 87 (88).
[260] Zur Übernahme von **Anwaltskosten** und Vereinbarung einer **Outplacementberatung** siehe *Kern/Wege* NZA 2008, 564.
[261] BFH 27.1.2010 – IX R 31/09, NZA-RR 2010, 486.

Die Regelung führt nicht dazu, dass die Abfindung fünf Jahre lang besteuert wird. Die Versteuerung ist lediglich einmal im Jahr des **Zuflusses** vorzunehmen. Die Steuer beträgt das Fünffache der Differenz der Steuer auf das zu versteuernde Einkommen, in dem ein Fünftel der außerordentlichen Einkünfte enthalten ist.[262]

220 *(2) Steuerschuldner.* Soweit Abfindungen zu versteuern sind, ist regelmäßig der **Arbeitnehmer** der Steuerschuldner. Er hat die Lohn- bzw. Einkommensteuer zu tragen. Sie ist vom **Arbeitgeber** gemäß § 38 EStG einzubehalten und abzuführen. Für die steuerliche Risikoverteilung kann der in den Abfindungsvereinbarungen enthaltene *Brutto-* oder *Nettozusatz* von Bedeutung sein. Bei der Abrede einer **Bruttoabfindung** ist der Abfindungsbetrag dem Lohnsteuerabzugsverfahren mit der Folge zu unterwerfen, dass die hierauf entfallende Lohn- bzw. Einkommensteuer vom Arbeitnehmer zu tragen ist. Wird dagegen vereinbart, dass der Arbeitnehmer *eine Abfindung von ... EUR netto* erhält, muss der Arbeitgeber für diesen an den Arbeitnehmer ungeschmälert zu leistenden Abfindungsbetrag nachverlangte Lohnsteuer bezahlen. Sagt der Arbeitgeber zu, Abfindungen – insbesondere Übergangsleistungen – **steuerfrei** zu erbringen, verpflichtet er sich damit nicht, auch die steuerliche Belastung zu übernehmen, die durch den **Progressionsvorbehalt** nach § 32b Abs. 2 EStG verursacht wird. Etwas anderes soll gelten, falls sich der Arbeitgeber verpflichtet, für die Dauer der Arbeitslosigkeit die Steuern für das **Übergangsgeld** zu zahlen. Der in der Praxis häufig verwendete Zusatz *brutto = netto* hat für die Frage, ob es sich um eine Brutto- oder Nettoabfindung handelt, nur eingeschränkte Bedeutung. Es bleibt bei dem Grundsatz, dass es sich um eine Bruttoabfindung handelt und der Arbeitnehmer die Steuer trägt, es sei denn, er kann dartun und beweisen, dass sich der Arbeitgeber verpflichtet hat, eine Nettoabfindung zu zahlen. Aus Gründen der Rechtsklarheit sollte die Frage, ob der Arbeitgeber **oder** Arbeitnehmer die auf den Abfindungsbetrag zu entrichtenden Steuern zu tragen hat, **ausdrücklich** geklärt werden.

221 Behält der Arbeitgeber bei Zahlung der Abfindung zu viel Lohnsteuer ein, darf er eine **Erstattung** an den Arbeitnehmer nur nach Maßgabe der steuerrechtlichen Bestimmungen vornehmen. Darf eine Erstattung gemäß § 41c Abs. 3 EStG nicht erfolgen, bleiben dem Arbeitnehmer die Steuererstattungsmöglichkeiten durch das Finanzamt. Hat der **Arbeitgeber** bei einer vereinbarten Bruttoabfindung die nach Auskunft des zuständigen Finanzamts auf die Abfindung entfallenden Steuern ordnungsgemäß abgeführt, muss der Arbeitnehmer dies als teilweise Erfüllung gegen sich gelten lassen. Will er eine abweichende Versteuerung der Abfindung durchsetzen, hat er gegen seinen Steuerbescheid vorzugehen. Muss der Arbeitnehmer einen Teil der Abfindung zurückzahlen, ist die **Rückzahlung** auch im **Abflussjahr** zu berücksichtigen, wenn die Abfindung im Zuflussjahr begünstigt besteuert ist.[263]

222 *(3) Sozialversicherung.* **Sozialversicherungsbeiträge** sind insoweit zu leisten, wie die Abfindung **verstecktes Arbeitsentgelt** enthält. Eine Einbeziehung von Arbeitsentgelt kommt in Betracht, wenn zugleich mit der Vereinbarung der Abfindung auf **erworbene** Ansprüche aus dem Arbeitsverhältnis – zB Urlaubsentgelt, Tantiemen uä – verzichtet **oder** nur eine Abfindung gezahlt und Lohn für die Zeit zwischen der Beendigung der Beschäftigung – zB infolge außerordentlicher Kündigung – und dem vergleichsweise später vereinbarten Ende des Arbeitsverhältnisses nicht zugebilligt wird. Das in der Abfindung verborgene Arbeitsentgelt ist von der Abfindungssumme abzutrennen und Beitrag für die Zeiten, auf die das Arbeitsentgelt entfällt, im Rahmen der Beitragsbemessungsgrenze neu zu berechnen. Der Arbeitgeber muss wegen der Begrenzung in **§ 28g SGB IV** bei verspätetem Beitragsabzug regelmäßig auch den Arbeitnehmeranteil tragen.

223 Im Übrigen ist eine bei Beendigung des Arbeitsverhältnisses gezahlte Abfindung **nicht** als sozialversicherungspflichtiges Arbeitsentgelt nach § 14 Abs. 1 SGB IV für die Zeit des abgelaufenen Arbeitsverhältnisses anzusehen und unterliegt der Beitragspflicht in der durch das Arbeitsverhältnis begründeten gesetzlichen Pflichtversicherung – Kranken-, Renten-, Pflege-, Arbeitslosenversicherung – auch nicht, wenn für die Abfindung Einkommen und Lohnsteuer abzuführen ist.

---

[262] Berechnungsbeispiele bei *Bauer/Krieger/Arnold* ArbR-Aufhebungsverträge G Rn. 59, 74 ff.; *Lingemann/Groneberg* NJW 2010, 3624 f.
[263] BFH 28.6.2006 – IX R 58/05, NZA-RR 2007, 87 f.

Die Zahlung einer Abfindung kann Auswirkungen auf den **Anspruch** auf **Arbeitslosengeld** 224
haben. Nach der **Ruhenszeitregelung** des § 158 SGB III kann beim Arbeitslosengeld eine
Ruhenszeit eintreten, wenn **kumulativ** zwei Voraussetzungen erfüllt sind: Das Arbeitsverhältnis muss unter Missachtung der maßgeblichen arbeitgeberseitigen Kündigungsfrist beendet werden **und** der Arbeitnehmer muss wegen der Beendigung des Arbeitsverhältnisses eine Abfindung/Entlassungsentschädigung erhalten oder zu beanspruchen haben. Der Gesetzgeber geht in diesen Fällen **unwiderlegbar** davon aus, dass die Abfindung Entgeltbestandteile enthält. Der Eintritt einer Ruhenszeit kommt nicht in Betracht, wenn das Arbeitsverhältnis unter Beachtung der **arbeitgeberseitigen Kündigungsfrist** beendet wird. Eine Abfindungszahlung hat dann keine negativen Auswirkungen. Unerheblich ist, in welcher Form die Beendigung erfolgt, zB durch Aufhebungsvertrag.

Die **Dauer** der Ruhenszeit hängt von zwei Komponenten ab: Maßgeblicher Kündigungs- 225
zeitpunkt sowie Höhe der Entlassungsentschädigung.[264]

a) Die Ruhenszeit kann nicht über den Zeitpunkt hinaus andauern, zu dem das Arbeitsverhältnis unter Beachtung der für den Arbeitgeber geltenden Kündigungsfrist hätte beendet werden können. Diese Frist ist auch zu beachten, wenn das Arbeitsverhältnis durch Aufhebungsvertrag beendet wird. Bei Existenz eines **Sonderkündigungsschutzes** kraft **Tarifvertrags, Betriebsvereinbarung, Arbeitsvertrags** gilt Folgendes. Bei **zeitlich unbegrenztem** Ausschluss der Kündigung ist für die Berechnung der Ruhenszeit eine fiktive Kündigungsfrist von **18 Monaten** zu berücksichtigen, § 158 Abs. 1 S. 3 Nr. 1 SGB III. Wenn dem Arbeitnehmer nur bei **Zahlung** einer **Entlassungsentschädigung** ordentlich gekündigt werden kann, ist eine fiktive Kündigungsfrist von **einem Jahr** zu beachten, § 158 Abs. 1 S. 4 SGB III. Die Frist von 12 Monaten hat die Bundesagentur für Arbeit insbesondere in den Fällen zugrunde gelegt, in denen ein Tarifvertrag ausdrücklich die Entlassung im Rahmen eines Sozialplans als Ausnahmetatbestand von der grundsätzlichen Unkündbarkeit vorsieht und die Beendigung des Arbeitsverhältnisses konkret auf diesen Tatbestand gestützt wird. Das gilt nach der neuen Weisungslage der Bundesagentur für Arbeit nicht mehr.[265] Wenn durch **nachträgliche** Änderung des Tarifvertrags die Unkündbarkeit beseitigt wird, ist zukünftig eine fiktive Kündigungsfrist von 18 Monaten zu beachten. Das trifft nicht für den Fall zu, dass vor Abschluss des Tarifvertrags, mit dem die ordentliche Kündigung ausgeschlossen wird, die Möglichkeit der späteren Abänderung bekannt gegeben wird. **Vertrauensschutz** durch Anwendung der alten Weisungslage wird gewährt, wenn vor Änderung der Weisungen im Vertrauen auf die bisherige Verwaltungspraxis oder aufgrund entsprechender Beratung durch das Arbeitsamt eine Abfindungsregelung getroffen ist. Nach wie vor gilt damit als Höchstgrenze des Ruhenszeitraums nach Ende des Arbeitsverhältnisses ein Jahr, § 158 Abs. 2 S. 1 SGB III. Dieser Zeitraum verkürzt sich – wie bisher – abhängig von der Betriebszugehörigkeit und dem Alter, § 158 Abs. 2 SGB III. Die verlängerte fiktive Kündigungsfrist von 18 Monaten rechnet allerdings vom Tag der Kündigung an, so dass zwischen Kündigung und Beendigung des Arbeitsverhältnisses ein zusätzlicher Zeitraum von sechs Monaten berücksichtigt werden kann. Beenden die Arbeitsvertragsparteien ihr Arbeitsverhältnis mit einer Frist von bis zu sechs Monaten, kommt **allein** die Regelung des § 158 Abs. 2 S. 1 SGB III zur Anwendung, zB Vereinbarung des Aufhebungsvertrags am 30.6. mit Wirkung zum 30.9.[266] Die fiktiven langen Kündigungsfristen kommen nur bei **kollektivrechtlichem** oder **einzelvertraglichem** Sonderkündigungsschutz zum Tragen. Bei **gesetzlichem** Sonderkündigungsschutz zB nach dem BetrVG, MuSchG, PflegeZG oder BEEG kommen nach Weisungslage der Bundesagentur für Arbeit nur die normalen ordentlichen Kündigungsfristen für eine arbeitgeberseitige Kündigung in Betracht. Gleiches gilt für die Fallgestaltungen der fristgebundenen außerordentlichen Kündigung, § 158 Abs. 1 S. 3 Nr. 2 Alt. 1, 2 SGB III. Die Weiterbeschäftigung des unkündbaren Arbeitnehmers muss dem Arbeitgeber nicht mehr zumutbar sein.[267]

---

[264] Siehe im Einzelnen Arbeitsrechtslexikon – *Bengelsdorf:* Abfindung VII. 2. b).
[265] Rundbrief der Bundesanstalt für Arbeit v. 25.6.2003 – 77/2003 – S. 2 f.
[266] ErfK/*Rolfs* SGB III § 158 Rn. 25.
[267] BSG 17.10.2007 – B 11a AL 51/06, NZA-RR 2008, 383 (384).

b) Darüber hinaus hängt die Dauer der Ruhenszeit von der **Höhe** der **Entlassungsentschädigung** ab, § 158 Abs. 2 S. 2–5 SGB III. Das Arbeitsamt stellt die Dauer des Zeitraums fest, in welchem der Arbeitslose den anrechnungsfähigen Teil der Entlassungsentschädigung auf der Basis des letzten Bruttoarbeitsentgelts erdient hätte. Das geschieht durch Umrechnung der Entschädigung auf die Tage, an denen ein entsprechendes Arbeitsentgelt bei dem früheren Arbeitgeber erzielt worden wäre, wenn das Arbeitsverhältnis bis zum Ende der arbeitgeberseitigen Kündigungsfrist fortbestanden hätte. **Anrechnungsfrei** bleiben grundsätzlich **40 %** des Entschädigungsbetrags, so dass der Anspruch auf Arbeitslosengeld allenfalls so lange ruht, bis der Zeitraum vergangen ist, in dem der Arbeitnehmer **60 %** der Entschädigungssumme verdient hätte. Dieser Zeitraum stellt die maximale Dauer der Ruhenszeit dar. Maßgebliches Entgelt ist dabei das durchschnittliche Bruttoarbeitsentgelt der letzten 12 Monate ohne Beschränkung durch die Beitragsbemessungsgrenze. Einmalzahlungen wie Weihnachts- und Urlaubsgeld sind anders als rückwirkende Tariflohnerhöhungen oder Arbeitsentgeltkürzungen nach § 158 Abs. 2 S. 5 SGB III nicht zu berücksichtigen. bleiben unberücksichtigt. Der anrechnungsfähige Teil der Abfindung wird auf der Basis des **Alters** und der **Betriebszugehörigkeit** des Arbeitslosen im zurückliegenden Arbeitsverhältnis ermittelt.[268] Die nach Alter und Betriebszugehörigkeit des Arbeitslosen gestaffelte **Anrechnungstabelle** stellt sich wie folgt dar.

	Lebensalter am Ende des Arbeitsverhältnisses					
	Unter 40 J.	ab 40 J.	ab 45 J.	ab 50 J.	ab 55 J.	ab 60 J.
Betriebszugehörigkeit	zu berücksichtigender Teil der Abfindung					
weniger als 5 Jahre	60 vH	55 vH	50 vH	45 vH	40 vH	35 vH
5 und mehr Jahre	55	50	45	40	35	30
10 und mehr Jahre	50	45	40	35	30	25
15 und mehr Jahre	45	40	35	30	25	25
20 und mehr Jahre	40	35	30	25	25	25
25 und mehr Jahre	35	30	25	25	25	25
30 und mehr Jahre		25	25	25	25	25
35 und mehr Jahre		25	25	25	25	25

226 **Rechtsfolge** des § 158 SGB III ist eine **zeitliche Verlagerung** des **ungekürzten** Leistungsanspruchs entsprechend der Dauer der Ruhenszeit. Tritt bei einem Arbeitslosen, der einen 12-monatigen Arbeitslosengeldanspruch begründet hat, eine Ruhenszeit von 2 Monaten ein, beginnt der 12-monatige Leistungsanspruch mit einer 2-monatigen Verzögerung. Es ist darauf zu achten, dass der Arbeitslose für die Dauer dieser Ruhenszeit grundsätzlich **keinen Krankenversicherungsschutz** genießt.

227 Soweit die Bundesagentur für Arbeit trotz eines Ruhenszeitraums nach § 158 SGB III Arbeitslosengeld gewährt, geht der Anspruch auf Zahlung der Entlassungsentschädigung **in Höhe** des gewährten Arbeitslosengelds grundsätzlich auf die Bundesagentur für Arbeit über, § 158 Abs. 4 SGB III. Der Arbeitgeber darf in diesen Fällen der **Gleichwohlgewährung** nicht mehr mit befreiender Wirkung an den ausgeschiedenen Arbeitnehmer die komplette Abfindung auszahlen, sofern er vom Arbeitsamt über den Forderungsübergang informiert ist. Er ist dann einem **Erstattungsanspruch** des Arbeitsamtes aus dem übergeleiteten Anspruch des Arbeitnehmers auf Zahlung eines Teils der Entlassungsentschädigung ausgesetzt, § 158 Abs. 4 SGB III, § 115 SGB X. Die Bundesagentur für Arbeit kann dem **Arbeitnehmer** das Recht einräumen, den auf sie übergegangenen Anspruch im eigenen Namen geltend zu machen – **gewillkürte Prozessstandschaft.**

---

[268] *Bauer/Krieger/Arnold* ArbR-Aufhebungsverträge H Rn. 85 ff.

Formulierungsvorschlag:

Herr/Frau ...... erhält für den Verlust des Arbeitsplatzes eine Sozialabfindung gemäß §§ 9, 10 KSchG in Höhe von ...... EUR brutto.

Herr/Frau ...... ist auch im Rahmen der Abfindungsabrechnung Steuerschuldner.

Grundlage der Abfindungszahlung ist, dass keine verhaltensbedingten Kündigungsgründe während der Restlaufzeit des Arbeitsverhältnisses entstehen oder bekannt werden, die die Firma berechtigen, das Arbeitsverhältnis nach § 1 KSchG fristgemäß oder nach § 626 BGB fristlos zu kündigen.

Die Geschäftsgrundlage für die Abfindung entfällt ebenfalls, wenn die Firma erst nach rechtlicher Beendigung des Arbeitsverhältnisses Kenntnis von einer während des Bestehens des Arbeitsverhältnisses begangenen Pflichtverletzung erlangt, die während des Bestehens des Arbeitsverhältnisses einen verhaltensbedingten Grund im Sinne des § 1 KSchG oder § 626 BGB geliefert hätte. Eine schon geleistete Abfindung ist zurückzuzahlen.

Die Abfindung ist mit dem letzten Monatsgehalt/spätestens mit Ablauf des Monats, der der rechtskräftigen Unterzeichnung dieses Aufhebungsvertrags folgt,/am ...... zur Zahlung fällig.

Sollte die Firma in 20.. einen Sozialplan aufstellen, der für Mitarbeiter Abfindungsleistungen für den Verlust des Arbeitsplatzes vorsieht, und sollte sich aus diesem Sozialplan zugunsten von Herrn/Frau ...... ein höherer Abfindungsbetrag, als in diesem Aufhebungsvertrag vorgesehen, ergeben, berechnet sich die Abfindung abweichend von diesem Aufhebungsvertrag nach der Regelung des Sozialplans. Auf den sich aus dem Sozialplan ergebenden Anspruch wird die Abfindung aus dem Aufhebungsvertrag angerechnet.

Die Abfindungssumme reduziert sich für den Fall, dass Herr/Frau ...... innerhalb von sechs Monaten nach Beendigung des Arbeitsverhältnisses eine Anschlussbeschäftigung findet/eine Erwerbsunfähigkeitsrente bezieht, für jeden vollen Monat der neuen Beschäftigung um ...... EUR Herr/Frau ...... ist verpflichtet, der Firma die Begründung des neuen Arbeitsverhältnisses innerhalb einer Woche nach Aufnahme der Tätigkeit/die Bewilligung der Erwerbsunfähigkeitsrente unverzüglich mitzuteilen. Herr/Frau ...... hat überzahlte Beträge an die Firma zurückzuerstatten.

Sollte Herr/Frau ...... vor Beendigung des Arbeitsverhältnisses sterben, geht der Abfindungsanspruch auf seine/ihre Erben über.

Das seitens Herrn/Frau ...... nach § 136 SGB III im Ruhenszeitraum bezogene Arbeitslosengeld wird auf die Abfindung angerechnet/nicht angerechnet.

d) Freistellung und Urlaub. Ist im Aufhebungsvertrag festgelegt, dass das Arbeitsverhältnis erst nach einer **Auslauffrist** zu einem späteren Zeitpunkt enden soll, können die Arbeitsvertragsparteien nach § 311 BGB die **widerrufliche** oder **unwiderrufliche Freistellung** des Arbeitnehmers von der Arbeitspflicht – unter Fortzahlung der Bezüge – vereinbaren.[269] Die Parteien sind sich hinsichtlich der **Hauptleistungspflichten** einig, dass der Arbeitnehmer nicht mehr zur Arbeitsleistung, der Arbeitgeber indessen weiterhin zur Vergütungszahlung verpflichtet sein soll. Gleichzeitig wird die Befreiung des Arbeitgebers von seiner Beschäftigungspflicht festgelegt. Die Abrede hält einer **AGB-Kontrolle** stand, insbesondere verstößt sie nicht gegen § 307 BGB.[270]

Es hängt jeweils von der **Interessenlage** der Vertragsparteien ab, ob der Arbeitnehmer während der Auslauffrist des Arbeitsverhältnisses zur Arbeitsleistung verpflichtet oder von ihr widerruflich/unwiderruflich freigestellt werden soll. So kann sich der **Arbeitnehmer** uneingeschränkt der Suche nach einer Anschlussbeschäftigung widmen. Allerdings ist nicht abschließend geklärt, ob er bei einem seitens des Arbeitgebers veranlassten Aufhebungsvertrag einen Anspruch auf **Freistellung** zur **Stellensuche** hat, § 629 BGB analog.[271] Zur Vermeidung eines Streits sollte deswegen vereinbart werden, dass die Freistellung auch der Suche des Arbeitnehmers nach einer Anschlussbeschäftigung dient. Für den **Arbeitgeber** kann aus be-

---

[269] Hoß/Lohr BB 1998, 2575; Bauer NZA 2007, 409 (411); Bauer/Krieger/Arnold ArbR-Aufhebungsverträge C Rn. 72 ff.
[270] Bauer NZA 2007, 409 (412).
[271] ErfK/Müller-Glöge BGB § 629 Rn. 3.

triebsbedingten Kündigungsgründen der Beschäftigungsbedarf und bei verhaltensbedingten Gründen der Wille zur weiteren Zusammenarbeit fehlen.[272]

231 Es ist wegen der **unterschiedlichen Folgen** einer widerruflichen und unwiderruflichen Freistellung hinsichtlich der Unfallversicherungsstellung des Arbeitnehmers, des Verbrauchs von Resturlaubsansprüchen, der Anrechnung eines Zwischenverdienstes und der Geltung des gesetzlichen Wettbewerbsverbots aus § 60 HGB **dringend** zu raten, diese Regelungsgegenstände vor Vertragsschluss zu prüfen und eindeutig zu regeln.

232 Die **sozialversicherungsrechtlichen Folgen** der **einvernehmlichen unwiderruflichen** Freistellung konnten nach dem Ergebnis der Besprechung der Spitzenorganisationen der Sozialversicherungsträger vom 5./6.7.2005 vor allem für den Arbeitnehmer erheblich sein. Das sozialversicherungsrechtliche Beschäftigungsverhältnis und damit die gesetzliche Kranken-, Pflege-, Renten- und Arbeitslosenversicherung sollte mit dem letzten Arbeitstag vor der Freistellung enden.[273] Das **BSG**[274] folgt dieser Rechtspraxis nicht. Nach zutreffender Ansicht des Gerichts endet das versicherungspflichtige Beschäftigungsverhältnis erst mit dem vereinbarten Ablauf des Arbeitsverhältnisses, wenn bis zu diesem Zeitpunkt das Arbeitsentgelt gezahlt wird. Unwiderrufliche Freistellungen in den Aufhebungsverträgen dürfen vereinbart werden, ohne dadurch den Sozialversicherungsschutz generell zu gefährden.[275] Die **Spitzenorganisationen** der **Sozialversicherung** haben sich in ihrer Besprechung am 2./3.11.2010 ganz überwiegend der Rechtsprechung des Gerichts angeschlossen. Dagegen hat die Geschäftsführerkonferenz der **Deutschen Gesetzlichen Unfallversicherung** beschlossen, an der bisherigen Rechtsauffassung festzuhalten, dh bei einer einvernehmlichen unwiderruflichen Freistellung das beitragspflichtige Beschäftigungsverhältnis im Sinne der Unfallversicherung mit dem letzten Arbeitstag enden zu lassen.

233 Auf die **einseitige** unwiderrufliche Freistellung hat das Besprechungsergebnis vom 5./6.7.2005 keine Anwendung gefunden. Das sozialversicherungsrechtliche Beschäftigungsverhältnis in der Kranken-, Pflege- und Rentenversicherung besteht während der Freistellung bis zum Ende des Arbeitsverhältnisses fort. Gleiches gilt für die Arbeitslosenversicherung. Ebenso bleibt das sozialversicherungsrechtliche Beschäftigungsverhältnis bei der **einvernehmlichen widerruflichen** Freistellung bestehen.

234 In jedem Fall sollte eine ausdrückliche Vereinbarung über die **Anrechnung** des Urlaubs erfolgen bzw. der Arbeitgeber einseitig die Anrechnung des Urlaubsanspruchs auf die Freistellung anordnen. Beides ist zulässig.[276] Für die wirksame Anrechnung ist es nicht erforderlich, dass der Arbeitgeber den Urlaub innerhalb der längeren Kündigungsfrist zeitlich festlegt.[277] Eine während der Freistellung erklärte unwirksame außerordentliche Kündigung des Arbeitgebers lässt die Freistellung unberührt. Die Freistellung muss **unwiderruflich** erfolgen.[278] Das trifft auch in den Fällen zu, in denen die unfallversicherungsrechtlichen Folgen einer einvernehmlichen unwiderruflichen Freistellung durch die alternative Gestaltung einer widerruflichen Freistellung vermieden werden sollen.[279] Allerdings kann ein **Freizeitausgleichsanspruch** aus einem **Arbeitszeitkonto** durch eine widerrufliche Freistellung erfüllt werden.[280] Ein entstandener Anspruch auf **Überstundenvergütung** kann nicht durch einseitige Freistellung abgegolten werden; es bedarf einer Vereinbarung der Arbeitsvertragsparteien. Die **Freistellung** von der Arbeitspflicht **allein** wird von der Rechtsprechung nicht als Urlaubsgewährung angesehen.[281]

---

[272] *Bauer* NZA 2007, 409.
[273] Siehe im Einzelnen *Schlegel* NZA 2005, 972; *Bauer/Krieger* DB 2005, 2242; *Lindemann/Simon* BB 2005, 2462 ff.; *Thomas/Weidmann* NJW 2006, 257.
[274] BSG 30.8.2018 – B 11 AL 15/17 R, NZA-RR 2019, 217 (218) Rn. 16; *Bengelsdorf* FA 2017, 366; *Weber* NZA-RR 2018, 638; *Reichenberger* NZA 2019, 87.
[275] Siehe im Einzelnen *Bergwitz* NZA 2009, 518 ff.; *Bauer/Krieger/Arnold* ArbR-Aufhebungsverträge C Rn. 99, H Rn. 4 ff.
[276] *Hoß/Lohr* BB 1998, 2575 (2579).
[277] BAG 6.9.2006 – 5 AZR 703/05, NZA 2007, 36 (38) Rn. 24.
[278] *Hoß/Lohr* AuA 2001, 540 (542); *Bauer* NZA 2007, 409 f.
[279] Formulierungsvorschlag → Rn. 241.
[280] BAG 19.5.2009 – 9 AZR 433/08, NZA 2009, 1211 (1212) Rn. 17.
[281] AA *Nägele* DB 1998, 518; *Bauer/Krieger/Arnold* ArbR-Aufhebungsverträge C Rn. 74.

Weiterhin sollte im Aufhebungsvertrag geregelt werden, ob **anderweitig erzielter Erwerb** 235
auf die Bezüge während der Freistellung anzurechnen ist. Fehlt eine solche Vereinbarung,
muss sich der Arbeitnehmer bisher nach richtiger Ansicht einen anderweitigen Verdienst auf
die während der Auslauffrist geschuldete Vergütung anrechnen lassen.[282] Unter Abkehr von
seiner früheren Rechtsprechung vertritt das Bundesarbeitsgericht jetzt die Auffassung, der
Arbeitnehmer müsse sich auf seine Entgeltansprüche anderweitigen Verdienst **nicht** anrechnen lassen. Eine abweichende, die Anrechnungspflicht begründende Abrede darf getroffen
werden. **Ausnahmsweise** kommt eine Anrechnung auch nach bisheriger Rechtslage nicht in
Betracht, wenn der Arbeitnehmer für die Auslauffrist bezahlt von der Arbeit freigestellt und
eine umfassende Erledigungsklausel vereinbart wird.

Der Vergütungsanspruch während der Freistellung soll trotz Gewährung einer hohen 236
Abfindung und Unterzeichnung einer Erledigungsklausel auch eine arbeitsvertraglich vorgesehene **Lohn-/Gehaltsanhebung** erfassen, die in die Zeit der Freistellung fällt. Etwas anderes –
Verzicht auf die Vergütungsanhebung – soll nur gelten, falls der Arbeitgeber eine **Änderungsabrede** darlegen und beweisen kann. Sie kann in die **Erledigungsklausel** aufgenommen werden.

Schließlich sollte klargestellt werden, ob das **gesetzliche Wettbewerbsverbot** nach § 60 237
HGB während der Auslauffrist bestehen bleibt. Wird eine anderweitige Vereinbarung nicht
getroffen, gilt das Wettbewerbsverbot auch bei Freistellung bis zum rechtlichen Ende des Arbeitsverhältnisses. Das soll nicht bei einer **unwiderruflichen** Freistellung unter dem **Vorbehalt
der Anrechnung** etwaigen anderweitigen **Verdienstes** zutreffen. Der Arbeitnehmer bleibt dann
nur in den Fällen an das gesetzliche Wettbewerbsverbot gebunden, wenn der Arbeitgeber seinen entsprechenden Willen in der Freistellungsabrede zum Ausdruck bringt.[283]

Der Arbeitnehmer hat **keinen Anspruch** auf **Freistellung** während der Auslauffrist. Bleibt 238
der Arbeitnehmer nach Abschluss des Aufhebungsvertrags unentschuldigt der Arbeit fern,
verliert er seine Vergütungsansprüche und setzt sich einer außerordentlichen arbeitgeberseitigen Kündigung nach § 626 Abs. 1 BGB aus.

Andererseits kann der Arbeitnehmer bis zur Beendigung des Arbeitsverhältnisses die **tatsächliche Beschäftigung** verlangen. Dieser Anspruch kann im Wege der **einstweiligen Verfügung** gem. §§ 935 ff. ZPO durchgesetzt werden, sofern der Arbeitnehmer auf die sofortige 239
Erfüllung (Notlage) dringend angewiesen ist. Der Arbeitgeber ist zur **einseitigen Freistellung**
des Arbeitnehmers berechtigt, sofern er keine Beschäftigungsmöglichkeit für diesen hat oder
ein überwiegendes Interesse auf Seiten des Arbeitgebers an dessen Nichtbeschäftigung vorliegt, zB bei Verdacht von Straftaten oder schweren Pflichtverletzungen. Das trifft nach richtiger Ansicht auch zu, wenn der Arbeitgeber auf Grund einer **arbeitsvertraglichen Klausel**
für den Fall der Kündigung zur Freistellung des Arbeitnehmers bis zum Ablauf der Kündigungsfrist berechtigt ist.[284] Die Klausel stellt keine unangemessene Benachteiligung nach
§ 307 Abs. 1 S. 1 BGB insbesondere in den Fällen dar, in denen die Gründe für die Freistellung in der Klausel rahmenmäßig umschrieben sind, zB Auftragsmangel, Fehlverhalten,
Wechsel zu einem Mitbewerber.[285] Die einseitige Freistellung begründet regelmäßig den **Annahmeverzug** des Arbeitgebers nach §§ 293, 295 S. 1 BGB. Die Folge des Annahmeverzugs
ist gemäß § 615 S. 2 BGB die Anrechnung des Verdienstes, den der Arbeitnehmer aufgrund
des Unterbleibens der Arbeitsleistung erwirbt.[286]

Erfolgt keine Freistellung unter Anrechnung restlicher Urlaubsansprüche, ist dem Arbeitnehmer auf seinen Wunsch der **Urlaub** während der Auslauffrist zu gewähren, es sei denn, 240
dringende betriebliche Belange oder Urlaubswünsche anderer Arbeitnehmer mit sozialem
Vorrang stehen entgegen, § 7 Abs. 1 S. 1 BUrlG. Ein **Selbstbeurlaubungsrecht** des Arbeitnehmers besteht nicht. Der eigenmächtige Urlaubsantritt kann den Arbeitgeber zur **außerordentlichen Kündigung** des Arbeitsverhältnisses berechtigen.[287]

---

[282] *Hoß/Lohr* BB 1998, 2575 (2578); *Bengelsdorf* Aufhebungsvertrag S. 150 f.
[283] BAG 6.9.2006 – 5 AZR 703/05, NZA 2007, 36 (38) Rn. 22.
[284] *Bauer* NZA 2007, 409 (412); kritisch *Ohlendorf/Salamon* NZA 2008, 856 ff.; aA ErfK/*Preis* BGB § 611a Rn. 568 ff.
[285] *Bauer* NZA 2007, 409 (412) mit Formulierungsvorschlag.
[286] *Bauer* NZA 2007, 409 (410).
[287] LAG Köln 28.6.2013 – 4 Sa 8/13, NZA-RR 2014, 13 (14); → § 44 Rn. 34.

241 Andererseits ist der Arbeitgeber grundsätzlich berechtigt, dem Arbeitnehmer gegen dessen Willen den Urlaub **während** der Auslauffrist zu gewähren. Nur auf diesem Wege kann erreicht werden, dass der Urlaub noch als bezahlte Freistellung zugestanden wird.[288] Das trifft ebenfalls zu, wenn der Urlaub bereits zu einer Zeit nach Beendigung des Arbeitsverhältnisses festgesetzt ist. Mit dem Ende des Arbeitsverhältnisses verliert die Festlegung ihre Wirksamkeit. **Ausnahmsweise** darf der Resturlaub nicht während der Auslauffrist gewährt werden, wenn dies für den Arbeitnehmer **unzumutbar** ist.

242 Soweit der Urlaub wegen Beendigung des Arbeitsverhältnisses nicht mehr gewährt werden kann, ist er nach § 7 Abs. 4 BUrlG **abzugelten**.[289]

Formulierungsvorschlag:

243 Herr/Frau ...... wird ab ...... bis zum Vertragsende unter Fortzahlung der vertragsgemäßen Vergütung von der Arbeit widerruflich freigestellt. Die Freistellung erfolgt auch, um Herrn/Frau ...... die Suche nach einer Anschlussbeschäftigung zu ermöglichen. Anderweitiger Verdienst ist nach § 615 S. 2 BGB anzurechnen. Die Firma behält sich vor, Herrn/Frau ...... während der Restlaufzeit des Arbeitsverhältnisses teilweise oder ganz vertragsgemäß zu beschäftigen.

Alternativ

Es besteht Einvernehmen, dass Herrn/Frau ...... noch ...... Tage Resturlaub/...... Tage Freizeitausgleich zustehen. Vom ...... bis zum ...... werden ihm/ihr diese ...... Tage Resturlaub/ ...... Tage Freizeitausgleich gewährt. Die Firma und Herr/Frau ...... sind sich einig, dass damit die Ansprüche auf Urlaub/Freizeitausgleich abgegolten sind. Im Anschluss hieran wird Herr/Frau ...... vom ...... bis zum ...... widerruflich unter Fortzahlung der vertragsgemäßen Vergütung von der Arbeit freigestellt. Die Freistellung erfolgt auch, um Herrn/Frau ... die Suche nach einer Anschlussbeschäftigung zu ermöglichen. Anderweitiger Verdienst ist nach § 615 S. 2 BGB anzurechnen. Die Firma behält sich vor, Herrn/Frau ...... während der Freistellung vom ...... bis zum ...... teilweise oder ganz vertragsgemäß zu beschäftigen.

Alternativ

Herr/Frau ...... wird ab ...... unter Anrechnung auf den ihm/ihr noch zustehenden Urlaub von ...... Werk-/Arbeitstagen sowie sonstiger Ansprüche auf Freizeitausgleich von ...... Werk-/Arbeitstagen unter Fortzahlung der vertragsgemäßen Vergütung unwiderruflich von der Arbeit freigestellt. Die Freistellung erfolgt auch, um Herrn/Frau ...... die Suche nach einer Anschlussbeschäftigung zu ermöglichen. Er/Sie ist bis zum Vertragsende in der Verwertung der Arbeitskraft frei. Die Beteiligung an einem Konkurrenzunternehmen und/oder die Tätigkeit für ein Konkurrenzunternehmen ist nicht erlaubt. Soweit Herr/Frau ...... während der Freistellung anderweitige Einkünfte erzielt, werden diese auf die vertraglichen Bezüge angerechnet/nicht angerechnet.

244 **e) Wettbewerbsverbot während des Arbeits-/Berufsausbildungsverhältnisses.** Das gesetzliche Wettbewerbsverbot in § 60 HGB gilt für den Arbeitnehmer bis zur **rechtswirksamen** Beendigung des Arbeitsverhältnisses.[290] Das dementsprechende Verbot für **Auszubildende** folgt aus § 10 Abs. 2 BBiG und der Treuepflicht.[291] Der zuvor abgeschlossene Aufhebungsvertrag kann für die Zeit bis zum rechtlichen Auslaufen des Arbeitsvertrags eine **abweichende Regelung** treffen. Die allgemeine **Erledigungsklausel** erfasst den Verzicht auf Ansprüche aus § 60 HGB nur, falls der Arbeitnehmer von der Arbeitspflicht freigestellt ist.[292] Enthält der Aufhebungsvertrag keine allgemeine Erledigungsklausel **und** behält sich der Arbeitgeber die Anrechnung anderweitigen Verdienstes vor, soll der Arbeitnehmer in der Verwertung seiner Arbeitsleistung frei, dh nicht mehr an das Wettbewerbsverbot aus

---

[288] LAG Köln 16.3.2000 – 10 (11) Sa 1280/99, NZA-RR 2001, 310; *Hohmeister* DB 1998, 1130.
[289] → § 27 Rn. 134 ff.
[290] Siehe im Einzelnen → § 32 Rn. 8 ff.
[291] BAG 20.9.2006 – 10 AZR 439/05, NZA 2007, 977 (978) Rn. 19 ff.
[292] → § 32 Rn. 67 ff.

§ 60 HGB gebunden sein.[293] Ein abweichender Wille muss in der Freistellungsklausel zum Ausdruck kommen.[294]

f) Nachvertragliches Wettbewerbsverbot. Haben die Arbeitsvertragsparteien ein nachvertragliches Wettbewerbsverbot gem. §§ 74 ff. HGB vereinbart und liegt ein wirksamer Verzicht nach § 75a HGB[295] nicht vor, sollte im Aufhebungsvertrag eine ausdrückliche Regelung über die Geltung dieses Verbots aufgenommen werden.[296] Es dürfen einzelne Ansprüche aus dem Wettbewerbsverbot oder das Wettbewerbsverbot selbst aufgehoben werden.[297] Es kann im Aufhebungsvertrag auch **erstmals** verabredet werden. Andererseits dürfen die Arbeitsvertragsparteien das bestehende nachvertragliche Wettbewerbsverbot jederzeit einverständlich aufheben. Die **Auflösung** des Verbots kann mündlich erfolgen. Sie sollte im Aufhebungsvertrag **ausdrücklich** erwähnt werden. Die **allgemeine Erledigungsklausel** kann indessen genügen. Eine explizite Regelung zum Wettbewerbsverbot und der daraus folgenden Karenzentschädigung ist nicht zwingend erforderlich. 245

Kann die einvernehmliche Beendigung des nachvertraglichen Wettbewerbsverbots nicht erreicht werden, ist zu klären, ob das Verbot gem. § 75 Abs. 1, 2 HGB unwirksam ist. Die Normen sind bei einverständlicher Vertragsauflösung entsprechend anzuwenden. Es ist jeweils zu ermitteln, welche der Arbeitsvertragsparteien den **Anlass** und **Anstoß** zur Auflösung des Arbeitsverhältnisses gegeben hat.[298] 246

Soll im Rahmen des Aufhebungsvertrags ein nachvertragliches Wettbewerbsverbot **vereinbart** werden, ist zu berücksichtigen, dass die Vorschriften der §§ 74 ff. HGB anwendbar sind, solange das Wettbewerbsverbot noch **im Zusammenhang** mit dem Arbeitsverhältnis und seiner Abwicklung geschlossen wird. Ein nachvertragliches Wettbewerbsverbot, das mehrere Monate vor Beendigung des Arbeitsverhältnisses im Rahmen eines Aufhebungsvertrags vereinbart wird, ist **nichtig,** falls es überhaupt keine Karenzentschädigung vorsieht. Die für den Verlust des Arbeitsplatzes zugesagte Abfindung ist keine Karenzentschädigung im Sinne von § 74 Abs. 2 HGB.[299] 247

Bei der Frage der Aufrechterhaltung der nachvertraglichen Wettbewerbsverbotsabrede muss der Arbeitgeber die zusätzlichen finanziellen Lasten nach § 148 SGB III infolge Aufhebung der Norm zum 31.12.2003 nicht mehr berücksichtigen. 248

> **Formulierungsvorschlag:**
>
> Das im Vertrag vom ...... vereinbarte nachvertragliche Wettbewerbsverbot wird durch diesen Aufhebungsvertrag nicht berührt. Die Firma nimmt zur Kenntnis, dass Herr/Frau ...... als ...... eine Tätigkeit bei der Firma ...... aufnehmen wird. Es besteht Einverständnis, dass diese Tätigkeit nicht gegen das vereinbarte Wettbewerbsverbot verstößt.
>
> **Alternativ**
>
> Das im Vertrag vom ...... vereinbarte nachvertragliche Wettbewerbsverbot wird einvernehmlich mit Wirkung zum ...... aufgehoben.
>
> **Alternativ**
>
> Die Firma und Herr/Frau ...... vereinbaren für die Zeit vom ...... bis zum ...... ein nachvertragliches Wettbewerbsverbot nach folgenden Abreden:

249

g) Geschäfts- und Betriebsgeheimnisse. Unabhängig vom Bestehen eines nachvertraglichen Wettbewerbsverbots ist der Arbeitnehmer nach Beendigung des Arbeitsverhältnisses 250

---

[293] → Rn. 235.
[294] Formulierungsvorschlag → Rn. 241.
[295] → § 32 Rn. 63 f.
[296] *Gromann* NZA-RR 2011, 514 (515 f.).
[297] *Buchner* SAE 2007, 1 (4).
[298] *Bengelsdorf* Aufhebungsvertrag S. 161 f.
[299] → § 32 Rn. 11 ff.

verpflichtet, Verschwiegenheit über Geschäfts- und Betriebsgeheimnisse seines bisherigen Arbeitgebers zu wahren.[300] **Geschäfts-** und **Betriebsgeheimnisse** sind Tatsachen, die im Zusammenhang mit dem Geschäftsbetrieb stehen, nur einem eng begrenzten Personenkreis bekannt und nicht offenkundig sind sowie nach dem Willen des Arbeitgebers auf Grund eines berechtigten wirtschaftlichen Interesses geheim gehalten werden.

251 Die Verschwiegenheitspflicht verbietet dem Arbeitnehmer nicht, **Kunden** seines ehemaligen Arbeitgebers zu **umwerben**. Er ist grundsätzlich berechtigt, das im Arbeitsverhältnis erworbene Erfahrungswissen zu seinem eigenen Nutzen zu verwenden. Die Grenze zu einem faktischen Wettbewerbsverbot darf nicht überschritten werden. Es ist dem Arbeitnehmer dagegen **verboten**, die von ihm für den früheren Arbeitgeber vorbereiteten Kundenaufträge, deren Erteilung nur noch Formsache ist, durch günstigere Preisgestaltung seinem neuen Arbeitgeber zuzuführen. Im Übrigen ist dem ausgeschiedenen Arbeitnehmer eine **Konkurrenztätigkeit** zum früheren Arbeitgeber nur untersagt, falls ein nachvertragliches Wettbewerbsverbot wirksam vereinbart ist.

252 Aus Gründen der Rechtsklarheit sollte die Verpflichtung zur Verschwiegenheit im Aufhebungsvertrag **ausdrücklich** festgelegt werden.[301] Der Klausel kommt **deklaratorische Bedeutung** zu. Bei Verletzung der Pflicht zur Verschwiegenheit über Geschäfts- und Betriebsgeheimnisse kommen **Unterlassungs-** und **Schadensersatzansprüche** des früheren Arbeitgebers in Betracht.[302]

> **Formulierungsvorschlag:**
>
> 253 Herr/Frau ...... verpflichtet sich, alle ihm/ihr während seiner/ihrer Tätigkeit für die Firma zur Kenntnis gelangten betriebsinternen Vorgänge, insbesondere Geschäft- und Betriebsgeheimnisse, auch nach dem Ausscheiden geheimzuhalten.

254 **h) Diensterfindungen.** Nach § 26 ArbNErfG werden Rechte und Pflichten aus diesem Gesetz nicht dadurch berührt, dass das Arbeitsverhältnis aufgelöst wird. Die Vorschrift bezieht sich auch auf die **einverständliche Beendigung** des Arbeitsverhältnisses.

255 Es werden **freie und gebundene Erfindungen** im Sinne der §§ 2, 4 ArbNErfG sowie qualifizierte technische **Verbesserungsvorschläge** nach § 20 Abs. 1 ArbNErfG erfasst, soweit sie bis zur rechtlichen Beendigung des Arbeitsverhältnisses fertiggestellt sind.[303]

256 Der Aufhebungsvertrag hat grundsätzlich keinen Einfluss auf einmal begründete Vergütungsansprüche des Arbeitnehmers nach §§ 9, 10, 17, 20 Abs. 1 ArbNErfG.[304] Gleichwohl sollten diese Ansprüche aus Gründen der **Rechtsklarheit** zur Vermeidung künftiger Streitigkeiten aufgeführt werden.

257 Von den Vorschriften des ArbNErfG kann grundsätzlich nicht **zuungunsten** des Arbeitnehmers abgewichen werden, § 22 S. 1 ArbNErfG. Möglich sind indessen gem. § 22 S. 2 ArbNErfG Vereinbarungen über Diensterfindungen nach ihrer Meldung, über freie Erfindungen und technische Verbesserungsvorschläge nach ihrer Mitteilung.[305] Haben die Arbeitsvertragsparteien eine solche Vereinbarung bei der einvernehmlichen Beendigung des Arbeitsverhältnisses getroffen, unterliegt sie nach Maßgabe des § 23 ArbNErfG der **Unbilligkeitskontrolle**. Es ist umstritten, ob darüber hinausgehende Abweichungen von den Vorschriften des ArbNErfG im Zusammenhang mit der Beendigung des Arbeitsverhältnisses zulässig sind.[306] Allerdings erfasst eine **allgemeine Erledigungsklausel** nicht die Ansprüche des Arbeitnehmers auf Erfindervergütung. Ebensowenig ist die für den Verlust des Arbeitsplat-

---

[300] → § 30 Rn. 26 ff.
[301] *Lingemann/Groneberg* NJW 2011, 228 (230); → § 30 Rn. 57.
[302] → § 30 Rn. 22 ff.
[303] *Bengelsdorf* Aufhebungsvertrag S. 164; OLG Jena 7.12.2011 – 2 U 137/11, NZA-RR 2012, 371 (372).
[304] → § 16 Rn. 14.
[305] → § 16 Rn. 147 ff., 153 ff.
[306] *Bengelsdorf* Aufhebungsvertrag S. 164 f.

zes zugesagte **Abfindung** eine Erfindervergütung im Sinne der §§ 9, 10, 17, 20 Abs. 1 ArbN-ErfG.

> **Formulierungsvorschlag:**
> Herr/Frau ...... erhält für die/den am ...... gemeldete Diensterfindung/gemeldeten Verbesserungsvorschlag eine Vergütung von ...... EUR brutto. Weitere Ansprüche auf Grund des ArbNErfG bestehen nicht.

i) **Aus- und Fortbildungskosten.** Der Anspruch des Arbeitgebers auf Rückzahlung von Aus- und Fortbildungskosten setzt eine **ausdrückliche** einzelvertragliche oder kollektivrechtliche Vereinbarung voraus, **Rückzahlungsklausel.** Es empfiehlt sich aus Gründen der Beweissicherung und des Transparenzgebots in § 307 Abs. 1 S. 2 BGB sämtliche Abreden **schriftlich** und **vor** Antritt der Fortbildungsmaßnahme niederzulegen sowie klar auf alle Konsequenzen hinzuweisen, die sich für den Arbeitnehmer ergeben, ua Höhe bzw. Berechnungsgrundlage des Rückzahlungsbetrags.[307] **Fehlt** eine Abrede über den Vorbehalt der Rückforderung der Kosten, muss der Arbeitnehmer diese Kosten nicht erstatten.

Soweit nicht ausnahmsweise gesetzliche Verbote die Vereinbarung von Rückzahlungsklauseln ausschließen (zB § 12 Abs. 2, § 26 BBiG), sind einzelvertragliche Rückzahlungsklauseln grundsätzlich **zulässig.** Sie dürfen den Arbeitnehmer allerdings nicht unbillig in seinem Recht auf freie Berufswahl und freie Berufsausübung beschränken, Art. 12 GG. Als Ausgangspunkt für die gerichtliche Inhaltskontrolle der Rückzahlungsklausel dient der Rechtsprechung die sog. **Zumutbarkeitsformel,** nach der unter Berücksichtigung aller Umstände des Einzelfalls zu prüfen ist, ob dem Arbeitnehmer nach Treu und Glauben die Rückzahlungsverpflichtung zuzumuten ist und vom Standpunkt eines verständigen Betrachters einem begründeten und zu billigenden Interesse des Arbeitgebers entspricht.[308] Für die Angemessenheitskontrolle im Sinne des § 307 BGB kann auf diese Rechtsprechung zurückgegriffen werden. Allerdings beruht die jetzt zum Recht der allgemeinen Geschäftsbedingungen gehörende **Inhaltskontrolle** auf einer typisierenden Klauselbetrachtung, die ohne Rücksicht auf individuelle Besonderheiten der Vertragsparteien vorzunehmen ist. Die Zumutbarkeitsgrenzen der Rückzahlung von Fortbildungskosten für den Regelfall sind nach diesen Vorgaben nicht klar zu bestimmen. Die Gerichte kommen dem Bedürfnis der Praxis nach festen Maßstäben insoweit entgegen, wie sie eine gewisse **Schematisierung** der Grenzen der zulässigen Bindungsdauer vornehmen. Es handelt sich um richterrechtlich entwickelte Regelwerte, die einzelfallbezogenen Abweichungen zugänglich sind. Üblich sind Klauseln, die sich auf einen Zeitraum von **drei Jahren** beziehen, und nach denen sich die Rückzahlungsverpflichtung monatlich jeweils um $1/36$ mindert.[309]

Zur **Bindungsdauer** hat die Rechtsprechung[310] folgende Grundsätze entwickelt:
- Dauert die **Fortbildung nicht länger als einen Monat,** ist regelmäßig eine Bindung des Arbeitnehmers bis zu sechs Monaten zulässig.
- Bei einer **Lehrgangsdauer** von bis zu **zwei Monaten** kann im Regelfall höchstens eine **einjährige Bindung** vereinbart werden.
- Bei einer **Lehrgangsdauer** von **drei** bis **vier Monaten** ist eine Bindungsdauer von **zwei Jahren** nicht zu lang.
- Eine **Lehrgangsdauer** von **sechs Monaten bis zu einem Jahr** rechtfertigt im Regelfall keine längere Bindung als **drei Jahre.**
- Bei einer mehr als **zweijährigen Dauer** der **Fortbildungsmaßnahme** ist eine Bindung von **fünf Jahren** zulässig.

---

[307] HzA/*Bengelsdorf,* EL 7/2014, Gruppe 9.1 Rn. 236 ff., 247 ff., 282 ff.: Mustervertäge; *Hoffmann* NZA-RR 2015, 337 ff.
[308] → § 26 Rn 3 ff.; HzA/*Bengelsdorf* Gruppe 9.1 Rn. 225, 235 ff.
[309] HzA/*Bengelsdorf* Gruppe 9.1 Rn. 247 ff.; → § 26 Rn. 33 ff.
[310] HzA/*Bengelsdorf* Gruppe 9.1. Rn. 249 mit Nachweisen; *Hoffmann* NZA-RR 2015, 337 (338 f.).

262 Das sind Grenzwerte für den **Regelfall**. Im Einzelfall kann auch bei kürzerer Ausbildungsdauer eine verhältnismäßig lange Bindung gerechtfertigt sein, falls der Arbeitgeber erhebliche Mittel aufwendet und der Arbeitnehmer durch die Teilnahme an der Fortbildung eine besonders hohe Qualifikation mit überdurchschnittlichen Vorteilen erlangt. Hohe Aufwendungen des Arbeitgebers **allein** können eine verhältnismäßig lange Bindung regelmäßig nicht rechtfertigen. Es kommt auch insoweit in erster Linie darauf an, in welchem Ausmaß sich die beruflichen Chancen des Arbeitnehmers infolge der Fortbildung erhöhen bzw. der Arbeitnehmer einen geldwerten Vorteil erlangt. Soweit die Arbeitsvertragsparteien eine nach diesen Maßstäben **unzumutbar lange Bindungsfrist** vereinbaren, ist die Vereinbarung insgesamt unwirksam. Das soll nach dem neu eingefügten **Verbot der geltungserhaltenden Reduktion** in § 306 Abs. 2, 3 BGB insgesamt unwirksam.[311]

263 Die **Rückzahlungsverpflichtung** wird in der betrieblichen Praxis üblicherweise alternativ an die **Tatbestände** des **Ausscheidens** des Arbeitnehmers auf Grund **eigener** Kündigung, **vorzeitigen Ausscheidens** des Arbeitnehmers und **Nichterreichens** des **Ausbildungsziels** geknüpft. a) Das **Rückzahlungsbegehren** ist berechtigt, wenn der Arbeitnehmer das Arbeitsverhältnis nach Teilnahme an der Fortbildungsmaßnahme und vor Ablauf der Bindungsfrist auf **eigene** Veranlassung kündigt. Etwas anderes gilt bei Kündigungen des Arbeitnehmers, die auf einen vom **Arbeitgeber** zu vertretenden wichtigen Grund im Sinne des § 626 Abs. 1 BGB oder auf die Unzumutbarkeit der weiteren Fortsetzung des Arbeitsverhältnisses infolge der vom **Arbeitgeber** gesetzten Umstände zurückzuführen sind.[312] b) Wird die Rückzahlungspflicht an **jedes vorzeitige Ausscheiden** des Arbeitnehmers geknüpft, ist die Klausel – soweit eine einschränkende Auslegung ausscheidet – wegen unangemessener Benachteiligung des Arbeitnehmers im Sinne des § 307 Abs. 1 S. 1 BGB unwirksam. Bei **arbeitgeberseitiger Kündigung** ist die Rückzahlungspflicht des Arbeitnehmers für den Fall ausgeschlossen, dass der Arbeitgeber das Arbeitsverhältnis **grundlos** beendet und der Arbeitnehmer eine Kündigungsschutzklage nur deshalb nicht erheben kann, weil das KSchG keine Anwendung findet. Wird der Arbeitnehmer aus **betriebsbedingten Gründen** entlassen, ist eine Rückzahlungsverpflichtung zu verneinen. Das trifft auch auf den **Insolvenzfall** zu. Die Rückzahlungsverpflichtung ist darüber hinaus in allen Fällen abzulehnen, in denen der **Kündigungsgrund** ausschließlich aus der **Sphäre** des Arbeitgebers stammt. Ebenso ist für eine auf **unverschuldete Krankheit** des Arbeitnehmers gestützte Kündigung des Arbeitgebers zu entscheiden. Liegen die Gründe für die Vertragsauflösung im **Verhalten des Arbeitnehmers** oder ist der Arbeitgeber zur **außerordentlichen Kündigung** des Arbeitsvertrags gem. § 626 BGB berechtigt, bleibt der Rückerstattungsanspruch erhalten.[313] c) Bei Vereinbarung einer Rückzahlungspflicht für den Fall des **Nichterreichens** des **Fortbildungsziels** sind die Gruppen des **Abbruchs** der Fortbildung und **Nichtbestehens** der Abschlussprüfung zu unterscheiden.[314]

264 Die **Darlegungs-** und **Beweislast** für die tatsächlichen Voraussetzungen der Rechtswirksamkeit der Rückzahlungsklausel trägt nach der abzulehnenden Rechtsprechung des BAG der **Arbeitgeber**.[315]

265 Die dargestellten Grundsätze gelten regelmäßig auch, wenn vereinbart wird, dass der Rückzahlungsbetrag als **Darlehen** geschuldet werden soll, § 607 Abs. 2 BGB.

266 Wird im Aufhebungsvertrag die Verpflichtung des Arbeitnehmers zur anteiligen Rückzahlung von Kosten für Fortbildungsmaßnahmen nicht aufgenommen und summenmäßig bestimmt, kann ein solcher Anspruch seitens des Arbeitgebers später nicht mehr geltend gemacht werden, sofern der Aufhebungsvertrag eine **allgemeine Erledigungsklausel** enthält.[316]

---

[311] → § 26 Rn. 18.
[312] → § 26 Rn. 60; HzA/*Bengelsdorf* Gruppe 9.1 Rn. 257.
[313] *Düwell/Ebeling* DB 2008, 406 (408); *Schönhöft* NZA-RR 2009, 625 (628).
[314] HzA/*Bengelsdorf* Gruppe 9.1 Rn. 259 ff.
[315] HzA/*Bengelsdorf* Gruppe 9.1 Rn. 244.
[316] *Bauer/Krieger/Arnold* ArbR-Aufhebungsverträge C Rn. 379.

Formulierungsvorschlag:

Herr/Frau .... hat von der Firma in Erfüllung des Fortbildungsvertrags vom ...... einen Kostenvorschuss in Höhe von ...... EUR erhalten. Der Rückzahlungsbetrag hat sich zwischenzeitlich auf ...... EUR reduziert. Der Restbetrag von ...... EUR wird bis zur Beendigung des Arbeitsverhältnisses zurückgezahlt/mit dem Nettobetrag der Abfindung nach § ...... verrechnet.

j) Dienstwagen. Ist bei Zusage der Stellung eines Dienstwagens die Frage seiner Herausgabe bei **Beendigung** des Arbeitsverhältnisses und **Freistellung** des Arbeitnehmers nicht geregelt, sollte im Aufhebungsvertrag aus Gründen der Klarstellung **vereinbart** werden, ob überhaupt und ggf. unter welchen Voraussetzungen der Dienstwagen noch genutzt werden darf.[317]

Ist das Fahrzeug dem Arbeitnehmer **ausschließlich** zu **dienstlichen Zwecken** überlassen, darf der Arbeitgeber mit der Freistellung gleichzeitig die Herausgabe des Dienstwagens verlangen. Ein Zurückbehaltungsrecht des Arbeitnehmers besteht nicht und kann auch nicht wegen rückständiger Vergütungsforderungen geltend gemacht werden. Ist der Arbeitnehmer berechtigt, den Pkw **betrieblich** und **privat unbeschränkt** zu nutzen, darf ihn der Arbeitgeber bei bezahlter Freistellung des Arbeitnehmers **nicht** vor rechtlichem Ende des Arbeitsverhältnisses herausverlangen. Das privat genutzte Fahrzeug ist Bestandteil der **Vergütung**, die vom Arbeitgeber nicht einseitig gekürzt werden darf. Andererseits ist die Gebrauchsüberlassung nur so lange geschuldet, wie der Arbeitgeber – etwa im Fall von Krankheit – überhaupt Arbeitsentgelt leisten muss. Besteht **Streit** über die **Beendigung** des Arbeitsverhältnisses, folgt die Herausgabe des Dienstwagens den allgemeinen Regeln des richterrechtlichen Weiterbeschäftigungsanspruchs.[318] Eine **einstweilige Verfügung** auf Gestellung eines Dienstwagens zur (ausschließlich) privaten Nutzung scheitert regelmäßig am Verfügungsgrund.

Wird der Dienstwagen vor Vertragsende zurückverlangt und zurückgegeben, hat der Arbeitnehmer einen Anspruch auf Ersatz des ihm entgehenden **geldwerten Vorteils** der **privaten Nutzung**. Die Bestimmung der **Rechtsnatur** des **Nutzungsanspruchs** und der **Höhe** der **Entschädigung** ist umstritten[319] Rechnerisch kann der Arbeitnehmer unter Beachtung seiner **Schadensminderungspflicht** mindestens den Geldbetrag verlangen, der für die private Nutzung eines entsprechenden Fahrzeugs aufzuwenden ist. Der Schaden muss nicht **konkret** dargelegt werden. Er darf abstrakt in Höhe der **steuer-** und **sozialversicherungsrechtlichen** Bewertung der privaten Nutzungsmöglichkeit mit 1 % des Listenpreises im Zeitpunkt der Erstzulassung verlangt werden. Eine abstrakt nach der **ADAC-Kostentabelle** oder **Tabelle Sanden/Danner/Küppersbusch** ermittelte Nutzungsausfallentschädigung steht dem Arbeitnehmer nicht zu.[320]

Höchstrichterlich ungeklärt ist die Frage, ob und ggf. unter welchen Voraussetzungen mit dem Arbeitnehmer die **entschädigungslose Rückgabe** des Dienstwagens vereinbart werden kann. Gegen eine solche Abrede bestehen nach richtiger Ansicht keine rechtlichen Bedenken. So entfällt ein Schadensersatzanspruch des Arbeitnehmers, falls er sich in einem arbeitsgerichtlichen Vergleich zur Herausgabe des Fahrzeugs verpflichtet. Besteht die vertragliche Vereinbarung, dass der Arbeitgeber das Dienstfahrzeug während der Freistellung gegen ein nicht gleichwertiges Fahrzeug **austauschen** darf, und lehnt der Arbeitnehmer die Nutzung eines solchen Fahrzeugs ab, erwirbt er keinen Schadensersatzanspruch. Eine solche Abrede hält bei hinreichend klarer Formulierung einer Inhaltskontrolle nach § 308 Nr. 4 BGB in Verbindung mit § 307 Abs. 1 BGB stand. Die Entscheidung des Arbeitgebers, **ob** und **welchen Arbeitnehmern** Dienstwagen zugeteilt werden und welche PKW-Kategorie vorgegeben ist, unterliegt nicht der Mitbestimmung des **Betriebsrats**. Es ist im Hinblick auf § 87 Abs. 1 Nr. 10 BetrVG nicht abschließend geklärt, ob die Mitbestimmung besteht, wenn der Arbeit-

---

[317] Zu den Voraussetzungen einer Dienstwagenregelung nebst **Widerrufsvorbehalten** nach Inkrafttreten der neuen §§ 305 ff. BGB siehe *Abeln/Meier* AuA 5 (2005), 264 mit Vertragsmuster; → § 20 Rn. 5 ff.
[318] → § 20 Rn. 11.
[319] *Meier* NZA 1999, 1083; → § 20 Rn. 12.
[320] → § 20 Rn. 13.

geber den Arbeitnehmern die kostenlose oder verbilligte Nutzung der Dienstfahrzeuge für Privatfahrten gestattet.[321]

272 Ist der Dienstwagen zurückzugeben, sollte im Aufhebungsvertrag der **Übergabetermin** örtlich und zeitlich genau festgelegt werden. Unterbleibt eine diesbezügliche Regelung, ist **Erfüllungsort** für die Rückgabeverpflichtung nach Beendigung des Arbeitsverhältnisses grundsätzlich die Betriebsstätte des Arbeitgebers.[322] Für Arbeitnehmer im **Außendienst** kann etwas anderes gelten, dh Rückgabe am Wohnsitz des Arbeitnehmers.[323]

273 Gibt der **Arbeitnehmer** den Dienstwagen zu Unrecht nicht zurück, setzt er sich **Schadensersatzansprüchen** des Arbeitgebers aus. Außerdem kann er sich nach § 248b StGB wegen unbefugter Gebrauchnahme strafbar machen. Der Herausgabeanspruch am Dienstwagen kann mittels **einstweiliger Verfügung** gesichert werden.[324]

274 Unter **steuerlichen Gesichtspunkten** sollte berücksichtigt werden, dass die Rückgabe des Dienstwagens spätestens zum Beendigungszeitpunkt erfolgt. Wird dem ausgeschiedenen Mitarbeiter der Dienstwagen für einen längeren Zeitraum nach Beendigung des Arbeitsverhältnisses zur privaten Nutzung überlassen, stellt dies neben der **Barabfindung** einen weiteren Teil der **Entschädigung** für die Aufgabe des Arbeitsverhältnisses dar. Erstreckt sich die private Nutzung nach Beendigung auf zwei Kalenderjahre, kann ein Verlust der Steuerbegünstigung der Barabfindung eintreten, da es nunmehr an der für §§ 24, 34 EStG notwendigen Zusammenballung fehlt.[325]

275 Verkauft der Arbeitgeber den Dienstwagen an den Arbeitnehmer zu einem Preis **unter dem Händlerverkaufswert/Marktwert**, entsteht in Höhe der Differenz ein **steuerpflichtiger geldwerter Vorteil**. Es ist dann zu regeln, wer die anfallenden Steuern trägt.[326]

Formulierungsvorschlag:

276 Herr/Frau ...... gibt den ihm/ihr überlassenen Dienstwagen mit dem polizeilichen Kennzeichen ...... einschließlich der Fahrzeugpapiere und der Fahrzeugschlüssel sowie des gesamten Zubehörs und der Tankkarte sofort/im Laufe der nächsten 3 Tage/am ...... an die Firma zurück. Ein Zurückbehaltungsrecht wird ausgeschlossen. Die Firma gewährt Herrn/Frau ...... für die vorzeitige Herausgabe bei seinem/ihrem Ausscheiden eine Ausgleichszahlung von ...... EUR brutto.

Alternativ

Herr/Frau ...... darf den ihm/ihr überlassenen Dienstwagen mit dem polizeilichen Kennzeichen ...... auch während der Freistellung bis zum Vertragsende in der bisherigen Weise für Privatfahrten nutzen. Kraftstoff und sonstige Betriebsmittel gehen zu seinen/ihren Lasten. Der Wagen ist einschließlich der Fahrzeugpapiere und Fahrzeugschlüssel sowie des gesamten Zubehörs und der Tankkarte am ...... an die Firma zurückzugeben. Ein Zurückbehaltungsrecht wird ausgeschlossen.

Alternativ

Herr/Frau ...... übernimmt den Dienstwagen mit dem polizeilichen Kennzeichen ...... am ...... käuflich zum Buchwert. Der Preis beträgt ...... EUR einschließlich etwaiger Mehrwertsteuer. Der Kaufpreis wird mit dem Nettobetrag der Abfindung nach § ...... verrechnet. Dadurch anfallende Steuern trägt Herr/Frau ....

277 **k) Werkwohnung.** Ist eine Werkwohnung vermietet, sollten bei einverständlicher Beendigung des Arbeitsverhältnisses die **Abwicklungsmodalitäten** der Wohnungsnutzung im Aufhebungsvertrag geregelt werden.

278 Die **Werkwohnung** ist Wohnraum, der dem Arbeitnehmer und seinen Angehörigen mit Rücksicht auf ein bestehendes Arbeitsverhältnis überlassen wird, §§ 576, 576a, 576b BGB.

---

[321] Küttner Personalbuch 2018/*Griese* Dienstwagen Rn. 15.
[322] Bauer/Krieger/*Arnold* ArbR-Aufhebungsverträge C Rn. 268.
[323] *Hümmerich* Aufhebungsvertrag § 9 Rn. 90.
[324] *Schmiedl* BB 2002, 992.
[325] → Rn. 213.
[326] Lingemann/*Groneberg* NJW 2011, 2028 (2029).

Dabei ist zwischen **Werkmietwohnungen** und **Werkdienstwohnungen** zu differenzieren. **Werkmietwohnungen** sind nach § 576 Abs. 1 BGB Wohnungen, die mit Rücksicht auf das Bestehen eines Arbeitsverhältnisses vermietet werden. 576 Abs. 1 BGB gliedert die Werkmietwohnungen in **einfache** und **funktionsgebundene** Wohnungen. Eine **funktionsgebundene Wohnung** liegt vor, wenn das Arbeitsverhältnis seiner Art nach die Überlassung des Wohnraums, der in unmittelbarer Beziehung oder Nähe zur Arbeitsstätte steht, erfordert, § 576 Abs. 1 Nr. 2 BGB. Typische **Beispiele** sind Werkwohnungen für Hausmeister, Pförtner, Verwalter, Betriebsschlosser mit Rufbereitschaft.[327] Der Arbeits- und Mietvertrag über die Werkwohnung bestehen **selbstständig** nebeneinander. Die Kündigung des Arbeitsverhältnisses führt nicht automatisch zur Beendigung des Mietvertrags. Es bedarf einer eigenen Kündigung nach Maßgabe des § 576 BGB bzw. seiner einvernehmlichen Auflösung.

Für Rechtsstreitigkeiten um Werkmietwohnungen ist nach § 29a ZPO, § 23 Nr. 2a GVG das **Amtsgericht** ausschließlich sachlich und örtlich zuständig, in dessen Bezirk sich der Wohnraum befindet. Das schließt nicht aus, dass die Arbeitsvertragsparteien vor **Arbeitsgerichten** im Rahmen einer einvernehmlichen Beendigung des Arbeitsverhältnisses einen **Räumungsvergleich** vereinbaren dürfen.[328] Insbesondere sollten der **Auszugstermin** festgelegt und mögliche **Streitfragen** für die Restlaufzeit des Mietverhältnisses geklärt werden, zB Höhe des Mietzinses und Übernahme von Renovierungsarbeiten.[329] Bei der Vereinbarung einer **Vertragsstrafe** für den Fall verspäteter Rückgabe der Werkwohnung sind die Regelungen in § 571 Abs. 1, 3 BGB zu beachten. Danach sind eine **verschuldensunabhängige** Schadensersatzpflicht des Arbeitnehmers oder Vereinbarungen unwirksam, die dem Arbeitnehmer das Recht nehmen, sich gegenüber dem Schadensersatzanspruch auf **Billigkeitsgründe** zu berufen.

Bei **Werkdienstwohnungen** wird der Wohnraum **im Rahmen eines Arbeitsverhältnisses** überlassen, § 576b Abs. 1 BGB. Es wird ein **einheitlicher Vertrag** geschlossen, bei dem arbeitsrechtliche Elemente überwiegen und die Überlassung der Wohnung häufig Teil der Vergütung ist. Ein selbstständiger Mietvertrag liegt neben dem Arbeitsvertrag nicht vor. Das **Nutzungsrecht** an der Werkdienstwohnung entfällt grundsätzlich mit der Beendigung des Arbeitsvertrags. Andererseits kann die Verpflichtung zur Überlassung der Wohnung **nicht** isoliert unter Aufrechterhaltung des Arbeitsverhältnisses gekündigt werden, da dies eine unzulässige Teilkündigung wäre.

Auf die Überlassung von Werkdienstwohnungen finden die Vorschriften des Mietrechts **keine** Anwendung, es sei denn, der Arbeitnehmer hat den Wohnraum ganz oder überwiegend mit Einrichtungsgegenständen ausgestattet **oder** er führt mit seinen Familienangehörigen dort einen eigenen Hausstand, § 576b Abs. 1 BGB. Es entsteht dann nach Beendigung des Arbeitsverhältnisses ein **gesetzliches Schuldverhältnis**, aus dem sich ein Anspruch des Arbeitnehmers auf weitere Überlassung der Wohnung ergibt.[330] Da Werkdienstwohnungen grundsätzlich funktionsgebunden sind, gelten die Vorschriften über die funktionsgebundene Werkmietwohnung und damit die **Kündigungsmöglichkeit** nach § 576 Abs. 2 Nr. 2 BGB.

Für Rechtsstreitigkeiten über Werkdienstwohnungen sind die **Arbeitsgerichte** zuständig, da die Überlassung des Wohnraums unmittelbarer Bestandteil des Arbeitsverhältnisses ist.

Im Rahmen eines gerichtlichen oder außergerichtlichen **Aufhebungsvertrags** kann die Beendigung der Überlassung der Werkdienstwohnung wirksam geregelt werden. Auch hier sollten in erster Linie **Auszugstermin, Restlaufzeit** des Mietverhältnisses, Höhe des **Mietzinses** sowie Übernahme von Renovierungsarbeiten festgelegt werden.

Formulierungsvorschlag:

Herr/Frau ...... räumt die ihm/ihr überlassene Werkwohnung in der ...... Straße in ...... bis spätestens zum ......

---

[327] *Bengelsdorf* Aufhebungsvertrag S. 156; → § 20 Rn. 16 ff.
[328] *Bauer/Krieger/Arnold* ArbR-Aufhebungsverträge C Rn. 283.
[329] *Bengelsdorf* Aufhebungsvertrag S. 157.
[330] *Bauer/Krieger/Arnold* ArbR-Aufhebungsverträge C Rn. 281.

> **Alternativ**
> Die Firma überlässt Herrn/Frau ...... die bisher als Werkwohnung benutzten Räume in der ...... Straße in ...... weiterhin unter folgenden Bedingungen: ......

285 **l) Betriebliche Altersversorgung.** Bei Abschluss eines Aufhebungsvertrags sollte **stets** geregelt werden, wie sich die Beendigung des Arbeitsverhältnisses auf die zugesagte betriebliche Altersversorgung auswirkt. Scheidet der Arbeitnehmer **auf Grund** oder **mit Eintritt** des Versorgungsfalles – Alter, Invalidität, Tod (Hinterbliebenenversorgung) – aus, wandelt sich die Versorgungsanwartschaft in den Leistungsanspruch um. Das Ausscheiden hat auf den Anspruchsgrund keinen Einfluss. In der Höhe ist der Anspruch nach den Vorgaben der Versorgungszusage voll verdient. Scheidet der Arbeitnehmer **vor Eintritt** des Versorgungsfalles aus, ist die Frage nach dem Schicksal der Versorgungsanwartschaft zu beantworten. Es ist zunächst zu entscheiden, ob eine **verfallbare** oder **unverfallbare** vertragliche oder gesetzliche Versorgungsanwartschaft des Arbeitnehmers vorliegt.

286 **Unverfallbarkeit** bedeutet, dass die Anwartschaft nicht erlischt, sondern bestehen bleibt, wenn das Arbeitsverhältnis vor Eintritt des Versorgungsfalls endet. Für die **vertragliche** Unverfallbarkeit ist entscheidend, ob der Versorgungsfall trotz des vorzeitigen Ausscheidens noch eintreten kann. Dafür ist die Definition des Versorgungsfalles in der Versorgungszusage maßgebend. Die Voraussetzungen der **gesetzlichen** Unverfallbarkeit sind in § 1b BetrAVG geregelt. Diese gesetzlichen Regelungen sind nur anzuwenden, wenn entsprechend der vertraglichen Versorgungszusage die Versorgungsanwartschaft wegen vorzeitigen Ausscheidens des Arbeitnehmers verfällt.[331]

287 Soweit in der Versorgungszusage nichts anderes vereinbart ist, kommt eine **ratierliche Kürzung** der Versorgungsanwartschaft nach § 2 BetrAVG nur in Betracht, wenn die Unverfallbarkeit ausschließlich auf Gesetz beruht. Die Norm ist auf vertragliche unverfallbare Versorgungsanwartschaften nicht anzuwenden.[332]

288 Soll eine Versorgungsanwartschaft im Aufhebungsvertrag abgefunden werden, ist zu prüfen, ob es sich um eine verfallbare, vertraglich oder gesetzlich unverfallbare Anwartschaft handelt. Für **gesetzlich unverfallbare Anwartschaften** – und nur für diese – enthält der zum 1.1.2005 in Kraft getretene geänderte § 3 BetrAVG eine einschränkende Regelung in Form eines **generellen Abfindungsverbots** für aufrechterhaltene Versorgungsanwartschaften ausgeschiedener Arbeitnehmer. Das Verbot soll sicherstellen, dass dem Versorgungsberechtigten die zugesagte Betriebsrente bei Eintritt des Versorgungsfalles auch tatsächlich zur Verfügung steht.[333] Von diesem Verbot gibt es Ausnahmen für **geringfügige Versorgungsanwartschaften**.[334]

289 Die Abfindungsmöglichkeiten richten sich nach § 3 Abs. 2 bis 6 BetrAVG.[335]

290 Die Abfindungsvereinbarung in einem **fortdauernden** Arbeitsverhältnis ist zulässig. Sie darf nur nicht im Zusammenhang mit der Beendigung des Arbeitsverhältnisses erfolgen. Dieser Zusammenhang dürfte auch bei Abschluss eines Aufhebungsvertrags mit Auslauffrist oder eines Prozessvergleichs zwischen Kündigung und Beendigung des Arbeitsverhältnisses gegeben sein.[336] Das Abfindungsverbot erfasst nach dem neuen § 3 Abs. 1 BetrAVG auch aufrechterhaltene und unverfallbare Anwartschaften **ausgeschiedener** Arbeitnehmer. Damit ist die gegenteilige Rechtsprechung des BAG für ab 1.1.2005 erstmals zu zahlende Leistungen nach § 30g Abs. 2 BetrAVG nicht mehr einschlägig.[337]

291 § 3 BetrAVG erfasst Vereinbarungen, in denen sich die vereinbarte Abfindung **unmittelbar** auf die Anwartschaft bezieht, **und** Abreden, durch die die unverfallbare Anwartschaft mit

---
[331] *Schmitt-Rolfes,* Arbeitsrechtliche Aufhebungsverträge und Abfindungsvereinbarungen, 2011, Rn. 611 ff.; ErfK/*Steinmeyer* BetrAVG § 1b Rn. 3.
[332] *Schmitt-Rolfes,* Arbeitsrechtliche Aufhebungsverträge und Abfindungsvereinbarungen, 2001, Rn. 615 ff.
[333] *Langohr-Plato/Teslau* NZA 2004, 1297 (1298 f.).
[334] *Blomeyer* NZA 1998, 911 (913); *Klemm* NZA 2002, 416 (418 f.).
[335] *Langohr-Plato/Teslau* NZA 2004, 1297 (1298 f.).
[336] *Bauer/Krieger/Arnold* ArbR-Aufhebungsverträge C Rn. 404.
[337] ErfK/*Steinmeyer* BetrAVG § 3 Rn. 8.

oder ohne Zahlung einer Abfindung **eingeschränkt** oder **aufgehoben** wird. Das gilt zB für die **Verrechnung** künftiger Rentenansprüche mit einer **Abfindung** für den Verlust des Arbeitsplatzes.

§ 3 BetrAVG verbietet regelmäßig die **vollständige Abfindung** aller Versorgungsrechte und deren **Teilabfindung**. 292

Verstößt die Abfindung der gesetzlich unverfallbaren Anwartschaft gegen das gesetzliche Verbot des § 3 Abs. 1 BetrAVG, ist die getroffene Abrede nach § 134 BGB **nichtig**. Der Arbeitgeber hat das betriebliche Ruhegeld bei Eintritt des Versorgungsfalls **ungekürzt** zu zahlen, darf aber im Gegenzug eine etwa bezahlte Abfindung vom ausgeschiedenen Arbeitnehmer zurückverlangen. § 817 S. 2 BGB schließt den Bereicherungsanspruch auf Rückzahlung der Abfindung aus § 812 Abs. 1 S. 2 BGB nicht aus.[338] 293

Die allgemeine **Erledigungsklausel** erfasst Versorgungsansprüche und -anwartschaften allenfalls, wenn diese ausdrücklich und unmissverständlich bezeichnet werden. Handelt es sich um gesetzlich **unverfallbare Anwartschaften** im Sinne des § 1b BetrAVG, ist selbst die ausdrückliche Bezeichnung in der Erledigungsklausel **ohne** rechtliche Bedeutung. § 3 BetrAVG verbietet nicht nur die Abfindung, sondern auch den entschädigungslosen Erlass dieser unverfallbaren Anwartschaften. Ist zwischen den Parteien streitig, ob der Arbeitgeber überhaupt eine Versorgungszusage erteilt hat, ist ein **Tatsachenvergleich** möglich und zulässig.[339] 294

Gemäß § 4a BetrAVG hat der Arbeitgeber dem ausgeschiedenen Arbeitnehmer **Auskunft** darüber zu erteilen, ob für ihn die Voraussetzungen einer gesetzlich unverfallbaren betrieblichen Altersversorgung erfüllt sind und in welcher Höhe er Versorgungsleistungen bei Erreichen der in der Versorgungsregelung vorgesehenen Altersgrenze beanspruchen kann. Die Auskunft ist auf **Verlangen** des Arbeitnehmers zu erteilen. Sie kann im Aufhebungsvertrag erfolgen. Ein **konstitutives** oder **deklaratorisches Schuldanerkenntnis** stellt sie nicht dar. 295

Hinsichtlich der **steuerrechtlichen** Behandlung ist bei der Kapitalisierung von Versorgungsanwartschaften zu beachten, dass es an der erforderlichen neuen Rechts- oder Billigkeitsgrundlage im Sinne des § 24 EStG[340] für die Abfindung auch fehlt, wenn eine geringfügige unverfallbare Anwartschaft vorliegt, die nach § 3 BetrAVG abgefunden werden darf. Gleiches gilt, wenn dem Arbeitnehmer schon im Arbeitsvertrag ein Anspruch auf Kapitalisierung einer unverfallbaren Versorgungsanwartschaft eingeräumt wird. Enthält der Arbeitsvertrag dagegen keine derartige Abfindungszusage und wird die Kapitalisierung einer verfallbaren Versorgungsanwartschaft erst anlässlich des Ausscheidens des Arbeitnehmers vereinbart, ist von einer Entschädigung im Sinne des § 24 EStG auszugehen.[341] 296

Wird im Zusammenhang mit der Beendigung des Arbeitsverhältnisses **neben** der allgemeinen Abfindung eine vorgezogene lebenslängliche Betriebsrente vor Beginn der gesetzlichen Rentenzahlungen geleistet, schließt das die ermäßigte Besteuerung der Abfindung nicht aus. Es ist insoweit gleichgültig, ob die vorgezogene Betriebsrente gekürzt, ungekürzt oder erhöht gewährt wird. Wird ein verfallbarer Anspruch auf lebenslängliche Betriebsrente im Zusammenhang mit der Auflösung des Arbeitsverhältnisses in einen unverfallbaren Anspruch umgewandelt, ist die Umwandlung für die Anwendung des § 34 Abs. 1 EStG auf die Einmalzahlung unschädlich. 297

> **Formulierungsvorschlag:**
>
> Herr/Frau ...... hat auf Grund der ihm/ihr im Vertrag vom ...... erteilten Zusage einen Anspruch auf betriebliche Altersversorgung gegen die Firma. Die Anwartschaft aus dieser Versorgungszusage bleibt nach den Regelungen des § 1b BetrAVG aufrechterhalten. Herr/Frau ...... erhält spätestens 8 Wochen nach Ausscheiden eine Bestätigung gemäß § 4a Abs. 1 BetrAVG. 298

---

[338] *Bauer/Krieger/Arnold* ArbR-Aufhebungsverträge C Rn. 406.
[339] → Rn. 309 ff., 323.
[340] → Rn. 210.
[341] *Bauer/Krieger/Arnold* ArbR-Aufhebungsverträge G Rn. 51.

> **Alternativ:**
>
> Herr/Frau ...... hat auf Grund der ihm/ihr im Vertrag vom ...... erteilten Zusage einen Anspruch auf betriebliche Altersversorgung gegen die Firma. Zur Abgeltung der Anwartschaft erhält Herr/Frau ...... nach den Regelungen des § 3 BetrAVG beim Ausscheiden eine Abfindung in Höhe von ...... EUR brutto. Damit sind sämtliche Ansprüche aus der betrieblichen Altersversorgung erledigt.
>
> **Alternativ:**
>
> Der Anspruch Herrn/Frau ...... auf Altersruhegeld wird vorgezogen. Herr/Frau ...... erhält ab Beendigung des Arbeitsverhältnisses eine monatliche Betriebsrente in Höhe von ...... EUR brutto, ab Vollendung des 65. Lebensjahres eine Betriebsrente in Höhe von ...... EUR brutto.
>
> **Alternativ:**
>
> Die verfallbare Versorgungsanwartschaft Herrn/Frau ...... wird nach § 2 BetrAVG berechnet und seitens der Firma für unverfallbar erklärt.
>
> **Alternativ:**
>
> Die Firma räumt mit Beendigung des Arbeitsverhältnisses Herrn/Frau ...... das Recht ein, die bei der ...... Versicherung abgeschlossene Direktversicherung Nr. ...... fortzuführen und wird die dazu notwendigen Erklärungen gegenüber dem Versicherer abgeben.

299 m) **Geschäftsunterlagen und Arbeitsmittel.** Nach Beendigung des Arbeitsverhältnisses ist der Arbeitnehmer **verpflichtet,** dem Arbeitgeber die ihm zur Verfügung gestellten Geschäftsunterlagen und Arbeitsmittel herauszugeben, zB Geschäftspapiere, Akten, Werkzeuge, Schutzkleidung, Dienstwagen sowie sonstiges Firmeneigentum. Die **Herausgabepflicht** ergibt sich aus §§ 861, 985 BGB, dem Arbeitsvertrag und §§ 666, 667, 675 BGB.[342] Aus Gründen der **Klarstellung** sollte diese Pflicht im Aufhebungsvertrag festgehalten werden und Unterlagen sowie Gegenstände von besonderer Bedeutung möglichst **konkret** bezeichnet werden.[343]

300 Kommt der Arbeitnehmer seiner Herausgabepflicht nicht nach und bestehen Zweifel über das Ausmaß der in seinem Besitz befindlichen Geschäftsunterlagen und Arbeitsmittel, hat der Arbeitgeber einen **klagbaren** Anspruch auf **Auskunftserteilung** und **Abgabe** einer **eidesstattlich versicherten Vermögensoffenbarung.**[344] Ein **Zurückbehaltungsrecht** an den Geschäftsunterlagen und Arbeitsmitteln steht dem Arbeitnehmer regelmäßig nicht zu.[345]

> **Formulierungsvorschlag:**
>
301 > Herr/Frau ...... wird spätestens bis zu seinem/ihrem Ausscheiden/innerhalb der nächsten drei Tage alle in seinem/ihrem Besitz befindlichen Geschäfts- und Arbeitsunterlagen sowie Arbeitsmittel zurückgeben, insbesondere ...... Ein Zurückbehaltungsrecht wird ausgeschlossen.

302 n) **Zeugnis und Auskunft.** Der eigenständig und abschließend für **alle** Arbeitnehmer in § 109 GewO normierte Zeugnisanspruch besteht auch bei einvernehmlicher Auflösung des Arbeitsverhältnisses. Gleiches gilt für den Zeugnisanspruch des Auszubildenden aus § 16 BBiG. Die Verpflichtung des Arbeitgebers im Aufhebungsvertrag hat insofern nur klarstellende Bedeutung. Da das Zeugnis dem Arbeitnehmer zur Erlangung eines neuen Arbeitsplatzes behilflich sein soll, **entsteht** der Zeugnisanspruch mit Abschluss des außergerichtlichen oder gerichtlichen Aufhebungsvertrags, auch wenn das Arbeits-/Berufsausbildungsverhältnis erst nach Ablauf einer **Auslauffrist** enden soll. Ist eine längere Auslauffrist

---

[342] *Bengelsdorf* Aufhebungsvertrag S. 165.
[343] *Lingemann/Groneberg* NJW 2011, 2028 (2031).
[344] *Bengelsdorf* Aufhebungsvertrag S. 165.
[345] *Bengelsdorf* Aufhebungsvertrag S. 165.

vereinbart, hat der Arbeitgeber das Recht, das Zeugnis als **Zwischenzeugnis** zu bezeichnen.[346] Wird das Arbeits-/Berufsausbildungsverhältnis einverständlich mit **sofortiger Wirkung** beendet, ist dem Arbeitgeber zur Erstellung des Zeugnisses ein angemessener Zeitraum bis zu **vier Tagen** einzuräumen.[347]

Zur Vermeidung späterer Auseinandersetzungen sollte der Inhalt des Zeugnisses im Rahmen des **Aufhebungsvertrags** festgelegt werden. Ist eine längere Auslauffrist vereinbart, kann der Inhalt eines Zwischenzeugnisses vereinbart und ergänzend bestimmt werden, dass das Schlusszeugnis entsprechend lauten soll. Der Wortlaut des öfter vom Arbeitnehmer vorformulierten und vom Arbeitgeber in die Endfassung gebrachten Zeugniswortlauts sollte als **Anlage** zum Aufhebungsvertrag genommen werden.

Da der Arbeitgeber **Auskünfte** an andere Arbeitgeber über den ausgeschiedenen oder ausscheidenden Arbeitnehmer nur mit Zustimmung des Betroffenen erteilen kann,[348] wird eine Abrede im Aufhebungsvertrag empfohlen, dass sich der Arbeitgeber verpflichtet, nur solche Auskünfte zu erteilen, die inhaltsgleich im Zeugnis enthalten sind. Eine solche Klausel ist jedenfalls in größeren Unternehmen und Konzernen problematisch, weil nicht sichergestellt werden kann, dass frühere Vorgesetzte des Arbeitnehmers in Unkenntnis der Abrede Auskünfte erteilen.[349]

> **Formulierungsvorschlag:**
>
> Herr/Frau ...... erhält ein Zeugnis entsprechend dem diesen Vertrag beigefügten Entwurf. Die Firma wird Auskünfte nur im Sinne dieses Zeugnisses erteilen.
>
> **Alternativ**
>
> Herr/Frau ...... erhält das im Vertrag beigefügte Zwischenzeugnis. Am ...... erhält Herr/Frau ...... ein Schlusszeugnis, das mit dem Zwischenzeugnis übereinstimmen soll. Die Firma wird Auskünfte nur im Sinne dieses Zeugnisses erteilen.
>
> **Alternativ**
>
> Die Firma erteilt Herrn/Frau ...... ein wohlwollendes Zeugnis, das sich auf Führung und Leistung erstreckt. Die Firma wird Auskünfte nur im Sinne dieses Zeugnisses erteilen.

o) **Arbeitspapiere.** Bei Beendigung des Arbeitsverhältnisses hat der Arbeitgeber die in seinem **Besitz** befindlichen Arbeitspapiere dem Arbeitnehmer **ordnungsgemäß ausgefüllt** herauszugeben. Zu den **Arbeitspapieren** gehören vor allem: Zeugnis (§ 109 GewO), Lohnsteuerkarte (§ 39b Abs. 1 S. 3 EStG), einfache und besondere Lohnsteuerbescheinigung (§ 41b EStG), Arbeitsbescheinigung (§ 312 SGB III), Urlaubsbescheinigung (§ 6 Abs. 2 BUrlG), Versicherungskarte (§ 286 SGB VI), Lohnnachweiskarte im Baugewerbe (§ 2 BRTV-Bau), Entgeltbescheinigungen (§ 194 SGB VI), Aufenthaltstitel (§ 4 AufG), Gesundheitsbescheinigungen von Jugendlichen (§ 32 JArbSchG), Auskunft über die betriebliche Altersversorgung (§ 4a BetrAVG). Die zu übergebenden Arbeitspapiere und deren Inhalte können im **Aufhebungsvertrag** einvernehmlich festgelegt werden.[350]

> **Formulierungsvorschlag:**
>
> Die Firma wird die Arbeitspapiere nach Maßgabe des Inhalts des Aufhebungsvertrags ausstellen. Als Grund für die Beendigung des Arbeitsverhältnisses wird in der Arbeitsbescheinigung (§ 312 SGB III) angegeben: ......

---

[346] *Bengelsdorf* Aufhebungsvertrag S. 168.
[347] *Bengelsdorf* Aufhebungsvertrag S. 168; zu den Zeugnisanforderungen im Einzelnen → § 51.
[348] *Bauer/Krieger/Arnold* ArbR-Aufhebungsverträge C Rn. 248; ErfK/*Müller-Glöge* GewO § 109 Rn. 61; aA → § 34 Rn. 116.
[349] *Schmitt-Rolfes,* Arbeitsrechtliche Aufhebungsverträge und Abfindungsvereinbarungen, 2001, Rn. 517, 518.
[350] Siehe im Einzelnen → § 52.

308　p) **Aufrechnung/Zurückbehaltungsrecht.** Vor allem gegen **Netto**vergütungs- und **Abfindungs**ansprüche des Arbeitnehmers kann der Arbeitgeber nach Maßgabe der §§ 387 ff. BGB mit eigenen Geldforderungen **aufrechnen**. Es sind die **Pfändungsgrenzen** der §§ 850 ff. ZPO zu beachten, § 394 S. 1 BGB.[351] Soll eine Aufrechnung nicht stattfinden, dürfen die Arbeitsvertragsparteien im **Aufhebungsvertrag** ein **Aufrechnungsverbot** vereinbaren.[352] Der Arbeitgeber darf sich gegenüber Ansprüchen des Arbeitnehmers aus dem Aufhebungsvertrag auf ein **Zurückbehaltungsrecht** gem. § 273 BGB berufen, falls ihm ein erfüllbarer, fälliger **Gegenanspruch** zusteht, zB auf Herausgabe von Werkzeugen, Arbeitsgeräten usw. Das Zurückbehaltungsrecht berechtigt den Arbeitgeber, seine Leistungen **so lange** zu verweigern, bis der Arbeitnehmer seiner Leistungsverpflichtung nachgekommen ist. **Kein Zurückbehaltungsrecht** besteht an **Arbeitspapieren**.[353] Die Parteien dürfen im **Aufhebungsvertrag** wirksam vereinbaren, dass ein Zurückbehaltungsrecht des Arbeitgebers ausgeschlossen ist. **Ausnahmsweise** kann sich der Arbeitgeber dann gleichwohl auf sein Zurückbehaltungsrecht berufen, wenn der Arbeitnehmer anschließend eine grobe Vertragsverletzung begeht.

> **Formulierungsvorschlag:**
> 309　Eine Aufrechnung der Firma gegenüber den finanziellen Verpflichtungen aus diesem Vertrag ist nicht möglich.
> Der Firma steht kein Rückbehaltungsrecht hinsichtlich der Verpflichtungen aus diesem Vertrag zu.

310　q) **Steuer-/sozialrechtliche Konsequenzen.** Zur Vermeidung etwaiger Schadensersatzforderungen des Arbeitnehmers wegen **Verletzung** von **Hinweis-** und **Aufklärungspflichten** über renten-, steuer- und sozialrechtliche Konsequenzen des Aufhebungsvertrags sollte in diesem festgehalten werden, dass dem Mitarbeiter bekannt ist, verbindliche Hinweise könnten nur vom Träger der gesetzlichen/betrieblichen Renten-/Altersversorgung, Finanzamt, der zuständigen Kranken-/Pflegekasse und Agentur für Arbeit erteilt werden, **oder** der Mitarbeiter auf solche Hinweise verzichtet.[354]

311　r) **Erledigungsklausel.** Mit Beendigung des Arbeitsverhältnisses sollten die zwischen den Vertragsparteien bestehenden Rechtsbeziehungen sachlich klar und zeitlich rasch abgeschlossen werden. Diesem praktischen Bedürfnis dient die **Erledigungsklausel** mit ihrer wechselseitigen Erklärung, dass sämtliche Ansprüche aus dem Arbeitsverhältnis und seiner Beendigung vollständig ausgeglichen sowie endgültig erledigt sind und keine der Arbeitsvertragsparteien nachträglich weitere Ansprüche als die anlässlich des Ausscheidens geregelten Ansprüche geltend machen will. Die Abrede kann je nach zu ermittelnder tatsächlicher Rechtslage als Vergleich im Sinne des § 779 BGB, Schulderlass gemäß § 397 Abs. 1 BGB oder konstitutives bzw. deklaratorisches negatives Schuldanerkenntnis gemäß § 397 Abs. 2 BGB ausgelegt werden. Die Auslegung hat anhand des erklärten Parteiwillens unter Berücksichtigung des Vertragszwecks, der beiderseitigen Interessenlage, der Verkehrsauffassung und aller Umstände des Vertragsschlusses, auch außerhalb der Urkunde liegender Umstände zu erfolgen.[355]

312　Ist die jeweilige Erledigungsklausel als **negatives Schuldanerkenntnis** zu deuten, erstreckt sich die Klausel vor allem auf objektiv bestehende Ansprüche und nicht auf Ansprüche, die erst später fällig oder rückwirkend begründet werden. Es werden auch keine unstreitig bestehenden Lohnansprüche erfasst, die noch nicht abgerechnet sind. Führt nach Abschluss des Aufhebungsvertrags mit Freistellung des Arbeitnehmers eine **Tariferhöhung** dazu, dass

---

[351] *Bengelsdorf*, Pfändung und Abtretung von Lohn, 2. Aufl. 2002, Rn. 495 ff.
[352] *Bauer/Krieger/Arnold* ArbR-Aufhebungsverträge C Rn. 452.
[353] → § 52 Rn. 11.
[354] → Rn. 111.
[355] → § 22 Rn. 22 ff.

der Arbeitnehmer einen **Gehaltsanhebungsanspruch** bis zur Beendigung des Arbeitsverhältnisses erwirbt, kann sich der Arbeitgeber nicht wirksam auf die Erledigungsklausel im Aufhebungsvertrag berufen. Der Verzicht auf die Gehaltserhöhung muss ausdrücklich vereinbart sein.

Minderjährige dürfen eine Erledigungsklausel wirksam unterzeichnen, sofern sie ermächtigt sind, selbstständig die Arbeit aufzunehmen, § 113 Abs. 1 S. 1 BGB. 313

Es ist nicht eindeutig geklärt, ob eine in deutscher Sprache abgefasste Erledigungsklausel 314 gegenüber einem **ausländischen Arbeitnehmer** ohne hinreichende Sprachkenntnisse wirksam ist.[356] Tragen ausländische Arbeitnehmer allerdings bei **Vertragsschluss** das Sprachrisiko, kann sich dies auch auf die Unterzeichnung von Ausgleichsquittungen auswirken.[357] Dem Sprachunkundigen ausländischen Arbeitnehmer sollte vorsorglich stets eine Übersetzung der Aufhebungsofferte zugeleitet werden.[358]

Vor Unterzeichnung der Erledigungsklausel ist sorgfältig zu prüfen, welche gegenseitigen 315 Ansprüche im Zeitpunkt der Aufhebung des Arbeitsverhältnisses noch **bestehen,** auf welche Ansprüche überhaupt **verzichtet** werden darf und ob auch solche **verzichtbaren** Ansprüche **erfasst** werden sollen, die erst bei Auflösung des Arbeitsverhältnisses entstehen bzw. fällig werden. Die **einzelnen** Ansprüche, um die es geht, sollten möglichst eindeutig bezeichnet werden. Allgemeine Erledigungsklauseln reichen nicht weit. Auf eine Erledigungsklausel sollte **verzichtet** werden, wenn das Arbeitsverhältnis mit **Auslauffrist** bis zu einem späteren Zeitpunkt fortdauert **und** keine Freistellung erfolgt. Es können noch Ansprüche entstehen, die zum Zeitpunkt des Vertragsabschlusses nicht abzusehen sind. Statt dessen sollten für die verbleibende Dauer des Arbeitsverhältnisses detaillierte Regelungen im Aufhebungsvertrag vereinbart werden.[359]

Erledigungsklauseln können sich auf Ansprüche aus dem Arbeitsverhältnis, auf sämtliche 316 Ansprüche oder auf alle finanziellen Ansprüche zwischen den Arbeitsvertragsparteien beziehen. Mit der Erledigungsklausel sollen im Allgemeinen **alle denkbaren** Ansprüche aus dem **Arbeits-** und **Berufsausbildungsverhältnis** ausgeschlossen werden. Das ist grundsätzlich **zulässig.** Es ist indessen zu berücksichtigen, dass es Ansprüche gibt, auf die **ausnahmsweise** nicht **verzichtet** werden darf bzw. deren besondere **Hervorhebung** von der Rechtsprechung verlangt wird.

Zu Letzteren gehören: 317
- **Entgeltfortzahlungs-** und **Ausbildungsvergütungsfortzahlungsanspruch** im **Krankheitsfall,** auf die erst **nach** Beendigung des Arbeits- bzw. Berufsausbildungsverhältnisses – Unterzeichnung der Erledigungsklausel am letzten Arbeitstag nach Arbeitsschluss genügt nicht – **und** Eintritt der Fälligkeit verzichtet werden darf.
- Zeugnisanspruch.[360]
- Karenzentschädigungsanspruch aus nachvertraglichem Wettbewerbsverbot.[361]
- Ansprüche auf **gesetzlich verfallbare** bzw. allein auf Grund **vertraglicher Abrede** unverfallbare **Ruhegeldanwartschaft** und **Ruhegelder** aus der betrieblichen Altersversorgung.
- Anspruch auf Arbeitnehmererfindervergütung.[362]
- Anspruch auf Eigentumsherausgabe, zB auf Herausgabe eines PKW sowie des Fahrzeugscheins und der Fahrzeugschlüssel.
- Sachenrechtliche Ansprüche, etwa auf Herausgabe des **Sozialversicherungsnachweisheftes** sowie der **Arbeitspapiere.**

Der **Verzicht** auf diese Ansprüche muss **eindeutig** zum Ausdruck kommen, indem sie in 318 der Erledigungsklausel genau bezeichnet werden.

---
[356] *Schmalkalden/Oberrath* DB 2010, 391 (395).
[357] Küttner Personalbuch 2018/*Eisemann* Ausgleichsquittung Rn. 4; BAG 19.3.2014 – 5 AZR 252/12 (B), NZA 2014, 1076 (1079), Rn. 46 ff.
[358] → Rn. 52 f.
[359] *Bauer/Krieger/Arnold* ArbR-Aufhebungsverträge C Rn. 462 f.
[360] → § 51 Rn. 32.
[361] Strittig: BAG 24.6.2009 – 10 AZR 707/08, NZA-RR 2010, 536 (538) Rn. 25 f.: Erledigungsklausel erfasst explizit nicht ausgeschlossene Karenzentschädigungsansprüche.
[362] → Rn. 255.

319 Ansprüche auf Rückzahlung aus dem mit Rücksicht auf das Arbeitsverhältnis abgeschlossenen **Darlehensvertrag** bzw. der Anspruch auf dessen Belassung werden nach richtiger Ansicht von der Erledigungsklausel nicht erfasst.[363]

320 Zur Vermeidung späterer Streitigkeiten sollte die Verwendung von **Generalklauseln** möglichst vermieden und auch bei anderen Ansprüchen unter Berücksichtigung der AGB-Kontrolle nach §§ 305 ff. BGB **detaillierte Regelungen** aufgenommen werden.

321 Die Erledigungsklausel erfasst **unverzichtbare** Rechte und Ansprüche **nicht**.

322 Der Verzicht auf **entstandene tarifliche Rechte** – zB tarifliche Überstundenzuschläge, Nachtschichtzulagen, Urlaubsgelder, Lohnansprüche, Sonderzuwendungen – ist nur in einem von den Tarifvertragsparteien gebilligten Vergleich zulässig, § 4 Abs. 4 S. 1 TVG. Der Ausschluss des Verzichtsrechts setzt voraus, dass Arbeitgeber **und** Arbeitnehmer zu den Mitgliedern der tarifschließenden Verbände gehören oder der Tarifvertrag für allgemeinverbindlich erklärt ist. Der Verzicht bleibt zulässig, wenn der Arbeitnehmer nicht Mitglied der Gewerkschaft ist und ihm die Ansprüche nur einzelvertraglich zugestanden sind. Die Arbeitsvertragsparteien können sich aber in der Erledigungsklausel in einem sog. **Tatsachenvergleich** über die tatsächlichen Voraussetzungen tariflicher Ansprüche verständigen, wenn etwa über die Anzahl von Überstunden, den Umfang von Nacht- oder Sonntagsarbeit, die Art und Qualität der geleisteten Arbeit, die Höhe der Akkordergebnisse oder erhaltener Urlaubstage gestritten wird. Das Gleiche gilt in den Fällen, in denen über das Bestehen und die Dauer einer **betrieblichen Versorgungszusage** eine Auseinandersetzung geführt wird.

323 Der Verzicht auf **Rechte** aus einer **Betriebsvereinbarung** ist gem. § 77 Abs. 4 S. 2 BetrVG nur mit Zustimmung des Betriebsrats möglich.

324 Der Anspruch auf den **gesetzlichen Mindesturlaub** bzw. **gesetzlichen Urlaubsabgeltungsanspruch** ist nach § 13 Abs. 1 S. 3 BUrlG unverzichtbar. Das trifft auch auf den Urlaubsanspruch bzw. Urlaubsabgeltungsanspruch des Arbeitnehmers zu, der nach erfüllter Wartezeit in der ersten Hälfte des Kalenderjahres ausscheidet. Die Unverzichtbarkeit gilt **nicht** für den **einzelvertraglich** gewährten Mehrurlaub und für Urlaubsregelungen, in denen **einzelvertraglich** ein Tarifvertrag zum Vertragsinhalt gemacht ist.

325 Eine **Versorgungsanwartschaft**, die nach § 3 Abs. 1 BetrAVG nicht abgefunden werden darf, kann in einer Erledigungsklausel nicht wirksam erlassen werden.[364] Dagegen ist ein Vergleich über die **tatsächlichen Voraussetzungen** von Ruhegeldansprüchen und -anwartschaften zulässig.

326 Eine generelle **Hinweis-** bzw. **Rechtsbelehrungspflicht** des Arbeitgebers auf bzw. über den Inhalt und die Bedeutung der Erledigungsklausel besteht auch bei ausländischen Arbeitnehmern nicht.

327 Es ist nicht abschließend geklärt, ob und in welchem Umfang allgemeine Erledigungsklauseln in Aufhebungsverträgen einer **AGB-Kontrolle** nach §§ 305 ff. BGB unterliegen.[365] Ist ein Verzichtswille auf bestimmte Ansprüche festgestellt, ist er im Kontext zu werten, ua im Zusammenhang mit einer **kompensatorischen Gegenleistung** des Arbeitgebers, etwa in Bezug auf den Beendigungszeitpunkt, die Beendigungsart, die Zahlung einer Abfindung, den Verzicht auf eigene Ersatzansprüche. Die Verquickung mit einer solchen Gegenleistung streitet für die Annahme einer materiellen Vertragsgerechtigkeit und gegen eine unangemessene Benachteiligung nach § 307 Abs. 1 S. 1 BGB. Es ist für den Einzelfall festzustellen, ob eine Verzichtserklärung ohne Gegenleistung eine solche Benachteiligung darstellt. Die Rechtsnatur der Verzichtserklärung bzw. des verzichteten Rechts ist entscheidend. Ist die Verzichtserklärung Teil eines **Vergleichs**, liegt regelmäßig eine kontrollfreie Individualvereinbarung im Sinne des § 305 Abs. 1 S. 3 BGB vor. Ebenso unterfällt bei den **Aufhebungsvereinbarungen**, bei denen die Hauptleistung die Beendigung des Arbeitsverhältnisses bzw. der Verzicht auf

---

[363] BAG 19.1.2011 – 10 AZR 873/08, NZA 2011, 1159 (1160) Rn. 16. für die Klausel, dass *sämtliche aus dem bestehenden Arbeitsverhältnis und seiner Beendigung abzuleitenden wechselseitigen Ansprüche geregelt und abgegolten sind*. Einschränkend für die hier vorgeschlagene weit gefasste Klausel, nach der auch Ansprüche erfasst werden, die mit dem Arbeitsverhältnis *in Verbindung stehen.*

[364] → Rn. 286.

[365] *Bauer/Krieger/Arnold* ArbR-Aufhebungsverträge C Rn. 489; BAG 12.3.2015 – 6 AZR 82/14, NZA 2015, 676 (678) Rn. 23 f.

künftige Ansprüche ist, die Aufhebung als solche und der in diesem Zusammenhang erklärte Verzicht **keiner** vertraglichen **Inhaltskontrolle** entweder nach § 305 Abs. 1 S. 3 BGB oder nach § 307 Abs. 3 S. 1 BGB. Liegt ein formularmäßiger **Klageverzichtsvertrag** vor, ist der Vertrag ohne kompensatorische Gegenleistung regelmäßig unwirksam.[366]

Auf die Bindungswirkung der Erledigungsklausel darf sich regelmäßig der Arbeitnehmer nicht berufen, der **vorsätzliche Vermögensdelikte** zum Nachteil des Arbeitgebers begeht, die zum Zeitpunkt der Unterzeichnung der Klausel nicht aufgedeckt sind. Die Berufung auf die Erledigungsklausel stellt einen **Rechtsmissbrauch** und eine **unzulässige Rechtsausübung** dar. 328

> Ein **Formulierungsvorschlag** ist unter → Rn. 11 abgedruckt. 329

s) Salvatorische Klausel. Bei **ausführlichen** Aufhebungsverträgen empfiehlt sich die Aufnahme einer sog. salvatorischen Klausel. Sie bestimmt, dass die Unwirksamkeit eines **Teils** des Aufhebungsvertrags die Wirksamkeit der sonstigen Abreden nicht berührt. Der Wille der Parteien wird deutlich, dass eine **Teilnichtigkeit** des Vertrags nicht gem. § 139 BGB zur Nichtigkeit der gesamten Beendigungsvereinbarung führen soll. Salvatorische Klauseln haben keine Wirkung, falls ein **wesentlicher** Bestandteil des Aufhebungsvertrags nichtig ist.[367] 330

Zur Vermeidung der **Nachteile**, die sich aus der Unwirksamkeit einer Abrede des Aufhebungsvertrags für eine Seite ergeben können, sollte in der salvatorischen Klausel **gleichzeitig** festgelegt werden, dass sich die Parteien verpflichten, anstelle der unwirksamen Bestimmung eine dieser Abrede möglichst nahekommende wirksame Regelung zu treffen.[368] Können sich die Parteien auf eine solche Ersatzregelung nicht einigen, kann sie durch gerichtliches Urteil in analoger Anwendung des § 315 BGB herbeigeführt werden. 331

> **Formulierungsvorschlag:**
> Sollte eine Bestimmung dieses Vertrags unwirksam sein, wird die Wirksamkeit der übrigen Bestimmungen davon nicht berührt. Herr/Frau ...... und die Firma verpflichten sich, anstelle der unwirksamen Bestimmung eine dieser Bestimmung möglichst nahekommende wirksame Regelung zu treffen. 332

VII. Auslegung

Aufhebungsverträge sind wie andere Verträge nach §§ 133, 157 BGB auszulegen. Es ist vom **Wortlaut** der Vereinbarung auszugehen. Daneben sind **Begleitumstände** – zB Äußerungen der Parteien während der Vorverhandlungen oder späteres Verhalten –, **Entstehungsgeschichte**, **Zweck** des Aufhebungsvertrags bzw. seiner Abreden, bestehende **Interessenlage**, **Treu** und **Glauben** durch angemessene Berücksichtigung der beiderseitigen Belange der Parteien sowie die **Verkehrssitte** in Gestalt der im Arbeitsleben herrschenden tatsächlichen Übung zu berücksichtigen.[369] 333

Eine **Inhaltskontrolle** der Hauptleistungen des Aufhebungsvertrags selbst findet – jenseits der §§ 134, 138 BGB und der Transparenzkontrolle nach § 307 Abs. 3 S. 2 in Verbindung mit § 307 Abs. 1 S. 2 BGB – nicht statt. Ist der Aufhebungsvertrag in einem vom Arbeitgeber für eine Vielzahl von Fällen vorformulierten Vertrag enthalten, können **Nebenabreden** nach §§ 307ff. BGB kontrollfähig sein.[370] 334

---

[366] BAG 25.9.2014 – 2 AZR 788/13, NZA 2015, 350 (352) Rn. 24; kritisch *Laws* MDR 2015, 1342 (1349).
[367] *Bengelsdorf* Aufhebungsvertrag S. 174.
[368] *Bauer/Krieger/Arnold* ArbR-Aufhebungsverträge C Rn. 502.
[369] *Bauer/Krieger/Arnold* ArbR-Aufhebungsverträge A Rn. 261.
[370] BAG 12.3.2015 – 6 AZR 82/14, NZA 2015, 676 (678) Rn. 24.

VIII. Gesetzliche Grenzen

1. Nichtigkeit nach § 104 Nr. 2, § 105 BGB

335 Der Aufhebungsvertrag kann nach § 104 Nr. 2, § 105 BGB wie jedes andere Rechtsgeschäft nichtig bzw. unwirksam sein. Die vorübergehende **Störung** der **Geistestätigkeit** im Sinne des § 105 Abs. 2 BGB setzt einen Zustand voraus, in dem die freie Willensbildung **völlig ausgeschlossen** ist. Bloße **Willensschwäche** und leichte **Beeinflussbarkeit** durch andere schließen die Möglichkeit freier Willensbildung nicht aus. Bestimmte krankhafte Vorstellungen und Empfindungen des Erklärenden oder Einflüsse Dritter müssen derart übermäßig sein, dass eine Bestimmung des Willens durch vernünftige Erwägungen ausgeschlossen ist. **Hochgradige alkoholbedingte Störungen** reichen auch bei einem alkoholabhängigen Arbeitnehmer nicht ohne weiteres aus. Ist der Arbeitnehmer nach seinen Angaben beim Abschluss des Aufhebungsvertrags vollkommen oder erheblich **verwirrt**, führt dies allein nicht zur Nichtigkeit des Aufhebungsvertrags nach §§ 104 Nr. 2, 105 Abs. 1, 2 BGB. Gleiches gilt für starken Stress in Verbindung mit einem hohen Motivationsdruck, wenn die auf ihn beruhende Entscheidung auch im Nachhinein weder krankhaft noch persönlichkeitsfremd, sondern nachvollziehbar und verständlich erscheint.[371]

336 Die **Darlegungs-** und **Beweislast** für die vorübergehende Störung der Geistestätigkeit liegt beim **Erklärenden/Arbeitnehmer**.[372]

2. Nichtigkeit nach § 134 BGB

337 Der Aufhebungsvertrag kann wegen Verstoßes gegen ein **gesetzliches Verbot** oder wegen **Umgehung** zwingender gesetzlicher Vorschriften nach § 134 BGB nichtig sein.

338 Die **allgemeinen** und **besonderen Kündigungsschutzbestimmungen** im KSchG, MuSchG, BEEG, SGB IX für Schwerbehinderte, PflegeZG usw. wenden sich nicht gegen die einvernehmliche Beendigung des Arbeitsverhältnisses, so dass ein Aufhebungsvertrag nicht per se wegen Umgehung dieser Kündigungsnormen nichtig ist.[373] Ein **Betriebsratsmitglied** wird durch einen bei einer kündigungsrechtlichen Auseinandersetzung vereinbarten Aufhebungsvertrag nicht unzulässigerweise iSv § 78 S. 2 BetrVG begünstigt, wenn der Aufhebungsvertrag besonders attraktive finanzielle oder sonstige Konditionen enthält, die einem Arbeitnehmer ohne Betriebsratsamt nicht zugestanden worden wären. Der Vertragsfreiheit bei **Abkaufen** des individuellen Schutzes eines betrieblichen Funktionsträgers ist ein genereller Vorrang vor dem Begünstigungsverbot mit der Folge einzuräumen, dass der Vertrag nicht nach § 134 BGB unwirksam ist.[374]

339 Unwirksam sind wegen **Umgehung** zwingender Kündigungsschutzbestimmungen Vertragsabreden, nach denen das Arbeitsverhältnis automatisch endet, falls der Arbeitnehmer nach **Urlaubsende** die Arbeit zum festgesetzten Termin nicht wieder aufnimmt.[375]

340 Eine **Umgehung** des § 613a BGB liegt vor, falls im Zusammenhang mit einem **Betriebsübergang** ein Arbeitsverhältnis beendet wird, obwohl der Erwerber den Arbeitnehmern eine Wiedereinstellung garantiert. Dies trifft zum einen für den Fall zu, dass der Veräußerer einem Arbeitnehmer kündigt und dieser anschließend vom Erwerber eingestellt wird. Gleiches gilt zum anderen für einen Aufhebungsvertrag, der lediglich die **Beseitigung** der **Kontinuität** des **Arbeitsverhältnisses** trotz fortbestehender Weiterbeschäftigungsmöglichkeit beim Erwerber bezweckt. Die Weiterbeschäftigung beim Erwerber muss allerdings feststehen, weil der Aufhebungsvertrag sonst die Beseitigung der Kontinuität des Arbeitsverhältnisses nicht bezwecken kann.[376] So ist eine Umgehung der Arbeitnehmer-Schutzvorschrift des § 613a BGB anzunehmen, wenn die Arbeitnehmer im Zuge eines Betriebsübergangs entweder zu

---

[371] LAG Köln 13.11.1998 – 11 Sa 25/98, NZA-RR 1999, 232.
[372] *Bengelsdorf* Aufhebungsvertrag S. 10.
[373] *Bengelsdorf* NZA 1994, 193 (196 f.).
[374] BAG 21.3.2018 – 7 AZR 590/16, NZA 2018, 1019 (1020) Rn. 18 ff.; *Fuhlrott* NZA-RR 2018, 472.
[375] → Rn. 58.
[376] BAG 18.8.2011 – 8 AZR 312/10, NZA 2012, 152 (155) Rn. 36 ff.

Eigenkündigungen veranlasst oder zum Abschluss von Aufhebungsverträgen bewegt werden, obwohl der Erwerber eine Wiedereinstellungsgarantie abgibt. Entsprechendes gilt für den Fall, dass die Arbeitnehmer zu einem kollektiven Widerspruch gegen den Betriebsübergang mit Blick auf eine Wiedereinstellungsgarantie des Erwerbers veranlasst werden und nach betriebsbedingter Kündigung durch den Veräußerer mit dem Erwerber neue Arbeitsverträge abschließen. Das bedeutet andererseits, dass der aus Anlass des Betriebsübergangs zwischen Arbeitnehmer und altem oder neuem Betriebsinhaber geschlossene Aufhebungsvertrag **wirksam** ist, der auf das **endgültige Ausscheiden** des Arbeitnehmers aus dem Betrieb gerichtet ist. Ein sachlicher Grund muss nicht vorliegen.[377]

Der dreiseitige Aufhebungs- und Arbeitsvertrag im Rahmen einer **Auffang-** bzw. **Beschäftigungs- und Qualifizierungsgesellschaft** ist daher nicht wegen Umgehung des § 613a Abs. 4 BGB gem. § 134 BGB unwirksam.[378] Etwas anderes gilt, wenn die Auffang-/Beschäftigungsgesellschaft nur zum Schein zwischen geschaltet wird. 341

Wird das Arbeitsverhältnis im Zusammenhang mit einem Betriebsübergang einvernehmlich beendet, kann der Arbeitnehmer bis zur rechtskräftigen Klärung der Wirksamkeit der Aufhebungsvereinbarung vom Betriebserwerber **nicht** die **Fortsetzung** des Arbeitsverhältnisses verlangen. 342

Unwirksam ist die Abrede mit einem Auszubildenden, nach der das **Ausbildungsverhältnis** einvernehmlich aufgelöst sein soll, falls der Auszubildende im nächsten Halbjahreszeugnis der Berufsschule in bestimmten Hauptfächern erneut die Note **mangelhaft** erhält.[379] 343

Das Gleiche soll für eine Vereinbarung gelten, nach der das Arbeitsverhältnis mit einem **alkoholgefährdeten Arbeitnehmer** endet, falls dieser wieder Alkohol zu sich nimmt.[380] 344

Unzulässig ist schließlich die Abrede, dass ein Arbeitnehmer mit **häufigen Erkrankungen** einvernehmlich ausscheidet, sofern er zukünftig jährlich mehr als 20 krankheitsbedingte Fehltage erreicht. Etwas anderes gilt für eine solche Abrede in einem **Prozessvergleich**.[381] 345

Wird in einem Aufhebungsvertrag vereinbart, dass künftige **Rentenansprüche** mit Ansprüchen auf eine **Abfindung nach** §§ 9, 10 KSchG verrechnet werden, ist eine solche Abrede nach § 3 BetrAVG, § 134 BGB nichtig.[382] 346

3. Nichtigkeit nach § 138 BGB

Der Aufhebungsvertrag ist nach § 138 Abs. 1 BGB **sittenwidrig** und **nichtig**, sofern ein besonders **grobes Missverhältnis** zwischen Leistung und Gegenleistung den Schluss auf eine verwerfliche Gesinnung des Begünstigten rechtfertigt.[383] Diese Voraussetzungen werden beim Aufhebungsvertrag nur in seltenen Fällen gegeben sein. 347

So ist ein Aufhebungsvertrag **nicht** bereits sittenwidrig, weil der Arbeitgeber dem Arbeitnehmer weder eine **Bedenkzeit** noch ein **Rücktritts-** oder **Widerrufsrecht** einräumt und ihm auch das beabsichtigte **Gesprächsthema** vorher nicht mitteilt. Es müssen besondere Umstände hinzukommen, um die Annahme zu rechtfertigen, das Geschäft sei nach seinem Gesamtcharakter gem. § 138 BGB als nichtig anzusehen. 348

Ebenso wenig ist ein Aufhebungsvertrag bereits sittenwidrig, weil er ohne jede **Abfindungsregelung** geschlossen wird.[384] 349

Gehen Arbeitgeber und Arbeitnehmer davon aus, dass der vom Arbeitnehmer vorsätzlich verursachte Schaden 270.000,– DM betragen kann (Sachverhalt vor EUR-Einführung) und einigen sie sich auf Vorschlag des Arbeitnehmers auf eine Ausgleichszahlung in Höhe von 120.000,– DM, liegt ein Verstoß gegen die guten Sitten **nicht** vor, falls der Schaden tatsächlich nur 100.000,– DM beträgt. Gleiches gilt, wenn für die **Beendigung** des Arbeitsverhältnisses 350

---

[377] BAG 27.9.2012 – 8 AZR 826/11, NZA 2013, 961 (964) Rn. 36.
[378] BAG 18.8.2011 – 8 AZR 312/10, NZA 2012, 152 (154) Rn. 32.
[379] → Rn. 59.
[380] → Rn. 60.
[381] → Rn. 62.
[382] → Rn. 289.
[383] Weber/Ehrich NZA 1997, 414 (419).
[384] Bengelsdorf Aufhebungsvertrag S. 14.

ein Betrag von 250.000,– EUR vereinbart wird und in einem vom Arbeitnehmer als vergleichbar angesehenen Fall ein anderer Arbeitgeber eine Abfindungssumme von 900.000,– EUR zahlt.[385] Andererseits kann ein Vergleich, der die Abfindung einer **Versorgungsanwartschaft** im Wert von 111.000,– DM (Sachverhalt vor Euroeinführung) durch einen Kapitalbetrag in Höhe von 5.000,– DM vorsieht, gegen die guten Sitten verstoßen und nichtig sein.

351 Ein **rückdatierter** Aufhebungsvertrag zum Zweck der Umgehung der Folgen des § 158 SGB III soll grundsätzlich nicht nach § 138 Abs. 1 BGB unwirksam sein, weil nach dem beiderseitigen Vertragswillen sein Hauptzweck nicht in der Täuschung der Arbeitsverwaltung, sondern in der Beendigung des Arbeitsverhältnisses – gegen Zahlung einer Abfindung – liege. Etwas anderes soll gelten, falls der Arbeitgeber den Ausspruch einer **verhaltensbedingten Kündigung** beabsichtigt und die Arbeitsvertragsparteien statt dessen die einvernehmliche Vertragsaufhebung gegen Zahlung einer Abfindung mit der Maßgabe verabreden, dass zwei unterschiedliche Exemplare des Vertrags gefertigt werden, von denen das eine die Vertragsbeendigung auf Veranlassung des Arbeitgebers aus **betriebsbedingten Gründen** ausweist und das andere auf die **eingehend erörterten** Kündigungsgründe Bezug nimmt. Eine solche Täuschungsabrede zum Zweck des Ausschlusses einer Sperrfrist nach § 159 SGB III soll nichtig sein und gem. § 139 BGB im Zweifel die **Gesamtnichtigkeit** des Aufhebungsvertrags zur Folge haben.[386]

352 Unabhängig von der rechtlichen Bewertung der Wirksamkeit/Nichtigkeit des rückdatierten Aufhebungsvertrags ist vor solchen Handhabungen **dringend abzuraten**, da wegen § 263 StGB – Betrug zum Nachteil der Bundesagentur für Arbeit – ein erhebliches strafrechtliches Risiko besteht. Der an der Manipulation zu Lasten der Bundesanstalt für Arbeit beteiligte Mitarbeiter der Personalverwaltung muss außerdem mit der Kündigung seines Arbeitsvertrags rechnen.[387] In jedem Fall wird der Aufhebungsvertrag in **sozialrechtlicher Hinsicht** nach dem Zeitpunkt des tatsächlichen Abschlusses behandelt.[388]

4. Unwirksamkeit nach § 242 BGB

353 Die Berufung auf die Wirksamkeit des Aufhebungsvertrags kann in Ausnahmefällen nach § 242 BGB rechtsmissbräuchlich sein, zB in Konstellationen des **kollusiven Zusammenwirkens** zum Nachteil des Arbeitgebers.[389] Dagegen stellt die Berufung des Arbeitgebers auf den Aufhebungsvertrag keine unzulässige Rechtsausübung dar, wenn der Vertrag unter **Zeitdruck** zustande kommt. Auch eine fehlende **Bedenkzeit** oder die Nichtgewährung eines **Rücktritts-** bzw. **Widerrufsrechts** und die fehlende **Mitteilung des Gesprächsinhalts** stellen kein unredliches Verhalten des Arbeitgebers dar.[390]

5. AGB-Kontrolle nach §§ 305 ff. BGB

354 Eine AGB-Kontrolle des Aufhebungsvertrags kommt über §§ 305 ff. BGB allenfalls sehr eingeschränkt in Betracht. Der zwischen den Arbeitsvertragsparteien, gegebenenfalls unter Beteiligung von Rechtssekretären, Anwälten **ausgehandelte** Aufhebungsvertrag ist nach §§ 305 Abs. 1 S. 3, 305b BGB nicht kontrollierbar. Wird der Aufhebungsvertrag weitgehend vom Arbeitgeber **vorformuliert,** greift die AGB-Kontrolle grundsätzlich ein. Selbst bei nur einmaliger Verwendung ist der Vertrag jedenfalls von § 310 Abs. 3 Nr. 2 BGB erfasst. Allerdings unterliegt die Aufhebung des Arbeitsvertrags als solche mit ihren **Hauptleistungspflichten** – Beendigung des Vertrags, Restlaufzeit, Höhe der Abfindung – nach § 307 Abs. 3 BGB **keiner** Kontrolle. Sind die Vertragsbestimmungen zudem klar und verständlich gemäß § 307 Abs. 3 S. 2 in Verbindung mit § 307 Abs. 1 S. 2 BGB formuliert, kann die Unwirk-

---

[385] OLG Karlsruhe 12.12.2003 – 14 U 34/03, NZA-RR 2005, 186 (188).
[386] ErfK/*Müller-Glöge* BGB § 620 Rn. 7: **Keine Gesamtnichtigkeit** des Aufhebungsvertrags, sondern lediglich der Rückdatierung zum Zwecke der Umgehung der Sperrzeitproblematik.
[387] → Rn. 179.
[388] ErfK/*Müller-Glöge* BGB § 620 Rn. 7.
[389] *Bengelsdorf* Aufhebungsvertrag S. 15.
[390] *Bengelsdorf* Aufhebungsvertrag S. 15 f.

samkeit des Aufhebungsvertrags nicht allein über § 310 Abs. 3 Nr. 3 BGB mit der Situation bei dem Vertragsschluss, zB einer Überrumpelung begründet werden.

Enthalten die Aufhebungsverträge weitere Abreden, zB über eine Freistellung, Abgeltung von Urlaubsansprüchen, einen Verzicht auf Ansprüche (Erledigungsklausel) unterliegen diese Regelungen als **Nebenbestimmungen** der uneingeschränkten Inhaltskontrolle, sofern die Verträge vom Arbeitgeber vorformuliert sind und insofern Allgemeine Geschäftsbedingungen darstellen.[391] 355

6. Benachteiligungsverbot nach § 7 AGG

Die Vereinbarung von Aufhebungsverträgen mit Arbeitnehmern wird nach § 2 Abs. 1 Nr. 2 AGG vom Regelungsbereich des AGG erfasst. Ansprüche aus dem AGG setzen eine verbotene unmittelbare oder mittelbare Benachteiligung im Sinne von § 7 Abs. 1 S. 1 AGG voraus. § 10 S. 3 Nr. 5 AGG stellt generell Aufhebungsverträge vom Benachteiligungsverbot frei, die eine Beendigung des Beschäftigungsverhältnisses wegen Altersrentenbezugs vorsehen. Im Einzelnen ist dem Verbotsmerkmal des Alters die ihm eigene Sachgesetzlichkeit noch nicht verschafft.[392] Eine **Altersdiskriminierung** liegt nicht vor, wenn ältere Arbeitnehmer aus einem Personalabbau herausgenommen werden und nur jüngeren Arbeitnehmern der Abschluss eines Aufhebungsvertrags angeboten wird, nach dem sie unter Zahlung einer Abfindung freiwillig aus dem Unternehmen ausscheiden können.[393] 356

Liegt eine Benachteiligung vor, hat der Arbeitnehmer gegen den Arbeitgeber nach § 15 Abs. 1, 2 AGG einen Anspruch auf **Schadensersatz** und **Entschädigung**. 357

7. Verbot der Ungleichbehandlung

Der arbeitsrechtliche Gleichbehandlungsgrundsatz knüpft an eine **verteilende** Entscheidung des Arbeitgebers an. Er hat seine Arbeitnehmer oder Gruppen seiner Arbeitnehmer, die sich in vergleichbarer Lage befinden, bei der Anwendung seiner selbstgesetzten Regelung gleich zu behandeln. Nicht anwendbar ist der arbeitsrechtliche Gleichbehandlungsgrundsatz, wenn Leistungen individuell vereinbart werden. Das gilt insbesondere für **Aufhebungsverträge**. Ein Anspruch auf Abschluss eines solchen Vertrags besteht regelmäßig nicht.[394] 358

IX. Beseitigung von Aufhebungsverträgen

1. Anfechtung

Die **Annahme** des **Angebots** oder das **Angebot** zum Abschluss des Aufhebungsvertrags können wie jede andere Willenserklärung nach Maßgabe der §§ 119, 123, 143 BGB angefochten werden. Bis dahin ist die Willenserklärung uneingeschränkt wirksam. Das Anfechtungsrecht wird durch das Recht zur **außerordentlichen Kündigung** nicht verdrängt. Wird der Aufhebungsvertrag **wirksam** angefochten, ist das **Arbeitsverhältnis** als ununterbrochen **fortbestehend** anzusehen.[395] 359

a) Inhalts-/Eigenschaftsirrtum nach § 119 BGB. Ein Inhaltsirrtum ist anzunehmen, wenn der äußere Erklärungstatbestand dem Willen des Arbeitgebers/Arbeitnehmers entspricht, dieser aber über Bedeutung und Tragweite der Erklärung irrt. Der Erklärende weiß, was er sagt, er weiß aber nicht, was er damit sagt. Die Anfechtung wegen **Inhaltsirrtums** gem. § 119 Abs. 1 BGB wird vor allem deswegen erklärt, weil der Arbeitnehmer geltend macht, sich in einem Irrtum über das Bestehen des **allgemeinen** bzw. **besonderen Kündigungsschutzes** – in erster Linie MuSchG und SGB IX für Schwerbehinderte – befunden **oder** seine auf Aufhebung des Arbeitsverhältnisses gerichtete Willenserklärung in Unkenntnis der **Umstände** abgegeben zu haben, die diesen Kündigungsschutz begründen. 360

---

[391] ErfK/*Müller-Glöge* BGB § 620 Rn. 15.
[392] *Bengelsdorf* FA 2020, 58 ff.
[393] BAG 25.2.2010 – 6 AZR 911/08, NZA 2010, 561 (563) Rn. 25 ff.
[394] BAG 25.2.2010 – 6 AZR 911/08, NZA 2010, 561 (562) Rn. 18 ff.
[395] *Bengelsdorf* Aufhebungsvertrag S. 17.

361 Es besteht Einigkeit, dass eine **werdende Mutter** oder ein **Schwerbehinderter**, die bei Abschluss des Aufhebungsvertrags von der Schwangerschaft bzw. Schwerbehinderung nichts wussten, zur Anfechtung ihrer Erklärungen nach § 119 Abs. 1 BGB **nicht** berechtigt sind. Dieser Irrtum stellt einen bloßen **Motivirrtum** dar, der im Interesse des Rechtsverkehrs unbeachtlich ist. Ein solcher Irrtum liegt auch vor, wenn der Arbeitnehmer bei einer **Abfindungszahlung** die für ihn nachteiligen Regelungen der §§ 158, 159 SGB III nicht beachtet und zu Unrecht meint, die Abfindung bleibe ihm in größerem Umfang erhalten bzw. eine Sperrzeit trete nicht ein.

362 Nach richtiger Ansicht begründet auch der Irrtum über den mit dem Aufhebungsvertrag eintretenden **Verlust der Rechte** aus dem **MuSchG** oder **SGB IX** für Schwerbehinderte kein Anfechtungsrecht nach § 119 Abs. 1 BGB. Es liegt ein unbeachtlicher **Rechtsfolgenirrtum** vor.

363 Die Voraussetzungen eines **Eigenschaftsirrtums** nach **§ 119 Abs. 2 BGB** sind ebenfalls nicht gegeben. Die **Schwangerschaft** ist kein Dauerzustand und keine verkehrswesentliche Eigenschaft im Sinne der Norm.

364 **Ausnahmsweise** gilt etwas anderes, wenn der Verzicht auf die mutterschutzrechtlichen Ansprüche ausdrücklicher oder stillschweigender **Inhalt** der Willenserklärung ist und hierüber ein Irrtum vorliegt. Etwas anderes ist auch anzunehmen, falls dem Arbeitgeber erkennbar ist, dass es der Arbeitnehmerin bei Abschluss des Aufhebungsvertrags maßgeblich auf das Fehlen der – ihr bislang unbekannten – Schwangerschaft ankommt. Beides dürfte in der betrieblichen Praxis kaum feststellbar sein.

365 Ein **Erklärungsirrtum** liegt vor, wenn der äußere Erklärungstatbestand dem Willen des Erklärenden **nicht** entspricht, dieser sich zB in einem Irrtum über die Abgabe einer Erklärung mit rechtsgeschäftlichem Inhalt befindet. Ein solches **fehlendes Erklärungsbewusstsein** liegt ua in den Fällen vor, in denen ein der deutschen Vertragssprache nicht hinreichend mächtiger **ausländischer Arbeitnehmer** den Aufhebungsvertrag unterschreibt, ohne sich der rechtsgeschäftlichen Bedeutung seiner Willenserklärung bewusst zu sein. Es wird vorausgesetzt, dass der Aufhebungsvertrag zunächst wirksam zustande gekommen ist.[396]

366 **b) Arglistige Täuschung/Widerrechtliche Drohung nach § 123 BGB.** *aa) Arglistige Täuschung.* Die Anfechtung des Aufhebungsvertrags nach **§ 123 Abs. 1 BGB** wegen arglistiger Täuschung kommt in Betracht, wenn der Arbeitgeber durch bewusstes Vorspiegeln falscher **oder** Unterdrückung wahrer Tatsachen beim Arbeitnehmer einen Irrtum herbeiführt oder aufrechterhält, um diesen vorsätzlich zum Abschluss des Vertrags zu veranlassen. Die Täuschung kann durch **positives Tun,** insbesondere durch Behaupten, Unterdrücken oder Entstellen von Tatsachen erfolgen. Sie kann auch im **Verschweigen** von Tatsachen bestehen, sofern der Erklärende zur Offenbarung der fraglichen Tatsache verpflichtet ist.[397]

367 Versichert der Arbeitgeber **wahrheitswidrig,** der Aufhebungsvertrag beeinträchtige den allgemeinen oder besonderen **Kündigungsschutz** nicht und bewegt er den Arbeitnehmer dadurch zur Annahme der Aufhebungsofferte, liegt eine arglistige Täuschung im Sinne des § 123 Abs. 1 BGB vor. Das Gleiche gilt, wenn der Arbeitgeber den Arbeitnehmer durch **Vorspiegelung** zum Abschluss des Aufhebungsvertrags veranlasst, der **Betrieb** müsse alsbald **stillgelegt** werden, obwohl tatsächlich eine **Betriebsveräußerung** bereits feststeht bzw. konkret geplant ist.[398] Dagegen muss der Arbeitgeber den bei Abschluss des Aufhebungsvertrags bevorstehenden **Betriebsübergang** ungefragt **nicht offenbaren**. Das Verschweigen des Betriebsübergangs stellt keine arglistige Täuschung durch Unterlassen dar.[399] Ebenso wenig berechtigt das Verschweigen des Verlustes des **allgemeinen** oder **besonderen Kündigungsschutzes** den Arbeitnehmer zur Anfechtung des Aufhebungsvertrags nach § 123 Abs. 1 BGB. Es besteht auch insoweit keine Aufklärungspflicht des Arbeitgebers.[400] Allerdings soll der Arbeitgeber verpflichtet sein, eine wirtschaftliche Bedrängnis, zB die Unfähigkeit zur pünktlichen Gehaltszahlung zu offenbaren.[401]

---

[396] → Rn. 52 f.
[397] *Bengelsdorf* Aufhebungsvertrag S. 19.
[398] *Weimar/Alfes* NZA 1993, 155 (159).
[399] *Bengelsdorf* Aufhebungsvertrag S. 20.
[400] *Ehrich* DB 1992, 2239 (2240).
[401] BAG 24.2.2011 – 6 AZR 626/09, NZA-RR 2012, 148 (152) Rn. 55 ff.

Bewusst oder unbewusst falsche Auskünfte des Arbeitgebers über etwaige **Sperr**- und **Ru-** 368
henszeiten sowie die **Anrechnung** von Abfindungen auf das **Arbeitslosengeld** nach §§ 157 ff.
SGB III können nach umstrittener Ansicht allein **Schadensersatzansprüche** des Arbeitnehmers begründen. Die Anfechtung des Aufhebungsvertrags wegen arglistiger Täuschung soll
nicht in Betracht kommen.[402]

Eine arglistige Täuschung seitens des **Arbeitnehmers** ist nach richtiger Ansicht gegeben, 369
wenn er im Rahmen gerichtlicher Vergleichsverhandlungen die Frage des Gerichts oder des
Arbeitgebers nach einer **Anschlussbeschäftigung** wahrheitswidrig beantwortet und die Höhe
der vereinbarten Abfindung unter Berücksichtigung der angeblichen Arbeitslosigkeit bemessen wird. Von sich aus ist der Arbeitnehmer nicht verpflichtet, die Tatsache einer Anschlussbeschäftigung zu offenbaren.[403] Das Gleiche dürfte für die Stellung des **Antrags** auf
Erwerbsunfähigkeitsrente gelten. Demgegenüber müsste die **Bewilligung** der **Erwerbsunfähigkeitsrente** offenbart werden.

Dem Arbeitgeber steht bei **Verletzung** der **Aufklärungspflicht** das Recht der Anfechtung 370
oder ein Schadensersatzanspruch nach § 826 BGB zu. Bei erfolgreicher Anfechtung ist das
Arbeitsverhältnis oder das Kündigungsschutzverfahren fortzusetzen. Dieses Ergebnis sollte
durch die Klausel im Aufhebungsvertrag vermieden werden, nach der sich die Abfindung
reduziert, falls der Arbeitnehmer eine Anschlussbeschäftigung findet oder Erwerbsunfähigkeitsrente bezieht.[404]

bb) Widerrechtliche Drohung. Das Anfechtungsrecht richtet sich danach, mit welchen 371
Mitteln der Arbeitnehmer zur Annahme des Aufhebungsangebots veranlasst wird. Eine
Drohung im Sinne des § 123 Abs. 1 BGB setzt die Ankündigung eines **zukünftigen Übels**
voraus, dessen Zufügung in irgendeiner Weise als von der Macht des Ankündigenden abhängig dargestellt wird.[405] Der Arbeitgeber oder seine Hilfspersonen müssen mit dem entsprechenden **Nötigungswillen** handeln. **Die Drohung kann durch schlüssiges Handeln**
erfolgen. Die Drohung ist für die Abgabe der Willenserklärung **kausal**, wenn der Arbeitnehmer die Erklärung ohne die Drohung überhaupt nicht, mit einem anderen Inhalt oder
zu einem anderen Zeitpunkt abgegeben hätte. An der Kausalität **fehlt** es, wenn der Arbeitnehmer die Willenserklärung aufgrund eigener Überlegung unabhängig von der Drohung
abgegeben hat. So ist ein ursächlicher Zusammenhang zwischen Drohung und Abgabe der
Willenserklärung nicht festzustellen, wenn der Arbeitnehmer während einer Bedenkzeit unter **Inanspruchnahme** qualifizierter Berater die Wirksamkeit der in Aussicht gestellten
Kündigung prüfen und abwägen kann, ob er sie durch Abschluss eines Aufhebungsvertrags
beseitigen oder zunächst hinnehmen und dann mit den gesetzlichen Mitteln bekämpfen
soll. Die Kausalität der Drohung wird regelmäßig nicht **allein** durch die Einräumung einer
Bedenkzeit unterbrochen.

(1) Kündigung. Die Ankündigung des Arbeitgebers, den Arbeitsvertrag des Arbeitnehmers 372
außerordentlich oder **ordentlich** zu kündigen, stellt eine **Drohung** im Sinne des § 123 Abs. 1
BGB dar.[406] Die Ankündigung durch den – nicht kündigungsberechtigten – **Vorgesetzten** des
Arbeitnehmers genügt, wenn der Arbeitnehmer davon ausgehen darf, der Arbeitgeber werde
der Anregung des Drohenden zum Ausspruch der Kündigung folgen.

Etwas anderes gilt grundsätzlich in den Fällen, in denen der Arbeitgeber **zunächst** eine 373
Kündigung ausspricht und die Arbeitsvertragsparteien sich **anschließend** auf die **einvernehmliche Beendigung** des Arbeitsverhältnisses einigen. Es besteht zum Zeitpunkt des Abschlusses des Aufhebungsvertrags nicht mehr die Gefahr, dass der Arbeitgeber die Drohung
der Beendigung des Arbeitsvertrags **einseitig** realisiert. **Ausnahmsweise** soll die angedrohte
Kündigung auch nach ihrem Ausspruch beim Arbeitnehmer als Androhung eines künftigen
Übels fortwirken, falls der Arbeitgeber von vornherein den Abschluss eines Aufhebungsver-

---

[402] → Rn. 348.
[403] *Liebscher* BB 1995, 2117.
[404] → Rn. 226.
[405] LAG Berlin-Brandenburg 18.3.2015 – 17 Sa 2219/14, NZA-RR 2015, 402 (403).
[406] Kritisch hinsichtlich ordentlicher Kündigung *Bauer/Krieger/Arnold* ArbR-Aufhebungsverträge A Rn. 207 ff.

trags anstrebt und für den Arbeitgeber die **Gesamtbesprechung** von der Erörterung der Kündigungsgründe über die Ankündigung der Kündigung und die folgende Übergabe der Kündigung bis zum Abschluss des Aufhebungsvertrags eine Einheit darstellt.[407]

374 Die Anfechtung kann nur Erfolg haben, falls die Kündigungsandrohung **widerrechtlich** ist. Das ist sie, sofern ein **verständiger Arbeitgeber** die Kündigung nicht ernsthaft in Erwägung ziehen darf. Der verständige Arbeitgeber ist nicht der **Idealarbeitgeber** mit ganz hervorragenden Arbeitsrechtskenntnissen und außergewöhnlichem sozialen Engagement. Feinsinnige Einwände gegen die Kündigung im Anfechtungsprozess müssen erfolglos bleiben.[408] Die Widerrechtlichkeit der Kündigungsandrohung kann sich regelmäßig nur aus der **Inadäquanz** von **Mittel** und **Zweck** ergeben. Die Drohung ist widerrechtlich, wenn der Drohende an der Erreichung des verfolgten Zwecks kein berechtigtes Interesse hat oder die Drohung nach Treu und Glauben nicht mehr als angemessenes Mittel zur Erreichung dieses Ziels anzusehen ist.[409]

375 Der Anfechtungsprozess ist **nicht** wie ein fiktiver Kündigungsschutzprozess zu behandeln. Es ist nicht entscheidend, dass sich die in Aussicht gestellte Kündigung in einem Kündigungsschutzprozess als rechtsbeständig erwiesen hätte. Zu berücksichtigen sind allerdings die dem Arbeitgeber zum Zeitpunkt der Kündigungsandrohung bekannten **und** die – zB erst im Prozess gewonnenen – Erkenntnisse weiterer Ermittlungen, die ein verständiger Arbeitgeber zur Aufklärung des Sachverhalts aufgestellt hätte. Maßgebend für die Beurteilung ist der **objektiv mögliche** und damit **hypothetische** Wissensstand des Arbeitgebers.

376 Die Gerichte entscheiden in jedem **Einzelfall** nach ihren Vorstellungen, wie der verständige Arbeitgeber gehandelt hätte. Mit der Kunstfigur dieses verständigen Arbeitgebers lässt sich jedes gewünschte Ergebnis begründen.[410] Der Arbeitgeber sollte daher die Kündigungsandrohung während der Aufhebungsverhandlungen nur einsetzen, wenn er unter **verständiger Abwägung aller Umstände** des Einzelfalls davon ausgehen kann, die Kündigung werde im Fall ihres Ausspruchs einer arbeitsgerichtlichen Überprüfung **mit hoher Wahrscheinlichkeit** standhalten.[411]

377 Das BAG erwartet, dass der verständige (andere) Arbeitgeber die **höchstrichterliche Rechtsprechung** zB zum Abmahnungserfordernis vor Ausspruch einer verhaltensbedingten ordentlichen oder außerordentlichen Kündigung **kennt**.[412] Das bedeutet für die Androhung einer **ordentlichen Kündigung:**[413]

- Soll das Arbeitsverhältnis wegen **Störungen** im **Verhaltens- oder Leistungsbereich**, die grundsätzlich eine vorherige **Abmahnung** erfordern,[414] einverständlich beendet werden, darf der Arbeitgeber bei den Aufhebungsverhandlungen eine ordentliche Kündigung für den Fall der Nichteinigung nur androhen, falls der Arbeitnehmer zuvor wegen **gleichartiger** Pflichtverletzungen abgemahnt ist.
- Soll das Arbeitsverhältnis aus **personenbedingten Gründen**, zB wegen häufiger Kurzerkrankungen einvernehmlich aufgelöst werden, darf der Arbeitgeber den Ausspruch einer ordentlichen Kündigung für den Fall des Nichtzustandekommens des Aufhebungsvertrags nur in Aussicht stellen, sofern nach seinem objektiv möglichen und hypothetischen Wissensstand die Voraussetzungen einer krankheitsbedingten Kündigung[415] gegeben sind. Eine vergebliche Abmahnung kommt nicht in Betracht.[416]
- Heikel ist die Situation, wenn mit dem Arbeitnehmer aus **betriebsbedingten Gründen** ein Aufhebungsvertrag vereinbart und für den Fall der Nichteinigung eine ordentliche betriebsbedingte Kündigung in Aussicht gestellt werden soll. Insoweit dürfte die Androhung der Kündigung nur dann nicht widerrechtlich sein, wenn dringende betriebliche Erfor-

---

[407] BAG 23.11.2006 – 6 AZR 394/06, NZA 2007, 466 (469) Rn. 40.
[408] *Lingemann* NJW 1997, 640.
[409] LAG Berlin-Brandenburg 18.3.2015 – 17 Sa 2219/14, NZA-RR 2015, 402 (403).
[410] *Weber/Ehrich* NZA 1997, 414 (416); gegen diese Kunstfigur und gegen die herrschende Ansicht mit beachtlichen Argumenten *Adam* SAE 2000, 204 ff.
[411] *Lingemann* NJW 1997, 640.
[412] Krit. *Bauer* NZA 1992, 1015 f.
[413] *Weber/Ehrich* NZA 1997, 414 (416 f.).
[414] → § 18 Rn. 11 ff.
[415] *Roos* NZA-RR 1999, 617.
[416] Arbeitsrechtslexikon – *Bengelsdorf*: Abmahnung II. 3.

dernisse gegeben sind, eine Weiterbeschäftigung auf einem vergleichbaren freien Arbeitsplatz nicht möglich und vom Arbeitgeber soziale Gesichtspunkte im Sinne des § 1 Abs. 3 KSchG ausreichend berücksichtigt sind.[417]

Die Androhung einer **außerordentlichen Kündigung** für den Fall des Nichtzustandekommens des Aufhebungsvertrags ist regelmäßig **nicht** widerrechtlich, wenn der Arbeitnehmer einer **strafbaren Handlung** – ua Diebstahl, Betrug, Unterschlagung, Untreue, Spesenbetrug – zu Lasten des Arbeitgebers **überführt** ist.[418] Das Gleiche gilt, falls nach Ausschöpfung aller zur Verfügung stehenden Ermittlungsmöglichkeiten gegen den Arbeitnehmer der **schwerwiegende Verdacht** einer strafbaren Handlung zum Nachteil des Arbeitgebers besteht.[419] Das trifft ebenfalls bei strafbaren Handlungen bzw. dem schwerwiegenden Verdacht strafbarer Handlungen zu Lasten von **Arbeitskollegen** bzw. von **Heimbewohnern** zu. So **darf** der verständige Arbeitgeber eine außerordentliche Kündigung ernsthaft in Erwägung ziehen, weil

- der Arbeitnehmer wider besseres Wissen **Belege falsch ausfüllt**, um sich auf Kosten des Arbeitgebers zu bereichern,
- die Abteilungsleiterin in einem Kaufhaus **entgegen** einer ausdrücklichen **Anordnung** drei Kleider aus ihrer Abteilung entnimmt, den Betrieb nicht auf dem vorgeschriebenen Weg durch den Personaleingang verlässt und die Kleider verschwunden bleiben,
- der Arbeitnehmer eines Kaufhauses einen auf der unteren Ablage des Einkaufswagens mitgeführten Bierkasten an der Kasse nicht abrechnet und sich durch dieses Verhalten dem **Diebstahlsverdacht** aussetzt,
- der Facharbeiter durch grobe **Pflichtverletzungen** bei der Installation einer Beatmungsanlage das Leben von Krankenhauspatienten gefährdet,
- der **arbeitsunfähig krank geschriebene** Arbeitnehmer trotz Lohnfortzahlung bei einem anderen Arbeitgeber bzw. im eigenen Lokal tätig ist,
- der Arbeitnehmer seine **Arbeitsunfähigkeit** nur **vortäuscht**,
- der **dringende Verdacht** besteht, der Arbeitnehmer habe sich die **Arbeitsunfähigkeitsbescheinigung** mit unlauteren Mitteln **erschlichen**,
- der Arbeitnehmer gefälschte Arbeitsunfähigkeitsbescheinigungen vorlegt,
- der **Außendienstmitarbeiter** unstimmige und widersprüchliche **Spesenabrechnungen** einreicht,
- der Arbeitnehmer das für alle Mitarbeiter geltende **gesetzliche Wettbewerbsverbot** in § 60 HGB verletzt,
- der Arbeitnehmer mit einer **Vertrauensstellung** – zB Buchhalter – dem Arbeitgeber **gravierende Pflichtverletzungen** anderer **Mitarbeiter** – ua Einziehung eines Firmenschecks über Privatkonto – nicht mitteilt,
- der Arbeitnehmer eine **Gleitzeitmanipulation/einen Stempeluhrmissbrauch** zu seinen Gunsten oder zugunsten eines Arbeitskollegen vornimmt. Der **schwerwiegende Verdacht** eines solchen Missbrauchs der Gleitzeiteinrichtungen genügt.
- der Arbeitnehmer das **Internet** des Arbeitgebers/dessen dienstlichen Personal-Computer vertragswidrig zu privaten Zwecken nutzt
- der langjährig beschäftigte Arbeitnehmer umfangreiche **private Telefongespräche** führt und sie nicht abrechnet.
- der Arbeitnehmer **Gutscheine** für Personaleinkauf **missbräuchlich** verwendet.
- gegen die als **Verkäuferin/Kassiererin** beschäftigte Arbeitnehmerin der begründete Verdacht besteht, 8,– EUR gestohlen oder unterschlagen zu haben.

Allerdings darf der verständige Arbeitgeber eine außerordentliche Kündigung – unabhängig vom Gewicht der Pflichtverletzungen – nicht mehr ernsthaft in Betracht ziehen, wenn die maßgebenden Tatsachen seit Monaten bekannt sind und die angedrohte Kündigung wegen **Versäumung** der **Ausschlussfrist** des § 626 Abs. 2 BGB einer arbeitsgerichtlichen Prüfung mit hoher Wahrscheinlichkeit nicht standhält.

---

[417] Arbeitsrechtslexikon – *Bengelsdorf*: Betriebsbedingte Kündigung II., III.
[418] *Bengelsdorf* SAE 2011, 122 ff.
[419] → § 18 Rn. 17.

380 Die **Widerrechtlichkeit** der Drohung ergibt sich **nicht** aus der **fehlenden Anhörung** des Betriebsrats. Die Androhung der Kündigung setzt eine Anhörung nach § 102 Abs. 1 BetrVG nicht voraus. Das Gleiche gilt für die **Zustimmungserfordernisse** nach § 15 KSchG, § 103 BetrVG, § 9 Abs. 3 MuSchG, § 18 Abs. 1 BEEG, § 5 Abs. 2 PflegeZG, § 2 Abs. 3 FPfZG iVm § 5 Abs. 2 PflegeZG, §§ 85 ff. SGB IX für Schwerbehinderte.[420]

381 **Ebensowenig** ist die Drohung mit einer ordentlichen Kündigung **widerrechtlich**, wenn der Arbeitnehmer **keinen Kündigungsschutz** besitzt – zB wegen Nichterfüllung der Wartezeit nach § 1 Abs. 1 KSchG oder Tätigkeit in einem Kleinbetrieb im Sinne von § 23 Abs. 1 S. 2 KSchG – und das Arbeitsverhältnis einverständlich zu einem Zeitpunkt aufgelöst wird, zu dem es auch durch Kündigung beendet werden könnte.[421]

382 An der **Widerrechtlichkeit** der Drohung mit einer Kündigung **fehlt** es auch, falls der Arbeitnehmer bei den Aufhebungsverhandlungen **kompetent vertreten** wird, zB durch einen Gewerkschaftssekretär bzw. Rechtsanwalt.[422]

383 *(2) Strafanzeige.* Bei der Ankündigung einer Strafanzeige für den Fall der Nichteinigung über die Aufhebung des Arbeitsverhältnisses kann sich die Widerrechtlichkeit der Drohung aus **Mittel, Zweck** oder **Zweck-Mittel-Relation** ergeben.

384 Das **Mittel** der Strafanzeige ist bei einem bestehenden **Anfangsverdacht** grundsätzlich **rechtmäßig**, solange keine unwahren oder verfälschenden Angaben gegenüber den Strafverfolgungsbehörden in Aussicht gestellt werden. Nur wenn die Verdachtsmomente völlig aus der Luft gegriffen sind, ist bereits die angedrohte Strafanzeige ein widerrechtliches Mittel.

385 **Rechtswidrigkeit** des **Zwecks** liegt **nicht** vor, weil der Abschluss eines Aufhebungsvertrags weder verboten noch sittenwidrig ist.

386 Die Androhung einer Strafanzeige ist erst als **widerrechtlich** zu bewerten, falls dies das Ergebnis einer **Gesamtwürdigung** aller Umstände unter besonderer Berücksichtigung der Belange des Bedrohten und des Drohenden ist. Es ist nicht allein maßgebend, ob die in Aussicht gestellte Strafanzeige Erfolg gehabt hätte. Sie muss sich nur auf eine Straftat beziehen, durch die das Arbeitsverhältnis konkret berührt wird. Ist dieser **innere Zusammenhang** vorhanden, beurteilt sich die Widerrechtlichkeit in erster Linie danach, ob das Gewicht des erhobenen Vorwurfs einen Tatverdacht ergibt, der unter Berücksichtigung auch später gewonnener Ermittlungsergebnisse einen **verständigen Arbeitgeber** bewogen hätte, eine Strafanzeige ernsthaft in Erwägung zu ziehen. Das Gewicht des **Tatvorwurfs** kann die Widerrechtlichkeit ausschließen.

387 Auf der Grundlage dieses Prüfungsmaßstabs ist die Androhung einer Strafanzeige ein **angemessenes Mittel**, wenn zB der **arbeitsunfähig krankgeschriebene** Arbeitnehmer während der Zeit der Lohnfortzahlung bei einem anderen Arbeitgeber tätig ist und sich dieses Fehlverhalten für seinen Arbeitgeber als Verletzung der Arbeitspflicht sowie als Lohnfortzahlungsmissbrauch darstellt. Das Gleiche gilt, falls der arbeitsunfähig krankgeschriebene Arbeitnehmer während der Lohnfortzahlung in seinem eigenen Lokal als Kellner arbeitet, oder der Arbeitnehmer den objektiven Tatbestand eines **Eigentumsdelikts** zu Lasten des Arbeitgebers erfüllt. Dagegen soll die Drohung **widerrechtlich** sein, falls der Arbeitgeber das Mittel der Täuschung und/oder verdeckte Videokameras einsetzt, um überhaupt eine Grundlage für seine Drohung zu erhalten.

388 *(3) Schadensersatzforderungen.* Entsprechend den Grundsätzen zur Androhung einer Strafanzeige kommt ein Anfechtungsrecht des Arbeitnehmers wegen widerrechtlicher Drohung in Betracht, wenn der vom Arbeitgeber bezweckte Abschluss des Aufhebungsvertrags mit der angedrohten Geltendmachung von Schadensersatzforderungen in **keinem** inneren Zusammenhang steht.[423]

389 *(4) Betriebsratsanrufung.* Die Ankündigung des Arbeitgebers, den Betriebsrat zur Beratung über die Entlassung des Arbeitnehmers einzuberufen, berechtigt den Arbeitnehmer we-

---

[420] → § 18 Rn. 24 ff.
[421] *Bengelsdorf* Aufhebungsvertrag S. 26.
[422] *Bauer/Krieger/Arnold* ArbR-Aufhebungsverträge A Rn. 210.
[423] *Ehrich* DB 1992, 2239 (2241).

gen **fehlender Widerrechtlichkeit** nicht zur Anfechtung eines daraufhin abgeschlossenen Aufhebungsvertrags.[424]

(5) Zeitdruck. Bloßer Zeitdruck infolge Drängens auf Abschluss eines Aufhebungsvertrags berechtigt den Arbeitnehmer **nicht** zur Anfechtung wegen widerrechtlicher Drohung. Eine widerrechtliche Drohung liegt auch **nicht** vor, wenn die vom Arbeitnehmer erbetene **Bedenkzeit** seitens des Arbeitgebers abgelehnt wird. Die Ablehnung bedeutet als solche kein Inaussichtstellen eines Übels.[425]

(6) Abfindung. Steht dem Arbeitnehmer kein Abfindungsanspruch – zB aus Sozialplan – zu, stellt die Ankündigung des Arbeitgebers **keine** widerrechtliche Drohung dar, er werde eine Abfindung nur bei Abschluss des Aufhebungsvertrags zahlen. Er bietet lediglich eine vorteilhafte vertragliche Leistung an.

(7) Zeugnis. Die Ankündigung des Arbeitgebers, dem Arbeitnehmer bei Nichtzustandekommen des Aufhebungsvertrags ein **schlechtes** Zeugnis auszustellen – zB das Wort „ehrlich" bei einer Verkäuferin grundlos wegzulassen –, kann eine rechtswidrige Drohung darstellen. Das gilt nicht ohne weiteres für ein in Aussicht gestelltes **gutes** Zeugnis.

c) **Darlegungs- und Beweislast.** Darlegungs- und beweispflichtig für die Voraussetzungen des Anfechtungsrechts nach §§ 119, 123 BGB ist der **Arbeitnehmer**.[426] Dieser muss die tatsächlichen Umstände im Anfechtungsprozess vortragen und ggf. beweisen, aus denen sich ein Irrtum im Sinne des § 119 Abs. 1, 2 BGB bzw. eine arglistige Täuschung oder widerrechtliche Drohung im Sinne des § 123 Abs. 1 BGB ergeben sollen.

d) **Anfechtungsfrist.** Die Anfechtung wegen eines **Irrtums** im Sinne des **§ 119 Abs. 1, 2 BGB** muss **unverzüglich** – ohne schuldhaftes Zögern – nach positiver Kenntnis des Anfechtungsgrundes erfolgen, § 121 Abs. 1 S. 1 BGB. Als unverzüglich kann nach umstrittener Auffassung allenfalls eine Frist von **zwei Wochen** angesehen werden.[427]

Die Anfechtung wegen **arglistiger Täuschung** oder **widerrechtlicher Drohung** kann gem. **§ 124 Abs. 1 BGB** nur innerhalb eines Jahres erfolgen. Die Anfechtungsfrist beginnt im Falle der arglistigen Täuschung mit dem Zeitpunkt, in dem der Anfechtungsberechtigte die Täuschung entdeckt, im Falle der Drohung mit dem Zeitpunkt, zu dem die Zwangslage aufhört, § 124 Abs. 2 S. 1 BGB. Die analoge Anwendung der **dreiwöchigen Klagefrist** des § 4 S. 1 KSchG auf die Anfechtung des Aufhebungsvertrags ist nach richtiger Ansicht nicht möglich.[428]

Die **Verwirkung** des Rechts des Arbeitnehmers, die Nichtigkeit des Aufhebungsvertrags wegen arglistiger Täuschung oder widerrechtlicher Drohung geltend zu machen, kommt wegen des Verstoßes des Arbeitgebers gegen Treu und Glauben nur unter ganz außergewöhnlichen Umständen in Betracht.

2. Rücktritts-/Widerrufsrecht

Die Beseitigung des Aufhebungsvertrags durch Rücktritt oder Widerruf des Arbeitnehmers ist nur möglich, sofern eine entsprechende **gesetzliche, kollektiv-** oder **individualvertragliche Regelung** besteht.

---

[424] Ebenso im Ergebnis für Einschaltung des **Integrationsamtes** nach §§ 85 ff. SGB IX *Bauer/Krieger/Arnold* ArbR-Aufhebungsverträge A Rn. 269.
[425] *Ehrich* DB 1992, 2239 (2244).
[426] **Sekundäre Darlegungslast des Arbeitgebers.** Das heißt: Der Arbeitnehmer muss darlegen und beweisen, dass der Arbeitgeber nicht annehmen darf, die Fortsetzung des Arbeitsverhältnisses sei unzumutbar und deshalb die Kündigung gerechtfertigt. Da es sich um einen **Negativbeweis** handelt, genügt zunächst eine pauschale Behauptung. Seitens des Arbeitgebers wird das substantiierte Bestreiten der negativen Tatsache unter Darlegung der für das Positive sprechenden Tatsachen verlangt. Der Arbeitgeber hat im Einzelnen vorzutragen, dass er in vertretbarer Weise einen Kündigungsgrund annehmen darf. Geht es um die Aufklärung eines **Vier-Augen-Gesprächs** zwischen dem Arbeitnehmer und dem als Zeugen vernommenen Personalverantwortlichen, kann nach § 448 ZPO die **Parteivernehmung** angeordnet werden. Dem Gebot der prozessualen Waffengleichheit kann auch durch eine **Anhörung** der Partei nach § 141 ZPO entsprochen werden.
[427] *Bauer/Krieger/Arnold* ArbR-Aufhebungsverträge A Rn. 221.
[428] *Bengelsdorf* Aufhebungsvertrag S. 28; aA *Bauer/Krieger/Arnold* ArbR-Aufhebungsverträge A Rn. 221.

398   a) **Gesetzliches Rücktritts-/Widerrufsrecht.** Ein **gesetzlicher Rücktritt** vom Aufhebungsvertrag als gegenseitigen Vertrag im Sinne der §§ 320 ff. BGB kommt für den Arbeitnehmer in Betracht, wenn die Zusage der **Abfindung** als Gegenleistung für die Einwilligung des Arbeitnehmers in die Vertragsaufhebung angesehen wird, der Arbeitgeber mit der vereinbarten Abfindungszahlung in Verzug gerät und der Arbeitnehmer ihm nach § 323 Abs. 1 BGB eine Frist mit Ablehnungsandrohung setzt.[429] Die Pflicht zur Erteilung eines (Zwischen)Zeugnisses stellt keine Hauptleistungspflicht dar und ihre Nichterfüllung berechtigt auch unter dem Gesichtspunkt der positiven Vertragsverletzung nicht zum Rücktritt vom Aufhebungsvertrag.[430] Das gesetzliche Rücktrittsrecht darf **ausgeschlossen** werden. Es ist umstritten, ob die Arbeitsvertragsparteien bei Abschluss eines Aufhebungsvertrags in Form des **Prozessvergleichs** regelmäßig das gesetzliche Rücktrittsrecht aus §§ 320 ff. BGB **stillschweigend** abbedingen.[431] Ist der **Aufhebungsvertrag außergerichtlich** zustande gekommen, besteht das Arbeitsverhältnis beim wirksamen Rücktritt nach § 323 Abs. 1 BGB fort.[432] Die geleistete **Abfindung** ist nach Bereicherungsrecht zurückzugewähren. Hat der Arbeitgeber eine Kündigung ausgesprochen und der Arbeitnehmer innerhalb der Frist des § 4 KSchG keine Klage erhoben, weil rechtzeitig ein **außergerichtlicher Abwicklungsvertrag** geschlossen ist, wird der spätere Rücktritt grundsätzlich eine nachträgliche Klagezulassung nach § 5 KSchG nicht rechtfertigen. Der Arbeitnehmer verliert durch die Geltendmachung seiner Rechte aus § 323 BGB die Möglichkeit, die Abfindungszahlung als Erfüllung des Abwicklungsvertrags zu beanspruchen, ohne gleichzeitig die Weiterführung des Arbeitsverhältnisses zu erreichen. Der Arbeitnehmer kann nach der Einführung des neuen § 325 BGB vom Rücktritt zum **Schadensersatz** übergehen. Die Rechtslage ist anders, wenn der Arbeitnehmer fristgerecht Kündigungsschutzklage erhebt und der Abwicklungsvertrag in Form eines **Prozessvergleichs** zustande kommt. Tritt der Arbeitnehmer vom Vertrag wirksam zurück, ist das Kündigungsschutzverfahren fortzusetzen.[433]

399   Darüberhinausgehende **gesetzliche Rücktrittsrechte** existieren nach richtiger Ansicht **nicht**.

400   Ein gesetzliches Widerrufsrecht für Aufhebungsverträge besteht nach richtiger Ansicht **nicht**. Das trifft auch nach Inkrafttreten der **Neuregelungen** der **§§ 312 ff. BGB** am 13.6.2014 zu.

401   §§ 312 ff. BGB sind nicht anzuwenden. Der Aufhebungs-/Abwicklungsvertrag stellt keinen Vertrag dar, der „eine entgeltliche Leistung zum Gegenstand hat".[434] Die **analoge Anwendung** der Norm auf Aufhebungsverträge ist nicht möglich.[435] Die §§ 312 ff. BGB sind auch nicht anzuwenden, wenn der Aufhebungsvertrag an einem **atypischen Ort** – zB Privatwohnung des Arbeitnehmers – zustande kommt. Die Anwendung scheidet nach zutreffender Auffassung aus.[436]

402   Das Widerrufsrecht lässt sich auch nicht aus § 242 BGB ableiten oder unter Berufung auf den Spruch des BVerfG vom 19.10.1993 zur gestörten Vertragsparität begründen.[437] Bei einer **krassen Überrumpelung** soll eine Rückgängigmachung des Vertrags wegen Vertoßes gegen die Rücksichtnahmepflicht (§ 241 Art. 2 BGB) in Betracht kommen.[438]

---

[429] Zu den **Voraussetzungen** des **Rücktrittsrechts;** *Bauer* NZA 2002, 169 (170 f.); *Lingemann/Groneberg* NJW 2010, 3496 (3497); *Reinfelder* NZA 2013, 62 (63 f.).
[430] *Reinfelder* NZA 2013, 62 (64).
[431] Siehe im Einzelnen *Reinfelder* NZA 2013, 62 (63).
[432] *Reinfelder* NZA 2013, 62 (66 f.).
[433] *Bauer* NZA 2002, 169 (171); *Reinfelder* NZA 2013, 62 (65); *Bauer/Krieger/Arnold* ArbR-Aufhebungsverträge A Rn. 187 ff.
[434] *Bauer/Arnold/Zeh* NZA 2016, 449 (450 ff.); kritisch *Frittinger/Werthmüller* NZA 2016, 193 ff.; zur bisherigen Rechtslage siehe BAG 18.8.2005 – 523/04, BB 2006, 665 (668); *Bauer/Kock* DB 2002, 42 (44); *Bauer* NZA 2002, 169 (171); aA *Däubler* NZA 2001, 1329 (1333 f.); *Hümmerich/Holthausen* NZA 2002, 173 (178); *Schleusener* NZA 2002, 949 ff.
[435] *Bauer/Arnold/Zeh* NZA 2016, 449 ff. zur bisherigen Rechtslage siehe *Bauer/Kock* DB 2002, 42 (44); ebenso im Ergebnis *Brors* DB 2002, 2046; *Mengel* BB 2003, 1278; *Kienast/Schmiedl* DB 2003, 1440; BAG 30.9.1993 – 2 AZR 268/93, NZA 1994, 209.
[436] BAG 7.2.2019 – 6 AZR 75/18, NZA 2019, 688 (691) Rn. 15; *Bauer/Arnold/Zeh* NZA 2016, 449 ff.
[437] *Bengelsdorf* Aufhebungsvertrag S. 30.
[438] BAG 17.2.2019 – 6 AZR 75/18, NZA 2019, 688 (691) Rn. 32 ff.; mit Recht kritisch: *Fischinger* NZA 2019, 729.

b) Tarifvertragliches Widerrufsrecht. Vereinzelt enthalten Tarifverträge ein Recht zum Widerruf des Aufhebungsvertrags, zB § 11 Abs. 10 des allgemeinverbindlichen Manteltarifvertrags Einzelhandel-NRW vom 25.7.2008 idF vom 29.6.2011, § 23 Manteltarifvertrag Einzelhandel Baden-Württemberg vom 10.7.2008 idF vom 10.6.2011, § 18 Abs. 9 Manteltarifvertrag Einzelhandel Bayern vom 5.8.2008 idF vom 6.7.2011. Der **Widerruf** stellt die Rücknahme einer existenten, noch nicht endgültig wirksamen Willenserklärung dar, die den Eintritt der gewollten Rechtsfolge mit rückwirkender Kraft verhindert. Die Wirksamkeit der Willenseinigung der Parteien des Aufhebungsvertrags wird um einen bestimmten Zeitraum hinausgeschoben und kann innerhalb dieses Zeitraums rückwirkend beseitigt werden. Der Erklärende muss hinreichend deutlich machen, dass der Vertrag gerade wegen des Widerrufs nicht gelten soll. Die Anfechtung des Vertrags reicht nicht aus.[439] Hat der Widerruf durch **schriftliche Erklärung** zu erfolgen, handelt es sich nach der Zwecksetzung der Tarifnorm regelmäßig um eine gesetzliche Schriftform im Sinne von § 126 Abs. 1 BGB. Die Einhaltung der Schriftform ist dann Wirksamkeitsvoraussetzung. Der in § 11 Abs. 10 des allgemeinverbindlichen Manteltarifvertrags Einzelhandel-NRW vom 20.9.1996 vorgesehene **Verzicht** auf das Widerrufsrecht darf in den Aufhebungsvertrag aufgenommen und muss nicht gesondert vom übrigen Vertragstext oder in einer besonderen Urkunde erklärt werden.[440] Die tarifliche **Widerrufsfrist** beginnt unabhängig davon zu laufen, ob der Arbeitgeber den Arbeitnehmer auf sein Widerrufsrecht hingewiesen hat. Der Arbeitgeber ist auch nicht verpflichtet, den Arbeitnehmer auf die Einhaltung der Schriftform hinzuweisen.

c) Einzelvertragliches Rücktritts-/Widerrufsrecht. Die Arbeitsvertragsparteien dürfen einzelvertraglich ein Rücktritts- oder Widerrufsrecht **wirksam** vereinbaren. In Allgemeinen Geschäftsbedingungen sind die Beschränkungen der §§ 308 Nr. 3, 307 BGB zu beachten.

Im Rahmen von **Kündigungsschutzverfahren** werden gerichtliche Aufhebungsabreden häufig mit einem **Widerrufsvorbehalt** geschlossen. Ist der Widerruf absprachegemäß gegenüber dem **Gericht** zu erklären, darf er im Zweifel nicht wirksam gegenüber dem Prozessgegner ausgesprochen werden. Der Widerruf muss für diesen Fall spätestens am letzten Tag der **Frist** vor 24:00 Uhr beim betreffenden Arbeitsgericht **schriftlich** eingehen. Fällt dieser Tag auf einen Sonnabend, Sonn- oder Feiertag, endet die Frist im Zweifel erst am nächsten Werktag, § 222 Abs. 2 ZPO, § 193 BGB. Ebenso ist ein **schriftsätzlicher Widerruf** unwirksam, der fristgerecht dem Arbeitsgericht zugeht, indessen weder von der Partei noch ihrem Prozessbevollmächtigten unterzeichnet ist. Die **Verlängerung** der Widerrufsfrist durch Gerichtsbeschluss ist nicht möglich.[441] Die **Wiedereinsetzung** in den vorigen Stand nach § 233 ZPO kommt nicht in Betracht.

Wird der Prozessvergleich wirksam **widerrufen**, ist er hinfällig und kann durch eine innerhalb der Widerrufsfrist erklärte **Rücknahme** des **Widerrufs** als Prozessvergleich nicht wiederhergestellt werden. Erklärt sich der Gegner mit dem **Widerruf** des **Widerrufs** einverstanden, kann **außerprozessual** eine erneute **materiellrechtliche Einigung** der Parteien mit dem Inhalt zustande kommen, wie er in dem hinfällig gewordenen Vergleich niedergelegt ist.

Tritt eine Partei vom Prozessvergleich zurück, ist über die Berechtigung des Rücktritts und damit über die Wirksamkeit des Vergleichs regelmäßig in dem Verfahren zu entscheiden, in dem der Vergleich abgeschlossen ist. Das Verfahren ist fortzusetzen.[442]

d) Außerordentliche/ordentliche Kündigung während Auslauffrist. Der Aufhebungsvertrag steht regelmäßig **konkludent** unter der **aufschiebenden Bedingung**, dass das Arbeitsverhältnis bis zum vereinbarten Auflösungszeitpunkt fortgesetzt wird, § 158 Abs. 1 BGB. Falls eine rechtswirksame **außerordentliche Kündigung** das Arbeitsverhältnis vor dem vereinbarten Beendigungstermin auflöst, tritt die Bedingung nicht ein. Der Aufhebungsvertrag einschließlich einer vereinbarten Abfindung wird gegenstandslos. Gleiches trifft für den Abwicklungsvertrag zu.

---

[439] BAG 12.3.2015 – 6 AZR 82/14, NZA 2015, 676 (677) Rn. 15 ff.
[440] BAG 12.3.2015 – 6 AZR 82/14, NZA 2015, 676 (677) Rn. 15 ff.
[441] *Bengelsdorf* Aufhebungsvertrag S. 31.
[442] LAG Düsseldorf 16.11.2001 – 14 Sa 1192/01, NZA-RR 2002, 374; BAG 11.7.2012 – 2 AZR 42/11, NZA 2012, 1316 (1317); *Reinfelder* NZA 2013, 62 (67).

409 Etwas anderes gilt für die nach Abschluss eines **betriebsbedingten Aufhebungsvertrags** zum gleichen Beendigungszeitpunkt ausgesprochene **verhaltensbedingte ordentliche Kündigung**. Sofern der Aufhebungsvertrag für den Fall der gleichzeitigen Beendigung auf Grund wirksamer Kündigung keine Regelung enthält, wird es von den Parteien **nicht** stillschweigend zur Geschäftsgrundlage gemacht, dass keine weiteren Kündigungsgründe das Arbeitsverhältnis zu dem vorgesehenen Zeitpunkt eventuell auflösen. Das kann **vermieden** werden, indem **allein** das betriebsbedingte Ausscheiden des Arbeitnehmers ausdrücklich zum Gegenstand des Aufhebungsvertrags und zur Grundlage der Abfindungszahlung erklärt wird.[443]

410 Wird eine **verhaltens-** oder **personenbedingte ordentliche Kündigung** nach Abschluss eines **betriebsbedingten** Aufhebungsvertrags zu einem **früheren** Auflösungszeitpunkt ausgesprochen als im Aufhebungsvertrag festgesetzt, dürften die Ausführungen zur **überholenden außerordentlichen Kündigung** sinngemäß gelten. Das ist vor allem relevant, wenn die Parteien im Aufhebungsvertrag einen Beendigungszeitpunkt vereinbart haben, der über den Kündigungstermin der ordentlichen Kündigung hinausgeht.

411 e) **Schadensersatz.** Erteilt der Arbeitgeber, der eine **Hinweis-** und **Aufklärungspflicht** hinsichtlich der Folgen des Aufhebungsvertrags für den Arbeitnehmer hat, eine falsche, unvollständige oder irreführende Auskunft, ist er zum Schadensersatz verpflichtet. Der Anspruch ist nach hM auf **Geldersatz** gerichtet. Der Arbeitnehmer kann **nicht** die **Fortsetzung** des Arbeitsverhältnisses verlangen.[444]

412 f) **Störung der Geschäftsgrundlage.** Die Geschäftsgrundlage für einen Aufhebungsvertrag kann entfallen. Das Gleiche gilt für einen Abwicklungsvertrag. **Geschäftsgrundlage** sind die bei Abschluss des (Aufhebungs-)Vertrags zutage getretenen, dem anderen Teil erkennbar gewordenen und von ihm nicht beanstandeten **Vorstellungen** einer **Partei** oder die **gemeinsamen Vorstellungen** beider **Parteien** über das Vorhandensein bzw. den künftigen Eintritt bestimmter Umstände, sofern der Geschäftswille der Parteien hierauf aufbaut. Als **Störungstatbestände** sind **beiderseitiger Irrtum** über ihr Vorliegen – anfängliches Fehlen der Geschäftsgrundlage – und späterer Nichteintritt der **beiderseitigen Erwartungen** – Wegfall der Geschäftsgrundlage – zu unterscheiden. Das gewohnheitsrechtliche Institut des Wegfalls der Geschäftsgrundlage ist in **§ 313 BGB** normiert. Die gesetzliche Regelung stimmt **inhaltlich** mit den bisher von der Rechtsprechung angewandten Grundsätzen überein. Die Störung der Geschäftsgrundlage ist allerdings nicht von Amts wegen, sondern erst auf Einrede zu berücksichtigen.

413 Danach entfällt die Geschäftsgrundlage für einen **betriebsbedingten Aufhebungsvertrag** nicht ohne weiteres, wenn nach dessen Abschluss zum gleichen Auflösungszeitpunkt noch eine **verhaltensbedingte ordentliche Kündigung** ausgesprochen wird. Die Vorstellung über ein allein betriebsbedingtes Ausscheiden ist zu vereinbaren.[445] Etwas anderes gilt in den Fällen, in denen der Arbeitgeber während der Auslauffrist das Arbeitsverhältnis auf Grund von Umständen **außerordentlich/fristlos** nach **§ 626 BGB** kündigt, an die beim Abschluss des Vertrags niemand gedacht hat. Der in § 313 Abs. 3 BGB verankerte Rücktritt erfolgt nach § 349 BGB. Er bedarf keiner Form und ist konkludent möglich.

414 **Gesetzesänderungen** können die Geschäftsgrundlage derart verändern, dass Leistung und Gegenleistung nicht mehr im zuvor vereinbarten Verhältnis stehen und die vertraglichen Absprachen nach den Regeln über die Änderung der Geschäftsgrundlage **anzupassen** sind, sofern einer Partei das weitere Festhalten am Vertrag **nicht** mehr **zuzumuten** ist. Diese Voraussetzungen liegen **nicht** vor, wenn die Arbeitsvertragsparteien im Aufhebungsvertrag eine **Abfindung** vereinbaren, die sich ua aus dem zum Zeitpunkt des Vertragsschlusses maßgeblichen **Nettoeinkommen** des Arbeitnehmers sowie aus der Höhe des **Arbeitslosengelds** bis zum Rentenbezug zusammensetzt, **und** sich das **Arbeitslosengeld** infolge einer späteren Gesetzesänderung **mindert**. Der Arbeitnehmer hat keinen Anspruch, den Differenzbetrag nach den Grundsätzen der Änderung der Geschäftsgrundlage zu verlangen.

---

[443] → Rn. 226.
[444] → Rn. 110.
[445] → Rn. 406 f.

Tatsächliche Umstände können die Geschäftsgrundlage entfallen lassen, wenn sich der 415
Arbeitgeber nach Ausspruch einer betriebsbedingten Kündigung wegen Stilllegung einer Betriebsabteilung und nach Abschluss eines Aufhebungsvertrags noch während der Kündigungsfrist entschließt, die Betriebsabteilung fortzuführen. Der Aufhebungsvertrag kann mit der Folge an die geänderte Situation anzupassen sein, dass der Arbeitnehmer **wieder einzustellen** und die für den Verlust des Arbeitsplatzes erhaltene **Abfindung** regelmäßig **zurück zu zahlen** ist. Der in § 313 Abs. 3 BGB normierte Rücktritt des Arbeitnehmers ist indessen nur möglich, wenn das Festhalten am Aufhebungs-/Abwicklungsvertrag für den Arbeitnehmer **unzumutbar** wäre. Ist eine angemessene **Abfindung** nach den gesetzgeberischen Wertungen in § 10 KSchG, § 113 Abs. 1, 2 BetrVG zugesagt, führt das Festhalten am Vertrag keineswegs regelmäßig zu untragbaren Ergebnissen.

Eine Geschäftsgrundlage für den Aufhebungsvertrag ist nicht festzustellen, falls der Ar- 416
beitgeber erkennbar jede **Verknüpfung** zwischen angebotenem **Aufhebungsvertrag** und **sozialversicherungsrechtlicher Rechtslage** ablehnt und sich nach Vereinbarung des Vertrags zeigt, dass die sozialversicherungsrechtlichen Voraussetzungen für den Rentenbezug nicht erfüllt sind. Das Gleiche gilt, wenn die Parteien des Aufhebungsvertrags davon ausgehen, der Insolvenzverwalter werde im Rahmen seiner Möglichkeiten eine **Auffanggesellschaft** gründen, und diese werde die bei einer **Beschäftigungs-** und **Qualifizierungsgesellschaft** vorübergehend tätigen – Arbeitnehmer umfänglich weiterbeschäftigen. Wird der Arbeitnehmer von der Auffanggesellschaft nicht eingestellt, ist lediglich seine **einseitige Erwartung** nicht eingetreten. Das trifft auch zu, wenn die **Initiative** zum Abschluss des Aufhebungsvertrags vom **Arbeitnehmer** ausgeht, weil er sich selbstständig machen oder zu einem anderen Arbeitgeber wechseln will und diese Vorhaben scheitern.

Die Geschäftsgrundlage ist vom **Vertragsinhalt** zu trennen. Der Inhalt der Verträge ergibt 417
sich aus den von den Parteien abgegebenen Willenserklärungen, so dass die **nichtige Bestimmung** in einem Aufhebungsvertrag – zB Zahlung der Abfindung nur bei Unterlassen einer Tätigkeit in einem Konkurrenzunternehmen – nicht gleichzeitig die Geschäftsgrundlage des Vertrags ist.

Darlegungs- und **beweispflichtig** für die Voraussetzungen der Anpassung des Aufhebungs- 418
vertrags wegen Wegfalls der Geschäftsgrundlage ist die **Partei**, die sich auf den Wegfall der Geschäftsgrundlage beruft.

g) **Unzulässige Rechtsausübung.** Die Berufung des Arbeitgebers auf den Aufhebungsver- 419
trag stellt **keine** unzulässige Rechtsausübung dar, wenn der Vertrag unter **Zeitdruck** zustande kommt.[446] Auch eine fehlende **Bedenkzeit** oder die **Nichtgewährung** eines **Rücktritts-** bzw. **Widerrufsrechts** und die fehlende **Mitteilung** des **Gesprächsinhalts** stellen nach richtiger Ansicht **kein** unredliches Verhalten des Arbeitgebers im Sinne des § 242 BGB dar.[447] Die Rechtsprechung des BVerfG zur Inhaltskontrolle von Verträgen wegen **struktureller Unterlegenheit** einer Vertragsseite erfordert keine abweichende Beurteilung.

Die Berufung des **Arbeitnehmers** auf den Aufhebungsvertrag kann sich unter engen Vor- 420
aussetzungen als **unzulässige Rechtsausübung** gem. § 242 BGB darstellen. Eine solche Rechtsausübung liegt zB vor, wenn der Arbeitgebervertreter **vorsätzlich** gegen die Interessen seiner Gesellschaft handelt **und** dies unter so verdächtigen Begleitumständen geschieht, dass der Arbeitnehmer die Überschreitung der Geschäftsführungsbefugnis und die unlauteren Absichten des Vertreters erkennt oder erkennen muss, **kollusives Zusammenwirken** zum Nachteil des Arbeitgebers.

X. Prozessuale Folgen

Ist ein **gerichtlicher** oder **außergerichtlicher** Aufhebungsvertrag, dem **keine** Kündigung 421
vorausgegangen ist, **unwirksam** oder erfolgreich **angefochten**, wird das Arbeitsverhältnis durch den Vertrag nicht beendet. Es besteht mit dem **ursprünglichen** Inhalt weiter. Zur Er-

---

[446] → Rn. 345, 387.
[447] *Bengelsdorf* Anmerkung zu LAG Hamburg 3.7.1991 – 5 Sa 20/91, LAGE § 611 BGB Aufhebungsvertrag Nr. 6.

füllung des Aufhebungsvertrags erbrachte Leistungen wie Abfindungen sind nach §§ 812ff. BGB zurück zu gewähren.[448]

422 **Probleme** entstehen, wenn der Arbeitgeber **zunächst** eine Kündigung ausspricht, der Arbeitnehmer form- und fristgerecht eine **Kündigungsschutzklage** erhebt, die Arbeitsvertragsparteien einen **außergerichtlichen** Aufhebungsvertrag vereinbaren, der Arbeitnehmer daraufhin seine **Klage zurücknimmt** und sich der Aufhebungsvertrag als **unwirksam** erweist oder erfolgreich **angefochten** wird.[449] Die vorangegangene Kündigung kommt bei Unwirksamkeit oder erfolgreicher Anfechtung des Aufhebungsvertrags wieder zum Tragen. Die **Klagrücknahmeerklärung** beseitigt allerdings rückwirkend die Rechtshängigkeit der Kündigungsschutzklage mit der Wirkung, dass die angegriffene Kündigung gem. § 7 KSchG als rechtswirksam gilt. Die Erklärung ist weder anfechtbar noch widerruflich. Die Voraussetzungen für eine nachträgliche Klagzulassung nach § 5 Abs. 1 KSchG sind nicht gegeben.[450] Der Arbeitnehmer kann die Überprüfung der Kündigung nach § 1 Abs. 2 KSchG an sich nicht erreichen. Eine Lösung dieser unbefriedigenden Rechtslage bringt die Regelung des **§ 325 BGB,** nach der ein Wechsel vom Rücktritt zum **Schadensersatz** ebenso möglich ist, wie die zusätzliche Geltendmachung von Schadensersatz.[451]

423 Etwas anderes gilt bei einem **Prozessvergleich.** Es bleibt bei Unwirksamkeit oder erfolgreicher Anfechtung des Aufhebungsvertrags die Rechtshängigkeit des bisherigen Prozesses bestehen.[452]

XI. Rechtsfolgen

1. Arbeitsrechtliche Folgen

424 Mit Eintritt des im Aufhebungsvertrag vereinbarten Endtermins entfallen **Arbeitspflicht** des Arbeitnehmers und **Vergütungspflicht** des Arbeitgebers. Ausnahmsweise soll der Arbeitgeber zur Zahlung der **Krankenvergütung** verpflichtet bleiben, wenn die Arbeitsunfähigkeit des Arbeitnehmers für den Arbeitgeber Anlass ist, die Initiative zum Abschluss eines Aufhebungsvertrags zu ergreifen, **oder** dem Aufhebungsvertrag eine aus Anlass der Arbeitsunfähigkeit ausgesprochene Kündigung des Arbeitgebers vorausgeht, § 8 EFZG.[453] Daneben bestehen die nachwirkenden Pflichten aus § 629 BGB zur Gewährung einer angemessenen Zeit zum Aufsuchen eines neuen Arbeitsplatzes, gem. § 109 GewO zur Ausstellung eines Zeugnisses und zur Herausgabe der ordnungsgemäß ausgefüllten Arbeitspapiere usw.

2. Sozialrechtliche Folgen

425 Der Abschluss eines Aufhebungsvertrags ist regelmäßig mit **gravierenden** sozialrechtlichen Folgen für den Arbeitnehmer verbunden, **Ruhens-** und **Sperrzeit** nach §§ 158, 159 SGB III.

426 **a) Ruhen des Anspruchs auf Arbeitslosengeld.** Wird der Aufhebungsvertrag unter **Verkürzung** der einschlägigen ordentlichen Kündigungsfrist aus Gesetz, Tarifvertrag, Arbeitsvertrag abgeschlossen **und** gleichzeitig eine Abfindung/Entlassungsentschädigung zugesagt, ruht der Anspruch auf Arbeitslosengeld für die Zeit ab Beendigung des Arbeitsverhältnisses bis zum Ablauf der ordentlichen Kündigungsfrist, § 158 Abs. 1 SGB III. Die ordentliche Kündigungsfrist wird vom Zeitpunkt des Abschlusses des Aufhebungsvertrags gerechnet, § 158 Abs. 1 S. 2 SGB III. Der Gesetzgeber unterstellt **unwiderleglich,** dass in der Entlassungsentschädigung ein Betrag enthalten ist, den der Arbeitgeber als fortlaufendes Arbeitsentgelt bis zum Ende der ordentlichen Kündigungsfrist hätte bezahlen müssen, wenn der Aufhebungs-

---

[448] BAG 7.2.2019 – 6 AZR 75/18, NZA 2019, 688 (692) Rn. 35 ff. für die Konstellation des Verstoßes gegen das Gebot fairen Verhandelns; → Rn. 438.
[449] *Weber/Ehrich* DB 1995, 2369.
[450] *Weber/Ehrich* DB 1995, 2370; *Bauer/Krieger/Arnold* ArbR-Aufhebungsverträge A Rn. 187, → Rn. 395.
[451] *Bauer/Krieger/Arnold* ArbR-Aufhebungsverträge E Rn. 188.
[452] → Rn. 79 ff.
[453] AA mit überzeugenden Argumenten ErfK/*Reinhard* EFZG § 8 Rn. 15 ff. für den Fall, dass dem Aufhebungsvertrag eine Kündigung nicht vorausgeht.

vertrag das Arbeitsverhältnis nicht vorzeitig beendet hätte. Der Eintritt einer Ruhenszeit kommt **nicht** in Betracht, wenn das Arbeitsverhältnis unter Beachtung der **arbeitgeberseitigen** Kündigungsfrist beendet wird.[454]

Der Eintritt des Ruhentatbestands scheidet aus, wenn das Arbeitsverhältnis einvernehmlich zu einem Zeitpunkt beendet wird, zu dem der Arbeitgeber das Arbeitsverhältnis **fristlos** aus wichtigem Grund gemäß **§ 626 Abs. 1 BGB** kündigen konnte, § 158 Abs. 2 S. 2 Nr. 3 SGB III. Schließt der Arbeitgeber trotz Vorliegen eines außerordentlichen Kündigungsgrundes einen Aufhebungsvertrag ohne Einhaltung der Kündigungsfrist und zahlt er eine Abfindung, geht der Gesetzgeber davon aus, dass in der Abfindung kein Arbeitsentgelt wegen Verkürzung der Kündigungsfrist enthalten ist. Besteht der wichtige Kündigungsgrund in einem **vertragswidrigen Verhalten** des Arbeitnehmers, tritt allerdings der Ruhenstatbestand wegen Verhängung einer Sperrzeit gemäß § 159 Abs. 1 Nr. 1 SGB III ein.[455] 427

Wird der Aufhebungsvertrag unter **Einhaltung** der **ordentlichen Kündigungsfrist** abgeschlossen, der Arbeitnehmer indessen vorzeitig – etwa ab Vereinbarung des Aufhebungsvertrags – von der Verpflichtung zur Arbeitsleistung **unbezahlt freigestellt**, tritt der Ruhenstatbestand ein, § 159 Abs. 3 SGB III. Es ist dann der Zeitpunkt der effektiven Beendigung des Beschäftigungsverhältnisses/der unbezahlten Freistellung und nicht der Zeitpunkt der rechtlichen Beendigung des lediglich noch **formal** bestehenden Arbeitsverhältnisses maßgebend. Wird der Arbeitnehmer bis zur rechtlichen Beendigung des Arbeitsverhältnisses **bezahlt** freigestellt, ruht der Arbeitslosengeldanspruch ohnehin wegen Entgeltzahlung nach § 157 Abs. 1 SGB III. 428

Da der Aufhebungsvertrag zu seiner Wirksamkeit der Schriftform bedarf, ist der Zeitpunkt des Abschlusses des Vertrags für die Berechnung der ordentlichen Kündigungsfrist urkundlich feststellbar. Eine **Rückdatierung** des Aufhebungsvertrags ist gegenüber der Bundesagentur für Arbeit rechtsunwirksam. Erfolgt die Rückdatierung ausschließlich zu dem Zweck, durch Täuschung der Bundesagentur für Arbeit den Ruhenstatbestand zu umgehen, wird dieser rechtswidrige Zweck von beiden Parteien verfolgt, und ist er der Hauptzweck des Aufhebungsvertrags, kann der gesamte Vertrag nichtig sein.[456] 429

Beim **Abwicklungs-/Kündigungsbestätigungsvertrag** wird die Frist ab Zugang der Kündigung berechnet, so dass der Zeitpunkt des Abschlusses des Abwicklungs-/Kündigungsbestätigungsvertrags auf den Ruhenstatbestand keinen Einfluss hat. 430

Im Gegensatz zu den Wirkungen einer Sperrzeitverhängung gemäß § 159 SGB III führt der Ruhenstatbestand des § 158 SGB III **nicht** zu einer **Verkürzung** der Anspruchsdauer. Der Anspruch beginnt später und ist entsprechend später verbraucht.[457] 431

Ist die **ordentliche Kündigung** des Arbeitsverhältnisses durch den Arbeitgeber **ausgeschlossen**, gilt bei zeitlich unbegrenztem Ausschluss eine Kündigungsfrist von 18 Monaten und bei zeitlich begrenztem Ausschluss die ordentliche Kündigungsfrist, die gelten würde, wäre die ordentliche Kündigung nicht zeitlich begrenzt ausgeschlossen, § 158 Abs. 1 S. 3 SGB III. Kann dem Arbeitnehmer nur bei Zahlung einer Entlassungsentschädigung ordentlich gekündigt werden, gilt eine Kündigungsfrist von einem Jahr, § 1583a Abs. 1 S. 4 SBG III.[458] 432

Hat der Arbeitnehmer wegen Beendigung des Arbeitsverhältnisses eine **Urlaubsabgeltung** zu beanspruchen, ruht der Anspruch auf Arbeitslosengeld auch für die Zeit des abgegoltenen Urlaubs, § 157 Abs. 2 SGB III. Entscheidend ist, dass der Arbeitslose zum maßgeblichen Zeitpunkt der Zahlung des Arbeitslosengelds noch eine Urlaubsabgeltung zu beanspruchen hat. Der Ruhenszeitraum gemäß § 158 SGB III verlängert sich um die Zeit des abgegoltenen Urlaubs, § 158 Abs. 1 S. 5 SGB III. 433

Der Ruhenszeitraum ist in zweifacher Hinsicht begrenzt. Die **absolute Begrenzung** beträgt ein Jahr, § 158 Abs. 2 S. 1 SGB III. Die **relative Begrenzung** besteht darin, dass der Arbeitslose nur einen Teil seiner Abfindung für den Zeitraum der durch den Abschluss des Aufhe- 434

---

[454] → Rn. 220.
[455] → Rn. 433 ff.
[456] → Rn. 348 f.
[457] → Rn. 224 f.
[458] → Rn. 222.

bungsvertrags verkürzten ordentlichen Kündigungsfrist zur Verfügung stellen muss, § 158 Abs. 2 S. 2–5 SGB III.[459]

435 Es ist zu beachten, dass der Arbeitslose für die Dauer dieser Ruhenszeit grundsätzlich **keinen Krankenversicherungsschutz** genießt. Ausnahmsweise besteht nach § 19 Abs. 2 SGB V aus der vorangegangenen Tätigkeit nachwirkender Krankenversicherungsschutz für die Dauer von einem Monat, wenn Versicherungspflicht während dieser Beschäftigung bestanden hat. Soweit während der Ruhenszeit gesetzlicher Krankenversicherungsschutz nicht besteht, hat der Arbeitslose die Möglichkeit, im Rahmen der Familienversicherung über den Ehepartner nach § 10 SGB V oder über eine eigene freiwillige Krankenversicherung sozialen Schutz zu erlangen. In der **Rentenversicherung** stellt die Ruhenszeit eine Anrechnungszeit nach § 58 Abs. 1 Nr. 3 SGB VI dar.

436 **b) Sperrzeit beim Arbeitslosengeldanspruch.** Hat der Arbeitslose das Arbeits- oder Berufsausbildungsverhältnis gelöst und dadurch vorsätzlich oder grob fahrlässig die Arbeitslosigkeit herbeigeführt, ohne für sein Verhalten einen wichtigen Grund zu haben, tritt kraft Gesetzes eine Sperrzeit von 12 Wochen ein, § 159 Abs. 1, 3 SGB III. Die Norm erwähnt den Aufhebungs-, Abwicklungs- oder Kündigungsbestätigungsvertrag nicht und regelt die sozialrechtlichen Folgen des Abschlusses eines derartigen Vertrags nicht ausdrücklich. Es ist jeweils zu prüfen, ob eine solche Vereinbarung die Voraussetzungen des § 144 SGB III erfüllt.

437 Der Eintritt einer Sperrzeit kommt nur in den Fällen in Betracht, in denen dem Arbeitnehmer der Vorwurf gemacht werden kann, dass er die Arbeitslosigkeit (mit)verursacht hat. Nach Weisungslage der Bundesagentur für Arbeit erfüllt der **Aufhebungsvertrag**, der das Arbeitsverhältnis konstitutiv beendet, regelmäßig den Sperrzeittatbestand. Es ist insoweit unerheblich, ob die Arbeitslosigkeit auch unabhängig vom Abschluss des Aufhebungsvertrags aufgrund einer ansonsten erklärten Arbeitgeberkündigung eingetreten wäre.[460] Die einvernehmliche **Abkürzung** von **Kündigungsfristen** steht einem Aufhebungsvertrag gleich.

438 In diesen Fällen kann aber ein die Sperrzeit ausschließender **wichtiger Grund** im Sinne des § 159 Abs. 1 S. 1 SGB III für den Abschluss des Aufhebungsvertrags vorliegen.[461]

439 Der **wichtige Grund** muss objektiv gegeben sein und zum Zeitpunkt des Abschlusses des Aufhebungsvertrags vorliegen. Unter wichtigem Grund ist eine Situation zu verstehen, in der dem Arbeitnehmer unter Berücksichtigung aller Umstände des Einzelfalls und unter Abwägung seiner Interessen sowie der der Versichertengemeinschaft objektiv ein anderes Verhalten nicht zugemutet werden kann. So liegt ein wichtiger Grund für den Abschluss eines Aufhebungsvertrags vor, wenn der Arbeitnehmer das Arbeitsverhältnis aus wichtigem Grund nach Maßgabe des **§ 626 BGB** hätte kündigen können, es indessen vorzieht, einen Aufhebungsvertrag zu vereinbaren. Ein wichtiger Grund liegt nach Auffassung der Bundesagentur für Arbeit unter Berücksichtigung der Rechtsprechung des BSG[462] insbesondere vor, wenn

- die vom Arbeitnehmer erwartete oder verlangte Arbeit **gegen gesetzliche Bestimmungen**, zB Arbeitsschutzvorschriften, oder sonstige **bindende Bestimmungen** über Arbeitsbedingungen, zB den anzuwendenden Tarifvertrag, oder die guten Sitten verstoßen würde.
- die Entlohnung der Beschäftigung **sittenwidrig** ist, dh mindestens 30 % unter dem maßgeblichen Tariflohn oder der ortsüblichen Bezahlung liegt.
- Insolvenz des Arbeitgebers eingetreten ist.
- erheblicher psychischer Druck oder **Mobbing** am Arbeitsplatz ausgeübt wird oder **sexuelle Belästigung** vorliegt.
- die Arbeit dem Arbeitslosen nach seinem **Leistungsvermögen** nicht zumutbar ist.
- eine doppelte **Haushaltsführung** erforderlich wird und daher der Unterhalt, die weitere Versorgung oder Pflege von Angehörigen des Arbeitslosen nicht gesichert ist.
- eine **Ausbildungsstelle** oder berufsvorbereitende Maßnahme vom Auszubildenden wegen fehlender Eignung aufgegeben oder abgelehnt wird.

---

[459] → Rn. 222 f.
[460] BSG 12.7.2006 – B 11a AL 47/05 R, NJW 2006, 3514 (3515) Rn. 12.
[461] BSG 12.7.2006 – B 11a AL 47/05 R, NJW 2006, 3514 (3515) Rn. 13, 15.
[462] Siehe im Einzelnen *Spellbrink* BB 2006, 1274.

- ein **Grundrecht** wesentlich beeinträchtigt wird, zB Grundrecht der Religionsfreiheit.
- die Beschäftigung zur Begründung, Aufrechterhaltung oder Wiederherstellung der **ehelichen Gemeinschaft/eingetragenen Lebenspartnerschaft** aufgegeben wird. Bei Begründung einer solchen Partnerschaft ist ein unmittelbarer zeitlicher Zusammenhang erforderlich. Unmittelbarkeit muss ausnahmsweise nicht vorliegen, wenn hierfür andere gewichtige Gründe bestehen, zB Einschulung eines Kindes.
- mit dem Partner und dem gemeinsamen Kind die **Erziehungsgemeinschaft** (wieder) hergestellt werden soll.
- eine **Erziehungsgemeinschaft** zum Wohl des Kindes mit einem Partner hergestellt wird, der **nicht leiblicher Elternteil** ist.
- eine **eheähnliche Gemeinschaft** fortgesetzt wird. Eine eheähnliche Gemeinschaft ist eine auf Dauer angelegte Lebensgemeinschaft zwischen einer Frau und einem Mann, die so eng ist, dass sie von den Partnern ein gegenseitiges Einstehen im Bedarfsfall erwarten lässt. Diese wird vermutet, wenn Partner länger als ein Jahr zusammenleben oder mit einem gemeinsamen Kind zusammenleben oder Kinder oder Angehörige im Haushalt versorgen oder befugt sind, über Einkommen oder Vermögen des anderen zu verfügen.
- Arbeitnehmer einen **Aufhebungsvertrag** geschlossen haben, um im Rahmen einer Sozialplanmaßnahme aus einem (unbefristeten) Beschäftigungsverhältnis in ein (befristetes) Beschäftigungsverhältnis bei einer **beE/Transfergesellschaft** zu wechseln und gemäß § 216b SGB III gefördert werden. Voraussetzung ist, dass durch die Folgebeschäftigung die Arbeitslosigkeit nicht früher eintritt als bei der unabwendbaren Kündigung.
- **ein unbefristetes** Beschäftigungsverhältnis zugunsten eines **befristeten** aufgegeben wird **und**
- bei der Auflösung des alten Beschäftigungsverhältnisses die konkrete Aussicht besteht, dass die neue Beschäftigung in ein dauerhaftes Beschäftigungsverhältnis umgewandelt wird
oder
- zeitnah (nicht abwendbare maximal ein Monat andauernde Unterbrechung) in eine befristete Beschäftigung gewechselt wird
und
- eine Tätigkeit in einem anderem Berufsfeld ausgeübt wird, in dem zusätzliche berufliche Fertigkeiten erlangt werden
oder
- die befristete Beschäftigung der früher erworbenen höheren beruflichen Qualifikation entspricht
oder
- in der befristeten Beschäftigung ein erheblich höheres Arbeitsentgelt (Steigerung von mindestens 10 %) erzielt wird;
oder
- die unbefristete Beschäftigung in einem Leiharbeitsverhältnis zugunsten einer mindestens zwei Monate dauernden befristeten Beschäftigung ohne Leiharbeit aufgegeben wird.
- das Beschäftigungsverhältnis aufgrund einer **Pflegevereinbarung** nach § 3 Abs. 1 S. 1 PflegeZG beendet wird.
- der Arbeitnehmer sein unbefristetes Arbeitsverhältnis im Rahmen einer **Altersteilzeitvereinbarung** in ein befristetes umwandelt und im Zeitpunkt der Vereinbarung von einem Ausscheiden aus dem Arbeitsleben nach der Freistellungsphase der Altersteilzeit ausgegangen werden kann.

Die Bundesagentur für Arbeit hat seine Auffassung zur Anerkennung eins wichtigen Grundes bei **Eigenlösung** des Beschäftigungsverhältnisses und gleichzeitig **drohender Arbeitgeberkündigung** wesentlich modifiziert.[463] Ein Sperrzeit ausschließender **wichtiger Grund** für den Abschluss eines **Aufhebungsvertrags** liegt danach vor, wenn
- der Arbeitgeber die Kündigung mit Bestimmtheit in Aussicht stellt,
- die drohende Arbeitgeberkündigung auf betriebliche Gründe gestützt wird,

---

[463] *Lipinski/Kumm* BB 2008, 162; *Gaul/Niklas* NZA 2008, 137.

- das Beschäftigungsverhältnis nicht früher endet als es bei fristgerechter Arbeitgeberkündigung geendet hätte
und
- eine Abfindung zwischen 0,25 bis 0,5 Monatsverdiensten pro Beschäftigungsjahr gezahlt wird. Auf die Rechtmäßigkeit der drohenden Arbeitgeberkündigung kommt es dann nicht mehr an.
oder
- die Abfindung zwar nicht zwischen 0,25 und 0,5 Monatsverdiensten liegt, jedoch die drohende Arbeitgeberkündigung sozial gerechtfertigt gewesen wäre und der Arbeitnehmer ohne Aufhebungsvertrag gar keine Abfindung erhalten hätte.
oder
- der Arbeitslose durch die Vermeidung der Arbeitgeberkündigung objektive Nachteile für sein berufliches Fortkommen verhindert hat.

441 Die im Aufhebungsvertrag vereinbarte **unwiderrufliche** Freistellung ist nicht sperrzeitauslösend.[464] Einigen sich die Arbeitsvertragsparteien in einem **arbeitsgerichtlichen Vergleich** auf die Beendigung des Arbeitsverhältnisses, sieht die Bundesagentur für Arbeit hierin keinen Sperrzeittatbestand.[465]

442 Der **Abwicklungsvertrag** wird hinsichtlich der Existenz eines wichtigen Grundes nach Ansicht der Bundesagentur für Arbeit wie der Aufhebungsvertrag bewertet. Der Arbeitnehmer darf für den Abschluss des Vertrags ebenfalls auf einen wichtigen Grund im Sinne des § 144 Abs. 1 S. 1 SGB III verweisen. Wird der Abwicklungsvertrag binnen der Frist zur Erhebung der Kündigungsschutzklage geschlossen, liegt nach Ansicht der Bundesagentur für Arbeit ein wichtiger Grund für die Auflösung des Beschäftigungsverhältnisses vor, wenn die Kündigung rechtmäßig ist.

443 Als **Rechtsfolge** einer Sperrzeit tritt gemäß § 159 Abs. 1 S. 1 SGB III grundsätzlich zunächst ein **Ruhen** des **Arbeitslosengeldanspruchs** von **12 Wochen** ein, dh es wird kein Arbeitslosengeld gezahlt. Die Sperrzeit wegen Arbeitsaufgabe **beginnt** gemäß § 159 Abs. 2 S. 1 SGB III mit dem ersten Tag der Arbeitslosigkeit, die lediglich tatsächliche Beschäftigungslosigkeit voraussetzt. In Fällen der Freistellung des Arbeitnehmers bei Fortzahlung des Arbeitsentgelts beginnt die Sperrzeit mit dem Tag der unwiderruflichen Freistellung, nicht mit dem Ende des Arbeitsverhältnisses.[466] Durch den Abschluss eines Aufhebungs- oder Abwicklungsvertrags mit einer mindestens 12-wöchigen bezahlten Freistellung kann die Verhängung einer Sperrzeit vermieden werden.[467] Das gilt nicht für die Fälle der **Altersteilzeitvereinbarung** im Blockmodell, bei der die Sperrzeit erst nach Ablauf der Freistellungsphase beginnt.[468] Darüber hinaus schreibt § 148 Abs. 1 Nr. 4 SGB III eine **Leistungskürzung** um mindestens **ein Viertel** der **Anspruchsdauer** des **Arbeitslosengeldanspruchs** vor. Diese prozentuale Leistungskürzung wirkt sich umso gravierender aus, je länger der erworbene Arbeitslosengeldanspruch ist. Bei maximalem Anspruch von 32 Monaten kann eine **Leistungskürzung um 8 Monate** eintreten. Es ist zu beachten, dass zu Beginn der Arbeitslosigkeit nur das Ruhen in dem in § 159 SGB III vorgesehenen Umfang eintritt. Die weitergehende prozentuale Leistungskürzung nach § 148 Abs. 1 Nr. 4 SGB III führt zu einer Verkürzung des verbleibenden Leistungsanspruchs, kommt also nicht am Anfang der Arbeitslosigkeit zum Tragen.

444 Die **zwölfwöchige Sperrzeit** schließt nicht den **Krankenversicherungsschutz** des Arbeitslosen aus. Nach § 5 Abs. 1 Nr. 2 SGB V besteht Versicherungspflicht in der gesetzlichen Krankenversicherung auch, wenn der Anspruch auf Arbeitslosengeld ab Beginn des zweiten Monats bis zur zwölften Woche einer Sperrzeit nicht zum Tragen kommt. Für den ersten Monat der Sperrzeit kommt Krankenversicherungsschutz nach § 19 Abs. 2 SGB V bei einer vorangegangenen versicherungspflichtigen Beschäftigung in Betracht. Zur **Rentenversicherung**

---
[464] → Rn. 230.
[465] Im Einzelnen *Bauer/Krieger/Arnold* ArbR-Aufhebungsverträge H Rn. 4 ff., 134.
[466] *Heuchemer/Insam* BB 2004, 1679 (1680); *Spellbrink* BB 2006, 1274 f.; *Lipinski/Kumm* BB 2008, 162 (164).
[467] *Heuchemer/Insam* BB 2004, 1562 f.
[468] BSG 21.7.2009 – B 7 AL 6/08 R, NZA-RR 2010, 323 (325) Rn. 18.

werden für die Dauer der Sperrzeit keine Beiträge abgeführt und demzufolge keine Beitrags- oder Anrechnungszeiten gut geschrieben.

Ruhenszeiten nach § 158 SGB III und § 159 SGB III laufen unabhängig voneinander und zeitlich parallel. Trifft zB ein Ruhenstatbestand gemäß § 158 SGB III von 54 Kalendertagen mit einer Sperrzeit von 84 Kalendertagen gemäß § 159 SGB III zusammen, wirkt sich der erstgenannte Ruhenstatbestand nicht aus, da beide Ruhenstatbestände mit Beendigung des Arbeitsverhältnisses zu laufen beginnen.

§ 50 Anzeigepflichtige Entlassungen

Übersicht

	Rn.
I. Einleitung	1
II. Voraussetzungen der Anzeigepflicht	2–23
1. Betrieb	3–7
a) Betriebsbegriff	3/4
b) Kleinbetriebe	5
c) Ausnahmebetriebe	6/7
2. In der Regel beschäftigte Arbeitnehmer	8–10
a) Arbeitnehmerbegriff	8/9
b) Regelarbeitnehmerzahl	10
3. Entlassungen	11–21
a) Arbeitgeberkündigung und Entlassungsbegriff	11–14
b) Arbeitnehmerkündigung und Aufhebungsvertrag	15/16
c) Außerordentliche Kündigung	17–19
d) Befristung und Bedingung	20
4. 30-Tage-Zeitraum und Schwellenwerte	21–23
III. Beteiligung des Betriebsrats	24–37
1. Auskunfts- und Unterrichtungspflicht	24–29
a) Inhalt	26
b) Zeitpunkt	27
c) Schriftform	28
d) Abschrift an die Agentur für Arbeit	29
2. Beratungspflicht	30/31
3. Beteiligung bei leitenden Angestellten	32
4. Rechtsfolgen mangelnder Beteiligung	33
5. Andere Beteiligungsrechte bei Massenentlassungen	34–37
IV. Anzeige an die Agentur für Arbeit	38–59
1. Anzeigenerstatter	39
2. Zuständige Agentur für Arbeit	40
3. Form	41
4. Mussinhalt	42/43
5. Sollinhalt	44–47
6. Stellungnahme des Betriebsrats	48–53
7. Anzeige bei Fehlen eines Betriebsrates	54
8. Zeitpunkt der Anzeige	55/56
9. Beteiligung des Betriebsrats	57
10. Abhängige Unternehmen	58/59
V. Rechtsfolgen der Anzeige	60–89
1. Sperrfrist	61–86
a) Berechnung der Sperrfrist	62–65
b) Dauer der Sperrfrist	66–73
c) Rechtsfolgen der Sperrfrist	74–78
d) Zulassung von Kurzarbeit	79–86
2. Freifrist	87–89
VI. Rechtswidrigkeit der Entlassungen bei unterbliebener Anzeige	90/91
VII. Klagefrist	92

I. Einleitung

1 „Anzeigepflichtige Entlassungen" lautet die Überschrift des dritten Abschnitts des Kündigungsschutzgesetztes (§§ 17 bis 22 KSchG). Die §§ 17 bis 22 KSchG regeln die Voraussetzungen der Anzeigepflicht (§ 17 Abs. 1 KSchG), die Beteiligung des Betriebsrats bei anzeigepflichtigen Entlassungen (§ 17 Abs. 2 KSchG), die Anforderungen an die Anzeige (§ 17 Abs. 3 KSchG), die Festlegung von Sperr- und Freifristen (§ 18 KSchG), die Anordnung von Kurzarbeit (§ 19 KSchG) und das Verwaltungsverfahren (§ 20 KSchG). §§ 17 bis 22 KSchG

sind zwingendes Recht.[1] Auf europäischer Ebene existiert die **Richtlinie 98/59/EWG** vom 20.7.1998 zur Angleichung der Rechtsvorschriften der Mitgliedstaaten über Massenentlassungen (ABl. 1998 L 225, 16), die die Richtlinien 75/129/EWG und 92/56/EWG zusammengefasst hat. Die §§ 17 ff. KSchG sind daher richtlinienkonform unter Berücksichtigung der Vorgaben der Richtlinie 98/59/EWG auszulegen.[2] Nach der früher vorherrschenden Auffassung verfolgten die §§ 17 bis 22 KSchG in erster Linie arbeitsmarktpolitische Zwecke.[3] Nach heutigem richtlinienkonformen Verständnis bezwecken die Vorschriften jedoch vorrangig den individuellen Schutz des betroffenen Arbeitnehmers vor Arbeitslosigkeit infolge einer Massenentlassung.[4]

II. Voraussetzungen der Anzeigepflicht

§ 17 KSchG verpflichtet den Arbeitgeber, der Agentur für Arbeit Anzeige zu erstatten, bevor er in Betrieben ab einer Größe von mehr als 20 Arbeitnehmern Entlassungen vornimmt, die die in § 17 Abs. 1 KSchG festgelegten Schwellenwerte überschreiten.

1. Betrieb

a) **Betriebsbegriff.** Das Erreichen der Schwellenwerte ist bezogen auf den jeweiligen Betrieb zu prüfen. Die Anzeigepflicht wird ausgelöst, wenn ein den Schwellenwert überschreitender Anteil der in der Regel in den betreffenden Betrieben beschäftigten Arbeitnehmer entlassen werden soll. Der Betriebsbegriff in § 17 Abs. 1 KSchG entspricht dem der §§ 1, 4 BetrVG.[5] Als Betrieb ist die organisatorische Einheit anzusehen, innerhalb derer der Unternehmer allein oder zusammen mit seinen Mitarbeitern mit Hilfe sächlicher oder immaterieller Mittel bestimmte arbeitstechnische Zwecke fortgesetzt verfolgt.[6] Dabei kommt es für den Betriebsbegriff in erster Linie auf die Einheitlichkeit der betrieblichen Organisationsstruktur an, die von einem einheitlichen Leitungsapparat gesteuert wird. Nimmt diese Steuerung ein einheitlicher Leitungsapparat vor, ist regelmäßig vom Vorliegen eines Betriebs auszugehen; werden die Steuerungsaufgaben in getrennten, selbstständigen Leitungsapparaten erfüllt, ist regelmäßig von mehreren Betrieben auszugehen.[7] Die Behandlung von Nebenbetrieben und Betriebsteilen erfolgt entsprechend § 4 BetrVG.[8]

Die Auslegung des Betriebsbegriffs des § 17 KSchG kann sich nicht nur am deutschen Betriebsverfassungsrecht orientieren, sondern hat richtlinienkonform zu erfolgen, da es sich um eine Umsetzung europarechtlicher Vorgaben der Massenentlassungsrichtlinie 98/59/EG in nationales Recht handelt.[9] Der EuGH legt den Begriff „Betrieb" in Artikel 1 Abs. 1 Buchst. a) der Richtlinie 98/59/EG dahin aus, dass er nach Maßgabe der Umstände die Einheit bezeichnet, der die von der Entlassung betroffenen Arbeitnehmer zur Erfüllung ihrer Aufgabe angehören. Ob die fragliche Einheit eine Leitung hat, die selbstständig Massenentlassungen vornehmen kann, ist für die Definition des Begriffs „Betrieb" nicht entscheidend.[10] Da sich der

---

[1] ErfK/*Kiel* KSchG § 17 Rn. 3; Ascheid/Preis/Schmidt/*Moll* KSchG Vor §§ 17 ff. Rn. 16.
[2] Ascheid/Preis/Schmidt/*Moll* KSchG Vor §§ 17 ff. Rn. 7.
[3] BAG 13.4.2000 – 2 AZR 215/99, AP KSchG 1969 § 17 Nr. 13.
[4] Ascheid/Preis/Schmidt/*Moll* KSchG Vor §§ 17 ff. Rn. 10 ff.; ErfK/*Kiel* KSchG § 17 Rn. 2.
[5] BAG 22.9.2016 – 2 AZR 276/16, NZA 2017, 670 Rn. 37; BAG 14.3.2013 – 8 AZR 154/12, AP KSchG § 1 Betriebsbedingte Kündigung Nr. 199; ErfK/*Kiel* KSchG § 17 Rn. 9; Ascheid/Preis/Schmidt/*Moll* KSchG § 17 Rn. 3.
[6] BAG 14.9.1988 – 7 ABR 10/87, AP BetrVG 1972 § 1 Nr. 9; BAG 29.5.1991 – 7 ABR 54/90, AP BetrVG 1972 § 4 Nr. 5.
[7] BAG 23.9.1982 – 6 ABR 42/81, AP BetrVG 1972 § 4 Nr. 3; BAG 25.9.1986 – 6 ABR 68/84, AP BetrVG 1972 § 1 Nr. 7; BAG 14.9.1988 – 7 ABR 10/87, AP BetrVG 1972 § 1 Nr. 9; BAG 29.5.1991 – 7 ABR 54/90, AP BetrVG 1972 § 4 Nr. 5; BAG 19.11.1974 – 1 ABR 50/73, AP BetrVG 1972 § 5 Rotes Kreuz Nr. 3; BAG 14.5.1997 – 7 ABR 26/96, AP BetrVG 1972 § 8 Nr. 6.
[8] BAG 13.4.2000 – 2 AZR 215/99, AP KSchG 1969 § 17 Nr. 13; *Busch* DB 1992, 1474 (1476); Ascheid/Preis/Schmidt/*Moll* KSchG § 17 Rn. 5.
[9] Ascheid/Preis/Schmidt/*Moll* KSchG § 17 Rn. 8 ff.; *Wißman* RdA 1998, 221 (223 f.).
[10] EuGH 13.5.2015 – C-392/13, NZA 2015, 669 Rn. 41 ff. – Canas; EuGH 30.4.2015 – C-80/14, NZA 2015, 601 Rn. 46 ff. – USDAW und Wilson; EuGH 17.12.1995 – C-449/93, Slg. 1995 I-4291 (4318) – Rochfon.

EuGH damit von dem wesentlichen Kriterium der Leitungsmacht des betriebsverfassungsrechtlichen Betriebsbegriffs distanziert, sind Unterschiede in der Beurteilung nach gemeinschaftsrechtlichem Betriebsbegriff und betriebsverfassungsrechtlichem Betriebsbegriff nicht ausgeschlossen.[11] Bei der Verwendung des Betriebsbegriffs des Betriebsverfassungsgesetzes im Rahmen des § 17 Abs. 1 KSchG ist schließlich der Sinn und Zweck der Anzeigepflicht sowie der Betriebsratsbeteiligung zu beachten.[12] Das BAG hat daher ein räumlich weit entferntes Auslieferungslager, obwohl die Leitung in kaufmännischer und personeller Hinsicht von der Zentrale aus erfolgt ist, als selbstständigen Betrieb angesehen und dies auch damit begründet, dass das dadurch zuständige örtliche Arbeitsamt die Arbeitskräftelenkung iSd Vorschriften besser vornehmen kann, als das Arbeitsamt am Sitz der Zentrale.[13] Dies entspricht zum einen der Behandlung selbstständiger Betriebsteile in § 4 Abs. 1 S. 1 Nr. 1 BetrVG. Zum anderen zeigen sich auch die Übereinstimmungen mit dem Verständnis des Betriebsbegriffs des EuGH.[14] Jedoch ist beispielsweise eine Filiale, auch wenn diese nicht räumlich weit entfernt vom Hautbetrieb liegt, nach der Rechtsprechung des EuGH bereits dann als eigenständiger Betrieb anzusehen, wenn vor Ort Art und Menge der Warenlieferungen und der Einsatz der Arbeitnehmer gesteuert werden.[15] Auch ist es nicht von Bedeutung, ob ein Kleinstbetriebsteil nach § 4 Abs. 2 BetrVG dem Hauptbetrieb zugeordnet wird[16] oder die Belegschaft eines selbständigen Betriebsteils nach § 4 Abs. 1 S. 1 BetrVG beschlossen hat, an der Betriebsratswahl des Hauptbetriebs teilzunehmen.[17] Ebenso sind Tarifverträge und Betriebsvereinbarungen nach § 3 BetrVG unbeachtlich.[18] Ein Gemeinschaftsbetrieb mehrerer Unternehmen ist als Betrieb im Sinn der § 17 ff. KSchG anzusehen.[19] Allerdings können selbstverständlich auch in einem Gemeinschaftsbetrieb im betriebsverfassungsrechtlichen Sinn ungeachtet des einheitlichen Leitungsapparats aufgrund der räumlichen oder organisatorischen Trennung der einzelnen Einheiten mehrere Betriebe im Sinn der §§ 17 KSchG zusammengefasst sein.[20]

5   b) **Kleinbetriebe.** Kein Betrieb iSd §§ 17 ff. KSchG liegt vor, wenn in der Regel nicht mehr als 20 Arbeitnehmer beschäftigt werden. Dies folgt aus § 17 Abs. 1 Nr. 1 KSchG. Entlassungen in Kleinbetrieben sind auch dann nicht anzeigepflichtig, wenn sie nach § 17 Abs. 1 Nr. 1 KSchG in einem Betrieb mit in der Regel mehr als 20 Arbeitnehmern anzeigepflichtig wären.

6   c) **Ausnahmebetriebe.** Nach § 22 Abs. 1 KSchG sind Saisonbetriebe und Kampagne-Betriebe bei Entlassungen, die durch diese Eigenart der Betriebe bedingt sind, von der Anzeigepflicht ausgenommen. Der Fortfall des Kündigungsschutzes der §§ 17 ff. KSchG setzt daher zweierlei voraus. Erstens muss es sich um einen Saisonbetrieb oder Kampagne-Betrieb handeln. Zweitens müssen die Entlassungen in kausalem Zusammenhang mit der Eigenart des Betriebs stehen. Saisonbetriebe sind Betriebe, bei denen der Arbeitsanfall regelmäßig jahreszeitabhängig schwankt. Die Schwankungen der Beschäftigung können witterungsbedingt oder durch sonstige Gründe verursacht sein, sie müssen aber regelmäßig in einer bestimmten Jahreszeit wiederkehren. Der Saisonbetrieb ist dadurch gekennzeichnet, dass er zwar ganzjährig arbeitet, aber während der Saison ein regelmäßig höherer Arbeitsanfall zu verzeichnen ist.[21] Kampagne-Betriebe sind Betriebe, die regelmäßig nur einige Monate im Jahr arbeiten (zB Freibäder, Gemüse- und Obstkonservefabriken, Hotels, die nur einige

---

[11] Kleinebrink/Commandeur NZA 2015, 853 (856); Wißmann RdA 1998, 221 (223).
[12] BAG 13.3.1969 – 2 AZR 157/68, AP KSchG 1951 § 15 Nr. 10.
[13] BAG 13.3.1969 – 2 AZR 157/68, AP KSchG 1951 § 15 Nr. 10.
[14] Ascheid/Preis/Schmidt/Moll KSchG § 17 Rn. 10; Kleinebrink/Commandeur NZA 2015, 853 (856).
[15] EuGH 13.5.2015 – C-182/13, NZA 2015, 731 Rn. 51 – Lyttle; Linck/Krause/Bayreuther/Bayreuther § 17 Rn. 17; Spelge RdA 2018, 297 (299).
[16] Linck/Krause/Bayreuther/Bayreuther § 17 Rn. 17.
[17] Linck/Krause/Bayreuther/Bayreuther § 17 Rn. 18.
[18] Ascheid/Preis/Schmidt/Moll KSchG § 17 Rn. 7; ErfK/Kiel KSchG § 17 Rn. 10.
[19] LAG Niedersachsen 18.12.2013 – 17 Sa 335/13, BeckRS 2014, 66597; Dimsic NJW 2016, 901 (902 f.).
[20] Kleinebrink/Commandeur NZA 2015, 853 (856, 857).
[21] BSG 20.10.1960 – 7 RAr 98/59, AP KSchG 1951 § 20 Nr. 1; Ascheid/Preis/Schmidt/Moll KSchG § 22 Rn. 4; ErfK/Kiel KSchG § 22 Rn. 2.

Monate im Jahr geöffnet sind).[22] Auch in diesen Betrieben entfällt die Anzeigepflicht jedoch nur für solche Entlassungen, die in kausalem Zusammenhang mit der Eigenart des Betriebs stehen. Entlassungen, die nicht auf das Ende der Saison oder der Kampagne zurückzuführen sind, müssen angezeigt werden, soweit die weiteren Voraussetzungen für eine Anzeigepflicht vorliegen. Dies gilt also für Entlassungen während der Saison oder der Kampagne sowie für Entlassungen, die aus Gründen wie beispielsweise mangelnder Rentabilität, schlechter Konjunktur vor dem üblichen Ende der Saison oder der Kampagne vorgenommen werden.[23] Bei Mischtatbeständen können diejenigen Entlassungen anzeigepflichtig werden, die nicht auf die Eigenart des Betriebs zurückzuführen sind, wenn die Entlassungen jeweils dem einen oder dem anderen Entlassungsgrund zugeordnet werden können. Sind die Entlassungen insgesamt sowohl auf die Eigenart des Betriebs als auch auf andere Ursachen zurückzuführen, besteht Anzeigepflicht.[24] § 22 Abs. 2 S. 1 KSchG bestimmt ausdrücklich, dass Baubetriebe, in denen die ganzjährige Beschäftigung nach dem SGB III gefördert wird, nicht zu den Saison- und Kampagnebetrieben zählen. Die Darlegungs- und Beweislast für das Vorliegen der Ausnahmeregelung des § 22 KSchG trägt der Arbeitgeber.[25]

Nach § 23 Abs. 2 S. 1 KSchG gelten die Vorschriften des Dritten Abschnitts betreffend anzeigepflichtige Entlassungen für Betriebe, die von einer öffentlichen Verwaltung geführt werden, soweit sie wirtschaftliche Zwecke verfolgen. Auf öffentliche Betriebe mit nichtwirtschaftlichen Zwecken findet der Dritte Abschnitt des Kündigungsschutzgesetzes keine Anwendung. Ausgenommen sind damit alle Hoheitsverwaltungen, Körperschaften des öffentlichen Rechts sowie Betriebe, die staatliche Aufgaben mit rein ideeller, kultureller oder karitativer Zielsetzung erfüllen. Aus dem Anwendungsbereich fallen daher beispielsweise Behörden, Sozialversicherungsträger sowie die Kirchen heraus. Verfolgt der Betrieb jedoch wirtschaftliche Zwecke, die auch von der Privatwirtschaft durchgeführt werden könnten, entfällt die Anzeigepflicht nicht. Dies betrifft Betriebe der Wasser- und Energieversorgung, Nahverkehrsbetriebe, Sparkassen, Theater und Museen sowie Krankenhäuser, auch wenn diese Einrichtungen im Einzelfall keinen Gewinn erzielen, sondern von der öffentlichen Hand bezuschusst werden.[26]

2. In der Regel beschäftigte Arbeitnehmer

a) **Arbeitnehmerbegriff.** Bei der Anwendung des § 17 KSchG ist der unionsrechtliche Arbeitnehmerbegriff zugrunde zu legen.[27] Nach der Rechtsprechung des EuGH ist Arbeitnehmer eine Person, die während einer bestimmten Zeit für eine andere nach deren Weisung Leistungen erbringt, für die sie als Gegenleistung eine Vergütung erhält.[28] Arbeitnehmer in diesem Sinn sind Arbeiter, Angestellte, Auszubildende und Volontäre.[29] Auch Praktikanten, die keine Vergütung erhalten, sind Arbeitnehmer im Sinn der Massenentlassungsrichtlinie, wenn sie von öffentlichen Stellen finanziell gefördert werden, um durch die Mitarbeit im Unternehmen Kenntnisse zu erwerben oder eine Berufsausbildung zu absolvieren.[30] Hinzuzurechnen sind auch Arbeitnehmer, die dem Betrieb oder Unternehmen noch nicht sechs Monate angehören, da die Wartezeit nach § 1 KSchG nur für den allgemeinen Kündigungsschutz vorausgesetzt wird.[31] Familienangehörige sind nur dann zu berücksichtigen, wenn sie tatsächlich im Rahmen eines Arbeitsverhältnisses und nicht nur auf Grund familiärer Rücksichtnahme mitarbeiten.[32] Teilzeitbeschäftigte sind ebenfalls, und zwar nach Köpfen mitzu-

---

[22] ErfK/*Kiel* KSchG § 22 Rn. 2; Ascheid/Preis/Schmidt/*Moll* KSchG § 22 Rn. 5.
[23] ErfK/*Kiel* KSchG § 22 Rn. 3.
[24] Ascheid/Preis/Schmidt/*Moll* KSchG § 22 Rn. 6.
[25] ErfK/*Kiel* KSchG § 22 Rn. 3.
[26] LKB/*Bayreuther* § 17 Rn. 8 f.; Ascheid/Preis/Schmidt/*Moll* KSchG § 23 Rn. 43.
[27] EuGH 9.7.2015 – C-229/14, NZA 2015, 861 Rn. 32 f. – Balkaya.
[28] EuGH 9.7.2015 – C-229/14, NZA 2015, 861 Rn. 34 – Balkaya.
[29] ErfK/*Kiel* KSchG § 17 Rn. 6; Linck/Krause/Bayreuther/*Bayreuther* § 17 Rn. 23; Ascheid/Preis/Schmidt/*Moll* KSchG § 17 Rn. 12.
[30] EuGH 9.7.2015 – C-229/14, NZA 2015, 861 – Balkaya.
[31] BAG 13.3.1969 – 2 AZR 157/68, AP KSchG 1951 § 15 Nr. 10; Linck/Krause/Bayreuther/*Bayreuther* § 17 Rn. 23; ErfK/*Kiel* KSchG § 17 Rn. 6.
[32] ErfK/*Kiel* KSchG § 17 Rn. 6.

zählen.[33] Keine Arbeitnehmer sind Heimarbeiter und arbeitnehmerähnliche Personen wie Handelsvertreter oder Freie Mitarbeiter.[34] Nach § 17 Abs. 5 KSchG gelten nicht als Arbeitnehmer

- Nr. 1: die zur Vertretung juristischer Personen berufenen Organe (Geschäftsführer, Vorstände),
- Nr. 2: die zur Vertretung einer Personengesellschaft durch Gesetz, Satzung oder Gesellschaftsvertrag berufenen Personen (OHG-Gesellschafter oder Komplementär einer KG),
- Nr. 3: sonstige Geschäftsführer, Betriebsleiter und andere leitende Personen, soweit diese zur selbstständigen Einstellung oder Entlassung von Arbeitnehmern berechtigt sind.

9 § 17 Abs. 5 Nr. 1 KSchG verstößt ebenso wie § 17 Abs. 5 Nr. 3 KSchG gegen die europarechtlichen Vorgaben der Massenentlassungsrichtlinie 98/59/EG. § 17 Abs. 5 Nr. 1 KSchG nimmt auch Fremd-Geschäftsführer vom Arbeitnehmerbegriff aus, was mit dem Arbeitnehmerbegriff der Richtlinie nicht vereinbar ist.[35] Dies gilt auch für den nicht mehrheitsbeteiligten Gesellschafter-Geschäftsführer.[36] Die Massenentlassungsrichtlinie sieht darüber hinaus keine Ausnahme für leitende Angestellte vor.[37] Ob angesichts dieser Widersprüche zwischen deutschem nationalem Recht und der Massenentlassungsrichtlinie eine richtlinienkonforme Auslegung des deutschen Rechts geboten ist, wird in der Literatur unterschiedlich beantwortet. Gegen eine richtlinienkonforme Auslegung wird der eindeutige Gesetzeswortlaut angeführt.[38] Nach anderer Auffassung wird eine richtlinienkonforme teleologische Reduktion befürwortet.[39]

10 b) **Regelarbeitnehmerzahl.** Maßgeblich ist die Anzahl der in der Regel beschäftigten Arbeitnehmer. Dies entspricht der Regelung in § 23 Abs. 1 S. 2 KSchG. Auch im Rahmen des § 17 KSchG ist der maßgebliche Zeitpunkt für die Bestimmung der Regelarbeitnehmerzahl nunmehr der Kündigungszeitpunkt, dh die Kündigungserklärung, die seit der Rechtsprechungsänderung als Entlassungszeitpunkt anzusehen ist.[40] Maßgeblich ist jedoch nicht die tatsächliche Beschäftigtenzahl zu diesem Zeitpunkt, auch nicht die durchschnittliche Beschäftigtenzahl in einem bestimmten Zeitraum, sondern die normale Beschäftigtenzahl des Betriebs. Das ist diejenige Personalstärke, die für den Betrieb im Allgemeinen kennzeichnend ist.[41] Zeiten außergewöhnlichen Geschäftsanfalls, zB Weihnachtsgeschäft, Jahresabschlussarbeiten sowie Zeiten kurzfristiger Geschäftsdrosselung, zB in Ferienzeiten oder in der Nachsaison, sind nicht zu berücksichtigen.[42] Mithin sind Arbeitnehmer, die nur kurzzeitig wegen erhöhten Arbeitsanfalls oder als Vertretung für urlaubs- oder krankheitsbedingt nicht zur Verfügung stehende Arbeitnehmer eingestellt werden, nicht mit zu rechnen.[43] Hingegen meint der EuGH, dass Arbeitnehmer, die jedes Jahr für eine befristete Tätigkeit eingestellt werden, als in der Regel beschäftigt anzusehen seien.[44] Ob Leiharbeitnehmer, soweit sie in der Regel beschäftigt werden, bei der Ermittlung der Regel-Arbeitnehmerzahl zu berück-

---

[33] Linck/Krause/Bayreuther/*Bayreuther* § 17 Rn. 23; ErfK/*Kiel* KSchG § 17 Rn. 6.
[34] Linck/Krause/Bayreuther/*Bayreuther* § 17 Rn. 23; ErfK/*Kiel* KSchG § 17 Rn. 6; Ascheid/Preis/Schmidt/*Moll* KSchG § 17 Rn. 13.
[35] EuGH 9.7.2015 – C-229/14, NZA 2015, 861 – Balkaya; ArbG Verden 6.5.2014 – 1 Ca 35/13, NZA 2014, 665.
[36] *Hohenstatt/Naber* EuZA 2016, 22 (27); *Zwarg/Alles* DB 2014, 2287 (2289).
[37] Ascheid/Preis/Schmidt/*Moll* KSchG § 17 Rn. 15; *Wißmann* RdA 1998, 221 (222 f.).
[38] *Hohenstatt/Naber* NZA 2014, 637 (640); *Lembke/Ludwig* FA 2015, 350 (351); Ascheid/Preis/Schmidt/*Moll* § 17 Rn. 15 ff.; Linck/Krause/Bayreuther/*Bayreuther* § 17 Rn. 29; *Opolony* NZA 1999, 793; *Wißmann* RdA 1998, 222 f.
[39] *Dimsic* NJW 2016, 901 (903 f.); *Dzida/Klopp* ArbRB 2015, 303 (304); ErfK/*Kiel* KSchG § 17 Rn. 7; *Lunk* NZA 2015, 917 (918); *Lunk/Hildebrand* NZA 2016, 129 (130 ff.); *Lelley* BB 2015, 2559 (2560).
[40] BAG 23.3.2006 – 2 AZR 343/05, AP KSchG 1969 § 17 Nr. 21 = NZA 2006, 971 (972 ff.) unter Aufgabe der früheren Rspr., zuletzt BAG 16.11.2004 – 1 AZR 11/04, AP KSchG 1969 § 17 Nr. 20.
[41] BAG 31.7.1986 – 2 AZR 594/85, AP KSchG 1969 § 17 Nr. 5; BAG 8.6.1989 – 2 AZR 624/88, AP KSchG 1969 § 17 Nr. 6; BAG 13.4.2000 – 2 AZR 215/99, AP KSchG 1969 § 17 Nr. 13; ErfK/*Kiel* KSchG § 17 Rn. 11; Ascheid/Preis/Schmidt/*Moll* KSchG § 17 Rn. 20.
[42] BAG 31.7.1986 – 2 AZR 594/85, AP KSchG 1969 § 17 Nr. 5.
[43] Ascheid/Preis/Schmidt/*Moll* KSchG § 17 Rn. 22.
[44] EuGH 11.11.2015 – C-422/14, BeckRS 2015, 81682 Rn. 36 – Rivera; zu Recht kritisch: *Franzen* NZA 2016, 26 (27).

sichtigen sind, ist streitig.⁴⁵ Zur Festlegung der Regelarbeitnehmerzahl bedarf es grundsätzlich eines Rückblicks auf die bisherige personelle Stärke des Betriebs und einer Einschätzung der künftigen Entwicklung.⁴⁶ Eine Ausnahme gilt jedoch für den Fall der Betriebsstilllegung. Hier kommt nur ein Rückblick auf die bisherige Belegschaftsstärke in Frage. Entscheidend ist, wann der Arbeitgeber zuletzt noch eine regelmäßige Betriebstätigkeit entwickelt und wie viele Arbeitnehmer er hierfür eingesetzt hat. Der Fall der Betriebsstilllegung in mehreren Stufen ist nach der subjektiven Seite der unternehmerischen Entscheidung anders zu beurteilen als der Fall der Betriebsstilllegung nach vorangegangener Betriebseinschränkung. Fasst der Unternehmer den einheitlichen Beschluss, den Betrieb insgesamt in mehreren Stufen stillzulegen, ist für die Regelarbeitnehmerzahl auf den Zeitpunkt der ersten Entlassungen nach der Beschlussfassung über die Stilllegung abzustellen. Die später verringerte Personalstärke stellt nicht mehr die regelmäßige Arbeitnehmerzahl dar.⁴⁷ Die erforderliche Rückschau kann nicht auf einen festen Zeitraum (etwa zwei Monate) begrenzt werden. Entscheidend ist allein, wann der Arbeitgeber noch eine regelmäßige Betriebstätigkeit entwickelt hat, auch wenn der Stilllegungsbeschluss schon länger zurückliegt.⁴⁸ Etwas anderes gilt jedoch, wenn mehreren aufeinanderfolgenden Personalreduzierungsmaßnahmen kein einheitlicher Stilllegungsentschluss zugrunde liegt, sondern wenn der endgültigen Stilllegung zunächst eine oder mehrere Betriebseinschränkungen vorausgingen. Wird der Betrieb nach einer Betriebseinschränkung zunächst in entsprechend verminderter Belegschaftsstärke fortgeführt, bis es zu einem späteren Zeitpunkt zur Stilllegungsentscheidung kommt, wird die verminderte Belegschaftsstärke für den Betrieb zur normalen, den Betrieb kennzeichnenden Regelarbeitnehmerzahl. Der Betrieb muss auch nicht über einen bestimmten Mindestzeitraum hinweg mit verminderter Belegschaftsstärke geführt worden sein.⁴⁹

3. Entlassungen

a) **Arbeitgeberkündigung und Entlassungsbegriff.** Unter Entlassung iSd § 17 Abs. 1 S. 1 KSchG war herkömmlich die rechtliche Beendigung des Arbeitsverhältnisses auf Grund der Kündigung durch den Arbeitgeber zu verstehen.⁵⁰ Maßgeblich für die Anzeigepflicht war daher nicht der Ausspruch der ordentlichen Kündigung, sondern erst der Zeitpunkt der rechtlichen Beendigung des Arbeitsverhältnisses nach Ablauf der Kündigungsfrist. Der EuGH hat demgegenüber entschieden, dass unter Entlassung im Sinn der Richtlinie 98/59/EG die Kündigungserklärung des Arbeitgebers zu verstehen ist.⁵¹ Das Bundesarbeitsgericht ist dem EuGH gefolgt und hat auch für den Begriff der Entlassung im Sinn von § 17 Abs. 1 KSchG entschieden, dass hierunter die **Kündigung des Arbeitsverhältnisses** zu verstehen ist.⁵² Unerheblich für die Anzeigepflicht nach § 17 KSchG ist der Grund der Kündigung und der dadurch bedingten Entlassung. Obwohl es sich im Regelfall um betriebsbedingte Kündigungsgründe handeln wird, sind auch im selben Zeitraum durchgeführte personenbedingte und verhaltensbedingte Entlassungen zu berücksichtigen.⁵³ Als eine Konsequenz hieraus gilt auch eine Änderungskündigung als Entlassung, und zwar unabhängig davon, ob das

---

⁴⁵ Für eine Berücksichtigung: *Fuhlrock/Fabricius* NZA 2014, 122 (126); Ascheid/Preis/Schmidt/*Moll* § 17 Rn. 18a; aA: Linck/Krause/Bayreuther/*Bayreuther* § 17 Rn. 25f.; ErfK/*Kiel* KSchG § 17 Rn. 11; *Lembke/Ludwig* FA 2015, 350 (352f.).
⁴⁶ BAG 31.7.1986 – 2 AZR 594/85, AP KSchG 1969 § 17 Nr. 5; BAG 13.4.2000 – 2 AZR 215/99, AP KSchG 1969 § 17 Nr. 13; ErfK/*Kiel* KSchG § 17 Rn. 11; Ascheid/Preis/Schmidt/*Moll* KSchG § 17 Rn. 20.
⁴⁷ BAG 8.6.1989 – 2 AZR 624/88 AP KSchG 1969 § 17 Nr. 6; BAG 9.6.2016 – 6 AZR 638/15, NZA 2016, 1202 Rn. 14; Ascheid/Preis/Schmidt/*Moll* KSchG § 17 Rn. 24.
⁴⁸ BAG 8.6.1989 – 2 AZR 624/88 AP KSchG 1969 § 17 Nr. 6; LAG Rheinland-Pfalz 9.7.2015 – 5 Sa 44/15, BeckRS 2015, 72786.
⁴⁹ BAG 8.6.1989 – 2 AZR 624/88, AP KSchG 1969 § 17 Nr. 6; BAG 13.4.2000 – 2 AZR 215/99, AP KSchG 1969 § 17 Nr. 13.
⁵⁰ BAG 6.12.1973 – 2 AZR 10/73, AP KSchG 1969 § 17 Nr. 1; BAG 16.11.2004 – 1 AZR 11/04, AP KSchG 1969 § 17 Nr. 20.
⁵¹ EuGH 27.1.2005 – C-188/03, AP KSchG 1969 § 17 Nr. 18.
⁵² BAG 23.3.2006 – 2 AZR 343/05, AP KSchG 1969 § 17 Nr. 21 = NZA 2006, 971 (972ff.).
⁵³ BAG 8.6.1989 – 2 AZR 624/88, AP KSchG 1969 § 17 Nr. 6 [III 4b) der Gründe]; ErfK/*Kiel* KSchG § 17 Rn. 12; Ascheid/Preis/Schmidt/*Moll* KSchG § 17 Rn. 37.

Änderungsangebot angenommen wird oder nicht.[54] Wenn die Kündigung der Zustimmung einer Behörde bedarf, kann bereits der **Antrag auf Zustimmung** an die Behörde als maßgeblicher Entlassungszeitpunkt anzusehen sein. Das BAG[55] hat entschieden, dass der Antrag auf Zustimmung zur Kündigung eines Arbeitnehmers in Elternzeit (§ 18 BEEG) bei der Behörde als Entlassung anzusehen ist, weil das BVerfG[56] dies aus Art. 6 GG hergeleitet hatte. Aufgrund der Herleitung aus Art. 6 GG wird dies auch für die Anträge auf Zustimmung zur Kündigung von schwangeren Arbeitnehmerinnen (§ 17 MuSchG) und Arbeitnehmern in Pflegezeit (§§ 5 PflegeZG) gelten müssen, nicht jedoch für die Anträge auf Zustimmung zur Kündigung von schwerbehinderten Arbeitnehmern.[57]

12 **Keine Entlassung** iSd § 17 Abs. 1 S. 1 KSchG liegt vor, wenn das Arbeitsverhältnis lediglich hinsichtlich der Hauptleistungspflichten außer Vollzug gesetzt wird, aber ruhend fortbesteht, etwa bei Inanspruchnahme von Elternzeit, Beurlaubungen oder bei Einführung von Kurzarbeit.[58]

13 Ebenfalls keine Entlassung liegt vor, wenn der Arbeitnehmer mit Ausscheiden aus dem Arbeitsverhältnis in den Ruhestand oder Vorruhestand tritt, da es in diesen Fällen nicht zur Arbeitslosigkeit und nicht zur Belastung des Arbeitsmarktes kommt.[59]

14 Ohne Bedeutung für das Vorliegen einer Entlassung ist, ob der entlassene Arbeitnehmer eine Anschlussbeschäftigung hat.[60] Soweit feststeht, dass der Arbeitnehmer in eine Transfergesellschaft wechselt und daher dem Arbeitsmarkt nicht zur Verfügung steht, soll es sich hingegen nicht um eine Entlassung handeln, anders jedoch wenn der Wechsel in die Transfergesellschaft zum Zeitpunkt der Anzeige noch nicht feststeht.[61]

15 **b) Arbeitnehmerkündigung und Aufhebungsvertrag.** Auch Arbeitnehmerkündigungen und Aufhebungsverträge führen zwar zum Ausscheiden aus dem Arbeitsverhältnis, stellen aber keine Entlassungen iSd § 17 Abs. 1 S. 1 KSchG dar. § 17 Abs. 1 S. 2 KSchG stellt sie jedoch den Entlassungen gleich, wenn sie vom Arbeitgeber veranlasst werden. Dies war auch schon vor Einführung des § 17 Abs. 1 S. 2 KSchG[62] Stand der Rechtsprechung.[63] Der Arbeitnehmer wird iSd § 17 Abs. 1 S. 2 KSchG durch den Arbeitgeber zur Beendigung des Arbeitsverhältnisses veranlasst, wenn er diese durch Eigenkündigung oder Abschluss eines Aufhebungsvertrags in Kenntnis der konkreten Kündigungsabsicht des Arbeitgebers zum selben Zeitpunkt vornimmt, zu dem anderenfalls der Arbeitgeber das Arbeitsverhältnis kündigen würde.[64] Auf das Fallmaterial zur entsprechenden Problematik im Rahmen der §§ 111 ff. BetrVG kann ebenfalls zurückgegriffen werden.[65] Eine Veranlassung des Arbeitgebers verlangt eine unmittelbare Willensäußerung des Arbeitgebers, die beispielsweise dann vorliegt, wenn er dem Arbeitnehmer zu verstehen gibt, dass der Arbeitgeber das Arbeitsverhältnis beenden werde, wenn der Arbeitnehmer den Aufhebungsvertrag nicht annehme.[66] Für eine Veranlassung in diesem Sinne genügt es nicht, dass der Arbeitgeber allgemein unter Hinweis auf die wirtschaftliche Lage des Unternehmens rät, sich eine neue

---

[54] BAG 20.2.2014 – 2 AZR 346/12, NZA 2014, 1069 Rn. 31 ff.
[55] BAG 26.1.2007 – 6 AZR 442/16, NZA 2017, 577.
[56] BVerG 8.6.2016 – 1 BvR 3634/13, NZA 2016, 939; abl. *Moll* FS Willemsen, S. 319 (321 ff.).
[57] Linck/Krause/Bayreuther/*Bayreuther* § 17 Rn. 34; ErfK/*Kiel* § 17 KSchG Rn. 17a.
[58] Ascheid/Preis/Schmidt/*Moll* KSchG § 17 Rn. 26c.
[59] *Bauer/Röder* NZA 1985, 201 (203); Linck/Krause/Bayreuther/*Bayreuther* § 17 Rn. 47; Ascheid/Preis/Schmidt/*Moll* KSchG § 17 Rn. 29.
[60] BAG 19.3.2015 – 8 AZR 119/14, BeckRS 2015, 70521 Rn. 49 f.; Ascheid/Preis/Schmidt/*Moll* KSchG § 17 Rn. 28.
[61] BAG 28.6.2012 – 6 AZR 780/10, AP KSchG 1969 § 17 Nr. 40 Rn. 43 ff.; aA LAG Baden-Württemberg 23.10.2013 – 10 Sa 32/13, NZA-RR 2014, 192 (194 f.); Linck/Krause/Bayreuther/*Bayreuther* § 17 Rn. 50: stets Entlassung.
[62] Durch das Gesetz zur Anpassung arbeitsrechtlicher Bestimmungen an das EG-Recht vom 20.7.1995.
[63] BAG 6.12.1973 – 2 AZR 10/73, AP KSchG 1969 § 17 Nr. 1.
[64] BAG 6.12.1973 – 2 AZR 10/73, AP KSchG 1969 § 17 Nr. 1 mAnm *G. Hueck*; ErfK/*Kiel* KSchG § 17 Rn. 12; Ascheid/Preis/Schmidt/*Moll* KSchG § 17 Rn. 33.
[65] BAG 23.8.1988 – 1 AZR 276/87, AP BetrVG 1972 § 113 Nr. 17; BAG 4.7.1989 – 1 ABR 35/88, AP BetrVG 1972 § 111 Nr. 27; BAG 28.10.1992 – 10 AZR 406/91, AP BetrVG 1972 § 112 Nr. 65; BAG 19.7.1995 – 10 AZR 885/94, AP BetrVG 1972 § 112 Nr. 96.
[66] BAG 19.3.2015 – 8 AZR 119/14, BeckRS 2015, 70521 Rn. 45 f.

Stelle zu suchen.[67] Der Personalabbau muss durch den Arbeitgeber vielmehr konkret geplant sein und auch den betreffenden Arbeitnehmer erfassen, so dass die Eigenkündigung oder der Aufhebungsvertrag die Arbeitgeberkündigung vermeidet.[68] Allein das Angebot einer Abfindungszahlung für den Fall des freiwilligen Ausscheidens ohne das Hinzutreten anderer Umstände genügt nicht.[69] Andererseits schließt die Zahlung einer Abfindung das Vorliegen einer Entlassung und damit die Anzeigepflicht keinesfalls aus.[70] Steht es dem Arbeitnehmer frei, das Angebot zur Aufhebung des Arbeitsverhältnisses gegen Abfindungszahlung anzunehmen oder anderenfalls das Arbeitsverhältnis fortzusetzen, fehlt es an einer hinreichend konkreten Kündigungsabsicht des Arbeitgebers.[71]

Die gerichtliche oder außergerichtliche Erledigung des Streits über die Wirksamkeit der Kündigung durch einen Vergleich ändert nichts am Tatbestand der Entlassung.[72]

c) Außerordentliche Kündigung. Nach § 17 Abs. 4 S. 1 KSchG bleibt das Recht zur fristlosen Entlassung unberührt. Nach § 17 Abs. 4 S. 2 KSchG werden fristlose Entlassungen bei der Berechnung der Mindestzahl der Entlassungen nach § 17 Abs. 1 KSchG nicht mitgerechnet. Fristlose Entlassung iSd § 17 Abs. 4 KSchG ist die außerordentliche Kündigung aus wichtigem Grund nach § 626 Abs. 1 BGB.[73] Die Nichtberücksichtigung außerordentlicher, fristloser Kündigungen aus wichtigem Grund gibt den Interessen des Arbeitgebers an der sofortigen Beendigung des Arbeitsverhältnisses Vorrang gegenüber arbeitsmarktpolitischen Interessen und den Arbeitnehmerschutzinteressen. Dies gilt auch, wenn der Arbeitgeber eine soziale Auslauffrist gewährt.[74] Die Ausnahmeregelung des § 17 Abs. 4 KSchG gilt jedoch nicht für Kündigungen, bei denen der wichtige Grund zur außerordentlichen Kündigung nicht im Verhalten oder in der Person des Arbeitnehmers liegt. Daher sind insbesondere außerordentliche Kündigungen aus betrieblichen und wirtschaftlichen Gründen sehr wohl zu berücksichtigen. Dies ergibt sich schon daraus, dass außerordentliche Kündigungen aus betrieblichen und wirtschaftlichen Gründen regelmäßig nur unter Einhaltung der für eine ordentliche Kündigung einschlägigen Kündigungsfrist ausgesprochen werden können. Es handelt sich mithin nicht um fristlose Kündigungen, wie von § 17 Abs. 4 KSchG vorausgesetzt.[75] Zutreffend wird dieses Ergebnis auch aus einer richtlinienkonformen Auslegung des § 17 Abs. 4 KSchG hergeleitet, da die Richtlinie 98/59/EG Massenentlassungen in Art. 1 Abs. 1 Buchst. a) dahingehend definiert, dass es sich um Entlassungen handelt, deren Grund nicht in der Person des Arbeitnehmers liegt.[76]

Kündigt der Arbeitgeber, der zur außerordentlichen Kündigung aus wichtigem Grund berechtigt ist, das Arbeitsverhältnis stattdessen ordentlich, greift § 17 Abs. 4 KSchG jedoch nicht ein. Die Beendigung des Arbeitsverhältnisses auf Grund der ordentlichen Kündigung ist nach § 17 Abs. 1 S. 1 KSchG mitzuzählen.[77] Kündigungen nach § 624 BGB und § 113 Abs. 1 InsO fallen nicht unter § 17 Abs. 4 KSchG.[78] Dies wird teilweise damit begründet, dass es sich nicht um fristlose Kündigungen handelt.[79] Es handelt sich jedoch hierbei auch nicht um außerordentliche Kündigungen, da § 624 BGB und § 113 Abs. 1 InsO die or-

---

[67] BAG 20.4.1994 – 10 AZR 323/93, AP BetrVG 1972 § 112 Nr. 77.
[68] BAG 28.6.2012 – 6 AZR 780/10, AP KSchG 1969 § 17 Nr. 40; BAG 19.7.1995 – 10 AZR 885/94, AP BetrVG 1972 § 112 Nr. 96; Ascheid/Preis/Schmidt/*Moll* KSchG § 17 Rn. 33.
[69] *Bauer/Röder* NZA 1985, 201 (202); Ascheid/Preis/Schmidt/*Moll* KSchG § 17 Rn. 33.
[70] Ascheid/Preis/Schmidt/*Moll* KSchG § 17 Rn. 33.
[71] *G. Hueck* Anm. zu BAG 6.12.1973 – 2 AZR 10/73, AP KSchG 1969 § 17 Nr. 1; Ascheid/Preis/Schmidt/*Moll* KSchG § 17 Rn. 33.
[72] BAG 13.3.1969 – 2 AZR 157/68, AP KSchG 1951 § 15 Nr. 10; Linck/Krause/Bayreuther/*Bayreuther* § 17 Rn. 51; ErfK/*Kiel* KSchG § 17 Rn. 12.
[73] ErfK/*Kiel* KSchG § 17 Rn. 16; Linck/Krause/Bayreuther/*Bayreuther* § 17 Rn. 39; Ascheid/Preis/Schmidt/*Moll* KSchG § 17 Rn. 39.
[74] Ascheid/Preis/Schmidt/*Moll* KSchG § 17 Rn. 42.
[75] ErfK/*Kiel* KSchG § 17 Rn. 16.
[76] Ascheid/Preis/Schmidt/*Moll* KSchG § 17 Rn. 40.
[77] Ascheid/Preis/Schmidt/*Moll* KSchG § 17 Rn. 42.
[78] BAG 25.10.1963 – 2 AZR 23/63, AP KO § 22 Nr. 1; ErfK/*Kiel* KSchG § 17 Rn. 16; Ascheid/Preis/Schmidt/*Moll* KSchG § 17 Rn. 44.
[79] ErfK/*Kiel* KSchG § 17 Rn. 16.

dentliche Kündbarkeit wiederherstellen und die einzuhaltenden Kündigungsfristen festlegen.[80]

19 Eine tarifvertraglich erlaubte ordentliche entfristete Kündigung wird nicht von § 17 Abs. 4 KSchG erfasst, da sie nicht aus wichtigem Grund iSd § 626 Abs. 1 BGB ausgesprochen wird.[81]

20 **d) Befristung und Bedingung.** Eine Entlassung iSd § 17 Abs. 1 KSchG liegt nicht bei einer Beendigung des Arbeitsverhältnisses durch Eintritt der vereinbarten Bedingung oder Ablauf der vereinbarten Befristung vor.[82] Ausnahmsweise soll die Beendigung des Arbeitsverhältnisses auf Grund einer Befristung oder Bedingung über § 17 Abs. 1 S. 2 KSchG doch als Entlassung gelten, wenn die Stilllegung oder die Einschränkung des Betriebs der Grund für die vorübergehende Beschäftigung ist.[83] Dem lässt sich entgegenhalten, dass die Richtlinie 98/59/EG in Art. 1 Abs. 2 Buchst. a) Tätigkeiten und Arbeitsverträge, die für eine bestimmte Zeit oder Tätigkeit geschlossen worden sind, von der Anwendung ausnimmt.[84]

4. 30-Tage-Zeitraum und Schwellenwerte

21 § 17 Abs. 1 KSchG sieht folgende Schwellenwerte vor, die durch Entlassungen innerhalb eines 30-Tage-Zeitraums erreicht werden müssen:

Betriebsgröße	Entlassungen innerhalb von 30 Kalendertagen
Betriebe mit in der Regel mehr als 20 und weniger als 60 Arbeitnehmern	mehr als 5 Arbeitnehmer
Betriebe mit in der Regel mindestens 60 und weniger als 500 Arbeitnehmer	10 % der regelmäßig beschäftigten Arbeitnehmer oder mehr als 25 Arbeitnehmer
Betriebe mit in der Regel mindestens 500 Arbeitnehmern	mindestens 30 Arbeitnehmer

22 Zusammenzurechnen sind innerhalb jedes Zeitraums von 30 Kalendertagen alle Entlassungen nach § 17 Abs. 1 S. 1 KSchG und den Entlassungen gleichgestellte Beendigungen nach § 17 Abs. 1 S. 2 KSchG.[85] Es ist auf den Zugang der Kündigungserklärung und den Abschluss des Aufhebungsvertrages sowie in Sonderfällen auf den Antrag auf Zustimmung zur Kündigung an die zuständige Behörde abzustellen (→ Rn. 11 ff.).[86] Der Arbeitgeber darf auch in mehreren aufeinanderfolgenden 30-Tage-Zeiträumen jeweils knapp unterhalb des Schwellenwertes bleiben, ohne dass dies als Umgehung zu bewerten wäre, da dadurch die Entlassungen über einen längeren Zeitraum verteilt und der Arbeitsmarkt weniger belastet wird.[87] Der 30-Tage-Zeitraum beginnt mit jeder Entlassung.[88] Eine Entlassung kann auch im Nachhinein anzeigepflichtig werden, wenn innerhalb des mit dem Tag der betreffenden Entlassung beginnenden 30-Tage-Zeitraums nach dieser Entlassung weitere Entlassungen erfolgen und zusammengerechnet der maßgebliche Schwellenwert erreicht wird.[89]

---

[80] Ascheid/Preis/Schmidt/*Moll* KSchG § 17 Rn. 44.
[81] ErfK/*Kiel* § 17 Rn. 16; v. Hoyningen-Huene/*Linck* KSchG § 17 Rn. 40; Ascheid/Preis/Schmidt/*Moll* KSchG § 17 Rn. 45.
[82] EuGH 13.5.2015 – C-392/13, NZA 2015, 669 – Rabal Canas; Linck/Krause/Bayreuther/*Bayreuther* § 17 Rn. 46; Ascheid/Preis/Schmidt/*Moll* KSchG § 17 Rn. 35.
[83] Linck/Krause/Bayreuther/*Bayreuther* § 17 Rn. 46.
[84] Ascheid/Preis/Schmidt/*Moll* KSchG § 17 Rn. 35.
[85] BAG 20.1.2016 – 6 AZR 601/14, DB 2016, 898; 22.4.2010 – 6 AZR 948/08, NZA 2010, 1057 (1058); 13.3.1969 – 2 AZR 157/68, AP KSchG 1951 § 15 Nr. 10; BSG 9.12.1958 – 7 RAr 117/55, AP KSchG 1951 § 15 Nr. 3; ErfK/*Kiel* KSchG § 17 Rn. 17; v. Hoyningen-Huene/*Linck* KSchG § 17 Rn. 47; Ascheid/Preis/Schmidt/*Moll* KSchG § 17 Rn. 49.
[86] BAG 26.1.2017 – 6 AZR 442/16, NZA 2017, 577 Rn. 23; Linck/Krause/Bayreuther/*Bayreuther* § 17 Rn. 31, 34; ErfK/*Kiel* § 17 Rn. 17f.
[87] BAG 6.12.1973 – 2 AZR 10/73, AP KSchG § 17 Nr. 1; LKB/*Bayreuther* § 17 Rn 54; Ascheid/Preis/Schmidt/*Moll* KSchG § 17 Rn. 49c.
[88] ErfK/*Kiel* KSchG § 17 Rn. 17; Linck/Krause/Bayreuther/*Bayreuther* § 17 Rn 55.
[89] ErfK/*Kiel* KSchG § 17 Rn. 17; Ascheid/Preis/Schmidt/*Moll* KSchG § 17 Rn. 49d.

Die Fristberechnung erfolgt gemäß § 187 Abs. 2 BGB in Verbindung mit § 188 Abs. 1 23
BGB. Eine Fristverlängerung im Fall des Ablaufs der 30-Tage-Frist an Feiertagen, Samstagen oder Sonntagen nach § 193 BGB erfolgt nicht, da weder eine Erklärung abzugeben noch eine Leistung zu erbringen ist. Mithin sind Entlassungen am letzten Tag in aufeinander folgenden Monaten mit Ausnahme des Monats Februar außerhalb des jeweiligen 30-Tage-Zeitraums, so dass sie nicht zusammengerechnet werden müssen. Entlassungen am 31.3. lösen eine 30-Tage-Frist aus, die am 29.4. endet. Entlassungen am 30.4. sind daher nicht mitzurechnen. Kommt es jedoch zu weiteren Entlassungen beispielsweise am 15.4., fallen diese jeweils in einen 30-Tagezeitraum mit den Entlassungen am 31.3. und mit Entlassungen am 30.4.

III. Beteiligung des Betriebsrats

1. Auskunfts- und Unterrichtungspflicht

§ 17 Abs. 2 S. 1 KSchG verpflichtet den Arbeitgeber, dem Betriebsrat rechtzeitig die 24
zweckdienlichen Auskünfte über die beabsichtigten Entlassungen zu erteilen und ihn schriftlich zu unterrichten über
- die Gründe für die geplanten Entlassungen (Nr. 1),
- die Zahl und die Berufsgruppen der zu entlassenden Arbeitnehmer (Nr. 2),
- die Zahl und die Berufsgruppen der in der Regel beschäftigten Arbeitnehmer (Nr. 3),
- den Zeitraum, in dem die Entlassungen vorgenommen werden sollen (Nr. 4),
- die vorgesehenen Kriterien für die Auswahl der zu entlassenden Arbeitnehmer (Nr. 5),
- die für die Berechnung etwaiger Abfindungen vorgesehenen Kriterien (Nr. 6).

Die Beteiligung des Betriebsrats nach § 17 Abs. 2 KSchG setzt die Existenz eines Betriebs- 25
rats voraus. Für das Konsultationsverfahren ist der Gesamtbetriebsrat gemäß § 50 Abs. 1 BetrVG originär zuständig, wenn der geplante Personalabbau auf der Grundlage eines unternehmenseinheitlichen Konzepts durchgeführt werden soll und mehrere Betriebe von der Betriebsänderung betroffen sind.[90] Wird der Betriebsrat erst gegründet, nachdem der Arbeitgeber bereits über die Massenentlassung entschieden und diese in die Wege geleitet hat, ist er nicht mehr nachträglich zu beteiligen. Dies hat das Bundesarbeitsgericht für eine Beteiligung eines nachträglich errichteten Betriebsrats bei Betriebsänderungen entschieden[91] und kann auf § 17 Abs. 2 KSchG übertragen werden.[92] Ein Betriebsrat, der sich erst nach der Entscheidung und Bekanntgabe über die Massenentlassung gegründet hat, ist jedoch noch im Rahmen des § 17 Abs. 3 KSchG zu beteiligen, soweit die Anzeige noch nicht erstattet ist. Er gibt entweder eine Stellungnahme zu den geplanten Entlassungen ab, oder der Arbeitgeber legt dar und macht glaubhaft, dass die Unterrichtung und Beratung gemäß § 17 Abs. 2 KSchG wegen der nachträglichen Gründung des Betriebsrats nicht möglich waren und es daher an einer Stellungnahme des Betriebsrats fehlt.[93]

a) **Inhalt.** Das Gesetz unterscheidet zwischen Auskunftserteilung und Unterrichtung. Ge- 26
genstand der schriftlichen Unterrichtung sind die im Katalog des § 17 Abs. 2 Nr. 1 bis 6 KSchG aufgeführten Gegenstände. Darüber hinausgehend hat der Betriebsrat ein Recht auf die Erteilung weitergehender zweckdienlicher Auskünfte.[94] Nach Nr. 1 sind die Gründe für die geplanten Entlassungen anzugeben. Die den Entlassungen zugrundeliegenden Sachverhalte sind dabei allgemein im Hinblick auf die wirtschaftlichen Hintergründe und die vor diesen Hintergründen getroffenen unternehmerischen Entscheidungen entsprechend den Unterrichtungspflichten im Rahmen des § 111 S. 1 BetrVG zu erläutern. Es ist nicht gefordert, die Kündigungsgründe für die einzelnen betroffenen Arbeitnehmer in Anlehnung an § 102

---

[90] BAG 13.12.2012 – 6 AZR 752/11, AP KSchG 1969 § 17 Nr. 44 Rn. 44; Ascheid/Preis/Schmidt/*Moll* § 17 Rn. 74d.
[91] BAG 20.4.1982 – 1 ABR 3/80, AP BetrVG 1972 § 112 Nr. 15; BAG 28.10.1992 – 10 ABR 75/91, AP BetrVG 1972 § 112 Nr. 63.
[92] Ascheid/Preis/Schmidt/*Moll* KSchG § 17 Rn. 60.
[93] Ascheid/Preis/Schmidt/*Moll* KSchG § 17 Rn. 60.
[94] Linck/Krause/Bayreuther/*Bayreuther* § 17 Rn. 78; Ascheid/Preis/Schmidt/*Moll* KSchG § 17 Rn. 61; .

Abs. 1 BetrVG mitzuteilen. Es geht nicht um die konkreten Kündigungsgründe in jedem Einzelfall, etwa bestehende individuelle Weiterbeschäftigungsmöglichkeiten oder konkrete individualisierte Angaben zur Sozialauswahl.[95] Die Angabe der Zahl und der Berufsgruppen der zu entlassenden und in der Regel beschäftigten Arbeitnehmer nach Nr. 2 und Nr. 3 sollte sich, soweit möglich, nach den von der Bundesagentur für Arbeit vorgegebenen Berufsgruppen/-klassen richten.[96] Die Einordnung der Berufe in die von der Bundesagentur verwendeten Berufsgruppen/-klassen kann jedoch bei modernen Dienstleistungsbetrieben Schwierigkeiten bereiten. Ohne Auswirkungen auf die Wirksamkeit der Unterrichtung und der späteren Anzeige können in diesen Fällen auch aussagekräftigere Bezeichnungen für die Berufsgruppen gewählt werden. Ist die Entlassung aller Arbeitnehmer geplant, führt die fehlende Angabe der Berufsgruppen und die insoweit ungenaue Unterrichtung des Betriebsrats nicht zur Unwirksamkeit der Kündigung, weil sich der Fehler nicht zu Lasten der betroffenen Arbeitnehmer auswirken kann.[97] Die Mitteilung des Zeitraums nach Nr. 4, in dem die Entlassungen vorgenommen werden sollen, erfolgt durch die Mitteilung der relevanten anzeigepflichtigen Entlassungstermine. Die in Nr. 5 geforderte Mitteilung der Kriterien für die Auswahl der zu entlassenden Arbeitnehmer kann sich neben maßgeblichen fachlichen und betrieblichen Kriterien an den allgemein im Rahmen des § 1 Abs. 3 KSchG maßgeblichen Gesichtspunkten orientieren, darf aber nicht nur das Ergebnis der Sozialauswahl wiedergeben.[98] Soweit Auswahlrichtlinien gemäß § 95 BetrVG, § 1 Abs. 4 KSchG vereinbart worden sind, ist auf die Maßgeblichkeit dieser Auswahlrichtlinien hinzuweisen.[99] Schließlich hat der Arbeitgeber nach Nr. 6 über die Kriterien über die Berechnung etwaiger Abfindungen zu unterrichten. Soweit für die Maßnahme ein Sozialplan aufgestellt wurde, kann auf die Sozialplanregelungen verwiesen werden. Existiert bei einer sozialplanpflichtigen Maßnahme noch kein Sozialplan, muss der Arbeitgeber seine Vorstellungen zu einem Sozialplan mitteilen. Auf Grund der unterschiedlichen Schwellenwerte in § 112a Abs. 1 BetrVG und bei Neugründungen nach § 112a Abs. 2 BetrVG muss eine Massenentlassung iSd § 17 Abs. 1 KSchG nicht sozialplanpflichtig sein. In diesen Fällen sind Angaben zu den Kriterien für Abfindungen nur erforderlich, soweit diese freiwillig gezahlt werden sollen.

27 b) **Zeitpunkt.** Die Auskunftserteilung und Unterrichtung müssen rechtzeitig erfolgen. Was im Einzelfall rechtzeitig ist, hat sich nach Sinn und Zweck der Unterrichtung allein daran zu orientieren, dass der Arbeitnehmervertretung noch die Möglichkeit der Einflussnahme eröffnet wird, bevor der Arbeitgeber mit der Umsetzung der Maßnahme beginnt.[100] Auch aus der Regelung in § 17 Abs. 3 S. 3 KSchG, wonach die Anzeige wirksam ist, wenn der Arbeitgeber glaubhaft macht, dass er den Betriebsrat mindestens zwei Wochen vor Erstattung der Anzeige unterrichtet hat und den Stand der Beratungen darlegt, lässt sich eine Frist für die Rechtzeitigkeit der Unterrichtung nicht herleiten.[101]

28 c) **Schriftform.** Die Unterrichtung gemäß § 17 Abs. 2 S. 1 Nr. 1 bis 6 KSchG, nicht aber die Auskunftserteilung, hat schriftlich zu erfolgen.[102] Das Bundesarbeitsgericht hat offengelassen, ob § 17 Abs. 2 S. 1 KSchG gesetzliche Schriftform iSd § 126 Abs. 1 BGB verlangt.[103] Ein etwaiger Schriftformverstoß wird jedenfalls durch eine abschließende Stellungnahme des Betriebsrats zu den Entlassungen geheilt.[104]

---

[95] Linck/Krause/Bayreuther/*Bayreuther* § 17 Rn. 79; Ascheid/Preis/Schmidt/*Moll* KSchG § 17 Rn. 64; ErfK/*Kiel* KSchG § 17 Rn. 21a.
[96] *Krieger/Ludwig* NZA 2010, 919 (921); Linck/Krause/Bayreuther/*Bayreuther* § 17 Rn. 79; Ascheid/Preis/Schmidt/*Moll* § 17 Rn. 65.
[97] BAG 9.6.2016 – 6 AZR 405/15, NZA 2016, 1198 Rn. 30; *Moll/Katerndahl* RdA 2018, 57.
[98] LAG Düsseldorf 26.9.2013 – 5 Sa 530/13, BeckRS 2013, 74192; ErfK/*Kiel* KSchG § 17 Rn. 22; Ascheid/Preis/Schmidt/*Moll* KSchG § 17 Rn. 68.
[99] Ascheid/Preis/Schmidt/*Moll* KSchG § 17 Rn. 68.
[100] EuGH 10.9.2009 – C-44/08, NZA 2009, 1083; Ascheid/Preis/Schmidt/*Moll* KSchG § 17 Rn. 72; *Wißmann* RdA 1998, 221 (225).
[101] BAG 9.6.2016 – 6 AZR 405/15, NZA 2016, 1198 Rn. 36.
[102] Ascheid/Preis/Schmidt/*Moll* KSchG § 17 Rn. 71.
[103] BAG 20.9.2012 – 6 AZR 155/11, NZA 2013, 32.
[104] BAG 9.6.2016 – 6 AZR 405/15, NZA 2016, 1198 Rn. 27; BAG 20.9.2012 – 6 AZR 155/11, NZA 2013, 32.

d) **Abschrift an die Agentur für Arbeit.** Nach § 17 Abs. 3 S. 1 KSchG hat der Arbeitgeber der Agentur für Arbeit eine Abschrift der Unterrichtung des Betriebsrats zuzuleiten. Diese muss wenigstens die in § 17 Abs. 2 S. 1 Nr. 1 bis 5 KSchG aufgelisteten Angaben enthalten. Angaben über die Berechnung etwaiger Abfindungen (§ 17 Abs. 2 Nr. 6 KSchG) müssen daher nicht an die Agentur für Arbeit weitergeleitet werden.

2. Beratungspflicht

Nach der Unterrichtung und Erteilung weiterer Auskünfte haben der Arbeitgeber und der Betriebsrat nach § 17 Abs. 2 S. 2 KSchG die Möglichkeiten zu beraten, Entlassungen zu vermeiden oder einzuschränken und ihre Folgen zu mildern. Beratung setzt voraus, dass der Betriebsrat seine Stellungnahme zu den Planungen des Arbeitgebers abgibt und die Betriebsparteien ihre wechselseitigen Standpunkte mit einem ernstlichen Willen zur Einigung im Gespräch erörtern.[105] Gespräche mit dem Wirtschaftsausschuss oder die Einholung persönlicher Äußerungen des Betriebsratsvorsitzenden genügen den Anforderungen nicht.[106] Die Beratungen können zum Gegenstand haben, inwieweit die Entlassungen beispielsweise durch die Einführung von Kurzarbeit ganz oder teilweise vermieden oder die Folgen unvermeidbarer Entlassungen durch die Unterstützung bei Qualifizierung und Umschulung verringert werden können.[107]

Die Beratungen mit dem Betriebsrat nach § 17 Abs. 2 KSchG müssen vor der Kündigungserklärung beendet sein.[108] Das ist regelmäßig der Fall, wenn ein Interessenausgleich abgeschlossen wird oder der Betriebsrat eine Erklärung abgibt, aus der das Scheitern der Verhandlungen oder die mangelnde Bereitschaft zu (weiteren) Verhandlungen hervorgeht.[109] Mit der Konsultationspflicht nach § 17 Abs. 2 S. 2 KSchG ist keine Pflicht zur Verständigung über Umfang und Folgen der Massenentlassung verbunden. § 17 Abs. 2 S. 2 KSchG verlangt nicht, dass außer der Unterrichtung und Beratung auch eine Einigung mit dem Betriebsrat vor Durchführung der Massenentlassung erzielt worden sein muss.[110] Die Konsultationen sind auch dann beendet, wenn der Betriebsrat trotz Aufforderung und Terminangebot keine Bereitschaft für Beratungen erkennen lässt.[111]

3. Beteiligung bei leitenden Angestellten

Die Anzeigepflicht des § 17 KSchG gilt auch für die Entlassung von **leitenden Angestellten** iSd § 5 Abs. 3 BetrVG. Ausgenommen ist nach **§ 17 Abs. 5 KSchG** nur ein Teil der leitenden Angestellten. Teilweise wird vertreten, dass § 17 Abs. 2 KSchG eine planwidrige Regelungslücke enthalte, die durch eine Beteiligung des Sprecherausschusses bei leitenden Angestellten, die nicht unter § 17 Abs. 5 Nr. 3 KSchG fallen, zu schließen sei.[112] Eine andere Meinung geht dahin, § 17 Abs. 2 KSchG seinem Wortlaut gemäß anzuwenden und den Betriebsrat auch im Hinblick auf die Entlassung leitender Arbeitnehmer mit Ausnahme der in § 17 Abs. 5 Nr. 3 KSchG genannten Arbeitnehmer zu beteiligen.[113] Für letztere Auffassung spricht, dass § 5 Abs. 3 BetrVG nichts über die Anwendung des Kündigungsschutzgesetzes auf leitende Angestellte sagt. Vielmehr bestimmt § 5 Abs. 3 S. 1 BetrVG lediglich, dass das Betriebsverfassungsgesetz nicht auf leitende Angestellte anzuwenden ist, und zwar auch

---

[105] BAG 22.9.2016 – 2 AZR 276/16, NZA 2017, 175 (179 Rn. 50); Ascheid/Preis/Schmidt/*Moll* KSchG § 17 Rn. 74.
[106] BAG 26.2.2015 – 2 AZR 955/13, NZA 2015, 881 Rn. 19 ff.
[107] Linck/Krause/Bayreuther/*Bayreuther* § 17 Rn. 87; Ascheid/Preis/Schmidt/*Moll* KSchG § 17 Rn. 74.
[108] EuGH 27.1.2005 – C-188/03, AP KSchG 1969 § 17 Nr. 18; EuGH 10.9.2009 – C-44/08, NZA 2009, 1083 (1086 f.).
[109] Linck/Krause/Bayreuther/*Bayreuther* § 17 Rn. 91.
[110] BAG 22.9.2016 – 2 AZR 276/16, NZA 2017, 175 Rn. 50; BAG 16.5.2007 – 8 AZR 693/06, NZA 2007, 1296 Rn. 42; BAG 13.7.2006 – 6 AZR 198/06, NZA 2007, 25 Rn. 24; *Nicolai* NZA 2005, 206 (207); *Ferme/Lipinski* NZA 2006, 937 (941); *Bauer/Krieger/Powietzka* BB 2006, 1897 (1990).
[111] BAG 22.9.2016 – 2 AZR 276/16, NZA 2017, 175, Rn 50; Linck/Krause/Bayreuther/*Bayreuther* § 17 Rn. 93.
[112] Linck/Krause/Bayreuther/*Bayreuther* § 17 Rn. 69; *Wißmann* RdA 1998, 221 (224).
[113] ErfK/*Kiel* KSchG § 17 Rn. 19b; Ascheid/Preis/Schmidt/*Moll* KSchG § 17 Rn. 57.

nicht ausnahmslos, wie beispielsweise § 105 BetrVG für die Einstellung leitender Angestellter zeigt. Es gibt daher keinen Grund, die leitenden Angestellten aus der Beteiligung des Betriebsrats in die eine oder andere Richtung auszunehmen. Ungelöst ist hingegen die Beteiligung des Betriebsrats im Hinblick auf GmbH-Geschäftsführer.[114] Diese bleiben mangels gesetzlicher Regelung ohne Vertretung.[115]

4. Rechtsfolgen mangelnder Beteiligung

33   Die ordnungsgemäße Unterrichtung nach § 17 Abs. 2 S. 1 KSchG und die Beratung der Entlassungen mit dem Betriebsrat nach § 17 Abs. 2 S. 2 KSchG sind Wirksamkeitsvoraussetzungen für die Kündigung. Sie ist bei Nichtdurchführung des Konsultationsverfahrens wegen Verstoßes gegen ein gesetzliches Verbot iSv § 134 BGB unwirksam.[116]

5. Andere Beteiligungsrechte bei Massenentlassungen

34   Die Beteiligungsrechte nach dem Betriebsverfassungsgesetz im Hinblick auf Personalplanung gemäß § 92 Abs. 1 BetrVG, die Unterrichtung des Wirtschaftsausschusses gemäß § 106 Abs. 3 Nr. 6 BetrVG, die Beteiligung des Betriebsrats nach §§ 111, 112 BetrVG bei Betriebsänderungen und schließlich die Anhörung des Betriebsrats vor Ausspruch der Kündigung nach § 102 Abs. 1 BetrVG bleiben von § 17 Abs. 2 KSchG unberührt.[117] Der Arbeitgeber muss die unterschiedlichen Informations- und Beratungspflichten nicht in getrennten Verfahren durchführen. Er kann vielmehr die für ihn bestehenden unterschiedlichen Verpflichtungen in einem Verfahren zusammenfassen, wobei er jedoch ausdrücklich klarstellen muss, dass er auch den Konsultationspflichten aus § 17 Abs. 2 KSchG nachkommen will.[118] Zu beachten ist jedoch, dass der Inhalt der Unterrichtung und gegebenenfalls Beratung den jeweiligen unterschiedlichen Anforderungen der Beteiligungsrechte genügt. Die Unterrichtung nach § 102 Abs. 1 BetrVG beispielsweise bedarf der Angabe der konkreten individuellen Kündigungsgründe, die bei § 17 Abs. 2 KSchG nicht vorausgesetzt wird. Die jeweils unterschiedlichen Anforderungen müssen in dem einheitlichen Verfahren in vollem Umfang erfüllt werden.[119]

35   Ebenfalls von § 17 Abs. 2 KSchG unberührt bleiben die Beteiligungsrechte des Sprecherausschusses nach dem Sprecherausschussgesetz. In Betracht kommen insbesondere die Unterrichtung des Sprecherausschusses über wirtschaftliche Angelegenheiten nach § 32 Abs. 1 SprAuG, die Beteiligung des Sprecherausschusses bei Betriebsänderungen nach § 32 Abs. 2 SprAuG, die Mitteilung personeller Änderungen gemäß § 31 Abs. 1 SprAuG sowie die Anhörung des Sprecherausschusses vor einer Kündigung nach § 31 Abs. 2 SprAuG.[120]

36   Bei länderübergreifenden Massenentlassungen ist ungeachtet des Beteiligungsrechts des Betriebsrats nach § 17 Abs. 2 KSchG auch ein gegebenenfalls errichteter Europäischer Betriebsrat zu unterrichten und anzuhören. Eine Unterrichtungs- und Anhörungspflicht besteht gemäß § 29 Abs. 2 Nr. 10 EBRG im Falle von Massenentlassungen. Massenentlassungen stellen auch außergewöhnliche Umstände iSd § 30 Abs. 1 S. 2 Nr. 3 EBRG dar, über die der Europäische Betriebsrat rechtzeitig zu unterrichten und auf Verlangen anzuhören ist.

37   Neben den Beteiligungsrechten aus § 17 Abs. 2 KSchG bestehen weitere Beteiligungsrechte im Rahmen des Anzeigeverfahrens nach § 17 Abs. 3 S. 6 bis 8 KSchG. Hierbei geht es jedoch nicht um eine Beteiligung des Betriebsrats an der Willensbindung des Arbeitgebers, sondern um Einflussmöglichkeiten im Rahmen des Verwaltungsverfahrens.[121]

---

[114] *Hohenstatt/Naber* NZA 2014, 637 (641).
[115] Linck/Krause/Bayreuther/*Bayreuther* § 17 Rn. 70; ErfK/*Kiel* KSchG § 17 Rn. 19b.
[116] BAG 12.2.2019 – 1 AZR 279/17, NZA 2019, 719 Rn. 20; BAG 21.3.2013 – 2 AZR 60/12, NZA 2013, 966; ErfK/*Kiel* KSchG § 17 Rn. 36; *Niklas/Koehler* NZA 2010, 913 (916); *Krieger/Ludwig* NZA 2010, 919 (921); kritisch Ascheid/Preis/Schmidt/*Moll* KSchG § 17 Rn. 77 ff.
[117] ErfK/*Kiel* KSchG § 17 Rn. 26; Ascheid/Preis/Schmidt/*Moll* KSchG § 17 Rn. 82 ff.
[118] BAG 26.2.2015 – 2 AZR 955/13, NZA 2015, 881 Rn. 17; BAG 3.11.1977 – 2 AZR 277/76, AP BPersVG § 75 Nr. 1; LAG Niedersachsen 29.6.2015 – 8 Sa 1524/14, BeckRS 2015, 73549 Rn. 23; LAG Niedersachsen 26.2.2015 – 5 Sa 1318/14, ZIP 2015, 1604; ErfK/*Kiel* KSchG § 17 Rn. 26a; Ascheid/Preis/Schmidt/*Moll* KSchG Vor §§ 17 ff. Rn. 20 u. KSchG § 17 Rn. 86.
[119] ErfK/*Kiel* KSchG § 17 Rn. 26a; Ascheid/Preis/Schmidt/*Moll* KSchG § 17 Rn. 86.
[120] Ascheid/Preis/Schmidt/*Moll* KSchG § 17 Rn. 87.
[121] Ascheid/Preis/Schmidt/*Moll* KSchG § 17 Rn. 89.

IV. Anzeige an die Agentur für Arbeit

§ 17 Abs. 3 KSchG enthält die Anforderungen, die an eine Anzeige zu stellen sind. Der Arbeitgeber hat der Agentur für Arbeit eine schriftliche Anzeige zu erstatten, die bestimmte Angaben (S. 4) enthalten **muss** und weitere Angaben (S. 5) enthalten **kann**. Der Anzeige ist entweder die Stellungnahme des Betriebsrats beizufügen (S. 2) oder es ist die Unterrichtung des Betriebsrats glaubhaft zu machen und der Stand der Beratungen darzulegen (S. 3).

1. Anzeigenerstatter

Die Anzeige ist vom Arbeitgeber als Inhaber des Betriebs zu erstatten. Der Arbeitgeber kann sich auch durch einen Bevollmächtigten, zB einen Rechtsanwalt, vertreten lassen.[122] Die Anzeigepflicht für Massenentlassungen gilt auch in der Insolvenz. Die Anzeige ist im Insolvenzfall vom Insolvenzverwalter zu erstatten.[123] Der Betriebsrat oder ein anderer nicht bevollmächtigter Dritter kann die Anzeige nicht erstatten.[124] Die Anzeige des Betriebsveräußerers bleibt im Falle eines Betriebsübergangs auch für den Betriebserwerber wirksam, da dieser in die Rechtsstellung des Betriebsveräußerers eintritt.[125]

2. Zuständige Agentur für Arbeit

Zuständig für den Empfang der Anzeige ist die Agentur für Arbeit, in deren Bezirk der Betrieb liegt. Auf den Sitz des Unternehmens kommt es nicht an.[126] Die bei einer unzuständigen Agentur für Arbeit eingereichte Anzeige ist unwirksam. Sie kann aber durch Weiterleitung mit Eingang bei der örtlich zuständigen Agentur für Arbeit wirksam werden und den Lauf der Sperrfrist in Gang setzen.[127] Ist die Anzeige nur versehentlich bei der örtlich unzuständigen Agentur für Arbeit eingereicht worden, kann im Rahmen der Ermessensentscheidung eine Abkürzung der Sperrfrist gemäß § 18 Abs. 1 KSchG in Betracht kommen.[128]

3. Form

Die Anzeige ist gemäß § 17 Abs. 3 S. 2 schriftlich zu erstatten. Die Einhaltung der Schriftform erfordert die Namensunterschrift des Anzeigenerstatters. Die Namensunterschrift muss jedoch nicht im Original übermittelt werden, wie von § 126 Abs. 1 BGB vorausgesetzt. Das Schriftformerfordernis des § 17 Abs. 3 S. 2 KSchG wird wie Schriftformerfordernisse in anderen Verfahrensregelungen, etwa bei Klageeinreichung oder Rechtsmitteleinlegung, auch durch Telefax oder Telegramm gewahrt.[129]

> **Praxistipp:**
> Die Bundesagentur für Arbeit stellt Vordrucke für die schriftliche Anzeige zur Verfügung, deren Verwendung nicht obligatorisch, aber zur Erleichterung des Verwaltungsverfahrens empfehlenswert ist. Die Formulare sind auch unter der Internetadresse www.arbeitsagentur.de verfügbar.

---

[122] BAG 14.8.1986 – 2 AZR 561/85, AP BetrVG 1972 § 102 Nr. 43; Linck/Krause/Bayreuther/*Bayreuther* § 17 Rn. 109; Ascheid/Preis/Schmidt/*Moll* KSchG § 17 Rn. 94.
[123] BAG 22.4.2010 – 6 AZR 948/08, NZA 2010, 1057; Linck/Krause/Bayreuther/*Bayreuther* § 17 Rn. 109; Ascheid/Preis/Schmidt/*Moll* KSchG § 17 Rn. 95.
[124] BSG 4.8.1980 – 7 RAr 68/79, AP KSchG 1969 § 17 Nr. 2; Linck/Krause/Bayreuther/*Bayreuther* § 17 Rn. 109; Ascheid/Preis/Schmidt/*Moll* KSchG § 17 Rn. 95.
[125] Linck/Krause/Bayreuther/*Bayreuther* § 17 Rn. 109; Ascheid/Preis/Schmidt/*Moll* KSchG § 17 Rn. 95.
[126] ErfK/*Kiel* KSchG § 17 Rn. 29; Linck/Krause/Bayreuther/*Bayreuther* § 17 Rn. 110; Ascheid/Preis/Schmidt/*Moll* KSchG § 17 Rn. 96.
[127] Linck/Krause/Bayreuther/*Bayreuther* § 17 Rn. 111; Ascheid/Preis/Schmidt/*Moll* KSchG § 17 Rn. 96.
[128] Ascheid/Preis/Schmidt/*Moll* KSchG § 17 Rn. 96.
[129] BAG 24.9.1986 – 7 AZR 669/84, AP ArbGG 1979 § 72 Nr. 12; ErfK/*Kiel* KSchG § 17 Rn. 28; LKB/*Bayreuther* § 17 Rn. 112; Ascheid/Preis/Schmidt/*Moll* KSchG § 17 Rn. 97.

4. Mussinhalt

42 Nach § 17 Abs. 3 S. 4 KSchG besteht der Mindestinhalt der Anzeige aus folgenden Angaben:
- Name des Arbeitgebers
- Sitz und Art des Betriebs
- Gründe für die geplanten Entlassungen
- Zahl und Berufsgruppen der in der Regel beschäftigten Arbeitnehmer
- Zahl und Berufsgruppen der zu entlassenden Arbeitnehmer
- Zeitraum der Entlassungen
- Kriterien für die Auswahl der zu entlassenden Arbeitnehmer.

Die Inhalte sind deckungsgleich mit den Inhalten der Unterrichtung des Betriebsrats nach § 17 Abs. 2 S. 1 Nr. 1 bis 5 KSchG.

43 Wenn einer der aufgeführten Punkte fehlt, ist die Anzeige unwirksam.[130] Eine fehlende Angabe kann nachgeholt werden. Die nachträglich vervollständigte Anzeige wird mit Vorliegen sämtlicher erforderlicher Angaben bei der Agentur für Arbeit ex nunc wirksam.[131] Die unzutreffende Angabe der Anzahl der in der Regel Beschäftigen führt nicht zur Unwirksamkeit der Anzeige, wenn die Arbeitsverwaltung dadurch bei ihrer sachlichen Prüfung nicht beeinflusst wurde.[132] Jedoch gilt grundsätzlich, dass jede unzutreffende Angabe des Mussinhaltes der Anzeige zu ihrer Unwirksamkeit führt. Insbesondere ist die richtige Mitteilung der Anzahl und der Berufsgruppen der zu entlassenden Arbeitnehmer angesichts des Schutzzwecks der Anzeigepflicht von entscheidender Bedeutung. Für andere oder darüber hinausgehende Entlassungen liegt bei insoweit falschen Angaben keine Massenentlassungsanzeige vor. Für diese Entlassungen löst die Anzeige keine Sperr- und Freifristen nach § 18 KSchG aus.[133]

5. Sollinhalt

44 Über den in § 17 Abs. 3 S. 4 KSchG beschriebenen Mussinhalt hinaus sollen nach § 17 Abs. 3 S. 5 KSchG folgende Angaben in der Anzeige im Einvernehmen mit dem Betriebsrat gemacht werden:
- Geschlecht der zu entlassenden Arbeitnehmer
- Alter der zu entlassenden Arbeitnehmer
- Beruf der zu entlassenden Arbeitnehmer
- Staatsangehörigkeit der zu entlassenden Arbeitnehmer.

45 Die Aufteilung in Mussinhalt und Sollinhalt stellt eine Kompromissregelung dar, die nach Meinungsverschiedenheiten über den Inhalt der Anzeige im Gesetzgebungsverfahren gefunden wurde.[134] Die Angabe von Alter, Beruf, Geschlecht und Staatsangehörigkeit kann nur erfolgen, wenn zu diesem Zeitpunkt bereits individualisiert feststeht, welche Arbeitnehmer entlassen werden.

46 Die Anzeige ist auch ohne die Sollangaben vollständig und wirksam.[135] Das Fehlen der Angaben kann sich aber im weiteren Verfahren auswirken. Die Agentur für Arbeit kann nach § 20 Abs. 3 S. 2 KSchG diesbezügliche Auskünfte einholen, soweit sie dies für erforderlich hält. Es wird auch im Rahmen der Entscheidung über die Sperrfrist nach § 18 KSchG zu berücksichtigen haben, ob die Sperrfristen nach § 18 KSchG wegen ungenügender Aufklärung zu verlängern sind.[136] Der Arbeitgeber kann Angaben über Geschlecht, Al-

---

[130] BAG 28.6.2012 – 6 AZR 780/10, NZA 2012, 1029 Rn. 50; ErfK/*Kiel* KSchG § 17 Rn. 29a; Linck/Krause/Bayreuther/*Bayreuther* § 17 Rn. 116; Ascheid/Preis/Schmidt/*Moll* KSchG § 17 Rn. 100.
[131] Linck/Krause/Bayreuther/*Bayreuther* § 17 Rn. 114; Ascheid/Preis/Schmidt/*Moll* KSchG § 17 Rn. 100a.
[132] BAG 22.3.2001 – 8 AZR 565/00, AP GG Art. 101 Nr. 59.
[133] Ascheid/Preis/Schmidt/*Moll* KSchG § 17 Rn. 101.
[134] BT-Drs. 8/1041, 5; BT-Drs. 8/1546, 7; BR-Drs. 400/77, 8; Ascheid/Preis/Schmidt/*Moll* KSchG § 17 Rn. 103.
[135] Linck/Krause/Bayreuther/*Bayreuther* § 17 Rn. 119; Ascheid/Preis/Schmidt/*Moll* KSchG § 17 Rn. 106.
[136] Ascheid/Preis/Schmidt/*Moll* KSchG § 17 Rn. 106.

ter, Beruf und Staatsangehörigkeit auch ohne Einvernehmen mit dem Betriebsrat in die Anzeige aufnehmen.[137]

Durch die einvernehmlich gemachten Soll-Angaben bindet sich der Arbeitgeber nicht hinsichtlich der Auswahl der zu kündigenden Arbeitnehmer. Ebensowenig bindet sich der Betriebsrat, den Kündigungen im Rahmen der Beteiligungsverfahren nach dem Betriebsverfassungsgesetz nicht zu widersprechen. Auch ersetzen die Sollangaben diese Beteiligungsverfahren nicht. Das Interessenausgleichsverfahren nach §§ 111 ff. BetrVG und die Betriebsratsanhörungen nach § 102 Abs. 1 BetrVG sind gleichwohl durchzuführen.[138]

6. Stellungnahme des Betriebsrats

Nach § 17 Abs. 3 S. 2 KSchG ist der Anzeige an die Agentur für Arbeit eine Stellungnahme des Betriebsrats beizufügen. Die Beifügung der Stellungnahme ist Wirksamkeitsvoraussetzung für die Anzeige.[139] Dies folgt aus § 17 Abs. 3 S. 3 KSchG, wonach eine Anzeige ohne Stellungnahme des Betriebsrats nur ausnahmsweise unter den dort geregelten Voraussetzungen wirksam ist.[140]

Die Stellungnahme des Betriebsrats kann durch die Beifügung eines Interessenausgleichs mit Namensliste gemäß § 1 Abs. 5 S. 4 KSchG ersetzt werden. Ein im Insolvenzverfahren geschlossener Interessenausgleich mit Namensliste gemäß § 125 Abs. 1 InsO ersetzt nach § 125 Abs. 2 InsO ebenfalls die Stellungnahme des Betriebsrats nach § 17 Abs. 3 S. 2 KSchG.[141] Die Stellungnahme kann in einen Interessenausgleich ohne Namensliste integriert werden.[142]

Ob der Betriebsrat seine Stellungnahme auch unmittelbar gegenüber der Agentur für Arbeit abgeben kann, ist ungewiss.[143] Der Arbeitgeber sollte sie der Anzeige in jedem Fall vorsichtshalber beifügen. Das BAG hat die Ansicht vertreten, dass eine vor Abschluss der Beratungen ohne Stellungnahme des Betriebsrats und ohne Glaubhaftmachung der Unterrichtung erstattete Anzeige vollständig und wirksam wird, wenn die Stellungnahme des Betriebsrats nachgereicht wird und der Betriebsrat mindestens zwei Wochen vor der Vervollständigung der Anzeige unterrichtet worden ist.[144] Eine hiergegen gerichtete Verfassungsbeschwerde hatte jedoch beim BVerfG wegen Verletzung des Rechts auf den gesetzlichen Richter Erfolg, da das BAG die Rechtsfrage nicht ohne Durchführung eines Vorabentscheidungsverfahrens entscheiden durfte.[145] Der Betriebsrat ist in der inhaltlichen Ausgestaltung seiner Stellungnahme frei. Das Gesetz macht dem Betriebsrat keine Vorgaben. Der Betriebsrat sollte auf die in der Unterrichtung des Arbeitgebers nach § 17 Abs. 2 KSchG gegebenen Informationen im Einzelnen eingehen. Der Stellungnahme muss sich entnehmen lassen, dass der Betriebsrat seine Beteiligungsrechte als gewahrt ansieht, er muss auf dieser Grundlage eine abschließende Meinung zu den konkret beabsichtigten Kündigungen äußern.[146] Gibt der Betriebsrat jedoch keine substantiierte Stellungnahme ab, sondern beschränkt er sich auf eine Ablehnung oder Zustimmung der anzuzeigenden Entlassungen, ist diese Stellungnahme für die Erfüllung der Anzeigeverpflichtungen des Arbeitgebers ausreichend.[147]

---

[137] ErfK/*Kiel* KSchG § 17 Rn. 29a; Linck/Krause/Bayreuther/*Bayreuther* § 17 Rn. 119; Ascheid/Preis/Schmidt/*Moll* KSchG § 17 Rn. 107.
[138] Ascheid/Preis/Schmidt/*Moll* § 17 Rn. 108 ff.
[139] BAG 11.3.1999 – 2 AZR 461/98, AP KSchG 1969 § 17 Nr. 12; ErfK/*Kiel* KSchG § 17 Rn. 36; Ascheid/Preis/Schmidt/*Moll* KSchG § 17 Rn. 111.
[140] Ascheid/Preis/Schmidt/*Moll* KSchG § 17 Rn. 111.
[141] ErfK/*Kiel* KSchG § 17 Rn. 31; Ascheid/Preis/Schmidt/*Moll* KSchG § 17 Rn. 112.
[142] BAG 22.11.2012 – 2 AZR 371/11, NZA 2013, 845.
[143] Offengelassen BAG 28.6.2012 – 6 AZR 780/10, NZA 2012, 1029 Rn. 52; bejahend Ascheid/Preis/Schmidt/*Moll* § 17 KSchG Rn. 113.
[144] BAG 21.5.2008 – 8 AZR 84/07, NZA 2008, 753 (756).
[145] BVerfG 25.2.2010 – 1 BvR 230/09, NZA 2010, 439.
[146] BAG 26.2.2015 – 2 AZR 955/13, NZA 2015, 881; BAG 26.2.2015 – 2 AZR 371/14, BeckRS 2015, 70714.
[147] BAG 28.6.2012 – 6 AZR 780/10, AP KSchG 1969 § 17 Rn. 40; Ascheid/Preis/Schmidt/*Moll* KSchG § 17 Rn. 115.

51 Wenn der Betriebsrat eine einheitliche Stellungnahme zu sämtlichen Entlassungen abgegeben hat, für die der Arbeitgeber auf Grund der zeitlichen Streckung der Entlassungen mehrere Anzeigen an die Agentur für Arbeit erstatten muss, kann er bei den Folgeanzeigen jeweils auf die einheitliche Stellungnahme des Betriebsrats verweisen.[148]

> **Praxistipp:**
> Die Stellungnahme des Betriebsrats[149] könnte wie folgt formuliert werden:
> 1. Der Arbeitgeber hat dem Betriebsrat die gemäß § 17 Abs. 2 KSchG erforderlichen Auskünfte zu den Entlassungen erteilt.
> 2. Der Arbeitgeber und der Betriebsrat haben die Möglichkeiten beraten, Entlassungen zu vermeiden oder einzuschränken und ihre Folgen zu mildern.
> 3. Der Betriebsrat sieht abschließend keine Möglichkeiten, die geplanten Entlassungen zu vermeiden.
> 4. Das Konsultationsverfahren nach § 17 Abs. 2 KSchG ist damit abgeschlossen.

52 Nach § 17 Abs. 3 S. 3 KSchG ist die Anzeige auch ohne Stellungnahme des Betriebsrats wirksam, wenn der Arbeitgeber glaubhaft macht, dass er den Betriebsrat mindestens zwei Wochen vor Erstattung der Anzeige nach § 17 Abs. 2 S. 1 KSchG unterrichtet hat, und der Arbeitgeber darüber hinaus den Stand der Beratungen mit dem Betriebsrat darlegt. Durch die Regelung des § 17 Abs. 3 S. 3 KSchG wird wirksam vermieden, dass der Betriebsrat den Arbeitgeber durch Verweigerung der Stellungnahme der rechtzeitigen Anzeige hindert. Der Arbeitgeber kann die ordnungsgemäße Unterrichtung des Betriebsrats nach § 17 Abs. 2 S. 1 KSchG mit den nach § 294 Abs. 1 ZPO zugelassenen Beweismitteln glaubhaft machen. Dies schließt auch die eidesstattliche Versicherung ein.[150]

> **Praxistipp:**
> Der Arbeitgeber sollte vorsorglich für den Fall, dass der Betriebsrat eine Stellungnahme nicht abgibt, die dann erforderlich werdende Glaubhaftmachung dadurch sicherstellen, dass er dem Betriebsrat die schriftliche Unterrichtung nach § 17 Abs. 2 S. 1 KSchG gegen Empfangsbekenntnis aushändigt. Wenn ein Empfangsbekenntnis nicht abgegeben wird, kann der Arbeitgeber den Zeitpunkt der Zustellung auf einer Kopie vermerken und die Richtigkeit dieser Angaben im Anzeigeverfahren eidesstattlich versichern.

53 Darüber hinaus hat der Arbeitgeber den Stand der Beratungen lediglich darzulegen. Eine Glaubhaftmachung ist nicht erforderlich. Haben Beratungen nicht stattgefunden, genügt diese Mitteilung.[151]

7. Anzeige bei Fehlen eines Betriebsrats

54 Ist ein Betriebsrat nicht vorhanden, entfallen naturgemäß die Unterrichtungs- und Beratungspflichten nach § 17 Abs. 2 KSchG. Der Arbeitgeber kann daher auch keine Stellungnahme nach § 17 Abs. 3 S. 2 KSchG beifügen oder die ordnungsgemäße Unterrichtung eines Betriebsrats nach § 17 Abs. 3 S. 3 KSchG glaubhaft machen sowie den Stand der Beratungen darlegen.

---

[148] Ascheid/Preis/Schmidt/*Moll* KSchG § 17 Rn. 116.
[149] Nach *Moll/Katerndahl* RdA 2013, 159 (165).
[150] Ascheid/Preis/Schmidt/*Moll* KSchG § 17 Rn. 118.
[151] Linck/Krause/Bayreuther/*Bayreuther* § 17 Rn. 94a; Ascheid/Preis/Schmidt/*Moll* KSchG § 17 Rn. 121.

> **Praxistipp:**
> Da in der Literatur die Auffassung vertreten wird, die Wirksamkeit der Anzeige bei Nichtvorhandensein eines Betriebsrats setze voraus, dass der Arbeitgeber diesen Umstand der Agentur für Arbeit mitteilt,[152] sollte diese Mitteilung vorsichtshalber erfolgen. Der Hinweis vermeidet auch Unklarheiten und Rückfragen. Das Gesetz stellt allerdings kein derartiges Wirksamkeitserfordernis auf. Daher lehnt ein Teil der Literatur auch zutreffend ab, ein gesetzlich nicht aufgestelltes Wirksamkeitserfordernis dieser Art einzuführen.[153]

8. Zeitpunkt der Anzeige

Seit Änderung der Rechtsprechung zum Entlassungsbegriff[154] muss die Anzeige vor der Erklärung der Kündigung oder vor dem Abschluss des Aufhebungsvertrags erstattet werden. Abzustellen ist auf den Zugang der Kündigungserklärung.[155] Die Anzeige kann auch an dem Tag, an dem die anzeigepflichtigen Kündigungen ausgesprochen werden, erstattet werden. Es ist lediglich sicherzustellen, dass die Anzeige der zuständigen Agentur für Arbeit zugeht, bevor der Zugang der Kündigungen erfolgt.

Die Anzeige kann und muss gegebenenfalls auch noch nachträglich gestellt werden, wenn durch ursprünglich nicht vorgesehene weitere Entlassungen innerhalb eines 30-Tage-Zeitraums die Schwellenwerte des § 17 Abs. 1 KSchG überschritten werden.[156] Die nachträglich gestellte Anzeige bewirkt jedoch nur, dass die nach der Anzeige innerhalb des 30-Tage-Zeitraums ausgesprochenen weiteren Kündigungen vor ihrem Ausspruch angezeigt worden sind, wie § 17 KSchG dies vorsieht. Die vor Erstattung der Anzeige bereits ausgesprochenen Kündigungen werden durch die Anzeige nicht wirksam.[157]

9. Beteiligung des Betriebsrats

Der Arbeitgeber hat dem Betriebsrat eine Abschrift der Anzeige zuzuleiten, § 17 Abs. 3 S. 6 KSchG. Der Betriebsrat kann gegenüber der Agentur für Arbeit weitere Stellungnahmen abgeben, § 17 Abs. 3 S. 7 KSchG. Tut er dies, hat er dem Arbeitgeber eine Abschrift seiner Stellungnahme zuzuleiten, § 17 Abs. 3 S. 8 KSchG.

10. Abhängige Unternehmen

Nach § 17 Abs. 3a KSchG gelten die Auskunfts-, Beratungs- und Anzeigepflichten nach § 17 Abs. 1 bis 3 KSchG für ein abhängiges Unternehmen auch dann, wenn die Entscheidung über die Entlassungen von dem beherrschenden Unternehmen getroffen wurde.[158] Das abhängige Unternehmen kann sich nicht darauf berufen, dass das für die Entlassungen verantwortliche herrschende Unternehmen die notwendigen Auskünfte nicht übermittelt hat. Die Regelung entspricht Art. 2 Abs. 4 der Richtlinie 98/59/EG. Der Begriff des herrschenden Unternehmens in § 17 Abs. 3a S. 1 KSchG entspricht dem gesellschaftsrechtlichen Begriff des herrschenden Unternehmens nach der Definition in § 17 AktG. Ein herrschendes Unternehmen liegt daher bereits vor, wenn es beherrschenden Einfluss ausüben kann. Die bloße Möglichkeit der Einflussnahme genügt.[159] Ein beherrschender Einfluss kann sich nach der

---

[152] Däubler/Deinert/Zwanziger/*Deinert/Callsen* KSchG § 17 Rn. 60.
[153] Ascheid/Preis/Schmidt/*Moll* KSchG § 17 Rn. 122.
[154] EuGH 27.1.2005 – C-188/03, AP KSchG 1969 § 17 Nr. 18; BAG 23.3.2006 – 2 AZR 434/05, AP KSchG § 17 Nr. 21 = NZA 2006, 971.
[155] Dzida/Hohenstatt DB 2006, 1897 (1900); Ascheid/Preis/Schmidt/*Moll* KSchG § 17 Rn. 124.
[156] BSG 9.12.1958 – 7 RAr 117/55, AP KSchG 1951 § 15 Nr. 3; BAG 3.10.1963 – 2 AZR 160/63, AP KSchG 1951 § 15 Nr. 9; BAG 24.10.1996 – 2 AZR 895/95, AP KSchG 1969 § 17 Nr. 8; Ascheid/Preis/Schmidt/*Moll* KSchG § 17 Rn. 126.
[157] Ascheid/Preis/Schmidt/*Moll* KSchG § 17 Rn. 126.
[158] EuGH 10.9.2009 – C-44/98, NZA 2009, 1083.
[159] EuGH 7.8.2018 – C-61/17, NZA 2018, 1051; ErfK/*Kiel* KSchG § 17 Rn. 38 f.; Linck/Krause/Bayreuther/ *Bayreuther* § 17 Rn. 21; Ascheid/Preis/Schmidt/*Moll* KSchG § 17 Rn. 138.

Rechtsprechung des EuGH auch ohne beherrschende Stimmrechtsmacht daraus ergeben, dass ein Gesellschafter etwa wegen einer breiten Streuung des Gesellschaftskapitals des Arbeitgebers, eines relativ geringen Beteiligungsgrads der Gesellschafter an den Versammlungen oder der Existenz von Verträgen zwischen den Gesellschaftern des Arbeitgebers einen bestimmenden Einfluss auf den Arbeitgeber ausüben kann.[160]

59 Checkliste: Wirksamkeitsvoraussetzungen der Anzeige

- ☐ Die Anzeige muss vor dem Zugang der Kündigungen bzw. dem Abschluss der Aufhebungsverträge erstattet werden.
- ☐ Die Anzeige ist durch den Arbeitgeber oder einen vertretungsberechtigten Vertreter des Arbeitgebers zu erstatten.
- ☐ Die Anzeige bedarf der Schriftform, die auch durch Telefax gewahrt werden kann.
- ☐ Die Anzeige muss der örtlich zuständigen Agentur für Arbeit zugehen.
- ☐ Die Anzeige muss gemäß § 17 Abs. 3 S. 4 KSchG folgende Angaben zwingend enthalten:
  - Name des Arbeitgebers
  - Sitz und Art des Betriebes
  - Gründe für die geplanten Entlassungen
  - Zahl und Berufsgruppen der zu entlassenden und der in der Regel beschäftigten Arbeitnehmer
  - Zeitraum, in dem die Entlassungen vorgenommen werden sollen
  - Kriterien für die Auswahl der zu entlassenden Arbeitnehmer
- ☐ Wenn kein Betriebsrat vorhanden ist, sollte dies mitgeteilt werden.
- ☐ Bei vorhandenem Betriebsrat ist der Anzeige eine Stellungnahme des Betriebsrats oder ein Interessenausgleich mit Namensliste beizufügen. Ersatzweise kann der Arbeitgeber glaubhaft machen, dass er den Betriebsrat zwei Wochen vor Erstattung der Anzeige nach § 17 Abs. 2 S. 1 KSchG unterrichtet hat, und den Stand der Verhandlungen darlegen.

V. Rechtsfolgen der Anzeige

60 Die Rechtsfolgen der ordnungsgemäßen, vollständigen Anzeige bestehen in der Auslösung der Sperrfrist nach § 18 Abs. 1 und 2 KSchG und der Freifrist nach § 18 Abs. 4 KSchG. Für die Dauer der Sperrfrist kann die Bundesagentur für Arbeit unter den Voraussetzungen des § 19 KSchG die Einführung von Kurzarbeit zulassen.

1. Sperrfrist

61 § 18 Abs. 1 Hs. 1 KSchG bestimmt, dass anzeigepflichtige Entlassungen vor Ablauf eines Monats nach Eingang der Anzeige bei der Agentur für Arbeit nur mit Zustimmung der Agentur für Arbeit wirksam werden. Die Zustimmung kann nach § 18 Abs. 1 Hs. 2 KSchG rückwirkend bis zum Tag der Antragstellung erteilt werden. § 18 Abs. 2 KSchG stellt es in das Ermessen der Agentur für Arbeit, die Sperrfrist auf längstens zwei Monate nach Eingang der Anzeige zu verlängern.

62 a) **Berechnung der Sperrfrist.** Die Sperrfrist beginnt in den Fällen des § 18 Abs. 1 und 2 KSchG mit Eingang der Anzeige bei der örtlich zuständigen Agentur für Arbeit nach § 130 Abs. 3 BGB. Auf den Zeitpunkt der Absendung der Anzeige ist nicht abzustellen.[161]

63 Für die Berechnung der Frist gelten nach § 26 SGB X die §§ 187 bis 193 BGB. Der Tag des Eingangs der Anzeige bei der Agentur für Arbeit wird nach § 187 Abs. 1 BGB bei der Berechnung nicht mitgezählt. Die Frist endet gemäß § 188 Abs. 2 BGB mit Ablauf desjeni-

---

[160] EuGH 7.8.2018 – C-61/17, NZA 2018, 1051 Rn. 41.
[161] Linck/Krause/Bayreuther/*Bayreuther* KSchG § 18 Rn. 3; Ascheid/Preis/Schmidt/*Moll* KSchG § 18 Rn. 5.

gen Tages des Folgemonats, der durch seine Zahl dem Tag entspricht, an dem die Anzeige bei der Agentur für Arbeit eingegangen ist.[162]

Beispiel:
Die wirksame Anzeige geht am 10.2. ein. Der Tag des Eingangs der Anzeige wird gemäß § 187 Abs. 1 BGB nicht mitgezählt, dh die Frist beginnt am 11.2. und läuft nach § 188 Abs. 2 BGB am 10.3. ab. Die Entlassungen können mit Ablauf des 10.3. durchgeführt werden.

Beispiel:
Die Anzeige geht am 31.5. bei der Agentur für Arbeit ein. Die Monatsfrist beginnt nach § 187 Abs. 1 BGB am 1.6. und endet nach § 188 Abs. 2 und 3 BGB am 30.6. Die Entlassungen können mit Ablauf des 30.6. durchgeführt werden.

Wird die Anzeige unvollständig eingereicht, beginnt die Frist nicht, bevor die Anzeige vervollständigt ist. Maßgeblich ist dann der Tag des Eingangs der letzten notwendigen Ergänzung. **64**

Beispiel:
Die Anzeige geht am 20.1. unvollständig ein. Es fehlen die Angabe der Entlassungszeiträume und die Stellungnahme des Betriebsrats. Am 25.1. geht bei der Agentur für Arbeit die Stellungnahme des Betriebsrats ein. Am 31.1. geht die Mitteilung der Entlassungszeiträume bei der Agentur für Arbeit ein. Die Frist beginnt nach § 187 Abs. 1 BGB am 1.2. und endet nach § 188 Abs. 2 und 3 BGB am 28.2. bzw. in einem Schaltjahr am 29.2. Die Entlassungen können mit Ablauf des 28. bzw. 29.2. durchgeführt werden.

Die Anzeige muss bei der örtlich zuständigen Agentur für Arbeit eingehen. Wird die Anzeige bei einer örtlich unzuständigen Agentur für Arbeit eingereicht, beginnt die Frist erst, wenn sie an die zuständige Agentur für Arbeit weitergeleitet worden ist. **65**

b) Dauer der Sperrfrist. Die Regelsperrfrist beträgt nach § 18 Abs. 1 Hs. 1 KSchG einen Monat. Äußert sich die Agentur für Arbeit nach Eingang der Anzeige nicht oder bestätigt sie nur den Eingang der Anzeige, gilt die Regelsperrfrist des § 18 Abs. 1 KSchG. Der Arbeitgeber kann die Entlassungen nach Ablauf eines Monats durchführen.[163] **66**

aa) Abkürzung der Monatsfrist. Die Agentur für Arbeit kann auf Antrag des Arbeitgebers gemäß § 18 Abs. 1 Hs. 2 KSchG zustimmen, dass die Entlassungen auch schon vor Ablauf der Regelsperrfrist von einem Monat wirksam werden. Das Erfordernis der Antragstellung ergibt sich aus der Formulierung des § 18 Abs. 1 Hs. 2 KSchG, wonach die Zustimmung auch rückwirkend bis zum Tag der „Antragstellung" erteilt werden kann. Der Antrag liegt nicht bereits in der Anzeige selbst.[164] Dies ändert nichts daran, dass sich die erforderliche Antragstellung auch hinreichend deutlich im Wege der Auslegung aus den in der Anzeige gemachten Ausführungen ergeben kann.[165] Der Antrag kann formlos gestellt werden.[166] **67**

Über die Abkürzung der Regelsperrfrist hat die Agentur für Arbeit unter Berücksichtigung von Sinn und Zweck der Sperrfrist und sämtlicher Umstände des Einzelfalls zu entscheiden. Der Sinn und Zweck der Sperrfrist liegt in erster Linie im arbeitsmarktpolitischen Allgemeininteresse. Die Agentur für Arbeit soll durch die Sperrfrist ausreichend Zeit erhalten, sich auf die Vermittlung und Betreuung der Arbeitssuchenden einzustellen.[167] Es ist nicht Sinn und Zweck der Sperrfrist, Leistungen der Agentur für Arbeit an die Arbeitslosen zu vermeiden.[168] **68**

---

[162] ErfK/*Kiel* KSchG § 18 Rn. 3; Linck/Krause/Bayreuther/*Bayreuther* KSchG § 18 Rn. 3; Ascheid/Preis/Schmidt/*Moll* KSchG § 18 Rn. 6.
[163] ErfK/*Kiel* KSchG § 18 Rn. 3 f.
[164] Linck/Krause/Bayreuther/*Bayreuther* KSchG § 18 Rn. 12; ErfK/*Kiel* KSchG § 18 Rn. 4; Ascheid/Preis/Schmidt/*Moll* KSchG § 18 Rn. 13.
[165] Linck/Krause/Bayreuther/*Bayreuther* KSchG § 18 Rn. 10; Ascheid/Preis/Schmidt/*Moll* KSchG § 18 Rn. 13.
[166] Ascheid/Preis/Schmidt/*Moll* KSchG § 18 Rn. 14.
[167] Begründung zum Regierungsentwurf eines Kündigungsschutzgesetzes (KSchG) vom 23.1.1951 RdA 1951, 58 (65); Linck/Krause/Bayreuther/*Bayreuther* KSchG § 18 Rn. 13; Ascheid/Preis/Schmidt/*Moll* KSchG § 18 Rn. 3.
[168] LSG Bayern 8.8.1985 – L 09/AI 133/83, NZA 1986, 654; *v. Hoyningen-Huene/Linck* KSchG § 18 Rn. 2; Ascheid/Preis/Schmidt/*Moll* KSchG § 18 Rn. 3.

Nach diesen Grundsätzen kann eine Verkürzung der Sperrfrist in Betracht kommen, wenn die Anzeige des Arbeitgebers durch entschuldbare Versehen nicht rechtzeitig wirksam geworden ist. Diese können etwa in inhaltlichen Mängeln der Anzeige oder in einer Verkennung der örtlichen Zuständigkeiten liegen.[169] Auch kann die Unvorhersehbarkeit der Entlassungen trotz sorgfältiger unternehmerischer Planungen ein relevanter Gesichtspunkt sein.[170] Schließlich spricht für eine Abkürzung der Sperrfrist, wenn die betroffenen Arbeitnehmer bereits Anschlussarbeitsverhältnisse gefunden haben.[171]

69 Die Agentur für Arbeit muss den Tag, an dem die abgekürzte Sperrfrist abläuft, festlegen. Benennt die Agentur für Arbeit keinen bestimmten Tag, läuft die Sperrfrist mit dem Tag der Bekanntmachung der Entscheidung über die Abkürzung ab.[172] Die Bekanntgabe der Zustimmung erfolgt nach § 37 SGB X gegenüber dem Arbeitgeber oder seinem Bevollmächtigten. Beteiligt iSd § 37 Abs. 1 SGB X sind nicht die von der Abkürzung der Sperrfrist betroffenen Arbeitnehmer. Mithin wird die Entscheidung der Agentur für Arbeit über die Abkürzung der Sperrfrist durch Bekanntgabe gegenüber dem Arbeitgeber nach allgemeinen verwaltungsrechtlichen Regeln wirksam.[173] Gleichwohl wird das Wirksamwerden der Entlassung teilweise davon abhängig gemacht, dass der Arbeitgeber dem Arbeitnehmer die Abkürzung der Sperrfrist mitteilt.[174] Dem ist entgegenzuhalten, dass es keine ausreichende Veranlassung gibt, ein zusätzliches, vom Gesetz nicht vorgesehenes Wirksamkeitserfordernis zu erfinden.[175]

70 Die Agentur für Arbeit kann die Zustimmung zur Entlassung unter Abkürzung der Sperrfrist unter eine Bedingung stellen. Solche Bedingungen sind nach Maßgabe des § 32 SGB X als Nebenbestimmungen zum Verwaltungsakt zulässig. Stellt die Agentur für Arbeit ihre Zustimmung unter eine Bedingung, hat der Arbeitgeber die Wahl, ob er die Bedingung erfüllt und damit die vorzeitige Entlassung ermöglicht oder den Ablauf der Regelsperrfrist nach § 18 Abs. 1 Hs. 1 KSchG abwartet.[176] Als Bedingungen kommen beispielsweise in Betracht, dass der Arbeitgeber eine Abfindung an den Arbeitnehmer zahlt[177] oder dass sich der Arbeitgeber unter bestimmten Voraussetzungen zu einer Wiedereinstellung gegenüber dem Arbeitnehmer verpflichtet.[178] Hat der Arbeitgeber den Arbeitnehmer über den Ablauf der Kündigungsfrist hinaus vorsorglich weiterbeschäftigt, weil die Agentur für Arbeit über seinen Antrag auf rückwirkende Zustimmung zur Entlassung noch nicht entschieden hat, muss die Weiterbeschäftigung des Arbeitnehmers nach den Grundsätzen des faktischen Arbeitsverhältnisses abgewickelt werden. Der Arbeitgeber bleibt zur Zahlung des Entgelts für diesen Zeitraum auch dann verpflichtet, wenn die Agentur für Arbeit später der Entlassung rückwirkend zustimmt.[179]

> **Praxistipp**
> Zur Vermeidung der Rechtsfolgen des § 625 BGB ist dem Arbeitgeber zu empfehlen, bei Weiterbeschäftigung des Arbeitnehmers über die Kündigungsfrist hinaus ausdrücklich zu erklären, dass die Weiterbeschäftigung nur mit Rücksicht auf die Entlassungssperre erfolgt.[180]

---

[169] Ascheid/Preis/Schmidt/*Moll* KSchG § 18 Rn. 15.
[170] Ascheid/Preis/Schmidt/*Moll* KSchG § 18 Rn. 15.
[171] Ascheid/Preis/Schmidt/*Moll* KSchG § 18 Rn. 15.
[172] Ascheid/Preis/Schmidt/*Moll* KSchG § 18 Rn. 16.
[173] Linck/Krause/Bayreuther/*Bayreuther* KSchG § 18 Rn. 16; Ascheid/Preis/Schmidt/*Moll* KSchG § 18 Rn. 17.
[174] Däubler/Deinert/Zwanziger/*Deinert/Callsen* KSchG § 18 Rn. 7; KR/*Weigand* KSchG § 17 Rn. 18.
[175] Linck/Krause/Bayreuther/*Bayreuther* KSchG § 18 Rn. 17; Ascheid/Preis/Schmidt/*Moll* KSchG § 18 Rn. 18.
[176] Linck/Krause/Bayreuther/*Bayreuther* KSchG § 18 Rn. 14; ErfK/*Kiel* KSchG § 18 Rn. 4; Ascheid/Preis/Schmidt/*Moll* KSchG § 18 Rn. 24.
[177] Linck/Krause/Bayreuther/*Bayreuther* KSchG § 18 Rn. 14; Ascheid/Preis/Schmidt/*Moll* KSchG § 18 Rn. 25.
[178] Ascheid/Preis/Schmidt/*Moll* KSchG § 18 Rn. 25.
[179] ErfK/*Kiel* KSchG § 18 Rn. 4; Ascheid/Preis/Schmidt/*Moll* KSchG § 18 Rn. 26.
[180] Ascheid/Preis/Schmidt/*Moll* KSchG § 18 Rn. 26.

bb) Verlängerung der Sperrfrist. Die Agentur für Arbeit kann die Sperrfrist nach § 18 **71** Abs. 2 KSchG auf längstens zwei Monate nach Eingang der Anzeige verlängern. Die Entscheidung über die Verlängerung muss dem Arbeitgeber vor Ablauf der Regelsperrfrist des § 18 Abs. 1 KSchG zugegangen sein, da anderenfalls die Entlassungssperre endgültig ausgelaufen ist.[181] Eine Verlängerung der Sperrfrist kann nur im Einzelfall, dh bezogen auf den konkreten Betrieb und für jede Anzeige gesondert geprüft und entschieden werden. Zu einer generellen Verlängerung der Sperrfrist ist die Agentur für Arbeit nicht ermächtigt.[182] Die Agentur für Arbeit hat ihre Entscheidung nach pflichtgemäßem Ermessen unter Berücksichtigung der konkreten Verhältnisse des jeweiligen Betriebs und des arbeitspolitischen Zwecks der Sperrfrist zu treffen.[183] Die Verlängerung der Sperrfrist muss nach ihrem Zweck, dh der Vermittlung der betroffenen Arbeitnehmer in neue Beschäftigungsverhältnisse nach Lage jeden Einzelfalls förderlich sein. Die Verlängerung der Sperrfrist dient nicht dem Zweck, die Arbeitslosenversicherung von der Verpflichtung zur Zahlung von Arbeitslosengeld zu entlasten.[184] Auch die Verlängerung der Sperrfrist kann wie die Zustimmung zur Abkürzung der Sperrfrist mit einer Nebenbestimmung nach § 32 SGB X versehen werden, beispielsweise mit einer auflösenden Bedingungen, wonach die Verlängerung der Sperrfrist nicht eintritt, wenn der Arbeitgeber eine Abfindung zahlt.[185]

cc) Verfahren. Die Entscheidung der Agentur für Arbeit nach § 18 Abs. 1 und 2 KSchG **72** trifft gemäß § 20 Abs. 1 KSchG bei bis zu 50 Entlassungen deren Geschäftsführung, anderenfalls der gemäß § 20 Abs. 2 KSchG gebildete Ausschuss. Das Verwaltungsverfahren richtet sich nach dem SGB X. Gegen den Verwaltungsakt kann Widerspruch gemäß § 62 SGB X, §§ 83 ff. SGG eingelegt werden. Nach Durchführung des Vorverfahrens ist die Klage auf Abänderung oder Aufhebung des Verwaltungsakts bzw. auf Erlass des abgelehnten Verwaltungsakts gegen die Bundesagentur für Arbeit zu richten.[186] Klagebefugt ist der Arbeitgeber, nicht aber der Betriebsrat und die Arbeitnehmer, da diese in ihren Rechten nicht unmittelbar betroffen sind.[187]

Hat die Agentur für Arbeit einen Verwaltungsakt betreffend die Zulässigkeit der Entlas- **73** sungen nach Ablauf der Sperrfrist oder ein Negativattest über das Nichtvorliegen einer anzeigepflichtigen Massenentlassung erlassen, sind die Arbeitsgerichte hieran nicht gebunden. Sie können die Wirksamkeit der Anzeige gleichwohl überprüfen.[188]

c) Rechtsfolgen der Sperrfrist. Entlassungen, für die der Arbeitgeber vor ihrer Durchfüh- **74** rung eine wirksame Anzeige erstattet hat, können während des Laufs der durch die Anzeige ausgelösten Sperrfrist nach § 18 KSchG nicht rechtmäßig vorgenommen werden. Das Rechtsgeschäft, gleich ob Arbeitgeberkündigung, Arbeitnehmerkündigung oder Aufhebungsvertrag ist und bleibt zwar wirksam. Die durch das Rechtsgeschäft bewirkte Beendigung des Arbeitsverhältnisses tritt jedoch erst mit Ablauf der Sperrfrist ein. Dadurch wirkt sich die Sperrfrist des § 18 KSchG, die durch die Anzeige vor Ausspruch der Kündigung ausgelöst wird, als Mindestkündigungsfrist aus.[189]

---

[181] Linck/Krause/Bayreuther/*Bayreuther* KSchG § 18 Rn. 7; ErfK/*Kiel* KSchG § 18 Rn. 5; Ascheid/Preis/Schmidt/*Moll* KSchG § 18 Rn. 31.
[182] Linck/Krause/Bayreuther/*Bayreuther* KSchG § 18 Rn. 6; Ascheid/Preis/Schmidt/*Moll* KSchG § 18 Rn. 31.
[183] Linck/Krause/Bayreuther/*Bayreuther* KSchG § 18 Rn. 6; ErfK/*Kiel* KSchG § 18 Rn. 5; Ascheid/Preis/Schmidt/*Moll* KSchG § 18 Rn. 31; KR/*Weigand* KSchG § 18 Rn. 25.
[184] ErfK/*Kiel* KSchG § 18 Rn. 5; Ascheid/Preis/Schmidt/*Moll* KSchG § 18 Rn. 31.
[185] Ascheid/Preis/Schmidt/*Moll* KSchG § 18 Rn. 31.
[186] BSG 9.12.1958 – 7 RAr 117/55, AP KSchG 1951 § 15 Nr. 3; BSG 30.10.1959 – 7 RAr 19/57, AP KSchG 1951 § 18 Nr. 1.
[187] BSG 30.10.1959 – 7 RAr 19/57, AP KSchG 1951 § 18 Nr. 1; LSG Baden-Württemberg 8.1.2007 – L 8 AL 3242/06, NJW 2007, 1839; ErfK/*Kiel* KSchG § 20 Rn. 5; KR/*Weigand* KSchG § 20 Rn. 73; aA Linck/Krause/Bayreuther/*Bayreuther* KSchG § 18 Rn. 21.
[188] BAG 28.6.2012 – 6 AZR 780/10, NZA 2012, 1029 Rn. 70 ff.; Linck/Krause/Bayreuther/*Bayreuther* KSchG § 17 Rn. 126 f.; ErfK/*Kiel* KSchG § 20 Rn. 6; kritisch Ascheid/Preis/Schmidt/*Moll* KSchG § 17 Rn 136d.
[189] BAG 6.11.2008 – 2 AZR 935/07, NZA 2009, 1013; BAG 23.3.2006 – 2 AZR 343/05, AP KSchG 1969 § 17 Nr. 21; *Appel* DB 2005, 1002 (1003 f.); *Bauer/Krieger/Powietzka* DB 2005, 445 (447); *Dzida/Hohenstatt* DB 2006, 1897 (1901); ErfK/*Kiel* KSchG § 18 Rn. 2; Ascheid/Preis/Schmidt/*Moll* KSchG § 18 Rn. 33a.

75 Ob die Rechtswirkungen der Sperrfrist eintreten, bleibt der Entscheidung des Arbeitnehmers überlassen. Er kann sich auf die Rechtswirkungen der Sperrfrist berufen oder ungeachtet des Laufs der Sperrfrist mit Ablauf der Kündigungsfrist aus dem Arbeitsverhältnis ausscheiden.[190] Beruft sich der Arbeitnehmer auf die Sperrfrist, wird die Entlassung erst bei Ablauf der Sperrfrist wirksam. Kommt es auf Grund eines Aufhebungsvertrags zu einer vom Arbeitgeber veranlassten Entlassung, liegt im Aufhebungsvertrag nicht der Verzicht des Arbeitnehmers auf den Massenentlassungsschutz.[191]

76 Der Arbeitgeber kann den Eintritt der Sperrfrist für sämtliche Entlassungen dadurch vermeiden, dass er die Entlassungen, dh den Ausspruch der Kündigungen auf eine Anzahl reduziert, die unterhalb des einschlägigen Schwellenwertes für die Anzeigepflicht bleibt.[192]

77 Es ist umstritten, zu welchem Zeitpunkt das Arbeitsverhältnis endet, wenn die Kündigungsfrist in der Sperrfrist abgelaufen ist und der nächstzulässige gesetzliche, kollektiv- oder einzelvertragliche Kündigungstermin nach Ablauf der Sperrfrist liegt. Die Sperrfrist läuft am 16.1. ab, die Kündigungen sind aber nur zum Monatsende zulässig. Für diese Fälle wird teilweise vertreten, dass die Beendigung des Arbeitsverhältnisses erst mit Ablauf des nächstmöglichen, auf das Ende der Sperrfrist folgenden Kündigungstermins beendet wird.[193] Nach der zutreffenden Gegenauffassung endet das Arbeitsverhältnis jedoch sofort mit Ablauf der Sperrfrist und nicht erst zum nächst zulässigen Kündigungstermin, da die Sperrfrist nicht bezweckt, die Kündigungsfrist zu verlängern. Das Gesetz sieht auch keine Verlängerung der Kündigungsfrist vor.[194]

78 Da die Rechtswirkungen der Sperrfrist nur dann eintreten, wenn der Arbeitnehmer sich auf diese beruft, hängt auch der Eintritt des Annahmeverzugs davon ab, dass der Arbeitnehmer die Fortsetzung des Arbeitsverhältnisses bis zum Ablauf der Sperrfrist verlangt.[195]

79 **d) Zulassung von Kurzarbeit.** Nach § 19 Abs. 1 KSchG kann die Bundesagentur für Arbeit zulassen, dass der Arbeitgeber bis zum Ablauf der Sperrfrist nach § 18 Abs. 1 und 2 KSchG Kurzarbeit einführt. Die Einführung von Kurzarbeit soll einen Ausgleich dafür schaffen, dass der Arbeitgeber aus arbeitsmarktpolitischen Interessen bei der Entlassung Sperrfristen abwarten muss, seine wirtschaftliche Lage aber eine volle Beschäftigung der Arbeitnehmer bis zum Ablauf der Sperrfrist, die gegebenenfalls sogar verlängert wurde, nicht zulässt.[196] Die praktische Relevanz der Zulassung von Kurzarbeit im Zusammenhang mit Massenentlassungen ist jedoch gering.[197] Die geringe Bedeutung folgt daraus, dass der Arbeitgeber nach § 19 Abs. 2 Hs. 2 KSchG auch während der Kurzarbeit bis zum Ablauf der Kündigungsfrist zur Zahlung des ungekürzten Arbeitsentgelts verpflichtet bleibt, und die Kündigungsfrist in der Regel länger ist als die Sperrfrist.[198] Darüber hinaus sind nach § 19 Abs. 3 KSchG tarifliche Bestimmungen über die Einführung von Kurzarbeit vorrangig.

80 *aa) Voraussetzungen.* Es muss eine Sperrfrist nach § 18 Abs. 1 und 2 KSchG bestehen, da die Zulassung der Kurzarbeit nach § 19 Abs. 1 KSchG die auf Grund der Sperrfrist eintretenden wirtschaftlichen Folgen abmildern soll.[199] Es muss darüber hinaus dem Arbeitgeber nach der wirtschaftlichen Lage des Betriebs unzumutbar sein, die von der Entlassung betroffenen Arbeitnehmer während der Sperrfrist voll zu beschäftigen.[200] Der Arbeitgeber muss

---

[190] ErfK/*Kiel* KSchG § 18 Rn. 6; Ascheid/Preis/Schmidt/*Moll* KSchG § 18 Rn. 35.
[191] BAG 11.3.1999 – 2 AZR 461/98, AP KSchG 1969 § 17 Nr. 12; Ascheid/Preis/Schmidt/*Moll* KSchG § 18 Rn. 51; aA *Bauer/Powietzka* DB 2000, 1073 (1074).
[192] BAG 25.5.1960 – 2 AZR 584/57, AP KSchG 1951 § 15 Nr. 6; Ascheid/Preis/Schmidt/*Moll* KSchG § 18 Rn. 33b.
[193] LAG Hessen 16.3.1990 – 6 Sa 1298/90, DB 1991, 658; LAG Hamm 25.7.1986 – 16 Sa 312/86, AR-Blattei-ES 1020.2 KSchG II Massenentlassung Nr. 1; *Berscheid* ZIP 1987, 1512 (1516).
[194] Däubler/Deinert/Zwanziger/*Deinert*/Callsen KSchG § 18 Rn. 23; Linck/Krause/Bayreuther/*Bayreuther* KSchG § 18 Rn. 1; Ascheid/Preis/Schmidt/*Moll* KSchG § 18 Rn. 34.
[195] Ascheid/Preis/Schmidt/*Moll* KSchG § 18 Rn. 36.
[196] Ascheid/Preis/Schmidt/*Moll* KSchG § 19 Rn. 2.
[197] Linck/Krause/Bayreuther/*Bayreuther* KSchG § 19 Rn. 1; Ascheid/Preis/Schmidt/*Moll* KSchG § 19 Rn. 2.
[198] Linck/Krause/Bayreuther/*Bayreuther* KSchG § 19 Rn. 1; Ascheid/Preis/Schmidt/*Moll* KSchG § 19 Rn. 2.
[199] Ascheid/Preis/Schmidt/*Moll* KSchG § 19 Rn. 4.
[200] ErfK/*Kiel* KSchG § 19 Rn. 2; Linck/Krause/Bayreuther/*Bayreuther* KSchG § 19 Rn. 7; Ascheid/Preis/Schmidt/*Moll* KSchG § 19 Rn. 5.

neben der Anzeige nach § 17 Abs. 3 KSchG zusätzlich einen Antrag auf Zulassung der Kurzarbeit durch die Bundesagentur für Arbeit stellen.[201]

bb) Entscheidung der Bundesagentur für Arbeit. Zuständig ist nach § 19 Abs. 1 KSchG die Bundesagentur für Arbeit. Damit fällt die Zuständigkeit für die Entscheidung über die Verlängerung oder Verkürzung der Sperrfrist (§ 18 Abs. 1 und 2 KSchG), für die gemäß § 20 Abs. 1 KSchG die Agentur für Arbeit zuständig ist, und die Entscheidung über die Zulassung der Kurzarbeit während der Sperrfrist auseinander. Daher empfiehlt sich, parallel zur Massenentlassungsanzeige an die Agentur für Arbeit den Antrag auf Zulassung von Kurzarbeit an die Bundesagentur für Arbeit zu richten, damit das Verfahren frühzeitig koordiniert werden kann.[202] Die im pflichtgemäßen Ermessen der Bundesagentur für Arbeit stehende Zulassungsentscheidung ist ein privatrechtsgestaltender Verwaltungsakt, da sie dem Arbeitgeber erlaubt, einseitig in die arbeitsvertraglich vereinbarten Leistungspflichten einzugreifen.[203] Der Verwaltungsakt wird mit Bekanntgabe gegenüber dem Arbeitgeber wirksam und bedarf nicht aus dem Gesichtspunkt der Doppelwirkung auch der Bekanntgabe gegenüber dem Arbeitnehmer.[204] Die Entscheidung der Bundesagentur für Arbeit bedarf gemäß § 36 SGB X der Rechtsbehelfsbelehrung. Der durch eine ablehnende Entscheidung belastete Arbeitgeber kann diese durch Widerspruch und Klage zum Sozialgericht (§§ 83 ff. SGG) überprüfen lassen.[205] Teilweise wird unter dem Gesichtspunkt der Doppelwirkung der Entscheidung auch eine Klagebefugnis für die betroffenen Arbeitnehmer bejaht.[206] Andere verneinen die Klagebefugnis zutreffend mangels Unmittelbarkeit der belastenden Wirkung gegenüber dem Arbeitnehmer, der darüber hinaus auch nicht Adressat des Verwaltungsaktes über die Zulassung der Kurzarbeit ist.[207] Die Arbeitsgerichte sind an die Ermessensentscheidung der Bundesagentur für Arbeit über die Zulassung der Kurzarbeit gebunden. Sie können lediglich überprüfen, ob eine Zulassung überhaupt vorliegt und sich der Arbeitgeber an die Vorgaben der Zulassungsentscheidung gehalten hat.[208]

Die Bundesagentur für Arbeit kann über den Umfang, die zeitliche Dauer und Lage der Kurzarbeit im Rahmen ihres pflichtgemäßen Ermessens ohne gesetzliche Vorgabe entscheiden. Sie hat lediglich den Beginn und das Ende der Sperrfrist als äußersten zeitlichen Rahmen zu beachten.[209] Die rückwirkende Zulassung der Kurzarbeit für den Zeitraum vor Antragstellung mit Rückwirkung bis zum Beginn der Sperrfrist wird überwiegend verneint.[210] Die Bundesagentur für Arbeit kann die Kurzarbeit insbesondere im Rahmen ihres Ermessens nur für Teile der Belegschaft oder für den gesamten Betrieb, also auch diejenigen Arbeitnehmer zulassen, die nicht entlassen werden sollen.[211]

cc) Durchführung der Kurzarbeit. Die Kurzarbeit beginnt nicht bereits mit der Zulassung durch die Bundesagentur für Arbeit, sondern erst, wenn der Arbeitgeber von der Ermächtigung Gebrauch macht. Dabei steht es dem Arbeitgeber frei, ob und in welchem Umfang er innerhalb des Rahmens, den die Bundesagentur für Arbeit in ihrer Zulassungsentscheidung gesteckt hat, Kurzarbeit einführt.[212] Mit der Anordnung der Kurzarbeit übt der Arbeitgeber das ihm durch die Bundesagentur für Arbeit eingeräumte Gestaltungsrecht aus. Die Aus-

---

[201] ErfK/*Kiel* KSchG § 19 Rn. 3; Linck/Krause/Bayreuther/*Bayreuther* KSchG § 19 Rn. 2; krit. Ascheid/Preis/Schmidt/*Moll* KSchG § 19 Rn. 6 f.
[202] Ascheid/Preis/Schmidt/*Moll* KSchG § 19 Rn. 7.
[203] ErfK/*Kiel* KSchG § 19 Rn. 3; Ascheid/Preis/Schmidt/*Moll* KSchG § 19 Rn. 9.
[204] ErfK/*Kiel* KSchG § 19 Rn. 3; Ascheid/Preis/Schmidt/*Moll* KSchG § 19 Rn. 10.
[205] Ascheid/Preis/Schmidt/*Moll* KSchG § 19 Rn. 41.
[206] Linck/Krause/Bayreuther/*Bayreuther* KSchG § 19 Rn. 21; Däubler/Deinert/Zwanziger/*Deinert/Callsen* KSchG § 19 Rn. 7; KR/*Weigand* KSchG § 19 Rn. 16.
[207] Ascheid/Preis/Schmidt/*Moll* KSchG § 19 Rn. 42.
[208] ErfK/*Kiel* KSchG § 19 Rn. 2; Linck/Krause/Bayreuther/*Bayreuther* KSchG § 19 Rn. 22; Ascheid/Preis/Schmidt/*Moll* KSchG § 19 Rn. 41.
[209] Linck/Krause/Bayreuther/*Bayreuther* KSchG § 19 Rn. 9; Ascheid/Preis/Schmidt/*Moll* KSchG § 19 Rn. 14.
[210] ErfK/*Kiel* KSchG § 19 Rn. 3; Linck/Krause/Bayreuther/*Bayreuther* KSchG § 19 Rn. 1; Ascheid/Preis/Schmidt/*Moll* KSchG § 19 Rn. 15.
[211] ErfK/*Kiel* KSchG § 19 Rn. 3; Linck/Krause/Bayreuther/*Bayreuther* KSchG § 19 Rn. 9; Ascheid/Preis/Schmidt/*Moll* KSchG § 19 Rn. 17.
[212] ErfK/*Kiel* KSchG § 19 Rn. 7; Ascheid/Preis/Schmidt/*Moll* KSchG § 19 Rn. 20.

übung des Gestaltungsrechts setzt den Umfang der Arbeitspflicht des Arbeitnehmers und der Beschäftigungspflicht des Arbeitgebers unmittelbar auf das bestimmt Maß herab. Die Anordnung beinhaltet weder eine Kündigung noch bedarf sie der Zustimmung des Arbeitnehmers.[213] Die Anordnung von Kurzarbeit hat, auch wenn sie durch die Bundesagentur für Arbeit zugelassen ist, entgegenstehende tarifvertragliche Bestimmungen zu beachten (§ 19 Abs. 3 KSchG). Die einseitige Anordnung der Kurzarbeit gibt dem Arbeitnehmer keinen wichtigen Grund, das Arbeitsverhältnis außerordentlich zu kündigen.[214]

84 Nach überwiegender Ansicht ändert die Zulassung der Kurzarbeit durch die Bundesagentur für Arbeit nichts an der Geltung des Mitbestimmungsrechts des Betriebsrats nach § 87 Abs. 1 Nr. 3 BetrVG.[215] Nach anderer Auffassung muss das Mitbestimmungsrecht des Betriebsrats in diesem Ausnahmefall zurücktreten, da die Zulassung der Kurzarbeit durch die Bundesagentur für Arbeit anderenfalls jede praktische Bedeutung verlieren würde.[216]

85 *dd) Entgeltzahlung.* Nach § 19 Abs. 2 Hs. 1 KSchG ist der Arbeitgeber im Falle der Kurzarbeit berechtigt, die Entgeltzahlung der kurzarbeitenden Arbeitnehmer entsprechend zu kürzen. Allerdings ordnet § 19 Abs. 2 Hs. 2 KSchG an, dass die Kürzung des Arbeitsentgelts erst von dem Zeitpunkt an wirksam wird, zu dem das Arbeitsverhältnis nach den allgemeinen gesetzlichen oder den vereinbarten Bestimmungen enden würde. Dh die wirtschaftliche Entlastung des Arbeitgebers tritt erst nach Ablauf der in § 19 Abs. 2 Hs. 2 KSchG genannten Fristen ein. § 19 Abs. 2 Hs. 2 Alt. 1 KSchG nimmt auf die allgemeinen gesetzlichen Kündigungsfristen nach § 622 BGB Bezug. Sonderkündigungsschutz für Betriebsratsmitglieder, Schwangere, Schwerbehinderte etc findet keine Anwendung.[217] § 19 Abs. 2 Hs. 2 Alt. 2 KSchG besagt, dass die Kürzung des Arbeitsentgelts bei anderweitig arbeitsvertraglich oder tariflich geltenden Kündigungsfristen mit deren Ablauf eintritt, und zwar unabhängig davon, ob diese abweichend von den gesetzlichen Kündigungsfristen wirksam vereinbarten Kündigungsfristen kürzer oder länger sind.[218] Die nach § 19 Abs. 2 Hs. 2 KSchG maßgebliche Frist beginnt mit der Anordnung der Kurzarbeit, wobei der Arbeitgeber den Zeitpunkt des Beginns der Kurzarbeit auf den Zeitpunkt festlegen kann, zu dem auch die Kürzung des Arbeitsentgelts nach § 19 Abs. 2 Hs. 2 KSchG eintritt.[219] Ist zum Zeitpunkt der Anordnung der Kurzarbeit der Arbeitsvertrag bereits gekündigt, ist die Frist des § 19 Abs. 2 Hs. 2 KSchG vom Zeitpunkt der Kündigung des Arbeitsvertrags an zu berechnen.[220]

86 *ee) Tarifverträge.* Nach § 19 Abs. 3 KSchG sind tarifvertragliche Bestimmungen über die Einführung, das Ausmaß und die Bezahlung von Kurzarbeit unabhängig von der Zulassung der Kurzarbeit durch die Bundesagentur für Arbeit zu berücksichtigen. Sie bleiben nach § 19 Abs. 1 und 2 KSchG in ihrer Geltung unberührt.[221] Aus tarifvertraglichen Regelung können sich jedoch auch Erleichterungen für die Einführung von Kurzarbeit gegenüber den Regelungen des § 19 KSchG ergeben.[222] Der Vorrang tarifvertraglicher Bestimmungen nach § 19 Abs. 3 KSchG greift nur ein, wenn der Tarifvertrag nach seinem Geltungsbereich anwendbar ist und Tarifgebundenheit vorliegt. Dies setzt bei Inhaltsnormen voraus, dass auch der jeweilige Arbeitnehmer Mitglied der tarifvertragsschließenden Parteien ist. Betriebliche oder betriebsverfassungsrechtliche Regelungen gelten nach § 3 Abs. 2, § 4 Abs. 1 S. 2 TVG bereits, wenn nur der Arbeitgeber tarifgebunden ist. Je nachdem, wie die vorgefundenen tariflichen Regelungen einzuordnen sind, kommt es somit auf die Tarifbedingung des Arbeitgebers oder auch des Arbeitnehmers an. Setzen die einschlägi-

---

[213] ErfK/*Kiel* KSchG § 19 Rn. 7; Ascheid/Preis/Schmidt/*Moll* KSchG § 19 Rn. 21.
[214] ErfK/*Kiel* KSchG § 19 Rn. 7; Ascheid/Preis/Schmidt/*Moll* KSchG § 19 Rn. 21.
[215] ErfK/*Kiel* KSchG § 19 Rn. 4; Linck/Krause/Bayreuther/*Bayreuther* KSchG § 19 Rn. 13; Däubler/Deinert/Zwanziger/*Deinert*/*Callsen* KSchG § 19 Rn. 14.
[216] Ascheid/Preis/Schmidt/*Moll* KSchG § 19 Rn. 24 ff.
[217] BAG 7.4.1970 – 2 AZR 201/69, AP BGB § 615 Kurzarbeit Nr. 3; ErfK/*Kiel* KSchG § 19 Rn. 10; Ascheid/Preis/Schmidt/*Moll* KSchG § 19 Rn. 28.
[218] ErfK/*Kiel* KSchG § 19 Rn. 8; Ascheid/Preis/Schmidt/*Moll* KSchG § 19 Rn. 29.
[219] Ascheid/Preis/Schmidt/*Moll* KSchG § 19 Rn. 30.
[220] Ascheid/Preis/Schmidt/*Moll* KSchG § 19 Rn. 31.
[221] ErfK/*Kiel* KSchG § 19 Rn. 5; Ascheid/Preis/Schmidt/*Moll* KSchG § 19 Rn. 36.
[222] Ascheid/Preis/Schmidt/*Moll* KSchG § 19 Rn. 37.

gen tarifvertraglichen Regelungen beiderseitige Tarifbindung voraus, muss der Arbeitgeber die Tarifregelungen nur gegenüber den organisierten Arbeitnehmern beachten. Bei nichtorganisierten Arbeitnehmern kann er uneingeschränkt nach § 19 Abs. 1 und 2 KSchG vorgehen.[223]

2. Freifrist

§ 18 Abs. 4 KSchG regelt eine Freifrist, innerhalb derer die Entlassungen durchgeführt werden dürfen. Zweck der Freifrist ist es, die angezeigten Entlassungen innerhalb eines festgelegten Zeitkorridors durchzuführen und dadurch den Agenturen für Arbeit die Planung und Organisation ihrer Vermittlungs- und Betreuungstätigkeiten zu erleichtern.[224] Da sich § 18 Abs. 4 KSchG nach der Änderung der Rechtsprechung zum Entlassungsbegriff nicht mehr gemäß seinem Wortlaut anwenden lässt, wird vertreten, dass er infolge der Entscheidungen des EuGH[225] und des BAG[226] obsolet geworden sei.[227] Nach anderer Auffassung kann § 18 Abs. 4 KSchG weiter mit der Maßgabe angewendet werden, dass lediglich die Verweisung auf Absatz 1 keine Bedeutung mehr hat. Die Kündigungen müssen daher spätestens vor Ablauf von 90 Tagen nach der Anzeige an die Agentur für Arbeit erklärt werden.[228] Für dieses Verständnis spricht, dass dadurch entsprechend dem ursprünglichen Sinn der Regelung vermieden werden kann, dass die Vermittlungsmaßnahmen der Arbeitsverwaltung vergeblich erfolgen, weil die Kündigungen erst lange Zeit nach der Anzeige ausgesprochen werden. 87

Die 90-Tage-Freifrist beginnt mit dem Tag nach der Anzeige an die Agentur für Arbeit, der letzte Tag ist der 90. Tag nach dem Tag der Anzeige an die Agentur für Arbeit (§ 26 Abs. 1 SGB X, §§ 187 Abs. 1, 188 Abs. 1 BGB). 88

Vor Ablauf der Freifrist sind die Entlassungen durchzuführen. Entlassung bedeutet Kündigung des Arbeitsverhältnisses. Es kommt auf den Ausspruch der Kündigung bzw. auf den Abschluss des Aufhebungsvertrages an.[229] Sofern eine anzeigepflichtige Entlassung nicht innerhalb der Freifrist durchgeführt werden kann, muss eine erneute Anzeige erfolgen.[230] 89

VI. Rechtswidrigkeit der Entlassungen bei unterbliebener Anzeige

In der Konsequenz der richtlinienkonformen Auslegung der §§ 17, 18 KSchG ist die Kündigungserklärung unwirksam, wenn eine wirksame Anzeige nach § 17 Abs. 3 KSchG vor der Erklärung der Kündigung nicht erstattet worden ist.[231] § 17 KSchG ist Verbotsgesetz iSd § 134 BGB.[232] 90

Beruft sich der Arbeitnehmer auf die Rechtswidrigkeit der Entlassung wegen unterbliebener Anzeige, muss der Arbeitgeber das Arbeitsverhältnis erneut kündigen und die Anzeigepflicht des § 17 KSchG gegebenenfalls vor der Erklärung der Kündigung beachten. 91

---

[223] Ascheid/Preis/Schmidt/*Moll* KSchG § 19 Rn. 39 ff.
[224] Ascheid/Preis/Schmidt/*Moll* KSchG § 18 Rn. 37.
[225] EuGH 27.1.2005 – C-188/03, AP KSchG 1969 § 17 Nr. 18.
[226] BAG 23.3.2006 – 2 AZR 343/05, AP KSchG 1969 § 17 Nr. 21.
[227] *Dornbusch/Wolff* BB 2005, 885 (887).
[228] BAG 23.2.2010 – 2 AZR 268/08, NZA 2010, 944 (947); *Bauer/Krieger/Powietzka* BB 2006, 2023 (2026); *Dzida/Hohenstatt* DB 2006, 1897 (1901); Ascheid/Preis/Schmidt/*Moll* KSchG § 18 Rn. 38.
[229] BAG 23.2.2010 – 2 AZR 268/08, NZA 2010, 944 (946 f.); Ascheid/Preis/Schmidt/*Moll* KSchG § 18 Rn. 40.
[230] Ascheid/Preis/Schmidt/*Moll* KSchG § 18 Rn. 41.
[231] *Bauer/Krieger/Powietzka* BB 2005, 445 (448); *Dornbusch/Wolff* BB 2005, 885 (887); *Ferme/Lipinski* ZIP 2005, 593 (597 f.); *Osnabrügge* NJW 2005, 1093 (1094); *Riesenhuber/Domröse* NZA 2005, 568 (569); *Nicolai* NZA 2005, 206 (206).
[232] BAG 13.6.2019 – 6 AZR 459/18, NZA 2019, 1638 Rn. 22; BAG 26.2.2015 – 2 AZR 955/13, NZA 2015, 881; BAG 20.2.2014 – 2 AZR 346/12, NZA 2014, 1069 Rn. 46 ff.; BAG 21.3.2013 – 2 AZR 60/12, NZA 2013, 966; BAG 22.11.2012 – AZR 371/11, NZA 2013, 845 Rn. 39; ErfK/*Kiel* KSchG § 17 Rn. 36.

VII. Klagefrist

92   Nach § 4 S. 1 KSchG gilt die Klagefrist von drei Wochen für alle Unwirksamkeitsgründe, die der Arbeitnehmer gegenüber der Kündigung geltend machen will. Nach Ablauf der Drei-Wochen-Frist des § 4 KSchG greift § 7 KSchG.[233] Innerhalb eines Kündigungsschutzverfahrens muss der Arbeitnehmer nach den allgemein gültigen prozessualen Regeln zu dem Gesichtspunkt der Anzeigepflicht vortragen, um nicht präkludiert zu werden. Hierbei ist zu beachten, das Konsultationsverfahren nach § 17 Abs. 2 KSchG und das Anzeigeverfahren nach § 17 Abs. 3 KSchG zu trennen und die Rüge der Einhaltung eines der beiden Verfahren nicht ohne weiteres beide Verfahren zur gerichtlichen Überprüfung stellt.[234]

[233] Linck/Krause/Bayreuther/*Bayreuther* KSchG § 17 Rn. 143; Ascheid/Preis/Schmidt/*Moll* KSchg § 18 Rn. 47b.
[234] Ascheid/Preis/Schmidt/*Moll* KSchG § 18 Rn. 47c; *Moll*/*Katerndahl* AP KSchG 1969 § 17 Nr. 48.

§ 51 Zeugnis

Übersicht

	Rn.
I. Anspruchsberechtigte	1
II. Schuldner des Zeugnisanspruchs	2
III. Entstehung des Zeugnisanspruchs	3–5
1. Endzeugnis	3
2. Zwischenzeugnis	4/5
IV. Formale Anforderungen an das Zeugnis	6/7
V. Inhalt des Zeugnisses	8–20
1. Einfaches Zeugnis	8/9
2. Qualifiziertes Zeugnis	10–20
a) Leistung	11–13
b) Verhalten	14–17
c) Schlussformel	18–20
VI. Durchsetzung des Zeugnisanspruchs	21–30
1. Holschuld	21
2. Zurückbehaltungsrecht	22
3. Berichtigungsanspruch	23
4. Schadenersatz	24/25
5. Prozessuales	26–30
a) Klageanträge	26–29
b) Einstweilige Verfügung und Zwangsvollstreckung	30
VII. Verjährung, Verwirkung, Verfallfristen, Verzicht und Ausgleichsklausel	31/32
VIII. Widerruf des Zeugnisses	33
IX. Ersatzzeugnis	34
X. Haftung gegenüber Dritten	35/36

I. Anspruchsberechtigte

Der Zeugnisanspruch für Arbeitnehmer ist in § 109 GewO normiert. Auszubildende haben einen Zeugnisanspruch nach § 16 BBiG. § 630 BGB gewährt selbstständigen Dienstverpflichteten ebenfalls einen Anspruch auf Zeugniserteilung, sofern es sich um ein dauerndes Dienstverhältnis gehandelt hat. Anspruchsberechtigte sind insbesondere Organmitglieder, wie Vorstände und Geschäftsführer.[1]

1

II. Schuldner des Zeugnisanspruchs

Das Zeugnis ist vom Arbeitgeber bzw. vom Dienstberechtigten auszustellen. Der Arbeitgeber kann sich von einem anderen im Betrieb beschäftigten Angestellten vertreten lassen. Im Vertretungsfall ist im Arbeitszeugnis deutlich zu machen, dass der Vertreter dem Arbeitnehmer gegenüber weisungsbefugt war. Ist der Arbeitnehmer direkt der Geschäftsleitung unterstellt gewesen, ist das Zeugnis von einem Mitglied der Geschäftsleitung auszustellen, das auf seine Position als Mitglied der Geschäftsleitung hinweisen muss.[2] Der Vertreter des Arbeitgebers, der als Aussteller aus dem Zeugnis hervorgeht, hat das Zeugnis auch persönlich zu unterzeichnen, da anderenfalls eine Distanzierung vom Zeugnisinhalt zum Ausdruck gebracht würde.[3] Die Zeugniserteilung durch eine nicht unternehmensangehörige Person, zB einen Rechtsanwalt, erfüllt den Anspruch nicht.[4] Nach einem Betriebsübergang ist der Er-

2

---

[1] MüKoBGB/*Henssler* § 630 Rn. 9; Staudinger/*Preis* BGB § 630 Rn. 3.
[2] BAG 26.6.2001 – 9 AZR 392/00, EzA BGB § 630 Nr. 20; BAG 21.9.1999 – 9 AZR 893/98, AP BGB § 630 Nr. 23; BAG 26.6.2001 – 9 AZR 392/00, AP BGB § 630 Nr. 27.
[3] BAG 21.9.1999 – 9 AZR 893/98, AP BGB § 630 Nr. 23.
[4] MüKoBGB/*Henssler* § 630 Rn. 53; MHdB ArbR/*Francke* § 138 Rn. 3.

werber verpflichtet, das Zeugnis über die gesamte Dienstzeit auszustellen.[5] Im Fall der Insolvenz ist das Zeugnis für ein Arbeitsverhältnis, welches vor oder mit Eröffnung des Insolvenzverfahrens geendet hat, durch den Gemeinschuldner auszustellen.[6] Wird das Arbeitsverhältnis über den Zeitpunkt der Eröffnung des Insolvenzverfahrens hinaus vom Insolvenzverwalter fortgeführt, trifft den Insolvenzverwalter die Pflicht zur Erteilung des Zeugnisses auch für die Zeit vor Insolvenzeröffnung.[7] Der Insolvenzverwalter muss sich fehlende Informationen beim Schuldner verschaffen. Dieser ist gemäß § 97 InsO zur Auskunft verpflichtet.[8] Verstirbt der Arbeitgeber, richtet sich der Anspruch gegen die Erben. Der Anspruch muss jedoch nur insoweit erfüllt werden, wie den Erben die notwendigen Informationen zur Verfügung stehen oder von ihnen beschafft werden können.[9]

III. Entstehung des Zeugnisanspruchs

1. Endzeugnis

3   Der Anspruch auf Erteilung des Arbeitszeugnisses entsteht bei Beendigung des Arbeitsverhältnisses, § 109 Abs. 1 S. 1 GewO. Der Arbeitnehmer muss aber die Ausstellung des Zeugnisses verlangen und dabei sein Wahlrecht über die Art des Zeugnisses (einfaches oder qualifiziertes Zeugnis) ausüben.[10] Aus dem funktionalen Zusammenhang zwischen § 629 BGB und dem Anspruch auf Zeugniserteilung hat das Bundesarbeitsgericht hergeleitet, dass der Anspruch auf Erteilung des Zeugnisses bereits zu einem früheren Zeitpunkt als dem tatsächlichen Ausscheiden aus dem Arbeitsverhältnis zu erfüllen ist.[11] Regelmäßig wird der Zeugnisanspruch mit dem Zeitpunkt des Zugangs der Kündigung entstehen.[12] Insbesondere bei längeren Kündigungsfristen wird man dem Arbeitgeber jedoch zugestehen müssen, das Zeugnis als Zwischenzeugnis oder vorläufiges Zeugnis auszustellen, da bis zum Ablauf der Kündigungsfrist noch Änderungen erforderlich werden können.[13] Auch im Falle eines Kündigungsschutzprozesses ist das Zeugnis spätestens mit Ablauf der Kündigungsfrist fällig.[14] Bei fristloser Kündigung ist das Zeugnis sofort zu erteilen.[15] Bei einem befristeten Arbeitsverhältnis ist das Zeugnis zu dem Zeitpunkt fällig, zu dem das Arbeitsverhältnis hätte gekündigt werden müssen, um es zum Befristungstermin enden zu lassen.[16] Im Falle des Aufhebungsvertrags entsteht der Zeugnisanspruch bei Abschluss, soweit keine abweichende Regelung im Aufhebungsvertrag getroffen wird.[17] Da dem Arbeitgeber jedoch daran gelegen sein dürfte, den Arbeitnehmer auf der Suche nach einem neuen Arbeitsverhältnis zu unterstützen, weil sich die Bestandsrechtsstreitigkeit dadurch in der Praxis regelmäßig erledigt, wird er auch dem vorläufig weiterbeschäftigten Arbeitnehmer im eigenen Interesse auf Wunsch ein Endzeugnis ausstellen.

---

[5] MüKoBGB/*Henssler* § 630 Rn. 51.
[6] BAG 30.1.1991 – 5 AZR 32/90, AP BGB § 630 Nr. 18; BAG 23.6.2004 – 10 AZR 495/03, NZA 2004, 1392 (1394); *Stiller* NZA 2005, 330 (331 f.); ErfK/*Müller-Glöge* GewO § 109 Rn. 4; Staudinger/*Preis* BGB § 630 Rn. 24.
[7] BAG 30.1.1991 – 5 AZR 32/90, AP BGB § 630 Nr. 18; BAG 23.6.2004 – 10 AZR 495/03, NZA 2004, 1392 (1394); *Stiller* NZA 2005, 330 (332 f.); ErfK/*Müller-Glöge* GewO § 109 Rn. 4; Staudinger/*Preis* BGB § 630 Rn. 24; MüKoBGB/*Henssler* § 630 Rn. 52.
[8] BAG 23.6.2004 – 10 AZR 495/03, NZA 2004, 1392 (1394).
[9] BAG 30.1.1991 – 5 AZR 32/90, AP BGB § 630 Nr. 18; ErfK/*Müller-Glöge* GewO § 109 Rn. 4a; MHdB ArbR/*Francke* § 138 Rn. 6.
[10] ErfK/*Müller-Glöge* GewO § 109 Rn. 7; MüKoBGB/*Henssler* § 630 Rn. 12, 23 f.
[11] BAG 27.2.1987 – 5 AZR 710/85, AP BGB § 630 Nr. 16; ErfK/*Müller-Glöge* GewO § 109 Rn. 7; MüKoBGB/*Henssler* § 630 Rn. 13; MHdB ArbR/*Francke* § 138 Rn. 8.
[12] Staudinger/*Preis* BGB § 630 Rn. 13; MüKoBGB/*Henssler* § 630 Rn. 13; MHdB ArbR/*Francke* § 138 Rn. 9.
[13] ErfK/*Müller-Glöge* GewO § 109 Rn. 8; MüKoBGB/*Henssler* § 630 Rn. 14; aA Staudinger/*Preis* BGB § 630 Rn. 13.
[14] BAG 27.2.1987 – 5 AZR 710/85, AP BGB § 630 Nr. 16; ErfK/*Müller-Glöge* GewO § 109 Rn. 7.
[15] ErfK/*Müller-Glöge* GewO § 109 Rn. 9.
[16] ErfK/*Müller-Glöge* GewO § 109 Rn. 9; Staudinger/*Preis* BGB § 630 Rn. 18; MüKoBGB/*Henssler* § 630 Rn. 16.
[17] ErfK/*Müller-Glöge* GewO § 109 Rn. 9; Staudinger/*Preis* BGB § 630 Rn. 18.

2. Zwischenzeugnis

Es ist allgemein anerkannt, dass auch im fortbestehenden Arbeitsverhältnis Anlass für ein 4
vorläufiges Zeugnis (Zwischenzeugnis) bestehen kann. Der Anspruch lässt sich als vertragliche Nebenpflicht aus der Fürsorgepflicht des Arbeitgebers herleiten.[18] Ein Anspruch auf Erteilung eines Zwischenzeugnisses ist insbesondere in folgenden Fällen anzuerkennen:
- Versetzung[19]
- Vorgesetztenwechsel[20]
- längere Unterbrechung des Arbeitsverhältnisses (beispielsweise Abgeordnetenmandat, Elternzeit)[21]
- Wechsel in der Besetzung des Aufsichtsrats oder Beirats bei Organmitgliedern
- Betriebsübergang[22]
- beabsichtigter Stellenwechsel des Arbeitnehmers[23]
- zwecks Vorlage bei Fortbildungsmaßnahmen.[24]

Der Arbeitgeber ist für den Zeitraum, den das Zwischenzeugnis erfasst, bei der Erstellung 5
des Endzeugnisses regelmäßig an den Inhalt des Zwischenzeugnisses gebunden. Er kann von dem Zwischenzeugnis nur abweichen, wenn die späteren Leistungen und das spätere Verhalten dies rechtfertigen.[25] Dies gilt auch, wenn der Betriebsveräußerer das Zwischenzeugnis vor einem Betriebsübergang erteilt hat und der Arbeitnehmer das Endzeugnis vom Betriebserwerber verlangt.[26]

IV. Formale Anforderungen an das Zeugnis

Das Zeugnis ist gemäß § 109 Abs. 1 S. 1 GewO, § 630 S. 1 BGB, § 16 Abs. 1 S. 1 BBiG 6
schriftlich zu erteilen. Die Erteilung des Zeugnisses in elektronischer Form ist gemäß § 109 Abs. 3 GewO, § 630 S. 3 BGB, § 16 Abs. 1 S. 2 BBiG ausgeschlossen. Das Zeugnis ist auch für einen ausländischen Arbeitnehmer in deutscher Sprache abzufassen, soweit nichts Abweichendes vereinbart wurde.[27] Der Aussteller hat das Zeugnis eigenhändig zu unterschreiben.[28] Die Unterschrift muss persönlich im Original unter Verwendung eines dokumentenechten Schreibgerätes erfolgen. Die Verwendung eines Bleistifts oder die lediglich kopierte oder faksimilierte Unterschrift genügt nicht.[29] Der Name des Ausstellers und Unterzeichners muss nicht gedruckt wiederholt werden.[30] Eine bloße Paraphe hingegen genügt nicht.[31] Der Unterzeichner muss seine Unterschrift wie üblich leisten und darf diese nicht verfremden, bspw. völlig überdimensionieren.[32] Das Zeugnis muss das Ausstellungsdatum angeben.[33] Der Arbeitnehmer kann weder eine Vor- noch eine Rückdatierung des Zeugnisses verlangen.[34] Le-

---

[18] Staudinger/*Preis* BGB § 630 Rn. 20; MHdB ArbR/*Francke* § 139 Rn. 8.
[19] ErfK/*Müller-Glöge* GewO § 109 Rn. 50.
[20] BAG 1.10.1998 – 6 AZR 176/97, NZA 1999, 894.
[21] ErfK/*Müller-Glöge* GewO § 109 Rn. 50.
[22] ErfK/*Müller-Glöge* GewO § 109 Rn. 50.
[23] ErfK/*Müller-Glöge* GewO § 109 Rn. 50.
[24] *Grimm* AR-Blattei-SD 1850 Rn. 24; ErfK/*Müller-Glöge* GewO § 109 Rn. 50.
[25] BAG 16.10.2007 – 9 AZR 248/07, AP BGB § 630 Nr. 33; LAG Köln 8.7.1993 – 10 Sa 275/93, LAGE BGB § 630 Nr. 18; LAG Köln 8.7.1993 – 10 Sa 275/93, LAGE BGB § 630 Nr. 30; MHdB ArbR/*Francke* § 138 Rn. 47.
[26] BAG 16.10.2007 – 9 AZR 248/07, AP BGB § 630 Nr. 33.
[27] ErfK/*Müller-Glöge* GewO § 109 Rn. 10b; Staudinger/*Preis* BGB § 630 Rn. 25.
[28] BAG 26.6.2001 – 9 AZR 392/00, AP BGB § 630 Nr. 27; ErfK/*Müller-Glöge* GewO § 109 Rn. 10; Staudinger/*Preis* BGB § 630 Rn. 25.
[29] LAG Bremen 23.6.1989 – 4 Sa 320/88, LAGE BGB § 630 Nr. 6; Staudinger/*Preis* BGB § 630 Rn. 25.
[30] ErfK/*Müller-Glöge* GewO § 109 Rn. 10; Staudinger/*Preis* BGB § 630 Rn. 25; aA LAG Düsseldorf 23.5.1995 – 3 Sa 253/95, LAGE BGB § 630 Nr. 24.
[31] LAG Hamm 28.3.2000 – 4 Sa 1588/99, NZA 2001, 576; Staudinger/*Preis* BGB § 630 Rn. 25.
[32] LAG Nürnberg 3.8.2005 – 4 Ta 153/05, NZA-RR 2006, 13 (14).
[33] LAG Bremen 23.6.1989 – 4 Sa 320/88, LAGE BGB § 630 Nr. 6; LAG Nürnberg 13.9.1994 – 6 Ta 118/94, LAGE BGB § 630 Nr. 21; ErfK/*Müller-Glöge* GewO § 109 Rn. 12.
[34] LAG Bremen 23.6.1989 – 4 Sa 320/88, LAGE BGB § 630 Nr. 6; ErfK/*Müller-Glöge* GewO § 109 Rn. 12; aA LAG Hamm 20.6.2006 – 19 Sa 135/06, BeckRS 2006, 44447; MüKoBGB/*Henssler* § 630 Rn. 28.

diglich bei nachträglicher Berichtigung des Zeugnisses ist das neue Zeugnis mit dem Datum des ursprünglich und erstmals erteilten Zeugnisses zu versehen, und zwar unabhängig davon, ob der Arbeitgeber die Berichtigung von sich aus vornimmt oder aber dazu gerichtlich verurteilt oder durch Prozessvergleich verpflichtet wurde.[35] Das Ausstellungsdatum soll wegen der für alle Teile des Zeugnisses geltenden Wahrheitspflicht auch keiner Vereinbarung zwischen Arbeitgeber und Arbeitnehmer zugänglich sein.[36] Die Gegenauffassung, wonach eine einvernehmliche Festlegung des Ausstellungsdatums durch Arbeitgeber und Arbeitnehmer zulässig ist, weist hingegen die größere Praxisnähe auf.[37] Die Überschrift „Zeugnis" ist nicht erforderlich.[38] Die Person des Arbeitnehmers ist genau zu bezeichnen. Es sind der Name, Vorname und Geburtsname des Arbeitnehmers einschließlich seiner akademischen Grade anzugeben.[39] Für die Aufnahme des Geburtsdatums, des Geburtsorts und der Anschrift des Arbeitnehmers wird überwiegend dessen Einverständnis vorausgesetzt.[40]

7 Das Zeugnis ist sauber und ordentlich, in der Regel in Maschinenschrift auszustellen.[41] Es darf keine Flecken, Radierungen, Verbesserungen, Durchstreichungen und ähnliches enthalten.[42] Verwendet der Arbeitgeber für schriftliche Äußerungen üblicherweise Firmenbögen, muss er dieses Geschäftspapier auch für das Zeugnis verwenden.[43] Übertriebene Ansprüche an die Verwendung bestimmter Papierqualitäten oder -sorten eines bestimmten Papierformats, einer bestimmten Schriftart und andere Äußerlichkeiten sind nicht anzuerkennen, sofern nicht eine Distanzierung oder eine Abqualifizierung zum Ausdruck kommt.[44] Der Arbeitgeber erfüllt den Zeugnisanspruch des Arbeitnehmers auch mit einem „geknickten" Zeugnis, sofern gewährleistet ist, dass hiervon saubere und ordentliche Kopien gefertigt werden können.[45] Rechtschreib- und Grammatikmängel muss der Arbeitnehmer dulden, soweit sie nicht ein Ausmaß annehmen, das negative Auswirkungen befürchten lässt.[46] Auch das Satzbild des Zeugnisses ist rechtlich nicht zu beanstanden, wenn es eine große Anzahl von Silbentrennungen oder eine Silbentrennung im Seitenumbruch aufweist.[47] § 109 Abs. 2 S. 2 GewO verbietet Geheimzeichen. Danach darf das Zeugnis keine Merkmale oder Formulierungen enthalten, die den Zweck haben, eine andere als die aus der äußeren Form oder dem Wortlaut ersichtliche Aussage über den Arbeitnehmer zu treffen. Dies verbietet die Verwendung eines besonderen Papiers, besonderer Tintenfarbe, den Einsatz unterschiedlicher Schrifttypen sowie die Unterstreichung von einzelnen Wörtern oder Textpassagen wie auch die Setzung von Anführungs- und unpassenden Satzzeichen.[48] Auch ein Smiley mit heruntergezogenen Mundwinkeln kann eine negative Aussage über den Arbeitnehmer enthalten, die dieser nicht hinnehmen muss.[49]

---

[35] BAG 9.9.1992 – 5 AZR 509/91, AP BGB § 630 Nr. 19; LAG Bremen 23.6.1989 – 4 Sa 320/88, LAGE BGB § 630 Nr. 6; ErfK/*Müller-Glöge* GewO § 109 Rn. 12.
[36] *Schleßmann* Arbeitszeugnis Teil 1 IX 2c.
[37] MüKoBGB/*Henssler* § 630 Rn. 28; Staudinger/*Preis* BGB § 630 Rn. 29.
[38] ErfK/*Müller-Glöge* GewO § 109 Rn. 13; Staudinger/*Preis* BGB § 630 Rn. 29; aA LAG Düsseldorf 23.5.1995 – 3 Sa 253/95, LAGE BGB § 630 Nr. 24.
[39] ErfK/*Müller-Glöge* GewO § 109 Rn. 13; Staudinger/*Preis* BGB § 630 Rn. 30.
[40] Staudinger/*Preis* BGB § 630 Rn. 30; MüKoBGB/*Henssler* § 630 Rn. 27; Schaub/*Linck* § 146 Rn. 18; aA ErfK/*Müller-Glöge* GewO § 109 Rn. 13.
[41] ErfK/*Müller-Glöge* GewO § 109 Rn. 14; Staudinger/*Preis* BGB § 630 Rn. 26; MüKoBGB/*Henssler* § 630 Rn. 47.
[42] BAG 3.3.1993 – 5 AZR 182/92, AP BGB § 630 Nr. 20; ErfK/*Müller-Glöge* GewO § 109 Rn. 14; Staudinger/*Preis* BGB § 630 Rn. 26.
[43] BAG 3.3.1993 – 5 AZR 182/92, AP BGB § 630 Nr. 20.
[44] ArbG Düsseldorf 19.12.1984 – 6 Ca 5682/84, NZA 1985, 812 (813); ErfK/*Müller-Glöge* GewO § 109 Rn. 15.
[45] BAG 21.9.1999 – 9 AZR 893/98, AP BGB § 630 Nr. 23 mablAnm *Schleßmann*; ErfK/*Müller-Glöge* GewO § 109 Rn. 15; aA LAG Hamburg 7.9.1993 – 7 Ta 7/93, NZA 1994, 890 (891); *Hunold* NZA-RR 2001, 113 (115).
[46] ErfK/*Müller-Glöge* GewO § 109 Rn. 15; aA LAG Düsseldorf 23.5.1995 – 3 Sa 253/95, LAGE BGB § 630 Nr. 24; Staudinger/*Preis* BGB § 630 Rn. 27; MüKoBGB/*Henssler* § 630 Rn. 48.
[47] LAG Baden-Württemberg 27.11.2014 – 3 Sa 21/14, BeckRS 2015, 66785.
[48] ErfK/*Müller-Glöge* GewO § 109 Rn. 16.
[49] ArbG Kiel 18.4.2013 – 5 Ca 80b/13, LAGE BGB 2002 § 630 Nr. 7.

V. Inhalt des Zeugnisses

1. Einfaches Zeugnis

Das einfache Zeugnis muss gemäß § 109 Abs. 1 S. 2 GewO mindestens Angaben zu Art 8 und Dauer der Tätigkeit enthalten. Das Zeugnis muss die Tätigkeiten, die der Arbeitnehmer im Laufe des Arbeitsverhältnisses ausgeübt hat, so vollständig und genau beschreiben, dass sich künftige Arbeitgeber ein klares Bild machen können.[50] Die Darstellung der Tätigkeiten hat sinnvollerweise in chronologischer Reihenfolge zu erfolgen.[51] Die Ausführlichkeit der Angaben hängt von der Qualifikation des Arbeitnehmers und der Dauer seiner Beschäftigung ab.[52] Neben der Beschreibung der Tätigkeiten und des Arbeitsplatzes sind auch Leitungsbefugnisse und Vertretungsbefugnisse wie beispielsweise Prokura anzugeben.[53] Angaben zur Eingruppierung sollen nicht zulässig sein.[54] Die Zugehörigkeit zu einer Gewerkschaft darf nicht mitgeteilt werden.[55] Angaben über die Tätigkeit oder Mitgliedschaft im Betriebsrat dürfen ebenfalls nicht aufgenommen werden.[56] Dies gilt entsprechend für die Mitgliedschaft in anderen Arbeitnehmervertretungen einschließlich der Mitwirkung im Aufsichtsrat. Allerdings kann bei längerer Freistellung zum Zwecke der Betriebsratstätigkeit eine Erwähnung der Freistellung im Hinblick auf die Wahrheitspflicht unvermeidlich und zulässig sein. Denn aus dem Zeugnis darf nicht der falsche Eindruck einer kontinuierlichen Arbeitsleistung und entsprechenden Berufserfahrung vermittelt werden, wenn diese gleich aus welchem Grund längere Zeit unterbrochen war.[57] Umstritten ist, ob im Arbeitszeugnis als Beendigungszeitpunkt stets das rechtliche Ende des Arbeitsverhältnisses[58] oder bei tatsächlicher Weiterbeschäftigung zur Abwendung der Zwangsvollstreckung im Fall einer letztlich erfolglosen Kündigungsschutzklage das Ende der tatsächlichen Beschäftigung[59] anzugeben ist. Der Grund für die Beendigung des Arbeitsverhältnisses darf nur angegeben werden, wenn der Arbeitnehmer dies wünscht.[60] Dies gilt sogar für die Beendigung durch wirksame fristlose Kündigung, wobei hier jedoch das Beendigungsdatum bereits Rückschlüsse zulässt.[61]

Formulierungsvorschlag für ein einfaches Zeugnis:

Herr/Frau ...... war in der Zeit vom ...... bis ...... im Bereich/Abteilung ...... beschäftigt. 9
Seine/Ihre Aufgaben bestanden zu Beginn des Arbeitsverhältnisses in ......
Am ...... übernahm Herr/Frau ...... die Leitung der Abteilung ...... Am ...... wurde Herrn/Frau ...... Gesamtprokura erteilt. Herr/Frau ...... verlässt unser Unternehmen auf eigenen Wunsch, um sich einer neuen Aufgabe zu widmen. Wir wünschen ihm/ihr hierbei alles Gute.

......
Ort, Datum

......
Unterschrift

---

[50] BAG 12.8.1976 – 3 AZR 720/75, AP BGB § 630 Nr. 11.
[51] ErfK/*Müller-Glöge* GewO § 109 Rn. 29; Staudinger/*Preis* BGB § 630 Rn. 31.
[52] *Grimm* AR-Blattei-SD 1850 Rn. 56.
[53] LAG Baden-Württemberg 19.6.1992 – 15 Sa 19/92, NZA 1993, 127 f.
[54] Staudinger/*Preis* BGB § 630 Rn. 32; aA ErfK/*Müller-Glöge* GewO § 109 Rn. 29.
[55] Staudinger/*Preis* BGB § 630 Rn. 32.
[56] BAG 19.8.1992 – 7 AZR 262/91, NZA 1993, 222 (223 f.).
[57] ErfK/*Müller-Glöge* GewO § 109 Rn. 21; *Schleßmann* Arbeitszeugnis Teil 1 VIII 1a bb) und b aa); MHdB ArbR/*Wank* § 105 Rn. 18.
[58] LAG Hessen 17.11.2014 – 17 Sa 406/14, BeckRS 2015, 70616 jedenfalls bei längerer Unterbrechung.
[59] MüKoBGB/*Henssler* § 630 Rn. 26; Staudinger/*Preis* BGB § 630 Rn. 33.
[60] BAG 19.8.1992 – 7 AZR 262/91, AP BGB § 630 Nr. 11; LAG Hamm 12.7.1994 – 4 Sa 564/94, LAGE BGB § 630 Nr. 26; MHdB ArbR/*Wank* § 105 Rn. 13.
[61] LAG Düsseldorf 21.1.1988 – 2 Sa 1654/87, NZA 1988, 399 (400).

2. Qualifiziertes Zeugnis

10 Nach Wahl des Arbeitnehmers hat der Arbeitgeber auf dessen Verlangen ein qualifiziertes Zeugnis gemäß § 109 Abs. 1 S. 3 GewO zu erteilen. Das qualifizierte Zeugnis baut auf dem einfachen Zeugnis auf und enthält darüber hinaus eine Beurteilung von Leistung und Verhalten des Arbeitnehmers durch den Arbeitgeber.

11 a) Leistung. Die Beurteilung der Leistung des Arbeitnehmers schließt regelmäßig folgende Gesichtspunkte[62] ein:
- Arbeitsgüte,
- Arbeitstempo,
- Arbeitsökonomie,
- Schwierigkeit der Aufgabenstellungen,
- Fachkenntnisse,
- Arbeitsbereitschaft,
- Belastbarkeit,
- Ausdrucksvermögen,
- Verhandlungsgeschick,
- Arbeitserfolg,
- Vielseitigkeit,
- Auffassungsgabe,
- Selbstständigkeit,
- Eigeninitiative.

12 Der Arbeitgeber trifft die Auswahl, welche der Eigenschaften des Arbeitnehmers er in der Beurteilung der Leistung positiv oder negativ hervorheben will, soweit dadurch der Anspruch auf Vollständigkeit und Wahrheitsgemäßheit des Zeugnisses erfüllt wird.[63] Der Arbeitgeber wählt seine Worte und deren Abfolge selbst aus. Der Arbeitnehmer hat keinen Anspruch auf bestimmte Formulierungen oder einen bestimmten Wortlaut.[64] Allerdings hat der Arbeitgeber die Leistungen des Arbeitnehmers wohlwollend und zugleich wahrheitsgemäß zu beurteilen.[65] Die Wahrheitspflicht geht dem Wohlwollen vor.[66] Dies gilt auch dann, wenn der Arbeitgeber sich in einem Vergleich verpflichtet hat, von einem Zeugnisentwurf des Arbeitnehmers nur aus wichtigem Grund abzuweichen.[67]

13 Ungeachtet der berechtigten Kritik an der Überschwenglichkeit und der sprachlichen Unzulänglichkeit verwendet die Praxis folgende sechsstufige Notenskala[68] nach dem sogenannten Zufriedenheits-Katalog:[69]
- sehr gute Leistung = „stets zu unserer vollsten Zufriedenheit"[70]
- gute Leistung = „stets/immer/durchgehend zu unserer vollen Zufriedenheit"[71]

---

[62] ErfK/*Müller-Glöge* GewO § 109 Rn. 40; MüKoBGB/*Henssler* § 630 Rn. 33.

[63] BAG 29.7.1971 – 2 AZR 250/70, AP BGB § 630 Nr. 6; Staudinger/*Preis* BGB § 630 Rn. 42.

[64] BAG 9.9.2011 – 3 AZB 35/11, NZA 2012, 1244 Rn. 18; BAG 29.7.1971 – 2 AZR 250/70, AP BGB § 630 Nr. 6; LAG Köln 8.7.1993 – 10 Sa 275/93, LAGE BGB § 630 Nr. 8; Staudinger/*Preis* BGB § 630 Rn. 42.

[65] BAG 8.2.1972 – 1 AZR 189/71, AP BGB § 630 Nr. 7; Staudinger/*Preis* BGB § 630 Rn. 44; MüKoBGB/*Henssler* § 630 Rn. 41 f.; MHdB ArbR/*Wank* § 105 Rn. 18.

[66] BAG 18.11.2014 – 9 AZR 584/13, NZA 2015, 435 Rn. 19; MHdB ArbR/*Wank* § 105 Rn. 18; *Schleßmann* BB 2015, 2421 f.

[67] BAG 9.9.2011 – 3 AZB 35/11, NZA 2012, 1244 Rn. 19; LAG Köln 29.10.2014 – 3 Sa 459/14, ArbR Aktuell 2015, 109 Rn. 21.

[68] *Ecklebe* DB 2015, 923 (925); ErfK/*Müller-Glöge* GewO § 109 Rn. 31 ff.; Staudinger/*Preis* BGB § 630 Rn. 51; MHdB ArbR/*Francke* § 138 Rn. 40 f.

[69] *Düwell/Dahl* NZA 2011, 958.

[70] BAG 14.10.2003 – 9 AZR 12/03, EzA BGB § 630 Nr. 16; LAG Saarland 28.2.1990 – 1 Sa 209/89, LAGE BGB § 630 Nr. 9; LAG Hessen 6.9.1991 – 13 Sa 250/91, LAGE BGB § 630 Nr. 14; Staudinger/*Preis* BGB § 630 Rn. 51; aA LAG Düsseldorf 12.3.1992 – 15 Sa 13/86, LAGE BGB § 630 Nr. 2.

[71] BAG 18.11.2014 – 9 AZR 584/13, NZA 2015, 435 Rn. 11; BAG 14.10.2003 – 9 AZR 12/03, AP BGB § 630 Rn. 28; LAG Düsseldorf 23.5.1995 – 3 Sa 253/95, LAGE BGB § 630 Nr. 24; LAG Bremen 9.11.2000 – 4 Sa 101/00, NZA-RR 2001, 287 (288); ErfK/*Müller-Glöge* GewO § 109 Rn. 33; Staudinger/*Preis* BGB § 630 Rn. 51.

- befriedigende Leistung = „stets zu unserer Zufriedenheit"[72] oder „zu unserer vollen Zufriedenheit"[73]
- ausreichende Leistung = „zu unserer Zufriedenheit"[74]
- mangelhafte Leistung = „insgesamt zu unserer Zufriedenheit"[75]
- ungenügende Leistung = „der Arbeitnehmer hat sich bemüht, die ihm übertragenen Aufgaben zu unserer Zufriedenheit zu erledigen" oder „der Arbeitnehmer hat die ihm übertragenen Aufgaben mit großem Fleiß und Interesse durchgeführt".[76]

b) Verhalten. Der Arbeitgeber hat nach § 109 Abs. 1 S. 3 GewO im qualifizierten Zeugnis darüber hinaus das Verhalten des Arbeitnehmers im Arbeitsverhältnis, dh sein Sozialverhalten zu beurteilen. Es sollen die für eine Beschäftigung wesentlichen Charakter- und Persönlichkeitszüge dargestellt werden.[77] Die Einzelgesichtspunkte sind im Wesentlichen
- Führungsqualitäten
- Kooperations- und Kompromissfähigkeit
- Kritikfähigkeit
- Verhalten gegenüber Vorgesetzten
- Verhalten gegenüber Kollegen
- Verhalten gegenüber Geschäftspartnern.[78]

Außerdienstliches Verhalten darf nicht berücksichtigt werden, es sei denn, es hat sich auf das Arbeitsverhältnis konkret ausgewirkt.[79] Einmalige Vorfälle, die nicht charakteristisch sind, dürfen nicht aufgenommen werden.[80] Straftaten, die im Rahmen des Arbeitsverhältnisses begangen oder sich auf dieses ausgewirkt haben, können mitgeteilt werden.[81] Dies gilt nicht für laufende Ermittlungsverfahren, solange der Gegenstand des Ermittlungsverfahrens nicht von besonderer Tragweite auch für das Arbeitsverhältnis ist.[82]

Für die Beurteilung der Führung verwendet die Praxis folgenden **Katalog**:[83]
- sehr gut = stets vorbildlich
- gut = vorbildlich
- befriedigend = stets höflich und einwandfrei/korrekt
- ausreichend = ohne Tadel/gab keinen Anlass zu Beanstandungen
- mangelhaft = insgesamt/im Wesentlichen einwandfrei/korrekt.

Die Bewertung des Verhaltens des Arbeitnehmers muss gegenüber allen relevanten Personengruppen vollständig erfolgen. Wird eine der Personengruppen, beispielsweise Vorgesetzte nicht erwähnt, beinhaltet dies eine Abwertung durch „beredtes Schweigen".[84] Die Reihenfolge, in der die relevanten Personengruppen aufgeführt werden, soll keine rechtliche Bedeutung haben.[85] Dies wird jedoch in der Praxis auch anders gesehen, weshalb die Reihenfolge Vorgesetzte, Kollegen, Mitarbeiter und zuletzt außerbetriebliche Personengruppen zwecks Vermeidung von Missdeutungen eingehalten werden sollte.

---

[72] BAG 14.10.2003 – 9 AZR 12/03, AP BGB § 630 Nr. 28; LAG Köln 18.5.1995 – 5 Sa 41/95, LAGE BGB § 630 Nr. 35; Staudinger/*Preis* BGB § 630 Rn. 51.
[73] BAG 18.11.2014 – 9 AZR 584/13, NZA 2015, 435 Rn. 11; LAG Bremen 9.11.2000 – 4 Sa 101/00, NZA-RR 2001, 287.
[74] LAG Hessen 10.9.1987 – 12/13 Sa 1766/86, LAGE BGB § 630 Nr. 3; LAG Hamm 19.10.1999 – 18 Sa 160/90, LAGE BGB § 630 Nr. 12; LAG Köln 18.5.1995 – 5 Sa 41/95, LAGE BGB § 630 Nr. 35; Staudinger/*Preis* BGB § 630 Rn. 51.
[75] LAG Köln 30.6.1999 – 7 Sa 188/99, LAGE BGB § 630 Nr. 34; Staudinger/*Preis* BGB § 630 Rn. 51.
[76] BAG 24.3.1977 – 3 AZR 232/76, AP BGB § 630 Nr. 12; ErfK/*Müller-Glöge* GewO § 109 Rn. 42; Staudinger/*Preis* BGB § 630 Rn. 51.
[77] Staudinger/*Preis* BGB § 630 Rn. 45.
[78] Staudinger/*Preis* BGB § 630 Rn. 45; MüKoBGB/*Henssler* § 630 Rn. 38; MHdB ArbR/*Wank* § 105 Rn. 22.
[79] BAG 29.1.1986 – 4 AZR 479/84, NZA 1987, 384; ErfK/*Müller-Glöge* GewO § 109 Rn. 45; Staudinger/*Preis* BGB § 630 Rn. 45; MüKoBGB/*Henssler* § 630 Rn. 40 ff.; MHdB ArbR/*Francke* § 138 Rn. 44.
[80] Staudinger/*Preis* BGB § 630 Rn. 45; MüKoBGB/*Henssler* § 630 Rn. 43.
[81] BAG 5.8.1976 – 3 AZR 491/75, AP BGB § 630 Nr. 10; ErfK/*Müller-Glöge* GewO § 109 Rn. 44a.
[82] LAG Düsseldorf 3.5.2005 – 3 Sa 359/05, DB 2005, 1799.
[83] *Düwell/Dahl* NZA 2011, 958.
[84] LAG Hessen 17.2.2014 – 16 SaGa 61/14, LAGE ZPO 2002 § 935 Nr. 5; LAG Hamm 17.6.1999 – 4 Sa 2587/98, LAGE BGB § 630 Nr. 28.
[85] LAG Köln 24.9.2007 – 14 Sa 539/07, BeckRS 2008, 51324; ErfK/*Müller-Glöge* GewO § 109 Rn. 44.

18 c) **Schlussformel.** Es ist üblich, Zeugnisse mit der Erklärung des Dankes, des Bedauerns und Wünschen für die Zukunft abzuschließen.[86]

> **Formulierungsvorschlag:**
> 19 Wir bedauern sein Ausscheiden und danken ihm für die stets gute Zusammenarbeit. Für die Zukunft wünschen wir Herrn/Frau alles Gute und weiterhin viel Erfolg.

20 Derartige Abschlussformulierungen können in das Zeugnis aufgenommen werden, ein Anspruch hierauf besteht jedoch nicht, da sie nicht Teil der rechtlich geschuldeten Leistungs- und Führungsbeurteilung sind.[87] Jedoch darf eine vom Arbeitgeber verwendete Schlussformel nicht im Widerspruch zu der vorangegangenen Beurteilung der Leistung und Führung des Arbeitnehmers stehen und diese dadurch relativieren.[88] Eine überschwengliche Schlussformel kann bei nur mäßiger Leistungs- und Führungsbeurteilung als Ironie aufgefasst werden. Eine lieblose Schlussformel relativiert vorangegangene gute Leistungs- und Führungsbewertungen. Beides wäre nicht mehr von der grundsätzlichen Formulierungsfreiheit des Arbeitgebers gedeckt.[89]

VI. Durchsetzung des Zeugnisanspruchs

1. Holschuld

21 Das Zeugnis ist wie die übrigen Arbeitspapiere beim Arbeitgeber abzuholen. Es handelt sich um eine Holschuld.[90] Der Arbeitgeber ist verpflichtet, das Zeugnis an den Arbeitnehmer zu übersenden, wenn die Abholung für den Arbeitnehmer einen unverhältnismäßigen Aufwand verursachen würde.[91] Dies kann beispielsweise der Fall sein, wenn der Arbeitnehmer an einen weit entfernten Ort verzogen ist.

2. Zurückbehaltungsrecht

22 Dem Arbeitgeber steht gegenüber dem Zeugnisanspruch des Arbeitnehmers kein Zurückbehaltungsrecht wegen Ansprüchen aus dem Arbeitsverhältnis zu, da eine Zurückbehaltung dem Zweck des Zeugnisanspruchs und den Fürsorgeverpflichtungen des Arbeitgebers zuwiderlaufen würde.[92]

3. Berichtigungsanspruch

23 Entspricht das vom Arbeitgeber ausgestellte Zeugnis nicht den Anforderungen in formeller oder materieller Hinsicht, steht dem Arbeitnehmer ein Anspruch auf Berichtigung zu. Während das Bundesarbeitsgericht diesen Anspruch aus dem Erfüllungsanspruch auf Erteilung eines ordnungsgemäßen Zeugnisses herleitet,[93] wird der Berichtigungsanspruch in der

---

[86] ErfK/*Müller-Glöge* GewO § 109 Rn. 46.
[87] BAG 11.12.2012 – 9 AZR 227/11, NZA 2013, 324; BAG 22.9.1998 – C 185/97, AP BGB § 630 Nr. 24; LAG Düsseldorf 21.5.2008 – 12 Sa 505/08, LAGE BGB 2002 § 630 Nr. 5; Staudinger/*Preis* BGB § 630 Rn. 49; *Hunold* NZA-RR 2001, 113 (120); ErfK/*Müller-Glöge* GewO § 109 Rn. 46; aA LAG Düsseldorf 3.11.2010 – 12 Sa 974/10, NZA-RR 2011, 123; LAG Hessen 17.6.1999 – 14 Sa 1157/98, LAGE BGB § 630 Nr. 33; LAG Köln 29.11.1990 – 10 Sa 801/90, LAGE BGB § 630 Nr. 11.
[88] BAG 20.2.2001 – 9 AZR 44/00, AP BGB § 630 Nr. 26; LAG Hamm 12.7.1994 – 4 Sa 192/94, LAGE BGB § 630 Nr. 27; ErfK/*Müller-Glöge* GewO § 109 Rn. 46a; Staudinger/*Preis* BGB § 630 Rn. 49; *Hunold* NZA-RR 2001, 113 (120).
[89] ErfK/*Müller-Glöge* GewO § 109 Rn. 46a.
[90] BAG 8.3.1995 – 5 AZR 848/93, AP BGB § 630 Nr. 21; ErfK/*Müller-Glöge* GewO § 109 Rn. 47; Staudinger/*Preis* BGB § 630 Rn. 9.
[91] BAG 8.3.1995 – 5 AZR 848/93, AP BGB § 630 Nr. 21; ErfK/*Müller-Glöge* GewO § 109 Rn. 47.
[92] ErfK/*Müller-Glöge* GewO § 109 Rn. 48; Staudinger/*Preis* BGB § 630 Rn. 55.
[93] BAG 14.10.2003 – 9 AZR 12/03, DB 2004, 1270 (1272); BAG 17.2.1988 – 5 AZR 638/86, AP BGB § 630 Nr. 17.

Literatur aus §§ 280 ff. BGB als Schadenersatzanspruch gerichtet auf Naturalrestitution gemäß § 249 BGB, dh Ausstellung eines mangelfreien neuen Zeugnisses gesehen.[94] Der Arbeitgeber hat dem Arbeitnehmer bei Bestehen eines Berichtigungsanspruchs ein vollständig neues, inhaltlich entsprechend berichtigtes Zeugnis auszustellen.[95] Der Anspruch auf Erteilung eines neuen berichtigten Zeugnisses besteht nur Zug um Zug gegen Rückgabe des alten unrichtigen Zeugnisses.[96]

4. Schadenersatz

Der Arbeitgeber macht sich gegenüber dem Arbeitnehmer schadenersatzpflichtig, wenn er mit der Ausstellung des Zeugnisses in Verzug gerät oder den Zeugnisanspruch schlecht erfüllt und dem Arbeitnehmer dadurch ein Schaden entsteht, §§ 280 Abs. 1, Abs. 2, 286 BGB.[97] Die Geltendmachung eines Verzugsschadens setzt voraus, dass der Arbeitnehmer die Ausstellung des Zeugnisses beim Arbeitgeber angemahnt hat. Wenn der Arbeitnehmer geltend macht, dass er wegen der verspäteten oder unrichtigen Erteilung des Zeugnisses einen Verdienstausfall erlitten hat, muss er darlegen und beweisen, dass ihn ein Arbeitgeber eingestellt hätte, wenn er ein richtiges Zeugnis hätte vorlegen können.[98] Die Beweiserleichterungen des § 280 Abs. 1 S. 2 BGB und § 286 Abs. 4 BGB betreffen allein das Verschulden des Arbeitgebers, der sich jedoch erst dann exkulpieren muss, wenn der Arbeitnehmer die Kausalität zwischen Pflichtverletzung und Eintritt des Schadens darlegen kann.[99] Einen Erfahrungssatz für den Beweis des ersten Anscheins, dass bei Fehlen eines Zeugnisses eine Bewerbung fehlschlägt, wird nicht anerkannt.[100] Erst wenn dem Arbeitnehmer dieser praktisch äußerst schwierige Nachweis gelingt und sich der Arbeitgeber nicht exkulpieren kann, kommen dem Arbeitnehmer für die Höhe des eingetretenen Schadens die Beweiserleichterungen des § 252 S. 2 BGB und § 287 ZPO zugute.[101] Aus dem Gesichtspunkt des § 254 Abs. 1 BGB folgt, dass der Arbeitnehmer vorrangig einen Berichtigungsanspruch gegenüber dem Arbeitgeber geltend machen muss. Nur wenn er die Mängel des Zeugnisses gegenüber dem Arbeitgeber gerügt hat, kann er anschließend Schadenersatz wegen Schlechterfüllung verlangen.[102]

Für den Arbeitnehmer besteht zwar die Möglichkeit, nach § 61 Abs. 2 ArbGG vorzugehen und den Arbeitgeber zur Erteilung eines Zeugnisses und für den Fall, dass das Zeugnis nicht binnen einer bestimmten Frist ausgestellt wird, zur Zahlung einer vom Arbeitsgericht festzusetzenden Entschädigung verurteilen zu lassen. Da hier jedoch der Entschädigungsbetrag endgültig an die Stelle des Zeugnisses tritt und auch weitergehende Schadenersatzansprüche entfallen, ist dieses Vorgehen nicht zu empfehlen.[103]

5. Prozessuales

a) Klageanträge

Formulierungsvorschlag für einen Klageantrag auf ein einfaches Endzeugnis:
Der/die Beklagte wird verurteilt, dem Kläger/der Klägerin ein einfaches Endzeugnis mit Angaben zu Art und Dauer der Tätigkeit zu erteilen.

---

[94] ErfK/*Müller-Glöge* GewO § 109 Rn. 67.
[95] ErfK/*Müller-Glöge* GewO § 109 Rn. 67; Staudinger/*Preis* BGB § 630 Rn. 65.
[96] LAG Hamm 11.7.1996 – 4 Sa 1285/95, LAGE BGB § 630 Nr. 31; ErfK/*Müller-Glöge* GewO § 109 Rn. 67.
[97] ErfK/*Müller-Glöge* GewO § 109 Rn. 63 ff.; MüKoBGB/*Henssler* § 630 Rn. 72; Staudinger/*Preis* BGB § 630 Rn. 76 f.
[98] BAG 25.10.1967 – 3 AZR 456/66, AP HGB § 73 Nr. 6; BAG 26.2.1976 – 3 AZR 215/75, AP BGB § 252 Nr. 3; BAG 24.3.1977 – 3 AZR 232/76, AP BGB § 630 Nr. 12; BAG 16.11.1995 – 8 AZR 983/94, EzA BGB § 630 Nr. 20; ErfK/*Müller-Glöge* GewO § 109 Rn. 88; MüKoBGB/*Henssler* § 630 Rn. 75.
[99] BAG 25.10.1967 – 3 AZR 456/66, AP HGB § 73 Nr. 6; ErfK/*Müller-Glöge* GewO § 109 Rn. 88.
[100] BAG 16.11.1995 – 8 AZR 983/94, EzA BGB § 630 Nr. 20; MüKoBGB/*Henssler* § 630 Rn. 75.
[101] BAG 25.10.1967 – 3 AZR 456/66, AP HGB § 73 Nr. 6; BAG 26.2.1976 – 3 AZR 215/75, AP BGB § 252 Nr. 3; ErfK/*Müller-Glöge* GewO § 109 Rn. 89; MüKoBGB/*Henssler* § 630 Rn. 75.
[102] Staudinger/*Preis* BGB § 630 Rn. 77.
[103] BAG 20.2.1997 – 8 AZR 212/95, NZA 1997, 880.

> **Formulierungsvorschlag für einen Klageantrag auf ein qualifiziertes Endzeugnis:**
>
> 27 Der/die Beklagte wird verurteilt, dem Kläger/der Klägerin ein qualifiziertes Endzeugnis mit Angaben zu Art und Dauer der Tätigkeit zu erteilen, welches sich darüber hinaus auf Leistung und Verhalten im Arbeitsverhältnis erstreckt.

> **Formulierungsvorschlag für einen Klageantrag auf Berichtigung eines Zeugnisses:**
>
> 28 Der/die Beklagte wird verurteilt, dem Kläger/der Klägerin Zug um Zug gegen Rückgabe des Zeugnisses vom ...... ein neues Zeugnis mit folgendem Inhalt zu erteilen:
> ...... (Text des berichtigten Zeugnisses) ......

29 Bei der Verteilung der Darlegungs- und Beweislast für die den Berichtigungsanspruch begründenden Tatsachen wird differenziert. Macht der Arbeitnehmer geltend, eine überdurchschnittlich gute oder sehr gute Leistung erbracht zu haben und wünscht er eine entsprechende Berichtigung des Zeugnisses, obliegt ihm für die überdurchschnittliche Leistung die Darlegungs- und Beweislast.[104] Umgekehrt muss der Arbeitgeber die Tatsachen, die eine unterdurchschnittliche Bewertung rechtfertigen, im Prozess darlegen und beweisen.[105] Dies hat zur Folge, dass im Fall der ungenügenden Darlegung oder Beweisfälligkeit beider Parteien ein Zeugnis mit durchschnittlicher, dh mit befriedigender Bewertung durch entsprechende Formulierung seitens des Gerichts tenoriert werden muss.[106]

30 **b) Einstweilige Verfügung und Zwangsvollstreckung.** Die Geltendmachung des Zeugnisanspruchs im Wege der Einstweiligen Verfügung nach § 62 Abs. 2 ArbGG, § 940 ZPO verspricht nur in engen Ausnahmefällen Erfolg, da die Einstweilige Verfügung die Hauptsache vorweg nimmt. Der Titel auf Ausstellung eines Zeugnisses wird nach § 888 ZPO vollstreckt, da es sich bei der Erteilung des Zeugnisses um eine unvertretbare Handlung handelt.[107] Im Vollstreckungsverfahren lassen sich inhaltliche Änderungen des Zeugnisses nicht durchsetzen. Es ist lediglich überprüfbar, ob der Arbeitgeber überhaupt der Verpflichtung nachgekommen ist und ein Zeugnis erteilt hat, das nach Form und Inhalt den Anforderungen eines qualifizierten Zeugnisses genügt.[108]

VII. Verjährung, Verwirkung, Verfallfristen, Verzicht und Ausgleichsklausel

31 Der Anspruch auf Erteilung des Zeugnisses verjährt innerhalb der regelmäßigen Verjährungsfrist von drei Jahren gemäß § 195 BGB.[109] Noch vor Eintritt der Verjährung kann der Zeugnisanspruch verwirkt werden, wenn er nicht angemessene Zeit nach Beendigung des Arbeitsverhältnisses geltend gemacht wird und dadurch beim Arbeitgeber die Überzeugung hervorgerufen wurde, der Arbeitnehmer werde das Zeugnis nicht mehr verlangen. Erforderlich sind ein Zeit- und ein Umstandsmoment. Es muss dem Arbeitgeber nach Treu und

---

[104] BAG 18.11.2014 – 9 AZR 584/13, NZA 2015, 435; BAG 14.10.2003 – 9 AZR 12/03, NZA 2004, 842 (844f.); LAG Düsseldorf 12.3.1986 – 15 Sa 13/86, LAGE BGB § 630 Nr. 2; LAG Hessen 6.9.1991 – 13 Sa 250/91, LAGE BGB § 630 Nr. 14; LAG Köln 2.7.1999 – 11 Sa 255/99, LAGE BGB § 630 Nr. 35; LAG Bremen 9.11.2000 – 4 Sa 101/00, NZA-RR 2001, 287 (289); LAG Hamm 22.5.2002 – 3 Sa 231/02, NZA-RR 2003, 71 (72).
[105] LAG Hamm 13.2.1992 – 4 Sa 1077/91, LAGE BGB § 630 Nr. 16; LAG Köln 2.7.1999 – 11 Sa 255/99, LAGE BGB § 630 Nr. 35.
[106] LAG Hamm 13.2.1992 – 4 Sa 1077/91, LAGE BGB § 630 Nr. 16; zust.: ErfK/*Müller-Glöge* GewO § 109 Rn. 87; Staudinger/*Preis* BGB § 630 Rn. 71.
[107] BAG 9.9.2011 – 3 AZB 35/11, NZA 2012, 1244; MüKoBGB/*Henssler* § 630 Rn. 61.
[108] LAG Hessen 16.6.1989 – 9 Ta 74/89, LAGE BGB § 630 Nr. 7; LAG Hamburg 7.9.1993 – 7 Ta 7/93, NZA 1994, 890f.
[109] ErfK/*Müller-Glöge* GewO § 109 Rn. 53.

Glauben unter Berücksichtigung aller Umstände des Falles nicht mehr zumutbar sein, das Zeugnis noch auszustellen.[110] Das Zeitmoment kann bereits nach zehn Monaten erfüllt sein.[111] Beim Berichtigungsverlangen kann sogar ein Zeitraum von fünf Monaten schon zu lang sein.[112]

Der Zeugnisanspruch kann von einer tariflichen Verfallfrist erfasst werden, was durch Auslegung zu ermitteln ist. Regelmäßig erfassen tarifliche Verfallfristen nach ihrem Sinn und Zweck einer kurzfristigen Abwicklung des Arbeitsverhältnisses Ansprüche, die während des Arbeitsverhältnisses entstanden sind, ebenso wie Ansprüche, die bei Beendigung des Arbeitsverhältnisses entstehen. Zu letzteren zählt der Zeugnisanspruch. Lediglich nachvertragliche Ansprüche werden grundsätzlich nicht erfasst.[113] Auch eine einzelvertragliche Ausschlussfrist kann den Zeugnisanspruch erfassen, da sie ihn nicht ausschließt, sondern lediglich seine Geltendmachung beschränkt.[114] Aufgrund der Unabdingbarkeit des Zeugnisanspruchs ist er nicht vor, sondern erst nach seiner Entstehung verzichtbar.[115] Mit einer Ausgleichsklausel im Vergleich oder Aufhebungsvertrag will der Arbeitnehmer im Zweifel nicht auf die Ausstellung eines Zeugnisses verzichten, es sei denn dieser Verzicht ist ausdrücklich mit aufgenommen.[116]

VIII. Widerruf des Zeugnisses

Stellt der Arbeitgeber nachträglich fest, dass das Zeugnis wesentliche Unrichtigkeiten enthält, die für einen anderen Arbeitgeber bei der Einstellungsentscheidung von ausschlaggebender Bedeutung sein können, kann er das Zeugnis widerrufen und Herausgabe des alten Zeugnisses Zug um Zug gegen Erteilung eines neuen Zeugnisses verlangen.[117] Die Anfechtung des Zeugnisses nach §§ 119 ff. BGB kommt nicht in Betracht, da es sich nicht um eine Willenserklärung des Arbeitgebers, sondern um eine Wissenserklärung handelt.[118] Der Anspruch auf Widerruf soll nicht bestehen, wenn der Arbeitgeber das Zeugnis aus Gefälligkeit unrichtig ausgestellt hat, es sei denn der Gebrauch des Zeugnisses verstieße gegen die guten Sitten.[119] Diese Einschränkung vermag angesichts des Grundsatzes der Wahrheitspflicht, dem auch der Widerruf dient, nicht zu überzeugen. Die Schadensvermeidung durch ein wahrheitsgemäß erteiltes Zeugnis erscheint vorrangig. Ein Widerruf scheidet aus, wenn der Arbeitgeber durch Urteil oder Vergleich zur Erteilung des unrichtigen Zeugnisses verpflichtet worden ist, es sei denn der Titel kann im Rahmen der prozessualen Möglichkeiten beseitigt werden.[120]

IX. Ersatzzeugnis

Auch wenn der Anspruch auf Erteilung des Zeugnisses durch Erfüllung erloschen ist, besteht die nachvertragliche Nebenpflicht des Arbeitgebers, ein verlorengegangenes oder beschädigtes Zeugnis neu auszustellen, soweit ihm dies zumutbar ist.[121] Der Anspruch besteht

---

[110] BAG 17.2.1988 – 5 AZR 638/86, AP BGB § 630 Nr. 17; BAG 26.6.2001 – 9 AZR 392/00, AP BGB § 630 Nr. 27.
[111] BAG 17.2.1988 – 5 AZR 638/86, AP BGB § 630 Nr. 17.
[112] BAG 1.10.1972 – 1 AZR 86/72, AP BGB § 630 Nr. 8.
[113] ErfK/*Müller-Glöge* GewO § 109 Rn. 54; Staudinger/*Preis* BGB § 630 Rn. 56.
[114] ErfK/*Müller-Glöge* GewO § 109 Rn. 54; Staudinger/*Preis* BGB § 630 Rn. 56.
[115] ErfK/*Müller-Glöge* GewO § 109 Rn. 52; Staudinger/*Preis* BGB § 630 Rn. 7; MüKoBGB/*Henssler* § 630 Rn. 62.
[116] BAG 16.9.1974 – 5 AZR 255/74, AP BGB § 630 Nr. 9; ErfK/*Müller-Glöge* GewO § 109 Rn. 52; Staudinger/*Preis* BGB § 630 Rn. 8; MüKoBGB/*Henssler* § 630 Rn. 62.
[117] BGH 15.5.1979 – VI ZR 230/76, AP BGB § 630 Nr. 13; ErfK/*Müller-Glöge* GewO § 109 Rn. 56; Staudinger/*Preis* BGB § 630 Rn. 60.
[118] ErfK/*Müller-Glöge* GewO § 109 Rn. 59; MHdB ArbR/*Francke* § 138 Rn. 48.
[119] ErfK/*Müller-Glöge* GewO § 109 Rn. 57; Staudinger/*Preis* BGB § 630 Rn. 61; MüKoBGB/*Henssler* § 630 Rn. 69.
[120] Staudinger/*Preis* BGB § 630 Rn. 63.
[121] ErfK/*Müller-Glöge* GewO § 109 Rn. 58.

auch dann, wenn der Arbeitnehmer den Verlust oder die Beschädigung des Zeugnisses selbst verschuldet hat. Die Fürsorgepflicht des Arbeitgebers endet jedoch bei leichtfertigem Umgang bzw. vorsätzlicher Beschädigung durch beispielsweise eigene Randbemerkungen des Arbeitnehmers.[122] Eine Beschädigung wird auch darin gesehen, dass das Zeugnis mit dem Eingangsstempel der Gewerkschaft oder eines Rechtsanwalts versehen ist.[123]

X. Haftung gegenüber Dritten

35   Der Aussteller des Zeugnisses kann sich gegenüber einem neuen Arbeitgeber unter den Voraussetzungen des § 826 BGB schadenersatzpflichtig machen, wenn er im Zeugnis vorsätzlich falsche Angaben macht.[124] Die Voraussetzungen sind erfüllt, wenn der Aussteller wissentlich unwahre Angaben im Zeugnis macht und die Schädigung Dritter durch diese unwahren Angaben billigend in Kauf nimmt. Darüber hinaus müssen die unwahren Angaben im Zeugnis objektiv gegen die guten Sitten verstoßen.[125] Erwähnt der Aussteller im Zeugnis ein einmaliges Fehlverhalten des Arbeitnehmers nicht, weil er davon ausgeht, dass es sich nicht wiederholt, handelt er nicht mit Schädigungsvorsatz.[126]

36   Da sich der Arbeitgeber im Rahmen der deliktsrechtlichen Haftung nach § 831 BGB exkulpieren kann, hat der BGH eine vertragsähnliche Beziehung zwischen dem Zeugnisaussteller und dem neuen Arbeitgeber angenommen, die die Zurechnung des Verschuldens der Mitarbeiter des ausstellenden Arbeitgeber über § 278 BGB ermöglicht.[127]

---

[122] ErfK/*Müller-Glöge* GewO § 109 Rn. 58.
[123] LAG Hamm 15.7.1986 – 13 Sa 2289/85, LAGE BGB § 630 Rn. 5.
[124] BGH 26.11.1963 – VI ZR 221/62, AP BGB § 826 Nr. 10; BGH 22.9.1970 – VI ZR 193/69, AP BGB § 826 Nr. 16.
[125] ErfK/*Müller-Glöge* GewO § 109 Rn. 68; Staudinger/*Preis* BGB § 630 Rn. 81; MüKoBGB/*Henssler* § 630 Rn. 77.
[126] ErfK/*Müller-Glöge* GewO § 109 Rn. 69; Staudinger/*Preis* BGB § 630 Rn. 81.
[127] BGH 15.5.1979 – VI ZR 230/76, AP BGB § 630 Nr. 13 = NJW 1979, 1882; zust.: MüKoBGB/*Henssler* § 630 Rn. 79 f.; abl.: *Kölsch* NZA 1985, 382 (385); ErfK/*Müller-Glöge* GewO § 109 Rn. 72.

§ 52 Abwicklung des beendeten Arbeitsverhältnisses

Übersicht

	Rn.
I. Arbeitspapiere	1–14
1. Erstellung und Herausgabe	1–10
a) Lohnsteuerbescheinigung und Lohnsteuerkarte	2
b) Arbeitsbescheinigung	3/4
c) Gesundheitszeugnis und Gesundheitsbescheinigung	5
d) Bescheinigung über die ärztlichen Untersuchungen Jugendlicher	6
e) Urlaubsbescheinigung	7
f) Auskunft über die betriebliche Altersversorgung	8
g) Bewerbungsunterlagen und Lebenslauf	9
h) Zeugnis	10
2. Fälligkeit	11
3. Holschuld	12
4. Schadenersatz	13
5. Prozessuales	14
II. Quittung und Ausgleichsquittung	15–17
1. Quittung	15
2. Ausgleichsquittung	16/17
III. Abmeldung	18

I. Arbeitspapiere

1. Erstellung und Herausgabe

Bei Beendigung des Arbeitsverhältnisses ist der Arbeitgeber verpflichtet, die Arbeitspapiere auszufüllen bzw. zu erstellen und an den Arbeitnehmer herauszugeben. Soweit der Anspruch auf Erstellung und Aushändigung der Arbeitspapiere nicht gesetzlich geregelt ist, folgt dieser aus der nachwirkenden Nebenpflicht des Arbeitgebers.[1] Die Nebenpflichten des Arbeitgebers werden durch steuer- und sozialversicherungsrechtliche Vorschriften, die zugleich als Schutzvorschriften für den Arbeitnehmer wirken, konkretisiert.[2] 1

a) **Lohnsteuerbescheinigung.** Der Arbeitgeber muss dem Arbeitnehmer bei Beendigung des Arbeitsverhältnisses einen nach amtlich vorgeschriebenem Muster gefertigten Ausdruck der elektronischen Lohnsteuerbescheinigung aushändigen oder elektronisch bereitstellen (§ 41b Abs. 1 S. 3 EStG). Soweit der Arbeitgeber nicht verpflichtet ist, eine elektronische Lohnsteuerbescheinigung an die Finanzverwaltung zu übermitteln, hat er bei Beendigung des Arbeitsverhältnisses auf der vom Finanzamt ausgestellten Bescheinigung für den Lohnsteuerabzug (§ 39 Abs. 3, § 39e Abs. 7 oder Abs. 8 EStG) eine Lohnsteuerbescheinigung auszustellen und sie dem Arbeitnehmer auszuhändigen (§ 41b Abs. 1 S. 4 und 5 EStG). 2

b) **Arbeitsbescheinigung.** Der Arbeitgeber muss dem Arbeitnehmer eine Arbeitsbescheinigung gemäß § 312 Abs. 1 SGB III erteilen. Zu bescheinigen sind alle Tatsachen, die für die Entscheidung über den Anspruch auf Arbeitslosengeld oder Übergangsgeld erheblich sein können (§ 312 Abs. 1 S. 1 Hs. 1 SGB III). Es ist der von der Bundesagentur vorgesehene Vordruck zu verwenden (§ 312 Abs. 1 S. 1 Hs. 2 SGB III). In der Arbeitsbescheinigung sind insbesondere die Art der Tätigkeit des Arbeitnehmers (§ 312 Abs. 1 S. 2 Nr. 1 SGB III), Beginn, Ende, Unterbrechungen und Grund für die Beendigung des Beschäftigungsverhältnisses (§ 312 Abs. 1 S. 2 Nr. 2 SGB III) und das Arbeitsentgelt und die sonstigen Geldleistungen, die der Arbeitnehmer erhalten oder zu beanspruchen hat (§ 312 Abs. 1 Nr. 1 S. 2 Nr. 3 SGB III) anzugeben. Die Arbeitsbescheinigung ist dem Arbeitnehmer vom Arbeitgeber ge- 3

---

[1] ErfK/*Preis* BGB § 611a Rn. 752.
[2] BAG 15.1.1992 – 5 AZR 15/91, AP ArbGG 1979 § 2 Nr. 21; 29.2.1997 – 8 AZR 121/95, NZA 1997, 880 (881).

mäß § 312 Abs. 1 S. 3 SGB III unaufgefordert bei Beendigung des Arbeitsverhältnisses auszuhändigen. Der Anspruch auf Erteilung der Arbeitsbescheinigung beruht zum einen auf der Fürsorgepflicht des Arbeitgebers.[3] Gleichzeitig begründet § 312 SGB III eine öffentlich-rechtliche Verpflichtung des Arbeitgebers gegenüber der Bundesagentur für Arbeit.[4] Die Arbeitsbescheinigung muss richtig und vollständig ausgefüllt werden. Wer vorsätzlich oder fahrlässig eine Arbeitsbescheinigung nach § 312 SGB III nicht richtig oder unvollständig ausfüllt, ist der Bundesagentur für Arbeit gemäß § 321 Nr. 1 SGB III zum Ersatz des daraus entstandenen Schadens verpflichtet. Darüber hinaus kann ein Verstoß gegen die Pflicht zur richtigen und vollständigen Ausstellung der Arbeitsbescheinigung gemäß § 404 Abs. 2 Nr. 19 SGB III als Ordnungswidrigkeit mit Geldbuße geahndet werden.

4   Bei einem Kündigungsschutzprozess, der eine verhaltensbedingte Kündigung zum Gegenstand hat, wünscht der Arbeitnehmer für den Fall des Vergleichs häufig – unzutreffend – festzuschreiben, dass das Arbeitsverhältnis durch betriebsbedingte Kündigung endet. In diesem Fall kann der Arbeitgeber seine Verpflichtungen zur richtigen und vollständigen Erteilung der Arbeitsbescheinigung noch in der Weise erfüllen, dass er sowohl den ursprünglichen Kündigungsgrund als auch die Hintergründe des Vergleichsabschlusses in die Arbeitsbescheinigung aufnimmt. In dieser Weise sollte der Arbeitgeber auch dann verfahren, wenn im Vergleich zusätzlich vereinbart wurde, dass dem Arbeitnehmer eine den Angaben im Vergleich entsprechende Arbeitsbescheinigung auszustellen ist. Von der Aufnahme einer solchen Klausel ist dem Arbeitgeber im Hinblick auf seine öffentlich-rechtlichen Pflichten aus § 312 SGB III abzuraten. Der Arbeitnehmer kann in einem solchen Fall vom Arbeitgeber keinen Schadenersatz wegen abredewidriger Auskünfte in der Arbeitsbescheinigung verlangen, da der Verlust einer tatsächlichen oder rechtlichen Position, auf die nach der Rechtsordnung kein Anspruch besteht, keinen ersatzfähigen Nachteil darstellt.[5]

5   **c) Gesundheitszeugnis und Gesundheitsbescheinigung.** Arbeitnehmern, die für ihre Tätigkeit im Lebensmittelgewerbe eine Gesundheitsbescheinigung gemäß § 43 Infektionsschutzgesetz (IfSG) übergeben haben, ist diese Bescheinigung bei Beendigung des Arbeitsverhältnisses vom Arbeitgeber wieder herauszugeben.

6   **d) Bescheinigung über die ärztlichen Untersuchungen Jugendlicher.** Scheidet ein Jugendlicher aus dem Beschäftigungsverhältnis aus, so hat ihm der Arbeitgeber nach § 41 Abs. 2 JArbSchG die Bescheinigung über die ärztliche Untersuchung (§ 39 Abs. 2 JArbSchG) auszuhändigen.

7   **e) Urlaubsbescheinigung.** Der Arbeitgeber ist gemäß § 6 Abs. 2 BUrlG verpflichtet, dem ausscheidenden Arbeitnehmer eine Urlaubsbescheinigung über den im laufenden Kalenderjahr gewährten und abgegoltenen Urlaub auszuhändigen.

8   **f) Auskunft über die betriebliche Altersversorgung.** Nach § 4a BetrAVG muss der Arbeitgeber oder der sonstige Versorgungsträger dem ausgeschiedenen Arbeitnehmer schriftlich Auskunft darüber erteilen, ob für ihn die Voraussetzungen einer unverfallbaren betrieblichen Altersversorgung erfüllt sind und in welcher Höhe er Versorgungsleistungen bei Erreichen der in der Versorgungsregelung vorgesehenen Altersgrenze beanspruchen kann.

9   **g) Bewerbungsunterlagen und Lebenslauf.** Da die Bewerbungsunterlagen und der Lebenslauf des Arbeitnehmers in das Eigentum des Arbeitgebers übergehen, sind sie bei Beendigung des Arbeitsverhältnisses nicht herauszugeben. Herauszugeben sind aber Originalurkunden und Originalzeugnisse, die im Eigentum des Arbeinehmers verbleiben.[6]

10 **h) Zeugnis.** Der Arbeitnehmer hat bei Beendigung des Arbeitsverhältnisses nach Wahl Anspruch auf ein einfaches oder qualifiziertes Arbeitszeugnis gemäß § 109 GewO.[7]

---

[3] BAG 15.1.1992 – 5 AZR 15/91, AP ArbGG 1979 § 2 Nr. 21.
[4] BSG 12.12.1990 – 11 RAr 43/88, NZA 1991, 696.
[5] LAG Hessen 17.7.2012 – 13 Sa 1053/11, BeckRS 2012, 75674.
[6] ErfK/*Preis* BGB § 611a Rn. 752.
[7] → § 51.

2. Fälligkeit

Der Arbeitgeber hat die Arbeitspapiere zum Zeitpunkt der rechtlichen Beendigung des Arbeitsverhältnisses, dh am letzten Arbeitstag zur Abholung für den Arbeitnehmer bereit zu halten.[8] Der Arbeitgeber kann kein Zurückbehaltungsrecht nach § 273 Abs. 1 BGB an den Arbeitspapieren geltend machen, da der Arbeitnehmer ohne die Arbeitspapiere weder ein neues Arbeitsverhältnis eingehen noch Leistungen der Agentur für Arbeit beantragen kann.[9]

3. Holschuld

Der Arbeitnehmer muss die Arbeitspapiere bei dem Arbeitgeber abholen. Es handelt sich grundsätzlich um eine Holschuld iSd § 269 Abs. 2 BGB.[10] In besonderen Fällen besteht für den Arbeitgeber eine Schickschuld. Dies ist dann der Fall, wenn der Arbeitnehmer die Arbeitspapiere bei dem Arbeitgeber bei Beendigung des Arbeitsverhältnisses abholen wollte, der Arbeitgeber die Arbeitspapiere jedoch nicht zur Abholung bereit gehalten hat. Auch kann der Arbeitgeber zur Versendung der Arbeitspapiere verpflichtet sein, wenn der Arbeitnehmer an einem weit entfernten Ort wohnt bzw. wenn dem Arbeitnehmer die Abholung der Arbeitspapiere wegen Krankheit nicht zugemutet werden kann.[11]

4. Schadenersatz

Der Arbeitnehmer hat gegen den Arbeitgeber unter den Voraussetzungen der §§ 280 Abs. 1, Abs. 2, 286, 249 BGB Anspruch auf Schadenersatz, wenn dieser die Arbeitspapiere nicht herausgibt oder nicht ordnungsgemäß ausfüllt. Einer Mahnung soll es für den Eintritt des Verzugs nicht bedürfen.[12] Geht es ausnahmsweise um die Erfüllung einer Schickschuld, soll eine Mahnung je nach den Umständen auch entbehrlich sein. Dies soll insbesondere dann der Fall sein, wenn der Arbeitnehmer vor Beendigung des Arbeitsverhältnisses ausdrücklich auf die Dringlichkeit der unverzüglichen Übersendung hingewiesen hat.[13] Der Arbeitnehmer muss den Eintritt des Schadens darlegen und beweisen.[14]

5. Prozessuales

Gemäß § 2 Abs. 1 Nr. 3e ArbGG sind die Arbeitsgerichte ausschließlich zuständig für bürgerliche Rechtsstreitigkeiten zwischen Arbeitnehmern und Arbeitgebern über Arbeitspapiere. Um bürgerliche Rechtsstreitigkeiten in diesem Sinn handelt es sich bei Ansprüchen auf Herausgabe oder Berichtigung der arbeitsrechtlichen Papiere (Urlaubsbescheinigung, Zeugnis etc). Bei den öffentlich-rechtlichen Arbeitspapieren wird differenziert: Die Pflicht zur Ausfüllung und Herausgabe der öffentlich-rechtlichen Arbeitspapiere obliegt dem Arbeitgeber gegenüber dem Arbeitnehmer aus der arbeitsvertraglichen Fürsorgepflicht mit der Folge, dass Klagen auf Herausgabe und erstmalige Ausfüllung vor den Arbeitsgerichten geltend zu machen sind.[15] Klagen auf Berichtigung von Arbeitspapieren nach sozialversicherungs- oder steuerrechtlichen Vorschriften sind hingegen vor den Sozial- bzw. Finanzgerichten zu erheben.[16] Arbeitspapiere können im Wege der einstweiligen Verfügung nach § 46 Abs. 2 ArbGG, § 940 ZPO herausverlangt werden.[17] Die Zwangsvollstreckung eines Titels auf Herausgabe der Arbeitspapiere erfolgt nach § 883 ZPO. Der Titel auf Ausfüllung der

---

[8] *Becker-Schaffner* DB 1983, 1304 (1305).
[9] *Becker-Schaffner* DB 1983, 1304 (1306); ErfK/*Preis* BGB § 611a Rn. 752.
[10] BAG 8.3.1995 – 5 AZR 848/93, DB 1995, 1518.
[11] BAG 8.3.1995 – 5 AZR 848/93, DB 1995, 1518.
[12] Küttner Personalbuch 2020/*Poeche* Arbeitspapiere Rn. 12.
[13] Küttner Personalbuch 2020/*Poeche* Arbeitspapiere Rn. 12.
[14] → § 49.
[15] BAG 30.8.2000 – 5 AZR 12/00, BB 2001, 264; 15.1.1992 – 5 AZR 15/91, AP ArbGG 1979 § 2 Nr. 21.
[16] BAG 11.6.2003 – 5 AZB 1/03, MDR 2003, 1359; 15.1.1992 – 5 AZR 15/91, AP ArbGG § 2 Nr. 21; BSG 12.12.1990 – 11 RAR 43/88, NZA 1991, 696.
[17] *Becker-Schaffner* DB 1983, 1304 (1310); Germelmann/Matthes/Prütting/*Germelmann* ArbGG § 62 Rn. 112.

Arbeitspapiere wird gemäß § 888 ZPO mit Zwangsgeld vollstreckt. Lautet der Titel sowohl auf Herausgabe als auch auf Ausfüllen der Arbeitspapiere, muss zunächst die Herausgabevollstreckung erfolgen.[18] Der Arbeitnehmer kann den Arbeitgeber nach § 61 Abs. 2 ArbGG im Urteil über die Verpflichtung zur Ausfüllung und Herausgabe der Arbeitspapiere auch zur Zahlung einer vom Arbeitsgericht nach freiem Ermessen festzusetzenden Entschädigung verurteilen lassen, falls der Arbeitgeber der Verpflichtung nicht binnen einer bestimmten Frist nachkommt. Dies schneidet jedoch die Geltendmachung weitergehender Schadenersatzansprüche ab, da diese mit der Entschädigung abgegolten sind.[19]

II. Quittung und Ausgleichsquittung

1. Quittung

15 Der Arbeitgeber kann nach § 368 BGB vom Arbeitnehmer ein schriftliches Empfangsbekenntnis (Quittung) verlangen. Die Quittung über den Empfang der Arbeitspapiere, der Lohnabrechnung, des Gehalts und gegebenenfalls anderer Leistungen des Arbeitgebers ist eine bloße Wissenserklärung, der ausschließlich Beweiswirkung zukommt. Der Arbeitnehmer kann daher auch nach Erteilung einer Quittung über den Empfang bestimmter Leistungen den Gegenbeweis führen. Der Arbeitgeber kann die Herausgabe der Arbeitspapiere verweigern, wenn der Arbeitnehmer nicht bereit ist, den Empfang gemäß § 368 BGB zu quittieren.[20]

2. Ausgleichsquittung

16 Eine Ausgleichsquittung liegt vor, wenn der Arbeitnehmer nicht nur den Empfang von Leistungen bestätigt, sondern darüber hinaus auf Rechte verzichtet. Es handelt sich um einen Erlassvertrag iSd § 397 Abs. 1 BGB oder ein negatives Schuldanerkenntnis iSd § 397 Abs. 2 BGB.[21] Da die Ausgleichsquittung in der Praxis von dem Arbeitgeber vorformuliert und dem Arbeitnehmer bei Aushändigung der Arbeitspapiere von dem Arbeitgeber vorgelegt wird, unterliegt sie der Inhaltskontrolle nach §§ 305 ff. BGB. Sie wird danach nach § 305c Abs. 1 BGB nicht Vertragsbestandteil, wenn der Arbeitnehmer mit der Klausel nicht rechnen musste. Darüber ist eine formularmäßige Verzichtserklärung ohne kompensatorische Gegenleistung in der Regel eine unangemessene Benachteiligung des Arbeitnehmers iSd § 307 Abs. 1 S. 1 BGB.[22]

17 Rechtssicherheit über die Beendigung des Arbeitsverhältnisses bzw. das Nichtbestehen etwaiger weiterer Ansprüche lässt sich daher nur durch den Abschluss eines sogenannten Abwicklungsvertrags herbeiführen, der als Kompensation für die Verzichtserklärungen des Arbeitnehmers beispielsweise eine Abfindungszahlung des Arbeitgebers vorsieht.

III. Abmeldung

18 Der Arbeitgeber hat der Einzugsstelle gemäß § 28a Abs. 1 Nr. 2 SGB IV bei Ende der versicherungspflichtigen Beschäftigung Meldung mit den in § 28a Abs. 3 S. 1 und 2 Nr. 2 SGB IV aufgeführten Angaben zu erstatten. Der Arbeitgeber muss dem Beschäftigten den Inhalt der Meldung gemäß § 28a Abs. 5 SGB IV in Textform mitteilen. Einzugsstelle ist gemäß § 28i SGB IV die zuständige Krankenkasse. Gemäß § 28c Nr. 1 SGB IV iVm § 8 Abs. 1 der Verordnung über die Erfassung und Übermittlung von Daten für die Träger der Sozialversicherung (DEÜV) hat der Arbeitgeber das Ende einer versicherungspflichtigen Beschäftigung innerhalb von sechs Wochen nach ihrem Ende zu melden.

---

[18] LAG Berlin 7.1.1998 – 9 Ta 1/98, DB 1998, 684.
[19] BAG 20.2.1997 – 8 AZR 121/95, NZA 1997, 880.
[20] AA *Becker-Schaffner* DB 1983, 1304 (1306).
[21] ErfK/*Preis* BGB § 611a Rn. 402.
[22] BAG 25.9.2014 – 2 AZR 788/13, NZA 2015, 350; 6.9.2007 – AZR 722/06, AP KSchG 1969 § 4 Nr. 62; *Reinecke*, Der Betrieb, 2002, S. 586; ErfK/*Preis* BGB §§ 305–310 Rn. 77a.

Teil J. Betriebsübertragungen

§ 53 Tatbestandliche Voraussetzungen des Betriebsübergangs

Übersicht

	Rn.
I. Einleitung	1–6
II. Tatbestandliche Voraussetzungen	7–84
1. Betrieb und Betriebsteil	9–15
a) Betrieb	9–11
b) Betriebsteil	12–15
2. Übergang	16–56
a) Gesamtabwägung aller Umstände	16–36
b) Funktionsnachfolge	37–43
c) Erfasste Personengruppen	44–51
d) Zuordnung von Arbeitsverhältnissen	52–54
e) Ausübung der Leitungs- und Organisationsgewalt	55/56
3. Anderer Inhaber	57–75
a) Gesellschafterwechsel	59
b) Anwachsung bei Personengesellschaften	60
c) Betriebsstilllegung	61–67
d) Betriebsverlegung	68–73
e) Treuhänder als anderer Inhaber	74
f) Inhaberwechsel bei Unternehmensaufspaltung und Betriebsspaltung	75
4. Rechtsgeschäft	76–84
a) Übertragung der Leitungsmacht auf den Betriebserwerber	76–78
b) Übergang kraft Gesetzes oder durch Hoheitsakt	79–81
c) Kausalgeschäft für den Betriebsübergang	82–84

I. Einleitung

Die 1972[1] in das BGB aufgenommene Vorschrift des § 613a BGB über den Betriebsübergang bereitet in der arbeitsrechtlichen Praxis immer wieder Schwierigkeiten bei der einzelfallbezogenen Anwendung. Durch die im Jahr 2002 erfolgte Erweiterung der Vorschrift um die Absätze 5 und 6[2] haben diese Schwierigkeiten und die Zahl der Streitfragen noch zugenommen. Die **Auslegung** der Vorschrift wird **maßgeblich durch die EG-Betriebsübergangsrichtlinie**[3] **und die Rechtsprechung des EuGH** geprägt. Die Vielzahl der mittlerweile zu den unterschiedlichsten Problemstellungen ergangenen höchstrichterlichen Entscheidungen belegt die Komplexität der Regelungsmaterie, die zahlreiche Teilbereiche des Individual- und Kollektivarbeitsrechts umfasst. 1

Die Arbeitnehmerschutzvorschrift des **§ 613a BGB ist zwingendes Recht.** Sie kann durch eine Vereinbarung zwischen Veräußerer und Erwerber nicht abbedungen werden.[4] Allerdings kann ein von einem Betriebsübergang betroffener Arbeitnehmer den Eintritt der 2

---

[1] BGBl. 1972 I 13 ff.
[2] Art. 4 des Gesetzes zur Änderung des Seemannsgesetzes und anderer Gesetze v. 23.3.2002, BGBl. 2002 I 1163 ff. vgl. zu der hierdurch eingefügten Unterrichtungspflicht und dem daran gekoppelten Widerspruchsrecht der Arbeitnehmer → § 55 Rn. 1 ff. bzw. → § 55 Rn. 69 ff.
[3] RL 77/187/EWG, geändert durch RL 98/50/EG und ohne wesentliche inhaltliche Änderungen in konsolidierter Fassung neu bekannt gemacht durch die RL 2001/23/EG des Rates vom 12.3.2001 zur Angleichung der Rechtsvorschriften über die Wahrung von Ansprüchen der AN beim Übergang von Unternehmen, Betrieben oder Unternehmens- oder Betriebsteilen, ABl. 2001 L 82, 16 ff.
[4] BAG 20.3.2014 – 8 AZR 1/13, AP BGB § 613a Nr. 450 = NZA 2014, 1095 ff.; 14.7.1981 – 3 AZR 517/80, AP BGB § 613a Nr. 27 = DB 1982, 1067 f.; 29.10.1975 – 5 AZR 444/74, AP BGB § 613a Nr. 2 = DB 1976, 391 f.

Rechtsfolgen des § 613a BGB durch eine auf seiner freien Willensentschließung beruhende und den konkreten Fall betreffende einvernehmliche Regelung mit dem bisherigen Betriebsinhaber und/oder dem Betriebserwerber abbedingen, soweit die Vereinbarung keine objektive Umgehung der Schutzvorschriften des § 613a BGB beinhaltet.[5] Das BAG erkennt daher beispielsweise den Abschluss eines Aufhebungsvertrages zur Beendigung des Arbeitsverhältnisses zwischen dem Arbeitnehmer und dem bisherigen Betriebsinhaber an, soweit die Vereinbarung auf ein endgültiges Ausscheiden des Arbeitnehmers aus dem Betrieb – und nicht auf den Abschluss einer neuen Vereinbarung zur Fortsetzung des Arbeitsverhältnisses mit dem Betriebserwerber – gerichtet ist.[6]

3 Der **persönliche Anwendungsbereich** des § 613a BGB erfasst alle Arbeitnehmer, die in einem Betrieb oder Betriebsteil tätig sind, der auf der Grundlage eines Rechtsgeschäfts vom bisherigen Betriebsinhaber auf den Erwerber übergeht.[7]

4 Der **räumliche Anwendungsbereich** des § 613a BGB umfasst alle Betriebe mit Sitz in Deutschland. Bei einem grenzüberschreitenden Betriebsübergang ist die Frage, ob § 613a BGB Anwendung findet, nach den Regeln des internationalen Privatrechts anhand der Kollisionsnormen desjenigen Staates zu beantworten, dessen Gerichte zur Entscheidung angerufen werden (sog. lex fori).[8] Bei Anrufung deutscher Arbeitsgerichte sind dies grundsätzlich die Regelungen der ROM-I-Verordnung. Allerdings gelten deren Bestimmungen gemäß Art. 28 ROM-I-VO nur für nach dem 17.12.2009 begründete Vertragsverhältnisse, während bei Altfällen weiterhin die im Wesentlichen inhaltsgleichen Vorschriften der Art. 27 ff. EGBGB anzuwenden sind. Nach Art. 3 ROM-I-VO (Art. 27 EGBGB) beurteilt sich die Anwendbarkeit von § 613a BGB primär nach einer im Arbeitsvertrag vorgenommenen Rechtswahl. Bei fehlender Rechtswahl unterliegt ein Arbeitsvertrag, der die Erbringung von Arbeitsleistungen für einen in Deutschland ansässigen Betrieb vorsieht, nach Art. 8 Abs. 2 ROM-I-VO (Art. 30 Abs. 2 EGBGB) deutschem Recht, sodass **§ 613a BGB auch bei** einer **Betriebsverlagerung ins Ausland anwendbar ist**.[9] Sollte der Arbeitsvertrag die Anwendung von Rechtsnormen eines ausländischen Rechtskreises vorsehen, sind die ausländischen Rechtsvorschriften nach der kollisionsrechtlichen Anknüpfung des Art. 8 Abs. 1 ROM-I-VO (Art. 30 Abs. 1 EGBGB) nur dann für den Tatbestand des Betriebsübergangs maßgeblich, wenn dem Arbeitnehmer dadurch nicht der zwingende Schutz des § 613a BGB entzogen wird.[10]

5 § 613a BGB unterscheidet grundsätzlich nicht danach, ob ein Betrieb in privatrechtlicher oder öffentlich-rechtlicher Trägerschaft geführt wird. Betriebsinhaber auf der Veräußerer- oder Erwerberseite kann auch eine juristische Person des öffentlichen Rechts sein.[11] **§ 613a BGB ist** daher zum Beispiel **auch dann anwendbar, wenn im Rahmen der Privatisierung öffentlicher Unternehmen** etwa ein bisher als Eigen- oder Regiebetrieb geführtes öffentlich-rechtlich organisiertes Kreiskrankenhaus[12] oder ein öffentlich-rechtlich organisierter Schlachthof[13] auf einen privaten Investor übertragen wird.[14]

6 § 613a BGB unterscheidet auch nicht danach, ob die den Betrieb identitätsprägende wirtschaftliche Tätigkeit[15] öffentlich-rechtlicher oder privat-rechtlicher Art ist. Das BAG hat dementsprechend § 613a BGB auch jeweils bei einem durch öffentlich-rechtliche Vereinba-

---

[5] Staudinger/*Annuß* BGB § 613a Rn. 33 f.; hierzu auch → § 54 Rn. 178 ff.
[6] BAG 18.8.2005 – 8 AZR 523/04, AP BGB § 620 Aufhebungsvertrag Nr. 31 = NZA 2006, 145; 23.11.2006 – 8 AZR 349/06, AP BGB § 613a Wiedereinstellung Nr. 1 = NZA 2007, 866; 18.8.2011 – 8 AZR 312/00, NZA 2012, 152 ff.
[7] Dazu im Einzelnen → Rn. 44 ff. sowie zur Anwendung des § 613a BGB auf Arbeitnehmer, die in mehreren (Teil-)Betrieben des Betriebsinhabers tätig sind, → Rn. 52 ff.
[8] Zu grenzüberschreitenden Betriebsübergängen → Rn. 72 f.
[9] BAG 26.5.2011 – 8 AZR 37/10, NZA 2011, 1143; *Cohnen* in FS Deutscher Anwaltverein, 599 ff.; *Feudner* NZA 1999, 1184 (1185 ff.).
[10] *Cohnen* in FS Deutscher Anwaltverein, 599 f.
[11] Vgl. BAG 25.5.2000 – 8 AZR 416/99, AP BGB § 613a Nr. 209 = NZA 2000, 1115.
[12] BAG 25.5.2000 – 8 AZR 416/99, AP BGB § 613a Nr. 209 = NZA 2000, 1115.
[13] LAG Niedersachsen 31.8.2001 – 10 Sa 2899/98, NZA-RR 2002, 630.
[14] Zu Einschränkungen bei der Privatisierung aufgrund eines eigens zu diesem Zweck erlassenen Bundes- oder Landesgesetzes vgl. → Rn. 80.
[15] Dazu im Einzelnen sogleich → Rn. 16 ff.

rung geregelten Übergang einer Schule,[16] mehrerer Kindertagesstätten[17] und eines nach Zahl und Sachkunde wesentlichen Teils des mit der Arbeitsvermittlung nach dem SGB II befassten Fachpersonals[18] von einem öffentlich-rechtlichen Träger auf einen anderen öffentlich-rechtlichen Träger angewandt. Demgegenüber ist § 613a BGB nicht anwendbar bei der Übertragung von hoheitlichen (Verwaltungs-)Aufgaben.[19]

II. Tatbestandliche Voraussetzungen

Der Übergang eines Betriebs bzw. Betriebsteils gem. § 613a BGB ist nach ständiger Rechtsprechung des BAG sowie des EuGH gegeben, wenn eine beim Veräußerer bestehende, auf Dauer angelegte wirtschaftliche Einheit aufgrund eines Rechtsgeschäfts unter Wahrung ihrer Identität auf einen Erwerber übergeht.[20]

Die Bejahung eines Betriebsübergangs gemäß § 613a BGB erfordert demnach
(1) das Vorliegen **eines Betriebs oder Betriebsteils** als übertragungsfähige, auf Dauer angelegte wirtschaftliche Einheit;
(2) den **identitätswahrenden Übergang dieser wirtschaftlichen Einheit** auf einen **anderen Inhaber**;
(3) den Übergang dieser wirtschaftlichen Einheit **auf der Grundlage eines Rechtsgeschäfts**.

Die Rechtsprechung – vor allem der EuGH[21] – prüft diese Voraussetzungen nicht immer dogmatisch voneinander getrennt; insbesondere wird die Prüfung bzw. Feststellung der beim bisherigen Betriebsinhaber bestehenden übertragungsfähigen wirtschaftlichen Einheit[22] und des identitätswahrenden Übergangs dieser wirtschaftlichen Einheit auf den Erwerber in der Regel in einem Schritt vorgenommen.

1. Betrieb und Betriebsteil

a) Betrieb. Der Betriebsbegriff in § 613a BGB war nach früherem Verständnis im Wesentlichen inhaltsgleich mit dem allgemeinen arbeits- bzw. betriebsverfassungsrechtlichen Betriebsbegriff. Betrieb idS ist eine organisatorische Einheit, innerhalb derer der Arbeitgeber allein oder mit seinen Arbeitnehmern mit Hilfe von sächlichen und immateriellen Mitteln bestimmte arbeitstechnische Zwecke fortgesetzt verfolgt, die sich nicht in der Befriedigung des Eigenbedarfs erschöpfen.[23] Nach der früheren Rechtsprechung des BAG gehörten zu einem Betrieb iSv § 613a BGB allerdings nur die sächlichen und immateriellen Betriebsmittel, nicht aber die Arbeitnehmer, da der Übergang ihrer Arbeitsverhältnisse gesetzliche Rechtsfolge sei und nicht gleichzeitig Tatbestandsvoraussetzung der Vorschrift sein könne.[24]

Das BAG hat diese ausschließlich betriebsmittelbezogene Sichtweise im Jahr 1997 im Anschluss an die EuGH-Entscheidung in der weithin bekannt gewordenen Rechtssache Ayse Süzen[25] ausdrücklich aufgegeben.[26] Es versteht seither in ständiger Rechtsprechung im Ein-

---

[16] BAG 7.9.1995 – 8 AZR 928/93, AP BGB § 613a Nr. 131 = NZA 1996, 424.
[17] BAG 20.3.2014 – 8 AZR 1/13, AP BGB § 613a Nr. 450 = NZA 2014, 1095.
[18] BAG 22.5.2014 – 8 AZR 1069/12, AP BGB § 613a Nr. 452 = NZA 2014, 1335.
[19] BAG 26.3.2015 – 8 AZR 409/13, AP BGB § 613a Nr. 462; 22.5.2014 – 8 AZR 1069/12, AP BGB § 613a Nr. 452 = NZA 2014, 1335. Siehe auch Art. 1 Abs. 1 Buchst. c S. 2 der RL 2001/23/EG sowie zuvor bereits EuGH 15.10.1996 – C-298/94, NZA 1996, 1279 f.: Übertragung von Verwaltungsaufgaben einer Gemeinde auf eine neugegründete Verwaltungsgemeinschaft; aA BAG 25.9.2003 – 8 AZR 421/02, AP BGB § 613a Nr. 261 = NZA 2004, 316 ff.; 27.4.2000 – 8 AZR 260/99, RzK I 5e Nr. 135; ausf. dazu Henssler/Willemsen/Kalb/*Willemsen* BGB § 613a Rn. 21 ff.
[20] Siehe BAG 24.4.2011 – 8 AZR 709/09, BeckRS 2011, 75933, sowie EuGH 15.12.2005 – C-232, 233/04, AP Richtlinie 2001/23/EG Nr. 1 = NZA 2006, 29.
[21] Siehe beispielsweise nur EuGH 15.12.2005 – C-232, 233/04, AP Richtlinie 2001/23/EG Nr. 1 = NZA 2006, 29.
[22] Hierzu → Rn. 12.
[23] Siehe aus der Rspr. nur BAG 3.7.1986 – 2 AZR 68/85, AP BGB § 613a Nr. 53 = NZA 1987, 123; siehe zum allgemeinen Betriebsbegriff iSd BetrVG GK-BetrVG/*Franzen* § 1 Rn. 28 f. mwN.
[24] BAG 16.10.1987 – 7 AZR 519/86, AP BGB § 613a Nr. 69.
[25] EuGH 11.3.1997 – C-13/95, AP EWG-Richtlinie Nr. 77/187 Nr. 14 = NZA 1997, 433.
[26] BAG 22.5.1997 – 8 AZR 101/96, AP BGB § 613a Nr. 154 = NZA 1997, 1050 ff.; zuvor bereits BAG 24.4.1997 – 8 AZR 848/94, NZA 1998, 253 f.

klang mit der zugrundeliegenden Richtlinie unter einem **Betrieb iSv § 613a BGB** eine **organisierte Gesamtheit von Personen und Sachen zur Ausübung einer auf Dauer angelegten wirtschaftlichen Tätigkeit mit eigener Zielsetzung**.[27] Der wesentliche Unterschied zum früheren Verständnis besteht darin, dass nunmehr insbesondere in betriebsmittelarmen Wirtschaftszweigen die **organisierte Zusammenfassung mehrerer Arbeitnehmer** bereits als Betrieb iSd § 613a BGB qualifiziert werden kann. So hat das BAG beispielsweise die organisierte Zusammenfassung von 70 Arbeitnehmern zur Erfüllung von Reinigungsaufträgen, denen einzeln oder in Kleingruppen bestimmte Reinigungsreviere zugewiesen sind und die durch eine Vorarbeiterin angeleitet werden, als Betrieb eingestuft.[28]

11   Da die Rechtsprechung die Voraussetzungen für das Vorliegen eines Betriebs in der Regel ohne genaue Grenzziehung quasi in einem Schritt mit der Frage prüft, ob der betreffende Betrieb auf einen anderen Inhaber übergegangen ist, steht im Rahmen dieser einheitlichen Prüfung die Feststellung der **Wahrung der Identität** der betreffenden Einheit **beim Erwerber** als maßgebliches Kriterium eines Betriebsübergangs meistens im Vordergrund. Für die Prüfung der Identitätswahrung haben EuGH und BAG einen Katalog von Kriterien aufgestellt, der im Rahmen einer Gesamtabwägung zu beachten ist.[29] Je nach Branchenzugehörigkeit geben so letztlich jeweils verschiedene Merkmale dem Betrieb sein identitätsstiftendes Gepräge.

12   **b) Betriebsteil.** Wie § 613a Abs. 1 S. 1 BGB ausdrücklich vorsieht, kann auch ein Betriebsteil Gegenstand eines Betriebsübergangs sein. Das BAG nimmt einen übergangsfähigen Betriebsteil an, wenn die wirtschaftliche Einheit eine organisatorische Untergliederung des gesamten Betriebs enthält, mit der innerhalb des betrieblichen Gesamtzwecks ein sachlich und organisatorisch abgrenzbarer Teilzweck verfolgt wird.[30] Dies ist beispielsweise der Fall bei dem Betrieb eines Forschungslabors innerhalb eines pharmazeutischen Unternehmens oder dem Betrieb einer Lackiererei in einer Autowerkstatt. Das Merkmal des Teilzwecks dient lediglich der Abgrenzung einer **organisatorischen Einheit** und muss keine besonderen Anforderungen erfüllen. Es kann bereits ausreichen, wenn eine nur untergeordnete Hilfsfunktion,[31] beispielsweise die Pflege der Grünanlagen in einem Sanatorium, ausgeübt wird. Auch muss im Betriebsteil kein andersartiger Zweck als im übrigen Betrieb verfolgt werden.[32] Die auf Dauer angelegte Einheit muss auch nicht nur auf die Ausübung eines bestimmten Vorhabens gerichtet sein, um das Vorliegen eines Betriebsteils bejahen zu können.[33] Entscheidend für die Annahme eines Betriebsteils ist, dass er **bereits beim bisherigen Betriebsinhaber** als eigene organisatorische Einheit **selbstständig abtrennbar** ist.[34] Ob der beim Veräußerer verbleibende Restbetrieb nach der Abtrennung des Betriebsteils weiterhin lebensfähig ist bzw. eigenständig fortgeführt werden kann, spielt keine Rolle.[35] Voraussetzung für die Annahme einer abgrenzbaren wirtschaftlichen Einheit ist deren **ausreichende funktionelle Autonomie** vor dem Übergang.[36] Der Begriff der Autonomie bezieht sich dabei auf die Befugnisse, die der Leitung der organisatorischen Einheit bzw. betreffenden Arbeit-

---

[27] BAG 24.4.1997 – 8 AZR 848/94, NZA 1998, 253 f.; siehe auch BAG 18.8.2011 – 8 AZR 230/10, NJW 2011, 3596 ff.; 15.11.2012 – 8 AZR 683/11, NJW 2013, 2379.
[28] BAG 11.12.1997 – 8 AZR 729/96, AP BGB § 613a Nr. 172 = NZA 1998, 534.
[29] Vgl. → Rn. 16 ff.
[30] BAG 13.7.2006 – 8 AZR 331/05, AP BGB § 613a Nr. 313 = NZA 2006, 1357; 2.3.2006 – 8 AZR 147/05, AP BGB § 613a Nr. 302 = NZA 2006, 1105 ff.; siehe auch bereits EuGH 12.11.1992 – C 20/91, AP EWG-Richtlinie Nr. 77/187 Nr. 5.
[31] BAG 24.8.2006 – 8 AZR 556/05, AP BGB § 613a Nr. 315 = NZA 2007, 1320; 16.2.2006 – 8 AZR 204/05, AP BGB § 613a Nr. 300 = NZA 2006, 794.
[32] BAG 24.8.2006 – 8 AZR 556/05, AP BGB § 613a Nr. 315 = NZA 2007, 1320; 26.8.1999 – 8 AZR 718/98, AP BGB § 613a Nr. 196 = NZA 2000, 144.
[33] BAG 21.8.2014 – 8 AZR 648/13, AP BGB § 613a Nr. 454 = NZA 2015, 167.
[34] BAG 17.4.2003 – 8 AZR 253/02, AP BGB § 613a Nr. 253; 16.2.2006 – 8 AZR 204/05, AP BGB § 613a Nr. 300 = NZA 2006, 794; 7.4.2011 – 8 AZR 730/09, AP BGB § 613a Nr. 406 = NZA 2011, 1231.
[35] BAG 24.8.2006 – 8 AZR 556/05, AP BGB § 613a Nr. 315 = NZA 2007, 1320; 13.11.1997 – 8 AZR 375/96, AP BGB § 613a Nr. 170 = NZA 1998, 249.
[36] EuGH 6.3.2014 – C-458/12, NZA 2014, 423 Rn. 32; 13.6.2019 – C-664/17, NZA 2019, 889 Rn. 62 f.; BAG 13.8.2019 – 8 AZN 171/19, AP ArbGG 1979 § 72a Nr. 99 = BeckRS 2019, 19941 Rn. 10.

nehmergruppe eingeräumt sind, um die Arbeit der Gruppe relativ frei und unabhängig zu organisieren, insbesondere Weisungen zu erteilen, ohne dass andere Organisationsstrukturen des Arbeitgebers zwischengeschaltet sind.[37] Die Beibehaltung der Selbständigkeit einer einzelnen Produktionseinheit, die ihr wirtschaftliches Ziel nicht erreichen kann, ohne auf von einem Dritten stammende Produktionsfaktoren zurückzugreifen, setzt voraus, dass sie nach dem Übergang über hinreichende Garantien in Form von konkreten Absprachen oder Verträgen mit dem Dritten verfügt, die ihr den Zugang zu von ihr benötigten Produktionsfaktoren des Dritten sichern, damit die Produktionseinheit nach ihrem Übergang nicht von wirtschaftlichen Entscheidungen abhängig ist, die von dem Dritten einseitig getroffen werden.[38] In einer Reihe von im Zusammenhang mit der Air-Berlin-Insolvenz geführten Verfahren entschieden das LAG Berlin-Brandenburg und das LAG Düsseldorf, dass die einzelnen Abflugstationen des Flugbetriebs von Air Berlin keine Betriebsteile darstellten, da es diesen an einer ausreichenden funktionellen Autonomie fehle; die Steuerung des Einsatzes des fliegenden Personals erfolge nicht an den einzelnen Abflugstationen, sondern sei vielmehr zentral organisiert.[39] In einer jüngst ergangenen Entscheidung hat der Sechste Senat des BAG diese obergerichtliche Einschätzung bestätigt und hierzu ausgeführt, bei den von Air Berlin an den einzelnen Flughäfen unterhaltenen Stationen, an denen das fliegende Personal seinen Dienst antrat, habe es sich nicht um übertragungsfähige Betriebsteile gehandelt, da eine hinreichend eigenständige auf die Station bezogene Leitung gefehlt habe.[40]

Einzelne Betriebsmittel oder Wirtschaftsgüter stellen grundsätzlich **keinen übertragungsfähigen Betriebsteil dar,** weil es insoweit an der erforderlichen abgrenzbaren Organisation fehlt. Allein die dauerhafte Zuweisung von Arbeitnehmern zu bestimmten Betriebsmitteln – etwa die Zuweisung von bestimmten Arbeitnehmern zu einzelnen LKW und Touren eines über einen größeren Fuhrpark verfügenden Transportunternehmens – reicht nicht aus, um den einzelnen Betriebsmitteln und den an diesen tätigen Arbeitnehmern die Qualität eines Betriebsteils zusprechen zu können,[41] solange nicht eine organisatorische Einheit – etwa der gesamte Fuhrpark des Unternehmens oder einzelne LKW mit dazugehöriger eigener Arbeitsorganisation[42] – übertragen wird. Es reicht daher nicht aus, wenn der Erwerber mit einzelnen bislang nicht teilbetrieblich organisierten Betriebsmitteln einen Betrieb oder Betriebsteil gründet.[43] Die Beurteilung, ob ein einzelnes Wirtschaftsgut einen übergangsfähigen Betriebsteil darstellt, kann jedoch wiederum nicht schematisch erfolgen, sondern muss vielmehr auf den Einzelfall bezogen vorzunehmen. So erkennt das BAG beispielsweise ein einzelnes Seeschiff[44] als abgrenzbaren Betriebsteil an, da dieses mit Hilfe der auf ihm arbeitstätig eingesetzten Besatzung zur Verwirklichung eines eigenständigen arbeitstechnischen

---

[37] EuGH 6.3.2014 – C-458/12, NZA 2014, 423 Rn. 32; BAG 13.8.2019 – 8 AZN 171/19, AP ArbGG 1979 § 72a Nr. 99 = BeckRS 2019, 19941 Rn. 10.
[38] EuGH 13.6.2019 – C-664/17, NZA 2019, 889 Rn. 69 f.
[39] LAG Berlin-Brandenburg 16.1.2019 – 15 Sa 814/18, BeckRS 2019, 199 Rn 81; LAG Berlin-Brandenburg 18.1.2019 – 9 Sa 799/18, NZA-RR 2019, 317 Rn. 80; 15.3.2019 – 3 Sa 1558/18, BeckRS 2019, 9743 Rn. 80; 2.4.2019 – 7 Sa 1938/18, BeckRS 2019, 18585 Rn. 79 f.; LAG Düsseldorf, 18.1.2019 – Sa 440/18, BeckRS 2019, 8339 Rn. 35; LAG Düsseldorf 30.1.2019 – 4 Sa 350/18, BeckRS 2019, 12648 Rn. 93.
[40] BAG 14.5.2020 – 6 AZR 235/19, BeckRS 2020, 10022 Rn. 66 ff., 71.
[41] BAG 26.8.1999 – 8 AZR 718/98, AP BGB § 613a Nr. 196 = NZA 2000, 144; siehe auch *Steffan* NZA 2000, 687 (688).
[42] So etwa das BAG 26.8.1999 – 8 AZR 718/98, AP BGB § 613a Nr. 196 = NZA 2000, 144 ff.: wenn einzelne (Fuhr-)Aufträge fest an bestimmte (LKW-)Betriebsmittel gebunden sind und die AN bestimmte Fuhrtätigkeiten als Spezialisten (zB Gefahrguttransportfahrer) arbeitsteilig durchführen.
[43] BAG 26.7.2007 – 8 AZR 769/06, AP BGB § 613a Nr. 324 = NZA 2008, 112; 16.2.2006 – 8 AZR 204/05, AP BGB § 613a Nr. 300 = NZA 2006, 794 ff.; 26.8.1999 – 8 AZR 718/98, AP BGB § 613a Nr. 196 = NZA 2000, 144.
[44] Das BAG erachtet dieses trotz der in Art. 1 Abs. 3 der RL 2001/23/EG ausdrücklich bestimmten Herausnahme aus dem Geltungsbereich dieser RL als möglichen übergangsfähigen Betrieb(steil) iSd § 613a BGB maßgeblich mit der Begr., dass die RL nach deren Art. 8 nur Mindestbedingungen für den Anwendungsbereich des § 613a BGB aufstellt, die von den Mitgliedstaaten zugunsten der AN modifiziert werden können; siehe BAG 2.3.2006 – 8 AZR 147/05, AP BGB § 613a Nr. 302 = NZA 2006, 1105 und zuvor bereits BAG 18.3.1997 – 3 AZR 729/95, AP BetrAVG § 1 Betriebsveräußerung Nr. 16 = NZA 1998, 97 ff. zur inhaltsgleichen Vorgängervorschrift in Art. 1 Abs. 3 der RL 77/87/EWG.

Zwecks (zB zum Frachttransport oder zu Forschungszwecken) eingesetzt werden kann.⁴⁵ Demgegenüber handelt es sich bei einzelnen Flugzeugen einer Airline nach jüngerer Rechtsprechung des LAG Berlin-Brandenburg und des LAG Düsseldorf nicht um abgrenzbare Betriebsteile, da sie nicht auf Dauer mit einer Gesamtheit von Personen verbunden seien und der Zeitraum der Verknüpfung von Personal und Betriebsmittel bei einem Flugzeug deutlich kürzer sei als bei einem Seeschiff und dessen Besatzung.⁴⁶ Erst kürzlich hat der Sechste Senat des BAG entschieden, dass es sich bei der im Rahmen der Air-Berlin-Insolvenz erfolgten Abgabe einzelner Flugzeuge an andere Luftverkehrsunternehmen und auch bei der Übertragung einzelner Flugstrecken und der für die Durchführung des Flugverkehrs erforderlichen Start- und Landerechte nicht um einen Betriebsteilübergang gehandelt hat, da die regelmäßig nur kurzzeitige Zusammenarbeit einzelner Gruppen von Arbeitnehmern in den Flugzeugen bei ständigem Wechsel der Besatzung und Flugstrecken nicht zu dem für die Annahme eines Betriebsteils erforderlichen funktionalen, auf Dauer angelegten Zusammenhang geführt habe.⁴⁷ Dass die Stationen von Air Berlin nach verschiedenen jüngeren Entscheidungen des Achten Senats⁴⁸ und auch des Sechsten Senats⁴⁹ im Rahmen der dort vorgenommenen Prüfung der Ordnungsgemäßheit der durchgeführten Massenentlassungsanzeigeverfahren Betriebe im Sinne der Massenentlassungsrichtlinie (MERL) und des § 17 Abs. 1 KSchG sind bzw. waren, steht hiermit nicht in Widerspruch. Da der Betriebsbegriff des Massenentlassungsrechts ein unionsrechtlicher Begriff ist, der losgelöst vom nationalen Begriffsverständnis auszulegen ist, verbietet sich bei der Prüfung einer Massenentlassungsanzeige ein Rückgriff auf den Betriebsbegriff des KSchG oder des BetrVG oder des Begriffs des Betriebs iSv § 613a BGB.⁵⁰

14 Wird eine Rechtsanwaltsfachangestellte einem bestimmten Rechtsanwalt einer als GbR betriebenen Anwaltskanzlei zugeordnet, führt dies nach dem BAG nicht dazu, dass dieser Rechtsanwalt im Falle eines Kanzleiwechsels mit seinem Mandantenstamm und der ihm zuarbeitenden Angestellten als organisatorisch abtrennbarer Betriebsteil der Kanzlei zu betrachten ist.⁵¹

15 Ist ein bereits über eine eigene Verwaltung verfügender Erwerber nur an der Übernahme der operativen Betriebsteile des Veräußererbetriebs interessiert, stellt sich in der Praxis oft die Frage, ob auch Arbeitsverhältnisse von Arbeitnehmern aus der Verwaltung des Veräußererbetriebs von der Übertragung erfasst werden. Entscheidend hierfür ist, ob die mit Verwaltungsaufgaben betrauten Arbeitnehmer in einer organisatorisch abgegrenzten selbstständigen Verwaltungsabteilung tätig sind oder es sich bei den Verwaltungstätigkeiten nur um einen unselbstständigen Annex zum operativen Betriebsteil handelt. Vereinbaren Veräußerer und Erwerber in einem Übernahmevertrag ausdrücklich nur die Übernahme wesentlicher Betriebsmittel aus bestimmten Betriebsteilen, zB aus den Produktionsbereichen mit nur gewerblichen Arbeitnehmern, geht eine hiervon organisatorisch abgegrenzte selbstständige Verwaltungsabteilung nicht mit auf den Erwerber über.⁵²

2. Übergang

16 **a) Gesamtabwägung aller Umstände.** Nach der vom BAG übernommenen Rechtsprechung des EuGH sind bei der Prüfung, ob eine wirtschaftliche Einheit unter Wahrung ihrer Identität auf den Erwerber übergegangen ist, sämtliche Umstände des Einzelfalls zu berück-

---

⁴⁵ BAG 2.3.2006 – 8 AZR 147/05, AP BGB § 613a Nr. 302 = NZA 2006, 1105; 18.3.1997 – 3 AZR 729/95, AP BetrAVG § 1 Betriebsveräußerung Nr. 16 = NZA 1998, 97.
⁴⁶ LAG Berlin-Brandenburg 16.1.2019 – 15 Sa 814/18, BeckRS 2019, 199 Rn. 78; LAG Düsseldorf, 18.1.2019 – Sa 440/18, BeckRS 2019, 8339 Rn. 79 f.
⁴⁷ BAG 14.5.2020 – 6 AZR 235/19, BeckRS 2020, 10022 Rn. 66 ff.
⁴⁸ Siehe stellvertretend BAG 27.2.2020 – 8 AZR 233/19, BeckRS 2020, 16084 Rn. 45.
⁴⁹ Siehe stellvertretend BAG 13.2.2020 – 6 AZR 146/19, NZA 2020, 1006.
⁵⁰ BAG 27.2.2020 – 8 AZR 233/19, BeckRS 2020, 16084; 13.2.2020 – 6 AZR 146/19, NZA 2020, 1006 Rn. 32.
⁵¹ BAG 30.10.2008 – 8 AZR 397/07, AP BGB § 613a Nr. 358 = NZA 2008, 485.
⁵² BAG 24.8.2006 – 8 AZR 556/05, AP BGB § 613a Nr. 315 = NZA 2007, 1320; 8.8.2002 – 8 AZR 583/01, NZA 2003, 315.

sichtigen und in eine Gesamtbewertung einzustellen.[53] Das BAG bezieht in die Gesamtabwägung maßgeblich die in der nachfolgenden Checkliste I aufgeführten Kriterien des sog. **Sieben-Punkte-Katalogs** ein.

**Checkliste I zur Feststellung eines Betriebsübergangs: 17
Sieben-Punkte-Katalog des BAG**

Im Rahmen einer einzelfallbezogenen Gesamtbewertung lässt sich das Vorliegen eines Betriebsübergangs insbesondere anhand der folgenden Kriterien ermitteln:
☐ Die Art des Unternehmens oder Betriebes
☐ Der etwaige Übergang der materiellen Betriebsmittel
☐ Der Wert der immateriellen Aktiva im Zeitpunkt des Übergangs
☐ Die etwaige Übernahme der Hauptbelegschaft durch den Erwerber
☐ Der etwaige Übergang der Kundschaft
☐ Der Ähnlichkeitsgrad zwischen vor und nach Übergang verrichteten Tätigkeiten
☐ Die Dauer einer eventuellen Unterbrechung dieser Tätigkeiten

---

Alle vorerwähnten Umstände sind allerdings nur **Teilaspekte** der vorzunehmenden Gesamtabwägung und dürfen daher **nicht isoliert betrachtet** werden.[54] Vielmehr kommt den einzelnen Punkten abhängig vom konkreten Sachverhalt im Einzelfall unterschiedliche Bedeutung zu.[55] Das BAG nennt für die Prüfung der Wahrung der Identität im Rahmen der vorzunehmenden Gesamtabwägung zusätzlich weitere Merkmale.[56]

**Checkliste II zur Feststellung eines Betriebsübergangs: 19
Ergänzende Kriterien des BAG**

Die Wahrung der Identität einer übergehenden Einheit kann sich nach der BAG-Rechtsprechung auch aus folgenden Merkmalen ergeben:
☐ Personal
☐ Führungskräfte
☐ Arbeitsorganisation
☐ Betriebsmethoden
☐ Zur Verfügung stehende Betriebsmittel

---

aa) *Art des Betriebs*. Das Merkmal der Art des Betriebs zielt im Kern auf den in der vom Betriebsübergang betroffenen wirtschaftlichen Einheit verfolgten Zweck ab. Dabei ist auch nach der Rechtsprechungsänderung des BAG zum Betriebsbegriff[57] für die Frage der Wahrung der Identität weiterhin grundsätzlich zwischen Produktionsbetrieben einerseits und Handels- und Dienstleistungsbetrieben andererseits **zu unterscheiden**. Mit der Einordnung in eine dieser **Betriebsarten** fällt oftmals bereits eine Vorentscheidung über die Bedeutung der übrigen von der Rechtsprechung aufgestellten Kriterien für die vorzunehmende Gesamtabwägung.

---

[53] Grundlegend BAG 22.5.1997 – 8 AZR 101/96, AP BGB § 613a Nr. 154 = NZA 1997, 1050; siehe zuletzt BAG 25.8.2016 – 8 AZR 53/15, NZA-RR 2017, 123 Rn. 27; EuGH 19.10.2017 – C-200/16, NZA 2017, 1379 Rn. 26.
[54] StRspr seit EuGH 18.3.1986 – 24/85, Slg. 1986, I-1119.
[55] BAG 24.4.2011 – 8 AZR 709/09, BeckRS 2011, 75933; siehe auch EuGH 10.12.1998 – C-127/96, C-74/97, C-229/96, Slg. 1998, I-8179 ff. = NZA 1999, 253.
[56] BAG 11.12.1997 – 8 AZR 426/94, AP BGB § 613a Nr. 171 = NZA 1998, 532 f.; zuletzt BAG 13.8.2019 – 8 AZN 171/19, AP ArbGG 1979 § 72a Nr. 99 = BeckRS 2019, 19941 Rn. 10.
[57] → Rn. 9 f.

21 **Produktionsbetriebe** erhalten ihr Gepräge regelmäßig vor allem durch die **materiellen Produktionsmittel** und – meist mit geringerer Bedeutung – aus dem betrieblichen Knowhow. Die Belegschaft oder der Kundenstamm spielen demgegenüber regelmäßig nur eine untergeordnete Rolle.[58]

22 Im Gegensatz dazu stehen in **Handels- und Dienstleistungsbetrieben** regelmäßig die Kundenbeziehungen und die menschliche Arbeitskraft sowie die Übernahme eines bestehenden Kundenstamms und die eng damit zusammenhängende Frage einer zeitlichen Unterbrechung der Tätigkeit im Vordergrund.[59] Dementsprechend hat in betriebsmittelarmen Branchen die **Übernahme der Hauptbelegschaft** große Bedeutung für die Frage der Identitätswahrung der wirtschaftlichen Einheit beim Erwerber.[60]

23 Diese Differenzierung nach betriebsmittelgeprägten Produktionsbetrieben auf der einen Seite und betriebsmittelarmen, tätigkeitsgeprägten Handels- bzw. Dienstleistungsbetrieben auf der anderen Seite kann jedoch nur als grobe Richtschnur zum Einstieg in die vorzunehmende Gesamtabwägung dienen. Im Anschluss an die Carlito-Abler-Entscheidung des EuGH[61] misst die Rechtsprechung des BAG den für die Auftragsdurchführung erforderlichen materiellen Betriebsmitteln insbesondere in Fällen einer Auftragsneuvergabe auch bei Dienstleistungsbetrieben unter bestimmten Umständen[62] ein wesentliches, identitätsprägendes Gewicht bei, weshalb in solchen Fällen ein Betriebsübergang dann auch ohne Übernahme von Personal gegeben sein kann.[63] Der EuGH hat in Fällen der Neuvergabe von Dienstleistungsaufträgen zuletzt in zwei Entscheidungen aus 2017[64] und 2018[65] für die Annahme eines Betriebsübergangs als ausreichend angesehen, dass die eine Übernahme des Personals der Vorgängerfirma ablehnende neue Auftragnehmerin die für die Ausführung der Dienstleistung unabdingbare Ausrüstung (konkret ging es in diesen Fällen lediglich um Uniformen und Funkausrüstung bzw. um Musikschulräumlichkeiten und Musikinstrumente) übernommen hatte.

24 *bb) Übergang materieller Betriebsmittel.* Als übertragungsfähige materielle Betriebsmittel kommen sowohl **Gebäude** als auch **bewegliche Güter** des Veräußerers in Betracht. Sie bilden **insbesondere bei Produktionsbetrieben** ein wesentliches Kriterium für die Beurteilung des Vorliegens eines Betriebsübergangs, wobei hier ein besonderes Augenmerk darauf zu richten ist, ob die wesentlichen Produktionsmittel, also **Einrichtungsgegenstände, Maschinen, Werkzeuge und Anlagen** des Veräußerers übernommen werden.[66] Demgegenüber kommt einem Warenlager geringere Bedeutung für den Übergang zu, weil es jederzeit durch Zukauf von Rohstoffen am Markt ersetzt werden kann.[67] Werden nicht sämtliche Produktionsmittel übertragen, müssen zumindest so viele übergehen, dass der Betrieb mit seiner bisherigen Produktionspalette vom Erwerber weitergeführt werden kann[68] und tatsächlich weitergeführt wird.[69] Nach ständiger Rechtsprechung des EuGH[70] und BAG[71] ist es nicht erforderlich, dass der Erwerber an den identitätsprägenden Betriebsmitteln Eigentum erlangt. Für die Zuordnung

---

[58] BAG 29.9.1988 – 2 AZR 107/88, AP BGB § 613a Nr. 76 = NZA 1989, 799.
[59] BAG 27.10.2005 – 8 AZR 568/04, AP BGB § 613a Nr. 292 = NZA 2006, 668 ff.; 29.9.1988 – 2 AZR 107/88, AP BGB § 613a Nr. 76 = NZA 1989, 799; 30.10.2008 – 8 AZR 397/07, AP BGB § 613a Nr. 358 = NZA 2008, 485.
[60] Vgl. EuGH 20.1.2011 – C-463/09, NZA 2011, 148.
[61] EuGH 20.11.2003 – C-340/01, AP EWG-Richtlinie Nr. 77/187 Nr. 34 = NZA 2003, 1385; vgl. hierzu auch → Rn. 39 ff.
[62] Dazu im Einzelnen → Rn. 41 ff.
[63] BAG 13.6.2006 – 8 AZR 271/05, AP BGB § 613a Nr. 305 = NZA 2006, 1101; 22.7.2004 – 8 AZR 350/03, AP BGB § 613a Nr. 274 = NZA 2004, 1383.
[64] EuGH 19.10.2017 – C-200/16, NZA 2017, 1379.
[65] EuGH 7.8.2018 – C-472/16, AP Richtlinie 2001/23/EG Nr. 18 = NZA 2018, 1123.
[66] Vgl. BAG 16.5.2002 – 8 AZR 319/01, AP BGB § 613a Nr. 237 = NZA 2003, 93.
[67] BAG 22.9.1994 – 2 AZR 54/94, AP BGB § 613a Nr. 117 = NZA 1995, 165.
[68] BAG 27.9.1984 – 2 AZR 309/83, AP BGB § 613a Nr. 39 = NZA 1985, 493; 22.9.1994 – 2 AZR 54/94, AP BGB § 613a Nr. 117 = NZA 1995, 165.
[69] Vgl. zum Erfordernis der tatsächlichen Fortführung des Betriebs im Gegensatz zur früher für ausreichend erachteten Fortführungsmöglichkeit → Rn. 55.
[70] Zuletzt EuGH 7.8.2018 – C-472/16, AP Richtlinie 2001/23/EG Nr. 18 = NZA 2018, 1123 Rn. 28.
[71] Zuletzt BAG 25.1.2018 – 8 AZR 309/16, AP BGB § 613a Nr. 474 = NZA 2018, 933 Rn. 54.

von Betriebsmitteln zur übergehenden wirtschaftlichen Einheit reicht es vielmehr aus, dass der Betriebserwerber über diese aufgrund einer Nutzungsvereinbarung verfügen kann.[72] Zu berücksichtigen ist allerdings die Funktion der betreffenden Betriebsmittel; ein Betriebsmittel ist nur dann identitätsprägend, wenn die Leistung des Unternehmens *durch* und nicht nur *mit Hilfe* des Mittels erbracht wird, weshalb zum Beispiel die weitere Verwendung von Hausschlüsseln im Zuge der Weiterführung eines Zustellungsbetriebs durch einen neuen Zustelldienst, sei sie auch unentbehrlich für die betriebliche Tätigkeit, nicht für das Vorliegen eines Betriebsübergangs ausreicht.[73] Nach einer Entscheidung des BAG aus 2012 kann die Verwaltung eines fremdgenutzten Mietshauses mit mehreren Wohnanlagen zwar einen Betrieb darstellen, die Veräußerung des verwalteten Grundstücks jedoch nicht als Betriebsübergang gewertet werden, da das verwaltete Grundstück kein Betriebsmittel der Hausverwaltung, sondern Objekt der Verwaltung ist.[74]

Bei **Dienstleistungsbetrieben** kommt dem Übergang materieller Betriebsmittel zwar in der Regel keine so wesentliche Bedeutung zu.[75] Die Übertragung materieller Betriebsmittel kann aber auch bei Dienstleistungsbetrieben für die Beurteilung des Vorliegens eines Betriebsübergangs eine nicht unwesentliche – für oder gegen die Annahme eines Betriebsübergangs sprechende – Rolle spielen.[76] So hat das BAG im Falle der Neuverpachtung einer vom neuen Pächter an einem nur wenige hundert Meter entfernten Standort fortgeführten Tankstelle im Rahmen seiner Gesamtbewertung der Umstände des Einzelfalls die Nichtübernahme alter „abgewirtschafteter" Zapfsäulen und Erdtanks etc. gerade als wesentlichen Gesichtspunkt gegen die Annahme eines Betriebsübergangs gewertet, obwohl der neue Pächter die bisherige Organisationsstruktur und Betriebsmethoden beibehalten und einen Teil des Personals sowie einen Großteil der bisherigen (Stamm-)Kundschaft übernommen hatte.[77] Auch Betriebe, die keine Produktionsbetriebe sind, können betriebsmittelgeprägt sein und ihre Übernahme kann selbst ohne Übernahme von Personal einen Betriebs(teil)übergang darstellen, wenn sächliche Betriebsmittel für die Aufgabendurchführung keine nur untergeordnete Rolle spielen oder für diese gar unentbehrlich sind. Das gilt zum Beispiel für den Betrieb eines Rettungsdienstes, wenn den eingesetzten Rettungsfahrzeugen im Rahmen der vorzunehmenden Gesamtbewertung eine identitätsbestimmende Wirkung zukommt, sie also für die wirtschaftliche Einheit Rettungsdienst unverzichtbar sind.[78] 25

Allerdings muss nach einem auf einen Vorlagebeschluss des Arbeitsgerichts Cottbus ergangenen Urteil des EuGH vom 27.2.2020 (Grafe ua/Südbrandenburger Nahverkehrs GmbH ua)[79] das Faktum, dass bei einer Neuvergabe eines öffentlichen Busnahverkehrsdienstes der neue Auftragnehmer vom bisherigen weder dessen ältere, bestimmte umweltrelevante und technische Vorgaben nicht erfüllende Busse noch sonstige materielle Betriebsmittel übernimmt, nicht notwendigerweise der Qualifizierung der Übernahme der Tätigkeit als Betriebsübergang entgegenstehen, wenn andere Faktoren wie die Übernahme eines wesentlichen Teils der Belegschaft und die Fortsetzung der Tätigkeit ohne Unterbrechung die Feststellung zulassen, dass die betreffende wirtschaftliche Einheit ihre Identität bewahrt. In diesem Zusammenhang weist der EuGH darauf hin, dass eine Gesamtheit von Arbeitnehmern, die durch eine gemeinsame Tätigkeit dauerhaft verbunden sind, eine wirtschaftliche 26

---

[72] EuGH 7.8.2018 – C-472/16, AP Richtlinie 2001/23/EG Nr. 18 = NZA 2018, 1123 Rn. 38; 12.11.1992 – C-209/91, AP BGB § 613a Nr. 129 = NZA 1995, 475; BAG 25.1.2018 – 8 AZR 309/16, AP BGB § 613a Nr. 474 = NZA 2018, 933 Rn. 54; 21.4.1991 – 2 AZR 452/90, BeckRS 1991, 30914349; 15.2.2007 – 8 AZR 431/06, AP BGB § 613a Nr. 320 = NZA 2007, 793; zur Problematik des in der früheren Rspr. des BAG verwandten Kriteriums der sog. eigenwirtschaftlichen Nutzung von durch einen Auftraggeber zur Verfügung gestellten sächlichen Betriebsmitteln durch den neuen Betriebsinhaber vgl. → Rn. 42.
[73] BAG 19.3.2015 – 8 AZR 150/14, AP BGB § 613a Nr. 461.
[74] BAG 15.11.2012 – 8 AZR 683/11, AP BGB § 613a Nr. 439 = NJW-Spezial 2013, 275.
[75] Siehe hierzu → Rn. 28.
[76] Zur Frage der Bedeutung sächlicher Betriebsmittel im Falle einer Auftragsnachfolge → Rn. 38 ff.
[77] BAG 18.9.2014 – 8 AZR 733/13, AP BGB § 613a Nr. 455 = NZA 2015, 97.
[78] BAG 25.8.2016 – 8 AZR 53/15, NZA-RR 2017, 123 Rn. 33 ff.; ebenso das BAG im Falle eines Umschlags- und Stauereibetriebs im Hafen, der für das Abladen von Waren zwingend schweres Transportgerät benötigt, BAG 22.8.2013 – 8 AZR 521/12, AP BGB § 613a Nr. 444.
[79] EuGH 27.2.2020 – C-298/18, EuZW 2020, 294.

Einheit darstellen kann und in diesem Fall eine solche Einheit ihre Identität über ihren Übergang hinaus bewahren kann, wenn der neue Inhaber nicht nur die betreffende Tätigkeit weiterführt, sondern auch einen nach Zahl und Sachkunde wesentlichen Teil der Belegschaft übernimmt, die sein Vorgänger gezielt für diese Tätigkeit eingesetzt hatte.[80]

27 cc) *Wert der immateriellen Aktiva im Zeitpunkt des Übergangs.* Zu den vor allem bei Handels- und Dienstleistungsbetrieben identitätsprägenden immateriellen Betriebsmitteln gehören beispielsweise **Kunden- oder Lieferantenbeziehungen**,[81] der **Goodwill** eines am Markt eingeführten Betriebs,[82] öffentlich-rechtliche **Konzessionen** und **Erlaubnisse**[83] oder besonderes betriebliches **Know-how**. Häufig sind an die im Betrieb angebotenen Produkte oder Dienstleistungen auch **gewerbliche Schutzrechte** wie Marken, Gebrauchsmuster oder Patente geknüpft, deren Übertragung auf den Erwerber für eine Fortführung des Betriebs von wesentlicher Bedeutung ist.[84]

28 dd) *Übernahme der Hauptbelegschaft.* In Wirtschaftsbranchen, in denen kaum nennenswerte oder gar keine Betriebsmittel für die Erreichung des Betriebszwecks erforderlich sind, sondern es im Wesentlichen auf die menschliche Arbeitskraft ankommt, wird die betriebliche Identität in der Regel maßgeblich von der organisierten Gesamtheit der durch ihre gemeinsame Tätigkeit dauerhaft verbundenen Arbeitnehmer geprägt.[85] Dies gilt insbesondere im Bewachungs- und Reinigungsgewerbe und für Callcenter. Bei der vorzunehmenden Gesamtabwägung ist deshalb ein gewichtiges Indiz für die Wahrung der Identität beim Erwerber, wenn dieser einen **nach Zahl und Sachkunde wesentlichen Teil der Belegschaft** übernimmt, die der bisherige Betriebsinhaber bei dieser Tätigkeit eingesetzt hat.[86] Was in diesem Sinne als „wesentlich" anzusehen ist, hängt maßgeblich vom Inhalt der Tätigkeit und den fachlichen Anforderungen an die ausgeübte Tätigkeit, der Arbeitsorganisation mit der sich daraus ergebenden Aufgabenzuweisung an den einzelnen Arbeitnehmer und dem in der betrieblichen Organisationsstruktur verkörperten Erfahrungswissen ab.[87] So hat das BAG bei der Neuvergabe von Bewachungsaufträgen[88] unter Berücksichtigung der Umstände des Einzelfalls eine Übernahme von 61 % der Belegschaft und bei einem keine besonderen Fachkenntnisse für die Ausübung der identitätsprägenden Tätigkeiten (Transport von Essen, Getränken und Medikamenten und Abholen von Müll für ein Krankenhaus) erfordernden Betrieb die Übernahme von 75 % der Belegschaft als nicht ausreichend für einen Betriebsübergang angesehen, wenn der neue Auftragnehmer nicht die Betriebsorganisation des bisherigen Auftragnehmers übernimmt.[89] Demgegenüber soll die Übernahme von ca. 75 % der früheren Belegschaft eines Callcenters für die Annahme eines Betriebsübergangs ausreichen;[90] dies gilt selbst dann, wenn der neue Betriebsinhaber das Service-Angebot erweitert, sodass eine Fortbildung der übernommenen Mitarbeiter notwendig wird. Auch die im Rahmen einer Auftragsneuvergabe erfolgte Übernahme von ca. 85 % der Belegschaft eines früheren Gebäudereinigungs-Auftragnehmers durch den neuen Auftragnehmer genügt nach

---

[80] EuGH 27.2.2020 – C-298/18, EuZW 2020, 294 Rn. 39, 41.
[81] BAG 28.4.1988 – 2 AZR 623/87, AP BGB § 613a Nr. 74 = NZA 1989, 265 ff.; 24.8.2006 – 8 AZR 556/05, AP BGB § 613a Nr. 315.
[82] BAG 20.6.2002 – 8 AZR 459/01, AP InsO § 113 Nr. 10 = NZA 2003, 318; 29.9.1988 – 2 AZR 107/88, AP BGB § 613a Nr. 76 = NZA 1989, 799.
[83] Ascheid/Preis/Schmidt/*Steffan* BGB § 613a Rn. 31.
[84] BAG 22.9.1994 – 2 AZR 54/94, AP BGB § 613a Nr. 117 = NZA 1995, 165.
[85] EuGH 20.1.2011 – C-463/09, NZA 2011, 148.
[86] BAG 13.12.2007 – 8 AZR 937/06, AP BGB § 613a Nr. 341 = NZA 2008, 1021; 11.12.1997 – 8 AZR 729/96, AP BGB § 613a Nr. 172 = NZA 1998, 534; 25.6.2009 – 8 AZR 258/08, AP BGB § 613a Nr. 373 = NZA 2009, 1412; EuGH 20.1.2011 – C-463/09, NZA 2011, 148.
[87] BAG 11.12.1997 – 8 AZR 729/96, AP BGB § 613a Nr. 172 = NZA 1998, 534.
[88] BAG 14.5.1998 – 8 AZR 418/96, NZA 1999, 483.
[89] BAG 10.12.1998 – 8 AZR 676/97, AP BGB § 613a Nr. 187 = NZA 1999, 420: Neuvergabe eines Auftrags über einen Hol- und Bringdienst; siehe auch BAG 24.5.2005 – 8 AZR 333/04, NZA 2006, 31 ff.: Kein Betriebsübergang bei Übernahme von 60 % der Belegschaft eines Reinigungsbetriebs(teils) und BAG 19.3.1998 – 8 AZR 737/96, BeckRS 1998, 30369227: Kein Betriebsübergang bei Übernahme von 50 % der Belegschaft eines Reinigungsbetriebs(teils).
[90] BAG 25.6.2009 – 8 AZR 258/08, AP BGB § 613a Nr. 373 = NZA 2009, 1412.

dem BAG für die Wahrung der Identität der wirtschaftlichen Einheit, sofern der neue Auftragnehmer die Betriebsorganisation des bisherigen Auftragnehmers im Wesentlichen übernimmt.[91] Im Falle einer bloßen Übernahme von knapp mehr als der Hälfte der Techniker, Servicemitarbeiter und Führungskräfte eines IT-Service-Betriebs hat das BAG aufgrund des hohen Qualifikationsgrades dieser Beschäftigten die Übernahme eines nach Zahl und Sachkunde wesentlichen Teils des Personals angenommen und im Rahmen der Gesamtwürdigung als gewichtiges Indiz für einen Betriebsübergang gewertet.[92]

Als grobe Richtschnur für die Praxis lässt sich aus dieser Rechtsprechung ableiten, dass der 29 für die Annahme eines Betriebsübergangs erforderliche Anteil zu übernehmender Arbeitnehmer umso höher ausfällt, je geringer deren Qualifikation ist. Neben der quantitativen Dimension ist auch die Qualifikation der übernommenen Arbeitnehmer sowie die sie verbindende Arbeitsorganisation und Leitungsstruktur zu berücksichtigen.[93] Anders gesagt kann ein Betriebsübergang auch schon bei einer geringen Anzahl übernommener Arbeitnehmer anzunehmen sein, wenn es sich dabei um wesentliche Know-how-Träger handelt. Das (vermeintliche) Rechtsverhältnis, in dem der Übernehmer die bisherigen Arbeitnehmer im Rahmen seiner Betriebsfortführung beschäftigt, ist für die Frage des Vorliegens eines Betriebsübergangs ohne Bedeutung, da ein Tätigwerden der bisherigen Arbeitnehmer als (vermeintlich) „freie" Mitarbeiter für sich genommen nicht gegen einen Betriebsübergang spricht.[94]

ee) Übergang der Kundschaft. Besonders in Handels- und Dienstleistungsunternehmen 30 ergibt sich die Wahrung der Identität der übergehenden wirtschaftlichen Einheit des Öfteren,[95] aber nicht generell[96] aus der Übernahme des Kundenstamms oder genauer gesagt der **Möglichkeit der Fortsetzung der Kundenbeziehungen**. Das Merkmal des Übergangs der Kundschaft ist gleichzeitig eng mit den weiteren Merkmalen der Ähnlichkeit der Tätigkeit und der Dauer einer etwaigen Unterbrechung verknüpft. Die Rechtsprechung sieht beispielsweise bereits ein wesentliches Indiz für das Vorliegen eines Betriebsübergangs darin, dass der neue Inhaber einer Arztpraxis auch die Kundenkartei des bisherigen Praxisinhabers fortführt.[97] Allerdings hat das BAG im speziellen Fall der Fortführung eines Notariats in der Übernahme der Akten des bisherigen Notariatsinhabers durch den neu bestellten Notar kein Indiz für einen Betriebsübergang gesehen, da wesentliches Substrat des Betriebs eines Notariats die höchstpersönliche Notarbefugnis des Betriebsinhabers ist.[98]

ff) Ähnlichkeit der Tätigkeiten. Bei der Untersuchung, ob eine wirtschaftliche Einheit ihre 31 Identität wahrt, sind auch die beim Veräußerer und beim Erwerber **verrichteten Tätigkeiten** zu vergleichen. Eine **wesentliche Abweichung spricht gegen** die Annahme eines **Betriebsübergangs**. Das BAG hat beispielsweise als wesentliches Indiz gegen einen Betriebsübergang gewertet, wenn eine bürgerliche rheinische Gaststätte in ein Restaurant mit orientalischem Bauchtanz, arabischem Personal und arabischer Musik umgewandelt wird,[99] wenn bei einer Schuhproduktion statt der ursprünglichen Massenproduktion nunmehr die überwiegend handwerklich ausgerichtete Musteranfertigung von Schuhen im Vordergrund steht,[100] wenn in einem Möbelfachgeschäft statt des Verkaufs und der Lieferung von Markenmöbeln über

---

[91] BAG 11.12.1997 – 8 AZR 729/96, AP BGB § 613a Nr. 172 = NZA 1998, 534; zur veränderten Bedeutung einer Beibehaltung der Betriebsorganisation beim Erwerber → Rn. 34 ff.
[92] BAG 24.1.2013 – 8 AZR 706/11, DB 2013, 1556 ff.; 21.6.2012 – 8 AZR 243/11, AP BGB § 613a Nr. 430.
[93] BAG 22.1.2015 – 8 AZR 139/14, AP BGB § 613a Nr. 460 = NZA 2015, 1325.
[94] BAG 19.3.2015 – 8 AZR 119/14, BB 2015, 2036.
[95] ErfK/*Preis* BGB § 613a Rn. 31; Ascheid/Preis/Schmidt/*Steffan* BGB § 613a Rn. 39; siehe auch LAG Köln 8.3.2004 – 4 Sa 1105/03, NZA-RR 2004, 464 ff.
[96] Siehe hierzu das der Übernahme eines Großteils der Stammkunden im konkreten Fall keine wesentliche Bedeutung beimessende BAG 18.9.2014 – 8 AZR 733/13, AP BGB § 613a Nr. 455 = NZA 2015, 97; ebenso EuGH 8.5.2019 – C-194/18, BeckRS 2019, 7896 Rn. 46, wonach der Übergang der ganz überwiegenden Anzahl der Kunden eines Finanzdienstleisters für sich allein genommen nicht für das Vorliegen eines Betriebsübergangs ausschlaggebend ist.
[97] LAG Düsseldorf 29.2.2000 – 3 Sa 1896/99, NZA-RR 2000, 353.
[98] BAG 26.8.1999 – 8 AZR 827/98, AP BGB § 613a Nr. 197 = NZA 2000, 371.
[99] BAG 11.9.1997 – 8 AZR 555/95, AP EWG-Richtlinie Nr. 77/187 Nr. 16 = NZA 1998, 31.
[100] BAG 13.5.2004 – 8 AZR 331/03, AP BGB § 613a Nr. 273 = NZA 2004, 1295; 16.5.2002 – 8 AZR 319/01, AP BGB § 613a Nr. 237 = NZA 2003, 93.

einen Möbeleinkaufsverband der Verkauf von Möbeln zum Selbstabholen und Selbstaufbau zu Discountpreisen im Vordergrund steht,[101] wenn bei einer Zugbewirtschaftung statt der Verabreichung von „Kleingerichten" an Bistro-Stehtischen nunmehr vollwertige warme Speisen in einem Bordrestaurant serviert werden,[102] wenn in einer Betriebskantine die bislang von betriebseigenen Köchen frisch zubereiteten Speisen nun von außen angeliefert und durch Küchenhilfspersonal nur noch aufgewärmt werden[103] oder wenn es beim Betrieb eines bislang ausschließlich der Unterbringung gewaltbedrohter Frauen dienenden Frauenhauses zu wesentlichen Änderungen in der Organisation, der Struktur und im Konzept kommt und nunmehr die präventive Beratung im Vordergrund steht.[104]

32   gg) *Dauer einer Unterbrechung*. Im Falle einer Unterbrechung der vom Veräußerer eingestellten und vom Erwerber wieder aufgenommenen Betriebstätigkeit spielt die Dauer der Unterbrechung für die Annahme des Vorliegens eines Betriebsübergangs und zur Abgrenzung des Betriebsübergangs von einer Betriebsstilllegung[105] eine wesentliche Rolle. **Zeitliche Richtwerte lassen sich** wegen der Vielzahl denkbarer Konstellationen **schwer aufstellen.** Dauert die Unterbrechung der Betriebstätigkeit länger als die längste gesetzliche Kündigungsfrist nach § 622 BGB, spricht dies allerdings zumindest indiziell für eine Betriebsstilllegung und daher gegen das Vorliegen eines Betriebsübergangs.[106] Das Gewicht der zeitlichen Unterbrechung für die vorzunehmende Gesamtabwägung ist wie bei allen anderen Kriterien **branchenspezifisch zu ermitteln,** wobei maßgeblich darauf abzustellen ist, inwieweit die Kundenbeziehungen des bisherigen Betriebsinhabers in Abhängigkeit von der Branche und dem Kundenkreis eine bestimmte Unterbrechung vertragen. Das BAG hat beispielsweise eine neunmonatige Unterbrechung des Betriebs eines Modefachgeschäfts[107] und eine sechsmonatige Unterbrechung des Betriebs einer Gaststätte in einem von zahlreichen weiteren Gaststätten geprägten Stadtteil einer Großstadt[108] als wesentliches Kriterium für die Verneinung eines Betriebsübergangs angesehen. Das LAG Köln hat für den Betrieb einer Kindertagesstätte bereits einen Unterbrechungszeitraum von drei Monaten als ausreichend für die Verneinung eines Betriebsübergangs erachtet.[109] Demgegenüber spricht nach einer jüngeren Entscheidung des EuGH eine fünfmonatige Unterbrechung des Betriebs einer Musikschule nicht zwingend gegen die Annahme eines Betriebsübergangs.[110]

33   hh) *Weitere Kriterien des BAG*. Die vom BAG in ständiger Rechtsprechung für die Annahme des Vorliegens eines Betriebsübergangs herangezogenen **zusätzlichen Merkmale,** also das der wirtschaftlichen Einheit zugeordnete Personal, deren Führungskräfte, Arbeitsorganisation, Betriebsmethoden und Betriebsmittel,[111] sind bei einer sachgerechten Prüfung der Kriterien des Sieben-Punkte-Katalogs in der Regel ohne größere praktische Bedeutung. Bei genauerer Betrachtung beinhalten die genannten Merkmale zumeist nur eine Konkretisierung der im Sieben-Punkte-Katalog enthaltenen Kriterien.

34   Die Frage, welche Bedeutung dem Kriterium der Beibehaltung oder Veränderung der Arbeitsorganisation beim Erwerber zukommt, ist in Folge der jüngeren Rechtsprechung von

---

[101] BAG 13.7.2006 – 8 AZR 331/05, AP BGB § 613a Nr. 313 = NZA 2006, 1357.
[102] BAG 6.4.2006 – 8 AZR 249/04, AP BGB § 613a Nr. 303 = NZA 2006, 1039 (hier aber nach BAG nicht fehlende Ähnlichkeit der Tätigkeiten, sondern Eingliederung in die Betriebsorganisation des Erwerbers ausschlaggebend).
[103] BAG 17.12.2009 – 8 AZR 1019/08, NZA 2010, 499 (hier aber für das BAG nicht fehlende Ähnlichkeit der Tätigkeiten, sondern Wegfall der Köche als Produktionsfaktoren ausschlaggebend; zur funktionellen Verknüpfung der Wechselbeziehung und gegenseitigen Ergänzung der Produktionsfaktoren → Rn. 34 ff.).
[104] BAG 4.5.2006 – 8 AZR 299/05, AP BGB § 613a Nr. 304 = NZA 2006, 1096.
[105] Zur vom Betriebsinhaberwechsel zu unterscheidenden Wiedereröffnung eines Betriebs durch einen neuen Inhaber nach zwischenzeitlicher Stilllegung → Rn. 61 f.
[106] ErfK/*Preis* BGB § 613a Rn. 57; vgl. hierzu auch BAG 22.10.2009 – 8 AZR 766/08, AP SGB X § 115 Nr. 16 = NZA-RR 2010, 660 ff.
[107] BAG 22.5.1997 – 8 AZR 101/96, AP BGB § 613a Nr. 154 = NZA 1997, 1050.
[108] BAG 11.9.1997 – 8 AZR 555/95, AP EWG-Richtlinie Nr. 77/187 Nr. 16 = NZA 1998, 31.
[109] LAG 2.10.1997 – 10 Sa 643/97, NZA-RR 1998, 290.
[110] EuGH 7.8.2018 – C-472/16, AP Richtlinie 2001/23/EG Nr. 18 = NZA 2018, 1123 Rn. 43 f., wobei im vorliegenden Fall der Zeitraum von fünf Monaten drei Monate Schulferien umfasste.
[111] → Rn. 18 f.

EuGH und BAG heute differenzierter zu betrachten und wesentlich schwieriger zu beantworten als dies bis zur 2009 ergangenen „Klarenberg"-Entscheidung des EuGH[112] der Fall war. Bis zu dieser EuGH-Entscheidung hat das BAG einen identitätswahrenden Übergang des Veräußererbetriebs auf den Erwerber stets verneint, wenn dieser das vom Veräußerer Übernommene unter Auflösung der bisherigen Arbeitsorganisation in die bei ihm bereits bestehende Organisationsstruktur eingegliedert hat[113] oder wenn im Falle einer Auftragsneuvergabe die vom bisherigen Auftragsnehmer erbrachte Arbeitsaufgabe künftig im Rahmen einer wesentlich anderen, deutlich größeren Organisationsstruktur mit einem erheblich breiteren Aufgabenumfang durchgeführt wurde.[114] In der **Klarenberg**-Entscheidung hat der EuGH demgegenüber ausgeführt, dass ein Betriebsübergang iSd Richtlinie 2001/23/EG auch dann vorliegen kann, wenn der übertragene Betrieb oder Betriebsteil seine organisatorische Selbstständigkeit bei dem Betriebserwerber nicht bewahrt. Nach dem EuGH reicht vielmehr aus, dass die **funktionelle Verknüpfung zwischen den übertragenen Produktionsfaktoren beibehalten** wird und der Erwerber dadurch derselben oder einer gleichartigen wirtschaftlichen Tätigkeit nachgehen kann.

Die Klarenberg-Entscheidung des EuGH ist in der arbeitsrechtlichen Literatur weitgehend 35 auf Kritik gestoßen.[115] Von der Literatur ist insbesondere beanstandet worden, dass die Weiternutzung der bisherigen betrieblichen Organisation für einen im Wesentlichen unveränderten Betriebszweck zentrale Voraussetzung eines Betriebs(teil)übergangs sei[116] und dass von einem „Übergang" nicht mehr gesprochen werden könne, wenn beim Erwerber vom übertragenen Betrieb(steil) nichts übrig bleibe.[117] Richtig ist jedenfalls, dass die Entscheidung des EuGH keinen Beitrag zur Rechtssicherheit leistet, sondern die Feststellung eines identitätswahrenden Übergangs einer wirtschaftlichen Einheit auf den Erwerber durch das konturenlose Kriterium der *Beibehaltung der funktionellen Verknüpfung zwischen den übertragenen Produktionsfaktoren* für die Praxis deutlich erschwert.[118]

In Umsetzung der Vorgaben der Klarenberg-Entscheidung des EuGH hat das BAG seine 36 frühere Rechtsprechung, wonach es an der Wahrung der Identität fehlt und ein Betriebs(teil)übergang daher zu verneinen ist, wenn die wirtschaftliche Einheit vollständig in eine beim Erwerber bereits bestehende Organisationsstruktur eingegliedert wird,[119] dahingehend modifiziert, dass wesentliche Änderungen in der Organisation, in der Struktur und im Konzept durch den Erwerber im Rahmen einer Gesamtbetrachtung einer Identitätswahrung entgegenstehen *können*, es für das Vorliegen eines Betriebsübergangs jedoch nicht erforderlich ist, dass die organisatorische Selbstständigkeit der übertragenen Einheit beim neuen Betriebsinhaber beibehalten wird. Allein die Eingliederung eines übernommen Betriebs(-teils) in die Organisation des Erwerbers führt daher nicht mehr zwangsläufig zum Ausschluss eines Betriebs(teil)übergangs.[120] Nach der Rechtsprechung des **BAG** kommt es nun vielmehr **entscheidend** darauf an, **dass der Funktions- und Zweckzusammenhang zwischen** den verschiedenen **übertragenen Produktionsfaktoren,** der es dem Erwerber erlaubt, diese Faktoren zur Verfolgung einer bestimmten wirtschaftlichen Tätigkeit zu nutzen, **beim neuen Betriebs-**

---

[112] EuGH 12.2.2009 – C-466/07, AP Richtlinie 2001/23/EG Nr. 4 = NZA 2009, 251.
[113] BAG 6.4.2006 – 8 AZR 249/04, AP BGB § 613a Nr. 303 = NZA 2006, 1039; 25.9.2003 – 8 AZR 421/02, AP BGB § 613a Nr. 261 = NZA 2004, 316.
[114] BAG 14.8.2007 – 8 AZR 1063/05, NZA 2007, 1431.
[115] *Willemsen* NZA 2009, 289 ff.; *Wissmann/Schneider* BB 2009, 1126 ff.; *Junker* SAE 2010, 113; diese Kritik für unberechtigt haltend *Salamon/Hoppe* NZA 2010, 989.
[116] *Willemsen* NZA 2009, 289 (291).
[117] *Wissmann/Schneider* BB 2009, 1126 (1128).
[118] *Wissmann/Schneider* BB 2009, 1126 (1129); *Willemsen* NZA 2009, 289 (293); vgl. auch *Junker* SAE 2010, 113 (116).
[119] BAG 6.4.2006 – 8 AZR 249/04, AP BGB § 613a Nr. 303 = NZA 2006, 1039; 25.9.2003 – 8 AZR 421/02, AP BGB § 613a Nr. 261 = NZA 2004, 316; 24.4.2008 – 8 AZR 268/02, NZA 2008, 1314; 30.10.2008 – 8 AZR 855/07, AP BGB § 613a Nr. 359 = NZA 2009, 723.
[120] Bemerkenswert ist, dass es für das BAG in der letztlich auch bei ihm anhängig gewordenen Rechtssache Klarenberg gar nicht auf die Frage der Weiternutzung einer betrieblichen Organisation ankam, da das BAG schon das Vorliegen einer abtrennbaren organisatorischen Teileinheit beim Veräußerer verneint hat, vgl. BAG 13.10.2011 – 8 AZR 455/10, BB 2011, 2675; hierzu auch *Willemsen* NZA 2011, 24.

inhaber beibehalten wird.[121] In einer kurz nach dieser Modifizierung seiner Rechtsprechung ergangenen Entscheidung, die die Fortführung einer Betriebskantine durch einen neuen Pächter mit verändertem Konzept (statt bislang frisch vor Ort zubereiteter Speisen nur noch aufgewärmtes, extern vorgekochtes Essen) zum Gegenstand hatte, hat das BAG das Vorliegen eines Betriebsübergangs nun auch nicht etwa wegen fehlender Ähnlichkeit der Bewirtschaftung, sondern mit der Begründung verneint, aufgrund des Wegfalls der Köche als Produktionsfaktor werde die funktionelle Verknüpfung der Wechselbeziehung und gegenseitigen Ergänzung der Produktionsfaktoren der Betriebskantine nicht beibehalten.[122] Der EuGH hat seine mit der Klarenberg-Entscheidung eingeschlagene Linie in der Amatori ua-Entscheidung[123] beibehalten, und das BAG hat mittlerweile wiederholt entschieden, dass das Vorliegen des Übergangs eines Betriebsteils unabhängig davon ist, ob die übergegangene wirtschaftliche Einheit ihre Selbstständigkeit innerhalb der Struktur des Erwerbers bewahrt oder nicht, wenn nur die funktionelle Verknüpfung zwischen den übertragenen Produktionsfaktoren beibehalten und es dem Erwerber ermöglicht wird, diese Faktoren zu nutzen, um derselben oder einer gleichartigen wirtschaftlichen Tätigkeit nachzugehen.[124]

37   b) **Funktionsnachfolge.** Von einem Betriebsübergang abzugrenzen ist die bloße Funktionsnachfolge. Hiervon spricht man, wenn nur die gegenüber einem Auftraggeber zu erbringende Tätigkeit ohne materielle oder immaterielle Betriebsmittel oder Belegschaft übernommen wird.[125] Eine solche Funktionsnachfolge kann in Fallkonstellationen gegeben sein, in denen ein Unternehmer eine bisher betriebsintern erledigte Tätigkeit an einen betriebsfremden Auftragnehmer vergibt („Outsourcing"), eine bisher von einem Auftragnehmer für ihn durchgeführte Dienstleistung nunmehr von einem neuen Auftragnehmer durchführen lässt („Auftragsneuvergabe") oder die bislang von einem betriebsfremden Auftragnehmer durchgeführte Dienstleistung in den eigenen Betrieb eingliedert und mit eigenem Personal erledigen lässt („Insourcing"). Schwierigkeiten bereitet die Abgrenzung der bloßen Funktionsnachfolge vom Betriebsübergang dann, wenn der neue Auftragnehmer neben dem entsprechenden Auftrag auch einzelne Betriebsmittel oder einen Teil des vom bisherigen Auftragnehmer zur Auftragsdurchführung eingesetzten Personals übernimmt. In der Rechtsprechung des BAG spielen diese Abgrenzungsprobleme insbesondere immer wieder im Zusammenhang mit der Auftrags(neu)vergabe von Bewachungs-,[126] Reinigungs-,[127] Catering-[128] oder technischen Dienstleistungen[129] eine Rolle.

38   Der **EuGH** hatte mit seiner Entscheidung im Fall **Christel Schmidt** im Jahr 1994 zunächst Unverständnis und Verunsicherung darüber hervorgerufen, dass die bloße Übernahme einer Tätigkeit, also eine bloße Funktionsnachfolge, entgegen der ständigen BAG-Rechtsprechung und einhelligen Literaturmeinung anscheinend doch einen Betriebsübergang darstellen könnte.[130] Der vielfach diskutierten Entscheidung lag der Sachverhalt zugrunde, dass eine Sparkasse die bis dahin von einer bei ihr angestellten Reinigungskraft allein erledigten Ar-

---

[121] BAG 22.1.2009 – 8 AZR 158/07, AP BGB § 613a Nr. 367 = NZA 2009, 905; 17.12.2009 – 8 AZR 1019/08, AP BGB § 613a Nr. 383 = NZA 2010, 499; detaillierte Darstellung der europäischen und deutschen (instanzgerichtlichen) Rspr. vor und nach „Klarenberg" durch *Schiefer* DB 2011, 54.
[122] BAG 17.12.2009 – 8 AZR 1019/08, AP BGB § 613a Nr. 383 = NZA 2010, 499.
[123] EuGH 6.3.2014 – C-458/12, NZA 2014, 423.
[124] BAG 21.8.2014 – 8 AZR 648/13, AP BGB § 613a Nr. 454 = NZA 2015, 167; 22.5.2014 – 8 AZR 1069/12, NZA 2014, 1335; 20.3.2014 – 8 AZR 1/13, AP BGB § 613a Nr. 452; 7.4.2011 – 8 AZR 730/09, NZA 2011, 1231.
[125] BAG 22.1.1998 – 8 AZR 243/95, AP BGB § 613a Nr. 173 = NZA 1998, 536; zuletzt BAG 13.12.2007 – 8 AZR 937/06, AP BGB § 613a Nr. 341 = NZA, 2008, 1021.
[126] BAG 22.1.1998 – 8 AZR 775/96, AP BGB § 613a Nr. 174 = NZA 1998, 638; 29.9.1988 – 2 AZR 107/88, AP BGB § 613a Nr. 76 = NZA 1989, 799; 8.9.1982 – 5 AZR 10/80, BeckRS 1982, 05048.
[127] BAG 24.5.2005 – 8 AZR 333/04, NZA 2006, 31; 5.12.2002 – 2 AZR 522/01, AP KSchG 1969 § 1 Betriebsbedingte Kündigung Nr. 126 = NZA 2003, 1168; 13.11.1997 – 8 AZR 295/95, AP BGB § 613a Nr. 169 = NZA 1998, 251.
[128] BAG 25.5.2000 – 8 AZR 337/99, RzK I 5e Nr. 135; 11.12.1997 – 8 AZR 426/94, AP BGB § 613a Nr. 171 = NZA 1998, 532.
[129] BAG 14.8.2007 – 8 AZR 1043/06, NZA 2007, 1431; 22.1.1998 – 8 AZR 243/95, AP BGB § 613a Nr. 173 = NZA 1996, 536; siehe auch BAG 25.10.2007 – 8 AZR 989/06, AP BGB § 613a Nr. 2 = NZA 2008, 357.
[130] EuGH 14.4.1994 – C-392/92, AP BGB § 613a Nr. 106 = NZA 1994, 545.

beiten an ein externes Dienstleistungsunternehmen vergeben hatte, das der von der Sparkasse gekündigten Reinigungskraft die weitere Erledigung der Arbeiten zu veränderten Konditionen anbot, was diese so jedoch nicht akzeptierte. Der EuGH bejahte in dieser Fallkonstellation einen Betriebsübergang und stellte fest, dass die Übernahme materieller Betriebsmittel zur Annahme eines Betriebsübergangs nicht zwingend erforderlich sei und im Rahmen der erforderlichen Gesamtbewertung ein Betriebsübergang auch dann gegeben sein könne, wenn lediglich ein einziger Arbeitnehmer von der Maßnahme betroffen sei.[131]

Nach erheblicher Kritik der Literatur[132] stellte der EuGH in seiner Entscheidung **Ayse Süzen** im Jahr 1997 klar, dass die Übernahme eines (Reinigungs-)Auftrags im Rahmen einer Auftragsnachfolge keinen Betriebsübergang darstellt, wenn die Auftragsübernahme weder mit einer Übertragung relevanter materieller oder immaterieller Betriebsmittel von dem bisherigen Auftragnehmer auf den neuen Auftragnehmer noch mit der Übernahme eines nach Zahl und Sachkunde wesentlichen Teils des von dem bisherigen Auftragnehmer zur Durchführung des Auftrags eingesetzten Personals durch den neuen Auftragnehmer verbunden ist.[133] Allein der Umstand, dass die von dem alten und dem neuen Auftragnehmer erbrachten Dienstleistungen ähnlich sind, lasse nicht den Schluss zu, dass der Übergang einer wirtschaftlichen Einheit vorliege. **Eine Einheit sei nicht als bloße Tätigkeit zu verstehen**; ihre Identität ergebe sich auch aus anderen Merkmalen wie ihrem Personal, ihren Führungskräften, ihrer Arbeitsorganisation, ihren Betriebsmethoden und gegebenenfalls den ihr zur Verfügung stehenden Betriebsmitteln.[134]

39

Der EuGH bestätigte mit dieser Entscheidung, dass auch die Abgrenzung zwischen einer bloßen Funktionsnachfolge und einem etwa im Rahmen einer Auftragsneuvergabe eintretenden Betriebsübergang durch eine Gesamtwürdigung der die Auftragsnachfolge prägenden Tatsachen unter Berücksichtigung sämtlicher Umstände des Einzelfalls durchzuführen ist.[135] Dementsprechend nimmt das **BAG** heute in Fällen der **Fremdvergabe** bisher betriebsintern erledigter Tätigkeiten oder der Neuvergabe von Dienstleistungsaufträgen **in betriebsmittelarmen Wirtschaftszweigen**, in denen es im Wesentlichen auf die menschliche Arbeitskraft ankommt, einen **Betriebsübergang** an, **wenn der neue Betriebsinhaber** nicht nur die betreffende Tätigkeit weiterführt, sondern auch einen **nach Zahl und Sachkunde wesentlichen Teil des Personals übernimmt**, das sein Vorgänger gezielt bei dieser Tätigkeit eingesetzt hatte.[136] In einer die Neuvergabe der Bewachung eines staatlichen Museums betreffenden Entscheidung aus 2018 bestätigte der EuGH erst jüngst nochmals die mittlerweile gefestigte Rechtsprechung, wonach die Übernahme der Hauptbelegschaft ein wesentliches Kriterium für den identitätswahrenden Übergang einer wirtschaftlichen Einheit darstellen kann. Dass der neue Auftragnehmer bei der Neuvergabe des Bewachungsauftrags zur Übernahme der Hauptbelegschaft tarifrechtlich verpflichtet war, änderte nach den Feststellungen des EuGH nichts an der rechtlichen Bedeutung des weiteren Einsatzes der Hauptbelegschaft für die Annahme eines Betriebsübergangs. Maßgeblich für das Vorliegen eines Betriebsübergangs war hier allein die tatsächliche Übernahme des wesentlichen Teils des Personals; der Grund sowie die Motivation für die Übernahme waren unbeachtlich.[137]

40

> **Praxistipp:**
> Inhaber von Dienstleistungsunternehmen sollten sich im Falle der Annahme eines bislang anderweitig vergebenen Auftrags vor der Einstellung oder Übernahme von hierzu eingesetztem Personal zunächst vergewissern, ob es sich um einen nach Zahl und Sachkunde wesentlichen Teil der Be-

---

[131] EuGH 14.4.1994 – C-392/92, AP BGB § 613a Nr. 106 = NZA 1994, 545.
[132] Siehe nur *Henssler* NZA 1994, 913; *Bauer* BB 1994, 1433.
[133] EuGH 11.3.1997 – C-13/95, AP EWG-Richtlinie Nr. 77/187 Nr. 14 = NZA 1997, 433.
[134] EuGH 11.3.1997 – C-13/95, AP EWG-Richtlinie Nr. 77/187 Nr. 14 = NZA 1997, 433.
[135] S. auch die Folgeentscheidungen EuGH 10.12.1998 – C-173/96 und C-247/96, NZA 1999, 189; 20.11.2003 – C-340/01, AP EWG-Richtlinie Nr. 77/187 Nr. 34 = NZA 2003, 1385.
[136] BAG 13.12.2007 – 8 AZR 937/06, AP BGB § 613a Nr. 341 = NZA 2008, 1021; 11.12.1997 – 8 AZR 729/96, AP BGB § 613a Nr. 172 = NZA 1998, 534; auch → Rn. 28.
[137] EuGH 11.7.2018 – C-60/17, AP Richtlinie 2001/23/EG Nr. 17 = NZA 2018, 1053 Rn. 38.

legschaft des bisherigen Auftragnehmers handelt, da sie gegebenenfalls auch von dem nicht übernommenen Teil der Belegschaft des bisherigen Auftragnehmers als Betriebserwerber auf Fortführung des mit dem bisherigen Auftragnehmer bestehenden Arbeitsverhältnisses gemäß § 613a BGB in Anspruch genommen werden könnten.

Zur fundierten Einschätzung, ob diejenigen Arbeitnehmer, deren Weiterbeschäftigung beabsichtigt ist, einen wesentlichen Teil der Belegschaft ausmachen, sollte sich der neue Auftragnehmer um eine vollständige Auflistung der vom Auftraggeber bzw. vom bisherigen Auftragnehmer für die Durchführung des Auftrags eingesetzten Arbeitnehmer und ihrer jeweiligen Qualifikation und ausgeübten Funktion bemühen, was allerdings in der Praxis insbesondere in Fällen der Auftragsneuvergabe auf Schwierigkeiten stößt.

Will oder kann der Auftraggeber in Fällen des Outsourcing bzw. der Auftragsneuvergabe ein späteres Insourcing nicht ausschließen, sollte er sich im Dienstleistungsvertrag mit dem Auftragnehmer vorsorglich das Recht vorbehalten, während der Vertragslaufzeit vom Auftragnehmer zumindest eine anonymisierte entsprechende Auflistung anfordern zu können.

41 Werden **in Fällen der Auftragsnachfolge** für die Erfüllung des Auftrags in nicht ganz untergeordnetem Umfang sächliche Betriebsmittel eingesetzt, kann nach der Rechtsprechung des BAG demgegenüber ein Betriebsübergang auch ohne Übernahme von Personal anzunehmen sein, wenn die für die Erbringung der Tätigkeit eingesetzten Betriebsmittel die Identität der wirtschaftlichen Einheit prägen und im Rahmen der Auftrags(neu)vergabe auf den neuen Auftragnehmer übergehen.[138] Zur Beantwortung der **Frage, wann** sächliche **Betriebsmittel im Rahmen einer Auftragsnachfolge** in diesem Sinne **identitätsprägend sind,** stellt das BAG seit 2006 in mittlerweile ständiger Rechtsprechung darauf ab, ob ihr Einsatz bei wertender Betrachtungsweise den **eigentlichen Kern des zur Wertschöpfung erforderlichen Funktionszusammenhangs ausmacht.**[139] Kriterien hierfür können sein, dass die Betriebsmittel **unverzichtbar zur auftragsgemäßen Verrichtung der Tätigkeiten sind,**[140] auf dem freien Markt nicht erhältlich sind oder ihr Gebrauch vom Auftraggeber zwingend vorgeschrieben ist.[141] Der EuGH hat in Fällen der Neuvergabe von Dienstleistungsaufträgen zuletzt in zwei Entscheidungen aus 2017[142] und 2018[143] für die Annahme eines Betriebsübergangs als ausreichend angesehen, dass die eine Übernahme des Personals der Vorgängerfirma ablehnende neue Auftragnehmerin die für die Ausführung der Dienstleistung unabdingbare Ausrüstung (konkret ging es in diesen Fällen lediglich um Uniformen und Funkausrüstung bzw. um Musikschulräumlichkeiten und Musikinstrumente) übernommen hatte.

42 **Auf die** vom BAG in seiner früheren Rechtsprechung vorgenommene **Differenzierung** danach, ob der neue Auftragnehmer die Betriebsmittel innerhalb eigener Verfügungsmacht und aufgrund eigener Kalkulation einsetzt oder nicht, ob ihm diese also im ersteren Fall zur **eigenwirtschaftlichen Nutzung** überlassen wurden,[144] **kommt es** im Rahmen der vorzunehmenden Gesamtwürdigung **nicht (mehr) an.** Nachdem der EuGH bereits in seiner Entscheidung vom 20.11.2003[145] angedeutet hatte, dass ein derartiges Erfordernis nicht durch die

---

[138] BAG 13.6.2006 – 8 AZR 271/05, AP BGB § 613a Nr. 305 = NZA 2006, 1101.
[139] BAG 23.5.2013 – 8 AZR 207/12, NJW-Spezial 2013, 659; 22.10.2009 – 8 AZR 766/08, AP SGB X § 115 Nr. 16 = NZA-RR 2010, 660; 14.8.2007 – 8 AZR 1043/06, NZA 2007, 1431; 15.2.2007 – 8 AZR 431/06, AP BGB § 613a Nr. 320 = NZA 2007, 793; 13.6.2006 – 8 AZR 271/05, AP BGB § 613a Nr. 305 = NZA 2006, 1101; 6.4.2006 – 8 AZR 222/04, AP BGB § 613a Nr. 299 = NZA 2006, 723; krit. *Willemsen/Müntefering* NZA 2006, 1185 (1189), die in den Fällen, in denen die Bedienung dieser Betriebsmittel eine besondere Qualifikation erfordert, auch dem Bedienungspersonal identitätsprägende Bedeutung in Bezug auf die wirtschaftliche Tätigkeit beimessen und für die Annahme eines Betriebs(teil)übergangs den Übergang – zumindest – einer für die Bedienung der Betriebsmittel beim Erwerber ausreichenden Anzahl von Arbeitnehmern fordern.
[140] BAG 23.5.2013 – 8 AZR 207/12, NJW-Spezial 2013, 659; 13.6.2006 – 8 AZR 271/05, AP BGB § 613a Nr. 305 = NZA 2006, 1101; 15.2.2007 – 8 AZR 431/06, AP BGB § 613a Nr. 320 = NZA 2007, 793.
[141] BAG 13.6.2006 – 8 AZR 271/05, AP BGB § 613a Nr. 305 = NZA 2006, 1101.
[142] EuGH 19.10.2017 – C-200/16, NZA 2017, 1379.
[143] EuGH 7.8.2018 – C-472/16, AP Richtlinie 2001/23/EG Nr. 18 = NZA 2018, 1123.
[144] Zuletzt BAG 25.5.2000 – 8 AZR 337/99, BeckRS 2000, 30785091.
[145] EuGH 20.11.2003 – C-340/01, AP EWG-Richtlinie Nr. 77/187 Nr. 34 = NZA 2003, 1385.

Richtlinie 2001/23/EG vorgegeben ist und schließlich in der Rechtssache **Güney-Görres** mit Urteil vom 15.12.2005 ausdrücklich entschieden hatte, dass im Fall einer Auftragsneuvergabe im Rahmen der Gesamtbetrachtung die Feststellung einer Überlassung der Betriebsmittel zur eigenwirtschaftlichen Nutzung keine notwendige Voraussetzung für den Übergang dieser Mittel auf den neuen Auftragnehmer ist,[146] hat das BAG seine diesbezügliche frühere Rechtsprechung aufgegeben.[147]

In Anwendung der vorstehenden Grundsätze hat das BAG in mehreren Fällen einer Auf- **43** tragsnachfolge das Vorliegen eines Betriebsübergangs allein aufgrund der Übernahme sächlicher Betriebsmittel angenommen, und zwar etwa bei der Neuvergabe von Schlachtarbeiten in einem industriell eingerichteten Schlachthof,[148] der Neuvergabe eines Druckereiauftrags,[149] der Neuvergabe des Auftrags zur Personenkontrolle an einem Flughafen[150] oder der Neuvergabe eines Objektschutzauftrags bei obligatorischer Nutzung eines auf die Bedürfnisse des Arbeitgebers zugeschnittenen speziellen zentralen Alarmmanagementsystems.[151]

> **Praxistipp:**
> Der früher in den der Auftragsvergabe zugrunde liegenden Dienstverträgen zwischen dem Dienstleister und dem Auftraggeber häufig vereinbarte Ausschluss der eigenwirtschaftlichen Nutzung ist nach der Rechtsprechungsänderung des BAG nicht mehr geeignet, einen Betriebsübergang im Rahmen einer Auftragsneuvergabe auszuschließen. Bei der Neuvergabe eines Auftrags, dessen identitätsprägende Tätigkeit maßgeblich von den dafür eingesetzten Betriebsmitteln bestimmt wird, kann daher ein Betriebsübergang nur dadurch vermieden werden, dass der neue Auftragnehmer auch die für die Auftragserbringung erforderlichen Betriebsmittel mitbringt und der Auftraggeber ihm für die Auftragserbringung möglichst wenig Betriebsmittel zur Verfügung stellt, die bereits der vorherige Auftragnehmer zur Auftragserbringung genutzt hat.

c) Erfasste Personengruppen. Gem. § 613a Abs. 1 S. 1 BGB tritt der Erwerber in die Rech- **44** te und Pflichten aus den im Zeitpunkt des Übergangs bestehenden Arbeitsverhältnissen ein. Danach werden von einem Betriebsübergang **alle im übertragenen Betrieb bzw. Betriebsteil tätigen Arbeiter und Angestellten** einschließlich der leitenden Angestellten iSv § 14 Abs. 2 KSchG bzw. § 5 Abs. 3 BetrVG[152] sowie **Auszubildende**,[153] befristet oder geringfügig Be-

---

[146] EuGH 15.12.2005 – C-232, 233/04, AP Richtlinie 2001/23/EG Nr. 1 = NZA 2006, 29.
[147] BAG 2.3.2006 – 8 AZR 147/05, AP BGB § 613a Nr. 302 = NZA 2006, 1105; 6.4.2006 – 8 AZR 222/04, AP BGB § 613a Nr. 299 = NZA 2006, 723; 16.5.2007 – 8 AZR 693/06, AP BetrVG 1972 § 111 Nr. 64 = NZA 2007, 1296; siehe auch *Willemsen/Müntefering* NZA 2006, 1185 (1187): Der Auftragnehmer muss die identitätsprägende Tätigkeit mit dem Betriebsmittel erbringen, während das Betriebsmittel nicht dem übergangsfähigen Betrieb(steil) zuzuordnen ist, wenn die identitätsprägende Tätigkeit an dem Betriebsmittel des Auftraggebers erbracht wird.
[148] BAG 15.2.2007 – 8 AZR 431/06, AP BGB § 613a Nr. 320 = NZA 2007, 793: Übernahme der für die Durchführung der Schlachtarbeiten erforderlichen technischen Einrichtungen.
[149] BAG 6.4.2006 – 8 AZR 222/04, AP BGB § 613a Nr. 299 = NZA 2006, 723: Übernahme der für die Erbringung des Druckauftrags erforderlichen Druckmaschinen.
[150] BAG 13.6.2006 – 8 AZR 271/05, AP BGB § 613a Nr. 305 = NZA 2006, 1101: Übernahme der für die Durchführung der Personenkontrollen erforderlichen technischen Einrichtungen wie Röntgengeräte, Handsonden etc.
[151] BAG 23.5.2013 – 8 AZR 207/12, AP BGB § 613a Nr. 441 = NJW-Spezial 2013, 659.
[152] BAG 13.2.2003 – 8 AZR 654/01, AP BGB § 611 Organvertreter Nr. 24 = NZA 2003, 552; 22.2.1978 – 5 AZR 800/76, AP BGB § 613a Nr. 11; siehe auch EuGH 13.6.2019 – C-317/18, NZA 2019, 887 Rn. 51, wonach eine aufgrund eines Vertrags „zur Übernahme einer Vertrauensstellung" als Leiterin einer spanischen Verwaltungsabteilung tätige Arbeitnehmerin, die bei der Erwerberin zu schlechteren Konditionen tätig werden sollte, vom Schutz der RL 2001/23/EG erfasst wird.
[153] BAG 13.7.2006 – 8 AZR 382/05, AP BGB § 613a Widerspruchsrecht Nr. 1 = NZA 2006, 1406; 13.2. 2003 – 8 AZR 59/02, AP BGB § 613a Nr. 249 = NZA 2003, 854; siehe für den Berufsausbildungsvertrag den Generalverweis auf die für den Arbeitsvertrag geltenden Rechtsvorschriften und Rechtsgrundsätze in § 10 Abs. 2 BBiG.

schäftigte[154] und in Mutterschutz bzw. Elternzeit befindliche Arbeitnehmer[155] erfasst. Auch faktische Arbeitsverhältnisse[156] und Arbeitsverhältnisse, deren Hauptpflichten zum Zeitpunkt des Betriebsübergangs aus sonstigen Gründen ruhen,[157] gehen im Rahmen des Betriebsübergangs auf den Erwerber über. Arbeitsverhältnisse, die der Veräußerer bereits vor dem Betriebsübergang gekündigt hat, gehen in gekündigtem Zustand auf den Erwerber über, soweit die Kündigungsfrist zum Zeitpunkt des Übergangs noch nicht abgelaufen ist.[158] Auch Arbeitnehmer, die sich im Rahmen einer **Altersteilzeitvereinbarung** nach dem Blockmodell schon in der **Freistellungsphase** befinden und auf Grund dessen bereits aus dem Betrieb ausgeschieden sind, werden wegen der Fortdauer ihres Arbeitsverhältnisses bis zum Ende der Freistellungsphase vom Betriebsübergang erfasst.[159]

45 Dagegen gehen Arbeitsverhältnisse, die zum Zeitpunkt des Betriebsübergangs bereits beendet sind, nicht auf den Erwerber über. **Rentner und Pensionäre** werden deshalb ebenso wie deren Versorgungsansprüche **nicht** vom Betriebsübergang **erfasst**.[160] Aus § 613a BGB folgt auch keine Verpflichtung des Betriebsveräußerers, dafür Sorge zu tragen, dass er auch nach dem Betriebsübergang noch zu einer Anpassung der Betriebsrenten seiner vor dem Betriebsübergang bei ihm ausgeschiedenen früheren Arbeitnehmer und heutigen Betriebsrentner an den Kaufkraftverlust nach § 16 Abs. 1 und 2 BetrAVG imstande ist.[161] Für Arbeitsverhältnisse, die zu diesem Zeitpunkt bereits beendet sind, gilt § 613a BGB nicht.

46 Mangels Arbeitnehmereigenschaft werden **Geschäftsführer** und **sonstige Organmitglieder** juristischer Personen,[162] **Heimarbeiter**[163] und **freie Mitarbeiter**[164] sowie **Beamte**[165] von einem Betriebsübergang **nicht erfasst**.

47 **Leiharbeitnehmer** werden von einem Betriebsübergang in der Regel nur dann erfasst, wenn der Betrieb des Verleihers, mit dem ihr Arbeitsverhältnis besteht, auf einen neuen Inhaber übertragen wird.[166] **Wird der Entleiherbetrieb,** in dem sie tätig sind, **auf einen neuen Inhaber übertragen, gehen** ihre **Arbeitsverhältnisse nicht auf** den Erwerber **über**, es sei denn, dass zum Entleiher ein Arbeitsverhältnis nach § 10 Abs. 1 AÜG fingiert wird.[167]

48 Werden bei einem insolventen betriebsmittelgeprägten Betrieb das Personal und die Betriebsmittel vom Insolvenzverwalter voneinander getrennt auf unterschiedliche Erwerber übertragen und verleiht der Übernehmer des Personals dieses sodann im Wege der Arbeitnehmerüberlassung ausschließlich an den Übernehmer der Betriebsmittel, soll dies für das nun als Leiharbeitnehmer eingesetzte Personal nach einer BAG-Entscheidung aus 2010 nicht den Übergang der Arbeitsverhältnisse auf den als Entleiher fungierenden Erwerber der Betriebsmittel zur Folge haben.[168]

---

[154] BAG 18.3.2003 – 3 AZR 313/02, AP BetrAVG § 7 Nr. 108 = NZA 2004, 848.
[155] BAG 2.12.1999 – 8 AZR 796/98, AP BGB § 613a Nr. 188 = NZA 2000, 369.
[156] Ascheid/Preis/Schmidt/*Steffan* BGB § 613a Rn. 85.
[157] ZB aufgrund der unbezahlten Freistellung des AN zur Durchführung eines Sabbatical oder eines Studiums etc; so auch EuGH 20.7.2017 – C-416/16, NZA 2017, 1175 Rn. 54 in einem Fall, in dem das aktive Beschäftigungsverhältnis aufgrund eines unbezahlten Urlaubs ruhte.
[158] BAG 22.2.1978 – 5 AZR 800/76, AP BGB § 613a Nr. 11.
[159] BAG 31.1.2008 – 8 AZR 27/07, AP BGB § 613a Nr. 340 = NZA 2008, 705; aA noch *Hanau* RdA 2003, 230 (231).
[160] BAG 17.6.2014 – 3 AZR 298/13, AP BetrAVG § 16 Nr. 100 = BB 2015, 190; 11.3.2008 – 3 AZR 358/06, AP UmwG § 131 Nr. 1 = NZA 2009, 790; 22.2.2005 – 3 AZR 499/03, AP UmwG § 168 Nr. 1 = NZA 2005, 639; 24.3.1977 – 3 AZR 649/76, AP BGB § 613a Nr. 6.
[161] BAG 17.6.2014 – 3 AZR 298/13, AP BGB § 613a Nr. 340 = NZA 2008, 705.
[162] BAG 13.2.2003 – 8 AZR 654/01, AP BGB § 611 Organvertreter Nr. 24 = NZA 2003, 552.
[163] BAG 24.3.1998 – 9 AZR 218/97, NZA 1998, 1001; aA KR/*Treber* BGB § 613a Rn. 9: Analoge Anwendung des § 613a BGB.
[164] BAG 13.2.2003 – 8 AZR 59/02, AP BGB § 613a Nr. 249 = NZA 2003, 854.
[165] LAG Niedersachsen 4.9.2006 – 8 Sa 181/06, NZA-RR 2007, 67; anders allerdings, wenn der Einsatz von Beamten nach Beurlaubung im Rahmen privatrechtlicher Arbeitsverhältnisse erfolgt.
[166] EuGH 13.9.2007 – C-458/05, AP Richtlinie 2001/23/EG Nr. 2 = NZA 2007, 1151; s. zu der in diesem Zusammenhang erforderlichen inhaltlichen Modifikation der wirtschaftlichen Einheit *Simon/Hinrichs* BB 2008, 115.
[167] Ascheid/Preis/Schmidt/*Steffan* BGB § 613a Rn. 82.
[168] BAG 23.9.2010 – 8 AZR 567/09, AP BGB § 613a Nr. 389 = NZA 2011, 197.

In dem viel beachteten **Albron-Urteil des EuGH**[169] hat dieser im Jahr 2010 entschieden, 49 dass das Arbeitsverhältnis eines von einer konzerninternen Personalführungsgesellschaft ständig an eine Betriebsgesellschaft im Konzern verliehenen Arbeitnehmers bei der Übertragung seines Einsatzbetriebs auf ein nicht zum Konzern gehörendes Unternehmen auf dieses übergeht. Der Entscheidung des EuGH lag die spezielle Sachverhaltskonstellation zugrunde, dass das gesamte Personal des niederländischen Brauereikonzerns Heineken bei einer **konzerninternen Personalführungsgesellschaft als „zentraler Arbeitgeber"** angestellt war, die die Arbeitnehmer an die Betriebsgesellschaften des Konzerns abstellt. Als das externe Caterer-Unternehmen Albron die bislang durch eine konzernangehörige Betriebsgesellschaft wahrgenommenen Aufgaben der Belieferung anderer Heineken-Gesellschaften mit Mahlzeiten übernahm und hierzu bislang bei der Heineken-Personalführungsgesellschaft angestelltes Personal zu schlechteren finanziellen Konditionen beschäftigte, machten ein Arbeitnehmer und die zuständige Gewerkschaft gerichtlich geltend, dass ein Betriebsübergang vorliege. Der EuGH führte zur Begründung seiner einen Betriebsübergang im Sinne der Richtlinie 2001/23/EG bejahenden Entscheidung aus, dass als „Veräußerer" im Sinne der Richtlinie auch diejenige konzernangehörige Betriebsgesellschaft betrachtet werden könne, an die die Arbeitnehmer von der Personalführungsgesellschaft ständig überlassen sind und die für die wirtschaftliche Tätigkeit verantwortlich ist, ohne selbst vertragliche Beziehungen zu diesen Arbeitnehmern zu unterhalten. Der EuGH argumentierte hierzu, dass auch ein **„nichtvertraglicher Arbeitgeber" Veräußerer im Sinne der Betriebsübergangsrichtlinie** sein könne, da nach Art. 3 Abs. 1 der Richtlinie 2001/32/EG die Rechte und Pflichten aus einem zum Zeitpunkt des Übergangs bestehenden *Arbeitsvertrag oder Arbeitsverhältnis* auf den Erwerber übergehen, woraus zu schließen sei, dass das Erfordernis eines Arbeitsvertrages alternativ und gleichwertig zu dem Erfordernis eines Arbeitsverhältnisses zu sehen sei und hiernach eine vertragliche Beziehung zum Veräußerer nicht unter allen Umständen für den Schutz der Arbeitnehmer durch die Richtlinie erforderlich sei.

Die vom EuGH zur Begründung seiner Entscheidung kreierte Rechtsfigur des „nichtvertraglichen Arbeitgebers" vermag nicht zu überzeugen. Der Eintritt des Betriebserwerbers in 50 die Rechte und Pflichten des Veräußerers aus einem zum Zeitpunkt eines Betriebsübergangs bestehenden Arbeitsverhältnis setzt dogmatisch voraus, dass es solche Rechte und Pflichten des Veräußerers überhaupt gibt. Der selbst über keine arbeitsvertraglichen Beziehungen zu den bei ihm eingesetzten Leiharbeitskräften verfügende und auch nicht in einem faktischen Arbeitsverhältnis zu ihnen stehende „nichtvertragliche Arbeitgeber" scheidet daher als Beteiligter des von der Richtlinie vorgesehenen und dementsprechend auch in § 613a Abs. 1 BGB geregelten Rechte- und Pflichtentransfers zwingend aus. Die Rechtsgrundlage der vom Kläger des Ausgangsrechtsstreits begehrten Vergütung, die ihm nach der Entscheidung des EuGH vom Betriebsübernehmer zu zahlen ist, ergibt sich allein aus dem mit der Personalführungsgesellschaft geschlossenen Arbeitsvertrag und nicht aus seinem Einsatz beim Inhaber der übergehenden organisatorischen Einheit.

Ungeachtet der vorstehend angesprochenen dogmatischen Bedenken ist die Entscheidung 51 des EuGH in der arbeitsrechtlichen Literatur gleichwohl im Ergebnis weitgehend auf Zustimmung gestoßen.[170] Ausschlaggebend hierfür ist, dass ansonsten durch eine rechtsmissbräuchliche Einschaltung von Konzernpersonalgesellschaften eine Umgehung von § 613a BGB möglich wäre. Zur Begründung des vom EuGH für die entschiedene Fallkonstellation gefundenen Ergebnisses lässt sich anführen, dass der konzerninternen Personalführungsgesellschaft als „zentraler Arbeitgeber" im Konzern die Übertragung des Einsatzbetriebs auf einen konzernfremden Erwerber letztlich „zuzurechnen" ist.[171] Die Entscheidung dürfte jedoch nur für solche (Konzern-)Sachverhalte von Bedeutung sein, in denen die operativen Einsatzunternehmen aufgrund einer entsprechenden Organisationsentscheidung dauerhaft über kein eigenes Personal verfügen und alle bei den operativ tätigen Unternehmen einge-

---

[169] EuGH 31.10.2010 – C-122/03, NZA 2010, 1225.
[170] *Bauer/v. Medem* NZA 2011, 20; *Willemsen* NJW 2011, 1546; *Forst* RdA 2011, 228, aA *Gaul/Ludwig* DB 2011, 298.
[171] *Willemsen* NJW 2011, 1546 (1550).

setzten Arbeitnehmer bei einer zentralen Personalführungsgesellschaft angestellt sind.[172] Da Arbeitnehmerüberlassung seit dem 1.12.2011 in Deutschland nur noch vorübergehend erfolgen darf, dürften sich die Folgen der Albron-Entscheidung in Deutschland aber auch schon von daher in Grenzen halten.[173] Für Fälle der „normalen", mit Überlassungserlaubnis erfolgenden Zeit- und Leiharbeit muss auch nach der Albron-Entscheidung unverändert gelten, dass in einem Entleiherbetrieb eingesetzte Leiharbeitnehmer im Falle eines Betriebsübergangs des Entleiherbetriebs nicht von dem Betriebsübergang erfasst werden.

52   d) **Zuordnung von Arbeitsverhältnissen.** Wurden bei einem Betriebsübergang Arbeitnehmer bislang sowohl in einem beim Veräußerer verbleibenden Betrieb als auch im übertragenen Betrieb eingesetzt oder wird nur ein Betriebsteil übertragen, kann die Abgrenzung der von der Übertragung betroffenen Arbeitnehmer von der beim Veräußerer verbleibenden Belegschaft Schwierigkeiten bereiten. In solchen Fällen kommt es für die Zuordnung der einzelnen Arbeitsverhältnisse zum übergehenden Betrieb oder Betriebsteil einerseits bzw. zu der beim Veräußerer verbleibenden Restbelegschaft andererseits auf den **Schwerpunkt der Tätigkeit,** also darauf an, in welchem Betrieb bzw. Betriebsteil der einzelne Arbeitnehmer bislang überwiegend beschäftigt ist.[174] Sind allerdings alle Beteiligten (Veräußerer, Erwerber, Arbeitnehmer) einig, dass der betreffende Arbeitnehmer nach dem Betriebsübergang nur vom Erwerber beschäftigt wird, ist diese Vereinbarung maßgeblich.[175] Die Zuordnung von Arbeitsverhältnissen von Arbeitnehmern, für die keine Beschäftigungspflicht (mehr) besteht – zB freigestellte Betriebsratsmitglieder, bereits in der Freistellungsphase befindliche Arbeitnehmer in Altersteilzeit oder in Elternzeit befindliche Arbeitnehmer – hat nach dem letzten innegehabten Arbeitsplatz zu erfolgen.[176] Lassen sich einzelne Arbeitnehmer nach objektiven Kriterien nicht eindeutig dem veräußerten Betrieb oder Betriebsteil bzw. der Restbelegschaft des Veräußerers zuordnen, wird im Schrifttum verbreitet ein Wahlrecht angenommen, das von einem Teil dieser Literaturstimmen den Arbeitnehmern und von einem anderen Teil dem Veräußerer zugesprochen wird.[177] Die Annahme eines Wahlrechts lässt sich jedoch nicht mit der tatbestandlich geforderten Übertragung einer wirtschaftlichen Einheit vereinbaren. Vielmehr kann für solche Arbeitnehmer, deren Arbeitsverhältnis sich nicht eindeutig der übertragenen wirtschaftlichen Einheit zuordnen lässt, die Vorschrift des § 613a BGB keine Anwendung finden.[178]

> **Praxistipp:**
> Durch Versetzung einzelner Arbeitnehmer mittels Ausübung des Direktionsrechts kann vor dem Betriebsübergang eine gewünschte Zuordnung erreicht und so zudem für Zweifelsfälle im Vorhinein Klarheit geschaffen werden, wenn die betreffenden Arbeitsverträge eine solche Versetzung zulassen.[179]

53   Verbleiben Arbeitnehmer auf Grund eines bei einem früheren Betriebsteilübergang erklärten Widerspruchs gegen den Übergang ihres Arbeitsverhältnisses beim seinerzeitigen Veräußerer des Betriebsteils, so sind sie nicht automatisch dessen Restbetrieb zuzuordnen, wenn

---

[172] Vgl. Willemsen NJW 2011, 1546 (1549); Bauer/v. Medem NZA 2011, 20 (22); Junker NZA 2011, 950 (952); zweifelnd, ob die Entscheidung des EuGH nur auf Konzernsachverhalte und nicht auch auf eine dauerhafte „normale" Leiharbeit Anwendung findet: Forst RdA 2011, 228 (230, 236).
[173] Willemsen NJW 2011, 1546.
[174] BAG 28.10.2004 – 8 AZR 391/03, AP KSchG 1969 § 1 Soziale Auswahl Nr. 69 = NZA 2005, 285; 20.7.1982 – 3 AZR 261/80, AP BGB § 613a Nr. 31; siehe hierzu auch Jaeger ZIP 2004, 433 (436).
[175] BAG 20.7.1982 – 3 AZR 261/80, AP BGB § 613a Nr. 31.
[176] BAG 31.1.2008 – 8 AZR 27/07, AP BGB § 613a Nr. 340 = NZA 2008, 705; zur Problematik der Zuordnung nach Widerspruch gegen einen vorangegangenen Betriebs(teil-)übergang → Rn. 53.
[177] Ascheid/Preis/Schmidt/Steffan BGB § 613a Rn. 88; KR/Treber BGB § 613a Rn. 56 für Wahlrecht des Arbeitnehmers; Staudinger/Annuß BGB § 613a Rn. 145 für Wahlrecht des Arbeitgebers.
[178] Bernsau/Dreher/Hauck/Dreher, Betriebsübergang, 3. Aufl. 2010, BGB § 613a Rn. 143.
[179] Siehe dazu auch BAG 17.10.2013 – 8 AZR 763/12, NZA-RR 2014, 175 Rn. 24; LAG Köln 4.12.2018 – 4 Sa 962/17, BeckRS 2018, 38284 Rn. 33; Lunk in FS Deutscher Anwaltsverein, 653; LAG Düsseldorf 14.5.2004 – 9 (14) Sa 1691/03, BeckRS 2004, 41440.

sie dort nicht tatsächlich eingesetzt werden. Bei einer späteren Übertragung des Restbetriebs geht das Arbeitsverhältnis solcher Arbeitnehmer daher auch nicht auf den nunmehrigen Erwerber des Restbetriebs über.[180]

> **Praxistipp:**
> Veräußerer und Erwerber sollten angesichts der häufig schwierigen Feststellung, welche Arbeitnehmer dem übergehenden Betrieb bzw. Betriebsteil und welche Arbeitnehmer den beim Veräußerer verbleibenden Betrieben bzw. dem dort verbleibenden Restbetrieb zuzuordnen sind, für ihre Vertragsbeziehungen eine klare Regelung über die vom Betriebsübergang betroffenen Arbeitnehmer treffen. Dazu bietet es sich an, dass Veräußerer und Erwerber die nach ihrer gemeinsamen Einschätzung dem übergehenden Betrieb bzw. Betriebsteil zugehörigen Arbeitnehmer in einer Anlage zum Unternehmenskaufvertrag aufführen. Der Erwerber wird zudem ein Interesse daran haben, dass ihn der Veräußerer für den Fall, dass sich später herausstellen sollte, dass doch eine größere Anzahl von Arbeitnehmern oder andere Arbeitnehmer als in der dem Kaufvertrag beigefügten Liste übergehen, von den Kosten der Beschäftigung und der Beendigung der unerwartet auf ihn übergehenden Arbeitsverhältnisse freistellt.

Für **Verschmelzungen, Spaltungen und Vermögensübertragungen** nach dem Umwandlungsgesetz sieht § 323 Abs. 2 UmwG die Möglichkeit einer erleichterten Zuordnung der Arbeitnehmer zu den nach der Umwandlung bestehenden Betrieben oder Betriebsteilen vor. Kommt bei solchen Umwandlungen ein Interessenausgleich zustande, in dem diejenigen Arbeitnehmer namentlich bezeichnet werden, die nach der Umwandlung einem bestimmten Betrieb oder Betriebsteil zugeordnet werden, so kann diese Zuordnung der Arbeitnehmer durch das Arbeitsgericht nur auf grobe Fehlerhaftigkeit überprüft werden. In der Literatur ist umstritten, ob § 323 Abs. 2 UmwG mit der europarechtliche Vorgaben umsetzenden Vorschrift des § 613a Abs. 1 BGB vereinbar ist.[181] Wird im Rahmen der Umwandlung eine wirtschaftliche Einheit im Sinne der Betriebsübergangsrichtlinie[182] übertragen, dürfte § 323 Abs. 2 UmwG bei **richtlinienkonformer Auslegung** insoweit im Ergebnis nicht anwendbar sein, also die dort vorgesehene Erleichterung nicht weiterhelfen. Allerdings ist diese spezielle Problematik in der Praxis nicht wirklich von Relevanz.

54

e) **Ausübung der Leitungs- und Organisationsgewalt.** Entgegen der früheren Rechtsprechung des BAG, wonach ein Betriebsübergang bereits dann vorlag, wenn der Betriebserwerber rechtlich nicht mehr gehindert war, die betriebliche Leitungs- und Organisationsgewalt anstelle des Betriebsveräußerers auszuüben,[183] ist ein Betriebsübergang erst dann anzunehmen, wenn der Erwerber die **betriebliche Leitungs- und Organisationsmacht tatsächlich ausübt**.[184] Für die Feststellung des Zeitpunkts des Betriebsübergangs ist daher ein vertraglich vereinbarter Übergabetermin ebenso irrelevant[185] wie der Zeitpunkt, zu dem das Kausalgeschäft abgeschlossen wurde bzw. zu dem der sachenrechtliche Übergang der einzelnen Vermögensgegenstände auf den Erwerber erfolgt. Gehen die Betriebsmittel nicht sämtlich zum gleichen Zeitpunkt, sondern in mehreren Schritten auf den Erwerber über, ist der Betriebsübergang bei Ausübung der Organisations- und Leitungsmacht durch den Erwerber jedenfalls in dem Zeitpunkt erfolgt, in dem die wesentlichen, zur Fortführung des Betriebs

55

---

[180] BAG 13.2.2003 – 8 AZR 102/02, AP BGB § 613a Nr. 245 = NZA 2003, 1111.
[181] Vgl. hierzu KR/*Treber* BGB § 613a Rn. 57 mwN; Mückl/Fuhlrott/Niklas/Otto/Schwab/*Mückl*, Arbeitsrecht in der Umstrukturierung, 4. Aufl. 2016, Kap. 4 Rn. 99 ff.
[182] RL 77/187/EWG, geändert durch RL 98/50/EG ohne wesentliche inhaltliche Änderungen in konsolidierter Fassung neu bekannt gemacht durch die RL 2001/23/EG des Rates vom 12.3.2001 zur Angleichung der Rechtsvorschriften über die Wahrung von Ansprüchen der AN beim Übergang von Unternehmen, Betrieben oder Unternehmens- oder Betriebsteilen, ABl. 2001 L 82, 16.
[183] Zuletzt BAG 27.4.1995 – 8 AZR 197/94, AP BGB § 613a Nr. 128 = NZA 1995, 1155.
[184] BAG 13.12.2007 – 8 AZR 1107/06, AP BGB § 613a Nr. 338; 26.7.2007 – 8 AZR 769/06, AP BGB § 613a Nr. 324 = NZA 2008, 112; 18.3.1999 – 8 AZR 159/98, AP BGB § 613a Nr. 189 = NZA 1999, 704.
[185] BAG 26.7.2007 – 8 AZR 769/06, AP BGB § 613a Nr. 324 = NZA 2008, 112; 6.4.2006 – 8 AZR 249/04, AP BGB § 613a Nr. 303 = NZA 2006, 1039; Henssler/Moll/Bepler TarifV-HdB/*Grau* Teil 15 Rn. 18 mwN.

erforderlichen Betriebsmittel übergegangen sind und die Entscheidung bezüglich des Betriebsübergangs nicht mehr rückgängig gemacht werden kann.[186]

56 Da **auch bei** einer **Umwandlung** nach dem Umwandlungsgesetz aufgrund der in § 324 UmwG angelegten Rechtsgrundverweisung auf § 613a BGB[187] die **Voraussetzungen des § 613a BGB selbstständig zu prüfen** sind, kommt es für die Bestimmung des Zeitpunkts des mit einer Umwandlung einhergehenden Betriebsübergangs nicht auf die Eintragung der Umwandlung im Handelsregister, sondern auch hier auf die tatsächliche Übernahme der Leitungsmacht durch den Zielrechtsträger an.[188] Übernimmt der Zielrechtsträger die Leitungsmacht vor dem rechtlichen Wirksamwerden der Umwandlung, so ist er bereits ab diesem Zeitpunkt Betriebsinhaber mit allen Haftungsfolgen aus § 613a BGB.[189] Wird demgegenüber eine Umwandlung rückwirkend beschlossen, kann ein mit der Umwandlung einhergehender Betriebsübergang nicht mit Rückwirkung, sondern erst ab dem Zeitpunkt der tatsächlichen Ausübung der Leitungsmacht durch den Zielrechtsträger erfolgen.

3. Anderer Inhaber

57 Ein Betrieb oder Betriebsteil geht auf einen anderen Inhaber über, wenn die **Rechtspersönlichkeit des Betriebsinhabers wechselt,**[190] also **an die Stelle des bisherigen Betriebsinhabers** ein **anderer Inhaber** tritt, der den **Betrieb im eigenen Namen** tatsächlich **fortführt**.[191] Fällt beispielsweise ein Betrieb nach Ablauf des Pachtvertrages vom Pächter auf den Verpächter zurück, ohne dass letzterer den Betrieb fortführt, liegt kein Betriebsübergang vor.[192] In einer Entscheidung vom 28.1.2018 hat das BAG das Erfordernis eines Wechsels des Betriebsinhabers dahingehend präzisiert, dass § 613a BGB nur anwendbar ist, wenn die für den Betrieb der wirtschaftlichen Einheit **verantwortliche natürliche oder juristische Person wechselt, die** in dieser Eigenschaft die Arbeitgeberverpflichtungen gegenüber den Beschäftigten nach außen erkennbar eingeht.[193] Für den Betrieb einer wirtschaftlichen Einheit verantwortliche Person ist nur, wer diese im eigenen Namen führt und nicht nur im Innenverhältnis gegenüber der Belegschaft, sondern **auch im Außenverhältnis als** deren **Inhaber auftritt.**[194] **Nicht notwendig** ist dagegen, dass der neue Inhaber den Betrieb **auf eigene Rechnung** führt;[195] ein Wechsel des Betriebsinhabers liegt daher auch vor, wenn sich der Erwerber gegenüber dem bisherigen Betriebsinhaber zur Abführung der aus dem Betrieb erwirtschafteten Gewinne verpflichtet. Aus der Entscheidung des BAG vom 25.1.2018 folgt, dass ein Betriebsübergang bei Vorliegen eines „gemischt unechten/echten Betriebsführungsvertrags", wonach der Betriebsführer in Bezug auf bestimmte Vertragspartner nach außen im eigenen Namen und in Bezug auf andere im fremden Namen auftritt, in der Regel ausscheiden dürfte;[196] jedenfalls wird die Gestaltung von Betriebsführungsvereinbarungen mit einer Trennung von Assets und Arbeitsverhältnissen in der Praxis durch diese Entscheidung schwieriger.[197]

58 Betriebsinhaber kann eine **natürliche Person,** eine **Personengesellschaft** oder eine **juristische Person des privaten oder öffentlichen Rechts** sein.[198] Der Wechsel der Rechtspersönlichkeit des Betriebsinhabers kann auch innerhalb eines Konzerns erfolgen.[199]

---

[186] BAG 27.10.2005 – 8 AZR 568/04, AP BGB § 613a Nr. 292 = NZA 2006, 668.
[187] ErfK/*Preis* BGB § 613a Rn. 181; Semler/Stengel/*Simon* UmwG § 324 Rn. 3.
[188] BAG 25.5.2000 – 8 AZR 416/99, AP BGB § 613a Nr. 209 = NZA 2000, 1115.
[189] Zur Haftungsverteilung eingehend → § 54 Rn. 115 ff.
[190] BAG 14.8.2007 – 8 AZR 803/06, AP BGB § 613a Nr. 326 = NZA 2007, 1428.
[191] S. BAG 13.12.2007 – 8 AZR 1107/06, AP BGB § 613a Nr. 338; 18.9.1999 – 8 AZR 159/98, AP BGB § 613a Nr. 189 = NZA 1999, 704: Der bisherige Betriebsinhaber muss insoweit seine wirtschaftliche Betätigung in dem Betrieb oder Betriebsteil einstellen.
[192] BAG 18.9.1999 – 8 AZR 159/98, AP BGB § 613a Nr. 189 = NZA 1999, 704.
[193] BAG 25.1.2018 – 8 AZR 309/16, NZA 2018, 933 Rn. 50.
[194] BAG 25.1.2018 – 8 AZR 309/16, NZA 2018, 933 Rn. 56; krit. dazu *Rieble* NZA 2018, 1302.
[195] BAG 13.12.2007 – 8 AZR 1107/06, AP BGB § 613a Nr. 338.
[196] Koller-van Delden DStR 2018, 2528 (2529).
[197] *Grau/Flockenhausen* NZA RR 2019, 289 (291).
[198] BAG 14.8.2007 – 8 AZR 803/06, NZA 2007, 1428.
[199] EuGH 2.12.1999 – C-234/98, AP ESG-Richtlinie Nr. 77/187 Nr. 28 = NZA 2000, 587.

a) **Gesellschafterwechsel.** Vom Wechsel des Betriebsinhabers ist der Wechsel des oder eines Gesellschafters des Betriebsinhabers zu unterscheiden. Der **bloße Gesellschafterwechsel begründet keinen Betriebsübergang** iSd § 613a BGB, da die Identität der Rechtspersönlichkeit des Betriebsinhabers hiervon unberührt bleibt.[200] Daher liegt beispielsweise kein Wechsel des Betriebsinhabers vor, wenn eine Komplementär-GmbH an die Stelle eines persönlich haftenden Gesellschafters als Komplementär in eine KG eintritt[201] oder ein bisher gesellschaftsfremder Dritter sämtliche Kommanditanteile einer KG übernimmt.[202] Aber nicht nur ein Austausch, sondern auch der Ein- oder Austritt von Gesellschaftern tangiert nicht die Identität des Betriebsinhabers. Dies gilt selbst dann, wenn alle Gesellschafter ausscheiden und ihre Gesellschaftsanteile auf einen oder mehrere Erwerber übertragen.[203]

b) **Anwachsung bei Personengesellschaften.** Bei Personengesellschaften eröffnet die gesellschaftsrechtliche Besonderheit der Anwachsung von Gesellschaftsanteilen (§§ 738 Abs. 1 S. 1 BGB, 105 Abs. 3, 161 Abs. 2 HGB) die Möglichkeit, die **Wirkung einer Verschmelzung oder eines Formwechsels der Gesellschaft ohne Beachtung der Vorschriften des Umwandlungsgesetzes zu erreichen.** Besteht eine Personengesellschaft, etwa eine KG, nur noch aus zwei Gesellschaftern, zum Beispiel einem Kommanditisten und einer Komplementär-GmbH, wächst im Falle des Austritts des einzigen Kommanditisten dessen Geschäftsanteil kraft Gesetzes bei der Komplementär-GmbH an, und die Personengesellschaft erlischt. Der in einem solchen Fall im Wege der Gesamtrechtsnachfolge gem. § 738 BGB erfolgende Wechsel der Rechtspersönlichkeit des Betriebsinhabers begründet die Anwendung des § 613a BGB,[204] wobei allerdings für die Ausübung eines Widerspruchsrechts nach § 613a Abs. 6 BGB kein Raum ist.[205]

c) **Betriebsstilllegung.** Ein Betriebsinhaberwechsel und somit ein Betriebsübergang ist zu verneinen, wenn der Betrieb zuvor bereits stillgelegt worden ist. **Betriebsstilllegung und Betriebsübergang schließen sich aus.**[206] Eine Betriebsstilllegung setzt voraus, dass der bisherige Betriebsinhaber den **ernstlichen und endgültigen Entschluss** gefasst hat, die zwischen ihm und seinen Arbeitnehmern bestehende **Betriebs- und Produktionsgemeinschaft** für einen unbestimmten, wirtschaftlich nicht unerheblichen Zeitraum **aufzugeben.**[207] Die Betriebsstilllegung ist allerdings erst dann abgeschlossen, wenn alle Arbeitsverhältnisse beendet sind. Dies ist erst mit Ablauf der Kündigungsfristen der Fall. Kommt es erst nach der faktischen Einstellung des Betriebs, aber noch vor Ablauf der Kündigungsfristen zu einem Betriebsübergang, so tritt der Betriebserwerber gem. § 613a Abs. 1 S. 1 BGB in die Rechte und Pflichten aus den – jedenfalls noch bis zum Ablauf der Kündigungsfristen, im Falle der Geltendmachung eines Fortsetzungs- bzw. Wiedereinstellungsanspruchs möglicherweise aber auch darüber hinaus bestehenden[208] – Arbeitsverhältnissen ein.[209] Ein der Betriebsstilllegung vor-

---

[200] BAG 23.3.2017 – 8 AZR 91/15, BeckRS 2017, 117514 Rn. 17; 14.8.2007 – 8 AZR 803/06, NZA 2007, 1428; 12.7.1990 – 2 AZR 39/90, AP BGB § 613a Nr. 87 = NZA 1991, 63.
[201] BAG 17.8.1972 – 2 AZR 359/71, AP BGB § 626 Ausschlussfrist Nr. 4.
[202] BAG 3.11.1998 – 2 AZR 484/97, BeckRS 1998, 30367932.
[203] BAG 14.8.2007 – 8 AZR 803/06, NZA 2007, 1428; 3.5.1983 – 3 AZR 1263/79, AP HGB § 128 Nr. 4; vgl. zur Problematik einer gesellschaftsrechtlichen Anwachsung jedoch sogleich → Rn. 60.
[204] *Schnitker/Grau* ZIP 2008, 394 (397); *Gaul*, Das Arbeitsrecht der Betriebs- und Unternehmensspaltung, 2002, § 7 Rn. 43; iE auch Henssler/Willemsen/Kalb/*Willemsen* BGB § 613a Rn. 191 (analoge Anwendung des § 613a BGB); unter auch LAG Baden-Württemberg 31.1.2007 – 22 Sa 5/06, BeckRS 2007, 43838; LAG Schleswig-Holstein 30.8.1999 – 2 Sa 48/99, BeckRS 1999, 31011039; gegen eine Anwendbarkeit des § 613a BGB Hölters Unternehmenskauf-HdB/*v. Steinau-Steinrück/Thees* Kap. 6 Rn. 11; LAG Hamm 1.6.2005 – 9 Sa 1123/04, BeckRS 2005, 31047802, und wohl auch Staudinger/*Annuß* BGB § 613a Rn. 121.
[205] Vgl. BAG 21.2.2008 – 8 AZR 157/07, NZA 2008, 815; → § 55 Rn. 72.
[206] BAG 26.4.2007 – 8 AZR 612/06, AP InsO § 125 Nr. 5 = NZA 2007, 1319; 16.5.2002 – 8 AZR 319/01, AP BGB § 613a Nr. 237 = NZA 2003, 93; 28.5.2009 – 8 AZR 273/08, AP BGB § 613a Nr. 370 = NZA 2009, 1267.
[207] BAG 22.10.2009 – 8 AZR 766/08, AP SGB X § 115 Nr. 16 = NZA-RR 2010, 660; 26.4.2007 – 8 AZR 612/06, AP InsO § 125 Nr. 5 = NZA 2007, 1319; 16.5.2002 – 8 AZR 319/01, AP BGB § 613a Nr. 237 = NZA 2003, 93; ErfK/*Preis* BGB § 613a Rn. 57; *Moll* RdA 2003, 129 (131).
[208] Zur Wirksamkeit der aufgrund eines Betriebsstilllegungsentschlusses ausgesprochenen Kündigungen und zum in Betracht kommenden Fortsetzungs- bzw. Wiedereinstellungsanspruch → Rn. 64 ff.
[209] BAG 22.10.2009 – 8 AZR 766/08, AP SGB X § 115 Nr. 16 = NZA-RR 2010, 660.

ausgehender Betriebsübergang ist nach einer Entscheidung des EuGH[210] auch dann anzunehmen, wenn Veräußerer oder Erwerber mit dem Übergang einer wirtschaftlichen Einheit im ersten Schritt deren Fortführung, aber letztlich bereits konkret die spätere Auflösung und Abwicklung des Erwerbers bezwecken. Die wirtschaftliche Tätigkeit einer übergegangenen Einheit müsse nicht zeitlich unbegrenzt beabsichtigt sein, um einen Betriebsübergang bejahen zu können; allerdings dürften Veräußerer und Erwerber die aus der Betriebsübergangsrichtlinie resultierenden Rechte nicht missbräuchlich in Anspruch nehmen.[211]

62 Wird ein Betrieb nach **nur kurzer Unterbrechung** fortgeführt bzw. wiedereröffnet, spricht eine tatsächliche **Vermutung gegen eine ernsthafte und endgültige Stilllegungsabsicht**.[212] Es ist dann Sache des als neuer Arbeitgeber in Anspruch genommenen, aber an einer Übernahme der betreffenden Arbeitnehmer nicht interessierten neuen Betriebsinhabers, diese Vermutung im Streitfall durch Tatsachen zu widerlegen, die eine Stilllegung indizieren.[213] Welche Dauer der Unterbrechung erforderlich ist, um eine Betriebsstilllegung zu bejahen und einen Betriebsübergang zu verneinen, hängt von einer umfassenden Würdigung aller Umstände des Einzelfalls ab.[214]

63 Für die Frage der Wirksamkeit einer Kündigung, die der bisherige Betriebsinhaber wegen einer beabsichtigten Betriebsstilllegung ausspricht, kommt es entscheidend darauf an, ob die Betriebsstilllegung zum Zeitpunkt des Zugangs der Kündigung endgültig und abschließend geplant ist und bereits „greifbare Formen" angenommen hat. Hat ein zur Einstellung seiner geschäftlichen Aktivitäten entschlossener Betriebsinhaber **zum Zeitpunkt der** deswegen ausgesprochenen **Kündigungen** noch keine abschließende Entscheidung über die Betriebsstilllegung getroffen, weil er sich – wenn letztlich auch erfolglos – **noch um eine Veräußerung des Betriebs bemüht,** sollen die **Kündigungen** nach der Rechtsprechung des BAG auf Grund des Fehlens eines ernstlichen und endgültigen Stilllegungsentschlusses im Kündigungszeitpunkt mangels dringender betrieblicher Erfordernisse iSv § 1 Abs. 2 KSchG **sozial ungerechtfertigt** sein.[215] Es bleibt dem bisherigen Betriebsinhaber jedoch unbenommen, die betroffenen Arbeitsverhältnisse wegen der schließlich definitiv feststehenden Betriebsstilllegung erneut betriebsbedingt zu kündigen. Ist demgegenüber im Zeitpunkt des Zugangs der Kündigung die Betriebsstilllegung endgültig geplant und bereits eingeleitet, behält sich der Betriebsinhaber aber eine Betriebsveräußerung vor, falls sich – wider Erwarten – eine Chance biete, und gelingt später doch noch eine Betriebsveräußerung, bleibt es bei der sozialen Rechtfertigung der Kündigung.[216] In diesem Fall kommt nach der Rechtsprechung aber ein Wiedereinstellungsanspruch beim Erwerber in Betracht.[217]

> **Praxistipp:**
> Einem Betriebsinhaber, der seinen Betrieb etwa aus Altersgründen aufgeben will, ist zu raten, die Suche nach einem Betriebserwerber und neuen Arbeitgeber für seine Belegschaft definitiv einzustellen, bevor er die von ihm zukünftig nicht mehr zu beschäftigenden Arbeitnehmer betriebsbedingt kündigt.

64 Soll **lediglich ein Betriebsteil** geschlossen, **ein anderer Betriebsteil** oder mehrere andere Betriebsteile jedoch auf einen Dritten **übertragen** werden, ist nach der Rechtsprechung des BAG

---

[210] EuGH 13.6.2019 – C-664/17, NZA 2019, 889.
[211] EuGH 13.6.2019 – C-664/17, NZA 2019, 889 Rn. 72.
[212] BAG 27.4.1995 – 8 AZR 197/94, AP BGB § 613a Nr. 128 = NZA 1995, 1155.
[213] BAG 27.4.1995 – 8 AZR 197/94, AP BGB § 613a Nr. 128 = NZA 1995, 1155.
[214] → Rn. 32.
[215] BAG 29.9.2005 – 8 AZR 647/04, AP KSchG 1969 § 1 Betriebsbedingte Kündigung Nr. 139 = NZA 2006, 720; 10.10.1996 – 2 AZR 477/95, AP KSchG 1969 § 1 Betriebsbedingte Kündigung Nr. 81 = NZA 1997, 251.
[216] BAG 7.3.1996 – 2 AZR 298/95, RzK I 5f Nr. 22; 29.9.2005 – 8 AZR 647/04, AP KSchG 1969 § 1 Betriebsbedingte Kündigung Nr. 139 = NZA 2006, 720.
[217] Vgl. → Rn. 63, 65, 67.

bei einer solchen mit einer Teilbetriebsschließung einhergehenden Teilbetriebsveräußerung vor Ausspruch der durch die Stilllegung bedingten Kündigungen eine **auf den gesamten Betrieb,** einschließlich des später übergehenden Betriebsteils, **bezogene Sozialauswahl** durchzuführen.[218]

Stand für den bisherigen Betriebsinhaber bei Zugang der von ihm ausgesprochenen Kündigungen die (vollständige) Betriebsstilllegung fest, kommt es dann aber doch noch zu einem Betriebsübergang, ändert dies nichts mehr an der Wirksamkeit der Kündigungen.[219] In diesem Fall kommt jedoch ein **Fortsetzungs- bzw. Wiedereinstellungsanspruch** der wirksam gekündigten Arbeitnehmer in Betracht.[220] Das BAG hat einen Fortsetzungs- bzw. Wiedereinstellungsanspruch **gegen den bisherigen Betriebsinhaber vor dem Betriebsübergang** bejaht, wenn der Betriebsübergang vor Ablauf der Kündigungsfrist erfolgt, der bisherige Betriebsinhaber noch keine Dispositionen im Vertrauen auf die Wirksamkeit der Kündigung getroffen hat und ihm die unveränderte Fortsetzung des Arbeitsverhältnisses zumutbar ist, also das Interesse des Arbeitnehmers an der unveränderten Fortsetzung des Arbeitsverhältnisses gegenüber dem Interesse des bisherigen Betriebsinhabers an der Beendigung des Arbeitsverhältnisses aufgrund der Kündigung überwiegt.[221] Die Unzumutbarkeit einer Wiedereinstellung kann sich im Rahmen eines Betriebsübergangs beispielsweise daraus ergeben, dass der erst spät in Erscheinung tretende potentielle Erwerber die Betriebsübernahme von der vorherigen Durchführung von Rationalisierungsmaßnahmen abhängig macht und die Wiedereinstellung des gekündigten Arbeitnehmers die erforderliche Rationalisierung gefährden bzw. verhindern würde.[222] 65

Wird ein **Betrieb** entgegen der den betriebsbedingten Kündigungen aller Arbeitnehmer bei Kündigungsausspruch zugrunde liegenden Vorstellung des Arbeitgebers **aufgrund** einer während des Laufs der Kündigungsfristen erfolgenden **neuen Entschlussfassung mit verschlankter Belegschaft fortgeführt,** kann der Fortsetzungs- bzw. Wiedereinstellungsanspruch zwangsläufig nur einem Teil der bisherigen Belegschaft zustehen, wobei die Auswahl der wiedereinzustellenden Arbeitnehmer dann unter Berücksichtigung sozialer Gesichtspunkte vorzunehmen ist.[223] Wird abweichend vom Stilllegungsentschluss im Zeitpunkt des Zugangs der Kündigungen während des Laufs der Kündigungsfristen aufgrund einer neuen Entschlussfassung ein Betriebsteil veräußert, kommt für die nicht dem veräußerten Betriebsteil angehörenden gekündigten Arbeitnehmer jedenfalls dann kein Fortsetzungs- bzw. Wiedereinstellungsanspruch und für den Arbeitgeber infolgedessen keine Pflicht zur Neubesetzung der betreffenden Arbeitsplätze nach sozialen Gesichtspunkten in Betracht, wenn die Übernahme der eingespielten Belegschaft des übergehenden Betriebsteils für die Übernahmeentscheidung des Erwerbers bzw. zur Sicherstellung einer reibungslosen Fortführung des erworbenen Teilbetriebs wesentlich ist. Es gehen dann ausschließlich die Arbeitsverhältnisse derjenigen Arbeitnehmer im gekündigten Zustand und mit Anspruch auf Fortsetzung bzw. Weiterbeschäftigung auf den Erwerber gem. § 613a Abs. 1 S. 1 BGB über, die dem übertragenen Betriebsteil angehören. 66

Nach der Rechtsprechung des BAG ist ein **Wiedereinstellungsanspruch** ab dem Zeitpunkt des Betriebsübergangs **gegenüber dem Betriebserwerber** geltend zu machen, wenn der Betriebsübergang vor dem Ablauf der Kündigungsfrist erfolgt.[224] Entsteht die Weiterbeschäftigungsmöglichkeit erst nach Ablauf der Kündigungsfrist, kommt nur ausnahmsweise ein Wiedereinstellungsanspruch in Betracht.[225] So hat das BAG einen Wiedereinstellungsan- 67

---

[218] BAG 28.10.2004 – 8 AZR 391/03, AP KSchG 1969 § 1 Soziale Auswahl Nr. 69 = NZA 2005, 285.
[219] BAG 29.9.2005 – 8 AZR 647/04, AP KSchG 1969 § 1 Betriebsbedingte Kündigung Nr. 139 = NZA 2006, 720.
[220] Zu dieser Thematik *Bonanni/Niklas* DB 2010, 1826; *Krieger/Willemsen* NZA 2011, 1128.
[221] BAG 27.2.1997 – 2 AZR 160/96, AP KSchG 1969 § 1 Wiedereinstellung Nr. 1 = NZA 1997, 757; siehe auch BAG 25.10.2007 – 8 AZR 989/06, AP BGB § 613a Nr. 2 = NZA 2008, 357.
[222] BAG 27.2.1997 – 2 AZR 160/96, AP KSchG 1969 § 1 Wiedereinstellung Nr. 1 = NZA 1997, 757.
[223] BAG 4.12.1997 – 2 AZR 140/97, AP KSchG 1969 § 1 Wiedereinstellung Nr. 4 = NZA 1998, 701; *Krieger/Willemsen* NZA 2011, 1128 (1131).
[224] BAG 28.10.2004 – 8 AZR 199/04, NZA 2005, 405; 25.10.2007 – 8 AZR 989/06, NZA 2008, 357; 25.9.2008 – 8 AZR 607/07, NZA-RR 2009, 469.
[225] BAG 21.8.2008 – 8 AZR 201/07, AP BGB § 613a Nr. 353 = NZA 2009, 29; 25.10.2007 – 8 AZR 989/06, AP BGB § 613a Nr. 2 = NZA 2008, 357; 12.11.1998 – 8 AZR 265/97, AP KSchG 1969 § 1 Wiedereinstel-

spruch im Falle einer Insolvenzkündigung infolge eines nur vier Tage nach Ablauf der Kündigungsfrist erfolgten Betriebsübergangs unter Verweis auf die Besonderheiten des auf eine zügige Abwicklung und Sanierung zielenden Insolvenzverfahrens abgelehnt.[226] Außerhalb der Insolvenz hat das BAG einen Fortsetzungs- bzw. Wiedereinstellungsanspruch gegenüber dem Erwerber in solchen Fällen bejaht, in denen der Betriebsübergang zwar erst am Tag nach Ablauf der Kündigungsfrist stattfand, die Weiterbeschäftigungsmöglichkeit jedoch schon während des Laufs der Kündigungsfrist entstanden war.[227] Der Arbeitnehmer hat sein Fortsetzungsverlangen unverzüglich nach Kenntniserlangung von den den Betriebsübergang ausmachenden tatsächlichen Umständen gegenüber dem Arbeitgeber geltend zu machen, wobei nach der Rechtsprechung des BAG entsprechend der Frist zur Ausübung des Widerspruchsrechts nach § 613a Abs. 6 BGB eine Frist von einem Monat einzuhalten ist.[228] Wurde allerdings über den erfolgenden oder bereits erfolgten Betriebsübergang überhaupt nicht gemäß § 613a Abs. 5 BGB unterrichtet, so beginnt die Frist für ein Fortsetzungsverlangen des betroffenen Arbeitnehmers nicht zu laufen.[229]

68 d) **Betriebsverlegung.** Wird die bisherige betriebliche Tätigkeit vom Erwerber nicht an alter Stelle, sondern nicht unerheblich entfernt vom bisherigen Standort fortgeführt, stellt sich die Frage, ob trotz der räumlichen Veränderung ein Betriebsübergang auf einen neuen Inhaber anzunehmen ist oder ob eine Stilllegung des bisherigen Betriebs oder Betriebsteils verbunden mit einer Neuerrichtung des Betriebs an anderer Stelle vorliegt. **Entscheidend** ist auch insoweit, **ob die bisherige wirtschaftliche Einheit ungeachtet der räumlichen Verlagerung ihre betriebliche Identität wahrt.**[230]

69 Nach einer die Verlagerung einer Regalsysteme-Fabrik um mehr als 300 Kilometer betreffenden Entscheidung des BAG aus dem Jahr 1987[231] und weiteren obergerichtlichen Entscheidungen[232] soll in Fällen der Betriebsverlagerung eine den Betriebsübergang ausschließende Betriebsstilllegung vorliegen, wenn die alte Betriebsgemeinschaft tatsächlich und rechtsbeständig aufgelöst wird und der Betrieb an einem neuen, nicht unerheblich weit entfernten Ort mit einer im wesentlichen neuen Belegschaft fortgeführt wird. Gerade bei einem Produktionsbetrieb gehört die Belegschaft allerdings nicht zu den identitätsprägenden Betriebsmitteln, weshalb es für die Frage des Eingreifens der Schutzvorschrift des § 613a BGB im Einzelfall bei einer andernorts quasi unverändert erfolgenden Fortsetzung der Produktion mit allen identitätsprägenden sächlichen Betriebsmitteln nicht darauf ankommen kann, ob ein Großteil der bisherigen Belegschaft nicht zu dem Ortswechsel bereit ist.

70 Nach einer die Verlagerung der gesamten Produktionsanlagen eines Fußbodenbelagherstellers von Berlin nach Lyon betreffenden Entscheidung des BAG aus dem Jahre 1989 soll der Erwerber nach § 613a Abs. 1 BGB in die Rechte und Pflichten aus den zum Zeitpunkt des Übergangs bestehenden Arbeitsverhältnissen nur derjenigen Arbeitnehmer eintreten, die ungeachtet ihrer auf den bisherigen Betriebssitz beschränkten vertraglichen Leistungspflicht bereit sind, die Arbeit am neuen Leistungsort zu erbringen, während nicht zum Ortswechsel bereite Arbeitnehmer einem dem Übergang seines Arbeitsverhältnisses widersprechenden Arbeitnehmer gleichzusetzen seien.[233] Diese Rechtsprechung dürfte jedoch aufgrund der

---

lung Nr. 5 = NZA 1999, 311; *Bonanni/Niklas* DB 2010, 1826; gegen einen Wiedereinstellungsanspruch in diesem Fall *Boewer* NZA 1999, 1177 (1179).

[226] BAG 13.5.2004 – 8 AZR 198/03, AP BGB § 613a Nr. 264.

[227] BAG 25.10.2007 – 8 AZR 989/06, AP BGB § 613a Nr. 2 = NZA 2008, 357; 13.11.1997 – 8 AZR 295/95, AP BGB § 613a Nr. 169 = NZA 1998, 251.

[228] BAG 25.10.2007 – 8 AZR 989/06, AP BGB § 613a Nr. 2 = NZA 2008, 357, bestätigt durch BAG 27.1.2011 – 8 AZR 326/09, NZA 2011, 1162; *Bonanni/Niklas* DB 2010, 1826 (1828).

[229] BAG 27.1.2011 – 8 AZR 326/09, NZA 2011, 1162.

[230] Vgl. BAG 25.5.2000 – 8 AZR 335/99, RzK I 5e Nr. 137; siehe auch *Cohnen* in FS Deutscher Anwaltverein, 606.

[231] BAG 12.2.1987 – 2 AZR 247/86, AP BGB § 613a Nr. 67 = NZA 1988, 170; siehe auch BAG 13.11.1997 – 8 AZR 435/95, ZInsO 1998, 140; erhebliche räumliche Entfernung als Indiz gegen Wahrung der Identität der wirtschaftlichen Einheit.

[232] LAG Düsseldorf 16.2.1995 – 12 Sa 1925/94, NZA-RR 1996, 241; LAG Hamm 25.11.2004 – 4 Sa 1120/03, BeckRS 2005, 40171; siehe auch LAG Berlin 18.9.1998 – 6 Sa 53/98, BeckRS 1998, 30456113.

[233] BAG 20.4.1989 – 2 AZR 431/88, AP BGB § 613a Nr. 81 = NZA 1990, 32.

mittlerweile in § 613a Abs. 5 BGB normierten Unterrichtungspflicht und des nach § 613a Abs. 6 BGB geltenden Schriftformerfordernisses für einen Widerspruch heute so nicht mehr denkbar sein. In einer Entscheidung aus dem Jahr 2002 zur Verlagerung des nahezu gesamten beweglichen Anlagevermögens einer Herstellerin von Industriearmaturen um mehrere hundert Kilometer hat das BAG ausgeführt, schon die erhebliche räumliche Entfernung sei von solchem Gewicht, dass allein aus diesem Grunde bereits die Wahrung der Identität der übergehenden Einheit bezweifelt werden könne.[234] Und nach einer Entscheidung des BAG aus dem Jahr 2011, die die Verlagerung eines mit der Herstellung und dem Vertrieb von Klappenventilen für die Pharmaindustrie befassten Betriebsteils betraf, steht einem Betriebsübergang iSd § 613a BGB nicht entgegen, wenn die räumliche Entfernung zwischen alter und neuer Betriebsstätte nicht so erheblich ist, dass allein aus diesem Grunde bereits die Wahrung der Identität bezweifelt werden kann, wobei das BAG in der zwischen altem und neuem Betriebsort gegebenen Distanz von etwas weniger als 60 Kilometern keine erhebliche räumliche Entfernung gesehen hat.[235]

Die der vorstehend skizzierten BAG-Rechtsprechung zu entnehmende Auffassung, dass bei einer mit einer Betriebsveräußerung einhergehenden Ortsverlegung allein schon wegen einer erheblichen räumlichen Entfernung zwischen alter und neuer Betriebsstätte die Wahrung der Identität der übertragenen wirtschaftlichen Einheit zu bezweifeln sei, vermag nicht zu überzeugen. Nicht nur aufgrund der schwierigen Abgrenzung des vom BAG geprägten Kriteriums der „nicht unerheblichen räumlichen Verlegung", sondern auch aufgrund der Tatsache, dass das Kriterium der Entfernung bei Betriebsverlagerungen nicht zum 7-Punkte-Katalog des EuGH gehört, sollte der Distanz zwischen alter und neuer Betriebsstätte keine eigenständige Bedeutung im Rahmen der Gesamtabwägung zur Feststellung eines Betriebsübergangs zukommen.[236] Auch lässt sich nicht überzeugend erklären, wieso es für einen von einer Betriebsverlagerung betroffenen Arbeitnehmer mit zunehmender räumlicher Entfernung des Betriebserwerbers allein wegen des Entfernungsaspekts zunehmend schwieriger werden soll, sich mit Erfolgsaussicht auf die Schutzvorschrift des § 613a BGB zu berufen.[237] Schließlich irritiert an der BAG-Rechtsprechung auch, dass sie bei zunehmender Entfernung zwischen alter und neuer Betriebsstätte gerade auch bei Produktionsbetrieben für die Annahme eines Betriebsübergangs Wert darauf legt, dass die Identität der alten und der übergehenden neuen Belegschaft im Wesentlichen gewahrt wird[238] bzw. dass „eingearbeitete Teams" ihre Tätigkeit am entfernt gelegenen Standort des Erwerbers fortsetzen,[239] während das Vorliegen eines Betriebsübergangs nach der BAG-Rechtsprechung bei der Übertragung von Produktionsbetrieben ohne örtliche Verlagerung entscheidend von der Übernahme der für die Produktionsbetriebe identitätsstiftenden sächlichen Betriebsmittel, nicht aber von der Übernahme des bisher vom Veräußerer beschäftigten Personals abhängt.[240]

Erfolgt die **Verlagerung ins Ausland**, scheidet eine Anwendung von § 613a BGB nicht schon aufgrund des grenzüberschreitenden Charakters der Transaktion aus. Entgegen einer in der Literatur teilweise vertretenen Auffassung[241] steht der Anwendbarkeit von § 613a BGB bei Betriebsübergängen ins Ausland nicht entgegen, dass die Geltung deutschen Gesetzesrechts an der deutschen Grenze ende.[242] Wird der Arbeitnehmer von seinem bisherigen Arbeitgeber wegen einer vermeintlichen Betriebsstilllegung gekündigt, kann der Arbeitnehmer vor den Arbeitsgerichten unter Hinweis auf den Betriebsübergang die fehlende soziale Recht-

---

[234] BAG 25.5.2000 – 8 AZR 335/99, RzK I 5e Nr. 137.
[235] BAG 26.5.2011 – 8 AZR 37/10, NZA 2011, 1143.
[236] *Cohnen* in FS Deutscher Anwaltverein, 608.
[237] *Cohnen* in FS Deutscher Anwaltverein, 608.
[238] BAG 12.2.1987 – 2 AZR 247/86, AP BGB § 613a Nr. 67 = NZA 1988, 170.
[239] BAG 25.5.2000 – 8 AZR 335/99, RzK I 5e Nr. 137.
[240] BAG 3.11.1998 – 3 AZR 484/97, BeckRS 1998, 30367932; 25.5.2000 – 8 AZR 335/99, RzK I 5e Nr. 137.
[241] *Loritz* ZfA 1991, 585 (598); Gäntgen/*Bezani*/*Richter*, 200 Jahre Arbeitsrechtsprechung in Köln, 2011, S. 235.
[242] BAG 26.5.2011 – 8 AZR 37/10, NZA 2011, 1143; siehe zur grenzüberschreitenden Verlagerung ausf. *Cohnen* in FS Deutscher Anwaltverein, 595.

fertigung der Kündigung geltend machen.²⁴³ Die Frage, ob der Erwerber eines von der Bundesrepublik Deutschland in das Ausland verlagerten Betriebs gemäß § 613a BGB verpflichtet ist, in die Arbeitsverhältnisse der betroffenen Arbeitnehmer einzutreten, ist auf der Grundlage des internationalen Privatrechts nach dem für das jeweilige Arbeitsverhältnis geltenden Arbeitsvertragsstatut zu beantworten.²⁴⁴ Verrichtet ein bislang in Deutschland beschäftigter Arbeitnehmer im Anschluss an einen grenzüberschreitenden Betriebsübergang seine Arbeit in Erfüllung seines Vertrags nun gewöhnlich im Ausland, führt dies nach der Rechtsprechung des BAG zu einer Änderung des Arbeitsvertragsstatuts, das heißt, nach dem Betriebsübergang wird jedenfalls in Fällen fehlender Rechtswahl regelmäßig das Recht des Staates zur Anwendung kommen, auf dessen Gebiet der Erwerber den Betrieb fortführt.²⁴⁵ Die Änderung des Arbeitsvertragsstatuts tritt aber erst ein, nachdem das Arbeitsverhältnis übergegangen ist.²⁴⁶

73 Angesichts der Tatsache, dass für die betroffenen Arbeitnehmer mit einer Verlagerung ihrer Arbeitsplätze ins Ausland in der Regel größere Veränderungen ihrer Lebensumstände verbunden sind, wird bei grenzüberschreitenden Verlagerungen der wesentliche Teil der Belegschaft meistens nicht zu einem Wechsel über die Landesgrenze bereit sein und infolgedessen am ausländischen Betriebsort faktisch gar nicht zur Erbringung der Arbeitsleistung zur Verfügung stehen.²⁴⁷ Ein grenzüberschreitender Betriebsübergang gemäß § 613a BGB kommt allerdings in der Praxis durchaus vor, wenn die Verlagerung im grenznahen Raum erfolgt, wo der grenzüberschreitende Einsatz der betroffenen Arbeitnehmer ohne einschneidende Veränderungen ihrer Lebensumstände möglich und der Einsatz von „Grenzgängern" mittlerweile üblich ist.²⁴⁸

74 e) *Treuhänder als anderer Inhaber.* Tritt ein Treuhänder gegenüber der Belegschaft als Betriebsinhaber mit eigener Leitungsbefugnis auf und führt er den Betrieb im eigenen Namen, liegt ein Betriebsübergang auf einen anderen Inhaber vor. Das BAG bejaht dementsprechend einen Betriebsübergang auf eine Auffanggesellschaft, die von dem bisherigen notleidenden Betriebsinhaber lediglich treuhänderisch alle wesentlichen Betriebsmittel übernommen hatte, die dieser ihm zur Abwicklung der laufenden Geschäfte zur Verfügung gestellt hat.²⁴⁹ Die **internen treuhänderischen Bindungen stehen einem Betriebsübergang** in einem solchen Fall **nicht entgegen.**²⁵⁰ Kreditgeber und Sicherungseigentümer sind demgegenüber wegen fehlender betrieblicher Leitungsmacht keine Betriebsinhaber bzw. Betriebserwerber.²⁵¹ Ebenso wenig ist ein Betriebsübergang anzunehmen, wenn ein Eigentümer seinen Betrieb zwar an einen Dritten verpachtet, ihn aber trotzdem weiterhin selbst mit eigener Belegschaft und auf eigenen Namen führt und lediglich gegenüber Lieferanten, Abnehmern und Behörden auf Rechnung des Pächters auftritt.²⁵² Auch der **Insolvenzverwalter** ist ungeachtet seiner alleinigen Verfügungsberechtigung im Unternehmen der Insolvenzschuldnerin **kein „anderer Inhaber"** im Sinne von § 613a Abs. 1 S. 1 BGB. Entsprechendes gilt für einen Zwangsverwalter oder einen Testamentsvollstrecker, da bei diesen Personen die Übernahme der Leitungsmacht ebenso wie beim Insolvenzverwalter nicht durch Rechtsgeschäft erfolgt, sondern auf gesetzlicher Anordnung beruht.²⁵³

75 f) **Inhaberwechsel bei Unternehmensaufspaltung und Betriebsspaltung.** Wird im Falle einer klassischen Unternehmens- und Betriebsaufspaltung eine Betriebsgesellschaft ausge-

---

²⁴³ BAG 26.5.2011 – 8 AZR 37/10, NZA 2011, 1143.
²⁴⁴ → Rn. 4; siehe auch *Feudner* NZA 1999, 1184 (1185); Hölters Unternehmenskauf-HdB/*v. Steinau-Steinrück/Thees* Kap. 6 Rn. 24.
²⁴⁵ BAG 26.5.2011 – 8 AZR 37/10, NZA 2011, 1143.
²⁴⁶ BAG 26.5.2011 – 8 AZR 37/10, NZA 2011, 1143.
²⁴⁷ LAG Düsseldorf 16.2.1995 – 12 Sa 1925/94, NZA-RR 1996, 241.
²⁴⁸ Vgl. auch Willemsen/Hohenstatt/Schweibert/Seibt Umstrukturierung/*Schweibert* C Rn. 34.
²⁴⁹ BAG 20.11.1984 – 3 AZR 584/83, AP BGB § 613a Nr. 38 = NZA 1985, 393.
²⁵⁰ Staudinger/*Annuß* BGB § 613a Rn. 105.
²⁵¹ BAG 20.3.2003 – 8 AZR 312/02, NZA 2003, 1338; Staudinger/*Annuß* BGB § 613a Rn. 105.
²⁵² Ascheid/Preis/Schmidt/*Steffan* BGB § 613a Rn. 52; ErfK/*Preis* BGB § 613a Rn. 46.
²⁵³ Ascheid/Preis/Schmidt/*Steffan* BGB § 613a Rn. 54; Henssler/Willemsen/Kalb/*Willemsen* BGB § 613a Rn. 44; iE auch Staudinger/*Annuß* BGB § 613a Rn. 98, 100 sowie für den Insolvenzverwalter KR/*Treber* § 613a Rn. 49; zum Übergang kraft gesetzlicher Regelung → Rn. 77.

gründet, die den Betrieb unter Wahrung seiner bisherigen Identität fortführt, während die Betriebsmittel im Eigentum des bisherigen Unternehmensträgers verbleiben, der nunmehr zur Besitzgesellschaft wird und die Betriebsmittel im Rahmen von Nutzungsverhältnissen der Betriebsgesellschaft zur Verfügung stellt, liegt ein Teilbetriebsübergang gemäß § 613a BGB vor.[254] Erfolgt die Trennung von Betriebs- und Besitzgesellschaft allerdings in der Weise, dass die Besitzgesellschaft ausgegründet wird und der Unternehmensträger als Betriebsgesellschaft erhalten bleibt,[255] findet mangels Wechsel der Rechtspersönlichkeit des Arbeitgebers kein Betriebsübergang statt. Betriebsspaltungen im Zusammenhang mit Betriebsteilübergängen erfolgen des Öfteren aber auch allein auf betrieblicher Ebene, wenn nur ein Teil des bisherigen Betriebs auf einen anderen Inhaber übergeht, während der Restbetrieb beim bisherigen Betriebsinhaber verbleibt.

> **Praxistipp:**
> Will man bei einer kurzfristig durchzuführenden Teilbetriebsveräußerung eine gemäß § 111 S. 3 Nr. 3 BetrVG mitbestimmungspflichtige Betriebsspaltung und womöglich zeitraubende Interessenausgleichsverhandlungen hierüber mit dem Betriebsrat vermeiden, kann es sich empfehlen, dass Veräußerer und Erwerber den bisherigen Betrieb zunächst als Gemeinschaftsbetrieb fortführen.
> Ein die Betriebsspaltung vermeidender Gemeinschaftsbetrieb iSv § 1 Abs. 2 BetrVG kann mit Wirkung zum Zeitpunkt der Teilbetriebsveräußerung begründet werden, wenn beide Betriebsteile ohne wesentliche Änderung der Betriebsorganisation räumlich eng verbunden bleiben und sich Veräußerer und Erwerber in einer – auch konkludent möglichen – Führungsvereinbarung für die betroffenen Betriebsteile auf eine gemeinsame Leitung in personellen und sozialen Angelegenheiten verständigen.

4. Rechtsgeschäft

a) Übertragung der Leitungsmacht auf den Betriebserwerber. § 613a BGB ist seinem Wortlaut nach nur anwendbar, wenn der Betrieb oder Betriebsteil „durch Rechtsgeschäft" übertragen wird. Das BAG legt den Begriff des Rechtsgeschäfts weit aus und bejaht einen Betriebsübergang durch Rechtsgeschäft bereits **bei jeder einverständlichen Übertragung der Leitungsmacht** auf den Betriebserwerber im Rahmen vertraglicher bzw. sonstiger rechtsgeschäftlicher Beziehungen.[256] Der Begriff des Rechtsgeschäfts wird insoweit, am Schutzzweck der Norm orientiert, untechnisch verstanden und bei jedem aus einer Vereinbarung abgeleiteten Erwerb der Betriebsinhaberstellung bejaht.[257]

Das Tatbestandsmerkmal „durch Rechtsgeschäft" dient der Abgrenzung zu den Fällen, in denen der Übergang von Arbeitsverhältnissen unmittelbar auf gesetzlicher Grundlage bzw. auf Grundlage eines Hoheitsaktes und ohne Zwischenschaltung eines Rechtsgeschäfts erfolgt.[258] In diesen Fällen und nur in diesen scheidet eine Anwendung von § 613a BGB aus.[259] So bejaht das BAG den Übergang „durch Rechtsgeschäft" auch noch in einem Fall, in dem der Zwangsverwalter eines Grundstückes ein zunächst von einem Dritten gepachtetes Grundstück fortführt, da der Zwangsverwalter (stillschweigend) Verträge mit dem „Veräußerer" über Gegenstände und Rechte schließt, die zur Fortführung des Betriebes notwendig sind, jedoch nicht der Beschlagnahme durch die Zwangsverwaltung unterliegen.[260]

---

[254] BAG 19.1.1988 – 3 AZR 263/86, AP BGB § 613a Nr. 70 = NZA 1988, 501.
[255] In der Praxis dürfte sich jedoch aus (vor allem grunderwerbs-)steuerlichen Gründen idR die Neugründung der Betriebsgesellschaft anbieten.
[256] BAG 25.10.2007 – 8 AZR 917/06, AP BGB § 613a Nr. 333 = NZA-RR 2008, 367; 6.2.1985 – 5 AZR 411/83, AP BGB § 613a Nr. 44 = NZA 1985, 735.
[257] Vgl. ErfK/*Preis* BGB § 613a Rn. 59; siehe auch Henssler/Willemsen/Kalb/*Willemsen* BGB § 613a Rn. 205 f.: Derivativer Erwerb der Betriebsinhaberstellung.
[258] BAG 6.4.2006 – 8 AZR 222/04, AP BGB § 613a Nr. 299 = NZA 2006, 2138; 18.8.2011 – 8 AZR 230/10, NJW 2011, 3596; vgl. Henssler/Willemsen/Kalb/*Willemsen* BGB § 613a Rn. 186, 192.
[259] Vgl. Henssler/Willemsen/Kalb/*Willemsen* BGB § 613a Rn. 186, 192.
[260] BAG 18.8.2011 – 8 AZR 230/10, NJW 2011, 3596; vgl. bereits BAG 25.2.1981 – 5 AZR 991/78, AP BGB § 613a Nr. 24 für den Übergang eines Betriebes vom bisherigen Pächter auf einen neuen Pächter; BAG

78 Das BAG bejaht auch in Fällen der **Auftragsnachfolge in betriebsmittelarmen Dienstleistungsbranchen**, bei denen die Identität eines Betriebs oder Betriebsteils maßgeblich durch sein Personal geprägt wird, bereits dann einen rechtsgeschäftlichen Betriebsübergang, wenn der Neuauftragnehmer die im Wesentlichen unveränderte Arbeitsaufgabe auf Grund einer mit dem Auftraggeber geschlossenen Vereinbarung übernimmt und er die bisher beim Altauftragnehmer tätigen Arbeitnehmer zu diesem Zweck mit deren Einverständnis, aber ohne Abstimmung mit dem Altauftragnehmer weiterbeschäftigt.[261] Eine derartig weitgehende **Zurückdrängung der Bedeutung des Tatbestandsmerkmals „durch Rechtsgeschäft"** darf allerdings bei Berücksichtigung von Sinn und Zweck der Vorschrift des § 613a Abs. 1 S. 1 BGB nicht dazu führen, dass etwa sogar ein gezieltes Ausspannen der zur Auftragsfortführung benötigten, aber vom Altauftragnehmer mittlerweile bereits zu einem anderweitigen Einsatz verplanten Belegschaft als rechtsgeschäftlicher Betriebsübergang anerkannt wird.[262] Für die Annahme eines rechtsgeschäftlichen Betriebsübergangs ist daher im Falle der Auftragsnachfolge in betriebsmittelarmen Dienstleistungsbranchen zu fordern, dass der gekündigte Altauftragsnehmer und bisherige Arbeitgeber der betreffenden Arbeitnehmer seine eigene Tätigkeit zumindest bewusst eingestellt und an der Weiterbeschäftigung seiner Arbeitnehmer kein Interesse mehr hat.

79 **b) Übergang kraft Gesetzes oder durch Hoheitsakt.** Erfolgt der Betriebsübergang allein kraft Gesetzes, wie zum Beispiel im Fall der **Erbfolge nach §§ 1922 ff. BGB** oder durch Hoheitsakt, wie zum Beispiel durch Zuschlag in der Zwangsversteigerung, **findet § 613a BGB keine Anwendung.**[263] § 613a BGB findet **auch im Falle** des zwar nicht unmittelbar kraft Gesetzes an die Stelle **des** bisherigen Betriebsinhabers tretenden **Insolvenzverwalters,** der das Insolvenzverfahren jedoch nach gesetzlicher Vorgabe und aufgrund richterlicher Einsetzung zugunsten der Gläubiger abwickelt, keine Anwendung.[264]

80 Entsprechendes gilt für die Fälle einer **Privatisierung von öffentlich-rechtlich organisierten Rechtsträgern,** sofern sie **auf der Grundlage eines** eigens dafür erlassenen Bundes- oder Landes-**Gesetzes** durchgeführt wird,[265] wie beispielsweise im Fall der Ausgliederung der früheren Bundesbahn oder Bundespost,[266] der aufgrund eines Landesgesetzes erfolgten Überführung eines öffentlich-rechtlich organisierten Rechtsträgers in eine Stiftung öffentlichen Rechts, wie beispielsweise im Fall der Berliner Opern[267] oder der durch ein Landesgesetz erfolgten Überleitung von mit einem öffentlich-rechtlichen Träger bestehenden Arbeitsverhältnissen auf einen anderen öffentlich-rechtlichen Träger, wie beispielsweise der hessischen Universitätskliniken.[268]

81 Für die Fälle einer gewillkürten, auf eine vertragliche Regelung zurückgehenden Gesamtrechtsnachfolge durch Verschmelzung, Spaltung oder Vermögensübertragung nach dem Umwandlungsgesetz ergibt sich allerdings aus der in § 324 UmwG enthaltenen Rechtsgrundverweisung auf § 613a Abs. 1, 4–6 BGB, dass § 613a BGB anzuwenden ist, wenn im Rahmen der Umwandlung ein Betrieb oder Betriebsteil, also eine wirtschaftliche Einheit und nicht nur einzelne Vermögensgegenstände oder bestimmte einzelne Arbeitsverhältnisse, auf einen anderen Rechtsträger übertragen werden.[269] Das für den Betriebsübergang nach

---

18.3.1999 – 8 AZR 159/98, AP BGB § 613a Nr. 189 = NZA 1999, 704 für den Rückfall des Betriebes an den Verpächter, soweit dieser den Betrieb tatsächlich selbst fortführt.

[261] BAG 11.12.1997 – 8 AZR 729/96, AP BGB § 613a Nr. 172 = NZA 1998, 534; EuGH 11.7.2018 – C-60/17, AP Richtlinie 2001/23/EG Nr. 17 = NZA 2018, 1053 Rn. 27, wonach eine unmittelbare vertragliche Beziehung zwischen Erwerber und Veräußerer nicht erforderlich ist.

[262] Vgl. Willemsen/Hohenstatt/Schweibert/Seibt Umstrukturierung/*Willemsen* G Rn. 76.

[263] BAG 25.10.2007 – 8 AZR 917/06, AP BGB § 613a Nr. 333 = NZA-RR 2008, 367; 6.4.2006 – 8 AZR 222/04, AP BGB § 613a Nr. 299 = NZA 2006, 723.

[264] Bernsau/Dreher/Hauck/*Bernsau* InsO Rn. 233; → Rn. 74.

[265] Vgl. BAG 8.5.2001 – 9 AZR 95/00, AP BGB § 613a Nr. 219 = NZA 2001, 1200; siehe auch Willemsen/Hohenstatt/Schweibert/Seibt Umstrukturierung/*Willemsen* G Rn. 42.

[266] Zur Ausgliederungsproblematik in diesen Fällen vgl. Semler/Stengel/*Perlitt* UmwG § 168 Rn. 86.

[267] BAG 28.9.2006 – 8 AZR 441/05, AP BGB § 419 Funktionsnachfolge Nr. 26 = NZA 2007, 352; 2.3.2006 – 8 AZR 124/05, AP BGB § 419 Funktionsnachfolge Nr. 25 = NZA 2006, 848.

[268] BAG 18.12.2008 – 8 AZR 660/07, AP BGB § 613a Nr. 366.

[269] BAG 6.10.2005 – 2 AZR 316/04, AP BetrVG 1972 § 102 Nr. 150 = NZA 2006, 990; 25.5.2000 – 8 AZR 416/99, AP BGB § 613a Nr. 209 = NZA 2000, 1115.

§ 613a BGB erforderliche Rechtsgeschäft ist in diesen Fällen im Umwandlungsvertrag zu sehen.[270]

c) **Kausalgeschäft für den Betriebsübergang.** Das den Übergang des Betriebs bewirkende 82
Rechtsgeschäft ist von dem zugrunde liegenden Kausalgeschäft zu unterscheiden.[271] Erfolgt der Betriebsübergang „durch Rechtsgeschäft", wird also die Leitungsmacht einverständlich auf den Betriebserwerber übertragen, **kann** das zugrunde liegende Kausalgeschäft dem **Betriebsübergang vorausgehen oder** auch erst **nachfolgen.**[272] Es ist grundsätzlich unerheblich, ob das zugrunde liegende Kausalgeschäft (zB wegen Formmangels gem. § 125 BGB oder aufgrund einer Anfechtung) nichtig oder unwirksam ist[273] oder sich nachträglich durch die Ausübung eines vertraglich vereinbarten Rücktrittsrechts in ein Rückgewährschuldverhältnis umwandelt.[274] Entgegen der Ansicht des BAG[275] dürfte dies allerdings nicht gegenüber einem geschäftsunfähigen Betriebserwerber gelten, da dessen Schutz als elementarer Grundsatz der Zivilrechtsordnung nicht durch § 613a Abs. 1 S. 1 BGB ausgehebelt werden darf.[276]

Die **Rechtsnatur** des zugrunde liegenden Kausalgeschäfts **spielt keine Rolle.** In der Praxis 83
erfolgt ein Betriebsübergang zumeist auf Grund eines (Unternehmens-)Kaufvertrages, eines Pachtvertrages, der Bestellung eines Nießbrauchs oder der Einbringung des Betriebs im Rahmen eines Gesellschaftsvertrages. Die der Übertragung der Leitungsmacht zugrunde liegende schuldrechtliche Vereinbarung muss sich nicht auf ein einzelnes Kausalgeschäft beschränken, sondern **kann sich aus einer Vielzahl unterschiedlicher Kausalgeschäfte ergeben,** wenn zum Beispiel ein Betriebsgrundstück vom bisherigen Betriebsinhaber gekauft wird, bezüglich eines weiteren Betriebsgrundstücks ein Mietverhältnis übernommen wird und weitere Betriebsmittel von einem Sicherungseigentümer gekauft werden.[277]

Die den Betriebsübergang legitimierenden Rechtsbeziehungen müssen auch **nicht unmit-** 84
telbar zwischen dem früheren und dem neuen Betriebsinhaber bestehen. Einer unmittelbaren Vertragsbeziehung zwischen dem bisherigen Inhaber und dem Erwerber bedarf es nicht.[278] So reicht es für die Annahme des Übergangs eines Betriebs vom Erstpächter auf den Zweitpächter aus, wenn die betriebliche Fortführungsmöglichkeit durch mehrere Rechtsgeschäfte vermittelt wird,[279] also die dem Betriebsübergang zugrunde liegenden vertraglichen Beziehungen allein zwischen Verpächter und Erstpächter einerseits sowie Verpächter und Zweitpächter anderseits bestehen, ohne dass es zwischen Erstpächter und Zweitpächter irgendwelche Rechtsbeziehungen gibt.[280] Der EuGH hat außerdem entschieden, dass ein rechtsgeschäftlicher Betriebsübergang im Rahmen einer Auftragsneuvergabe auch dann vorliegt, wenn der bisherige Auftragnehmer die identitätsprägende Tätigkeit durch einen Subunternehmer auf der Grundlage eines Subunternehmervertrages hat durchführen lassen und die identitätsprägende Tätigkeit nunmehr vom Auftragsnachfolger ausgeführt werden soll.[281]

---

[270] ErfK/*Preis* BGB § 613a Rn. 58; Semler/Stengel/*Simon* UmwG § 324 Rn. 11; *Simon/Hinrichs* NZA 2008, 391 (396); iE ebenso BAG 6.10.2005 – 2 AZR 316/04, AP BetrVG 1972 § 102 Nr. 150 = NZA 2006, 990.
[271] BAG 8.11.1988 – 3 AZR 85/87, AP BetrAVG § 1 Betriebsveräußerung Nr. 6 = NZA 1989, 679.
[272] BAG 8.11.1988 – 3 AZR 85/87, AP BetrAVG § 1 Betriebsveräußerung Nr. 6 = NZA 1989, 679.
[273] BAG 25.10.2007 – 8 AZR 917/06, AP BGB § 613a Nr. 333 = NZA-RR 2008, 367.
[274] BAG 15.12.2005 – 8 AZR 202/05, AP BGB § 613a Nr. 294 = NZA 2006, 597.
[275] BAG 6.2.1985 – 5 AZR 411/83, AP BGB § 613a Nr. 44 = NZA 1985, 735.
[276] ErfK/*Preis* BGB § 613a Rn. 61; KR/*Treber* BGB § 613a Rn. 45; iE auch Staudinger/*Annuß* BGB § 613a Rn. 115.
[277] BAG 22.5.1985 – 5 AZR 173/84, AP BGB § 613a Nr. 43 = NZA 1985, 773; vgl. zum Zeitpunkt des Betriebsübergangs in solchen Fällen → Rn. 53.
[278] BAG 25.2.1981 – 5 AZR 991/78, AP BGB § 613a Nr. 24; 25.10.2007 – 8 AZR 917/06, AP BGB § 613a Nr. 333 = NZA-RR 2008, 367.
[279] BAG 22.5.1985 – 5 AZR 173/84, AP BGB § 613a Nr. 43 = NZA 1985, 773; siehe für den Fall der Auftragsnachfolge BAG 11.12.1997 – 8 AZR 729/96, AP BGB § 613a Nr. 172 = NZA 1998, 534.
[280] BAG 25.2.1981 – 5 AZR 991/78, AP BGB § 613a Nr. 24.
[281] EuGH 24.1.2002 – C-51/00, AP EWG-Richtlinie Nr. 77/187 Nr. 32 = NZA 2002, 265.

§ 54 Rechtsfolgen eines Betriebsübergangs

Übersicht

	Rn.
I. Auswirkungen auf arbeitsvertragliche Rechte und Pflichten	1–25
1. Eintritt in Rechte und Pflichten aus dem Arbeitsverhältnis	1–20
a) Betriebszugehörigkeit	4/5
b) Unternehmenskennzahlenabhängige Leistungen	6–9
c) Aktienoptionen	10–14
d) Mitarbeiterrabatte, Deputate	15
e) Nachvertragliche Wettbewerbsverbote	16–18
f) Arbeitgeberdarlehen	19
g) Arbeitnehmererfindungen	20
2. Vertragsänderung bzw. Verzicht auf individualvertragliche Ansprüche	21–24
3. Keine Erweiterung der vor dem Übergang bestehenden Rechte	25
II. Auswirkungen auf Betriebsvereinbarungen	26–62
1. Unmittelbare Fortgeltung von Betriebsvereinbarungen	26–46
a) Einzelbetriebsvereinbarung	28–37
b) Gesamtbetriebsvereinbarung	38–43
c) Konzernbetriebsvereinbarung	44/45
d) Kollisionsregelungen	46
2. Fortgeltung kraft gesetzlicher Anordnung	47–58
a) Fortgeltende Rechte und Pflichten	48/49
b) Veränderungssperre	50/51
c) Vorzeitiges Ende der Veränderungssperre	52–58
3. Ablösung durch kollektive Regelungen des Erwerbers	59–61
4. Vereinbarungen mit Sprecherausschüssen	62
III. Auswirkungen auf Tarifverträge	63–120
1. Unmittelbare Fortgeltung von Tarifverträgen	63–74
a) Verbandstarifverträge	65–67
b) Firmentarifverträge bei Einzelrechtsnachfolge	68
c) Firmentarifverträge bei Gesamtrechtsnachfolge	69–74
2. Fortgeltung kraft gesetzlicher Anordnung	75–85
a) Fortgeltende Rechte und Pflichten	78–81
b) Veränderungssperre	82–85
3. Ablösung durch Tarifverträge des Erwerbers	86–92
a) Kongruente Tarifbindung	88/89
b) Nachträglicher Eintritt beiderseitiger Tarifbindung	90
c) Gleichheit der Regelungsgegenstände	91/92
4. Ablösung durch Betriebsvereinbarungen des Erwerbers	93
5. Arbeitsvertragliche Bezugnahmeklauseln	94–120
a) Typisierung von Bezugnahmeklauseln	95
b) Dynamische Bezugnahme und Gleichstellungsabrede	96–100
c) Bezugnahmeklauseln und Betriebsübergang	101–120
IV. Haftung von Erwerber und Veräußerer	121–141
1. Haftung auf Grund Betriebsübergangs	121–124
a) Haftung des Erwerbers	121–123
b) Haftung des Veräußerers	124
2. Erwerberhaftung in der Insolvenz	125–132
3. Umwandlungsrechtliche Haftungstatbestände	133–141
a) Haftung bei Spaltung	134–138
b) Haftung bei Betriebsaufspaltung	139
c) Haftung bei Verschmelzung	140/141
V. Auswirkungen auf Beteiligungsrechte und Mandat betriebsverfassungsrechtlicher Organe	142–167
1. Betriebsübergang ohne Betriebsänderung	142–153
a) Beteiligungsrechte nach der Betriebsverfassung	142–149
b) Auswirkungen auf betriebsverfassungsrechtliche Organe	150–153
2. Betriebs- bzw. Betriebsteilübergang und Betriebsänderung	154–167
a) Beteiligungsrechte nach der Betriebsverfassung	154–160
b) Auswirkungen auf betriebsverfassungsrechtliche Organe	161–167

	Rn.
VI. Kündigungsverbot gemäß § 613a Abs. 4 BGB	168–194
1. Kündigung „wegen" Betriebsübergang	168/169
2. Kündigung aus anderen Gründen	170–184
a) Kündigung des Veräußerers	173–182
b) Kündigung des Erwerbers	183
c) Kündigung des Insolvenzverwalters	184
3. Umgehungsverbot	185–194
VII. Prozessuale Fragen	195–206
1. Einheitliche Klagefrist gemäß § 4 KSchG	195
2. Kündigungsschutzantrag	196–199
3. Leistungsanträge	200–202
4. Beweislastfragen	203–205
5. Beschlussverfahren	206

I. Auswirkungen auf arbeitsvertragliche Rechte und Pflichten

1. Eintritt in Rechte und Pflichten aus dem Arbeitsverhältnis

Der Erwerber tritt nach § 613a Abs. 1 S. 1 BGB in alle Rechte und Pflichten aus den zum Zeitpunkt des Betriebsübergangs bestehenden Arbeitsverhältnissen ein. Unter Rechte iSd § 613a Abs. 1 S. 1 BGB sind nur individualvertraglich vereinbarte Rechte, nicht jedoch unabhängig vom Willen der Parteien aus gesetzlichen Vorschriften folgende Rechtspositionen zu verstehen.[1] So ist die Anwendbarkeit des Kündigungsschutzgesetzes, für die gemäß § 23 Abs. 1 KSchG eine gewisse Belegschaftsstärke erreicht sein muss, kein Recht, das beim Betriebsübergang auf den Erwerber übergeht.[2] Der Erwerber muss sich jedoch die Kenntnisse des Betriebsveräußerers, beispielsweise über eine vorhandene Schwerbehinderung eines Arbeitnehmers, aufgrund seines Eintritts in die Arbeitgeberstellung zurechnen lassen.[3] Für den Eintritt in die individualvertraglich vereinbarten Rechte und Pflichten ist allerdings ohne Bedeutung, ob sie für den Arbeitnehmer vor- oder nachteilig sind.[4] 1

Betroffen sind nicht nur alle im Arbeitsvertrag selbst geregelten Rechte und Pflichten, sondern auch solche aus ergänzenden Vereinbarungen, Gesamtzusagen und betrieblicher Übung.[5] Das gleiche gilt auch für solche Rechte und Pflichten, die sich aufgrund einer arbeitsvertraglichen Inbezugnahme von Regelungen eines Tarifvertrages ergeben.[6] 2

§ 613a Abs. 1 BGB ordnet damit einen **gesetzlichen Übergang eines Vertragsverhältnisses auf Arbeitgeberseite** an.[7] Der Eintritt ist aber beschränkt auf die Rechte und Pflichten aus dem Arbeitsverhältnis mit dem vormaligen Betriebsinhaber; vertragliche Beziehungen des Arbeitnehmers zu Dritten werden vom Betriebsübergang grundsätzlich nicht erfasst.[8] Für die Mehrzahl der Rechtspositionen wirft der Eintritt des Erwerbers in die arbeitsvertraglichen Rechte und Pflichten keine besonderen Fragen auf. Insbesondere bei unternehmensbezogenen Sachverhalten bzw. Ansprüchen wird eine unveränderte Fortgeltung jedoch oftmals ausgeschlossen sein.[9] Nach einer kürzlich ergangenen Entscheidung des LAG Düsseldorf ist ein weltlicher Arbeitgeber nach einem (Teil-)Betriebsübergang zwar nicht gemäß § 613a Abs. 1 S. 1 BGB verpflichtet, die dem Arbeitnehmer vom kirchlichen Arbeitgeber zugesagte Versorgung über die kirchliche Zusatzversorgung weiter durchzuführen; der weltliche Ar- 3

---

[1] Palandt/*Weidenkaff* BGB § 613a Rn. 26.
[2] BAG 15.2.2007 – 8 AZR 397/06, AP KSchG 1969 § 23 Nr. 38 = NZA 2007, 739; ErfK/*Preis* BGB § 613a Rn. 76; Palandt/*Weidenkaff* BGB § 613a Rn. 23; *Hauck* BB Special 4 (2008), 19.
[3] BAG 11.12.2008 – 2 AZR 395/07, AP BGB § 613a Nr. 362 = NZA 2009, 556.
[4] BAG 21.8.2014 – 8 AZR 655/13, AP BGB § 611 Haftung des Arbeitnehmers Nr. 140 = NZA 2015, 94.
[5] *Gaul* ArbR-HdB § 13 Rn. 2.
[6] Zur arbeitsvertraglichen Inbezugnahme von Tarifverträgen → Rn. 94 ff.
[7] BAG 12.2.2003 – 10 AZR 299/02, AP BGB § 613a Nr. 243 = NZA 2003, 487; ErfK/*Preis* BGB § 613a Rn. 66; Hölters Unternehmenskauf-HdB/*v. Steinau-Steinrück/Thees* Kap. 6 Rn. 158; Willemsen/Hohenstatt/Schweibert/Seibt Umstrukturierung/*Willemsen* G Rn. 122.
[8] Vgl. BAG 12.2.2003 – 10 AZR 299/02, AP BGB § 613a Nr. 243 = NZA 2003, 487.
[9] Henssler/Willemsen/Kalb/*Willemsen/Müller-Bonanni* BGB § 613a Rn. 234 f.

beitgeber ist jedoch verpflichtet, dem Arbeitnehmer die zugesagte Versorgung zu verschaffen, wobei er in der Wahl des Durchführungsweges frei bleibt.[10]

4   a) **Betriebszugehörigkeit.** Soweit die Dauer der Beschäftigung für die Entstehung und Ausübung von Rechten und Pflichten bedeutsam ist, ist die bis zum Betriebsübergang **beim Veräußerer verbrachte oder von diesem anerkannte Betriebszugehörigkeit auch beim Erwerber zu berücksichtigen.**[11] Dies betrifft insbesondere die Anerkennung der Betriebszugehörigkeit im Zusammenhang mit Kündigungsfristen[12] sowie Wartezeiten nach dem Kündigungsschutzgesetz,[13] dem Bundesurlaubsgesetz, dem Entgeltfortzahlungsgesetz, dem Gesetz zur Vereinfachung der betrieblichen Altersversorgung und dem Teilzeit- und Befristungsgesetz wegen des Anspruchs auf Verringerung der Arbeitszeit.[14] Außerdem sind die beim Veräußerer verbrachten Beschäftigungszeiten bei der Berechnung einer Abfindung zu berücksichtigen, soweit diese in Anlehnung an die Beschäftigungsdauer zu berechnen ist.[15] Nach einer jüngst ergangenen Entscheidung des LAG Berlin-Brandenburg ist die beim Veräußererunternehmen verbrachte Beschäftigungszeit nach dem Schutzzweck des § 613a BGB auch dann auf die Beschäftigungszeit beim Erwerberunternehmen anzurechnen, wenn das Veräußererunternehmen das Arbeitsverhältnis im Zuge des Betriebs(teil)übergangs wirksam gekündigt hatte und mit dem Erwerberunternehmen nach nur kurzer (im konkreten Fall nur 3 Tage einschließlich eines Feiertags dauernder) Unterbrechung ein neues Arbeitsverhältnis unter Beibehaltung der bisherigen Tätigkeit begründet worden ist.[16]

5   § 613a Abs. 1 BGB zwingt den **Erwerber nicht,** die beim Betriebsvorgänger verbrachte **Betriebszugehörigkeit auch bei neuen, nur für das Beschäftigungsverhältnis beim Erwerber geltenden Leistungen** zu berücksichtigen.[17] So ist zum Beispiel die bisherige Betriebszugehörigkeit hinsichtlich eines nur beim neuen Arbeitgeber selbst geltenden dienstzeitabhängigen Urlaubsgeldzuschlags nicht zwingend zu berücksichtigen.[18] Dies gilt ebenso für Jubiläumsgelder, wenn beim Veräußerer entsprechende Regelungen nicht bestanden haben.[19] Besteht beim Veräußerer keine betriebliche Altersversorgung, wohl aber beim Erwerber, ist letzterer nach herrschender und überzeugender Ansicht gesetzlich nicht verpflichtet, die Betriebszugehörigkeit beim Veräußerer hinsichtlich der Höhe der Leistungen seiner betrieblichen Altersversorgung zu berücksichtigen.[20] Allerdings ist die Dienstzeit beim Veräußerer in Bezug auf die gesetzliche Unverfallbarkeit des Versorgungsanspruchs anzuerkennen.[21]

---

[10] LAG Düsseldorf 22.1.2020 – 12 Sa 580/19, BeckRS 2020, 10790 Rn. 71.
[11] Vgl. hierzu Willemsen/Hohenstatt/Schweibert/Seibt Umstrukturierung/*Willemsen* G Rn. 170; Hölters Unternehmenskauf-HdB/*v. Steinau-Steinrück/Thees* Kap. 6 Rn. 162; *Gaul* ArbR-HdB, 2002, § 13 Rn. 6; EuGH 6.4.2017 – C-336/15 = NZA 2017, 585.
[12] EuGH 6.4.2017 – C-336/15 = NZA 2017, 585; BAG 18.9.2003 – 2 AZR 330/02, AP BGB § 622 Nr. 62 = NZA 2004, 319.
[13] BAG 27.6.2002 – 2 AZR 270/01, AP KSchG 1969 § 1 Wartezeit Nr. 15 = NZA 2003, 145.
[14] Vgl. hierzu Hölters Unternehmenskauf-HdB/*v. Steinau-Steinrück/Thees* Kap. 6 Rn. 162.
[15] EuGH 14.9.2000 – C-343/98, NZA 2000, 1279; BAG 19.9.2007 – 4 AZR 711/06, AP BGB § 613a Nr. 328 = NZA 2008, 241.
[16] LAG Berlin-Brandenburg 5.2.2020 – 21 Sa 1684/19, BeckRS 2020, 11255.
[17] BAG 19.9.2007 – 4 AZR 601/06, NZA 2008, 1264; LAG Düsseldorf 9.11.2000 – 13 Sa 1272/00, LAGE BGB § 613a Rn. 80a; ErfK/*Preis* BGB § 613a Rn. 76; Willemsen/Hohenstatt/Schweibert/Seibt Umstrukturierung/*Willemsen* G Rn. 170.
[18] LAG Düsseldorf 9.11.2000 – 13 Sa 1272/00, LAGE BGB § 613a Nr. 80a.
[19] BAG 26.9.2007 – 10 AZR 657/06, AP BGB § 613a Nr. 344 = NZA 2007, 1426.
[20] BAG 19.4.2005 – 3 AZR 469/04, AP BetrAVG § 1 Betriebsveräußerung Nr. 19 = NZA 2005, 840; 8.2.1993 – 3 AZR 229/81, AP BGB § 613a Nr. 35; ErfK/*Preis* BGB § 613a Nr. 76; Willemsen/Hohenstatt/Schweibert/Seibt Umstrukturierung/*Willemsen* G Rn. 171; Hölters Unternehmenskauf-HdB/*v. Steinau-Steinrück/Thees* Kap. 6 Rn. 230.
[21] BAG 8.2.1993 – 3 AZR 229/81, AP BGB § 613a Nr. 35; ErfK/*Preis* BGB § 613a Rn. 73, 76; Willemsen/Hohenstatt/Schweibert/Seibt Umstrukturierung/*Willemsen* G Rn. 170; Hölters Unternehmenskauf-HdB/*v. Steinau-Steinrück/Thees* Kap. 6 Rn. 230.

Praxistipp:
Aus Sicht des Erwerbers empfiehlt es sich, im Vorfeld eines Betriebsübergangs seine Regelungswerke zum Beispiel zur betrieblichen Altersversorgung daraufhin zu überprüfen, dass diese für die Leistungshöhe nicht etwa eine Anrechnung der beim Betriebsveräußerer verbrachten Betriebszugehörigkeit vorsehen. Sollte dies doch der Fall sein, wird der Erwerber seine betriebliche Altersversorgung noch vor Betriebsübergang zum Beispiel durch Betriebsvereinbarung anpassen müssen, wenn er vermeiden will, dass eine erhebliche Finanzierungs- oder Rückstellungslücke entsteht. Aus den gleichen Gründen wird der Erwerber den übergehenden Arbeitnehmern nicht in allen Fällen pauschal eine Anerkennung der Betriebszugehörigkeit zusagen wollen, sondern klarstellen, ob und inwieweit er die Betriebszugehörigkeit vor Betriebsübergang auch für die Höhe solcher dienstzeitabhängigen Leistungen berücksichtigen wird, die es beim Veräußerer nicht gab.

b) Unternehmenskennzahlenabhängige Leistungen. Der Eintritt des Erwerbers in die Rechte und Pflichten aus dem Arbeitsverhältnis betrifft auch die variable Vergütung. Allerdings kann der Betriebsübergang dazu führen, dass die für die Leistung maßgeblichen Bemessungsgrundlagen entfallen. Das ist insbesondere dann der Fall, wenn die **variable Vergütung von Kennzahlen des veräußernden Unternehmens oder Konzerns abhängig ist**.[22]

Beispiele:
Der bei X angestellte Arbeitnehmer A erhält eine Erfolgsbeteiligung (i) von 0,5 % des Unternehmensgewinns; (ii) von 5.000,– EUR, wenn der Umsatz des Unternehmens eine bestimmte Größe überschreitet; (iii) von 1 % des Unternehmensgewinns, wenn die Kostenquote einen bestimmten Prozentsatz des Umsatzes nicht überschreitet; oder (iv) eine variable Vergütung, deren Höhe jeweils zu einem Drittel vom Gewinn seines Geschäftsbereiches, des Arbeitgeberunternehmens und des Konzerns abhängt. Der Betrieb der X geht im Wege des Betriebsübergangs auf Y über.

In allen Beispielsfällen ist infolge des Betriebsübergangs eine **Anpassung nach den Grundsätzen des Wegfalls der Geschäftsgrundlage** erforderlich.[23] Die Anpassung kann unter Umständen zu einer im Wesentlichen unveränderten Regelung führen, wenn der Erwerber die wirtschaftliche Einheit übernimmt, an deren Gewinn oder Kennzahlen angeknüpft wird. Übernimmt zum Beispiel der Erwerber alle Betriebe des Veräußerers, kann bei einer vom Unternehmensgewinn abhängigen Vergütung für die Zeit nach Betriebsübergang weiterhin zunächst der Gewinn dieser Einheiten zu Grunde gelegt werden. Im Einzelfall können dennoch Anpassungen erforderlich werden, wenn zum Beispiel der Gewinn der Einheit beim Veräußerer oder Erwerber maßgeblich von Sonderfaktoren beeinflusst ist.

Eine Anpassung ist mit größeren Schwierigkeiten verbunden, wenn sich die maßgeblichen Kennzahlen (auch) auf Einheiten beziehen, die nicht mit übertragen werden. Dies betrifft vor allem Fälle, in denen nur einzelne Betriebe oder Betriebsteile veräußert werden, die Gewinnbeteiligung aber auf den unternehmens- oder konzernweiten Gewinn abstellt bzw. von unternehmens- oder konzernweiten Kennzahlen abhängt. Hier wird man nicht ausschließlich auf einen hypothetischen Gewinn der übernommenen Einheiten abstellen können,[24] da dann die Gewinn- und Verlustsituation der Gesamteinheit nicht mehr mit in die Betrachtung einfließt. Es spricht vieles dafür, in diesem Fall den Gewinn oder Verlust des Erwerberunternehmens insgesamt zumindest korrigierend mit zu berücksichtigen. Ein Rückgriff auf die durchschnittliche Gewinnbeteiligung der drei letzten Jahre[25] kann nur erster Ausgangspunkt sein, denn zum einen kann der zukünftige Gewinn erheblich vom Gewinn der Vergangenheit abweichen und zum anderen sollte sich die variable Gewinnbeteiligung nicht in einen festen Vergütungsbestandteil wandeln.

---

[22] Vgl. hierzu *Gaul/Naumann* NZA 2011, 121; Willemsen/Hohenstatt/Schweibert/Seibt Umstrukturierung/*Willemsen* G Rn. 177; Hölters Unternehmenskauf-HdB/*v. Steinau-Steinrück/Thees* Kap. 6 Rn. 208; *Gaul* ArbR-HdB § 13 Rn. 30.
[23] Vgl. die Nachweise in vorstehender Fn.
[24] So wohl Willemsen/Hohenstatt/Schweibert/Seibt Umstrukturierung/*Willemsen* G Rn. 177.
[25] So *Gaul* ArbR-HdB § 13 Rn. 30.

9   Die Vornahme der Anpassung ist vorrangig eine Angelegenheit der Parteien. Kommt es zu keiner Einigung, etwa weil der übergegangene Arbeitnehmer die vom Erwerber vorgeschlagene oder vorgenommene Anpassung für unzureichend hält, kann er seine Forderung im Wege der Leistungsklage geltend machen. Im Klageverfahren kann der Arbeitgeber die Einrede des Wegfalls der Geschäftsgrundlage erheben.[26] Das Arbeitsgericht prüft dann, ob die Geschäftsgrundlage tatsächlich weggefallen ist und die vom Arbeitgeber vorgeschlagene oder vorgenommene Anpassung einen angemessenen Ausgleich darstellt.

10 c) **Aktienoptionen.** Bei an Arbeitnehmer des Veräußerers ausgegebenen Aktienoptionen ist zunächst festzustellen, ob das Arbeitgeberunternehmen selbst oder eine Konzernobergesellschaft die Optionen begibt bzw. aus der Zusage verpflichtet ist.[27]

Beispiel:
Die ausländische Konzernobergesellschaft gewährt den bei Untergesellschaften beschäftigten leitenden Angestellten Aktienoptionen. Ein Betrieb der deutschen Tochtergesellschaft wird im Wege des Betriebsübergangs nach § 613a BGB veräußert.[28]

11 Das BAG hat in einer dem Beispielsfall vergleichbaren Fallkonstellation maßgeblich darauf abgestellt, dass die **Vereinbarung** über die Gewährung von Aktienoptionen **nicht mit dem Arbeitgeberunternehmen, sondern mit einem Konzernunternehmen abgeschlossen** war. Eine solche Konstellation habe zur Folge, dass Ansprüche aus der Optionsgewährungsvereinbarung nur gegenüber dem optionsbegebenden Vertragspartner geltend gemacht werden können, aber nicht Bestandteil des Arbeitsverhältnisses zum Arbeitgeberunternehmen werden. Beim Betriebsübergang sei ein **Eintritt des Erwerbers in die Rechte und Pflichten aus der Aktienoptionsvereinbarung mit der Konzerngesellschaft** damit **ausgeschlossen.**[29]

12 Wenn demgegenüber das Arbeitgeberunternehmen selbst die Aktienoptionen gewährt, dürfte die der eigentlichen Optionsgewährung zugrunde liegende **Arbeitgeberzusage Bestandteil des Arbeitsverhältnisses** geworden sein und eine hieraus etwa resultierende Verpflichtung grundsätzlich auf den Erwerber übergehen.[30] Soweit die Arbeitgeberzusage zum Zeitpunkt des Betriebsübergangs noch nicht durch eine Begebung einer entsprechenden Zahl von Optionen erfüllt wurde, ist eine Anpassung der Leistung nach den Grundsätzen des Wegfalls der Geschäftsgrundlage vorzunehmen.[31] Zwar wird sich der Erwerber im Regelfall am Markt mit Aktien des Veräußerers eindecken und hierüber die zugesagten Optionen begeben können, jedoch ist der ursprüngliche Zweck der Arbeitgeberzusage, die begünstigten Arbeitnehmer als Eigentümer am Arbeitgeberunternehmen zu beteiligen, nicht mehr erfüllbar. In der Regel dürfte die **Optionszusage** des Arbeitgebers daher **entschädigungslos entfallen,** soweit sie nicht schon vom Veräußerer durch tatsächliche Begebung der Optionen erfüllt ist.[32]

13 In bestimmten **Ausnahmefällen** wird ein **kompensationsloser Wegfall** der Optionszusagen der bei der Anpassung nach den Grundsätzen des Wegfalls der Geschäftsgrundlage vorzunehmenden umfassenden **Interessenabwägung**[33] jedoch **nicht gerecht.** In der Literatur wird hierzu teilweise auf das Kriterium der Wesentlichkeit verwiesen. Waren die zugesagten Aktienoptionen ein **wesentlicher Bestandteil der Vergütung,** müsse der Wegfall der Optionszusagen über eine Erhöhung der Barbezüge kompensiert werden, wobei die Grenze zur Wesentlichkeit hier bei etwa 25 % der Gesamtvergütung zu ziehen sei.[34] Abgesehen von der Frage, ob die Grenzziehung bei 25 % angemessen ist, ist unklar, wie die Optionszusage sowohl im

---

[26] Vgl. MüKoBGB/*Finkenauer* § 313 Rn. 125.
[27] Allg. zu Aktienoptionen und verwandten Rechten → § 20 Rn. 94 ff.
[28] Vgl. BAG 12.2.2003 – 10 AZR 299/02, AP BGB § 613a Nr. 243 = NZA 2003, 487.
[29] Ebenso *v. Steinau-Steinrück* NZA 2003, 473; *Urban-Crell/Manger* NJW 2004, 125; *Gaul* ArbR-HdB § 13 Rn. 51; *Sieg/Maschmann* Unternehmensumstrukturierung Rn. 220; aA *Lipinski/Melms* BB 2003, 150.
[30] Willemsen/Hohenstatt/Schweibert/Seibt Umstrukturierung/*Willemsen* G Rn. 178; *Schnittker/Grau* BB 2002, 2497.
[31] Willemsen/Hohenstatt/Schweibert/Seibt Umstrukturierung/*Willemsen* G Rn. 177; *Schnittker/Grau* BB 2002, 2497.
[32] *Bauer/Göpfert/v. Steinau-Steinrück* ZIP 2001, 1129.
[33] Vgl. nur Palandt/*Grüneberg* BGB § 313 Rn. 40; *Röder/Göpfert* BB 2001, 2002.
[34] Willemsen/Hohenstatt/Schweibert/Seibt Umstrukturierung/*Willemsen* G Rn. 179; *Röder/Göpfert* BB 2001, 2002.

Rahmen der Bestimmung der Gesamtvergütung als auch bei der Bemessung der Kompensation wirtschaftlich zu bewerten ist. Hier können sich bei starken Kursschwankungen Extreme gegenüberstehen. Es erscheint daher eher angebracht, im Rahmen der Anpassung wegen Wegfalls der Geschäftsgrundlage darauf abzustellen, ob der Arbeitnehmer im Vertrauen auf die Optionszusage auf Barbezüge verzichtet hat. Dies ist nur der Fall, wenn infolge zugesagter Teilnahme am Aktienoptionsplan die Barbezüge die marktgerechte Vergütung unterschreiten oder eine variable leistungsabhängige Vergütung zu einem Teil nicht bar, sondern in Aktienoptionen erbracht wird. In diesen Fällen ist der Wegfall der Optionen zu entschädigen.

Die aus der Optionsbegebung den Veräußerer treffenden Verpflichtungen und die entsprechenden Ansprüche der begünstigten Arbeitnehmer richten sich nach der Optionsgewährungsvereinbarung und dem zugrundeliegenden Aktienoptionsplan. Für zum Zeitpunkt des Betriebsübergangs bereits begebene Optionen wird eine Ersatzpflicht des Erwerbers nur ausnahmsweise in Betracht kommen, soweit der Arbeitnehmer auf Barbezüge verzichtet hatte und die Optionen infolge des Betriebsübergangs zulässig verfallen. Hier wird zu beachten sein, dass zum Zeitpunkt des Betriebsübergangs bereits ausübungsreife Optionen nach zutreffender Auffassung regelmäßig nicht mehr verfallen können.[35] 14

Praxistipp:
Aus Erwerbersicht empfiehlt sich eine Regelung im Kaufvertrag, wonach der Veräußerer Aktienoptionsansprüche übergehender Arbeitnehmer erfüllt und den Erwerber insoweit freistellt.

d) Mitarbeiterrabatte, Deputate. Praxisrelevante Fälle für im Veräußererbetrieb gewährte 15 Sonderleistungen sind zum Beispiel Werksrabatte bei PKW-Herstellern,[36] Deputate im Bergbau oder in der Getränkeindustrie, Flugvergünstigungen für Mitarbeiter von Fluggesellschaften[37] sowie der Personalrabatt im Handel. Nach wohl überwiegender Meinung sind diese Leistungen Bestandteil des Arbeitsverhältnisses, sodass die entsprechenden Verpflichtungen grundsätzlich auf den Erwerber übergehen.[38] Probleme entstehen insbesondere dann, wenn der übertragene Betrieb oder Betriebsteil die den Arbeitnehmern vergünstigt oder kostenlos zur Verfügung gestellten Leistungen oder Produkte nicht mehr produziert oder anbietet. Die Eigenart dieser Leistungen bringt es mit sich, dass der bisherige Betriebsinhaber sie quasi ohne Kosten anbieten kann, der Erwerber, der den betreffenden Geschäftsbereich nicht mit übernimmt, sie aber teuer einkaufen muss. Hier werden die Leistungen nach überwiegender und zutreffender Meinung in der Regel nach den Grundsätzen des Wegfalls der Geschäftsgrundlage entschädigungslos entfallen.[39] Zum gleichen Ergebnis gelangt, wer die Beibehaltung der Eigenproduktion als (Tatbestands-)Voraussetzung des Personalrabatts versteht, sodass die Gewährung derartiger Vergünstigungen von vornherein auf die tatsächliche Produktion beschränkt ist.[40]

Beispielsfall aus der Praxis:[41]
Das LAG Hessen hat in einem eine konzerninterne Ausgliederung des Bodenabfertigungsbetriebs einer Fluggesellschaft betreffenden Fall entschieden, dass die konzerninterne Erwerbergesellschaft dem zu ihr

---

[35] Vgl. Harrer Mitarbeiterbeteiligung/*Tepass/Lenzen* B III Rn. 459; wohl auch *Lembke* BB 2001, 1469.
[36] BAG 7.9.2004 – 9 AZR 631/03, AP § 613a Nr. 285 = NZA 2005, 941.
[37] BAG 13.12.2006 – 10 AZR 792/05, NZA 2007, 325.
[38] LAG Hessen 19.4.2001 – 5 Sa 1160/00, BeckRS 2001, 30879303; *Gaul* ArbR-HdB § 13 Rn. 57; vgl. Willemsen/Hohenstatt/Schweibert/Seibt Umstrukturierung/*Willemsen* G Rn. 178 aE; Hölters Unternehmesnkauf-HdB/*v. Steinau-Steinrück/Thees* Kap. 6 Rn. 207.
[39] Hölters Unternehmenskauf-HdB/*v. Steinau-Steinrück/Thees* Kap. 6 Rn. 207; Willemsen/Hohenstatt/Schweibert/Seibt Umstrukturierung/*Willemsen* G Rn. 178; *Gaul* ArbR-HdB § 13 Rn. 57, 58, 64; *Fuchs*, Betriebliche Sozialleistungen beim Betriebsübergang, 2000, S. 130.
[40] BAG 11.12.1996 – 5 AZR 336/95, AP BGB § 611 Sachbezüge Nr. 5 = NZA 1997, 442; 7.9.2004 – 9 AZR 631/03, AP BGB § 613a Nr. 285 = NZA 2005, 941; Henssler/Willemsen/Kalb/*Willemsen/Müller-Bonanni* BGB § 613a Rn. 234.
[41] LAG Hessen 19.4.2001 – 5 Sa 1160/00, BeckRS 2001, 30879303.

gewechselten Bodenpersonal weiterhin die zuvor von der Fluggesellschaft gewährten verbilligten Flugscheine zur Verfügung zu stellen hat. Dem Erwerber war es nach Auffassung des LAG Hessen verwehrt, sich wegen der von ihm vorgenommenen Streichung der durch Gesamtzusage gewährten Flugvergünstigungen auf den Wegfall der Geschäftsgrundlage zu berufen, da er das nach § 87 Abs. 1 Ziffer 10 BetrVG bestehende Mitbestimmungsrecht des Betriebsrates nicht beachtet und das erforderliche Mitbestimmungsverfahren nicht durchgeführt habe.

16 e) **Nachvertragliche Wettbewerbsverbote.** In Bezug auf Berechtigungen und Verpflichtungen aus nachvertraglichen Wettbewerbsverboten ist zwischen Arbeitsverhältnissen, die zum Zeitpunkt des Betriebsübergangs bereits beendet waren, und solchen, die noch fortbestehen, zu unterscheiden. **Wenn das Arbeitsverhältnis** infolge seiner Beendigung vor Betriebsübergang **nicht auf den Erwerber übergeht, ist dieser** mit der wohl herrschenden Meinung **aus einem nachvertraglichen Wettbewerbsverbot weder berechtigt noch verpflichtet.**[42] Im Übrigen führt der Betriebsübergang in der Regel dazu, dass der Veräußerer sein berechtigtes geschäftliches Interesse an der weiteren Einhaltung des Wettbewerbsverbotes verliert,[43] aber gleichwohl zur Zahlung der Karenzentschädigung verpflichtet bleibt, solange sich der Arbeitnehmer nicht wegen eingetretener Unverbindlichkeit vom Wettbewerbsverbot löst.[44] Die in der Literatur vertretene Ansicht, der Veräußerer habe immer dann ein berechtigtes Interesse an der Einhaltung des Wettbewerbsverbotes, wenn er sich gegenüber dem Erwerber verpflichtet, für das Unterlassen von Wettbewerb durch seine früheren Mitarbeiter einzustehen,[45] ist nicht überzeugend. Eine Übertragung des Wettbewerbsverbotes auf den Erwerber ist nur mit Zustimmung des ausgeschiedenen Arbeitnehmers möglich;[46] nach einer Literaturansicht soll diese Zustimmung bereits bei Begründung des Wettbewerbsverbots für den Fall eines Betriebsübergangs erteilt werden können.[47]

17 **Bei Übergang des Arbeitsverhältnisses** auf den Erwerber **geht ein nachvertragliches Wettbewerbsverbot mit über.**[48] Hierbei können Probleme in Bezug auf den sachlichen Geltungsbereich entstehen.

Beispiel 1:
Dem Arbeitnehmer ist es untersagt, für die Dauer von ...... nach Beendigung des Arbeitsverhältnisses ...... für ein Unternehmen tätig zu werden, das mit der Firma im Wettbewerb steht.

Beispiel 2:
Dem Arbeitnehmer ist untersagt, für die Dauer von ...... nach Beendigung des Arbeitsverhältnisses ...... für ein Unternehmen der Pharma-Branche tätig zu werden.

18 Bei **unternehmensbezogenen Wettbewerbsverboten** wie im *Beispiel 1* wird die Tätigkeit für weder der Branche noch anderen Kriterien nach definierte Wettbewerbsunternehmen des Arbeitgebers untersagt. Der Betriebsübergang führt nun dazu, dass für die Bestimmung des Kreises der Wettbewerbsunternehmen nicht mehr auf den Veräußerer, sondern auf den Erwerber abzustellen ist.[49] Bei **branchenbezogenen Wettbewerbsverboten** des *Beispiels 2* kann der Betriebsübergang dazu führen, dass der Kreis der Wettbewerber beispielsweise infolge Branchenwechsels zu eng oder nicht mehr einschlägig definiert ist.[50] Im für den Erwerber

---

[42] LAG Hessen 3.5.1993 – 10 SaGa 345/93, NZA 1994, 1033; Willemsen/Hohenstatt/Schweibert/Seibt Umstrukturierung/*Willemsen* G Rn. 184; Hölters Unternehmenskauf-HdB/*v. Steinau-Steinrück/Thees* Kap. 6 Rn. 212; *Gaul* ArbR-HdB § 13 Rn. 102; *Bauer/Diller* Wettbewerbsverbote Rn. 1001 ff.; GK-HGB/*Etzel* §§ 74–75d Rn. 76; MüKoHGB/*v. Hoyningen-Huene* § 74 Rn. 77; *Hunold* NZA-RR 2007, 617 (622).
[43] BAG 28.1.1966 – 3 AZR 374/65, AP HGB § 74 Nr. 18; Hölters Unternehmenskauf-HdB/*v. Steinau-Steinrück/Thees* Kap. 6 Rn. 212; GK-HGB/*Etzel* §§ 74–75d Rn. 76.
[44] Hölters Unternehmenskauf-HdB/*v. Steinau-Steinrück/Thees* Kap. 6 Rn. 212.
[45] So aber Hölters Unternehmenskauf-HdB/*v. Steinau-Steinrück/Thees* Kap. 6 Rn. 212.
[46] BAG 28.11.1971 – 3 AZR 220/71, AP BGB § 611 Konkurrenzklausel Nr. 26 = BB 1972, 447; Baumbach/Hopt/*Roth* HGB § 74 Rn. 9; GK-HGB/*Etzel* §§ 74–75d Rn. 656; MüKoHGB/*v. Hoyningen-Huene* § 74 Rn. 77; Hölters Unternehmenskauf-HdB/*v. Steinau-Steinrück/Thees* Kap. 6 Rn. 212.
[47] So *Bauer/Diller* Wettbewerbsverbote Rn. 1011; KassHdB ArbR/*Welslau* Band 2 6.1 Rn. 556; GK-HGB/*Etzel* §§ 74–75d Rn. 656.
[48] *Bauer/Diller* Wettbewerbsverbote Rn. 986; Henssler/Willemsen/Kalb/*Willemsen/Müller-Bonanni* BGB § 613a Rn. 243; Willemsen/Hohenstatt/Schweibert/Seibt Umstrukturierung/*Willemsen* G Rn. 184.
[49] Hölters Unternehmenskauf-HdB/*v. Steinau-Steinrück/Thees* Kap. 6 Rn. 214.
[50] Hölters Unternehmenskauf-HdB/*v. Steinau-Steinrück/Thees* Kap. 6 Rn. 215.

ungünstigsten Fall kann diese Veränderung zur Unverbindlichkeit des Wettbewerbsverbotes führen. Eine einseitige Anpassung des Wettbewerbsverbotes durch den Erwerber ist nicht möglich.[51]

f) Arbeitgeberdarlehen. Bei Arbeitgeberdarlehen ist zwischen bei Betriebsübergang bereits bestehenden Darlehensverträgen und dem Anspruch auf Gewährung neuer Darlehen zu unterscheiden. Das vom Veräußerer bereits **gewährte oder fest zugesagte Arbeitgeberdarlehen** kann einschließlich des Anspruchs auf Rückzahlung auf den Erwerber übergehen, wenn es zu den Rechten und Pflichten des Arbeitsverhältnisses gehört. In der Rechtsprechung wird das Darlehen als Bestandteil des Arbeitsverhältnisses angesehen, wenn der Arbeitgeber das Darlehen als **Gehaltsvorschuss** gegeben hat[52] oder wenn es als **freiwillige soziale Leistung** gewährt wird und zum Beispiel **durch Verwendungsbeschränkungen oder Rückzahlungsklauseln** ein Bezug zum Arbeitsverhältnis besteht.[53] Soweit das Darlehen zwar vom Veräußerer gewährt wurde, aber keinen Bezug zum Arbeitsverhältnis hat, verbleibt es beim Veräußerer.[54] Ansprüche auf die Gewährung von vergünstigten neuen Darlehen gehen regelmäßig mit dem Arbeitsverhältnis über, richten sich dann also gegen den Erwerber, es sei denn, es besteht ausnahmsweise kein Bezug zum Arbeitsverhältnis.[55]

> **Praxistipp:**
> Aus Veräußerersicht sollte die Rechtsprechung zu bereits ausgekehrten Arbeitgeberdarlehen im Kaufvertrag so berücksichtigt werden, dass an den Erwerber erfolgende Rückzahlungen auf vom Veräußerer erbrachte Darlehen wirtschaftlich dem Veräußerer zukommen.

g) Arbeitnehmererfindungen. Die Auswirkungen eines Betriebsübergangs auf Ansprüche aus Arbeitnehmererfindungen sind nicht endgültig geklärt. Bei noch nicht vom Betriebsveräußerer in Anspruch genommenen Erfindungen gehen die dem Arbeitgeber zustehenden Rechte nach einhelliger Meinung mit dem Betriebsübergang auf den Erwerber über.[56] Soweit der Veräußerer die Arbeitnehmererfindung bereits vor Betriebsübergang in Anspruch genommen hatte, bleiben diese Rechte nach herrschender Meinung vorbehaltlich einer anderweitigen Übertragung bei ihm.[57] Übernimmt der Erwerber die Rechte an der Erfindung durch Vereinbarung mit dem Veräußerer, geht die wohl herrschende Meinung zu Recht davon aus, dass die Verpflichtungen aus dem Arbeitnehmererfindungsgesetz ebenfalls auf ihn übergehen.[58] Bleiben die Rechte beim Veräußerer, ist eine Haftung des Erwerbers nach § 613a Abs. 2 BGB für Vergütungsansprüche auf Grund von Nutzungshandlungen vor Betriebsübergang nicht ausgeschlossen.[59]

2. Vertragsänderung bzw. Verzicht auf individualvertragliche Ansprüche

Vertragsänderungen oder sonstige Absprachen im Zusammenhang mit einem Betriebsübergang, die zu einem Verzicht des Arbeitnehmers auf individualrechtliche Ansprüche oder

---

[51] *Bauer/Diller* Wettbewerbsverbote Rn. 992; aA wohl Willemsen/Hohenstatt/Schweibert/Seibt Umstrukturierung/*Willemsen* G Rn. 184.
[52] BAG 21.1.1999 – 8 AZR 373/97, BeckRS 1999, 30368263; Hölters Unternehmenskauf-HdB/*v. Steinau-Steinrück/Thees* Kap. 6 Rn. 186; *Sieg/Maschmann* Unternehmensumstrukturierung Rn. 204.
[53] LAG Köln 18.5.2000 – 10 Sa 50/00, NZA-RR 2001, 174.
[54] Hölters Unternehmenskauf-HdB/*v. Steinau-Steinrück/Thees* Kap. 6 Rn. 186; *Sieg/Maschmann* Unternehmensumstrukturierung Rn. 204.
[55] *Fuchs*, Betriebliche Sozialleistungen beim Betriebsübergang, 2000, S. 117.
[56] *Bartenbach/Volz* ArbEG § 1 Rn. 118; *Bartenbach/Volz* GRUR Beil. 2008, 1 (9); Staudinger/*Annuß* BGB § 613a Rn. 169; Hölters Unternehmenskauf-HdB/*v. Steinau-Steinrück/Thees* Kap. 6 Rn. 202; Willemsen/Hohenstatt/Schweibert/Seibt Umstrukturierung/*Willemsen* G Rn. 176.
[57] *Bartenbach/Volz* ArbEG § 1 Rn. 119.
[58] *Bartenbach/Volz* ArbEG § 1 Rn. 118; *Bartenbach/Volz* GRUR Beil. 2008, 1 (9); Hölters Unternehmenskauf-HdB/*v. Steinau-Steinrück/Thees* Kap. 6 Rn. 203.
[59] So *Bartenbach/Volz* ArbEG § 1 Rn. 120; zur Haftung des Erwerbers → Rn. 121 ff.

zu einer für den Arbeitnehmer nachteiligen Regelung führen, sind nicht ohne weiteres zulässig.[60] Zwar können die Arbeitsvertragsparteien im laufenden Arbeitsverhältnis jederzeit frei eine Änderung solcher arbeitsvertraglichen Regelungen vereinbaren, die nicht kollektivrechtlicher Natur sind. Jedoch **soll § 613a Abs. 1 S. 1 BGB** bei einem Betriebsübergang nicht ausschließlich den Erhalt des Arbeitsplatzes und die Sicherung der Fortdauer des Arbeitsverhältnisses gewährleisten, sondern **auch den Inhalt des übergehenden Arbeitsverhältnisses schützen.** Eine im Vorfeld eines Betriebsübergangs zwischen einem Arbeitnehmer und dem Betriebsveräußerer abgeschlossene Änderungsvereinbarung, deren Grund und Ziel es ist, zu verhindern, dass der künftige Betriebserwerber in sämtliche Rechte und Pflichten aus dem Arbeitsverhältnis eintritt, verstößt daher nach einer Entscheidung des Achten Senats des BAG vom 19.3.2009 gegen den Schutzzweck des § 613a Abs. 1 S. 1 BGB und ist nach § 134 BGB nichtig.[61]

22 Mit seiner Entscheidung vom 19.3.2009 knüpft der Achte Senat gewissermaßen an die frühere Rechtsprechung des BAG an, wonach eine für den Arbeitnehmer nachteilige **Änderungsvereinbarung** oder ein **Erlassvertrag** in Bezug auf individualrechtliche Ansprüche nur dann **zulässig ist, wenn hierfür ein sachlicher Grund** besteht.[62] Einen sachlichen Grund für die Kürzung von Leistungen, den Verzicht auf rückständige Vergütung oder eine Anpassung der betrieblichen Altersversorgung hat das BAG in der Vergangenheit insbesondere dann bejaht, wenn durch die Änderung bzw. den Verzicht Arbeitsplätze erhalten werden konnten.[63] Der nicht weiter substantiierte Hinweis des Erwerbers, ohne einen Verzicht der betroffenen Arbeitnehmer auf die betreffende freiwillige Leistung wäre es nicht zum Erwerb gekommen und damit der Betrieb stillgelegt worden, war insoweit nicht ausreichend. Der Erwerber musste vielmehr darlegen können, inwiefern eine unveränderte Weiterführung der freiwilligen Leistung und die daraus resultierenden Belastungen die übergegangene Einheit vor erhebliche Schwierigkeiten gestellt hätte.[64] Einen sachlichen Grund für eine Vertragsänderung hat das BAG auch angenommen, wenn die beim Erwerber einschlägigen tarifvertraglichen Regelungen einheitlich auf die gesamte Belegschaft angewendet wurden, auch wenn diese Angleichung der Arbeitsbedingungen für die übernommenen Arbeitnehmer nachteilig war.[65]

23 In einer Entscheidung vom 7.11.2007 hat der Fünfte Senat des BAG eine nach einem Betriebsübergang zwischen dem Arbeitnehmer und dem Betriebserwerber einzelvertraglich vereinbarte zukünftige Verschlechterung der Arbeitsbedingungen zur Angleichung der Vergütung der durch den Betriebsübergang übernommenen Arbeitnehmer an die Vergütung der bisherigen Belegschaft des Erwerbers für wirksam erachtet.[66] Der Fünfte Senat hat hierzu ausdrücklich angemerkt, dass für eine nach dem Betriebsübergang getroffene Vergütungsvereinbarung kein rechtfertigender Sachgrund erforderlich ist. Soweit eine nach § 613a Abs. 1 S. 1 BGB an sich unverändert übergeleitete Regelung der Disposition der Arbeitsvertragsparteien unterliege, könne sie durch Vereinbarung mit dem alten oder neuen Inhaber geändert werden.[67] Die hiernach zunächst angenommene bzw. erwartete Abkehr des BAG vom Erfordernis eines sachlichen Grundes für eine wirksame Änderungsvereinbarung oder einen Erlassvertrag kann nach der vorerwähnten Entscheidung des Achten Senats vom 19.3.2009 jedoch keineswegs als gesichert angesehen werden. Die Frage, ob und inwieweit es für eine Änderungsvereinbarung oder einen Erlassvertrag im jeweiligen Einzelfall noch eines sachlichen Grundes bedarf, ist nach der Entscheidung des Achten Senats aus 2009

---

[60] EuGH 6.11.2003 – C-4/01, NZA 2003, 1325; BAG 21.8.2014 – 8 AZR 655/13, AP BGB § 611 Haftung des Arbeitnehmers Nr. 140 = NZA 2015, 94.
[61] BAG 19.3.2009 – 8 AZR 722/07, AP BGB § 613a Nr. 369 = NZA 2009, 1091; *Bunte* NZA 2010, 319; *Meyer* SAE 2010, 105.
[62] BAG 18.8.1976 – 5 AZR 95/75, AP BGB § 613a Nr. 4; 26.1.1977 – 5 AZR 302/75, AP BGB § 613a Nr. 5; 29.10.1985 – 3 AZR 485/83, AP BetrAVG § 1 Betriebsveräußerung Nr. 4; 23.11.2006 – 8 AZR 349/06, AP BGB § 613a Nr. 1 = NZA 2007, 866.
[63] BAG 26.1.1977 – 5 AZR 302/75, AP BGB § 613a Nr. 5; 29.10.1985 – 3 AZR 485/83, AP BetrAVG § 1 Betriebsveräußerung Nr. 4.
[64] BAG 29.10.1985 – 3 AZR 485/83, AP BetrAVG § 1 Betriebsveräußerung Nr. 4.
[65] BAG 4.3.1993 – 2 AZR 507/92, AP BGB § 613a Nr. 101 = NZA 1994, 260.
[66] BAG 7.11.2007 – 5 AZR 1007/06, AP BGB § 613a Nr. 329 = NZA 2008, 530.
[67] BAG 7.11.2007 – 5 AZR 1007/06, AP BGB § 613a Nr. 329 = NZA 2008, 530.

nicht abschließend geklärt.[68] Der Dritte Senat des BAG hat in 2010 entschieden, dass ein kurze Zeit nach Übergang des Arbeitsverhältnisses auf den Erwerber mit diesem neu geschlossener Arbeitsvertrag als Umgehung von § 613a Abs. 1 BGB nichtig sein kann.[69]

Angesichts der hier skizzierten nicht besonders geradlinigen BAG-Rechtsprechung lässt sich für den anwaltlichen Berater schwer prognostizieren, ob eine Änderungsvereinbarung im konkreten Fall noch eines sachlichen Grundes bedarf und welche inhaltlichen Anforderungen gegebenenfalls an einen sachlichen Grund für eine für den Arbeitnehmer ungünstige Vertragsänderung bzw. für einen Erlassvertrag zu stellen sind. Derartige Vertragsgestaltungen unterliegen daher zwangsläufig einem nicht unerheblichen Prognose- und Prozessrisiko.[70] Grundsätzlich dürften aber solche Vertragsänderungen, die nicht auf eine Umgehung von § 613a Abs. 1 BGB abzielen, zulässig bzw. als sachlich gerechtfertigt anzusehen sein, da sich aus § 613a BGB keine weitergehende Einschränkung der Privatautonomie ableiten lässt.[71] 24

3. Keine Erweiterung der vor dem Übergang bestehenden Rechte

Die Vorschrift des § 613a BGB sichert lediglich den Fortbestand der im Zeitpunkt des Betriebsübergangs bestehenden Rechte und Pflichten aus dem Arbeitsverhältnis mit dem Veräußerer, begründet aber keinen darüber hinaus gehenden Anspruch auf Teilhabe an beim Betriebserwerber bestehenden Rechten. Der Erwerber kann dementsprechend Arbeitnehmer, deren Arbeitsverhältnisse durch einen Betriebsübergang auf ihn übergehen, durch eine Betriebsvereinbarung gänzlich von einer bei ihm bestehenden betrieblichen Altersvorsorge (-zusage) ausnehmen, diese Altersvorsorge(-zusage) dagegen auf neu eintretende Arbeitnehmer anwenden. Eine solche Herausnahme von durch Betriebsübergang auf den Erwerber übergehenden Arbeitnehmern verstößt nicht gegen den betriebsverfassungsrechtlichen Gleichbehandlungsgrundsatz nach § 75 BetrVG. Die durch die Herausnahme entstehende Ungleichbehandlung ist aufgrund der durch den Betriebsübergang entstehenden besonderen Übergangssituation sachlich gerechtfertigt.[72] 25

II. Auswirkungen auf Betriebsvereinbarungen

1. Unmittelbare Fortgeltung von Betriebsvereinbarungen

Betriebsvereinbarungen gelten gemäß § 77 Abs. 4 BetrVG unmittelbar, das heißt ihre normativen Regelungen[73] entfalten unabhängig vom Willen der Arbeitsvertragsparteien gesetzesgleich Wirkung auf den Inhalt des Arbeitsverhältnisses, ohne Bestandteil des Arbeitsvertrages zu werden.[74] Ein Betriebsübergang lässt diese unmittelbare Geltung im Regelfall unberührt. Zwar sieht § 613a Abs. 1 S. 2 BGB vor, dass durch Betriebsvereinbarung geregelte Rechte und Pflichten Inhalt des Arbeitsverhältnisses zwischen dem neuen Inhaber und dem Arbeitnehmer werden. Diese gesetzlich vorgesehene **Transformation ins Arbeitsverhältnis ist** jedoch **lediglich Auffangtatbestand für den Fall, dass** der **Betriebsübergang zu** einem **Verlust der betrieblichen Identität führt.**[75] Wird bei einem Betriebsübergang gemäß § 613a 26

---

[68] BAG 19.3.2009 – 8 AZR 722/07, AP BGB § 613a Nr. 369 = NZA 2009, 1091.
[69] BAG 20.4.2010 – 3 AZR 225/08, AP BetrAVG § 1 Nr. 63 = NZA 2010, 883.
[70] So auch *Meyer* SAE 2010, 105.
[71] Siehe in diesem Zusammenhang auch Willemsen/Hohenstatt/Schweibert/Seibt Umstrukturierung/*Willemsen* G Rn. 194.
[72] BAG 19.1.2010 – 3 ABR 19/08, AP BetrVG 1972 § 77 Betriebsvereinbarung Nr. 49 = NZA-RR 2010, 356.
[73] Vgl. hierzu *Fitting* BetrVG § 77 Rn. 124; Richardi BetrVG/*Richardi* § 77 Rn. 147.
[74] BAG 21.9.1989 – 1 AZR 454/88, AP BetrVG 1972 § 77 Nr. 43 = NZA 1990, 351.
[75] StRspr des BAG, siehe ua BAG 25.8.1983 – 6 ABR 40/82, AP BetrVG 1972 § 77 Nr. 7; 5.2.1991 – 1 ABR 32/90, AP BGB § 613a Nr. 89 = NZA 1991, 639; 27.7.1994 – 7 ABR 37/93, AP BGB § 613a Nr. 118 = NZA 1995, 222; 15.1.2002 – 1 AZR 58/01, AP SozplKonkG § 2 Nr. 1 = NZA 2002, 1034; Staudinger/*Annuß* BGB § 613a Rn. 203; Soergel/*Raab* BGB § 613a Rn. 105; MüKoBGB/*Müller-Glöge* § 613a Rn. 149; ErfK/*Preis* BGB § 613a Rn. 113; Schliemann/*Ascheid* BGB § 613a Rn. 81, 101; *Gaul* ArbR-HdB § 25 Rn. 8; Willemsen/Hohenstatt/Schweibert/Seibt Umstrukturierung/*Hohenstatt* E Rn. 8; *Hauck* BB Special 4 (2008), 19 (19).

BGB die Identität des Betriebes gewahrt, bleibt die entscheidende Grundlage für die kollektivrechtliche Fortgeltung der Betriebsvereinbarungen erhalten.[76] Der Betriebserwerber tritt insoweit betriebsverfassungsrechtlich an die Stelle des früheren Betriebsinhabers.[77]

27   In der Praxis ist die Feststellung, ob eine bestimmte Betriebsvereinbarung kollektiv weitergilt oder deren Inhalt in die einzelnen Arbeitsverhältnisse transformiert wird, oft von erheblicher Bedeutung. Während nach einem Betriebsübergang kollektiv fortgeltende Betriebsvereinbarungen vom Erwerber unter den gleichen Bedingungen und mit den gleichen Folgen gegenüber dem Betriebsrat gekündigt werden können wie zuvor vom Veräußerer, gilt für die in die Arbeitsverhältnisse der übergegangenen Arbeitnehmer transformierten Rechte ein, wenn auch beschränkter, gesetzlicher Veränderungsschutz.[78] Kollektivrechtlich fortgeltende Betriebsvereinbarungen erfassen allerdings anders als ins Arbeitsverhältnis transformierte Rechte und Pflichten auch die Arbeitsverhältnisse der nach dem Betriebsübergang beim Erwerber neu eintretenden Arbeitnehmer.[79]

28   a) *Einzelbetriebsvereinbarung.* Einzelbetriebsvereinbarungen **gelten bei Wahrung der betrieblichen Identität kollektivrechtlich fort.**[80] Der Betriebserwerber tritt in die Rechtsstellung des Betriebsinhabers ein und ist so an die im Betrieb geltenden Betriebsvereinbarungen gebunden, bis diese ihr Ende finden, weil beispielsweise der übernommene Betrieb als solcher aufhört zu bestehen[81] oder die Betriebsvereinbarungen vom Betriebserwerber unter Beachtung der Mitbestimmungsrechte des Betriebsrates geändert werden.[82]

29   aa) *Übergang des Betriebes.* **Die betriebliche Identität bleibt** zunächst immer dann **gewahrt, wenn der Betrieb als Ganzes übergeht** und betriebsverfassungsrechtlich fortbesteht. In diesem Fall gelten jedenfalls Einzelbetriebsvereinbarungen weiterhin unmittelbar.[83]

30   bb) *Übergang eines Betriebsteils.* Bei einem **Betriebsteilübergang** wird hinsichtlich der Auswirkungen auf bestehende Betriebsvereinbarungen von einem Teil des Schrifttums bislang noch zwischen dem Ursprungsbetrieb und dem veräußerten Betriebsteil unterschieden. Hiernach sollen Betriebsvereinbarungen nur im Ursprungsbetrieb kollektiv weitergelten, während im veräußerten Betriebsteil Rechte und Pflichten aus Betriebsvereinbarungen gemäß § 613a Abs. 1 S. 2 BGB in das Individualarbeitsverhältnis transformiert werden sollen.[84] Dies wurde in der Vergangenheit damit begründet, dass nur der Ursprungsbetrieb in betriebsverfassungsrechtlicher Hinsicht seine betriebliche Identität wahre. Der veräußerte Betriebsteil hingegen sei infolge der Betriebsspaltung nicht mehr mit dem Ursprungsbetrieb identisch, sodass eine kollektive Fortgeltung der Betriebsvereinbarungen ausschei-

---

[76] *Hauck* BB Special 4 (2008), 19 (20).
[77] BAG 8.12.2009 – 1 ABR 66/08, AP BGB § 613a Nr. 380 = NZA 2010, 404.
[78] Vgl. hierzu die Ausführungen → Rn. 50.
[79] Vgl. MüKoBGB/*Müller-Glöge* § 613a Rn. 156; *Hanau/Vossen* in FS Hilger/Stumpf, 279.
[80] BAG 5.2.1991 – 1 ABR 32/90, AP BGB § 613a Nr. 89 = NZA 1991, 639; 27.7.1994 – 7 ABR 37/93, AP BGB § 613a Nr. 118 = NZA 1995, 222; MüKoBGB/*Müller-Glöge* § 613a Rn. 149; Staudinger/*Annuß* BGB § 613a Rn. 207; Soergel/*Raab* BGB § 613a Rn. 105; ErfK/*Preis* BGB § 613a Rn. 114; Schliemann/*Ascheid* BGB § 613a Rn. 81, 101; Willemsen/Hohenstatt/Schweibert/Seibt Umstrukturierung/*Hohenstatt* E Rn. 8; *Gaul* ArbR-HdB § 25 Rn. 5; *Hauck* BB Special 4 (2008), 19 (20); vgl. Tschöpe ArbR-HdB/*Fuhlrott* Teil 2 G Rn. 165, 171.
[81] BAG 5.2.1991 – 1 ABR 32/90, AP BGB § 613a Nr. 89 = NZA 1991, 639; 27.7.1994 – 7 ABR 37/93, AP BGB § 613a Nr. 118 = NZA 1995, 222. Ein Teil der Lit. stellt mit gleichem Ergebnis auf die durch die Betriebsvereinbarung geschaffene Ordnung des Betriebes ab, die als betriebliches Statut von Veränderungen in den Parteistellungen der Betriebsparteien unabhängig sei, so zB Hölters Unternehmenskauf-HdB/*v. Steinau-Steinrück/Thees* Kap. 6 Rn. 353; MüKoBGB/*Müller-Glöge* § 613a Rn. 149.
[82] BAG 8.12.2009 – 1 ABR 66/08, AP BGB § 613a Nr. 380 = NZA 2010, 404.
[83] BAG 5.2.1991 – 1 ABR 32/90, AP BGB § 613a Nr. 89 = NZA 1991, 639; 27.7.1994 – 7 ABR 37/93, AP BGB § 613a Nr. 118 = NZA 1995, 222; 15.1.2002 – 1 AZR 58/01, AP SozplKonkG § 2 Nr. 1 = NZA 2002, 1034; Staudinger/*Annuß* BGB § 613a Rn. 207; Soergel/*Raab* BGB § 613a Rn. 105; MüKoBGB/*Müller-Glöge* § 613a Rn. 149; Schliemann/*Ascheid* BGB § 613a Rn. 81, 101; Willemsen/Hohenstatt/Schweibert/Seibt Umstrukturierung/*Hohenstatt* E Rn. 8; *Gaul* ArbR-HdB § 25 Rn. 5; Hölters Unternehmenskauf-HdB/*v. Steinau-Steinrück/Thees* Kap. 6 Rn. 349; vgl. Tschöpe ArbR-HdB/*Fuhlrott* Teil 2 G Rn. 165, 171.
[84] Vgl. nur Willemsen/Hohenstatt/Schweibert/Seibt Umstrukturierung/*Hohenstatt* E Rn. 20; Schliemann/*Ascheid* BGB § 613a Rn. 101; Hölters Unternehmenskauf-HdB/*v. Steinau-Steinrück/Thees* Kap. 6 Rn. 358; *Gaul* ArbR-HdB § 25 Rn. 116; *Niklas/Mückl* DB 2008, 2250 (2251).

de.[85] Lediglich in dem Sonderfall, dass der Übergang eines Betriebsteils nicht zu einer Betriebsspaltung führt, sondern der Betrieb auf Grund eines zwischen Ursprungsbetrieb und veräußertem Betriebsteil gebildeten **Gemeinschaftsbetriebs** erhalten bleibt,[86] sollen die bisherigen Betriebsvereinbarungen in beiden Betriebsteilen kollektivrechtlich fortgelten.[87]

Das BAG nimmt demgegenüber für den Fall des Betriebsteilübergangs zutreffend an, dass **31 Betriebsvereinbarungen auch in den übertragenen Betriebsteilen unmittelbar als solche weitergelten, wenn die Betriebsteile als jeweils eigenständige Betriebe fortgeführt werden.**[88] Das BAG hat zur Begründung ausgeführt, dass der Betrieb im konkreten Fall lediglich aufgespalten wurde, ohne dass die veräußerten Teile in eine andere betriebliche Organisation eingegliedert worden seien und darin aufgegangen wären. Daher würden die Betriebsvereinbarungen in den abgespaltenen Betriebsteilen weiterhin nur für die Belegschaften gelten, für die sie vor dem Betriebsübergang gegolten haben. Zudem bleibe der Betriebsrat wegen seines gesetzlichen Übergangsmandates nach § 21a BetrVG im Amt und führe die Geschäfte für die abgespaltenen Betriebsteile weiter, sodass es nicht folgerichtig wäre, die Fortgeltung der vom Betriebsrat geschlossenen Betriebsvereinbarungen zu verneinen.

Die Kritik an dieser Entscheidung des BAG beanstandet vor allem, dass das BAG im Ergebnis die Identitätslehre aufgebe.[89] Schon begrifflich könne sich die Identität eines Betriebes nicht in einer Mehr- oder Vielzahl nunmehr selbstständiger Betriebsteile fortsetzen.[90] Diese Kritik überzeugt allerdings nicht. Die Betriebsidentität hängt nämlich nicht von der konkreten Organisation einer betrieblichen Einheit ab, es ist vielmehr die **Identität bzw. Eigenschaft oder Qualität als Betrieb maßgeblich.** Dementsprechend liegt ein Verlust der betrieblichen Identität nur dann vor, wenn der übergegangene Betrieb seine Betriebsqualität verliert, er also aufhört, als Betrieb zu bestehen. Dies ist regelmäßig bei der Eingliederung eines Betriebes oder der Zusammenlegung mit anderen Betrieben der Fall.[91] Bei dem Betriebsteilübergang behält der Ursprungsbetrieb seine Betriebsqualität. Zwar verliert er einen Betriebsteil, er behält aber weiterhin seine Eigenschaft als Betrieb. Für den veräußerten Betriebsteil kommt es darauf an, ob er als eigenständiger Betrieb fortgeführt oder ob er in einen anderen Betrieb eingegliedert oder mit diesem zusammengelegt wird.[92] Im erstgenannten Fall erlangt er Betriebsidentität.

Bei der Betriebsteilveräußerung gelten somit **Betriebsvereinbarungen** nicht nur im Ursprungsbetrieb, sondern auch **in den übergehenden Betriebsteilen kollektiv weiter,** die mangels Eingliederung oder Zusammenlegung **eine eigene betriebliche Identität erlangen.**[93] Dies gilt auch, wenn beispielsweise infolge von mehreren gleichzeitigen Betriebsteilveräußerungen kein Ursprungs- oder Ausgangsbetrieb zurückbleibt. Der vorübergehende oder endgültige Fortfall des Betriebsrats lässt bestehende Betriebsvereinbarungen in ihrer normativen Wirkung unberührt.[94]

Soweit der Erwerber eine im übernommenen Betriebsteil weitergeltende Betriebsvereinbarung ändern oder kündigen will, ist auf Grund des Übergangsmandates nach § 21a BetrVG

---

[85] Vgl. Hölters Unternehmenskauf-HdB/*v. Steinau-Steinrück/Thees* Kap. 6 Rn. 358; *Picot* Unternehmenskauf Teil III Rn. 62; *Gaul* ArbR-HdB § 25 Rn. 116; Willemsen/Hohenstatt/Schweibert/Seibt Umstrukturierung/*Hohenstatt* E Rn. 20.
[86] Zur Vermeidung einer Betriebsspaltung durch Bildung eines Gemeinschaftsbetriebs → Rn. 155.
[87] Willemsen/Hohenstatt/Schweibert/Seibt Umstrukturierung/*Hohenstatt* E Rn. 19; *Gaul* ArbR-HdB § 25 Rn. 59.
[88] BAG 18.9.2002 – 1 ABR 54/01, AP BetrVG 1972 § 77 Nr. 93 = NZA 2003, 670; *Hauck* BB Special 4 (2008), 19 (20); *Salamon* RdA 2007, 153.
[89] Henssler/Willemsen/Kalb/*Willemsen/Müller-Bonanni* BGB § 613a Rn. 256.
[90] Willemsen/Hohenstatt/Schweibert/Seibt Umstrukturierung/*Hohenstatt* E Rn. 20; *Hohenstatt/Müller-Bonanni* NZA 2003, 766 (770).
[91] Henssler/Willemsen/Kalb/*Willemsen/Müller-Bonanni* BGB § 613a Rn. 255.
[92] ArbG Frankfurt a. M. 12.9.1996 – 18 Ca 8666/95, AiB 1997, 481; aA Willemsen/Hohenstatt/Schweibert/Seibt Umstrukturierung/*Hohenstatt* E Rn. 19.
[93] BAG 18.9.2002 – 1 ABR 54/01, AP BetrVG 1972 § 77 Nr. 93 = NZA 2003, 670; ArbG Frankfurt a. M. 12.9.1996 – 18 Ca 8666/95, AiB 1997, 481; *Fitting* BetrVG § 77 Rn. 172, 174; *Hauck* BB Special 4 (2008), 19 (20); Kittner/Zwanziger/Deinert ArbR-HdB/*Bachner*, Arbeitsrecht § 97 Rn. 8; Däubler/Kittner/Klebe/Wedde/*Berg* BetrVG § 77 Rn. 51; GK-BetrVG/*Kreutz* § 77 Rn. 421.
[94] BAG 12.6.2019 – 1 AZR 154/17 = NZA 2019, 1203 Rn. 34; 18.9.2002 – 1 ABR 54/01, AP BetrVG 1972 § 77 Nr. 93 = NZA 2003, 670; Däubler/Kittner/Klebe/Wedde/*Berg* BetrVG § 77 Rn. 52.

hierfür zunächst der beim Veräußerer verbliebene Betriebsrat zuständiger Erklärungsempfänger bzw. Verhandlungspartner. Wird nach Ende des Übergangsmandats in dem beim Erwerber eine eigene betriebliche Identität erlangenden Betriebsteil kein Betriebsrat mehr errichtet, bleibt die normative Wirkung der dort weiter geltenden Betriebsvereinbarungen hiervon unberührt. Die unmittelbare und zwingende Wirkung einer Betriebsvereinbarung nach § 77 Abs. 4 S. 1 BetrVG hängt nicht vom Fortbestand einer Arbeitnehmervertretung im Betrieb ab.[95] Eine Kündigung der weitergeltenden Betriebsvereinbarung muss durch einheitliche Erklärung gegenüber allen betroffenen Arbeitnehmern des Betriebs erfolgen;[96] eine inhaltliche Abänderung der Betriebsvereinbarung scheitert am Fehlen eines Betriebsrates.[97]

35 cc) *Eingliederung des Betriebes oder Betriebsteils.* Eine kollektive Fortgeltung von Betriebsvereinbarungen kommt nach überwiegender Meinung nicht in Betracht, wenn der übertragene Betrieb oder Betriebsteil in einen bestehenden Betrieb eingegliedert wird.[98] Die **Eingliederung hat den Verlust der Betriebsidentität zur Folge,** sodass **durch Betriebsvereinbarung geregelte Rechte und Pflichten nicht mehr unmittelbar gelten,** sondern Inhalt der Arbeitsverhältnisse der vom Übergang betroffenen Arbeitnehmer werden.

36 Umstritten ist, ob Betriebsvereinbarungen auch dann kollektivrechtlich fortgelten können, wenn der übernommene Betrieb oder Betriebsteil zwar in einen bestehenden Betrieb aufgenommen, dort aber als eigener Betriebsteil organisatorisch abgegrenzt weiter geführt wird.[99] Als Argument hierfür wird im Schrifttum angeführt, dass durch die Fortführung als eigener Betriebsteil eine betriebliche Identität und Einheit erhalten bleibe, für die eine Fortgeltung kollektiver Normen Sinn ergeben könne.[100] Entscheidend dürfte aber sein, dass in Bezug auf den beim Erwerber eingegliederten Betrieb oder Betriebsteil ein selbstständiger Betrieb als Anknüpfungspunkt für den Veräußerer-Betriebsrat und die im Veräußerer-Betrieb geschlossenen Betriebsvereinbarungen eben nicht mehr besteht. Aus diesem Grund ist in den Fällen der Eingliederung oder Zusammenlegung mit anderen Betrieben eine unmittelbare Fortgeltung von Betriebsvereinbarungen auch dann ausgeschlossen, wenn der übertragene Betrieb oder Betriebsteil organisatorisch abgegrenzt bleibt.[101]

37 dd) *Unternehmensbezogene Betriebsvereinbarungen.* **Betriebsvereinbarungen, die nach ihrem Inhalt die Zugehörigkeit zum bisherigen Unternehmen zwingend voraussetzen,** gelten mit der wohl herrschenden Meinung auch im Falle eines identitätswahrenden Betriebs- oder Betriebsteilübergangs zumindest **nicht unverändert weiter.**[102] Dies gilt beispielsweise für Betriebsvereinbarungen, die den Zugang zu nicht übergehenden sozialen Einrichtungen des Veräußererunternehmens, wie Kantinen oder Kindertagesstätten, oder unternehmensbezogene Gewinn- oder Vermögensbeteiligungen regeln.[103] In der Regel dürfte der Betriebsübergang allerdings nicht zu einem vollständigen Wegfall solcher Rechte führen.[104] Vielmehr wird der Erwerber für die Restlaufzeit der Betriebsvereinbarung regelmäßig eine **wertgleiche Leistung** zu erbringen haben.[105]

---

[95] BAG 12.6.2019 – 1 AZR 154/17 = NZA 2019, 1203 Rn. 34; 18.9.2002 – 1 ABR 54/01, AP BetrVG 1972 § 77 Nr. 93 = NZA 2003, 670; Däubler/Kittner/Klebe/Wedde/*Berg* BetrVG § 77 Rn. 52.

[96] BAG 12.6.2019 – 1 AZR 154/17 = NZA 2019, 1203 Rn. 37, 41; 18.9.2002 – 1 ABR 54/01, AP BetrVG 1972 § 77 Nr. 93 = NZA 2003, 670; *Fitting* BetrVG § 77 Rn. 175.

[97] BAG 12.6.2019 – 1 AZR 154/17 = NZA 2019, 1203; 18.9.2002 – 1 ABR 54/01, AP BetrVG 1972 § 77 Nr. 93 = NZA 2003, 670; Däubler/Kittner/Klebe/Wedde/*Berg* BetrVG § 77 Rn. 52.

[98] BAG 12.6.2019 – 1 AZR 154/17 = NZA 2019, 1203; vgl. auch ErfK/*Preis* BGB § 613a Rn. 114; Willemsen/Hohenstatt/Schweibert/Seibt Umstrukturierung/*Hohenstatt* E Rn. 25; Tschöpe ArbR-HdB/*Fuhlrott* Teil 2 G Rn. 180.

[99] So *Mues* DB 2003, 1273 (1275, 1276); vgl. auch *Fitting* BetrVG § 77 Rn. 163; dagegen Willemsen/Hohenstatt/Schweibert/Seibt Umstrukturierung/*Hohenstatt* E Rn. 27.

[100] *Mues* DB 2003, 1273 (1275, 1276).

[101] IE ebenso Willemsen/Hohenstatt/Schweibert/Seibt Umstrukturierung/*Hohenstatt* E Rn. 27.

[102] BAG 18.9.2002 – 1 ABR 54/01, AP BetrVG 1972 § 77 Betriebsvereinbarung Nr. 7 = NZA 2003, 670; Hanau/Vossen in FS Hilger/Stumpf, 276; *Gaul* ArbR-HdB § 25 Rn. 11.

[103] Hanau/Vossen in FS Hilger/Stumpf, 276; *Gaul* ArbR-HdB § 25 Rn. 11.

[104] → Rn. 6–14.

[105] So auch *Gaul* ArbR-HdB § 25 Rn. 11; siehe auch Hanau/Vossen in FS Hilger/Stumpf, 276, die jedoch eine Weitergeltung als Individualrecht annehmen.

b) Gesamtbetriebsvereinbarung. Eine Gesamtbetriebsvereinbarung wird nach § 50 Abs. 1 38
BetrVG vom Gesamtbetriebsrat in Angelegenheiten abgeschlossen, die das Gesamtunternehmen oder mehrere Betriebe betreffen und nicht durch die einzelnen Betriebsräte innerhalb ihrer Betriebe geregelt werden können. Der Betriebsrat kann den Gesamtbetriebsrat auch nach § 50 Abs. 2 BetrVG beauftragen, eine Angelegenheit für ihn zu regeln. In einem solchen Fall handelt es sich bei der vom Gesamtbetriebsrat im Auftrag eines oder mehrerer örtlicher Betriebsräte geschlossenen Betriebsvereinbarung ungeachtet ihrer Bezeichnung nicht um eine Gesamt-, sondern um eine oder mehrere Einzelbetriebsvereinbarungen, für die die oben aufgezeigten Grundsätze für Einzelbetriebsvereinbarungen gelten.[106]

Nach früher überwiegender Meinung sollten in originärer Zuständigkeit des Gesamtbetriebsrates abgeschlossene Gesamtbetriebsvereinbarungen infolge eines Betriebs- oder Betriebsteilübergangs in der Regel ihre kollektive Geltung verlieren und Inhalt des Arbeitsverhältnisses werden.[107] Eine kollektive Fortgeltung von Gesamtbetriebsvereinbarungen wird von den Vertretern dieser Meinung allenfalls für Sonderfälle bejaht, wenn zum Beispiel ein bis dahin betriebsloser Erwerber alle oder nahezu alle Betriebe des Veräußerers erwirbt.[108] Nur in diesen Sachverhaltskonstellationen bleibe die „Unternehmensidentität" oder das Amt des Gesamtbetriebsrats erhalten.[109] Entgegen dieser Auffassung ist nach zwei überzeugend begründeten Urteilen des BAG aus 2002[110] und 2015[111] grundsätzlich davon auszugehen, dass beim Veräußerer geschlossene Gesamtbetriebsvereinbarungen nach einem die Betriebsidentität wahrenden Betriebsübergang beim Erwerber kollektivrechtlich fortgelten.[112] Nach einer Entscheidung des BAG aus 2017 muss der Arbeitgeber allerdings die zwischen seinem Rechtsvorgänger und dem dort bestehenden Gesamtbetriebsrat geschlossene Gesamtbetriebsvereinbarung nicht anwenden, wenn die Gesamtbetriebsvereinbarung an eine bei der Rechtsvorgängerin bestehende Unternehmens- und betriebsverfassungsrechtliche Struktur anknüpft und damit nach ihrem Inhalt die Zugehörigkeit zum bisherigen Unternehmen zwingend voraussetzt.[113] Abgesehen von dem Sonderfall, dass die Gesamtbetriebsvereinbarung an eine spezifische Struktur im Betrieb des Veräußerers anknüpft, können beim Veräußerer abgeschlossene Gesamtbetriebsvereinbarungen sowohl bei einem bislang betriebslosen Erwerber als auch bei einem bereits über eigene Betriebe verfügenden Erwerber kollektivrechtlich fortgelten: 39

aa) Erwerber ohne eigene Betriebe. In der Entscheidung des BAG aus 2002,[114] die eine 40
Sachverhaltskonstellation betraf, in der ein bislang betriebsloser Erwerber einen von mehreren Betrieben und mehrere Betriebsteile des Veräußerers unter Fortführung als jeweils eigene Betriebe übernommen hatte, hat das BAG zur Begründung der **kollektivrechtlichen Fortgeltung von** in den veräußerten Betrieben und Betriebsteilen geltenden **Gesamtbetriebsvereinbarungen** entscheidend darauf abgestellt, dass der Betriebsübergang das Regelungsobjekt einer Gesamtbetriebsvereinbarung, nämlich den Betrieb, nicht berührt, solange der Betrieb

---

[106] BAG 18.9.2002 – 1 ABR 54/01, AP BetrVG 1972 § 77 Nr. 93 = NZA 2003, 670; Willemsen/Hohenstatt/Schweibert/Seibt Umstrukturierung/*Hohenstatt* E Rn. 68; *Gaul* ArbR-HdB § 25 Rn. 216.

[107] Willemsen/Hohenstatt/Schweibert/Seibt Umstrukturierung/*Hohenstatt* E Rn. 58; Wißmann/Düwell/Molkenbur/*Beseler/Düwell*, Betriebsübergang (§ 613a BGB), 1994, S. 195, 208; Schliemann/*Ascheid* BGB § 613a Rn. 104; Willemsen/Hohenstatt/Schweibert Umstrukturierung/*Moll*, 1999, E Rn. 13; ebenso LAG Hamm 23.5.2002 – 8 Sa 244/02, NZA-RR 2003, 369; LAG Hamburg 6.11.1998 – 3 Sa 29/97, BeckRS 1998, 30776589.

[108] Vgl. Willemsen/Hohenstatt/Schweibert/Seibt Umstrukturierung/*Hohenstatt* E Rn. 61; Hölters Unternehmenskauf-HdB/*v. Steinau-Steinrück/Thees* Kap. 6 Rn. 361; ähnl. Kittner/Zwanziger/Deinert ArbR-HdB/*Bachner* § 97 Rn. 13.

[109] Zum Übergang des Gesamtbetriebsrats und zur Fortgeltung von Gesamtbetriebsvereinbarungen *Salamon* RdA 2008, 24.

[110] BAG 18.9.2002 – 1 ABR 54/01, AP BetrVG 1972 § 77 § 77 Betriebsvereinbarung Nr. 7 = NZA 2003, 670.

[111] BAG 5.5.2015 – 1 AZR 763/13, AP BetrVG 1972 § 77 Betriebsvereinbarung Nr. 66 = NZA 2015, 1331.

[112] BAG 18.9.2002 – 1 ABR 54/01, AP BetrVG 1972 § 77 § 77 Betriebsvereinbarung Nr. 7 = NZA 2003, 670; 5.5.2015 – 1 AZR 763/13, AP BetrVG 1972 § 77 Betriebsvereinbarung Nr. 66 = NZA 2015, 1331.

[113] BAG 24.1.2017 – 1 ABR 24/15, AP BetrVG 1972 § 77 Betriebsvereinbarung Nr. 67 = NZA-RR 2017, 413.

[114] BAG 18.9.2002 – 1 ABR 54/01, AP BetrVG 1972 § 77 Betriebsvereinbarung Nr. 7 = NZA 2003, 670.

oder der Betriebsteil identitätswahrend übergeht, also nicht infolge Eingliederung oder Zusammenschlusses untergeht. Unerheblich ist danach, dass der Gesamtbetriebsrat des Veräußerers die Zuständigkeit für die übertragenen Betriebe und Betriebsteile verliert und es beim Erwerber bis zur Bildung eines eigenen Gesamtbetriebsrates eine gesamtbetriebsratslose Zeit gibt. Ob im Einzelfall die in den übertragenen Betrieben und Betriebsteilen kollektivrechtlich weitergeltende Gesamtbetriebsvereinbarung als solche oder aber als Einzelbetriebsvereinbarung weitergilt, hängt nach Ansicht des BAG von der Anzahl der übernommenen Betriebe oder Betriebsteile ab. Übernimmt der Erwerber nur einen von mehreren Betrieben, gilt die bisherige Gesamtbetriebsvereinbarung als Einzelbetriebsvereinbarung fort. In diesem Fall ist der mit übergegangene örtliche Betriebsrat[115] zuständiger Erklärungsempfänger und Ansprechpartner für Kündigungen und Änderungsvereinbarungen. Werden mehrere Betriebe übernommen und fortgeführt, bleibt die Gesamtbetriebsvereinbarung als solche bestehen und für die Entgegennahme von Kündigungen und für Änderungsvereinbarungen ist dann der beim Erwerber zu errichtende Gesamtbetriebsrat zuständig.[116] Bis zur Errichtung des Gesamtbetriebsrates ist eine arbeitgeberseitige Kündigung nur durch gleichzeitige Kündigungserklärung an alle Einzelbetriebsräte der übernommenen Betriebe möglich, eine inhaltliche Abänderung kommt hingegen nicht in Betracht.[117]

41 *bb) Erwerber mit eigenen Betrieben.* Mit der Entscheidung des BAG aus 2015[118] ist höchstrichterlich zudem geklärt, dass der Inhalt einer Gesamtbetriebsvereinbarung auch dann kollektivrechtlich fortgilt, wenn ein Betrieb unter Wahrung seiner Identität von einem Erwerber mit mehreren Betrieben übernommen wird und die in der Gesamtbetriebsvereinbarung geregelten Rechte und Pflichten beim Erwerber nicht bereits normativ ausgestaltet sind. Die Wirkung der Gesamtbetriebsvereinbarung ist demnach vom Bestand der von ihr erfassten Einheiten gänzlich unabhängig und wird durch Ausscheiden oder Hinzutreten von Betrieben nicht infrage gestellt. Ihr Inhalt tritt als im Betrieb geltendes Regelwerk neben die in den betreffenden Einheiten geltenden Betriebsvereinbarungen.[119] Die Tatsache, dass die Angelegenheiten, auf die sich die Gesamtbetriebsvereinbarung erstreckt, Unternehmensbezug aufweisen, ist nicht ausschlaggebend, da der Erwerber nach dem Betriebsübergang mit der bei ihm zuständigen Arbeitnehmervertretung eine Anpassung der kollektiven Regelungen aus der Gesamtbetriebsvereinbarung auf sein Unternehmen vereinbaren kann.[120] Gesamtbetriebsvereinbarungen gelten also in den übergehenden Betrieben auch dann kollektivrechtlich weiter, wenn der Erwerber bereits eigene Betriebe besitzt, die übernommenen Betriebe oder Betriebsteile aber fortführt und nicht in seine bestehenden Betriebe eingliedert oder mit diesen zusammenlegt.[121]

42 Nach einer in der Literatur vertretenen Auffassung sollen im Veräußererunternehmen bestehende Gesamtbetriebsvereinbarungen auch beim Übergang mehrerer Betriebe auf einen Erwerber mit dort bereits vorhandenen Betrieben stets als Einzelbetriebsvereinbarungen fortgelten, da sich ansonsten der Geltungsbereich der Gesamtbetriebsvereinbarungen des Veräußerers auch auf die beim Erwerber schon vor Betriebsübergang bestehenden Betriebe erstrecke.[122] Diese Auffassung steht jedoch im Widerspruch zu der gesetzlichen Zuständigkeitsaufteilung zwischen den örtlichen Betriebsräten und dem Gesamtbetriebsrat. Der Betriebsübergang ändert nichts daran, dass in der Regel der Gesamtbetriebsrat und nicht die örtlichen Betriebsräte für die beim Veräußerer durch Gesamtbetriebsvereinbarung geregel-

---

[115] Hierzu → Rn. 150.
[116] BAG 18.9.2002 – 1 ABR 54/01, AP BetrVG 1972 § 77 Nr. 93 = NZA 2003, 670.
[117] BAG 18.9.2002 – 1 ABR 54/01, AP BetrVG 1972 § 77 Nr. 93 = NZA 2003, 670.
[118] BAG 5.5.2015 – 1 AZR 763/13, AP BetrVG 1972 § 77 Betriebsvereinbarung Nr. 66 = NZA 2015, 1331.
[119] BAG 5.5.2015 – 1 AZR 763/13, AP BetrVG 1972 § 77 Betriebsvereinbarung Nr. 66 = NZA 2015, 1331.
[120] BAG 5.5.2015 – 1 AZR 763/13, AP BetrVG 1972 § 77 Betriebsvereinbarung Nr. 66 = NZA 2015, 1331; anders dagegen *Preis/Richter* ZIP 2004, 925 (932); *Jacobs* in FS Konzen, S. 351.
[121] BAG 5.5.2015 – 1 AZR 763/13, AP BetrVG 1972 § 77 Betriebsvereinbarung Nr. 66 = NZA 2015, 1331; siehe auch *Wahlig/Witteler* AuA 2004, 14 (18); *Bachner* NJW 2003, 2861 (2864); *Salamon* RdA 2007, 103 (108); *Hanau/Vossen* in FS Hilger/Stumpf, 275; *Gaul* ArbR-HdB § 25 Rn. 217; MüKoBGB/*Müller-Glöge* § 613a Rn. 151; *Fuchs*, Betriebliche Sozialleistungen beim Betriebsübergang, 2000, S. 151.
[122] *Wahlig/Witteler* AuA 2004, 14 (18).

ten Gegenstände originär zuständig war. Wenn dann mehrere Betriebe identitätswahrend mit ihren jeweiligen Einzelbetriebsräten gemäß § 613a BGB übergehen und beim Erwerber bereits ein Gesamtbetriebsrat besteht, ist daher eine Weitergeltung einer Gesamtbetriebsvereinbarung als Einzelbetriebsvereinbarung nach dieser Ansicht ausgeschlossen.[123] Die vielmehr als solche fortgeltende Gesamtbetriebsvereinbarung aus dem Veräußererunternehmen kann sich allerdings nicht auf zum Zeitpunkt des Betriebsübergangs vorhandene eigene Betriebe des Erwerbers erstrecken,[124] da weder der Veräußerer noch dessen Gesamtbetriebsrat Regelungen für Betriebe anderer Unternehmen treffen können.[125]

Beim Betriebsübergang auf einen Erwerber mit eigenen Betrieben müssen also bezüglich der kollektiven Fortgeltung von Gesamtbetriebsvereinbarungen aus dem Veräußererunternehmen dieselben Grundsätze wie beim Betriebsübergang auf einen Erwerber ohne eigene Betriebe gelten. **Im Falle des Übergangs nur eines einzelnen, seine Identität wahrenden Betriebes** oder eines als eigenständiger Betrieb fortgeführten Betriebsteiles **gelten Gesamtbetriebsvereinbarungen als Einzelbetriebsvereinbarungen fort, während sie im Falle des Übergangs mehrerer** ihrer Identität wahrender **Betriebe** oder als eigenständige Betriebe fortgeführter Betriebsteile für die übertragenen Betriebe oder Betriebsteile **ihre Rechtsnatur als Gesamtbetriebsvereinbarungen bewahren.**[126]

c) Konzernbetriebsvereinbarung. Konzernbetriebsvereinbarungen gelten im übergehenden Betrieb auch nach Betriebsübergang als solche weiter, wenn der Erwerber dem Konzern des Veräußerers angehört.[127] Ob Konzernbetriebsvereinbarungen auch bei konzernexternen Betriebsübergängen normativ fortgelten können, ist in der Literatur umstritten[128] und war bis vor kurzem noch nicht höchstrichterlich geklärt. Wie an dieser Stelle schon in den Vorauflagen vertreten, muss die oben[129] aufgezeigte Rechtsprechung des BAG zur kollektivrechtlichen Fortgeltung von beim Veräußerer geschlossenen Gesamtbetriebsvereinbarungen nach einem die Betriebsidentität wahrenden Betriebsübergang entsprechend auch für im Unternehmen des Veräußerers geltende Konzernbetriebsvereinbarungen Gültigkeit haben. In einem hierzu kürzlich ergangenen Beschluss des BAG vom 25.2.2020[130] führt das BAG seine Rechtsprechung zur normativen Fortgeltung einer Gesamtbetriebsvereinbarung bei Wahrung der Betriebsidentität als Einzelbetriebsvereinbarung oder – im Falle der Übertragung mehrerer Betriebe – als Gesamtbetriebsvereinbarung nun auch für beim Veräußerer geschlossene Konzernbetriebsvereinbarungen im Falle eines konzernexternen Betriebsübergangs fort. Zur Begründung seiner Entscheidung führt das BAG überzeugend aus, dass dem Betriebsverfassungsgesetz eine auf die Organisationseinheit des Betriebs bezogene Normwirkung von Betriebsvereinbarungen zu Grunde liege. Der Gesetzgeber habe trotz der Regelungen in § 50 Abs. 1 und § 58 Abs. 1 BetrVG sprachlich nicht zwischen Einzel, Gesamt oder Konzernbetriebsvereinbarungen unterschieden, sondern stets den Begriff der „Betriebsvereinbarung" verwendet. Deren Bezugsobjekte seien daher ungeachtet der jeweils vertrags-

---

[123] *Röder/Haußmann* DB 1999, 1754 (1756 f.) stellen darauf ab, ob beim Erwerber die Regelung durch Einzel- oder Gesamtbetriebsvereinbarung zu treffen wäre; nur im letzteren Fall solle die Gesamtbetriebsvereinbarung des Veräußerers als Gesamt- und nicht als Einzelbetriebsvereinbarung weitergelten.
[124] *Röder/Haußmann* DB 1999, 1754 (1757); *Bachner* NJW 2003, 2861 (2864); *Niklas/Mückl* DB 2008, 2250 (2254).
[125] So auch *Rieble/Gutzeit* NZA 2003, 233 (238), die allerdings aus diesem Grunde eine Fortgeltung als gleichlautende Einzelbetriebsvereinbarungen als näher liegend ansehen; aA *Hohenstatt/Müller-Bonanni* NZA 2003, 766 (776), die annehmen, dass sich eine Gesamtbetriebsvereinbarung des Veräußerers vom Grundsatz her auch auf Betriebe des Erwerbers erstreckt.
[126] Wohl ebenso Tschöpe ArbR-HdB/*Fuhlrott* Teil 2 G Rn. 173, 175; *Bachner* NJW 2003, 2861 (2864); *Grobys* BB 2003, 1391 (1392); *Salamon* RdA 2007, 103 (108).
[127] AllgM, siehe Willmesen/Hohenstatt/Schweibert/Seibt Umstrukturierung/*Hohenstatt* E Rn. 70; *Gaul* ArbR-HdB § 25 Rn. 240.
[128] Für eine normative Fortgeltung: *Fitting* BetrVG § 1 Rn. 218; Richardi BetrVG/*Richardi* § 77 Rn. 234; *Meyer* BB Special zu Heft 50 (2005), 5. Gegen eine normative Fortgeltung: Willmesen/Hohenstatt/Schweibert/Seibt E Rn. 72, der § 613a Abs. 1 S. 2 BGB analog anwendet und somit zu einer Transformation in das Arbeitsverhältnis kommt.
[129] → Rn. 39 und Rn. 41.
[130] BAG 25.2.2020 – 1 ABR 39/18, NZA 2020, 875.

schließenden Parteien immer die einzelnen Betriebe. Auch inhaltlich regele eine Konzernbetriebsvereinbarung ausschließlich betriebliche Angelegenheiten.[131]

45 Wie an dieser Stelle schon in den Vorauflagen vertreten, müssen die Grundsätze zur kollektiven Fortgeltung von Konzernbetriebsvereinbarungen auch dann gelten, wenn ein konzernangehöriges Unternehmen im Wege des Anteilsverkaufs aus dem Konzern ausscheidet und § 613a BGB daher nicht einschlägig ist. Nach der Entscheidung des BAG vom 25.2.2020 gilt eine im Betrieb eines konzernangehörigen Unternehmens geltende Konzernbetriebsvereinbarung dort normativ als Einzelbetriebsvereinbarung weiter, wenn das Unternehmen in Folge einer Übertragung seiner Geschäftsanteile aus dem Konzern ausscheidet und nicht unter den Geltungsbereich einer im neuen Konzernverbund geltenden Konzernbetriebsvereinbarung mit demselben Regelungsgegenstand fällt. Das BAG führt hierzu weiter aus, dass die Fortgeltung einer Konzernbetriebsvereinbarung bei einem Ausscheiden des Unternehmens aus dem Konzern in Folge eines Share-Deals nicht daran scheitere, dass die vertragsschließenden Parteien im ausscheidenden Unternehmen nicht mehr „zur Verfügung stehen". Der Fortbestand oder die fortbestehende Zuständigkeit der die Betriebsvereinbarung schließenden Interessenvertretung der Arbeitnehmer sei keine zwingende Voraussetzung für die Fortgeltung der von ihr mitgeschaffenen betrieblichen Normen.[132]

46 **d) Kollisionsregelungen.** Soweit Betriebsvereinbarungen kollektivrechtlich fortgelten, kann es zu Kollisionen zwischen Betriebsvereinbarungen des Veräußerers und denjenigen des Erwerbers kommen, wenn die jeweiligen Betriebsvereinbarungen den gleichen Regelungsgegenstand betreffen. Zwar ist eine Kollision zwischen Einzelbetriebsvereinbarungen des Veräußerers und des Erwerbers bei Fortführung des übernommenen Betriebes oder Betriebsteiles als eigener Betrieb ausgeschlossen, da der räumliche bzw. betriebliche Geltungsbereich einer Einzelbetriebsvereinbarung jeweils auf den Betrieb beschränkt ist, für den sie gilt.[133] Einzel- und Gesamtbetriebsvereinbarungen des Veräußerers können aber mit Gesamtbetriebsvereinbarungen des Erwerbers kollidieren. Hierbei gilt zunächst, dass eine vom Gesamtbetriebsrat des Erwerbers in originärer Zuständigkeit abgeschlossene Gesamtbetriebsvereinbarung die Zuständigkeit der örtlichen Betriebsräte verdrängt und somit auch für den durch Betriebsübergang neu hinzugekommen Betrieb die dortigen Einzelbetriebsvereinbarungen gleichen Regelungsgegenstandes ersetzt.[134] Soweit sich Gesamtbetriebsvereinbarungen gegenüberstehen, setzt sich jeweils die des Erwerbers durch.[135] Unbeachtlich ist in all diesen Kollisionsfällen, ob die Gesamtbetriebsvereinbarung des Erwerbers für die betroffenen Arbeitnehmer günstiger oder nachteilig ist.[136] Zu einer Ersetzung kommt es nicht, wenn der Geltungsbereich der Gesamtbetriebsvereinbarung auf bestimmte Betriebe des Erwerbers beschränkt ist und sich somit nicht auf neu hinzukommende Betriebe erstreckt oder die Gesamtbetriebsvereinbarung eine – abweichende oder ergänzende Einzelbetriebsvereinbarungen zulassende – Öffnungsklausel enthält.[137]

> **Praxistipp:**
> Aus Erwerbersicht sollte überprüft werden, ob sich eigene Gesamtbetriebsvereinbarungen auch auf die zu übernehmenden Betriebe erstrecken werden. Will der Erwerber dies vermeiden, sollte er rechtzeitig vor dem Betriebsübergang mit seinem Gesamtbetriebsrat über eine Begrenzung auf die

---

[131] BAG 25.2.2020 – 1 ABR 39/18, NZA 2020, 875 Rn. 23.
[132] BAG 25.2.2020 – ABR 39/18, NZA 2020, 875 Rn. 26.
[133] Vgl. BAG 1.8.2001 – 4 AZR 82/00, AP BGB § 613a Nr. 225 = NZA 2002, 41; *Gaul* ArbR-HdB § 25 Rn. 52.
[134] Willemsen/Hohenstatt/Schweibert/Seibt Umstrukturierung/*Hohenstatt* E Rn. 13; Tschöpe ArbR-HdB/*Fuhlrott* Teil 2 G Rn. 175; *Gaul* ArbR-HdB § 25 Rn. 53.
[135] Wißmann/Düwell/Molkenbur/*Bopp*, Betriebsübergang (§ 613a BGB), 1994, S. 145, 161; *Gaul* ArbR-HdB § 25 Rn. 212; Willemsen/Hohenstatt/Schweibert Umstrukturierung/*Moll*, 1999, E Rn. 19; *Grobys* BB 2003, 1391 (1392).
[136] *Gaul* ArbR-HdB § 25 Rn. 54.
[137] So zur Beschränkung auf die im Zeitpunkt des Abschlusses zum Unternehmen gehörenden Betriebe: Tschöpe ArbR-HdB/*Fuhlrott* Teil 2 G Rn. 175.

vorhandenen Betriebe verhandeln. Kann der Erwerber eine solche Begrenzung des Regelungsinhalts bestimmter Gesamtbetriebsvereinbarungen gegenüber seinem Gesamtbetriebsrat nicht durchsetzen, bleibt dem Erwerber zur Vermeidung einer Erstreckung der betreffenden Gesamtbetriebsvereinbarungen auf die zu übernehmenden Betriebe oftmals nur die Alternative, ein anderes Akquisitionsvehikel als Erwerber auftreten zu lassen.

2. Fortgeltung kraft gesetzlicher Anordnung

Wird ein übernommener Betrieb oder Betriebsteil nicht als eigener Betrieb fortgeführt, sondern ohne eigene Betriebsqualität in einen Betrieb des Erwerbers integriert oder mit diesem zusammengelegt, **führt also der Betriebsübergang zum Verlust der betrieblichen Identität** des Betriebes oder Betriebsteils, **werden die in Betriebsvereinbarungen,** einschließlich Gesamt- und Konzernbetriebsvereinbarungen,[138] **geregelten Rechte und Pflichten** gemäß § 613a Abs. 1 S. 2 BGB **Inhalt des Arbeitsverhältnisses** zwischen dem neuen Inhaber und dem Arbeitnehmer,[139] soweit sie nicht durch eine den übergegangenen Betrieb oder Betriebsteil erfassende Kollektivvereinbarung des Erwerbers abgelöst werden.[140] Der Gesetzeswortlaut, wonach die in Betriebsvereinbarungen geregelten Rechte und Pflichten „Inhalt des Arbeitsverhältnisses" werden, ist **missverständlich** und lässt offen, welcher Rechtscharakter den nach § 613a Abs. 1 S. 2 BGB im Arbeitsverhältnis fortgeltenden bisherigen Kollektivnormen zukommt. Dass die nach Absatz 1 Satz 2 ins Arbeitsverhältnis transformierten Rechte und Pflichten **nicht mit individualvertraglich getroffenen Vereinbarungen gleichzusetzen** sind, zeigt sich schon daran, dass sie einerseits nach Absatz 1 Satz 2 zweiter Halbsatz einem einjährigen Verschlechterungsverbot unterliegen und andererseits nach Absatz 1 Satz 3 durch eine beim Erwerber geltende Kollektivvereinbarung abgelöst werden können.[141] Die in **§ 613a Abs. 1 S. 2 BGB** geregelte Transformation von Kollektivvereinbarungen in die auf den Erwerber übergehenden Arbeitsverhältnisse ist dementsprechend als eine **spezielle gesetzliche Anordnung einer beschränkten Fortgeltung kollektivrechtlicher Regelungen** zu verstehen.[142] Wurden die Normen einer Betriebsvereinbarung infolge eines Betriebsübergangs gemäß § 613a Abs. 1 S. 2 BGB in das Arbeitsverhältnis mit dem Erwerber transformiert, können sie bei einem nachfolgenden Betriebsübergang dementsprechend auch nur auf der Grundlage von § 613a Abs. 1 S. 2 BGB auf das auf den weiteren Betriebserwerber übergegangene Arbeitsverhältnis Anwendung finden.[143]

a) Fortgeltende Rechte und Pflichten. Die durch § 613a Abs. 1 S. 2 BGB angeordnete Fortgeltung der Regelungen von Betriebsvereinbarungen als Inhalt der einzelnen Arbeitsverhältnisse der vom Erwerber übernommenen Arbeitnehmer ist beschränkt auf **Rechte und Pflichten der Arbeitsvertragsparteien.** Daher gehören zu den nach § 613a Abs. 2 BGB übergehenden Arbeitsbedingungen nur solche Rechte und Pflichten aus Betriebsvereinbarungen, die – entsprechend tariflichen Inhaltsnormen iSd § 1 Abs. 1 TVG – den Inhalt des Arbeitsverhältnisses gestalten. Die Transformation dieser Inhaltsnormen führt jedoch nicht dazu, dass sie nunmehr Bestandteil der arbeitsvertraglichen Vereinbarungen zwischen den vom Betriebsübergang erfassten Arbeitnehmern und dem Betriebserwerber werden. Der kollektivrechtliche Charakter der transformierten Normen bleibt erhalten; sie werden mit dem je-

---

[138] Wenn § 613a BGB von Betriebsvereinbarungen spricht, sind damit auch Gesamt- und Konzernbetriebsvereinbarungen umfasst, vgl. MüKoBGB/*Müller-Glöge* § 613a Rn. 155.
[139] Vgl. nur MHdB ArbR/*Wank* § 142 Rn. 198.
[140] Zur Ablösung von beim Veräußerer geltenden Betriebsvereinbarungen durch kollektive Regelungen des Erwerbers → Rn. 59.
[141] Staudinger/*Annuß* BGB § 613a Rn. 201; Henssler/Willemsen/Kalb/*Willemsen/Müller-Bonanni* BGB § 613a Rn. 250.
[142] Henssler/Willemsen/Kalb/*Willemsen/Müller-Bonanni* BGB § 613a Rn. 250; Staudinger/*Annuß* BGB § 613a Rn. 202; Bauer/v. Medem DB 2010, 2560 (2561); so für den Fall eines Tarifvertrages BAG 22.4.2009 – AZR 100/08, AP BGB § 613a Nr. 371 = NZA 2010, 41. unter Aufgabe der Rechtsprechung, wonach die Kollektivnormen Inhalt der Arbeitsverträge werden sollten; zu der Thematik → Rn. 75.
[143] BAG 12.6.2019 – 1 AZR 154/17 = NZA 2019, 1203 Rn. 46; siehe auch Henssler/Willemsen/Kalb/*Willemsen/Müller-Bonanni* BGB § 613a Rn. 276; Bepler RdA 2009, 65 (70).

der kollektivrechtlichen Norm innewohnenden Vorbehalt ihrer nachfolgenden Abänderbarkeit in das Arbeitsverhältnis transformiert.[144] Rechte und Pflichten der Betriebsparteien in ihrem Verhältnis zueinander werden **nicht** Inhalt des Arbeitsverhältnisses.[145] Auch **betriebsverfassungsrechtliche Normen**, zum Beispiel Betriebsvereinbarungen über die Bildung eines unternehmenseinheitlichen Betriebsrates, von Spartenbetriebsräten oder von zusätzlichen betriebsverfassungsrechtlichen Gremien oder Arbeitnehmervertretungen nach § 3 BetrVG, gelten nicht individualrechtlich fort.[146]

49   Abgrenzungsfragen ergeben sich bei den sog. **betrieblichen Normen**.[147] Eine die Ordnung des Betriebs regelnde einfache Arbeitszeit- und Pausenregelung dürfte zwar lediglich als betriebliche, keine Individualrechtspositionen begründende Norm anzusehen sein und somit nicht ins Individualrecht transformieren. Soweit die **Arbeitszeitregelung** hingegen verschiedene, der Wahl des Arbeitnehmers überlassene Arbeitszeitmodelle vorsieht und so Rechtspositionen des Arbeitnehmers schafft, ist jedoch eine Transformation der Betriebsvereinbarung nicht ausgeschlossen.

50   **b) Veränderungssperre.** Die in das Arbeitsverhältnis transformierten Rechte und Pflichten dürfen nach § 613a Abs. 1 S. 2 BGB nicht vor Ablauf eines Jahres nach dem Betriebsübergang zum Nachteil des Arbeitnehmers geändert werden. Ausgeschlossen sind damit sowohl einseitige kündigungsrechtliche Maßnahmen des neuen Arbeitgebers als auch einvernehmliche Änderungen zum Nachteil des Arbeitnehmers.[148] Hierbei ist umstritten, ob eine Änderungskündigung schon vor Ablauf der **einjährigen Veränderungssperre** mit der Maßgabe ausgesprochen werden kann, dass sie erst mit Ablauf der Jahresfrist wirksam wird.[149] Ob auch nachteilige Änderungen während der Jahresfrist aufschiebend bedingt vereinbart werden können, sodass sie erst nach Ablauf der einjährigen Veränderungssperre in Kraft treten,[150] erscheint zumindest fraglich.

51   Mit dem Ende der einjährigen Veränderungssperre entfallen die in das Arbeitsverhältnis transformierten Rechte und Pflichten nicht automatisch. Sie gelten vielmehr weiter, können jetzt aber mit den allgemeinen arbeitsrechtlichen Instrumentarien der Änderungskündigung und der Vertragsänderung beendet oder verändert werden.[151] Die Änderungskündigung unterliegt jedoch den bekannten, strengen Anforderungen des Kündigungsschutzgesetzes und scheidet damit in der Praxis als Änderungsmittel weitestgehend aus.[152] Das Interesse des Erwerbers, die Arbeitsbedingungen der übernommenen Arbeitnehmer an die Bedingungen der schon vor Betriebsübergang bei ihm beschäftigten Arbeitnehmer anzupassen, rechtfertigt eine Änderungskündigung nicht.[153]

52   **c) Vorzeitiges Ende der Veränderungssperre.** Vor Ablauf der einjährigen Veränderungssperre können die in das Arbeitsverhältnis transformierten Rechte und Pflichten geändert werden, wenn die Betriebsvereinbarung gemäß § 613a Abs. 1 S. 4 BGB nicht mehr zwingend gilt, also von der betreffenden Betriebsvereinbarung durch eine andere Abmachung auch mit dem Arbeitnehmer abgewichen werden könnte.[154] Im Einzelnen ist hier vieles streitig, wobei die verschiedenen Fragen mit Blick auf den Sinn und Zweck der gesetzlichen Re-

---

[144] BAG 19.11.2019 – 1 AZR 386/18 = NZA 2020, 297 Rn. 16.
[145] Willemsen/Hohenstatt/Schweibert/Seibt Umstrukturierung/*Hohenstatt* E Rn. 37; ErfK/*Preis* BGB § 613a Rn. 118; Staudinger/*Annuß* BGB § 613a Rn. 216.
[146] Schliemann/*Ascheid* BGB § 613a Rn. 96; Staudinger/*Annuß* BGB § 613a Rn. 214.
[147] Vgl. hierzu und zum Folgenden Willemsen/Hohenstatt/Schweibert/Seibt Umstrukturierung/*Hohenstatt* E Rn. 37.
[148] Willemsen/Hohenstatt/Schweibert/Seibt Umstrukturierung/*Hohenstatt* E Rn. 40.
[149] So Hölters Unternehmenskauf-HdB/*v. Steinau-Steinrück/Thees* Kap. 6 Rn. 351.
[150] So *Meyer* NZA 2002, 246 (251).
[151] Tschöpe ArbR-HdB/*Fuhlrott* Teil 2 G Rn. 192; Willemsen/Hohenstatt/Schweibert Umstrukturierung/*Moll*, 1999, E Rn. 32; siehe auch Staudinger/*Annuß* BGB § 613a Rn. 234.
[152] ErfK/*Preis* BGB § 613a Rn. 120; Willemsen/Hohenstatt/Schweibert Umstrukturierung/*Moll*, 1999, E Rn. 32.
[153] BAG 28.4.1982 – 7 AZR 1139/79, AP KSchG 1969 § 2 Nr. 3; ErfK/*Preis* BGB § 613a Rn. 120.
[154] Hölters Unternehmenskauf-HdB/*v. Steinau-Steinrück/Thees* Kap. 6 Rn. 353; ErfK/*Preis* BGB § 613a Rn. 121; Willemsen/Hohenstatt/Schweibert/Seibt Umstrukturierung/*Hohenstatt* E Rn. 40; *Gaul* ArbR-HdB § 25 Rn. 125.

gelung des Betriebsübergangs beantwortet werden müssen. § 613a Abs. 1 S. 2 BGB soll im Falle eines Betriebsübergangs die aus kollektivvertraglichen Regelungen resultierenden Rechte und Pflichten der betroffenen Arbeitnehmer sichern. Die als Inhalt der Arbeitsverhältnisse weiter geltenden Rechte und Pflichten aus Betriebsvereinbarungen sollen hierbei aber nicht stärker geschützt werden als dies bei Fortbestehen der Betriebsidentität und kollektivrechtlicher Weitergeltung der Fall wäre.[155] Anders gesagt soll der Arbeitnehmer im Vergleich zur Situation ohne Betriebsübergang nicht besser gestellt werden.

aa) Rechte aus transformierten befristeten Betriebsvereinbarungen. War eine Betriebsvereinbarung befristet, enden die aus dieser Betriebsvereinbarung ins Arbeitsverhältnis transformierten Rechte und Pflichten nach zutreffender Ansicht[156] automatisch mit Ablauf der Befristung der Betriebsvereinbarung, es sei denn, die Betriebsvereinbarung hätte Nachwirkung.[157] Eines weiteren Beendigungstatbestandes wie einer Kündigung oder einer einvernehmlichen Aufhebung bedarf es dann nicht.

bb) Rechte aus transformierten gekündigten Betriebsvereinbarungen. Der Inhalt einer im bereits gekündigten Zustand in die einzelnen Arbeitsverhältnisse transformierten Betriebsvereinbarung gilt (auch) beim Erwerber mit Ablauf der Kündigungsfrist nicht mehr zwingend. Die so in die einzelnen Arbeitsverhältnisse transformierten Rechte und Pflichten sollen nach einer in der Literatur vertretenen Auffassung[158] auch dann nicht automatisch enden, wenn die Betriebsvereinbarung keine Nachwirkung hätte. Zur Beendigung bedürfe es vielmehr in jedem Fall einer Änderungskündigung oder einer einvernehmlichen Aufhebung der transformierten Rechte. Diese Auffassung überzeugt nicht.[159] Durch das Erfordernis eines zusätzlichen und zudem weiteren Anforderungen unterliegenden Beendigungstatbestandes würden die vom Betriebsübergang betroffenen Arbeitnehmer im Vergleich zur Situation ohne Betriebsübergang grundlos besser gestellt. Es ist auch nicht ersichtlich, warum die Fallkonstellation einer nicht nachwirkenden transformierten gekündigten Betriebsvereinbarung im Ergebnis anders zu beurteilen sein sollte als die Fallkonstellation einer nicht nachwirkenden transformierten befristeten Betriebsvereinbarung.[160]

cc) Rechte aus nachwirkenden Betriebsvereinbarungen. In das Arbeitsverhältnis transformierte Rechte und Pflichten aus nachwirkenden Betriebsvereinbarungen können durch Vereinbarung mit den betroffenen Arbeitnehmern oder, wenn deren Voraussetzungen vorliegen, durch Änderungskündigung verändert bzw. beendet werden.[161] Dies betrifft sowohl Betriebsvereinbarungen, die zum Zeitpunkt des Betriebsübergangs lediglich nachwirken, als auch Betriebsvereinbarungen, die erst nach Betriebsübergang in das Nachwirkungsstadium eintreten, sei es weil sie noch vor Betriebsübergang gekündigt wurden oder nach Betriebsübergang auf Grund Ablaufs einer Befristung enden. Ohne Änderungskündigung oder einvernehmliche Vereinbarung enden transformierte Rechte aus nachwirkenden Betriebsvereinbarungen nicht.

---

[155] BAG 14.8.2001 – 1 AZR 619/00, AP BetrVG 1972 § 77 Nr. 85 = NZA 2002, 276; 18.11.2003 – 1 AZR 604/02, AP BetrVG 1972 § 77 Nachwirkung Nr. 15 = NZA 2004, 803; 22.4.2009 – 4 AZR 100/08, AP BGB § 613a Nr. 371 = NZA 2010, 41; *Hanau/Vossen* in FS Hilger/Stumpf, 284; Hölters Unternehmenskauf-HdB/*v. Steinau-Steinrück/Thees* Kap. 6 Rn. 354; anders wohl LAG Hamm 23.5.2002 – 8 Sa 244/02, NZA-RR 2003, 369.
[156] *Gaul* ArbR-HdB § 25 Rn. 129; Staudinger/*Annuß* BGB § 613a Rn. 239, mit Verweis auf BAG 22.4.2009 – 4 AZR 100/08, AP BGB § 613a Nr. 371 = NZA 2010, 41; Tschöpe ArbR-HdB/*Fuhlrott* Teil 2 G Rn. 186; anders *Moll* RdA 1996, 275 (284), der einen zusätzlichen Beendigungstatbestand verlangt.
[157] Vgl. zu nachwirkenden Betriebsvereinbarungen → Rn. 55.
[158] *Gussen/Dauck*, Die Weitergeltung von Betriebsvereinbarungen und Tarifverträgen bei Betriebsübergang und Umwandlung, 2. Aufl. 1997, Rn. 146; *Moll* RdA 1996, 275 (284); Willemsen/Hohenstatt/Schweibert Umstrukturierung/*Moll*, 1999, E Rn. 50; *Fuchs*, Betriebliche Sozialleistungen beim Betriebsübergang, 2000, S. 157.
[159] *Gaul* ArbR-HdB § 25 Rn. 129; Staudinger/*Annuß* BGB § 613a Rn. 239; *Hanau/Vossen* in FS Hilger/Stumpf, 280; für den Fall der freiwilligen Betriebsvereinbarung *Bauer/v. Steinau-Steinrück* NZA 2000, 505 (507 f.).
[160] → Rn. 53.
[161] Tschöpe ArbR-HdB/*Fuhlrott* Teil 2 G Rn. 186; Schliemann/*Ascheid* BGB § 613a Rn. 114; Willemsen/Hohenstatt/Schweibert Umstrukturierung/*Moll*, 1999, E Rn. 50; Willemsen/Hohenstatt/Schweibert/Seibt Umstrukturierung/*Hohenstatt* E Rn. 41.

56 dd) *Rechte aus freiwilligen Betriebsvereinbarungen.* Auch nach der – konkret einen Sanierungstarifvertrag betreffenden – Neuausrichtung der Rechtsprechung zur Beibehaltung des kollektivrechtlichen Charakters ins Arbeitsverhältnis transformierter Kollektivnormen[162] ist nicht endgültig geklärt, welche Auswirkungen die Transformation von Rechten aus Betriebsvereinbarungen über freiwillige Leistungen insbesondere in Bezug auf Kündigung und Veränderungssperre hat. Nach zutreffender Ansicht steht dem Erwerber hinsichtlich der ins Arbeitsverhältnis transformierten Rechte aus **freiwilligen Betriebsvereinbarungen** ein **freies Kündigungsrecht** zu, das nicht den Anforderungen der Änderungskündigung unterliegt.[163] Nur so wird der vom Betriebsübergang betroffene Arbeitnehmer gegenüber den beim Veräußerer verbleibenden Arbeitnehmern nicht besser gestellt. Das Recht des Vorinhabers, Betriebsvereinbarungen über freiwillige Leistungen unter Einhaltung der maßgeblichen gesetzlichen oder vertraglich vereinbarten Kündigungsfrist frei und ohne jeglichen Bestandsschutz zu kündigen, transformiert quasi gemeinsam mit den Rechten und Pflichten in das Arbeitsverhältnis.[164]

57 Soweit in der instanzgerichtlichen Rechtsprechung eine arbeitgeberseitige Kündigung der transformierten Rechte aus freiwilligen Betriebsvereinbarungen ohne Bindung an die Voraussetzungen einer Änderungskündigung für zulässig gehalten wird, soll die Kündigung gleichwohl nicht vor Ablauf der einjährigen Veränderungssperre möglich sein.[165] Diese Rechtsprechung überzeugt nicht, da hierdurch der vom Betriebsübergang betroffene Arbeitnehmer stärker geschützt wäre als ohne Betriebsübergang. Wie der Veräußerer vor dem Betriebsübergang muss daher auch der Erwerber nach dem Betriebsübergang ins Arbeitsverhältnis transformierte Rechte aus freiwilligen Betriebsvereinbarungen ohne Bindung an die einjährige Veränderungssperre kündigen können.[166]

58 Für die Kündigung der aus freiwilligen Betriebsvereinbarungen transformierten Rechte ist ausschließlich die für die Betriebsvereinbarung maßgebliche Kündigungsfrist einzuhalten. Die arbeitsvertragliche Kündigungsfrist ist demgegenüber nicht maßgeblich.[167] Die Kündigung ist gegenüber den betroffenen Arbeitnehmern und nicht gegenüber dem Betriebsrat auszusprechen,[168] wobei die Kündigungserklärung aufgrund des kollektivrechtlichen Charakters der aus einer freiwilligen Betriebsvereinbarung transformierten Rechte einheitlich gegenüber sämtlichen betroffenen Arbeitnehmern vorzunehmen ist.[169]

Praxistipp:
Wegen der unsicheren Rechtslage wird Erwerbern oft empfohlen, den Veräußerer zur Kündigung freiwilliger Betriebsvereinbarungen vor Betriebsübergang zu verpflichten. In der Tat beendet eine solche Kündigung freiwillige Betriebsvereinbarungen jedenfalls dann, wenn die Kündigung vor Betriebsübergang wirksam wird und die Betriebsvereinbarungen auch nicht qua Vereinbarung nachwirken. Gleichwohl lassen sich auf diesem Wege nicht alle Probleme lösen. Wenn nämlich der Geltungsbereich einer zu kündigenden Betriebsvereinbarung nicht nur die zu veräußernden Betriebe oder Betriebsteile umfasst, ist eine hierauf beschränkte einseitige Beendigung durch den

---

[162] BAG 22.4.2009 – 4 AZR 100/08, AP BGB § 613a Nr. 371 = NZA 2010, 41.
[163] ArbG Hamburg 1.2.1993 – 21 Ca 93/92; LAG Köln 8.4.2003 – 1 Sa 1219/02, NZA-RR 2003, 657; *Hanau/Vossen* in FS Hilger/Stumpf, 283; Staudinger/*Annuß* BGB § 613a Rn. 226; vgl. Hölters Unternehmenskauf-HdB/*v. Steinau-Steinrück/Thees* Kap. 6 Rn. 356; *Bauer/v. Steinau-Steinrück* NZA 2000, 506; *Gaul* ArbR-HdB § 25 Rn. 135; *Henssler* NZA 1994, 913 (919); aA *Moll* RdA 1996, 275 (284); wohl auch LAG Hamm 23.5.2002 – 8 Sa 244/02, NZA-RR 2003, 369.
[164] *Hanau/Vossen* in FS Hilger/Stumpf, 283. Besondere Regelungen gelten allerdings für Betriebsvereinbarungen über betriebliche Altersversorgung, vgl. BAG 17.8.1999 – 3 ABR 55/98, AP BetrVG 1972 § 77 Nr. 79 = NZA 2000, 498.
[165] LAG Köln 8.4.2003 – 1 Sa 1219/02, NZA-RR 2003, 657; ArbG Hamburg 1.2.1993 – 21 Ca 93/92.
[166] Ebenso *Hanau/Vossen* in FS Hilger/Stumpf, 283; *Henssler* NZA 1994, 913 (919).
[167] *Gaul* ArbR-HdB § 25 Rn. 135; *Bauer/v. Steinau-Steinrück* NZA 2000, 505 (508).
[168] LAG Hamm 23.5.2002 – 8 Sa 244/02, NZA-RR 2003, 369; *Hanau/Vossen* in FS Hilger/Stumpf, 283; *Gaul* ArbR-HdB § 25 Rn. 134; *Hertzfeld* DB 2006, 2177 (2178).
[169] Siehe hierzu auch Staudinger/*Annuß* BGB § 613a Rn. 227, der allerdings bei Existenz eines Betriebsrats im Erwerberbetrieb den Betriebsrat als Adressaten der Kündigungserklärung sieht.

Veräußerer ausgeschlossen, da eine Teilkündigung nicht zulässig ist. Auch ist zu beachten, dass teilmitbestimmte Betriebsvereinbarungen über freiwillige Leistungen nachwirken, wenn der Arbeitgeber mit der Kündigung auch das zur Verfügung gestellte Volumen reduzieren und den Verteilungsschlüssel ändern will.

3. Ablösung durch kollektive Regelungen des Erwerbers[170]

Die durch Betriebsvereinbarung, einschließlich Gesamt- und Konzernbetriebsvereinbarung, geregelten Rechte und Pflichten werden nicht Inhalt des Arbeitsverhältnisses, soweit sie beim neuen Betriebsinhaber durch eine andere Betriebsvereinbarung geregelt werden, § 613a Abs. 1 S. 3 BGB. Das setzt zunächst voraus, dass der übertragene Betrieb oder Betriebsteil von den Betriebsvereinbarungen des Erwerbers erfasst ist. Als ablösende Regelungen kommen neben Betriebsvereinbarungen auch Gesamt- oder Konzernbetriebsvereinbarungen in Betracht, soweit sie im aufnehmenden Erwerberbetrieb gelten. Die Ablösung einer Betriebsvereinbarung des Veräußerers setzt weiter voraus, dass die Betriebsvereinbarung des Erwerbers den **gleichen Regelungsgegenstand** betrifft[171] und dass die im Wege des Betriebsübergangs übernommenen Arbeitnehmer in den **Geltungsbereich** der beim Erwerber bestehenden Betriebsvereinbarung fallen.[172] Die Ablösung ist unabhängig davon möglich, ob die ablösende Regelung beim Erwerber für die übergehenden Arbeitnehmer günstiger oder nachteilig ist; das **Günstigkeitsprinzip gilt nicht**.[173] Wie das BAG erst jüngst entgegen verschiedener Literaturstimmen[174] entschieden hat, kann auch der Entscheidung des EuGH in der Rechtssache Scattolon[175] kein generelles Verschlechterungsverbot im Fall eines Betriebsübergangs entnommen werden.[176] Die ablösende Regelung des Erwerbers muss nicht bereits zum Zeitpunkt des Betriebsübergangs in Kraft sein. Für die Ablösung ist vielmehr ausreichend, wenn die Neuregelung erst nach dem Betriebsübergang geschaffen wird.[177] Durch eine nach Betriebsübergang mit dem Erwerber abgeschlossene Betriebsvereinbarung können so bereits transformierte Rechte und Pflichten durch eine den gleichen Regelungsgegenstand betreffende Kollektivregelung abgelöst werden.

Handelt es sich bei den transformierten Normen um solche einer nur teilmitbestimmten Betriebsvereinbarung, deren finanzielle Leistungen der Erwerber vollständig und ersatzlos einstellen will, greift der kollektivrechtliche Ablösungsmechanismus nicht. Der Erwerber ist dann berechtigt, die in das Arbeitsverhältnis transformierten Inhaltsnormen gegenüber dem in seinem Betrieb gebildeten Betriebsrat zu kündigen.[178]

Nach wohl herrschender Literaturmeinung ist die Transformation von Rechten und Pflichten aus Betriebsvereinbarungen in das Arbeitsverhältnis ausgeschlossen, soweit der Gegenstand beim Betriebserwerber durch Rechtsnormen eines Tarifvertrages geregelt ist.[179]

---

[170] BAG 26.10.1993 – 1 AZR 46/93, AP BetrVG 1972 § 77 Nachwirkung Nr. 6 = NZA 1994, 572; *Fitting* BetrVG § 77 Rn. 189.
[171] BAG 12.6.2019 – 1 AZR 154/17 = NZA 2019; Vgl. nur Schliemann/*Ascheid* BGB § 613a Rn. 111; Tschöpe ArbR-HdB/*Fuhlrott* Teil 2 G Rn. 189.
[172] BAG 12.6.2019 – 1 AZR 154/17 = NZA 2019, 1203 Rn. 51.
[173] BAG 12.6.2019 – 1 AZR 154/17 = NZA 2019, 1203 Rn. 91 ff.; 14.8.2001 – 1 AZR 619/00, AP BetrVG 1972 § 77 Nr. 85 = NZA 2002, 276; Wißmann/Düwell/Molkenbur/*Bopp*, Betriebsübergang (§ 613a BGB), 1994, S. 145, 157; Willemsen/Hohenstatt/Schweibert/Seibt Umstrukturierung/*Hohenstatt* E Rn. 46; *Gaul* ArbR-HdB § 25 Rn. 136; Soergel/*Raab* BGB § 613a Rn. 127; Staudinger/*Annuß* BGB § 613a Rn. 228.
[174] *Sagan* EuZa 2012, 247 (251 f.); *Steffan* NZA 2012, 473 (475).
[175] EuGH 6.9.2011 – C-108/10 = NZA 2011, 1077.
[176] BAG 12.6.2019 – 1 AZR 154/17 = NZA 2019, 1203 Rn. 91 ff.; 23.1.2019 – 4 AZR 446/17 = NZA 2019, 921; siehe zu den durch die Scattolon-Entscheidung des EuGH aufgeworfenen Fragen zur Ablösung von Kollektivverträgen beim Betriebsübergang und der diesbezüglichen Rspr. des BAG im Einzelnen → Rn. 92.
[177] BAG 14.8.2001 – 1 AZR 619/00, AP BetrVG 1972 § 77 Nr. 85 = NZA 2002, 276; Wißmann/Düwell/Molkenbur/*Bopp*, Betriebsübergang (§ 613a BGB), 1994, S. 145, 157; Willemsen/Hohenstatt/Schweibert/Seibt Umstrukturierung/*Hohenstatt* E Rn. 48; *Gaul* ArbR-HdB § 25 Rn. 137; Staudinger/*Annuß* BGB § 613a Rn. 228.
[178] BAG 19.11.2019 – 1AZR 387/18 = NZA 2020, 297 Rn. 18 ff.
[179] So BGB-RGRK/*Ascheid* § 613a Rn. 225; BGB-RGRK Umstrukturierung/*Hohenstatt* E Rn. 55; *Gaul* ArbR-HdB § 25 Rn. 146; aA Staudinger/*Annuß* BGB § 613a Rn. 229.

Für diese Konstellation einer sog. Überkreuzablösung hat das BAG die Frage einer Ablösungsmöglichkeit zwar noch nicht entscheiden müssen und bislang offen lassen können.[180] Es sprechen jedoch weder der Schutzgedanke des § 613a BGB noch das zwischen Tarifvertrag und Betriebsvereinbarung bestehende Rangverhältnis gegen die Möglichkeit einer Ablösung von nach § 613a Abs. 1 S. 2 BGB in das Arbeitsverhältnis transformierten Normen einer Betriebsvereinbarung durch einen beim Erwerber kraft beiderseitiger Tarifbindung geltenden Tarifvertrag.[181] Demgegenüber ist in der spiegelbildlichen Konstellation einer Überkreuzablösung – das heißt, bei der Ablösung vormals tariflicher Regelungen durch verschlechternde Regelungen einer Betriebsvereinbarung des Erwerbers – eine Ablösung jedenfalls außerhalb des Bereiches der erzwingbaren Mitbestimmung nach der BAG-Rechtsprechung nicht möglich.[182]

4. Vereinbarungen mit Sprecherausschüssen

62 Die für Betriebsvereinbarungen dargestellten Regeln gelten für Vereinbarungen mit Sprecherausschüssen nach § 28 Abs. 1 und 2 SprAuG entsprechend.[183]

III. Auswirkungen auf Tarifverträge

1. Unmittelbare Fortgeltung von Tarifverträgen

63 Die Rechtsnormen eines Tarifvertrages gelten nach § 4 Abs. 1 TVG unmittelbar und zwingend zwischen den beiderseits an den Tarifvertrag gebundenen Arbeitsvertragsparteien, wenn diese unter den Geltungsbereich dieses Tarifvertrages fallen. Tarifgebunden sind nach § 3 Abs. 1 TVG die Mitglieder der Tarifvertragsparteien und der Arbeitgeber, der selbst Partei eines Tarifvertrages ist. Der auf Arbeitgeberseite vom Arbeitgeberverband für eine bestimmte Branche und Region abgeschlossene Tarifvertrag wird als Verbands- oder Flächentarifvertrag bezeichnet; tritt der einzelne Arbeitgeber dagegen selbst als Vertragspartei auf, handelt es sich um einen Firmen- oder Haustarifvertrag.[184] Nach § 3 Abs. 3 TVG bleibt die Tarifgebundenheit, beispielsweise nach Verbandsaustritt, bestehen, bis der Tarifvertrag endet (sog. verlängerte Tarifbindung oder Nachbindung). Bei fehlender Tarifgebundenheit einer der Arbeitsvertragsparteien gelten Rechtsnormen eines Tarifvertrages nur dann unmittelbar, wenn der Tarifvertrag gemäß § 5 TVG für allgemeinverbindlich erklärt ist. Im Übrigen kommt nur eine mittelbare Geltung der Tarifnormen, vor allem durch arbeitsvertragliche Inbezugnahme, in Betracht.[185] In diesem Fall handelt es sich der Rechtsqualität nach allerdings letztlich um arbeitsvertragliche Rechte und Pflichten, für die die oben[186] dargestellten Regeln des § 613a Abs. 1 S. 1 BGB gelten.

64 Wie für Betriebsvereinbarungen ist auch für Tarifverträge allgemein anerkannt, dass sie nur dann gemäß § 613a Abs. 1 S. 2 BGB Inhalt des Arbeitsverhältnisses werden, wenn sie nicht bereits unmittelbar weitergelten.[187] Eine solche unmittelbare Weitergeltung kommt in

---

[180] BAG 1.8.2001 – 4 AZR 82/00, AP BGB § 613a Nr. 225 = NZA 2002, 41.
[181] Willemsen/Hohenstatt/Schweibert/Seibt Umstrukturierung/*Hohenstatt* E Rn. 55; MüKoBGB/*Müller-Glöge* § 613a Rn. 149; siehe zum Erfordernis der kongruenten Tarifbindung in diesem Zusammenhang LAG Hamburg 27.4.1999 – 3 Sa 29/97, BeckRS 1999, 30778248; siehe auch *Gaul* ArbR-HdB § 25 Rn. 148, der dagegen die Tarifbindung des Betriebserwerbers genügen lässt.
[182] BAG 22.3.2005 – 1 ABR 64/03, AP TVG § 4 Geltungsbereich Nr. 26 = NZA 2006, 383; 6.11.2007 – 1 AZR 862/06, AP BGB § 613a Nr. 337 = NZA 2008, 542; 13.11.2007 – 3 AZR 191/06, AP BGB § 613a Nr. 336 = NZA 2008, 600; 21.4.2010 – 4 AZR 768/08, AP BGB § 613a Nr. 387; 3.7.2013 – 4 AZR 961/11, NZA-RR 2014, 80; → Rn. 93.
[183] Vgl. nur Willemsen/Hohenstatt/Schweibert/Seibt Umstrukturierung/*Hohenstatt* E Rn. 73.
[184] Hromadka/Maschmann/*Wallner* Tarifwechsel Rn. 37.
[185] Hromadka/Maschmann/*Wallner* Tarifwechsel Rn. 72.
[186] → Rn. 1.
[187] BAG 24.6.1998 – 4 AZR 208/97, AP UmwG § 20 Nr. 1 = NZA 1998, 1346; Hromadka/Maschmann/*Wallner* Tarifwechsel Rn. 336; Wiedemann/*Oetker* TVG § 3 Rn. 219; MHdB ArbR/*Wank* § 142 Rn. 172; Willemsen/Hohenstatt/Schweibert/Seibt Umstrukturierung/*Hohenstatt* E Rn. 93; Hölters Unternehmenskauf-HdB/ *v. Steinau-Steinrück/Thees* Kap. 6 Rn. 359.

Betracht, wenn der Tarifvertrag vor Betriebsübergang aufgrund beidseitiger Tarifbindung oder Allgemeinverbindlichkeit unmittelbare Geltung in den betroffenen Arbeitsverhältnissen entfaltet hat. Soweit Tarifverträge vor Betriebsübergang dagegen lediglich auf Grund Bezugnahme gegolten haben, scheidet eine unmittelbare Weitergeltung nach Betriebsübergang von vornherein aus.

a) **Verbandstarifverträge.** Verbandstarifverträge gelten nach einem Betriebsübergang unmittelbar weiter, wenn sie **allgemeinverbindlich** sind oder gegenüber tarifgebundenen Arbeitnehmern, wenn der **Erwerber demselben Arbeitgeberverband wie der Veräußerer** angehört und der übertragene Betrieb weiterhin dem **Geltungsbereich des Tarifvertrages** unterfällt.[188] 65

Die **Mitgliedschaft des Veräußerers im Arbeitgeberverband** geht nach herrschender und zutreffender Meinung **nicht auf den Erwerber über.** Für den Betriebsübergang auf Grund Einzelrechtsnachfolge folgt dies bereits daraus, dass es sich bei der Verbandsmitgliedschaft weder um ein Recht noch eine Pflicht aus dem Arbeitsverhältnis handelt.[189] Aber auch wenn der Betrieb oder Betriebsteil im Wege der (partiellen) Gesamtrechtsnachfolge übergeht, also vor allem in Umwandlungsfällen, ist ein Übergang der Mitgliedschaft des Veräußerers im Arbeitgeberverband in der Regel ausgeschlossen, da die Mitgliedschaft gemäß §§ 38, 40 BGB vorbehaltlich anderer Satzungsbestimmungen nicht übertragbar ist.[190] Sollte die Satzung ausnahmsweise Übertragbarkeit vorsehen, kommt es nur dann zur tatsächlichen Übertragung der Mitgliedschaft, wenn die Übertragung im Umwandlungsvertrag vereinbart wird.[191] Zur ununterbrochenen unmittelbaren Weitergeltung eines Verbandstarifvertrages kann es mithin in aller Regel nur dann kommen, wenn der Erwerber demselben Arbeitgeberverband wie der Veräußerer bereits angehört bzw. diesem vor oder zum Betriebsübergang selbst beitritt.[192] 66

Beim sog. **Branchenwechsel** verlässt der übertragene Betrieb den Geltungsbereich des bislang geltenden Verbandstarifvertrages, sodass eine unmittelbare Fortgeltung des Verbandstarifvertrages auf jeden Fall ausscheidet.[193] Hierzu kann es insbesondere in Ausgliederungsfällen kommen, wenn beispielsweise die Kantine oder der Vertrieb eines Produktionsbetriebes auf ein anderes Unternehmen übertragen oder ausgelagert wird, das in einer anderen Branche tätig ist.[194] Maßgeblich für eine unmittelbare Fortgeltung der tariflichen 67

---

[188] *Hromadka/Maschmann/Wallner* Tarifwechsel Rn. 493; Soergel/*Raab* BGB § 613a Rn. 106; MüKoBGB/ *Müller-Glöge* § 613a Rn. 129; Willemsen/Hohenstatt/Schweibert/Seibt Umstrukturierung/*Hohenstatt* E Rn. 94; Henssler/Moll/Bepler TarifV-HdB/*Grau* Teil 15 Rn. 34.

[189] Vgl. *Gussen/Dauck,* Die Weitergeltung von Betriebsvereinbarungen und Tarifverträgen bei Betriebsübergang und Umwandlung, 2. Aufl. 1997, Rn. 188; Wiedemann/*Oetker* TVG § 3 Rn. 242; *Picot* Unternehmenskauf Teil I Rn. 307; Willemsen/Hohenstatt/Schweibert/Seibt Umstrukturierung/*Willemsen* E Rn. 94.

[190] BAG 5.10.1993 – 3 AZR 586/92, AP BetrAVG § 1 Zusatzversorgungskassen Nr. 42 = NZA 1994, 848; 24.6.1998 – 4 AZR 208/97, AP UmwG § 20 Nr. 1 = NZA 1998, 1346; *Mengel,* Umwandlungen im Arbeitsrecht, 1997, S. 173; Wiedemann/*Oetker* TVG § 3 Rn. 225; *Hromadka/Maschmann/Wallner* Tarifwechsel Rn. 236; *Boecken,* Unternehmensumwandlungen und Arbeitsrecht, 1996, Rn. 184; Semler/Stengel/*Kübler* UmwG § 20 Rn. 41 Fn. 156; Lutter UmwG/*Sagan* § 324 Rn. 22; Kallmeyer/*Willemsen* UmwG § 324 Rn. 24; Willemsen/Hohenstatt/Schweibert/Seibt Umstrukturierung/*Hohenstatt* E Rn. 94, 100; Hölters Unternehmenskauf-HdB/*v. Steinau-Steinrück/Thees* Kap. 6 Rn. 364.

[191] LAG Baden-Württemberg 24.10.2000 – 10 TaBV 2/99, AP TVG § 3 Verbandszugehörigkeit Nr. 18; *Mengel,* Umwandlungen im Arbeitsrecht, 1997, S. 175; Semler/Stengel/*Kübler* UmwG § 20 Rn. 41 Fn. 156; Ascheid/Preis/Schmidt/*Steffan* UmwG § 324 Rn. 12; *Gaul* ArbR-HdB § 24 Rn. 5.

[192] *Hromadka/Maschmann/Wallner* Tarifwechsel Rn. 495; *Gussen/Dauck,* Die Weitergeltung von Betriebsvereinbarungen und Tarifverträgen bei Betriebsübergang und Umwandlung, 2. Aufl. 1997, Rn. 185; MHdB ArbR/*Wank* § 142 Rn. 173; Hölters Unternehmenskauf-HdB/*v. Steinau-Steinrück/Thees* Kap. 6 Rn. 364. Nach herrschender und richtiger Ansicht gilt für den tarifungebundenen Erwerber auch keine § 3 Abs. 3 TVG entsprechende Verlängerung der Tarifbindung, da diese voraussetzt, dass eine Mitgliedschaft überhaupt bestanden hat und dies gerade beim tarifungebundenen Erwerber nicht der Fall ist; vgl. hierzu BAG 5.10.1993 – 3 AZR 586/92, AP BetrAVG § 1 Zusatzversorgungskassen Nr. 42 = NZA 1994, 848; *Hromadka/Maschmann/Wallner* Tarifwechsel Rn. 236; Kempen/Zachert/*Kempen* TVG § 3 Rn. 124; Wiedemann/*Oetker* TVG § 3 Rn. 224.

[193] Vgl. hierzu *Hromadka/Maschmann/Wallner* Tarifwechsel Rn. 581.

[194] Vgl. zB BAG 1.4.1987 – 4 AZR 77/86, AP BGB § 613a Nr. 64 = NZA 1987, 593: Ausgliederung des Restaurants aus Warenhaus; BAG 30.8.2000 – 4 AZR 581/99, AP TVG § 1 Bezugnahme auf Tarifvertrag Nr. 12 = NZA 2001, 510: Ausgliederung der Küche aus Krankenhaus.

Regelungen ist hier, wie der Verbandstarifvertrag seinen fachlichen Geltungsbereich definiert.

68 b) **Firmentarifverträge bei Einzelrechtsnachfolge.** Bei Firmentarifverträgen kommt es für die Frage der unmittelbaren Fortgeltung nach Betriebsübergang darauf an, ob der Übergang im Wege der Einzel- oder Gesamtrechtsnachfolge erfolgt. Im Falle des Betriebsübergangs auf Grund Einzelrechtsnachfolge scheidet eine unmittelbare Fortgeltung von Firmen- oder Sanierungstarifverträgen nach der zutreffenden herrschenden Meinung grundsätzlich aus.[195] Der Übergang der Arbeitgeberstellung auf den Erwerber gemäß § 613a BGB kann die Tarifgebundenheit an einen Firmentarifvertrag nicht begründen, denn die Tarifgebundenheit basiert nicht auf der Stellung als Partei des Arbeitsvertrages, sondern auf der als Tarifvertragspartei.[196] Nur wenn der Erwerber mit der betreffenden Gewerkschaft einen **Übernahmevertrag** schließt, gilt der Firmentarifvertrag unmittelbar weiter.[197]

69 c) **Firmentarifverträge bei Gesamtrechtsnachfolge.** Bei einer Gesamtrechtsnachfolge rückt der übernehmende Rechtsträger in das Vermögen und die Rechtspositionen des übertragenden Rechtsträgers ein.[198]

70 aa) *Verschmelzung.* **Bei der Verschmelzung tritt der übernehmende Rechtsträger** nach zutreffender Ansicht des BAG **in den Firmentarifvertrag** des übertragenden Rechtsträgers **ein.** Denn die Verpflichtung aus dem Firmentarifvertrag ist eine Verbindlichkeit, die zum Vermögen des übertragenden Rechtsträgers gehört und wegen der in § 20 Abs. 1 Nr. 1 UmwG angeordneten Gesamtrechtsnachfolge uneingeschränkt auf den übernehmenden Rechtsträger übergeht.[199] Im Einzelnen ist jedoch vieles streitig:

71 Nach wohl herrschender und überzeugender Auffassung ist die **Geltung des Firmentarifvertrages auf die Betriebe und Arbeitnehmer des übertragenden Rechtsträgers beschränkt,** sodass vorhandene Betriebe und Arbeitnehmer des übernehmenden Rechtsträgers nicht erfasst werden.[200] Auch wenn der übernehmende Rechtsträger Mitglied eines Arbeitgeberverbandes ist, der mit derselben Gewerkschaft, die den Firmentarifvertrag vereinbart hat, einen Verbandstarifvertrag geschlossen hat, gilt für die in den übertragenen Betrieben beschäftigten Arbeitnehmer der dortige sachnähere und speziellere Firmentarifvertrag und nicht der

---

[195] BAG 20.6.2001 – 4 AZR 295/00, AP TVG § 1 Bezugnahme auf Tarifvertrag Nr. 18 = NZA 2002, 517; 29.8.2001 – 4 AZR 332/00, AP TVG § 1 Bezugnahme auf Tarifvertrag Nr. 17 = NZA 2002, 513; MHdB ArbR/*Wank* § 142 Rn. 176; ErfK/*Preis* BGB § 613a Rn. 113b; Wiedemann/*Oetker* TVG § 3 Rn. 216; Hölters Unternehmenskauf-HdB/*v. Steinau-Steinrück/Thees* Kap. 6 Rn. 365; Henssler/Moll/Bepler TarifV-HdB/*Grau* TV Teil 15 Rn. 37; aA *Gamillscheg*, Kollektives Arbeitsrecht, Bd. 1, 1997, S. 778; NK-TVG/*Lorenz* § 3 Rn. 176.

[196] BAG 20.6.2001 – 4 AZR 295/00, AP TVG § 1 Bezugnahme auf Tarifvertrag Nr. 18 = NZA 2002, 517; 15.3.2006 – 4 AZR 132/05, AP TVG § 2 Firmentarifvertrag Nr. 9; 10.6.2009 – 4 ABR 21/08, AP BGB § 613a Nr. 372 = NZA 2010, 51.

[197] Vgl. BAG 20.6.2001 – 4 AZR 295/00, AP TVG § 1 Bezugnahme auf Tarifvertrag Nr. 18 = NZA 2002, 517; 10.6.2009 – 4 ABR 21/08, AP BGB § 613a Nr. 372 = NZA 2010, 51; 26.8.2009 – 4 AZR 280/08, AP BGB § 613a Nr. 376 = NZA 2010, 238; Wiedemann/*Oetker* TVG § 3 Rn. 217; Henssler/Moll/Bepler TarifV-HdB/*Grau* Teil 15 Rn. 37.

[198] *Hauck* BB Special 2008, 19 (20).

[199] BAG 24.6.1998 – 4 AZR 208/97, AP UmwG § 20 Nr. 1 = NZA 1998, 1346; ebenso Semler/Stengel/*Kübler* UmwG § 20 Rn. 40; Lutter UmwG/*Sagan* § 324 Rn. 23; Kallmeyer/*Willemsen* UmwG § 324 Rn. 24; Wiedemann/*Oetker* TVG § 3 Rn. 209; *Mengel*, Umwandlungen im Arbeitsrecht, 1997, S. 182; Hölters Unternehmenskauf-HdB/*v. Steinau-Steinrück/Thees* Kap. 6 Rn. 367; Willemsen/Hohenstatt/Schweibert/Seibt Umstrukturierung/*Hohenstatt* E Rn. 101; *Boecken*, Unternehmensumwandlungen und Arbeitsrecht, 1996, Rn. 205; *Picot* Unternehmenskauf Teil 1 Rn. 310; *Rieble* Anm. zu BAG 24.6.1998 – 4 AZR 208/97, AP UmwG § 20 Nr. 1 = NZA 1998, 1346, EzA UmwG § 20 Nr. 1; KassHdB ArbR/*Düwell* Band 2 6.8 Rn. 176; Henssler/Moll/Bepler TarifV-HdB/*Grau* Teil 15 Rn. 40.

[200] Semler/Stengel/*Kübler* UmwG § 20 Rn. 45; Lutter UmwG/*Sagan* § 324 Rn. 23 f.; Kallmeyer/*Willemsen* UmwG § 324 Rn. 24; Wiedemann/*Oetker* TVG § 3 Rn. 210; *Mengel*, Umwandlungen im Arbeitsrecht, 1997, S. 183; Hölters Unternehmenskauf-HdB/*v. Steinau-Steinrück/Thees* Kap. 6 Rn. 367; Willemsen/Hohenstatt/Schweibert/Seibt Umstrukturierung/*Hohenstatt* E Rn. 103; *Picot* Unternehmenskauf Teil 1 Rn. 310; aA wohl *Rieble* Anm. zu BAG 24.6.1998 – 4 AZR 208/97, AP UmwG § 20 Nr. 1 = NZA 1998, 1346, EzA UmwG § 20 Nr. 1; *Gaul* ArbR-HdB § 24 Rn. 146 verneint für den Fall, dass auf einen bestehenden Rechtsträger aufgespalten wird, den Eintritt in den Firmentarifvertrag.

von der Tarifbindung her ebenfalls einschlägige Verbandstarifvertrag.[201] Der Firmentarifvertrag des übertragenden Rechtsträgers gilt auch dann für die übertragenen Betriebe weiter, wenn Verbandstarifvertrag des übernehmenden Rechtsträgers und Firmentarifvertrag mit jeweils anderen Gewerkschaften vereinbart sind. Zur Ablösung fehlt es in einem solchen Fall an der kongruenten Tarifgebundenheit.[202] Tarifrechtliche Konkurrenzprobleme entstehen auch, wenn Arbeitnehmer des übertragenden Rechtsträgers die übereinstimmende Tarifbindung an den beim übernehmenden Rechtsträger bestehenden Verbandstarifvertrag herbeiführen, indem sie in die Gewerkschaft eintreten, die Partei des Verbandstarifvertrages ist.[203]

Besteht beim übernehmenden Rechtsträger ebenfalls ein Firmentarifvertrag, gelten nach richtiger Ansicht beide Firmentarifverträge – bezogen auf ihren ursprünglichen betrieblichen Geltungsbereich – unmittelbar weiter.[204] Im Schrifttum wird für den Fall, dass beide Firmentarifverträge mit derselben Gewerkschaft geschlossen sind, teilweise über eine entsprechende Anwendung von § 613a Abs. 1 S. 3 BGB ein Vorrang des Firmentarifvertrages des übernehmenden Rechtsträgers angenommen, mit der Folge, dass dieser den Firmentarifvertrag des übertragenden Rechtsträgers ersetzt.[205] Demgegenüber erscheint es sachgerechter, auch diesen Fall mit Hilfe des Spezialitätsprinzips zu lösen: als sachnähere Regelung gilt dann der Firmentarifvertrag des übertragenden Rechtsträgers für seinen bisherigen Geltungsbereich unmittelbar weiter.[206] Gelten beim übertragenden Rechtsträger dagegen überhaupt keine Tarifverträge, erstreckt sich ein Firmen- oder Verbandstarifvertrag des übernehmenden Rechtsträgers unmittelbar auf die hinzukommenden Arbeitnehmer, soweit sie Mitglied der tarifvertragsschließenden Gewerkschaft sind oder werden.[207] 72

bb) Spaltung. Bei der **Spaltung eines Rechtsträgers** kommt es zu einer (partiellen) Gesamtrechtsnachfolge, sodass es auch hier in Bezug auf die übernehmenden Rechtsträger zur unmittelbaren Weitergeltung des Firmentarifvertrages des übertragenden Rechtsträgers kommen kann.[208] Auch hier ist vieles strittig. Nach einer im Schrifttum vertretenen Ansicht soll der Firmentarifvertrag als Folge der Spaltung für den übertragenden und alle übernehmenden bzw. neugegründeten Rechtsträger gleichermaßen unmittelbar weitergelten, ohne dass es einer besonderen Zuweisung des Firmentarifvertrages im Spaltungs- und Übernahmevertrag bedarf.[209] Der Firmentarifvertrag würde sich quasi vervielfältigen und inhaltsgleich bei mehreren Rechtsträgern unmittelbar gelten.[210] Die wohl herrschende Meinung verlangt demgegenüber für die unmittelbare Weitergeltung des Firmentarifvertrages bei einem übernehmenden oder neugegründeten Rechtsträger zu Recht, dass der **Spaltungs- und Übernahmevertrag** diesem die **Vertragsstellung aus dem Firmentarifvertrag** zu- 73

---

[201] HM, siehe etwa Willemsen/Hohenstatt/Schweibert/Seibt Umstrukturierung/*Hohenstatt* E Rn. 107; Semler/Stengel/*Kübler* UmwG § 20 Rn. 45; *Boecken,* Unternehmensumwandlungen und Arbeitsrecht, 1996, Rn. 205; *Picot* Unternehmenskauf Teil 1 Rn. 311.
[202] *Picot* Unternehmenskauf Teil 1 Rn. 311.
[203] Vgl. zu dieser Problematik Wiedemann/*Wank* TVG § 4 Rn. 264.
[204] Vgl. *Däubler* RdA 1995, 136 (140); *Mengel,* Umwandlungen im Arbeitsrecht, 1997, S. 182; *Hergenröder* AR-Blattei (SD) Betriebsinhaberwechsel II Rn. 83; Ascheid/Preis/Schmidt/*Steffan* UmwG § 324 Rn. 15; Willemsen/Hohenstatt/Schweibert/Seibt Umstrukturierung/*Hohenstatt* E Rn. 105; *Boecken* Unternehmensumwandlung Rn. 205.
[205] Semler/Stengel/*Kübler* UmwG § 20 Rn. 47; KassHdB ArbR/*Düwell* Band 2 6.8 Rn. 176; Willemsen/Hohenstatt/Schweibert/Seibt Umstrukturierung/*Hohenstatt* E Rn. 105.
[206] Vgl. *Däubler* RdA 1995, 136 (142); *Mengel,* Umwandlungen im Arbeitsrecht, 1997, S. 182; *Hergenröder* AR-Blattei (SD) Betriebsinhaberwechsel II Rn. 83; Ascheid/Preis/Schmidt/*Steffan* UmwG § 324 Rn. 15; *Boecken* Unternehmensumwandlung Rn. 205.
[207] BAG 9.12.1999 – 6 AZR 299/98, AP BAT-O § 1 Nr. 14 = NZA 2000, 1167.
[208] *Boecken* Unternehmensumwandlung Rn. 206; *Gaul* ArbR-HdB § 24 Rn. 139; Kallmeyer/*Willemsen* UmwG § 324 Rn. 24; Willemsen/Hohenstatt/Schweibert/Seibt Umstrukturierung/*Hohenstatt* E Rn. 110; *Picot* Unternehmenskauf Teil I Rn. 312.
[209] NK-TVG/*Lorenz* § 3 Rn. 184; *Däubler* RdA 1995, 136 (142); wohl auch *Mengel,* Umwandlungen im Arbeitsrecht, 1997, S. 185 Fn. 790; KassHdB ArbR/*Düwell* Band 2 6.8 Rn. 280; Soergel/*Raab* BGB § 613a Rn. 182.
[210] KassHdB/*Düwell* Band 2 6.8 Rn. 280 spricht von einer „Arbeitgeber-Tarifgemeinschaft"; Soergel/*Raab* BGB § 613a Rn. 182 von einem „mehrgliedrigem Tarifvertrag".

weist.[211] Hierbei soll eine Zuweisung des Firmentarifvertrages an mehr als einen Rechtsträger ausgeschlossen sein.[212]

74 Zu beachten ist, dass bei der Spaltung die nach § 3 Abs. 1 TVG unmittelbare Tarifbindung des übertragenden Rechtsträgers entfallen dürfte, wenn der Firmentarifvertrag nicht ihm, sondern einem übernehmenden Rechtsträger zugewiesen ist.[213] Zur Lösung dieses im Hinblick auf den Schutzzweck von § 613a BGB unbefriedigenden Ergebnisses wird eine entsprechende Anwendung von § 613a Abs. 1 S. 2 BGB,[214] eine verlängerte Tarifbindung für den übertragenden Rechtsträger bis zum Ende des Tarifvertrages entsprechend § 3 Abs. 3 TVG[215] oder aber eine Nachwirkung entsprechend § 4 Abs. 5 TVG[216] vorgeschlagen. Für übernehmende oder neugegründete Rechtsträger, denen der Firmentarifvertrag nicht zugewiesen ist, kommt eine verlängerte Tarifbindung nach § 3 Abs. 3 TVG nach richtiger Ansicht hingegen nicht in Betracht;[217] hier transformieren die Rechte und Pflichten aus dem Firmentarifvertrag nach § 613a Abs. 1 S. 2 BGB ins Arbeitsverhältnis.[218]

2. Fortgeltung kraft gesetzlicher Anordnung

75 Soweit im Zeitpunkt des Betriebsübergangs Tarifverträge kollektivrechtlich für die vom Übergang betroffenen Arbeitsverhältnisse gelten, aber beim Betriebserwerber keine beiderseitige Tarifbindung besteht und auch kein Fall der Allgemeinverbindlichkeit des Tarifvertrags vorliegt, werden die Rechtsnormen der beim Veräußerer geltenden Tarifverträge gemäß § 613a Abs. 1 S. 2 BGB Inhalt der Arbeitsverhältnisse der zum Erwerber gewechselten Arbeitnehmer. Satz 2 sowie auch die Sätze 3 und 4 des § 613a Abs. 1 BGB wurden zwar erst durch das am 21.8.1980 in Kraft getretene „Arbeitsrechtliche EU-Anpassungsgesetz"[219] in § 613a BGB eingefügt. Die in § 613a Abs. 1 S. 2 BGB geregelte Transformation von Tarifverträgen gilt nach der Rechtsprechung des BAG jedoch auch für einen bereits vor dem 21.8.1980 vollzogenen Betriebsübergang.[220] Der **Gesetzeswortlaut**, wonach die in Tarifverträgen geregelten Rechte und Pflichten **„Inhalt des Arbeitsverhältnisses"** werden, ist **missverständlich** und lässt offen, welcher Rechtscharakter den nach § 613a Abs. 1 S. 2 BGB im Arbeitsverhältnis fortgeltenden bisherigen Kollektivnormen zukommt. Dass die nach Absatz 1 Satz 2 ins Arbeitsverhältnis transformierten tarifvertraglichen Rechte und Pflichten **nicht mit individualvertraglich getroffenen Vereinbarungen gleichzusetzen** sind, zeigt sich schon daran, dass sie einerseits nach Absatz 1 Satz 2 zweiter Halbsatz einem einjährigen Verschlechterungsverbot unterliegen und andererseits nach Absatz 1 Satz 3 durch eine beim Erwerber geltende Kollektivvereinbarung abgelöst werden können.[221] Die in **§ 613a Abs. 1 S. 2 BGB** geregelte Transformation von Kollektivvereinbarungen in die auf den Erwerber übergehenden Arbeitsverhältnisse ist dementsprechend als eine **spezielle**

---

[211] MHdB ArbR/*Klumpp* § 247 Rn. 42; Kallmeyer/*Willemsen* UmwG § 324 Rn. 24; *Boecken* Unternehmensumwandlung Rn. 206; Willemsen/Hohenstatt/Schweibert/Seibt Umstrukturierung/*Hohenstatt* E Rn. 110; Wiedemann/*Oetker* TVG § 3 Rn. 213 f.; *Hergenröder* AR-Blattei (SD) Betriebsinhaberwechsel II Rn. 164; *Gaul* ArbR-HdB § 24 Rn. 141 beschränkt dies auf Neugründungen; Henssler/Moll/Bepler TarifV-HdB/*Grau* Teil 15 Rn. 40.
[212] Siehe die Nachweise in der vorhergehenden Fn; aA Wiedemann/*Oetker* TVG § 3 Rn. 213.
[213] Siehe *Rieble* Anm. zu BAG 24.6.1998 – 4 AZR 208/97, AP UmwG § 20 Nr. 1 = NZA 1998, 1346 = EzA UmwG § 20 Nr. 1.
[214] *Gaul* ArbR-HdB § 24 Rn. 143; eine direkte Anwendung von § 613a Abs. 1 S. 2 BGB scheidet aus, da insoweit kein Betriebsübergang vorliegt.
[215] *Boecken* Unternehmensumwandlung Rn. 208; Willemsen/Hohenstatt/Schweibert/Seibt Umstrukturierung/*Hohenstatt* E Rn. 110.
[216] *Rieble* Anm. zu BAG 24.6.1998 – 4 AZR 208/97, AP UmwG § 20 Nr. 1 = NZA 1998, 1346, EzA UmwG § 20 Nr. 1.
[217] Wiedemann/*Oetker* TVG § 3 Rn. 215; *Boecken* Unternehmensumwandlung Rn. 208 aE; MHdB ArbR/*Klumpp* § 247 Rn. 42.
[218] *Boecken* Unternehmensumwandlung Rn. 208 aE; MHdB ArbR/*Rieble/Klumpp* § 247 Rn. 42.
[219] BGBl. 2014 I 1308.
[220] BAG 26.8.2009 – 5 AZR 969/08, AP BGB § 613a Nr. 375 = NZA 2010, 173.
[221] Staudinger/*Annuß* BGB § 613a Rn. 201; Henssler/Willemsen/Kalb/*Willemsen/Müller-Bonanni* BGB § 613a Rn. 250.

gesetzliche Anordnung einer beschränkten Fortgeltung kollektivrechtlicher Regelungen zu verstehen.²²²

Dies entspricht auch der **Rechtsprechung des BAG, die** seit einer Entscheidung des 4. Senats aus 2009 unter Aufgabe der früheren Rechtsprechung, wonach die Kollektivnormen nach § 613a Abs. 1 S. 2 BGB Inhalt der Arbeits*verträge* werden sollten,²²³ heute **davon spricht, dass ein nach § 613a Abs. 1 S. 2 BGB in das Arbeitsverhältnis transformierter Tarifvertrag seinen kollektiv-rechtlichen Charakter behält.**²²⁴ Nach der aktuellen BAG-Rechtsprechung ist der nicht tarifgebundene Betriebserwerber in den übergegangenen Arbeitsverhältnissen an die transformierten tarifvertraglichen Normen gebunden wie ein aus einem tarifschließenden Arbeitgeberverband ausgetretener Arbeitgeber nach § 3 Abs. 3 TVG an den zum Zeitpunkt des Austritts geltenden Verbandstarifvertrag, wobei der Ablauf der Jahresfrist für das Verschlechterungsverbot gemäß § 613a Abs. 1 S. 2 BGB einer Fiktion des Endes der Nachbindung durch Änderung des Tarifvertrages entspricht.²²⁵

Auf der Basis dieser rechtlichen Qualifizierung von nach Absatz 1 Satz 2 ins Arbeitsverhältnis transformierten tarifvertraglichen Regelungen hat der 4. Senat in seinem Grundsatzurteil aus 2009 entschieden, dass ein vom Veräußerer geschlossener Firmen-Sanierungstarifvertrag, der bei einem nachfolgenden Betriebsübergang in die auf den Erwerber übergegangenen Arbeitsverhältnisse transformiert wurde, von der Gewerkschaft auch noch nach erfolgtem Übergang wie im Tarifvertrag angelegt gegenüber dem Veräußerer gekündigt werden konnte. Da nach der Rechtsprechung des BAG zu den bei einem Betriebsübergang nach § 613a Abs. 1 S. 2 BGB in das Arbeitsverhältnis transformierten Normen der gesamte Bestand der Tarifnormen gehört, die die Rechte und Pflichten zwischen dem tarifgebundenen Betriebsveräußerer und dem tarifgebundenen Arbeitnehmer geregelt haben,²²⁶ lebte mit der Kündigung des unter anderem eine Reduzierung der monatlichen Entgelte vorsehenden Sanierungstarifvertrags der Branchenlohntarifvertrag als verbindliche Entgeltregelung für die zum Erwerber gewechselten Arbeitnehmer wieder auf.

a) **Fortgeltende Rechte und Pflichten.** Es gehen nur diejenigen Rechtsnormen eines beim Veräußerer im Zeitpunkt des Betriebsübergangs aufgrund beiderseitiger Tarifbindung geltenden Tarifvertrages ins Arbeitsverhältnis über, die unmittelbar Rechte und Pflichten der Arbeitsvertragsparteien regeln.

aa) *Gemeinsame Einrichtungen.* Tarifnormen betreffend gemeinsame Einrichtungen nach § 4 Abs. 2 TVG werden nicht Bestandteil des Arbeitsverhältnisses.²²⁷ Dies hat jedoch nicht zur Folge, dass von der gemeinsamen Einrichtung erbrachte Leistungen, beispielsweise bezüglich der betrieblichen Altersversorgung, bei einem Betriebsübergang ohne unmittelbare Fortgeltung der tarifvertraglichen Normen ersatzlos wegfallen. Begründet der Tarifvertrag einen Anspruch auf Versorgungsleistungen, geht diese Verpflichtung vielmehr auch dann auf den Erwerber über, wenn der Anspruch über eine gemeinsame Versorgungseinrichtung erfüllt wird. Kann der Erwerber beispielsweise auf Grund Branchenwechsels die übernommenen Arbeitnehmer nicht mehr bei der bisherigen Versorgungseinrichtung versichern, muss er gleichwertige Leistungen erbringen.²²⁸

---

²²² Henssler/Willemsen/Kalb/*Willemsen/Müller-Bonanni* BGB § 613a Rn. 250; Staudinger/*Annuß* BGB § 613a Rn. 202; Henssler/Moll/Bepler TarifV-HdB/*Grau* Teil 15 Rn. 48; für eine Rechtsnachfolge des Erwerbers in die kollektivrechtlichen Bindungen des Veräußerers (sog. Sukzessionsmodell) *Sagan* RdA 2011, 163 (167 ff.); ErfK/*Preis* BGB § 613a Rn. 112.
²²³ BAG 18.11.2003 – 8 AZR 331/03, AP BGB § 613a Nr. 273 = NZA 2004, 803.
²²⁴ Grundlegend BAG 22.4.2009 – 4 AZR 100/08, AP BGB § 613a Nr. 371 = NZA 2010, 41; im Grundsatz zust. *Bauer/v. Medem* DB 2010, 2560; *Hohenstatt* NZA 2010, 23.
²²⁵ BAG 22.4.2009 – 4 AZR 100/08, AP BGB § 613a Nr. 371 = NZA 2010, 41.
²²⁶ BAG 22.4.2009 – 4 AZR 100/08, AP BGB § 613a Nr. 371 = NZA 2010, 41; 14.11.2007 – 4 AZR 828/06, AP BGB § 613a Nr. 334 = NZA 2008, 420.
²²⁷ *Gussen/Dauck* Weitergeltung Betriebsübernahmen Rn. 216; BGB-RGRK/*Ascheid* BGB § 613a Rn. 197; MüKoBGB/*Müller-Glöge* § 613a Rn. 135; Soergel/*Raab* BGB § 613a Rn. 114; Willemsen/Hohenstatt/Schweibert/ Seibt Umstrukturierung/*Hohenstatt* E Rn. 125; *Gaul* ArbR-HdB § 24 Rn. 25; *Wiedemann/Oetker* TVG § 3 Rn. 269; *Moll* RdA 1996, 255 (277); Henssler/Moll/Bepler TarifV-HdB/*Moll/Grau* Teil 15 Rn. 55.
²²⁸ BAG 5.10.1993 – 3 AZR 586/92, AP BetrAVG § 1 Zusatzversorgungskassen Nr. 42 = NZA 1994, 848; ebenso *Hanau/Vossen* in FS Hilger/Stumpf, 291; ähnl. *Moll* RdA 1996, 275 (277), der die Pflicht des Erwer-

80 bb) *Statische Fortgeltung.* Die Rechte und Pflichten aus Tarifverträgen gehen so in die Arbeitsverhältnisse über, wie sie zum Zeitpunkt des Betriebsübergangs bestanden haben, sodass sich nach Betriebsübergang vereinbarte Änderungen oder Neuabschlüsse des Tarifvertrages nicht mehr auf die transformierten Rechte und Pflichten auswirken.[229] Das gilt selbst dann, wenn die Tarifvertragsparteien diesen Änderungen Rückwirkung auch für die Zeit vor Betriebsübergang verleihen.[230] Die **statische Fortgeltung** der transformierten Rechtsnormen des Tarifvertrages **umfasst** nach richtiger Ansicht allerdings auch **die in diesen angelegte Dynamik,** mit der Folge, dass zum Beispiel in einem bereits vor Betriebsübergang in Kraft getretenen Tarifvertrag vereinbarte, aber erst nach dem Übergang wirksam werdende Lohn- oder Gehaltserhöhungen auch für den Erwerber verbindlich sind.[231] Tritt ein zwar noch vor dem Betriebsübergang abgeschlossener Tarifvertrag aber erst nach dem Übergang in Kraft, gehört der tarifvertragliche Regelungsgegenstand dieses Tarifvertrags nicht zu den Rechten und Pflichten aus dem zum Zeitpunkt des Übergangs bestehenden Arbeitsverhältnis nach § 613a Abs. 1 S. 1 und 2 BGB.[232] Tritt ein Tarifvertrag also nicht mit seinem Abschluss, sondern erst später in Kraft, ist für den Beginn der Tarifgeltung der Zeitpunkt des Inkrafttretens maßgeblich.[233] Nimmt ein Firmentarifvertrag auf den jeweils gültigen Verbandstarifvertrag Bezug, transformieren die Rechte und Pflichten wie sie zum Zeitpunkt des Betriebsübergangs bestanden oder verbandstarifvertraglich schon vereinbart waren; nach Betriebsübergang vereinbarte Änderungen des Verbandstarifvertrages bleiben dagegen unbeachtlich.[234] Etwas anderes kann nur dann gelten, wenn die Nachwirkung von Tarifnormen ausdrücklich ausgeschlossen worden ist.[235]

81 cc) *Neu eingestellte Arbeitnehmer.* Auf nach Betriebsübergang neu eingestellte Arbeitnehmer ist § 613a Abs. 1 S. 2 BGB nicht anwendbar. Mit diesen Arbeitnehmern kann der Erwerber vom Tarifvertrag abweichende Vereinbarungen treffen.[236]

82 **b) Veränderungssperre.** Ebenso wie ins Arbeitsverhältnis transformierte Rechte und Pflichten aus Betriebsvereinbarungen[237] unterliegen auch aus beim Veräußerer kollektivrechtlich geltenden Tarifverträgen ins Arbeitsverhältnis transformierte Rechte und Pflichten ab dem Betriebsübergang gemäß § 613a Abs. 1 S. 2 BGB einer einjährigen Veränderungssperre.

83 aa) *Beschränkung auf kollektivrechtliche Ansprüche.* Die **Veränderungssperre gilt nur für kollektive Rechte und Pflichten,** nicht für individualrechtlich begründete Ansprüche.[238] Auch soweit eine tarifvertragliche Regelung im Zeitpunkt des Betriebsübergangs im Ver-

---

bers aber darauf beschränkt, mit einem identischen Beitragsaufwand Versicherungsleistungen einzukaufen, unabhängig davon, wie hoch diese Leistungen sind.

[229] BAG 22.4.2009 – 4 AZR 100/08, AP BGB § 613a Nr. 371 = NZA 2010, 41; 29.8.2001 – 4 AZR 332/00, BAGE 99, 10.

[230] BAG 13.9.1994 – 3 AZR 148/94, AP TVG § 1 Rückwirkung Nr. 11 = NZA 1995, 740; *Gaul* ArbR-HdB § 24 Rn. 29; Willemsen/Hohenstatt/Schweibert/Seibt Umstrukturierung/*Hohenstatt* E Rn. 126; Soergel/*Raab* BGB § 613a Rn. 115; ErfK/*Preis* BGB § 613a Rn. 117; Henssler/Moll/Bepler TarifV-HdB/*Grau* Teil 15 Rn. 61.

[231] BAG 14.11.2007 – 4 AZR 828/06, AP BGB § 613a Nr. 334 = NZA 2008, 420; 19.9.2007 – 4 AZR 711/06, AP BGB § 613a Nr. 328 = NZA 2008, 2411; 22.4.2009 – 4 AZR 100/08, AP BGB § 613a Nr. 371 = NZA 2010, 41; *Hohenstatt* NZA 2010, 23 (26); Staudinger/*Annuß* BGB § 613a Rn. 219; Tschöpe ArbR-HdB/*Fuhlrott* Teil 2 G Rn. 219; *Gaul* ArbR-HdB § 24 Rn. 29; Willemsen/Hohenstatt/Schweibert/Seibt Umstrukturierung/*Hohenstatt* E Rn. 127; Henssler/Moll/Bepler TarifV-HdB/*Grau* Teil 15 Rn. 65.

[232] BAG 26.9.2012 – 4 AZR 512/10, AP BGB § 613a Nr. 437; 16.5.2012 – 4 AZR 321/10, AP BGB § 613a Nr. 431 = NZA 2012, 923.

[233] BAG 26.9.2012 – 4 AZR 512/10, AP BGB § 613a Nr. 437.

[234] BAG 20.6.2001 – 4 AZR 295/00, AP TVG § 1 Bezugnahme auf Tarifvertrag Nr. 18 = NZA 2002, 517; 29.8.2001 – 4 AZR 332/00, AP TVG § 1 Bezugnahme auf Tarifvertrag Nr. 17 = NZA 2002, 513; 26.8.2009 – 5 AZR 969/08, AP BGB § 613a Nr. 375 = NZA 2010, 173; 3.7.2013 – 4 AZR 961/11, AP BGB § 613a Nr. 443 = NZA-RR 2014, 80.

[235] BAG 3.7.2013 – 4 AZR 961/11, AP BGB § 613a Nr. 443 = NZA-RR 2014, 80.

[236] Vgl. nur Willemsen/Hohenstatt/Schweibert/Seibt Umstrukturierung/*Hohenstatt* E Rn. 131.

[237] → Rn. 26, 50.

[238] Willemsen/Hohenstatt/Schweibert/Seibt Umstrukturierung/*Hohenstatt* E Rn. 132; vgl. auch BAG 12.9.2013 – 6 AZR 512/12, AP TVÜ § 1 Nr. 4 = NZA 2014, 688.

hältnis zwischen Arbeitgeber und Arbeitnehmer dispositiv war, greift die Veränderungssperre nicht.²³⁹

bb) Tarifverträge im Nachwirkungszeitraum. Endet der Tarifvertrag, dessen Rechte und 84
Pflichten in die auf den Erwerber übergegangenen Arbeitsverhältnisse transformiert wurden, vor Ablauf der einjährigen Veränderungssperre auf Grund Befristung oder Kündigung, hat der Tarifvertrag als solcher kollektivrechtlich keine zwingende, sondern lediglich nachwirkende Geltung, § 4 Abs. 5 TVG. Mit Beginn der Nachwirkung endet die einjährige Veränderungssperre vorzeitig, sodass die ehemals tarifvertraglichen Rechte nunmehr einvernehmlich oder, bei Vorliegen der entsprechenden Voraussetzungen, durch Änderungskündigung zum Nachteil des Arbeitnehmers geändert werden können.²⁴⁰

cc) Vereinbarung eines anderen Tarifvertrages. Während der einjährigen Veränderungs- 85
sperre können der Erwerber und die aufgrund des Betriebsübergangs zu ihm gewechselten Arbeitnehmer bei fehlender beiderseitiger Tarifgebundenheit die zwingende Weitergeltung der in die Arbeitsverhältnisse transformierten, ehemals tarifvertraglichen Regelungen nur dadurch beseitigen, dass sie im Geltungsbereich eines anderen Tarifvertrages dessen Anwendung vereinbaren, § 613a Abs. 1 S. 4 BGB. Diese Bezugnahme muss sich auf den gesamten Inhalt des Tarifvertrages richten. Eine nur partielle Bezugnahme auf einen solchen Tarifvertrag reicht nicht aus.²⁴¹ Die Bezugnahme ist auch möglich, wenn der Erwerber bereits an den betreffenden Tarifvertrag gebunden ist; die nach dem Gesetzeswortlaut geforderte fehlende beiderseitige Tarifbindung liegt bereits dann vor, wenn nur eine der Parteien nicht tarifgebunden ist.²⁴² Entgegen der wohl überwiegenden Meinung²⁴³ dürfte eine Änderungskündigung zum Zwecke der Ablösung transformierter tarifvertraglicher Rechtsnormen durch Bezugnahme auf einen anderen Tarifvertrag grundsätzlich nicht möglich sein, da die gesetzliche Regelung eindeutig eine diesbezügliche Vereinbarung zwischen neuem Betriebsinhaber und Arbeitnehmer verlangt.²⁴⁴ Aus demselben Grund und auch wegen der Sperrwirkung des § 77 Abs. 3 BetrVG scheidet eine Bezugnahme durch Betriebsvereinbarung aus.²⁴⁵

3. Ablösung durch Tarifverträge des Erwerbers

Nach § 613a Abs. 1 S. 3 BGB kommt es nicht zur Fortgeltung der Rechtsnormen des Ta- 86
rifvertrages gemäß § 613a Abs. 1 S. 2 BGB, wenn die Rechte und Pflichten beim Erwerber durch Rechtsnormen eines anderen Tarifvertrages geregelt werden.

Bislang ungeklärt ist, ob mit Blick auf die Geltung von Tarifnormen beim Erwerber heute 87
zusätzlich der Gesichtspunkt der **Tarifkollision** gemäß **§ 4a TVG** Bedeutung erlangen kann. Durch das am 4.7.2015 in Kraft getretene Gesetz zur Regelung der Tarifeinheit wurde der Grundsatz der Tarifeinheit in § 4a TVG eingefügt. Gelten im Erwerberbetrieb andere Tarifverträge als im Betrieb des Veräußerers, liegt nach dem Gesetzeswortlaut eine Tarifkollision nach § 4a Abs. 1 TVG vor mit der Folge, dass die Regelungen des Mehrheitstarifvertrags nach § 4a Abs. 2 S. 2 TVG gelten müssten.²⁴⁶ Zum Verhältnis von § 4 Abs. 2 TVG und § 613a BGB ergeben sich verschiedene bislang ungeklärte Auslegungsfragen.²⁴⁷ Allerdings

---

²³⁹ BGB-RGRK/*Ascheid* BGB § 613a Rn. 202; ErfK/*Preis* BGB § 613a Rn. 119.
²⁴⁰ Vgl. Tschöpe ArbR-HdB/*Fuhlrott* Teil 2 G Rn. 228; Schliemann/*Ascheid* BGB § 613a Rn. 114; MüKoBGB/*Müller-Glöge* § 613a Rn. 137; Willemsen/Hohenstatt/Schweibert/Seibt Umstrukturierung/*Hohenstatt* E Rn. 134, siehe auch BAG 1.8.2001 – 4 AZR 82/00, AP BGB § 613a Nr. 225 = NZA 2002, 41.
²⁴¹ Schliemann/*Ascheid* BGB § 613a Rn. 115; ErfK/*Preis* BGB § 613a Rn. 122; vgl. MüKoBGB/*Müller-Glöge* § 613a Rn. 138.
²⁴² Staudinger/*Annuß* BGB § 613a Rn. 242 f.; Schliemann/*Ascheid* BGB § 613a Rn. 115; Soergel/*Raab* BGB § 613a Rn. 136.
²⁴³ MüKoBGB/*Müller-Glöge* § 613a Rn. 138; Schliemann/*Ascheid* BGB § 613a Rn. 115; ErfK/*Preis* BGB § 613a Rn. 122.
²⁴⁴ So auch Hölters Unternehmenskauf-HdB/*v. Steinau-Steinrück/Thees* Kap. 6 Rn. 389.
²⁴⁵ MüKoBGB/*Müller-Glöge* § 613a Rn. 138; ErfK/*Preis* BGB § 613a Rn. 122; Henssler/Moll/Bepler TarifV-HdB/*Grau* Teil 15 Rn. 90.
²⁴⁶ Henssler/Moll/Bepler TarifV-HdB/*Grau* Teil 15 Rn. 91.
²⁴⁷ Siehe hierzu *Gräf* NZA 2016, 327 ff.

ist nach der überkommenen früheren Rechtsprechung des BAG[248] zur Tarifeinheit im Falle des Betriebsübergangs, in dessen Folge ein für die übergehenden Arbeitnehmer bislang kollektivrechtlich geltender Tarifvertrag gemäß § 613a Abs. 1 S. 2 BGB Inhalt des Arbeitsverhältnisses zum Erwerber wird, keine Tarifpluralität gegeben, die nach den Regelungen zur Tarifeinheit aufgelöst werden müsste. Zudem fehlen jegliche Anhaltspunkte dafür, dass der Gesetzgeber mit der Schaffung der Regelung zur Tarifkollision in die Fortgeltungs- und Ablösungsregelungen des § 613a Abs. 1 S. 2, 3 BGB eingreifen wollte.[249] Daher dürfte sich durch die Einführung von § 4a TVG die Rechtslage hinsichtlich des Verhältnisses von kollektivrechtlich geltenden Erwerbertarifverträgen zu gemäß § 613a Abs. 1 S. 2 BGB „transformierten" Tarifnormen des Veräußerers nicht geändert haben.

88 a) **Kongruente Tarifbindung.** Die herrschende Meinung verlangt für die Ablösung durch einen beim Erwerber bestehenden Tarifvertrag zu Recht **kongruente Tarifbindung der Arbeitsvertragsparteien,** eine einseitige Tarifbindung des Erwerbers reicht nicht aus.[250] Zur Ablösung kommt es mithin nur, wenn der Erwerber und übergegangene Arbeitnehmer jeweils Mitglied der tarifvertragsschließenden Parteien sind, oder der ablösende Tarifvertrag allgemeinverbindlich ist. Fehlt es an der kongruenten Tarifbindung, gelten die Rechtsnormen der ursprünglich beim Veräußerer anwendbaren Tarifverträge nach § 613a Abs. 1 S. 2 BGB fort.

89 Es ist zwar richtig, dass das Erfordernis der kongruenten Tarifbindung den Anwendungsbereich von § 613a Abs. 1 S. 3 BGB eng begrenzt.[251] Zu einer Ablösung kommt es aber nicht nur bei einem Wechsel von einem Firmen- zu einem Verbandstarifvertrag der jeweils selben Gewerkschaft und umgekehrt,[252] sondern auch dann, wenn der Erwerber in einem anderen Arbeitgeberverband Mitglied ist als der Veräußerer, auf der Arbeitnehmerseite aber dieselbe Gewerkschaft als Tarifvertragspartei handelt.[253]

90 b) **Nachträglicher Eintritt beiderseitiger Tarifbindung.** Für eine Ablösung durch einen Tarifvertrag beim Erwerber ist es nicht erforderlich, dass der ablösende Tarifvertrag bereits zum Zeitpunkt des Betriebsübergangs besteht. Es kommt auch dann zur Ablösung der zunächst ins Arbeitsverhältnis transformierten Rechte und Pflichten, wenn der Tarifvertrag erst nach dem Betriebsübergang entsteht, der Erwerber erst nach Betriebsübergang in den einschlägigen Arbeitgeberverband eintritt oder es erst nach Betriebsübergang zu einer beiderseitigen Tarifbindung kommt.[254]

91 c) **Gleichheit der Regelungsgegenstände.** Ein beim Veräußerer geltender Tarifvertrag wird durch den des Erwerbers nur insoweit abgelöst, als gleiche Regelungsgegenstände betroffen sind. Die Ablösung erfolgt somit nur, wenn und soweit der Tarifvertrag beim Erwerber zu

---

[248] BAG 20.3.1991 – 4 AZR 455/90, AP TVG § 4 Nr. 20.
[249] *Hohenstatt/Schuster* ZIP 2016, 5; Henssler/Moll/Bepler TarifV-HdB/*Grau* Teil 15 Rn. 92.
[250] BAG 21.2.2001 – 4 AZR 18/00, AP TVG § 4 Nr. 20 = NZA 2001, 1318; 30.8.2000 – 4 AZR 581/99, AP TVG § 1 Bezugnahme Nr. 12 = NZA 2001, 510; ErfK/*Preis* BGB § 613a Rn. 123; Staudinger/*Annuß* BGB § 613a Rn. 236; Schliemann/*Ascheid* BGB § 613a Rn. 106; MüKoBGB/*Müller-Glöge* § 613a Rn. 139; MHdB ArbR/*Wank* § 142 Rn. 175; *Gussen/Dauck* Weitergeltung Betriebsübernahmen Rn. 233; *Gaul* ArbR-HdB § 24 Rn. 42. Eine Tarifbindung alleine des neuen Betriebsinhabers lassen genügen: Willemsen/Hohenstatt/Schweibert Umstrukturierung/*Moll*, 1999, E Rn. 40; *Heinze* in FS Schaub, 290; Willemsen/Hohenstatt/Schweibert/Seibt Umstrukturierung/*Hohenstatt* E Rn. 149; *Bauer* in Schaub, 19 (38); Eine dritte Meinung nimmt Ablösung an, wenn alter und neuer TV mit einer DGB-Gewerkschaft vereinbart sind: *Kania* DB 1996, 1921 (1923); *Hanau* RdA 1998, 65 (70); LAG Köln 30.9.1999 – 6 (9) Sa 740/99, NZA-RR 2000, 179; Henssler/Moll/Bepler TarifV-HdB/*Grau* Teil 15 Rn. 102.
[251] ZB Willemsen/Hohenstatt/Schweibert/Seibt Umstrukturierung/*Hohenstatt* E Rn. 149; vgl. auch Hölters Unternehmenskauf-HdB/*v. Steinau-Steinrück/Thees* Kap. 6 Rn. 379.
[252] So aber Willemsen/Hohenstatt/Schweibert/Seibt Umstrukturierung/*Hohenstatt* E Rn. 151.
[253] Vgl. hierzu und zu den möglichen Konsequenzen der Gründung von ver.di im Hinblick auf Tarifkongruenz *Schiefer* DB 2003, 390; *Prange* NZA 2002, 817 (821); *Bauer/Haußmann* DB 2003, 610.
[254] BAG 19.3.1986 – AZR 640/84, AP BGB § 613a Nr. 49 = NZA 1986, 687; 29.8.2001 – 4 AZR 332/00, AP TVG § 1 Bezugnahme auf Tarifvertrag Nr. 17 = NZA 2002, 513; ErfK/*Preis* BGB § 613a Rn. 125; Schliemann/*Ascheid* BGB § 613a Rn. 109; vgl. Staudinger/*Annuß* BGB § 613a Rn. 236; *Gaul* ArbR-HdB § 24 Rn. 38; Willemsen/Hohenstatt/Schweibert/Seibt Umstrukturierung/*Hohenstatt* E Rn. 143; Henssler/Moll/Bepler TarifV-HdB/*Grau* Teil 15 Rn. 112.

demselben Regelungsgegenstand eine Regelung enthält[255] oder wenn dem Tarifvertrag beim Erwerber zu entnehmen ist, dass er die im Arbeitsverhältnis fortwirkende Tarifregelung insgesamt ablösen sollte.[256] Soweit sich die Regelungsbereiche nicht decken, verbleibt es bei der Weitergeltung der bisherigen tarifvertraglichen Regelung nach § 613a Abs. 1 S. 2 BGB.[257] So bleibt zum Beispiel ein tarifvertraglicher Anspruch auf Weihnachtsgeld bestehen, wenn der Tarifvertrag beim Erwerber kein Weihnachtsgeld vorsieht und ein solches auch nicht abschließend ausschließt.[258] Ebenso wenig wird ein tarifvertraglicher Abfindungsanspruch bei betriebsbedingten Kündigungen durch einen Tarifvertrag des Erwerbers abgelöst, der den Ausspruch von Kündigungen unter bestimmte inhaltliche Voraussetzungen stellt, selbst aber keine Abfindungen vorsieht.[259]

Es kommt nicht darauf an, ob die ablösende kollektive Regelung günstiger oder ungünstiger ist. Das **Günstigkeitsprinzip** findet im Falle des Eingreifens von § 613a Abs. 1 S. 3 BGB keine Anwendung.[260] In der durch die **Scattolon**-Entscheidung des EuGH vom 6.9.2011[261] ausgelösten und durch die EuGH-Entscheidung vom 6.4.2017 in der Rechtssache **Unionen**[262] noch verstärkten Auseinandersetzung im Schrifttum darüber, ob bzw. inwieweit die Betriebsübergangsrichtlinie einer verschlechternden Ablösung von kollektiven Normen Grenzen setzt, hat das BAG erst kürzlich mit zwei Entscheidungen des Vierten Senats vom 23.1.2019[263] und des Ersten Senats vom 12.6.2019[264] nochmals die bisherige Rechtsprechung des **BAG** bekräftigt. Das BAG hat hierzu erneut festgestellt, dass eine Ablösung von beim Betriebsveräußerer durch Tarifvertrag normativ geregelten Rechten und Pflichten nach § 613a Abs. 1 S. 3 BGB grundsätzlich unabhängig davon erfolgt, ob der andere Tarifvertrag, der aufgrund kongruenter Tarifbindung beim Erwerber unmittelbar und zwingend für die Arbeitsvertragsparteien gilt, günstigere oder ungünstigere Arbeitsbedingungen als beim Veräußerer vorsieht.[265] Mit seinen jüngsten Urteilen und seiner hiermit jeweils einhergehenden Entscheidung, kein Vorabentscheidungsersuchen nach Art. 267 AEUV einzuleiten, hat das BAG allerdings auch neuen Gesprächsstoff für weitere Diskussionen geliefert: Während sich in der im Schrifttum kontrovers diskutierten und unterschiedlich interpretierten Scattolon-Entscheidung des EuGH unter anderem insbesondere die Aussage findet, dass die sofortige Anwendung eines beim Erwerber geltenden Tarifvertrages nach einem Betriebsübergang nicht dazu führen darf, dass den übergegangenen Arbeitnehmern *„insgesamt schlechtere Arbeitsbedingungen als die vor dem Übergang geltenden auferlegt werden"*, führt das BAG in seinen jüngsten Entscheidungen zu der Möglichkeit eines von ihm nicht für erforderlich erachteten Vorabentscheidungsersuchens nach Art. 267 AEUV aus, die unionsrechtliche Zulässigkeit der Ablösung von Kollektivverträgen sei für den vorliegenden Fall geklärt; für vernünftige Zweifel an der grundsätzlichen Zulässigkeit einer verschlechternden Ablösung bleibe kein Raum.[266] Dass das BAG hiermit verabsäumt habe, die vom EuGH in den Ent-

---

[255] BAG 20.4.1994 – 4 AZR 342/93, AP BGB § 613a Nr. 108 = NZA 1994, 1140; 3.7.2013 – 4 AZR 138/12, AP BGB § 613a Nr. 445 = NZA 2014, 1296; Willemsen/Hohenstatt/Schweibert/Seibt Umstrukturierung/*Hohenstatt* E Rn. 145; vgl. ErfK/*Preis* BGB § 613a Rn. 123.
[256] BAG 22.1.2003 – 10 AZR 227/02, AP BGB § 613a Nr. 242 = NZA 2003, 879. Siehe auch BAG 3.7.2013 – 4 AZR 138/12, AP BGB § 613a Nr. 445 = NZA 2014, 1296, wonach beim Veräußerer weitgehend an das BAT-System angelehnte haustarifvertragliche Vergütungsregelungen wegen der bewusst einheitlichen Gestaltung des neuen Entgeltsystems des TVöD/VKA durch diesen für zum Erwerber übergegangene Mitglieder der Gewerkschaft ver.di im Ganzen nach § 613a BGB Abs. 1 S. 3 BGB abgelöst wurden.
[257] ErfK/*Preis* BGB § 613a Rn. 125.
[258] Vgl. BAG 22.1.2003 – 10 AZR 227/02, AP BGB § 613a Nr. 242 = NZA 2003, 879.
[259] Vgl. BAG 20.4.1994 – 4 AZR 342/93, AP BGB § 613a Nr. 108; zu diesem Beispielsfall auch Willemsen/Hohenstatt/Schweibert/Seibt Umstrukturierung/*Hohenstatt* E Rn. 146.
[260] BAG 22.4.2009 – 4 AZR 100/08, NZA 2010, 41 Rn. 31; 11.5.2005 – 4 AZR 315/04, NZA 2005, 1362 (1365); Schliemann/*Ascheid* BGB § 613a Rn. 112; MüKoBGB/*Müller-Glöge* § 613a Rn. 142; Staudinger/*Annuß* BGB § 613a Rn. 228.
[261] EuGH 6.9.2011 – C-108/10 = NZA 2011, 1077.
[262] EuGH 6.4.2017 – C-336/15 = NZA 2017, 585.
[263] BAG 23.1.2019 – 4 AZR 446/17, NZA 2019, 921 ff.
[264] BAG 12.6.2019 – 1 AZR 154/17, NZA 2019, 1203 ff.
[265] BAG 23.1.2019 – 4 AZR 446/17, NZA 2019, 921 Rn. 34.
[266] BAG 23.1.2019 – 4 AZR 446/17, NZA 2019, 921 Rn. 48.

scheidungen Scattolon und Unionen aufgeworfenen Fragen zur Ablösung von Kollektivverträgen beim Betriebsübergang durch den EuGH eindeutig klären zu lassen und die europarechtlich insoweit unsichere Rechtslage aufzulösen, wird in der Literatur bedauert und kritisiert; eine eindeutige Klärung durch den EuGH werde durch die jüngsten Entscheidungen des BAG nicht entbehrlich, sondern nur vertagt.[267] Sollte sich in einem geeigneten Fall die Möglichkeit ergeben, die Frage der Ablösbarkeit kollektiver Normen durch verschlechternde Tarifverträge beim Erwerber durch den EuGH europarechtlich abschließend klären zu lassen, wäre dies im Interesse der Rechtssicherheit zu begrüßen.

4. Ablösung durch Betriebsvereinbarungen des Erwerbers

93 Nach verschiedenen Literaturstimmen sollen beim Veräußerer geltende Tarifverträge auch durch beim Erwerber geltende Betriebsvereinbarungen abgelöst werden können.[268] Der Wortlaut von § 613a Abs. 1 S. 3 BGB, der eine Transformation der Kollektivnormen ausschließt, wenn die entsprechenden Rechte und Pflichten beim Erwerber in einem anderen Tarifvertrag oder einer anderen Betriebsvereinbarung geregelt sind, ist insoweit zwar nicht eindeutig. Das **BAG hat** der **Möglichkeit der Überkreuzablösung** eines Tarifvertrages durch eine Betriebsvereinbarung allerdings – jedenfalls für Fallgestaltungen außerhalb des Bereiches der erzwingbaren Mitbestimmung – **eine** eindeutige **Absage erteilt**.[269] Die Ablösung vormals tariflicher Regelungen durch verschlechternde Regelungen einer Betriebsvereinbarung ist aus systematischen und teleologischen Gründen abzulehnen. Andernfalls würden die Betriebsparteien aus Anlass eines Betriebsübergangs in die Lage versetzt, tarifliche Arbeitsbedingungen zu verschlechtern. Der Schutzzweck des § 613a Abs. 1 BGB liegt aber gerade darin, die Rechtsstellung der Arbeitnehmer bei einem Betriebsübergang weitgehend zu schützen. Dem widerspräche es, wenn es dem Erwerber ermöglicht würde, ursprünglich tariflich begründete Rechtsansprüche der Arbeitnehmer, die durch § 4 Abs. 3 TVG vor Verschlechterungen durch eine Betriebsvereinbarung geschützt waren, nach dem Betriebsübergang durch ungünstigere Regelungen einer Betriebsvereinbarung abzulösen. Die nach § 613a Abs. 1 S. 2 BGB kollektivrechtlich fortgeltenden Normen der beim Veräußerer geltenden Tarifverträge können nicht aus Anlass eines Betriebsübergangs durch eine Betriebsvereinbarung verdrängt werden. Die überzeugend begründete Rechtsprechung des BAG[270] findet auch in der Literatur zunehmend Zustimmung.[271]

5. Arbeitsvertragliche Bezugnahmeklauseln

94 Tarifverträge gelten nach § 4 Abs. 1 TVG nur zwischen beiderseits Tarifgebundenen.[272] Erst durch arbeitsvertragliche Verweisung finden die in Bezug genommenen Tarifverträge individualrechtlich als Inhalt des Einzelarbeitsvertrages auch auf nicht tarifgebundene Arbeitnehmer (sog. Außenseiter) Anwendung. In der Praxis sind arbeitsvertragliche Bezugnahmeklauseln weit verbreitet. Insbesondere an Verbands- oder Firmentarifverträge gebundene Arbeitgeber machen im Interesse betriebsweit einheitlicher Regelungen oft von arbeitsvertraglichen Bezugnahmen auf Tarifverträge Gebrauch.

95 **a) Typisierung von Bezugnahmeklauseln.** In der Mehrzahl der Fälle verweisen die arbeitsvertraglichen Bezugnahmeklauseln auf einen bestimmten brancheneinschlägigen Tarif-

---

[267] Siehe hierzu *Witschen* NZA 2019, 1180 ff.; ErfK/*Preis* BGB § 613a Rn. 125.
[268] *Meyer* NZA 2001, 751 (755); *Döring/Grau* BB 2009, 185; *Moll/Krahforst* Anm. AP BGB § 613a Nr. 387; Soergel/*Raab* BGB § 613a Rn. 128.
[269] BAG 6.11.2007 – 1 AZR 862/06, AP BGB § 613a Nr. 337 = NZA 2008, 542; 13.11.2007 – 3 AZR 191/06, AP BGB § 613a Nr. 336 = NZA 2008, 600; bestätigt durch: BAG 21.4.2010 – 4 AZR 768/08, AP BGB § 613a Nr. 387; 3.7.2013 – 4 AZR 961/11, NZA-RR 2014, 80; problematisiert iE noch offen gelassen BAG 22.3.2005 – 1 ABR 64/03, AP TVG § 4 Geltungsbereich Nr. 26 = NZA 2006, 383; *Cisch/Bleeck* BB 2008, 1002 (1005 f.).
[270] BAG 6.11.2007 – 1 AZR 862/06, AP BGB § 613a Nr. 337 = NZA 2008, 542.
[271] ErfK/*Preis* BGB § 613a Rn. 126; *Sagan* RdA 2011, 163 (164); MüKoBGB/*Müller-Glöge* § 613a Rn. 143; Staudinger/*Annuß* BGB § 613a Rn. 229.
[272] *Hromadka/Maschmann/Wallner* Tarifwechsel Rn. 72.

vertrag (zB „Auf das Arbeitsverhältnis finden die jeweils gültigen Tarifverträge der Eisen-, Metall- und Elektroindustrie des Landes Hessen Anwendung"). Die Dynamik einer solchen Bezugnahmeklausel liegt darin, dass zukünftige Änderungen der einschlägigen Tarifverträge schuldrechtlich Bestandteil des Arbeitsverhältnisses werden (sog. **kleine dynamische Bezugnahmeklausel**).[273] Bei einer Bezugnahme auf die jeweils einschlägigen Tarifverträge spricht man von einer **großen dynamischen Bezugnahme- oder Tarifwechselklausel** (zB: „Es gelten die jeweils für das Unternehmen auf Grund Tarifgebundenheit anwendbaren Tarifverträge"). Die Dynamik bezieht sich hier nicht nur auf das Zeitmoment, sondern auch auf den Geltungsbereich; einzelvertraglich gilt damit der Tarifvertrag, an den der Arbeitgeber jeweils tarifrechtlich gebunden ist. In der Praxis sehr selten sind **statische Verweisungen**, aufgrund derer spätere Änderungen des Tarifvertrages nicht Bestandteil des Arbeitsverhältnisses werden (zB: „Auf das Arbeitsverhältnis findet der Tarifvertrag der X-Branche vom [Datum] Anwendung, zukünftige Änderungen des Tarifvertrages gelten nicht"). **Im Zweifel liegt eine dynamische Verweisung** vor.[274]

b) Dynamische Bezugnahme und Gleichstellungsabrede. Dynamische Verweisungen ermöglichen die Gleichstellung der nicht gewerkschaftlich organisierten mit den organisierten Arbeitnehmern. Nach **früherer Rechtsprechung** des BAG waren arbeitsvertragliche Bezugnahmeklauseln in aller Regel als **Gleichstellungsabrede** auszulegen, wenn der **Arbeitgeber bei Vereinbarung der Bezugnahmeklausel tarifgebunden** war[275] und auf den **einschlägigen Tarifvertrag** verwiesen wurde.[276] In sachlich-inhaltlicher Hinsicht sollte die Bezugnahme in Form der Gleichstellungsabrede für den tarifungebundenen Arbeitnehmer **widerspiegeln, was tarifrechtlich** für den gewerkschaftlich organisierten Arbeitnehmer **gilt**, ohne dass die Klausel den Zweck der Gleichstellung selbst ausdrücklich benennen musste.[277] Dies führte bei einem Wegfall der Tarifgebundenheit des Arbeitgebers dazu, dass die in Bezug genommenen Tarifverträge nur noch statisch in der Fassung zum Zeitpunkt des Wegfalls der Tarifgebundenheit anzuwenden waren.[278]

Diese Rechtsprechung des BAG zur Auslegung von Bezugnahmeklauseln als Gleichstellungsabrede ist in der Literatur[279] zunehmend auf Kritik gestoßen und auch die Instanzrechtsprechung hat dem BAG immer häufiger die Gefolgschaft verweigert.[280] Der Vierte Senat des BAG hat daraufhin in einer Entscheidung vom 14.12.2005[281] die Änderung seiner Rechtsprechung zur Auslegung von individualvertraglichen Verweisungen auf Tarifverträge als Gleichstellungsabreden angekündigt und diese Ankündigung in der Entscheidung vom 18.4.2007[282] umgesetzt.[283] Infolgedessen können dynamische Bezugnahmeklauseln, die **nach dem Inkrafttreten der Schuldrechtsreform**, also ab dem 1.1.2002 vereinbart wurden,

---

[273] Vgl. hierzu und zum folgenden *Hromadka/Maschmann/Wallner* Tarifwechsel Rn. 75, 86.
[274] BAG 26.9.2001 – 4 AZR 544/00, AP TVG § 1 Bezugnahme auf Tarifvertrag Nr. 21 = NZA 2002, 634; 17.1.2006 – 9 AZR 41/05, NZA 2006, 923; 20.3.1991 – 4 AZR 455/90, AP TVG § 4 Tarifkonkurrenz Nr. 20 = NZA 1991, 736 ff.; *Hromadka/Maschmann/Wallner* Tarifwechsel Rn. 121; *Gaul* ArbR-HdB § 24 Rn. 68.
[275] BAG 25.9.2002 – 4 AZR 294/01, AP TVG § 1 Bezugnahme auf Tarifvertrag Nr. 26 = NZA 2003, 807; 25.9.2002 – 4 AZR 295/01, BeckRS 2002, 30371216.
[276] BAG 25.10.2000 – 4 AZR 506/99, AP TVG § 1 Bezugnahme auf Tarifvertrag Nr. 13 = NZA 2002, 100.
[277] BAG 4.8.1999 – 5 AZR 642/98, AP TVG § 1 Tarifverträge: Papierindustrie Nr. 14 = NZA 2000, 154; 30.8.2000 – 4 AZR 581/99, AP TVG § 1 Bezugnahme auf Tarifvertrag Nr. 12 = NZA 2001, 510; 29.8.2001 – 4 AZR 332/00, AP TVG § 1 Bezugnahme auf Tarifvertrag Nr. 17 = NZA 2002, 513; 19.3.2003 – 4 AZR 331/02, AP TVG § 1 Bezugnahme auf Tarifvertrag Nr. 33 = NZA 2003, 1207.
[278] BAG 26.8.2009 – 4 AZR 285/08, AP TVG § 3 Nr. 45 = NZA 2010, 230.
[279] NK-TVG/*Lorenz* § 3 Rn. 234 f.; Kempen/Zachert/*Brecht-Heitzmann* TVG § 3 Rn. 252; *Annuß* ZfA 2005, 405 (419 ff.); *Hanau* NZA 2005, 489 (491 f.); *Henssler/Heiden* RdA 2004, 241 (242 f.); *Thüsing* NZA 2005, 1280.
[280] LAG Mecklenburg-Vorpommern 15.4.2002 – 2 Sa 48/02, PflR 2003, 208; LAG Hamburg 15.11.2000 – 4 Sa 32/00, NZA 2001, 562; LAG Hessen 23.3.1999 – 4 Sa 1300/98, NZA-RR 2000, 93.
[281] BAG 14.12.2005 – 4 AZR 536/04, AP TVG § 1 Bezugnahme auf Tarifvertrag Nr. 39 = NZA 2006, 607.
[282] BAG 18.4.2007 – 4 AZR 652/05, AP TVG § 1 Bezugnahme auf Tarifverträge Nr. 53 = NZA 2007, 965 ff.; siehe auch BAG 6.11.2007 – 1 AZR 862/06, AP BGB § 613a Nr. 337 = NZA 2008, 542.
[283] Zur Rechtsprechungsänderung des BAG: *Bauer/Günther* NZA 2008, 6; *Clemenz* NZA 2007, 769; *Höpfner* NZA 2008, 91; *Preis/Greiner* NZA 2007, 1073.

nach der Rechtsprechung des BAG inzwischen nicht mehr als Gleichstellungsabreden ausgelegt werden, sofern sich ein entsprechender Wille der Parteien nicht eindeutig aus dem Wortlaut der Klausel ergibt oder durch Auslegung ermittelt werden kann.[284] Eine **ab dem 1.1.2002** einzelvertraglich vereinbarte dynamische Verweisung auf einen bestimmten Tarifvertrag ist nach der Rechtsprechungsänderung jedenfalls dann, wenn eine Tarifgebundenheit des Arbeitgebers an den im Arbeitsvertrag genannten Tarifvertrag nicht in einer für den Arbeitnehmer erkennbaren Weise zur auflösenden Bedingung der Vereinbarung gemacht worden ist, eine konstitutive Verweisungsklausel, die durch einen Verbandsaustritt des Arbeitgebers oder einen sonstigen Fortfall seiner Tarifgebundenheit nicht berührt wird (**unbedingte zeitdynamische Verweisung**).[285]

98 Soweit das BAG vor seiner Rechtsprechungsänderung eine Gleichstellungsabrede selbst dann angenommen hat, wenn einzelne Arbeitnehmer zwar außerhalb des räumlichen Geltungsbereichs des in Bezug genommenen Tarifvertrages beschäftigt wurden, die Bezugnahme aber auf Tarifverträge erfolgte, an die der Arbeitgeber an seinem Sitz kraft Verbandszugehörigkeit gebunden war,[286] hat der Vierte Senat des BAG in einer Entscheidung vom 21.10. 2009 zudem klargestellt, dass er an dieser Rechtsprechung nicht festhält, da der Arbeitgeber hinsichtlich der tarifgebietsfremden Arbeitsverhältnisse wie ein tarifungebundener Arbeitgeber anzusehen ist, weshalb in einer solchen Sachverhaltskonstellation eine Gleichstellungsabrede im Sinne der früheren Senatsrechtsprechung ausscheidet.[287] Das BAG hat hierzu des Weiteren ausgeführt, dass gegenüber der vorstehenden Klarstellung kein schützenswertes Vertrauen auf Fortbestand der früheren Rechtsprechung des BAG aus dem Senatsurteil vom 21.8.2002 beansprucht werden kann.[288]

99 Die vor dem in 2007 vollzogenen Rechtsprechungswandel vom BAG in ständiger Rechtsprechung angewandte Auslegungsregel, wonach arbeitsvertragliche Bezugnahmen auf Tarifverträge bei Tarifgebundenheit des Arbeitgebers in der Regel eine Gleichstellungsabrede beinhalten,[289] wird – bis auf die die spezielle Entscheidung des BAG vom 21.8.2002 betreffende vorerwähnte Ausnahme[290] – aus **Gründen des Vertrauensschutzes** auch weiterhin auf arbeitsvertragliche Bezugnahmeklauseln angewandt, die vor dem 1.1.2002 vereinbart wurden, also noch aufgrund sogenannter „Altverträge" gelten.[291] Demgegenüber gilt für **ab dem 1.1.2002** abgeschlossene arbeitsvertragliche Vereinbarungen mit einer Bezugnahme auf Tarifverträge (sog. „**Neuverträge**"), dass diese nach den strengeren Anforderungen der Rechtsprechung nur noch dann als Gleichstellungsabrede ausgelegt werden können, wenn die fortbestehende Tarifgebundenheit des Arbeitgebers an den im Arbeitsvertrag genannten Tarifvertrag in einer für den Arbeitnehmer erkennbaren Weise zur auflösenden Bedingung der Vereinbarung gemacht worden ist.[292]

100 Der für Altverträge gewährte Vertrauensschutz kann allerdings im Falle einer nach dem 31.12.2001 erfolgten Vertragsänderung sehr schnell „aufgebraucht" sein. Kommt es in Arbeitsverhältnissen mit einer Bezugnahmeklausel, die vor dem 1.1.2002 vereinbart wurde

---

[284] BAG 18.4.2007 – 4 AZR 652/05, AP TVG § 1 Bezugnahme auf Tarifverträge Nr. 53 = NZA 2007, 965; 24.2.2010 – 4 AZR 691/08, AP TVG § 1 Bezugnahme auf Tarifvertrag Nr. 75 = NZA-RR 2010, 530; *Jacobs* BB 2011, 2037 (2038).
[285] BAG 18.11.2009 – 4 AZR 514/08, NZA 2010, 170.
[286] BAG 21.8.2002 – 4 AZR 263/01, NZA 2003, 442.
[287] BAG 21.10.2009 – 4 AZR 396/08, AP TVG § 1 Bezugnahme auf Tarifvertrag Nr. 72 = NZA-RR 2010, 361.
[288] BAG 21.10.2009 – 4 AZR 396/08, AP TVG § 1 Bezugnahme auf Tarifvertrag Nr. 72 = NZA-RR 2010, 361.
[289] BAG 4.8.1999 – 5 AZR 642/98, AP TVG § 1 Tarifverträge: Papierindustrie Nr. 14 = NZA 2000, 154; 30.8.2000 – 4 AZR 581/99, AP TVG § 1 Bezugnahme auf Tarifvertrag Nr. 12 = NZA 2001, 510; 29.8.2001 – 4 AZR 332/00, AP TVG § 1 Bezugnahme auf Tarifvertrag Nr. 17 = NZA 2002, 513; 19.3.2003 – 4 AZR 331/02, AP TVG § 1 Bezugnahme auf Tarifvertrag Nr. 33 = NZA 2003, 1207.
[290] → Rn. 98.
[291] BAG 11.12.2013 – 4 AZR 473/12, NZA 2014, 900; 14.12.2005 – 4 AZR 536/04, AP TVG § 1 Bezugnahme auf Tarifvertrag Nr. 39 = NZA 2006, 607; 18.4.2007 – 4 AZR 652/05, AP TVG § 1 Bezugnahme auf Tarifvertrag Nr. 53 = NZA 2007, 965.
[292] BAG 21.10.2015 – 4 AZR 649/14, BB 2016, 1082; 18.11.2009 – 4 AZR 514/08, NZA 2010, 170 ff.; 18.4.2007 – 4 AZR 652/05, AP TVG § 1 Bezugnahme auf Tarifvertrag Nr. 53 = NZA 2007, 965.

und die als Gleichstellungsabrede auszulegen war (Altvertrag), nach dem 31.12.2001 zu einer Arbeitsvertragsänderung, hängt die Beurteilung, ob es sich hinsichtlich dieser Klausel nun noch um einen Altvertrag oder bereits um einen Neuvertrag handelt, davon ab, ob die Klausel zum Gegenstand der rechtsgeschäftlichen Willensbildung der Parteien des Änderungsvertrages gemacht worden ist.[293] Hiernach soll eine auszulegende Bezugnahmeklausel schon dann Inhalt eines Neuvertrages werden, wenn sich im Rahmen einer Änderung eines einzelnen Vertragsgegenstandes die zusätzliche Formulierung findet, dass *„alle anderen Vereinbarungen aus dem Anstellungsvertrag unberührt bleiben"*[294] oder dass *„alle übrigen Vertragsbedingungen unverändert bleiben".*[295] Demgegenüber soll eine im Rahmen einer nach dem 31.12.2001 erfolgten Vertragsänderung gewählte Formulierung *„Des Weiteren bleibt es bei den bisherigen Arbeitsbedingungen"* keinen Neuvertrag hinsichtlich der im Altvertrag enthaltenen Bezugnahmeklausel bewirken, da der Verweis auf die bisherigen *Arbeitsbedingungen* nur auf tatsächliche Umstände, unter denen die Arbeit zu erbringen ist, nicht aber auf vertragliche Abreden Bezug nehme.[296]

> **Praxistipp:**
> Ein Arbeitgeber, der eine Vertragsänderung an einem vor dem 1.1.2002 abgeschlossenen und eine nach damaliger Rechtsprechung als Gleichstellungsabrede auszulegende Bezugnahmeklausel aufweisenden Arbeitsvertrag vornehmen will, sollte hierbei tunlichst jede – in der Regel ohnehin überflüssige – zusätzliche Erklärung unterlassen, dass der Vertrag im Übrigen unverändert fortgilt, wenn er den ihm hinsichtlich der Auslegung der Bezugnahmeklausel von der Rechtsprechung gewährten Vertrauensschutz nicht verlieren will.

c) Bezugnahmeklauseln und Betriebsübergang. Beim Betriebsübergang gelten die arbeitsvertraglich in Bezug genommenen Tarifverträge bzw. die aus den Rechtsnormen des Tarifvertrages erwachsenden Rechte und Pflichten auf Grund der schuldrechtlichen Wirkungen einer arbeitsvertraglichen Bezugnahmeklausel nach § 613a Abs. 1 S. 1 BGB als Individualvertragsrecht unverändert weiter.[297] Es gilt weder die Veränderungssperre des § 613a Abs. 1 S. 2 BGB[298] noch die Ablösungsregelung des § 613a Abs. 1 S. 3 BGB.[299] Für eine analoge Anwendung des § 613a Abs. 1 S. 3 BGB fehlt schon eine Gesetzeslücke, die durch eine Analogie geschlossen werden könnte.[300]

aa) Gleichstellungsabrede bei Betriebsübergang. Enthalten die mit dem Veräußerer geschlossenen Arbeitsverträge eine **kleine dynamische Bezugnahme**[301] auf Tarifverträge, die nach den oben aufgeführten Kriterien[302] **als Gleichstellungsabrede** auszulegen ist, und ist

---

[293] BAG 18.11.2009 – 4 AZR 514/08, AP TVG § 1 Bezugnahme auf Tarifvertrag Nr. 70 = NZA 2010, 170; 24.2.2010 – 4 AZR 691/08, NZA-RR 2010, 170; 16.5.2012 – 4 AZR 290/10, AP TVG § 1 Bezugnahme auf Tarifvertrag Nr. 113; 27.3.2018 – 4 AZR 208/17, AP TVG § 1 Bezugnahme auf Tarifvertrag Nr. 142 = NZA 2018, 1264; zur Unterscheidung zwischen Alt- und Neuverträgen siehe auch bereits BAG 30.7.2008 – 10 AZR 606/07, AP BGB § 611 Gratifikation Nr. 274 = NZA 2008, 1173.
[294] BAG 30.7.2008 – 10 AZR 606/07, AP BGB § 611 Gratifikation Nr. 274 = NZA 2008, 1173; 18.11.2009 – 4 AZR 514/08, AP TVG § 1 Bezugnahme auf Tarifvertrag Nr. 70 = NZA 2010, 170; 21.10.2015 – 4 AZR 649/14, BB 2016, 1082.
[295] BAG 27.3.2018 – 4 AZR 208/17, AP TVG § 1 Bezugnahme auf Tarifvertrag Nr. 142 = NZA 2018, 1264.
[296] BAG 19.10.2011 – 4 AZR 811/09, AP TVG § 1 Bezugnahme auf Tarifvertrag Nr. 93.
[297] Vgl. nur ErfK/*Preis* BGB § 613a Rn. 127; *Gaul* ArbR-HdB § 24 Rn. 74; Willemsen/Hohenstatt/Schweibert/Seibt Umstrukturierung/*Hohenstatt* E Rn. 189; *Heinlein* NJW 2008, 321 (322).
[298] BAG 4.3.1993 – 2 AZR 507/92, AP BGB § 613a Nr. 101 = NZA 1994, 260; *Gaul* ArbR-HdB § 24 Rn. 74; Willemsen/Hohenstatt/Schweibert/Seibt Umstrukturierung/*Hohenstatt* E Rn. 189; *Seitz/Werner* NZA 2000, 1257 (1264 f.).
[299] Vgl. nur Willemsen/Hohenstatt/Schweibert/Seibt Umstrukturierung/*Hohenstatt* E Rn. 190; Willemsen/Hohenstatt/Schweibert Umstrukturierung/*Moll*, 1999, E Rn. 55.
[300] BAG 16.5.2018 – 4 AZR 209/15, AP TVG § 1 Bezugnahme auf Tarifvertrag Nr. 145 = NZA 2018, 1489 Rn. 42 ff.
[301] → Rn. 95.
[302] → Rn. 96.

der Erwerber nicht tarifgebunden, **gelten die in Bezug genommenen Tarifverträge** im Falle eines Betriebsübergangs **statisch in ihrer Fassung zum Zeitpunkt des Betriebsübergangs weiter.**[303]

Beispiel aus der Rechtsprechung:[304]

Beim Veräußerer bestand ein Firmentarifvertrag mit der IG Medien, wonach sich die Vergütung nach den jeweils geltenden Gehaltsstarifverträgen für Angestellte des Zeitungsverlagsgewerbes richtet. Die Arbeitsverträge verwiesen auf den Firmentarifvertrag. Infolge eines Betriebsteilübergangs im Jahre 1997 ging das Arbeitsverhältnis der nunmehr der IG Medien angehörenden Arbeitnehmerin auf den tarifungebundenen Erwerber über. Die Arbeitnehmerin machte Gehaltsansprüche aus Tariferhöhungen im Zeitungsverlagsgewerbe in den Jahren 1998 und 1999 geltend.

103   Das BAG stellte im Beispielsfall zunächst fest, dass der Erwerber tarifrechtlich nicht an den Firmentarifvertrag gebunden ist und die Rechtsnormen des durch einen Firmentarifvertrag in Bezug genommenen Verbandstarifvertrages nach Betriebsübergang gemäß § 613a Abs. 1 S. 2 BGB lediglich statisch in das Arbeitsverhältnis übergehen, also im Tarifstand zum Zeitpunkt des Betriebsübergangs.[305] Die arbeitsvertragliche Bezugnahme auf den Firmentarifvertrag hat das BAG in 2001 entsprechend seiner damaligen Rechtsprechung als Gleichstellungsabrede gewertet, mit der Folge, dass arbeitsvertraglich nur das gelte, was schon tarifrechtlich gilt. Demnach führte auch die arbeitsvertragliche Bezugnahme lediglich zu einer statischen Weitergeltung des Verbandstarifvertrages in der zum Zeitpunkt des Betriebsübergangs maßgeblichen Fassung. Die statische Weitergeltung von durch eine Gleichstellungsabrede ursprünglich dynamisch in Bezug genommenen Tarifverträgen nach einem Betriebsübergang ist vom EuGH im Jahr 2006 in der **Werhof-Entscheidung** als europarechtskonform angesehen worden.[306]

104   Auch bei **Gleichstellungsabreden im Rahmen sogenannter großer dynamischer Bezugnahme- oder Tarifwechselklauseln** gelten beim Betriebsübergang auf den tarifungebundenen Erwerber die bislang anwendbaren Tarifverträge des Veräußerers statisch weiter.[307] Die Situation ist nicht anders als bei der einfachen Gleichstellungsabrede.

Beispielsfall:[308]

Der Veräußerer gehört dem Arbeitgeberverband der Papierindustrie an, deren Tarifverträge in der vor Betriebsübergang maßgeblichen Fassung zur Höhe der Entgeltfortzahlung im Krankheitsfall auf die gesetzlichen Bestimmungen (damals 80 %) verwiesen. Der Erwerber ist in der Chemiebranche tätig, jedoch nicht tarifgebunden. Aufgrund einer nach Betriebsübergang vereinbarten Änderung sehen die Tarifverträge der Papierindustrie, wie auch die der chemischen Industrie, eine 100%ige Entgeltfortzahlung vor. Nach dem Betriebsübergang macht ein Arbeitnehmer für die Zeit seiner Krankheit volle Entgeltfortzahlung gegen den Erwerber geltend und verweist auf seinen noch vom Veräußerer stammenden Arbeitsvertrag, der *auf die jeweiligen Tarifverträge der Betriebsstätte, in der er eingesetzt wird,* Bezug nimmt.

105   Im Einklang mit seiner damals ständigen Rechtsprechung sah das BAG die dynamische Bezugnahmeklausel auf Grund der Tarifbindung des Veräußerers als Gleichstellungsabrede an. Der Erwerber war tarifrechtlich wegen fehlender Tarifbindung weder an die Tarifverträge der chemischen Industrie noch an die der Papierindustrie gebunden. Diese tarifrechtliche Situation war auch für die Gleichstellungsabrede bestimmend, mit der Folge – so das BAG

---

[303] BAG 24.4.2010 – 4 AZR 691/08, AP TVG § 1 Bezugnahme auf Tarifvertrag Nr. 75 = NZA-RR 2010, 530; 20.6.2001 – 4 AZR 295/00, AP TVG § 1 Bezugnahme auf Tarifvertrag Nr. 18 = NZA 2001, 517; 29.8.2001 – 4 AZR 332/00, AP TVG § 1 Bezugnahme auf Tarifvertrag Nr. 17 = NZA 2002, 513; ebenso zB *Gaul* ArbR-HdB § 24 Rn. 94; *Seitz/Werner* NZA 2000, 1257 (1265 f.); *Bauer/Haußmann* DB 2003, 610 (611).
[304] BAG 29.8.2001 – 4 AZR 332/00, AP TVG § 1 Bezugnahme auf Tarifvertrag Nr. 17 = NZA 2002, 513; vgl. zum Beispielsfall auch *Thüsing/Lambrich* RdA 2002, 193 (209 f.).
[305] Zur tarifrechtlichen Situation → Rn. 68, 80.
[306] EuGH 9.3.2006 – C 499/04, AP Richtlinie 77/187/EWG Nr. 2 = NZA 2006, 376.
[307] BAG 4.8.1999 – 5 AZR 642/98, AP TVG § 1 Tarifverträge: Papierindustrie Nr. 14 = NZA 2000, 154; siehe auch Ascheid/Preis/Schmidt/*Steffan* BGB § 613a Rn. 142.
[308] Vgl. BAG 4.8.1999 – 5 AZR 642/98, AP TVG § 1 Tarifverträge: Papierindustrie Nr. 14 = NZA 2000, 154.

—, dass die arbeitsvertraglich vereinbarte Gleichstellung mit tarifgebundenen Arbeitnehmern mangels Tarifbindung des Erwerbers inhaltlich nicht ausgefüllt werden könne und der Entgeltfortzahlungsanspruch des Arbeitnehmers damit auf die seinerzeitige gesetzliche Höhe von 80 % begrenzt sei.[309]

In der Literatur ist dieses Urteil des BAG[310] zunächst zum Teil dahingehend interpretiert worden, dass im Falle einer Tarifwechselklausel nach Betriebsübergang überhaupt kein Tarifvertrag, sondern lediglich das Gesetz Anwendung finde.[311] Aus der nachstehend als Beispielsfall skizzierten Entscheidung des BAG aus dem Jahr 2002[312] wurde aber deutlich, dass der Hinweis des BAG auf die Unmöglichkeit der inhaltlichen Ausfüllung der Tarifwechselklausel sich allein auf die fehlende Tarifbindung des Betriebserwerbers bezog und dadurch nicht etwa die statische Weitergeltung des beim Veräußerer anwendbaren Tarifvertrages in Frage gestellt werden sollte:

Beispielsfall:[313]
Der Arbeitnehmer war bei der Hotel N GmbH im Hotel M beschäftigt. Sein Arbeitsvertrag sah vor, dass die *jeweils gültigen Tarifverträge* gelten. Die N GmbH gehörte zur Interhotel-Gruppe, die mit der Gewerkschaft NGG unter anderem auch für die N GmbH einen Manteltarifvertrag geschlossen hatte. Die N GmbH verpachtete den Hotelbetrieb M im Juli 1992. Im Juli 1993 trat der Pächter dem tarifschließenden Gaststätten- und Hotelverband bei. Der Manteltarifvertrag Interhotel wurde zum Ende Dezember 1993 gekündigt. Der Arbeitnehmer wurde 1999 Mitglied der Gewerkschaft NGG.

Das BAG wertete die Bezugnahmeklausel im vorstehend skizzierten Fall im Jahr 2002 entsprechend seiner damaligen Rechtsprechung noch als **Gleichstellungsabrede** und **Tarifwechselklausel**. Auf das Arbeitsverhältnis des zunächst nicht tarifgebundenen Klägers war daher nach Ansicht des BAG auch nach Betriebsübergang auf den Pächter zunächst der Manteltarifvertrag der Interhotel-Gruppe mit dem Inhalt zum Zeitpunkt des Betriebsübergangs statisch weiter anzuwenden. Erst mit dem Verbandsbeitritt des Erwerbers nach Betriebsübergang und seiner damit einhergehenden Tarifbindung kam es für die organisierten Arbeitnehmer zur unmittelbaren Geltung der Verbandstarifverträge. Aufgrund der damals vom BAG angenommenen Gleichstellungsabrede in der Bezugnahmeklausel fanden damit die Verbandstarifverträge auch für die nicht tarifgebundenen Arbeitnehmer Anwendung.[314] Auch die Tarifwechselklausel führte also nicht dazu, dass der beim tarifungebundenen Erwerber fachlich einschlägige, aber tarifrechtlich nicht geltende Tarifvertrag Anwendung fand. Zu einer Ablösung des Tarifvertrages des tarifgebundenen Veräußerers kam es nach Auffassung des BAG nur und erst dann, wenn der Erwerber bereits (kongruent) tarifgebunden war oder die (kongruente) Tarifbindung zum Beispiel durch Verbandsbeitritt herbeiführte.[315]

Bei kongruenter Tarifbindung von gewerkschaftsangehörigen Arbeitnehmern und Betriebs(teil-)erwerber führt eine wirksame Gleichstellungsabrede dazu, dass auch in Bezug auf die nicht organisierten Arbeitnehmer die beim Erwerber geltenden Tarifverträge die bislang geltenden Tarifverträge des Veräußerers ersetzen.[316] Es gilt daher arbeitsvertraglich für die nicht tarifgebundenen Arbeitnehmer, was schon tarifrechtlich für die organisierten Arbeitnehmer gilt.

---

[309] BAG 4.8.1999 – 5 AZR 642/98, AP TVG § 1 Tarifverträge: Papierindustrie Nr. 14 = NZA 2000, 154.
[310] BAG 4.8.1999 – 5 AZR 642/98, AP TVG § 1 Tarifverträge: Papierindustrie Nr. 14 = NZA 2000, 154.
[311] So Beseler/Düwell/Göttling/*Beseler*, Arbeitsrechtliche Probleme bei Betriebsübergang, Betriebsänderung, Unternehmensumwandlung, 4. Aufl. 2011, S. 83 (zust.), der seine Auffassung allerdings in Anbetracht der jüngeren Rspr. des BAG revidiert hat.
[312] BAG 16.10.2002 – 4 AZR 467/01, AP TVG § 1 Bezugnahme auf Tarifvertrag Nr. 22 = NZA 2003, 390.
[313] BAG 16.10.2002 – 4 AZR 467/01, AP TVG § 1 Bezugnahme auf Tarifvertrag Nr. 22 = NZA 2003, 390.
[314] BAG 16.10.2002 – 4 AZR 467/01, AP TVG § 1 Bezugnahme auf Tarifvertrag Nr. 22 = NZA 2003, 390.
[315] BAG 4.8.1999 – 5 AZR 642/98, AP TVG § 1 Tarifverträge Papierindustrie Nr. 14 = NZA 2000, 154; ebenso NK-TVG/*Lorenz* § 3 Rn. 259; *Hromadka/Maschmann/Wallner* Tarifwechsel Rn. 387; Willemsen/Hohenstatt/Schweibert Umstrukturierung/*Moll*, 1999, E Rn. 59; aA *Annuß* RdA 2000, 179 (181 f.); *Thüsing/Lambrich* RdA 2002, 193 (212).
[316] Soergel/*Raab* BGB § 613a Rn. 130; *Seitz/Werner* NZA 2000, 1257 (1266); *Kania* DB 1995, 625 (628).

109 Bei inkongruenter Tarifbindung des Erwerbers und einfacher Gleichstellungsabrede gelten die beim Veräußerer in Bezug genommenen Tarifverträge statisch in der Fassung zum Zeitpunkt des Betriebsübergangs weiter.[317]

Beispielsfall:[318]
Die Veräußerin hat, vertreten durch den Verband Berliner Privatkrankenanstalten, mit der Gewerkschaft ÖTV einen Tarifvertrag abgeschlossen. Der Arbeitsvertrag der tarifungebundenen Arbeitnehmerin sah vor, dass *für das Arbeitsverhältnis der Tarifvertrag der Privatkrankenanstalten aus Dezember 1989 sowie die diesen ergänzenden, ändernden und ersetzenden Tarifverträge gelten*. Der Betriebsteil Küche ging einschließlich des Arbeitsverhältnisses der Klägerin im Wege des Betriebsteilübergangs auf den Erwerber über, der zu diesem Zeitpunkt bereits der tarifschließenden Hotel- und Gaststätteninnung angehörte.

110 Aufgrund der Tarifbindung der Veräußerin war die arbeitsvertragliche Bezugnahme nach damaliger Auffassung des BAG als Gleichstellungsabrede, jedoch nicht als Tarifwechselklausel auszulegen. Mangels kongruenter Tarifbindung des Erwerbers fanden für die in der ÖTV organisierten Arbeitnehmer der Veräußerin die Tarifverträge der Privatkrankenanstalten nach § 613a Abs. 1 S. 2 BGB statisch weiter Anwendung und wurden nicht gemäß § 613a Abs. 1 S. 3 BGB durch die beim Erwerber geltenden Tarifverträge ersetzt. Dieses tarifrechtliche Ergebnis war dann auch für die Bezugnahmeklausel maßgeblich, sodass die Tarifverträge der Veräußerin beim Erwerber auch für die tarifungebundene Arbeitnehmerin statisch in der Fassung zum Zeitpunkt des Betriebsübergangs fortgalten.

111 *bb) Unbedingte dynamische Bezugnahme bei Betriebsübergang.* Bei arbeitsvertraglich vereinbarten dynamischen Bezugnahmeklauseln, die keine Gleichstellungsabrede beinhalten, ist nach der **Entscheidung des Europäischen Gerichtshofs** in der Rechtssache **Alemo-Herron** ua vom 18.7.2013[319] strittig beziehungsweise zweifelhaft, ob im Falle eines Betriebs(teil-)übergangs der Erwerber an eine nach dem Zeitpunkt des Übergangs erfolgende Veränderung der individualvertraglich in Bezug genommenen Tarifverträge gebunden ist.[320]

112 Nach der bis zur Alemo-Herron Entscheidung des EuGH ergangenen **Rechtsprechung des BAG** bleibt die einzelvertragliche Bindung des Arbeitgebers und dementsprechend auch des Betriebserwerbers an künftige Veränderungen der durch eine konstitutive dynamische Verweisungsklausel in Bezug genommenen Tarifverträge von einem Betriebs(teil-)übergang unberührt.[321] Mit anderen Worten: Der Betriebserwerber ist aufgrund einer im Arbeitsvertrag enthaltenen unbedingten dynamischen Bezugnahmeklausel verpflichtet, auch nach dem Zeitpunkt des Betriebsübergangs verhandelte und neu abgeschlossene Tarifverträge bzw. Änderungen der in Bezug genommenen Tarifverträge anzuwenden. Dabei kommt es nach dem BAG nicht darauf an, ob der Veräußerer tarifgebunden ist oder nicht[322] und ob sich die Bezugnahme auf den fachlich einschlägigen Tarifvertrag oder einen nicht einschlägigen Tarifvertrag[323] bezieht. Zwar war im deutschen Schrifttum im Anschluss an die **Werhof-Entscheidung** des EuGH[324] umstritten, ob eine dynamische Weitergeltung der in Bezug genommenen Tarifverträge zu rechtfertigen sei. Einige Autoren vertraten die Auffassung, dass eine dynamische Weitergeltung der arbeitsvertraglich in Bezug genommenen Tarifnormen den Erwerber in seiner negativen Koalitions- oder Vereinigungsfreiheit verletze und daher

---

[317] BAG 30.8.2000 – 4 AZR 581/99, AP TVG § 1 Bezugnahme auf Tarifvertrag Nr. 12 = NZA 2001, 510; Soergel/*Raab* BGB § 613a Rn. 130; *Bauer/Günther* NZA 2008, 6 (10); *Kania* DB 1995, 625 (628); für eine dynamische Weitergeltung NK-TVG/*Lorenz* § 3 Rn. 260.
[318] BAG 30.8.2000 – 4 AZR 581/99, AP TVG § 1 Bezugnahme auf Tarifvertrag Nr. 12 = NZA 2001, 510.
[319] EuGH 18.7.2013 – C-426/11, NZA 2013, 835.
[320] Hierzu im Einzelnen → Rn. 113; zu der späteren Entscheidung des EuGH in der Rechtssache Asklepios-Kliniken und der Rezeption durch das BAG siehe → Rn. 116 ff.
[321] BAG 23.9.2009 – 4 AZR 331/08, AP TVG § 1 Bezugnahme auf Tarifvertrag Nr. 71 = NZA 2010, 513; 24.4.2010 – 4 AZR 691/08, AP TVG § 1 Bezugnahme auf Tarifvertrag Nr. 75 = NZA-RR 2010, 530; 21.10.2009 – 4 AZR 396/08, AP TVG § 1 Bezugnahme auf Tarifvertrag Nr. 72 = NZA-RR 2010, 361.
[322] Vgl. BAG 24.4.2010 – 4 AZR 691/08, AP TVG § 1 Bezugnahme auf Tarifvertrag Nr. 75 = NZA-RR 2010, 530.
[323] Vgl. BAG 25.10.2000 – 4 AZR 506/99, AP TVG § 1 Bezugnahme auf Tarifvertrag Nr. 13 = NZA 2002, 100; NK-TVG/*Lorenz* § 3 Rn. 270.
[324] EuGH 9.3.2006 – C 499/04, AP Richtlinie 77/187/EWG Nr. 2 = NZA 2006, 376.

nicht zulässig sei mit der Konsequenz, dass nach einem Betriebs(teil-)übergang die Normen der in Bezug genommenen Tarifverträge lediglich statisch in der Fassung zum Zeitpunkt des Übergangs weitergelten würden.[325] Wie das BAG jedoch zu Recht ausgeführt hat, verletzt die Bindung eines nicht tarifgebundenen Erwerbers eines Betriebs an die vom Arbeitnehmer mit dem Betriebsveräußerer vereinbarte Dynamik einer Verweisung auf einen Tarifvertrag den Erwerber nicht in seiner negativen Koalitionsfreiheit und begegnet keinen verfassungsrechtlichen Bedenken. Der Erwerber tritt hiernach gemäß § 613a Abs. 1 S. 1 BGB in die Rechte und Pflichten aus den im Zeitpunkt des Übergangs bestehenden Arbeitsverhältnissen ein, zu denen auch die aus der arbeitsvertraglich vereinbarten dynamischen Verweisung resultierenden Rechte und Pflichten gehören.[326]

Die (Fort-)Geltung dieser ständigen Rechtsprechung des BAG ist zweifelhaft geworden, nachdem der **EuGH** im Jahr 2013 in der **Rechtssache Alemo-Herron** festgestellt hat, dass Art. 3 der Betriebsübergangsrichtlinie[327] es einem Mitgliedstaat verwehrt, vorzusehen, dass im Falle eines Betriebsübergangs arbeitsvertragliche Klauseln, die dynamisch auf nach dem Zeitpunkt des Betriebsübergangs verhandelte und abgeschlossene Kollektivverträge verweisen, gegenüber dem Betriebserwerber durchsetzbar sind, wenn dieser nicht die Möglichkeit hat, an den Verhandlungen über diese nach dem Übergang abgeschlossenen Kollektivverträge teilzunehmen.[328] Der EuGH-Entscheidung lag ein Sachverhalt aus dem Vereinigten Königreich zugrunde, in dem ein Betriebsteil (Leisure Department) von einem öffentlich-rechtlichen Betriebsinhaber (Lewisham London Borough Council) auf einen privatrechtlich organisierten Betriebserwerber überging. Der Kläger Alemo-Herron machte hierbei unter Berufung auf eine individualvertragliche Verweisung auf die im Rahmen des National Joint Council for Local Government Services (NJC) periodisch ausgehandelten Tarifverträge die Anwendung einer nach dem Übergangszeitpunkt vereinbarten tariflichen Entgelterhöhung geltend, die ihm jedoch vom Betriebserwerber mit der Begründung verweigert wurde, dass dieser mangels Mitgliedschaft in der öffentlichen Verwaltung keinen Einfluss auf die nach dem Übergangszeitpunkt im Rahmen des NJC vereinbarten Kollektivverträge gehabt habe und deshalb an diese nicht gebunden sei. Der EuGH führte hierzu aus, dass eine Klausel, die dynamisch auf nach dem Übergang des Unternehmens verhandelte und geschlossene Kollektivverträge verweist, die die Entwicklung der Arbeitsbedingungen im öffentlichen Sektor regeln sollen, beim Übergang eines Unternehmens vom öffentlichen auf den privaten Sektor den Handlungsspielraum des privaten Erwerbers erheblich einschränken könnte, wenn es dem **Erwerber verwehrt ist, in dem betreffenden Tarifverhandlungsorgan mitzuwirken.** Der Erwerber habe in dieser Situation weder die Möglichkeit, im Rahmen eines zum Vertragsabschluss führenden Verfahrens seine Interessen wirksam geltend zu machen, noch die Möglichkeit, die die Entwicklung der Arbeitsbedingungen seiner Arbeitnehmer bestimmenden Faktoren mit Blick auf seine künftige wirtschaftliche Tätigkeit auszuhandeln. Unter diesen Umständen sei die Vertragsfreiheit des Erwerbers so erheblich reduziert, dass eine solche Einschränkung den **Wesensgehalt seines Rechts auf unternehmerische Freiheit** im Sinne von Art. 16 der Charta der Grundrechte der Europäischen Union beeinträchtigen könne.[329]

---

[325] *Nicolai* DB 2006, 670 (672); *Simon/Kock/Halbsguth* ZIP 2006, 726; *Zerres* NJW 2006, 3533 (3536); aA: *Heinlein* NJW 2008, 321 (326) mwN *Thüsing* NZA 2006, 473 (474).
[326] BAG 23.9.2009 – 4 AZR 331/08, AP TVG § 1 Bezugnahme auf Tarifvertrag Nr. 71 = NZA 2010, 513; bestätigt durch BAG 24.4.2010 – 4 AZR 691/08, AP TVG § 1 Bezugnahme auf Tarifvertrag Nr. 75 = NZA-RR 2010, 530; 21.10.2009 – 4 AZR 396/08, AP TVG § 1 Bezugnahme auf Tarifvertrag Nr. 72 = NZA-RR 2010, 361; in diese Richtung bereits: BAG 18.4.2007 – 4 AZR 652/05, AP TVG § 1 Bezugnahme auf Tarifvertrag Nr. 53 = NZA 2007, 965, darin blieb jedoch eine Auseinandersetzung mit der Werhof-Entscheidung des EuGH aus, da der zu entscheidende Fall den Austritt aus dem Arbeitgeberverband betraf und keinen Betriebsübergang; siehe auch BAG 6.11.2007 – 1 AZR 862/06, AP BGB § 613a Nr. 337 = NZA 2008, 542, das eine Sachverhaltskonstellation betraf, in der sich der Kläger ohnehin auf die statische Weitergeltung der Tarifnormen berief. Vgl. auch BAG 19.9.2007 – 4 AZR 711/06, AP BGB § 613a Nr. 328 = NZA 2008, 241; *Jacobs* BB 2011, 2037 (2039).
[327] Richtlinie 2001/23/EG des Rates vom 12.3.2001 zur Angleichung der Rechtsvorschriften der Mitgliedstaaten über die Wahrung von Ansprüchen der Arbeitnehmer beim Übergang von Unternehmen, Betrieben oder Unternehmens- oder Betriebsteilen (ABl. 2001 L 82, 16).
[328] EuGH 18.7.2013 – C-426/11, NZA 2013, 835.
[329] EuGH 18.7.2013 – C-426/11, NZA 2013, 835.

114 Die EuGH-Entscheidung in der Rechtssache Alemo-Herron wird im Schrifttum zum Teil stark kritisiert[330] und kontrovers diskutiert.[331] Während einzelne Stimmen die Auffassung vertreten, dass diese Entscheidung auf Besonderheiten der englischen Rechtslage beruhe und nicht auf einzelvertragliche dynamische Bezugnahmeklauseln nach deutschem Recht übertragbar sei,[332] sehen andere hierin die Notwendigkeit zur Anpassung der bisherigen ständigen Rechtsprechung des BAG, die letztlich das Ende der dynamischen Wirkung individualvertraglicher Verweisungsklauseln auf Tarifverträge im Falle eines Betriebsübergangs zur Folge haben könnte.[333] Jedenfalls hat die Alemo-Herron-Entscheidung zu erheblicher Rechtsunsicherheit – auch mit Blick auf die Frage nach dem zutreffenden Inhalt einer Unterrichtung gemäß § 613a Abs. 5 Nr. 3 BGB über die rechtlichen Folgen eines Betriebsübergangs für die Fortgeltung einzelvertraglich in Bezug genommener Tarifverträge – geführt.

115 Das Bundesarbeitsgericht erhielt im Jahr 2015 Gelegenheit, sich mit der durch die Alemo-Herron-Entscheidung des EuGH aufgeworfenen Streitfrage zu den Rechtswirkungen einer dynamischen Bezugnahme auf Tarifverträge im Falle eines Betriebsübergangs erneut auseinanderzusetzen.[334] In einem Streitfall zur arbeitsvertraglich vereinbarten dynamischen Anwendung fachlich nicht einschlägiger Tarifverträge des öffentlichen Dienstes (TVöD und hierzu vereinbarter Überleitungstarifvertrag TVÜ-VKA) auf das Arbeitsverhältnis eines Klägers, das durch einen konzerninternen Betriebsübergang vom nicht tarifgebundenen Veräußerer auf den ebenfalls nicht tarifgebundenen Erwerber übergegangen war, hat das BAG dem EuGH gemäß Art. 267 AEUV im Rahmen eines Vorabendscheidungsersuchens mehrere Fragen zur Auslegung der Betriebsübergangsrichtlinie und der Grundrechtecharta vorgelegt. In den Gründen seines Vorabentscheidungsersuchens machte das BAG deutlich, dass nach seinem Verständnis die vom EuGH in der Rechtssache Alemo-Herron getroffenen Aussagen nicht ohne Weiteres auf privatautonom vereinbarte Verweisungsklauseln im Sinne des nationalen Vertragsrechts übertragen werden können. Nach Auffassung des BAG ist der Betriebserwerber nach einem Betriebsübergang vielmehr an die von einem Betriebsveräußerer vereinbarte dynamische Verweisung auf einen Tarifvertrag unverändert einzelvertraglich gebunden. Diese Dynamik entfällt nach Auffassung des BAG entgegen den vom EuGH in der Rechtssache Alemo-Herron getroffenen Aussagen auch dann nicht, wenn der Betriebserwerber nicht durch die Mitgliedschaft in einer tarifschließenden Koalition tarifgebunden ist und deshalb auf die künftigen Tarifverhandlungen keinen Einfluss nehmen kann.[335] Zur Begründung verweist das BAG auf den im deutschen Recht bestehenden Unterschied zwischen normativer und einzelvertraglicher Geltung von Tarifnormen. Es weist hierzu darauf hin, dass der Erwerber in letzterem Fall so gestellt wird, als hätte er die dem Arbeitsverhältnis zugrunde liegenden privatautonomen Willenserklärungen des Veräußerers gegenüber dem Arbeitnehmer selbst abgegeben, also die Vereinbarungen in eigener Person abgeschlossen und die dynamische Bezugnahme auf ein bestimmtes Tarifwerk oder Teile davon so zum Inhalt des Arbeitsvertrages gemacht.

116 Der **EuGH** legte in seiner Entscheidung zum Vorabentscheidungsersuchen des BAG in der Rechtssache **Asklepios-Kliniken** dar, dass Art. 3 der Betriebsübergangsrichtlinie iVm Art. 16 der Charta der Grundrechte der Europäischen Union dahingehend auszulegen sei, dass in Arbeitsverträgen enthaltene dynamische Verweisungsklauseln im Falle eines Betriebsübergangs im Verhältnis zwischen Arbeitnehmer und Erwerber Anwendung finden, sofern das nationale Recht sowohl einvernehmliche als auch einseitige Anpassungsmöglichkeiten für den Erwerber vorsieht.[336] Zwar ergebe sich aus der Werhof-Rechtsprechung des EuGH,

---

[330] *Thüsing* EWiR 2013, 543; *Heuschmid* AuR 2013, 500; *Klein* NZA 2016, 410.
[331] Siehe ErfK/*Preis* BGB § 613a Rn. 127b mwN des umfangreichen Schrifttums.
[332] *Forst* DB 2013, 1847; *Berthold* EuZA 2010, 119; siehe auch LAG Hessen 25.3.2014 – 8 Sa 1150/13, BeckRS 2014, 72026.
[333] *Commandeur/Kleinebrink* BB 2014, 181; *Willemsen/Grau* NJW 2014, 12; *Latzel* RdA 2014, 110.
[334] BAG 17.6.2015 – 4 AZR 61/14 (A), NZA 2016, 373 siehe hierzu *Klein* NZA 2016, 410; *Scharff* DB 2016, 1315; *Hanau* ArbuR 2016, 159; *Lingemann* ArbR 2015, 304.
[335] BAG 17.6.2015 – 4 AZR 61/14 (A), NZA 2016, 373.
[336] EuGH 27.4.2017 – C-680/15, NZA 2017, 571; siehe hierzu *Wißmann/Niklas* NJW 2017, 697, und *Bayreuther* NJW 2017, 2158, die kritisieren, dass der EuGH nicht auf das Verhältnis von Art. 3 Abs. 1 und 3 der Betriebsübergangsrichtlinie eingeht.

dass Art. 3 der Betriebsübergangsrichtlinie so auszulegen sei, dass er nicht dazu verpflichte, eine statische Klausel als dynamisch zu verstehen, jedoch habe der EuGH bereits in der Werhof-Entscheidung auch darauf hingewiesen, dass die Parteien nach dem Prinzip der Privatautonomie frei seien, gegenseitige Verpflichtungen einzugehen. Art. 3 der Richtlinie sei also insbesondere nicht so zu verstehen, als ob er darauf abziele, zu verhindern, dass eine dynamische Vertragsklausel ihre Wirkungen entfaltet. Der Gerichtshof betont jedoch unter Bezugnahme insbesondere auf die Alemo-Herron-Entscheidung die Notwendigkeit eines gerechten Ausgleichs zwischen den Interessen des Arbeitnehmers und des Erwerbers, woraus folge, dass der Erwerber in der Lage sein müsse, nach dem Übergang die für die Fortsetzung seiner Tätigkeit erforderlichen Anpassungen vorzunehmen.[337]

Der Umstand, dass der Veräußerer an Tarifverträge des öffentlichen Dienstes gebunden war, während der Erwerber dem privaten Sektor zuzurechnen ist, führt nach der im Anschluss an die Asklepios-Entscheidung des EuGH ergangenen Rechtsprechung des BAG nicht zu einem gesteigerten Anpassungsinteresse mit der Folge, dass die Tarifverträge des öffentlichen Dienstes allenfalls statisch auf das nunmehr dem privaten Sektor zugehörige Arbeitsverhältnis der Parteien Anwendung finden.[338] Art. 3 der Betriebsübergangsrichtlinie und Art. 16 der Charta der Grundrechte der Europäischen Union stehen auch der Weitergeltung einer dynamischen Verweisung auf kirchliche Arbeitsrechtsregelungen nach einem Betriebsübergang auf einen weltlichen Erwerber nicht entgegen; die Kirchenzugehörigkeit des jeweiligen Arbeitgebers ist nicht auflösende Bedingung für die dynamische Geltung von Arbeitsvertragsrichtlinien.[339]

Nach einer Entscheidung des BAG vom 30.8.2017 sieht die deutsche Rechtsordnung die vom EuGH geforderten einvernehmlichen und einseitigen Anpassungsmöglichkeiten[340] für den Erwerber vor, namentlich die Möglichkeiten, eine einvernehmliche Vertragsänderung vorzunehmen und eine Änderungskündigung gem. § 2 KSchG zu erklären. Der vom EuGH formulierten Anforderung, der Erwerber müsse in der Lage sein, die für die Fortsetzung seiner Tätigkeit „erforderlichen" Anpassungen vorzunehmen, was bedeute, dass die vom Erwerber angestrebten Änderungen nicht seiner einseitigen freien Entscheidung unterliegen, sondern dem Kriterium der Erforderlichkeit genügen müssen, wird von der deutschen Rechtsordnung entsprochen. Dass eine Änderungskündigung gem. § 1 Abs. 2 KSchG sozial gerechtfertigt sein muss, sei mit der vom EuGH in den Rechtssachen Asklepios-Kliniken[341] und Alemo-Herron[342] vorgenommenen Auslegung der Betriebsübergangsrichtlinie vereinbar.[343]

Stimmen in der Literatur vertreten die Auffassung, der EuGH habe sich aufgrund der missverständlichen Formulierung der Vorlagebeschlüsse des BAG nicht zu den konkreten Anforderungen an einseitige Anpassungsmöglichkeiten äußern können;[344] jedenfalls stelle eine Änderungskündigung keine einseitige Änderungsmöglichkeit, sondern lediglich ein Druckmittel zur Durchsetzung einer einvernehmlichen Vertragsänderung dar. Diesem Umstand sei dadurch Rechnung zu tragen, dass § 613a Abs. 1 S. 2 BGB analog auf dynamische Bezugsklauseln anzuwenden sei mit der Folge, dass diese nach Betriebsübergang statisch wirken.[345]

Ungeachtet der vorstehend dargestellten Streitfrage zu den Rechtsfolgen einer dynamischen einzelvertraglichen Verweisung gilt im Falle einer von vornherein ausnahmsweise nur

---

[337] EuGH 27.4.2017 – C-680/15, NZA 2017, 571.
[338] BAG 16.5.2018 – 4 AZR 209/15, AP TVG § 1 Bezugnahme auf Tarifvertrag Nr. 145 = NZA 2018, 1489.
[339] BAG 11.7.2019 – 6 AZR 40/17 = NZA-RR 2019, 590; 21.6.2018 – 6 AZR 38/17, AP BGB § 611 Kirchendienst Nr. 92 = NZA 2018, 1413; 23.11.2017 – 6 AZR 739/15, AP BGB § 611 Kirchendienst Nr. 86 = NZA 2018, 305; krit. dazu *Arnold* ArbRAktuell 2018, 95, der vor dem Hintergrund, dass kirchliche Arbeitsrechtsregelungen anders als Tarifverträge keine normative Wirkungen haben, dafür plädiert, allenfalls eine statische Bindung des nichtkirchlichen Arbeitgebers anzunehmen.
[340] Zu den Gestaltungsmöglichkeit zur Entdynamisierung im deutschen Recht ausf. *Wahlig/Brune* NZA 2018, 221; *Löwisch/Wegmann* BB 2019, 1844.
[341] EuGH 27.4.2017 – C-680/15, NZA 2017, 571.
[342] EuGH 18.7.2013 – C-426/11, NZA 2013, 835.
[343] BAG 30.8.2017 – 4 AZR 95/14, NZA 2018, 255.
[344] *Wahlig/Brune* NZA 2018, 221 (222 f.); *Willemsen/Krois/Mehrens* RdA 2018, 151 (153).
[345] Siehe etwa *Willemsen/Krois/Mehrens* RdA 2018, 151 (166 f.).

statisch ausgestalteten Bezugnahmeklausel der in Bezug genommene Tarifvertrag auch nach einem Betriebsübergang zwangsläufig lediglich statisch weiter.[346]

IV. Haftung von Erwerber und Veräußerer

1. Haftung auf Grund Betriebsübergangs

121 a) **Haftung des Erwerbers.** Da der Erwerber nach § 613a Abs. 1 BGB in die Rechte und Pflichten aus den zum Zeitpunkt des Betriebsübergangs bestehenden Arbeitsverhältnissen eintritt, haftet er für alle Ansprüche aus den Arbeitsverhältnissen der auf ihn übergehenden Arbeitnehmer.[347]

122 *aa) Umfassende Haftung.* Für die Haftung des Erwerbers ist unerheblich, ob die Ansprüche aus den übergehenden Arbeitsverhältnissen vor oder nach Betriebsübergang entstanden oder fällig geworden sind.[348] Die Haftung des Erwerbers umfasst daher auch zum Beispiel **rückständige Vergütungsforderungen** aus der Zeit vor Betriebsübergang.[349] Sie erstreckt sich zudem auf Ansprüche aus der **betrieblichen Altersversorgung,** auch soweit die Zeit vor dem Betriebsübergang betroffen ist oder die Anwartschaften noch nicht unverfallbar sind.[350] Der Erwerber haftet darüber hinaus für Ansprüche aus Altersteilzeitmodellen während der Freistellungsphase.[351]

123 *bb) Keine Haftung gegenüber ausgeschiedenen oder widersprechenden Arbeitnehmern.* Der Erwerber haftet nicht für Ansprüche von Arbeitnehmern, die vor dem Betriebsübergang ausgeschieden sind.[352] Maßgeblich ist nicht der Ausspruch der Kündigung oder der Abschluss einer Aufhebungsvereinbarung, sondern das rechtliche Ende des Arbeitsverhältnisses.[353] Der Erwerber haftet auch nicht für Ansprüche von Arbeitnehmern, die dem Übergang des Arbeitsverhältnisses widersprochen haben.[354]

124 b) **Haftung des Veräußerers.** Der Veräußerer haftet als **Gesamtschuldner** neben dem Erwerber für solche Ansprüche der übergehenden Arbeitnehmer, die vor dem Betriebsübergang entstanden sind und spätestens **vor Ablauf eines Jahres nach dem Betriebsübergang** fällig werden, § 613a Abs. 2 S. 1 BGB. Soweit diese Ansprüche bereits vor dem Betriebsübergang fällig geworden sind, ist die Haftung des Veräußerers voll und unbeschränkt.[355] Für Verpflichtungen, die erst nach Betriebsübergang fällig werden, haftet der Veräußerer jedoch nur in dem Umfang, der dem im Zeitpunkt des Betriebsübergangs abgelaufenen Teil ihres Bemessungszeitraumes entspricht, § 613a Abs. 2 S. 2 BGB. Dies betrifft vor allem Einmalzahlungen wie Jahressonderzahlungen, Urlaubsgeld, 13. Monatsgehalt etc.[356] Hier haftet der Veräußerer nur anteilig für den Teil des Jahres, in dem er Betriebsinhaber war.[357]

---

[346] *Thüsing/Lambrich* RdA 2002, 193 (211); NK-TVG/*Lorenz* § 3 Rn. 269.

[347] Vgl. nur Willemsen/Hohenstatt/Schweibert/Seibt Umstrukturierung/*Willemsen* G Rn. 198.

[348] Vgl. ErfK/*Preis* BGB § 613a Rn. 134; MüKoBGB/*Müller-Glöge* § 613a Rn. 161; Staudinger/*Annuß* BGB § 613a Rn. 257; Hölters Unternehmenskauf-HdB/*v. Steinau-Steinrück/Thees* Kap. 6 Rn. 261.

[349] Vgl. nur Staudinger/*Annuß* BGB § 613a Rn. 258; Hölters Unternehmenskauf-HdB/*v. Steinau-Steinrück/Thees* Kap. 6 Rn. 261.

[350] BAG 12.5.1992 – 3 AZR 247/91, AP BetrAVG § 1 Betriebsveräußerung Nr. 14 = NZA 1992, 1080; ErfK/*Preis* BGB § 613a Rn. 73; Staudinger/*Annuß* BGB § 613a Rn. 258, 171.

[351] Noch offengelassen in BAG 19.10.2004 – 9 AZR 645/03, NZA 2005, 527; wohl bestätigend BAG 19.9.2007 – 4 AZR 711/06, AP BGB § 613a Nr. 328 = NZA 2008, 241; bzgl. dieser Ansprüche in der Insolvenz → Rn. 125; LAG Hessen 23.8.2006 – 8 Sa 1744/05, ZIP 2007, 391.

[352] ErfK/*Preis* BGB § 613a Rn. 135; Schliemann/*Ascheid* BGB § 613a Rn. 117; MüKoBGB/*Müller-Glöge* § 613a Rn. 159; Willemsen/Hohenstatt/Schweibert/Seibt Umstrukturierung/*Willemsen* G Rn. 198.

[353] Willemsen/Hohenstatt/Schweibert/Seibt Umstrukturierung/*Willemsen* G Rn. 198.

[354] *Gaul* ArbR-HdB § 14 Rn. 8; vgl. zum Widerspruch → § 55 Rn. 70 ff.

[355] ErfK/*Preis* BGB § 613a Rn. 136; MüKoBGB/*Müller-Glöge* § 613a Rn. 165; Staudinger/*Annuß* BGB § 613a Rn. 262.

[356] Vgl. Willemsen/Hohenstatt/Schweibert/Seibt Umstrukturierung/*Willemsen* G Rn. 202; Hölters Unternehmenskauf-HdB/*v. Steinau-Steinrück/Thees* Kap. 6 Rn. 266.

[357] Vgl. nur ErfK/*Preis* BGB § 613a Rn. 136, aA MüKoBGB/*Müller-Glöge* § 613a Rn. 166: keine auch nur anteilige Haftung des bisherigen Inhabers.

Die Haftungsregelung kann aufgrund ihres zwingenden Charakters nicht abbedungen werden.[358]

> **Praxistipp:**
> Der interne Ausgleich zwischen Veräußerer und Erwerber wird in der Regel im Kaufvertrag geregelt. So ist es üblich und sachgerecht, dass der Veräußerer den Erwerber im Innenverhältnis von Verbindlichkeiten freistellt, die die Zeit vor Betriebsübergang betreffen, und er ihm beispielsweise hinsichtlich Pensionsverbindlichkeiten, für die bilanziell Rückstellungen vorzunehmen sind, Deckungsmittel in entsprechender Höhe überträgt oder ihm einen anderen Ausgleich verschafft. Aus Veräußerersicht sollte in diesem Falle für den Fall seiner Inanspruchnahme auf Versorgungsleistungen eine Freistellung vereinbart werden, soweit er die erforderlichen Deckungsmittel auf den Erwerber übertragen hat.

2. Erwerberhaftung in der Insolvenz

Obwohl die Vorschrift des § 613a BGB grundsätzlich auch auf Betriebsübergänge in der Insolvenz Anwendung findet,[359] gilt dies für die **Haftung des Erwerbers** nur eingeschränkt. Nach ständiger Rechtsprechung des BAG haftet der Erwerber wegen des Vorranges der insolvenzrechtlichen Regelungen **nicht für Ansprüche** aus übergehenden Arbeitsverhältnissen, **die bei Insolvenzeröffnung bereits entstanden** oder erdient waren.[360] Der Ausschluss der Erwerberhaftung für vor Insolvenzeröffnung entstandene Ansprüche (sog. Insolvenzforderungen gemäß § 38 InsO) setzt aber voraus, dass der **Betriebsübergang erst nach Eröffnung des Insolvenzverfahrens** stattfindet.[361] Bei Übernahme eines Betriebes oder Betriebsteils vor Eröffnung des Insolvenzverfahrens haftet der Erwerber unbeschränkt auch für die vor Insolvenzeröffnung entstandenen Ansprüche.[362] Dies gilt selbst dann, wenn der Erwerber den Betrieb vor Insolvenzeröffnung vom vorläufigen Insolvenzverwalter erwirbt.[363] Der Zeitpunkt des Betriebs- oder Betriebsteilübergangs ist demnach für die Haftung von entscheidender Bedeutung.[364] Die spätere Einstellung des Insolvenzverfahrens mangels Insolvenzmasse (§ 207 Abs. 1 InsO) lässt die durch die Insolvenzeröffnung eingetretene Haftungsbeschränkung des Erwerbers unberührt.[365] Der Erwerber haftet jedoch unbeschränkt für vor Insolvenzeröffnung entstandene Ansprüche, wenn der Antrag auf Insolvenzeröffnung von vornherein abgewiesen wurde, weil das Vermögen des Schuldners nicht ausgereicht hat, die Kosten des Verfahrens zu decken (Abweisung mangels Masse gem. § 26 Abs. 1 InsO).[366]

---

[358] Zur Unwirksamkeit einer Vereinbarung zwischen Veräußerer und Erwerber zu Lasten des Arbeitnehmer ErfK/*Preis* BGB § 613a Rn. 139; zur Unwirksamkeit einer Vereinbarung zwischen Arbeitnehmer und Erwerber zu Lasten des Veräußerers BAG 19.5.2005 – 3 AZR 649/03, AP BGB § 613a Nr. 283 = NZA-RR 2006, 373.
[359] Vgl. nur ErfK/*Preis* BGB § 613a Rn. 146 mwN.
[360] BAG 14.11.2012 – 5 AZR 778/11, BeckRS 2013, 67325 Rn. 13; 17.1.1980 – 3 AZR 160/79, AP BGB § 613a Nr. 18; 23.7.1991 – 3 AZR 366/90, AP BetrAVG § 1 Betriebsveräußerung Nr. 11 = NZA 1992, 217; 13.7.1994 – 7 ABR 50/93, AP KO § 61 Nr. 28; 20.6.2002 – 8 AZR 459/01, AP InsO § 113 Nr. 10 = NZA 2003, 318; 19.12.2006 – 9 AZR 230/06, AP ATG § 3 Nr. 19; ErfK/*Preis* BGB § 613a Rn. 146; Staudinger/*Annuß* BGB § 613a Rn. 358; Hölters Unternehmenskauf-HdB/*v. Steinau-Steinrück/Thees* Kap. 6 Rn. 278; Willemsen/Hohenstatt/Schweibert/Seibt Umstrukturierung/*Willemsen* G Rn. 126; zur Beweislastverteilung *Sieg/Maschmann* Unternehmensumstrukturierung Rn. 235.
[361] Vgl. BAG 9.12.2009 – 7 ABR 90/07, AP BetrVG 1972 § 40 Nr. 96 = NZA 2010, 461; ErfK/*Preis* BGB § 613a Rn. 150.
[362] BAG 23.7.1991 – 3 AZR 366/90, AP BetrAVG § 1 Betriebsveräußerung Nr. 11 = NZA 1992, 217; 13.7.1994 – 7 ABR 50/93, AP KO § 61 Nr. 28; ErfK/*Preis* BGB § 613a Rn. 150; Schliemann/*Ascheid* BGB § 613a Rn. 123; *Gaul* ArbR-HdB § 36 Rn. 21; Hölters Unternehmenskauf-HdB/*v. Steinau-Steinrück/Thees* Kap. 6 Rn. 278.
[363] BAG 20.6.2002 – 8 AZR 459/01, AP InsO § 113 Nr. 10 = NZA 2003, 318; vgl. Willemsen/Hohenstatt/Schweibert/Seibt Umstrukturierung/*Willemsen* G Rn. 126.
[364] Zur Feststellung des Zeitpunkts eines Betriebsübergangs → § 53 Rn. 55 f.
[365] BAG 11.2.1992 – 3 AZR 117/91, AP BetrAVG § 1 Betriebsveräußerung Nr. 13 = NZA 1993, 20.
[366] BAG 20.11.1984 – 3 AZR 584/83, AP BGB § 613a Nr. 38 = NZA 1985, 393; 11.2.1992 – 3 AZR 117/91, AP BetrAVG § 1 Betriebsveräußerung Nr. 13 = NZA 1993, 20; Hölters Unternehmenskauf-HdB/*v. Steinau-Steinrück/Thees* Kap. 6 Rn. 278.

126 Nach diesen Grundsätzen haftet der Erwerber bei Betriebsübernahme nach Insolvenzeröffnung zum Beispiel nicht für rückständige Entgelt-[367] oder Honoraransprüche,[368] die die Zeit bis zur Eröffnung des Insolvenzverfahrens betreffen. Soweit die Zeit zwischen Insolvenzeröffnung und Betriebsübergang betroffen ist, haftet der Erwerber für die in dieser Zeit entstehenden sogenannten Masseverbindlichkeiten im Sinne des § 55 Abs. 1 Nr. 2 InsO vollumfänglich.[369]

> **Praxistipp**
>
> Angesichts der Tatsache, dass Honoraransprüche für vor dem Zeitpunkt der Insolvenzeröffnung erbrachte Beratungsleistungen keine Masseverbindlichkeiten, sondern lediglich einfache Insolvenzforderungen sind, sollte ein das betreffende Unternehmen oder dessen Betriebsrat beratender Rechtsanwalt eine Zahlungszusage des vorläufigen Insolvenzverwalters einholen oder seine Leistungen nur gegen Vorkasse bzw. Vorschusszahlung erbringen.

127 Für Ansprüche, die erst nach Eröffnung des Insolvenzverfahrens fällig werden, jedoch sowohl vor als auch nach Insolvenzeröffnung verdient worden sind (vor allem **Sonderleistungen mit Entgeltcharakter**), haftet der Erwerber zeitanteilig für die Zeit ab Eröffnung des Insolvenzverfahrens; im Übrigen sind sie zur Insolvenztabelle anzumelden.[370] Diese Haftungsverteilung gilt jedoch nicht, soweit Ansprüche nach der jeweiligen individual- oder kollektivvertraglichen Regelung nicht zeitanteilig, sondern erst am Fälligkeits- oder Stichtag entstehen (sog. **nicht arbeitsleistungsbezogene Sonderleistungen**). Hier haftet der Erwerber, wenn der Fälligkeitstag nach Insolvenzeröffnung liegt, vollumfänglich ohne zeitanteilige Beschränkung.[371]

128 Die haftungsrechtliche Beschränkung gilt nach der Rechtsprechung des BAG jedoch nicht für den **Urlaubsanspruch des Arbeitnehmers**.[372] Dies folgt aus § 108 Abs. 3 InsO, wonach Ansprüche aus einem mit Wirkung für die Masse fortbestehenden Arbeitsverhältnis nur dann Insolvenzforderungen sind, wenn es sich um Ansprüche „für die Zeit vor der Eröffnung des Insolvenzverfahrens" handelt. Nach der Rechtsprechung fallen Urlaubsansprüche gerade nicht hierunter, da sie nicht von einer Arbeitsleistung im Kalenderjahr abhängig sind und damit auch nicht monatlich anteilig erlangt bzw. erdient werden. Dementsprechend ist nach der Rechtsprechung eine Zuordnung von Urlaubsansprüchen zu einem Zeitraum vor oder nach der Eröffnung des Insolvenzverfahrens nicht möglich, soweit nicht ausnahmsweise Beginn und Ende der Freistellung zur Erfüllung des Urlaubsanspruchs bereits konkret zeitlich festgelegt waren. Der Betriebserwerber haftet deshalb vollumfänglich für Urlaubsabgeltungsansprüche, auch soweit die zugrundeliegenden Urlaubsansprüche aus Kalenderjahren vor der Insolvenzeröffnung stammen.[373]

129 Für die **betriebliche Altersversorgung** bedeutet die Haftungsbeschränkung des Erwerbers bei Betriebsübergang nach Eröffnung des Insolvenzverfahrens, dass er zwar in die Verpflichtungen aus den den übergehenden Arbeitnehmern erteilten Versorgungszusagen eintritt, aber **im Versorgungsfall nur die nach Insolvenzeröffnung erdiente Versorgungsleistung**

---

[367] Vgl. Hölters Unternehmenskauf-HdB/*v. Steinau-Steinrück/Thees* Kap. 6 Rn. 281.
[368] BAG 9.12.2009 – 7 ABR 90/07, AP BetrVG 1972 § 40 Nr. 96 = NZA 2010, 461.
[369] BAG 4.12.1986 – 2 AZR 246/86, AP BGB § 613a Nr. 56 = NZA 1987, 460; Hölters Unternehmenskauf-HdB/*v. Steinau-Steinrück/Thees* Kap. 6 Rn. 278; *Gaul* ArbR-HdB § 36 Rn. 23.
[370] BAG 16.10.2018 – 3 AZR 139/17 (A), BeckRS 2018, 34982 Rn. 25 hinsichtlich endgehaltsbezogener Versorgungsanwartschaften aus betrieblicher Altervorsorge; Staudinger/*Annuß* BGB § 613a Rn. 362; Hölters Unternehmenskauf-HdB/*v. Steinau-Steinrück/Thees* Kap. 6 Rn. 280.
[371] BAG 11.10.1995 – 10 AZR 984/94, AP BGB § 613a Nr. 132 = NZA 1996, 432; Staudinger/*Annuß* BGB § 613a Rn. 361; Hölters Unternehmenskauf-HdB/*v. Steinau-Steinrück/Thees* Kap. 6 Rn. 280; ErfK/*Preis* BGB § 613a Rn. 147.
[372] BAG 18.11.2003 – 9 AZR 347/03, AP InsO § 113 Nr. 16 = NZA 2004, 654; 15.2.2005 – 9 AZR 78/04, NZA 2005, 1124; Henssler/Willemsen/Kalb/*Willemsen/Müller-Bonanni* BGB § 613a Rn. 365.
[373] BAG 15.2.2005 – 9 AZR 78/04, NZA 2015, 1124.

schuldet.[374] Unerheblich ist, ob die Anwartschaften zum Zeitpunkt des Betriebsübergangs noch gesetzlich verfallbar oder bereits unverfallbar waren.[375] In Bezug auf bereits unverfallbare Pensionsanwartschaften haftet der Pensionssicherungsverein (PSV) für den bis zur Eröffnung des Insolvenzverfahrens erdienten Teil gemäß § 7 Abs. 2 BetrAVG zeitanteilig.[376]

Schwierigkeiten ergeben sich bei verfallbaren Versorgungsanwartschaften, die vor Insolvenzeröffnung erdient wurden. Diese können von dem Arbeitnehmner nur als aufschiebend bedingte Forderungen gem. § 174 Abs. 1 S. 1, § 175 Abs. 1 S. 1 InsO zur Insolvenztabelle angemeldet werden.[377] Gleiches gilt für Ansprüche des Arbeitnehmers aus einer endgehaltsbezogenen Versorgungszusage der Höhe nach.[378] Wegen des sog. Festschreibeeffekts gem. § 7 Abs. 2 S. 6 BetrAVG hat die PSV Veränderungen in der Bemessungsgrundlage der zu gewährenden Leistungen nach Eröffnung des Insolvenzverfahrens nicht zu berücksichtigen; er legt insoweit nur die bei Insolvenzeröffnung maßgebende Bruttomonatsvergütung zugrunde, sodass eine spätere Steigerung der Vergütung außer Betracht bleibt. In zwei solche Sachverhaltskonstellationen betreffenden Vorlagebeschlüssen vom 16.10.2018[379] hat der Dritte Senat des BAG im Rahmen zweier Vorabentscheidungsersuchen gemäß Art. 267 AEUV nunmehr mit einer Reihe von an den EuGH gerichteten Fragen Bedenken hinsichtlich der Vereinbarkeit seiner haftungsbeschränkenden Rechtsprechung für vor Insolvenzeröffnung erdiente Anwartschaften mit dem Unionsrecht, namentlich mit der Betriebsübergangsrichtlinie 2001/23/EG sowie der Zahlungsunfähigkeitsrichtlinie 2008/94/EG, formuliert.[380] Nicht zuletzt wegen der enormen wirtschaftlichen Bedeutung einer etwaigen Haftung des Betriebserwerbers in der Insolvenz auch für die vor Insolvenzeröffnung beim Veräußerer erdienten (bei Insolvenzeröffnung noch verfallbaren) Versorgungsanwartschaften der Arbeitnehmer bzw. für eine in der jeweiligen Versorgungsordnung vorgesehene Gehaltsdynamik ist die unionsrechtliche Klärung durch den EuGH aufmerksam zu verfolgen.

Praxistipp:
Bis zur Entscheidung des EuGH muss das etwaige weitergehende Haftungsrisiko des Erwerbers in der Insolvenz beim Kauf hinreichend berücksichtigt und einkalkuliert werden.[381]

Kommt es während des Insolvenzverfahrens zu einem Betriebsübergang, hat der Insolvenzverwalter für die nach Insolvenzeröffnung erworbenen Anwartschaften derjenigen Arbeitnehmer einzustehen, die nach Eröffnung des Insolvenzverfahrens, aber vor dem Betriebsübergang ausgeschieden sind, von dem Betriebsübergang nicht erfasst werden oder ihm gemäß § 613a Abs. 6 BGB widersprochen haben.[382] Die Anwartschaften dieser Arbeit-

---

[374] BAG 16.10.2018 – 3 AZR 878/16 (A), AP Richtlinie 2001/23/EG Nr. 19 = BeckRS 2018, 26879 Rn. 27; 16.10.2018 – 3 AZR 139/17 (A), BeckRS 2018, 34982 Rn. 29; 29.10.1985 – 3 AZR 485/83, AP BetrAVG § 1 Betriebsveräußerung Nr. 4; ebenso MüKoInsO/*Caspers* § 128 Rn. 20; Gottwald/*Bertram* InsO § 109 Rn. 77 f.; *Gaul* ArbR-HdB § 36 Rn. 25, 28; Sieg/Maschmann Unternehmensumstrukturierung Rn. 238. Soweit die Rspr. und Lit. ausführt, „der Erwerber schulde nur die bei ihm erdiente Versorgungsleistung" – so zB BAG 4.7.1989 – 3 AZR 756/87, AP BetrAVG § 1 Betriebsveräußerung Nr. 10; Hölters Unternehmenskauf-HdB/*v. Steinau-Steinrück/Thees* Kap. 6 Rn. 286; ErfK/*Preis* BGB § 613a Rn. 148 –, ist dies missverständlich.

[375] BAG 29.10.1985 – 3 AZR 485/83, AP BetrAVG § 1 Betriebsveräußerung Nr. 4; ErfK/*Preis* BGB § 613a Rn. 148; Staudinger/*Annuß* BGB § 613a Rn. 366.

[376] BAG 16.10.2018 – 3 AZR 878/16 (A), AP Richtilinie 2001/23/EG Nr. 19 = BeckRS 2018, 26879 Rn. 22; Hölters Unternehmenskauf-HdB/*v. Steinau-Steinrück/Thees* Kap. 6 Rn. 287; ErfK/*Preis* BGB § 613a Rn. 148.

[377] BAG 16.10.2018 – 3 AZR 878/16 (A), AP Richtilinie 2001/23/EG Nr. 19 = BeckRS 2018, 26879 Rn. 22 f.; 16.10.2018 – 3 AZR 139/17 (A), BeckRS 2018, 34982 Rn. 25.

[378] Siehe bereits → Rn. 127.

[379] BAG 16.10.2018 – 3 AZR 878/16 (A), AP Richtilinie 2001/23/EG Nr. 19 = BeckRS 2018, 26879 (anhängig beim EuGH unter Az. C-674/18); teilweise Parallelentscheidung BAG 16.10.2018 – 3 AZR 139/17 (A), BeckRS 2018, 34982 (anhängig beim EuGH unter Az. C-675/18).

[380] Zur vertieften Auseinandersetzung mit den Vorlagebeschlüsse vgl. *Polloczek/Rein* NZI 2019, 65.

[381] Vgl. so auch *Mückl/Götte* ArbRAktuell 2018, 624 (626).

[382] BAG 22.12.2009 – 3 AZR 814/07, AP BetrAVG § 3 Nr. 16 = NZA 2010, 568.

nehmer kann der Insolvenzverwalter unter den Voraussetzungen des § 3 Abs. 4 BetrAVG abfinden.

132 Für die **Altersteilzeit im Blockmodell** bedeutet die eingeschränkte Haftung des Erwerbers im Insolvenzverfahren folgendes: Die in Altersteilzeit befindlichen Arbeitnehmer sind Insolvenzgläubiger nach §§ 108 Abs. 3, 38 InsO, soweit es um Vergütungsansprüche für vor Insolvenzeröffnung erbrachte Arbeitsleistungen geht,[383] und Massegläubiger gemäß § 55 Abs. 1 Nr. 2 InsO, soweit sie Vergütung für Arbeitsleistung nach Eröffnung des Insolvenzverfahrens verlangen.[384] Dieser beschränkten Erwerberhaftung in der Insolvenz steht die Richtlinie 2001/23/EG nicht entgegen.[385]

3. Umwandlungsrechtliche Haftungstatbestände

133 Soweit der Betriebsübergang mit einem umwandlungsrechtlichen Sachverhalt verbunden ist, können für die beteiligten Rechtsträger besondere Haftungstatbestände, insbesondere aus §§ 133, 134 UmwG sowie §§ 22, 45 UmwG, einschlägig sein.

134 a) **Haftung bei Spaltung.** Für den Fall der Unternehmensspaltung ist das Verhältnis der haftungsrechtlichen Regelungen in §§ 133, 134 UmwG und § 613a Abs. 2 BGB mangels gesetzlicher eindeutiger Regelungen problematisch.

135 § 613a Abs. 3 BGB regelt, dass § 613a Abs. 2 BGB nicht gilt, wenn eine juristische Person oder eine Personenhandelsgesellschaft durch Umwandlung erlischt. Hieraus wird teilweise gefolgert, dass in den anderen Fällen eine Haftung nach § 613a Abs. 2 BGB nicht ausgeschlossen sei.[386] Andererseits bleiben nach § 324 UmwG die Regelungen in § 613a Abs. 1, 4 und 6 BGB durch die Wirkungen der Eintragung einer Verschmelzung, Spaltung oder Vermögensübertragung unberührt. Es fehlt an einem expliziten Verweis auf die für die Haftung relevante Vorschrift des § 613a Abs. 2 BGB. Dieser Umstand lässt Raum für die Interpretation, dass eine Anwendbarkeit des § 613a Abs. 2 BGB neben §§ 133, 134 UmwG vom Gesetzgeber nicht intendiert ist.

136 Nach herrschender und richtiger Ansicht sieht § 133 UmwG eine über die Haftung nach § 613a BGB hinausgehende **gesamtschuldnerische Haftung der an der Spaltung beteiligten Rechtsträger** auch für Ansprüche aus Arbeitsverhältnissen vor.[387] Hierfür spricht vor allem der Sinn und Zweck des § 613a Abs. 2 BGB, wonach Arbeitnehmer im Verhältnis zu anderen Gläubigern besser gestellt werden sollen. Dieser Schutzzweck würde jedoch gerade ins Gegenteil verkehrt, wenn Arbeitnehmer gegenüber anderen Gläubigern mangels Anwendbarkeit der umwandlungsrechtlichen Haftungsregelung aus § 133 UmwG schlechter gestellt würden.[388] Der übertragende Rechtsträger (bisheriger Arbeitgeber) und der übernehmende Rechtsträger (neuer Betriebsinhaber) haften hiernach gesamtschuldnerisch für die sog. **Altschulden** des übertragenden Rechtsträgers, also für Verbindlichkeiten, die vor dem Wirksamwerden der Unternehmensspaltung begründet worden sind. Hierbei ist die Haftung des Rechtsträgers, dem die betreffende Verbindlichkeit im Spaltungs- und Übernahmevertrag nicht zugewiesen ist (Mithafter), auf Verbindlichkeiten begrenzt, die vor Ablauf von **fünf Jahren nach der Spaltung** fällig werden. Unbegrenzt haftender Hauptschuldner für Ansprüche aus Arbeitsverhältnissen, die im Zeitpunkt der Spaltung bestanden, ist derjenige Rechtsträger, dem das Arbeitsverhältnis zugewiesen ist,[389] für Ansprüche bereits ausgeschiedener Arbeitnehmer bei fehlender Zuweisung im Spaltungs- und

---

[383] Zur Verpflichtung des Arbeitgebers, Wertguthaben aus Altersteilzeitarbeitsverhältnissen gegen das Insolvenzrisiko abzusichern, siehe § 8a ATG.
[384] BAG 19.12.2006 – 9 AZR 230/06, AP ATG § 3 Nr. 19; 30.10.2008 – 8 AZR 54/07, AP BGB § 613a Nr. 357 = NZA 2009, 432.
[385] Vgl. BAG 30.10.2008 – 8 AZR 54/07, AP BGB § 613a Nr. 357 = NZA 2009, 432.
[386] *Däubler* RdA 1995, 136 (142); *Heinze* ZfA 1997, 1 (16).
[387] Lutter UmwG/*Sagan* § 324 Rn. 40; Semler/Stengel/*Maier-Reimer/Seulen* UmwG § 133 Rn. 22; Willemsen/Hohenstatt/Schweibert/Seibt Umstrukturierung/*Willemsen* G Rn. 204; Hölters Unternehmenskauf-HdB/*v. Steinau-Steinrück/Thees* Kap. 6 Rn. 269; *Gaul* ArbR-HdB § 15 Rn. 12; aA *Boecken* Unternehmensumwandlung Rn. 228.
[388] *Hausch* RNotZ 2007, 308 (338).
[389] Semler/Stengel/*Maier-Reimer* UmwG § 133 Rn. 22; *Gaul* ArbR-HdB § 15 Rn. 42.

Übernahmevertrag der übertragende Rechtsträger.³⁹⁰ Hiernach ergibt sich in der Regel folgende Haftung:

Der übernehmende Rechtsträger haftet nicht nur nach § 613a BGB für Ansprüche der auf 137 ihn übergehenden Arbeitnehmer, sondern als Mithafter auch für die Ansprüche der beim übertragenden Rechtsträger verbleibenden oder dort bereits ausgeschiedenen Arbeitnehmer. Der übertragende Rechtsträger haftet ebenso als Mithafter für die Ansprüche der auf den übernehmenden Rechtsträger übergehenden Arbeitnehmer.

Die Haftung aus § 133 UmwG erstreckt sich auf alle Ansprüche aus dem Arbeitsverhält- 138 nis, die Altschulden darstellen, also vor der Spaltung begründet wurden. Das betrifft zunächst alle individual- oder kollektivrechtlichen Vereinbarungen, die vor (nicht nach) der Spaltung abgeschlossen wurden und für das Arbeitsverhältnis Geltung hatten, einschließlich der Verpflichtungen aus betrieblicher Altersversorgung.³⁹¹ Ansprüche aus einem Sozialplan sind nach richtiger Ansicht nur dann Altschulden, wenn vor der Spaltung entweder der Sozialplan bereits abgeschlossen war oder mit einer Betriebsänderung begonnen wurde, bezüglich der ein Sozialplan erzwungen werden kann.³⁹² Für den Anspruch auf Nachteilsausgleich gemäß § 113 BetrVG ist maßgeblich, ob mit der Durchführung der Betriebsänderung ohne Abschluss des Interessenausgleichsverfahrens vor der Spaltung begonnen wurde.³⁹³

b) Haftung bei Betriebsaufspaltung. Für den Fall der Betriebsaufspaltung sieht § 134 139 UmwG eine **besondere Haftung für Ansprüche aus Sozialplänen und auf Nachteilsausgleich sowie für Versorgungsverpflichtungen** vor. Die Betriebsaufspaltung kann dadurch erfolgen, dass das Anlagevermögen auf die Anlagegesellschaft ausgegliedert oder ab- bzw. aufgespalten wird und der übertragende Rechtsträger den Betrieb fortführt (Abspaltung von der Betriebsgesellschaft), oder der Betrieb übertragen wird und das Anlagevermögen beim übertragenden Rechtsträger verbleibt (Abspaltung von der Anlagegesellschaft).³⁹⁴ Die Anlagegesellschaft haftet gesamtschuldnerisch neben der Betriebsgesellschaft für Forderungen der Arbeitnehmer der Betriebsgesellschaft, die binnen fünf Jahren nach der Spaltung auf Grund der §§ 111–113 BetrVG, also aus Sozialplänen oder auf Nachteilsausgleich, begründet werden. Ebenso haftet die Anlagegesellschaft für vor der Spaltung begründete Ansprüche aus der betrieblichen Altersversorgung. Die Ansprüche müssen innerhalb von zehn Jahren nach Spaltung fällig und gerichtlich geltend gemacht werden.³⁹⁵

c) Haftung bei Verschmelzung. Bei einer Verschmelzung können Arbeitnehmer der betei- 140 ligten Rechtsträger ebenso wie andere Gläubiger **Sicherheitsleistung** für die Erfüllung ihrer schon begründeten, aber noch nicht fälligen Forderungen verlangen, wenn sie glaubhaft machen, dass die Verschmelzung ihre Forderungen gefährdet, § 22 UmwG.³⁹⁶ Für Versorgungsanwartschaften kann Sicherheitsleistung insoweit nicht verlangt werden, als gesetzlicher Insolvenzschutz durch den PSV besteht.³⁹⁷

Für den Sonderfall der Verschmelzung einer Personenhandelsgesellschaft auf eine Kapi- 141 talgesellschaft sieht § 45 UmwG eine auf fünf Jahre begrenzte Nachhaftung der ehemaligen Gesellschafter für Verbindlichkeiten der Personenhandelsgesellschaft vor, die auch für Ansprüche aus Arbeitsverhältnissen gilt.³⁹⁸

---

[390] *Gaul* ArbR-HdB § 15 Rn. 49.
[391] *Gaul* ArbR-HdB § 15 Rn. 29; Semler/Stengel/*Maier-Reimer/Seulen* UmwG § 133 Rn. 13, 22.
[392] Semler/Stengel/*Maier-Reimer/Seulen* UmwG § 133 Rn. 23; ähnl. *Gaul* ArbR-HdB § 15 Rn. 34.
[393] Semler/Stengel/*Maier-Reimer/Seulen* UmwG § 133 Rn. 23.
[394] Vgl. hierzu Semler/Stengel/*Maier-Reimer/Seulen* UmwG § 134 Rn. 5; Lutter UmwG/*Schwab* § 134 Rn. 23; zur Betriebsspaltung → § 53 Rn. 75.
[395] §§ 134 Abs. 3, 133 Abs. 3 bis 5 UmwG; vgl. Semler/Stengel/*Maier-Reimer/Seulen* UmwG § 134 Rn. 49; Lutter UmwG/*Schwab* § 134 Rn. 81 f.
[396] Semler/Stengel/*Maier-Reimer/Seulen* UmwG § 22 Rn. 70; Hölters Unternehmenskauf-HdB/*v. Steinau-Steinrück/Thees* Kap. 6 Rn. 271.
[397] §§ 22 Abs. 2 UmwG, 7 BetrAVG; vgl. hierzu Semler/Stengel/*Maier-Reimer/Seulen* UmwG § 22 Rn. 71; Lutter UmwG/*Grunewald* § 22 Rn. 26; Hölters Unternehmenskauf-HdB/*v. Steinau-Steinrück/Thees* Kap. 6 Rn. 272; Willemsen/Hohenstatt/Schweibert/Seibt Umstrukturierung/*Willemsen* G Rn. 207.
[398] Vgl. hierzu Hölters Unternehmenskauf-HdB/*v. Steinau-Steinrück/Thees* Kap. 6 Rn. 273; Willemsen/Hohenstatt/Schweibert/Seibt Umstrukturierung/*Willemsen* G Rn. 208.

V. Auswirkungen auf Beteiligungsrechte und Mandat betriebsverfassungsrechtlicher Organe

1. Betriebsübergang ohne Betriebsänderung

142 a) **Beteiligungsrechte nach der Betriebsverfassung.** Der bloße Übergang eines Betriebs auf einen neuen Inhaber beinhaltet nach ständiger Rechtsprechung des BAG keine Betriebsänderung iSv § 111 BetrVG.[399] Der Betriebsinhaberwechsel als solcher betrifft allein die Rechtsträgerebene und wirkt sich nicht auf die Betriebsebene aus.

143 aa) *Betriebsrat.* Bei einem die organisatorische Einheit des Veräußererbetriebs unverändert belassenden Betriebsübergang ist der **Betriebsrat nicht nach § 111 BetrVG zu beteiligen.**[400] Ein Unterrichtungsanspruch des Betriebsrats lässt sich in diesem Fall entgegen der von einem Teil der Literatur vertretenen Auffassung[401] **auch nicht mit dem Argument einer richtlinienkonformen Auslegung aus § 111 S. 1 BetrVG herleiten.**[402] Eine Bejahung des Beteiligungsrechts aus § 111 S. 1 BetrVG ist weder im Hinblick auf Art. 4 Abs. 2 der Richtlinie 2002/14/EG[403] noch im Hinblick auf Art. 7 Abs. 1, Abs. 3 der Richtlinie 2001/23/EG[404] geboten.[405] Die Vorschrift des § 111 BetrVG genügt mit dem ihrem Wortlaut zu entnehmenden Regelungsinhalt auch dann den Vorgaben der Richtlinie 2001/23/EG, wenn man den bloßen Betriebsinhaberwechsel zutreffend nicht als Betriebsänderung im Sinne von § 111 S. 1 BetrVG versteht.[406] Der deutsche Gesetzgeber hat mit dem in § 112 Abs. 4 BetrVG geregelten zwingenden Einigungsstellenverfahren ein Schiedsverfahren im Sinne des Art. 7 Abs. 3 der Richtlinie 2001/23/EG vorgesehen.[407] Infolgedessen besteht nach Art. 7 Abs. 3 der Richtlinie 2001/23/EG eine Informationspflicht von Veräußerer und Erwerber gegenüber dem Betriebsrat nur in solchen Fällen, in denen der vollzogene Übergang eine Betriebsänderung hervorruft, die wesentliche Nachteile für einen erheblichen Teil der Arbeitnehmer zur Folge haben kann. Dieses Verständnis von § 111 BetrVG kollidiert auch nicht mit den Vorgaben der Richtlinie 2002/14/EG, da mit der Vorschrift des § 106 BetrVG dem Erfordernis der Unterrichtung der Arbeitnehmervertretung gemäß Art. 4 Abs. 2 der Richtlinie 2002/14/EG hinreichend Genüge getan wird.

144 Auch aus §§ 2, 74 Abs. 1 BetrVG[408] sowie aus § 80 Abs. 2 BetrVG[409] folgt für den Betriebsrat hier **kein Unterrichtungsanspruch.**[410] Aus der Systematik des Betriebsverfassungs-

---

[399] BAG 15.12.2011 – 8 AZR 692/10, AP BGB § 613a Nr. 424 = NZA-RR 2012, 570 Rn. 43; 4.12.1979 – 1 AZR 843/76, AP BetrVG 1972 § 111 Nr. 6; aA Däubler/Kittner/Klebe/Wedde/*Däubler* BetrVG § 111 Rn. 102; LAG Baden-Württemberg 11.10.1978 – 9 TaBV 4/78, LAGE BetrVG 1972 § 111 Nr. 3.

[400] BAG 25.1.2000 – 1 ABR 1/99, AP BetrVG 1972 § 112 Nr. 137 = NZA 2000, 1069; iE ebenso BAG 31.1.2008 – 8 AZR 1116/06, AP BGB § 613a Unterrichtung Nr. 2 = NZA 2008, 642; Bernsau/Dreher/Hauck/*Hauck* Rn. 76; Staudinger/*Annuß* BGB § 613a Rn. 371.

[401] *Gaul* ArbR-HdB § 28 Rn. 101; *Riesenhuber* RdA 2004, 340 (349); iE offenbar ebenso GK-BetrVG/*Oetker* § 111 Rn. 179; *Reichold* NZA 2003, 289 (298); *Hergenröder* RdA 2007, 219 (229 f.).

[402] IE ebenso Richardi BetrVG/*Annuß* § 111 Rn. 124 und wohl GK-BetrVG/*Oetker* § 111 Rn. 182.

[403] RL 2002/14/EG des Europäischen Parlaments und des Rates vom 11.3.2002 zur Festlegung eines allgemeinen Rahmens für die Unterrichtung und Anhörung der Arbeitnehmer in der EG, ABl. 2002 L 080, 29 ff.; für eine Ableitung des Beteiligungsrechts mittels richtlinienkonformer Auslegung aus dieser RL *Fitting* BetrVG § 111 Rn. 50 sowie iE offenbar und *Reichold* NZA 2003, 289 (298).

[404] So *Gaul* ArbR-HdB § 28 Rn. 101; *Riesenhuber* RdA 2004, 340 (349); *Hergenröder* RdA 2007, 219 (229 f.) sowie zu der Vorgängerrichtlinie 98/50/EG bereits *Oetker* NZA 1998, 1193 (1198).

[405] IE ebenso Richardi BetrVG/*Annuß* BetrVG § 111 Rn. 124.

[406] IE ebenso BAG 31.1.2008 – 8 AZR 1116/06, AP BGB § 613a Unterrichtung Nr. 2 = NZA 2008, 642.

[407] Auf die im Hinblick auf das Sozialplanprivileg aus § 112a Abs. 2 BetrVG bestehenden gemeinschaftsrechtlichen Bedenken kann an dieser Stelle nicht näher eingegangen werden (s. dazu näher mit Verneinung einer Vereinbarkeit der Regelung mit Art. 6 Abs. 3 der RL 2001/23/EG *Oetker* NZA 1998, 1193 (1198 ff.). Diese Bedenken bestehen iE jedenfalls nicht für – die in der Betriebsübergangspraxis deutlich überwiegenden – Betriebsveräußerer, die das Sozialplanprivileg aufgrund eines mehr als vierjährigen Bestehens zum Zeitpunkt des Betriebsübergangs nicht in Anspruch nehmen können.

[408] Für einen solchen Unterrichtungsanspruch ErfK/*Preis* BGB § 613a Rn. 132; Ascheid/Preis/Schmidt/*Steffan* BGB § 613a Rn. 155.

[409] Für einen solchen Unterrichtungsanspruch HK-ArbR/*Karthaus/Richter* BGB § 613a Rn. 207; *Fitting* BetrVG § 80 Rn. 53.

[410] Wie hier Staudinger/*Annuß* BGB § 613a Rn. 373.

gesetzes mit der genauen Umschreibung derjenigen Tatbestände, die ein Beteiligungsrecht des Betriebsrats begründen, ist zu folgern, dass aus den Generalklauseln der §§ 2, 74 BetrVG keine Mitbestimmungs- und Mitwirkungsrechte für Angelegenheiten abgeleitet werden können, für die das Gesetz keine solchen Beteiligungsrechte vorsieht.[411] § 80 Abs. 2 BetrVG scheidet als Anspruchsgrundlage für ein Informationsverlangen des Betriebsrats aus, da dem Betriebsrat aus dem bloßen Betriebsübergang keine Beteiligungsrechte erwachsen und er daher die Information über den Betriebsübergang nicht für die Erfüllung seiner gesetzlichen Aufgaben benötigt.

bb) Wirtschaftsausschuss. Ein in dem Betrieb des bisherigen Betriebsinhabers errichteter **Wirtschaftsausschuss** ist gemäß § 106 Abs. 3 Nr. 10 BetrVG **über** den **geplanten Betriebsübergang zu unterrichten,**[412] auch wenn mit dem Betriebsübergang keine Betriebsänderung verbunden ist.[413] Die Unterrichtungspflicht des Arbeitgebers ergibt sich aus der beschränkten Generalklausel des § 106 Abs. 3 Nr. 10 BetrVG, wonach zu den unterrichtungspflichtigen Angelegenheiten auch „sonstige Vorgänge und Vorhaben, welche die Interessen der Arbeitnehmer des Unternehmens wesentlich berühren können", zählen.[414] Die Unterrichtungspflicht muss auch für den Erwerber gegenüber einem bei ihm vorhandenen Wirtschaftsausschuss gelten, der über den Hinzuerwerb eines weiteren Betriebs oder Betriebsteils zu unterrichten ist, da die Unternehmenserweiterung auf Seiten des Erwerbers auch die Interessen seiner bisherigen Belegschaft wesentlich berühren kann.[415]

Der Wirtschaftsausschuss ist gemäß § 106 Abs. 2 BetrVG **rechtzeitig und umfassend** unter Vorlage der erforderlichen Unterlagen zu unterrichten, **soweit** dadurch **nicht Betriebs- und Geschäftsgeheimnisse** des Unternehmens gefährdet werden. Eine rechtzeitige Unterrichtung des Wirtschaftsausschusses über einen die Betriebsidentität nicht tangierenden Betriebsübergang erfordert jedenfalls, dass eine Beratung des Wirtschaftsausschusses mit dem Unternehmer noch vor der endgültigen Entscheidung über die Durchführung des Betriebsübergangs möglich ist. Soweit vom BAG und der Literatur allgemein gefordert wird, dass die Unterrichtung des Wirtschaftsausschusses so frühzeitig erfolgen muss, dass der Betriebsrat von ihm noch informiert werden und auf die Willensbildung des Unternehmers Einfluss nehmen kann,[416] dürfte dies für den Fall eines Betriebsübergangs ohne Betriebsänderung so nicht gelten, da dem Betriebsrat insoweit gar kein Beteiligungsrecht zusteht, dessen Ausübung ihm ermöglicht werden müsste. Eine Unterrichtung des Wirtschaftsausschusses wird daher auch noch im Stadium bereits fortgeschrittener Verkaufsverhandlungen[417] und nach bereits erfolgter Due Diligence-Prüfung[418] als rechtzeitig anzusehen sein, wenn sich Veräußerer und Erwerber noch nicht vertraglich endgültig gebunden haben.[419]

Welche Unterlagen dem Wirtschaftsausschuss zum Zwecke seiner **umfassenden Unterrichtung** vorzulegen sind, ist unter Berücksichtigung des Informationsgehalts und einer etwaigen Geheimhaltungsbedürftigkeit nach den Umständen des Einzelfalls zu entscheiden.

---

[411] BAG 3.5.1994 – 1 ABR 24/93, AP BetrVG 1972 § 23 Nr. 23 = NZA 1995, 40; Richardi BetrVG/*Richardi* § 2 Rn. 20; vgl. ErfK/*Koch* BetrVG § 2 Rn. 1.
[412] Richardi BetrVG/*Annuß* § 106 Rn. 56; *Fitting* BetrVG § 106 Rn. 131; Willemsen/Hohenstatt/Schweibert/ Seibt Umstrukturierung/*Schweibert* C Rn. 409; *Meyer* NZA 2018, 900 (904); *Henssler* NZA 1994, 294 (297).
[413] BAG 22.1.1991 – 1 ABR 38/89, AP BetrVG 1972 § 106 Nr. 9 = NZA 1991, 649.
[414] Richardi BetrVG/*Annuß* § 106 Rn. 56; *Fitting* BetrVG § 106 Rn. 131; Willemsen/Hohenstatt/Schweibert/ Seibt Umstrukturierung/*Schweibert* C Rn. 409; *Henssler* NZA 1994, 249 (297).
[415] Siehe auch Hölters Unternehmenskauf-HdB/*v. Steinau-Steinrück/Thees* Kap. 6 Rn. 308, die eine Unterrichtungspflicht des Erwerbers gegenüber dem Wirtschaftsausschuss ohne nähere Begr. allerdings auf den Fall der Eingliederung eines übergehenden Betriebs oder Betriebsteils in einen Erwerberbetrieb beschränken wollen.
[416] BAG 11.7.2000 – 1 ABR 43/99, AP BetrVG 1972 § 109 Nr. 2 = NZA 2001, 402; Richardi BetrVG/ *Annuß* § 106 Rn. 24; Däubler/Kittner/Klebe/Wedde/*Däubler* BetrVG § 106 Rn. 39; MHdB ArbR/*Joost* § 307 Rn. 43.
[417] Ähnlich *Simon-Dodel* BB 2008, 1955 (1957), der den Zeitpunkt der Abgabe eines verbindlichen Angebots des potenziellen Erwerbers für maßgeblich hält.
[418] So auch *Löw* DB 2008, 758 (760).
[419] *Löw* DB 2008, 758 (760); aA Däubler/Kittner/Klebe/Wedde/*Däubler* BetrVG § 106 Rn. 39, 80; Schröder/*Falter* NZA 2008, 1097 (1100), die als Zeitpunkt sogar das Vorliegen eines „endverhandelten" Vertrages, dessen Unterzeichnung kurz bevorsteht, ausreichen lassen.

Der Wirtschaftsausschuss ist nur berechtigt, **Einsicht in** die vorgelegten **Unterlagen** zu nehmen, § 108 Abs. 3 BetrVG, darf jedoch **keine Kopien oder Abschriften** hiervon anfertigen.[420]

148 Unterlässt der Arbeitgeber die Unterrichtung oder unterrichtet er den Wirtschaftsausschuss nur unvollständig, wahrheitswidrig oder verspätet über einen Betriebsübergang, stellt dies gemäß **§ 121 BetrVG** eine **Ordnungswidrigkeit** dar, die mit einer Geldbuße von bis zu 10.000,– EUR bedroht ist. Gemäß § 10 OWiG wird hier nur vorsätzliches Handeln geahndet.[421] Anders als §§ 119, 120 BetrVG setzt § 121 BetrVG keinen Strafantrag voraus. Die in der Praxis allerdings seltene Verfolgung eines Verstoßes erfolgt von Amts wegen; eine Anzeige kann grundsätzlich von jedermann erstattet werden.[422]

149 cc) *Sprecherausschuss, Europäischer Betriebsrat, SE-Betriebsrat*. Existiert beim Veräußerer oder beim Erwerber ein Sprecherausschuss, ist er aufgrund seines in § 32 Abs. 1 SprAuG geregelten Unterrichtungsrechts in wirtschaftlichen Angelegenheiten im Sinne von § 106 Abs. 3 BetrVG ebenso wie der Wirtschaftsausschuss über jeden Betriebsübergang zu unterrichten.[423] Existiert beim Veräußerer oder Erwerber ein Europäischer Betriebsrat oder ein SE-Betriebsrat, ist dieser über einen Betriebsübergang ohne Betriebsänderung zu unterrichten, wenn eine mit diesen Arbeitnehmervertretungsorganen abgeschlossene Beteiligungsvereinbarung iSv § 18 EBRG bzw. § 21 SEBG dies vorsieht.

> **Praxistipp:**
> Bei der bisweilen parallel erfolgenden Erfüllung der Unterrichtungspflichten gegenüber den nach § 613a Abs. 5 BGB unterrichtungsberechtigten Arbeitnehmern[424] und gegenüber den unterrichtungsberechtigten Arbeitnehmervertretungsorganen sollten die unterrichtungspflichtigen Arbeitgeber darauf achten, dass die Unterrichtungen sich nicht widersprechen. Dies gilt auch für Äußerungen gegenüber der Presse und sonstigen Dritten, um unnötige Verunsicherungen bei den betroffenen Arbeitnehmervertretungen zu vermeiden.

150 b) **Auswirkungen auf betriebsverfassungsrechtliche Organe.** Geht mit dem Betriebsübergang keine Betriebsänderung einher, bleibt auch die betriebsverfassungsrechtliche Stellung des Betriebsrats unverändert,[425] es sei denn, der Betrieb fällt nach der Übernahme durch den neuen Inhaber nicht mehr unter den Geltungsbereich des Betriebsverfassungsgesetzes, wie beispielsweise im Falle einer **Übernahme des Betriebs durch** einen **§ 118 Abs. 2 BetrVG** unterfallenden **kirchlichen Träger**[426] oder im Falle einer aus dem Geltungsbereich des Betriebsverfassungsgesetzes heraus ins Ausland erfolgenden Betriebsübertragung.[427] In diesen Fällen endet die Tätigkeit des Betriebsrats ohne Entstehung eines zeitlich befristeten Übergangsmandats mit der Übernahme der Leitungsmacht durch den Betriebserwerber.[428]

151 Geht ein Betrieb unter Wahrung seiner Identität mit seinem unverändert fortbestehenden Betriebsrat auf einen anderen Inhaber über, kann infolgedessen das Mandat eines im Unternehmen des Veräußerers bestehenden **Gesamtbetriebsrats**,[429] eines im Konzern des Veräuße-

---

[420] BAG 20.11.1984 – 1 ABR 64/82, AP BetrVG 1972 § 106 Nr. 3 = NZA 1985, 432.
[421] OLG Hamm 7.12.1977 – 4 Ss OWi 1407/77, DB 1978, 748.
[422] Siehe die Hinweise bei ErfK/*Kania* BetrVG § 121 Rn. 6; Däubler/Kittner/Klebe/Wedde/*Trümner* BetrVG § 121 Rn. 22.
[423] Staudinger/*Annuß* BGB § 613a Rn. 373; ErfK/*Preis* BGB § 613a Rn. 132.
[424] → § 55 Rn. 11.
[425] BAG 5.6.2002 – 7 ABR 17/01, AP BetrVG 1972 § 47 Nr. 11 = NZA 2003, 336; 28.9.1988 – 1 ABR 37/87, AP BetrVG 1972 § 99 Nr. 55 = NZA 1989, 188; Ascheid/Preis/Schmidt/*Preis* BetrVG § 102 Rn. 55; ErfK/*Koch* BetrVG § 21 Rn. 5; *Fitting* BetrVG § 21 Rn. 34; *Moll* RdA 2003, 129 (136).
[426] BAG 9.2.1982 – 1 ABR 36/80, AP BetrVG 1972 § 118 Nr. 24; Ascheid/Preis/Schmidt/*Preis* BetrVG § 102 Rn. 55; *Fitting* BetrVG § 21 Rn. 34; aA Däubler/Kittner/Klebe/Wedde/*Buschmann* BetrVG § 21 Rn. 34: Fortbestand des Betriebsrats, soweit das Vorliegen der Voraussetzungen des § 118 Abs. 2 BetrVG nicht offenkundig ist.
[427] Zum grenzüberschreitenden Betriebsübergang → § 53 Rn. 72 f.
[428] ErfK/*Koch* BetrVG § 21 Rn. 5; *Fitting* BetrVG § 21 Rn. 34; Richardi BetrVG/*Thüsing* § 21 Rn. 30.
[429] BAG 5.6.2002 – 7 ABR 17/01, AP BetrVG 1972 § 47 Nr. 11 = NZA 2003, 336; Richardi BetrVG/*Annuß* § 47 Rn. 27.

rers bestehenden **Konzernbetriebsrats**[430] oder eines beim Veräußerer bestehenden **Europäischen Betriebsrats** enden. So endet zB das Mandat des Gesamtbetriebsrats, wenn im Unternehmen des Veräußerers nach der Betriebsübertragung nur noch ein Betrieb übrig bleibt. Allerdings endet das Amt des im Unternehmen des Veräußerers gebildeten Gesamtbetriebsrats jedenfalls dann nicht, wenn ein bislang betriebsloser Erwerber sämtliche Betriebe des Veräußerers übernimmt und fortführt; der Gesamtbetriebsrat bleibt dann beim Erwerber ebenso im Amt wie auch die einzelnen Betriebsräte.[431] Bestand beim Erwerber vor einer Betriebsübertragung nur ein Betrieb mit Betriebsrat, hat der identitätswahrende Erwerb eines Veräußererbetriebs mit Betriebsrat zur Folge, dass beim Erwerber nach § 47 Abs. 1 BetrVG nun ein Gesamtbetriebsrat zu errichten ist.

Die vorstehend aufgezeigten Auswirkungen auf das Mandat des Betriebsrats, des Gesamtbetriebsrats und des Konzernbetriebsrats gelten entsprechend für den **Sprecherausschuss, Gesamtsprecherausschuss** und **Konzernsprecherausschuss**.

Je nach der Anzahl der beim Veräußerer oder Erwerber sowie im übertragenen Betrieb beschäftigten Arbeitnehmer kann der Betriebsübergang Auswirkungen auf die Existenz bzw. Errichtung des nach § 106 Abs. 1 S. 1 BetrVG nur in Unternehmen mit in der Regel mehr als 100 beschäftigten Arbeitnehmern zu bildenden **Wirtschaftsausschusses** haben. So endet das Amt des Wirtschaftsausschusses im Unternehmen des Veräußerers, wenn die dortige Belegschaftsstärke infolge eines Betriebsübergangs nicht nur vorübergehend auf weniger als 101 Arbeitnehmer absinkt.[432] Anderseits kann sich durch den Betriebsübergang im Unternehmen des Erwerbers erstmals die Notwendigkeit zur Bildung eines Wirtschaftsausschusses ergeben, wenn der **Schwellenwert von in der Regel mehr als 100 Arbeitnehmern** im Unternehmen des Erwerbers durch den Betriebsübergang überschritten wird.

2. Betriebs- bzw. Betriebsteilübergang und Betriebsänderung

a) **Beteiligungsrechte nach der Betriebsverfassung.** Die Übertragung eines Betriebs muss sich nicht zwingend in einem bloßen Betriebsinhaberwechsel erschöpfen, sondern kann auch mit Maßnahmen verbunden sein, die ihrerseits eine Betriebsänderung iSd § 111 S. 3 Nr. 1–5 BetrVG beinhalten.[433] Plant der Veräußerer zum Beispiel eine Einschränkung seines Betriebs oder eine grundlegende Änderung seiner Betriebsorganisation, um den Betrieb anschließend auf den Erwerber zu übertragen, löst die **aus Anlass des Betriebsübergangs erfolgende Betriebsänderung** Beteiligungsrechte des Betriebsrats nach § 111 BetrVG aus.[434] Verpachtet ein Betriebsinhaber seinen Betrieb nur zum Zweck der Betriebsstilllegung, kann auch in der Übertragung zum Zwecke der Stilllegung eine Betriebsänderung zu sehen sein.[435]

Wird nicht der gesamte Betrieb, sondern nur ein Betriebsteil übertragen, geht hiermit in der Regel eine Betriebsänderung einher, da die **Ausgliederung eines Betriebsteils grundsätzlich eine Betriebsspaltung** gemäß § 111 S. 3 Nr. 3 BetrVG beinhaltet[436] und mit der Teilbetriebsübertragung auch eine grundlegende Änderung der bisherigen Betriebsorganisation oder des bisherigen Betriebszwecks iSv § 111 S. 3 Nr. 4 BetrVG verbunden sein kann.[437]

---

[430] Staudinger/*Annuß* BGB § 613a Rn. 378f.
[431] *Fitting* BetrVG § 47 Rn. 17; *Hauck* in FS zum 25-jährigen Bestehen der Arbeitsgemeinschaft Arbeitsrecht, 625; siehe auch BAG 5.6.2002 – 7 ABR 17/01, AP BetrVG 1972 § 47 Nr. 11 = NZA 2003, 336; weitergehend *Hohenstatt/Müller-Bonanni* NZA 2003, 766 (768), die für den Fortbestand des Gesamtbetriebsrats beim Erwerber auf die organisatorische Gesamtheit der Betriebe abstellen und einen Fortbestand des Gesamtbetriebsrats beim Erwerber auch für den Fall des Zurückbleibens einzelner Betriebe beim Veräußerer für möglich erachten; aA Staudinger/*Annuß* BGB § 613a Rn. 378 f.: Gesamtbetriebsrat ist untrennbar mit dem Rechtsträger verbunden.
[432] BAG 7.4.2004 – 7 ABR 41/03, AP BetrVG 1972 § 106 Nr. 17 = NZA 2005, 311.
[433] BAG 25.1.2000 – 1 ABR 1/99, AP BetrVG 1972 § 112 Nr. 137 = NZA 2000, 1069.
[434] Vgl. BAG 4.12.1976 – 1 AZR 843/76, AP BetrVG 1972 § 111 Nr. 6; 21.10.1980 – 1 AZR 145/79, AP BetrVG 1972 § 111 Nr. 8.
[435] BAG 17.3.1987 – 1 ABR 47/85, AP BetrVG 1972 § 111 Nr. 18 = NZA 1987, 523; vgl. auch *Moll* RdA 2003, 129 (131).
[436] BAG 10.12.1996 – 1 ABR 32/96, AP BetrVG 1972 § 112 Nr. 110 = NZA 1997, 898; *Meyer* NZA 2018, 900; *Moll* RdA 2003, 129 (130); *Steffan* NZA-RR 2000, 337 (340).
[437] BAG 16.6.1987 – 1 ABR 41/85, AP BetrVG 1972 § 111 Nr. 19 = NZA 1987, 671; GK-BetrVG/*Oetker* § 111 Rn. 153; Richardi BetrVG/*Annuß* § 111 Rn. 109.

Etwas anderes gilt nur dann, wenn die an dem Betriebsteilübergang beteiligten Rechtsträger einen **Gemeinschaftsbetrieb** bilden,[438] indem sie ungeachtet der Übertragung bzw. Ausgliederung des Betriebsteils die bisherige betriebliche Organisation im Wesentlichen beibehalten und sich für die fortbestehende betriebliche Einheit auf eine einheitliche Leitungsmacht in sozialen und personellen Angelegenheiten verständigen.[439] Auf diese Weise kann die arbeitstechnische, betriebliche Sphäre des bisherigen Betriebs erhalten bleiben, wie dies in § 1 Abs. 2 BetrVG unter anderem gerade für den Fall vermutet wird, dass infolge der Spaltung eines Unternehmens von einem Betrieb ein oder mehrere Betriebsteile einem an der Spaltung beteiligten anderen Unternehmen zugeordnet werden, ohne dass sich dadurch die Organisation des Betriebs wesentlich ändert.

156 **aa) Betriebsrat.** Erfolgt im Zusammenhang mit einem Betriebs- oder Betriebsteilübergang eine **Betriebsänderung iSv § 111 BetrVG,** hat der diese Maßnahmen planende Arbeitgeber in Unternehmen mit in der Regel mehr als 20 wahlberechtigten Arbeitnehmern den **Betriebsrat** über die geplante Betriebsänderung **rechtzeitig und umfassend zu unterrichten** und hierüber mit ihm mit dem Ziel des Abschlusses eines **Interessenausgleichs** zu beraten sowie gegebenenfalls einen **Sozialplan** abzuschließen, der den Ausgleich oder die Milderung der den betroffenen Arbeitnehmern durch die Betriebsänderung möglicherweise entstehenden wirtschaftlichen Nachteile regelt, § 112 BetrVG. Der Betriebsrat kann aufgrund dieser Beteiligungsrechte im Rahmen der Unterrichtung über die geplante Betriebsänderung schon lange im Voraus auch über den als solchen gar nicht unterrichtungspflichtigen Betriebs- oder Betriebsteilübergang zu informieren sein. Wird ein gemäß § 613a BGB **übergehender Betriebsteil in einen bereits vorhandenen Erwerberbetrieb eingegliedert,** stellt dies allerdings für die auf den Erwerber übergehenden Arbeitnehmer **keine nach § 99 BetrVG beteiligungspflichtige Einstellung** im Erwerberbetrieb dar.[440]

157 **Welcher Betriebsrat** über eine im Zusammenhang mit dem Betriebs- oder Betriebsteilübergang erfolgende Betriebsänderung **zu unterrichten** und **welcher Arbeitgeber** gegebenenfalls **sozialplanpflichtig** oder bei Nichtbeachtung der Beteiligungsrechte gemäß § 113 BetrVG **nachteilsausgleichspflichtig** ist, hängt davon ab, **wer** die betreffende **Betriebsänderung plant.**[441] So kann beispielsweise die Verpachtung eines Betriebs zum Zweck der anschließenden Stilllegung durch den Pächter eine dem Verpächter zuzurechnende Betriebsänderung in Form einer Betriebsstilllegung gemäß § 111 S. 3 Nr. 1 BetrVG darstellen, über die dieser mit seinem bisherigen Betriebsrat zu beraten hat. Führt demgegenüber der Betriebserwerber nach eigener Planung eine die Voraussetzungen des § 111 BetrVG erfüllende Betriebsänderung des auf ihn übergegangenen Betriebs durch, ist er interessenausgleichs- und sozialplanpflichtig. Wird ein Betrieb gespalten, betrifft die hiermit einhergehende Betriebsänderung alle Arbeitnehmer des ursprünglichen Betriebs, weshalb die Beteiligungsrechte nach §§ 111 ff. BetrVG bezüglich dieser Betriebsänderung durch den Betriebsrat des ursprünglichen Betriebs wahrzunehmen sind.[442]

158 Während die früher bei einer Betriebsspaltung zur Annahme des Beteiligungsrechts des Betriebsrats herangezogene Änderung der Betriebsorganisation oder des Betriebszwecks gemäß § 111 S. 3 Nr. 4 BetrVG wesentlich oder grundlegend sein muss, enthält die 1995 in das Gesetz eingefügte Vorschrift des § 111 S. 3 Nr. 3 BetrVG keine Angabe dazu, dass bzw. ob nur die Abspaltung eines wesentlichen Betriebsteils beteiligungspflichtig ist. Nach Auffassung des BAG ist eine beteiligungspflichtige Betriebsspaltung iSv **§ 111 S. 3 Nr. 3 BetrVG** auch schon **bei Abspaltung** eines verhältnismäßig kleinen Betriebsteils anzunehmen, wenn es sich hierbei um eine **veräußerungsfähige Einheit** mit einer **abgrenzbaren, eigenständigen Struktur** handelt.[443] Nach der Rechtsprechung des BAG ist für eine Spaltung iSv § 111 S. 3

---

[438] Richardi BetrVG/*Annuß* § 111 Rn. 103; *Meyer* NZA 2018, 900 (902); *Kleinebrink/Commandeur* NZA 2007, 113 (116); *Moll* RdA 2003, 129 (135).
[439] Vgl. hierzu auch den Praxistipp → § 53 Rn. 75.
[440] BAG 7.11.1975 – 1 ABR 78/74, AP BetrVG 1972 § 99 Nr. 3.
[441] Richardi BetrVG/*Annuß* § 111 Rn. 129; *Steffan* NZA-RR 2000, 337 (340).
[442] BAG 16.6.1987 – 1 ABR 41/85, AP BetrVG 1972 § 111 Nr. 19 = NZA 1987, 671; *Moll* RdA 2003, 129 (135).
[443] BAG 10.12.1996 – 1 ABR 32/96, AP BetrVG 1972 § 112 Nr. 110 = NZA 1997, 898.

Nr. 3 BetrVG **nicht erforderlich, dass „wesentliche" Betriebsteile betroffen** sind.[444] Die gegenüber einer Betriebsteilstilllegung unterschiedliche Behandlung der Spaltung sei mit keinem unauflösbaren Wertungswiderspruch verbunden; ihr liege vielmehr die typisierende gesetzgeberische Einschätzung zugrunde, eine Spaltung betreffe anders als eine Teilbetriebsstilllegung regelmäßig nicht nur den stillgelegten Teil, sondern den gesamten Betrieb.[445] Nach dieser BAG-Entscheidung und ihrer Begründung ist davon auszugehen, dass die von einem Teil der Literatur gerade mit dem Argument eines schwerlich auflösbaren Wertungswiderspruchs vertretene Auffassung,[446] wonach bei Bagatellausgründungen ein Beteiligungsrecht des Betriebsrats nach § 111 S. 3 Nr. 3 BetrVG zu verneinen sei, für die Praxis ohne Relevanz ist.

bb) *Wirtschaftsausschuss.* Der Wirtschaftsausschuss ist auch im Fall eines mit einer Betriebsänderung einhergehenden Betriebs- bzw. Betriebsteilübergangs[447] je nach deren Inhalt gemäß § 106 Abs. 3 Nr. 6 bis 9 BetrVG zu unterrichten; die Fälle einer **Unternehmensspaltung** und einer bei einer **Teilbetriebsveräußerung** in der Regel vorliegenden Betriebsspaltung sind ausdrücklich in § 106 Abs. 3 Nr. 8 BetrVG geregelt. 159

cc) *Sonstige kollektive Beteiligungsrechte.* Der Veräußerer hat bei einer mit einem Betriebsübergang einhergehenden Betriebsänderung gegebenenfalls auch Unterrichtungs- und Beratungspflichten gegenüber einem bei ihm vorhandenen Sprecherausschuss,[448] Europäischen Betriebsrat[449] oder SE-Betriebsrat[450] zu beachten. 160

b) **Auswirkungen auf betriebsverfassungsrechtliche Organe.** Geht mit einem Betriebsübergang eine Betriebsänderung einher, kann dies verschiedenste Auswirkungen auf die Ämter der beim Veräußerer und/oder Erwerber bestehenden betriebsverfassungsrechtlichen Organe haben. 161

aa) *Betriebsrat.* Wird im Rahmen des Übergangs eines Betriebsteils **nur eine** in Relation zum ursprünglichen Betrieb **kleinere Einheit abgespalten oder ausgegliedert,** während der Hauptteil dieses Betriebs und somit dessen betriebliche Identität im Wesentlichen erhalten bleibt, **verbleibt auch der im ursprünglichen Veräußererbetrieb gebildete Betriebsrat** dort **im Amt.**[451] Diejenigen Betriebsratsmitglieder, die mit dem abgespaltenen Betriebsteil auf den Erwerber übergehen, scheiden gemäß § 24 Nr. 3 BetrVG mit dem Übergang ihres Arbeitsverhältnisses auf den Betriebserwerber aus dem Betriebsrat aus, da ihr Arbeitsverhältnis mit dem Veräußerer endet. An ihre Stelle rücken etwa noch im beim Veräußerer verbleibenden Betrieb vorhandene Ersatzmitglieder nach. Sind nicht mehr genügend Ersatzmitglieder vorhanden, hat der personell nicht mehr voll besetzte Betriebsrat als Rumpfbetriebsrat nach § 13 Abs. 2 Nr. 2 BetrVG Neuwahlen einzuleiten.[452] Die infolge der Übertragung aus dem Betriebsrat beim Veräußerer ausgeschiedenen Betriebsratsmitglieder genießen gegenüber dem Erwerber nachwirkenden Kündigungsschutz gemäß § 15 Abs. 1 S. 2 KSchG.[453] 162

---

[444] BAG 18.3.2008 – 1 ABR 77/06, AP BetrVG 1972 § 111 Nr. 66 = NZA 2008, 957.
[445] BAG 18.3.2008 – 1 ABR 77/06, AP BetrVG 1972 § 111 Nr. 66 = NZA 2008, 957.
[446] So weiterhin Willemsen/Hohenstatt/Schweibert/Seibt Umstrukturierung/*Schweibert* C Rn. 61; Richardi BetrVG/*Annuß* § 111 Rn. 102; GK-BetrVG/*Oetker* § 111 Rn. 150; *Kleinebrink/Commandeur* NZA 2007, 113 (117); *Moll* RdA 2003, 129 (135); *Kreßel* BB 1995, 925 (927); krit. auch *Meyer* NZA 2018, 900 (901), der eine teleologische Reduktion der Beteiligung nach § 111 S. 3 Nr. 3 BetrVG für den Fall fordert, dass ein durch Abspaltung entstehender Teilbetrieb aus weniger als fünf wahlberechtigten Arbeitnehmern besteht.
[447] Zur Unterrichtungspflicht bei einem nicht mit einer Betriebsänderung einhergehenden Betriebs- bzw. Betriebsteilübergang → Rn. 145 f.
[448] Staudinger/*Annuß* BGB § 613a Rn. 373: Unterrichtung gem. § 32 Abs. 1 SprAuG.
[449] Staudinger/*Annuß* BGB § 613a Rn. 373: Unterrichtung gem. § 32 Abs. 2 Nr. 1 EBRG; Unterrichtung und Beratung im Rahmen der Beteiligungsvereinbarung gem. § 18 EBRG, sofern die Vereinbarung eine solche Unterrichtungspflicht vorsieht bzw. gem. § 30 Abs. 1 EBRG bei einem mit den gesetzlichen Beteiligungsrechten ausgestatteten Europäischen BR.
[450] Unterrichtung und Beratung im Rahmen der Beteiligungsvereinbarung gem. 21 SEBG, sofern die Vereinbarung eine solche Unterrichtungspflicht vorsieht bzw. gem. § 29 Abs. 1 SEBG bei einem mit den gesetzlichen Beteiligungsrechten ausgestatteten SE-BR.
[451] Richardi BetrVG/*Thüsing* § 21a Rn. 7; *Fitting* BetrVG § 21a Rn. 9.
[452] Vgl. Richardi BetrVG/*Thüsing* § 13 Rn. 29.
[453] KR/*Kreft* KSchG § 15 Rn. 80.

163 Wird der **übertragene Betriebsteil in einen beim Erwerber bestehenden**, seine Betriebsidentität bewahrenden **Betrieb mit schon vorhandenem Betriebsrat** eingegliedert, nimmt der **Betriebsrat des Erwerberbetriebs** ab dem Zeitpunkt des Betriebsübergangs seine betriebsverfassungsrechtlichen Beteiligungsrechte auch für die dem eingegliederten Betriebsteil angehörenden Arbeitnehmer, die nun zur Belegschaft des Erwerberbetriebs zählen, gegenüber dem Erwerber wahr.[454]

164 Wird der übertragene **Betriebsteil beim Erwerber** demgegenüber **als selbständiger betriebsratsfähiger Betrieb fortgeführt**, übt der nach wie vor vorhandene **Betriebsrat des Veräußererbetriebs** seine Beteiligungsrechte für den ihm bislang zugeordneten, nun auf den Erwerber übertragenen Betriebsteil aufgrund eines **Übergangsmandats** nach § 21a Abs. 1 BetrVG gegenüber dem Erwerber aus. Der Betriebsrat des Veräußererbetriebs hat im Rahmen seines Übergangsmandats gemäß § 21a Abs. 1 S. 2 BetrVG unverzüglich Wahlvorstände zur Durchführung einer Betriebsratswahl im übertragenen Betriebsteil zu bestellen. Ein solches Übergangsmandat des beim Veräußererbetrieb verbleibenden Betriebsrats besteht jedoch nicht, wenn der übertragene Betriebsteil in einen Erwerberbetrieb ohne dort existierenden Betriebsrat eingegliedert wird.[455] Dem Betriebsrat des Veräußererbetriebs fehlt in diesem Fall die Legitimationsbasis, die Arbeitnehmer des aufnehmenden Betriebsteils (mit)zu repräsentieren.[456]

165 **Werden Betriebe oder Betriebsteile** von Veräußerer und Erwerber im Rahmen einer Betriebsübertragung zu einem Betrieb **zusammengefasst**, so nimmt der **Betriebsrat des** nach der Zahl der wahlberechtigten Arbeitnehmer **größten Betriebs** oder Betriebsteils das **Übergangsmandat** gegenüber dem Erwerber wahr, § 21a Abs. 2 BetrVG. Das Übergangsmandat besteht gemäß § 21a Abs. 3 BetrVG auch, wenn die Spaltung oder Zusammenlegung von Betrieben und Betriebsteilen im Zusammenhang mit einer Betriebsveräußerung oder einer Umwandlung nach dem Umwandlungsgesetz erfolgt.

166 **Wird ein Betrieb zerschlagen**, indem der ursprüngliche Betrieb durch eine Aufspaltung in mehrere, auf verschiedene Rechtsträger übertragene Betriebsteile untergeht, **endet** hierdurch das **Amt des Betriebsrats**.[457] In einem solchen Fall verbleibt dem Betriebsrat jedoch gemäß **§ 21b BetrVG** ein **Restmandat** zur Wahrnehmung seiner mit der Aufspaltung des Betriebs im Zusammenhang stehenden Beteiligungsrechte;[458] das Restmandat erstreckt sich auf alle Arbeitnehmer des zerschlagenen Betriebs und ist vom Betriebsrat gegenüber dem Veräußerer auszuüben.[459] **Zusätzlich** zu diesem Restmandat kann ein gegenüber dem Erwerber auszuübendes **Übergangsmandat** nach § 21a BetrVG für bei ihm durch die Aufspaltung entstandene neue Betriebe bestehen, wenn die aufgespaltenen Betriebsteile als neu entstandene Einheiten selbst betriebsratsfähig sind.[460] Eine zu einem Übergangs- oder Restmandat führende Betriebsspaltung im Sinne von §§ 21a Abs. 1 S. 1, 21b BetrVG kann nur aus einer Entscheidung des Arbeitgebers resultieren, nicht aber durch eine Vielzahl an Widersprüchen nach § 613a Abs. 6 BGB ausgelöst werden.[461]

---

[454] ErfK/*Koch* BetrVG § 21a Rn. 3; *Fitting* BetrVG § 21a Rn. 12.
[455] *Richardi* BetrVG/*Thüsing* § 21a Rn. 13; GK-BetrVG/*Kreutz* § 21a Rn. 60, 63; Willemsen/Hohenstatt/Schweibert/Seibt Umstrukturierung/*Hohenstatt* D Rn. 65, 83, 86; *Meyer* NZA 2018, 900 (903); *Rieble* NZA 2002, 233 (237); für ein Übergangsmandat des BR des eingegliederten Betriebs in diesem Fall *Fitting* BetrVG § 21a Rn. 11a; ErfK/*Koch* BetrVG § 21a Rn. 3; Däubler/Kittner/Klebe/Wedde/*Buschmann* BetrVG § 21a Rn. 38; *Moll* RdA 2003, 129 (136); *Fischer* RdA 2005, 39 (40).
[456] *Richardi* BetrVG/*Thüsing* § 21a Rn. 13; Willemsen/Hohenstatt/Schweibert/Seibt Umstrukturierung/*Hohenstatt* D Rn. 86; *Rieble* NZA 2002, 233 (237).
[457] BAG 19.11.2003 – 7 AZR 11/03, AP BetrVG § 1 Gemeinsamer Betrieb Nr. 19 = NZA 2004, 435; *Moll* RdA 2003, 129 (136); Willemsen/Hohenstatt/Schweibert/Seibt Umstrukturierung/*Hohenstatt* D Rn. 51; *Hauck* in FS zum 25-jährigen Bestehen der Arbeitsgemeinschaft Arbeitsrecht im Deutschen Anwaltverein, 625.
[458] *Moll* RdA 2003, 129 (136); Willemsen/Hohenstatt/Schweibert/Seibt Umstrukturierung/*Hohenstatt* D Rn. 51; *Hauck* in FS zum 25-jährigen Bestehen der Arbeitsgemeinschaft Arbeitsrecht im Deutschen Anwaltverein, 626.
[459] GK-BetrVG/*Kreutz* § 21b Rn. 31.
[460] ErfK/*Koch* BetrVG § 21a Rn. 3, BetrVG § 21b Rn. 2; GK-BetrVG/*Kreutz* § 21b Rn. 30; vgl. auch *Fitting* BetrVG § 21b Rn. 13; zur Entstehung eines Übergangsmandats in diesem Fall → Rn. 164.
[461] BAG 24.5.2012 – 2 AZR 62/11, NZA 2013, 277.

bb) Wirtschaftsausschuss. Die **Amtszeit des Wirtschaftsausschusses** ist nach § 107 Abs. 2 S. 1 BetrVG an die Amtszeit des Betriebsrats gekoppelt. Endet das Betriebsratsamt vorzeitig, gilt dies auch für den Wirtschaftsausschuss.[462] Ist ein Gesamtbetriebsrat vorhanden, der dann für die Bestimmung der Mitglieder des Wirtschaftsausschusses zuständig ist, richtet sich die Dauer der Amtszeit des Wirtschaftsausschusses nach § 107 Abs. 2 S. 2 BetrVG. Ein **Übergangs- oder Restmandat** hat der Gesetzgeber für den Wirtschaftsausschuss **nicht vorgesehen**.[463]

VI. Kündigungsverbot gemäß § 613a Abs. 4 BGB

1. Kündigung „wegen" Betriebsübergang

Nach § 613a Abs. 4 S. 1 BGB ist eine vom Veräußerer oder Erwerber wegen des Übergangs eines Betriebs oder Betriebsteils ausgesprochene Kündigung unwirksam. Die Vorschrift soll verhindern, dass der durch § 613a Abs. 1 BGB angeordnete Bestands- bzw. Kontinuitätsschutz des Arbeitsverhältnisses umgangen wird. Es ist heute allgemein anerkannt, dass § 613a Abs. 4 S. 1 BGB nicht als Unterfall einer Sozialwidrigkeit nach § 1 KSchG verstanden werden kann, sondern ein **selbständiges Kündigungsverbot** iSd § 13 Abs. 3 KSchG, § 134 BGB enthält.[464] Das Kündigungsverbot des § 613a Abs. 4 S. 1 BGB greift daher unabhängig vom Anwendungsbereich des Kündigungsschutzgesetzes ein, also auch dann, wenn ein Arbeitsverhältnis nicht länger als sechs Monate bestanden hat oder die Schwellenwerte des § 23 KSchG nicht erreicht werden.[465]

Eine Kündigung **wegen** eines Betriebs- oder Betriebsteilübergangs liegt vor, wenn der **Übergang des Betriebs oder Betriebsteils wesentliches Motiv** für die Kündigung war und ein sachlicher Grund, der aus sich heraus die Kündigung zu rechtfertigen vermag, nicht vorhanden ist.[466] Dabei kommt es auf die Art der Kündigung nicht an. § 613a Abs. 4 S. 1 BGB erfasst die ordentliche oder außerordentliche Kündigung ebenso wie die ordentliche oder außerordentliche Änderungskündigung. **Maßgeblicher Zeitpunkt** für die Beurteilung der Wirksamkeit der Kündigung ist auch mit Blick auf § 613a Abs. 4 S. 1 BGB der **Zugang der Kündigung**.[467]

2. Kündigung aus anderen Gründen

Ein enger zeitlicher Zusammenhang zwischen Kündigung und Betriebsübergang ist zwar Indiz für eine „wegen" des Betriebsübergangs ausgesprochene Kündigung.[468] § 613a Abs. 4 S. 2 BGB stellt jedoch klar, dass eine Kündigung aus anderen Gründen als einem anstehenden Betriebsübergang möglich bleibt, auch wenn die Kündigung im Zusammenhang mit dem Betriebsübergang erfolgt. Es ist daher in jedem Einzelfall zu untersuchen, ob neben dem Betriebsübergang ein sachlicher Grund vorliegt, der „aus sich heraus" eine Kündigung rechtfertigt, sodass der **Betriebsübergang nur äußerer Anlass, nicht aber tragender Grund** für die Kündigung ist.[469] Der Arbeitnehmer soll durch § 613a Abs. 1 und Abs. 4 BGB nicht

---

[462] Vgl. hierzu *Fitting* BetrVG § 107 Rn. 14.
[463] HaKo-BetrVG/*Düwell* § 21a Rn. 45; Richardi BetrVG/*Thüsing* § 21a Rn. 33; *Rieble* NZA 2002, 233 (240).
[464] BAG 22.5.1997 – 8 AZR 101/96, AP BGB § 613a Nr. 154 = NZA 1997, 1050; Willemsen/Hohenstatt/Schweibert/Seibt Umstrukturierung/*Willemsen* H Rn. 90; ErfK/*Preis* BGB § 613a Rn. 153; *Lipinski* NZA 2002, 75 (76).
[465] BAG 31.1.1985 – 2 AZR 530/83, AP BGB § 613a Nr. 40 = NZA 1985, 593. Allerdings hat der gekündigte Arbeitnehmer auch bei einer – ausschließlichen – Berufung auf die Unwirksamkeit der Kündigung nach § 613a Abs. 4 BGB die dreiwöchige Klageerhebungsfrist des § 4 S. 1 KSchG zu beachten, → Rn. 195.
[466] BAG 27.9.1984 – 2 AZR 309/83, AP BGB § 613a Nr. 39 = NZA 1985, 493; 20.9.2006 – 6 AZR 249/05, AP BGB § 613a Nr. 316 = NZA 2007, 387.
[467] BAG 6.8.1997 – 7 AZR 557/96, AP KSchG 1969 § 1 Wiedereinstellung Nr. 2 = NZA 1998, 254; 19.5.1988 – 2 AZR 596/87, AP BGB § 613a Nr. 75 = NZA 1989, 461.
[468] Vgl. BAG 18.3.1999 – 8 AZR 306/98, AP KSchG 1969 § 4 Nr. 44 = NZA 1999, 706; im Übrigen zur Darlegungs- und Beweislast → Rn. 203.
[469] BAG 20.9.2006 – 6 AZR 249/05, AP BGB § 613a Nr. 316 = NZA 2007, 387; siehe auch ErfK/*Preis* BGB § 613a Rn. 155.

vor Risiken geschützt werden, die sich jederzeit auch unabhängig von einem Betriebsübergang realisieren können.[470]

171 Kündigungen aus personen- und verhaltensbedingten Gründen bleiben daher gemäß § 613a Abs. 4 S. 2 BGB ebenso möglich wie Kündigungen aus betriebsbedingten Gründen, wenn sie die jeweiligen Anforderungen an ihre soziale Rechtfertigung nach dem Kündigungsschutzgesetz erfüllen.[471] Dies gilt auch für Änderungskündigungen iSv § 2 KSchG.[472] Ist die Kündigung nach § 1 Abs. 2 KSchG sozial gerechtfertigt, ist eine zeitliche Nähe der Kündigung zu einem Betriebsübergang ohne Belang.[473]

172 Abgrenzungsschwierigkeiten zwischen einer Kündigung „wegen" eines Betriebsübergangs iSv § 613a Abs. 4 S. 1 BGB und einer solchen aus anderen Gründen gemäß § 613a Abs. 4 S. 2 BGB ergeben sich insbesondere dann, wenn der Veräußerer oder der Erwerber im Zusammenhang mit dem Betriebsübergang eine Reorganisation mit Personalreduzierung durchführt.

173 **a) Kündigung des Veräußerers.** Ob eine bereits mit einigem zeitlichen Vorlauf vor einem Betriebsübergang ausgesprochene Veräußererkündigung „wegen" eines Betriebsübergangs erfolgt, hängt zunächst davon ab, ob im Zeitpunkt des Zugangs der Kündigung bereits konkrete Planungen für einen Betriebsübergang vorliegen, die schon einen gewissen Grad der Verwirklichung aufweisen.[474] Wurde die **Kündigung** in einem solchen Fall nur ausgesprochen, **um den geplanten Betriebsübergang vorzubereiten** oder zu ermöglichen, ist die Kündigung **nach § 613a Abs. 4 S. 1 BGB unwirksam**,[475] und zwar selbst dann, wenn sich die Pläne bezüglich des Betriebsübergangs zerschlagen und es letztlich gar nicht zu dem Betriebsübergang kommt. Etwas anderes gilt allerdings in solchen Fallkonstellationen, in denen die Kündigung bereits zum Zeitpunkt ihres Zugangs durch ein Sanierungskonzept des Veräußerers gemäß § 613a Abs. 4 S. 2 BGB gerechtfertigt ist.

174 *aa) Veräußererkündigung aufgrund eigenen Konzepts.* Betriebsbedingte Kündigungen des Veräußerers verstoßen dann nicht gegen das Kündigungsverbot des § 613a Abs. 4 S. 1 BGB, wenn sie jeder Betriebsinhaber aus notwendigen betriebsbedingten Gründen so durchgeführt hätte und der Veräußerer damit nicht etwa fremde Vorgaben umsetzt, sondern ein **eigenes**, auf seinen Erkenntnissen und Gegebenheiten beruhendes **betriebliches Erfordernis** zur Rechtfertigung der Kündigung vorweisen kann.[476] Die auch im allgemeinen Kündigungsschutz bestehende unternehmerische Entscheidungsfreiheit erlaubt es dem Veräußerer, seinen Betrieb zu reorganisieren bzw. durch geeignete Maßnahmen zu sanieren, auch wenn er seinen Betrieb veräußern will und sogar dann, wenn das Sanierungskonzept dazu dient, den Betrieb erst verkaufsfähig zu machen.[477] Dem steht der Schutzgedanke des § 613a Abs. 4 BGB nicht entgegen.

175 *bb) Veräußererkündigung aufgrund Erwerberkonzept.* Der Erwerber beabsichtigt häufig, einen von ihm zu übernehmenden sanierungsbedürftigen Betrieb mit einem reduzierten Personalbestand weiterzuführen, weil sein eigenes Unternehmenskonzept eine geringere Mitarbeiterzahl vorsieht. Um das Arbeitsklima nach dem Betriebsübergang nicht durch eigene Entlassungen zu belasten und um möglichst keine Zeit durch die notwendige Einhaltung langer Kündigungsfristen zu verlieren, haben Erwerber oft ein großes Interesse daran, schon vor dem Betriebsübergang und im Vorgriff auf ihre unternehmerischen Vorstellungen die be-

---

[470] Willemsen/Hohenstatt/Schweibert/Seibt Umstrukturierung/*Willemsen* H Rn. 89; zu diesem grundlegenden Argumentationsansatz → Rn. 52.
[471] Vgl. nur ErfK/*Preis* BGB § 613a Rn. 156.
[472] Ascheid/Preis/Schmidt/*Steffan* BGB § 613a Rn. 177; Willemsen/Hohenstatt/Schweibert/Seibt Umstrukturierung/*Willemsen* H Rn. 91; KR/*Treber* BGB § 613a Rn. 98.
[473] Für den Fall der Kündigung wegen Stilllegungsabsicht und des späteren Betriebsübergangs → § 53 Rn. 63.
[474] Vgl. BAG 18.3.1999 – 8 AZR 306/98, AP KSchG 1969 § 4 Nr. 44 = NZA 1999, 706.
[475] BAG 19.5.1988 – 2 AZR 596/87, AP BGB § 613a Nr. 75 = NZA 1989, 461.
[476] BAG 20.9.2006 – 6 AZR 249/05, AP BGB § 613a Nr. 316 = NZA 2007, 387; ErfK/*Preis* BGB § 613a Rn. 168.
[477] BAG 20.9.2006 – 6 AZR 249/05, AP BGB § 613a Nr. 316 = NZA 2007, 387; 18.7.1996 – 8 AZR 127/94, AP BGB § 613a Nr. 147 = NZA 1997, 148; *Lipinski* NZA 2002, 75 (80).

troffenen Arbeitnehmer vom Veräußerer kündigen zu lassen.[478] Die bei dieser Interessenlage und einem solchen Ausgangssachverhalt auftretenden Fragen werden unter dem Stichwort **Veräußererkündigung aufgrund Erwerberkonzept** diskutiert.

Das BAG[479] und die überwiegende Ansicht in der Literatur[480] erkennen zu Recht an, dass eine vom Veräußerer im Vorfeld eines Betriebsübergangs ausgesprochene Kündigung aufgrund eines Erwerberkonzepts sozial gerechtfertigt sein kann. Eine solche Kündigung steht im Einklang mit dem Schutzzweck des § 613a Abs. 1 und Abs. 4 BGB. Der Erwerber soll daran gehindert werden, bei Übernahme der Belegschaft eine freie Auslese nach Gutdünken zu treffen.[481] Zweck des in § 613a Abs. 4 S. 1 BGB geregelten Kündigungsverbots kann es aber nicht sein, den Erwerber angesichts einer voraussehbar fehlenden Beschäftigungsmöglichkeit zu einer künstlichen Verlängerung des Arbeitsverhältnisses über den Zeitpunkt des Betriebsübergangs hinaus zu zwingen, bis er nach Eintritt in das Arbeitsverhältnis selbst die Kündigung aussprechen kann.[482]

Eine zulässige Kündigung des Veräußerers aufgrund eines Erwerberkonzepts setzt nach dem BAG[483] und der überwiegenden Ansicht in der Literatur[484] voraus, dass ein **verbindliches Konzept oder ein Sanierungsplan des Erwerbers** vorliegt, dessen Durchführung im Zeitpunkt des Zugangs der Kündigung bereits **greifbare Formen** angenommen hat. Das BAG hat in seiner früheren Rechtsprechung darüber hinaus gefordert, dass der anstehende Betriebsübergang bereits durch Abschluss eines Vorvertrages oder beispielsweise eines aufschiebend bedingten Pachtvertrages rechtlich fixiert sein muss.[485] Dieses Erfordernis hat das BAG jedoch in zwei Entscheidungen aus den Jahren 2003[486] und 2006[487] nicht mehr als Voraussetzung für eine Veräußererkündigung nach Erwerberkonzept genannt. Richtigerweise ist eine rechtliche Fixierung des Betriebsübergangs entbehrlich, wenn der Nachweis der Umsetzung des Erwerberkonzepts zur Ermöglichung des Betriebsübergangs auch auf andere Weise – insbesondere durch Vorlage eines gemeinsam erstellten Sanierungsplans[488] – erbracht werden kann.

Das BAG hat in seiner früheren Rechtsprechung außerdem für die Wirksamkeit einer Kündigung aufgrund Erwerberkonzepts gefordert, dass der Veräußerer bei unterstellter Betriebsfortführung das Erwerberkonzept auch selbst hätte umsetzen können.[489] Dieser Anforderung lag die Erwägung zugrunde, dass das Kündigungsrecht andernfalls um Gründe erweitert würde, die allein in der Sphäre des Erwerbers liegen.[490] Das BAG hat diese Anforderung jedoch in seinen Entscheidungen aus den Jahren 2003 und 2006 für den Fall der In-

---

[478] Willemsen/Hohenstatt/Schweibert/Seibt Umstrukturierung/*Willemsen* H Rn. 97, 107; *Gaul/Bonanni/Naumann* DB 2003, 1902.
[479] BAG 20.9.2006 – 6 AZR 249/05, AP BGB § 613a Nr. 316 = NZA 2007, 387; 20.3.2003 – 8 AZR 97/02, AP BGB § 613a Nr. 250 = NZA 2003, 1027.
[480] ErfK/*Preis* BGB § 613a Rn. 169; Ascheid/Preis/Schmidt/*Steffan* BGB § 613a Rn. 189; Willemsen/Hohenstatt/Schweibert/Seibt Umstrukturierung/*Willemsen* H Rn. 109; *Annuß/Stamer* NZA 2003, 1247; *Meyer* NZA 2003, 244 (245); *Lipinski* NZA 2002, 75 (79); aA Küttner Personalbuch 2020/*Kreitner* Betriebsübergang Rn. 90; HK-ArbR/*Karthaus/Richter* BGB § 613a Rn. 251 ff.; LAG Köln 17.6.2003 – 9 Sa 443/03, ZIP 2003, 2042.
[481] BAG 20.9.2006 – 6 AZR 249/05, AP BGB § 613a Nr. 316 = NZA 2007, 387; 26.5.1983 – 2 AZR 477/81, AP BGB § 613a Nr. 34.
[482] BAG 20.3.2003 – 8 AZR 97/02, AP BGB § 613a Nr. 250 = NZA 2003, 1027; 26.5.1983 – 2 AZR 477/81, AP BGB § 613a Nr. 34; vgl. auch ErfK/*Preis* BGB § 613a Rn. 169.
[483] BAG 20.9.2006 – 6 AZR 249/05, AP BGB § 613a Nr. 316 = NZA 2007, 387; 20.3.2003 – 8 AZR 97/02, AP BGB § 613a Nr. 250 = NZA 2003, 1027.
[484] ErfK/*Preis* BGB § 613a Rn. 171; Willemsen/Hohenstatt/Schweibert/Seibt Umstrukturierung/*Willemsen* H Rn. 117; *Schmädicke* NZA 2014, 515; *Wellensiek* NZI 2005, 603 (605); *Meyer* NZA 2003, 244.
[485] BAG 26.5.1983 – 2 AZR 477/81, AP BGB § 613a Nr. 34; 18.7.1996 – 8 AZR 127/94, AP BGB § 613a Nr. 147 = NZA 1997, 148; siehe auch *Lipinski* NZA 2002, 75 (79); Willemsen/Hohenstatt/Schweibert/Seibt Umstrukturierung/*Willemsen* H Rn. 117; Staudinger/*Annuß* BGB § 613a Rn. 400.
[486] BAG 20.3.2003 – 8 AZR 97/02, AP BGB § 613a Nr. 250 = NZA 2003, 1027.
[487] BAG 20.9.2006 – 6 AZR 249/05, AP BGB § 613a Nr. 316 = NZA 2007, 387.
[488] Zur Relevanz eines Sanierungsplans zumindest indirekt auch BAG 20.3.2003 – 8 AZR 97/02, AP BGB § 613a Nr. 250 = NZA 2003, 1027; siehe auch *Gaul* ArbR-HdB § 20 Rn. 42; *Meyer* NZA 2003, 244.
[489] BAG 26.5.1983 – 2 AZR 477/81, AP BGB § 613a Nr. 34.
[490] BAG 26.5.1983 – 2 AZR 477/81, AP BGB § 613a Nr. 34.

solvenz des Veräußerers verneint, da es bei einer Insolvenz wegen der dann **regelmäßig nicht mehr möglichen autonomen Sanierbarkeit des Betriebs** nicht darauf ankommen dürfe, ob das Erwerberkonzept bei dem Veräußerer hätte durchgeführt werden können. Wer das Konzept entwickelt habe und wer die hiervon betroffenen Arbeitsverhältnisse kündige, sei daher hier unerheblich.[491]

179 Für den Fall der **Insolvenz** folgt die Zulässigkeit einer Veräußererkündigung aufgrund eines Erwerberkonzepts bereits aus den **§§ 125 ff. InsO**. Die in §§ 125 ff. InsO geregelten Modifizierungen des Kündigungsschutzes gelten nach § 128 Abs. 1 InsO auch dann, wenn die Betriebsänderung erst nach einer Betriebsveräußerung durch den Erwerber durchgeführt werden soll. Gemäß § 128 Abs. 2 InsO erstreckt sich diese Vermutung im Fall des Betriebsübergangs auch darauf, dass die Kündigung der in einem Interessenausgleich gemäß § 125 InsO oder aufgrund eines Beschlussverfahrens nach § 126 InsO namentlich benannten Arbeitnehmer des insolventen bisherigen Arbeitgebers nicht gegen § 613a Abs. 4 BGB verstößt. Aus § 128 InsO lässt sich daher für den Fall der Insolvenz entnehmen, dass eine Veräußererkündigung auf Grund eines Erwerberkonzepts auch dann zulässig sein kann, wenn der Insolvenzverwalter selbst gar kein Sanierungskonzept mehr hätte durchführen können.[492]

180 In Anlehnung an die Entscheidung des BAG aus dem Jahr 2003 ist bei **sanierenden Betriebsübergängen außerhalb der Insolvenz** ebenfalls nicht zu fordern, dass der aufgrund eines Erwerberkonzepts kündigende Veräußerer das betreffende Konzept auch selbst hätte umsetzen können.[493] Nicht nur für Fälle einer bereits eingetretenen Insolvenz, sondern auch für echte Sanierungsfälle außerhalb der Insolvenz ist es geradezu **charakteristisch, dass der Betrieb aus sich heraus nicht mehr sanierungsfähig** ist und daher nur mit fremder Hilfe gerettet werden kann.[494] Wollte man für all diese Sanierungsfälle die Umsetzbarkeit des Erwerberkonzepts beim Veräußerer verlangen, liefe dies den Interessen der jeweils betroffenen Belegschaft und dem Zweck des § 613a BGB gerade zuwider. Scheitert etwa der Übergang eines sanierungsbedürftigen Betriebs daran, dass das sein Fortbestehen ermöglichende Unternehmenskonzept des Erwerbers nur eine geringere Anzahl von Mitarbeitern vorsieht, der Veräußerer jedoch die hierfür erforderlichen Kündigungen nicht aussprechen kann, weil er selbst das Erwerberkonzept nicht verwirklichen könnte, bleibt dem verhinderten Veräußerer womöglich nur die Stilllegung des gesamten Betriebs. Statt des Erhalts möglichst vieler Arbeitsplätze hätte der als Schutzvorschrift gedachte § 613a BGB so den Verlust aller Arbeitsplätze zur Folge.

181 Bejaht man aus den vorstehenden Gründen bei sanierenden Betriebsübertragungen grundsätzlich die Möglichkeit einer Veräußererkündigung auf Grund eines Erwerberkonzepts, knüpfen hieran verschiedene weitere, teilweise bisher ungeklärte kündigungsrechtliche Rechtsfragen an.[495] Der Ausspruch von Kündigungen durch den Veräußerer des Betriebs aufgrund eines Erwerberkonzepts bleibt daher bis zu einer höchstrichterlichen Klärung dieser Fragen risikobehaftet. Besonders umstritten ist, wie bei einer geplanten eingliedernden Betriebsübernahme der **auswahlrelevante Personenkreis** für die Durchführung der **Sozialauswahl** zu ziehen ist.[496] Ein Teil der Literatur nimmt an, dass der kündigende Veräußerer in einem solchen Fall die Sozialauswahl unternehmensübergreifend auf Arbeitnehmer des Er-

---

[491] BAG 20.3.2003 – 8 AZR 97/02, AP BGB § 613a Nr. 250 = NZA 2003, 1027.
[492] Vgl. *Meyer* NZA 2003, 244 (249); *Gaul/Bonanni/Naumann* DB 2003, 1902 (1903).
[493] LAG Rheinland-Pfalz 11.3.2013 – 5 Sa 556/12, BeckRS 2013, 69577; Ascheid/Preis/Schmidt/*Steffan* BGB § 613a Rn. 190; ErfK/*Preis* BGB § 613a Rn. 170; *Lipinski* NZA 2002, 75 (79); *Loritz* RdA 1987, 65 (83); *Hanau* ZIP 1984, 141 (143).
[494] So schon *Hanau* ZIP 1984, 141 (143); vgl. auch Ascheid/Preis/Schmidt/*Steffan* BGB § 613a Rn. 190; *Gaul/Bonanni/Naumann* DB 2003, 1902 (1903); *Meyer* NZA 2003, 244 (245 f.); *Kappenhagen* BB 2003, 2182 (2183).
[495] So wird etwa die Auffassung vertreten, dass ein beim Erwerber vorhandener, freier geeigneter Arbeitsplatz zur Unwirksamkeit der Veräußererkündigung führe, s. zB Henssler/Willemsen/Kalb/*Willemsen/Müller-Bonanni* BGB § 613a Rn. 314.
[496] Vgl. ErfK/*Preis* BGB § 613a Rn. 172; Ascheid/Preis/Schmidt/*Steffan* BGB § 613a Rn. 192 ff.; *v. Hoyningen-Huene/Linck* KSchG § 1 Rn. 439; Willemsen/Hohenstatt/Schweibert/Seibt Umstrukturierung/*Willemsen* H Rn. 109; *Schmädicke* NZA 2014, 515; *Gaul/Bonanni/Naumann* DB 2003, 1902 (1904); *Meyer* NZA 2003, 244 (247 f.); *Annuß/Stamer* NZA 2003, 1247 (1248); *Lipinski* NZA 2002, 75 (79).

werbers auszudehnen habe. Als Begründung hierfür wird im Wesentlichen angeführt, die Kündigung des Veräußerers stelle letztlich nur eine vorweggenommene Verwirklichung des Erwerberkonzepts dar.[497] Nach einer bei der Ermittlung des sozialauswahlrelevanten Personenkreises weiter differenzierenden Literaturstimme sollen bei einer Veräußererkündigung, die sich erst aus den betrieblichen Gegebenheiten beim Erwerber rechtfertigt, neben den vergleichbaren Arbeitnehmern eines zu übertragenden Betriebsteils des Veräußerers zwar auch die Arbeitnehmer des aufnehmenden Betriebsteils des Erwerbers, nicht aber die beim Veräußerer verbleibenden Arbeitnehmer einbezogen werden.[498]

Diese sich in Details unterscheidenden Literaturmeinungen überzeugen allerdings nicht. Ihnen ist gemein, dass sich ihre Argumentation mit den allgemeinen kündigungsrechtlichen Grundsätzen nicht in Einklang bringen lässt, wonach es zur Beurteilung der Wirksamkeit einer Kündigung auf den Zeitpunkt des Kündigungszugangs ankommt[499] und eine Sozialauswahl nur betriebsbezogen und nicht unternehmensübergreifend vorzunehmen ist.[500] Auch der demgegenüber vorgebrachte Hinweis darauf, dass die Sozialauswahl in einem Gemeinschaftsbetrieb unternehmensübergreifend erfolge,[501] ist nicht geeignet, im Falle der Veräußererkündigung nach Erwerberkonzept eine Missachtung der vorerwähnten Grundsätze zu rechtfertigen. Das vermeintliche Band des Erwerberkonzepts zwischen Veräußerer und Erwerber kann die für eine wechselseitige Zurechnung von Personal im gemeinsamen Betrieb mehrerer Unternehmen erforderliche institutionalisierte gemeinsame Leitung in den wesentlichen personellen und sozialen Angelegenheiten nicht ersetzen. Im Übrigen erscheint die Vorstellung, dass ein Arbeitgeber im Rahmen seiner gerichtlich überprüfbaren Ermessensentscheidung zur Sozialauswahl seine ihm vertrauten Arbeitnehmer mit ihm gar nicht bekannten Arbeitnehmern eines anderen Unternehmens vergleichen soll, kaum praktikabel. Der **Grundsatz der Betriebsbezogenheit** der Sozialauswahl gebietet vielmehr, **allein die betrieblichen Verhältnisse des kündigenden Arbeitgebers** zu beachten.[502] Wenn der Veräußerer im Vorfeld eines Betriebsübergangs oder Betriebsteilübergangs aufgrund eines Erwerberkonzepts kündigt, sind daher im Rahmen der Sozialauswahl lediglich die Arbeitnehmer des Veräußererbetriebs – und zwar des gesamten Veräußererbetriebs, und nicht etwa nur des zu übertragenden Betriebsteils[503] – zu berücksichtigen. Auch wenn die Kündigungsentscheidung des Veräußerers durch das Erwerberkonzept motiviert ist bzw. durch die Gegebenheiten beim Erwerber ermöglicht wird, trifft der Veräußerer mit dem Ausspruch der Kündigung selbst die unternehmerische Entscheidung, die ihm aus eigener Kraft nicht mögliche Sanierung seines Betriebs einzuleiten und somit einer kompletten Stilllegung vorzuziehen. Für die mit den im Veräußererbetrieb erfolgenden Kündigungen einhergehenden Restrukturierungsmaßnahmen ist demzufolge auch allein der **Veräußerer interessenausgleichs- und sozialplanpflichtig**,[504] auch wenn für den Betriebsrat je nach Ausgestaltung des Erwerberkonzepts ein ausdrücklicher Beitritt des Erwerbers in die Vereinbarungen von Interesse sein kann.

b) Kündigung des Erwerbers. Auch der Erwerber kann nach Übernahme des Betriebs oder Betriebsteils **aufgrund einer eigenen unternehmerischen Entscheidung** betriebsbedingte Kündigungen aussprechen, ohne dass § 613a Abs. 4 S. 1 BGB zur Anwendung kommt. Die

---

[497] So ErfK/*Preis* BGB § 613a Rn. 172; Ascheid/Preis/Schmidt/*Steffan* BGB § 613a Rn. 194; HK-ArbR/*Karthaus/Richter* BGB § 613a Rn. 258; *Gaul/Bonanni/Naumann* DB 2003, 1902 (1905).
[498] *Schmädicke* NZA 2014, 515.
[499] BAG 6.8.1997 – 7 AZR 557/96, AP KSchG 1969 § 1 Wiedereinstellung Nr. 2 = NZA 1998, 254; 10.10.1996 – 2 AZR 477/95, AP KSchG 1969 § 1 Betriebsbedingte Kündigung Nr. 81 = NZA 1997, 251.
[500] BAG 18.1.2007 – 2 AZR 796/05, AP KSchG 1969 § 1 Soziale Auswahl Nr. 89 = NZA 2008, 1208; 2.6.2005 – 2 AZR 158/04, AP KSchG 1969 § 1 Soziale Auswahl Nr. 73 = NZA 2005, 1175; 27.11.1991 – 2 AZR 255/91, AP KSchG 1969 § 1 Konzern Nr. 6 = NZA 1992, 644.
[501] So *Schmädicke* NZA 2014, 515; Henssler/Willemsen/Kalb/*Willemsen/Müller-Bonanni* BGB § 613a Rn. 314.
[502] So auch *Lipinski* NZA 2002, 75 (79); *Sieger/Hasselbach* DB 1999, 430 (434).
[503] So aber mit nicht überzeugender Begründung *Schmädicke* NZA 2014, 515.
[504] *Annuß/Stamer* NZA 2003, 1247 (1248) mit dem zutr. Hinweis, dass für die Sozialplandotierung allein die Leistungsfähigkeit des Veräußerers relevant ist, sodass im Fall eines Erwerberkonzepts in der Insolvenz die in § 123 Abs. 1 InsO bestimmte Höchstgrenze zu beachten ist.

in der Praxis immer noch anzutreffende Fehlvorstellung, eine Kündigung des Arbeitsverhältnisses durch den Erwerber sei innerhalb eines Jahres generell unzulässig,[505] beruht auf einem falschen Verständnis der Vorschrift des § 613a Abs. 1 S. 2 letzter Hs. BGB.[506] Der Erwerber wird häufig schon kurz nach oder im weiteren Verlauf der Eingliederung des übernommenen Betriebs bzw. Betriebsteils in sein Unternehmen infolge von **Synergieeffekten** Kündigungen aussprechen, etwa weil Arbeitsplätze nun doppelt besetzt sind.[507] Es würde den Schutzzweck des § 613a Abs. 4 S. 1 BGB überdehnen, wenn man auch solche vom Erwerber ausgesprochenen betriebsbedingten Kündigungen als unwirksam erachten würde, nur weil sie in gewissem zeitlichen Zusammenhang mit einem zuvor erfolgten Betriebsübergang erklärt werden. Synergie- und Rationalisierungseffekte können nicht nur infolge von Betriebsübergängen, sondern auch bei unternehmensinternen Umstrukturierungen auftreten.

184 **c) Kündigung des Insolvenzverwalters.** Auch der Insolvenzverwalter hat das Kündigungsverbot des § 613a Abs. 4 S. 1 BGB zu beachten.[508] Die Insolvenz als solche stellt keinen „anderen Grund" zur Kündigung iSv § 613a Abs. 4 S. 2 BGB dar.[509] Der Insolvenzverwalter ist allerdings mit Eröffnung des Insolvenzverfahrens nach § 113 S. 1, 2 InsO berechtigt, den vom Insolvenzschuldner beschäftigten Arbeitnehmer unter Verkürzung ansonsten geltender vertraglicher, tariflicher oder gesetzlicher Kündigungsfristen mit einer Kündigungsfrist von drei Monaten zum Monatsende zu kündigen, wenn nicht eine kürzere Kündigungsfrist maßgeblich ist. Soweit das Kündigungsschutzgesetz auf das gekündigte Arbeitsverhältnis Anwendung findet,[510] ist es auch bei einer Kündigung des Insolvenzverwalters nach Insolvenzeröffnung zu beachten.[511]

3. Umgehungsverbot

185 Aus dem Charakter des § 613a Abs. 4 S. 1 BGB als Verbotsnorm folgt, dass auch andere an die Stelle einer Kündigung tretende Beendigungstatbestände unzulässig sind, soweit sie darauf abzielen, den Schutzzweck des § 613a Abs. 4 S. 1 BGB zu umgehen. **Befristungen und auflösende Bedingungen** sind demzufolge gemäß § 134 BGB nichtig, soweit durch sie der Schutz des § 613a Abs. 4 S. 1 BGB umgangen werden soll.[512]

186 Nichtig ist auch die als „**Lemgoer Modell**"[513] bekannt gewordene Beendigung des Arbeitsverhältnisses durch einen durch den Veräußerer veranlassten **Aufhebungsvertrag** oder eine durch diesen **veranlasste Eigenkündigung** des Arbeitnehmers zu dem Zweck, im unmittelbaren Anschluss hieran ein neues Arbeitsverhältnis mit dem Erwerber zu geänderten, häufig schlechteren Arbeitsbedingungen einzugehen.[514] In solchen Fällen wird mit dem Aufhebungsvertrag bzw. der Eigenkündigung lediglich die Beseitigung der Kontinuität des bisherigen Arbeitsverhältnisses bezweckt, obwohl gleichzeitig der Arbeitsplatz erhalten bleibt. Dies stellt eine unzulässige objektive Gesetzesumgehung dar.[515] Die Unwirksamkeit des Aufhebungsvertrags tritt dabei unabhängig davon ein, ob die Vertragsparteien die Rechtsfolgen des § 613a BGB kannten.[516] Sieht der nach § 134 BGB nichtige Aufhebungsvertrag eine Abfindung des Arbeitnehmers vor, steht diesem die betreffende Abfindung nicht

---

[505] So offenbar etwa *Krügermeyer-Kalthoff/Reutershan* MDR 2003, 541 (546).
[506] Zum Regelungsinhalt der Vorschrift → Rn. 50.
[507] Willemsen/Hohenstatt/Schweibert/Seibt Umstrukturierung/*Willemsen* H Rn. 104.
[508] BAG 20.9.2006 – 6 AZR 249/05, AP BGB § 613a Nr. 316 = NZA 2007, 387; 26.5.1983 – 2 AZR 477/81, AP BGB § 613a Nr. 34.
[509] BAG 16.9.1982 – 2 AZR 271/80, AP KO § 22 Nr. 4.
[510] Wegen der die Kündigung in der Insolvenz erleichternden Vorschriften der §§ 125 InsO → Rn. 179.
[511] BAG 25.4.2007 – 6 AZR 622/06, AP InsO § 113 Nr. 23 = NZA 2008, 1135; 5.12.2002 – 2 AZR 571/01, AP KSchG 1969 § 1 Betriebsbedingte Kündigung Nr. 125 = NZA 2003, 789.
[512] BAG 15.2.1995 – 7 AZR 680/94, AP BGB § 620 Befristeter Arbeitsvertrag Nr. 166 = NZA 1995, 987; ErfK/*Preis* BGB § 613a Rn. 157; KR/*Treber* BGB § 613a Rn. 111.
[513] BAG 28.4.1987 – 3 AZR 75/86, NZA 1988, 198.
[514] BAG 28.4.1987 – 3 AZR 75/86, AP BetrAVG § 1 Betriebsveräußerung Nr. 5 = NZA 1988, 198; ErfK/*Preis* BGB § 613a Rn. 158; für eine eingeschränkte Zulässigkeit Staudinger/*Annuß* BGB § 613a Rn. 406.
[515] BAG 10.12.1998 – 8 AZR 324/97, AP BGB § 613a Nr. 185 = NZA 1999, 422; 28.4.1987 – 3 AZR 75/86, AP BetrAVG § 1 Betriebsveräußerung Nr. 5 = NZA 1988, 198.
[516] ErfK/*Preis* BGB § 613a Rn. 158.

zu.[517] Auch ein kurze Zeit nach Übergang des Arbeitsverhältnisses auf den Erwerber dann mit diesem neu geschlossener Arbeitsvertrag kann nach jüngerer BAG-Rechtsprechung als Umgehung von § 613a Abs. 1 BGB nichtig sein.[518]

Demgegenüber ist der Abschluss eines Aufhebungsvertrages mit dem Betriebsveräußerer 187 trotz des anschließenden Betriebsübergangs nach ständiger Rechtsprechung des BAG wirksam, wenn der Aufhebungsvertrag auf das endgültige Ausscheiden des Arbeitnehmers aus dem Betrieb gerichtet ist.[519] Der Grundsatz der Vertragsfreiheit erlaubt den Vertragsparteien auch im Rahmen von § 613a BGB, die Kontinuität des Arbeitsvertrags zu beenden. Dies gilt nach einer jüngeren Entscheidung des BAG[520] auch für von Arbeitnehmern im Vorfeld eines Betriebsübergangs ausgesprochene Eigenkündigungen, wenn sie auf das endgültige Ausscheiden aus dem Arbeitsverhältnis gerichtet sind und den Arbeitnehmern nicht zugleich ein neues Arbeitsverhältnis beim Erwerber in Aussicht gestellt wird oder sogar parallel hierzu sogleich eine entsprechende Vereinbarung mit dem Erwerber geschlossen wird.

Ob der Abschluss einer Aufhebungsvereinbarung auf das endgültige Ausscheiden eines 188 Arbeitnehmers gerichtet ist, wenn dieser im Rahmen eines **dreiseitigen Vertrages** zwischen ihm, seinem bisherigen Arbeitgeber und einer **Beschäftigungs- und Qualifizierungsgesellschaft (BQG)** mit Abschluss der Aufhebungsvereinbarung unmittelbar in die BQG wechselt, war in den zurückliegenden Jahren wiederholt Gegenstand kontroverser Erörterungen in der Literatur und diverser gerichtlicher Entscheidungen. Die seit 1998 durch verschiedene Urteile des Achten Senats des BAG in Sanierungs- und Insolvenzfällen geprägte Rechtsprechung, wonach ein ohne sichere Aussicht auf Einstellung bei einem Betriebserwerber zunächst in eine BQG wechselnder Arbeitnehmer im zweiten Schritt beim Erwerber der Betriebsmittel seines in die Krise geratenen bisherigen Arbeitgebers einen neuen Arbeitsvertrag abschließen konnte, ohne dass hierin eine Umgehung von § 613a BGB zu sehen war, wird vom Achten Senat jedoch in jüngeren Entscheidungen nicht mehr konsequent fortgeführt und praktisch aufgegeben:

Das BAG hat erstmals in einem Urteil aus 1998[521] eine Umgehung von § 613a Abs. 4 S. 1 189 BGB und eine daraus folgende Nichtigkeit des im Rahmen eines dreiseitigen Vertrages zwischen Arbeitnehmer, bisherigem Arbeitgeber und einer Beschäftigungs- und Qualifizierungsgesellschaft (BQG) mit dem bisherigen Arbeitgeber abgeschlossenen Aufhebungsvertrages verneint, obwohl ein Großteil der auf diese Weise zunächst vom bisherigen Arbeitgeber mit befristeten Verträgen in die BQG gewechselten Arbeitnehmer schließlich von einer den Betrieb des Alt-Arbeitgebers fortführenden Auffanggesellschaft eingestellt wurden, was diese von Anfang an auch so angestrebt hatte. Das BAG begründete die Wirksamkeit der Aufhebungsvereinbarung des von der Auffanggesellschaft entgegen seiner Annahme nicht eingestellten klagenden Arbeitnehmers damit, dass ihm die Fortsetzung des Arbeitsverhältnisses von der Auffanggesellschaft nicht konkret zugesagt worden war. In Ermangelung einer verbindlichen Zusage, so das BAG, habe gerade nicht festgestanden, dass der Kläger nach kurzer Verweildauer in der BQG von den Veräußerbetrieb weiterführenden Auffanggesellschaft tatsächlich eingestellt werde.[522] Es stelle **keine objektive Umgehung von § 613a Abs. 4 S. 1 BGB** dar, dass der betreffende Arbeitnehmer bei Abschluss der Aufhebungsvereinbarung wusste, dass die Betriebsfortführung durch die Auffanggesellschaft angestrebt wurde und er mit dem Abschluss dieser Vereinbarung die mehr oder weniger begründete Erwartung verknüpfte, in ein Arbeitsverhältnis zur Auffanggesellschaft treten zu können.[523]

Diese Rechtsprechung des BAG hat zum Teil Zustimmung erfahren,[524] wurde aber in der 190 Folgezeit auch heftig als Umgehung des in § 613a Abs. 4 S. 1 BGB verankerten Kündi-

---

[517] BAG 11.7.1995 – 3 AZR 154/95, AP TVG § 1 Tarifverträge Einzelhandel Nr. 56 = NZA 1996, 207.
[518] BAG 20.4.2010 – 3 AZR 225/08, AP BetrAVG § 1 Nr. 63 = NZA 2010, 883.
[519] BAG 18.8.2011 – 8 AZR 312/10, AP BGB § 613a Nr. 414 = NZA 2012, 152; 23.11.2006 – 8 AZR 349/06, AP BGB § 613a Wiedereinstellung Nr. 1 = NZA 2007, 866.
[520] BAG 27.9.2012 – 8 AZR 826/11, NZA 2013, 961.
[521] BAG 10.12.1998 – 8 AZR 324/97, AP BGB § 613a Nr. 185 = NZA 1999, 422.
[522] BAG 10.12.1998 – 8 AZR 324/97, AP BGB § 613a Nr. 185 = NZA 1999, 422.
[523] BAG 10.12.1998 – 8 AZR 324/97, AP BGB § 613a Nr. 185 = NZA 1999, 422.
[524] MüKoBGB/*Müller-Glöge* § 613a Rn. 202; *Hanau* ZIP 1999, 324.

gungsverbots kritisiert.[525] Das BAG hat jedoch zunächst in zwei weiteren Entscheidungen zu Sanierungsfällen aus 2005[526] und 2006[527] an seiner Rechtsprechung festgehalten und hierzu ausgeführt, dass eine Umgehung von § 613a Abs. 4 S. 1 BGB nicht vorliegt, wenn der Arbeitnehmer freiwillig einen Aufhebungsvertrag abschließt, die BQG zwischengeschaltet ist und der Arbeitnehmer keine sichere Aussicht darauf hat, bei dem Erwerber eingestellt zu werden.[528] Zudem hat es in diesen Entscheidungen festgestellt, dass eine Aufhebungsvereinbarung auch bei objektiv bezweckter Beseitigung der Kontinuität des Arbeitsverhältnisses bei gleichzeitiger Erhalt des Arbeitsplatzes nur dann unwirksam ist, wenn die mit dieser Vertragsgestaltung verbundene Verschlechterung der Arbeitsbedingungen sachlich nicht gerechtfertigt ist.[529] Ein die Aufhebungsvereinbarung rechtfertigender sachlicher Grund sei, so das BAG, beispielsweise gegeben, wenn der Abschluss des dreiseitigen Vertrags mit der BQG der Vermeidung der Insolvenz diene.[530] Eine Umgehung des § 613a Abs. 4 S. 1 BGB sei allenfalls dann anzunehmen, wenn die Übernahme in die BQG nur zum Schein vorgeschoben werde oder offensichtlich eine Umgehung der Sozialauswahl bezweckt sei.[531]

191 In den vorerwähnten Urteilen hat das BAG seine Entscheidungen maßgeblich auf die Erwägung gestützt, dass im Zusammenhang mit einem Betriebsübergang abgeschlossene Aufhebungsverträge dann zulässig sind, wenn sie auf das endgültige Ausscheiden des Arbeitnehmers aus dem Betrieb gerichtet seien.[532] Wenn der Arbeitnehmer keine sichere Aussicht auf eine Einstellung beim Erwerber habe, gehe er ein **bloßes Risikogeschäft** ein und der Aufhebungsvertrag bleibe auf sein Ausscheiden aus dem Betrieb gerichtet. Wegen des **Grundsatzes der Vertragsfreiheit** stehe es demnach dem Arbeitnehmer frei, auf den Bestandsschutz des § 613a Abs. 1 BGB zu verzichten.

192 Nach den BAG-Entscheidungen aus 2005 und 2006 sind die Landesarbeitsgerichte dieser höchstrichterlichen Rechtsprechung zunächst gefolgt.[533] Nachfolgend haben sich einzelne Landesarbeitsgerichte aber auch zum Teil von ihr distanziert.[534] In einer Entscheidung aus August 2011,[535] der ebenfalls ein Sanierungsfall zugrunde lag, hat das **BAG** seine bisherigen Leitsätze zwar erneut aufgegriffen, ist aber **im Ergebnis von seiner bisherigen Rechtsprechung abgerückt.** Das BAG hat hier einen im Rahmen eines dreiseitigen Vertrages zum Wechsel in eine BQG zwischen dem Insolvenzverwalter und den Arbeitnehmern geschlossenen Aufhebungsvertrag für unwirksam erachtet, obwohl dem klagenden Arbeitnehmer ausdrücklich kein Arbeitsplatz bei der Auffanggesellschaft zugesagt worden war, sondern er nur eine durch Losentscheid bestimmte Chance von etwa 3:1 hatte, einen Arbeitsplatz bei der Auffanggesellschaft zu erhalten. Das BAG hat hierin keine bloße Inaussichtstellung, sondern vielmehr – ungeachtet des evidenten Losrisikos – die verbindliche Zusage auf einen Arbeitsplatz beim Erwerber gesehen und zudem angemerkt, die Übernahme des betreffenden Arbeitnehmers in die BQG für nur einen Tag sei nur zum Schein erfolgt, was ebenfalls für die Unwirksamkeit der Aufhebungsvereinbarung spreche.

193 Während den vorausgegangenen Entscheidungen des BAG zuzustimmen ist, schränkt der Achte Senat die Privatautonomie eines Arbeitnehmers, der den Aufhebungsvertrag lediglich mit einer mehr oder minder begründeten Hoffnung auf einen neuen Arbeitsplatz abschließt

---

[525] ErfK/*Preis* BGB § 613a Rn. 159; Ascheid/Preis/Schmidt/*Steffan* BGB § 613a Rn. 198; HK-ArbR/*Karthaus/Richter* BGB § 613a Rn. 234.
[526] BAG 18.8.2005 – 8 AZR 523/04, AP BGB § 620 Aufhebungsvertrag Nr. 31 = NZA 2006, 145.
[527] BAG 23.11.2006 – 8 AZR 349/06, AP BGB § 613a Wiedereinstellung Nr. 1 = NZA 2007, 866.
[528] BAG 23.11.2006 – 8 AZR 349/06, AP BGB § 613a Wiedereinstellung Nr. 1 = NZA 2007, 866; 18.8.2005 – 8 AZR 523/04, AP BGB § 620 Aufhebungsvertrag Nr. 31 = NZA 2006, 145.
[529] BAG 18.8.2005 – 8 AZR 523/04, AP BGB § 620 Aufhebungsvertrag Nr. 31 = NZA 2006, 145; zur Frage des Erfordernisses eines sachlichen Grundes im Einzelnen → Rn. 21 ff.
[530] BAG 18.8.2005 – 8 AZR 523/04, AP BGB § 620 Aufhebungsvertrag Nr. 31 = NZA 2006, 145.
[531] BAG 23.11.2006 – 8 AZR 349/06, AP BGB § 613a Wiedereinstellung Nr. 1 = NZA 2007, 866.
[532] BAG 23.11.2006 – 8 AZR 349/06, AP BGB § 613a Wiedereinstellung Nr. 1 = NZA 2007, 866; 18.8.2005 – 8 AZR 523/04, AP BGB § 620 Aufhebungsvertrag Nr. 31 = NZA 2006, 145.
[533] LAG Köln 28.10.2010 – 13 Sa 701/10, BeckRS 2011, 68517; LAG Baden-Württemberg 18.12.2008 – 11 Sa 59/08, LAGE BGB 2002 § 613a Nr. 25; 6.6.2008 – 7 Sa 18/08, BeckRS 2008, 55303.
[534] LAG Niedersachsen 18.2.2010 – 7 Sa 779/09, LAGE BGB 2002 § 613a Nr. 29; LAG Köln 25.2.2011 – 3 Sa 1470/09, ZIP 2011, 1633.
[535] BAG 18.8.2011 – 8 AZR 320/10, NZA 2012, 152.

und sich durchaus des Risikos bewusst ist, in der BQG ohne Anschlussbeschäftigung zu verbleiben, in seiner Entscheidung vom August 2011 mit nicht überzeugender Argumentation ein. § 613a Abs. 4 BGB soll gerade nicht die Dispositionsfreiheit des einzelnen Arbeitnehmers über die Beendigung seines Arbeitsverhältnisses begrenzen. Schließlich kann der Arbeitnehmer trotz eines gewissen faktischen Drucks[536] nach einer Risikoabwägung unter Berücksichtigung der vagen Aussicht einer Übernahme durch den bzw. einen potentiellen Betriebserwerber über den Abschluss der Aufhebungsvereinbarung immer noch frei entscheiden.

Das BAG hat allerdings einem – im konkreten Fall zudem von der IG Metall mittels eines Beschäftigungssicherungstarifvertrages positiv begleiteten – Sanierungskonzept unter Einschaltung einer BQG in einer Entscheidung vom 25.10.2012[537] erneut eine Absage erteilt und die Einstellung eines Großteils der zuvor quasi komplett von der Insolvenzschuldnerin in die BQG gewechselten Arbeitnehmer als Umgehung von § 613a Abs. 1 BGB für nichtig erklärt. Die Erwerberin der Betriebsmittel hatte den in die BQG gewechselten Arbeitnehmern jeweils vier Varianten eines möglichen neuen Arbeitsvertrages (einen auf unbestimmte Zeit konzipierten Vertrag und drei unterschiedlich lang befristete Verträge) zur Unterzeichnung vorgelegt und sich ihrerseits die Gegenzeichnung eines der von den Arbeitnehmern jeweils sämtlich unterzeichnet an sie zurückzusendenden Arbeitsverträge vorbehalten. Nach dieser jüngeren BAG-Rechtsprechung wird man das zur Rettung von in die Krise geratenen Unternehmen insbesondere von Insolvenzverwaltern bis dahin als Alternative zur völligen Zerschlagung des Unternehmens gerne genutzte Sanierungsmodell der Zwischenschaltung einer BQG heute in der Praxis als zu riskantes Unterfangen nicht mehr empfehlen können. Ein Insolvenzverwalter wird schon zur Vermeidung einer persönlichen Haftung keine Mittel der Insolvenzmasse zur Finanzierung einer BGB einsetzen, wenn nicht bereits ein Erwerber für die Betriebsmittel feststeht, der sich seinerseits entweder an den Kosten der Transfergesellschaft unmittelbar beteiligt oder jedenfalls durch den Kaufpreis für die Betriebsmittel zu einer hinreichenden Mehrung der Insolvenzmasse beiträgt. Bei einer solchen Konstellation geht das BAG in seiner jüngeren Rechtsprechung dann aber durchweg davon aus, dass den betroffenen Arbeitnehmern Arbeitsplätze beim Erwerber verbindlich in Aussicht gestellt sind.

VII. Prozessuale Fragen

1. Einheitliche Klagefrist gemäß § 4 KSchG

Wird im Zusammenhang mit einem Betriebsübergang eine arbeitgeberseitige Kündigung ausgesprochen, gegen die sich der betroffene Arbeitnehmer gerichtlich zur Wehr setzen will, hat dieser zu beachten, dass die **dreiwöchige Klagefrist des § 4 S. 1 KSchG** bei allen Einwänden gegen die Rechtswirksamkeit der Kündigung und insbesondere auch für die Geltendmachung eines Verstoßes gegen das Kündigungsverbot des § 613a Abs. 4 S. 1 BGB einzuhalten ist.[538]

2. Kündigungsschutzantrag

Die Kündigungsschutzklage ist jeweils **gegen denjenigen Arbeitgeber zu richten, der die Kündigung ausgesprochen hat**.[539] Dies gilt nach der Rechtsprechung des BAG auch dann, wenn der Veräußerer die Kündigung erklärt hat, das Arbeitsverhältnis jedoch unstreitig noch vor der Rechtshängigkeit der Klage gemäß § 613a BGB auf den Erwerber übergegangen ist.[540] Die Frage, ob die Kündigungsfrist vor oder nach dem Betriebsübergang abläuft,

---

[536] BAG 18.8.2005 – 8 AZR 523/04, AP BGB § 620 Aufhebungsvertrag Nr. 31 = NZA 2006, 145.
[537] BAG 25.10.2012 – 8 AZR 572/11, AP BGB § 613a Nr. 436.
[538] RegE BT-Drs. 15/1204, 13.
[539] BAG 27.9.1984 – 2 AZR 309/83, AP BGB § 613a Nr. 39 = NZA 1985, 493; 26.5.1983 – 2 AZR 477/81, AP BGB § 613a Nr. 34; aA Küttner Personalbuch 2020/*Kreitner* Betriebsübergang Rn. 96 ff.
[540] BAG 18.3.1999 – 8 AZR 306/98, AP KSchG 1969 § 4 Nr. 44 = NZA 1999, 706.

ist für die Passivlegitimation des Veräußerers ebenfalls unerheblich.[541] Die Passivlegitimation des die Kündigung erklärenden Veräußerers bleibt auch durch den später erfolgenden Betriebsübergang unberührt.[542] Allerdings wirkt im Falle eines bereits vor Rechtshängigkeit der Klage erfolgten Betriebsübergangs das im gegen den Veräußerer geführten Kündigungsschutzprozess ergangene Urteil nicht für und gegen den Erwerber, da § 325 Abs. 1 ZPO dann nicht anwendbar ist;[543] bei einer solchen Fallkonstellation empfiehlt sich daher für den gekündigten Arbeitnehmer, den Erwerber im Wege der subjektiven Klagehäufung in den Rechtsstreit einzubeziehen und ihm gegenüber feststellen zu lassen, dass sein mit dem Veräußerer begründetes Arbeitsverhältnis nunmehr mit dem Erwerber unverändert fortbesteht.[544] Demgegenüber ist eine gegen den Erwerber gerichtete Klage mit dem Antrag, die Unwirksamkeit der vom Veräußerer ausgesprochenen Kündigung festzustellen, unzulässig.[545]

197 Ist der Betriebsübergang zum Zeitpunkt des Zugangs einer noch vom Veräußerer ausgesprochenen Kündigung bereits erfolgt, kann eine gegen den Veräußerer gerichtete und nur mit dem Argument seiner infolge des Betriebsübergangs fehlenden Kündigungsbefugnis begründete Kündigungsschutzklage schon mangels Schlüssigkeit keinen Erfolg haben.[546] Der Arbeitnehmer kann sich aber gegebenenfalls auch den möglichen Vortrag des Veräußerers, es liege gar kein Betriebsübergang vor, hilfsweise zu eigen machen und seine Klage auf andere Unwirksamkeitsgründe stützen, sodass die Klage zwar nach dem Hauptvorbringen unschlüssig, aber nach dem Hilfsvorbringen schlüssig ist. Diese Klage ist dann allerdings nach dem Hilfsvorbringen unbegründet, wenn das Gericht feststellt, dass ein Betriebsübergang tatsächlich vor dem Kündigungszeitpunkt erfolgt ist und demnach das Arbeitsverhältnis zum kündigenden Veräußerer bei Zugang der Kündigung nicht mehr bestand.[547]

198 Wenn der Betriebsübergang und somit der **Arbeitgeberwechsel nach Eintritt der Rechtshängigkeit** einer gegen den Veräußerer erhobenen Kündigungsschutzklage erfolgt, ohne dass der Erwerber an dem Rechtsstreit beteiligt wird, hat der Erwerber das im Kündigungsschutzprozess ergehende Urteil entsprechend §§ 265, 325 ZPO gegen sich gelten zu lassen.[548] Eine bindende Feststellung über die für das Prozessergebnis womöglich bedeutsame Vorfrage, ob ein Betriebsübergang stattgefunden hat, enthält das im Kündigungsschutzprozess gegen den Veräußerer ergangene Urteil jedoch nicht. Mit Zustimmung des klagenden Arbeitnehmers kann der Erwerber einen gegen den Veräußerer anhängigen Kündigungsschutzprozess aber auch als dessen Rechtsnachfolger auf der Beklagtenseite übernehmen. Der Arbeitnehmer ist jedoch zu einer entsprechenden Umstellung seines Klageantrags nicht verpflichtet.[549] Sofern der Arbeitnehmer nicht zustimmt, ist es dem **Erwerber** allerdings möglich, als **unselbständiger Streitgehilfe** auf Seiten des Veräußerers gemäß §§ 66, 67 ZPO am Prozess teilzunehmen.[550] Nach einer Entscheidung des BAG aus 2006 wirkt ein vom Veräußerer in einem gegen ihn angestrengten Kündigungsschutzprozess abgeschlossener **gerichtlicher Beendigungsvergleich** mit Abfindungszahlung zumindest dann, wenn der Betriebsübergang nach Klageerhebung erfolgte, in entsprechender Anwendung von § 265

---

[541] ErfK/*Preis* BGB § 613a Rn. 174.
[542] BAG 20.9.2006 – 6 AZR 249/05, NZA 2007, 387.
[543] BAG 18.3.1999 – 8 AZR 306/98, AP KSchG 1969 § 4 Nr. 44 = NZA 1999, 706; 18.2.1999 – 8 AZR 485/97, AP ZPO § 325 Nr. 5 = NZA 1999, 648.
[544] BAG 18.4.2002 – 8 AZR 346/01, AP BGB § 613a Nr. 232 = NZA 2002, 1207; *Müller-Glöge* NZA 1999, 449 (456).
[545] BAG 27.9.1984 – 2 AZR 309/83, AP BGB § 613a Nr. 39 = NZA 1985, 493; 26.5.1983 – 2 AZR 477/91, AP BGB § 613a Nr. 34.
[546] BAG 26.7.2007 – 8 AZR 769/06, AP BGB § 613a Nr. 324 = NZA 2008, 112; 15.12.2005 – 8 AZR 202/05, AP BGB § 613a Nr. 294 = NZA 2006, 597; 18.4.2002 – 8 AZR 346/01, AP BGB § 613a Nr. 232 = NZA 2002, 1207.
[547] BAG 15.12.2005 – 8 AZR 202/05, AP BGB § 613a Nr. 294 = NZA 2006, 597.
[548] BAG 19.11.2014 – 4 AZR 761/11, NZA 2015, 950; 13.4.2020 – 2 AZR 215/99, NZA 2001, 144; 15.12.1976 – 5 AZR 600/75, AP BGB § 611 Arzt-Krankenhaus-Vertrag Nr. 3.
[549] Vgl. BAG 27.1.2000 – 8 AZR 106/99, RzK I 5e Nr. 128.
[550] Vgl. BAG 4.3.1993 – 2 AZR 507/92, AP BGB § 613a Nr. 101 = NZA 1994, 260. Eine notwendige Streitgenossenschaft zwischen Veräußerer und Erwerber gem. § 62 ZPO entsteht jedoch nicht.

Abs. 2 ZPO für und gegen den Betriebserwerber.[551] Angesichts von Einwänden aus dem Schrifttum, dass ein Prozessstandschafter nicht ohne entsprechende Ermächtigung materiell-rechtlich über Rechte des Rechtsnachfolgers verfügen könne[552] und die materiell-rechtlichen Verfügungen des von ihm abgeschlossenen Prozessvergleichs nicht über den Streitgegenstand hinausgehen dürften,[553] hat das BAG einschränkend hinzugefügt, dass der Prozessvergleich jedenfalls bei einer – im entschiedenen Fall gegebenen – ausdrücklichen oder konkludenten Genehmigung des Erwerbers gemäß § 177 BGB für und gegen diesen gelte.[554]

Ist das Vorliegen eines Betriebsübergangs streitig, wird ein gekündigter Arbeitnehmer in der Regel versuchen, zur Vermeidung eines Rechtsverlusts sowohl den Veräußerer als auch den Erwerber prozessual in Anspruch zu nehmen. Veräußerer und Erwerber können zulässigerweise in demselben Rechtsstreit verklagt werden.[555] Insbesondere kann die Kündigungsschutzklage gegen den kündigenden Veräußerer mit einer dahingehenden Feststellungsklage gegen den Erwerber verknüpft werden, dass das mit dem Veräußerer begründete Arbeitsverhältnis mit dem Erwerber unverändert fortbesteht.[556] Beide sind dann einfache Streitgenossen. Bei abweichenden allgemeinen Gerichtsständen ist das zuständige Gericht für eine solche zulässige subjektive Klagehäufung gemäß § 36 Abs. 1 Nr. 3 ZPO zu bestimmen.[557] Veräußerer und Erwerber können allerdings von einem gekündigten Arbeitnehmer nicht in der Weise in demselben Rechtsstreit in Anspruch genommen werden, dass über das gegen den einen gerichtete Klagebegehren erst dann entschieden werden soll, wenn das gegen den anderen gerichtete Klagebegehren ohne Erfolg geblieben ist. Eine solche prozessuale Vorgehensweise wäre als **subjektive Eventualklagehäufung unzulässig**.[558] Hat nach einem möglichen Betriebsübergang der Veräußerer das Arbeitsverhältnis gekündigt und hat der Arbeitnehmer deshalb gegen ihn hilfsweise Kündigungsschutzklage erhoben, handelt es sich hierbei allerdings unter Umständen um eine objektive Eventualklage innerhalb eines zum Veräußerer bereits unbedingt bestehenden Prozessrechtsverhältnisses und nicht um eine in subjektiver Hinsicht bedingte – unzulässige – Klagehäufung; denn ein scheinbar nur den Betriebserwerber betreffender Antrag auf Feststellung, dass das Arbeitsverhältnis aufgrund eines Betriebsübergangs zu diesem (vermeintlichen) Erwerber besteht, *kann* zugleich gegen den Betriebsveräußerer gerichtet sein.[559]

3. Leistungsanträge

Will der Arbeitnehmer nicht nur die Unwirksamkeit der Kündigung bzw. den Fortbestand seines Arbeitsverhältnisses feststellen lassen, sondern darüber hinaus weitere Ansprüche, insbesondere seine Weiterbeschäftigung zu unveränderten Bedingungen geltend machen, sind für die Passivlegitimation andere Grundsätze als bei der Kündigungsschutzklage zu beachten. Die im Klageweg begehrte **Weiterbeschäftigung kann nach** einem **Betriebsübergang**, dem nicht gemäß § 613a Abs. 6 BGB widersprochen wurde,[560] zwangsläufig nur vom Erwerber verlangt werden.[561] Dementsprechend kann ein gekündigter Arbeitnehmer bei einem erst nach Rechtshängigkeit der Kündigungsschutzklage erfolgenden Betriebsübergang einen bisher im Prozess gegen den Veräußerer nicht gestellten **Auflösungsantrag gemäß § 9 Abs. 1 KSchG** nun mit Er-

---

[551] BAG 24.8.2006 – 8 AZR 574/05, AP BGB § 613a Nr. 314 = NZA 2007, 328.
[552] Zöller/*Greger* ZPO § 265 Rn. 6.
[553] MüKoZPO/*Becker-Eberhard* § 265 Rn. 75.
[554] BAG 24.8.2006 – 8 AZR 574/05, AP BGB § 613a Nr. 314 = NZA 2007, 328.
[555] Vgl. KR/*Treber* BGB § 613a Rn. 115.
[556] KR/*Treber* BGB § 613a Rn. 115; zur empfehlenswerten subjektiven Klagehäufung nach Veräußererkündigung im Falle des Betriebsübergangs vor Eintritt der Rechtshängigkeit der Kündigungsschutzklage → Rn. 196.
[557] BAG 13.11.1996 – 5 AS 11/96, AP ZPO § 36 Nr. 52 = NZA 1997, 227; 25.4.1996 – 5 AS 1/96, AP ZPO § 59 Nr. 1 = NZA 1996, 1062.
[558] BAG 24.9.2015 – 2 AZR 562/14, NZA 2016, 366; 23.2.2010 – 2 AZR 720/08, BeckRS 2010, 72803; 11.12.1997 – 8 AZR 729/96, AP BGB § 613a Nr. 172 = NZA 1998, 534; 31.3.1993 – 2 AZR 467/92, AP KSchG 1969 § 4 Nr. 27 = NZA 1994, 237.
[559] BAG 24.9.2015 – 2 AZR 562/14, NZA 2016, 366.
[560] Zum Widerspruch → § 55 Rn. 70 ff.
[561] LAG Düsseldorf 12.3.2001 – 5 Sa 230/00, DB 2001, 1732.

folg nur noch gegen den Betriebserwerber stellen, da es für die gerichtliche Auflösung des Arbeitsverhältnisses auf die Beurteilung der Unzumutbarkeit einer Fortsetzung des Arbeitsverhältnisses zum Zeitpunkt der letzten mündlichen Verhandlung ankommt.[562]

201 Kommt es nach einer betriebsbedingten Kündigung während des Laufs der Kündigungsfrist zu einem Betriebsübergang, an den im Kündigungszeitpunkt noch nicht gedacht war, kann dem Arbeitnehmer ein **Fortsetzungs- bzw. Wiedereinstellungsanspruch** zustehen.[563] Das Fortsetzungs- bzw. Wiedereinstellungsverlangen wird in der Regel gegenüber dem bisherigen Betriebsinhaber geltend zu machen sein, ist aber ab dem Zeitpunkt eines Betriebsübergangs gegenüber dem Betriebserwerber zu erheben.[564] Weder der bisherige noch der neue Betriebsinhaber können sich auf die Wirksamkeit der betriebsbedingten Kündigung berufen, wenn die an sich wirksame Kündigung durch einen Fortsetzungsanspruch nach erfolgter Interessenabwägung zu korrigieren ist, weil sich die Prognose bei Kündigungsausspruch aufgrund eines zwischenzeitlich geänderten Sachverhalts nachträglich als unzutreffend erweist.[565] Entsteht die Weiterbeschäftigungsmöglichkeit erst nach Ablauf der Kündigungsfrist, kommt nur ausnahmsweise ein Wiedereinstellungsanspruch in Betracht.[566] In einem solchen Ausnahmefall geht ein aufgrund der nun wieder gegebenen Beschäftigungsmöglichkeit gegenüber dem bisherigen Betriebsinhaber entstandener Anspruch auf Fortsetzung des wirksam gekündigten Arbeitsverhältnisses im Zeitpunkt des Betriebsübertragung auf den Betriebserwerber als Anspruch auf Wiedereinstellung nach § 613a Abs. 1 S. 1 BGB über.[567]

202 Will sich ausnahmsweise nicht der Arbeitnehmer, sondern der bisherige Betriebsinhaber im Kündigungsschutzprozess zu seiner Verteidigung auf einen Betriebsübergang berufen, muss er den möglichen Betriebserwerber im Wege der **Drittwiderklage** in den Prozess einbeziehen.[568]

4. Beweislastfragen

203 Kommt es zwischen dem Arbeitnehmer und dem alten oder neuen Betriebsinhaber zum Streit über das Vorliegen eines Betriebsübergangs, so ist der **Arbeitnehmer** für die tatbestandlichen Voraussetzungen des Betriebsübergangs als für ihn vorteilhafte Tatsache nach allgemeinen Grundsätzen **darlegungs- und beweispflichtig**. Das BAG folgert allerdings aus dem Schutzzweck des § 613a BGB, dass der Arbeitnehmer die sich seiner Wahrnehmung im Regelfall entziehenden Verkaufsverhandlungen oder gar den Abschluss des Übernahmevertrages zwischen Betriebsveräußerer und Betriebserwerber nicht darlegen und beweisen muss. Vielmehr soll der **Beweis des ersten Anscheins** für einen Betriebsübergang sprechen, wenn der Arbeitnehmer vorträgt und im Bestreitensfall beweist, dass der in Anspruch genommene neue Betriebsinhaber nach Einstellung des Geschäftsbetriebs des bisherigen Betriebsinhabers die wesentlichen Betriebsmittel weiter verwendet, um einen gleichartigen Geschäftsbetrieb zu führen.[569] In betriebsmittelarmen Wirtschaftszweigen kann dementsprechend der konkrete Hinweis auf die Beschäftigung wesentlicher Teile der Belegschaft des bisherigen Betriebsinhabers durch den neuen Betriebsinhaber bereits den Anscheinsbeweis für einen Betriebsübergang tragen. Dieselbe Beweiserleichterung wird dem Arbeitnehmer auch zuteil, wenn er gegenüber einer Kündigung geltend macht, diese sei „wegen" eines Betriebsübergangs gemäß § 613a Abs. 4 S. 1 BGB erfolgt.[570]

---

[562] BAG 20.3.1997 – 8 AZR 769/95, AP KSchG 1969 § 9 Nr. 30 = NZA 1997, 937.
[563] → § 53 Rn. 65 ff.
[564] → § 53 Rn. 67.
[565] BAG 21.8.2008 – 8 AZR 201/07, AP BGB § 613a Nr. 353 = NZA 2009, 29; 25.10.2007 – 8 AZR 989/06, AP BGB § 613a Wiedereinstellung Nr. 2 = NZA 2008, 357; 27.2.1997 – 2 AZR 160/96, AP KSchG 1969 § 1 Wiedereinstellung Nr. 1.
[566] BAG 21.8.2008 – 8 AZR 201/07, AP BGB § 613a Nr. 353 = NZA 2009, 29; 25.10.2007 – 8 AZR 989/06, AP BGB § 613a Wiedereinstellung Nr. 2 = NZA 2008, 357.
[567] BAG 25.10.2007 – 8 AZR 989/06, AP BGB § 613a Wiedereinstellung Nr. 2 = NZA 2008, 357.
[568] LAG Köln 16.3.1998 – 5 Sa 1420/97, NZA-RR 1998, 398.
[569] BAG 3.7.1986 – 2 AZR 68/85, AP BGB § 613a Nr. 53 = NZA 1987, 123; 15.5.1985 – 5 AZR 276/84, AP BGB § 613a Nr. 41 = NZA 1985, 736.
[570] ArbG Kaiserslautern 19.1.1994 – 3 Ca 1229/93, BB 1994, 1503.

Soweit der Arbeitnehmer ausreichende Tatsachen vorgetragen hat, die nach der Lebenserfahrung für das Vorliegen eines Betriebsinhaberwechsels bzw. für ein Eingreifen von § 613a Abs. 4 S. 1 BGB sprechen, ist es Sache des Arbeitgebers zu beweisen, weshalb gleichwohl nicht von einem Betriebsübergang auszugehen ist bzw. die Kündigung nicht wegen des Betriebsübergangs, sondern aus anderen Gründen ausgesprochen wurde. Beanstandet der Arbeitnehmer die **Sozialwidrigkeit** der Kündigung iSv § 1 Abs. 2 KSchG, ist der **Arbeitgeber** für die soziale Rechtfertigung seiner Kündigung unabhängig vom Vortrag des Arbeitnehmers gemäß § 1 Abs. 2 S. 4 KSchG in vollem Umfang **darlegungs- und beweispflichtig.**[571] 204

Die Darlegungs- und Beweislast für eine ordnungsgemäße Unterrichtung des Arbeitnehmers nach § 613a Abs. 5 BGB tragen Veräußerer und Erwerber.[572] Allerdings sind hier die Grundsätze der abgestuften Darlegungs- und Beweislast gemäß § 138 Abs. 3 ZPO anzuwenden. Entspricht demnach eine Unterrichtung zunächst formal den Anforderungen des § 613a BGB und ist sie nicht offensichtlich fehlerhaft, ist es Sache des Arbeitnehmers, einen Mangel in der Unterrichtung darzulegen.[573] Veräußerer und Erwerber haben sodann die Einwände des Arbeitnehmers mit entsprechenden Darlegungen und Beweisantritten zu entkräften.[574] Steht zwar fest, dass ein Betriebsübergang stattgefunden hat, ist jedoch zwischen den Parteien ungeklärt, welche natürliche oder juristische Person Erwerber des Betriebs ist, trifft insoweit den Arbeitnehmer die Darlegungs- und Beweislast.[575] 205

5. Beschlussverfahren

Im arbeitsgerichtlichen Beschlussverfahren kommt es für die Prozessrechtsverhältnisse entscheidend darauf an, wer materiellrechtlich berechtigt oder verpflichtet ist, § 83 Abs. 3 ArbGG. Wird der „Arbeitgeber" in Anspruch genommen und kommt es im Laufe eines arbeitsgerichtlichen Beschlussverfahrens zu einem Betriebs(teil-)übergang, tritt der Erwerber als neuer Arbeitgeber automatisch, also auch ohne Prozesserklärungen der Verfahrensbeteiligten, in die verfahrensrechtliche Stellung des Veräußerers als bisherigem Arbeitgeber ein.[576] 206

---

[571] BAG 9.2.1994 – 2 AZR 666/93, AP BGB § 613a Nr. 105 = NZA 1994, 686; 5.12.1985 – 2 AZR 3/85, AP BGB § 613a Nr. 47 = NZA 1986, 522.
[572] → § 55 Rn. 59.
[573] BAG 10.11.2011 – 8 AZR 430/10, ArbR 2012, 120; 31.1.2008 – 8 AZR 1116/06, AP BGB § 613a Nr. 2 = NZA 2008, 642.
[574] BAG 31.1.2008 – 8 AZR 1116/06, AP BGB § 613a Nr. 2 = NZA 2008, 642; 13.7.2006 – 8 AZR 305/05, AP BGB § 613a Nr. 312 = NZA 2006, 1268; *Lembke/Oberwinter* ZIP 2007, 310 (311); *Grau* RdA 2007, 367 (371).
[575] LAG Rheinland-Pfalz 10.8.2018 – 1 Sa 534/17, BeckRS 2018, 26168 Rn. 31.
[576] BAG 9.12.2008 – 1 ABR 75/07, AP BGB § 613a Nr. 356 = NZA 2009, 254; 23.6.2010 – 7 ABR 3/09, AP SGB IX § 81 Nr. 17 = NZA 2010, 1361.

§ 55 Unterrichtungspflicht und Widerspruchsrecht

Übersicht

	Rn.
I. Die Unterrichtungspflicht	1–69
1. Grundlage und Zweck	1–3
2. Rechtsnatur	4/5
3. Verpflichtete und Adressaten der Unterrichtung	6–13
a) Veräußerer und Erwerber	6–10
b) Vom Übergang betroffene Arbeitnehmer	11–13
4. Form und Zeitpunkt der Unterrichtung	14–18
a) Textform	14
b) Empfangsbestätigung zum Nachweis des Zugangs	15
c) Möglichkeit der frühzeitigen Unterrichtung	16/17
d) Unterrichtung nach Betriebsübergang	18
5. Inhalt und Umfang der Unterrichtungspflicht	19–58
a) Bestimmung von Inhalt und Umfang der Verpflichtung	20–23
b) Zeitpunkt oder geplanter Zeitpunkt des Betriebsübergangs	24/25
c) Grund für den Betriebsübergang	26/27
d) Rechtliche, wirtschaftliche und soziale Folgen für die Arbeitnehmer	28–53
e) Hinsichtlich der Arbeitnehmer in Aussicht genommene Maßnahmen	54–56
f) Zusammenfassung	57/58
6. Rechtsfolgen unterbliebener oder fehlerhafter Unterrichtung	59–69
a) Kein Beginn der Widerspruchsfrist	59/62
b) Schadensersatzanspruch	63–67
c) Keine Unwirksamkeit einer Kündigung des bisherigen Betriebsinhabers	68
d) Keine Berufung auf Ablauf einer Ausschlussfrist	69
II. Das Widerspruchsrecht	70–132
1. Grundlagen	70
2. Voraussetzungen für das Bestehen eines Widerspruchsrechts	71–76
a) Rechtsgeschäftlicher Betriebsübergang	71
b) Fortbestehen des bisherigen Arbeitgebers	72–75
c) Fortbestehen des Arbeitsverhältnisses	76
3. Anforderungen an die rechtswirksame Ausübung des Widerspruchsrechts	77–92
a) Erklärung und Inhalt	77–82
b) Schriftform	83
c) Erklärungsempfänger	84–87
d) Erklärungsfrist	88–91
e) Unbeachtlichkeit eines erklärten Widerspruchs	92
4. Verzicht auf das Widerspruchsrecht	93–100
a) Genereller Verzicht	94
b) Verzicht anlässlich eines konkreten Betriebsübergangs	95–98
c) Konkludenter Verzicht	99/100
5. Verwirkung und rechtsmissbräuchliche Ausübung	101–122
a) Verwirkung	101–114
b) Rechtsmissbräuchliche Ausübung	115–122
6. Rechtsfolgen und mögliche Konsequenzen des Widerspruchs	123–130
a) Rückabwicklung eines auf den Erwerber übergegangenen Arbeitsverhältnisses	123/124
b) Betriebsbedingte Kündigung durch Veräußerer	125–128
c) Annahmeverzugsrisiko des Veräußerers	129/130
7. Anfechtung eines erklärten Widerspruchs	131
8. Risiken eines unwirksamen Widerspruchs	132

I. Die Unterrichtungspflicht

1. Grundlage und Zweck

Der Gesetzgeber hat mit Wirkung ab 1.4.2002 durch den neu eingefügten Abs. 5 von § 613a BGB[1] erstmals ausdrücklich eine **Pflicht der Arbeitgeber zur Unterrichtung** der betroffenen Arbeitnehmer über Zeitpunkt, Grund und Folgen eines Betriebsübergangs geregelt. Während die Rechtsprechung schon vor der Kodifizierung der Unterrichtungspflicht eine nicht näher definierte „ausreichende" Unterrichtung der Arbeitnehmer über den Betriebsübergang bzw. den Erwerber forderte,[2] ist nun in § 613a Abs. 5 Nr. 1–4 BGB näher geregelt, worüber die von einem Betriebsübergang betroffenen Arbeitnehmer zu unterrichten sind. Der für die Praxis wohl wichtigste Aspekt der Gesetzesänderung besteht darin, dass der Beginn der Frist zur Ausübung des schon früher von der Rechtsprechung anerkannten,[3] aber nun konkret in § 613a Abs. 6 BGB geregelten Widerspruchsrechts davon abhängt, dass die von den beteiligten Arbeitgebern vorzunehmende Unterrichtung den Vorgaben des § 613a Abs. 5 BGB genügt.

Der Gesetzgeber hat die Neuregelung mit der Notwendigkeit zur **Umsetzung der EG-Richtlinie 2001/23/EG** in das nationale Recht begründet.[4] Bei genauerer Betrachtung erweist sich diese Begründung aber nur für wenige Ausnahmefälle als tragfähig. Art. 7 Abs. 6 der Richtlinie 2001/23/EG schreibt eine unmittelbare Unterrichtung der von einem Betriebsübergang betroffenen Arbeitnehmer nur für den Fall vor, dass es „unabhängig von ihrem Willen in einem Unternehmen oder in einem Betrieb keine Vertreter der Arbeitnehmer gibt". Dieser Fall kann nach deutschem Recht nur eintreten, wenn in einem Betrieb wegen Unterschreitens der nach § 1 Abs. 1 S. 1 BetrVG maßgeblichen Arbeitnehmerzahl überhaupt kein Betriebsrat gebildet werden kann oder eine Wahl zum Zeitpunkt des Betriebsübergangs zwar eingeleitet, aber noch nicht abgeschlossen ist.[5] Ein Widerspruchsrecht ist zudem sowohl in der Richtlinie 98/50/EG als auch in der Richtlinie 2001/23/EG nicht vorgesehen.

Mit der Kodifizierung der Unterrichtungspflicht und des Widerspruchsrechts hat der Gesetzgeber vor allem einen verbesserten **Schutz der Arbeitnehmer bei Betriebsübergängen** bezweckt. Die Arbeitnehmer sollen durch eine unmittelbare Information über die maßgeblichen Daten in die Lage versetzt werden, eine fundierte Entscheidung über die Ausübung oder Nichtausübung des Widerspruchsrechts zu treffen.[6] Die Unterrichtungspflicht besteht daher in jedem Betrieb, unabhängig von dessen Größe und der Existenz eines Betriebsrats.[7] Gleichzeitig sollen aber auch die beteiligten Arbeitgeber durch eine frühzeitige Unterrichtung schon vor dem Betriebsübergang Klarheit darüber erlangen können, welche Arbeitnehmer auf den Erwerber übergehen.[8]

2. Rechtsnatur

Die Unterrichtungsverpflichtung beinhaltet nach zutreffender überwiegender Auffassung eine **echte Rechtspflicht**.[9] Dies ergibt sich bereits aus Art. 9 der Richtlinie 2001/23/EG, der von den Mitgliedstaaten die Aufnahme von Bestimmungen in das nationale Recht verlangt, „um

---

[1] BGBl. 2002 I 1163.
[2] BAG 22.4.1993 – 2 AZR 313/92, AP BGB § 613a Nr. 102 = NZA 1994, 357.
[3] StRspr seit BAG 2.10.1974 – 5 AZR 504/73, AP BGB § 613a Nr. 1.
[4] BT-Drs. 14/7760, 12 (19). Der Anpassungsbedarf für das deutsche Recht ergab sich jedoch bereits aus der RL 98/50/EG. Siehe zu den europarechtlichen Vorgaben näher *Hoffmann*, Unterrichtungspflicht und Widerspruchsrecht bei Betriebsübergang gemäß § 613a Abs. 5 und 6 BGB, 2015, 23.
[5] Vgl. auch *Gaul/Otto* DB 2002, 634; *Franzen* RdA 2002, 258 (259).
[6] Vgl. BT-Drs. 14/7760, 19.
[7] BT-Drs. 14/7760, 19.
[8] BT-Drs. 14/7760, 19.
[9] BAG 31.1.2008 – 8 AZR 1116/06, AP BGB § 613a Unterrichtung Nr. 2 = NZA 2008, 642; 13.7.2006 – 8 AZR 382/05, AP BGB § 613a Widerspruch Nr. 1 = NZA 2006, 1406; ErfK/*Preis* BGB § 613a Rn. 94; Ascheid/Preis/Schmidt/*Steffan* BGB § 613a Rn. 216; MüKoBGB/*Müller-Glöge* § 613a Rn. 114; *Grau* RdA 2005, 367 (372); für die Annahme einer bloßen Obliegenheit noch *Bauer/v. Steinau-Steinrück* ZIP 2002, 457 (458); *Grobys* BB 2002, 726 (727); iE ebenso Prütting/Wegen/Weinreich/*Lingemann* BGB § 613a Rn. 43.

allen Arbeitnehmern und Vertretern der Arbeitnehmer, die ihrer Ansicht nach durch die Nichtbeachtung der sich aus dieser Richtlinie ergebenden Verpflichtungen benachteiligt sind, die Möglichkeit zu geben, ihre Forderungen durch Gerichtsverfahren einzuklagen". Dieser europarechtlichen Ausprägung des gemeinschaftsrechtlichen Effektivitätsgrundsatzes[10] kann nur durch die gerichtliche Einklagbarkeit der Unterrichtungspflicht Rechnung getragen werden.

5   Konsequenz der Annahme einer Rechtspflicht ist die Bejahung eines echten **Erfüllungsanspruchs** des einzelnen Arbeitnehmers auf Unterrichtung bzw. **Auskunftserteilung**.[11] Bei Verletzung der Unterrichtungspflicht kann für die Arbeitnehmer folgerichtig neben diesem einklagbaren Primäranspruch auch ein Schadensersatzanspruch in Betracht kommen.[12]

3. Verpflichtete und Adressaten der Unterrichtung

6   a) **Veräußerer und Erwerber.** Nach dem Wortlaut des § 613a Abs. 5 BGB trifft die Unterrichtungspflicht den bisherigen Arbeitgeber *oder* den neuen Inhaber. Diese haften als **Gesamtschuldner** gegenüber den betroffenen Arbeitnehmern.[13] Die betroffenen Arbeitnehmer können daher die Unterrichtung von beiden beteiligten Arbeitgebern verlangen, und die Erfüllung dieser Verpflichtung durch einen der beiden wirkt gem. § 422 Abs. 1 BGB zugleich auch zugunsten des anderen. Ist die Unterrichtung fehlerhaft und resultiert hieraus ein Schadensersatzanspruch des nicht hinreichend informierten Arbeitnehmers,[14] haften Veräußerer und Erwerber auch insoweit gesamtschuldnerisch.[15]

7   In der Praxis macht es daher Sinn, dass sich der bisherige Arbeitgeber und der neue Betriebsinhaber untereinander abstimmen, wer die betroffenen Arbeitnehmer wann und mit welchem Inhalt unterrichtet.[16] Oft ist auch die Anfertigung einer **gemeinsamen Unterrichtung** empfehlenswert.[17] Ist von vornherein im unmittelbaren zeitlichen Anschluss an einen Betriebsübergang ein weiterer Betriebsübergang geplant, so empfiehlt sich die Unterrichtung über beide Übergänge durch den Ersterwerber, der auf Arbeitgeberseite als einziger an beiden Übertragungsvorgängen beteiligt ist.

8   Manchmal erweist es sich als schwierig, dass sich Veräußerer und Erwerber auf eine gemeinsame Erklärung oder eine inhaltlich gleich lautende Fassung verständigen. In solchen Fällen ist es angesichts der vor allem für den Veräußerer erheblichen Risiken einer fehlerhaften Unterrichtung umso wichtiger, in der dem Betriebsübergang zugrunde liegenden vertraglichen Vereinbarung, insbesondere in einem **Unternehmenskaufvertrag,** spezielle Regelungen zur Verteilung der Verantwortlichkeit für eine vollständige und inhaltlich zutreffende Unterrichtung sowie zum Inhalt und zu den Voraussetzungen einer wechselseitigen Haftung aufzunehmen. Dies gilt vor allem für die Regelung des Risikos, dass Arbeitnehmer dem Übergang ihres Arbeitsverhältnisses auf den Erwerber aufgrund einer von diesem zu vertretenden Unvollständigkeit bzw. Unrichtigkeit der Unterrichtung zu einem später als einen Monat nach der Unterrichtung liegenden Zeitpunkt noch wirksam widersprechen.[18] Für den Ver-

---

[10] Siehe dazu nur Calliess/Ruffert/*Calliess/Kahl/Puttler* EuV Art. 4 Rn. 56 mwN; aus der Rspr. des EuGH beispielhaft EuGH 21.1.1999 – C-120/97, Slg. 1999, I-223 Rn. 32 = EuZW 1999, 503.
[11] BAG 31.1.2008 – 8 AZR 1116/06, AP BGB § 613a Unterrichtung Nr. 2 = NZA 2008, 642; ErfK/*Preis* BGB § 613a Rn. 90, 94; Henssler/Willemsen/Kalb/*Willemsen/Müller-Bonanni* BGB § 613a Rn. 337; *Grau* RdA 2005, 367 (372).
[12] BAG 31.1.2008 – 8 AZR 1116/06, AP BGB § 613a Unterrichtung Nr. 2 = NZA 2008, 642; 13.7.2006 – 8 AZR 382/05, AP BGB § 613a Widerspruch Nr. 1 = NZA 2006, 1406; dazu im Einzelnen → Rn. 58.
[13] BAG 9.12.2010 – 8 AZR 614/08, AP BGB § 613a Nr. 394; Willemsen/Hohenstatt/Schweibert/Seibt Umstrukturierung/*Willemsen* G Rn. 214; KR/*Treber* BGB § 613a Rn. 67; *Rupp* NZA 2007, 301 (302); vgl. auch *Mückl* RdA 2008, 343; aA *Worzalla* NZA 2002, 353 (354); *Rieble* in FS zum 25-jährigen Bestehen der Arbeitsgemeinschaft Arbeitsrecht, S. 692: Bisheriger Arbeitgeber und neuer Inhaber können autonom entscheiden, wer die Unterrichtungspflicht erfüllen soll; Unterrichtungsanspruch des Arbeitnehmers besteht nur gegenüber dem jeweiligen Arbeitgeber.
[14] Dazu im Einzelnen → Rn. 62 ff.
[15] Dazu im Einzelnen → Rn. 66.
[16] Semler/Stengel/*Simon* UmwG § 324 Rn. 42; Ascheid/Preis/Schmidt/*Steffan* BGB § 613a Rn. 203; so auch bereits die Gesetzesbegr., BT-Drs. 14/7760, 19.
[17] *C. Meyer* BB 2003, 1010 (1011).
[18] Zu den Rechtsfolgen einer unrichtigen Unterrichtung im Einzelnen → Rn. 56.

äußerer empfiehlt sich in diesem Zusammenhang, in den Unternehmenskaufvertrag eine **Freistellungs- bzw. Kostenübernahmepflicht des Erwerbers für Personalkosten widersprechender Arbeitnehmer** aufnehmen zu lassen.

Schwierigkeiten bereitet die Unterrichtung in der Praxis insbesondere zu solchen Folgen des Übergangs, über die nur dann zutreffend unterrichtet werden kann, wenn der Unterrichtende **sowohl** die **betreffenden Regelwerke des Veräußerers als auch** diejenigen des **Erwerbers kennt**, was gerade für die Beantwortung der Frage einer Fortgeltung oder Ablösung von Betriebsvereinbarungen[19] von entscheidender Bedeutung ist. Während bei größeren Unternehmenskäufen der Erwerber in der Regel eine due diligence[20] beim Veräußerer durchführt und sich auf diesem Wege die notwendigen Informationen beschaffen kann, ist der Veräußerer, der in der Praxis häufig die Unterrichtung der Arbeitnehmer übernimmt, insofern in einer misslichen Situation. In der Literatur wird hierzu vereinzelt die Auffassung vertreten, dem Veräußerer könne nur das ihm Mögliche zugemutet werden, weshalb er nur dokumentieren müsse, alle zumutbaren Anstrengungen zur Erlangung richtiger und vollständiger Informationen vom Erwerber unternommen zu haben, um seiner Unterrichtungspflicht zu genügen.[21] Diese Auffassung überzeugt nicht. Zum einen würde das für eine restriktive Auslegung der Unterrichtungspflicht herangezogene Kriterium „alle zumutbaren Anstrengungen unternommen zu haben" keine klare Grenzziehung erlauben und so die Frage des Beginns der Widerspruchsfrist nur mit einem zusätzlichen Unsicherheitsfaktor belasten. Zum anderen lässt sich eine abgeschwächte Unterrichtungspflicht für den Veräußerer auch nicht mit der gesamtschuldnerischen Haftung von Veräußerer und Erwerber für die Erfüllung der Unterrichtungspflicht in Einklang bringen.[22] Der Veräußerer muss sich auch eine vom Erwerber verursachte unzureichende Information des Arbeitnehmers zurechnen lassen. Der Veräußerer kann jedoch in einem solchen Fall gegenüber dem Erwerber im Innenverhältnis möglicherweise einen Schadensersatzanspruch wegen schuldhaften Zurückhaltens von Informationen geltend machen.[23]

Praxistipp

Der Veräußerer kann eine due diligence beim Erwerber erfahrungsgemäß in der Regel nicht durchsetzen. Der Veräußerer sollte aber vom Erwerber verlangen, ihm über alle unterrichtungsrelevanten Umstände im Erwerberbetrieb Kenntnis zu verschaffen. Ein Fragenkatalog des Veräußerers an den Erwerber bzw. den Verhandlungspartner auf Erwerberseite könnte vorbehaltlich einzelfallbezogener Besonderheiten und ohne Anspruch auf Vollständigkeit zum Beispiel folgende Fragen umfassen:

- Wie lauten Rechtsform, genaue Firmierung, Sitz und genaue Anschrift, zuständiges Registergericht und Registernummer des Erwerbers?
- Wie hoch ist das Grund- bzw. Stammkapital des Erwerbers?
- Handelt es sich beim Erwerber um ein schon länger bestehendes oder ein neu gegründetes Unternehmen?
- Ist eine kurzfristige Umfirmierung des Erwerbers geplant, wenn ja, welche Firmierung ist vorgesehen?
- Wie lautet der Name der/des gesetzlichen Vertreter(s) des Erwerbers?
- Was ist der Geschäftszweck des Erwerbers?
- Wer sind die Anteilseigner des Erwerbers (mit Angaben zu Rechtsform, genauer Firmierung, Sitz und genauer Anschrift, zuständigem Registergericht und Registernummer sowie bei mehr als einem Anteilseigner auch zu den genauen Beteiligungsverhältnissen)?
- Welche Konzernverflechtungen des Erwerbers bestehen?
- Wird die bisherige geschäftliche Tätigkeit vom Erwerber unverändert fortgeführt oder sind Änderungen bereits konkret geplant? Wenn ja, welche?

---

[19] → § 54 Rn. 26 sowie → Rn. 35.
[20] Vgl. zur arbeitsrechtlichen Due Diligence beim Unternehmenskauf Willemsen/Hohenstatt/Schweibert/ Seibt Umstrukturierung/Seibt/Hohenstatt K Rn. 20 ff.; Grimm/Böker NZA 2002, 193.
[21] Bauer/v. Steinau-Steinrück Sonderbeilage NZA 16 (2003), 72 (73).
[22] Zur gesamtschuldnerischen Haftung → Rn. 6.
[23] Nehls NZA 2003, 822 (823); Zöll AuA 2006, 18.

- Welche unternehmerischen Ursachen und Motive liegen dem Übergang aus Erwerbersicht zugrunde?
- Ist der Erwerber tarifgebunden und/oder gibt es in den Arbeitsverträgen Bezugnahmeklauseln auf Tarifverträge? Wenn ja, welche Tarifverträge finden Anwendung bzw. werden mit welchen Klauseln in Bezug genommen?
- Besteht beim Erwerber ein Betriebsrat, Gesamtbetriebsrat, Konzernbetriebsrat, Sprecherausschuss, Gesamtsprecherausschuss, Konzernsprecherausschuss?
- Zu welchen Regelungsgegenständen (zB Arbeits- und Pausenzeiten, betriebliche Altersvorsorge, Sonderzahlungen, Urlaubsplanung) gibt es beim Erwerber Betriebsvereinbarungen, Gesamtbetriebsvereinbarungen und/oder Konzernbetriebsvereinbarungen bzw. Vereinbarungen mit einem etwaigen Sprecherausschuss, Gesamtsprecherausschuss und/oder Konzernsprecherausschuss?
- Gewährt der Erwerber Sonderleistungen an seine Belegschaft (zB Weihnachtsgeld, Prämien, Aktienoptionen etc)? Wenn ja, welche und auf welcher Grundlage?
- Hat der Erwerber einen mitbestimmten Aufsichtsrat? Wenn ja, welches Mitbestimmungsstatut ist einschlägig (Drittelbeteiligungsgesetz, Mitbestimmungsgesetz)?
- Sind beim Erwerber für die Zeit nach dem Betriebsübergang Betriebsänderungen bereits konkret geplant? Gibt es hierfür beim Erwerber ggf. bereits einschlägige Rahmensozialpläne oder ähnliche Regelungen über in solchen Fällen etwa zu zahlende Kompensationsleistungen?
- Sind beim Erwerber Änderungen der Tätigkeitsinhalte der vom Veräußerer übernommenen Arbeitnehmer (zB Ortswechsel) konkret geplant?

Kommt der Erwerber der Aufforderung zur Beantwortung eines solchen Fragenkatalogs nicht nach, bleibt dem Veräußerer nichts anderes übrig, als die Aufnahme von Gewährleistungs-/Garantie- oder Freistellungsklauseln in den dem Betriebsübergang zugrundeliegenden (Kauf-)Vertrag durchzusetzen.

Formulierungsvorschlag für eine Garantieklausel im Unternehmenskaufvertrag:

10 Beim Erwerber bestehen keine kollektiven Regelungen, die im veräußerten Betriebsteil bestehende kollektive Regelungen ersetzen. Der Erwerber plant keine Betriebsänderung oder sonstige für übergehende Arbeitnehmer nachteilige Maßnahmen.

11 **b) Vom Übergang betroffene Arbeitnehmer.** Adressaten der Unterrichtung sind alle vom Betriebsübergang betroffenen Arbeitnehmer, also alle beim Veräußerer beschäftigten Arbeitnehmer, die **im übergehenden Betrieb oder Betriebsteil tätig** sind, einschließlich der Auszubildenden.[24] Bei Arbeitnehmern, die bisher sowohl im übergehenden Betrieb(steil) als auch in einem beim Veräußerer verbleibenden Betrieb(steil) eingesetzt wurden, richtet sich deren Zuordnung und die Beantwortung der hiermit einhergehenden Frage des Bestehens einer Unterrichtungspflicht zunächst nach dem Willen der Beteiligten (Veräußerer, Erwerber, Arbeitnehmer).[25] Ist ein übereinstimmender Wille nicht feststellbar, gilt als maßgebliches Zuordnungskriterium, in welchem Betrieb(steil) diese Arbeitnehmer überwiegend tätig sind.[26]

12 Keine Unterrichtungspflicht besteht gegenüber den Arbeitnehmern des aufnehmenden Erwerberbetriebs.[27] Ebenfalls keine Unterrichtungspflicht besteht gegenüber den Arbeitnehmern im Restbetrieb des Veräußerers, was sich zwar nicht aus dem Wortlaut, aber aus dem Sinn und Zweck sowie aus dem Kontext der Vorschrift des § 613a Abs. 5 BGB ergibt.[28]

13 Auch der **Betriebsrat** ist **kein Adressat der Unterrichtung** gem. § 613a Abs. 5 BGB. Dies bedeutet jedoch nicht, dass bei einem Betriebsübergang generell keine Unterrichtungspflich-

---

[24] BAG 13.7.2006 – 8 AZR 382/05, AP BGB § 613a Widerspruch Nr. 1 = NZA 2006, 1406.
[25] BAG 20.7.1982 – 3 AZR 261/80, AP BGB § 613a Nr. 31.
[26] BAG 13.2.2003 – 8 AZR 102/02, AP BGB § 613a Nr. 245 = NZA 2003, 1111; vgl. hierzu auch → § 53 Rn. 52.
[27] Vgl. MüKoBGB/*Müller-Glöge* § 613a Rn. 111; *Rieble* in FS zum 25-jährigen Bestehen der Arbeitsgemeinschaft Arbeitsrecht, 690; *Schnitker/Grau* BB 2005, 2238; *Nehls* NZA 2003, 822 (823); aA – unter Verkennung des Kriteriums der (rechtlichen) Betroffenheit iSd RL 2001/23/EG; KR/*Treber* BGB § 613a Rn. 67.
[28] *Rieble* in FS zum 25-jährigen Bestehen der Arbeitsgemeinschaft Arbeitsrecht, 690; *Schnitker/Grau* BB 2005, 2238; *Nehls* NZA 2003, 822 (823).

ten gegenüber dem Betriebsrat zu beachten sind. Der Betriebsübergang als solcher beinhaltet zwar keine Betriebsänderung im Sinne des § 111 BetrVG.[29] Das Unterrichtungsrecht des beim Veräußerer bzw. beim Erwerber bestehenden Betriebsrats aus § 111 BetrVG ist jedoch immer dann zu beachten, wenn mit dem geplanten Betriebsübergang auch eine **Betriebsänderung** einhergeht, wie zum Beispiel bei einem zur Spaltung des bisherigen Betriebs führenden Betriebsteilübergang.[30]

> **Praxistipp:**
> Bei den bisweilen parallel laufenden Unterrichtungspflichten gegenüber den Arbeitnehmern gemäß § 613a Abs. 5 BGB und gegenüber dem Betriebsrat gemäß § 111 BetrVG sollten die unterrichtungspflichtigen Arbeitgeber darauf achten, dass die Unterrichtungen sich nicht widersprechen. Das gilt im Interesse einer unnötige Verunsicherungen bei den betroffenen Arbeitnehmern vermeidenden einheitlichen Außendarstellung auch für Äußerungen gegenüber der Presse und sonstigen Dritten.

4. Form und Zeitpunkt der Unterrichtung

a) **Textform.** Die Unterrichtung erfüllt die für sie in § 613a Abs. 5 BGB vorgesehene Textform (§ 126b BGB), wenn sie zumindest in einer **lesbaren, aber unterschriftslosen Erklärung**[31] erfolgt. Die Erklärung muss in einer Urkunde oder auf andere zur dauerhaften Wiedergabe in Schriftzeichen geeigneten Weise abgegeben werden. Dabei ist die Person des Erklärenden zu nennen und der Abschluss der Erklärung durch Nachbildung der Namensunterschrift, Grußformel oder anders (zB „die Unterrichtungserklärung ist ohne Unterschrift gültig") erkennbar zu machen.[32] Telefax und E-Mail sind demnach zulässige Formen einer einfachen und schnellen Unterrichtung der gesamten Belegschaft oder einzelner Arbeitnehmer.[33] **14**

b) **Empfangsbestätigung zum Nachweis des Zugangs.** Die vom Gesetzgeber verlangte Textform kann zwar bei der Unterrichtung einer großen Anzahl von Arbeitnehmern eine gewisse Erleichterung bei der technischen Umsetzung der Unterrichtung bedeuten. Die Unterrichtung ist jedoch **erst mit Zugang beim Arbeitnehmer** erfolgt.[34] Aus diesem Grund scheidet eine Unterrichtung der Arbeitnehmer durch Aushang am Schwarzen Brett aus. Der Erwerber und der Veräußerer tragen das Zugangsrisiko.[35] Sie sind im Streitfall beweispflichtig dafür, dass und wann die in Textform abgefasste Unterrichtung dem einzelnen Arbeitnehmer zugegangen ist.[36] **15**

> **Praxistipp**
> Die beteiligten Arbeitgeber sollten zum Nachweis darüber, dass und wann sie die einzelnen Arbeitnehmer ordnungsgemäß über den Betriebsübergang unterrichtet haben, jedem einzelnen Arbeitnehmer ein Unterrichtungsschreiben aushändigen und sich auf einem Duplikat des Unterrichtungsschreibens den Empfang des Originals bestätigen lassen bzw. die Zustellung vom Überbringer auf einem Duplikat mit Datumsangabe vermerken lassen.

---

[29] BAG 31.1.2008 – 8 AZR 1116/06, AP BGB § 613a Unterrichtung Nr. 2 = NZA 2008, 642; auch → § 54 Rn. 149.
[30] BAG 25.1.2000 – 1 ABR 1/99, AP BetrVG 1972 § 112 Nr. 137 = NZA 2000, 1069; 16.6.1987 – 1 ABR 41/85, AP BetrVG 1972 § 111 Nr. 19 = NZA 1987, 671; zur Unterrichtung der Arbeitnehmervertretungsorgane im Zusammenhang mit einem Betriebsübergang im Einzelnen → § 54 Rn. 149.
[31] Palandt/*Ellenberger* BGB § 126b Rn. 1; ErfK/*Preis* BGB §§ 125–127 Rn. 30a.
[32] Staudinger/*Annuß* BGB § 613a Rn. 263; Ascheid/Preis/Schmidt/*Steffan* BGB § 613a Rn. 205.
[33] ErfK/*Preis* BGB § 613a Rn. 91.
[34] Henssler/Willemsen/Kalb/*Willemsen*/Müller-Bonanni BGB § 613a Rn. 322; *Worzalla* NZA 2002, 353 (356).
[35] ErfK/*Preis* BGB § 613a Rn. 91.
[36] Vgl. BAG 14.12.2006 – 8 AZR 763/05, NZA 2007, 682; Erman/*Edenfeld* BGB § 613a Rn. 125; jurisPK-BGB/*Kliemt/Teusch* § 613a Rn. 219; Zöll AuA 2006, 18 (21); *Bauer/v. Steinau-Steinrück* ZIP 2002, 457 (465).

16 c) **Möglichkeit der frühzeitigen Unterrichtung.** § 613a Abs. 5 BGB sieht nach seinem Wortlaut vor, dass die beteiligten Arbeitgeber die Unterrichtung *vor* dem Betriebsübergang durchzuführen haben. Eine frühzeitige Unterrichtung der betroffenen Arbeitnehmer macht für Veräußerer und Erwerber in der Regel auch Sinn, sofern die Unterrichtung vollständig und inhaltlich zutreffend erfolgt. Denn wegen der Verknüpfung einer ordnungsgemäßen Unterrichtung mit dem Fristbeginn zur Ausübung des Widerspruchsrechts nach § 613 Abs. 6 BGB können Veräußerer und Erwerber durch eine frühzeitige ordnungsgemäße Unterrichtung schon vor dem Betriebsübergang **Klarheit** und **Planungssicherheit** darüber erlangen, ob bestimmte für die Fortführung des Geschäfts durch den Erwerber wichtige Know-How-Träger oder ganze Belegschaftsgruppen eine Weiterbeschäftigung beim Erwerber ablehnen oder geschlossen auf den Erwerber übergehen. Zudem wird ein Betriebsübergang in Unternehmenskaufverträgen des Öfteren unter die Bedingung gestellt, dass keine namentlich festgelegten, für das Geschäft besonders wichtigen Arbeitnehmer oder nicht mehr als eine bestimmte Anzahl von Arbeitnehmern dem Übergang ihres Arbeitsverhältnisses auf den Erwerber widersprechen.

17 Allerdings darf eine ordnungsgemäße Unterrichtung gemäß § 613a Abs. 5 BGB auch nicht verfrüht erfolgen. So dürfte im Falle einer auf internationaler Ebene bereits getroffenen, aber in Deutschland noch nicht durch ein entsprechendes „Country-Agreement" umgesetzten globalen Vereinbarung die Unterrichtung gegenüber den von der Transaktion in Deutschland betroffenen Arbeitnehmern noch nicht wirksam vorgenommen werden können, solange die rechtliche Grundlage für die Übertragung der betrieblichen Leitungsmacht in Deutschland bezüglich des dortigen Veräußererbetriebs auf die dort als Erwerber vorgesehene Gesellschaft noch aussteht.

18 d) **Unterrichtung nach Betriebsübergang.** Sollte die Unterrichtung bis zum Betriebsübergang unterblieben sein, kann sie auch nach dem Betriebsübergang noch nachgeholt werden[37] und insbesondere die einmonatige Widerspruchsfrist des § 613a Abs. 6 BGB auslösen.[38] Die Anknüpfung des Widerspruchsrechts in § 613a Abs. 6 S. 1 BGB an die Unterrichtung gemäß § 613a Abs. 5 BGB ist allein als ein Verweis auf die in diesem Absatz aufgelisteten Inhalte der Unterrichtung, nicht aber auf einen dem Betriebsübergang vorgelagerten Zeitpunkt der Unterrichtung zu verstehen.[39]

5. Inhalt und Umfang der Unterrichtungspflicht

19 Nach § 613a Abs. 5 BGB haben Veräußerer oder Erwerber die Arbeitnehmer **zu unterrichten über:**
- den Zeitpunkt oder geplanten Zeitpunkt des Übergangs,
- den Grund für den Übergang,
- die rechtlichen, wirtschaftlichen und sozialen Folgen des Übergangs für die Arbeitnehmer und
- die hinsichtlich der Arbeitnehmer in Aussicht genommenen Maßnahmen.

20 a) **Bestimmung von Inhalt und Umfang der Verpflichtung.** Die Unterrichtungspflicht nach § 613a Abs. 5 BGB besteht gegenüber jedem vom Betriebsübergang betroffenen Arbeitnehmer.[40] Hieraus kann jedoch **keine Verpflichtung** der beteiligten Arbeitgeber **zu einer individuellen Rechtsberatung** jedes einzelnen Arbeitnehmers abgeleitet werden.[41] Es obliegt

---

[37] BAG 13.7.2006 – 8 AZR 305/05, AP BGB § 613a Nr. 312 = NZA 2006, 1268; 24.5.2005 – 8 AZR 398/04, AP BGB § 613a Nr. 284 = NZA 2005, 1302; aA HK-ArbR/*Karthaus/Richter* BGB § 613a Rn. 173: Unterrichtungsanspruch wird als absolute Fixschuld mit Eintritt des Betriebsübergangs unmöglich und wandelt sich dann in Obliegenheit des Veräußerers und des Erwerbers um.
[38] BAG 24.5.2005 – 8 AZR 398/04, AP BGB § 613a Nr. 284 = NZA 2005, 1302; Staudinger/*Annuß* BGB § 613a Rn. 264; ErfK/*Preis* BGB § 613a Rn. 92; siehe auch bereits die Begr. des Gesetzesentwurfs der BReg., BT-Drs. 14/7760, 20.
[39] *Grobys* BB 2002, 726 (729); ebenso *Willemsen/Lembke* NJW 2002, 1159 (1163).
[40] Bereits → Rn. 11.
[41] BAG 26.3.2015 – 2 AZR 783/13, AP BGB § 626 Nr. 7 = NZA 2015, 866ff. Siehe auch *Schnitker/Grau* BB 2005, 2238 (2239); *Gaul/Otto* DB 2002, 634 (635).

vielmehr dem Arbeitnehmer, sich anhand der Unterrichtung weiter zu erkundigen und sich erforderlichenfalls fachkundigen Rechtsrat einzuholen.[42] Den Arbeitgebern würde ansonsten nicht nur bei großen Übertragungsvorgängen mit oftmals mehreren hundert oder tausend betroffenen Arbeitnehmern eine faktisch unmöglich zu erfüllende Verpflichtung auferlegt. Eine einzelfallbezogene Unterrichtungspflicht würde bereits beim Übergang kleinerer Betriebe oder Betriebsteile wegen der Vielzahl unterschiedlichster arbeitsvertraglicher Konstellationen zwangsläufig auf unüberwindliche praktische Schwierigkeiten stoßen. Nach der Rechtsprechung des BAG ist dementsprechend ein Standardschreiben mit einer allgemein gehaltenen einheitlichen Unterrichtung grundsätzlich ausreichend.[43] Nach Auffassung des BAG muss die standardisierte Unterrichtung aber etwaige Besonderheiten des Arbeitsverhältnisses erfassen,[44] wobei das BAG allerdings nicht näher darauf eingeht, welche Besonderheiten des Arbeitsverhältnisses insoweit zu berücksichtigen sein sollen. Eine individuelle, auf jeden Arbeitnehmer zugeschnittene Unterrichtung kann jedenfalls nicht gefordert werden.[45] Je nach Fallkonstellation dürfte es sich empfehlen, bestimmte Arbeitnehmergruppen, wie beispielsweise Führungskräfte oder Auszubildende, wegen der für ihre Vertragsverhältnisse generell geltenden Besonderheiten mit einem hierauf angepassten Unterrichtungsschreiben zu unterrichten.

In der Literatur umstritten und von der höchstrichterlichen Rechtsprechung bislang noch nicht geklärt ist, ob die Unterrichtung ausländischer Arbeitnehmer unter bestimmten Voraussetzungen nicht in deutscher, sondern in deren Muttersprache zu erfolgen hat.[46] Lediglich in Ausnahmefällen, in denen bereits der Arbeitsvertrag nicht in deutscher Sprache verfasst wurde und auch die Vertragsdurchführung im Wesentlichen nicht auf Deutsch erfolgt, dürfte eine Unterrichtungspflicht in der betreffenden Vertragssprache anzunehmen sein,[47] es sei denn, der Arbeitnehmer beherrscht auch die deutsche Sprache.[48]

Die einheitliche Unterrichtung der betroffenen Arbeitnehmer darf sich **nicht auf eine bloße Wiedergabe des Gesetzeswortlauts des § 613a BGB beschränken.**[49] Eine Unterrichtung ohne eigenständigen, am konkreten Betriebsübergang orientierten Informationsgehalt würde dem Gesetzeszweck zuwiderlaufen.[50] Sinn und Zweck der Unterrichtungspflicht ist es, dem Arbeitnehmer eine ausreichende Wissensgrundlage für die Ausübung oder Nichtausübung seines Widerspruchsrechts zu verschaffen.[51] Die Unterrichtung über die für eine mögliche Widerspruchsausübung relevanten Fakten und rechtlichen Folgen soll zudem so formuliert werden, dass sie für juristische Laien möglichst verständlich ist.[52]

---

[42] Siehe bereits die Begr. des Gesetzesentwurfs der BReg., BT-Drs. 14/7760, 19.
[43] BAG 24.7.2008 – 8 AZR 202/07, AP BGB § 613a Nr. 352; 14.12.2006 – 8 AZR 763/05, AP BGB § 613a Nr. 318 = NZA 2007, 682; 13.7.2006 – 8 AZR 305/05, AP BGB § 613a Nr. 312 = NZA 2006, 1268.
[44] BAG 24.7.2008 – 8 AZR 202/07, AP BGB § 613a Nr. 352; 14.12.2006 – 8 AZR 763/05, AP BGB § 613a Nr. 318 = NZA 2007, 682; 13.7.2006 – 8 AZR 305/05, AP BGB § 613a Nr. 312 = NZA 2006, 1268.
[45] Henssler/Willemsen/Kalb/*Willemsen/Müller-Bonanni* BGB § 613a Rn. 320; *Schnitker/Grau* BB 2005, 2238 (2239); *Bauer/v. Steinau-Steinrück* ZIP 2002, 457 (462); *Meyer,* Die Unterrichtung der Arbeitnehmer vor Betriebsübergang, 2007, Rn. 311.
[46] Für eine generelle Verpflichtung zur Unterrichtung ausländischer Arbeitnehmer in ihrer jeweiligen Muttersprache Schaub ArbR-HdB/*Koch* § 118 Rn. 40; in diese Richtung wohl auch BeckOK ArbR/*Gussen* BGB § 613a Rn. 155; grundsätzlich – bis auf wenige Ausnahmefälle – eine Unterrichtung in deutscher Sprache für ausreichend haltend *Günther/Falter* ArbRAktuell 2011, 164; *Rieble* in FS Löwisch, 229; wohl auch *Schiefer/Worzalla* NJW 2009, 558; *Grau,* Unterrichtung und Widerspruchsrecht der Arbeitnehmer bei Betriebsübergang, 2005, S. 205, und *Meyer,* Die Unterrichtung der Arbeitnehmer vor Betriebsübergang, 2007, Rn. 330.
[47] So auch: *Günther/Falter* ArbRAktuell 2011, 164; *Rieble* in FS Löwisch, 243; vgl. auch *Schiefer/Worzalla* NJW 2009, 558 (560), und *Meyer,* Die Unterrichtung der Arbeitnehmer vor Betriebsübergang, 2007, Rn. 330.
[48] So im Umkehrschluss wohl auch *Schiefer/Worzalla* NJW 2009, 558 (560).
[49] BAG 13.7.2006 – 8 AZR 305/05, AP BGB § 613a Nr. 312 = NZA 2006, 1268; Henssler/Willemsen/Kalb/*Willemsen/Müller-Bonanni* BGB § 613a Rn. 320a; *Hergenröder* RdA 2007, 218 (226).
[50] BAG 13.7.2006 – 8 AZR 305/05, AP BGB § 613a Nr. 312 = NZA 2006, 1268.
[51] BAG 13.7.2006 – 8 AZR 305/05, AP BGB § 613a Nr. 312 = NZA 2006, 1268; siehe auch bereits die Begr. des Gesetzesentwurfs der BReg., BT-Drs. 14/7760, 19.
[52] BAG 14.12.2006 – 8 AZR 763/05, AP BGB § 613a Nr. 318 = NZA 2007, 682; 13.7.2006 – 8 AZR 305/05, AP BGB § 613a Nr. 312; ErfK/*Preis* BGB § 613a Rn. 86; MüKoBGB/*Müller-Glöge* § 613a Rn. 108.

23 Es versteht sich von selbst, dass hinsichtlich der Unterrichtungsgegenstände **grundsätzlich zunächst auf** den **Kenntnisstand der beteiligten Arbeitgeber zum Zeitpunkt der Unterrichtung abzustellen** ist.[53] Hierbei kommt es entsprechend der gesamtschuldnerischen Haftung nicht auf den Kenntnisstand des jeweiligen bzw. des unterrichtenden Arbeitgebers, sondern auf den kumulierten Kenntnisstand von Veräußerer und Erwerber an.[54] Veräußerer und Erwerber sollten sich daher vor der Erstellung des Unterrichtungsschreibens intensiv austauschen und wechselseitig alle unterrichtungspflichtigen Fakten in Erfahrung bringen und gemeinsam zusammentragen. Die erteilten Informationen müssen zutreffend sein.[55] Nach der Rechtsprechung des BAG ist der Unterrichtungsanspruch als Auskunftsanspruch des Arbeitnehmers gemäß § 362 Abs. 1 BGB erfüllt, wenn die beteiligten Arbeitgeber dem Arbeitnehmer die nach § 613a Abs. 5 BGB erforderlichen Informationen zutreffend nach ihrem Kenntnisstand im Zeitpunkt der Unterrichtung erteilt haben.[56] Ein **Anspruch auf ergänzende Unterrichtung** über später neu eingetretene Umstände kommt nach der Rechtsprechung das BAG nur **dann** in Betracht, **wenn** es sich aufgrund der veränderten Umstände **nicht mehr um denselben Betriebsübergang** handelt,[57] etwa weil der Betrieb abweichend von der ursprünglichen Planung auf einen anderen Erwerber übergeht[58] oder die ursprünglich im Zusammenhang mit einem Betriebsübergang geplante örtliche Verlagerung des im Übrigen wie geplant übertragenen Betriebs unterbleibt.[59]

24 b) **Zeitpunkt oder geplanter Zeitpunkt des Betriebsübergangs.** Die in § 613a Abs. 5 Nr. 1 BGB verlangte Angabe des Zeitpunkts oder geplanten Zeitpunkts des Betriebsübergangs erfordert die **datumsmäßige Bezeichnung** des Übergangstermins. Die Angabe eines bestimmten Zeitraums, innerhalb dessen der Übergang erfolgt oder erfolgen soll, reicht nach dem Gesetzeswortlaut nicht aus.[60]

25 Ändert sich der in der Unterrichtung angegebene Zeitpunkt des Betriebsübergangs derart, dass man nicht mehr von demselben Betriebsübergang sprechen kann, über den die Arbeitnehmer ursprünglich informiert wurden, ist in konsequenter Anwendung der Rechtsprechung des BAG[61] eine erneute bzw. ergänzende Unterrichtung erforderlich.[62] Dies wird in der Regel allerdings nur dann der Fall sein, wenn sich die zeitliche Verschiebung unmittelbar auf weitere nach § 613a Abs. 5 BGB unterrichtungspflichtige Umstände auswirkt.[63] Die Notwendigkeit einer erneuten Unterrichtung bei zeitlicher Verschiebung des Betriebsübergangs lässt sich auch nicht dadurch völlig ausschließen, dass im Unterrichtungsschreiben im Einklang mit der Gesetzesvorgabe nur ein „geplanter" Zeitpunkt angegeben wird, auch wenn hiermit für die betroffenen Arbeitnehmer erkennbar eine von vornherein mit dem Risiko möglicher Abweichungen verbundene bloße Prognose zum Übergangszeitpunkt abgegeben wird, sodass gewisse zeitliche Abweichungen – insbesondere die von Veräußerer und Erwerber nicht zu beeinflussenden Verzögerungen im Zusammenhang mit kartellrechtlichen und registergerichtlichen Prüfungen – einzukalkulieren sind. Ob die zeitliche Verschiebung den letztlich stattfindenden Betriebsübergang zu einem anderen als den geplanten Betriebs-

---

[53] BAG 23.7.2009 – 8 AZR 538/08, AP BGB § 613a Unterrichtung Nr. 10 = NZA 2010, 89; 31.1.2008 – 8 AZR 1116/06, AP BGB § 613a Unterrichtung Nr. 2 = NZA 2008, 642; 14.12.2006 – 8 AZR 763/05, AP BGB § 613a Nr. 318 = NZA 2007, 682; 13.7.2006 – 8 AZR 305/05, AP BGB § 613a Nr. 312 = NZA 2006, 1268.
[54] → Rn. 6.
[55] BAG 13.7.2006 – 8 AZR 305/05, AP BGB § 613a Nr. 312 = NZA 2006, 1268.
[56] BAG 13.7.2006 – 8 AZR 303/05, AP BGB § 613a Nr. 311 = NZA 2006, 1268.
[57] BAG 13.7.2006 – 8 AZR 303/05, AP BGB § 613a Nr. 311 = NZA 2006, 1273; 25.10.2007 – 8 AZR 989/06, AP BGB § 613a Nr. 2 = NZA 2008, 357.
[58] BAG 13.7.2006 – 8 AZR 303/05, AP BGB § 613a Nr. 311 = NZA 2006, 1273.
[59] BAG 25.10.2007 – 8 AZR 989/06, AP BGB § 613a Wiedereinstellung Nr. 2 = NZA 2008, 357.
[60] Bernsau/Dreher/Hauck/*Dreher* BGB § 613a Rn. 154; *Gaul/Otto* DB 2002, 634 (635); aA Staudinger/*Annuß* BGB § 613a Rn. 270: Angabe eines Zeitraums ausreichend.
[61] Vgl. BAG 13.7.2006 – 8 AZR 303/05, AP BGB § 613a Nr. 311 = NZA 2006, 1273; 25.10.2007 – 8 AZR 989/06, AP BGB § 613a Nr. 2 = NZA 2008, 357.
[62] Siehe im Einzelnen auch *Nehls* NZA 2003, 823; *Adam* AuR 2003, 441; *Meyer*, Die Unterrichtung der Arbeitnehmer vor Betriebsübergang, 2007, Rn. 108.
[63] Vgl. auch Ascheid/Preis/Schmidt/*Steffan* BGB § 613a Rn. 207; Erman/*Edenfeld* BGB § 613a Rn. 127; iE ebenso *Zöll* AuA 2006, 18 (19); *Meyer*, Die Unterrichtung der Arbeitnehmer vor Betriebsübergang, 2007, Rn. 108.

übergang macht, ist danach zu entscheiden, ob die zeitliche Veränderung **bei objektiver, generalisierender Betrachtung auf die Widerspruchsentscheidung** des Arbeitnehmers **Einfluss haben kann**. Stellt sich die Situation für die betroffenen Arbeitnehmer aufgrund des geänderten, neuen Zeitpunkts anders als bei der ursprünglichen Unterrichtung dar, sodass neu zu überlegen und die Entscheidung hinsichtlich einer Ausübung des Widerspruchsrechts neu zu treffen ist, wird man eine Verpflichtung zur erneuten bzw. ergänzenden Unterrichtung anzunehmen haben, sodass den Arbeitnehmern ab dem Zeitpunkt des Zugangs dieser „Nach-Unterrichtung" eine wiederum einmonatige Frist zur Ausübung des Widerspruchsrechts zur Verfügung steht.

c) **Grund für den Betriebsübergang.** Die Unterrichtung über den Grund für den Übergang erfordert zunächst die Angabe des dem Betriebsübergang **zugrunde liegenden Rechtsgeschäfts** (zum Beispiel Kauf- oder Pachtvertrag)[64] oder bei einem Betriebsübergang im Rahmen einer Umwandlung die Angabe der Art der im Zusammenhang mit dem Betriebsübergang erfolgenden Umstrukturierung nach dem Umwandlungsgesetz (zum Beispiel Verschmelzung oder Spaltung).

Das BAG fordert darüber hinaus die **schlagwortartige Angabe der unternehmerischen Gründe** für den Betriebsübergang, **die sich** im Fall des Widerspruchs des Arbeitnehmers **auf dessen Arbeitsplatz auswirken können.**[65] Hiernach sind bloße Beweggründe von Veräußerer und Erwerber, die keine Relevanz für den Arbeitsplatz der betroffenen Arbeitnehmer haben, nicht zu nennen. Zudem sind vertrauliche Informationen, die die Tätigkeit des Unternehmens oder Betriebs erheblich beeinträchtigen oder dem Unternehmen schaden könnten, schon nach Art. 6 Abs. 2 der Richtlinie 2002/14/EG zur Festlegung eines allgemeinen Rahmens für die Unterrichtung und Anhörung der Arbeitnehmer in der Europäischen Gemeinschaft[66] im Rahmen der Unterrichtung von Arbeitnehmern nicht anzugeben.[67] Die vom BAG zusätzlich zur Angabe des Rechtsgrunds geforderte schlagwortartige Mitteilung der unternehmerischen Erwägungen ist dementsprechend **restriktiv zu verstehen**. So hat das BAG die Mitteilung, dass sich der Veräußerer „aus wirtschaftlichen Gründen entschlossen" habe, seinen Betrieb „selbst einzustellen" und an die Erwerberin zu verpachten, als ausreichende schlagwortartige Angabe der unternehmerischen Gründe angesehen, da hiermit deutlich gemacht werde, dass es nach einem Widerspruch beim Veräußerer keinen Arbeitsplatz mehr gebe und die Unterrichtung somit eine hinreichende Grundlage für die Ausübung des Widerspruchsrechts der Arbeitnehmer geboten habe.[68] Im Zusammenhang mit der Ausgliederung eines Geschäftsbereichs hat das BAG ausgeführt, dass den Arbeitnehmern die den Veräußerer zur Ausgliederung veranlassenden wirtschaftlichen Gründe im Unterrichtungsschreiben nicht mitgeteilt werden mussten, da das Unterrichtungsschreiben die Informationen enthielt, wie die Ausgliederung des Geschäftsbereichs durchgeführt wird und dass die Arbeitsplätze der vom Betriebsteilübergang betroffenen Arbeitnehmer mit der Übertragung des Betriebsteils beim Veräußerer wegfallen.[69]

d) **Rechtliche, wirtschaftliche und soziale Folgen für die Arbeitnehmer.** Die nach § 613a Abs. 5 Nr. 3 BGB erforderliche Unterrichtung über die „rechtlichen, wirtschaftlichen und sozialen Folgen des Betriebsübergangs" beinhaltet die zentralen Unterrichtungsgegenstände

---

[64] BAG 23.7.2009 – 8 AZR 538/08, AP BGB § 613a Unterrichtung Nr. 10 = NZA 2010, 89; 14.12.2006 – 3 AZR 763/05, AP BGB § 613a Nr. 318 = NZA 2007, 682; 13.7.2006 – 8 AZR 305/05, AP BGB § 613a Nr. 312 = NZA 2006, 1268; ErfK/*Preis* BGB § 613a Rn. 87; Henssler/Willemsen/Kalb/*Willemsen/Müller-Bonanni* BGB § 613a Rn. 324; *Grobys* BB 2002, 726 (727).
[65] BAG 23.7.2009 – 8 AZR 538/08, AP BGB § 613a Unterrichtung Nr. 10 = NZA 2010, 89; 14.12.2006 – 3 AZR 763/05, AP BGB § 613a Nr. 318 = NZA 2007, 682; 13.7.2006 – 8 AZR 305/05, AP BGB § 613a Nr. 312 = NZA 2006, 1268; aA auch nach der vorzitierten Rspr. des BAG Erman/*Edenfeld* BGB § 613a Rn. 128: Alleinige Angabe des Rechtsgrunds ausreichend; aA auch *Hoffmann*, Unterrichtungspflicht und Widerspruchsrecht bei Betriebsübergang gemäß § 613a Abs. 5 und 6 BGB, 2015, S. 198, der die Angabe des Rechtsgrunds für den Übergang auch nach teleologischer Auslegung nicht für geboten hält.
[66] RL 2002/14/EG des Europäischen Parlaments und des Rates vom 11.3.2002 ABl. 2002 L 80, 29.
[67] Ebenso *Bauer/v. Steinau-Steinrück* ZIP 2002, 457 (461).
[68] BAG 13.7.2006 – 8 AZR 305/05, AP BGB § 613a Nr. 312 = NZA 2006, 1268.
[69] BAG 14.12.2006 – 8 AZR 763/05, AP BGB § 613a Nr. 318 = NZA 2007, 682.

im Rahmen von § 613a Abs. 5 BGB. Nach der Gesetzesbegründung ergeben sich diese unterrichtungsrelevanten Folgen vor allem aus den Regelungen des § 613a Abs. 1–4 BGB.[70] Das BAG hat die Anforderungen an die Unterrichtung über die in § 613 Abs. 5 Nr. 3 BGB angesprochenen rechtlichen, wirtschaftlichen und sozialen Folgen inzwischen in verschiedenen Entscheidungen konkretisiert und hierbei teilweise über den Gesetzeswortlaut hinaus verschärft:

29   *aa) Angaben zum Erwerber.* Auch wenn das Gesetz dies nicht ausdrücklich regelt, ist grundsätzlich über die **Firmierung**,[71] den **Firmensitz**[72] und die **Anschrift des Erwerbers**[73] sowie die **gesetzliche Vertretung oder** – wenn es bei einer erst in Gründung befindlichen Erwerbergesellschaft zwangsläufig noch keinen gesetzlichen Vertreter gibt – eine **identifizierbare natürliche Person mit Personalkompetenz**[74] zu informieren. Auch die Konzernverflechtung des Erwerbers muss nach der Rechtsprechung jedenfalls dann im Einzelnen angesprochen werden, wenn der dem Betriebsübergang zugrundeliegende schuldrechtliche Vertrag nicht zwischen Veräußerer und Erwerber, sondern zwischen Veräußerer und einer Konzerngesellschaft des Erwerbers abgeschlossen wird.[75] Ebenso ist bei einer **Konzernverflechtung** klarzustellen, wie der übergehende Betrieb(-steil) im erwerbenden Konzern positioniert wird.[76] Darüber hinaus dürfte sich aus praktischen Gesichtspunkten empfehlen, zumindest kurz auch auf die **Geschäftstätigkeit des Erwerbers** einzugehen.

30   Nach der Rechtsprechung des BAG soll die Unterrichtung über die juristische Person des Betriebserwerbers in einem Informationsschreiben schon dann unvollständig und unwirksam sein, wenn eine juristische Person mit den genannten Angaben im Handelsregister im Zeitpunkt des Unterrichtungsschreibens noch nicht eingetragen ist.[77] War das Unternehmen des Erwerbers bislang noch gar nicht am Markt geschäftlich aktiv, wie dies bei einem in der Praxis des Öfteren vorkommenden Betriebserwerb durch eine erst in Gründung befindliche Gesellschaft der Fall ist, würde man allerdings die Anforderungen an die Unterrichtungspflicht nach § 613a Abs. 5 BGB über den Wortlaut und Schutzzweck der Vorschrift hinaus überspannen, wenn man auch für eine solche Fallkonstellation verlangen wollte, dass die aktuell noch gar nicht feststehende Handelsregisternummer der Erwerbergesellschaft zwingend vorliegen und mitgeteilt werden muss. Eine grundsätzlich sinnvolle und im Interesse aller Beteiligten liegende frühzeitige Unterrichtung über – oft gerade auch im Interesse der betroffenen Arbeitnehmer – eilig durchzuführende Erwerbsvorgänge würde ansonsten praktisch unmöglich gemacht. Auch insoweit muss gelten, dass es für die Unterrichtung auf den Kenntnisstand der beteiligten Arbeitgeber zum Zeitpunkt der Unterrichtung ankommt.[78] Wird die zum Zeitpunkt der Unterrichtung noch in Gründung befindliche, noch nicht am Markt aktive Erwerbergesellschaft das Geschäft des Veräußerers mit dem Betriebserwerb an der bisherigen Betriebsstätte und Adresse fortführen, muss jedenfalls hinsichtlich des Standorts der Betriebsstätte des zukünftigen Betriebserwerbers ein entsprechender Hinweis und die Angabe dieser Adresse ausreichen. Da der Arbeitnehmer sich Klarheit über die Identität

---

[70] BT-Drs. 14/7760, 19.
[71] BAG 23.7.2009 – 8 AZR 538/08, AP BGB § 613a Unterrichtung Nr. 10 = NZA 2010, 89; 14.12.2006 – 8 AZR 763/05, AP BGB § 613a Nr. 318 = NZA 2007, 682; 13.7.2006 – 8 AZR 305/05, AP BGB § 613a Nr. 312 = NZA 2006, 1268; Bernsau/Dreher/Hauck/*Dreher* BGB § 613a Rn. 153.
[72] BAG 23.7.2009 – 8 AZR 538/08, AP BGB § 613a Unterrichtung Nr. 10 = NZA 2010, 89; 13.7.2006 – 8 AZR 305/05, AP BGB § 613a Nr. 312 = NZA 2006, 1268; *Grau* RdA 2007, 367 (369).
[73] BAG 23.7.2009 – 8 AZR 538/08, AP BGB § 613a Unterrichtung Nr. 10 = NZA 2010, 89; 14.12.2006 – 8 AZR 763/05, AP BGB § 613a Nr. 318 = NZA 2007, 682; 13.7.2006 – 8 AZR 305/05, AP BGB § 613a Nr. 312 = NZA 2006, 1268; Henssler/Willemsen/Kalb/*Willemsen/Müller-Bonanni* BGB § 613a Rn. 326.
[74] BAG 23.7.2009 – 8 AZR 538/08, AP BGB § 613a Unterrichtung Nr. 10 = NZA 2010, 89; soweit das BAG erwogen hat, ob die fehlerfreie Angabe auch des Vornamens des Geschäftsführers des Erwerbers zum Inhalt der gesetzlichen Unterrichtungspflicht gehört (BAG 13.7.2006 – 8 AZR 305/05, AP BGB § 613a Nr. 312 = NZA 2006, 1268) würde eine solche Auslegung die Anforderungen überspannen.
[75] BAG 23.7.2009 – 8 AZR 538/08, AP BGB § 613a Unterrichtung Nr. 10 = NZA 2010, 89.
[76] BAG 23.7.2009 – 8 AZR 538/08, AP BGB § 613a Unterrichtung Nr. 10 = NZA 2010, 89.
[77] BAG 14.11.2013 – 8 AZR 824/12, AP BGB § 613a Nr. 449 = NZA 2014, 610.
[78] BAG 23.7.2009 – 8 AZR 538/08, AP BGB § 613a Unterrichtung Nr. 10 = NZA 2010, 89 ff.; schon → Rn. 23; siehe aber BAG 21.8.2008 – 8 AZR 407/07, AP BGB § 613a Nr. 348 = NZA 2009, 512 – zu gründende GmbH.

des Betriebserwerbers verschaffen können muss, reicht es allerdings nicht aus, wenn im Unterrichtungsschreiben fälschlicherweise die Erwerberin, die zum Zeitpunkt des Versands des Schreibens noch nicht im Handelsregister eingetragen war, als bloße „Noch-Firma" des Betriebserwerbers und -übernehmers bezeichnet wird und Angaben zu Firmensitz, zuständigem Handelsregister und Handelsregisternummer fehlen.[79]

Auch der besondere Umstand, dass es sich bei der Betriebserwerberin um eine **Neugründung** handelt, die nach **§ 112a Abs. 2 S. 1 BetrVG** nicht sozialplanpflichtig ist, muss ggf. im Rahmen der die Erwerberin charakterisierenden Angaben Erwähnung finden. Nach Auffassung des BAG handelt es sich bei der Sozialplanprivilegierung einer Betriebserwerberin – unabhängig davon, ob eine sozialplanpflichtige Maßnahme schon geplant oder absehbar ist – um eine mit dem Betriebsübergang verbundene veränderte rechtliche Situation, die nach § 613a Abs. 5 Nr. 3 BGB wegen der wirtschaftlichen Folgen für die betroffenen Arbeitnehmer im Unterrichtungsschreiben mitzuteilen ist.[80] 31

Keine Unterrichtungspflicht besteht hinsichtlich der Nationalität der Gesellschafter oder der Muttergesellschaft des Erwerbers, da diese Angaben für eine rationale Entscheidung über die Ausübung des Widerspruchsrechts in der Regel irrelevant sein müssen. 32

bb) Unterrichtung über die rechtlichen Folgen des Betriebsübergangs. Die Unterrichtung über die rechtlichen Folgen des Betriebsübergangs umfasst insbesondere die in § 613a Abs. 1–4 BGB geregelten rechtlichen Auswirkungen des Betriebsübergangs auf das Arbeitsverhältnis.[81] Ein pauschaler Hinweis auf den Gesetzeswortlaut bzw. dessen Wiedergabe ist allerdings nicht ausreichend.[82] Die Unterrichtung über die rechtlichen Folgen muss präzise sein und darf keine juristischen Fehler enthalten.[83] Anders als vor der Kodifizierung der Unterrichtungspflicht reicht es heute nicht mehr aus, dass die Belehrung über die rechtlichen Folgen nur „im Kern richtig" ist und lediglich eine „ausreichende" Unterrichtung erfolgt.[84] Allerdings genügt eine Unterrichtung über komplexe und ungeklärte Rechtsfragen nach der Rechtsprechung des BAG den Anforderungen an eine ordnungsgemäße Informationserteilung, wenn die beteiligten Arbeitgeber in der Unterrichtung nach angemessener Prüfung der Rechtslage – die ggf. die Einholung von Rechtsrat über die höchstrichterliche Rechtsprechung mitumfasst – einen rechtlich vertretbaren Standpunkt einnehmen.[85] 33

Zur Unterrichtung über die **individualvertraglichen Rechtsfolgen** gehört die Angabe, dass der neue Arbeitgeber in die Rechte und Pflichten aus den im Zeitpunkt des Übergangs bestehenden Arbeitsverhältnissen eintritt.[86] Hierbei ist darüber aufzuklären, dass die Arbeitsverhältnisse *kraft Gesetzes* auf den Erwerber übergehen.[87] Eine **vollständige Auflistung** sämtlicher vom Übergang **betroffener Rechtspositionen** ist dabei **nicht erforderlich**.[88] Soweit der Betriebsübergang allerdings zu Veränderungen oder Anpassungen individualrechtlicher Rechtspositionen führt – wie dies zum Beispiel bei unternehmenskennzahlenabhängigen Er- 34

---
[79] BAG 14.11.2013 – 8 AZR 824/12, AP BGB § 613a Nr. 449 = NZA 2014, 610.
[80] BAG 15.12.2016 – 8 AZR 612/15, AP BGB § 613a Nr. 467 = NZA 2017, 783 Rn. 36; 26.3.2015 – 2 AZR 783/13, AP BGB § 626 Nr. 7; 14.11.2013 – 8 AZR 824/12, AP BGB § 613a Nr. 449 = NZA 2014, 610. dazu im Einzelnen → Rn. 26 ff.
[81] BAG 23.7.2009 – 8 AZR 538/08, AP BGB § 613a Unterrichtung Nr. 10 = NZA 2010, 89; 13.7.2006 – 8 AZR 303/05, AP BGB § 613a Nr. 311 = NZA 2006, 1273; 13.7.2006 – 8 AZR 305/05, AP BGB § 613a Nr. 312 = NZA 2006, 1268; Bernsau/Dreher/Hauck/*Dreher* BGB § 613a Rn. 158.
[82] MüKoBGB/*Müller-Glöge* § 613a Rn. 108; Erman/*Edenfeld* BGB § 613a Rn. 129.
[83] BAG 23.7.2009 – 8 AZR 538/08, AP BGB § 613a Unterrichtung Nr. 10 = NZA 2010, 89; 14.12.2006 – 8 AZR 763/05, AP BGB § 613a Nr. 318; Henssler/Willemsen/Kalb/*Willemsen*/*Müller-Bonanni* BGB § 613a Rn. 320a; *Grau* RdA 2007, 367 (368).
[84] BAG 27.11.2008 – 8 AZR 1021/06, AP BGB § 613a Nr. 361, mit mE falschem Verweis auf anders lautende frühere Rspr. BAG 13.7.2006 – 8 AZR 305/05, AP BGB § 613a Nr. 312 = NZA 2006, 1268, die tatsächlich jedoch identisch ist; BAG 14.12.2006 – 8 AZR 763/05, AP BGB § 613a Nr. 318 = NZA 2007, 682. 13.7.2006 – 8 AZR 305/05, AP BGB § 613a Nr. 312 = NZA 2006, 1268.
[85] BAG 13.7.2006 – 8 AZR 303/05, AP BGB § 613a Nr. 311 = NZA 2006, 1273; 14.12.2006 – 8 AZR 763/05, AP BGB § 613a Nr. 318 = NZA 2007, 682.
[86] BAG 14.12.2006 – 8 AZR 763/05, AP BGB § 613a Nr. 318 = NZA 2007, 682; 13.7.2006 – 8 AZR 305/05, AP BGB § 613a Nr. 312 = NZA 2006, 1268; ErfK/*Preis* BGB § 613a Rn. 88a.
[87] BAG 22.1.2009 – 8 AZR 808/07, AP BGB § 613a Unterrichtung Nr. 4 = NZA 2009, 547.
[88] *Grau* RdA 2007, 367 (369); *Hergenröder* RdA 2007, 218 (226).

folgsbeteiligungen, Aktienoptionen oder Mitarbeiterrabatten der Fall sein kann[89] –, ist auf diese Veränderungen im Unterrichtungsschreiben allgemein hinzuweisen.[90] Des Weiteren ist in der Unterrichtung das sich aus dem Zusammenspiel der Regelungen in § 613a Abs. 1 S. 1 und Abs. 2 BGB ergebende **Haftungssystem** zwischen Betriebserwerber und -veräußerer, insbesondere die **gesamtschuldnerische Haftung** des bisherigen und des neuen Arbeitgebers nach dem Regelungsinhalt des § 613a Abs. 2 BGB[91] bzw. in Umwandlungsfällen nach dem Regelungsinhalt der jeweils anwendbaren umwandlungsrechtlichen Haftungsvorschriften[92] aufzuzeigen und auf das Kündigungsverbot gem. § 613a Abs. 4 BGB[93] sowie das Widerspruchsrecht gemäß § 613a Abs. 6 BGB[94] hinzuweisen. Der Arbeitnehmer sollte auch darüber informiert werden, dass die beim Veräußerer zurückgelegte Beschäftigungsdauer beim Erwerber in gleicher Weise zur Ermittlung der gesetzlichen Mindestkündigungsfrist zu berücksichtigen ist.[95]

35 Im Rahmen der Unterrichtung über die **kollektivrechtlichen Rechtsfolgen** des Betriebsübergangs ist nach der Rechtsprechung auf die Anwendbarkeit von Tarifverträgen und Betriebsvereinbarungen bzw. Gesamt- und/oder Konzernbetriebsvereinbarungen beim Erwerber sowie auf die Frage einzugehen, inwieweit beim Veräußerer geltende Kollektivnormen durch beim Erwerber geltende Kollektivnormen abgelöst werden.[96] Dabei ist **keine detaillierte Bezeichnung einzelner Tarifverträge und Betriebsvereinbarungen erforderlich,** da sich der Arbeitnehmer nach Erhalt der Unterrichtung selbst näher erkundigen kann.[97] **Notwendig** ist jedoch ein **Hinweis darauf, ob die im Veräußererbetrieb geltenden Normen kollektivrechtlich oder individualrechtlich fortwirken.**[98]

36 **Unproblematisch** sind insoweit lediglich **diejenigen Fälle, in denen „alles beim Alten" bleibt, weil beim Erwerber die gleichen Tarifverträge wie beim Veräußerer gelten und auch Betriebsvereinbarungen weiterhin kollektivrechtlich gelten,** was regelmäßig zum Beispiel dann der Fall sein wird, wenn der übertragene einzige Veräußererbetrieb mit seinem fortbestehenden Betriebsrat beim bisher betriebsratslosen und demselben Arbeitgeberverband wie der Veräußerer angehörenden Erwerber unverändert fortgeführt wird. In diesem Fall wird zur Erfüllung der Unterrichtungspflicht über die kollektivrechtlichen Rechtsfolgen schon die Angabe im Unterrichtungsschreiben ausreichen, dass die bisher durch Tarifvertrag bzw. Betriebsvereinbarung geregelten Rechte und Pflichten nach dem Betriebsübergang unverändert kollektivrechtlich fortgelten.

37 **Probleme** bereitet aber die Bestimmung von Inhalt und Umfang der Unterrichtungspflicht **in solchen Fällen, in denen sich** infolge des Betriebsübergangs **irgendwelche Änderungen** hinsichtlich der Anwendbarkeit der bislang kollektivrechtlich geregelten Rechte und Pflich-

---

[89] → § 54 Rn. 6.
[90] *Hohenstatt/Grau* NZA 2007, 13 (15).
[91] BAG 26.5.2011 – 8 AZR 18/10, NZA 2011, 1448; 23.7.2009 – 8 AZR 538/08, AP BGB § 613a Unterrichtung Nr. 10 = NZA 2010, 89; 22.1.2009 – 8 AZR 808/07, AP BGB § 613a Unterrichtung Nr. 4 = NZA 2009, 547; 27.11.2008 – 8 AZR 1021/06, AP BGB § 613a Nr. 361.
[92] Dazu und zur Problematik der Auslegung des § 613a Abs. 3 BGB → § 54 Rn. 121.
[93] BAG 23.7.2009 – 8 AZR 538/08, AP BGB § 613a Unterrichtung Nr. 10 = NZA 2010, 89; 14.12.2006 – 8 AZR 763/05, AP BGB § 613a Nr. 318 = NZA 2007, 682.
[94] BAG 20.3.2008 – 8 AZR 1016/06, AP BGB § 613a Nr. 345 = NZA 2008, 1354; ErfK/*Preis* BGB § 613a Rn. 88a; Staudinger/*Annuß* BGB § 613a Rn. 279; → Rn. 41.
[95] Henssler/Willemsen/Kalb/*Willemsen/Müller-Bonanni* BGB § 613a Rn. 326; vgl. auch *Grau,* Unterrichtung und Widerspruchsrecht der Arbeitnehmer bei Betriebsübergang gem. § 613a Abs. 5 und Abs. 6 BGB, 2005, S. 168; *Jaeger* ZIP 2004, 433 (440).
[96] BAG 23.7.2009 – 8 AZR 538/08, AP BGB § 613a Unterrichtung Nr. 10 = NZA 2010, 89; 13.7.2006 – 8 AZR 305/05, AP BGB § 613a Nr. 312 = NZA 2006, 1268; 14.12.2006 – 8 AZR 763/05, AP BGB § 613a Nr. 318 = NZA 2007, 682.
[97] BAG 23.7.2009 – 8 AZR 538/08, AP BGB § 613a Unterrichtung Nr. 10 = NZA 2010, 89; 13.7.2006 – 8 AZR 305/05, AP BGB § 613a Nr. 312 = NZA 2006, 1268; 14.12.2006 – 8 AZR 763/05, AP BGB § 613a Nr. 318 = NZA 2007, 682; jurisPK-BGB/*Kliemt/Teusch* § 613a Rn. 232; *Hohenstatt/Grau* NZA 2007, 13 (16); Henssler/Moll/Bepler TarifV-HdB/*Grau* Teil 15 Rn. 175.
[98] BAG 23.7.2009 – 8 AZR 538/08, AP BGB § 613a Unterrichtung Nr. 10 = NZA 2010, 89; 13.7.2006 – 8 AZR 305/05, AP BGB § 613a Nr. 312 = NZA 2006, 1268; 14.12.2006 – 8 AZR 763/05, AP BGB § 613a Nr. 318 = NZA 2007, 682; vgl. Henssler/Willemsen/Kalb/*Willemsen/Müller-Bonanni* BGB § 613a Rn. 327; *Jaeger* ZIP 2004, 433 (441); *Worzalla* NZA 2002, 353 (355).

ten auf die übergehenden Arbeitsverhältnisse ergeben. Dies ist in der Praxis eher die Regel als die Ausnahme. Wollte man hier von Veräußerer und Erwerber eine **detaillierte und umfassende Information** darüber verlangen, *welche* der beim Veräußerer aufgrund von Kollektivvereinbarungen geltenden Rechte und Pflichten infolge des Betriebs- oder Betriebsteilübergangs *inwieweit* beim Erwerber eine Änderung erfahren, würde man den unterrichtungspflichtigen Arbeitgebern eine **praktisch unmöglich zu erfüllende Verpflichtung** auferlegen, da oftmals eine kaum noch zu überblickende Anzahl tariflicher und in Betriebsvereinbarungen enthaltener Regelungen auf die Arbeitsverhältnisse einwirken. Hinzu kommt, dass die in diesem Zusammenhang auftretenden rechtlichen Fragen zum Teil sehr umstritten und bislang nicht höchstrichterlich geklärt sind,[99] weshalb auch von daher genaue und gesicherte Aussagen oftmals gar nicht getroffen werden können. Der in diesem Zusammenhang vom BAG erteilte Hinweis, eine Unterrichtung über komplexe Rechtsfragen sei dann nicht fehlerhaft, wenn der Arbeitgeber bei angemessener Prüfung der Rechtslage – die ggf. die Einholung von Rechtsrat über die höchstrichterliche Rechtsprechung mitumfasst – rechtlich vertretbare Positionen gegenüber dem Arbeitnehmer kundtut,[100] kann die in der Praxis auftretenden Schwierigkeiten bei der Anfertigung einer ordnungsgemäßen, aber gleichzeitig für den durchschnittlichen Arbeitnehmer verständlichen Unterrichtung nicht beseitigen und kaum abmildern.

Die relativ wenigsten Schwierigkeiten bei der Formulierung der Unterrichtung dürften sich noch in solchen Fällen ergeben, in denen beim Erwerber im Gegensatz zum Veräußerer keine kollektivrechtlichen Vereinbarungen gelten, etwa wenn der Erwerber anders als der Veräußerer nicht tarifgebunden ist und im auch nach erfolgter Eingliederung des übertragenen Betriebs(teils) betriebsratslosen Erwerberbetrieb anders als beim Veräußerer keine Betriebsvereinbarungen gelten. In solchen Fällen wird der allgemeine Hinweis ausreichen, dass die **bisher aufgrund von Tarifverträgen bzw. Betriebsvereinbarungen geltenden Rechte und Pflichten mit ihrem beim Betriebsübergang bestehenden Inhalt**[101] **in die Individualarbeitsverhältnisse der betroffenen Arbeitnehmer transformiert werden.**[102] Falls in den Arbeitsverträgen der vom Betriebsübergang betroffenen Arbeitnehmer eine Bezugnahme auf tarifliche Regelungen enthalten ist, dürfte sich nach der hierzu in 2007 ergangenen Rechtsprechungsänderung des Vierten Senats des BAG[103] insoweit allerdings ein gesonderter – dh auf die ggf. jeweils unterschiedlichen Rechtsfolgen für vor und nach dem 1.1.2002 als maßgeblichem Referenzdatum[104] abgeschlossene Arbeitsverträge eingehender – Hinweis empfehlen, dessen konkrete Ausformulierung dann im Einzelfall für die Arbeitgeberseite eine besondere Herausforderung darstellen kann.[105] 38

Fraglich ist, ob in Fällen des § 613a Abs. 1 S. 2 BGB auf die **einjährige Veränderungssperre** gemäß § 613a Abs. 1 S. 2 letzter Halbsatz BGB hinzuweisen ist. Das BAG hat bislang stets den Hinweis auf die individualvertragliche oder kollektivrechtliche Weitergeltung von Kollektivnormen für erforderlich, aber auch für ausreichend erachtet.[106] **Ein Hinweis** auf den in § 613a Abs. 1 S. 2 aE BGB angesprochenen Umstand, dass beim Veräußerer geltende Kollektivnormen, die Inhalt des Arbeitsverhältnisses zwischen dem Erwerber und dem Arbeitnehmer werden, „nicht vor Ablauf eines Jahres nach dem Zeitpunkt des Übergangs zum Nachteil des Arbeitnehmers geändert werden" dürfen, wäre sogleich in mehrfacher Hinsicht missverständlich bzw. schlicht unzutreffend und **kann** daher entgegen nicht näher begründeten anderslautenden Äußerungen im arbeitsrechtlichen Schrifttum[107] **nicht verlangt wer- 39

---

[99] Vgl. zu den insoweit auftretenden Zweifels- und Streitfragen im Einzelnen bereits bei → § 54 Rn. 26, 62; vgl. auch Henssler/Moll/Bepler TarifV-HdB/*Grau* Teil 15 Rn. 173.
[100] Vgl. dazu bereits → Rn. 33.
[101] Siehe zur statischen Fortgeltung transformierter kollektivrechtlicher Vereinbarungen BAG 1.4.1987 – 4 AZR 77/86, AP BGB § 613a Nr. 64 = NZA 1987, 593.
[102] *Hohenstatt/Grau* NZA 2007, 13 (16).
[103] BAG 18.4.2007 – 4 AZR 652/05, AP TVG § 1 Bezugnahme auf Tarifverträge Nr. 53 = NZA 2007, 965.
[104] Dazu → § 54 Rn. 94.
[105] Zustimmend Henssler/Moll/Bepler TarifV-HdB/*Grau* Teil 15 Rn. 178.
[106] BAG 13.7.2006 – 8 AZR 305/05, AP BGB § 613a Nr. 312 = NZA 2006, 1268; 14.12.2006 – 8 AZR 763/05, AP BGB § 613a Nr. 318 = NZA 2007, 682.
[107] Vgl. Ascheid/Preis/Schmidt/*Steffan* BGB § 613a Rn. 209a.

den.[108] Den vom Betriebsübergang betroffenen Arbeitnehmern würde mit einem solchen Hinweis lediglich unzutreffend suggeriert, dass nach Ablauf eines Jahres eine Änderung der ins Individualarbeitsverhältnis transformierten ehemaligen Kollektivnormen gegen ihren Willen und zu ihrem Nachteil ohne weiteres möglich wäre, was aber angesichts der in der Praxis zumeist gegebenen Anwendbarkeit des Kündigungsschutzgesetzes ersichtlich falsch ist. Denn auch nach Ablauf der Jahresfrist wären Änderungen zum Nachteil der auf den Erwerber übergegangenen Arbeitnehmer keineswegs ohne weiteres, sondern nur, wenn überhaupt, unten den strengen Voraussetzungen einer Änderungskündigung denkbar. Darüber hinaus wäre der Hinweis auf die gesetzliche Regelung des § 613a Abs. 1 S. 2 aE BGB auch deshalb falsch, weil einerseits bei einer schon vor Ablauf der Jahresfrist endenden Geltungsdauer von beim Veräußerer anwendbaren Kollektivnormen die Veränderungssperre gemäß § 613a Abs. 1 S. 4 BGB gar kein ganzes Jahr andauern würde und andererseits im Falle einer späteren, dem Betriebsübergang nachfolgenden Neuregelung von ins Individualarbeitsverhältnis transformierten ehemaligen kollektivrechtlichen Vereinbarungen durch Kollektivnormen beim Erwerber die Transformationswirkung gemäß § 613a Abs. 1 S. 3 BGB auch schon innerhalb der Jahresfrist enden könnte. Vor diesem Hintergrund kann es keinen Sinn machen, vom unterrichtungspflichtigen Veräußerer bzw. Erwerber eine Wiedergabe des **isoliert betrachtet überaus missverständlichen Gesetzeswortlauts von § 613a Abs. 1 S. 2 BGB** zu verlangen. Aus dieser Erkenntnis kann aber auch nicht etwa die Konsequenz gezogen werden, dass dann umfassend über sämtliche Aspekte der gesetzlichen Einschränkungen der einjährigen Veränderungssperre nach § 613a Abs. 1 S. 2–4 BGB zu informieren sowie auf den Umstand hinzuweisen sei, dass nach Ablauf der einjährigen Veränderungssperre eine einseitige Veränderung zum Nachteil der Arbeitnehmer nur unter den strengen Voraussetzungen einer Änderungskündigung zulässig wäre. Durch eine solche Ausdehnung der Unterrichtungspflicht auf hypothetische, im Zeitpunkt der Unterrichtung gar nicht absehbare mögliche Kausalverläufe und Eventualgeschehnisse würden nicht nur die betroffenen Arbeitgeber ersichtlich überfordert. Auch die vom Gesetzgeber mit der Unterrichtung verfolgte Zielsetzung, dem Arbeitnehmer eine ausreichende Wissensgrundlage für die Entscheidung über die Ausübung oder Nichtausübung des Widerspruchsrechts zu verschaffen, würde durch eine derart ausufernde Unterrichtung schlicht konterkariert. Schließlich ist auch in der Rechtsprechung[109] und im arbeitsrechtlichen Schrifttum[110] anerkannt, dass einem Arbeitgeber keine individuelle Rechtsberatung abverlangt werden kann, worauf eine derart weitgefasste Unterrichtungspflicht aber hinauslaufen würde.

40 Besonders große, in der Praxis **kaum lösbare Schwierigkeiten** ergeben sich dann, **wenn beim Veräußerer geltende kollektivrechtliche Regelungen nur partiell durch kollektivrechtliche Regelungen des Erwerbers abgelöst werden.** Wollte man hier die vom BAG bislang präzise unbestimmt formulierte Anforderung, dass darüber zu unterrichten sei, *inwieweit* beim Veräußerer geltende Kollektivnormen durch beim Erwerber geltende Kollektivnormen abgelöst werden,[111] den Wortsinn ausschöpfend verstehen und entsprechend umsetzen, müsste man wohl für eine genaue und differenzierende Darstellung eine jeden vernünftigen Rahmen sprengende juristische Ausarbeitung dazu fordern, welche beim Veräußerer geltenden Kollektivnormen jeweils denselben Regelungsgegenstand betreffen wie die beim Erwerber geltenden Kollektivnormen und daher durch diese abgelöst werden.[112] Andererseits würde

---

[108] *Grau*, Unterrichtung und Widerspruchsrecht der Arbeitnehmer bei Betriebsübergang gem. § 613a Abs. 5 und Abs. 6 BGB, 2005, S. 158; Henssler/Moll/Bepler TarifV-HdB/*Grau* Teil 15 Rn. 176.
[109] BAG 13.7.2006 – 8 AZR 303/05, AP BGB § 613a Nr. 311 = NZA 2006, 1273; 13.7.2006 – 8 AZR 305/05, AP BGB § 613a Nr. 312 = NZA 2006, 1268; 14.12.2006 – 8 AZR 763/05, AP BGB § 613a Nr. 318 = NZA 2007, 682.
[110] Siehe konkret zur Unterrichtung über die Veränderungssperre nur *Grau*, Unterrichtung und Widerspruchsrecht der Arbeitnehmer bei Betriebsübergang gem. § 613a Abs. 5 und Abs. 6 BGB, 2005, S. 158.
[111] BAG 13.7.2006 – 8 AZR 305/05, AP BGB § 613a Nr. 312 = NZA 2006, 1268; 14.12.2006 – 8 AZR 763/05, AP BGB § 613a Nr. 318 = NZA 2007, 682.
[112] Zustimmend Henssler/Moll/Bepler TarifV-HdB/*Grau* Teil 15 Rn. 177; für eine weiter gehende Unterrichtungspflicht HK-ArbR/*Karthaus/Richter* BGB § 613a Rn. 182; *Waldenmaier/Pichler* NZA-RR 2008, 1 (4); einschränkend Staudinger/*Annuß* BGB § 613a Rn. 278 sowie *Jaeger* ZIP 2004, 433 (441): Im Einzelnen zu erfolgende Unterrichtung des Arbeitnehmers über die mit der Ablösung verbundenen Änderungen der Arbeits-

aber auch die vom BAG wiederholt getroffene – seiner vorzitierten Anforderung gewissermaßen gegenläufige – Feststellung, dass keine detaillierte Bezeichnung einzelner Tarifverträge und Betriebsvereinbarungen nötig sei,[113] bei einer diese Aussage umsetzenden, beispielsweise dahingehenden Unterrichtung, dass „die bislang beim Veräußerer geltenden Kollektivnormen beim Erwerber unverändert kollektivrechtlich fortgelten, soweit sie nicht durch zum jeweiligen Regelungsgegenstand bestehende Kollektivnormen beim Erwerber abgelöst werden", dem berechtigten Informationsinteresse des Arbeitnehmers kaum gerecht werden. Eine dem Gesetzeszweck entsprechende, aber wohl – wenn auch nicht ohne Schwierigkeiten – noch praktikable **Unterrichtung**, die zudem den Arbeitnehmern die vom Gesetzgeber vorgesehene[114] Erkundigung über die Einzelheiten ermöglicht, dürfte dann vorliegen, wenn die Arbeitnehmer **über die Fortgeltung bzw. Ablösung von Kollektivnormen** in den für sie **wesentlichen Sachgruppen**, das heißt den **unmittelbar oder mittelbar geldwerte Vorteile oder sonstige wesentliche Arbeitsbedingungen betreffenden Regelungsbereichen** unterrichtet werden,[115] wobei die so begrenzte Unterrichtungspflicht jeweils auf **wesentliche Änderungen** in den betreffenden Sachgruppen zu beschränken ist. Beispielsweise sollte im Falle des Übergangs eines Einzelhandelsbetriebs auf die Ablösung der bislang geltenden Kollektivnormen in der Sachgruppe „Arbeitszeit" hingewiesen werden, wenn die beim Veräußerer auf die Wochentage Montag bis Freitag in der Zeit zwischen 9.00 bis 17.00 Uhr verteilte Arbeitszeit im Erwerberbetrieb wegen dortiger ablösender Kollektivvereinbarungen nun auch auf den späteren Abend und den Samstag verteilt wird. Dementsprechend wird beispielsweise über Veränderungen in der Sachgruppe „freiwillige Zulagen" zu unterrichten sein, wenn ein bislang in Höhe von 100 % eines Monatslohns gewährtes Weihnachtsgeld infolge der Ablösung der zugrundeliegenden Kollektivnormen durch beim Erwerber geltende Kollektivnormen nach dem Betriebsübergang nur noch in Höhe von 50 % eines Monatslohns gewährt wird. Dabei wird im erstgenannten Fall nicht im Einzelnen anzugeben sein, sondern der Erkundigung des Arbeitnehmers überlassen bleiben können, ob und wenn ja welche Ankündigungsfristen für Spätschichten gelten und wie die veränderten Arbeitszeiten im Rahmen einer etwaigen elektronischen Zeiterfassung berücksichtigt werden. Im zweitgenannten Fall wird man dem Arbeitnehmer überlassen können, sich auf Basis der erteilten Informationen näher über hinsichtlich des Weihnachtsgeldes etwa vorgesehene Rückzahlungs- oder Anrechnungsklauseln im Falle eines vorzeitigen Ausscheidens zu erkundigen.

Für die zukünftigen beruflichen Rahmenbedingungen und Perspektiven beim Erwerber kann für von einem Betriebs(teil)übergang betroffene Arbeitnehmer von Interesse sein, ob im Erwerberbetrieb bestimmte, für ihren kündigungsschutzrechtlichen Status oder die betriebsverfassungsrechtliche Mitbestimmung relevante Schwellenwerte anders als im Veräußererbetrieb nicht erreicht werden.[116] Wenn die Schwellenwerte lediglich für das Eingreifen bestimmter Mitbestimmungsrechte des Betriebsrats von Bedeutung sind (zB §§ 99 Abs. 1 S. 1, 111 S. 1 BetrVG), besteht insoweit jedoch keine Pflicht zur Unterrichtung,[117] da das Unterschreiten solcher Schwellenwerte für die betroffenen Arbeitnehmer keine Veränderungen bewirkt und jedenfalls keine gravierende Gefährdung der rechtlichen und wirtschaftlichen Absicherung zur Folge hat. Wenn jedoch im Falle eines Betriebsteilübergangs **der für den kündigungsschutzrechtlichen Status relevante Schwellenwert des § 23 Abs. 1 KSchG** im

---

bedingungen, die auch durch Vorlage der ablösenden, beim Erwerber geltenden Kollektivvereinbarungen erfüllt werden kann.

[113] BAG 13.7.2006 – 8 AZR 305/05, AP BGB § 613a Nr. 312 = NZA 2006, 1268; 14.12.2006 – 8 AZR 763/05, AP BGB § 613a Nr. 318 = NZA 2007, 682.

[114] BT-Drs. 14/7760, 19.

[115] In dieselbe Richtung gehend wohl Ascheid/Preis/Schmidt/*Steffan* BGB § 613a Rn. 209; *Grau*, Unterrichtung und Widerspruchsrecht der Arbeitnehmer bei Betriebsübergang gem. § 613a Abs. 5 und Abs. 6 BGB, 2005, S. 156; *Gaul/Otto* DB 2005, 2465 (2466).

[116] Für eine diesbezügliche Unterrichtungspflicht HK-ArbR/*Karthaus/Richter* BGB § 613a Rn. 182; Erman/*Edenfeld* BGB § 613a Rn. 129; *Lembke/Oberwinter* ZIP 2007, 310 (312); iE offenbar auch *Worzalla* NZA 2002, 353 (355); *Adam* AuR 2003, 441 (442).

[117] Siehe für die Entbehrlichkeit der Unterrichtung über betriebsbezogene Schwellenwerte auch Staudinger/*Annuß* BGB § 613a Rn. 277.

Erwerberbetrieb anders als im Veräußererbetrieb nicht erreicht wird, ist nach der Rechtsprechung darüber zu unterrichten, dass die betroffenen Arbeitnehmer im Erwerberbetrieb mangels Erfüllens der Voraussetzungen des § 23 Abs. 1 KSchG keinen Kündigungsschutz nach dem Kündigungsschutzgesetz mehr genießen. Nach Auffassung des BAG[118] und einer jüngeren Entscheidung des LAG Düsseldorf aus 2018[119] sowie nach verschiedenen Literaturstimmen[120] besteht diese Unterrichtungspflicht über eine mit einem Betriebsteilübergang einhergehende Änderung des kündigungsschutzrechtlichen Status der betroffenen Arbeitnehmer unabhängig davon, ob beim Erwerber tatsächlich Kündigungen geplant oder auch nur absehbar sind. Auch wenn die Unterrichtungspflicht hiermit von der Rechtsprechung bedenklich ausgeweitet wird und praktisch auf eine Verpflichtung zur rechtlichen Beratung über aktuell gar nicht gegebene, sondern lediglich in der Zukunft denkbare Sachverhalte hinausläuft, wird sich die anwaltliche Beratungspraxis bei der Unterrichtung über die rechtlichen Folgen eines Betriebsübergangs an dieser Rechtsprechung orientieren müssen.

42 Wirkt sich ein Betriebsübergang **unmittelbar auf eine Sonderrechtsstellung betroffener Arbeitnehmer,** insbesondere einzelner Mitglieder betriebsverfassungsrechtlicher Organe, aus, sollten diese hierüber unterrichtet werden, wozu sich in der Regel ein gesondertes Unterrichtungsschreiben empfiehlt. Zwar lässt sich aus einem Gegenschluss zu den Vorschriften des Umwandlungsgesetzes (§§ 5 Abs. 1 Nr. 9, § 126 Abs. 1 Nr. 11 UmwG) herleiten, dass nicht über die Auswirkungen des Betriebsübergangs auf die betriebsverfassungsrechtlichen Organe als solche unterrichtet werden muss.[121] Durch einen Betriebsübergang **unmittelbar bewirkte Veränderungen der Sonderrechtsstellung** einzelner Mitglieder solcher betriebsverfassungsrechtlicher Organe dürften aber zu den rechtlichen Folgen des Betriebsübergangs gehören.[122] Wird beispielsweise ein kleinerer Betriebsteil eines seine Identität wahrenden Betriebs auf einen neuen Inhaber übertragen, verliert ein dem übergehenden Betriebsteil angehörendes – womöglich bislang sogar nach § 38 BetrVG von seiner Arbeitspflicht freigestelltes – Betriebsratsmitglied gemäß § 24 Nr. 3, 4 BetrVG mit dem Betriebsübergang sein Betriebsratsmandat mit hieraus resultierenden Sonderrechten, während es im Falle seines Widerspruchs weiterhin mit allen Sonderrechten dem im Restbetrieb des Veräußerers nach wie vor bestehenden Betriebsrat angehört. Auf eine infolge des Teilbetriebsübergangs so gravierend von einem auf den anderen Tag eintretende Veränderung der Rechtsstellung eines bisherigen Betriebsratsmitglieds wird die Arbeitgeberseite die betreffende Person gemäß § 613a Abs. 5 BGB hinzuweisen haben, zumal nicht generell gesagt werden kann, ob diese spezielle personenbezogene Veränderung im Rahmen etwaiger Interessenausgleichsverhandlungen über eine mit der Teilbetriebsveräußerung einhergehende Spaltung des Betriebs thematisiert wurde oder wird.

43 Nach einer Entscheidung des BAG aus 2008 sind die vom Betriebsübergang betroffenen Arbeitnehmer auch **über das Recht zum Widerspruch gegen den Übergang des Arbeitsverhältnisses zu unterrichten.**[123] Von einem Teil der Literatur wurde bzw. wird eine solche Unterrichtungspflicht dagegen mit der Begründung verneint, dass das Bestehen des Widerspruchsrechts nicht zu den „Folgen" eines Betriebsübergangs gerechnet werden könne.[124] Diese Ansicht verkennt jedoch, dass das Widerspruchsrecht dem Arbeitnehmer gerade als unmittelbare Rechtsfolge des Betriebsübergangs erwächst.[125] Die Unterrichtung über die

---

[118] BAG 15.2.2007 – 8 AZR 397/06, AP KSchG 1969 § 23 Nr. 38 = NZA 2007, 739 Rn. 28 ff.
[119] LAG Düsseldorf 9.1.2018 – 3 Sa 251/17, BeckRS 2018, 8214 Rn. 31.
[120] Henssler/Willemsen/Kalb/*Willemsen/Müller-Bonanni* BGB § 613a Rn. 329; *Grau* RdA 2007, 367 (370).
[121] *Lembke/Oberwinter* ZIP 2007, 310 (312); *Jaeger* ZIP 2004, 433 (443); *Bauer/v. Steinau-Steinrück* Beil. NZA 16 (2003), 72 (74); *Willemsen/Lembke* NJW 2002, 1159 (1162); aA *Annuß* in FS zum 25-jährigen Bestehen der Arbeitsgemeinschaft Arbeitsrecht, 571; ErfK/*Preis* BGB § 613a Rn. 88b; *Zöll* AuA 2006, 18 (20); *C. Meyer* DB 2007, 858 (559); *Franzen* RdA 2002, 258 (265).
[122] Ebenso MüKoBGB/*Müller-Glöge* § 613a Rn. 108; Staudinger/*Annuß* BGB § 613a Rn. 274.
[123] BAG 20.3.2008 – 8 AZR 1016/06, AP BGB § 613a Nr. 345 = NZA 2008, 1354.
[124] Henssler/Willemsen/Kalb/*Willemsen/Müller-Bonanni* BGB § 613a Rn. 332; MüKoBGB/*Müller-Glöge* § 613a Rn. 109; *Jaeger* ZIP 2004, 433 (442); *Bauer/v. Steinau-Steinrück* ZIP 2002, 457 (463); *Willemsen/Lembke* NJW 2002, 1159 (1163); iE auch *Altenburg/Leister* NZA 2005, 15 (20).
[125] Ebenso Staudinger/*Annuß* BGB § 613a Rn. 279.

rechtlichen Folgen hat daher auch den Hinweis auf das Widerspruchsrecht zu enthalten.[126] Dabei muss auf die erforderliche Schriftform und die Frist sowie darauf hingewiesen werden, dass als Adressaten des Widerspruchs sowohl der bisherige als auch der neue Arbeitgeber in Betracht kommen.[127]

Das gilt jedoch nicht für Betriebsübergänge im Rahmen bestimmter, im Wege der Umwandlung oder Anwachsung[128] erfolgender Unternehmensumstrukturierungen, da den Arbeitnehmern in solchen Fällen nach der jüngeren BAG-Rechtsprechung kein Widerspruchsrecht zusteht, wenn der bisherige Rechtsträger infolge einer gesellschaftsrechtlichen Gesamtrechtsnachfolge erlischt.[129]

Nach mittlerweile ständiger Rechtsprechung des BAG ist **auch über mittelbare Folgen** eines Betriebsübergangs **zu unterrichten,** wenn diese für die Willensbildung des Arbeitnehmers hinsichtlich der Ausübung seines Widerspruchsrechts von erheblicher Bedeutung sind. Dies ist dann anzunehmen, wenn die mittelbaren Folgen zwar nicht direkt Positionen der Arbeitnehmer betreffen, aber die wirtschaftlichen Rahmenbedingungen des Betriebsübergangs zu einer so gravierenden Gefährdung der wirtschaftlichen Absicherung der Arbeitnehmer führen, dass dies als wesentliches Kriterium für einen möglichen Widerspruch der Arbeitnehmer gegen den Übergang ihres Arbeitsverhältnisses angesehen werden kann.[130] Eine Unterrichtungspflicht über – auch als „Sekundärfolgen" bezeichnete – mittelbare Folgen des Betriebsübergangs besteht zum Beispiel für beim Veräußerer wegen des Fortfalls der dortigen Beschäftigungsmöglichkeit im Falle der Ausübung des Widerspruchsrechts zu erwartende betriebsbedingte Kündigungen.[131]

Das BAG nimmt in diesem Zusammenhang an, dass unter bestimmten Umständen auch mögliche Ansprüche widersprechender Arbeitnehmer aus einem beim Veräußerer bestehenden oder abzuschließenden Sozialplan zu den unterrichtungspflichtigen mittelbaren Folgen zählen können,[132] wobei das BAG nicht eindeutig erkennen lässt, ob es hierin eine rechtliche, wirtschaftliche oder soziale Folge des Betriebsübergangs im Sinne von § 613a Abs. 5 Nr. 3 BGB sieht. Aus dieser Rechtsprechung darf jedoch **keine Ausdehnung der Unterrichtungspflicht auf jegliche denkbare Eventualitäten** gefolgert werden.[133] Das BAG hat eine Hinweispflicht auf möglicherweise für einen widersprechenden Arbeitnehmer beim Veräußerer in Betracht kommende Sozialplanansprüche denn auch nur für den Fall angenommen, dass beim Veräußerer bereits ein entsprechender Sozialplan existiert oder im Zeitpunkt der Unterrichtung der Abschluss eines Sozialplans geplant ist.[134] Diese Begrenzung der Unterrichtungspflicht auf solche mittelbare Folgen korrespondiert im Übrigen mit der Beschränkung der Unterrichtungspflicht nach § 613a Abs. 5 Nr. 4 BGB auf solche hinsichtlich der Arbeitnehmer in Aussicht genommene Maßnahmen, die zumindest bereits ein konkretes Planungsstadium erreicht haben.[135] Der Arbeitnehmer ist demgegenüber nicht über einen Sozialplan zu informieren, den der Veräußerer mit dem Betriebsrat erst nach der Unterrichtung abschließt und dessen Abschluss bzw. die Aufnahme von Verhandlungen zu dessen Abschluss der Veräußerer zum Unterrichtungszeitpunkt noch nicht ge-

---

[126] BAG 20.3.2008 – 8 AZR 1016/06, AP BGB § 613a Nr. 345 = NZA 2008, 1354; Ascheid/Preis/Schmidt/*Steffan* BGB § 613a Rn. 210; Staudinger/*Annuß* BGB § 613a Rn. 279; ErfK/*Preis* BGB § 613a Rn. 88a; Hohenstatt/Grau NZA 2007, 13 (16); Schnitker/Grau BB 2005, 2238; Worzalla NZA 2002, 353 (355); Nehls NZA 2003, 822 (825).
[127] BAG 20.3.2008 – 8 AZR 1016/06, AP BGB § 613a Nr. 345 = NZA 2008, 1354.
[128] Zur Anwendbarkeit von § 613a BGB bei Anwachsungen → Rn. 46.
[129] Vgl. BAG 21.2.2008 – 8 AZR 157/07, AP BGB § 613a Nr. 342 = NZA 2008, 815; aA Staudinger/*Annuß* BGB § 613a Rn. 310; im Einzelnen → Rn. 71 f.
[130] BAG 26.3.2015 – 2 AZR 783/13, AP BGB § 626 Nr. 7 = NZA 2015, 866 ff.; 20.3.2008 – 8 AZR 1016/06, AP BGB § 613a Nr. 345 = NZA 2008, 1354; 13.7.2006 – 8 AZR 303/05, AP BGB § 613a Nr. 311 = NZA 2006, 1273; 31.1.2008 – 8 AZR 1116/06, AP BGB § 613a Unterrichtung Nr. 2 = NZA 2008, 642.
[131] So auch *Annuß* in FS zum 25-jährigen Bestehen der Arbeitsgemeinschaft Arbeitsrecht, 572; Göpfert/Winzer ZIP 2008, 761 (763); Zöll AuA 2006, 18 (20); Gaul/Otto DB 2005, 2465 (2467); Willemsen/Lembke NJW 2002, 1159 (1163); Lutter UmwG/*Joost* § 324 Rn. 62.
[132] BAG 13.7.2006 – 8 AZR 303/05, AP BGB § 613a Nr. 311 = NZA 2006, 1273.
[133] Ähnl. abl. auch *Lunk* RdA 2009, 48.
[134] BAG 13.7.2006 – 8 AZR 303/05, AP BGB § 613a Nr. 311 = NZA 2006, 1273.
[135] → Rn. 54.

plant hatte.[136] Kommt ein solcher, im Unterrichtungszeitpunkt noch gar nicht absehbarer Sozialplan nach der Unterrichtung zustande, ist der Arbeitnehmer über den Sozialplanabschluss nach den vom BAG aufgestellten Kriterien für eine Pflicht zur ergänzenden Unterrichtung auch nicht gesondert zu informieren, da der Betriebsübergang durch den Abschluss dieses Sozialplans kein anderer wird.[137]

47 Zu den nach Auffassung des BAG sowohl unter rechtlichen als auch wirtschaftlichen Gesichtspunkten nach § 613a Abs. 5 Nr. 3 BGB unterrichtungspflichtigen Folgen eines Betriebsübergangs zählt auch das Sozialplanprivileg einer neu gegründeten Betriebserwerberin, die im Falle einer bei ihr erfolgenden Betriebsänderung nach § 112a Abs. 2 S. 1 BGB für die Dauer von 4 Jahren seit der Neugründung ihres Unternehmens von der Pflicht zum Abschluss eines Sozialplans befreit ist. Unabhängig davon, ob eine sozialplanpflichtige Maßnahme von der Betriebserwerberin schon geplant oder absehbar ist, handelt es sich bei ihrer Sozialplanprivilegierung nach Auffassung des BAG um eine mit dem Betriebsübergang verbundene veränderte rechtliche Situation, die nach § 613a Abs. 5 Nr. 3 BGB wegen der wirtschaftlichen Folgen für die betroffenen Arbeitnehmer im Unterrichtungsschreiben mitgeteilt werden muss. Sie kann zu einer so gravierenden Gefährdung der wirtschaftlichen Absicherung der Arbeitnehmer bei der neuen Betriebsinhaberin führen, dass sie als ein wesentliches Kriterium für einen möglichen Widerspruch der Arbeitnehmer gegen den Übergang ihrer Arbeitsverhältnisse anzusehen ist.[138] Mit dem Ablauf des Privilegierungszeitraums von vier Jahren seit Gründung der Betriebserwerberin ist der betreffende Fehler in der Unterrichtung kraft Gesetzes allerdings geheilt, sodass im Hinblick auf diesen Unterrichtungsfehler entsprechend § 613a Abs. 6 S. 1 BGB eine Widerspruchsfrist von einem Monat zu laufen beginnt.[139] Anders als in den Fällen einer unvollständigen Unterrichtung, die eine Fehlerkorrektur mittels ergänzender Unterrichtung erforderlich macht, um die Widerspruchsfrist in Gang zu setzen,[140] erweist sich eine nur wegen der Nichterwähnung der Sozialplanprivilegierung zunächst unvollständige Unterrichtung mit dem Wegfall der Sozialplanprivilegierung ohne weiteres Zutun als vollständig, sodass die Widerspruchsfrist ab diesem Zeitpunkt anläuft.[141]

48 *cc) Wirtschaftliche und soziale Folgen.* Die Suche nach einer allgemein gültigen Definition und Unterscheidung der „wirtschaftlichen" und „sozialen" Folgen sowie deren Abgrenzung von den „rechtlichen" Folgen iSv § 613a Abs. 5 Nr. 3 BGB bereiten immer wieder Schwierigkeiten, weshalb sich insoweit eine jeweilige Einzelfallbetrachtung empfiehlt. Meistens dürften die wirtschaftlichen und sozialen Folgen allerdings weitgehend deckungsgleich mit den rechtlichen Folgen eines Betriebsübergangs sein.[142]

49 Mittlerweile weitgehend geklärt ist die Frage, ob und wenn ja, unter welchen Umständen die **wirtschaftliche Lage des Erwerbers** Gegenstand der Unterrichtungspflicht nach § 613a Abs. 5 Nr. 3 BGB sein kann. Nach inzwischen gefestigter Rechtsprechung des BAG besteht grundsätzlich keine Verpflichtung von Veräußerer und Erwerber, die von einem Betriebsübergang betroffenen Arbeitnehmer über die wirtschaftliche und finanzielle Lage des Betriebserwerbers zu unterrichten.[143] Wie das BAG zutreffend feststellt, kann deren Beurteilung grundsätzlich nicht eindeutig anhand objektiver Tatsachen erfolgen. Die Beurteilung der wirtschaftlichen Lage und Solvenz des Betriebserwerbers unterliegt vielmehr einer regelmäßig nicht justiziablen Einschätzung der wirtschaftlichen und rechtlichen Gegebenhei-

---

[136] BAG 13.7.2006 – 8 AZR 303/05, AP BGB § 613a Nr. 311 = NZA 2006, 1273.
[137] Zum Anspruch des Arbeitnehmers auf ergänzende Unterrichtung → Rn. 23.
[138] BAG 15.12.2016 – 8 AZR 612/15, AP BGB § 613a Nr. 467 = NZA 2017, 783 Rn. 36; 26.3.2015 – 2 AZR 783/13, AP BGB § 626 Unkündbarkeit Nr. 7 = NZA 2015, 866 Rn. 30; 14.11.2013 – 8 AZR 824/12, AP BGB § 613a Nr. 449 = NJW 2014, 1755 Rn. 29 f.
[139] BAG 15.12.2016 – 8 AZR 612/15, AP BGB § 613a Nr. 467 = NZA 2017, 783 Rn. 39 f.; siehe hierzu im Einzelnen → Rn. 28.
[140] Siehe → Rn. 56 f.
[141] BAG 15.12.2016 – 8 AZR 612/15, AP BGB § 613a Nr. 467 = NZA 2017, 783 Rn. 41.
[142] *Grau* RdA 2007, 367 (370); *Willemsen/Lembke* NJW 2002, 1159 (1163); siehe auch *Reinhard* NZA 2009, 63 (65 ff.).
[143] BAG 15.12.2016 – 8 AZR 612/15, AP BGB § 613a Nr. 467 = NZA 2017, 783 Rn. 54; 31.1.2008 – 8 AZR 1116/06, AP BGB § 613a Unterrichtung Nr. 2 = NZA 2008, 642.

ten sowie der künftigen wirtschaftlichen Entwicklung des jeweiligen Einzelfalls, weshalb das wirtschaftliche Potential des Betriebserwerbers im Allgemeinen nicht Gegenstand der Informationspflicht ist.[144] Eine Unterrichtung über die wirtschaftliche Lage des Betriebserwerbers kann nach Auffassung des BAG aber für die Entscheidung des Arbeitnehmers über die Ausübung seines Widerspruchsrechts dann von Bedeutung sein, wenn eine wirtschaftliche Notlage des Betriebserwerbers offensichtlich ist, wie zum Beispiel bei einem bereits eingeleiteten Insolvenzverfahren.[145]

Nach der vorerwähnten Rechtsprechung des BAG soll zudem im Sonderfall einer im Zuge des Betriebsübergangs erfolgenden „Aufspaltung" des Betriebsvermögens unter bestimmten Umständen auf gewisse wirtschaftliche Aspekte des Betriebsübergangs hinzuweisen sein. Im entschiedenen Fall war das offenbar den wesentlichen Vermögenswert des Veräußererbetriebs darstellende Betriebsgrundstück nebst Anlagevermögen zu einem Kaufpreis von 1,5 Mio. Euro an eine selbst nicht operativ tätige Anlagegesellschaft veräußert worden, während der Betrieb im Übrigen, insbesondere die beweglichen Anlageteile des Werkes wie Maschinen sowie Vorräte und Halbfertigprodukte, zu einem Kaufpreis von 1,– Euro auf die den Betrieb fortführende und die Arbeitnehmer übernehmende Erwerbergesellschaft übertragen worden. Das BAG hat in dieser speziellen Fallkonstellation angenommen, die Arbeitnehmer hätten über den Umstand unterrichtet werden müssen, dass die Erwerbergesellschaft nicht auch die bislang zum Betriebsvermögen gehörenden Immobilien mit übernimmt, sondern diese nur im Rahmen einer Vereinbarung mit der Anlagegesellschaft nutzt. Zur Begründung führt das BAG aus, durch die im Rahmen des Betriebsübergangs erfolgte Umgestaltung der Eigentums- und Besitzverhältnisse des Veräußererbetriebs habe sich **die für Forderungen der Arbeitnehmer** aus dem Arbeitsverhältnis **zur Verfügung stehende Haftungsmasse in erheblichem Umfang verringert,** was einen unterrichtungspflichtigen Umstand darstelle.[146] In konsequenter Fortführung dieser Rechtsprechung hat das BAG weiter angenommen, dass ggf. auch darüber zu unterrichten ist, dass im Zusammenhang mit dem Betriebsübergang wesentliche Schlüsselpatente nicht auf den Erwerber, sondern einen Dritten übertragen werden.[147] Bislang noch nicht abschließend entschieden ist, ob auch der Aspekt eines negativen Kaufpreises der Unterrichtungspflicht unterfällt.[148]

Der Rechtsprechung des BAG ist zuzustimmen. Soweit wesentliche dem übergehenden Betrieb bisher zuzurechnende Vermögensgegenstände von erheblichem Wert aufgrund der vertraglichen Konstruktion des Betriebsübergangs nicht auf den Betriebserwerber übergehen, ist davon auszugehen, dass es sich bei diesem Umstand um eine unterrichtungspflichtige mittelbare wirtschaftliche Folge des Betriebsübergangs im Sinne von § 613a Abs. 5 Nr. 3 BGB handelt. Dagegen dürfte im Interesse einer praxisgerechten Eingrenzung der Unterrichtungspflicht und zur Vermeidung unzumutbarer Rechtsunsicherheit eine über Sonderfälle der geschilderten Art hinausgehende Ausdehnung der gesetzlichen Unterrichtungspflicht über die wirtschaftliche Lage und Solvenz des Betriebserwerbers abzulehnen sein.[149] Dies gilt entgegen anderslautenden Stellungnahmen im arbeitsrechtlichen Schrifttum[150] zunächst für Fälle einer so bezeichneten „konkreten Insolvenzgefährdung".[151] Das keineswegs trennscharfe Abgrenzungskriterium einer „unmittelbar bevorstehenden" Insolvenz oder „konkreten Insolvenzgefährdung" ist zur Entscheidung der mit gravierenden Rechtsfolgen verbundenen Frage, ob insoweit eine Unterrichtungspflicht besteht oder nicht, letztlich ungeeignet, da sich außerhalb

---

[144] BAG 15.12.2016 – 8 AZR 612/15, AP BGB § 613a Nr. 467 = NZA 2017, 783 Rn. 54; 31.1.2008 – 8 AZR 1116/06, AP BGB § 613a Unterrichtung Nr. 2 = NZA 2008, 642, Rn. 33.
[145] BAG 15.12.2016 – 8 AZR 612/15, AP BGB § 613a Nr. 467 = NZA 2017, 783 Rn. 54; 31.1.2008 – 8 AZR 1116/06, AP BGB § 613a Unterrichtung Nr. 2 = NZA 2008, 642 Rn. 33.
[146] BAG 31.1.2008 – 8 AZR 1116/06, AP BGB § 613a Unterrichtung Nr. 2 = NZA 2008, 642.
[147] BAG 23.7.2009 – 8 AZR 538/08, AP BGB § 613a Unterrichtung Nr. 10 = NZA 2010, 89.
[148] Siehe Andeutungen des BAG 23.7.2009 – 8 AZR 538/08, AP BGB § 613a Unterrichtung Nr. 10 = NZA 2010, 89.
[149] Ebenfalls krit. zu einer Informationspflicht über die wirtschaftliche Lage und Solvenz des Erwerbers, *Reinhard* NZA 2009, 63.
[150] Erman/*Edenfeld* BGB § 613a Rn. 129; ErfK/*Preis* BGB § 613a Rn. 88b; *Lindemann/Wolter-Roßteutscher* BB 2007, 938 (942); *Grau* RdA 2007, 367 (370); *Lembke/Oberwinter* ZIP 2007, 310 (312).
[151] Ebenso *Grosjean/Biester* DB 2007, 1466 (1467).

eines bereits eingeleiteten Insolvenzverfahrens die Grenze zwischen einer wirtschaftlich bloß schwierigen Situation eines Unternehmens und einer seinen rechtlichen Bestand bedrohenden wirtschaftlichen Schieflage nicht zweifelsfrei und objektiv ziehen lässt.[152] Abgesehen davon müsste man bei einer derartigen Ausdehnung der Unterrichtungspflicht dem gesetzlichen Vertreter einer als Betriebserwerber auftretenden juristischen Person im Hinblick auf dessen straf- und zivilrechtliche Verantwortung für eine Insolvenzverschleppung[153] raten, quasi zeitgleich mit der Unterrichtung einen Antrag auf Eröffnung des Insolvenzverfahrens über die Erwerbergesellschaft zu stellen. Hiermit würden dann aber selbst solche Unternehmen in ein Insolvenzverfahren gedrängt, bei denen berechtigte Aussicht auf Gesundung besteht.[154] Mit einer solchen Konsequenz wäre auch den von einem Betriebsübergang betroffenen Arbeitnehmern kaum gedient. Wird ein Betrieb oder Betriebsteil mit allen wesentlichen, ihm bislang zuzurechnenden materiellen und immateriellen Vermögensgegenständen auf einen neuen Inhaber übertragen, dürfte außerhalb eines bereits eingeleiteten Insolvenzverfahrens kein Raum und kein Erfordernis für eine Unterrichtungspflicht über die wirtschaftliche Lage und Solvenz des Betriebserwerbers sowie über wirtschaftliche Interna der Vereinbarung zwischen Veräußerer und Erwerber bestehen. Eine solche Unterrichtungspflicht lässt sich auch nicht überzeugend aus der – in ihrer Allgemeinheit zu weitgehenden – Erwägung des BAG im Urteil vom 31.1.2008 herleiten, wonach § 613a Abs. 5 BGB dann eine Information des Arbeitnehmers über mittelbare wirtschaftliche Folgen eines Betriebsübergangs gebiete, wenn die Arbeitsplatzsicherheit beim Betriebserwerber maßgeblich betroffen sei.[155] Diese Aussage ist vielmehr nur im Zusammenhang mit der im entschiedenen Fall vorliegenden Besonderheit einer Verringerung der betrieblichen Haftungsmasse zu sehen. Das Kriterium der „Arbeitsplatzsicherheit beim Erwerber" wäre bei einer Verallgemeinerung seiner Bedeutung für die Bestimmung des Inhalts der gesetzlichen Unterrichtungspflicht gemäß § 613a Abs. 5 BGB unter dem Aspekt der gebotenen Rechtssicherheit erkennbar ungeeignet.

52 Nach einer jüngeren Entscheidung des BAG muss der Arbeitgeber allerdings im Rahmen seiner auch mittelbare Folgen des Betriebsübergangs betreffenden Unterrichtung auch darüber informieren, dass die rechtlichen Rahmenbedingungen beim Erwerber zu einer Gefährdung der wirtschaftlichen Absicherung des Arbeitnehmers führen können, wobei die Unterrichtungspflicht keine umfassende Rechtsberatung jedes Arbeitnehmers, sondern lediglich das Vertreten und Äußern einer rechtlich vertretbaren Position nach Einholung von Rechtsrat verlangt, sodass der Arbeitnehmer sich auf dieser Grundlage weiter informieren oder beraten lassen kann.[156] Im konkreten Fall beanstandete das BAG, dass die Unterrichtung keine Aussage zu der Frage enthielt, ob beim Übergang von einer öffentlich-rechtlich organisierten militärischen Einrichtung auf eine privatrechtlich organisierte Erwerberin tarifvertraglich geregelte Überbrückungsbeihilfen bei der Erwerberin überhaupt noch in Betracht kommen konnten.

53 Die denkbaren **sozialen Folgen** des Betriebsübergangs für die betroffenen Arbeitnehmer stehen zwar weitgehend im Zusammenhang mit dessen rechtlichen Folgen und werden dementsprechend schon zum großen Teil bereits im Rahmen der Erörterung der rechtlichen Folgen behandelt. Man wird dem Merkmal der „sozialen Folgen" jedoch eine eigene Bedeutung nicht völlig absprechen können.[157] Man denke in diesem Zusammenhang beispielsweise nur daran, dass eine vom Veräußerer aus freien Stücken und ohne Begründung eines entsprechenden Rechtsanspruchs geschaffene Sozialeinrichtung, etwa eine Kindertagesstätte für die Kinder der dort tätigen Arbeitnehmer, bei dem Erwerber eines unweit an anderer Stelle fortgeführten Teilbetriebs nicht (mehr) besteht,[158] was für zum übergehenden Teilbetrieb

---

[152] *Grosjean/Biester* DB 2007, 1466 (1467).
[153] Siehe § 15a InsO.
[154] Vgl. LAG Düsseldorf 6.10.2005 – 15 Sa 355/05, BeckRS 2006, 400004; ebenso *Worzalla* NZA 2002, 353 (355); *Krügermeyer-Kalthoff/Reutershan* MDR 2003, 541 (543); *Grobys* BB 2002, 726 (728).
[155] BAG 31.1.2008 – 8 AZR 1116/06, AP BGB § 613a Unterrichtung Nr. 2 = NZA 2008, 642.
[156] BAG 26.3.2015 – 2 AZR 783/13, AP BGB § 626 Nr. 7 = NZA 2015, 866 ff.
[157] KR/*Treber* BGB § 613a Rn. 64; Bernsau/Dreher/Hauck/*Dreher* BGB § 613a Rn. 164; *Willemsen/Lembke* NJW 2002, 1159 (1163).
[158] So auch *Reinhard* NZA 2009, 63 (65), die in diesem Zusammenhang eine Kantine und betriebliche Verkehrsmittel als weitere Sozialeinrichtungen nennt.

gehörende allein erziehende Arbeitnehmer eine ganz gravierende soziale Folge des Betriebsübergangs bedeuten kann.

e) **Hinsichtlich der Arbeitnehmer in Aussicht genommene Maßnahmen.** Zu den hinsichtlich der Arbeitnehmer in Aussicht genommenen Maßnahmen iSv § 613a Abs. 5 Nr. 4 BGB gehören nach der Gesetzesbegründung „Weiterbildungsmaßnahmen im Zusammenhang mit geplanten Produktionsumstellungen oder Umstrukturierungen und andere Maßnahmen, die die berufliche Entwicklung der Arbeitnehmer betreffen".[159] Diese Aufzählung ist jedoch entgegen anderslautenden Literaturstimmen[160] nicht abschließend. Vielmehr umfasst dieser Unterrichtungsgegenstand unter Berücksichtigung des Zwecks der Unterrichtungspflicht und seiner systematischen Einordnung in § 613a Abs. 5 BGB **jede durch den Erwerber zum Zeitpunkt der Unterrichtung bereits geplante erhebliche Änderung des arbeitsvertraglichen Status quo der vom Übergang betroffenen Arbeitnehmer.**[161] Erforderlich ist insoweit jedoch, dass die vom Erwerber in Aussicht genommene **Maßnahme** bereits ein **Stadium konkreter Planung erreicht** hat.[162] 54

Auch wenn durchaus gute Argumente dafür sprechen, dass mit der Unterrichtung über die bei einem Betriebsübergang hinsichtlich der Arbeitnehmer in Aussicht genommenen Maßnahmen nur eine Auskunft über die beim Erwerber zu erwartenden Maßnahmen gefordert wird,[163] muss man angesichts der BAG-Rechtsprechung[164] wohl davon ausgehen, dass man bei dem Merkmal der „hinsichtlich der Arbeitnehmer **in Aussicht genommenen Maßnahmen**" in § 613a Abs. 5 Nr. 4 BGB auch etwa **beim Veräußerer** für widersprechende Arbeitnehmer vorgesehene Maßnahmen (insbesondere mögliche betriebsbedingte Kündigungen wegen Fortfalls der Beschäftigungsmöglichkeit und/oder Sozialplanansprüche aus einem zumindest bereits konkret geplanten Sozialplanabschluss) im Blick haben muss.[165] Ein solches Verständnis von § 613a Abs. 5 Nr. 4 BGB lässt dann allerdings außer Betracht, dass die Durchführung solcher Maßnahmen beim Veräußerer durch die von diesem nicht beeinflussbare Ausübung des Widerspruchsrechts des jeweiligen Arbeitnehmers bedingt und von ihm gar nicht so beabsichtigt ist. 55

Auf der Erwerberseite ist eine im Zeitpunkt der Unterrichtung bereits **konkret zu gegenwärtigende Personalreduzierung** der geradezu klassische Fall einer hinsichtlich der Arbeitnehmer in Aussicht genommenen Maßnahme.[166] Plant der Erwerber beispielsweise schon zum Zeitpunkt des Betriebsübergangs, die Vertriebsaktivitäten des bislang mit ihm im Wettbewerb stehenden Veräußerers schnellstmöglich in sein bestehendes Vertriebsnetz zu integrieren, hiernach dann die Außendienstorganisation des Veräußerers aufzulösen und durch Nutzung von Synergieeffekten im Vertriebsbereich eine größere Anzahl von Außendienstarbeitsplätzen abzubauen, sind die Außendienstmitarbeiter des Veräußerers hierüber gemäß § 613a Abs. 5 Nr. 4 BGB bereits vor dem Betriebsübergang zu unterrichten, auch wenn der Erwerber die betreffende Betriebsänderung nach dem Betriebsübergang erst noch mit dem Betriebsrat verhandeln muss und auch noch gar nicht feststeht, welche Außendienstler letztlich von der zukünftigen Reorganisation des Erwerbers durch Entlassung betroffen sein werden. Entsprechendes gilt auch für **personelle Einzelmaßnahmen** iSd § 99 BetrVG, also etwa vom Erwerber vor dem Betriebübergang bereits grundsätzlich geplante, wenn auch noch nicht hinsichtlich der einzelnen Arbeitnehmer namentlich feststehende 56

---

[159] BT-Drs. 14/7760, 19.
[160] *Bauer/v. Steinau-Steinrück* ZIP 2002, 457 (463).
[161] Ähnl. *Hohenstatt/Grau* NZA 2007, 13 (17); siehe auch Staudinger/*Annuß* BGB § 613a Rn. 283; *Jaeger* ZIP 2004, 433 (441).
[162] BAG 14.11.2013 – 8 AZR 824/12, AP BGB § 613a Nr. 446 = NZA 2013, 610 Rn. 30; 10.11.2011 – 8 AZR 430/10, BeckRS 2012, 66397 Rn. 30; 13.7.2006 – 8 AZR 303/05, AP BGB § 613a Nr. 311 = NZA 2006, 1273; Staudinger/*Annuß* BGB § 613a Rn. 284; Lutter UmwG/*Joost* § 324 Rn. 62; *Schnitker/Grau* RdA 2005, 2238 (2241).
[163] Henssler/Willemsen/Kalb/*Willemsen/Müller-Bonanni* BGB § 613a Rn. 334; tendenziell für diese Beschränkung auch LAG Düsseldorf 1.4.2005 – 18 Sa 1950/04, AP BGB § 613a Nr. 295.
[164] BAG 31.1.2008 – 8 AZR 1116/06, AP BGB § 613a Unterrichtung Nr. 2 = NZA 2008, 642; 13.7.2006 – 8 AZR 303/05, AP BGB § 613a Nr. 311 = NZA 2006, 1273.
[165] Vgl. hierzu im Einzelnen → Rn. 45.
[166] *Meyer* NZA 2017, 960 (961).

Versetzungen, die die übergehenden Arbeitnehmer dann zumindest konkret zu gewärtigen haben.

57 **f) Zusammenfassung.** Die Unterrichtung sollte nach alledem je nach Fallkonstellation zu folgenden Punkten möglichst konkrete Angaben enthalten:

58 **Checkliste zu den erforderlichen Angaben im Unterrichtungsschreiben:**

- ☐ Identität des Erwerbers
- ☐ (geplanter) Zeitpunkt der Betriebsübertragung
- ☐ Rechtsgrund und schlagwortartige Angabe der unternehmerischen Gründe
- ☐ Eintritt des Erwerbers in alle individualvertraglich begründeten Rechte und Pflichten aus dem Arbeitsverhältnis
- ☐ Schicksal von Betriebs-, Gesamtbetriebs- und Konzernbetriebsvereinbarungen sowie von Tarifverträgen
- ☐ Gesamtschuldnerische Haftung von Veräußerer und Erwerber nach dem Regelungsinhalt von § 613a Abs. 1 S. 1, Abs. 2 BGB
- ☐ Kündigungsverbot gemäß § 613a Abs. 4 BGB
- ☐ Widerspruchsrecht gemäß § 613a Abs. 6 BGB
- ☐ Rechtliche, wirtschaftliche und soziale Folgen des Betriebsübergangs
- ☐ Hinsichtlich der Arbeitnehmer in Aussicht genommene Maßnahmen

6. Rechtsfolgen unterbliebener oder fehlerhafter Unterrichtung

59 **a) Kein Beginn der Widerspruchsfrist.** Nach der Gesetzessystematik ist die Erfüllung der Unterrichtungspflicht gemäß § 613a Abs. 5 BGB Voraussetzung für den Beginn der Frist zur Ausübung des in § 613a Abs. 6 BGB geregelten Widerspruchsrechts.[167] Für die Ingangsetzung der einmonatigen Widerspruchsfrist ist daher erforderlich, dass die geschuldete Unterrichtung **inhaltlich zutreffend** und **vollständig** ist. Die Widerspruchsfrist läuft sowohl bei einer völlig unterbliebenen als auch bei einer unvollständigen oder fehlerhaften Unterrichtung nicht an.[168] Veräußerer und Erwerber tragen die Darlegungs- und Beweislast, dass die Unterrichtung ordnungsgemäß erfolgt ist.[169]

60 Die Widerspruchsfrist wird auch dann nicht in Gang gesetzt, wenn der Arbeitnehmer von einem vermeintlichen Veräußerer und/oder einem vermeintlichen Erwerber über einen von diesen rechtsirrig angenommenen Betriebsübergang unterrichtet wurde. Erklärt der Arbeitnehmer in einem solchen Fall innerhalb eines Monats nach seiner Unterrichtung keinen Widerspruch, ist er nicht nach § 613a Abs. 6 S. 1 BGB daran gehindert, sich auch später noch auf den Fortbestand seines Arbeitsverhältnisses beim vermeintlichen Veräußerer zu berufen.[170] § 613a Abs. 6 S. 1 BGB kann bei einer solchen Sachverhaltskonstellation auch nicht analog angewendet werden.[171]

61 Eine nicht ordnungsgemäße, weil unvollständige Unterrichtung kann noch nach einem Betriebsübergang vervollständigt werden und die Monatsfrist zur Ausübung des Widerspruchsrechts in Gang setzen, wenn hierbei die für die Unterrichtung gesetzlich vorgeschriebene Form gewahrt und die ergänzende Unterrichtung ausdrücklich als solche bezeichnet wird.[172] Ist eine ergänzende bzw. erneute Unterrichtung vorzunehmen, weil die ursprüngli-

---

[167] BAG 13.7.2006 – 8 AZR 382/05, AP BGB § 613a Widerspruch Nr. 1 = NZA 2006, 1406; 13.7.2006 – 8 AZR 305/05, AP BGB § 613a Nr. 312 = NZA 2006, 1268.
[168] BAG 13.7.2006 – 8 AZR 305/05, AP BGB § 613a Nr. 312 = NZA 2006, 1268; einschränkend *Willemsen* NJW 2007, 2065 (2070).
[169] BAG 31.1.2008 – 8 AZR 1116/06, AP BGB § 613a Unterrichtung Nr. 2 = NZA 2008, 642 Rn. 29; zur Darlegungs- und Beweislast im Einzelnen → § 54 Rn. 192.
[170] BAG 25.1.2018 – 8 AZR 309/16, AP BGB § 613a Nr. 474 = NZA 2018, 933 Rn. 62 ff.
[171] BAG 25.1.2018 – 8 AZR 309/16, AP BGB § 613a Nr. 474 = NZA 2018, 933 Rn. 63 ff.
[172] BAG 23.7.2009 – 8 AZR 538/08, AP BGB § 613a Unterrichtung Nr. 10 = NZA 2010, 89 Rn. 21.

che Unterrichtung aufgrund nachträglich eingetretener Umstände nicht mehr den tatsächlich erfolgenden Betriebsübergang erfasst,[173] der Betriebsübergang also „ein anderer" ist als zunächst angenommen, wird die einmonatige Widerspruchsfrist für den Arbeitnehmer mit Zugang der ergänzenden bzw. erneuten Unterrichtung neu in Gang gesetzt.[174]

Anders als in den Fällen der Vervollständigung einer zunächst unvollständigen Unterrichtung durch eine ergänzende Unterrichtung wird die Widerspruchsfrist in solchen Fällen, in denen die Unterrichtung wegen der Nichterwähnung einer Sozialplanprivilegierung der Betriebserwerberin nach § 112a Abs. 2 BetrVG zunächst unvollständig ist, mit Ablauf des für die Sozialplanprivilegierung geltenden Vierjahreszeitraums seit Unternehmensgründung der Erwerberin ohne weiteres Zutun in Gang gesetzt. Der Fehler im Unterrichtungsschreiben wird mit Ablauf des Privilegierungszeitraums kraft Gesetzes geheilt, sodass für eine ergänzende Unterrichtung insoweit kein Bedarf besteht.[175]

b) Schadensersatzanspruch. Da die Unterrichtungspflicht eine echte Rechtspflicht darstellt und daher ein durchsetzbarer Auskunftsanspruch für den Arbeitnehmer besteht,[176] kann der Arbeitnehmer im Fall einer vorsätzlichen oder fahrlässigen Verletzung der Unterrichtungspflicht einen Schadensersatzanspruch gem. **§ 280 Abs. 1 BGB** gegen den Veräußerer[177] und auch gegen den Erwerber[178] geltend machen.[179] Bei Verletzung der Unterrichtspflicht wird **Verschulden** nach § 280 Abs. 1 S. 2 BGB vermutet.[180] Macht der Arbeitnehmer geltend, nicht oder nicht vollständig über den Betriebsübergang unterrichtet worden zu sein, ist er so zu stellen, wie er gestanden hätte, wenn er richtig und vollständig informiert worden wäre.[181] Die **fehlerhafte Unterrichtung** muss dabei **kausal für den eingetretenen Schaden** sein. Die **Beweislast** hierfür **trägt der Arbeitnehmer**.[182]

Für einen **Arbeitnehmer, dessen Arbeitsverhältnis auf den Erwerber übergegangen ist und der beim Erwerber verbleibt**, kommt ein **Schadensersatzanspruch** allerdings **nur in Ausnahmefällen** in Betracht. Erleidet der Arbeitnehmer aufgrund der fehlerhaften Unterrichtung beim Erwerber einen Schaden – zum Beispiel weil er dort den Verlust seiner Aktienoptionen oder die Reduzierung seiner zukünftigen Betriebsrente erfährt, ohne hierüber vorher informiert zu sein –, kann das Schadensersatzbegehren schon deshalb keinen Erfolg haben, weil der für den Schadenseintritt beweispflichtige Arbeitnehmer die Realisierung des Schadens bereits dadurch verhindern kann, dass er sein wegen der fehlerhaften Unterrichtung fortbestehendes Widerspruchsrecht ausübt.[183] Entscheidet sich der zum Erwerber übergegangene Arbeitnehmer nach Bekanntwerden seiner fehlerhaften, weil nicht auf dort ablösende verschlechternde Kollektivvereinbarungen hinweisenden Unterrichtung gleichwohl

---

[173] → Rn. 23.
[174] → Rn. 28; aA offenbar *Göpfert/Winzer* ZIP 2008, 761 (764).
[175] BAG 15.12.2016 – 8 AZR 612/15, AP BGB § 613a Nr. 467 = NZA 2017, 783 Rn. 41; siehe hierzu auch → Rn. 47.
[176] → Rn. 5.
[177] Hier ergibt sich die Ersatzpflicht aus einem Verstoß gegen eine vertragliche Nebenpflicht zur Unterrichtung, vgl. *Grau* RdA 2005, 367 (372); *Gaul/Otto* DB 2002, 634 (639); *Willemsen/Lembke* NJW 2002, 1159 (1164).
[178] Bei der aus §§ 280 Abs. 1, 311 Abs. 2 Nr. 3, 241 Abs. 2 BGB folgenden Haftung des Erwerbers wird dagegen auf das durch § 613a Abs. 5 BGB begründete gesetzliche Schuldverhältnis als Haftungsgrundlage verwiesen, vgl. die in der vorigen Fußnote zitierten Nachweise.
[179] BAG 11.12.2009 – 8 AZR 751/07, AP BGB § 613a Widerspruch Nr. 12; 9.12.2010 – 8 AZR 592/08, AP BGB § 613a Nr. 393; 20.5.2010 – 8 AZR 68/09, AP BGB § 613a Widerspruch Nr. 26; 31.1.2008 – 8 AZR 1116/06, AP BGB § 613a Unterrichtung Nr. 2 = NZA 2008, 642; 27.11.2008 – 8 AZR 1043/06, AP BGB § 613a Unterrichtung Nr. 8; 13.7.2006 – 8 AZR 382/05, AP BGB § 613a Widerspruch Nr. 1 = NZA 2006, 1406; Henssler/Willemsen/Kalb/*Willemsen/Müller-Bonanni* BGB § 613a Rn. 338; MüKoBGB/*Müller-Glöge* § 613a Rn. 114; *Lutter* UmwG/*Joost* § 324 Rn. 64; *Grau* RdA 2007, 367 (372); einschränkend *Semler/Stengel/Simon* UmwG § 324 Rn. 48: Schadensersatzanspruch nur im Fall der vorsätzlichen Schädigung gem. § 826 BGB.
[180] BAG 9.12.2010 – 8 AZR 592/08, AP BGB § 613a Nr. 393.
[181] BAG 27.11.2008 – 8 AZR 1023/06, AP BGB § 613a Unterrichtung Nr. 8.
[182] BAG 27.11.2008 – 8 AZR 1023/06, AP BGB § 613a Unterrichtung Nr. 8; vgl. auch *Lunk* RdA 2009, 48, der die abgestufte Darlegungs- und Beweislast bzgl. des Schadensersatzanspruches begrüßt.
[183] *Gaul/Otto* DB 2005, 2465 (2470); *Jaeger* ZIP 2004, 433 (444); *Nehls* NZA 2003, 822 (824).

für den Verbleib beim Erwerber, wird er die dort von ihm hinzunehmenden materiellen Einbußen nicht mittels eines Schadensersatzanspruches kompensieren können. Die beteiligten Arbeitgeber können einem entsprechenden Schadensersatzbegehren entgegenhalten, dass der aus der Gesetzesregelung des § 613a Abs. 1 S. 3 BGB resultierende „Schaden" auch bei rechtmäßigem Alternativverhalten, also bei ordnungsgemäßer Unterrichtung, eingetreten wäre,[184] sodass es an der haftungsausfüllenden Kausalität fehlt. Dementsprechend hat mittlerweile auch das BAG entschieden, dass ein **kausaler Schaden zu verneinen ist, wenn der Arbeitnehmer** den von ihm geltend gemachten **Schaden durch Ausübung seines Widerspruchsrechts** innerhalb der erst mit seiner Kenntniserlangung von der Falschinformation in Gang gesetzten Widerspruchsfrist **hätte vermeiden können**.[185] Ein Schadensersatzanspruch des trotz fehlerhafter Unterrichtung beim Erwerber verbleibenden Arbeitnehmers ist allerdings ausnahmsweise denkbar, wenn dem Arbeitnehmer die Ausübung des Widerspruchsrechts bei Bekanntwerden der Fehlerhaftigkeit der Unterrichtung bereits abgeschnitten ist, etwa wenn der zum Erwerber übergegangene Arbeitnehmer von der Fehlerhaftigkeit der Unterrichtung bezüglich seiner beim Erwerber nur in geringerer Höhe fortgeführten Betriebsrentenanwartschaft erst bei seiner Verrentung erfährt.[186] Demgegenüber kann ein Arbeitnehmer im Falle einer Verwirkung des Widerspruchsrechts nicht verlangen, so gestellt zu werden, wie er stünde, wenn er das Widerspruchsrecht wirksam ausgeübt hätte, da andernfalls die Regeln, die zum Untergang seines Widerspruchsrechts geführt haben, umgangen würden.[187]

65 In bestimmten Fallkonstellationen ist ein **Schadensersatzanspruch** auch denkbar, wenn der Arbeitnehmer **nach Kenntniserlangung über** die **Fehlerhaftigkeit der Unterrichtung** sein **Widerspruchsrecht ausübt.** Entscheidet sich beispielsweise ein Arbeitnehmer, der über den durch eine ablösende Betriebsvereinbarung beim Erwerber eintretenden Verlust seiner Jahressonderzahlung zunächst nicht informiert wurde, nach Bekanntwerden der Fehlerhaftigkeit seiner Unterrichtung durch Widerspruch zur Rückkehr zum Veräußerer, wird er die von ihm während seiner Tätigkeit für den Erwerber erlittenen materiellen Einbußen nicht im Rahmen der Rückabwicklung seines faktischen Arbeitsverhältnisses,[188] aber deswegen als Schadensersatz gegenüber Veräußerer und Erwerber geltend machen können.[189] Nach Auffassung des BAG kommt zudem ein Schadensersatzanspruch des von einem Betriebsübergang betroffenen Arbeitnehmers auf Ersatz des beim Veräußerer während des Zeitraums zwischen dem Betriebsübergang und der Ausübung des Widerspruchsrechts entgangenen Verdienstes in Betracht, wenn der Arbeitnehmer vom Erwerber für diese Zeit keine Vergütung erhält.[190] Dem Arbeitnehmer obliegt in diesem Fall die Darlegungs- und Beweislast dafür, dass er bei einer ordnungsgemäßen Unterrichtung das Widerspruchsrecht rechtzeitig ausgeübt hätte und der geltend gemachte Schaden nicht eingetreten wäre.[191]

66 Hat der Arbeitnehmer sein **Widerspruchsrecht** auf der Grundlage einer fehlerhaften Unterrichtung **vor Kenntniserlangung von** der **Fehlerhaftigkeit ausgeübt** und hätte er im Fall einer fehlerfreien Unterrichtung dem Übergang seines Arbeitsverhältnisses auf den Erwerber nicht widersprochen, kommt ein Schadensersatzanspruch für ihm beim Erwerber entgangene Leistungen – wie zum Beispiel besondere Gratifikations- oder Urlaubsgeldzahlungen[192] – in Betracht, die der Arbeitnehmer bei einer Fortsetzung des Arbeitsverhältnisses mit dem Erwerber dort nach dem Betriebsübergang erhalten hätte. Allerdings wird man mit Hilfe des Schadensersatzanspruches kein Arbeitsverhältnis zum Erwerber begründen

---

[184] *Grau* RdA 2005, 367 (374); *C. Meyer* BB 2003, 1010 (1014); *Jaeger* ZIP 2004, 433 (444).
[185] BAG 27.11.2008 – 8 AZR 1023/06, AP BGB § 613a Unterrichtung Nr. 8.
[186] Siehe auch *Nehls* NZA 2003, 822 (824).
[187] BAG 24.7.2008 – 8 AZR 73/07, AP BGB § 613a Nr. 351; 11.12.2009 – 8 AZR 751/07, AP BGB § 613a Widerspruch Nr. 12; 9.12.2010 – 8 AZR 592/08, AP BGB § 613a Nr. 393; 20.5.2010 – 8 AZR 68/09, BeckRS 2010, 73535; ausf. zur Thematik der Verwirkung → Rn. 97.
[188] → Rn. 114.
[189] IE für die Geltendmachung dieser Schadensposition ebenfalls *Willemsen* NJW 2007, 2065 (2073).
[190] BAG 13.7.2006 – 8 AZR 382/05, AP BGB § 613a Widerspruch Nr. 1 = NZA 2006, 1406.
[191] BAG 13.7.2006 – 8 AZR 382/05, AP BGB § 613a Widerspruch Nr. 1 = NZA 2006, 1406.
[192] *Franzen* RdA 2002, 258 (267); siehe zu der gebotenen zeitlichen Begrenzung für derartige Schadensersatzansprüche *Grau* RdA 2005, 367 (374).

können,[193] da ein solcher Eingriff in die Vertragsautonomie durch das Wiederherstellungsinteresse des Arbeitnehmers nicht gerechtfertigt ist.[194] Falls die fehlerhafte Unterrichtung in einem solchen Fall nicht bloß fahrlässig, sondern vorsätzlich erfolgte, wäre eine Anfechtung des Widerspruchs durch den betroffenen Arbeitnehmer wohl eher erfolgversprechend.[195]

In allen vorgenannten Fällen mag eine Schadensersatzpflicht eines Arbeitgebers, der die Unterrichtung über einzelne Unterrichtungsgegenstände nicht vollständig bzw. richtig vornehmen konnte, weil der andere unterrichtungspflichtige Arbeitgeber die betreffenden Informationen bewusst zurückgehalten hat, auf den ersten Blick fragwürdig erscheinen. Ein Veräußerer könnte in diesem Fall versuchen, einer Inanspruchnahme auf Schadensersatz sein fehlendes Verschulden für die fehlerhafte Unterrichtung und den Umstand entgegenzuhalten, dass das Verschulden eines Gesamtschuldners gem. § 425 Abs. 2 BGB grundsätzlich nur Einzelwirkung zulasten des verantwortlichen Gesamtschuldners entfaltet.[196] Gem. § 425 Abs. 1 BGB kann das Verschulden eines Gesamtschuldners allerdings auch gegenüber dem anderen Schuldner des Gesamtschuldverhältnisses wirken, wenn sich eine solche Gesamtwirkung aus der Natur des Schuldverhältnisses ableiten lässt. Dies wird man aufgrund der vom Gesetzgeber ausdrücklich vorgesehenen internen Verständigung der beteiligten Arbeitgeber, in welcher Weise sie ihre Informationspflicht erfüllen[197] und der vom BAG im Rahmen der Verwirkung bereits bejahten wechselseitigen Wissenszurechnung der beteiligten Arbeitgeber, für die gesamtschuldnerische Unterrichtungspflicht von Veräußerer und Erwerber gegenüber dem Arbeitnehmer annehmen müssen.[198]

c) Keine Unwirksamkeit einer Kündigung des bisherigen Betriebsinhabers. Haben die beteiligten Arbeitgeber den Arbeitnehmer fehlerhaft über den Betriebsübergang informiert und wird ein nach unzutreffender Unterrichtung dem Übergang seines Arbeitsverhältnisses widersprechender Arbeitnehmer anschließend vom Veräußerer betriebsbedingt gekündigt, führt die Fehlerhaftigkeit der Unterrichtung nach der Rechtsprechung des BAG nicht zur Unwirksamkeit der Kündigung.[199] Für eine aus § 242 BGB herzuleitende Unwirksamkeit der Kündigung wegen fehlerhafter Unterrichtung bestehe kein Bedürfnis, da der Arbeitnehmer in einem solchen Fall nicht in Zugzwang sei, sein Widerspruchsrecht auf einer unzureichenden Tatsachenbasis auszuüben, weil die Widerspruchsfrist durch eine fehlerhafte Unterrichtung nicht in Gang gesetzt werde. Zudem sei es ansonsten dem Betriebsveräußerer, bei dem der Arbeitnehmer infolge eines nach unzutreffender Unterrichtung erklärten Widerspruchs verbleibe, auf Dauer verwehrt, einen sich aus dem Wegfall der Beschäftigungsmöglichkeit ergebenden betriebsbedingten Kündigungsgrund geltend zu machen.[200]

d) Keine Berufung auf Ablauf einer Ausschlussfrist. Ein Betriebserwerber kann sich nicht auf den Ablauf einer Ausschlussfrist berufen, wenn weder er noch der Betriebsveräußerer der Unterrichtungspflicht nach § 613a Abs. 5 BGB nachgekommen ist und zwischen der Fristversäumung und der unterlassenen oder fehlerhaften Unterrichtung ein innerer Zusammenhang besteht.[201] Ein Erwerber, der einen Betriebsübergang leugnet, dem Arbeitnehmer aber gleichzeitig vorwirft, ihn nicht (früher) als Erwerber in Anspruch genommen zu haben, handelt zudem widersprüchlich im Sinne von § 242 BGB.[202] Eine Berufung auf sol-

---

[193] So aber Staudinger/*Annuß* BGB § 613a Rn. 287; *Rupp* NZA 2007, 301 (305); *Grau* RdA 2005, 367 (375); *Krügermeyer-Kalthoff/Reutershan* MDR 2003, 541 (545); *Adam* AuR 2003, 441 (443).
[194] *Gaul/Otto* DB 2002, 634 (639); *Gaul/Otto* DB 2005, 2465 (2469); iE wohl auch *Franzen* RdA 2002, 258 (267); siehe zu einer ähnl. gelagerten Problematik auch BGH 21.9.1987 – II ZR 16/87, NJW-RR 1988, 288.
[195] Zur Anfechtung eines erklärten Widerspruchs → Rn. 121.
[196] So im Einzelnen Staudinger/*Annuß* BGB § 613a Rn. 287; Henssler/Willemsen/Kalb/*Willemsen/Müller-Bonanni* BGB § 613a Rn. 338; *Grau* RdA 2005, 367 (373).
[197] BT-Drs. 14/7760, 19.
[198] Vgl. BAG 27.11.2008 – 8 AZR 174/07, NZA 2009, 552: „Für das Schuldverhältnis von Betriebsveräußerer und Betriebserwerber als Gesamtschuldner (...) ist in § 613a BGB (...) „ein anderes" normiert, § 425 Abs. 1 BGB." Siehe *Rupp* NZA 2007, 301 (303).
[199] BAG 24.5.2005 – 8 AZR 398/04, AP BGB § 613a Nr. 284 = NZA 2005, 1302; Ascheid/Preis/Schmidt/*Steffan* BGB § 613a Rn. 216; Henssler/Willemsen/Kalb/*Willemsen/Müller-Bonanni* BGB § 613a Rn. 338.
[200] BAG 24.5.2005 – 8 AZR 398/04, AP BGB § 613a Nr. 284 = NZA 2005, 1302.
[201] BAG 22.8.2012 – 5 AZR 526/11, AP BGB § 613a Nr. 435 = NZA 2013, 376.
[202] BAG 22.8.2012 – 5 AZR 526/11, AP BGB § 613a Nr. 435 = NZA 2013, 376.

che Vorteile, die aus der Verletzung der Pflicht zur ordnungsgemäßen Unterrichtung resultieren, ist rechtsmissbräuchlich.[203]

II. Das Widerspruchsrecht

1. Grundlagen

70 Das Recht des Arbeitnehmers zum Widerspruch gegen den im Rahmen eines rechtsgeschäftlichen Betriebsinhaberwechsels erfolgenden Übergang seines Arbeitsverhältnisses auf den Betriebs- oder Betriebsteilerwerber war schon vor seiner zum 1.4.2002 erfolgten Kodifizierung seit langem von der Rechtsprechung anerkannt.[204] Auch der EuGH hat die Vereinbarkeit des Widerspruchsrechts mit der Betriebsübergangsrichtlinie[205] festgestellt.[206] Es ist jedoch unionsrechtlich nicht ausgestaltet; die Rechtsfolgen eines Widerspruchs richten sich vielmehr nach nationalem Recht.[207] Die Kodifizierung des Widerspruchsrechts in § 613a Abs. 6 BGB trägt der vom BAG in ständiger Rechtsprechung angestellten verfassungsrechtlichen Erwägung Rechnung, dass es mit der Würde des Menschen, dem **Recht auf freie Entfaltung der Persönlichkeit** und dem Recht **auf freie Arbeitsplatzwahl** unvereinbar wäre, wenn ein Arbeitnehmer verpflichtet würde, für einen Arbeitgeber tätig zu werden, den er nicht frei gewählt hat.[208]

2. Voraussetzungen für das Bestehen eines Widerspruchsrechts

71 **a) Rechtsgeschäftlicher Betriebsübergang.** Nach dem Wortlaut und der Systematik des § 613a BGB besteht ein Widerspruchsrecht nur im Falle eines rechtsgeschäftlichen Betriebsübergangs. Die Vorschrift des § 613a Abs. 6 BGB ist nach höchstrichterlicher Rechtsprechung dementsprechend auf einen im Wege einer Gesamtrechtsnachfolge unmittelbar kraft Gesetzes erfolgenden Betriebsübergang weder direkt noch analog anwendbar.[209] Bei einem unmittelbar kraft Gesetzes erfolgenden Betriebsinhaberwechsel kann ein Widerspruchsrecht der Arbeitnehmer nur durch eine entsprechende spezielle gesetzliche Regelung begründet werden. Die Versagung eines Widerspruchsrechts bei gesetzlich angeordnetem Übergang von Arbeitsverhältnissen ist nach der Rechtsprechung gerechtfertigt, wenn für den damit verbundenen Eingriff in den Schutzbereich der Arbeitsplatzfreiheit gemäß Art. 12 Abs. 1 GG vernünftige Gründe des Gemeinwohls bestehen und der Verhältnismäßigkeitsgrundsatz gewahrt wird.[210]

72 **b) Fortbestehen des bisherigen Arbeitgebers.** Der Gesetzgeber hat durch die gemeinsam mit der Kodifizierung des Widerspruchsrechts in § 613a Abs. 6 BGB erfolgte Erweiterung der Vorschrift des § 324 UmwG, in die ein Verweis auf die Regelungen des § 613a Abs. 5 u. 6 BGB[211] eingefügt worden ist, grundsätzlich auch bei Unternehmensumstrukturierun-

---

[203] BAG 22.8.2012 – 5 AZR 526/11, AP BGB § 613a Nr. 435 = NZA 2013, 376; siehe auch BAG 13.2.2003 – 8 AZR 236/02, AP BGB § 613a Nr. 244.
[204] Grundlegend BAG 2.10.1974 – 5 AZR 504/73, AP BGB § 613a Nr. 1.
[205] Ursprünglich RL 77/187/EWG, zwischenzeitlich RL 98/50/EG, nunmehr RL 2001/23/EG, dazu bereits → Rn. 2.
[206] EuGH 5.5.1988 – C-144/87, Slg. 1988, I-2559 (2582); 16.12.1992 – C-132/91, C-138/91, C-139/91, AP BGB § 613a Nr. 97 = NZA 1993, 169 – Katsikas.
[207] BAG 13.11.2014 – 8 AZR 776/13, AP BGB § 613a Nr. 457.
[208] BT-Drs. 14/7760, 20 unter Berufung auf BAG 22.4.1993 – 2 AZR 50/92, AP BGB § 613a Nr. 103 = NZA 1994, 360 sowie auf EuGH 16.12.1992 – C-132/91, C-138/91, C-139/91, AP BGB § 613a Nr. 97 = NZA 1993, 169.
[209] BAG 2.3.2006 – 8 AZR 124/05, AP BGB § 419 Funktionsnachfolge Nr. 25 = NZA 2006, 848; 28.9.2006 – 8 AZR 441/05, AP BGB § 419 Funktionsnachfolge Nr. 26 = NZA 2007, 352.
[210] BAG 2.3.2006 – 8 AZR 124/05, AP BGB § 419 Funktionsnachfolge Nr. 25 = NZA 2006, 848; 28.9.2006 – 8 AZR 441/05, AP BGB § 419 Funktionsnachfolge Nr. 26 = NZA 2007, 352; vgl. auch BVerfG 25.1.2011 – 1 BVR 1741/09, NZA 2011, 400.
[211] Vgl. Art. 5 des Gesetzes zur Änderung des Seemannsgesetzes und anderer Gesetze v. 23.3.2002, BGBl. 2002 I 1163.
[211] BT-Drs. 14/7760, 20.

gen nach dem Umwandlungsgesetz ein Widerspruchsrecht der von solchen Maßnahmen betroffenen Arbeitnehmer anerkannt. **Zweifelhaft war** lange allerdings, **ob ein Widerspruchsrecht** auch **bei umwandlungsbedingtem Erlöschen des übertragenden Rechtsträgers**, also in Fällen der Verschmelzung, Aufspaltung und vollständigen Vermögensübertragung, **besteht**.[212]

Diese im arbeitsrechtlichen Schrifttum streitig diskutierte Frage ist mittlerweile durch die **Rechtsprechung des BAG** für die Praxis geklärt. Das BAG hat mit seiner – zu einem außerhalb des Anwendungsbereichs des UmwG durch Anwachsung (§ 738 BGB) erfolgten Rechtsträgerwechsel ergangenen – Entscheidung vom 21.2.2008 festgestellt, dass **kein Widerspruchsrecht** der Arbeitnehmer besteht, **wenn der bisherige Rechtsträger infolge gesellschaftsrechtlicher Gesamtrechtsnachfolge erlischt**.[213] Das BAG hat sich hierbei der im arbeitsrechtlichen Schrifttum vertretenen Auffassung angeschlossen, wonach ein Widerspruch ins Leere geht, wenn es nach der Umwandlung keinen Arbeitgeber und keinen Arbeitsplatz mehr gibt, zu dem der widersprechende Arbeitnehmer zurückkehren könnte.[214] Die nach Auffassung des BAG untrennbar mit der Verhinderung des Übergangs des Arbeitsverhältnisses auf den Betriebsübernehmer verbundene Bestandsschutzfunktion des Widerspruchs, zugleich auch den Fortbestand des Arbeitsverhältnisses zum bisherigen Betriebsinhaber zu sichern, führe zwingend zu einer **teleologischen Reduktion des § 613a Abs. 6 BGB**, wenn der bisherige Arbeitgeber gar nicht mehr existiere.[215] Die im arbeitsrechtlichen Schrifttum vertretene Gegenauffassung, wonach das Widerspruchsrecht auch bei Erlöschen des bisherigen Arbeitgebers bestehe[216] und in solchen Fällen im Ergebnis zu einem einseitigen und fristlosen Lösungsrecht des Arbeitnehmers vom Zielrechtsträger der Umwandlung führe,[217] ist damit jedenfalls für den Praktiker gegenstandslos. Allerdings bedingt das grundgesetzlich geschützte Recht auf freie Wahl des Arbeitsvertragspartners in derartigen Fällen ein außerordentliches Kündigungsrecht des Arbeitnehmers gem. § 626 Abs. 1 BGB.[218]

Mit der vorgenannten Entscheidung des BAG steht fest, dass sowohl in den dem Umwandlungsgesetz unterliegenden Fallgestaltungen einer **Verschmelzung, Aufspaltung und vollständigen Vermögensübertragung** als auch in Fällen einer außerhalb des Umwandlungsgesetzes erfolgenden **Anwachsung** (vgl. § 738 BGB), also etwa bei Ausscheiden des einzigen Kommanditisten einer GmbH & Co. KG (dann Anwachsung bei GmbH) oder bei Ausscheiden eines Gesellschafters einer zweigliedrigen Personen(handels)gesellschaft (dann Anwachsung bei Einzelkaufmann) **kein Widerspruchsrecht** besteht.

Entsprechendes wird man bei konsequenter Anwendung der vom BAG aufgestellten Grundsätze auch dann anzunehmen haben, wenn der bisherige Arbeitgeber im Zeitpunkt des Widerspruchs infolge Liquidation (nach handels- oder insolvenzrechtlichen Vorschriften) als Rechtsträger aufgehört hat zu existieren.

c) Fortbestehen des Arbeitsverhältnisses. Das BAG hat in zwei Urteilen aus 2008 entschieden, dass der **Widerspruch** gegen den Übergang des Arbeitsverhältnisses **auch dann noch wirksam erklärt** werden kann, wenn das **Arbeitsverhältnis im Zeitpunkt des Widerspruchs bereits beendet** ist, aber der Widersprechende beim Betriebsübergang noch betroffener Arbeitnehmer iSd § 613a Abs. 5 BGB war und die mit dem Zugang der Unterrichtung in Gang gesetzte Frist noch nicht abgelaufen ist. Das BAG führt hierzu aus, dass das Widerspruchsrecht allen vom Betriebsübergang betroffenen Arbeitnehmern zustehe und die aus seiner Ausübung erwachsende Gestaltungsbefugnis daher auch für solche Arbeitnehmer

---

[212] Ausf.: Willemsen/Hohenstatt/Schweibert/Seibt Umstrukturierung/*Willemsen* G Rn. 157 mwN; Staudinger/*Annuß* BGB § 613a Rn. 310 mwN.
[213] BAG 21.2.2008 – 8 AZR 157/07, AP BGB § 613a Nr. 342 = NZA 2008, 815.
[214] Vgl. ErfK/*Preis* BGB § 613a Rn. 96; *Graef* NZA 2006, 1078.
[215] BAG 21.2.2008 – 8 AZR 157/07, AP BGB § 613a Nr. 342 = NZA 2008, 815.
[216] Staudinger/*Annuß* BGB § 613a Rn. 310; *Altenburg/Leister* NZA 2005, 15 (17); *Sayatz/Wolff* DStR 2002, 2039 (2046).
[217] Staudinger/*Annuß* BGB § 613a Rn. 310; *Bauer/v. Steinau-Steinrück* ZIP 2002, 457 (465); für grenzüberschreitende Verschmelzungen siehe auch *Simon/Hinrichs* NZA 2008, 391 (397).
[218] ErfK/*Preis* BGB § 613a Rn. 183; Semler/Stengel/*Simon* UmwG § 324 Rn. 51; *Graef* NZA 2006, 1078 (1081).

fortwirke, deren Arbeitsverhältnis nach dem Betriebsübergang beendet wird.[219] Diese Auffassung überzeugt nicht. Das Widerspruchsrecht ist ein Gestaltungsrecht *aus* dem Arbeitsverhältnis und erlischt daher mit der Beendigung des Arbeitsverhältnisses.[220]

3. Anforderungen an die rechtswirksame Ausübung des Widerspruchsrechts

77 a) **Erklärung und Inhalt.** Der Widerspruch wird **durch einseitige empfangsbedürftige Willenserklärung** ausgeübt.[221] Er kann daher gemäß § 130 Abs. 1 S. 2 BGB nach dem Zugang beim Empfänger nicht mehr widerrufen werden.[222] Ein einmal erklärter Widerspruch **kann** vom Arbeitnehmer auch **nicht** durch Vereinbarung mit dem Veräußerer „zurückgenommen" **werden.** Eine solche zwischen dem Veräußerer und einem Arbeitnehmer getroffene Vereinbarung, wonach das Arbeitsverhältnis des Arbeitnehmers trotz eines bereits erklärten Widerspruchs auf den Erwerber übergehen soll, kann im Verhältnis zum Erwerber keine Rechtswirkung entfalten, da es sich hierbei um einen Vertrag zu Lasten Dritter handelt.[223]

78 Der Widerspruch **muss nicht ausdrücklich als solcher bezeichnet werden,** um die gewünschte Rechtswirkung zu entfalten. Entgegen vereinzelten anderslautenden Stimmen im Schrifttum[224] ist mit der Rechtsprechung[225] davon auszugehen, dass auch nach der Normierung des Schriftformerfordernisses[226] für den Widerspruch unter bestimmten Umständen ein konkludenter Widerspruch möglich ist. Bei der Ermittlung des Erklärungsinhalts ist die sogenannte **Andeutungstheorie** zur Auslegung formbedürftiger Willenserklärungen anzuwenden. Danach ist es ausreichend, dass der – gemäß §§ 133, 157 BGB im Zugangszeitpunkt nach dem Empfängerhorizont und ggf. unter Berücksichtigung auch außerhalb der Urkunde liegender Umstände zu ermittelnde – Wille des Arbeitnehmers, den Übergang seines Arbeitsverhältnisses auf den Erwerber zu verhindern, in dem formgerechten Widerspruchsschreiben, wenn auch nur unvollkommen oder andeutungsweise, Ausdruck gefunden hat.[227]

79 Die nach der Andeutungstheorie vorzunehmende Auslegung geht nach allgemeinen Grundsätzen einer **Umdeutung gemäß § 140 BGB** vor. Ein etwa wegen Nichteinhaltung der Schriftform gemäß § 125 S. 1 BGB nichtiger Widerspruch kann nicht in ein Angebot des Arbeitnehmers auf Abschluss eines Aufhebungsvertrages umgedeutet werden. Eine solche Umdeutung scheitert daran, dass die Wirkung der so umgedeuteten Erklärung auf die Beendigung des Arbeitsverhältnisses gerichtet wäre und damit weiter reichen würde als ein auf den Fortbestand des Arbeitsverhältnisses mit dem Betriebsveräußerer gerichteter Widerspruch.[228]

---

[219] BAG 20.3.2008 – 8 AZR 1016/06, AP BGB § 613a Nr. 345 = NZA 2008, 1354; 24.7.2008 – 8 AZR 755/07, AP BGB § 613a Nr. 349 = NZA-RR 2009, 294; hierzu krit.: Willemsen/Hohenstatt/Schweibert/Seibt Umstrukturierung/*Willemsen* G Rn. 151 mwN; *Rieble/Wiebauer* NZA 2009, 401; *Rudkowski* NZA 2010, 739.

[220] *Rieble* NZA 2004, 1 (6); *Rieble/Wiebauer* NZA 2009, 401; *Rudkowski* NZA 2010, 739; siehe auch die weiteren Argumente umfassende Kritik von Willemsen/Hohenstatt/Schweibert/Seibt Umstrukturierung/*Willemsen* G Rn. 151a mwN.

[221] BAG 15.2.2007 – 8 AZR 431/06, AP BGB § 613a Nr. 320 = NZA 2007, 793; 13.7.2006 – 8 AZR 382/05, AP BGB § 613a Widerspruch Nr. 1 = NZA 2006, 1406; KR/*Treber* BGB § 613a Rn. 71.

[222] BAG 30.10.2003 – 8 AZR 491/02, AP BGB § 613a Nr. 262 = NZA 2004, 481; Staudinger/*Annuß* BGB § 613a Rn. 332; *Hergenröder* RdA 2007, 218 (224).

[223] BAG 30.10.2003 – 8 AZR 491/02, AP BGB § 613a Nr. 262 = NZA 2004, 481; vgl. MüKoBGB/*Müller-Glöge* § 613a Rn. 115; aA für die Fallkonstellation des Abschlusses einer solchen Vereinbarung vor dem Betriebsübergang *Annuß* in FS zum 25-jährigen Bestehen der Arbeitsgemeinschaft Arbeitsrecht, 592.

[224] *Franzen* RdA 2002, 258 (263).

[225] BAG 21.2.2008 – 8 AZR 157/07, AP BGB § 613a Nr. 342 = NZA 2008, 815; 15.2.2007 – 8 AZR 431/06, AP BGB § 613a Nr. 320 = NZA 2007, 793; 13.7.2006 – 8 AZR 382/05, AP BGB § 613a Widerspruch Nr. 1 = NZA 2006, 1406.

[226] Vgl. → Rn. 78.

[227] BAG 21.2.2008 – 8 AZR 157/07, AP BGB § 613a Nr. 342 = NZA 2008, 815; 15.2.2007 – 8 AZR 431/06, AP BGB § 613a Nr. 320 = NZA 2007, 793; 13.7.2006 – 8 AZR 382/05, AP BGB § 613a Widerspruch Nr. 1 = NZA 2006, 1406; Ascheid/Preis/Schmidt/*Steffan* BGB § 613a Rn. 220; MüKoBGB/*Müller-Glöge* § 613a Rn. 117; *Lembke/Oberwinter* ZIP 2007, 310 (313); zu weitgehend Staudinger/*Annuß* BGB § 613a Rn. 296, wonach eine Kündigung des auf den Erwerber übergegangenen Arbeitsverhältnisses durch den Arbeitnehmer als Widerspruchserklärung auszulegen sein soll.

[228] BAG 21.2.2008 – 8 AZR 157/07, AP BGB § 613a Nr. 342 = NZA 2008, 815.

80 Der **widersprechende Arbeitnehmer muss keine** Gründe für seinen Widerspruch **angeben.** Der Widerspruch bedarf zu seiner Wirksamkeit auch keines sachlichen Grundes.[229] Hinzu kommt, dass die Gründe und Motive für den Widerspruch eines von einer Teilbetriebsveräußerung betroffenen Arbeitnehmers im Falle seiner anschließenden Kündigung durch den Veräußerer nach jüngerer Rechtsprechung des BAG im Rahmen einer anzustellenden Sozialauswahl keine Berücksichtigung mehr finden dürfen.[230] Bei einem erst erhebliche Zeit nach der Unterrichtung erfolgten und die Unterrichtung als fehlerhaft beanstandenden Widerspruch hat das BAG entschieden, dass zur rechtswirksamen Ausübung des Widerspruchsrechts auch **keine kausale Verknüpfung zwischen** dem **Unterrichtungsfehler und** der **ursprünglichen Nichtausübung des Widerspruchsrechts erforderlich ist.**[231]

81 Als **Gestaltungsrecht**[232] in Form eines Rechtsfolgenverweigerungsrechts ist der Widerspruch **bedingungsfeindlich.**[233] Eine Erklärung unter Bedingungen im Sinne von § 158 BGB oder unter einem Vorbehalt ist unzulässig,[234] da dem Erklärungsempfänger keine Ungewissheit und kein Schwebezustand zugemutet werden kann.[235] Dies hindert den Arbeitnehmer allerdings nicht, seinen Widerspruch vorsorglich für den Fall zu erklären, dass überhaupt ein Betriebsübergang stattgefunden hat; eine solche Erklärung beinhaltet keine Bedingung im Sinne von § 158 BGB, sondern lediglich eine die gesetzlichen Voraussetzungen wiederholende und daher zulässige Rechtsbedingung.[236]

82 Der Widerspruch ist **kein höchstpersönliches Rechtsgeschäft.** Er kann daher – wie jede andere Willenserklärung auch – durch einen rechtsgeschäftlichen Vertreter, insbesondere durch einen Rechtsanwalt, erklärt werden. Hierbei ist allerdings zu beachten, dass dem durch einen Vertreter erklärten Widerspruch im Hinblick auf § 174 BGB ein Original der zu dieser Erklärung berechtigenden Vollmacht beigefügt werden sollte.[237]

83 b) **Schriftform.** § 613a Abs. 6 S. 1 BGB verlangt für die rechtswirksame Ausübung des Widerspruchsrechts die Wahrung der **gesetzlichen Schriftform** gemäß **§ 126 BGB.** Der Gesetzgeber begründet die gegenüber der für die Unterrichtung nach § 613a Abs. 5 BGB ausreichenden Textform (§ 126b BGB) strengere Schriftform mit der **Warnfunktion,** da dem Arbeitnehmer die Bedeutung und die nicht unerheblichen Risiken seines Widerspruchs vor Augen geführt werden sollen.[238] Darüber hinaus soll die Schriftform die **Beweisführung erleichtern,** wenn nach dem Betriebsübergang die Wirksamkeit eines Widerspruchs und damit die Zuordnung des Arbeitsverhältnisses zum Veräußerer oder Erwerber in Streit steht.[239] Der Arbeitnehmer hat daher den Widerspruch in der Regel eigenhändig zu unterzeichnen. Die zur Wahrung der Schriftform gemäß § 126 Abs. 3 iVm § 126a BGB ebenfalls mögliche Erklärung in elektronischer Form mit qualifizierter elektronischer Signatur spielt in der Praxis derzeit noch keine wesentliche Rolle.

84 c) **Erklärungsempfänger.** Der Widerspruch kann gemäß § 613a Abs. 6 S. 2 BGB sowohl gegenüber dem Veräußerer als auch gegenüber dem Erwerber erklärt werden. Nach der Ge-

---

[229] BAG 30.9.2004 – 8 AZR 462/03, AP BGB § 613a Nr. 275 = NZA 2005, 43; Henssler/Willemsen/Kalb/ *Willensen/Müller-Bonanni* BGB § 613a Rn. 351; *Franzen* RdA 2002, 258 (263).

[230] BAG 31.5.2007 – 2 AZR 276/06, AP KSchG 1969 § 1 Soziale Auswahl Nr. 94 = NZA 2008, 33; zust. *Schumacher-Mohr/Urban* NZA 2008, 513; hierzu im Einzelnen → Rn. 116.

[231] BAG 20.3.2008 – 8 AZR 1016/06, AP BGB § 613a Nr. 345 = NZA 2008, 1354.

[232] BAG 21.8.2014 – 8 AZR 619/13, NZA 2014, 1405; 24.4.2014 – 8 AZR 369/13, AP BGB § 613a Nr. 451 = NZA 2014, 1074; 15.4.2013 – 9 AZR 731/11, NZA 2014, 1074.

[233] BAG 13.7.2006 – 8 AZR 305/05, AP BGB § 613a Nr. 312 = NZA 2006, 1268; 24.5.2005 – 8 AZR 398/04, AP BGB § 613a Rn. 284 = NZA 2005, 1302; ErfK/*Preis* BGB § 613a Rn. 97; MüKoBGB/*Müller-Glöge* § 613a Rn. 115.

[234] Entgegen Staudinger/*Annuß* BGB § 613a Rn. 295 ist in diesem Fall nicht nur der Vorbehalt, sondern der Widerspruch insgesamt als unwirksam anzusehen.

[235] BAG 24.5.2005 – 8 AZR 398/04, AP BGB § 613a Nr. 284 = NZA 2005, 1302.

[236] BAG 13.7.2006 – 8 AZR 382/05, AP BGB § 613a Widerspruch Nr. 1 = NZA 2006, 1406; *Lembke/ Oberwinter* ZIP 2007, 310 (313).

[237] Vgl. BAG 13.7.2006 – 8 AZR 382/05, AP BGB § 613a Widerspruch Nr. 1 = NZA 2006, 1406.

[238] BT-Drs. 14/7760, 20; näher zu Sinn und Zweck *Hoffmann,* Unterrichtungspflicht und Widerspruchsrecht bei Betriebsübergang gemäß § 613a Abs. 5 und 6 BGB, 2015, S. 284.

[239] BT-Drs. 14/7760, 20.

setzesbegründung soll der eine Arbeitgeber den anderen über einen erklärten Widerspruch informieren.[240] Diese gegenseitige Information bzw. ihr Fehlen hat allerdings keinen Einfluss auf die Wirksamkeit des Widerspruchs.[241] Es kommt auch nicht darauf an, ob der Veräußerer oder der Erwerber die Unterrichtung vorgenommen hat[242] und ob der Widerspruch vor oder nach dem Betriebsübergang erklärt wird.[243]

85 **Bei mehreren, aufeinanderfolgenden Betriebsübergängen** kann der Widerspruch nach der hierzu an den genauen Wortlaut von § 613a Abs. 6 S. 2 BGB anknüpfenden jüngeren Rechtsprechung des BAG **nur gegenüber** dem „bisherigen Arbeitgeber" oder dem „neuen Inhaber", also gegen den letzten Übergang des Arbeitsverhältnisses, erklärt werden.[244] Neuer Inhaber iSv § 613a Abs. 6 S. 2 BGB ist nach dieser BAG-Rechtsprechung aus 2014[245] stets derjenige, der beim letzten Betriebsübergang den Betrieb erworben hat. Diese Rechtsprechung wird von einem Teil der Literatur unter anderem mit der Argumentation kritisiert, der „bisherige" Arbeitgeber lasse sich nicht absolut, sondern nur anhand des konkreten Widerspruchs bestimmen und „bisheriger" Arbeitgeber sei, zu wem das Arbeitsverhältnis vor demjenigen Übergang bestanden habe, dem widersprochen wird.[246] Der Rechtsprechung des BAG ist jedoch im Ergebnis im Wesentlichen zuzustimmen.[247] Das BAG hat seine Rechtsprechung auch ungeachtet der hieran geäußerten Kritik zuletzt bekräftigt und hierbei hinsichtlich der bislang nahezu uneingeschränkt lange und weit zurückgehend möglichen Ausübung des Widerspruchsrechts sogar eine deutliche Einschränkung vorgenommen:

86 Die durch die vorzitierte BAG-Rechtsprechung aus 2014 zunächst begründete Befürchtung, dass bei mehreren aufeinanderfolgenden Betriebsübergängen in Zukunft mit einer Kette von die Wirksamkeit der verschiedenen Betriebsübergänge bzw. Übergänge eines Arbeitsverhältnisses nacheinander überprüfenden Widersprüchen gerechnet werden müsse, hat der Achte Senat des BAG mit einer in neuer Besetzung getroffenen grundlegenden Entscheidung vom 19.11.2015[248] schnell ausgeräumt. Während der Senat an seiner jüngeren Rechtsprechung festhält, dass ein Widerspruch zunächst immer nur gegen den Übergang vom bisherigen auf den neuen Arbeitgeber zu richten ist, formuliert er nun konkrete, eher als niedrig einzustufende Anforderungen für das Erlöschen des Rechts zum Widerspruch gegen einen dem aktuellen Betriebsübergang vorausgegangenen Betriebsübergang:

87 Will ein Arbeitnehmer bei mehreren aufeinanderfolgenden Betriebsübergängen den Fortbestand des Arbeitsverhältnisses mit einem früheren Arbeitgeber mittels Widerspruch erreichen, muss er hierzu zunächst erfolgreich dem mit dem letzten Betriebsübergang verbundenen Übergang seines Arbeitsverhältnisses auf den neuen Inhaber widersprechen. Ein erfolgreicher Widerspruch gegen den letzten Betriebsübergang führt jedoch – anders als vom Achten Senat bis zur Entscheidung vom 19.11.2015 angenommen – nicht in jedem Fall dazu, dass er ein etwa noch bestehendes Recht, dem vorausgegangenen, früheren Betriebsübergang zu widersprechen, nun noch ausüben kann. Dieses Recht kann zuvor erloschen sein, was in der Regel anzunehmen ist, wenn der Arbeitnehmer im Rahmen einer Unterrichtung nach § 613a Abs. 5

---

[240] BT-Drs. 14/7760, 20.
[241] Es kommen jedoch Schadensersatzansprüche im Verhältnis der beteiligten Arbeitgeber in Betracht, vgl. *Düwell* FA 2002, 107 (108).
[242] BAG 13.7.2006 – 8 AZR 382/05, AP BGB § 613a Widerspruch Nr. 1 = NZA 2006, 1406; Ascheid/Preis/Schmidt/*Steffan* BGB § 613a Rn. 221; *Worzalla* NZA 2002, 353 (356); aA *C. Meyer* AuA 2002, 159 (164): Widerspruch nur gegenüber dem unterrichtenden Arbeitgeber möglich.
[243] BAG 15.2.2007 – 8 AZR 310/06, AP BGB § 613a Widerspruch Nr. 2; 13.7.2006 – 8 AZR 305/05, AP BGB § 613a Nr. 312 = NZA 2006, 1368; *Gaul/Otto* DB 2002, 634 (636).
[244] BAG 18.6.2015 – 8 AZR 321/14, BeckRS 2015, 71036 Rn. 16 ff.; 16.4.2015 – 8 AZR 920/13, BeckRS 2015, 71038 Rn. 16 ff.; 11.12.2014 – 8 AZR 943/13, AP BGB § 613a Nr. 459 = NZA 2015, 481; 13.11.2014 – 8 AZR 776/13, AP BGB § 613a Nr. 457; 16.10.2014 – 8 AZR 696/13, AP BGB § 613a Nr. 456 = NZA 2015, 433; 21.8.2014 – 8 AZR 619/13, AP BGB § 613a Nr. 453 = NZA 2014, 1405; 24.4.2014 – 8 AZR 369/13, AP BGB § 613a Nr. 451 = NZA 2014, 1074.
[245] BAG 11.12.2014 – 8 AZR 943/13, AP BGB § 613a Nr. 459 = NZA 2015, 481; 21.8.2014 – 8 AZR 619/13, AP BGB § 613a Nr. 453 = NZA 2014, 1405.
[246] ErfK/*Preis* BGB § 613a Rn. 99; *Greiner/Hennecken* EWiR 2014, 663.
[247] *Steffan* NZA 2016, 608 (612); *Elking* BB 2015, 384; *Scharff* BB 2015, 640.
[248] BAG 19.11.2015 – 8 AZR 773/14, NZA 2016, 647.

BGB von den dort genannten Personen über den mit dem letzten und dem vorangegangenen Betriebsübergang verbundenen jeweiligen Übergang seines Arbeitsverhältnisses unter Mitteilung des geplanten Zeitpunktes sowie des Gegenstandes des Betriebsübergangs und des Betriebsübernehmers (der sogenannten „grundlegenden Informationen") in Textform in Kenntnis gesetzt wurde und er dem infolge des vorangegangenen Betriebsübergangs eingetretenen Übergang seines Arbeitsverhältnisses nicht binnen einer Frist von einem Monat nach Zugang der Unterrichtung über den infolge des weiteren Betriebsübergangs eintretenden Übergang seines Arbeitsverhältnisses widersprochen hat. Hinzukommen muss noch, dass die Monatsfrist noch vor dem weiteren Betriebsübergang abläuft bzw. abgelaufen ist. Darauf, ob die Unterrichtungen über den an den vorangegangenen und an den aktuellen Betriebsübergang geknüpften jeweiligen Übergang des Arbeitsverhältnisses im Übrigen ordnungsgemäß im Sinne von § 613a Abs. 5 BGB sind, kommt es insoweit nicht an.[249]

d) Erklärungsfrist. Gemäß § 613a Abs. 6 S. 1 BGB beträgt die Erklärungsfrist **einen Monat ab Zugang einer** den Anforderungen des § 613a Abs. 5 BGB genügenden **Unterrichtung**. Die Widerspruchsfrist wird weder bei einer unterbliebenen noch bei einer nicht ordnungsgemäßen, dh inhaltlich unvollständigen oder unzutreffenden, Unterrichtung ausgelöst.[250] Das gilt auch dann, wenn ein Arbeitnehmer von dem vermeintlichen Veräußerer und/oder dem vermeintlichen Erwerber über einen tatsächlich nicht gegebenen, sondern bloß rechtsirrig angenommenen Betriebsübergang unterrichtet wurde.[251]

Die **Monatsfrist kann einvernehmlich verlängert werden**, da hierdurch keine schutzwürdigen Interessen des Arbeitnehmers tangiert werden.[252] Auch gegen eine **Verkürzung der Monatsfrist** bestehen keine Bedenken, wenn der betroffene Arbeitnehmer in die Verkürzung seiner Überlegungsfrist durch entsprechende Vereinbarung einwilligt.[253] Eine einseitige Abkürzung der Frist durch die Arbeitgeberseite ist dagegen unwirksam, da das Widerspruchsrecht als einseitig zwingendes Arbeitnehmerschutzrecht nicht zur Disposition der Arbeitgeber steht.[254]

Die Verknüpfung des Widerspruchsrechts nach § 613a Abs. 6 BGB mit der Unterrichtung nach § 613a Abs. 5 BGB führt **im Falle einer unterbliebenen oder unzureichenden Unterrichtung** zwangsläufig dazu, dass das Widerspruchsrecht **grundsätzlich ohne zeitliche Begrenzung** ausgeübt werden kann.[255] Der Gesetzgeber hat trotz entsprechender Anregungen im[256] und nach[257] dem Gesetzgebungsverfahren **keine Ausschlussfrist** für die Ausübung des Widerspruchsrechts bei fehlerhafter oder gänzlich unterbliebener Unterrichtung in § 613a Abs. 6 BGB aufgenommen. Mangels planwidriger Regelungslücke kommt daher entgegen vereinzelten Stimmen im Schrifttum[258] eine zeitliche Begrenzung der Erklärung des Widerspruchs durch eine analoge Anwendung etwa der 6-Monatsfrist des § 5 Abs. 3 S. 2 KSchG oder der Jahresfrist gemäß § 124 BGB nicht in Betracht. Aufgrund seiner Eigenschaft als Gestaltungsrecht unterliegt das Widerspruchsrecht **auch keiner Verjährung.**

---

[249] BAG 19.11.2015 – 8 AZR 773/14, NZA 2016, 647 Rn. 26 ff.; siehe hierzu auch *Moll/Katerndahl* RdA 2017, 324 ff.
[250] BAG 13.7.2006 – 8 AZR 305/05, AP BGB § 613a Nr. 312 = NZA 2006, 1268; dazu auch bereits → Rn. 56.
[251] BAG 25.1.2018 – 8 AZR 309/16, AP BGB § 613a Nr. 474 = NZA 2018, 933 Rn. 163 ff.; → Rn. 59.
[252] Zu beachten ist aber, dass an einer solchen Vereinbarung beide Arbeitgeber beteiligt sein müssen. Eine bloß einseitig durch einen Arbeitgeber getroffene Vereinbarung mit dem Arbeitnehmer beinhaltet für den anderen beteiligten Arbeitgeber einen unzulässigen Vertrag zu Lasten Dritter; MüKoBGB/*Müller-Glöge* § 613a Rn. 120.
[253] AA *Gaul/Otto* DB 2002, 634 (637).
[254] *Gaul/Otto* DB 2002, 634 (637); *Grobys* BB 2002, 726 (730).
[255] BAG 13.7.2006 – 8 AZR 305/05, AP BGB § 613a Nr. 312 = NZA 2006, 1268; zur Frage der Verwirkung → Rn. 95.
[256] Vgl. die Änderungsanträge der CDU/CSU- und der FDP-Fraktion, BT-Drs. 14/8128, 4, die eine Obergrenze von sechs Monaten nach dem Betriebsübergang vorsahen, sowie die Empfehlung des Rechtsausschusses der zeitlichen Begrenzung des Widerspruchsrechts auf drei Monate nach dem Betriebsübergang, BR-Drs. 831/1/01, 2.
[257] Vgl. die von der CDU/CSU-Fraktion bzw. den Landesregierungen von Bayern und Niedersachsen eingebrachten Entwürfe zur Modernisierung des Arbeitsrechts (BT-Drs. 15/1182, BR-Drs. 464/03) und eines Gesetzes für mehr Wachstum und Beschäftigung durch nachhaltige Reformen am Arbeitsmarkt (BR-Drs. 456/03).
[258] Vgl. etwa *Worzalla* NZA 2002, 353 (357).

91 Für den Fall, dass mehrere Betriebsübergänge aufeinander folgen, hat der Achte Senat des BAG in seiner Entscheidung vom 19.11.2015[259] nun allerdings erstmals eine deutliche Einschränkung hinsichtlich der bislang nahezu uneingeschränkt lange möglichen Ausübung des Widerspruchsrechts vorgenommen. Hiernach erlischt das Widerspruchsrecht bei zwei aufeinanderfolgenden Betriebsübergängen gegenüber dem früheren Arbeitgeber unter in der Entscheidung näher ausgeführten Bedingungen einen Monat nach einer Unterrichtung über den vorangegangenen und den weiteren Betriebsübergang, ohne dass es auf die Ordnungsmäßigkeit der Unterrichtung ankommt.[260]

92 e) **Unbeachtlichkeit eines erklärten Widerspruchs.** Da das Widerspruchsrecht dem Arbeitnehmer eine freie Entscheidung über die Wahl seines Arbeitsvertragspartners sichern soll, kann es nur in Ansehung eines konkreten, bevorstehenden oder bereits durchgeführten Betriebsübergangs ausgeübt werden. Ein erklärter Widerspruch geht daher nach der Rechtsprechung des BAG ins Leere und ist unbeachtlich, wenn die Maßnahme, über die nach § 613a Abs. 5 BGB unterrichtet wurde, gar nicht durchgeführt wird.[261] Dies gilt nicht nur für den Fall, dass entgegen einer vorgenommenen Unterrichtung gar kein Betriebs- oder Teilbetriebsübergang stattfindet, also bereits der für das Bestehen eines Widerspruchsrechts erforderliche Übergang eines Arbeitsverhältnisses fehlt. Auch dann, wenn es zu einem Betriebs- oder Teilbetriebsübergang kommt, dieser sich jedoch erheblich von der ursprünglichen Planung und der diesbezüglichen Unterrichtung unterscheidet, also eine völlig andere Maßnahme beinhaltet, würde es Sinn und Zweck des § 613a Abs. 6 S. 1 BGB widersprechen, wenn man den Arbeitnehmer an seinem zu einem ganz anderen Sachverhalt erklärten Widerspruch festhalten wollte.[262]

4. Verzicht auf das Widerspruchsrecht

93 Vor dem Hintergrund der hohen Anforderungen an eine in jeder Hinsicht ordnungsgemäße und damit die Monatsfrist des § 613a Abs. 6 S. 1 BGB auslösende Unterrichtung[263] und der fehlenden rechtssicheren zeitlichen Begrenzung des Widerspruchsrechts[264] kann es für die beteiligten Arbeitgeber von Interesse sein, die Arbeitnehmer – etwa durch das Versprechen einer „Treueprämie", eines „Begrüßungsgeldes" oder sonstiger Vergünstigungen – zu einem Verzicht auf ihr Widerspruchsrecht zu veranlassen. Ein nach einem wirksamen Verzicht erklärter Widerspruch des Arbeitnehmers ist nicht nur vertragswidrig, sondern unwirksam und unbeachtlich.[265] Es stellt sich deshalb die Frage, unter welchen Voraussetzungen ein Verzicht auf das Widerspruchsrecht wirksam erklärt werden kann.

94 a) **Genereller Verzicht.** Ein genereller Verzicht auf das Widerspruchsrecht ist **unzulässig**. Dies gilt für eine entsprechende Regelung in einem **Tarifvertrag** oder einer **Betriebsvereinbarung**,[266] da den Tarifvertrags- bzw. Betriebsparteien aufgrund der individualrechtlichen Rechtsposition des Widerspruchsrechts eine diesbezügliche Regelungsbefugnis fehlt.[267] Aber auch ein im **Arbeitsvertrag** von vornherein für jeden etwaigen zukünftigen Betriebsübergang vereinbarter Verzicht auf das Widerspruchsrecht ist als Verstoß gegen das allgemeine Persönlichkeitsrecht des Arbeitnehmers unwirksam.[268]

95 b) **Verzicht anlässlich eines konkreten Betriebsübergangs.** Ein rechtswirksamer Verzicht auf das Widerspruchsrecht kann demgegenüber dann vorliegen, wenn der Verzicht anlässlich eines

---

[259] BAG 19.11.2015 – 8 AZR 773/14, NZA 2016, 647.
[260] Hierzu → Rn. 85, 86.
[261] Vgl. BAG 25.10.2007 – 8 AZR 989/06, AP BGB § 613a Wiedereinstellung Nr. 2 = NZA 2008, 357.
[262] BAG 25.10.2007 – 8 AZR 989/06, AP BGB § 613a Wiedereinstellung Nr. 2 = NZA 2008, 357.
[263] → Rn. 19, 54.
[264] → Rn. 95.
[265] BAG 19.3.1998 – 8 AZR 139/97, AP BGB § 613a Nr. 177 = NZA 1998, 750; 15.2.1984 – 5 AZR 123/82, AP BGB § 613a Nr. 37 = NZA 1984, 32; KR/*Treber* BGB § 613a Rn. 77.
[266] BAG 2.10.1974 – 5 AZR 504/73, AP BGB § 613a Nr. 1.
[267] *Annuß* in FS zum 25-jährigen Bestehen der Arbeitsgemeinschaft Arbeitsrecht, 578; Ascheid/Preis/Schmidt/*Steffan* BGB § 613a Rn. 234; *Gaul/Otto* DB 2002, 634 (638). Aus dem gleichen Grund können diese auch keinen Verzicht in Bezug auf den konkreten Betriebsübergang vereinbaren.
[268] Ascheid/Preis/Schmidt/*Steffan* BGB § 613a Rn. 232; Staudinger/*Annuß* BGB § 613a Rn. 326; *Bauer/v. Steinau-Steinrück* ZIP 2002, 457 (464); *Grobys* BB 2002, 726 (730).

konkreten Betriebsübergangs gegenüber dem Betriebsveräußerer oder dem Betriebserwerber erklärt wird. Trifft ein Arbeitnehmer in freier Willensbetätigung die Entscheidung, sich ohne Ausschöpfung der einmonatigen Widerspruchsfrist bereits verbindlich für einen ihm konkret angekündigten Übergang seines Arbeitsverhältnisses auszusprechen, wird dem Grundgedanken des Widerspruchsrechts mit seiner Verzichtserklärung hinreichend Genüge getan.[269]

Der Verzicht kann durch einseitige Erklärung des Arbeitnehmers[270] oder auch **in einer Vereinbarung** mit dem Veräußerer bzw. dem Erwerber, etwa in einer Aufhebungsvereinbarung[271] oder im Rahmen eines dreiseitigen Überleitungsvertrags, erfolgen. Die von einem Arbeitnehmer angesichts eines bevorstehenden Betriebsübergangs gegenüber dem Veräußerer eingegangene Verpflichtung, von seinem Widerspruchsrecht keinen Gebrauch zu machen, stellt keinen Vertrag zu Lasten Dritter dar, da der Erwerber ohnehin an § 613a BGB gebunden ist und daher den mit dem Verzicht auf das Widerspruchsrecht bezweckten Übergang des Arbeitsverhältnisses gar nicht verhindern könnte.[272] 96

Entgegen einer im Schrifttum vertretenen Auffassung[273] kann ein solcher Verzicht in einem von den beteiligten Arbeitgebern vorformulierten und den vom Betriebsübergang betroffenen Arbeitnehmern zur Unterzeichnung vorgelegten Vertragsmuster erklärt werden. Die Regelung des § 307 Abs. 2 Nr. 1 BGB steht einer solchen Verzichtserklärung nicht entgegen,[274] da der Arbeitnehmer sich wegen des ihm gesetzlich garantierten Widerspruchsrechts bei den Verhandlungen über den Abschluss einer solchen Überleitungsvereinbarung nicht in einer strukturell unterlegenen Verhandlungsposition befindet. Allerdings hat das BAG in seiner den Themenkomplex eines Widerspruchs nach § 613a Abs. 6 BGB und einer diesbezüglichen Verzichtserklärung sowie einer möglichen Verwirkung des Widerspruchsrechts ausführlich erörternden Entscheidung vom 28.2.2019 dahinstehen lassen, ob ein in Allgemeinen Geschäftsbedingungen erklärter Verzicht auf das Widerspruchsrecht einer Kontrolle am Maßstab der §§ 307 ff. BGB standhalten würde, insbesondere ob in Allgemeinen Geschäftsbedingungen kompensationslos hierauf verzichtet werden kann.[275] 97

Ungeachtet der Gestaltungsform eines Verzichts auf das Widerspruchsrecht bedarf es nach zutreffender Auffassung keiner vorangegangenen ordnungsgemäßen Unterrichtung iSd § 613a Abs. 5 BGB, da der Verzicht auf das Widerspruchsrecht zugleich einen Verzicht auf die Erfüllung der Unterrichtungspflicht enthält,[276] was allerdings von einem Teil der Literatur[277] und einer Entscheidung des LAG Saarland aus 2009[278] anders gesehen wird. Das LAG Niedersachsen hat demgegenüber mit Urteil vom Februar 2018[279] die Möglichkeit eines wirksamen Verzichts auf das Widerspruchsrecht ohne vorausgegangene Unterrichtung angenommen und die grundsätzliche Abdingbarkeit der Unterrichtungspflicht damit begründet, dass es sich bei § 613a Abs. 6 BGB um dispositives Recht handele. In dem gegen diese Entscheidung des LAG Niedersachsen angestrengten Revisionsverfahren hat das BAG in seiner Entscheidung vom 28.2.2019 schließlich offen gelassen, ob ein rechtswirksamer Ver- 98

---

[269] BAG 28.2.2019 – 8 AZR 201/18, AP BGB § 613a Nr. 447 = NZA 2019, 1279 Rn. 50; 19.3.1998 – 8 AZR 139/97, AP BGB § 613a Nr. 177 = NZA 1998, 750; Ascheid/Preis/Schmidt/*Steffan* BGB § 613a Rn. 232; KR/*Treber* BGB § 613a Rn. 77; *Grau*, Unterrichtung und Widerspruchsrecht der Arbeitnehmer bei Betriebsübergang, 2005, S. 353.
[270] BAG 28.2.2019 – 8 AZR 201/18, AP BGB § 613a Nr. 447 = NZA 2019, 1279 Rn. 50; 15.2.2007 – 8 AZR 431/06, AP BGB § 613a Nr. 320 = NZA 2007, 793 Rn. 45.
[271] LAG Düsseldorf 30.5.2007 – 7 Sa 158/07, BeckRS 2003, 57449.
[272] BAG 30.10.2003 – 8 AZR 491/02, AP BGB § 613a Nr. 262 = NZA 2004, 481; Staudinger/*Annuß* BGB § 613a Rn. 330.
[273] *Annuß* in FS zum 25-jährigen Bestehen der Arbeitsgemeinschaft Arbeitsrecht, 578, 589; *Grau*, Unterrichtung und Widerspruchsrecht der Arbeitnehmer bei Betriebsübergang, 2005, S. 353.
[274] AA *Grau*, Unterrichtung und Widerspruchsrecht der Arbeitnehmer bei Betriebsübergang gem. § 613a Abs. 5 und 6 BGB, 2005, S. 353.
[275] BAG 28.2.2019 – 8 AZR 201/18, AP BGB § 613a Nr. 477 = NZA 2019, 1289 Rn. 50.
[276] ErfK/*Preis* BGB § 613a Rn. 104; iE ebenso *Rieble* in FS zum 25-jährigen Bestehen der Arbeitsgemeinschaft Arbeitsrecht, S. 703; *Bauer/v. Steinau-Steinrück* ZIP 2002, 457 (464).
[277] Ascheid/Preis/Schmidt/*Steffan* BGB § 613a Rn. 232; *Grobys* BB 2002, 726 (730); *Nehls* NZA 2003, 822 (826): vorherige vollständige Unterrichtung erforderlich; einschränkend auch *Franzen* RdA 2002, 258 (268).
[278] LAG Saarland 12.8.2009 – 2 Sa 52/09, BeckRS 2011, 65207.
[279] LAG Niedersachsen 5.2.2018 – 8 Sa 831/17, NZA-RR 2018, 411 Rn. 22 f.

zicht auf das Widerspruchsrecht oder dessen Ausübung eine ordnungsgemäße Unterrichtung iSv § 613a Abs. 5 S. 1 BGB iVm § 613a Abs. 5 BGB voraussetzt oder jedenfalls eine zutreffende Unterrichtung in Textform über die „grundlegenden Informationen"[280] zum Betriebsübergang erfordert.[281]

99 c) **Konkludenter Verzicht.** Der Verzicht muss nicht ausdrücklich erklärt werden.[282] Ebenso wie bei der Erklärung eines Widerspruchs reicht es aus, dass der Erklärung des Arbeitnehmers der entsprechende Wille im Wege der Auslegung gemäß §§ 133, 157 BGB eindeutig entnommen werden kann. Hierbei ist ebenso wie für den Widerspruch im Hinblick auf den Schutzzweck des Schriftformerfordernisses, den Arbeitnehmer vor einem Verlust des Widerspruchsrechts durch unüberlegte Handlungen zu schützen,[283] auch für den Verzicht auf das Widerspruchsrecht die Beachtung der **Schriftform** zu fordern.[284] Die bloße Fortsetzung der Tätigkeit beim Erwerber in Kenntnis des Betriebsübergangs oder sonstige als konkludente Willenserklärungen zu qualifizierende Handlungen können demgegenüber schon wegen des Schriftformerfordernisses nicht als wirksamer Verzicht auf das Widerspruchsrecht angesehen werden.[285]

100 Unter Verweis auf die hohe Bedeutung des Widerspruchsrechts, das der durch Artikel 12 GG garantierten freien Wahl des Arbeitgebers und Vertragspartners Rechnung trägt, hat das BAG in seiner Entscheidung vom 28.2.2019 hervorgehoben, dass **an eine als Verzicht auszulegende Erklärung hohe Anforderungen** zu stellen sind und ein Verzicht auf das Widerspruchsrecht *„eindeutig und zweifelsfrei"* zum Ausdruck gebracht werden muss.[286] Soweit einzelne ältere Entscheidungen des Achten Senats zum Widerspruch gegen den Übergang eines Arbeitsverhältnisses bei einem Betriebs(teil)übergang dahin verstanden werden könnten, dass für die Auslegung einer Erklärung als Verzicht ein weniger strenger Maßstab gelten soll,[287] hält der mittlerweile neu besetzte Achte Senat hieran ausdrücklich nicht länger fest. In dem vom BAG aktuell entschiedenen Fall hatte ein über den bevorstehenden Übergang seines Arbeitsverhältnisses und die – erst nach dem Übergangszeitpunkt ablaufende – Einmonatsfrist für einen Widerspruch unterrichteter Arbeitnehmer eine ihm mit dem Unterrichtungsschreiben vorgelegte separate Einverständniserklärung zur schon zum Übergangszeitpunkt erfolgenden Übertragung seines Arbeitsverhältnisses auf den Erwerber unterschrieben und seine Tätigkeit bereits zum Übergabezeitpunkt, also schon vor Ablauf der Einmonatsfrist, beim Erwerber aufgenommen. Nach einer Insolvenz des Erwerbers widersprach der Arbeitnehmer einige Zeit später dem Übergang seines Arbeitsverhältnisses unter Beanstandung der nicht völlig fehlerfreien Unterrichtung. Aufgrund der konkreten Umstände des Falles hat das BAG die vom Arbeitnehmer unterzeichnete Einverständniserklärung als allenfalls temporären, nämlich höchstens für die Zeit bis kurz vor Ablauf der ihm für einen Widerspruch genannten Einmonatsfrist geltenden Verzicht auf sein Widerspruchsrecht gewertet. Ein weitergehender Verzichtswille lasse sich der vom Arbeitnehmer unterzeichneten separaten Einverständniserklärung aufgrund der im übermittelten Unterrichtungsschreiben für einen Widerspruch genannten Einmonatsfrist nicht entnehmen. Die Arbeitsaufnahme beim Erwerber könne nicht als (endgültiger) Verzicht auf das Widerspruchsrecht gewertet werden, sondern gelte allenfalls für die Zeit bis kurz vor Ablauf der im Unterrichtungsschreiben angegebenen Monatsfrist.[288]

---

[280] Siehe zur Begrifflichkeit der „grundlegenden Informationen" erstmals BAG 19.11.2015 – 8 AZR 773/14, AP BGB § 613a Nr. 465 = NZA 2016, 647 Rn. 15.
[281] BAG 28.2.2019 – 8 AZR 201/18, AP BGB § 613a Nr. 477 = NZA 2019, 1289 Rn. 50.
[282] BAG 28.2.2019 – 8 AZR 201/18, AP BGB § 613a Nr. 477 = NZA 2019, 1289 Rn. 59.
[283] → Rn. 78.
[284] Ascheid/Preis/Schmidt/*Steffan* BGB § 613a Rn. 232; jurisPK-BGB/*Kliemt/Teusch* § 613a Rn. 288; MüKoBGB/*Müller-Glöge* § 613a Rn. 12, 115; Gaul/Otto DB 2002, 634 (638); aA Staudinger/*Annuß* BGB § 613a Rn. 329; Henssler/Willemsen/Kalb/*Willemsen/Müller-Bonanni* BGB § 613a Rn. 362; Grau, Unterrichtung und Widerspruchsrecht der Arbeitnehmer bei Betriebsübergang gem. § 613a Abs. 5 und 6 BGB, 2005, S. 354.
[285] Ebenso Gaul/Otto DB 2002, 634 (638); *Nehls* NZA 2003, 822 (826).
[286] BAG 28.2.2019 – 8 AZR 201/18, AP BGB § 613a Nr. 477 = NZA 2019, 1289 Rn. 58.
[287] Das BAG nennt hierzu beispielhaft die ältere Entscheidung BAG 19.3.1998 – 8 AZR 139/97, AP BGB § 613a Nr. 177 = NZA 1998, 750.
[288] BAG 28.2.2019 – 8 AZR 201/18, AP BGB § 613a Nr. 477 = NZA 2019, 1289 Rn. 40.

5. Verwirkung und rechtsmissbräuchliche Ausübung

a) Verwirkung. Das BAG hält auch nach der Kodifizierung des Widerspruchsrechts in ständiger Rechtsprechung daran fest, dass das Widerspruchsrecht wegen Verwirkung ausgeschlossen sein kann.[289] Die Verwirkung ist ein **Sonderfall der unzulässigen Rechtsausübung (§ 242 BGB)**. Mit der Verwirkung wird die illoyal verspätete Geltendmachung von Rechten ausgeschlossen. Sie dient dem Vertrauensschutz und verfolgt nicht den Zweck, den Schuldner stets dann von seiner Verpflichtung zu befreien, wenn dessen Gläubiger längere Zeit seine Rechte nicht geltend gemacht hat. Der Berechtigte muss vielmehr über einen längeren Zeitraum untätig geblieben sein (sog. **Zeitmoment**), und dies unter Umständen, die den Eindruck erweckten, dass er sein Recht nicht geltend machen wolle, sodass der Verpflichtete sich darauf einstellen durfte, nicht mehr in Anspruch genommen zu werden (sog. **Umstandsmoment**). Hierbei muss das Erfordernis des Vertrauensschutzes auf Seiten des Verpflichteten das Interesse des Berechtigten derart überwiegen, dass ihm die Erfüllung des Anspruchs nicht mehr zuzumuten ist.[290] Das für das **Zeitmoment** maßgebliche Ausmaß der mittlerweile verstrichenen Zeit ist dabei **in Wechselwirkung zum Umstandsmoment** zu setzen, dem im Rahmen der Einzelfallbewertung besondere Bedeutung zukommt. Beide Elemente sind bildhaft wie „kommunizierende Röhren" miteinander verbunden.[291] Je stärker das gesetzte Vertrauen oder die Umstände sind, die eine Geltendmachung für den Anspruchsgegner unzumutbar machen, desto eher ist von einer Verwirkung auszugehen.[292] Umgekehrt gilt: Je mehr Zeit seit dem Betriebsübergang verstrichen ist, umso geringer werden die Anforderungen an das Umstandsmoment. Da Zeit- und Umstandsmoment in Wechselwirkung zueinander stehen, verwirkt das Widerspruchsrecht des Arbeitnehmers bei schwierigen Sachverhalten allerdings wohl erst nach längerer Untätigkeit.[293]

Für die **Erfüllung des Zeitmoments der Verwirkung** besteht nach der Rechtsprechung des BAG entgegen vereinzelten Stimmen im Schrifttum[294] **keine generell geltende feste Fristvorgabe**; es kommt vielmehr auf die **Umstände des jeweiligen Einzelfalls** an.[295] Das BAG hat das Zeitmoment der Verwirkung in verschiedenen Einzelfällen für Zeiträume zwischen zweieinhalb Monaten[296] und einem Jahr[297] oder aber auch länger[298] bejaht. Selbst nach mehreren Jahren kann ein Widerspruch noch in Betracht kommen.[299]

---

[289] BAG 28.6.2018 – 8 AZR 100/17, AP BGB § 613a Nr. 475 = BeckRS 2018, 23438 Rn. 15; 24.8.2017 – 8 AZR 265/16, AP BGB § 613a Nr. 471 = NZA 2018, 168 Rn. 16ff; 17.10.2013 – 8 AZR 974/12, AP BGB § 613a Nr. 448 = NZA 2014, 774; 26.5.2011 – 8 AZR 18/10, NZA 2011, 1448; 12.11.2009 – 8 AZR 751/07, AP BGB § 613a Widerspruch Nr. 12; 15.2.2007 – 8 AZR 431/06, AP BGB § 613a Nr. 320 = NZA 2007, 793; 14.12.2006 – 8 AZR 763/05, AP BGB § 613a Nr. 318 = NZA 2007, 682; 13.7.2006 – 8 AZR 382/05, AP BGB § 613a Widerspruch Nr. 1 = NZA 2006, 1406; zur Rechtslage vor Kodifizierung des Widerspruchsrechts siehe zB BAG 19.3.1998 – 8 AZR 139/97, AP BGB § 613a Nr. 177 = NZA 1998, 750.
[290] StRspr, siehe BAG 26.5.2011 – 8 AZR 18/10, NZA 2011, 1448 mwN.
[291] BAG 28.2.2019 – 8 AZR 201/18, AP BGB § 613a Nr. 477 = NZA 2019, 1289 Rn. 68; 28.6.2018 – 8 AZR 100/17, AP BGB § 613a Nr. 475 = BeckRS 2018, 23438 Rn 17; 17.10.2013 – 8 AZR 974/12, AP BGB § 613a Nr. 448 = NZA 2014, 774 Rn. 27; 22.6.2011 – 8 AZR 752/09, AP BGB § 613a Unterrichtung Nr. 17 = NZA-RR 2012, 507 Rn. 30.
[292] BAG 17.10.2013 – 8 AZR 974/12, AP BGB § 613a Nr. 448 = NZA 2014, 774; 24.7.2008 – 8 AZR 175/07, AP BGB § 613a Nr. 347 = NZA-RR 2010, 74; 13.7.2006 – 8 AZR 382/05, AP BGB § 613a Widerspruch Nr. 1 = NZA 2006, 1406.
[293] BAG 15.2.2007 – 8 AZR 431/06, AP BGB § 613a Nr. 320 = NZA 2007, 793 Rn. 44.
[294] Siehe etwa *Bauer/v. Steinau-Steinrück* ZIP 2002, 353 (357): drei Monate; *Worzalla* NZA 2002, 1159 (1160): sieben Monate; *Rieble* in FS zum 25-jährigen Bestehen der Arbeitsgemeinschaft Arbeitsrecht, 702: 37 Monate (in Anknüpfung an die dreijährige Verjährungsfrist gem. § 195 BGB).
[295] BAG 17.10.2013 – 8 AZR 974/12, AP BGB § 613a Nr. 448 = NZA 2014, 774; 27.11.2008 – 8 AZR 174/07, AP BGB § 613a Nr. 363 = NZA 2009, 552; 15.2.2007 – 8 AZR 431/06, AP BGB § 613a Nr. 320 = NZA 2007, 793; 13.7.2006 – 8 AZR 382/05, AP BGB § 613a Widerspruch Nr. 1 = NZA 2006, 1406.
[296] BAG 24.7.2008 – 8 AZR 205/07, AP BGB § 613a Nr. 346 = NZA 2008, 1294.
[297] BAG 20.5.2010 – 8 AZR 585/08, BeckRS 2010, 73534.
[298] Vgl. nur beispielsweise BAG 22.4.2010 – 8 AZR 982/07, AP BGB § 613a Widerspruch Nr. 17, hier wurden vom BAG 14 Monate für die Bejahung des Zeitmoments als ausreichend angesehen.
[299] *Gaul/Niklas* DB 2009, 452 (455).

103 Während zunächst streitig und unklar war, ob **der Lauf des Zeitmoments der Verwirkung** mit der Kenntnis des Arbeitnehmers von den den Betriebsübergang ausmachenden tatsächlichen Umständen[300] oder mit der erstmaligen Kenntnis des Arbeitnehmers von der Fehlerhaftigkeit der Unterrichtung[301] beginnt, hat das BAG in jüngerer Zeit wiederholt entschieden, dass es für den **Beginn** des Laufes des Zeitmoments der Verwirkung **nicht** auf einen **bestimmten Zeitpunkt ankommt.**[302] Die Frist für das für die Verwirkung maßgebliche Zeitmoment beginnt nach der Rechtsprechung des BAG **nicht erst** mit der **umfassenden Unterrichtung** oder **Kenntnis des Arbeitnehmers über den Betriebsübergang und dessen Folgen.** Da es sich bei dem Zeitmoment nicht um eine gesetzliche, gerichtliche oder vertraglich vorgegebene Frist handelt, für die die §§ 186 ff. BGB hinsichtlich ihrer Anfangs- und Endzeitpunkte gelten würden,[303] kommt es bei der Prüfung, ob ein Recht verwirkt ist, immer auf eine **Gesamtbetrachtung** an, bei der das **Zeit- und Umstandsmoment** zu berücksichtigen und **in Relation zu setzen** sind.[304]

104 Entgegen einer weit verbreiteten Fehlvorstellung kommt es nicht darauf an, ob der Arbeitnehmer vom Bestehen eines Widerspruchsrechts überhaupt Kenntnis hat, da eine positive Kenntnis des von einer möglichen Verwirkung betroffenen Rechts nicht subjektive Tatbestandvoraussetzung der Verwirkung ist.[305] Vielmehr ist entscheidend darauf abzustellen, ob der Verpflichtete aufgrund des Zeitablaufes, in dem der Berechtigte sein Recht nicht ausgeübt hat, und den Umständen des Einzelfalles, zu denen auch die Unkenntnis des Berechtigten von den für die Geltendmachung seines Rechts bedeutsamen Tatsachen gehört, darauf vertrauen durfte, dass der Berechtigte sein Widerspruchsrecht nicht mehr geltend machen werde.[306]

105 Hinsichtlich des **Umstandsmoments der Verwirkung** müssen nach der Rechtsprechung des BAG Umstände vorliegen, die es rechtfertigen, die späte Geltendmachung des Rechts als mit Treu und Glauben unvereinbar und für den Verpflichteten als unzumutbar anzusehen.[307] Das Umstandsmoment ist erfüllt, wenn der Veräußerer aufgrund des Verhaltens des Arbeitnehmers annehmen durfte, dieser habe den Übergang seines Arbeitsverhältnisses auf den Betriebserwerber und diesen damit als seinen neuen Arbeitgeber akzeptiert.[308] Nach der Rechtsprechung des BAG ist dies **regelmäßig dann gegeben, wenn** ein nicht ordnungsgemäß unterrichteter Arbeitnehmer **über den Bestand seines Arbeitsverhältnisses gegenüber dem Betriebserwerber disponiert hat.**[309] Als **Disposition über den Bestand des Arbeitsverhältnisses** sollen hierbei nur solche Vereinbarungen und Verhaltensweisen des Arbeitnehmers in Betracht kommen, auf Grund derer es zur **Beendigung des Arbeitsverhältnisses** kommt.[310] So hat das BAG in Fällen des Abschlusses eines (dreiseitigen[311]) Aufhebungsver-

---

[300] LAG München 12.10.2006 – 2 Sa 990/05, BB 2007, 502; ArbG Naumburg 8.3.2007 – 1 Ca 2529/06 Rn. 36; im Einzelnen ebenso ArbG Frankfurt 26.6.2007 – 4 Ca 426/07, BB 2008, 58; besprochen von *Heuchemer* BB 2008, 58; siehe auch BAG 27.1.2000 – 8 AZR 106/99, RzK I 5e Nr. 128.
[301] LAG Düsseldorf 19.9.2007 – 7 Sa 552/07, BeckRS 2008, 50293, mit argumentativem Verweis auf BAG 24.5.2005 – 8 AZR 398/04, AP BGB § 613a Nr. 284 = NZA 2005, 1302.
[302] BAG 11.11.2010 – 8 AZR 185/09, AP BGB § 613a Nr. 390; 20.5.2010 – 8 AZR 68/09, BeckRS 2010, 73535; 22.4.2010 – 8 AZR 871/07, AP BGB § 613a Widerspruch Nr. 15; 27.11.2008 – 8 AZR 174/07, AP BGB § 613a Nr. 363 = NZA 2009, 552.
[303] BAG 11.11.2010 – 8 AZR 185/09, AP BGB § 613a Nr. 390.
[304] BAG 15.2.2007 – 8 AZR 431/06, AP BGB § 613a Nr. 320 = NZA 2007, 793.
[305] Vgl. BGH 27.6.1957 – II ZR 15/56, BGHZ 25, 47 = NJW 1957, 1358; BAG 5.8.1969 – 1 AZR 441/68, NJW 1970, 349.
[306] BAG 24.7.2008 – 8 AZR 175/07, AP BGB § 613a Nr. 347 = NZA-RR 2010, 74.
[307] BAG 15.2.2007 – 8 AZR 431/06, AP BGB § 613a Widerspruch Nr. 1 = NZA 2007, 793; 25.4.2001 – 5 AZR 497/99, AP BGB § 242 Verwirkung Nr. 46 = NZA 2001, 966.
[308] BAG 21.1.2010 – 8 AZR 870/07, AP BGB § 613a Nr. 386.
[309] BAG 23.7.2009 – 8 AZR 538/08, AP BGB § 613a Unterrichtung Nr. 10 = NZA 2010, 89; 27.11.2008 – 8 AZR 174/07, AP BGB § 613a Nr. 363 = NZA 2009, 552; 17.10.2013 – 8 AZR 974/12, AP BGB § 613a Nr. 448 = NZA 2014, 774; 9.12.2010 – 8 AZR 592/08, AP BGB § 613a Nr. 393; 20.5.2010 – 8 AZR 68/09, BeckRS 2010, 73534; aA *Dzida* DB 2010, 167, der jede Änderung des Arbeitsverhältnisses mit dem neuen Arbeitgeber für ausreichend hält um das Umstandsmoment der Verwirkung zu begründen.
[310] BAG 21.1.2010 – 8 AZR 870/07, AP BGB § 613a Nr. 386; 23.7.2008 – 8 AZR 357/08, AP BGB § 613a Widerspruch Nr. 10 = NZA 2010, 393.
[311] BAG 18.3.2010 – 8 AZR 840/08, AP BGB § 613a Unterrichtung Nr. 14 = NZA-RR 2011, 280.

trages[312] und bei der **Hinnahme** einer **vom Betriebserwerber ausgesprochenen Kündigung**[313] eine Disposition über das Arbeitsverhältnis und somit das Vorliegen des Umstandsmoments der Verwirkung bejaht. Auch dann, wenn der widersprechende Arbeitnehmer sich vor der Erklärung des Widerspruchs im Rahmen eines **Abwicklungsvertrages** oder eines **gerichtlichen Vergleichs mit dem Betriebserwerber** darauf geeinigt hat, das zwischen ihm und dem Erwerber bestehende Arbeitsverhältnis, gegebenenfalls gegen Zahlung einer Abfindung, zu beenden, ist nach der Rechtsprechung eine zur Begründung des Umstandsmoments der Verwirkung ausreichende Disposition über den Bestand des Arbeitsverhältnisses gegeben.[314] Auch dann, wenn ein über einen Betriebsübergang fehlerhaft unterrichteter Arbeitnehmer, der sich den Widerspruch gegen den Übergang seines Arbeitsverhältnisses offen halten will, in einem gegen den Betriebserwerber angestrengten Kündigungsschutzprozess einen Vergleich abschließt, wonach ausdrücklich kein Betriebsübergang vorliegen und sein Arbeitsverhältnis nicht auf die beklagte Erwerberin übergegangen sein soll, er aber einen nicht näher deklarierten und nicht als Abfindung bezeichneten erheblichen Geldbetrag erhält, sieht das BAG im Abschluss eines solchen Vergleichs eine Disposition über das Arbeitsverhältnis.[315] Die Verwirklichung des Umstandsmoments hat das BAG – im Rahmen eines obiter dictum – auch für eine Vereinbarung angenommen, durch die das Arbeitsverhältnis auf eine völlig neue rechtliche Grundlage gestellt wird, wie zum Beispiel bei der **Vereinbarung eines Altersteilzeitvertrages** mit dem Erwerber.[316]

Demgegenüber sollen Vereinbarungen mit dem Betriebserwerber, durch die einzelne Arbeitsbedingungen, zum Beispiel Art und Umfang der zu erbringenden Arbeitsleistung oder die Höhe der Arbeitsvergütung geändert werden,[317] ebenso wie die Bewerbung auf eine interne Stellenausschreibung[318] nicht als hinreichende Disposition im vorstehenden Sinne anzusehen sein und kein Umstandsmoment der Verwirkung begründen können. Dem ist jedoch entgegenzuhalten, dass der beanstandungslosen Fortsetzung der Tätigkeit des Arbeitnehmers beim Erwerber jedenfalls dann ein vertrauensbegründender Erklärungswert beizumessen sein dürfte, wenn der Arbeitnehmer den Erwerber auf Leistungen in Anspruch nimmt, die es so beim Veräußerer nicht gab und nicht geben würde.[319] Grundsätzlich sollte jede von einem Arbeitnehmer für seine Arbeitsleistung gegenüber dem Erwerber aktiv geforderte neue bzw. zusätzliche Leistung, wie etwa eine unter Verweis auf besondere Leistungen oder auch unter Hinweis auf eine ansonsten beabsichtigte berufliche Veränderung geforderte individuelle Gehaltserhöhung den Schluss rechtfertigen, dass der Arbeitnehmer den Erwerber endgültig als seinen neuen Arbeitgeber akzeptiert hat.[320]

Die bloße **widerspruchslose Weiterarbeit beim Erwerber** stellt nach ständiger Rechtsprechung des BAG allein keinen Sachverhalt dar, durch den das für die Verwirkung erforderliche Umstandsmoment verwirklicht werden könnte. Ohne das Hinzutreten weiterer Umstände, denen ein vertrauensbegründender Erklärungswert im Sinne des Umstandsmoments der Verwirkung zukommt, könne der Erbringung der vertraglich geschuldeten Arbeitsleistung beim Erwerber noch nicht entnommen werden, dass der Arbeitnehmer an seiner Ver-

---

[312] BAG 23.7.2009 – 8 AZR 357/08, AP BGB § 613a Widerspruch Nr. 10 = NZA 2000, 393; 21.1.2010 – 8 AZR 870/07, AP BGB § 613a Nr. 386; 22.4.2010 – 8 AZR 872/07, AP BGB § 613a Widerspruch Nr. 16; 24.2.2011 – 8 AZR 413/09, BeckRS 2011, 72474; 20.5.2010 – 8 AZR 68/09, BeckRS 2010, 73535.
[313] BAG 24.7.2008 – 8 AZR 175/07, AP BGB § 613a Nr. 347 = NZA-RR 2010, 74; 21.1.2010 – 8 AZR 870/07, AP BGB § 613a Nr. 386; 22.4.2010 – 8 AZR 872/07, AP BGB § 613a Widerspruch Nr. 16; 24.2.2011 – 8 AZR 413/09, BeckRS 2011, 72474.
[314] BAG 17.10.2013 – 8 AZR 974/12, AP BGB § 613a Nr. 448 = NZA 2014, 774; 22.4.2010 – 8 AZR 872/07, AP BGB § 613a Widerspruch Nr. 16; LAG München 16.10.2007 – 6 Sa 1321/06, BeckRS 2009, 67593; ArbG Naumburg 8.3.2007 – 1 Ca 2529/06; *Löwisch/Göpfert/Siegrist* DB 2007, 2538 (2540).
[315] BAG 17.10.2013 – 8 AZR 974/12, AP BGB § 613a Nr. 448 = NZA 2014, 774.
[316] BAG 23.7.2009 – 8 AZR 357/08, AP BGB § 613a Widerspruch Nr. 10 = NZA 2010, 393; 21.1.2010 – 8 AZR 870/07, AP BGB § 613a Nr. 386.
[317] BAG 26.5.2011 – 8 AZR 18/10, NZA 2011, 1448; 21.1.2010 – 8 AZR 870/07, AP BGB § 613a Nr. 386; aA *Dzida* DB 2010, 167.
[318] BAG 23.7.2009 – 8 AZR 541/08, AP BGB § 613a Nr. 384.
[319] *Grau* RdA 2005, 367 (370).
[320] LAG Köln 27.11.2007 – 9 Sa 146/07, BeckRS 2008, 52896.

tragsbeziehung mit dem Veräußerer nicht mehr festhalten und sein Widerspruchsrecht nicht mehr ausüben wolle.[321]

108 In mehreren Entscheidungen aus 2017,[322] 2018[323] und 2019[324] hat der Achte Senat in neuer Besetzung allerdings eine neue Betrachtung und Bewertung der Gesamtumstände einer widerspruchslosen Weiterarbeit beim Erwerber vorgenommen: Wurde ein beim Erwerber widerspruchslos weiterarbeitender Arbeitnehmer bei dem mittlerweile bereits Jahre zurückliegenden Betriebsübergang zwar nicht fehlerfrei iSv § 613a Abs. 5 BGB unterrichtet, aber im Rahmen einer Unterrichtung nach § 613a Abs. 5 BGB vom bisherigen Arbeitgeber und/oder vom Erwerber zumindest (i) über den mit dem Betriebsübergang verbundenen Übergang seines Arbeitsverhältnisses (ii) unter Angabe des Zeitpunkts oder geplanten Zeitpunkts sowie (iii) des Gegenstands des Betriebsübergangs und (iv) über den Erwerber in Textform in Kenntnis gesetzt und (v) über sein Widerspruchsrecht nach § 613a Abs. 6 BGB belehrt, hat die widerspruchslose Weiterarbeit eine andere Qualität als ein schlichtes Untätigbleiben. Nach der jüngeren BAG-Rechtsprechung liegen dann besondere Umstände vor, die es rechtfertigen können, die späte Geltendmachung des Widerspruchsrechts als mit Treu und Glauben unvereinbar und für den verpflichteten Veräußerer als unzumutbar anzusehen. Die **widerspruchslose Weiterarbeit beim Erwerber bei erfolgter Unterrichtung über die zumindest *„grundlegenden Informationen"*** zum Betriebsübergang stellt daher ein Umstandsmoment dar, das zur Verwirkung führen kann.[325]

109 Die widerspruchslose Weiterarbeit eines über grundlegende Informationen zum Betriebsübergang verfügenden Arbeitnehmers ist nach Auffassung des BAG allerdings nicht von einem solchen Gewicht, dass an das **Zeitmoment der Verwirkung** nur geringe Anforderungen zu stellen wären. Das BAG hält erst und nur einen – frühestens mit dem Betriebsübergang beginnenden – **Zeitraum der Weiterarbeit beim Erwerber von sieben Jahren** für regelmäßig geeignet, bei dem bisherigen Arbeitgeber ein schutzwürdiges Vertrauen darauf zu begründen, dass der Arbeitnehmer den Erwerber endgültig als seinen Arbeitgeber akzeptiert hat und sein Widerspruchsrecht nicht mehr ausüben wird.[326]

110 Auch wenn die Annahme einer Verwirkung im Falle der widerspruchslosen Weiterarbeit eines über grundlegende Informationen zum Betriebsübergang verfügenden Arbeitnehmers mit dieser konkreten Zeitangabe des BAG zumindest kalkulierbarer wird, setzt das BAG mit dem von ihm selbst bei erfolgter Unterrichtung über die grundlegenden Informationen zum Betriebsübergang geforderten sehr langen Verwirkungszeitraum von mindestens sieben Jahren die Hürden für eine Verwirkung des Widerspruchsrechts sehr hoch, was in der Literatur auch auf berechtigte Kritik gestoßen ist.[327] Eine überzeugende Begründung für seine Festlegung auf eine Mindestzeitdauer von sieben Jahren zur Verwirklichung des Zeitmoments bei dieser speziellen Sachverhaltskonstellation vermag der Achte Senat zudem nicht aufzuzeigen.

111 Das **Umstandsmoment der Verwirkung wird von der Rechtsprechung** auch dann **bejaht**, wenn ein Arbeitnehmer gegenüber Veräußerer oder Erwerber die Zusage gemacht hat, sein Widerspruchsrecht nur bis zu einem bestimmten Zeitpunkt auszuüben und dann verabredungswidrig den Widerspruch erst geraume Zeit nach Ablauf der selbstgesetzten Frist erklärt.[328] Entsprechendes wird anzunehmen sein, wenn sich der widersprechende Arbeitneh-

---

[321] BAG 28.2.2019 – 8 AZR 201/18, AP BGB § 613a Nr. 477 = NZA 2019, 1279 Rn. 73; 21.1.2010 – 8 AZR 870/07, AP BGB § 613a Nr. 386 = BeckRS 2010, 72801 Rn. 33; 27.11.2008 – 8 AZR 1021/06, AP BGB § 613a Nr. 361 = BeckRS 2009, 69950 Rn. 37; BAG 24.7.2008 – 8 AZR 73/07, AP BGB § 613a Nr. 351 = BeckRS 2009, 58465 Rn. 43.
[322] BAG 24.8.2017 – 8 AZR 265/16, AP BGB § 613a Nr. 471 = NZA 2018, 168 Rn. 26.
[323] BAG 28.6.2018 – 8 AZR 100/17, AP BGB § 613a Nr. 475 = BeckRS 2018, 23438 Rn. 20, 22 f.
[324] BAG 28.2.2019 – 8 AZR 201/18, AP BGB § 613a Nr. 477 = NZA 2019, 1279 Rn. 81.
[325] BAG 24.8.2017 – 8 AZR 265/16, AP BGB § 613a Nr. 471 = NZA 2018, 168 Rn. 26; 28.6.2018 – 8 AZR 100/17, AP BGB § 613a Nr. 475 = BeckRS 2018, 23438 Rn. 20, 22 f.; 28.2.2019 – 8 AZR 201/18, AP BGB § 613a Nr. 477 = NZA 2019, 1279 Rn. 81.
[326] BAG 28.6.2018 – 8 AZR 100/17, AP BGB § 613a Nr. 475 = BeckRS 2018, 23438 Rn. 25; 28.2.2019 – 8 AZR 201/18, AP BGB § 613a Nr. 477 = NZA 2019, 1279 Rn. 82; 24.8.2017 – 8 AZR 265/16, AP BGB § 613a Nr. 471 = NZA 2018, 168 Rn. 27.
[327] *Grau/Flockenhaus* NZA-RR 2019, 289 (297); *Bauer/Ernst* NZA 2018, 1243.
[328] BAG 2.4.2009 – 8 AZR 262/07, AP BGB § 613a Widerspruch Nr. 7 = NZA 2009, 1149.

mer vor Erklärung des Widerspruchs gegenüber dem Veräußerer oder Erwerber eindeutig, wenn auch nur konkludent, mit dem Übergang seines Arbeitsverhältnisses einverstanden erklärt.[329] Das BAG hat das Vorliegen des Umstandsmoments der Verwirkung des Weiteren auch in einem Fall bejaht, in dem ein Arbeitnehmer durch seinen anwaltlichen Vertreter einen Sozialplananspruch gegen den Veräußerer ausdrücklich unter Berufung auf eine „Gesamtschuldnerhaftung gemäß § 613a Abs. 2 Satz 1 BGB" eingeklagt hatte, da dies aus Rechtsgründen zwangsläufig den erfolgten und nicht in Zweifel gezogenen Übergang des Arbeitsverhältnisses auf den Erwerber voraussetzte.[330] Auch dann, wenn ein Arbeitnehmer bei einer für ihn offenkundig gewordenen prekären Situation der Erwerberin nach einer von ihm festgestellten und gegenüber dem Veräußerer beanstandeten Falschinformation offen lässt, ob er von seinem Widerspruchsrecht Gebrauch macht und sich gegen eine anschließend erfolgende Kündigung der Erwerberin nicht zur Wehr setzt, hindert die Beanstandung der fehlerhaften Unterrichtung und die Erwähnung eines möglichen Widerspruchs nicht die Vertrauensbildung des alten und/oder neuen Arbeitgebers, der Arbeitnehmer werde ein etwaiges Recht zum Widerspruch nicht ausüben.[331] Schließlich hat das BAG zur Frage des Vorliegens des Umstandsmoments der Verwirkung entschieden, dass ein Arbeitnehmer, der zunächst unter Berufung auf Unzulänglichkeiten der Unterrichtung ergänzende Informationen fordert und dann – nach mehrjähriger Untätigkeit – im Anschluss an den Erhalt einer Mitteilung über die prekäre wirtschaftliche Lage und fehlende Existenzfähigkeit des Erwerbers noch mehr als vier Monate bis zur Eröffnung eines Insolvenzverfahrens über das Vermögen des Erwerbers wartet mit der Erklärung des Widerspruchs zuwartet, beim Veräußerer das Vertrauen darauf begründet, nicht mehr wegen einer etwa fehlerhaften Unterrichtung in Anspruch genommen zu werden.[332]

Demgegenüber begründet es **nach der Rechtsprechung des BAG** für sich genommen noch **kein Umstandsmoment,** wenn ein Arbeitnehmer sein Widerspruchsrecht nicht unmittelbar nach Bekanntwerden eines Insolvenzantrages des Betriebserwerbers ausübt.[333] Nach verschiedenen obergerichtlichen Entscheidungen scheitert eine Verwirkung wegen Fehlens des Umstandsmoments auch dann, wenn ein Arbeitnehmer konkrete Rückfragen zum Unterrichtungsschreiben unter ausdrücklichem Vorbehalt der Ausübung des Widerspruchsrechts stellt, aber erst einige Monate später den Widerspruch erklärt.[334] Auch die Erhebung einer Klage gegen den Veräußerer auf Entgeltzahlung unter Hinweis auf bestehenden Streit über das Vorliegen eines Betriebsübergangs ist nach einer Entscheidung des BAG nicht geeignet, einen für das Umstandsmoment der Verwirkung erforderlichen Vertrauenstatbestand beim Veräußerer zu begründen.[335]

Die Unterrichtungspflicht des § 613a Abs. 5 BGB trifft sowohl den bisherigen Arbeitgeber als auch den neuen Betriebsinhaber als Gesamtschuldner.[336] Infolge dessen reicht für den Verwirkungseinwand aus, wenn **einer der beiden möglichen Adressaten des Widerspruchs** nach § 613a Abs. 6 BGB **Kenntnis** von den **vertrauensbildenden Umständen** hat, die zur Verwirkung des Widerspruchsrechts führen.[337] Der **andere Widerspruchsadressat** kann sich **hierauf berufen.** Insoweit werden Betriebsveräußerer und Betriebserwerber als Einheit behandelt.[338]

---

[329] LAG Nürnberg 10.10.2006 – 6 Sa 53/06, BB 2007, 1284; siehe auch *Franzen* RdA 2002, 258 (267); *Löwisch/Göpfert/Siegrist* DB 2007, 2538 (2540).
[330] BAG 24.7.2008 – 8 AZR 205/07, AP BGB § 613a Nr. 346 = NZA 2008, 1294.
[331] BAG 22.4.2010 – 8 AZR 982/07, AP BGB § 613a Widerspruch Nr. 17.
[332] BAG 22.6.2011 – 8 AZR 752/09, NZA-RR 2012, 507.
[333] BAG 27.11.2008 – 8 AZR 1021/06, AP BGB § 613a Nr. 361.
[334] LAG München 23.11.2006 – 3 Sa 644/06, BeckRS 2009, 54850; LAG Köln 4.6.2007 – 14 Sa 88/07, BeckRS 2007, 241199; LAG Düsseldorf 1.8.2007 – 7 Sa 361/07, BeckRS 2007, 57441.
[335] BAG 13.7.2006 – 8 AZR 382/05, AP BGB § 613a Widerspruch Nr. 1 = NZA 2006, 1406. Diese Fallgruppe dürfte jedoch in der Praxis eher der Ausnahmefall sein, da der Arbeitnehmer dann in der Regel bereits – vorsorglich – einen Widerspruch gegen den Übergang seines Arbeitsverhältnisses auf den Erwerber erklärt haben wird.
[336] → Rn. 6.
[337] BAG 11.11.2010 – 8 AZR 185/09, AP BGB § 613a Nr. 390; 9.12.2010 – 8 AZR 592/08, AP BGB § 613a Nr. 393; 20.5.2010 – 8 AZR 68/09, BeckRS 2010, 73535; 2.4.2009 – 8 AZR 262/07, AP BGB § 613a Widerspruch Nr. 7 = NZA 2009, 1149; 27.11.2008 – 8 AZR 174/07, AP BGB § 613a Nr. 363 = NZA 2009, 552.
[338] BAG 20.5.2010 – 8 AZR 68/09, BeckRS 2010, 73535.

114 Die **Berufung auf Verwirkung** des Widerspruchrechts kann jedoch gegen den Grundsatz von **Treu und Glauben verstoßen**, wenn der Widerspruchsadressat das Umstandsmoment selbst unter Verstoß gegen § 242 BGB herbeigeführt hat, etwa indem der Erwerber den Arbeitnehmer treuwidrig zum Abschluss eines Aufhebungsvertrages veranlasst hat.[339]

115 **b) Rechtsmissbräuchliche Ausübung.** Die Erklärung eines Widerspruchs kann nicht nur nach Ablauf eines längeren Zeitraums und bei Vorliegen von besonderen Umständen, die der Ausübung des Widerspruchs vorausgehen, unter dem Aspekt der Verwirkung gegen § 242 BGB verstoßen. Die Ausübung des Widerspruchsrechts kann auch unter dem Gesichtspunkt des Rechtsmissbrauchs gegen den Grundsatz von Treu und Glauben verstoßen und aus diesem Grunde unwirksam sein.

116 *aa) Kollektiver Widerspruch.* Eine rechtsmissbräuchliche Ausübung des Widerspruchsrechts kommt unter bestimmten Umständen im Falle eines kollektiven Widerspruchs in Betracht.[340] Widersprechen nicht nur einzelne Arbeitnehmer dem Übergang ihrer Arbeitsverhältnisse auf den Erwerber, sondern faktisch die gesamte Belegschaft oder wesentliche Belegschaftsgruppen, kann dadurch die Transaktion insgesamt gefährdet und ein Betriebsübergang unter Umständen verhindert werden.[341] Insbesondere in betriebsmittelarmen Dienstleistungsunternehmen kann die Ausübung des Widerspruchsrechts durch einen wesentlichen Teil der Belegschaft dazu führen, dass der vorgesehene Betriebsübergang mangels identitätswahrenden Übergangs der gerade durch ihr Personal geprägten wirtschaftlichen Einheit nicht stattfindet. In einem solchen Fall würden die Arbeitsverhältnisse der nur vereinzelt nicht widersprechenden und zum Erwerber wechselnden Arbeitnehmer nicht gemäß § 613a BGB übergehen.[342]

117 Erfolgt der Widerspruch eines großen Teils der Belegschaft oder der für die Fortführung des Betriebs beim Erwerber wesentlichen Know-How-Träger zu einem annähernd gleichen Zeitpunkt und/oder mit einer – formularmäßig – inhaltsgleichen Erklärung, spricht eine tatsächliche Vermutung dafür, dass es sich hierbei nicht um eine Vielzahl unabgestimmter individueller Entscheidungen, sondern um eine konzertierte Aktion handelt. Eine solche gemeinschaftliche bzw. abgestimmte Ausübung des Widerspruchsrechts wird auch als **kollektiver Widerspruch** bezeichnet.[343] Eine derartige kollektive Ausübung des Widerspruchsrechts stellt **nicht von vornherein** einen **Verstoß gegen den Grundsatz von Treu und Glauben** dar. Der generell keiner Begründungspflicht unterliegende[344] Widerspruch bedarf auch bei einer größeren Anzahl von widersprechenden Arbeitnehmern zu seiner Wirksamkeit im Einzelfall keines sachlichen Grundes.[345]

118 Mit einem kollektiven Widerspruch werden jedoch oftmals Ziele verfolgt, die mit dem Zweck des Widerspruchsrechts nichts zu tun haben, wie beispielsweise die Durchsetzung langfristiger Standortgarantien oder mehrjähriger Kündigungsverzichtserklärungen des Betriebserwerbers. Eine kollektive Ausübung des Widerspruchsrechts zu solchen sachfremden, vom Schutzzweck der Norm evident nicht erfassten Zwecken ist rechtsmissbräuchlich und daher nach § 242 BGB unwirksam.[346]

119 **Für die rechtsmissbräuchliche Ausübung** des Widerspruchsrechts ist die **Arbeitgeberseite darlegungs- und beweispflichtig.**[347] Allerdings wird man entgegen der vorzitierten Recht-

---

[339] BAG 11.11.2010 – 8 AZR 185/09, AP BGB § 613a Nr. 390.
[340] Siehe zum kollektiven Widerspruch auch *Koppenfels-Spies* RdA 2010, 72 Kritisch *Grau*, Unterrichtung und Widerspruchsrecht der Arbeitnehmer bei Betriebsübergang, 2005, S. 359.
[341] Vgl. ErfK/*Preis* BGB § 613a Rn. 110.
[342] Willemsen/Hohenstatt/Schweibert/Seibt Umstrukturierung/*Willemsen* G Rn. 153.
[343] Siehe nur ErfK/*Preis* BGB § 613a Rn. 110.
[344] → Rn. 79.
[345] BAG 30.9.2004 – 8 AZR 462/03, AP BGB § 613a Nr. 275 = NZA 2005, 43; ErfK/*Preis* BGB § 613a Rn. 110; *Franzen* RdA 2002, 258 (264); *Grau*, Unterrichtung und Widerspruchsrecht der Arbeitnehmer bei Betriebsübergang, 2005, S. 359.
[346] BAG 30.9.2004 – 8 AZR 462/03, AP BGB § 613a Nr. 275 = NZA 2005, 43; vgl. MüKoBGB/*Müller-Glöge* BGB § 613a Rn. 116; Erman/*Edenfeld* BGB § 613a Rn. 55; *Lembke/Oberwinter* ZIP 2007, 310 (313); *Annuß*, FS zum 25-jährigen Bestehen der Arbeitsgemeinschaft Arbeitsrecht, 563 (591); *Melot de Beauregard* BB 2005, 826 (827); *Franzen* RdA 2002, 258 (264).
[347] BAG 30.9.2004 – 8 AZR 462/03, AP BGB § 613a Nr. 275 = NZA 2005, 43.

sprechung des BAG die Anforderungen an den vom Arbeitgeber zu erbringenden Nachweis für das Vorliegen eines rechtsmissbräuchlichen kollektiven Widerspruchs nicht überspannen dürfen, wenn man den Arbeitgeber nicht quasi hilflos einer gezielten, seine grundgesetzlich geschützte Unternehmerfreiheit beeinträchtigenden konzertierten Druckausübung der von einem Betriebsübergang betroffenen Belegschaft aussetzen will. Jedenfalls dann, wenn aus den Reihen der kollektiv widersprechenden Arbeitnehmer, von Seiten des Betriebsrats oder der Gewerkschaft im Zusammenhang mit dem Betriebsübergang nachweislich **sachwidrige Forderungen** erhoben werden und der **kollektive Widerspruch** hierbei nachweislich **als Druckmittel** eingesetzt wird, sollten die Anforderungen an die Darlegung eines rechtsmissbräuchlichen kollektiven Widerspruchs erfüllt sein.

> **Praxistipp:**
> Das Szenario eines kollektiven Widerspruchs kann erfahrungsgemäß im Vorfeld eines Betriebsübergangs vom Betriebsrat bzw. der Belegschaft heraufbeschworen werden, um den Veräußerer zu sachwidrigen Zugeständnissen zu drängen. So kann der Betriebsrat beispielsweise mit dem Druckmittel eines möglichen kollektiven Widerspruchs vom Veräußerer fordern, dem Erwerber vorzuschreiben bzw. abzuringen, dass er den auf ihn übergehenden Arbeitnehmern einen längerfristigen Kündigungsverzicht oder seinen sofortigen Beitritt in den Arbeitgeberverband zur Wahrung der Tarifbindung zusagt.
>
> Der Veräußerer kann einem derartigen Vorgehen zum einen mit dem Hinweis begegnen, dass die Betriebsübertragung so oder so durchgeführt werde und die betreffenden Arbeitnehmer auf Grund ihres wohl rechtsmissbräuchlichen kollektiven Widerspruchs gleichwohl zum Erwerber übergehen würden. Zum anderen kann der Veräußerer darauf hinweisen, dass etwa doch wirksam widersprechende Arbeitnehmer im Rahmen eines bei ihm womöglich aufzustellenden Sozialplans von Abfindungsansprüchen ausgenommen werden könnten.[348]

bb) Sonstige Fälle eines gegen Treu und Glauben verstoßenden Widerspruchs. Die möglichen Fälle einer rechtsmissbräuchlichen Ausübung des Widerspruchsrechts sind nicht auf Fallkonstellationen des kollektiven Widerspruchs bzw. des Rechtsmissbrauchs beschränkt. Auch der von **einem einzelnen Arbeitnehmer** erklärte Widerspruch unterliegt den allgemeinen Schranken der Rechtsordnung und somit einer Rechtsmissbrauchskontrolle nach § 242 BGB.[349]

Nach jüngerer Rechtsprechung liegt ein hiernach missbilligtes rechtsmissbräuchliches Verhalten allerdings nicht bereits dann vor, wenn der Arbeitnehmer keine sachlichen Gründe für den Widerspruch hat, da der Gesetzgeber bei der Bestimmung des § 613a Abs. 6 BGB bewusst davon abgesehen hat, die Ausübung des Widerspruchsrechts von bestimmten Motiven oder Sachgründen abhängig zu machen. Es müssen vielmehr zusätzliche Umstände vorliegen, um die Ausübung des Widerspruchsrechts als treuwidrig erscheinen zu lassen, etwa die Verfolgung unlauterer Zwecke oder eine Schädigungsabsicht.[350] Ein unlauteres Ziel wird mit dem Widerspruch nicht schon dann verfolgt, wenn es dem Arbeitnehmer nicht ausschließlich darum geht, den endgültigen Arbeitgeberwechsel als solchen zu verhindern, sondern er in Erwägung zieht, dem Betriebserwerber den Abschluss eines Arbeitsvertrages zu für ihn günstigeren Bedingungen anzubieten.[351]

Nach § 242 BGB kann ein Widerspruch aber auch unter dem Gesichtspunkt des widersprüchlichen Verhaltens *(venire contra factum proprium)* treuwidrig und damit unwirksam sei. Dies ist beispielsweise der Fall, wenn der betreffende Arbeitnehmer der Arbeitgeberseite zuvor bereits zugesagt hatte, zum Erwerber übergehen zu wollen.[352] Demgegenüber betrifft

---

[348] BAG 5.2.1997 – 10 AZR 553/96, AP BetrVG § 112 Nr. 112 = NZA 1998, 158.
[349] BAG 19.2.2009 – 8 AZR 176/08, AP BGB § 613a Nr. 368 = NZA 2009, 1095; vgl. auch *Schumacher-Mohr/Urban* NZA 2008, 513.
[350] BAG 19.2.2009 – 8 AZR 176/08, AP BGB § 613a Nr. 368 = NZA 2009, 1095; 30.9.2004 – 8 AZR 462/03, AP BGB § 613a Nr. 275 = NZA 2005, 43.
[351] BAG 19.2.2009 – 8 AZR 176/08, AP BGB § 613a Nr. 368 = NZA 2009, 1095.
[352] BAG 15.2.1984 – 5 AZR 123/82, AP BGB § 613a Nr. 37 = NZA 1984, 32.

die Verhandlung über einen Arbeitsvertrag mit dem Erwerber **nach** zuvor bereits ausgeübtem Widerspruch nicht die Wirksamkeit des Widerspruchs.[353] Auch die Tatsache, dass ein Arbeitnehmer, der beim Veräußerer an der Erstellung des Unterrichtungsschreibens zum Betriebsübergang mitgewirkt hat, nach Ablauf der Widerspruchsfrist unter Beanstandung der fehlerhaften Unterrichtung dem Übergang seines Arbeitsverhältnisses auf den Erwerber widerspricht, hat in der Regel nicht zur Folge, dass der Widerspruch gegen Treu und Glauben verstößt.[354]

6. Rechtsfolgen und mögliche Konsequenzen des Widerspruchs

123 a) **Rückabwicklung eines auf den Erwerber übergegangenen Arbeitsverhältnisses.** Bei den Rechtsfolgen des Widerspruchs ist danach zu unterscheiden, zu welchem Zeitpunkt die Widerspruchserklärung einem der beteiligten Arbeitgeber zugegangen und damit gemäß § 130 Abs. 1 BGB wirksam geworden ist. Geht der Widerspruch vor dem Betriebsübergang zu, bleibt das Arbeitsverhältnis des Arbeitnehmers zum Veräußerer unverändert bestehen. Bei Zugang des Widerspruchs nach Betriebsübergang wird demgegenüber das gemäß § 613a BGB **auf den Erwerber übergegangene Arbeitsverhältnis** nach der Rechtsprechung mit **ex tunc-Wirkung** beendet.[355] Das Widerspruchsrecht wirkt grundsätzlich auf den Zeitpunkt des Betriebsübergangs zurück, und das Arbeitsverhältnis zum bisherigen Arbeitgeber wird wiederhergestellt.[356] Widerspricht ein Arbeitnehmer dem Übergang seines Arbeitsverhältnisses, läuft eine tarifliche Ausschlussfrist zur gerichtlichen Geltendmachung von Ansprüchen gegenüber dem bisherigen Arbeitgeber, die von dem Widerspruch abhängen, allerdings grundsätzlich erst ab dem Zugang des Widerspruchs.[357] Die ex tunc-Wirkung soll nach der – insoweit allerdings nicht überzeugenden[358] – Rechtsprechung des BAG selbst dann gelten, wenn im Zeitpunkt der Widerspruchserklärung überhaupt kein Arbeitsverhältnis mehr besteht.[359] Bei konsequenter Anwendung der BAG-Rechtsprechung zur ex-tunc-Wirkung des Widerspruchs wird davon auszugehen sein, dass etwaige beim Erwerber zwischenzeitlich eingetretene Veränderungen des Arbeitsverhältnisses, beispielsweise eine dortige Beförderung oder eine Reduzierung der Arbeitszeit im Falle der Ausübung des Widerspruchsrechts nach Betriebsübergang beim Veräußerer nicht berücksichtigt werden müssen.[360]

124 Die sich aus der ex-tunc-Rechtsprechung ergebenden Konsequenzen für die Rückabwicklung der in der Zeit bis zum Widerspruch beim Erwerber tatsächlich geleisteten Dienste sind bisher, soweit ersichtlich, noch nicht höchstrichterlich geklärt. Die Vorschläge des Schrifttums reichen von einer angesichts der ex-tunc Wirkung des Widerspruchs an sich konsequenten Rückabwicklung gemäß §§ 812 ff. BGB[361] über einen nur zwischen den beteiligten Arbeitgebern erfolgenden Ausgleich[362] bis hin zu einer Anwendung der **Grundsätze über das faktische bzw. fehlerhafte Arbeitsverhältnis**.[363] Nur die letztgenannte Ansicht überzeugt.[364] Wollte man nach den Regeln über die ungerechtfertigte Bereicherung vorgehen, würde der Arbeitnehmer lediglich einen – gegenüber seinem arbeitsvertraglichen Vergütungsanspruch –

---

[353] BAG 19.2.2009 – 8 AZR 176/08, AP BGB § 613a Nr. 368 = NZA 2009, 1095.
[354] Siehe BAG 20.5.2010 – 8 AZR 734/08, AP BGB § 613a Widerspruch Nr. 19 = NZA 2010, 1295.
[355] BAG 16.4.2013 – 9 AZR 731/11, NZA 2013, 850.
[356] BAG 16.4.2013 – 9 AZR 731/11, NZA 2013, 850; 22.4.1993 – 2 AZR 50/92, AP BGB § 613a Nr. 103 = NZA 1994, 360; Franzen RdA 2002, 258 (270); Neufeld/Beyer NZA 2008, 1157; Grau, Unterrichtung und Widerspruchsrecht der Arbeitnehmer bei Betriebsübergang, 2005, S. 373; aA Rieble NZA 2004, 1 (4), der dem Widerspruch nur eine ex nunc-Wirkung beimisst; iE ähnl. Willemsen NJW 2007, 2065 (2073); Staudinger/Annuß BGB § 613a Rn. 309.
[357] BAG 16.4.2013 – 9 AZR 731/11, NZA 2013, 850 ff.
[358] → Rn. 75.
[359] BAG 20.3.2008 – 8 AZR 1016/06, AP BGB § 613a Nr. 345 = NZA 2008, 1354; 24.7.2008 – 8 AZR 755/07, AP BGB § 613a Nr. 349 = NZA-RR 2009, 294.
[360] Vgl. Grau RdA 2007, 363 (372).
[361] So wohl Gaul FA 2002, 299 (301).
[362] MHdB ArbR/Wank § 142 Rn. 113.
[363] Ascheid/Preis/Schmidt/Steffan BGB § 613a Rn. 224a; Henssler/Willemsen/Kalb/Willemsen/Müller-Bonanni BGB § 613a Rn. 355; KR/Treber BGB § 613a Rn. 78; Grau RdA 2007, 367 (372); H. Meyer EWiR 2005, 363 (364); Worzalla NZA 2002, 353 (358).
[364] So auch LAG Köln 11.6.2004 – 12 Sa 374/04, ZIP 2005, 591.

möglicherweise niedriger zu beziffernden Anspruch auf Wertersatz gemäß § 812 Abs. 1 S. 1 1. Alt. BGB gegen den Erwerber erlangen,[365] während ein Anspruch auf Annahmeverzugslohn gegen den Veräußerer insoweit ausscheiden dürfte.[366] Demgegenüber gilt nach der Rechtsprechung dann, wenn sich die Unwirksamkeit eines Arbeitsverhältnisses etwa infolge einer Anfechtung erst nachträglich herausstellt, dass sich der Arbeitnehmer für die bis zu diesem Zeitpunkt geleisteten Dienste nicht auf eine bereicherungsrechtliche Rückabwicklung einlassen muss, sondern quasi-vertragliche Ansprüche erwirbt.[367] Diese Lösung erscheint auch bei einem erst nach dem Betriebsübergang erklärten Widerspruch für alle Beteiligten interessengerecht.[368]

b) Betriebsbedingte Kündigung durch Veräußerer. Zu den möglichen Konsequenzen eines Widerspruchs gehört der Ausspruch einer betriebsbedingten Kündigung gegenüber dem widersprechenden Arbeitnehmer durch den Veräußerer. Wird der gesamte Betrieb auf einen Erwerber übertragen und widerspricht ein Arbeitnehmer wirksam dem Übergang seines Arbeitsverhältnisses, besteht das Arbeitsverhältnis unverändert mit dem Veräußerer fort, während beim Veräußerer mit dem Betriebsübergang in der Regel jegliche Beschäftigungsmöglichkeit entfällt und es auch keinen für den widersprechenden Arbeitnehmer zuständigen Betriebsrat mehr gibt. Da der ursprünglich im Veräußererbetrieb gewählte Betriebsrat sein Vollmandat nach dem Betriebsübergang im nun zum Erwerber gehörenden Betrieb fortführt, muss der Betriebsveräußerer vor einer betriebsbedingten Kündigung des widersprechenden Arbeitnehmers auch nicht etwa den im übergegangenen Betrieb fortbestehenden Betriebsrat nach § 102 BetrVG anhören; dieser hat weder ein Übergangsmandat nach § 21a BetrVG noch ein Restmandat nach § 21b BetrVG.[369] Außerdem erübrigt sich für den Veräußerer vor einer betriebsbedingten Kündigung des widersprechenden Arbeitnehmers die Durchführung einer Sozialauswahl; das gilt auch dann, wenn der ehemalige Betriebsinhaber als Unternehmer noch über andere Betriebe verfügt, da die Sozialauswahl im Unterschied zur Prüfung einer anderweitigen Beschäftigungsmöglichkeit nicht unternehmens-, sondern betriebsbezogen vorzunehmen ist.

Widerspricht hingegen ein von einem Betriebs*teil*übergang betroffener Arbeitnehmer dem Übergang seines Arbeitsverhältnisses auf den Erwerber und ergibt sich dadurch im verbliebenen Restbetrieb des Veräußerers ein Personalüberhang, führt dies nicht zwangsläufig dazu, dass der seinen auf den Erwerber übergegangenen Arbeitsplatz mit seinem Widerspruch aufgebende Arbeitnehmer eine betriebsbedingte Kündigung des Veräußerers zu gegenwärtigen hat. Nach ständiger Rechtsprechung des BAG ist ein **widersprechender Arbeitnehmer** im Falle einer beim Veräußerer erforderlich werdenden betriebsbedingten Kündigung **in eine Sozialauswahl** mit den vergleichbaren Arbeitnehmern **im Restbetrieb des Veräußerers einzubeziehen.**[370] Das BAG hat jedoch in der Vergangenheit bei der Prüfung der sozialen Auswahlgesichtspunkte die Gründe für den Widerspruch berücksichtigt. Danach sollte ein widersprechender Arbeitnehmer, der sozial nicht ganz erheblich, sondern nur geringfügig schutzwürdiger als die mit ihm vergleichbaren Arbeitnehmer im Restbetrieb des Veräußerers ist, im Rahmen der Sozialauswahl allenfalls dann den Vorzug verdienen, wenn seinem Widerspruch die berechtigte Befürchtung eines baldigen Arbeitsplatzverlustes oder einer baldigen wesentlichen Verschlechterung seiner Arbeitsbedingungen beim Erwerber zugrunde lag.[371] In einer Entscheidung aus 2007 hat das BAG an dieser Rechtsprechung an-

---

[365] Soergel/*Raab* BGB § 613a Rn. 157.
[366] Vgl. *Rieble* NZA 2004, 1 (7); LAG Köln 11.6.2004 – 12 Sa 374/04, ZIP 2005, 591.
[367] BAG 7.6.1972 – 5 AZR 512/71, AP BGB § 611 Faktisches Arbeitsverhältnis Nr. 18 = BB 1973, 291.
[368] IE ebenfalls Henssler/Willemsen/Kalb/*Willemsen/Müller-Bonanni* BGB § 613a Rn. 355; *Grau* RdA 2007, 367 (372); *Grau* MDR 2005, 491 (494); *Worzalla* NZA 2002, 353 (358). Vor der Kodifizierung von § 613a Abs. 5 und 6 BGB bereits BAG 22.4.1993 – 2 AZR 50/92, AP BGB § 613a Nr. 103 = NZA 1994, 360.
[369] BAG 8.5.2014 – 2 AZR 1005/12, NZA 2015, 889 Rn. 35 ff.; siehe dazu, dass auch bei ähnlichen Betriebsübertragungs-Szenarien regelmäßig vor einer Kündigung widersprechender Arbeitnehmer durch den Veräußerer kein Betriebsrat anzuhören ist: BAG 24.9.2015 – 2 AZR 562/14, NZA 2016, 366 Rn. 59 ff.
[370] BAG 18.3.1999 – 8 AZR 190/98, AP KSchG 1969 § 1 Soziale Auswahl Nr. 41 = NZA 1999, 870; 7.4.1993 – 2 AZR 449/91, AP KSchG 1969 § 1 Soziale Auswahl Nr. 22 = NZA 1993, 795.
[371] BAG 18.3.1999 – 8 AZR 190/98, AP KSchG 1969 § 1 Soziale Auswahl Nr. 41 = NZA 1994, 870.

gesichts der zum 1.1.2004 in Kraft getretenen Beschränkung der Sozialauswahl nach § 1 Abs. 3 KSchG auf die vier vom Gesetzgeber abschließend aufgelisteten Kriterien „Dauer der Betriebszugehörigkeit", „Lebensalter", „Unterhaltspflichten" und „Schwerbehinderung" nicht mehr festgehalten.[372] Hiernach sind die **Gründe für den Widerspruch im Rahmen der Sozialauswahl nicht** mehr **zu berücksichtigen**.[373] Das BAG hat hiermit insbesondere dem Rechnung getragen, dass das Faktum des Fehlens einer Begründungspflicht für den Widerspruch ansonsten durch eine Berücksichtigung der Widerspruchsgründe bei einer im Anschluss an den Widerspruch erfolgenden Kündigung entwertet würde.[374]

127 Falls ein Arbeitnehmer im Anschluss an die Ausübung seines Widerspruchsrechts vom Veräußerer rechtswirksam betriebsbedingt gekündigt wird, löst dies nach einer Entscheidung des BSG aus 2009 für ihn keine Sperrzeit beim späteren Arbeitslosengeldbezug nach § 159 Abs. 1 S. 2 Nr. 1 SGB III aus, da der Widerspruch des Arbeitnehmers gegen den Übergang seines Arbeitsverhältnisses kein „Lösen des Beschäftigungsverhältnisses" im Sinne dieser sozialrechtlichen Vorschrift darstellt.[375]

128 Vor einer betriebsbedingten Kündigung eines widersprechenden Arbeitnehmers durch den Veräußerer hat dieser auch zu beachten, dass er nach der Rechtsprechung des BAG verpflichtet ist, einen in seinem Restbetrieb bzw. restlichen Unternehmen vorhandenen freien oder frei werdenden Arbeitsplatz nicht anderweitig zu besetzen, wenn unter den vom Betriebs(teil-)übergang betroffenen Arbeitnehmern für den beim Veräußerer vorhandenen freien Arbeitsplatz in Betracht kommende Arbeitnehmer sind, mit deren Widerspruch der Veräußerer rechnen muss.[376] Besetzt der Veräußerer einen freien oder frei werdenden Arbeitsplatz nach dem Betriebsübergang neu, soll ihm die Berufung auf das Fehlen einer Weiterbeschäftigungsmöglichkeit gegenüber einem dann letztlich seinem Übergang auf den Erwerber noch wirksam widersprechenden Arbeitnehmer auf Grund des in § 162 BGB normierten Rechtsgedankens verwehrt sein.[377] Das BAG hat bei dieser seiner die Anforderungen an eine verantwortliche Personalpolitik überspannenden Rechtsprechung bislang offen gelassen, wie lange der Veräußerer den Arbeitsplatz angesichts der strengen Anforderungen an eine fehlerfreie Unterrichtung und des infolgedessen noch längere Zeit denkbaren Widerspruchs freihalten muss. Gegen diese Rechtsprechung wird zurecht eingewandt, dass der Rechtsmissbrauchsgedanke des § 162 BGB in derartigen Konstellationen nicht greifen kann, da die Unmöglichkeit der Weiterbeschäftigung gerade nicht auf entsprechend zielgerichteten Handlungen des Veräußerers beruht, sondern die Notwendigkeit einer betriebsbedingten Kündigung des Arbeitsverhältnisses letztlich vom widersprechenden Arbeitnehmer selbst herbeigeführt wird.[378]

> **Praxistipp**
>
> Der Veräußerer kann der mit der Rechtsprechung des BAG zur Freihaltung offener Stellen für möglicherweise widersprechende Arbeitnehmer verbundenen Rechtsunsicherheit („Wie lange muss ich vakante Arbeitsplätze freihalten?" – „Welche Arbeitnehmer mit welchen Qualifikationen werden womöglich dem Betriebsübergang widersprechen?") dadurch begegnen, dass er entweder einen Einstellungsstopp verfügt oder vakante Arbeitsplätze in dem bei ihm verbleibenden Unternehmen bereits vor dem Bekanntwerden des beabsichtigten Betriebsübergangs neu besetzt.

---

[372] BAG 31.5.2007 – 2 AZR 276/06, AP KSchG 1969 § 1 Soziale Auswahl Nr. 94 = NZA 2008, 33.
[373] BAG 31.5.2007 – 2 AZR 276/06, AP KSchG 1969 § 1 Soziale Auswahl Nr. 94 = NZA 2008, 33; zust. Schumacher-Mohr/Urban NZA 2008, 513.
[374] BAG 31.5.2007 – 2 AZR 276/06, AP KSchG 1969 § 1 Soziale Auswahl Nr. 94 = NZA 2008, 33.
[375] BSG 8.7.2009 – B 11 AL 13/08a, NJW 2010, 2459; zust. Klumpp NZA 2009, 354.
[376] BAG 25.4.2002 – 2 AZR 260/01, AP KSchG 1969 § 1 Betriebsbedingte Kündigung Nr. 121 = NZA 2003, 605; 15.8.2002 – 2 AZR 195/01, AP BGB § 613a Nr. 241 = NZA 2003, 430.
[377] BAG 15.8.2002 – 2 AZR 195/01, AP BGB § 613a Nr. 241 = NZA 2003, 430; zust. Ascheid/Preis/Schmidt/*Steffan* BGB § 613a Rn. 225.
[378] *Lunk/Möller* NZA 2004, 9 (10); *Annuß* in FS zum 25-jährigen Bestehen der Arbeitsgemeinschaft Arbeitsrecht, 584; einschränkend Henssler/Willemsen/Kalb/*Willemsen/Müller-Bonanni* BGB § 613a Rn. 357, die eine Treuewidrigkeit für die Berufung auf eine fehlende Weiterbeschäftigungsmöglichkeit in den Fällen bejahen, in denen der Veräußerer konkret mit einem Widerspruch des Arbeitnehmers rechnen musste, insbesondere wenn der Arbeitnehmer den Widerspruch „angekündigt" hat.

c) **Annahmeverzugsrisiko des Veräußerers.** Widerspricht ein Arbeitnehmer dem Übergang **129** seines Arbeitsverhältnisses auf den Erwerber, ohne dass der über keine Arbeitsplätze mehr verfügende Veräußerer ihn noch beschäftigen kann, können auf den Veräußerer erhebliche **wirtschaftliche Belastungen** zukommen, die bei einer **größeren Anzahl von Widersprüchen** durchaus auch existenzgefährdend sein können. Der Veräußerer gerät gem. § 615 S. 1 BGB in Annahmeverzug, wenn er die nach dem Widerspruch vom Arbeitnehmer angebotene Arbeitsleistung nicht annimmt.[379] Der Arbeitgeber ist verpflichtet, den widersprechenden Arbeitnehmern bis zur Beendigung ihrer – unter Einhaltung der jeweiligen ordentlichen Kündigungsfrist betriebsbedingt zu kündigenden – Arbeitsverhältnisse ihre vertragsgemäße Vergütung fortzuzahlen, ohne hierfür eine entsprechende Gegenleistung zu erhalten.

> **Praxistipp**
>
> Zur Vermeidung des Annahmeverzugsrisikos kann der Veräußerer im Unternehmenskaufvertrag mit dem Erwerber eine Klausel vereinbaren, wonach der Erwerber den widersprechenden Arbeitnehmern anzubieten hat, sie vorübergehend bzw. befristet bis zur betriebsbedingten Beendigung ihrer zum Veräußerer fortbestehenden Arbeitsverhältnisse adäquat zu beschäftigen.
>
> Lehnt ein dem Betriebsübergang widersprechender Arbeitnehmer eine zumutbare Arbeit beim Erwerber für die Zeit ab Betriebsübergang bis zum Ablauf seiner Kündigungsfrist ab, muss er sich den Wert des nicht erdienten Arbeitsentgelts wegen böswilligen Unterlassens nach § 615 S. 2 BGB anrechnen lassen.[380]

Nach problematischer und letztlich nicht überzeugender Auffassung des BAG soll sogar **130** für die Zeit zwischen dem Betriebsübergang und der Ausübung des Widerspruchsrechts unter bestimmten Umständen ein Annahmeverzugslohnanspruch des widersprechenden Arbeitnehmers gegen den Betriebsveräußerer bestehen.[381] Die nicht ordnungsgemäße, dh unterlassene oder fehlerhafte, Unterrichtung gemäß § 613a Abs. 5 BGB könne ein treuwidriges Verhalten des Veräußerers gemäß § 162 BGB beinhalten. Sofern der Arbeitnehmer aufgrund seiner fehlerhaften Unterrichtung erst später als bei ordnungsgemäßer Unterrichtung widersprochen und deswegen seine Arbeitsleistung gegenüber dem Veräußerer zunächst nicht wörtlich gem. § 295 BGB angeboten habe, könne der Betriebsveräußerer sich nicht auf das Fehlen eines solchen Angebots der Arbeitsleistung seitens des widersprechenden Arbeitnehmers berufen. Dabei sei die Ursächlichkeit der treuwidrigen Handlung für den Bedingungseintritt im Streitfall allerdings vom Arbeitnehmer darzulegen und zu beweisen. Dasselbe gelte auch dann, wenn sich der Arbeitnehmer zur Begründung eines Zahlungsanspruchs gegen den Betriebsveräußerer für den Zeitraum vor Erklärung des Widerspruchs auf einen Schadensersatzanspruch gemäß § 280 Abs. 1 BGB wegen Nichterfüllung der gesetzlichen Unterrichtungspflicht gemäß § 613a Abs. 5 BGB berufe.[382]

7. Anfechtung eines erklärten Widerspruchs

Da der Widerspruch durch eine einseitige empfangsbedürftige Willenserklärung ausgeübt **131** wird,[383] kommt grundsätzlich auch eine Anfechtung des erklärten Widerspruchs in Betracht. Die Anfechtung des Widerspruchs kann dabei ebenso wie der Widerspruch selbst sowohl gegenüber dem Veräußerer als auch gegenüber dem Erwerber erklärt werden. Als Anfech-

---

[379] ErfK/*Preis* BGB § 613a Rn. 105; MüKoBGB/*Müller-Glöge* § 613a Rn. 123; vgl. HK-ArbR/*Karthaus/Richter* BGB § 613a Rn. 202; *Grau* MDR 2005, 491 (492).
[380] BAG 19.3.1998 – 8 AZR 139/97, AP BGB § 613a Nr. 177 = NZA 1998, 750; ErfK/*Preis* BGB § 613a Rn. 105; Henssler/Willemsen/Kalb/*Willemsen/Müller-Bonanni* BGB § 613a Rn. 356; *Grau* MDR 2005, 491 (492).
[381] BAG 13.7.2006 – 8 AZR 382/05, AP BGB § 613a Widerspruch Nr. 1 = NZA 2006, 1406.
[382] BAG 13.7.2006 – 8 AZR 382/05, AP BGB § 613a Widerspruch Nr. 1 = NZA 2006, 1406. Zur Frage des Schadensersatzanspruchs im Falle fehlerhafter Unterrichtung vgl. → Rn. 62–66.
[383] → Rn. 76.

tungsgrund scheidet zwar ein Irrtum gemäß § 119 Abs. 1 BGB aus, da bei unzutreffender Unterrichtung die dadurch herbeigeführte Fehlvorstellung des Arbeitnehmers lediglich als unbeachtlicher Motivirrtum einzustufen ist.[384] Allerdings ist bei einer **bewusst fehlerhaften Unterrichtung** eine Anfechtung des erklärten Widerspruchs wegen arglistiger Täuschung gemäß **§ 123 BGB** möglich.[385] An eine derartige Täuschung sind jedoch hohe Anforderungen zu stellen.[386] Ob daneben bei Fehlen einer arglistigen Täuschung die mit einer Anfechtung verbundenen Rechtsfolgen der Rückgängigmachung eines erklärten Widerspruchs auch im Rahmen eines Schadensersatzanspruchs gemäß § 280 Abs. 1 BGB im Wege der Naturalrestitution herbeigeführt werden können, ist bislang ungeklärt.[387]

8. Risiken eines unwirksamen Widerspruchs

132 Die Erklärung eines Widerspruchs kann nicht nur unliebsame Folgen für den Veräußerer, sondern auch Risiken für den widersprechenden Arbeitnehmer zur Folge haben. Erweist sich der Widerspruch etwa im Rahmen einer gerichtlichen Auseinandersetzung als unwirksam, weil er beispielsweise nicht fristgemäß zugegangen ist oder der Arbeitnehmer ihn gegenüber einer für den Arbeitgeber nicht empfangsbevollmächtigten Person erklärt hat, kann hieraus für den seit seinem Widerspruch weder vom Erwerber noch vom Veräußerer beschäftigten Arbeitnehmer bei unbedachter Prozessführung ein erheblicher Gehaltsausfall resultieren. Der widersprechende Arbeitnehmer wird in diesem Fall dem Erwerber in der Regel spätestens nach der Erklärung des Widerspruchs seine Arbeitsleistung nicht (mehr) anbieten, während der Veräußerer ihm unter Hinweis auf den Übergang seines Arbeitsverhältnisses auf den Erwerber eine Rückkehr mangels Beschäftigungsmöglichkeit verweigern wird. Eine unter dem Aspekt des Annahmeverzugs für die Zeit ab Betriebsübergang geltend gemachte Gehaltsforderung scheitert gegenüber dem Erwerber schon daran, dass der Arbeitnehmer seine Arbeitskraft nicht angeboten, sondern durch Erklärung des Widerspruchs sogar ausdrücklich verweigert hat. Gegenüber dem Veräußerer scheitert die entsprechende Gehaltsforderung daran, dass das Arbeitsverhältnis infolge der Unwirksamkeit des Widerspruchs zum Zeitpunkt des Betriebsübergangs auf den Erwerber übergegangen ist.

---

[384] *Grau*, Unterrichtung und Widerspruchsrecht der Arbeitnehmer bei Betriebsübergang gem. § 613a Abs. 5 und 6, 2005, S. 268.

[385] *Grau* RdA 2005, 367 (370); *Bauer/v. Steinau-Steinrück* ZIP 2002, 457 (465); *Willemsen/Lembke* NJW 2002, 1159 (1164).

[386] *Jaeger* ZIP 2004, 433 (444).

[387] Für eine solche Konstruktion offenbar Ascheid/Preis/Schmidt/*Steffan* BGB § 613a Rn. 217; dazu auch *Willemsen/Lembke* NJW 2002, 1159 (1164); unklar insoweit BAG 31.1.2008 – 8 AZR 1116/06, AP BGB § 613a Unterrichtung Nr. 2 = NZA 2008, 987.

Teil K. Betriebsänderungen

§ 56 Tatbestandsvoraussetzungen von Beteiligungsrechten bei Betriebsänderungen

Übersicht

	Rn.
I. Einführung	1–7
II. Voraussetzungen der Beteiligungsrechte gemäß § 111 S. 1 BetrVG	8–40
1. Unternehmensgröße	9–13
2. Existenz eines Betriebsrats	14–17
3. Betriebsänderung	18–21
4. Erhebliche Teile der Belegschaft	22–31
5. Möglichkeit wesentlicher Nachteile	32/33
6. Planungsstadium	34–40
III. Einzeltatbestände gemäß § 111 S. 3 BetrVG	41–107
1. Einschränkung und Stilllegung gemäß § 111 S. 3 Nr. 1 BetrVG	42–57
a) Stilllegung des Betriebs	43–45
b) Einschränkung des Betriebs oder Betriebsteils	46–48
c) Einschränkung Personalabbau	49–57
2. Verlegung des Betriebs oder wesentlicher Betriebsteile gemäß § 111 S. 3 Nr. 2 BetrVG	58–63
a) Verlegung des Betriebs	59/60
b) Verlegung von wesentlichen Betriebsteilen	61
c) Abgrenzung zu Stilllegung und Neueröffnung	62/63
3. Zusammenschluss oder Spaltung von Betrieben gemäß § 111 S. 3 Nr. 3 BetrVG	64–70
a) Zusammenschluss mit anderen Betrieben	65–67
b) Spaltung von Betrieben	68/69
c) Abgrenzung zu den Tatbeständen des UmwG	70
4. Grundlegende Änderung der Betriebsstruktur gemäß § 111 S. 3 Nr. 4 BetrVG	71–78
a) Änderung der Betriebsorganisation	72–74
b) Änderung des Betriebszwecks	75
c) Änderung der Betriebsanlagen	76
d) Grundlegende Änderung	77/78
5. Einführung neuer Methoden und Verfahren gemäß § 111 S. 3 Nr. 5 BetrVG	79–83
a) Arbeitsmethoden	80
b) Fertigungsverfahren	81
c) Grundlegende Neuerungen	82/83
6. Kombinationen einzelner Tatbestände	84–86
7. Zeitpunkt und Umfang der Unterrichtung	87–97
a) Zeitpunkt (rechtzeitig)	88–91
b) Umfang (umfassend)	92–97
8. Verhältnis zu unternehmens-/gesellschaftsrechtlichen Sachverhalten	98–101
a) Betriebsübergang gemäß § 613a BGB	99
b) Umwandlung gemäß §§ 321 ff. UmwG	100
c) Insolvenz gemäß § 122 InsO	101
9. Streit über das Vorliegen einer Betriebsänderung	102–107
IV. Zuständigkeiten	108–121
1. Unternehmer	109–112
2. Betriebsrat	113
3. Gesamtbetriebsrat	114–116
4. Konzernbetriebsrat	117
5. Tarifvertraglich bestimmte Betriebsräte	118
6. Unklare Kompetenzverhältnisse	119–121
V. Der Betriebsratsberater gemäß § 111 S. 2 BetrVG	122–138
1. Maßgebliche Unternehmensgröße	123/124

	Rn.
2. Beteiligungspflichtige Betriebsänderung	125
3. Begriff des Beraters	126–128
4. Anzahl der Berater	129/130
5. Umfang der Beratung	131/132
6. Erforderlichkeit	133
7. Kostentragung, Haftung	134/135
8. Rechtsstellung des Beraters	136/137
9. Verhältnis zu anderen Informationsmöglichkeiten	138
VI. Beteiligungsrechte gemäß § 106 BetrVG	139–179
1. Voraussetzungen gemäß § 106 Abs. 1 BetrVG	140–147
a) Unternehmensgröße	142–146
b) Existenz eines Wirtschaftsausschusses	147
2. Wirtschaftliche Angelegenheiten gemäß § 106 Abs. 3 BetrVG	148–161
a) Wirtschaftliche und finanzielle Lage gemäß Nr. 1	149
b) Produktions- und Absatzlage gemäß Nr. 2	150
c) Produktions- und Investitionsprogramm gemäß Nr. 3	151
d) Rationalisierungsvorhaben gemäß Nr. 4	152
e) Fabrikations- und Arbeitsmethoden gemäß Nr. 5	153
f) Fragen des betrieblichen Umweltschutzes gemäß Nr. 5a	154
g) Einschränkung oder Stilllegung von Betrieben oder Betriebsteilen gemäß Nr. 6	155
h) Verlegung von Betrieben oder Betriebsteilen gemäß Nr. 7	156
i) Zusammenschluss oder Spaltung von Unternehmen oder Betrieben gemäß Nr. 8	157/158
j) Änderung der Betriebsorganisation oder des Betriebszwecks gemäß Nr. 9	159
k) Unternehmensübernahme gemäß Nr. 9a	160
l) Sonstige Vorgänge und Vorhaben, welche die Interessen der Arbeitnehmer wesentlich berühren können gemäß Nr. 10	161
3. Zeitpunkt und Umfang der Unterrichtung	162–178
a) Zeitpunkt (rechtzeitig)	163
b) Umfang (umfassend)	164
c) Vorlage der erforderlichen Unterlagen	165–167
d) Unterrichtung über Auswirkungen auf Personalplanung	168
e) Einschränkung durch Betriebs- und Geschäftsgeheimnisse	169–178
4. Streit über das Vorliegen wirtschaftlicher Angelegenheiten oder die Erteilung einer Auskunft	179
VII. Beteiligungsrechte des Sprecherausschusses der leitenden Angestellten	180–190
1. Existenz eines Sprecherausschusses	181
2. Wirtschaftliche Angelegenheiten gemäß § 32 SprAuG	182–190
a) Halbjährliche Unterrichtung im Sinne des § 106 BetrVG	183–185
b) Unterrichtung und Beratung über geplante Betriebsänderungen im Sinne des § 111 BetrVG	186–190
VIII. Beteiligungsrechte des Europäischen Betriebsrats	191–215
1. Existenz eines Europäischen Betriebsrats oder Forums	192–195
2. Grenzübergreifende Angelegenheiten gemäß § 31 EBRG	196–215
a) Jährliche Unterrichtung und Anhörung gemäß § 29 EBRG	197–210
b) Außergewöhnliche Umstände	211–215
IX. Beteiligungsrechte des SE-Betriebsrats	216–221
1. Existenz eines SE Betriebsrats	217
2. Zuständigkeit des SEBR gemäß § 27 SEBG	218–221
a) Jährliche Unterrichtung und Anhörung gemäß § 28 SEBG	219
b) Außergewöhnliche Umstände gemäß § 29 SEBG	220/221
X. Ausnahme junger Unternehmen von der Sozialplanpflicht nach § 112a Abs. 2 BetrVG	222/223

I. Einführung

Beratungs-Checkliste: Tatbestandsvoraussetzungen 1

Bei der Annahme eines Beratungsmandats zur Planung und Umsetzung einer Betriebsänderung sind zumindest folgende Kontrollfragen zu stellen:
- ☐ Erfüllt die vom Arbeitgeber gewünschte Änderung einen oder mehrere Tatbestände der Betriebsänderung und der wirtschaftlichen Angelegenheiten?
- ☐ Sind ein oder mehrere Betriebe und/oder Unternehmen betroffen?
- ☐ Sind auch leitende Angestellte betroffen?
- ☐ Gibt es einen grenzüberschreitenden Tatbestand?
- ☐ Welche Verhandlungspartner sind auf Unternehmerseite und auf Arbeitnehmerseite zuständig?
- ☐ Sind die gewünschten Zeitvorgaben realistisch?
- ☐ Müssen unternehmensrechtliche und betriebsverfassungsrechtliche Änderungen unbedingt im zeitlich engen Zusammenhang geplant werden?
- ☐ Welche faktischen Angaben und Unterlagen sind für das Verständnis der geplanten Betriebsänderung erforderlich?
- ☐ Muss die Arbeitsagentur und in diesem Zusammenhang auch der Betriebsrat nach § 17 KSchG involviert werden?
- ☐ Stehen Geheimhaltungsbedürfnisse der Unterrichtung nach § 106 Abs. 2 S. 2 BetrVG entgegen oder können sie durch Vergatterung nach § 79 BetrVG befriedigt werden?

Stillstand ist Rückschritt. Ein Wirtschaftsunternehmen muss sich den Bedürfnissen und 2 Bedingungen des Marktes anpassen, um dauerhaft erfolgreich sein zu können. Deshalb unterliegen seine Produkte oder seine Dienstleistungen und folglich seine Organisation einem ständigen Druck zur **Innovation** und **Weiterentwicklung.** Bei Umstrukturierungen von Unternehmen und Betrieben sind die unterschiedlich ausgeprägten Beteiligungsrechte der Organe der Betriebsverfassung zu berücksichtigen. Dabei sind echte Mitbestimmungsrechte (zB Zustimmungserfordernisse) wie auch schwächere Mitwirkungsrechte (zB Informations-, Anhörungs- und Beratungsrechte) beachtlich. Das betriebliche Mittel zur organisatorischen Fortschreibung der wirtschaftlichen Entwicklung ist die Betriebsänderung. Ihre sozialgerechte Umsetzung unterliegt der Mitbestimmung des Betriebsrats nach §§ 111, 112 BetrVG und im Vorfeld der Planung der Mitwirkung des Wirtschaftsausschusses nach § 106 BetrVG.

Hat das beratene Unternehmen mehrere Betriebe, die durch eine Umstrukturierung be- 3 troffen sind, kann statt der Zuständigkeit des Betriebsrats die **Zuständigkeit** des Gesamtbetriebsrats nach § 50 BetrVG gegeben sein. Sind im beratenen Konzern mehrere Unternehmen in die Umstrukturierung einbezogen, können die Beteiligungsrechte des Betriebsrats aus §§ 111, 112 BetrVG nach § 58 BetrVG beim Konzernbetriebsrat liegen. Im Fall von Betriebsteilveräußerungen können auch Übergangsmandate nach § 21a BetrVG und Restmandate nach § 21b BetrVG zu beachten sein.

In großen Unternehmen sind zudem die Mitwirkungsrechte der leitenden Angestellten im 4 **Sprecherausschuss** nach § 32 SprAuG zu beachten und in internationalen Unternehmen mit maßgeblichen Betriebsstätten in mehreren Ländern der Europäischen Union sind die Mitwirkungsrechte des **Europäischen Betriebsrats** nach § 30 EBRG nF vom 14.6.2011 und des SE-Betriebsrats nach § 27 SEBG zu berücksichtigen. In der anwaltlichen Beratung von großen aber auch mittelständischen Unternehmen sind all diese Ebenen zumindest in Betracht zu ziehen.

Durch die am 28.7.2001 in Kraft getretenen Änderungen des **neugefassten** Betriebsverfas- 5 sungsgesetzes vom 23.7.2001 ist weiterer Beratungsbedarf entstanden. Nach der Änderung der Bezugsgröße in § 111 S. 1 BetrVG sind die Rechte der Betriebsräte schon in kleinen Unternehmen mit mehr als 20 Arbeitnehmern relevant. Zudem kann der Betriebsrat nach

§ 111 S. 2 BetrVG auch ohne die bisher erforderliche Zustimmung des Arbeitgebers einseitig einen sachverständigen Berater hinzuziehen. Die Wahl von Betriebsräten in kleinen Unternehmen wurde gemäß § 14a BetrVG wesentlich vereinfacht und beschleunigt. Außerdem wird sich die Abgrenzung der zuständigen Beratungs- und Verhandlungspartner auf Betriebsratsseite komplexer gestalten, nachdem gemäß § 3 BetrVG auch Sparten- und Filialbetriebsräte oder unternehmenseinheitliche Betriebsräte, „andere Arbeitnehmervertretungsstrukturen" und sogar Arbeitsgemeinschaften durch Tarifvertrag oder durch Betriebsvereinbarung eingeführt sein können.

6   Wird nicht das gesetzlich zuständige oder neuerdings auch das kollektivrechtlich vereinbarte **Gremium** beteiligt, besteht die Gefahr, dass die Beteiligungsrechte nicht gewahrt sind.[1] Das ist besonders misslich, weil das tatsächlich zuständige Gremium auch nach einer Einigung des Arbeitgebers mit einem vermeintlich zuständigen Gremium die Betriebsänderung gegebenenfalls weiterhin aufhalten kann. Aktuell ist nach dem Urteil des Bundesarbeitsgerichts vom 24.4.2007 zur Zulässigkeit und Erstreikbarkeit von Tarifsozialplänen neben den betriebsverfassungsrechtlichen Gremien auch die externe Konkurrenz der Gewerkschaften zu beachten. Der anwaltliche Beratungsbedarf in der Planung, Vorbereitung und Umsetzung von Betriebsänderungen wird daher in der Zukunft erheblich zunehmen.

7   Die stärksten **Beteiligungsrechte des Betriebsrats** sind bei betrieblichen Veränderungen im Sinne des § 111 BetrVG gegeben. Nur in diesem Zusammenhang kann vom Arbeitgeber die Verhandlung eines Interessenausgleichs und der Abschluss eines Sozialplans notfalls nach Durchführung eines Einigungsstellenverfahrens verlangt werden. Dagegen führen reine Änderungen auf der Unternehmens- und Gesellschafterebene nur zu den Mitwirkungsrechten nach § 106 BetrVG, also Unterrichtung von und Beratung mit dem Wirtschaftsausschuss. Deshalb ist der Tatbestand der „Betriebsänderung" nach § 111 BetrVG enger als der Tatbestand der „wirtschaftlichen Angelegenheit" nach § 106 BetrVG. Die Tatbestandsvoraussetzungen der Mitwirkungsrechte von Sprecherausschuss und Europäischem Betriebsrat sowie SE-Betriebrat sind denen des Betriebsverfassungsgesetzes im Wesentlichen nachgebildet. Obwohl die Beteiligungsrechte von Wirtschaftsausschuss, Sprecherausschuss, Europäischem Betriebsrat und SE-Betriebrat schwächer sind als die des Betriebsrats, sind deren Informations- und Beratungsrechte an geringere Tatbestandsvoraussetzungen geknüpft und zeitlich vorrangig. Dadurch kommt es oft zu einer ersten indirekten Information des Betriebsrats über die anderen Gremien, bevor der Tatbestand der Betriebsänderung nach § 111 BetrVG erfüllt ist. Deshalb ist es erforderlich, bei der Vorbereitung einer Betriebsänderung frühzeitig auch die Tatbestandsvoraussetzungen der Beteiligungsrechte der anderen Gremien präzise zu prüfen und voneinander abzugrenzen.

II. Voraussetzungen der Beteiligungsrechte gemäß § 111 S. 1 BetrVG

8   Die allgemeinen Voraussetzungen der Betriebsänderung sind in § 111 S. 1 BetrVG geregelt. Danach sind die weitreichenden Beteiligungsrechte des Betriebsrats auf Unternehmen mit in der Regel mehr als 20 wahlberechtigten Arbeitnehmern gerichtet, in denen Betriebsänderungen geplant sind, die wesentliche Nachteile für die Belegschaft oder erhebliche Teile der Belegschaft haben können. Im relevanten Beurteilungszeitpunkt muss natürlich ein Betriebsrat existieren. Angesichts der weitreichenden Rechtsfolgen sind bei der Konzeption einer betrieblichen Veränderung die betriebswirtschaftlichen Notwendigkeiten auch in Bezug auf diese tatbestandlichen Voraussetzungen zu bewerten. In diesem Zusammenhang ist eine wesentliche **Tatbestandserweiterung** durch das Betriebsverfassungsgesetz vom 23.7.2001 eingeführt worden. Während sich der Schwellenwert von mehr als 20 Arbeitnehmern früher auf die Betriebsgröße bezog, ist heute die Unternehmensgröße maßgeblich. In der Vergangenheit konnte die Betriebsgröße eine entscheidende Rolle spielen, denn der Arbeitgeber konnte sein Unternehmen in mehreren kleinen Betrieben jeweils unterhalb des Schwellen-

---

[1] BAG 24.1.1996 – 1 AZR 542/95, NZA 1996, 1107 (1110); *Fitting* BetrVG § 111 Rn. 15; *Freckmann* DStR 2006, 1842 (1844); *Kleinebrink/Commandeur* NZA 2007, 113 (118); zum Tarifsozialplan BAG 24.4.2007 – 1 AZR 252/06, NZA 2007, 987; dazu *Bayreuther* NZA 2007, 1017.

wertes organisieren und damit der Interessenausgleichs- und Sozialplanpflicht entgehen. Diese Möglichkeit besteht in Zukunft nicht mehr, so dass auch in Unternehmen mit vielen kleinen Betrieben (zB Einzelhandel) mit erhöhtem Beratungsbedarf für Betriebsänderungen zu rechnen ist.

1. Unternehmensgröße

Im Unterschied zur alten Fassung des § 111 S. 1 BGB knüpft die neue Fassung nicht mehr an die Betriebsgröße, sondern an die Unternehmensgröße an. Eine beteiligungspflichtige Betriebsänderung kann danach bereits vorliegen, wenn ein **Unternehmen mehr als 20 Arbeitnehmer** hat. Aus dem bisher betriebsbezogenen Schwellenwert ist ein **unternehmensbezogener Schwellenwert** geworden. Die damit verbundene quantitative Erweiterung des Mitbestimmungsrechts wird im Regierungsentwurf im Wesentlichen mit verfassungsrechtlichen Argumenten begründet. Unter Hinweis auf das Urteil des Bundesverfassungsgerichts zur Kleinbetriebsklausel in § 23 Abs. 1 S. 2 KSchG[2] wird es als Verstoß gegen den Gleichheitsgrundsatz des Artikel 3 Abs. 1 GG angesehen, dass Betriebe mit weniger als 20 Arbeitnehmern von der Mitbestimmung nach § 111 BetrVG ausgeschlossen sind, wenn sie Teil eines größeren Unternehmens sind. Dabei stellt der Regierungsentwurf in der weiteren Begründung darauf ab, dass der Schutzzweck des Schwellenwertes lediglich darin bestehe, kleinere Unternehmen vor zu starker finanzieller Belastung durch Sozialpläne zu schützen. Dies sei unabhängig von der organisatorischen Gliederung des Unternehmens in einzelne Betriebe.[3] Dabei wird allerdings übersehen, dass im Kündigungsschutzgesetz der einzelne Mitarbeiter geschützt ist, während es in § 111 BetrVG aber um Beteiligungsrechte des Betriebsrats geht. Diese kollektiven Rechte verursachen aber nicht nur finanzielle Belastungen des Unternehmens im Sozialplan, sondern auch strukturelle Belastungen bei der Organisation oder Reorganisation der betrieblichen Einheit. Das zeitlich und personalpolitisch aufwändige Verfahren der kollektiven Verhandlung eines Interessenausgleichs sollte ursprünglich bei einer betrieblichen Änderung in einer kleinen Organisationseinheit entfallen. Deshalb war es nach der bisherigen Fassung konsequent, die Tatbestandsvoraussetzung des Schwellenwertes einer Betriebsänderung tatsächlich auch auf den Betrieb zu beziehen und nicht auf das Unternehmen.[4] Die neue Gesetzesregelung verallgemeinert eine einzelfallbezogene Entscheidung des Bundesarbeitsgerichts zu betriebsübergreifenden Maßnahmen. Dort hatte das Gericht ausnahmsweise den Schwellenwert des § 111 S. 1 BetrVG entgegen dem Gesetzeswortlaut auf das Unternehmen bezogen, da mehrere Betriebe des Unternehmens von den Maßnahmen betroffen waren und die Zuständigkeit des Gesamtbetriebsrats gegeben war.[5] Im Normalfall ist die Betriebsänderung jedoch betriebsbezogen und der zuständige Betriebsrat dementsprechend auch betriebsbezogen gewählt. Die Änderung des Gesetzes überzeugt daher nicht. Unabhängig von diesen Überlegungen muss aber in Zukunft natürlich bei der Planung und Beratung von Betriebsänderungen von der Unternehmensgröße ausgegangen werden.[6] Dies wird zum Beispiel viele Einzelhandelsfilialgeschäfte betreffen.

Ob es in Zukunft betriebswirtschaftlich sinnvoller ist, kleine organisatorisch selbstständige Einheiten auch rechtlich in kleinen Gesellschaften mit Arbeitnehmerzahlen unterhalb des Schwellenwertes zu verselbstständigen, muss im Einzelfall bereits bei der Gründung bedacht werden. Mancher Arbeitgeber, der früher die betrieblichen Einheiten klein gehalten hat (Filialketten), könnte versucht sein, nunmehr entsprechend **kleine rechtliche Einheiten** zu bilden. Eine Einzelhandelsfilialkette mit 30 lokalen Betrieben könnte auch in einem Konzern mit 30 abhängigen örtlichen Konzerngesellschaften organisiert werden, die jeweils lediglich 20 oder weniger Arbeitnehmer beschäftigen. Angesichts des klaren Wortlauts des neugefass-

---

[2] BVerfG 27.1.1998 – 1 BvL 15/87, BVerfGE 97, 169 = NZA 1998, 470.
[3] BetrVerf-Reformgesetz, Begründung des Regierungsentwurfs, BT-Drs. 14/5741, 51.
[4] *Bauer* NZA 2001, 375; *Rieble* ZIP 2001, 133 (135); aA *Däubler* AuR 2001, 1 (6).
[5] BAG 8.6.1999 – 1 AZR 831/98, NZA 1999, 1168; BT-Drs. 14/5741, 51 = NZA 1999, 1168.
[6] BAG 9.11.2010 – 1 AZR 708/09, NZA 2011, 466; *Fitting* BetrVG § 111 Rn. 19; Richardi BetrVG/*Annuß* § 111 Rn. 22; Jaeger/Röder/Heckelmann BetrVerfassungsR-HdB/*Röder/Baeck* Kap. 28 Rn. 5; *Löwisch/Kaiser* BetrVG § 111 Rn. 1, der von einem „Paradigmenwechsel" spricht.

ten Gesetzes und der eindeutigen Zuordnung der Arbeitsverhältnisse zum Unternehmen als Rechtsträger und Vertragspartner dürfte die Rechtsfolge eindeutig sein. Kleine Unternehmen sind aus dem Regime der Mitwirkungs- und Mitbestimmungsrechte auch dann weiterhin ausgenommen, wenn sie größeren Konzernen angehören.[7]

11 Konsequenterweise wird man auch davon ausgehen müssen, dass in einem **gemeinsamen Betrieb** mehrerer kleiner Unternehmen, in denen jeweils isoliert betrachtet nicht mehr als 20 Arbeitnehmer angestellt sind, eine betriebliche Änderung nicht nach § 111 Abs. 1 BetrVG mitbestimmungspflichtig ist, auch wenn der gemeinsame Betrieb insgesamt mehr als 20 Arbeitnehmer beschäftigt.[8] Insofern liegt in dieser besonderen Gestaltung sogar eine Einschränkung der bisherigen – auf den Betrieb bezogenen – Mitwirkungs- und Mitbestimmungsrechte nach §§ 111 ff. BetrVG. Dem kann auch nicht mit einer „extensiven Gesetzesinterpretation" entgegengewirkt werden.[9] Der Begriff des gemeinsamen Betriebs ist dem Gesetzgeber bei der Änderung der Bezugsgröße für den Schwellenwert nicht nur aus der Rechtsprechung des Bundesarbeitsgerichts und aus § 322 UmwG bekannt gewesen, sondern gleichzeitig sogar ausdrücklich in § 1 Abs. 1 S. 2 und Abs. 2 BetrVG neue Fassung aufgenommen worden. Von einer planwidrigen Gesetzeslücke, wie sie das Bundesarbeitsgericht noch 1990 für den Wirtschaftsausschuss eines gemeinsamen Betriebs angenommen hat,[10] kann man beim besten Willen nicht ausgehen. Während der Gesetzgeber von 1972 die Figur des gemeinsamen Betriebs noch nicht kannte, wollte der Gesetzgeber von 2001 den in der Rechtsprechung entwickelten Begriff des gemeinsamen Betriebs gerade ausdrücklich gesetzlich geregelt wissen. Daraus kann nur gefolgert werden, dass es der Gesetzgeber mit dem neuen Schutzzweck der Norm des § 111 BetrVG ernst gemeint hat. Kleinunternehmen sind unabhängig von ihrer betrieblichen Organisation im Gemeinschaftsbetrieb finanziell genauso wenig belastbar wie andere Kleinunternehmen.[11]

12 Überschreitet allerdings eines der am gemeinsamen Betrieb beteiligten Unternehmen den Schwellenwert, die anderen jedoch nicht, so bleiben die Beteiligungsrechte des § 111 BetrVG nur in Bezug auf das **größere Unternehmen** erhalten. Das Unternehmen, das den Schwellenwert überschreitet, muss den gemeinsamen Betriebsrat unterrichten, wenn eine Betriebsänderung geplant ist, die auf die Arbeitnehmer dieses Unternehmens bezogen ist. Entsprechend müssen das Interessenausgleichs- und das Sozialplanverfahren ausschließlich zwischen diesem Unternehmen und dem gemeinsamen Betriebsrat bezogen auf die betroffenen Arbeitnehmer des relevanten Unternehmens durchgeführt werden.[12] Die Änderung des Bezugspunkts in § 111 S. 1 BetrVG kann allerdings nicht verhindern, dass in den **betriebsbezogenen** Einzeltatbeständen nach § 111 S. 3 BetrVG die dort erforderlichen Schwellenwerte und Definitionen weiterhin betriebsbezogen bleiben.[13] Darauf wird bei der Behandlung der Einzeltatbestände einzugehen sein.

13 Bei der Ermittlung der Arbeitnehmerzahl für den unternehmensbezogenen Schwellenwert und die betriebsbezogenen Einzeltatbestände ist auf den **Zeitpunkt** abzustellen, in dem die Beteiligungsrechte nach §§ 111, 112 BetrVG entstehen, also auf den Zeitpunkt der Unterrichtungspflicht am Ende der Planungsphase.[14] Zu ermitteln ist die Zahl der „in der Regel"

---

[7] *Löwisch* BB 2001, 1790 (1797); *Bauer* NZA 2001, 375 (376); *Richardi/Annuß* DB 2001, 41 (45); *Annuß* NZA 2001, 367 (369); *Reichold* NZA 2001, 857 (864); *Löwisch/Kaiser* BetrVG § 111 Rn. 3; WHS Umstrukturierung/*Schweibert* C Rn. 7.
[8] *Löwisch* BB 2001, 1797; *Reichold* DB 2001, 864 f.; *Richardi/Annuß* DB 2001, 45; *Annuß* NZA 2001, 369; diff. *Fitting* BetrVG § 111 Rn. 20 ff.; *Bauer* NZA-Sonderheft 2001, 63; *Ohlendorf/Fuhlrott* ArbRAktuell 2011, 654.
[9] So allerdings *Däubler* AuR 2001, 285 (291).
[10] BAG 1.8.1990 – 7 ABR 91/88, NZA 1991, 643.
[11] *Löwisch* BB 2001, 1797; *Löwisch/Kaiser* BetrVG § 111 Rn. 5; *Reichold* NZA 2001, 864; WHS Umstrukturierung/*Schweibert* C Rn. 11; *Richardi* BetrVG/*Annuß* § 111 Rn. 22; aA *Fitting* BetrVG § 111 Rn. 23, der die Interessenausgleichspflicht auf den Betrieb, die Sozialplanpflicht auf das Unternehmen beziehen will.
[12] *Löwisch* BB 2001, 1797; *Löwisch/Kaiser* BetrVG § 111 Rn. 6; *Richardi* BetrVG/*Annuß* § 111 Rn. 26; vgl. *Annuß* NZA 2001, 369; WHS Umstrukturierung/*Schweibert* C Rn. 6.
[13] BAG 9.11.2010 – 1 AZR 708/09, NZA 2011, 466 (467); *Löwisch* BB 2001, 1797; *Löwisch/Kaiser* BetrVG § 111 Rn. 7; *Fitting* BetrVG § 111 Rn. 24; *Reichold* NZA 2001, 864.
[14] *Löwisch/Kaiser* BetrVG § 111 Rn. 9; *Fitting* BetrVG § 111 Rn. 29.

im Unternehmen beschäftigten Mitarbeiter. Dabei ist auch die absehbare weitere Entwicklung zu berücksichtigen.[15]

2. Existenz eines Betriebsrats

Voraussetzung für die Mitwirkungs- und Mitbestimmungsrechte nach §§ 111 ff. BetrVG ist, dass im entscheidenden Zeitpunkt tatsächlich ein Betriebsrat für den betroffenen Betrieb besteht. Der entscheidende Zeitpunkt ist nicht immer ohne Zweifel bestimmbar. Grundsätzlich ist nach der Rechtsprechung des Bundesarbeitsgerichts **maßgebender Zeitpunkt** für die Begründung der Beteiligungsrechte der Abschluss der unternehmerischen Planungsphase. Jedenfalls dann, wenn bis zum Abschluss des Planungsstadiums und bei Beginn der Durchführung der Betriebsänderung kein Betriebsrat besteht, kann eine Betriebsänderung ohne den Versuch eines Interessenausgleichs und ohne Abschluss eines Sozialplans durchgeführt werden.[16] Dies wird damit begründet, dass sich die Kalkulationsgrundlage für eine Betriebsänderung andernfalls nachträglich erheblich verändern würde, was dem Arbeitgeber nicht zuzumuten sei. In einer weiteren Entscheidung hat das Bundesarbeitsgericht den maßgeblichen Zeitpunkt präzisiert. Danach entstehen die Beteiligungsrechte des Betriebsrats und damit die Pflicht des Arbeitgebers den Betriebsrat zu unterrichten, bereits in dem Moment, in dem sich derjenige Tatbestand verwirklicht, an den das Beteiligungsrecht anknüpft. Das ist die konkret geplante Betriebsänderung. Eine solche liegt dann vor, wenn der Arbeitgeber auf Grund abgeschlossener Prüfungen und Vorüberlegungen grundsätzlich zu einer Betriebsänderung entschlossen ist. Von diesem Zeitpunkt an hat er den Betriebsrat zu unterrichten und die so geplante Betriebsänderung mit ihm zu beraten. Besteht zu diesem Zeitpunkt kein Betriebsrat im Betrieb, so können auch Beteiligungsrechte des Betriebsrats an der geplanten Betriebsänderung nicht gegeben sein.[17] Daraus folgt, dass nach der öffentlichen Ankündigung des Arbeitgebers, eine konkrete Betriebsänderung durchführen zu wollen, ein Beteiligungsrecht eines bis dahin nicht bestehenden Betriebsrats auch nicht mehr entstehen kann. Der Arbeitgeber braucht mit einer für notwendig gehaltenen Maßnahme nicht zu warten, bis sich ein funktionsfähiger Betriebsrat gebildet hat. Dabei darf er darauf vertrauen, dass die angekündigte Maßnahme auch zu den im Zeitpunkt der Ankündigung kalkulierten Kosten umgesetzt werden kann.

Eine Differenzierung zwischen dem Versuch eines Interessenausgleichs und dem Abschluss eines Sozialplans wird vom Bundesarbeitsgericht zu recht abgelehnt. Es ist zwar möglich, dass bereits eingeleitete Sozialplanverhandlungen, zum Beispiel bei Einschaltung der Einigungsstelle, erst nach Durchführung einer Betriebsänderung abgeschlossen werden, jedoch ist auch dafür Voraussetzung, dass im maßgeblichen Zeitpunkt der Ankündigung überhaupt ein Betriebsrat existiert. Wenn also auch die Verhandlungen über einen Interessenausgleich und einen Sozialplan zeitlich auseinanderfallen können, stehen sie doch in einem systematischen und funktionalen Zusammenhang, der einen konstituierten Betriebsrat im maßgeblichen Zeitpunkt der Entstehung des Beteiligungsrechts verlangt.[18] Das ist für die Entstehung der Interessenausgleichs- und Sozialplanpflicht **einheitlich** zu beurteilen.

Folgt man konsequent der Rechtsprechung des Bundesarbeitsgerichts, so ist es auch nicht ausreichend, dass im maßgeblichen Zeitpunkt der Wahlvorstand bestellt und die Wahl des Betriebsrats eingeleitet ist.[19] Das gilt sogar dann, wenn dem Unternehmer im Zeitpunkt der Beschlussfassung bekannt war, dass ein Betriebsrat gewählt werden soll.[20] Der Betriebsrat besteht erst mit seiner **konstituierenden Sitzung**, keinesfalls aber vor Verkündung des Wahl-

---

[15] *Löwisch/Kaiser* BetrVG § 111 Rn. 10; *Fitting* BetrVG § 111 Rn. 29.
[16] BAG 20.4.1982 – 1 ABR 3/80, DB 1982, 1727; *Fitting* BetrVG § 111 Rn. 33, 34; Richardi BetrVG/*Annuß* § 111 Rn. 27; Jaeger/Röder/Heckelmann BetrVerfassungsR-HdB/*Röder/Baeck* Kap. 28 Rn. 15.
[17] BAG 28.10.1992 – 10 ABR 75/91, NZA 1993, 420; *Ohlendorf/Fuhlrott* ArbRAktuell 2011, 655; Richardi BetrVG/*Annuß* § 111 Rn. 27; *Fitting* BetrVG § 111 Rn. 33, 34.
[18] BAG 20.4.1982 – 1 ABR 3/80, DB 1982, 1727; 28.10.1992 – 10 ABR 75/91, NZA 1993, 420; so auch *Bauer* DB 1994, 217; *Fitting* BetrVG § 111 Rn. 33, 34; Richardi BetrVG/*Annuß* § 111 Rn. 27.
[19] So jetzt auch WHS Umstrukturierung/*Schweibert* C Rn. 16.
[20] BAG 28.10.1992 – 10 ABR 75/91, NZA 1993, 420; ErfK/*Kania* BetrVG § 111 Rn. 6; Richardi BetrVG/*Annuß* § 111 Rn. 27; aA LAG Saarland 14.5.2003 –2 TaBV 7/03, NZA-RR 2003, 639.

ergebnisses.[21] Die Amtszeit des Betriebsrats beginnt nach § 21 S. 2 BetrVG in der Regel mit der Bekanntgabe des Wahlergebnisses. Ein nachträglich konstituierter Betriebsrat hat allerdings alle sonstigen Mitwirkungsrechte wie zum Beispiel nach § 99 BetrVG für Versetzungen oder nach § 102 BetrVG für Kündigungen, soweit diese nicht bereits vorher formal ausgesprochen sind. Will sich der Arbeitgeber in dieser Situation der Kooperation des nachträglich gebildeten Betriebsrats versichern, kann es sinnvoll sein, freiwillige Verhandlungen über einen Interessenausgleich oder Sozialplan anzubieten. Das steht jedoch im Ermessen des Arbeitgebers.

17 Durch die Neufassung des Gesetzes hat sich der Streit erledigt, ob die Mitwirkungspflichten auch in einzelnen betriebsratslosen Betrieben gelten, die zu einem Unternehmen mit mehreren Betrieben gehören, wenn ein Gesamtbetriebsrat existiert. Nach einer Meinung gebot es der Gleichbehandlungsgrundsatz bei einer einheitlichen betriebsübergreifenden Maßnahme, dass die gleichermaßen betroffenen Arbeitnehmer eines **betriebsratslosen Betriebs** des Unternehmens durch einen vom Gesamtbetriebsrat ausgehandelten Sozialplan begünstigt werden.[22] Dem stand die Rechtsprechung des Bundesarbeitsgerichts[23] und die herrschende Meinung der Literatur[24] entgegen. Nach § 50 Abs. 1 S. 1 Hs. 2 BetrVG nF erstreckt sich die originäre Zuständigkeit des Gesamtbetriebsrats auch auf betriebsratslose Betriebe, so dass die Streitfrage keine wesentliche Bedeutung mehr hat.[25] Das Gleiche gilt nach § 58 Abs. 1 S. 1 Hs. 2 BetrVG auch für den Konzernbetriebsrat in seinem Verhältnis zu betriebsratslosen Betrieben im Konzern.[26] Da sich diese Neuregelungen ausdrücklich nur auf die originäre Zuständigkeit von Gesamt- bzw. Konzernbetriebsrat beziehen, ist im Umkehrschluss klargestellt, dass eine Gleichbehandlung von betriebsratslosen Betrieben bei delegierter Zuständigkeit von Gesamt- bzw. Konzernbetriebsrat gemäß § 50 Abs. 2 und § 58 Abs. 2 BetrVG nicht in Frage kommt. Das ist nur folgerichtig, da sich eine Auftragszuständigkeit immer nur im Rahmen der ursprünglichen Zuständigkeit der beauftragenden Gremien bewegen kann.

3. Betriebsänderung

18 Eine betriebliche Veränderung im weiteren Sinne ist **jede Änderung der betrieblichen Organisation**; zum Beispiel der Größe, des Standorts, der Struktur oder der Arbeitsweise des Betriebs. Dies gilt sowohl für qualitative als auch für quantitative Änderungen des Betriebs als **organisatorische Einheit**. Hiervon streng zu unterscheiden sind rechtliche Veränderungen auf der Unternehmensebene, also zum Beispiel der Zusammenschluss von Unternehmen oder die Spaltung von Unternehmen als solche.[27] Das Gleiche gilt für einen Gesellschafterwechsel und für eine reine Betriebsveräußerung, die zu einem Betriebsübergang nach § 613a BGB führt,[28] wenn der Betrieb als Ganzes übertragen wird. Solche unternehmensrechtlichen Veränderungen sind stets von organisatorischen Veränderungen auf der betrieblichen Ebene zu abstrahieren, obwohl sie in der Praxis oft in zeitlichem oder ursächlichem Zusammenhang stehen können. Daran hat sich auch durch das Betriebsverfassungs-Reformgesetz nichts geändert.[29] Die entscheidenden Einzeltatbestände der Betriebsänderung sind in § 111 S. 3 BetrVG aufgezählt.

19 Betriebsänderungen im Sinne des § 111 S. 1 BetrVG sind nur solche betrieblichen Veränderungen, die **wesentliche Nachteile** für die Belegschaft oder erhebliche Teile der Belegschaft zur Folge haben können. Das sind solche Folgen, deren Eintritt nicht ausgeschlossen erscheint.[30]

---

21 So *Bauer* DB 1994, 217; *Richardi* BetrVG/*Annuß* § 111 Rn. 27; *Fitting* BetrVG § 111 Rn. 33, 34.
22 DKKW/*Däubler* BetrVG § 111 Rn. 29; *Fitting* BetrVG § 111 Rn. 19.
23 BAG 16.8.1983 – 1 AZR 544/81, NJW 1984, 2966.
24 *Galperin*/*Löwisch* BetrVG § 111 Rn. 8; *Röder*/*Baeck* Interessenausgleich S. 37.
25 *Löwisch* BB 2001, 1734 (1744); WHS Umstrukturierung/*Schweibert* C Rn. 17.
26 *Löwisch* BB 2001, 1746.
27 BAG 17.2.1981 – 1 ABR 101/78, NJW 1981, 2716; *Fitting* BetrVG § 111 Rn. 56, 57.
28 BAG 23.3.2017 – 8 AZR 91/15, NZA 2017, 981; 21.10.1980 – 1 AZR 145/79, NJW 1981, 2599; *Fitting* BetrVG § 111 Rn. 50.
29 *Löwisch*/*Kaiser* BetrVG § 111 Rn. 20.
30 BAG 29.2.1972 – 1 AZR 176/71, NJW 1972, 1342; *Fitting* BetrVG § 111 Rn. 41.

Bezogen auf die in S. 3 aufgeführten Fälle wird unterstellt, dass die dort aufgezählten Maßnahmen stets nachteilige Folgen für die Arbeitnehmer haben können. Die in S. 3 genannten Fälle stellen somit die **relevanten Betriebsänderungen** im Sinne des S. 1 dar. Dabei ist zwar streitig, ob die Einzelfälle in S. 3 abschließend aufgezählt sind[31] oder ob es auch andere für die Mitbestimmung des § 111 BetrVG relevante Betriebsänderungen geben kann.[32] Die Rechtsprechung des Bundesarbeitsgerichts hat diese Frage bisher bewusst offen gelassen, während das Landesarbeitsgericht Niedersachsen im Falle einer Änderung, die nicht in den Katalog des S. 3 fällt, verlangt, dass die wesentlichen Nachteile vom Betriebsrat konkret zu belegen sind.[33] Dieser Streit ist jedoch lediglich theoretischer Natur, da S. 3 die denkbar wesentlichen Fälle aufzählt.[34] Jedenfalls wäre es systemwidrig und damit unzulässig, die im Vergleich weiteren Einzeltatbestände der wirtschaftlichen Angelegenheiten nach § 106 Abs. 3 BetrVG, die auch Änderungen auf Unternehmensebene berücksichtigen, als Betriebsänderungen im Sinne des § 111 S. 1 BetrVG anzusehen. Das Bundesarbeitsgericht hat eindeutig festgestellt, dass nicht jede wirtschaftliche Maßnahme mitbestimmungspflichtig sei, sondern nur solche, die eine tatsächliche Änderung des Betriebs als Organisationseinheit zum Gegenstand haben. So führt es zur Ausgliederung eines Betriebsteils auf ein anderes Unternehmen aus:

„Die Spaltung des Betriebs ist nicht mit der Spaltung des Unternehmens gleichzusetzen. Ein Betrieb kann innerhalb des Unternehmens gespalten werden; der Spaltung können ferner Unternehmensänderungen zugrunde liegen, die einen Tatbestand des UmwG erfüllen; aber auch bloße Veräußerungen eines Betriebsteils, die nur von § 613a BGB erfasst werden, erfüllen den Tatbestand."[35]

Im genannten Falle war der Betriebsteil „Fertigung Elektronik" nicht nur unternehmensrechtlich (Unternehmensspaltung nach § 106 Abs. 3 Nr. 8 BetrVG), sondern auch organisatorisch aus dem bisher einheitlichen Betrieb ausgegliedert worden (Betriebsspaltung nach § 111 S. 3 Nr. 3 BetrVG). Anzeichen dafür, dass der Betrieb als Gemeinschaftsbetrieb zweier Unternehmen weitergeführt und damit die Betriebsspaltung vermieden worden wäre, waren in der Tatsacheninstanz nicht festgestellt worden. In einer weiteren Entscheidung heißt es zur Abgrenzung eines Betriebsübergangs von einer grundlegenden Neuorganisation und Verlegung des Betriebs:

„Wirtschaftliche Nachteile aus Vorgängen, die selbst keine Betriebsänderung und auch nicht deren notwendige Folge darstellen, sind dagegen einer erzwingbaren Regelung durch einen Spruch der Einigungsstelle nicht zugänglich. [...] Nach der ständigen Rechtsprechung des Bundesarbeitsgerichts ist ein Betriebsübergang allein keine Betriebsänderung im Sinne des § 111 BetrVG. [...] Erschöpft sich der Betriebsübergang jedoch nicht in dem bloßen Betriebsinhaberwechsel, sondern ist er mit Maßnahmen verbunden, die als solche einen der Tatbestände des § 111 BetrVG erfüllen, kommt insoweit ein Sozialplan in Betracht (§ 111 S. 2 Nr. 4 BetrVG)."[36]

Es liegt also nahe, in der Unterrichtung von Wirtschaftsausschuss und gegebenenfalls Betriebsrat klarzustellen, ob lediglich eine Unternehmensänderung oder auch eine Betriebsänderung geplant ist.

4. Erhebliche Teile der Belegschaft

Eine Betriebsänderung nach § 111 BetrVG liegt nur vor, wenn die wesentlichen Nachteile die Belegschaft als ganze oder wenigstens erhebliche Teile der Belegschaft betreffen. Die Belegschaft als ganze ist typischerweise bei einer Betriebsstilllegung, Betriebsverlegung aber

---

[31] ZB Richardi BetrVG/*Annuß* § 111 Rn. 41; *Galperin/Löwisch* BetrVG § 111 Rn. 19; *Bauer* DB 1994, 218; *Ohlendorf/Fuhlrott* ArbRAktuell 2011, 655.
[32] *Fitting* BetrVG § 111 Rn. 44 mwN.
[33] BAG 6.12.1988 – 1 ABR 47/87, NZA 1989, 399; 17.8.1982 – 1 ABR 40/80, NJW 1983, 1870; 17.2.1981 – 1 ABR 101/78, NJW 1981, 2716; LAG Niedersachsen 2.11.2006 – 1 TaBV 83/06, NZA-RR 2007, 134 (136).
[34] Vgl. *Fitting* BetrVG § 111 Rn. 44; *Löwisch/Kaiser* BetrVG § 111 Rn. 20.
[35] BAG 10.12.1996 – 1 ABR 32/96, NZA 1997, 898.
[36] BAG 25.1.2000 – 1 ABR 1/99, NZA 2000, 1069; vgl. *Matthes* NZA 2000, 1073 (1074); *Kleinebrink/Commandeur* NZA 2007, 113.

auch bei einem Betriebszusammenschluss oder bei einer Betriebsspaltung betroffen. Erhebliche Teile können vor allem bei Einschränkungen durch Personalabbau betroffen sein. Für die Ermittlung erheblicher Teile der Belegschaft im Sinne des § 111 S. 1 BetrVG wird von der Rechtsprechung grundsätzlich auf die **Zahlenwerte des § 17 Abs. 1 KSchG** zurückgegriffen.[37] Dieser regelt die Anzeigepflicht des Arbeitgebers gegenüber der Agentur für Arbeit bei geplanten Massenentlassungen in Relation zur Betriebsgröße. Ungeklärt ist, ob nach der Gesetzesänderung vom 28.7.2001 auch insoweit auf die Unternehmensgröße abzustellen ist. Das ist jedoch nicht zwingend, da die Tabelle des § 17 Abs. 1 KSchG keinen absoluten Schwellenwert sondern eine Relation darstellt. Zudem war dem Gesetzgeber bekannt, dass die Rechtsprechung die Tabelle des § 17 Abs. 1 KSchG zur Bestimmung der Erheblichkeit heranzieht. Hätte er den Paradigmenwechsel auch insoweit umsetzen wollen, wäre eine Änderung des § 17 Abs. 1 KSchG notwendig geworden. Ganz im Gegenteil hat der Gesetzgeber aber ausdrücklich bestätigt:

„An den Tatbestandsvoraussetzungen für das Vorliegen einer konkreten Betriebsänderung ändert sich dadurch nichts. Die Beurteilung bleibt unverändert betriebsbezogen."[38]

23 Die Zeitangabe von 30 Kalendertagen in § 17 Abs. 1 KSchG spielt bei der Feststellung der Erheblichkeit keine Rolle.[39] Deshalb können auch erhebliche Teile betroffen sein, wenn die einheitlich geplanten Maßnahmen in mehreren kleineren „Wellen" zeitlich gestreckt ablaufen.[40] Die Zahlenwerte des § 17 Abs. 1 KSchG, die ab einer Zahl von 30 durch Entlassung betroffenen Arbeitnehmern unabhängig von der Betriebsgröße stets eine Anzeigepflicht vorsehen, sind allerdings von der Rechtsprechung für Großbetriebe mit 600 und mehr Arbeitnehmern bei der Ermittlung der Erheblichkeit im Sinne des § 111 Abs. 1 BetrVG dahingehend modifiziert worden, dass mindestens **5 % der Belegschaft** betroffen sein müssen. Während der genannte Zahlenwert von 30 entlassenen Arbeitnehmern für die Arbeitsagenturen unabhängig von der Größe des Betriebs in der Regel eine Mehrbelastung darstellt, wäre er bei der Bestimmung der Erheblichkeit von Teilen der Belegschaft in Großbetrieben unangemessen gewesen.[41] Der Begriff „Erheblichkeit" setzt eine Relation der von Entlassung betroffenen Arbeitnehmer zum Gesamtbetrieb geradezu voraus. Daraus ergibt sich nachfolgende

Tabelle für die Bestimmung der Erheblichkeit:

Betriebsgröße	erhebliche Teile
21–59 Arbeitnehmer	6 Arbeitnehmer
60–499 Arbeitnehmer	10 % oder mehr als 25 Arbeitnehmer
500–599 Arbeitnehmer	30 Arbeitnehmer
600 und mehr Arbeitnehmer	5 % der Arbeitnehmer

24 Diese Richtwerte gelten nicht nur für Entlassungen, was der Bezug auf § 17 KSchG nahe legen könnte, sondern auch für die anderen Arten von Betriebsänderungen.[42] Zumindest stellt der Relativsatz in § 111 S. 1 BetrVG mit dem Tatbestandsmerkmal der Erheblichkeit einen Interpretationsmaßstab für die einzelnen Tatbestände des § 111 S. 3 BetrVG dar.[43]

25 Nach dem Reformgesetz zur Betriebsverfassung ist seit dem 28.7.2001 in der Praxis das Problem entstanden, dass die von der Rechtsprechung entwickelte Tabelle zur Feststellung

---

[37] BAG 9.11.2010 – 1 AZR 708/09, NZA 2011, 466; 7.8.1990 – 1 AZR 445/89, NZA 1991, 113.
[38] BetrVerf-Reformgesetz, BT-Drs. 14/5741, 51; siehe auch BAG 28.3.2006 – 1 ABR 5/05, NZA 2006, 932; ebenso *Engels* DB 2001, 532 (539); *Däubler* AuR 2001, 1 (6); *Lingemann* NZA 2002, 934 (935); *Fitting* BetrVG § 111 Rn. 24.
[39] BAG 6.12.1988 – 1 ABR 47/87, NZA 1989, 399.
[40] BAG 28.3.2006 – 1 ABR 5/05, NZA 2006, 932; 22.1.2004 – 2 AZR 111/02, NZA 2006, 64; *Baeck/Diller* NZA 1997, 689 (690).
[41] BAG 7.8.1990 – 1 AZR 445/89, NZA 1991, 113; siehe auch BAG 28.3.2006 – 1 ABR 5/05, NZA 2006, 932.
[42] *Fitting* BetrVG § 111 Rn. 48 mwN.
[43] Richardi BetrVG/*Annuß* § 111 Rn. 47.

der Erheblichkeit bei Betrieben mit nicht mehr als 20 Mitarbeitern eines Unternehmens mit in der Regel mehr als 20 Mitarbeitern nicht greift. Da der Gesetzgeber jedoch dafür in Kenntnis der Rechtsprechungspraxis keine Vorkehrung getroffen hat, lässt sich nur vermuten, dass diese **konkrete Untergrenze** weiterhin betriebsbezogen bleibt. Die Gesetzesnovelle in § 111 S. 1 BetrVG läuft deshalb leer mit Ausnahme der Tatbestände des § 111 S. 3 BetrVG, bei denen es auf die Wesentlichkeit bzw. die Erheblichkeit nicht ankommt, wie zum Beispiel bei der Betriebsstilllegung, der Betriebsverlegung oder der Betriebsspaltung.[44] Beim reinen Personalabbau im Kleinbetrieb mit bis zu 20 Arbeitnehmern eines Unternehmens mit insgesamt über 20 Arbeitnehmern verlangt das Bundesarbeitsgericht neuerdings in Anlehnung an § 112a Abs. 1 S. 1 Nr. 1 BetrVG, dass mindestens 6 Arbeitnehmer betroffen sind.[45]

Bei der Ermittlung der **Beschäftigtenzahl** nach § 111 BetrVG sind Arbeitnehmerinnen im Mutterschutzurlaub und Beschäftigte in der Elternzeit[46] nicht zu berücksichtigen, wenn dadurch die regelmäßige Gesamtzahl vor und nach der Abwesenheit zB wegen vorübergehenden Ersatzeinstellungen verfälscht würde. Eigenkündigungen von Arbeitnehmern und Aufhebungsverträge, die durch einen Beschluss zum Personalabbau verursacht worden sind, müssen mitgezählt werden, dagegen nicht personen- und verhaltensbedingte Kündigungen.

Die Erheblichkeit richtet sich nach der regelmäßigen Beschäftigungszahl zu dem **Zeitpunkt**, in dem die Beteiligungsrechte des Betriebsrats entstehen. Maßgeblich ist die Personalstärke, die für den Betrieb kennzeichnend ist. Dies ist in der Regel rückblickend zu betrachten, insbesondere wenn der Betrieb geschlossen wird.[47] Ausnahmsweise können zukünftige Entwicklungen berücksichtigt werden, wenn sie sich in einer grundsätzlichen Planung bereits manifestiert haben.[48]

Beispiel:
Eine Amerikanische Investmentbank versucht den Markteintritt in Frankfurt mit 150 Arbeitnehmern und im Geschäftsplan der nächsten 3 Jahre ist jeweils ein Zuwachs von 50 Arbeitnehmern vorgesehen. Bricht im zweiten Jahr überraschend der Markt der Börsengänge weg und müssen deshalb 18 Arbeitnehmer des IPO-Bereichs entlassen werden, dürfte nicht nur rückblickend auf das erste Jahr geurteilt werden, sondern müsste die geplante Entwicklung im zweiten Jahr berücksichtigt werden.

Erfolgen Veränderungen über einen längeren Zeitraum ist zu unterscheiden, ob auf Grund **einheitlicher Planung** eine Betriebsänderung abgestuft in mehreren Schritten erfolgt, oder ob mehrere inhaltlich unabhängige Maßnahmen zufällig in zeitlichem Zusammenhang erfolgen.[49]

Beispiel:
Ein kleiner Spezialitätenhersteller und -vertreiber mit 100 Arbeitnehmern will seinen Betrieb aus Altersgründen betriebswirtschaftlich möglichst sinnvoll abgestuft schließen. Es wird zunächst der Rohstoffeinkauf (8 Arbeitnehmer) abgebaut, einige Wochen später werden nacheinander mit vierwöchigem Abstand die Produktionsmaschinen mit je 7–9 zugeordneten Arbeitnehmern stillgelegt, sodann die betriebsinterne Werkstatt und das Lager mit je 5 Arbeitnehmern, kurz darauf der Vertrieb und die Verwaltung mit je 6 Arbeitnehmern und schließlich die Buchhaltung mit 4 Arbeitnehmern geschlossen.

Obwohl die einzelnen zeitlich aufeinander folgenden Maßnahmen nicht alle die Erheblichkeitsanforderungen bezogen auf die ursprüngliche Arbeitnehmerzahl erfüllen, unterliegen sie einer einzigen grundlegenden unternehmerischen Entscheidung in Form der gestaffelten Betriebsschließung. Da es sich um eine wirtschaftlich und sozial einheitliche Maßnahme handelt, ist diese einheitlich als Betriebsänderung nach § 111 BetrVG zu beurteilen.[50] Auch wenn es auf den einzelnen Stufen noch zu kleineren Veränderungen kommen sollte, liegen die Grundlinien der Schließung fest. Dagegen läge keine einheitliche Maßnahme vor,

---

[44] *Lingemann* NZA 2002, 934 (936); aA *Löwisch* BB 2001, 1790 (1797), der § 112a Abs. 1 S. 1 Nr. 1 BetrVG analog anwenden will.
[45] BAG 9.11.2010 – 1 AZR 708/09, NZA 2011, 466 (468).
[46] BAG 9.5.1995 – 1 ABR 51/94, NZA 1996, 166; 31.1.1991 – 2 AZR 356/90, NZA 1991, 562.
[47] BAG 9.5.1995 – 1 ABR 51/94, NZA 1996, 166.
[48] BAG 31.7.1986 – 2 AZR 594/85, NZA 1987, 587.
[49] *Baeck/Diller* NZA 1997, 689 (690).
[50] BAG 2.8.1983 – 1 AZR 516/81, NJW 1984, 1781.

wenn die Geschäftsleitung bei anhaltend schlechter Wirtschaftslage aber jeweils in der Hoffnung auf eine baldige Besserung auf Grund **einzelner** Beschlüsse auf unerwartete wirtschaftliche Schwierigkeiten reagiert. Der daraufhin erfolgende Personalabbau ist in diesem Fall nur mitbestimmungspflichtig, wenn jede einzelne Maßnahme selbst den Schwellenwert überschreitet.[51]

Beispiel:
Während anhaltend schlechter Wirtschaftslage aber jeweils in der Hoffnung auf baldige Besserung weist die Geschäftsleitung der B-GmbH im Betrieb mit 100 Arbeitnehmern die Personalabteilung sukzessive an, zunächst 8 nicht ausgelastete Arbeitnehmer der Produktion zu entlassen, einige Wochen später eine komplette Produktionsmaschine stillzulegen und zusätzlich 8 Mitarbeiter zu entlassen, nach weiteren wenigen Wochen die eigene Werkstatt (6 Arbeitnehmer) stillzulegen und danach die Reinigungskräfte (6 Arbeitnehmer) zu entlassen. Als dann wenige Wochen später ein fest eingeplanter Großauftrag platzt, entschließt sich die Geschäftsleitung, den Betrieb vollständig stillzulegen.

30 Da die Geschäftsleitung jeweils isoliert in der Annahme gehandelt hat, die Situation durch die einzelnen Maßnahmen retten zu können, kann nicht von einer einheitlich geplanten Maßnahme gesprochen werden. Allerdings ist die Nachweislage für den Arbeitgeber schwierig, denn bei mehreren Personalabbaumaßnahmen innerhalb weniger Wochen wird **vermutet**, dass diese Maßnahmen auf einer einheitlichen unternehmerischen Planung beruhen. Will der Arbeitgeber diese Vermutung im Rechtsstreit ausräumen, hat er darzulegen und zu beweisen, dass ihn eine jeweils neue, nicht vorhersehbare Situation zu den weiteren Maßnahmen gezwungen hat.[52]

31 Berücksichtigt man weiter, dass die Grenzziehung schwierig ist, da die Unterscheidung im Wesentlichen auf die subjektive Entscheidungslage abstellt, ist einer Geschäftsführung in vergleichbarer Lage zu raten, ihre Beschlusslage zeitnah zu protokollieren oder in einzelnen schriftlichen Anweisungen an die Personalabteilung mit kurzer Begründung zu dokumentieren.

5. Möglichkeit wesentlicher Nachteile

32 Eine Betriebsänderung ist nur anzunehmen, wenn organisatorische Maßnahmen des Arbeitgebers wesentliche Nachteile zur Folge haben können. Hierfür ist ein Nachweis allerdings nicht erforderlich, sondern der Eintritt des Nachteils muss lediglich möglich sein. Für die in § 111 S. 3 BetrVG aufgezählten Einzeltatbestände wird die Möglichkeit solcher **Nachteile** in der Rechtsprechung **fingiert**, so dass bei den dort genannten Maßnahmen stets nachteilige Folgen für die Arbeitnehmer eintreten können.[53] Wesentliche Nachteile können materieller und immaterieller Art sein. Zu den Nachteilen materieller Art gehören wirtschaftliche Nachteile wie der Verlust des Arbeitsplatzes, Minderung des Entgelts, höhere Fahrtkosten oder Umzugskosten. Nachteile immaterieller Art sind Beeinträchtigungen zB durch Leistungsverdichtung, Qualitätsverluste, zusätzliche Kontrollen – insbesondere bei Verwendung technischer Einrichtungen.[54] Ob tatsächlich solche Nachteile vorliegen, ist aber für die Frage, ob eine Betriebsänderung anzunehmen und ein Interessenausgleich zu versuchen ist, nicht relevant. Sie ist erst bei der Frage nach der Erzwingbarkeit des Sozialplans zu prüfen.[55]

33 Allerdings müssen die möglichen Nachteile auf Grund der geplanten Betriebsänderung drohen. Beruhen die möglichen Nachteile auf **anderen Ursachen,** so sind sie unerheblich.

---

[51] BAG 28.3.2006 – 1 ABR 5/05, NZA 2006, 932; LAG Köln 21.2.1997 – 11 Sa 271/96, NZA-RR 1998, 24; *Baeck/Diller* NZA 1997, 689 (691).
[52] BAG 6.6.1978 – 1 AZR 495/75, DB 1978, 1650; 28.3.2006 – 1 ABR 5/05, NZA 2006, 932; 22.1.2004 – 2 AZR 111/02, NZA 2006, 64; LAG Thüringen 22.7.1998 – 6/4 Sa 216/97, NZA-RR 99, 309; *Fitting* BetrVG § 111 Rn. 76.
[53] BAG 9.11.2010 – 1 AZR 708/09, NZA 2011, 466 (467); 16.6.1987 – 1 ABR 41/85, NZA 1987, 671; 7.8.1990 – 1 AZR 445/89, NZA 1991, 113; *Fitting* BetrVG § 111 Rn. 42; *Löwisch/Kaiser* BetrVG § 111 Rn. 22; *Richardi* BetrVG/*Annuß* § 111 Rn. 45.
[54] *Fitting* BetrVG § 111 Rn. 47.
[55] BAG 16.6.1987 – 1 ABR 41/85, NZA 1987, 671; 7.8.1990 – 1 AZR 445/89, NZA 1991, 113; *Fitting* BetrVG § 111 Rn. 42; *Löwisch/Kaiser* § 111 Rn. 22.

Dies führt insbesondere in Fällen, die sowohl unternehmerische wie auch betriebliche Veränderungen beinhalten, oft zu unnötigen Rechtsstreitigkeiten. Dieses Problem wird in der Literatur fast völlig übersehen. Zwei Entscheidungen des Bundesarbeitsgerichts bestätigen jedoch diese Annahme.[56] Fällt bei der unternehmensrechtlichen Ausgliederung eines Betriebsteils auf ein anderes Unternehmen neben der Unternehmensspaltung auch eine Betriebsspaltung an, so ist eine Betriebsänderung nach § 111 S. 3 Nr. 3 BetrVG mit Interessenausgleichspflicht anzunehmen. Wegen der „infolge der geplanten Betriebsänderung" verursachten Nachteile ist auch ein Sozialplan abzuschließen. Jedoch gehören zu den ausgleichspflichtigen Nachteilsfolgen nicht eine etwaige Verringerung der Haftungsmasse beim Betriebserwerber sowie dessen mögliche Befreiung von der Sozialplanpflicht nach § 112a Abs. 2 BetrVG für die Dauer von 4 Jahren. Diese sind lediglich Folge des Schuldnerwechsels, also des unternehmensrechtlichen Spaltungs- und Übertragungsvorgangs, nicht jedoch Folge der Betriebsspaltung. Der Umstand, dass beide Vorgänge zusammenfallen können, ändert nichts daran, dass sie weder rechtlich noch tatsächlich notwendigerweise zusammengehören.[57] In einem solchen Fall der Überlagerung von unternehmensrechtlicher und betrieblicher Änderung sind lediglich die durch die Betriebsänderung verursachten Nachteile im Sozialplan zu regeln, wie zum Beispiel Aufwände für verlängerte Anfahrtswege, Wegfall bisher bestehender Vertretungs- und Mitfahrmöglichkeiten und gegebenenfalls Umzugskosten.[58] Diese Grundregel gilt jedenfalls für die Erzwingbarkeit der Sozialplanregelung durch die Einigungsstelle. Der Arbeitgeber selbst ist dagegen frei, auch andere, nicht kausal durch die Betriebsänderung verursachte Nachteile auszugleichen.

6. Planungsstadium

Nach § 111 S. 1 BetrVG hat der Unternehmer den Betriebsrat über geplante Betriebsänderungen rechtzeitig und umfassend zu unterrichten und diese mit dem Betriebsrat zu beraten. **Geplant** ist eine Betriebsänderung, wenn alle Vorüberlegungen konkretisiert, notwendige Prüfungen durchgeführt und die Planungen soweit abgeschlossen sind, dass der Unternehmer sein Vorhaben vorbehaltlich der Unterrichtung und Beratung mit dem Betriebsrat umsetzen kann.[59]

Vorüberlegungen und notwendige Prüfungen sind noch keine Planung im Sinne des § 111 BetrVG sondern deren Grundlage. Das Wort „geplant" ist vornehmlich zeitlich zu verstehen. Die Planung muss zu einer solchen **Reife** gediehen sein, dass der Unternehmer im Prinzip entschlossen ist, eine bestimmte Betriebsänderung durchzuführen, jedoch noch nicht mit der Umsetzung begonnen hat.[60]

Rechtzeitig ist die Unterrichtung nur, wenn noch soviel Zeit bleibt, dass die notwendige Beratung der Betriebsänderung und die Verhandlungen über den Interessenausgleich und gegebenenfalls den Sozialplan in **angemessenem** Zeitrahmen vor der Umsetzung der Maßnahme durchgeführt werden können. Es muss zumindest noch die Möglichkeit bestehen, dass der Unternehmer die geplante Betriebsänderung auf Grund der Beratung mit dem Betriebsrat revidieren kann. Das Bundesarbeitsgericht hat kürzlich für Rechtssicherheit gesorgt: Zu unterscheiden sind **unumkehrbare Maßnahmen** von reinen Vorbereitungshandlungen. ZB kann der Ausspruch von betriebsbedingten Kündigungen zum Zwecke der Betriebsstilllegung oder die Veräußerung wesentlicher Betriebsmittel irreversibel sein. Nicht dagegen die Anhörung des Betriebsrats nach § 102 BetrVG, nicht die Massenentlassungsanzeige nach § 17 KSchG und auch nicht der Antrag an das Integrationsamt nach § 87 Abs. 1 S. 1 SGB IX. Sie dienen lediglich der Vorbereitung von Kündigungen, zwingen aber allesamt nicht zum Ausspruch der Kündigungen. Auch in der tatsächlichen Einstellung der betrieblichen Tätigkeit oder den widerruflichen Freistellungen liegen keine unumkehrbare Maßnah-

---

[56] BAG 10.12.1996 – 1 ABR 32/96, NZA 1997, 898; 25.1.2000 – 1 ABR 1/99, NZA 2000, 1069.
[57] BAG 10.12.1996 – 1 ABR 32/96, NZA 1997, 898; *Kleinebrink/Commandeur* NZA 2007, 113 (118).
[58] BAG 25.1.2000 – 1 ABR 1/99, NZA 2000, 1069; *Matthes* NZA 2000, 1073 (1075); *Kleinebrink/Commandeur* NZA 2007, 113 (118).
[59] *Fitting* BetrVG § 111 Rn. 108; Richardi BetrVG/*Annuß* § 111 Rn. 145.
[60] *Fitting* BetrVG § 111 Rn. 109 f.; Richardi BetrVG/*Annuß* § 111 Rn. 145 ebenso.

men. Sie können grundsätzlich rückgängig gemacht werden. Auch die vorsorglich „frühzeitige" Kündigung von langfristigen Mietverträgen über die betrieblichen Räumlichkeiten, die Hereinnahme von vormals an dritte Dienstleister herausgegebenen Haustürschlüsseln, von Tourenbüchern und von Transportmitteln stellt keine endgültige Zerschlagung der betrieblichen Organisation dar.[61]

37 Unterrichtet der Unternehmer erst, nachdem er mit der Umsetzung begonnen hat, ist dies in jedem Fall zu spät.[62] Der Betriebsrat darf nicht vor **vollendete Tatsachen** gestellt werden, insbesondere darf der Unternehmer die Betriebsänderung in der Öffentlichkeit nicht als unabwendbar darstellen. Auf die vorsichtige aber bestimmte Kommunikation mit dem Betriebsrat in Abstimmung mit der notwendigen Öffentlichkeitsarbeit ist deshalb größter Wert zu legen. Dabei ist auch darauf zu achten, dass gegebenenfalls Arbeitnehmervertreter im Aufsichtsrat sowie Mitglieder eines europäischen Betriebsrats und eines Wirtschaftsausschusses bereits über die wirtschaftlichen Grundlagen und die Grundzüge der geplanten Maßnahmen informiert sind und deshalb entsprechende Erwartungshaltungen bestehen.

38 Grundsätzlich ist es in einer Kapitalgesellschaft korrekt, zunächst gesellschaftsrechtliche Gremien wie den Aufsichtsrat oder die Gesellschafterversammlung vor dem Betriebsrat einzuschalten, zumindest wenn in der Satzung oder Geschäftsordnung ein Genehmigungsvorbehalt besteht oder zum Beispiel der Aufsichtsrat selbst festgelegt hat, dass bestimmte Arten von Geschäften nur mit seiner Zustimmung vorgenommen werden dürfen (§ 111 Abs. 4 S. 2 AktG). Diese **gesellschaftsrechtlichen Vorgaben** müssen der Vorstand und gegebenenfalls auch die Geschäftsführung beachten. Sonst kann der Aufsichtsrat seine Überwachungs- und Beratungsfunktion nicht ausreichend wahrnehmen.[63]

39 Das Bundesarbeitsgericht hat zwar früher enger formuliert:

„Nach den bindenden Feststellungen des BerGer. hat die Beklagte in der Sitzung des Aufsichtsrates am 12.12.1973, nachdem sie diesem das Gutachten des Industrieberaters vorgelegt und mit ihm erörtert hatte, den Stilllegungsbeschluss gefasst. Sie hat also den in der Aufsichtsratssitzung gefassten Beschluss mitgetragen und ihn sich zu eigen gemacht. Das alles ergibt sich auch daraus, dass die Geschäftsleitung der Beklagten nach der Aufsichtsratssitzung den BetrR der Werke B. und F. den Stilllegungsbeschluss bekanntgegeben und mit ihnen das Gutachten des Industrieberaters über die Geschäftslage des Unternehmens erörtert hat. Mit einem derartigen Verhalten bekundete die Geschäftsleitung, dass sie eine eigene Entscheidung getroffen hatte. Dass es an sich möglich gewesen wäre, die Entscheidung nicht durchzuführen oder nach dem Versuch eines Interessenausgleichs eine neue Entscheidung zu treffen, ist jedenfalls hier ohne Bedeutung. Die Beschlussfassung in der Aufsichtsratssitzung trug wegen ihrer formellen Art endgültigen Charakter. Demgemäß ist auch verfahren worden."[64]

40 Damit wurde jedoch nur die Endgültigkeit des seinerzeitigen Aufsichtsratsbeschlusses kritisiert, den sich der Vorstand zu Eigen gemacht hatte, nicht aber die Tatsache, dass der Aufsichtsrat zeitlich vor dem Betriebsrat unterrichtet wurde. Entscheidend ist der Inhalt des Beschlusses. Wenn der Aufsichtsratsbeschluss den ernst gemeinten **Vorbehalt** der ordentlichen Durchführung des Mitbestimmungsverfahrens nach § 111 BetrVG enthält, und der Vorstand entsprechend verfährt, das heißt, Einwände und Vorschläge des Betriebsrats mit dem Willen zur Verständigung berät, bevor die Maßnahmen umgesetzt werden, ist den Vorgaben des § 111 BetrVG genügt. Mit dem prinzipiellen Vorbehaltsbeschluss des Unternehmers, sei es durch den Aufsichtsrat oder durch den Vorstand, ist das Planungsstadium abgeschlossen, so dass die Unterrichtungs- und Beratungspflichten eingreifen. Nach neuerer Rechtsprechung des Bundesarbeitsgerichts ist sogar ein vorbehaltloser Stilllegungsbeschluss der Gesellschafter nicht entscheidend für das Ende der Planungsphase und das Entstehen der Un-

---

[61] BAG 14.4.2015 – 1 AZR 794/13, NZA 2015, 1147 (1149) = BB 2016, 188 ff. mit sehr illustrativem Sachverhalt und Abgrenzung von irreversiblen Maßnahmen; *Fitting* BetrVG § 111 Rn. 109; *Richardi* BetrVG/ *Annuß* § 111 Rn. 148; dazu auch *Elking* BB 2016, 192 ff.
[62] BAG 14.9.1976 – 1 AZR 784/75, DB 1977, 309; *Löwisch/Kaiser* BetrVG § 111 Rn. 43; *Fitting* BetrVG § 111 Rn. 109 f.; vgl. auch zur Abgrenzung zwischen Vorbereitungshandlung und Umsetzung *Langner/ Widhammer* NZA 2011, 430 ff.
[63] *Richardi* BetrVG/*Annuß* § 111 Rn. 147; vgl. BAG 14.9.1976 – 1 AZR 784/75, DB 1977, 309; so jetzt auch *Fitting* BetrVG § 111 Rn. 109.
[64] BAG 14.9.1976 – 1 AZR 784/75, DB 1977, 309.

terrichtungspflicht. In der Begründung wird überzeugend ausgeführt, dass die Geschäftsleitung weder tatsächlich noch rechtlich gehindert ist, Bedenken des Betriebsrats oder alternative Lösungen an die Gesellschafter weiterzuleiten, um eine Änderung der Pläne zu erreichen. Die Unterrichtungspflicht entsteht somit erst, wenn die Geschäftsleitung sich dem Gesellschafterbeschluss im Prinzip anschließt.[65]

III. Einzeltatbestände gemäß § 111 S. 3 BetrVG

Die in S. 3 aufgezählten Maßnahmen des Unternehmers gelten ohne weiteres als Betriebsänderungen. Es können mehrere Tatbestände gleichzeitig vorliegen. Sie können auch mit unternehmensrechtlichen Maßnahmen einhergehen. 41

1. Einschränkung und Stilllegung gemäß § 111 S. 3 Nr. 1 BetrVG

Einschränkung und Stilllegung sind **unregelmäßige Abweichungen** vom normalen Bestand des Betriebs auf Grund unternehmerischer Entscheidung. Von vornherein zeitlich begrenzt eingerichtete Betriebe (zB Gaststätten auf Ausstellungen oder Messen, Saison-, Kampagnebetriebe) fallen nicht unter den Tatbestand der Nr. 1, wenn sie nach Zeitablauf oder Zweckerreichung eingeschränkt oder geschlossen werden. 42

a) **Stilllegung des Betriebs.** Die Stilllegung des Betriebs ist die Aufgabe des Betriebszwecks unter Auflösung der Betriebsorganisation durch Beschluss des Unternehmens für unbestimmte Zeit. Entscheidend ist die Einstellung der Produktion oder Dienstleistung unter **Auflösung** der Betriebsorganisation bei Beendigung der Arbeitsverhältnisse.[66] Wird der Betrieb alsbald nach einer Unterbrechung wiedereröffnet, spricht das gegen eine ernste Stilllegungsabsicht.[67] Die Weiterbeschäftigung weniger Mitarbeiter mit Abwicklungsarbeiten steht dagegen einer Stilllegung nicht entgegen.[68] 43

Die Verlegung des Betriebs (Nr. 7) ist in der Regel keine Stilllegung, wenn die Betriebsorganisation und **Betriebsidentität** erhalten bleiben. Das ist der Fall, wenn die Belegschaft im Wesentlichen identisch bleibt. Das ist normalerweise nur dann realistisch, wenn die Entfernung zwischen alter und neuer Betriebsstätte relativ unerheblich ist. Ein Umzug über mehrere hundert Kilometer ist dagegen eine Stilllegung an der alten und eine Neueröffnung an der neuen Betriebsstätte, wenn wesentliche Teil der Belegschaft zurückbleiben, konsequenter Weise gekündigt werden, und dadurch die Identität verloren geht.[69] 44

Auch ein wesentlicher Betriebsteil kann stillgelegt werden. Erforderlich ist eine betriebswirtschaftlich oder technologisch **abgrenzbare** Organisationseinheit innerhalb des Betriebs. Es ist nicht notwendig, aber grundsätzlich ausreichend, wenn der Betriebsteil eine Betriebsabteilung darstellt.[70] Der abgrenzbare Betriebsteil muss für den ganzen Betrieb wesentlich sein. Die Wesentlichkeit kann auf der wirtschaftlichen Bedeutung des Betriebsteils für den gesamten Betrieb beruhen (qualitative Betrachtung)[71] oder auf der Erheblichkeit des betroffenen Betriebsteils in Relation zu der Gesamtbelegschaft des Betriebs (quantitative Betrachtung).[72] 45

---

[65] BAG 20.11.2001 – 1 AZR 97/01, NZA 2002, 992 (993); 30.3.2004 – 1 AZR 7/03, NZA 2004, 931 (932 f.).

[66] BAG 14.4.2015 – 1 AZR 794/13, NZA 2015, 1147 (1149); 22.10.2009 – 8 AZR 766/08, NZA-RR 2010, 660 (663); 19.6.1991 – 2 AZR 127/91, NZA 1991, 891; 27.6.1995 – 1 ABR 62/94, NZA 1996, 164; *Fitting* BetrVG § 111 Rn. 65; Richardi BetrVG/*Annuß* § 111 Rn. 56.

[67] BAG 27.9.1984 – 2 AZR 309/83, NZA 1985, 493; *Fitting* BetrVG § 111 Rn. 65.

[68] BAG 23.4.1980 – 5 AZR 49/78, NJW 1980, 2543; 14.10.1982 – 2 AZR 568/80, NJW 1984, 381; *Fitting* BetrVG § 111 Rn. 66.

[69] BAG 12.2.1987 – 2 AZR 247/86, NZA 1988, 170; 20.4.1989 – 2 AZR 431/88, NZA 1990, 32; *Fitting* BetrVG § 111 Rn. 68.

[70] BAG 10.6.1969 – 1 AZR 2/69, NJW 1969, 2221; Richardi BetrVG/*Annuß* § 111 Rn. 82.

[71] BAG 9.11.2010 – 1 AZR 708/09, NZA 2011, 466 (468); 7.8.1990 – 1 AZR 445/89, NZA 1991, 113; 6.12.1988 – 1 ABR 47/87, NZA 1989, 399; *Fitting* BetrVG § 111 Rn. 70 lässt dies offen.

[72] BAG 9.11.2010 – 1 AZR 708/09, NZA 2011, 466 (467); 7.8.1990 – 1 AZR 445/89, NZA 1991, 113; *Fitting* BetrVG § 111 Rn. 69.

Letzteres ist der Fall, wenn die Zahlenwerte des § 17 KSchG erreicht sind und im Betriebsteil mindestens 5 % der Belegschaft des Gesamtbetriebs tätig sind.[73]

46 b) **Einschränkung des Betriebs oder Betriebsteils.** Die Einschränkung des Betriebs bedeutet die Herabsetzung der Leistungsfähigkeit des Betriebs unter Verringerung der Betriebsmittel und durch Einschränkung der Belegschaftsgröße.[74] Der Betriebszweck wird zwar weiterverfolgt, jedoch die **Betriebsleistung herabgesetzt,** zB durch Stilllegung von Maschinen oder Anlagen und Reduzierung der Belegschaft. Die Einschränkung muss ungewöhnlich sein, typische saisonale Schwankungen sind unbeachtlich.[75] Eine nur zeitliche Einschränkung (Verkürzung der Arbeitszeit) ohne Entlassung von Mitarbeitern ist aber noch keine Betriebseinschränkung.[76] Für die Einschränkung eines wesentlichen Betriebsteils ist die gleiche Wesentlichkeitsprüfung vorzunehmen wie bei der Frage der Stilllegung eines wesentlichen Betriebsteils. Es muss sich also um einen abgrenzbaren Betriebsteil oder eine Betriebsabteilung handeln. Die Wesentlichkeit richtet sich nach der Bedeutung des betroffenen Betriebsteils für den gesamten Betrieb. Dies kann sich aus seiner wirtschaftlichen Bedeutung[77] oder aus der Relation der Zahl der Mitarbeiter im Betriebsteil zur Gesamtbelegschaft des Betriebs ergeben.[78] Das Bundesarbeitsgericht zieht bei letzterer Prüfung grundsätzlich die Tabelle in § 17 Abs. 1 KSchG als Maßstab heran. Nach der Feststellung der Wesentlichkeit des Betriebsteils ist weiter die Erheblichkeit der Einschränkungswirkung auf den Betrieb zu prüfen. Dabei darf sich die Erheblichkeit der Einschränkung nicht nur auf den direkt betroffenen Betriebsteil beziehen. Vielmehr ist darauf abzustellen, ob die Einschränkung des Betriebsteils im Sinne des § 17 KSchG wesentliche Nachteile für **erhebliche Teile** der Belegschaft des Gesamtbetriebs zur Folge haben kann. Dabei kommt es nicht darauf an, ob die von den Nachteilen betroffenen Mitarbeiter solche des eingeschränkten Betriebsteils sind, oder ob sie in anderen Teilen des Gesamtbetriebs beschäftigt sind.[79]

Beispiel:
Eine Bank beschäftigt in ihrem Zentralbetrieb in Frankfurt ca. 1.000 Mitarbeiter. Davon arbeiten 100 Mitarbeiter im Bereich Wertpapierhandel/-abwicklung. Dieser Betriebsteil soll in Frankfurt eingeschränkt werden, indem 40 Mitarbeiter aus diesem Betriebsteil gekündigt werden. Gleichzeitig müssen 20 Mitarbeiter des Gesamtbetriebs entlassen werden, die dem Betriebsteil Wertpapierhandel/-abwicklung zugearbeitet haben, sowie 10 Mitarbeiter der Stabsabteilungen Controlling, Personal und Recht, die wegen der Einschränkung des Betriebsteils ebenfalls nicht mehr benötigt werden.

47 Der betroffene Betriebsteil stellt nach § 17 KSchG mit 100 Mitarbeitern mehr als 5 % der Gesamtbelegschaft des Zentralbetriebs, ist also wesentlich. Die Entlassung von 40 Mitarbeitern dieses Betriebsteils ist zwar in Bezug auf den Betriebsteil **erheblich,** allerdings nicht in Bezug auf den Gesamtbetrieb, worauf es letztlich ankommt. Da diese Einschränkung jedoch weitere Entlassungen in anderen zuarbeitenden Abteilungen und im Stabsbereich nach sich zieht, ist insgesamt die Erheblichkeitsschwelle auf Seiten der betroffenen 70 Mitarbeiter auch im Verhältnis zur Belegschaft des Gesamtbetriebs überschritten.

48 Auch die **Ausgliederung** eines wesentlichen Betriebsteils ist eine Betriebseinschränkung (Nr. 1) gleichzeitig aber auch Spaltung (Nr. 3) und grundlegende Änderung (Nr. 4) der Betriebsorganisation.[80]

---

[73] BAG 9.11.2010 – 1 AZR 708/09, NZA 2011, 466 (467); 28.3.2006 – 1 ABR 5/05, NZA 2006, 932; 7.8.1990 – 1 AZR 445/89, NZA 1991, 113; *Fitting* BetrVG § 111 Rn. 69.
[74] BAG 9.11.2010 – 1 AZR 708/09, NZA 2011, 466 (467); 28.4.1993 – 10 AZR 38/92, NZA 1993, 1142.
[75] BAG 7.8.1990 – 1 AZR 445/89, NZA 1991, 113.
[76] LAG Niedersachsen 2.11.2006 – 1 TaBV 83/06, NZA-RR 2007, 134; *Fitting* BetrVG § 111 Rn. 72; Richardi BetrVG/*Annuß* § 111 Rn. 69.
[77] BAG 9.11.2010 – 1 AZR 708/09, NZA 2011, 466 (468); 6.12.1988 – 1 ABR 47/87, NZA 1989, 399; 7.8.1990 – 1 AZR 445/89, NZA 1991, 113.
[78] BAG 9.11.2010 – 1 AZR 708/09, NZA 2011, 466 (468); 21.10.1980 – 1 AZR 145/79, NJW 1981, 2599; 2.8.1983 – 1 AZR 516/81, NJW 1984, 1781; 6.12.1988 – 1 ABR 47/87, NZA 1989, 557; 7.8.1990 – 1 AZR 445/89, NZA 1991, 113.
[79] BAG 9.11.2010 – 1 AZR 708/09, NZA 2011, 466 (467); Richardi BetrVG/*Annuß* § 111 Rn. 85; MHdB ArbR/*Matthes* § 268 Rn. 32.
[80] *Bauer* DB 1994, 219; *Fitting* BetrVG § 111 Rn. 72.

c) Einschränkung durch Personalabbau. Eine Betriebseinschränkung kann auch in einem 49 reinen Personalabbau bestehen, auch wenn die Betriebsmittel und die Betriebsorganisation unverändert bleiben.[81] Eine Betriebsänderung kann also allein in der Entlassung von Mitarbeitern liegen. Der **Personalabbau** kann daher Ursache oder auch Folge einer Betriebseinschränkung sein.[82] Erhebliche Teile der Belegschaft sind vom Wegfall der Arbeitsplätze betroffen, wenn die Zahlen und Prozentangaben in § 17 Abs. 1 KSchG (Anzeigepflicht bei Massenentlassungen) in der Weiterentwicklung durch die Rechtsprechung erreicht sind.[83] Somit gilt für die Frage, ob eine Betriebsänderung durch Personalabbau vorliegt, folgende Tabelle:

Interessenausgleich bei Personalabbau	
Betriebsgröße	erhebliche Teile
21–59 Arbeitnehmer	6 Arbeitnehmer
60–499 Arbeitnehmer	10 % oder mehr als 25 Arbeitnehmer
500–599 Arbeitnehmer	30 Arbeitnehmer
600 und mehr Arbeitnehmer	5 % der Arbeitnehmer

Sind diese Größenrelationen erreicht, ist deshalb ein Interessenausgleich anzustreben. Allerdings soll beim reinen Personalabbau nach § 112a BetrVG ein Sozialplan erst bei etwa 50 der doppelten Zahl von Betroffenen erzwingbar sein. Dafür gilt die nachfolgende Tabelle:

Sozialplan bei Personalabbau	
Betriebsgröße	erhebliche Teile
0–59 Arbeitnehmer	20 %, mindestens 6 Arbeitnehmer
60–249 Arbeitnehmer	20 %, mindestens 37 Arbeitnehmer
250–499 Arbeitnehmer	15 %, mindestens 60 Arbeitnehmer
500 und mehr Arbeitnehmer	10 %, mindestens 60 Arbeitnehmer

Beim reinen Personalabbau greift die Interessenausgleichspflicht in der Regel vor der Sozialplanpflicht. 51

Betriebe mit 20 oder weniger Arbeitnehmern werden von der Tabelle nach § 17 KSchG 52 nicht erfasst, auch wenn sie zu einem Unternehmen mit mehr als 20 Arbeitnehmern gehören und damit die Schwelle des § 111 S. 1 BetrVG überschritten haben.[84] Aus der Begründung des BetrVG-Reformgesetzes folgt, dass die Einzeltatbestände des § 111 S. 3 BetrVG **weiterhin betriebsbezogen** zu beurteilen sind.[85] Auch hat der Gesetzgeber die bekannte Rechtsprechung zu § 17 Abs. 1 KSchG als Richtschnur für die Erheblichkeitsprüfung der Einzeltatbestände nicht korrigiert. Die gegenteilige Ansicht, die zur Konsequenz hat, dass etwa in einem Betrieb mit 10 Arbeitnehmern die Entlassung von 5, also der Hälfte, als wesentliche Betriebseinschränkung anzusehen ist,[86] überzeugt nicht. Sie unterschreitet sogar die Zahlenangaben des ebenfalls reformierten § 112a Abs. 1 Nr. 1 BetrVG, der eine Mindestzahl von sechs Entlassungen für die Erzwingbarkeit eines Sozialplans bei Kleinbetrieben mit weniger als 60 Arbeitnehmern vorsieht. Aber auch die von anderen vorgeschlagene analoge Anwendung der Staffel nach § 112a BetrVG auf das vorliegende Problem,[87] also wenigstens 20 %

---

[81] BAG 9.11.2010 – 1 AZR 708/09, NZA 2011, 466; 6.12.1988 – 1 ABR 47/87, NZA 1989, 557.
[82] BAG 10.12.1996 – 1 AZR 290/96, NZA 1997, 787.
[83] BAG 6.12.1988 – 1 ABR 47/87, NZA 1989, 557; 10.12.1996 – 1 AZR 290/96, NZA 1997, 787; *Fitting* BetrVG § 111 Rn. 74 f.
[84] *Richardi* BetrVG/*Annuß* § 111 Rn. 74.
[85] BetrVerf-Reformgesetz, BT-Drs. 14/5741, 51; so aktuell BAG 9.11.2010 – 1 AZR 708/09, NZA 2011, 466 (468); *Lingemann* NZA 2002, 934; *Engels/Trebinger/Löhr-Steinhaus* DB 2001, 532.
[86] *Fitting*, 21. Aufl. 2001, BetrVG § 111 Rn. 75.
[87] *Löwisch/Kaiser* BetrVG § 111 Rn. 28; *Löwisch* BB 2001, 1790 (1797); ähnlich *Fitting* BetrVG § 111 Rn. 48, 75a; *Richardi* BetrVG/*Annuß* § 111 Rn. 74, die allerdings mindestens 30 % fordern; HWGNRH/*Hess* BetrVG § 111 Rn. 107a.

oder 6 Entlassungen zu verlangen, überzeugt nicht, da der Gesetzgeber dies in Kenntnis der Praxis hätte regeln müssen. Es ist auch nicht systemwidrig, bei Kleinbetrieben dieser Größenordnung keine Interessenausgleichsverhandlungen zu verlangen, obwohl nach § 112a BetrVG ein Sozialplan in Betracht kommen kann, wenn 20 % oder mindestens 6 Arbeitnehmer vom Personalabbau betroffen sind. In § 112a Abs. 1 Nr. 1 BetrVG wurde die Untergrenze von Betrieben mit 20 Arbeitnehmern vom Gesetzgeber ersatzlos entfernt. Ein Sozialplan soll also bei Vorliegen der sonstigen Tatbestandvoraussetzungen in Kleinbetrieben erzwingbar sein. Deswegen ist aber längst nicht unbedingt ein Interessenausgleich erforderlich, zumal bei Kleinbetrieben eine gewisse Flexibilität notwendig ist. Das Bundesarbeitsgericht hat jedoch kürzlich anders entschieden und sich der Auffassung angeschlossen, wonach in Kleinbetrieben mit bis zu 20 Arbeitnehmern eine Betriebsänderung durch alleinigen Personalabbau nur dann anzunehmen ist, wenn hierdurch die Mindestzahl von sechs Arbeitnehmern des § 112a Abs. 1 Nr. 1 BetrVG erreicht wird.[88] Auf eine Untergrenze von wenigstens 20 % der Arbeitnehmer stellt das Bundesarbeitsgericht hingegen nicht ab. An dem Schwellenwert von sechs Arbeitnehmern wird man sich in der Praxis künftig orientieren müssen.

53 Eine Betriebsänderung durch Einschränkung kann auch vorliegen, wenn der Zahlenschlüssel des § 17 Abs. 1 KSchG **geringfügig** unterschritten wird.[89] Dies muss bei Planungen bedacht werden, die in der Kalkulation hart an die Grenze der Richtwerte gehen. Bei stufenweisen Entlassungen in mehreren Wellen kann eine Addition erfolgen, zumindest wenn ein einheitlicher Planungsentschluss erkennbar wird.[90]

54 **Teilzeitbeschäftigte** werden nach Köpfen voll mitgezählt. Die in anderen Gesetzen vorgesehene anteilige Zählung gilt beim Personalabbau nicht.[91]

55 Maßgeblich für die Erheblichkeit des Personalabbaus ist grundsätzlich die Zahl der betriebsbedingten Kündigungen. Dabei sind nach hM auch diejenigen Kündigungen mitzuzählen, die deshalb ausgesprochen werden, weil die Arbeitnehmer einem Übergang auf den Betriebserwerber nach § 613a BGB widersprochen haben.[92] Verhaltens- und personenbedingte Kündigungen sind nicht mitzurechnen. Auch die Beendigung wegen Fristablaufs oder Erreichen der Altersgrenze ist nicht einschlägig.[93] Eigenkündigungen[94] der Mitarbeiter und Aufhebungsverträge[95] sind in der Regel nicht zu berücksichtigen, es sei denn diese sind vom Arbeitgeber betriebsbedingt veranlasst.[96] Eine solche **Veranlassung** kann aber nur dann angenommen werden, wenn der Arbeitgeber die betreffenden Mitarbeiter in Bezug auf eine bestimmte, konkret geplante Betriebsänderung beeinflusst hat, selbst zu kündigen oder einen Aufhebungsvertrag zu schließen, um eine sonst vorgesehene betriebsbedingte Kündigung zu vermeiden.[97] Das ist jedenfalls dann der Fall, wenn der Arbeitgeber einen bestimmten abgrenzbaren Bereich oder namentlich bezeichnete Mitarbeiter im Rahmen des Interessenausgleichsverhandlungen an den Betriebsrat gegeben hat, zum Beispiel in einer Liste als Anlage zum Interessenausgleich. Ein bloßer Hinweis des Arbeitgebers auf eine unsichere Lage des Unternehmens, auf eine mögliche Betriebsänderung oder nur der allgemeine Rat, sich eine neue Stelle zu suchen, genügt nicht.[98] Auch die bloße Ausnutzung der natürlichen

---

[88] BAG 9.11.2010 – 1 AZR 708/09, NZA 2011, 466 (468).
[89] BAG 7.8.1990 – 1 AZR 445/89, NZA 1991, 113; LAG Berlin 7.9.1995 – 10 TaBV 5 und 9/95, NZA 1996, 1284.
[90] BAG 22.1.2004 – 2 AZR 111/02, NZA 2006, 64; 28.3.2006 – 1 ABR 5/05, NZA 2006, 932; *Fitting* BetrVG § 111 Rn. 76.
[91] *Fitting* BetrVG § 111 Rn. 77; *Richardi* BetrVG/*Annuß* § 111 Rn. 76.
[92] BAG 10.12.1996 – 1 AZR 290/96, NZA 1997, 787; *Fitting* BetrVG § 111 Rn. 78; *Richardi* BetrVG/*Annuß* § 111 Rn. 79.
[93] *Löwisch/Kaiser* BetrVG § 111 Rn. 29.
[94] BAG 23.8.1988 – 1 AZR 276/87, NZA 1989, 31; 8.11.1988 – 1 AZR 687/87, NZA 1989, 278; 15.1.1991 – 1 AZR 94/90, NZA 1991, 681.
[95] BAG 4.7.1989 – 1 ABR 35/88, NZA 1990, 280.
[96] *Fitting* BetrVG § 111 Rn. 78; *Richardi* BetrVG/*Annuß* § 111 Rn. 76; *Löwisch/Kaiser* BetrVG § 111 Rn. 30.
[97] BAG 2.8.1983 – 1 AZR 516/81, NJW 1984, 1781; *Löwisch/Kaiser* BetrVG § 111 Rn. 30.
[98] BAG 20.4.1994 – 10 AZR 323/93, NZA 1995, 489; 19.7.1995 – 10 AZR 885/94, NZA 1996, 271; *Löwisch/Kaiser* BetrVG § 111 Rn. 30.

Fluktuation, zum Beispiel wegen Fristablaufs, stellt keine Betriebsänderung dar.[99] In § 112a Abs. 1 S. 2 BetrVG ist inzwischen für die Ermittlung der Sozialplanerheblichkeit gesetzlich geregelt, dass Aufhebungsverträge, die aus Gründen der Betriebsänderung vereinbart wurden, mitgezählt werden.

Eine Betriebsänderung in Form einer Einschränkung durch Personalabbau kommt auch in Betracht, wenn der Personalabbau zwar nicht arbeitgeberseitig geplant und wirtschaftlich erwünscht war, sondern durch die betriebsbedingte Kündigung **widersprechender** Arbeitnehmer bei einem Betriebsübergang ausgelöst wird. Widersprechen die Arbeitnehmer vor Betriebsübergang in einer die Schwellenwerte des § 17 KSchG überschreitenden Zahl und wird ihnen daraufhin betriebsbedingt gekündigt, liegt eine interessenausgleich- und sozialplanpflichtige Betriebseinschränkung vor.[100] Widersprechen die Arbeitnehmer erst nach erfolgtem Betriebsübergang, liegt hingegen keine Betriebsänderung vor, da der Betrieb vollständig übergegangen ist. Die widersprechenden Arbeitnehmer sind keinem Betrieb mehr zugeordnet, so dass in den erforderlich werdenden Kündigungen kein Betriebsänderung mehr gesehen werden kann.[101] Etwas anderes kann jedoch gelten, wenn Arbeitnehmer eines betriebsmittelarmen Betriebes durch **kollektiven Widerspruch** den Betriebsübergang verhindern, so dass der alte Arbeitgeber wieder über einen (Teil-)Betrieb verfügt.[102] Legt der alte Arbeitgeber den Betrieb oder Betriebsteil nach gescheitertem Betriebsübergang still, wird eine Interessenausgleich- und Sozialplanpflicht aufgrund der erforderlichen Betriebs(teil-)stilllegung ausgelöst.[103] Eine Massenentlassung nach § 17 KSchG kann zulasten der Arbeitnehmer auch dann unbeabsichtigt vorliegen, wenn der Arbeitgeber **einseitig die Arbeitsbedingungen ändert** und bei Nichtbefolgung das Arbeitsverhältnis beendet.[104] Im Beispielsfall war eine Stilllegung, die den Abbau von mehr als 100 Arbeitnehmern gefordert hätte, dadurch vermieden worden, dass Umstrukturierung und Einsparmöglichkeiten geprüft wurden. Dazu kam der Vorschlag einer generellen Gehaltskürzung, der von einem Teil der Belegschaft angenommen wurde, von einem anderen Teil jedoch nicht. Dieser Teil schied durch Beendigung im Wege der Änderungskündigung aus, wodurch die Schwellenwerte des § 17 KSchG überschritten wurden. Das Unternehmen war der Ansicht, dass dies nicht die Konsultationspflicht des § 17 Abs. 2 KSchG und die Anzeigepflicht des § 17 Abs. 1 KSchG auslöse. Dagegen entschied der EuGH, dass eine solche Änderungskündigung als Beendigung auf Veranlassung des Arbeitgebers anzusehen ist, die nicht in der Person des Arbeitnehmers liegt und die bei der Gesamtzahl nach § 17 KSchG zu berücksichtigen ist.[105] Weiter wurde entschieden, dass die Konsultation und die Anzeige **vor** der Entscheidung des Arbietgebers stattfinden muss.[106]

Die Anwesenheit und der Abbau von **Leiharbeitnehmern** ist grundsätzlich weder bei der Berechnung von Schwellenwerten nach § 17 KSchG zu berücksichtigen, noch stellt er eine Betriebsänderung dar und begründet auch keine Vorwegnahme oder Umsetzung einer Betriebsänderung.[107] Jedoch sind die Leiharbeitnehmer gemäß § 4 Abs. 2 S. 4 AÜG grundsätzlich bei sonstigen Bestimmungen des Betriebsverfassungsrechts zu berücksichtigen („gespaltene Berücksichtigung"). Das BAG hat zunächst entschieden, dass Leiharbeitnehmer vor der Stammbelegschaft zu kündigen sind[108] und hat die Frage der Berücksichtigung von Leihar-

---

[99] BAG 2.8.1983 – 1 AZR 516/81, NJW 1984, 1781; *Löwisch/Kaiser* BetrVG § 111 Rn. 30; *Fitting* BetrVG § 111 Rn. 80.
[100] BAG 10.12.1996 – 1 AZR 290/96, NZA 1997, 787 (788); 13.7.2006 – 8 AZR 303/05, NZA 2006, 1273 (1276); *Meyer* NZA 2005, 9 (12).
[101] LAG Nürnberg 9.8.2011 – 6 Sa 230/10, BeckRS 2011, 76780 (unter II. 2. c. und 3. a.); *Meyer* NZA 2005, 9 (13).
[102] Dazu WHS Umstrukturierung/*Willemsen* G Rn. 174; *Meyer* NZA 2005, 9 (13).
[103] *Meyer* NZA 2005, 9 (13).
[104] EuGH 21.9.2017 – C429/16, NZA 2017, 1325; so auch EuGH 21.9.2017 – C149/16, NZA 2017, 1325 (1326), NZA 2017, 1324 Rn. 25, Halina.
[105] EuGH 21.9.2017 – C429/16, NZA 2017, 1325 (1326) Rn. 21, Malgorzatu.
[106] EuGH 21.9.2017 – C429/16, NZA 2017, 1325 (1327) Rn. 32.
[107] LAG Hessen 13.3.2018 – 4 Ta BVGa 32/18, BeckRS 2018, 10913; ArbG Darmstadt 14.2.2018 – 5 BVGa 3/18, NZA 2018, 885; *Ludwig/Hinze* NZA 2018, 841 passim.
[108] BAG 18.10.2012 – 6 AZR 289/11, NZA 2013, 400.

beitnehmern bei Massenentlassungen dem EUGH vorgelegt.[109] „Leiharbeitnehmer", die von einer Arbeitnehmerüberlassungsagentur in einem Entleiherunternehmen eingesetzt sind, gehören grundsätzlich nicht zur Belegschaft des Entleihers. Sie sind in der Regel weiter Arbeitnehmer der Agentur, auch während sie im Entleiherbetrieb eingesetzt sind.[110] Lediglich ausnahmsweise, nämlich wenn das Entleiherverhältnis zB wegen fehlender Erlaubnis unwirksam ist, können die Leiharbeitnehmer direkt an den Entleiher fallen.[111] Will der Entleiher betriebsbedingt Arbeitnehmer entlassen, so muss er zum Schutz seiner eigenen Belegschaft zunächst die Leiharbeitnehmer an die Verleihagentur zurückgeben. Ob diese dort entlassen oder versetzt werden, entzieht sich seinem Einfluss.[112] Allerdings sind die Leiharbeitnehmer nach § 14 AÜG n. V. mit einer Reihe von eigenen Rechten gegenüber dem Entleiher ausgestattet, insbesondere mit Rechten aus §§ 81–82 BetrVG und §§ 84–86 BetrVG auf Anhörung und Beschwerde. Auch sonstige allgemeine Betriebsverfassungsregeln zur Ermittlung von Schwellenwerten außer § 112a BetrVG sind auf sie anwendbar. Der 2. Senat des Bundesarbeitsgerichts folgt der Ansicht der Generalanwältin des EuGH, dass Leiharbeitnehmer bei der Berechnung des Schwellenwertes des § 17 KSchG nur dann mitzuzählen sind, wenn sie zu den im gewöhnlichen Geschäftsgang beschäftigten Arbeitnehmern zählen, also einer den Betrieb kennzeichnenden Personalstärke angehören.[113] Wie befristet eingesetzte Arbeitnehmer seien sie nicht mitzuzählen, wenn sie ausnahmsweise eingesetzt sind, um Auftragsspitzen abzudecken, wohl aber, wenn sie regelmäßigen Bedarf decken.[114] Danach käme es auf den regelmäßigen Beschäftigungsbedarf an. Der Senat hat die Fragen dem EuGH vorgelegt, da dieser sich noch nicht dazu geäußert hat.[115] Es spricht viel dafür, dass sich auf der EuGH in dieser Richtung entscheidet.

2. Verlegung des Betriebs oder wesentlicher Betriebsteile gemäß § 111 S. 3 Nr. 2 BetrVG

58 Nach § 112 S. 3 Nr. 2 BetrVG liegt eine Betriebsänderung auch in der Verlegung von Betrieben oder wesentlichen Betriebsteilen.

59 **a) Verlegung des Betriebs.** Die Verlegung verlangt eine nicht unerhebliche Veränderung der örtlichen Lage des Betriebs.

60 Wegen der in § 111 S. 1 BetrVG vorgesehenen Erheblichkeitsprüfung als Interpretationsmaßstab darf die **örtliche Veränderung** nicht nur geringfügig sein. Ein Umzug auf die andere Straßenseite stellt in der Regel keine erhebliche Verlegung dar. Jedoch ist die Verlegung vom Zentrum an einen 4,3 km entfernten Ort am Stadtrand oder auch über 5,5 km im Großstadtgebiet mit günstigen Verkehrsbedingungen eine Betriebsänderung.[116] Eine Verlagerung eines Betriebs innerhalb einer Gemeinde um 3 km ist keine Betriebsänderung, wenn nicht weitere Umstände hinzukommen.[117] Es wird jeweils auf die Umstände des Einzelfalles ankommen, wobei der Interessengegensatz auch davon abhängt, ob ortsgebundene Arbeitskräfte entlassen werden müssen oder selbst kündigen und ob sich erhebliche Erschwernisse auf dem Weg zum Arbeitsplatz ergeben, zB längerer Anfahrtsweg, schlechtere Verbindungen, höhere Fahrtkosten oder Umzüge erforderlich werden. Für das Mitbestimmungsrecht ist es unerheblich, ob die Arbeitnehmer nach dem Arbeitsvertrag verpflichtet sind, auch an einem anderen Arbeitsort zu leisten, oder ob dafür eine Änderungskündigung erforderlich wird.[118]

61 **b) Verlegung von wesentlichen Betriebsteilen.** Gleiches wie für die Verlegung des gesamten Betriebs gilt für die Verlegung wesentlicher Teile, wobei dieselben Grundsätze wie bei

---

[109] BAG 16.11.2017 – 2 AZR 90/17 (A), NZA 2018, 245 (247) Rn. 24.
[110] BAG 16.11.2017 – 2 AZR 90/17 (A), NZA 2018, 245 (Leiharbeitnehmer); *Fitting* BetrVG § 5 Rn. 262.
[111] BAG 20.4.2005 – 7 ABR 20/04, NZA 2005, 1006; *Fitting* BetrVG § 5 Rn. 262.
[112] BAG 10.11.2017 – 2 AZR 90/17 (A), NZA 2018, 245.
[113] BAG 16.11.2017 – 2 AZR 90/17 (A), NZA 2018, 245 (249).
[114] BAG 16.11.2017 – 2 AZR 90/17 (A), NZA 2018, 245 (246).
[115] BAG 16.11.2017 – 2 AZR 17/90 (A), NZA 2018, 245 (247).
[116] BAG 17.8.1982 – 1 ABR 40/80, NJW 1983, 1870; *Fitting* BetrVG § 111 Rn. 81; Richardi BetrVG/*Annuß* § 111 Rn. 92; vgl. Verlegung als Versetzung BAG 27.6.2006 – 1 ABR 35/05, NZA 2006, 1289 (1290).
[117] BAG 27.6.2006 – 1 ABR 35/05, NZA 2006, 1289 (1290); vgl. *Fitting* BetrVG § 111 Rn. 81. Für eine Scholle von 10 km bei heutiger Mobilität *Ohlendorf/Fuhlrott* ArbRAktuell 2011, 654.
[118] Richardi BetrVG/*Annuß* § 111 Rn. 91; *Fitting* BetrVG § 111 Rn. 81.

der Einschränkung und Stilllegung gelten, also die Richtschnur des § 17 Abs. 1 KSchG anwendbar ist. Es muss also ein **erheblicher Teil** der Belegschaft nach § 17 KSchG, bei großen Betrieben ab 600 Arbeitnehmern also mindestens 5 % in dem zu verlegenden Betriebsteil beschäftigt sein.[119]

c) **Abgrenzung zur Stilllegung oder Neueröffnung.** Keine Verlegung sondern Stilllegung am alten und Neueröffnung am neuen Standort liegt vor, wenn die alte Betriebsgemeinschaft aufgelöst wird. Das ist typischerweise der Fall, wenn eine erhebliche Entfernung überwunden werden muss und nicht anzunehmen ist, dass der Grossteil der Belegschaft an die neue Betriebstätte übersiedelt.[120] Es kommt darauf an, dass die **Identität** des Betriebs oder Betriebsteils erhalten bleibt, wobei die Kontinuität der Belegschaft eine erhebliche Rolle spielt.[121]

Keine Verlegung im Sinne des § 111 S. 3 Nr. 2 BetrVG liegt vor, wenn die örtliche Verlagerung in das **Ausland** erfolgt, also über die Grenzen des Geltungsbereichs des BetrVG hinweg. In diesem Fall wäre von einer Stilllegung am alten Standort auszugehen. Unabhängig davon kann aber ein Betriebsübergang vorliegen, wenn der Betrieb in das Ausland veräußert wird, denn die Betriebsübergangsrichtlinie vom 12.3.2001 (RL 2001/23/EG) gilt EU-weit.[122]

3. Zusammenschluss oder Spaltung von Betrieben gemäß § 111 S. 3 Nr. 3 BetrVG

Der Tatbestand in § 111 S. 3 Nr. 3 BetrVG definiert den Zusammenschluss und die Spaltung von Betrieben als Betriebsänderung. Er erfasst lediglich die Änderungen auf der **betrieblichen** Ebene, nicht die auf der Unternehmensebene, auch wenn diese zusammenfallen. Der Zusammenschluss und die Spaltung von Betrieben kann, muss aber nicht, Folge von Zusammenschluss oder Spaltung von Unternehmen sein.[123]

a) **Zusammenschluss mit anderen Betrieben.** Der Zusammenschluss mit anderen Betrieben kann auf **zweifache** Weise erfolgen. Entweder wird ein bestehender Betrieb in einen anderen eingegliedert. Dabei geht die Identität des eingegliederten kleineren Betriebs verloren, während die des aufnehmenden Betriebs erhalten bleibt. Oder zwei bzw. mehrere Betriebe werden so zusammengelegt, dass ein neuer Betrieb entsteht; in diesem Fall geht die arbeitstechnische Selbstständigkeit aller verschmolzenen Betriebe verloren.

Es können **mehrere Betriebe** des gleichen Unternehmens zusammengelegt werden, was die Zuständigkeit des Gesamtbetriebsrats begründen kann. Werden Betriebe unterschiedlicher Unternehmen eines Konzerns zusammengelegt, kann die Zuständigkeit des Konzernbetriebsrats gegeben sein. Die Zusammenlegung von Betrieben unterschiedlicher Unternehmen zu einem gemeinsamen Betrieb erfordert eine einheitliche unternehmerische Leitung zumindest in Bezug auf die Personalführung.[124] Eine allgemeine konzernrechtliche Leitungsbefugnis ist nicht ausreichend zur Herstellung eines gemeinsamen Betriebs mehrerer Unternehmen.

Der Wortlaut legt nahe, dass der Tatbestand nach § 111 S. 3 Nr. 3 BetrVG nur solche Einheiten erfasst, die betriebsverfassungsrechtlich einen **selbstständigen** Betrieb darstellen. Er ist auch einschlägig, wenn Betriebsteile, die nach § 4 BetrVG als selbstständiger Betrieb gelten, mit dem Hauptbetrieb zusammengelegt werden.[125] Tatbestandlich ist auch der Zusammenschluss von wesentlichen Betriebsteilen mit Betrieben.[126] Der Zusammenschluss muss aber durch eine organisatorische Maßnahme des Unternehmers herbeigeführt sein. Nicht unter den Tatbestand des Zusammenschlusses von Betrieben fällt der Zusammen-

---

[119] Richardi BetrVG/*Annuß* § 111 Rn. 93; BAG 26.10.1982 – 1 ABR 11/81, NJW 1983, 2838.
[120] BAG 12.2.1987 – 2 AZR 247/86, NZA 1988, 170; *Fitting* BetrVG § 111 Rn. 82; Richardi/*Annuß* § 111 Rn. 91.
[121] Richardi BetrVG/*Annuß* § 111 Rn. 91; *Freckmann* DStR 2006, 1842 (1843).
[122] ABl. (EG) Nr. 82/16; Richardi BetrVG/*Annuß* § 111 Rn. 95.
[123] *Scharff* BB 2016, 437 (439).
[124] *Fitting* BetrVG § 111 Rn. 84; BAG 21.5.2008 – 8 AZR 84/07, NZA 2008, 753 (755).
[125] *Fitting* BetrVG § 111 Rn. 85; Richardi BetrVG/*Annuß* § 111 Rn. 105 mwN.
[126] BAG 15.1.1997 – 7 AZR 873/95, NZA 1997, 898; *Löwisch/Kaiser* BetrVG § 111 Rn. 34.

schluss von einem Betriebsteil mit anderen Betriebsteilen.[127] Das gilt erst recht, wenn die Betriebsteile nicht wesentlich sind.[128] Das Mitbestimmungsrecht setzt immerhin die Existenz eines Betriebsrats voraus. Ein solcher ist in einem Betriebsteil typischerweise nicht vorhanden. Deshalb kann das Mitbestimmungsrecht nur praktisch werden, wenn zumindest ein Teil des Zusammenschlusses einen Betrieb darstellt, dessen Betriebsrat das Mitbestimmungsrecht wahrnimmt. Solche Transaktionen können allerdings unter den Tatbestand Nr. 1 oder Nr. 4 fallen.

68 **b) Spaltung von Betrieben.** Die Spaltung von Betrieben kann aus einer Unternehmensspaltung folgen, sie ist aber auch ohne Spaltung auf Rechtsträgerebene möglich. Denkbar ist einerseits die Gestaltung, dass der **bisher einheitliche Betrieb** unter Verlust seiner Identität in zwei oder mehrere selbstständige Betriebe aufgeteilt wird oder dass die Spaltprodukte in andere Betriebe eingegliedert werden. Andererseits ist möglich, dass von dem weiterbestehenden bisherigen Betrieb kleinere Teile abgespalten und verselbstständigt oder in andere Betriebe eingegliedert werden.[129] Eine Spaltung kann auch in der Auflösung eines **gemeinsamen** Betriebs liegen, wenn die beteiligten Unternehmen ihre Leitungsvereinbarung beenden und entsprechend verfahren.[130] Bei einer Unternehmensspaltung nach UmwG ist zu beachten, dass eine Betriebsspaltung nicht automatisch aus der Unternehmensspaltung folgt, vielmehr sogar gemäß § 1 Abs. 2 Nr. 2 BetrVG eine gegenteilige gesetzliche Vermutung dahingehend besteht, dass der bisherige Betrieb als gemeinsamer Betrieb mehrerer Unternehmen fortbesteht, wenn nicht auch die betriebliche Organisation wesentlich geändert wird.[131] Bei einer Spaltung nach UmwG erfolgt die Vermögensübertragung einschließlich Arbeitnehmer durch entsprechende Zuordnung und zumindest bei der Aufspaltung auch durch Zustimmung der Arbeitnehmer. Erfolgt die Zuordnung durch Interessenausgleich, ist dies nur auf grobe Fehler überprüfbar.[132]

69 Die Spaltung eines Betriebs kann wesentliche Nachteile für beide Teile des ursprünglich einheitlichen Betriebs zur Folge haben. Betroffen sind alle Arbeitnehmer des vorher einheitlichen Betriebs.[133] Der abgespaltene Betriebsteil muss nach dem Wortlaut der Nr. 3 nicht wesentlich sein. Eine Spaltung nach Nr. 3 liegt auch vor, wenn es sich bei dem abgespaltenen Teil „um einen verhältnismäßig kleinen Betriebsteil handelt." Denn Nr. 3 verlangt nach ihrem Wortlaut nicht die Abspaltung eines erheblichen oder wesentlichen Betriebsteils.[134] Zumindest muss der abgespaltene Betriebsteil eine „veräußerungsfähige Einheit" auch „übergangsfähige" wirtschaftliche Einheit darstellen, wofür regelmäßig eine wirtschaftlich relevante Größenordnung und eine abgrenzbare Struktur erforderlich sind.[135] Ob für „**Bagatellausgründungen**" etwas anderes zu gelten hat, wurde vom Bundesarbeitsgericht ausdrücklich offengelassen. Jedenfalls eine Ausgründung, die annährend die Grenzwerte des § 17 KSchG erreiche, falle unter den Begriff der Betriebsspaltung. Nachdem in S. 1 die Erheblichkeitsprüfung zur Ermittlung von 20 Arbeitnehmern auf das Unternehmen und nicht auf den Betrieb bezogen ist, kann Objekt einer Betriebsspaltung somit auch ein Kleinbetrieb sein. Die exakte Grenzziehung bereitet allerdings Schwierigkeiten.[136] Nach Ansicht des Bundesarbeitsgerichts ist auch im Rahmen des § 111 S. 3 Nr. 3 BetrVG eine Bagatellgrenze

---

[127] Richardi BetrVG/*Annuß* § 111 Rn. 106; ErfK/*Kania* BetrVG § 111 Rn. 15; aA *Fitting* BetrVG § 111 Rn. 85.
[128] Richardi BetrVG/*Annuß* § 111 Rn. 106; *Fitting* BetrVG § 111 Rn. 85.
[129] Richardi BetrVG/*Annuß* § 111 Rn. 101; *Kleinebrink/Commandeur* NZA 2007, 113 (116); *Meyer/Rabe* NZA 2016, 78.
[130] Richardi BetrVG/*Annuß* § 111 Rn. 101; *Gaul* NZA 2003, 695 (696); BAG 21.5.2008 – 8 AZR 84/07, NZA 2008, 753 (755).
[131] *Fitting* BetrVG § 111 Rn. 88; *Ohlendorf/Fuhlrott* ArbRAktuell 2011, 654; *Meyer* NZA 2018, 900 (902).
[132] BAG 19.10.2017 – 8 AZR 63/15, NZA 2018, 370; *Meyer* NZA 2018, 900 (901).
[133] BAG 16.6.1987 – 1 AZR 528/85, NZA 1987, 858.
[134] BAG 15.1.1997 – 7 AZR 873/95, NZA 1997, 898; LAG Bremen 21.10.2004 – 3 Sa 77/04, NZA-RR 2005, 140; *Fitting* BetrVG § 111 Rn. 87; *Matthes* NZA 2000, 1073 (1074); Richardi BetrVG/*Annuß* § 111 Rn. 102.
[135] BAG 18.3.2008 – 1 ABR 77/06, NZA 2008, 957 (959); 10.12.1996 – 1 ABR 32/96, NZA 1997, 898; LAG Bremen 21.10.2004 – 3 Sa 77/04, NZA RR 2005, 140.
[136] Offen gelassen auch bei BAG 18.3.2008 – 1 ABR 77/06, NZA 2008, 957 (959).

zu beachten, die jedenfalls dann überschritten ist, wenn es sich um eine veräußerungsfähige Einheit handelt.[137] Es spricht zwar viel dafür, zumindest die Abspaltung eines Kleinstbetriebsteils mit weniger als 5 Arbeitnehmern als nicht mitbestimmungspflichtige Bagatellspaltung anzusehen.[138] Vorzugswürdig ist allerdings die Literaturmeinung, wonach sich aus § 111 S. 1 BetrVG indirekt auch für die Spaltung nach Nr. 3 ergibt, dass erhebliche Teile der Belegschaft betroffen sein müssen.[139] Diese Grundsätze gelten auch für den umgekehrten Fall zur Bagatellausgründung (einer „Bagatellzurückbehaltung"), bei der nahezu der komplette Betrieb ausgegliedert wird und nur ein unwesentlicher Betriebsteil zurückbleibt. In beiden Fällen entstehen zwei unterschiedlich große „Betriebsteile". Eine reine Übertragung betrieblicher Einheiten, die die betriebliche Identität unberührt lässt, stellt gerade keine interessenausgleichs- und sozialplanpflichtige Betriebsänderung dar.[140] Lässt also die Spaltung die betriebliche Identität wegen Unterschreitens der Bagatellgrenze unberührt, macht es für die Frage einer Betriebsänderung keinen Unterschied, welcher Teil im Unternehmen verbleibt und welcher ausgegliedert wird.

c) Abgrenzung zu den Tatbeständen des UmwG. Die Zusammenlegung oder Spaltung von Betrieben kann auf organisatorischer Ebene eine Folge von Verschmelzung nach § 2 UmwG oder Spaltung nach § 126 UmwG von Unternehmen sein.[141] Zwingend ist dies allerdings nicht. Zugrundeliegen kann auch eine herkömmliche Veränderung auf der Unternehmensebene, zB durch Einbringung oder Veräußerung von Vermögensteilen der beteiligten Unternehmen, die im Ergebnis zur Rechtsfolge des Betriebsübergangs nach § 613a BGB führen. Aber auch das ist nicht zwingend erforderlich, denn die Zusammenlegung oder Spaltung von Betrieben kann auch lediglich durch Abschluss oder Beendigung entsprechender Leitungsvereinbarungen auf der Ebene der Personalführung erfolgen. Während die unternehmerische Zusammenlegung nach § 5 Abs. 3 UmwG und die unternehmerische Spaltung nach § 126 Abs. 3 UmwG dem jeweils zuständigen Betriebsrat durch Zuleitung des Verschmelzungs- oder Spaltungsvertrags spätestens einen Monat vor dem Tag der entscheidenden Anteilseignerversammlung zur Kenntnis zu bringen sind und nach § 106 Abs. 3 Nr. 8 BetrVG rechtzeitig dem Wirtschaftsausschuss mitzuteilen und mit ihm zu beraten sind, ist das Mitbestimmungsrecht des § 111 S. 3 Nr. 3 BetrVG erst gegeben, wenn sich die **Änderung auf betrieblicher Ebene** niederschlägt. Allerdings muss der Unternehmer damit rechnen, dass die betroffenen Betriebsräte bzw. ihr Wirtschaftsausschuss die unternehmerische Veränderung frühzeitig kennen und deshalb vom Betriebsrat oft auch die Änderung auf betrieblicher Ebene antizipiert wird und entsprechende Fragen gestellt werden. Dann sind eindeutige Erklärungen und gegebenenfalls Abgrenzungen seitens des Unternehmens in der Kommunikation mit den Gremien erforderlich, um Missverständnisse und unnötige Streitigkeiten, in einigen Gerichtsbezirken sogar im einstweiligen Rechtsschutzverfahren[142] zu vermeiden.

4. Grundlegende Änderung der Betriebsstruktur gemäß § 111 S. 3 Nr. 4 BetrVG

Die unter Nr. 4 aufgeführten Änderungen sind zwar untereinander schwer abgrenzbar, da sie sich teilweise **überlappen** oder auch nebeneinander umgesetzt werden können. In der Praxis ist das nicht entscheidend, weil alle Maßnahmen gleichermaßen das Mitbestimmungsrecht auslösen können.[143]

---

[137] BAG 18.3.2008 – 1 ABR 77/06, NZA 2008, 957 (959); 10.12.1996 – 1 ABR 32/96, NZA 1997, 898; *Meyer* NZA 2018, 900 (901).
[138] ErfK/*Kania* BetrVG § 111 Rn. 16; *Kleinebrink/Commandeur* NZA 2007, 113 (117); offen Richardi BetrVG/*Annuß* § 111 Rn. 102a.
[139] WHS Umstrukturierung/*Schweibert* C Rn. 61; *Moll* RdA 2003, 129 (135); aA LAG Bremen 21.10.2004 – 3 Sa 77/04, NZA-RR 2005, 140.
[140] *Fitting* BetrVG § 1 Rn. 208; *Lingemann/Göpfert* NZA 1997, 1325.
[141] BAG 19.10.2017 – 8 AZR 63/15, NZA 2018, 370.
[142] *Lipinski/Melms* BB 2002, 2226.
[143] BAG 17.12.1985 – 1 ABR 78/83, NZA 1986, 804; Richardi BetrVG/*Annuß* § 111 Rn. 107; *Fitting* BetrVG § 111 Rn. 90.

72 a) **Änderung der Betriebsorganisation.** Betriebsorganisation ist die auf die Verfolgung der arbeitstechnischen Zwecke gerichtete Organisation. Dazu gehört der **Betriebsaufbau** in seiner fachlichen und hierarchischen Struktur, insbesondere die Organisation des Leitungsapparats. Eine Änderung der Betriebsorganisation ist zB die Betriebsspaltung, die aber inzwischen unter den spezielleren Tatbestand der Nr. 3 fällt, die Einführung einer Spartenorganisation oder einer Matrixorganisation,[144] einer Profitcenterorganisation oder von Telearbeit und Gruppenarbeit, von Großraumbüros und EDV-Anlagen, sowie die Umstellung auf flache Hierarchien und die Zentralisierung oder Dezentralisierung der Arbeit. Aktuelle Schlagworte waren zB auch die Einführung von „lean production", „Kaizen", oder „just-in-time-Anlieferung", auch „agile" Netzwerkorganisation.[145] Auch die Fremdvergabe von Aufgaben an Dritte, modern ausgedrückt, „outsourcing", führt aus Sicht des abgebenden Betriebs zu einer Organisationsänderung wie auch das inzwischen wiederentdeckte „insourcing" von Aufgaben aus Sicht des aufnehmenden Betriebs zur Organisationsänderung führt, wobei gleichzeitig eine Spaltung oder ein Zusammenschlusstatbestand verwirklicht sein kann.[146] „Outsourcing" betrifft vor allem die Vergabe von Sekundärfunktionen wie Bewachung, Verpflegung, Reinigung aber auch die Vergabe von Teilen der Primärfunktionen zB die Herstellung von Polstersitzen oder Armaturenbrettern in der Autoindustrie an Zulieferer. Die Konzentration auf das Kerngeschäft und die Einführung flacher Hierarchien führen in der Regel zu höheren Anforderungen an die verbliebenen Arbeitnehmer. Änderungen in der Betriebsorganisation bedingen daher oft Leistungsverdichtung, erhöhte Qualifikation und Spezialisierung. Neueste Sprachschöpfung auf diesem Gebiet ist der Begriff „Industrie 4.0". Neu ist auch der Begriff „E-Mobilität". Der technologische Wandel in diesem Sinne muss einen Entwicklungssprung nehmen. Die laufenden normalen Entwicklungsschritte gehören nicht zu diesem Tatbestand.[147]

73 Der aktuelle technologische Wandel stellt völlig neue Anforderungen an die Arbeitswelt. Das gilt nicht nur für die gering qualifizierten Arbeitskräfte, deren Aufgaben von Robotern übernommen werden, sondern gerade auch für hochvergütete Spezialisten und Experten, deren Aufgaben von künstlicher Intelligenz effektiver beherrscht werden, die große Datenmengen in kürzester Zeit analysieren kann.[148] Die revolutionären Umwälzungen der Industrie 4.0 und E-Mobilität werden in der Regel Betriebsänderungen nach § 111 BetrVG auslösen. „Arbeitsplatzabbau" wird ersetzt durch „Arbeitsplatzumbau", was neue Regelungsinhalte in Interessenausgleich und Sozialplan erfordert.[149]

74 Die bloße Aufspaltung eines Unternehmens in eine Besitzgesellschaft und eine **Betriebsgesellschaft** stellt dagegen keine Änderung der Betriebsorganisation dar: der operative Betrieb bleibt gerade unverändert.[150]

75 b) **Änderung des Betriebszwecks.** Eine Änderung des Betriebszwecks liegt vor bei einer Veränderung der **arbeitstechnischen Zielsetzung,** die mit dem Betrieb verfolgt wird.[151] Damit ist allerdings nicht der unternehmerische Zweck der Gewinnerzielung gemeint. Im Produktionsbetrieb ändert sich der Betriebszweck bei einer Umstellung, Verminderung oder Ergänzung von Produktionslinien zB der Wechsel von Kühlschränken und Gefriertruhen zu Waschmaschinen und Wäschetrocknern. Die bloße Verbesserung der Produkte oder die Beschleunigung der Produktion hingegen ist keine Änderung des Betriebszwecks.[152] Bei einem Dienstleistungsunternehmen liegt eine Änderung des Betriebszwecks vor, wenn sich die an-

---

[144] *Bachner* NZA 2019, 134 (137 f.); *Salamon* NZA 2019, 283 zur Spartenorganisation, *Wisskirchen/Block* NZA-Beil. 2017, 90; *Kort* NZA 2013, 1318 (1326) zur Matrixorganisation.
[145] *J. Günter/M. Boglmüller* NZA 2019, 273.
[146] *Richardi* BetrVG/*Annuß* § 111 Rn. 109; *Fitting* BetrVG § 111 Rn. 92; *Löwisch/Kaiser* BetrVG § 111 Rn. 38; *Hunold* NZA 1993, 723.
[147] *Röder/Gebert* NZA 2017, 1289.
[148] *Wintermann* NZA 2017, 537.
[149] *Röder/Gebert* NZA 2017, 1289; → § 58 Rn. 148.
[150] BAG 30.5.1980 – 7 AZR 215/78, NJW 1981, 646; *Löwisch/Kaiser* BetrVG § 111 Rn. 38.
[151] BAG 17.12.1985 – 1 ABR 78/83, NZA 1986, 804; 16.6.1987 – 1 ABR 41/85, NZA 1987, 671; *Richardi* BetrVG/*Annuß* § 111 Rn. 110; *Fitting* BetrVG § 111 Rn. 93.
[152] *Richardi* BetrVG/*Annuß* § 111 Rn. 111.

gebotenen Dienstleistungen ändern, zB wenn eine Spielbank ihr Angebot an Spieltischen („Monte Carlo") um einen weiteren Saal mit Spielautomaten („Las Vegas") ergänzt.[153] Vergleichbar wäre die Ergänzung des Kundenkreditgeschäfts einer kleinern Regionalbank durch Wertpapierhandel und -abwicklung. Eine Änderung des Betriebszwecks ist auch gegeben, wenn die bisherige Tätigkeit des Betriebs nur noch zu einem kleineren Teil fortgeführt oder durch eine weitere Abteilung mit einem anderen arbeitstechnischen Zweck ergänzt wird.

c) **Änderung der Betriebsanlagen.** Betriebsanlagen sind Gegenstände, die nicht zur Veräußerung bestimmt sind, sondern mit denen der arbeitstechnische Produktions- oder Dienstleistungsprozess gestaltet wird.[154] Sie gehören zu den Betriebsmitteln. Das sind im Wesentlichen die **baulichen und technischen Anlagen** wie Werkshallen und Werkzeugmaschinen im produktiven Bereich oder Bürogebäude und EDV-Anlagen im Dienstleistungsbereich. Die Gewichtigkeit der Betriebsanlagen muss vergleichbar sein mit der Betriebsorganisation oder dem Betriebszweck. Die betroffenen Anlagen müssen daher im Verhältnis zu den sonstigen Betriebsmitteln erheblich sein.[155] 76

d) **Grundlegende Änderung.** Das Merkmal der grundlegenden Änderung soll die Bedeutung der geplanten Maßnahme betonen. Die Änderung ist grundlegend, wenn sie wesentliche Nachteile für die Belegschaft oder **erhebliche Teile** der Belegschaft mit sich bringen kann. Dieser Maßstab aus § 111 S. 1 BetrVG ist für die Auslegung der unbestimmten Rechtsbegriffe der Nr. 4 heranzuziehen.[156] Lässt sich nicht zweifelsfrei beurteilen, ob die Änderung grundlegend ist, kann auf die Zahl der betroffenen Arbeitnehmer abgestellt werden, die von der Änderung betroffen sind. Diese Zahl ist in das Verhältnis zur restlichen Belegschaft zu setzen, wie es die Rechtsprechung grundsätzlich bei der Feststellung der erheblichen Teile der Belegschaft unter Hinweis auf § 17 KSchG tut. Entscheidend ist jedoch nicht nur die Größe der betroffenen Belegschaft sondern auch die **Art der Änderung** selbst. So reicht in der Produktion für die grundlegende Änderung des Betriebszwecks oder der Betriebsanlagen die Ersetzung eines Schlachtbandes im Schlachthof, in dem bisher sowohl Rinder und Schweine abwechselnd geschlachtet wurden und in dem künftig nur noch Schweine geschlachtet werden sollen, nach der Rechtsprechung nicht aus.[157] 77

Grundlegend ist die Änderung vor allem, wenn sie erhebliche Auswirkungen auf den Betriebsablauf hat oder einen „**Sprung**" in der technisch-wirtschaftlichen Entwicklung darstellt. Für eine solche Bedeutung spricht zB die Einführung einer Testphase oder die Anordnung von Schulungsmaßnahmen oder einer Einarbeitungszeit.[158] Auch wenn eine Änderung über einen längeren Zeitraum planvoll in einer größeren Anzahl „kleiner Schritte" erfolgt, kann dies grundlegend sein, jedenfalls wenn es auf einer einheitlichen Gesamtplanung beruht.[159] Dagegen ist die turnusmäßige Ersatzbeschaffung für veraltete oder abgenutzte Maschinen nicht grundlegend.[160] Eine grundlegende Änderung der Betriebsanlagen kann in der Einführung völlig neuer Maschinen und dem Bau neuer Werkshallen im Produktionsbetrieb, oder in der völligen Umgestaltung der Büroeinrichtung in einem Dienstleistungsbetrieb liegen.[161] Auch der Übergang zur Selbstbedienung in einem Einzelhandelsgeschäft, die Einführung von Datensichtgeräten[162] und Bildschirmarbeitsplätzen[163] oder der Einsatz völlig neuer 78

---

[153] BAG 17.12.1985 – 1 ABR 78/83, NZA 1986, 804; Richardi BetrVG/*Annuß* § 111 Rn. 112; *Fitting* BetrVG § 111 Rn. 93.
[154] BAG 26.10.1982 – 1 ABR 11/81, NJW 1983, 2838; Richardi BetrVG/*Annuß* § 111 Rn. 114; *Fitting* BetrVG § 111 Rn. 94.
[155] Richardi BetrVG/*Annuß* § 111 Rn. 115; *Fitting* BetrVG § 111 Rn. 94.
[156] BAG 26.10.1982 – 1 ABR 11/81, NJW 1983, 2838; Richardi BetrVG/*Annuß* § 111 Rn. 118; *Fitting* BetrVG § 111 Rn. 95; *Löwisch/Kaiser* BetrVG § 111 Rn. 35.
[157] BAG 28.4.1993 – 10 AZR 38/92, NZA 1993, 1142; Richardi BetrVG/*Annuß* § 111 Rn. 111; *Fitting* BetrVG § 111 Rn. 93.
[158] *Fitting* BetrVG § 111 Rn. 95; *Hunold* NZA 1993, 724; *Freckmann* DStR 2006, 1842.
[159] *Fitting* BetrVG § 111 Rn. 95, 76.
[160] Richardi BetrVG/*Annuß* § 111 Rn. 115, *Fitting* BetrVG § 111 Rn. 95.
[161] *Fitting* BetrVG § 111 Rn. 94 mwN.
[162] LAG Berlin 31.3.1981 – 8 TaBV 5/80, 6/80, DB 1981, 1519 (1522).
[163] BAG 26.10.1982 – 1 ABR 11/81, NJW 1983, 2838.

Druckmaschinen, die mehrere bisher getrennte Arbeitsgänge zusammenfassen,[164] können eine grundlegende Änderung darstellen.

5. Einführung neuer Methoden und Verfahren gemäß § 111 S. 3 Nr. 5 BetrVG

79   Die Einführung neuer Arbeitsmethoden und Fertigungsverfahren nach Nr. 5 ähnelt den Änderungen nach Nr. 4, legt den Schwerpunkt jedoch auf die Veränderung in der Verwertung der menschlichen **Arbeitskraft** und weniger auf die technische Neuerung.[165]

80   a) **Arbeitsmethoden.** Die Arbeitsmethoden betreffen unmittelbar die Gestaltung der menschlichen Arbeit, also die Art und Weise, wie die menschliche Arbeitskraft zur Erfüllung des Betriebszwecks eingesetzt wird. Zu den Arbeitsmethoden gehört, ob und wie technische Hilfsmittel von den Arbeitnehmern herangezogen werden können oder müssen. Dabei geht es nicht nur um den Einsatz der Technik, sondern auch um die **Gestaltung des menschlichen Einsatzes** bei der Erbringung der Leistung unter Zuhilfenahme der Technik. Dies war entscheidungsrelevant bei der Einführung von Datensichtgeräten,[166] spielte aber auch eine Rolle beim Übergang zum Ein-Personen-Betrieb von Straßenbahnen und Omnibussen bei Einführung maschineller Fahrkartenentwerter, die den früheren Schaffner entbehrlich machten. Eine ähnliche Gestaltungsfrage stellte sich bei der Einführung von Bildschirmgeräten, die zB in Zentralsekretariaten ständig bedient wurden oder zB im individuellen Sekretariat in Mischtätigkeit, dh im Wechsel mit anderen Tätigkeiten, bedient werden (vgl. § 5 Bildschirmarbeitsverordnung vom 4.12.1996). Eine weitere Fallgestaltung ist die Einführung von Gruppenarbeit.[167]

81   b) **Fertigungsverfahren.** Unter dem Fertigungsverfahren, das auch den Fabrikationsmethoden nach § 106 Abs. 3 Nr. 5 BetrVG entspricht, sind die technischen Methoden der **Gestaltung der Produktion** zu verstehen.[168] Hierin gehören die Fragen, die mit der Umstellung von Einzel- auf Serienproduktion verbunden sind.

82   c) **Grundlegende Neuerungen.** Erforderlich sind grundlegende Neuerungen. Zum einen muss es sich tatsächlich um die Einführung von Neuerungen handeln. Die laufende Anpassung oder Verbesserung der Arbeitsmethoden und Fertigungsverfahren reicht nicht aus.[169] Das gilt beispielsweise für die Verwendung weiterentwickelter Software, die auf der bisher verwendeten aufbaut oder die Verwendung von Speicherschreibmaschinen statt einfacher elektrischer Schreibmaschinen.[170] Es muss vielmehr eine **neue Methode** an die Stelle der alten treten. Entscheidend ist, dass die neue Methode für den Betrieb neu ist. Sie muss nicht dem technisch neuesten Stand in der Branche entsprechen.[171] Zum anderen muss die Neuerung grundlegend, also wesentlich anders als die bisher im Betrieb verwendeten Methoden sein. Das kann etwa der Fall sein beim Übergang von Einzel- zur Serienfertigung, von Fließband- zu Gruppenarbeit, von halbautomatischer zu vollautomatischer Fertigung, bei der Einführung von Datensichtgeräten im Rechnungswesen, beim Übergang von Schreibmaschine zu Personalcomputer, und bei der Einführung einer völlig neuen Inline-Produktionsanlage in einer Druckerei.[172]

83   Gibt der Hersteller die Eigenfertigung eines notwendigen Vorprodukts auf, kann auch das eine grundlegende Änderung des Fertigungsverfahrens darstellen. Änderungen bei der Erledigung von Nebentätigkeiten wie der Reinigung der Büroräume durch einen Auftragnehmer statt durch eigene Arbeitnehmer stellt keine grundlegende Neuerung der Arbeitsmethoden dar.[173] Im Zweifel kann für die Frage, ob das Merkmal der grundlegenden Än-

---

[164] LAG Hessen 27.10.1987 – 4 Ta BV 283/86, NZA 1988, 407.
[165] *Fitting* BetrVG § 111 Rn. 97; ErfK/*Kania* BetrVG § 111 Rn. 20; Richardi BetrVG/*Annuß* § 111 Rn. 119 f.
[166] BAG 6.12.1983 – 1 ABR 43/81, NJW 1984, 1476; Richardi BetrVG/*Annuß* § 111 Rn. 120.
[167] Richardi BetrVG/*Annuß* § 111 Rn. 120; *Fitting* BetrVG § 111 Rn. 98.
[168] Richardi BetrVG/*Annuß* § 111 Rn. 121; *Fitting* BetrVG § 111 Rn. 99.
[169] Richardi BetrVG/*Annuß* § 111 Rn. 123; *Löwisch/Kaiser* BetrVG § 111 Rn. 40.
[170] Beispiele bei *Löwisch/Kaiser* BetrVG § 111 Rn. 40.
[171] Richardi BetrVG/*Annuß* § 111 Rn. 123; *Löwisch/Kaiser* BetrVG § 111 Rn. 40.
[172] LAG Hessen 27.10.1987 – 4 Ta BV 283/86, NZA 1988, 407.
[173] *Fitting*, 21. Aufl. 2002, BetrVG § 111 Rn. 98.

derung erfüllt ist, auf die **Zahl der betroffenen** Arbeitnehmer abgestellt werden, was sich wiederum aus dem zur Interpretation heranzuziehenden Relativsatz in § 111 S. 1 BetrVG ergibt,[174] so dass es wieder auf die Richtwerte der Rechtsprechung nach § 17 KSchG ankommt.

6. Kombination einzelner Tatbestände

Selbstverständlich liegt selten nur eine tatbestandliche Betriebsänderung nach den Einzeltatbeständen des § 111 S. 3 BetrVG vor. Oft sind die **Sachverhalte** kombiniert oder eine Maßnahme folgt aus einer anderen. So ist der Personalabbau manchmal ein eigener Sachverhalt im Falle der Rationalisierung. Häufiger ist er allerdings als Folge einer Stilllegung nach Nr. 1, Verlegung über große Entfernung nach Nr. 2, als Synergiewirkung aus einem Zusammenschluss von Betrieben nach Nr. 3 bzw. als Folge grundlegender Veränderungen der Betriebsstruktur nach Nr. 4 oder der Arbeitsmethoden nach Nr. 5 zu verstehen. Auch ist eine grundlegende Änderung der Betriebsstruktur nach Nr. 4 häufig mit einer grundlegenden Einführung neuer Methoden nach Nr. 5 verbunden. 84

Eine geplante Maßnahme kann also mehrere Einzeltatbestände nach S. 3 erfüllen. Beruht sie auf einem grundlegenden Beschluss kann es erforderlich sein, bei der Prüfung der Erheblichkeit der Maßnahme die Auswirkungen auf unterschiedliche Arbeitnehmergruppen zu **kumulieren**. Andererseits lösen mehrere Maßnahmen des Unternehmens auf Grund jeweils neuer Planungen und Entscheidungen jeweils ein neues Beteiligungsrecht des Betriebsrats aus, dessen Tatbestandsvoraussetzungen jeweils neu zu prüfen sind. 85

Beispiel:
Ein Dienstleistungsunternehmen mit einem großen Filialnetz will in der mittleren Verwaltungsebene Kosten reduzieren und erwägt Stabsdienste in Regionalzentren zu konzentrieren. Es werden nacheinander je 6 regionale Zentren für das Rechnungswesen, die Personalführung und das Risikomanagement gegründet. Dorthin sollen einerseits Stabsdienste aus den Filialen zusammengezogen werden und andererseits Stabsdienste aus der Hauptverwaltung dezentralisiert zugeordnet werden. Daneben sollen grundsätzlich 5 % der Stabsfunktionen durch Rationalisierung entfallen.

Nebeneinander sind Nr. 1 Betriebseinschränkungen und Personalabbau, Nr. 2 Verlegungen, Nr. 3 Spaltungen und Zusammenlegungen, Nr. 4 Betriebsstrukturänderungen und Nr. 5 Methodenerneuerungen sowie Personalabbau nach § 112a Abs. 1 S. 1 BetrVG betroffen. Ob die Erheblichkeitswerte nach § 17 KSchG erreicht werden, kann für die Einzelmaßnahme fraglich sein. Jedenfalls die Spaltungen und die Zusammenschlüsse auf Regionalebene sind unabhängig von der Erheblichkeitsprüfung. Wegen der Bedeutung der Stabsfunktionen für das Unternehmen und die Betriebsstruktur könnte die Transaktion insgesamt gesehen nach § 111 BetrVG interessenausgleichspflichtig sein, wenn sie einheitlich geplant und kommuniziert wurde. Dann wäre ein Interessenausgleich mit mehreren Einzelmaßnahmen zu beraten und zu verhandeln. Die Dauer der Verhandlungen würde sich nach der am langsamsten vorankommenden Einzelmaßnahme richten. Sind dagegen die **Einzelmaßnahmen unabhängig** voneinander von den jeweiligen Stabsspitzen für ihren eigenen Bereich geplant und kommuniziert, wären sie je nach Planungsfortschritt in den verschiedenen Bereichen zu beraten und zu verhandeln, so dass die einzelnen Interessenausgleichsverhandlungen oder Einigungsstellenverfahren dazu vereinfacht und beschleunigt werden oder gar, wenn die Erheblichkeitswerte nicht erreicht werden, entfallen. Die Umsetzung könnte entsprechend beschleunigt werden. Sinnvoll kann parallel dazu zeitlich entspannter über einen gemeinsamen Sozialplan für alle Maßnahmen beraten und verhandelt werden. Der Arbeitgeber hat es bei einer Vielzahl anstehender Maßnahmen mit der Beschlussfassung und der entsprechend korrekten Unterrichtung in der Hand, die Verhandlungsabläufe zum Interessenausgleichsverfahren entsprechend zu steuern.[175] 86

---

[174] BAG 6.12.1983 – 1 ABR 43/81, NJW 1984, 1476; Richardi BetrVG/*Annuß* § 111 Rn. 123; *Fitting* BetrVG § 111 Rn. 95, 101.
[175] *Baeck/Diller* NZA 1997, 689 (690).

7. Zeitpunkt und Umfang der Unterrichtung

87 Die Unterrichtung des **zuständigen Betriebsrats** über die geplante Betriebsänderung hat rechtzeitig und umfassend zu erfolgen. Die gegebenenfalls zeitlich vorrangige Unterrichtung des Wirtschaftsausschusses nach § 106 Abs. 2 BetrVG und des Europäischen Betriebsrats nach §§ 29, 30 EBRG nF vom 14.6.2011 reichen nicht aus.

88 **a) Zeitpunkt (rechtzeitig).** Der Betriebsrat ist über die geplante Betriebsänderung **rechtzeitig** zu unterrichten. Er muss also informiert werden, bevor der Unternehmer mit der Umsetzung des Plans beginnt.[176] Geplant ist eine Betriebsänderung, wenn alle Vorüberlegungen konkretisiert, notwendige Prüfungen durchgeführt und die Planungen soweit abgeschlossen sind, dass der Unternehmer sein Vorhaben **vorbehaltlich** der Unterrichtung und Beratung mit dem Betriebsrat umsetzen kann. Zu den Vorüberlegungen gehört auch die unternehmerische Planung, die noch nicht von § 111 BetrVG, wohl aber von § 106 BetrVG erfasst wird, also nur mit dem Wirtschaftsausschuss zu beraten ist. Für das Beteiligungsrecht nach § 111 BetrVG ist erforderlich, dass die Planung der Betriebsänderung eine solche Reife erlangt hat, dass der Unternehmer im Prinzip entschlossen ist, eine bestimmte Betriebsänderung durchzuführen.[177]

89 Das Bundesarbeitsgericht formuliert zwar, „dass der Betriebsrat bei einer geplanten Betriebsänderung schon in einem möglichst frühen Stadium der Planung zu beteiligen ist."[178] Damit ist jedoch letztlich gemeint, dass der Arbeitgeber so rechtzeitig unterrichtet, dass eine angemessene Beratung und Verhandlung eines Interessenausgleichs vor Umsetzung der Maßnahme abgeschlossen werden kann. Deshalb ist es ausreichend, wenn der Betriebsrat erst informiert wird, nachdem der Arbeitgeber sich intern zu einer bestimmten Betriebsänderung entschlossen hat, sofern mit der Durchführung noch nicht begonnen wurde und sie deshalb auf Grund des Ergebnisses der Beratungen mit dem Betriebsrat noch ohne weiteres **revidiert** werden kann und noch keine vollendete Tatsachen geschaffen wurden.[179] Ist dieses Stadium allerdings erreicht, muss der Unternehmer unverzüglich unterrichten, um den Sanktionen des § 121 Abs. 1 BetrVG und dem Nachteilsausgleich des § 113 Abs. 3 BetrVG zu entgehen.[180] Unterrichtet der Arbeitgeber den Betriebsrat erst, nachdem die Betriebsänderung in der Öffentlichkeit bereits als unumkehrbar bekannt gemacht worden ist, wäre dies jedenfalls zu spät.[181]

90 Plant nicht der Arbeitgeber selbst, sondern dessen **Konzernobergesellschaft** die Betriebsänderung vollständig durch und weist den Arbeitgeber erst nach Feststehen des Konzepts für den gesamten Konzern an, so kann gleichwohl die Unterrichtungspflicht erst in dem Moment einsetzen, in dem sich der Arbeitgeber selbst die Planung zu Eigen macht. Die Beteiligungspflicht liegt nach dem eindeutigen Wortlaut des Gesetzes beim Unternehmen und nicht dessen Obergesellschaft. Dies gilt erst recht, wenn die Obergesellschaft im Ausland liegt und nicht vom Geltungsbereich des BetrVG erfasst wird.[182] Die Zurechnung der in einer Konzernobergesellschaft vorhandenen Kenntnis gegenüber einer im Inland handelnden Tochtergesellschaft durch den EuGH in der Entscheidung vom 10.9.2009 („Akavan Keskusliitto") wird zuweilen zu weit ausgelegt.[183] Nur wenn die strategischen Entscheidun-

---

[176] *Fitting* BetrVG § 111 Rn. 110; Richardi BetrVG/*Annuß* § 111 Rn. 144 mwN.
[177] *Fitting* BetrVG § 111 Rn. 109; Richardi BetrVG/*Annuß* § 111 Rn. 145.
[178] BAG 17.9.1974 – 1 AZR 16/74, NJW 1975, 182; 14.9.1976 – 1 AZR 784/75, DB 1977, 309.
[179] BAG 14.4.2015 – 1 AZR 794/13, NZA 2015, 1147 (1149) = BB 2016, 188 mAnm *Elking* BB 2016, 192; auch → § 56 Rn. 36; Richardi BetrVG/*Annuß* § 111 Rn. 148; so jetzt auch *Fitting* BetrVG § 111 Rn. 109.
[180] BAG 14.4.2015 – 1 AZR 794/13, NZA 2015, 1147 (1149) = BB 2016, 188 mAnm *Elking* BB 2016, 192; auch → § 56 Rn. 36; BAG 18.7.1972 – 1 AZR 189/72, NJW 1972, 2328; Richardi BetrVG/*Annuß* § 111 Rn. 148.
[181] BAG 14.4.2015 – 1 AZR 794/13, NZA 2015, 1147 (1149) = BB 2016, 188 mAnm *Elking* BB 2016, 192; auch → § 56 Rn. 36; BAG 14.9.1976 – 1 AZR 784/75, DB 1977, 309; Richardi BetrVG/*Annuß* § 111 Rn. 147; *Löwisch/Kaiser* BetrVG § 111 Rn. 43; *Fitting* BetrVG § 111 Rn. 109.
[182] LAG Köln 11.3.1999 – 6 TaBV 65/98 BeckRS 1999, 31014150, LAGE BetrVG 1972 § 111 Nr. 16; *Löwisch/Kaiser* BetrVG § 111 Rn. 46; Richardi BetrVG/*Annuß* § 111 Rn. 146; aA DKKW/*Däubler* BetrVG § 111 Rn. 130; *Fitting* BetrVG § 111 Rn. 104; zu weitgehend *Bitsch* NZA-RR 2015, 617 ff.
[183] Vgl. *Fitting* BetrVG § 111 Rn. 104.

gen der beherrschenden Obergesellschaft die deutsche Tochtergesellschaft zwingen, Massenentlassungen ins Auge zu fassen oder konkret zu planen, kann beim inländischen Arbeitgeber die Pflicht zur Konsultation entstehen, auch wenn er noch nicht vollständig im Bild ist. Das Konsultationsverfahren muss zwar abgeschlossen sein, bevor der inländische Arbeitgeber gegebenenfalls auf unmittelbare Anweisung der beherrschenden Obergesellschaft die Arbeitsverträge kündigt.[184] Das BAG hat auch in einer kürzlich ergangenen Entscheidung vom 14.4.2015 diese Leitsätze übernommen, aber auch klargestellt, dass selbst konkrete Vorbereitungshandlungen wie die Anhörung des Betriebsrats zur Einzelkündigung nach § 102 BetrVG, zur Massenkündigung nach § 17 Abs. 3 KSchG und die Anhörung zur Kündigung eines schwerbehinderten Arbeitnehmers nach § 87 Abs. 1 S. 1 SGB IX noch keine unwiderruflichen Maßnahmen darstellen und deshalb auch schon vor dem Ende der Konsultationen durchgeführt werden können. Lediglich die nicht einseitig rücknehmbaren Kündigungen der Arbeitsverhältnisse schaffen unwiderrufliche, endgültige Tatsachen[185] und dürfen daher erst nach vollständiger Information und Konsultation ausgesprochen werden. Allerdings kann die ausländische Konzernobergesellschaft im Geltungsbereich der Europäischen Richtlinie 94/45/EG gegenüber dem Europäischen Betriebsrat verpflichtet sein.

In einer Kapitalgesellschaft darf der Betriebsrat nach den **gesellschaftsrechtlich** vorgesehenen Gremien Aufsichtsrat bzw. Beirat unterrichtet werden, wenn ein dort gefasster Beschluss dem Vorstand oder der Geschäftsleitung einen Ermessensspielraum lässt bzw. den Vorbehalt der ordentlichen Betriebsratsbeteiligung enthält.[186]

b) Umfang (umfassend). Der Arbeitgeber muss den Betriebsrat **umfassend** über die geplante Betriebsänderung unterrichten. Die Unterrichtung muss den Umfang der Maßnahmen in sachlicher und zeitlicher Hinsicht sowie die Gründe für deren Zweckmäßigkeit und die zu erwartenden Auswirkungen auf die betroffenen Arbeitnehmer erkennen lassen.[187] Der Betriebsrat muss die Möglichkeit haben, auf Grund der erhaltenen Information zu der geplanten Betriebsänderung inhaltlich Stellung zu nehmen und beurteilen zu können, wie ein Interessenausgleich herbeigeführt werden kann und ob ein Sozialplan erforderlich wird.

Hat der Unternehmer am Ende der Planungsphase zwischen mehreren Alternativen gewählt, soll er nach Meinung des Betriebsrat welche Alternative mitteilen und die Gründe für die beabsichtigte Maßnahme darlegen.[188] Das kann allerdings nur dann gelten, wenn am Ende des Planungsprozesses entsprechende **Alternativen** zur Unterscheidung vorbereitet und ernsthaft zur Wahl gestanden haben. Vorüberlegungen, die lediglich Grundlage für die Planung waren, gehören sicher nicht dazu.

Änderungen am Maßnahmenkatalog können vom Arbeitgeber auch nach der Unterrichtung und während der Beratungen in die Diskussion eingeführt werden. Die Unterrichtung ist deshalb weder fehlerhaft noch unvollständig. Solche **Änderungen** können auch gerade aus den Beratungen resultieren, wenn der Arbeitgeber auf Vorschläge des Betriebsrats eingeht und somit dem Zweck des Beteiligungsrechts entgegenkommt.[189]

Beispiel:
Eine regional tätige Druckerei entschließt sich, den Buchdruck einzustellen, den Zeitungsdruck jedoch fortzuführen und moderner zu gestalten. Der Arbeitgeber legt dem Betriebsrat die Information zu einem vollständigen Abbau des Buchdruckpersonals und aller Springer zum Jahresende vor. Der Betriebsrat bittet, die Entlassung der Springer um ein halbes Jahr zu verschieben. Der Arbeitgeber stimmt dem zu, wenn im Gegenzug die Vorstufe bereits zum Herbst stillgelegt werden kann.

---

[184] EuGH 10.9.2009 C-44/08, NZA 2009, 1083 zu Art. 2 Abs. 1 RL 98/59/EG.
[185] BAG 14.4.2015 – 1 AZR 794/13, NZA 2015, 1147 (1149, 1150), so im Ergebnis auch LAG Baden-Württemberg 12.10.2015 – 9 TaBV 2/15, NZA-RR 2016, 358.
[186] BAG 20.11.2001 – 1 AZR 97/01, NZA 2002, 992 (993); 23.11.2004 – 2 AZR 24/04, NZA 2004, 931 (932 f.); Richardi BetrVG/*Annuß* § 111 Rn. 147; vgl. BAG 14.9.1976, DB 1977, 309; WHS Umstrukturierung/*Schweibert* C Rn. 140; so jetzt auch *Fitting* BetrVG § 111 Rn. 109; dazu → Rn. 34 ff. „Planungsstadium".
[187] BAG 18.7.1972 – 1 AZR 189/72, NJW 1972, 2328; Richardi BetrVG/*Annuß* § 111 Rn. 150; *Fitting* BetrVG § 111 Rn. 111; *Löwisch/Kaiser* BetrVG § 111 Rn. 44.
[188] *Fitting* BetrVG § 111 Rn. 111; *Bauer/Göpfert* DB 1997, 1468.
[189] Richardi BetrVG/*Annuß* § 111 Rn. 150; vgl. BAG 30.3.2004 – 1 AZR 7/03, NZA 2004, 931 (933) zur prozesshaften Verständigung.

95 Der Arbeitgeber muss dem Betriebsrat nicht wie dem Wirtschaftsausschuss nach § 106 Abs. 2 BetrVG die erforderlichen Unterlagen ohne Aufforderung vorlegen. Jedoch kann sich diese Verpflichtung auf ausdrückliches **Verlangen** des Betriebsrats nach der allgemeinen Vorschrift des § 80 Abs. 2 S. 2 BetrVG ergeben. Das Verlangen muss sich auf die zur Durchführung der Aufgaben des Betriebsrats **erforderlichen Unterlagen** beziehen. Die Erforderlichkeit muss sich sachlich auf die Betriebsänderung beziehen. Zu diesen Unterlagen können Gutachten von Unternehmensberatern, Wirtschaftsprüferberichte und Bilanzen gehören. Solche Unterlagen müssen aber nicht für den Betriebsrat hergestellt werden.[190] Der Unternehmer braucht nur die Unterlagen zur Verfügung zu stellen, die er selbst vorliegen hat.

96 Während es im Sinne des Unternehmens vernünftig sein kann, möglichst wenig sensible Wirtschaftsdaten an die Betriebsräte zu geben, ist auf der anderen Seite abzuwägen, dass bei einer umfassenden und unverzüglichen Unterrichtung des Betriebsrats auch Beratungszeit eingespart werden kann. Der Betriebsrat kann zwar eine konkret für ihn vorbereitete schriftliche Darstellung nicht verlangen.[191] Eine entsprechend zielführend zusammengestellte **Dokumentation** kann aber das Verständnis der Betriebsratsmitglieder für die Maßnahme verbessern und so zur Beschleunigung beitragen. Eine entsprechend nachhaltig dokumentierte schriftliche Unterrichtung, die in der Regel nicht punktuell sondern in Phasen erfolgt, zumindest wenn die Maßnahme komplexer Natur ist, kann durchaus Streit vermeiden helfen.

97 Eine bestimmte Form der Unterrichtung ist zwar nicht vorgeschrieben.[192] Jedoch empfiehlt es sich, zumindest die grundlegenden Erwägungen schriftlich vorzugeben, damit „stille Post" vermieden wird. Mündliche Erläuterungen vor dem Betriebsrat sollten zumindest stichwortartig protokolliert werden. Der Arbeitgeber hat einen Anspruch auf Aushändigung eines Protokolls von Betriebsratssitzungen nach § 34 Abs. 2 BetrVG, an denen er während der Unterrichtung und Beratung der Betriebsänderung teilgenommen hat.[193] Einwendungen gegen die Richtigkeit der Sitzungsniederschrift kann der Arbeitgeber nur unverzüglich schriftlich nach § 34 Abs. 2 S. 2 BetrVG erheben.[194] Fraglich ist, ob der Arbeitgeber Informationen zurückhalten darf, wenn er befürchten muss, dass die Informationen nicht vertraulich behandelt werden. Die Möglichkeit, die Betriebs- und Geschäftsgeheimnisse nach § 79 Abs. 1 BetrVG ausdrücklich als **geheimhaltungsbedürftig** zu bezeichnen („Vergatterung"), mag zB in Fällen früheren Geheimnisverrats nicht ausreichend sein, um die Interessen des Arbeitgebers effektiv zu schützen. Für solche Fälle wird vorgeschlagen, dem Arbeitgeber analog § 106 Abs. 2 BetrVG die Möglichkeit zu geben, die Information gegenüber dem Betriebsrat einzuschränken. Dies wird bestritten mit dem Hinweis darauf, dass der Vorbehalt in § 106 Abs. 2 BetrVG gegenüber dem Wirtschaftsausschuss beim Beteiligungsrecht nach § 111 BetrVG gerade nicht vorgesehen ist.[195] Bei wirklich gravierendem Geheimhaltungsbedürfnis spricht viel für die Einschränkung der Unterrichtungspflicht.

8. Verhältnis zu unternehmens-/gesellschaftsrechtlichen Sachverhalten

98 Betriebsänderungen treten häufig im Zusammenhang mit unternehmens- und gesellschaftsrechtlichen Sachverhalten auf. Vorgänge, die sich nur auf Unternehmensebene abspielen, lösen keine Beteiligungsrechte des Betriebsrats nach dem BetrVG aus.

99 a) **Betriebsübergang gemäß § 613a BGB.** Der Betriebsübergang selbst löst kein Mitbestimmungsrecht des Betriebsrats aus. Soll aber ein Teilbetrieb übertragen werden und auch dessen personelle Leitung in arbeits- und sozialrechtlichen Fragen auf den Erwerber übergehen, setzt dies denknotwendig eine Betriebsspaltung nach § 111 Abs. 3 Nr. 3 BetrVG voraus.[196] Entspre-

---

[190] Richardi BetrVG/Annuß § 111 Rn. 151; ders. § 80 Rn. 64; Fitting BetrVG § 111 Rn. 113.
[191] Richardi BetrVG/Annuß § 111 Rn. 151; Fitting BetrVG § 111 Rn. 113.
[192] Richardi BetrVG/Annuß § 111 Rn. 149.
[193] Fitting BetrVG § 34 Rn. 22 mwN.
[194] Fitting BetrVG § 34 Rn. 28 ff.
[195] Fitting BetrVG § 111 Rn. 111; vgl. Richardi BetrVG/Annuß § 111 Rn. 152; Oetker in FS Wissmann, 404; Löwisch/Kaiser BetrVG § 111 Rn. 44.
[196] Insbesondere Matthes NZA 2000, 1073; Fitting BetrVG § 1 Rn. 209; Moll RdA 2003, 129 (130); Kleinebrink/Commandeur NZA 2007, 113 (115); so auch LAG Bremen 21.10.2004 – 3 Sa 77/04, NZA-RR 2005, 140.

chendes gilt für die Zusammenlegung von Betrieben nach einem Betriebsübergang gemäß § 111 Abs. 3 BetrVG. Entscheidend ist immer die Frage der **personellen Leitungsmacht**. Der wirtschaftliche Vorgang ist jedoch jeweils nach § 106 Abs. 3 Nr. 8 BetrVG an den Wirtschaftsausschuss zu berichten und mit ihm zu beraten.

b) Umwandlung gemäß §§ 321 ff. UmwG. Der Zusammenschluss nach §§ 2 ff. UmwG 100 oder die Spaltung nach §§ 123 ff. UmwG von Unternehmen ist an sich **frei vom Beteiligungsrecht** des Betriebsrats nach § 111 BetrVG. Es gilt sogar nach § 1 Abs. 2 Nr. 2 BetrVG (entspricht § 321 Abs. 1 UmwG aF) die widerlegbare gesetzliche Vermutung, dass sich die gesellschaftsrechtliche Änderung ohne faktische Änderung der Organisation nicht auf der Betriebsebene auswirkt. Dazu wird die Fiktion des Gemeinschaftsbetriebs genutzt.[197] Jedoch ist der Betriebsrat von dem Zusammenschluss gemäß § 5 Abs. 1 Nr. 9 und Abs. 3 UmwG sowie der Spaltung des Unternehmens gemäß § 126 Abs. 1 Nr. 11 und Abs. 3 UmwG zu unterrichten. Daneben besteht lediglich die Unterrichtungs- und Beratungspflicht gegenüber dem Wirtschaftsausschuss gemäß § 106 Abs. 3 Nr. 8 BetrVG und gegebenenfalls dem Europäischen Betriebsrat nach § 30 EBRG, dem SE-Betriebsrat (SE-BR) nach §§ 28, 29 SEBG, oder dem Sprecherausschuss nach § 32 Abs. 1 SprAuG. Bei der Vermögensübertragung nach §§ 174 ff. UmwG löst sich ein Rechtsträger auf und überträgt sein ganzes Vermögen auf die dort genannten öffentlich-rechtlichen Körperschaften. Auch eine Teilübertragung ist möglich. Die Vorschriften zur Verschmelzung oder Spaltung von Unternehmen sind entsprechend anzuwenden. Beim Formwechsel nach §§ 190 ff. UmwG wird lediglich die rechtliche Hülle gewechselt. Auswirkungen auf den Betrieb hat dies nicht, weil die Identität des Rechtsträgers und des Betriebs nicht berührt werden.

c) Insolvenz gemäß § 122 InsO. Die Insolvenz oder wirtschaftliche Notlage hat für die 101 Feststellung eines Betriebsänderungstatbestands keine Bedeutung. Der Unternehmer muss den Betriebsrat bei geplanten Betriebsänderungen beteiligen unabhängig davon, warum die Betriebsänderung notwendig wird. Es ist insoweit unerheblich, ob die Betriebsänderung zum Zweck der Kostensenkung erfolgt oder um sich einfach aus dem Markt zurückzuziehen. Insofern liegt die unternehmerische Motivation außerhalb der Geltung des § 111 BetrVG. Der **Beteiligungstatbestand greift** deshalb auch dann ein, wenn die Betriebsänderung durch eine wirtschaftliche Notlage oder gar eine Insolvenz verursacht wird. An die Stelle des Unternehmens tritt nach Insolvenzeröffnung der Insolvenzverwalter. Die Beantragung der Insolvenz durch den Unternehmer und die Eröffnung des Verfahrens unterliegen nicht dem Beteiligungsrecht nach §§ 111, 112 BetrVG.[198] Wird vor oder nach Insolvenzeröffnung eine Betriebsänderung geplant, ist der Betriebsrat entsprechend zu beteiligen. Allerdings enthalten §§ 121 ff. InsO Modifikationen zum Beteiligungsverfahren, die im Wesentlichen zur Beschleunigung und Leistungsbegrenzung führen.

9. Streit über das Vorliegen einer Betriebsänderung

Bestehen Meinungsverschiedenheiten über den Beteiligungstatbestand, so entscheidet das 102 **Arbeitsgericht** im Beschlussverfahren nach § 2a Abs. 1 Nr. 1, Abs. 2 iVm § 80 ArbGG.[199] Gegenstand des Verfahrens ist das Vorliegen eines Betriebsänderungstatbestands und der Unterrichtungs- und Beratungsanspruch des Betriebsrats einschließlich des Anspruchs auf einen Berater nach § 111 S. 2 BetrVG. Möglich ist ein Leistungsantrag und solange die Betriebsänderung noch nicht durchgeführt ist, auch ein Feststellungsantrag. Danach kann nur noch die Verpflichtung zum Abschluss eines Sozialplans festgestellt werden.[200]

Im Verfahren auf Bestellung einer **Einigungsstelle** nach § 98 ArbGG, das von beiden Be- 103 triebsparteien initiiert werden kann, stellt sich diese Frage unter Umständen auch, wobei für

---

[197] *Fitting* BetrVG § 1 Rn. 108 ff.
[198] *Richardi* BetrVG/*Annuß* § 111 Rn. 36 mwN; WHS Umstrukturierung/*Schweibert* C Rn. 124; vgl. *Ehlers* NJW 2003, 2337 (2340).
[199] BAG 10.11.1987 – 1 AZR 360/86, NZA 1988, 287; *Fitting* BetrVG § 111 Rn. 142; *Löwisch/Kaiser* BetrVG § 111 Rn. 55.
[200] BAG 17.12.1985 – 1 ABR 78/83, NZA 1986, 804; 10.11.1987 – 1 AZR 360/86, NZA 1988, 287; *Fitting* BetrVG § 111 Rn. 142; *Löwisch/Kaiser* BetrVG § 111 Rn. 55; *Sasse* DB 2015, 2817 ff.

104 den jeweiligen Antragsgegner die Hürde der offensichtlichen Unzuständigkeit nur selten übersprungen werden kann. Auch innerhalb des Einigungsstellenverfahrens kann das Vorliegen einer Betriebsänderung zur entscheidenden Vorfrage werden. Diese Entscheidung kann mit einfacher Mehrheit getroffen werden, so dass die Stimme des neutralen Vorsitzenden ausschlaggebend ist.

104 In den unterschiedlichen Verfahren wird es immer auf die kommunizierte **Darstellung** der geplanten Maßnahme durch den Arbeitgeber ankommen. Deshalb sollte schon die erste Unterrichtung des Betriebsrats durch den Arbeitgeber schriftlich erfolgen und möglichst eindeutig dargestellt sein. Weicht der Unternehmer in der Folge von der schriftlich dargestellten Maßnahme ab, kommt es natürlich auf die nachgewiesene Faktenlage an.

105 Unter Umständen kann der Betriebsrat seinen Anspruch auf Unterrichtung und Beratung über eine geplante Betriebsänderung auch im Wege der **einstweiligen Leistungsverfügung** durchsetzen. Er muss dann glaubhaft machen können, dass entgegen der Darstellung des Arbeitgebers eine erhebliche Änderung vorliegt, also zB eine größere Zahl von Arbeitnehmern faktisch betroffen ist, als vom Arbeitgeber mitgeteilt worden war. Der Anspruch auf Unterrichtung wird nach § 85 ArbGG iVm § 888 ZPO vollstreckt.

106 Ob der Betriebsrat seine vermeintlichen Beteiligungsrechte auch im Wege der **einstweiligen Verfügung** auf **Unterlassung** der Umsetzung der Betriebsänderung durchsetzen kann, ist äußerst streitig.[201] Höchstrichterlich ist dies nicht entschieden, da der einstweilige Rechtsschutz jeweils in der Beschwerdeinstanz beim Landesarbeitsgericht endet. Allerdings hat das Bundesarbeitsgericht entschieden, dass kein Anspruch auf Einhaltung eines Interessenausgleichs besteht.[202] Die Entscheidung des Bundesarbeitsgerichts zur Anerkennung eines allgemeinen Unterlassungsanspruchs im Rahmen der Sicherung der Mitbestimmungsrechte nach § 87 BetrVG[203] ist nicht einschlägig, da ein Interessenausgleich im Gegensatz zur Betriebsvereinbarung nach § 87 BetrVG auch über die Einigungsstelle nicht erzwingbar ist. Konsequenterweise hat das Bundesarbeitsgericht daher kürzlich einen Unterlassungsanspruch des Betriebsrats bei personellen Einzelmaßnahmen nach §§ 99–101 BetrVG verneint, weil dort die einstweilige Umsetzung speziell geregelt ist.[204] Insofern stellt der Nachteilsausgleich nach § 113 BetrVG neben den allgemeinen Sanktionsnormen § 23 Abs. 3 BetrVG (Unterlassung bei grobem Verstoß), § 121 BetrVG (Bußgeld wegen Verstoß gegen Auskunftspflichten) und § 119 BetrVG (Strafe wegen Behinderung der Betriebsratsarbeit) die einzige gesetzlich speziell festgelegte Sanktion auf den unterlassenen oder nicht eingehaltenen Interessenausgleich dar.[205] Deshalb verneint die wohl herrschende Rechtsprechung den einstweiligen Unterlassungsanspruch.[206] Eine vermittelnde Meinung in der Rechtsprechung

---

[201] Ausführlich → § 57 Rn. 114 ff.
[202] BAG 28.8.1991 – 7 ABR 72/90, NZA 1992, 41; *Löwisch/Kaiser* BetrVG § 111 Rn. 56.
[203] BAG 3.5.1994 – 1 ABR 24/93, NZA 1995, 40.
[204] BAG 23.6.2009 – 1 ABR 23/08, NZA 2009, 1430; hierzu ausführlich → § 57 Rn. 114.
[205] BAG 14.4.2015 – 1 AZR 794/13, NZA 2015, 1147 (1149) = BB 2016, 188 mAnm *Elking* BB 2016, 192.
[206] So LAG Baden-Württemberg 12.10.2015 – 9 TaBV 2/15, ZIP 2016, 590 zum EBR wegen Fehlens des § 23 Abs. 3 BetrVG; LAG Rheinland-Pfalz 27.8.2014 – 4 TaBVGa 4/14, NZA 2015, 700 = NZA-RR 2015, 197; LAG Nürnberg 9.3.2009 – 6 TaBVGa 2/09, BeckRS 2009, 69297; LAG Köln 27.5.2009 – 2 TaBVGa 7/09, BeckRS 2009, 66807; LAG Baden-Württemberg 21.10.2009 – 20 TaBVGa 1/09, BeckRS 2009, 66550; offen gelassen LAG Schleswig-Holstein 20.7.2007 – 3 TaBVGa 1/07, BeckRS 2008, 244; LAG Rheinland-Pfalz 5.2.2010 – 6 TaBVGa 5/09, BeckRS 2010, 68206; 26.10.2006 – 11 TaBV 58/06, BeckRS 2011, 66183; 30.3.2006 – 11 TaBV 53/05, BeckRS 2007, 45680; 24.11.2004 – 9 TaBV 29/04, BeckRS 2005, 42161; 28.3.1989 – 3 TaBV 6/89, NZA 1989, 863; LAG Köln 30.3.2006 – 2 Ta 145/06, BeckRS 2006, 41865; 15.8.2005 – 11 Ta 298/05, NZA-RR 2005, 199; 26.4.2004 – 9 Ta 170/04 (n. v.); LAG München 12.10.2006 – 4 Ta 332/06, ArbRB 2006, 78; 24.9.2003 – 5 TaBV 48/03, NZA-RR 2004, 536; LAG Düsseldorf 14.12.2005 – 12 TaBV 60/05, BeckRS 2006, 40566; 19.11.1996 – 8 TaBV 80/96, NZA-RR 1997, 297; LAG Niedersachsen 29.11.2002 – 12 TaBV 111/02, BB 2003, 1337; LAG Nürnberg 17.1.2000 – 14 BVGa 1/00, BB 2000, 2100 m. Bespr. *Reiserer;* LAG Hamm 1.4.1997 – 13 TaBV 34/97, NZA-RR 1997, 343; LAG Baden-Württemberg 28.8.1985 – 2 TaBV 8/85, DB 1986, 805; LAG Sachsen-Anhalt 30.11.2009 – 11 TaBV 18/04, BeckRS 2005, 40126; LAG Schleswig-Holstein 13.1.1992 – 4 TaBV 54/91, LAGE BetrVG 1972 § 111 Nr. 11; ArbG Bonn 23.5.2007 – 4 BVGa 6/07 BeckRS 2007, 45320; aA LAG Hamm 28.6.2010 – 13 Ta 372/10, BeckRS 2010, 72270; LAG München 22.12.2008 – 6 TaBVGa 6/08, BB 2010, 896; LAG Hamm 30.7.2007 – 10 TaBVGa 17/07, BB 2008, 171 (nur red. Leitsatz); LAG Hamm 30.7.2007 – 13 TaBVGa 16/07, BeckRS 2007, 46764; LAG Schleswig-Holstein 20.7.2007 – 3 TaBVGa 1/07, BeckRS 2007, 46789; LAG

hält eine einstweilige Unterlassungsverfügung nur zeitlich begrenzt nach bekannt werden des Betriebsänderungstatbestands für möglich.[207] Hat der Arbeitgeber ernsthaft etwa drei Monate erfolglos versucht, einen Interessenausgleich zu finden, sei danach die einseitige Durchsetzung nicht mehr oder nur befristet durch einstweilige Verfügung verhinderbar. Dem folgte vorübergehend die Gesetzgebung mit der Novelle vom 25.9.1996, die in § 113 Abs. 3 S. 2, 3 BetrVG eine Verhandlungspflicht des Arbeitgebers von höchstens drei Monaten einschließlich Einigungsstellenverfahren vorsah. Diese weitsichtige Regelung wurde jedoch bereits mit Gesetz vom 19.12.1998 aufgehoben.[208] Allerdings hat auch das BetrVG-Reformgesetz vom 23.7.2001 trotz entsprechender Gesetzgebungsvorschläge[209] die Möglichkeit des einstweiligen Rechtsschutzes in Kenntnis der uneinheitlichen Rechtsprechung nicht positiv gestaltet. Seit Ablauf der Umsetzungsfrist der EU-Richtlinie 2002/14/EG zur Festlegung eines allgemeinen Rahmens für die Unterrichtung und Anhörung der Arbeitnehmer in der Europäischen Gemeinschaft am 23.3.2005 ist das Argument zu finden, Art. 8 Abs. 1 der Richtlinie fordere von den Mitgliedsstaaten geeignete Verwaltungs- und Gerichtsverfahren, mit deren Hilfe die Verpflichtung zur Schaffung wirksamer, angemessener und abschreckender Sanktionen nach Art. 8 Abs. 2 der Richtlinie durchgesetzt werden könne. Da die Umsetzung dieser Forderungen in der Bundesrepublik nicht fristgerecht erfolgt sei, wären deutsche Gesetzesnormen dahingehend auszulegen, dass ein Unterlassungsanspruch des Betriebsrates gegen die Durchführung einer Betriebsänderung vor Abschluss des Einigungsstellenverfahrens bestehe.[210] Diese unzutreffende Argumentation übersieht, dass bisher ein auslegungsfähiger allgemeiner Unterlassungsanspruch in Deutschland gesetzlich gerade nicht geregelt ist, dass die Unterrichtungs- und Anhörungsrechte der Betriebsräte durch § 113 BetrVG, § 23 Abs. 3 BetrVG und §§ 121, 119 BetrVG durchaus wirksam, angemessen und abschreckend geschützt sind und dass Art. 8 der Richtlinie 2002/14/EG nicht hinreichend bestimmt ist, um daraus in unmittelbarer Anwendung einen Unterlassungsanspruch herzuleiten. Zudem ist zu beachten, dass der Schutz der Unterrichtungs- und Anhörungsrechte der Betriebsräte durch das Einigungsstellenverfahren zum Interessenausgleich und die Verpflichtung zum Abschluss eines Sozialplanes im Ermessen der Einigungsstelle wesentlich stärker abgesichert ist, als in der Richtlinie 2002/14/EG selbst vorgesehen. Es bestehen also in Deutschland ausreichende, unter Berücksichtigung des Einigungsstellenverfahrens sogar überschießende, Verwaltungs- und Gerichtsverfahren zum Schutz der Unterrichtungs- und Anhörungsrechte, sodass die Umsetzung der Richtlinie längst erfolgt ist. Deshalb spricht vieles dafür, dass eine Unterlassungsverfügung auch unter Hinweis auf die europäische Richtlinie grundsätzlich nicht begründet ist.[211] Dies gilt zumindest, so lange der Unternehmer, wenn auch erfolglos, versucht, einen Interessenausgleich zu erreichen, nachdem er den Betriebsrat ordnungsgemäß unterrichtet und mit diesem über die Betriebsänderung beraten hat. Auch insofern ist dringend geraten, die wesentliche Unterrichtung schriftlich vorzunehmen und die ordnungsgemäße Protokollierung der Beratungssitzungen des Betriebsrats oder seines Verhandlungsgremiums mit dem Arbeitgeber zu verlangen. Der Ar-

---

Hamburg 26.6.1997 – 6 TaBV 5/97, NZA-RR 1997, 296; LAG Hessen 30.8.1984 – 4 TaBV Ga 113 und 114/84, BB 1985, 659; LAG Berlin 7.9.1995 – 10 TaBV 5 und 9/95, NZA 1996, 1284 ff.; w. Nachw. bei *Lipinski/Melms* BB 2002, 2226; WHS Umstrukturierung/*Schweibert* C Rn. 307 ff.; vgl. ausführlich → § 57 Rn. 114 ff.

[207] LAG Hessen 27.6.2007 – 4 TaBVGa 137/07, BeckRS 2007, 47237; 6.4.1993 – 4 TaBVGa 45/93, DB 1994, 2635; 30.8.1984 – 4 TaBVGa 114/84, DB 1985, 178; 21.9.1982 – 4 TaBVGa 94/82, BB 1984, 145; LAG Berlin 7.9.1995 – 10 TaBV 5 und 9/95, NZA 1996, 1284 (1288).

[208] BGBl. 1996 I 48, 1476, in BB 1996, 2144; *Bauer/Göpfert* DB 1997, 1464; BGBl. 1998 I 3843, 3850.

[209] DGB-Bundesvorstand, Novellierungsvorschläge des DGB zum BetrVG 1972, 1998, S. 109; *Bundesvorstand des DGB* NZA 2001, 135 (137); PDS-Fraktion, BT-Drs. 14/4071 vom 12.9.2000, 5; BT-Drs. 14/6382 vom 21.6.2001, 3; dazu *Lipinski/Melms* BB 2002, 2226 (2229).

[210] LAG Hamm 30.7.2007 – 10 TaBVGa 17/07, BB 2008, 171 (nur red. Leitsatz) und BeckRS 2007, 46764; LAG Schleswig-Holstein 20.7.2007 – 3 TaBVGa 1/07, BeckRS 2007, 46789; so wohl auch Richardi BetrVG/*Annuß* § 111 Rn. 168; *Fauser/Nacken* NZA 2006, 1136 (1142).

[211] LAG Rheinland-Pfalz 24.11.2004 – 9 TaBV 29/04, BeckRS 2005, 42161; 30.3.2006 – 11 TaBV 53/05, BeckRS 2007, 45680; 26.10.2006 – 11 TaBV 58/06, BeckRS 2011, 66183; WHS Umstrukturierung/*Schweibert* C Rn. 309a; *Lobinger* in FS Richardi, 660; *Weber* in FS Richardi, 467; *Ehler* BB 2000, 978 (979).

beitgeber kann entsprechende Protokollauszüge vom Betriebsrat verlangen und notfalls auch deren Korrektur fordern. Damit kann er auch in Gerichtsbezirken, die eine vorläufige Unterlassungsverfügung grundsätzlich anerkennen, mit einer Schutzschrift und entsprechend glaubhaft gemachter Dokumentation des Unterrichtungs- und Beratungsstandes das Risiko des Erlasses einer einstweiligen Verfügung verringern, denn auch die Gerichte, die neuerdings einen Unterlassungsanspruch grundsätzlich zulassen, sind äußerst restriktiv in der Tatsachenbewertung und zum Verfügungsgrund.[212] Dies gilt insbesondere, wenn sich aus der Dokumentation des Beratungsstandes eine offensichtliche Verzögerungstaktik des Betriebsrats während der noch nicht abgeschlossenen Verhandlungen um den Interessenausgleich ergibt und sich der Unternehmer der Umsetzung der Maßnahme zB bei wirtschaftlicher Notlage nicht entziehen kann.

107 Die Vorbereitung einer möglicherweise dringend erforderlichen Umsetzung einer Maßnahme bei offensichtlicher **Verzögerungstaktik** erfordert zunächst die Feststellung, welches Arbeitsgericht für die Beurteilung der Betriebsänderung zuständig wäre. Weiter ist der genaue Sachverhalt des Einzeltatbestandes nach § 111 BetrVG zu erfassen und der Unterrichtungs- sowie Beratungsstand im Zeitablauf zu ermitteln und zu dokumentieren. Schließlich ist sicherzustellen, dass nicht durch unklare oder falsche Tatsachenmitteilungen die Möglichkeit zu Spekulationen eröffnet wird und damit der Dringlichkeit für die Entscheidung im einstweiligen Rechtsschutz Vorschub geleistet wird. Notfalls muss zumindest eine Frist von 2–3 Monaten nach Beginn der Unterrichtung und Beratung abgewartet werden, bevor tatsächlich mit der dringend erforderlichen Umsetzung begonnen wird. Vorsorglich sollte das Scheitern der Interessenausgleichsverhandlungen erklärt werden. Spätestens, wenn eine der Betriebsparteien das Scheitern der Interessenausgleichsverhandlungen erklärt hat, erlischt ein unter Hinweis auf die Richtlinie 2002/14/EG angenommener Unterlassungsanspruch, denn dann ist die nach der Richtlinie zu sichernde Unterrichtungs- und Anhörungsphase beendet.[213]

IV. Zuständigkeiten

108 Nach § 111 ist der Unternehmer verpflichtet. Anspruchsberechtigt für die Unterrichtung und Beratung ist der Betriebsrat.

1. Unternehmer

109 Auf Arbeitgeberseite ist der **Unternehmer** verpflichtet. Das ist diejenige natürliche oder juristische Person oder die Gesellschaft des Privatrechts, die Träger des Unternehmens ist. Es handeln die jeweils Vertretungsberechtigten. Die Vertretungsberechtigung kann auch delegiert werden, zum Beispiel auf den Personalchef.

110 Im Falle der Eröffnung des Insolvenzverfahrens hat der **Insolvenzverwalter** die Arbeitgeberstellung für den Unternehmer auszuüben. Dies gilt auch, wenn die Gläubigerversammlung gemäß § 157 S. 1 InsO die Unternehmensstilllegung beschließt und dies die Betriebsstilllegung nach § 111 S. 3 Nr. 1 BetrVG zur Folge hat.[214]

111 Im Falle der **Betriebsveräußerung** ist die mögliche Betriebsänderung von demjenigen anzukündigen und zu beraten, der die Betriebsänderung durchführt. Hat der Veräußerer die Betriebsänderung schon vor der Übergabe geplant und zur Umsetzungsreife gebracht, kann auch er bereits verpflichtet sein.

112 Bei einem **Umwandlungstatbestand,** der bereits konkrete Betriebsänderungen zur direkten Folge hat, ist der ursprüngliche Rechtsträger zur Benachrichtigung nach § 5 und § 126

---

[212] ZB LAG Hamm 30.7.2007 – 10 TaBVGa 17/07, BB 2008, 171 (nur red. Leitsatz); LAG Hamm 30.7.2007 – 13 TaBVGa 16/07, BeckRS 2007, 46764 (fehlende Zuständigkeit des antragstellenden Betriebsrats); LAG Schleswig-Holstein 20.7.2007 – 3 TaBVGa 1/07, BeckRS 2007, 46789 (fehlender Implementierungsversuch); *Ehler* BB 2000, 978.

[213] *Ehler* BB 2000, 978 (980); ähnlich *Schaub/Koch* ArbR A-Z § 244 Rn. 29; vgl. LAG Rheinland-Pfalz 26.10.2006 – 11 TaBV 58/06, BeckRS 2011, 66183; dazu auch *Kania/Joppich* NZA 2005, 749.

[214] *Löwisch/Kaiser* BetrVG § 111 Rn. 12.

UmwG und zur Unterrichtung und Beratung nach § 111 BetrVG verpflichtet. Letzteres gilt nicht, wenn keine Änderung auf der betrieblichen Ebene erfolgt. Werden solche Änderungen erst nach der Umwandlung geplant, sind die entstehenden Unternehmer für die Unterrichtung und Beratung verantwortlich.

2. Betriebsrat

Anspruchsberechtigt für die Unterrichtung und Beratung ist der Betriebsrat. Dies gilt jedenfalls dann, wenn das Unternehmen nur einen Betrieb hat. Hat das Unternehmen mehrere Betriebe, ist ebenfalls grundsätzlich der Betriebsrat des **betroffenen** Betriebs zuständig. Dies ist eindeutig, wenn nur einer der Betriebe von der geplanten Maßnahme betroffen ist. 113

3. Gesamtbetriebsrat

Hat das Unternehmen mehrere Betriebe und soll sich die Betriebsänderung nach der unternehmerischen Planung auf alle oder mehrere Betriebe beziehen, kann der Gesamtbetriebsrat zuständig sein. Im Fall einer solchen betriebsübergreifenden Betriebsänderung muss aber auch ein zweites Kriterium erfüllt sein, um die Zuständigkeit des Gesamtbetriebsrats zu begründen: Die einzelnen Betriebsräte **können** die Maßnahme **nicht** innerhalb ihrer Betriebe regeln (vgl. § 50 Abs. 1 S. 1 BetrVG). Das ist anzunehmen, wenn die Maßnahmen notwendigerweise nur einheitlich geregelt werden können.[215] Das ist zum Beispiel der Fall bei der Stilllegung aller oder mehrerer Betriebe eines Unternehmens[216] und bei der Zusammenlegung mehrerer Betriebe.[217] Maßgeblich ist dabei der Inhalt und die Reichweite der geplanten Betriebsänderung. Liegt den geplanten Maßnahmen ein unternehmenseinheitliches Konzept zugrunde, ist es Aufgabe des Gesamtbetriebsrats zu beurteilen, ob dieses Konzept gebilligt wird oder ein anderes sinnvoller erscheint oder interessengerechter wäre.[218] Besteht zum Beispiel bei der Zusammenlegung zweier Betriebe gleichzeitig ein übergreifender Bedarf zum Personalabbau, hätten die beteiligten Betriebsräte einen Interessenkonflikt, den nur der Gesamtbetriebsrat mit Wirkung für beide Betriebe lösen kann. Treffen bei einer übergreifenden Betriebsänderung die auszugleichenden Nachteile nur einen der Betriebe, so ist dessen Betriebsrat für die entsprechenden Sozialplanverhandlungen zuständig.[219] Ist in einem einheitlichen Sanierungskonzept ein bestimmtes Sozialplanvolumen für mehrere Betriebe vorgesehen, wäre dagegen der Gesamtbetriebsrat zuständig.[220] 114

Plant der Unternehmer Änderungen des Betriebszwecks, der Betriebsanlagen oder die Einführung grundlegend neuer Arbeitsmethoden oder Fertigungsverfahren, ist die Zuständigkeit des Gesamtbetriebsrat gegeben, wenn die Änderung aus objektiven sachlichen Gründen in allen oder mehreren Betrieben des Unternehmens **einheitlich** erfolgen muss. Das ist nur dann der Fall, wenn die Maßnahmen wegen des inneren technischen oder arbeitstechnologischen Zusammenhangs einheitlich durchgeführt werden müssen. Ein typischer Fall ist die gleichzeitige Einführung einer Computeranlage, mit der die Arbeitsplätze aller Betriebe vernetzt werden und einheitliche Zugangs- und Bedienungsregeln sichergestellt werden müssen. 115

Die Zuständigkeit des Gesamtbetriebsrats ist auch dann gegeben, wenn die Betriebsänderung in mehreren Betrieben eines Unternehmens nur einen bestimmten **Teil** der Belegschaft betrifft. Das ist zum Beispiel der Fall, wenn alle Bereiche des Vertriebs oder des Außendiens- 116

---

[215] BAG 11.12.2001 – 1 AZR 193/01, NZA 2002, 688; LAG Berlin 22.6.1998 – 9 TaBV 3/98, NZA-RR 1999, 34; LAG Hamm 30.7.2007 – 10 TaBVGa 17/07, BeckRS 2007, 46756 und BeckRS 2007, 46764; Richardi BetrVG/Annuß § 50 Rn. 37; Fitting BetrVG § 50 Rn. 59; Lingemann NZA 2002, 934 (937); Salamon NZA 2018, 143.
[216] BAG 17.2.1981 – 1 AZR 290/78, NJW 1982, 69; Fitting BetrVG § 50 Rn. 59.
[217] BAG 24.1.1996 – 1 AZR 542/95, NZA 1996, 1107; 8.6.1999 – 1 AZR 831/98, NZA 1999, 1168; Fitting BetrVG § 50 Rn. 59.
[218] BAG 20.4.1994 – 10 AZR 186/93, NZA 1995, 89; 24.1.1996 – 1 AZR 542/95, NZA 1996, 1107; Fitting BetrVG § 50 Rn. 59.
[219] BAG 11.12.2001 – 1 AZR 193/01, NZA 2002, 688; vgl. 15.1.2002 – 1 ABR 10/01, NZA 2002, 988.
[220] BAG 11.12.2001 – 1 AZR 193/01, NZA 2002, 688; 23.10.2002 – 7 ABR 55/01, NZA 2003, 1360; Fitting BetrVG § 50 Rn. 60.

tes, der mehreren Betrieben zugeordnet ist, stillgelegt werden sollen.[221] Im Verhältnis zwischen Betriebsrat und Gesamtbetriebsrat gilt die „ausschließliche Zuständigkeit" im Sinne von „entweder, oder".

Die Zuständigkeit zwischen Gesamtbetriebsrat und Betriebsrat ist nach den beiden Tatbestandsmerkmalen „mehrere Betriebe betroffen" und „Nichtkönnen" der Betriebsräte gesetzlich vorgegeben in § 50 Abs. 1 S. 1 BetrVG. Nach ganz herrschender Meinung gilt somit der Grundsatz der „Alternativität"[222] oder auch der „ausschließlichen Zuständigkeit".[223] Ist allerdings ein Gesamtbetriebsrat pflichtwidrig nicht errichtet, führt diese „Zuständigkeitstrennung" dazu, dass ein Mitbestimmungsrecht ungenutzt bleibt. Eine Ersatzzuständigkeit des lokalen Betriebsrats ist nicht anerkannt.[224]

4. Konzernbetriebsrat

117 Betrifft die geplante Betriebsänderung alle oder mehrere Unternehmen des Konzerns, kann nach den gleichen Prinzipien die Zuständigkeit des Konzernbetriebsrats begründet sein. Die Maßnahme muss daher gemäß § 58 Abs. 1 BetrVG **mehrere** Unternehmen betreffen und von den dortigen Vertretungen **nicht** geregelt werden **können**. Das kann vor allem der Fall sein, wenn mehrere Unternehmen verschmolzen werden und das zu einer Zusammenlegung von Betrieben führt. Ähnliches ist möglich, wenn einzelne Betriebsteile mehrerer Unternehmen des Konzerns zusammengelegt werden. Zum Beispiel sind typische Fälle der Konzernzuständigkeit gegeben, wenn alle Vertriebsabteilungen oder Forschungs- und Entwicklungsabteilungen der Unternehmen des Konzerns zusammengelegt werden oder wenn konzernweit ein vernetztes Computer- und Kommunikationssystem eingeführt werden soll. Im Ausgangspunkt kann der Unternehmer oder die Konzernführungsgesellschaft entscheiden, ob konzernweit geplant werden soll, oder ob die Planung auf die Unternehmen delegiert werden soll. Die faktische Entwicklung muss natürlich der Planung folgen, wenn man ein konstantes Ergebnis erzielen und eindeutige Zuständigkeiten begründen will. Auch für den Konzernbetriebsrat gilt die „ausschließliche Zuständigkeit". Wurde ein Konzernbetriebsrat nicht gebildet, obwohl die Voraussetzungen für dessen Bildung vorlagen, ist eine „Ersatzkompetenz" des Gesamtbetriebsrats oder des Betriebsrats grundsätzlich nicht gegeben.[225] Liegt die Konzernspitze im Ausland und gibt es in Deutschland keine Zwischenkonzernspitze, weil die Konzernobergesellschaft im Ausland liegt, ist ausnahmsweise die Zuständigkeit des Gesamtbetriebsrats oder des Betriebsrats ersatzweise gegeben.[226]

5. Tarifvertraglich bestimmte Betriebsräte

118 Ist durch Tarifvertrag gemäß § 3 Abs. 1 BetrVG zulässiger Weise ein unternehmenseinheitlicher Betriebsrat oder ein Spartenbetriebsrat gebildet worden, kann dieser statt des normalen Betriebsrats die originäre Zuständigkeit besitzen. Es gelten die allgemeinen Zuständigkeitskriterien. Nicht beteiligungsfähig in wirtschaftlichen Angelegenheiten nach §§ 106, 111 BetrVG sind dagegen die nach § 3 Abs. 1 BetrVG möglichen zusätzlichen Gremien, die lediglich die Zusammenarbeit unternehmensübergreifend bzw. zwischen den eigentlichen Vertretungen und den Arbeitnehmern verbessern sollen.[227]

6. Unklare Kompetenzverhältnisse

119 Kritisch kann die Frage der Zuständigkeit zwischen Betriebsrat, Gesamtbetriebsrat und Konzernbetriebsrat werden, wenn die streitigen Sachverhalte **nicht eindeutig** sind. Zunächst

---

[221] BAG 8.6.1999 – 1 AZR 831/98, NZA 1999, 1168; *Löwisch/Kaiser* BetrVG § 111 Rn. 14.
[222] *Salamon* NZA 2019, 283 (284); *ders.* NZA 2018, 143 (148).
[223] *Trebeck* NZA 2018, 836 (837).
[224] *Salamon* NZA 2019, 283 (285); *Fitting* BetrVG § 50 Rn. 10; Richardi BetrVG/*Annuß* § 50 Rn. 46; vgl. auch BAG 23.5.2018 – 7 ABR 60/16, NZA 2018, 1562 (1565).
[225] BAG 23.5.2018 – 7 ABR 60/16, NZA 2018, 1562 (1568); *Salamon* NZA 2019, 283 (285); *Trebeck* NZA 2018, 836.
[226] BAG 23.5.2018 – 7 ABR 60/16, NZA 2018, 1562 (1565); *Trebeck* NZA 2018, 836.
[227] Jaeger/Röder/Heckelmann BetrVerfassungsR-HdB/*Röder/Baeck* Kap. 28 Rn. 107.

ist eine Tendenz zur originären Zuständigkeit der kleineren Einheit zu berücksichtigen, denn sehr oft können die Maßnahmen in ihren Auswirkungen auf den Betrieb besser vom lokalen Betriebsrat beurteilt werden, auch wenn alle oder mehrere Betriebe oder Unternehmen betroffen sind. Kommen allerdings Gleichbehandlungsprobleme oder Interessenkonflikte zwischen den Belegschaften in Betracht, die eine einheitliche Behandlung benötigen, ist eher die übergeordnete Einheit zuständig.

Bei Zweifeln über den zuständigen Verhandlungspartner genügt es, dass der Unternehmer in geeigneter Weise versucht, den richtigen Partner für die Unterrichtung und Beratung zu finden. Er hat insofern eine **Initiativpflicht**. Er muss die in Betracht kommenden Gremien zur Klärung auffordern und dann mit dem ihm Genannten verhandeln. Einigen sich die Arbeitnehmervertretungen nicht in überschaubarer Zeit, kann der Unternehmer über den zuständigen Verhandlungspartner entscheiden, wobei die faktische Entscheidungssituation nachvollziehbar sein muss.[228] Liegt die Entscheidung des Unternehmers jedoch nicht im Einklang mit der objektiven Zuständigkeitsbestimmung entsprechend der Faktenlage, besteht das hohe Risiko der Unzuständigkeit, was zur Nichtigkeit einer Interessenausgleichs- oder Sozialplanvereinbarung und zu einem erheblichen Zeitverlust führt.

Deshalb ist es von besonderer Bedeutung, dass der Unternehmer die Maßnahmen und die betroffenen Betriebe bzw. Unternehmen sowie die Kriterien, die für eine zentrale oder dezentrale Verhandlung sprechen, im eigenen Interesse schriftlich **dokumentiert**. Die Anfrage an die in Betracht kommenden Verhandlungspartner sollte schriftlich gemacht werden und einen Regelungsvorschlag des Unternehmers nach objektiven Kriterien enthalten. Folgen die Gremien ohne Vorbehalt, ist die Frage geklärt. Auch dies sollte dokumentiert werden. Folgen die Gremien nicht, kann der Unternehmer sich deren Meinung anschließen und so eine Klärung herbeiführen, die wiederum dokumentiert sein sollte. Keinesfalls darf der Unternehmer die Frage offenlassen, wenn er das Risiko, mit einem unzuständigen Partner zu verhandeln, ausschließen will.

V. Der Betriebsratsberater gemäß § 111 S. 2 BetrVG

Das am 28.6.2001 in Kraft getretene Gesetz zur Reform des Betriebsverfassungsgesetzes[229] erweiterte die Rechtsstellung des Betriebsrats bei Betriebsänderungen in größeren Unternehmen durch das Recht, ohne Absprache mit dem Arbeitgeber einen Berater zu seiner Unterstützung hinzuzuziehen. Voraussetzung ist gemäß § 111 S. 2 BetrVG, dass das Unternehmen mehr als 300 Arbeitnehmer beschäftigt und dass ein Betriebsänderungstatbestand nach § 111 S. 1 und S. 3 BetrVG vorliegt. Erstmals **verzichtet** das Gesetz in diesem Fall **auf das Einvernehmen** des Arbeitgebers – anders als bei der Bestellung eines Sachverständigen nach § 80 Abs. 3 BetrVG.[230] Die Zielsetzung des Gesetzgebers war offenbar, den Betriebsrat in die Lage zu versetzen, die Betriebsänderung im Hinblick auf ihre Auswirkungen auf die Beschäftigten zu erfassen, sowie rechtzeitig Alternativvorschläge zu dieser zu erarbeiten,[231] wobei offenbar eine Beschleunigung der Bestellung des Beraters gewollt war. Denn der Gesetzgeber hielt die Neuregelung für erforderlich, weil sich das Verfahren zur Hinzuziehung eines Sachverständigen gemäß § 80 Abs. 3 BetrVG angeblich als zu zeitaufwändig erwiesen habe.[232] Ob allerdings die Beschleunigung der Beraterbestellung auch zu der allseits erstrebten Beschleunigung der Beratungen um die Betriebsänderung führt, ist zumindest zweifelhaft. Es entfallen zwar Streitigkeiten über das bisher erforderliche Einvernehmen. Andererseits ergeben sich auch neue Konfliktpotentiale: so ist kein Hinweis auf die an den Berater

---

[228] BAG 24.1.1996 – 1 AZR 542/95, NZA 1996, 1107; *Löwisch/Kaiser* BetrVG § 111 Rn. 16; *Lingemann* NZA 2002, 934 (937).
[229] BetrVerf-Reformgesetz, BGBl. 2001, 1852.
[230] *Oetker* NZA 2002, 465; *Lingemann* NZA 2002, 934 (938); *Natzel* NZA 2001, 872 (874); *Reichold* NZA 2001, 857 (865); *Bauer* NZA Sonderheft 2001, 61 (64); *ders.* NZA 2001, 375 (376); *Löwisch* BB 2001, 1790 (1797).
[231] RegBegr., BT-Drs. 14/5711, 52; *Oetker* NZA 2002, 465.
[232] RegBegr., BT-Drs. 14/5711, 52; *Oetker* NZA 2002, 465; *Ehlers* NJW 2003, 2337 (2339); *Lingemann* NZA 2002, 934 (938); *Engels* DB 2001, 532 (539).

zu stellenden Anforderungen ersichtlich; auch gibt es keine Anhaltspunkte für das pflichtgemäße Ermessen des Betriebsrats, das sich aus der Formulierung „kann" ergibt; noch ist etwas zu den entstehenden Kosten gesagt. Zudem ist weiteres Stör- und Verzögerungspotential auch dadurch gegeben, dass die Betriebsräte geneigt sein können, nun die Auswahl ihres Beraters aus rein taktischen Gesichtspunkten und weniger aus dem Wunsch einer sachgerechten Verhandlungsführung heraus zu betreiben. Jedenfalls wird von der Erfahrung berichtet, dass die Hinzuziehung eines Beraters auch nach altem Recht bereits kein Garant für Beschleunigung ist, sondern oft das genaue Gegenteil bewirkt.[233]

1. Maßgebliche Unternehmensgröße

123 Das Recht auf einen Berater ist nach § 111 S. 2 BetrVG nur für Unternehmen mit mehr als 300 Arbeitnehmern vorgesehen. Wenn der vom Gesetzgeber erhoffte Beschleunigungseffekt ernst gemeint sein sollte, könnte man fragen, warum dieser gerade den kleineren Unternehmen verweigert werden soll. Da die Gesetzesbegründung gerade die zeitaufwändige Bestellung nach § 80 Abs. 3 BetrVG kritisiert, müsste die Ausklammerung der Neuregelung für kleinere Unternehmen konsequenter Weise zu erhöhten Kosten führen.[234] Kleinere Unternehmen sollen aber nach dem Paradigmenwechsel bei den Schwellenwerten von Kosten entlastet werden. Dies war auch der Hintergrund für den sogenannten „Riester-Müller-Kompromiss", mit dem der vorliegende Schwellenwert nachträglich in den Gesetzesentwurf eingefügt wurde. Die Gesetzesbegründung wollte gerade auch der hohen **Kostenrelevanz** der Hinzuziehung außerbetrieblichen Sachverstandes Rechnung tragen.[235] Somit muss im Umkehrschluss angenommen werden, dass der Gesetzgeber für größere Unternehmen eine höhere Kostenbelastung durch die erweiterte externe Beratung in Kauf nehmen wollte.[236]

124 Der Unternehmensbegriff in § 111 S. 2 BetrVG ist hingegen eindeutig. Der Schwellenwert von mehr als 300 Arbeitnehmern stellt allein auf die rechtliche Einheit des Trägerunternehmens und nicht auf betriebliche Einheiten ab. Da der **Unternehmensbegriff** sowohl in § 111 S. 1 als auch in § 111 S. 2 BetrVG neu eingefügt wurde, ist von einer einheitlichen Anwendung auszugehen. Konsequenterweise dürfte das Recht auf einen Berater nach § 111 S. 2 BetrVG nicht auf einen Gemeinschaftsbetrieb mit mehr als 300 Arbeitnehmern anwendbar sein, wenn die beteiligten Unternehmen ihrerseits den Schwellenwert nicht überschreiten.[237] Für eine analoge Anwendung der Vorschrift auf Gemeinschaftsbetriebe, die zum Teil diskutiert wird,[238] besteht kein Anhaltspunkt, denn der Begriff des Gemeinschaftsbetriebs wurde gleichzeitig in das Betriebsverfassungsgesetz aufgenommen aber in § 111 BetrVG gerade nicht erwähnt. Obwohl der sonst übliche Zusatz „in der Regel" fehlt, wird man nicht auf die gerade zufällige Größe des Unternehmens im Zeitpunkt des Entstehens der Beteiligungsrecht abstellen, sondern auf eine gewisse dauerhafte Größe.[239]

2. Beteiligungspflichtige Betriebsänderung

125 Das Recht auf Hinzuziehung eines Beraters wird nach § 111 S. 2 BetrVG nur im Hinblick auf die Unterstützung des Betriebsrats für die geplante Betriebsänderung gewährt. Die Rechtsposition wird also nicht für jedwede beratende Tätigkeit eingeräumt. Vielmehr soll sie den Betriebsrat in die Lage versetzen, „die Auswirkungen einer geplanten Betriebsänderung rasch zu erfassen und in kurzer Zeit fundierte Alternativvorschläge vor allem für eine Beschäftigungssicherung zu erarbeiten. Diese Sonderregelung für ein unbürokratisches Hinzuziehen von externem Sachverstand ist auf Betriebsänderungen beschränkt."[240] Aus der sys-

---

[233] So *Oetker* NZA 2002, 466; *Bauer* NZA 2001, 377; *Reichold* NZA 2001, 857 (865); *Ehlers* NJW 2003, 2337 (2339); skeptisch auch *Däubler* AuR 2001, 1 (5).
[234] So zB *Oetker* NZA 2002, 465 (466).
[235] RegBegr. BT-Drs. 14/5711, 52, *Oetker* NZA 2002, 466; *Lingemann* NZA 2002, 938; *Bauer* NZA 2001, 376.
[236] So auch *Oetker* NZA 2002, 465 (467); *Bauer* NZA 2001, 375 (377); *Reichold* NZA 2001, 857 (865).
[237] *Oetker* NZA 2002, 465 (466); *Lingemann* NZA 2002, 934 (939).
[238] *Oetker* NZA 2002, 465 (466); *Annuß* NZA 2001, 367 (369).
[239] *Bauer* NZA Sonderheft 2001, 64; *Fitting* BetrVG § 111 Rn. 118.
[240] RegBegr. BT-Drs. 14/5741, 52.

tematischen Stellung des S. 2 in § 111 BetrVG und aus der Gesetzesbegründung ist somit abzuleiten, dass für den Unternehmer eine Pflicht zur Beratung mit dem Betriebsrat bestehen muss. Dafür ist eine **konkret geplante Betriebsänderung** erforderlich. Vorsorgliche Verhandlungen über eventuell in Betracht kommende Betriebsänderungen, zum Beispiel in Rahmeninteressenausgleichsverhandlungen oder Rahmensozialplänen, begründen kein Recht des Betriebsrats auf Hinzuziehung eines Beraters nach § 111 S. 2 BetrVG.[241]

3. Begriff des Beraters

Mit dem Begriff des Beraters wird neben den „sachkundigen Arbeitnehmern" als Auskunftsperson nach § 80 Abs. 2 S. 3 BetrVG und den „Sachverständigen" nach § 80 Abs. 3 BetrVG, die nach näherer Vereinbarung mit dem Arbeitgeber hinzugezogen werden können, eine weitere Unterstützungsperson genannt. Der in Betracht kommende Personenkreis wird aber nicht konkretisiert. Erste Stellungnahmen betrachten den Beraterbegriff daher als diffus.[242] Die Gesetzesbegründung spricht lediglich von „fremdem Sachverstand"[243] oder „externem Sachverstand".[244] Das hat dazu geführt, dass einerseits gerade die typischen Beraterberufe wie Rechtsanwalt, Wirtschaftsprüfer, und Steuerberater sowie Unternehmensberater für relevant gehalten werden.[245] Andererseits wird in erster Linie die Rechtsberatung durch Rechtsanwälte und Gewerkschaftsbeauftragte zur Begleitung der Beteiligungsrechte in Betracht gezogen.[246] Wieder andere wollen gerade die rechtsberatenden Berufe aus der Beratung nach § 111 S. 2 BetrVG ausscheiden, weil besondere Fachkompetenz in personalwirtschaftlicher, arbeitswissenschaftlicher oder technischer Hinsicht bei ihnen eher selten vermutet wird und die rechtliche Unterstützung des Betriebsrats nicht vom Zweck des § 111 S. 2 gedeckt sei.[247] Obwohl in Anbetracht der Gesetzesbegründung vieles für die letztgenannte Position spricht, da „die rasche Erfassung von Betriebsänderungen" und die „Erarbeitung von fundierten Alternativvorschlägen für eine Beschäftigungssicherung" **eher betriebswirtschaftliche, arbeitswissenschaftliche und technische Fachkompetenz** erfordern, wird man den Betriebsrat angesichts der weiten Formulierung des Beraterbegriffs wohl nicht in der Wahl einschränken können. Vielmehr steht die Hinzuziehung des externen Beraters nach Sachverstand im pflichtgemäßen Ermessen des Betriebsrats.

Der Wortlaut des § 111 S. 2 BetrVG lässt offen, ob auch betriebs- oder unternehmensangehörige Personen Berater im Sinne des § 111 S. 2 BetrVG sein können. Dies ist jedenfalls nicht ausgeschlossen. Da § 111 S. 2 BetrVG vornehmlich geschaffen wurde, um den Betriebsrat von der Einholung des Einverständnisses des Arbeitgebers zu befreien, ist nicht ersichtlich, dass es dem Betriebsrat verwehrt sein sollte, **interne Sachverständige** als Berater hinzuziehen. Auch das Recht auf Auskunft durch sachkundige Arbeitnehmer gemäß § 80 Abs. 2 S. 3 BetrVG schließt den internen Berater nicht aus. Zum einen sind die Auskunftspersonen keine Berater, sondern nur zur Erteilung von „Auskünften" bestimmt. Das ist in Bezug auf die „Beratung" als Minus zu qualifizieren. Zum zweiten lässt § 80 Abs. 2 S. 3 BetrVG dem Arbeitgeber die Auswahl der Auskunftsperson, so dass durchaus ein Interesse des Betriebsrats bestehen kann, einen internen Berater einseitig nach seiner Wahl bestellen zu können.[248]

Ungeklärt ist auch, ob der Berater nach § 111 S. 2 BetrVG zwingend eine natürliche Person sein muss oder ob der Betriebsrat als Berater auch eine Personengesellschaft oder eine **juristische Person** heranziehen kann. Dies kommt vor, wenn der Berater kein selbstständiger „Einzelkämpfer" ist, sondern bei einem Dritten angestellt oder zum Beispiel als Partner in einer Sozietät gebunden ist. Auch ein Partner oder Angestellter einer Beratungsgesellschaft

---

[241] ZB *Oetker* NZA 2002, 465 (467).
[242] *Oetker* NZA 2002, 465 (467); *Bauer* NZA 2001, 375 (376); *Natzel* NZA 2001, 872 (874).
[243] RegBegr. BT-Drs. 14/5741, 51; *Benecke* NZA 2018, 131.
[244] RegBegr. BT-Drs. 14/5741, 52; *Benecke* NZA 2018, 132.
[245] *Reichold* NZA 2001, 857 (865); *Lingemann* NZA 2002, 934 (939); *Löwisch* BB 2001, 1790 (1797); *Bauer* NZA Sonderheft 2001, 61 (64); *ders.* NZA 2001, 375 (376).
[246] *Fitting* BetrVG § 111 Rn. 120.
[247] *Oetker* NZA 2002, 465 (468).
[248] *Oetker* NZA 2002, 465 (468).

kann Berater im Sinne des § 111 S. 2 BetrVG sein, wenn seine Verantwortlichkeit eindeutig geregelt ist.

4. Anzahl der Berater

129 Der Wortlaut des § 111 S. 2 BetrVG scheint dafür zu sprechen, dass lediglich ein Berater für die Beratung nach § 111 S. 2 BetrVG hinzugezogen werden kann. Gleichwohl wird vertreten, dass über den Wortlaut hinaus die Einschaltung mehrerer Personen möglich sei.[249] Daher solle es ausreichend sein, ein „multifunktionales" Beraterbüro einzuschalten oder den Berater zu ermächtigen, weitere Berater hinzuzuziehen.[250] Dann müsste aber das Wort „einen" nicht als Aufzählung, sondern als unbestimmter Artikel ausgelegt werden. Davon kann man jedoch ohne nähere Anhaltspunkte nicht ausgehen. Immerhin sind die gleichfalls neu eingeführten „sachkundigen Arbeitnehmer als Auskunftspersonen" gemäß § 80 Abs. 2 S. 3 BetrVG und die „Sachverständigen" in § 80 Abs. 3 BetrVG jeweils im Plural angeführt, während § 111 S. 2 BetrVG ausdrücklich nur von einem Berater spricht.[251]

130 Diese Unterscheidung ist eindeutig. Auch der Zweck des § 111 S. 2 BetrVG legt keine andere Auslegung nahe. Der eine sachkundige Berater nach Wahl des Betriebsrats soll eine „rasche Erfassung" der geplanten Betriebsänderung sicherstellen und in „kurzer Zeit" fundierte Alternativvorschläge zur Beschäftigungssicherung vorbereiten. Mehr nicht. Dafür ist keine Armada von Beratern erforderlich. Im Übrigen muss dann weiterer Bedarf an Sachverständigen bei entsprechender Erforderlichkeit mit dem Arbeitgeber nach § 80 Abs. 3 BetrVG abgestimmt werden.[252] Das ist auch im Hinblick auf die Kostenbelastung nur folgerichtig.

5. Umfang der Beratung

131 Die Neuregelung in § 111 S. 2 BetrVG macht keine Angaben zum Umfang der Beratungstätigkeit. Die Beratung dient dem Betriebsrat nach dem Gesetzestext lediglich „zu dessen Unterstützung". Besondere Angaben zu Form und Art der Unterstützung werden nicht aufgestellt. Die Beratung kann deshalb in schwierigen Situationen durch schriftliche Gutachten, in der Regel aber mündlich erfolgen. Die mündliche Beratung, zum Beispiel in der Betriebsratssitzung, entspricht eher dem Zweck der Regelung, eine „rasche Erfassung der geplanten Betriebsänderung" und eine „kurzfristige Erarbeitung von fundierten Alternativvorschlägen vor allem für die Beschäftigungssicherung" zu ermöglichen.[253] Dieser erwünschte Beschleunigungseffekt ist stets zu berücksichtigen. Auch die Thematik der Unterstützung ist nicht geregelt; insbesondere ist textlich nicht geklärt, ob sich die Unterstützung auf das komplette Verfahren nach §§ 111 f. BetrVG bezieht. Nimmt man die zitierte Regierungsbegründung ernst, so ist der Berater nur zur Unterstützung bei der Beratung und Verhandlung des „ob" und „wie" der Betriebsänderung (Interessenausgleich) hinzuzuziehen. Nur insofern ist das Erfassen der Auswirkungen der Betriebsänderung und der Vorschlag von Alternativen zur Beschäftigungssicherung erheblich.[254] Insofern ist Eile geboten, damit auf die Entscheidung des Arbeitgebers zur Umsetzung der geplanten Betriebsänderung noch Einfluss genommen werden kann. Dieses Ergebnis wird auch durch die systematische Stellung des § 111 S. 2 BetrVG gestützt. Die Regelung steht direkt im Anschluss an die Pflicht des Unternehmens in § 111 S. 1 BetrVG, die geplante Betriebsänderung mit dem Betriebsrat zu beraten, und vor der Aufzählung der Betriebsänderungstatbestände in § 111 S. 3 BetrVG. Gegenstand der relevanten Beratungen, zu dem der Berater hinzugezogen werden kann, ist demnach die geplante Betriebsänderung selbst, somit die Beratungen über den Interessenausgleich. Nicht zu den relevanten Beratungen im Sinne des § 111 S. 2 BetrVG zählen die Verhandlungen über den Sozialplan, denn dieser beschäftigt sich nicht mit dem „ob" und „wie" der Betriebsän-

---

[249] *Däubler* AuR 2001, 285 (286); *Fitting* BetrVG § 111 Rn. 121.
[250] *Lingemann* NZA 2002, 934 (939).
[251] *Lingemann* NZA 2002, 934 (939); *Natzel* NZA 2001, 872 (873); *Bauer* NZA 2001, 375 (376).
[252] *Lingemann* NZA 2002, 934 (939); *Oetker* NZA 2002, 465 (467).
[253] RegBegr. BT-Drs. 14/5741, 52.
[254] *Oetker* NZA 2002, 469; *Reichold* NZA 2001, 865.

derung, sondern mit dem Ausgleich oder der Milderung der wirtschaftlichen Nachteile, die den Arbeitnehmern infolge der Betriebsänderung entstehen. Deshalb ist der Betriebsrat grundsätzlich nicht berechtigt, einen Berater nach § 111 S. 2 BetrVG zur Unterstützung bei den Sozialplanverhandlungen hinzuzuziehen.[255] Hierfür stünde der Sachverständige gemäß § 80 Abs. 3 BetrVG bei entsprechender Erforderlichkeit und nach Abstimmung mit dem Arbeitgeber zur Verfügung. Zweifelhaft ist auch, ob der Berater gemäß § 111 S. 2 BetrVG für das gesamte Interessenausgleichsverfahren einschließlich des Vermittlungsverfahrens nach § 112 Abs. 2 BetrVG und des Einigungsstellenverfahrens nach § 112 Abs. 3 BetrVG hinzugezogen werden kann. Dagegen spricht abermals die Gesetzessystematik in der Stellung des § 111 S. 2 BetrVG und der in der Gesetzesbegründung zum Ausdruck gekommene Zweck der Neuregelung, also die „rasche Erfassung der geplanten Betriebsänderung" und der „kurzfristige Vorschlag von Alternativen" in den unmittelbaren Beratungen zwischen Arbeitgeber und Betriebsrat.[256] Hat der vom Betriebsrat hinzugezogene Berater sachkundige Beratungstätigkeit im Sinne der vom Gesetzgeber beabsichtigten Beschleunigung geleistet, wird die Abstimmung mit dem Arbeitgeber für die weitere Sachverständigentätigkeit nach § 80 Abs. 3 BetrVG kein Problem sein.

Zur Tätigkeit des Beraters nach § 111 S. 2 BetrVG gehört schließlich nicht nur die Vermittlung der fehlenden fachlichen oder rechtlichen Kenntnisse, sondern auch die Beratungstätigkeit im Sinne einer **Wertung**. Insofern ist der Begriff des Beraters weiter als der des Sachverständigen nach § 80 Abs. 3 BetrVG.[257]

6. Erforderlichkeit

Abweichend von § 80 Abs. 3 BetrVG verzichtet § 111 S. 2 BetrVG auf die Einschränkung „soweit dies zur ordnungsgemäßen Erfüllung seiner Aufgaben erforderlich ist." Daraus folgt jedoch nicht, dass der Betriebsrat die Hinzuziehung nach freiem Belieben beschließen kann. Nach einer Meinung ist gleichwohl in Anbetracht der Kostentragungspflicht des Arbeitgebers eine Erforderlichkeitsprüfung vorzunehmen,[258] während andere annehmen, der Gesetzgeber unterstelle generell die Erforderlichkeit.[259] Richtig ist natürlich, dass ein Berater nicht mutwillig hinzugezogen werden kann, wenn dies im Hinblick auf die geplante Betriebsänderung tatsächlich nicht erforderlich ist. Mit der Formulierung „kann" räumt § 111 S. 2 BetrVG dem Betriebsrat ein **pflichtgemäßes Ermessen** ein, das zumindest unter dem Vorbehalt der vertrauensvollen Zusammenarbeit nach § 2 Abs. 1 BetrVG steht. Dadurch wird der Betriebsrat verpflichtet, einen Berater nur dann hinzuziehen, wenn dies „zu seiner Unterstützung" im Rahmen der Zwecksetzung der Vorschrift und im Rahmen des notwendigen Beratungsumfangs erforderlich ist.[260] Für die Wahrung der Erforderlichkeit wird es genügen, dass der Betriebsrat im Rahmen des § 111 S. 2 BetrVG die Unterstützung durch den Berater für die Beratungen über die geplante Betriebsänderung bei gewissenhafter Abwägung aller Umstände im Zeitpunkt der Beauftragung für erforderlich halten durfte. In jedem Fall muss ein entsprechend formeller Beschluss des Betriebsrats gefasst werden, der die fehlende Sachkenntnis, die Person des Beraters sowie Art und Umfang der Beratung konkret festlegt.

7. Kostentragung, Haftung

Die Frage, wer die Kosten der Beratung nach § 111 S. 2 BetrVG trägt, ist nicht ausdrücklich geregelt. Daher ist ein Rückgriff auf § 40 Abs. 1 BetrVG erforderlich, wie es insoweit

---

[255] Ausdrücklich *Oetker* NZA 2002, 465 (469); *Reichold* NZA 2001, 857 (865); unklar *Schaub/Koch* ArbR A–Z § 244 Rn. 25: „Zur Beurteilung der den §§ 111, 112 BetrVG zugrunde liegenden wirtschaftlichen Sachverhalten".
[256] So *Oetker* NZA 2002, 465 (469).
[257] *Schaub/Koch* ArbR A–Z § 244 Rn. 25.
[258] So *Schaub/Koch* ArbR A–Z § 244 Rn. 25a; *Richardi* BetrVG/*Annuß* § 111 Rn. 53; *Annuß* NZA 2001, 367 (369); *Bauer* NZA 2001, 375 (376); *Reichold* NZA 2001, 857 (865); *Natzel* NZA 2001, 872 (874); *Fitting* BetrVG § 111 Rn. 122.
[259] *Däubler* AuR 2001, 285 (286); aA *Fitting* BetrVG § 111 Rn. 122.
[260] *Oetker* NZA 2002, 465 (469); *Löwisch* BB 2001, 1790 (1798); *Natzel* NZA 2001, 872 (874); *Bauer* NZA 2001, 857 (865).

auch bei § 80 Abs. 3 BetrVG einhellig angenommen wird.[261] Schuldner des Vergütungsanspruchs ist entweder der Betriebsrat, der dann einen Freistellungs- oder Erstattungsanspruch gegenüber dem Arbeitgeber erlangt, den er an den Berater abtreten kann,[262] oder der Arbeitgeber direkt[263] durch Vertretung des Betriebsrats beim Vertragsabschluss. Es spricht vieles für die letztere Alternative, wodurch allerdings dem **Arbeitgeber** auch die **Gläubigerrechte** zustehen, was vor allem für die Haftung des Beraters bei Pflichtverletzungen erheblich ist. Verfolgt der Betriebsrat auf Grund schuldhaft falscher Beratung einen Konfrontationskurs und verzögert unbegründet die Umsetzung einer dringenden Betriebsänderung, ist der Berater dem Arbeitgeber haftbar.[264] Zum gleichen Ergebnis kommt man allerdings auch über den Umweg des Vertrags mit Schutzwirkung zugunsten Dritter, allerdings nicht zugunsten benachteiligter Arbeitnehmer.[265]

135 Zur Höhe der Beratervergütung ist zunächst die vertragliche Regelung maßgeblich. Ansonsten ist die übliche Vergütung nach § 612 BGB geschuldet, wobei gegebenenfalls gesetzliche Gebührenordnungen anzuwenden sind. Fehlen dafür Anhaltspunkte, hat der Berater ein Leistungsbestimmungsrecht nach billigem Ermessen gemäß § 315 BGB. Jedenfalls sind im Verhältnis zum Arbeitgeber die **Grenzen des § 40 Abs. 1 BetrVG** beachtlich. Der Betriebsrat muss darauf achten, dass die Kosten verhältnismäßig bleiben.[266]

8. Rechtsstellung des Beraters

136 Aufgrund des Betriebsratsbeschlusses hat der Berater ein Zutrittsrecht zum Betrieb, um zB an Betriebsratssitzungen teilzunehmen. Der Berater **wird von dem Betriebsrat unterrichtet**. Der Unternehmer ist nicht gegenüber dem Berater auskunftsverpflichtet. Er muss nur den Betriebsrat selbst unterrichten. Benötigt der Berater weitere Informationen, kann er diese nur über den Betriebsrat verlangen, der sich seinerseits an den Arbeitgeber wenden muss.[267] Der Betriebsrat kann allerdings beschließen, den Berater zu den Beratungen mit dem Arbeitgeber hinzuzuziehen. Dies ist einerseits vom Zweck des § 111 S. 2 BetrVG gedeckt, wie er in der Gesetzesbegründung zum Ausdruck bekommen ist, wonach der Beschleunigungsgedanke im Vordergrund steht.[268] Zum anderen wäre es auch im eigenen praktischen Interesse des Arbeitgebers unsinnig, den Berater nur indirekt über den Betriebsrat zu informieren und damit ständig das Problem „stille Post" zu riskieren.

137 Nach der Verweisungskette in § 111 S. 2, § 80 Abs. 4 und § 79 BetrVG kann der Berater wie die Mitglieder des Betriebsrats zur **Verschwiegenheit** verpflichtet werden.

9. Verhältnis zu anderen Informationsmöglichkeiten

138 Das Recht auf Hinzuziehung eines Beraters beschränkt nicht die sonstigen Informationsrechte des Betriebsrats. Das Recht auf Vorlage der erforderlichen Unterlagen gemäß § 80 Abs. 2 S. 2 BetrVG bleibt unberührt. Das Recht, gemäß § 80 Abs. 2 S. 3 BetrVG sachkundige Arbeitnehmer als Auskunftspersonen hinzuzuziehen ebenso. Das Recht, gemäß § 80 Abs. 3 BetrVG einen Sachverständigen, soweit erforderlich, mit Einverständnis des Arbeitgebers hinzuzuziehen, bleibt für kleinere Unternehmen mit höchstens 300 Arbeitnehmern ebenfalls unberührt. Das gilt im Grundsatz auch für Unternehmen, die den Schwellenwert überschreiten. Es können also Sachverständige auch neben dem Berater gemäß § 111 S. 2 BetrVG bestellt werden. Allerdings ist bei der **Erforderlichkeitsprüfung** nach § 80 Abs. 3 BetrVG zu berücksichtigen, dass der Berater bereits erhebliche Sachkunde einbringt. Dies kann die Hinzuziehung weiterer Sachverständiger unnötig machen. Es ist also sicher nicht

---

[261] *Oetker* NZA 2002, 465 (471); *Benecke* NZA 2018, 1361.
[262] So BAG 13.5.1998 – 7 ABR 65/96, NZA 1998, 900 in Bezug auf den Sachverständigen nach § 80 Abs. 3 BetrVG.
[263] *Löwisch* BB 2001, 1790 (1798); *Reichold* NZA 2001, 857 (865).
[264] *Reichold* NZA 2001, 857 (865).
[265] *Oetker* NZA 2002, 465 (472); vgl. BAG 24.8.2006 – 8 AZR 414/05, NZA 2007, 51 (52).
[266] *Oetker* NZA 2002, 465 (472); *Löwisch* BB 2001, 1790 (1798); *Fitting* BetrVG § 111 Rn. 124; Richardi BetrVG/*Annuß* § 111 Rn. 54.
[267] *Oetker* NZA 2002, 465 (473).
[268] *Oetker* NZA 2002, 465 (473).

an die Einschaltung mehrerer Rechtsanwälte zu denken. Jedoch ist es durchaus vorstellbar, neben einem Rechtsanwalt als Berater nach § 111 S. 2 BetrVG, soweit erforderlich einen Unternehmensberater nach § 80 Abs. 3 BetrVG hinzuzuziehen.[269]

VI. Beteiligungsrecht gemäß § 106 BetrVG

Betriebsänderungen fallen auch unter den weiteren Begriff der „**wirtschaftlichen Angelegenheiten**". Daher ist auch der Wirtschaftsausschuss – sofern existent – über anstehende Betriebsänderungen gemäß § 106 BetrVG zu unterrichten. Zeitlich kann die Unterrichtung des Wirtschaftsausschusses der Unterrichtung des Betriebsrats vorgehen. Der Unterrichtung folgt die Beratung des Unternehmens mit dem Wirtschaftsausschuss.

1. Voraussetzungen gemäß § 106 Abs. 1 BetrVG

Ein Wirtschaftsausschuss ist nur in Unternehmen mit in der Regel mehr als 100 ständig beschäftigten Arbeitnehmern zu bilden. Jedoch greifen die Rechte aus § 106 BetrVG nur, wenn **tatsächlich** ein Wirtschaftsausschuss gebildet wurde.

Der Wirtschaftsausschuss ist nicht einem oder mehreren Betrieben sondern dem **Unternehmen** zugeordnet. Seine Kompetenz umfasst nicht nur Betriebsänderungen, sondern alle wirtschaftlichen Angelegenheiten des Unternehmens. In Unternehmen mit mehreren Betrieben ist der Wirtschaftsausschuss gemäß § 107 Abs. 2 S. 2 BetrVG Hilfsorgan des Gesamtbetriebsrats,[270] im Übrigen Hilfsorgan des Betriebsrats. Der Wirtschaftsausschuss kann grundsätzlich nicht für mehrere Unternehmen gebildet werden.[271] Das gilt auch im Konzern. Es ist auch nicht möglich, den Wirtschaftsausschuss Teilen eines Unternehmens zuzuordnen oder mehrere Wirtschaftsausschüsse zu bilden. Er ist deshalb immer konsequent dem Unternehmen als Rechtsträger zugeordnet. Daran hat sich durch das BetrVG-Reformgesetz nichts geändert.

a) **Unternehmensgröße.** Ein Wirtschaftsausschuss ist nur in Unternehmen mit in der Regel **mehr als 100** ständig beschäftigten Arbeitnehmern zu bilden. Dieser Schwellenwert bezog sich auch schon vor dem BetrVG-Reformgesetz auf das Unternehmen. Teilzeitbeschäftigte zählen voll mit. Es wird schlicht nach Köpfen gezählt. Die neuerdings nach § 7 S. 2 BetrVG wahlberechtigten Arbeitnehmer eines anderen Arbeitgebers werden jedoch nicht berücksichtigt, denn diese Vorschrift regelt nur das Wahlrecht, nicht die Arbeitnehmereigenschaft gegenüber dem Unternehmen.[272]

Besteht das Unternehmen aus mehreren Betrieben, sind die Arbeitnehmer **aller** Betriebe zu berücksichtigen. Auch Arbeitnehmer aus nicht betriebsratsfähigen Kleinbetrieben oder Betrieben, die keinen Betriebsrat gewählt haben, sind mitzuzählen.[273] Allerdings muss zumindest ein Betrieb im Unternehmen einen Betriebsrat haben.

Betreiben mehrere Unternehmen einen **gemeinsamen** Betrieb mit in der Regel mehr als 100 ständig beschäftigten Arbeitnehmern, ist nach der Rechtsprechung ein Wirtschaftsausschuss zu bilden. Das folge aus der Funktion des Wirtschaftsausschusses als Hilfsorgan des Betriebsrats des gemeinsamen Betriebs.[274] Ob dies auch gilt, wenn keines der beteiligten Unternehmen mehr als 100 Arbeitnehmer hat, dürfte zweifelhaft sein.

Hat ein **ausländisches** Unternehmen inländische Teile, die mehr als 100 Arbeitnehmer ständig beschäftigen, muss in Deutschland ein Wirtschaftsausschuss gebildet werden.[275] Hat

---

[269] *Bauer* NZA-Sonderheft 2001, 61 (66).
[270] BAG 9.5.1995 – 1 ABR 61/94, NZA 1996, 55; *Löwisch/Kaiser* BetrVG § 106 Rn. 1.
[271] BAG 23.8.1989 – 7 ABR 39/88, NZA 1990, 863. Ausnahmsweise denkbar wäre ein Wirtschaftsausschuss für mehrere Unternehmen im Gemeinschaftsbetrieb bei besonders enger Führung: ArbG Dortmund 16.9.1993 – 3 BV 27/93 (n. v.); vgl. Gesamtbetriebsrat mehrerer Unternehmen denkbar, bei besonders enger Führung BAG 25.2.2020 – 1 ABR 40/18, NZA 2020, 881 f. Rn. 16.
[272] *Fitting* BetrVG § 106 Rn. 15; *Löwisch/Kaiser* BetrVG § 106 Rn. 3.
[273] LAG Hessen 7.11.1989 – 4 TaBV 18/89, AuR 1991, 29; *Löwisch/Kaiser* BetrVG § 106 Rn. 4.
[274] BAG 1.8.1990 – 7 ABR 91/88, NZA 1991, 643.
[275] BAG 1.10.1974 – 1 ABR 77/73, BB 1975, 327.

dagegen ein inländisches Unternehmen Betriebe im Ausland, sind die Arbeitnehmer der ausländischen Betriebe bei der Errechnung der Mindestzahl nicht zu berücksichtigen, weil diese Arbeitnehmer wegen des Territorialitätsprinzips vom BetrVG nicht erfasst werden.[276]

146 Sinkt die Zahl der Arbeitnehmer im Unternehmen vorübergehend unter 101, kann der Wirtschaftsausschuss nur dann weiterbestehen, wenn der Anstieg auf den erforderlichen Schwellenwert wieder **absehbar** ist. Ist das nicht der Fall, endet das Amt des Wirtschaftsausschusses wie das des Betriebsrats, wenn die Mindestzahl von 6 Arbeitnehmern nach § 1 BetrVG unterschritten ist. Andernfalls richtet sich die Amtszeit nach der des zuständigen Betriebsrats.

147 b) **Existenz eines Wirtschaftsausschusses.** In kleineren Unternehmen mit weniger als 101 ständig beschäftigten Arbeitnehmern, die keinen Wirtschaftsausschuss haben, **entfallen** die Beteiligungsrechte auf Unterrichtung und Beratung nach § 106 BetrVG. Sie gehen nicht etwa auf einen bestehenden Betriebsrat über.[277] So hat der Betriebsrat eines kleineren Betriebs kein allgemeines Einblicksrecht in die Jahresbilanz oder den Wirtschaftsprüferbericht zum Jahresabschluss.[278] Das Gleiche gilt, wenn etwa in einem Unternehmen mit mehr als 101 Arbeitnehmern kein Wirtschaftsausschuss eingerichtet wurde. Dies kann allenfalls eine Pflichtverletzung des zuständigen Betriebsrats darstellen. Nach Art. 4 des Risikobegrenzungsgesetzes ist zukünftig gemäß § 109a BetrVG (neu) lediglich im Fall der Unternehmensübernahme (Erwerb der Kontrolle) vorgesehen, dass bei Nichtbestehen eines Wirtschaftsausschusses der Betriebsrat entsprechend § 106 Abs. 1 und 2 zu beteiligen ist.[279] Möglich ist hingegen, dass ein Betriebsrat über die entsprechenden wirtschaftlichen Sachverhalte nach § 80 Abs. 2 BetrVG zu unterrichten ist, was sich dann allein nach dieser Norm bestimmt.[280] Unabhängig davon kann natürlich das Beteiligungsrecht des Betriebsrats nach § 111 BetrVG bei Betriebsänderungen greifen.

2. Wirtschaftliche Angelegenheiten gemäß § 106 Abs. 3 BetrVG

148 Im Gegensatz zu § 111 BetrVG zählt § 106 BetrVG in den Einzeltatbeständen **beispielhaft** die wichtigsten wirtschaftlichen Angelegenheiten auf. Der Katalog ist nicht abschließend. Das ergibt sich aus dem Wort „insbesondere" und der beschränkten Generalklausel in Nr. 10. Für die Zuständigkeit des Wirtschaftsausschusses ist nicht Voraussetzung, dass die wirtschaftlichen Angelegenheiten wesentliche Nachteile für die Arbeitnehmer haben können, wie es in § 111 BetrVG gefordert wird.[281] Zumindest für den Auffangtatbestand der Nr. 10 ist allerdings erforderlich, dass die Interessen der Arbeitnehmer des Unternehmens wesentlich berührt werden.[282] Zu den wirtschaftlichen Angelegenheiten gehören insbesondere:

149 a) **Wirtschaftliche und finanzielle Lage gemäß Nr. 1.** Die laufende Informations- und Beratungspflicht über die allgemeine wirtschaftliche und finanzielle Lage besteht **unabhängig** vom Vorliegen einer Betriebsänderung. Sie umfasst alle auf das Unternehmen einwirkenden Umstände, die für die unternehmerische Planung von Bedeutung sind. Hierher gehört zB die Absicht, die Eröffnung eines Insolvenzverfahrens zu beantragen.[283]

150 b) **Produktions- und Absatzlage gemäß Nr. 2.** Die Unterrichtung über die Produktions- und Absatzlage ist ebenfalls **unabhängig** vom Vorliegen einer Betriebsänderung. Sie betrifft die laufende Erläuterung der Analyse des Kapazitätsbestands bzw. der Auslastung der Be-

---

[276] *Fitting* BetrVG § 106 Rn. 19; *Richardi* BetrVG/*Annuß* § 106 Rn. 13; *Löwisch/Kaiser* BetrVG § 106 Rn. 5.
[277] BAG 5.2.1991 – 1 ABR 24/90, NZA 1991, 645; *Löwisch/Kaiser* BetrVG § 106 Rn. 7; *Richardi* BetrVG/*Annuß* § 106 Rn. 16; *Fitting* BetrVG § 106 Rn. 21.
[278] LAG Köln 8.9.1987 – 11 Ta BV 32/87, NZA 1988, 210; *Fitting* BetrVG § 106 Rn. 21; BAG 5.2.1991 – 1 ABR 24/90, NZA 1991, 645.
[279] RisikobegrenzungsG vom 12.8.2008 (BGBl. I 1666); dazu kritisch *Simon/Dobel* BB 2008, 1955; *Thüsing* ZIP 2008, 106; *Löw* DB 2008, 758.
[280] BAG 5.2.1991 – 1 ABR 32/90, NZA 1991, 639; *Fitting* BetrVG § 106 Rn. 22.
[281] *Fitting* BetrVG § 106 Rn. 50.
[282] HWGNRH/*Hess* BetrVG § 106 Rn. 43; vgl. *Fitting* BetrVG § 106 Rn. 48.
[283] *Fitting* BetrVG § 106 Rn. 54.

triebe sowie der Analyse für den Absatz (Vertrieb, Umsatz, Verkauf) der Erzeugnisse oder Dienstleistungen des Unternehmens.

c) Produktions- und Investitionsprogramm gemäß Nr. 3. Das Produktions- und Investitionsprogramm unterliegt der regelmäßigen Unterrichtungspflicht **unabhängig** von einer Betriebsänderung. Das Produktionsprogramm definiert die zu erbringende arbeitstechnische Leistung der Betriebe. Das Investitionsprogramm legt fest, welche Investitionsprojekte durchgeführt werden sollen.

d) Rationalisierungsvorhaben gemäß Nr. 4. Die Rationalisierung bezweckt die kostengünstigere Gestaltung der Arbeitsvorgänge mit dem Ziel, die Wirtschaftlichkeit des Unternehmens zu steigern. Das kann einerseits durch Rationalisierungsinvestitionen zur Einführung arbeitssparender oder qualitätsverbessernder Technologien und betriebsorganisatorischen Maßnahmen geschehen. Es werden andererseits alle Vorhaben erfasst, die die Leistung des Betriebs dadurch verbessern, dass der Aufwand an menschlicher Arbeit, aber auch an Zeit, Energie, Material und Kapital herabgesetzt wird. Neben der Erhöhung der **Wirtschaftlichkeit** kann auch die Erzielung menschengerechterer Arbeitsbedingungen das Ziel sein. Es sind nur die über die üblichen Anpassungen hinausgehenden Maßnahmen mitzuteilen. Wenn sich auf Grund der angestrebten Rationalisierung der Personalbedarf oder Personaleinsatz ändert, ist darauf gemäß Absatz 2 hinzuweisen. Insofern ist auch der Betriebsrat unter den Voraussetzungen der §§ 90, 92 BetrVG und bei entsprechenden Betriebsänderungen mit möglicherweise nachteiligen Folgen für die Arbeitnehmer vor allem nach § 111 S. 3 Nr. 1 BetrVG zu beteiligen.

e) Fabrikations- und Arbeitsmethoden gemäß Nr. 5. Unter der Fabrikationsmethode ist das planmäßige Vorgehen bei der Gütererzeugung unter technischen Gesichtspunkten zu verstehen. Die Arbeitsmethode beschreibt das entsprechende **Vorgehen** unter arbeitswissenschaftlichen Gesichtspunkten. Der Wirtschaftsausschuss ist über alle neuen Fabrikations- und Arbeitsmethoden zu unterrichten. Die Unterrichtungs- und Beratungsrechte des Wirtschaftsausschusses werden ergänzt durch die nachfolgenden Rechte des Betriebsrats nach §§ 90 Nr. 2–4, 91 und § 111 Nr. 5 BetrVG.

f) Fragen des betrieblichen Umweltschutzes gemäß Nr. 5a. Fragen des betrieblichen Umweltschutzes betreffen nach der gesetzlichen Definition des § 89 Abs. 3 BetrVG alle personellen und organisatorischen Maßnahmen, die dem Umweltschutz im Betrieb dienen. Dazu können Maßnahmen, die betriebliche Bauten, technische Anlagen, Arbeitsverfahren und Arbeitsplätze betreffen, gehören. Das Unterrichtungs- und Beratungsrecht des Wirtschaftsausschusses bezieht sich aber nur auf die **wirtschaftliche** Beurteilung dieser Fragen, nicht etwa auf die den Schutz der Arbeitnehmer bezogene Seite. Dafür wären die Mitwirkungsrechte des Betriebsrats nach § 80 Abs. 1 Nr. 9 und § 89 Abs. 2 S. 2 BetrVG einschlägig. Der Wirtschaftsausschuss kann sich zwar mit den Kosten zB einer Maßnahme zur Optimierung der Atemluft in einer Lackiererei befassen. Er hat aber kein Beratungsrecht zur technischen Umsetzbarkeit.

g) Einschränkung oder Stilllegung von Betrieben und Betriebsteilen gemäß Nr. 6. Die Vorschrift entspricht inhaltlich § 111 S. 3 Nr. 1 mit dem Unterschied, dass der Wirtschaftsausschuss auch über Veränderungen bei **kleineren** Betriebsteilen zu unterrichten ist, die nicht das Wesentlichkeitskriterium erfüllen. Auf mögliche Nachteile für die Mitarbeiter kommt es nicht an. Der Wirtschaftsausschuss muss auch unterrichtet werden, wenn ein betriebsratsloser Betrieb des Unternehmens stillgelegt werden soll, denn der Wirtschaftsausschuss nimmt unternehmensbezogene Aufgaben wahr.[284]

h) Verlegung von Betrieben und Betriebsteilen gemäß Nr. 7. Die Vorschrift entspricht § 111 S. 3 Nr. 2 BetrVG mit dem Unterschied, dass auch über die Verlegung **kleinerer** Betriebsteile zu unterrichten ist, die nicht wesentlich sind. Auf mögliche Nachteile für die Arbeitnehmer kommt es nicht an.

---

[284] BAG 9.5.1995 – 1 ABR 61/94, NZA 1996, 55; Richardi BetrVG/*Annuß* § 106 Rn. 50; *Fitting* BetrVG § 106 Rn. 67.

157 i) **Zusammenschluss oder Spaltung von Unternehmen oder Betrieben gemäß Nr. 8.** Die Vorschrift entspricht § 111 S. 3 Nr. 3 BetrVG. Allerdings betrifft sie nicht nur den Zusammenschluss oder die Spaltung auf **betrieblicher Ebene,** also im operationellen Bereich. Vielmehr muss auch über eine Zusammenlegung oder Spaltung des **Unternehmens** als Rechtsträger unterrichtet und beraten werden. Dabei ist es unerheblich, ob die Zusammenlegung oder Spaltung des Unternehmens nach dem Umwandlungsgesetz im Wege der Gesamtrechtsnachfolge geplant ist oder über eine Einbringung bzw. Trennung von Vermögensbestandteilen (Assets) der betroffenen Unternehmen. Das Beteiligungsrecht des Wirtschaftsausschusses besteht also auch, wenn sich der unternehmensrechtliche Vorgang nicht auf betrieblicher Ebene auswirkt. Es ist auch unerheblich, ob die unternehmerische oder betriebliche Maßnahme Nachteile für die Arbeitnehmer haben kann.

158 Die weiteren Beteiligungsrechte aus dem BetrVG bleiben unberührt. Somit können das Recht auf Unterrichtung des Betriebsrats nach § 80 Abs. 2 BetrVG und der Anspruch auf Beteiligung nach § 111 BetrVG zusätzlich eingreifen.

159 j) **Änderung der Betriebsorganisation oder des Betriebszwecks gemäß Nr. 9.** Die Betriebsorganisation ist das **Ordnungsgefüge,** das den Betriebszweck mit der Erfüllung der Betriebsaufgaben durch die im Betrieb arbeitenden Menschen und Betriebsanlagen verbindet.[285] Der Betriebszweck wird vom Unternehmer definiert zur Erreichung der jeweiligen Unternehmensziele. Der Betriebszweck ist das Ergebnis der Absatz- und Produktionsplanung, durch die den Betrieben die arbeitstechnischen Aufgaben der Gütererzeugung oder der Dienstleistung zugewiesen werden.

Die Unterrichtungs- und Beratungspflicht gegenüber dem Wirtschaftsausschuss ist **weiter** als der vergleichbare Tatbestand in § 111 S. 3 Nr. 4 BetrVG. Er erfasst jede vom Unternehmer in Betracht gezogene Änderung und nicht nur die geplante „grundlegende Änderung". Allerdings muss zumindest eine deutlich erkennbare Änderung geplant sein, die über die alltäglichen Anpassungen hinausgeht. Erforderlich ist, dass es zu einer wesentlichen Berührung von Arbeitnehmerinteressen kommen kann.[286]

160 k) **Unternehmensübernahme gemäß Nr. 9a.** Im Risikobegrenzungsgesetz (Artikel 4) ist zukünftig als weiterer Tatbestand gemäß Nr. 9a definiert die Übernahme des Unternehmens, wenn hiermit der Erwerb der Kontrolle verbunden ist.[287] Damit wird ausdrücklich klargestellt, dass das Unternehmen den Wirtschaftsausschuss auch über eine (Anteils-)Übernahme des Unternehmens informieren muss, wenn damit der Erwerb der Kontrolle verbunden ist, also in einer börsennotierten Gesellschaft, wenn mindestens 30 % der Stimmrechte erworben werden (vgl. § 29 Abs. 2 WpÜG) ansonsten in der Regel, wenn die Mehrheit der Anteile übernommen werden soll.

161 l) **Sonstige Vorgänge und Vorhaben, welche die Interessen der Arbeitnehmer wesentlich berühren können, gemäß Nr. 10.** Der Tatbestand der Nr. 10 enthält eine beschränkte Generalklausel.[288] Er umfasst alle Fragen, die das wirtschaftliche Leben des Unternehmens in entscheidenden Fragen betreffen und nicht bereits in den Tatbeständen der Nr. 1–9 aufgeführt sind. Voraussetzung ist, dass die Interessen der Arbeitnehmer des Unternehmens **wesentlich** berührt werden können.[289] Sie müssen also wenigstens möglicherweise erhebliche soziale Auswirkungen haben. Das sind vor allem solche Vorgänge, die sich auf die Personalplanung auswirken.[290] Dazu gehören zB Rechtsstreitigkeiten, die für das Unternehmen und die Arbeitnehmerinteressen von grundlegender Bedeutung sind, die allgemeine wirtschaftliche Lage der Branche, die enge Zusammenarbeit mit anderen Unternehmen, die Verlagerung der Produktion ins Ausland, die Durchführung von Pilotprojekten über neue Dienstleistun-

---

[285] BAG 22.5.1979 – 1 ABR 17/77, DB 1979, 1897, NJW 1980, 83; *Fitting* BetrVG § 106 Rn. 78.
[286] *Fitting* BetrVG § 106 Rn. 79; *Richardi* BetrVG/*Annuß* § 106 Rn. 55.
[287] Risikobegrenzungsgesetz vom 12.8.2008 (BGBl. I 1666); dazu kritisch *Simon/Dobel* BB 2008, 1955; *Thüsing* ZIP 2008, 106; *Löw* DB 2008, 758; im Einzelnen *Liebers/Erren/Weiß* NZA 2009, 1063.
[288] *Fitting* BetrVG § 106 Rn. 130; *Richardi* BetrVG/*Annuß* § 106 Rn. 56.
[289] BAG 11.7.2000 – 1 ABR 43/99, NZA 2001, 402; *Fitting* BetrVG § 106 Rn. 130; *Richardi* BetrVG/*Annuß* § 106 Rn. 56.
[290] *Richardi* BetrVG/*Annuß* § 106 Rn. 56.

gen und Produkte, wenn die zu erwartenden Ergebnisse Auswirkungen auf die Beschäftigungsverhältnisse der Arbeitnehmer haben können,[291] Ausgliederungen von Dienstleistungen, Unternehmenszusammenschlüsse (Verschmelzungen), Konzentrationsvorgänge, die Veräußerung von Geschäftsanteilen einer GmbH und deren mögliche Auswirkung auf die Geschäftspolitik (wobei allerdings nicht die notariellen Veräußerungsverträge vorgelegt werden müssen),[292] sowie der Übergang des Unternehmens, eines Betriebs oder Betriebsteils auf einen anderen Inhaber nach § 613a BGB.[293]

3. Zeitpunkt und Umfang der Unterrichtung

Der Zeitpunkt der Unterrichtungspflicht liegt **in der Regel** vor dem Zeitpunkt der Betriebsratsunterrichtung, der Umfang der Unterrichtungspflicht kann durchaus **größer** sein als derjenige der Betriebsratsunterrichtung. Dies ist darin begründet, dass der Wirtschaftsausschuss seinerseits auch die Aufgabe hat, den Betriebsrat gemäß § 106 Abs. 1 S. 2 BetrVG zu unterrichten. Außerdem wird der Wirtschaftsausschuss nicht nur über die betrieblichen Veränderungen, sondern auch über die gesellschaftsrechtlichen Veränderungen unterrichtet, die oft gerade die Grundlage für die Betriebsänderung bilden.

a) **Zeitpunkt (rechtzeitig)**. Rechtzeitige Unterrichtung bedeutet, dass der Unternehmer den Wirtschaftsausschuss vor einer endgültigen (vorbehaltlosen) Entscheidung zu unterrichten hat.[294] Der Wirtschaftsausschuss muss vor dem Betriebsrat unterrichtet werden, sonst kann er diesen nicht informieren, wie es gesetzlich vorgesehen ist. Der **zeitliche Abstand** der Unterrichtung kann sich nach der Dringlichkeit aber auch der Geheimhaltungsbedürftigkeit der erforderlichen Maßnahme richten. Bezieht sich die Unterrichtungspflicht auf den gleichen Tatbestand, nach dem auch der Betriebsrat zu informieren ist, also Stilllegung, Verlegung, Zusammenschluss oder Spaltung von Betrieben und ist die Maßnahme relativ übersichtlich, kann die Zeitspanne gering sein. Will der Unternehmer eine stringente Unterrichtung beider Gremien über Betriebsänderungstatbestände sicherstellen, Missverständnisse und Legendenbildung vermeiden, kann er freiwillig, wenn Geheimhaltungserfordernisse nicht entgegenstehen, die Unterrichtung des Betriebsrats vorziehen. So werden oft Wirtschaftsausschuss und Betriebsrat am gleichen Tage erstmals unterrichtet. Geht der Betriebsänderung eine unternehmerische Vorentscheidung voraus, wie zum Beispiel der Kauf oder Verkauf eines Unternehmensteils, ist naturgemäß der Wirtschaftausschuss entsprechend früher informiert.

b) **Umfang (umfassend)**. Umfassend ist die Unterrichtung, wenn der Wirtschaftsausschuss alle Informationen erhält, die für eine sinnvolle Beratung der Angelegenheit erforderlich sind. Unternehmer und Wirtschaftsausschuss sollen über dieselben für die Betriebsänderung **relevanten Informationen** verfügen. Gegenstand der Unterrichtung sind die Maßnahme selbst sowie ihre Auswirkungen auf die Personalplanung. Die Unterrichtung muss auch die Begründung der Maßnahme erkennbar werden lassen.[295] Selbstverständlich muss die Unterrichtung wahrheitsgemäß und verständlich erfolgen.[296] Schriftform ist nicht erforderlich, in wesentlichen Punkten jedoch ratsam, um im Streitfall insbesondere bei komplexen Sachverhalten den Stand der Unterrichtung nachweisen zu können. Auf die ordnungsgemäße Protokollierung der relevanten Wirtschaftsausschussberatung mit dem Arbeitgeber sollte aus dem gleichen Grunde geachtet werden.

c) **Vorlage der erforderlichen Unterlagen**. Die Unterrichtung muss gemäß § 106 Abs. 2 BetrVG ohne besondere Aufforderung unter Vorlage der erforderlichen Unterlagen erfolgen.

---

[291] BAG 11.7.2000 – 1 ABR 43/99, NZA 2001, 402; *Fitting* BetrVG § 106 Rn. 131.
[292] BAG 22.1.1991 – 1 ABR 38/89, NZA 1991, 649; *Fitting* BetrVG § 106 Rn. 131; Richardi BetrVG/*Annuß* § 106 Rn. 57.
[293] *Fitting* BetrVG § 106 Rn. 131; Richardi BetrVG/*Annuß* § 106 Rn. 56.
[294] Vgl. *Fitting* BetrVG § 106 Rn. 30; Richardi BetrVG/*Annuß* § 106 Rn. 24; *Liebers/Erren/Weiß* NZA 2009, 2063 (2066).
[295] *Fitting* BetrVG § 106 Rn. 34; Richardi BetrVG/*Annuß* § 106 Rn. 25.
[296] BAG 17.3.1987 – 1 ABR 59/85, NZA 1987, 747; *Fitting* BetrVG § 106 Rn. 34; Richardi BetrVG/*Annuß* § 106 Rn. 26.

Erforderlich sind die Unterlagen, die auch der Unternehmer für die Planung der Betriebsänderung **benutzt hat**.[297] Er muss keine Unterlagen extra für den Wirtschaftsausschuss herstellen. Zu den vorzulegenden Unterlagen können gehören: der Jahresabschluss mit Bilanz und Gewinn- und Verlustrechnung,[298] der Wirtschaftsprüfungsbericht, sonstige Berichte oder Gutachten zB von Unternehmensberatern,[299] Pläne zur Verbesserung der Arbeitsmethoden, Organisations- und Rationalisierungspläne, Erfolgsberechnungen, Betriebsstatistiken und Marktanalysen.[300] Unter besonderen Umständen kommen auch Unterlagen über Lohn- und Leistungsbewertungen, Investitionsplanungen und Betriebsabrechnungsbögen in Betracht sowie die Ist- und Soll-Planung für den Personalbedarf.[301] Nach dem Risikobegrenzungsgesetz Artikel 4 wurde § 106 Abs. 2 dahingehend ergänzt, dass zu den erforderlichen Unterlagen im Fall der Unternehmensübernahme nach Nr. 9a Angaben über den potentiellen Erwerber bzw. potentielle Bieter, deren Absichten und ihre Auswirkungen auf die Arbeitnehmer gehören.[302] Nicht vorzulegen sind der notarielle Anteilsübertragungsvertrag zur Veräußerung der Geschäftsanteile[303] und sonstige der Geheimhaltung unterliegende Unterlagen.

166   Welche Unterlagen im Einzelfall konkret vorzulegen sind, folgt aus der wirtschaftlichen Angelegenheit, über die der Unternehmer unterrichtet, und ist grundsätzlich eine Frage der Erforderlichkeit und der Geheimhaltungsbedürftigkeit.[304] Was **erforderlich und nicht geheimhaltungsbedürftig** ist, entscheidet zunächst der Unternehmer nach pflichtgemäßem Ermessen.[305]

167   Der Wirtschaftsausschuss kann verlangen, dass ihm die erforderlichen Unterlagen zur Einsichtnahme vorgelegt werden, was sich auch aus § 108 Abs. 3 BetrVG ergibt. Die Vorlage kann in der Regel in der relevanten Wirtschaftsausschusssitzung geschehen. Ist das vorzulegende Daten- und Zahlenmaterial besonders umfangreich, kann es erforderlich sein, die Unterlagen bereits vor der Wirtschaftsausschusssitzung vorzulegen.[306] Der Begriff „Vorlage" ist dabei enger als die Formulierung „zur Verfügung stellen" in § 80 Abs. 2 BetrVG. Die Unterlagen müssen deshalb dem Wirtschaftsausschuss nicht überlassen werden. Andererseits kann man die Vorlage nicht allein auf die Einsichtnahme in Anwesenheit des Arbeitgebers beschränken.[307] Deshalb soll bei schwer erfassbaren Unterlagen die Vorlage durch **kurzzeitige Überlassung** an die Mitglieder des Wirtschaftsausschusses in den Diensträumen des Arbeitgebers auch zur Vorbereitung der Sitzung des Wirtschaftsausschusses möglich sein.[308] Die Mitglieder dürfen sich dabei schriftliche Aufzeichnungen machen. Dagegen dürfen sie ohne Zustimmung des Unternehmens keine Abschriften oder Kopien anfertigen. Die vorgelegten Unterlagen sind spätestens am Ende der relevanten Sitzung des Wirtschaftsausschusses zurückzugeben.[309]

168   **d) Unterrichtung über Auswirkungen auf Personalplanung.** Bei der Unterrichtung nach § 106 BetrVG sind dem Wirtschaftsausschuss vor allem die **Auswirkungen** der unternehmerischen Planung „auf die Personalplanung" und für den Fall der Übernahme nach § 106 Abs. 3 Nr. 9a BetrVG auch die Absichten des potentiellen Erwerbers oder Bieters im Hinblick auf die Geschäftstätigkeit des Unternehmens und die „sich daraus ergebenden Auswirkungen auf die Arbeitnehmer" darzustellen. Die Personalplanung selbst ist nicht Gegenstand dieser Unterrichtungspflicht. Sie wird vom Arbeitgeber gemäß § 92 BetrVG gegenüber

---

[297] LAG Hessen 19.3.1996 – 4 TaBV 12/96, AiB 1996, 668.
[298] BAG 8.8.1989 – 1 ABR 61/88, NZA 1990, 150.
[299] LAG Hessen 1.9.1988 – 12 TaBV 46/88, NZA 1989, 193.
[300] OLG Karlsruhe 7.6.1985 – 1 Ss 68/85, NZA 1985, 570.
[301] BAG 17.9.1991 – 1 ABR 74/90, NZA 1992, 418; *Fitting* BetrVG § 106 Rn. 36.
[302] Risikobegrenzungsgesetz vom 12.8.2008 (BGBl. I 1666).
[303] BAG 22.1.1991 – 1 ABR 38/89, NZA 1991, 649.
[304] BAG 22.1.1991 – 1 ABR 38/89, NZA 1991, 649.
[305] Richardi BetrVG/*Annuß* § 106 Rn. 29.
[306] Richardi BetrVG/*Annuß* § 106 Rn. 30; *Fitting* BetrVG § 106 Rn. 41.
[307] BAG 20.11.1984 – 1 ABR 64/82, NZA 1985, 432; Richardi BetrVG/*Annuß* § 106 Rn. 30.
[308] BAG 20.11.1984 – 1 ABR 64/82, NZA 1985, 432; Richardi BetrVG/*Annuß* § 106 Rn. 30; *Fitting* BetrVG § 106 Rn. 41.
[309] BAG 20.11.1984 – 1 ABR 64/82, NZA 1985, 432; Richardi BetrVG/*Annuß* § 106 Rn. 31; *Fitting* BetrVG § 106 Rn. 41.

dem Betriebsrat dargestellt. Dem Wirtschaftsausschuss sind im Falle von geplanten Betriebsänderungen lediglich deren voraussichtliche Auswirkungen auf die Personalplanung mitzuteilen.[310]

e) Einschränkung durch Betriebs- und Geschäftsgeheimnisse. Die Pflicht zur Unterrichtung des Wirtschaftsausschusses besteht gemäß § 106 Abs. 2 BetrVG nur, soweit durch die Auskunft über die wirtschaftlichen Angelegenheiten, also insbesondere über die Betriebsänderung, die Geschäftsgeheimnisse des Unternehmens nicht gefährdet werden.

Am 26.4.2019 ist das Gesetz zum Schutz von Geschäftsgeheimnissen in Kraft getreten. Das Geschäftsgeheimnisgesetz (GeschGehG)[311] zur Umsetzung der Richtlinie (EU) 2016/943[312] soll Geschäftsgeheimnisse vor rechtswidrigem Erwerb sowie rechtswidriger Nutzung und Offenlegung schützen. Know-how-Schutz gewinnt damit weiter an Bedeutung. Das Gesetz bringt in § 2 Nr. 1 GeschGehG erstmals eine Legaldefinition für das Geschäftsgeheimnis. Die Definition des Geschäftsgeheimnisses lautet:

„Im Sinne dieses Gesetzes ist Geschäftsgeheimnis eine Information,
a) die weder insgesamt noch in der genauen Anordnung und Zusammensetzung ihrer Bestandteile den Personen in den Kreisen, die üblicherweise mit dieser Art von Informationen umgehen, allgemein bekannt oder ohne Weiteres zugänglich ist und daher von wirtschaftlichem Wert ist und
b) die Gegenstand von den Umständen nach angemessenen Geheimhaltungsmaßnahmen durch ihren rechtmäßigen Inhaber ist und
c) bei der ein berechtigtes Interesse an der Geheimhaltung besteht,"

Der deutsche Gesetzgeber hat damit auf den bisher üblichen zusätzlichen Begriff „Betriebsgeheimnis" verzichtet und damit die Definition vereinfacht. Anderseits verlangt das Gesetz zusätzlich „angemessene Geheimhaltungsmaßnnahmen" sowie ein „berechtigtes Interesse" des legalen Inhabers. Solche Maßnahmen können sein: Schulungen, Weisungen, Vereinbarungen (zB non disclosure agreements – NDAs), Passwörter, Codes etc. Nachvertragliche und vertragsimmanente Wettbewerbsverbote gehören ebenso dazu.[313] Entsprechende Maßnahmen können auch Indiz für ein berechtigtes Interesse sein. Im Übrigen bleibt abzuwarten, ob und wie sich die Rechtsprechung der Arbeitsgerichte dem neuen Gesetz anpasst. Da die Texte des § 106 und des § 79 BetrVG bisher nicht geändert wurden, ist es durchaus möglich, dass die bisherige Rechtsprechung sich nicht wesentlich ändert.[314]

Ist eine Gefährdung der Geheimnisse auszuschließen, hat der Arbeitgeber auch über Geschäftsgeheimnisse zu informieren.[315] Mit der Einschränkung der Unterrichtungspflicht trägt der Gesetzgeber dem Umstand Rechnung, dass der Wirtschaftsausschuss in der Regel in einem früheren Stadium als der Betriebsrat zu unterrichten ist und dass die Unterrichtung sich auch auf die wirtschaftliche Seite von Transaktionen bezieht, die in der Unterrichtung des Betriebsrats normalerweise nicht enthalten ist. Es sind also sehr **sensible Interessenlagen** gegeneinander abzuwägen. Deshalb begnügte sich der bisherige Gesetzgeber nicht mit der allgemeinen Geheimhaltungspflicht nach § 79 BetrVG, die der Arbeitgeber durch eine besondere Erklärung erst herstellen muss,[316] nachdem er das Geheimnis offenbart hat. Ist die Zahnpasta erst einmal aus der Tube, kann man sie nicht mehr zurückdrücken. Die besondere Gefährdung kann sich zum einen aus der absoluten Lebenswichtigkeit der geheimzuhaltenden Tatsachen für das Unternehmen, zum anderen aus einem konkret veranlassten Vertrauensverlust ergeben.[317]

Geschäftsgeheimnisse sind, wie in § 79 BetrVG vorgesehen, Tatsachen, die im Zusammenhang mit dem technischen Betrieb oder der wirtschaftlichen Betätigung des Unterneh-

---

[310] Richardi BetrVG/*Annuß* § 106 Rn. 22; *Fitting* BetrVG § 106 Rn. 36.
[311] BGBl. 2019 I 466.
[312] ABl. 2016 L 157, 1.
[313] *Naber/Peukert/Seeger* NZA 2019, 583.
[314] Vgl. *Weigert* NZA 2020, 209; *Holthausen* NZA 2019, 1377; *Waber/Peukert/Seeger* NZA 2019, 583.
[315] BAG 11.7.2000 – 1 ABR 43/99, NZA 2001, 402; Richardi BetrVG/*Annuß* § 106 Rn. 32; *Fitting* BetrVG § 106 Rn. 43.
[316] *Löwisch/Kaiser* BetrVG § 106 Rn. 14; Richardi BetrVG/*Annuß* § 106 Rn. 36; *Fitting* BetrVG § 106 Rn. 44; grds. *Liebers/Erren/Weiß* NZA 2009, 1063.
[317] *Löwisch/Kaiser* BetrVG § 106 Rn. 14; vgl. *Oetker* in FS Wissmann, 401 f.; *Liebers/Erren/Weiß* NZA 2009, 1063.

mens stehen, nicht offenkundig sind, nach dem Willen des Unternehmers **geheimzuhalten** sind und an deren Geheimhaltung ein begründetes Interesse besteht.[318] Zu den schutzbedürftigen Geheimnissen gehören auch vertraglich geheimzuhaltende Betriebs- und Geschäftsgeheimnisse von Geschäftspartnern.[319] Ein begründetes Interesse des Unternehmers an Geheimhaltung ist nach Ansicht des Bundesarbeitsgerichts nicht bereits deshalb anzunehmen, weil die Gefahr besteht, dass die gewerkschaftlichen Mitglieder des Wirtschaftsausschusses die Informationen im Rahmen von Tarifverhandlungen verwerten und dadurch möglicherweise die Verhandlungsposition des Arbeitgebers schwächen.[320]

174 Eine Gefährdung, die das Unterlassen der Unterrichtung rechtfertigt, kommt in zwei Fallgruppen in Betracht. Einmal können die Geschäftsgeheimnisse so **wesentlich** sein, dass schon die geringste Gefahr einer unbefugten Weitergabe absolut vermieden werden muss (objektive Gefährdung).[321] Dies kann in Betracht kommen bei einem neuen, für das Unternehmen entscheidenden Fertigungsverfahren, an dem auch die Konkurrenz arbeitet oder bei sensiblen Verhandlungen über einen Großauftrag aus dem Ausland oder beim beabsichtigten Kauf oder Verkauf von Unternehmen oder Unternehmensteilen insbesondere in einem geheimen Auktionsverfahren. Zum anderen kann es an der erforderlichen **Zuverlässigkeit** der Mitglieder des Wirtschaftsausschusses oder der Mitglieder des von ihm unterrichteten Betriebsrats oder der nach § 31 BetrVG hinzugezogenen Gewerkschaftsbeauftragten fehlen (subjektive Gefährdung), so dass die Geheimhaltungspflicht nach § 79 BetrVG nicht ausreicht.[322] Dies kann insbesondere der Fall sein, wenn eine dieser Personen schon einmal ein Geschäftsgeheimnis unbefugt weitergegeben hat[323] oder wenn eine entsprechenden Information bereits früher aus dem Gremium herausgedrungen ist, ohne dass der Verantwortliche ermittelt werden konnte.

175 Nicht zu den per se besonders gefährdeten Betriebsgeheimnissen sollen nach einer Literaturmeinung auch die sogenannten „**Insidertatsachen**" gehören, die gemäß §§ 14, 15 WpHG unverzüglich formell zu veröffentlichen (§ 15 Abs. 1 WpHG) und noch vorher der Geschäftsführung der zuständigen Börsen, an denen die Wertpapiere, gegebenenfalls deren Derivate, gehandelt werden, sowie der Bundesanstalt für Finanzdienstleistungsaufsicht (§ 15 Abs. 2 WpHG) mitzuteilen sind.[324] Daran ist lediglich soviel richtig, dass der Unternehmer sich gegebenenfalls nicht nach § 39 Abs. 2 WpHG ordnungswidrig verhält, wenn er in bester Absicht zunächst den Wirtschaftsausschuss gemäß § 106 BetrVG informiert und die Sicherung der vorerst geheimzuhaltenden Tatsachen über § 79 BetrVG versucht. Ist die Insidertatsache jedoch so gravierend, dass sie zB einen massiven Kurssturz auslösen kann oder gibt es konkrete Anhaltspunkte dafür, dass Mitglieder des Wirtschaftsausschusses nicht vertrauenswürdig sind, liegt auch in diesem Zusammenhang eine gesteigerte Gefährdung vor, die ein Unterlassen der Mitteilung an den Wirtschaftsausschuss rechtfertigen kann.

176 Ob ein Geschäftsgeheimnis durch die Unterrichtung des Wirtschaftsausschusses gefährdet wird oder nicht, hat der Unternehmer zu prüfen und zunächst nach pflichtgemäßen Ermessen zu entscheiden.[325] Erfährt der Wirtschaftsausschuss davon, dass bestimmte Auskünfte, die er für erforderlich hält, nicht weitergegeben wurden und bezweifelt er, dass tatsächlich ein Geschäftsgeheimnis der Unterrichtung entgegensteht, so hat er den Betriebsrat bzw. den Gesamtbetriebsrat einzuschalten. Wenn zwischen dem Unternehmer und dem Betriebsrat bzw. Gesamtbetriebsrat keine Einigung darüber möglich ist, ob die geforderte Unterrichtung des Wirtschaftsausschusses tatsächlich Betriebs- oder Geschäftsgeheimnisse gefährdet, so

---

[318] Richardi BetrVG/*Annuß* § 106 Rn. 33; vgl. § 93 Abs. 1 S. 3 AktG.
[319] *Fitting* BetrVG § 106 Rn. 43; vgl. HWGNRH/*Hess* BetrVG § 106 Rn. 27; *Oetker* in FS Wissmann, S. 399.
[320] BAG 11.7.2000 – 1 ABR 43/99, NZA 2001, 402; Richardi BetrVG/*Annuß* § 106 Rn. 33.
[321] BAG 11.7.2000 – 1 ABR 43/99, NZA 2001, 402; OLG Karlsruhe 7.6.1985 – 1 Ss 68/85, NZA 1985, 570; *Löwisch/Kaiser* BetrVG § 106 Rn. 14.
[322] BAG 11.7.2000 – 1 ABR 43/99, NZA 2001, 402; *Oetker* in FS Wissmann, 401 f. mwN.
[323] *Löwisch/Kaiser* BetrVG § 106 Rn. 14.
[324] *Kappes* NJW 1995, 2832; *Schleifer/Kliemt* DB 1995, 2214 (2218); *Fischer* DB 1998, 2606 (2607); Richardi BetrVG/*Annuß* § 106 Rn. 32; vgl. *Oetker* in FS Wissmann, 408.
[325] Richardi BetrVG/*Annuß* § 106 Rn. 35; *Löwisch/Kaiser* BetrVG § 106 Rn. 15; HWGNRH/*Hess* BetrVG § 106 Rn. 36.

entscheidet die **Einigungsstelle** nach § 109 BetrVG, die von beiden Betriebsparteien angerufen werden kann, bzw. nach § 98 ArbGG über das Arbeitsgericht zu bestellen ist. Die Einigungsstelle trifft eine Ermessensentscheidung, die aber auch eine Rechtsfrage enthält und deshalb im Rechtsweg überprüfbar ist.[326]

Unabhängig von der Möglichkeit der Einschränkung der Unterrichtung durch den Unternehmer kann dieser versuchen, den Geheimnisschutz über § 79 BetrVG sicherzustellen. Er muss dann die entsprechende Tatsache ausdrücklich als **geheimhaltungsbedürftig bezeichnen** (Vergatterung). Ob der Arbeitgeber den Wirtschaftsausschuss nach § 79 BetrVG auch verpflichten kann, eine geheimzuhaltende Tatsache nicht an den Betriebsrat weiterzugeben, ist zweifelhaft, weil dessen Unterrichtung gerade zu den gesetzlichen Aufgaben des Wirtschaftsausschusses zählt.[327]

Verweigert der Unternehmer eine Auskunft, zu deren Erteilung er gegebenenfalls nach rechtskräftiger Entscheidung der Einigungsstelle oder der Gerichte verpflichtet ist, oder erteilt er sie wahrheitswidrig, verspätet oder unvollständig, so kann dies eine **Ordnungswidrigkeit** nach § 121 BetrVG darstellen, die mit einer Geldbuße von bis zu 10.000,– EUR geahndet werden kann. Im besonders schwerwiegenden Fall, zB bei Wiederholungstaten sind auch Maßnahmen nach § 23 Abs. 3 BetrVG möglich.

4. Streit über das Vorliegen wirtschaftlicher Angelegenheiten oder die Erteilung einer Auskunft

Die Frage, ob eine wirtschaftliche Angelegenheit vorliegt, oder etwa nur eine laufende Geschäftsführungsmaßnahme, entscheidet das Arbeitsgericht im Beschlussverfahren nach § 2a ArbGG. Beteiligte sind der Unternehmer und der Betriebsrat, nicht der Wirtschaftsausschuss. Bei einem Streit über die Erteilung einer Auskunft an den Wirtschaftsausschuss, insbesondere wenn Fragen der Geheimhaltung zu berücksichtigen sind, ist zunächst die Einigungsstelle nach § 109 S. 1 BetrVG zuständig. Voraussetzung ist ein **ausdrückliches Verlangen** auf Erteilung einer konkreten Auskunft. Die Entscheidung der Einigungsstelle ist in vollem Umfang gerichtlich nachprüfbar im Beschlussverfahren nach § 2a ArbGG, da es sich um einen Streit über eine Rechtsfrage handelt.[328]

VII. Beteiligung des Sprecherausschusses der leitenden Angestellten

Das SprAuG sieht im Falle der Betriebsänderung keine eigenen Mitbestimmungsrechte vor. Die **Mitwirkung** des Sprecherausschusses erfolgt vor allem durch Information und Beratung. Voraussetzung ist die Existenz eines Sprecherausschusses.

1. Existenz des Sprecherausschusses

Ein Sprecherausschuss kann gemäß § 1 SprAuG gebildet werden in Betrieben mit in der Regel **mindestens 10 leitenden** Angestellten nach § 5 Abs. 3 BetrVG. In kleineren Betrieben sind die dortigen leitenden Angestellten dem nächstgelegenen größeren Betrieb zuzuschlagen. In Unternehmen mit mehreren Betrieben mit insgesamt mindestens 10 leitenden Angestellten kann ein Unternehmenssprecherausschuss gebildet werden nach § 20 SprAuG. Es ist deshalb bei Beginn der Beratung über eine Betriebsänderung zu prüfen, ob ein Sprecherausschuss oder Unternehmenssprecherausschuss existiert.

2. Wirtschaftliche Angelegenheiten gemäß § 32 SprAuG

Im Falle einer geplanten Betriebsänderung kommt die Beteiligung des Sprecherausschusses auf zwei Ebenen in Betracht. Zum einen besteht eine regelmäßige **halbjährliche** Unterrichtungspflicht bei Vorliegen von wirtschaftlichen Angelegenheiten nach § 106 Abs. 3

---

[326] BAG 11.7.2000 – 1 ABR 43/99, NZA 2001, 402; Richardi BetrVG/*Annuß* § 106 Rn. 35.
[327] Dagegen *Fitting* BetrVG § 106 Rn. 46.
[328] BAG 11.7.2000 – 1 ABR 43/99, NZA 2001, 402; *Fitting* BetrVG § 109 Rn. 12.

BetrVG in Verbindung mit § 32 Abs. 1 SprAuG, zum anderen eine Unterrichtungspflicht bei **geplanten** Betriebsänderungen nach § 111 BetrVG in Verbindung mit § 32 Abs. 2 SprAuG, die bei Entstehen von wirtschaftlichen Nachteilen zu einer Beratungspflicht verstärkt wird.

183 a) **Halbjährliche Unterrichtung im Sinne des § 106 BetrVG.** Die halbjährliche Unterrichtung erfolgt gem. Abs. 1 bei Vorliegen eines **Katalogtatbestandes** des § 106 BetrVG. Das Unterrichtungsrecht entspricht dem des Wirtschaftsausschusses, allerdings nur halbjährlich. Anders als der Wirtschaftsausschuss des Betriebsrats nach § 106 Abs. 1 BetrVG hat der Sprecherausschuss jedoch kein Beratungsrecht über wirtschaftliche Angelegenheiten. Auch ist die unaufgeforderte Vorlage von Unterlagen in § 32 Abs. 1 SprAuG nicht vorgesehen. Nach einer Literaturmeinung sei deshalb eine Überlassung von Unterlagen nach der allgemeinen Vorschrift des § 25 Abs. 2 S. 2 SprAuG vorzusehen,[329] nach anderer Auffassung sei § 106 Abs. 2 BetrVG analog anzuwenden.[330] Eine gesetzliche Verpflichtung besteht zwar nicht. Es empfiehlt sich aber, den Sprecherausschuss nicht schlechter zu behandeln als den Wirtschaftsausschuss.

184 Für die Einschränkung der Unterrichtungspflicht wegen der Gefährdung von Betriebs- und **Geschäftsgeheimnissen** gelten die gleichen Überlegungen wie beim Wirtschaftsausschuss.[331] Die Unterrichtung darf unterbleiben, wenn existentielle Fragen des Unternehmens auf dem Spiel stehen und bei fehlender Zuverlässigkeit von Sprecherausschussmitgliedern. Das Beteiligungsrecht besteht nur zugunsten des Sprecherausschusses oder, wenn dieser statt dessen gewählt ist, zugunsten des Unternehmenssprecherausschusses.

185 Einen Wirtschaftsausschuss hat der Sprecherausschuss nicht. Ein möglicher Gesamt- oder Konzernsprecherausschuss ist originär nicht zuständig, sondern allenfalls bei entsprechender Delegation.

186 b) **Unterrichtung und Beratung über geplante Betriebsänderungen im Sinne des § 111 BetrVG.** Der Unternehmer hat den Sprecherausschuss über geplante Betriebsänderungen im Sinne des § 111 BetrVG, die auch wesentliche Nachteile für leitende Angestellte zur Folge haben können, rechtzeitig und umfassend zu unterrichten gemäß § 32 Abs. 2 S. 1 SprAuG. Der Begriff Betriebsänderung ist durch Verweisung auf § 111 BetrVG festgelegt. Mit dem Begriff ist auch die Beschäftigtenzahl im Unternehmen erheblich. Insofern müssen alle Tatbestandsmerkmale der Betriebsänderung erfüllt sein.[332] Denn § 32 Abs. 2 S. 1 SprAuG verlangt zusätzlich, dass **auch** die Belange der Leitenden betroffen sein können.

187 Eine Unterrichtungspflicht besteht nur, wenn die Betriebsänderung wesentliche Nachteile für die Belegschaft oder erhebliche Teil der Belegschaft zur Folge haben kann. Ein wesentlicher Nachteil kann immer vorliegen, wenn die **Tatbestände des § 111 S. 3 BetrVG** gegeben sind. Es gelten deshalb alle Ausführungen zu diesen Tatbständen entsprechend. Zusätzlich wird verlangt, dass die Betriebsänderung auch wesentliche Nachteile für die leitenden Angestellten zur Folge haben kann. Das kann aber anders als beim Betriebsratsbeteiligungsrecht nicht vermutet werden. Vielmehr kann es durchaus sein, dass Änderungen in der Produktion sich auf die Leitenden nicht auswirken. Mögliche Nachteile betreffen alle wirtschaftlichen Verschlechterungen in der Stellung des Leitenden. Die Unterrichtungspflicht betrifft wie bei § 111 BetrVG nur Betriebsänderungen, dagegen keine Unternehmensänderungen per se.

188 Die Unterrichtung muss rechtzeitig und umfassend erfolgen. Hierzu gelten die **gleichen Überlegungen** wie zu § 111 BetrVG. Die Unterrichtung hat am Ende des Planungsstadiums aber vor der Umsetzung zu erfolgen, so dass auch dem Sprecherausschuss die Möglichkeit der Einflussnahme bleibt. Die umfassende Unterrichtung muss sich auf Umfang, Zeitplan und Auswirkung der Betriebsänderung beziehen. Unterlagen sind nach § 25 Abs. 2 S. 2 SprAuG auf Verlangen soweit für das Verständnis erforderlich zur Verfügung zu stellen.

---

[329] *Hromadka* SprAuG Kommentar § 32 Rn. 47; *Löwisch* SprAuG § 32 Rn. 32.
[330] *Schaub/Koch* ArbR A–Z § 254 Rn. 2; MHdB ArbR/*Joost* § 235 Rn. 99; vgl. auch ErfK/*Oetker* SprAuG § 32 Rn. 7.
[331] *Schaub/Koch* ArbR A–Z § 254 Rn. 1.
[332] *Hromadka* SprAuG Kommentar § 32 Rn. 51; *Löwisch* SprAuG § 32 Rn. 38; aA *Schaub/Koch* ArbR A–Z § 254 Rn. 3: Beschäftigtenzahl unerheblich.

Der Sprecherausschuss hat kein Recht auf Beratung der Betriebsänderung und kein Recht 189 auf Verhandlung eines Interessenausgleichs. Lediglich bei Entstehen von **konkreten** wirtschaftlichen Nachteilen sind deren Ausgleich oder Milderung mit dem Sprecherausschuss zu beraten. Es besteht aber kein Anspruch auf Abschluss eines Sozialplans. Es können allerdings freiwillig Richtlinien nach § 28 SprAuG abgeschlossen werden, die auch Leistungen zum Ausgleich oder zur Milderung der Nachteile vorsehen.

Streitigkeiten zwischen Sprecherausschuss und Unternehmer sind nur im **Beschlussverfahren** 190 vor dem Arbeitsgericht nach § 2a ArbGG auszutragen. Ein Einigungsstellenverfahren steht nicht zur Verfügung.

VIII. Beteiligungsrechte des Europäischen Betriebsrats

Beteiligungsrechte auf **europäischer Ebene** können sich aus der Europäischen Richtlinie 191 des Rates über die Einsetzung eines europäischen Betriebsrats oder die Schaffung eines Verfahrens zur Unterrichtung und Anhörung der Arbeitnehmer in gemeinschaftsweit operierenden Unternehmergruppen vom 22.9.1994 (94/45/EG),[333] einer darauf basierenden Vereinbarung und auf Grund des deutschen Europäische Betriebsräte-Gesetzes ergeben. Nach der Umsetzung der Richtlinie 94/45/EG in deutsches Recht ist im Wesentlichen vom deutschen Europäische Betriebsräte-Gesetz vom 28.10.1996[334] (EBRG) auszugehen. Die Europäische Betriebsräte-Richtlinie 94/45/EG wurde durch die Richtlinie 2009/38/EG des Europäischen Parlaments und des Rates vom 6.5.2009 über die Einsetzung eines Europäischen Betriebsrats oder die Schaffung eines Verfahrens zur Unterrichtung und Anhörung der Arbeitnehmer in gemeinschaftsweit operierenden Unternehmen und Unternehmensgruppen[335] neugefasst. Die erforderlichen Änderungen des deutschen Europäische Betriebsräte-Gesetzes wurden durch Art. 1 Zweites EBRG-Änderungsgesetz vom 14.6.2011[336] umgesetzt.

1. Existenz eines Europäischen Betriebsrats oder Forums

Voraussetzung für die Bildung eines Europäischen Betriebsrats oder eines entsprechenden 192 Forums zur Anhörung der Arbeitnehmer ist gemäß § 3 Abs. 1 EBRG das gemeinschaftsweit operierende Unternehmen mit mindestens 1.000 Arbeitnehmern in den Mitgliedstaaten, von denen jeweils 150 Arbeitnehmer in mindestens zwei Mitgliedstaaten angestellt sind. Die gleichen **Schwellenwerte** gelten nach § 3 Abs. 2 EBRG bei einer gemeinschaftsweit operierenden Unternehmensgruppe, einem Unterfall der verbundenen Unternehmen nach § 15 AktG. Ein Konzern nach § 17 AktG ist ein Unterfall der Unternehmensgruppe. Nach dem Beitritt Großbritanniens zur europäischen Sozialcharta wurde der Geltungsbereich der Richtlinie 94/45/EG durch die Richtlinie 97/74/EG vom 15.12.1997[337] auch auf Großbritannien erstreckt. Somit sind auch Arbeitnehmer in Großbritannien mitzuzählen.

Der Europäische Betriebsrat hat nur Unterrichtungs- und Anhörungsrechte, aber **kein** 193 **Mitbestimmungsrecht**. Die Funktion ähnelt dem Wirtschaftsausschuss nach § 106 BetrVG. Die Initiative zur Bildung des Europäischen Betriebsrats muss aus dem Unternehmen kommen. Einen Umsetzungszwang enthält das Gesetz nicht. Die Struktur der Deutschen Betriebsverfassung bleibt unberührt.

Das Gesetz findet Anwendung auf deutsche Unternehmen und Unternehmensgruppen, 194 das heißt der **Sitz des Unternehmens** oder der Gruppe muss in Deutschland sein. Befindet sich der Sitz bzw. die Leitung des Unternehmens in einem anderen Mitgliedstaat, so ist dessen Recht anwendbar.

Ist vor der Umsetzung der Richtlinie 94/45/EG durch das EBRG eine Vereinbarung über 195 grenzübergreifende Unterrichtung und Anhörung abgeschlossen worden, ist das EBRG nicht

---

[333] ABl. (EG) 1994 L 254, 64.
[334] BGBl. 1996 I 1548 ff. (2022).
[335] ABl. (EG) 2009 L 122, 28.
[336] BGBl. 2011 I 1050.
[337] ABl. EG Nr. L 10 v. 15.1.1998, 2297/74/EG war in Großbritannien bis zum 15.12.1999 umzusetzen, was inzwischen erfolgt ist; *Kolvenbach* NZA 2000, 518 (524).

anwendbar, so lange diese Vereinbarung wirksam ist. Nach § 41 Abs. 1 EBRG gilt eine solche Vereinbarung fort. Vertragliche Anpassungen sind möglich. Besteht keine **freiwillige Vereinbarung,** gilt für Bildung und Funktion des Europäischen Betriebsrats das EBRG. Gemäß §§ 17 ff. EBRG können freiwillige Vereinbarungen zur grenzübergreifenden Unterrichtung und Anhörung geschlossen werden. Dann richtet sich das Beteiligungsrecht nach dieser Vereinbarung. Ist das nicht der Fall, muss ein Europäischer Betriebsrat kraft Gesetzes nach §§ 21 ff. EBRG gebildet werden. Im Folgenden wird vom gesetzlichen Europäischen Betriebsrat ausgegangen. Das Bestellungsrecht der Mitglieder steht nach §§ 22, 23 EBRG den nationalen Betriebsräten zu. Der EBR besteht aus mindestens 10 und höchstens 39 Mitgliedern.[338] Die zentrale Leitung des Unternehmens oder der Gruppe hat zur konstituierenden Sitzung zu laden. Der Europäische Betriebsrat kann sich gemäß § 39 Abs. 2 EBRG durch Sachverständige seiner Wahl unterstützen lassen, soweit dies zur ordnungsgemäßen Erfüllung seiner Aufgaben erforderlich ist.

2. Grenzübergreifende Angelegenheiten gemäß § 31 EBRG

196 Der Europäische Betriebsrat ist gemäß § 1 Abs. 2 EBRG für Angelegenheiten der §§ 29 und 30 EBRG zuständig, die mindestens zwei Betriebe oder zwei Unternehmen in verschiedenen Mitgliedstaaten betreffen.

197 a) **Jährliche Unterrichtung und Anhörung gemäß § 29 EBRG.** Der Europäische Betriebsrat hat gemäß § 29 EBRG das Recht auf **eine** turnusgemäße Sitzung mit der zentralen Leitung im Jahr. Er ist nicht berechtigt, weitere turnusmäßige Sitzungen im Jahr zu verlangen. Zeitpunkt und Ort der jährlichen Sitzung sind zwischen Europäischem Betriebsrat und der zentralen Leitung festzulegen. Üblich ist ein Termin im Quartal nach der Feststellung des Jahresabschlusses. Der Sitzungstermin ist durch rechtzeitige Vorlage der erforderlichen Unterlagen vorzubereiten. Das heißt, eine angemessene Zeit vor der gemeinsamen Sitzung mit der zentralen Leitung ist einzuhalten.

198 § 1 Abs. 4 EBRG definiert in der Neufassung die Unterrichtung als „Übermittlung von Informationen (…) an die Arbeitnehmervertreter, um ihnen Gelegenheit zur Kenntnisnahme und Prüfung der behandelten Fragen zu geben". Die Unterrichtung erfolgt „zu einem Zeitpunkt, in einer Weise und in einer inhaltlichen Ausgestaltung, die dem Zweck angemessen sind und es den Arbeitnehmervertretern ermöglichen, die möglichen Auswirkungen eingehend zu bewerten und gegebenenfalls Anhörungen mit dem zuständigen Organ (…) vorzubereiten". Die Unterrichtung soll dem Europäischen Betriebsrat eine Meinungsbildung und – soweit die Voraussetzungen des § 39 Abs. 2 EBRG gegeben sind – die Hinzuziehung eines Sachverständigen ermöglichen. **Verspätet** ist die Unterrichtung dann, wenn über die in § 29 Nr. 5–10 EBRG aufgezählten Tatbestände, die der Betriebsänderung entsprechen, bereits eine endgültige Entscheidung getroffen wurde oder mit der Umsetzung begonnen wurde. Duldet eine Entscheidung keinen Aufschub bis zur nächsten Jahressitzung, so ist der Europäische Betriebsrat im Rahmen des § 30 EBRG außerordentlich zu unterrichten und anzuhören.

199 Im Unterschied zu § 106 und § 111 BetrVG ist, auch nach Neufassung des EBRG nicht vorgeschrieben, dass die Unterrichtung umfassend sein muss. Daraus wird gefolgert, dass die Informationspflicht einen **geringeren** Umfang hat. Jedoch muss die Unterrichtung so ausreichend sein, dass sich der Europäische Betriebsrat ein Urteil bilden kann.[339]

200 In der Literatur wird angenommen, dass die Unterrichtung „unter Vorlage von Unterlagen" **schriftlich** erfolgen müsse.[340] Dies ergibt sich zwar aus dem Wortlaut der Regelung nicht, erscheint aber in Anbetracht der Komplexität der internationalen Sachverhalte, des ansonsten erforderlichen Umfangs der in Übersetzung vorzulegenden Unterlagen und der zahlreichen Nationalitäten der entsandten Mitglieder des Europäischen Betriebsrats auch im Interesse der zentralen Leitung als sinnvoll. Die dazu erforderlichen Unterlagen sind dem

---

[338] Die Höchstzahl von 39 Mitgliedern wird eher selten vorkommen, denn sie würde erfordern, dass das Unternehmen in jedem Mitgliedstaat Arbeitnehmer beschäftigt, vgl. § 22 EBRG.
[339] *Schaub/Koch* ArbR A–Z § 256 Rn. 22.
[340] *Müller* EBRG Kommentar § 32 Rn. 3.

Europäischen Betriebsrat bis zum Ende der Sitzung mit der zentralen Leitung zu überlassen, es sei denn, Geheimhaltungsbedürfnisse nach § 35 EBRG stehen entgegen.

Unter Anhörung im Sinne des EBRG ist nach der Konkretisierung der Neufassung in § 1 Abs. 5 EBRG der „**Meinungsaustausch** und die Einrichtung eines Dialogs zwischen den Arbeitnehmervertretern und der zentralen Leitung zu verstehen, zu einem Zeitpunkt, in einer Weise und in einer inhaltlichen Ausgestaltung, die es den Arbeitnehmervertretern auf der Grundlage der erhaltenen Informationen ermöglichen, innerhalb einer angemessenen Frist zu den vorgeschlagenen Maßnahmen (...) eine Stellungnahme abzugeben (...)". Das entspricht etwa dem Beratungsbegriff des Betriebsverfassungsgesetzes. Der Abschluss einer Vereinbarung zur Regelung des Sachverhalts, insbesondere eines Interessenausgleichs oder eines Sozialplans, kann nicht verlangt werden. 201

Zu den **wirtschaftlichen Angelegenheiten** zählen nach Nr. 1 die Struktur des Unternehmens oder der Unternehmensgruppe sowie die wirtschaftliche und finanzielle Lage (vgl. § 106 Abs. 3 Nr. 1 BetrVG), nach Nr. 2 die voraussichtliche Geschäfts-, Produktions- und Absatzlage (vgl. § 106 Abs. 3 Nr. 2 BetrVG), nach Nr. 3 die Beschäftigungslage und ihre voraussichtliche Entwicklung (vgl. § 106 Abs. 3 Nr. 4 BetrVG) einschließlich der grenzüberschreitenden Personalplanung und nach Nr. 4 Investitionen und Investitionsprogramme (vgl. § 106 Abs. 3 Nr. 3). Darüber hinaus gehören dazu die der Betriebsänderung nahekommenden Tatbestände der § 32 Nr. 5–10. 202

Nr. 5 betrifft die **grundlegende Änderung** der Organisation wie vorgesehen in § 106 Abs. 3 Nr. 9 und § 111 S. 3 Nr. 4 BetrVG: Es wird eine vollständige Änderung des Aufbaus des Unternehmens oder der Gruppe, der Betriebs- oder Unternehmensstrukturen, der Entscheidungsbefugnisse zB bei Zentralisierung oder Dezentralisierung, der Übergang zur Spartenorganisation verlangt. 203

Nr. 6 betrifft die Einführung neuer **Arbeits- und Fertigungsverfahren** wie vorgesehen in § 106 Abs. 3 Nr. 5 und § 111 S. 2 Nr. 5 BetrVG: Darunter fällt die zweckmäßigere Gestaltung von Arbeitsvorgängen und der Einsatz neuer Technologien. Zwar ist abweichend von § 111 Nr. 5 BetrVG nicht ein grundlegend neues Verfahren gefordert. Jedoch ergibt sich dieses Erfordernis bereits aus der Internationalisierung des Tatbestands. 204

Nr. 7 betrifft die **Verlegung** von Unternehmen, Betrieben oder wesentlichen Betriebsteilen sowie die Verlagerung der Produktion (vgl. § 106 Abs. 3 Nr. 7 und § 111 S. 3 Nr. 2 BetrVG): die Verlegung bezieht sich auf die wesentliche Verlagerung der örtlichen Lage des Unternehmens, des Betriebs oder wesentlicher Betriebsteile unter Weiterbeschäftigung des größeren Teils der Belegschaft. Werden wesentliche Teile der Belegschaft am neuen Arbeitsort nicht weiterbeschäftigt, liegt eher eine Stilllegung nach Nr. 9 oder eine Massenentlassung nach Nr. 10 vor. Der Verlegungstatbestand muss grenzüberschreitend geplant sein, also zB Verlegung eines Betriebs in einen anderen Mitgliedstaat. Die Verlagerung der Produktion ist ein möglicher Unterfall und erlangt eigene Bedeutung nur, wenn die Produktionsanlagen ohne die zugehörigen Arbeitnehmer in einen anderen Mitgliedstaat verlegt werden sollen. 205

Nr. 8 betrifft **Zusammenschlüsse oder Spaltungen** von Unternehmen und Betrieben (vgl. § 106 Abs. 3 Nr. 8 und § 111 S. 2 Nr. 3 BetrVG). Der Tatbestand erfasst sowohl die entsprechenden Vorgänge auf der Unternehmensebene wie auch auf der betrieblichen Ebene. Er ist insbesondere bei grenzüberschreitenden Zusammenschlüssen gegeben, aber wohl auch wenn die zentrale Leitung den Zusammenschluss oder die Spaltung von Einheiten im anderen Mitgliedstaat plant. 206

Nr. 9 betrifft die **Einschränkung oder Stilllegung** von Unternehmen, Betrieben oder wesentlichen Betriebsteilen (vgl. § 106 Abs. 3 Nr. 6 und § 111 S. 2 Nr. 1 BetrVG): Unter Einschränkung ist die erhebliche Herabsetzung der Leistungsfähigkeit zB durch Stilllegung von Maschinen und Anlagen zu verstehen. Stilllegung der genannten Einheiten betrifft die Aufgabe des Zwecks durch Auflösung der Einheiten. Der Tatbestand ist grenzüberschreitend, wenn zB in mehreren Mitgliedstaaten geschlossen wird oder bereits dann, wenn die zentrale Leitung die Schließung einer Einheit in einem anderen Mitgliedstaat vorsieht. 207

Nr. 10 betrifft **Massenentlassungen** (vgl. § 106 Abs. 3 Nr. 6 und § 111 S. 2 Nr. 1 BetrVG): Hiermit wird der Sachverhalt geregelt, der nicht nur die Einschränkung oder Stilllegung von Einheiten durch Verringerung von sächlichen Betriebsmitteln vorsieht, sondern den reinen 208

Personalabbau im Auge hat. Welcher Umfang erheblich ist, wird weder in der Richtlinie noch in § 29 EBRG vorgegeben. Es ist daher von den Zahlen und Prozentangaben des § 17 Abs. 1 KSchG auszugehen, wie von der Rechtsprechung ausgelegt, also nur bei mindestens 5 % Betroffenheit bezogen auf die Belegschaft eines Betriebs. Ein grenzüberschreitender Bezug soll bereits vorliegen, wenn die zentrale Leitung eine Massenentlassung in einem anderen Mitgliedstaat geplant hat.

209 Aus der Forderung „insbesondere" lässt sich folgern, dass es **auch andere** Unterrichtungs- und Anhörungstatbestände gibt. Sie müssten aber gleichgewichtig sein. Insgesamt kann auf die Kommentierung zu §§ 106 und 111 BetrVG verwiesen werden.

210 Die zentrale Leitung darf die Unterrichtung nur **verweigern,** wenn dadurch Betriebs- und Geschäftsgeheimnisse des Unternehmens oder der Unternehmensgruppe gefährdet werden, wie in § 35 Abs. 1 EBRG ausdrücklich vorgesehen ist.

211 b) **Außergewöhnliche Umstände.** Über außergewöhnliche Umstände, die **erhebliche Auswirkungen** auf die Interessen der Arbeitnehmer haben, muss die zentrale Leitung den Europäischen Betriebsrat gemäß § 30 Abs. 1 EBRG rechtzeitig unter Vorlage der erforderlichen Unterlagen unterrichten und gegebenenfalls anhören. Als außergewöhnliche Umstände gelten insbesondere nach Nr. 1 die Verlegung von Unternehmen, Betrieben oder wesentlichen Betriebsteilen, nach Nr. 2 die Stilllegung von Unternehmen, Betrieben oder wesentlichen Betriebsteilen und nach Nr. 3 Massenentlassungen. Inhaltlich sind diese Tatbestände bereits in § 29 Abs. 2 Nr. 7, 9 und 10 EBRG enthalten, über die auch anlässlich der jährlichen Sitzung zu unterrichten und anzuhören ist. Aus der Formulierung „insbesondere" folgt, dass der Katalog nicht abschließend ist. Jedoch ist der Katalog des § 30 EBRG wesentlich enger als der des § 29 EBRG, so dass zumindest ein entsprechend verschärfter Sachverhalt der dort vorgesehenen Tatbestände nach Nr. 5–10 zu verlangen ist.

212 Eine außergewöhnliche Unterrichtung und Anhörung kann jedoch nur verlangt werden, wenn der Sachverhalt noch nicht Gegenstand einer turnusmäßigen Sitzung war. Es muss sich also um Sachverhalte handeln, die sich erst **nach der Jahressitzung** zu einem konkreten Planungsstadium verdichtet haben und die zentrale Leitung noch vor der nächsten turnusmäßigen Sitzung mit der Umsetzung beginnen will.

213 Die Unterrichtung kann und sollte aus den zu § 29 EBRG genannten Gründen schriftlich und unter Vorlage der erforderlichen Unterlagen erfolgen. Die Unterrichtung muss so rechtzeitig erfolgen, das der Europäische Betriebsrat noch eine Einflussmöglichkeit hat, also bevor die Entscheidung endgültig wird und jedenfalls vor der Umsetzung. Es gelten zum Umfang der Unterrichtung und zum Vorbehalt des Geheimnisschutzes die **gleichen Überlegungen** wie bei § 29 EBRG.

214 Die Anhörung setzt bei außergewöhnlichen Umständen voraus, dass der Europäische Betriebsrat eine außerordentliche Sitzung verlangt, in der der Meinungsaustausch und Dialog stattfinden kann. Der Europäische Betriebsrat muss deshalb unverzüglich nach seiner Unterrichtung erklären, ob er eine außerordentliche Sitzung wünscht und Ort und Zeitpunkt mit der zentralen Leitung abstimmen, wobei er eine angemessene Vorbereitungszeit verlangen kann.

215 Streitigkeiten sind nach § 2a ArbGG im **Beschlussverfahren** vor dem Arbeitsgericht am Sitz der zentralen Leitung geltend zu machen und unter Umständen dem einstweiligen Rechtsschutz zugänglich. Dies gilt jedoch nur zur Sicherung des Unterrichtungs- und Anhörungstatbestands,[341] nicht zur Untersagung der Umsetzung der wirtschaftlichen Angelegenheit. Der Europäische Betriebsrat hat nicht wie der deutsche Betriebsrat ein Verhandlungsrecht über einen Interessenausgleich, das uU zu sichern wäre.[342]

IX. Beteiligungsrechte des SE Betriebsrats

216 Die Arbeitnehmerbeteiligung in der Europäischen Gesellschaft (Societas Europaea – SE) ist im Gesetz über die Beteiligung der Arbeitnehmer in einer Europäischen Gesellschaft

---

[341] *Müller* EBRG Kommentar § 33 Rn. 5.
[342] *Müller* EBRG Kommentar § 33 Rn. 6.

(SEBG) vom 11.12.2004[343] geregelt.[344] Der SEBR ist zuständig für grenzübergreifende Angelegenheiten neben den nationalen Arbeitnehmervertretungen, die ausschließlich nationale Informationen verarbeiten. Das grenzüberschreitende Element muss die SE selbst, eine ihrer Tochtergesellschaften oder einen ihrer Betriebe in eiem anderen Mitgliedstaat betreffen oder über die Befugnisse der zuständigen Organe auf der Ebene des einzelnen Mitgliedsstaates hinausgehen (§ 27 SEBG).[345]

1. Existenz eines SE Betriebsrats

Zur Gründung und Eintragung einer Societas Europaea (SE) in das zuständige Handelsregister in Deutschland muss ein besonderes Verhandlungsgremium (BVG) gewählt und zwischen BVG und der Leitung der SE (§ 2 V SEBG) eine schriftliche Vereinbarung (§ 13 SEBG) geschlossen werden (Beteiligungsvereinbarung) oder das BVG einen Nichtverhandlungsbeschluss fassen oder die in § 20 SEBG festgelegte Verhandlungsfrist von 6 Monaten ohne Einigung abgelaufen sein. Inhalt der Verhandlungen über die Beteiligungsvereinbarung sind die Befugnisse und das Verfahren zur Unterrichtung und Anhörung des neu zu gründenden SEBR (§ 21 Abs. 1 Nr. 3 SEBG). Nach der gesetzlichen Auffangregelung in §§ 28, 29 SEBG hat das Management den SEBR jährlich (§ 28 SEBG), und bei außergewöhnlichen Umständen rechtzeitig zu unterrichten und anzuhören (§ 29 SEBG). Da das Wort „umfassend" nicht benutzt wird, wird gefolgert, dass die Unterrichtung nicht so umfangreich wie in der Betriebsverfassung sein muss.

2. Beteiligungsrechte des SEBR

Im Folgenden wird von der gesetzlichen Auffangregelug ausgegangen.

a) **Jährliche Unterrichtung und Anhörung gemäß § 28 SEBG.** Der SEBR hat nach § 28 SEBG das Recht auf eine **turnusmäßige** Sitzung mit der Leitung im Kalenderjahr. Üblich ist eine Sitzung im Quartal nach der Feststellung des Jahresabschlusses. Den Zeitpunkt bestimmt die Leitung der SE. Dieser Termin ist durch rechtzeitige Vorlage der erforderlichen Unterlagen vorzubereiten. Daraus wird gefolgert, dass die Information schriftlich erfolgen soll. Bei komplexen Sachverhalten ist dies ohnehin sinnvoll. Dabei ist eine angemessene Zeit vor der gemeinsamen Sitzung einzuhalten. Die Unterrichtung soll dem SEBR die Möglichkeit einer Meinungsbildung geben. Unter Anhörung ist ein Meinungsaustausch und die Einrichtung eines Dialogs zwischen dem SE Betriebsrat und der Leitung zu verstehen zu einem Zeitpunkt, an dem die endgültige Entscheidung noch nicht erfolgt ist. Das entspricht in etwa dem Beratungsbegriff des Betriebsverfassungsgesetzes. Eine Vereinbarung zur Regelung des Sachverhalts, insbesondere ein Interessenausgleich oder ein Sozialplan kann nicht erzwungen werden. Inhaltlich entsprechen die relevanten Themen dem Tableau des Wirtschaftsausschusses und des Europäischen Betriebsrats, wobei nach § 28 Abs. 1 SEBG die erforderlichen Unterlagen insbesondere die Geschäftsberichte und die Tagesordnungen der Leitungs- und Aufsichtsorgane sowie die Kopien der Hauptversammlungsunterlagen beinhalten. Dazu definiert § 28 Abs. 2 SEBG in 10 Punkten die für die Entwicklung der Geschäftslage und -perspektiven notwendigen Inhalte.

b) **Außergewöhnliche Umstände.** Über außergewöhnliche Umstände, die erhebliche Auswirkungen auf die Interessen der Arbeitnehmer haben, muss die Leitung den SEBR nach § 29 SEBG rechtzeitig unter Vorlage der erforderlichen Unterlagen unterrichten und anhören und auf Antrag des SEBR mit diesem zusammenzutreffen. Dabei soll ein Meinungsaustausch und Dialog stattfinden wie bei der turnusmäßigen Unterrichtung und Anhörung. Die Themen der außergewöhnlichen Umstände sind die „härteren" Maßnahmen des o. g. Tableaus, ähnlich zu § 106 Abs. 2 und § 111 Abs. 3 BetrVG also Verlegung, Stilllegung und Massenentlassungen von Unternehmen, Betrieben und wesentlichen Betriebsteilen. Gibt der SEBR eine Stellungnahme ab, der die Leitung nicht folgen will, kann der SEBR anders als

---
[343] BGBl. I 3675.
[344] *Habersack/Drinhausen* SEBG vor §§ 1–3; *Fitting* BetrVG § 1 Rn. 271 mwN.
[345] *Habersack/Drinhausen* SEBG § 27 Rn. 3.

der Wirtschaftsausschuss und der Europäische Betriebsrat einen weiteren Anhörungstermin verlangen (§ 29 Abs. 4) SEBG).

221 Streitigkeiten sind nach § 2a ArbGG im Beschlussverfahren vor dem Arbeitsgericht am Sitz der Leitung geltend zu machen. Streitig ist, ob der SE Betriebsrat einstweiligen Rechtsschutz verlangen kann. Jedenfalls nur zur Sicherung des Unterrichtungs- und Anhörungstatbestands, keinesfalls zur Untersagung der Maßnahmen der wirtschaftlichen Angelegenheiten. Die Möglichkeit einer zweiten außerordentlichen Anhörung wird von Autoren[346] als Begründung für die fehlende weitere Untersagungsmöglichkeit gesehen, von anderen geradezu im Gegenteil als Indiz für einen stärkeren vorläufigen Rechtsschutz.[347] Vorzugswürdig ist die Meinung, dass **keine Unterlassungsverfügung** möglich ist, denn der SEBR hat kein Verhandlungsrecht über einen Interessenausgleich/Sozialplan wie der deutsche Betriebsrat,[348] das zu schützen wäre.

X. Ausnahme junger Unternehmen von der Sozialplanpflicht nach § 112a Abs. 2 BetrVG

222 Als gesetzlich vorgesehene Ausnahme von der Erzwingbarkeit eines Sozialplans gemäß § 112 Abs. 4 und Abs. 5 BetrVG trotz Vorliegen der sonstigen Tatbestandsvoraussetzungen ist in § 112a Abs. 2 BetrVG geregelt, dass die Sozialplanpflicht keine Anwendung findet auf Betriebe eines Unternehmens in den ersten vier Jahren nach seiner Gründung. Die Ausnahme des § 112a Abs. 2 BetrVG gilt für alle Betriebsänderungen. Die Betriebsparteien können aber freiwillig einen Sozialplan vereinbaren und gemeinsam die Einigungsstelle anrufen. Begünstigt werden junge Unternehmen. Damit sollte die Unternehmensgründung und somit die Schaffung von Arbeitsplätzen gefördert werden. Dazu hat das Bundesarbeitsgericht mit Entscheidung vom 27.6.2006 bestätigt, dass es lediglich auf das **Alter des Unternehmens** und nicht auf das Alter der Betriebe ankommt. Das ergebe sich unzweifelhaft aus dem Gesetzeswortlaut, und Sinn und Zweck der Regelung. Sonst hätte es im Text nicht heißen dürfen nach „seiner" Gründung, sondern nach „ihrer" Gründung. Die bloße Aussicht auf einen erzwingbaren Sozialplan beim Veräußerer sei kein Recht, das nach einem Betriebsübergang weiterbestünde.[349] Somit kann ein junges Unternehmen im Sinne des § 112a Abs. 2 BetrVG einen alten Betrieb erwerben und ist zunächst von der Erzwingbarkeit des Sozialplans ausgenommen. Die Privilegierung gilt allerdings nicht für die Gründung neuer Betriebe alter Unternehmen. Ebenfalls ausgenommen von der Begünstigung sind Neugründungen im Zusammenhang mit der rechtlichen Umstrukturierung von Unternehmen und Konzernen im Sinne von § 112a Abs. 2 S. 2 BetrVG. Im Wesentlichen sind das die in § 1 UmwG genannten Umstrukturierungen, also Verschmelzung, Spaltung (Aufspaltung, Abspaltung, Ausgliederung), Vermögensübertragung und Formwechsel. Maßgebend für den Zeitpunkt der Gründung ist die Aufnahme einer Erwerbstätigkeit im Sinne von § 138 Abgabenordnung.

223 Im Zusammenhang mit einem Betriebsübergang ist die Übernahme durch ein „junges" Unternehmen ein nach § 613a Abs. 5 BGB gegenüber den einzelnen betroffenen Arbeitnehmern mitteilungspflichtiger Sachverhalt.[350]

---

[346] *Hohenstatt/Müller-Bonanni* in Habersack/Drinhausen SEBG § 29 Rn. 7 mwN.
[347] *Forst* ZESAR 2013, 15 (22); *Schmeisser/Ladenburger* NZA 2018, 761.
[348] Vgl. §§ 112, 122a BetrVG.
[349] BAG 27.6.2006 – 1 ABR 18/05, NZA 2007, 106 (107); ErfK/*Kania* BetrVG § 112a Rn. 17.
[350] BAG 15.12.2016 – 8 AZR 612/15, NZA 2017, 783.

§ 57 Unterrichtung, Beratung, Verhandlung, Einigung

Übersicht

	Rn.
I. Einführung	1
II. Phasen	2–67
1. Konzeption und Planung der Betriebsänderung	4–10
2. Unterrichtung und Anhörung: Europäischer Betriebsrat/Forum	11–24
a) Turnusmäßige Unterrichtung und Anhörung	12–14
b) Außergewöhnliche Unterrichtung	15–24
3. Unterrichtung und Anhörung: SEBR	25–28
a) Jährliche Unterrichtung	26
b) Unterrichtung und Beratung: außergewöhnliche Umstände gemäß § 29 SEBG	27
c) Rechtsfolgen fehlender Beteiligung	28
4. Unterrichtung und Beratung: Sprecherausschuss	29–31
a) Halbjährliche Unterrichtung	30
b) Unterrichtung und Beratung über Betriebsänderung	31
5. Unterrichtung und Beratung: Wirtschaftsausschuss	32–39
a) Unterrichtungsphase	33/34
b) Beratungsphase	35–39
6. Unterrichtung und Beratung: Betriebsrat	40–53
a) Unterrichtungsphase	43–48
b) Beratungsphase	49–51
c) Betriebsratsberater	52/53
7. Verhandlungen über Interessenausgleich und Sozialplan	54–60
a) Gleichzeitige Verhandlungen	56
b) Getrennte Verhandlungen	57
c) Unzulässige Wechselwirkungen	58
d) Form, Dauer, Beteiligte der Verhandlungen	59/60
8. Scheitern der Verhandlungen	61–67
a) Vermittlung des Vorstands der Bundesagentur für Arbeit	62
b) Anrufung der Einigungsstelle	63–67
III. Einigungsstellenverfahren	68–92
1. Bestellung der Einigungsstelle	69–71
a) Einvernehmliche Bestellung	70
b) Verfahren nach § 100 ArbGG	71
2. Einigungsstellenverfahren gemäß § 109 BetrVG	72–75
a) Zuständigkeit der Einigungsstelle	73
b) Verfahren der Einigungsstelle	74/75
3. Einigungsstellenverfahren gemäß § 112 Abs. 2 BetrVG	76–78
a) Verhandlung über den Interessenausgleich	77
b) Verhandlung über den Sozialplan	78
4. Kosten der Einigungsstelle	79
5. Gerichtliche Überprüfung der Einigungsstelle	80–87
a) Einigung	81
b) Einigungsstellenspruch	82–87
6. Besonderheiten im Insolvenzverfahren	88–92
IV. Sicherung und Durchsetzung der Beteiligungsrechte	93–136
1. Der Nachteilsausgleich des § 113 BetrVG	94–103
a) Abweichen vom Interessenausgleich	95/96
b) Unterlassen des Interessenausgleichs	97/98
c) Ausgleichspflichtige Beeinträchtigungen	99/100
d) Abfindungshöhe	101
e) Individuelle Abfindungsklage	102
f) Anrechnung	103
2. Verfahren nach § 23 Abs. 3 BetrVG	104
3. Ordnungswidrigkeit gemäß § 121 BetrVG; Straftat gemäß § 119 BetrVG	105/106
4. Kollektiver Durchführungsanspruch (?)	107–112
5. Fristenregelung	113
6. Unterlassungsanspruch	114–126

	Rn.
7. Sicherung der Beteiligungsrechte von EurBR, SEBR, SprA, WA	127/128
8. Der Streit um den Tarifsozialplan	129–131
9. Verfahrensablauf bei Massenentlassungen gem. § 17 KSchG	132–136

I. Einführung

1   Die Betriebsänderung ist ein komplexer Sachverhalt. Sie stellt typischerweise einen schwerwiegenden Eingriff in die bisher als maßgeblich angesehene Organisation des Betriebs dar. Die wirtschaftliche Notwendigkeit der Weiterentwicklung und die Beharrungskräfte zur Sicherung des in der Vergangenheit Erreichten stehen sich gegenüber. Die Tatsache, dass die Betriebsänderung selbst ein Mittel zur Sicherung der Existenz des Unternehmens und damit der Grundlage der betrieblichen Gemeinschaft sein kann, ist den Arbeitnehmern und ihren Vertretern nicht immer auf den ersten Blick verständlich. Zumal dem Unternehmer bei der Feststellung der betrieblichen Notwendigkeit ein großes Ermessen eingeräumt ist. Er allein trägt die **Verantwortung** der unternehmerischen Entscheidung, die die Betriebsänderung bedingt. Will er eine möglichst hohe Akzeptanz auf Seiten der Belegschaft erreichen, muss er versuchen zu überzeugen. Das ist naturgemäß schwierig, wenn die Belegschaft und ihre Vertreter die unternehmerische Entscheidung und ihre Folgen kritisch, ja misstrauisch beurteilen. Eine angemessene Unterrichtung und Beratung zur Betriebsänderung ist Grundlage für den Versuch zur Einigung über den Ausgleich der widerstreitenden Interessen auf dem Verhandlungsweg.

II. Phasen

2   Betriebsänderungen vertragen keine lange Leidenszeit. Sowohl die Belegschaft als auch der Unternehmer sind an einer schnellen Klärung der Verhandlungssituation interessiert. Die Arbeitnehmer, um sich möglichst professionell auf Alternativen einstellen zu können und zum Beispiel Umschulungsmaßnahmen wahrnehmen zu können. Der Unternehmer, um möglichst längere Zeiten der Unproduktivität zu vermeiden. Eine Betriebsänderung muss in der Regel in längstens zwei bis drei Monaten nach der Unterrichtung der betriebsverfassungsrechtlichen Gremien endgültig verhandelt und geeinigt sein.[1] **Verzögerungstaktiken** der betriebsverfassungsrechtlichen Gremien, von denen oft berichtet wird,[2] werden dem nicht gerecht und sind zudem leicht erkennbar. Erfahrungsgemäß wird von Seiten des Betriebsrats auch bei ausführlicher Unterrichtung stets weitere Information angefordert und oft der Eintritt in weiterführende Phasen der Beratung oder Verhandlung verweigert, bis die geforderte Information geliefert wird. Dann gilt es abzuwägen, wieweit eine offensive Informationspolitik zur Beschleunigung beitragen kann. Teilweise wird auch versucht, die Annahme von Information durch den Betriebsrat zu verweigern mit der Begründung, dass etwa der Wirtschaftsausschuss oder der Europäische Betriebsrat noch nicht ausreichend unterrichtet sei oder noch nicht ausreichend beraten habe. Auch dann stellt sich die Frage, ob der Unternehmer den Wunsch aus Opportunitätsgründen erfüllt oder auf das Einigungsstellenverfahren hinarbeitet. Nach der Konzeptions- und Planungsphase, die der Unternehmer im eigenen Ermessen intern gestaltet, folgt nach allen einschlägigen gesetzlichen Bestimmungen die Unterrichtungsphase, die „rechtzeitig", das heißt jedenfalls vor Umsetzung der Betriebsänderung beginnen muss. Dies folgt aus § 33 Abs. 1 S. 1 EBRG für den Europäischen Betriebsrat, aus § 32 Abs. 2 S. 1 SprAuG für den Sprecherausschuss, aus § 106 Abs. 2 S. 1 BetrVG für den Wirtschaftsausschuss und aus § 111 S. 1 BetrVG für den Betriebsrat. Die

---

[1] Schaub ArbR-HdB/*Koch* § 244 Rn. 29b; vgl. *Bauer/Göpfert* DB 1997, 1464 zu § 113 Abs. 3 BetrVG aF; LAG Hessen 27.6.2007 – 4 TaBVGa 137/07, BeckRS 2007, 47237; LAG Hessen 30.8.1984 – 4 TaBVGa 113 und 114/84, DB 1985, 178 (179).

[2] WHS Umstrukturierung/*Schweibert* C Rn. 129; *Neef* NZA 1997, 65 (66); *Röder/Baeck* Interessenausgleich, S. 13 f.; neuerdings wird wieder von Verfahrensabläufen von 6–10 Monaten berichtet: *Ehlers* NJW 2003, 2337 (2338).

Unterrichtungsphase geht relativ zwanglos in die Beratungsphase über. Nur der Betriebsrat hat schließlich das Recht auf eine Verhandlungs- und Einigungsphase zum Versuch eines Interessenausgleichs und zum Abschluss eines Sozialplans. Die Phasen der Unterrichtung und Beratung sowie der Verhandlungs- und Einigungsbemühungen sind nicht strikt nacheinandergeschaltet, sondern können sich ohne weiteres überlappen. In der Praxis sind die Phasen eng verwoben.

Beratungs-Checkliste zur Konzeption

- ☐ Analyse der wirtschaftlichen Situation und Ziele
- ☐ Beschreibung und Begründung der erwogenen Betriebsänderung
- ☐ Analyse der personellen und wirtschaftlichen Folgen
- ☐ Konkrete Vorschläge für personelle Maßnahmen
- ☐ Zeitplan für Durchführung der Betriebsänderung
- ☐ Ermittlung der zu unterrichtenden Gremien
- ☐ Festlegung der Reihenfolge der Beteiligung
- ☐ Zusammenstellung der erforderlichen Unterlagen
- ☐ Erste Entwürfe für Interessenausgleich und ggf. Sozialplan
- ☐ Bildung und Instruktion von Verhandlungsteams

1. Konzeption und Planung der Betriebsänderung

Vor der Einbindung der betriebsverfassungsrechtlichen Gremien muss sich der Unternehmer darüber klar werden, welche unternehmerische oder betriebswirtschaftliche Maßnahme geboten ist, wie und wann sie umgesetzt werden soll und welche Folgen sie für die Belegschaft haben wird oder haben kann. Ein schlüssiges, präsentables **Konzept** ist zu erarbeiten. Es müssen nicht nur die dafür erforderlichen Vorarbeiten und Analysen sorgfältig betrieben werden, sondern auch eine nachvollziehbare Darstellung der Maßnahme sowie ihrer Gründe und Folgen bedacht werden. Nichts ist gefährlicher für den Betriebsfrieden als die vorzeitige Information über unfertige Konzepte, die während der Beratungen ständig nachgebessert werden müssen. Darauf nimmt das Gesetz Rücksicht.

Die Unterrichtung und Beratung muss noch nicht im Stadium der ersten Überlegungen, der Bestandsaufnahme und möglicher Planspiele erfolgen, auch wenn diese bereits bis ins Kleinste ausgearbeitet werden.[3] Auch die Einholung von betriebswirtschaftlichen und juristischen Gutachten in dieser Phase begründet noch nicht die Unterrichtungspflicht. Zunächst muss sich der Unternehmer ein möglichst **vollständiges Bild** der wirtschaftlichen und juristischen Anforderungen machen, um sich und den betriebsverfassungsrechtlichen Gremien eine einigermaßen verlässliche Informationsbasis zu verschaffen, auf deren Grundlage tiefgreifende Entscheidungen getroffen werden können. In dieser Phase würden vorzeitige Informationen nur unnötige Aufregung und Unsicherheit schaffen. Manche Planspiele, die erhebliche Umwälzungen mit sich gebracht hätten, sind bereits im Vorfeld der Überlegungen ad acta gelegt worden und zu Recht nie in die betriebliche Öffentlichkeit gelangt. So kann durchaus der Finanzvorstand oder Bereichsleiter für Finanzen einen Vorschlag zur Kostenreduzierung machen, der unter einen Einzeltatbestand der Betriebsänderung nach § 111 BetrVG fallen würde, der aber aus übergeordneten Gesichtspunkten nach Einschaltung der Rechts- und Personalabteilung vom Vorstand verworfen wird. Der Unternehmer muss die Möglichkeit haben, auf der Leitungsebene zunächst allen Sachverstand zu mobilisieren, bevor er sich entscheidet, an die Betriebsöffentlichkeit zu gehen und die Absicht zur Durchführung einer Betriebsänderung bekannt zu machen. In dieser Überlegungsphase besteht noch keine Unterrichtungspflicht.

Die Konzeptions- und Planungsphase ist abgeschlossen, wenn für die beabsichtigte Maßnahme aus Sicht des Arbeitgebers die **optimale Lösung** zwar ausgewählt, aber mit deren

---

[3] Schaub ArbR-HdB/*Koch* § 244 Rn. 26a.

§ 57 6

Umsetzung noch nicht begonnen worden ist.[4] Einen anschaulichen Anhaltspunkt für den Übergang aus der Konzeptions- und Planungsphase in die Umsetzungsphase liefert das REFA-Standardprogramm für Arbeitsgestaltung, das nachfolgend abgebildet wird. Es hat auch für die Bestimmung der Unterrichtungspflicht bei Betriebsänderung seine Bedeutung. Die Unterrichtung muss nach Stufe 5 (optimale Lösung wählen) aber vor Stufe 6 (Lösung einführen) erfolgen.[5]

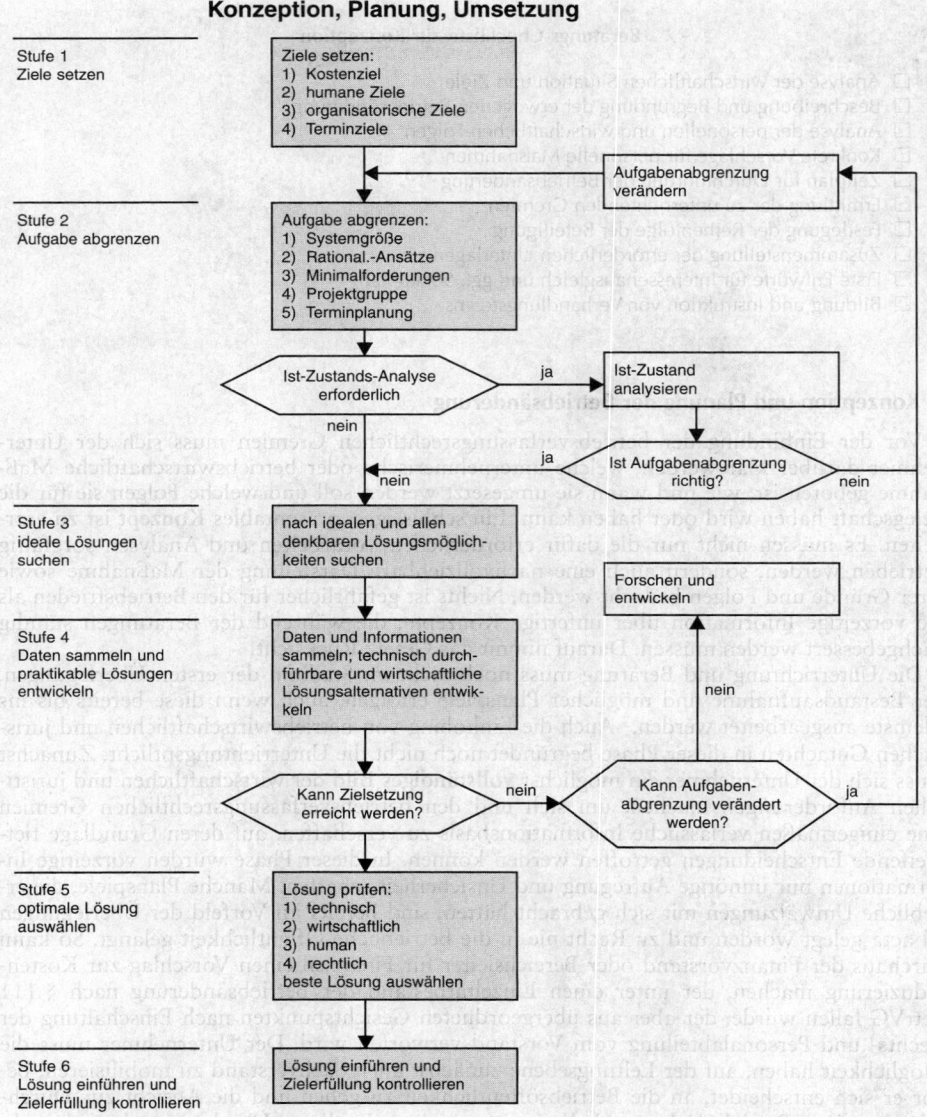

---

[4] BAG 14.9.1976 – 1 AZR 784/75, DB 1977, 309; *Fitting* BetrVG § 111 Rn. 108 ff., *ders.* § 80 Rn. 55a; anschaulich zur Definition des Beginns der Umsetzung BAG 14.4.2015 – 1 AZR 794/13, NZA 2015, 1147 (1149) = DB 2016, 188 (190 f.) mAnm *Elking* DB 2016, 192.
[5] *Fitting* BetrVG § 80 Rn. 55a.

6-Stufen-Methode der Systemgestaltung (REFA-Standardprogramm Arbeitsgestaltung)

Die Stäbe sollten allerdings in der Konzeptions- und Planungsphase auch in der **internen** **Kommunikation** untereinander nicht von „geplanten Maßnahmen" sondern nur von Überlegungen oder Erwägungen sprechen, um nicht selbst den Eindruck einer bereits zur Umsetzung anstehenden Maßnahme zu erwecken. Möglicherweise gehören auch solche Korrespondenzen zum erforderlichen Umfang einer dem Wirtschaftsausschuss unaufgefordert (§ 106 Abs. 2 BetrVG) oder dem Betriebsrat auf dessen Verlangen[6] vorzulegenden Dokumentation von Unterlagen (§ 80 Abs. 2 S. 2 BetrVG). Das kann der Fall sein, wenn diese Unterlagen Planungsgrundlage werden. Dann darf auch nicht nachträglich der falsche Eindruck entstehen, dass die erörterten Maßnahmen bereits im Vorfeld beschlossene Sache waren.

Vorüberlegungen, Zielsetzungen, Kostennutzenrelationen, Machbarkeitsstudien und notwendige Prüfungen sind noch keine Planung, sondern deren Grundlage. Die Planung darf in der Konzeptionsphase eine solche **Reife** erlangen, die es dem Unternehmer erlaubt, sich im Prinzip für die Betriebsänderung zu entschließen. Er darf allerdings noch nicht (auch nicht teilweise) mit der Umsetzung begonnen haben.[7] Der Unternehmer darf in dieser Konzeptions- und Planungsphase nicht die Belegschaft oder die Medien informieren, wenn er die betriebsverfassungsrechtlichen Gremien noch nicht unterrichtet hat. Noch in der Konzeptionsphase ist zu erwägen, in welcher Reihenfolge die Unterrichtung der betriebsverfassungsrechtlichen Gremien vorzunehmen ist. Dabei ist jedes möglicherweise in Betracht kommende Gremium nach den für dieses Gremium geltenden Tatbestandsvoraussetzungen separat zu betrachten. Es macht keinen Sinn, zum Beispiel den Wirtschaftsausschuss wesentliche Zeit vor dem Betriebsrat zu informieren, wenn das unternehmerische Konzept noch nicht steht. Er kann seinem Auftrag nach § 106 Abs. 1 S. 2 BetrVG, seinerseits den Betriebsrat zu unterrichten, nicht ordentlich nachkommen, wenn er selbst nicht nachvollziehbar unterrichtet ist. Die **Gefahr vorzeitiger Unterrichtung** einzelner Gremien ist zumindest die missverständliche Weitergabe der erhaltenen Informationen, die bereits von kritischen Kommentaren begleitet wird.

Der Unternehmer muss daher überzeugt sein, die Konzeptionsphase vollständig genutzt zu haben, bevor er in die Unterrichtungsphase eintritt und das erste Gremium der Arbeitnehmervertretung informiert. Je besser die Konzeptionsphase genutzt wird, desto einfacher wird die Beschreibung und Erläuterung der Maßnahme in der Unterrichtungsphase. Bei komplexen Sachverhalten ist es empfehlenswert, schriftliches Informationsmaterial mit einer zusammenfassenden Kurzdarstellung („Rationale") der Betriebsänderung und erste Entwürfe für einen Interessenausgleich und gegebenenfalls einen Sozialplan vorzubereiten. Der **Rechtsberater** des Unternehmens sollte diese Unterlagen geprüft, wenn nicht selbst entworfen haben, bevor die erste Unterrichtung beginnt.

Beratungs-Checkliste: Unterrichtung/Beratung

- ☐ Beteiligung aller Betriebsverfassungs-Gremien
  - Fixierung der Unterrichtungsinhalte (Rationale)
  - Abstimmung der Zuständigkeiten und ggf. Berater
  - Absprache von Unterrichtungs-/Beratungsveranstaltungen
  - Nachhaltung von Detailinformationen
  - Vorlage der erforderlichen Unterlagen
- ☐ Beteiligung Betriebsrat
  - Übergabe des Interessenausgleichsentwurfs an Betriebsrat
  - Übergabe des Sozialplanentwurfs an Betriebsrat

---

[6] *Fitting* BetrVG § 111 Rn. 113; Richardi BetrVG/*Annuß* § 111 Rn. 151.
[7] BAG 14.9.1976 – 1 AZR 784/75, DB 1977, 309; *Fitting* BetrVG § 111 Rn. 110; Richardi BetrVG/*Annuß* § 111 Rn. 144, aktuell zu § 113 Abs. 3 BetrVG BAG 14.4.2015 – 1 AZR 794/13, NZA 2015, 1147 (1149).

- Annahme und Bearbeitung von Nachfragen
- Laufende Dokumentation des Unterrichtungsstands
- Feststellung der abschließenden Unterrichtung und Aufforderung zur Erörterung der Betriebsänderung

2. Unterrichtung und Anhörung: Europäischer Betriebsrat/Forum

11   Nachdem die Bildung eines Europäischen Betriebsrats auf der Grundlage der Richtlinie 94/45/EG inzwischen in den nationalen Rechtsordnungen umgesetzt worden ist,[8] regelt sich die **grenzübergreifende Betriebsänderung** in Deutschland im Wesentlichen nach dem Europäische Betriebsräte-Gesetz vom 28.10.1996,[9] zuletzt geändert durch Art. 1 Zweites EBRG-Änderungsgesetz vom 14.6.2011[10] auf Grundlage der überarbeiteten Europäische Betriebsräte-Richtlinie 2009/38/EG.[11] Die Etablierung von Europäischen Betriebsräten schreitet auch in Deutschland mit schnellen Schritten voran. Zur Bildung eines Europäischen Betriebsrats kann jede Arbeitnehmervertretung in einem Mitgliedstaat nach § 5 Abs. 1 EBRG von der zentralen Leitung in Deutschland Angaben über die durchschnittliche Gesamtzahl der Arbeitnehmer und ihre Verteilung auf die Mitgliedstaaten, die Unternehmen und Betriebe sowie über die Struktur des Unternehmens oder der Unternehmensgruppe verlangen (vertikaler Auskunftsanspruch).[12] Liegt die zentrale Leitung nicht in einem Mitgliedstaat, besteht ein eigener Auskunftsanspruch der fingierten zentralen Leitung (vgl. § 2 Abs. 2 EBRG) gegen die zur Gruppe gehörenden Unternehmen in den übrigen Mitgliedsstaaten (horizontaler Auskunftsanspruch).[13] Auch ein deutscher Betriebsrat oder Gesamtbetriebsrat kann nach § 5 Abs. 2 EBRG seinen Auskunftsanspruch gegenüber der örtlichen Betriebs- oder Unternehmensleitung geltend machen, die dann wiederum die verlangten Informationen gegebenenfalls von der zentralen Leitung zu beschaffen hat, wenn die Betriebsänderung in Form einer Stilllegung mit Massenentlassungen von der Konzernobergesellschaft im Ausland unmittelbar angewiesen wurde.[14] Soweit der jeweilige Europäische Betriebsrat oder das entsprechende Anhörungsforum auf Grund freiwilliger Vereinbarung gebildet wurde, richten sich dessen Unterrichtungs- und Anhörungsrechte jeweils nach der konkreten Vereinbarung;[15] ansonsten nach der entsprechenden nationalen Gesetzesregelung und speziell in Deutschland nach §§ 29, 30 EBRG. Grundsätzlich ist zunächst eine grenzübergreifende Angelegenheit nach § 1 Abs. 2 EBRG erforderlich, es müssen also zwei Betriebe oder Unternehmen in verschiedenen Mitgliedstaaten betroffen sein.

12   **a) Turnusmäßige Unterrichtung und Anhörung.** Ist die Planung für eine Betriebsänderung auf Europäischer Ebene bereits nach den Katalogtatbeständen des § 29 Abs. 2 EBRG vor dem regelmäßigen Jahrestreffen der zentralen Leitung des Unternehmens und des Europäischen Betriebsrats vorbehaltlich der Beteiligungsrechte der Arbeitnehmervertreter abschlussreif, so ist der Europäische Betriebsrat unter rechtzeitiger Vorlage der erforderlichen Unterlagen zu unterrichten und anzuhören. Während sich die materiellen Auskunftsrechte deutscher Betriebsräte zur Betriebsänderung auch im internationalen Konzern grundsätzlich nur gegen das eigene Unternehmen richten, in dem der Betriebsrat gewählt ist,[16] besteht die

---

[8] *Kolvenbach* NZA 2000, 518.
[9] BGBl. I 1548 (2022).
[10] BGBl. I 1050.
[11] Richtlinie 2009/38/EG des Europäischen Parlaments und des Rates vom 6.5.2009 über die Einsetzung eines Europäischen Betriebsrats oder die Schaffung eines Verfahrens zur Unterrichtung und Anhörung der Arbeitnehmer in gemeinschaftsweit operierenden Unternehmen und Unternehmensgruppen, ABl. 2009 L 122, 28.
[12] *Diller/Powietzka* DB 2001, 1034 (1035).
[13] BAG 27.6.2000 – 1 ABR 32/99, NZA 2000, 1330; EuGH 29.3.2001 – C-62/99, NZA 2001, 506; vgl. auch *Fitting* EBRG Übersicht Rn. 23c.
[14] *Diller/Powietzka* DB 2001, 1034 (1035); dazu auch EuGH 10.9.2009 – C-44/08 (Akavan Erityisalojen Keskusliitto AEK ny u. a./Fujitsu Siemens Computers Oy), NZA 2009, 1083 (1085).
[15] Vgl. *Kolvenbach* NZA 1997, 695; *Lorenz/Zumfelde* RdA 1998, 168; jeweils mit Bericht zur Schließung eines Renaultwerkes in Vilvoorde/Belgien.
[16] *Diller/Powietzka* DB 2001, 1034 (1038).

Unterrichtungspflicht zur Betriebsänderung gegenüber dem Europäischen Betriebsrat nur auf der Seite der zentralen Leitung des europaweit tätigen Unternehmens oder Konzerns.[17]

Im Falle der grenzübergreifenden Betriebsänderung in gemeinschaftsweit tätigen Unternehmen und Konzernen sind primär die Tatbestände des § 29 Abs. 1 Nr. 5–11 EBRG einschlägig, die weitgehend denen des § 111 S. 3 BetrVG ähneln.[18] Grundsätzlich muss die Angelegenheit mindestens zwei Betriebe oder zwei Unternehmen in verschiedenen Mitgliedsstaaten betreffen.[19] Da es sich bei den genannten Tatbeständen um eine **turnusmäßige Unterrichtungs- und Anhörungspflicht** handelt, ist die zentrale Leitung nicht verpflichtet, den Europäischen Betriebsrat jeweils rechtzeitig vor Durchführung einer der Maßnahmen nach § 29 Abs. 2 Nr. 5–11 EBRG zu beteiligen. Die zentrale Leitung muss diese geplanten Maßnahmen lediglich rechtzeitig vor der entsprechenden regelmäßigen Jahresveranstaltung unter Vorlage der erforderlichen Unterlagen berichten. Die Unterlagen benötigt der Europäische Betriebsrat rechtzeitig vor der Sitzung mit der zentralen Leitung, um sich auf diese Sitzung angemessen vorbereiten zu können.[20] Die Unterrichtung muss aber auch nach Neufassung des EBRG nicht „umfassend" sein, wie es die Unterrichtungspflicht gegenüber dem Wirtschaftsausschuss[21] verlangt, die inhaltlich sonst vergleichbar ist. Die zentrale Leitung hat insoweit ein Auswahlermessen. Die Unterrichtung muss aber so hinreichend sein, dass der Europäische Betriebsrat sich ein Urteil bilden kann.

Die **Anhörung** erfolgt dann in der Jahressitzung. Die Verpflichtung zur turnusmäßigen Anhörung des Europäischen Betriebsrats erfordert keine Verhandlung über die wirtschaftlichen Angelegenheiten. Es genügt vielmehr, wenn die zentrale Leitung mit dem Europäischen Betriebsrat in einen Dialog eintritt und die Möglichkeit zum Austausch der wechselseitigen Positionen gewährt. Dies folgt aus Art. 2 Abs. 1f) der Richtlinie 94/45/EG/Art. 2 Abs. 1g) der Richtlinie 2009/38/EG, die den Begriff „Anhörung" im Sinne einer „gemeinsamen Beratung" verwenden.[22] Es ist keine Verhandlung mit dem Ziel eines Abschlusses von Interessenausgleich, Sozialplan oder ähnlicher Vereinbarungen vorgesehen. Der Europäische Betriebsrat hat damit keine Möglichkeit, die zentrale Leitung von ihrer Planung abzubringen.[23]

b) Außergewöhnliche Unterrichtung. Neben der Pflicht zur turnusmäßigen jährlichen Unterrichtung und Anhörung ist die zentrale Leitung gemäß § 30 EBRG verpflichtet, den Europäischen Betriebsrat über außergewöhnliche Umstände oder Entscheidungen, die erhebliche Auswirkungen auf die Interessen der Arbeitnehmer haben, rechtzeitig unter Vorlage der erforderlichen Unterlagen zu unterrichten und auf Verlangen anzuhören. Es muss sich um Sachverhalte handeln, die sich erst nach der Jahressitzung zu einer konkreten Planung verdichtet haben und die noch vor der nächsten turnusmäßigen Anhörung und Unterrichtung realisiert werden soll. Diese ad hoc-Unterrichtungspflicht betrifft insbesondere die **Verlegung** und **Stilllegung** von Unternehmen, Betrieben und wesentlichen Betriebsteilen sowie **Massenentlassungen,** also besonders tiefgreifende außergewöhnliche Umstände. Bei der Auslegung dieser Tatbestände kann man auf das Betriebsverfassungsgesetz zurückgreifen. Es muss aber jedenfalls eine grenzübergreifende Angelegenheit nach § 1 Abs. 2 EBRG[24] vorliegen,[25] also mindestens zwei Betriebe oder zwei Unternehmen in verschiedenen Mitgliedsstaaten betroffen sein. Die bloße Tatsache, dass es in einem Mitgliedstaat zu Massenentlassungen kommt, genügt zur Begründung des Beteiligungsrechts des Europäischen Betriebsrats nicht.[26] Es wird allerdings die Meinung vertreten, dass in dem speziellen Fall eines

---

[17] WHS Umstrukturierung/*Schweibert* C Rn. 426.
[18] WHS Umstrukturierung/*Schweibert* C Rn. 426; *Müller* EBRG § 32 Rn. 4.
[19] WHS Umstrukturierung/*Schweibert* C Rn. 426.
[20] WHS Umstrukturierung/*Schweibert* C Rn. 427.
[21] Schaub ArbR-HdB/*Koch* § 256 Rn. 22.
[22] „Consultation means the exchange of views and establishment of dialog".
[23] WHS Umstrukturierung/*Schweibert* C Rn. 427.
[24] § 31 Abs. 1 EBRG aF wurde in der Neufassung des EBRG als § 1 Abs. 2 EBRG nF im allgemeinen Teil vorangestellt.
[25] WHS Umstrukturierung/*Schweibert* C Rn. 428.
[26] WHS Umstrukturierung/*Schweibert* C Rn. 428.

Beschlusses der in Deutschland ansässigen zentralen Leitungsmacht über eine Betriebsänderung in nur einem anderem Mitgliedstaat bereits ein grenzüberschreitender Tatbestand vorliege, wenn eine transnationale Alternative für den geplanten Sachverhalt in Betracht kommen kann.[27] Ähnlich lag der Fall der **Schließung des Renaultwerkes** in Belgien durch endgültige Entscheidung des Vorstandes der Renault S.A. in Frankreich, die dort über die Medien verbreitet wurde, bevor eine nationale oder transnationale betriebsverfassungsrechtliche Vertretung unterricht worden war.[28] Dagegen spricht nach deutschem EBRG der klare Wortlaut des § 2 Abs. 1 EBRG. Die Angelegenheit muss mindestens zwei Betriebe oder zwei Unternehmen in verschiedenen Mitgliedstaaten konkret betreffen. Lediglich die hypothetische Möglichkeit der zentralen Leitung, statt des in einem Mitgliedstaat zu schließenden Werkes ein anderes Werk in einem anderen Mitgliedstaat schließen zu können, begründet nach dem klaren Wortlaut keine grenzüberschreitende Angelegenheit.[29] Das möglicherweise alternativ für die Schließung in Betracht kommende Werk ist allenfalls dann betroffen, wenn die zentrale Leitung dessen Schließung tatsächlich erwogen, sich dann aber anders entschieden hat. Die Alternative wäre dann auch Teil der Unterrichtung an den Europäischen Betriebsrat. Hat die zentrale Leitung keine grenzüberschreitende Alternative in Betracht gezogen, braucht sie daher nach richtiger Meinung auch nicht den Europäischen Betriebsrat, sondern lediglich den betroffenen nationalen Betriebsrat zu unterrichten. Für dieses Verständnis spricht auch der Erwägungsgrund Nr. 42 der RL 2009/38/EG, wonach die Unterrichtung und Anhörung dem Europäischen Betriebsrat ermöglichen soll, „mögliche Auswirkungen auf die Interessen der Arbeitnehmer in mindestens zwei Mitgliedstaaten abschätzen" zu können.

16 Betrifft die von der deutschen zentralen Leitung eines gemeinschaftsweit tätigen Unternehmens geplante Maßnahme ausschließlich **Betriebe in Deutschland,** so ist der Europäische Betriebsrat ebenfalls nicht zu unterrichten.[30]

Beispiel:
Die zentrale Leitung eines deutschen gemeinschaftsweit tätigen Autoherstellers beschließt, im Inland ein Fertigungswerk zu schließen, ohne eine grenzüberschreitende Alternative zu erwägen.

17 Keinesfalls kann eine transnationale Angelegenheit gegeben sein, wenn eine nationale Betriebs- oder Unternehmensleitung die Schließung eines Werkes im **Inland** beschließt, auch wenn theoretisch grenzüberschreitende Alternativen denkbar sind.

Beispiel:
Die deutsche Zwischenholdinggesellschaft eines transnationalen Mischkonzerns mit zentraler Leitung in Deutschland beabsichtigt, ein der Zwischenholding nachgegliedertes Unternehmen zu schließen.

18 Ebenso wenig kann ein transnationaler Tatbestand gegeben sein, wenn es im gemeinschaftsweit operierenden Unternehmen von vornherein **keine transnationale Alternative** gibt.[31]

Beispiel:
Ein gemeinschaftsweit tätiges deutsches Chemieunternehmen will das Einzige zu ihm gehörende Weingut in Frankreich und die Einzige ihm gehörende Käsefabrik in Holland schließen.

19 Komplikationen können allerdings auftreten, wenn im Rahmen der nationalen Unterrichtung und Beratung einer geplanten Betriebsänderung oder während der Verhandlungen über einen Interessenausgleich seitens der betroffenen Betriebsräte der **Vorschlag** einer transnationalen Alternative gemacht wird.

Beispiel:
Die nationale Leitung eines gemeinschaftsweit tätigen Unternehmens beschließt, eine Fertigungsstätte in Bochum stillzulegen. Der zuständige deutsche Betriebsrat schlägt vor, dort lediglich einen Teil der Kapazitäten abzubauen und dafür eine Fertigungsstätte in Antwerpen zu schließen.

---

[27] *Müller* EBRG § 31 Rn. 1.
[28] Ausführliche Berichte bei *Kolvenbach* NZA 1997, 695; *Lorenz/Zumfelde* RdA 1998, 168.
[29] WHS Umstrukturierung/*Schweibert* C Rn. 424 f.; aA *Müller* EBRG § 31 Rn. 1.
[30] *Müller* EBRG § 31 Rn. 2.
[31] *Müller* EBRG § 31 Rn. 1.

Nimmt die zentrale Leitung den Vorschlag in ihre **Überlegungen** auf, liegt ein grenzüber- 20
schreitender Tatbestand vor. Der Europäische Betriebsrat wird ebenfalls zuständig und ist
entsprechend zu unterrichten und gegebenenfalls anzuhören. Für diesen Fall wird vorgeschlagen, die deutschen Interessenausgleichsverhandlungen auszusetzen, bis der Europäische
Betriebsrat ordnungsgemäß beteiligt worden ist.[32] Bleibt die nationale Leitung jedoch bei
ihrem Plan und geht auf die vorgeschlagene transnationale Alternative nicht ein, entsteht
keine Zuständigkeit des Europäischen Betriebsrats.

Nach erfolgter Unterrichtung über die außergewöhnlichen Umstände unter Vorlage der 21
erforderlichen Unterlagen ist der Europäische Betriebsrat **auf Verlangen anzuhören**. Die
zentrale Leitung muss also die Anhörung nicht selbst initiieren, sondern kann ein entsprechendes Verlangen des Europäischen Betriebsrats abwarten. Die Anhörung kann nur in einer außerordentlichen Sitzung des Europäischen Betriebsrats vorgenommen werden, die der
Europäische Betriebsrats von der zentralen Leitung verlangen muss. In dieser Sitzung ist
dem Europäischen Betriebsrat Gelegenheit zum „Meinungsaustausch und Dialog" zu geben.
Auch bei außerordentlichen Sitzungen entspricht die Anhörung einem Beratungstatbestand.
Der Europäische Betriebsrat ist gehalten, unverzüglich nach seiner Unterrichtung zu erklären, ob er eine außerordentliche Sitzung wünscht (§ 27 Abs. 1 S. 2 EBRG) und Ort und
Zeitpunkt dieser Sitzung und eventuell einer vorbereitenden Sitzung mit der zentralen Leitung abzustimmen. Bei der Festlegung der Termine ist dem Europäischen Betriebsrat eine
angemessene Vorbereitungszeit einzuräumen. Neben der Anhörung des Europäischen Betriebsrats in einer außerordentlichen Sitzung im Meinungsaustausch und Dialog bestehen
keine weiteren Verpflichtungen. Es muss kein Interessenausgleich oder Sozialplan verhandelt werden. Es besteht auch kein Recht auf eine weitere Sitzung des Europäischen Betriebsrats. Dieser ist gehalten, alle Bedenken und Einwände sowie weiterführende Fragen in der
entscheidenden Sitzung zu stellen. Will er eine möglichst effektive Anhörung erreichen, ist
ihm zu raten, seine Fragen und Stellungnahmen möglichst vor der Sitzung schriftlich zu
formulieren, damit sich auch die zentrale Leitung angemessen vorbereiten kann.

Rechtzeitig ist die Unterrichtung und gegebenenfalls Anhörung, wenn die Bedenken und 22
Vorschläge des Europäischen Betriebsrats von der zentralen Leitung noch berücksichtigt
werden können, bevor die grenzübergreifende Betriebsänderung durchgeführt wird. Die Unterrichtung und Anhörung müssen also vor Durchführung der Maßnahme erfolgen. Umstritten ist in diesem Zusammenhang, ob der zentralen Leitung die **Durchführung** der Maßnahme durch einstweilige Verfügung **untersagt** werden kann.[33] Richtigerweise kann ein
solcher Unterlassungsanspruch nicht verlangt werden; auch nicht nach Neufassung der RL
2009/38/EG/des Europäische Betriebsräte Gesetzes.[34] Der Europäische Betriebsrat kann –
anders als der deutsche Betriebsrat nach §§ 111, 112 BetrVG – von der zentralen Leitung
nicht den Versuch eines Interessenausgleichs, sondern nur eine Anhörung verlangen. Selbst
wenn man für das Interessenausgleichsverfahren einen Unterlassungsanspruch anerkennen
wollte, kann dies jedoch nicht für ein Unterrichtungs- und Anhörungsverfahren nach § 30
EBRG gelten. Ein derartiger Unterlassungsanspruch würde weit über das zu sichernde Beteiligungsrecht hinausgehen. Rechtsprechung des BAG liegt jedoch zu diesem Problem in
Deutschland noch nicht vor. Anders als zu der auch unter den Instanzgerichten in Deutschland streitigen Problematik der Unterlassungsansprüche im Interessenausgleichsverfahren,
sind offenbar entsprechende Anträge in Bezug auf das Unterrichtungs- und Anhörungsverfahren nach § 29 EBRG selten gestellt worden. Vorsicht ist jedoch in Anbetracht der Entscheidungen des Arbeitsgerichts Paris Nanterre und des Berufungsgerichts Versailles sowie
des Arbeitsgerichts Brüssel in Sachen Schließung des Renaultwerkes in Vilvoorde und angesichts der Unterrichtungs- und Anhörungsrichtlinie 2002/14/EG, dort insbesondere Art. 8

---

[32] *Müller* EBRG § 31 Rn. 2.
[33] Dafür DKKW/*Bachner* EBRG § 31 Rn. 6; dagegen *Müller* EBRG § 33 Rn. 6; WHS Umstrukturierung/
Schweibert C Rn. 429.
[34] So auch WHS Umstrukturierung/*Schweibert* C Rn. 429. Das LAG Baden-Württemberg hat kürzlich einen
Unterlassungsanspruch des EBR abgelehnt mit der Begründung, dass das EBRG keinen Unterlassungstatbestand wie den § 23 Abs. 3 BetrVG enthält. LAG Baden-Württemberg 12.10.2015 – 9 TaBV 2/15, ZIP 2016,
590 (591); im Anschluss an LAG Köln 8.9.2011 – 13 Ta 267/11, ZIP 2011, 2121.

Abs. 1 mit der Forderung nach geeigneten Verwaltungs- und Gerichtsverfahren und Art. 8 Abs. 2 mit der Forderung nach angemessenen Sanktionen in den Mitgliedsstaaten geboten.[35]

23 Die Rechte des Europäischen Betriebsrats bestehen unabhängig neben den Rechten der anderen betriebsverfassungsrechtlichen Organe. Die Beteiligungsrechte können **zeitlich nebeneinander** bestehen, da das Wort „rechtzeitig" nach allen einschlägigen Vorschriften gleichermaßen ausgelegt wird: Nach Abschluss der Planung aber vor Beginn der Ausführung. Aus §§ 1 Abs. 7, 36 Abs. 1 EBRG ergibt sich allerdings, dass die Unterrichtung des Europäischen Betriebsrats gegebenenfalls vor der Unterrichtung der nationalen Betriebsräte erfolgen muss, denn der Europäische Betriebsrat ist verpflichtet, den örtlichen Arbeitnehmervertretern der Betriebe und Unternehmen über die Unterrichtung und Anhörung zu berichten. Diese Verpflichtung entspricht etwa der nach § 106 Abs. 1 S. 2 und § 108 Abs. 4 BetrVG bestehenden Verpflichtungen des Wirtschaftsausschusses, dem Betriebsrat über jede Sitzung des Wirtschaftsausschusses unverzüglich und vollständig zu berichten.[36] Diese Berichterstattung kann aber auch je nach Sachverhalt parallel zur Unterrichtung und Beratung des Betriebsrats durch den Unternehmer erfolgen. Eine entsprechende Berichtspflicht besteht nach § 36 Abs. 2 EBRG auch gegenüber den örtlichen Sprecherausschüssen der leitenden Angestellten.

24 Wird der Europäische Betriebsrat über eine geplante grenzübergreifende Betriebsänderung nach § 29 Abs. 1 oder § 30 Abs. 1 EBRG nicht, nicht richtig, nicht vollständig, nicht in der vorgeschriebenen Weise oder nicht rechtzeitig unterrichtet, kann dies eine **Ordnungswidrigkeit** der zentralen Leitung darstellen, die nach § 45 EBRG mit einer Geldbuße bis zu 15.000 EUR geahndet werden kann. Eine Ordnungswidrigkeit liegt nicht vor, soweit die unvollständige oder nicht erfolgte Unterrichtung wegen der Gefährdung von Betriebs- oder Geschäftsgeheimnissen nach § 35 EBRG geboten war. Zur Erfüllung ihrer Unterrichtungs- und Anhörungspflicht kann die zentrale Leitung im arbeitsgerichtlichen **Beschlussverfahren** nach § 2a Abs. 1 Nr. 3b, § 80 ArbGG – notfalls im Wege einer einstweiligen Leistungsverfügung nach § 85 Abs. 1 ArbGG, nicht aber zur Unterlassung der Maßnahme verpflichtet werden. Örtlich zuständig ist gemäß § 82 Abs. 4 ArbGG das Arbeitsgericht, in dessen Bezirk die zentrale Leitung ihren Sitz hat.[37]

3. Unterrichtung und Anhörung: SEBR

25 Die Beteiligung des Betriebsrats der Europäischen Gesellschaft (Société European – SE) ist im SEBG dem EBRG nachgebildet. Zur Sicherung des Rechts auf grenzüberschreitende Unterrichtung, Anhörung, Mitbestimmung und sonstige Beteiligung der Arbeitnehmer wird entweder gemäß § 1 Abs. 2 S. 1 SEBG eine entsprechende Vereinbarung getroffen oder, wenn das nicht erfolgt, wird von der gesetzlichen Auffangregelung ausgegangen gemäß § 1 Abs. 2 S. 2 SEBG. Der SE-Betriebsrat ist gemäß § 27 SEBG zuständig für Angelegenheiten, die die SE selbst, eine ihrer Tochtergesellschaften oder einen ihrer Betriebe in einem anderen Mitgliedsstaat betreffen oder die über die Befugnisse der zuständigen Organe auf der Ebene des einzelnen Mitgliedsstaats hinausgehen.

26 a) **Jährliche Unterrichtung.** Über eine grenzüberschreitende Betriebsänderung ist entweder nach § 28 SEBG jährlich unter rechtzeitiger Vorlage der erforderlichen Unterlagen zu unterrichten und der SEBR anzuhören. Zu den **erforderlichen Unterlagen** gehören insbesondere gemäß § 28 Abs. 1 Nr. 1–3 die Geschäftsberichte, die Tagesordnung aller Sitzungen des Leitungsorgans und des Aufsichts- oder Verwaltungsorgans sowie die Kopien aller Unterlagen, die die Hauptversammlung vorgelegt werden. Der Unterrichtungspflicht unterliegen gemäß § 28 Abs. 2 SEBG alle Betriebsänderungsmaßnahmen mit den gleichen Katalogtatbeständen

---

[35] Bericht bei *Kolvenbach* NZA 1997, 695; *Lorenz/Zumfelde* RdA 1998, 168; Richtlinie 2002/14/EG vom 11.3.2002 zur Festlegung eines allgemeinen Rahmens für die Unterrichtung und Anhörung der Arbeitnehmer in der Europäischen Gemeinschaft. ABl. der Europäischen Gemeinschaften 2002 L 80/29, dazu auch → § 56 Rn. 191 ff., → § 57 Rn. 127 f.
[36] *Müller* EBRG § 35 Rn. 1.
[37] *Müller* EBRG § 32 Rn. 7, § 33 Rn. 6.

wie im EBRG. Zu den erforderlichen Unterlagen gehören zB der Jahresabschluss, Bilanzen, Gewinn- und Verlustrechnung, Betriebsstatistiken, Marktanalysen, Wirtschaftsprüfungsberichte oder Organisations- und Rationalisierungspläne, soweit für sein Verständnis erforderlich.[38] Anders als dem EBR muss dem SEBG **kein Bericht** zur Geschäftslage und den Perspektiven der SE vorgelegt werden.[39] Die erforderlichen Unterlagen sind in den jeweiligen **Sprachen** der SE Mitglieder und zwar **rechtzeitig** vorzulegen, also jedenfalls vor der Umsetzung der Maßnahme, so dass der SEBR sich auf die Sitzung vorbereiten kann, in der Regel etwa 2–3 Wochen vor dem beabsichtigten Meinungsaustausch in der jährlichen gemeinsamen Sitzung.

b) **Unterrichtung und Beratung: außergewöhnliche Umstände gemäß § 29 SEBG.** Über 27 außergewöhnliche Umstände, insbesondere die Verlegung oder Stilllegung von Unternehmen, Betrieben oder wesentlichen Betriebsteilen sowie Massenentlassungen ist der SEBR auch unterjährlich zu unterrichten und anzuhören. Beschließt die Leitung der SE, Vorschlägen des SEBR nicht zu folgen, ist anders als bei EBR eine zweite Sitzung **auf Antrag** zur weiteren Anhörung anzuberaumen. Somit kann der SEBR eine zeitliche Verzögerung erreichen (suspensives Vetorecht).[40] Für den Umfang und die Rechtzeitigkeit der Unterrichtung gelten die gleichen Grundsätze wie zum EBR.

c) **Rechtsfolgen fehlender Beteiligung.** Wird der SEBR nicht, nicht rechtzeitig, nicht voll- 28 ständig oder in der vorgeschriebenen Weise beteiligt, so ist dies ordnungswidrig im Sinne des § 46 Abs. 1 Nr. 2 iVm Abs. 2 SEBG und mit einer Geldbuße von bis zu 20.000 EUR sanktioniert. Neben dieser eindeutigen Sanktion hat der SEBR wie der EBR keinen Unterlassungsanspruch gegen die geplante Maßnahme.[41] Schließlich hat der SEBR gemäß § 30 SEBG die zuständigen Arbeitnehmervertreter oder subsidiär die Arbeitnehmer zu informieren.

4. Unterrichtung und Beratung: Sprecherausschuss

Ähnlich wie beim Europäischen Betriebsrat besteht gegenüber dem Sprecherausschuss 29 zunächst eine turnusmäßige, allerdings halbjährliche Unterrichtungspflicht in wirtschaftlichen Angelegenheiten und eine besondere Unterrichtungspflicht bei geplanten Betriebsänderungen.

a) **Halbjährliche Unterrichtung.** Das Sprecherausschussgesetz sieht in § 32 Abs. 1 tur- 30 nusmäßig halbjährlich lediglich eine **Unterrichtungspflicht** in wirtschaftlichen Angelegenheiten nach § 106 BetrVG vor. Ist also zu diesem Zeitpunkt eine Betriebsänderung geplant, aber noch nicht umgesetzt, besteht die Unterrichtungspflicht in der terminlich vom Unternehmer festgelegten, in der Praxis eher abgestimmten Halbjahressitzung. Auch sonstige wirtschaftliche Angelegenheiten des § 106 BetrVG, also auch geplante unternehmensrechtliche Änderungen, die in der Folge zu späteren Betriebsänderungen Anlass geben können, sind halbjährlich zu berichten. Eine schriftliche Vorbereitung der Halbjahressitzung unter rechtzeitiger Vorlage von Unterlagen wie gegenüber dem Europäischen Betriebsrat oder gegenüber dem Wirtschaftausschuss vorgesehen, ist nach § 32 SprAuG nicht verlangt. Die Literatur will mit einer Analogie zu § 25 Abs. 2 S. 2 SprAuG bzw. zu § 106 Abs. 2 BetrVG aushelfen,[42] wozu aber kein Anlass besteht. Eine Beratung ist nach turnusmäßiger Unterrichtung im Gesetz nicht verlangt. Streitfälle sind nicht bekannt. In der Praxis wird der Unternehmer seine Leitenden ohnehin nicht schlechter behandeln als den Europäischen Betriebsrat oder Wirtschaftsausschuss. Art und Umfang der Unterrichtung wird der Unter-

---

[38] AKRR/*Kühn* SEBG § 28 Rn. 6; NK-EBRG/*Blanke* § 32 Rn. 7.
[39] AKRR/*Kühn* SEBG § 28 Rn. 7; *Müller* EBRG § 32 Rn. 3.
[40] AKRR/*Kühn* SEBG § 29 Rn. 21 ff.; *Hohenstatt/Müller-Bonanni* in Habersack/Drinhausen SEBG § 29 Rn. 5
[41] LAG Baden-Württemberg 12.10.2015 – 9 TaBV 2/15, ZIP 2016, 590; LAG Köln 8.9.2011 – 13 Ta 267/11, BB 2012, 197; AKRR/*Kühn* SEBG § 29 Rn. 26; *Hohenstatt/Müller-Bonanni* in Habersack/Drinhausen SEBG § 29 Rn. 4; dafür allerdings mit unzutreffender Begründung aber disponibel *Schmeisser/Ladenburger* NZA 2018, 761 (765 f.).
[42] Vgl. Schaub ArbR-HdB/*Koch* § 254 Rn. 4.

nehmer im eigenen Interesse so festlegen, dass ihm seitens des Sprecherausschusses und der Leitenden keine Hindernisse in den Weg gelegt werden. Unterstützen ihn die Leitenden in der Unternehmens- oder Betriebsänderung nicht, hat er ein erhebliches Problem, das sich von keiner Seite juristisch lösen lässt.

31   b) **Unterrichtung und Beratung über Betriebsänderung.** Der Unternehmer hat den Sprecherausschuss nach § 32 Abs. 2 S. 1 SprAuG über geplante Betriebsänderungen nach § 111 BetrVG, die auch **wesentliche Nachteile für leitende Angestellte** zur Folge haben können, rechtzeitig und umfassend zu unterrichten. Neben allen Tatbestandsvoraussetzungen des § 111 BetrVG müssen auch wesentliche Nachteile für die Leitenden drohen, was nicht immer der Fall sein muss und oft auch nicht der Fall ist. Rechtzeitig heißt, wie in den parallelen Tatbeständen, am Ende der Planung aber vor Durchführung der Betriebsänderung. Die umfassende Unterrichtung muss sich auf Umfang, Zeitpunkt, Gründe und Auswirkung der geplanten Betriebsänderung beziehen und unter Vorlage von Unterlagen nach § 25 Abs. 2 SprAuG erfolgen, soweit dies zum Verständnis der geplanten Betriebsänderung notwendig ist. Da der Sprecherausschuss keinen Anspruch auf Beratung der eigentlichen Betriebsänderung hat und auch nicht den Abschluss eines Interessenausgleichs verlangen kann, sind seine Möglichkeiten der Einflussnahme auf die unternehmerische Entscheidung äußerst beschränkt. Lediglich wenn konkrete wirtschaftliche Nachteile entstehen, besteht ein **Beratungsrecht über** Maßnahmen zum **Ausgleich** oder **Milderung** dieser konkreten Nachteile. Da der Sprecherausschuss jedoch den Abschluss eines Sozialplans nicht verlangen kann, und ein Einigungsstellenverfahren nicht zur Verfügung steht, kann der Sprecherausschuss den Unternehmer juristisch nicht unter Verhandlungsdruck setzen. Auch insofern werden Streitigkeiten nicht berichtet. Es ist davon auszugehen, dass in der Praxis Lösungen gefunden werden. Diese liegen entweder in der freiwilligen Anwendung von Sozialplanformeln auch auf leitende Angestellte oder im freiwilligen Abschluss von Richtlinien nach § 28 SprAuG, die auch Leistungen zum Ausgleich oder zur Milderung der Nachteile vorsehen. Erfahrungsgemäß verhandeln viele Leitende ihre Änderungs- oder Aufhebungskonditionen oft selbst, ohne sich auf die Unterstützung eines Gremiums zu verlassen. Werden die Unterrichtungspflichten nach § 32 SprAuG nicht, wahrheitswidrig oder verspätet erfüllt, kann ein **Ordnungswidrigkeit** nach § 36 SprAuG gegeben sein, die mit Geldbuße bis zu 10.000,– EUR geahndet werden kann. Eine Sicherung des Unterrichtungsanspruchs durch einstweilige Verfügung auf Leistung oder Unterlassung der Maßnahme wird nicht diskutiert. Sie ist angesichts des nicht vorhandenen Verhandlungsrahmens nicht denkbar. Sonstige Streitigkeiten werden im **Beschlussverfahren** nach § 2a ArbGG vor dem Arbeitsgericht ausgetragen.

5. Unterrichtung und Beratung: Wirtschaftsausschuss

32   Der Wirtschaftsausschuss ist als Hilfsorgan des Betriebsrats bzw. des Gesamtbetriebsrats in Unternehmen mit mehr als 100 Arbeitnehmern in wirtschaftlichen Angelegenheiten gemäß § 106 BetrVG zu unterrichten, zu denen auch die Betriebsänderungen gehören. Neben den in § 106 BetrVG aufgezählten Informationen über die wirtschaftlichen und finanziellen Daten sind insbesondere die operativen Betriebsänderungstatbestände erfasst wie vor allem die Einschränkung, Stilllegung und Verlegung von Betrieben und Betriebsteilen (Nr. 6, 7) sowie der Zusammenschluss und die Spaltung von Unternehmen und Betrieben (Nr. 8), die Übernahme des Unternehmens mit Kontrollerwerb (Nr. 9a) und sonstige Vorhaben, die die Interessen der Arbeitnehmer wesentlich berühren können (Nr. 10). Auch die Beteiligung des Wirtschaftsausschusses im Falle der Betriebsänderung kann gedanklich in eine Unterrichtungs- und eine Beratungsphase getrennt werden. In der Praxis gehen beide Phasen jedoch ohne weiteres **ineinander über**. Fast immer ist die Unterrichtung mit Rückfragen verbunden, die entweder nur Fakten klären oder auch Wertungen ermöglichen sollen oder solche Wertungen bereits zum Ausdruck bringen. Dann kann bereits die Beratungsphase erreicht sein.

33   a) **Unterrichtungsphase.** Da das Informationsrecht des Wirtschaftsausschusses nach § 106 BetrVG inhaltlich **weiter** reicht als das des Betriebsrats nach § 111 BetrVG und auch die gesellschaftsrechtlichen oder zivilrechten Hintergründe erfasst, kann es in komplexen Transaktionen geboten sein, den Wirtschaftsausschuss lange **vor** dem Betriebsrat zu unterrichten.

Da der Unterrichtungskatalog des Wirtschaftsausschusses weiter ist als der des Betriebsrats, sensible Daten enthält und die Unterrichtung in der Regel früher erfolgt, besteht ein größeres Geheimhaltungsbedürfnis, das durch die allgemeine Regel in § 79 BetrVG nicht ausreichend geschützt ist. Dieses wird in § 106 Abs. 2 Hs. 2 BetrVG berücksichtigt. Die Unterrichtungspflicht besteht nur, „soweit dadurch nicht die Betriebs- und Geschäftsgeheimnisse des Unternehmens gefährdet werden".[43]

Beispiel:
Ein Fabrikant stellt Fahrräder, Tretautos und Tretboote her. Das Geschäft ist stark expansiv. Der Unternehmer plant, das Unternehmen in drei Gesellschaften mit jeweils eigenständigem Marktauftritt zu spalten, aber die bewährte Betriebseinheit bis auf weiteres beizubehalten. Ein Jahr später folgt wegen der weiteren erfolgreichen Entwicklung der drei Unternehmen eine entsprechende Betriebsspaltung.

Rechtsfolge: Der Wirtschaftsausschuss ist bereits erstmals bei der Unternehmensspaltung nach § 106 Abs. 3 Nr. 8 BetrVG zu unterrichten, der Betriebsrat zu diesem Zeitpunkt nach § 111 BetrVG noch nicht. Beide, das heißt der Wirtschaftsausschuss nochmals nach § 106 Abs. 3 Nr. 8 BetrVG und der Betriebsrat erstmals nach § 111 S. 3 Nr. 3 BetrVG, sind **rechtzeitig** vor der Betriebsspaltung zu unterrichten. Die Unterrichtung des Wirtschaftsausschusses kann entweder in der turnusmäßigen Monatssitzung erfolgen oder jedenfalls rechtzeitig vor der Umsetzung der Betriebsänderung. Während die Information des Europäischen Betriebsrats und des Sprecherausschusses bei Eilbedürftigkeit wegen des langen Sitzungsintervalles von 12 oder 6 Monaten oft in Sondersitzungen erfolgen muss, ist in der Praxis der Wirtschaftsausschüsse oft die turnusmäßige Monatssitzung ausreichend. Bei Bedarf können aber auch zusätzliche Sitzungen des Wirtschaftsausschusses verlangt werden. Rechtzeitig bedeutet, wie auch nach den anderen Tatbeständen, am Ende der Planungsphase und grundsätzlich **vor der Umsetzung** der Maßnahme, so dass die Stellungnahmen oder Bedenken des Wirtschaftsausschusses noch berücksichtigt werden können. Weiterhin muss der Wirtschaftsausschuss die Möglichkeit haben, den Betriebsrat zu unterrichten. Das kann sich allerdings nur auf Sachverhalte beziehen, in denen auch der Betriebsrat ein Beteiligungsrecht hat. Sonst wäre die Unterrichtung des Betriebsrats sinnlos. Im Beispielsfall bedeutet dies, dass der Wirtschaftsausschuss nicht berechtigt wäre, den Betriebsrat von der bevorstehenden Unternehmensspaltung zu unterrichten, wenn der Unternehmer dieses nicht ausdrücklich genehmigt. Allerdings muss der Wirtschaftsausschuss soweit vor der Betriebsspaltung informiert werden, dass er den in diesem Fall beteiligungsberechtigten Betriebsrat vor der Umsetzung unterrichten kann.[44] Die Unterrichtung des Betriebsrats durch den Wirtschaftsausschuss muss allerdings nicht wesentlich vor der Unterrichtung des Betriebsrats durch den Unternehmer liegen. Der Unternehmer hat nicht nur die Pflicht, sondern auch das Recht, den Betriebsrat originär und direkt über die von ihm in Aussicht genommene Betriebsänderung zu unterrichten. Wenn also der Wirtschaftsausschuss in die Lage versetzt wird, den Betriebsrat ergänzend und wertend parallel zum Unternehmer unterrichten zu können, ist auch die Unterrichtung des Wirtschaftsausschusses rechtzeitig. Gemäß § 106 Abs. 2 S. 1 BetrVG muss die Unterrichtung ohne Aufforderung **umfassend** unter Vorlage der erforderlichen Unterlagen erfolgen und die Auswirkungen auf die Personalplanung darstellen. Im Fall der Übernahme mit Kontrollerwerb (Nr. 9a) sind in den Unterlagen Angaben zum Erwerber und dessen Absichten zur künftigen Geschäftstätigkeit und die Auswirkungen auf die Arbeitnehmer zu machen.

b) Beratungsphase. Über den Gegenstand der Unterrichtung, hier die Betriebsänderung, hat der Unternehmer mit dem Wirtschaftsausschuss nach § 106 Abs. 1 BetrVG zu beraten. Die regelmäßige Beratung erfolgt in der Sitzung des Wirtschaftsausschusses, die gemäß § 108 Abs. 1 BetrVG einmal monatlich stattfinden soll. Da es sich bei dieser Norm um eine Sollvorschrift handelt, kann vom Monatsturnus abgewichen werden. Wegen dringender wirtschaftlicher Entscheidungen kann auch die Anberaumung einer zwischenzeitlichen Sitzung verlangt werden, wenn dies erforderlich ist. Dies ist jedenfalls dann der Fall, wenn der

---

[43] Dazu ausführlich *Liebers/Erren/Weiß* NZA 2009, 1063 ff. mwN; *Fitting* BetrVG § 106 Rn. 43 ff.
[44] Vgl. BAG 14.9.1976 – 1 AZR 784/75, DB 1977, 309.

Wirtschaftsausschuss sonst nicht mehr rechtzeitig, das heißt vor Durchführung der geplanten Betriebsänderung, beteiligt werden kann.[45] Der Zeitpunkt der Sitzungen ist mit dem Unternehmer abzusprechen, da dessen **Teilnahme** für die Tätigkeit des Wirtschaftsausschusses von entscheidender Bedeutung ist. Die Tagesordnung wird im Wesentlichen durch die in § 106 Abs. 2 und 3 BetrVG genannten Gegenstände bestimmt, über die der Unternehmer zu unterrichten und zu beraten hat. Die Beratung wirtschaftlicher Angelegenheiten mit dem Wirtschaftsausschuss dient der Vorbereitung der erforderlichen unternehmerischen Entscheidung. Der Wirtschaftsausschuss kann zwar inhaltlich nicht zwingend auf die Entscheidung einwirken. Jedoch hat er Anspruch darauf, mit dem Unternehmer das Für und Wider der Entscheidung zu diskutieren. Dieser Meinungsaustausch kann entweder den Unternehmer bei seiner Entscheidung beeinflussen oder das Verständnis des Wirtschaftsausschusses für die unternehmerische Maßnahme wecken.[46]

36 Das Beratungsrecht besteht in einer Anhörung des Wirtschaftsausschusses auf der Basis der rechtzeitigen und umfassenden Unterrichtung. Der Unternehmer muss initiativ tätig werden und versuchen, mit dem Wirtschaftsausschuss eine Verständigung zu erreichen. Jedoch ist eine inhaltliche Einigung mit dem Wirtschaftsausschuss über die vorgesehene Betriebsänderung nicht erforderlich. Sie kann auch nicht in einem Einigungsstellenverfahren formalisiert werden, wie dies für die Verhandlungen mit dem Betriebsrat nach § 112 Abs. 2 BetrVG vorgesehen ist. Ziel der Beratung mit dem Wirtschaftsausschuss ist nicht der Abschluss eines Interessenausgleichs nach § 112 Abs. 1 BetrVG, sondern die Unterrichtung des Wirtschaftsausschusses in einer Weise, die es ihm seinerseits ermöglicht, den Betriebsrat sachgerecht über die geplante Betriebsänderung zu unterrichten. Das Beratungsrecht des Wirtschaftsausschusses erschöpft sich daher in einer **Erörterung** der Betriebsänderung mit dem Unternehmer. Der Unternehmer muss gegebenenfalls die mündliche oder schriftliche Stellungnahme des Wirtschaftsausschusses entgegennehmen und die eigene Planung wie auch die Stellungnahme des Wirtschaftsausschusses erörtern. Die Erörterung kann sich auf die Frage beziehen, ob die Betriebsänderung wirklich notwendig ist, sowie auf die Bedingungen, unter denen sie durchgeführt werden soll. Der Interessenausgleich und der Sozialplan sind jedoch nicht Gegenstand der Erörterungen mit dem Wirtschaftsausschuss.

37 Die Hinzuziehung von (insbesondere externen) **Sachverständigen** bedarf nach § 108 Abs. 2 S. 3 BetrVG einer näheren Vereinbarung zwischen Unternehmer und Wirtschaftsausschuss und unterliegt der Erforderlichkeitsprüfung nach § 80 Abs. 3 BetrVG. Das im BetrVG-Reformgesetz vom 23.7.2001 eingeführte Recht des Betriebsrats, bei Verhandlungen über eine Betriebsänderung gemäß § 111 Abs. 1 S. 2 BetrVG einen Berater hinzuzuziehen, gilt für den Wirtschaftsausschuss nicht. Zudem ist zu berücksichtigen, dass die Mitglieder des Wirtschaftsausschusses selbst die fachliche Eignung besitzen sollen. Der Arbeitgeber kann nach § 108 Abs. 2 S. 2 BetrVG jederzeit sachkundige Arbeitnehmer oder leitende Angestellte des Unternehmens hinzuziehen.[47] Die Aufnahme einer Sitzungsniederschrift ist nach einer Meinung nicht erforderlich, da die Sitzungen des Wirtschaftsausschusses weniger formal ablaufen als Betriebsratssitzungen. Ein kurzfristig zu erstellendes **Protokoll** und sei es in Stichwortform ist jedoch im Interesse beider Betriebsparteien zu empfehlen. Es hält den Beratungsstand fest und erleichtert dem Wirtschaftsausschuss die Unterrichtung des Betriebsrats. Der Arbeitgeber kann im Hinblick auf sachgerechte und beschleunigte Protokollierung sachliche und personelle Unterstützung anbieten.[48]

38 Da es kein formalisiertes Ergebnis der Beratungen mit dem Wirtschaftsausschuss gibt, sieht das Gesetz **keine förmlichen Beschlüsse** des Wirtschaftsauschusses vor. Diese sind dem Betriebsrat bzw. Gesamtbetriebsrat und dem Unternehmer, also den handelnden Betriebsparteien, vorbehalten.[49] Der Schwerpunkt der Arbeitnehmerbeteiligung liegt bei der Betriebsänderung eindeutig im Verfahren nach § 111 BetrVG in den Händen des Betriebsrats und nicht des Wirtschaftsausschusses.

---

[45] *Löwisch/Kaiser* BetrVG § 108 Rn. 1; *Fitting* BetrVG § 108 Rn. 2; *Richardi* BetrVG/*Annuß* § 108 Rn. 7.
[46] ZB WHS Umstrukturierung/*Schweibert* C Rn. 405.
[47] BAG 18.7.1978 – 1 ABR 34/75, DB 1978, 2223; *Fitting* BetrVG § 108 Rn. 17 ff.
[48] Vgl. BAG 17.10.1990 – 7 ABR 69/89, NZA 1991, 432; *Fitting* BetrVG § 108 Rn. 8.
[49] *Fitting* BetrVG § 108 Rn. 11.

Beratungs-Checkliste: Beratung/Verhandlung mit Betriebsrat

☐ Aufforderung an Betriebsrat zur Erörterung der Betriebsänderung
☐ Abstimmung Beratungs-/Verhandlungsteams
☐ Auf Anfrage Erörterung von Alternativmaßnahmen
☐ Aufforderung zur Erörterung des Interessenausgleichs
☐ Aufforderung zur Erörterung des Sozialplans
☐ Aufforderung zur Abgabe konkreter Bedenken/Forderungen
☐ Freie Verhandlungen von Interessenausgleich und Sozialplan
☐ Nachhaltung von aktualisierten Entwurfsfassungen
☐ Einigung: Unterzeichnung
☐ Scheitern: Dokumentation Verhandlungsstand

6. Unterrichtung und Beratung: Betriebsrat

Die gedankliche Trennung von Unterrichtungs- und Beratungsphase ist vergleichsweise stark ausgeprägt in der Beteiligung des Betriebsrats nach § 111 BetrVG. In Bezug auf den Interessenausgleich hat der Betriebsrat lediglich ein Recht auf Unterrichtung und Beratung und bei deren Scheitern auf Teilnahme an der Einigungsstelle, die aber keine verbindliche Lösung erzwingen kann. Der wesentliche Verhandlungsdruck, den der Betriebsrat aufbauen kann, liegt im Faktor Zeit. Konsequenterweise argumentieren traditionell manche Betriebsräte streng formalistisch nach Beteiligungsphasen. Vor Abschluss einer umfassenden Unterrichtungsphase wurde die Beratung über die Betriebsänderung verweigert. Vor Abschluss einer ausgiebigen Beratungsphase über das „ob" und „wie" der Betriebsänderung wurden freie Verhandlungen über den textlichen Inhalt des Interessenausgleichs verweigert. Es wurde versucht, den Weg in die Einigungsstelle argumentativ zu verweigern, weil der Arbeitgeber nicht das Scheitern der Verhandlungen erklären könne, bevor die Verhandlungspositionen ausgetauscht waren. Schließlich entstand Streit über die Besetzung der Einigungsstelle. In dieser für den Arbeitgeber verfahrenen Verhandlungssituation wurde dann von den Betriebsräten als „Kompromiss" angeboten, die Beratungen über den Interessenausgleich auszusetzen und zunächst über den Sozialplan zu verhandeln, um dann nach dessen befriedigenden Abschluss auch dem Interessenausgleich zuzustimmen.[50] Ließ sich der Arbeitgeber darauf ein, konnte er auch in den Sozialplanverhandlungen schnell mit dem Rücken an der Wand stehen, insbesondere, wenn die Betriebsänderung unter Zeitdruck stand. Das konnte entweder zu überhöhten Sozialplänen führen oder auch zu übereilten Umsetzungsaktionen, die in einigen LAG-Bezirken schnell Unterlassungsverfügungen im Eilverfahren zur Folge haben konnten und jedenfalls zum Nachteilsausgleich nach § 113 BetrVG führten.[51] Dies geschah vor dem Hintergrund der BAG-Rechtsprechung, die eine Umsetzung der Betriebsänderung erst zulässt, nachdem der Arbeitgeber einen Interessenausgleich zumindest „versucht" hat.[52] Nach dieser Rechtsprechung setzt der **„Versuch" eines Interessenausgleichs** voraus, dass der Arbeitgeber nicht nur rechtzeitig und umfassend unterrichtet und beraten hat, sondern dass auch die Verhandlungen vor der Einigungsstelle entweder durch Abschluss eines Interessenausgleichs oder ein förmlich festgestelltes Scheitern beendet waren.[53] Das konnte Monate dauern. Zumal wenn auch Streit um die Besetzung der Einigungsstelle entsteht. Dagegen versuchten manche Arbeitgeber eine Beschleunigung zu erzielen, indem sie die Phasenstrategie zu durchbrechen suchten. Es wurden möglichst früh in der Unterrichtungsphase bereits Textvorschläge für den Interessenausgleich vorgelegt und jeder Gegenvorschlag oder jede Kritik am Text bereits als Beratung oder freie Verhandlung des Interessenausgleichs im Verhandlungsprotokoll dokumentiert, um diese Verhandlungen dann

---

[50] WHS Umstrukturierung/*Schweibert* C Rn. 129; *Röder/Baeck* Interessenausgleich, S. 20 f., 25.
[51] WHS Umstrukturierung/*Schweibert* C Rn. 130; *Bauer/Göpfert* DB 1997, 1464.
[52] BAG 18.12.1984 – 1 AZR 176/82, NZA 1985, 400.
[53] BAG 18.12.1984 – 1 AZR 176/82, NZA 1985, 400; *Bauer/Göpfert* DB 1997, 1464.

umgehend scheitern zu lassen und möglichst schnell in die Einigungsstelle zu kommen. Diese mehr durch taktische Finessen als durch sachliche Argumentation geprägte Verhandlungsführung beider Seiten ist oft beklagt worden.[54]

41 Zwischenzeitlich war durch das Arbeitsrechtliche Beschäftigungsförderungsgesetz vom 25.9.1996[55] versucht worden, jedenfalls für die Dauer des Verfahrens zum Abschluss eines Interessenausgleichs eine gewisse Rechtssicherheit zu schaffen. Der Regelung über den Nachteilsausgleich in § 113 Abs. 3 BetrVG wurden zwei Sätze angefügt: Danach hatte der Unternehmer einen Interessenausgleich immer schon dann „versucht", wenn innerhalb einer Frist von zwei Monaten kein Interessenausgleich zustande gekommen ist, nachdem der Unternehmer den Betriebsrat gemäß § 111 S. 1 BetrVG unterrichtet und entweder den Betriebsrat schriftlich zur Aufnahme von Beratungen aufgefordert hat oder nachdem die Beratungen aufgenommen worden sind. Wurde innerhalb der Zwei-Monats-Frist die Einigungsstelle angerufen, endete die Frist spätestens einen Monat nach Anrufung der Einigungsstelle. Der Unternehmer konnte also nach rechtzeitiger und umfassender Unterrichtung des Betriebsrats durch **schriftliche Aufforderung zur Beratung** und zeitgerechtes Einleiten des Einigungsstellenverfahrens die Verfahrensdauer zur Herbeiführung eines Interessenausgleichs auch gegen den Widerstand des Betriebsrats auf zwei bis längstens drei Monate abkürzen.[56] Dieser Regelung wurde zwar durch das erste Arbeitsrechtliche Korrekturgesetz vom 19.12.1998[57] ersatzlos gestrichen, weil der Gesetzgeber nach nur zwei Jahren Praxiserfahrung bereits der Meinung war, dass die zwei- bis dreimonatige Frist „in aller Regel" nicht ausreichend sei, um komplexe Betriebsänderungen angemessen beraten zu können.[58] Diese **Fristenregelung** ist dadurch jedoch nicht zum „Intermezzo"[59] in der Rechtsgeschichte geworden, sondern hat zumindest die Definition der Beteiligungsphasen geschärft und die vornehmlich vom Hessischen Landesarbeitsgericht in ständiger Rechtsprechung seit 1982 geprägte Vorstellung von einem nur zeitlich begrenzten Umsetzungsverbot[60] in das allgemeine arbeitsrechtliche Bewusstsein erhoben.[61] Deshalb sei die Regelung graphisch vereinfacht dargestellt in Erinnerung gerufen:

---

[54] WHS Umstrukturierung/*Schweibert* C Rn. 129; *Neef* NZA 1997, 65 (66); *Röder/Baeck* Interessenausgleich, S. 23.
[55] BGBl. 1996 I 1476, abgedruckt in BB 1996, 2144; dazu *Bauer/Göpfert* DB 1997, 1464; *Löwisch* RdA 1997, 80; *Röder/Baeck* BB 1996, 23; *Röder/Baeck* Interessenausgleich, S. 23 (Fn. 123).
[56] *Bauer/Göpfert* DB 1997, 1464; WHS Umstrukturierung/*Schweibert* C Rn. 131.
[57] BGBl. 1998 I 3843; dazu WHS Umstrukturierung/*Schweibert* C Rn. 131, 139.
[58] BT-Drs. 14/45, 57 f. Mit dieser dürftigen Begründung hätte allerdings allenfalls eine Verlängerung oder Staffelung der Frist plausibel gemacht werden können.
[59] WHS Umstrukturierung/*Schweibert* C Rn. 131.
[60] LAG Hessen 21.9.1982 – 4 TaBVGa 94/82, BB 1984, 145; 30.8.1984 – 4 TaBVGa 113 und 114/84, BB 1985, 659; 6.4.1993 – 4 TaBV 45/93, DB 1994, 2635; 27.6.2007 – 4 TaBVGa 137/07, BeckRS 2007, 47237: je nach Sachverhalt wenige Wochen bis zu 3 Monate nach Unterrichtung; jüngst bestätigt in LAG Hessen 19.1.2010 – 4 TaBVGa 3/10, NZA-RR 2010, 187, allerdings hingewiesen, da keine Umsetzung sondern nur Vorbereitungshandlung. Zur Definition und Unterscheidung von Vorbereitungshandlungen und Umsetzungsmaßnahmen neuerdings sehr klar BAG 14.4.2015 – 1 AZR 794/13, NZA 2015, 1147 (1149) = BB 2016, 188 mAnm *Elking* BB 2016, 192.
[61] Schaub ArbR-HdB/*Koch* § 244 Rn. 29b: regelmäßig bis zu 2 Monate.

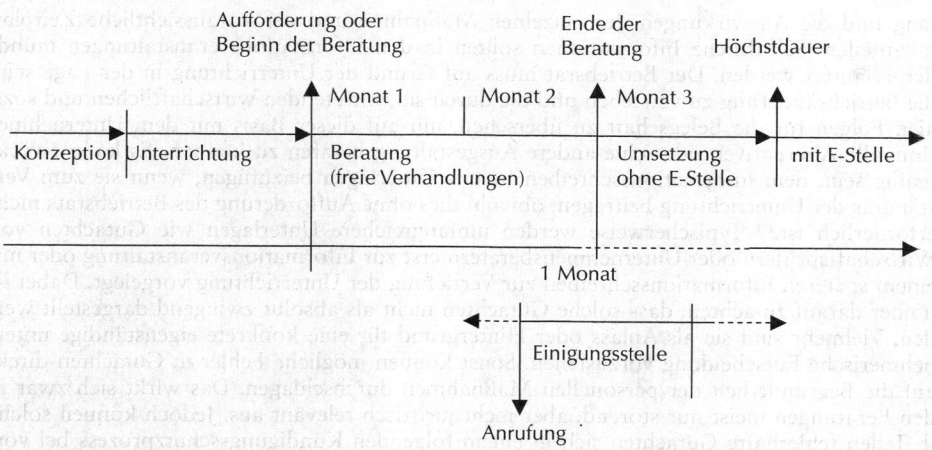

Diese Fristenlösung zwang zum einen den Arbeitgeber im eigenen Interesse zu einer nicht 42 nur rechtzeitigen, sondern beschleunigten und umfassenden Unterrichtung über die Betriebsänderung. Denn nach der vollständigen Unterrichtung hatte er durch die schriftliche Aufforderung zur Beratung ein Werkzeug in der Hand, mit dem er das zwei- bis dreimonatige **Zeitlimit aktivieren** konnte. Sie zwang zum anderen den Betriebsrat im eigenen Interesse zu zügigen und effizienten Verhandlungen, wenn er seinen Einfluss in der zur Verfügung stehenden Zeit geltend machen wollte. Obwohl bei Betriebsräten eine Tendenz besteht, nach der Abschaffung der Fristenlösung in traditionelle Verhandlungsformen zurückzufallen, sind die in den zwei Jahren mit der Fristenlösung gemachten Erfahrungen in der Kommunikation weiter nutzbar.

a) **Unterrichtungsphase.** Die Unterrichtung ist **rechtzeitig,** das heißt die Unterrichtungspha- 43 se beginnt, wenn der Plan des Unternehmers zur Umsetzung einer Betriebsänderung vorbehaltlich der ordnungsgemäßen Beteiligung des Betriebsrats grundsätzlich gefasst aber noch revisibel und noch nicht umgesetzt ist.[62] Die Unterrichtung ist kein punktuelles Ereignis sondern ein Vorgang, dessen Dauer im Wesentlichen von der Komplexität der zu verarbeitenden Information abhängt. Um den Beginn der Unterrichtung nachvollziehbar dokumentieren zu können, sollte ein entsprechendes **Unterrichtungsschreiben** verfasst werden, das die wesentliche Information zur geplanten Betriebsänderung enthält und konkrete Terminvorschläge zumindest für eine erste Informationsveranstaltung oder eine Staffel von Sitzungen in einem überschaubaren Zeitraum von zwei bis drei Wochen macht und das arbeitgeberseitige Verhandlungsteam benennt, das sich natürlich auch für Rückfragen bereithalten muss. Am besten benennt man eine arbeitgeberseitige Kontaktperson, bei der in der Unterrichtungsphase jederzeit Nachfragen zum Sachverhalt gestellt werden können. Bei komplexeren Sachverhalten sollten schriftliche Fragestellungen zu möglicherweise aus Sicht der Betriebsräte fehlenden, missverständlichen oder unzutreffenden Sachverhalten angeregt werden, um Folgesitzungen möglichst effektiv vorbereiten zu können. Schließlich sollte ein zeitliches Verhandlungsziel genannt werden, um einerseits die mögliche Dringlichkeit zu dokumentieren und auch dem Betriebsrat Raum für seine Planungen zu einer ordentlichen Verhandlungsführung zu lassen. Ein solches erstes Unterrichtungsschreiben kann auch bestimmend für den zeitlichen Geltungsbereich von Interessenausgleich und Sozialplan sein, zB bei vorzeitigem Ausscheiden durch Eigenkündigung bei arbeitgeberseitiger Veranlassung.[63]

Die Unterrichtung des Betriebsrats muss **umfassend** sein. Dazu sind ihm die Ursachen für 44 die geplante Betriebsänderung, die Gründe für die unternehmerische Entscheidung, der Um-

---

[62] → § 56 Rn. 87; zur Frage der irreversiblen Umsetzung BAG 14.4.2015 – 1 AZR 794/13, NZA 2015, 1147 (1149).
[63] BAG 13.11.1996 – 10 AZR 340/96, NZA 1997, 390; *Fitting* BetrVG § 112 Rn. 164.

fang und die Auswirkungen der einzelnen Maßnahme und der voraussichtliche Zeitplan mitzuteilen. Schriftliche Informationen sollten in den Informationsveranstaltungen mündlich erläutert werden. Der Betriebsrat muss auf Grund der Unterrichtung in der Lage sein, die Betriebsänderung zu verstehen und die durch sie eintretenden wirtschaftlichen und sozialen Folgen für die Belegschaft zu übersehen, um auf dieser Basis mit dem Unternehmer sinnvolle Alternativen oder eine andere Ausgestaltung beraten zu können. Es kann zweckmäßig sein, dem Informationsschreiben bereits **Unterlagen** beizufügen, wenn sie zum Verständnis der Unterrichtung beitragen, obwohl dies ohne Aufforderung des Betriebsrats nicht erforderlich ist.[64] Typischerweise werden umfangreichere Unterlagen wie Gutachten von Wirtschaftsprüfern oder Unternehmensberatern erst zur Informationsveranstaltung oder mit einem späteren Informationsschreiben zur Vertiefung der Unterrichtung vorgelegt. Dabei ist immer darauf zu achten, dass solche Gutachten nicht als absolut zwingend dargestellt werden. Vielmehr sind sie als Anlass oder Hintergrund für eine konkrete eigenständige unternehmerische Entscheidung vorzustellen. Sonst können mögliche Fehler in Gutachten direkt auf die Begründetheit der personellen Maßnahmen durchschlagen. Das wirkt sich zwar in den Beratungen meist nur störend, aber nicht juristisch relevant aus. Jedoch können solche in Teilen fehlerhafte Gutachten sich in einem folgenden Kündigungsschutzprozess bei vorbehaltloser Übernahme durch den Arbeitgeber fatal auswirken.

45   Hat der Arbeitgeber aus seiner Sicht vollständig informiert, ist es grundsätzlich Sache des Betriebsrats, ob er **weiterführende Fragen** stellen will. Tut er dies nicht, kann von einer vollständigen Unterrichtung ausgegangen werden.[65] Vorsorglich sollte der Arbeitgeber immer die Frage stellen, ob noch Sachverhalts- oder Rechtsfragen offen sind. Kommen keine weiteren Fragen seitens des Betriebsrats, sollte dies entweder protokolliert oder im Schriftverkehr festgehalten werden. Kommen doch weitere Fragen, sollten diese und die Antworten ebenfalls dokumentiert werden. Der Betriebsrat hat aber keinen Anspruch auf Daten, die für die Planung keine Rolle spielen oder nicht erhoben sind.[66] Auch solche Fragen und ihre Beantwortung sollten dokumentiert sein. Für die Anforderung von Unterlagen gilt ebenfalls, dass diese nur vorgelegt werden müssen, wenn sie Grundlage für die arbeitgeberseitige Entschlussfassung waren. Der Betriebsrat kann nicht verlangen, dass solche Unterlagen nur für ihn neu hergestellt werden.[67] Er kann allerdings grundsätzlich verlangen, dass in fremder Sprache abgefasste erforderliche Entscheidungsgrundlagen in deutscher Übersetzung vorgelegt werden. Davon kann es jedoch Ausnahmen geben, zB wenn die im Unternehmen gebräuchliche Sprache Englisch ist und von allen verstanden wird.[68]

46   Zumindest die erste Informationsveranstaltung sollte von einem möglichst hochrangigen Mitglied des Vorstandes oder der Geschäftsführung als Leiter des **Verhandlungsteams** gestaltet werden. Dem Team angehören sollten je nach Bedarf der Personalleiter und ein Verantwortlicher aus der Lohn- und Gehaltsbuchhaltung. Wenn die Betriebsänderung keine besonderen juristischen Probleme erwarten lässt, sind die Präsenz eines Justiziars oder eines externen Rechtsanwalts zumindest zu Beginn der Unterrichtung nicht erforderlich und würden nur die Hinzuziehung eines Gewerkschaftsjuristen oder Betriebsratsanwalts provozieren. Für spätere Verhandlungsrunden kann die Verhandlungsführung auf Arbeitgeberseite nach Bedarf auch delegiert werden. Aus verschiedenen Gründen sollte der Arbeitgeber darauf drängen, dass auch der Betriebsrat spätestens nach der ersten großen Informationsveranstaltung mit dem gesamten Gremium ein angemessenes Verhandlungsteam bestellt. Zum einen werden große Verhandlungsteams schon bei der jeweiligen Terminierung von Folgeveranstaltungen völlig unbeweglich, zum zweiten provozieren große Teams ineffektive Profilierungswünsche, zum dritten sind sie für das Verständnis komplexer Details eher hinderlich. Diese technischen Argumente für kleine Verhandlungsteams gilt es abzuwägen gegen eine oft größere Akzeptanz von Verhandlungen im Gesamtgremium auf Betriebsratsseite.

---

[64] Nach § 80 Abs. 2 S. 2 BetrVG sind die erforderlichen Unterlagen nur auf Verlangen zur Verfügung zu stellen.
[65] *Röder/Baeck* Interessenausgleich S. 11 f.
[66] LAG Hamm 5.3.1986 – 12 TaBV 164/85, NZA 1986, 651.
[67] *Fitting* BetrVG § 111 Rn. 113; *ders.* BetrVG § 80 Rn. 62: „vorhandene".
[68] LAG Hessen 19.8.1993 – 12 TaBV 9/93, NZA 1995, 285; *Diller/Powietzka* DB 2000, 718 (719).

Schließlich ist zum Abschluss des Interessenausgleichs ohnehin ein Zustimmungsbeschluss des zuständigen Betriebsrats erforderlich.

Eine bestimmte Dauer ist für die Unterrichtungsphase im Gesetz nicht definiert. Auch die Rechtsprechung hat dazu keine Vorgaben gemacht. Die Vollständigkeit der Unterrichtung hängt auch objektiv nicht von der Länge einer Unterrichtungsphase ab. Konzentriert geführte und schriftlich vorbereitete oder dokumentierte Unterrichtungsveranstaltungen müssten in der Regel in **zwei bis drei Wochen** für eine abschließende Unterrichtung ausreichend sein, zumal weiterführende Fragen auch während der Beratung noch beantwortet werden können.

Die **schriftliche Dokumentation** ist zwar nicht vorgeschrieben aber stets ratsam, wenn unter Zeitdruck auf Abschluss der Verhandlungen gedrängt wird und wenn in der Einigungsstelle, im Bestellungsverfahren nach § 98 ArbGG oder in einem anhängig gemachten Verfahren auf Erlass einer einstweiligen Verfügung das Fehlen von Informationen, die Erfüllung der Unterrichtungspflicht oder gar die Unterlassung von Umsetzungsmaßnahmen verlangt wird. Die schriftliche Dokumentation kann bereits in einer Schutzschrift zur antizipierten Verteidigung gegen ein vom Betriebsrat angedrohtes Eilverfahren außerordentlich hilfreich sein.[69] Der Arbeitgeber kann die Unterrichtungsphase formal abschließen, indem er auf die erfolgte umfassende Information verweist und den Betriebsrat schriftlich auffordert, die Beratungen zum Interessenausgleich aufzunehmen. Ein solches Schreiben kann auch heute noch eine Beschleunigungswirkung beim Betriebsrat entfalten, obwohl die Fristenregelung des Arbeitsrechtlichen Beschäftigungsförderungsgesetzes weggefallen ist. Außerdem dient es als Beweismittel oder Glaubhaftmachungsmittel in einer möglichen Auseinandersetzung, wenn Verzögerungstaktiken des Betriebsrats deutlich erkennbar werden. Ist allerdings seitens des Betriebsrats die formale Phasentrennung nicht eingewendet worden und hat er, was häufig der Fall ist, der parallelen Beratung auch während der Unterrichtung zugestimmt, wäre ein formales Überleitungsschreiben eher hinderlich.

b) Beratungsphase. Der Unterrichtung schließt sich die Pflicht zur Beratung der Betriebsänderung an. Je nach Komplexität der geplanten Betriebsänderung und nach der Interessenlage der Beteiligten im konkreten Fall kann es sinnvoll sein, die Beratungsphase von der reinen Unterrichtung zu trennen. In den meisten Fällen werden die Phasen jedoch **fließend ineinander übergehen.** In der Regel dient die erste Informationsveranstaltung im Wesentlichen der Unterrichtung und ihrer Vertiefung durch eine Reihe von ergänzenden Sachverhaltsfragen. Jedoch sollte der Unternehmer im Interesse einer sich entwickelnden Diskussionsdynamik erste kritische oder wertende Äußerungen und Diskussionen über den Sinn der Betriebsänderung und mögliche Alternativen zulassen und auch kommentieren. Eine strikte Trennung von Unterrichtung und Beratung, wie sie manchmal von Betriebsräten gefordert wird, ist zumindest aus Sicht des Arbeitgebers realitätsfremd. Weigert sich der Betriebsrat allerdings standhaft, die Beratungen aufzunehmen, ist es für den Arbeitgeber ratsam, den Betriebsrat schriftlich zur Aufnahme der Beratungen aufzufordern. Spätestens am Ende der ersten Diskussionsrunde kann der Arbeitgeber zu Fragen und ersten Bewertungen einladen. Zur Vorbereitung der Folgesitzung sollte diese Aufforderung wiederholt und präzisiert werden, um möglichst schnell das Beratungsstadium zu erreichen und möglichen Verzögerungstaktiken auszuweichen.

Inhaltlich dient die Beratung zum einen der Diskussion des „**ob, wann und wie**" der Betriebsänderung, was schließlich zum formellen Interessenausgleich führen soll, der die Betriebsänderung in ihrer von beiden Seiten ausgehandelten Form definiert.[70] Zum zweiten wird in der Beratungsphase regelmäßig, wenn auch nicht zwingend gleichzeitig, bereits näher über die Erfordernisse und den möglichen Inhalt des Sozialplans beraten und verhandelt, durch den die wirtschaftlichen **Nachteile ausgeglichen oder gemildert** werden sollen, die den Arbeitnehmen infolge der geplanten Betriebsänderung (konkret) entstehen.[71] Hier-

---

[69] *Ehler* BB 2000, 978; vgl. WHS Umstrukturierung/*Schweibert* C Rn. 307 mwN.
[70] *Fitting* BetrVG § 111 Rn. 115; Richardi BetrVG/*Annuß* § 111 Rn. 156; WHS Umstrukturierung/*Schweibert* C Rn. 151.
[71] *Fitting* BetrVG § 111 Rn. 115; Richardi BetrVG/*Annuß* § 111 Rn. 156; WHS Umstrukturierung/*Schweibert* C Rn. 151.

durch sollen die entgegenstehenden Interessen von Arbeitgeber und Betriebsrat abgewogen und so die Grundlage für eine Einigung über den Interessenausgleich und den Sozialplan geschaffen werden. Während der Arbeitgeber primär an dem schnellen Abschluss des Interessenausgleichs interessiert ist, damit er seine Betriebsänderung unverzüglich umsetzen kann, sind die Betriebsräte zunächst an der Ausgestaltung des Sozialplans interessiert, jedenfalls wenn sie feststellen, dass der Arbeitgeber trotz erster Bedenken an der von ihm geplanten Betriebsänderung festhält. Naturgemäß zeigt sich recht schnell, dass die Betriebsräte die Verantwortung für die unternehmerische Maßnahme nicht mittragen können oder wollen, so dass sie sich abgesehen von einer zeitlichen Streckung oder kleinerer Änderungen an der geplanten Maßnahme des Arbeitgebers meist schnell der Forderung möglichst hoher Ausgleichs- oder Milderungsleistungen zuwenden. Gleichwohl ist es sinnvoll, zunächst die Maßnahme anhand eines möglichst früh vorzulegenden Entwurfs des Interessenausgleichs durch den Arbeitgeber intensiv zu beraten, also den wirtschaftlichen Sinn, Vor- und Nachteil von Varianten und die möglichen Auswirkungen der Maßnahme zu diskutieren. Erst wenn die zeitlichen und inhaltlichen Rahmen des Interessenausgleichs einigermaßen erkennbar fixiert sind, macht es Sinn, über die Ausgleichsleistungen zur sprechen. Unternehmer und Betriebsrat sollen ihre unterschiedlichen Meinungen und potentielle Lösungswege vortragen und beraten, das heißt zum jeweiligen Vorschlag der Gegenseite Stellung nehmen. Beide Seiten sollen Vorschläge zur Überbrückung der Meinungsunterschiede machen. Der Betriebsrat muss sich mit den vorgetragenen Notwendigkeiten und der Arbeitgeber mit den Bedenken des Betriebsrats intensiv auseinandersetzen.

51 Eine bestimmte Dauer für die Beratungen ist im Betriebsverfassungsgesetz nicht vorgesehen. Diese hängt von dem Inhalt und der Komplexität der geplanten Betriebsänderung ab. Auch die Schwere der Folgen für die Belegschaft spielt eine entscheidende Rolle. Der Betriebsrat darf aber die Beratungen nicht missbräuchlich verzögern. Zumutbare Termine für Beratungsgespräche kann er ohne besondere Gründe nicht ablehnen. Insofern kann allerdings auch der Arbeitgeber **zur Beschleunigung beitragen,** indem er zumindest dienstliche Hindernisse für die Teilnahme von Betriebsratsmitgliedern an den Beratungsrunden aus dem Weg räumt. Eine besondere Eilbedürftigkeit der Maßnahme muss auch vom Betriebsrat bei der Planung der Beratungsrunden berücksichtigt werden. In der Praxis wird bei etwa zwei Beratungsterminen pro Woche in der Regel das Beratungsbedürfnis nach zwei bis drei Wochen befriedigt sein.[72] Kommt es zu einer Einigung über den Interessenausgleich, sind die Beratungen nach § 111 BetrVG beendet. Kommt es nicht zur Einigung und ist dies nicht absehbar, weil der Betriebsrat sich weigert, die Betriebsänderung zu beraten und lediglich Forderungen zur Höhe von Sozialplanleistungen stellt, kann der Arbeitgeber das Scheitern der Beratungen erklären und die Einigungsstelle zur Verhandlung des Interessenausgleichs anrufen. Ansonsten gehen die Beratungen in der Regel nahtlos in die freien Verhandlungen über die Ausgestaltung von Interessenausgleich und Sozialplan über.

52 c) **Betriebsratsberater.** Da es sich bei der reinen Unterrichtung zunächst um einen einseitigen Vorgang handelt, bei dem der Betriebsrat lediglich Empfänger der Information ist, wurde die Einschaltung eines Sachverständigen gemäß § 80 Abs. 3 BetrVG insoweit nicht für erforderlich gehalten, so dass der Arbeitgeber ein entsprechendes Verlangen ablehnen konnte.[73] Zur bloßen Entgegennahme von Information wird grundsätzlich kein sachverständiger Rat benötigt. Das kann anders zu beurteilen sein, wenn die Maßnahme so komplex ist, dass der Betriebsrat ohne **externen Sachverstand** Verständnisprobleme hat. Zudem haben Praktikabilitätsgründe oft dazu geführt, den sachverständigen Berater bereits bei der Unterrichtung präsent zu haben, damit die ohnehin komplexe Materie nicht noch durch den zusätzlichen Übermittlungsbedarf zu weiterer Verzögerung führt. Nach Einführung des § 111 S. 2 BetrVG besteht ohnehin für den Betriebsrat die einseitige Bestellungsmöglichkeit, so dass die Verweigerung eines Beraters in dieser Phase in großen Unternehmen mit mehr als 300 Arbeitnehmern praktisch keinen Sinn macht. Da ein Grund für die Hinzuziehung des Beraters nach dem Willen des Gesetzgebers gerade auch in der „raschen Erfassung der Auswirkun-

---

[72] Vgl. *Röder/Baeck* Interessenausgleich S. 25.
[73] Vgl. BAG 17.3.1987 – 1 ABR 59/85, NZA 1987, 747; *Bauer/Göpfert* DB 1997, 1464 (1469).

gen einer Betriebsänderung" liegt, kann der Berater nach § 111 S. 2 BetrVG jedenfalls bei komplexen Sachverhalten bereits bei der Unterrichtung hinzugezogen werden.[74] Nach § 111 S. 2 BetrVG ist eine ausdrückliche Erforderlichkeitsprüfung nicht mehr vorgesehen und wohl nur noch über den Grundsatz der vertrauenswürdigen Zusammenarbeit erreichbar,[75] so dass sich ein Streit an dieser Stelle nicht mehr lohnt. Spätestens mit Beginn der Beratungsphase könnte der Einwand des Arbeitgebers ohnehin nicht mehr mit Aussicht auf Erfolg gebracht werden, denn der Berater soll den Betriebsrat gerade in die Lage versetzen, fundierte Alternativvorschläge machen zu können.[76] Deshalb sollte der Praktikabilitätsgedanke im Vordergrund stehen, zumal es gerade im Interesse des Arbeitgebers sein kann, die Beratungen über den Interessenausgleich möglichst schon parallel während der noch laufenden Unterrichtung zu führen. Das hat sich zumindest dann als vorteilhaft im Sinne einer Beschleunigung erwiesen, wenn bei einer komplexen Maßnahme einzelne Sachverhalte abgeschichtet unterrichtet und beraten werden sollen.

Beratungs-Checkliste: Verhandlung Betriebsrat/Einigungsstelle 53

- ☐ Dokumentation des Scheiterns der freien Verhandlungen
- ☐ Anrufung Einigungsstelle an Betriebspartner
- ☐ Vorschlag für Vorsitzenden, Beisitzerzahl, Regelungsgegenstand, eigene Beisitzer
- ☐ Bei Nichteinigung über Vorsitzenden Austausch von Alternativlisten
- ☐ Bei Einigung Konstituierung der Einigungsstelle sonst Antrag an ArbG nach § 98 ArbGG
- ☐ Vorsorglich: Schutzschrift gegen Unterlassungsverfügung
- ☐ Bestellung der Einigungsstelle durch Gericht
- ☐ Konstituierung der Einigungsstelle
- ☐ Einigungsstellenverhandlungen nach letztem Verhandlungsstand
- ☐ Ziel der Einigung/Vorbereitung auf Einigungsstellenspruch

7. Verhandlungen über Interessenausgleich und Sozialplan

Die Beratungen des „ob, wann und wie" der Betriebsänderung, also die Erörterung der Vor- und Nachteile der geplanten Maßnahmen und ihrer Alternativen mündet ohne besonderen Übergang in Verhandlungen über die Betriebsänderung selbst (Interessenausgleich) und den für erforderlich gehaltenen Ausgleich oder die Milderung ihrer wirtschaftlichen Nachteile (Sozialplan) gemäß § 112 BetrVG. In diesen Verhandlungen versuchen die Beteiligten ihre Vorstellungen über die Umsetzung der Betriebsänderung und den Ausgleich oder die Milderung der wirtschaftlichen Nachteile einzubringen und so weit wie möglich durchzusetzen, indem **Forderungen und Angebote gegenübergestellt** werden. Dabei sind die beiden Regelungskomplexe Interessenausgleich und Sozialplan im Ablauf der Verhandlungen unterschiedlich ausgestaltet. Der Interessenausgleich muss in den Verhandlungen zwischen den Beteiligten lediglich ernsthaft **„versucht"** werden. Das Verfahren ist beendet, wenn Arbeitgeber und Betriebsrat sich über das „ob, wann und wie" geeinigt haben. Auch wenn eine Einigung nicht zustande kommt, ist das Verfahren beendet, wenn schließlich in der Einigungsstelle festgestellt wird, dass eine Einigung nicht möglich ist. Da der Unternehmer letztlich nur einen Einigungsversuch schuldet, hat der Betriebsrat beim Interessenausgleich kein Mitbestimmungs-, sondern nur ein Mitwirkungsrecht. Die Verhandlungen um den Sozialplan sind dagegen erst dann beendet, wenn bei Scheitern der freien Verhandlungen zwischen den Beteiligten eine Einigung durch die Einigungsstelle herbeigeführt wird. Beim Sozialplan hat der Betriebsrat also ein volles Mitbestimmungsrecht. Deshalb müssen die inhaltlichen Regeln eines Interessenausgleichs und eines Sozialplans sorgfältig unterschieden werden. Für die Möglichkeit des Un- 54

---

[74] RegBegr. BT-Drs. 14/5741, 52.
[75] → § 56 Rn. 133.
[76] RegBegr. BT-Drs. 14/5741, 52.

ternehmens, die Betriebsänderung umzusetzen, ist deshalb erheblich, wann der geforderte „Versuch eines Interessenausgleichs" abgeschlossen ist. Kommt es zu keiner Einigung in freien Verhandlungen, können sowohl Arbeitgeber als auch Betriebsrat die Einigungsstelle anrufen. Beide haben ein entsprechendes Initiativrecht. Gelingt die Einigung auch dort nicht, ist das Verfahren abgeschlossen. Fraglich ist, ob der Arbeitgeber selbst die Einigungsstelle anrufen muss, wenn eine Einigung in den freien Verhandlungen nicht zu erreichen ist. Immerhin könnte ja auch der Betriebsrat sein Initiativrecht wahrnehmen und die Einigungsstelle anrufen, wenn er an deren Hilfestellung interessiert ist.[77] Das Bundesarbeitsgericht hat jedoch in den Achtziger Jahren entschieden, dass der Arbeitgeber den „ernsthaften Versuch der Einigung" erst unternommen hat, wenn er auch erfolglos die Einigungsstelle angerufen hat.[78] Diese Rechtsprechung war während der Geltung der Fristenregelung gegenstandslos, ist aber nach deren Aufhebung wieder beachtlich.[79] Angesichts der einseitigen Verzögerungsmöglichkeiten des Betriebsrats selbst bei der förmlichen Bestellung der Einigungsstelle nach § 98 ArbGG ist diese Verpflichtung nicht nachvollziehbar. Vom LAG Hessen wird daher richtiger Weise die Ansicht vertreten, dass der Unternehmer darauf vertrauen kann, dass der Betriebsrat keine Einwendungen gegen die Betriebsänderung erheben will, wenn er nicht innerhalb einer angemessenen Zeit selbst die Einigungsstelle anruft.[80]

55 Das Interessenausgleichsverfahren ist auch dann beendet, wenn der Arbeitgeber sich entscheidet, die geplante und mitgeteilte Betriebsänderung **nicht mehr umzusetzen** oder die Größenordnung der Maßnahme soweit reduziert, dass die Schwellenwerte der Betriebsänderung nicht mehr erfüllt sind.

56 a) **Gleichzeitige Verhandlungen.** In der Praxis gibt es in den Beratungen und freien Verhandlungen in der Regel keine klare Trennung zwischen Interessenausgleichs- und Sozialplanverhandlungen. Aufgrund der Wechselwirkung hat sich eine parallele Verhandlungsführung etabliert, in der beide Seiten ihren Vorteil suchen.[81] Trotz der verschiedenen Regelungsinhalte und der unterschiedlichen Mitwirkungsrechte des Betriebsrats ist eine klare Trennung der Verhandlungen über Interessenausgleich und Sozialplan wenig praktisch. Beide Beteiligten können so zunächst unformell ihre **wechselseitigen Forderungen positionieren**. Stocken die Verhandlungen über die Betriebsänderung, kann der Arbeitgeber durch ein Angebot beim Sozialplan wieder Bewegung erzeugen. Geraten die Sozialplanverhandlungen ins Stocken, kann eine Modifizierung der Betriebsänderung hilfreich sein.[82] Solche Modifikationen müssen nicht nur Zugeständnisse an den Betriebsrat darstellen, wie zB eine zeitliche Streckung der Betriebsänderung, sondern können durchaus auch Verschärfungen darstellen, zB eine Erhöhung der Zahl der zu Entlassenden, um langfristig die geforderten hohen Kosten des Sozialplans wieder einzusparen. Unerwartete Modifikationen auf der Seite der Betriebsänderung durch den Arbeitgeber haben mitunter eine heilsame Wirkung auf überhöhte Sozialplanforderungen des Betriebsrats.

Beispiel:
Der Unternehmer will in einem seiner Betriebe aus Kostengründen eine vorsichtige Personalreduzierung gestreckt über zwei Jahre vornehmen. Er legt dem Betriebsrat nach rechtzeitiger und umfassender Information einen Entwurf für den Interessenausgleich vor. Der Betriebsrat weigert sich, der Betriebsänderung zuzustimmen. Er rügt die zu erwartende schwierige Sozialauswahl und fordert wegen des hohen Prozessrisikos bei den Kündigungen Abfindungen von 2 Monatsgehältern pro Beschäftigungsjahr. Der Arbeitgeber legt in der nächsten Verhandlungsrunde einen neuen Interessenausgleichsentwurf vor mit einer vorgezogenen Schließung des Betriebs zum Jahresende und bietet wegen des erheblich geringeren Prozessrisikos eine Sozialplanformel von einem halben Gehalt pro Beschäftigungsjahr an. Nach dem erwarteten Eklat einigen sich beide in der dritten Verhandlungsrunde auf den ursprünglichen Plan bei einer Sozialplanabfindung von einem Monatsgehalt pro Beschäftigungsjahr.

---

[77] So LAG Hessen 30.8.1984 – 4 TaBVGa 113 und 114/84, DB 1985, 178 (180).
[78] BAG 18.12.1984 – 1 AZR 176/82, NZA 1985, 400; 9.7.1985 – 1 AZR 323/83, NZA 1986, 100.
[79] → Rn. 37 ff.; vgl. auch *Kania/Joppich* NZA 2005, 749; *Göpfert/Krieger* NZA 2005, 254 (255).
[80] LAG Hessen 30.8.1984 – 4 TaBVGa 113 und 114/84, DB 1985, 178 (180); 6.4.1993 – 4 TaBV 45/93, DB 1994, 2635.
[81] WHS Umstrukturierung/*Schweibert* C Rn. 152.
[82] WHS Umstrukturierung/*Schweibert* C Rn. 152.

b) Getrennte Verhandlungen. Eine zeitlich getrennte Verhandlung von Interessenausgleich und Sozialplan ist natürlich nicht ausgeschlossen und ist in vielen Fällen auch interessengerecht. So kann es bei **komplexen** Vorgängen wie Unternehmens- und Betriebsspaltungen mit anschließenden Verschmelzungen durchaus sinnvoll sein, in einem ausführlichen Interessenausgleich zunächst sehr sorgfältig die verschiedenen Maßnahmen und zeitlich abgestimmten Vorgänge zu beschreiben. Dies gilt insbesondere, wenn zB aus bilanztechnischen Gründen eine Maßnahme zu einem bestimmten Zeitpunkt umgesetzt sein muss. Wenn jedenfalls zunächst keine Arbeitsplätze verloren gehen und die mögliche Synergieausnutzung im Wesentlichen erst nach Abschluss der Reorganisation beschlossen werden soll, kann der Sozialplan in Ruhe später verhandelt werden. Plant ein Unternehmen eine kleinere Personalreduzierungsmaßnahme, die zwar die Voraussetzungen des § 111 S. 3 Nr. 1 BetrVG in Verbindung mit § 17 KSchG überschreitet, nicht aber die höheren Schwellenwerte des § 112a BetrVG erreicht, ist zwar ein Interessenausgleich aber kein Sozialplan erforderlich. Auch gibt es Fälle, in denen nach längerer Unsicherheit über den Fortbestand des Unternehmens vom Betriebsrat zunächst ein **Rahmensozialplan** gefordert wird, so dass bei den zu erwartenden vielfältigen Betriebsänderungen über einen längeren Zeitraum lediglich die Interessenausgleichsverhandlungen geführt werden müssen. Ein solcher Rahmensozialplan kann nur freiwillig abgeschlossen werden. Fraglich ist, ob man in einem solchen Rahmensozialplan Nachverhandlungen im konkreten Fall ausschließen kann. Das gilt nach der Rechtsprechung allerdings mit für beide Seiten bindender Wirkung nur, wenn bei Abschluss des Sozialplans die antizipierten Betriebsänderungen bereits erkennbar sind.[83] Dabei muss natürlich im Rahmensozialplan vereinbart sein, dass die einzelnen Interessenausgleichsverhandlungen nicht zu einer Nachverhandlung der Sozialplanleistungen führen dürfen. Zudem müssen die im Sozialplan geregelten Tatbestände die in den späteren Betriebsänderungen vorgesehenen Maßnahmen abdecken. Sonst erweist sich ein Rahmensozialplan leicht als Sicherheitsnetz, aus dem heraus bei jeder Betriebsänderung wieder die Ausgleichsleistungen hochgeschraubt werden. In der wirtschaftlichen Abwärtsbewegung sind allerdings auch Betriebsratspositionen erkennbar geworden, die vornehmlich die Betriebsänderung als solche hinterfragen und über Alternativen in der Gestaltung der Betriebsänderung versuchen, Entlassungen völlig zu vermeiden oder zumindest einzuschränken. Auch werden im Hinblick auf die Arbeitsmarktsituation kurzfristige Vorteile bei einer bestimmten Betriebsänderung mit langfristigen Verpflichtungen wie Standortsicherungszusagen oder Arbeitsplatzgarantien verbunden,[84] was allerdings oft die wirtschaftlichen Probleme des Unternehmens auf längere Sicht nur verschärft.

c) Unzulässige Wechselwirkungen. Ob die Verhandlungen des Interessenausgleichs und des Sozialplans gleichzeitig oder getrennt geführt werden, liegt letztlich im Ermessen der Betriebsparteien. Fraglich ist, ob der Betriebsrat eine als richtig erkannte Maßnahme im Interessenausgleich zwar aushandeln kann, sich dann aber weigern darf, den Interessenausgleich zu unterzeichnen, nur weil er mit der Sozialplanleistung nicht zufrieden ist. Dies wird von Teilen der Literatur für unzulässig gehalten,[85] während andere dieses Verhalten als gerechtfertigt durch die Interessenwahrungspflicht ansehen.[86] Juristisch wird man dem begegnen können, wenn man als Arbeitgeber bereit ist, den ausverhandelten **Interessenausgleich isoliert in die Einigungsstelle** zu tragen, weil der Inhalt zwar nicht kritisiert, der Abschluss aber verweigert wird, somit die Interessenausgleichsverhandlungen gescheitert sind. Die Einigungsstelle kann im pflichtgemäßen Ermessen nur entweder die Einigung über den vorliegenden Interessenausgleichsentwurf empfehlen oder die Verhandlungen um den Interessenausgleich umgehend für gescheitert erklären. In beiden Fällen kann der Unternehmer die Maßnahmen umsetzen und später in Ruhe den Sozialplan verhandeln.

d) Form, Dauer, Beteiligte der Verhandlungen. Die freien Verhandlungen sollen möglichst informell aber effektiv ablaufen und hinreichend dokumentiert sein. Dafür gibt es

---

[83] BAG 20.12.1983 – 1 AZR 442/82, NZA 1984, 53; 19.1.1999 – 1 AZR 342/98, NZA 1999, 949; dazu Richardi BetrVG/*Annuß* § 112 Rn. 63.
[84] Vgl. WHS Umstrukturierung/*Schweibert* C Rn. 154; *Röder/Baeck* Interessenausgleich 3. Aufl. 2001, S. 14.
[85] HWGNRH/*Hess* BetrVG § 112 Rn. 51; *Röder/Baeck* Interessenausgleich S. 20 f.
[86] Richardi BetrVG/*Annuß* § 112 Rn. 24 f.; WHS Umstrukturierung/*Schweibert* C Rn. 156.

keine allgemein verbindlichen Regeln. Als Initiator ist der Arbeitgeber in der Regel für die Organisation der Verhandlungen verantwortlich. Es ist auf ruhige, sachliche **Atmosphäre** zu achten. Soweit erforderlich oder für das Verständnis förderlich sollten technische **Hilfsmittel** wie Projektor, PC, Drucker, Kopierer, eventuell Softwareprogramme für die Berechnung von Sozialplanleistungen vorgehalten werden. Berechnungsmodelle über ein aktuelles Angebot hinaus sollten jedoch nicht vorgestellt werden, da sie falsche Hoffnungen wecken können. Es sollten möglichst zu Beginn **Verhandlungsstaffeln** über mehrere Verhandlungstermine vereinbart werden, damit weitere Termine nicht erst „in der Hitze des Gefechts" abgestimmt werden müssen. Das gilt insbesondere für die Beteiligung der externen Berater. Die Sitzungstermine sollten möglichst durch textliche Entwürfe für Interessenausgleich und Sozialplan vorbereitet werden, die **kontinuierlich überarbeitet** und dem Verhandlungsstand angepasst werden sollen. Dabei ist darauf zu achten, dass zwischen den Terminen ausreichend Zeit für die interne Abstimmung und die Dokumentation verbleibt. In der „heißen Phase" können auch **Blocksitzungen** über zwei oder drei Verhandlungstage hilfreich sein. Eine allgemeingültige Aussage über die **Dauer** der freien Verhandlungen gibt es nicht. Wie bei den Beratungen müssten bei zwei Verhandlungstagen pro Woche etwa zwei bis drei Wochen ausreichend sein, wobei Beratung und Verhandlung sich in der Regel überschneiden. Wird die Verhandlungsdauer unerträglich, hat es die interessierte Seite in der Hand, das Scheitern zu erklären und die Einigungsstelle zu erzwingen. Auch für die Besetzung der **Verhandlungsteams** gilt das Gleiche wie bei der Beratung. Sie sind in der Regel identisch.

60 Am Ende der Verhandlungen stehen entweder der Interessenausgleich oder der Sozialplan oder beide, was die Regel ist, oder der jeweils fehlende Teil muss in die Einigungsstelle.

8. Scheitern der Verhandlungen

61 Kommt eine Einigung zwischen Unternehmer und Betriebsrat in freien Verhandlungen **nicht zustande**, kann jede Seite den Vorstand der Bundesagentur für Arbeit gemäß § 112 Abs. 2 S. 1 BetrVG um Vermittlung ersuchen oder die Einigungsstelle gemäß § 112 Abs. 2 S. 2 BetrVG anrufen.

62 a) **Vermittlung des Vorstands der Bundesagentur für Arbeit.** Zuständig ist der Vorstand der Bundesagentur für Arbeit. Die Vermittlung kann auf Bedienstete übertragen werden. Das Vermittlungsersuchen ist **fakultativ**.[87] Unternehmer wie auch Betriebsrat können darauf verzichten und unmittelbar die Einigungsstelle anrufen. In der Praxis ist das Vermittlungsersuchen selten. Für den Unternehmer ist die Einschaltung des Vorstands der Bundesagentur für Arbeit mit Verzögerung verbunden. Haben sich die Beteiligten auf den Vermittlungsversuch eingelassen, muss er aber ernsthaft geführt werden. Eine einseitige Anrufung der Einigungsstelle kann dann problematisch werden, wenn der gemeinsam eingeleitete Vermittlungsversuch noch nicht beendet ist.[88] Für den Unternehmer ist die Einlassung auf den Vermittlungsversuch daher nur ratsam, wenn relativ viel Zeit zur Verfügung steht und gerade die Expertise der Bundesagentur gewünscht ist, zB wegen der Sachkenntnis der Arbeitsmarktsituation, der arbeitsmarktpolitischen Hilfestellungen wie Umschulungs- und Fortbildungsmaßnahmen sowie deren Finanzierung nach SGB III. Sind die Positionen in den freien Verhandlungen aber bereits verfestigt und streitet man vor allem um das Sozialplanvolumen, ist der Vermittlungsversuch der Bundesagentur weniger hilfreich. Ersucht ein Beteiligter um Vermittlung, besteht kein Einlassungszwang der anderen Seite. Deshalb kann die andere Beteiligte sofort die Einigungsstelle anrufen, wodurch der Vermittlungsversuch gescheitert ist. Immerhin handelt es sich um ein freiwilliges Vermittlungsverfahren und keine Zwangsschlichtung.[89] Allerdings ist eine protokollierte Beratung

---

[87] *Fitting* BetrVG §§ 112, 112a Rn. 29; *Richardi* BetrVG/*Annuß* § 112 Rn. 219; WHS Umstrukturierung/*Schweibert* C Rn. 166; *Röder/Baeck* Interessenausgleich S. 26.
[88] *Röder/Baeck* Interessenausgleich S. 26; kritisch deshalb der Vorschlag von WHS Umstrukturierung/*Schweibert* C Rn. 166, sich vorsorglich einzulassen.
[89] *Brand/Kühl* SGB III § 110 Rn. 12.

durch die Bundesagentur erforderlich, wenn Transfermaßnahmen oder eine Transfergesellschaft geplant sind.[90]

b) Anrufung der Einigungsstelle. Unterbleibt der Vermittlungsversuch oder ist er gescheitert, können Arbeitgeber oder Betriebsrat die Einigungsstelle anrufen gemäß § 112 Abs. 2 S. 2 BetrVG.

Die Anrufung erfolgt dadurch, dass ein Beteiligter das Scheitern der freien Verhandlungen erklärt und die Einigungsstelle anruft. Dies geschieht zunächst durch Abgabe einer entsprechenden **Erklärung an die andere Seite**. Die Erklärung kann in einer der freien Verhandlungsrunden mündlich oder im Anschluss schriftlich erfolgen. Zur Dokumentation ist die schriftliche Anrufung zu empfehlen. Die Erklärung sollte die Aufforderung an die andere Seite enthalten, sich an der Bildung der Einigungsstelle zu beteiligen, einen Vorschlag für den Vorsitzenden und die Zahl der Beisitzer enthalten und den Regelungsgegenstand benennen sowie Vorschläge zur Beilegung der Meinungsverschiedenheit machen. Die eigenen Beisitzer können bereits namentlich genannt werden.

Erfahrungsgemäß dauert es einige Zeit, bis sich die Beteiligten über die Person des neutralen Vorsitzenden und die erforderliche Zahl von Beisitzern geeinigt haben oder die Bestellung über das Arbeitsgericht nach § 100 ArbGG erfolgt ist. Deshalb muss der Unternehmer in der Regel darauf achten, das Einigungsstellenverfahren **möglichst frühzeitig einzuleiten**. Dabei gilt es abzuwägen, ob nicht doch noch Einigungsmöglichkeiten in freien Verhandlungen bestehen, die eher zum Ziel führen können als das zeitaufwändige Einigungsstellenverfahren. Allerdings erscheint oft die Verhandlungsposition der Betriebsratsseite kurz vor Anrufung der Einigungsstelle durch den frustrierten Unternehmer wieder flexibler und vielversprechend, so dass ein weiterer freier Verhandlungsversuch mit neuen Zugeständnissen gemacht wird, um sich danach wieder zu verfestigen, so dass doch die Einigungsstelle angerufen wird, unter Umständen sogar durch den Betriebsrat. In dem Fall ist nicht nur Zeit, sondern auch Verhandlungsmasse verloren gegangen, und man sitzt trotzdem im aufwändigen Einigungsstellenverfahren. Der Arbeitgeber sollte daher in der Regel selbst frühzeitig die Initiative ergreifen, um das Heft der Verhandlungsführung in der Hand zu behalten.

Zudem ist die Anrufung der Einigungsstelle durch den Arbeitgeber auch rechtlich geboten, wenn er die Betriebsänderung notfalls auch ohne Zustimmung des Betriebsrats durchführen will. Denn das Bundesarbeitsgericht hält eine Umsetzung der Betriebsänderung erst für zulässig, wenn auch das Einigungsstellenverfahren beendet ist, sei es durch Einigung oder festgestelltes Scheitern.[91] Die Einigungsstelle kann angerufen werden, wenn ein Interessenausgleich über die geplante Betriebsänderung oder eine Einigung über den Sozialplan nicht zustande kommt. Das Verfahren vor der Einigungsstelle kann sich auch auf den Versuch eines Interessenausgleichs oder die Aufstellung eines Sozialplans beschränken. Es unterliegt zunächst **der Disposition des Anrufenden**, den Gegenstand des Einigungsstellenverfahrens zu bestimmen. Der Gegner muss sich auf den benannten Gegenstand einlassen. Allerdings kann der Gegner eine Verbindung der beiden Gegenstände herstellen, indem er seine Zustimmung zur geplanten Betriebsänderung von der Aufstellung eines Sozialplans abhängig macht oder umgekehrt seine Zustimmung zum Sozialplan von einem Interessenausgleich abhängig macht. In diesem Fall ist es sachwidrig, dass die Betriebspartner für Interessenausgleich und Sozialplan verschiedene Einigungsstellen bilden.[92] Daher verhandeln die Einigungsstellen in der Regel sowohl zum Interessenausgleich als auch zum Sozialplan. Wie in den freien Verhandlungen bietet es sich auch in der Einigungsstelle grundsätzlich an, die Wechselwirkung zwischen den beiden Regelungsgegenständen auszunutzen und eine aussichtsreiche Einigung voranzutreiben.

Sind die Positionen aber außerordentlich verhärtet und die Betriebsänderung unter großem Zeitdruck, kann der Arbeitgeber sofort die Bestellung der Einigungsstelle durch das

---

[90] Richardi BetrVG/*Annuß* § 112 Rn. 220; *Röder/Baeck* Interessenausgleich S. 26; vgl. *Fitting* BetrVG § 112 Rn. 31: die Verpflichtung folge aus dem Gebot der vertrauensvollen Zusammenarbeit.
[91] BAG 18.12.1984 – 1 AZR 176/82, NZA 1985, 400; *Fitting* BetrVG § 112 Rn. 33; *Kania/Joppich* NZA 2005, 749 (750); *Göpfert/Krieger* NZA 2005, 254 (255); *Sasse* DB 2015, 2817 ff.
[92] Richardi BetrVG/*Annuß* § 112 Rn. 227, 231.

Gericht nach § 100 ArbGG beantragen. Wird die **Einigungsstelle durch das Gericht** bestellt, so kann der Antragsteller den Gegenstand festlegen, also auch **beschränken auf den Versuch des Interessenausgleichs.** Die gerichtlich bestellte Einigungsstelle hat in diesem Fall keine Kompetenz für einen Spruch zum Sozialplan, der die Einigung zwischen Arbeitgeber und Betriebsrat ersetzt,[93] sondern könnte eine Einigung über den Sozialplan nur einvernehmlich herstellen. Somit kann der Arbeitgeber eine Reduzierung des Verfahrens auf den Regelungsgegenstand Interessenausgleich auch gegen den Willen des Betriebsrats erzwingen, um schnellstmöglich die Umsetzung herbeizuführen und danach ohne Zeitdruck den Sozialplan zu verhandeln. Allerdings sollte er sich keinem Trugschluss über die mögliche Härte der Reaktion des Betriebsrats in der Folge bei der Umsetzung von Einzelmaßnahmen nach § 99 BetrVG zB für Versetzungen oder nach § 102 BetrVG für Kündigungen hingeben. Ein vereinbarter Interessenausgleich hat für die folgende Umsetzung eine ungleich höhere Befriedungswirkung als eine ohne Interessenausgleich erzwungene Betriebsänderung.

III. Einigungsstellenverfahren

68   Die Einigungsstelle ist eine Institution der Betriebsverfassung, die in mitbestimmungspflichtigen Angelegenheiten die fehlende **Einigung** zwischen Arbeitgeber und Betriebsrat **ersetzen** soll. Sie wird in der Regel von Fall zu Fall gebildet und ist mit einem neutralen Vorsitzenden sowie einer gleichen Zahl von Beisitzern der Arbeitgeberseite und der Betriebsratsseite zu besetzen.

1. Bestellung der Einigungsstelle

69   Die Einigungsstelle kann nach der **Anrufung** durch eine der beiden Betriebsparteien einvernehmlich oder durch das Arbeitsgericht nach § 100 ArbGG bestellt werden.

70   a) **Einvernehmliche Bestellung.** Nachdem eine der Betriebsparteien in der Anrufung der Einigungsstelle einen Vorschlag für den Vorsitzenden und die Zahl der Beisitzer sowie den Regelungsgegenstand und gegebenenfalls für die Beilegung der Meinungsverschiedenheit gemacht hat, kann die Gegenseite dazu Stellung nehmen und Gegenvorschläge machen. Zunächst haben sich Arbeitgeber und Betriebsrat über den Vorsitzenden der Einigungsstelle und die Zahl der Beisitzer zu einigen. Vorsitzender ist in der Regel ein Arbeitsrichter. Beide Seiten schlagen eine geeignet erscheinende Person vor. Dabei tendieren die Betriebsparteien dazu, einen vermeintlich „ihrer" Seite geneigten Vorsitzenden vorzuschlagen. Da die jeweilige Gegenseite dies ohnehin vermutet, wird meist der zuerst genannte jeweils abgelehnt. Sinnvoll ist es daher, wenn eine Einigung über die Person nicht gleich auf Anhieb erfolgreich verläuft, je eine Liste mit drei oder fünf Namen auszutauschen, um dann entweder durch Streichen oder das Bilden von Schnittmengen zur Einigung zu kommen. Es ist der Vorteil, unbedingt den eigenen Kandidaten durchzubringen, abzuwägen mit dem Zeitaufwand, der damit verbunden ist. Ein **„informierter" Kompromiss** kann wesentliche Zeit einsparen.[94] Deshalb sollten sich die Betriebsparteien bei ihren Rechtsberatern über deren Erfahrung mit den jeweils von der Gegenseite benannten Kandidaten erkundigen. Der gewählte Vorsitzende sollte neben juristischer Sachkenntnis auch Organisationsgeschick und Durchsetzungsvermögen besitzen und vor allem zeitlich in ausreichendem Maße disponibel sein. Oft hilft ein kurzes Telefonat des Rechtsberaters mit dem vorgeschlagenen Vorsitzenden. Im Extremfall kann ein Vorsitzender analog §§ 42, 1032 ZPO wegen Befangenheit abberufen werden. Die Beisitzer werden von beiden Seiten benannt. Je nach Schwierigkeitsgrad und Größe der betroffenen Betriebe können jeweils ein bis drei Beisitzer sinnvoll sein. Dabei kommen Personalchef, Rechtsabteilungsleiter, Controller auf der einen Seite und Betriebsratsvorsitzender, sein Stellvertreter und fachkundige Mitarbeiter auf der anderen Seite in Betracht. Daneben können als Externe jeweils ein Rechtsanwalt oder ein Verbandsjurist hinzugezogen werden. Meist sind die Beisitzer mit dem Beratungs- und Verhandlungsteam identisch, das

---
[93] Richardi BetrVG/*Annuß* § 112 Rn. 231; LAG Berlin 3.6.1994 – 6 TaBV 1/94, DB 1994, 2635.
[94] Vgl. auch *Ehler* BB 2010, 702; *Sasse* DB 2015, 2817 (2819).

bereits vor der Anrufung der Einigungsstelle tätig war. Das erspart eine zeitraubende Einführung in die Fakten und Verhandlungspositionen. Die Verhandlungsführer vereinbaren mit dem gewählten Vorsitzenden eine konstituierende Sitzung, womit die Einigungsstelle ihre Arbeit aufnimmt.

b) Verfahren nach § 100 ArbGG. Einigen sich die Betriebsparteien nicht über die Bestellung der Einigungsstelle, wird diese auf Antrag einer Partei vom Arbeitsgericht gemäß § 100 ArbGG durch Beschluss festgelegt. Der Antrag muss den Namen des gewünschten Vorsitzenden, die Zahl der vorgesehenen Beisitzer und eine kurze Beschreibung des Regelungsgegenstands enthalten. Die Bestellung der Einigungsstelle ist nur dann zu unterlassen, wenn der Regelungsgegenstand **offensichtlich** nicht in die Zuständigkeit der Einigungsstelle fällt. Werden gegen den im Antrag genannten Vorschlag für den Vorsitzenden keine Bedenken geäußert, wird er in der Regel bestellt. Die Bestellung erfolgt durch Beschluss des Kammervorsitzenden in der Regel nach mündlicher Verhandlung. Ist der vorgeschlagene neutrale Vorsitzende ein Arbeitsrichter, muss geprüft werden, ob dessen Kammer nach der Geschäftsverteilung mit der Auslegung, Überprüfung oder Anwendung des Spruchs der Einigungsstelle befasst werden könnte. Das wäre nach § 100 Abs. 1 S. 5 ArbGG ein Ausschlussgrund. Der Bestellungsbeschluss soll den Beteiligten innerhalb von zwei Wochen nach Antragseingang zugestellt werden, er ist spätestens vier Wochen nach Antragseingang zuzustellen. Der Beschluss kann durch Beschwerde zum Landesarbeitsgericht angegriffen werden. Die Beschwerde ist innerhalb von zwei Wochen nach Zustellung einzulegen und zu begründen. Das Verfahren erster Instanz ist in der Regel in etwa einem Monat, das Verfahren zweiter Instanz in drei bis vier Monaten nach Antragstellung beendet.

2. Einigungsstellenverfahren gemäß § 109 BetrVG

Im Zusammenhang mit Betriebsänderungen kommt zeitlich zunächst ein Einigungsstellenverfahren nach § 109 BetrVG in Betracht, in dem gerügt wird, dass die **Auskunft** an den **Wirtschaftsausschuss** nicht, nicht rechtzeitig oder nur ungenügend erteilt wurde, und dass eine Einigung über die Auskunftserteilung zwischen Unternehmer und Betriebsrat nicht zustande kam. Solche Einigungsstellenverfahren nach § 109 BetrVG finden „nicht sehr häufig statt."[95]

a) Zuständigkeit der Einigungsstelle. Das Verfahren ist nur vorgesehen für Meinungsverschiedenheiten über den konkreten Umfang der Auskunftspflicht nach § 106 Abs. 2 BetrVG einschließlich der Vorlage der erforderlichen Unterlagen. Das ist an sich ein Streit über Rechtsfragen, über den normaler Weise das Gericht entscheidet. Die Einigungsstelle wird aber aus Gründen der Zweckmäßigkeit eingeschaltet. Das Verfahren vor der Einigungsstelle ist, anders als das Gerichtsverfahren, nicht öffentlich. Sie entscheidet darüber, ob eine Auskunft nicht oder nur unvollständig erteilt wurde und ob weitere Auskünfte erforderlich sind. Dabei muss sie den Einwand des Arbeitgebers wegen besonderer Geheimhaltungsbedürftigkeit nach § 106 Abs. 2 BetrVG beachten: Die Auskunftspflicht besteht nur, „soweit dadurch nicht die **Betriebs**- und **Geschäftsgeheimnisse** des Unternehmens gefährdet werden."[96] Deshalb ist der Klärungsversuch zunächst in der Einigungsstelle sinnvoll. Der Streit um die Geheimhaltungsbedürftigkeit kann zunächst relativ vertraulich geführt werden. Der Arbeitgeber braucht der Einigungsstelle das Geschäftsgeheimnis nicht zu offenbaren, sondern nur glaubhaft zu machen, dass er die Auskunft wegen der Gefährdung von Geschäftsgeheimnissen verweigern müsse.[97] Die Einigungsstelle entscheidet im Interesse des Schutzes von Betriebs- und Geschäftsgeheimnissen ausnahmsweise zunächst über die Rechtsfrage. Deren Spruch kann aber im arbeitsgerichtlichen Beschlussverfahren in vollem Umfang nachgeprüft werden,[98] was fol-

---

[95] BAG 17.12.2019 – 1 ABR 25/18, NZA 2020, 393; LAG Hessen 19.3.1996 – 4 TaBV 12/96, AiB 1996, 668.
[96] BAG 11.7.2000 – 1 ABR 43/99, NZA 2001, 402; *Fitting* BetrVG § 109 Rn. 4; Richardi BetrVG/*Annuß* § 109 Rn. 6; dazu ausführlich *Liebers/Erren/Weiß* NZA 2009, 1063 ff.
[97] LAG Düsseldorf 13.3.1978 – 21 TaBV 3/78, DB 1978, 1695; *Fitting* BetrVG § 109 Rn. 4; Richardi BetrVG/*Annuß* § 109 Rn. 8.
[98] BAG 11.7.2000 – 1 ABR 43/99, NZA 2001, 402; *Fitting* BetrVG § 109 Rn. 5; Richardi BetrVG/*Annuß* § 109 Rn. 19.

gerichtig ist angesichts der Entscheidung über die Rechtsfrage. Das in § 109 BetrVG vorgesehene Einigungsstellenverfahren stellt somit lediglich ein vorgeschaltetes Schiedsverfahren dar, das die Möglichkeit einer raschen Einigung auf betrieblicher Ebene eröffnet, ohne die Anrufung des Gerichts auszuschließen. Entsteht dagegen ein Streit bereits bei der grundsätzlichen Frage, ob überhaupt eine wirtschaftliche Angelegenheit vorliegt, die in die Zuständigkeit des Wirtschaftsausschusses fällt, so entscheidet darüber allein die Arbeitsgerichte im Beschlussverfahren. Die Prozessführung liegt dabei in den Händen des Betriebsrats, die Einigungsstelle und der Wirtschaftsausschuss sind nicht zu beteiligen.[99] Eine einstweilige Verfügung auf Einsicht in die Unterlagen vor der Einigungsstellenentscheidung würde deren Spruch vorgreifen und ist deshalb abzulehnen.[100]

74   b) **Verfahren der Einigungsstelle.** Für die Einleitung des Verfahrens vor der Einigungsstelle muss zunächst ein **ausdrückliches Verlangen** des Wirtschaftsausschusses an den Unternehmer auf Auskunftserteilung gerichtet werden. Diese muss auf eine wirtschaftliche Angelegenheit nach § 106 Abs. 2 BetrVG bezogen sein und eine konkrete Auskunft verlangen. Der Unternehmer muss daraufhin die Auskunft überhaupt nicht, unvollständig, verspätet oder ohne Vorlage der erforderlichen Unterlagen erteilt haben. Daraufhin muss zunächst der **Betriebsrat** eingeschaltet werden, der einen Ausgleich mit dem Arbeitgeber anstrebt. Beide haben mit dem ernsten Willen zur Beilegung der Meinungsverschiedenheit zu verhandeln. Einigen sich Betriebsrat und Arbeitgeber auf Auskunftserteilung, muss der Arbeitgeber leisten, was im arbeitsgerichtlichen Beschlussverfahren umgesetzt werden kann. Einigen sie sich auf Vertraulichkeit, bindet das auch die Mitglieder des Wirtschaftsausschusses. Das Verfahren ist beendet. Einigen sie sich nicht, entscheidet die Einigungsstelle auf Antrag des Betriebsrats. Für das Verfahren gelten die allgemeinen Vorschriften nach § 76 BetrVG. Nach § 109 S. 3 BetrVG kann die Einigungsstelle Sachverständige anhören, wenn dies erforderlich ist, ohne sich mit dem Arbeitgeber abstimmen zu müssen. Einen Streit über die Erforderlichkeit des Sachverständigen entscheidet das Arbeitsgericht im Beschlussverfahren. Beteiligte dieses Zwischenstreits sind Arbeitgeber, Betriebsrat und die Einigungsstelle, vertreten durch ihren Vorsitzenden. Die Sachverständigen unterliegen der Geheimhaltungspflicht nach § 79 BetrVG.

75   Kommt der Unternehmer einer rechtskräftigen Entscheidung der Einigungsstelle oder der freiwilligen Vereinbarung über die Erteilung einer Auskunft nicht nach, so kann der Betriebsrat die Durchsetzung vor dem Arbeitsgericht im Beschlussverfahren nach § 2a ArbGG betreiben, wobei als Vorfrage die Rechtmäßigkeit des Einigungsstellenspruchs zu prüfen ist. Ist die unterlegene Partei der Betriebsrat, kann auch dieser den Spruch der Einigungsstelle vor dem Arbeitsgericht in vollem Umfang prüfen lassen.[101]

3. Einigungsstellenverfahren nach § 112 Abs. 2 BetrVG

76   Sind die freien Verhandlungen um den Interessenausgleich und/oder den Sozialplan gescheitert und die Einigungsstelle bestellt, so hat auch diese zunächst den Versuch einer Einigung zwischen Arbeitgeber und Betriebsrat zu unternehmen. Dazu sollen die Beteiligten wiederum Vorschläge zur Beilegung der Meinungsverschiedenheiten machen wie in § 112 Abs. 3 BetrVG vorgesehen. In der Regel bittet der Vorsitzende die Verhandlungsführer, den letzten Verhandlungsstand vor Einsetzung der Einigungsstelle sowie mögliche Aktualisierungen vorzutragen oder besser die letzten schriftlichen Entwürfe und Gegenentwürfe beider Betriebsparteien vorzulegen. Häufig übernehmen spätestens jetzt die Rechtsberater beider Seiten die Verhandlungsführung. Die aktuellen Entwürfe von Interessenausgleich und Sozialplan werden eingehend unter Vorsitz des Neutralen beraten und verhandelt. Verhandlungsspielräume und -zwänge werden ausgelotet. Dazu kann der Vorsitzende die Vorlage weiterer Unterlagen, wie Bilanzen oder Gewinn- und Verlustrechnungen sowie mögliche Budgetplanungen, verlangen. Daher kann auch noch in der Einigungsstelle erforderliche In-

---

[99] BAG 11.7.2000 – 1 ABR 43/99, NZA 2001, 402.
[100] ArbG Wetzlar 2.3.1989 – 1 BVGa 4/89, NZA 1989, 443; *Fitting* BetrVG § 109 Rn. 5.
[101] BAG 11.7.2000 – 1 ABR 43/99, NZA 2001, 402; *Fitting* BetrVG § 109 Rn. 13 f.; Richardi BetrVG/ *Annuß* § 109 Rn. 21.

formation „nachgeliefert" werden. Hat der Vorsitzende die Verhandlungspositionen, die finanzielle Lage und die Hintergründe der Betriebsänderung erkannt, beginnt auch er, **konkrete Vorschläge für Kompromisslösungen** zu unterbreiten. Dabei versucht auch er, die Wechselwirkungen zwischen den Verhandlungen über den Interessenausgleich und den Sozialplan auszunutzen. Da der Vorsitzende in der Regel die unternehmerische Entscheidung nicht wirklich in Frage stellen kann und nicht die Verantwortung für eine Änderung dieser Entscheidung übernehmen will, konzentrieren sich seine Vorschläge meist auf die Sozialplankonditionen. Er neigt daher dazu, die Verhandlungen über den Interessenausgleich zunächst zurückzustellen, bis eine Einigung über den Sozialplan erzielt ist, die dann die Akzeptanz der Betriebsänderung erhöht. Gelingt jedoch auch in dieser ersten Phase der Einigungsstelle keine Einigung, unterscheidet sich danach das Verfahren über den Interessenausgleich und den Sozialplan.

a) **Verhandlungen über den Interessenausgleich.** Erreicht der Vorsitzende keine Einigung über Abschluss und Inhalt des Interessenausgleichs, kann die Einigungsstelle keinen Spruch über den Interessenausgleich fällen. Insoweit gibt es keine Zwangsschlichtung. Die Frage des „ob, wann und wie" der Betriebsänderung bleibt in der alleinigen Verantwortung des Unternehmers, denn er ist nur zum Versuch des Interessenausgleichs verpflichtet. Der Unternehmer muss also nach einer angemessenen Beratung der geplanten Maßnahmen das Scheitern der Interessenausgleichsverhandlungen erklären, wenn er mit der Umsetzung nicht mehr länger warten will. Da die neutralen Einigungsstellenvorsitzenden in der Regel eine Einigung vorziehen, muss der Unternehmer an dieser Stelle sowohl der Gegenseite als auch dem Einigungsstellenvorsitzenden entgegentreten. Hier kommt eine große Verantwortung auf den Rechtsberater des Unternehmens zu. Er muss als Verhandlungsführer der Arbeitgeberseite einerseits die Sozialplankonditionen und den Zeitfaktor im Auge behalten, also wenn nötig mit dem Scheitern drohen, andererseits mit dem Unternehmer die Nachteile der Umsetzung ohne Interessenausgleich **abwägen** und bis zum letzten Moment die Einigungsoption offen halten, sowie schließlich ein erklärtes Scheitern dem Vorsitzenden plausibel machen, um nicht die anschließenden Einigungsversuche zum Sozialplan mit einem verärgerten Vorsitzenden führen zu müssen. Hat der Unternehmer mit der Erklärung des formalen Scheiterns der Interessenausgleichsverhandlungen insoweit seine Maximalposition durchgesetzt, neigt der Vorsitzende bei der Verhandlung der Ausgleichsleistungen eher der Betriebsratsseite zu. Hier ist Härte in den offenen Verhandlungen und Flexibilität in den „kleinen Runden unter den drei beteiligten Juristen" erforderlich.

b) **Verhandlungen über den Sozialplan.** Die Einigungsstelle entscheidet über den Abschluss und Inhalt des Sozialplans verbindlich. Mit § 112 Abs. 5 BetrVG sind der Einigungsstelle Richtlinien für die Ermessensentscheidung vorgegeben, die im frei vereinbarten Sozialplan nicht gelten. Werden diese Richtlinien nicht eingehalten, ist der Sozialplan durch Spruch der Einigungsstelle ermessensfehlerhaft und zumindest insoweit unwirksam.[102] Die Einigungsstelle hat die sozialen Belange der betroffenen Arbeitnehmer, wie auch die wirtschaftliche Vertretbarkeit der Entscheidung für das Unternehmen zu berücksichtigen. Die **sozialen Belange** beschreiben den Sozialplanbedarf. Die **wirtschaftliche Vertretbarkeit** zieht die Ermessensgrenze für das Sozialplanvolumen. Maßgebend ist die wirtschaftliche Lage des Unternehmens, nicht des einzelnen Betriebs.[103] Zudem sind die Aussichten der betroffenen Arbeitnehmer auf dem Arbeitsmarkt und schließlich seit Wirksamwerden des Betriebsverfassungs-Reformgesetzes vom 23.7.2001 auch die Förderungsmöglichkeiten des SGB III zur Vermeidung von Arbeitslosigkeit nach Nr. 2a zu berücksichtigen.[104] Diese Richtlinien motivieren den Einigungsstellenvorsitzenden ebenfalls, die Einigung der Betriebsparteien anzustreben, da der frei verhandelte Sozialplan mehr Flexibilität zulässt und nicht vom Unwirksamkeitsmakel bedroht ist. Kommt es gleichwohl nicht zur Einigung über den Sozialplan, so hat die Einigungsstelle einen Beschluss zu fassen. Dies ist der „Spruch der Einigungsstelle."

---

[102] BAG 14.9.1994 – 10 ABR 7/94, NZA 1995, 440.
[103] *Fitting* BetrVG § 112 Rn. 256 f.; Richardi BetrVG/*Annuß* § 112 Rn. 144; *Deininger-Stierand* NZA 2017, 420; *ders.* NZA 2017, 489.
[104] *Lingemann* NZA 2002, 934 (940); *Sasse* DB 2015, 2817 (2819).

Die Beteiligten stimmen in einer ersten Runde über die Vorschläge der Parteien und des Vorsitzenden ab. Begonnen wird in der Regel mit dem weitestgehenden Antrag. Es genügt die einfache Mehrheit der anwesenden Mitglieder der Einigungsstelle. An dieser ersten Abstimmung nimmt der Vorsitzende nicht teil. Erlangt die erste Runde keine Mehrheit, stimmt der neutrale Vorsitzende in der zweiten Runde mit. Der Spruch der Einigungsstelle zum Sozialplan ist bindend, soweit die Ermessensrichtlinien eingehalten wurden. Somit kann dem Unternehmer ein teurer Preis für seine im Grunde freie unternehmerische Entscheidung auferlegt werden.

4. Kosten der Einigungsstelle

79 Die Kosten des Einigungsstellenverfahrens trägt der Arbeitgeber nach § 76a BetrVG. Dazu gehört zunächst der **Sachaufwand**, also Kosten für Räumlichkeiten, Verpflegung, Telefon, Rechnersysteme, Schreibmaterial, Kopien und Büropersonal. Sodann die Kosten der **Dienstleistungen** des Einigungsstellenvorsitzenden, der externen Beisitzer beider Seiten sowie für hinzugezogene Sachverständige und Anwälte, die nicht als Beisitzer in der Einigungsstelle, sondern vor der Einigungsstelle tätig waren. Nach § 76a BetrVG sind für die Mitglieder der Einigungsstelle der Zeitaufwand, die Schwierigkeit und ein etwaiger Verdienstausfall zu berücksichtigen. Die wirtschaftliche Bedeutung, also zB die Höhe des Sozialplanvolumens ist nicht mehr das allein entscheidende Kriterium. Da eine Vergütungsordnung für Einigungsstellen noch nicht existiert, werden oft Tages- und Stundenvergütungen vereinbart, die zwischen 2.000,– EUR und 3.000,– EUR pro Tag (auch höher) liegen. Die Stundensätze liegen in der Regel zwischen 200–400,– EUR, es werden aber auch höhere Sätze vereinbart. Die Vergütung der externen Beisitzer wird häufig mit $^7/_{10}$ der Vergütung des Vorsitzenden angesetzt. Beisitzer, die dem Betrieb angehören, erhalten kein Honorar, sondern Freistellung von ihrer Tätigkeit und Fortzahlung ihrer vertraglichen Vergütung.

5. Gerichtliche Überprüfung der Einigungsstelle

80 Die Entscheidung der Einigungsstelle ist unter relativ engen Voraussetzungen gerichtlich überprüfbar. Dabei ist zwischen einer Einigung auch innerhalb der Einigungsstelle und einem **Spruch** zu unterscheiden.

81 a) **Einigung.** Bei der Vereinbarung eines Sozialplans haben Arbeitgeber und Betriebsrat höherrangiges Recht zu berücksichtigen. Das gilt auch für Vereinbarungen, die mit Hilfe der Einigungsstelle geschlossen werden. Dazu gehört im Wesentlichen der Gleichbehandlungsgrundsatz nach § 75 BetrVG und seit dem 18.8.2006 das Diskriminierungsverbot des Allgemeinen Gleichbehandlungsgesetzes (AGG). Der **Gleichbehandlungsgrundsatz** verbietet eine sachfremde Schlechterstellung einzelner Arbeitnehmer gegenüber anderen in vergleichbarer Lage, § 7 AGG verbietet die Benachteiligung wegen der Rasse, der ethnischen Herkunft, des Geschlechts, der Religion oder Weltanschauung, einer Behinderung, des Alters oder der sexuellen Identität.[105] Im Sozialplan darf nach der Schwere der möglichen Nachteile und deren Vermeidbarkeit unterschieden werden.[106] Dazu wird unten in § 58 Regelungsinhalte Stellung genommen.

82 b) **Einigungsstellenspruch.** Der Gleichbehandlungsgrundsatz ist natürlich erst recht von der Einigungsstelle in der Mehrheitsentscheidung, dem „Spruch", zu beachten. Darüber hinaus sind Formerfordernisse[107] und insbesondere die Ermessensrichtlinien zu berücksichtigen. Der Spruch entscheidet verbindlich über die Aufstellung des Sozialplans. Gleichwohl hat der Sozialplan auch in diesem Fall die Wirkung einer Betriebsvereinbarung. In § 112 Abs. 5 BetrVG wird ausdrücklich klargestellt, dass auch der Einigungsstellenspruch nach billigem Ermessen zu erfolgen hat. An diesem **Vorrang des billigen Ermessens** ändert sich grundsätzlich nichts durch die Aufstellung der Ermessensrichtlinien in § 112 Abs. 5 BetrVG.

---

[105] BAG 15.1.1991 – 1 AZR 80/90, NZA 1991, 692; 30.11.1994 – 10 AZR 578/93, NZA 1995, 492; 1998, 895; *Fitting* BetrVG § 112 Rn. 145; BGBl. 2006 I 1897.
[106] BAG 15.1.1991 – 1 AZR 80/90, NZA 1991, 692.
[107] Dazu ausführlich *Tschöpe/Geißler* NZA 2010, 545.

Allerdings werden die Grenzen des Ermessens festgelegt und somit Richtlinien für die Ausübung des Ermessens definiert. Die Geltendmachung einer Ermessensüberschreitung kann nur innerhalb einer Ausschlussfrist von zwei Wochen, vom Tag der Zuleitung des Beschlusses an gerechnet beim Arbeitsgericht nach § 76 Abs. 5 S. 4 BetrVG geltend gemacht werden.[108] Die Ermessensrichtlinien beziehen sich gemäß § 112 Abs. 5 S. 2 BetrVG auf folgende Komplexe.

Nach Nr. 1 ist bei der Prüfung des Vorliegens konkreter **wirtschaftlicher Nachteile** betroffener Arbeitnehmer, deren Ausgleich oder Milderung „in der Regel den Gegebenheiten des Einzelfalls" Rechnung zu tragen haben. Der Pauschalierung sind damit Grenzen gesetzt. Es müssen einzelnen Arbeitnehmern tatsächlich konkrete Nachteile entstehen, die dann nach Gruppen pauschaliert ausgeglichen werden können (zB Lebensalter, Betriebszugehörigkeit, Unterhaltspflichten).[109] Unzulässig sind zum Beispiel Abfindungen, die ausschließlich nach Beschäftigungsjahren bzw. solche, die ohne Rechtfertigung gemäß § 10 AGG ausschließlich nach Alter pauschaliert werden.[110] 83

Nach Nr. 2 sind die **Aussichten** der betroffenen Arbeitnehmer auf dem **Arbeitsmarkt** zur berücksichtigen und Arbeitnehmer von Leistungen auszuschließen, die eine zumutbare Weiterbeschäftigung im Betrieb, Unternehmen oder Konzern ablehnen. Das bedeutet zum einen, dass jüngere Arbeitnehmer, die bereits einen neuen Arbeitsplatz auf dem Markt gefunden haben, eine geringere Abfindung erhalten sollen und zum anderen Arbeitnehmer, die ein verbindliches und zumutbares, dh gleichwertiges, Arbeitsplatzangebot im Konzern ablehnen, von Sozialplanleistungen ausgeschlossen werden sollen. Die knappen Mittel des Sozialplanvolumens sollen möglichst eingeschmälert bei den wirklich bedürftigen Arbeitnehmern ankommen,[111] die von der Betriebsänderung betroffen sind. 84

Nach Nr. 2a sind die „Förderungsmöglichkeiten im Dritten Buch des Sozialgesetzbuchs zur **Vermeidung von Arbeitslosigkeit**" zu berücksichtigen. Die Beschäftigungssicherung soll auch bei Aufstellung eines Sozialplans eine größere Rolle spielen. Traditionell wird im Hauptteil des Sozialplans eine Abfindungsregelung für den Verlust des Arbeitsplatzes vorgesehen. Der Hauptstreit geht auch in der Einigungsstelle vornehmlich um die Höhe der Abfindungsformel. In Zukunft sollen die Möglichkeiten von Transfer-Sozialplänen zur Schaffung neuer Beschäftigungsperspektiven stärker genutzt werden. Der Sozialplan soll von einem ausschließlichen „Abfindungsinstrument" zu einem Mittel der Beschäftigungssicherung umgestaltet werden.[112] Als Förderungsmöglichkeiten stehen Zuschüsse zu Sozialplänen, Maßnahmen der Eingliederung in den Arbeitsmarkt und Strukturkurzarbeitergeld seitens der Bundesanstalt für Arbeit zur Verfügung. Die Regelung des § 112 Abs. 5 Nr. 2a BetrVG steht im Zusammenhang mit dem neuen Initiativrecht des Betriebsrats zur Sicherung und Förderung der Beschäftigung nach § 92a BetrVG. Praktische Hilfe in den Verhandlungen kann durch die Hinzuziehung der Arbeitsverwaltung nach § 112 Abs. 2 BetrVG erreicht werden. Jedoch gibt es keine Verpflichtung, konkrete Förderleistungen in den Sozialplan aufzunehmen. Sie sind lediglich in den Verhandlungen zu berücksichtigen. Ihre Erörterung muss im Protokoll der Verhandlungen nachgewiesen werden, um einen Ermessensnichtgebrauch ausschließen zu können.[113] 85

Nach Nr. 3 muss im Übrigen das Gesamtvolumen des Sozialplans so angemessen sein, dass der **Fortbestand des Unternehmens** und der verbleibenden Arbeitsplätze nicht gefährdet werden. Hierfür gibt es keine absoluten Höchstgrenzen. Die Belastung darf für das Unternehmen auch „einschneidend" sein.[114] Zu notwendigen Investitionen muss das Unternehmen jedoch in der Lage bleiben. Bei Zweifeln über die wirtschaftliche Vertretbarkeit 86

---

[108] *Fitting* BetrVG § 112 Rn. 260.
[109] BAG 14.9.1994 – 10 ABR 7/94, NZA 1995, 440; 18.1.1990 – 2 AZR 357/89, NZA 1990, 729; *Fitting* BetrVG § 112 Rn. 260, 262 f.
[110] BAG 14.9.1994 – 10 ABR 7/94, NZA 1995, 440; BGBl. 2006 I 1897.
[111] BAG 14.9.1994 – 10 ABR 7/94, NZA 1995, 440.
[112] *Bauer* NZA 2001, 375 (377); *Engels/Trebinger/Löhr-Steinhaus* DB 2001, 539; *Fitting* BetrVG § 112 Rn. 274; *Krieger/Fischinger* NJW 2007, 2289.
[113] *Lingemann* NZA 2002, 934 (940).
[114] BAG 17.10.1989 – 1 ABR 80/88, NZA 1990, 443; 6.5.2003 – 1 ABR 11/02, NZA 2004, 108.

kann die Einigungsstelle einen Sachverständigen hören.[115] Möglich sind vor allem Höchstbeträge zur Kappung von Entlassungsabfindungen.

87 Hatte die Einigungsstelle **Rechtsfragen** als Vorfragen zu klären, wie zum Beispiel die Frage, ob eine bestimmte Maßnahme den Tatbestand einer Betriebsänderung nach § 111 S. 1 und S. 3 BetrVG erfüllt oder ob Gleichbehandlungsgrundsätze nach § 75 BetrVG beachtet sind, so ist diese Rechtsfrage vollständig durch die Arbeitsgerichte nachprüfbar und unterliegt nicht der zweiwöchigen Ausschlussfrist.[116] Begeht die Einigungsstelle unter Vorsitz des Arbeitsrichters keine Rechtsfehler[117] und dokumentiert sie ihren Ermessensgebrauch ausreichend, ist ihr „Spruch" zum Sozialplan praktisch nicht angreifbar und für die Betriebsparteien verbindlich.

6. Besonderheiten im Insolvenzverfahren

88 Auch nach der Insolvenzordnung wird grundsätzlich von der Notwendigkeit eines Interessenausgleichs bei Betriebsänderungen ausgegangen. Der Insolvenzverwalter hat jedoch ein **Wahlrecht**, ob er nach § 112 Abs. 2 BetrVG vorgeht und den Vorstand der Bundesagentur für Arbeit und die Einigungsstelle einschaltet oder ob er nach § 122 InsO die Zustimmung des Arbeitsgerichts zur Durchführung der Betriebsänderung im Beschlussverfahren einholt. Wählt er das Verfahren nach § 112 Abs. 2 BetrVG, muss der Vorstand der Bundesagentur für Arbeit nur dann eingeschaltet werden, wenn beide Betriebspartner, also Insolvenzverwalter und Betriebsrat dies gemeinsam verlangen. Ansonsten kann der Insolvenzverwalter direkt die Einigungsstelle anrufen. Im Übrigen gelten auch für den Insolvenzverwalter die Regeln der §§ 111–113 BetrVG. Auch er muss grundsätzlich den Betriebsrat rechtzeitig und umfassend unterrichten und das allgemeine Interessenausgleichsverfahren durchlaufen.

89 Ist ihm dies jedoch zu langwierig, kann er nach der Insolvenzordnung einen völlig neuen Weg gehen. Gemäß § 122 InsO kann der Insolvenzverwalter im Wege des Beschlussverfahrens die **Zustimmung des Arbeitsgerichts zur Durchführung** der von ihm vorgesehenen Betriebsänderung beantragen, ohne das Verfahren nach § 112 Abs. 2 BetrVG einhalten zu müssen. Voraussetzung ist, dass nach rechtzeitiger und umfassender Unterrichtung über die geplante Betriebsänderung ein Interessenausgleich nicht innerhalb von drei Wochen nach Verhandlungsbeginn oder schriftlicher Aufforderung zur Verhandlung zustande gekommen ist. Der Insolvenzverwalter muss dem Arbeitsgericht die besondere Eilbedürftigkeit darlegen. Dazu muss er vortragen, dass und warum die wirtschaftliche Lage des Unternehmens auch unter Berücksichtigung der sozialen Belange der Arbeitnehmer die Beschleunigung durch Ausschaltung des Vorstands der Bundesagentur für Arbeit und der Einigungsstelle erfordert.[118] Ob die Betriebsänderung aus wirtschaftlichen Gründen notwendig ist, hat das Arbeitsgericht nicht zu entscheiden. Gegen den Beschluss des Arbeitsgerichts findet keine Beschwerde zum Landesarbeitsgericht statt, sondern nur auf ausdrückliche Zulassung eine Rechtsbeschwerde direkt an das Bundesarbeitsgericht.

90 Dem Beschleunigungseffekt steht jedoch ein Nachteil gegenüber: Die Befriedungsfunktion des Interessenausgleichs fällt weg, denn es gibt in dem beschleunigten Arbeitsgerichtsverfahren keinen Interessenausgleich. Diesen kann der Insolvenzverwalter nur in dem Verfahren nach § 112 Abs. 2 BetrVG erreichen, wenn er auch bereit ist, notfalls die Einigungsstelle einzuschalten. Nach § 125 InsO gibt es einen weiteren Grund, der für die Einhaltung des Interessenausgleichsverfahrens spricht: Der Insolvenzverwalter kann mit dem Betriebsrat einen Interessenausgleich vereinbaren, in dem die Namen der zu kündigenden Arbeitnehmer bezeichnet werden. Die **Namensliste** muss **im Interessenausgleich** integriert oder fest mit ihm verbunden sein.[119] Das hat die gesetzliche Vermutung zur Folge, dass die Kündigung

---

[115] *Fitting* BetrVG § 112 Rn. 284.
[116] *Fitting*, 21. Aufl. 2002, BetrVG §§ 112, 112a Rn. 309.
[117] Zur Haftung der Einigungsstelle und des Einigungsstellenvorsitzenden: *Schipp* NZA 2011, 271; *Sprenger* BB 2010, 2110.
[118] ArbG Berlin 26.3.1998 – 5 BV 5735/98, AiB 1999, 240; *Fitting* BetrVG § 112 Rn. 73; vgl. *Auerbach/Krieger* BC 2003, 113 (115); *Ehlers* NJW 2003, 2337 (2340).
[119] BAG 7.5.1998 – 2 AZR 536/97, NZA 1998, 933; *Fitting* BetrVG § 112 Rn. 79, 55.

der bezeichneten Arbeitnehmer durch dringende betriebliche Erfordernisse bedingt ist und dass die soziale Auswahl nur nach den Kriterien Betriebszugehörigkeit, Lebensalter und Unterhaltspflichten beurteilt und auch insoweit nur auf grobe Fehlerhaftigkeit nachgeprüft werden kann.[120] Der Insolvenzverwalter oder sein Rechtsberater haben die Vor- und Nachteile gegeneinander abzuwägen.

Für das **Sozialplanverfahren** nach der Insolvenzeröffnung gibt es keine Besonderheiten. 91
Der Sozialplan muss mit dem Betriebsrat beraten und verhandelt werden. Der Vorstand der Bundesagentur für Arbeit muss nur im beiderseitigen Einverständnis hinzugezogen werden. Im Falle des Scheiterns muss die Einigungsstelle einen bindenden Spruch erlassen. Es ist lediglich der Arbeitgeber durch den Insolvenzverwalter zu ersetzen. Allerdings hat die **Einigungsstelle** inhaltlich **nur ein Verteilungsermessen,** denn § 123 InsO enthält eine doppelte Beschränkung des Sozialplanvolumens. Einerseits besteht eine absolute Obergrenze des Gesamtvolumens von höchstens zweieinhalb Monatsverdiensten im Sinne des § 10 Abs. 2 KSchG pro Kopf der von einer Entlassung betroffenen Arbeitnehmer. Ein Verstoß gegen diese absolute Obergrenze führt zur Unwirksamkeit des Sozialplans.[121] Andererseits darf das Gesamtvolumen des Sozialplans ein Drittel der Masseforderungen nicht übersteigen. Wird diese relative Obergrenze überschritten, sind die Sozialplanansprüche der einzelnen Mitarbeiter anteilig zu kürzen. Der Sozialplan wird dadurch allerdings nicht unwirksam. Diese relative Obergrenze kann durch einen Insolvenzplan nach § 217 InsO modifiziert werden.

Wurde ein Sozialplan bereits vor Eröffnung des Insolvenzverfahrens abgeschlossen, ist zu 92 unterscheiden, ob er innerhalb von drei Monaten vor dem Insolvenzantrag oder früher aufgestellt wurde. Im ersten Fall, also der kritischen Phase, können sowohl der Konkursverwalter wie auch der Betriebsrat den Sozialplan gemäß § 124 InsO **widerrufen** mit der Folge, dass der Sozialplan unwirksam wird.[122] Begünstigte Mitarbeiter verlieren ihre Ansprüche, können aber in einem neuen Sozialplan nach § 123 InsO reduziert bedacht werden. Wird das Widerrufsrecht nicht ausgeübt, haben die Sozialplanforderungen den Rang von Masseverbindlichkeiten. Wurde der Sozialplan länger als drei Monate vor Antragstellung vereinbart, bleibt er wirksam. Die Sozialplanansprüche sind dann nur reguläre Insolvenzforderungen.[123]

IV. Sicherung und Durchsetzung der Beteiligungsrechte

In Rechtsprechung und Literatur ist heiß **umstritten,** wie die Beteiligungsrechte zur Be- 93 triebsänderung gesichert und durchgesetzt werden können. Die Meinungen gehen von lediglich individualrechtlicher Absicherung bis hin zur kollektivrechtlichen Durchsetzung im arbeitsgerichtlichen Beschlussverfahren, im Extremfall sogar im Eilverfahren. Zunächst sollen nachfolgend die im Gesetz ausdrücklich vorgesehenen Sanktionsnormen und dann die umstrittenen Erweiterungsversuche dargestellt werden.

1. Der Nachteilsausgleich des § 113 BetrVG

Weicht der Unternehmer ohne zwingenden Grund von einem Interessenausgleich ab, oder 94 unterlässt er dessen Verhandlung, können die von Entlassung betroffenen Arbeitnehmer gemäß § 113 BetrVG Klage auf Abfindung erheben bzw. die sonst wirtschaftlich benachteiligten Arbeitnehmer einen Ausgleich dieser Nachteile verlangen. Der direkt auf die beteiligungsrechtsbegründenden Normen §§ 111, 112, 112a BetrVG folgende § 113 BetrVG ist eine **individualrechtlich wirkende Sanktionsnorm,** die auch die Rechte des Betriebsrats aus einer Betriebsänderung sicherstellen soll. Als Sanktionsmittel werden den von der Entlassung oder einem sonstigen wirtschaftlichen Nachteil betroffenen Arbeitnehmern individualrechtliche, finanzielle Ausgleichsansprüche eingeräumt. Diese sind verschuldensunabhän-

---

[120] *Fitting* BetrVG § 112 Rn. 80, 82.
[121] *Fitting* BetrVG § 112 Rn. 304.
[122] *Fitting* BetrVG § 112 Rn. 323.
[123] *Fitting* BetrVG § 112 Rn. 327.

gig.[124] Anspruchsbegründend sind zum einen ein Abweichen von einem vereinbarten Interessenausgleich und zum anderen ein unterbliebener Versuch eines Interessenausgleichs.

95 **a) Abweichen vom Interessenausgleich.** Der Unternehmer muss sich grundsätzlich an einen erzielten Interessenausgleich über eine geplante Betriebsänderung halten. Er ist dem Betriebsrat gegenüber und dem betroffenen Arbeitnehmer gegenüber an die vereinbarten Regeln des Interessenausgleichs im Rahmen des § 113 BetrVG gebunden.[125] Weicht er ohne Grund vom Interessenausgleich ab, bleibt die einzelne Maßnahme, zB die betriebsbedingte Kündigung, zwar wirksam,[126] der betroffene Arbeitnehmer kann aber die Zahlung einer **Abfindung** nach Abs. 1 bzw. eines **Nachteilsausgleichs** nach Abs. 2 verlangen. Liegen allerdings zwingende Gründe vor, darf der Unternehmer von dem Interessenausgleich abweichen, ohne dass Ausgleichsansprüche entstehen. Zwingende Gründe sind solche, die dem Unternehmer im Interesse des Unternehmens und seiner Belegschaft praktisch keine andere Wahl lassen. Dabei ist von einem verständigen, verantwortungsbewussten Unternehmer auszugehen. An die Notwendigkeit sind strenge Maßstäbe anzulegen. Es muss sich um Gründe handeln, die über die ursprünglichen Gründe für die Betriebsänderung hinausgehen. Sie müssen nach Abschluss des Interessenausgleichs entstanden oder erkennbar geworden sein.[127] Dafür ist der Unternehmer darlegungs- und beweispflichtig.

Beispiel:
Der Interessenausgleich sieht einen sukzessiven Personalabbau über zwei Jahre vor wegen eines kontinuierlichen Auftragsrückgangs. Während der Laufzeit des Interessenausgleichs wird überraschend der Hauptkunde insolvent, so dass angesichts der aufgebrauchten Reserven der Betrieb vorzeitig stillgelegt werden muss. Es wird allen Mitarbeitern gekündigt.

96 Ist der **zwingende Grund** auf eine überraschende Einwirkung von außen zurückzuführen und hatte der Unternehmer keine Möglichkeit, rechtzeitig Gegenmaßnahmen zu treffen, dürften Nachteilsausgleichsansprüche nicht anfallen.[128] Fraglich ist, ob die Abweichung selbst wieder eine Betriebsänderung darstellt, die zu neuen Verhandlungen zwingt. Nach herrschender Meinung ist dies nicht der Fall.[129] Nach anderer Ansicht soll § 113 BetrVG nicht eine Beschränkung der Beteiligungsrechte nach §§ 111 ff. bezwecken. Deshalb stelle jede Abweichung von einem bestehenden Interessenausgleich ihrerseits eine Betriebsänderung dar, die sämtliche Beteiligungsrechte neu auslöst.[130] Dem ist nicht zu folgen. Als Rechtsfolge einer Abweichung ist unabhängig von ihrer Größe gesetzlich nur der Nachteilsausgleich vorgesehen. Der Verhandlungsanspruch zum Interessenausgleich ist verbraucht.

97 **b) Unterlassen des Interessenausgleichs.** Führt der Unternehmer eine Betriebsänderung durch, ohne den Abschluss eines Interessenausgleichs zu versuchen, ist er den betroffenen Arbeitnehmern nach § 113 Abs. 3 BetrVG ebenfalls zur Zahlung von Abfindungen nach Abs. 1 und zum Ausgleich der wirtschaftlichen Nachteile nach Abs. 2 verpflichtet. Voraussetzung ist, dass der betroffene Arbeitnehmer infolge dieser Maßnahme entlassen wird oder andere wirtschaftliche Nachteile erleidet. Streitig ist, wann dem **„Versuch des Interessenausgleichs"** genüge getan ist. Nach Auffassung des Bundesarbeitsgerichts[131] soll das erst der Fall sein, wenn auch vor der Einigungsstelle über einen Interessenausgleich verhandelt worden ist. Bis dahin müsse der Unternehmer mit der Durchführung der Betriebsänderung abwarten. Er dürfe auch nicht teilweise mit der Umsetzung beginnen, also zB erste Kündigungen aussprechen und damit vollendete Tatsachen schaffen. Dem hat sich ein großer Teil der

---

[124] *Fitting* BetrVG § 113 Rn. 2; grundsätzlich BAG 14.4.2015 – 1 AZR 794/13, NZA 2015, 1147 ff.
[125] *Fitting* BetrVG § 113 Rn. 7; Schaub ArbR-HdB/*Koch* § 246 Rn. 2; Richardi BetrVG/*Annuß* § 113 Rn. 7 f.; aA *Löwisch/Kaiser* BetrVG § 113 Rn. 1.
[126] Schaub ArbR-HdB/*Koch* § 246 Rn. 2; MHdB ArbR/*Matthes* § 269 Rn. 32; *Fitting* BetrVG § 113 Rn. 23.
[127] BAG 17.9.1974 – 1 AZR 16/74, NJW 1975, 182; *Fitting* BetrVG § 113 Rn. 8; Richardi BetrVG/*Annuß* § 113 Rn. 13 ff.; *Röder/Baeck* Interessenausgleich, S. 30.
[128] *Fitting* BetrVG § 113 Rn. 8; *Röder/Baeck* Interessenausgleich S. 33.
[129] *Fitting* BetrVG § 113 Rn. 10; MHdB ArbR/*Matthes*, 2. Aufl. 2000, § 361 Rn. 39.
[130] Richardi BetrVG/*Annuß* § 113 Rn. 10.
[131] BAG 18.12.1984 – 1 AZR 176/82, NZA 1985, 400.

Literatur angeschlossen.¹³² Nach anderer Ansicht ist das nicht überzeugend, weil das Interessenausgleichsverfahren nur als Obliegenheit ausgestaltet ist. Da dem Betriebsrat die Möglichkeit der Anrufung der Einigungsstelle eingeräumt ist, könne der Unternehmer darauf vertrauen, dass der Betriebsrat keine Einwände gegen die geplante Betriebsänderung erhebt, sofern dieser die Einigungsstelle nicht von sich aus in angemessener Frist (ca. 14 Tage nach dem Scheitern der freien Verhandlungen) anruft.¹³³ Dieser Streit war kurzzeitig durch das arbeitsrechtliche Beschäftigungsförderungsgesetz vom 25.9.1996¹³⁴ entschärft, denn damit wurden in § 113 Abs. 3 S. 2, 3 BetrVG aF klare 2 bis 3 Monatsfristen für die Höchstdauer des Verhandlungsversuchs festgelegt, die aber durch das Erste Arbeitsrechtliche Korrekturgesetz vom 19.12.1998¹³⁵ wieder aufgehoben wurden. Obwohl sich seinerzeit in der Praxis gezeigt hat, dass eine solche Fristenregelung sinnvoll ist, muss davon ausgegangen werden, dass die Rechtsprechung ihre früheren Leitsätze aufrechterhält.¹³⁶ Das ist angesichts der beschriebenen Verzögerungsmöglichkeiten¹³⁷ der Betriebsräte zwar bedauerlich. Andererseits kann der Arbeitgeber mit seiner Initiative auch Verzögerungsversuche des Betriebsrats unverzüglich ausschalten und braucht nicht eine angemessene aber unbestimmte Frist abwarten, bevor er die ablehnende Haltung des Betriebsrats vermuten darf. Im Übrigen hat das Bundesarbeitsgericht bestätigt, dass es den Tatsachenvortrag für ein „rechtsmissbräuchliches Hinauszögern" der Verhandlungen durch den Betriebsrat berücksichtigen würde.¹³⁸ Immerhin ist die Rechtsfolge nach § 113 BetrVG lediglich die Zahlung einer Abfindung oder eines sonstigen Ausgleichs wirtschaftlicher Nachteile, die aber auf nachfolgende Sozialplanleistungen anzurechnen wären.¹³⁹

Ein ausreichender Versuch nach § 113 Abs. 3 BetrVG liegt nur vor, wenn der Interessenausgleich mit dem richtigen Verhandlungspartner versucht worden ist. Der Arbeitgeber muss daher wie beschrieben versuchen, die **Zuständigkeit** von Einzelbetriebsrat bzw. Gesamtbetriebsrat auf der Gegenseite zu klären.¹⁴⁰ 98

c) **Ausgleichspflichtige Beeinträchtigungen.** Nach Abs. 1 können die von **Entlassung** infolge der Abweichung vom Interessenausgleich oder der Unterlassung des Interessenausgleichs betroffenen Arbeitnehmer eine Abfindung verlangen. Das sind nicht nur die durch den Arbeitgeber gekündigten Arbeitnehmer. Entlassen ist ein Arbeitnehmer in diesem Sinne auch, wenn sein Arbeitsverhältnis auf Veranlassung des Arbeitgebers tatsächlich beendet wird. Die Entlassung kann auch auf einem Aufhebungsvertrag oder einer Eigenkündigung des Arbeitnehmers beruhen, wenn diese durch den Arbeitgeber veranlasst wurden.¹⁴¹ Die ausgesprochenen Kündigungen werden in der Regel wirksam, wenn sie durch dringende betriebsbedingte Erfordernisse bedingt sind. Die Kündigung oder Aufhebung des Arbeitsverhältnisses muss aber tatsächlich umgesetzt werden. Für den Abfindungsanspruch ist nach einer Meinung nicht erforderlich, dass eine Arbeitgeberkündigung tatsächlich wirksam ist.¹⁴² Das ist jedoch nach richtiger Meinung unzutreffend, denn Rechtsfolge der unwirksamen Kündigungen wäre die Weiterbeschäftigung. Dann entfällt aber die Abfindung.¹⁴³ Be- 99

---

¹³² *Fitting* BetrVG § 113 Rn. 17 f.; Richardi BetrVG/*Annuß* § 113 Rn. 29 ff.; MHdB ArbR/*Matthes* § 269 Rn. 33; Schaub ArbR-HdB/*Koch* § 246 Rn. 8.
¹³³ *Löwisch/Kaiser* BetrVG § 113 Rn. 12; *Röder/Baeck* Interessenausgleich, 3. Aufl. 2001, S. 24.
¹³⁴ BGBl. 1996 I 1476.
¹³⁵ BGBl. 1998 I 3843.
¹³⁶ Vgl. BAG 20.11.2001 – 1 AZR 97/01, NZA 2002, 992; *Löwisch/Kaiser* BetrVG § 113 Rn. 12; Schaub ArbR-HdB/*Koch* § 246 Rn. 8; Richardi BetrVG/*Annuß* § 113 Rn. 29 f.
¹³⁷ *Löwisch/Kaiser* BetrVG § 113 Rn. 11.
¹³⁸ BAG 20.11.2001 – 1 AZR 97/01, NZA 2002, 992 (993).
¹³⁹ BAG 20.11.2001 – 1 AZR 97/01, NZA 2002, 992 (994); BAG 12.2.2019 – 1 AZR 279/17, NZA 2019, 719.
¹⁴⁰ → § 53 Rn. 114 ff.; BAG 7.11.2017 – 1 AZR 186/16, NZA 2018, 464; BAG 18.7.2017 – 1 AZR 546/15, NZA 2017, 1618 Rn. 28 ff.; Richardi BetrVG/*Annuß* § 113 Rn. 31; *Fitting* BetrVG § 113 Rn. 20; *Lingemann* NZA 2002, 934 (937).
¹⁴¹ *Fitting* BetrVG § 113 Rn. 22 mwN.
¹⁴² *Fitting* BetrVG § 113 Rn. 23.
¹⁴³ BAG 31.10.1995 – 1 AZR 372/95, NZA 1996, 499; *Löwisch/Kaiser* BetrVG § 113 Rn. 5; MHdB ArbR/*Matthes*, 2. Aufl. 2000, § 361 Rn. 41.

stehen Zweifel über die Rechtswirksamkeit der Kündigung kann der Arbeitnehmer den Abfindungsanspruch im Kündigungsschutzprozess hilfsweise für den Fall geltend machen, dass die Rechtswirksamkeit der Kündigung festgestellt wird.[144]

100 Andere **wirtschaftliche Nachteile** als Entlassungen können sein Umsetzungen, Versetzungen und Änderungskündigungen, die zu Lohn- oder Gehaltsreduzierungen für schlechter bezahlte Arbeit führen oder auch Fahrtkostenersatz, Umzugskostenersatz, Trennungsentschädigungen, Mietbeihilfen und Umschulungsbeihilfen. Solche Nachteile können maximal für 12 Monate ausgeglichen werden. Außer dieser Höchstgrenze gibt es keine Bewertungsmaßstäbe. Die Höhe richtet sich nach den konkreten Nachteilen.[145]

101 d) **Abfindungshöhe.** Ist ein Arbeitnehmer rechtswirksam unter Abweichung vom Interessenausgleich oder Unterlassung des Interessenausgleichs entlassen worden, richtet sich sein Abfindungsanspruch gemäß § 113 Abs. 1 BetrVG in der Höhe nach § 10 KSchG. Innerhalb der dort **normierten Höchstgrenzen** (grundsätzlich 12 Monatsverdienste, ab Lebensalter 50 und 15 Dienstjahren 15 Monatsverdienste, ab Lebensalter 55 und 18 Dienstjahren 18 Monatsverdienste) setzt das Gericht die Abfindung nach pflichtgemäßem Ermessen fest. Dabei sind alle maßgeblichen Umstände zu berücksichtigen. Dazu gehören insbesondere die Betriebszugehörigkeit und die wirtschaftlichen Folgen der Maßnahme für den entlassenen Arbeitnehmer. Nach früherer Rechtsprechung musste auch die wirtschaftliche Lage des Unternehmens und das Ausmaß, in dem sich der Unternehmer über den Interessenausgleich hinweggesetzt hat, beachtet werden.[146] Nach neuester Rechtsprechung sollen allein die Kriterien des § 10 KSchG anwendbar sein.[147] Für die Geltendmachung des Abfindungsanspruchs genügt es, wenn der Arbeitnehmer Zahlungsklage erhebt und die Höhe der Abfindung in das Ermessen des Gerichts stellt, wobei die maßgebenden Umstände für die Kalkulation vorzutragen sind.[148]

102 e) **Individuelle Abfindungsklage.** Der Nachteilsausgleich, also die Abfindungsforderung nach Abs. 1 und/oder der Ausgleich der sonstigen wirtschaftlichen Nachteile nach Abs. 2, muss vom betroffenen Arbeitnehmer individuell vor dem Arbeitsgericht im Urteilsverfahren geltend gemacht werden. Der Betriebsrat hat kein Klagerecht. Die Sanktionsnorm des § 113 BetrVG wirkt nur individualrechtlich. Die Zahlungsklage kann zusammen mit der Kündigungsschutzklage eingereicht werden, dann aber nur als Hilfsantrag für den Fall, dass dem Kündigungsschutzantrag nicht stattgegeben wird oder im Zusammenhang mit einem Auflösungsantrag nach § 9 KSchG. Versäumt der Arbeitnehmer die rechtzeitige Kündigungsschutzklage innerhalb der drei Wochen nach Erhalt der Kündigung, kann er die **Klage nur auf den Zahlungsanspruch** richten, wobei er die Abweichung vom Interessenausgleich oder den unterlassenen Versuch des Interessenausgleichs nachzuweisen hat. Er muss also auch zunächst die Vorfrage ansprechen, ob überhaupt eine Betriebsänderung vorliegt. Der Unternehmer muss im Gegenzug vortragen, dass zwingende Gründe die Abweichung vom Interessenausgleich erforderlich machten. Ist allerdings in einem Beschlussverfahren zwischen den Betriebsparteien bereits geklärt worden, ob eine konkret geplante Maßnahme eine Betriebsänderung darstellt, so entfaltet diese Entscheidung Präjudizwirkung.[149] Der Klageantrag kann auf einen konkreten Betrag oder eine betragliche Festsetzung im Ermessen des Gerichts bei entsprechendem Tatsachenvortrag gerichtet sein. Die Klageschrift soll die Punkte enthalten, die für den Abfindungs- oder Ausgleichsanspruch wesentlich sind: Sachverhalt der Betriebsänderung, Fehlen eines Interessenausgleichs, Zugang der Kündigung, Zeitpunkt der Auflösung, Höhe des Monatsverdienstes, Arbeitszeit des Klägers im Monat der Beendigung, Dauer der Beschäftigung, wirtschaftliche Lage des Arbeitnehmers. In der Sachverhaltsalternative Abweichung vom Interessenausgleich muss auch der Abschluss und Inhalt des Interessenausgleichs vorgetragen werden. Dazu muss die Abweichung vom Interessenausgleich und die Kausalität dieser Abweichung für die Entlassung dargetan werden. Die Abfindungen sind steuerrechtlich, sozial-

---

[144] *Fitting* BetrVG § 113 Rn. 38; *Löwisch/Kaiser* BetrVG § 113 Rn. 5.
[145] Schaub ArbR-HdB/*Koch* § 246 Rn. 12.
[146] BAG 29.2.1972 – 1 AZR 176/71, NJW 1972, 1342; *Löwisch/Kaiser* BetrVG § 113 Rn. 6.
[147] BAG 20.11.2001 – 1 AZR 97/01, NZA 2002, 992 (994).
[148] *Löwisch/Kaiser* BetrVG § 113 Rn. 7.
[149] *Fitting* BetrVG § 113 Rn. 39.

versicherungsrechtlich und pfändungsrechtlich wie Abfindungen nach § 10 KSchG oder nach einem Sozialplan zu beurteilen. Der Nachteilsausgleich ist lohnsteuer- und sozialversicherungspflichtig und pfändungsrechtlich wie Arbeitseinkommen zu behandeln.

f) Anrechnung. Der Abfindungsanspruch nach Abs. 1 entsteht unabhängig von einem späteren Zustandekommen eines Sozialplans. Er besteht grundsätzlich neben dem Sozialplananspruch.[150] Der gesetzliche Anspruch auf Abfindung als Nachteilsausgleich dient – wie die Abfindung aus einem Sozialplan – dem Ausgleich wirtschaftlicher Nachteile, die Arbeitnehmer infolge ihrer Entlassung auf Grund einer Betriebsänderung erleiden. Diese teilweise **Zweckidentität** berechtigt den Arbeitgeber, eine gezahlte Sozialplanabfindung auf einen geschuldeten Nachteilsausgleich anzurechnen.[151] Die Vorschrift des § 113 BetrVG sanktioniert ein betriebsverfassungswidriges Verhalten nur in den Fällen, in denen die von der unternehmerischen Maßnahme betroffenen Arbeitnehmer ihren Arbeitsplatz verlieren oder sonstige wirtschaftliche Nachteile erleiden. Deshalb ist § 113 BetrVG keine bußgeldähnliche Verpflichtung mit Strafcharakter. Vielmehr sollen die Arbeitnehmer eine gewisse Entschädigung dafür erhalten, dass eine im Gesetz vorgesehene Beteiligung unterblieben und damit eine Chance nicht genutzt worden ist, einen Interessenausgleich zu finden, der Entlassungen oder wirtschaftliche Nachteile vermeidet. Dem Ausgleich dieser Nachteile dient aber auch der Sozialplan. Die Verrechenbarkeit beider Forderungen hebt den Sanktionszweck des § 113 BetrVG nicht auf. Bei der Festsetzung der Höhe des Nachteilsausgleichs ist das Gericht nicht an die Ermessensrichtlinien des § 112 Abs. 5 BetrVG gebunden. Erreicht der Sozialplananspruch deshalb nicht die Höhe des Augleichsanspruchs, muss nach § 113 BetrVG gleichwohl der volle Ausgleichsanspruch geleistet werden. Eingeschränkt wird der Sanktionscharakter allenfalls bei besonders hoch dotieren Sozialplänen, bei denen die Grenzen des § 10 KSchG überschritten werden. Dann ist aber auch dem Entschädigungsgedanken ausreichend Rechnung getragen. In der Regel kann deshalb die Sozialplanabfindung auf den Nachteilsausgleich angerechnet werden und umgekehrt.[152] Wenn die Verrechnungsmöglichkeit ausgeschlossen werden soll, muss dies im Sozialplan ausdrücklich vereinbart werden.[153]

2. Verfahren nach § 23 Abs. 3 BetrVG

Unterlässt der Unternehmer die Unterrichtung und Beratung, bevor er eine Betriebsänderung durchführt, oder weicht er ohne Grund von einem vereinbarten Interessenausgleich ab, könnte darin unter Umständen eine **grobe Pflichtverletzung** des Arbeitgebers liegen, die zu einem Unterlassungsanspruch oder zu einem Anspruch auf Vornahme einer Handlung führen kann, wenn die Voraussetzungen des § 23 Abs. 3 BetrVG gegeben sind. Das ist jedoch in der Regel nicht der Fall. Ein grober Verstoß ist nur bei handgreiflichen oder offensichtlich schwerwiegenden Verstößen gegen das Betriebsverfassungsgesetz gegeben.[154] Vertritt der Arbeitgeber in einer schwierigen und ungeklärten Rechtsfrage eine bestimmte, vertretbare Meinung, so begeht er keinen groben Verstoß.[155] Eine Maßregelung nach § 23 Abs. 3 BetrVG kommt nur dann in Betracht, wenn der Betriebsrat nicht die regelungsbedürftigen Tatbeständen übergangen wird und nunmehr den Arbeitgeber zur **künftigen** Beachtung der gemeinsam wahrzunehmenden betriebsverfassungsrechtlichen Regelungsbefugnisse anhalten will; sie ist nur möglich, wenn der Arbeitgeber die Rechte des Betriebsrats **mehrfach** übergangen hat.[156] Das ist bei einer Betriebsänderung regelmäßig nicht der Fall, wenn eine Unterrichtung oder Beratung nicht oder nicht rechtzeitig bzw. nicht ausreichend stattgefunden hat. Bei Pflichtverstößen, die auf Verletzung einer Betriebsvereinbarung beruhen, können zwar auch einmalige Unterlassungen ausreichend sein. Jedoch beruhen die Unterrichtungs- und Beratungsrechte nach §§ 106, 111 BetrVG nicht auf Betriebsvereinbarungen, sondern

---

[150] BAG 20.11.2001 – 1 AZR 97/01, NZA 2002, 992 (994); *Fitting* BetrVG § 113 Rn. 32.
[151] BAG 20.11.2001 – 1 AZR 97/01, NZA 2002, 992 (994); *Fitting* BetrVG § 113 Rn. 32.
[152] BAG 20.11.2001 – 1 AZR 97/01, NZA 2002, 992 (994); *Fitting* BetrVG § 113 Rn. 32.
[153] BAG 20.11.2001 – 1 AZR 97/01, NZA 2002, 992 (994).
[154] Schaub ArbR-HdB/*Koch* § 219 Rn. 32; *Fitting* BetrVG § 23 Rn. 62.
[155] Schaub ArbR-HdB/*Koch* § 219 Rn. 32; *Fitting* BetrVG § 23 Rn. 63.
[156] Schaub ArbR-HdB/*Koch* § 219 Rn. 32; einschränkend *Fitting* BetrVG § 23 Rn. 62.

auf gesetzlichen Normen. Weicht der Unternehmer von einem vereinbarten Interessenausgleich ab, so liegt darin kein grober Verstoß, da der Interessenausgleich keine Betriebsvereinbarung darstellt und keinen negatorischen Rechtsschutz gewährt.[157] Zudem ist der Anspruch nach § 23 Abs. 3 BetrVG in die Zukunft[158] gerichtet und würde ohnehin ins Leere greifen, weil ein Interessenausgleich nicht mehr nachgeholt werden kann, wenn bei der gerichtlichen Entscheidung nach § 23 Abs. 3 BetrVG die Unterrichtungsphase bereits erreicht oder überschritten wurde.[159] Ist zumindest eine Unterrichtung über eine bevorstehende Betriebsänderung (zB Betriebsspaltung) erfolgt und wird anschließend vom Betriebsrat nicht eine weitergehende Beratung gefordert, liegt jedenfalls kein grober Verstoß vor, wenn die Betriebsänderung umgesetzt wird.[160] Dagegen kann ein grober Verstoß vorliegen, wenn schon die Unterrichtung über Neu-, Um- und Erweiterungsbauten von betrieblichen Räumen „immer wieder so spät" erfolgt, dass keine realistische Chance besteht, eventuelle Vorschläge oder Bedenken noch umzusetzen.[161]

3. Ordnungswidrigkeit gemäß § 121 BetrVG; Straftat gemäß § 119 BetrVG

105 Ordnungswidrig handelt im Zusammenhang mit einer Betriebsänderung, wer eine in § 106 Abs. 2 oder § 111 BetrVG bezeichnete Auskunftspflicht nicht, wahrheitswidrig, unvollständig oder verspätet erfüllt. Die Ordnungswidrigkeit kann mit einer Geldbuße bis zu 10.000,– EUR geahndet werden. Die Auskunft muss so rechtzeitig und vollständig sein, wie es die Zweck der Vorschrift erfordert. Die §§ 106 und 111 BetrVG verlangen ausdrücklich eine rechtzeitige und umfassende Unterrichtung. Der Wirtschaftsausschuss und der Betriebsrat müssen nach der Unterrichtung noch in der Lage sein, ihre gesetzlichen Rechte wahrnehmen zu können. Diese weiteren Rechte liegen in der Beratung der geplanten Betriebsänderung mit dem Arbeitgeber, bevor die Betriebsänderung umgesetzt wird. Die Unterrichtung muss also die Abgabe und Erörterung einer Stellungnahme des Wirtschaftsausschusses oder des Betriebsrats vor der Umsetzung ermöglichen. Unterbleibt die Beratung, weil zum Beispiel keine Stellungnahme abgegeben wird oder der Betriebsrat den Arbeitgeber nicht zur Beratung auffordert, liegt keine Tatbestandsverwirklichung vor. § 121 BetrVG sanktioniert nur die Unterrichtungspflicht, nicht die Beratungspflicht. Die Vorschrift verlangt **vorsätzliches Handeln**, zumindest bedingten Vorsatz. Die Anzeige der Ordnungswidrigkeit kann durch eine im Betrieb vertretene Gewerkschaft oder den Betriebsrat erfolgen. Die Geldbuße beträgt höchstens 10.000,– EUR und kann gegen Organmitglieder (Vorstand, Geschäftsführung) und gegen die Gesellschaft selbst verhängt werden.

106 Liegt gleichzeitig eine Straftat nach § 119 Abs. 1 Nr. 2 BetrVG vor, weil mit der unterlassenen Auskunft die Tätigkeit des Betriebsrats oder Wirtschaftsausschusses vorsätzlich behindert oder gestört wurde, kann diese mit Freiheitsstrafe bis zu einem Jahr oder mit Geldstrafe geahndet werden. Der Vorsatz muss sich auf die Störung oder Behinderung beziehen. Das ist bei einer unterlassenen Unterrichtung eher selten anzunehmen. Der Antrag kann ua vom Betriebsrat oder einer im Betrieb vertretenen Gewerkschaft gestellt werden. Der Versuch ist straflos.

4. Kollektiver Durchführungsanspruch(?)

107 Nach herrschender Meinung handelt es sich beim Interessenausgleich um eine Kollektivvereinbarung **besonderer Art**.[162] Eine Betriebsvereinbarung stellt er jedenfalls grundsätzlich

---

[157] BAG 28.8.1991 – 7 ABR 72/90, NZA 1992, 41; Richardi BetrVG/*Annuß* § 112 Rn. 47; Richardi BetrVG/*Thüsing* § 23 Rn. 85; Richardi BetrVG/*Annuß* § 113 Rn. 7 f.; *Willemsen/Hohenstatt* NZA 1997, 345; aA MHdB ArbR/*Matthes* § 269 Rn. 49 f.
[158] LAG Bbg 8.11.2005, 1 Sa 276/05, DB 2006, 568; Schaub ArbR-HdB/*Schaub* § 244 Rn. 31; Fitting BetrVG § 23 Rn. 75.
[159] LAG Bbg 8.11.2005, 1 Sa 276/05, DB 2006, 568; Schaub ArbR-HdB/*Schaub* § 244 Rn. 31.
[160] LAG Köln 11.3.1999 – 6 TaBV 65/98, LAGE BetrVG 1972 § 111 Nr. 16.
[161] LAG Hessen 3.11.1992 – 5 TaBV 27/92, BB 1993, 1948.
[162] BAG 20.4.1994 – 10 AZR 186/93, NZA 1995, 89; 28.8.1991 – 7 ABR 72/90, NZA 1992, 41; Richardi BetrVG/*Annuß* § 112 Rn. 36; Fitting BetrVG § 112 Rn. 44; MHdB ArbR/*Matthes* § 269 Rn. 34; *Willemsen/Hohenstatt* NZA 1997, 345: „kollektivrechtliche Vereinbarung sui generis"; *Meyer* BB 2001, 882 (884); Jaeger/Röder/Heckelmann BetrVerfassungsR-HdB/*Röder/Baeck* Kap. 28 Rn. 176: „Naturalobligation".

nicht dar. Die Wirkung einer Betriebsvereinbarung ist in § 112 Abs. 1 S. 3 BetrVG ausdrücklich nur dem Sozialplan zugewiesen, jedoch nicht dem Interessenausgleich. Daraus folgt im Sinne eines argumentum e contrario, dass dem Interessenausgleich gerade nicht die Rechtsqualität einer Betriebsvereinbarung zukommen sollte. Dem Interessenausgleich kommt deshalb eine „unmittelbare und zwingende Wirkung auf die Einzelarbeitsverhältnisse nicht zu."[163] Nach einhelliger Ansicht hat zwar der Sozialplan normative Wirkung. Ein betroffener Arbeitnehmer kann also Klage auf Zahlung einer Abfindung nach der Sozialplanformel erheben. Diese Wirkung fehlt jedoch dem Interessenausgleich. Der Mitarbeiter kann keine Klage auf Unterlassung einer Kündigung oder Versetzung erheben mit der Begründung, die Einzelmaßnahme sei nicht durch den Interessenausgleich abgedeckt. Allerdings kann er unter Hinweis auf den fehlenden oder nicht beachteten Interessenausgleich nach § 113 BetrVG Zahlungsklage auf Nachteilsausgleich erheben. Damit ist die Verfolgung individueller Rechte aus dem Interessenausgleich dem betroffenen Arbeitnehmer zugewiesen. Das schließt wie bei der Betriebsvereinbarung die kollektive Durchsetzung aus. Während das Bundesarbeitsgericht und die weiterhin herrschende Literatur davon ausgehen, dass auch der Betriebsrat gegenüber dem Arbeitgeber die Einhaltung des Interessenausgleichs nicht erzwingen könne, weil dieser lediglich eine „Naturalobligation" darstelle,[164] meinen andere im Hinblick auf den angeblichen Vereinbarungscharakter des Interessenausgleichs, er gewähre dem Betriebsrat einen klagbaren Durchführungsanspruch gegen den Arbeitgeber.[165] Dem kann jedoch nicht gefolgt werden. Der Interessenausgleich ist in der Regel keine schuldrechtliche Vereinbarung, sondern die Beschreibung einer geplanten Betriebsänderung. Insofern führt der Interessenausgleich allenfalls zu einer tatsächlichen Einigung oder Willensübereinstimmung der Betriebsparteien ohne Rechtsbindungswillen.[166] Zwar versuchen die Betriebsräte zuweilen, den Umfang einer Betriebsänderung möglichst einzugrenzen und die zeitliche Dimension einer Betriebsänderung möglichst zu strecken. Jedoch wollen oder können sie in der Regel nicht die Verantwortung für den wirtschaftlichen Erfolg oder Misserfolg einer Betriebsänderung übernehmen. Unabhängig davon, ob es ihnen gelungen ist, den Unternehmer in seiner Entscheidung über das „ob, wann und wie" der Betriebsänderung zu beeinflussen, sind sie häufig nicht bereit, im Interessenausgleich den geplanten Maßnahmen ausdrücklich zuzustimmen. Oft findet man am Ende des Interessenausgleichs eine Formulierung wie:

„Der Betriebsrat nimmt die geplante Maßnahme mit Bedauern zur Kenntnis, sieht jedoch in Anbetracht der beschriebenen wirtschaftlichen Situation keine sinnvolle Alternative. Damit ist das Verfahren nach §§ 111, 112 BetrVG beendet" ...,

oder auch nur:

„Die Betriebsparteien sind sich einig, dass die Verhandlungen über einen Interessenausgleich abgeschlossen sind."

Enthält also der Interessenausgleich wie üblich lediglich die **Organisationsregeln,** die erforderlich sind, um die beabsichtigte Betriebsänderung zu beschreiben und damit die kollektivrechtliche Grundlage für deren Umsetzung zu schaffen, sowie die faktische Grundlage für den Geltungsbereich des in der Folge abgeschlossenen Sozialplans festzulegen, so wird dadurch keine direkte normative Wirkung für einzelne Arbeitnehmer und auch keine kollektive Durchsetzbarkeit für den Betriebsrat gewährt.

---

[163] BAG 20.4.1994 – 10 AZR 186/93, NZA 1995, 89; LAG Düsseldorf 16.12.1996 – 18 TaBV 75/96, FA 1998, 24 rechtskräftig, da Rechtsbeschwerde wegen Unbestimmtheit der Anträge zurückgewiesen wurde, BAG 17.6.1997 – 1 ABR 10/97, BeckRS 1997, 30769061; *Fitting* BetrVG § 112 Rn. 46; *Richardi* BetrVG/*Annuß* § 112 Rn. 36.
[164] BAG 28.8.1991 – 7 ABR 72/90, NZA 1992, 42; LAG Düsseldorf 16.12.1996 – 18 TaBV 75/96, BeckRS 1997, 40535, LAGE BetrVG 1972 § 112 Nr. 41; *Richardi* BetrVG/*Annuß* § 112 Rn. 37; *Röder/Baeck* Interessenausgleich, S. 30; ErfK/*Kania* BetrVG § 112 Rn. 9; *Willemsen/Hohenstatt* NZA 1997, 345; *Löwisch/Kaiser* BetrVG § 112 Rn. 9; *Meyer* BB 2001, 882.
[165] LAG München 16.7.1997 – 9 TaBV 54/97, FA 1998, 293; MHdB ArbR/*Matthes* § 269 Rn. 34 u. 49; diff. *Fitting* BetrVG § 112 Rn. 45.
[166] *Richardi* BetrVG/*Annuß* § 112 Rn. 42; *Willemsen/Hohenstatt* NZA 1997, 345 (350); WHS Umstrukturierung/*Schweibert* C Rn. 193, 198; *Röder/Baeck* Interessenausgleich S. 30.

Beispiel:
Die Abteilung manuelle Scheckbearbeitung wird spätestens zum Jahresende geschlossen. Hiermit ist der Abbau von 65 Arbeitsplätzen verbunden.

109 Die Einhaltung derartiger Organisationsregeln, die typischer Weise in einem Interessenausgleich aufgestellt werden, können weder vom betroffenen Arbeitnehmer noch vom Betriebsrat erzwungen werden.[167] Eine Abweichung führt wie beschrieben für einen von Entlassung auf Grund der Abweichung betroffenen Mitarbeiter zu einer Abfindung im Nachteilsausgleich nach § 113 Abs. 1 BetrVG. Durch diese **individualrechtliche Sanktion** sollte laut Gesetzesbegründung auch „die Einhaltung der Beteiligung des Betriebsrats bei unternehmerischen Maßnahmen abgesichert"[168] werden.

110 Soweit angesichts der wirtschaftlichen Entwicklung vermehrt nicht nur Organisationsregeln, sondern auch **Folgeregeln** in den Interessenausgleich übernommen werden, wird diskutiert, ob diese unter Umständen eine höhere Bindungswirkung erzielen.[169]

Beispiel:
Nach Durchführung des – zuvor beschriebenen – Personalabbaus werden für 12 Monate keine weiteren betriebsbedingten Kündigungen ausgesprochen. Dies ist eine freiwillige Betriebsvereinbarung analog § 88 BetrVG.

111 Ein rechtlicher Bindungswille, der über die rein faktische Willensübereinstimmung hinausgeht, muss aus dem Interessenausgleich klar hervorgehen. Es handelt sich insofern um einen „qualifizierten Interessenausgleich" oder eine aus Anlass des Interessenausgleichs abgeschlossene **freiwillige Betriebsvereinbarung** nach § 88 BetrVG.[170] Will der Arbeitgeber eine über die Folge des Nachteilsausgleichs nach § 113 BetrVG hinweggehende kollektive Durchsetzbarkeit des Interessenausgleichs vermeiden, muss er sich auf reine Organisationsregeln beschränken. Andererseits wird ein Betriebsrat bestrebt sein, Sicherungsrechte wie Kündigungsverbote oder Versetzungsverbote ausdrücklich festschreiben zu lassen und den Abschluss des Interessenausgleichs als Betriebsvereinbarung anstreben.

112 Soweit ein Interessenausgleich sich auf die Einigung zwischen den Betriebsparteien über die Durchführung der Betriebsänderung **beschränkt**, kann er nicht gerichtlich durchgesetzt werden und gibt daher auch keinen Grund für einen vollstreckbaren Titel. Auch eine einstweilige Verfügung auf Einhaltung des Interessenausgleichs bzw. auf Unterlassung interessenausgleichswidriger Maßnahmen ist dann nicht möglich.[171] Vorsicht ist geboten, wenn sich ein weitergehender Rechtsbindungswillen feststellen lässt.

5. Fristenregelung

113 Durch das Arbeitsrechtliche Beschäftigungsförderungsgesetz vom 25.9.1996[172] war in § 113 Abs. 3 S. 2, 3 BetrVG eine Fristenregelung eingeführt worden, welche die Pflicht zu Beratung und Verhandlung eines Interessenausgleichs auf zwei bis drei Monate nach Abschluss der vollständigen Unterrichtung beschränkte. Der Interessenausgleich war danach „versucht", wenn zwei Monate nach Beginn der Beratung bzw. zwei Monate nach schriftli-

---

[167] BAG 28.8.1991 – 7 ABR 72/90, NZA 1992, 41; Richardi BetrVG/*Annuß* § 112 Rn. 45, 46; *Willemsen/Hohenstatt* NZA 1997, 345 (349 f.); *Röder/Baeck* Interessenausgleich, S. 30; *Löwisch/Kaiser* BetrVG § 112 Rn. 9; *Meyer* BB 2001, 882 (884); aA MHdB ArbR/*Matthes* § 269 Rn. 34 u. 49; diff. *Fitting* BetrVG § 112 Rn. 45.
[168] BT-Drs. 6/1786, 55; vgl. *Willemsen/Hohenstatt* NZA 1997, 345 (349); Richardi BetrVG/*Annuß* § 113 Rn. 2.
[169] Dafür MHdB ArbR/*Matthes* § 269 Rn. 36; *Fitting* BetrVG § 112 Rn. 47 krit. Richardi BetrVG/*Annuß* § 112 Rn. 45; *Röder/Baeck* Interessenausgleich S. 30; aA *Willemsen/Hohenstatt* NZA 1997, 345 (348 f.).
[170] Richardi BetrVG/*Annuß* § 112 Rn. 45, 46; *Fitting* BetrVG § 112 Rn. 47; *Meyer* BB 2001, 882 (884); zu freiwilligen Betriebsvereinbarungen wegen Planungssicherheit LAG München 9.12.2015 – 5 Sa 591/15, DB 2016, 477 mAnm *Kuhn/Wirkmann*.
[171] BAG 28.8.1991 – 7 ABR 72/90, NZA 1992, 41 (42); Richardi BetrVG/*Annuß* § 112 Rn. 47; *Löwisch/Kaiser* BetrVG § 112 Rn. 9; *Meyer* BB 2001, 882 (884).
[172] BGBl. 1996 I 1476, abgedruckt in BB 1996, 2144; dazu *Bauer/Göpfert* DB 1997, 1464; *Löwisch* RdA 1997, 80; *Röder/Baeck* BB 1996, 23 ff.; *Röder/Baeck* Interessenausgleich, S. 23 (Fn. 123).

cher Aufforderung zur Aufnahme der Beratung kein Interessenausgleich zustande gekommen war. Wurde innerhalb der zwei Monate die Einigungsstelle angerufen, verlängerte sich die Verhandlungsfrist um längstens einen weiteren auf drei Monate. Der Unternehmer konnte somit nach rechtzeitiger und umfassender Unterrichtung des Betriebsrats durch schriftliche Aufforderung zur Aufnahme der Beratung den erforderlichen Versuch zum Abschluss des Interessenausgleichs und zeitgerechtes Einleiten des Einigungsstellenverfahrens auf **längstens drei Monate** beschränken. Danach war die Umsetzung der geplanten Maßnahme ohne das Risiko einer Untersagungsverfügung möglich, auch wenn mit dem Betriebsrat noch keine Einigung über den Interessenausgleich erfolgt war.[173] Die damalige Gesetzesbegründung[174] hatte klargestellt, dass der Unternehmer die geplante Maßnahme durchführen kann, ohne dass ihn die Sanktion des Nachteilsausleichs gemäß § 113 Abs. 1, Abs. 2 BetrVG trifft. Das Recht des Betriebsrats, im Rahmen eines Sozialplans zum Ausgleich oder zur Milderung der den Arbeitnehmern infolge der Betriebsänderung entstehenden wirtschaftlichen Nachteile mitzubestimmen, blieb unberührt. Damit hatte der Gesetzgeber klargestellt, dass die einzigen Sanktionen bei einem Unterlassen der Interessenausgleichsverhandlungen oder einem Abweichen vom Interessenausgleich im Nachteilsausgleich nach § 113 BetrVG liegen.[175] Darin wurde auch eine Bestätigung der Rechtsprechung des Bundesarbeitsgerichts gesehen, dass § 113 Abs. 1, Abs. 3 BetrVG zu entnehmen sei, dass der Unternehmer in der Durchführung von Betriebsänderungen frei sein soll, selbst wenn das Mitwirkungsverfahren noch nicht abgeschlossen ist und dass diese Entscheidungsfreiheit nicht durch Unterlassungsansprüche unterlaufen werden darf.[176] Aus diesem Vorrang des Nachteilsausgleichs nach § 113 BetrVG wurde sogar gefolgert, dass eine Unterlassungsverfügung generell, also auch schon vor Ablauf der Zwei- bis Drei-Monatsfrist, unbegründet gewesen wäre, was aber seinerzeit nicht zur Entscheidung gekommen ist, denn die Fristenregelung wurde bereits mit dem Ersten Arbeitsrechtlichen Korrekturgesetz vom 19.12.1998 wieder aufgehoben.[177]

6. Unterlassungsanspruch

In Anbetracht der gegensätzlichen Interessen der Betriebsparteien ist die für die Praxis bedeutendste Frage, ob der Betriebsrat die Durchführung einer Betriebsänderung vor vollständiger Ausschöpfung aller Beteiligungsphasen einschließlich der Einigungsstellenverhandlungen durch einstweilige Verfügung verhindern kann. Meist geht es dem Unternehmer darum, in angespannter Lage Kündigungen oder Versetzungen in angemessenem zeitlichen Rahmen aussprechen oder Betriebsmittel zeitgerecht verlegen zu können, während der Betriebsrat interessiert ist, die Maßnahme zu verhindern oder so zu strecken, dass zum Beispiel vorgesehene Kündigungstermine oder Verlegungspläne nicht mehr erreicht werden können. Die Frage ist weder gesetzlich noch höchstrichterlich eindeutig geklärt und in den Instanzgerichten sowie in der Literatur heftig **umstritten**, wobei die herrschende Rechtsprechung gegen den Unterlassungsanspruch entschieden hat.[178] Die besseren Argumente sprechen in

---

[173] *Bauer/Göpfert* DB 1997, 1464 (1470); *Löwisch* RdA 1997, 80 (84).
[174] BT-Drs. 13/5107, 31.
[175] *Bauer/Göpfert* DB 1997, 1464 (1470); *Löwisch* RdA 1997, 80 (84).
[176] BAG 28.8.1991 – 7 ABR 72/90, NZA 1992, 41 (42); *Löwisch* RdA 1997, 80 (84); *Bauer/Göpfert* DB 1997, 1464 (1470).
[177] BGBl. 1998 I 3843 (3850).
[178] So LAG Nürnberg 9.3.2009 – 6 TaBVGa 2/09, BeckRS 2009, 69297; LAG Köln 27.5.2009 – 2 TaBVGa 7/09, BeckRS 2009, 66807; LAG Baden-Württemberg 12.10.2015 – 9 TaBV 2/15, ZIP 2016, 590; LAG Rheinland-Pfalz 27.8.2014 – 4 TaBVGa 4/1, NZA-RR 2015, 197; offen gelassen LAG Schleswig-Holstein 20.7.2007 – 3 TaBVGa 1/07, NZA-RR 2008, 244; LAG Rheinland-Pfalz 27.8.2014 – 4 TaBVGa 4/14, BeckRS 2010, 68206; 26.10.2006 – 11 TaBV 58/06, BeckRS 2011, 66183; 30.3.2006 – 11 TaBV 53/05, BeckRS 2007, 45680; 24.11.2004 – 9 TaBV 29/04, BeckRS 2005, 42161; 28.3.1989 – 3 TaBV 6/89, NZA 1989, 863; LAG Köln 30.3.2006 – 2 Ta 145/06, BeckRS 2006, 41865; 30.4.2004 – 5 Ta 166/04, NZA-RR 2005, 199; LAG München 28.6.2005 – 5 TaBV 46/05, ArbRB 2006, 78; 24.9.2003 – 5 TaBV 48/03, NZA-RR 2004, 536; LAG Düsseldorf 14.12.2005 – 12 TaBV 60/05, BeckRS 2006, 40566; 19.11.1996 – 8 TaBV 80/96, NZA-RR 1997, 297; LAG Niedersachsen 29.11.2002 – 12 TaBV 111/02, BB 2003, 1337; LAG Nürnberg 6.6.2000 – 6 TaBV 8/00, BB 2000, 2100 m. Bespr. *Reiserer*; LAG Hamm 1.4.1997 – 13 TaBV 34/97, NZA-RR 1997, 343; LAG

der Tat dagegen. Zumindest muss nach umfassender Unterrichtung und einem zeitlich angemessenen Beratungs- und Verhandlungsversuch die Durchführung möglich sein.[179]

115 Das Bundesarbeitsgericht hat in seiner einzigen Entscheidung zu dieser Frage allerdings in einem Streit um die Kostentragung nach § 40 BetrVG inzident entschieden, dass kein Anspruch auf Einhaltung eines Interessenausgleichs besteht:[180]

„Weicht der Arbeitgeber von einem vereinbarten Interessenausgleich ab, so kann dies zwar Ansprüche der betroffenen Arbeitnehmer gemäß § 113 BetrVG zur Folge haben. [...] Indessen kann der Betriebsrat seinerseits gegenüber dem Arbeitgeber aus eigenem Recht die Einhaltung des Interessenausgleichs nicht erzwingen, weil es sich ihm gegenüber lediglich um eine Naturalobligation handelt. [...] Hat aber der Betriebsrat kein eigenes Recht auf Einhaltung des Interessenausgleichs, so steht ihm auch kein Verfügungsanspruch zur Sicherung eines solchen – nicht bestehenden – Rechts zu."

116 Vergleicht man diese Aussage mit der Entscheidung des Bundesarbeitsgerichts zur allgemeinen Anerkennung eines Unterlassungsanspruchs zur Sicherung der Mitbestimmungsrechte nach § 87 BetrVG,[181] so stellt man einen entscheidenden Unterschied fest. Die Entscheidung zum Mitbestimmungsrecht bei der Lohngestaltung beschränkt den Unterlassungsanspruch auf die Sicherung von Verstößen gegen das Mitbestimmungsrecht nach § 87 Abs. 1 BetrVG. Das ist richtig, denn bei Fragen der Lohngestaltung nach § 87 Abs. 1 Nr. 10 BetrVG handelt es sich um die erzwingbare Mitbestimmung. Das Bundesarbeitsgericht führt aus:

„Maßnahmen in diesem Bereich soll der Arbeitgeber nach dem eindeutige Willen des Gesetzgebers nur mit Zustimmung des Betriebsrats durchführen können. Verstößt er hiergegen, entsteht eine betriebsverfassungswidrige Lage. Dass der Gesetzgeber dies auch nur zeitweise dulden und einen Unterlassungsanspruch ausschließen wollte, ist nicht ersichtlich."[182]

117 Es wird also eindeutig zwischen erzwingbarem Mitbestimmungsrecht und reinen Mitwirkungsrechten unterschieden, die letztlich nur zu einer Naturalobligation führen können. Während es im ersten Fall um ein materielles Recht geht, handelt es sich im letzteren Fall nur um die Sicherung eines Verfahrensablaufs, der lediglich die Möglichkeit einer Einwirkung auf eine unternehmerische Entscheidung absichern würde und die **Freiwilligkeit** einer entsprechenden faktischen Einigung des Unternehmers gerade nicht ausschließen kann. Es wurde deshalb ausdrücklich darauf hingewiesen, dass die Anerkennung eines Unterlassungsanspruchs im Rahmen von Verstößen gegen § 87 BetrVG nicht auf die Mitbestimmung in wirtschaftlichen Angelegenheiten erweitert werden kann:

„Daraus folgt allerdings noch nicht, dass jede Verletzung von Rechten des Betriebsrats ohne Weiteres zu einem Unterlassungsanspruch führt. Es ist daher nicht widersprüchlich, einen Unterlassungsanspruch bei Verstößen gegen § 87 BetrVG zu bejahen, ihn aber im Zusammenhang mit der Mitbestimmung bei personellen Einzelmaßnahmen oder in wirtschaftlichen Angelegenheiten zu verneinen."[183]

118 Unter konsequenter Fortentwicklung der bisherigen Rechtsprechung hat das Bundesarbeitsgericht daher einen Unterlassungsanspruch des Betriebsrats bei personellen Einzelmaß-

---

Baden-Württemberg 28.8.1985 – 2 TaBV 8/85, DB 1986, 805; LAG Sachsen-Anhalt 30.11.2004 – 11 TaBV 18/04, BeckRS 2005, 40126; LAG Schleswig-Holstein 13.1.1992 – 4 TaBV 54/91, LAGE BetrVG 1972 § 111 Nr. 11; ArbG Bonn 25.5.2007 – 4 BVGa 6/07, BeckRS 2007, 45320; ArbG Marburg 4.11.2003 – 2 Ca 212/03, DB 2004, 1565; ArbG Passau 22.10.2002 – 3 BVGa 3/02, BB 2003, 744 – rechtskräftig; aA LAG München 22.12.2008 – 6 TaBVGa 6/08, BB 2010, 896; LAG Hamm 28.6.2010 – 13 Ta 372/10, BeckRS 2010, 72270; 30.7.2007 – 10 TaBVGa 17/07, BB 2008, 171 (nur red. Leitsatz); LAG Hamm 30.7.2007 – 13 TaBVGa 16/07, BeckRS 2007, 46764; LAG Schleswig-Holstein 20.7.2007 – 3 TaBVGa 1/07, BeckRS 2007, 46789; LAG Hamburg 26.6.1997 – 6 TaBV 5/97, NZA-RR 1997, 296; LAG Hessen 30.8.1984 – 4 TaBVGa 113 und 114/84, BB 1985, 659; LAG Berlin 7.9.1995 – 10 TaBV 5 und 9/95, NZA 1996, 1284; vgl. *Lipinksi/Melms* BB 2002, 2226; weiter Nachweise bei WHS Umstrukturierung/*Schweibert* C Rn. 307 ff.; *Gruber* NZA 2011, 1011 ff.; *Völkses* RdA 2010, 354 ff.; *Raif* ArbR-Aktuell 2010, 236 f.

[179] LAG Hessen 6.4.1993 – 4 TaBV 45/93, DB 1994, 2635; 30.8.1984 – 4 TaBV Ga 113 und 114/84, DB 1985, 178; ähnlich LAG Berlin 10 TaBV 5 und 9/95, NZA 1996, 1284 (1288).
[180] BAG 28.8.1991 – 7 ABR 72/90, NZA 1992, 41 (42).
[181] BAG 3.5.1994 – 1 ABR 24/93, NZA 1995, 40.
[182] BAG 3.5.1994 – 1 ABR 24/93, NZA 1995, 40.
[183] BAG 3.5.1994 – 1 ABR 24/93, NZA 1995, 40.

nahmen nach §§ 99–101 BetrVG verneint.[184] § 100 Abs. 1 BetrVG gebe dem Arbeitgeber die Befugnis, eine geplante personelle Einzelmaßnahme aus dringenden sachlichen Gründen auch ohne Zustimmung des Betriebsrats vorläufig umzusetzen. Das Gesetz sehe also lediglich die Einhaltung des in den §§ 99–101 BetrVG vorgesehenen Verfahrens vor. Nach § 101 S. 1 BetrVG vorgesehen sei nur die nachträgliche Beseitigung eines rechtswidrigen Handelns und gerade nicht die vorbeugende Unterlassung der Maßnahme.[185] Zwar träfe es zu, dass bei für kurze Zeit beabsichtigten Maßnahmen der gesetzliche Aufhebungsanspruch häufig ins Leere liefe. Dennoch sei keine Schutzlücke erkennbar, die durch einen Unterlassungsanspruch gesichert werden müsse.

Die Rechtsprechung der Instanzgerichte ist weiterhin gespalten, wobei zuletzt wieder 119 eine Tendenz gegen den Unterlassungsanspruch in wirtschaftlichen Angelegenheiten zu erkennen ist.[186] Die Argumente für den Unterlassungsanspruch sind im Wesentlichen die behauptete Notwendigkeit, eine wirksame Sicherung der Beteiligungsrechte zu erreichen, denn die individualrechtlichen Nachteilsausgleichsansprüche nach § 113 BetrVG seien kein wirksames Schutzmittel, zumal sie vom Willen der einzelnen Arbeitnehmer abhängig seien. Zudem seien diese Ansprüche ein **„stumpfes Schwert"**, weil die Rechtsprechung ihre Verrechnung mit Sozialplanansprüchen zulasse. Die kollektiven Rechte seien durch die individualrechtlichen Ausgleichsansprüche nicht ausgeschlossen, sondern würden diese ergänzen, um wenigstens die Einflussmöglichkeiten auf die Willensbildung des Unternehmers schützen zu können.[187]

Die Argumente gegen den Unterlassungsanspruch sind jedoch überzeugender: Die Beteili- 120 gungsrechte in wirtschaftlichen Angelegenheiten, insbesondere soweit sie die Mitwirkung beim Interessenausgleich regeln, sind auch unter Berücksichtigung der Vermittlung durch die Bundesagentur und des Einigungsversuchs der Einigungsstelle deutlich schwächer als die Mitbestimmungsrechte nach § 87 BetrVG, die von der Einigungsstelle verbindlich geregelt werden können. Das Sanktionsmittel Nachteilsausgleich des § 113 BetrVG war in seiner individualrechtlichen Ausgestaltung vom Gesetzgeber gerade auch zur Sicherung der Beteiligungsrechte des Betriebsrats vorgesehen. Da auch Einzelmaßnahmen wie Kündigung und Versetzung mit der Rechtsfolge des Nachteilsausgleichs wirksam bleiben, wenn sie ohne oder in Abweichung vom Interessenausgleich durchgeführt werden, ist klar die gesetzgeberische Absicht erkennbar, die unternehmerische Entscheidung zur Betriebsänderung weniger stark zu beschränken als andere echte mitbestimmungspflichtige Entscheidungen, zu denen auch der Abschluss des Sozialplans nach § 112 BetrVG gehört, der von der Einigungsstelle erzwungen werden kann. Da der Sozialplan über die Einigungsstelle objektiv auf Angemessenheit geprüft wird, ist das Interessenausgleichsverfahren **als Druckmittel** in den Sozialplanverhandlungen auch **nicht erforderlich,** zumal der Sozialplan ohne Zeitdruck auch während und nach Beginn der Umsetzung der Betriebsänderung verhandelt und im Einigungsstellenspruch beschlossen werden kann. Auch ist zu berücksichtigen, dass der Betriebsrat selbst die Möglichkeit hat, das Einigungsstellenverfahren anzurufen und zügig zu betreiben, wenn er wirklich Einfluss auf die Betriebsänderung nehmen will. Außerdem steht in Extremfällen auch die Sanktion der Unterlassungsverfügung nach § 23 Abs. 3 BetrVG bei

---

[184] BAG 23.6.2009 – 1 ABR 23/08, NZA 2009, 1430.
[185] BAG 23.6.2009 – 1 ABR 23/08, NZA 2009, 1430.
[186] So etwa LAG Nürnberg 9.3.2009 – 6 TaBVGa 2/09, BeckRS 2009, 69297; LAG Köln 20.7.2007 – 3 TaBVGa 1/07, BeckRS 2009, 66807; offen gelassen LAG Schleswig-Holstein 20.7.2007 – 1 TaBVGa 1/07, NZA-RR 2008, 244; LAG Rheinland-Pfalz 5.2.2010 – 6 TaBVGa 5/09, BeckRS 2010, 68206; vgl. ferner LAG Rheinland-Pfalz 26.10.2006 – 11 TaBV 58/06, BeckRS 2011, 66183; 30.3.2006 – 11 TaBV 53/05, BeckRS 2007, 45680; 24.11.2004 – 9 TaBV 29/04, BeckRS 2005, 42161; LAG Köln 30.3.2006 – 2 Ta 145/06, BeckRS 2006, 41865; 15.8.2005 – 11 Ta 298/05, NZA-RR 2005, 199; LAG München 28.6.2005 – 5 TaBV 46/05, ArbRB 2006, 78; 24.9.2003 – 5 TaBV 48/03, NZA-RR 2004, 536; LAG Düsseldorf 14.12.2005 – 12 TaBV 60/05, BeckRS 2006, 40566; LAG Niedersachsen 29.11.2002 – 12 TaBV 111/02, BB 2003, 1337; LAG Nürnberg 6.6.2000 – 6 TaBV 8/00, BB 2000, 2100 m. Bespr. *Reiserer* BB 2000, 2101; ArbG Marburg 4.11.2003 – 2 Ca 212/03, DB 2004, 1565; ArbG Kaiserslautern 23.10.2002 – 3 BVGa 2002/02, BB 2003, 532 – rechtskräftig; ArbG Passau 22.10.2003 – 2 BVGa 3/02, BB 2003, 744 – rechtskräftig.
[187] *Fitting* BetrVG § 111 Rn. 131 ff. (bis zur 21. Aufl.); MHdB ArbR/*Matthes* § 269 Rn. 49 f.; *Matthes* in FS Wlotzke, 393, 404 ff.; aA *Fitting* BetrVG § 111 Rn. 135.

grober Pflichtverletzung und die Sanktion der Ordnungswidrigkeit bei Verletzung der Unterrichtungspflichten zur Verfügung.[188]

121 Ein weiteres eher formales Argument spricht gegen die Zulassung von Unterlassungsverfügungen zur Untersagung der Durchführung einer Betriebsänderung. In der dargestellten und seit Jahrzehnten bekannten Streitsituation der Instanzgerichte und der Literatur hätte es nahegelegen, im **Betriebsverfassungs-Reformgesetz** vom 23.7.2001 eine Regelung zur näheren Ausgestaltung eines Unterlassungsanspruchs vorzulegen. Vorschläge dazu waren veröffentlicht. Die Tatsache, dass dies nicht in Angriff genommen wurde, spricht gegen die Möglichkeit der Unterlassungsverfügung.[189]

122 Da allerdings nicht ausgeschlossen werden kann, dass die Betriebsänderung in einem **Landesarbeitsgerichtsbezirk** durchgeführt werden muss, in dem Unterlassungsverfügungen gewährt werden, muss bei der Rechtsberatung im Vorfeld Vorsorge getroffen werden.[190] Es ist zu prüfen, mit welcher Intensität der „Versuch des Interessenausgleichs" betrieben werden muss, wenn sich Verzögerungstaktiken andeuten. Im Rahmen der Prüfung des Nachteilsausgleichs ist anerkannt, dass der Versuch erst erfüllt ist, wenn die Interessenausgleichsverhandlungen über das „ob, wann und wie" der Betriebsänderung in die Einigungsstelle getragen worden sind und dort entweder geeinigt oder endgültig gescheitert sind.[191] Das kann allerdings – wie beschrieben – durchaus ein halbes Jahr in Anspruch nehmen. Insofern ist eine Tendenz in der Rechtsprechung[192] und in der Literatur[193] erkennbar, die eine **zeitliche Begrenzung** des Beratungs- und Verhandlungsrechts diskutieren. Das Landesarbeitsgericht Hessen begründet diese Lösung einerseits vor dem Hintergrund der Nichterzwingbarkeit eines Interessenausgleichs und andererseits mit der Handlungsfreiheit des Unternehmers nach dem unternommenen Einigungsversuch. Das gesetzliche System der §§ 111–113 BetrVG stehe zwar nicht einer Unterlassungsverfügung im Wege, führe jedoch zu Einschränkungen:[194]

„Insbesondere ist dabei zu berücksichtigen, dass ein Betriebsrat versuchen kann, Interessenausgleichsverhandlungen zu verzögern und zeitlich solange auszudehnen, dass bei Gewährung gerichtlichen Schutzes durch Unterlassungsverfügung der Betriebsänderung immerhin in zeitlicher Hinsicht etwas erreicht, was er nach materiellem Recht gar nicht erreichen könnte, nämlich wenigstens für längere Zeit das Unterlassen der Betriebsänderung bzw. von Kündigungen. Dem ist dadurch zu begegnen, dass die Position des Betriebsrats im angemessenen zeitlichen Ausmaß nur und soweit geschützt wird, wie es erforderlich ist, um Gelegenheit zu ernsthaften Verhandlungen über einen Interessenausgleich zu geben oder die Fortsetzung begonnener Verhandlungen zu ermöglichen."

---

[188] Richardi BetrVG/*Annuß* § 111 Rn. 170; *Ehler* BB 2000, 978 (979); *Lipinksi/Melms* BB 2002, 2226 (2229); *Bauer/Göpfert* DB 1997, 1464; *Löwisch/Kaiser* BetrVG § 111 Rn. 39; *Röder/Baeck* Interessenausgleich, S. 54 u. 56; neuerdings auch *Fitting* BetrVG § 111 Rn. 139 f.; *Raif* ArbR-Aktuell 2010, 236 (238).

[189] So *Lipinski/Melms* BB 2002, 2226 (2229) zu BT-Drs. 14/5741, 51 f.; so auch LAG Rheinland-Pfalz 26.10.2006 – 11 TaBV 58/06, BeckRS 2011, 66183; 30.3.2006 – 11 TaBV 53/05, BeckRS 2007, 45680; 24.11.2004 – 9 TaBV 29/04, BeckRS 2005, 42161; LAG Köln 30.3.2006 – 2 Ta 145/06, BeckRS 2006, 41865; 15.8.2005 – 11 Ta 298/05, NZA-RR 2005, 199; LAG München 28.6.2005 – 5 TaBV 46/05, ArbRB 2006, 78; 24.9.2003 – 5 TaBV 48/03, NZA 2004, 536; LAG Düsseldorf 14.12.2005 – 12 TaBV 60/05, BeckRS 2006, 40566; LAG Niedersachsen 29.11.2002 – 12 TaBV 111/02, BB 2003, 1337; LAG Nürnberg 6.6.2000 – 6 TaBV 8/00, BB 2000, 2100 m. Bespr. *Reiserer* BB 2000, 2101; und ArbG Passau 22.10.2002 – 3 BVGa 3/02, BB 2003, 744 – rechtskräftig.

[190] *Lipinski/Melms* BB 2002, 2226; *Ehler* BB 2000, 978; *Raif* ArbR-Aktuell 2010, 236 (238).

[191] BAG 18.12.1984 – 1 AZR 176/82, NZA 1985, 400.

[192] LAG Hessen 27.6.2007 – 4 TaBVGa 137/07, BeckRS 2007, 47237; 6.4.1993 – 4 TaBV 45/93, DB 1994, 2635; 30.8.1984 – 4 TaBVGa 113 und 114/84, DB 1985, 178; 21.9.1982 – 4 Ta BVGa 94/82, BB 1984, 145; LAG Berlin 7.9.1995 – 10 TaBV 5 und 9/95, NZA 1996, 1284 (1288), bestätigend, ohne Ausführungen zur zeitlichen Begrenzung LAG Hessen 19.1.2010 – 4 TaBVGa 3/10, NZA-RR 2010, 187, da lediglich Vorbereitungshandlung.

[193] MHdB ArbR/*Matthes*, 2. Aufl. 2000, § 361 Rn. 50; Schaub ArbR-HdB/*Koch* § 244 Rn. 29b; für eine „vorübergehende" Sicherung nun auch *Fitting* BetrVG § 111 Rn. 138; *Gruber* NZA 2011, 1011 (1017).

[194] LAG Hessen 30.8.1984 – 4 TaBVGa 113 und 114/84, DB 1985, 178 (179); bestätigt in 6.4.1993 – 4 TaBVGa 45/93, DB 1994, 2635 und 27.6.2007 – 4 TaBVGa 137/07, BeckRS 2007, 47237; jüngst zum Unterlassungsanspruch 19.1.2010 – 4 TaBVGa 3/10, NZA-RR 2010, 187; so auch LAG Berlin 7.9.1995 – 10 TaBV 5 und 9/95, NZA 1996, 1284 (1288).

Matthes stellt für seinen Kompromiss darauf ab, dass das Verfahren nach § 111 BetrVG 123 nur die Unterrichtung und Beratung über die Betriebsänderung verlangt. Der Anspruch auf Unterlassung bestehe daher bis zur ausreichenden Beratung. Durch einstweilige Verfügung könne daher die Durchführung der Betriebsänderung nur solange untersagt werden, bis diese mit dem Betriebsrat in angemessener Zeit, die von den Umständen des Einzelfalls abhängt, beraten worden ist. Dieser **angemessene Zeitraum** solle von der Größe, Schwierigkeit und Vielschichtigkeit der Betriebsänderung abhängen.[195] *Matthes* verzichtet offenbar darauf, auch den erst für die Verhandlungen des Interessenausgleichs in § 112 Abs. 2 S. 1 BetrVG vorgesehenen Vermittlungsversuch und den in S. 2 geregelten Einigungsversuch vor der Einigungsstelle durch Unterlassungsverfügung abzusichern. Das erscheint, wenn man überhaupt den Unterlassungsanspruch anerkennen will, interessengerecht.

Als zeitliches Element ist auch die nicht mehr geltende Fristenregelung[196] zumindest als 124 Anhaltspunkt in der Beratung einer Betriebsänderung weiterhin aktuell. Die Planung einer **Sicherheitsfrist von 2–3 Monaten** für die Zeit der Beratung der Betriebsänderung kann das Risiko einer Unterlassungsverfügung bei zu erwartenden Verzögerungstaktiken des Betriebsrats erheblich reduzieren. Dabei sollte die Dokumentierung von Unterrichtungs- und Beratungsschritten immer im Auge behalten werden und vorsorglich auch an eine Schutzschrift[197] gedacht werden, um Überraschungen zu vermeiden. Da das Gericht in dringenden Fällen ohne mündliche Verhandlung entscheiden kann (§ 85 Abs. 2 S. 1 ArbGG iVm § 937 Abs. 2 ZPO) ist dies die einzige Möglichkeit, dem Gericht vorab Sachverhalt, Unterrichtungs-, Beratungs- und Verhandlungsstand, Argumente und rechtliche Würdigung nach Auffassung des Arbeitgebers darzustellen und wenigstens eine mündliche Verhandlung vor der Beschlussfassung zu erreichen.

Seit Ablauf der Umsetzungsfrist der EU-Richtlinie 2002/14/EG zur Festlegung eines all- 125 gemeinen Rahmens für die Unterrichtung und Anhörung der Arbeitnehmer in der Europäischen Gemeinschaft am 23.3.2005 (auch kurz Anhörungsrichtlinie) ist auch in der Rechtsprechung das Argument zu finden, Art. 8 Abs. 1 der Anhörungsrichtlinie fordere von den Mitgliedstaaten geeignete Verwaltungs- und Gerichtsverfahren, mit deren Hilfe die Verpflichtung zur Schaffung wirksamer, angemessener und abschreckender Sanktionen nach Art. 8 Abs. 2 der Richtlinie durchgesetzt werden könne. Wegen der fehlenden fristgerechten Umsetzung dieser Richtlinie in Deutschland wären die deutschen Gesetzesnormen dahingehend auszulegen, dass ein Unterlassungsanspruch des Betriebsrats gegen die Durchführung einer Betriebsänderung vor Abschluss des Einigungsstellenverfahrens bestehe.[198] Diese unzutreffende Argumentation berücksichtigt nicht, dass eine in diesem Sinne auslegungsfähige deutsche Gesetzesnorm nicht existiert, das Unterrichtungs- und Beratungsverfahren in Deutschland durch die oben beschriebenen Normen durchaus wirksam, angemessen und abschreckend geschützt ist und dass Art. 8 der Anhörungsrichtlinie nicht hinreichend bestimmt ist, um in unmittelbarer Anwendung einen Unterlassungsanspruch zu schaffen. Zumal in Deutschland durch das Einigungsstellenverfahren zum Interessenausgleich und zum erzwingbaren Sozialplan die Unterrichtungs- und Anhörungsrechte des Betriebsrats wesentlich stärker abgesichert sind, als nach der Anhörungsrichtlinie 2002/14/EG selbst. Die Anhörungsrichtlinie kann jedenfalls nicht mehr absichern, als sie selbst materiell zu schützen bereit ist.[199] Erst recht kann die Anhörungsrichtlinie keine Wirkung mehr entfalten, wenn eine Betriebspartei das Scheitern der Interessenausgleichs-

---

[195] MHdB ArbR/*Matthes*, 2. Aufl. 2000, § 361 Rn. 50.
[196] § 113 Abs. 3 S. 2, 3 BetrVG aF, BGBl. 1996 I 1476; abgedruckt in BB 1996, 2144.
[197] *Ehler* BB 2000, 978.
[198] So jetzt auch LAG München 22.12.2008 – 6 TaBVGa 6/08, BB 2010, 896; LAG Hamm 30.7.2007 – 10 TaBVGa 17/07, BB 2008, 171 (nur red. Leitsatz) und BeckRS 2007, 46764; LAG Schleswig-Holstein 20.7. 2007 – 3 TaBVGa 1/07, BeckRS 2007, 46789; so wohl auch Richardi BetrVG/*Annuß* § 111 Rn. 168; *Fauser/ Nacken* NZA 2006, 1136 (1142); *Gruber* NZA 2011, 1011 (1014).
[199] LAG Rheinland-Pfalz 24.11.2004 – 9 TaBV 29/04, BeckRS 2005, 42161; 30.3.2006 – 11 TaBV 53/05, BeckRS 2007, 45680; 26.10.2006 – 11 TaBV 58/06, BeckRS 2011, 66183; WHS Umstrukturierung/ *Schweibert* C Rn. 309a; *Lobinger* in FS Richardi, 657, 660; *Weber* in FS Richardi, 461, 467; *Ehler* BB 2000, 978 (979); *Völksen* RdA 2010, 354 (363); *Lipinski/Reinhardt* NZA 2009, 1184 (1187 ff.); *Bauer/ Krieger* BB 2010, 53 (54 f.).

verhandlungen erklärt hat, denn dann ist das Unterrichtungs- und Beratungsverfahren beendet.[200]

126 Unabhängig davon, ob eine Unterlassungsverfügung gegen die Durchführung einer Betriebsänderung möglich ist, sollte stets darauf geachtet werden, dass die Unterrichtung des Betriebsrats ausreichend umfassend und auf Verlangen auch durch Vorlage der erforderlichen Unterlagen ergänzt worden ist. Sollte an dieser Stelle eine Tatsache oder ein erforderliches Dokument fehlen oder verweigert werden, ist eine **einstweilige Verfügung auf Leistung** in Form der entsprechenden Auskunft oder auf Vorlage der relevanten Unterlage anerkannt (§ 85 ArbGG iVm § 888 ZPO).[201]

7. Sicherung der Beteiligungsrechte von EurBR, SEBR, SprA, WA

127 Im Unterschied zum erweiterten Unterrichtungs-, Beratungs-, und Verhandlungsrecht des Betriebsrats nach §§ 111, 112 BetrVG, das auch den Einigungsversuch in der Einigungsstelle zum Interessenausgleich und die Zwangsschlichtung der Einigungsstelle zum Sozialplan vorsieht, sind die Beteiligungsrechte des Europäischen Betriebsrats, des Sprecherausschusses und des Wirtschaftsausschusses lediglich auf rechtzeitige und umfassende Unterrichtung über die Betriebsänderung sowie eine Beratung (Anhörung) über die erhaltene Information vorgesehen. Lediglich der SEBR hat ein Anrecht auf eine zweite Anhörungssitzung (suspensives Veto). Zur Durchsetzung des Unterrichtungs- und Beratungsrechts sind Leistungsverfügungen auf Auskunft oder Vorlage von erforderlichen Unterlagen auch im einstweiligen Rechtsschutz vor dem Arbeitsgericht möglich. Für den Wirtschaftsausschuss ist die Durchsetzung der Unterrichtungspflicht zunächst im Einigungsstellenverfahren nach § 109 BetrVG vorgesehen, das allerdings der richterlichen Kontrolle unterliegt, da eine Rechtsfrage betroffen ist. Jedoch ist in den genannten Verfahren **kein Unterlassungsanspruch** gegen die Durchführung der Betriebsänderung vorgesehen für den Fall, dass Unterrichtungs- und Beratungsrecht nicht ausreichend erfüllt wurden. Rechtsprechung oder Literatur zu einem entsprechenden Unterlassungsanspruch liegen in Deutschland nicht vor. Die Möglichkeit der Unterlassungsverfügung in Frankreich und Belgien zur Absicherung der Unterrichtungs- und Beratungsrechte ist allerdings zu bedenken.

128 Keinesfalls kann die Nichterfüllung von Unterrichtungs- oder Beratungspflichten gegenüber den genannten Gremien Einfluss auf die entsprechende Beratung und Verhandlung eines Interessenausgleichs und Sozialplans in Deutschland haben. Jedes Gremium ist für die Umsetzung seiner Rechte **unabhängig** von den anderen Gremien zuständig. Eine Ausnahme gilt nur für den Wirtschaftsausschuss, der seine Rechte nicht selbst verfolgen kann, sondern durch den Betriebsrat geltend machen muss.

8. Der Streit um den Tarifsozialplan

129 Seit dem 24.4.2007 ist es amtlich: Das Bundesarbeitsgericht entschied mit Urteil vom 24.4.2007, dass Streiks um firmenbezogene Verbandstarifsozialpläne zulässig sind.[202] Damit hat sich das Verfahren zur betriebsverfassungsrechtlichen Begleitung von Betriebsänderungen weiter verschärft. Nun sind gegebenenfalls die Verhandlungen mit den Betriebsräten um Interessenausgleich und Sozialplan auch mit möglichen **Arbeitsniederlegungen** zur Erzwingung eines Tarifsozialplans zu koordinieren. Nachdem bereits AEG/Electrolux in Nürnberg, Infineon in München und Otis in Berlin durch Streiks der IG-Metall zu exorbitanten Abfindungsleistungen und Kündigungsschutzzusagen wegen Betriebsstilllegungen und Verlagerungen ins Ausland veranlasst worden waren,[203] versuchte Heidelberger Druckmaschinen diesem Druck durch Unterlassungs- und Schadensersatzklage zu begegnen. Die Klagen wurden vom Arbeitgeberverband eingeleitet, dessen Mitglied das Unternehmen war. Die

---

[200] LAG Rheinland-Pfalz 26.10.2006 – 11 TaBV 58/06, BeckRS 2011, 66183; dazu auch *Kania/Joppich* NZA 2005, 749.
[201] *Fitting* BetrVG § 111 Rn. 141; *Löwisch/Kaiser* BetrVG § 111 Rn. 56; *Löwisch* RdA 1989, 216 (219).
[202] BAG 24.4.2007 – 1 AZR 252/06, NZA 2007, 987; dazu *Bayreuther* NZA 2007, 1017; *Willemsen/Stamer* NZA 2007, 413; *Brecht-Heitzmann* NJW 2007, 3617; *Meyer* DB 2005, 830; *Rieble* RdA 2005, 200.
[203] Vgl. Handelsblatt 25.4.2007 „Arbeitgeber im Schraubstock".

durch Streikaufrufe begleiteten Forderungen der Gewerkschaft für den Sozialtarifvertrag waren im Falle von betriebsbedingten Kündigungen wegen Produktionsverlagerung:

1. verlängerte Grundkündigungsfristen von 3 Monaten zum Quartalsende zuzüglich 2 weiteren Monaten pro Beschäftigungsjahr;
2. Bezahlte Qualifizierungsmaßnahmen für bis zu 24 Monate unter Vergütungsfortzahlung;
3. Abfindungen in Höhe von 2 Monatsgehältern pro Beschäftigungsjahr zuzüglich Erhöhungsbeträgen;
4. Zuständigkeit der Einigungsstelle für Art und Inhalt von Qualifizierungsmaßnahmen.[204]

Die im Verhältnis zu Sozialplänen nach § 112 BetrVG **exorbitanten Forderungen** indizieren, dass es eigentlich um die Verhinderung der Maßnahme und weniger um die Kompensation der wirtschaftlichen Nachteile nach § 112 Abs. 1 S. 2 BetrVG ging. Trotzdem entschied das Bundesarbeitsgericht unmissverständlich,

- dass ein Streik zum Abschluss eines firmenbezogenen Verbandstarifs rechtmäßig ist, wenn der Manteltarif mit entsprechenden Regelungen gekündigt ist;
- dass für einen solchen Tarif gestreikt werden kann;
- dass firmenbezogener und Flächentarif parallel verhandelt werden können;
- dass tarifliche Abfindung zum Ausgleich oder zur Milderung der durch Betriebsänderung verursachten Nachteile nicht durch §§ 111, 112 BetrVG eingeschränkt sind;
- dass für einen solchen Tarifsozialplan auch schon während der Interessenausgleichs- und Sozialplanverfahren gestreikt werden kann;
- dass die Streikforderungen für tariflich regelbare Forderungen keiner Übermaßkontrolle durch die Gerichte unterliegen.[205]

Diese Entscheidung ist zwar kritisiert worden.[206] Jedoch wird sie in Zukunft zu beachten sein. Folgerichtig muss deshalb bei der Erwägung einer Betriebsänderung mit erheblichen Auswirkungen auf die Belegschaft, insbesondere bei Stilllegungen und Verlagerungen mit Streiks gerechnet und geprüft werden, welche Tarifregeln im relevanten Tarifbezirk bestehen bezüglich Kündigungsfristen (typischerweise im Manteltarifvertrag), Abfindungsregelungen (typischerweise im Rationalisierungstarifverträgen) und Qualifizierungsvereinbarungen (typischerweise in Qualifizierungstarifverträgen) und ob solche Tarifverträge gekündigt sind, oder noch der Friedenspflicht[207] unterliegen. Das Bundesarbeitsgericht scheint in der aktuellen Entscheidung von einer **weiten Friedenspflicht** auszugehen.[208] Die Unterrichtungs-, Beratungs- und Verhandlungsverpflichtungen gegenüber den Betriebsräten sollten frühzeitig wahrgenommen und forciert werden. Schließlich sollten bereits in der Konzeptionsphase im Konzern möglicherweise vorhandene Überkapazitäten („contingencies") anderenorts ermittelt werden, damit ein Streikaufruf am Ort der Stilllegung akzeptiert werden und die dortige Produktion notfalls wegen des Streiks tatsächlich stillgelegt werden kann. Erfolgt die Produktionseinstellung wegen der Arbeitsniederlegung, entfällt gegebenenfalls die Vergütungspflicht und somit die Drucksituation. Allerdings ist in dieser Situation auch die neue Rechtsprechung des Bundesarbeitsgerichts zur grundsätzlichen Zulässigkeit von Unterstützungsstreiks zu berücksichtigen.[209]

9. Verfahrensablauf bei Massenentlassungen gem. § 17 KSchG

Auch ein reiner Personalabbau kann eine Betriebsänderung gemäß § 111 S. 3 Nr. 1 BetrVG darstellen, wenn die Maßnahmen die Schwellenwerte nach § 17 KSchG erreichen. Die Tatbestandsvoraussetzungen sind oben beschrieben (→ § 56 Rn. 49). Rechtsfolge ist ein

---

[204] BAG 24.4.2007 – 1 AZR 252/06, NZA 2007, 987 (Sachverhalt).
[205] BAG 24.4.2007 – 1 AZR 252/06, NZA 2007, 987.
[206] ZB Willemsen/Stamer NZA 2007, 413; Brecht/Heitzmann NJW 2007, 3617; vgl. Bayreuther NZA 2007, 1017; im Vorfeld schon Rieble RdA 2005, 200; Schiefer/Worzalla DB 2006, 46; Bauer/Krieger NZA 2004, 1019.
[207] Schaub ArbR-HdB/Schaub § 201 Rn. 9 bis 13b; Bayreuther NZA 2007, 1017 (1018 f.); siehe auch BAG 10.12.2002 – 1 AZR 96/02, NZA 2003, 734 zum firmenbezogenen Verbandstarif.
[208] BAG 24.4.2007 – 1 AZR 252/06, NZA 2007, 987 (998); Bayreuther NZA 2007, 1019.
[209] BAG 19.6.2007 – 1 AZR 396/06, NZA 2007, 1055.

komplexes Anzeige- und Konsultationsverfahren. Ein Arbeitgeber muss der Agentur für Arbeit Anzeige erstatten, **"bevor"** er Arbeitnehmer in der Größenordnung der Schwellenwerte gemäß § 17 Abs. 1 KSchG **"entlässt":** Den Entlassungen stehen andere vom Arbeitgeber veranlasste Beendigungen gleich (**Anzeigeverfahren**). Nach § 17 Abs. 2 KSchG muss der Arbeitgeber **rechtzeitig** den Betriebsrat **schriftlich** unterrichten über (**Konsultationsverfahren**):

1. die Gründe für die geplanten Entlassungen,
2. die Zahl und die Berufsgruppen der Betroffenen,
3. die Zahl und die Berufsgruppen der in der Regel Beschäftigten,
4. den Zeitraum für die Entlassungen,
5. die Kriterien für die Auswahl,
6. die Kriterien für die Abfindungsberechnungen.

133   Urpsprünglich sollte das Anzeigeverfahren vornehmlich die Arbeitsverwaltung begünstigen; die damaligen Arbeitsämter sollten von größeren Personalabbaumaßnahmen nicht überrascht werden, sondern schnelle effektive Maßnahmen ergreifen und Arbeit vermitteln können. Gesetzgeberische, richterliche und unionsrechtliche Vorgaben haben den Fokus allerdings primär auf einen Kündigungsschutz verschärft. Zu dem Anzeigeverfahren wurde die Rolle des Betriebsrats in einem Konsultationsverfahren gestärkt. Neben dem betriebsverfassungsrechtlichen Verfahren zum Abschluss eines Interessenausgleichs und Sozialplans muss der Arbeitgeber im Detail auch dieses komplexe parallele Anzeige-/Konsultationsverfahren beherrschen. Insbesondere der Begriff „Entlassung" hat über die Jahrzehnte einen Bedeutungswandel vollzogen[210] vom primär arbeitsmarktpolitischen Zweck hin zum Kündigungsschutzzweck.

134   Nach § 17 Abs. 3 KSchG muss der Arbeitgeber eine Abschrift der Mitteilung an den Betriebsrat mit den entsprechenden Angaben der Agentur zuleiten. Eine Stellungnahme des Betriebsrats ist der Anzeige beizufügen oder glaubhaft zu machen, dass der Betriebsrat mindestens zwei Wochen Zeit hatte, bevor die Enzeige erstattet wurde. Die Anzeige muss neben der Identifikation des Arbeitgebers im Wesentlichen die gleichen Angaben enthalten wie auch die Betriebsratmitteilung. In § 17 Abs. 3 KSchG wird die komplexe Konsultation mit dem Betriebsrat detailliert beschrieben. Die Auslegung des Wortes „Entlassung" ist entscheidungsrelevant. Bis 2005 wurde die Entlassung verstanden als der Ablauf der Kündigungsfrist, also der Zeitpunkt der Beendigung des Arbeitsverhältnisses.[211]

135   Der EuGH sieht das allerdings unter Bezug auf RL 98/59/EG Art. 1, 2 anders und hat entschieden, dass es nicht auf das Ende der Kündigungsfrist, also das Ende des Arbeitsverhältnisses ankommt, sondern auf die „Kündigungserklärung".[212] Der Arbeitgeber darf demnach die Kündigungserklärung gegenüber dem betroffenen Arbeitnehmer nicht abgeben, **bevor** das Anzeige- und Konsultationsverfahren **beendet** ist.[213] Dem folgte seither auch das BAG.[214] Andernfalls sei die zu früh abgegebene Kündigung nichtig gemäß § 134 BGB. Unklar war allerdings, ob mit der „Kündigungserklärung" die Unterzeichnung, die Absendung oder der Zugang der einseitigen Willenserklärung gemeint ist.[215] Hierzu hat das BAG **neuerdings** etwas **Klarheit** geschaffen: Die nach § 17 Abs. 1 KSchG erforderliche Massenentlassungsanzeige könne erst dann wirksam erstattet werden, wenn der Arbeitgeber im Zeitpunkt ihres Eingangs bei der zuständigen Agentur für Arbeit bereits zur Kündigung entschlossen ist. Eine Kündigung kann darum **schon unmittelbar nach Eingang** der Massenentlassungsanzeige bei der Agentur erklärt werden.[216]

136   Nach anwendbarem deutschen Recht muss eine einseitige Willenserklärung gemäß § 130 BGB zugehen, um wirksam zu sein. Gelangt die betriebsbedingte Kündigung nicht in den Herrschaftsbereich des Arbeitnehmers bzw. die Massenentlassungsanzeige nicht in den

---

[210] Holler NZA 2019, 291; Steinau-Steinrück/Berz NZA 2017, 145.
[211] BAG 24.2.2005 – 2 AZR 207/04, NZA 2005, 766; Holler NZA 2019, 291; Steinau-Steinrück/Berz NZA 2017, 145.
[212] EuGH 27.1.2005 – C 188/03, NZA 2005, 213 Rn. 36 (Junk).
[213] Holler NZA 2019, 291 f.
[214] BAG 22.9.2016 – 2 AZR 276/16, NZA 2017, 175; 9.6.2016 – 6 AZR 405/15, NZA 2016, 1198.
[215] Holler NZA 2019, 291 f., Steinau-Steinrück/Berz NZA 2017, 145.
[216] BAG 13.6.2019 – 6 AZR 459/18, NZA 2019, 1638.

Herrschaftsbereich der zuständigen Arbeitsagentur, werden die entsprechendenn Erklärungen nicht wirksam.[217] Es kommt also auf den Zugang der Anzeige in der Agentur und der Kündigung beim Arbeitnehmer an. Die Kündigung darf sofort nach Zugang der Anzeige zugehen. Da es in diesem Zusammenhang nicht immer völlig eindeutige und abweichende Entscheidungen geben kann, empfiehlt die Agentur zur Sicherheit in ihrem **Merkblatt**, ihre Empfangsbestätigung für die Entlassungsanzeige abzuwarten, bevor die Kündigungen gegenüber den Arbeitnehmern ausgesprochen werden.[218] Wegen der Fülle der Informationen, die der Arbeitgeber an den Betriebsrat und an die Agentur zu melden hat, ist es leicht möglich, dass sich Fehler einschleichen. In einem der zitierten Fälle hatten sich trotz Beratung 11 Fehler eingeschlichen. Schon allein das Merkmal Berufsgruppen ist unklar. Unvollständige, fehlerhafte Anzeigen an eine nicht zuständige örtliche Agentur machen die Kündigungen nichtig und unwirksam.[219] Selbst Kündigungen, die ursprünglich nicht beabsichtigt waren zB bei **Widersprüchen im Betriebsübergang** oder bei Ablehnung von **einseitigen Änderungen** von Entgeltbedingungen.[220] Es empfiehlt sich, dem Merkblatt der Arbeitsagentur eng zu folgen und bei Fragen die Agentur anzusprechen, auch wenn Beratung vor Ort ist. Das Konsultationsverfahren nach § 17 Abs. 2, 3 KSchG kann auch mit dem betriebsverfassungsrechtlichen Konsultationsverfahren nach § 111 BetrVG **ausdrücklich** verbunden werden.[221] Ein einheitliches Verfahren setzt jedoch voraus, dass der Betriebsrat klar erkennbar mit den einzelnen Komplexen seiner Zuständigkeit befasst wird und ihm die dafür jeweils notwenidgen Tatsachen mitgeteilt werden.[222] Dafür muss der Arbeitgeber deutlich zum Ausruck bringen, welchen Beteiligungspflichten er im Einzelnen nachkommen will.[223] In beiden Verfahren ist der Betriebsrat Adressat. Der Interessenausgleich nach § 112 Abs. 1 S. 1 BetrVG iVm § 1 Abs. 5 S. 1 KSchG kann gemäß § 1 Abs. 5 S. 4 KSchG auch als Stellungnahme des Betriebsrats nach § 17 Abs. 3 S. 2 KSchG fungieren.

---

[217] BAG 13.6.2019 – 6 AZR 459/18, NZA 2019, 1638; *Holler* NZA 2019, 291 f.; vgl. auch BAG 22.8.2019 – 2 AZR 111/19, NZA 2019, 1490.
[218] Merkblatt der Agentur und Formular der Massenkündigungsanzeige sind im Netzverhältnis unter www.arbeitsagentur.de.
[219] EuGH 21.9.2017 – C 429/16 (Mahgorzata), NZA 2017, 17.
[220] EuGH 21.9.2017 – C 149/16 (Halina Suda), NZA 2017, 1323.
[221] BAG 18.1.2012 – 6 AZR 407/10, NZA 2012, 817; 20.9.2012 – 6 AZR 155/11, NZA 2013, 32; 13.12.2012 – 6 AZR 752/11, AP KSchG 1969 § 17 Nr. 44.
[222] ErfK/*Kiel* KSchG § 17 Rn. 26a.
[223] MüKoBGB/*Hergenröder* KSchG § 17 Rn. 54; Ascheid/Preis/Schmidt/*Moll* KSchG § 17 Rn. 86.

§ 58 Regelungsinhalte

Übersicht

	Rn.
I. Einführung	1
II. Interessenausgleich gemäß § 112 BetrVG	2–56
1. Inhalt des Interessenausgleichs	6–39
a) Beschreibung der Maßnahmen	11–23
b) Einschränkende Organisationsregeln	24
c) Folgeregelungen	25–28
d) Garantien für Standort, Beschäftigung, Arbeitsplatz	29
e) Namenslisten gemäß § 1 Abs. 5 KSchG	30
f) Auswahlrichtlinien gemäß § 1 Abs. 4 KSchG	31–35
g) Zuordnungslisten gemäß § 323 Abs. 2 UmwG	36/37
h) Namensliste gemäß § 125 InsO	38
i) Vorschläge zur Beschäftigungssicherung	39
2. Form des Interessenausgleichs	40/41
3. Rechtswirkungen des Interessenausgleichs	42–45
a) Änderungen	43
b) Durchführungsanspruch des Betriebsrats	44
c) Freiwillige Betriebsvereinbarung	45
4. Laufzeit des Interessenausgleichs	46–55
a) Zweckerreichung	47–49
b) Befristung	50–52
c) Kündigung	53–55
5. Der Interessenausgleich in der Insolvenz	56
III. Sozialplan gemäß § 112 BetrVG	57–171
1. Arten von Sozialplänen	63–73
a) Erzwingbare Sozialpläne	64–66
b) Freiwillige Sozialpläne	67–73
2. Inhalt von Sozialplänen	74–156
a) Ausgleich/Milderung wirtschaftlicher Nachteile	76
b) Nachteile „infolge" der Betriebsänderung	77/78
c) Abfindungsregelungen für Arbeitsplatzverlust	79–100
d) Kompensation für Verlust von Vergütungsansprüchen	101–103
e) Ausgleichsleistung für sonstige Nachteile	104–111
f) Turboprämie	112
g) Sprinterklausel	113
h) Treueprämie	114
i) Begünstigte Personen	115/116
j) Leistungsausschlüsse/-einschränkungen	117–139
k) Beschäftigungsfördernder Sozialplan (Transfersozialplan)	140–147
l) Qualifizierungsbetrieb/Sozialplan	148/149
m) Ermessensschranken gemäß § 112 Abs. 5 BetrVG	150–156
3. Rechtswirkungen von Sozialplänen	157–162
a) Änderungen	158
b) Durchführungsanspruch	159
c) Freiwillige Betriebsvereinbarung	160
d) Verzicht	161
e) Drittwirkung	162
4. Laufzeit von Sozialplänen	163–168
a) Zweckerreichung	164
b) Befristung	165
c) Kündigung, ordentlich, außerordentlich	166/167
d) Wegfall der Geschäftsgrundlage	168
5. Sozialpläne in der Insolvenz	169–171
a) Erstellung vor Eröffnung der Insolvenz	170
b) Erstellung nach Eröffnung	171
IV. Umsetzung der Regelungsinhalte	172–181
1. Beachtung der Arbeitnehmerrechte	173
2. Anhörung nach § 99 BetrVG	174
3. Anhörung nach § 102 BetrVG	175

	Rn.
4. Massenkündigung nach § 17 KSchG	176–178
5. Beteiligung des Integrationsamtes	179
6. Beteiligung des Amtes für Arbeitssicherheit	180
7. Entlassung von Betriebsratsmitgliedern	181
V. Betriebliche Folgen	182–206
1. Betriebsratsstruktur	187
2. Betriebsvereinbarungen	188/189
3. Betriebsrenten	190–205
4. Schwerbehinderung	206

I. Einführung

Ziel der Unterrichtungs-, Beratungs- und Verhandlungsrechte nach §§ 111, 112 BetrVG ist **die Vereinbarung** eines Interessenausgleichs und eines Sozialplans. Der Interessenausgleich beschreibt das „ob, wann und wie" der Betriebsänderung. Der Sozialplan regelt die Ansprüche betroffener Arbeitnehmer zum Ausgleich oder zur Milderung der infolge der Betriebsänderung entstehenden wirtschaftlichen Nachteile. Je nach Wirtschaftszweig, Unternehmenssituation und Anlass kann es sich um kurze, übersichtliche Vereinbarungen oder auch komplexe Regelungswerke handeln. **1**

II. Interessenausgleich gemäß § 112 BetrVG

Zweck des Interessenausgleichsverfahrens ist es, nach umfassender Unterrichtung und Beratung der geplanten Betriebsänderung im Wege der Verhandlung die zum Teil gegenläufigen Interessen des Unternehmens und der Arbeitnehmer, vertreten durch den Betriebsrat, in Einklang zu bringen und eine Einigung über die Durchführung der geplanten Betriebsänderung zu finden. Im Interessenausgleich sollen Unternehmer und Betriebsrat die geplante Betriebsänderung, dh die unternehmerische **Maßnahme** als solche möglichst **gemeinsam beschreiben,** nachdem sie sich über das „ob, wann und wie" der Betriebsänderung geeinigt haben. Typischer Weise macht der Unternehmer nach der umfassenden Unterrichtung und Beratung der Maßnahme einen ersten Entwurf für den Interessenausgleich, den der Betriebsrat nach Erörterung entweder akzeptiert oder zu dem er entsprechende Änderungsvorschläge macht, über die daraufhin verhandelt und im Wege des gegenseitigen Überzeugens oder Nachgebens der endgültige Text vereinbart wird. Der Unternehmer schlägt vor: **2**

Muster

Interessenausgleich **3**

Zwischen
der A-GmbH, Frankfurt, vertreten durch den Geschäftsführer G.
und
dem Betriebsrat der A-GmbH im Fertigungsbetrieb Göttingen, vertreten durch den Betriebsratsvorsitzenden B.

1. Der Fertigungsbetrieb in Göttingen wird zum Jahresende 2011 stillgelegt.
2. Den Mitarbeitern der Stabsabteilung wird der Umzug in die Unternehmenszentrale Frankfurt angeboten.
3. Die Schließung wird voraussichtlich den Abbau von 80 Arbeitsplätzen spätestens zum Jahresende erfordern.
4. Der Betriebsrat stimmt der Maßnahme zu. Damit ist das Verfahren zum Ausgleich der Interessen nach §§ 111, 112 BetrVG erledigt.

Göttingen, den 10. Juni 2011

....
Geschäftsführung   Betriebsrat

§ 58 4–8 Teil K. Betriebsänderungen

4   Der Betriebsrat sieht die Notwendigkeit der Maßnahme, bittet aber um Verschiebung der Schließung um 12 Monate und schlägt vor, auch die Forschungs- und Entwicklungsabteilung zur Zentrale zu verlegen, um dadurch wenigstens 10 Arbeitsplätze zu sichern. Der Unternehmer folgt diesem Vorschlag zum Teil, weil er die Forschungs- und Entwicklungsabteilung in Frankfurt unterbringen kann und auch der Frankfurter Betriebsrat einverstanden ist. Es wird nach längerer Verhandlung folgender Interessenausgleich vereinbart:

Muster

5   **Interessenausgleich**

Zwischen
der A-GmbH, Frankfurt, vertreten durch den Geschäftsführer G.
und
dem Betriebsrat der A-GmbH im Fertigungsbetrieb Göttingen, vertreten durch den Betriebsratsvorsitzenden B.

1. Der Fertigungsbetrieb in Göttingen wird zum 30. Juni 2012 stillgelegt.
2. Den Mitarbeitern der Stabsabteilung und der Abteilung Forschung und Entwicklung wird der Umzug in die Unternehmenszentrale nach Frankfurt angeboten.
3. Die Schließung wird voraussichtlich den Abbau von 70 Arbeitsplätzen spätestens zum Schließungstermin erfordern.
4. Der Betriebsrat nimmt die Maßnahme mit Bedauern zur Kenntnis. Damit ist das Verfahren zum Ausgleich der Interessen nach §§ 111, 112 BetrVG erledigt.

Göttingen, den 15. Juni 2011
....
Geschäftsführung   Betriebsrat

1. Inhalt des Interessenausgleichs

6   Zunächst ist ein ordentliches **Rubrum** anzufertigen, in dem das Unternehmen und sein Vertreter sowie der zuständige Betriebsrat und sein Vorsitzender genannt werden. Die Zuständigkeit kann beim Betriebsrat, beim Gesamtbetriebsrat und seltener beim Konzernbetriebsrat liegen. Im vorliegenden Beispiel bleibt der Göttinger Betriebsrat zuständig, obwohl auch der Frankfurter Betrieb durch die Aufnahme der beiden Abteilungen betroffen ist. Gleichwohl muss nicht der Gesamtbetriebsrat zuständig sein, weil die Sache vor Ort geregelt werden kann und kein Konflikt mit dem Frankfurter Betriebsrat besteht. Bei größeren Betriebsräten oder Gesamtbetriebsräten oder wenn mehrere Betriebsräte zuständig sind, wird in der Praxis oft ein Verhandlungsteam gebildet. In dem Fall ist es wichtig, dass ein Beschluss des zuständigen Gesamtgremiums herbeigeführt wird und entsprechend auch der zuständige Betriebsrat genannt wird, denn der Abschluss des Interessenausgleichs kann grundsätzlich nicht auf einen Ausschuss übertragen werden.

Formulierungsvorschlag: Rubrum

7   **Interessenausgleich**

Zwischen
der A-GmbH, Frankfurt, vertreten durch den Geschäftsführer G.
und
dem Betriebsrat der A-GmbH im Fertigungsbetrieb Göttingen, vertreten durch den Betriebsratsvorsitzenden B

8   Neben der reinen Beschreibung der geplanten Betriebsänderung in ihrer zeitlichen und inhaltlichen Dimension sind oft beide Betriebsparteien daran interessiert, ihre jeweiligen

Beweggründe in einer **Präambel** voranzustellen. Wenn dies der Einigung förderlich ist, sollte man dem nicht entgegentreten. Auch kann eine solche Präambel bei der Auslegung des Interessenausgleichs durch Dritte hilfreich sein. Typische Argumente des Arbeitgebers sind zB die Stärkung der Marktposition, die strategische Neuausrichtung eines Geschäftszwegs, die Notwendigkeit von Rationalisierungen, die Sicherung der verbleibenden Betriebe oder der Fortbestand des Unternehmens. Typische Betriebsratsziele sind der Erhalt möglichst vieler Arbeitsplätze, die Absicherung vor unzumutbaren Versetzungen und die Sicherung von erdienten Arbeits- und Vertragsbedingungen.

> **Formulierungsvorschlag:**
>
> **Präambel**
>
> Vor dem Hintergrund einer sich laufend verschlechternden Konjunktur im Bereich Fahrzeugbau und einiger dramatischer Sondereinflüsse wie der Insolvenz des Hauptzulieferers, einer besonderen Schwäche des Absatzmarktes in Frankreich und eingedenk der berechtigten Interessen des Betriebsrats, möglichst viele Arbeitsplätze insbesondere durch Umschulung und die Schaffung von Teilzeitplätzen zu erhalten, vereinbaren die Betriebsparteien nach langen, zum Teil streitigen und mit großem Ernst geführten Verhandlungen folgenden Interessenausgleich.

9

Danach folgt in nüchternem Vertragsstil nach Paragraphen oder Ziffern und Absätzen geordnet der eigentliche Inhalt des Interessenausgleichs.

10

a) Beschreibung der Maßnahmen. Je nach den verschiedenen Betriebsänderungstatbeständen des § 111 S. 3 Nummern 1 bis 5 BetrVG werden die Maßnahmen so knapp wie möglich beschrieben. Dabei ist es üblich, zwischen der reinen Betriebsänderung und den daraus folgenden personellen Maßnahmen zu unterscheiden. Diese beschreibenden Darstellungen sind auch **Organisationsregeln** oder Durchführungsregeln genannt. Eine Abweichung von den beschriebenen Maßnahmen kann zwar vom Betriebsrat oder dem einzelnen betroffenen Arbeitnehmer nicht verhindert werden. Sie führt aber gegebenenfalls zu Nachteilsausgleichsansprüchen betroffener Arbeitnehmer gemäß § 113 BetrVG, so dass die Beschreibung und vor allem die Abgrenzung betroffener Arbeitnehmergruppen sorgfältig geplant und formuliert sein müssen.

11

aa) Stilllegung, Einschränkung. Bei der Stilllegung oder Einschränkung von Betrieben oder Betriebsteilen ist im Wesentlichen der **Zeitpunkt** der Umsetzung und die genaue **Abgrenzung** der betroffenen Arbeitnehmergruppen zu regeln. Die Stilllegung ist ein relativ einfach zu beschreibender Sachverhalt. Der Darstellung des Betriebsänderungstatbestands folgt die Beschreibung der vorgesehenen betriebsbedingten Kündigungen. Eine Personalliste mit den relevanten Daten ist nicht unbedingt erforderlich, da allen Arbeitnehmern gekündigt wird, somit keine Sozialauswahl erforderlich ist. Besteht also vor Abschluss des Interessenausgleichs großer Zeitdruck, kann man sich bei der Betriebsstilllegung auf einen Minimaltext des Interessenausgleichs einigen.

12

> **Muster: Interessenausgleich Schließung einfach**
>
> **Interessenausgleich**
>
> Zwischen
> der B-GmbH, Frankfurt, vertreten durch den Geschäftsführer G.
> und
> dem Betriebsrat der B-GmbH, vertreten durch den Betriebsratsvorsitzenden B.
>
> **§ 1 Gegenstand der Betriebsänderung**
> Der Betrieb wird zum 31. Dezember 2011 stillgelegt.

13

§ 2 Personelle Maßnahmen
Allen Mitarbeitern wird aus betriebsbedingten Gründen unter Einhaltung der jeweiligen Kündigungsfristen zum 31. Dezember 2011 gekündigt.

§ 3 Beteiligungsrechte
Weitere Beteiligungsrechte des Betriebsrats [etwa nach § 102 BetrVG und § 17 Abs. 2 KSchG] bleiben unberührt.

§ 4 Sozialplan
Zum Ausgleich bzw. zur Milderung der wirtschaftlichen Nachteile, die den betroffenen Arbeitnehmern durch die geplante Betriebsänderung entstehen, haben die Parteien einen Sozialplan abgeschlossen/werden die Parteien einen Sozialplan abschließen. Die Verhandlungen werden unverzüglich aufgenommen.

§ 5 Inkrafttreten
Die Parteien sind sich einig, dass das Verfahren zum Ausgleich der Interessen beendet ist.
Der Interessenausgleich tritt mit Unterzeichnung in Kraft.

......
Ort/Datum

......
Unternehmen   Betriebsrat

14 Ist vor Abschluss des Interessenausgleichs noch etwas Zeit, um die Maßnahmen näher zu **präzisieren** und vorsorglich zum Beispiel eine Personalliste anzufertigen, um die weiteren Beteiligungsrechte des Betriebsrats in der Durchführung vorzubereiten, empfiehlt sich eine ausführlichere Textversion, die nach Abschluss des Interessenausgleichs Zeit spart und relative Rechtssicherheit schafft. Die Personalliste ist zwar für die Sozialauswahl im Fall der Stilllegung nicht erforderlich, aber für die eigene Kalkulation des Arbeitgebers ohnehin hilfreich und für die Unterrichtung wegen der Beteiligungsrechte nach § 102 BetrVG und § 17 Abs. 2 KSchG zu empfehlen. Ist der Betriebsrat einverstanden, kann damit sogar der Durchführungsschritt Betriebsratsanhörung für die Kündigungen und die Massenentlassungsanzeige miterledigt werden. Die Beratungspflicht nach § 17 Abs. 2 KSchG ist jedoch nicht automatisch mit der Beratung des Interessenausgleichs erledigt.[1]

Muster: Interessenausgleich Stilllegung mit Personalliste

15   **Interessenausgleich**

Zwischen
der C-GmbH, Frankfurt, vertreten durch den Geschäftsführer G.
und
dem Betriebsrat der C-GmbH, vertreten durch den Betriebsratsvorsitzenden B.

§ 1 Gegenstand der Betriebsänderung
Der Betrieb wird zum 31. Dezember 2011 stillgelegt.

§ 2 Personelle Maßnahmen
1. Allen Mitarbeitern wird aus betriebsbedingten Gründen unter Einhaltung der jeweiligen Kündigungsfristen zum 31. Dezember 2011 gekündigt.

---

[1] BAG 13.6.2019 – 6 AZR 459/18, NZA 2019, 1638 (1641 ff. Rn. 27 f., 42 f.). *Meyer* BB 2001, 882; im Übrigen empfiehlt sich die Einfügung einer Namensliste nach der in der „Agenda 2010" vom Bundestag am 19.12.2003 beschlossenen und am 24.12.2003 ausgefertigten Fassung des § 1 Abs. 5 KSchG (BGBl. 2003 I 3002), die am 1.1.2004 wirksam wurde. LAG Berlin-Brandenburg 9.12.2015 – 15 Sa 1512/15, ArbR Aktuell 2016, 66.

2. Eine Liste aller betroffenen Arbeitnehmer wurde dem Betriebsrat ausgehändigt. Dort ist angegeben: Name, Vorname, Geburtstag, Eintrittsdatum, Kündigungsfrist, Beendigungsdatum, Familienstand, Zahl der unterhaltsberechtigten Kinder laut Lohnsteuerkarte, **Schwerbehinderung**, besonderer Kündigungsschutz, eventuelle individuelle Besonderheiten, Tätigkeit, [Brutto-Monatseinkommen].

§ 3 Beteiligungsrechte

1. Der Betriebsrat wurde gemäß § 102 BetrVG über die relevanten Kündigungsgründe und Sozialdaten anhand der Personalliste unterrichtet. Er stimmt den Kündigungen zu./Er widerspricht den Kündigungen nicht./Er gibt keine weiteren Erklärungen ab.
2. Der Betriebsrat wurde rechtzeitig schriftlich nach § 17 Abs. 2 KSchG unterrichtet. Die Maßnahmen wurden im Rahmen der Interessenausgleichsverhandlungen beraten. Der Betriebsrat bittet um Beifügung des Interessenausgleichs zu der Entlassungsanzeige. Er gibt keine weitere Stellungnahme ab./Er gibt die als Anlage beigefügte Stellungnahme ab.

§ 4 Sozialplan

Zum Ausgleich bzw. zur Milderung der wirtschaftlichen Nachteile, die den betroffenen Arbeitnehmern durch die geplante Betriebsänderung entstehen, haben die Parteien einen Sozialplan abgeschlossen./wird ein Sozialplan abgeschlossen. Die Verhandlungen werden unverzüglich aufgenommen.

§ 5 Inkrafttreten

1. Die Parteien sind sich einig, dass das Verfahren zum Ausgleich der Interessen beendet ist.
2. Der Interessenausgleich tritt mit Unterzeichnung in Kraft.

......
Ort/Datum

....
Unternehmen   Betriebsrat

Jedenfalls wenn eine Betriebseinschränkung erfolgt, also die zu kündigenden Mitarbeiter aus der Betriebsbelegschaft auszuwählen sind, empfiehlt sich eine ausführliche Personalliste oder mehrere nach Abteilungen geordnete **Personallisten**. Idealerweise wird die Personalliste schon in der Konzeptionsphase vorbereitet, um vor der Unterrichtung des Betriebsrats das voraussichtliche Sozialplanvolumen berechnen zu können. Diese Listen sollten aber nicht nur die Sozialdaten, sondern auch eine Tätigkeitsbezeichnung und die Vergütungsgruppe aller betroffenen Arbeitnehmer enthalten, damit die funktionale Auswahl zur Vorbereitung der Sozialauswahl transparent gemachten werden kann. Hier empfiehlt es sich auch, besonderen Kündigungsschutz wie Betriebsratsmitgliedschaft, Mutterschutz, Elternzeit, Schwerbehinderung, Wehrdienstabwesenheit zu kennzeichnen. Zusätzlich können auch besondere Merkmale für die Herausnahme bestimmter Arbeitnehmer aus der Sozialauswahl wie Kenntnisse, Fähigkeiten und Leistungen oder eine ausgewogene Personalstruktur des Betriebs nach § 1 Abs. 3 S. 2 KSchG in der Fassung vom 24.12.2003 präzisiert werden. Dazu können gehören Spezialkenntnisse, besondere Kundenbeziehungen und ein gesunder Altersaufbau in dem betroffenen Betrieb. Die pauschalierte Angabe der Kinderzahl unter Hinweis auf die Lohnsteuerkarte ist von der Rechtsprechung anerkannt,[2] obwohl es auch andere Nachweismöglichkeiten gibt. Individuelle Besonderheiten sollten als Kriterium genannt sein, denn das bestätigt die Ausübung des Auswahlermessens. Zur Angabe des Bruttomonatsgehalts ist der Arbeitgeber zwar nicht verpflichtet, es ist aber hilfreich, wenn Arbeitgeber und Betriebsrat mit den gleichen Zahlen rechnen. Die Übergabe der Personalliste sollte in einem Verhandlungsprotokoll oder einem Begleitschreiben erwähnt werden, um die Unterrichtungsdichte zu einem bestimmten Verhandlungsstand zu dokumentieren.

---

[2] BAG 12.3.1997 – 10 AZR 648/96, NZA 1997, 1058.

Muster: Interessenausgleich Einschränkung

17
Interessenausgleich

Zwischen
der C-AG, Rüsselsheim, vertreten durch den Vorstand V.
und
dem Betriebsrat der C-AG, vertreten durch den Betriebsratsvorsitzenden B.

Präambel
Zur Sicherung der Wettbewerbsfähigkeit muss das Unternehmen einen Teil der Fertigung an einen kostengünstigeren Standort verlegen. Angesichts der anhaltend schlechten Auftragslage wird in allen übrigen Bereichen ein Personalabbau erforderlich.

§ 1 Gegenstand der Betriebsänderung
1. Die Fertigung der Polsterung wird zum 1. Januar 2012 nach Ungarn verlegt. Die Abteilung Polsterung in Rüsselsheim wird zum 31. Dezember 2011 geschlossen.
2. In den übrigen Bereichen der Fertigung wird generell rationalisiert. Das führt zu einem Personalabbau von 10% oder 200 Arbeitnehmern bis zum 31. Dezember 2012.

§ 2 Personelle Maßnahmen
1. Wegen der Schließung der Abteilung Polsterung wird den dort beschäftigten 150 Mitarbeitern nach dem Zeitplan in Anlage 1 gestaffelt spätestens zum 31. Dezember 2011 betriebsbedingt gekündigt. Die Arbeitnehmer der Abteilung Polsterung sind mit den Mitarbeitern anderer Abteilungen funktional auch nach angemessener Qualifizierung nicht vergleichbar.
2. Der Personalabbau wird zunächst auf freiwilliger Basis umgesetzt. Arbeitnehmer, die sich bis zum 31. Dezember 2011 melden und über einen Aufhebungsvertrag ausscheiden, erhalten Leistungen aus dem Sozialplan.
3. In der Zeit vom 1. Januar bis 31. Dezember 2012 erfolgt der dann noch erforderliche Personalabbau durch betriebsbedingte Kündigungen. Die Sozialauswahl erfolgt anhand einer Punktetabelle, die als Anlage 2 beigefügt ist. Die Letztentscheidung trifft der Personalleiter oder sein Vertreter.

......
Ort/Datum
......
Unternehmen ...... Betriebsrat

18 **bb) Betriebsverlegung.** Bei der Betriebsverlegung oder der Verlegung von Betriebsteilen ist darauf zu achten, ob der wesentliche Teil der betroffenen Belegschaft dem Umzug folgt. Für die zurückbleibenden Arbeitnehmer des betroffenen Betriebsteils sind betriebsbedingte Kündigungen vorzusehen. Dabei kann es zur Sozialauswahl mit funktional vergleichbaren Arbeitnehmern des Restbetriebs kommen. Bei der Verlegung kann eine Personalliste mit **Entfernungsangaben** hilfreich sein.

Muster: Interessenausgleich Verlegung

19
Interessenausgleich

Zwischen
der D-Bank AG, Wiesbaden, vertreten durch den Vorstand V.
und
dem Betriebsrat der D-Bank AG, vertreten durch den Betriebsratsvorsitzenden B.

Präambel
Die Bank verlegt ihre in den letzten Jahren aufgebaute Wertpapierabteilung zur Vermeidung von Wettbewerbsnachteilen von Wiesbaden an den Börsenplatz Frankfurt.

§ 1 Gegenstand der Betriebsänderung
Die Wertpapierabteilung wird mit Wirkung zum 1. Januar 2012 von Wiesbaden nach Frankfurt verlegt.

§ 2 Personelle Maßnahmen
1. Die Mitarbeiter der Wertpapierabteilung werden bei entsprechendem Versetzungsvorbehalt im Anstellungsvertrag nach Frankfurt versetzt, ansonsten wird die Versetzung mit den Mitarbeitern vereinbart.
2. Mitarbeiter, die der Verlegung aus persönlichen Gründen nicht folgen können und deshalb der Versetzung widersprechen oder eine solche nicht vereinbaren, werden betriebsbedingt zum 31. Dezember 2011 gekündigt.
3. Sachbearbeiter der Wertpapierabteilung sind mit Mitarbeitern anderer Abteilungen funktional auch nach angemessener Qualifizierung nicht vergleichbar. Sekretariatskräfte werden nach Sozialauswahlkriterien ausgewählt.
4. Eine Personalliste der betroffenen Abteilung mit Sozialdaten und Entfernungsangaben vom Wohnort zum neuen Arbeitsplatz ist beigefügt als Anlage 1.

......
Ort/Datum

....
Unternehmen   Betriebsrat

cc) Zusammenschluss oder Spaltung von Betrieben. Der Zusammenschluss oder die Spaltung von Betrieben oder auch die Kombination von beiden bringt an sich noch keine Notwendigkeit von Personalmaßnahmen mit sich. Doch häufig ist der Zusammenschluss oder die Spaltung von einer Verlegung begleitet, die dann zu Versetzungen oder Kündigungen führen kann. Auch hier können eine oder mehrere Personallisten hilfreich sein, um **Zuordnungsfragen** eindeutig zu klären. Das kann zwar auch abstrakt durch Umschreibung der betroffenen Betriebe oder Betriebsteile geschehen. Jedoch sind fast immer Zweifelsfragen zu klären, wenn zum Beispiel Springerfunktionen oder Verwaltungsfunktionen zugeteilt werden müssen.

Muster: Interessenausgleich Zusammenschluss/Spaltung

Interessenausgleich

Zwischen
dem Vorstand der X-Beratungs AG
und
dem Gesamtbetriebsrat der X-Beratungs AG.

Präambel
Nach der Wiedervereinigung wird das Unternehmen seine regionalen Stabsabteilungen aus den Standorten Düsseldorf, Frankfurt und Hamburg abspalten und mit dem Berliner Betrieb nach Rückerwerb des früheren Firmengrundstücks Unter den Linden zu einer neuen Hauptverwaltung zusammenlegen.

§ 1 Gegenstand der Betriebsänderung
1. Die Betriebe in Düsseldorf, Frankfurt und Hamburg werden in der Form gespalten, dass alle Stabsabteilungen vom Beratungsgeschäft getrennt werden. Die Stabsabteilungen werden nach Berlin verlegt. In Berlin werden die Stabsabteilungen mit dem bisherigen Standortbetrieb zum neuen Hauptverwaltungssitz zusammengelegt.

§ 2 Personelle Maßnahmen
1. Die Stabsabteilungen werden durch die dem Interessenausgleich beigefügten Personallisten D-Stab, F-Stab, und HH-Stab definiert.

2. Da die materiellen Arbeitsbedingungen in allen Standorten identisch sind, ändert sich durch die Spaltungen und die Zusammenlegung selbst für die Mitarbeiter nichts.
3. Wegen der Verlegung der Stabsabteilungen nach Berlin werden die Stabsmitarbeiter bei entsprechendem Versetzungsvorbehalt nach Berlin versetzt, bei Fehlen eines Vorbehalts wird die Versetzung vereinbart.
4. Widerspricht ein betroffener Stabsmitarbeiter der Versetzung oder verweigert er eine entsprechende Versetzungs-Vereinbarung, wird geprüft, ob er am Standort auf einem freien Arbeitsplatz eingesetzt werden kann. Da die Stabsmitarbeiter mit den übrigen Beratungsdienstleistern funktional nicht vergleichbar sind, entfällt eine Sozialauswahl am Standort.
5. Eine Personalliste der betroffenen Abteilung mit Sozialdaten und Entfernungsangaben vom Wohnort zum neuen Arbeitsplatz ist beigefügt als Anlage 1.

22 *dd) Grundlegende Änderung der Betriebsorganisation und Einführung neuer Arbeitsmethoden.* Eine grundlegende Änderung der Betriebsorganisation führt zu einer **Umverteilung von Funktionen,** aber nicht notwendiger Weise zu einem Personalabbau. Das Gleiche gilt für die Einführung neuer Arbeitsmethoden. Beide Betriebsänderungstatbestände überschneiden sich und sind meist parallel gegeben. Ein Personalabbau kann allerdings zusätzlich aus Synergiewirkungen heraus erwünscht sein. Die Aussage, dass Personalreduzierungen nicht geplant sind, schützt natürlich nicht vor derartigen zukünftigen Planungen.

Muster: Interessenausgleich Betriebsorganisation/Arbeitsmethoden

23 **Interessenausgleich**

Zwischen
X-Beratungs AG, Frankfurt, vertreten durch den Vorstand
und
dem Gesamtbetriebsrat der X-Beratungs AG, vertreten durch den Gesamtbetriebsratsvorsitzenden G.

Präambel
Die Gesellschaft beabsichtigt eine wesentliche Verbesserung der Bürokommunikation durch grundlegende Umstrukturierung der Sekretariatsdienste nach Einführung des modernen EDV-Systems SAP R 3.

§ 1 Gegenstand der Betriebsänderung
Zum 1. Januar 2011 werden alle Sekretariate von den Büros der Sachbearbeiter und Abteilungsleiter im Altbau abgezogen und in einem zentralen, hellen Großraumbüro im Neubau zusammengefasst. Alle Sachbearbeiter erhalten Zugang zum neuen EDV-gestützten Informationssystem.

§ 2 Personelle Maßnahmen
1. Alle Sekretariatsmitarbeiter/innen werden zum Quartalsbeginn in das Großraumbüro im Neubau versetzt. Sie unterstehen funktional und disziplinarisch der Sekretariatsdirektrice.
2. Alle Sachbearbeiter übernehmen zusätzlich zu ihrer üblichen Tätigkeit eigenverantwortlich den notwendigen Teil der EDV-gestützten Büro- und Kundenkommunikation.
3. Personalreduzierungen sind derzeit nicht geplant.
4. Die Rahmenvereinbarung zur Planung und Anwendung von EDV-gestützten Informationssystemen bleibt anwendbar.

24 *b) Einschränkende Organisationsregeln.* Neben den vom Arbeitgeber definierten Organisationsregeln, mit denen die Betriebsänderung beschrieben wird, verlangen die Betriebsräte vermehrt Einschränkungen der Arbeitgeberpläne. Der Fokus der Betriebsräte hat sich von der primären Forderungen nach großzügigen Ausgleichsregelungen im Sozialplan hin zur Vermeidung oder Milderung der geplanten personellen Maßnahmen bewegt. So verlangen

Betriebsräte inzwischen häufig konkrete Maßnahmen zur **Vermeidung betriebsbedingter Kündigungen**. Dies ist zwar nicht erzwingbar aber sicher zulässig. Mit solchen Regeln erfüllt der Interessenausgleich seine eigentliche Aufgabe, wirtschaftliche Nachteile soweit möglich nicht entstehen zu lassen. Die Betriebspartner können also im Interessenausgleich eine zeitliche Streckung oder eine zahlenmäßige Reduzierung der personellen Maßnahmen vereinbaren, wenn dies wirtschaftlich sinnvoll erscheint. Auch die Ersetzung von betriebsbedingten Kündigungen durch freiwillige Aufhebungen und Ausnutzung der Fluktuation über einen längeren Zeitraum sowie durch Versetzungs- und Umschulungsregelungen können je nach Sachlage sinnvoll sein. Typischer Weise betreffen diese Milderungsmaßnahmen die ohnehin im beschreibenden Teil des Interessenausgleichs definierten und von der Betriebsänderung betroffenen Mitarbeiter. Auch wenn solche Regeln auf Wunsch des Betriebsrats in den Interessenausgleich aufgenommen werden, ändern sie dessen Charakter als Naturalobligation nicht. Muss der Unternehmer von der Regelung abweichen, treffen ihn die Verpflichtungen aus § 113 BetrVG.

c) **Folgeregelungen.** Neben der beschreibenden Darstellung der Betriebsänderung verlangen Betriebsräte in Zeiten wirtschaftlicher Probleme oft detaillierte Folgeregelungen. Die Aussage, dass derzeit keine Personalabbaumaßnahmen geplant sind, wird meist mit der Forderung auf Abgabe einer **Zusicherung** beantwortet, dass für einen bestimmten Zeitraum nach Durchführung der Betriebsänderung keine betriebsbedingten Kündigungen ausgesprochen werden. Solche Forderungen sind zu unterscheiden von reinen Organisationsregeln. Wird zum Beispiel lediglich der vom Arbeitgeber zunächst geplante Stilllegungs- oder Verlegungstermin auf Wunsch des Betriebsrats um ein halbes Jahr verschoben, so ändert diese zeitliche Streckung nicht die Qualität der Regelung. Sie bleibt weiterhin eine beschreibende Darstellung der anhängigen Betriebsänderung. Deshalb kann eine solche auf Wunsch des Betriebsrats erfolgte zeitliche Festlegung in der Durchführung weder vom einzelnen betroffenen Mitarbeiter noch vom Betriebsrat selbst mit rechtlichen Mitteln durchgesetzt werden. Eine spätere Abweichung von dem festgelegten Interessenausgleich führt in diesem Fall lediglich zu einem Nachteilsausgleich nach § 113 BetrVG.[3]

Vorsicht ist jedoch geboten, wenn sich die Regelung nicht auf die eigentliche Betriebsänderung, sondern auf **andere Tatbestände** bezieht, also insbesondere ein zeitlich befristetes **Kündigungsverbot** nach Durchführung der Betriebsänderung vereinbart wird. Die Begründung für solche Forderungen ist meist auf den ersten Blick recht einleuchtend. Man will eine gewisse Verunsicherung der Belegschaft ausräumen. Das schade ja niemandem, denn wenn betriebsbedingte Kündigungen nicht geplant seien, könne man das ja auch schriftlich positiv zusichern und einen entsprechenden Zeitrahmen garantieren. Der Pferdefuß liegt jedoch darin, dass die rechtliche Behandlung solcher Folgeregelungen streitig ist. Es wird durchaus vertreten, dass solche Regelungen einen „qualifizierten Interessenausgleich"[4] darstellen oder gar eine aus Anlass der Betriebsänderung vereinbarte freiwillige Betriebsvereinbarung nach § 88 BetrVG.[5] Es wird zumindest diskutiert, ob das zu einem positiven Erfüllungsanspruch des betroffenen Arbeitnehmers führt oder gar einen entsprechenden Erfüllungsanspruch des Betriebsrats begründet. Beides bejaht Matthes unter Hinweis darauf, dass der Arbeitgeber zwar nicht zum Abschluss eines Interessenausgleichs gezwungen werden könne, dass er aber an eine freiwillige Einigung gebunden sei.[6] Das ist zwar zu Recht abzulehnen,[7] oder nur dann anzunehmen, wenn ein entsprechender Rechtsbindungswille eindeutig zum Ausdruck kommt.[8] Jedoch sollte sich der Arbeitgeber über solche möglichen Konsequenzen im Klaren sein, wenn er mit Folgeregelungen konfrontiert wird. Typische Folgeregelungen sind die Einführung von konjunktureller oder struktureller Kurzarbeit, ein allgemeiner Einstellungsstopp, die Untersagung oder Einschränkung von Leiharbeit oder

---

[3] BAG 28.8.1991 – 7 ABR 72/90, NZA 1992, 41 (42); → § 57 Rn. 107 ff.
[4] Vgl. *Willemsen/Hohenstatt* NZA 1997, 345 (346).
[5] Vgl. *Meyer* BB 2001, 882 (884).
[6] MHdB ArbR/*Matthes* § 269 Rn. 34; → § 57 Rn. 107 ff.
[7] *Willemsen/Hohenstatt* NZA 1997, 345 (350).
[8] *Meyer* BB 2001, 882 (884).

von Überstunden im gesamten Betrieb oder Unternehmen, wenn von der eigentlichen Betriebsänderung nur ein Teil betroffen war.

> **Formulierungsvorschlag:**
>
> 27 **§ 3 Vermeidung von Entlassungen**
>
> Betriebsbedingte Kündigungen sollen durch folgende Maßnahmen nach Möglichkeit vermieden werden:
>
> 1. Ausnutzung der natürlichen Fluktuation.
> 2. Versetzung von Betroffenen auf freie Stellen bei Geeignetheit. Der Betriebsrat wird arbeitsplatzerhaltenden Versetzungen nicht widersprechen.
> 3. Angebot von freiwerdenden oder neuen Arbeitsplätzen an die von der Betriebsänderung betroffenen Mitarbeiter. Bereits ausgeschiedene Arbeitnehmer werden auf ihre Bewerbung bei gleicher Eignung bevorzugt vor anderen externen Bewerbern berücksichtigt.
> 4. Angebot von Teilzeitarbeitsplätzen an Betroffene bei Eignung unter Beachtung betrieblicher Belange.
> 5. Anordnung von Überstunden nur in dringenden Ausnahmefällen nach Zustimmung des Betriebsrates.
> 6. Einstellungsstopp für längstens drei Monate, soweit geeignete interne Bewerber zur Verfügung stehen.
> 7. Leiharbeit nach AÜG für längstens drei Monate bei vorheriger Zustimmung des Betriebsrats gemäß § 99 BetrVG. Die Rechte des Unternehmens nach § 100 BetrVG bleiben unberührt.
> 8. Einführung konjunktureller Kurzarbeit bei Gewährung von Kurzarbeitsgeld. Der Betriebsrat wird entsprechende Betriebsvereinbarungen abschließen.
> 9. Übertritt in Beschäftigungs- und Qualifizierungsgesellschaft (BQG), wenn und soweit Strukturkurzarbeitsgeld gewährt wird. Der Übertritt ist freiwillig und erfolgt in einem dreiseitigen Vertrag zwischen Arbeitgeber, Mitarbeiter und BQG. Das Unternehmen stellt der BQG eine Anschubfinanzierung von Euro ...... zur Verfügung. Weitere Leistungen werden von dem Unternehmen nicht erbracht.
> 10. Kommt ein Übertritt in eine BQG nicht in Betracht, kann auch der Eintritt in einen Qualifizierungsbetrieb angeboten werden.
> 11. Angebot von Altersteilzeit oder Vorruhestand im Rahmen der tariflichen Vorschriften unter Beachtung der betrieblichen Belange.

28   Mit der vorstehenden Formulierung bleibt der Interessenausgleich auch einschließlich der Folgeregelungen eine Einigung über die beabsichtigte Durchführung. Konkrete Ansprüche entstehen grundsätzlich nicht. Solche können aber in einem korrespondierenden Sozialplan verbindlich geregelt werden (Transfer-Sozialplan oder Qualifizierungs-Sozialplan).

29   **d) Garantien für Standort, Beschäftigung, Arbeitsplatz.** Besonders heikel werden Folgeregelungen, wenn sie nicht nur innerhalb des Interessenausgleichstextes, sondern separat in **eigenständigen Betriebsvereinbarungen** zugesagt werden. Hier sind insbesondere Standortsicherungsverträge, Beschäftigungsgarantien und Arbeitsplatzgarantien zu nennen, deren Abschluss oft als Bedingung vorausgesetzt wird, bevor der Betriebsrat bereit ist, einen vorgelegten Interessenausgleich zu unterzeichnen. Obwohl ein inhaltlicher Zusammenhang mit einer aktuell möglicherweise drängenden Betriebsänderung besteht, kann man solchen Betriebsvereinbarungen möglicherweise nicht den Charakter einer Naturalobligation zubilligen, wie es beim Interessenausgleich der Fall ist. Vielmehr ist die Wirkung einer solchen Betriebsvereinbarung durch Auslegung zu ermitteln. Dabei handelt es sich allerdings nicht um eine freiwillige Betriebsvereinbarung gemäß § 88 BetrVG,[9] denn dieser eröffnet nicht die Möglichkeit des Abschlusses einer Betriebsvereinbarung über eine wirtschaftliche Angele-

---

[9] *Göpfert/Seiler* NZA 2018, 1439; *Röder/Gebert* NZA 2017, 1289.

genheit.¹⁰ Werden in der formal als Betriebsvereinbarung bezeichneten Regelung normative Ansprüche von Arbeitnehmern auf Ausgleich wirtschaftlicher Nachteile gewährt, handelt es sich in Wahrheit um Sozialplanregeln. Werden in ihr Bestimmungen getroffen, die der Verhütung von wirtschaftlichen Nachteilen dienen, wie zum Beispiel ein Kündigungsverbot, gehören sie in Wahrheit in den Interessenausgleich, der insoweit auch als qualifizierter Interessenausgleich bezeichnet wird.¹¹ Richtigerweise gewähren sie dann keinen Unterlassungsanspruch.¹² Um die streitige Problematik jedoch zu umgehen, sollten die Regelungen aus Sicht des Arbeitgebers vorsorglich nicht mit der Bezeichnung Betriebsvereinbarung versehen werden.¹³ Das Bundesarbeitsgericht hat eine zwischen Arbeitgeber, Gewerkschaft und Betriebsrat abgeschlossene Standortsicherungsvereinbarung für unwirksam erklärt, weil deren Rechtsnatur nicht eindeutig war.¹⁴

e) **Namenslisten nach § 1 Abs. 5 KSchG.** Aufgrund des Arbeitsrechtlichen Beschäftigungsförderungsgesetzes vom 25.9.1996¹⁵ wurde in § 1 Abs. 5 KSchG die Namensliste im Interessenausgleich eingeführt. Auf ihr wurden Arbeitnehmer benannt, die für eine betriebsbedingte Kündigung vorgesehen waren. Die Nennung im Interessenausgleich oder einer mit ihm verbundenen und in Bezug genommenen Personalkündigungsliste hatte zur Folge, dass dringende betriebliche Erfordernisse und eine **ordnungsgemäße Sozialauswahl** vermutet wurden, die nur auf grobe Fehlerhaftigkeit überprüft werden konnten. Auch diese interessengerechte und praktikable Regelung wurde durch das Erste Arbeitsrechtliche Korrekturgesetz ersatzlos gestrichen.¹⁶ Allerdings lohnt es sich auch heute wieder, eine entsprechende Personalliste auszuarbeiten und in den Text des Interessenausgleichs aufzunehmen oder vor Unterzeichnung des Interessenausgleichs fest anzuheften, denn diese Namenslisten sind nach Verabschiedung der „Agenda 2010" durch den Bundestag am 24.12.2003 mit Wirkung zum 1.1.2004 in § 1 Abs. 5 KSchG wieder eingeführt worden.¹⁷ Der Interessenausgleich mit Namensliste ersetzt auch die Stellungnahme des Betriebsrats nach § 17 Abs. 3 S. 2 KSchG. 30

f) **Auswahlrichtlinien gemäß § 1 Abs. 4 KSchG.** Auch bei einer größeren Zahl von betriebsbedingten Kündigungen im Rahmen einer Betriebsänderung ist eine individuelle Sozialauswahl durchzuführen. Trotz der großen praktischen Schwierigkeiten ist auch bei Massenentlassungen die einzelfallbezogene Prüfung nach § 1 Abs. 3 KSchG erforderlich. Dabei besitzt der Arbeitgeber zwar einen Beurteilungsspielraum,¹⁸ so dass nur deutlich schutzwürdigere Arbeitnehmer die Sozialauswahl erfolgreich angreifen können. Gleichwohl steigt auf Arbeitgeberseite das Bedürfnis nach mehr Rechtssicherheit, dem der Gesetzgeber durch die in der „Agenda 2010" wiedereingeführte Beschränkung der Sozialauswahlkriterien auf die vier Grunddaten Dauer der Betriebszugehörigkeit, Lebensalter und Unterhaltspflichten und Schwerbehinderung in § 1 Abs. 3 KSchG teilweise nachgekommen ist. Obwohl eine gerechte Sozialauswahl auch im Interesse des Betriebsrats liegt, findet man dort häufig eine große Reserviertheit, da eine Systematisierung der Sozialauswahl natürlich die Aussichten eines Arbeitnehmers im Kündigungsschutzprozess verschlechtert. Da eine Auswahlrichtlinie jedoch objektiv zur Versachlichung und Transparenz führt, werden zum Beispiel Punktetabellen verstärkt entweder im Rahmen eines Interessenausgleichs oder separat in einer freiwilli- 31

---

[10] So allerdings WHS Umstrukturierung/*Schweibert* C Rn. 196.
[11] Richardi BetrVG/*Richardi* § 88 Rn. 5; *Willemsen/Hohenstatt* NZA 1997, 345 (350).
[12] *Willemsen/Hohenstatt* NZA 1997, 345 (350).
[13] *Röder/Baeck* Interessenausgleich, S. 102 ff.; Jaeger/Röder/Heckelmann BetrVerfassungsR-HdB/*Röder/Baeck* Kap. 28 Rn. 182.
[14] BAG 15.4.2008 – 1 AZR 86/07, NZA 2008, 1074; Besprechung bei *Grau/Döring* NZA 2008, 1335.
[15] BGBl. 1996 I 1476, abgedruckt in BB 1996, 2144.
[16] BGBl. 1998 I 3843 (3850).
[17] BGBl. 2003 I 3002; dazu *Bauer/Preis/Schunder* NZA 2003, 704 (705); *Löwisch* NZA 2003, 689 (692); Schaub ArbR-HdB/*Linck* § 136 Rn. 1 ff.; zur festen Verbindung mit dem Interessenausgleich vor Unterzeichnung BAG 6.7.2006 – 2 AZR 520/05, NZA 2007, 266; zur Vermutungswirkung BAG 25.2.2010 – 9 Ca 416/09, NZA-RR 2010, 350; BAG 6.9.2007 – 2 AZR 715/06, NZA 2008, 633; BAG 3.4.2008 – 2 AZR 879/06, DB 2008, 1577; zur Zulässigkeit einer „Teil-Namensliste" BAG 26.3.2009 – 2 AZR 296/07, NZA 2009, 1151 (1154f.); zur Altersdiskriminierung bei Interessenausgleich mit Namensliste BAG 6.11.2008 – 2 AZR 523/07, NZA 2009, 361 (365f.).
[18] ZB Richardi BetrVG/*Thüsing* § 95 Rn. 16, 39.

gen Betriebsvereinbarung abgeschlossen. Danach ist die entsprechende Sozialauswahl nur noch auf **grobe Fehlerhaftigkeit** zu prüfen.[19] Diese ist nur dann gegeben, wenn die Auswahl und Gewichtung der sozialen Gesichtspunkte jede Ausgewogenheit vermissen lässt.[20] Nach der früheren Rechtssprechung muss der systematischen Überprüfung anhand der Punktetabelle stets eine individuelle Abschlussprüfung folgen.[21] Das ist zwar nach der Änderung des Kündigungsschutzgesetzes in § 1 Abs. 4 S. 1 nicht mehr zwingend, denn dort ist keine zweistufige Prüfung vorgeschrieben. Sie wird inzwischen wegen der möglicherweise entstehenden Rechtsunsicherheit nicht mehr empfohlen.[22]

Formulierungsvorschlag: Punktesystem

32   Bei der Sozialauswahl sind folgende Kriterien zu beachten:
1. Für jedes volle Dienstjahr sind für die ersten 10 Dienstjahre je 1 Punkt und danach 2 Punkte anzusetzen.
2. Für jedes volle Lebensjahr ist 1 Punkt anzusetzen.
3. Für jede unterhaltsberechtigte Person werden 3 Punkte angesetzt.
4. Eine Schwerbehinderung ist mit 4 Punkten zu bewerten.
Die Bewertung ist abschließend.

33   Nach Abschluss der systematischen Vorauswahl können individuelle **Besonderheiten** im Einzelfall geprüft und die Gewichtung gegebenenfalls angepasst werden. Alternativ zur Aufnahme in den Interessenausgleich ist der Abschluss einer gesonderten freiwilligen Betriebsvereinbarung möglich. Wegen der umstrittenen Rechtsqualität des Interessenausgleichs kann der Abschluss einer gesonderten Betriebsvereinbarung sinnvoll sein. In diesem Fall sollte der Interessenausgleich eine entsprechende Verweisung enthalten:

Formulierungsvorschlag:

34   Zur Durchführung der Sozialauswahl wird eine separate Betriebsvereinbarung mit Auswahlrichtlinien abgeschlossen.

35   Im Zusammenhang mit der Entscheidung des Bundesarbeitsgerichts vom 9.11.2006, mit der bestätigt wurde, dass ein Punkteschema sich allein auf die **vier gesetzliche Sozialauswahlkriterien** nach § 1 Abs. 3 S. 1 KSchG (Betriebszugehörigkeit, Lebensalter, Unterhaltspflichten und Schwerbehinderung) beschränken darf und keine abschließende Einzelfallbetrachtung mehr erforderlich ist,[23] wurde gleichzeitig entschieden, die so genannte Domino-Theorie aufzugeben. Demnach kann der Auswahlrichtlinie nicht mehr entgegengehalten werden, dass nach einer punktuell unzutreffenden Sozialauswahl alle nachfolgenden Auswahlentscheidungen zu ungunsten weiterer gekündigter Mitarbeiter ebenfalls falsch und somit die betriebsbedingten Kündigungen unwirksam sind. Die soziale Rechtfertigung bezieht sich vielmehr allein auf die Verhältnisse im Zeitpunkt der individuellen Kündigung. Steht fest, dass – bezogen auf diesen Zeitpunkt – dem klagenden Arbeitnehmer bei Anwendung des Punktsystems auch ohne den vorherigen Auswahlfehler zu kündigen gewesen

---

[19] BAG 5.11.2009 – 2 AZR 676/08, NZA 2010, 457 (460); kritisch unter den Diskriminierungsverboten des AGG: *Kaiser/Dahm* NZA 2010, 473.
[20] BAG 5.11.2009 – 2 AZR 676/08, NZA 2010, 457 (460).
[21] BAG 18.1.1990 – 2 AZR 357/89, NZA 1990, 729.
[22] BAG 9.11.2006 – 2 AZR 812/05, NZA 2007, 549; Schaub ArbR-HdB/*Linck* § 135 Rn. 55; aA noch LAG Düsseldorf 17.3.2000 – 9 (6) Sa 84/00, NZA-RR 2000, 421; vgl. Richardi BetrVG/*Thüsing* § 95 Rn. 41 ff.; *Gaul* NZA 2004, 184.
[23] BAG 9.11.2006 – 2 AZR 812/05, NZA 2007, 549 (552); vgl. BAG 18.10.1984 – 2 AZR 543/83, NZA 1985, 423; BAG 18.1.1990 – 2 AZR 357/89, NZA 1990, 729.

wäre, so ist die Sozialauswahl jeweils im Einzelfall zumindest „ausreichend", wie es das Gesetz vorsieht.[24] Nicht auf den fehlerfreien Auswahlvorgang, sondern auf ein ausreichendes Auswahlergebnis kommt es an.

g) Zuordnungslisten gemäß § 323 Abs. 2 UmwG. Kommt bei einer Verschmelzung, Spaltung oder Vermögensübertragung nach dem Umwandlungsgesetz ein Interessenausgleich zustande, in dem diejenigen Arbeitnehmer namentlich bezeichnet werden, die nach der Umwandlung einem bestimmten Betrieb oder Betriebsteil zugeordnet werden, so kann die Zuordnung der Arbeitnehmer nach § 323 Abs. 2 UmwG durch das Arbeitsgericht nur noch **auf grobe Fehlerhaftigkeit** überprüft werden. Die Vorschrift wird bei umwandlungsrechtlichen Transaktionen häufig in der Praxis angewandt. Dies gilt insbesondere, wenn Springerfunktionen oder Stabsfunktionen zugeordnet werden müssen oder wenn der bisherige Zuschnitt von Betrieben oder Betriebsteilen in der Umwandlung geändert werden. Die genaue Zuordnung erfolgt zunächst durch den Unternehmer noch in der Planungsphase und wird in den Verhandlungen über den Interessenausgleich zur Diskussion gestellt und festgelegt. Die Zuordnung wirkt unmittelbar auf das Arbeitsverhältnis der Arbeitnehmer. Eine Änderungskündigung ist nicht erforderlich.[25] Im Fall der Aufspaltung muss der Arbeitnehmer allerdings zustimmen, denn er hat ein Wahlrecht, auf welchen Rechtsträger er übergehen will. Auch muss die Zuordnung auf eine übergangsfähige, wirtschaftliche Einheit im Sinne von § 613a Abs. 1 S. 1 BGB erfolgen. Ist das nicht der Fall und ist die Einheit nicht auf Dauer identitätswahrend angelegt, ist die Zuordnung grob fehlerhaft und unverbindlich.[26]

> **Formulierungsvorschlag:**
> Bei der Spaltung des Unternehmens in eine Produktions- und eine Vertriebsgesellschaft müssen die Stabsfunktionen neu zugeordnet werden. Zu diesem Zweck werden dem Interessenausgleich eine Liste P und eine Liste V beigefügt. In der beigefügten Liste P werden die Arbeitnehmer der Produktionsgesellschaft und in der ebenfalls beigefügten Liste V die Arbeitnehmer der Vertriebsgesellschaft zugeordnet.

h) Namensliste gemäß § 125 InsO. Ist eine Betriebsänderung geplant und kommt zwischen Insolvenzverwalter und Betriebsrat ein Interessenausgleich zustande, in dem die Arbeitnehmer, denen gekündigt werden soll, namentlich bezeichnet sind, so wird § 1 KSchG wie folgt eingeschränkt. Zum einen wird **vermutet**, dass die Kündigung der bezeichneten Arbeitnehmer durch dringende betriebliche Erfordernisse, die einer Weiterbeschäftigung in diesem Betrieb oder einer Weiterbeschäftigung zu unveränderten Arbeitsbedingungen entgegenstehen, bedingt ist. Zum anderen kann die soziale Auswahl der Arbeitnehmer nur im Hinblick auf Betriebszugehörigkeit, Lebensalter und Unterhaltspflichten und auch insoweit nur auf **grobe Fehlerhaftigkeit** nachgeprüft werden, wobei die Erhaltung oder Schaffung einer ausgewogenen Personalstruktur die grobe Fehlerhaftigkeit der Auswahl ausschließt. Zudem ersetzt die namentliche Festlegung nach Abs. 2 auch die Stellungnahme des Betriebsrats bei Massenentlassungen nach § 17 Abs. 3 S. 2 KSchG. Dadurch sind die Risiken im Zusammenhang mit betriebsbedingten Kündigungen im Insolvenzverfahren wesentlich reduziert.

i) Vorschläge zur Beschäftigungssicherung. Die bereits mit Wirkung zum 28.7.2001 eingeführte Regelung zur Beschäftigungssicherung in § 92a BetrVG hat in letzter Zeit zunehmende Bedeutung in der Praxis erlangt.[27] Ziel ist nicht direkt der Abschluss von Interessenausgleich und Sozialplan, sondern „nur" ein Vorschlagsrecht des Betriebsrats, mit dem ein

---

[24] BAG 9.11.2006 – 2 AZR 812/05, NZA 2007, 549 (550 f.).
[25] *Fitting* BetrVG § 112 Rn. 95; zu den Zuordnungskriterien *Kallmeyer/Willemsen* UmwG § 324 Rn. 51 ff.; zur Zuordnung von Arbeitnehmern in Querschnittsfunktionen beim Betriebsteilübergang BAG 7.4.2011 – 8 AZR 730/09, NZA 2011, 1231 ff.
[26] BAG 19.10.2017 – 8 AZR 63/16, NZA 2018, 370.
[27] *Göpfert/Giese* NZA 2016, 462; *Fitting* BetrVG § 92a Rn. 1 ff.

Personalabbau verhindert werden soll. Der Betriebsrat kann ein umfassendes Bündel von Maßnahmen vorschlagen. Der Katalog in § 92a BetrVG ist nicht abschließend. Dazu gehören flexible Arbeitszeit, Förderung von Teilzeitarbeit und Altersteilzeit, neue Arbeitsorganisation, Arbeitsverfahren und Arbeitsabläufe, Qualifizierung der Arbeitnehmer, Alternativen zur Ausgliederung von Arbeit oder ihrer Vergabe an andere Unternehmen sowie Produktions- und Investitionsprogramme. Ein Verfahren mit Einigungszwang wie im Einigungsstellenverfahren existiert hier nicht. Aber der Faktor Zeit wird drängend, denn der Arbeitgeber muss die Vorschläge mit dem Betriebsrat beraten. Lehnt er die Vorschläge ab, muss er das begründen, in Betrieben mit mehr als 100 Arbeitnehmern sogar schriftlich. Der Arbeitgeber muss sich ernsthaft mit solchen Vorschlägen befassen. Intensität und Dauer der Beratungen hängen vom Umfang und der Qualität der Vorschläge ab. Somit hat der Betriebsrat ein Werkzeug zur Hand, mit dem er den Arbeitgeber unter Zugzwang setzten kann und das im Beschlussverfahren als Erfüllungsanspruch durchgesetzt werden und über § 23 Abs. 3 BetrVG sanktioniert werden kann. Allerdings begründet es keine Verpflichtung im Verhältnis zu den individuellen Arbeitnehmern sondern nur zwischen den Betriebsparteien. Ein allgemeiner Unterlassungsanspruch folgt zwar aus § 92a BetrVG nicht, aber faktisch gerät der Arbeitgeber unter Druck, so dass er uU weitergehende Forderungen im Interessenausgleich akzeptiert.[28]

2. Form des Interessenausgleichs

40   Der Interessenausgleich muss gemäß § 112 Abs. 1 S. 1 BetrVG **schriftlich** abgefasst und vom Unternehmer und dem Betriebsrat unterschrieben werden. Die Unterzeichnung erfolgt durch die entsprechenden Vertreter, also Vorstand oder Geschäftsführung bzw. mit Prokura ausgestatte Vertreter wie Personalchef oder Rechtsabteilungsleiter auf Unternehmensseite und durch den Betriebratsvorsitzenden oder bei dessen Verhinderung durch seinen Stellvertreter gemäß § 26 Abs. 2 S. 1 BetrVG. Dabei müssen sich letztere im Rahmen der vom Betriebsrat gefassten Beschlüsse halten. Insbesondere, wenn die Verhandlungen nur von einem Teil des Gremiums geführt worden sind, ist sicherzustellen, dass ein entsprechender Beschluss eingeholt wird. Kommt der Interessenausgleich in der Einigungsstelle zustande, ist er auch vom Einigungsstellenvorsitzenden zu unterschreiben gemäß § 112 Abs. 3 BetrVG. Die Unterzeichnung durch den Einigungsstellenvorsitzenden ist allerdings kein Wirksamkeitserfordernis. Fehlt jedoch die Unterzeichnung durch die Betriebsparteien, ist der Interessenausgleich nach § 125 Abs. 1 BGB nichtig.[29] Sind dem Interessenausgleich Namenslisten als **Anlagen** beigefügt, so werden diese nur dann Inhalt des Interessenausgleichs, wenn im Text auf sie Bezug genommen wird und wenn sie mit dem Interessenausgleich verbunden werden oder sonst aus der Gestaltung deutlich wird, dass es sich um eine Gesamturkunde handelt.[30] Eine Ersetzung der Schriftform durch die elektromagnetische Form gemäß § 126a BGB kommt nicht in Betracht.

41   Es ist nicht zwingend erforderlich, dass der Interessenausgleich in einer **separaten** Urkunde festgelegt wird. Er muss auch nicht ausdrücklich als Interessenausgleich bezeichnet sein. Regeln die Betriebsparteien vor der Durchführung einer bestimmten Betriebsänderung einvernehmlich schriftlich ohne jeden Vorbehalt den Ausgleich von wirtschaftlichen Nachteilen, die den Arbeitnehmern durch diese Betriebsänderung entstehen können (also den Sozialplan), so kann darin regelmäßig auch die Einigung über deren Durchführung (also der Interessenausgleich) gesehen werden.[31] Es ist in der Praxis durchaus nicht unüblich, Interessenausgleich und Sozialplan in einer Urkunde zusammenzufassen.[32] Aus Gründen der Transparenz und wegen der unterschiedlichen rechtlichen Qualität von Interessenausgleich

---

[28] ZB *Fitting* BetrVG § 92a Rn. 14; *Göpfert/Giese* NZA 2016, 463 (465).
[29] BAG 20.4.1994 – 10 AZR 186/93, NZA 1995, 89; Richardi BetrVG/*Annuß* § 112 Rn. 27, 28 f.
[30] BAG 6.7.2006 – 2 AZR 520/05, NZA 2007, 266; BGH 24.9.1997 – XII ZR 234/95, NJW 1998, 58 (61); BGH 14.4.1999 – XII ZR 60/97, NJW 1999, 2517 (2519); Richardi BetrVG/*Annuß* § 112 Rn. 29; *Fitting* BetrVG § 77 Rn. 23; *ders*. § 112 Rn. 55; HWGNRH/*Hess* BetrVG § 112 Rn. 23 mit Hinweis auf die Voraussetzungen einer Gesamturkunde.
[31] BAG 20.4.1994 – 10 AZR 186/93, NZA 1995, 89; MHdB ArbR/*Matthes* § 269 Rn. 9; Richardi BetrVG/*Annuß* § 112 Rn. 26 f.
[32] Richardi BetrVG/*Annuß* § 112 Rn. 30.

und Sozialplan ist aber die Trennung in zwei Dokumente zu empfehlen und wohl auch die Regel. Da dem Interessenausgleich eine unmittelbare und zwingende Wirkung auf die Einzelarbeitsverhältnisse nach § 77 Abs. 4 BetrVG nicht zukommt, unterliegt der Interessenausgleich den Auslegungsregeln für Verträge und Vereinbarungen, nicht aber den Auslegungsregeln für Gesetze, Tarifverträge und Betriebsvereinbarungen. Es ist daher nach §§ 133, 157 BGB nicht nur der Wortlaut der Erklärung entscheidend, sondern der wirkliche, erkennbare Wille der Vertragspartner.[33]

3. Rechtswirkungen des Interessenausgleichs

Grundsätzlich ist der Interessenausgleich nach der Rechtsprechung eine Vereinbarung sui generis, die lediglich eine Naturalobligation begründet.[34] 42

a) **Änderungen.** Weder der Betriebsrat noch ein betroffener Arbeitnehmer können eine Nichtbeachtung oder ein Abweichen des Arbeitgebers vom Interessenausgleich verhindern. Die Rechtsfolge einer solchen Nichtbeachtung und Abweichung ist in der Nachteilsausgleichsregelung des § 113 BetrVG abschließend definiert: Es ist lediglich der finanzielle Nachteilsausgleich, der mit einer Sozialplanabfindung verrechenbar ist.[35] Das ist auch in der herrschenden Literatur anerkannt, jedenfalls soweit der Interessenausgleich lediglich **Organisationsregeln** zu aktuellen Betriebsänderung enthält.[36] Umstritten ist dies jedoch, soweit der Interessenausgleich einen besonderen Rechtsbindungswillen erkennen lässt (qualifizierter Interessenausgleich) oder darüber hinaus **Folgeregelungen** vereinbart werden, vor allem wenn dies in separaten Betriebsvereinbarungen passiert.[37] Sieht ein Interessenausgleich konkrete Leistungen an einzelne Arbeitnehmer vor, kann der Interessenausgleich eine freiwillige Betriebsvereinbarung oder inhaltlich eine Sozialplanregel darstellen, aus der unmittelbare Ansprüche von Arbeitnehmern entstehen können. Will der Arbeitgeber solche Leistungsansprüche oder Nachteilsausgleichsansprüche von Arbeitnehmern mit Sicherheit vermeiden, sollte er vor einer gravierenden Abweichung von der definierten Betriebsänderung mit dem Betriebsrat eine Änderung des Interessenausgleichs verhandeln oder die freiwillige Betriebsvereinbarung vorsorglich nach § 77 Abs. 5 BetrVG kündigen.[38] 43

b) **Durchführungsanspruch des Betriebsrats.** Der Betriebsrat hat grundsätzlich keinen kollektiven Durchführungsanspruch gestützt auf einen Interessenausgleich, da dieser nur eine **Naturalobligation** darstellt. Das gilt jedenfalls dann, wenn in dem Interessenausgleich lediglich festgehalten ist, welche Betriebsänderung geplant ist und wie sie durchzuführen ist.[39] Streitig ist dies allerdings, wenn im Interessenausgleich weitergehende Folgeregelungen enthalten sind, die nicht die Betriebsänderung selbst regeln, sondern zukünftige Sachverhalte regeln wie Kündigungsverbote oder Standortgarantien. Nach einer Meinung in der Literatur sollen solche Vereinbarungen auch kollektiv durchsetzbar sein.[40] Andere halten auch einen solchen qualifizierten Interessenausgleich mit Folgeregelungen nicht für kollektiv durchsetzbar, da er einen nicht akzeptablen Eingriff in die unternehmerische Entscheidungsfreiheit darstellt.[41] Es spricht zwar vieles für letztere Ansicht,[42] jedoch sollte sich der Unternehmer 44

---

[33] BAG 20.4.1994 – 10 AZR 186/93, NZA 1995, 89.
[34] BAG 28.8.1991 – 7 ABR 72/90, NZA 1992, 41 (42); LAG Düsseldorf 16.12.1996 – 18 TaBV 75/96, LAGE BetrVG 1972 § 112 Nr. 41; Richardi BetrVG/*Annuß* § 112 Rn. 36 f.; aA MHdB ArbR/*Matthes* § 269 Rn. 34; dazu auch → Rn. 157 ff.
[35] BAG 18.7.2017 – 1 AZR 546/15, NZA 2017, 1618; 7.11.2017 – 1 AZR/16, NZA 2017, 464; *Fitting* BetrVG § 113 Rn. 32.
[36] Richardi BetrVG/*Annuß* § 112 Rn. 41 f.; dazu im Einzelnen → § 57 Rn. 107 ff.
[37] Vgl. Richardi BetrVG/*Annuß* § 112 Rn. 45 f.; dazu im Einzelnen → § 57 Rn. 107 ff.
[38] WHS Umstrukturierung/*Schweibert* C Rn. 196 f.; siehe auch BAG 26.2.2020 – 4 AZR 48/19, NZA 2020, 1121; BAG 26.9.2017 – 1 AZR 717/15, NZA 2018, 803 (807 f.).
[39] BAG 28.8.1991 – 7 ABR 72/90, NZA 1992, 41; Richardi BetrVG/*Annuß* § 112 Rn. 36 f.; WHS Umstrukturierung/*Schweibert* C Rn. 198; aA MHdB ArbR/*Matthes* § 269 Rn. 34.
[40] WHS Umstrukturierung/*Schweibert* C Rn. 200; MHdB ArbR/*Matthes* § 269 Rn. 34.
[41] Willemsen/Hohenstatt NZA 1997, 345 (350); Richardi BetrVG/*Annuß* § 112 Rn. 45; Löwisch RdA 1989, 216 (217); Jaeger/Röder/Heckelmann BetrVerfassungsR-HdB/*Röder/Baeck* Kap. 28 Rn. 180.
[42] Dazu im Einzelnen → § 57 Rn. 107 ff.

des Risikos bewusst sein, wenn er den Interessenausgleich mit Folgeregelungen ergänzt, um eine konkrete Betriebsänderung leichter umsetzen zu können. Oft erweisen sich die Folgeregelungen als größerer Ballast, als ursprünglich angenommen, und sind durch den geringeren Vorteil eines schnelleren Abschlusses der konkreten Betriebsänderung nicht gerechtfertigt. Deshalb gilt es in solchen Situationen zwischen momentanen Opportunitätserfolgen und langfristigem Bindungsrisiko abzuwägen. Zumindest sollten in solchen Fällen überschaubare Befristungen, kurzfristige Kündigungsmöglichkeiten oder wenigstens Vorbehalte für den Fall der Verschlechterung der wirtschaftlichen Rahmenbedingungen in den Interessenausgleich aufgenommen werden.

45 c) **Freiwillige Betriebsvereinbarung.** Bezeichnen die Parteien den Interessenausgleich als freiwillige Betriebsvereinbarung nach § 88 BetrVG und bringen sie konkret zum Ausdruck, dass die Arbeitnehmer aus der Vereinbarung unmittelbare Rechte herleiten können, so bekommt der Interessenausgleich unter Umständen **normativen Charakter** mit der Konsequenz, dass die Arbeitnehmer aus der Betriebsvereinbarung einklagbare Rechte ableiten können. Auch insofern ist Vorsicht geboten und die Vereinbarung sorgfältig nach den zum Ausdruck gekommenen Absichten auszulegen.

4. Laufzeit des Interessenausgleichs

46 Der Interessenausgleich ist in der Regel erledigt, wenn die Betriebsänderung durchgeführt worden ist. Jedoch kann ein Interesse bestehen, weitergehende Verpflichtungen, die über die reine Beschreibung der Betriebsänderung hinausgehen, zu befristen oder der ordentlichen Kündigung zugänglich zu machen. Jedenfalls erscheint es sinnvoll, die Laufzeit eines Interessenausgleichs mit der Laufzeit des korrespondierenden Sozialplans abzustimmen.

47 a) **Zweckerreichung.** Sieht der Interessenausgleich lediglich die Durchführung einer bestimmten Betriebsänderung vor (**Organisationsregelung**), ergibt sich seine Erledigung aus der Zweckerreichung der Vereinbarung.

Beispiel:
§ 1 Betriebsänderung
Der Teilbetrieb Marketing soll in der Zeit vom 1.1.2012 bis zum 31.3.2012 von Frankfurt nach Hamburg verlegt werden. Dabei wird es je nach Erfordernis zu Versetzungen, Änderungskündigungen und Kündigungen kommen.

48 Dieser allgemeinen Organisationsregelung (Durchführungsregelung) bezogen auf die konkret beschriebene Betriebsänderung würde eine Laufzeitregel entsprechen, die lediglich die Zweckerreichung vorsieht.

Formulierungsvorschlag:
49 **§ 5 Laufzeit**
Der Interessenausgleich tritt mit seiner Unterzeichnung in Kraft und gilt bis zum Abschluss aller darin bezeichneten [im Zusammenhang mit der beschriebenen Maßnahme stehenden] personellen Einzelmaßnahmen.

50 b) **Befristung.** Enthält der Interessenausgleich weitergehende **Folgeregelungen** wie zum Beispiel Kündigungsverbote oder Arbeitsplatzgarantien, entsteht weiterer Regelungsbedarf.

Beispiel:
§ 3 Kündigungsverbot
Nach Durchführung der vorstehend beschriebenen Verlegung des Teilbetriebs Marketing, gilt für diesen Bereich ein Verbot für betriebsbedingte Kündigungen [für die Dauer von zwei Jahren].

51 Ist die Dauer nicht bereits in der **Folgeregelung** selbst vorgesehen, sollte die Festlegung einer Befristung jedenfalls in der Laufzeitregelung erfolgen.

> **Formulierungsvorschlag:**
>
> **§ 5 Laufzeit**
>
> Der Interessenausgleich tritt mit Unterzeichnung in Kraft und gilt bis zum Abschluss aller darin bezeichneten personellen Einzelmaßnahmen, längstens jedoch bis zum 31. Dezember 2013.

c) Kündigung. Ist der Interessenausgleich in Form einer freiwilligen Betriebsvereinbarung analog § 88 BetrVG mit Zuweisung eines individuellen Anspruchs abgeschlossen, empfiehlt sich zur Klarstellung eine ordentliche Kündigungsregelung.

Beispiel:

§ 3 Kündigungsverbot

Nach Durchführung der vorstehend beschriebenen Verlegung des Teilbetriebs Marketing, gilt für diesen Bereich ein Verbot für betriebsbedingte Kündigungen. Insofern stellt diese Abrede eine freiwillige Betriebsvereinbarung analog § 88 BetrVG dar. Sie soll den betreffenden Arbeitnehmern einen eigenständigen Klageanspruch gewähren.

Da in diesem Fall die Dauer des Kündigungsverbots nicht festgelegt wurde und zudem ausdrücklich die Wirkung einer **Betriebsvereinbarung** mit Klagerecht für den einzelnen festgelegt wurde, sollte analog § 77 Abs. 5 BetrVG ausdrücklich zur Klarstellung eine ordentliche Kündigung des Interessenausgleichs ermöglicht werden.

> **Formulierungsvorschlag:**
>
> **§ 5 Laufzeit**
>
> Der Interessenausgleich tritt mit Unterzeichnung in Kraft und kann mit einer Frist von 3 Monaten ordentlich gekündigt werden.

5. Der Interessenausgleich in der Insolvenz

Durch die am 1.1.1999 in Kraft getretene Insolvenzordnung sind im Hinblick auf Betriebsänderungen in der Insolvenz Sonderregeln eingeführt worden, die eine **Verfahrensbeschleunigung** vorsehen.[43] Insbesondere kann der Insolvenzverwalter nach dreiwöchiger vergeblicher Verhandlung über einen Interessenausgleich oder drei Wochen nach entsprechender Verhandlungsaufforderung gemäß § 122 InsO auf den Interessenausgleich verzichten und die Zustimmung zur Durchführung der Betriebsänderung durch Arbeitsgerichtsbeschluss beantragen. Das schafft natürlich Verhandlungsdruck auf den Betriebsrat, um auch einen im Sinne des Insolvenzverwalters günstigen Interessenausgleich zu erreichen. Das gilt insbesondere auch für die Aufstellung von Namenslisten für betriebsbedingte Kündigungen nach § 125 InsO.[44]

III. Sozialplan gemäß § 112 BetrVG

Im Sozialplan sollen Unternehmer und Betriebsrat die Ansprüche betroffener Arbeitnehmer zum Ausgleich oder zur Milderung der infolge der geplanten Betriebsänderung entstehenden wirtschaftlichen Nachteile regeln. Nach § 112 Abs. 1 S. 3 BetrVG hat der Sozialplan die Wirkungen einer Betriebsvereinbarung im Sinne des § 77 BetrVG. Er regelt die Leistungen des Arbeitgebers an betroffene Arbeitnehmer. Die Arbeitnehmer erwerben, anders als beim Interessenausgleich **unmittelbare** und einklagbare **Ansprüche** gegen das Unternehmen. Unzulässig ist hingegen der Abschluss eines Sozialplans in dem normative Ansprüche ge-

---

[43] → § 57 Rn. 88 ff.; vgl. HWGNRH/*Hess* Anhang I Rn. 31 ff., 173 ff.; WHS Umstrukturierung/*Schweibert* C Rn. 191 ff.; *Fitting* BetrVG § 112 Rn. 67 ff.
[44] → Rn. 38.

genüber Dritten, zum Beispiel einem Betriebserwerber begründet werden.[45] Grundsätzlich können die Betriebspartner bei Abschluss eines Sozialplans frei entscheiden, welche wirtschaftlichen Nachteile in welchem Umfang ausgeglichen werden sollen.[46] Sie haben einen weiten Ermessensspielraum bei der Gestaltung der Leistungen. Es besteht keine Verpflichtung, alle denkbaren Nachteile auszugleichen. Aus der Formulierung von § 112 Abs. 1 S. 2 BetrVG „infolge" ergibt sich, dass ein Kausalzusammenhang zwischen den wirtschaftlichen Nachteilen und der Betriebsänderung notwendig ist. Der Ausgleich von Nachteilen, die nicht infolge der Betriebsänderung entstehen, kann vom Betriebsrat nicht erzwungen werden.

58 Während in der Vergangenheit regelmäßig **Abfindungsleistungen** für den Verlust des Arbeitsplatzes im Vordergrund standen, sind in den letzten Jahren vermehrt **beschäftigungsfördernde Leistungen** hinzugekommen. Schon im Gesetz zur Reform der Arbeitsförderung von 1997[47] war in § 2 SGB III indirekt auf Möglichkeiten der Beschäftigungsförderung hingewiesen worden, ohne allerdings den Arbeitgeber zu entsprechenden Leistungen zu verpflichten.[48] Ein Beispiel für unterstützende Maßnahmen sind gemäß § 254 SGB III die Zuschüsse der Arbeitsverwaltung zu Sozialplanleistungen für Eingliederungsmaßnahmen zur Vermeidung von betriebsbedingten Kündigungen (Transfer-Sozialplan).[49] Durch das Gesetz zur Reform des Betriebsverfassungsgesetzes[50] von 2001 wurde in § 112 Abs. 5 Nr. 2a BetrVG eine Ermessensleitlinie eingeführt, die die Einigungsstelle dazu anhält, die Förderungsmöglichkeiten im Dritten Buch des Sozialgesetzbuches zu berücksichtigen.[51] In freien Verhandlungen zwischen den Betriebspartnern besteht keine solche Verpflichtung. Auch in Einigungsstellen haben sich die neuen Instrumente inhaltlich in der Praxis zunächst nicht durchgesetzt, da die Betriebsparteien in der Regel weiterhin am finanziellen Ausgleich der wirtschaftlichen Nachteile interessiert sind.[52] Oft wollen die betroffenen Arbeitnehmer lieber mit einer kalkulierbaren Abfindungszahlung in einem neuen Arbeitsverhältnis einen Neuanfang wagen, als sich über Transfersozialplanleistungen an das alte Unternehmen binden lassen. Transfer-Sozialpläne kommen daher in der Praxis vor allem in Großunternehmen/Konzernen zum Tragen, insbesondere wenn die Betriebsänderung mehrere Hundert oder Tausend Arbeitnehmer betrifft und neben der gravierenden Auswirkung auf den lokalen Arbeitsmarkt auch eine hohe Publizitätswirkung besteht. In kleineren oder mittelständischen Unternehmen oder wenn die Betriebsänderung in Großunternehmen überschaubar bleibt, steht weiterhin der Abfindungssozialplan im Vordergrund.

59 Nach dem Zweck des Sozialplans, unvermeidliche wirtschaftliche Nachteile auszugleichen oder zumindest zu mildern, stellt sich die Frage, ob die Bemessung von Sozialplanleistungen im Sinne einer Entschädigungsleistung vergangenheitsbezogen oder im Sinne einer **Überbrückungsleistung** zukunftsbezogen erfolgen muss. Seit Mitte der Neunziger Jahre stellt das Bundesarbeitsgericht den Überbrückungsgedanken in den Vordergrund, jedenfalls wenn der Sozialplan von der Einigungsstelle aufgestellt wird. Die Einigungsstelle überschreite ihr Ermessen, wenn sie für alle infolge einer Betriebsänderung entlassenen Arbeitnehmer ohne Unterschied Abfindungen festsetze, deren Höhe sich allein nach der Dauer der Betriebszugehörigkeit und dem letzten Monatsgehalt richte.[53] Aus der Zukunftsorientierung ergibt sich, dass die Leistungen abhängig vom tatsächlichen Entstehen wirtschaftlicher Nachteile zu gewähren sind und nicht einfach für vermeintliche Besitzstände entschädigen. Das ist jedenfalls bei der Verteilung der in der Regel begrenzten Sozialplanmittel zu berück-

---

[45] „Sozialplan zu Lasten Dritter", BAG 11.1.2011 – 1 AZR 375/09, BB 2011, 1533 (1534); vgl. auch *Gutzeit* ZIP 2009, 354 ff.
[46] BAG 31.7.1996 – 10 AZR 45/96, NZA 1997, 165 (166); 13.11.1996 – 10 AZR 340/96, NZA 1997, 390 (392); *Gaul* DB 1998, 1513.
[47] Arbeitsförderungs-Reformgesetz vom 24.3.1997, BGBl. 1997 II 594; dazu *Gagel* BB 2001, 358.
[48] *Lingemann* NZA 2002, 934 (940); *Bauer/Haußmann* NZA 1997, 1100 (1101); *Gagel* BB 2001, 358.
[49] *Gagel* BB 2001, 358 (360); *Krieger/Fischinger* NJW 2007, 2289.
[50] Betriebsverfassungs-Reformgesetz vom 23.7.2001, BGBl. 2001 I 1852.
[51] *Bauer* NZA Sonderheft 2001, 61 (66); *Lingemann* NZA 2002, 934 (940); *Fischer* DB 2002, 322 (324).
[52] *Röder/Baeck* Interessenausgleich, S. 119 ff.; *Göpfert/Wenzel* NZA 2020, 15.
[53] BAG 14.9.1994 – 10 ABR 7/94, NZA 1995, 440; *Gaul* DB 1998, 1513; WHS Umstrukturierung/*Schweibert* C Rn. 226.

sichtigen.⁵⁴ Werden die Sozialpläne zwischen den Betriebspartnern frei verhandelt und stehen entsprechende Mittel zur Verfügung, tritt in der Praxis allerdings oft der Entschädigungsgedanke in den Vordergrund. Da die Betriebspartner an die Ermessensleitlinien des § 112 Abs. 5 BetrVG nicht gebunden sind, ist das zulässig.⁵⁵ Wegen der Verteilungsfunktion des Sozialplans ist es im Rahmen des Gleichbehandlungsgrundsatzes nach § 75 BetrVG zulässig, auch einschränkende Klauseln und Ausschlussklauseln zu vereinbaren. Sachlich begründete Differenzierungen sind durchaus üblich und zulässig.

Der Anspruch auf Abschluss eines Sozialplans entsteht im gleichen **Zeitpunkt** wie der Anspruch auf Beratung der Betriebsänderung am Ende des Planungsstadiums, wenn zu diesem Zeitpunkt ein Betriebsrat existiert.⁵⁶ Der Sozialplan wird also in der Regel vor Durchführung der Betriebsänderung zu verhandeln sein. Allerdings erlischt der Anspruch des Betriebsrats auf Abschluss des Sozialplans nicht mit der Durchführung der Betriebsänderung. Anders als der Interessenausgleich ist der Sozialplan auch noch nach Durchführung der Betriebsänderung erzwingbar. In komplexen Verhandlungssituationen kann es auch beiderseits sinnvoll sein, zunächst einen Interessenausgleich abzuschließen, um die Maßnahme in ihrem Umfang zu definieren und erste Umsetzungsschritte zu ermöglichen und dann in Ruhe die Kompensation zu verhandeln. Das geschieht häufig bei Betriebsverschmelzungen oder Betriebsspaltungen, wenn der Interessenausgleich vornehmlich der Zuordnung dient und personelle Maßnahmen wie betriebsbedingte Kündigungen und Versetzungen erst später durchgeführt werden sollen und somit auch erst später kompensiert werden müssen. Mit Einverständnis des Betriebsrats ist ein solches Vorgehen zulässig und sinnvoll. Der Betriebsrat kann den Verhandlungsanspruch auf Abschluss des Sozialplans sogar noch einfordern, wenn Ansprüche auf Nachteilsausgleich nach § 113 BetrVG bereits eingetreten sind. Insofern kommt es zur **Verrechnung** der Ausgleichsansprüche aus Gesetz und Sozialplan. Selbst wenn die geplante Stilllegung bereits durchgeführt und der Betrieb geschlossen ist, kann der Betriebsrat im Restmandat nach § 21b BetrVG noch den Abschluss eines Sozialplans verlangen. Voraussetzung bleibt auch in diesem Fall, dass der Betriebsrat bei Entstehung des Verhandlungsanspruches bereits existiert. Fordert allerdings der Betriebsrat sein Verhandlungsrecht nicht ein, kann die Belegschaft keine Leistungsansprüche aus Sozialplan geltend machen.⁵⁷

Für das Rubrum, die Schriftform und die Zuständigkeit der Beteiligten gelten die gleichen Regeln wie für den Interessenausgleich.

Muster

Sozialplan

Zwischen
der A-GmbH, Frankfurt, vertreten durch den Geschäftsführer G.
und
dem Betriebsrat der A-GmbH im Fertigungsbetrieb Göttingen, vertreten durch den Betriebsratsvorsitzenden B.
wird ein Sozialplan zum Ausgleich und zur Milderung der infolge des Interessenausgleichs vom 15. Juni 2012 eintretenden wirtschaftlichen Nachteile der Arbeitnehmer im Betrieb Göttingen abgeschlossen.

1. Die von betriebsbedingten Kündigungen betroffenen Arbeitnehmer des Betriebs Göttingen erhalten eine Abfindung für den Verlust des Arbeitsplatzes nach der Formel

$$\frac{\text{Alter} \times \text{Betriebszugehörigkeit} \times \text{Bruttomonatsgehalt}}{70}$$

bei Beendigung des Arbeitsvertrages.

---

⁵⁴ *Gaul* DB 1998, 1513.
⁵⁵ *Gaul* DB 1998, 1513; WHS Umstrukturierung/*Schweibert* C Rn. 227.
⁵⁶ *Röder/Baeck* Interessenausgleich S. 152.
⁵⁷ BAG 12.2.2019 – 1 AZR 279/17, NZA 2019, 719; *Röder/Baeck* Interessenausgleich S. 153; zur möglichen Dauer eines Restmandats BAG 5.10.2000 – 1 AZR 48/00, DB 2001, 1563; LAG Hessen 13.7.2015 – 16 TaBVGa 165/14, DB 2016, 717 mAnm *A. Willemsen*.

2. Die Mitarbeiter der Stabsabteilung und der Abteilung Forschung und Entwicklung erhalten nach erfolgtem Umzug nach Frankfurt eine Umzugspauschale von 5.000,– EUR.

3. Arbeitnehmer, deren Arbeitsverhältnis auf Grund vereinbarter Befristung endet, erhalten keine Abfindung.

4. Der Sozialplan tritt mit Unterzeichnung in Kraft und gilt bis zum Abschluss der im Interessenausgleich beschriebenen Maßnahmen.

Göttingen, den 15. Juni 2012

......
Geschäftsführung

......
Betriebsrat

1. Arten von Sozialplänen

63   Ist der Sozialplan durch eine konkrete **Betriebsänderung** veranlasst, kann er vom Betriebsrat erzwungen werden. Jedoch kann ein Sozialplan auch freiwillig abgeschlossen werden, ohne dass eine konkrete Betriebsänderung vorliegt.

64   a) **Erzwingbare Sozialpläne.** Wenn der Unternehmer eine Betriebsänderung gemäß § 111 BetrVG oder einen Personalabbau nach § 112a BetrVG plant und durchführt, wodurch wirtschaftliche Nachteile für die betroffenen Arbeitnehmer verursacht werden, hat der Betriebsrat einen Anspruch auf Abschluss des Sozialplans. Er kann ihn mit Hilfe der Einigungsstelle auch gegen den Willen des Arbeitgebers durchsetzen.[58] Nach § 112 Abs. 4 BetrVG entscheidet die Einigungsstelle, wenn eine Einigung in freien Verhandlungen nicht zustande kommt. Der Spruch der Einigungsstelle, der die Einigung ersetzt, steht in Bezug auf die materielle Höhe der Leistungen und in der Verteilung der Leistungen auf die betroffenen Arbeitnehmer im **pflichtgemäßen Ermessen** der Einigungsstelle. Das Ermessen ist durch den Gleichbehandlungsgrundsatz nach § 75 BetrVG und die Ermessensleitlinien des § 112 Abs. 5 BetrVG sowie das Allgemeine Gleichbehandlungsgesetz (AGG) eingeschränkt. Der Gleichbehandlungsgrundsatz mit allen Einschränkungen sorgt für Verteilungsgerechtigkeit und die Ermessensleitlinien erlauben eine Eingrenzung des Sozialplanvolumens. In § 112 Abs. 5 Nr. 1 BetrVG sind die anspruchsbegründenden wirtschaftlichen Nachteile aufgeführt, die auszugleichen oder zu mildern sind. Nach Nr. 2 sind die Arbeitsmarktaussichten der betroffenen Arbeitnehmer sowie der Leistungsausschluss für Arbeitnehmer geregelt, die zumutbare angebotene Arbeitsverhältnisse oder Weiterbeschäftigungsmöglichkeiten ausschlagen. Nr. 2a spricht die Förderung nach dem Dritten Sozialgesetzbuch an und Nr. 3 begrenzt die Bemessung des Sozialplanvolumens, so dass der Fortbestand des Unternehmens und die verbleibenden Arbeitsplätze nicht gefährdet werden. Liegen die Forderungen des Betriebsrats in freien Verhandlungen wesentlich über den vom Unternehmer zu verkraftenden Möglichkeiten, so lohnt es sich auch für den Unternehmer, das Einigungsstellenverfahren anzustreben.

65   Um einerseits den Kreis der Anspruchsberechtigten zu definieren und andererseits die Abgrenzung von nicht schutzbedürftigen Arbeitnehmern sicherzustellen, sollte zum **Geltungsbereich** auf den konkreten Interessenausgleich oder auf die dort definierte Betriebsänderung Bezug genommen werden.

Muster:

66   **Sozialplan**

Zwischen
der A-GmbH, Frankfurt, vertreten durch den Geschäftsführer G.

und

dem Betriebsrat der A-GmbH im Fertigungsbetrieb Göttingen, vertreten durch den Betriebsratsvorsitzenden B.

---

[58] BAG 22.3.2016 – 1 ABR 12/14, DB 2016, 1824.

> **Präambel**
>
> Zum Ausgleich und zur Milderung der wirtschaftlichen Nachteile, die den Mitarbeitern durch die im Interessenausgleich vom 15. Juni 2012 geregelte Betriebsänderung entstehen, wird folgender Sozialplan vereinbart:
>
> **§ 1 Geltungsbereich**
>
> Die Regelungen dieses Sozialplans gelten nur für Mitarbeiter des Betriebs in Göttingen, soweit sie von der Stilllegung beziehungsweise Verlegung betroffen sind und insbesondere zum Zeitpunkt des Abschlusses des Interessenausgleichs in einem ungekündigten und unbefristeten Arbeitsverhältnis standen.

b) Freiwillige Sozialpläne. In Situationen, in denen der Abschluss eines Sozialplans nicht gesetzlich vorgeschrieben ist, kann ein freiwilliger Sozialplan abgeschlossen werden. Das kann für die Umsetzung von einzelnen betriebsbedingten **Personalmaßnahmen** vorteilhaft sein, zB wenn sich der Betriebsrat im Gegenzug bereit erklärt, nach vollständiger Unterrichtung auf Widersprüche gegen die personellen Maßnahmen (nach § 99 oder § 102 BetrVG) zu verzichten. Solche Situationen können entstehen, wenn ein Betriebsänderungstatbestand nach § 111 BetrVG in der vorgeschriebenen Größenordnung nicht vorliegt, ein reiner Personalabbau die Schwellenwerte des § 112a Abs. 1 BetrVG nicht erreicht oder eine Maßnahme innerhalb der ersten vier Jahre nach Gründung des Unternehmens gemäß § 112a Abs. 2 BetrVG geplant ist. Die Tatsache, dass ein freiwilliger Sozialplan verhandelt wird, sollte zwischen den Betriebsparteien klargestellt werden, denn dadurch wird der Verhandlungsdruck relativiert.

67

aa) Vorsorgliche Sozialpläne. Plant der Arbeitgeber keine konkrete Betriebsänderung, sieht aber die zukünftige Notwendigkeit auf sich zukommen, weil sich die wirtschaftliche Lage des Unternehmens erkennbar verschlechtern wird, kann ein vorsorglicher Sozialplan sinnvoll sein. Das Verhandlungsklima ist in der Regel (noch) entspannter als in der akuten Krise, der Unternehmer erhält eine Kalkulationsgrundlage für zukünftige Betriebsänderungen und der Betriebsrat erhält eine gewisse Sicherheit, dass im Falle der tatsächlich eintretenden Betriebsänderung bereits Rechtsansprüche der Arbeitnehmer auf Ausgleichsleistungen existieren. Dem Arbeitgeber muss aber klar sein, dass ein vorsorglicher Sozialplan in der Regel nicht die Beratung und Verhandlung eines Interessenausgleichs über eine später konkretisierte Betriebsänderung ausschließt noch eine sichere **Sperrwirkung** gegen Nachverhandlungen zu den Sozialplaninhalten bietet, wenn tatsächlich eine konkrete Betriebsänderung ansteht.[59] Auf seine Beteiligungsrechte hinsichtlich künftiger Interessenausgleiche kann ein Betriebsrat nach der Rechtsprechung nicht im Voraus verzichten, denn der Interessenausgleich ist seiner Natur nach auf den Einzelfall bezogen. Dies gilt zwar nicht in voller Schärfe für den Abschluss eines Sozialplans, denn der Sozialplan regelt die Ansprüche von Arbeitnehmern, die infolge einer Betriebsänderung bestimmte Nachteile erleiden, also zB Entlassungsabfindungen. Solche Ansprüche können abstrakt geregelt werden, ohne dass es auf die besonderen Umstände der einzelnen Betriebsänderung ankäme. Mit der vorsorglichen Aufstellung eines Sozialplans verzichtet der Betriebsrat somit nicht in unzulässiger Weise auf seine Beteiligungsrechte, sondern nimmt lediglich ihre Ausübung vorweg. Dies ist zulässig. Das gilt jedoch nur dann, wenn die mögliche Betriebsänderung zum Zeitpunkt des Sozialplanabschlusses bereits in Umrissen erkennbar war und der zeitliche Geltungsrahmen überschaubar ist. So kann eine voraussichtliche Personalreduzierung auf Grund von möglichen Produktionseinschränkungen, Betriebsverlegungen und Teilstilllegungen innerhalb eines Zeitraums von anderthalb Jahren im vorsorglichen Sozialplan antizipiert werden. Erfolgt dann allerdings in Abweichung zum vereinbarten Regelungsinhalt eine Totalschließung, so ist dies nicht gedeckt.[60] Der Betriebsrat kann den Sozialplaninhalt nachverhandeln

68

---

[59] BAG 26.8.1997 – 1 ABR 12/97, NZA 1998, 216; 29.11.1983 – 1 AZR 523/82, NJW 1984, 1650; 19.2.2008 – 1 AZR 1004/06, NZA 2008, 719.
[60] BAG 26.8.1997 – 1 ABR 12/97, NZA 1998, 216; 22.3.2016 – 1 ABR 12/14, DB 2016, 1824.

und dazu notfalls auch die Einigungsstelle einschalten. Der Arbeitgeber muss sich dieser Konsequenzen bewusst sein und der Auslegung zugängliche vorsorgliche Regelungen sehr sorgfältig prüfen und formulieren. Sonst kann sich der vorsorgliche Sozialplan zu einem Sicherheitsnetz entwickeln, dessen Inhalt sich schuldrechtlich als Mindestregelung erweist, die vom Betriebsrat durch Nachverhandlungen aufgestockt werden kann. Zudem ist zu berücksichtigen, dass ein „in guten Zeiten" auf Verlangen des Betriebsrats abgeschlossener Sozialplan eine günstige Gelegenheit für großzügige Regelungen bietet, die in der tatsächlichen Krise nicht mehr gerechtfertigt sind.[61] In solchen Fällen muss der Arbeitgeber zur Einleitung der Verhandlungen über den konkreten Krisensozialplan zunächst versuchen, den vorsorglichen Sozialplan durch Kündigung, einschränkende Auslegung oder wegen Wegfalls der Geschäftsgrundlage zu beenden oder anzupassen. Vorsorgliche Sozialpläne sollten deshalb je nach Lage der Umstände so konkret geregelt werden, dass sie beide Seiten binden und Folgeverhandlungen nicht zur Einbahnstraße werden.

69   bb) *Dauersozialpläne.* Tendenziell kritischer als vorsorgliche Sozialpläne sind Dauersozialpläne, die **völlig unabhängig** von einer konkreten Betriebsänderung unbefristet oder gar für eine feste Dauer Abfindungsregelungen für sämtliche betriebsbedingt gekündigten Arbeitnehmer vorsehen.[62]

Beispiel:
Der Arbeitgeber schlägt wegen möglicher aber noch nicht abschließend geplanter Betriebsänderung einen vorsorglichen Sozialplan vor. Der Betriebsrat verlangt eine feste Dauer von 5 Jahren, um eine ordentliche Kündigung des Sozialplans durch den Arbeitgeber oder einen möglichen Betriebserwerber auszuschließen.

70   In einer solchen Situation ist der gewonnene Vorteil mit der langen finanziellen Belastung abzuwägen. Auch wäre für den Unternehmer zu bedenken, dass er einen möglichen Verkauf des Betriebs unter Umständen erschwert, weil sich keine Interessenten finden oder der Kaufpreis gedrückt wird.

71   cc) *Rahmensozialpläne.* Ein Rahmensozialplan hat den Zweck, in einer komplexen Situation, die eine relativ lange Umsetzungszeit erfordert und noch nicht alle Details zu Beginn der Verhandlungen als regelbar erscheinen lässt, zumindest gewisse **Eckwerte** festzulegen. So wird erreicht, dass mit ersten Umsetzungsmaßnahmen begonnen werden kann und der Ausgleich von wirtschaftlichen Maßnahmen soweit überschaubar vorgenommen wird, aber nachfolgende, noch nicht vorausgesehene Personalmaßnahmen später im Einzelnen verhandelt werden können.

Beispiel:
Bank B will ihr Einlagengeschäft an Bank C verkaufen. Das Geschäft ist Teil des gesamten Geschäftsbetriebs, der in vielen Niederlassungen regional gegliedert ist. Deshalb soll zunächst das Einlagengeschäft auf eine Gesellschaft ausgegliedert werden, die von beiden Banken gemeinsam gehalten wird. Anschließend sollen auch die restlichen Anteile von B auf C übertragen werden. Während der Übergangszeit soll ein Kostenoptimierungsprogramm durchgeführt werde, das auch einen gewissen Personalabbau und eine Zusammenlegung von Teilfilialen beinhaltet. Die organisatorischen Planungen sollen nach der Ausgliederung im Einzelnen ausgearbeitet werden. Bereits für die Ausgliederung soll nach § 323 Abs. 2 UmwG ein Interessenausgleich mit Zuordnungslisten vereinbart werden. Der Betriebsrat verlangt im Gegenzug einen Rahmensozialplan mit Eckwerten auch für die Folgemaßnahmen.

72   Da der Rahmensozialplan weder den später erforderlichen zweiten Interessenausgleich noch mit Sicherheit den konkreten Sozialplan für die organisatorischen Änderungen ausschließen kann, sollten die Eckwerte im Wesentlichen eine Basisnummer enthalten, die berücksichtigt, dass für einzelne Ergänzungen Verhandlungsspielraum bleibt. Fallen die Forderungen des Betriebsrats nach Ansicht des Arbeitgebers zu hoch aus, muss der Arbeitgeber unter Umständen den Rahmensozialplan verweigern. Erzwingbar ist er nicht.

---

[61] Dieses Risiko sieht auch das BAG 26.8.1997 – 1 ABR 12/97, NZA 1998, 216.
[62] Vgl. BAG 25.4.2017 – 1 AZR 714/715, NZA 2017, 1467 (1471) Rn. 26: Dauersozialplan durchsetzbar durch Einzelklage; *Meyer* NZA 1996, 239 (242).

dd) Personalabbau unter den Schwellenwerten. Nach § 112a Abs. 1 BetrVG wird unter- 73
halb der Schwellenwerte lediglich die Erzwingbarkeit des Sozialplans, aber nicht der Versuch eines Interessenausgleichs obsolet. Für letzteren gelten weiterhin die Schwellenwerte des § 17 KSchG wie durch die BAG-Rechtsprechung konkretisiert.[63] Während das Einigungsstellenverfahren für den Interessenausgleich bereits bei Erreichen der Schwellenwerte nach § 17 KSchG eingeleitet werden kann,[64] ist es für den Sozialplan erst nach Erreichen der Schwellenwerte gemäß § 112a Abs. 1 BetrVG erzwingbar. Der Arbeitgeber muss zwar bei Unterschreiten der Schwellenwerte des § 112a Abs. 1 BetrVG einen Sozialplan verhandeln, aber nicht abschließen. Er kann von der Einigungsstelle nicht gezwungen werden.[65] Ein freiwilliger Abschluss eines Sozialplans ist allerdings mit den dargestellten Vor- und Nachteilen möglich. Nach § 112a Abs. 2 BetrVG besteht das **Freiwilligkeitsprivileg** auch für Betriebe eines Unternehmens in den ersten vier Jahren nach seiner Gründung. Auch in diesen neuen Unternehmen sind die Absätze § 112 Abs. 4 und 5 des BetrVG nicht anwendbar, somit das Einigungsstellenverfahren nicht erzwingbar. Das gilt jedoch nicht für Neugründungen im Zusammenhang mit der rechtlichen Umstrukturierung von Unternehmen und Konzernen. Damit soll vermieden werden, dass Unternehmen, die dem § 112 BetrVG grundsätzlich unterliegen, ihre bestehenden Betriebe zur Umgehung der Verhandlungspflichten auf neue Gesellschaften übertragen. Maßgebend ist der Zeitpunkt der Aufnahme der Erwerbstätigkeit im Sinne des § 138 Abgabenordnung. Übernimmt aber ein neues Unternehmen, das vorher nicht zum Konzern gehörte, einen Betrieb, der schon älter als vier Jahre ist, bleibt es unter dem Vorbehalt des Rechtsmissbrauchs beim Freiwilligkeitsprivileg, denn § 112a BetrVG stellt eindeutig auf das Alter des Unternehmens und nicht des Betriebs ab.[66]

2. Inhalt von Sozialplänen

Bei der Ausgestaltung von Sozialplänen haben die Betriebsparteien innerhalb der Grenzen 74
von Recht und Billigkeit nach § 75 BetrVG und neuerdings nach dem Allgemeinen Gleichbehandlungsgesetz (AGG) ein weites **Ermessen**. Sie müssen nicht alle denkbaren Risiken absichern, sondern können abwägen, welche Nachteile der betroffenen Arbeitnehmer in welchem Umfang ausgeglichen oder gemildert werden sollen.

Beispiel:
Ein Unternehmen will teilweise Personal abbauen, teilweise Abteilungen räumlich verlegen. Werden hohe Abfindungsleistungen, aber keine Umzugsleistungen angeboten, ist damit zu rechnen, dass die betroffenen Arbeitnehmer vorzugsweise gegen Abfindung ausscheiden. Sind dagegen die Umzugsleistungen wesentlich großzügiger als die Abfindungen, ist umgekehrt mit einer höheren Umzugsflexibilität zu rechnen.

Der Sozialplan hat somit in gewissen Umfang eine **Steuerungsfunktion.** Dabei sind die Be- 75
triebsparteien in freien Verhandlungen nicht an die Ermessensleitlinien des § 112 Abs. 5 BetrVG gebunden. Diese verpflichten nur die Einigungsstelle. Die nach § 75 BetrVG vorgesehenen Grenzen von Recht und Billigkeit und die Benachteiligungsverbote nach § 7 AGG konkretisieren sich in der Praxis im Wesentlichen auf das Gebot der Gleichbehandlung und das Verbot sachfremder Differenzierungen bzw. solcher wegen Rasse, ethnischer Herkunft, Geschlechts, Religion oder Weltanschauung, Behinderung, Alter oder sexueller Identität.[67] Unzulässige Differenzierungen können für die benachteiligten Arbeitnehmer zu erhöhten Sozialplananprüchen führen, damit auch zu einer erheblichen Ausweitung des Sozialplan-

---

[63] → § 56 Rn. 48 ff.
[64] BAG 8.11.1988 – 1 AZR 687/87, NZA 1989, 278.
[65] *Willemsen* DB 1990, 1405 (1413); WHS Umstrukturierung/*Schweibert* C Rn. 219; DKKW/*Däubler* BetrVG § 112 Rn. 38.
[66] BAG 13.6.1989 – 1 ABR 14/88, NZA 1989, 974; 22.2.1995 – 10 ABR 21/94, NZA 1995, 699 (697); 10.12.1996 – 1 ABR 32/96, NZA 1997, 898; Richardi BetrVG/*Annuß* § 112a Rn. 13.
[67] BAG 9.12.2014 – 1 AZR 102/13, NZA 2015, 365 (366); Richardi BetrVG/*Annuß* § 112 Rn. 102; *Fitting* BetrVG § 112 Rn. 145 ff.; WHS Umstrukturierung/*Schweibert* C Rn. 257; vgl. §§ 1, 7, 10 S. 3 Nr. 6 AGG wegen Differenzierung im Sozialplan nach Alter.

volumens.⁶⁸ Denn ein entsprechender Ausgleich durch Reduzierung an anderer Stelle ist nachträglich nicht mehr möglich.

76 **a) Ausgleich/Milderung wirtschaftlicher Nachteile.** Ausgleichsfähig sind nur wirtschaftliche Nachteile. Immaterielle Nachteile sind im erzwingbaren Sozialplan nicht zu regeln. Wirtschaftliche Nachteile liegen nur vor, wenn sie sich **vermögensrechtlich** auswirken, also zahlenmäßig beschreibbar sind. Dazu gehört sicher der Verlust des Arbeitsplatzes, wenn Arbeitslosigkeit eintritt oder nur ein weniger dotierter Arbeitsplatz gefunden werden kann. Dazu gehört auch die Versetzung auf gering vergüteter Arbeitsplätze oder die Verlegung der Arbeitsplätze mit entsprechenden Kostenfolgen für die betroffenen Arbeitnehmer. Solche Einbußen können im Sozialplan durch einmalige oder laufende finanzielle Leistungen ausgeglichen oder gemildert werden. Im Rahmen sachlicher Begründung können auch Differenzierungen und Leistungsausschlüsse vereinbart werden. Auch können sonstige wirtschaftliche Vorteile, die durch die Betriebsänderung entstanden sind, bei der Berechnung des Nachteilsausgleichs angerechnet werden. Es ist insofern eine wirtschaftliche Gesamtschau vorzunehmen.⁶⁹

77 **b) Nachteile „infolge" der Betriebsänderung.** Auszugleichen oder zu mildern sind nur Nachteile, die infolge der geplanten Betriebsänderung entstehen. Es muss also **Kausalität** zwischen der konkreten Betriebsänderung und den ausgleichs-/milderungspflichtigen Nachteilen bestehen. Wird der Sozialplan zur Durchführung einer im Interessenausgleich definierten Betriebsänderung vereinbart, so haben nur die von der Maßnahme wirklich betroffenen Arbeitnehmer entsprechende Leistungsansprüche. Wird also die Maßnahme nur für einen konkreten Bereich festgelegt und erfolgen einzelne betriebsbedingte Kündigungen in anderen Bereichen, entsteht dort kein Leistungsanspruch aus dem Sozialplan.⁷⁰

Beispiel:
Im Unternehmen U wird die Produktion wesentlich eingeschränkt, was zu erheblichem Personalabbau in der Produktion führt. Dazu sind Interessenausgleich und Sozialplan mit Geltungsbereich für Produktionsmitarbeiter vereinbart. Ein Mitarbeiter im Vertrieb wird zufällig gleichzeitig betriebsbedingt gekündigt, weil sein Arbeitsplatz unabhängig davon wegfiel. Er hat keinen Sozialplananspruch.

78 Nach Rechtsprechung des Bundesarbeitsgerichts ist Kausalität auch dann nicht gegeben, wenn eine Ausgliederung und Übertragung eines Betriebs auf einen Erwerber zu einer Verringerung der **Haftungsmasse** führt oder wenn der Übernehmer ein **neues** Unternehmen ist, das von der Sozialplanpflicht nach § 112a Abs. 2 BetrVG befreit ist. Ursächlich für einen Verlust der Aussicht auf einen Sozialplanabfindung ist nicht die Betriebsänderung der Ausgliederung, sondern die nicht mitbestimmungspflichtige Übertragung auf den Erwerber.⁷¹ Somit ist Kausalität nicht gegeben. Allerdings steht es den Betriebsparteien frei, auch solche mittelbaren Nachteile auszugleichen.⁷²

79 **c) Abfindungsregelungen für Arbeitsplatzverlust.** Trotz zwischenzeitlicher Bemühungen des Gesetzgebers, auf Beschäftigungsförderung hinzuwirken,⁷³ steht die finanzielle Abfindung für den Verlust des Arbeitsplatzes auch heute noch im Vordergrund jeder Sozialplanverhandlung. Die Sozialplanabfindungsformel bietet in der Praxis den ersten Vergleichsmaßstab für die Berechnung der Industrie- oder Branchenüblichkeit des Verhandlungsangebots des Arbeitgebers bzw. der entsprechenden Forderung des Betriebsrats. Auch der Verhandlungserfolg wird typischerweise an der Höhe der Abfindungsregelung gemessen, obwohl diese nur einen Faktor unter vielen darstellt. Selten wird die Abfindung individuell bezogen auf jeden einzelnen Arbeitnehmer festgelegt. Meist wird eine **pauschalierende Formel für die Abfindung** vereinbart, die Alter, Betriebszugehörigkeit und Monatsvergütung be-

---

⁶⁸ Umstritten; vgl. dazu *Mohr* RdA 2010, 44 (54); *Oelkers* NJW 2008, 614 ff.
⁶⁹ BAG 12.2.2019 – 1 AZR 279/17, NZA 2019, 719; BAG 11.11.2008 – 1 AZR 475/07, NZA 2009, 210; ausführlich *Deininger-Stierand* NZA 2017, 420; NZA 2017, 489; Richardi BetrVG/*Annuß* § 112 Rn. 85.
⁷⁰ LAG Hamm 30.7.1997 – 18 Sa 429/97, NZA-RR 1998, 261.
⁷¹ BAG 10.12.1996 – 1 ABR 32/96, NZA 1997, 898.
⁷² BAG 10.12.1996 – 1 ABR 32/96, NZA 1997, 898.
⁷³ → Rn. 58.

rücksichtigt.[74] Durch einen bestimmten, zu verhandelnden Faktor oder Teiler wird dann versucht, die wirtschaftliche Leistungsfähigkeit des Arbeitgebers, die Arbeitsmarktsituation und die Branchenüblichkeit der Abfindung in Relation zu setzen. Sodann bringt man oft weitere Elemente wie Kinderzahl, Schwerbehinderung und lineare Mindest- oder Sockelbeträge in die Berechnung ein.

Abfindungen für den Verlust des Arbeitsplatzes infolge einer Betriebsänderung können nur noch nach § 34 EStG auf Antrag des Arbeitnehmers als außerordentliche Erträge nach der Fünftelungsmethode progressionsreduzierend behandelt werden. Die Einkommensteuer, die sich aus dem regulären Jahreseinkommen errechnet, wird der Einkommensteuer gegenübergestellt, die sich aus regulärem Jahreseinkommen zuzüglich eines Fünftels der Abfindung errechnet. Die Differenz beider Beträge wird verfünffacht. Die sich daraus ergebende Einkommensteuer ist in einer Summe abzuführen. Die Neuregelung ergibt in den meisten Fällen keinen signifikanten Steuervorteil. Die früher in § 3 Nr. 9 EStG vorgesehene Steuerfreiheit innerhalb gestaffelter Obergrenzen ist mit Wirkung vom 1.1.2006 weggefallen. Abfindungen als Entschädigung für den Verlust des Arbeitsplatzes sind von Sozialabgaben befreit.[75] 80

aa) Formeln unter Berücksichtigung von Alter, Dienstzeit und Vergütung. Früher typische Regeln zur Berechnung der Abfindung waren zum Beispiel in Anlehnung an die Vergleichspraxis der Arbeitsgerichte nach §§ 9, 10 KSchG ein halbes bis ein ganzes Bruttomonatsgehalt pro Beschäftigungsjahr im Unternehmen.[76] Eine **Standardformel** war: 81

$$\text{Betriebszugehörigkeit} \times \text{Bruttomonatsgehalt} \times \text{Faktor}$$

Diese Formel ist nach neuerer Rechtsprechung unter Umständen kritisch zu beurteilen, da sie die Höhe der Abfindung ausschließlich an der Betriebszugehörigkeit und dem Verdienst ausrichtet.[77] Wird diese Formel von einer Einigungsstelle ohne weitere Korrektur verwendet, wäre das Ermessen überschritten. Aber auch in freien Verhandlungen sollten sich die Betriebsparteien nicht ausschließlich auf diese Formel einlassen, denn § 75 BetrVG ist auch von den Betriebspartnern zu berücksichtigen. Eine Ergänzung der Formel durch Sonderbeträge[78] oder eine Korrektur der Formel durch Anbindung des Faktors an das Alter wäre ratsam: 82

Beispiel:
Alter × Bruttomonatsgehalt × Faktor
Alter < 30   = Faktor 0,50
Alter 30 < 40   = Faktor 0,75
Alter 40 < 50   = Faktor 1,00
Alter > 50   = Faktor 0,75

Eine in der Praxis häufige Formel, die Alter, Betriebszugehörigkeit und Monatsvergütung flexibel berücksichtigt, ist die **Schaubsche Formel:** 83

Formulierungsvorschlag:
Die Abfindung für den Verlust des Arbeitsplatzes berechnet sich wie folgt: 84

$$\frac{\text{Alter} \times \text{Betriebszugehörigkeit} \times \text{Bruttomonatsgehalt}}{\text{Teiler (Divisor)}}$$

---

[74] BAG 26.9.2017 – 1 AZR 137/15, NZA 2018, 744; 9.12.2014 – 1 AZR 102/13, NZA 2015, 365 (366); Richardi BetrVG/*Annuß* § 112 Rn. 91; WHS Umstrukturierung/*Schweibert* C Rn. 239; *Jacobs/Malorny* NZA 2018, 557; *Deininger-Stierand* NZA 2017, 420.
[75] BSG 21.2.1990 – 12 RK 20/88, NZA 1990, 751; zum Wegfall der Steuerfreiheit BGBl. 2005, 3682.
[76] WHS Umstrukturierung/*Schweibert* C Rn. 239.
[77] BAG 14.9.1994 – 10 ABR 7/94, NZA 1995, 440.
[78] → Rn. 97.

85 In der Praxis kann der Divisor zwischen 25 (Bankenindustrie, Frankfurt, schwarze Zahlen) und 150 (Metallindustrie/ländlich/Insolvenznähe) schwanken. Alter und Dienstzeit werden meist in vollen Jahren angegeben. Mit dem Teiler setzt man praktisch ein Bruttomonatsgehalt pro Jahr der Betriebszugehörigkeit für ein bestimmtes Alter fest. Bei einem Teiler 50 erhält der 50 Jahre alte Mitarbeiter ein Bruttomonatsgehalt pro Beschäftigungsjahr, die jüngeren entsprechend weniger und die älteren entsprechend mehr. Mit dieser Formel kann man bei Einsetzung von statistischen Durchschnittswerten leicht überschlägig das wesentliche Sozialplanvolumen berechnen:

Beispiel:

$$100 \text{ Entlassungen} \times \frac{40 \times 15 \times 5.000{,}- \text{ EUR}}{40} = 7{,}5 \text{ Mio.}$$

Oft wird angeboten oder aufgefordert, den Teiler auch in dieser Formel wiederum altersabhängig zu gestalten zB
    Alter < 30   = Teiler 60
    Alter 30 < 40 = Teiler 50
    Alter > 40   = Teiler 40.

86 Jedoch würde diese Variante die Komponente Alter überbetonen, denn das Alter ist auch über dem Strich bereits berücksichtigt. Auch die Schaubsche Formel betont den Faktor Zeit sowohl im Alter als auch in der Betriebszugehörigkeit stark. Gemäß § 10 S. 3 Nr. 6 AGG sind die traditionellen Abfindungsformeln, die den Faktor Zeit im Alter und/oder in der Betriebszugehörigkeit betonen und damit ältere Mitarbeiter bevorzugen und jüngere benachteiligen, jedenfalls dann gerechtfertigt, wenn damit die wesentlich vom Alter abhängenden Chancen auf dem Arbeitsmarkt erkennbar berücksichtigt werden.[79] Insofern ist es empfehlenswert, die Motivation im Sozialplantext zum Ausdruck kommen zu lassen.

Formulierungsvorschlag:

87 „Die in der Abfindungsformel zum Ausdruck kommende Betonung des Lebensalters ist durch die schwierige lokale Arbeitsmarktsituation für Ältere geboten."

88 Nach der neuesten Rechtsprechung des Bundesarbeitsgerichts darf eine nach § 10 S. 3 Nr. 6 AGG erfolgende Altersstaffelung von Sozialplanabfindungen die Interessen der benachteiligten (Alters-)Gruppe nicht unverhältnismäßig stark vernachlässigen.[80] Allerdings ist auch eine mittelbare Benachteiligung jüngerer Arbeitnehmer durch Berücksichtigung der Dauer der Betriebszugehörigkeit durch § 10 S. 3 Nr. 6 AGG gedeckt.[81]

89 Die Vereinbarung einer Höchstgrenze der Sozialplanabfindung stellt keine (mittelbare) Diskriminierung dar, denn der überproportionalen Begünstigung langjährig Beschäftigter darf durch eine Begrenzung der Abfindungshöhe entgegengewirkt werden, um allen Arbeitnehmern eine verteilungsgerechte Abmilderung der sie voraussichtlich treffenden wirtschaftlichen Nachteile zukommen zu lassen.[82] Im Übrigen war es bereits vor Inkrafttreten des AGG durchaus üblich, die Formel durch Grundbeträge oder Sockelbeträge zu ergänzen, um die Betonung des Alters etwas auszugleichen. Man spricht dann auch oft von Grundbetrag und Steigerungsbetrag in der Abfindungsberechnung. Oft werden zu diesem Zweck auch

---

[79] Vgl. *Schweibert* in FS Deutscher Anwaltsverein, S. 1001, 1008; *Besgen* BB 2007, 213 (217); vgl. ausführlich *Oelkers* NJW 2008, 614 ff.; vgl. auch BAG 12.4.2011 – 1 AZR 743/09, FA 2011, 268; kritisch: *Kaiser/Dahm* NZA 2010, 473.
[80] BAG 23.3.2010 – 1 AZR 832/08, NZA 2010, 774 (775); so auch BAG 12.4.2011 – 1 AZR 743/09, FA 2011, 268; BAG 26.5.2009 – 1 AZR 198/08, NZA 2009, 849.
[81] BAG 26.5.2009 – 1 AZR 198/08, NZA 2009, 849 (852); vgl. auch ausführlich *Mohr* RdA 2010, 44, insbes. 50 ff.
[82] BAG 9.12.2014 – 1 AZR 102/13, NZA 2015, 365 (366); 21.7.2009 – 1 AZR 566/08, NZA 2009, 1107; ebenso LAG Berlin-Brandenburg 9.12.2010 – 26 Sa 1632/10, ArbRAktuell 2011, 255.

Kappungsgrenzen oder Höchstbegrenzungsklauseln festgelegt, die nach der Rechtsprechung in der Regel zulässig sind.[83] Das bleibt auch weiterhin empfehlenswert.

Andere Formeln staffeln die Abfindung nach der **Stufenmethode**. 90

Formulierungsvorschlag:

Die Höhe der Abfindung beträgt bei Ausscheiden: 91

– bis zum vollendeten	30. Lebensjahr	Faktor 0,7
– ab vollendetem	30. Lebensjahr	Faktor 0,9
– ab vollendetem	35. Lebensjahr	Faktor 1,1
– ab vollendetem	40. Lebensjahr	Faktor 1,2
– ab vollendetem	45. Lebensjahr	Faktor 1,4
– ab vollendetem 50. bis vollendetem 55. Lebensjahr		Faktor 1,6

des letzten Bruttomonatseinkommens pro Dienstjahr.

Diese Formel hat den Nachteil, dass sie sich in Treppenstufen entwickelt und nicht in einer Kurve. Die überschlägige Berechnung des Sozialplantopfes ist schwieriger als nach der Schaubschen Formel. Dafür berücksichtigt sie einen Knick beim vollendeten 55. Lebensjahr, der auf die rückläufige Bedürftigkeit der rentennäheren Altersjahrgänge Rücksicht nimmt. Diese relative Benachteiligung rentennaher Jahrgänge ist jetzt in § 10 S. 3 Nr. 6 AGG ausdrücklich zugelassen.[84] 92

Möglich ist auch eine **Punktwertemethode**. Das Punkteschema legt Punktzahlen für das Lebensalter, die Betriebszugehörigkeit, Unterhaltsverpflichtungen, Schwerbehinderung und andere soziale Umstände fest. Das zur Verfügung gestellte Sozialplanvolumen wird durch die Gesamtzahl der pro betroffenen Arbeitnehmer errechneten Punktezahlen dividiert. Damit ist der Punktewert definiert, der nun multipliziert mit der Punktezahl des betroffenen Arbeitnehmers Grundlage für den Sozialplananspruch ist. Der Vorteil dieser Formel ist eine flexible Gewichtung jedes einzelnen Arbeitnehmers. Das System ist aber außerordentlich komplex und verlangt zunächst eine Festlegung des Sozialplantopfes, der dann anhand der Formel verteilt wird. 93

Formulierungsvorschlag:

Die Abfindung errechnet sich nach der Punktwertmethode wie folgt: 94

1. Jeder Arbeitnehmer erhält folgende Punkte:

   1 Punkt pro Lebensjahr

   2 Punkte pro Dienstjahr

   3 Punkte pro Kind

   4 Punkte pro Schwerbehinderung

2. Die Gesamtpunktzahl aller betroffenen Arbeitnehmer wird durch Addition ermittelt.
3. Das Sozialplanvolumen von 5 Mio. EUR wird durch die Gesamtpunktzahl dividiert. Der sich ergebende Punktewert wird mit der Punktezahl des betroffenen Arbeitnehmers multipliziert, woraus sich der Abfindungsanspruch ergibt.

Von den genannten Formeln ist die Schaubsche Formel wohl die am häufigsten gebrauchte, transparenteste und am leichtesten zu handhabende Berechnungsmethode. Ist im Unter- 95

---

[83] BAG 9.12.2014 – 1 AZR 102/13, NZA 2015, 365 (366); 23.8.1988 – 1 AZR 284/87, NZA 1989, 28; *Jacobs/Malorny* NZA 2018, 557; *Deininger-Stierand* NZA 2017, 420.

[84] BAG 9.12.2014 – 1 AZR 102/13, NZA 2015, 365 (366); *Besgen* BB 2007, 213 (218); *Gravenhorst* in FS Leinemann, 325.

nehmen oder im Konzern eine bestimmte Formel **gebräuchlich** und die Personalverwaltung bzw. die Software darauf eingerichtet, sollte man den Modus nicht ändern und nur die jeweiligen Beträge verhandeln, um möglichst wenig Zeit mit Technikalien zu verlieren. Allerdings wird manchmal von der Betriebsratsseite im Gegenzug gerade eine andere Formel vorgeschlagen, die dann nur schwierig im Volumen mit dem Arbeitgeberangebot verglichen werden kann. Darauf muss sich die Personalleitung nicht einlassen, wenn dadurch zusätzliche Kosten entstehen. Auch eine Einigungsstelle würde erfahrungsgemäß einer anerkannten oder üblichen Formel des Arbeitgebers folgen und sich auf die Verhandlung der Beträge konzentrieren.

96 bb) **Sockelbeträge.** Sind von der Betriebsänderung vor allem jüngere Arbeitnehmer mit relativ kurzer Betriebszugehörigkeit betroffen, die in den genannten Abfindungsformeln tendenziell benachteiligt sind, wird vielfach zum weiteren Ausgleich in Form einer **Basissicherung** ein Grund- oder Sockelbetrag festgelegt, der linear festgelegt und zusätzlich gezahlt wird. Möglich ist auch ein Mindestbetrag, der auf die Abfindungsformel angerechnet wird.

97 cc) **Sonderbeträge.** Weitere **soziale Faktoren** werden oft in Sonderbeträgen ausgewiesen, wenn sie in der Abfindungsformel noch nicht berücksichtigt sind. Dazu gehören vor allem Kinder- und Schwerbehindertenzulagen.

> **Formulierungsvorschlag:**
>
> 98 Zusätzlich zur Abfindungsformel wird für jedes durch Lohnsteuerkarte nachgewiesene unterhaltsberechtigte Kind ein Sonderbetrag von 1.000,– EUR gezahlt. Anerkannte Schwerbehinderte und ihnen Gleichgestellte erhalten einen Sonderbetrag in Höhe von 3.000,– EUR. Die Sonderbeträge werden mit der Abfindung gezahlt.

99 dd) *Begriffsbestimmungen.* Zur Vermeidung von Auslegungsstreitigkeiten ist zu empfehlen, Begriffe wie Lebensalter, Dienstjahre, Bruttomonatsgehalt eindeutig zu definieren. Dies führt allerdings fast immer auch zur Verhandlung über Inhalte, denn mit jeder Präzisierung ändert sich in mathematischen Formeln auch der Leistungsumfang. Deshalb sind Vor- und Nachteil der **Präzisierung** gegeneinander abzuwägen. Regelt man zum Beispiel Lebensalter und Dienstjahre nicht, so wird in der Regel auf das Lebensalter und die Dienstjahre zum Zeitpunkt der Beendigung der einzelnen Arbeitsverhältnisse abgestellt. Da dies bei langen Kündigungsfristen und zeitlich gestaffelten Maßnahmen zu einer Erhöhung der Leistungen führen kann, muss dies beim Angebot der eigentlichen Abfindungsformel berücksichtigt werden. Insofern günstiger und vor allem einfacher zu handhaben ist ein allgemeiner **Berechnungsstichtag**, zB das Datum der Bekanntgabe der Betriebsänderung oder das Datum des Sozialplanabschlusses.

> **Formulierungsvorschlag:**
>
> 100 **§ 3 Abfindungen**
>
> 1. Die von betriebsbedingten Kündigungen betroffenen Mitarbeiter erhalten bei Ausscheiden aus dem Arbeitsverhältnis eine Abfindung nachfolgender Formel:
>
> $$\frac{\text{Alter} \times \text{Betriebszugehörigkeit} \times \text{Bruttomonatsgehalt}}{40}$$
>
> 2. Stichtag für die Berechnung des Alters und der Betriebszugehörigkeit ist die Bekanntgabe der Maßnahme am 31. März 2012. Das Alter und die Betriebszugehörigkeit bemessen sich in vollen Jahren [und anteiligen Monaten ($1/_{12}$)].
>
> 3. Bruttomonatsgehalt ist die Vergütung im Monat der rechtlichen Beendigung des Arbeitsverhältnisses. Maßgeblich ist das Grundgehalt. Vermögenswirksame Leistungen, Gratifikationen, Boni, geldwerte Vorteile aus Überlassung eines Dienstwagens, BVV-Beiträge und sonstige Leistungen bleiben außer Betracht.

d) Kompensation für Verlust von Vergütungsansprüchen. Ein Verlust von Vergütungsansprüchen kann eintreten durch Ausscheiden auf Grund betriebsbedingter Entlassung vor Erreichen bestimmter **Stichtage** im laufenden Kalenderjahr, zB Urlaubsgeld, Weihnachtsgeld, Jahresabschlusszahlung, Jubiläumsbonus. Der Ausgleich geschieht meist durch eine zusätzliche Einmalzahlung, die der Abfindung zugeschlagen wird.

Formulierungsvorschlag:

§ 4 Stichtagsentschädigung

Mitarbeiter, die infolge der Betriebsänderung innerhalb von 3 Monaten vor Erreichen des jeweiligen Stichtags für die Gewährung von Urlaubsgeld, Weihnachtsgeld, Jahressonderzahlung oder Jubiläumsbonus ausscheiden, erhalten als Entschädigung für den Verlust ihres Anspruches jeweils die Hälfte des entgangenen Betrags. Die Zahlung erfolgt zusammen mit der Abfindungszahlung.

Da eine solche Zahlung als Entschädigung für den Verlust des eigentlichen Anspruchs erfolgt, ist sie in den Grenzen des § 34 EStG ebenfalls steuerbegünstigt und sozialabgabenfrei.

e) Ausgleichsleistungen für sonstige Nachteile. Neben oder statt Abfindungsleistungen für betriebsbedingte Entlassungen kann der Sozialplan auch **andere** Ausgleichsleistungen vorsehen. Das ist insbesondere der Fall, wenn die personellen Maßnahmen in Versetzungen auf andere Arbeitsplätze oder in örtlichen Verlegungen bestehen.

aa) Versetzung auf geringerwertige Stellen. Sind zB grundlegende Veränderungen der betrieblichen Organisation vorgesehen, kann es zu Versetzungen auf gering dotierter Arbeitsplätze kommen. Kommt es zur Herabstufung in der tariflichen Eingruppierung oder sonstiger Reduzierung im Vergütungsniveau, wird in Anlehnung an § 113 Abs. 2 BetrVG oft ein phasenweises Abschmelzen der Differenz („soft landing") über einen Zeitraum von 12 Monaten oder eine einmalige Abgeltungszahlung („lump sum") auf der Basis eines Jahresbetrages vereinbart. Betriebsräte fordern oft einen längeren Abschmelzungsprozess. Das Ermessen der Betriebsparteien, in welchem Zeitraum und zu welchem Anteil ein Ausgleich oder eine Milderung des Nachteils gewährt wird, ist groß, Berechnungssysteme sind vielfältig.

Formulierungsvorschlag:

§ 5 Milderung von Verdienstminderung

1. Der Arbeitgeber wird, soweit möglich, den vom Arbeitsplatzverlust betroffenen Arbeitnehmern zumutbare und gleichwertige Arbeitsplätze anbieten, bzw. die Arbeitnehmer entsprechend versetzen. Sind solche Arbeitsplätze nicht vorhanden, wird entsprechend mit zumutbaren geringerwertigen Arbeitsplätzen verfahren.
2. Führt der neue Arbeitsplatz zu einer tariflichen Abgruppierung, wird die Differenz als übertarifliche Zulage für 12 Monate weitergezahlt, allerdings nach 6 Monaten auf die Hälfte reduziert.
oder
3. Arbeitnehmer, deren neues Bruttomonatsgehalt niedriger ist, erhalten als Ausgleich einen einmaligen Bruttobetrag in Höhe des 12-fachen Differenzbetrags. Der Ausgleich wird bei Antritt des neuen Arbeitsplatzes gezahlt. Scheidet der Arbeitnehmer vor Ablauf von 24 Monaten nach der Zahlung aus, ist der Ausgleichsbetrag anteilig zurückzuzahlen.
oder
4. Tritt der Arbeitnehmer den geringerwertigen Arbeitsplatz an, erhält er als Ausgleich der Verdienstminderung eine einmalige Abgeltung nach folgender Formel:

$$\frac{\text{Lebensalter} \times \text{Betriebszugehörigkeit} \times \text{Differenz Bruttomonatsverdienst}}{\text{Teiler (Divisor)}}$$

107 Zu beachten ist, dass die befristet weitergezahlten Beträge wie auch die einmaligen Abgeltungsbeträge wegen des fortlaufenden Arbeitsverhältnisses nicht steuer- und sozialabgabenfrei sind.

108 *bb) Betriebsverlegung.* Bei der Betriebsverlegung sind im Wesentlichen die durch die örtliche Verlagerung verursachten Nachteile auszugleichen oder zu mildern. Das können insbesondere sein, erhöhte Fahrkosten bei verlängertem Anfahrtsweg, doppelte Mieten und Familienheimfahrten für einen Übergangszeitraum, sowie Erstattung einmalig anfallender Kosten nach Beleg. Zur Motivationssteigerung kann auch eine kostenunabhängige Umzugsprämie gewährt werden.

Formulierungsvorschlag:

109 **§ 6 Umzug**

Ist wegen der Versetzung ein Wohnungswechsel erforderlich und erfolgt der Umzug innerhalb von 12 Monaten nach Arbeitsantritt, erhält der Mitarbeiter:

1. Fahrtkostenerstattung für den verlängerten Anfahrtsweg bis zum Wohnungswechsel, längstens für 12 Monate.
2. Gegebenenfalls erforderliche doppelte Wohnungsmiete für eine angemessene Zweitwohnung am Arbeitsort bis zum Hauptwohnsitzwechsel, längstens für 12 Monate.
3. Zwei Familienheimfahrten pro Monat für die Trennung von der Familie bis zum Hauptwohnsitzwechsel, längstens für 12 Monate.
4. Inseratskosten und Maklergebühren bis zu einem Höchstbetrag von 2.000,- EUR.
5. Speditionskosten bis zu 3.000,- EUR.
6. Alle erstattungsfähigen Kosten sind durch ordentliche Belege nachzuweisen.
7. Unabhängig von der Kostenerstattung erhält der Mitarbeiter bei Arbeitsantritt am neuen Dienstort eine Umzugsprämie von 5.000,- EUR brutto. Scheidet der Mitarbeiter vor Ablauf von 24 Monaten nach Auszahlung der Prämie aus, ist diese zur Hälfte zurückzuzahlen.

110 Bei umzugsbedingten Leistungen ist stets zu bedenken, ob die **Bereitschaft zum Ortswechsel** wirklich gefördert werden soll. Entsprechend großzügig sollten die Leistungen ausgestattet sein. Abfindungen wegen betriebsbedingter Entlassung, die bei verweigertem Dienstortwechsel erforderlich werden, sind in der Regel wesentlich kostspieliger, zumal wenn man den Know-How-Verlust berücksichtigt. Kostenerstattungen sind im Rahmen von § 9 Abs. 1 Nr. 4 und 5 EStG in Verbindung mit den entsprechenden Lohnsteuerrichtlinien steuerfrei, Prämien natürlich als Bruttoeinkommen zu versteuern.

111 *cc) Leistungsdauer für Ausgleichsleistungen.* Werden Ausgleichsleistungen über einen längeren Zeitraum erforderlich, ist zu bedenken, dass dadurch am neuen Arbeitsplatz **unterschiedliche Vergütungsklassen** entstehen, die Unfrieden stiften und höhere Verwaltungskosten verursachen können. Deshalb sollten solche Leistungen möglichst zeitlich begrenzt werden. Ein Argument für die Begrenzung auf längstens 12 Monate liegt in der Parallelwertung zu § 113 Abs. 2 BetrVG, wonach der Nachteilsausgleich für „andere wirtschaftliche Nachteile" ebenfalls auf 12 Monate begrenzt ist. Einmalzahlungen haben gegenüber Dauerleistungen den Vorteil, dass am neuen Arbeitsplatz/Dienstort ein Zweiklassensystem überhaupt nicht erst zur Entstehung kommt. Soll ein Hauptwohnsitzwechsel möglichst schnell herbeigeführt werden, kann auch dies durch entsprechende zeitlich verkürzte Leistungsgestaltung motiviert werden.

112 **f) Turboprämie.** Im Anschluss an die gesetzliche Einführung einer gesonderten Abfindung für die Nichterhebung einer Kündigungsschutzklage nach § 1a KSchG in Höhe von 0,5 Monatsverdiensten für jedes Jahr des Bestehens des Arbeitsverhältnisses hat sich die Praxis verstärkt, im Sozialplan neben der üblichen Abfindung für den Verlust des Arbeitsplatzes

eine zusätzliche Prämie für einen Kündigungsschutzverzicht vorzusehen (**Turboprämie**). Mit der Turboprämie wird bezweckt, möglichst schnell Rechtssicherheit über die Wirksamkeit von betriebsbedingten Kündigungen im Rahmen einer Betriebsänderung herzustellen. Das Bundesarbeitsgericht hat in einer Entscheidung vom 31.5.2005 grundsätzlich die Wirksamkeit einer solchen Klausel bestätigt, jedoch verlangt, dass die Turboprämie tatsächlich zusätzlich zum normalen Sozialplanvolumen gezahlt wird. Der Sozialplan dürfe deswegen nicht geschmälert werden. Es wird deshalb empfohlen, die Turboprämie außerhalb des Sozialplans in einer freiwilligen Betriebsvereinbarung zu regeln.[85]

g) Sprinterklausel. Eine Sprinterklausel im Sozialplan soll dem betroffenen Arbeitnehmer erlauben, trotz einer längeren Kündigungsfrist vorzeitig zu kündigen und dafür gegebenenfalls einen Teil der Kündigungsfristvergütung als Abfindung zu erhalten. Solche Klauseln sind wirksam, jedoch muss auch in diesem Fall die Kündigungserklärung schriftlich erfolgen, sonst ist sie gemäß § 623 BGB unwirksam. Eine Telefaxkündigung ist nicht ausreichend.[86]

h) Treueprämie. Eine oft im Sozialplan vereinbarte **Treueprämie** für Arbeitnehmer, die bis zum Stilllegungstermin im Betrieb ausharren und damit die Aufrechterhaltung des Betriebs bis zum geplanten Stilllegungszeitpunkt gewährleisten, stellt keinen Nachteilsausgleich für einen Verlust des Arbeitsplatzes dar, sondern dient nur dem Interesse des Arbeitgebers an der ordentlichen Abwicklung der Schließung. Sie ist deshalb keine typische Sozialplanleistung und wird von einem bestimmten, vereinbarten Anspruchsausschluss für Sozialplanleistungen nicht erfasst.[87]

i) Begünstigte Personen. Der erzwingbare Sozialplan kann nur für die von der Betriebsänderung nachteilig betroffenen Arbeitnehmer gelten. Der wirtschaftliche Nachteil des betroffenen Arbeitnehmers muss kausal durch die Betriebsänderung herbeigeführt worden sein. Insofern muss bereits bei der Bestimmung des Geltungsbereichs des Sozialplans der betroffene Betrieb oder Betriebsteil und damit auch die betroffene Belegschaft klar bestimmt sein. Meist geschieht das durch Bezugnahme auf den Interessenausgleich. Nicht betroffene Bereiche sind **eindeutig abzugrenzen.** Sind, wie häufig, mehrere Maßnahmen gleichzeitig Gegenstand eines Interessenausgleichs und eines Sozialplans, sind auch insofern die betroffenen Personenkreise voneinander abzugrenzen. Wird zum Beispiel ein Betrieb gespalten und daraufhin ein Betriebsteil A ausgegliedert und an ein drittes Unternehmen übertragen, ein Betriebsteil B innerhalb der Stadt verlegt, und ein Betriebsteil C nach einer Übergangszeit stillgelegt, so empfiehlt es sich, gemäß oder analog § 323 Abs. 2 UmwG zunächst in einem Interessenausgleich die Mitarbeiter eindeutig jeweils den drei Bereichen zuzuordnen. Im Sozialplan ist neben der Definition des allgemeinen Geltungsbereichs jeweils ein Abschnitt A für die Ausgliederung, ein Abschnitt B für die Verlagerung und ein Abschnitt C für die Schließung zu reservieren. Wäre eine lukrative Abfindungsregelung für alle Mitarbeiter des Betriebs zugänglich, könnten Mitarbeiter des Bereichs A der Ausgliederung und dem anschließenden Betriebsübergang nach § 324 UmwG iVm § 613a BGB widersprechen und nach der dadurch ausgelösten betriebsbedingten Kündigung die Sozialplanabfindung verlangen. Ähnlicherweise könnten Mitarbeiter des Bereichs B auf die Idee kommen, in den Genuss der Abfindung zu gelangen, indem sie dem Umzug widersprechen. Die Abgrenzung der von unterschiedlichen Sozialplanleistungen begünstigten Mitarbeitergruppen ist daher von großer Bedeutung. Eine entsprechende Leistungszuweisung und Abgrenzung kann natürlich auch im jeweils anwendbaren Abschnitt des Sozialplans vorgenommen werden. Durch Gesetz ausgegrenzt sind zudem leitende Angestellte nach § 5 Abs. 3 BetrVG, für die der Betriebsrat kein Mandat hat. Dies wird im Geltungsbereich des Sozialplans oft deklaratorisch bestätigt, was aber juristisch nicht zwingend erforderlich ist.

---

[85] *Annuß* RdA 2006, 378 (380); vgl. *Benecke* BB 2006, 938.
[86] BAG 17.12.2015 – 6 AZR 709/14, DB 2016, 778.
[87] BAG 9.12.2014 – 1 AZR 406/13, NZA 2015, 557 (558).

Formulierungsvorschlag:

116
Sozialplan

§ 1 Geltungsbereich

1. Die dem Unternehmensbereich A nach § 1 Abs. 1 des Interessenausgleichs zugeordneten Mitarbeiter der Übergangsliste A werden rechtzeitig nach § 613a Abs. 5 BGB unterrichtet und haben gemäß § 613a Abs. 6 BGB ein Widerspruchsrecht. Sie erhalten bei Nichtausübung des Widerspruchsrechts eine Loyalitätsprämie in Höhe von 5.000,– EUR brutto und weitere Leistungen nach Abschnitt A des Sozialplans.
2. Die dem Unternehmensbereich B nach § 1 Abs. 2 des Interessenausgleichs zugeordneten Mitarbeiter der Umzugsliste B erhalten wegen des Umzugs Fahrtkosten- und Umzugskostenerstattung nach Maßgabe des Abschnitts B des Sozialplans.
3. Die dem Unternehmensbereich C nach § 1 Abs. 3 des Interessenausgleichs zugeordneten Mitarbeiter der Entlassungsliste C erhalten nach betriebsbedingter Kündigung infolge der Schließung des Bereichs C eine Abfindung für den Verlust des Arbeitsplatzes und weitere Leistungen gemäß Abschnitt C des Sozialplans.

117   j) **Leistungsausschlüsse/-einschränkungen.** Neben der Abgrenzung der von Betriebsänderungen konkret betroffenen Bereiche kann es erforderlich sein, auch einzelne Arbeitnehmer oder Gruppen von Arbeitnehmern zu differenzieren. Das ist nur im Rahmen des Gleichbehandlungsgrundsatzes und des Benachteiligungsverbots gemäß § 75 BetrVG sowie §§ 1, 7 AGG wirksam möglich. Eine entsprechende Differenzierung muss sachlich begründet oder gerechtfertigt und eindeutig definiert sein.

118   *aa) Kündigungen aus sonstigen Gründen.* Nur die infolge einer Betriebsänderung von wirtschaftlichen Nachteilen **betroffenen** Arbeitnehmer sollen durch den Sozialplan begünstigt werden. Deshalb sollen Abfindungsleistungen nur an diese Arbeitnehmer erbracht werden. Scheidet ein Arbeitnehmer wegen einer verhaltensbedingten oder einer personenbedingten Kündigung aus, hat er keinen Abfindungsanspruch. Zur Klarstellung wird dies oft im Sozialplan ausdrücklich erwähnt. Das ist zulässig.

Formulierungsvorschlag:

119
§ 7 Kündigungen aus sonstigen Gründen

Keine Leistungen aus dem Sozialplan, insbesondere keine Abfindung für den Verlust des Arbeitsplatzes erhalten Mitarbeiter, die auf Grund außerordentlicher oder ordentlicher Kündigung wegen verhaltens- oder personenbedingter Kündigungsgründe ausscheiden, oder deren Arbeitsverhältnis in der Probezeit gekündigt wird.

120   *bb) Eigenkündigungen.* Ebenfalls keine Leistungen aus dem Sozialplan sollen Mitarbeiter erhalten, die durch Eigenkündigung ausscheiden, wenn sie durch die Betriebsänderung nicht gefährdet waren. Einfache Ausschlussklauseln, die jede Eigenkündigung von Sozialplanleistungen ausschließen, sind jedoch vom Bundesarbeitsgericht kassiert worden.[88] Dies wird damit begründet, dass die Form des Ausscheidens allein keinen Aufschluss darüber gebe, ob die Beendigung infolge der geplanten Betriebsänderung erfolgte. Wurde die Eigenkündigung durch den Arbeitgeber veranlasst, so wäre es unbillig, den betroffenen Arbeitnehmer auszuschließen. Eine **Arbeitgeberveranlassung** liege jedoch nur dann vor, wenn die geplante Betriebsänderung dem Mitarbeiter mitgeteilt wird und er vom Arbeitgeber motiviert wird, selbst zu kündigen, um einer vorhersehbaren Arbeitgeberkündigung zuvorzukommen. Ein bloßer Hinweis auf die unsichere Lage oder der Rat, sich eine neue Stelle zu suchen, reicht jedoch nicht, um den Arbeitnehmer zur Eigenkündigung zu veranlassen. Es ist sogar mög-

---

[88] BAG 19.6.1996 – 10 AZR 23/96, NZA 1997, 562; 20.4.1994 – 10 AZR 323/93, NZA 1995, 489; vgl. aber BAG 1.2.2011 – 1 AZR 417/09, NZA 2011, 880 = NJOZ 2011, 1261 ff.

lich, eine bereits veranlasste Gefährdung des Arbeitsverhältnisses wieder aufzuheben.[89] Wegen dieser Rechtsprechung sollte der Arbeitgeber während der Verhandlungen zur Betriebsänderung den Mitarbeitern nicht direkt konkrete Angaben zu Personalmaßnahmen machen und die Eigenkündigung nahelegen. Auch sollten keine pauschalen Schließungsaussagen zu kompletten Abteilungen gemacht werden, bevor die Verhandlungen mit dem Betriebsrat beendet sind. Denn es ist immer noch möglich, dass einzelne Bereiche oder einzelne Arbeitnehmer aus der Schließung herausgenommen werden, deren Arbeitsverhältnis dann nicht mehr gefährdet wäre.

Beispiel:
In einem Werk wurden ein Interessenausgleich und ein Sozialplan geschlossen. Nach mehreren Versetzungen landet ein Mitarbeiter in der Abteilung „Peripherals". Seine Vorgesetzten erklären ihm im Jahr 1991, dass auch diese Abteilung bald geschlossen würde und sein Einsatz dann fraglich sei. Ein gewünschter Aufhebungsvertrag wurde aber vom Unternehmen ausdrücklich verweigert, weil der Mitarbeiter noch über den 31.12.1992 hinaus zur Aufrechterhaltung eines ordnungsgemäßen Betriebsablaufs benötigt würde. Daraufhin kündigt der Mitarbeiter selbst. Die Abfindung wurde verweigert.

In diesem konkreten Fall hat das BAG angenommen, dass die zunächst eingetretene Gefährdung des Arbeitsverhältnisses zum Zeitpunkt der Eigenkündigung nicht mehr bestand. Deshalb war die Abfindung zu Recht verweigert worden.[90] In den Sozialplan kann also durchaus eine Eigenkündigungsklausel aufgenommen werden, die allerdings auf die konkrete Gefährdung des Arbeitsverhältnisses abstellen sollte.

Formulierungsvorschlag:
Keine Leistungen aus dem Sozialplan, insbesondere keine Abfindung für den Verlust des Arbeitsplatzes erhalten Mitarbeiter, die das Arbeitsverhältnis durch Eigenkündigung beenden, obwohl dieses im Zeitpunkt der Kündigung nicht konkret gefährdet war.

cc) Stichtagsregelungen. Zur Abgrenzung von Eigenkündigungen oder Aufhebungsverträgen wird oft eine Stichtagsregelung vereinbart. Damit soll verhindert werden, dass Mitarbeiter, die das Unternehmen **vorzeitig verlassen,** überhaupt eine oder die volle Abfindung erhalten. Die Wahl des Stichtages muss den Gleichbehandlungsgrundsatz berücksichtigen und aus sachlichen Gründen gerechtfertigt sein.[91] Ein solcher Stichtag kann der Tag der Erstinformation an den Betriebsrat,[92] der Tag des Abschlusses oder des Scheiterns[93] des Interessenausgleichs oder im zeitlichen Zusammenhang damit sogar der Tag des Sozialplanabschlusses sein.[94] Ziel des Arbeitgebers kann sein, die ordentliche Aufrechterhaltung des Betriebsablaufs sicherzustellen.[95] Ziel des Betriebsrats kann sein, seine Verhandlungsbasis nicht durch vorzeitige Abgänge von Personal verschlechtern zu lassen.

Formulierungsvorschlag:
Keine Leistung aus dem Sozialplan, insbesondere keine Abfindung für den Verlust des Arbeitsplatzes, erhalten Mitarbeiter, die vor Unterrichtung des Betriebsrats über die Betriebsänderung auf Grund Eigenkündigung oder Aufhebungsvertrag ausgeschieden sind.

---

[89] BAG 19.7.1995 – 10 AZR 885/94, NZA 1996, 271.
[90] BAG 19.7.1995 – 10 AZR 885/94, NZA 1996, 271 (273); *Gaul* DB 1998, 1513; so im Ergebnis auch BAG 1.2.2011 – 1 AZR 417/09, NZA 2011, 880 = NJOZ 2011, 1261 (1263).
[91] BAG 19.2.2008 – 1 AZR 1004/06, NZA 2008, 719 (721 f.); 11.2.1998 – 10 AZR 22/97, NZA 1998, 895; *Gaul* DB 1998, 1513 (1514).
[92] BAG 13.11.1996 – 10 AZR 340/96, NZA 1997, 390.
[93] LAG Köln 19.5.1995 – 4 Sa 173/95, NZA-RR 1996, 293 (294).
[94] BAG 14.12.2010 – 1 AZR 279/09, NZA-RR 2011, 182 (183); 24.1.1996 – 10 AZR 155/95, NZA 1996, 834.
[95] Nach Rechtsprechungsänderung jetzt kritisch: BAG 6.11.2007 – 1 AZR 960/06, NZA 2008, 232 (234); 2008, 719 (722 f.).

124 **dd) Obergrenzen.** Kein Verstoß gegen den Gleichbehandlungsgrundsatz nach § 75 BetrVG liegt in der Vereinbarung von Obergrenzen (auch Kappungsgrenzen genannt) für den Abfindungsanspruch. Es ist zu berücksichtigen, dass der Sozialplan ein Verteilungsinstrument darstellt, so dass durch die abstrakte mathematische Formel verursachte **Extremwerte korrigiert** werden können. Kommt es durch die Multiplikation von hohen Alterswerten und hohen Dienstzeiten zu extremen Abfindungshöhen, weil die mathematische Formel im Teiler so gewählt wurde, dass auch im unteren Bereich angemessene Beträge entstanden, können entweder relative Höchstgrenzen in Anlehnung an § 10 KSchG oder absolute Höchstgrenzen in Euro-Beträgen vereinbart werden.[96] Möglich sind auch Obergrenzen, die sich durch Errechnung der bis zur Pensionierung überhaupt noch erdienbaren Vergütung ergeben.

Formulierungsvorschlag:

125 1. Der relative Höchstbetrag für die Abfindung nach diesem Paragraphen liegt in Anlehnung an § 10 KSchG bei zwölf Monatsverdiensten, nach Vollendung des fünfzigsten Lebensjahres und fünfzehn Dienstjahren bei fünfzehn Monatsverdiensten und nach Vollendung des fünfundfünfzigsten Lebensjahres und zwanzig Dienstjahren bei achtzehn Monatsverdiensten.

oder

Absolute Höchstgrenze für die Abfindung nach diesem Paragraphen ist:

bei Alter bis zu 45 Jahren	50.000,– EUR,
bei Alter bis zu 50 Jahren	75.000,– EUR,
bei Alter bis zu 57 Jahren	100.000,– EUR,
darüber	75.000,– EUR,
bei Erreichen des Regelaltersrentenalters	10.000,– EUR,

oder

Relativer Höchstbetrag für die Abfindung nach diesem Paragraphen ist das vom Zeitpunkt der Beendigung des Arbeitsverhältnisses bis zum Zeitpunkt des frühestmöglichen Altersrentenbezugs in der Sozialversicherung theoretisch erdienbaren Nettogrundgehalt ohne Steigerungen.

126 Zu berücksichtigen ist, dass bei Vereinbarung von Höchstgrenzen meist auch die Festlegung von Mindestgrenzen gefordert wird. Diese sind zur relativen Absicherung junger Mitarbeiter mit kurzer Dienstzeit durchaus üblich.

Formulierungsvorschlag:

127 Absolute Untergrenze für die Abfindung nach diesem Paragraphen ist nach mindestens einem vollen Dienstjahr 10.000,– EUR.

128 **ee) Ausschluss von befristeten Arbeitskräften.** Da ein wirksam befristetes Arbeitsverhältnis unabhängig von einer Betriebsänderung durch Zeitablauf endet, ist es zulässig, Mitarbeiter mit befristeten Arbeitsverhältnissen von Abfindungsleistungen auszuschließen, wenn die Beendigung allein auf die Befristung zurückzuführen ist.

Formulierungsvorschlag:

129 Mitarbeiter, deren Arbeitsverhältnis durch Ablauf einer wirksamen Befristung endet, erhalten keine Abfindung nach diesem Paragraphen.

---

[96] BAG 9.12.2014 – 1 AZR 102/13, NZA 2015, 365 (366); 21.7.2009 – 1 AZR 566/08, NZA 2009, 1107; LAG Berlin-Brandenburg 9.12.2010 – 26 Sa 1632/10, ArbRAktuell 2011, 255; *Jacobs/Malrony* NZA 2018, 557.

ff) Ausschluss von Teilzeitkräften. Da auch Teilzeitarbeitskräfte wie Vollzeitarbeitskräfte Kündigungsschutz und Bestandsschutz im Arbeitsverhältnis genießen, würde es gegen den **Gleichbehandlungsgrundsatz** verstoßen, wenn sie bei betriebsbedingter Kündigung infolge Betriebsänderung keine Abfindung bekämen. Da Teilzeitarbeitskräfte in der Mehrzahl von Frauen gestellt werden, kann sogar ein Verstoß gegen das Diskriminierungsverbot nach §§ 1, 7 AGG vorliegen. Da sich der anteilig geringere Verdienst bereits durch die vergütungsabhängige Formel mindernd auf die Abfindungsberechnung auswirkt,[97] wäre eine verschärfende Regelung voraussichtlich unwirksam. Sind die Abfindungen allerdings in absoluten EURO-Beträgen pro Person definiert, kann man die Abfindungssumme für Teilzeitkräfte zeitanteilig kürzen.

gg) Annahme von Ersatzarbeitsplätzen. Nimmt ein Arbeitnehmer einen vom Arbeitgeber angebotenen oder vermittelten Ersatzarbeitsplatz an, stellt sich von Zeit zu Zeit die Frage, ob dadurch die Abfindung beeinflusst wird. Wird das Arbeitsplatzangebot beim alten Arbeitgeber angenommen, endet das ursprüngliche Arbeitsverhältnis nicht betriebsbedingt infolge der Betriebsänderung. Deshalb entsteht überhaupt kein Abfindungsanspruch. Dieser Fall muss also nicht im Sozialplan im Sinne eines Ausschlusses geregelt werden. Wird dagegen ein Ersatzarbeitsverhältnis im Konzern des Arbeitgebers oder sogar außerhalb des Konzerns vom Arbeitgeber vermittelt, endet das alte Arbeitsverhältnis betriebsbedingt. In diesem Fall kann die Sozialplanabfindung entfallen oder gekürzt werden. Das müsste aber im Sozialplan einschränkend geregelt werden. Ein völliger **Abfindungsausschluss** erscheint dann gerechtfertigt, wenn das vermittelte Arbeitsverhältnis von Anfang an Kündigungsschutz und Bestandsschutz genießt. Eine Kürzung der Abfindung ist auch dann möglich, wenn das vermittelte Ersatzarbeitsverhältnis im fremden Unternehmen keinen vollen Kündigungsschutz- und Bestandsschutz bietet.[98]

> **Formulierungsvorschlag:**
> **§ 9 Annahme von Ersatzarbeitsplätzen**
> Nimmt der Mitarbeiter ein vom Arbeitgeber vermitteltes zumutbares Arbeitsverhältnis im Konzern oder in einem konzernfremden Unternehmen an, erhält er nach betriebsbedingter Kündigung oder Aufhebung des Arbeitsverhältnisses infolge der Betriebsänderung eine auf ein Viertel (Konzern) bzw. auf ein Halb (Konzernfremd) reduzierte Abfindung nach diesem Paragraphen, wenn im Ersatzarbeitsverhältnis der Kündigungsschutz nicht von Anfang an gewährleistet ist.

hh) Ablehnung von Ersatzarbeitsplätzen. Lehnt ein von der Betriebsänderung betroffener Arbeitnehmer einen vom Arbeitgeber angebotenen Ersatzarbeitsplatz ab und ist sonst keine Beschäftigungsmöglichkeit mehr vorhanden, so muss ihm der Arbeitgeber betriebsbedingt kündigen. Geht man davon aus, dass diese Kündigung infolge der Betriebsänderung erfolgte, könnte der Mitarbeiter Anspruch auf die vereinbarte Sozialplanabfindung haben. Für solche Fälle ist es ratsam, eine Ausschlussklausel in den Sozialplan aufzunehmen. Die Rechtsprechung erkennt solche Ausschlussklauseln an, wenn der angebotene Ersatzarbeitsplatz **zumutbar** war.[99] Zumutbar nach allgemeinen Regeln sind solche Arbeitsplätze, die den Kenntnissen und Fähigkeiten des Arbeitnehmers entsprechen. Regelmäßig wird von Betriebsräten verlangt, dass das Ersatzarbeitsverhältnis auch gleichwertig sein muss. Dem folgt das Bundesarbeitsgericht nicht. Es hält sogar Verdiensteinbußen von bis zu 25 % bei entsprechender Arbeitszeitverringerung für zumutbar.[100] Eine solche Regelung im Sozialplan ist nicht nur zulässig, sondern gehört nach § 112 Abs. 5 Nr. 2 S. 2 BetrVG zu den Sollvorschriften für die Einigungsstelle.

---

[97] Zur Zulässigkeit: BAG 22.9.2009 – 1 AZR 316/08, BB 2010, 640 (641).
[98] BAG 20.4.2010 – 1 AZR 988/08, DB 2010, 1467.
[99] BAG 18.4.1996 – 6 AZR 607/95, NZA 1997, 553; für den Fall eines zumutbaren Arbeitsplatzangebots bei einem Dritten: BAG 8.12.2009 – 1 AZR 801/08, NZA 2010, 351 (353); *Gaul* DB 1998, 1513 (1516).
[100] BAG 18.4.1996 – 6 AZR 607/95, NZA 1997, 553.

Formulierungsvorschlag:

134 **§ 10 Ablehnung von Ersatzarbeitsplätzen**
Keine Leistungen aus dem Sozialplan, insbesondere keine Abfindung für den Verlust des Arbeitsplatzes erhalten Mitarbeiter, die aus dem Unternehmern ausscheiden, weil sie einen ihnen angebotenen zumutbaren [gleichwertigen] Ersatzarbeitsplatz im Unternehmen oder im Konzern abgelehnt haben.

135   Die Zumutbarkeitskriterien können im Sozialplan definiert werden. Zwingend ist dies jedoch nicht.

136   ii) *Widerspruch gegen Betriebsübergang.* Hat der Arbeitgeber sich gegen eine Schließung und für einen Verkauf des Betriebs oder Betriebsteils nach vorheriger Unternehmens- und Betriebsspaltung entschieden, um möglichst viele Arbeitsplätze zu erhalten, kann man erwarten, dass die betroffenen Mitarbeiter den Betriebsübergang mitvollziehen. Allerdings haben sie nach § 613a Abs. 6 BGB, der entweder direkt oder über § 324 UmwG indirekt anwendbar ist, ein Widerspruchsrecht, das dazu führt, dass ihr eigenes Arbeitsverhältnis nicht auf den Erwerber übergeht. Wird ihnen daraufhin betriebsbedingt gekündigt, weil beim alten Arbeitgeber keine weitere Beschäftigungsmöglichkeit besteht, stellt sich auch hier die Frage nach dem Verlust des Abfindungsanspruchs. Die Rechtsprechung hält eine Ausgrenzung der Widersprechenden für statthaft.[101] Der Ausschluss nach Widerspruch sei mit dem Ausschluss nach Ablehnung eines zumutbaren Arbeitsverhältnisses **vergleichbar.** Es sei deshalb sogar ausreichend, wenn nur der Ausschluss nach Ablehnung eines zumutbaren Ersatzarbeitsverhältnisses im Sozialplan geregelt sei. Dann sei eine ausdrückliche Ausschlussklausel wegen des Widerspruchs nicht einmal erforderlich.[102]

137   jj) *Diskriminierungsverbote.* Sozialplanregeln dürfen nicht gegen Diskriminierungsverbote verstoßen. Männer und Frauen dürfen nicht wegen ihres Geschlechts unterschiedlich behandelt werden, Ausländer und Teilzeitbeschäftigte **nicht benachteiligt** werden. Letztere sind im Verhältnis ihrer Arbeitsleistung zum Vollzeitverhältnis zu berücksichtigen.[103] Selbstverständlich sind auch die Diskriminierungsverbote nach §§ 1, 7 AGG zu beachten. Nach Ansicht des Bundesarbeitsgerichts ist es jedoch zulässig, Arbeitnehmer von Sozialplanleistungen auszunehmen, wenn diese im Zeitpunkt der Auflösung des Arbeitsverhältnisses die Voraussetzungen für den übergangslosen Rentenbezug erfüllen, selbst wenn dies erst nach Beendigung des Bezugs von Arbeitslosengeld der Fall ist.[104] Ebenfalls ist ein vollständiger Ausschluss von dem Abfindungsanspruch nach Ansicht des Bundesarbeitsgerichts bei Arbeitnehmern zulässig, die Anspruch auf vorzeitige, gekürzte Inanspruchnahme von Altersrente haben.[105] Auch ein Ausschluss erwerbsgeminderter Arbeitnehmer, die bereits längere Zeit erwerbsgemindert sind, eine befristete volle Erwerbsminderungsrente beziehen und ihre Arbeitsfähigkeit in absehbarer Zeit nicht wiedererlangen werden, ist zulässig, da diesen typischen, durch den Verlust des Arbeitsplatzes bedingten Nachteile entstehen. Das gilt allerdings nicht im Fall einer vorgezogenen Altersrente wegen Schwerbehinderung.[106] Nach dem Maßregelungsverbot in § 612a BGB darf im Sozialplan auch niemand benachteiligt werden, weil er von seinen Rechten Gebrauch macht.[107]

138   kk) *Fälligkeitsaufschub bei Kündigungsschutzklagen.* Zwar darf kein Mitarbeiter nach den Regeln des Sozialplans benachteiligt werden, weil er Kündigungsschutzklage erhebt. Es

---

[101] BAG 12.7.2007 – 2 AZR 448/05, NZA 2008, 425 (428); 17.4.1996 – 10 AZR 606/95, NZA 1996, 1113 (1115); BAG 5.2.1997 – 10 AZR 553/96, NZA 1998, 158; *Gaul* DB 1998, 1513 (1517).
[102] BAG 5.2.1997 – 10 AZR 553/96, NZA 1998, 158; *Gaul* DB 1998, 1513 (1517).
[103] BAG 28.10.1992 – 10 AZR 129/92, NZA 1993, 717.
[104] BAG 20.1.2009 – 1 AZR 740/07, NZA 2009, 495 (497); 31.7.1996 – 10 AZR 45/96, NZA 1997, 165 (166).
[105] BAG 23.3.2010 – 1 AZR 832/08, NZA 2010, 774 (775); 30.9.2008 – 1 AZR 684/07, NZA 2009, 386; 11.11.2008 – 1 AZR 475/07, NZA 2009, 210; 30.9.2008 – 1 AZR 684/07, BB 2009, 1645.
[106] BAG 7.6.2011 – 1 AZR 34/10, ArbRAktuell 2011, 328; siehe aber: BAG 17.11.2015 – 1 AZR 938/13, ZIP 2016, 689 (692).
[107] BAG 20.12.1983 – 1 AZR 442/82, NZA 1984, 53.

darf aber eine Fälligkeitsregelung für die Abfindungszahlung vereinbart werden, wonach die Abfindung erst **nach rechtskräftiger Beendigung** des Kündigungsschutzverfahrens oder Klagerücknahme gezahlt wird.[108] Eine solche Klausel ist durchaus üblich.

> **Formulierungsvorschlag:**
>
> **§ 11 Kündigungsschutzklage**
>
> Erhebt ein Mitarbeiter Kündigungsschutzklage wird der Anspruch auf Abfindungsleistung erst fällig, wenn das Verfahren abgeschlossen ist und rechtskräftig feststeht, dass das Arbeitsverhältnis beendet ist.

k) **Beschäftigungsfördernder Sozialplan (Transfersozialplan).** Mit der Einführung von § 2 Abs. 1 SGB III aF hat der Gesetzgeber bereits 1997 versucht,[109] die in Deutschland vorherrschende Sozialplanpraxis der Abfindungsregelungen einzuschränken. Ziel ist es, für die Betriebsparteien Anreize zu schaffen, die Sozialplanmittel für **beschäftigungswirksame Maßnahmen** einzusetzen und damit den Eintritt wirtschaftlicher Nachteile bereits im Ansatz zu vermeiden und nicht erst die eingetretenen Nachteile durch Abfindungszahlungen auszugleichen.[110] Bis 31.12.2003 wurden solche beschäftigungsfördernden Maßnahmen gemäß § 254 SGB III aF nur durch Aufnahme in den Sozialplan förderungsfähig, obwohl sie systematisch eigentlich in den nicht erzwingbaren Interessenausgleich gehören. Entsprechend konnte der Betriebsrat die Aufnahme solcher Eingliederungsmaßnahmen in den Sozialplan nicht über die Einigungsstelle erzwingen.[111]

Durch das Dritte Gesetz für moderne Dienstleistungen am Arbeitsmarkt vom 23.12. 2003[112] wurden die seinerzeitigen Regelungen über Zuschüsse zu Sozialplanmaßnahmen in §§ 254 ff. SGB III aF durch die in § 216a SGB III (inzwischen auch aF) geregelten Leistungen zur **Förderung der Teilnahme an Transfermaßnahmen** abgelöst. Seit dem 1.4.2012 wurde auch diese Regelung durch das Gesetz zur Verbesserung der Eingliederungschancen vom 20.12.2011 in § 110 SGB III ersetzt und den Bestimmungen zum Kurzarbeitergeld zugeordnet.[113] Weiterhin ist gem. § 110 Abs. 1 S. 2 SGB III für eine Förderung notwendig, dass sich der Arbeitgeber angemessen an der Förderung beteiligt. Der Zuschuss der Arbeitsverwaltung beträgt 50 %, jedoch höchstens 2.500,- EUR pro Arbeitnehmer. Nicht mehr zwingend vorgeschrieben ist hingegen, dass diese Beteiligung im Sozialplan vereinbart ist. Vielmehr kommen auch andere Leistungszusagen des Arbeitgebers in Betracht, beispielsweise in Individual- oder Kollektivvereinbarungen.[114] Nach § 110 Abs. 1 S. 1 SGB III sind die Leistungen an Arbeitnehmer zu erbringen, die aufgrund einer Betriebsänderung von Arbeitslosigkeit bedroht sind. Der Anspruch wird durch den Arbeitgeber für den Arbeitnehmer geltend gemacht – die Möglichkeit einer flexiblen Aufteilung der Gesamtförderung nach Bedürftigkeiten ist daher wohl nicht mehr gegeben.[115] Im Sozialplan ist ggf. eine Anrechnung vorzusehen, damit es nicht zu einer Verdoppelung des Leistungsanspruchs kommen kann. Gem. § 110 Abs. 1 S. 3 SGB III sind mit Betriebsänderungen solche im Sinne des BetrVG gemeint, allerdings muss der Schwellenwert des § 111 S. 1 BetrVG nicht erreicht sein. Bei Betriebseinschränkungen oder -stilllegungen kann auch ein Personalabbau in Wellen zu einer Anwendung des § 110 SGB III führen.[116] Zusätzlich ist die Leistung kumulativ von folgenden Voraussetzungen abhängig:

---

[108] BAG 19.4.1985 – 12 Sa 10/85, NZA 1986, 67.
[109] Arbeitsförderungs-Reformgesetz v. 24.3.1997, BGBl. 1997 II 594.
[110] *Gagel* BB 2001, 358 (361); *Lingemann* NZA 2002, 934 (940); *Röder/Baeck* Interessenausgleich, S. 118 ff.; *Fitting* BetrVG § 112 Rn. 223.
[111] *Lingemann* NZA 2002, 934 (940); *Bauer/Haußmann* NZA 1997, 1100 (1101); *Gagel* BB 2001, 358; *Röder/Baeck* Interessenausgleich S. 118 ff.
[112] „Hartz III", BGBl. I 2848.
[113] BGBl. I 2854.
[114] *Fitting* BetrVG § 112 Rn. 228.
[115] *Gaul/Bonanni/Otto* DB 2003, 2386 (2387).
[116] *Fitting* BetrVG § 112 Rn. 226, § 111 Rn. 76; *Gaul/Bonanni/Otto* DB 2003, 2386 (2387).

Nr. 1: die Maßnahme wird von einem Dritten durchgeführt,
Nr. 2: die vorgesehene Maßnahme dient der Eingliederung der Arbeitnehmer in den Arbeitsmarkt,
Nr. 3: die Durchführung der Maßnahme ist gesichert,
Nr. 4: es wird ein System zur Sicherung der Qualität angewendet.[117]

142 Die Leistung ist, ebenso wie nach alter Rechtslage, dann ausgeschlossen, wenn die Maßnahme dazu dient, den Arbeitnehmer auf eine Anschlussleistung innerhalb desselben Betriebs, Unternehmens oder Konzerns vorzubereiten, § 110 Abs. 3 S. 1 SGB III (Rotationsverbot). Während der Teilnahme sind auch andere gleichartige Leistungen ausgeschlossen gem. § 100 Abs. 4 SGB III.

143 Zudem besteht bei Personalanpassungen aufgrund einer Betriebsänderung die Möglichkeit, **Transferkurzarbeitergeld** nach § 111 iVm §§ 95 ff. SGB III zu beantragen, wenn die relevanten Arbeitnehmer in einer **betriebsorganisatorisch eigenständigen Einheit** zusammengefasst werden.[118] Bei der Errichtung einer betriebsorganisatorischen eigenständigen Einheit ist darauf zu achten, dass die betroffenen Arbeitnehmer von denjenigen, die im Ursprungsbetrieb verbleiben, eindeutig getrennt sind. Eine solche Einheit kann dem Unternehmen oder üblicher Weise einer selbständigen Beschäftigungs- und Qualifizierungsgesellschaft (BQG) zugeordnet werden. Inzwischen hat sich in der Praxis die Bezeichnung Transfergesellschaft durchgesetzt. Die Übernahme der Arbeitnehmer in eine BQG geschieht durch eine Transferleistungsvereinbarung zwischen dem Arbeitgeber und der Transfergesellschaft[119] sowie in einer dreiseitigen Vereinbarung zwischen Arbeitgeber, Arbeitnehmer und Transfergesellschaft.[120] Die Maßnahme wird durch Transferkurzarbeitergeld auf Basis Kurzarbeit Null (60%, mit Kindern 67%, des letzten pauschalierten Nettoentgelts) gemäß § 111 Abs. 10 iVm §§ 95 ff. SGB III gefördert, wenn dauerhafte Arbeitslosigkeit droht, eine versicherungspflichtige Beschäftigung fortgesetzt oder nach Beendigung eines Berufsausbildungsverhältnisses aufgenommen wird, der Kurzarbeitergeldbezug nicht ausgeschlossen ist und die Eingliederungsaussichten „profiling" festgestellt sind. Die maximale Förderungszeit beträgt ein Jahr. Mit der dreiseitigen Vereinbarung wird das bisherige Arbeitsverhältnis beendet und ein auf bis zu 12 Monate befristetes Arbeitsverhältnis mit der Transfergesellschaft abgeschlossen. Der dreiseitige Vertrag steht in der Regel unter der Bedingung, dass die Arbeitsverwaltung Transferkurzarbeiterentgelt gewährt. In der Transfergesellschaft sollen die Mitarbeiter soweit erforderlich fachlich qualifiziert und auf die Bewerbung im Arbeitsmarkt vorbereitet werden. Zudem sollen möglichst in Abstimmung mit der zuständigen Agentur für Arbeit Arbeitsplätze vermittelt werden. Die Transfergesellschaften werden inzwischen von einer Reihe professioneller Anbieter errichtet und ausgestaltet. Gute Transferanbieter erreichen eine **Vermittlungsquote** von weit über 60%. Bei der Auswahl des Anbieters sollte auf Qualität und die Erfolgsquote, den „track record" geachtet werden. Grundsätzlich steht es dem Arbeitgeber frei, den Anbieter nach professionellen Gesichtspunkten auszusuchen. Jedoch ist die Abstimmung mit dem Betriebsrat sinnvoll, um eine möglichst hohe Akzeptanz zu erreichen. Um die Mitarbeiter zum Übertritt in die Transfergesellschaft zu motivieren, bietet der Arbeitgeber in der Regel an, das Transferkurzarbeitergeld von 60% des letzten pauschalierten Nettoentgelts auf etwa 80% aus eigenen Mitteln aufzustocken und auch für den Fall des Übertritts in die Transfergesellschaft eine Abfindung für den Verlust des ursprünglichen Arbeitsplatzes anzubieten. Oft kann der Übertritt der Mitarbeiter in die Transfergesellschaft kurzfristig, ohne Einhaltung der individuellen Kündigungsfristen vereinbart werden. Die Mitarbeiter bringen praktisch ihre jeweilige Kündigungsfrist in die Transfergesellschaft ein. Das rechtfertigt entsprechende finanzielle Zuführungen durch den bisherigen Arbeitgeber, um die Transferleistungen attraktiv zu gestalten. Um dies möglichst effizient und mit hoher Akzeptanz zu erreichen, sind komplexe Absprachen zwischen Arbeitgeber, Betriebsrat, Transferanbieter und Agentur für Arbeit erforderlich.[121]

---

[117] Vgl. dazu auch *Gaul/Bonanni/Otto* DB 2003, 2386.
[118] Vgl. dazu *Bissels/Jordan/Wisskirchen* NZI 2009, 865 ff.
[119] Ausführliches Muster bei Liebers/*Hoefs* Kap. O. IV. 5 Rn. 904 ff.
[120] Ausführliches Muster bei Liebers/*Hoefs* Kap. O. IV. 6 Rn. 936 ff.
[121] *Krieger/Fischinger* NJW 2007, 2289 (2290).

Neben der Vermittlung der Mitarbeiter in den ersten Arbeitsmarkt kann der Einsatz einer Transfergesellschaft auch zur arbeitnehmerlosen Übertragung der Vermögensbestandteile des ursprünglichen Arbeitgebers auf einen Erwerber genutzt werden, wenn die Mitarbeiter vorher wirksam in die Transfergesellschaft übergetreten sind.[122] Das ist jedoch nicht ohne Risiko und verlangt sorgfältige Vertragsgestaltung.[123] Bleibt der Betroffene auch nach der Qualifizierung arbeitslos, behält er seinen vollen Arbeitslosengeldanspruch.[124] Eine Rotation zum Betrieb des alten Arbeitgeber (Konzerns) ist gemäß Abs. 8 ausgeschlossen

In Folge der Neuregelung der §§ 216a, 216b SGB III zum 1.1.2011 und der nochmaligen Aktualisierung in §§ 110, 111 SGB III zum 1.4.2012 sind Förderleistungen davon abhängig, dass sich Arbeitgeber und Betriebsrat vor Abschluss von Interessenausgleich und Sozialplan durch die Bundesagentur für Arbeit haben beraten lassen und dies durch ein **Beratungsprotokoll** nachweisen können. Transfersozialpläne sind daher in Zukunft ohne Beteiligung der Bundesagentur für Arbeit an den Sozialplanverhandlungen nicht mehr möglich.[125]

Seit Erlass des Gesetzes zur Reform des Betriebsverfassungsgesetzes[126] ist die Bedeutung der beschäftigungsfördernden Leistungen gewachsen. Es führte in Form des § 112 Abs. 5 S. 2 Nr. 2 BetrVG eine neue Ermessensleitlinie für die Einigungsstelle ein, wonach diese insbesondere die im Dritten Buch des Sozialgesetzbuchs vorgesehenen Förderungsmöglichkeiten zur Vermeidung von Arbeitslosigkeit berücksichtigen soll. Diese Leitlinie bindet zwar nicht die Betriebsparteien. Wird sie jedoch im Spruch der **Einigungsstelle** nicht berücksichtigt, ist der Sozialplan insofern **ermessensfehlerhaft** und kann von den Betriebsparteien innerhalb von zwei Wochen nach Zugang durch begründeten Antrag beim Arbeitsgericht angefochten werden.[127] Jedoch soll die Einigungsstelle die Ermessensleitlinie lediglich berücksichtigen. Es besteht für die Einigungsstelle keinerlei Verpflichtung, die Leitlinie anzuwenden.[128] Ein Hinweis im Protokoll der Einigungsstellenverhandlung über eine entsprechende Erwägung ist ausreichend.

Formulierungsvorschlag:

§ 12 Transferleistungen

(1) Die Betriebsparteien unterstützen und fördern die von Arbeitslosigkeit bedrohten Mitarbeiter bei der Suche nach Anschlussbeschäftigung oder bei der eigenen Existenzgründung. Das Unternehmen stellt sicher, dass jeder der von der Betriebsänderung [gemäß Interessenausgleich vom ......] betroffenen Mitarbeiter bis zum Ablauf der Kündigungsfrist folgende Transferleistungen in Anspruch nehmen kann:
- Feststellung der persönlichen Leistungsfähigkeit, Vermittlungsfähigkeit und des Qualifizierungsbedarfs,
- Erarbeitung eines persönlichen Handlungsplans,
- Berufsberatung einzeln und in Gruppen,
- Unterstützung bei Bewerbungen,
- Bewerbungstraining,
- Existenzgründungsberatung,
- Betreuung bei Stellensuche,
- Arbeitsvermittlung über Outplacementbüro,
- Probebeschäftigung bei bereitwilligem Arbeitgeber.

---

[122] BAG 10.12.1998 – 8 AZR 324/97, NZA 1999, 422; 18.8.2005 – 8 AZR 523/04, NZA 2006, 145; 23.11.2006 – 8 AZR 349/06, NZA 2007, 866 (Dörries-Scharmann-Rechtsprechung).
[123] *Krieger/Fischinger* NJW 2007, 2289 (2291 ff.).
[124] Vgl. zum Ganzen *Gaul/Bonanni/Otto* DB 2003, 2386 (2387 ff.); *Fitting* BetrVG § 112 Rn. 236 ff.; *Krieger/Fischinger* NJW 2007, 2289; inzwischen sind auch die Geschäftsanweisungen zu Transferleistungen (§§ 110, 111 und 134 SGB III) – gültig ab 1.4.2012 – von der Bundesagentur für Arbeit herausgegeben worden.
[125] Siehe dazu *Diller* FA 2011, 135; *Thannheiser* AiB 2011, 222.
[126] BetrVerf-Reformgesetz v. 23.7.2001, BGBl. 2001 I 1852.
[127] *Lingemann* NZA 2002, 934 (940); *Fitting* BetrVG § 112 Rn. 336, § 76 Rn. 107.
[128] *Lingemann* NZA 2002, 934 (940).

(2) Die Leistungen werden durch Einzelberatung und Gruppenworkshops im Rahmen eines Outplacements zur Verfügung gestellt. Räumlichkeiten stehen auf dem Betriebsgelände zur Verfügung. Die Beratungen können während der Arbeitszeit nach Absprache mit dem Vorgesetzten in Anspruch genommen werden.

(3) Die Outplacementgesellschaft wird vom Arbeitgeber ausgewählt. Die Beratungen werden vom 1. Juli 2012 für sechs Monate zur Verfügung gestellt. Der Zeitraum kann verkürzt werden, wenn fehlende Resonanz eine vernünftige wirtschaftliche Durchführung nicht rechtfertigt.

(4) Zur Durchführung der Transferleistungen wird ein Betrag von insgesamt ...... EUR zur Verfügung gestellt. [Mit der Durchführung des Transferkonzepts wird die Fa. ...... beauftragt.]

(5) Unter den Voraussetzungen und im Rahmen der Gewährung von Transferkurzarbeitergeld ist ab 1. Juli 2012 der befristete Übertritt in eine Beschäftigungs- und Qualifizierungsgesellschaft (BQG), im Folgenden auch Transfergesellschaft, möglich. Der Übertritt ist freiwillig und erfolgt in einem dreiseitigen Vertrag zwischen Arbeitgeber, Mitarbeiter und BQG. Mit dem dreiseitigen Vertrag wird das bisherige Arbeitsverhältnis zum [Datum] beendet und ein befristetes Arbeitsverhältnis mit der Transfergesellschaft begründet.
Ein Muster des dreiseitigen Vertrags [und eine Kopie des Dienstleistungsvertrags mit der Transfergesellschaft] sind als Anlagen beigefügt. Das Unternehmen stellt der BQG eine Anschubfinanzierung von Euro ...... zur Verfügung. [Weitere Leistungen werden von dem Unternehmen nicht erbracht.]

(6) Das Unternehmen wird das Transferkurzarbeitergeld gemäß § 111 SGB III auf insgesamt 80 % des letzten pauschalierten Nettogehalts aufstocken. Soweit das Transferkurzarbeitergeld gekürzt werden sollte, erhöht das den Aufstockungsbetrag nicht.

(7) Für Schulungs-, Qualifizierungs- und ähnliche Maßnahmen stellt das Unternehmen der Transfergesellschaft 1.500 EUR pro Mitarbeiter, der in die Transfergesellschaft wechselt, zur Verfügung.

(8) Die Abfindung für den Verlust des Arbeitsplatzes nach § x Abfindungen wird [zu x %] auch an Mitarbeiter gezahlt, die in die Transfergesellschaft eintreten. Die Abfindung wird bei Eintritt in die Transfergesellschaft fällig.

(9) Leistungen der Arbeitsverwaltung an die betroffenen Arbeitnehmer werden auf entsprechende Leistungen des Arbeitgebers angerechnet.

147 Neben den Maßnahmen nach §§ 110 und 111 SGB III kommen als förderungsfähige Maßnahmen in Betracht:
- Förderungen aus dem Vermittlungsbudget (§ 44 SGB III),
- Gründungszuschlag für Selbstständige (§ 93 SGB III),
- Kurzarbeitergeld bei vorübergehendem Arbeitsausfall (§ 95 SGB III).[129]

148 l) **Qualifizierungsbetrieb/Sozialplan.** Der aktuelle Trend des umfassenden technologischen Wandels mit den Stichworten „Industrie 4.0" (Digitalisierung, Automatisierung) und „E-Mobilität" verlangt nach Weiterentwicklung des betriebsverfassungsmäßigen Instrumentarismus. In der Praxis hat sich der Qualifizierungssozialplan durchgesetzt, der auf Arbeitsplatzerhaltung mit der nötigen Anpassung durch Qualifizierung ausgerichtet ist.[130] Dabei ist weniger an eine Auslagerung oder Freisetzung der in dieser Form nicht mehr benötigten Arbeitnehmer auf Transfergesellschaften („Elefantenfriedhöfe"), sondern vielmehr an eine innere Lösung durch organisatorisch separierte Qualifizierungsbetriebe im Unternehmen gedacht.[131] Auch hier sind im Wesentlichen Förderungsleistungen aus SGB III bedacht. Die qualifizierten Arbeitnehmer können also bis zum Abschluss der Qualifizierung im Unternehmen bleiben. Auch danach haben die erfahrenen und nunmehr besonders geschulten Mitarbeiter eine größere Chance zum Verbleib im bisherigen Unternehmen. Das Trauma einer Kündigung mit allen Konsequenzen und komplizierten Transfervereinbarungen wird vermieden. Der „Qualifizierungs"sozialplan ist letztlich eine Weiterentwicklung des „Trans-

---
[129] Zur Rechtslage bis 31.3.2012 *Bauer* NZA-Sonderheft 2001, 61 (67); *Lingemann* NZA 2002, 934 (940).
[130] *Röder/Gebert* NZA 2017, 1289; *Göpfert/Seier* NZA 2018, 1439.
[131] *Göpfert/Seier* NZA 2018, 1439.

fersozialplans". Beide Vertragstypen legen den Schwerpunkt der Sozialplaninhalte auf Weiterbildung und Schulung, um eine **berufliche Neuausrichtung** zu unterstützen. Insbesondere im Bereich IT und E-Mobilität. Wie schon eine Transfergesellschaft ist auch der Qualifizierungsbetrieb in seiner „**Erzwingbarkeit**" umstritten. Für eine Erzwingbarkeit sprechen die gesetzlich vorgesehenen Förderungsleistungen der Bundesagentur nach dem SGB III. Dagegen spricht, dass die Leistungen eher Maßnahmencharakter haben und daher eher dem nicht erzwingbaren Interessenausgleich als dem erzwingbaren Sozialplan zuzuordnen sind.[132] Die Spruchkompetenz der Einigungsstelle, die für die Erzwingbarkeit steht, ist wohl dann gegeben, wenn die Inhalte tatsächlich dem Ausgleich oder der Milderung wirtschaftlicher Nachteile dienen, unabhängig davon, ob die Inhalte finanzieller oder schulischer Art sind.[133] Während die Transferinhalte für den ersten Arbeitsmarkt geschaffen wurden, dienen die Qualifizierungsinhalte der beruflichen Neuausrichtung im eigenen Unternehmen. Die Neuausrichtung spielt sich in drei Phasen ab: Orientierung, Potenzialanalyse, Qualifikation. In der Orientierung wird das künftige Profil definiert. Die Potenzialanalyse verlangt vom Arbeitnehmer nicht nur gewisse Mindestkenntnisse, sondern auch eine erkennbare Veränderungsbereitschaft. In der Qualifikation wird der Arbeitnehmer angehalten, die neuen gestellten Aufgaben zu lösen. So können die Unternehmen ihre **Neuausrichtung** im unternehmerischen Bereich durch die Arbeitnehmerqualifizierung ohne teuren Personalverlust verkraften. Die Grenze der Spruchfähigkeit liegt in der Belastbarkeitsgrenze des Unternehmens, der Budgetneutralität und dem Verzicht auf Rechtsmittel.[134]

Das in § 92a BetrVG vorgesehene Recht des Betriebsrats, dem Arbeitgeber **Vorschläge** zur Sicherung und Förderung der Beschäftigung zu machen und diese Rechte mit dem Arbeitgeber zu beraten, ist von den Beteiligungsrechten des Betriebsrats nach §§ 111, 112 BetrVG unabhängig. Es kann vor, während und nach Durchführung von Betriebsänderungen geltend gemacht werden.[135] Jedoch hat die Geltendmachung keinen Einfluss auf die Gestaltung des Verfahrens nach §§ 111, 112 BetrVG. Betriebsänderungen können daher nicht über § 92a BetrVG verzögert oder blockiert werden.[136] Auch auf die Wirksamkeit betriebsbedingter Kündigungen hat das Vorschlags- und Beratungsrecht nach § 92a BetrVG keinen Einfluss.[137]

m) Ermessensschranken gemäß § 112 Abs. 5 BetrVG. Neben der Verpflichtung, bei der Aufstellung des Sozialplans die Grenzen von Recht und Billigkeit nach § 75 BetrVG einzuhalten, die auch die Betriebsparteien trifft, ist die Einigungsstelle an die Ermessensleitlinien nach § 112 Abs. 5 BetrVG gebunden. Gemäß S. 1 hat sie sowohl die **sozialen Belange** der betroffenen Arbeitnehmer zu berücksichtigen als auch auf die **wirtschaftliche Vertretbarkeit** ihrer Entscheidung für das Unternehmen zu achten. Ermessensüberschreitungen oder Ermessensnichtgebrauch können von den Betriebsparteien innerhalb von zwei Wochen nach Zugang des Einigungsstellenspruchs durch begründete Anfechtung beim Arbeitsgericht geltend gemacht werden. Die Präzisierung der Grundregel erfolgt in den nachfolgenden Ermessensleitlinien.

aa) Belange der betroffenen Arbeitnehmer. Nach Nr. 1 werden zunächst insbesondere in Bezug auf die verbleibenden Mitarbeiter die **wirtschaftlichen Nachteile** wie Einkommensminderung und erhöhte Kostenbelastung angesprochen. Dabei ist in der Regel den Gegebenheiten des Einzelfalls Rechnung zu tragen. Das gilt indirekt auch für ausscheidende Mitarbeiter, die direkt erst in Nr. 2 angesprochen sind.[138] Feststellbare konkrete Einbußen sind soweit möglich zu ermitteln. Das schließt jedoch Pauschalierungen nicht aus, denn es soll nicht zu bürokratischen Ermittlungen kommen, was die Aufstellung des Sozialplans unnötig verzögern würde.[139]

---

[132] *Göpfert/Wenzler* NZA 2020, 15.
[133] *Göpfert/Wenzler* NZA 2020, 15.
[134] *Göpfert/Wenzler*, NZA 2020, 15 (19).
[135] *Göpfert/Giese* NZA 2016, 463 (465); Fischer DB 2002, 322 (324).
[136] *Lingemann* NZA 2002, 934 (942); *Bauer* Sonderheft NZA 2001, 61 (66); unklar *Fischer* DB 2002, 322 (324).
[137] *Lingemann* NZA 2002, 934 (942); *Löwisch* BB 2001, 1790 (1794).
[138] BAG 14.9.1994 – 10 ABR 7/94, NZA 1995, 440; Richardi BetrVG/*Annuß* § 112 Rn. 149.
[139] Richardi BetrVG/*Annuß* § 112 Rn. 151.

152 Nach Nr. 2 sind die Aussichten der betroffenen Arbeitnehmer auf dem **Arbeitsmarkt** zu berücksichtigen. In einer Prognose soll versucht werden, diese Aussichten in der Branche und in der Region zu ermitteln, um daran die Leistung ausrichten zu können. Dabei sind vor allem Ausbildung, Lebensalter sowie regionale Besonderheiten des Arbeitsmarktes zu berücksichtigen.[140] Die sozialen Belange der Mitarbeiter können in keinem Fall höhere und weitergehende Leistungen begründen, als für den vollständigen Ausgleich aller wirtschaftlicher Nachteile erforderlich ist. Auch insofern wird sich eine gewisse Verallgemeinerung nicht vermeiden lassen. Hervorzuheben ist allerdings die ausdrückliche „Soll" Verpflichtung der Einigungsstelle, Arbeitnehmer von den Leistungen **auszuschließen,** die in einem zumutbaren Arbeitsverhältnis im selben oder einem anderen Betrieb des Unternehmens oder des Konzerns weiterbeschäftigt werden können und dies ablehnen. Der Arbeitnehmer soll keine Abfindung für den Verlust des Arbeitsplatzes erhalten, wenn er selbst für den Eintritt der wirtschaftlichen Nachteile verantwortlich ist. Das ist jedenfalls dann der Fall, wenn das Arbeitsverhältnis beim alten Arbeitgeber fortgesetzt werden könnte, wenn auch mit neuen, zumutbaren Bedingungen. Denn insofern bleibt der Kündigungsschutz und Bestandsschutz im Wesentlichen erhalten. Besteht die anderweitige Beschäftigungsmöglichkeit im Konzern, also bei einem anderen Unternehmen, würde ein neues Arbeitsverhältnis begründet, so dass fraglich ist, ob die Rechtsfolge auch in diesem Fall gilt. Das ist jedenfalls dann zu bejahen, wenn ein verbindliches Arbeitsplatzangebot vorliegt und der Arbeitnehmer im anderen Konzernunternehmen eine im Wesentlichen gleichwertige Rechtsstellung erhält, also der Kündigungsschutz und der wesentliche Bestandsschutz von Anfang an greifen.[141] Allerdings sind gewisse Einkommenseinbußen hinnehmbar und selbst ein Ortswechsel in einem 60 km entfernten Betrieb noch zumutbar.[142] Die Einigungsstelle kann die Zumutbarkeit näher präzisieren. Auch für die Verweigerung eines Betriebsübergangs durch Widerspruch gemäß § 613a Abs. 6 BGB kann ein Leistungsentzug vereinbart werden. Ein nach § 613a BGB kündigungs- und bestandsgeschützt übergehendes Arbeitsverhältnis ist per se zumutbar.[143]

153 *bb) Förderungsmöglichkeiten gemäß § SGB III.* Nach Nr. 2a sollen insbesondere die Förderungsmöglichkeiten zur **Vermeidung von Arbeitslosigkeit** berücksichtigt werden. Dazu kann auf die Darstellung unter der Überschrift beschäftigungsfördernder Sozialplan verwiesen werden.

154 *cc) Wirtschaftliche Vertretbarkeit.* Nach Nr. 3 hat die Einigungsstelle bei der Bemessung des Gesamtvolumens des Sozialplans darauf zu achten, dass der Fortbestand des Unternehmens und die verbleibenden Arbeitsplätze nicht gefährdet werden. Damit ist die wirtschaftliche Vertretbarkeit konkretisiert. Die Ermessensrichtlinie enthält keine absolute Grenze der finanziellen Belastung wie zB § 123 InsO oder § 113 BetrVG. Immerhin wird aber davon auszugehen sein, dass die **Obergrenze** des § 113 BetrVG nicht ganz außer Acht gelassen werden kann. Denn sie sieht bei den Abfindungen Beschränkungen gemäß § 10 KSchG und bei den sonstigen wirtschaftlichen Nachteilen eine Ausgleichspflicht von höchstens 12 Monaten vor für eine vom Arbeitgeber unter Verstoß gegen seine Pflichten unter §§ 111, 112 BetrVG durchgeführte Betriebsänderung. Allerdings hält die neuere Rechtsprechung bei wirtschaftlich schwachen Unternehmen einschneidende Belastungen durch das Sozialplanvolumen bis an den Rand der Bestandsgefährdung oder bis zum Gewinn zweier Jahre für im Einzelfall vertretbar.[144] Bei Zweifeln über die Vertretbarkeit kann es erforderlich sein, dass die Einigungsstelle einen betriebswirtschaftlichen Sachverständigen hinzuzieht. Ist der Sozialplan im gemeinsamen Betrieb zu errichten, muss auf die jeweilige Leistungsfähigkeit der

---

[140] BAG 14.9.1994 – 10 ABR 7/94, NZA 1995, 440; 24.8.2004 – 1 ABR 23/03, NZA 2005, 302 (Hamburger Hafen-Untergrenze); 6.5.2003 – 1 ABR 11/02, NZA 2004, 108 (Rheuma-Klinik-Obergrenze); Richardi BetrVG/*Annuß* § 112 Rn. 153; *Scholz* BB 2006, 1498 (1499); *Hohenstatt/Stamer* DB 2005, 2410 (2412).
[141] Richardi BetrVG/*Annuß* § 112 Rn. 155, 156.
[142] Richardi BetrVG/*Annuß* § 112 Rn. 158.
[143] BAG 5.2.1997 – 10 AZR 553/96, NZA 1998, 158.
[144] Zur Grenze: BAG 15.3.2011 – 1 ABR 97/09, NZA 2011, 1112 (1113 f.); 6.5.2003 – 1 ABR 11/02, NZA 2004, 108 (112); 24.8.2004 – 1 ABR 23/03, NZA 2005, 302; *Gaul* DB 2004, 1498 (1500); Richardi BetrVG/*Annuß* § 112 Rn. 169; *Deininger/Stierand* NZA 2017, 420 (421). Zur wirtschaftlichen Vertretbarkeit des Sozialplans.

beteiligten Unternehmen abgestellt werden. Dafür spricht der klare Wortlaut der Vorschrift, der nach Einführung des gemeinsamen Betriebs in § 1 Abs. 1 und 2 BetrVG nicht geändert wurde.[145] Die Grenze der wirtschaftlichen Vertretbarkeit ist nicht ohne weiteres überschritten, weil der Sozialplan „für die Ertragskraft des Unternehmens einschneidend" ist.[146] Die Überlebensfähigkeit des Unternehmens darf aber nicht in Frage gestellt werden. Auch darf der Umfang des Sozialplans nicht so hoch sein, dass dadurch wiederum betriebsbedingte Entlassungen erforderlich werden. Wird allerdings ein Betrieb vollständig stillgelegt und sind danach keine Arbeitsplätze mehr vorhanden, so können diese auch nicht mehr durch die Sozialplankosten gefährdet werden.

Auch bei Konzernunternehmen ist nach dem Wortlaut des Gesetzes auf die wirtschaftliche Lage des betroffenen Unternehmens abzustellen. Eine Verantwortlichkeit des Konzerns sieht das Gesetz nicht vor. Im Gegenteil ist lediglich in Bezug auf Weiterbeschäftigungsmöglichkeiten eine Relation zum Konzern hergestellt worden, nicht aber in Bezug auf die Vertretbarkeit. Auch das Bundesarbeitsgericht hat insofern noch keinen Konzernbezug hergestellt.[147] Allenfalls wenn die von der Rechtsprechung entwickelten **Grundsätze der Durchgriffshaftung im Konzern** gegeben sind, kann es bei Vorliegen besonderer Umstände gerechtfertigt sein, die wirtschaftliche Situation des beherrschenden Unternehmens zu berücksichtigen. In der vergleichbaren Prüfung nach § 16 BetrAVG wird zumindest ein Beherrschungs- oder Gewinnabführungsvertrag und eine damit verbundene Einflussnahme des herrschenden auf das verbundene Unternehmen verlangt. Kann das abhängige Unternehmen darstellen, dass es unbeeinflusst handeln konnte und unter Wahrung der eigenen Interessen gehandelt hat, kommt ein Berechnungsdurchgriff nicht in Betracht.[148] Auch die Rechtsprechung zum qualifiziert faktischen Konzern lässt einen Durchgriff nur zu, wenn das herrschende Unternehmen die Geschäfte des abhängigen Unternehmens dauernd und umfassend geführt und dabei keine angemessene Rücksicht auf die eigenen Belange des abhängigen Unternehmens genommen hat oder dass ein Beherrschungs- und Gewinnabführungsvertrag bestand bzw. eine harte Patronatserklärung bezogen auf die Kosten des Sozialplans abgegeben worden war. Eine weiche Patronatserklärung bzw. ein „cash-pooling"-Vertrag sind allerdings nicht ausreichend, um einen Durchgriff zu rechtfertigen. Kritisch ist auch ein Bemessungsdurchgriff nach § 134 UmwG im Falle der Unternehmensspaltung nach § 123 UmwG in eine Anlage- und eine Betriebsgesellschaft, wobei aber allenfalls ein Zugriff auf die durch eine Zuordnung gegebenenfalls entzogenen Vermögensgestände möglich ist.[149] Abgesehen von diesen extremen Ausnahmefällen ist eine Durchgriffshaftung nicht denkbar.[150]

dd) Anfechtung. Die Anfechtung des Einigungsstellenbeschlusses durch die **Betriebsparteien** wegen Ermessensüberschreitung oder Ermessensnichtgebrauch ist nur innerhalb von zwei Wochen nach Zustellung durch begründeten Antrag an das Arbeitsgericht möglich. Das Arbeitsgericht prüft lediglich Rechtsfehler. Es darf nicht sein eigenes Ermessen an die Stelle des Einigungsstellenermessens setzen.

3. Rechtswirkungen von Sozialplänen

Sozialpläne wirken nach § 112 Abs. 1 S. 3 BetrVG wie Betriebsvereinbarungen. Einzelne begünstigte Arbeitnehmer können aus dem Sozialplan direkte Ansprüche herleiten. Der So-

---

[145] Richardi BetrVG/*Annuß* § 112 Rn. 168.
[146] BAG 17.10.1989 – 1 ABR 80/88, NZA 1990, 443; Richardi BetrVG/*Annuß* § 112 Rn. 169; *Scholz* BB 2006, 1498; *Hohenstatt/Stamer* DB 2005, 2410; siehe auch BAG 22.1.2013 – 1 AZR 873/11, ArbR Aktuell 2013, 299 mAnm *Gragert.*
[147] Ausführlich BAG 15.3.2011 – 1 ABR 97/09, NZA 2011, 1112; vgl. auch *Fuhlrott* ArbRAktuell 2011, 581 ff.; grundsätzlich dazu auch *Schweibert* NZA 2016, 321 (322).
[148] BAG 22.1.2013 – 1 ABR 85/11, NZA 2014, 448 Ls.= NZARR 2013, 409; *Deninger-Stierand* NZA 2017, 489. BAG 14.2.1989 – 3 AZR 191/87, NZA 1989, 844; zum Bemessungsdurchgriff beim Sozialplanvolumen zur Spaltung BAG 15.3.2011 – 1 ABR 97/09, NZA 2011, 1112 (1114); dazu auch *Röger/Tholuck* NZA 2012, 294 ff.
[149] BAG 15.3.2011 – 1 ABR 97/09, NZA 2011, 1112 (1114); 14.12.1993 – 3 AZR 519/93, NZA 1994, 551; *Schweibert* NZA 2016, 322 (326).
[150] So auch das BAG 15.3.2011 – 1 ABR 97/09, NZA 2011, 1112; vgl. ausführlich *Fuhlrott* ArbRAktuell 2011, 581 ff.

zialplan hat **normativen Charakter.** Seine Normen sind Inhaltsnormen. Sie gelten unmittelbar und zwingend für die vom Sozialplan erfassten Arbeitnehmer und müssen deshalb eindeutig und bestimmt sein.[151] Durch die ausdrückliche Abbedingung des Tarifvorrangs nach § 77 Abs. 3 BetrVG in § 112 Abs. 1 S. 4 BetrVG ist es sogar möglich, Arbeitsentgelte und sonstige Arbeitsbedingungen, die durch Tarifvertrag geregelt sind oder üblicherweise geregelt werden, im Sozialplan abweichend zu regeln. Das macht Sinn, denn der Sozialplan wird häufig in einer Krisensituation verhandelt, in der es erforderlich werden kann, auch tarifliche Ansprüche zu ergänzen oder zu modifizieren.[152] Eine Verschlechterung von Tarifleistungen soll nach wohl herrschender Meinung in der Literatur am Günstigkeitsprinzip scheitern.[153] Rechtsprechung dazu existiert nicht.

158 **a) Änderungen.** Die Betriebsparteien können einen Sozialplan einvernehmlich aufheben und durch einen anderen ersetzen. Es gilt das **Ablösungsprinzip,** wonach die ablösende Neuregelung auch dann wirksam wird, wenn die Leistungen ungünstiger sind. Allerdings kann nachträglich nicht in bereits entstandene Arbeitnehmeransprüche eingegriffen werden. Abfindungsansprüche entstehen für die begünstigten Arbeitnehmer durch den Ausspruch der betriebsbedingten Kündigung. Danach können die Betriebspartner die Berechnungsformel für die gekündigten Arbeitnehmer nicht mehr verschlechtern.[154] Eine Anpassung wäre nur noch über den Wegfall der Geschäftsgrundlage möglich.[155]

159 **b) Durchführungsanspruch.** Da der Sozialplan unmittelbare zwingende Wirkung zugunsten der einzelnen betroffenen Arbeitnehmer entfaltet, die **individuell** geltend zu machen sind, hat der Betriebsrat keinen eigenen Durchführungsanspruch. Die Durchführung des Sozialplans obliegt allein dem Arbeitgeber.

160 **c) Freiwillige Betriebsvereinbarung.** Auch die vorsorglichen Sozialpläne, Dauersozialpläne und Rahmensozialpläne, die vom Betriebsrat nicht erzwingbar sind, gewähren den begünstigten Arbeitnehmern **unmittelbare** und **zwingende** Leistungsansprüche. Sie können wie erzwingbare Sozialpläne einvernehmlich zwischen den Betriebsparteien abgeändert oder aufgehoben werden, solange die Ansprüche der betroffenen Arbeitnehmer noch nicht entstanden sind.

161 **d) Verzicht.** Da der Sozialplan gem. § 112 Abs. 1 S. 3 BetrVG die Wirkung einer Betriebsvereinbarung hat, ist nach § 77 Abs. 4 S. 2 BetrVG ein Verzicht nur mit Zustimmung des Betriebsrats zulässig. Das gilt sogar grundsätzlich für einen im Gericht ausgehandelten und abgeschlossenen Vergleich. Einem Tatsachenvergleich steht das Verzichtsverbot nicht entgegen. Bei einer vergleichsweisen Einigung über Rechtsfragen, wie der Auslegung von Sozialplanregelungen, handelt es sich aber nicht um einen Tatsachenvergleich, sondern um einen Rechtsvergleich.[156] Das gilt auch, wenn der Rechtsvergleich in einer Abgeltungsklausel besteht. Ein Anspruch auf eine Sozialplanabfindung nach einer für den Arbeitnehmer unmittelbar und zwingend geltenden Betriebsvereinbarung ist durch eine Abgeltungsklausel im Gerichtsvergleich nicht erloschen (§ 397 Abs. 1 BGB).[157]

162 **e) Drittwirkung.** Mit einem Sozialplan wie mit einer Betriebsvereinbarung können die Betriebsparteien Rechte und Pflichten nur im Verhältnis zueinander festlegen. Sie vermögen keine unmittelbar und zwingend geltenden Ansprüche gegenüber und zu Lasten Dritter – etwa gegenüber einem Betriebserwerber – zu begründen.[158] Zwar können die Betriebsparteien einen generellen Sozialplan für den Betrieb abschließen, der später zum Teil nach

---

[151] Richardi BetrVG/*Annuß* § 112 Rn. 176; zum Bestimmtheitsgebot bei Sozialplänen: BAG 26.5.2009 – 1 ABR 12/08, NZA 2010, 63.
[152] Richardi BetrVG/*Annuß* § 112 Rn. 178.
[153] Richardi BetrVG/*Annuß* § 112 Rn. 181 mwN.
[154] WHS Umstrukturierung/*Schweibert* C Rn. 281; aA *Meyer* NZA 1995, 974 (977).
[155] BAG 24.3.1981 – 1 AZR 805/78, NJW 1982, 70.
[156] BAG 25.4.2017 – 1 AZR 714/15, NZA 2017, 1467.
[157] BAG 25.4.2017 – 1 AZR 714/15, NZA 2017, 1467 (1469) Rn. 16; 15.10.2013 – 1 AZR 405/12, NZA 2014, 217 Rn. 25.
[158] BAG 25.4.2017 – 1 AZR 714/715, NZA 2017, 1467 Rn. 32; 6.7.2011 – 4 AZR 706/09, NZA 2012, 100 Rn. 15.

§ 613a BGB auf einen Erwerber übergeht, aber nicht ausschließlich mit Wirkung auf den übergehenden Teil und damit mit Wirkung auf den Erwerber.

4. Laufzeit von Sozialplänen

Erzwingbare Sozialpläne werden zur Durchführung einer konkreten Betriebsänderung abgeschlossen. Freiwillige Sozialpläne werden in der Regel ohne das Vorliegen einer konkreten Betriebsänderung meist auf längere Dauer vereinbart. Für die Beendigung der Rechtswirkung ist zu **unterscheiden**. 163

a) Zweckerreichung. Da der erzwingbare Sozialplan zur Durchführung der konkret geplanten Betriebsänderung abgeschlossen wird, endet er **automatisch** durch Zweckerreichung, sobald die geplanten Maßnahmen durchgeführt und die Ansprüche der berechtigten Mitarbeiter erfüllt sind. 164

b) Befristung. Der Sozialplan kann auch über die Zweckerreichung hinaus für eine gewisse Zeit befristet werden. Eine Befristung ist meist bei freiwilligen Sozialplänen vorgesehen, weil sie nicht an eine konkret geplante Betriebsänderung gekoppelt sind. Ein befristeter Sozialplan läuft bis zum vereinbarten Ende, ohne dass es auf die konkrete Durchführung von Maßnahmen ankommt. Eine **ordentliche Kündigung** ist **in der Regel nicht** möglich, kann aber vereinbart werden. Auf längere Dauer befristete Sozialpläne ohne ordentliche Kündigungsmöglichkeit können problematisch werden, wenn sich die wirtschaftlichen Bedingungen wesentlich ändern. 165

c) Kündigung, ordentlich, außerordentlich. Das Bundesarbeitsgericht hat klargestellt, dass ein erzwingbarer Sozialplan ohne Kündigungsklausel grundsätzlich **nicht ordentlich kündbar** ist. Eine Ausnahme wird nur für freiwillige Dauerregelungen angenommen, weil § 77 Abs. 5 BetrVG anwendbar ist.[159] Der Ausschluss der ordentlichen Kündbarkeit ergibt sich aus dem Umstand, dass der erzwingbare Sozialplan für eine bestimmte geplante Betriebsänderung gilt. Der Schutzzweck des Sozialplans, die konkrete Betriebsänderung sozial abzusichern, spricht für den Kündigungsausschluss. Enthält der erzwingbare Sozialplan eine ordentliche Kündigungsklausel, wirkt der Sozialplan gemäß § 76 Abs. 6 BetrVG nach. Liegt dagegen ein vorsorglicher Sozialplan oder ein freiwilliger Dauersozialplan vor, die nicht erzwingbar sind, entsteht bei der zulässigen ordentlichen Kündigung keine Nachwirkung. 166

Eine **außerordentliche** Kündigung kann nicht einfach mit dem Eintritt einer unvorhergesehenen Entwicklung begründet werden.[160] Ein außerordentliche, fristlose Kündigung wird nur bei so wesentlich geänderten Umständen für möglich gehalten, die es für die Betriebspartner **unzumutbar** machen, am Sozialplan festgehalten zu werden. Dies entspricht praktisch dem Wegfall der Geschäftsgrundlage.[161] In diesem Fall ist aber nur eine Anpassung möglich. Beim erzwingbaren Sozialplan findet ohnehin die Nachwirkung gemäß § 77 Abs. 6 BetrVG Anwendung. Die außerordentliche Kündigung bewirkt deshalb lediglich, dass entweder der Arbeitgeber oder der Betriebsrat die Befugnis erhalten, die Einigungsstelle mit der Änderungsabsicht zu befassen. Die außerordentliche Kündigung hat daher keine Auflösungswirkung.[162] 167

d) Wegfall der Geschäftsgrundlage. Ist für den Sozialplan die Geschäftsgrundlage entfallen und einem der Betriebspartner das Festhalten am Sozialplaninhalt nicht mehr zuzumuten, so hat dieser Betriebspartner gegenüber dem anderen den Anspruch, die **Anpassung** der bisherigen Sozialplanregeln an die veränderten Umstände zu verlangen. Wird also nach Abschluss des Sozialplans wegen einer Betriebsstilllegung und nach Ausspruch der Kündigungen **wider Erwarten doch noch ein Erwerber gefunden**, der sich zur Fortsetzung der Arbeitsverhältnisse ausdrücklich bereit findet, so ist eine wesentliche Grundlage des Sozialplans entfallen.[163] Verweigert der andere Betriebspartner die Anpassung, so entscheidet die 168

---

[159] BAG 10.8.1994 – 10 ABR 61/93, NZA 1995, 314.
[160] BAG 10.8.1994 – 10 ABR 61/93, NZA 1995, 314.
[161] BAG 24.3.1981 – 1 AZR 805/78, NJW 1982, 70; 10.8.1994 – 10 ABR 61/93, NZA 1995, 314; *Meyer* NZA 1995, 974 (978).
[162] BAG 10.8.1994 – 10 ABR 61/93, NZA 1995, 314.
[163] BAG 28.8.1996 – 10 AZR 886/95, NZA 1997, 109.

Einigungsstelle. Der Wegfall der Geschäftsgrundlage hat zur Folge, dass die Anpassung auch Ansprüche der Arbeitnehmer erfasst, die auf Grund des ursprünglichen Sozialplans bereits entstanden sind. Insofern haben die betroffenen Arbeitnehmer keinen Vertrauensschutz. Da ihnen unerwartet der Arbeitsplatz wieder zur Verfügung gestellt wird, also der befürchtete Nachteil gerade vermieden wird, stehen sie grundsätzlich besser, als wenn der Nachteil eingetreten wäre und entsprechend auszugleichen gewesen wäre. Das Bundesarbeitsgericht sieht insoweit den Sozialplan immer unter dem Vorbehalt, dass eine vorausgesetzte Geschäftsgrundlage wegfällt.[164]

5. Sozialpläne in der Insolvenz

169   Für die Verhandlung und den Abschluss von Sozialplänen im Zusammenhang mit einer Insolvenz gelten zunächst die allgemeinen Regeln der §§ 112 und 112a BetrVG. Insbesondere das **Verfahren** zur Aufstellung eines Sozialplans und die Erzwingbarkeit eines Sozialplans sowie die Ermessensleitlinien des § 112 Abs. 5 BetrVG gelten unverändert auch in insolvenznahen Zeiten. Die Sonderregelungen der §§ 123, 124 InsO begrenzen lediglich das Sozialplanvolumen bzw. regeln den möglichen Widerruf durch den Insolvenzverwalter.[165]

170   a) **Erstellung vor Eröffnung der Insolvenz.** Nach § 124 InsO ist ein Sozialplan, der innerhalb eines Zeitraums von **drei Monaten vor** dem Eröffnungsantrag aufgestellt wurde, vom Insolvenzverwalter und vom Betriebsrat widerrufbar. Durch den Widerruf wird der Sozialplan hinfällig. Die Arbeitnehmer, die vorher vom Sozialplan begünstigt waren, können gemäß § 124 InsO in dem neu aufzustellenden Sozialplan berücksichtigt werden. Der neue Sozialplan wird in der Regel **erheblich gekürzt**. Bereits erhaltene Beträge müssen die Arbeitnehmer jedoch nicht zurückzahlen. Sie werden allerdings auf sonstige Sozialplanansprüche angerechnet.

171   b) **Erstellung nach Eröffnung.** Wird ein Sozialplan **nach** Eröffnung der Insolvenz aufgestellt, verhandelt der Insolvenzverwalter für den Unternehmer. Der Sozialplan darf im Gesamtvolumen als **absolute Obergrenze zweieinhalb Monatsverdienste** pro Mitarbeiter nicht überschreiten. Ein Verstoß führt zur Unwirksamkeit. Weiterhin muss die **relative Obergrenze von einem Drittel** der Masseforderungen eingehalten werden. Bei Überschreiten der relativen Obergrenze müssen anteilige Kürzungen vorgenommen werden. Abweichungen können sich aus einem Insolvenzplan gemäß § 217 InsO ergeben.[166]

IV. Umsetzung der Regelungsinhalte

172   Interessenausgleich und Sozialplan sind vom Arbeitgeber durchzuführen. Dabei sind alle sonstigen Rechte und Rechtsbeziehungen zu beachten.

1. Beachtung der Arbeitnehmerrechte

173   Die Individualrechte der Arbeitnehmer gelten grundsätzlich auch im Fall der Betriebsänderung. Insbesondere muss die betriebsbedingte Kündigung vom Arbeitgeber unter Berücksichtigung von § 1 KSchG ausgesprochen werden. Betriebsbedingter Grund und Sozialauswahl sowie die Pflicht zum Angebot freier Ersatzarbeitsplätze müssen erfüllt werden. Die Kündigung muss nach § 623 BGB schriftlich ausgesprochen werden. Entsprechend sind auch die Regeln zur Durchführung von Versetzungen je nach vertraglicher Regelung entweder durch Direktionsrecht oder durch Änderungskündigung zu beachten.

2. Anhörung nach § 99 BetrVG

174   Soweit eine personelle Maßnahme durchgeführt werden muss, ist grundsätzlich der **zuständige Betriebsrat** anzuhören. Das ist der lokale Betriebsrat, auch wenn der Interessen-

---
[164] BAG 28.8.1996 – 10 AZR 886/95, NZA 1997, 109; Richardi BetrVG/*Annuß* § 112 Rn. 187.
[165] Vgl. HWGNRH/*Hess* Anhang I Rn. 170 ff., insbes. 237 ff.; *Fitting* BetrVG § 112 Rn. 287 f.
[166] Vgl. auch → § 57 Rn. 88 ff.

ausgleich und Sozialplan vom Gesamtbetriebsrat verhandelt worden sind. Ist der Betriebsrat sowohl mit der Verhandlung des Interessenausgleichs/Sozialplans als auch der Anhörung zur personellen Maßnahme befasst, kann er bereits im Interessenausgleich/Sozialplan wirksam bestätigen, dass er zu allen relevanten Daten ausreichend angehört worden ist und keinen Widerspruch erklären will bzw. keine weitere Stellungnahme abgeben will. Das verkürzt das entsprechende Anhörungsverfahren. War der zuständige Betriebsrat nicht Verhandlungsführer, sondern der Gesamt- oder Konzernbetriebsrat, empfiehlt es sich, ihm auch jeweils eine Kopie von Interessenausgleich und Sozialplan zu geben.

3. Anhörung nach § 102 BetrVG

Auch das Anhörungsverfahren nach § 102 BetrVG muss in der Regel noch für jeden Einzelfall gesondert durchgeführt werden, bevor die betriebsbedingte Kündigung erklärt wird. Insbesondere muss der Wegfall des Arbeitsplatzes, die Einhaltung der Sozialauswahl und der Ausschluss freier Ersatzarbeitsplätze dargestellt werden, wenn der Betriebsrat nicht bereit ist, in den Kollektivvereinbarungen ausdrücklich auf einen Widerspruch oder eine weitere Stellungnahme zu verzichten, weil die relevanten Daten bereits Inhalt der Kollektivverhandlungen waren. War der lokale Betriebsrat nicht Verhandlungsführer, empfiehlt sich auch, ihm Kopien von Interessenausgleich und Sozialplan zu übergeben.

4. Massenkündigung nach § 17 KSchG

Enthält die interessenausgleichspflichtige Betriebsänderung anzeigepflichtige Entlassungen nach § 17 KSchG, hat der Arbeitgeber den zuständigen Betriebsrat gemäß § 17 Abs. 2 KSchG rechtzeitig zu unterrichten und nach Beratung mit dem Betriebsrat der Arbeitsagentur gemäß § 17 Abs. 1 KSchG Anzeige über Massenentlassungen zu erstatten.[167] Die Anzeige musste nach früherer Rechtsprechung mindestens sechs Wochen vor einem relevanten Kündigungstermin erstattet sein, damit die regelmäßig einmonatige **Entlassungssperre** zum Zeitpunkt des Wirksamwerdens der Kündigung abgelaufen ist, jedoch nicht vor Ausspruch der Kündigungserklärung. Nach der Entscheidung des EuGH vom 27.1.2005 unter Hinweis auf Art. 2 der Richtlinie 98/59/EG, dem sich das Bundesarbeitsgericht in mehreren Entscheidungen angeschlossen hat, muss die Massenentlassungsanzeige vor Ausspruch der Kündigungserklärung abgegeben werden, wodurch natürlich auch die Unterrichtung des Betriebsrats und die mit ihm zu führende Beratung entsprechend vorverlegt werden müssen. Das Wort „Entlassung" im Sinne der §§ 17, 18 KSchG ist als „Kündigungserklärung" zu verstehen. Nach § 130 BGB kommt es auf den **Zugang** an.[168] Für die Anzeige sind bei der Arbeitsagentur, Formblätter und Merkblätter zu erhalten, die die Abgabe erleichtern. Die Formulare sind erhältlich unter http://www.arbeitsagentur.de BA KSchG 1/01/2019. Rechtzeitig vor Abgabe der Anzeige ist der zuständige Betriebsrat schriftlich zu unterrichten über

1. die Gründe der geplanten Entlassungen,
2. die Zahl und Berufsgruppen der zu entlassenden Arbeitnehmer,
3. die Zahl und die Berufsgruppen der in der Regel beschäftigten Arbeitnehmer,
4. den Zeitraum, in dem die Entlassungen vorgenommen werden sollen,
5. die vorgesehenen Kriterien für die Auswahl der zu entlassenden Arbeitnehmer,
6. die für die Berechnung etwaiger Abfindungen vorgesehenen Kriterien.

Eine entsprechende Beratung mit dem Betriebsrat ist auszuführen, wenn sie nicht schon in den Beratungen über Interessenausgleich und Sozialplan grundsätzlich und ausdrücklich enthalten ist. Die Arbeitsagentur erhält je ein Exemplar der Mitteilung an den **Betriebsrat**

---

[167] Dazu ausführlich: *Jares/Fuchs* NZA 2020, 1071; *Kühn* NZA 2010, 259; *Forst* NZA 2009, 294; zur Ad-hoc-Publizität: *Forst* DB 2009, 607.
[168] EuGH 27.1.2005 – C-188/0, NZA 2005, 213 [*Junk*]; BAG 13.2.2020 – 6 AZR 146/19, NZA 2020, 1006 Rn. 30; BAG 13.6.2019 – 6 AZR 459/18, NZA 2019, 1638 (1642) Rn. 36 f.; BAG 23.3.2006 – 2 AZR 343/05, NZA 2006, 971; BAG 13.7.2006 – 6 AZR 198/06, NZA 2007, 25; 24.8.2006 – 8 AZR 317/05, NZA 2007, 1287.

sowie dessen Stellungnahme zusammen mit der Anzeige.[169] Gemäß § 1 Abs. 5 S. 4 KSchG in der Fassung der „Agenda 2010" vom 24.12.2003 ersetzt die Vorlage des Interessenausgleichs mit Namensliste die Stellungnahme des Betriebsrats nach § 17 Abs. 2 KSchG; sogar ein formunwirksamer Interessenausgleich mit Namensliste ersetzt die Stellungnahme.[170] Das Bundesarbeitsgericht vertrat bislang die Auffassung, dass es ausreichend sei, die Stellungnahme des Betriebsrats gegebenenfalls nachzureichen.[171] Das Bundesverfassungsgericht sah hierin jedoch einen möglichen Verstoß gegen europarechtliche Vorgaben. Das Bundesarbeitsgericht hätte als letztinstanzliches Gericht die Frage dem Europäischen Gerichtshof zur Entscheidung vorlegen müssen.[172] Unbeanstandet blieb vom Bundesverfassungsgericht allerdings, dass nach der Ansicht des Bundesarbeitsgerichts die Beratung nach § 17 Abs. 2 S. 2 KSchG keine tatsächliche Einigung zwischen Betriebsrat und Arbeitgeber voraussetze.[173] Kooperiert der Betriebsrat nicht, muss der Arbeitsagentur mit der Anzeige glaubhaft gemacht werden, dass der Betriebsrat mindestens zwei Wochen vor Abgabe der Anzeige ordnungsgemäß schriftlich unterrichtet wurde und der Stand der Beratungen dargelegt werden, § 17 Abs. 3 S. 3 KSchG.

178   Bei umfangreichen Entlassungen empfiehlt es sich, die Anzeige an die Arbeitsagentur so rechtzeitig abzugeben, dass auch eine mögliche **Verlängerung der Entlassungssperre** auf zwei Monate noch berücksichtigt werden kann. Werden die angezeigten Entlassungen aber nicht innerhalb von 90 Tagen wirksam, musste nach § 18 Abs. 4 KSchG eine erneute Anzeige abgegeben werden. Wegen der Änderung der Rechtsprechung zum Zeitpunkt der Anzeige, gesteht das BAG eine teleologische Reduktion des § 18 Abs. 4 KSchG zu,[174] so dass eine weitere Anzeige nicht erforderlich ist.[175] Dem Unternehmer ist zu raten, die Abwicklung der Anzeige zumindest bei unkooperativem Betriebsrat eingehend zu besprechen mit seinem Rechtsberater zu besprechen.

5. Beteiligung des Integrationsamtes

179   Sind schwerbehinderte Arbeitnehmer von den betriebsbedingten Kündigungen betroffen, muss vor Ausspruch der Kündigung die **Zustimmung** des Integrationsamts nach § 85 SGB IX eingeholt werden. Die Zustimmung muss schriftlich beim zuständigen Integrationsamt beantragt werden. Dem begründeten Antrag sollte ein möglicher Interessenausgleich und Sozialplan beigefügt werden, weil das Ermessen des Integrationsamtes gemäß § 89 SGB IX bei Betriebsschließungen und wesentlichen Betriebseinschränkungen erheblich reduziert sein kann.

6. Beteiligung des Amtes für Arbeitssicherheit

180   Sind von der Betriebsänderung auch schwangere Frauen und Mütter im Sinne von § 9 MuSchuG betroffen, ist für die individuelle Kündigung auch bei Vorliegen von Interessenausgleich und Sozialplan die **Zustimmung** der für den **Arbeitsschutz** zuständigen obersten Landesbehörde zu beantragen. Der schriftlichen Antragsbegründung sollten Interessenausgleich und Sozialplan beigefügt sein. Die Zustimmung wird in der Regel nur bei Betriebsschließungen erteilt. Im Falle der Teilschließung oder des Personalabbaus muss die Beschäftigung auf anderen Arbeitsplätzen des Unternehmens praktisch unmöglich sein. Entsprech-

---

[169] BAG 21.5.2008 – 8 AZR 84/07, NZA 2008, 753 (756) (vgl. aber auch die dagegen gerichtete Verfassungsbeschwerde, BVerfG 25.2.2010 – 1 BvR 230/09, NZA 2010, 439); vgl. zu den formalen und inhaltlichen Anforderungen an die Stellungnahme des Betriebsrats: *Mückl* ArbRAktuell 2011, 238.
[170] BAG 18.1.2012 – 6 AZR 407/10, ArbRAktuell 2012, 330034.
[171] BAG 21.5.2008 – 8 AZR 84/07, NZA 2008, 753 (756).
[172] BVerfG 25.2.2010 – 1 BvR 230/09, NZA 2010, 439 (441 f.).
[173] BAG 21.5.2008 – 8 AZR 84/07, NZA 2008, 753 (756); BVerfG 25.2.2010 – 1 BvR 230/09, NZA 2010, 439 (441 f.); ausführlich *Grau/Sittard* BB 2011, 1845 (1848 ff.).
[174] BAG 23.3.2006 – 2 AZR 343/05, NZA 2006, 971; siehe auch 2009, 1013 (1016); Schaub ArbR-HdB/*Linck* § 142 Rn. 10.
[175] Ist allerdings nach ursprünglich rechtzeitiger und formgerechter Anzeige und entsprechenden Kündigungen auch nur eine „Nachkündigung" erforderlich, muss deswegen das Anzeigeverfahren insofern wiederholt werden. BAG 20.1.2016 – 6 AZR 601/14, DB 2016, 898.

endes gilt für das Kündigungsverbot nach § 18 BEEG, wenn Elternzeit verlangt worden ist und während der Elternzeit.

7. Entlassung von Betriebsratsmitgliedern

Sind Funktionsträger der Betriebsverfassung von Betriebsänderungen betroffen, ist zunächst das Kündigungsverbot nach § 15 KSchG zu beachten. Es ist anerkannt, dass eine Betriebsschließung nach § 15 Abs. 4 KSchG und eine Teilschließung nach § 15 Abs. 5 KSchG ausnahmsweise die ordentliche Kündigung frühestens **zum Zeitpunkt der Stilllegung** zulässt. Eine frühere Kündigung kann nur durch zwingende betriebliche Erfordernisse begründet sein. Bei der Teilschließung ist zunächst die Übernahme in eine andere Betriebsabteilung zu prüfen. Ist dies aus betrieblichen Gründen nicht möglich, gilt § 15 Abs. 4 KSchG analog. Eine ausdrückliche Zustimmung des Betriebsratsgremiums nach § 103 BetrVG ist in der Regel nicht erforderlich.[176] Diese Zustimmungspflicht kann aber erheblich werden, wenn das Betriebsratsmitglied gleichzeitig Mitglied einer Gemeindevertretung ist und aus diesem Grund nur außerordentlich aus wichtigem Grund gekündigt werden kann, zB gemäß § 35a Abs. 2 HessGemeindeO. Entsprechendes gilt, wenn das Betriebsratsmitglied vertraglich oder tarifvertraglich ordentlich unkündbar ist und nur mit außerordentlicher Kündigung mit sozialer Auslauffrist gekündigt werden kann.[177]

V. Betriebliche Folgen

Die im Interessenausgleich beschriebenen Betriebsänderungen haben oft konkrete Folgen für die Betriebsratsstruktur, die Weitergeltung von Betriebsvereinbarungen und Betriebsrentenzusagen. Das gilt insbesondere für den Zusammenschluss und die Spaltung von Betrieben nach § 111 S. 3 Nr. 3 BetrVG.[178]

Der Zusammenschluss und die Spaltung von Betrieben nach § 111 Satz 3 Nr. 3 BetrVG können entweder durch Verschmelzungen von Unternehmen nach § 1 Abs. 1 Nr. 1 UmwG, § 5 Abs. 1 Nr. 9 UmwG oder Spaltungen von Unternehmen nach § 1 Abs. 1 Nr. 2 UmwG, § 126 Abs. 1 Nr. 11 UmwG erfolgen oder durch die Übertragung von Wirtschaftsgütern im Wege des Betriebs(teil)übergangs nach § 613a BGB. Die umwandlungsrechtlichen Vorgänge erfolgen als Übertragung in **(partieller) Gesamtrechtsnachfolge** gemäß § 131 Nr. 1 UmwG; die zivilrechtlichen Vorgänge erfolgen in **Einzelrechtsnachfolge**. Die zentrale Norm ist § 613a BGB, die wegen der Verweisung in § 324 UmwG auch in der Umwandlung zu beachten ist.[179] Unabhängig von den Änderungen auf Unternehmensebene können der Zusammenschluss oder die Spaltung von Betrieben auch durch organisatorische Veränderungen auf betrieblicher Ebene, insbesondere durch Änderung der **betrieblichen Leitungsmacht**, vor allem in personellen und sozialen Angelegenheiten, herbeigeführt werden.[180] Die unternehmensrechtliche Veränderung kann, muss aber nicht, der Grund für die betriebliche Änderung sein. Häufig sind die Veränderungen parallel auf beiden Ebenen geplant. Eine Umwandlung allein stellt jedoch keine Betriebsänderung dar. Bei einer Unternehmensspaltung ohne wesentliche organisatorische Änderung wird sogar gesetzlich **vermutet**, dass der Betrieb als Gemeinschaftsbetrieb gemäß § 1 Abs. 2 Nr. 2 BetrVG fortgeführt wird.[181]

Der Zusammenschluss und die Spaltung von Betrieben und Unternehmen setzen zunächst ein Grundverständnis des Share Deals und des Asset Deals voraus. Der Share Deal führt zum Wechsel der Gesellschafter aber nicht zum Wechsel des Arbeitgebers.[182] In der Regel

---

[176] Richardi BetrVG/*Thüsing* § 103 Rn. 25.
[177] BAG 18.9.1997 – 2 ABR 15/97, NZA 1998, 189; Richardi BetrVG/*Thüsing* § 103 Rn. 26.
[178] Dazu *Rieble* NZA 2003, 62; *Moll* RdA 2003, 129 (135). Der Begriff „Zusammenschluss" in § 106 Abs. 2 Nr. 8 und § 111 Abs. 3 Nr. 3 BetrVG, sowie der Begriff „Verschmelzung" aus § 1 Abs. 1 Nr. 1 UmwG werden oft synonym gebraucht.
[179] WHS Umstrukturierung/*Schweibert* C 53; Kallmeyer/*Willemsen* UmwG § 324 Rn. 1; *Meyer* NZA 2018, 240.
[180] BAG 9.2.1994 – 3 AZR 781/93, NZA 1994, 612; *Fitting* BetrVG § 1 Rn. 173 f.; § 111 Rn. 88.
[181] *Meyer* NZA 2018, 900 (901); MAH ArbR/*Cohnen* § 53 Rn. 55.
[182] BAG 23.3.2017 – 8 AZR 91/15, NZA 2017, 981.

ändern sich die arbeitsrechtlichen Bedingungen durch den Gesellschafterwechsel nicht. Der Share Deal ist keine Betriebsänderung. Der Übergang eines **kompletten Betriebs** nach § 613a BGB unter Beibehaltung seiner Identität ist ebenfalls keine Betriebsänderung.[183] Nach der inzwischen gefestigten Rechtsprechung des EuGH und des BAG ist der Betrieb nach § 613a BGB eine **wirtschaftliche Einheit**, die als organisatorische Gesamtheit von Personen und Sachen zur dauerhaften Ausübung einer wirtschaftlichen Tätigkeit mit eigener Zielsetzung definiert wird.[184] Für den **Teil-Betriebsübergang** gilt diese Definition ebenso, weil ein Teilbetrieb als Unterorganisation in einem Betrieb verstanden wird, in der ein sachlich und organisatorisch abgegrenzter Teilzweck verfolgt wird. Der Teilbetrieb muss aber zumindest eine „**veräußerungsfähige wirtschaftliche Einheit**" darstellen; kann sowohl im Zusammenschluss als auch in der Spaltung nach § 111 S. 3 Nr. 3 BetrVG vorkommen.[185] Eine im Wortlaut leicht variierende Definition des Betriebs im betriebsverfassungsrechtlichen Sinn lautet: Ein Betrieb iSd BetrVG ist „die organisatorische Einheit, innerhalb derer ein Arbeitgeber allein oder mit seinen Arbeitnehmern mit Hilfe von technischen und immateriellen Mitteln bestimmte arbeitstechnische Zwecke fortgesetzt verfolgt."[186] EuGH und BAG verlangen zusätzlich übereinstimmend eine Gesamtbetrachtung, deren Grundlage ein 7-stelliger Katalog ist:

1. Art des Unternehmens
2. Übergang materieller Betriebsmittel
3. Wert immaterieller Aktiva
4. Übernahme der (Haupt-)Belegschaft
5. Übernahme von Kundenbeziehungen
6. Ähnlichkeit der Tätigkeit
7. Dauer einer Unterbrechung

185 Weitere Merkmale der Gesamtabwägung können die Arbeitsorganisation, die Betriebsmittel und Betriebsmethoden sowie das Personal und seine Führungskräfte sein.[187] Bei der bekannten Fülle von entscheidenden Merkmalen ist es relativ einfach, die Tatsachendarstellung und Umsetzung so zu steuern, dass entweder das gewünschte Ergebnis „**Übergang**" oder der andererseits ungewünschte Nichtübergang eintritt. Letztlich hängt das davon ab, was an Tatsachen für oder gegen den „**Identitätsgehalt**" sprechen. Zwei aktuelle BAG Urteile haben sich nach dem „Personalwechsel" des 8. Senats für den „betriebsmittelarmen" Betrieb flexibel erwiesen.[188] Das BAG hat aktuell im Urteil vom 25.1.2018[189] die Betriebsdefinition in den Leitsätzen neu gefasst:

1. Ein Betriebsübergang im Sinne der Richtlinie 2001/23/EG sowie im Sinne von § 613a Abs. 1 S. 1 BGB setzt voraus, dass
   a) der Übergang einer auf Dauer angelegten, ihre **Identität** bewahrende wirtschaftliche Einheit im Sinne einer organisierten Zusammenfassung von Personen zur Verfolgung einer wirtschaftlichen Haupt- oder Nebentätigkeit betrifft und
   b) die für den Betrieb der wirtschaftlichen Einheit verantwortliche natürliche oder juristische Person, die in dieser Eigenschaft die Arbeitgeberverpflichtungen gegenüber den Beschäftigten eingeht, im Rahmen vertraglicher Beziehungen wechselt.
2. **Verantwortlich** für den Betrieb einer wirtschaftlichen Einheit ist die Person, die die wirtschaftliche Einheit im eigenen Namen führt und nach außen als deren Inhaber auftritt.

186 Neu ist die verantwortliche Person, welche die wirtschaftliche Einheit im eigenen Namen vertritt. Nach allem ist Voraussetzung für die identitätswahrende Übertragung die Herstel-

---

[183] Fitting BetrVG § 1 Rn. 163 f.; Meyer NZA 2018, 900.
[184] EuGH 6.3.2014 – C 458/12 (Lorenzo Amatori ua/Telecom Italia Information Technology Srl), NZA 2014, 423 (425); BAG 19.10.2017 – 8 AZR 63/16, NZA 2017, 370; Meyer NZA 2018, 370; Fitting BetrVG § 111 Rn. 62; Kallmeyer UmwG § 324 Rn. 8 und BetrVG § 1 Abs. 2 S. 3; Rieble NZA 2003, 62.
[185] Fitting BetrVG § 111 Rn. 87; Rieble NZA 2003, 233; MAH ArbR/Cohnen §§ 56–58.
[186] BAG 19.10.2017 – 8 AZR 63/16, NZA 2018, 370; Meyer NZA 2018, 900.
[187] Vgl. Meyer NZA 2018, 900.
[188] BAG 25.1.2018 – 8 AZR 309/16, NZA 2018, 933; 25.8.2016 – 8 AZR 53/15, NZA-RR 2017, 123; Willemsen NZA 2017, 953; Steffen NZA 2018, 154; MAH ArbR/Cohnen §§ 54–56.
[189] BAG 25.1.2018 – 8 AZR 309/16, NZA 2018, 933; MAH ArbR/Cohnen §§ 54–56.

lung von „übertragungsfähigen" Teilbetrieben und entsprechenden wirtschaftlichen Einheiten. Die **übertragungsfähigen** Einheiten müssen zunächst hergestellt werden und gehen dann geordnet als Teilbetrieb auf den Übernehmer über. Dazu muss deutlich und klar abgegrenzt die Leitungsmacht übertragen werden. Gelingt es nicht, eine übertragungsfähige Einheit herzustellen, entsteht lediglich eine **Funktionsnachfolge**.[190] Bei Übertragung eines Teilbetriebs müssen die Arbeitnehmer zugeordnet werden. Das muss bei der Einzelrechtsnachfolge entsprechend der vorherigen **Betriebszugehörigkeit** der Arbeitnehmer geschehen. Möglich ist auch eine entsprechende Vereinbarung zwischen dem betroffenen Arbeitnehmer und dem übertragenden Betriebsinhaber.[191] Bei der Spaltung nach Umwandlungsrecht kann die **Zuordnung** der betroffenen Arbeitnehmer gemäß § 323 Abs. 2 UmwG durch Interessenausgleich erfolgen und ist dann nur auf grobe Fehlerhaftigkeit prüfbar.[192] Geschieht das im Interessenausgleich, ist es nur angreifbar, wenn grob fehlerhaft. Der (Teil-)Betriebsübergang nach § 613a BGB wird wirksam zu einem vereinbarten oder durch Übernahme der Leitungsmacht definierten Zeitpunkt. Eine Umwandlung wird wirksam am Tag der Eintragung der Umwandlung im Handelsregister gemäß § 131 UmwG. Da die Eintragung nicht immer genau vorhergesehen werden kann, vereinbaren mache Unternehmer einen vorher liegenden Zeitpunkt, der planbar ist. Das ist zum Beispiel der Fall, wenn mehrere Umwandlungen gleichzeitig wirksam werden sollen. Wenn die Übernahme nach § 613a BGB schon durch Rechtsgeschäft und Übergabe der Leitungsmacht geregelt ist, kommt es wegen des Wirksamkeitszeitpunkts auf den nachfolgenden Eintrag nicht mehr an.

1. Betriebsratsstruktur

Die Auswirkung einer Betriebsspaltung oder eines -zusammenschlusses hängt grundsätzlich davon ab, ob der bisherige Betrieb seine **Identität** behält. Der Betriebsrat verliert sein Amt bei der Zerschlagung in mehrere etwa gleichgroße Teile oder dem Zusammenschluss mehrerer etwa gleichgroßer Betriebe. Bleibt in der **Spaltung** ein (Haupt-)Betrieb wegen seiner relativen Größe in der Identität erhalten, bleibt auch sein Betriebsrat im Amt und übernimmt für die übrigen kleineren Betriebe nach § 21a Abs. 1 BetrVG ein Übergangsmandat bis zur dortigen Neuwahl, längstens für 6 Monate, es sei denn der kleinere Betrieb wird in einen anderen eingegliedert, in dem ein Betriebsrat existiert. Bei Verlust der Identität in der Spaltung behält der bisherige Betriebsrat lediglich das Übergangsmandat für die Übergangszeit.[193] Behält in der **Verschmelzung** ein Betrieb wegen seiner relativen Größe seine Identität, bleibt sein Betriebsrat im Amt, für ein Übergangsmandat ist kein Bedarf, da nur ein Betrieb verbleibt. Verlieren die bisherigen Betriebe in der Verschmelzung ihre Identität, erlöschen alle Betriebsratsämter und der zahlenmäßig größte Betrieb übernimmt bis zur Neuwahl das Übergangsmandat nach § 21a Abs. 2 BetrVG.[194] Für die anderen Organe der Betriebsverfassung gibt es kein Übergangsmandat. Für das Überleben eines **Gesamtbetriebsrats** in der Spaltung ist entscheidend, ob mehrere Betriebe mit Betriebsräten zurückbleiben oder ob nur ein Betrieb zurückbleibt. Für das **Überleben** eines Konzernbetriebsrats kommt es entsprechend darauf an, ob mehrere Unternehmen mit (Gesamt-)Betriebsräten im Konzern zurückbleiben (dann ja) oder nur ein Unternehmen (dann nein). Ist das nicht der Fall, gehen die Gesamt-/Konzernbeetriebsräte unter. Das gilt grundsätzlich in den parallelen Gestaltungsformen.[195]

2. Betriebsvereinbarungen

Bleibt die Identität eines Betriebs oder Betriebsteils bei Spaltung oder Zusammenschluss erhalten, gelten auch dessen Betriebsvereinbarungen zwingend kollektivrechtlich fort.[196]

---

[190] *Fitting* BetrVG § 1 Rn. 172, 174 Rn. 144; Schaub ArbR-HdB/*Ahrendt* § 177 Rn. 12, 29.
[191] BAG 17.10.2013 – 8 AZR 763/12, NZA-RR 2014, 175; *Fitting* BetrVG § 1 Rn. 174 mwN.
[192] → Rn. 36.
[193] *Rieble* NZA 2003, 62, (64); *Moll* RdA 2003, 136; WHS Umstrukturierung/*Hohenstatt* D Rn. 14, 49 ff.
[194] *Rieble* NZA 2003, 62 (64 f.); WHS Umstrukturierung/*Hohenstatt* D Rn. 53, 64 ff.
[195] *Rieble* NZA 2003, 62 ff.; WHS Umstrukturierung/*Hohensstadt* E Rn. 55; *Bonanni*, Der gemeinsame Betrieb, S. 16; WHS Umstrukturierung/*Schweibert* C 53.
[196] *Fitting* BetrVG § 1 Rn. 168; *Rieble* NZA 2003, 62; MAH ArbR/*Cohnen* §§ 54–56; Schaub ArbR-HdB/*Ahrendt* § 116 Rn. 22, 39.

Das gilt auch bei einem gleichzeitigen Betriebs(teil)übergang. Entfällt die Identität des bisherigen Betriebs zB durch Eingliederung, kommt es im Fall des Betriebs(teil)übergangs nach § 613a Abs. 1 S. 2 BGB zu einer Transformation der kollektiven Rechte in Individualrecht mit Änderungssperre für ein Jahr. Voraussetzung ist allerdings der gleiche Regelungsgegenstand. Die kollektive Wirkung kann wegen des immanenten Vorbehalts der nachfolgenden kollektiven Abänderbarkeit durch Betriebsvereinbarung in dem entstandenen Betrieb wiederhergestellt werden. Das gilt allerdings dann nicht, wenn eine teilmitbestimmte Betriebsvereinbarung (zB Kleindarlehen) vom Erwerber zur vollständigen Ablösung gekündigt wird.[197]

189 Bei einer unternehmensinternen Umstrukturierung ohne Betriebsinhaberwechsel steht § 613a Abs. 1 S. 2 BGB nicht zur Verfügung. Die Rechtslage ist ungelöst.[198] Die Praxis hilft sich damit, dass die alten Betriebsparteien vor der Umwandlung wegen der Psychologie eine Fortgeltung vereinbaren, die aber nach der Umwandlung von den dann zuständigen Betriebsparteien zum Beispiel in einer „Generalvereinbarung" bestätigt werden muss.[199] Der Zusammenschluss und die Spaltung von Betrieben **innerhalb** eines Unternehmens ohne Arbeitgeberwechsel nach § 111 Abs. 3 Nr. 3 BetrVG hat einen vergleichsweise weniger großen Regelungsbedarf, da die **Betriebsvereinbarung** in der Regel unternehmenseinheitlich organisiert ist. Der größere Betriebsrat, der seine Identität nicht verliert, hat in einem oder mehreren neuen Betrieben und Betriebsteilen das Übergangsmandat nach § 21a BGB bis zur dortigen Neuwahl längsten für 6 Monate mit Verlängerungsoption. So lange würde die Betriebsvereinbarung transformiert in Individualrecht nach § 613a Abs. 1 S. 2 BGB (analog) weitergelten und könnte durch Rekollektivierung in einer Generalvereinbarung wiederhergestellt werden.[200]

3. Betriebsrenten

190 Die betriebliche Altersversorgung ist eine **freiwillige Sozialleistung** des Arbeitgebers mit dem Ziel der Vorsorge für Alter, Invalidität und Hinterbliebenenschutz.[201] Sie ist gekennzeichnet durch eine lange Anwartschaftsphase und eine langfristige zukünftige Leistungsphase nach der Verrentung einer meist großen Zahl von aktiven und ehemaligen Arbeitnehmern sowie Rentnern. Die Wahrscheinlichkeit, dass in diesem Zeitraum Zusammenschlüsse und Spaltungen von Betrieben sowie Verschmelzungen und Spaltungen von Unternehmen stattfinden, ist nicht gering.

191 In der betrieblichen Altersversorgung gilt grundsätzlich das gleiche wie bei den Betriebsvereinbarungen und sonstigen Rechtsverhältnissen des Zielunternehmens. Betriebsänderungen haben keine direkten Auswirkungen auf das Betriebsrentensystem. Maßnahmen zur Änderung der betrieblichen Altersversorgung stellen grundsätzlich keine Betriebsänderung dar. Sie sind im § 111 BetrVG nicht als Tatbestand genannt. Auch die Veräußerung der Gesellschaft im Share Deal und die Veräußerung von Betrieben nach § 613a BGB im Asset Deal sind keine Betriebsänderungen. Nur die Spaltung und der Zusammenschluss von Betrieben gem. § 111 S. 3 Nr. 3 BetrVG können sich als Betriebsänderung auf das Betriebsrentenregime auswirken und einen Interessenausgleich und Sozialplan erfordern. Dabei ist zwischen der Gesamtrechtsnachfolge und der Einzelrechtsnachfolge zu unterscheiden. Beim Verkauf der Gesellschaftsanteile (**Share Deal**) bleiben die Anwartschaften und die Rechte

---

[197] BAG 19.11.2019 – 1 AZR 386/18, NZA 2020, 207; BAG 13.8.2019 – 1 AZR 213/18, NZA 2020, 49; Kreßel NZA 2020, 279; BAG 18.11.2003 – 1 AZR 604/02, NZA 2004, 803; Rieble NZA 2003, 67; WHS Umstrukturierung/*Hohenstatt* E Rn. 38; zur Verstärkung der normativen Weitergeltung BAG 18.9.2002 – 1 ABR 54/01, NZA 2003, 670; Rieble/*Gutzeit* NZA 2003, 233; vgl. *Fitting* BetrVG § 77 Rn. 171 ff.; Schaub ArbR-HdB/*Ahrendt* § 119, Rn. 22 f., 44.
[198] Rieble NZA 2003, 67; WHS Umstrukturierung/*Hohenstatt* E Rn. 75, 85 f.; Schaub ArbR-HdB/*Ahrendt* § 111 Rn. 196.
[199] Rieble RdA 2003, 72.
[200] WHS Umstrukturierung/*Hohenstadt* D Rn. 95; *Fitting* § 21a Rn. 13; vgl. Rieble NZA 2003, 62 (72); *ders.* NZA 2003, 233.
[201] Zu den Grundlagen und Einzelheiten der Betriebsrente → § 39 Rn. 17 ff.; WHS Umstrukturierung/ *Schnittker* J Rn. 1191 ff.

der aktiven Arbeitnehmer sowie die unverfallbaren Anwartschaften der Betriebsrentner und ehemaligen Arbeitnehmer aus der Altersversorgung juristisch unverändert bei der Zielgesellschaft, gehen aber insgesamt wirtschaftlich mit dieser zusammen zum Erwerberkonzern über (**Gesamtrechtsnachfolge**).

Anders ist es beim Übergang von Betrieben und Teilbetrieben (**Asset Deal**) durch Veräußerung der Vermögensbestandteile und Wirtschaftsgüter gemäß § 613a BGB. In diesem Fall gehen lediglich die Anwartschaften der **aktiven** Arbeitnehmer im Zeitpunkt des Betriebsübergangs mit den übergehenden Arbeitnehmern zur Erwerbergesellschaft (**Einzelrechtsnachfolge**). Die ehemaligen Arbeitnehmer und Betriebsrentner bleiben mit ihren unverfallbaren Anwartschaften und ihren Leistungsrechten bei der übertragenden Gesellschaft. In diesen Fällen liegt keine Betriebsänderung vor. Eine Betriebsänderung ist nur im Fall der Spaltung und Zusammenlegung von Betrieben möglich. 192

Bei der Spaltung oder Verschmelzung von Unternehmen nach dem Umwandlungsrecht oder Betrieben und Teilbetrieben nach dem Zivilrecht ist eine entsprechende Unterscheidung zu berücksichtigen. In der Spaltung oder Verschmelzung nach dem Umwandlungsrecht gehen sowohl die **aktiven** Arbeitnehmer als auch die **ehemaligen** Arbeitnehmer mit ihren **unverfallbaren** Anwartschaften und die Leistungsrechte der Rentner gemäß Zuordnungsvereinbarung auf die erwerbende oder entstehende Gesellschaft über. Bei der Spaltung und Zusammenlegung von Betrieben nach § 613a BGB gehen lediglich die **aktiven** Arbeitnehmer und ihre Anwartschaften auf die erwerbende Gesellschaft über. Eine Zuordnung müsste durch Vereinbarung nach UmwG erfolgen. Die Zuordnung der Arbeitnehmer durch Interessenausgleich ist gemäß § 323 Abs. 2 UmwG nur auf grobe Fehler überprüfbar.[202] Das ist bei dem Teilbetriebserwerb nach § 613a BGB **nicht** möglich. 193

Soweit die betriebliche Altersversorgung durch **externe Durchführungswege** wie Direktversicherung, Pensionskasse, Pensionsfond, Unterstützungskasse und Contractual Trust Agreement (CTA) gewährt wird, ist es wichtig, auch das jeweilige Pensionsvehikel oder einen zuzuordnenden Vermögensanteil an die erwerbende Gesellschaft zu übertragen, damit diese auch die übergegangenen Verpflichtungen aus der betrieblichen Altersversorgung erfüllen kann. Diese Pensionsverhikel gehen in einer Transaktion nicht automatisch an den Erwerber über.[203] 194

Ist die Betriebsrentenzusage **unmittelbar** vom Arbeitgeber gewährt, der die Betriebsrente selbst durchführt, müssten dazu entsprechende Rückstellungen in der Bilanz gebildet sein, die das abgebende Unternehmen nach der Transaktion auflösen kann und das Erwerberunternehmen neu bilden kann. Dazu muss entsprechendes Vermögen übertragen werden oder ein möglicher Kaufpreis entsprechend gekürzt werden. 195

Sind die Pensionszusagen nicht von der Anstellungsgesellschaft gewährt, sondern von einer Obergesellschaft im Konzern, muss der Erwerber ebenfalls prüfen, ob es im abgebenden Konzern Pensionsverhikel oder zugeordnetes Vermögen gibt, das übertragen werden kann. Ist die Pensionszusage durch ein Contractual Trust Agreement (CTA) treuhänderisch gesichert, muss bei entsprechender Regelung im Erwerberunternehmen ebenfalls ein CTA gebildet werden. Auch das CTA geht nicht automatisch über. Wenn auch im Verhältnis zwischen Unternehmen Regelungsbedarf besteht, liegt gleichwohl kein Betriebsänderungstatbestand vor, der für die Arbeitnehmer oder Rentner wirtschaftliche Nachteile verursachen würde. 196

Die unternehmens-/gesellschaftsrechtliche Spaltung und Verschmelzung von Unternehmen stellt allein keine Betriebsänderung dar. Dies ist nur bei der betrieblichen Spaltung und Zusammenlegung möglich gemäß § 111 S. 3 Nr. 3 BetrVG im Gegensatz zur Regelung in § 106 Abs. 3 Nr. 8 BetrVG.[204] Auf der betrieblichen Ebene innerhalb des Unternehmens kann die Spaltung/Zusammenlegung keine **wirtschaftlichen Nachteile** für die Arbeitnehmer und Rentner im Bereich der **Betriebsrenten** haben. Soweit auf der Unternehmensebene solche Nachteile entstehen, sind sie nicht verursacht (in Folge) durch eine 197

---

[202] BAG 19.10.2017 – 8 AZR 63/16, NZA 2018, 370.
[203] → § 39 Rn. 19 (Leisbrock).
[204] ZB *Fitting* BetrVG § 111 Rn. 83.

Betriebsänderung. Im Gegenteil wird sogar gesetzlich vermutet gemäß § 1 Abs. 2 Nr. 2 BetrVG, dass bei einer Spaltung durch Umwandlung kein weiterer Betrieb entsteht, sondern dass ein Gemeinschaftsbetrieb entsteht, wenn nicht organisatorische Änderungen erfolgen.[205]

198 Anwartschaften und Leistungsansprüche in der **betrieblichen Altersversorgung** können entstehen aufgrund von Tarifverträgen, Betriebsvereinbarungen, Gesamtzusagen, Einheitsregelungen, Betriebsübung und individuellen Zusagen. Betriebsänderungen nach § 111 Abs. 3 Nr. 3 BetrVG, das heißt die Zusammenlegung und Spaltung von Betrieben und indirekt auch von Unternehmen, können sich auf die Betriebsrentenstruktur auswirken, wobei die Betriebsvereinbarung aktuell die Standardrechtsgrundlage darstellt.[206] Da die **Betriebsvereinbarungen im Betriebsrentenrecht** sowohl freiwillige als auch mitbestimmte Elemente enthalten, spricht man auch von einer „**teilmitbestimmten Betriebsvereinbarung**".[207] Daher entwickelt die Betriebsrentenkündigung keine Nachwirkung nach § 77 Abs. 6 BetrVG. Der Arbeitgeber kann allein über die Dotierung entscheiden. Deshalb kann er auch nach § 77 Abs. 5 BetrVG ohne Rechtfertigungsgrund fristgerecht kündigen, ohne eine Nachwirkung zu entwickeln.[208] Hat die Kündigung das Ziel, die Betriebsrente zu beenden, ist das mitbestimmungsfrei. Anders ist es jedoch, wenn gekündigt wird, um die Konditionen zu verändern. Dann besteht das Mitbestimmungsrecht.[209]

199 Bei einer Betriebsübertragung nach § 613a BGB tritt der neue Inhaber in die Rechte und Pflichten der aktuellen Arbeitsverhältnisse ein. Das gilt auch für die **Versorgungszusagen** der im Zeitpunkt des Übergangs aktiven Arbeitnehmer. Ist eine Versorgungszusage kollektiv begründet durch eine Betriebsvereinbarung, gilt sie ab dem Betriebsübergang weiter, allerdings transformiert in das Individualrecht der einzelnene Arbeitnehmer gemäß § 613a Abs. 1 S. 1 BGB und ist sodann für ein Jahr vor Änderungen zum Nachteil der Arbeitnehmer geschützt. Da § 613a BGB nur aktive Arbeitnehmer begünstigt, erfasst § 613a BGB **nicht** die laufenden Leistungsverpflichtungen gegenüber den Betriebsrentnern und den bereits ausgeschiedenen ehemaligen Arbeitnehmern mit unverfallbaren Anwartschaften. Diese hat weiter der bisherige Arbeitgeber zu erfüllen. Eine Ausnahme ist allerdings zu beachten: Wird mit dem Betrieb auch die Firma veräußert, so fallen diese Positionen gemäß § 25 HGB auch in die übergehenden Anwartschaften und Rechte. Die Warte- und Unverfallbarkeitsfristen sowie sonstige **vom Zeitablauf abhängigen** Rechte zählen unverändert weiter. Ebenso tritt der Erwerber in die **Anpassungsverpflichtung** nach § 16 BetrAVG ein, und zwar die schon durchgeführten Anpassungen wie auch die alle 3 Jahre stattfindenden Rentenanpassungen. Das Arbeitsverhältnis ist nicht unterbrochen.

200 Beim Übergang nach § 613a BGB gehen alle Anwartschaften der aktiven Arbeitnehmer über. Der Erwerber muss auch für die beim alten Betriebsinhaber **erdienten Anwartschaften** aufkommen, zusätzlich zu den beim Erwerber zukünftig zu erdienenden Antwartschaften: der frühere Betriebsinhaber wird befreit. Er haftet nur kurzfristig und anteilig für Leistungsansprüche von Aktiven, die noch während eines Jahres nach dem Übergangszeitpunkt verrentet werden und deren Anwartschaft zum Vollrecht erstarkt.

201 § 613a BGB regelt aber nur die Rechte und Anwartschaften gegenüber den Arbeitnehmern. Der Erwerber des Betriebs muss sich um seinen Vorteil selbst bemühen. Rückstellungen, Wirtschaftsgüter muss er selbst beim Veräußerer abfordern.[210] Möglich ist auch ein entsprechender Abzug beim Kaufpreis des Unternehmens(-teils). Hierfür ist eine Berechnung und Bewertung der Verpflichtungen und Anwartschaften durch Versicherungsmathematiker erforderlich. Dafür ist die Bilanzposition ein erster Anhalt. Versteckte Risiken sind nicht

---

[205] ZB *Fitting* BetrVG § 111 Rn. 88 mwN.
[206] WHS Umstrukturierung/*Schnitker* J Rn. 25.
[207] WHS Umstrukturierung/*Schnitker* J Rn. 26.
[208] WHS Umstrukturierung/*Schnitker* J Rn. 29.
[209] WHS Umstrukturierung/*Schnitker* J Rn. 29.
[210] Rückstellungen sind lediglich Bilanzpositionen, kein verwertbares Cash, der Veräußerer löst seine Rückstellungen auf und zahlt an den Erwerber einen erforderlichen Betrag, so dass dieser Rückstellungen bilden kann. WHS Umstrukturierung/*Schnitker* J Rn. 436.

immer leicht zu erkennen.²¹¹ Im Falle einer **Kollision** zwischen den Betriebsrentensystemen müssen die beiden Betriebsinhaber im Extremfall jeder eine Due Diligence durchführen lassen. Unterschiede können auf vielen Ebenen bestehen. Schon allein die möglichen Durchführungswege stellen ein komplexes System dar: unmittelbare Pensionszusage, Direktversicherung, Pensionskasse, Pensionsfonds, Unterstützungskasse und Treuhandvertrag (CTA) sind zu **harmonisieren**. Rechtsgrundlage ist zu klären: Individualvertrag, Tarifvertrag, Betriebsvereinbarung, Gesamtzusage, Einheitsregelung, Betriebliche Übung und Diskriminierungsausgleich.²¹² Die Betriebsrente kann auch nach Umwandlungsrecht auf neue Rechtseinheiten übertragen werden.

Bei der **Verschmelzung** werden mehrere Rechtsträger durch Gesamtrechtsfolge vereinigt. Mit der Eintragung der Verschmelzug zur Aufnahme im Handelsregister tritt der übernehmende Rechtsträger als Gesamtrechtsnachfolger vollständig in die Rechtsposition des übertragenden Rechtsträgers ein. Mit Eintragung der Verschmelzung erlischt der übertragende Rechtsträger gemäß § 20 Abs. 1 Nr. 2 UmwG. Ansprüche auf betriebliche Versorgungsleistungen richten sich kraft Gesetzes gegen den neuen Arbeitgeber. Das gilt sowohl für aktive wie auch für unverfallbare Ex-Arbeitnehmer und Rentner.²¹³ Bei der Verschmelzung zur Neugründung werden mehrere Rechtsträger in einen durch den Verschmelzungsakt neue entstehenden Rechtsträger unter Verlust ihrer eigenen Existenz vereinigt. Im Verschmelzungsvertrag oder seinem Entwurf sind nach § 5 Abs. 1 Nr. 9 UmwG Angaben zu den Folgen für die Arbeitnehmer und ihre Vertretungen zu machen. Dazu gehören auch die **Folgen** für die betriebliche Altersversorgung; jedenfalls wenn es im Rahmen der Umwandlung zu einem Betriebsübergang kommt.²¹⁴ Die Angaben entsprechen weitgehend den in § 613a Abs. 5 Nr. 3 und 4 BGB geforderten Angaben. Sind die Merkmale des § 613a BGB erfüllt, ist auch ein Widerspruch gegen den Übergang des Arbeitsverhältnisses möglich. Bei der Umwandlung durch **Spaltung** sind mehrere Optionen möglich. Im Unterschied zur Verschmelzung sind nicht alle Gegenstände des Aktiv- und Passivvermögens auf einen anderen Rechtsträger zu übertragen, sondern nur die, welche im **Spaltungsvertrag** ausdrücklich bezeichnet sind. Der Übergang erfolgt mittels (partieller) Gesamtsrechtsnachfolge durch die Eintragung im Handelsregister nach § 131 UmwG.²¹⁵ Die Aufspaltung erfolgt durch Übertragung des **gesamten** Vermögens anteilig auf andere Rechtsträger. Die sich aufspaltende Gesellschaft erlischt durch Eintragung. Die Abspaltung erfolgt durch Separierung eines meist kleineren Teils. Dabei bleibt die abspaltende Gesellschaft bestehen. Sie überträgt nur einen Teil ihres Vermögens. Die Ausgliederung entspricht der Abspaltung allerdings gegen Anteile, so dass ein Mutter-Tochterverhältnis entsteht.²¹⁶

Im Spaltungs- und Übernahmevertrag kann grundsätzlich **frei festgelegt** werden, auf welchen Rechtsträger die Aktiva und Passiva übergehen sollen. Allerdings sind die Versorgungsverpflichtungen besonders geschützt, wenn der Spaltungsvorgang gemäß § 324 UmwG auch die Merkmale des Betriebs(teil-)übergangs erfüllt. § 613a schränkt die Zuordnungsfreiheit ein, soweit der Betriebsübergang reicht, also für Anwartschaften der beim Übergang aktiven Arbeitnehmer. Nicht insofern geschützt sind ehemalige Arbeitnehmer mit unverfallbarer Anwartschaft und Rentner gemäß § 126 Abs. 1 UmwG.²¹⁷ Wird der mit der Versorgungszusage belastete Rechtsträger, der aus der Spaltung hervorgeht, nicht mit ausreichend Kapital ausgestattet, haften die übrigen Rechtsträger für die Rentenverpflichtungen nach §§ 133, 134 UmwG für 10 Jahre als Gesamtschuldner mit.²¹⁸ Die Verpflichtung, einen Interessenausgleich zu versuchen und einen Sozialplan abzuschließen gemäß § 111 Abs. 3 Nr. 3 BetrVG besteht nur, wenn **ausschließlich ein Betrieb** gespalten oder zusammengeschlossen wird, nicht dagegen, wenn nur ein Unternehmen gespalten oder verschmolzen wird. Auch

---

²¹¹ WHS Umstrukturierung/*Schnitker* J Rn. 440.
²¹² WHS Umstrukturierung/*Schnitker* J Rn. 441 ff.; zu den Einzelheiten *Leisbrock* → § 39 Rn. 22 ff.
²¹³ WHS Umstrukturierung/*Schnitker* J Rn. 560 f.
²¹⁴ WHS Umstrukturierung/*Schnitker* J Rn. 562.
²¹⁵ WHS Umstrukturierung/*Schnitker* J Rn. 563 ff.; BAG 19.10.2017 – 8 AZR 63/16, NZA 2018, 370.
²¹⁶ WHS Umstrukturierung/*Schnitker* J Rn. 567.
²¹⁷ WHS Umstrukturierung/*Schnitker* J Rn. 568 f., 573 ff.
²¹⁸ WHS Umstrukturierung/*Schnitker* J Rn. 585.

ein **Nachteil** kann nur aus der betrieblichen Umstrukturierung folgen.[219] Bei Übertragung eines Teilbetriebs müssen die betroffenen Arbeitnehmer **zugeordnet** werden. Entweder muss der Arbeitnehmer vorher dem übertragenen Betriebsteil angehört haben oder bisheriger Arbeitgeber und betroffener Arbeitnehmer einigen sich.[220] Bei der Spaltung kann gemäß § 323 Abs. 2 UmwG die Zuordnung durch **Interessenausgleich** erfolgen und ist dann nur auf grobe Fehlerhaftigkeit prüfbar.[221]

204 Soweit die betriebliche Altersversorgung über externe Versorgungsträger, oft auch Pensionsvehikel genannt, durchgeführt wird, folgt die vertragliche Beziehung zwischen Arbeitgeber und **Pensionsvehikel** nicht automatisch dem Übergang einer Rechtseinheit. Im Verschmelzungsvertrag nach § 5 Abs. 1 Nr. 9 UmwG und im Spaltungs- und Übernahmevertrag werden gemäß § 126 Abs. 1 Nr. 9 UmwG die Rechtsbeziehungen zwischen den an der Umwandlung beteiligten Rechtsträger und dem Pensionsvehikel geregelt. Bestehen Ansprüche aus **Direktversicherung**[222] so können die Versicherungsverträge ebenfalls mit abgespalten werden. Der Arbeitgeber wird Versicherungsnehmer. Eine **Pensionskasse** gemäß § 53 VAG oder ein **Pensionsfonds** gemäß § 113 VAG bleiben von einer Verschmelzung oder einer Spaltung des Trägerunternehmens nicht direkt betroffen. Für die **Fortsetzung der Versorgung** gelten die Regeln zur Einzelrechtsnachfolge entsprechend.[223] Sie können jedoch nur auf Versicherungsunternehmen übertragen werden, unterliegen der Versicherungsaufsicht und erfordern die Genehmigung der Aufsichtsbehörde.[224] Eine **Unterstützungskasse** wird durch die Verschmelzung oder Spaltung des Trägerunternehmens ebenfalls nicht direkt betroffen. Das Unternehmen, auf das die Versorgungszusage abgespalten wird, kann die Zusage selbständig sichern und die Unterstützungskasse weiterführen. Unter Umständen muss die Satzung der Unterstützungskasse dafür geändert werden oder eine andere Unterstützungskasse beauftragt werden.

205 Der Argumentation des Bundesarbeitsgerichts folgend hat der Gesetzgeber mit der Streichung des § 132 UmwG die Ausgliederung von Versorgungsverbindlichkeiten gegenüber den unverfallbar ausgeschiedenen Arbeitnehmern und der Rentner des Unternehmens auf sogenannte „**Rentnergesellschaften**" ermöglicht. Da § 613a BGB für diesen Personenkreis nicht anwendbar ist, steht kein Widerspruchsrecht entgegen. Auch § 3 BetrAVG steht damit nicht zur Verfügung. Der PSV und auch der Versorgungsberechtigte müssen nicht zustimmen.[225] Wesentlich ist allerdings die ausreichende Kapitalausstattung der Rentnergesellschaft,[226] was jedoch kein Unwirksamkeitskriterium darstellt, aber möglicherweise Schadensersatz auslöst.[227] Allerdings ist die 10-jährige Nachhaftung der ausgliedernden Gesellschaft gemäß §§ 133, 134 UmwG beachtlich. Kommt es bei den beschriebenen Transaktionen zum Zusammentreffen verschiedener Betriebsrentensysteme, entsteht häufig der Bedarf, diese zu harmonisieren. Rechtsgrundlage der Betriebsrente ist häufig eine Betriebsvereinbarung. Eine Anpassung an das leistungsstärkere System ist verhältnismäßig einfach, aber teuer. Will man auf Durchschnittswerte oder auf das schwächere System anpassen, muss das stärkere System abgelöst werden. Bei Eingriffen in die Höhe der Leistungen ist unter anderem die Zuständigkeit der Vertragsparteien sowie die Verhältnismäßigkeit zu beachten. In der Regel ist bei einer Reduzierung der zuständige Betriebsrat zu beteiligen, außer bei einer kompletten Einstellung des Betriebsrentensystems. Bei Eingriff in die Leistungshöhe ist nach BAG eine dreistufige Verhältnismäßigkeitsprüfung erforderlich, bei Eingriff in die „erdiente Dynamik" ein triftiger Grund und bei Eingriff in den „erdienten Bestand" eine wirtschaftliche Notlage.[228]

---

[219] *Fitting* BetrVG § 111 Rn. 54, 88.
[220] *Fitting* BetrVG § 1 Rn. 177.
[221] Siehe *Fitting* BetrVG § 1 Rn. 177.
[222] WHS Umstrukturierung/*Schnitker* J Rn. 582.
[223] WHS Umstrukturierung/*Schnitker* J Rn. 581.
[224] WHS Umstrukturierung/*Schnitker* J Rn. 577.
[225] BAG 22.2.2005 – 3 AZR 499/03, NJW 2005, 3371.
[226] BAG 11.3.2008 – 3AZR 358/06, NZG 2008, 863.
[227] *Kallmeyer/Willemsen* UmwG § 134 Rn. 26.
[228] BAG 19.3.2019 – 3 AZR 201/17, NZA 2020, 1031; zu den Einzelheiten → *Leisbrock* § 39 Rn. 22 ff.; § 40 Rn. 43 ff.

4. Schwerbehindertenvertretung

In Bezug auf Rechte der Schwerbehindertenvertretung bahnt sich deren Stärkung auch im Zusammenhang mit der Betriebsänderung an. Der Ausgangspunkt ist § 178 Abs. 2 S. 1 SGB IX. Danach hat der Arbeitgeber die Schwerbehindertenvertretung in **allen Angelegenheiten, die schwerbehinderte Menschen betreffen,** unverzüglich und umfassend zu unterrichten und vor einer Entscheidung anzuhören. Eine unterlassene Beteiligung ist nachzuholen. Die Entscheidung ist auszusetzen (auf Antrag). Eine ohne Beteiligung ausgesprochene Kündigung eines schwerbehinderten Menschen ist unwirksam. Diese wesentlichen Regelungen sind bei der Planung einer Betriebsänderung zu berücksichtigen.[229] Allerdings hat die Schwerbehindertenvertretung **kein Teilnahmerecht** aus §§ 111 ff. BetrVG. Insbesondere auch kein Teilnahmerecht in der Einigungsstelle, außer auf Benennung als Beisitzer durch den Betriebsrat.[230] Dieses Recht steht ausschließlich dem Betriebsrat zu.[231] Die Anhörungspflicht verlangt die Gelegenheit zur Stellungnahme und mit dem Aussetzungsantrag kann eine **Betriebsänderung verzögert** werden. Vorsicht ist geboten im Interesse der Transaktionssicherheit.

206

---

[229] *Ludwig/Kemna* NZA 2019, 1547; LAG Berlin/Brandenburg 11.7.2019 – 21 Sa 2100/18, NZA-RR 2019, 640.
[230] *Ludwig/Kemna* NZA 2019, 1547.
[231] BAG 20.6.2018 – 7 ABR 39/16, NZA 2019, 54 Rn. 15, 30.

Teil L. Zusammenarbeit mit dem Betriebsrat

§ 59 Organisation

Übersicht

	Rn.
I. Der Betrieb	1–33
1. Der betriebsratsfähige Betrieb	2–6
a) Wahlberechtigte Arbeitnehmer	3/4
b) Ständige Beschäftigung	5
c) Wählbarkeit	6
2. Gemeinsamer Betrieb mehrerer Unternehmen	7–16
a) Der gemeinsame Betrieb	9–11
b) Vermutung des § 1 Abs. 2 Nr. 1 BetrVG	12–14
c) Vermutung des § 1 Abs. 2 Nr. 2 BetrVG	15
d) Auflösung des gemeinsamen Betriebes	16
3. Betriebsteile, Kleinstbetriebe	17–20
a) Selbstständige Betriebsteile	18/19
b) Unselbstständige Betriebsteile	20
4. Der gewillkürte Betrieb	21–28
a) Unternehmenseinheitlicher Betriebsrat für alle Betriebe eines Unternehmens	23/24
b) Zusammenfassung mehrerer Betriebe	25
c) Spartenbetriebsrat	26/27
d) Andere Arbeitnehmervertretungsstrukturen	28
5. Streitigkeiten	29–33
II. Der Betriebsrat	34–95
1. Amtszeit	34–55
a) Regelamtszeit	35/36
b) Beendigung/Erlöschen des Betriebsratsamtes	37–42
c) Übergangsmandat	44–48
d) Restmandat	49–55
2. Vertretung/Aufgabenteilung	56–81
a) Vorsitzender	57–63
b) Ausschüsse	64–70
c) Arbeitsgruppen	71–81
3. Geschäftsführung	82–95
a) Betriebsratssitzung	82/83
b) Beschlüsse	84–92
c) Geschäftsordnung	93–95
III. Gesamtbetriebsrat	96–104
1. Errichtung	97/98
2. Zuständigkeit des Gesamtbetriebsrats	99–102
3. Geschäftsführung	103/104
IV. Konzernbetriebsrat	105–110
1. Zuständigkeit	106–109
2. Geschäftsführung	110
V. Jugend- und Auszubildendenvertretung	111–126
1. Jugend- und Auszubildendenvertretung im Betrieb	112–118
2. Jugend- und Auszubildendenvertretung im Unternehmen	119–122
a) Organisation	120
b) Zuständigkeit	121
c) Geschäftsführung	122
3. Jugend- und Auszubildendenvertretung im Konzern	123–126
a) Organisation	124
b) Zuständigkeit	125
c) Geschäftsführung und Geltung sonstiger Vorschriften	126
VI. Der Arbeitgeber	127–132
1. Begriff	127/128
2. Vertreter	129–132

I. Der Betrieb

1   Der Betrieb im Sinne des BetrVG wird im Zusammenhang mit der Errichtung von Betriebsräten oder sonstiger Arbeitnehmervertretungen (§ 3 BetrVG) in den §§ 1 bis 4 BetrVG beschrieben. Eine gesetzliche Definition des Betriebsbegriffs fehlt allerdings. Die Rechtsprechung definiert den Betrieb als „organisatorische Einheit, innerhalb derer ein Arbeitgeber allein oder mit seinen Arbeitnehmern mit Hilfe von sächlichen und immateriellen Mitteln bestimmte arbeitstechnische Zwecke fortgesetzt verfolgt, die sich nicht in der Befriedigung des Eigenbedarfes erschöpfen".[1]

1. Der betriebsratsfähige Betrieb

2   Das Grundprinzip enthält § 1 BetrVG, wonach in Betrieben mit in der Regel mindestens fünf ständigen wahlberechtigten Arbeitnehmern, von denen drei wählbar sind, ein Betriebsrat gewählt werden kann. Zur Ermittlung der „in der Regel" Beschäftigten kommt es auf die Personenstärke an, die für den Betrieb im allgemeinen kennzeichnend ist, also auf diejenigen Arbeitnehmer, die während des größten Teil des Jahres normalerweise beschäftigt werden.[2]

3   a) **Wahlberechtigte Arbeitnehmer.** Arbeitnehmer sind Arbeiter und Angestellte einschließlich der zu ihrer Berufsausbildung Beschäftigten, unabhängig davon, ob sie im Betrieb, im Außendienst oder mit Telearbeit beschäftigt werden. Als Arbeitnehmer gelten auch die in Heimarbeit (bzw. „mobile Arbeit" oder „Homeoffice") Beschäftigten, die in der Hauptsache für den Betrieb arbeiten, § 5 Abs. 1 BetrVG. Diese Arbeitnehmer sind wahlberechtigt, wenn sie volljährig sind, § 7 BetrVG.[3] Zu den wahlberechtigten Arbeitnehmern gehören auch befristet, in Teilzeit[4] und geringfügig Beschäftigte, Arbeitnehmer in Elternzeit sowie Wehrdienst oder Wehrübungsleistende, deren Arbeitsverhältnis vorübergehend suspendiert – § 1 Abs. 1 ArbPlSchG – ist. Auch Studenten, die im Betrieb ein Praktikum ableisten, können betriebsverfassungsrechtlich als Auszubildende und damit als Arbeitnehmer im Sinne des § 5 BetrVG anzusehen sein, wenn das Praktikantenverhältnis in der Disposition der Vertragsparteien liegt, eine Vergütung vereinbart ist und dem Arbeitgeber das arbeitsrechtliche Direktionsrecht zusteht. Im Ausland tätige Arbeitnehmer können ebenfalls wahlberechtigt sein, wenn sie nicht in einem ausländischen Betrieb eingegliedert sind. Ein starkes Indiz ist insoweit, von wem das Weisungsrecht gegenüber dem Arbeitnehmer ausgeübt wird. Auch Leiharbeitnehmer sind wahlberechtigt, wenn sie länger als drei Monate im Betrieb eingesetzt werden, § 7 S. 2 BetrVG, und der Einsatz am Tag der Wahl fortbesteht. Beschäftigte in Arbeitsbeschaffungsmaßnahmen sind ebenfalls wahlberechtigt.[5] Auch wahlberechtigt sind ordentlich gekündigte Arbeitnehmer, wenn diese Kündigungsschutzklage erhoben haben. Dies gilt auch dann, wenn die Betriebsratswahl nach Ablauf der Kündigungsfrist durchgeführt und die gekündigten Arbeitnehmer nicht weiterbeschäftigt werden.[6]

4   Die wichtigste Gruppe der Nicht-Arbeitnehmer bilden die gesetzlichen Vertreter juristischer Personen, die gesetzlichen oder satzungsmäßigen Vertreter offener Handelsgesellschaften oder einer anderen Personengesamtheit. Weiter ausgenommen sind aus karitativen oder religiösen Beweggründen tätige Personen, deren Beschäftigung nicht in erster Linie ihrem

---

[1] StRspr, vgl. BAG 25.5.2005 – 7 ABR 38/04, DB 2005, 1914; BAG 9.2.2000 – 7 ABR 21/98, BeckRS 2000, 30783023 B.I.; zum Betriebsbegriff vgl. auch Henssler/Willemsen/Kalb/*Gaul* BetrVG § 1 Rn. 5 ff. (s. weiter unten).
[2] BAG 16.11.2004 – 1 AZR 642/03, NJOZ 2005, 4140 (4142) mwN; *Fitting* BetrVG § 1 Rn. 272.
[3] Zum Begriff des wahlberechtigten Arbeitnehmers: *Lindemann/Simon* NZA 2002, 365 (369) und Jaeger/Röder/Heckelmann BetrVerfassungsR-HdB/*Reichel* Kap. 2 Rn. 7–87 (hinsichtlich der Ermittlung der für die Zahl der Mitglieder des Betriebsrates maßgeblichen Betriebsratsgröße gem. § 9 ist die Rspr. des BAG 13.3.2013 – 7 ABR 69/11, NZA 2013, 789 Rn. 19 ff. – zur Beachtung von im Entleiherbetrieb regelmäßig beschäftigen Leiharbeitnehmern zu berücksichtigen).
[4] *Fitting* BetrVG § 1 Rn. 272.
[5] BAG 13.10.2004 – 7 ABR 6/04, NZA 2005, 480 (481).
[6] BAG 10.11.2004 – 7 ABR 12/04, NZA 2005, 707.

Erwerb dient oder die vorwiegend zu ihrer Heilung, Wiedereingewöhnung, sittlichen Besserung oder Erziehung beschäftigt werden sowie der Ehegatte oder Lebenspartner, Verwandte und Verschwägerte ersten Grades, die in häuslicher Gemeinschaft mit dem Arbeitgeber leben, § 5 Abs. 2 BetrVG. Als Arbeitnehmer im Sinne des § 1 BetrVG zählt ferner nicht der leitende Angestellte gemäß § 5 Abs. 3, 4 BetrVG[7] sowie der Altersteilzeitarbeitnehmer, der sich am Wahltag bereits in der Freistellungsphase eines Blockmodelles befindet.[8]

b) Ständige Beschäftigung. Ständig beschäftigt im Sinne des § 1 Abs. 1 S. 1 BetrVG sind Arbeitnehmer, die die ihnen übertragene Arbeitsaufgabe im Betrieb nicht nur vorübergehend ausüben und in einem auf unbestimmte Zeit eingegangenen Dauerarbeitsverhältnis tätig sind. Ob es sich um ein Vollzeit- oder Teilzeitarbeitsverhältnis handelt, ist dabei irrelevant.[9] Unerheblich ist auch, ob es sich um ein aktives oder ruhendes Arbeitsverhältnis handelt.[10] Für Arbeitnehmer in Altersteilzeit gilt: Bei Teilzeit während der gesamten Dauer der Altersteilzeit zählen diese mit; bei Altersteilzeit im Blockmodell zählen sie in der zweiten Hälfte nicht mehr mit, da sie endgültig aus dem Betrieb ausgeschieden sind.[11] Im Entleiherbetrieb beschäftigte Leiharbeitnehmer sind bei der Größe des Betriebsrates grundsätzlich zu berücksichtigen.[12] Im Einzelfall können zu den ständig Beschäftigten auch befristet beschäftigte Arbeitnehmer zählen, wenn sie einen erheblichen Zeitraum dem Betrieb angehören sollen.[13] Auch der zunächst zur Probe eingestellte Arbeitnehmer unterfällt dem Begriff, sofern die Parteien auf Dauer ein Arbeitsverhältnis begründen wollen und nur für eine bestimmte Probezeit erleichterte Lösungsmöglichkeiten vorsehen.[14] Insgesamt kommt es für den Begriff „ständig" nicht auf den individuell beschäftigten Arbeitnehmer, sondern auf die „ständig" zu erfüllende Arbeitsaufgabe an, mit der der Arbeitnehmer für einen längeren Zeitraum beschäftigt wird.[15]

c) Wählbarkeit. Wählbar sind nach § 8 BetrVG alle Wahlberechtigten, die eine 6-monatige Betriebszugehörigkeit aufweisen und bei Betrieben, die weniger als 6 Monate bestehen, diejenigen Arbeitnehmer, die bei der Einleitung der Betriebsratswahl im Betrieb beschäftigt sind. Zu der wichtigsten Gruppe der nicht wählbaren Arbeitnehmer gehören Minderjährige sowie alle Leiharbeitnehmer, auch wenn sie nach § 7 BetrVG wahlberechtigt sind.[16] Der gekündigte Arbeitnehmer, der Kündigungsschutzklage erhoben hat, bleibt bis zur rechtskräftigen Klärung der Wirksamkeit der Kündigung wählbar.[17] Dies gilt unabhängig davon, ob der gekündigte Arbeitnehmer weiterbeschäftigt wird.[18]

2. Gemeinsamer Betrieb mehrerer Unternehmen

Bei Vorliegen der in vorstehender Ziff. 1 beschriebenen Voraussetzungen werden Betriebsräte auch in gemeinsamen Betrieben mehrerer Unternehmen gewählt, § 1 Abs. 1 S. 2 BetrVG. Nach § 1 Abs. 2 BetrVG wird ein gemeinsamer Betrieb widerlegbar vermutet, wenn
- zur Verfolgung arbeitstechnischer Zwecke die Betriebsmittel sowie die Arbeitnehmer von den Unternehmen gemeinsam eingesetzt werden – nachfolgend unter → b) behandelt – oder
- die Spaltung eines Unternehmens zur Folge hat, dass von einem Betrieb ein oder mehrere Betriebsteile einem an der Spaltung beteiligten anderen Unternehmen zugeordnet werden, ohne dass sich dabei die Organisation des betroffenen Betriebes wesentlich ändert – nachfolgend unter → c) behandelt –.

---

[7] Ausführlich zum Begriff: Jaeger/Röder/Heckelmann BetrVerfassungsR-HdB/*Reichel* Kap. 2 Rn. 88–153.
[8] *Lindemann/Simon* NZA 2002, 365 (366); BAG 16.4.2003 – 7 ABR 53/02, NZA 2003, 1345 (1346) II.2.
[9] *Fitting* BetrVG § 1 Rn. 272; Henssler/Willemsen/Kalb/*Gaul* BetrVG § 1 Rn. 1, (s. weiter unten).
[10] Henssler/Willemsen/Kalb/*Gaul* BetrVG § 1 Rn. 1, (s. weiter unten).
[11] *Fitting* BetrVG § 1 Rn. 272 mwN.
[12] BAG 13.3.2013 – 7 ABR 69/11, NZA 2013, 789 Rn. 13.
[13] Richardi BetrVG/*Maschmann* § 1 Rn. 126.
[14] Richardi BetrVG/*Maschmann* § 1 Rn. 127; *Fitting* BetrVG § 1 Rn. 276.
[15] *Fitting* BetrVG § 1 Rn. 276; Richardi BetrVG/*Maschmann* § 1 Rn. 125.
[16] § 14 Abs. 2 S. 1 AÜG; vgl. auch BAG 17.2.2010 – 7 ABR 51/08, NZA 2010, 832 Rn. 27 ff.
[17] BAG 10.11.2004 – 7 ABR 12/04, NZA 2005, 707 II.1.a.bb.; LAG Schleswig-Holstein 9.1.2017 – 3 TaBVGa 3/16, BeckRS 2017, 104669 Rn. 80.
[18] BAG 10.11.2004 – 7 ABR 12/04, NZA 2005, 707.

8   Greifen diese Vermutungstatbestände nicht ein, so kann gleichwohl ein gemeinsamer Betrieb bestehen, wenn sich mehrere Unternehmen ausdrücklich oder konkludent zur Führung eines gemeinsamen Betriebes verbunden haben.[19]

9   **a) Der gemeinsame Betrieb.** Der gemeinsame Betrieb im betriebsverfassungsrechtlichen Sinne, auch Gemeinschaftsbetrieb oder einheitlicher Betrieb genannt, setzt nach ständiger Rechtsprechung einen einheitlichen, übergreifenden Leitungsapparat voraus.[20] Dieser einheitliche Leitungsapparat muss die für die Erreichung der arbeitstechnischen Zwecke eingesetzten personellen, technischen und immateriellen Mittel lenken;[21] die einheitliche Leitung muss sich im Bereich der personellen und sozialen Angelegenheiten vollziehen.[22] Entscheidend ist ein arbeitgeberübergreifender Personaleinsatz, welcher in der Regel Einstellung, Entlassung, Abmahnung und Versetzung umfasst.[23] Eine bloße unternehmerische Zusammenarbeit genügt nicht.[24]

10   Eine derartige einheitliche Leitung im Gemeinschaftsbetrieb konkretisiert sich regelmäßig in einer sogenannten Führungsvereinbarung.[25] Diese kann ausdrücklich oder konkludent geschlossen sein. Die konkludente Führungsvereinbarung wird aus den tatsächlichen Umständen abgeleitet, wenn die Arbeitgeberfunktionen im sozialen und personellen Bereich im Wesentlichen tatsächlich einheitlich ausgeübt werden. Als tatsächliche Umstände[26] kommen insbesondere in Betracht:
- gemeinsame Personalabteilung;[27]
- gemeinsamer, arbeitgeberübergreifender Personaleinsatz[28]
- übergreifende Urlaubsplanung und Krankheitsvertretung;[29]
- gleichlautende Weisungen einer Konzernspitze;[30]
- gemeinsame räumliche Unterbringung sowie personelle, technische und organisatorische Verknüpfung der Arbeitsabläufe;
- gemeinsame Nutzung von Betriebsmitteln und der gemeinsame Einsatz von Arbeitnehmern.

11   Ohne Bedeutung für das Vorliegen eines gemeinsamen Betriebes sind insbesondere eine gesellschaftsrechtliche Einflussnahme, die mit einem Konzernverhältnis verbundene Beherrschung eines Unternehmens durch ein anderes oder eine Identität der Gesellschafter.[31] Die Einführung einer unternehmensübergreifenden Matrixstruktur führt regelmäßig nicht zu der Schaffung eines gemeinsamen Betriebes.[32] Dies folgt in der Regel schon daraus, dass sich die Matrixstruktur oftmals nicht auf ganze Betriebe erstreckt und es den „gemeinsamen Betriebsteil" nicht gibt.

12   **b) Vermutung des § 1 Abs. 2 Nr. 1 BetrVG.** Dieser Vermutungstatbestand greift das von der Rechtsprechung entwickelte Kriterium des gemeinsamen Einsatzes von Betriebsmitteln und Arbeitnehmern auf. Die Vorschrift vermutet einen gemeinsamen Betrieb mehrerer Unternehmen, wenn zur Verfolgung arbeitstechnischer Zwecke die Betriebsmittel sowie die

---

[19] BAG 23.11.2016 – 7 ABR 3/15, AP BetrVG 1972 § 19 Gemeinsamer Betrieb Nr. 65 = NZA 2017, 1003 Rn. 34.
[20] BAG 23.11.2016 – 7 ABR 3/15, AP BetrVG 1972 § 19 Nr. 65 = NZA 2017, 1003 Rn. 31; BAG 19.6.2011 – 6 AZR 132/10, AP BetrVG 1972 § 102 Nr. 164 = BeckRS 2011, 74719 Rn. 16.
[21] Vgl. für die stRspr BAG 17.5.2017 – 7 ABR 21/15, NZA 2017, 1282 Rn. 17.
[22] BAG 23.11.2016 – 7 ABR 3/15, AP BetrVG 1972 § 19 Nr. 65 = NZA 2017, 1003 Rn. 33; BAG 22.6.2005 – 7 ABR 57/04, NZA 2005, 1248 II.1.
[23] BAG 23.11.2016 – 7 ABR 3/15, AP BetrVG 1972 § 19 Nr. 65 = NZA 2017, 1003 Rn. 33.
[24] BAG 23.9.2010 – 8 AZR 567/09, NZA 2011, 197 Rn. 43.
[25] BAG 21.2.2001 – 7 ABR 9/00, NJOZ 2002, 154 B.II.; LAG Sachsen 19.12.2006 – 11 TaBV 32/05, BeckRS 2011, 66534.
[26] Ausführliche Beispiele: Jaeger/Röder/Heckelmann BetrVerfassungsR-HdB/*Breitfeld* Kap. 1 Rn. 23–26.
[27] BAG 13.8.2008 – 7 ABR 21/07, BeckRS 2008, 58089 Rn. 37.
[28] BAG 23.11.2016 – 7 ABR 3/15, AP BetrVG 1972 § 19 Nr. 65 = NZA 2017, 1003 Rn. 33; BAG 22.6.2005 – 7 ABR 57/04, NZA 2005, 1248 II.1.
[29] BAG 13.2.2013 – 7 ABR 36/11, NZA-RR 2013, 521 Rn. 38.
[30] *Fitting* BetrVG § 1 Rn. 90.
[31] Henssler/Willemsen/Kalb/*Gaul* BetrVG § 1 Rn. 16 mwN und Beispielen.
[32] *Fitting* BetrVG § 1 Rn. 82.

Arbeitnehmer von den Unternehmen gemeinsam eingesetzt werden. Liegen diese Voraussetzungen vor, kommt es zur gesetzlichen Fiktion eines Gemeinschaftsbetriebes. Das Gesetz baut auf der früheren Rechtsprechung zum gemeinsamen Betrieb auf. Die Reichweite der Vermutung ist umstritten. Der Begriff „eingesetzt" wird weit überwiegend als gesteuerte gemeinsame Leitung in wesentlichen Arbeitgeberfunktionen verstanden,[33] teils als rein äußerlicher Umstand, also als Erscheinungsbild nach außen.[34]

Die Vermutung macht den Nachweis einer gemeinsamen Leitung in wesentlichen Arbeitgeberfunktionen überflüssig; auch ein Nachweis der Führungsvereinbarung ist nicht mehr erforderlich.[35]

Die Vermutung des § 1 Abs. 2 Nr. 1 ist **widerlegbar**. In der Praxis gelingt dies aber nur selten.[36] Nachzuweisen ist, dass keine gemeinsame Leitung der organisatorischen Einheit in den wichtigen Aufgaben eines Arbeitgebers besteht.[37]

c) Vermutung des § 1 Abs. 2 Nr. 2 BetrVG. Nach Abs. 2 Nr. 2 besteht die Vermutung, dass der Betrieb von den an der Spaltung beteiligten Rechtsträgern gemeinsam geführt wird, sofern durch die Spaltung die Organisation des gespaltenen Betriebes nicht wesentlich geändert wird. Dabei erfasst die Vermutung neben den Übertragungsvorgängen nach § 123 UmwG auch jede andere Form der Übertragung eines Betriebsteils auf einen anderen Rechtsträger.[38] Auch diese Vermutung ist widerlegbar. Die Darlegungslast für die Vermutungsvoraussetzungen – Spaltungsvorgang und keine wesentliche Änderung der Organisation des betroffenen Betriebes – liegt bei derjenigen Partei, die sich auf die Vermutung beruft. Wer die Vermutung entkräften will, hat darzulegen, dass es keine gemeinsame Leitung in personellen und sozialen Angelegenheiten gibt.[39]

d) Auflösung des gemeinsamen Betriebes. Ein gemeinsamer Betrieb wird entweder durch Kündigung des Führungsvertrages oder durch die Einstellung der betrieblichen Tätigkeit eines der beiden Unternehmen aufgelöst.[40]

3. Betriebsteile, Kleinstbetriebe

Selbstständige Betriebsteile, die nach § 1 Abs. 1 S. 1 BetrVG betriebsratsfähig sind, können entweder selbst einen Betriebsrat wählen oder unter den in § 4 Abs. 1 S. 2 BetrVG genannten Voraussetzungen an den Wahlen zum Betriebsrat des Hauptbetriebes teilnehmen. Kleinst- und Nebenbetriebe, die nicht betriebsratsfähig im Sinne des § 1 Abs. 1 S. 1 BetrVG sind, sind bei Betriebsratswahlen dem Hauptbetrieb zuzuordnen, § 4 Abs. 2 BetrVG. Bestehen neben einem nicht betriebsratsfähigen Betrieb mehrere weitere Betriebe, dann ist der Hauptbetrieb derjenige, der eine hervorgehobene Bedeutung gegenüber dem nicht betriebsratsfähigen Betrieb hat.[41]

a) Selbstständige Betriebsteile. Als selbstständige Betriebe gelten gemäß § 4 Abs. 1 BetrVG für die Wahl des Betriebsrates auch solche Betriebsteile, die gemäß § 1 Abs. 1 S. 1 BetrVG betriebsratsfähig sind, also in der Regel mindestens fünf wahlberechtigte und drei wählbare Arbeitnehmer ständig beschäftigen und
- **räumlich** weit vom Hauptbetrieb entfernt liegen. Die räumlich weite Entfernung richtet sich nicht nach der zurückzulegenden Kilometerzahl, sondern danach, ob auf Grund der konkreten Verkehrsverhältnisse und der Struktur der Arbeitnehmerschaft eine Betriebs-

---

[33] BAG 13.2.2013 – 7 ABR 36/11, NZA-RR 2013, 521 Rn. 28; 13.8.2008 – 7 ABR 21/07, BeckRS 2008, 58089 Rn. 17; *Richardi* NZA 2001, 346 (349); Henssler/Willemsen/Kalb/*Gaul* BetrVG § 1 Rn. 17.
[34] *Reichold* NZA 2001, 857 (858); *Engels/Trebinger/Löhr-Steinhaus* DB 2001, 532; *Fitting* BetrVG § 1 Rn. 86.
[35] *Reichold* NZA 2001, 858; *Fitting* BetrVG § 1 Rn. 86.
[36] Henssler/Willemsen/Kalb/*Gaul* BetrVG § 1 Rn. 24.
[37] *Engels/Trebinger/Löhr-Steinhaus* DB 2001, 532; *Reichold* NZA 2001, 858; zur Kritik vgl. *Konzen* RdA 2001, 76 (81).
[38] Henssler/Willemsen/Kalb/*Gaul* BetrVG § 1 Rn. 18.
[39] Richardi BetrVG/*Richardi* § 1 Rn. 76.
[40] Henssler/Willemsen/Kalb/*Gaul* BetrVG § 1 Rn. 27; *Fitting* BetrVG § 1 Rn. 95.
[41] BAG 17.1.2007 – 7 ABR 63/05, BeckRS 2007, 42435 Rn. 15.

gemeinschaft mit dem Hauptbetrieb besteht oder entstehen kann und eine ordnungsgemäße Betreuung und Interessenvertretung der in dem Betriebsteil beschäftigten Arbeitnehmer durch den Hauptbetrieb möglich ist.[42] Dabei ist nicht auf die ungünstigste, sondern auf die regelmäßige Verkehrssituation abzustellen.[43] In der Praxis kann man davon ausgehen, dass eine Entfernung der Betriebsteile von 60 bis 90 km regelmäßig zu weit ist, während Entfernungen von 45 km bei Gewährleistung einer ordnungsgemäßen Betreuung des Betriebsteils noch zu einer Zuordnung zum Hauptbetrieb führen.[44] Nicht zu berücksichtigen ist die Erreichbarkeit des Betriebsrates in dem Hauptbetrieb per Telefon oder anderer moderner Kommunikationsmittel.[45] Vor dem Hintergrund der Digitalisierung und dem in der Praxis weit verbreiteten mobilen Arbeiten, werden diese Aspekte zukünftig indes stärker zu berücksichtigen sein.

- **eigenständig** durch Aufgabenbereich und Organisation sind.[46] Dieses Kriterium ist alternativ zur räumlich weiten Entfernung zu prüfen. Räumlich nahe Betriebe können also gleichwohl selbstständige Betriebe im Sinne des § 4 Abs. 1 BetrVG sein, wenn der Betriebsteil innerhalb der Betriebsorganisation verselbstständigt ist. Die Eigenständigkeit des Aufgabenbereiches und der Organisation müssen kumulativ vorliegen.[47] Es besteht ein eigenständiger Aufgabenbereich, wenn ein anderer arbeitstechnischer Zweck verfolgt wird als im Hauptbetrieb.[48] Die eigenständige Organisation setzt weiter voraus, dass für den Betriebsteil eine eigene Leitung eingesetzt sein muss, wobei dem Leiter des Betriebsteils die Ausübung des wesentlichen Kerns der betrieblichen Mitbestimmung unterliegenden Arbeitgeberfunktionen übertragen sein muss.[49]

19 Selbstständige Betriebe im Sinne des § 4 Abs. 1 BetrVG haben die Wahlmöglichkeit zwischen der Wahl eines eigenen Betriebsrats für den Betriebsteil oder der Teilnahme an der Betriebsratswahl im Hauptbetrieb. Letzteres setzt voraus, dass die im Betriebsteil beschäftigten Arbeitnehmer einen entsprechenden – formlos möglichen – Mehrheitsbeschluss fassen, § 4 Abs. 1 S. 2 BetrVG. Diese Beschlussfassung ist von mindestens drei wahlberechtigten Arbeitnehmern des Betriebsteils oder von einer im Betriebsteil vertretenen Gewerkschaft oder durch den Betriebsrat des Hauptbetriebes zu veranlassen, § 4 Abs. 1 S. 3 BetrVG. Ein derartiger Beschluss ist nicht möglich, wenn in dem Betriebsteil bereits ein Betriebsrat besteht oder wenn durch Tarifvertrag oder Betriebsvereinbarung eine andere Zuordnung getroffen worden ist.[50] In formeller Hinsicht muss der Beschluss der Arbeitnehmer des Betriebsteils dem Betriebsrat des Hauptbetriebes spätestens zehn Wochen vor Ablauf seiner Amtszeit mitgeteilt werden. Die Arbeitnehmer des Betriebsteils können ihren Beschluss in entsprechender Anwendung des § 4 Abs. 1 S. 2 bis 4 BetrVG widerrufen. Der Widerruf wirkt sich erst bei der nächsten Betriebsratswahl aus.[51]

20 **b) Unselbstständige Betriebsteile.** Betriebsteile, die die Voraussetzung des § 1 Abs. 1 S. 1 BetrVG nicht erfüllen (Kleinstbetriebe), und Betriebsteile, die diese Voraussetzung zwar erfüllen, aber weder weit vom Hauptbetrieb entfernt noch durch Aufgabenbereich und Organisation eigenständig sind (unselbstständige Betriebsteile), sind dem Hauptbetrieb zuzuordnen.

4. Der gewillkürte Betrieb

21 Nach § 3 BetrVG können abweichende Regelungen durch Tarifvertrag bestimmt werden. Abweichende Gestaltungen durch Betriebsvereinbarungen sind nur in den in § 3 Abs. 2, 3

---

[42] BAG 17.5.2017 – 7 ABR 21/15, NZA 2017, 1282 Rn. 20; 15.12.2011 – 8 AZR 692/10, NZA-RR 2012, 570 Rn. 37; 7.5.2008 – 7 ABR 15/07, NZA 2009, 328; 14.1.2004 – 7 ABR 26/03, BeckRS 2009, 55090 II.1.b.
[43] BAG 17.5.2017 – 7 ABR 21/15, NZA 2017, 1282 Rn. 43.
[44] Vgl. zu weiteren Beispielen aus der Rspr. *Fitting* BetrVG § 4 Rn. 20, GK-BetrVG/*Franzen* § 4 Rn. 13 f.
[45] BAG 17.5.2017 – 7 ABR 21/15, NZA 2017, 1282 Rn. 23.
[46] Beispiele: Jaeger/Röder/Heckelmann BetrVerfassungsR-HdB/*Breitfeld* Kap. 1 Rn. 71, 72.
[47] BAG 14.1.2004 – 7 ABR 26/03, BeckRS 2009, 55090 B. II.
[48] *Fitting* BetrVG § 4 Rn. 24; Richardi BetrVG/*Richardi* § 4 Rn. 26.
[49] BAG 21.7.2004 – 7 ABR 57/03, BeckRS 2005, 40120 B.II.2.b. bb.
[50] § 3 Abs. 1 Nr. 1–3 BetrVG; § 3 Abs. 2 BetrVG, § 4 Abs. 2 BetrVG.
[51] *Fitting* BetrVG § 4 Rn. 36; GK-BetrVG/*Franzen* § 4 Rn. 22.

BetrVG ausdrücklich genannten Fällen und auch nur dann möglich, wenn keine tarifliche Regelung besteht und auch kein anderer Tarifvertrag gilt. Zuständig sind somit primär die Tarifparteien. Die Regelung eröffnet den Tarifparteien jedoch nicht bedingungslos die Möglichkeit zur Einführung anderer Arbeitnehmervertretungsstrukturen, sondern setzt voraus, dass diese einer wirksamen und zweckmäßigen Interessenvertretung dienen.[52] Die abschließende Gewerkschaft muss tarifzuständig sein. Mit Inkrafttreten des **Tarifeinheitsgesetzes**[53] am 10.7.2015 hat der Gesetzgeber das Verhältnis kollidierender Tarifverträge im Bereich des § 3 BetrVG geregelt und sich auch für den Bereich des § 3 Abs. 1 Nr. 1 bis 3 für die Auflösung einer Tarifkonkurrenz nach dem **Mehrheitsprinzip** entschieden.[54] Nach § 4a Abs. 2 S. 2 TVG sind in dem von einem Tarifvertrag nach § 3 erfassten Betrieb nur die Rechtsnormen des Tarifvertrages derjenigen Gewerkschaft anwendbar, die zum Zeitpunkt des Abschlusses des zuletzt abgeschlossenen kollidierenden Tarifvertrages im Betrieb die meisten in einem Arbeitsverhältnis stehenden Mitglieder hat.[55]

Der Abschluss der Vereinbarung setzt nicht voraus, dass die betroffenen Arbeitnehmer der abschließenden Gewerkschaft angehören. Die Tarifbindung des Arbeitgebers reicht aus, § 3 Abs. 2 TVG.[56] Die aufgrund eines Tarifvertrages oder einer Betriebsvereinbarung gebildeten Organisationsstrukturen gelten als **Betriebe** im Sinne des BetrVG.[57] Da es sich dabei um eine gesetzliche Fiktion handelt, ersetzen die nach § 3 Abs. 1 Nr. 1 bis 3 BetrVG gebildeten Arbeitnehmervertretungen nach überzeugender Ansicht den bzw. die gesetzlichen Betriebsräte.[58]

a) Unternehmenseinheitlicher Betriebsrat für alle Betriebe eines Unternehmens. Nach § 3 Abs. 1 Nr. 1a BetrVG kann in Unternehmen mit mehreren Betrieben anstelle von mehreren örtlichen Betriebsräten und einem Gesamtbetriebsrat ein für das gesamte Unternehmen zuständiger unternehmenseinheitlicher Betriebsrat bestimmt werden. Selbst gemeinsame Betriebe mehrerer Unternehmen können durch unternehmenseinheitliche Betriebsräte erfasst werden.[59] Der Tarifvertrag muss dann aber mit jedem am gemeinsamen Betrieb beteiligten Unternehmen abgeschlossen werden.[60]

Besteht keine tarifliche Regelung und gilt auch kein anderer Tarifvertrag, so kann die Regelung ausnahmsweise durch Betriebsvereinbarung gemäß § 3 Abs. 2 BetrVG getroffen werden. Gesetzlich zuständig für den Abschluss einer Betriebsvereinbarung nach § 3 Abs. 2 BetrVG ist in der Regel gemäß § 50 Abs. 1 BetrVG der Gesamtbetriebsrat.[61] Nach zutreffender Rechtsauffassung haben Arbeitgeber und Gesamtbetriebsrat aus § 3 Abs. 2 BetrVG eine Annexkompetenz, um für die erstmalige Wahl eines unternehmenseinheitlichen Betriebsrates zu regeln, dass der Gesamtbetriebsrat den Wahlvorstand bestellt.[62] Ist ein Betriebsrat nicht vorhanden, können die Arbeitnehmer selbst die Wahl eines unternehmenseinheitlichen Betriebsrates beschließen, § 3 Abs. 3 BetrVG. Der Beschluss der Arbeitnehmer, für den keine besonderen Formvorschriften gelten, ist mit Stimmenmehrheit zu fassen. Initiator der Abstimmung kann eine im Unternehmen vertretene Gewerkschaft oder eine Gruppe von mindestens drei wahlberechtigten Arbeitnehmern des Unternehmens sein.

b) Zusammenfassung mehrerer Betriebe. § 3 Abs. 1 Nr. 1b BetrVG eröffnet die Möglichkeit, anstelle des einheitlichen Betriebsrates für alle Betriebe oder anstelle eines Betriebsrates für jeden einzelnen eigenständigen Betrieb einen Betriebsrat für zusammengefasste Einheiten (Betriebe) zu bilden. Wesentlicher Anwendungsbereich soll dabei die Schaffung von Regio-

---

[52] BAG 13.3.2013 – 7 ABR 70/11, NZA 2013, 738 Rn. 38; *Fitting* BetrVG § 3 Rn. 48.
[53] Zur Verfassungsmäßigkeit: BVerfG 11.7.2017 – 1 BvR 1571/15, NZA 2017, 915 Rn. 124.
[54] BT-Drs. 18/4062.
[55] ErfK/*Koch* BetrVG § 3 Rn. 2a; *Fitting* BetrVG § 3 Rn. 16a.
[56] BAG 25.5.2005 – 7 ABR 10/04, NZA 2006, 215 B.II.2.a.; ErfK/*Koch* BetrVG § 3 Rn. 2.
[57] § 3 Abs. 5 S. 1 BetrVG.
[58] LAG Hessen 21.4.2005 – 9/5 TaBV 115/04, BeckRS 2011, 69149 Rn. 31 ff.; ErfK/*Koch* BetrVG § 3 Rn. 1; *Fitting* BetrVG § 3 Rn. 52; *Thüsing* ZIP 2003, 693 (702); *Teusch* NZA 2007, 124.
[59] ErfK/*Koch* BetrVG § 3 Rn. 3.
[60] ErfK/*Koch* BetrVG § 3 Rn. 3.
[61] BAG 24.4.2013 – 7 ABR 71/11, DB 2013, 1913 Rn. 33.
[62] LAG Düsseldorf 2.5.2018 – 12 TaBVGa 3/18, BeckRS 2018, 12935 Rn. 58.

nalbetriebsräten in Unternehmen mit bundesweitem Filialnetz, zB des Einzelhandels, der Banken oder Versicherungen sein.[63] Voraussetzung für diese tarifliche Gestaltung ist, dass sie der sachgerechten Wahrnehmung der Arbeitnehmerinteressen oder der erleichterten Bildung von Betriebsräten dienen. Beispiel: Erreichung von Schwellenwerten in § 92a Abs. 2 oder § 95 Abs. 2 S. 1 BetrVG oder die Schaffung großer Betriebsräte in Anpassung an die Entscheidungsstrukturen auf der Arbeitgeberseite.[64] Die Betriebsparteien haben hinsichtlich des Vorliegens der gesetzlichen Voraussetzungen einen Einschätzungsspielraum und hinsichtlich der inhaltlichen Gestaltung der Regelung einen Beurteilungs- und Ermessensspielraum.[65]

26 c) **Spartenbetriebsrat.** § 3 Abs. 1 Nr. 2 BetrVG ermöglicht in Unternehmen mit einer Organisation von produkt- oder projektbezogenen Geschäftsbereichen die Bildung von Betriebsräten in den einzelnen Sparten. Voraussetzung ist, dass die Spartenorganisation die Entscheidungsbefugnis der Spartenleitung in beteiligungspflichtigen Angelegenheiten vorsieht und die Bildung von Spartenbetriebsräten der sachgerechten Wahrnehmung der Aufgaben des Betriebsrates dient. Andere als die im Gesetz genannten produkt- oder projektbezogenen Geschäftsbereiche – zB Kundengruppen oder Absatzmärkte – scheiden als Anknüpfungspunkt für einen Spartenbetriebsrat aus.[66]

27 Probleme ergeben sich bei der Zuordnung der Arbeitnehmer, wenn nicht der gesamte Betrieb in produkt- oder projektbezogene Geschäftsbereiche aufgegliedert ist oder wenn die Spartenleitung einer einzelnen Sparte keine Entscheidungsbefugnis in betriebsratspflichtigen Angelegenheiten hat. Für diese Fälle wird angenommen, dass neben den Spartenbetriebsräten ein Betriebsrat zu bilden ist für die Arbeitnehmer, die keiner Sparte zugeordnet werden oder für solche, die zwar einer Sparte angehören, aber mangels Entscheidungsbefugnis der Spartenleitung in beteiligungspflichtigen Angelegenheiten keinen Spartenbetriebsrat bilden können.[67] Bestehen in einem Unternehmen mehrere Spartenbetriebsräte, dann bilden diese einen (Sparten)Gesamtbetriebsrat gem. § 47 Abs. 1 BetrVG.[68] Besteht in dem Unternehmen zudem ein gesetzlicher Betriebsrat, so ist dieser an dem Gesamtbetriebsrat zu beteiligen.[69]

28 d) **Andere Arbeitnehmervertretungsstrukturen.** Nach § 3 Abs. 1 Nr. 3 BetrVG können durch einen Tarifvertrag andere betriebsverfassungsrechtliche Strukturen geschaffen werden; durch Betriebsvereinbarungen ist dies nicht möglich.[70] Voraussetzung ist, dass die andere Arbeitnehmervertretungsstruktur einer wirksamen und zweckmäßigen Interessenvertretung der Arbeitnehmer dient.[71] Das bedeutet, dass die vereinbarte Struktur für die Vertretung der Arbeitnehmerinteressen besser geeignet sein soll als die gesetzliche Struktur.[72] Die Tarifvertragsparteien können eigene Organisationseinheiten schaffen, für die ein Betriebsrat gewählt werden kann.[73] Als Beispiele, in denen solche anderen Vertretungsstrukturen in Betracht kommen, sind Betriebe des Baugewerbes zu nennen, da dort infolge der witterungsabhängigen Tätigkeit und infolge des durch wechselnde Arbeitsaufgaben bedingten ständigen Wechsels der Arbeitnehmer die Bildung eines „ordentlichen" Betriebsrates unter Umständen schwierig sein kann. Weitere Beispiele sind Betriebe der Forstwirtschaft mit weit auseinander liegenden Arbeitsstätten oder Betriebe der Artistik mit häufigem Personalwechsel und wechselnden Betriebsstätten.[74] Arbeitnehmervertretungen,

---

[63] Richardi BetrVG/*Richardi* § 3 Rn. 20.
[64] ErfK/*Koch* BetrVG § 3 Rn. 4.
[65] BAG 24.4.2013 – 7 ABR 71/11, DB 2013, 1913 Rn. 31.
[66] ErfK/*Koch* BetrVG § 3 Rn. 5; *Fitting* BetrVG § 3 Rn. 39.
[67] *Fitting* BetrVG § 3 Rn. 42; Richardi BetrVG/*Richardi* § 3 Rn. 34.
[68] *Fitting* BetrVG § 3 Rn. 45; Richardi BetrVG/*Richardi* § 3 Rn. 34.
[69] *Fitting* BetrVG § 3 Rn. 45; Richardi BetrVG/*Richardi* § 3 Rn. 34.
[70] § 3 Abs. 2 BetrVG.
[71] BAG 13.3.2013 – 7 ABR 70/11, NZA 2013, 738 Rn. 38.
[72] BAG 13.3.2013 – 7 ABR 70/11, NZA 2013, 738 Rn. 38.
[73] Richardi BetrVG/*Richardi* § 3 Rn. 39.
[74] ErfK/*Koch* BetrVG § 3 Rn. 6; *Fitting* BetrVG § 3 Rn. 50; Jaeger/Röder/Heckelmann BetrVerfassungsR-HdB/*Breitfeld* Kap. 1 Rn. 97 mwBsp.

die in ihrer Binnenstruktur vom Gesetz abweichen (wie zB abweichende Bestimmungen über Wahl, Amtszeit und Zusammensetzung) sollen ebenfalls möglich sein, solange die tragenden Grundsätze der Betriebsverfassung beachtet und die Vertretung so zweckmäßiger und effektiver ist.[75]

5. Streitigkeiten

Die Frage,
- ob ein Betrieb betriebsratsfähig ist,
- ob ein Gemeinschaftsbetrieb oder selbstständige Betriebe vorliegen,
- ob ein Betriebsteil als selbstständiger Betrieb zu behandeln ist oder ob er zu einem Hauptbetrieb gehört,

ist von maßgeblicher Bedeutung für die Wahl des Betriebsrates. Wird bei einer Betriebsratswahl der Betriebsbegriff verkannt, so ist die Wahl innerhalb von zwei Wochen nach Bekanntmachung des Wahlergebnisses (§ 19 Abs. 2 S. 1 BetrVG) jedenfalls anfechtbar.[76] Wegen der Verkennung des Betriebsbegriffes anfechtbare, aber nicht angefochtene Wahlen legitimieren den gewählten Betriebsrat. Er bleibt für die Dauer seiner Amtszeit im Amt; ihm stehen alle betriebsverfassungsrechtlich vorgesehenen Beteiligungsrechte zu.[77]

Wird der Betriebsbegriff offensichtlich verkannt bzw. willkürlich missachtet, so ist die Wahl nicht nur anfechtbar, sondern nichtig. Die Rechtsprechung hat beispielsweise Nichtigkeit wegen Verkennung des Betriebsbegriffes angenommen bei der Wahl eines Betriebsrates für einen nicht betriebsratsfähigen Betrieb.[78] Die Nichtigkeit der Wahl führt dazu, dass der Betriebsrat nie bestanden hat und seine Handlungen keine Wirksamkeit erlangt haben. Die Nichtigkeit einer solchen Wahl kann von jedermann zu jeder Zeit und in jeder Form geltend gemacht werden. Über die Nichtigkeit kann im Rahmen eines gerichtlichen Verfahrens insbesondere auch als Vorfrage entschieden werden, zB im Rahmen einer Kündigungsschutzklage.[79]

Im Übrigen werden Streitigkeiten über die Betriebsratsfähigkeit von Betriebsstätten oder Betriebsteilen durch das Arbeitsgericht entschieden. Nach § 18 Abs. 2 BetrVG kann der Arbeitgeber, jeder beteiligte Betriebsrat, jeder beteiligte Wahlvorstand oder eine im Betrieb vertretene Gewerkschaft die Zweifelsfrage durch das Arbeitsgericht im Beschlussverfahren entscheiden lassen.

> **Formulierungsvorschlag: Feststellungsantrag**
>
> Es wird festgestellt, dass die Betriebsstätte der X-GmbH in Y einen selbstständigen Betrieb im Sinne des § 4 Abs. 1 BetrVG bildet und die Wahl eines eigenen Betriebsrates zulässig ist.
>
> **Oder:**
>
> Es wird festgestellt, dass die Betriebsstätte der X-GmbH in Y dem Hauptbetrieb der Antragstellerin in Y zuzuordnen ist.

Auch Streitigkeiten über die Rechtswirksamkeit eines gewillkürten Betriebes im Sinne von § 3 Abs. 1 Nr. 1 bis 3 BetrVG durch einen von der gesetzlichen Regelung abweichenden Tarifvertrag entscheiden die Arbeitsgerichte im Beschlussverfahren.[80]

---

[75] abl. ErfK/*Koch* BetrVG § 3 Rn. 6; abl. Richardi BetrVG/*Richardi* § 3 Rn. 64, zweifelnd: *Fitting* BetrVG § 3 Rn. 51.
[76] BAG 13.3.2013 – 7 ABR 70/11, NZA 2013, 738 Rn. 17; BAG 19.11.2003 – 7 ABR 25/03, AP BetrVG 1972 § 19 Nr. 55 C. I. 1.
[77] BAG 13.3.2013 – 7 ABR 70/11, NZA 2013, 738 Rn. 17.
[78] BAG 13.3.2013 – 7 ABR 70/11, NZA 2013, 738 Rn. 17, Rn. 25 ff.
[79] *Fitting* BetrVG § 1 Rn. 289.
[80] §§ 2a, 80 ff. ArbGG; vgl. BAG 13.3.2013 – 7 ABR 70/11, NZA 2013, 738, Jaeger/Röder/Heckelmann BetrVerfassungsR-HdB/*Breitfeld* Kap. 1 Rn. 130.

II. Der Betriebsrat

1. Amtszeit

34 Die Amtszeit des Betriebsrates ist in den §§ 21–25 BetrVG geregelt. Die Vorschriften behandeln Beginn und Ende der Amtszeit, besondere Beendigungstatbestände sowie Sonderfälle der Fortführung des Betriebsratsmandates.

35 a) **Regelamtszeit.** Die regelmäßige Amtszeit beträgt vier Jahre. Sie beginnt mit der Bekanntgabe des Wahlergebnisses oder – wenn zu diesem Zeitpunkt noch ein Betriebsrat besteht – mit dem Ablauf von dessen Amtszeit. Sie endet spätestens am 31.5. des Jahres, in dem die regelmäßigen Betriebsratswahlen[81] stattfinden. Die Amtszeit endet außerhalb der regelmäßigen Amtszeit in den in § 13 Abs. 2 Nr. 1 bis Nr. 5 BetrVG aufgelisteten Fällen:
- Veränderung der Belegschaftsstärke und vorzeitige Neuwahl,
- zu geringe Zahl von Betriebsratsmitgliedern und vorzeitige Neuwahl,
- Rücktritt des Betriebsrates,
- Wahlanfechtung,
- Auflösung des Betriebsrates.

36 In den Fällen des § 13 Abs. 2 Nr. 1, 2 und 3 BetrVG führt der Betriebsrat die Geschäfte über seine Amtszeit hinaus fort, bis der neue Betriebsrat gewählt und das Wahlergebnis bekannt gegeben ist, § 22 BetrVG. Daher tritt der Betriebsrat in der Praxis im Rahmen eines Wahlanfechtungsverfahrens häufig vor der Rechtskraft einer gerichtlichen Entscheidung über die Unwirksamkeit der Betriebsratswahl zurück. Das hat aus Sicht des Betriebsrates auch den Vorteil, dass er gem. § 16 Abs. 1 S. 1 BetrVG den Wahlvorstand bestellen kann.

37 b) **Beendigung/Erlöschen des Betriebsratsamtes.** Das Amt des einzelnen Betriebsratsmitgliedes endet gemäß § 24 Nr. 2 bis 5 BetrVG vorzeitig, wenn es
- sein Betriebsratsamt niedergelegt hat,
- das Arbeitsverhältnis beendet hat,
- die Wählbarkeit verloren hat oder die Nichtwählbarkeit gerichtlich festgestellt worden ist,
- aus dem Betriebsrat auf Grund einer gerichtlichen Entscheidung ausgeschlossen wurde.

38 Der Verlust der Wählbarkeit tritt ein, wenn das Betriebsratsmitglied infolge strafgerichtlicher Verurteilung die Fähigkeit, Rechte aus öffentlichen Wahlen zu erlangen, nicht mehr besitzt, § 8 Abs. 1 S. 3 BetrVG. Der Verlust der Wählbarkeit tritt auch ein, wenn das Betriebsratsmitglied die nach § 8 BetrVG vorausgesetzte Arbeitnehmereigenschaft verliert, indem er etwa zum Geschäftsführer bestellt wird oder zum leitenden Angestellten im Sinne des § 5 Abs. 3 BetrVG wird. War das Betriebsratsmitglied bereits im Zeitpunkt der Wahl nicht wählbar, so erlischt sein Amt, wenn dieser Mangel entweder durch eine Wahlanfechtung oder in einem gesonderten gerichtlichen Verfahren zur Feststellung der Nichtwählbarkeit gemäß § 24 Nr. 6 BetrVG gerichtlich festgestellt worden ist.

> **Formulierungsvorschlag: Antrag nach § 24 Nr. 6 BetrVG**
>
> 39 Es wird festgestellt, dass der zum Mitglied des Betriebsrates gewählte Manfred Mustermann nicht wählbar ist.

40 Mit der Rechtskraft der Feststellung der Nichtwählbarkeit erlischt die Mitgliedschaft im Betriebsrat. Auch das Erlöschen der Mitgliedschaft durch Ausschluss aus dem Betriebsrat kann nur durch ein Gerichtsurteil im arbeitsgerichtlichen Beschlussverfahren herbeigeführt werden. Die Mitgliedschaft im Betriebsrat endet mit der Rechtskraft der Entscheidung, die den Ausschluss aus dem Betriebsrat zum Gegenstand hat. Den Ausschluss aus dem Betriebsrat regelt § 23 Abs. 1 BetrVG. Voraussetzung für einen Ausschluss ist

---

[81] § 13 BetrVG.

- der Antrag an das Arbeitsgericht durch mindestens ¹/₄ der wahlberechtigten Arbeitnehmer, den Arbeitgeber oder eine im Betrieb vertretene Gewerkschaft (§ 23 Abs. 1 S. 1 BetrVG) oder den Betriebsrat selbst (§ 23 Abs. 1 S. 2 BetrVG) sowie
- das Vorliegen einer groben Verletzung der dem Betriebsratsmitglied obliegenden gesetzlichen Pflichten.

Die Pflichtverletzung muss sich stets auf Amtspflichten beziehen; sie muss schuldhaft sowie objektiv erheblich und offensichtlich schwerwiegend sein,[82] so dass sie insbesondere den Betriebsfrieden ernstlich gefährdet oder nachhaltig stört.

Beispiele:
- Unberechtigter Zugriff auf elektronische Personalakten in einer Vielzahl von Fällen;[83]
- Grobe Beschimpfungen und Beschuldigungen des Arbeitgebers;[84]
- diffamierende und persönliche Beleidigungen gegenüber anderen Betriebsratsmitgliedern;[85]
- Aufforderung zum Wechsel der Gewerkschaft;[86]
- Leichtfertig erstattete Strafanzeige bzw. ein leichtfertig gestellter Strafantrag gegen den Arbeitgeber;[87]
- Betriebsratsvorsitzende handelt ohne oder entgegen der Beschlussfassung des Betriebsratsgremiums;[88]
- Falsche und böswillig entstellende Darstellung des Verhaltens des Arbeitgebers, öffentliche wahrheitswidrige Unterstellungen sowie sachlich falsche, böswillige, abwertende Behauptungen des Arbeitgebers;[89]
- Drohung das Gewerbeaufsichtsamt über Arbeitszeitverstöße zu informieren und Arbeitnehmer zur rückwirkenden Prüfung von Ansprüchen aus EFZG aufzufordern, um die Rückname einer Versetzung durchzusetzen.[90]

Das Betriebsratsmitglied muss ferner in der gleichen Amtsperiode aus dem Betriebsrat ausgeschlossen werden, in welcher er die Pflichtverletzung begangen hat.[91]

Muster: Antrag auf Ausschluss eines Betriebsratsmitgliedes aus dem Betriebsrat

An das Arbeitsgericht
......

Im Beschlussverfahren

mit den Beteiligten:

1. X-GmbH, vertreten durch den Geschäftsführer XY, ... (Anschrift)

– Antragsteller –

gegen

2. das Betriebsratsmitglied Manfred Mustermann, ... (Anschrift)

– Antragsgegner –

3. Betriebsrat der X-GmbH, vertreten durch den Betriebsratsvorsitzenden XZ, ... (Anschrift)

– Beteiligter –

wegen Ausschluss aus dem Betriebsrat, § 23 Abs. 1 BetrVG

wird beantragt,

den Antragsgegner aus dem bei der Antragstellerin errichteten Betriebsrat auszuschließen.

---

[82] BAG 22.6.1993 – 1 ABR 62/92, NZA 1994, 184 B. III. 3.a.; BVerwG 14.4.2004 – 6 PB 1/04, NZA-RR 2004, 448; Fitting BetrVG § 23 Rn. 14.
[83] LAG Berlin-Brandenburg 12.11.2012 – 17 TaBV 1318/12, NZA-RR 2013, 293 B. I. 2.a.aa.
[84] LAG Mecklenburg-Vorpommern 11.7.2017 – 5 TaBV 13/16, BeckRS 2017, 121384 Rn. 61.
[85] LAG Hessen 23.5.2013 – 9 TaBV 17/13, BeckRS 2013, 70451 II.2.b.
[86] LAG Köln 15.12.2000 – 11 TaBV 63/00, NZA-RR 2001, 371.
[87] LAG Berlin-Brandenburg 31.5.2017 – 15 TaBV 1979/16, 15 TaBV 2010/16, 15 TaBV 2049/16, BeckRS 2017, 127952 Rn. 39.
[88] LAG Hessen 23.2.2017 – 9 TaBV 140/16, BeckRS 2017, 114084 Rn. 35 ff.
[89] LAG Berlin-Brandenburg 8.9.2016 – 5 TaBV 780/15, BeckRS 2016, 111587 Rn. 33.
[90] ArbG München 25.9.2006 – 22 BV 219/06, BeckRS 2009, 51981 II.
[91] BAG 27.7.2016 – 7 ABR 14/15, NZA 2017, 136 Rn. 29.

> Begründung:
> Der Antragsgegner ist Mitglied des bei der Antragstellerin errichteten Betriebsrates, der aus x Personen besteht. Er ist aus dem Betriebsrat auszuschließen, weil er in grober Weise gegen seine gesetzlichen Pflichten als Betriebsratsmitglied verstoßen hat. ...... (Sachverhalt ausführen)
>
> X GmbH

44 **c) Übergangsmandat.** Das Übergangsmandat regelt § 21a BetrVG. Unter Übergangsmandat ist das Mandat des Betriebsrates des abgebenden Betriebes für den abgetrennten Betriebsteil gemeint. Es stellt sicher, dass bei betrieblichen Organisationsänderungen keine betriebsratslosen Zeiten entstehen.

45 Erfasst werden nach § 21a BetrVG alle Fallgestaltungen der betrieblichen Organisationsänderung, die zum Verlust der Beteiligungsrechte führen können:
- Spaltung des Betriebes, § 21a Abs. 1 BetrVG,
- Zusammenfassung von Betrieben oder Betriebsteilen zu einem Betrieb, § 21a Abs. 2 BetrVG,
- Spaltung oder Zusammenlegung von Betrieben oder Betriebsteilen im Zusammenhang mit einer Betriebsveräußerung oder einer Umwandlung nach dem UmwG, § 21a Abs. 3 BetrVG.

46 Dabei ist es völlig unerheblich, ob die Umstrukturierung im Wege der Einzel- oder Gesamtrechtsnachfolge oder aufgrund von Änderungen der Betriebsorganisation innerhalb eines Unternehmens erfolgt, solange die Organisationsänderung zum Wegfall des bisherigen Betriebsrates führt oder ein Teil der Arbeitnehmer aus seinem Zuständigkeitsbereich herausfallen.[92] Daran fehlt es, wenn der Betrieb unter Wahrung seiner Identität auf den Betriebserwerber übergeht (§ 613a BGB).[93]

47 Der Umfang des Übergangsmandates wird überwiegend als zeitlich befristetes Vollmandat verstanden.[94] Der mit dem Übergangsmandat ausgestattete Betriebsrat hat daher alle betriebsverfassungsrechtlichen Befugnisse. Er ist also beispielsweise anzuhören, wenn ein Arbeitnehmer des abgespaltenen Betriebsteils, in dem kein Betriebsrat besteht, gekündigt wird.

48 Das Übergangsmandat endet
- mit der Bekanntgabe des Wahlergebnisses des in den abgespaltenen oder zusammengelegten Betrieben/Betriebsteilen neu gewählten Betriebsrates,
- jedenfalls sechs Monate nach Wirksamwerden der Spaltung bzw. der Zusammenfassung von Betriebsteilen, es sei denn, die 6-Monats-Frist wird durch Tarifvertrag oder Betriebsvereinbarung verlängert, längstens jedoch um weitere sechs Monate, § 21a Abs. 1 S. 4 BetrVG.

49 **d) Restmandat.** Das Restmandat regelt § 21b BetrVG. Es liegt vor, wenn ein Betrieb durch Stilllegung, Spaltung oder Zusammenlegung untergeht und der Betriebsrat solange im Amt bleibt, wie dies zur Wahrnehmung der damit im Zusammenhang stehenden Mitwirkungs- und Mitbestimmungsrechte erforderlich ist.

50 Der Umfang des Restmandates ist in § 21b BetrVG nicht explizit geregelt. Das Restmandat ist kein Vollmandat, sondern funktionell beschränkt.[95] Aus dem Wortlaut ergibt sich eine Beschränkung auf die sich im Zusammenhang mit dem Untergang des Betriebes ergebenden betriebsverfassungsrechtlichen Mitbestimmungsaufgaben. Hierzu gehören der Abschluss des Sozialplanes nach § 112 BetrVG[96] sowie die Übernahme der betriebsverfassungsrechtlichen Aufgaben, die sich im Zusammenhang mit der Abwicklung der Arbeitsverhältnisse und mit noch durchzuführenden Abwicklungsarbeiten ergeben.[97] Daraus folgt,

---

[92] ErfK/*Koch* BetrVG § 21a Rn. 1.
[93] BAG 8.5.2014 – 2 AZR 1005/12, NZA 2015, 889 Rn. 36.
[94] *Richardi/Annuß* DB 2001, 41 (43); Jaeger/Röder/Heckelmann BetrVerfassungsR-HdB/*Schuster* Kap. 4 Rn. 30; ErfK/*Koch* BetrVG § 21a Rn. 5; *Fitting* BetrVG § 21a Rn. 20.
[95] BAG 22.3.2016 – 1 ABR 10/14, NZA 2016, 969 Rn. 31.
[96] BAG 12.6.2019 – 1 AZR 154/17, NZA 2019, 1203 Rn. 73.
[97] BAG 12.1.2000 – 7 ABR 61/98, DB 2000, 1422 für die Rechtslage vor der Betriebsverfassungsreform.

dass der Betriebsrat auch nach erfolgter Betriebsstilllegung vor jedem Kündigungsausspruch nach § 102 Abs. 1 BetrVG zu hören ist.[98]

Das Restmandat erfasst jedenfalls alle im Zusammenhang mit einer Betriebsstilllegung stehenden beteiligungspflichtigen Gegenstände. Dazu gehört die Änderung eines bereits geltenden Sozialplanes, solange dieser nicht vollständig abgewickelt ist.[99] 51

Die Ausdehnung des Restmandates auf andere, nicht mit der Abwicklung des Betriebes zusammenhängende Betriebsaufgaben dürfte angesichts des Wortlautes sowie des Sinnes des Restmandates als aufgabenbezogenes Abwicklungsmandat ausgeschlossen sein.[100] Wenn der Arbeitgeber sich auf die funktionelle Beschränkung des Restmandates beruft, handelt er nicht rechtsmissbräuchlich.[101] 52

Das Restmandat ist eine Fortsetzung des originären Mandates. Ist das originäre Mandant einmal erloschen, kommt ein Wiederaufleben als Restmandat nicht in Betracht.[102] Maßgeblich für die Größe und Zusammensetzung des Betriebsrates, der das Restmandat ausübt, ist der Zeitpunkt, zu dem das originäre Mandat endet und an seine Stelle das Restmandat tritt. 53

Im Gegensatz zu dem Übergangsmandat ist das Restmandat nicht zeitlich befristet.[103] Die Dauer des Restmandates richtet sich nach der Erforderlichkeit. Der Betriebsrat bleibt solange im Amt wie dies zur Wahrnehmung der Mitwirkungs- und Mitbestimmungsrechte im Zusammenhang mit dem Betriebsuntergang erforderlich ist.[104] Solange noch ein mindestens einköpfiger Betriebsrat existiert und Verhandlungsgegenstände im Zusammenhang mit der Stilllegung, Spaltung oder Zusammenlegung offen sind, existiert auch das Restmandat.[105] 54

Die im Zusammenhang mit der praktischen Ausübung eines Restmandates stehenden Probleme für das Betriebsratsmitglied hat der Gesetzgeber nicht geregelt. Dies betrifft insbesondere die Fallgestaltung, dass das Arbeitsverhältnis eines Betriebsratsmitgliedes zum Zeitpunkt der Betriebsstilllegung beendet wird, die Ausübung des Restmandates aber weiterhin erforderlich ist. In einem solchen Fall soll das Amt des Betriebsratsmitgliedes trotz des Wortlautes des § 24 Nr. 3 BetrVG nicht mit der Beendigung des Arbeitsverhältnisses erlöschen, sondern mit Rücksicht auf § 21b BetrVG solange wie nötig fortdauern.[106] Das Betriebsratsmitglied übt sein Amt im Rahmen des Restmandates also aus der Position der Arbeitslosigkeit, der anderweitigen Tätigkeit im Konzern oder der Tätigkeit für ein Drittunternehmen aus. Bei der Weiterbeschäftigung innerhalb des Unternehmens oder Konzernes wird § 37 Abs. 2 BetrVG analog angewandt, so dass das Betriebsratsmitglied gegen den neuen Arbeitgeber Anspruch auf **bezahlte** Freistellung zur Wahrnehmung eines Restmandates für einen stillgelegten Betrieb desselben Unternehmens oder Konzernes hat.[107] Bei einer Beschäftigung außerhalb des Unternehmens oder Konzernes wird der Anspruch auf Freistellung zur Wahrnehmung des Restmandates während der Arbeitszeit – falls erforderlich – auf eine „abgeschwächte Analogie" zu § 37 Abs. 2 BetrVG oder auf § 242 BGB gestützt. Ein Anspruch auf Lohnfortzahlung während der Freistellung wird damit jedoch nicht begründet; der Anspruch geht auf unbezahlte Freistellung.[108] Der Verdienstausfall kann nach dem Rechtsgedanken des § 78 BetrVG vom Arbeitgeber des Ursprungsbetriebes zu zahlen sein.[109] Sonstige Aufwendungen, wie Fahrtkosten oder Büromaterial, die für die Wahrnehmung des Restmandates erforderlich sind, können als Aufwendungen für die Betriebsratstätigkeit 55

---

[98] BAG 25.10.2007 – 8 AZR 917/06, DB 2008, 989 Rn. 49; LAG Düsseldorf 19.1.2018 – 10 Sa 109/17, BeckRS 2018, 23626 Rn. 47 ff.
[99] BAG 5.10.2000 – 1 AZR 48/00, NZA 2001, 849 II.1.b.
[100] LAG Köln 19.10.2000 – 10 TaBV 27/00, AP ArbGG 1979 § 81 Nr. 46 = DB 2001, 156.
[101] BAG 11.10.2016 – 1 ABR 51/14, NZA 2017, 68 Rn. 13.
[102] BAG 6.12.2006 – 7 ABR 62/05, AP BetrVG 1972 § 21b Nr. 5 Rn. 26; 12.1.2000 – 7 ABR 61/98, DB 2000, 1422 Rn. 30.
[103] *Fitting* BetrVG § 21b Rn. 19; ErfK/*Koch* BetrVG § 21b Rn. 5.
[104] BAG 6.12.2006 – 7 ABR 62/05, AP BetrVG 1972 § 21b Nr. 5 Rn. 22b.
[105] BAG 12.1.2000 – 7 ABR 61/98, DB 2000, 1422 B. II. 2.a. cc.
[106] BAG 5.5.2010 – 7 AZR 728/08, NZA 2010, 1025 Rn. 17.
[107] GK-BetrVG/*Kreutz* § 21b Rn. 24.
[108] *Fitting* BetrVG § 21b Rn. 20; ErfK/*Koch* BetrVG § 21b Rn. 5.
[109] *Fitting* BetrVG § 21b Rn. 20.

nach § 40 Abs. 1 BetrVG geltend gemacht werden.[110] Das Betriebsratsmitglied kann sein Amt niederlegen und sich damit den Verpflichtungen aus dem Restmandat entziehen. Die Niederlegung erfolgt durch empfangsbedürftige Willenserklärung gegenüber dem Betriebsrat. Ist kein anderes Betriebsratsmitglied mehr vorhanden, so erfolgt sie durch eine Verlautbarung gegenüber der Belegschaft und mangels vorhandener Belegschaft ausnahmsweise auch gegenüber dem Arbeitgeber.[111]

2. Vertretung/Aufgabenteilung

56 Besteht ein Betriebsrat aus mindestens drei Personen, so hat er einen Vorsitzenden und seinen Stellvertreter zu wählen, damit der Betriebsrat nach außen vertreten werden kann. Hat ein Betriebsrat neun oder mehr Mitglieder, so bildet er für die laufenden Geschäfte des Betriebsrates einen Betriebsausschuss, § 27 BetrVG. In Betrieben mit mehr als 100 Arbeitnehmern kann er weitere Ausschüsse und Arbeitsgruppen bilden, §§ 28, 28a BetrVG (hierzu unter b)).

57 **a) Vorsitzender.** Nach § 26 Abs. 1 BetrVG wählt der Betriebsrat aus seiner Mitte den Vorsitzenden und dessen Stellvertreter. Absatz 1 ist zwingendes Recht.[112] Die Wahl des Vorsitzenden gilt grundsätzlich für die gesamte Amtsperiode des Betriebsrates.[113] Durch Mehrheitsbeschluss des Betriebsrates kann der Vorsitzende jederzeit abberufen werden.[114] Der Vorsitzende vertritt den Betriebsrat nach außen „im Rahmen der vom Betriebsrat gefassten Beschlüsse".[115] Er vertritt den Betriebsrat auch bei der schriftlichen Mitteilung an den Arbeitgeber über die Verweigerung der Zustimmung des Betriebsrates zu personellen Einzelmaßnahmen iSv § 99 BetrVG, die den Vorsitzenden selbst betrifft.[116] Daneben ist er für das Verfassen und Zuleiten einer durch den Arbeitgeber zu berücksichtigenden Stellungnahme vor dem Ausspruch einer Kündigung zuständig.[117] Neben der Vertretungsbefugnis hat der Vorsitzende gesetzlich geregelte Eigenzuständigkeiten. Hierzu gehören:
- In Betrieben mit weniger als neun Betriebsratsmitgliedern: Die Führung der laufenden Geschäfte des Betriebsrates, falls diese ihm durch Beschluss des Betriebsrates übertragen worden sind, § 27 Abs. 3 BetrVG.
- In Betriebsräten mit neun oder mehr Mitgliedern: Die Mitgliedschaft im Betriebsausschuss, § 27 Abs. 1 BetrVG.
- Die Einberufung der Betriebsratssitzungen einschließlich Erstellung der Tagesordnung und Ladung der Betriebsratsmitglieder sowie der hierzu einzuladenden sonstigen Vertreter (zB Jugend- und Auszubildendenvertretung), § 29 Abs. 2, 3 BetrVG.
- Die Leitung der Betriebsratssitzungen, § 29 Abs. 2, 3 BetrVG.
- Die Unterzeichnung der Sitzungsniederschriften, § 34 Abs. 1 BetrVG.
- Die Leitung der Betriebsversammlung, § 42 Abs. 1 S. 1 BetrVG.
- Die Teilnahme an den Sitzungen der Jugend- und Auszubildendenvertretung, falls nicht ein anderes Betriebsratsmitglied hiermit beauftragt ist, § 65 Abs. 2 BetrVG.
- Die beratende Teilnahme an der Sprechstunde der Jugend- und Auszubildendenvertretung, falls nicht ein anderes Betriebsratsmitglied hiermit beauftragt ist, § 69 S. 4 BetrVG.

58 Neben diesen gesetzlich zugewiesenen Aufgaben können dem Vorsitzenden im Einzelfall durch Beschluss weitere Aufgaben übertragen werden; die Vertretungsbefugnis des Vorsitzenden besteht nur im Rahmen der vom Betriebsrat ordnungsgemäß gefassten Beschlüsse.[118] Vereinbarungen ohne einen wirksamen Betriebsratsbeschluss sind schwebend unwirksam. Sie können jedoch vom Betriebsrat durch eine spätere ordnungsgemäße Beschlussfassung

---

[110] Zur individuellen Rechtsstellung der Betriebsratsmitglieder bei Wahrnehmung eines Restmandates vgl. die umfassende Zusammenstellung von *Auktor* NZA 2003, 950.
[111] BAG 12.1.2000 – 7 ABR 61/98, NZA 2000, 669.
[112] ErfK/*Koch* BetrVG § 26 Rn. 1; *Fitting* BetrVG § 26 Rn. 3.
[113] *Fitting* BetrVG § 26 Rn. 18.
[114] BAG 26.1.1962 – 2 AZR 244/61, AP BGB § 626 Druckkündigung Nr. 8.
[115] BAG 13.10.2016 – 3 AZR 439/15, AP BetrAVG § 1 Ablösung Nr. 74.
[116] BAG 19.3.2003 – 7 ABR 15/02, NZA 2003, 870; ErfK/*Koch* BetrVG § 26 Rn. 2.
[117] BAG 25.5.2016 – 2 AZR 345/15, NZA 2016, 1140 Rn. 23.
[118] *Fitting* BetrVG § 26 Rn. 24.

genehmigt werden.¹¹⁹ Auch eine Geschäftsordnung kann die Übertragung weiterer Aufgaben auf den Vorsitzenden vorsehen.¹²⁰

Zu den wesentlichen Funktionen des Vorsitzenden gehört die ihm eingeräumte Vertretungsbefugnis. Allerdings ist er lediglich Vertretender in der Erklärung, nicht im Willen.¹²¹ Er ist gesetzlich berechtigt und verpflichtet, die Beschlüsse des Betriebsrates auszuführen. Der Arbeitgeber kann von dem Betriebsratsvorsitzenden den Nachweis verlangen, dass ein solcher Beschluss durch den Betriebsrat gefasst worden ist.¹²² Der Betriebsratsvorsitzende ist auch Vertreter des Betriebsrates bei der Entgegennahme von Erklärungen. Die dem Betriebsrat gegenüber abzugebenden Erklärungen sind grundsätzlich dem Betriebsratsvorsitzenden zuzustellen. Dies gilt für alle Mitteilungen des Arbeitgebers, gleich ob es sich um rechtsgeschäftliche Erklärungen oder um Tatsachenäußerungen handelt; dies gilt auch für Äußerungen von Arbeitnehmern im betriebsverfassungsrechtlichen Bereich, zB Beschwerden sowie für die Erklärungen anderer betriebsverfassungsrechtlicher Gremien. 59

Bei der Abgabe einer Erklärung/Mitteilung gegenüber einem anderen Mitglied des Betriebsrates gilt die Erklärung/Mitteilung erst als zugegangen, wenn sie dem Vorsitzenden oder dem Betriebsrat als solchem zur Kenntnis gelangt.¹²³ Dies ist insbesondere bedeutsam für fristgebundene Anträge des Arbeitgebers wie beispielsweise die Anhörung zu einer Versetzung nach § 99 BetrVG. In Fällen, in denen der Betriebsratsvorsitzende nicht erreichbar ist, kommt ausnahmsweise auch die Übergabe des Anhörungsschreibens an den stellvertretenden Betriebsratsvorsitzenden in Betracht.¹²⁴ 60

Ist sowohl der Betriebsratsvorsitzende als auch sein Stellvertreter bei der Entgegennahme von Erklärungen verhindert und hat der Betriebsrat für diesen Fall keine Vorkehrungen getroffen, so kann der Arbeitgeber jedem Betriebsratsmitglied gegenüber Erklärungen abgeben mit der Folge, dass etwaige gesetzliche Fristen zu laufen beginnen (zB die Frist für die Mitbestimmung bei Kündigungen gemäß § 102 Abs. 2 BetrVG von einer Woche bei der ordentlichen Kündigung und drei Tagen bei der außerordentlichen Kündigung).¹²⁵ 61

Ist der Betriebsratsvorsitzende verhindert, so vertritt ihn der Stellvertreter, § 26 Abs. 2 S. 1 BetrVG. Der Stellvertreter ist kein zweiter Vorsitzender mit gleichen Rechten,¹²⁶ sondern kann und darf die Befugnisse des Betriebsratsvorsitzenden nur wahrnehmen, wenn und solange der Vorsitzende selbst verhindert ist.¹²⁷ Wann der Betriebsratsvorsitzende verhindert ist, richtet sich nach den gleichen Grundsätzen, nach denen ein Betriebsratsmitglied durch ein Ersatzmitglied gemäß § 25 Abs. 1 S. 2 BetrVG vertreten wird.¹²⁸ Anerkannte Verhinderungsgründe sind Urlaub oder Krankheit; kurzfristige Verhinderungen – zB stundenweise absehbare Abwesenheiten – stellen hingegen, von unaufschiebbaren Eilmaßnahmen abgesehen, keinen Verhinderungstatbestand dar.¹²⁹ Verhindert ist der Vorsitzende auch dann, wenn er von einer Entscheidung persönlich betroffen ist, zB bei einem ihn betreffenden Antrag des Arbeitgebers auf Zustimmung zur außerordentlichen Kündigung gemäß § 103 Abs. 1 BetrVG. Scheidet der Vorsitzende aus dem Amt aus, wird nicht der Stellvertreter zum Vorsitzenden, sondern der Vorsitzende muss neu gewählt werden.¹³⁰ Bis zur Neuwahl des Betriebsratsvorsitzenden nimmt der stellvertretende Betriebsratsvorsitzende die Aufgaben wahr.¹³¹ 62

---

¹¹⁹ BAG 10.10.2007 – 7 ABR 51/06, NZA 2008, 369 Rn. 13.
¹²⁰ *Fitting* BetrVG § 26 Rn. 29.
¹²¹ *Fitting* BetrVG § 26 Rn. 22 mwN.
¹²² Richardi BetrVG/*Thüsing* § 26 Rn. 38; HWGNRH/*Gock* BetrVG § 26 Rn. 50; nur bei berechtigtem Interesse *Fitting* BetrVG § 26 Rn. 30; GK-BetrVG/*Raab* § 26 Rn. 43.
¹²³ *Fitting* BetrVG § 26 Rn. 39 mwN.
¹²⁴ BAG 7.7.2011 – 6 AZR 248/10, NZA 2011, 1108 Rn. 14.
¹²⁵ Richardi BetrVG/*Thüsing* § 102 Rn. 81.
¹²⁶ BAG 7.7.2011 – 6 AZR 248/10, NZA 2011, 1108 Rn. 14; *Fitting* BetrVG § 26 Rn. 44; Erf/*Koch* BetrVG § 26 Rn. 3.
¹²⁷ *Fitting* BetrVG § 26 Rn. 44.
¹²⁸ ErfK/*Koch* BetrVG § 26 Rn. 3.
¹²⁹ *Fitting* BetrVG § 26 Rn. 45.
¹³⁰ ErfK/*Koch* BetrVG § 26 Rn. 3.
¹³¹ LAG Berlin-Brandenburg 5.9.2013 – 21 TaBV 843/13, BeckRS 2014, 67575. B. II.1.b. aa.(1).

63 Streitigkeiten über die Zuständigkeit des Vorsitzenden oder seines Stellvertreters sind von dem Arbeitsgericht im Beschlussverfahren zu entscheiden, §§ 2a, 80 ff. ArbGG.

64 **b) Ausschüsse.** Die Bildung und Zuständigkeit des Betriebsausschusses sowie von weiteren Ausschüssen regeln die §§ 27, 28 BetrVG.

65 *aa) Betriebsausschuss.* § 27 BetrVG verpflichtet den Betriebsrat zur Bildung eines Betriebsausschusses. Diese Verpflichtung besteht, soweit der Betriebsrat neun oder mehr Mitglieder zählt. Auf die Arbeitnehmer bezogen bedeutet dies einen Betrieb mit in der Regel 201 oder mehr wahlberechtigten Arbeitnehmern. Maßgeblich ist die Anzahl der tatsächlich gewählten Betriebsratsmitglieder, nicht die gesetzlich vorgesehene Zahl, die uU nicht erreicht wird.[132] Der Betriebsrat handelt pflichtwidrig, wenn er trotz Vorliegen der Voraussetzungen keinen Betriebsausschuss wählt. Im Einzelfall kann diese Pflichtwidrigkeit einen Tatbestand darstellen, der als grober Verstoß im Sinne des § 23 Abs. 1 BetrVG zur Auflösung des Betriebsrates führt. Sonstige Sanktionsmaßnahmen bestehen nicht. Der Arbeitgeber kann weder die Zusammenarbeit mit einem Betriebsrat ohne Betriebsausschuss verweigern noch die Fortzahlung des Arbeitsentgeltes an die Mitglieder des Betriebsrates versagen, weil diese während der Arbeitszeit zusätzliche Aufgaben wahrnehmen, die sonst dem Betriebsausschuss obliegen würden.[133]

66 Dem Betriebsausschuss gehören der Vorsitzende des Betriebsrates und sein Stellvertreter als gesetzliches Mitglied an, § 27 Abs. 1 S. 2 BetrVG. Weitere Ausschussmitglieder, deren Anzahl in Abhängigkeit von der Betriebsratsgröße in § 27 Abs. 1 BetrVG geregelt ist, werden aus der Mitte des Betriebsrates gewählt. Ausschussmitglieder können damit nur Betriebsratsmitglieder sein. Die Wahl erfolgt in der Regel und sinnvollerweise in der konstituierenden Sitzung des Betriebsrates. Für die Wahl muss der Betriebsrat beschlussfähig sein, § 33 Abs. 2 BetrVG.[134]

67 Der Betriebsausschuss ist keine gesonderte Betriebsvertretung, sondern ein Organ des Betriebsrates,[135] das die laufenden Geschäfte des Betriebsrates führt, § 27 Abs. 2 BetrVG. Hierunter fallen rein organisatorische und verwaltungsmäßige Aufgaben, wie beispielsweise das Abhalten der Sprechstunden, die Vorbereitung von Sitzungen oder Betriebsversammlungen. Ergänzend können dem Betriebsausschuss Aufgaben zur selbstständigen Erledigung übertragen werden. Hierzu gehören in der Praxis insbesondere die Wahrnehmung von Mitwirkungs- und Mitbestimmungsrechten im personellen Bereich. Voraussetzung für die selbstständige Erledigung ist ein entsprechender Aufgabenübertragungsbeschluss des Betriebsrates. Die Übertragung bedarf der Schriftform, § 27 Abs. 2 S. 3 BetrVG. Der Abschluss von Betriebsvereinbarungen kann dem Ausschuss nicht übertragen werden (§ 27 Abs. 2 S. 2 BetrVG).

68 Der Betriebsrat kann dem Betriebsausschuss übertragene Aufgaben auch wieder entziehen. Für den Widerruf der Übertragung von Aufgaben ist ebenfalls ein Mehrheitsbeschluss des Betriebsrates sowie die Einhaltung der Schriftform erforderlich (§ 27 Abs. 2 S. 4 BetrVG).

69 An den Sitzungen des Betriebsausschusses können der Arbeitgeber, ein Vertreter der Arbeitgebervereinigung, der der Arbeitgeber angehört, und ein Vertreter der im Betrieb vertretenen Gewerkschaften nach Maßgabe der für ihre Teilnahme an den Sitzungen des Betriebsrates gemäß §§ 29 Abs. 4 und 31 BetrVG teilnehmen.[136]

70 *bb) Weitere Ausschüsse.* § 28 Abs. 1 BetrVG stellt in Betrieben mit mehr als 100 Arbeitnehmern die Bildung weiterer Ausschüsse samt entsprechender Aufgabenübertragung in das Ermessen des Betriebsrates. Diese Ausschüsse bestehen ebenfalls nur aus Betriebsratsmitgliedern; im Unterschied zum Betriebsausschuss des § 27 BetrVG sind der Vorsitzende und sein Stellvertreter nicht zwingend Mitglieder der sonstigen Ausschüsse. Für die Wahl und

---

[132] *Fitting* BetrVG § 27 Rn. 10a; Richardi BetrVG/*Thüsing* § 27 Rn. 5.
[133] Däubler/Klebe/Wedde/*Wedde* BetrVG § 27 Rn. 3; Richardi BetrVG/*Thüsing* § 27 Rn. 6; *Fitting* BetrVG § 27 Rn. 9.
[134] Zu Details der Wahl vgl. *Fitting* BetrVG § 27 Rn. 11–43.
[135] *Fitting* BetrVG § 27 Rn. 54; Richardi BetrVG/*Thüsing* § 27 Rn. 54.
[136] *Fitting* BetrVG § 27 Rn. 56.

Abberufung der Ausschussmitglieder und für die Übertragung von Aufgaben zur selbstständigen Erledigung sowie deren Entzug gilt das zu § 27 BetrVG unter lit. aa) Gesagte entsprechend. Die Ausschüsse können mit und ohne Sachkompetenz ausgestattet werden. Ausschüssen ohne Sachkompetenz wird eine Aufgabe nur zur Vorbereitung übertragen.[137] In der Praxis sind das häufig Verhandlungsgruppen des Betriebsrates, die die mitbestimmungspflichtige Angelegenheit mit dem Arbeitgeber verhandeln. Anschließend fasst der Betriebsrat einen Beschluss über die verhandelte Vereinbarung, da der Betriebsrat gemäß §§ 28 Abs. 1 S. 3 iVm § 27 Abs. 2 S. 2 BetrVG nicht berechtigt ist, den Abschluss von Betriebsvereinbarungen zur selbständigen Erledigung zu übertragen. Daneben werden häufig Fachausschüsse beispielsweise für IT Angelegenheiten gebildet. Die Bildung von Ausschüssen mit Sachkompetenz setzt voraus, dass ein Betriebsausschuss gebildet ist, § 28 Abs. 1 S. 3 BetrVG. In der Praxis werden auch häufig Personalausschüsse gebildet, die für personelle Angelegenheiten zuständig sind. Der Betriebsrat kann sowohl das Anhörungsrecht nach § 102 BetrVG,[138] nach § 103 BetrVG[139] als auch nach § 99 BetrVG[140] auf einen Personalausschuss übertragen.

c) Arbeitsgruppen. Die Übertragung von Aufgaben auf Arbeitsgruppen ist im Rahmen der Novellierung des BetrVG in 2001 neu eingefügt und in § 28a BetrVG geregelt worden. Die Vorschrift gilt nur für Betriebe mit mehr als 100 Arbeitnehmern. Der Gesetzesbegründung zufolge werden mit den geschaffenen Delegationsmöglichkeiten Freiräume für eigenverantwortliche Entscheidungen und für die Kreativität der Arbeitnehmer geschaffen und damit ein Beitrag zu mehr Demokratie im Betrieb geleistet. Mitglieder der Arbeitsgruppe sind dabei regelmäßig keine Betriebsratsmitglieder, sondern sonstige Arbeitnehmer. Die Vorschrift wird in Zukunft an Bedeutung gewinnen, da sie insbesondere in agilen Organisationsstrukturen geeignet ist, hinreichend Flexibilität zu ermöglichen. Eine agile Arbeitsmethode ist die SCRUM-Methode.[141] Kennzeichnend für diese Arbeitsmethode ist dabei ein hoher Grad von Eigenverantwortung, Entscheidungs- und Gestaltungskompetenz[142] und damit einhergehend der Verzicht auf die Ausübung des Direktionsrechts des Arbeitgebers. In einem solchen Arbeitsumfeld kann es sinnvoll sein, bestimmte Entscheidungen – wie zB über Überstunden oder Einstellungen – der agilen Arbeitsgruppe zu übertragen. Die Übertragung von Aufgaben durch den Betriebsrat bedarf – wie bei der Übertragung auf Ausschüsse – eines Mehrheitsbeschlusses des Betriebsrates und der Schriftform. Zusätzlich verlangt die gesetzliche Regelung, dass die Übertragung „nach Maßgabe einer mit dem Arbeitgeber abzuschließenden Rahmenvereinbarung" erfolgt.

aa) Die Rahmenvereinbarung. Die für die Übertragung von Aufgaben auf Arbeitsgruppen nach § 28a Abs. 1 S. 1 BetrVG maßgeblich ist, hat der Betriebsrat mit dem Arbeitgeber abzuschließen. Hierbei handelt es sich um eine – freiwillige – Betriebsvereinbarung; eine bloß formlose Regelungsabrede wäre nicht ausreichend.[143]

Den notwendigen Inhalt der Rahmenvereinbarung legt das Gesetz nicht fest. Es bietet sich an, diejenigen Regelungen anzuwenden, die bei der Übertragung von Aufgaben zur eigenständigen Erledigung auf Ausschüsse iSv § 28 BetrVG oder auf den Betriebsausschuss iSv § 27 BetrVG entwickelt worden sind.

Die Rahmenvereinbarung ist nicht erzwingbar. Die Übertragung bestimmter Aufgaben auf Arbeitsgruppen kann daher nur im Einvernehmen mit dem Arbeitgeber erfolgen.[144]

bb) Begriff der Arbeitsgruppe. Der Begriff der Arbeitsgruppe ist in § 28a BetrVG nicht definiert. § 87 Abs. 1 Nr. 13 BetrVG – ebenfalls im Zuge der Novellierung neu eingefügt – de-

---

[137] LAG Niedersachsen 24.4.2009 – 10 TaBV 55/08, NZA-RR 2009, 532 II.2.c.
[138] BAG 17.3.2005 – 2 AZR 275/04, NZA 2005, 1064.
[139] LAG Hessen 17.5.2018 – 9 Sa 294/17, ArbRAktuell 2019, 20.
[140] LAG Berlin-Brandenburg 15.2.2018 – 14 TaBV 675/17, BeckRS 2018, 6474.
[141] Weitergehend zur SCRUM-Methode: *Heise* NZA-Beilage 2019, 100 (102).
[142] *Fitting* BetrVG § 28a Rn. 5b.
[143] *Richardi* NZA 2001, 346 (351); *Wendeling-Schröder* NZA-Sonderheft 2001, 32; *Fitting* BetrVG § 28a Rn. 18 f.; ErfK/*Koch* BetrVG § 28a Rn. 2; Däubler/Klebe/Wedde/*Wedde* BetrVG § 28a Rn. 24; aA *Natzel* DB 2001, 1362; *Raab* NZA 2002, 474 (480).
[144] *Natzel* DB 2001, 1362 (1363); Richardi BetrVG/*Thüsing* § 28a Rn. 18; *Fitting* BetrVG § 28a Rn. 19.

finiert Gruppenarbeit im Sinne des § 87 BetrVG als im Wesentlichen eigenverantwortliche Erledigung einer im Rahmen des betrieblichen Ablaufes übertragenen Gesamtaufgabe durch eine Gruppe von Arbeitnehmern. Arbeitnehmer in Gruppenarbeit stellen stets eine Arbeitsgruppe dar.[145] Als Arbeitsgruppe kommen daneben aber auch sonstige Team- und Projektgruppen sowie Gruppen in bestimmten Beschäftigungsarten und Arbeitsbereichen in Betracht.[146] Als Arbeitsgruppe gilt danach jede organisatorisch oder sonst abgrenzbare Anzahl von Arbeitnehmern, denen gegenüber der Arbeitgeber eine Leitungsfunktion hat.[147] Die Arbeitsgruppe ist jedenfalls keine frei zusammengestellte oder sich selbst findende Gruppe von Arbeitnehmern, sondern eine solche, die der Arbeitgeber kraft seines Direktionsrechtes durch die Zusammenfassung von Arbeitnehmern in gesonderten Einheiten gebildet hat. Diese Einheiten müssen sich organisatorisch nicht dauerhaft verfestigen,[148] sondern können für jedes Projekt neu durch den Arbeitgeber zusammengestellt werden.

76 cc) *Mitglieder der Arbeitsgruppe.* Mitglieder einer Arbeitsgruppe sind die in einer gesonderten Einheit zusammengefassten Arbeitnehmer. Mitglieder der Arbeitsgruppe können, müssen aber nicht Betriebsratsmitglieder sein.[149]

77 dd) *Rechtsstellung.* Die Arbeitsgruppe unterscheidet sich von dem Ausschuss nach § 28 BetrVG dadurch, dass die Arbeitsgruppe kraft Delegation von Mitbestimmungsbefugnissen Betriebsvereinbarungen mit dem Arbeitgeber abschließen kann. Die Arbeitsgruppe und ihre Mitglieder haben im Übrigen jedoch nicht die Rechtsstellung von Betriebsratsmitgliedern.[150] So bestehen bei Mitgliedern der Arbeitsgruppe, die nicht zugleich Betriebsratsmitglieder sind, keine Schulungsansprüche gemäß §§ 37 Abs. 6, 7 BetrVG, kein Anspruch auf Zurverfügungstellung von Sachmitteln gemäß § 40 Abs. 2 BetrVG und auch kein Sonderkündigungsschutz.[151]

78 ee) *Aufgaben.* Die Übertragung von Aufgaben auf Arbeitsgruppen setzt zunächst eine Rahmenvereinbarung zwischen den Betriebsparteien voraus. Die Rahmenvereinbarung regelt, welchen Arbeitsgruppen in welchem Umfang Aufgaben übertragen werden können. Dabei müssen die zu übertragenden Aufgaben in einem inneren Zusammenhang mit der Tätigkeit stehen, die der Arbeitsgruppe übertragen ist. Zu den übertragungsfähigen Aufgaben gehören insbesondere Fragen der Arbeitszeit, die Lage der Pausen, Urlaubsregelungen oder Fragen der Arbeitsplatzgestaltung.[152] Maßgeblich ist, dass es sich um tätigkeits- oder aufgabenbezogene Sachverhalte handelt, für die der Betriebsrat sein Mitbestimmungsrecht delegiert.[153] Auf der Basis der mit dem Arbeitgeber abgeschlossenen Rahmenvereinbarung beschließt der Betriebsrat mit der Mehrheit der Mitglieder über die Übertragung von Aufgaben auf Arbeitsgruppen. Die Übertragung unterliegt dem Schriftformerfordernis.[154]

79 ff) *Rückfall der Beteiligungsrechte.* Können sich die Arbeitsgruppe und der Arbeitgeber nicht auf eine Vereinbarung einigen, so fällt das Beteiligungsrecht auf den Betriebsrat zurück, § 28a Abs. 2 S. 3 BetrVG. Die Arbeitsgruppe kann daher von sich aus weder die Einigungsstelle noch das Gericht anrufen.[155]

80 gg) *Widerrufsrecht.* § 28a Abs. 1 S. 4 BetrVG regelt den Widerruf der Aufgabenübertragung auf die Arbeitsgruppe durch den Betriebsrat. Nach dem Wortlaut der gesetzlichen Regelung ist dieser Widerruf weder an das Vorliegen eines wichtigen Grundes noch an Fristen

---

[145] ErfK/*Koch* BetrVG § 28a Rn. 2; Richardi BetrVG/*Thüsing* § 28a Rn. 8; *Fitting* BetrVG § 28a Rn. 10.
[146] Richardi BetrVG/*Thüsing* § 28a Rn. 11.
[147] *Natzel* DB 2001, 1362.
[148] *Fitting* BetrVG § 28a Rn. 11.
[149] *Fitting* BetrVG § 28a Rn. 10.
[150] *Fitting* BetrVG § 28a Rn. 39; ErfK/*Koch* BetrVG § 28a Rn. 3; GK-BetrVG/*Raab* § 28a Rn. 8.
[151] *Fitting* BetrVG § 28a Rn. 39; ErfK/*Koch* BetrVG § 28a Rn. 3; Däubler/Klebe/Wedde/*Wedde* BetrVG § 28a Rn. 7.
[152] *Fitting* BetrVG § 28a Rn. 23a; Däubler/Klebe/Wedde/*Wedde* BetrVG § 28a Rn. 30.
[153] RegBegr. BT-Drs. 14/5741, 40; *Natzel* DB 2001, 1362 (1363); *Fitting* BetrVG § 28a Rn. 23, 23a.
[154] § 28a Abs. 1 S. 3 BetrVG iVm § 126 Abs. 1 BGB.
[155] Schiefer/Korte NZA 2001, 351 (354); Richardi/Annuß DB 2001, 41 (44); *Natzel* DB 2001, 1362 (1364); GK-BetrVG/*Raab* § 28a Rn. 36; *Fitting* BetrVG § 28a Rn. 37.

geknüpft. Unter Hinweis auf § 75 Abs. 2 S. 2 BetrVG – Verpflichtung zur Förderung der Selbstständigkeit und Eigeninitiative von Arbeitnehmern – wird allerdings vertreten, dass der Widerruf der Billigkeit entsprechen muss.[156] Nach der gesetzlichen Regelung setzt der Widerruf einen Mehrheitsbeschluss des Betriebsrates und die Beachtung der Schriftform voraus und kann vollständig oder nur teilweise erfolgen. Mit dem Widerruf entfällt die Zuständigkeit der Arbeitsgruppe ex nunc; etwaige Mitbestimmungsrechte stehen nunmehr wieder in vollem Umfang dem Betriebsrat zu.

Der Widerruf kann aber wohl nicht bereits abgeschlossene Gruppenvereinbarungen hinfällig machen; diese sind auf der Basis des § 77 BetrVG, also in der Regel durch ordentliche Kündigung, zu beenden.[157] 81

3. Geschäftsführung

a) **Betriebsratssitzung.** Wesentliches Steuerungselement bei der Willensbildung des Betriebsrates ist die Betriebsratssitzung, die dem Meinungsaustausch, der Erörterung und der Beschlussfassung dient. Gemäß § 29 Abs. 2 BetrVG sind Vorbereitung und Leitung der Betriebsratssitzung Aufgaben des Betriebsratsvorsitzenden. Auch über die Einberufung der Betriebsratssitzung entscheidet der Betriebsratsvorsitzende, es sei denn, durch Beschluss des Betriebsrates oder durch eine Geschäftsordnung sind turnusmäßige Sitzungen vorgesehen. Er ist verpflichtet, eine Betriebsratssitzung einzuberufen, wenn ein Viertel der Mitglieder des Betriebsrates oder der Arbeitgeber dies beantragt, § 29 Abs. 3 BetrVG. In diesem Fall hat der Vorsitzende nicht nur die verlangte Sitzung einzuberufen, sondern auch den Gegenstand, dessen Beratung verlangt wird, auf die Tagesordnung zu setzen. Praxisrelevant ist diese Vorschrift insbesondere dann, wenn der Betriebsrat dem Arbeitgeber mitteilt, dass er eine eilige Angelegenheit erst zu einem späteren Zeitpunkt in der turnusmäßigen Sitzung erörtern kann. In diesem Falle kann der Arbeitgeber von dem Betriebsratsvorsitzenden nach § 29 Abs. 3 BetrVG verlangen, dass dieser zeitnah eine außerordentliche Betriebsratssitzung einberuft und die eilige Angelegenheit auf die Tagesordnung setzt. Sollte sich der Betriebsratsvorsitzende weigern, eine solche Sitzung einzuberufen, kann dies jedenfalls im Wiederholungsfalle eine grobe Verletzung seiner gesetzlichen Pflichten darstellen und zu einem Ausschluss aus dem Betriebsrat nach § 23 Abs. 1 S. 1 BetrVG führen.[158] Nach § 30 BetrVG haben die Sitzungen in der Regel während der Arbeitszeit stattzufinden. Dabei hat der Betriebsrat jedoch auf die betrieblichen Notwendigkeiten Rücksicht zu nehmen und im Übrigen den Arbeitgeber vorher über den Zeitpunkt der Sitzung zu verständigen. 82

Hinsichtlich der Beteiligung Dritter an der Betriebsratssitzung ist gesetzlich die Beteiligung des Arbeitgebers geregelt. Dieser nimmt nach § 29 Abs. 4 S. 1 BetrVG an den Sitzungen teil, die auf sein Verlangen anberaumt wurden und an denjenigen, zu denen er ausdrücklich eingeladen ist. Vertreter der Gewerkschaften nehmen teil, wenn ein Viertel der Mitglieder des Betriebsrates dies beantragt, § 31 BetrVG. Die Schwerbehindertenvertretung kann an allen Sitzungen des Betriebsrates teilnehmen, § 32 BetrVG. Die Jugend- und Auszubildendenvertretung nimmt nach Maßgabe des § 67 BetrVG teil. Im Übrigen ordnet § 30 BetrVG an, dass Sitzungen des Betriebsrates nicht öffentlich sind. Mitglieder eines Gesamtbetriebsrates oder Konzernbetriebsrates haben kein Teilnahmerecht, wenn diese nicht gleichzeitig Betriebsratsmitglieder sind.[159] Nehmen der Arbeitgeber oder ein Gewerkschaftsbeauftragter an einer Betriebsratssitzung teil, erhalten diese eine Abschrift der Sitzungsniederschrift, § 34 Abs. 2 BetrVG. Sie erhalten nur den Teil der Sitzungsniederschrift, der den Teil der Betriebsratssitzung beinhaltet, an dem der Arbeitgeber oder ein Gewerkschaftsbeauftragter teilgenommen haben. Der Betriebsrat ist nicht verpflichtet, eine Kopie der Sitzungsniederschrift auszuhändigen, wenn der Arbeitgeber oder ein Gewerkschaftsbeauftragter zwar berechtigt war, an der Betriebsratssitzung teilzunehmen, dies aber nicht getan hat.[160] 83

---

[156] GK-BetrVG/*Raab* § 28a Rn. 40; *Fitting* BetrVG § 28a Rn. 26; *Natzel* DB 2001, 1362 (1363).
[157] *Engels/Trebinger/Löhr-Steinhaus* DB 2001, 532 (537); *Neef* NZA 2001, 361 (363).
[158] *Fitting* BetrVG § 29 Rn. 31.
[159] Richardi BetrVG/*Thüsing* § 30 Rn. 12.
[160] *Fitting* BetrVG § 34 Rn. 22.

84 **b) Beschlüsse.** Der Betriebsrat trifft seine Entscheidungen durch Beschluss. Die wirksame Beschlussfassung setzt die Beschlussfähigkeit[161] des Betriebsrates voraus. Nach § 33 Abs. 2 BetrVG ist diese gegeben, wenn **mindestens die Hälfte der Betriebsratsmitglieder** an der Beschlussfassung **teilnimmt**, wobei die Stellvertretung durch Ersatzmitglieder zulässig ist. Die Hälfte der Mitglieder bemisst sich nach derjenigen Anzahl, die gemäß § 9 BetrVG gesetzlich vorgeschrieben oder derjenigen Zahl, auf die der Betriebsrat nach § 11 BetrVG rechtswirksam ermäßigt ist. Etwas anderes gilt, wenn der Gesamtzahl der Betriebsratsmitglieder auch unter Berücksichtigung sämtlicher nachgerückter Ersatzmitglieder unter die vorgeschriebene Zahl sinkt (Divergenz von Ist- und Sollstärke des Betriebsrates, vgl. § 13 Abs. 2 Nr. 2 BetrVG). In diesem Fall ist für die Beschlussfähigkeit von der Hälfte der vorhandenen Betriebsratsmitglieder unter Einschluss der Ersatzmitglieder auszugehen.[162]

85 Die Beschlussfähigkeit muss bei jeder Abstimmung des Betriebsrates vorliegen. Für deren Feststellung wird ein Betriebsratsmitglied nur dann mitgezählt, wenn es auch tatsächlich an der Abstimmung teilnimmt, also mit Ja oder Nein stimmt oder sich der Stimme enthält. Ein Betriebsratsmitglied, das zwar anwesend ist, aber zB erklärt, an der Abstimmung nicht teilzunehmen, bleibt für die Berechnung der Beschlussfähigkeit außer Betracht.[163] Betriebsratsmitglieder, die sich in Urlaub oder Erziehungsurlaub befinden, sind grundsätzlich als verhindert anzusehen, es sei denn, sie haben dem Betriebsratsvorsitzenden positiv angezeigt, dass sie ungeachtet der vorübergehenden Abwesenheitssituation ihre Betriebsratstätigkeit durchführen möchten.[164] Eine Beschlussfassung ist unwirksam, wenn der arbeitsunfähig erkrankte und damit verhinderte Betriebsratsvorsitzende an der Betriebsratssitzung teilnimmt.[165]

86 Die wohl herrschende Meinung geht davon aus, dass Beschlüsse des Betriebsrates nur aa) auf einer ordnungsgemäßen Sitzung gefasst werden,[166] bb) zu der ordnungsgemäß geladen wurde,[167] und cc) über Beschlussgegenstände, die auf der vorher zugeleiteten Tagesordnung angekündigt worden sind.[168]

87 *aa) Ordnungsgemäße Sitzung.* Es ist eine ordnungsgemäße Sitzung des Betriebsrates erforderlich. Zwar lässt § 108 Abs. 4 AktG für den Aufsichtsrat der Aktiengesellschaft vorbehaltlich einer näheren Regelung durch die Satzung oder die Geschäftsordnung schriftliche, fernmündliche oder andere vergleichbare Formen der Beschlussfassung zu. Auch für die Gesellschafterversammlung ist die Zulässigkeit einer Beschlussfassung im Umlaufverfahren geregelt, § 48 Abs. 2 GmbHG. Dabei wird regelmäßig sowohl im GmbH-Recht als auch im Aktienrecht darauf abgestellt, dass alle an der Beschlussfassung teilnehmenden Mitglieder mit dieser Art der Stimmabgabe einverstanden sein müssen. Diese dem praktischen Bedürfnis entsprechende Lockerung der körperlichen Teilnahme soll nach der wohl herrschenden Meinung in Literatur[169] und Rechtsprechung[170] für den Betriebsrat unzulässig sein. Verwie-

---

[161] Zum Begriff: Jaeger/Röder/Heckelmann BetrVerfassungsR-HdB/*Schuster* Kap. 4 Rn. 52, 53.
[162] BAG 18.8.1982 – 7 AZR 437/80, NJW 1983, 2836; LAG Berlin 1.3.2005 – 7 TaBV 2220/04, BeckRS 2005, 42989 Rn. 15; Däubler/Klebe/Wedde/*Wedde* BetrVG § 33 Rn. 5; GK-BetrVG/*Raab* § 33 Rn. 13; Richardi BetrVG/*Thüsing* BetrVG § 33 Rn. 5; *Fitting* BetrVG § 33 Rn. 12.
[163] *Fitting* BetrVG § 33 Rn. 34; Däubler/Klebe/Wedde/*Wedde* BetrVG § 33 Rn. 21; aA GK-BetrVG/*Raab* § 33 Rn. 30.
[164] LAG Berlin 1.3.2005 – 7 TaBV 2220/04, BeckRS 2005, 42989 Rn. 17.
[165] LAG Baden-Württemberg 5.12.2018 – 10 TaBV 1/18, BeckRS 2018, 39800 Rn. 55 (Rechtsbeschwerde ist eingelegt unter dem Aktenzeichen 1 ABR 5/19).
[166] GK-BetrVG/*Raab* § 33 Rn. 9; Däubler/Klebe/Wedde/*Wedde* BetrVG § 33 Rn. 9; Richardi BetrVG/*Thüsing* § 33 Rn. 4.
[167] Däubler/Klebe/Wedde/*Wedde* BetrVG § 33 Rn. 15; ErfK/*Koch* BetrVG § 33 Rn. 2; Richardi BetrVG/*Thüsing* § 33 Rn. 4.
[168] BAG 24.5.2006 – 7 AZR 201/05, NZA 2006, 1364; Richardi BetrVG/*Thüsing* § 33 Rn. 3; ErfK/*Koch* BetrVG § 33 Rn. 2; Däubler/Klebe/Wedde/*Wedde* BetrVG § 33 Rn. 15.
[169] *Fitting* BetrVG § 33 Rn. 21; *Löwisch/Kaiser* BetrVG § 33 Rn. 4; GK-BetrVG/*Raab* § 33 Rn. 10, 11; Däubler/Klebe/Wedde/*Wedde* BetrVG § 33 Rn. 3, 10; ErfK/*Koch* BetrVG § 33 Rn. 3; Richardi BetrVG/*Thüsing* § 33 Rn. 3; MHdB ArbR/*Krois* § 294 Rn. 69; Jaeger/Röder/Heckelmann BetrVerfassungsR-HdB/*Schuster* Kap. 4 Rn. 46; *Schulze* AiB 2014, 36; *Grosjean* NZA-RR 2005, 113 (118).
[170] BAG 4.8.1975 – 2 AZR 266/74, AP BetrVG 1972 § 102 Nr. 4 II.3.; LAG Hamm 17.8.2007 – 10 TaBV 37/07, BeckRS 48771 Rn. 67 ff.; LAG Mecklenburg-Vorpommern 20.5.2003 – 5 Sa 452/02, BeckRS 2003, 30798654 II.2.a.

sen wird insbesondere darauf, dass es bei einem Umlaufverfahren an der vorausgehenden mündlichen Beratung fehle und auch das Recht derjenigen Personen verletzt werde, die einen Anspruch auf Teilnahme an der Betriebsratssitzung haben (zB die Beteiligung eines Vertreters der Jugend- und Auszubildendenvertretung oder eines Vertreters der Gewerkschaft). Zudem widerspricht eine Beschlussfassung im Umlaufverfahren der gesetzlichen Regelung des Abs. 1, die die (gleichzeitige) Anwesenheit der an der Beschlussfassung teilnehmenden Betriebsratsmitglieder vorsieht. Moderne Kommunikationsmittel ermöglichen grundsätzlich die Durchführung einer Betriebsratssitzung per Videokonferenz. Obwohl hierfür ein großes praktisches Bedürfnis besteht, gibt es hierzu noch keine einschlägige Rechtsprechung. Dieses praktische Bedürfnis hat sich im besonderen Maße während der Corona-Pandemie im Jahr 2020 gezeigt. Die Teilnahme an Präsenzsitzungen des Betriebsrats konnten zu Gefahr für Leben oder Gesundheit der Betriebsratsmitglieder führen oder war wegen behördlichen Anordnungen nicht möglich. In dieser Zeit haben in der Praxis der weit überwiegende Anteil der Verhandlungen mit dem Betriebsrat beispielsweise über den Abschluss einer Betriebsvereinbarung zur Kurzarbeit per Videokonferenz stattgefunden. Auch die anschließende Betriebsratssitzung und Beschlussfassung ist sehr häufig per Videokonferenz durchgeführt worden. Diese Praxis ist im Übrigen durch die Ministererklärung des Bundesministers für Arbeit und Soziales, Hubertus Heil, vom 20.3.2020 unterstützt worden. In dieser hat der Minister die verantwortungsvolle Nutzung der Videokonferenz während der Corona-Epidemie ausdrücklich empfohlen. Außerdem hat das Bundesministerium für Arbeit und Soziales eine befristete gesetzliche Sonderregelung in das parlamentarische Verfahren eingebracht, die während der Corona-Epidemie galt und abschließende Rechtssicherheit für in dieser Zeit mittels Videokonferenz gefasste Betriebsratsbeschlüsse bot (§ 129 BetrVG).

Die Zulässigkeit der Durchführung von Betriebsratssitzungen und Beschlussfassungen per Videokonferenz ist in der Literatur umstritten. Die wohl herrschende Meinung ist der Auffassung, dass weder die Durchführung einer Betriebsratssitzung noch die Beschlussfassungen per Videokonferenz zulässig ist, da Beschlüsse des Betriebsrates nach § 33 Abs. 1 S. 1 BetrVG mit der Stimmenmehrheit der anwesenden Betriebsratsmitglieder zu fassen sind.[171] Die Anwesenheit verlange dabei nach dieser Auffassung eine körperliche Anwesenheit der Betriebsratsmitglieder.[172] Außerdem verstoße die Durchführung einer Betriebsratssitzung per Videokonferenz gegen den Grundsatz der Nichtöffentlichkeit aus § 30 S. 4 BetrVG, da nicht ausgeschlossen werden könne, dass unbefugte Dritte ohne Kenntnis der Betriebsratsmitglieder mithören könnten.[173] Zutreffend wird in der Literatur ebenfalls vertreten, dass auch die Durchführung einer Betriebsratssitzung per Videokonferenz dem Sinn und Zweck des § 33 Abs. 1 S. 1 BetrVG entspricht. Diese Vorschrift soll gewährleisten, dass die kollektive Willensbildung des Betriebsrates innerhalb eines wechselseitigen Austausches erfolgt, bei dem die Betriebsräte sowohl auf verbale als auch nonverbale Kommunikation der anderen Betriebsratsmitglieder reagieren können.[174] Dieser Zweck wird ebenfalls bei der Durchführung der Betriebsratssitzung per Videokonferenz erreicht. Auch das Argument, die Durchführung einer Betriebsratssitzung per Videokonferenz verstoße gegen den Grundsatz der Nichtöffentlichkeit aus § 30 S. 4 BetrVG überzeugt nicht. Allein die abstrakte Gefahr, dass Dritte heimlich an der per Videokonferenz durchgeführten Betriebsratssitzung teilnehmen, kann nicht dazu führen, dass die Videokonferenz per se gegen den Grundsatz der Nichtöffentlichkeit verstößt. Erforderlich ist zumindest ein Anhaltspunkt dafür, dass wenn konkrete Anzeichen für die Annahme eines Missbrauches des Videokonferenzformats bestehen.[175] Das ist beispielsweise der Fall, wenn nach einer per Videokonferenz durchgeführten Betriebsratssitzung vertrauliche Informationen öffentlich geworden sind. Unter besonderen Umständen hat der Gesetzgeber bereits die Durchführung von Betriebsratssitzungen und die

---

[171] *Fitting* BetrVG § 33 Rn. 21b; *Düwell/Blanke/Wolmerath* BetrVG § 30 Rn. 12; HWGNRH/*Glock* BetrVG § 33 Rn. 4; BeckOK ArbR/*Mauer* BetrVG § 33 Rn. 3; *Jesgarzewski/Holzendorf* NZA 2012, 1021 (1022).
[172] *Fitting* BetrVG § 33 Rn. 21b; *Düwell/Blanke/Wolmerath* BetrVG § 30 Rn. 12; HWGNRH/*Glock* BetrVG § 33 Rn. 4; BeckOK ArbR/*Mauer* BetrVG § 33 Rn. 3; *Jesgarzewski/Holzendorf* NZA 2012, 1021 (1022).
[173] *Jesgarzewski/Holzendorf* NZA 2012, 1021 (1022).
[174] *Thüsing/Beden* BB 2019, 372 (373).
[175] *Thüsing/Beden* BB 2019, 372 (375).

Beschlussfassung per Videokonferenz gestattet. Nach § 41a EBRG wird für den Europäischen Betriebsrat die Sitzungsteilnahme mittels neuer Kommunikationstechnologien für Besatzungsmitglieder von Seeschiffen, wenn diese auf See oder in einem ausländischen Hafen sind. Dabei muss sichergestellt werden, dass kein Dritter von dem Inhalt der Betriebsratssitzung Kenntnis hat, beispielweise durch die Verschlüsselung der Verbindung.[176] Unter Einhaltung dieser Sicherheitsvorkehrungen entspricht auch die Durchführung einer Betriebsratssitzung per Videokonferenz durch Betriebsräte, die keine Besatzungsmitglieder auf Seeschiffen sind, § 33 Abs. 1 S. 1 BetrVG.

88   *bb) Ordnungsgemäße Ladung.* Ist die Ladung nicht ordnungsgemäß, zB zu spät, oder werden nicht alle Betriebsratsmitglieder geladen, so können in der Sitzung Beschlüsse wirksam nur dann gefasst werden, wenn trotz der fehlerhaften Ladung alle Betriebsratsmitglieder – auch die nicht geladenen – anwesend und mit der Abhaltung der Betriebsratssitzung einverstanden sind.[177]

89   *cc) Angekündigte Beschlussgegenstände.* Hinsichtlich der Ankündigung auf der Tagesordnung kann nichts anderes gelten als bei der Beschlussfassung sonstiger Kollegialorgane, zB dem Aufsichtsrat im Aktienrecht oder der Gesellschafterversammlung im GmbH-Recht. Auch dort sind Beschlussgegenstände in der vorher zugeleiteten Tagesordnung anzukündigen, damit jedes Mitglied des zur Entscheidung berufenen Organes weiß, worüber entschieden werden soll. Eine Entscheidung über nicht angekündigte Beschlussgegenstände kommt nur dann in Frage, wenn alle zur Beschlussfassung berufenen Mitglieder vollständig versammelt und mit der Entscheidung über einen nicht in der Tagesordnung angekündigten Beschlussgegenstand einverstanden sind.

90   *dd) Beschlussfassung.* Die Beschlussfassung setzt eine ordnungsgemäße Ladung aller Betriebsratsmitglieder voraus.[178] Beschlüsse des Betriebsrates sind gefasst, wenn die Mehrheit der anwesenden Mitglieder dem Beschlussantrag zustimmt. Bei Stimmengleichheit ist ein Antrag abgelehnt, § 33 Abs. 1 BetrVG. Die Mehrheit der Mitglieder – und nicht nur der anwesenden Mitglieder – ist in folgenden Fällen erforderlich:
- Rücktritt des Betriebsrates gemäß § 13 Abs. 2 Nr. 3 BetrVG;
- Beschluss über die Übertragung von Aufgaben zur selbstständigen Erledigung auf Ausschüsse oder einzelne Betriebsratsmitglieder, §§ 27 Abs. 2, 28 Abs. 1 und § 28a Abs. 1 BetrVG;
- Beschluss über die Geschäftsordnung des Betriebsrates, § 36 BetrVG;
- Beauftragung des Gesamtbetriebsrates nach § 50 Abs. 2 BetrVG und
- Übertragung von Aufgaben des Wirtschaftsausschusses auf einen Ausschuss des Betriebsrates gemäß § 107 Abs. 3 BetrVG.

91   Bei der Abstimmung im Betriebsrat gilt im Übrigen der auch in sonstigen Kollegialorganen angewandte Grundsatz, dass dasjenige Mitglied kein Stimmrecht hat, das bei der Abstimmung persönlich betroffen ist.[179] Beispiele hierzu sind: Die Entscheidung über den Antrag des Arbeitgebers auf Zustimmung zu einer außerordentlichen Kündigung des Betriebsratsmitgliedes oder auf seine Versetzung nach § 103 BetrVG oder der Antrag auf Ausschließung aus dem Betriebsrat nach § 23 Abs. 1 S. 2 BetrVG.

92   *ee) Aussetzung von Beschlüssen.* Beschlüsse des Betriebsrates können nach § 35 BetrVG – jedenfalls vorübergehend – ausgesetzt werden, wenn die Mehrheit der Jugend- und Auszubildendenvertretung oder gemäß § 178 Abs. 4 S. 2 SGB IX die Schwerbehindertenvertretung in dem Beschluss eine erhebliche Beeinträchtigung der von ihnen vertretenen Arbeitnehmer sieht. Die Aussetzung erfolgt auf entsprechenden Antrag für die Dauer einer Woche ab dem Zeitpunkt der Beschlussfassung mit dem Ziel einer zwischenzeitlichen Verständigung. Nach

---

[176] *Fitting* § BetrVG 33 Rn. 21d.
[177] BAG 22.11.2017 – 7 ABR 46/16, BeckRS 2017, 143 Rn. 12; LAG Schleswig-Holstein 14.1.2016 – 5 TaBV 45/15, NZA-RR 2016, 304. 1.b. bb.(1).
[178] BAG 22.11.2017 – 7 ABR 46/16, BeckRS 2017, 143 Rn. 13; 15.4.2014 – 1 ABR 2/13 (B), NZA 2014, 551 Rn. 20.
[179] BAG 24.4.2013 – 7 ABR 82/11, NZA 2013, 857 Rn. 15.

Ablauf der Frist ist erneut zu entscheiden. Sollte der Betriebsrat innerhalb der Frist nicht neu beschlossen haben, endet die Aussetzungswirkung mit Ablauf der Wochenfrist.[180]

c) **Geschäftsordnung.** Um einen ordnungsgemäßen Ablauf der Betriebsratstätigkeit, insbesondere in größeren Betriebsräten, zu gewährleisten, sieht § 36 BetrVG als Soll-Vorschrift den Erlass einer Geschäftsordnung vor. Wegen der Bedeutung der Geschäftsordnung und aus Gründen der Rechtssicherheit bedarf sie der Schriftform. Der Betriebsrat hat über die Geschäftsordnung mit der Mehrheit der Stimmen seiner Mitglieder zu beschließen.

Die Geschäftsordnung bindet den Betriebsrat und seine Organe. Abweichungen sind im Einzelfall mit der absoluten Mehrheit der Stimmen der Mitglieder des Betriebsrates möglich. Im Übrigen hat eine Verletzung der Geschäftsordnung allein in der Regel keine Auswirkung auf die Wirksamkeit von Betriebsratsbeschlüssen;[181] anders bei einem Verstoß gegen solche Vorschriften, von denen erkennbar die Wirksamkeit eines Beschlusses abhängen soll.[182]

Auch der Gesamtbetriebsrat, der Konzernbetriebsrat, die Jugend- und Auszubildendenvertretung, die Gesamt-Jugend- und Auszubildendenvertretung, die Bordvertretung oder der Seebetriebsrat können sich nach § 36 BetrVG eine Geschäftsordnung geben.

III. Gesamtbetriebsrat

Der Gesamtbetriebsrat ist ein neben den einzelnen Betriebsräten stehendes selbstständiges betriebsverfassungsrechtliches Organ, das nach § 47 Abs. 1 BetrVG **zwingend** zu errichten ist, wenn in einem Unternehmen mehrere Betriebsräte bestehen. Der Gesamtbetriebsrat hat keine Amtszeit, sondern ist eine Dauereinrichtung und bleibt über die Wahlperiode der einzelnen Betriebsräte hinaus bestehen.[183] Es handelt sich um eine Muss-Vorschrift, die Bildung des Gesamtbetriebsrates steht demgemäß nicht zur Disposition der Betriebsräte. Einer Änderung durch Tarifvertrag oder Betriebsvereinbarung zugänglich ist jedoch die Mitgliedszahl des Gesamtbetriebsrates, § 47 Abs. 4 BetrVG; zudem kann bei Gemeinschaftsbetrieben auch die Stimmengewichtung abweichend von § 47 Abs. 7 und 8 BetrVG geregelt werden.

1. Errichtung

Ein Gesamtbetriebsrat ist immer dann zu errichten, wenn in einem Unternehmen mehrere Betriebsräte vorhanden sind. Typisches Beispiel ist die Arbeitgebergesellschaft, die mehrere Niederlassungen unterhält, bei denen jeweils ein Betriebsrat gewählt worden ist. Hat hingegen eine Arbeitgebergesellschaft mehrere eigenständige Tochtergesellschaften, bei denen jeweils ein Betriebsrat gebildet ist, so liegen die Voraussetzungen für die Bildung eines Gesamtbetriebsrates nicht vor. Es fehlt an der nach ständiger Rechtsprechung vorausgesetzten **rechtlichen Identität des betreibenden Unternehmens.**[184] Für die Abgrenzung entscheidend ist, dass die mehreren Betriebe im Sinne des § 47 BetrVG von einer einheitlichen Rechtspersönlichkeit betrieben werden müssen. Hierbei kann es sich um eine natürliche Person handeln, die ihre Geschäfte in mehreren Niederlassungen oder Betriebsstätten betreibt, um eine Personengesamtheit, wie die Kommanditgesellschaft oder die offene Handelsgesellschaft oder um eine juristische Person, wie zB die Aktiengesellschaft oder die GmbH. Ein unter Verstoß gegen § 47 BetrVG gebildeter „Gesamtbetriebsrat" ist rechtlich nicht existent.[185]

Die Mitglieder des Gesamtbetriebsrates werden nicht gewählt, sondern von den beteiligten Betriebsräten entsandt. Betriebsräte mit bis zu drei Mitgliedern entsenden ein Betriebsratsmitglied, Betriebsräte mit mehr als drei Mitgliedern entsenden zwei ihrer Betriebsrats-

---

[180] GK-BetrVG/*Raab* § 35 Rn. 21; *Fitting* BetrVG § 35 Rn. 18, 24, 29; *Ludwig/Kemna* NZA 2019, 1547.
[181] ErfK/*Koch* BetrVG § 36 Rn. 1; diff. GK-BetrVG/*Raab* § 36 Rn. 19.
[182] GK-BetrVG/*Raab* § 36 Rn. 19; *Richardi* BetrVG/*Thüsing* § 36 Rn. 12, 14.
[183] BAG 15.10.2014 – 7 ABR 53/12, NZA 2015, 1014 Rn. 33 – Das Amt des GBR endet, wenn die Voraussetzungen für seine Errichtung dauerhaft entfallen; ein nur kurzfristiger Wegfall der Errichtungsvoraussetzungen beeinflusst dagegen den Bestand des GBR nicht.
[184] BAG 13.2.2007 – 1 AZR 184/06, NZA 2007, 825 Rn. 17; 9.8.2000 – 7 ABR 56/98, NZA 2001, 116 II.1.
[185] BAG 28.9.2016 – 7 AZR 699/14, NZA 2017, 69 Rn. 25.

mitglieder wobei die Geschlechter angemessen berücksichtigt werden sollen, § 47 Abs. 2 BetrVG. Für jedes entsandte Mitglied ist ein Ersatzmitglied zu bestellen und die Reihenfolge des Nachrückens festzulegen, § 47 Abs. 3 BetrVG. Abweichungen von der vorgeschriebenen Mitgliederzahl des Gesamtbetriebsrates sind durch Tarifvertrag oder Betriebsvereinbarung möglich, § 47 Abs. 4 BetrVG. Gehören bei Anwendung der gesetzlichen Regel des § 47 Abs. 2 BetrVG dem Gesamtbetriebsrat mehr als 40 Mitglieder an und besteht keine tarifliche Regelung nach § 47 Abs. 4 BetrVG, so ist zwischen Gesamtbetriebsrat und Arbeitgeber eine Betriebsvereinbarung über die Mitgliederzahl des Gesamtbetriebsrates abzuschließen, § 47 Abs. 5 BetrVG. Die Betriebsvereinbarung regelt die Entsendung gemeinsamer Mitglieder in den Gesamtbetriebsrat für solche Betriebe des Unternehmens, die regional oder durch gleichartige Interessen miteinander verbunden sind. Es entscheidet eine für das Gesamtunternehmen zu bildende Einigungsstelle, wenn sich die beteiligten Parteien nicht einigen können, § 47 Abs. 6 S. 1 BetrVG. Der Spruch der Einigungsstelle ersetzt die Einigung zwischen Arbeitgeber und Gesamtbetriebsrat, § 47 Abs. 6 S. 2 BetrVG.

2. Zuständigkeit des Gesamtbetriebsrates

99 § 50 BetrVG unterscheidet zwischen der Zuständigkeit des Gesamtbetriebsrates kraft Gesetzes, § 50 Abs. 1 BetrVG und der Zuständigkeit des Gesamtbetriebsrates kraft Beauftragung, § 50 Abs. 2 BetrVG. Die Zuständigkeit kraft Gesetzes beinhaltet

- die Behandlung von Angelegenheiten, die das Gesamtunternehmen oder mehrere Betriebe betreffen und die innerhalb des jeweiligen Betriebes nicht durch den einzelnen Betriebsrat geregelt werden können. Letzteres setzt keine objektive Unmöglichkeit voraus. Notwendig ist aber ein zwingendes Erfordernis für eine betriebsübergreifende Regelung, wobei auf die Verhältnisse des einzelnen konkreten Unternehmens und der konkreten Betriebe abzustellen ist. Der bloße Wunsch des Arbeitgebers nach einer unternehmenseinheitlichen oder betriebsübergreifenden Regelung, sein Kosten- oder Koordinierungsinteresse sowie reine Zweckmäßigkeitsgesichtspunkte reichen hingegen nicht aus;[186] Die gesetzliche Zuständigkeit kann – zB bei betriebsändernden Maßnahmen – durch den Unternehmer gesteuert werden, in dem er zB eine zwingende Verknüpfung von Einzelmaßnahmen herstellt.
- die Bestellung eines Wahlvorstandes in betriebsratsfähigen Betrieben, § 1 Abs. 1 S. 1 BetrVG, in denen noch kein Betriebsrat gewählt ist (§ 17 Abs. 1 BetrVG).

100 Die vorstehenden Zuständigkeiten kraft Gesetzes, in der Regel als originäre Zuständigkeiten bezeichnet, sind nicht dispositiv. In einem Tarifvertrag können dem Gesamtbetriebsrat keine abweichenden Zuständigkeiten eingeräumt werden.[187] Es gilt der Grundsatz der Zuständigkeitstrennung, wonach sich die originäre Zuständigkeit des Betriebsrates, Gesamtbetriebsrates und Konzernbetriebsrates gegenseitig ausschließen.[188]

Beispiele[189] für die Zuständigkeit des Gesamtbetriebsrates:
- Tarifersetzende Regelung der Vergütung der Beschäftigten[190]
- Einführung eines betriebsübergreifenden elektronischen Datenverarbeitungssystems zur Verhaltens- und Leistungskontrolle[191]
- Betriebsvereinbarung über eine Weihnachtsgratifikation für das gesamte Unternehmen[192]
- Einführung eines Schichtrahmenplanes[193]
- Konkretisierung von Unfallverhütungsvorschriften für unternehmensweit einheitliche Montagearbeit[194]

---

[186] BAG 18.7.2017 – 1 ABR 59/15, NZA 2017, 1615 Rn. 19; 17.3.2015 – 1 ABR 48/13, NZA 2015, 885 Rn. 29.
[187] BAG 14.11.2006 – 1 ABR 4/06, NZA 2007, 399 Rn. 32 ff.
[188] BAG 18.7.2017 – 1 ABR 59/15, NZA 2017, 1615 Rn. 19.
[189] Ausführlich: Jaeger/Röder/Heckelmann BetrVerfassungsR-HdB/*Koppenhagen* Kap. 5 Rn. 23.
[190] BAG 14.12.1999 – 1 ABR 27/98, BeckRS 2000, 40655 Rn. 24.
[191] BAG 14.11.2006 – 1 ABR 4/06, NZA 2007, 399 Rn. 27.
[192] BAG 17.1.1995 – 1 ABR 29/94, NZA 1995, 1010 II.1.
[193] BAG 19.6.2012 – 1 ABR 19/11, NZA 2012, 1237 Rn. 17.
[194] BAG 16.6.1998 – 1 ABR 68/97, NZA 1999, 49B.II.

- Einführung eines einheitlichen elektronischen Datenverarbeitungssystems;[195]
- Unternehmensweite einheitliche Abänderung der Prämienbetriebsvereinbarungen, wenn der Arbeitgeber im Bereich freiwilliger Betriebsvereinbarungen nur auf überbetrieblicher Ebene zur Regelung bereit ist;[196]
- Abschluss einer Betriebsvereinbarung zur Bildung eines unternehmenseinheitlichen Betriebsrates oder zur Zusammenfassung mehrere Betriebe nach § 3 Abs. 1 Nr. 1a, b, Abs. 2 BetrVG;[197]
- Einführung eines GPS-Systems in die Fahrzeugflotte;[198]
- Einführung eines betriebsübergreifenden Zeiterfassungssystems.[199]

Im Falle der Zuständigkeit des Gesamtbetriebsrats nimmt dieser im Rahmen seiner betriebsübergreifenden Kompetenz auch die Interessen etwa vorhandener betriebsratsloser Betriebe des Unternehmens wahr. Dies gilt insbesondere auch bei einem alle Betriebe des Unternehmens betreffenden Interessenausgleich und Sozialplan. Die Zuständigkeit des Gesamtbetriebsrates für den betriebsratslosen Betrieb ergibt sich nur in betriebsübergreifenden Angelegenheiten; Angelegenheiten, die nur den betriebsratslosen Betrieb betreffen, kann der Gesamtbetriebsrat nicht regeln.[200]

Die Zuständigkeit kraft Beauftragung ist in § 50 Abs. 2 BetrVG geregelt. Sie setzt voraus, dass der Betriebsrat, der den Gesamtbetriebsrat beauftragen will, einen entsprechenden Beschluss mit der Mehrheit der Stimmen seiner Mitglieder fasst. Die Beauftragung des Gesamtbetriebsrates bedarf der Schriftform, § 27 Abs. 2 S. 3 BetrVG iVm § 50 Abs. 2 S. 3 BetrVG. Der Betriebsrat kann den Gesamtbetriebsrat auch in der Weise mit der Behandlung einer Angelegenheit befassen, dass nur die Verhandlung delegiert wird, das Recht zur endgültigen Entscheidung aber dem beauftragenden Betriebsrat vorbehalten bleibt, § 50 Abs. 2 S. 2 BetrVG. Eine Delegation hat in der Praxis den Nachteil, dass der örtliche Betriebsrat die Delegation an den Gesamtbetriebsrat ohne Angabe von Gründen[201] jederzeit widerrufen kann und somit wieder für die Angelegenheit zuständig ist.

3. Geschäftsführung

Die Geschäftsführung des Gesamtbetriebsrates folgt im Wesentlichen den Regeln, die unter Ziff. I. 1. und 2. für den Betriebsrat erörtert worden sind. § 51 Abs. 1 BetrVG normiert die entsprechende Anwendung für
- das Nachrücken von Ersatzmitgliedern gemäß § 25 Abs. 1 BetrVG;
- die Leitungs- und Vertretungsbefugnisse des Vorsitzenden und seines Stellvertreters gemäß § 26 BetrVG;
- die Übertragung der laufenden Geschäfte auf einen Betriebsausschuss gemäß § 27 Abs. 2 BetrVG oder bei weniger als neun Mitgliedern auf den Vorsitzenden oder andere Mitglieder des Gremiums gemäß § 27 Abs. 3 BetrVG;
- die Übertragung von Aufgaben auf Ausschüsse gemäß § 28 BetrVG mit Ausnahme des Abs. 1 S. 2, der die Wahl und Abberufung der Ausschussmitglieder regelt. Für den Gesamtbetriebsrat ist die Zahl der Ausschussmitglieder eigenständig in § 51 Abs. 1 BetrVG geregelt;
- die Regeln für die Betriebsratssitzungen gemäß § 30 BetrVG, die Teilnahme der Gewerkschaften hieran gemäß § 31 BetrVG, die Sitzungsniederschrift gemäß § 34 BetrVG, die Aussetzung von Beschlüssen gemäß § 35 BetrVG, die Möglichkeit des Erlasses einer Geschäftsordnung gemäß § 36 BetrVG;
- die Regeln über die Betriebsratstätigkeit als unentgeltliches Ehrenamt, den Anspruch auf Arbeitsbefreiung zur ordnungsgemäßen Durchführung der Betriebsratsaufgaben gemäß § 37 Abs. 1 bis 3 BetrVG und die Regeln über das Umlageverbot des § 41 BetrVG und die Grundsätze über die Kosten und den Sachaufwand des Betriebsrates gemäß § 40 BetrVG;

---

[195] BAG 14.11.2006 – 1 ABR 4/06, NZA 2007, 399 Rn. 27 f.
[196] LAG Berlin-Brandenburg 28.9.2018 – 2 TaBV 41/17, BeckRS 2018, 38836 Rn. 44 f.
[197] BAG 24.4.2013 – 7 ABR 71/11, AP BetrVG 1972 § 3 Nr. 11 Rn. 24.
[198] LAG Schleswig-Holstein 25.4.2018 – 6 TaBV 13/17, BeckRS 2018, 18439 Rn 50 f.
[199] LAG Rheinland-Pfalz 22.2.2018 – 2 TaBV 38/17, BeckRS 2018, 11841 Rn. 24, 27 f.
[200] *Engels/Trebinger/Löhr-Steinhaus* DB 2001, 532 (538).
[201] *Fitting* BetrVG § 50 Rn. 72.

- die Befugnisse und Pflichten des Vorsitzenden des Betriebsrates in § 29 Abs. 2 bis 4 BetrVG;
- die Beschlussfassung mit der Mehrheit der Stimmen der anwesenden Mitglieder. Der Gesamtbetriebsrat ist nur beschlussfähig, wenn mindestens die Hälfte seiner Mitglieder an der Beschlussfassung teilnimmt und die Teilnehmenden mindestens die Hälfte aller Stimmen vertreten (§ 51 Abs. 3 BetrVG). Dieses Erfordernis ergänzt die entsprechend anwendbaren für den Betriebsrat geltenden Regeln des § 33 BetrVG;
- die Regelung des § 33 Abs. 3 BetrVG betreffend die Teilnahme der Jugend- und Auszubildendenvertretung; § 52 BetrVG regelt die beratende Teilnahme der Gesamtschwerbehindertenvertretung.

104 Auf den Gesamtbetriebsrat finden im Übrigen alle sonstigen für den Betriebsrat geltenden Vorschriften, die die Rechte und Pflichten regeln, Anwendung, § 51 Abs. 5 BetrVG. Es handelt sich um eine Generalklausel, die sicherstellt, dass der Gesamtbetriebsrat im Prinzip dieselben Rechte und Pflichten hat, wie der Betriebsrat. Als Beispiel wird das Gebot zur vertrauensvollen Zusammenarbeit gemäß § 2 Abs. 1 BetrVG,[202] das Gebot zur Beachtung des Gleichbehandlungsgrundsatzes gemäß § 75 BetrVG,[203] aber auch die materiellen Mitwirkungs- und Mitbestimmungsrechte im Rahmen seiner Zuständigkeit nach § 50 BetrVG[204] genannt. Soweit der Gesamtbetriebsrat also im Rahmen seiner Zuständigkeiten handelt, hat er unmittelbar dieselbe Rechtsstellung wie der Betriebsrat.

IV. Konzernbetriebsrat

105 Sind ein herrschendes und ein oder mehrere abhängige Unternehmen unter der einheitlichen Leitung des herrschenden Unternehmens zusammengefasst, so bilden sie einen Konzern, § 18 Abs. 1 AktG. Die Errichtung eines Konzernbetriebsrates liegt im Ermessen der Gesamtbetriebsräte; sie setzt voraus, dass die Gesamtbetriebsräte derjenigen Konzernunternehmen, in denen insgesamt **mehr als 50 %** der Arbeitnehmer der Konzernunternehmen beschäftigt sind, zustimmen (§ 54 Abs. 1 BetrVG). Ist für ein Konzernunternehmen kein Gesamtbetriebsrat gebildet, so wird es durch seinen Betriebsrat vertreten, der in diesem Fall die Aufgaben eines Gesamtbetriebsrates wahrnimmt.

1. Zuständigkeit

106 Die Regeln über die Zuständigkeit des Konzernbetriebsrates in § 58 BetrVG folgen den Regeln über die Zuständigkeit des Gesamtbetriebsrates mit der Maßgabe, dass die Behandlung von Angelegenheiten verlangt wird, die den Konzern oder mehrere Konzernunternehmen betreffen und nicht durch die einzelnen Gesamtbetriebsräte innerhalb ihrer Unternehmen geregelt werden können.[205]

Beispiele für die Zuständigkeit eines Konzernbetriebsrates:
- Austausch von Mitarbeiterdaten zwischen Konzernunternehmen;[206]
- Mitbestimmungsrechte des Konzernbetriebsrates bei einer konzernweiten Institution der Altersversorgung;[207]
- Einführung eines unternehmensübergreifenden Verhaltenskodexes;[208]
- Unternehmensübergreifende finanzielle Zuwendung bei Mitarbeiterjubiläen.[209]

107 Im Rahmen seines Zuständigkeitsbereichs – nur für notwendige konzerneinheitliche Regelungen – ist der Konzernbetriebsrat auch zuständig für die Unternehmen im Konzern, die

---

[202] ErfK/*Koch* BetrVG § 51 Rn. 4; *Fitting* BetrVG § 51 Rn. 62; GK-BetrVG/*Kreutz* § 51 Rn. 80.
[203] *Fitting* BetrVG § 51 Rn. 62; Däubler/Klebe/Wedde/*Trittin* BetrVG § 51 Rn. 58.
[204] BAG 20.1.2004 – 9 AZR 23/03, BeckRS 2004, 30800613 II.2.b.aa.(2); *Fitting* BetrVG § 51 Rn. 63; Däubler/Klebe/Wedde/*Trittin* BetrVG § 51 Rn. 82; GK-BetrVG/*Kreutz* § 51 Rn. 80.
[205] BAG 19.6.2007 – 1 AZR 454/06, NZA 2007, 1184 Rn. 18bb.
[206] BAG 20.12.1995 – 7 ABR 8/95, NZA 1996, 945 III.1.
[207] BAG 14.12.1993 – 3 AZR 618/93, NZA 1994, 554.
[208] BAG 22.7.2008 – 1 ABR 40/07, NZA 2008, 1248 Rn. 23.
[209] BAG 13.12.2016 – 1 AZR 148/15, BeckRS 2016, 117544 Rn. 24 ff.

keinen Gesamtbetriebsrat gebildet haben, auch wenn sie beispielsweise betriebsratslos sind, § 58 Abs. 1 BetrVG.

Zu den Zuständigkeiten des Konzernbetriebsrates gehört auch die Bestellung des Wahlvorstandes in gemäß § 1 Abs. 1 S. 1 BetrVG betriebsratsfähigen, aber bisher betriebsratslosen Betrieben, sofern kein Gesamtbetriebsrat besteht, § 17 Abs. 1 BetrVG. Der Konzernbetriebsrat ist hingegen nicht zuständig für Betriebe, die die Voraussetzungen des § 1 Abs. 1 BetrVG nicht erfüllen (sog. nicht betriebsratsfähige Kleinstbetriebe).[210]

Nach § 58 Abs. 2 BetrVG können einzelne Gesamtbetriebsräte den Konzernbetriebsrat beauftragen, eine Angelegenheit für ihn zu behandeln. Die Beauftragung hat schriftlich zu erfolgen und setzt einen Beschluss des Gesamtbetriebsrates mit der Mehrheit der Stimmen seiner Mitglieder voraus. Eine Delegation hat in der Praxis den Nachteil, dass der Gesamtbetriebsrat die Delegation an den Konzernbetriebsrat ohne Angabe von Gründen[211] jederzeit widerrufen kann.

2. Geschäftsführung

Die Geschäftsführung des Konzernbetriebsrates folgt den Regeln über die Aufgaben und Geschäftsführung des Betriebsrates. Auf die Aufzählung für den Gesamtbetriebsrat unter → Rn. 97 ff. wird verwiesen. Auch hinsichtlich der Mitgliederzahl des Konzernbetriebsratsausschusses ist auf die Regelung des Gesamtbetriebsrates in § 51 Abs. 1 BetrVG zu verweisen.

V. Jugend- und Auszubildendenvertretung

Die Jugend- und Auszubildendenvertretung – „JAV" – stellt auf die Gruppe der Arbeitnehmer ab, die das 18. Lebensjahr noch nicht vollendet haben, sowie auf diejenigen, die zu ihrer Berufsausbildung beschäftigt sind und das 25. Lebensjahr noch nicht vollendet haben.

1. Jugend- und Auszubildendenvertretung im Betrieb

In Betrieben mit in der Regel mindestens fünf Arbeitnehmern, die das 18. Lebensjahr noch nicht vollendet haben oder die zu ihrer Berufsausbildung beschäftigt sind und das 25. Lebensjahr noch nicht vollendet haben, werden Jugend- und Auszubildendenvertretungen gewählt, § 60 Abs. 1 BetrVG. Die Anzahl der Mitglieder der JAV ist gemäß § 62 BetrVG nach der Anzahl der zur JAV-Wahl berechtigten Arbeitnehmer gestaffelt. In der JAV sollen verschiedene Beschäftigungsarten und Ausbildungsberufe vertreten sein, § 62 Abs. 2 BetrVG. Darüber hinaus ist zwingend eine Geschlechterquote einzuhalten (§ 62 Abs. 3 BetrVG), wenn die JAV aus mindestens drei Mitgliedern besteht. Das unter den Jugendlichen und/oder zur Berufsausausbildung Beschäftigten in der Minderheit befindliche Geschlecht muss seinem zahlenmäßigen Verhältnis entsprechend in der JAV vertreten sein.

Die JAV nimmt an den Betriebsratssitzungen teil,
- durch Entsendung eines Vertreters zu allen Sitzungen des Betriebsrates, § 67 Abs. 1 S. 1 BetrVG;
- durch Teilnahme der gesamten JAV an Sitzungen des Betriebsrates zu Angelegenheiten, die die von der JAV vertretenen Arbeitnehmer besonders betreffen, § 67 Abs. 1 S. 2 BetrVG.

Die JAV hat gegenüber dem Betriebsrat ein **Antragsrecht**. Sie kann verlangen, dass Angelegenheiten, die die von ihr vertretenen Arbeitnehmer betreffen und über die sie beraten hat, auf die Tagesordnung des Betriebsrates gesetzt werden (§ 67 Abs. 3 BetrVG). Die Vertreter der JAV haben ein Stimmrecht, wenn ein Betriebsratsbeschluss überwiegend die Jugendlichen und/oder in der Ausbildung befindlichen Arbeitnehmer im Sinne des § 60 Abs. 1 BetrVG betrifft, § 67 Abs. 2 BetrVG.

---

[210] LAG Düsseldorf 3.11.2011 – 5 TaBV 50/11, BeckRS 2011, 79289 2.2.2.2.; nachgehend: BAG 17.1.2013 – 1 ABR 93/11 (Verfahren eingestellt); *Fitting* BetrVG § 58 Rn. 29; ErfK/*Koch* BetrVG § 58 Rn. 2.
[211] *Fitting* BetrVG § 58 Rn. 25.

115 Die JAV hat auch das Recht, an Besprechungen zwischen Betriebsrat und Arbeitgeber teilzunehmen, wenn Angelegenheiten besprochen werden, die besonders die von der JAV vertretenen Arbeitnehmer betreffen, § 68 BetrVG. In diesen Fällen hat der Betriebsrat die JAV zwingend hinzuzuziehen;[212] ein Abbedingen der Regelung durch einen Tarifvertrag oder eine Betriebsvereinbarung ist nicht möglich.[213]

116 Zu den Rechten und Pflichten der JAV gehören
- die Beantragung von Maßnahmen beim Betriebsrat, die den Jugendlichen und/oder zur Berufsausbildung beschäftigten Arbeitnehmern dienen. Hierzu gehören insbesondere Maßnahmen der Berufsbildung und die Übernahme der Auszubildenden in ein Arbeitsverhältnis, § 70 Abs. 1 Nr. 1 BetrVG. Das Gesetz hebt auch die Beantragung von Maßnahmen zur Durchsetzung der tatsächlichen Gleichstellung von Frauen und Männern sowie Maßnahmen zur Vereinbarkeit von Familie und Erwerbstätigkeit hervor, § 70 Abs. 1, 1a BetrVG;
- die Überwachung der Einhaltung von Gesetzen, Verordnungen, Unfallverhütungsvorschriften, Tarifverträgen und Vertriebsvereinbarungen in Bezug auf Jugendliche und/oder zur Berufsausbildung beschäftigte Arbeitnehmer, § 70 Abs. 1 Nr. 2 BetrVG;
- die Entgegennahme von Anregungen der von ihr vertretenen Arbeitnehmergruppe und die Beantragung entsprechender Maßnahmen beim Betriebsrat, § 70 Abs. 1 Nr. 4 BetrVG;
- die Beantragung der Aussetzung von Betriebsratsbeschlüssen, wenn die Interessen der von ihr vertretenen Arbeitnehmergruppe erheblich beeinträchtigt sind, § 66 BetrVG.

117 Hinsichtlich der Geschäftsführung der JAV wird eine Reihe der die Geschäftsführung des Betriebsrates regelnden Bestimmungen für entsprechend anwendbar erklärt, § 65 BetrVG. Dies betrifft insbesondere
- die Wahl des Vorsitzenden und seines Stellvertreters sowie deren Aufgaben, § 26 BetrVG;
- die Möglichkeit der Übertragung von Aufgaben auf Ausschüsse gemäß § 28 Abs. 1 S. 1 und 2 BetrVG;
- die Grundsätze über Betriebsratssitzungen, § 30 BetrVG und der Teilnahme der Gewerkschaft hieran, § 31 BetrVG;
- die Regeln über die Beschlussfähigkeit und die Mehrheitserfordernisse des § 33 BetrVG sowie die Ordnungsvorschriften über die Sitzungsniederschrift des § 34 BetrVG und die Möglichkeit des Erlasses einer Geschäftsordnung gemäß § 36 BetrVG;
- die Tätigkeit in der JAV als unentgeltliches Ehrenamt;
- der Anspruch auf Freistellung von der Arbeit, soweit dies für die ordnungsgemäß Durchführung ihrer Aufgaben erforderlich ist, § 37 BetrVG. Eine ganzheitliche Freistellung im Sinne des § 38 BetrVG ist jedoch ausgeschlossen.

118 Auch die JAV darf sich nicht durch Beiträge der Arbeitnehmer finanzieren, § 41 BetrVG, sondern erhält Ersatz des notwendigen Kosten- und Sachaufwandes durch den Arbeitgeber gemäß § 40 BetrVG.

2. Jugend- und Auszubildendenvertretung im Unternehmen

119 Bestehen in einem Unternehmen mehrere JAV, so muss eine Gesamt-JAV errichtet werden, § 72 Abs. 1 BetrVG. Diese Regelung ist parallel zur Errichtung eines Gesamtbetriebsrates geregelt.[214]

120 **a) Organisation.** Die Gesamt-JAV hat so viele Mitglieder, wie das Unternehmen Betriebe hat, in denen eine JAV gebildet ist. Von den Betrieben wird je ein Mitglied in die Gesamt-JAV entsandt und ein Ersatzmitglied bestellt, § 72 Abs. 2, 3 BetrVG. Durch Tarifvertrag oder Betriebsvereinbarung kann der Zahl der Mitglieder der Gesamt-JAV anders geregelt, insbesondere die Mitgliederzahl vergrößert werden, § 72 Abs. 4 BetrVG. Besteht die Gesamt-JAV nach der gesetzlichen Regel aus mehr als 20 Mitgliedern, so ist der Abschluss einer die Mitgliederzahl verkleinernden Betriebsvereinbarung zwingend vorgeschrieben, wenn eine entsprechende tarifvertragliche Regelung fehlt, § 72 Abs. 5 BetrVG. Die Betriebsvereinbarung ist zwischen Arbeitgeber und Gesamtbetriebsrat abzuschließen, wobei die Verringe-

---

[212] Löwisch/Kaiser BetrVG § 68 Rn. 1; Fitting BetrVG § 68 Rn. 2; GK-BetrVG/Oetker § 68 Rn. 2.
[213] Fitting BetrVG § 68 Rn. 2; GK-BetrVG/Oetker § 68 Rn. 2.
[214] → Rn. 90, 91.

rung der Gesamtzahl dadurch herbeizuführen ist, dass regional oder durch gleichartige Interessen verbundene JAV gemeinsam Mitglieder in die Gesamt-JAV entsenden, § 72 Abs. 5 BetrVG. Im Streitfall entscheidet die Einigungsstelle, § 72 Abs. 6 BetrVG. Die Gesamt-JAV wird durch den gewählten Vorsitzenden und bei dessen Verhinderung durch den gewählten Stellvertreter **vertreten**, §§ 73 Abs. 2, 26 Abs. 1 S. 1 BetrVG.

b) Zuständigkeit. § 73 Abs. 2 BetrVG verweist für die Zuständigkeit der Gesamt-JAV auf § 50 BetrVG, der die Zuständigkeit des Gesamtbetriebsrates regelt. Daraus ergibt sich die Zuständigkeit in Angelegenheiten, mit denen eine JAV die Gesamt-JAV beauftragt. Die Beauftragung bedarf eines Beschlusses der JAV mit der Mehrheit der Stimmen seiner Mitglieder. Wie beim Gesamtbetriebsrat ist auch die Gesamt-JAV in Angelegenheiten überbetrieblicher Natur berufen, wenn eine Regelung auf betrieblicher Ebene nicht möglich ist oder eine zwingende sachliche Notwendigkeit für die unternehmenseinheitliche oder zumindest betriebsübergreifende Regelung besteht. 121

c) Geschäftsführung. Die Gesamt-JAV diskutiert und entscheidet in Sitzungen. Von der Sitzung ist der Gesamtbetriebsrat vorher zu verständigen. Einer Zustimmung des Gesamtbetriebsrates bedarf es hingegen nicht. Der Gesamtbetriebsrat hat durch den Vorsitzenden oder ein beauftragtes Mitglied ein Teilnahmerecht. Umgekehrt hat die Gesamt-JAV das Recht, an allen Sitzungen des Gesamtbetriebsrates teilzunehmen, § 73 Abs. 1 BetrVG. Für die Beschlussfassung der Gesamt-JAV gilt § 51 Abs. 3, 4 entsprechend. Erforderlich ist also die Mehrheit der Stimmen der anwesenden Mitglieder. Beschlussfähigkeit liegt vor, wenn mindestens die Hälfte der Mitglieder an der Beschlussfassung teilnehmen und die Teilnehmenden mindestens die Hälfte aller Stimmen vertreten. Hinsichtlich der Stimmverteilung regelt § 72 Abs. 7 BetrVG, dass jedes Mitglied der Gesamt-JAV so viele Stimmen hat, wie jugendliche Arbeitnehmer und Auszubildende in seinem Betrieb in die Wählerliste eingetragen sind. Bei einer Entsendung für mehrere Betriebe ist die Wählerliste dieser Betriebe maßgeblich. Werden auf Grund von Tarifvertrag oder Betriebsvereinbarung von einer JAV mehrere Mitglieder in die Gesamt-JAV entsandt, so werden die in der Wählerliste eingetragenen jugendlichen Arbeitnehmer und Auszubildenden zahlenmäßig auf die Entsandten verteilt. Bei einer Entsendung von beispielsweise drei Vertretern in die Gesamt-JAV und einer Anzahl von 300 in die Wählerliste eingetragenen jugendlichen Arbeitnehmern und Auszubildenden hat jedes entsandte Mitglied ein Stimmengewicht von 100 Stimmen. 122

3. Jugend- und Auszubildendenvertretung im Konzern

Nach dem am 28.7.2001 in Kraft getretenen Gesetz zur Reform des Betriebsverfassungsgesetzes ist erstmals vorgesehen, dass auch jugendliche Arbeitnehmer und Auszubildende eine Vertretung auf Konzernebene bilden. Voraussetzung ist die Zustimmung der Gesamt-JAV der Konzernunternehmen, in denen mindestens 75 % der jugendlichen Arbeitnehmer und Auszubildenden beschäftigt sind, § 73a BetrVG. 123

a) Organisation. Jede Gesamt-JAV entsendet ein Mitglied in die Konzern-JAV und bestellt ein Ersatzmitglied, § 73a Abs. 2 BetrVG. Durch Tarifvertrag oder Betriebsvereinbarung sind abweichende Mitgliederzahlen möglich, §§ 73a Abs. 4, 72 Abs. 4 BetrVG. Bei mehr als 20 Mitgliedern der Konzern-JAV muss eine Reduzierung durch Konzernbetriebsvereinbarungen vorgenommen werden. Es gelten die gleichen Regeln wie bei der Gesamt-JAV, §§ 73a Abs. 4, 72 Abs. 5, 6 BetrVG. Jedes Mitglied der Konzern-JAV hat so viele Stimmen, wie die Mitglieder der entsendenden Gesamt-JAV insgesamt Stimmen haben, § 73a Abs. 3 BetrVG. Sind Mitglieder der Konzern-JAV aus einem gemeinsamen Betrieb mehrerer Unternehmen entsandt, so können durch Tarifvertrag oder Betriebsvereinbarung abweichende Stimmverteilungen vereinbart werden, §§ 73a Abs. 4, 72 Abs. 8 BetrVG. 124

b) Zuständigkeit. Die Konzern-JAV ist zuständig
- für Angelegenheiten, die den Konzern oder mehrere Konzernunternehmen betreffen und nicht durch die einzelnen Gesamt-JAV innerhalb ihrer Unternehmen geregelt werden können; ihre Zuständigkeit erstreckt sich insoweit auch auf Unternehmen ohne Gesamt-JAV sowie auf Betriebe ohne JAV, §§ 73b Abs. 2, 58 BetrVG; 125

- für Angelegenheiten, in denen die Konzern-JAV durch eine Gesamt-JAV beauftragt wird. Dieser Beauftragung muss eine Beschlussfassung der Gesamt-JAV mit einer Mehrheit von mehr als 50 % ihrer Mitglieder vorausgehen, §§ 73b Abs. 2, 58 BetrVG.

126 **c) Geschäftsführung und Geltung sonstiger Vorschriften.** Die Konzern-JAV diskutiert ihre Angelegenheiten und beschließt in Sitzungen, über die sie den Konzernbetriebsrat vorher zu verständigen hat. Der Konzernbetriebsrat ist berechtigt, an diesen Sitzungen durch seinen Vorsitzenden oder durch ein beauftragtes Mitglied teilzunehmen, § 73b BetrVG. Die Konzern-JAV ist ihrerseits berechtigt, an allen Sitzungen des Konzernbetriebsrates teilzunehmen. Im Übrigen sind die Regelungen zur Konzern-JAV den Regelungen zur Gesamt-JAV entsprechend ausgebildet.

VI. Der Arbeitgeber

1. Begriff

127 Im Betriebsverfassungsgesetz wird der Begriff „Arbeitgeber" zum einen verwandt, wenn es um den Vertragspartner des Arbeitnehmers – auch des Betriebsratsmitgliedes als Arbeitnehmer – geht. Beispiel hierfür sind die Unterrichtungs- und Erörterungspflichten des Arbeitgebers in §§ 81 ff. BetrVG. Zum anderen ist der Arbeitgeber aber nicht nur Partei des Arbeitsvertrages in dem Vertragsverhältnis zwischen Arbeitgeber und Arbeitnehmer, sondern auch Organ der Betriebsverfassung, also Konterpart und Verhandlungspartner der Arbeitnehmervertretung. In dieser Funktion hat er gegenüber dem Betriebsrat die betriebsverfassungsrechtlichen Pflichten zu erfüllen. Das Betriebsverfassungsgesetz bezeichnet den Arbeitgeber teilweise auch als „Unternehmer", beispielsweise in § 106 BetrVG (Wirtschaftsausschuss) oder in §§ 111 f. BetrVG (Betriebsänderungen). Die unterschiedliche Bezeichnung hat keine rechtliche Bedeutung.[215]

128 Für den Begriff des Arbeitgebers kommt es auf die Rechtsform nicht an. Arbeitgeber kann sowohl eine natürliche Person, wie zB „Manfred Mustermann, Malermeister", als auch eine juristische Person, zB eine GmbH, eine Aktiengesellschaft oder eine Personengesellschaft, wie die Offene Handelsgesellschaft oder die Kommanditgesellschaft, sein.

2. Vertreter

129 Juristische Personen werden regelmäßig durch die Mitglieder des Organes vertreten, das zur gesetzlichen Vertretung der juristischen Person befugt ist. Dies sind:
- bei der GmbH die Geschäftsführer, § 35 Abs. 1 GmbHG, bei der GmbH in Liquidation die Liquidatoren, § 66 GmbHG;
- bei der Aktiengesellschaft die Vorstandsmitglieder, § 78 AktG; bei der Liquidation die Abwickler, § 269 AktG;
- bei der KG auf Aktien die Komplementäre nach Maßgabe des Gesellschaftsvertrages, § 278 Abs. 2 AktG, §§ 125, 181 HGB;
- bei der Stiftung die Mitglieder des nach dem Stiftungsgeschäft bestellten gesetzlichen Vertretungsorganes, §§ 85, 86 BGB;
- beim Verein die Vorstandsmitglieder, § 26 BGB, in der Liquidation die Liquidatoren gemäß § 48 BGB; ist ein Sondervertreter bestellt, so vertritt dieser den Verein nach § 30 BGB;
- beim Versicherungsverein die Vorstandsmitglieder, § 34 S. 2 VAG iVm § 78 AktG; bei kleineren Vereinen iSd § 53 VAG gelten die Vertretungsregeln des Vereines, §§ 26 ff. BGB;
- bei Genossenschaften die Vorstandsmitglieder, § 24 GenG, während der Liquidation durch die Liquidatoren, § 83 GenG;
- bei Insolvenz einer juristischen Person der Insolvenzverwalter, § 80 InsO.

130 Demgegenüber werden Personengesamtheiten/Personengesellschaften wie folgt gesetzlich vertreten:

---
[215] Richardi BetrVG/*Richardi* Einl. Rn. 122.

- die Offene Handelsgesellschaft durch alle oder einzelne Gesellschafter, §§ 114, 125 HGB;
- die Gesellschaft bürgerlichen Rechts durch alle oder einzelne Gesellschafter, §§ 709, 710, 714 BGB;
- die Kommanditgesellschaft durch den oder die Komplementäre, §§ 164, 170 HGB;
- der nicht rechtsfähigen Verein durch den Vereinsvorstand, § 54 BGB iVm § 26 BGB analog;
- eine Reederei durch die Mitreeder bzw. der Korrespondentreeder, §§ 489, 493, 496 HGB.

Nicht in allen Fällen wird der Vorstand, der Geschäftsführer oder der sonstige gesetzliche Vertreter persönlich die Aufgaben nach dem Betriebsverfassungsgesetz wahrnehmen. Jedenfalls in mittleren und großen Gesellschaften wird er diese Aufgaben je nach Organisation auf den Personalleiter, auf einen Prokuristen, auf den Assistenten der Geschäftsführung oder andere innerbetriebliche Personen delegieren.

Die rechtsgeschäftliche Vertretung des Arbeitgebers wird im Betriebsverfassungsgesetz als möglich unterstellt. Sie ist beispielsweise in § 108 Abs. 2 BetrVG erwähnt. Dort heißt es, dass an den Sitzungen des Wirtschaftsausschusses der Unternehmer oder sein Vertreter teilzunehmen hat. Ein weiteres Beispiel ist die Berichtspflicht des Arbeitgebers in einer Betriebsversammlung je Kalenderjahr, die er durch seinen Vertreter erfüllen kann, § 43 Abs. 2 BetrVG. Auch dort, wo der Vertreter nicht ausdrücklich genannt ist, kann sich der Arbeitgeber eines solchen rechtsgeschäftlichen Vertreters bedienen. Dabei verpflichtet das Gebot der vertrauensvollen Zusammenarbeit den Arbeitgeber, nur solche rechtsgeschäftlichen Vertreter einzusetzen, die nach Sachkenntnis und Hierarchie zu der Betriebsleitung gezählt werden können. Die Zulässigkeit rechtsgeschäftlicher Stellvertretung richtet sich dabei nach Art und Funktion des in Frage stehenden Beteiligungsrechtes.[216] Ob der Vertreter als Verhandlungspartner des Betriebsrates darüber hinaus Entscheidungsbefugnis haben muss, ist eine Frage des Einzelfalles und von der Art des Beteiligungsrechtes und dem Stadium der Verhandlungen abhängig.[217] Sind rechtsgeschäftliche Erklärungen abzugeben, so bedarf der Vertreter, der nicht Organ der Gesellschaft ist, einer entsprechenden Vollmacht, § 164 BGB. Eine Vertretung bei der Ausübung der betriebsverfassungsrechtlichen Aufgaben durch betriebsfremde Personen, zB durch Verbandsvertreter oder Rechtsanwälte, ist unter Berücksichtigung des Gebotes der vertrauensvollen Zusammenarbeit in der Regel nicht zulässig.[218]

---

[216] ArbG Düsseldorf 7.10.2008 – 10 BV 73/08, BeckRS 2009, 62093 II.2.
[217] BAG 11.12.1991 – 7 ABR 16/91, NZA 1992, 850 B. II. 3.c.; *Fitting* BetrVG § 1 Rn. 240.
[218] *Fitting* BetrVG § 1 Rn. 240.

§ 60 Kooperations- und Verhaltenspflichten

Übersicht

	Rn.
I. Grundsätze für die Zusammenarbeit	1–29
1. Vertrauensvolle, konstruktive Zusammenarbeit	2–7
a) Gemeinsame Besprechungen, § 74 Abs. 1 S. 1	3/4
b) Einlassungs- und Erörterungspflicht, § 74 Abs. 1 S. 2	5/6
c) Kooperationsgebot, § 2 Abs. 1	7
d) Koppelungsgeschäft	8
2. Friedenspflicht	9–21
a) Verbot des Arbeitskampfes, § 74 Abs. 2 S. 1	10–17
b) Beeinträchtigung von Arbeitsablauf oder Betriebsfrieden	18–20
c) Allgemeine Neutralitätspflicht	21
3. Verbot parteipolitischer Betätigung	22–28
4. Störung der Betriebsratsarbeit	29
II. Benachteiligungs- und Begünstigungsverbot	30–37
1. Benachteiligungsverbot	30/31
2. Begünstigung	32–37
III. Geheimhaltungspflicht	38–47
1. Adressat der Geheimhaltungspflicht	39/40
2. Gegenstand der Geheimhaltungspflicht	41–45
3. Schutzsubjekt der Geheimhaltungspflicht	46/47
IV. Sanktionen und Rechtsschutz bei Pflichtverletzungen	48–56
1. Verstoß gegen die Grundsätze für die Zusammenarbeit	49–51
2. Verstoß gegen das Benachteiligungs- und Begünstigungsverbot	52/53
3. Verstoß gegen die Geheimhaltungspflicht	54–56

I. Grundsätze für die Zusammenarbeit

1   Das Gebot der vertrauensvollen Zusammenarbeit zwischen Betriebsrat und Arbeitgeber gemäß § 2 BetrVG wird in zahlreichen Vorschriften des Betriebsverfassungsgesetzes konkretisiert. Zur Kanalisierung der Interessengegensätze zwischen Arbeitgeber und Betriebsrat gelten Spielregeln, die das Miteinander erleichtern, eine konstruktive Zusammenarbeit ermöglichen und die Erzielung einvernehmlicher Verhandlungsergebnisse fördern.

1. Vertrauensvolle, konstruktive Zusammenarbeit

2   Zur Herbeiführung einer **vertrauensvollen, konstruktiven Zusammenarbeit** sieht das BetrVG unterschiedliche Instrumentarien vor:

3   **a) Gemeinsame Besprechungen, § 74 Abs. 1 S. 1.** Arbeitgeber und Betriebsrat sollen **mindestens einmal im Monat** zu einer Besprechung zusammentreten. Durch eine solche institutionalisierte Gesprächsrunde wird der regelmäßige Kontakt zueinander gefördert, der Meinungsaustausch erleichtert und Probleme bereits im Vorfeld besser erkannt. Obwohl es sich um eine Soll-Vorschrift handelt, gehören derartige Besprechungen zu den „Spielregeln" der **Zusammenarbeit,** so dass sich hieraus eine **betriebsverfassungsrechtliche Pflicht** ergibt.[1] Für die monatliche Besprechung gibt es keine Formvorschriften.[2] Es besteht weder die Pflicht, eine Tagesordnung aufzustellen noch Einladungsfristen einzuhalten. Anders jedoch dann, wenn die Parteien sich auf ein formalisiertes Verfahren geeinigt haben. Beteiligte der monatlichen Besprechungen sind der Arbeitgeber und alle Mitglieder des Betriebsrats.[3] Der Be-

---

[1] GK-BetrVG/*Kreutz* § 74 Rn. 10; Däubler/Klebe/Wedde/*Berg* BetrVG § 74 Rn. 4; Löwisch/*Kaiser* BetrVG § 74 Rn. 1.

[2] *Fitting* BetrVG § 74 Rn. 6.

[3] Däubler/Klebe/Wedde/*Berg* BetrVG § 74 Rn. 6; GK-BetrVG/*Kreutz/Jacobs* § 74 Rn. 14; Richardi BetrVG/*Richardi* § 74 Rn. 7; *Fitting* BetrVG § 74 Rn. 7; ErfK/*Kania* BetrVG § 74 Rn. 4.

triebsrat kann die Teilnahme an den Monatsgesprächen zwischen ihm und dem Arbeitgeber nach § 74 Abs. 1 BetrVG dem Betriebsausschuss gemäß 27 BetrVG übertragen.[4] Zu den Besprechungen sind nach Bedarf und Themenschwerpunkt zB die Jugend- und Auszubildendenvertretung hinzuzuziehen, § 68 BetrVG oder die Schwerbehindertenvertretung, die nach § 95 Abs. 5 SGB IX das Recht zur Teilnahme hat. Außenstehende Dritte können zu den Besprechungen nur hinzugezogen werden, wenn die Parteien sich hierauf verständigen. Ob Beauftragte einer im Betriebsrat vertretenen Gewerkschaft auf Einladung des Betriebsrates oder ein Vertreter des Arbeitgeberverbandes auf Einladung des Arbeitgebers an den Besprechungen teilnehmen können, wird unterschiedlich beantwortet. Nach richtiger Auffassung sollte darauf abgestellt werden, ob die Teilnahme wegen der anstehenden Themen erforderlich erscheint und ob für die Verweigerung der Teilnahme anerkennenswerte Gründe der anderen Partei bestehen oder nicht.[5]

Weigert sich eine der Betriebsparteien wiederholt und ohne sachlichen Grund, an den Besprechungen teilzunehmen, so kann darin eine grobe Pflichtverletzung im Sinne des § 23 Abs. 1 oder 3 BetrVG liegen.[6] **Einvernehmlich** können allerdings beide Parteien auf die monatliche Besprechung verzichten, zB wenn keine zu besprechenden Punkte vorliegen und keiner von beiden gleichwohl eine Besprechung verlangt.[7] 4

b) Einlassungs- und Erörterungspflicht, § 74 Abs. 1 S. 2. Arbeitgeber und Betriebsrat haben über strittige Fragen mit dem ernsten Willen zur Einigung zu verhandeln und Vorschläge für die Beilegung von Meinungsverschiedenheiten zu machen. **Strittige Fragen** sind in erster Linie Angelegenheiten, in denen der Betriebsrat mitbestimmt. Es gehören aber auch Angelegenheiten dazu, die im Wege einer freiwilligen Vereinbarung geregelt werden können, wenn eine Betriebspartei Diskussionsbedarf für einen solchen Komplex anmeldet.[8] 5

Die Verpflichtung nach § 74 Abs. 1 S. 2 BetrVG wird allgemein als Einlassungs- und Erörterungspflicht gekennzeichnet.[9] Diese Verpflichtung umfasst die Darlegung des eigenen Standpunktes, die Begründung dieses Standpunktes, die Stellungnahme zu der vom anderen Betriebspartner vertretenen Position und letztlich die Verpflichtung zur konstruktiven Diskussion. „**Konstruktiv**" meint dabei insbesondere die Verpflichtung, nach Möglichkeit Vorschläge für die Beilegung von Meinungsverschiedenheiten zu machen. Allerdings ist keinem der Betriebspartner untersagt, an seiner eigenen Meinung und an seinen eigenen Vorstellungen festzuhalten und den Kompromissvorschlägen der anderen Seite nicht nachzukommen. Es gibt keine Rechtspflicht zum Kompromiss, nur die Pflicht, sich hierum zu bemühen.[10] Ein Verstoß gegen die Einlassungs- und Erörterungspflicht kann in eng begrenzten Ausnahmefällen dazu führen, dass einem Unterlassungsanspruch des Betriebsrats aus § 87 Abs. 1 BetrVG der Einwand der unzulässigen Rechtsausübung entgegensteht.[11] 6

c) Kooperationsgebot, § 2 Abs. 1. Arbeitgeber und Betriebsrat sollen miteinander kooperieren. Dies bedeutet gegenseitige Ehrlichkeit und Offenheit sowie die Pflicht zur gegenseitigen Rücksichtnahme und zur Loyalität. Sie arbeiten **zum Wohl der Arbeitnehmer und des Betriebes** zusammen. § 2 Abs. 1 BetrVG wird vielfach als Generalklausel bezeichnet, die den allgemeinen, in § 242 BGB normierten Grundsatz von Treu und Glauben konkretisiert.[12] Als Generalklausel wirkt sie direkt in allen Bereichen der Zusammenarbeit der Betriebsparteien. Sie haben daher ihre gegenseitigen Beziehungen nicht durch unangebrachtes Miss- 7

---

[4] BAG 15.8.2012 – 7 ABR 16/11, NZA 2013, 284 B; *Fitting* BetrVG § 74 Rn. 5; ErfK/*Kania* BetrVG § 74 Rn. 5.
[5] Wohl hM, vgl. *Fitting* BetrVG § 74 Rn. 8; GKBetrVG/*Kreutz* § 74 Rn. 18; Richardi BetrVG/*Richardi* § 74 Rn. 11; ErfK/*Kania* BetrVG § 74 Rn. 7.
[6] *Fitting* BetrVG § 74 Rn. 4; ErfK/*Kania* BetrVG § 74 Rn. 4.
[7] ErfK/*Kania* BetrVG § 74 Rn. 3; *Fitting* BetrVG § 74 Rn. 4; aA GK-BetrVG/*Kreutz/Jacobs* § 74 Rn. 11; Richardi BetrVG/*Richardi* § 74 Rn. 8.
[8] ErfK/*Kania* BetrVG § 74 Rn. 8.
[9] Däubler/Klebe/Wedde/*Berg* BetrVG § 74 Rn. 13; ErfK/*Kania* BetrVG § 74 Rn. 8; GK-BetrVG/*Kreutz/Jacobs* § 74 Rn. 26.
[10] Däubler/Klebe/Wedde/*Berg* BetrVG § 74 Rn. 13; ErfK/*Kania* BetrVG § 74 Rn. 8.
[11] BAG 12.3.2019 – 1 ABR 42/17, NZA 2019, 843 Rn. 41.
[12] *Fitting* BetrVG § 2 Rn. 16; ErfK/*Koch* BetrVG § 2 Rn. 1.

trauen zu belasten. Sie sollen ihre Unterrichtungs-, Erörterungs- und Einlassungspflichten an diesem Gebot ausrichten und das Gebot der Verhältnismäßigkeit beachten. Ein Verstoß gegen § 2 Abs. 1 BetrVG liegt beispielsweise vor, wenn
- der Arbeitgeber sich auf die fehlende vorherige Verständigung über die weitere Hinzuziehung eines Sachverständigen beruft, ohne die Notwendigkeit der weiteren Beratung durch einen Sachverständigen zuvor bestritten zu haben und ein Teil der Vergütung bereits gezahlt worden ist;[13]
- der Arbeitgeber komplexe Auskünfte nicht schriftlich erteilt;[14]
- der Betriebsrat bei der Mitbestimmung seiner Mitwirkungspflicht nicht nachkommt;[15]
- die Betriebsratskosten nicht auf das notwendige Maß beschränkt werden.[16]

8   d) **Koppelungsgeschäft.** In der Praxis kommt es häufig vor, dass der Betriebsrat die Zustimmung zu einer mitbestimmungspflichtigen Angelegenheit von der Erbringung einer nicht mitbestimmungspflichtigen Gegenleistung des Arbeitgebers abhängig macht. Es ist umstritten, ob solche Koppelungsgeschäfte rechtich zulässig sind. Teilweise werden diese für zulässig erachtet, da das BetrVG die Verknüpfung von Angelegenheiten der zwingenden Mitbestimmung und solche er freiwilligen Mitbestimmung nicht verbietet.[17] Nach zutreffender gegenteiliger Auffassung ist ein Koppelungsgeschäft jedenfalls unzulässig, da rechtsmissbräuchlich, wenn dieses normzweckwidrig ist.[18] Ein Koppelungsgeschäft ist dann normzweckwidrig, wenn die geforderte Gegenleistung keinen sachlichen Bezug zum Zweck des zwingenden Mitbestimmungsrecht aufweist.[19]

2. Friedenspflicht

9   Den Betriebsparteien sind Maßnahmen des Arbeitskampfes ebenso verboten wie sonstige Betätigungen, die den Arbeitsablauf oder den Frieden des Betriebes beeinträchtigen, § 74 Abs. 2 S. 1, 2 BetrVG.

10 a) **Verbot des Arbeitskampfes, § 74 Abs. 2 S. 1.** Arbeitgeber und Betriebsrat haben ihre Meinungsverschiedenheiten ausschließlich mit den im BetrVG vorgesehenen Mitteln auszutragen, also durch Verhandlungen und – wenn keine Einigung erzielbar ist – durch ein Einigungsstellenverfahren oder durch einen Arbeitsgerichtsprozess.[20] Streiks – gleich in welcher Form – auf der Betriebsratseite und die Aussperrung auf der Arbeitgeberseite **sind rechtswidrig, wenn sie zur Regelung betriebsverfassungsrechtlicher Streitigkeiten vorgenommen werden,** gleichgültig wer sie organisiert. Derartige rechtswidrige Kampfmaßnahmen verpflichten zum Schadensersatz.[21] Das Verbot des § 74 Abs. 2 S. 1 BetrVG erfasst ausweislich des Gesetzeswortlautes nicht die Arbeitskämpfe tariffähiger Parteien. Kampfmaßnahmen zwischen Gewerkschaften und Arbeitgebervereinigungen oder zwischen Gewerkschaften und einzelnen Arbeitgebern sind nicht Gegenstand der betriebsverfassungsrechtlichen Regelung des § 74 BetrVG.[22]

11 Die aus der dem Betriebsrat als Organ auferlegten Friedenspflicht resultierenden **Handlungspflichten bei Kampfmaßnahmen** sind:
- Neutralität des Betriebsrates als Organ und Enthaltung jedweder Tätigkeit im Arbeitskampf.[23]
- Keine Unterstützung des Streiks, weder durch Geld noch durch Aufrufe.[24]

---

[13] LAG Köln 9.8.2019 – 9 TaBV 16/19, BeckRS 2019, 29457 Rn. 28 ff., anhängig beim BAG, 1 ABN 81/19.
[14] BAG 7.2.2012 – 1 ABR 46/10, NZA 2012, 744 Rn. 14; LAG Hessen 10.12.2018 – 16 TaBV 130/18, NZA-RR 2019, 196 Rn. 25.
[15] LAG Rheinland-Pfalz 1.8.2019 – 5 TaBV 9/19, BeckRS 2019, 29746 Rn. 31.
[16] BAG 24.10.2018 – 7 ABR 23/17, NZA 2019, 407.
[17] *Fitting* BetrVG § 87 Rn. 27.
[18] GKBetrVG/*Kreutz/Gutzeit* § 87 Rn. 377.
[19] Auch Umkehrschluss aus: ArbG Düsseldorf 28.11.2007 – 15 BVGa 26/07, BeckRS 2007, 145294.
[20] *Fitting* § 74 Rn. 12; ErfK/*Kania* BetrVG § 74 Rn. 9; Richardi/*Richardi* § 74 Rn. 17.
[21] BAG 7.6.1988 – 1 AZR 372/86, NJW 1989, 63; *Fitting* BetrVG § 74 Rn. 12.
[22] GK-BetrVG/*Kreutz* § 74 Rn. 41; MHdB ArbR/*Boemke* § 288 Rn. 11.
[23] BAG 22.12.1980 – 1 ABR 76/79, NJW 1981, 942 C. II. 2.
[24] Däubler/Klebe/Wedde/*Berg* BetrVG § 74 Rn. 26; *Fitting* BetrVG § 74 Rn. 14.

- Neutralität auch jeden einzelnen Betriebsratsmitglieds.[25] Zur Neutralitätspflicht gehört auch das Verbot, Räume oder sonstige sachliche Mittel, die dem Betriebsrat vom Arbeitgeber gemäß § 40 Abs. 2 BetrVG zur Verfügung gestellt worden sind, zu Streikzwecken zu benutzen.[26]
- Streitig ist, ob das einzelne Betriebsratsmitglied Streikaufrufe und Verlautbarungen unter ausdrücklicher Erwähnung seiner Betriebsratsmitgliedschaft unterzeichnen darf.[27] Die ablehnende Ansicht ist vorzugswürdig, da das Betriebsratsmitglied den Streikaufruf nur als Arbeitnehmer verbreiten darf und die Nennung der Betriebsratsmitgliedschaft die Neutralitätspflicht verletzt.[28]

Ansonsten können sich Betriebsratsmitglieder wie jeder andere Arbeitnehmer an Streikmaßnahmen beteiligen, sei es in ihrer Eigenschaft als Arbeitnehmer und/oder als Gewerkschaftsmitglied.[29] Kampfmaßnahmen im Betrieb tangieren im Übrigen die Beteiligungsrechte des Betriebsrates nicht.[30]

Bei arbeitskampfbedingten Maßnahmen können die Beteiligungsrechte des Betriebsrates eingeschränkt sein. Die Einzelheiten sind umstritten. Das BAG präferiert eine **arbeitskampfkonforme Auslegung der einzelnen Beteiligungsrechte**.[31] Nach anderer Ansicht ist aus dem sich aus § 74 Abs. 1 S. 1 BetrVG ergebenden Neutralitätsgebot eine Schranke für die Ausübung solcher Beteiligungsrechte des Betriebsrates herzuleiten, die sich im Einzelfall ganz oder teilweise als Ausübung konkreter Kampfmaßnahmen gegenüber dem Arbeitgeber darstellen.[32] Im praktischen Ergebnis dürften sich aus den dogmatisch unterschiedlichen Ansätzen jedoch keine Unterschiede ergeben.

Dem Betriebsrat ist es demnach untersagt, Beteiligungsrechte in einer Art oder in einem Umfang auszuüben, dass sie im Rahmen des laufenden Arbeitskampfes einen zusätzlichen Druck auf den Arbeitgeber ausüben und damit das Kampfziel der streikenden Gewerkschaft unterstützt. Als Beispiele für die den Druck der streikenden Arbeitnehmer verstärkende eigene Kampfmaßnahme des Betriebsrates werden genannt:
- Zustimmungsverweigerung zur Einstellung von so genannten Streikbrechern;[33]
- Verweigerungshaltung bei der Festlegung der Arbeitszeit oder der Anordnung von Mehrarbeit, wenn der Arbeitgeber mit solchen Maßnahmen der Streikstrategie der Gewerkschaften begegnen will;[34]
- Inanspruchnahme des Mitbestimmungsrechts nach § 87 Abs. 1 Nr. 1 BetrVG bei der Kennzeichnung von Werksausweisen nicht ausgesperrter Arbeitnehmer.[35]

Hingegen sieht das BAG[36] **keine Beeinträchtigung arbeitgeberseitiger Abwehrmaßnahmen**, wenn es um die gesetzlichen Unterrichtungspflichten des Arbeitgebers in Bezug auf Überstunden, Schichtverschiebungen, Versetzungen, Einstellungen und Beschäftigung von Mitarbeitern anderer Firmen geht. In der Abwägung gebiete die Arbeitskampffreiheit des Arbeitgebers keine Einschränkung der gesetzlichen Informationsansprüche des Betriebsrates. Dieser bedürfe der entsprechenden Informationen, um die Einhaltung der auch während des Arbeitskampfes geltenden gesetzlichen Arbeitszeitregelungen zu überwachen und um zu erkennen, ob eine bestimmte Maßnahme des Arbeitgebers tatsächlich arbeitskampfbedingt sei oder der Mitbestimmung unterliege.

---

[25] *Fitting* BetrVG § 74 Rn. 15; ErfK/*Kania* BetrVG § 74 Rn. 12; GK-BetrVG/*Kreutz* § 74 Rn. 66.
[26] *Fitting* BetrVG § 74 Rn. 15; GK-BetrVG/*Kreutz* § 74 Rn. 66; Richardi BetrVG/*Maschmann* § 74 Rn. 24.
[27] Dafür: Däubler/Klebe/Wedde/*Berg* BetrVG § 74 Rn. 18 (ausgenommen Missbrauch); dagegen: *Fitting* BetrVG § 74 Rn. 15.
[28] LAG München 6.5.2010 – 3 TaBVGa 10/10, zit. nach Juris Rn. 45 ff.
[29] HM, vgl. statt vieler: *Fitting* BetrVG § 74 Rn. 16.
[30] BAG 13.12.2011 – 1 ABR 2/10, NZA 2012, 571 Rn. 35; *Fitting* BetrVG § 74 Rn. 17; ErfK/*Kania* BetrVG § 74 Rn. 14; Richardi BetrVG/*Maschmann* § 74 Rn. 32 ff.
[31] BAG 20.3.2018 – 1 ABR 70/16, NZA 2018, 1081 Rn. 20; 13.12.2011 – 1 ABR 2/10, NZA 2012, 571 Rn. 27; Richardi BetrVG/*Richardi* § 74 Rn. 32 ff.
[32] *Fitting* BetrVG § 74 Rn. 19 f.; GK-BetrVG/*Kreutz/Jacobs* § 74 Rn. 72 ff.; *Jahnke* ZfA 1984, 69 (86).
[33] *Fitting* BetrVG § 74 Rn. 22 mwBsp.
[34] *Krummel* BB 2002, 1419.
[35] *Gaumann* NZA 2001, 245.
[36] BAG 10.12.2002 – 1 ABR 7/02, NZA 2004, 223 B. III. 3.

16 Eine etwaige Einschränkung des Beteiligungsrechts des Betriebsrats **endet mit dem Ende des Arbeitskampfes.** Der Arbeitgeber hat nunmehr eine notwendige Zustimmung des Betriebsrates einzuholen und mitbestimmungspflichtige Maßnahmen, die er während des Streiks eingeleitet hat und jetzt aufrechterhalten möchte, der Mitbestimmung des Betriebsrates zu unterwerfen.[37] So bedarf die Aufrechterhaltung angeordneter Mehrarbeit oder Veränderung der Arbeitszeit nunmehr der Einigung mit dem Betriebsrat. Ohne dessen Zustimmung vorgenommene Einstellungen, die den Streik überdauern, sind nunmehr dem Verfahren nach §§ 99, 100 BetrVG zu unterwerfen.[38] Streitig ist, ob die Neutralitätspflicht den Betriebsparteien untersagt, im Rahmen von freiwilligen Betriebsvereinbarungen oder Regelungsabreden, Absprachen über Art und Umfang eines Notdienstes während des Arbeitskampfes zu treffen. Das BAG hat dies bisher offengelassen. Dabei ist zu berücksichtigen, dass die Regelung eines Notdienstes als Teilkomplex des Arbeitskampfes den kampfführenden Parteien selbst obliegt.[39] Haben die Arbeitskampfparteien Notdienstregelungen getroffen, so können die Betriebsparteien keine anderweitige Regelung vereinbaren, es sei denn, die Kampfparteien überlassen mit oder ohne Vorgaben die Regelung des Notdienstes den Betriebsparteien. Beispiel ist insbesondere die Ausgestaltung von Schichtplänen für den Notdienst im Hinblick auf die einzusetzenden Personen und die zeitliche Ausgestaltung.[40] Seine Beteiligungsrechte hat der Betriebsrat in diesem Fall an das Neutralitätsgebot auszurichten.

17 Während des Arbeitskampfes darf der Arbeitgeber Betriebsratsmitgliedern nicht generell den Zutritt zum Betrieb verwehren, auch wenn sie ausgesperrt sind. Die Betriebsratsmitglieder müssen weiterhin ein Zutrittsrecht zum Betrieb haben, wenn und soweit dies zur Ausübung ihrer betriebsverfassungsrechtlichen Tätigkeit erforderlich ist, die während des Arbeitskampfes nicht ruht.[41]

18 b) **Beeinträchtigung von Arbeitsablauf oder Betriebsfrieden.** § 74 Abs. 2 S. 2 BetrVG verbietet Maßnahmen, durch die der Arbeitsablauf oder der Betriebsfrieden beeinträchtigt werden. Gemeint ist damit ein aktives störendes Verhalten, das sowohl dem Arbeitgeber als auch dem Betriebsrat, als auch den einzelnen Betriebsratsmitgliedern untersagt ist.

Beispiele für die Störung des Arbeitsablaufs:
- Aufforderung des Betriebsrates, bestimmte Weisungen des Arbeitgebers nicht zu befolgen;[42]
- Aufforderung, bestimmte Arbeiten nicht mehr zu verrichten.[43]

Beispiele für die Störung des Betriebsfriedens:
- Wiederholte Missachtung der Beteiligungsrechte des Betriebsrates durch den Arbeitgeber;[44]
- Entfernung einer nicht genehmen Bekanntmachung durch die jeweils andere Betriebspartei;[45]
- Verbreitung wahrheitswidriger, insbesondere ehrverletzender Behauptungen über die andere Betriebspartei;[46]
- verunglimpfende Abhandlungen, Darstellungen oder sonstige Veröffentlichungen in Werkzeitungen, Flugblättern, Anschlägen am schwarzen Brett.[47]

19 Gegen den Betriebsfrieden verstößt auch, wenn Konflikte ohne besondere Veranlassung zum Aufbau zusätzlichen Drucks auf eine Seite gezielt in die Medien verlagert werden.[48]

20 Andererseits sind Störungen des Arbeitsablaufs und Störungen des Betriebsfriedens, die auf rechtmäßigen Maßnahmen des Betriebsrates im Rahmen seiner Aufgabenerfüllung be-

---

[37] *Fitting* BetrVG § 74 Rn. 23; MHdB ArbR/*Boemke* § 288 Rn. 19.
[38] BAG 10.12.2002 – 1 ABR 7/02, NZA 2004, 223 B. I. 4.
[39] *Fitting* BetrVG § 74 Rn. 24a.
[40] *Fitting* BetrVG § 74 Rn. 25.
[41] *Wiese* NZA 1984, 378; *Fitting* BetrVG § 74 Rn. 26.
[42] *Fitting* BetrVG § 74 Rn. 30.
[43] *Fitting* BetrVG § 74 Rn. 30.
[44] GK-BetrVG/*Kreutz/Jacobs* § 74 Rn. 139; *Fitting* BetrVG § 74 Rn. 30.
[45] MHdB ArbR/*Boemke* § 288 Rn. 22; GK-BetrVG/*Kreutz/Jacobs* § 74 Rn. 140.
[46] LAG Mecklenburg-Vorpommern 11.7.2017 – 5 TaBV 13/16, BeckRS 2017, 121384 Rn. 60; *Fitting* BetrVG § 74 Rn. 31a.
[47] *Fitting* BetrVG § 74 Rn. 31a.
[48] *Fitting* BetrVG § 74 Rn. 34; ErfK/*Kania* BetrVG § 74 Rn. 20; *Wiese* NZA 2012, 1 (7); Jaeger/Röder/Heckelmann BetrVerfassungsR-HdB/*Dornbusch* Kap. 6 Rn. 165.

ruhen stets zulässig. Als Beispiel hierfür ist die Durchführung der Betriebsversammlung, der Hinweis des Betriebsrates auf die Notwendigkeit der Einhaltung bestehender Arbeitsschutzvorschriften oder darauf, dass Überstunden ohne Beachtung des Mitbestimmungsrechts des Betriebsrats angeordnet worden sind, zu nennen.

c) **Allgemeine Neutralitätspflicht.** Außerdem folgt aus §§ 2, 74 Abs. 2 BetrVG eine allgemeine Neutralitätspflicht des Betriebsrats, die diesen zur gewerkschaftspolitischen Neutralität verpflichtet.[49] Das Betriebsratsmitglied ist nicht berechtigt, einen von dem Arbeitgeber für dienstliche Zwecke zur Verfügung gestellten E-Mail-Account für die Verbreitung eines Streikaufrufs an die Belegschaft zu verwenden.[50] Nach herrschender Meinung folgt aus dem Neutralitätsgebot auch ein Werbeverbot zu Gunsten von Gewerkschaften für den Betriebsrat als Organ sowie für die einzelnen Betriebsratsmitglieder.[51] Der freigestellte Betriebsratsvorsitzende verstößt wohl auch gegen das Neutralitätsgebot, wenn er gemeinsam mit einem Gewerkschaftsfunktionär Arbeitnehmer in ihrem Arbeitsplatz individuell anspricht du für den Beitritt zu einer Gewerkschaft wirbt. Auch die Werbetätigkeit für die Gewerkschaft durch den Betriebsrat während einer Betriesbratssprechstunde ist unzulässig.[52]

3. Verbot parteipolitischer Betätigung

§ 74 Abs. 2 S. 3 verbietet den Betriebsparteien eine Tätigkeit für oder gegen eine politische Partei. Unter dem Begriff der politischen Partei sind Parteien im Sinne des **Art. 21 GG** und des **§ 2 Abs. 1 Parteiengesetz** zu verstehen, aber auch politische Gruppierungen, soweit sie parteiähnlichen Charakter haben, also auf eine gewisse Dauer angelegt sind, über eine Organisation verfügen und nach ihrem Programm auf die politische Willensbildung der Bevölkerung Einfluss nehmen.[53] Inwieweit Bürgerinitiativen oder die Klimaschutz-Bewegung als sonstige politische Gruppierung der Partei gleichzusetzen sind, ist streitig. Das BAG hat zB die Anti-Atom-Bewegung[54] und die Friedensbewegung gegen die Nachrüstung[55] als dem Verbot des § 74 Abs. 2 S. 3 BetrVG unterfallend angesehen.

Unter partei-politischer Betätigung wird ein **aktives Handeln** verstanden.[56] Hierzu gehören insbesondere[57]
- partei-politische Werbung, Propaganda
- Veranlassung von Resolutionen
- Sammlung von Unterschriften oder von Geldspenden
- Maßnahmen, die Arbeitnehmer oder Arbeitgeber zu einer Stellungnahme in parteipolitischen Fragen veranlassen sollen.

Der Aufruf des Betriebsrats an die Mitarbeiter, sich an einer bevorstehenden politischen Wahl zu beteiligen, verstößt nicht gegen das partei-politische Neutralitätsgebot.[58]

Das Verbot des § 74 Abs. 2 S. 3 BetrVG umfasst nur eine partei-politische, nicht jedoch jegliche allgemeine politische Betätigung.[59]

Das **Verbot gilt nur im Betrieb** oder in seiner **unmittelbaren Nähe**, sofern die politische Betätigung objektiv in den Betrieb hineinwirken.[60] Außerhalb des Betriebes kann jeder, der

---

[49] BVerfG 27.3.1979 – 2 BvR 1011/78, NJW 1979, 1875 III.1.; BAG 15.10.2013 – 1 ABR 31/12, NZA 2014, 319 Rn. 25 ff.
[50] BAG 15.10.2013 – 1 ABR 31/12, NZA 2014, 319 Rn. 8.
[51] LAG Düsseldorf 14.12.2010 – 17 TaBV 12/10, NZA-RR 2011, 137 B. II. 6.b. aa.; LAG Hamm 20.3.2009 – 10 TaBV 149/08, BeckRS 2009, 72938 B. II. 2.; *Fitting* BetrVG § 74 Rn. 70.
[52] *Fitting* BetrVG § 74 Rn. 70.
[53] *Fitting* BetrVG § 74 Rn. 47.
[54] BAG 2.3.1982 – 1 AZR 694/79, NJW 1982, 2888 II.2.bDB.
[55] BAG 12.6.1986 – 6 AZR 559/84, NZA 1987, 153 II.3.
[56] *Fitting* BetrVG § 74 Rn. 45; ErfK/*Kania* BetrVG § 74 Rn. 24.
[57] Richardi BetrVG/*Maschmann* § 74 Rn. 61 mwBsp.
[58] BAG 17.3.2010 – 7 ABR 95/08, NZA 2010, 1133 Rn. 35 ff.
[59] So jetzt BAG 17.3.2010 – 7 ABR 95/08, NZA 2010, 1133 Rn. 37, das damit seine bisherige Rspr. aufgegeben hat; so auch die Lit.: GK-BetrVG/*Kreutz/Jacobs* § 74 Rn. 97 bis 100; Däubler/Klebe/Wedde/*Berg* BetrVG § 74 Rn. 27, 28; *Fitting* BetrVG § 74 Rn. 50; ErfK/*Kania* BetrVG § 74 Rn. 25.
[60] Jaeger/Röder/Heckelmann BetrVerfassungsR-HdB/*Dornbusch* Kap. 6 Rn. 173; ErfK/*Kania* BetrVG § 74 Rn. 26.

Arbeitgeber wie der Betriebsrat oder die Betriebsratsmitglieder selbst, uneingeschränkt partei-politische Aktivitäten unternehmen.[61]

27 Nach § 74 Abs. 2 S. 3 Hs. 2 BetrVG ist die Behandlung tarifpolitischer, sozialpolitischer, umweltpolitischer und wirtschaftlicher Angelegenheiten, die den Betrieb oder seine Arbeitnehmer unmittelbar betreffen, von dem Verbot der partei-politischen Betätigung nicht erfasst. Maßgeblich für diese Ausnahmeregelung ist der **Bezug zum Betrieb und/oder zu dessen Arbeitnehmern.** Die Betroffenheit muss unmittelbar, wenn auch nicht ausschließlich sein. Daher fallen auch solche Angelegenheiten unter die Ausnahme, die neben dem Betrieb oder dessen Arbeitnehmern auch den ganzen Wirtschaftszweig betreffen, dem der Betrieb angehört.[62] Die Angelegenheit muss aber die Arbeitnehmer als Beschäftigte des Betriebes oder den Arbeitgeber in seiner Eigenschaft als Betriebsinhaber tangieren.

28 Nicht unter die partei-politische Betätigung fällt die durch das Betriebsverfassungs-Reformgesetz mehrfach angesprochene Bekämpfung von Rassismus und Fremdenfeindlichkeit im Betrieb oder die **Betätigung von Betriebsratsmitgliedern für ihre Gewerkschaft.** Gewerkschaftliches Engagement ist in § 74 Abs. 3 BetrVG ausdrücklich ausgenommen, auch soweit diese Betätigung im Betrieb erfolgt. Das Betriebsratsmitglied kann in seiner Funktion als gewerkschaftlich engagierte Arbeitnehmer Gewerkschaftsbeiträge einziehen, über die Arbeit der Gewerkschaft informieren, für sie werben und gewerkschaftliche Funktionen übernehmen.[63] Sie dürfen jedoch keinen Druck zum Eintritt in eine bestimmte Gewerkschaft ausüben oder Arbeitnehmer wegen Nichtzugehörigkeit zu ihrer Gewerkschaft benachteiligen.[64]

4. Störung der Betriebsratsarbeit

29 § 78 BetrVG untersagt die **Störung oder Behinderung** von Mitgliedern des Betriebsrates in der Ausübung ihrer Tätigkeit. Zu dem geschützten Personenkreis gehören auch die Mitglieder des Gesamtbetriebsrates, des Konzernbetriebsrates, der Jugend- und Auszubildendenvertretung, der Gesamt-Jugend- und Auszubildendenvertretung, der Konzern-Jugend- und Auszubildendenvertretung, des Wirtschaftsausschusses, der Bordvertretung und des Seebetriebsrates, der Einigungsstelle, der tariflichen Schlichtungsstelle, einer betrieblichen Beschwerdestelle und Auskunftspersonen nach § 80 Abs. 2 S. 3 BetrVG sowie die in § 3 Abs. 1 BetrVG genannten Vertretungen der Arbeitnehmer. Adressat des § 78 BetrVG ist jedermann mit Ausnahme des Betriebsrats selbst.[65] Es handelt sich um eine Schutzbestimmung zur Sicherung der Tätigkeit betriebsverfassungsrechtlicher Organe aller Art. Die Vorschrift richtet sich gegen jedermann, also gegen den Arbeitgeber, die Arbeitnehmer, Betriebsangehörige, die nicht Arbeitnehmer sind sowie leitende Angestellte und gegen außerbetriebliche Stellen einschließlich der Gewerkschaften.[66] Das BAG[67] versteht den Begriff der Behinderung weit. Er umfasst jede unzulässige Erschwerung, Störung oder Verhinderung der Betriebsratstätigkeit. Als Beispiele werden in der Praxis genannt

- konstante Ablehnung der Zusammenarbeit nach § 2 Abs. 1 BetrVG;[68]
- Verweigerung des Zugangs zum Betriebsgelände;[69]
- Verweigerung notwendiger Sach- und Personalmittel nach § 40 BetrVG;[70]
- Entfernung zulässiger Betriebsratsanschläge vom schwarzen Brett;[71]
- Empfehlung zur Nichtteilnahme an Betriebsversammlungen;[72]

---

[61] *Fitting* BetrVG § 74 Rn. 53.
[62] *Fitting* BetrVG § 74 Rn. 57.
[63] BAG 12.6.1986 – 6 AZR 559/84, NZA 1987, 153 II.3.
[64] BVerfG 27.3.1979 – 2 BvR 1011/78, NJW 1979, 1875 III.2.a.
[65] LAG Hessen 25.2.2019 – 16 TaBVGa 26/19, zitiert nach Juris Rn. 40.
[66] *Fitting* BetrVG § 78 Rn. 7; Däubler/Klebe/Wedde/*Buschmann* BetrVG § 78 Rn. 11.
[67] BAG 12.11.1997 – 7 ABR 14/97, NZA 1998, 559 B.1.
[68] *Fitting* BetrVG § 78 Rn. 9 mwBsp.
[69] BAG 4.12.2013 – 7 ABR 7/12, NZA 2014, 803 Rn. 38.
[70] *Fitting* BetrVG § 78 Rn. 9.
[71] *Fitting* BetrVG § 78 Rn. 9.
[72] OLG Stuttgart 9.9.1988 – 1 Ws 237/88, zitiert nach Juris Rn. 6.

- beharrliche Missachtung der Mitwirkungs- und Mitbestimmungsrechte des Betriebsrates;
- Öffnung der Betriebsratspost durch den Arbeitgeber;
- Speicherung der Zielnummern aller Telefonate eines Betriebsratsmitgliedes;[73]
- Abmahnung eines Sachverhalts, der einen Bezug zu der betriebsverfassungsrechtlichen Stellung als Betriebsratsmitglied hat;[74]
- Verhinderung von erforderlicher Betriebsratsarbeit durch den Arbeitgeber.[75]

II. Benachteiligungs- und Begünstigungsverbot

1. Benachteiligungsverbot

Die unparteiische und unabhängige Amtsführung der Mitglieder betriebsverfassungsrechtlicher Organe setzt voraus, dass sie nicht benachteiligt, also nicht schlechter behandelt werden als andere Arbeitnehmer des Betriebes. Das Benachteiligungsverbot des § 78 BetrVG enthält auch die Verpflichtung des Arbeitgebers, die berufliche Entwicklung des Betriebsratsmitgliedes unabhängig von seiner Tätigkeit im Betriebsrat zu gestalten. Auf die Erfüllung dieser Verpflichtung hat das Betriebsratsmitglied einen unmittelbaren gesetzlichen Anspruch gegen den Arbeitgeber.[76]

Beispiele: Als unzulässige Benachteiligung werden in Rechtsprechung und Literatur genannt:
- Zuweisung einer weniger angenehmen Arbeit,[77]
- Umsetzung in ein Großraumbüro,[78]
- Ausschluss von besonderen Zuwendungen oder Vergünstigungen,[79]
- Ausschluss vom Bewährungsaufstieg,[80]
- Widerruf der vorübergehenden Übertragung einer tariflich höherwertigen Tätigkeit wegen Freistellung eines Betriebsratsmitgliedes,[81]
- außerordentliche Kündigung nur des Betriebsratsmitglieds wegen eines Vorfalls, an dem auch andere Arbeitnehmer beteiligt waren.

Im Hinblick auf die **berufliche Entwicklung** ist als Vergleichsmaßstab der hypothetische Verlauf der Entwicklung ohne das Betriebsratsamt heranzuziehen. Hieraus resultieren für das Betriebsratsmitglied auch Fortbildungsansprüche, wenn vergleichbare andere Arbeitnehmer des Betriebes eine derartige Weiterbildung erhalten. Unter das Benachteiligungsverbot fällt nicht eine Schlechterstellung, die das Betriebsratsmitglied **zusammen mit den anderen Arbeitnehmern** des Betriebes oder einer Beschäftigtengruppe ereilt. Als Beispiel ist die Einführung von Kurzarbeit, die Herabsetzung übertariflicher Löhne oder die Änderung einer betrieblichen Ruhegeldordnung zu nennen. Bei **teilzeitbeschäftigten Betriebsratsmitgliedern** liegt keine Benachteiligung wegen Betriebsratstätigkeit vor, wenn der Arbeitgeber Betriebsratstätigkeit über die vertragliche Arbeitszeit hinaus nur noch dann anerkennt, wenn deren Erfordernis belegt wird.[82]

2. Begünstigung

Besteht ein Ursachenzusammenhang zwischen der Betriebsratstätigkeit und einer dem tätigen Betriebsratsmitglied gewährten Begünstigung, so ist diese unzulässig. Grund hierfür ist, dass die Betriebsratsmitglieder ihr Amt unparteiisch und innerlich sowie äußerlich un-

---

[73] Fitting BetrVG § 78 Rn. 9.
[74] BAG 9.9.2015 – 7 ABR 69/13, NZA 2016, 57 Rn. 23; LAG Hessen 4.5.2017 – 9 Ta 45/17, BeckRS 2017, 117433 Rn. 14.
[75] LAG Niedersachsen 7.11.2017 – 3 Ta 166/17, zitiert nach Juris Rn. 25.
[76] BAG 19.1.2005 – 7 AZR 208/04, BeckRS 2005, 30349201, 436 I.2.c.
[77] LAG Hessen 14.8.1986 – 12 Sa 1225/85, BeckRS 1986 30450947 B.I. 3.b.; LAG Bremen 12.8.1982 – 3 TaBV 33/81, AP BetrVG 1972 § 99 Nr. 15 II.3.
[78] LAG Köln 26.7.2010 – 5 SaGa 10/10, NZA-RR 2010, 641.
[79] BAG 10.11.2015 – 3 AZR 574/14, NJOZ 2016, 509; Fitting BetrVG § 78 Rn. 18 mwBsp.
[80] BAG 26.9.1990 – 7 AZR 208/89, NZA 1991, 694 II.1.
[81] BAG 13.1.1981 – 6 AZR 678/78, AP BPersVG § 46 Nr. 2 II.2.
[82] LAG Berlin 14.7.2000 – 6 TaBV 934/00, NZA-RR 2001, 313 2.2.2.

abhängig führen sollen und dabei nicht durch Geldzahlungen in ihrer Amtsführung beeinflusst werden dürfen.[83]

33 Probleme ergeben sich hinsichtlich des Begünstigungsverbotes insbesondere bei der Vergütung freigestellter Betriebsratsmitglieder. Grundsätzlich bemisst sich deren Vergütung nach dem Entgeltausfallprinzip,[84] wobei nach der Rechtsprechung hinsichtlich „schwankender Bezüge" grundsätzlich auch eine Schätzung nach den Grundsätzen des § 287 Abs. 2 ZPO vorgenommen werden kann.[85] Als ergänzender Entgeltschutz dient zudem § 37 Abs. 4 BetrVG, bei welchem Bezugspunkt für die Vergütung vergleichbare Arbeitnehmer sind.[86]

34 Bei rechtswidrigen, insbesondere zu hohen Zahlungen drohen rechtliche Risiken für die Beteiligten, insbesondere auf Arbeitgeberseite. Aus steuerstrafrechtlicher Sicht kommt die strafrechtlich relevante Betriebsratsbegünstigung (§ 119 Abs. 1 Nr. 3 BetrVG[87]) in Betracht, wenn der Arbeitgeber Leistungen an Betriebsratsmitglieder als Betriebsausgaben deklariert. Der Arbeitgeber macht in diesem Fall über steuerlich erhebliche Tatsachen unrichtige Angaben, da vom Betriebsausgabenabzugsverbot auch betriebsverfassungswidrige Begünstigungen erfasst werden. Es gilt, dass bereits der objektive Verstoß gegen die strafrechtliche Vorschrift genügt. In diesem Falle droht eine Verurteilung wegen Steuerhinterziehung nach § 370 Abs. 1 Nr. 1 AO.[88]

35 Zumindest denkbar ist überdies eine Strafbarkeit wegen Untreue nach § 266 StGB. Nach höchstrichterlicher Rechtsprechung verletzt eine betriebsverfassungswidrige Zahlung an Betriebsratsmitglieder die Vermögensbetreuungspflicht der Vorstandsmitglieder einer Aktiengesellschaft.[89] Daneben ist eine Strafbarkeit von Betriebsratsmitgliedern wegen Beihilfe zur Untreue denkbar, wenn diese mehr tun, als nur die Zahlung nur entgegenzunehmen.[90]

Als **Beispiele** werden genannt:
- zusätzliche Abfindung zu der normalen Sozialplanabfindung für Betriebsratsmitglieder;[91]
- über § 38 Abs. 1 BetrVG hinausgehende und nicht erforderliche Freistellung eines Betriebsratsmitglieds;
- die sachlich unbegründete tarifliche Höhergruppierung oder Versetzung an einen bevorzugten Arbeitsplatz;[92]
- eine nicht sachlich begründete pauschale Stundenvergütung zur Abgeltung von Betriebsratstätigkeiten;[93]
- die Gewährung zusätzlichen Urlaubs; betriebsunübliche Incentives.

36 Wird unter Verstoß gegen das Begünstigungsverbot eine solche Begünstigung gleichwohl vereinbart, so ist die Vereinbarung nach § 134 BGB nichtig.[94] Das Betriebsratsmitglied kann die versprochene Leistung nicht einklagen. Ob eine bereits gewährte Begünstigung zurückgefordert werden kann, ist streitig, da auch der Leistende gegen ein gesetzliches Verbot verstoßen hat.[95]

37 Kein Verstoß gegen das Begünstigungsverbot liegt hingegen vor, wenn ein Betriebsratsmitglied im Zuge einer kündigungsrechtlichen Auseinandersetzung einen Aufhebungsvertrag mit besonders attraktiven finanziellen oder sonstigen Konditionen erhält, die einem Arbeit-

---

[83] Kündigungsrecht/*Künzl* § 78 Rn. 35.
[84] BAG 18.5.2016 – 7 AZR 401/14, NZA 2016, 1212 Rn. 13 ff.
[85] BAG 29.4.2015 – 7 AZR 123/13, NZA 2015, 1328 Rn. 14.
[86] BAG 21.2.2018 – 7 AZR 496/16, NZA 2018, 1012 Rn. 15; BAG 27.7.2017 – 6 AZR 438/16, NZA 2018, 248 Rn. 50 f.; vgl. ausführlich *Jacobs* NZA 2019, 1606 (1607).
[87] Zu der Thematik *Jacobs/Frieling* ZfA 2015, 241 (260).
[88] *Dzida/Mehrens* NZA 2013, 753 (757); *Rieble* NZA 2008, 276 (278); *Jacobs* NZA 2019, 1606 (1610).
[89] BGH 17.9.2009 – 5 StR 521/08, NJW 2010, 92 Rn. 37.
[90] LG Braunschweig 22.2.2008 – 6 KLs 20/07, BeckRS 2009, 29834; IV.1.a., IV.2.a.; *Jacobs* NZA 2019, 1606 (1610).
[91] Fitting BetrVG § 78 Rn. 22 mwBsp.
[92] Fitting BetrVG § 78 Rn. 22.
[93] BAG 8.11.2017 – 5 AZR 11/15; NZA 2018, 528 Rn. 22.
[94] BAG 20.1.2010 – 7 ABR 68/08, NZA 2010, 777 Rn. 10.
[95] Für die Rückforderung: Richardi BetrVG/*Richardi* § 78 Rn. 37; GK-BetrVG/*Kreutz* § 78 Rn. 103; MHdB ArbR/*Krois* § 295 Rn. 177; *Bittmann/Mujan* BB 2012, 1604; dagegen: Fitting BetrVG § 78 Rn. 23; Däubler/Klebe/Wedde/*Buschmann* BetrVG § 78 Rn. 36.

nehmer ohne Betriebsratsamt nicht zugestanden worden wären.[96] Auch die Gewährung eines pauschalierten Monatsbetrags für die Fortzahlung von Zeit- oder Erschwerniszuschlägen an ein freigestelltes Betriebsratsmitglied kann zulässig sein, wenn der pauschalierte Betrag sich an dem Umfang der üblicherweise erbrachten zuschlagspflichtigen Tätigkeiten orientieren und lediglich einer rechnerischen Erleichterung dient.[97]

III. Geheimhaltungspflicht

Mit den umfangreichen Informationspflichten des Arbeitgebers gegenüber dem Betriebsrat korrespondiert die **in § 79 BetrVG geregelte Geheimhaltungspflicht**. Die Vorschrift regelt den Personenkreis, der der Geheimhaltungspflicht unterliegt und er definiert den Gegenstand, der der Geheimhaltung bedarf. Neben dem in § 79 BetrVG geregelten Betrieb/Arbeitgeber als Schutzobjekt der Geheimhaltungspflicht sind die §§ 82 Abs. 2, 83 BetrVG zu beachten, die dem Betriebsrat Verschwiegenheitspflichten im Verhältnis zu den Arbeitnehmern des Betriebs auferlegen. 38

1. Adressat der Geheimhaltungspflicht

Zu dem der Geheimhaltungspflicht des § 79 BetrVG unterliegenden Adressatenkreis gehören die Mitglieder der folgenden Gremien und Organisationen: 39
- Betriebsrat inklusive Ersatzmitglieder, Gesamtbetriebsrat, Konzernbetriebsrat,
- Jugend- und Auszubildendenvertretung, Gesamt- und Konzern-Jugend- und Auszubildendenvertretung,
- Wirtschaftsausschuss,
- Bordvertretung, Seebetriebsrat,
- Arbeitnehmervertretungen nach § 3 Abs. 1 BetrVG,
- tarifliche Schlichtungsstelle, betriebliche Beschwerdestelle,
- Einigungsstelle,
- Vertreter von Gewerkschaften und Arbeitgebervereinigungen.

Durch ausdrücklichen Verweis auf § 79 BetrVG gilt die Geheimhaltungspflicht auch für Sachverständige, die von der Einigungsstelle, dem Wirtschaftsausschuss oder dem Betriebsrat hinzugezogen werden, § 80 Abs. 4 BetrVG, und für die vom Unternehmer zu den Sitzungen des Wirtschaftsausschusses hinzugezogenen sachkundigen Arbeitnehmer, § 108 Abs. 2 S. 3 iVm § 80 Abs. 4 BetrVG. Auch die Mitglieder der Schwerbehindertenvertretung, Gesamt- und Konzernschwerbehindertenvertretung unterliegen gemäß § 96 Abs. 7 SGB IX bzw. § 97 Abs. 7 SGB IX einer § 79 BetrVG entsprechenden Geheimhaltungspflicht. 40

2. Gegenstand der Geheimhaltungspflicht

Der Geheimhaltung des § 79 BetrVG unterliegen Betriebs- und Geschäftsgeheimnisse. Der Begriff des Geschäftsgeheimnisses wird seit dem 18.4.2019 nach § 2 Nr. 1 GeschGehG als Information, die weder insgesamt noch in der genauen Anordnung und Zusammensetzung ihrer Bestandteile den Personen in den Kreisen, die üblicherweise mit dieser Art von Informationen umgehen, allgemein bekannt oder ohne Weiteres zugänglich ist und daher von wirtschaftlichem Wert ist und die Gegenstand von den Umständen nach angemessenen Geheimhaltungsmaßnahmen durch ihren rechtmäßigen Inhaber ist und bei der ein berechtigtes Interesse an der Geheimhaltung besteht, definiert. Betriebs- und Geschäftsgeheimnisse sind nach der arbeitsgerichtlichen Rechtsprechung Tatsachen, gleich ob technischer oder wirtschaftlicher Art, die mit dem Geschäftsbetrieb im Zusammenhang stehen, nicht offenkundig, sondern nur einem eng begrenzten Personenkreis bekannt sind und nach dem bekundeten Willen des Betriebsinhabers geheim gehalten werden sollen, wenn dieser an deren 41

---
[96] BAG 21.3.2018 – 7 AZR 590/16, NZA 2018, 1019 Rn. 19.
[97] BAG 29.8.2018 – 7 AZR 206/17, NZA 2019, 253 Rn. 39.

Geheimhaltung ein berechtigtes wirtschaftliches Interesse hat.[98] Fakten und Informationen, die sich jeder Interessierte ohne weiteres verschaffen kann, sind keine Betriebs- oder Geschäftsgeheimnisse. Dies trifft insbesondere auf Fakten zu, die im Wirtschaftsteil einer Zeitung veröffentlicht sind oder die heutzutage zB über das Internet erhältlich sind. Ob ein Betriebs- oder Geschäftsgeheimnis vorliegt oder nicht, ist also objektiv feststellbar.[99]

42 Geheimhaltungsbedürftig sind nur solche Tatsachen, die der Arbeitgeber **ausdrücklich als geheimhaltungsbedürftig bezeichnet** hat. Jedoch können Tatsachen nicht wirksam für geheimhaltungsbedürftig erklärt werden, wenn sie es objektiv nicht sind. Ein dem Betriebsrat mitgeteilter geplanter interessenausgleichspflichtiger Personalabbau als solcher und dessen Umfang kann daher nicht per se zu einem Betriebs- oder Geschäftsgeheimnis iSd § 79 BetrVG deklariert werden.[100] Der Geheimnisbegriff des Geschäftsgeheimnisschutzgesetzes findet grundsätzlich auch im Arbeitsrecht Anwendung. Da nach § 1 Abs. 3 Nr. 4 GeschGehG durch den Geheimnisschutz nach dem Geschäftsgeheimnisschutzgesetz keine Änderungen an den bestehenden Verschwiegenheitspflichten gemäß § 79 BetrVG erfolgt, gilt die Geheimhaltungspflicht aus § 79 BetrVG auch dann, wenn der Arbeitgeber keine angemessenen Geheimhaltungsmaßnahmen getroffen hat.[101] Daher ist es weiterhin ausreichend, wenn der Arbeitgeber die Information formal durch Hinweis auf deren Vertraulichkeit gegenüber dem Betriebsrat als Geschäftsgeheimnis ausgewiesen hat.

43 Die Kenntnisse müssen den Geheimhaltungsträgern wegen ihrer Zugehörigkeit zum verpflichteten Adressatenkreis zur Kenntnis gelangt sein. Bei den Vertretern der Gewerkschaften oder Arbeitgeberverbände wird auf die Kenntniserlangung im Rahmen ihrer betriebsverfassungsrechtlichen Unterstützungsfunktion abgestellt.[102] Als Beispiele geheimhaltungsbedürftiger und vom Arbeitgeber als Betriebs- oder Geschäftsgeheimnis angesehener Tatsachen werden genannt[103]
- Kundenlisten, Absatzplanungen, Kalkulationen,
- Unterlagen über neue technische Verfahren,
- Mängel der hergestellten Waren,
- Lohn- und Gehaltslisten, soweit die Personalkosten den wesentlichen Teil der betriebswirtschaftlichen Kalkulation darstellen,
- Konstruktionszeichnungen, Rezepturen, Fertigungsverfahren.

44 Der **Umfang** der Geheimhaltungspflicht wird schlagwortartig mit dem **Verbot der Offenbarung** und dem **Verbot der Verwertung** umschrieben. Unter Verwertung wird die Ausnutzung zu eigenen wirtschaftlichen Zwecken und unter Offenbarung die Weitergabe des Geheimnisses an (unberechtigte) Dritte verstanden.[104]

45 § 79 Abs. 1 S. 3, 4 BetrVG regelt im Interesse der Funktionsfähigkeit der Betriebsverfassung **Ausnahmen** von dem grundsätzlichen Geheimhaltungsgebot. Es besteht keine Schweigepflicht zwischen den Mitgliedern der betriebsverfassungsrechtlichen Organe; wohl aber für die in Abs. 1 genannten Organe und Personen gegenüber den nur in Abs. 2 und nicht auch in Abs. 1 genannten Stellen und Personen.[105] Obwohl die Vertretung der Arbeitnehmer nach § 3 Abs. 1 Nr. 2 und 3 nicht in Abs. 1 genannt sind, dürfen ihnen gegenüber die in Abs. 1 genannten Stellen und deren Mitglieder Betriebs- und Geschäftsgeheimnisse offenbaren, da diese Arbeitnehmervertreter an die Stelle des Betriebsrates treten.[106] Schweigepflicht besteht auch nicht im Rahmen eines Verfahrens vor der Einigungsstelle, der tariflichen Schlichtungsstelle oder einer betrieblichen Beschwerdestelle, falls die an sich geheimhal-

---

[98] BAG 10.3.2009 – 1 ABR 87/07, NZA 2010, 180 Rn. 25; 26.2.1987 – 6 ABR 46/87, NZA 1988, 63 II.2.c. bb.; LAG Schleswig-Holstein 20.5.2015 – 3 TaBV 35/14, NZA-RR 2016, 77 Rn. 44; Jaeger/Röder/Heckelmann BetrVerfassungsR-HdB/*Dornbusch* Kap. 6 Rn. 119–122.
[99] LAG Schleswig-Holstein 20.5.2015 – 3 TaBV 35/14, NZA-RR 2016, 77 Rn. 47.
[100] LAG Schleswig-Holstein 20.5.2015 – 3 TaBV 35/14, NZA-RR 2016, 77 Rn. 33.
[101] Ortmanns/Fuhlrott NZA 2019, 1384 (1387).
[102] *Fitting* BetrVG § 79 Rn. 7.
[103] BAG 26.2.1987 – 6 ABR 46/84, NZA 1988, 63 II.2.a.; 16.3.1982 – 3 AZR 83/79, BB 1982, 1792.
[104] *Fitting* BetrVG § 79 Rn. 16.
[105] *Fitting* BetrVG § 79 Rn. 25; ErfK/*Kania* BetrVG § 79 Rn. 13; aA DKKW/*Buschmann* BetrVG § 79 Rn. 20 ff.
[106] *Fitting* BetrVG § 79 Rn. 28; ErfK/*Kania* BetrVG § 79 Rn. 13.

tungsbedürftigen Tatsachen dort von Belang sind. Die Geheimhaltungspflicht tritt im Übrigen gegenüber vorrangigen Pflichten zurück. Solche vorrangigen Pflichten sind insbesondere Zeugenaussagen vor Gericht, wobei im Strafverfahren dem Betriebsratsmitglied oder einem sonstigen Adressaten der Verschwiegenheitspflicht des § 79 BetrVG kein auf sein Amt bezogenes Zeugnisverweigerungsrecht zusteht.

3. Schutzsubjekt der Geheimhaltungspflicht

Die Regelung des § 79 BetrVG schützt den Arbeitgeber und damit den **Betrieb**. Das Betriebsverfassungsgesetz kennt **weitere Schweigepflichten,** die der Betriebsrat insbesondere gegenüber den Arbeitnehmern des Betriebes zu beachten hat:
- Nach § 82 Abs. 2 BetrVG hat ein vom Arbeitnehmer hinzugezogenes Betriebsratsmitglied Stillschweigen über die mit dem Arbeitgeber geführten Erörterungen über Entgelt, Leistungsbeurteilung und berufliche Entwicklung zu bewahren.
- Nach § 83 Abs. 1 BetrVG hat das Mitglied des Betriebsrates über den Inhalt der Personalakte Stillschweigen zu bewahren, wenn er durch den Arbeitnehmer bei der Einsichtnahme hinzugezogen worden ist.
- Nach § 99 Abs. 1 S. 3 und § 102 Abs. 2 S. 5 BetrVG hat der Betriebsrat über die ihm im Rahmen personeller Maßnahmen bekannt gewordenen persönlichen Verhältnisse und Angelegenheiten der Arbeitnehmer zu schweigen.

Die Schweigepflicht gilt in allen Fällen naturgemäß nur, wenn ihn der Arbeitnehmer nicht von der Geheimhaltungsverpflichtung entbunden hat.

IV. Sanktionen und Rechtsschutz bei Pflichtverletzungen

Verstöße gegen die Pflicht zur Zusammenarbeit und Kooperation, gegen das Benachteiligungs- und Begünstigungsverbot sowie die Verletzung der Geheimhaltungspflicht werden in unterschiedlicher Weise sanktioniert. Derjenige, der durch die Pflichtverletzung betroffen und gegebenenfalls geschädigt wird, kann sich in unterschiedlicher Weise dagegen wehren.

1. Verstoß gegen die Grundsätze für die Zusammenarbeit

Verweigert eine der Betriebsparteien nachhaltig die Teilnahme an den angesetzten gemeinsamen Besprechungen oder verweigert er nachhaltig die Einlassung und Erörterung auf und über strittige Fragen, so kann dies eine grobe Pflichtverletzung im Sinne des § 23 BetrVG sein. Verweigert sich der Betriebsrat, so kann der Arbeitgeber beim Arbeitsgericht die Auflösung des Betriebsrates wegen grober Verletzungen seiner gesetzlichen Pflichten beantragen. Die Pflichtverletzung eines Betriebsratsmitglieds kann nicht wirksam durch eine Abmahnung geahndet werden. Eine betriebsverfassungsrechtliche Abmahnung ist unzulässig.[107] Verweigert sich der Arbeitgeber, so kann der Betriebsrat beim Arbeitsgericht beantragen, den Arbeitgeber zur Unterlassung, Duldung oder Vornahme einer Handlung zu verurteilen. Einem Unterlassungsanspruch des Betriebsrats gegen den Arbeitgeber kann jedoch dann der Einwand des Rechtsmissbrauchs entgegenstehen, wenn der Betriebsrat den Unterlassungsanspruch nur erlangt, indem er selbst seine Mitwirkungspflichten aus § 74 Abs. 1 S. 2 iVm § 2 Abs. 1 BetrVG verletzt.[108]

Verstößt eine Betriebspartei gegen die Verpflichtung des § 74 Abs. 2 BertVG, sich des Arbeitskampfes, partei-politischer Betätigungen oder der Störung des Arbeitsablaufes oder des Betriebsfriedens zu enthalten, so steht der anderen Partei ein Unterlassungsanspruch zu, der im Beschlussverfahren (§§ 2a, 80ff. ArbGG) geltend zu machen ist. Ein solcher Anspruch steht neben dem Unterlassungsanspruch nach § 23 BetrVG, der auf grobe Verstöße des Arbeitgebers abstellt.

Die zu unterlassende Handlung ist im Antrag so zu umschreiben, dass bei einer Zuwiderhandlung gegen die Entscheidung des Arbeitsgerichts die Zwangsvollstreckung betrieben

---
[107] BAG 9.9.2015 – 7 ABR 69/13, AP BetrVG 1972 § 78 Nr. 15 Rn. 13.
[108] BAG 12.3.2019 – 1 ABR 42/17, NZA 2019, 843 Rn. 53.

werden kann.[109] Im Einzelfall kann auch der Erlass einer einstweiligen Verfügung in Betracht kommen. Bei Wiederholungsgefahr ist auch ein Feststellungsantrag zulässig.

2. Verstoß gegen das Benachteiligungs- und Begünstigungsverbot

52 Verstöße gegen das Benachteiligungsverbot durch Rechtsgeschäft sind ebenso wie die Vereinbarung einer unzulässigen Begünstigung nichtig. Verstößt der Arbeitgeber schuldhaft gegen das Benachteiligungsverbot, so kann dies zu Schadensersatzansprüchen des betroffenen Betriebsratsmitgliedes nach § 823 Abs. 2 BGB führen, da § 78 BetrVG ein Schutzgesetz im Sinne dieser Bestimmung ist.

53 Wird ein Mitglied des Betriebsrates benachteiligt, weil ihm nicht die gleiche berufliche Entwicklung gewährt wird wie einem sonstigen Arbeitnehmer, so kann das Betriebsratsmitglied den Arbeitgeber unmittelbar auf Erfüllung in Anspruch nehmen.[110] Streitigkeiten über die Unterlassung einer Benachteiligung oder Begünstigung der Betriebsratstätigkeit sind im Übrigen im arbeitsgerichtlichen Beschlussverfahren durchzuführen. Der Antrag muss ein konkretes Verhalten zum Gegenstand haben, sonst ist er unzulässig. Der Erlass einer einstweiligen Verfügung ist zulässig.[111] Bei vorsätzlichen Verstößen kommt auf Antrag auch eine strafrechtliche Verfolgung nach § 119 Abs. 1 Nr. 3 BetrVG in Betracht. Bei groben Verstößen bleibt neben dem allgemeinen Unterlassungsanspruch das Zwangsverfahren nach § 23 Abs. 3 BetrVG.

3. Verstoß gegen die Geheimhaltungspflicht

54 Verstößt der Betriebsrat bzw. eines seiner Mitglieder gegen die ihm obliegende Geheimhaltungsverpflichtung des § 79 BetrVG steht dem Arbeitgeber ein Unterlassungsanspruch zu; gleiches gilt, wenn eine derartige Verletzung ernsthaft droht.[112]

55 Bei einer groben Verletzung der Schweigepflicht kommt die **Amtsenthebung** des betreffenden Betriebsratsmitglieds, in Sonderfällen auch die **Auflösung** des Betriebsrats auf Grund eines Antrags des Arbeitgebers nach § 23 Abs. 1 BetrVG in Betracht. Schuldhafte Verletzungen der Schweigepflicht können auch zu Schadensersatzansprüchen des Arbeitgebers nach **§ 823 Abs. 2 BGB** führen. § 79 BetrVG ist ein Schutzgesetz im Sinne dieser Vorschrift.[113] Im Einzelfall kann dem Arbeitgeber auch ein **Zurückbehaltungsrecht** im Hinblick auf die Preisgabe weiterer Betriebs- und Geschäftsgeheimnisse zustehen. Bei krassen Verstößen gegen die Geheimhaltungspflicht kann der Arbeitgeber weitere Betriebs- und Geschäftsgeheimnisse betreffende Auskunftsansprüche des Betriebsrates mit dem Einwand der unzulässigen Rechtsausübung solange zurückweisen, bis die Bereitschaft zur künftigen Beachtung der Schweigepflicht erklärt wird.[114]

56 Auf Antrag des Arbeitgebers werden Verstöße gegen § 79 BetrVG auch **strafrechtlich** verfolgt. § 120 BetrVG sieht dies sowohl für Verstöße gegen § 79 BetrVG als auch für Verstöße gegen Schweigepflichten in Bezug auf Arbeitnehmerdaten ausdrücklich vor. Neben dieser speziell betriebsverfassungsrechtlichen Vorschrift kommt außerdem auf Antrag eine Strafverfolgung nach §§ 17, 18, 20 UWG in Betracht.[115]

---

[109] BAG 25.6.2014 – 7 AZR 847/12, NZA 2014, 1209 Rn. 21 f.
[110] BAG 15.1.1992 – 7 AZR 194/91, AP BetrVG 1972 § 37 Nr. 84 DB 1993, 1379.
[111] BAG 4.12.2013 – 7 ABR 7/12, NZA 2014, 803; *Fitting* BetrVG § 78 Rn. 25 mwN.
[112] BAG 26.2.1987 – 6 ABR 46/84, NZA 1988, 63 II.2.a., II.2.b.
[113] *Fitting* BetrVG § 79 Rn. 43.
[114] *Fitting* BetrVG § 79 Rn. 43.
[115] *Fitting* BetrVG § 79 Rn. 44.

§ 61 Beteiligungstatbestände

Übersicht

	Rn.
I. Informationsrechte	1–20
1. Überblick	2/3
2. Zeitpunkt und Umfang der Information	4–8
3. Informationsinstrumentarien	9–19
a) Form	9
b) Unterlagen	10–15
c) Besprechungen, Niederschriften	16
d) Auskunftsperson, Sachverständige	17–19
4. Verletzung der Informationspflicht	20
II. Beratungsrecht, Anhörungsrecht	21–29
1. Überblick	22
2. Zeitpunkt und Umfang	23–26
a) Beratung	23/24
b) Anhörung	25/26
3. Verletzung der Beteiligungspflicht	27–29
a) Verletzung von Beratungspflichten	27/28
b) Verletzung der Anhörungspflicht	29/30
III. Vorschlags-(Initiativ-)rechte	31–40
1. Überblick	32
2. Behandlung der Vorschläge und Initiativen	33–40
a) Anrufung der Einigungsstelle	34
b) Anrufung des Arbeitsgerichts	35–37
c) Nicht erzwingbare Vorschläge	38
d) Begründung der Ablehnung durch den Arbeitgeber	39/40
IV. Zustimmungspflichtige Maßnahmen	41–53
1. Überblick	42
2. Initiativrechte	43/44
3. Einholung der Zustimmung	45–49
4. Verletzung der Mitbestimmungspflicht	50–53

I. Informationsrechte

Das Betriebsverfassungsgesetz greift unterschiedliche Tatbestände arbeitgeberseitigen 1 Handelns auf, bei denen der Betriebsrat in ebenso unterschiedlicher Art und Weise mitzubestimmen hat. Zu den Mitbestimmungsrechten im weiteren Sinne gehört der Anspruch des Betriebsrates auf Auskunft und Unterrichtung.

1. Überblick

Folgende Normen regeln die Informationsrechte des Betriebsrats: 2
- § 80 Abs. 2 BetrVG – Unterrichtung über alle Angelegenheiten, die im Zusammenhang mit den dem Betriebsrat nach dem BetrVG zugewiesenen Aufgaben stehen.
- § 85 Abs. 3 BetrVG – Unterrichtung über die Behandlung von Arbeitnehmerbeschwerden.
- § 89 Abs. 2 BetrVG – Information über die zuständigen Stellen für Arbeitsschutz, Unfallverhütung und betrieblichen Umweltschutz.
- § 89 Abs. 4 BetrVG – Unterrichtung durch Teilnahme an den Besprechungen des Arbeitgebers mit den Sicherheitsbeauftragten oder dem Sicherheitsausschuss.
- § 89 Abs. 5 und 6 BetrVG – Unterrichtung durch Aushändigung der Niederschriften über Untersuchungen, Besichtigungen und Besprechungen sowie der Durchschrift der vom Betriebsrat zu unterschreibenden Unfallanzeige.
- § 90 Abs. 1 BetrVG – Unterrichtung über die Planung von Neu-, Um- und Erweiterungsbauten von Fabrikations-, Verwaltungs- und sonstigen betrieblichen Räumen, von technischen Anlagen, von Arbeitsverfahren und Arbeitsabläufen oder Arbeitsplätzen.

- § 92 Abs. 1 S. 1 BetrVG – Unterrichtung über die Personalplanung, insbesondere über den gegenwärtigen und künftigen Personalbedarf sowie über die sich daraus ergebenden personellen Maßnahmen und Maßnahmen der Berufsbildung.
- § 92 Abs. 3 BetrVG – Unterrichtung über Maßnahmen zur Durchsetzung der tatsächlichen Gleichstellung von Frauen und Männern, insbesondere bei der Einstellung, Beschäftigung, Aus-, Fort- und Weiterbildung und dem beruflichen Aufstieg sowie Maßnahmen zur Förderung der Vereinbarkeit von Familie und Erwerbstätigkeit.
- § 99 Abs. 1 BetrVG – Unterrichtung vor Einstellung, Eingruppierung, Umgruppierung und Versetzung.
- § 100 Abs. 2 BetrVG – Unterrichtung über eine vorläufige personelle Maßnahme.
- § 105 BetrVG – Unterrichtung über die beabsichtigte Einstellung oder personelle Veränderung eines leitenden Angestellten im Sinne des § 5 Abs. 3 BetrVG.
- § 106 Abs. 2 BetrVG – Unterrichtung des Wirtschaftsausschusses über die wirtschaftlichen Angelegenheiten des Unternehmens.
- § 109a BetrVG – Unterrichtung des Betriebsrates in Unternehmen, in denen kein Wirtschaftsausschuss besteht, über die Übernahme des Unternehmens, wenn hiermit der Erwerb der Kontrolle verbunden ist.
- § 111 S. 1 BetrVG – Unterrichtung über geplante Betriebsänderungen, die wesentliche Nachteile für die Belegschaft oder erhebliche Teile der Belegschaft zur Folge haben können.

3 Die vorstehend aufgelisteten Informationsrechte sind teils „nur" Informationsrechte, in denen sich die Mitbestimmung des Betriebsrates erschöpft und teils Vorstufen für ein höheres Beteiligungsrecht, zB die Unterrichtung nach § 111 BetrVG oder die Unterrichtung vor Einstellung, Eingruppierung, Umgruppierung und Versetzung gemäß § 99 BetrVG.

2. Zeitpunkt und Umfang der Information

4 Die Informationspflicht des Arbeitgebers beschreibt das Gesetz regelmäßig mit „rechtzeitig und umfassend", gelegentlich mit „rechtzeitig unter Vorlage der erforderlichen Unterlagen" oder im Einzelfall auch mit „unverzüglich", wie in § 100 Abs. 2 BetrVG. Rechtzeitig ist die Unterrichtung dann, wenn der Betriebsrat prüfen kann, ob sich für ihn Aufgaben stellen oder ob er in Erfüllung dieser Aufgaben tätig werden soll, und zwar **bevor** vollendete Tatsachen durch den Arbeitgeber geschaffen worden sind.[1]

5 Die Unterrichtung muss **umfassend** (vollständig und erschöpfend) sein und so, dass der Betriebsrat die notwendigen Kenntnisse erlangt, um seine Aufgaben nach dem Gesetz durchführen zu können.[2]

6 Die Unterrichtung des Betriebsrates hat **unaufgefordert** zu erfolgen; der Arbeitgeber muss sie also von sich aus vornehmen und darf nicht warten, bis der Betriebsrat die Information verlangt.[3] Vollständig und unaufgefordert bedeutet unter Umständen auch eine mehrmalige Unterrichtung, insbesondere bei der Information über Planungen, die in der Regel nicht statisch sind, sondern einen dynamischen und kontinuierlichen Prozess darstellen.

7 Die Unterrichtungsverpflichtung des Arbeitgebers ist allerdings **begrenzt** auf diejenigen Tatsachen und Umstände, die er selbst kennt. Er ist nicht verpflichtet, sich Informationen zu verschaffen, um diese dem Betriebsrat weitergeben zu können.[4] Andererseits darf der Arbeitgeber nicht bewusst unwissend bleiben. Da der Arbeitgeber seinen Betrieb so zu organisieren hat, dass er die Durchführung der geltenden Gesetze, Tarifverträge und Betriebsvereinbarungen selbst gewährleisten kann, muss er sich auch Kenntnis über die hierfür erforderlichen Daten verschaffen. Er kann dem Betriebsrat die Auskunft hierüber nicht mit der Begründung verweigern, er wolle zB die tatsächliche Arbeitszeit der Arbeitnehmer wegen einer im Betrieb eingeführten Vertrauensarbeitszeit bewusst nicht erfassen.[5] Der Ar-

---

[1] BAG 17.5.1983 – 1 ABR 21/80, AP BetrVG 1972 § 80 Nr. 19 III.1.
[2] Däubler/Klebe/Wedde/*Buschmann* BetrVG § 80 Rn. 80, 83.
[3] Richardi BetrVG/*Thüsing* § 80 Rn. 63; MHdB ArbR/*Arnold* § 314 Rn. 14.
[4] LAG Hamm 26.7.2002 – 10 TaBV 24/02, BeckRS 2004, 42647.
[5] BAG 6.5.2003 – 1 ABR 13/02, NZA 2003, 1348 II.2.

beitgeber kann sich im Verhältnis zum Betriebsrat weder auf Betriebs- oder Geschäftsgeheimnisse berufen[6] noch auf das Bundesdatenschutzgesetz[7] oder auf die Privatsphäre des Arbeitnehmers im Hinblick auf persönliche Umstände und Verhältnisse.[8]

Etwas andere Regeln gelten bei der Unterrichtung des Wirtschaftsausschusses nach § 106 Abs. 2 BetrVG. Dort kann der Unternehmer Auskünfte verweigern, wenn durch die Unterrichtung über wirtschaftliche Angelegenheiten die Betriebs- und Geschäftsgeheimnisse des Unternehmens gefährdet werden. Entsprechendes gilt bei der Unterrichtung des Betriebsrates in Unternehmen, in denen kein Wirtschaftsausschuss besteht, über die Übernahme des Unternehmens gemäß § 106 Abs. 2 iVm § 109a BetrVG.[9]

3. Informationsinstrumentarien

a) **Form.** Das Betriebsverfassungsgesetz sieht für die Unterrichtung des Betriebsrates keine besondere Form vor. Sie kann daher auch mündlich erfolgen. Jedenfalls in denjenigen Fällen, in denen die Unterrichtung die Vorstufe zu einem weiteren Mitbestimmungsrecht des Betriebsrates darstellt – wie zB die Unterrichtung nach § 111 S. 1 BetrVG oder § 99 Abs. 1 S. 1 BetrVG –, empfiehlt sich die Unterrichtung in schriftlicher Form. Streit über den Zeitpunkt und den Umfang der vorgenommenen Unterrichtung wird hierdurch vermieden.

b) **Unterlagen.** Die Unterrichtung durch oder unter Vorlage von Unterlagen ist als Generalklausel in § 80 Abs. 2 BetrVG geregelt. Daneben ist die Vorlage von Unterlagen im Zusammenhang mit der Unterrichtung durch den Arbeitgeber in einzelnen Vorschriften ausdrücklich erwähnt. § 99 Abs. 1 S. 1 BetrVG ordnet die Auskunft über die Auswirkungen der geplanten personellen Einzelmaßnahme „unter Vorlage der erforderlichen Unterlagen" an, ebenso § 106 Abs. 2 BetrVG. Der Unterschied zwischen derartig ausdrücklich genannten Vorlagepflichten und der Generalklausel in § 80 Abs. 2 BetrVG liegt darin, dass der Arbeitgeber in den Beispielsfällen der §§ 99 und 106 BetrVG unaufgefordert, also von sich aus die Unterlagen vorzulegen hat, während die Generalklausel in § 80 Abs. 2 BetrVG die Zuleitung von Unterlagen „auf Verlangen" vorschreibt.

Unterlagen sind schriftliche Aufzeichnungen,[10] aber auch Bilddarstellungen, wie Fotos und elektronische Dateien.[11] Von der Vorlagepflicht betroffen sind diejenigen Unterlagen, die der Betriebsrat benötigt, um seine Aufgaben nach dem Betriebsverfassungsgesetz durchzuführen. Der Umfang der Vorlagepflicht ist daher vor dem Hintergrund des mit dem Beteiligungsrecht verfolgten Zweckes zu sehen. Generell gilt der Grundsatz, dass der Betriebsrat durch diese Unterlagen in die Lage versetzt werden soll, die Entscheidung des Arbeitgebers nachzuvollziehen oder mit deren Hilfe zu prüfen, ob er im Wege eines Initiativrechts Maßnahmen anstreben soll. Verlangt daher der Betriebsrat die Vorlage von Unterlagen, so ist zunächst zu prüfen, ob diesem Verlangen eine Aufgabe des Betriebsrates zugrunde liegen kann. Es gibt keinen Unterrichtungsanspruch des Betriebsrates ohne gesetzliche Aufgabe.[12] In der zweiten Stufe ist zu prüfen, ob die dafür begehrten Unterlagen auch erforderlich sind.[13] Zur Vermeidung von Streitigkeiten sollte der Betriebsrat daher bei einem Verlangen auf Vorlage von Unterlagen den Aufgabenbezug konkret darlegen. In § 106 Abs. 2 BetrVG konkretisiert der Gesetzgeber die „erforderlichen Unterlagen". Danach ist bei der Unterrichtung über die Übernahme des Unternehmens, wenn hiermit der Erwerb der Kontrolle verbunden ist, die Angabe über den potenziellen Erwerber, dessen Absichten im Hinblick auf die künftige Geschäftstätigkeit des Unternehmens sowie die sich daraus ergebenden Aus-

---

[6] BAG 5.2.1991 – 1 ABR 24/90, NZA 1991, 645 B. II. 2.
[7] BAG 9.4.2019 – 1 ABR 51/17, NZA 2019, 1055 Rn. 22; BAG 17.3.1983 – 6 ABR 33/80, NJW 1983, 2463 II.3.
[8] BAG 9.4.2019 – 1 ABR 51/17, NZA 2019, 1055 Rn. 45; BAG 20.12.1988 – 1 ABR 63/87, NZA 1989, 393 Rn. 31.
[9] BAG 11.7.2000 – 1 ABR 43/99, NZA 2001, 402 B. I. 2.
[10] BAG 16.8.2011 – 1 ABR 22/10, NZA 2012, 342 Rn. 36.
[11] BAG 10.10.2006 – 1 ABR 68/05, NZA 2007, 99 Rn. 40 f.
[12] BAG 23.3.2010 – 1 ABR 81/08, NZA 2011, 811 Rn. 16.
[13] BAG 23.3.2010 – 1 ABR 81/08, NZA 2011, 811 Rn. 16.

wirkungen auf die Arbeitnehmer erforderlich. Gleiches gilt, wenn im Vorfeld der Übernahme des Unternehmens ein Bieterverfahren durchgeführt wird.

12 Die Unterlagen sind dem Betriebsrat „**zur Verfügung**" zu stellen. Dies bedeutet, dass der Arbeitgeber sie dem Betriebsrat zu überlassen hat. Dabei braucht es sich allerdings nicht um die Originale zu handeln; der Arbeitgeber kann Fotokopien oder Abschriften aushändigen. Er muss sie – wie das BAG formuliert – so aus der Hand geben, dass der Betriebsrat sie ohne Beisein des Arbeitgebers auswerten kann. Ist im Einzelfall die Überlassung wegen ihrer Bedeutung oder wegen ihres Umfangs nicht zumutbar oder jedenfalls nicht auf Dauer möglich, so kann sich der Betriebsrat aus den ihm zur Verfügung gestellten Unterlagen in jedem Fall schriftliche Aufzeichnungen machen.[14]

13 Im Hinblick auf **Bruttolohn- und Gehaltslisten** gilt zusätzlich zum Auskunftsanspruch nach § 80 Abs. 2 S. 1 BetrVG das Einblickrecht nach § 80 Abs. 2 S. 2 Hs. 2 BetrVG.[15] Der Betriebsrat kann aber nicht die Überlassung dieser Listen verlangen oder Fotokopien fertigen. Er hat lediglich ein Einblickrecht im Rahmen der vom Betriebsrat wahrzunehmenden Aufgaben, also insbesondere bei der Überwachung der Einhaltung des im Betrieb geltenden Tarifvertrages und der Grundsätze für die Gleichbehandlung der Betriebsangehörigen gemäß § 75 BetrVG. Auch nach Inkrafttreten des Entgelttransparenzgesetzes besteht kein Anspruch des Betriebsrats auf Überlassung solcher Entgeltlisten, sondern lediglich ein Einblicksrecht.[16] Das Entgelttransparanzgesetz gewährt dem Betriebsrat an keiner Stelle einen Überlassungsanspruch. § 13 Abs. 2 S. 1 EntgTranspG spricht lediglich von einem Recht, die Entgeltlisten „einzusehen". Die Regelung korrespondiert mit der in Bezug genommenen Spezialregelung des § 80 Abs. 2 S. 2 Hs. 2 BetrVG, wonach der Betriebsausschuss berechtigt ist, in die Entgeltlisten „Einblick zu nehmen". „Einsicht" bzw. „Einblick" verlangt jedoch keine Einräumung einer dauerhaften physischen Verfügungsgewalt über die Entgeltlisten.[17]

14 Nach dem Gesetzeswortlaut ist der Betriebsausschuss oder ein nach § 28 BetrVG gebildeter Ausschuss berechtigt, die Einsichtnahme vorzunehmen. Nach ständiger Rechtsprechung soll dieses Recht gerade in kleineren Betrieben, aber auch durch den Betriebsratsvorsitzenden oder ein nach § 27 Abs. 2 BetrVG beauftragtes Betriebsratsmitglied erfolgen können.[18]

15 Keine Pflicht zur Vorlage besteht bei **Personalakten**. Aus dem Umkehrschluss aus § 83 BetrVG wird abgeleitet, dass ein Einblick in die Personalakte nur mit Zustimmung des Arbeitnehmers erfolgen kann.[19] Dies hindert jedoch nicht – zB bei den personellen Maßnahmen nach § 99 BetrVG –, die Erteilung der im Einzelfall erforderlichen konkreten Informationen aus der Personalakte.[20]

16 **c) Besprechungen, Niederschriften.** Der Anspruch auf Unterrichtung konkretisiert sich auch in dem Anspruch, an Besprechungen des Arbeitgebers mit den Sicherheitsbeauftragten oder dem Sicherheitsausschuss (§ 89 Abs. 4 BetrVG) teilzunehmen sowie in der ausdrücklich geregelten Verpflichtung, dem Betriebsrat Niederschriften über Untersuchungen, Besichtigungen und Besprechungen gemäß § 89 Abs. 5 und 6 BetrVG sowie die Durchschrift der vom Betriebsrat zu unterschreibenden Unfallanzeige auszuhändigen.

17 **d) Auskunftspersonen, Sachverständige.** Der Betriebsrat ist nicht nur darauf angewiesen, vom Arbeitgeber Informationen und Unterlagen entgegenzunehmen; er kann sich auch selbst die erforderlichen Informationen beschaffen, solange er hiermit nicht in die Rechtssphäre des Arbeitgebers eingreift. Die Informationsbeschaffung konkretisiert § 80 Abs. 2 BetrVG in der Verpflichtung des Arbeitgebers, dem Betriebsrat sachkundige Arbeitnehmer

---

[14] *Fitting* BetrVG § 80 Rn. 69 mwN; zum Umfang der Vorlagepflicht vgl. auch → § 56 Rn. 163–165.
[15] BAG 30.9.2008 – 1 ABR 54/07, NZA 2009, 502 Rn. 26c.
[16] BAG 28.7.2020 – 1 ABR 6/19, BeckRS 2020, 19787 Rn. 19 ff.
[17] LAG Düsseldorf 23.10.2018 – 8 TaBV 42/18; BeckRS 2018, 36105 Rn. 24– Rechtsbeschwerde anhängig unter 1 ABR 6/19; mit dieser ablehnenden Haltung auch: *Kania* NZA 2017, 819 (820); *Günther/Heup/Mayr* NZA 2018, 545 (547); so auch BT–Drs. 18/11133, 63; indifferent: Schaub ArbR HdB/*Ahrendt* § 37 Rn. 39.
[18] BAG 30.9.2008 – 1 ABR 54/07, NZA 2009, 502 Rn. 31d.
[19] LAG Düsseldorf 23.6.2020 – 3 TaBV 65/19, becklink 2016689; GK-BetrVG/*Weber* § 80 Rn. 103; *Fitting* BetrVG § 80 Rn. 66.
[20] BAG 18.10.1988 – 1 ABR 33/87, NZA 1989, 355 II.

als Auskunftspersonen zur Verfügung zu stellen sowie in dem Recht des Betriebsrates, nach § 80 Abs. 3 BetrVG Sachverständige hinzuzuziehen.

Sachverständige sind Personen, die dem Betriebsrat die ihm fehlenden fachlichen oder rechtlichen Kenntnisse vermitteln, damit er seine Aufgaben sachgemäß erfüllen kann.[21] Die Hinzuziehung des Sachverständigen bedarf der „näheren Vereinbarung mit dem Arbeitgeber". Die Einigung bezieht sich auf Thema, Person, Kosten und Zeitpunkt.[22] Der Arbeitgeber muss sein Einverständnis erteilen, wenn die Hinzuziehung des Sachverständigen erforderlich ist. Das ist jedenfalls dann der Fall, wenn dem Betriebsrat die eigene Sachkunde fehlt. Als Beispiele werden genannt: Fragen der EDV, versicherungsmathematische Fragen, arbeitswissenschaftliche Fragen, Analyse der Geschäftsberichte, Bilanzen, Vorbereitung für einen Interessenausgleich und Sozialplan, schwierige Rechtsfragen.[23]

Die Frage der **Erforderlichkeit** wird sich auch danach bemessen, ob ein vom Arbeitgeber als Auskunftsperson gestellter sachkundiger Arbeitnehmer ausreicht, um dem Betriebsrat die erforderliche Sachkunde zu vermitteln. Neben der Heranziehung von Sachverständigen nach § 80 Abs. 3 BetrVG und der Hinzuziehung eines Beraters bei einer Betriebsänderung in Unternehmen mit mehr als 300 Arbeitnehmern gemäß § 111 S. 2 BetrVG hat der Gesetzgeber die sachkundige innerbetriebliche Auskunftsperson als weitere Möglichkeit der Informationsbeschaffung bzw. der Informationserteilung geregelt. Nach der bisherigen Rechtsprechung des BAG war die Hinzuziehung eines Sachverständigen ua davon abhängig, ob zuvor eine Ausschöpfung der innerbetrieblichen Informationsmittel erfolgt war.[24] Mit der Einführung des innerbetrieblichen sachverständigen Arbeitnehmers als Auskunftsperson trägt der Gesetzgeber dem Rechnung und verbessert die Rechtsstellung des Betriebsrates, da die Zuweisung eines sachkundigen Arbeitnehmers als Anspruch des Betriebsrates gegen den Arbeitgeber ausgestaltet ist, der gegebenenfalls im arbeitsgerichtlichen Beschlussverfahren durchgesetzt und überprüft werden kann.[25] Der sachkundige Arbeitnehmer ist vom Arbeitgeber zu benennen; Vorschläge des Betriebsrates zu der von ihm gewünschten Auskunftsperson hat der Arbeitgeber jedoch zu berücksichtigen. In der Zurückweisung dieser Vorschläge ist der Arbeitgeber nicht frei; nur betriebliche Notwendigkeiten können eine Zurückweisung rechtfertigen, § 80 Abs. 2 S. 3 Hs. 2 BetrVG.[26] Unter „betriebliche Notwendigkeiten" werden dabei in der Regel nur solche Sachverhalte subsumiert werden können, die die gewünschte Auskunftsperson unabkömmlich machen.[27]

4. Verletzung der Informationspflicht

Die Verletzung von Informationspflichten kann eine mit Geldbuße bis zu 10.000,– EUR bedrohte Ordnungswidrigkeit darstellen, wenn es sich um Verletzungen von Aufklärungs- oder Auskunftspflichten handelt, die in § 90 Abs. 1, 2 S. 1 BetrVG, § 92 Abs. 1 S. 1 BetrVG auch in Verbindung mit Abs. 3, in § 99 Abs. 1 BetrVG, § 106 Abs. 2, § 108 Abs. 5, § 110 oder § 111 BetrVG geregelt sind.[28] Bei der Verletzung der Unterrichtungspflicht nach § 106 Abs. 2 BetrVG (ggf. iVm § 109a BetrVG) kann der Betriebsrat – nicht der nur für den Betriebsrat Hilfsfunktionen ausübende Wirtschaftsausschuss – die Einigungsstelle anrufen, die nach § 109 BetrVG entscheidet. Im Übrigen kann der Betriebsrat die Unterrichtungspflicht im Beschlussverfahren gemäß §§ 2a, 80 ff. ArbGG im Einzelfall feststellen lassen bzw. auf Erfüllung der Unterrichtungspflicht klagen.[29] Bei grober Verletzung der dem Arbeitgeber obliegenden Pflichten kann im Übrigen das Zwangsverfahren nach § 23 Abs. 3 BetrVG

---

[21] BAG 13.5.1998 – 7 ABR 65/96, BeckRS 1998, 30013795 Rn. 16 ff.
[22] *Fitting* BetrVG § 80 Rn. 90 mwN.
[23] BAG 13.5.1998 – 7 ABR 65/96, BeckRS 1998, 30013795 Rn. 17; 5.11.1981– 6 ABR 24/78, AP BetrVG 1972 § 76 Nr. 9 II.4DB.
[24] BAG 26.2.1992 – 7 ABR 51/90, NZA 1993, 86 B. II. 1.; 4.6.1987 – 6 ABR 63/85, NZA 1988, 208 A. II. 1.b.; LAG Niedersachsen 21.2.2013 – 15 TaBV 102/12, BeckRS 2015, 67507 II.2.b.
[25] *Oetker* NZA 2003, 1233 (1239).
[26] *Löwisch* BB 2001, 1790 (1791).
[27] *Fitting* BetrVG § 80 Rn. 87.
[28] Vgl. § 121 BetrVG.
[29] *Fitting* BetrVG § 80 Rn. 96; *Richardi* BetrVG/*Thüsing* § 80 Rn. 106.

durchgeführt werden. Im Falle einer gerichtlichen Auseinandersetzung liegt die Darlegungslast dafür, dass die Anspruchsvoraussetzung für einen Auskunfsanspruch nach § 80 Abs. 2 S. 1 BetrVG vorliegen, beim Betriebsrat. Im Einzelnen muss er darlegen, dass überhaupt eine Aufgabe des Betriebsrats gegeben ist und zum anderen, dass im Einzelfall die begehrte Information zur Wahrnehmung dieser Aufgabe erforderlich ist.[30] Alleine der pauschale Hinweis auf die gesetzlichen Aufgaben nach § 80 Abs. 1 BetrVG ist unzureichend.[31]

II. Beratungsrecht, Anhörungsrecht

21   Beratungs-, Anhörungs- und Widerspruchsrechte stellen eine Steigerung der Beteiligungsrechte dar. Der Arbeitgeber hat den Betriebsrat über die reine Unterrichtung hinaus nach seiner Meinung zu fragen, mit ihm den Gegenstand zu erörtern und Pro und Contra abzuwägen. Die Entscheidung allerdings liegt in Fällen der Beratung und Anhörung ohne weitergehende Beteiligungsrechte beim Arbeitgeber.

1. Überblick

22   Folgende Normen des BetrVG regeln das Beratungsrecht:
- § 89 Abs. 1 BetrVG – Beratung bei der Bekämpfung von Unfall- und Gesundheitsgefahren.
- § 90 Abs. 2 BetrVG – Beratung bei der Planung von Arbeitsplatz, Arbeitsablauf und Arbeitsumgebung.
- § 92 Abs. 1 S. 2 BetrVG – Beratung über personelle Maßnahmen und Maßnahmen der Berufsbildung als Ausfluss der Personalplanung und die Beratung über die Vermeidung von Härten.
- § 92a Abs. 2 BetrVG – Beratung durch Vorschläge zur Beschäftigungsförderung und Beschäftigungssicherung.
- § 96 Abs. 1 S. 2 BetrVG – Beratung über Fragen der Berufsbildung der Arbeitnehmer.
- § 97 Abs. 1 BetrVG – Beratung über die Errichtung und Ausstattung betrieblicher Einrichtungen zur Berufsbildung, die Einführung betrieblicher Berufsbildungsmaßnahmen und die Teilnahme an außerbetrieblichen Berufsbildungsmaßnahmen.
- § 102 Abs. 1 BetrVG – Der Betriebsrat ist vor jeder Kündigung „zu hören". Der Begriff der Anhörung verdeutlicht, dass der Arbeitgeber dem Betriebsrat die Gelegenheit zur Stellungnahme zu geben hat. Die Anhörung ist etwas weniger als die Beratung, da letztere regelmäßig eine gemeinsame Erörterung voraussetzt, während die Anhörung sich in der Entgegennahme der Stellungnahme und deren Berücksichtigung bei der Beschlussfassung des Arbeitgebers erschöpft.
- § 106 Abs. 1 BetrVG – Beratung wirtschaftlicher Angelegenheiten durch den Wirtschaftsausschuss, wenn ein solcher in Unternehmen mit in der Regel mehr als 100 ständig beschäftigten Arbeitnehmern gebildet ist; Beratung mit dem Betriebsrat in Unternehmen ohne Wirtschaftsausschuss, wenn die Übernahme des Unternehmens in Rede steht und hiermit der Erwerb der Kontrolle durch den Erwerber verbunden ist (§ 106 Abs. 1 BetrVG iVm § 109a BetrVG).
- § 111 S. 1 BetrVG – Beratung über geplante Betriebsänderungen, die wesentliche Nachteile für die Belegschaft oder erhebliche Teile der Belegschaft zur Folge haben können.

2. Zeitpunkt und Umfang

23   a) **Beratung.** Wann die Parteien mit anstehenden **Beratungen** beginnen, entscheiden Arbeitgeber und Betriebsrat. Die Beratungen liegen jedoch immer **vor** der Entscheidung über die Durchführung einer Maßnahme. Beratungen setzen stets voraus, dass zuvor die notwen-

---

[30] BAG 20.3.2018 – 1 ABR 15/17, NZA 2018, 1017 Rn. 16; (Parallelentscheidung) 20.3.2018 – 1 ABR 11/17, NZA 2018, 1420 Rn. 21.
[31] BAG 24.4.2018 – 1 ABR 6/16, NZA 2018, 1565 Rn. 34.

dige Unterrichtung erfolgt. Ob zwischen Unterrichtung und Beratung eine Überlegungsphase liegt, hängt von dem Schwierigkeitsgrad und der Komplexität des beratungsrelevanten Sachverhalts ab und letztlich auch davon, ob die Hinzuziehung eines Sachverständigen notwendig wird. Immer müssen die Beratungen mit dem Betriebsrat so rechtzeitig stattfinden, dass dessen Vorschläge und Bedenken auch berücksichtigt werden können.[32] Nicht mehr rechtzeitig sind Beratungen dann, wenn der Arbeitgeber die Planung bereits abgeschlossen hat und zwischen den Entscheidungsträgern des Unternehmens bereits Übereinstimmung über die Maßnahme erzielt worden ist.[33] Schwierig wird es, wenn die Geschäftsleitung den Wirtschaftsausschuss oder – im Falle des § 109a BetrVG den Betriebsrat – über die Unternehmensübernahme mit Kontrollerwerb im Sinne des § 106 Abs. 3 Nr. 9a BetrVG unterrichten und die Beratung durchführen muss. Nicht immer ist die Unternehmensleitung eingebunden, wenn Gesellschafter ihre Beteiligung am Unternehmen ganz oder teilweise veräußern. Offen ist, wie die Unternehmensleitung die Informationen, zu deren Weitergabe und Beratung sie nach § 106 Abs. 3 Nr. 9a BetrVG verpflichtet ist, erhalten soll, wenn sie im Einzelfall selbst am Veräußerungsprozess nicht beteiligt ist. Hier geht die Unterrichtungs- und Beratungspflicht ins Leere, wenn nicht der potentielle Erwerber und die Gesellschaft für Unterrichtung und Beratung Sorge tragen.[34]

Ziel der Beratung ist die Herbeiführung einer Einigung zwischen Arbeitgeber und Betriebsrat. An diesem Zweck orientiert sich der Umfang und die zeitliche Dauer der Beratung. Hieraus folgt auch, dass der Vertreter des Arbeitgebers, der mit der Beratung beauftragt wird, nicht nur fachkompetent, sondern zugleich an der Leitung des Betriebes in solcher Weise beteiligt sein muss, dass die in der Beratung vorgetragenen Erwägungen und Bedenken in den Entscheidungsprozess unmittelbar eingebracht werden können.[35]

b) Anhörung. Die „Anhörung" hat nach § 102 Abs. 1 BetrVG „vor" jeder Kündigung zu erfolgen, und zwar so rechtzeitig, dass der Betriebsrat die Überlegungsfristen von einer Woche bei einer ordentlichen Kündigung und von drei Tagen bei einer außerordentlichen Kündigung nach Maßgabe des § 102 Abs. 2 BetrVG ausschöpfen kann. Bei der Berechnung der Frist ist der Tag, an dem Anhörung zugegangen ist, nicht mitzurechnen, §§ 187 Abs. 1, 188 Abs. 2 BGB. Die Wochenfrist endet demgemäß mit Ablauf des Tages der nächsten Woche, der durch seine Benennung dem Tag entspricht, an dem dem Betriebsrat die Arbeitgebermitteilung zugegangen ist.[36]

Die Nichtbeachtung der Fristen führt zur Unwirksamkeit der gleichwohl ausgesprochenen Kündigung, es sei denn, der Betriebsrat hat eine abschließende Stellungnahme ohne Ausschöpfung der Fristen vor Ausspruch der Kündigung durch den Arbeitgeber abgegeben. Die ordnungsgemäße Anhörung setzt die Angabe der Personalien des Arbeitnehmers ebenso voraus wie die Kündigungsgründe, die Art der Kündigung, die Kündigungsfrist und den Kündigungstermin.[37]

3. Verletzung der Beteiligungspflicht

a) Die Verletzung von Beratungspflichten. Diese hat in der Regel keine Auswirkung auf die Wirksamkeit der zugrundeliegenden Maßnahme. Allerdings kann der Betriebsrat
- im Beschlussverfahren seine Beratungsrechte feststellen oder dem Arbeitgeber aufgeben lassen, bestimmte Beratungshandlungen durchzuführen, §§ 2a, 80 ff. ArbGG;
- bei groben Verstößen ein Verfahren nach § 23 Abs. 3 BetrVG einleiten, um die Beteiligung des Betriebsrates in zukünftigen Fällen zu sichern;
- im Falle der Verletzung der Beratungspflicht nach § 111 BetrVG uU einen Anspruch auf Unterlassung aller Maßnahmen geltend machen, die die Betriebsänderung ganz oder teil-

---

[32] BAG 11.12.1991 – 7 ABR 16/91, NZA 1992, 850 B. II. 3.b.
[33] BAG 30.5.2006 – 1 AZR 25/05, NZA 2006, 1122 Rn. 19aa; LAG Baden-Württemberg 27.9.2004 – 4 TaBV 3/04, NZA-RR 2005, 195 II.2.c. aa.; Däubler/Klebe/Wedde/*Däubler* BetrVG § 111 Rn. 139; ErfK/*Kania* BetrVG § 111 Rn. 22; *Fitting* BetrVG § 111 Rn. 110.
[34] WHSS Umstrukturierung Teil C VI Rn. 490.
[35] Richardi BetrVG/*Weber* § 90 Rn. 24 f.
[36] BAG 8.4.2003 – 2 AZR 515/02, NZA 2003, 961 II.1.b. aa.
[37] Vgl. im Einzelnen → § 47; Jaeger/Röder/Heckelmann BetrVerfassungsR-HdB/*Jaeger* Kap. 25 Rn. 29–69.

weise vorwegnehmen. Dieser Unterlassungsanspruch, der regelmäßig im Wege der einstweiligen Verfügung geltend gemacht wird, ist umstritten.[38] Der Gesetzgeber hat die Novellierung des BetrVG in 2001 jedenfalls nicht zum Anlass genommen, einen Unterlassungsanspruch aufzunehmen.

28 Die Verletzung der Beratungspflicht des § 111 BetrVG führt daneben zu individualrechtlichen Ansprüchen einzelner Arbeitnehmer auf Nachteilsausgleich nach § 113 BetrVG. Dabei ist zu berücksichtigen, dass Abfindungen aufgrund eines Sozialplans und aufgrund eines gesetzlichen Nachteilsausgleichs im Wege der Erfüllungswirkung nach § 362 Abs. 1 BGB verrechenbar.[39] Bei Massenentlassungen führt die Verletzung der Beratungspflicht nach § 17 Abs. 2 KSchG zur Unwirksamkeit der ausgesprochenen Kündigungen.

29 **b) Die Verletzung der Anhörungspflicht** gemäß § 102 BetrVG hat direkte Auswirkungen auf die Wirksamkeit der personellen Einzelmaßnahme. Eine ohne Anhörung des Betriebsrates ausgesprochene Kündigung ist unwirksam, § 102 Abs. 1 S. 3 BetrVG. „Ohne" Anhörung ist eine ausgesprochene Kündigung auch dann, wenn die Anhörung nicht ordnungsgemäß oder nicht fristgerecht erfolgte.[40]

30 Demgegenüber wirkt sich der Widerspruch des Betriebsrats nach § 102 Abs. 3 BetrVG nicht direkt auf die Wirksamkeit oder Unwirksamkeit der gleichwohl ausgesprochenen arbeitgeberseitigen Kündigung aus. Der Widerspruch hat jedoch zur Folge, dass der Arbeitgeber den Arbeitnehmer auf sein Verlangen hin auch nach Ablauf der Kündigungsfrist einstweilen bis zum rechtskräftigen Abschluss des Rechtsstreits über die ausgesprochene Kündigung zu unveränderten Bedingungen weiter beschäftigen muss. Hiervon kann der Arbeitgeber im Wege der einstweiligen Verfügung nur entbunden werden, wenn der Widerspruch des Betriebsrates offensichtlich unbegründet war, die Klage des Arbeitnehmers keine hinreichende Aussicht auf Erfolg bietet oder mutwillig erscheint oder die Weiterbeschäftigung zu einer unzumutbaren wirtschaftlichen Belastung des Arbeitgebers führen würde, § 102 Abs. 5 BetrVG.

III. Vorschlags-(Initiativ-)rechte

31 Die hier behandelten Vorschlags-(Initiativ-)rechte sind im Gesetz regelmäßig damit umschrieben, dass der Betriebsrat etwas „verlangen" oder „Vorschläge machen" kann.

1. Überblick

32 Folgende Normen des BetrVG regeln das Initiativrecht des Betriebsrats:
- § 91 BetrVG – **Verlangen:** Von Maßnahmen zum Ausgleich von Belastungen bei Änderungen der Arbeitsplätze, des Arbeitsablaufs oder der Arbeitsumgebung.
- § 92 Abs. 2 BetrVG – **Vorschlag:** Für die Einführung einer Personalplanung.
- § 92 Abs. 3 BetrVG – **Vorschlag:** Zur Förderung der Gleichstellung von Frauen und Männern.
- § 92a Abs. 1 BetrVG – **Vorschlag:** Zur Beschäftigungssicherung und Beschäftigungsförderung.
- § 93 BetrVG – **Verlangen:** Ausschreibung von Arbeitsplätzen.
- § 95 Abs. 2 BetrVG – **Verlangen:** Auswahlrichtlinien.

---

[38] Unterlassungsanspruch bejahend: zB LAG Rheinland–Pfalz 22.3.2018 – 4 TaBV 20/17, BeckRS 2018, 17613 Rn. 20 ff.; LAG Berlin-Brandenburg 19.6.2014 – 7 TaBVGa 1219/17, BeckRS 2017, 140299 Rn. 118 ff.; LAG Schleswig–Holstein 15.12.2010 – 3 TaBVGa 12/10, BeckRS 2011, 68509 II.2.a.; LAG Hamm 20.4.2012 – 10 TaBVGa 3/12, BeckRS 2012, 70259 B.I.; LAG Hamburg 26.6.1997 – 6 TaBV 5/97, NZA–RR 1997, 296; verneinend: zB LAG Köln 27.8.2014 – 4 TaBVGa 4/14, NZA-RR 2015, 197 II.2.a. aa.; LAG Köln 27.5.2009 – 2 TaBVGa 7/09, BeckRS 2009, 66807 Rn. 7 ff.; LAG Köln 30.4.2004 – 5 Ta 166/04, BeckRS 2004, 41394 II.1.; LAG Nürnberg 9.3.2009 – 6 TaBVGa 2/09, BeckRS 2009, 69297 I.1.; LAG Baden-Württemberg 21.10.2009 – 20 TaBVGa 1/09, BeckRS 2010, 66550 II.2.; zusammenfassend BeckOK BetrVG/*Oetker* § 111 Rn. 41.
[39] BAG 12.2.2019 – 1 AZR 279/17, NZA 2019, 719 Rn. 11 f.
[40] GK-BetrVG/*Raab* § 102 Rn. 103.

- § 96 Abs. 1 S. 1 BetrVG – **Verlangen:** Ermittlung des Berufsbildungsbedarfs.
- § 98 Abs. 2 BetrVG – **Verlangen:** Abberufung des Berufsbildungsbeauftragten/Widerspruch gegen die Bestellung eines Berufsbildungsbeauftragten.
- § 98 Abs. 3 BetrVG – **Vorschlag:** Für die Teilnahme an der Berufsbildung.
- § 104 BetrVG – **Verlangen:** Entlassung oder Versetzung von Arbeitnehmern, die den Betriebsfrieden wiederholt ernstlich gestört haben.

2. Behandlung der Vorschläge und Initiativen

Die Behandlung der Vorschläge und Initiativmaßnahmen durch den Arbeitgeber hängt häufig von den Rechtsfolgen ab, die sich ergeben, wenn Vorschläge nicht akzeptiert oder Initiativen abgelehnt werden. Das BetrVG sieht bei den Mitbestimmungsrechten im engeren Sinne die Anrufung der Einigungsstelle vor, die die Einigung zwischen Betriebsrat und Arbeitgeber ersetzt, bei einigen Mitbestimmungsrechten im weiteren Sinne die Anrufung des Arbeitsgerichts, das über Sanktionsmaßnahmen entscheidet. Daneben gibt es sogenannte „Nur"-Initiativrechte, bei denen der Betriebsrat die Durchsetzung seiner Vorschläge/Initiativen nicht erzwingen kann.

a) **Anrufung der Einigungsstelle.** Im Falle der §§ 91 BetrVG (Maßnahmen zum Ausgleich von Belastungen), 95 Abs. 2 BetrVG (Auswahlrichtlinie in Betrieben mit mehr als 500 Arbeitnehmern) und 98 Abs. 3 BetrVG (Auswahl der Teilnehmer an der beruflichen Bildungsmaßnahme) entscheidet die Einigungsstelle und ersetzt die Einigung zwischen Arbeitgeber und Betriebsrat.

b) **Anrufung des Arbeitsgerichts.** In den Fällen des § 98 Abs. 2 BetrVG (Berufsbildungsbeauftragter: Abberufung, Widerspruch) und § 104 BetrVG (Versetzung/Kündigung störender Arbeitnehmer) verweist das Gesetz auf die Entscheidung durch das Arbeitsgericht. Kommt im Falle des § 98 Abs. 2 BetrVG eine Einigung über die Abberufung des Berufsbildungsbeauftragten oder über dessen Bestellung bei Widerspruch durch den Betriebsrat nicht zustande, so kann letzterer nach § 98 Abs. 5 BetrVG beim Arbeitsgericht beantragen, dem Arbeitgeber aufzugeben, die Bestellung zu unterlassen oder die Abberufung durchzuführen. Zur Abberufung kann der Arbeitgeber auf Antrag durch Zwangsgeld angehalten werden. Führt der Arbeitgeber eine Bestellung trotz entgegenstehender rechtskräftiger Gerichtsentscheidung durch, so ist er auf Antrag des Betriebsrates nach vorheriger Androhung zu einem Ordnungsgeld bis zu 10.000,– EUR zu verurteilen, § 98 Abs. 5 BetrVG.

Eine vergleichbare Regelung enthält § 104 BetrVG. Kommt der Arbeitgeber dem Verlangen des Betriebsrates auf Entlassung oder Versetzung eines den Betriebsfrieden störenden Arbeitnehmers nicht nach, so entscheidet das Arbeitsgericht auf Antrag des Betriebsrates, ob der Arbeitgeber die Entlassung oder die Versetzung durchzuführen hat. Bei einem Verstoß gegen den Gerichtsentscheid kann das Arbeitsgericht den Arbeitgeber auf Antrag des Betriebsrates durch Zwangsgeld dazu anhalten, dem Entscheid nachzukommen.

Kommt der Arbeitgeber der Ausschreibung von Arbeitsplätzen nicht nach, obwohl der Betriebsrat dies nach § 93 BetrVG verlangt, oder stellt sich der Arbeitgeber dem Verlangen des Betriebsrates auf Ermittlung des Berufsbildungsbedarf nach § 96 Abs. 1 BetrVG entgegen, so kann der Betriebsrat das Arbeitsgericht anrufen und im Rahmen des Beschlussverfahrens eine entsprechende Verpflichtung des Arbeitgebers feststellen lassen. Die unterlassene Ausschreibung frei werdender Arbeitsplätze trotz Verlangens des Betriebsrats führt zudem dazu, dass der Betriebsrat seine Zustimmung zu einer personellen Maßnahme gemäß § 99 Abs. 2 Nr. 5 BetrVG verweigern kann, wenn sich diese auf die Besetzung des nicht ausgeschriebenen Arbeitsplatzes richtet.[41]

c) **Nicht erzwingbare Vorschläge.** Vorschläge des Betriebsrates nach § 92 Abs. 2 BetrVG zur Einführung einer Personalplanung oder nach § 92 Abs. 3 BetrVG zur Förderung der Gleichstellung von Frauen und Männern oder zur Förderung der Vereinbarung von Familie und Erwerbstätigkeit kann der Arbeitgeber ablehnen. Die Durchsetzung dieser Vorschläge ist nicht – auch nicht mit Hilfe des Arbeitsgerichts – erzwingbar. Der Arbeitgeber ist in der

---

[41] ErfK/*Kania* BetrVG § 99 Rn. 34.

Entscheidung frei, ob und in welchem Umfang er die vorgeschlagenen Maßnahmen durchführt. Er muss sie jedoch mit dem Betriebsrat beraten und sich mit den Vorschlägen gemäß § 92 Abs. 2 u. 3 BetrVG jedenfalls ernsthaft befassen.

39 **d) Begründung der Ablehnung durch den Arbeitgeber.** Die Ablehnung von Vorschlägen oder Verlangen des Betriebsrates bedarf regelmäßig keiner Begründung, obwohl dies im Rahmen der vertrauensvollen Zusammenarbeit vernünftig und interessengerecht wäre. Eine Ausnahme bildet § 92a Abs. 1 BetrVG bei Vorschlägen des Arbeitgebers zur Sicherung und Förderung der Beschäftigung. Hält der Arbeitgeber die Vorschläge des Betriebsrates für ungeeignet, so hat er dies zu begründen; in Betrieben mit mehr als 100 Arbeitnehmern erfolgt die Begründung schriftlich, § 92a Abs. 2 BetrVG.

40 Hierzu wird empfohlen, die Begründung, gleich ob mündlich oder schriftlich, sorgfältig zu überlegen bzw. aufseiten des Betriebsrates diese Begründung sorgfältig zu dokumentieren. Die in der Begründung enthaltenen Ausführungen können sich später bei betriebsbedingten Kündigungen im Rahmen der Anhörung des Betriebsrates oder im Rahmen eines Kündigungsschutzverfahrens auswirken. Eine Kündigungsbeschränkung soll § 92a BetrVG demgegenüber nicht enthalten.[42]

IV. Zustimmungspflichtige Maßnahmen

41 Bedarf eine Maßnahme des Arbeitgebers der vorherigen Zustimmung des Betriebsrates, so handelt es sich um die stärkste Form des Beteiligungsrechtes des Betriebsrates. Diese Mitbestimmung wird häufig als Mitbestimmungsrecht im engeren Sinne oder als „obligatorische" Mitbestimmung bezeichnet.

1. Überblick

42 Folgende Normen regeln das Zustimmungserfordernis:
- § 87 Abs. 1 BetrVG – Mitbestimmung in den enumerativ und abschließend unter Nr. 1– 13 der Vorschrift genannten sozialen Angelegenheiten.
- § 94 BetrVG – Zustimmung bei der Einführung von Personalfragebogen, bei der Abfrage persönlicher Angaben in schriftlichen Arbeitsverträgen und bei der Aufstellung allgemeiner Beurteilungsgrundsätze.
- § 95 Abs. 1 BetrVG – Zustimmung zu Auswahlrichtlinien bei Einstellungen, Versetzungen, Umgruppierungen und Kündigungen.
- § 97 Abs. 2 BetrVG – Mitbestimmung bei der **Einführung** von Maßnahmen der betrieblichen Berufsbildung, wenn auf Grund einer Tätigkeitsänderung die beruflichen Kenntnisse und Fähigkeiten der Mitarbeiter zur Erfüllung ihrer Aufgaben nicht mehr ausreichen.
- § 98 Abs. 1 BetrVG – Mitbestimmung bei der **Durchführung** von Maßnahmen der betrieblichen Berufsbildung.
- § 99 Abs. 1 BetrVG – Zustimmung zur Einstellung, Versetzung, Ein- und Umgruppierung.
- § 103 BetrVG – Zustimmung zur außerordentlichen Kündigung von Mitgliedern des Betriebsrates, der Jugend- und Auszubildendenvertretung, der Bordvertretung, des Seebetriebsrates, des Wahlvorstands sowie von Wahlbewerbern.
- § 103 Abs. 3 BetrVG – Zustimmung zur Versetzung der vorstehend genannten Personen, wenn die Versetzung zu einem Verlust des Amtes oder der Wählbarkeit führen würde.
- §§ 112, 112a BetrVG – Mitbestimmung des Betriebsrates bei der Aufstellung eines Sozialplans aus Anlass von Betriebsänderungen.

2. Initiativrechte

43 Bei den Mitbestimmungstatbeständen speziell des § 87 BetrVG und der Mitbestimmung bei Betriebsänderungen gemäß §§ 111 ff. BetrVG[43] kann der Betriebsrat grundsätzlich auch

---
[42] *Bauer* NZA 2001, 375 (379).
[43] § 56.

seinerseits die Initiative ergreifen. Dabei muss sich dieses Initiativrecht stets in den Grenzen des vom Gesetzgeber normierten Mitbestimmungsrechts halten. So kann der Betriebsrat beispielsweise nicht im Rahmen des Initiativrechts die Einführung eines Bonussystems erzwingen; wenn ein solches besteht, kann er jedoch nach § 87 Abs. 1 Nr. 10 BetrVG Einfluss auf die Verteilungsmethoden nehmen. Auch im Rahmen der Mitbestimmung nach § 98 BetrVG setzt das Initiativrecht bei der **Durchführung** betrieblicher Bildungsmaßnahmen voraus, dass der Arbeitgeber über dessen Einführung positiv beschlossen hat. Entsprechendes gilt für Initiativen im Rahmen von §§ 94, 95 BetrVG.

Initiativrechte bestehen des Weiteren im Hinblick auf das „Ob" einer Maßnahme nicht 44
- bei der Einführung von Personalfragebogen und Beurteilungsgrundsätzen im Sinne des § 94 BetrVG. Bei der Frage des „Ob" ist der Arbeitgeber in seiner Entscheidung frei;
- in Betrieben mit 500 oder weniger Arbeitnehmern bei der Aufstellung von Auswahlrichtlinien; der Betriebsrat kann die Einführung nicht erzwingen;
- im Hinblick auf die Einführung betrieblicher Bildungsmaßnahmen. Eine Ausnahme enthält § 97 Abs. 2 BetrVG. Der Betriebsrat hat ein Initiativrecht, wenn sich durch arbeitgeberseitige Maßnahmen die Tätigkeit der betroffenen Arbeitnehmer ändert und ihre beruflichen Kenntnisse und Fähigkeiten zur Erfüllung ihrer Aufgaben nicht mehr ausreichen.

3. Einholung der Zustimmung

In den im Überblick ausgewiesenen Fällen sind einseitige Maßnahmen des Arbeitgebers 45 nur nach Ausübung des Mitbestimmungsrechts, nach Spruch der Einigungsstelle oder nach Ersetzung der fehlenden Zustimmung des Betriebsrates durch das Arbeitsgericht möglich. Die Verpflichtung zur Einholung der Zustimmung des Betriebsrates entfällt auch nicht in Eilfällen. Grundsätzlich hat der Arbeitgeber rechtzeitig Vorsorge zu treffen, damit es nicht zu solchen „Eilfällen" kommt. Lediglich in Notfällen kann eine einseitige Arbeitgebermaßnahme in Betracht kommen.[44] Dabei wird als Notfall eine plötzlich auftretende, nicht vorhersehbare Situation angesehen, die zwecks Vermeidung nicht wieder gutzumachender Schäden zu unaufschiebbaren Maßnahmen zwingt. Die Beteiligung des Betriebsrates ist in solchen Notfällen unverzüglich nachzuholen. Ansonsten ist die im Gesetz vorgesehene „Zustimmung" des Betriebsrates stets eine **vorherige**.

Im Hinblick auf die **Form der Mitbestimmung** regelt nur § 112 Abs. 1 BetrVG die schrift- 46 liche Niederlegung des Interessenausgleichs und Sozialplans sowie die Notwendigkeit, das Schriftstück beiderseits zu unterzeichnen. In allen anderen Fällen kann das Mitbestimmungsrecht auch durch eine Regelungsabrede[45] ausgeübt werden, die formlos und auch durch schlüssiges Verhalten zustande kommen kann. Erforderlich ist aber stets ein Beschluss des Betriebsrates. Schweigen des Betriebsrates ersetzt in keinem Fall die vom Gesetz geforderte Zustimmung.

In der Regel wählen die Betriebsparteien jedoch nicht die Regelungsabrede, sondern die 47 Betriebsvereinbarung gemäß § 77 BetrVG, die der **Schriftform** bedarf.[46] Nur die Betriebsvereinbarung kann wie eine Rechtsnorm auf die Arbeitsverhältnisse einwirken und deren Inhalt bestimmen. Dies ist von besonderer Bedeutung für die Mitbestimmungstatbestände des § 87 BetrVG, aber auch bei der Verwendung von Personalfragebogen oder der Einführung von Beurteilungsgrundsätzen gemäß § 94 BetrVG, der Anwendung von Auswahlrichtlinien gemäß § 95 BetrVG oder der Einführung und Durchführung der betrieblichen Berufsbildung gemäß §§ 97, 98 BetrVG sowie bei der Aufstellung von Sozialplänen gemäß §§ 112, 112a BetrVG.

In all diesen Fällen ersetzt die Einigungsstelle die Einigung zwischen Betriebsrat und Ar- 48 beitgeber, wenn die Betriebsparteien sich über die mitbestimmungspflichtige Maßnahme nicht verständigen können. Ohne einen, die fehlende Einigung ersetzenden Spruch der Einigungsstelle, kann der Arbeitgeber in den genannten Fällen die Maßnahme nicht durchführen.

---

[44] BAG 19.2.1991 – 1 ABR 31/90, NZA 1991, 609 B. II. 3.
[45] → § 63 Rn. 67–72.
[46] → § 63 Rn. 1–51.

49 In den Fällen der fehlenden Zustimmung zur Einstellung, Versetzung, Ein- und Umgruppierung gemäß § 99 BetrVG oder der außerordentlichen Kündigung oder Versetzung des durch § 103 BetrVG geschützten Personenkreises **ersetzt auf Antrag des Arbeitgebers das Arbeitsgericht** die fehlende Zustimmung des Betriebsrates, falls dieser die Zustimmung zu Unrecht verweigert hat.

4. Verletzung der Mitbestimmungspflicht

50 In den Fällen der §§ 99, 103 BetrVG (Zustimmung zur Einstellung, Versetzung, Ein- und Umgruppierung, zur außerordentlichen Kündigung und zur Versetzung von Betriebsratsmitgliedern und anderen Betriebsverfassungsorganen) wirkt sich die Verletzung der Mitbestimmung durch den Arbeitgeber unmittelbar auf die Maßnahme selbst aus. Eine ohne Zustimmung des Betriebsrates durchgeführte Einstellung, Ein- oder Umgruppierung oder Versetzung ist **unwirksam,** es sei denn, der Arbeitgeber entscheidet sich aus dringenden sachlichen Gründen für eine **vorläufige personelle Maßnahme nach § 100 BetrVG** und er leitet fristgerecht das arbeitsgerichtliche Verfahren ein, wenn der Betriebsrat der vorläufigen personellen Maßnahme widerspricht.

51 In allen anderen Fällen steht dem Betriebsrat bei Verletzung seiner Mitbestimmungsrechte ein **Anspruch auf Unterlassung** der mitbestimmungswidrigen Maßnahmen zu.[47] Voraussetzung für den allgemeinen Unterlassungsanspruch ist die Wiederholungsgefahr. Für diese besteht eine tatsächliche Vermutung, es sei denn, dass besondere Umstände einen neuen Eingriff unwahrscheinlich machen.[48] An der Wiederholungsgefahr scheitern in der Regel Unterlassungsansprüche im Zusammenhang mit Verstößen gegen §§ 112, 112a BetrVG. Der Rechtsschutz beschränkt sich hier auf die Erzwingbarkeit des Sozialplans.

52 Besteht ein Anspruch auf Unterlassung, so ist auch der Erlass einer einstweiligen Verfügung möglich, wenn dies zur Herstellung eines effektiven Rechtsschutzes gegen die Missachtung des Mitbestimmungsrechts des Betriebsrates notwendig ist und die gerichtliche Regelung zeitlich befristet bis zu der Einigung der Parteien oder einem Spruch der Einigungsstelle erfolgt.[49]

53 Ob die ohne Zustimmung des Betriebsrates durchgeführten Maßnahmen des Arbeitgebers auch **individual-rechtlich** in jedem Fall unwirksam sind, die Zustimmung des Betriebsrates also eine Wirksamkeitsvoraussetzung darstellt, wird nicht einheitlich beantwortet. Das BAG hat die Unwirksamkeit der Maßnahme individual-rechtlich in Einzelfällen, aber nicht konsequent in allen Fällen anerkannt. So ist die Anrechnung von Tariflohnerhöhungen auf übertarifliche Zulagen im Verhältnis zum Arbeitnehmer unwirksam, wenn die Anrechnung unter Verstoß gegen das Mitbestimmungsrecht des § 87 Abs. 1 Nr. 10 BetrVG erfolgt.[50]

---

[47] Grundlegend BAG 3.5.1994 – 1 ABR 24/93, NZA 1995, 40 B.I.
[48] BAG 29.2.2000 – 1 ABR 4/99, DB 2000, 2614.
[49] *Fitting* BetrVG § 87 Rn. 610.
[50] BAG 25.4.2017 – 1 AZR 427/15, NZA 2017, 1346 Rn. 16; BAG 11.8.1992 – 1 AZR 279/90, NZA 1993, 418 II.3.

§ 62 Kosten (Aufwendungen, Sachverständige, Schulungen)

Übersicht

	Rn.
I. Kosten der Betriebsratstätigkeit	1–38
1. Grundsätze	5–9
a) Betriebsverfassungsrechtliche Aufgaben	6/7
b) Erforderlichkeit	8
c) Verhältnismäßigkeit	9
2. Einzelne Kosten	10–34
a) Reisekosten	10–13
b) Sachverständiger	14–17
c) Berater	18–21
d) Prozessführung, Anwaltskosten	22–31
e) Anwaltskosten einzelner Betriebsratsmitglieder	32–34
f) Kosten der privaten Lebensführung	35
3. Streitigkeiten	36–39
II. Sachaufwand für die Betriebsratstätigkeit	40–63
1. Grundsätze	41–43
a) Betriebsverfassungsrechtliche Aufgaben	42
b) Erforderlichkeit/Verhältnismäßigkeit	43
2. Einzelne Sachmittel	44–61
a) Büropersonal	45–48
b) Büroraum	49/50
c) Fachliteratur	51–54
d) Informations- und Kommunikationstechnik	55–59
e) Sonstige Sachmittel	60/61
3. Streitigkeiten	62/63
III. Kosten der Schulung und Bildung	64–78
1. Kostenerstattung	65–72
a) Voraussetzungen	65–68
b) Umfang der Kostenerstattung	69–72
2. Lohnfortzahlung, Freizeitausgleich	73–76
a) Grundsatz	73/74
b) Schulung außerhalb der Arbeitszeit	75
c) Schulung bei Streik	76
3. Streitigkeiten	77/78

I. Kosten der Betriebsratstätigkeit

Der Betriebsrat verfügt regelmäßig über **keine eigenen finanziellen Mittel**, mit denen er im Rahmen und im Zusammenhang mit der Betriebsratstätigkeit anfallende Kosten begleichen könnte. Es ist ihm untersagt, die Arbeitnehmer zur finanziellen Unterstützung in Form von Beiträgen oder Spenden anzuhalten. Der Gesetzgeber hat dies in § 41 BetrVG ausdrücklich geregelt. 1

Der Betriebsrat darf auch keine Zuwendungen Dritter, etwa politischer Parteien oder Gewerkschaften, annehmen.[1] Selbst Zuwendungen des Arbeitgebers, die außerhalb der Kostenerstattung/Kostentragungspflicht nach den §§ 40, 37 BetrVG erfolgen, darf der Betriebsrat nicht annehmen. Er hat sein Amt nach § 37 Abs. 1 BetrVG unentgeltlich als Ehrenamt zu führen. Außerhalb des betriebsverfassungsrechtlichen Rahmens liegende Zuwendungen des Arbeitgebers verstoßen gegen diesen Grundsatz.[2] 2

Auch die im Prinzip durch § 41 BetrVG nicht untersagte **Spendensammlung oder Beitragserhebung für andere Zwecke** soll dann gegen das Beitragsverbot verstoßen, wenn dem Betriebsrat hierdurch in größerem Umfang und auf Dauer Mittel zur eigenen Verwaltung 3

---

[1] *Fitting* BetrVG § 41 Rn. 5; MHdB ArbR/*Krois* § 296 Rn. 75; ErfK/*Koch* BetrVG § 41 Rn. 1; Richardi BetrVG/*Thüsing* § 41 Rn. 6.
[2] *Fitting* BetrVG § 41 Rn. 5; Richardi BetrVG/*Thüsing* § 41 Rn. 5 f.

zur Verfügung stehen. Hierbei ist auch an die Verwaltung von Kassen gedacht, die beispielsweise aus Spenden für Betriebsfeste, Jubiläumsgeschenke etc. gefüllt werden oder sich aus Erlösen von Tombolas, Versteigerungen auf Betriebsfesten oder aus der Zurverfügungstellung von Aufsichtsratsvergütungen der Arbeitnehmervertreter ergeben. Handelt es sich hierbei nicht um eine gelegentliche Geldanhäufung für einen bestimmten Zweck, sondern um die ständige Verfügungsgewalt über angesammelte Mittel, so wird dies für bedenklich und mit § 41 BetrVG nicht im Einklang stehend angesehen.[3]

4   Damit der Betriebsrat im Rahmen des Ehrenamtes unter Wahrung der Neutralität und Unabhängigkeit ohne eigene Mittel ungestört und unbehindert (vgl. § 78 S. 1 BetrVG) seine Amtspflichten erfüllen kann, ist der Arbeitgeber verpflichtet, selbst die Kosten der Betriebsratstätigkeit, den Sachaufwand für die Betriebsratstätigkeit – nachfolgend Ziff. II – sowie die Kosten der Schulung und Bildung – nachfolgend Ziff. III – zum Zwecke der sachgerechten Erfüllung der betriebsverfassungsrechtlichen Aufgaben zu übernehmen.

1. Grundsätze

5   Die durch die Tätigkeit des Betriebsrates entstehenden Kosten trägt nach § 40 Abs. 1 BetrVG der Arbeitgeber. Diese Kostentragungspflicht gilt entsprechend für den Gesamtbetriebsrat (§ 51 Abs. 1 S. 1 BetrVG), den Konzernbetriebsrat (§ 59 Abs. 1 BetrVG), die Jugend- und Auszubildendenvertretung (§ 65 Abs. 1 BetrVG), die Gesamtjugend- und Auszubildendenvertretung (§ 73 Abs. 2 BetrVG), die Bordvertretung (§ 115 Abs. 4 S. 1 BetrVG) und den Seebetriebsrat (§ 116 Abs. 3 BetrVG).

6   **a) Betriebsverfassungsrechtliche Aufgaben.** Von der Kostentragungspflicht erfasst werden die Kosten der Betriebsratstätigkeit, also solche Kosten, die bei der Wahrnehmung der Aufgaben des Betriebsrates nach dem BetrVG entstehen. Damit scheiden von vornherein Kosten, die auf Grund gewerkschaftlicher, partei- oder sozialpolitischer Aktivitäten entstehen, aus.

7   Unbeachtlich für die Erstattungspflicht ist, ob der Betriebsrat ein Restmandat ausübt,[4] ein Übergangsmandat[5] wahrnimmt oder ob die Wahl auf Grund der der Betriebsrat sich konstituiert hat, angefochten ist.[6] Bei einer nichtigen Wahl ist zu unterscheiden, ob den Betriebsratsmitgliedern die Nichtigkeit der Wahl bekannt war.[7] Nach anderer Ansicht[8] ist die Kostentragungspflicht zu bejahen, wenn die Mitglieder des Betriebsrates nach Treu und Glauben von der Rechtmäßigkeit ihres Tuns überzeugt sein konnten. Zu erstatten sind nur die tatsächlich entstandenen Kosten. Sie sind grundsätzlich im Einzelnen nachzuweisen und abzurechnen.[9] Unverhältnismäßige Kosten können der Kürzung unterliegen.

8   **b) Erforderlichkeit.** Zu erstatten sind nur die **erforderlichen** Kosten.[10] Der Betriebsrat hat gewissenhaft unter Berücksichtigung aller Umstände abzuwägen, ob die Aufwendung im Interesse des Betriebs und seiner Belegschaft unter Beachtung auch der Belange des Arbeitgebers erforderlich ist, um seine Aufgaben zu erfüllen.[11] Dabei hat sich der Betriebsrat auf den Standpunkt eines vernünftigen Dritten zu stellen, der die Interessen des Betriebes einerseits und des Betriebsrates sowie der Arbeitnehmerschaft andererseits gegeneinander abzuwägen hat.[12] Beurteilungszeitpunkt ist derjenige der Verursachung der Kosten.[13] Die

---

[3] GK-BetrVG/*Weber* § 41 Rn. 5; Richardi BetrVG/*Thüsing* § 41 Rn. 8; aA Däubler/Klebe/Wedde/*Wedde* BetrVG § 41 Rn. 4 bei Einverständnis des Arbeitgebers.
[4] LAG Hessen 13.7.2015 – 16 TaBVGa 165/14, DB 2016, 717 Rn. 23; *Fitting* BetrVG § 40 Rn. 7; GK-BetrVG/*Weber* § 40 Rn. 8.
[5] *Fitting* BetrVG § 40 Rn. 7; GK-BetrVG/*Weber* § 40 Rn. 9.
[6] *Fitting* BetrVG § 40 Rn. 8; Däubler/Klebe/Wedde/*Wedde* BetrVG § 40 Rn. 4.
[7] *Fitting* BetrVG § 40 Rn. 8; Däubler/Klebe/Wedde/*Wedde* BetrVG § 40 Rn. 4.
[8] Richardi BetrVG/*Thüsing* § 40 Rn. 4.
[9] Däubler/Klebe/Wedde/*Wedde* BetrVG § 40 Rn. 12; GK-BetrVG/*Weber* § 40 Rn. 32 mwN.
[10] BAG 24.10.2018 – 7 ABR 23/17, NZA 2019, 407 Rn. 11; *Fitting* BetrVG § 40 Rn. 9.
[11] GK-BetrVG/*Weber* § 40 Rn. 13, MHdB ArbR/*Krois* § 296 Rn. 5.
[12] BAG 25.1.1995 – 7 ABR 37/94, AP BetrVG 1972 § 40 Nr. 46 NZA 1995, 591.
[13] GK-BetrVG/*Weber* § 40 Rn. 13; MHdB ArbR/*Krois* § 296 Rn. 8; *Fitting* BetrVG § 40 Rn. 9; Richardi BetrVG/*Thüsing* § 40 Rn. 9.

Zustimmung des Arbeitgebers braucht der Betriebsrat nicht einzuholen. In der Praxis empfiehlt es sich aber, entsprechend dem Grundsatz der vertrauensvollen Zusammenarbeit mit dem Arbeitgeber eine vorherige Absprache zu treffen oder – wenn dies nicht gewollt oder möglich ist – ihm jedenfalls Gelegenheit zur Stellungnahme zu geben. Dies gilt selbstverständlich nur dann, wenn es sich um nicht alltägliche oder um besonders hohe Aufwendungen handelt.[14]

c) **Verhältnismäßigkeit.** Neben der Erforderlichkeit verlangt die Rechtsprechung die Beachtung des Grundsatzes der Verhältnismäßigkeit.[15] Danach ist der Betriebsrat verpflichtet, den Kostenaufwand in einem vertretbaren Verhältnis zu den betrieblichen Gegebenheiten zu halten und von der Möglichkeit einer Kostenverringerung Gebrauch zu machen, wenn weniger aufwändige Möglichkeiten zur Verfügung stehen und zur Erfüllung der Aufgaben gleichwohl geeignet sind. 9

2. Einzelne Kosten

a) **Reisekosten.** Diese fallen einmal im Zusammenhang mit der Teilnahme an Schulungsveranstaltungen,[16] aber auch im Zusammenhang mit der täglichen Betriebsratstätigkeit an. 10

Beispiele:
- Teilnahme an Sitzungen des Gesamtbetriebsrates, des Konzernbetriebsrates, des Wirtschaftsausschusses oder sonstiger Ausschüsse,[17]
- Besuche von auswärtigen Betrieben, Betriebsteilen, Nebenbetrieben, Baustellen, zB zur Abhaltung von Sprechstunden, zur Beilegung von Meinungsverschiedenheiten, zu Betriebsbegehungen sowie das Aufsuchen von Telearbeitsplätzen,[18]
- die Wahrnehmung von Behördenterminen, auch im Ausland; hierunter fällt zB die Anhörung des Betriebsrates bei einem geplanten Zusammenschluss mit einem ausländischen Unternehmen vor der EG-Kommission in Brüssel,
- Teilnahme an Einigungsstellensitzungen, die beispielsweise in einem Tagungshotel stattfinden,
- der Besuch erkrankter oder verunfallter Arbeitnehmer, wenn die Erkrankung auf einem Arbeitsunfall beruht, den der Betriebsrat untersucht oder wenn im Betrieb die Übung besteht, erkrankte oder verunfallte Arbeitnehmer aufzusuchen.[19]

Nicht zu den zu erstattenden Fahrkosten gehören diejenigen für Fahrten zwischen der Wohnung des Betriebsratsmitglieds und dem Betrieb, denn es ist grundsätzlich Sache des Arbeitnehmers, sich auf seine Kosten zur Arbeitsleistung in den Betrieb als Leistungsort zu begeben. Dies gilt auch, wenn das Betriebsratsmitglied nach § 38 BetrVG freigestellt ist.[20] Der Arbeitgeber hat Reisekosten für Fahrten zwischen Wohnung und Betrieb nur dann zu erstatten, wenn die Reisekosten ausschließlich wegen der Wahrnehmung der erforderlichen Betriebsratstätigkeit und nicht gleichzeitig wegen der Erfüllung der Arbeitspflicht des Betriebsratsmitglieds entstanden sind.[21] 11

Zu den Reisekosten zählen die notwendigen Fahrtkosten sowie die Kosten für Verpflegung und Unterkunft. Die Höhe der Kostenerstattung richtet sich nach der betrieblichen Reisekostenregelung, wenn eine solche besteht. 12

Werden in einem Betrieb üblicherweise die Aufwendungen anlässlich einer Dienstreise nach steuerlichen Pauschalbeträgen der Lohnsteuerrichtlinien abgerechnet, so gilt dies auch für die Dienstreisen von Betriebsratsmitgliedern.[22] Soweit eine Pauschalierung nicht erfolgt 13

---

[14] *Fitting* BetrVG § 40 Rn. 11; GK-BetrVG/*Weber* § 40 Rn. 13.
[15] BAG 31.10.1972 – 1 ABR 7/72, AP BetrVG 1972 § 40 Nr. 2 A.4.; *Fitting* BetrVG § 40 Rn. 10 mwN; MHdB ArbR/*Krois* § 296 Rn. 8; kritisch: GK-BetrVG/*Weber* § 40 Rn. 14; aA Däubler/Klebe/Wedde/*Wedde* BetrVG § 40 Rn. 5.
[16] Vgl. hierzu nachfolgend → Rn. 70–72.
[17] BAG 24.7.1979 – 6 ABR 96/77, AP BetrVG 1972 § 51 Nr. 1 III.2.d).
[18] Beispiele aus Däubler/Klebe/Wedde/*Wedde* BetrVG § 40 Rn. 63.
[19] *Fitting* BetrVG § 40 Rn. 45; Däubler/Klebe/Wedde/*Wedde* BetrVG § 40 Rn. 67.
[20] BAG 13.6.2007 – 7 ABR 62/06, NZA 2007, 1301 Rn. 14.
[21] BAG 16.1.2008 – 7 ABR 71/06, NZA 2008, 546 Rn. 11.
[22] *Fitting* BetrVG § 40 Rn. 56.

oder die notwendigen Aufwendungen des Betriebsratsmitgliedes über die Pauschale hinausgehen, hat es die Aufwendungen im Einzelnen nachzuweisen.[23]

14 **b) Sachverständiger.** Hierunter werden Personen verstanden, die den Betriebsverfassungsorganen die ihnen fehlenden fachlichen und rechtlichen Kenntnisse vermitteln.[24] Auch ein Rechtsanwalt kann Sachverständiger iSv § 80 Abs. 3 BetrVG sein.[25] Die Voraussetzungen für die Einschaltung eines solchen Sachverständigen und die Frage der Kostentragungspflicht ist speziell in § 80 Abs. 3 BetrVG geregelt. Danach kann der Betriebsrat bei der Durchführung seiner Aufgaben nach näherer Vereinbarung mit dem Arbeitgeber Sachverständige hinzuziehen, soweit dies zur ordnungsgemäßen Erfüllung seiner Aufgaben erforderlich ist (zur Erforderlichkeit → § 61 Rn. 18). Die Vereinbarung mit dem Arbeitgeber bezieht sich auf alle Punkte bei der Hinzuziehung eines Sachverständigen, nämlich auf die Person des Sachverständigen, die Kosten und den Zeitpunkt seiner Einschaltung sowie insbesondere auf die Rechts- oder Sachfrage, zu der der Sachverständige gehört werden soll.[26] Der Arbeitgeber hat die Zustimmung zu erteilen bzw. sie ist durch das Arbeitsgericht zu ersetzen, wenn die Einschaltung des Sachverständigen erforderlich ist.[27]

15 Dies ist regelmäßig bei schwierigen Materien der Fall, bei denen dem Betriebsrat die erforderliche Sachkunde fehlt.

Beispiele:
- Versicherungs-mathematische Fragen etwa im Zusammenhang mit der betrieblichen Altersversorgung,
- arbeitswissenschaftliche Fragen,
- Analyse der Geschäftsberichte, Bilanzen uä
- Vorbereitungen für einen Interessenausgleich und Sozialplan, schwierige Rechtsfragen,
- Begleitung bei der Einführung neuer Technologien im Betrieb.

16 Der Sachverständige ist nicht dazu da, den Betriebsrat weiterzubilden; auf den Sachverständigen hat der Betriebsrat nur dann einen Anspruch, wenn es um die Vermittlung von fachlichen oder rechtlichen Kenntnissen zu konkreten Themen/Fragen geht.[28] Bei der Person des Sachverständigen braucht der Betriebsrat nicht auf „Neutralität" zu achten. Seine Wahl kann durchaus auf einen Sachverständigen fallen, der seine Sachkunde orientiert an der Wahrnehmung der Interessen des Betriebsrates zur Verfügung stellt. Bei der Vergütungsregelung darf der Betriebsrat die „übliche Vergütung" nicht überschreiten. Gesetzlich vorgesehene Vergütungsvorschriften sind zu berücksichtigen.[29] Die Vereinbarung mit dem Arbeitgeber bedarf keiner Form. Sie kann auch mündlich erfolgen; zur Vermeidung von Streitigkeiten empfiehlt sich die schriftliche Darlegung.

Formulierungsvorschlag:

17 Zwischen der Geschäftsleitung und dem Betriebsrat besteht Einigkeit über die Berechtigung des Betriebsrates, Herrn Dr. Mustermann als Sachverständigen für Fragen der betrieblichen Altersversorgung hinzuzuziehen.

Gegenstand der Beratung durch den Sachverständigen ist die geplante Änderung der Versorgungsordnung.

Die zu vereinbarende Vergütung richtet sich nach Zeitaufwand mit einem Stundensatz von max. EUR ...... zuzüglich Auslagen – soweit nachgewiesen – und gesetzlicher Mehrwertsteuer.

---

[23] Däubler/Klebe/Wedde/*Wedde* § 40 Rn. 12, 69; *Fitting* BetrVG § 40 Rn. 56; Richardi BetrVG/*Thüsing* § 40 Rn. 53.
[24] *Fitting* BetrVG § 80 Rn. 91; Däubler/Klebe/Wedde/*Buschmann* BetrVG § 80 Rn. 163.
[25] BAG 25.6.2014 – 7 ABR 70/12, NZA 2015, 629 Rn. 21.
[26] *Fitting* BetrVG § 80 Rn. 90; differenzierend: Däubler/Klebe/Wedde/*Buschmann* BetrVG § 80 Rn. 163 ff.
[27] ErfK/*Kania* BetrVG § 80 Rn. 35; *Fitting* BetrVG § 80 Rn. 94.
[28] BAG 17.3.1987 – 1 ABR 59/85, NZA 1987, 747 IV.; *Pflüger* NZA 1988, 45.
[29] BAG 25.8.1999 – 7 AZR 713/97, NZA 2000, 554.

c) Berater. Nach § 111 S. 2 BetrVG kann der Betriebsrat in **Unternehmen mit mehr als** 18
300 Arbeitnehmern[30] einen Berater auf Kosten des Arbeitgebers hinzuziehen.

Gegenstand der Beratung sind geplante Betriebsänderungen, die wesentliche Nachteile für 19
die Belegschaft oder erhebliche Teile der Belegschaft zur Folge haben können.[31] Einer vorherigen Vereinbarung, wie sie § 80 Abs. 3 BetrVG vorsieht, bedarf es nicht. Auch der Nachweis der Erforderlichkeit entfällt.[32]

Der Begriff des Beraters ist im Gesetz nicht definiert. Man geht davon aus, dass der Ge- 20
setzgeber nicht nur an Angehörige klassischer Beratungsberufe, wie zB Anwälte, Steuerberater oder Wirtschaftsprüfer, gedacht hat.[33]

Ob der Betriebsrat auch nur zahlenmäßig „einen" Berater hinzuziehen kann, ist offen. 21
Der Gesetzestext lässt nicht erkennen, ob durch die Verwendung des Wortes „einen" eine zahlenmäßige Beschränkung gewollt war. Es wird angenommen, dass der Zweck der Vorschrift gegen eine zahlenmäßige Beschränkung spreche. Es wird auch für zulässig gehalten, einen Berater zu beauftragen, der seinerseits notwendigen weiteren Sachverstand hinzuzieht. So ist es denkbar, dass der Betriebsrat einen Wirtschaftsprüfer beauftragt, der seinerseits einen Rechtsanwalt hinzuzieht.[34]

d) Prozessführung/Anwaltskosten. Zu den Kosten des Betriebsrates, die der Arbeitgeber 22
zu ersetzen hat, gehören auch die Kosten der gerichtlichen Verfolgung oder der Verteidigung von Ansprüchen. Bei gerichtlichen Streitigkeiten zwischen dem Betriebsrat und dem Arbeitgeber handelt es sich regelmäßig um arbeitsgerichtliche Beschlussverfahren, bei denen keine Gerichtsgebühren und Auslagen erhoben werden (§ 12 Abs. 5 ArbGG), so dass sich die Kostentragungspflicht des Arbeitgebers regelmäßig auf die außergerichtlichen Kosten beschränkt. Gleichwohl gilt auch hier der Grundsatz, dass die gerichtliche Klärung erforderlich sein muss. Die Rechtsverfolgung oder -verteidigung darf auch nicht von vornherein mutwillig oder offensichtlich aussichtslos sein.[35] Letzteres ist nicht der Fall, wenn das Beschlussverfahren bislang ungeklärte Rechtsfragen zum Gegenstand hat und die Rechtsauffassung des Betriebsrates vertretbar ist.[36] Hingegen hat der Arbeitgeber nicht die außergerichtlichen Kosten für unzulässige oder offensichtlich unbegründete Rechtsmittel zu tragen.[37]

Beauftragt der Betriebsrat einen Rechtsanwalt mit der Verfahrens- oder Prozessvertre- 23
tung, so setzt die Kostentragungspflicht voraus, dass die anwaltliche Vertretung im Sinne des § 40 BetrVG erforderlich ist. Dies ist immer dann der Fall, wenn der Betriebsrat bei pflichtgemäßer und verständiger Abwägung der zu berücksichtigenden Umstände die Zuziehung eines Rechtsanwalts für notwendig erachten konnte.[38] Die Hinzuziehung eines Rechtsanwalts ist dann erforderlich, wenn zwischen den Betriebsparteien schwierige Rechtsfragen streitig sind und der Betriebsrat nicht über den notwendigen juristischen Sachverstand verfügt.[39]

In jedem Falle notwendig ist die Hinzuziehung eines Rechtsanwalts im Rechtsbeschwer- 24
deverfahren, da die Rechtsbeschwerdeschrift und die Rechtsbeschwerdebegründung durch einen Rechtsanwalt zu unterzeichnen sind. Auch in der zweiten Instanz kann der Betriebsrat sich nicht alleine vertreten, da die Beschwerdeschrift von einem Rechtsanwalt oder einem Gewerkschaftsvertreter zu unterzeichnen ist (§ 89 Abs. 1 ArbGG). Die Notwendigkeit der Beauftragung eines Rechtsanwalts kann dabei nicht mit der Begründung verneint werden,

---

[30] Zur Ermittlung der Betriebsgröße vgl. → § 56 Rn. 121, 122.
[31] Zum Begriff der Betriebsänderung vgl. → § 56 Rn. 123.
[32] ErfK/*Kania* BetrVG § 111 Rn. 25a; Däubler/Klebe/Wedde/*Däubler* BetrVG § 111 Rn. 172; einschränkend: *Fitting* BetrVG § 111 Rn. 122.
[33] *Fitting* BetrVG § 111 Rn. 120 mwN.
[34] *Bauer* NZA 2001, 375; Richardi BetrVG/*Annuß* § 111 Rn. 54.
[35] BAG 18.3.2015 – 7 ABR 4/13, NZA 2015, 954 Rn. 11; 29.7.2009 – 7 ABR 95/07, NZA 2009, 1223 Rn. 17.
[36] BAG 19.3.2003 – 7 ABR 15/02, NZA 2003, 871 1.
[37] BAG 22.11.2017 – 7 ABR 34/16, NZA 2018, 461 Rn. 13.
[38] BAG 29.7.2009 – 7 ABR 95/07, NZA 2009, 1223 Rn. 21; Däubler/Klebe/Wedde/*Wedde* BetrVG § 40 Rn. 28; Richardi BetrVG/*Thüsing* § 40 Rn. 25.
[39] BAG 14.12.2016 – 7 ABR 8/15, NZA 2017, 514 Rn. 13.

dass die Möglichkeit der Hinzuziehung eines Gewerkschaftsvertreters bestanden habe. Es besteht keine Pflicht des Betriebsrats oder seiner Mitglieder gegenüber dem Arbeitgeber, sich durch einen Vertreter der Gewerkschaft vertreten zu lassen und Rechtsschutz durch die Gewerkschaft zu organisieren.[40] Bei der Beauftragung in der ersten Instanz ist darauf abzustellen, ob der Rechtsstreit nach der Sach- und Rechtslage Schwierigkeiten aufweist.

25 Auch die Beauftragung eines Rechtsanwalts bei einer außergerichtlichen Streitigkeit kann erforderlich und sein Honorar als Kosten der Betriebsratstätigkeit erstattungsfähig sein, wenn sich beispielsweise gerade durch die Hinzuziehung eines Rechtsanwalts der Streit einvernehmlich beilegen lässt.[41] Von dieser außergerichtlichen konkreten Konfliktberatung ist die Beauftragung eines Rechtsanwalts mit einer gutachterlichen Fragestellung zu unterscheiden. Wird der Rechtsanwalt als Sachverständiger tätig, so richtet sich der Anspruch auf seine Hinzuziehung nach § 80 Abs. 3 BetrVG und bedarf der näheren Vereinbarung mit dem Arbeitgeber.

26 Nicht ersatzfähig nach §§ 280 Abs. 1, Abs. 2, 286 Abs. 1 BGB sind die dem Rechtsanwalt des Betriebsrats entstandenen anwaltlichen Gebühren und Kosten im Sinne eines Verzugsschaden, die diesem zur Durchsetzung eines an ihn abgetretenen Anspruchs des Betriebsrats auf Freistellung von Kosten einer erforderlichen Rechtsverfolgung entstanden sind.[42]

27 Die Beauftragung eines Rechtsanwalts setzt in formeller Hinsicht einen ordnungsgemäßen Beschluss des Betriebsrates voraus[43] und zwar in der Regel gesondert für jede Instanz.[44] Die stillschweigende Hinnahme einer anwaltlichen Tätigkeit ohne ausdrücklichen Beschluss des Betriebsrats löst für den Arbeitgeber keine Kostentragungspflicht aus.[45] Das hat das BAG für den Fall der Rechtsmitteleinlegung im Namen des Betriebsrates entschieden.[46] Wird im Eilfall der Rechtsanwalt durch den Betriebsratsvorsitzenden ohne zuvor gefassten Betriebsratsbeschluss beauftragt, so kann dieser nachträglich durch den Betriebsrat gebilligt werden. Eilbedürftigkeit ist zB gegeben, wenn der Arbeitgeber gegen den Betriebsrat eine einstweilige Verfügung beantragt. Eine nachträgliche Genehmigung nach Abschluss der Instanz soll indessen nicht zulässig sein.[47] Hierauf hat das Arbeitsgericht den Betriebsrat hinzuweisen.[48]

28 Der vom Betriebsrat beauftragte Rechtsanwalt muss im gerichtlichen Verfahren jederzeit mit der Frage nach seiner ordnungsgemäßen Bevollmächtigung rechnen. Ein ordnungsgemäßer Betriebsratsbeschluss über seine Beauftragung, der im Termin vorgelegt werden kann, bewahrt vor Rechtsnachteilen. Das gilt insbesondere in der mündlichen Anhörung vor dem Arbeitsgericht in einem durch den Betriebsrat anhängig gemachten einstweiligen Verfügungsverfahren. Kann die ordnungsgemäße Bevollmächtigung nicht durch die Vorlage eines ordnungsgemäßem Betriebsratsbeschlusses glaubhaft gemacht werden, ist der Antrag als unzulässig abzuweisen.[49]

29 Fahrtkosten eines vom Betriebsrat beauftragten auswärtigen Rechtsanwalts brauchen vom Arbeitgeber nicht erstattet zu werden, wenn vom Betriebsrat beauftragte Anwalt keine besondere, über das normale Maß hinausgehende Sachkompetenz in den für den Rechtsstreit maßgebenden Rechtsfragen hat und am Gerichtsort sachkundige Anwälte ansässig sind.[50]

30 Auch der vom Betriebsrat beauftragte Rechtsanwalt hat den Grundsatz der Kostenschonung des Arbeitgebers zu beachten mit der Folge, dass nur die Kosten solcher Verfahren, die

---

[40] BAG 4.12.1979 – 6 ABR 37/76, DB 1980, 2091 Rn. 14; einschränkend: *Fitting* BetrVG § 40 Rn. 27.
[41] BAG 15.11.2000 – 7 ABR 24/00, BeckRS 2000, 30787996 II.1.b).
[42] BAG 1.8.2018 – 7 ABR 41/17, NZA 2018, 1574 Rn. 13.
[43] BAG 11.12.2018 – 1 ABR 17/17, NZA 2019, 714 Rn. 38; 19.1.2005 – 7 ABR 24/04, BeckRS 2005, 30349188. B. I.
[44] BAG 18.3.2015 – 7 ABR 4/13, NZA 2015, 954 Rn. 12; *Fitting* BetrVG § 40 Rn. 32.
[45] BAG 18.3.2015 – 7 ABR 4/13, NZA 2015, 954 Rn. 15; 5.4.2000 – 7 ABR 6/99, NZA 2000, 1178 I.2. (betr. Mitglied der Jugend- und Auszubildendenvertretung).
[46] BAG 18.3.2015 – 7 ABR 4/13, NZA 2015, 954 Rn. 12.
[47] BAG 4.11.2015 – 7 ABR 61/13, NZA-RR 2016, 256 Rn. 44.
[48] BAG 6.12.2006 – 7 ABR 62/05, AP BetrVG 1972 § 21b Nr. 5 Rn. 21; *Fitting* BetrVG § 40 Rn. 32.
[49] BAG 4.11.2015 – 7 ABR 61/13, NZA-RR 2016, 256 Rn. 26.
[50] BAG 15.11.2000 – 7 ABR 24/00, BeckRS 2000, 30787996 B. I. 5.EzA-SD 2001, Nr. 10, 11–13; *Fitting* BetrVG § 40 Rn. 28 mwN.

der Betriebsrat nach § 40 Abs. 1 BetrVG durchzuführen berechtigt ist, erstattungspflichtig sind. Diese Kostenschonung gebietet dem Anwalt beispielsweise, für gleichgelagerte Sachverhalte Gruppenverfahren anstelle von Einzelverfahren durchzuführen. Unterlässt er dies, stehen ihm nur die Gebühren für fiktive Gruppenverfahren zu.[51]

Die Beauftragung mit der Prozessvertretung durch den Betriebsrat hat in der Regel auf der Basis des RVG zu erfolgen; ein Zeithonorar ist nur in Sonderfällen denkbar.[52] Anders die außergerichtliche Tätigkeit des Rechtsanwalts für den Betriebsrat; hier muss die Gebührenvereinbarung mit dem regional üblichen Zeithonorar als angemessen angesehen werden.[53] 31

e) **Anwaltskosten einzelner Betriebsratsmitglieder.** Zu den vom Arbeitgeber nach § 40 Abs. 1 BetrVG zu tragenden Kosten können auch die Kosten eines Rechtsstreits des Betriebsratsmitglieds mit seinem Arbeitgeber oder dem Betriebsrat gehören, zB die Kosten eines Ausschlussverfahrens nach § 23 Abs. 1 BetrVG.[54] 32

Dabei muss es sich um Kosten eines Rechtsstreits handeln, den das Betriebsratsmitglied in seiner Eigenschaft als Mitglied dieses Organs führt.[55] Diese Voraussetzungen liegen bei einer Beteiligung des Betriebsratsmitglieds am Beschlussverfahren nach § 103 Abs. 2 BetrVG nicht vor, weil er dort keine kollektivrechtlichen, sondern persönliche individualrechtliche Interessen aus dem Arbeitsverhältnis wahrnimmt. Obsiegt das Betriebsratsmitglied im Beschwerdeverfahren, trägt der unterlegene Arbeitgeber die dem beteiligten Betriebsratsmitglied entstandenen Kosten. Dies aber nicht wegen § 40 Abs. 1 BetrVG, sondern allein wegen des Benachteiligungsverbots des § 78 S. 2 BetrVG.[56] 33

Der Arbeitgeber hat nicht die Kosten einer anwaltlichen Tätigkeit zu übernehmen, die einem Mitglied der Jugend- und Auszubildendenvertretung in einem Verfahren nach § 78a Abs. 4 BetrVG entstanden sind; das Mitglied der Jugend- und Auszubildendenvertretung ist dem Verfahren nicht wegen seiner Amtsstellung, sondern wegen seines Weiterbeschäftigungsbegehrens ausgesetzt.[57] Keine Kosten der Betriebsratstätigkeit sind ferner Anwaltskosten, die in einem mit dem Ziel der Durchsetzung eines Lohnanspruchs eines Betriebsratsmitglieds eingeleiteten Beschlussverfahrens entstanden sind. Dagegen kann wiederum ein von einem einzelnen Betriebsratsmitglied eingeleitetes Beschlussverfahren zur Überprüfung von Beschlüssen des Betriebsrats, durch die in die Rechtsstellung dieses Betriebsratsmitglieds eingegriffen wird, Betriebsratstätigkeit sein und die Kostenerstattungspflicht nach § 40 Abs. 1 BetrVG auslösen.[58] 34

f) **Kosten der privaten Lebensführung.** Grundsätzlich hat das Betriebsratsmitglied Kosten der persönlichen Lebensführung selbst zu tragen, auch wenn sie mittelbar im Zusammenhang mit der Betriebsratstätigkeit stehen – Beispiel: Zusätzliche Getränke oder Zigaretten bei Tagungen.[59] Grundsätzlich gehören auch die Kosten für die Kinderbetreuung zu denjenigen der privaten Lebensführung, die nicht erstattungsfähig sind. Eine Ausnahme kann jedoch vorliegen, wenn bei einer mehrtägigen auswärtigen Betriebsratstätigkeit die Fremdbetreuung eines minderjährigen Kindes erforderlich wird.[60] Für Zeiten, in denen das Betriebsratsmitglied ohne die Betriebsratstätigkeit hätte arbeiten müssen (auch im Rahmen der Anordnung von Überstunden), hat das Betriebsratsmitglied auch nach der BAG-Rechtsprechung keinen Anspruch auf Erstattung von Kinderbetreuungskosten. Dies gilt auch, wenn zB ein Familienmitglied die Kinder kostenlos betreuen kann.[61] 35

---

[51] BAG 29.7.2009 – 7 ABR 95/07, NZA 2009, 1223 Rn. 37.
[52] BAG 25.6.2014 – 7 ABR 70/12, NZA 2015, 629 Rn. 29.
[53] *Fitting* BetrVG § 40 Rn. 28.
[54] BAG 5.4.2000 – 7 ABR 6/99, NZA 2000, 1178 I.3.a) (betr. Mitglied der Jugend- und Auszubildendenvertretung).
[55] *Fitting* BetrVG § 40 Rn. 60.
[56] BAG 31.1.1990 – 7 ABR 39/89, NZA 1991, 152 II.2.a).
[57] BAG 5.4.2000 – 7 ABR 6/99, NZA 2000, 1178 I.3.d).
[58] BAG 3.4.1979 – 6 ABR 63/76, DB 1979, 1706 III.1.
[59] BAG 15.6.1976 – 1 ABR 81/74, AP BetrVG 1972 § 40 Nr. 12 II.4.
[60] BAG 23.6.2010 – 7 ABR 103/08, NZA 2010, 1298 Rn. 16; aA *Wiebauer* BB 2011, 2104.
[61] BAG 23.6.2010 – 7 ABR 103/08, NZA 2010, 1298 Rn. 23.

3. Streitigkeiten

36 Streitigkeiten über die Kosten der Betriebsratstätigkeit sind gemäß §§ 2a, 80 ff. ArbGG im arbeitsgerichtlichen Beschlussverfahren zu entscheiden; dies gilt auch für den Kostentragungsanspruch des einzelnen Betriebsratsmitglieds gegen den Arbeitgeber. Dies gilt selbst dann, wenn das Betriebsratsmitglied inzwischen ausgeschieden ist.[62]

37 Der im Beschlussverfahren zu stellende Antrag ist auf Übernahme der konkret zu bezeichnenden Kosten zu richten, wenn die Verpflichtung noch nicht begründet, also beispielsweise die Reise noch nicht gebucht oder der Anwalt noch nicht beauftragt ist. Der Antrag richtet sich auf Freistellung von der konkret zu bezeichnenden Verbindlichkeit, wenn bereits eine Verpflichtung eingegangen, diese jedoch noch nicht erfüllt ist. Beispiel ist die bereits gebuchte Reise, das gebuchte Hotel oder der beauftragte Prozessanwalt, deren Rechnungen noch zu begleichen sind. Ist hingegen die Rechnung bereits ausgeglichen, so richtet sich der Antrag auf Zahlung des Erstattungsbetrages. Der als Verfahrensbevollmächtigter vom Betriebsrat hinzugezogene Rechtsanwalt ist nicht Beteiligter in dem Verfahren auf Übernahme seiner Kosten. Er kann sich aber den Anspruch des Betriebsrats abtreten lassen, um dann selbst als Antragsteller in einem Beschlussverfahren gegen den Arbeitgeber aufzutreten.[63] Das gleiche gilt für einen nach § 80 Abs. 3 BetrVG vom Betriebsrat hinzugezogenen Sachverständigen.[64]

38 Kommt bei der Beauftragung eines Sachverständigen nach Maßgabe des § 80 BetrVG die notwendige Vereinbarung mit dem Arbeitgeber nicht zustande, so kann das fehlende Einverständnis durch eine gerichtliche Entscheidung im Beschlussverfahren ersetzt werden.[65] In dem Beschluss müssen die Person des Sachverständigen, der Gegenstand der Begutachtung sowie das Honorar festgelegt werden.[66]

39 Die Vereinbarung mit dem Arbeitgeber ist vor der Einschaltung des Sachverständigen zu treffen; bei Streitigkeiten ist sie **vor** der Hinzuziehung durch das Arbeitsgericht zu ersetzen, notfalls muss der Betriebsrat eine einstweilige Verfügung erwirken.[67]

II. Sachaufwand für die Betriebsratstätigkeit

40 Für die Sitzungen, die Sprechstunden und die laufende Geschäftsführung hat der Arbeitgeber in erforderlichem Umfang Räume, sachliche Mittel, Informations- und Kommunikationstechnik sowie Büropersonal zur Verfügung zu stellen, § 40 Abs. 2 BetrVG. Die Vorschrift gilt für den Gesamt- und Konzernbetriebsrat, die Jugend- und Auszubildenden-Vertretung, die Bordvertretung und den Seebetriebsrat entsprechend.

1. Grundsätze

41 Der Arbeitgeber hat die erforderlichen Sachmittel und das erforderliche Büropersonal zur Verfügung zu stellen. Anders als in § 40 Abs. 1 BetrVG handelt es sich nicht um einen Erstattungsanspruch, sondern um einen **Überlassungsanspruch**. Das **Auswahlrecht** bei der Beschaffung von Sachmitteln und der Gestellung von Büropersonal steht mithin dem Arbeitgeber zu. Nur in besonderen Ausnahmefällen (zB Weigerung des Arbeitgebers entgegen einer gerichtlichen Entscheidung zur Überlassung der erforderlichen Sachmittel) ist der Betriebsrat berechtigt, sich die erforderlichen Sachmittel auf Kosten des Arbeitgebers selbst anzuschaffen.[68] Wenn dem Betriebsrat im Rahmen einer Schulungsveranstaltung durch den Schulungsanbieter ein Tabletcomputer geschenkt wird, hat der Betriebsrat keinen Anspruch

---

[62] GK-BetrVG/*Weber* § 40 Rn. 220; *Fitting* BetrVG § 40 Rn. 139.
[63] BAG 9.12.2009 – 7 ABR 90/07, NZA 2010, 461 Rn. 11.
[64] BAG 25.4.1978 – 6 ABR 9/75, AP BetrVG 1972 § 80 Nr. 11 II.5.a).
[65] StRspr BAG 11.11.2009 – 7 ABR 26/08, NZA 2010, 353 Rn. 18 mwN.
[66] BAG 25.6.2014 – 7 ABR 70/12, NZA 2015, 629 Rn. 16.
[67] *Fitting* BetrVG § 80 Rn. 94.
[68] Däubler/Klebe/Wedde/*Wedde* BetrVG § 40 Rn. 118; Richardi BetrVG/*Thüsing* § 40 Rn. 65; *Fitting* BetrVG § 40 Rn. 105.

darauf, dass der Arbeitgeber ihm den Tabletcomputer als Sachmittel zur Verfügung stellt. Das folgt daraus, dass der Arbeitgeber die Sachmittel insbesondere unter dem Gesichtspunkt der Kompatibilität von technischen Geräten und der IT-Sicherheit selbst aussucht und zur Verfügung stellt.[69]

a) Betriebsverfassungsrechtliche Aufgaben. Die Bereitstellung von Sachmitteln und Personal erfolgt zur ordnungsgemäßen Durchführung der Aufgaben des Betriebsrates. Sachmittel und Personal müssen den Betriebsrat in die Lage versetzen, seine Sitzungen, die Sprechstunden und die laufenden Geschäfte ordnungsgemäß durchzuführen. Der Begriff der laufenden Geschäftsführung ist dabei weit zu verstehen.[70] Zur laufenden Geschäftsführung gehören daher alle dem Betriebsrat nach dem BetrVG übertragenen Aufgaben einschließlich der Ausübung von Mitwirkungs- und Mitbestimmungsrechten.[71] Dabei sind nicht nur tatsächlich in der Vergangenheit ausgeübte Aktivitäten zu berücksichtigen, sondern auch geplante Aufgabenstellungen für die Zukunft. 42

b) Erforderlichkeit/Verhältnismäßigkeit. Der Anspruch des Betriebsrates setzt voraus, dass die sachlichen Mittel nach Art und Beschaffenheit des Betriebes zur ordnungsgemäßen Durchführung seiner Aufgaben erforderlich und die hierdurch entstehenden Kosten verhältnismäßig sind. Der „erforderliche" Umfang ist ein unbestimmter Rechtsbegriff. Er ist unter Berücksichtigung aller Umstände des Einzelfalls anhand der konkreten Verhältnisse des Betriebes und der sich stellenden Betriebsratsaufgaben auszufüllen. Dafür hat sich der Betriebsrat auf den Standpunkt eines vernünftigen Dritten zu stellen, der die Interessen des Betriebes einerseits und der Arbeitnehmerschaft und ihrer Vertretung andererseits gegeneinander abzuwägen hat.[72] 43

2. Einzelne Sachmittel

Zu der gängigen Sach- und Personalausstattung hat sich eine Kasuistik entwickelt, die in wesentlichen Punkten nachfolgend aufgelistet ist. Dabei führt die fortschreitende Technisierung der Betriebe und die ausdrückliche Erwähnung der Informations- und Kommunikationstechnik in § 40 Abs. 2 BetrVG zu einem stetigen Wandel in der Beurteilung der Erforderlichkeit. 44

a) Büropersonal ist dem Betriebsrat zur Durchführung seiner Aufgaben zur Verfügung zu stellen. Hierbei handelt es sich in erster Linie um die bei der Betriebsratsarbeit anfallende Schreibarbeit (Korrespondenz, Protokolle, Entwürfe), aber auch um Botengänge, Fotokopierarbeiten, Telefonate, die Organisation von Besprechungen, Versammlungen und Sitzungen einschließlich der Organisation und Abrechnung der Reisetätigkeit des Betriebsrates im Rahmen seiner Betriebsratsaufgaben.[73] Die Notwendigkeit für unterstützendes Büropersonal entfällt nicht dadurch, dass Mitglieder des Betriebsrates selbst über schreibtechnische Kenntnisse verfügen oder technische Einrichtungen zur Bewältigung der Büroarbeit selbst bedienen können.[74] 45

Ob dem Betriebsrat eine oder mehrere Hilfskräfte, ob sie ihm voll oder zeitweilig zur Verfügung zu stellen sind, hängt von Art und Größe des Betriebes und dem tatsächlichen Arbeitsanfall ab.[75] Der Anspruch steht dem Betriebsrat als solchem zu; das einzelne Betriebsratsmitglied kann keine eigene Sekretärin verlangen.[76] 46

Der Betriebsrat kann Büropersonal nicht auf Kosten des Arbeitgebers selbst einstellen. Er ist nicht Arbeitgeber. Im Hinblick auf die Art und Weise der Durchführung der für ihn zu 47

---

[69] ArbG Lüneburg 2.10.2019 – 1 BV 5/19, zit. nach Juris Rn. 57.
[70] *Fitting* BetrVG § 40 Rn. 104.
[71] *Klebe/Kunz* NZA 1990, 257.
[72] StRspr BAG 11.3.1998 – 7 ABR 59/96, NZA 1998, 953 I.1.; BAG 25.1.1995 – 7 ABR 37/94, NZA 1995, 591.
[73] BAG 20.4.2005 – 7 ABR 14/04, NZA 2005 II. 2. a), 1010; MHdB ArbR/*Krois* § 296 Rn. 68.
[74] *Fitting* BetrVG § 40 Rn. 135; GK-BetrVG/*Weber* § 40 Rn. 202.
[75] BAG 20.4.2005 – 7 ABR 14/04, NZA 2005, 1010 II.2.d); GK-BetrVG/*Weber* § 40 Rn. 195; *Fitting* BetrVG § 40 Rn. 135.
[76] GK-BetrVG/*Weber* § 40 Rn. 202.

leistenden Arbeiten ist er jedoch berechtigt, Arbeitsanweisungen zu erteilen.[77] Der Betriebsrat sollte im Interesse der Rechtsklarheit darauf hinwirken, dass der Arbeitgeber im Arbeitsvertrag oder in einem ergänzenden Schreiben darauf hinweist, dass der/die für den Betriebsrat tätige Mitarbeiter/in über die Betriebsratsangelegenheiten Stillschweigen zu wahren hat.[78]

48 Die Auswahl des Büropersonals trifft der Arbeitgeber. Ein Mitspracherecht des Betriebsrates wird jedoch befürwortet. Das BAG hat die Frage des Mitspracherechts offengelassen, andererseits aber angenommen, dass die Tätigkeit für den Betriebsrat ein gewisses Vertrauensverhältnis voraussetze.[79] Im Übrigen ist die Mitbestimmung nach § 99 BetrVG zu beachten.

49 **b) Büroraum.** Art, Größe und Umfang des Betriebes und die sich daraus ableitenden Geschäftsbedürfnisse des Betriebsrates bestimmen die Überlassung des notwendigen Büroraums. Der Büroraum hat regelmäßig im Betrieb zu liegen.[80]

50 Zu dem Büroraum, der je nach den Erfordernissen zur ständigen oder zur zweckentsprechenden Benutzung zuzuweisen ist, gehört ein Sitzungszimmer, ein Raum für die Durchführung von Sprechstunden sowie ein Raum für die mit der laufenden Geschäftsführung zusammenhängenden Büro- und Verwaltungsarbeiten. Der Arbeitgeber hat auch Räumlichkeiten zur Verfügung zu stellen, um Betriebsversammlungen, Betriebs- oder Abteilungsversammlungen durchzuführen. Sind derartige Räumlichkeiten im Betrieb nicht vorhanden, können sie angemietet werden.[81] Bei der Zuweisung von Räumlichkeiten zur ständigen Benutzung soll der Betriebsrat Anspruch auf abschließbare Räumlichkeiten haben; bei nicht ständiger Benutzung in jedem Fall einen verschließbaren Aktenschrank zur alleinigen Nutzung.[82] In den ihm überlassenen Räumen hat der Betriebsrat Hausrecht.[83] Das Hausrecht besteht im Rahmen und zur Erfüllung der dem Betriebsrat obliegenden Aufgaben. Hieraus resultierende Einschränkungen sind: Kein uneingeschränktes Zugangsrecht außenstehender Dritter, Zutritt nur, soweit dies zur Erfüllung betriebsverfassungsrechtlicher Aufgaben geboten ist. Hierzu gehört beispielsweise der Zutritt eines vom Betriebsrat beauftragten Rechtsanwalts.[84] Der Zutritt von Vertretern der Medien auf Einladung des Betriebsrates hängt hingegen davon ab, ob die Stellungnahme des Betriebsrates geboten und der Arbeitgeber seinerseits an die Öffentlichkeit getreten ist.[85]

51 **c) Fachliteratur.** Dem Betriebsrat sind die wichtigsten Arbeits- und sozialrechtlichen Gesetzestexte bereitzustellen. Hierzu gehören alle das Arbeitsvertragsrecht betreffenden Gesetze einschließlich der arbeitsrechtlichen Vorschriften im Sozialgesetzbuch, im Bürgerlichen Gesetzbuch, im Handelsgesetzbuch, in der Gewerbeordnung oder in der Insolvenzordnung sowie die den Arbeitnehmerschutz und das Berufsbildungsrecht betreffenden gesetzlichen Regelungen. Hierzu gehören auch die die Koalitionsfreiheit und Tarifautonomie betreffenden Gesetze, wie das TVG, das Gesetz über die Festsetzung von Mindestarbeitsbedingungen und das Arbeitnehmerentsendegesetz, die die Mitbestimmung im Betrieb und Unternehmen betreffenden Gesetze sowie das Verfahrensrecht.[86]

52 Anspruch besteht auf einen aktuellen Kommentar zum Betriebsverfassungsgesetz, das die Grundlage seiner gesamten Tätigkeit bildet.[87] In mittleren und Großbetrieben gehört auch die

---

[77] BAG 20.4.2005 – 7 ABR 14/04, NZA 2005, 1010 II.2.d); ErfK/*Koch* BetrVG § 40 Rn. 18; Richardi BetrVG/*Thüsing* § 40 Rn. 81; *Fitting* BetrVG § 40 Rn. 137.
[78] *Fitting* BetrVG § 40 Rn. 137; GK-BetrVG/*Weber* § 40 Rn. 205.
[79] *Fitting* BetrVG § 40 Rn. 136; ErfK/*Koch* BetrVG § 40 Rn. 18; enger: Richardi BetrVG/*Thüsing* § 40 Rn. 80a; MHdB ArbR/*Krois* § 296 Rn. 68; GK-BetrVG/*Weber* § 40 Rn. 203.
[80] GK-BetrVG/*Weber* § 40 Rn. 146, 147; *Fitting* BetrVG § 40 Rn. 108, 110.
[81] *Fitting* BetrVG § 40 Rn. 113.
[82] *Fitting* BetrVG § 40 Rn. 108; GK-BetrVG/*Weber* § 40 Rn. 146.
[83] Däubler/Klebe/Wedde/*Wedde* BetrVG § 40 Rn. 123; ErfK/*Koch* BetrVG § 40 Rn. 15; Richardi BetrVG/*Thüsing* § 40 Rn. 69.
[84] BAG 20.10.1999 – 7 ABR 37/98, BeckRS 2009, 56460 I.2.b)aa).
[85] *Fitting* BetrVG § 40 Rn. 112.
[86] *Fitting* BetrVG § 40 Rn. 119 mwN.
[87] BAG 26.10.1994 – 7 ABR 15/94, NZA 1995, 386 B.3.b); *Fitting* BetrVG § 40 Rn. 120.

gängige Kommentarliteratur zu den wichtigsten arbeitsrechtlichen Gesetzen zur erforderlichen Fachliteratur. Streit besteht im Grunde nur bei der Frage, ob diese Kommentierungen dem Betriebsrat zur alleinigen Nutzung zu überlassen sind oder ob die Mitbenutzung an einer für Arbeitgeber und Betriebsrat zugänglichen Stelle ausreicht.[88] Arbeitsrechtliche Spezialliteratur soll dem Betriebsrat dann zugänglich sein, wenn es sich um Sachbereiche handelt, in denen ihm wesentliche Beteiligungsrechte zustehen. Genannt sind zB die Bereiche Personalplanung, Vergütungssysteme, Unfallverhütung, Gleichbehandlung.[89] Der Anspruch auf eine arbeits- und sozialrechtliche Fachzeitschrift wird für mittlere und größere Betriebe regelmäßig bejaht.[90] Der Anspruch auf eine arbeitsrechtliche Entscheidungssammlung wird uneinheitlich beantwortet.[91]

Spezielle Fachzeitschriften, zB in Betrieben mit besonderer Gesundheitsgefährdung, können zu den erforderlichen Sachmitteln gehören, wobei der Betriebsrat die Erforderlichkeit konkret darzulegen hat.[92]   53

Zur Fachliteratur gehört in Betrieben mit vielen ausländischen Arbeitnehmern ein fremdsprachliches Wörterbuch.[93]   54

d) Informations- und Kommunikationstechnik. Der Arbeitgeber hat dem Betriebsrat Informations- und Kommunikationstechnik zur Verfügung zu stellen, § 40 Abs. 2 BetrVG. Zu dieser Informations- und Kommunikationstechnik gehören insbesondere Computer mit entsprechender Software, aber auch die Nutzung sonstiger im Betrieb oder Unternehmen **vorhandener** und üblicher moderner Kommunikationsmöglichkeiten. Der „erforderliche" Umfang richtet sich auch hier nach Art und Größe des Betriebes sowie nach dem zu bewältigenden Aufgabenumfang. Der Betriebsrat prüft die Erforderlichkeit im Rahmen des ihm zustehenden Beurteilungsspielraumes unter Berücksichtigung auch der Arbeitgeberinteressen. Im Streitfall hat das Gericht die vom Betriebsrat getroffene Entscheidung darauf zu überprüfen, ob das verlangte Informations- und Kommunikationsmittel der Wahrnehmung der gesetzlichen Aufgaben des Betriebsrates dienen soll und ob dieser bei seiner Entscheidung berechtigten Interessen des Arbeitgebers und der Belegschaft angemessen Rechnung getragen hat.[94] Obwohl beispielsweise ein PC heute zur Normalausstattung eines Büros gehört,[95] bedarf es nach § 40 Abs. 2 BetrVG selbst in größeren Betrieben einer besonderen Prüfung der Erforderlichkeit, wenn der Betriebsrat einen PC, E-Mail- oder Intranetzugang verlangt.[96]   55

aa) Fax. Der Betriebsrat ist in jedem Fall berechtigt, ein betriebliches Telefaxgerät mitzubenutzen. In größeren Betrieben und dann, wenn vorhandene Geräte nicht unter Wahrung des Vertrauensschutzes mitbenutzt werden können, ist ihm ein Faxgerät zur alleinigen Nutzung zu stellen.[97] Der Begriff der Erforderlichkeit setzt hier voraus, dass der Betriebsrat zur ordnungsgemäßen Erledigung seiner Aufgaben in einem erheblichen Umfang auf eine schnelle Verbindung zu außerbetrieblichen Stellen angewiesen ist.[98]   56

bb) PC, Drucker, Software. Diese Geräte gehören heute zum Standard. Auch wenn sie nach BAG[99] nicht zur „Normalausstattung" des Betriebsrates gehören, so kann dies nicht gelten, wenn der Arbeitgeber seinerseits diese Technik bei der Wahrnehmung betriebsverfas-   57

---

[88] Zum Meinungsstand vgl. *Fitting* BetrVG § 40 Rn. 121.
[89] Däubler/Klebe/Wedde/*Wedde* BetrVG § 40 Rn. 186; ErfK/*Koch* BetrVG § 40 Rn. 17; *Fitting* BetrVG § 40 Rn. 122.
[90] *Fitting* BetrVG § 40 Rn. 123, 124; Däubler/Klebe/Wedde/*Wedde* BetrVG § 40 Rn. 191; GK-BetrVG/*Weber* § 40 Rn. 154.
[91] Dafür: Däubler/Klebe/Wedde/*Blanke*/Wedde BetrVG § 40 Rn. 191; ErfK/*Koch* BetrVG § 40 Rn. 17; ablehnend: Richardi BetrVG/*Thüsing* § 40 Rn. 78.
[92] BAG 25.1.1995 – 7 ABR 37/94, NZA 1995, 591 4.
[93] *Fitting* BetrVG § 40 Rn. 195; ErfK/*Koch* BetrVG § 40 Rn. 78; *Kort* NZA 1990, 599.
[94] *Besgen* NZA 2006, 959.
[95] So bereits für das Jahr 1990 *Klebe/Kunz* NZA 1990, 257.
[96] BAG 17.2.2010 – 7 ABR 81/09, NZA-RR 2010, 413 Rn. 11.
[97] *Fitting* BetrVG § 40 Rn. 130.
[98] *Fitting* BetrVG § 40 Rn. 130.
[99] BAG 16.5.2007 – 7 ABR 45/06, NZA 2007, 1117 Rn. 24.

sungsrechtlicher Aufgaben anwendet.[100] Nach LAG Hamm[101] gehört der PC nebst Peripheriegeräten und Software grundsätzlich zu den zur Verfügung zu stellenden sachlichen Mitteln. Der Betriebsrat hat sogar Anspruch auf die Anschaffung eines Farbdruckers, wenn er regelmäßig farbige Dokumente für seine Tätigkeit verwenden muss. Auf die Mitbenutzung eines solchen Druckers ist der Betriebsrat dann nicht zu verweisen, wenn dort der Inhalt der Kommunikation aufgezeichnet und gespeichert wird.[102]

58   cc) *Handy, Telefon.* Das Handy ist derzeit noch die Ausnahme. Nur besondere Umstände können die Erforderlichkeit eines Handys als Sachmittel begründen.[103] Das Telefon hingegen gehört heute regelmäßig zu den erforderlichen Sachmitteln.[104] Dabei ist im Einzelfall eigentlich nur noch streitig, ob der Betriebsrat Anspruch auf einen eigenen Amtsanschluss hat oder ob ihm in kleinen Betrieben die Mitbenutzung des betrieblichen Fernsprechers ausreichen muss.[105] Bei einer vorhandenen Telefonanlage jedenfalls kann der Betriebsrat in einem Betrieb mit mehreren zum Teil weit von einander entfernt liegenden Betriebsstätten verlangen, dass die Telefonanlage telefontechnisch so eingerichtet wird, dass jedes einzelne Betriebsratsmitglied an seinem Arbeitsplatz von den Arbeitnehmern des Betriebes angerufen werden kann.[106] Der Betriebsrat kann zur Erfüllung seiner gesetzlichen Aufgaben auch technische Veränderungen an der vorhandenen Telefonanlage verlangen.[107]

59   dd) *E-Mail, Internet.* Diese Medien sind dem Betriebsrat stets zugänglich zu machen, wenn die Kommunikation im Unternehmen nach innen und außen – wie heutzutage grundsätzlich üblich – vorrangig unter Zuhilfenahme elektronischer Kommunikationsmittel erfolgt. Der Betriebsrat kann den Anschluss an das Internet jedenfalls dann für erforderlich halten, wenn dem keine berechtigten Interessen des Arbeitgebers entgegenstehen.[108] Nach der Auffassung des BAG ist das Internet geeignet, dem Betriebsrat die zur Erfüllung seiner Aufgaben notwendigen Informationen zu vermitteln. Mit dessen Hilfe kann er sich schnell und umfassend über die arbeits- und betriebsverfassungsrechtlichen Entwicklungen in Rechtsprechung und Gesetzgebung unterrichten.[109] Zur Begründung des Anspruchs auf die Internetnutzung bedarf es nicht der Darlegung konkreter, aktuell anstehender betriebsverfassungsrechtlicher Aufgaben, zu deren Erledigung Informationen aus dem Internet benötigt werden.[110] Ein vom Arbeitgeber dem Betriebsrat über das betriebliche Intranet zur Verfügung gestellter Internetanschluss erfüllt dabei die Informations- und Kommunikationsansprüche des Betriebsrates; es besteht grundsätzlich kein Anspruch auf einen weiteren Internetanschluss über einen externen Provider.[111] Der Betriebsrat kann, sofern berechtigte Belange des Arbeitgebers nicht entgegenstehen, den Zugang zum Internet – auch in nicht personalisierter Form[112] – und die Einrichtung eigener E-Mail-Adressen auch für die einzelnen Betriebsratsmitglieder verlangen.[113]

60   e) **Sonstige Sachmittel.** Das sind insbesondere Schreibmaterialien, Aktenordner und sonstiges Material, das für eine büromäßige Erledigung der Betriebsratsaufgaben sowie die Durchführung von Sitzungen und für die Sprechstunden erforderlich ist. Hierzu gehört in

---

[100] LAG Schleswig-Holstein 27.1.2010 – 3 TaBV 31/09, BeckRS 2010, 66155 II. B. 1.
[101] LAG Hamm 18.6.2010 – 10 TaBV 11/10, NZA-RR 2010, 521 II.2.b)aa).
[102] LAG Hamm 18.6.2010 – 10 TaBV 11/10, NZA-RR 2010, 521 II.2.b)bb).
[103] LAG Hessen 13.3.2017 – 16 TaBV 212/16, MMR 2017, 644 Rn. 17; LAG Hamm 20.5.2011 – 10 TaBV 81/10, BeckRS 2011, 73465 II.2.a); *Fitting* BetrVG § 40 Rn. 128a mwN.
[104] BAG 27.11.2002 – 7 ABR 36/01, NZA 2003, 803 II.3.a).
[105] ErfK/*Koch* BetrVG § 40 Rn. 16; *Fitting* BetrVG § 40 Rn. 128.
[106] BAG 27.11.2002 – 7 ABR 36/01, DB 2003, 1800 B. II.
[107] BAG 9.12.2009 – 7 ABR 46/08, BeckRS 2010, 68448 Rn. 19.
[108] BAG 20.4.2016 – 7 ABR 50/14, NZA 2016, 1033 Rn. 25; 20.1.2010 – 7 ABR 79/08, NZA 2010, 709 Rn. 24.
[109] BAG 3.9.2003 – 7 ABR 8/03, NZA 2004, 280 B. II. 1.
[110] BAG 20.1.2010 – 7 ABR 79/08, NZA 2010, 709 Rn. 19.
[111] BAG 20.4.2016 – 7 ABR 50/14, NZA 2016, 1033 Rn. 20 ff.
[112] BAG 18.7.2012 – 7 ABR 23/11, NZA 2013, 49 Rn. 19.
[113] BAG 14.7.2010 – 7 ABR 80/08, MMR 2011, 116 Rn. 21.

größeren Betrieben auch der Anspruch auf ein eigenes, jedenfalls der Anspruch auf Mitbenutzung des betrieblichen Kopiergerätes.[114]

Des Weiteren muss der Betriebsrat durch **Aushänge** kommunizieren können. Er hat daher 61 Anspruch auf ein sogenanntes „Schwarzes Brett".[115] Eine Homepage im Intranet kann dem gleichgestellt sein.[116]

3. Streitigkeiten

Besteht zwischen dem Betriebsrat und dem Arbeitgeber Streit über die Bereitstellung der 62 vom Betriebsrat als erforderlich angesehenen Sach- oder Personalmittel, so ist hierüber gemäß §§ 2a, 80ff. ArbGG im arbeitsgerichtlichen Beschlussverfahren zu entscheiden. Der Antrag geht auf die Überlassung des konkret zu bezeichnenden Sachmittels oder die Überlassung der Bürokraft, wobei diese in der Regel nicht namentlich, sondern nach dem Umfang des Bedarfs – Teilzeit/Vollzeit – zu bezeichnen ist. Für einen Feststellungsantrag, wonach bestimmte Sach- oder Personalmittel erforderlich sind, fehlt im Regelfall das Feststellungsinteresse.

Hat der Betriebsrat im Ausnahmefall das erforderliche Sachmittel selbst angeschafft, so 63 geht der Antrag auf Ersatz der verauslagten Kosten oder, wenn der Kaufpreis noch offen ist, auf Freistellung von dieser Verbindlichkeit.

III. Kosten der Schulung und Bildung

Das Betriebsratsmitglied hat gemäß § 37 Abs. 6 BetrVG einen (kollektiven) Anspruch auf 64 Teilnahme an Betriebsratsschulungen, die für seine Betriebsratstätigkeit „erforderlich" sind und nach § 37 Abs. 7 BetrVG einen (individuellen) Anspruch auf Teilnahme auch an solchen Schulungen, die für die Betriebsratstätigkeit „geeignet" sind. Bei erforderlichen Schulungen im Sinne des § 37 Abs. 6 BetrVG trägt der Arbeitgeber die Kosten der Schulungsveranstaltung und er ist verpflichtet, das Betriebsratsmitglied bezahlt von der Arbeit freizustellen. Bei Schulungen nach § 37 Abs. 7 BetrVG besteht die Verpflichtung zur bezahlten Freistellung für insgesamt drei Wochen, bei Betriebsratsneulingen für insgesamt vier Wochen.

1. Kostenerstattung

a) *Voraussetzungen.* Die Kostenerstattung findet grundsätzlich nur bei Schulungsmaß- 65 nahmen gemäß § 37 Abs. 6 BetrVG statt. Sie setzt in formeller Hinsicht voraus, dass der Betriebsrat durch vorherigen Beschluss ein bestimmtes Mitglied für eine Schulungsteilnahme bestimmt hat.[117] In materieller Hinsicht setzt der Erstattungsanspruch voraus, dass die Maßnahme erforderlich, verhältnismäßig und der Zahlungsanspruch durch koalitionsrechtliche Grundsätze nicht gemindert ist.[118]

aa) *Erforderlichkeit.* Der Grundsatz der Erforderlichkeit kennzeichnet alle gegenüber dem 66 Arbeitgeber gerichteten Kostenerstattungsansprüche. Bei erstmals gewählten Betriebsratsmitgliedern ist die Vermittlung von Grundkenntnissen[119] stets erforderlich; bei Spezialwissen ist eine besondere Darlegung der Erforderlichkeit geboten. Maßgeblich sind die betriebliche Situation sowie ein aktueller oder absehbar aktuell werdender betriebsbezogener Anlass.[120] Dabei kann die Teilnahme eines Betriebsratsmitglieds an einer Schulungs- und

---

[114] Richardi BetrVG/*Thüsing* § 40 Rn. 73; Däubler/Klebe/Wedde/*Wedde* BetrVG § 40 Rn. 126 ff.; ErfK/*Koch* BetrVG § 40 Rn. 16.
[115] *Fitting* BetrVG § 40 Rn. 115.
[116] BAG 1.12.2004 – 7 ABR 18/04, AP BetrVG 1972 § 40 Nr. 82 B. II. 2.
[117] BAG 8.3.2000 – 7 ABR 11/98, NZA 2000, 838 B.2.
[118] *Fitting* BetrVG § 40 Rn. 72.
[119] Zur Erforderlichkeit der Vermittlung von Grundkenntnissen durch die Gewerkschaft vgl. LAG Hessen 14.5.2012 – 16 TaBV 226/11, NZA-RR 2012, 475 II.
[120] StRspr BAG 14.6.1977 – 1 ABR 92/74, AP BetrVG 1972 § 37 Nr. 30 II.2.; für die Vermittlung von Grundkenntnissen des Sozial- und Sozialversicherungsrechts vgl. BAG 4.6.2003 – 7 ABR 42/02, NZA 2003, 1284 III.1.; zur aktuellen Rechtsprechung des Bundesarbeitsgerichts zu Schulungen vgl. BAG 18.1.2012 – 7 ABR 73/10, AP BetrVG 1972 § 37 Nr. 153 Rn. 25.

Bildungsveranstaltung auch nur teilweise erforderlich sein, wenn die Veranstaltung zeitlich und inhaltlich abtrennbare Inhalte vermittelt (wobei es nicht darauf ankommt, ob der Träger der Schulung in seinen Anmeldeunterlagen einen teilweisen Besuch der Schulungs- und Bildungsveranstaltung vorsieht oder nicht).[121] Wenn der Betriebsrat eine interne Aufgabenverteilung vorgenommen hat, ist es ausreichend, wenn diejenigen Betriebsratsmitglieder zu einem speziellen Thema geschult werden, denen die Wahrnehmung dieser Aufgabe obliegt.[122]

67 bb) *Verhältnismäßigkeit.* Der vom BAG entwickelte Grundsatz der Verhältnismäßigkeit[123] bezieht sich auf die Dauer der Schulung,[124] die Anzahl der teilnehmenden Betriebsratsmitglieder[125] und die Schulungskategorie. Der Betriebsrat hat zu prüfen, ob die Schulungskosten unter Berücksichtigung des Inhalts und des Umfangs des vermittelten Wissens mit der Größe und Leistungsfähigkeit des Betriebes zu vereinbaren sind. Überschreitet der Kostenaufwand einer Schulung den Rahmen des nach den Verhältnissen Zumutbaren, so ist der Arbeitgeber nur in diesem Rahmen zur Erstattung entstandener Kosten verpflichtet.[126]

68 cc) *Aufschlüsselung der Schulungsgebühren.* Sie kann der Arbeitgeber, der auf Kostenerstattung in Anspruch genommen wird, verlangen, wenn es sich um Schulungen durch gewerkschaftliche Einrichtungen handelt. Hierzu gehören auch gewerkschaftsnahe gemeinnützige Vereine oder Gesellschaften, die von Gewerkschaften getragen werden.[127] Hintergrund ist die Einschränkung der Kostenerstattungspflicht des Arbeitgebers durch den koalitionsrechtlichen Grundsatz, wonach die Gewerkschaft aus vom Arbeitgeber gezahlten Schulungsgebühren zumindest keinen Gewinn erzielen soll.[128]

69 **b) Umfang der Kostenerstattung.** Der Arbeitgeber hat alle im Zusammenhang mit der Schulungsveranstaltung entstehenden Kosten zu tragen,[129] mit Ausnahme derjenigen Kosten, die der privaten Lebensführung zugeordnet werden, wie zB Zigaretten, alkoholische Getränke, private Telefonate.[130]

70 aa) *Reisekosten.* Sie sind grundsätzlich zu erstatten. Es gelten die unter I.2.a) dargelegten Grundsätze. Reisekosten zu weit entfernt liegenden Schulungsstätten sind zu erstatten, wenn diese Schulung zB eine effektivere Ausbildung ermöglicht.[131] Besteht eine für Arbeitnehmer verbindliche Reisekostenregelung, so gilt diese – jedenfalls für vom Betriebsratsmitglied beeinflussbare Kosten – grundsätzlich auch für Reisen von Betriebsratsmitgliedern im Rahmen ihrer Betriebsratstätigkeit.[132] Nach dem Grundsatz der vertrauensvollen Zusammenarbeit nach § 2 Abs. 1 BetrVG hat der Arbeitgeber aber nur die Reisekosten zu erstatten, die durch den Betriebsrat auf das notwendige Maß beschränkt sind.[133]

71 bb) *Verpflegungskosten.* Sie sind in angemessener Höhe zu erstatten. Regelmäßig sind sie Bestandteil der Veranstalterfee.

72 cc) *Übernachtungskosten.* Diese Kosten sind zu erstatten; bei pauschaler Abrechnung durch den Veranstalter selbst dann, wenn das Betriebsratsmitglied nahe (5 km) bei der Schulungsstätte wohnt.[134]

---

[121] LAG Hamm 9.9.2014 – 7 Sa 13/14, BeckRS 2014, 72928 I.2.c. cc.
[122] LAG Berlin 28.2.2017 – 11 TaBV 1626/16, BeckRS 2017, 106595 Rn. 34, Revision anhängig beim BAG unter 1 ABN 69/17.
[123] BAG 31.10.1972 – 1 ABR 7/72, AP BetrVG 1972 § 40 Nr. 2 B.1.
[124] *Fitting* BetrVG § 37 Rn. 171 mwN.
[125] LAG Berlin 28.9.1992 – 9 TaBV 2/92, BB 1993, 291.
[126] GK-BetrVG/*Weber* § 40 Rn. 83; Richardi BetrVG/*Thüsing* § 40 Rn. 39.
[127] Richardi BetrVG/*Thüsing* § 40 Rn. 38; aA Däubler/Klebe/Wedde/*Wedde* BetrVG § 40 Rn. 97.
[128] BAG 15.1.1992 – 7 ABR 23/90, DB 1992, 2504 II.4.
[129] BAG 14.1.2015 – 7 ABR 95/12, NZA 2015, 632 Rn. 9.
[130] BAG 28.6.1995 – 7 ABR 47/94, AP BetrVG 1972 § 40 Nr. 47 B.2.a).
[131] Däubler/Klebe/Wedde/*Wedde* BetrVG § 40 Rn. 88; aA Richardi BetrVG/*Thüsing* § 40 Rn. 40.
[132] BAG 27.5.2015 – 7 ABR 26/13, NZA 2015, 1141 Rn. 17; BAG 28.3.2007 – 7 ABR 33/06 Rn. 10, BeckRS 2008, 54838; *Fitting* BetrVG § 40 Rn. 54.
[133] BAG 24.10.2018 – 7 ABR 23/17, NZA 2019, 407 Rn. 12.
[134] Däubler/Klebe/Wedde/*Wedde* BetrVG § 40 Rn. 90.

2. Lohnfortzahlung, Freizeitausgleich

a) Grundsatz. Mitglieder des Betriebsrates sind von ihrer beruflichen Tätigkeit ohne Minderung des Arbeitsentgelts zu befreien, § 37 Abs. 2 BetrVG. Dies gilt nach Abs. 6 entsprechend für die Teilnahme an Schulungs- und Bildungsveranstaltungen, die für die Arbeit des Betriebsrates erforderliche Kenntnisse vermitteln.

Bei nicht erforderlichen, aber geeigneten Schulungs- und Bildungsveranstaltungen hat der Arbeitgeber dem Betriebsratsmitglied zeitlich befristet für drei, bei neu gewählten Betriebsräten für vier Wochen „bezahlte Freistellung" zu gewähren. Die Freistellung nach § 37 Abs. 7 BetrVG hat zu erfolgen, wenn die Schulungs- und Bildungsveranstaltung von der zuständigen obersten Arbeitsbehörde des Landes als geeignet anerkannt ist[135] und der Betriebsrat die Entsendung beschlossen hat. Für die **Entgeltfortzahlung** gilt das Lohnausfallprinzip. Es besteht Anspruch auf das Arbeitsentgelt, das dem Betriebsratsmitglied zustünde, wenn es – statt an der Schulung teilzunehmen – im Betrieb weiter gearbeitet hätte.

b) Schulung außerhalb der Arbeitszeit. Aus dem Lohnausfallprinzip folgt, dass für eine An- und Abreise außerhalb der betriebsüblichen Arbeitszeit kein Vergütungsanspruch besteht.[136] Es besteht auch kein Anspruch auf Freizeitausgleich. Wird die Schulung selbst außerhalb der Arbeitszeit durchgeführt, entsteht ein Ausgleichsanspruch, wenn das Betriebsratsmitglied aus betriebsbedingten Gründen außerhalb seiner Arbeitszeit an der Schulung teilnimmt, §§ 37 Abs. 3 und 6 BetrVG. Durch die Novellierung des BetrVG in § 37 Abs. 3 und Abs. 6 hat ein teilzeitbeschäftigtes Betriebsratsmitglied, das außerhalb seiner individuellen Arbeitszeit an einer Schulung teilnimmt oder außerhalb der individuellen, aber innerhalb der Arbeitszeit für Vollzeitbeschäftigte anreist, einen Ausgleichsanspruch. Der Ausgleichsanspruch ist begrenzt auf die Arbeitszeit eines vollzeitbeschäftigten Betriebsratsmitglieds.[137]

c) Schulung bei Streik. Das Betriebsratsmitglied, das sich am Streik nicht beteiligt, sondern an der bereits vorher in Aussicht genommenen Schulung teilnimmt, verliert seinen Lohnanspruch nicht.[138] Hat der Arbeitgeber zulässigerweise eine Aussperrung erklärt oder während des Streiks den Betrieb vorübergehend geschlossen, so hat auch das an der Schulung teilnehmende Betriebsratsmitglied keinen Lohnanspruch.[139]

3. Streitigkeiten

Der Streit zwischen Arbeitgeber und einem Betriebsratsmitglied über die Fortzahlung des Arbeitsentgelts oder die Gewährung von Freizeitausgleich ist – da es sich um individualrechtliche Ansprüche handelt – durch das Arbeitsgericht im Urteilsverfahren zu entscheiden.[140] Etwaige tarifliche oder vertraglich vereinbarte Ausschlussfristen sind zu beachten. Streitigkeiten zwischen Betriebsrat und Arbeitgeber zB über die Erforderlichkeit einer Schulungsveranstaltung im Sinne des Abs. 6 oder über die Erstattungsfähigkeit der Schulungskosten sind hingegen im Beschlussverfahren zu entscheiden. Dabei kann auch der Anspruch des Betriebsrats auf Freistellung von den Seminar-, Unterbringungs-, Verpflegungs- und Reisekosten anlässlich einer Betriebsratsschulung im Wege des einstweiligen Verfügungsverfahrens geltend gemacht werden.[141] Die Abgrenzung richtet sich danach, ob die betriebsverfassungsrechtliche Frage im Vordergrund steht oder der konkrete Zahlungs- oder Freistellungsanspruch.[142]

Meinungsverschiedenheiten zwischen Arbeitgeber und Betriebsrat darüber, ob der Betriebsrat bei der Festlegung der zeitlichen Lage der Teilnahme an Schulungs- und Bildungsveranstaltungen betriebliche Notwendigkeiten ausreichend berücksichtigt hat, sind hingegen zunächst durch die Einigungsstelle beizulegen, § 37 Abs. 6 S. 5, 6 BetrVG.

---

[135] Zum Anerkennungsverfahren vgl. *Fitting* BetrVG § 37 Rn. 210 ff.
[136] Richardi BetrVG/*Thüsing* § 37 Rn. 152.
[137] BAG 10.11.2004 – 7 AZR 131/04, NZA 2005, 704 II.1.; Richardi BetrVG/*Thüsing* § 37 Rn. 153.
[138] GK-BetrVG/*Weber* § 37 Rn. 67; *Fitting* BetrVG § 37 Rn. 184.
[139] *Fitting* BetrVG § 37 Rn. 184.
[140] StRspr BAG 29.9.1999 – 7 ABR 22/98, BeckRS 1999, 30780986 B.I.; 18.6.1974 – 1 ABR 119/73, AP BetrVG 1972 § 37 Nr. 16 II.1.
[141] LAG Hessen 14.2.2019 – 16 TaBVGa 24/19, zit. nach Juris Rn. 69.
[142] Däubler/Klebe/Wedde/*Wedde* BetrVG § 37 Rn. 193; *Fitting* BetrVG § 37 Rn. 257.

§ 63 Regelungsinstrumente

Übersicht

	Rn.
I. Betriebsvereinbarung	1–67
1. Die erzwingbare Betriebsvereinbarung	15–52
a) Abschluss der Betriebsvereinbarung	16–22
b) Wirkung	23–26
c) Beendigung	27–44
d) Nachwirkung	45–52
2. Die freiwillige Betriebsvereinbarung	53–66
a) Regelungsgegenstand	54–60
b) Abschluss	61
c) Wirkung	62–64
d) Beendigung	65/66
3. Gruppenvereinbarung	67
II. Regelungsabrede	68–73
1. Gegenstand	69
2. Abschluss	70
3. Wirkung	71
4. Beendigung	72/73

I. Betriebsvereinbarung

1   Die Betriebsvereinbarung ist ein eigenes Rechtsinstrument der Betriebsverfassung und gilt als das häufigste und wichtigste Instrument, mit dem die Betriebsparteien die Arbeitsbedingungen der Arbeitnehmer sowie die betriebliche Organisation und Ordnung einvernehmlich festlegen. Das BetrVG enthält keine Definition der Betriebsvereinbarung. Überwiegend wird sie als privatrechtlicher, kollektiver Normenvertrag angesehen (sog. Vertragstheorie).[1] Die Regeln ergeben sich aus § 77 BetrVG, der sowohl für die freiwillige Betriebsvereinbarung als auch für die erzwingbare Betriebsvereinbarung maßgeblich ist. Der Unterschied zwischen freiwilliger und erzwingbarer Betriebsvereinbarung liegt darin, dass die freiwillige Betriebsvereinbarung nach § 77 Abs. 6 BetrVG nicht nachwirkt, sofern die Nachwirkung nicht ausdrücklich vereinbart ist. Kein Unterschied besteht hinsichtlich des Durchführungsanspruchs des Betriebsrates. Er kann aus der betreffenden Betriebsvereinbarung iVm § 77 Abs. 1 S. 1 BetrVG deren Durchführung im Betrieb verlangen.[2]

2   Die Betriebsvereinbarung hat gem. § 77 Abs. 4 S. 1 BetrVG Normwirkung. Ihre **Auslegung** richtet sich daher – ebenso wie die Frage, ob es sich bei der Regelung überhaupt um eine Betriebsvereinbarung handelt – nach den Grundsätzen der Gesetzesauslegung.[3] Betriebsvereinbarungen sind objektiv auszulegen, ausgehend vom Wortlaut unter Berücksichtigung des Gesamtzusammenhangs und des Sinn und Zwecks der Regelung. Der subjektive Regelungswille der Betriebsparteien ist nur zu berücksichtigen, soweit er in den Vorschriften der Betriebsvereinbarung seinen Niederschlag gefunden hat.[4] Im Zweifel gebührt der Auslegung der Vorzug, die zu einer vernünftigen, sachgerechten, zweckorientierten und praktisch handhabbaren Regelung führt.[5]

3   § 77 BetrVG ist entsprechend anzuwenden auf Vereinbarungen, die vom Gesamtbetriebsrat, § 51 Abs. 6 BetrVG oder vom Konzernbetriebsrat, § 59 Abs. 1 BetrVG abgeschlossen werden. Auch auf Vereinbarungen zwischen der Bordvertretung und den Kapitänen ist § 77 BetrVG gemäß § 115 Abs. 7 Nr. 3 BetrVG entsprechend anwendbar. Die Jugend-, Auszubil-

---

[1] BAG 25.2.2015 – 5 AZR 481/13, NZA 2015, 943 Rn. 35; *Fitting* BetrVG § 77 Rn. 13 mwN.
[2] BAG 18.5.2010 – 1 ABR 6/09, NZA 2010, 1433 Rn. 16; *Ahrendt* NZA 2011, 774.
[3] BAG 27.7.2010 – 1 AZR 874/08, NZA 2010, 1369 Rn. 31; Richardi BetrVG/*Richardi* § 77 Rn. 129; *Fitting* BetrVG § 77 Rn. 15.
[4] BAG 21.1.2020 – 3 AZR 565/18, NZA 2020, 449 Rn. 15; *Fitting* BetrVG § 77 Rn. 15.
[5] BAG 5.5.2015 – 1 AZR 435/13, NZA 2015, 1207 Rn. 26; *Fitting* BetrVG § 77 Rn. 15.

dendenvertretung und die Gesamtjugendauszubildendenvertretung können hingegen keine Betriebsvereinbarungen mit dem Arbeitgeber abschließen.

Die Regelungsbefugnis der Betriebsparteien ist allerdings nicht uneingeschränkt. Gemäß § 77 Abs. 3 BetrVG können **Arbeitsentgelte und sonstige Arbeitsbedingungen,** die durch Tarifvertrag geregelt sind oder üblicherweise geregelt werden, nicht Gegenstand einer Betriebsvereinbarung sein. Etwas anderes gilt, wenn der Tarifvertrag selbst ausdrücklich den Abschluss ergänzender Betriebsvereinbarungen zulässt („Öffnungsklausel"). Die Regelungssperre, meist als **Tarifvorbehalt** bezeichnet, erfasst Arbeitsentgelte und sonstige Arbeitsbedingungen. 4

Unter **Arbeitsentgelte** wird jede in Geld zahlbare Vergütung oder auch eine Sachleistung des Arbeitgebers verstanden, also Lohn, Boni, Prämien, Gewinnbeteiligung, Deputate usw.[6] 5

Unter sonstigen **Arbeitsbedingungen** werden alle Regelungen verstanden, die Gegenstand der Inhaltsnormen eines Tarifvertrages sein können; unter diesen Begriff fallen deshalb nach überwiegender Auffassung sowohl formelle als auch materielle Arbeitsbedingungen.[7] Werden derartige Arbeitsbedingungen im Tarifvertrag tatsächlich geregelt, so tritt die Sperrwirkung des § 77 Abs. 3 BetrVG ein, auch wenn die in Aussicht genommene Betriebsvereinbarung für die Arbeitnehmer günstiger ist.[8] 6

Enthält der einschlägige Tarifvertrag beispielsweise einen Ausschluss der ordentlichen Kündbarkeit für ältere Arbeitnehmer, so ist ein darüber hinausgehender Kündigungsschutz in einer Betriebsvereinbarung unwirksam (es sei denn, der Tarifvertrag enthält eine entsprechende Öffnungsklausel).[9] Daneben kann eine einer Regelungssperre unterliegende Betriebsvereinbarung auch durch Zustimmungserklärungen der Tarifvertragsparteien gestattet sein.[10] 7

§ 77 Abs. 1 BetrVG dient der Sicherung der verfassungsrechtlich gewährleisteten Tarifautonomie. Die Betriebsparteien haben keinen Regelungsspielraum gegen den Willen der Tarifvertragsparteien. Insoweit hat § 77 Abs. 3 BetrVG eine zuständigkeitsabgrenzende Funktion.[11] 8

Die Aktivierung der Regelungssperre erfolgt unabhängig davon, ob der Arbeitgeber tarifgebunden ist.[12] Nach der Auffassung des BAG ist die Funktionsfähigkeit der Tarifautonomie auch dann gestört, wenn nicht tarifgebundene Arbeitgeber kollektiv-rechtliche Konkurrenzregelungen in Form von Betriebsvereinbarungen treffen können.[13] Bei einem Tarifvertrag, der seinen fachlich betrieblichen Geltungsbereich auf einen bestimmten, abstrakt beschriebenen Wirtschaftszweig erstreckt, hängt die Sperrwirkung des § 77 Abs. 3 S. 1 BetrVG für Betriebsvereinbarungen bei einem nicht tarifgebundenen Arbeitgeber nur davon ab, ob der fragliche Betrieb der betreffenden Branche angehört. Umgekehrt vermag ein Firmentarifvertrag, der ausschließlich für die Betriebe mehrerer konkret bezeichneter Unternehmen geschlossen wird, keine Sperrwirkungen für Betriebsvereinbarungen in den Betrieben anderer Unternehmen herbeizuführen. Der Geltungsanspruch eines Firmentarifvertrages erstreckt sich von vornherein nicht über die Betriebe der an ihn gebundenen Unternehmen hinaus. Wird in einem Tarifvertrag der fachliche Geltungsbereich weder durch die Angabe einer bestimmten Branche noch durch die Benennung konkreter Unternehmen bestimmt, sondern durch die Mitgliedschaft im tarifschließenden Arbeitgeberverband, so kann dies dahin zu verstehen sein, dass sich dessen Geltungsanspruch nicht nur auf die tatsächlichen, sondern auch auf die potenziellen Mitglieder des tarifschließenden Verbandes erstreckt. 9

Die Sperrwirkung des § 77 Abs. 3 BetrVG tritt ein, soweit der Tarifvertrag bestimmte Arbeitsbedingungen tatsächlich regelt. Maßgeblich ist, ob eine inhaltliche Sachregelung vor- 10

---

[6] BAG 29.2.2000 – 1 ABR 4/99, BeckRS 2000, 40991 Rn. 22 f.
[7] *Fitting* BetrVG § 77 Rn. 71 mwN.
[8] BAG 30.5.2006 – 1 AZR 111/05, NZA 2006, 1170 Rn. 27; *Fitting* BetrVG § 77 Rn. 67; Richardi BetrVG/*Richardi* § 77 Rn. 296; GK-BetrVG/*Kreutz* § 77 Rn. 148.
[9] BAG 18.3.2010 – 2 AZR 337/08, NZA-RR 2011, 18 Rn. 26.
[10] BAG 13.8.2019 – 1 AZR 213/18, NZA 2020, 49 Rn. 75.
[11] BAG 30.5.2006 – 1 AZR 111/05, NZA 2006, 1170 Rn. 25; 22.3.2005 – 1 ABR 64/03, NZA 2006, 383 II.2.c)ee)(1).
[12] *Fitting* BetrVG § 77 Rn. 78 mwN.
[13] BAG 22.3.2005 – 1 ABR 64/03, NZA 2006, 383 II.2.c)ee)(1).

liegt. Bei der Frage nach dem Umfang der inhaltlichen Sachregelung ist darauf abzustellen, ob nach dem Willen der Tarifvertragsparteien die betreffende Angelegenheit abschließend geregelt sein soll.[14] Außerdem kommt die Sperrwirkung des § 77 Abs. 3 BetrVG bereits dann zum Tragen, wenn einzelne Gegenstände aus einem Tarifvertrag inhaltsgleich in einer Betriebsvereinbarung geregelt werden.[15]

11   Die Sperrwirkung des § 77 Abs. 3 BetrVG tritt auch ein, wenn die Betriebsvereinbarung sich auf Arbeitsbedingungen bezieht, die **üblicherweise** durch Tarifvertrag geregelt werden. Ob dies der Fall ist, beurteilt sich anhand der einschlägigen Tarifpraxis. Nach BAG ist die Tarifüblichkeit zu bejahen, wenn Verhandlungen über einen den Regelungsgegenstand betreffenden Tarifvertrag geführt werden, der zuvor abgelaufen oder gekündigt worden ist. Bloße zeitliche Geltungslücken zwischen einem abgelaufenen und einem zu erwartenden Tarifvertrag hindern die Sperrwirkung nicht. Die Tarifüblichkeit entfällt, wenn mit Sicherheit feststeht, dass in Zukunft die in Frage stehende Arbeitsbedingung nicht mehr tariflich geregelt wird.[16]

12   Sozialpläne gemäß §§ 112, 112a BetrVG unterliegen keiner Sperrwirkung. Dies ist ausdrücklich in § 112 Abs. 1 S. 4 BetrVG geregelt. Dies gilt jedoch nicht für freiwillige Sozialpläne zB in Form des Rahmensozialplans oder des vorsorglichen Sozialplans. Hier greift der Tarifvorbehalt, wenn der Tarifvertrag Regelungen über den Ausgleich wirtschaftlicher Nachteile bei Betriebsänderungen enthält.[17]

13   Die Mitbestimmungsgegenstände des § 87 BetrVG unterliegen ebenfalls nicht der Sperrwirkung des § 77 Abs. 3 BetrVG. Nach der durch die BAG-Rechtsprechung gefestigten – wenn auch nach wie vor umstrittenen – **Vorrangtheorie** stellt der in § 87 Abs. 1 BetrVG im Eingangssatz enthaltene Tarifvorbehalt eine § 77 Abs. 3 BetrVG verdrängende Regelung dar.[18] Die Vorrangtheorie ist in der Literatur und vereinzelt in der Instanzenrechtsprechung umstritten. Die Vertreter der sog. **Zwei-Schrankentheorie** lassen den Tarifvorrang des § 77 Abs. 3 BetrVG auch im Bereich des § 87 Abs. 1 BetrVG gelten.[19] Mit der Zwei-Schrankentheorie soll ein Leerlauf und eine Aushöhlung des die Tarifautonomie sichernden Tarifvorbehalts des § 77 Abs. 3 BetrVG vermieden werden. Die Anwendung der Vorrangtheorie durch das BAG ist aber als gefestigt anzusehen.

14   Nach der Vorrangtheorie werden erzwingbare Betriebsvereinbarungen daher nicht dadurch ausgeschlossen, dass die entsprechenden Angelegenheiten üblicherweise durch Tarifvertrag geregelt werden. Eine Sperrwirkung besteht in diesem Bereich nur dann, wenn der Arbeitgeber tarifgebunden ist und für den Betrieb eine inhaltliche und abschließende tarifliche Regelung über den Mitbestimmungsgegenstand besteht.[20] Da das BAG die Reichweite erzwingbarer Mitbestimmung gerade auch für den Entgeltbereich kontinuierlich erweitert hat, ist in der Praxis in jedem Einzelfall genau zu prüfen, ob der Tarifvorbehalt tatsächlich einer von den tariflichen Vorgaben abweichenden Regelung in einer Betriebsvereinbarung entgegensteht.[21]

1. Die erzwingbare Betriebsvereinbarung

15   Von der erzwingbaren Betriebsvereinbarung spricht man regelmäßig dann, wenn der Regelungsgegenstand aus Beteiligungstatbeständen resultiert, bei denen der Betriebsrat ein erzwingbares Mitbestimmungsrecht hat, und bei denen im Falle des fehlenden Konsenses die Einigungsstelle die Einigung zwischen Betriebsrat und Arbeitgeber ersetzt. Zu den der zwingenden Mitbestimmung unterliegenden Beteiligungstatbeständen vgl. §§ 87, 91, 94, 95 Abs. 2, 97, 98 Abs. 3, 112, 112a BetrVG.

---

[14] *Fitting* BetrVG § 77 Rn. 84.
[15] BAG 15.5.2018 – 1 ABR 75/16, NZA 2018, 1150 Rn. 20.
[16] *Fitting* BetrVG § 77 Rn. 93.
[17] BAG 14.11.2006 – 1 AZR 40/06, NZA 2007, 339 Rn. 18.
[18] BAG 22.3.2005 – 1 ABR 64/03, NZA 2006, 383 II.2.c)dd)(1); LAG Hessen 8.6.2018 – 14 Sa 1169/17, NZA-RR 2019, 28 Rn. 37; *Fitting* BetrVG § 77 Rn. 109 mwN.
[19] GK-BetrVG/*Kreutz* § 77 Rn. 158 mwN.
[20] *Fitting* BetrVG § 77 Rn. 115.
[21] Ausführlich Jaeger/Röder/Heckelmann BetriebsvesverfassungsR-HdB/*Lambrich* Kap. 7 Rn. 55 ff.

a) Abschluss der Betriebsvereinbarung. Betriebsvereinbarungen sind 16
- als privatrechtlicher Vertrag durch inhaltlich übereinstimmende Willenserklärungen der Betriebsparteien abzuschließen,
- schriftlich niederzulegen,
- von beiden Seiten zu unterzeichnen und
- vom Arbeitgeber an geeigneter Stelle im Betrieb auszulegen.

Nach § 77 Abs. 2 BetrVG sind Betriebsvereinbarungen vom Betriebsrat und Arbeitgeber 17
gemeinsam zu beschließen. Tatsächlich schließen die Parteien einen Vertrag, der durch übereinstimmende Willenserklärungen zustande kommt.[22] Dem Vertragsschluss geht auf Seiten des Betriebsrates ein ordnungsgemäßer Beschluss voraus und auf Seiten des Arbeitgebers die unternehmerische Entscheidung durch den hierzu berufenen Vertreter.

Eine Betriebsvereinbarung kann auch durch den **Spruch der Einigungsstelle** zustande 18
kommen. Der Spruch der Einigungsstelle ersetzt die für das Zustandekommen der Betriebsvereinbarung notwendige Einigung zwischen Arbeitgeber und Betriebsrat.[23]

Die zwischen Betriebsrat und Arbeitgeber erzielte oder durch den Spruch der Einigungs- 19
stelle ersetzte Einigung ist schriftlich niederzulegen und – wenn die Betriebsvereinbarung nicht auf einem Spruch der Einigungsstelle beruht – von beiden Parteien zu unterzeichnen, § 77 Abs. 2 BetrVG.[24] In Abweichung von der im BGB unter § 126 Abs. 2 BGB geregelten Schriftform muss die Unterschrift der Vertragsparteien auf derselben Urkunde geleistet sein. Die gesetzliche Regelung, wonach es bei der Aufnahme mehrerer gleich lautender Urkunden bei einem Vertrag genügt, wenn jede Partei die für die andere Partei bestimmte Urkunde unterzeichnet, soll bei der Betriebsvereinbarung zur Nichtigkeit führen.[25] Es reicht daher auch nicht die Unterschrift auf einer bloßen Fotokopie der von dem anderen Betriebspartner unterzeichneten Vereinbarung. Obwohl dies bei einer als Einheit (zB durchgängige Nummerierung) erkennbaren Urkunde nicht zwingend notwendig ist,[26] empfiehlt es sich in der Praxis, aus mehreren Blättern bestehende Betriebsvereinbarungen neben den Unterschriften am Schluss der Urkunde auf jeder Seite durch die Betriebsparteien zu paraphieren.

Die Einhaltung der Schriftform verlangt regelmäßig, dass der Inhalt der Betriebsvereinba- 20
rung sich zweifelsfrei aus der Urkunde ergibt. An dieser Voraussetzung kann es fehlen, wenn in der Urkunde auf eine andere verwiesen wird und diese weder wörtlich wiedergegeben noch als Anlage beigeheftet ist. Ist jedoch die in Bezug genommene Regelung anderweitig schriftlich abgefasst und so genau bezeichnet, dass Irrtümer über Art und Ausmaß der in Bezug genommenen Regelung ausgeschlossen sind, so liegt kein Verstoß gegen das Schriftformerfordernis vor.[27] Gegen das Schriftformerfordernis verstößt die sogenannte dynamische Blankett-Verweisung, durch die zB auf einen Tarifvertrag in der jeweils geltenden Fassung verwiesen wird.[28]

Eine dynamische Verweisung soll jedoch weder zur Unwirksamkeit der Betriebsvereinba- 21
rung insgesamt noch zur Unwirksamkeit der in der Blankett-Verweisung auch enthaltenen Verweisung auf die im Zeitpunkt des Abschlusses der Betriebsvereinbarung geltenden Regelung führen. Diese letztere Verweisung auf die jetzt geltende Fassung des Tarifvertrages bleibt wirksam und hat – falls keine anderweitigen Anhaltspunkte entgegenstehen – zur Folge, dass der Inhalt des in Bezug genommenen Tarifvertrages auch dann maßgebend bleibt, wenn dessen Geltung abgelaufen oder er durch einen neuen Tarifvertrag ersetzt ist.[29]

Die in § 77 Abs. 2 BetrVG geregelte Pflicht des Arbeitgebers, die abgeschlossene Betriebs- 22
vereinbarung an geeigneter Stelle auszulegen oder auszuhängen, führt bei einem Verstoß

---

[22] Däubler/Klebe/Wedde/*Berg* BetrVG § 77 Rn. 55; Richardi BetrVG/*Richardi* § 77 Rn. 30; GK-BetrVG/*Kreutz* § 77 Rn. 40, 41; Jaeger/Röder/Heckelmann BetriebsverfassungsR-HdB/*Lambrich* Kap. 7 Rn. 20.
[23] Näheres → § 64 Rn. 28–54.
[24] BAG 21.8.1990 – 3 AZR 422/89, NZA 1991, 507 1.b).
[25] GK-BetrVG/*Kreutz* § 77 Rn. 49; Fitting BetrVG § 77 Rn. 21a, 30; Däubler/Klebe/Wedde/*Berg* BetrVG § 77 Rn. 58.
[26] ErfK/*Kania* BetrVG § 77 Rn. 19; Däubler/Klebe/Wedde/*Berg* BetrVG § 77 Rn. 61.
[27] GK-BetrVG/*Kreutz* § 77 Rn. 52, 53.
[28] GK-BetrVG/*Kreutz* § 77 Rn. 53; Richardi BetrVG/*Richardi* § 77 Rn. 37.
[29] GK-BetrVG/*Kreutz* § 77 Rn. 52; Fitting BetrVG § 77 Rn. 24.

hiergegen nicht zur Unwirksamkeit der Betriebsvereinbarung; der Aushang ist also nicht Wirksamkeitsvoraussetzung.[30]

23 b) **Wirkung.** Nach § 77 Abs. 4 S. 1 BetrVG gelten Betriebsvereinbarungen unmittelbar und zwingend. Die angeordnete unmittelbare Geltung hat zur Folge, dass die Betriebsvereinbarung unabhängig vom Willen und der Kenntnis der Arbeitsvertragsparteien das Arbeitsverhältnis gestaltet.[31]

24 Die angeordnete zwingende Wirkung einer Betriebsvereinbarung verhindert ungünstigere anderweitige Absprachen der Arbeitsvertragsparteien; sie verhindert auch, dass ungünstigere individualvertragliche Vertragsabreden während der Zeit der Geltung der Betriebsvereinbarung aufrechterhalten werden. Unzulässig ist auch jede Gestaltung, mit der Arbeitnehmer und Arbeitgeber die zwingende Wirkung umgehen wollen.[32] Enthält die Betriebsvereinbarung hingegen eine Öffnungsklausel für abweichende einzelvertragliche Änderungen, handelt es sich also um dispositive Regelungen, so sind die Arbeitsvertragsparteien von der zwingenden Wirkung der Betriebsvereinbarung entbunden.

25 Die zwingende Wirkung der Betriebsvereinbarung kann auch nicht dadurch ausgeschaltet werden, dass der Arbeitnehmer auf Rechte aus einer Betriebsvereinbarung verzichtet. Dies gilt auch im Rahmen von Aufhebungsvereinbarungen und darin enthaltenen Ausgleichsklauseln. Werden Ansprüche aus einer Betriebsvereinbarung erfasst, so ist die Ausgleichsklausel nur bei Zustimmung des Betriebsrates wirksam. Gleiches gilt für einen gerichtlichen oder außergerichtlichen Vergleich, wenn dieser Ansprüche aus einer Betriebsvereinbarung zum Gegenstand hat. Fehlt die Zustimmung des Betriebsrates, ist der Vergleich (zunächst) schwebend unwirksam; kann sie nicht nachgewiesen werden, hat der Prozessvergleich keine verfahrensbeendende Wirkung.[33] In der Praxis wird daher regelmäßig ein bloßer Tatsachenvergleich[34] über die Voraussetzungen eines Anspruchs aus der Betriebsvereinbarung abgeschlossen. Tatsachenvergleiche unterfallen nach der BAG-Rechtsprechung nicht dem § 77 Abs. 4 S. 4 BetrVG.[35] Die Zustimmung des Betriebsrates zu einem Verzicht auf Ansprüche aus einer Betriebsvereinbarung sollte ausdrücklich erfolgen. Die bloße Duldung durch den Betriebsrat, der sich aus den Verabredungen zwischen dem Arbeitgeber und dem Arbeitnehmer heraushalten will, soll nach der BAG-Rechtsprechung nicht ausreichen.[36] Gegenüber den Ansprüchen eines Arbeitnehmers aus einer geltenden Betriebsvereinbarung kann sich der Arbeitgeber auch nicht auf Verwirkung berufen. § 77 Abs. 4 S. 3 BetrVG verbietet dies ausdrücklich. Vom Einwand der Verwirkung ist die Berufung auf eine unzulässige Rechtsausübung zu unterscheiden. Letztere ist bei Vorliegen der Voraussetzung zulässig, erstere nicht.[37] Die Berufung auf die unzulässige Rechtsausübung erfasst insbesondere die Arglisteinrede, den Einwand unredlichen Rechtserwerbs und den Einwand rechtsmissbräuchlichen oder widersprüchlichen Verhaltens.

26 Individualvertraglich vereinbarte Ausschlussfristen können Ansprüche aus der Betriebsvereinbarung nicht zu Fall bringen.[38] Ausschlussfristen sind in diesem Zusammenhang nur dann beachtlich, wenn sie in einem Tarifvertrag oder einer Betriebsvereinbarung enthalten sind. Auch die Verkürzung gesetzlicher Verjährungsfristen für Ansprüche aus der Betriebsvereinbarung kann nur durch Tarifvertrag oder Betriebsvereinbarung geregelt werden, § 77 Abs. 4 S. 4 Hs. 2 BetrVG.

---

[30] Däubler/Klebe/Wedde/*Berg* BetrVG § 77 Rn. 74; GK-BetrVG/*Kreutz* § 77 Rn. 55; Richardi BetrVG/*Richardi* § 77 Rn. 42.
[31] BAG 12.12.2006 – 1 AZR 96/06, NZA 2007, 453 Rn. 17; GK-BetrVG/*Kreutz* § 77 Rn. 194; Richardi BetrVG/*Richardi* § 77 Rn. 148.
[32] *Fitting* BetrVG § 77 Rn. 130.
[33] Jaeger/Röder/Heckelmann BetriebsvesverfassungsR-HdB/*Lambrich* Kap. 7 Rn. 154; Richardi BetrVG/*Richardi* § 77 Rn. 198.
[34] Zum Begriff vgl. → § 49 Rn. 320.
[35] BAG 25.4.2017 – 1 AZR 714/15, NZA 2017, 1467 Rn. 17; Jaeger/Röder/Heckelmann BetriebvesverfassungsR-HdB/*Lambrich* Kap. 7 Rn. 154.
[36] BAG 3.6.1997 – 3 AZR 25/96, NZA 1998, 382 II.2.b)aa).
[37] GK-BetrVG/*Kreutz* § 77 Rn. 320, 322; Richardi BetrVG/*Richardi* § 77 Rn. 200.
[38] BAG 30.1.2019 – 5 AZR 43/18, NZA 2019, 768 Rn. 33.

c) Beendigung. § 77 BetrVG regelt für die Beendigung der Betriebsvereinbarung lediglich die Kündigung in Abs. 5 und erwähnt den Zeitablauf in Abs. 6. In der Praxis gibt es jedoch eine Vielzahl von Fallgestaltungen, die sämtlich zur Beendigung der Betriebsvereinbarung führen. Als Beendigungstatbestände kommen insbesondere in Betracht:
- Auflösung des Betriebes,
- Inhaberwechsel,
- Zeitablauf,
- einvernehmliche Aufhebung,
- Kündigung.

aa) Auflösung des Betriebs. Tatsächliche Umstände können dazu führen, dass Betriebsvereinbarungen gegenstandslos werden. Zu diesen tatsächlichen Umständen gehört die endgültige Auflösung des Betriebes. Hierdurch werden alle diejenigen Betriebsvereinbarungen gegenstandslos, die das Miteinander der Arbeitnehmer im Betrieb, Vereinbarungen über Betriebsabläufe, Betriebsorganisationen und kollektive Arbeitsbedingungen betreffen. Von den einen Betrieb voraussetzenden Betriebsvereinbarungen sind diejenigen zu unterscheiden, die über die Auflösung des Betriebs hinaus gelten. Die wichtigsten sind Betriebsvereinbarungen über die betriebliche Altersversorgung, Sozialplanregelungen, die die Auflösung des Betriebes und den Ausgleich der Nachteile für den Arbeitnehmer zum Gegenstand haben oder Betriebsvereinbarungen über Werkswohnungen, die das Verhältnis zwischen dem ehemaligen Arbeitnehmer und dem Arbeitgeber auch nach Auflösung des Betriebes regeln.

Ohne Belang für das Schicksal der Betriebsvereinbarung ist der Wegfall des Betriebsrates, sei es vorübergehend oder endgültig. Dies war lange streitig. Nach vorherrschender Meinung[39] bleibt die Betriebsvereinbarung in ihrer normativen Wirkung unberührt. Da kein Betriebsrat mehr vorhanden ist, scheidet eine inhaltliche Änderung der Betriebsvereinbarung mangels Verhandlungspartner aus. Der Arbeitgeber kann die Wirkung der Betriebsvereinbarung jedoch dadurch beenden, dass er einheitlich gegenüber allen betroffenen Arbeitnehmern des Betriebs die Kündigung der Betriebsvereinbarung erklärt.

bb) Inhaberwechsel. Die Varianten des Betriebsinhaberwechsels sind nahezu unüberschaubar. Betriebe können vererbt, verkauft, gespalten, zusammengelegt oder eingegliedert werden – um nur die Grundgestaltungen zu nennen.

Keinerlei Auswirkung hat der **Inhaberwechsel auf der Gesellschafterebene.** Der Gesellschafterwechsel berührt grundsätzlich die Identität der Gesellschaft als Rechtssubjekt nicht; dies gilt selbst dann, wenn alle Gesellschafter ausscheiden und ihre Geschäftsanteile auf einen oder mehrere Erwerber übertragen.[40]

Findet der Inhaberwechsel nicht auf der Gesellschafterebene statt, sondern geht ein Betrieb oder Betriebsteil gemäß **§ 613a BGB** auf einen anderen Inhaber über, so ist hinsichtlich des Schicksals von Betriebsvereinbarungen zu unterscheiden.[41] Betriebsvereinbarungen die ausschließlich reine Betriebsnormen enthalten, werden von § 613a BGB grds. nicht erfasst.[42]

- Bleibt die **Betriebsidentität erhalten,** so gelten die Betriebsvereinbarungen unverändert fort. Die Betriebsvereinbarungen behalten ihre kollektiv-rechtliche Wirkung. § 613a Abs. 1 S. 2 BGB greift in diesem Fall nicht. Stattdessen tritt der neue Betriebsinhaber in die im Zeitpunkt des Betriebsübergangs bestehenden Betriebsvereinbarungen ein.[43] Typischer Beispielsfall für die Beibehaltung der Betriebsidentität ist der Erwerb eines Betriebes im Rahmen eines Asset-Kaufvertrages, durch den sämtliche materiellen und immateriellen Vermögensgegenstände einschließlich Forderungen und Verbindlichkeiten vom Betriebserwerber übernommen werden und der Betrieb auf Erwerberseite fortgeführt wird.

---

[39] BAG 18.9.2002 – 1 ABR 54/01, NZA 2003, 670 III.2.a)bb); ErfK/*Kania* BetrVG § 77 Rn. 126; *Fitting* BetrVG § 77 Rn. 175; GK-BetrVG/*Kreutz* § 77 Rn. 429, 430; Richardi BetrVG/*Richardi* § 77 Rn. 224.
[40] ErfK/*Preis* BGB § 613a Rn. 43; BAG 23.3.2017 – 8 AZR 91/15, NZA 2017, 981 Rn. 21; 14.8.2007 – 8 AZR 803/06, NZA 2007, 1428 Rn. 16.
[41] Detailliert → § 54 Rn. 26–60.
[42] BeckOK BGB/*Gussen* § 613a Rn. 191.
[43] ErfK/*Preis* BGB § 613a Rn. 114.

- Geht die **Betriebsidentität** im Rahmen des vorgenommenen Inhaberwechsels **verloren**, gelten mit dem Betriebsinhaberwechsel die durch eine Betriebsvereinbarung geregelten Rechte und Pflichten der Arbeitnehmer nach § 613a Abs. 1 S. 2 BGB fort. Die Kollektivnormen werden dabei in das Arbeitsverhältnis zwischen Arbeitnehmer und Erwerber transformiert, behalten jedoch nach Ansicht des BAG ihren kollektivrechtlichen Charakter bei.[44]

Alternativ kommt eine Verdrängung der Fortgeltung der Betriebsvereinbarungen des Veräußererbetriebes dann in Betracht, wenn der veräußerte Betrieb in einen bestehenden Betrieb des Erwerbers integriert wird und in dem Erwerberbetrieb eine Betriebsvereinbarung mit identischem oder nahezu identischem Regelungsgegenstand existiert. Nach § 613a Abs. 1 S. 3 BGB gilt in diesem Fall nur noch die Betriebsvereinbarung des Erwerberbetriebes. Der Verlust der Identität bei der Übertragung eines Betriebes und – am häufigsten – bei der Übertragung eines Betriebsteils basiert regelmäßig auf der Eingliederung des übernommenen Betriebes in einen anderen, auf der Zusammenlegung des Betriebes mit einem anderen oder auf der Aufspaltung in zwei oder mehrere selbständige Betriebe.[45] Demgegenüber lehnt ein Teil der Literatur es ab, die Fortgeltung von Betriebsvereinbarungen mit Hilfe des Identitätsbegriffs differenzierend zu beurteilen.[46] Vereinzelt wird vertreten, dass in Fällen der Spaltung, in denen der Betriebsrat des aufgespaltenen Betriebes nach Maßgabe des § 21a BetrVG ein Übergangsmandat für die ihm bislang zugeordneten Betriebsteile hat, zugleich die kollektiv-rechtliche Fortgeltung der Betriebsvereinbarung des aufgespaltenen Betriebes in dem neuen Betrieben feststehe. Nach der dort vertretenen Auffassung sichert das Übergangsmandat die Amtskontinuität, welche die kollektiv-rechtliche Fortgeltung der Betriebsvereinbarungen verlange.[47] Das BAG hat in einem Fall der Übertragung eines Betriebsteils unter Hinweis auf das Übergangsmandat des Betriebsrates aus § 21a BetrVG auch eine Fortgeltung von Betriebsvereinbarungen des abgebenden Betriebes angenommen. Dies soll aber nur für den Fall gelten, dass beim neuen Inhaber der übernommene Betriebsteil als eigenständiger Betrieb fortgeführt wird.[48]

33 Auch **Gesamtbetriebsvereinbarungen** verlieren im Falle eines Betriebsinhaberwechsels nicht grundsätzlich ihre normative Geltung:
- Werden **sämtliche Betriebe** eines Unternehmens von einem anderen Unternehmen übernommen, das bis dahin keinen eigenen Betrieb besaß, so besteht am kollektiv-rechtlichen Fortbestand der Gesamtvereinbarung grundsätzlich kein Zweifel, da auch der bisherige Gesamtbetriebsrat bei einer solchen Fallkonstellation im Amt bliebe.[49]
- Auch bei **Verlust der Unternehmensidentität** infolge der Herauslösung nur einzelner Betriebe aus dem Unternehmensverbund belässt es das BAG bei der normativen Fortgeltung. Wenn nur einzelne Betriebe übertragen werden, soll die bisherige Gesamtbetriebsvereinbarung als Einzelbetriebsvereinbarung beim Erwerber fortgelten.[50]

34 Eine normative Fortgeltung von Gesamtbetriebsvereinbarungen soll nur dann ausscheiden, wenn es im Zuge der Übertragung von Betrieben – etwa durch Betriebsaufspaltungen – zu einem Verlust der Betriebsidentität kommt. Für den umgekehrten Fall der Fortführung beim Veräußerer nicht verselbständigter Betriebsteile als eigenständige Betriebe kommt hingegen nach der Auffassung des BAG wiederum die normative Fortgeltung in Betracht.[51]

35 Aufgrund dieser Rechtsprechung bleiben nur noch wenige sonstige Fälle übrig, in denen die Betriebsvereinbarung nicht kollektivrechtlich fort gilt. Im Schwerpunkt handelt es sich um die Fälle des Rechtsformwechsels mit Untergang der Arbeitnehmervertretung (zB im Rahmen von Privatisierungen) und die Fälle, in denen ein Betrieb oder ein Betriebsteil übernommen und mit einem anderen Betrieb des Unternehmens vereinigt wird.

---

[44] BAG 22.4.2009 – 4 AZR 100/08, NZA 2010, 41 Rn. 61; BeckOK BGB/*Gussen* § 613a Rn. 232; ErfK/*Preis* BGB § 613a Rn. 112; Kombination aus Transformationsmodell und Sukzessionsmodell.
[45] *Fitting* BetrVG § 77 Rn. 171.
[46] GK-BetrVG/*Kreutz* § 77 Rn. 399 ff. mwN.
[47] GK-BetrVG/*Kreutz* § 77 Rn. 442 mwN.
[48] BAG 18.9.2002 – 1 ABR 54/01, NZA 2003, 670 III.2.b)cc)(3), krit.: *Rieble/Gutzeit* NZA 2003, 233.
[49] BAG 18.9.2002 – 1 ABR 54/01, NZA 2003, 670 III.2.b)cc)(1).
[50] BAG 18.9.2002 – 1 ABR 54/01, NZA 2003, 670 II.2.b)cc); ErfK/*Kania* BetrVG § 77 Rn. 118.
[51] BAG 18.9.2002 – 1 ABR 54/01, NZA 2003, 670 II.2.a)bb).

Bei **Konzernbetriebsvereinbarungen** ist die Rechtslage ungeklärt. In der arbeitsrechtlichen 36
Literatur finden sich zwei Strömungen: Nach teilweise vertretener Ansicht scheidet eine kollektivrechtliche Fortgeltung von Konzernbetriebsvereinbarungen aus, wenn ein Betriebsübergang bzw. eine Umwandlung nicht konzernintern erfolgt. Die Konzernbetriebsvereinbarungen sollen nach Maßgabe des § 613a Abs. 1 S. 2 bis 4 BGB weiter gelten.[52] Überwiegend wird eine entsprechende Anwendung der Grundsätze des BAG zur Gesamtbetriebsvereinbarung befürwortet. Danach können grundsätzlich auch Konzernbetriebsvereinbarungen **kollektivrechtlich fortgelten,** es sei denn, dass die Konzernbetriebsvereinbarung nach ihrem Inhalt mit den Verhältnissen und Einrichtungen im bisherigen Konzern so verbunden ist, dass eine unveränderte Weitergeltung beim Erwerber nicht möglich ist.[53] Diese Auffassung erscheint vorzugswürdig.

cc) Zeitablauf. Die Betriebsvereinbarung endet zum vereinbarten Zeitpunkt, wenn die 37
Parteien eine solche befristete Geltung vereinbart haben. Für eine solche Befristung bedarf es weder eines sachlichen Grundes noch sind sonstige Voraussetzungen zu erfüllen. Die Betriebsparteien sind in Bezug auf eine derartige Befristung frei.[54]

dd) Einvernehmliche Aufhebung. Die Betriebsparteien können jederzeit die Aufhebung 38
einer Betriebsvereinbarung vereinbaren. Sie wirkt allerdings in den der zwingenden Mitbestimmung unterliegenden Angelegenheiten nach, § 77 Abs. 6 BetrVG.[55]

Diese Aufhebung bedarf ebenso wie die Betriebsvereinbarung selbst der **Schriftform**. Eine 39
einvernehmliche Aufhebung liegt auch dann vor, wenn die Parteien eine neue Betriebsvereinbarung über denselben Regelungsgegenstand vereinbaren und in Kraft setzen. In diesem Fall ersetzt die neue Betriebsvereinbarung die Regelungen der älteren Betriebsvereinbarung. Ersetzt die neue Betriebsvereinbarung nur einen Teil der bestehenden Regelungen, so tritt die ältere Betriebsvereinbarung nur insoweit außer Kraft.[56] Die vorstehende Zeitkollisionsregel gilt auch dann, wenn durch die nachfolgende Betriebsvereinbarung Ansprüche der Arbeitnehmer verschlechtert werden.[57]

Greift die **ablösende Betriebsvereinbarung** in Versorgungsansprüche der Arbeitnehmer 40
ein, zieht die Rechtsprechung bei der Ablösung der Betriebsvereinbarung durch eine neue Regelung zum Schutz der betroffenen Arbeitnehmer Grenzen. Es gilt der Grundsatz, dass Besitzstände „nur in den Grenzen von Recht und Billigkeit beschnitten werden" können. Der Eingriff in bestehende Rechte oder Anwartschaften muss die Grundsätze der Verhältnismäßigkeit und des Vertrauensschutzes beachten. Die Gründe für einen zulässigen Eingriff müssen umso schwerwiegender sein, je stärker in Besitzstände eingegriffen wird. Dabei gilt der Grundsatz, dass entstandene und bereits fällige Ansprüche der Arbeitnehmer durch eine nachfolgende Betriebsvereinbarung grundsätzlich nicht beseitigt werden können. Kürzungen müssen vor allem dem Grundsatz der Verhältnismäßigkeit genügen, also am Zweck der Maßnahme gemessen geeignet, erforderlich und proportional sein.[58]

Die Grundsätze zur ablösenden Betriebsvereinbarung hat das BAG insbesondere anhand 41
der Betriebsvereinbarung über **betriebliche Altersversorgung** entwickelt. Gerade in diesem Bereich stehen sich oft der Wunsch des Arbeitgebers nach einer Kostenreduzierung – insbesondere in der Krise – und das Interesse des Arbeitnehmers an einer gesicherten Altersversorgung, für die er Vorleistung erbracht hat, gegenüber. Zum Ausgleich dieses Interesses hat das BAG mit der Drei-Stufen-Theorie ein komplexes und differenziertes Lösungsmodell entwickelt. Hierfür gilt im Ergebnis:

---

[52] Ascheid/Preis/Schmidt/*Steffan* UmwG § 324 Rn. 18 mwN; WHSS Umstrukturierung/*Hohenstatt* Kap. E Rn. 70.
[53] BeckOK BGB/*Gussen* § 613a Rn. 199, 216; *Fitting* BetrVG § 77 Rn. 170; *Kern* NZA 2009, 1313; *Cisch/Hock* BB 2012, 2113; vgl. auch → § 54 Rn. 44, 45.
[54] Jaeger/Röder/Heckelmann BetriebvesverfassungsR-HdB/*Lambrich* Kap. 7 Rn. 167.
[55] Vgl. nachfolgend unter d) Nachwirkung.
[56] GK-BetrVG/*Kreutz* § 77 Rn. 401.
[57] BAG 15.11.2000 – 5 AZR 310/99, NZA 2001, 900 III.2., 3.; GK-BetrVG/*Kreutz* § 77 Rn. 402; Jaeger/Röder/Heckelmann BetriebvesverfassungsR-HdB/*Lambrich* Kap. 7 Rn. 179.
[58] BAG 19.3.2019 – 3 AZR 201/17, AP BetrVG § 1 Ablösung Nr. 79 Rn. 37; 12.2.2013 – 3 AZR 414/12, AP BetrAVG § 1 Ablösung Nr. 61 Rn. 57.

- Der bereits erdiente und nach den Grundsätzen des § 2 BetrAVG errechnete Teilbetrag ist – von seltenen Ausnahmen abgesehen – nicht kürzbar.
- Bereits zeitanteilig erdiente Zuwächse, die sich aus variablen Berechnungsfaktoren ergeben, können nur aus triftigen Gründen geschmälert werden.
- Für Eingriffe in Zuwachsraten, die noch nicht erdient sind, genügen sachliche Gründe.[59]

42 ee) **Kündigung.** Die ordentliche gesetzliche Kündigungsfrist beträgt für beide Betriebsparteien drei Monate. Diese Kündigungsfrist ist dispositiv. Die Betriebsparteien können kürzere oder längere Fristen vereinbaren, sie können selbst die ordentliche Kündigung generell oder für eine gewisse Zeit ausschließen.[60] Im Falle der Insolvenz allerdings kann eine Betriebsvereinbarung, die die Insolvenzmasse belastende Leistungen vorsieht, in jedem Fall mit einer Frist von 3 Monaten gekündigt werden, § 120 Abs. 1 S. 2 InsO. Zuvor soll über eine einvernehmliche Herabsetzung der Leistungen beraten werden. Diese Beratung ist jedoch nicht konstitutiv.[61]

43 § 77 Abs. 5 BetrVG geht von einer freien Kündbarkeit der Betriebsvereinbarung aus; es bedarf also für die ordentliche Kündigung keines sachlichen Grundes oder billigen Ermessens.[62] Den Schutz der im Arbeitsverhältnis stehenden Arbeitnehmer vor dem Verlust ihres Besitzstandes regelt das BAG nicht über eine Kündigungsbeschränkung von Betriebsvereinbarungen, sondern über die Differenzierung bei den Rechtsfolgen einer Kündigung.[63] Dies gilt speziell bei der Kündigung einer Betriebsvereinbarung über eine betriebliche Altersversorgung, deren Wirkung mit Hilfe der Grundsätze des Vertrauensschutzes und der Verhältnismäßigkeit begrenzt wird.

44 Grundsätzlich ist auch eine fristlose Kündigung der Betriebsvereinbarung möglich. Eine solche kommt in Betracht, wenn unter Berücksichtigung aller Umstände und unter Abwägung der Interessen der Betroffenen ein Festhalten an der Betriebsvereinbarung bis zum Ablauf der Kündigungsfrist nicht zumutbar erscheint.[64]

45 d) **Nachwirkung.** § 77 Abs. 6 BetrVG regelt die Nachwirkung abgelaufener Betriebsvereinbarungen. Nachwirkung bedeutet, dass die Normen einer Betriebsvereinbarung unmittelbar, aber nicht mehr zwingend weitergelten, bis diese durch eine andere Abmachung ersetzt werden.[65] Die Nachwirkung greift immer dann, wenn die Betriebsvereinbarung als solche beendet ist. Die Betriebsparteien sind jedoch frei, von der Vorschrift über die Nachwirkung der Betriebsvereinbarung abweichende Regelungen zu treffen.[66] Wird eine Betriebsvereinbarung einvernehmlich durch einen Aufhebungsvertrag beendet, so sollte die Frage der Nachwirkung im Aufhebungsvertrag geregelt werden, da anderenfalls im Wege der Auslegung zu ermitteln ist, ob mit der Aufhebung auch die Nachwirkung ausgeschlossen sein soll.

46 **Formulierungsvorschlag:**
Die Betriebsparteien sind sich darüber einig, dass die Betriebsvereinbarung über die Verlängerung der betriebsüblichen Arbeitszeit vom 1.1.2003 einvernehmlich mit Ablauf des 31.12.2015 endet. Eine Nachwirkung (§ 77 Abs. 6 BetrVG) ist ausgeschlossen.
Oder:
Die Betriebsvereinbarung wirkt nach, bis sie durch eine andere Abmachung ersetzt wird.

---

[59] Vgl. zu den Grundzügen ErfK/*Kania* BetrVG § 77 Rn. 65; Jaeger/Röder/Heckelmann BetriebvesverfassungsR-HdB/*Lambrich* Kap. 7 Rn. 180.
[60] GK-BetrVG/*Kreutz* § 77 Rn. 408; ErfK/*Kania* BetrVG § 77 Rn. 94.
[61] *Fitting* BetrVG § 77 Rn. 155; GK-BetrVG/*Kreutz* § 77 Rn. 409.
[62] BAG 17.1.1995 – 1 ABR 29/94, NZA 1995, 1010 II.1.a)(2)c); *Fitting* BetrVG § 77 Rn. 146; GK-BetrVG/*Kreutz* § 77 Rn. 404; Richardi BetrVG/*Richardi* § 77 Rn. 216.
[63] → Rn. 44 ff.; → Rn. 63 f.
[64] BAG 17.1.1995 – 1 ABR 29/94, NZA 1995, 1010 II.1.b)(2); Däubler/Klebe/Wedde/*Berg* BetrVG § 77 Rn. 112; *Fitting* BetrVG § 77 Rn. 151.
[65] BAG 13.8.2019 – 1 ABR 10/18, NZA 2019, 1651 Rn. 48.
[66] GK-BetrVG/*Kreutz* § 77 Rn. 474; ErfK/*Kania* BetrVG § 77 Rn. 103; *Fitting* BetrVG § 77 Rn. 180.

> *Oder:*
> Die Nachwirkung der Betriebsvereinbarung bleibt durch die einvernehmliche Aufhebung unberührt.

Bei einer von vornherein zeitlich befristeten Betriebsvereinbarung wird angenommen, 47
dass sie nachwirkt, wenn diese Nachwirkung nicht ausdrücklich ausgeschlossen ist.[67] Für die anwaltliche Tätigkeit empfiehlt sich aber eine ausdrückliche Regelung. Die Nachwirkung tritt **nur bei** solchen Betriebsvereinbarungen ein, die Gegenstände der **erzwingbaren Mitbestimmung** regeln, § 77 Abs. 6 BetrVG.[68] Hierzu gehören insbesondere soziale Angelegenheiten gemäß § 87 BetrVG und Sozialpläne gemäß § 112 f. BetrVG.

Enthält eine Betriebsvereinbarung teils Regelungen in mitbestimmungspflichtigen Angele- 48
genheiten, in denen ein Spruch der Einigungsstelle die Einigung zwischen Arbeitgeber und Betriebsrat ersetzen kann, und teils solche Regelungen, die nicht erzwingbar sind, so sollen im Prinzip nur die erzwingbaren Regelungen nachwirken, sofern dieser Teil aus sich heraus sinnvoll und handhabbar ist.[69] Vor diesem Hintergrund hat der Betriebsrat ein hohes Interesse daran, in einem solchen Fall eine Nachwirkung für alle in der Betriebsvereinbarung enthaltenen Regelung zu vereinbaren.

Bei einer **teilmitbestimmten Betriebsvereinbarung** über freiwillige betriebliche Leistungen 49
gilt eine differenzierte Betrachtung: Wird die Betriebsvereinbarung gekündigt, um ohne Änderung des Dotierungsrahmens die Verteilungsgrundsätze zu ändern, so wirkt die Betriebsvereinbarung insgesamt nach.[70] Eine Nachwirkung kommt hingegen nicht in Betracht, wenn die Kündigung den Zweck hat, die bislang erbrachte zusätzliche Leistung einzustellen.[71] Diesen Grundsatz hat das BAG modifiziert: Die gekündigte zusätzliche Leistung muss alleiniger Gegenstand der Betriebsvereinbarung sein. Sie darf nicht mit der Mitbestimmung unterliegenden Vergütungsbestandteilen zusammentreffen, zu deren Leistung der Arbeitgeber vertraglich oder gesetzlich verpflichtet ist. Der Arbeitgeber muss – am besten zusammen mit der Kündigung der Betriebsvereinbarung – klarstellen, dass er die Dotierung für die zusätzliche Leistung vollkommen einstellt. Anderenfalls greift die Nachwirkung des § 77 Abs. 6 BetrVG.[72]

Bei der Kündigung von Betriebsvereinbarungen über betriebliche Altersversorgung ver- 50
neint das BAG einerseits eine Nachwirkung nach § 77 Abs. 6 BetrVG, begrenzt aber andererseits die Wirkungen der Kündigung von solchen Betriebsvereinbarungen und wendet die Grundsätze zur ablösenden Betriebsvereinbarung[73] entsprechend an. Deshalb kann der bereits erdiente und nach den Grundsätzen des § 2 BetrAVG errechnete Teilbetrag nur aus wichtigem Grund entzogen werden. Zuwächse, die sich aus variablen Berechnungsfaktoren ergeben, sollen nur aus triftigem Grund zu schmälern sein, soweit sie zeitanteilig erdient sind. Greift die Kündigung nur in Zuwachsraten ein, die noch nicht erdient worden sind, genügen sachlich-proportionale Gründe.[74] Trotz der Kündigung und trotz der fehlenden Nachwirkung bleibt daher nach der BAG-Rechtsprechung in dem Umfang, in dem die Kündigungswirkung um der Sicherung der Besitzstände willen beschränkt ist, die Betriebsvereinbarung als unmittelbar und zwingend fortwirkende Grundlage der Versorgungsansprüche und Versorgungsanwartschaften erhalten.

Im Übrigen scheidet auch bei erzwingbaren Regelungsgegenständen eine Nachwirkung 51
dann aus,
- wenn die Betriebsvereinbarung nur zu einem bestimmten Zweck abgeschlossen wurde und dieser Zweck erfüllt ist. Beispiel hierfür ist die Vereinbarung von Mehrarbeit für ei-

---

[67] GK-BetrVG/*Kreutz* § 77 Rn. 474 (differenzierend); Däubler/Klebe/Wedde/*Berg* BetrVG § 77 Rn. 124.
[68] BAG 10.12.2013 – 1 ABR 39/12, NZA 2014, 1040 Rn. 17.
[69] BAG 26.8.2008 – 1 AZR 354/07, NZA 2008, 1426 Rn. 14.
[70] BAG 26.8.2008 – 1 AZR 354/07, NZA 2008, 1426 Rn. 17.
[71] BAG 17.1.1995 – 1 ABR 29/94, NZA 1995, 1010 II. 2.; *v. Hoyningen-Huene* BB 1997, 1998 (2000).
[72] BAG 5.10.2010 – 1 ABR 20/09, NZA 2011, 598 Rn. 21; 10.11.2009 – 1 AZR 511/08, NZA 2011, 475 Rn. 14; *Salamon* NZA 2011, 549.
[73] → Rn. 37 ff.
[74] BAG 17.8.1999 – 3 ABR 55/98, BeckRS 2000, 40260 Rn. 36.

nen konkreten Auftrag oder sonstige Einzelfallregelungen, wie Betriebsferien für ein bestimmtes Jahr oder Arbeitszeitregelungen zwischen den Jahren für ein konkretes Kalenderjahr.
- wenn die Betriebsvereinbarung als kollektiv-rechtliche Regelung untergeht, also insbesondere bei der endgültigen Stilllegung des Betriebes oder beim Inhaberwechsel unter Beendigung der Betriebsidentität.[75]

52   Tritt eine Nachwirkung ein, so bleibt sie im Rahmen ihres Geltungsbereichs für alle betrieblichen Arbeitsverhältnisse maßgebend, auch wenn diese erst im Nachwirkungszeitraum begründet werden.[76] Für die Regelungen der Betriebsvereinbarung gilt im Nachwirkungszeitraum jedoch nicht mehr die zwingende Wirkung des § 77 Abs. 4 BetrVG. So können auch arbeitsvertragliche Absprachen die nur nachwirkenden Regelungen der Betriebsvereinbarung wirksam abändern. Die Nachwirkung endet, wenn die nachwirkende Betriebsvereinbarung durch eine andere Abmachung ersetzt wird, § 77 Abs. 6 BetrVG. Dies ist begriffsnotwendig immer der Fall, wenn die Betriebsvereinbarung durch eine andere abgelöst wird. Als andere Abmachung kommt aber auch ein Tarifvertrag oder eine unmittelbare Vereinbarung mit den Arbeitnehmern in Betracht. Betrifft eine solche Abmachung Angelegenheiten, die der Mitbestimmung des Betriebsrates unterliegen, muss die Regelung unter Beachtung dieses Mitbestimmungsrechts getroffen werden. Die Ablösung gelingt in diesem Fall nur mit einer ebenfalls mitbestimmten Regelung. Besteht im Betrieb kein Betriebsrat mehr, ist der Regelungsgegenstand wieder der individualrechtlichen Vereinbarung zugänglich.[77]

2. Die freiwillige Betriebsvereinbarung

53   Die **freiwillige** Betriebsvereinbarung unterscheidet sich von der erzwingbaren Betriebsvereinbarung durch die **Notwendigkeit des Einvernehmens**. Das folgt daraus, dass der Spruch der Einigungsstelle die Einigung zwischen Arbeitgeber und Betriebsrat nicht ersetzt, es sei denn, die Betriebsparteien haben die Zuständigkeit der Einigungsstelle und deren Entscheidungskompetenz vereinbart.

54   a) **Regelungsgegenstand.** Durch freiwillige Betriebsvereinbarungen können grundsätzlich alle sozialen Angelegenheiten geregelt werden, die nicht der erzwingbaren Mitbestimmung unterliegen. Freiwillige Betriebsvereinbarungen sind nicht auf diejenigen Fälle beschränkt, die § 88 BetrVG auflistet.[78] Die Grenze der umfassenden Regelungskompetenz der Betriebsparteien ergibt sich einmal aus dem Tarifvorrang des § 77 Abs. 3 BetrVG,[79] der auch beim Abschluss freiwilliger Betriebsvereinbarungen zu beachten ist sowie aus dem Grundsatz, dass Betriebsvereinbarungen, durch die materielle Arbeitsbedingungen ausschließlich zu Ungunsten der Arbeitnehmer gestaltet werden, unwirksam sein können. Betriebsvereinbarungen sollen nicht dazu da sein, die Rechtsstellung, wie sie sich aus dispositivem Gesetzesrecht ergibt, **ausschließlich** zum Nachteil der Arbeitnehmer zu verschlechtern.
Zu den ausdrücklich in § 88 BetrVG geregelten Gegenständen gehören:

55   aa) *Verhütung von Arbeitsunfällen und Gesundheitsschädigungen.* Gemeint sind „zusätzliche Maßnahmen", die über das hinausgehen, wozu der Arbeitgeber nach den gesetzlichen Bestimmungen und den Unfallverhütungsvorschriften verpflichtet ist.[80] In der Praxis konzentrieren sich diese zusätzlichen Maßnahmen im Wesentlichen auf die Durchführung von Reihenuntersuchungen als Vorsorgemaßnahme, auf die Einrichtung einer Unfallstation, auf bessere Ausgestaltung der Arbeitsumgebung oder auf zusätzliche Freistellungen von Sicherheitsbeauftragten und die Durchführung von Sicherheitswettbewerben.

---

[75] Vgl. vorstehend → Rn. 26 ff.
[76] GK-BetrVG/*Kreutz* § 77 Rn. 472; ErfK/*Kania* BetrVG § 77 Rn. 104; Däubler/Klebe/Wedde/*Berg* BetrVG § 77 Rn. 125.
[77] Jaeger/Röder/Heckelmann BetriebsvesverfassungsR-HdB/*Lambrich* Kap. 7 Rn. 193.
[78] BAG 12.12.2006 – 1 AZR 96/06, NZA 2007, 453 Rn. 14; Däubler/Klebe/Wedde/*Berg* BetrVG § 88 Rn. 2; *Fitting* BetrVG § 88 Rn. 1.
[79] Vorstehend → Rn. 4 ff.
[80] ErfK/*Kania* BetrVG § 88 Rn. 3.

bb) Betrieblicher Umweltschutz. Als betrieblicher Umweltschutz werden in § 89 Abs. 3 BetrVG alle personellen und organisatorischen Maßnahmen sowie die betriebliche Bauten, Räume, technische Anlagen, Arbeitsverfahren, Arbeitsabläufe und Arbeitsplätze betreffenden Maßnahmen bezeichnet, die dem Umweltschutz dienen. **Betrieblicher** Umweltschutz ist daher zu unterscheiden von generellen umweltpolitischen Mandaten. Das BAG hat – wenn auch in anderem Zusammenhang – den Begriff des betrieblichen Umweltschutzes als Einflussnahme auf umweltgerechte und umweltschützende Arbeits- und Betriebsbedingungen definiert.[81]

cc) Sozialeinrichtungen. Nach dem Wortlaut handelt es sich um solche, deren Wirkungsbereich auf den Betrieb, das Unternehmen oder den Konzern beschränkt ist. Während § 87 Abs. 1 Nr. 8 BetrVG als zwingendes Mitbestimmungsrecht die Form, Ausgestaltung und Verwaltung von Sozialeinrichtungen erfasst, fällt unter die freiwillige Betriebsvereinbarung des § 88 Nr. 2 BetrVG die Errichtung einer solchen Sozialeinrichtung, wozu der Arbeitgeber sich nur freiwillig verpflichten, aber nicht gezwungen werden kann.

dd) Förderung der Vermögensbildung. Vermögenswirksame Leistungen auf der Basis des Vermögensbildungsgesetzes sind Bestandteil des Lohns. Im Zusammenhang damit stehende Fragen unterliegen regelmäßig der Mitbestimmung nach § 87 Abs. 1 Nr. 10. Allerdings kann der Betriebsrat vermögenswirksame Leistungen als freiwillige Arbeitgeberleistung nicht erzwingen.[82] Sind Fragen der Vermögensbildung in einem Tarifvertrag geregelt, so ist streitig, ob ergänzende Betriebsvereinbarungen zuzulassen sind, wenn sie die Arbeitnehmerrechte verbessern.[83] Die Ausgabe von Beteiligungspapieren oder die sonstige Beteiligung am Betriebsvermögen kann im Rahmen einer solchen freiwilligen Betriebsvereinbarung geregelt werden.[84] Es ist jedoch stets abzugrenzen zwischen der Mitbestimmung in Fragen der Lohngestaltung nach § 87 Abs. 1 Nr. 10 BetrVG und der Förderung der Vermögensbildung im Rahmen des § 88 Nr. 3 BetrVG.

ee) Integration ausländischer Arbeitnehmer/Bekämpfung von Rassismus und Fremdenfeindlichkeit im Betrieb. § 88 Nr. 4 BetrVG ist im Rahmen der Novellierung neu eingefügt. Hiermit wird die Bedeutung der Integration ausländischer Arbeitnehmer besonders hervorgehoben. Dies korrespondiert mit der in § 80 Abs. 1 Nr. 7 BetrVG ergänzten Aufgabe des Betriebsrates zur Integration ausländischer Arbeitnehmer im Betrieb und zur Förderung des Verständnisses zwischen ihnen und den deutschen Arbeitnehmern.

Muster: Freiwillige Betriebsvereinbarung

Zwischen
der K-GmbH,
vertreten durch den Geschäftsführer
……
und
dem Betriebsrat der K-GmbH,
vertreten durch den Betriebsratsvorsitzenden
……
wird eine freiwillige Vereinbarung zur Förderung der Integration ausländischer Arbeitnehmer im Betrieb geschlossen:

1. Die K-GmbH gewährleistet die Gleichbehandlung von deutschen und ausländischen Arbeitnehmern im Betrieb. Dies betrifft insbesondere die Gleichbehandlung bei personellen Maßnahmen jedweder Art, bei freiwilligen Sozialleistungen und bei der Auswahl von Bewerberinnen und Bewerbern für die Einstellung als Auszubildende.

---

[81] BAG 11.10.1995 – 7 ABR 42/94, NZA 1996, 934 II.2.
[82] Richardi BetrVG/*Richardi* § 88 Rn. 31.
[83] Dafür: Richardi BetrVG/*Richardi* § 88 Rn. 29; *Fitting* BetrVG § 88 Rn. 25; Däubler/Klebe/Wedde/*Berg* BetrVG § 88 Rn. 26; aA GK-BetrVG/*Wiese* § 88 Rn. 33; ErfK/*Kania* BetrVG § 88 Rn. 6.
[84] BAG 28.11.1989 – 3 AZR 118/88, NZA 1990, 559 II.2.c)bb).

2. Zur Unterstützung der Gleichbehandlung gemäß vorstehender Ziff. 1., zur Förderung der Integration im Betrieb und der Kommunikation zwischen deutschen und ausländischen Arbeitnehmern, zur Unterstützung bei innerbetrieblichen Qualifizierungsmaßnahmen und der betrieblichen Ausbildung werden Sprachkurse nach Maßgabe der Anlage 1 zur Betriebsvereinbarung angeboten.
3. Die Betriebsparteien bilden einen paritätisch mit je einer Vertrauensperson besetzten Ausschuss, an den sich ausländische Mitarbeiterinnen oder Mitarbeiter wenden, wenn sie sich durch das Verhalten deutscher Belegschaftsmitglieder oder durch den Arbeitgeber diskriminiert fühlen. Das Beschwerderecht nach § 84 BetrVG und die Behandlung von Beschwerden durch den Betriebsrat nach § 85 BetrVG bleiben hiervon unberührt.
Der Ausschuss berät und unterstützt die Mitarbeiter und schlägt der Geschäftsleitung bei festgestellten oder drohenden Diskriminierungen Maßnahmen zur Wiederherstellung der Gleichbehandlung vor.
4. Die Vereinbarung ist fest abgeschlossen bis zum ......; danach kann sie von jeder Partei mit einer Frist von 3 Monaten zum Monatsende gekündigt werden. Als freiwillige Betriebsvereinbarung entfaltet sie nach ihrem Ablauf keine Nachwirkung.

Alternativ:
Obwohl es sich um eine freiwillige Betriebsvereinbarung handelt, sind die Parteien darüber einig, dass ihre Regelungen im Falle der Kündigung weiter gelten sollen, bis sie durch eine andere Abmachung ersetzt werden. Können sich die Parteien auf eine andere Abmachung nicht einigen, so gilt § 76 BetrVG entsprechend.

....
K-GmbH Betriebsrat

61 **b) Abschluss.** Für den Abschluss der freiwilligen Betriebsvereinbarung gelten die allgemeinen Regeln des § 77 BetrVG. Über den Abschluss der Betriebsvereinbarung ist daher durch den Betriebsrat zu beschließen. Die Betriebsvereinbarung ist schriftlich niederzulegen und von Arbeitgeber und Betriebsrat zu unterzeichnen, § 77 Abs. 2 BetrVG.

62 **c) Wirkung.** Die freiwillige Betriebsvereinbarung entfaltet dieselbe Wirkung wie erzwingbare Betriebsvereinbarungen; sie gelten **unmittelbar und zwingend** gemäß § 77 Abs. 4 BetrVG. Der Arbeitgeber ist gegenüber dem Betriebsrat und den Arbeitnehmern gemäß § 77 Abs. 1 BetrVG verpflichtet, die freiwillige Betriebsvereinbarung auch tatsächlich durchzuführen. Der Durchführungsanspruch des Betriebsrates setzt voraus, dass er selbst Partei der Betriebsvereinbarung ist. Bei Gesamt- oder Konzernbetriebsvereinbarungen hat der nicht beteiligte örtliche Betriebsrat aus eigenem Recht keinen Durchführungsanspruch, es sei denn, ihm sind nach der Betriebsvereinbarung entsprechende eigene Rechte eingeräumt.[85]

63 Im Unterschied zu einer Betriebsvereinbarung in Angelegenheiten der erzwingbaren Mitbestimmung hat die freiwillige Betriebsvereinbarung keine Nachwirkung. § 77 Abs. 6 BetrVG findet keine Anwendung, es sei denn die Betriebsparteien vereinbaren eine solche.[86] Dabei muss die Nachwirkung zwingend ausdrücklich vereinbart werden.[87]

64 Bei Betriebsvereinbarungen über freiwillige Arbeitgeberleistungen, die im Hinblick auf die Verteilungsgrundsätze mitbestimmungspflichtig sind – sogenannte teilmitbestimmte Betriebsvereinbarung –, ist jedoch auch im Hinblick auf den freiwilligen Teil die Nachwirkung zu beachten, wenn der Arbeitgeber mit der Kündigung nur eine Verringerung des Leistungsvolumens und die Änderung des Verteilungsplanes erreichen wollte.[88]

65 **d) Beendigung.** Die Beendigung der freiwilligen Betriebsvereinbarungen folgt den unter Ziff. 1 Buchst. c) dargelegten Regeln. Insbesondere gilt die ordentliche Kündigungsfrist von drei Monaten gemäß § 77 Abs. 5 BetrVG. Ohne Kündigung endet die freiwillige Betriebs-

---

[85] BAG 18.5.2010 – 1 ABR 6/09, NZA 2010, 1433 Rn. 19.
[86] BAG 28.4.1998 – 1 ABR 43/97, NZA 1998, 1348 II.2.b)aa); *Fitting* BetrVG § 88 Rn. 14.
[87] BAG 23.10.2018 – 1 ABR 10/17, NZA 2019, 186 Rn. 26.
[88] BAG 26.10.1993 – 1 AZR 46/93, NZA 1994, 572 2.).

vereinbarung bei einer Befristung mit Ablauf der Zeit, für die sie eingegangen wurde, bei einer einvernehmlichen Aufhebung endet sie zu dem von den Parteien vereinbarten Zeitpunkt und bei einer Auflösung des Betriebs endet sie im Zeitpunkt der Auflösung; immer vorausgesetzt, dass eine anderweitige Regelung zwischen den Betriebsparteien nicht vereinbart ist.

Jede der Betriebsparteien kann von dem ihr zustehenden Kündigungsrecht uneingeschränkt Gebrauch machen. Zwar ist in der Literatur immer wieder eine Art Kündigungsschutz bei der Aufkündigung solcher Betriebsvereinbarungen gefordert worden, die zusätzliche freiwillige Leistungen des Arbeitgebers regeln (zB Vereinbarungen über eine 14. Monatsgehalt, Jubiläumsprämien, Mitarbeiterbeteiligungen uä); das BAG ist dem jedoch nicht gefolgt. Es hat wiederholt die freie Kündigungsmöglichkeit bestätigt.[89]

3. Gruppenvereinbarung

Nach § 28a BetrVG können in Betrieben mit mehr als 100 Arbeitnehmern auch vom Betriebsrat legitimierte Arbeitsgruppen im Rahmen der ihnen übertragenen Aufgaben mit dem Arbeitgeber Vereinbarungen treffen.[90] Hierzu verweist § 28 Abs. 2 BetrVG auf § 77 BetrVG. Die zwischen Arbeitgeber und Arbeitsgruppe abgeschlossene Vereinbarung erzeugt dieselben rechtlichen Wirkungen wie eine Betriebsvereinbarung, vorausgesetzt, der Abschluss erfolgt in der Form des § 77 Abs. 2 BetrVG.[91] Auf die Ausführungen unter den vorstehenden Ziffern 1. und 2. wird verwiesen.

II. Regelungsabrede

Unter einer Regelungsabrede wird eine **Einigung** zwischen Arbeitgeber und Betriebsrat verstanden, die nicht in Form einer Betriebsvereinbarung abgeschlossen worden ist.

1. Gegenstand

Inhalt einer Regelungsabrede können mitbestimmungspflichtige Angelegenheiten ebenso sein wie Angelegenheiten, auf die sich die Betriebsparteien nur freiwillig verständigen. Für die Regelungsabrede gilt der Tarifvorbehalt des § 77 Abs. 3 BetrVG nicht.[92] Die Sperrwirkung des § 77 Abs. 3 BetrVG soll nach BAG nicht jegliche kollektive Absprache der Parteien im Bereich tarifvertraglich geregelter oder tarifüblich geregelter Arbeitsbedingungen verhindern; es soll lediglich untersagt sein, eine weitere kollektive Normenordnung neben der tariflichen Normenordnung durch Betriebsvereinbarung zu schaffen.[93] Den Arbeitnehmer begünstigende Absprachen über Arbeitsbedingungen/Entgelte können daher getroffen werden, haben aber keine normative Wirkung. Den Arbeitnehmern gegenüber muss der Arbeitgeber den Inhalt der Absprache mit den üblichen arbeitsvertraglichen Mitteln umsetzen, also in der Regel durch eine Änderungskündigung oder eine einvernehmliche Vertragsänderung.

2. Abschluss

Die Regelungsabrede wird abgeschlossen durch die Abgabe übereinstimmender Willenserklärungen der Betriebsparteien. Die Einigung unterliegt grundsätzlich nicht der Schriftform.[94] Auf Seiten des Betriebsrates erfordert jedoch auch die Regelungsabrede stets einen ordnungsgemäßen Beschluss.

---

[89] BAG 15.2.2011 – 3 AZR 964/08, AP BetrAVG § 1 Auslegung Nr. 22 Rn. 60; 17.8.1999 – 3 ABR 55/98, NZA 2000, 498 I.4.a).
[90] Einzelheiten → § 59 Rn. 62–70.
[91] *Fitting* BetrVG § 28a Rn. 32; Richardi BetrVG/*Thüsing* § 28a Rn. 27, 28; ErfK/*Koch* BetrVG § 28a Rn. 3; aA Däubler/Klebe/Wedde/*Wedde* BetrVG § 28a Rn. 56 ff.
[92] BAG 21.1.2003 – 1 ABR 9/02, NZA 2003, 1097 II.2.c)aa)(2); *Fitting* BetrVG § 77 Rn. 102; streitig s. Däubler/Klebe/Wedde/*Berg* BetrVG § 77 Rn. 158 f.
[93] BAG 20.4.1999 – 1 ABR 72/98, NZA 1999, 887 II.2.b)bb).
[94] *Fitting* BetrVG § 77 Rn. 219.

3. Wirkung

71 Die Regelungsabrede hat keine unmittelbare Geltung, wie dies für die Betriebsvereinbarung nach § 77 Abs. 4 BetrVG vorgesehen ist. Sie verpflichtet lediglich die beiden Betriebsparteien im Verhältnis zueinander, sich entsprechend der getroffenen Abrede zu verhalten.[95]

4. Beendigung

72 Da die Regelungsabrede häufig Maßnahmen gegenüber einzelnen Arbeitnehmern oder sonstige Einzelfälle regelt, endet sie vielfach durch Zweckerreichung. Ist für die Beendigung eine Abrede getroffen, so endet sie mit Ablauf der Zeit, für die sie eingegangen wurde. Die Parteien sind frei, die Regelungsabrede einvernehmlich aufzuheben oder durch eine andere zu ersetzen. Ob die Regelungsabrede auch in entsprechender Anwendung des § 77 Abs. 5 BetrVG gekündigt werden kann, ist streitig. Das BAG wendet § 77 Abs. 5 BetrVG jedenfalls dann entsprechend an, wenn die formlos abgesprochene Regelung auf längere Dauer angelegt ist.[96]

73 Streitig ist auch eine eventuelle Nachwirkung der Regelungsabrede. Nach der Rechtsprechung wird die Nachwirkung des § 77 Abs. 6 BetrVG mangels Regelungslücke nicht auf Regelungsabreden angewendet. Das gilt auch dann nicht mehr, wenn die Regelungsabrede eine mitbestimmungspflichtige Angelegenheit betrifft.[97]

---

[95] Fitting BetrVG § 77 Rn. 217; Richardi BetrVG/Richardi § 77 Rn. 241.
[96] BAG 10.3.1992 – 1 ABR 31/91, NZA 1992, 952 II.1.d)bb); LAG Köln 7.10.2011 – 4 TaBV 52/11, NZA-RR 2012, 135 II.5.f); Fitting BetrVG § 77 Rn. 225; Richardi BetrVG/Richardi § 77 Rn. 248.
[97] BAG 13.8.2019 – 1 ABR 10/18, NZA 2019, 1651 Rn. 47.

§ 64 Betriebsverfassungsrechtliche Konfliktlösung

Übersicht

	Rn.
I. Zuständigkeit der Einigungsstelle	1–9
1. Erzwingbares Einigungsstellenverfahren	3–6
2. Freiwilliges Einigungsstellenverfahren	7–9
II. Errichtung der Einigungsstelle	10–29
1. Die einvernehmliche Errichtung	11–16
a) Vorsitzender der Einigungsstelle	14
b) Beisitzer der Einigungsstelle	15/16
2. Die streitige Errichtung	17–29
a) Vorsitzender der Einigungsstelle	20–26
b) Beisitzer der Einigungsstelle	27–29
III. Verfahren vor der Einigungsstelle	30–56
1. Vertretung der Betriebsparteien	31
2. Verfahrensgrundsätze	32–35
a) Vorbereitende Verfügungen	32
b) Mündliche Verhandlung	33
c) Öffentlichkeit	34
d) Untersuchungsgrundsatz	35
3. Entscheidung der Einigungsstelle	36–56
a) Beschlussgegenstand	38–42
b) Beratung	43
c) Beschlussfassung/Spruch	44–49
d) Rechtswirkungen des Spruchs	50/51
e) Gerichtliche Prüfung des Beschlusses	52–56
IV. Kosten der Einigungsstelle	57–71
1. Vergütung der Beisitzer der Einigungsstelle	58–60
a) Innerbetriebliche Beisitzer	59
b) Außerbetriebliche Beisitzer	60
2. Vergütung des Vorsitzenden	61–66
3. Vergütung der Berater/Verfahrensbevollmächtigte	67–70
4. Sachaufwand	71

I. Zuständigkeit der Einigungsstelle

Konflikte zwischen den Betriebsparteien können gemäß § 2a iVm §§ 80 ff. ArbGG vor **1** dem Arbeitsgericht im Beschlussverfahren[1] ausgetragen werden. Dies gilt für die ausdrücklich im Gesetz vorgesehenen Fälle (zB § 98 Abs. 2, § 104 BetrVG) und bei sonstigen Konflikten, in denen das BetrVG die Anrufung der Einigungsstelle nicht geregelt hat. Konfliktlösung ist auch im Rahmen eines Mediationsverfahrens[2] denkbar. Die eigentliche und vordringliche Konfliktlösung erfolgt jedoch über die Einigungsstelle. Zur Beilegung von Meinungsverschiedenheiten zwischen Arbeitgeber und Betriebsrat, Gesamtbetriebsrat oder Konzernbetriebsrat ist bei Bedarf eine Einigungsstelle zu bilden. Durch Betriebsvereinbarung kann eine ständige Einigungsstelle errichtet werden, § 76 Abs. 1 BetrVG.

Die Einigungsstelle ist immer dann zuständig, wenn die Betriebsparteien dies vereinbaren **2** oder wenn das BetrVG beiden oder auch nur einer der Betriebsparteien die Möglichkeit einräumt, die Einigungsstelle anzurufen.

1. Erzwingbares Einigungsstellenverfahren

In den Fällen, in denen der Spruch der Einigungsstelle die Einigung zwischen Arbeitgeber **3** und Betriebsrat ersetzt, also beide Parteien bindet, wird die Einigungsstelle auf Antrag einer

---

[1] → § 78.
[2] → § 82.

Seite tätig, § 76 Abs. 5 S. 1 BetrVG. Es ist nicht notwendig, dass die andere Partei zustimmt. Die Fälle der erzwingbaren Einigungsstellenverfahren sind im Gesetz geregelt.

4 Einschlägige Normen sind:
- § 37 Abs. 6 und 7 BetrVG; bei Streit über die Teilnahme und Lage von Schulungsveranstaltungen entscheidet die Einigungsstelle auf Antrag des Arbeitgebers. Dies gilt entsprechend für die Jugend- und Auszubildendenvertretung, § 65 Abs. 1 BetrVG.
- § 38 Abs. 2 BetrVG; bei Streit über die Freistellung von Betriebsratsmitgliedern entscheidet die Einigungsstelle auf Antrag des Arbeitgebers. Der Antrag hat innerhalb einer Frist von zwei Wochen ab Bekanntgabe der Freistellungsentscheidung zu erfolgen.
- § 39 Abs. 1 BetrVG; es entscheidet die Einigungsstelle, wenn sich die Betriebsparteien über Zeit und Ort der Sprechstunde des Betriebsrates nicht einigen können.
- § 47 Abs. 6 BetrVG; bei Streit über die Herabsetzung der Zahlen der GBR-Mitglieder entscheidet eine für das Gesamtunternehmen zu bildende Einigungsstelle.
- § 55 Abs. 4 BetrVG; auch hier entscheidet die Einigungsstelle bei Streit über die Herabsetzung der Zahl der GBR-Mitglieder.
- § 65 Abs. 1 BetrVG; die Einigungsstelle schlichtet den Streit bei Schulungs- und Bildungsveranstaltungen für JAV.
- § 69 BetrVG; durch den Verweis auf § 39 Abs. 1 BetrVG ergibt sich für Zeit und Ort der Sprechstunde der JAV ebenfalls die Zuständigkeit der Einigungsstelle im Streitfall.
- § 72 Abs. 6 BetrVG; Herabsetzung der Zahlen der GJAV.
- § 85 Abs. 2 BetrVG; hilft der Arbeitgeber der Beschwerde eines Arbeitnehmers nicht ab, so kann der Betriebsrat die Einigungsstelle anrufen.
- § 87 Abs. 2 BetrVG; bei der Mitbestimmung in sozialen Angelegenheiten des § 87 Abs. 1 BetrVG können Betriebsrat oder Arbeitgeber die Einigungsstelle anrufen.
- § 91 BetrVG; auf Antrag des Betriebsrates entscheidet die Einigungsstelle über Maßnahmen zur Abwendung, Milderung oder zum Ausgleich besonderer Belastungen am Arbeitsplatz.
- § 94 BetrVG; können sich Arbeitgeber und Betriebsrat über Personalfragebögen oder Beurteilungsgrundsätze nicht einigen, so entscheidet auf Antrag des Arbeitgebers oder des Betriebsrates die Einigungsstelle.
- § 95 BetrVG; nach Abs. 1 kann der Arbeitgeber die Einigungsstelle anrufen, wenn über Richtlinien betreffend die personelle Auswahl bei Einstellungen, Versetzungen, Umgruppierungen und Kündigungen keine Einigung zustande kommt. Nach Abs. 2 kann der Betriebsrat in Betrieben mit mehr als 500 Arbeitnehmern die Aufstellung derartiger Richtlinien verlangen und bei Nichteinigung die Einigungsstelle anrufen.
- § 97 Abs. 2 BetrVG; bei Streit über die Einführung von Maßnahmen der betrieblichen Berufsbildung können Betriebsrat oder Arbeitgeber die Einigungsstelle anrufen.
- § 98 Abs. 4 und 6 BetrVG; auch bei Streit über die Durchführung von Maßnahmen der betrieblichen oder sonstigen Berufsbildung oder über die Auswahl der Teilnehmer entscheidet auf Antrag einer der Parteien die Einigungsstelle.
- § 109 BetrVG; die Beilegung von Meinungsverschiedenheiten über dem Wirtschaftsausschuss zu erteilende Auskünfte erfolgt ebenfalls auf Antrag einer der Betriebsparteien durch die Einigungsstelle. Entsprechendes gilt für den Streit über Auskünfte gegenüber einem vom Betriebsrat anstelle des Wirtschaftsausschusses eingesetzten Ausschuss (§ 107 Abs. 3 BetrVG), sowie bei Streit mit dem Betriebsrat im Falle des § 109a BetrVG iVm § 106 Abs. 3 Nr. 9a BetrVG.
- § 112 Abs. 2 und 4 BetrVG; bei Streit über Interessenausgleich und/oder Sozialplan kann jeder der Betriebsparteien die Einigungsstelle anrufen. Beim Sozialplan ersetzt der Spruch der Einigungsstelle die Einigung zwischen Arbeitgeber und Betriebsrat; beim Interessenausgleich kann die Einigungsstelle die Einigung zwischen den Parteien lediglich „versuchen".
- § 115 Abs. 7 BetrVG; Bordvertretung und Kapitän dürfen die Einigungsstelle oder das Arbeitsgericht nur anrufen, wenn ein Seebetriebsrat nicht gewählt ist.
- § 116 Abs. 3 und 6 BetrVG; die Einigungsstelle entscheidet bei Streit zwischen Arbeitgeber und Seebetriebsrat über die Teilnahme und Lage von Schulungsveranstaltungen, über

die Freistellung von Betriebsratsmitgliedern sowie über den Arbeitsplatz nicht freigestellter Mitglieder des Seebetriebsrates. Diese sind so zu beschäftigen, dass sie durch ihre Tätigkeit nicht gehindert sind, die Aufgaben des Seebetriebsrates wahrzunehmen, § 116 Abs. 3 Ziff. 2 BetrVG.

Die Einigungsstelle entscheidet auch, wenn Streit besteht über die Unterkunft der in den Seebetriebsrat gewählten Besatzungsmitglieder, wenn der Arbeitsplatz sich nicht am Wohnort befindet, § 116 Abs. 3 Ziff. 4 BetrVG. Bei Streit über die Abhaltung von Sprechstunden und Bordversammlungen entscheidet die Einigungsstelle auf Antrag einer der Parteien, § 116 Abs. 3 Ziff. 8 BetrVG. Die Anrufung der Einigungsstelle in den Fällen der §§ 85, 87, 91, 94, 95, 97, 98, 109, 112 BetrVG gilt entsprechend für den Seebetriebsrat, § 116 Abs. 6 BetrVG.

In allen vorstehend aufgelisteten Fällen ist die Einigungsstelle zur Streitentscheidung aufgerufen. Voraussetzung für die Anrufung ist jedoch, dass die Betriebsparteien zuvor erfolglos eine Einigung versucht haben. Bei ernsthaften Verhandlungen und erfolglosem Einigungsversuch steht es jeder Betriebspartei frei, einseitig das Scheitern festzustellen.[3] Findet keine Verhandlung statt, weil ein Betriebspartner jede Verhandlung über den Streitgegenstand ablehnt oder sich trotz Aufforderung nicht äußert, so kann ebenfalls die Einigungsstelle angerufen werden.[4] Wenn sich die andere Betriebspartei auf das Einigungsstellenverfahren nicht einlässt und der Antragsteller das gerichtliche Bestellungsverfahren einleitet, besteht ein Rechtsschutzinteresse nur dann, wenn der Antragsteller geltend macht, dass entweder die Gegenseite Verhandlungen über das Regelungsverlangen ausdrücklich oder konkludent verweigert hat oder mit Verständigungswillen, das heißt mit ernsthaftem Willen zu Einigung, geführte Verhandlungen gescheitert sind.[5]

2. Freiwilliges Einigungsstellenverfahren

In den Angelegenheiten, in denen das Gesetz nicht anordnet, dass der Spruch der Einigungsstelle die Einigung zwischen Arbeitgeber und Betriebsrat ersetzt, können sich die Parteien auf ein Einigungsstellenverfahren verständigen und sich freiwillig der Entscheidung der Einigungsstelle unterwerfen. Eine solche Unterwerfung kann im Voraus erfolgen oder dadurch, dass die Parteien den Spruch der Einigungsstelle nachträglich annehmen, § 76 Abs. 6 BetrVG.

Das freiwillige Einigungsstellenverfahren kann in allen Angelegenheiten durchgeführt werden, über die die Betriebsparteien verfügungsbefugt sind. Dies betrifft in erster Linie diejenigen Angelegenheiten, in denen der Gesetzgeber ausdrücklich freiwillige Betriebsvereinbarungen vorsieht, bei denen sich die Parteien auch der Hilfe der Einigungsstelle bedienen können.

Beispiele:
§ 88 BetrVG, freiwillige Betriebsvereinbarungen in weiteren sozialen Angelegenheiten; § 38 Abs. 1 BetrVG, Betriebsvereinbarung zur anderweitigen Regelung der Freistellung von Betriebsratsmitgliedern; § 47 Abs. 9 BetrVG, Betriebsvereinbarung über eine anderweitige Regelung des Stimmengewichts der Gesamtbetriebsratsmitglieder, Erweiterung der Mitbestimmung in Fragen der menschengerechten Arbeitsgestaltung im Sinne des § 90 BetrVG, erweiterte Mitbestimmung im Bereich der Personalplanung, § 92 Abs. 2 BetrVG; bei der Förderung der Berufsbildung, § 96 BetrVG; Erweiterung der Mitbestimmung bei Kündigungen, § 102 Abs. 6 BetrVG oder bei der Vereinbarung freiwilliger Sozialpläne.

Meinungsverschiedenheiten rechtlicher Art können im Einzelfall auch Gegenstand eines freiwilligen Einigungsstellenverfahrens sein.[6]

II. Errichtung der Einigungsstelle

Die ständige Einigungsstelle nach § 76 Abs. 1 S. 2 BetrVG kann für alle zukünftig auftretenden Meinungsverschiedenheiten zwischen Arbeitgeber und Betriebsrat errichtet werden.

---

[3] LAG Hessen 17.4.2007 – 4 TaBV 59/07, BeckRS 2007, 45077 III.; *Fitting* BetrVG § 76 Rn. 61.
[4] BAG 23.9.1997 – 3 ABR 85/96, NZA 1998, 719, B. I. 2.; LAG Rheinland-Pfalz 2.11.2012 – 9 TaBV 34/12, BeckRS 2013, 65012 III.1.b).
[5] BAG 18.3.2015 – 7 ABR 4/13, NZA 2015, 954 Rn. 17.
[6] BAG 20.11.1990 – 1 ABR 45/89, NZA 1991, 473 B. I. 2.c); MHdB ArbR/*Reinhard* § 308 Rn. 18.

In der Praxis ist eine ständige Einigungsstelle selten anzutreffen. Die ständige Einigungsstelle bedarf der Vereinbarung in einer freiwilligen, nicht erzwingbaren Betriebsvereinbarung. Diese Betriebsvereinbarung regelt die Zuständigkeiten der Einigungsstelle insbesondere, wenn sie auf bestimmte Angelegenheiten beschränkt sein soll.[7] Die Betriebsvereinbarung sollte darüber hinaus Verfahrensregeln und die Bestimmung enthalten, ob und wie die Betriebsparteien die Personen der Beisitzer je nach dem zu regelnden Sachverhalt wechseln können.

1. Die einvernehmliche Errichtung

11 Jede Errichtung einer Einigungsstelle beginnt regelmäßig mit dem Antrag einer Betriebspartei auf Errichtung der Einigungsstelle in einer konkreten Angelegenheit. Der Antrag muss der anderen Betriebspartei zugehen. Er sollte – muss aber nicht – schriftlich gestellt werden. Der Antrag enthält regelmäßig die zu regelnde Angelegenheit, einen Vorschlag für die Person des Vorsitzenden und einen Vorschlag für die Anzahl der Beisitzer.

Muster:

12 An die X GmbH
Geschäftsführung

Betr.: Errichtung einer Einigungsstelle zwecks Aufstellung allgemeiner Urlaubsgrundsätze

Sehr geehrter Herr X,

nachdem wir in der letzten Verhandlung vom . . . . . . gemeinsam festgestellt haben, dass wir uns über die Aufstellung allgemeiner Urlaubsgrundsätze nicht einigen können, hat der Betriebsrat in der Sitzung vom . . . . . . einstimmig das Scheitern der Verhandlungen festgestellt und beschlossen, die Einigungsstelle anzurufen. Als Vorsitzender der Einigungsstelle schlagen wir Herrn Dr. Mustermann, Direktor des Arbeitsgerichts XY vor. Die Zahl der Beisitzer sollte für jede Partei zwei betragen.

Bitte teilen Sie uns bis zum . . . . . . mit, ob Sie mit dem Vorschlag einverstanden sind. Kommt hierüber keine Einigung zustande, so wird der Betriebsrat das Arbeitsgericht anrufen.

Betriebsratsvorsitzender

13 Die einvernehmliche Errichtung ist dadurch gekennzeichnet, dass die andere Betriebspartei den Vorschlag für den Vorsitzenden und die vorgeschlagene Zahl der Beisitzer akzeptiert oder dass sich die Parteien im Rahmen einer gemeinsamen Verhandlung auf einen Vorsitzenden und die Anzahl der Beisitzer verständigen.

14 a) **Vorsitzender der Einigungsstelle.** Dies ist oftmals ein Arbeitsrichter. Er besitzt in dieser Funktion die vorausgesetzte Fachkunde. Als Ausdruck der Neutralität und Unparteilichkeit ist bei dem Vorschlag des Vorsitzenden darauf zu achten, dass er nicht in dem Arbeitsgerichtsbezirk tätig ist, in dem der Arbeitgeber seinen Sitz hat.[8] Regelmäßig kommt eine Einigung über den Vorsitzenden nur dann zustande, wenn jeder der Betriebspartner in der vorgeschlagenen oder akzeptierten Person die Gewähr für Unparteilichkeit sieht. Im Interesse der Beschleunigung und der Herstellung des Einvernehmens sollten daher Vorsitzende, die der Arbeitnehmerseite oder der Arbeitgeberseite bekanntermaßen zugeordnet werden, nicht vorgeschlagen werden. Mangels Akzeptanz sollten daher auch Mitglieder der Unternehmensleitung, Gewerkschaftssekretäre oder Angestellte eines Arbeitgeberverbandes als Vorsitzende von Einigungsstellen nicht vorgeschlagen werden.[9]

15 b) **Beisitzer der Einigungsstelle.** Die Auswahl der Personen, die jede Betriebspartei als Beisitzer benennt, obliegt allein der jeweiligen Betriebspartei. Als Grundsatz gilt, dass jede Be-

---
[7] Däubler/Klebe/Wedde/*Berg* BetrVG § 76 Rn. 6, 7; ErfK/*Kania* BetrVG § 76 Rn. 5.
[8] Vgl. auch § 100 Abs. 1 S. 5 ArbGG.
[9] *Fitting* BetrVG § 76 Rn. 37.

triebspartei die gleiche Anzahl von Beisitzern haben muss, § 76 Abs. 2 S. 1 BetrVG. Auf die Anzahl der Beisitzer einigen sich die Betriebsparteien, anderenfalls entscheidet das Arbeitsgericht auf Antrag einer Partei, § 76 Abs. 2 S. 3 BetrVG.

Im Regelfall wird die Anzahl der Beisitzer mit zwei je Seite festgelegt.[10] Dies ist jedoch keine feste Größe. Es gibt auch Stimmen, die in der Regel von nur je einem Beisitzer[11] oder weitergehend von in der Regel drei Beisitzern[12] ausgehen. In der Praxis gilt, je komplexer die Angelegenheit, desto mehr Beisitzer werden festgelegt. 16

2. Die streitige Errichtung

Können sich die Betriebsparteien über das Scheitern der innerbetrieblichen Verhandlungen, den Vorsitzenden der Einigungsstelle oder über die Anzahl der Beisitzer nicht einigen, so ist das Arbeitsgericht anzurufen. Zur Erfüllung der innerbetrieblichen Verhandlungs- und Beratungspflichten genügt es, wenn der Betriebspartner, der die Bildung einer Einigungsstelle anstrebt, einen ernsthaften Verhandlungsversuch mit sachdienlicher Unterrichtung unternommen hat.[13] Höchstrichterliche Rechtsprechung für eine Fristsetzung, nach der die Verhandlungen als gescheitert gelten, existiert soweit ersichtlich nicht. Nach der überzeugenden Rechtsprechung des LAG Hessen können jedoch bereits zwei erfolglose Verhandlungstage als ausreichend erachtet werden, in welchen die Parteien sich nicht einigen konnten und von einer Partei die Zustimmung zur Bildung einer Einigungsstelle verlangt wurde.[14] Findet gar keine Verhandlung statt, weil ein Betriebspartner jede Verhandlung über den Streitgegenstand ablehnt oder sich trotz Aufforderung nicht äußert, so kann ebenfalls die Einigungsstelle angerufen werden.[15] 17

Streiten die Parteien darüber, ob überhaupt die Zuständigkeit der Einigungsstelle gegeben ist, so entscheidet hierüber nicht das Arbeitsgericht,[16] sondern die Einigungsstelle selbst. Hiervon ausgenommen ist die Fallgestaltung, dass die Einigungsstelle offensichtlich unzuständig ist, § 100 Abs. 1 S. 2 ArbGG. Eine offensichtliche Unzuständigkeit kann nur angenommen werden, wenn nach dem vorgetragenen Sachverhalt auf den ersten Blick eine Zuständigkeit der Einigungsstelle unter keinem denkbaren rechtlichen Gesichtspunkt als möglich erscheint.[17] Das ist beispielsweise der Fall, wenn in dieser Frage eine ungekündigte und in ihrer Wirksamkeit nicht angezweifelte Betriebsvereinbarung besteht.[18] Eine offensichtliche Unzuständigkeit liegt ferner auch vor, wenn durch rechtskräftige Entscheidung zwischen dem Arbeitgeber und dem Betriebsrat bereits geklärt ist, dass dem Betriebsrat in dieser Angelegenheit kein Mitbestimmungsrecht zusteht.[19] 18

Die Einigungsstelle ist nicht verpflichtet, über ihre Zuständigkeit gesondert und vorab zu entscheiden, wenn sie diese für gegeben hält; dies gilt auch dann, wenn eine der Betriebsparteien die Vorabentscheidung beantragt.[20] 19

a) Vorsitzender der Einigungsstelle. Können sich die Parteien auf einen Vorsitzenden nicht einigen, so wird dieser nach § 76 Abs. 2 S. 2 BetrVG auf Antrag durch das Arbeitsgericht bestellt. Nach § 82 ArbGG ist das Arbeitsgericht am Sitz des Betriebes zuständig. Verhandelt der Gesamtbetriebsrat, so richtet sich die arbeitsgerichtliche Zuständigkeit nach dem Sitz des Unternehmens. 20

---

[10] LAG Berlin-Brandenburg 23.7.2015 – 26 TaBV 857/15, BeckRS 2015, 72882 Rn. 33; LAG Niedersachsen 15.8.2006 – 1 TaBV 43/06, NZA-RR 2006, 644 II.2. mwN; LAG Niedersachsen 13.12.2005 – 1 TaBV 77/05, BeckRS 2006, 40789 Rn. 12.
[11] LAG Hessen 3.11.2009 – 4 TaBV 185/09, NZA-RR 2010, 359 II.3.; MHdB ArbR/*Reinhard* § 308 Rn. 25.
[12] Däubler/Klebe/Wedde/*Berg* BetrVG § 76 Rn. 26.
[13] LAG Hessen 17.4.2007 – 4 TaBV 59/07, BeckRS 2007, 45077 III.
[14] LAG Hessen 17.4.2007 – 4 TaBV 59/07, BeckRS 2007, 45077.
[15] BAG 23.9.1997 – 3 ABR 85/96, NZA 1998, 719 B.I.2.
[16] Däubler/Klebe/Wedde/*Berg* BetrVG § 76 Rn. 112; GK-BetrVG/*Kreutz* § 76 Rn. 68.
[17] Beispielsfälle aus der Rechtsprechung vgl. GK-BetrVG/*Kreutz* § 76 Rn. 74.
[18] LAG Niedersachsen 29.7.2008 – 1 TaBV 47/08, BeckRS 2008, 56433 Rn. 13.
[19] LAG Baden-Württemberg 3.10.1984 – 11 Ta BV 4/84, NZA 1985, 163 II.2.
[20] BAG 28.5.2002 – 1 ABR 37/01, NZA 2003, 171 II.2.c)(2).

Muster:

21 An das
Arbeitsgericht ......

Im Beschlussverfahren mit den Beteiligten

1. Betriebsrat der Firma ......, vertreten durch den Betriebsratsvorsitzenden

– Antragsteller –

2. Firma XY GmbH, vertreten durch den Geschäftsführer

– Antragsgegnerin –

wird beantragt,

1. Herrn Richter Dr. Mustermann, Direktor des Arbeitsgerichts XY zum Vorsitzenden einer Einigungsstelle über die Aufstellung allgemeiner Urlaubsgrundsätze zu bestellen;
2. die Zahl der von den Beteiligten jeweils zu benennenden Beisitzer auf 2 festzusetzen.

Begründung:

Die Verhandlungen der Parteien über die Aufstellung allgemeiner Urlaubsgrundsätze nach § 87 Abs. 1 Nr. 5 BetrVG sind gescheitert. Der Antragsteller hat daher am ...... die Verhandlungen für gescheitert erklärt und beschlossen, die Einigungsstelle anzurufen. Den der Antragsgegnerin mit Schreiben vom ...... unterbreiteten Vorschlag, Herrn Dr. Mustermann, Direktor des Arbeitsgerichts XY zum Vorsitzenden zu bestellen und die Zahl der von den Beteiligten jeweils zu benennenden Besitzer auf 2 festzusetzen, hat die Antragsgegnerin nicht akzeptiert.

Gründe, die gegen die Bestellung des vom Antragsteller benannten Vorsitzenden sprechen, liegen nicht vor. Die Antragsgegnerin hat solche Gründe auch nicht benannt.

In Rechtsprechung und Literatur ist weitgehend anerkannt, dass im Regelfall die Anzahl der Beisitzer mit zwei je Seite festzulegen ist. Im vorliegenden Fall handelt es sich um eine durchschnittlich schwierige Materie, so dass kein Anlass besteht, bei der Anzahl der Beisitzer nach oben oder unten abzuweichen.

Betriebsratsvorsitzender

22 Über den Antrag entscheidet der Vorsitzende der nach der Geschäftsverteilung zuständigen Kammer, § 98 Abs. 1 S. 1 ArbGG. Es gelten die Vorschriften über das Beschlussverfahren gemäß §§ 80 bis 84 ArbGG entsprechend mit der Maßgabe, dass Einlassungs- und Ladungsfristen auf 48 Stunden abgekürzt werden können, § 98 Abs. 1 S. 2, 3 ArbGG. Der Vorsitzende hat den Betriebsparteien rechtliches Gehör zu gewähren und ihnen innerhalb von zwei, spätestens innerhalb von vier Wochen nach Eingang des Antrags den Beschluss zuzustellen, § 98 Abs. 1 S. 5 ArbGG.

23 Diejenige Betriebspartei, die als erste den Antrag an das Arbeitsgericht stellt, wird regelmäßig den Einigungsstellenvorsitzenden benennen, auf den sich die andere Partei außergerichtlich nicht hat verständigen wollen. Verständigen sich die Betriebspartner auch nicht im Einigungsstellenverfahren auf einen Einigungsstellenvorsitzenden, ist davon auszugehen, dass bei einer Entscheidung des Gerichts der im Einsetzungsantrag bezeichnete Einigungsstellenvorsitzende bestellt wird. Das gilt nur dann nicht, wenn Tatsachen vorgetragen werden, wonach begründete Bedenken gegen die Geeignetheit des vorgeschlagen Einigungsstellenvorsitzenden bestehen.[21]

24 Das Gericht entscheidet durch **Beschluss**. Es hat den Antrag zurückzuweisen, wenn die Einigungsstelle offensichtlich unzuständig ist. Im Beschluss ist die Person des Vorsitzenden der zu bildenden Einigungsstelle zu benennen. Die Person kann dem Vorschlag einer der Verfahrensbeteiligten entsprechen oder abweichend von den Vorschlägen der Beteiligten ein vom Gericht ausgewählter Dritter sein.[22] Der Beschluss des Arbeitsgerichts kann mit der Be-

---

[21] LAG Rheinland-Pfalz 8.3.2012 – 11 TaBV 12/12, BeckRS 2012, 68204 II. I. 2.c)bb).
[22] LAG Berlin-Brandenburg 1.3.2019 – 2 TaBV 277/19, BeckRS 2019, 6945 Rn. 26; *Fitting* BetrVG § 76 Rn. 25 mwN.

schwerde angegriffen werden. Die Beschwerde ist innerhalb einer Frist von **zwei Wochen** einzulegen und zugleich zu begründen, § 98 Abs. 2 S. 2 ArbGG.

Das **Landesarbeitsgericht (LAG)** – zuständig ist der Kammervorsitzende – überprüft die Entscheidung des Arbeitsgerichts in vollem Umfang, insbesondere daraufhin, ob das Arbeitsgericht eine geeignete Person als Vorsitzenden bestellt hat.[23]

Der **Streitwert** für das Verfahren wird nach § 33 iVm § 23 Abs. 3 RVG festgesetzt und damit in der Regel auf 5.000 EUR.[24] Gegen die Entscheidung des LAG findet keine Rechtsbeschwerde statt. Die Entscheidung des LAG ist also endgültig, § 98 Abs. 2 S. 4 ArbGG. Nach vielfach vertretener Meinung sind **einstweilige Verfügungen** im Bestellungsverfahren nach § 98 ArbGG nicht zulässig.[25]

b) **Beisitzer der Einigungsstelle.** Können sich die Betriebsparteien über die Anzahl der Beisitzer nicht einigen, so wird auch diese auf Antrag einer der Parteien vom Arbeitsgericht festgelegt, § 98 Abs. 2 S. 3 ArbGG. Für das Verfahren gelten die vorstehenden Regeln bei Streit über die Person des Vorsitzenden entsprechend. Das Arbeitsgericht entscheidet allerdings nur über die Zahl der Beisitzer, nicht über die Person. Steht die Zahl, die paritätisch sein muss, fest, so benennt jede der Betriebsparteien ihre Beisitzer selbst. Die Bestellung der vom Betriebsrat zu benennenden Beisitzer erfolgt durch Beschluss, der den allgemeinen Wirksamkeitsvoraussetzungen entsprechen muss.[26]

Anders als beim Vorsitzenden spricht das Gesetz bei den Beisitzern nicht von Unparteilichkeit. Der Betriebsrat kann daher Beisitzer aus seiner Mitte bestellen, Gewerkschaftsvertreter benennen oder jede andere Person, der er vertraut, als Beisitzer bestimmen. Der Arbeitgeber kann seinerseits Mitglieder der Geschäftsleitung oder Verbandsvertreter benennen. Die Beisitzer müssen nicht Betriebsangehörige sein,[27] sodass beispielsweise auch ein Verfahrensbevollmächtigter als Beisitzer benannt werden kann.[28] Etwas anderes gilt nur dann, wenn die Anzahl der inner- oder außerbetrieblichen Vertreter zwischen den Parteien abgestimmt worden ist.[29]

Jede Vertragspartei kann die von ihr benannten Beisitzer austauschen, indem sie einen bestellten Beisitzer abberuft und einen neuen Beisitzer benennt.[30] Demgegenüber kann keine Betriebspartei die von der anderen Betriebspartei benannten Beisitzer ablehnen,[31] auch nicht wegen angeblicher Befangenheit.[32]

III. Verfahren vor der Einigungsstelle

Haben sich die Parteien auf einen Einigungsstellenvorsitzenden geeinigt oder ist er durch das Gericht rechtskräftig bestimmt worden, so endet das Bestellverfahren mit der Annahme des Amtes durch den designierten Einigungsstellenvorsitzenden. Sind auch die Beisitzer benannt und bereit als solche zu fungieren, so wird die Einigungsstelle auf Antrag der zur Anrufung befugten Betriebsparteien tätig.

1. Vertretung der Betriebsparteien

In der betrieblichen Praxis übertragen die Betriebsparteien häufig den von ihnen in die Einigungsstelle entsandten Beisitzern ihre Verfahrensvertretung. Dies ist nicht zwingend. Die

---

[23] LAG Düsseldorf 25.8.2014 – 9 TaBV 39/14, NZA-RR 2014, 647 Rn. 40.
[24] → § 3 Rn. 133.
[25] *Fitting* BetrVG § 76 Rn. 42; GK-BetrVG/*Jacobs* § 76 Rn. 67.
[26] GK-BetrVG/*Jacobs* § 76 Rn. 43.
[27] BAG 13.5.2015 – 2 ABR 38/14, NZA 2016, 116 Rn. 37; BAG 28.5.2014 – 7 ABR 36/12, NZA 2014, 1213 Rn. 29.
[28] Richardi BetrVG/*Richardi* § 76 Rn. 45.
[29] Däubler/Klebe/Wedde/*Berg* BetrVG § 76 Rn. 24, 25, 29, 30; Richardi BetrVG/*Richardi*/*Maschmann* § 76 Rn. 45.
[30] ErfK/*Kania* BetrVG § 76 Rn. 9; GK-BetrVG/*Jacobs* § 76 Rn. 53; *Fitting* BetrVG § 76 Rn. 17.
[31] BAG 14.12.1988 – 7 ABR 73/87, NZA 1989, 515 Rn. 29; *Fitting* BetrVG § 76 Rn. 16; Richardi BetrVG/*Richardi*/*Maschmann* § 76 Rn. 49.
[32] Däubler/Klebe/Wedde/*Berg* BetrVG § 76 Rn. 33; *Fitting* BetrVG § 76 Rn. 16; ErfK/*Kania* BetrVG § 76 Rn. 9.

Parteien können sich in der mündlichen Verhandlung des Einigungsstellenverfahrens auch durch besondere Verfahrensbevollmächtigte vertreten lassen. Diese besonderen Verfahrensbevollmächtigten sind häufig auf Seiten des Betriebsrates Gewerkschaftsvertreter und auf Seiten des Arbeitgebers Vertreter des Arbeitgeberverbandes. Zulässig ist auch die Verfahrensvertretung durch Rechtsanwälte.[33] Mit Rücksicht auf die zusätzlichen Kosten, die durch die Bestellung eines gesonderten Verfahrensbevollmächtigten entstehen, stellt sich die Frage, wer diese trägt. Die Rechtsprechung hierzu ist im Hinblick auf den Grundsatz der Verhältnismäßigkeit und der Erforderlichkeit uneinheitlich.[34]

2. Verfahrensgrundsätze

32   a) **Vorbereitende Verfügungen.** Der Einigungsstellenvorsitzende, auf den sich die Betriebsparteien geeinigt haben oder den das Gericht rechtskräftig bestellt hat, bereitet das Einigungsstellenverfahren vor. Er fordert in der Regel die Verfahrensbeteiligten auf, den streitigen Sachverhalt darzustellen, einen konkreten Antrag zu stellen bzw. diesen zu begründen; er lädt die Betriebsparteien und die Beisitzer, wobei in der Praxis regelmäßig eine Terminabstimmung erfolgt und er wählt den Tagungsort, wenn sich die Betriebsparteien auf einen solchen nicht geeinigt haben. In der Regel findet die Verhandlung im Betrieb oder in der Nähe des Betriebes statt.

33   b) **Mündliche Verhandlung.** Nach § 76 Abs. 3 S. 3 Hs. 1 BetrVG hat die Einigungsstelle ihre Beschlüsse nach mündlicher Beratung zu fassen. Hieraus wurde teilweise geschlossen, dass eine mündliche Verhandlung unter Beteiligung der Betriebsparteien nicht zwingend sei. Das vor der Einigungsstelle geltende Gebot des rechtlichen Gehörs könne auch durch die Gelegenheit zur schriftlichen Stellungnahme erfüllt werden.[35] Dies entspricht nicht den Bedürfnissen und der Vorstellung der Praxis. In der Praxis findet regelmäßig eine mündliche Verhandlung statt. Dies ist absolut üblich und nach einem Teil der Literatur auch erforderlich.[36]

34   c) **Öffentlichkeit.** Die Sitzungen der Einigungsstelle sind nicht öffentlich im Sinne des § 169 GVG, jedoch betriebsparteiöffentlich.[37] Es dürfen daher nur der Arbeitgeber, seine in Leitungsfunktion tätigen Arbeitnehmer, der Betriebsrat und die Verfahrensbevollmächtigten der Betriebsparteien an der Einigungsstellensitzung teilnehmen. Ob im Einzelfall weitere Personen wie zB Zeugen oder Sachverständige zeitweilig an der Einigungsstellensitzung teilnehmen können, entscheidet die Einigungsstelle in eigener Verantwortung.[38] Unzulässig ist allerdings die Anwesenheit anderer Personen einschließlich der Betriebspartner bei der abschließenden Beratung und Beschlussfassung.[39]

35   d) **Untersuchungsgrundsatz.** Das Einigungsstellenverfahren richtet sich nach den allgemein anerkannten Verfahrensgrundsätzen.[40] Die Einigungsstelle ist berechtigt, im Rahmen des ihr unterbreiteten Streitgegenstandes den ihr erheblich erscheinenden Sachverhalt von Amts wegen aufzuklären.[41] Zeugenvernehmungen, Parteivernehmungen, die Anhörung eines Sachverständigen, die Ortsbesichtigung oder Inaugenscheinnahme gehören zu den verfahrensrechtlichen Möglichkeiten der Einigungsstelle, um entscheidungsrelevante Sachverhalte aufzuklären. In der Praxis ist die Beweisaufnahme oder die Parteivernehmung eher selten und auf Fälle beschränkt, in denen die Anhörung von Zeugen, die Vernehmung der Parteien oder die Anhörung eines Sachverständigen unumgänglich erscheint.

---

[33] Fitting BetrVG § 76 Rn. 72 mwN.
[34] → Rn. 65 ff.
[35] ErfK/Kania BetrVG § 76 Rn. 18; Richardi BetrVG/Richardi/Maschmann § 76 Rn. 86; Fitting BetrVG § 76 Rn. 71.
[36] Für die Pflicht zur mündlichen Verhandlung: Däubler/Klebe/Wedde/Berg BetrVG § 76 Rn. 92; Henssler/Willemsen/Kalb/Kliemt BetrVG § 76 Rn. 4.
[37] Fitting BetrVG § 76 Rn. 73.
[38] Fitting BetrVG § 76 Rn. 73.
[39] Fitting BetrVG § 76 Rn. 74.
[40] Fitting BetrVG § 76 Rn. 56.
[41] Fitting BetrVG § 76 Rn. 65; Däubler/Klebe/Wedde/Berg BetrVG § 76 Rn. 110; ErfK/Kania BetrVG § 76 Rn. 17; aA MHdB ArbR/Reinhard § 308 Rn. 95; Richardi BetrVG/Richardi/Maschmann § 76 Rn. 92.

3. Entscheidung der Einigungsstelle

Die Einigungsstelle entscheidet mit Stimmenmehrheit durch Beschluss. Dieser beendet das 36
Einigungsstellenverfahren, wenn es nicht gelungen ist, vorher eine Einigung der Betriebsparteien herbeizuführen. Eine solche Einigung ist in jeder Phase des Einigungsstellenverfahrens möglich. Im Falle der Einigung endet das Einigungsstellenverfahren regelmäßig mit dem Abschluss einer Betriebsvereinbarung, in der die streitigen Punkte geregelt werden. Auch für diese Betriebsvereinbarungen gilt die Schriftform des § 77 Abs. 2 S. 1 BetrVG. Auf Seiten des Betriebsrates ist eine ordnungsgemäße Beschlussfassung gemäß § 33 BetrVG vorausgesetzt. In der Praxis wird eine solche Betriebsvereinbarung regelmäßig in Anwesenheit und unter Hilfestellung des Vorsitzenden der Einigungsstelle verfasst. Einigen sich die Betriebsparteien nicht, so bedarf es der abschließenden Sachentscheidung durch Beschluss (Spruch) der Einigungsstelle. Der Spruch der Einigungsstelle ersetzt die notwendige Einigung zwischen den Betriebsparteien, sodass Beschlüsse nur über Inhalte der echten, erzwingbaren Mitbestimmung ergehen können.[42]

Die Entscheidung durch Beschluss bezieht sich nicht nur auf die abschließende Sachent- 37
scheidung, sondern auch auf Verfahrensfragen. Allerdings ist § 76 Abs. 3 BetrVG (2-stufiges Verfahren der Beschlussfassung) bei Verfahrensfragen nicht anwendbar. Der Vorsitzende stimmt von vornherein mit (hM).

Beispiel:
Beweisbeschluss, Vertagung, Beschluss über Art und Umfang der Protokollierung.

a) Beschlussgegenstand. Die Einigungsstelle beschließt neben den vorgenannten Verfah- 38
rensfragen über aa) die Zuständigkeit der Einigungsstelle, wenn hierüber Streit besteht und bb) die von den Betriebsparteien in der Sache gestellten Anträge sowie über einen etwaigen eigenen Vorschlag des Einigungsstellenvorsitzenden.

aa) Beschluss über die Zuständigkeit. Hält sich die Einigungsstelle für zuständig, so be- 39
darf es hierüber keiner Vorabentscheidung.[43] Wenn sich die Einigungsstelle für unzuständig hält, so bestehen folgende Handlungsoptionen:
- der Antrag der Betriebspartei, die die Einigungsstelle angerufen hat, wird unter gleichzeitiger Einstellung des Einigungsstellenverfahrens zurückgewiesen,
- die Betriebsparteien führen das Einigungsstellenverfahren unter Zurückstellung der Zuständigkeitsfrage fort und loten die Einigungsmöglichkeiten im Rahmen des Verfahrens aus. Diese Vorgehensweise empfiehlt sich, wenn eine schnelle Erledigung des Streitgegenstandes im Interesse beider Betriebsparteien ist. Scheitern die Einigungsmöglichkeiten, ist wie vorstehend einzustellen oder auszusetzen.

Die Fortführung des Verfahrens unter Zurückstellung der Zuständigkeitsfrage bedarf der 40
Zustimmung beider Betriebsparteien.

bb) Beschluss in der Sache („Spruch"). Gegenstand der abschließenden Sachentscheidung 41
sind zunächst die Anträge der Betriebsparteien. An diese Anträge ist die Einigungsstelle jedoch nicht gebunden. Der Einigungsstellenvorsitzende kann eigene Vorschläge zur Lösung des Streitgegenstandes zur Abstimmung stellen. Begründet wird die fehlende Bindung an die Anträge der Betriebsparteien mit dem Auftrag der Einigungsstelle, den Mitbestimmungskonflikt endgültig zu lösen. Dies könne nur sachgerecht geschehen, wenn auch eine von den Anträgen beider Seiten abweichende Lösung des Konflikts möglich sei. Hierbei ist die Einigungsstelle nicht völlig frei. Sie muss den Ermessensspielraum einhalten, der durch die konkrete Meinungsverschiedenheit vorgegeben wird.[44] Daher darf sie eine Angelegenheit nur insoweit regeln, als diese unter den Betriebsparteien streitig ist und die Regelungsstreitigkeiten in den „Anträgen" Ausdruck findet. Dabei dient der Antrag im Einigungsstellenverfahren vornehmlich dazu, dieses einzuleiten und seinen Gegenstand zu bestimmen und zu um-

---
[42] ErfK/Kania BetrVG § 87 Rn. 1.
[43] BAG 28.5.2002 – 1 ABR 37/01, NZA 2003, 171 Rn. 60.
[44] Jaeger/Röder/Heckelmann BetrVerfassungsR-HdB/*Trappehl*/*Wolff* Kap. 8 Rn. 41; *Fitting* BetrVG § 76 Rn. 123.

reißen.⁴⁵ Innerhalb des durch die Anträge abgesteckten Rahmens hat die Einigungsstelle ihre Entscheidung zu fällen. Dabei besitzt sie den Spielraum, den ihr vorgelegten Sachverhalt vollständig einer Entscheidung zuzuführen und ihn dadurch sachgerecht zu regeln, ohne dabei streng an die Anträge der Beteiligten gebunden zu sein.⁴⁶

42 Die Beilegung der Streitigkeit erfolgt unter angemessener Berücksichtigung der Belange des Betriebes und der betroffenen Arbeitnehmer nach **billigem Ermessen,** § 76 Abs. 5 S. 3 BetrVG.

43 b) **Beratung.** Nach § 76 Abs. 3 S. 1 BetrVG fasst die Einigungsstelle ihre Beschlüsse nach **mündlicher** Beratung. Dies setzt die Anwesenheit der Einigungsstellenmitglieder voraus. Entscheidungen im schriftlichen Verfahren bzw. nach Lage der Akten scheiden daher aus.⁴⁷ Die mündliche Beratung erfolgt ausschließlich unter den Mitgliedern der Einigungsstelle. Die Betriebsparteien, zugelassene Beteiligte oder die Verfahrensbevollmächtigten nehmen an der Beratung nicht teil. Streitig ist die Teilnahme eines von der Einigungsstelle hinzugezogenen Protokollführers.⁴⁸

44 c) **Beschlussfassung/Spruch.** Für die Beschlussfassung der Einigungsstelle schreibt das Gesetz Stimmenmehrheit vor, § 76 Abs. 3 S. 1 BetrVG. Stimmenmehrheit wird als Mehrheit der abgegebenen Stimmen definiert; die Mehrheit aller vorhandenen Stimmen ist nicht erforderlich.⁴⁹

45 Die Frage der Beschlussfähigkeit regelt das Gesetz nicht ausdrücklich. Aus der vorgegebenen Zusammensetzung der Einigungsstelle nach § 76 Abs. 2 BetrVG wird jedoch geschlossen, dass alle Mitglieder bei der Beschlussfassung anwesend sein müssen.⁵⁰ In der Literatur wird auf der anderen Seite vertreten, dass die Beschlussfähigkeit nicht die Anwesenheit aller Mitglieder der Einigungsstelle voraussetze. Die Vertreter dieser Auffassung berechnen alsdann die Stimmenmehrheit nicht nach den abgegebenen Stimmen, sondern nach der Mehrheit aller zur Abstimmung berufenen Stimmen.⁵¹

46 Diejenigen, die die Einigungsstelle nur dann für beschlussfähig halten, wenn alle Mitglieder bei der Beschlussfassung anwesend sind, korrigieren dies mit Rücksicht auf § 76 Abs. 5 S. 2 BetrVG in Fällen der erzwingbaren Mitbestimmung. Durch diese Regelung wird den Betriebsparteien die Möglichkeit abgeschnitten, durch Nichtbestellung von Beisitzern oder durch Nichterscheinen eine Einigungsstelle zu torpedieren. In einem solchen Fall entscheiden der Vorsitzende und die erschienenen Mitglieder allein. Für die Berechnung der Stimmenmehrheit bleiben die nicht benannten oder säumigen Beisitzer außer Betracht.⁵² Eine Korrektur erfolgt auch, wenn ein Mitglied der Einigungsstelle verhindert ist und ein Ersatzmitglied nicht zur Verfügung steht. Für einen solchen Fall wird eine Absprache für zulässig gehalten, wonach zur Wiederherstellung der Parität in der Sitzung ein Beisitzer derjenigen Seite, die vollständig erschienen ist, sich der Stimme enthält (sogenannte Pairing-Absprache).

47 Nach der gesetzlichen Regelung hat sich der Vorsitzende bei der ersten Abstimmung der Stimme zu enthalten. Da Stimmenthaltungen bei Berechnung der einfachen Mehrheit nach der Rechtsprechung des BAG nicht mitzuzählen sind, kann etwa bei je zwei Beisitzern ein positiver Beschluss zustande kommen, wenn sich bei zwei Ja- und einer Nein-Stimme ein Beisitzer der Stimme enthält.

48 Erhalten weder die zur Abstimmung gestellten Anträge der Betriebsparteien noch der Vorschlag des Einigungsstellenvorsitzenden die einfache Stimmenmehrheit, so hat eine erneute mündliche Beratung stattzufinden, § 76 Abs. 3 S. 2 BetrVG. Das BAG lässt eine Abweichung hiervon zu, wenn sämtliche Mitglieder der Einigungsstelle eine erneute Beratung

---

⁴⁵ *Schönfeld* NZA 1988, Beil. 4 (8).
⁴⁶ BAG 30.1.1990 – 1 ABR 2/89, NZA 1990, 571 II.1.c).
⁴⁷ *Fitting* BetrVG § 76 Rn. 75; GK-BetrVG/*Kreutz* § 76 Rn. 112; MHdB ArbR/*Reinhard* § 308 Rn. 108.
⁴⁸ Dafür: zB GK-BetrVG/*Jacobs* § 76 Rn. 110; *Fitting* BetrVG § 76 Rn. 74; dagegen: zB MHdB ArbR/*Reinhard* § 308 Rn. 108; *Friedemann* Rn. 255.
⁴⁹ Däubler/Klebe/Wedde/*Berg* BetrVG § 76 Rn. 129.
⁵⁰ ErfK/*Kania* BetrVG § 76 Rn. 19; GK-BetrVG/*Kreutz* § 76 Rn. 115.
⁵¹ ZB *Friedemann* Rn. 264.
⁵² *Fitting* BetrVG § 76 Rn. 102; ErfK/*Kania* BetrVG § 76 Rn. 19; aA GK-BetrVG/*Kreutz* § 76 Rn. 111.

ablehnen.⁵³ Der Vorsitzende nimmt an der zweiten Abstimmung teil; er kann sich nicht der Stimme enthalten.⁵⁴ Demgegenüber ist die Stimmenthaltung der Beisitzer sowohl bei der ersten als auch bei der zweiten Abstimmung zulässig. Der sich der Stimme enthaltende Beisitzer wird bei der Berechnung der Stimmenmehrheit nicht berücksichtigt.⁵⁵

Beschlüsse der Einigungsstelle sind **schriftlich** niederzulegen, vom Vorsitzenden zu unterschreiben und Betriebsrat und Arbeitgeber zuzuleiten, § 76 Abs. 3 S. 4 BetrVG. Ein vom Vorsitzenden nicht unterzeichneter Einigungsstellenspruch ist unwirksam.⁵⁶ Der Spruch der Einigungsstelle ist auch dann unwirksam, wenn nicht allen Betriebsparteien alle Bestandteile des Spruchs der Einigungsstelle gemäß § 76 Abs. 3 S. 4 BetrVG zugeleitet worden sind.⁵⁷ 49

d) Rechtswirkung des Spruchs. Im freiwilligen Einigungsstellenverfahren bedarf der Spruch der Einigungsstelle der vorherigen Unterwerfung oder der nachträglichen Genehmigung der Betriebsparteien.⁵⁸ Ohne Unterwerfung oder nachträgliche Genehmigung entfaltet der Spruch keine bindende Wirkung. 50

Handelt es sich um ein Einigungsstellenverfahren im Bereich der erzwingbaren Mitbestimmung, so ist der Spruch der Einigungsstelle verbindlich. Ausnahme bildet der Interessenausgleich nach § 112 Abs. 3 BetrVG, da ein Interessenausgleich nicht spruchfähig ist. Der Spruch der Einigungsstelle legt die Meinungsverschiedenheit zwischen Arbeitgeber und Betriebsrat bei und ersetzt die Einigung zwischen Arbeitgeber und Betriebsrat. Regelt der Spruch der Einigungsstelle einen Einzelfall, dann sind die Betriebsparteien verpflichtet, nach Maßgabe der Entscheidung der Einigungsstelle zu handeln. Entscheidet die Einigungsstelle über die Durchführung einer Maßnahme, die des Abschlusses einer Betriebsvereinbarung zwischen den Betriebsparteien bedarf, so hat die Entscheidung der Einigungsstelle die Wirkung einer Betriebsvereinbarung. Sie wirkt somit unmittelbar und zwingend, § 77 Abs. 4 BetrVG. Der Spruch der Einigungsstelle ist jedoch kein Vollstreckungstitel.⁵⁹ Der Arbeitnehmer, der auf die Betriebsvereinbarung gestützte Ansprüche geltend machen möchte, muss dies im Wege der Klage vor dem Arbeitsgericht vornehmen und nicht im Rahmen des Zwangsvollstreckungsverfahrens. 51

e) Gerichtliche Prüfung des Beschlusses. Der Spruch der Einigungsstelle unterliegt der arbeitsgerichtlichen Rechtskontrolle. Arbeitgeber oder Betriebsrat können das Arbeitsgericht anrufen und den Spruch der Einigungsstelle zur Überprüfung stellen. Verfahrensart ist das Beschlussverfahren nach §§ 2a Abs. 2, 80 ff. ArbGG. Der Antrag lautet dahin, festzustellen, dass der Einigungsstellenspruch unwirksam ist; es ist nicht seine Aufhebung zu beantragen,⁶⁰ da die gerichtliche Entscheidung nur feststellende, nicht aber rechtsgestaltende Wirkung hat.⁶¹ 52

Die Einigungsstelle ist nicht Beteiligte im Beschlussverfahren.⁶² Der Einigungsstellenvorsitzende sowie die Beisitzer der Einigungsstelle können bei Bedarf als Zeugen im Beschlussverfahren gehört werden.⁶³ 53

Bei dem Umfang der gerichtlichen Überprüfung ist zu unterscheiden: 54
- Die Einhaltung der zu beachtenden Verfahrensgrundsätze unterliegt der vollen arbeitsgerichtlichen Kontrolle. Dabei können schwerwiegende Verfahrensfehler, wie die Verletzung

---

⁵³ BAG 30.1.1990 – 1 ABR 2/89, NZA 1990, 571 II.2.b)aa); *Fitting* BetrVG § 76 Rn. 83 mwN.
⁵⁴ *Fitting* BetrVG § 76 Rn. 86; GK-BetrVG/*Kreutz* § 76 Rn. 117; Däubler/Klebe/Wedde/*Berg* BetrVG § 76 Rn. 126; ErfK/*Kania* BetrVG § 76 Rn. 20.
⁵⁵ *Fitting* BetrVG § 76 Rn. 86; Däubler/Klebe/Wedde/*Berg* BetrVG § 76 Rn. 128.
⁵⁶ BAG 14.9.2010 – 1 ABR 30/09, NZA-RR 2011, 526 Rn. 17.
⁵⁷ BAG 13.8.2019 – 1 ABR 6/18, NZA 2019, 1717 Rn. 22.
⁵⁸ BAG 11.12.2018 – 1 ABR 17/17, NZA 2019, 714 Rn. 32; *Fitting* BetrVG § 76 Rn. 132; Däubler/Kittner/Klebe/Wedde/*Berg* BetrVG § 76 Rn. 13.
⁵⁹ *Fitting* BetrVG § 76 Rn. 137; Richardi BetrVG/*Richardi/Maschmann* § 76 Rn. 113; GK-BetrVG/*Kreutz* § 76 Rn. 143; MHdB ArbR/*Reinhard* § 308 Rn. 132.
⁶⁰ BAG 9.7.2013 – 1 ABR 19/12, NZA 2014, 99 Rn. 11.
⁶¹ BAG 14.1.2014 – 1 ABR 49/12, NZA-RR 2014, 356 Rn. 10.
⁶² LAG Düsseldorf 25.8.2014 – 9 TaBV 39/14, NZA-RR 2014, 647 Rn. 22; Jaeger/Röder/Heckelmann BetrVerfassungsR-HdB/*Trappehl/Wolff* Kap. 8 Rn. 51; MHdB ArbR/*Reinhard* § 308 Rn. 151; ErfK/*Kania* BetrVG § 76 Rn. 29, 36; *Fitting* BetrVG § 76 Rn. 144.
⁶³ BAG 28.4.1981 – 1 ABR 53/79, DB 1981, 1882 Rn. 31.

des Anspruchs auf rechtliches Gehör, zur Nichtigkeit des Spruchs führen. Zu den schwerwiegenden Verfahrensfehlern gehören auch die Nichteinhaltung der Abstimmungsregelungen in § 76 Abs. 3 S. 2 BetrVG, die nicht ordnungsgemäße Beschlussfassung mit Stimmenmehrheit, die Anwesenheit der Betriebspartner bei der abschließenden Beratung der Einigungsstelle oder die nicht ordnungsgemäße Ladung der Beisitzer.[64]

- Die Entscheidung von Rechtsfragen durch die Einigungsstelle unterliegt ebenfalls der vollen arbeitsgerichtlichen Kontrolle.[65] Bei unbestimmten Rechtsbegriffen schränkt das BAG die Überprüfung des Einigungsstellenspruchs offenbar ein. In einem obiter dictum hat das BAG erwogen, der Einigungsstelle bei der Auslegung unbestimmter Rechtsbegriffe einen Beurteilungsspielraum zuzugestehen, der keiner vollen Rechtskontrolle unterliegt.[66]
- Hat die Einigungsstelle eine Regelungsstreitigkeit entschieden, so unterliegt auch dieser Spruch im Grundsatz in vollem Umfang der gerichtlichen Rechtskontrolle.[67] Bei einem Spruch der Einigungsstelle im Rahmen eines erzwingbaren Einigungsstellenverfahrens gibt es jedoch eine Beschränkung in zeitlicher und inhaltlicher Hinsicht, § 76 Abs. 5 S. 4 BetrVG. Danach können die Betriebsparteien die Rechtswidrigkeit des Spruchs der Einigungsstelle wegen Ermessensüberschreitung nur binnen einer **Ausschlussfrist** von zwei Wochen nach Zugang des schriftlich abgefassten Spruchs beim Arbeitsgericht geltend machen. Für den Fristbeginn gilt § 187 Abs. 1 BGB. Geht demgemäß der Spruch zB an einem Montag zu, so läuft die Frist am Montag zwei Wochen später ab. Wird die Ausschlussfrist versäumt, so kommt nach herrschender Meinung eine Wiedereinsetzung in den vorigen Stand nicht in Betracht.[68] Der Antrag ist zu begründen, und zwar innerhalb der 2-Wochen-Frist.[69] Der Beschluss des Arbeitsgerichts lautet entweder auf Zurückweisung des Antrages oder auf Feststellung, dass der Beschluss der Einigungsstelle unwirksam ist. Die Anfechtung des Spruchs hat keine suspendierende Wirkung.[70]

55 Inhaltlich prüft das Gericht eine unzulässige Ermessensüberschreitung. Diese liegt beispielsweise vor, wenn die Einigungsstelle die Belange des Betriebes oder der Arbeitnehmer überhaupt nicht berücksichtigt hat, wenn sie von sachfremden Erwägungen ausgegangen ist oder die abzuwägenden Interessen nicht oder nicht vollständig erfasst hat.[71] Zu den häufigsten Fällen der Ermessensüberschreitung gehören mangelnde oder fehlerhafte Differenzierungen bei der Festlegung von Abfindungen im Rahmen eines Sozialplans oder bei Punktebewertungssystemen im Rahmen von Richtlinien über die personelle Auswahl bei Kündigungen iSd § 95 BetrVG.

56 Die Frage der unzulässigen Ermessensüberschreitung ist nicht zu verwechseln mit einer Zweckmäßigkeitskontrolle; letztere steht dem Arbeitsgericht nicht zu.[72]

IV. Kosten der Einigungsstelle

57 Die Kosten der Einigungsstelle trägt der Arbeitgeber, § 76a Abs. 1 BetrVG. Zu diesen Kosten gehören sowohl die Vergütungen für die Mitglieder der Einigungsstelle – dies regelt § 76a Abs. 2 bis 5 BetrVG – als auch die Kosten, die durch die Einschaltung von Sachverständigen entstehen, der Sachaufwand, wie Kosten für Räume, Schreibmaterial, Büropersonal und letztlich die Kosten der von den Betriebsparteien hinzugezogenen Berater, insbesondere Rechtsanwälte.

---

[64] *Fitting* BetrVG § 76 Rn. 147; Jaeger/Röder/Heckelmann BetrVerfassungsR-HdB/*Trappehl/Wolff* Kap. 8 Rn. 52 mwN.
[65] GK-BetrVG/*Jacobs* § 76 Rn. 154; ErfK/*Kania* BetrVG § 76 Rn. 30.
[66] BAG 8.8.1989 – 1 ABR 61/88, NZA 1990, 150 II.2.b)bb)(3).
[67] ErfK/*Kania* BetrVG § 76 Rn. 31; GK-BetrVG/*Jacobs* § 76 Rn. 156.
[68] *Fitting* BetrVG § 76 Rn. 159; GK-BetrVG/*Jacobs* § 76 Rn. 163; Däubler/Klebe/Wedde/*Berg* BetrVG § 76 Rn. 143.
[69] BAG 26.5.1988 – 1 ABR 11/87, NZA 1989, 26 B. I. 2.b); *Fitting* BetrVG § 76 Rn. 157, 158.
[70] LAG Baden-Württemberg 20.7.2016 – 21 TaBV 4/16, BeckRS 2016, 73644 Rn. 53; LAG Mecklenburg-Vorpommern 8.10.2009 – 2 TaBV 15/09, BeckRS 2010, 71577 II.
[71] *Fitting* BetrVG § 76 Rn. 155 mwBeisp.
[72] ErfK/*Kania* BetrVG § 76 Rn. 31; GK-BetrVG/*Jacobs* § 76 Rn. 158; *Fitting* BetrVG § 76 Rn. 153.

1. Vergütung der Beisitzer der Einigungsstelle

Zu unterscheiden ist zwischen Beisitzern, die dem Betrieb angehören und solchen, die von außen hinzukommen. 58

a) **Innerbetriebliche Beisitzer** haben keinen Anspruch auf eine Vergütung, § 76a Abs. 2, 1. Hs. BetrVG. Das Gesetz ordnet im Hinblick auf diese Beisitzer die entsprechende Anwendung des § 37 Abs. 2, 3 BetrVG an. Die innerbetrieblichen Beisitzer haben demnach Anspruch auf Arbeitsbefreiung gegen Fortzahlung der Bezüge, um ihrer Beisitzertätigkeit ordnungsgemäß nachkommen zu können. Sie haben des weiteren Anspruch auf bezahlten Freizeitausgleich, wenn ihre Tätigkeit in der Einigungsstelle außerhalb der Arbeitszeit durchzuführen ist. Diese Arbeitsbefreiung ist vor Ablauf eines Monats zu gewähren und sie ist wie aufgewandte Mehrarbeit zu vergüten, wenn die Arbeitsbefreiung aus betriebsbedingten Gründen nicht möglich ist, §§ 76a Abs. 2 S. 1 Hs. 2, 37 Abs. 1, 2 BetrVG. 59

b) **Außerbetriebliche Beisitzer** haben gegenüber dem Arbeitgeber Anspruch auf Vergütung ihrer Tätigkeit, § 76a Abs. 3 S. 1 BetrVG. Für die außerbetrieblichen Beisitzer gelten die gleichen Grundsätze wie die nachfolgend dargestellten Grundsätze für die Vergütung des Vorsitzenden. Allerdings ist die Vergütung der Beisitzer niedriger zu bemessen, § 76a Abs. 4 S. 4 BetrVG. Üblicherweise erhalten die Beisitzer $7/10$ der Vergütung des Vorsitzenden. Dies ist beim Fehlen besonderer Umstände nach wie vor als sachgerecht und angemessen anzusehen.[73] 60

2. Vergütung des Vorsitzenden

Für die Vergütung des Vorsitzenden und ihm folgend für die Vergütung der außerbetrieblichen Beisitzer gibt es keine festen Sätze. Von der Ermächtigung des Gesetzgebers, die Vergütung durch Rechtsverordnung festzulegen, ist bislang kein Gebrauch gemacht worden. Es ist auch nicht die Rechtsanwaltsgebührenordnung entsprechend anzuwenden oder Zeitaufwand nach Stundensätzen zu vergüten. Die Höhe des Anspruchs ist vielmehr in jedem Einzelfall zu ermitteln. 61

In der Praxis werden die Vergütungsregeln regelmäßig bei Beginn des Einigungsstellenverfahrens festgelegt. Dabei hat sich die Vereinbarung von Stundensätzen weitgehend durchgesetzt. Solche Stundensätze sind zum einen vom Schwierigkeitsgrad, zum anderen aber auch von den regionalen Usancen abhängig. Gehandelt werden Stundensätze zwischen 100,– EUR und 300,– EUR.[74] In Großstädten wird sich jedenfalls bei der Beteiligung von Rechtsanwälten als Beisitzer der Stundensatz eher an 300,– EUR orientieren. 62

Nach den in § 76a Abs. 4 BetrVG aufgestellten Regeln gelten für die Ermittlung des Honorars folgende Vergütungskriterien 63
- der erforderliche Zeitaufwand
- die Schwierigkeit der Streitigkeit
- der Verdienstausfall.

Das Kriterium des Verdienstausfalls ist allerdings zu individuell, um ihm eine prägende Bedeutung zukommen zu lassen. Da die Honorare der Beisitzer aus Gründen der Parität nicht unterschiedlich bemessen werden können und die Beisitzerhonorare in Abhängigkeit vom Honorar des Vorsitzenden zu bestimmen sind, kann der Verdienstausfall nur in Form eines Mittelwerts für alle berücksichtigt werden. 64

Kommt es zwischen den Mitgliedern der Einigungsstelle und dem Arbeitgeber nicht zu einer Vergütungsregelung, so haben die Mitglieder der Einigungsstelle die Vergütungshöhe nach billigem Ermessen selbst festzulegen. Zahlt der Arbeitgeber nicht, weil er die Vergütungshöhe für ungerechtfertigt hält, so wird die Vergütungshöhe im Rahmen eines Rechtsstreits auf Zahlung der Vergütung vom Arbeitsgericht festgesetzt.[75] Mehrwertsteuerpflichti- 65

---

[73] *Fitting* BetrVG § 76a Rn. 25, 25a.
[74] Vgl. *Däubler/Klebe/Wedde/Berg* BetrVG § 76a Rn. 31.
[75] BAG 12.2.1992 – 7 ABR 20/91, NZA 1993, 605 II. 3.; LAG Schleswig-Holstein 14.1.2016 – 5 TaBV 45/15, NZA-RR 2016, 304 Rn. 78.

ge Vorsitzende oder Beisitzer haben Anspruch auf Erstattung der auf die Vergütung zu zahlenden Mehrwertsteuer.[76]

66 Vergütungsregelungen für die Einigungsstelle sind und dürfen auch in Tarifverträgen oder freiwilligen Betriebsvereinbarungen aufgestellt werden. Bei Letzteren, ebenso wie bei Einzelfallvereinbarungen sind die Parteien in der Gestaltung frei, wenn keine tarifliche Regelung besteht. Nicht dispositiv ist lediglich § 76a Abs. 1, 2 BetrVG. Die Kostentragungspflicht des Arbeitgebers und die Entgeltregelung der betriebsangehörigen Beisitzer der Einigungsstelle sind somit durch die Betriebsparteien nicht abänderbar.

3. Vergütung der Berater/Verfahrensbevollmächtigte

67 Zieht der Betriebsrat im Rahmen eines Einigungsstellenverfahrens einen Rechtsanwalt hinzu, so richtet sich dessen Vergütungsanspruch dann nach den dargelegten Regeln für die Vergütung des Vorsitzenden und der außerbetrieblichen Beisitzer, wenn er als Mitglied der Einigungsstelle tätig wird. In dieser Funktion finden für ihn die Vergütungssätze des RVG keine Anwendung.[77]

68 Wird der Rechtsanwalt als Berater oder als Verfahrensbevollmächtigter in der Einigungsstelle tätig, so richtet sich der Anspruch des Betriebsrates auf Erstattung der Anwaltskosten nach § 40 BetrVG. Es handelt sich insoweit nicht um Kosten der Einigungsstelle gemäß § 76a BetrVG.[78]

69 Hat der Betriebsrat durch einen ordnungsgemäßen Beschluss die Hinzuziehung eines Rechtsanwalts für seine Vertretung vor der Einigungsstelle vorgesehen, so sind die durch die anwaltliche Tätigkeit entstehenden Kosten durch den Arbeitgeber zu erstatten, wenn eine derartige Vertretung bei pflichtgemäßer und verständiger Würdigung aller Umstände erforderlich ist.[79] Die Erforderlichkeit ist regelmäßig dann zu bejahen, wenn der Regelungsgegenstand der Einigungsstelle schwierige Rechtsfragen oder auch schwierige Fragen tatsächlicher Art aufwirft und weder der Betriebsrat selbst noch die von ihm bestellten Beisitzer über den notwendigen juristischen Sachverstand verfügen.[80] Regelmäßig wird die Erforderlichkeit zu bejahen sein, wenn sich auch der Arbeitgeber seinerseits vor der Einigungsstelle anwaltlich vertreten lässt. Streitig ist, ob der Betriebsrat einen Anwalt zum Verfahrensbevollmächtigten vor der Einigungsstelle auch dann bestellen darf, wenn er bereits einen Rechtsanwalt als Beisitzer benannt hat.[81] Auch wäre wohl zu berücksichtigen, ob sich auch der Arbeitgeber trotz des juristischen Sachverstands seiner Beisitzer noch durch einen Rechtsanwalt vor der Einigungsstelle vertreten lässt.

70 Das Anwaltshonorar ist nicht auf die Höhe des Honoraranspruchs eines außerbetrieblichen Beisitzers begrenzt.[82] Regelmäßig werden auch Honorarvereinbarungen mit Zeitaufwandshonoraren getroffen, die jedoch in jedem Fall vorher zwischen Anwalt/Betriebsrat und dem Arbeitgeber abgestimmt werden sollten. In der Praxis ist die Abstimmung regelmäßig dadurch erleichtert, dass auch die meisten vom Arbeitgeber eingeschalteten Anwälte mit diesem Zeitaufwandshonorar vereinbaren. Im Zuge des Paritätsgedankens wird sich der Arbeitgeber regelmäßig auf eine entsprechende Vereinbarung des Betriebsrates und seines Anwalts einlassen müssen.

4. Sachaufwand

71 Der Arbeitgeber hat den Sachaufwand für die Einigungsstelle, zB die Kosten für Räume, Schreibmaterial, Büropersonal, Fotokopien und Verpflegung zu tragen.[83] Vom Arbeitgeber

---

[76] BAG 14.2.1996 – 7 ABR 24/95, NZA 1996, 1225 II.; LAG Schleswig-Holstein 14.1.2016 – 5 TaBV 45/15, NZA-RR 2016, 304 Rn. 80.
[77] Fitting BetrVG § 76a Rn. 17.
[78] Fitting BetrVG § 76a Rn. 8.
[79] Fitting BetrVG § 40 Rn. 37.
[80] BAG 19.11.2019 – 7 ABR 52/17, zit. nach Juris Rn. 34.
[81] Dagegen: zB Däubler/Klebe/Wedde/Berg BetrVG § 76a Rn. 16; ErfK/Koch BetrVG § 40 Rn. 5; Kamphausen NZA 1992, 55 (61); dafür: BAG 14.2.1996 – 7 ABR 25/95, NZA 1996, 892.
[82] BAG 14.2.1996 – 7 ABR 25/95, NZA 1996, 892.
[83] Däubler/Klebe/Wedde/Berg BetrVG § 76a Rn. 9, 10; ErfK/Kania BetrVG § 76a Rn. 2.

aufzubringen sind auch die den Mitgliedern der Einigungsstelle entstehenden Aufwendungen und Auslagen, wie zB notwendige Reisekosten, Übernachtungs- und Verpflegungskosten, Telefon-, Porto- und Fotokopierkosten.[84]

---

[84] Däubler/Klebe/Wedde/*Berg* BetrVG § 76a Rn. 11; ErfK/*Kania* BetrVG § 76a Rn. 2.

Teil M. Fremdpersonaleinsatz

§ 65 Drittbezogener Personaleinsatz

Übersicht

	Rn.
I. Arbeitnehmerüberlassung – Übersicht	1–7
II. Werk-(Dienst-)vertrag: Abgrenzung zur Arbeitnehmerüberlassung	8–34
1. Kriterien der Abgrenzung	14–27
a) Eingliederung in den Betrieb	15
b) Ausübung der Weisungsrechte	16–18
c) Bestimmbarkeit der Werk- bzw. Dienstleistung	19
d) Gewährleistung	20
e) Weitere Abgrenzungskriterien	21–26
f) Gesamtbetrachtung	27
2. Tatsächliche Vertragsabwicklung	28–30
a) Vorrang der praktischen Durchführung	28
b) Einschränkung für abweichende Vertragspraxis durch unberechtigte Personen	29
c) Darlegungs- und Beweislast	30
3. Beurteilungsspielraum der Gerichte	31
4. Rechtsfolgen fehlerhafter Einordnung	32/33
5. Checkliste	34
III. Überlassung von Maschinen und Bedienungspersonal	35
IV. Gemeinschaftsbetrieb	36
V. Arbeitsvermittlung	37–40

I. Arbeitnehmerüberlassung – Übersicht

Viele Unternehmen lassen Arbeiten nicht nur durch die eigene Belegschaft ausführen, sondern setzen ergänzend externe Mitarbeiter und Dienstleister ein. Eine wichtige Form des drittbezogenen Personaleinsatzes ist neben der in den letzten Jahren verstärkt aufkommenden Werkvertragskonstellation die Arbeitnehmerüberlassung (umgangssprachlich auch als Leiharbeit bezeichnet). Im Rahmen eines zwischen Verleiher und Entleiher abgeschlossenen **Arbeitnehmerüberlassungsvertrages** wird ein Arbeitnehmer verpflichtet, seine Arbeitsleistung nicht bei seinem eigenen Arbeitgeber, dem Verleiher, sondern bei einem Dritten, dem Entleiher, zu erbringen. Dieser Arbeitnehmer wird als **Leiharbeitnehmer** bezeichnet. Die Arbeitnehmerüberlassung verschafft dem Entleiher somit Arbeitskräfte, ohne sich dabei selbst in die rechtliche Stellung des Arbeitgebers mit den sich hieraus ergebenden Pflichten zu begeben. Es entsteht in Abweichung vom regulären Arbeitsverhältnis (Arbeitgeber und Arbeitnehmer) ein rechtliches Dreiecksverhältnis zwischen Verleiher, Entleiher und Leiharbeitnehmer. Die Beschäftigung von Leiharbeitnehmern soll vor allem dazu dienen, dem Entleiher bei kurzfristigen Personalengpässen zusätzliche Arbeitskräfte zu beschaffen. Ein längerfristiger Einsatz von Leiharbeitnehmern bei normaler Personal- und Auftragslage ist beschäftigungspolitisch zum Schutz der Leiharbeitnehmer aber nicht erwünscht, vor allem nicht um dadurch die Zahl der Dauerarbeitsplätze und die Kostenbelastung des Unternehmens zu senken.[1] 1

Die Arbeitnehmerüberlassung wird durch die gesetzlichen Regelungen zur Arbeitnehmerüberlassung (AÜG) zahlreichen Beschränkungen unterworfen und hat eine bewegte Vergangenheit. Nachdem die Arbeitnehmerüberlassung aus beschäftigungspolitischen Gründen zur Jahrtausendwende nur noch wenigen rechtlichen Beschränkungen unterlag, machte sich po- 2

---

[1] *v. Hoyningen-Huene* BB 1985, 1669; *Böhm* NZA 2005, 554.

litischer Widerstand breit. Leiharbeitnehmer konnten damals ohne zeitliche Grenze ausgeliehen werden und so im Einsatzbetrieb auf Dauer die Funktionen des Stammpersonals übernehmen.² Im Gegenzug war grundsätzlich allen Leiharbeitnehmern für die Zeit der Überlassung an einen Entleiher zwar die im Betrieb dieses Entleihers für einen vergleichbaren Arbeitnehmer des Entleihers geltenden wesentlichen Arbeitsbedingungen einschließlich des Arbeitsentgelts zu gewähren („equal-pay").

3 Das **Gebot der gleichen Vergütung** war jedoch **tarifdispositiv**. Ein Tarifvertrag für Leiharbeitnehmer mit abweichenden Regelungen für Entgelt und Nebenleistungen konnte daher das equal-pay-Gebot dauerhaft verdrängen. Zügig wurden von den Leiharbeitsunternehmen auch entsprechende Tarifverträge zur Vermeidung des equal-pay abgeschlossen, um hierdurch die Personalkosten langfristig gering und die Leiharbeit weiter marktfähig zu halten.

4 Mit den im Jahr 2011 erlassenen Neuregelungen wollte der Gesetzgeber den fortschreitenden Missbrauch der Leiharbeit verhindern.³

5 Dafür wurde zum einen die Erlaubnispflicht für Arbeitnehmerüberlassung generalisiert. Erlaubnispflicht bestand demnach nicht mehr erst bei gewerbsmäßiger Arbeitnehmerüberlassung, sondern bereits bei der Arbeitnehmerüberlassung im Rahmen der wirtschaftlichen Tätigkeit des Verleihers. Auch sollte Arbeitnehmerüberlassung nach dem Vorbild der Europäischen Richtlinie⁴ nur „vorübergehend" erfolgen können.⁵ Des Weiteren wurden die weitgehende soziale Gleichstellung der Leiharbeitnehmer im Entleiherbetrieb und eine Verbesserung der Chancen zum Übergang in ein Dauerarbeitsverhältnis beim Entleiher angestrebt. Auch wurde der Weg für die Einführung eines „gesetzlichen Mindestlohns" in der Zeitarbeitsbranche geebnet. Seit Geltung der Regelung zur Lohnuntergrenze am 30.4.2011 konnten tarifliche Mindeststundenentgelte durch Rechtsverordnung des Bundesministeriums für Arbeit und Soziales als verbindliche Lohnuntergrenze festgelegt werden. Solange bis Ende 2019 noch eine Verordnung des Bundesministeriums für Arbeit und Soziales in Kraft war, die eine Lohnuntergrenze festlegte, durfte diese nicht unterschritten werden. Mangels nachfolgender Verordnung richtet sich seit Januar 2020 der Lohnanspruch nach dem allgemeinen Mindestlohn gemäß § 1 MiLoG.

6 Um die Einhaltung der Lohnuntergrenzen sicherzustellen wurde eine entsprechende Kontroll- und Sanktionierungskompetenz in gleichem Maße wie im AEntG an die Zollverwaltung erteilt.

7 Eine umfassende Reform der Leiharbeit wurde durch das Gesetz zur Änderung des Arbeitnehmerüberlassungsgesetzes und anderen Gesetzen vom 21.2.2017 mit Wirkung zum 1.4.2017 realisiert.⁶ Die Arbeitnehmerüberlassung ist auf eine Höchstdauer von grundsätzlich 18 Monaten beschränkt worden, wobei in einem Tarifvertrag der Einsatzbranche oder auf Grund eines solchen Tarifvertrages in einer Betriebs- oder Dienstvereinbarung hiervon abweichende Regelungen vereinbart werden können. Im Geltungsbereich eines solchen Tarifvertrages können zudem nicht tarifgebundene Unternehmen die tarifvertraglichen Regelungen zur Überlassungshöchstdauer inhaltsgleich durch Betriebs- oder Dienstvereinbarung übernehmen. Einzelne Zeitarbeitsperioden sollen auf die Gesamtdauer nur dann nicht angerechnet werden, wenn zwischen ihnen ein Zeitraum von mehr als drei Monaten vergangen ist. Zudem besteht eine equal-pay Regelung bereits nach neun Monaten. Auch die Offenlegungspflicht und die Konkretisierungspflicht und das damit einhergehende Verbot der verdeckten Arbeitnehmerüberlassung wurden gesetzlich festgelegt.⁷ Sie spielen in der Praxis eine bedeutende Rolle, da es gem. § 9 Abs. 1 Nr. 1a iVm 10 Abs. 1 AÜG durch Verletzung dieser Pflichten für den Leiharbeitnehmer zu einem Wechsel der Arbeitgeber und einem neuen Arbeitsverhältnisses kraft Gesetzes kommt. Des Weiteren wurde ein bußgeldbewehrtes Beschäftigungsverbot eingeführt, soweit der Betrieb des Entleihers unmittelbar durch einen

---

² *Schüren* RdA 2006, 303.
³ BT-Drucks. 17/4804.
⁴ Richtlinie 2008/104/EG über Leiharbeit.
⁵ *Heuchemer/Schielke* BB 2011, 758; *Böhm* DB 2010, 672.
⁶ BGBl. 2017 I 258.
⁷ Siehe *Lembke* NZA 2018, 393 (397) zur Frage der Verfassungsmäßigkeit des Verbots der verdeckten Arbeitnehmerüberlassung.

Arbeitskampf betroffen ist.[8] Dieses Verbot ist vom Willen des Leiharbeitnehmers unabhängig und verhindert den Einsatz von Streikbrechern. Eine allgemeine Definition des Arbeitnehmerbegriffs ist durch die Reform nun in § 611a BGB zu finden. Der noch im ersten Referentenentwurf des BMAS vom 16.11.2015[9] enthaltene Kriterienkatalog, der als Hilfestellung für die Abgrenzung eines Arbeitsverhältnisses von anderen Vertragsgestaltungen, insbesondere zum Werkvertrag oder selbständigem Dienstvertrag, gedacht war, wurde vom BMAS nach heftiger Kritik in Politik, Wirtschaft und der juristischen Fachwelt dagegen bereits im Referentenentwurf vom 17.2.2016 ersatzlos gestrichen. Die Gesetzesänderung soll die Leiharbeit zu ihrer Kernfunktion als flexibles Mittel der Überbrückung von Arbeitskräfteengpässen zurückführen und missbräuchlichen Gestaltungen, auch in Form von Scheinwerkverträgen vorbeugen. Als Reaktion auf zahlreiche Covid-19-Ausbrüche in der Fleischindustrie hat die Bundesregierung einen Entwurf für ein Arbeitsschutzkontrollgesetz vorgelegt. Dieser sieht ein bußgeldbewehrtes Verbot von Werkvertragsgestaltungen ab 1.1.2021 und Arbeitnehmerüberlassung ab 1.4.2021 in Bereich der Schlachtung, der Zerlegung und der Fleischverarbeitung vor. Von dem Verbot ausgenommen sind Betriebe des Fleischerhandwerks mit höchstens 49 Beschäftigten.[10]

II. Werk-(Dienst-)vertrag: Abgrenzung zur Arbeitnehmerüberlassung

Die Arbeitnehmerüberlassung ist abzugrenzen von anderen Formen des drittbezogenen Personaleinsatzes, insbesondere dem Abschluss eines Werkvertrages, Dienstvertrages oder Subunternehmervertrages. Der Werkbesteller kauft vom Werkunternehmer einen bestimmen Erfolg, zB bestimmte Bauleistungen, zu einem im Regelfall zuvor festgesetzten Preis. Der Werkunternehmer bedient sich in der Folge seiner eigenen Arbeitskräfte, um die vertraglichen Verpflichtungen zu erfüllen. Vorteil des Einsatzes von Werkunternehmern ist, dass dieser Einsatzbereich für den Werkbesteller noch weitestgehend dem freien Zivilvertragsrecht unterliegt. In manchen Branchen wurde bereits registriert, dass mit der aktuellen Anhebung der Restriktionen im Arbeitnehmerüberlassungsgesetz sowie den hiermit einhergehenden Risiken für Entleiher einige Unternehmen verstärkt auf den Einsatz von Werkunternehmern zurückgreifen. Die missbräuchlichen Ausgestaltungen der Arbeitnehmerüberlassung aber auch fragwürdiger Werkvertragskonstellationen sind so weit fortgeschritten und verbreitet, dass der Gesetzgeber den Bedarf sah, auch hier restriktive Regelungen zu erlassen.[11] Dadurch sollen insbesondere Scheinwerkverträge vermieden werden.

In der Praxis geht es im Bereich des Fremdpersonaleinsatzes im ersten Schritt meist um die Frage, ob entweder ein „harmloser" bzw. „echter" Werkvertrag oder illegale Arbeitnehmerüberlassung bzw. mittelbare Arbeitsverhältnisse vorliegen. An diesen Fragen hängt nicht selten die wirtschaftliche Existenz von Unternehmen.[12] Wenn der Arbeitgeber die Arbeitskräfte seines Werkunternehmers wie eigenes Stammpersonal einsetzt, d.h., wenn sich die Beschäftigung der Fremdfirmenleute als verdeckte Arbeitnehmerüberlassung erweist, führt dies zur arbeits- und sozialversicherungsrechtlichen Haftung.[13] Durch die letzte Gesetzesreform im Jahre 2017 bezweckte der Gesetzgeber diesbezüglich, Rechtssicherheit bei der Nutzung von Werkverträgen zu schaffen, indem er die in der Rechtsprechung entwickelten Abgrenzungskriterien zwischen einer selbstständigen und einer abhängigen Tätigkeit gesetzlich normiert hat. Damit erfolgten erstmals eine Kodifizierung des Arbeitsvertrages und mittel-

---

[8] Vgl. § 11 Abs. 5 und § 16 Abs. 1 Nr. 8a, Abs. 2 AÜG.
[9] Referentenentwurf des BMAS über den Entwurf eines Gesetzes zur Änderung des Arbeitnehmerüberlassungsgesetzes und anderer Gesetze vom 16.11.2015.
[10] Pressemitteilung der Bundesregierung v. 29.7.2020, https://www.bundesregierung.de/breg-de/aktuelles/arbeitsschutzkontrollgesetz-1772606; kritisch zur Verfassungsmäßigkeit eines Verbots *Bayreuther* NZA 2020, 773.
[11] Gesetzesentwurf der Bundesregierung über den Entwurf eines Gesetzes zur Änderung des Arbeitnehmerüberlassungsgesetzes und anderer Gesetze vom 1.6.2016.
[12] *Schüren* in FS W. Däubler, S. 90 ff.; BT-Drucks. 14/4220, 36 ff.
[13] Risiken für Bauunternehmer: *Reiserer* DStR 2016, 1613 (1614).

bar eine Definition des Arbeitnehmerbegriffes (vgl. § 611a BGB).[14] Zur Bekämpfung von Scheinwerkverträgen wurde eine Offenlegungspflicht der Arbeitnehmerüberlassung und eine Konkretisierungspflicht eingeführt. Legal und wirksam ist eine Arbeitnehmerüberlassung nur noch dann, wenn sie vor jedem Einsatz ausdrücklich als Arbeitnehmerüberlassung in dem Vertrag zwischen Verleiher und Entleiher bezeichnet wird.[15] Eine fehlende Bezeichnung führt zu dem grundsätzlich rückwirkenden Zustandekommen eines Arbeitsverhältnisses zwischen dem Entleiher und dem Leiharbeitnehmer, wenn es sich tatsächlich um eine Arbeitnehmerüberlassung gehandelt hat. Die Möglichkeit einer (Vorrats-)Arbeitnehmerüberlassungserlaubnis, die bis zur Reform 2017 die gesetzliche Anordnung des Entstehens eines Arbeitsverhältnisses durch vorsorgliches Bereithalten der Erlaubnis durch den Auftragnehmer des Werkvertrags aushebelte,[16] besteht nicht mehr.

10 Bei der Arbeitnehmerüberlassung werden dem Entleiher die Arbeitskräfte zur Verfügung gestellt. Der Entleiher setzt sie nach seinen eigenen Vorstellungen und Zielen in seinem Betrieb wie eigene Arbeitnehmer ein. Die Arbeitskräfte sind **voll in den Betrieb des Entleihers eingegliedert** und führen ihre Arbeiten allein nach dessen Weisungen aus. Die Vertragspflicht des Verleihers gegenüber dem Entleiher endet, wenn er den Arbeitnehmer ausgewählt und ihn dem Entleiher zur Arbeitsleistung zur Verfügung gestellt hat.[17] Er haftet nur für Verschulden bei der Auswahl der verliehenen Arbeitnehmer.

11 Von der Arbeitnehmerüberlassung ist die Tätigkeit eines Unternehmers im Rahmen eines **Werk- oder Dienstvertrages** zu unterscheiden.[18] In diesen Fällen wird der Unternehmer für einen anderen tätig. Er organisiert die zur Erreichung eines wirtschaftlichen Erfolgs notwendigen Handlungen nach eigenen betrieblichen Voraussetzungen und bleibt für die Erfüllung der im Vertrag vorgesehenen Dienste und für die Herstellung des geschuldeten Werkes verantwortlich. Die zur Ausführung des Dienst- oder Werkvertrages eingesetzten Arbeitnehmer **unterliegen der Weisung des Unternehmers und sind dessen Erfüllungsgehilfen.** Der Werkbesteller kann dem Werkunternehmer oder dessen Erfüllungsgehilfen lediglich solche Anweisungen erteilen, die sich auf die Ausführung des Werks (§ 645 Abs. 1 S. 1 BGB), nicht aber auf die Arbeitsweise beziehen.[19] Um auf die Arbeitsweise bezogene Weisungen handelt es sich etwa bei Vorgaben zum Arbeitsort, Arbeitsinhalt oder zur Arbeitszeit, während Anweisungen zu Qualität, Stückzahl oder Maßen sich auf die Ausführung des Werks selbst beziehen. Solche Dienst- oder Werkverträge werden vom Arbeitnehmerüberlassungsgesetz nicht erfasst.[20]

12 Nach dieser Definition sollte die Abgrenzung der beiden Vertragstypen einfach sein. In der Praxis ergeben sich aber oft große Schwierigkeiten bei der Feststellung, ob ein Arbeitnehmer von seinem Arbeitgeber als Erfüllungsgehilfe zur Herbeiführung eines bestimmten Erfolges eingesetzt wird oder ob der Arbeitnehmer Dritten zur Arbeitsleistung überlassen ist.

13 Die Rechtsprechung hat für die Abgrenzung zwischen Arbeitnehmerüberlassung und werk- oder dienstvertraglichen Einsätzen von Fremdfirmen mit deren Arbeitnehmern eine Reihe von Abgrenzungskriterien entwickelt. Daneben hat die Bundesagentur für Arbeit Durchführungsanweisungen erlassen, die sich an der Rechtsprechung orientieren.[21] Die

---

[14] In der Literatur trifft diese Regelung auf Kritik: *Henssler* RdA 2017, 83.
[15] Vgl. § 1 Abs. 1 S. 5 AÜG, § 9 Abs. 1 Nr. 1a AÜG.
[16] BAG 12.7.2016 – 9 AZR 352/15; *Greiner* NZA 2018, 475.
[17] BAG 24.5.2006 – 7 AZR 365/05, EzAÜG AÜG § 10 Fiktion Nr. 114; LAG Hamm 24.7.2013 – 3 Sa 1749, BeckRS 2013, 72125; BAGE 87, 186; 31.3.1993 – 7 AZR 338/92, AP AÜG § 9 Nr. 2; BAG 20.9.2016 – 9 AZR 735/15, NZA 2017, 49 Rn. 29; 27.6.2017 – 9 AZR 133/16, BeckRS 2017, 145967 Rn. 26.
[18] Zur Abgrenzung vgl. *Greiner* NZA 2013, 697 sowie *von Steinau-Steinrück/Paul* NJW-Spezial 2006, 81; BAG 27.6.2017 – 9 AZR 133/16, BeckRS 2017, 145967 Rn. 45.
[19] BAG 27.6.2017 – 9 AZR 133/16, BeckRS 2017, 145967; 15.4.2014 – 3 AZR 395/11, BeckRS 2014, 70025, 30.1.1991 – 7 AZR 497/89, NZA 1992, 19; 13.5.1992 – 7 AZR 284/91, EzA AÜG § 10 Nr. 4; 31.3.1993 – 7 AZR 338/92, EzAÜG § 10 Nr. 5; 9.11.1994 – 7 AZR 217/94, EzA AÜG § 10 Nr. 8; BGH 25.6.2002 – X ZR 83/00, NZA 2002, 1086; LAG Rheinland-Pfalz 3.2.2011 – 11 Sa 314/10, BeckRS 2011, 71730; ErfK/*Wank* AÜG § 1 Rn. 18.
[20] BAG 15.4.2014 – 3 AZR 395/11, BeckRS 2014, 70025, 30.1.1991 – 7 AZR 497/89, NZA 1992, 19; LAG Düsseldorf 27.8.2007 – 17 Sa 864/07, BeckRS 2008, 50288; LAG Hamm 9.11.2006 – 15 Sa 789/06, EzAüG BGB § 611 Abgrenzung Nr. 11; BAG 13.8.2008 – 7 AZR 269/07, BeckRS 2010, 71643.
[21] Fachliche Weisungen Arbeitnehmerüberlassungsgesetz (AÜG) v. 1.4.2017, 1.1.6 ff.

Durchführungsanweisungen binden die Dienststellen der Bundesagentur für Arbeit und dienen der Vereinheitlichung ihrer Verwaltungspraxis, entfalten aber keine Bindung für Gerichte oder andere Verwaltungsstellen. Aufgrund ihrer Orientierung an den Kriterien der Rechtsprechung bietet die Durchführungsanweisung eine taugliche Orientierungslinie für die generelle Praxis.

1. Kriterien der Abgrenzung

Wie die Unterscheidung zwischen dem Rechtsverhältnis eines freien Mitarbeiters von einem Arbeitsverhältnis (→ § 6 Rn. 1 ff.) erfolgt auch die Abgrenzung des Arbeitsvertrages vom Werkvertrag nach dem Grad der persönlichen Abhängigkeit des Betroffenen.[22] Es gibt auch hier für die Abgrenzung des Werkvertrages vom Arbeitsverhältnis eine Fülle von Einzelkriterien,[23] wobei das BAG und die Instanzgerichte in ihrer jüngeren Rechtsprechung die Zahl der abgrenzungsrelevanten Kriterien reduziert und die Folgenden als entscheidungsrelevant herausgearbeitet haben.

a) **Eingliederung in den Betrieb.** Die Eingliederung des Mitarbeiters in den Betrieb des Entleihers ist ein wichtiges Kriterium für die Annahme der Arbeitnehmerüberlassung.[24] Bei der Frage der Eingliederung in den Betrieb wird überprüft, ob und inwieweit der Mitarbeiter in eine fremdbestimmte Arbeitsorganisation sachlich und räumlich eingebunden ist und dabei betriebliche Einrichtungen (Arbeitsgeräte) benutzt.

b) **Ausübung der Weisungsrechte.** Ferner wird bei der Abgrenzung zwischen Arbeitnehmerüberlassung und Werkvertrag die Frage der Stellung des Mitarbeiters in der Organisation und Hierarchie beim Entleiher überprüft. Nach Rechtsprechung der Arbeitsgerichte liegt Arbeitnehmerüberlassung vor, wenn der Verleiher dem Entleiher Arbeitskräfte zur Verfügung stellt, die nicht nur voll in dessen Betrieb eingegliedert sind, sondern ihre Arbeit **allein nach Weisung des Entleihers** und in dessen Interesse ausführen.[25] Unterliegt der Arbeitnehmer hingegen den arbeitsbezogenen Weisungen des Unternehmers, d.h. seines vertraglichen Arbeitgebers, spricht dies regelmäßig für das Vorliegen eines Werk- oder Dienstvertrags.[26] Die Arbeitnehmer des Unternehmers führen ihre Tätigkeit in diesem Fall als dessen Erfüllungsgehilfen aus. Insofern unterfällt nicht jeder drittbezogene Arbeitseinsatz dem Arbeitnehmerüberlassungsrecht.

Erhält der Mitarbeiter also von fest angestellten Arbeitnehmern des Einsatzbetriebes Arbeitsanweisungen oder arbeiten die Fremdfirmenarbeitnehmer arbeitsteilig mit Arbeitnehmern des Beschäftigungsbetriebes zusammen, spricht dieser Umstand für eine Arbeitnehmerüberlassung.[27]

Soweit der Mitarbeiter Weisungen in Bezug auf seine Arbeit erhält, ist zu prüfen, ob es sich dabei um Ausführung einer werkvertraglichen Anweisungsbefugnis des Werkbestellers, wie sie sich aus § 645 Abs. 1 S. 1 BGB ergibt, oder um die Erteilung von Weisungen arbeitsvertraglicher Art handelt. Sind die Weisungen des Dritten gegenständlich begrenzt, also auf die zu erbringende Werkleistung bezogen, so deutet dies auf das Vorliegen eines Werkvertra-

---

[22] BAG 25.9.2013 – 10 AZR 282/12, NZA 2013, 1348 (1350); 21.1.2003 – X ZR 261/01, NZA 2003, 616; BGH 25.6.2002 – X ZR 83/00, NZA 2002, 1086; BAG 9.11.1994 – 7 AZR 217/94, BB 1995, 1293; 10.10.2007 – 7 AZR 487/06 nv.
[23] Überblick bei Schüren/Hamann/*Hamann* AÜG § 1 Rn. 115 ff.
[24] Vgl. Thüsing AÜG/*Waas* § 1 Rn. 79; BAG 10.2.1977 – 2 ABR 80/76, AP BetrVG 1972 § 103 Nr. 9.
[25] LAG Berlin-Brandenburg 5.12.2019 – 21 TaBV 489/19, BeckRS 2019, 36122; LAG Köln 14.6.2017 – Sa 818/16, BeckRS 2017, 138748; BAG 15.4.2014 – 3 AZR 395/11; 18.1.2012 – 7 AZR 723/10, NZA-RR 2012, 455; 13.8.2008 – 7 AZR 267/07, EzA AÜG § 10 Fiktion Nr. 121; zur Überlassung von Arbeitnehmern iSd § 1 Abs. 1 S. 1 AÜG bzgl. einer DRK-Schwester iSd Leiharbeits-RL: BAG 21.2.2017 – 1 ABR 62/12, NZA 2017, 662 (665).
[26] Thüsing AÜG/*Waas* § 1 Rn. 81.
[27] BAG 25.9.2013 – 10 AZR 282/12, NZA 2013, 1348 (1351); 22.6.1994 – 7 AZR 286/93, NZA 1995, 462; 9.7.1991 – 1 ABR 45/90, AP BetrVG 1972 § 99 Nr. 94; ArbG Wiesbaden 23.7.1997 – 7 BV 3/97 166, NZA-RR 1998, 165; BAG 6.8.2003 – 7 AZR 180/03, BeckRS 2003, 41607; 6.8.1997 – 7 AZR 663/96, EzA AÜG BGB § 631 Werkvertrag Nr. 39; LAG Düsseldorf 10.3.2008 – 17 Sa 856/07, BeckRS 2008, 52924; Schüren/Hamann/*Hamann* AÜG § 1 Rn. 135.

ges hin.²⁸ Die Grenze zur arbeitsvertraglichen Anweisung wird insbesondere überschritten, wenn der Dritte erst durch seine Anweisungen den Gegenstand der vom Arbeitnehmer zu erbringenden Leistung bestimmt. Weisungen, die sich auf die Beschaffenheit des herzustellenden Werkes beziehen, wie Qualitätsvorgaben, Angaben bezüglich Größe, Menge oder Art sind keine arbeitsvertraglichen Weisungen.²⁹ Nur gelegentliche arbeitsrechtliche Weisungen im Betrieb des Werkbestellers (unter Abweichung vom normalen Tagesablauf) führen noch nicht zur Annahme einer unerlaubten Arbeitnehmerüberlassung.³⁰

19 c) **Bestimmbarkeit der Werk- bzw. Dienstleistung.** Der Werkvertrag verlangt anders als die Arbeitnehmerüberlassung generell Vereinbarungen über eine bestimmte Werkleistung. Gleiches gilt für den Dienstvertrag. Fehlt es an einem abgrenzbaren, dem Werkunternehmer als eigene Leistung zurechenbaren und abnahmefähigen Werk, deutet dies auf Arbeitnehmerüberlassung hin, weil der Besteller dann durch seine Anweisungen den Gegenstand der von dem Arbeitnehmer zu erbringenden Leistung überhaupt erst bestimmt und damit Arbeit und Einsatz für ihn bindend organisiert.³¹ Kann dagegen der Unternehmer ohne Rücksicht auf vertragliche Verabredungen mit der Vertragspartei über die Arbeitskraft des Mitarbeiters über einen längeren Zeitraum hinweg verfügen, deutet dies auf Arbeitnehmerüberlassung hin.

20 d) **Gewährleistung.** Werkverträge unterscheiden sich von der Arbeitnehmerüberlassung ferner dadurch, dass der Werkunternehmer für einen Erfolg einsteht, indem er Gewährleistung übernimmt.³² Arbeitsverträge kennen dagegen kein Gewährleistungsrecht, weil sie nicht die Hauptpflicht zur Herbeiführung eines bestimmten Erfolges beinhalten. Damit schließt die Gewährleistung als sicheres Indiz für einen Werkvertrag eine Arbeitnehmerstellung des eingesetzten Mitarbeiters aus.³³

e) **Weitere Abgrenzungskriterien.**

21 • Die volle Eingliederung des Arbeitnehmers in den Betrieb eines Dritten wird nicht dadurch ausgeschlossen, dass dem Arbeitnehmer Rundschreiben seines vertraglichen Arbeitgebers über die Behandlung von Urlaubsanträgen oder über Arbeitssicherheit oder über Betriebsvereinbarungen zur Arbeitszeit zugehen und der Urlaub des Arbeitnehmers nicht von dem Dritten, sondern von seinem vertraglichen Arbeitgeber gewährt wird.

22 • Daraus, dass der Arbeitnehmer seinen Urlaub mit dem Dritten bzw. dessen Arbeitnehmern abstimmen muss, lässt sich nicht ohne weiteres schließen, dass Arbeitnehmerüberlassung vorliegt. Ein Indiz für verdeckte Arbeitnehmerüberlassung besteht erst beim Bestimmen durch den Dritten.³⁴

23 • Die Überlassung einer Werkzeuggrundausstattung durch den vertraglichen Arbeitgeber spricht zunächst gegen eine Arbeitnehmerüberlassung. Wenn unbrauchbar gewordene Werkzeuge dieser Grundausstattung während eines langandauernden Einsatzes im Betrieb des Dritten aber stets von diesem und nicht von dem vertraglichen Arbeitgeber ersetzt werden, wird dieses Kriterium entkräftet. Gleiches gilt für die Ausstattung des Mitarbeiters mit Arbeitskleidung und das Waschen und Flicken dieser Arbeitskleidung.³⁵

24 • Wenn der Mitarbeiter seine Weisungen in der Regel von einem ihm vorgesetzten weiteren Arbeitnehmer des vertraglichen Arbeitgebers erhält, spricht dies gegen eine Arbeitnehmerüberlassung. Zu beachten ist dabei aber, dass dies dann nicht mehr gilt, wenn der

---

²⁸ LAG BW 1.8.2013 – 2 Sa 6/13, NZA 2013, 1017.
²⁹ Thüsing AÜG/*Waas* § 1 Rn. 81.
³⁰ LAG Düsseldorf 27.8.2007 – 17 Sa 864/07, BeckRS 2008, 50288; 10.3.2008 – 17 Sa 856/07, BeckRS 2008, 52934.
³¹ BAG 25.9.2013 – 10 AZR 282/12, NZA 2013, 1348; 30.1.1991 – 7 AZR 497/89, NZA 1992, 19; 9.11.1994 – 7 AZR 217/94, EzA AÜG § 10 Nr. 8; auch LAG Berlin-Brandenburg 12.12.2012 – 15 Sa 1217/12, BB 2013, 1020.
³² Für *Schüren* in FS W. Däubler, S. 90, ist dies der entscheidende Differenzierungsgrund zwischen Arbeitnehmerüberlassung und echten Werkverträgen; auch LAG Rheinland-Pfalz 3.2.2011 – 11 Sa 314/10.
³³ *Reiserer* DB 2013, 2026 (2028); Thüsing AÜG/*Waas* § 1 Rn. 86.
³⁴ Vgl. *Reiserer* DB 2013, 2026 (2028).
³⁵ BAG 30.1.1991 – 7 AZR 497/89, NZA 1992, 19.

Vorarbeiter seinerseits in die Organisation des Auftraggebers eingebunden ist und dessen Weisungen unterliegt.[36] Auch nur gelegentliche arbeitsrechtliche Weisungen von Seiten des Werkbestellers (unter Abweichung vom normalen Tagesablauf) führen noch nicht zur Annahme einer unerlaubten Arbeitnehmerüberlassung.[37]

- Es stellt sich die Frage, ob der vertragliche Arbeitgeber des Mitarbeiters überhaupt fachlich bzw. technisch in der Lage ist, die werkvertraglichen Unternehmerpflichten auszufüllen. Nach Auffassung des BAG kommt es insoweit auch auf die Unternehmensstruktur des Dienstleistungserbringers bzw. Werkunternehmers an, der über die betrieblichen oder organisatorischen Voraussetzungen verfügen muss, die vertraglich vereinbarte Dienst- und Werkleistung zu erbringen und den hierfür eingesetzten Erfüllungsgehilfen Weisungen zu erteilen.[38] 25

- Bei industrieüblichen Wartungsverträgen führt die jahrelange vertragliche Verbindung sowie die Abrechnung nach Stundenverrechnungssätzen nicht automatisch zur Arbeitnehmerüberlassung.[39] 26

f) **Gesamtbetrachtung.** Zur Würdigung der Vertragsnatur bedarf es einer Gesamtbetrachtung aller für die rechtliche Einordnung der Vertragsbeziehungen wesentlichen Umstände. So kann nur im Rahmen einer wertenden Gesamtschau und einer Überprüfung vieler in Betracht kommender Abgrenzungskriterien entschieden werden, ob das zwischen zwei Parteien bestehende Vertragsverhältnis einen Werkvertrag bzw. Dienstvertrag oder eine Arbeitnehmerüberlassung darstellt.[40] Handelt es sich um langfristige Vertragsbeziehungen, kann darüber hinaus nur eine Betrachtung der über einen längeren Zeitraum hinweg geübten Vertragspraxis zuverlässigen Aufschluss darüber geben, welche Vertragsform vorliegt.[41] 27

2. Tatsächliche Vertragsabwicklung

a) **Vorrang der praktischen Durchführung.** Der Geschäftsinhalt eines Vertrages beim drittbezogenen Personaleinsatz kann sich sowohl aus den ausdrücklichen Vereinbarungen der Vertragsparteien als auch aus der praktischen Durchführung des Vertrages ergeben. Widersprechen sich beide, so ist die tatsächliche Durchführung des Vertrages maßgebend,[42] weil sich aus der praktischen Handhabung der Vertragsbeziehungen am ehesten Rückschlüsse daraus ziehen lassen, von welchen Rechten und Pflichten die Vertragsparteien ausgegangen sind, was sie also wirklich gewollt haben. Dies ist seit der AÜG-Reform 2017 auch in § 12 Abs. 1 S. 1 AÜG ausdrücklich normiert. Der so ermittelte wirkliche Wille der Vertragsparteien bestimmt den Geschäftsinhalt und damit letztendlich den Vertragstyp.[43] 28

b) **Einschränkung bei Unkenntnis der zum Vertragsabschluss berechtigten Personen.** Eine Einschränkung der obigen Grundaussage, wonach die tatsächliche Durchführung des Vertrages regelmäßig maßgebend ist, wird dann angenommen, wenn die abweichende Vertragspraxis den auf Seiten der Vertragspartner zum Vertragsabschluss berechtigten Personen nicht bekannt gewesen oder von ihnen nicht zumindest geduldet worden ist. In einem solchen Fall wird eine solche, den schriftlichen Vereinbarungen widersprechende Vertragsdurchführung nicht als Ausdruck des wirklichen Geschäftswillens der Vertragspartner angesehen.[44] 29

---

[36] LAG Düsseldorf 27.8.2007 – 17 Sa 864/07, BeckRS 2008, 50288.
[37] LAG Düsseldorf 27.8.2007 – 17 Sa 864/07, BeckRS 2008, 50288.
[38] LSG BW 16.10.2012 – L 11 KR 19/11, BeckRS 2013, 65107.
[39] BAG 13.5.1992 – 7 AZR 284/91, NZA 1993, 357.
[40] BAG 25.9.2013 – 10 AZR 282/12, NZA 2013, 1348 (1350); SG Kassel 3.7.2019 – S 8 KR 2/15, BeckRS 2019, 19977.
[41] BAG 10.10.2007 – 7 AZR 487/06, NZA 1992, 19 nv.
[42] BAG 27.6.2017 – 9 AZR 133/16, BeckRS 2017, 145967; 25.9.2013 – 10 AZR 282/12, NZA 2013, 1343; 6.8.2003 – 7 AZR 180/03, BeckRS 2003, 41607.
[43] BAG 15.4.2014 – 3 AZR 395/11, BeckRS 2014, 70025; 10.9.1985 – 1 ABR 28/83, AP BetrVG 1972 § 117 Nr. 3; 27.1.1993 – 7 AZR 476/92 nv; 30.1.1991 – 7 AZR 497/89, NZA 1992, 19; BGH 25.6.2002 – X ZR 83/00, NJW 2002, 3317 (3318); LAG Rheinland-Pfalz 3.5.2006 – 10 Sa 913/05, BeckRS 2006, 44705; BAG 24.5.2006 – 7 AZR 365/05, EzA AÜG § 10 Fiktion Nr. 114.
[44] BAG 27.6.2017 – 9 AZR 133/16, BeckRS 2017, 145967 Rn. 30; LAG Baden-Württemberg 4.7.2017 – 5 Sa 73/16, BeckRS 2017, 132310 Rn. 74; BAG 15.4.2014 – 3 AZR 395/11, BeckRS 2014, 70025; 13.8.2008 –

30 c) **Darlegungs- und Beweislast.** Für die Umstände, aus denen sich ergeben soll, dass es sich bei dem drittbezogenen Personaleinsatz um Arbeitnehmerüberlassung handelt, trägt diejenige Partei, die daraus für sich günstige Rechtsfolgen herleiten will, die Darlegungs- und Beweislast. Das ist regelmäßig der Mitarbeiter, der sich auf ein gem. § 10 Abs. 1 S. 1 Halbs. 2 AÜG zustande gekommenes Arbeitsverhältnis mit dem formalen Werkbesteller beruft. Wird ein entsprechendes Vorbringen vom Werkbesteller bestritten, muss der Mitarbeiter sein Vorbringen näher konkretisieren, etwa durch Nennung konkreter (weisungsgebundener) Tätigkeiten, Personen und Einsatzorte. Dabei kann sich der Arbeitnehmer zunächst auf die Darlegung und den Beweis der Umstände beschränken, die seiner Wahrnehmung zugänglich sind und die auf eine Zuordnung zum Arbeitnehmerüberlassungsrecht hindeuten (Eingliederung, Weisungsstruktur). Ein reines Bestreiten der vom Leiharbeitnehmer vorgetragenen Umstände durch den Entleiher mit Nichtwissen ist nach § 138 Abs. 1 ZPO unzulässig. Der Werkbesteller hat vielmehr Tatsachen vorzutragen, die die Behauptung des Mitarbeiters entkräften, indem er substantiiert eine werkvertragliche Vereinbarung vorträgt.[45] Es gilt insoweit eine abgestufte Darlegungs- und Beweislast.

3. Beurteilungsspielraum der Gerichte

31 Der beispielhafte Überblick über die Abgrenzungskriterien, die für die Bestimmung der Arbeitnehmerüberlassung heranzuziehen sind, zeigt, dass es eine Vielzahl möglicher Merkmale gibt. Dabei bedarf es letztlich einer wertenden Gesamtbetrachtung aller für die rechtliche Einordnung der Vertragsbeziehung wesentlichen Umstände.[46] Die Vielzahl und Vielschichtigkeit der Abgrenzungskriterien zeigt dabei, dass im Einzelfall ein großer Spielraum für das zur Entscheidung berufene Gericht besteht.

4. Rechtsfolgen fehlerhafter Einordnung

32 Bei der Abgrenzung zwischen Werkvertrag und Arbeitnehmerüberlassung im Bereich des drittbezogenen Personaleinsatzes geht es fast immer um die Frage, ob entweder ein „harmloser" Werkvertrag einerseits oder illegale Arbeitnehmerüberlassung andererseits vorliegt. Wird die Arbeitnehmerüberlassung nur unter dem Deckmantel eines Werk- oder Dienstvertrags ohne Überlassungserlaubnis betrieben, liegt illegale Arbeitnehmerüberlassung vor und die Konsequenzen, die das AÜG hier regelt, sind ebenso hart wie einfach. Der als Werkunternehmer bezeichnete Arbeitgeber ist dann in Wahrheit Verleiher, der als Werkbesteller bezeichnete Dritte Entleiher. Der Scheinwerk- oder Scheindienstvertrag ist nichtig, der Arbeitsvertrag zwischen Verleiher und überlassenem Arbeitnehmer ebenfalls (§ 9 Nr. 1 AÜG). Zum Schutz des Arbeitnehmers wird in diesem Fall nach § 10 Abs. 1 AÜG ein Arbeitsverhältnis zwischen Entleiher und Leiharbeitnehmer mit allen daraus resultierenden Ansprüchen fingiert.[47] Auch eine Ordnungswidrigkeit gem. § 16 AÜG läge vor. Bei erheblichen Lohndifferenzen kommen zusätzlich strafrechtliche Risiken hinzu. Denn der Entleiher, der über den Scheinwerkvertrag zum Arbeitgeber der betroffenen Beschäftigten wird, hat nun in jedem Fall die Höhe der Vergütung der Stammbelegschaft auch diesem Beschäftigungskreis zu bezahlen und die vollen Arbeitgeberpflichten einschließlich der Abführung von Sozialversicherungsbeiträgen zu erfüllen. Er setzt sich damit auch dem Risiko der Beitragshinterziehung zur Sozialversicherung gem. § 266a StGB aus.

33 Diese Bedrohung haben Unternehmen bis zur Reform 2017 häufig dadurch abgewendet, dass der Scheinwerkunternehmer eine vorsorgliche Überlassungserlaubnis eingeholt hat und nur für den Fall der Annahme eines Scheinwerkvertrags quasi als doppeltes Netz auf die Arbeitnehmerüberlassung zurückgegriffen hat. *Schüren* bezeichnete diesen Sicherungsanker

---

7 AZR 269/07, Beck RS 2010, 71643; 30.1.1991 – 7 AZR 497/89, NZA 1992; 19; 27.1.1993 – 7 AZR 476/92, EzAÜG AÜG § 10 Fiktion Nr. 75; 6.8.2003 – 7 AZR 180/03, BeckRS 2003, 41607; 13.8.2008 – 7 AZR 269/07, BeckRS 2010, 71643.

[45] BAG 15.4.2014 – 3 AZR 395/11, BeckRS 2014, 70025.

[46] BAG 25.9.2013 – 10 AZR 282/12, NZA 2013, 1348 (1350 f.); 30.1.1991 – 7 AZR 497/89, NZA 1992, 19.

[47] Ausführlich hierzu → § 66 Rn. 109 f.

als „Reservefallschirm".[48] Dies ist jedoch durch die neuen gesetzlichen Regelungen seit 2017 nicht mehr möglich. Nach § 1 Abs. 1 S. 5 AÜG muss vor jedem Einsatz eine Arbeitnehmerüberlassung ausdrücklich als Arbeitnehmerüberlassung bezeichnet werden. Eine vorsorgliche Vorratserlaubnis ist nicht mehr zur Abwendung einer verdeckten Arbeitnehmerüberlassung und der mit ihr verbundenen Konsequenzen möglich. Zudem besteht aufgrund der Überlassungshöchstdauer von 18 Monaten auch jedenfalls immer dann ein Problem, wenn ein (Schein-)Werkvertrag auf unbefristete oder jedenfalls längere Zeit angelegt ist. Folglich werden zahlreiche Unternehmen bei bestehenden Graubereichen zwischen Arbeitnehmerüberlassung und anderen Formen des drittbezogenen Fremdpersonaleinsatzes die offene Arbeitnehmerüberlassung erwägen.[49] Zudem ist aufgrund der zunehmend risikobehafteten Bereiche des Fremdpersonaleinsatzes ein Trend zur Begründung von unmittelbaren Arbeitsverhältnissen zu bemerken, wobei sich die Arbeitgeber über die etablierten Instrumente von Wartezeiten und Befristungen Flexibilität bzgl. des Bestandsschutzes bewahren.

5. Checkliste

Checkliste: Abgrenzung Werkvertrag/Arbeitnehmerüberlassung		34
Werkvertrag	**Arbeitnehmerüberlassung**	
☐ Keine Eingliederung in den Betrieb	☐ Eingliederung in den Betrieb • arbeitsteiliges Zusammenarbeiten mit Arbeitnehmern des Beschäftigungsbetriebs • Nutzung der betrieblichen Einrichtungen und Arbeitsgeräte des Dritten	
☐ Keine Weisungsrechte des Dritten • nur Abstimmung bzgl. des Werkergebnisses (Instandhaltung, Anlagenumbau) • Arbeitsanweisungen an Einsatzkräfte durch eigenes qualifiziertes Personal des Unternehmers	☐ Weisungsrechte • Arbeitsanweisungen durch Mitarbeiter des Beschäftigungsbetriebes	
☐ Bestimmbarkeit der Leistung • eigene abgrenzbare Werkleistung	☐ Keine Bestimmbarkeit der Leistung • Einsatz der Arbeitskräfte ohne Konkretisierung eines abnahmefähigen Werkes	
☐ Gewährleistung • Vereinbarung von (echten) Gewährleistungspflichten für Werkunternehmer	☐ Keine Gewährleistung • unverhältnismäßige Haftungsbeschränkung	
☐ Weitere Kriterien • Rundschreiben zur Behandlung der Arbeitssicherheit sind unschädlich • Abstimmung von Urlaub ist unschädlich • Austausch von Werkzeuggrundausstattung und Arbeitskleidung ist unschädlich	☐ Weitere Kriterien • Überlassung von Werkzeuggrundausstattung und Arbeitskleidung • Vorgesetzter bzw. vertraglicher Arbeitgeber ist fachlich bzw. technisch nicht in der Lage, die werkvertragliche Pflicht auszuführen	

---
[48] Schüren NZA 2013, 176 (177).
[49] Lembke NZA 2018, 393 (395).

- Arbeitsanweisungen durch vorgesetzten weiteren Arbeitnehmer des vertraglichen Arbeitgebers
- Jahrelange vertragliche Verbindung ist unschädlich
- Abrechnung nach Stundenverrechnungssätzen ist unschädlich

III. Überlassung von Maschinen und Bedienungspersonal

35 Von der Arbeitnehmerüberlassung sind die Fälle des drittbezogenen Personaleinsatzes zu unterscheiden, bei denen der Arbeitgeber einem Dritten Maschinen oder Geräte mit Bedienungspersonal überlässt. In Betracht kommt dies bei der **Vermietung** von Baumaschinen (zB Baggern und Planierraupen) oder etwa Flugzeugen. Bei solchen **gemischten Miet- und Dienstleistungsverschaffungsverträgen** geht es darum, durch die Personalüberlassung überhaupt erst den Einsatz der Geräte zu ermöglichen. Damit wäre das hochwertige Gerät ohne die Stellung des notwendigen Personals – etwa einer Flugzeugbesatzung – für den Mieter weitgehend nutzlos. Da damit die **Gestellung** des Personals in diesen Fällen nur dienende Funktion besitzt, die Überlassung der Arbeitnehmer den Vertrag also nicht **prägt,** ist das AÜG nicht berührt.[50] Die Rechtsprechung zu dieser „Geprägetheorie" entwickelte sich vor dem Inkrafttreten der Leiharbeits-RL, weshalb abzuwarten ist, ob diese einer Überprüfung durch den EuGH standhält.[51]

IV. Gemeinschaftsbetrieb

36 Bei einem Gemeinschaftsbetrieb mehrerer Unternehmen kann es schon begrifflich nicht zur Arbeitnehmerüberlassung kommen. Denn die in ihm beschäftigten Arbeitnehmer werden entsprechend des Schwerpunkts ihrer Tätigkeit einem der Unternehmen arbeitsrechtlich zugewiesen. Nur wenn es zu einer Vermischung zwischen den Arbeitnehmern kommt und eine **Zuordnung nicht mehr möglich ist,** kann im Ausnahmefall eine Arbeitnehmerüberlassung an das andere am Gemeinschaftsbetrieb beteiligte Unternehmen vorliegen.[52]

V. Arbeitsvermittlung

37 Bei der Arbeitsvermittlung geht es um die Zusammenführung von Arbeitsuchenden mit Arbeitgebern zur Begründung eines Arbeitsverhältnisses (§ 35 Abs. 1 SGB III). Die Arbeitsvermittlung erfolgt durch Private[53] sowie durch die Bundesagentur für Arbeit. Private Vermittler sind nicht verpflichtet, eine Erlaubnis zur Vermittlungstätigkeit von der Bundesagentur für Arbeit einzuholen.[54] Ebenfalls ist auch die Vermittlung von und ins Ausland durch private Vermittler und die Anwerbung von Arbeitnehmern aus dem Ausland zugelassen. Das BMAS kann jedoch durch Rechtsverordnung der Bundesagentur für Arbeit die Vermittlung für bestimmte Berufe und Tätigkeiten vorbehalten.

---

[50] LAG Köln 21.1.2016 – 7 Sa 858/15, BeckRS 2016, 69308; BA FW (Stand: 1.4.2017) § 1 Nr. 1.1.1.6.5.; BAG 2.8.2006 – 10 AZR 756/05, NJOZ 2006, 4714 (4719); 22.2.1994 – 7 AZR 77/93 nv, NZA 1993, 1125; 2.8.2006 – 10 AZR 765/05, NZA 2006, 1432; OLG München 12.1.2012 – 14 U 481/10, BeckRS 2012, 07197; *Kania* NZA 1994, 871.
[51] Vgl. *Lembke* NZA 2018, 393, 402.
[52] So Schüren/Hamann/*Schüren* AÜG § 1 Rn. 540 f.; aA LAG München 7.9.1998 – 10 Sa 130/98, EzAÜG AÜG § 10 Fiktion Nr. 95; 2.12.1998 – 7 Sa 127/98, EzAÜG AÜG § 10 Fiktion Nr. 96; *Ulber* AÜG § 1 Rn. 252; LAG Mecklenburg-Vorpommern 13.6.2017 – 5 Sa 209/16, BeckRS 2017, 116271; BAG 25.10.2000 – 7 AZR 487/99; NZA 2001, 259.
[53] Das Vermittlungsmonopol der Bundesagentur für Arbeit ist mit dem BeschFG 1994 gefallen.
[54] BGBl. 2002 I 1129 ff.

Das Arbeitserlaubnisverfahren bleibt jedoch davon unberührt. Das BMAS kann indes 38
durch Rechtsverordnung bestimmen, dass die Vermittlung für eine Beschäftigung im Ausland außerhalb der europäischen Gemeinschaft oder eines anderen Vertragsstaates des Abkommens über den europäischen Wirtschaftsraum für bestimmte Berufe und Tätigkeiten nur von der Bundesagentur für Arbeit durchgeführt werden darf (§ 292 SGB III). Das BMAS hat von dieser Ermächtigung Gebrauch gemacht und in § 38 BeschV geregelt, dass eine Vermittlung für eine Beschäftigung in Gesundheits- und Pflegeberufen nur von der Bundesagentur für Arbeit durchgeführt werden darf.

Rechtsverordnungen des BMAS regeln vereinzelt zudem gesondert den Rahmen der zu- 39
lässigen **Vergütung privater Arbeitsvermittler.** Bei Künstlern, Berufssportlern sowie verwandten Berufen darf die Vergütung für eine Arbeitsvermittlung in der Regel nicht mehr als 14 Prozent des dem Arbeitnehmer zukommenden Arbeitsentgelts (bei einer Höchstbemessungsdauer von bis zu zwölf Monaten) betragen.[55] Bei sonstigen Arbeitsuchenden darf die (nur im Falle erfolgreicher Vermittlung zulässige) Vermittlungsgebühr 2.000 EUR (im Einzelfall bis zu 2.500 EUR) nicht überschreiten (§ 296 Abs. 3 SGB III iVm § 45 Abs. 6 S. 4 SGB III).

Bei der **Einsatzarbeit** handelt es sich um eine neu diskutierte Möglichkeit der Gestaltung, 40
bei welcher keine Arbeitnehmerüberlassung vorliegen soll.[56] Es handelt sich um ein Dreipersonenverhältnis: Einsatzmittler, Arbeitnehmer und Einsatzunternehmen. Zwischen dem Arbeitnehmer und dem Einsatzunternehmen wird anders als bei der Arbeitnehmerüberlassung aber ein Arbeitsvertrag geschlossen, weshalb bei dem Einsatzunternehmen ein originäres Direktionsrecht begründet wird, sodass ein solches nicht übertragen werden muss. Zwischen dem Einsatzmittler und dem Einsatzunternehmen besteht hingegen nur ein „Grundverhältnis". Der Einsatzmittler verpflichtet sich gegenüber dem Einsatzunternehmen gegen Entgelt einen Arbeitnehmer zu vermitteln, wobei dieses häufig ein Maklerverhältnis darstellt und damit das gesetzliche Leitbild des einseitig verpflichtenden Maklervertrags zu berücksichtigen ist. Zwischen dem Arbeitnehmer und dem Einsatzmittler besteht eine dauerhafte Rechtsbeziehung (Deckungsverhältnis) gegen Entgelt, welches bei arbeitsrechtlicher Ausgestaltung während der Tätigkeit im Einsatzunternehmen ruhend gestellt oder aufgehoben werden kann, wobei bei Letzterem gleichzeitig eine Wiedereinstellung vereinbart wird. Aufgrund der dauerhaften Rechtsbeziehung zwischen dem Arbeitnehmer und dem Einsatzmittler liegt aber keine Arbeitsvermittlung vor, da die Arbeitsvermittlung nur eine einmalige Vermittlung bezweckt. Dieses Deckungsverhältnis kann auch als Maklerverhältnis oder Plattformverhältnis ausgestaltet werden.[57]

---

[55] Verordnung über die Zulässigkeit der Vereinbarung von Vergütungen von privaten Vermittlern mit Angehörigen bestimmter Berufe und Personengruppen (Vermittler-Vergütungsverordnung) vom 27.6.2002, BGBl. 2002 I 2439.
[56] BA FW (Stand 1.4.2017) Ziffer 1.1.5.
[57] So ausführlich dargestellt von *Vielmeier* RdA 2019, 371.

§ 66 Arbeitnehmerüberlassung
Übersicht

	Rn.
I. Grundsätze der Arbeitnehmerüberlassung	1–8
II. Übergangsrecht	9–11
III. Arbeitnehmerüberlassung im Rahmen wirtschaftlicher Tätigkeit	12–140
1. Anwendungsbereich des AÜG – generalisierte Erlaubnispflicht	12/13
2. Überlassungshöchstgrenze	14–35
a) Gestaltungsmöglichkeit der Überlassungshöchstdauer durch oder aufgrund von Tarifverträgen	19/20
b) Berechnung des Erreichens der Überlassungshöchstdauer	21–29
c) Folgeproblem: Konzernprivileg	30
d) Rechtsfolgen einer Überschreitung der Überlassungshöchstgrenze	31–35
3. Erlaubnisvorbehalt	36–68
a) Verbot mit Erlaubnisvorbehalt	36–39
b) Ausnahmen von Erlaubnispflicht	40–48
c) Sonderregelung	49–51
d) Sonderfälle	52–55
e) Versagungsgründe nach § 3 AÜG	56–63
f) Rücknahme der Erlaubnis	64/65
g) Widerruf der Erlaubnis	66
h) Erlöschen der Erlaubnis	67/68
4. Rechtsbeziehung Verleiher – Arbeitnehmer	69–100
a) Abschluss des Leiharbeitsvertrages	69–72
b) Gleichbehandlung, insbesondere Lohngleichheit	73–84
c) Befristung des Leiharbeitsverhältnisses	85–92
d) Kündigung des Leiharbeitsvertrages	93–98
e) Nachvertragliches Tätigkeits- und Einstellungsverbot	99/100
5. Rechtsbeziehung Entleiher – Arbeitnehmer	101–125
a) Gesetzliches Schutzpflichtverhältnis	101/102
b) Weisungsrecht des Entleihers	103
c) Informationspflicht der Entleiher über freie Arbeitsplätze	104/105
d) Zugang der Leiharbeitnehmer zu Gemeinschaftseinrichtungen des Entleihers	106–115
e) Betriebsbedingte Kündigung durch den Entleiher	116–120
f) Weitere arbeitsrechtliche Besonderheiten	121–125
6. Rechtsbeziehung Verleiher – Entleiher	126–134
a) Arbeitnehmerüberlassungsvertrag	126–130
b) Vermittlungsprovision	131–134
7. Erlaubniserteilungsverfahren	135–140
a) Zuständigkeit: Bundesagentur für Arbeit	135
b) Verfahrensregeln	136–140
IV. Illegale Arbeitnehmerüberlassung	141–169
1. Grundsatz und Bedeutung	141/142
2. Hauptfälle	143–148
a) Arbeitnehmerüberlassung ohne Erlaubnis	143/144
b) Vermutete Arbeitsvermittlung	145–147
c) Überschreitung der Überlassungshöchstgrenze	148
3. Rechtsfolgen für Arbeitsverhältnis Verleiher – Arbeitnehmer	149–154
a) Arbeitnehmerüberlassung ohne Erlaubnis	149/150
b) Vermutete Arbeitsvermittlung	151–153
c) Überschreitung der Überlassungshöchstdauer	154
4. Rechtsfolgen für Arbeitsverhältnis Entleiher – Arbeitnehmer	155–169
a) Fiktives neues Arbeitsverhältnis	155–158
b) Beginn und Dauer	159–161
c) Vollwertiges Arbeitsverhältnis	162–164
d) Beendigung	165/166
e) Widerspruchsmöglichkeiten	167
f) Durchsetzung von Rechten	168/169
V. Arbeitnehmerüberlassung im Konzern	170–175
1. Konzern iSd AÜG	170

	Rn.
2. „Nicht zum Zweck der Überlassung eingestellt oder beschäftigt"	171–173
3. Konzernweite Versetzungsklausel	174/175
VI. Arbeitnehmerüberlassung mit Auslandsbezug	176
VII. Ordnungswidrigkeiten, Straftaten	177/178
VIII. Gleichbehandlungsrecht, Sozialrecht	179–192
1. Gleichbehandlungsrecht	179–187
a) Arbeitgeberstellung des Entleihers	179–182
b) Weitere Besonderheiten	183–187
2. Sozialrecht	188–192
a) Ausgleichsabgabe gem. §§ 154, 160 SGB IX	188/189
b) Prüfungspflicht gem. § 164 SGB IX	190/191
c) Präventionspflichten gem. § 167 SGB IX	192
IX. Sozialversicherungsrecht, Steuerrecht	193–200
1. Sozialversicherungsrecht	193–197
2. Steuerrecht	198–200
X. Betriebsverfassungsrecht	201–216
1. Zuordnung der Leiharbeitnehmer	201–204
2. Beteiligungsrechte des Betriebsrates beim Einsatz von Leiharbeitnehmern	205–216
a) Mitbestimmung gem. §§ 14 Abs. 3 S. 1 AÜG, 99 BetrVG	205–208
b) Weitere Beteiligungsrechte des Betriebsrates	209–216
XI. Datenschutz	217/218

I. Grundsätze der Arbeitnehmerüberlassung

Im Rahmen der Arbeitnehmerüberlassung werden betriebliche Aufgaben nicht durch eigene Arbeitnehmer, sondern durch Leiharbeitnehmer verrichtet. § 1 Abs. 1 S. 1 Arbeitnehmerüberlassungsgesetz (AÜG) enthält seit dem 1.4.2017 eine Legaldefinition der Arbeitnehmerüberlassung. Der Anwendungsbereich der Erlaubnispflicht hat hierdurch jedoch keine Veränderung erfahren. Eine Arbeitnehmerüberlassung liegt vor, wenn ein Arbeitgeber als Verleiher einem Dritten (Entleiher) Arbeitnehmer (Leiharbeitnehmer) im Rahmen seiner wirtschaftlichen Tätigkeit zur Arbeitsleistung überlässt. Konkretisiert wird diese Legaldefinition gemäß § 1 Abs. 1 S. 2 AÜG durch das Erfordernis der Eingliederung des Leiharbeitnehmers in die Arbeitsorganisation des Entleihers und dem Unterliegen unter dessen Weisungen.[1] Hierdurch werden die in der Rechtsprechung entwickelten Kriterien zur Abgrenzung zwischen der Leiharbeit und dem Erfüllungsgehilfen im Rahmen eines Dienst- oder Werkvertrages normiert.[2] Der Leiharbeitnehmer steht in einem Arbeitsverhältnis zum Verleiher, wird auf Grund der Arbeitnehmerüberlassung aber bei dem Entleiher nach dessen Vorstellungen und Zielen in dessen Betrieb wie seine eigenen Arbeitnehmer eingesetzt. Obwohl zwischen Entleiher und Leiharbeitnehmer bei der Arbeitnehmerüberlassung kein Vertrag besteht, sondern nur ein gesetzliches Schutzpflichtenverhältnis, folgt der Leiharbeitnehmer während seiner Tätigkeit im Entleiherbetrieb ausschließlich den Weisungen des Entleihers.[3] Der Verleiher überträgt dem Entleiher somit auf Zeit sein Direktionsrecht im Sinne von § 106 GewO insoweit, dass der Entleiher dem Arbeitnehmer in seinem Betrieb arbeitsbezogene Weisungen erteilen kann.

Der EuGH geht in seiner Rechtsprechung davon aus, dass der Verleiher Vertragsarbeitgeber und der Entleiher nichtvertraglicher Arbeitgeber des Leiharbeiters ist.[4] Inwieweit diese Klassifizierungen von den deutschen Konstruktionen der Verhältnisse – dem faktischen Ar-

---

[1] BAG 3.12.1997 – 7 AZR 727/96, BB 1998, 1482; 3.12.1997 – 7 AZR 764/96, NZA 1998, 876; 26.4.1995 – 7 AZR 850/94, NZA 1996, 92; 1.6.1994 – 7 AZR 7/93, DB 1994, 2549; BVerwG 13.9.2007 – 3 C 49/06, DÖV 2008, 428.
[2] BT-Drs. 18/9232, 19.
[3] BAG 22.6.1994 – 7 AZR 286/93 DB 1995, 981; LAG Hamm 9.11.2006 – 15 Sa 789/06, BeckRS 2007, 43971, EzAÜG BGB § 611 Abgrenzung Nr. 11.
[4] EuGH 11.4.2013 – C 290/12, NZA 2013/495, mAnm Powietzka/Christ ZESAR 2013, 313; EuGH 21.10.2010 – C-242/09, NZA 2010, 1225.

beitsverhältnis, dem Schutzpflichtverhältnis oder anderen Ansätzen – differiert, ist nicht hinreichend geklärt.[5] Ist die Vorgabe des EuGH nicht inhaltsgleich mit der deutschen Gesetzesfassung, könnte dies erhebliche Folgen für die Praxis in den Bereichen des Kündigungsschutzes, des Betriebsverfassungsgesetzes und des Befristungsrechts haben. Hinreichend klärende Rechtsprechung, insbesondere einschlägige Vorabentscheidungsverfahren des Europäischen Gerichtshofs, ist diesbezüglich noch nicht vorhanden.

3   Rechtliche Regelungsgrundlage der Leiharbeit in Deutschland ist das Arbeitnehmerüberlassungsgesetz (AÜG). Der Gesetzeszweck des AÜG besteht zum einen in der Regelung der legalen Arbeitnehmerüberlassung und zum anderen in der Bekämpfung der illegalen Arbeitnehmerüberlassung.[6]

4   Das AÜG unterlag seit der Jahrtausendwende zahlreichen politischen und rechtlichen Diskussionen und wurde seitdem wiederholt geändert. Das AÜG in seiner Fassung vom 23.12.2002[7] ließ die Arbeitnehmerüberlassung sehr weitgehend zu. Nachdem der Arbeitnehmerverleih noch bis ins Jahre 1972 generell verboten war, entwickelte sich das AÜG über die Jahre zu einem Instrument der Beschäftigungsförderung. Der Gesetzgeber hatte erkannt, dass in der Möglichkeit einer kurzfristigen und unkomplizierten Arbeitskräfteüberlassung an Dritte für entleihende Unternehmen und auch für Arbeitnehmer vielfältige Chancen sowohl für einen gewinnbringenden Einsatz als auch für eine hohe Beschäftigungsquote liegen. Nach dem Überstehen der Finanz- und Wirtschaftskrise im Jahre 2008 wurden jedoch Stimmen laut, die einer ausufernden Arbeitnehmerüberlassungspraxis, insbesondere im konzerninternen Bereich, gesetzlich entgegenwirken wollten. Mit dem Ersten Gesetz zur Änderung des Arbeitnehmerüberlassungsgesetzes zur Verhinderung von Missbrauch der Arbeitnehmerüberlassung wollte der Gesetzgeber einigen in der Praxis aufgetretenen Fällen[8] des missbräuchlichen Einsatzes von Arbeitnehmerüberlassung entgegenwirken.[9]

5   Durch die im Jahre 2011 erfolgte zweistufige Reform des Arbeitnehmerüberlassungsgesetzes waren seit dem 1.4.2011 sowie seit dem 1.12.2011 maßgebliche Änderungen bei der Durchführung und rechtlichen Einordnung der Leiharbeit in Kraft getreten. Insbesondere die ab dem 1.12.2011 geltenden Neuregelungen resultierten dabei bereits aus der europäischen Richtlinienvorgabe. Die Richtlinie 2008/104/EG des Europäischen Parlaments und des Rates vom 19.11.2008 über Leiharbeit[10] regelte die für die EU-Mitgliedstaaten zwingenden Mindestvoraussetzungen der Leiharbeit und war gemäß Art. 11 Abs. 1 RL 2008/104/EG bis spätestens zum 5.12.2011 in den Mitgliedsstaaten umzusetzen.

6   Seit 2012 wurde zudem der Weg für einen Mindestlohn auch im Bereich der Zeitarbeit geebnet. Tariflich vereinbarte Mindeststundenentgelte können seither durch eine vom Bundesministerium für Arbeit und Soziales (BMAS) zu erlassende Rechtsverordnung als verbindliche Lohnuntergrenze festgelegt werden. Um die Einhaltung der Lohnuntergrenzen zu gewährleisten, wurden zudem Kontroll- und Sanktionskompetenzen an die Zollverwaltung erteilt, wie sie bereits im Rahmen des AEntG bestehen.

7   Mit Wirkung zum 1.4.2017 wurde das AÜG dann abermals reformiert. Die Reform erfolgte durch das Gesetz zur Änderung des Arbeitnehmerüberlassungsgesetzes und anderen Gesetzen vom 21.2.2017.[11] Die Überlassungsdauer ist nun zeitlich auf 18 Monaten und die gesetzliche Öffnungsklausel zur Gleichstellung bei der Vergütung auf 9 Monate begrenzt und stärker reglementiert. Durch Einführung der Offenlegungs- und Konkretisierungspflicht gem. § 1 Abs. 1 S. 5, 6 AÜG besteht nun auch ein ausdrückliches Verbot der verdeckten Arbeitnehmerüberlassung. Neu eingeführt wurde zudem das in § 11 Abs. 5 AÜG normierte Verbot, als bestreikter Entleiher Leiharbeitnehmer als sog. Streikbrecher einzusetzen. Ziel des Verbotes ist es, Leiharbeitern ein sozial angemessenes Arbeitsverhältnis zu gewähren und durch den Erhalt der Kampfparität die Funktionsfähigkeit der Tarifautonomie sicher-

---

[5] Ausf. hierzu: *Lembke* NZA 2013, 815; *Forst* RdA 2011, 228.
[6] ErfK/*Wank* AÜG § 1 Rn. 2.
[7] BGBl. 2002 I 4607.
[8] *Böhm* DB 2010, 672.
[9] BT-Drs. 17/4804, 1.
[10] ABl. 2008 L 327, 9.
[11] BGBl. 2017 I 258.

zustellen. Das Bundesverfassungsgericht bestätigte die Verfassungsmäßigkeit der Regelung, die zwar einen Eingriff in die Koalitionsfreiheit aus Art. 9 Abs. 3 GG des Arbeitgebers darstelle, nach Abwägung mit den damit verfolgten Zielen aber verhältnismäßig sei.[12]

Der Koalitionsvertrag zur 19. Legislaturperiode enthält das Vorhaben der Bundesregierung das Arbeitnehmerüberlassungsgesetz 2020 zu evaluieren.[13] Es wurden bereits Stimmen laut, dass insbesondere das Schriftformerfordernis gemäß § 12 AÜG einer Änderung zur reinen Textform bedarf und die Verlängerung und Änderung der Überlassungshöchstgrenze einer solchen Evaluation nicht standhalten sollte. 8

II. Übergangsrecht

Vor der Reform 2017 befanden sich die „Drehtürklauseln" in § 3 Abs. 1 Nr. 3 S. 4 und § 9 Nr. 2 AÜG und wurden von der Übergangsvorschrift § 19 aF AÜG erfasst. Die „Drehtürklausel", die im Januar 2010 eingeführt wurde, ist nun in § 8 Abs. 2 AÜG normiert und wird weiterhin von der Übergangsvorschrift erfasst. Nach § 19 Abs. 1 AÜG findet § 8 Abs. 2 keine Anwendung auf Leiharbeitsverhältnisse, die vor dem 15.12.2010 begründet worden sind. 9

Die weitere Übergangsvorschrift in § 19 Abs. 2 AÜG betrifft die Überlassungshöchstdauer von 18 Monaten und die Gewährung von Equal Pay nach neun Monaten. Bei der Berechnung der Überlassungshöchstdauer nach § 1 Abs. 1b AÜG und der Berechnung der Überlassungszeiten nach § 8 Abs. 4 S. 1 AÜG werden Überlassungszeiten vor dem 1. April 2017 gemäß § 19 Abs. 2 AÜG nicht berücksichtigt. Damit waren Verleihzeiten bis zum 31.3.2017 für die Berechnung irrelevant. Folglich konnte die Überlassungshöchstdauer frühestens am 1.10.2018 überschritten werden und der Anspruch auf Equal Pay ist damit frühestens am 1.1.2018 entstanden.[14] Geltung hat diese Übergangsvorschrift allerdings nur für die gesetzlichen Regelungen. Wird durch Tarifvertrag von der Überlassungshöchstdauer abgewichen oder das Arbeitsentgelt entgegen dem Gleichstellungsgrundsatz abweichend festgelegt, können die Tarifparteien auch die Berücksichtigung von Verleihzeiten vor dem 1.4.2017 vereinbaren.[15] 10

Für andere Regelungen, die zum 1.4.2017 in Kraft getreten sind, wie beispielsweise die Offenbarungspflicht gemäß § 1 Abs. 1 S. 5 und 6 AÜG, wurden keine Übergangsvorschriften normiert, weshalb diese unmittelbar auch auf bereits laufende Arbeitnehmerüberlassungen Anwendung fanden. 11

III. Arbeitnehmerüberlassung im Rahmen wirtschaftlicher Tätigkeit

1. Anwendungsbereich des AÜG – generalisierte Erlaubnispflicht

Wirtschaftliche Tätigkeit. Das Arbeitnehmerüberlassungsgesetz fand bis zum Jahre 2011 nur Anwendung auf die „gewerbsmäßige" Arbeitnehmerüberlassung. 12

Seit 2011 differenziert das AÜG jedoch nicht mehr zwischen gewerblicher und nicht gewerblicher Arbeitnehmerüberlassung. Vielmehr gilt das AÜG nach § 1 Abs. 1 S. 1 bereits dann, wenn die Arbeitnehmerüberlassung im Rahmen der **wirtschaftlichen Tätigkeit** des Verleihers erfolgt. Der Begriff der wirtschaftlichen Tätigkeit entstammt Art. 1 Abs. 2 der Leiharbeitsrichtlinie,[16] weswegen auch die hierfür entwickelte Definition zu Grunde zu legen ist.[17] Unter wirtschaftlicher Tätigkeit ist demnach jede Tätigkeit zu verstehen, die dar- 13

---

[12] BVerfG 19.6.2020 – 1 BvR 842/17, BeckRS 2020, 18478.
[13] Vgl. Koalitionsvertrag zwischen CDU, CSU und SPD S. 52 und BT-Drs. 19/11667, 7 zum näheren Vorgehen der Evaluation.
[14] BeckOK ArbR/*Kock* AÜG § 19 Rn. 3.
[15] BeckOK ArbR/*Kock* AÜG § 19 Rn. 4.
[16] Richtlinie 2008/104/EG des Europäischen Parlaments und des Rates vom 19. November 2008.
[17] LAG Düsseldorf 26.7.2012 – 15 Sa 1452/11, BeckRS 2012, 71608; LAG Schleswig-Holstein 24.10.2013 – 4 TaBV 8/13, BeckRS 2013, 75028.

in besteht, Güter oder Dienstleistungen auf einem bestimmten Markt anzubieten.[18] Eine wirtschaftliche Tätigkeit kann somit sogar dann vorliegen, wenn die Absicht der Gewinnerzielung fehlt, da das Angebot mit dem von Wirtschaftsteilnehmern konkurriert, die den gleichen Zweck verfolgen.[19] Für die Praxis und den anwaltlichen Berater bedeutet dies, dass im Regelfall von einer Erlaubnispflicht einer Arbeitnehmerüberlassung auszugehen sein wird und eine entsprechende Erlaubnis eingeholt werden sollte. Dies ist bereits allein aufgrund der Geschäftsanweisung zum AÜG der Bundesagentur für Arbeit (BA) sinnvoll, die regelmäßig von einer wirtschaftlichen Tätigkeit und somit einer Erlaubnispflicht ausgeht.[20]

2. Überlassungshöchstgrenze

14   Das AÜG trat erstmals im Jahr 1972 in Kraft und erlaubte bereits damals nur eine Überlassung für einen begrenzten Zeitraum.[21] Im Laufe der Jahre variierte die Überlassungshöchstdauer immer wieder, zeitweise wurde sie durch die Hartz-Reformen 2002 sogar vollständig aufgehoben.[22] Seit der AÜG-Reform 2017 ist aktuell eine Überlassungshöchstdauer von grundsätzlich 18 Monaten normiert. Nach § 1 Abs. 1 S. 4 AÜG ist die Überlassung von Arbeitnehmern nunmehr ausschließlich zulässig, wenn sie vorübergehend bis zu einer Überlassungshöchstdauer nach § 1 Abs. 1b AÜG erfolgt. Der Verleiher darf denselben Leiharbeitnehmer gemäß § 1 Abs. 1b AÜG nicht länger als 18 aufeinander folgende Monate demselben Entleiher überlassen und auch der Entleiher darf denselben Leiharbeitnehmer nicht länger als 18 Monate tätig werden lassen.[23] Der Begriff des Entleihers ist unternehmensbezogen.[24]

15   Die europarechtliche Vorgabe der Richtlinie enthält in ihrer Begriffsbestimmung lediglich eine vorübergehende Überlassung und keine Verpflichtung zur gesetzlichen Festlegung einer Überlassungshöchstdauer,[25] weshalb die deutsche Regelung über die europarechtlichen Vorgaben hinaus geht.

16   Der Begriff „vorübergehend" im Sinne von § 1 Abs. 1 S. 2 aF AÜG hat durch die letzte Reform keine eigenständige Bedeutung mehr.[26] Die bisherige Frage, ob „vorübergehend" analog § 14 TzBfG auszulegen ist[27] oder nur negativ abzugrenzen ist, als eine Überlassung die nicht von Dauer ist,[28] oder lediglich im Sinne einer allgemeinen Missbrauchskontrolle zu verstehen ist, kann damit dahinstehen. Zumal auch das BAG die Frage nach der Auslegung bis zur Reform 2017 nicht beantwortet hatte.[29]

17   Gleichsam ist mit der neuen Überlassungshöchstdauer auch der Streit, ob die vorübergehende Überlassung an die konkret zu besetzende Arbeitsplatz oder an den konkreten Leih-

---

[18] LAG Düsseldorf 26.7.2012 – 15 Sa 1452/11, BeckRS 2012, 71608; *Leuchten* NZA 2011, 608 (609); LAG Baden-Württemberg 11.2.2016 – 3 TaBV 2/14, BeckRS 2016, 67031; EuGH 19.2.2002 – C-309/99, NJW 2002, 877; 10.1.2006 – C-222/04, EuZW 2006, 306 (310).
[19] LAG Schleswig-Holstein 24.10.2013 – 4 TaBV 8/13, BeckRS 2013, 75028; EuGH 10.1.2006 – C-222/04, EuZW 2006, 306; *Lembke* DB 2011, 414.
[20] Geschäftsanweisung zum AÜG der Bundesagentur für Arbeit v. 20.7.2015, Ziff. 1.1.3. Abs. 1.
[21] BeckOK ArbR/*Kock* AÜG § 1 Rn. 86.
[22] Vgl. *Thüsing* AÜG § 1 Rn. 10–20.
[23] Fraglich ist, ob eine solche Regelung arbeitnehmerfreundlich ist. In Fällen einer Vertretung wegen Erziehungsurlaub (24 Monate) muss der Leiharbeitnehmer seine Tätigkeit nach 18 Monaten abbrechen, um die Überlassungshöchstdauer nicht zu überschreiten. Einher geht dies allerdings ebenfalls mit dem Verlust des Equal-Pay-Anspruchs.
[24] BA FW (Stand: 1.4.2017) Ziffer 1.2.1. Abs. 1; aA betriebsbezogen: *Lembke* NZA 2017, 1 (4); *Talkenberg* NZA 2017, 473; vgl. hierzu *Henssler* RdA 2017, 83 (94).
[25] Art. 3 Richtlinie 2008/104/EG; Stellungnahme der EU-Kommission im Beschwerdeverfahren gegen Deutschland Az.: CHAP(2015)00716. Vorlage zum Begriff „vorübergehend" iSd Art. 1 der Leiharbeitsrichtlinie an den EuGH: LAG Berlin-Brandenburg 13.5.2020 – 15 Sa 1991/19.
[26] Schüren/Hamann/*Hamann* AÜG § 1 Rn. 293.
[27] Ablehnend LAG Düsseldorf 2.10.2012 – 17 TaBV 38/12, BeckRS 2012, 75357.
[28] LAG Hamburg 4.9.2013 – 5 TaBV 6/13, BeckRS 2013, 75020; LAG Niedersachsen 14.11.2012 – 12 TaBV 62/12.
[29] BAG 10.12.2013 – 9 AZR 51/13, BeckRS 2013, 74921 sowie 10.7.2013 – 7 ABR 91/11, BeckRS 2013, 70579.

arbeitnehmer anknüpft hinfällig.[30] Nach dem Gesetzeswortlaut ist eine individuelle Einsatzlimitierung gewollt.[31]

Sinn und Zweck der neuen Regelung ist es, Rechtssicherheit zu schaffen und die Leiharbeitnehmer zu schützen, indem diese lediglich für einen begrenzten Zeitraum eingesetzt werden dürfen. Als Leitbild für die Festlegung der 18 Monate dienten bereits bestehende tarifvertragliche Vereinbarungen aus der betrieblichen Praxis. Zudem soll einer dauerhaften Substitution der Stammbelegschaft entgegengewirkt werden,[32] wobei es den Unternehmen jedoch ebenfalls gestattet sein soll, Auftragsspitzen mit flexiblen Einsatzmöglichkeiten zu bewältigen.[33]

a) Gestaltungsmöglichkeit der Überlassungshöchstdauer durch oder aufgrund von Tarifverträgen. Nach § 1 Abs. 1b S. 3 AÜG ist § 1 Abs. 1b S. 1 AÜG kollektivvertragsdispositiv, sodass die gesetzliche Überlassungshöchstdauer durch einen Tarifvertrag der Einsatzbranche für tarifgebundenen Entleiher gekürzt oder erhöht werden kann. Die Sozialpartner befinden sich aufgrund ihrer Sachnähe in einer Position, durch welche sie die für ihre Branche am besten geeignete Lösung vereinbaren können.[34] Hiermit soll die Arbeitnehmerüberlassung flexibel und bedarfsgerecht bleiben. Die tariflichen Regelungen müssen aber ihrerseits eine zeitlich bestimmte Überlassungsdauer enthalten, da ansonsten der vorübergehende Charakter der Arbeitnehmerüberlassung nicht gegeben ist. Ein unbefristeter bzw. dauerhafter Einsatz von Leiharbeitnehmern durch oder aufgrund von Tarifverträgen ist damit unzulässig.[35] Zu beachten ist, dass allein den Tarifparteien der Einsatzbranche abweichende Tarifregelungen ermöglicht werden.[36] Im Tarifregister des Bundes sind 109 Tarifverträge registriert, die mit Stand vom April 2019 von der Überlassungshöchstgrenze abweichen.[37] Zudem besteht gemäß § 1 Abs. 1b S. 4 AÜG auch die Möglichkeit im Geltungsbereich eines solchen Tarifvertrags abweichende tarifrechtliche Regelungen im Betrieb eines nicht tarifgebundenen Entleihers durch Betriebs- oder Dienstvereinbarungen zu übernehmen.

Zu unterscheiden ist hiervon allerdings, dass die Betriebspartner von normativ tarifgebundenen Betrieben, den Tarifpartner entsprechend, gemäß § 1 Abs. 1b S. 5 AÜG durch Betriebs- oder Dienstvereinbarungen Abweichungen regeln können, soweit der Tarifvertrag der Tarifvertragsparteien der Einsatzbranche eine Öffnungsklausel beinhaltet. Nicht tarifgebundene Entleiher können bei solchen Öffnungsklauseln gemäß § 1 Abs. 1b S. 6 AÜG ebenfalls Abweichungen regeln, jedoch nur bis zu einer Überlassungshöchstdauer von 24 Monaten.

b) Berechnung des Erreichens der Überlassungshöchstdauer. Die Fristberechnung erfolgt grundsätzlich nach § 186 ff. BGB.[38] Fristbeginn und Fristende werden gem. § 187 Abs. 2 und § 188 Abs. 2 BGB ermittelt.[39] Ob für den Fristbeginn die tatsächliche Arbeitsaufnahme oder[40] der Tag, an dem der Leiharbeitnehmer die Tätigkeit bei dem Entleiher nach dem Überlassungsvertrag aufnehmen soll,[41] ausschlaggebend ist, wird in der Literatur unter-

---

[30] Vgl. zu dem bisherigen Streit: *Nießen/Fabritius* NJW 2014, 263.
[31] So auch Schüren/Hamann/*Hamann* AÜG § 1 Rn. 324.
[32] Krit. *Thüsing* DB 2016, 2663 (2667): Schutz der Stammbelegschaft kann nicht durch Überlassungshöchstdauer bezweckt werden. Nach der Rspr. müssen bei betriebsbedingten Kündigungen im Entleihbetrieb zunächst die Leiharbeitnehmer abgezogen werden (vgl. ErfK/*Oetker* KSchG § 1 Rn. 256), sodass betriebsbedingte Kündigungen der Stammbelegschaft durch eine höhere Anzahl von Leiharbeitnehmern erschwert werden.
[33] BT-Drs. 18/9232, 20.
[34] BT-Drs. 18/9723, 9.
[35] Thüsing AÜG/*Waas* § 1 Rn. 164.
[36] Ob hierin eine Tarifentmündigung der Zeitarbeitsbranche zu sehen und damit einen Verstoß gegen die positive Koalitionsfreiheit gegeben ist, diskutieren ua *Henssler* RdA 2017, 83 (97); *Zimmermann* BB 2016, 53 (54); *Hamann* NZA 2015, 904 (907).
[37] BT-Drs. 19/9779, 8.
[38] *Bissels/Falter* ArbRAktuell 2017, 4 (5).
[39] FW BA AÜG Ziff. 1.2.1 Abs. 1.
[40] BeckOK ArbR/*Kock* AÜG § 1 Rn. 92, vgl. BAG 20.1.2016 – 7 AZR 535/13, NJOZ 2016, 1259 (1261) (Die Rechtsfolgen einer fehlenden Erlaubnis treten nicht mit der Vereinbarung der Beteiligten über eine beabsichtigte Überlassung ein, sondern mit der tatsächlichen Überlassung); *Henssler* RdA 2017, 83 (95).
[41] *Lembeck* NZA 2017, 1 (4); Schüren/Hamann/*Hamann* AÜG § 1 Rn. 333.

schiedlich bewertet. Nach der Fachlichen Weisung der Bundesagentur für Arbeit ist die vertragliche Vereinbarung zwischen Entleiher und Verleiher maßgeblich.[42] Folglich führt nach der zuerst genannten Ansicht eine Vereinbarung, die eine Überschreitung im Arbeitnehmerüberlassungsvertrag darstellt, nicht zu einem Verstoß gegen § 1 Abs. 1b AÜG, wenn die Überlassung tatsächlich mit Ablauf der 18 Monate endet.[43] Ein Verstoß des Verleihers liegt auch dann nicht vor, wenn der Leiharbeitnehmer gegen den Willen des Verleihers über die Überlassungshöchstdauer hinaus weiter bei dem Entleiher tätig ist, da keine zwischen dem Verleiher und Entleiher vereinbarte Überlassung mehr vorliegt.[44] Allerdings liegt auf Seiten des Entleihers ein Verstoß vor, da dieser den Leiharbeitnehmer weiterhin tätig werden lässt.

22 Wichtig für die Berechnung ist, dass bei Teilzeitleiharbeitnehmern keine arbeitszeitanteilige Anrechnung (nach Anzahl der Wochenarbeitstage) erfolgt, damit ist es irrelevant, ob Leiharbeitnehmer Voll- oder Teilzeit tätig sind.[45] Der Wortlaut des § 1 Abs. 1b AÜG setzt nicht voraus, dass eine Überlassung für den gesamten Monat erfolgt.

23 Des Weiteren ist zu beachten, dass § 191 BGB keine Anwendung findet.[46] Nach § 1 Abs. 1b AÜG darf die Überlassung 18 aufeinander folgende Monate nicht überschreiten, weshalb eine zusammenhängende Frist zu berechnen ist.[47] Durch die im Rahmen der sog. Corona-Krise eingeführte Öffnung der Kurzarbeit für Leiharbeitnehmer stellt sich die Frage, wie sich die Einführung von Kurzarbeit auf die Berechnung des Überlassungszeitraums auswirkt. Für die rechtliche Bewertung ist in zwischen einer teilweisen Minderung der Arbeitszeit (zB 85 %) und der Reduzierung der Arbeitszeit auf Null (sog. Kurzarbeit Null) vorzunehmen. Während die teilweisen Kürzung der Arbeitszeit keine andere Berechnung der Überlassungshöchstdauer zulässt, ist der Leiharbeitnehmer bei Kurzarbeit Null nicht mehr in der Arbeitsorganisation des Entleihers eingegliedert, sodass die Zeit der Unterbrechung nicht in die Überlassungshöchstdauer einzurechnen ist.[48]

24 Ist die Überlassungshöchstdauer bei einem Leiharbeitnehmer erreicht, der Bedarf nach einer Fortführung der Tätigkeit beim selben Entleiher aber noch fortbesteht, kann nach § 1 Abs. 1b S. 2 AÜG der Leiharbeitnehmer erst nach einer Karenzfrist von drei Monaten erneut beim Entleiher eingesetzt werden. Hierdurch sollen Umgehungsstrategien verhindert werden.[49] Nach Ablauf dieser Karenzfrist beginnt ein neuer Achtzehnmonatszeitraum zu laufen. Zwischen den Überlassungseinsätzen müssen aber mindestens drei Monate und ein Tag liegen, da das Gesetz nicht von mindestens drei Monaten spricht,[50] sondern von mehr als drei Monaten.

25 Ist die Überlassungshöchstdauer bei einem beendeten Einsatz nicht erreicht worden, soll der Leiharbeitnehmer aber vor der dreimonatigen Karenzfrist erneut beim selben Entleiher eingesetzt werden, ist eine Überlassung lediglich für die verbliebene Restlaufzeit der vorherigen Überlassung zulässig und nicht für einen erneuten achtzehnmonatigen Einsatz.[51] Der Unterbrechungszeitraum ist dabei allerdings nicht auf die Überlassungshöchstdauer anzurechnen.[52]

26 Irrelevant für die Überlassungshöchstdauer ist, ob ein zwischenzeitlicher Wechsel zu einem anderen Verleiher vorliegt, denn entscheidend sind allein die Überlassungszeiten beim jeweiligen Entleiher.[53]

27 Die gesetzliche Festlegung einer Überlassungshöchstdauer hat damit zur Folge, dass der Verleiher, um einen Verstoß zu verhindern, vor jeder Überlassung überprüfen muss, ob der

---

[42] FW BA AÜG Ziff. 1.2.1 Abs. 2.
[43] *Bissels/Falter* ArbRAktuell 2017, 4 (5).
[44] *Bissels/Falter* ArbRAktuell 2017, 4 (5).
[45] FW BA AÜG Ziff. 1.2.1 Abs. 2.
[46] AA *Pütz* DB 2017, 452.
[47] Schüren/Hamann/*Hamann* AÜG § 1 Rn. 332.
[48] Vgl. https://www.arbeitsagentur.de/news/corona-virus-informationen-fuer-unternehmen-zumkurzarbeitergeld; BeckOK ArbR/*Kock* AÜG § 1 Rn. 102bb.
[49] BT-Drs. 18/9232, 20.
[50] Schüren/Hamann/*Hamann* AÜG § 1 Rn. 336; *Lembke* NZA 2017, 1 (4).
[51] FW BA AÜG Ziff. 1.2.1 Abs. 3.
[52] BeckOK ArbR/*Kock* AÜG § 1 Rn. 98.
[53] FW BA AÜG Ziff. 1.2.1 Abs. 3.

Leiharbeitnehmer die Überlassungshöchstdauer bei demselben Entleiher erreicht hat und wenn ja, ob die dreimonatige Frist im Sinne von § 1 Abs. 1b S. 2 AÜG eingehalten wurde, sodass ein neuer achtzehnmonatiger Überlassungszeitraum beginnt. Empfehlenswert ist daher ein strenges Fristenkontrollsystem.[54]

Zudem kann nach der Fachlichen Weisung der Bundesagentur für Arbeit der Verleiher mit dem Leiharbeitnehmer im Arbeitsvertrag vereinbaren, dass der Leiharbeitnehmer verpflichtet ist, dem Verleiher mitzuteilen, wenn er bei einem Entleiher tätig werden soll oder wird, bei welchem er innerhalb der letzten drei Monate vor Einsatzbeginn bereits über einen anderen Verleiher tätig war.[55]

Mit der engen Begrenzung der Überlassungszeiten will der Gesetzgeber klarstellen, dass das deutsche Modell der Arbeitnehmerüberlassung der europarechtlichen Vorgabe entspricht. Durch die Neuregelung des § 1 Abs. 1 S. 2 AÜG sind **dauerhafte Überlassungen nicht mehr zulässig**, was sich unter anderem auf die strukturell organisierte konzerninterne Personalüberlassung begrenzend ausgewirkt hat.[56]

c) **Folgeproblem: Konzernprivileg.** Das Konzernprivileg bleibt auch nach der Reform 2017 in § 1 Abs. 3 Nr. 2 AÜG normiert, weshalb der Anwendungsbereich des AÜG bei einer konzerninternen Arbeitnehmerüberlassung weiterhin nicht eröffnet ist.[57] Allerdings findet eine Änderung insoweit statt, als dass die vorübergehende Überlassung nun kein Anknüpfungsmerkmal mehr darstellt. Anknüpfungsmerkmal ist nun gemäß § 1 Abs. 3 Nr. 2 AÜG, dass der Arbeitnehmer nicht „zum Zwecke der Überlassung" eingestellt und beschäftigt wird. Vom Anwendungsbereich des AÜG erfasst sind damit jedenfalls konzerninterne Personalleasinggesellschaften.[58]

d) **Rechtsfolgen einer Überschreitung der Überlassungshöchstgrenze.** Die Überschreitung der Überlassungshöchstgrenze führt gemäß § 9 Abs. 1 Nr. 1b AÜG zur Unwirksamkeit des Leiharbeitsvertrags. Nach § 9 Abs. 2, 3 AÜG kann diese Rechtsfolge allerdings verhindert werden, indem der Leiharbeitnehmer eine form- und fristgemäße Festhaltenserklärung abgibt. Für die Wirksamkeit der Festhaltenserklärung sind zahlreiche Voraussetzungen erforderlich, die ohne rechtliche Beratung kaum zu erfüllen sind. Inwieweit der Gesetzgeber daher eine Regelung geschaffen hat, die dem Arbeitnehmer seine privatautonome Entscheidung bezüglich der Wahl seines Arbeitgebers sichert, ist fraglich.[59] Macht der Leiharbeitnehmer von seinem Widerspruchsrecht keinen Gebrauch, entsteht nach § 10 Abs. 1 S. 1 AÜG ein Arbeitsverhältnis zwischen dem Leiharbeitnehmer und dem Entleiher und damit kommt es zu einem Arbeitgeberwechsel. Ist im Entleiherbetrieb ein Betriebsrat vorhanden, steht diesem ein Zustimmungsverweigerungsrecht nach § 99 Abs. 2 Nr. 1 BetrVG zu.

Zudem kann die Überschreitung der Überlassungshöchstgrenze für die Versagung einer Erlaubnis gemäß § 3 Abs. 1 AÜG im Rahmen der Prognose der Zuverlässigkeit des Verleihers entscheidend sein.

Für den Verleiher stellt eine Überschreitung nach § 16 Abs. 1 Nr. 1e AÜG eine Ordnungswidrigkeit dar. Das folgende Bußgeld kann gem. § 16 Abs. 2 AÜG bis zu 30.000 Euro betragen. Die Unwirksamkeit des Arbeitnehmerüberlassungsvertrages kann allerdings hierdurch nicht abgeleitet werden.[60]

Durch § 1 Abs. 1 S. 4 AÜG hat der Gesetzgeber ein Verbotsgesetz im Sinne von § 134 BGB geschaffen, denn die Arbeitnehmerüberlassung wurde bei Überschreitung der Überlassungshöchstgrenze ausdrücklich als unzulässig kodifiziert. Folglich kann die Nichtigkeit des Rechtsgeschäfts gegeben sein. Hintergrund der Regelung ist der Wille des Gesetz-

---

[54] *Talkenberg* NZA 2017, 473 (475).
[55] FW BA AÜG Ziff. 1.2.3 Abs. 2.
[56] *Heuchemer/Schielke* BB 2011, 758; krit. dazu *Böhm* DB 2010, 672.
[57] Mangels einer solchen Bereichsausnahme in der Richtlinie wird teilweise eine Europarechtswidrigkeit diskutiert, siehe hierzu: *Böhm* DB 2011, 473 (474); *Lembke* DB 2011, 414 (416). Andere Ansicht *Forst* ZESAR 2011, 3016 (3020).
[58] BT-Drs. 17/4804, 8.
[59] *Henssler* RdA 2017, 83 (99).
[60] Schüren/Hamann/*Hamann* AÜG § 1 Rn. 384; aA *Lembke* NZA 2017, 1 (6); *Wank* RdA 2017, 100 (109).

gebers, die nicht vorübergehende Arbeitnehmerüberlassung als Verbotsgesetz im Sinne von § 99 Abs. 2 Nr. 1 BetrVG zu normieren.[61]

35 Der Entleiher kann Beteiligter der Ordnungswidrigkeit sein, § 14 Abs. 1 S. 1 OWiG sieht auch hierfür eine Geldbuße von bis zu 30.000 EUR vor.

3. Erlaubnisvorbehalt

36 **a) Verbot mit Erlaubnisvorbehalt.** Nach § 1 Abs. 1 S. 1 AÜG unterliegt jede Arbeitnehmerüberlassung im Rahmen der wirtschaftlichen Tätigkeit des Verleihers einer Erlaubnispflicht. Insofern besteht weiterhin ein (nunmehr ausgeweitetes) grundsätzliches Verbot mit Erlaubnisvorbehalt, welches dem arbeits- und sozialversicherungsrechtlichen Schutz der Leiharbeitnehmer dienen soll. Nicht nur reine Verleihagenturen oder Unternehmen, die gewerbsmäßige Arbeitnehmerüberlassung als Nebenzweck betreiben, unterliegen den Regularien des AÜG, sondern auch solche Unternehmen die keine konkrete Gewinnerzielungsabsicht verfolgen.[62] Betroffen sind insbesondere auch die konzerninterne Verleihvorgänge,[63] auch wenn hierbei regelmäßig kein Gewinn auf Seiten des verleihenden Konzernunternehmens generiert wird und das BAG früher hier keine gewerbsmäßige Betätigung als gegeben ansah.[64] Selbst rein karitative, soziale und private Überlassungen sind nicht erlaubnisbefreit, wenn ein genereller Marktbezug vorliegt.[65]

37 Die **Erlaubnis zur Arbeitnehmerüberlassung** muss vor Beginn der Arbeitnehmerüberlassung beantragt und erteilt worden sein. Die Erlaubnis wird auf schriftlichen Antrag von der Bundesagentur für Arbeit unter bestimmten Voraussetzungen erteilt. Nach § 2 Abs. 4 AÜG ist die Erlaubnis zunächst auf ein Jahr zu befristen. Die Erlaubnis kann unter Bedingungen und Auflagen sowie unter dem Vorbehalt des Widerrufs erteilt werden. Nach Ablauf der Befristung kann eine Verlängerung der Erlaubnis erfolgen. Eine unbefristete Erlaubnis wird frühestens nach drei Jahren andauernder erlaubter Arbeitnehmerüberlassung erteilt (§ 2 Abs. 5 AÜG).

38 Über Fragen des AÜG (zB die Erlaubnisvoraussetzungen) werden von den zuständigen Behörden allenfalls Auskünfte allgemeiner Art erteilt. Es werden jedoch keine Negativbescheinigungen ausgestellt bzw. verbindliche Auskünfte darüber erteilt, ob das AÜG in konkreten Sachverhalten anzuwenden ist und ggf. eine Erlaubnispflicht vorliegt. Das VwVfG sieht, anders als zB das Steuerrecht oder das Sozialversicherungsrecht hinsichtlich Arbeitnehmer-Statusfragen, keine derartige Prüfung bzw. verbindliche Vorabfestellung vor. Die Arbeitsagenturen sollen laut interner Durchführungsanweisung die Anfragenden insoweit auf die Beratung durch Rechtsanwälte verweisen.[66]

39 Anfang 2017 hat der EuGH entschieden, dass die Leiharbeitsrichtlinie und damit auch das AÜG und der Erlaubnisvorbehalt nicht nur auf Arbeitnehmer anwendbar sind, die mit dem Verleihunternehmen einen Arbeitsvertrag haben, sondern auch auf Personen, die mit einem solchen Unternehmen ein „Beschäftigungsverhältnis" haben.[67] Damit fallen auch z. B. Rot-Kreuz-Schwestern, die nach deutschem Recht nicht als Arbeitnehmer erfasst werden, unter den Anwendungsbereich der Richtlinie. Das BAG hat die Gestellung der DRK-Schwestern sodann ebenfalls als Arbeitnehmerüberlassung klassifiziert.[68] Der Gesetzgeber hat anschließend mit § 2 Abs. 4 DRK-Gesetz auf diese Entscheidungen reagiert.

40 **b) Ausnahmen von Erlaubnispflicht.** Der Gesetzgeber hat im AÜG einige Ausnahmesituationen aufgenommen, die von dem Grundsatz des Erlaubnisvorbehaltes ausgenommen sind.

---

[61] Vgl. BAG 10.7.2013 – 7 ABR 91/11, AP AÜG § 1 Nr. 33.
[62] Zum Erstreben eines wirtschaftlichen Vorteils durch Arbeitnehmerüberlassung siehe Schüren/Hamann/Hamann AÜG § 1 Rn. 267 ff.
[63] LAG Düsseldorf 26.7.2012 – 15 Sa 1452/11, BeckRS 2012, 71608; Rosenau/Mosch NJW-Spezial 2011, 242.
[64] BAGE 94, 144 = NZA 2011, 1119 = EzA AÜG § 14 Nr. 4; aA LAG Schleswig-Holstein 3.7.2008 – 4 TaBV 9/08, BeckRS 2008, 57778; 18.6.2008 – 3 TaBV 12/08, BeckRS 2008, 57064.
[65] LAG Düsseldorf 26.7.2012 – 15 Sa 1452/11, BeckRS 2012, 71608; LAG Schleswig-Holstein 24.10.2013 – 4 TaBV 8/13, BeckRS 2013, 75028; aA Hamann NZA 2011, 70 (71).
[66] Geschäftsanweisung zum AÜG der Bundesagentur für Arbeit v. 20.7.2015, Ziff. 2.1.1. Abs. 1.
[67] EuGH 17.11.2016 – C-216/15, NZA 2017, 41.
[68] BAG 21.2.2017 – 1 ABR 62/12, NZA 2017, 662.

aa) Arbeitsgemeinschaft. Nach § 1 Abs. 1a S. 1. AÜG gilt die Abordnung von Arbeitnehmern zu einer zur Herstellung eines Werkes gebildeten **Arbeitsgemeinschaft** unter bestimmten Voraussetzungen nicht als erlaubnispflichtige Arbeitnehmerüberlassung. Diese Vorschrift trägt den besonderen Bedürfnissen der Bauwirtschaft Rechnung, gilt aber für alle Wirtschaftszweige, wenn eine arbeitsteilig angelegte Projektorganisation zum Zusammenschluss in Arbeitsgemeinschaften führt. Hierzu erforderlich ist zunächst die Bildung einer solchen Arbeitsgemeinschaft sowie die Mitgliedschaft von Ver- und Entleiher in dieser. Die Arbeitnehmer werden daraufhin zur Arbeitsgemeinschaft abgeordnet. Weiterhin müssen die Mitglieder in den Geltungsbereich von Tarifverträgen desselben Wirtschaftszweiges fallen und nicht zuletzt zur selbstständigen Erbringung von Leistungen im Rahmen der Werksherstellung verpflichtet sein. So soll verhindert werden, dass reine Leiharbeitsfirmen Teil einer Arbeitsgemeinschaft werden. Die Voraussetzungen sind nicht tarifdispositiv und müssen kumulativ vorliegen.

Nach § 1 Abs. 1a S. 2 AÜG liegt auch keine Arbeitnehmerüberlassung vor, wenn ein Arbeitgeber mit **Geschäftssitz in einem anderen Mitgliedsstaat** des europäischen Wirtschaftsraums Arbeitnehmer zu einer zur Herstellung eines Werkes gebildeten Arbeitsgemeinschaft abordnet. Dies gilt selbst dann, wenn für den Arbeitgeber deutsche Tarifverträge desselben Wirtschaftszweiges wie für die anderen Mitglieder der Arbeitsgemeinschaft nicht gelten, er aber die übrigen Voraussetzungen des § 1 Abs. 1a S. 1 AÜG erfüllt. Diese Ergänzung erfolgte bereits durch die „Hartz-Reformen" und wurde auf Grund der Rechtsprechung des Europäischen Gerichtshofes erforderlich.[69] Nach § 1 Abs. 1a S. 1 AÜG ist für Unternehmer aus anderen Mitgliedsstaaten des Europäischen Wirtschaftsraumes aber weiterhin Voraussetzung, dass sie dem selben Wirtschaftszweig wie die anderen Mitglieder der Arbeitsgemeinschaft angehören. Dabei kommt es nicht darauf an, welchem Wirtschaftszweig die ausländischen Betriebe nach ihrer Tätigkeit in Deutschland angehören, sondern zu welchem Wirtschaftszweig sie nach ihrer Tätigkeit im gesamten europäischen Wirtschaftsraum gehören.[70]

bb) Vermeidung von Kurzarbeit und Entlassungen. Nach § 1 Abs. 3 Nr. 1 AÜG besteht keine Erlaubnispflicht für die Arbeitnehmerüberlassung zwischen Arbeitgebern desselben Wirtschaftszweiges zur **Vermeidung von Kurzarbeit oder Entlassungen,** wenn ein für den Entleiher und Verleiher geltender Tarifvertrag dies vorsieht. Dieser Ausnahmevorschrift kam in der Praxis bislang keine große Bedeutung zu, da die Tarifvertragsparteien die Regelungskompetenz kaum aufgegriffen haben[71] und nur selten die beiderseitige Tarifgebundenheit gegeben war. Die Entwicklungen der sog. Coronakrise im Jahr 2020 haben allerdings zu einer sprunghaften Ausweitung von Kurzarbeitsfällen geführt, die zT auch mit einem Personalverleih abgefedert werden.

cc) Konzernintern. Nach § 1 Abs. 3 Nr. 2 AÜG besteht das sog. Konzernprivileg. Eine Anwendung des AÜG ist bei einer konzerninternen Arbeitnehmerüberlassung ausgeschlossen. Dieses sog. **Konzernprivileg** gilt seit dem Änderungsgesetz vom 28.4.2011 gemäß § 1 Abs. 3 Nr. 2 AÜG nur noch für die konzerninterne Überlassung von Arbeitnehmern eines Konzerns iSd § 18 AktG an ein anderes Konzernunternehmen, wenn der Arbeitnehmer von dem überlassenden Unternehmen **nicht zum Zweck der Überlassung** eingestellt und beschäftigt wurde. Erlaubnisfrei sind somit nur noch „zufällige" Überlassungen zwischen Konzernunternehmen.[72] Im Schrifttum wird vertreten, dass die Regelung des § 1 Abs. 3 Nr. 2 AÜG sich inhaltlich nicht verändert hätte.[73] Diese Auffassung ist insoweit richtig, als dass die Konzernprivilegierung sich sonst nicht von der gelegentlichen Überlassung gem. § 1 Abs. 3 Nr. 2a AÜG unterscheidet und für die Norm kein eigener Anwendungsraum mehr bestünde. Für die **Praxis** empfiehlt es sich trotzdem bis zur Klärung der Frage durch die Rechtsprechung vorsorglich eine Erlaubnis einzuholen.

---

[69] EuGH 25.10.2001 – C-493/99, NZA 2001, 1299.
[70] BT-Drs. 15/25, 38.
[71] Tschöpe ArbR-HdB/*Hiekel* Teil 6 D Rn. 14.
[72] *Leuchten* NZA 2011, 608 (609).
[73] *Hamann* NZA 2011, 70 (76).

45 *dd) Gelegentliche Überlassung.* Nach § 1 Abs. 3 Nr. 2a AÜG ist auch eine Überlassung zwischen Arbeitgebern von der Erlaubnispflicht befreit, wenn die Überlassung nur gelegentlich erfolgt und der Arbeitnehmer nicht zum Zweck der Überlassung eingestellt und beschäftigt wurde. Damit wird die Zulässigkeit der gelegentlichen Überlassung auf alle Arbeitgeber ausgedehnt. Gemäß der Geschäftsanweisung der Bundesagentur für Arbeit vom 20.7.2015[74] ist der Begriff „gelegentlich" restriktiv zu deuten und bestimmt sich durch die Rechtsprechung zum Begriff der Gewerbsmäßigkeit.[75] Dem Gesetzgeber nach sollen daran ebenfalls strenge Anforderungen geknüpft werden.[76] Gelegentliche Überlassung liegt demnach bei der „Abdeckung kurzfristigen Spitzenbedarfs" eines anderen Unternehmens vor. § 1 Abs. 3 Nr. 2a AÜG soll vor allem die gelegentliche Überlassung durch Handwerksbetriebe und gemeinnützige Organisationen ermöglichen. Diese Ausnahme erlangte im Zuge der **Corona-Krise** an Bedeutung, da das BMAS § 1 Abs. 3 Nr. 2a AÜG für einschlägig hält, wenn der betroffene Arbeitnehmer der Überlassung zugestimmt hat, der Arbeitgeber nicht beabsichtigt, dauerhaft als Verleiher tätig zu sein und die einzelne Überlassung zeitlich begrenzt auf die Krisensituation erfolgt.[77] Relevant ist dies insbesondere für den Verleih von Pflegekräfte an Pflegeeinrichtungen anderer Träger.[78]

46 *ee) Personalgestellung.* Die Regelung des § 1 Abs. 3 Nr. 2b AÜG schafft Rechtsklarheit, denn bis zur Reform 2017 war unklar, ob das AÜG auch auf Personalgestellungen im öffentlichen Dienst Anwendung fand, soweit sie nicht spezialgesetzlich geregelt war.[79] Diese aufgrund wiederholt erfolgter kommunaler Verwaltungsreformen durchaus praxisrelevante Frage ist nun durch den klaren Wortlaut zu verneinen. Zahlreiche Tarifwerke des öffentlichen Rechts sehen Personalgestellungen vor. Eine solche liegt vor, wenn Aufgaben eines Arbeitnehmers auf einen Dritten verlagert werden. Allerdings bleibt das bisherige Arbeitsverhältnis mit dem Arbeitgeber der öffentlichen Verwaltung bestehen. Lediglich die arbeitsvertraglich geschuldete Leistung wird danach bei dem Dritten nach dessen Weisung erbracht, zB § 4 Abs. 3 TVöD.[80] Die Regelung findet keine Anwendung, wenn die Personalgestellungen gesetzlich vorgesehen sind. Erforderlich ist eine Personalgestellung aufgrund eines Tarifvertrages des öffentlichen Rechts. Nach der Gesetzesbegründung ist die Personalgestellung eine besondere Form der Aufgabenverlagerung, weshalb die Neuregelung dem Bestandschutzinteresse der Arbeitnehmer dient.[81]

47 *ff) Arbeitnehmerüberlassung zwischen juristischen Personen des öffentlichen Rechts.* Soweit eine Überlassung zwischen juristischen Personen des öffentlichen Rechts vorliegt, normiert § 1 Abs. 3 Nr. 2c AÜG einen Ausschluss der Anwendbarkeit des AÜG, soweit die Arbeitgeber Tarifverträge des öffentlichen Dienstes oder Regelungen der öffentlichen Religionsgemeinschaft anwenden. Ein einheitliches Tarifwerk, das auf beiden Seiten der Überlassung Anwendung findet, ist nicht erforderlich. Ausschlaggebend ist für diese Ausnahmeregelung die Annahme, dass juristische Personen des öffentlichen Rechts verfassungsrechtlich in besonderem Maße an Recht und Gesetz gebunden sind und ihnen eine besondere verfassungsrechtliche Stellung zu kommt.[82]

48 *gg) Kollegenhilfe.* Kleinunternehmen mit **bis zu 50 Beschäftigten** sind von der Erlaubnispflicht nach **§ 1a AÜG** befreit, wenn sie zur Vermeidung von Kurzarbeit oder Entlassungen[83] Arbeitnehmer an einen Dritten überlassen. Aber auch hier darf der Arbeitnehmer nicht zum Zweck der Überlassung eingestellt und beschäftigt worden sein. Die Überlassung

---

[74] Geschäftsanweisung zum AÜG der Bundesagentur für Arbeit v. 20.7.2015 Ziff. 1.3.3. Abs. 2.
[75] Siehe hierzu BAG 2.6.2010 – 7 AZR 946/08, NZA 2011, 351.
[76] BT-Drs. 17/4804, 8.
[77] https://www.bmas.de/DE/Schwerpunkte/Informationen-Corona/Fragen-und-Antworten/Fragen-undAntworten-corona/corona-virus-arbeitsrechtliche-auswirkungen.html.
[78] Schlegel/Meßling/Bockholdt/*Schlegel,* Corona-Gesetzgebung – Gesundheit und Soziales, § 15 Rn. 85.
[79] BT-Drs. 18/9232, 22.
[80] BA FW (Stand 1.4.2017) Ziffer 1.4.4.
[81] BT-Drs. 18/9232, 22.
[82] BT-Drs. 18/9232, 22.
[83] BT-Drs. 11/4952, 9.

ist **bis zur Dauer von 12 Monaten** ohne Erlaubnis zulässig, wenn sie vorher schriftlich bei der für den Geschäftssitz des Verleihers regional zuständigen Agentur für Arbeit **angezeigt** wurde, die hierfür einen gesonderten Vordruck vorhält. Die Anzeigen werden auf Vollständigkeit und Plausibilität hin geprüft. Liegen die Voraussetzungen des § 1a AÜG nicht vor, wird der Anzeigende hierauf hingewiesen und aufgefordert, vor Überlassung der Arbeitnehmer eine Erlaubnis zur gewerbsmäßigen Arbeitnehmerüberlassung zu beantragen. Unter Umständen wird die beabsichtigte Überlassung durch die Erlaubnisbehörde förmlich untersagt (§ 6 AÜG). Verstößt der Verleiher gegen die Anzeigepflicht oder wird die Überlassung untersagt, liegt ein Fall illegaler Arbeitnehmerüberlassung vor. Die übrigen Vorschriften des AÜG finden trotz der Erlaubnisfreiheit Anwendung.[84]

c) *Sonderregelung.* In einigen wenigen Industriezweigen hat der Gesetzgeber Sonderregelungen getroffen, sodass die Arbeitnehmerüberlassung nicht erlaubnisfähig ist. 49

aa) Baubetriebe. Die Arbeitnehmerüberlassung in Betrieben des Baugewerbes ist nach 50 **§ 1b AÜG** für Arbeiten, die üblicherweise von Arbeitnehmern verrichtet werden, nicht erlaubnisfähig. Dieses **Verbot der Arbeitnehmerüberlassung im Baugewerbe** gilt als lex specialis für alle Bestimmungen des AÜG zur Arbeitnehmerüberlassung nach § 1 AÜG, auch in den Fällen der §§ 1a und 1 Abs. 3 Nr. 1, 2, 2a und 3 AÜG. Bei der Abordnung von Arbeitnehmern zu einer Arbeitsgemeinschaft (ARGE) unter den Voraussetzungen des § 1 Abs. 1a S. 1 und S. 2 AÜG findet die Verbotsnorm keine Anwendung, da nach den dortigen Bestimmungen in diesem Fall keine Arbeitnehmerüberlassung im Rechtssinne vorliegt.
Seit 1.1.2004 ist nach **§ 1b S. 2 AÜG** die Arbeitnehmerüberlassung im Baugewerbe dagegen gestattet, wenn für allgemeinverbindlich erklärte Tarifverträge die Arbeitnehmerüberlassung für diese Betriebe zulassen oder wenn der verleihende Baubetrieb nachweislich seit mindestens 3 Jahren von denselben Rahmen- und Sozialkassentarifverträgen oder von deren Allgemeinverbindlichkeit erfasst wird. § 1b S. 3 AÜG bestimmt zudem, dass abweichend von Satz 2 für Betriebe des Baugewerbes mit Geschäftssitz in einem anderen Mitgliedstaat des europäischen Wirtschaftsraumes gewerbsmäßige Arbeitnehmerüberlassung auch gestattet ist, wenn die ausländischen Betriebe nicht von deutschen Rahmen- und Sozialkassentarifverträgen oder für allgemeinverbindlich erklärten Tarifverträgen erfasst werden, sie aber nachweislich seit mindestens drei Jahren überwiegend Tätigkeiten ausüben, die unter den Geltungsbereich der selben Rahmen- und Sozialkassentarifverträge fallen, von denen der Betrieb erfasst wird.[85] Allerdings sind Betriebe mit Geschäftssitz im europäischen Wirtschaftsraum nach § 1b S. 2 AÜG nur dann in Deutschland zum Verleih an Baubetriebe, die ihrer Tätigkeit entsprechen, berechtigt, wenn sie über eine deutsche Verleiherlaubnis und – bei Erlaubnispflicht im anderen Mitgliedstaat – auch über eine Erlaubnis ihres Heimatstaates verfügen.[86]
Durch diese Änderungen sollen die **Tarifvertragsparteien** zusätzliche Möglichkeiten erhalten, durch einen für allgemein verbindlich erklärten Tarifvertrag des Baugewerbes Ausnahmen vom Verbot der Arbeitnehmerüberlassung im Baugewerbe zuzulassen.

bb) Fleischbetriebe. Aus Anlass zahlreicher Covid-19-Ausbrüchen in Fleischbetrieben 51 möchte die Bundesregierung im Rahmen eines „Arbeitsschutzprogramms für die Fleischindustrie" das Verbot der Arbeitnehmerüberlassung auf die Fleischindustrie ausdehnen. Der hierzu vorgelegte Gesetzesentwurf sieht neben einem Verbot von Werkverträgen ab dem 1.4.2021 auch ein Verbot der Arbeitnehmerüberlassung im Bereich der Schlachtung, der Zerlegung und der Fleischverarbeitung vor. Davon ausgenommen sind Betriebe des Fleischerhandwerks mit maximal 49 Beschäftigten.[87] Zusätzlich ist eine Ausdehnung des Ver-

---

[84] BT-Drs. 13/4941, 248.
[85] Diese Änderung sollte die vom EuGH festgestellte Europarechtswidrigkeit der Vorgängerregelung beseitigen, vgl. EuGH NZA 2001, 1299.
[86] BT-Drs. 15/25, 38.
[87] Pressemitteilung der Bundesregierung v. 29.7.2020, https://www.bundesregierung.de/bregde/aktuelles/arbeitsschutzkontrollgesetz-1772606; kritisch zur Verfassungsmäßigkeit eines Verbots *Bayreuther* NZA 2020, 773.

botes der Arbeitnehmerüberlassung auf andere Branchen in der Diskussion, weshalb in Zukunft mit weiteren Beschränkungen zu rechnen ist.[88]

52   d) **Sonderfälle.** Weitere Ausnahmen zum Grundsatz der Erlaubnispflicht nach dem AÜG ergeben sich aus zum Teil sondergesetzlichen Bestimmungen, die bereits vor Inkrafttreten des AÜG bestanden.

53   *aa) Personenbeförderung.* Die Vermietung eines Kraftfahrzeuges mit Fahrer bedarf keiner zusätzlichen Erlaubnis nach dem AÜG, wenn das Mietwagenunternehmen nach §§ 9 Abs. 1 Nr. 4, 49 PBefG eine Genehmigung hat und wenn sich die Überlassung des Fahrers auf das Fahren des Mietwagens beschränkt.[89] Das Gleiche gilt für die Überlassung eines Gütertransportkraftfahrzeuges mit Fahrer, wenn der Wert der Überlassung des Fahrzeugs eindeutig den Wert der Überlassung des Fahrers überwiegt.[90] Eine Genehmigung nach dem Personenbeförderungs- oder Güterkraftverkehrsgesetz erstreckt sich jedoch nicht auf den Verleih von Fahrzeugführern ohne Kraftfahrzeug.

54   *bb) Gesamthafenbetriebe.* Für die Überlassung von Arbeitnehmern durch Gesamthafenbetriebe an Hafeneinzelbetriebe für Hafenarbeiten gelten die Sonderbestimmungen des GHfBetrG.[91]

55   *cc) Bewachungsgewerbe.* Unternehmen des Bewachungsgewerbes bedürfen für ihre Tätigkeit einer eigenständigen Erlaubnis nach § 34a GewO. Diese bereits erfolgte gewerberechtliche Erlaubnis machte aus Sicht der Bundesagentur für Arbeit eine Verleiherlaubnis nach dem AÜG früher entbehrlich.[92] Für den Fall, dass die Fachleute des Bewachungsunternehmens den Weisungen des Inhabers des bewachten Betriebes unterworfen sind und gemeinsam mit den Wachleuten des bewachten Betriebes eingesetzt werden, bejaht das Bundesarbeitsgericht Arbeitnehmerüberlassung und somit eine eigenständige Erlaubnispflicht.[93] Dieser Ansicht folgen heute auch die Erlaubnisbehörden.[94] Arbeitnehmerüberlassung im Sinne des AÜG liegt dagegen nicht vor, wenn der zugrunde liegende Bewachungsvertrag die Pflichten der Wachleute einzeln regelt. In diesem Fall führt das Bewachungspersonal die Anweisungen des Bewachungsunternehmens und nicht des bewachten Betriebes aus.[95]

56   e) **Versagungsgründe nach § 3 AÜG.** In Ergänzung zu § 1 Abs. 1 S. 1 AÜG legt § 3 AÜG die Voraussetzungen fest, unter denen die Erlaubnis zur Arbeitnehmerüberlassung **zwingend versagt** werden muss. Mit Ausnahme des Abs. 3, der für Antragssteller greift, die nicht Deutsche im Sinne des Art. 116 GG sind, steht der Erlaubnisbehörde **kein Ermessen** bei der Entscheidung zu. Der Katalog der Versagungsgründe in § 3 AÜG ist nach herrschender Meinung abschließend.

57   Die Versagungsgründe des Abs. 1 verfolgen den Zweck, den Leiharbeitnehmer vor unzuverlässigen Verleihern zu schützen, sowie die Sicherstellung bestehender Dauerarbeitsplätze im Entleiherbetrieb zu gewährleisten.[96]

58   Maßgeblich sind drei Gründe:
- Mangelnde Zuverlässigkeit des Antragsstellers (§ 3 Abs. 1 Nr. 1 AÜG);
- Mängel in der Betriebsorganisation des Verleihers (§ 3 Abs. 1 Nr. 2 AÜG);
- Unzulässige Ungleichbehandlung bzw. Verstoß gegen das „equal-pay"-Gebot (§ 3 Abs. 1 Nr. 3 AÜG).

---

[88] *Von Stechow,* Die Missstände in der Fleischindustrie und die Folgen für den Fremdpersonaleinsatz, Update Arbeitsrecht Juli 2020.
[89] *Sandmann/Marschall/Schneider* AÜG § 1 Anm. 47.
[90] *Marschall,* Bekämpfung illegaler Beschäftigung, S. 40.
[91] Ausführlicher hierzu Tschöpe ArbR-HdB/*Hiekel* Teil 6 D Rn. 18a mwN.
[92] *Marschall,* Bekämpfung illegaler Beschäftigung, S. 41.
[93] BAG 18.1.2012 – 7 AZR 723/10, NZA-RR 2012, 455, 28.11.1989 – 1 ABR 90/88, BB 1990, 1343; auch OLG Hamm 14.12.1990 – 11 U 153/90 nv.
[94] Geschäftsanweisung zum AÜG der Bundesagentur für Arbeit v. 20.7.2015, Ziff. 1.1.4. Abs. 1.
[95] BAG DB 1993, 2337; so auch Geschäftsanweisung zum AÜG der Bundesagentur für Arbeit v. 20.7.2015, Ziff. 1.1.4. Abs. 1.
[96] Ausführlich zu den einzelnen Versagungsgründen *Ulber* AÜG § 3 Rn. 6 ff.; Schüren/Hamann/*Schüren* AÜG § 3 Rn. 38 ff.

Der Versagungsgrund der fehlenden Unzuverlässigkeit kann auch durch eine Nichteinhal- 59
tung der im Jahr 2017 eingeführten Überlassungshöchstgrenze vorliegen. Eine geringfügige
Überschreitung in einem Einzelfall ist für sich genommen regelmäßig nicht zur Bejahung der
Unzuverlässigkeit ausreichend. Ausschlaggebend sind für die Erlaubnisversagung die Gesamtumstände und der Grundsatz der Verhältnismäßigkeit.[97]

Zudem kann eine Zuverlässigkeit auch dann verneint werden, wenn gegen das Verbot des 60
Kettenverleih verstoßen wird.[98] Ein Kettenverleih ist gegeben, wenn mindestens zwei hintereinander folgende Arbeitnehmerüberlassungen vorliegen, und der Entleiher somit ihm überlassene Leiharbeitnehmer seinerseits anderen Entleiher zur Verfügung stellt.[99] Dieses Verbot ist ebenfalls durch das AÜG-Reformgesetz 2017 nun ausdrücklich in § 1 Abs. 1 S. 3 AÜG normiert. Durch Normierung des Verbots des Kettenverleihs wurde des bisherigen Meinungsstreit vom Gesetzgeber entschieden. Jedoch ist der Wortlaut des Verbots unpräzise und verfehlt den eigentlichen gesetzgeberischen Willen,[100] insbesondere unter Berücksichtigung der Rechtsprechung des EuGH. Der Gesetzeswortlaut des § 1 Abs. 1 S. 3 AÜG spricht von „Arbeitsverhältnis", obwohl der EuGH[101] die Rechtsbeziehung zwischen Leiharbeitnehmer und Entleiher als „nichtvertragliches Arbeitsverhältnis" bezeichnet hat und daher der Weiterverleih des Entleihers damit als „nichtvertraglicher Arbeitgeber" zulässig wäre. Nach § 10a AÜG müssen weitere Voraussetzungen (qualifizierte Kettenüberlassung) gegeben sein, damit ein Arbeitsverhältnis mit dem (End-)Entleiher fingiert wird.[102] Eine Unzuverlässigkeit wird auch dann bejaht, wenn Umstände vorliegen, die für sich genommen nicht ausreichen, allerdings in der Summe der Unzuverlässigkeit begründen.[103]

Durch die Reform 2017 wurde das Gleichstellungsgebot und seine Regelungen aus § 3 61
Abs. 1 Nr. 3 aF AÜG, § 9 Nr. 1 aF und § 10 aF AÜG gestrichen und in § 8 AÜG ausführlich und gebündelt geregelt, weshalb in § 3 Abs. 1 Nr. 3 AÜG auf die Verletzung des Gleichstellungsgebots gemäß § 8 AÜG verwiesen wird. Hierdurch wird ein besonderer zusätzlicher Tatbestand der Unzuverlässigkeit im Sinne von § 3 Abs. 1 Nr. 1 AÜG normiert.[104]

Nach § 8 Abs. 3 nF AÜG gelten die Grundsätze von „equal-pay" und „equal-treatment" 62
zwingend für Leiharbeitnehmer, die in den letzten sechs Monaten vor der Überlassung aus einem Arbeitsverhältnis mit dem Entleiher oder einem konzernangehörigen Arbeitgeber ausgeschieden sind. Damit wurde auf Fälle reagiert, bei denen Arbeitnehmer von ihrem Arbeitgeber entlassen wurden, um sie sodann unmittelbar über ein (meist konzernnahes) Verleihunternehmen auf dem bisherigen Arbeitsplatz, allerdings zu günstigeren Konditionen, weiterhin zu beschäftigen (sogenannter **„Drehtüreffekt"**). Vormaliger Arbeitgeber und nachfolgender Entleiher müssen demnach zwar nicht identisch sein, jedoch demselben Konzern angehören. Das Leiharbeitsunternehmen als Vertragsarbeitgeber muss dagegen nicht dem Konzern angehören. Es ist zudem ohne Bedeutung, ob der ausgeschiedene Arbeitnehmer als Leiharbeitnehmer bei dem vormaligen Arbeitgeber bzw. einem anderen konzernangehörigen Entleiher auf demselben Arbeitsplatz eingesetzt wird.[105] Durch den Verweis des § 3 Abs. 1 Nr. 3 AÜG auf § 8 AÜG verhindert diese Regelung zugleich die Anwendung von Tarifverträgen zur Vermeidung von Equal-Pay nach § 8 Abs. 3 AÜG auf (Leih-)Arbeitnehmer, die in den vergangenen sechs Monaten bereits beim selben Arbeitgeber (Entleiher) oder innerhalb eines Konzerns tätig waren.

Des Weiteren ist nach § 3 Abs. 2 AÜG die Erlaubnis oder ihre Verlängerung ferner zu ver- 63
sagen, wenn für die Ausübung der Tätigkeit nach § 1 AÜG Betriebe, Betriebsteile oder Nebenbetriebe vorgesehen sind, die nicht in einem Mitgliedstaat der Europäischen Wirt-

---

[97] BT-Drs. 18/9232, 22.
[98] BT-Drs. 18/9323, 19.
[99] BT-Drs. 18/9323, 19.
[100] Vgl. *Lembke* NZA 2017, 1 (2).
[101] EuGH 11.4.2013 – C-290/12, EuZW 2013, 870.
[102] BT-Drs. 18/9323, 27.
[103] LSG Mecklenburg-Vorpommern 25.5.2020 – L 2 AL 37/19 B ER, BeckRS 2020, 10516; LSG Sachsen 27.8.2019 – L 3 AL 70/19, BeckRS 2019, 22018.
[104] Daher wird teilweise vertreten, dass § 3 Abs. 1 Nr. 3 AÜG lediglich deklaratorische Wirkung hat. Vgl. hierzu Schüren/Hamann/*Schüren* AÜG § 3 Rn. 9.
[105] *Hamann* RdA 2011, 321 (328).

schaftsgemeinschaft oder einem anderen Vertragsstaat des Abkommens über den Europäischen Wirtschaftsraum liegen.

64 **f) Rücknahme der Erlaubnis.** Eine bereits erteilte Erlaubnis zur gewerbsmäßigen Arbeitnehmerüberlassung kann mit Wirkung für die Zukunft nach § 4 AÜG zurückgenommen werden, wenn die **Erlaubnis** zum Zeitpunkt der Entscheidung **rechtswidrig** erteilt wurde. Die Erlaubnis ist rechtswidrig erteilt worden, wenn zum Zeitpunkt ihres Wirksamwerdens Versagungsgründe im Sinne des § 3 AÜG vorlagen oder die Behörde sonstige zwingende gesetzliche Bestimmungen bei der Erteilung missachtet hat. Dabei kommt es nicht darauf an, worauf die falsche Entscheidung zurückzuführen ist. Anders als bei der Rücknahme rechtswidriger begünstigender Verwaltungsakte im sonstigen Verwaltungsrecht enthält § 4 Abs. 1 AÜG für die Rücknahme rechtswidrig erteilter Erlaubnisse keine einschränkenden Voraussetzungen (sog. freie Rücknehmbarkeit der rechtswidrigen Erlaubnis).[106] Die Norm räumt erhebliches Ermessen auf der Rechtsfolgenseite ein. Etwas anderes gilt nur, wenn der Grund der Rechtswidrigkeit mittlerweile entfallen ist oder die Rechtswidrigkeit durch nachträgliche Auflagen im Sinne des § 2 Abs. 2 AÜG beseitigt werden kann.[107]

65 Die Rücknahme ist nur innerhalb eines Jahres seit dem Zeitpunkt zulässig, in dem die Erlaubnisbehörde von den Tatsachen Kenntnis erhalten hat, die den Widerruf der Erlaubnis rechtfertigen. Eine Rückwirkung der Rücknahme ist ausgeschlossen. Im Übrigen steht dem Verleiher, dessen Erlaubnis zurückgenommen wird, nach § 4 Abs. 2 AÜG ein Nachteilsausgleichsanspruch zu, wenn sein Vertrauen auf den Fortbestand der Erlaubnis unter Abwägung mit dem öffentlichen Interesse schutzwürdig ist. Dies wird regelmäßig dann bejaht, wenn die Erlaubnisbehörde die Erlaubnis unter Verletzung ihrer Prüfungspflichten trotz Kenntnis des korrekten Sachverhaltes erteilt hat.

66 **g) Widerruf der Erlaubnis.** § 5 AÜG regelt im Unterschied zur Rücknahme einer rechtswidrig erteilten Erlaubnis die Aufhebung einer **Erlaubnis,** die anfänglich **rechtmäßig** erteilt wurde. Die Widerrufsgründe sind in § 5 Abs. 1 AÜG abschließend aufgeführt. Die Widerrufsfrist und die Rechtsfolgen des Widerrufes stimmen im Wesentlichen mit der Situation bei der Rücknahme überein.[108]

67 **h) Erlöschen der Erlaubnis.** Die (zunächst auf ein Jahr befristet erteilte) behördliche Erlaubnis zur Arbeitnehmerüberlassung erlischt nach einem Jahr, wenn nicht drei Monate vor Ablauf des Jahres ein Verlängerungsantrag vom Verleiher gestellt wird (§ 2 Abs. 4 S. 2 AÜG). Sofern nach frühestens drei Jahren die Erlaubnis unbefristet erteilt wird, erlischt diese nach § 2 Abs. 5 S. 2 AÜG, wenn der Verleiher von der Erlaubnis drei Jahre lang keinen Gebrauch macht. Die Erlaubnis ist grundsätzlich personengebunden. Deshalb erlischt die Erlaubnis auch bei dem Tod der natürlichen Person oder Auflösung der juristischen Person des Erlaubnisinhabers. Ist die Erlaubnis erloschen greift zu Gunsten des Verleihers die zwölfmonatige Abwicklungsfrist nach § 2 Abs. 4 Satz 4 AÜG. Das heißt, dass laufende Vertragsverhältnisse im Zeitraum von bis zu zwölf Monaten abgewickelt werden können. Der Abschluss neuer oder die Verlängerung alter Verhältnisse ist unzulässig.

68 Geht ein Verleiherunternehmen im Wege eines **Betriebsüberganges** gemäß § 613a BGB auf eine andere Person über, muss diese eine eigene Erlaubnis zur Arbeitnehmerüberlassung innehaben, ansonsten wird die Arbeitnehmerüberlassung beim Betriebserwerber illegal. Unter Umständen kann sogar das dem Betriebsübergang zu Grunde liegende Rechtsgeschäft zwischen Veräußerer und Erwerber wegen Sittenwidrigkeit nichtig sein, wenn der Erwerb des Betriebes dem Zwecke zukünftig illegaler Arbeitnehmerüberlassung dient.[109] Wegen des persönlichen Charakters der Erlaubnis zur Arbeitnehmerüberlassung erlischt diese auch mit der Verschmelzung des über die Erlaubnis verfügenden Rechtsträgers mit einem anderen Rechtsträger.[110]

---

[106] Schüren/Hamann/*Schüren* AÜG § 4 Rn. 17 ff.
[107] Geschäftsanweisung zum AÜG der Bundesagentur für Arbeit v. 20.7.2015 Ziff. 4.1 Abs. 5; *Becker/Wulfgramm* Nachtrag AÜG § 4 Nr. 30; *Sandmann/Marschall* AÜG § 4 Anm. 7.
[108] BT-Drs. VI/2303, 2 ff.; BT-Drs. VI/35, 5.
[109] Schüren/Hamann/*Schüren* AÜG § 2 Rn. 107.
[110] LAG Düsseldorf 27.8.2007 – 17 Sa 864/07, BeckRS 2008, 50288.

4. Rechtsbeziehung Verleiher – Arbeitnehmer

a) Abschluss des Leiharbeitsvertrages. Zwischen Verleiher und Leiharbeitnehmer wird ein 69 Arbeitsvertrag geschlossen, in welchem sich der Leiharbeitnehmer verpflichtet, seine Arbeitsleistung bei einem Dritten zu erbringen. Die zu übernehmende Arbeitsaufgabe wird in der Regel ihrer Art nach im Leiharbeitsvertrag näher dargelegt. Der Inhalt des Arbeitsvertrages zwischen Verleiher und Arbeitnehmer ist maßgeblich für die Einsatzmöglichkeit des Arbeitnehmers bei dem Entleiher.[111]

Die entscheidende Besonderheit des Arbeitsvertrages zwischen Verleiher und Arbeitnehmer besteht darin, dass der Verleiher als Arbeitgeber in Abweichung zum gesetzlichen Regelfall die Berechtigung erhält, das **Weisungsrecht auf andere Arbeitgeber zu übertragen**. Die Übertragbarkeit des Weisungsrechtes auf den Entleiher setzt voraus, dass der Verleiher den Arbeitnehmer auf die Tätigkeit im Rahmen wirtschaftlicher Überlassung hinweist. 70

§ 11 Abs. 1 AÜG verpflichtet den Verleiher, den **Nachweis der Vertragsbedingungen** des 71 Leiharbeitsverhältnisses nach den Bestimmungen des Nachweisgesetzes in eine von ihm zu unterzeichnende Urkunde aufzunehmen und dem Leiharbeitnehmer diese Urkunde vor Beginn der Beschäftigung, bei einer Auslandstätigkeit spätestens vor der Abreise, auszuhändigen. Dabei müssen zusätzlich zu den im Nachweisgesetz genannten Angaben auch die Firma und Anschrift des Verleihers, die Erlaubnisbehörde, Ort und Datum der Erlaubnis sowie Art und Höhe der Leistungen für Zeiten, in denen der Leiharbeitnehmer nicht verliehen ist, angegeben werden. Entsprechendes gilt für Änderungen. Ferner muss der Verleiher nach § 11 Abs. 2 AÜG dem Leiharbeitnehmer bei Vertragsschluss ein **Merkblatt** der Erlaubnisbehörde über den wesentlichen Inhalt des AÜG in der jeweiligen Muttersprache des Arbeitnehmers aushändigen. Die Verletzung dieser Pflichten führt zu Schadensersatzansprüchen des Leiharbeitnehmers, nicht aber zur Nichtigkeit des Arbeitsvertrages.[112]

§ 11 Abs. 2 S. 4 nF AÜG verpflichtet den Verleiher, dem Leiharbeitnehmer vor jeder Überlassung mitzuteilen, dass er bei dem Entleiher als Leiharbeitnehmer tätig wird. Zu empfehlen ist trotz fehlendem Formzwanges hierbei zumindest die Textform, um Nachweisproblematiken präventiv entgegen zu wirken. Der Sinn und Zweck der Vorschrift liegen darin begründet, dem Leiharbeitnehmer die Inanspruchnahme seiner Rechte aus dem AÜG zu erleichtern.[113] 72

b) Gleichbehandlung, insbesondere Lohngleichheit. In Anlehnung an gesetzgeberische Regelungen in der Mehrheit der EU-Staaten[114] sind an einen Leiharbeitnehmer seit 1.1.2004 die im Betrieb des Entleihers für einen vergleichbaren Arbeitnehmer geltenden wesentlichen Arbeitsbedingungen einschließlich des Arbeitsentgeltes zu gewähren. Es gilt insofern der Grundsatz „gleicher Lohn für gleiche Arbeit".[115] Vor der Reform 2017 hatte eine Verletzung des Grundsatzes der Gleichstellung die Versagung der Erlaubnis gemäß § 3 Abs. 1 Nr. 3 aF AÜG zur Folge. Durch das Gesetz zur Änderung des Arbeitnehmerüberlassungsgesetzes und anderer Gesetze vom 21.2.2017 wurde der Verleiher mit Wirkung zum 1.4.2017 gemäß § 8 AÜG zum Grundsatz der Gleichstellung verpflichtet. Die bis dato im AÜG im Einzelnen verstreuten Regelungen bezüglich des Gleichstellungsgrundsatzes wurden dadurch neu in § 8 AÜG ausführlich und systematisch zusammengeführt. Nach gesetzgeberischen Willen ist eine Inhaltsänderung der vorherigen Regelungen des Gleichstellungsgrundsatzes – mit Ausnahme des § 8 Abs. 1 S. 2, 3 und Abs. 4 nF AÜG – aber nicht bezweckt.[116] Aufgrund der neuen systematischen Stellung des Gleichstellungsgrundsatzes durch die Reform ergaben sich zahlreiche Gesetzesfolgeänderungen.[117] 73

---

[111] Zur Zulässigkeit von Arbeitszeitkonten im Leiharbeitsverhältnis und der Vereinbarkeit mit § 11 Abs. 4 S. 2 AÜG siehe zuletzt: LAG Düsseldorf 16.11.2011 – 7 Sa 567/11, BeckRS 2012, 67891, Revision eingelegt: 5 AZR 181/12 nv.
[112] Schüren/Hamann/*Schüren* AÜG § 11 Rn. 147 ff.
[113] BT-Drs. 18/9232, 20.
[114] Österreich, Dänemark, Niederlande, Belgien, Frankreich, Italien, Portugal, Spanien, Luxemburg und Griechenland, nähere Informationen hierzu bei *Kokemoor* NZA 2003, 238 (239) Fn. 9.
[115] Kritisch hierzu mit Hinweis auf verfassungsrechtliche Bedenken *Waas* BB 2003, 2175.
[116] BT-Drs. 18/9232, 23.
[117] Vgl. ua §§ 3, 9, 12, 13 AÜG.

74 § 8 AÜG enthält in seinem ersten Absatz eine Legaldefinition des europarechtlich geforderten Gleichstellungsgrundsatzes. Grundsätzlich müssen dem Leiharbeitnehmer ab dem ersten Tag der Überlassung und für die Zeit dieser die im Entleiherbetrieb für vergleichbare Arbeitnehmer geltenden wesentlichen Arbeitsbedingungen einschließlich des Arbeitsentgelts gewährt werden. Anschließend wird in § 8 Abs. 1 S. 2 AÜG eine Vermutungsregelung eingeführt. Nach dieser Regelung wird vermutet, dass das Arbeitsentgelt des Leiharbeitnehmers mit dem Gleichstellungsgrundsatz übereinstimmt, wenn dieser ein Arbeitsentgelt erhält, was dem tarifvertraglichen Arbeitsentgelt eines vergleichbaren Arbeitnehmers des Entleihers entspricht. Die Einhaltung der Gleichstellung wird nach der zweiten Alternative auch dann vermutet, wenn der Leiharbeitnehmer in einem nicht tarifgebundenen Einsatzunternehmen, das für vergleichbare Arbeitnehmer in der Einsatzbranche geltende tarifvertragliche Arbeitsentgelt erhält. Diese Vermutungsregelung löst die Frage, welche Arbeitsbedingungen „wesentlich" im Sinne von § 8 Abs. 1 S. 1 AÜG sind oder was unter den Begriff des Arbeitsentgeltes zu fassen ist nicht, zumal die Vermutung nur das Arbeitsentgelt betrifft.[118] Dies ist insbesondere aufgrund der schwerwiegenden Rechtsfolgen eines Verstoßes gegen den Gleichstellungsgrundsatz ungünstig.

75 § 8 Abs. 1 S. 3 AÜG regelt ausdrücklich die Möglichkeit, dass der Verleiher dem Leiharbeitnehmer einen Wertausgleich zahlen kann, wenn der Entleiher Sachbezüge gewährt.

76 Einem Verleiher, der dem Leiharbeitnehmer nicht die vergleichbaren Arbeitsbedingungen gewährt und damit den Grundsatz der Gleichstellung aus § 8 AÜG verletzt, wird nach § 3 Abs. 1 Nr. 3 AÜG die Erlaubnis versagt bzw. iVm §§ 4, 5 AÜG zurückgenommen oder widerrufen. Nach § 9 Abs. 1 Nr. 2 AÜG sind Vereinbarungen, die für den Leiharbeitnehmer für die Zeit der Überlassung schlechtere als die ihm nach § 8 AÜG zustehenden Arbeitsbedingungen einschließlich des Arbeitsentgelts vorsehen, unwirksam. Unter den Vereinbarungen sind sowohl Arbeitsverträge als auch die kollektiven Regelungen zu verstehen.[119]

77 § 13 AÜG gewährt dem Leiharbeitnehmer einen **Auskunftsanspruch** über die wesentlichen Arbeitsbedingungen im Unternehmen des Verleihers. § 12 Abs. 1 S. 4 AÜG verpflichtet den Entleiher in diesem Zusammenhang, dem Verleiher die entsprechenden Informationen im schriftlichen Arbeitnehmerüberlassungsvertrag zu erteilen. Der Auskunftsanspruch ist gesetzlicher und nicht vertraglicher Natur.[120] Er soll den Leiharbeitnehmer befähigen, die Höhe seiner vertraglichen Entgeltansprüche aus § 8 Abs. 1 AÜG berechnen zu können. Damit wird der europarechtlich umzusetzender Equal-Treatment-Anspruch gesichert. Nach Art. 5 Abs. 1 der Richtlinie 2008/104/EG ist damit zu prüfen, was der Leiharbeitnehmer an Lohn und sonstigen Arbeitsbedingungen bekommen hätte, wenn der Entleiher den Leiharbeitnehmer unmittelbar befristet für den Überlassungszeitraum eingestellt hätte. Zu beachten ist jedoch, dass der Anspruch auf Entgeltgleichheit ausschließlich für die Zeiten der Überlassung gelten. In den verleihfreien Zeiträumen ist der Verleiher gemäß § 8 Abs. 5 AÜG lediglich verpflichtet, dem Leiharbeitnehmer mindestens das in einer Rechtsverordnung nach § 3a Abs. 2 AÜG für die Zeit der Überlassung und für Zeiten ohne Überlassung festgesetzte Mindeststundenentgelt zu zahlen, wodurch ein Anspruch auf Zahlung des Mindeststundenentgelts bestehen kann. Unterlässt der Entleiher die Auskunft oder gibt er diese verspätet bzw. unzutreffend ab, können hieraus Schadensersatzansprüche des Leiharbeitnehmers erwachsen. Der Auskunftsanspruch unterliegt der regelmäßigen Verjährungsfrist von drei Jahre.[121]

78 Die Vergleichbarkeit des Leiharbeitnehmers und dem Arbeitnehmer des Entleihers erfolgt anhand tätigkeitsbezogener Merkmale.[122] Ausgangpunkt der Prüfung ist der konkrete Arbeitsplatz des Leiharbeitnehmers bei dem Entleiher und daher die tatsächliche Tätigkeit und nicht die Festlegung im Arbeitnehmerüberlassungsvertrag oder im Leiharbeitsvertrag.[123]

---

[118] Ausführlicher hierzu *Bayreuther* NZA 2017, 18 (21).
[119] Schüren/Hamann/*Schüren* AÜG § 9 Rn. 163.
[120] Thüsing AÜG/*Kock* § 13 Rn. 3; aA Schüren/Hamann/*Brors* AÜG § 13 Rn. 1.
[121] BAG 24.4.2014 – 8 AZR 1081/12, NZA 2014, 968.
[122] BAG 21.10.2015 – 5 AZR 604/14, BeckRS 2016, 66997 Rn. 26; 23.11.2016 – 5 AZR 53/16, NZA 2017, 380.
[123] *Bissels/Falter* ArbRAktuell 2019, 547.

Nach der Gesetzesbegründung sind unter den Arbeitsbedingungen alle nach dem allgemeinen Arbeitsrecht vereinbarten Bedingungen wie Dauer der Arbeitszeit und des Urlaubs oder die Nutzung sozialer Einrichtungen zu verstehen. Unter Arbeitsentgelt ist nicht nur das laufende Entgelt, sondern auch Ansprüche auf Sonderzahlungen,[124] Entgeltfortzahlung, Zuschläge, Sozialleistungen und auch weitere Lohnbestandteile zu verstehen. Werden betriebliche Altersversorgung gewährt, hat der Leiharbeiter einen Verschaffungsanspruch gegen den Verleiher, der die notwendigen Beiträge einzuzahlen hat.[125] Regelmäßig erwerben die Leiharbeitnehmer jedoch keine Versorgungsansprüche, da diese nach § 1b BetrAVG erst nach fünf Jahren Zugehörigkeit unverfallbar werden. Problematisch ist, welcher Vergleichsmaßstab bei Entleihunternehmen heranzuziehen ist, in welchen unterschiedliche Tarifverträge oder Betriebsvereinbarungen zur Anwendung kommen.[126] Kein Problem mit dem Vergleichsmaßstab ergibt sich hingegen in Einrichtungen, die gemeinnützig auch behinderte Menschen beschäftigen. Maßstab sind hier die anderen vergleichbaren Arbeitnehmer, nicht hingegen die voll leistungsfähigen Arbeitskräfte ohne Einschränkungen.

Ausnahmen von dem **Gleichbehandlungsgrundsatz** bestehen gemäß den Sonderregelungen in § 8 Abs. 2, 3, 4 AÜG nur in eng begrenzten und tarifvertraglich geregelten Fällen:

- Unterschreitungen der Arbeitsbedingungen des Entleihers oder ein geringeres Entgelt sind nur durch einen anwendbaren **Tarifvertrag** möglich. Nach § 8 Abs. 2 S. 1 AÜG kann eine Abweichung des Gleichstellungsgrundsatzes durch einen Tarifvertrag erfolgen, allerdings lediglich insoweit, als dass er nicht die in einer Rechtsverordnung nach § 3a Abs. 2 AÜG festgesetzten Mindeststundenentgelte unterschreitet. Eine Abweichung vom Gleichbehandlungsgrundsatz kann jedoch nur aufgrund eines wirksamen Tarifvertrages erfolgen. Bei Zweifeln über die Wirksamkeit des Tarifvertrags ist auf die Grundsätze zu der Tariffähigkeit der Christlichen Gewerkschaften zurückzugreifen.[127] Das BAG lehnte die Tariffähigkeit der Tarifgemeinschaft Christlicher Gewerkschaften für Zeitarbeit und Personalserviceagentur (CGZP) ab.[128] Diese hatte im Bereich Zeitarbeit eine Vielzahl von Tarifverträgen abgeschlossen. Folglich waren die von der CGZP abgeschlossenen Vereinbarungen als Tarifverträge unwirksam. Die von dieser Rechtsprechung betroffenen Verleiher konnten sich nicht auf einen Vertrauensschutz berufen.[129] Verleiher können vom Grundsatz der Gleichstellung kraft arbeitsvertraglicher Vereinbarung nur dann abweichen, wenn für den Entleihzeitraum das einschlägige Tarifwerk für die Arbeitnehmerüberlassung aufgrund dieser Bezugnahme vollständig und nicht nur teilweise anwendbar ist.[130]

Im Geltungsbereich eines wirksamen Tarifvertrags kann auch zwischen nicht tarifgebundenen Arbeitgebern und Arbeitnehmern die Anwendung eines solchen arbeitsrechtlich im Rahmen einer Bezugnahmeklausel vereinbart werden, § 8 Abs. 2 S. 3 AÜG.[131] Diese Bezugnahme ist auch für Mischunternehmen ohne überwiegende Arbeitnehmerüberlassung zulässig.[132] Rückausnahmen von der Abweichungsmöglichkeit durch Tarifvertrag erfolgen durch die Drehtürklausel gemäß § 8 Abs. 3 AÜG und durch die zeitliche Begrenzung der tarifdispositiven Senkung des Arbeitsentgeltes eines Leiharbeitnehmers gegenüber dem des Stammpersonal gemäß § 8 Abs. 4 AÜG. Eine solche Senkung ist grundsätzlich lediglich für neun Monate möglich. Bei Abweichung vom Equal-Pay-Grundsatz für einen Zeitraum von maximal 15 Monaten müssen die Voraussetzungen gemäß § 8 Abs. 4 S. 2 AÜG vorliegen.

---

[124] LAG Schleswig-Holstein 21.5.2013 – 2 Sa 398/12, BeckRS 2013, 69607.
[125] BAG 17.10.1995 – 3 AZR 882/94, NZA 1996, 656.
[126] Vgl. zu den ausführlichen Überlegungen zur Bestimmung des Kreises der bereits nach der seit dem 1.1.2002 geltenden Regelung nach Ablauf der ersten 12 Monate nach § 10 Abs. 5 AÜG aF vergleichbaren Arbeitnehmer sowie der einzubeziehenden Arbeitsbedingungen *Behrend* NZA 2002, 372 (373 f.); *Boemke/Lembke* DB 2002, 893 (897 f.); zum neuen Recht: *Lembke* BB 2003, 98 (100); *Rieble/Klebeck* NZA 2002, 23 (24).
[127] BAG 14.12.2010 – 1 ABR 19/10, NZA 2011, 289 = NJW 2011, 1534; 23.5.2012 – 1 AZB 58/11, NZA 2012, 623; BVerfG 25.4.2015 – 1 BvR 2314/12, NZA 2015, 757.
[128] BAG 14.12.2010 – 1 ABR 19/10, NZA 2011, 289; 23.5.2012 – 1 AZB 58/11, NZA 2012, 623.
[129] BAG 13.3.2013 – 5 AZR 954/11, NZA 2013, 680.
[130] So das BAG zum § 9 Nr. 2 HS 3 AÜG aF; BAG 16.10.2019 – 4 AZR 66/18, NZA 2020, 260.
[131] Zur europarechtlichen Zulässigkeit vgl. Art. 5 Abs. 4 RL 2008/104/EG.
[132] BSG 12.10.2016 – B 11 AL 6/15 R, NZA-RR 2017, 426.

Auch § 8 Abs. 3 AÜG in seiner neuen Fassung verhindert die Anwendung von Tarifverträgen zur Vermeidung des Gleichstellungsgrundsatzes für Arbeitnehmer, die in den vergangenen sechs Monaten bereits beim selben Arbeitgeber oder innerhalb dessen Konzerns tätig waren („**Drehtürklausel**"). Der Leiharbeitnehmer kann im Falle des §§ 9 Nr. 2 iVm 8 Abs. 3 AÜG gemäß § 8 Abs. 1 AÜG vom Verleiher für die Zeiten des Verleihs die Arbeitsbedingungen vergleichbarer Stammarbeitnehmer des Entleihers verlangen.

82 • Nach § 8 Abs. 4 AÜG ist die tarifrechtliche Abweichungsmöglichkeit auf neun Monate begrenzt. Bei gewünschten Abweichungen des Equal-Pay-Grundsatzes für einen Zeitraum von maximal 15 Monaten müssen die Voraussetzungen gemäß § 8 Abs. 4 S. 2 AÜG vorliegen.

83 • Das BAG hat in seinen Entscheidungen zu der Problematik der Tariffähigkeit der christlichen Gewerkschaften auch zu weiteren Fragestellungen in diesem Bereich Stellung genommen. So hat es etwa auch gewisse **Beweiserleichterungen** für den Leiharbeitnehmer angenommen. Der Leiharbeitnehmer kann nämlich der ihm für die Höhe des Anspruchs auf gleiches Arbeitsentgelt obliegenden Darlegungslast zunächst dadurch genügen, dass er sich auf eine Auskunft nach § 13 AÜG beruft und diese in den Prozess einführt. Sodann ist es im Rahmen einer abgestuften Darlegungslast Sache des Verleihers, die maßgeblichen Umstände der Auskunft in erheblicher Art und im Einzelnen zu bestreiten. Stützt sich der Leiharbeitnehmer hingegen nicht auf eine Auskunft nach § 13 AÜG, muss er zur Darlegung des Anspruchs auf gleiches Arbeitsentgelt alle für dessen Berechnung erforderlichen Tatsachen vortragen. Dazu gehören vorrangig die Benennung eines vergleichbaren Stammarbeitnehmers und das diesem vom Entleiher gewährte Arbeitsentgelt. Beruft sich der Leiharbeitnehmer auf ein allgemeines Entgeltschema, hat er nicht nur dessen Inhalt darzulegen, sondern auch dass ein solches im Betrieb des Entleihers im Überlassungszeitraum tatsächlich Anwendung fand und wie er danach fiktiv einzugruppieren gewesen wäre.[133]

• Ein Rückwirkungsverbot oder aber Vertrauensschutz für die Verleihunternehmen lehnt das BAG ab. Darüber hinaus sind nach Auffassung des BAG **allenfalls einzelvertragliche Ausschlussfristen** wirksam, jedoch auch nur dann, wenn diese ausdrücklich völlig unabhängig von der Geltung eines Tarifvertrags und der einzelvertraglichen Bezugnahme eines Tarifvertrags gelten sollen.[134]

84 • Sofern Tarifverträge vereinbart wurden, waren die Vorschriften zu **Lohnuntergrenzen** in § 3a AÜG zu beachten. Solange bis Ende 2019 noch eine Verordnung des Bundesministeriums für Arbeit und Soziales in Kraft war, die eine Lohnuntergrenze für die Arbeitnehmerüberlassung festlegte, durfte diese nicht unterschritten werden.[135] Mangels nachfolgender Verordnung gilt seit Januar 2020 kein spezifischer Mindestlohn für Leiharbeitnehmer mehr, der Lohnanspruch richtet sich aktuell nach den allgemeinen Vorschriften und damit insbesondere § 1 Abs. 1 MiLoG.

85 c) **Befristung des Leiharbeitsverhältnisses.** Im Gegenzug zum eingeführten Grundsatz der gleichen Entlohnung am 1.1.2004 wurde die Durchführung der Arbeitnehmerüberlassung durch Aufhebung des Synchronisationsverbotes, des Verbotes wiederholter Befristung, des Wiedereinstellungsverbotes und der maximalen Überlassungsdauer erheblich vereinfacht. Die Befristung von Arbeitsverträgen mit Leiharbeitnehmern unterliegt seitdem den auch für sonstige Arbeitsverträge geltenden Regelungen des TzBfG. Die Anwendbarkeit des TzBfG auf Leiharbeitnehmer wurde zwar im Lichte einer Entscheidung des EuGH bezweifelt. Denn der EuGH kam zu dem Ergebnis, dass die Befristungsrichtlinie auf Leiharbeitnehmer nicht anzuwenden ist.[136] Diese Zweifel sind jedoch zurückzuweisen. Denn der fragliche § 14

---

[133] Vgl. BAG 13.3.2013 – 5 AZR 146/12, BeckRS 2013, 697.
[134] Vgl. BAG 13.3.2013 – 5 AZR 146/12, BeckRS 2013, 697.
[135] Der der Verordnung über eine Lohnuntergrenze in der Arbeitnehmerüberlassung zugrundeliegende Tarifvertrag zur Regelung von Mindestentgelten in der Zeitarbeit vom 30. November 2016 war wie auch die Verordnung – bis zum 31. Dezember 2019 ohne Nachwirkung befristet.
[136] Nach der umstrittenen Auffassung des EuGH in der „Della Rocca"-Entscheidung findet die europäische Rahmenvereinbarung zu befristeten Arbeitsverhältnissen bzw. die EU-Befristungsrichtlinie keine Anwendung auf Leiharbeitnehmer (EuGH 11.4.2013 – C-290/12, NZA 2013, 495).

Abs. 1 TzBfG findet nach deutschem Recht im Ausnahmefall des § 10 Abs. 1 S. 2 AÜG Anwendung. Es handelt sich hierbei also jedenfalls um eine gesetzliche Privilegierung des Leiharbeitnehmers über den europäischen Schutzstandard hinaus, die insofern unbedenklich ist.[137] Auch das BAG ließ sich bisher durch die Unanwendbarkeit der Richtlinie nicht davon abhalten, das TzBfG anzuwenden.[138] Sofern also ein Sachgrund vorliegt oder Befristungen ohne Sachgrund im Einzelfall möglich sind, sind auch Befristungen des Leiharbeitsverhältnisses zulässig.[139] Trotzdem ergeben sich bei der Leiharbeit einige Sonderkonstellationen im Befristungsrecht:

aa) Sachgrund des vorübergehenden Bedarfs. In der Literatur umstritten und von der Rechtsprechung nicht abschließend geklärt ist die Frage, ob sich der Verleiher in Anwendung des § 14 Abs. 1 S. 2 Nr. 1 TzBfG auf einen nur vorübergehenden Bedarf im Unternehmen des einzelnen Entleihers berufen kann. Dagegen spricht, dass es bisher erkennbarer Wille des Gesetzgebers war, dass der Verleiher ihr unternehmerisches Risiko des Nichteinsatzes nicht auf den Leiharbeitnehmer übertragen können sollen. Bei den in § 14 Abs. 1 TzBfG geregelten Sachgründen ist daher maßgeblich auf das Verhältnis zwischen Verleiher und Leiharbeitnehmer abzustellen. Das bedeutet, dass ein nur vorübergehender betrieblicher Bedarf einer Beschäftigung beim **Entleiher** keinen sachlichen Grund i.S. des § 14 Abs. 1 S. 2 Nr. 1 TzBfG darstellt.[140] Es kommt vielmehr darauf an, dass der **Verleiher** selbst nur einen solchen vorübergehenden Bedarf an der Arbeitsleistung hat.[141] Ein zulässiger Sachgrund kann deshalb nach § 14 Abs. 1 S. 2 Nr. 1 TzBfG ausschließlich bei einem nur vorübergehenden Bedarf der Arbeitsleistung im Verleiherbetrieb selbst bestehen.[142] Dies wird nur in Ausnahmefällen anzunehmen sein, da der Verleiher seine Arbeitnehmer typischerweise für jeweils vorübergehende Arbeitseinsätze bei verschiedenen Entleihern einsetzt. Bei Saisonarbeitskräften könnte ein solcher Ausnahmefall gegeben sein. 86

bb) Weitere Sachgründe. Auch bei allen anderen Sachgründen gemäß § 14 Abs. 1 TzBfG ist der besondere Charakter der Leiharbeit zu berücksichtigen. Ein möglicher Befristungsgrund muss sich stets unmittelbar auf das Leiharbeitsverhältnis beziehen. Von praktischer Bedeutung dürfte hierbei insbesondere die Befristung zur Erprobung gemäß § 14 Abs. 1 S. 2 Nr. 5 TzBfG sowie die Befristung auf Wunsch des Arbeitnehmers gemäß § 14 Abs. 1 S. 2 Nr. 6 TzBfG sein.[143] 87

Die weiteren Sachgründe scheinen im Verhältnis zwischen Leiharbeitnehmer und Entleiher zwar oftmals einzugreifen, im Verhältnis zwischen Leiharbeitnehmer und Verleiher, dessen Gewerbe es ist, neue Aufträge für die Überlassung von Leiharbeitnehmern zu akquirieren, rechtfertigen diese Sachgründe jedoch meist keine Befristung. Dies gilt insbesondere für den Sachgrund der Vertretung eines anderen Arbeitnehmers. Auch dabei ist nicht auf den Vertretungsfall beim Entleiher, sondern beim Verleiher abzustellen.[144] Echte Vertretertätigkeiten beim Verleiher sind aufgrund der typischen fluktuativen Beschäftigungssituation eher schwierig darstellbar. Schließlich kann der Leiharbeitnehmer auch mehrmals (befristet) eingestellt werden, da das Wiedereinstellungsverbot des § 3 Abs. 1 Ziffer 5 AÜG aF bereits zum 31.12.2003 aufgehoben wurde. 88

cc) Befristung ohne Sachgrund. Daneben ist die Befristung ohne Sachgrund bei erstmaliger Einstellung eines Leiharbeitnehmers gemäß **§ 14 Abs. 2 TzBfG**[145] bis zur Gesamtdauer 89

---

[137] Hierzu *Lembke* NZA 2013, 815.
[138] BAG 15.5.2013 – 7 AZR 525/11, NZA 2013, 1214; 23.9.2014 – 9 AZR 1025/12, BeckRS 2014, 74495; BeckOK ArbR/*Bayreuther* TzBfG § 14 Rn. 114.
[139] Schüren/Hamann/*Schüren* AÜG § 3 Rn. 74 ff.
[140] Schaub ArbR-HdB/*Koch* § 120 Rn. 67; Schüren/Hamann/*Schüren* AÜG § 3 Rn. 82.
[141] *Düwell/Dahl* NZA 2007, 889 (889 ff.); LAG Sachsen 25.1.2008 – 3 Sa 458/07, EzAÜG TzBfG § 14 Nr. 3.
[142] So *Kokemoor* NZA 2003, 238 (241); BAG 25.8.2004 – 7 AZR 7/04, NZA 2005, 357 ff.; 7.11.2007 – 7 AZR 484/06 nv.
[143] Schüren/Hamann/*Schüren* AÜG § 3 Rn. 96 ff.
[144] *Düwell/Dahl* NZA 2007, 889 ff.
[145] *Ulber* AÜG § 9 Rn. 348 ff. sieht § 14 Abs. 2 S. 1 Halbs. 2, S. 2 und S. 3 TzBfG wegen Verstoßes gegen Art. 5 Abs. 5 der Richtlinie 2008/104/EG als unionsrechtswidrig an.

von zwei Jahren bei hierbei höchstens dreimaliger Verlängerungsmöglichkeit zulässig.¹⁴⁶ Für Verleiher ist hierbei dringend zu beachten, dass eine beabsichtigte Verlängerung der Befristung nicht zeitgleich mit der Änderung der Arbeitsvertragsbedingungen, insbesondere etwa des Einsatzortes bzw. des jeweiligen Entleihers, einhergeht. Das BAG geht davon aus, dass eine solche Änderung der Arbeitsvertragsbedingungen schon vom Wortsinn her nicht zugleich eine Verlängerung des bisherigen Arbeitsvertrages darstellen kann, mit der Folge, dass keine erstmalige Befristung mehr vorliegt und gemäß § 16 TzBfG ein unbefristetes Arbeitsverhältnis entsteht.¹⁴⁷ Eine von der Verlängerungsabrede isolierte Veränderung der Arbeitsvertragsbedingungen und somit auch der Wechsel des Entleihers sind hingegen auch wiederholt unproblematisch zulässig.¹⁴⁸

90 Nach der Rechtsprechung des BAG ist es auch zulässig, einen Arbeitnehmer an seinen vormaligen Vertragsarbeitgeber, bei dem er zuvor bereits zwei Jahre sachgrundlos befristet beschäftigt war, zu überlassen und weiterhin mit denselben Aufgaben zu betrauen. Dies führt nicht zur Unwirksamkeit einer anschließend mit dem Verleiher nach § 14 Abs. 2 TzBfG „nochmals" unmittelbar vereinbarten sachgrundlosen Befristung.¹⁴⁹ Offen gelassen hat das BAG jedoch die Frage, ob diese Konstruktion des Arbeitgeberwechsels bei gleich bleibender Tätigkeit am selben Einsatzort jedoch bei jeweils neuer Arbeitnehmerüberlassung auch mehrfach hintereinander erfolgen kann. Gerade im Zuge der vermehrt angewandten konzerninternen Personalleasinggesellschaften bietet sich hier zwar entsprechender Gestaltungsspielraum, jedoch birgt dies auch eine Missbrauchsgefahr, welche die Arbeitsgerichte reglementieren könnten. So liegt etwa dann ein Rechtsmissbrauch vor, wenn mehrere rechtlich und tatsächlich verbundene Vertragsarbeitgeber in bewusstem und gewolltem Zusammenwirken mit einem Arbeitnehmer aufeinanderfolgende befristete Arbeitsverträge ausschließlich deshalb schließen, um auf diese Weise über die nach § 14 Abs. 2 TzBfG vorgesehene Befristungsmöglichkeit mehrere sachgrundlose Befristungen aneinanderreihen zu können.¹⁵⁰

91 Bei **neu gegründeten Verleiherunternehmen** bietet sich gegebenenfalls die Möglichkeit an, in den ersten vier Jahren ihres Bestehens gemäß **§ 14 Abs. 2a TzBfG** Leiharbeitnehmer bis zu vier Jahre befristet einzustellen.

92 Die Regelung zur **Altersbefristung** in **§ 14 Abs. 3 TzBfG** dient wie die Regelungen des AÜG vor allem der Beschäftigungsförderung. Auch für Verleiherunternehmen bietet sich daher die dementsprechende Anwendungsmöglichkeit einer bis zu fünf Jahre andauernden sachgrundlosen Befristung, sofern die weiteren Voraussetzungen wie das Mindestalter von 52 Jahren sowie mindestens viermonatige vorausgegangene Beschäftigungslosigkeit in der Person des Leiharbeitnehmers bei Einstellung vorliegen. Hinsichtlich einer Europarechtskonformität hat das BAG entschieden, dass § 14 Abs. 3 TzBfG insoweit zulässig ist, als dass es sich um die erstmalige Anwendung der Regelung zwischen denselben Arbeitsvertragsparteien handelt.¹⁵¹

93 d) **Kündigung des Leiharbeitsvertrages.** Das Leiharbeitsverhältnis kann wie jedes Arbeitsverhältnis von beiden Seiten unter Einhaltung der Bestimmungen des Kündigungsschutzgesetzes sowie der maßgeblichen Kündigungsfristen ordentlich gekündigt werden.¹⁵²

94 Bei einer **betriebsbedingten Kündigung** ist hierbei jedoch ausschließlich auf den Betrieb des Verleihers abzustellen.¹⁵³ Dabei ist es für die Bejahung des dringenden betrieblichen Erfordernisses nicht ausreichend, wenn der Leiharbeitgeber für den Leiharbeitnehmer lediglich vorübergehend keine Einsatzmöglichkeit hat. Vielmehr wird ihm über einen angemessenen

---

¹⁴⁶ BAG 9.3.2011 – 7 AZR 657/09, NZA 2011, 1147.
¹⁴⁷ BAG 18.1.2006 – 7 AZR 178/05, NZA 2006, 605 ff.; auch BAG 23.8.2006 – 7 AZR 12/06, BB 2007, 383 ff.
¹⁴⁸ BAG 18.1.2006 – 7 AZR 178/05, NZA 2006, 605 ff., insb. 2. Orientierungssatz.
¹⁴⁹ BAG 18.10.2006 – 7 AZR 145/06, NZA 2007, 443 ff.; *Boemke/Lembke* AÜG § 9 Rn. 543; Schüren/Hamann/*Schüren* AÜG Einl. Rn. 260; krit. *Preis/Greiner* RdA 2010, 148.
¹⁵⁰ BAG 9.3.2011 – 7 AZR 657/09, NZA 2011, 1147.
¹⁵¹ BAG 28.5.2014 – 7 AZR 360/12, NZA 2015, 1131, BeckOK ArbR/*Bayreuther* TzBfG § 14 Rn. 124.
¹⁵² Schüren/Hamann/*Schüren* AÜG Einl. Rn. 276.
¹⁵³ *Schaub* ArbR-HdB § 120 IV 6b.

Zeitraum zugemutet, das Arbeitsverhältnis auch bei fehlender Beschäftigungsmöglichkeit aufrecht zu erhalten.[154] Kurzfristige Auftragslücken stellen bei einem Leiharbeitsverhältnis gerade das typische Unternehmerrisiko des Verleihers dar, welches dieser bis zu einer gewissen Grenze zu tragen hat.[155] Der Verleiher muss zur Begründung betriebsbedingter Kündigungen an Hand der Auftrags- und Personalplanung darstellen, warum es sich nicht nur um eine kurzfristige Auftragsschwankung, sondern um einen dauerhaften Auftragsrückgang handelt und ein anderer Einsatz des Leiharbeitnehmers bei anderen Kunden nicht in Betracht kommt.[156] Teilweise wurde vertreten, dass Auftragsausfälle mindestens für drei Monate zu erwarten sein müssten, um den dauerhaften Entfall des Arbeitskräftebedarfs darzulegen.[157] Eine solche zeitlich definierte „Mindestwartezeit" vor Ausspruch einer betriebsbedingten Kündigung erkennt das BAG jedoch nicht an. Eine derartige vom Kündigungsschutzgesetz abweichende Sonderregelung ist dem AÜG (jedenfalls nach Aufhebung des § 9 Nr. 3 AÜG aF) nicht zu entnehmen.[158] Bei einem Leiharbeitsverhältnis kann der Wegfall des Beschäftigungsbedürfnisses insbesondere darauf beruhen, dass auf dem relevanten Arbeitsmarkt eine bestimmte berufliche Tätigkeit nicht mehr nachgefragt wird, so dass dem Arbeitgeber eine Vermittlung des Leiharbeitnehmers dauerhaft nicht mehr gelingen kann.[159]

Aufgrund der im Zuge der **Coronakrise** zeitweise entfallenden Arbeit hat der Gesetzgeber § 11a AÜG eingeführt, der im Wege einer Verordnungsermächtigung auch Leiharbeitnehmern einen Zugang zur Kurzarbeitergeldförderung zum Zwecke der Vermeidung von betriebsbedingten Kündigungen erleichtern soll.[160] Damit wurde die Bundesregierung ermächtigt, das in § 11 Abs. 4 Satz 2 AÜG geregelte Recht auf Vergütung bei Vereinbarung von Kurzarbeit für den Arbeitsausfall außer Kraft zu setzen. Der Vergütungsanspruch wird dann für die Dauer aufgehoben, für die dem Leiharbeitnehmer Kurzarbeitergeld nach SGB III gezahlt wird. Eine entsprechende Verordnung wurde am 25.3.2020 erlassen.[161] Bei der Anwendung der Kurzarbeitergeldregelungen auf Leiharbeitnehmer sind einige Besonderheiten zu beachten. Zum einen ist für die Bestimmung des Arbeitsausfalls nach § 96 Abs. 1 S. 1 Nr. 1 SGB III der Verleiherbetrieb maßgebend. Wurde im Entleihbetrieb Kurzarbeit angeordnet, bedeutet dies daher nicht, dass der Leiharbeitnehmer automatisch Kurzarbeitergeld beantragen kann. Anders als in der Finanzmarktkrise 2008/2009 sind gerade keine Erleichterungen für derartige „Huckepack"-Fälle eingeführt worden.[162] Zum anderen ist ein Arbeitsausfall nach der Grundkonzeption der Arbeitnehmerüberlassung branchenüblich und damit regelmäßig vermeidbar.[163] Anders liegt es aber bei einem pandemiebedingten Arbeitsausfall, denn dieser beruht auf unvermeidbaren, außergewöhnlichen Verhältnissen auf dem Arbeitsmarkt. 95

Im Rahmen einer betriebsbedingten Kündigung erstreckt sich die Sozialauswahl in einem Betrieb, der Arbeitnehmerüberlassung betreibt, grundsätzlich nicht nur auf die momentan nicht verbliebenen, sondern auch auf die verbliebenen Arbeitnehmer mit vergleichbarem Tätigkeitsprofil.[164] 96

---

[154] LAG Köln 10.12.1998 – 6 Sa 493/98, NZA 1999, 991: Frist offengelassen; vgl. hierzu auch Schüren/Hamann/*Schüren* AÜG Einl. Rn. 279.
[155] LAG Berlin-Brandenburg 20.1.2017 – 2 Sa 1188/16, 2 Sa 1805/16, NZA-RR 2017, 587.
[156] BAG 18.5.2006 – 2 AZR 412/05, DB 2006, 1962.
[157] LAG Hessen 17.11.1983 – 9 Sa 599/83, EzAÜG KSchG Nr. 2; LAG Köln 3.6.2005 – 11 Sa 1014/04, BeckRS 2005, 43161.
[158] *Thüsing* DB 2016, 2663 (2664); BAG 18.5.2006 – 2 AZR 412/05, DB 2006, 1962.
[159] LAG Baden-Württemberg 12.4.2007 – 21 Sa 62/06 nv, BAG 15.1.2009 – 2 AZR 641/07, NZA 2009, 957.
[160] Gesetz zur befristeten krisenbedingten Verbesserung der Regelungen für das Kurzarbeitergeld v. 12.3.2020, BGBl. 2020 I 493. Die Ermächtigung tritt mit Ablauf des 31.12.2021 wieder außer Kraft. Zugleich wurde § 11 Abs. 4 S. 3 AÜG förmlich aufgehoben. Ausf. hierzu: *Waltermann* NZS 2020, 337.
[161] BGBl. 2020 I 595.
[162] BeckOK ArbR/*Motz* AÜG § 11a Rn. 26 ff.
[163] BSG 21.7.2009, BeckRS 2009, 72602.
[164] BAG 20.6.2013 – 2 AZR 271/12, NZA 2013, 837; LAG Hessen 9.12.2011 – 10 Sa 438/11, BeckRS 2012, 68549; Schaub ArbR-HdB/*Linck* § 135 Rn. 13.

97 Auch für **personen- und verhaltensbedingte Kündigungen** gelten im Leiharbeitsverhältnis grundsätzlich die allgemeinen kündigungsschutzrechtlichen Grundsätze.[165] Besonderheiten können sich jedoch aus der Natur der Arbeitnehmerüberlassung ergeben. So ist etwa bei der krankheitsbedingten Kündigung bei der Frage, inwieweit die Fehlzeiten negative betriebliche Auswirkungen haben, sowohl auf den Betrieb des Verleihers als auch auf den Betrieb des Entleihers abzustellen. Dem gegenüber ist bei der Höhe der Fehlzeiten zugunsten des Arbeitnehmers zu berücksichtigen, dass diese aus der Art der Tätigkeiten und der wechselnden Einsatzorte (mit-)resultieren kann.[166] Im Bereich der verhaltensbedingten Kündigung ist zu beachten, dass Abmahnungen nur durch den Verleiher, nicht durch den Entleiher ausgesprochen werden können, da es letzterem an der Kündigungsbefugnis fehlt.[167] Die Abmahnung oder die verhaltensbedingte Kündigung kann sich demgegenüber sowohl auf Pflichtverletzungen des Arbeitnehmers im Rahmen seiner Tätigkeit im Entleiherbetrieb oder auf solche im Verleiherbetrieb stützen. Allerdings war bei Pflichtwidrigkeiten, die ihre Ursache in den besonderen Verhältnissen eines Entleiherbetriebes hatten, im Rahmen der Interessenabwägung zugunsten des Arbeitnehmers zu berücksichtigen, dass dieser nur im Rahmen der Überlassungsfrist bei einem Entleiher eingesetzt werden durfte.[168]

98 Bei schwerwiegenden Verstößen des Leiharbeitnehmers gegen Pflichten aus dem Arbeitsverhältnis ist daneben auch die außerordentliche Kündigung nach § 626 BGB grundsätzlich zulässig. Für die Zwei-Wochen-Ausschlussfrist des § 626 Abs. 2 BGB kommt es regelmäßig darauf an, wann der Verleiher als Arbeitgeber von dem zur Kündigung berechtigenden wichtigen Grund Kenntnis erlangt hat. Die Kenntnis des Entleihers kann dem Verleiher nicht zugerechnet werden.[169]

99 e) **Nachvertragliches Tätigkeits- und Einstellungsverbot.** Nach § 9 Nr. 3 AÜG sind Vereinbarungen, die dem Entleiher für die Zeit nach Beendigung des Arbeitsverhältnisses untersagen, den Leiharbeitnehmer einzustellen, unwirksam. Korrespondierend hierzu untersagt § 9 Nr. 3 AÜG auch entsprechende Absprachen zwischen Verleiher und Arbeitnehmer, die auf die Untersagung von Arbeitsverhältnissen mit dem Entleiher nach Beendigung des Arbeitsverhältnisses mit dem Verleiher hinauslaufen. Der Schutzzweck dieser Normen ist darauf gerichtet, das Grundrecht des Leiharbeitnehmers auf freie Wahl des Arbeitsplatzes (Art. 12 Abs. 1 GG) zu schützen. Zudem ist es unter anderem gerade Sinn und Zweck des AÜG, den Übergang des Leiharbeitnehmers in ein dauerhaftes „gewöhnliches" Arbeitsverhältnis (ggf. beim Entleiher) zu fördern.

100 Das Tätigkeits- und Einstellungsverbot erfasst sowohl direkte Abwerbe- oder Einstellungsverbote als auch Nebenabreden, wie etwa Vertragsstrafenversprechen oder Rückzahlungsklauseln bei Abfindungen, wenn sie darauf gerichtet sind, den Leiharbeitnehmer von der Begründung eines Arbeitsverhältnisses mit dem Entleiher abzuhalten.[170] Auch Vermittlungsprovisionen können erfasst sein, wenn sie ihrer Höhe nach geeignet sind von der Übernahme abzuhalten.[171] Dabei ist es unerheblich, ob der Streitfall den Wechsel eines Arbeitnehmers in ein anderes Leiharbeitsverhältnis oder in ein normales Stammarbeitsverhältnis betrifft.

5. Rechtsbeziehung Entleiher – Arbeitnehmer

101 a) **Gesetzliches Schutzpflichtenverhältnis.** Es gilt der Grundsatz, dass im Rahmen der erlaubten Arbeitnehmerüberlassung zwischen Entleiher und Arbeitnehmer kein Arbeitsverhältnis entsteht. Dies gilt auch in Anschauung der Rechtsprechung des EuGH, der in der

---

[165] Schüren/Hamann/*Schüren* AÜG Einl. Rn. 276; Schaub ArbR-HdB/*Koch* § 120 Rn. 68.
[166] So *Ulber* AÜG § 1 Rn. 118; aA Schüren/Hamann/*Schüren* AÜG Einl. Rn. 279.
[167] *Becker*/*Wulfgramm* Nachtrag AÜG § 11 Rn. 63a; Tschöpe ArbR-HdB/*Hiekel* Teil 6 D Rn. 39; Schüren/Hamann/*Schüren* AÜG Einl. Rn. 290.
[168] LAG Hessen 18.7.1978 – 9 Sa 451/78, EzAÜG BGB § 626 Nr. 1.
[169] Tschöpe ArbR-HdB/*Hiekel* Teil 6 D Rn. 39.
[170] BGH 10.11.2011 – III ZR 77/11, NZA-RR 2012, 68, 7.4.2003 – II ZR 56/02, NJW 2003, 2806, 7.12.2006 – III ZR 82/06, NJW 2007, 764; Schüren/Hamann/*Schüren* AÜG § 9 Rn. 88.
[171] BT-Drs. 15/1728, 146.

Rechtssache „Albron" einen Leiharbeitnehmer in den Anwendungsbereich der Betriebsübergangsrichtlinie fallen ließ, nachdem sich dieser im Rahmen einer konzerninternen Betriebsübergangssituation auf den Fortbestand seines Leiharbeitsverhältnisses mit dem Betriebserwerber berief.[172] Auch in der späteren „Della Rocca"-Entscheidung unterstrich der EuGH nochmals seine Auffassung, dass der Leiharbeitnehmer in einer Art „Doppelarbeitsverhältnis" zum Verleiher und zum Entleiher stehe.[173] Die Entscheidungen des EuGH werden zu Recht kritisiert.[174] Sie zeigen jedoch, dass die Gerichte insbesondere bei prekären Leiharbeitsstrukturen dem ggf. gefährdeten (Leih-) Arbeitnehmerschutz im Einzelfall notfalls auch unter Durchbrechung des allgemeinen Vertragsrechts Geltung verleihen wollen.

Die Rechtsbeziehung zwischen Entleiher und Arbeitnehmer ist als gesetzliches Schutzpflichtenverhältnis zu bezeichnen. Im Rahmen seiner Fürsorgepflicht ist der Entleiher verpflichtet, ausreichende Schutzmaßnahmen für den Leiharbeitnehmer zu treffen. Insbesondere hat er die geltenden öffentlich-rechtlichen Vorschriften des Arbeitsschutzes (zB ArbSchG, ArbZG, MuSchG, AEVU, Unfallverhütungsvorschriften nach §§ 15 ff. SGB VII, Gefahrenschutzverordnungen nach §§ 120e ff., GewO uä) einzuhalten.[175] Auch das **Allgemeine Gleichbehandlungsgesetz (AGG)** verpflichtet in § 6 Abs. 2 S. 2 AGG den Entleiher unmittelbar zur Einhaltung der Antidiskriminierungsvorschriften zu Gunsten der von ihm eingesetzten Leiharbeitnehmer, indem es dem Entleiher insoweit (systemwidrig) die Stellung eines Arbeitgebers verleiht.

b) **Weisungsrecht des Entleihers.** Die entscheidende Besonderheit bei erlaubter Arbeitnehmerüberlassung besteht darin, dass der Entleiher trotz fehlender Arbeitgeberposition das arbeitsbezogene Weisungsrecht gegenüber dem Leiharbeitnehmer ausübt. Ihm wird das Weisungsrecht vom Verleiher übertragen, wozu dieser in Abweichung vom gesetzlichen Regelfall durch entsprechende Vereinbarung im Arbeitsvertrag die Befugnis hat.[176] Allerdings ist der Entleiher bei der Ausübung seines Weisungsrechtes durch den Inhalt des Arbeitsvertrages zwischen Verleiher und Arbeitnehmer und die dort vereinbarte Leiharbeitnehmerklausel beschränkt. Widerspricht eine Weisung des Entleihers einer Weisung des Verleihers, geht die Weisung des Verleihers als Arbeitgeber vor.

c) **Informationspflicht des Entleihers über freie Arbeitsplätze.** Mit den §§ 13a, 13b AÜG wurden vom Gesetzgeber im Jahre 2011 weitere „equal-treatment" Vorschriften eingeführt. § 13a AÜG verpflichtet den Entleiher hierbei zunächst, die bei ihm eingesetzten Leiharbeitnehmer über bestehende freie Arbeitsplätze (im Entleiherbetrieb) zu informieren.[177] Es ist daher zu empfehlen, freie Stellen an einem allgemein einsehbaren Ort im Betrieb auszuhängen, sofern die Leiharbeitnehmer beim Entleiher keinen ständigen Zugang zu Intranet- oder E-Mail-Systemen haben, über die eine Information ebenfalls erfolgen könnte. Da die gesetzlichen Regelungen keine nähere Definition einer „**freien Stelle**" liefern, wird teilweise vertreten, dass sämtliche Stellen zu veröffentlichen seien, auch die in leitenden Positionen sowie Stellen in Teilzeit und mit Befristung.[178] Nicht erfasst hingegen sind Stellen in Zeitarbeit.[179] Es ist hierbei allerdings nach Sinn und Zweck eine Beschränkung dahingehend vorzunehmen, dass nur solche Stellen zu veröffentlichen sind, auf die sich ein im Betrieb tätiger Leiharbeitnehmer auch tatsächlich (erfolgreich) bewerben könnte. Hierfür spricht auch, dass die Norm § 18 TzBfG nachgebildet[180] ist, der ebenfalls eine entsprechende Begrenzung vornimmt.

Da die Regelung des § 13a AÜG im Weiteren keine Aussagen zur Gestaltung eines sich anschließenden **Bewerbungsverfahrens** macht, kommen den Leiharbeitnehmern hierbei kei-

---

[172] EuGH 21.10.2010 – C-242/09, NJW 2011, 439; hierzu *Willemsen* NJW 2011, 1546; *Powietzka/Christ* ZESAR 2013, 313.
[173] EuGH 11.4.2013 – C-290/12 – Oreste Della Rocca/Poste Italiane SpA.
[174] Statt vieler *Greiner* NZA 2014, 284.
[175] Schüren/Hamann/*Hamann* AÜG § 11 Rn. 195.
[176] Schüren/Hamann/*Hamann* AÜG § 1 Rn. 116.
[177] Ausführlich zu dem damit umgesetzten Art. 6 Abs. 1 der Richtlinie 2008/104/EG, *Hamann* EuZA 2009, 287 (315 f.).
[178] *Ulber* AÜG § 13a Rn. 4 f.
[179] BAG 1.6.2011 – 7 ABR 18/10, NJOZ 2012, 20.
[180] BT-Drs. 17/4804, 10.

ne Sonderrechte zu.[181] Es darf allerdings vor dem Hintergrund der Richtlinieninhalte zu keiner Benachteiligung der Leiharbeitnehmer im Auswahlverfahren kommen.

106 **d) Zugang der Leiharbeitnehmer zu Gemeinschaftseinrichtungen des Entleihers.** Leiharbeitnehmer haben nach § 13b AÜG einen Anspruch auf Zugang zu den Gemeinschaftseinrichtungen[182] und Gemeinschaftsdiensten des Entleihers. § 13b S. 2 AÜG nennt in Anlehnung an die Leiharbeitsrichtlinie als Beispiele für Gemeinschaftseinrichtungen oder -dienste Kinderbetreuungseinrichtungen, Gemeinschaftsverpflegung und Beförderungsmittel.

107 Das Gesetz verlangt somit vom Entleiher, obwohl dieser nicht der Vertragsarbeitgeber ist, dem Leiharbeitnehmer den Zugang zu Gemeinschaftseinrichtungen unter den gleichen Bedingungen wie vergleichbaren Arbeitnehmern zu gewähren, sofern es keine entgegenstehenden sachlichen Gründe gibt. Ein sachlicher Grund kann zB dann vorliegen, wenn der Entleiher gemessen an der individuellen Einsatzdauer einen unverhältnismäßigen Organisations- bzw. Verwaltungsaufwand bei der Gewährung des Zugangs hat.[183]

108 **Zweck dieser Regelung** ist zum einen die Umsetzung der Leiharbeitsrichtlinie, zum anderen stellt § 13b AÜG aber auch eine besondere Ausprägung des Gleichbehandlungsgrundsatzes dar. Die Leiharbeitnehmer sollen im Entleiherbetrieb ein Teil der sozialen Gemeinschaft werden, ohne dort als „Fremdkörper" angesehen zu werden. Zudem sollen die Chancen auf eine unmittelbare Anschlussbeschäftigung beim Entleiher gesteigert werden.

109 Die Besonderheit der Norm liegt vor allem darin, dass der Gleichbehandlungsanspruch nach § 13b AÜG hinsichtlich des Zugangs zu Gemeinschaftseinrichtungen unmittelbar gegen den Entleiher besteht, obwohl dieser nicht Vertragsarbeitgeber ist.[184]

110 Eine gesetzliche **Definition**, was unter **Gemeinschaftseinrichtungen** oder **Gemeinschaftsdiensten** zu verstehen ist, existiert nicht, so dass die Begriffe auszulegen sind. Dabei ist zu beachten, dass die Vorschrift des § 13b AÜG Ausnahmecharakter hat, weil sie den gegen den Vertragsarbeitgeber (Verleiher) gerichteten Anspruch auf Gleichbehandlung auf einen Dritten (Entleiher) erstreckt. Die Begriffe sind deshalb eng auszulegen. In Anbetracht der engen Auslegung sowie den in § 13b S. 2 AÜG aufgezählten Beispielen ergibt sich, dass unter Gemeinschaftseinrichtungen und – diensten nur mit einer bestimmten Ausstattung versehene bewegliche oder unbewegliche Sachen des Entleihers oder mit bzw. an diesen Sachen erbrachten Leistungen fallen, die der Entleiher einer Gemeinschaft seiner Arbeitnehmer – also nicht individuell ausgewählten Arbeitnehmern, sondern einer generell – abstrakt bestimmten Gruppe von Arbeitnehmern – zur Verfügung stellt.[185] Deshalb können darunter auch **keine individuellen Leistungen mit Entgeltcharakter** fallen. So werden weder finanzielle Beteiligungsoptionen noch Ansprüche auf betriebliche Altersversorgung vom Anwendungsbereich des § 13b AÜG erfasst.

111 Die Aufzählung der Gemeinschaftseinrichtungen in § 13b S. 2 AÜG ist allerdings nicht abschließend, wie durch das Wort „insbesondere" auch zum Ausdruck gebracht wird. Es ist mithin notwendig, jede einzelne Gemeinschaftseinrichtung gesondert dahingehend zu bewerten, ob sie vom Anwendungsbereich des § 13b AÜG erfasst wird. Der Anspruch richtet sich allerdings nur auf die **Nutzung bereits vorhandener Gemeinschaftseinrichtungen.** Eine Pflicht zur Schaffung neuer Einrichtungen besteht nicht. Erfasst ist nicht nur der prinzipielle Zugang zu Einrichtungen, sondern auch die Modalitäten des Zugangs. Unterschiedliche Kantinenpreise je für die Stammbelegschaft und Leiharbeiter sind unzulässig.[186] Eine Pflicht zur Erhöhung des Dotierungsrahmens besteht hingegen in diesem Fall nicht. Mögliche Handlungsoptionen sind also die Erhöhung der Preise für alle Tätigen oder der Ausgleich durch Vereinbarungen zwischen Verleiher und Entleiher.

112 Der Anspruch auf **Zugang zu Gemeinschaftseinrichtungen** kann dann **ausgeschlossen** sein, wenn **sachliche Gründe** dies rechtfertigen. Sachliche Gründe können insbesondere vor-

---

[181] Einschränkend *Ulber* AÜG § 13a Rn. 14 ff.
[182] Vgl. hierzu *Lembke* NZA 2011, 319.
[183] BT-Drs. 17/4804, 10.
[184] *Lembke* NZA 2011, 323.
[185] *Lembke* NZA 2011, 323; *Rosenau/Mosch* NJW-Spezial 2011, 242.
[186] LAG Hamburg 7.6.2012 – 2 TaBV 4/12, BeckRS 2013, 66789.

liegen, wenn die Kurzzeitigkeit der Beschäftigung des Leiharbeitnehmers oder eine Befristung des Arbeitsverhältnisses den Zugang zur Gemeinschaftseinrichtung unmöglich macht oder mit einem unverhältnismäßig hohen, unvertretbaren Organisations- oder Verwaltungsaufwand verbunden ist.[187]

Als zu weitgehend ist die Auffassung zu bewerten, dass dem Leiharbeitnehmer, der unter Beachtung des Gleichbehandlungsgrundsatzes zulässigerweise vom Zugang zu einer Gemeinschaftseinrichtung ausgeschlossen wurde, ein Ersatzanspruch in Geld zustehe.[188] Denn weder der Richtlinienvorgabe noch der deutschen gesetzlichen Regelung ist ein Hinweis auf einen zwingend einhergehenden Zuflusszweck dieser Vorschrift zu entnehmen. Ziel der Richtlinienvorgabe ist es lediglich, die Leiharbeitnehmer im sozialen Gefüge des Entleiherbetriebes möglichst auf dieselbe Stufe zu stellen wie die Stammarbeitnehmer.

Aus der pflichtwidrigen Nichterfüllung von Zugangsrechten können dem Leiharbeitnehmer jedoch **Schadensersatzansprüche** erwachsen, zB wenn der Leiharbeitnehmer ohne sachliche Begründung nicht zur Kantine zugelassen wurde und sich deshalb außerhalb des Betriebes eine teurere Mittagsmahlzeit leisten musste.[189]

Soweit in den Überlassungsverträgen zwischen Verleiher und Entleiher (grundsätzlich anzuratende und zulässige[190]) Vereinbarungen zur Handhabung oder Finanzierung des Zugangs zu Gemeinschaftseinrichtungen getroffen werden, dürfen diese nach § 9 Nr. 2a AÜG inhaltlich nicht gegen die Vorgaben des § 13b AÜG verstoßen.

e) **Betriebsbedingte Kündigung durch den Entleiher.** Von besonderer Bedeutung ist die Frage, ob im Falle einer betriebsbedingten Kündigung eigener Arbeitnehmer des Entleihers im Entleiherbetrieb zuvor vorrangig die dort eingesetzten Leiharbeitnehmer den Betrieb, etwa durch Kündigung des Arbeitnehmerüberlassungsvertrages, verlassen müssen. Für eine betriebsbedingte Kündigung der Stammbelegschaft muss das Merkmal der Dringlichkeit betrieblicher Erfordernisse erfüllt sein. Eine solche Dringlichkeit könnte aber immer dann zu verneinen sein, wenn ein Arbeitsplatz noch mit einem Leiharbeitnehmer besetzt ist.

In Literatur[191] und Rechtsprechung der Instanzgerichte[192] ist diese Frage umstritten. Teilweise wird vertreten, dass es Teil der unternehmerischen Entscheidungsfreiheit ist, wen der Arbeitgeber/Entleiher zuerst „kündigt", weil es sich auch beim Einsatz von Leiharbeitnehmern um eine freie unternehmerische Entscheidung handelt, die von Arbeitsgerichten nicht zu überprüfen ist.[193] Andererseits wird der Standpunkt vertreten, dass der Arbeitgeber aufgrund des Ultima-Ratio-Prinzips als Ausprägung des Verhältnismäßigkeitsgrundsatzes zunächst dafür sorgen muss, dass Leiharbeitnehmer Arbeitsplätze frei machen, bevor die Stammbelegschaft gekündigt werden darf.[194]

Der BAG geht davon aus, dass die Frage nach freien Arbeitsplätzen einer Einzelfallentscheidung bedarf.[195] Maßgeblich sei hierbei, ob durch den Einsatz von Leiharbeitern ein grundsätzlich anfallender Bedarf an Arbeitskräften abgedeckt würde. Sei dies der Fall, sind die Arbeitsplätze der Leiharbeitnehmer als frei anzusehen. Anders soll es sich verhalten, wenn die Leiharbeitnehmer lediglich zur Deckung von Spitzen im Arbeitsaufkommen oder als Personalreserve eingesetzt würden.[196] In diesen Fällen bestehe kein Bedarf für die dauerhafte Stelle des zu Kündigenden, sondern ein tatsächliches Bedürfnis für flexibel einsetzbare Leiharbeiter.

Der Schutz der unternehmerischen Entscheidung zur Nutzung von Arbeitnehmerüberlassung kann sich allerdings nur darauf erstrecken, gerade für Fälle des Auftragsrückgangs die

---
[187] Amtl. Gesetzesbegründung BT-Drs. 17/4808, 13.
[188] *Ulber* AÜG § 13 Rn. 15.
[189] *Leuchten* NZA 2011, 608 ff.
[190] LAG Hamburg 7.6.2012 – 2 TaBV 4/12, BeckRS 2013, 66789.
[191] *Düwell/Dahl* DB 2007, 1699 ff. mwN.
[192] LAG Köln 7.8.2006 – 14 Sa 84/06, BeckRS 2006, 45084; LAG Hamm 5.3.2007 – 11 Sa 1338/06, DB 2007, 1701.
[193] LAG Köln 7.8.2006 – 14 Sa 84/06, BeckRS 2006, 45084, wobei dies nicht bei ordentlich unkündbaren Arbeitnehmern gelten soll.
[194] LAG Hamm 5.3.2007 – 11 Sa 1338/06, DB 2007, 1701.
[195] BAG 15.12.2011 – 2 AZR 42/10, NZA 2012, 1044.
[196] LAG Rheinland-Pfalz 19.5.2015 – 8 Sa 368/14, BeckRS 2015, 70220.

Leiharbeitnehmer möglichst schnell und effektiv wieder abbauen zu können. Ein darüber hinaus gehender Schutz der unternehmerischen Freiheit zum Einsatz von Leiharbeitnehmern soll daher nicht bestehen.[197] Zumindest soweit der Einsatz von Leiharbeitnehmern im Betrieb nicht missbräuchlich zur Umgehung des Kündigungsschutzes der Stammbelegschaft erfolgt, ist die Organisationsentscheidung eines Unternehmers bei Beachtung der obigen Kriterien zu respektieren und gerichtlich nicht zu überprüfen. Zudem sollen Leiharbeitnehmer auch nach der Wertung des Gesetzgebers im Zuge der im Jahre 2020 durchgeführten Corona-Hilfsmaßnahmen gewissermaßen „bestandsgeschützt" sein, da diese vorübergehend in den Anwendungsbereich der Kurzarbeitergeldförderungen fallen, wenn beim Entleiher Kurzarbeit durchgeführt wird.[198]

120 Bei der Ermittlung der Mitarbeiterzahl zur Frage der Anwendbarkeit des Sonderkündigungsschutzes nach § 23 Abs. 1 S. 3 KSchG sind Leiharbeitnehmer mitzuzählen, sofern sie einen regelmäßigen Bedarf abdecken und der Schwellenwert nicht nur zufällig durch ihren Einsatz erreicht wird.[199] Wie genau sich ein regelmäßiger Bedarf im Einzelfall konstituiert, ist nicht abschließend klar. Für die Praxis sollte daher in Grenzfällen vorsorglich von der Anwendbarkeit des KSchG ausgegangen werden.

121 **f) Weitere arbeitsrechtliche Besonderheiten.** Die Bestimmung von Beginn und Ende der Arbeitszeit, Lage der Arbeitszeit, die Anordnung von Mehrarbeit und die Gewährung von Urlaub durch den Entleiher müssen sich immer in dem rechtlichen Rahmen bewegen, den der Arbeitsvertrag zwischen Verleiher und Leiharbeitnehmer und die dort vereinbarte Leiharbeitnehmerklausel festgelegt hat. Legt zB der Verleiher den Beginn der Arbeitszeit auf einen bestimmten Zeitpunkt fest, kann der Entleiher den Arbeitnehmer nicht zu einem früheren Zeitpunkt zur Arbeit einteilen. Friktionen können sich auch im Bereich der Vorgaben zur Einhaltung der Grenzen der Arbeitszeit nach dem Arbeitszeitgesetz ergeben. Für den Entleiherbetrieb geltende tarifliche Ausnahmeregelungen zur höchst zulässigen Arbeitszeit oder zur Sonntagsarbeit erfassen den Leiharbeitnehmer nicht.[200]

122 Verursacht der Leiharbeitnehmer beim Entleiher Schadensfälle, so trifft ihn eine **Haftung aus Vertragsverletzung.** Die Grundsätze über die Haftungsbeschränkung im Arbeitsverhältnis sind für das Schutzpflichtenverhältnis zwischen Entleiher und Leiharbeitnehmer entsprechend anzuwenden.[201]

123 Ein Einsatz von Leiharbeitnehmern bei Behörden oder kommunalen Einrichtungen ist möglich, allerdings ist dabei eine Aufgabenzuweisung von hoheitlichen Aufgaben an einen Leiharbeitnehmer nicht zulässig. Das OLG Frankfurt hat die in zahlreichen Städten und Kommunen gängige Praxis, Leiharbeiter zur Verkehrskontrolle einzusetzen, als unzulässig bewertet.[202]

124 Im Bereich der **Erfindung und technischen Verbesserungsvorschläge** nach dem Gesetz über Arbeitnehmererfindungen (ArbnErfG) gilt gem. § 11 Abs. 7 AÜG der Entleiher als Arbeitgeber. Dem Arbeitnehmer steht somit gegen den Entleiher ein Vergütungsanspruch zu, soweit dieser Erfindungen oder technische Verbesserungsvorschläge, die auf den Betrieb bezogen sind, in Anspruch nimmt.[203]

125 Im Falle von **prozessualen Auseinandersetzungen** zwischen dem Leiharbeitnehmer und dem Entleiher ist nach der vorherrschenden Auffassung der Landesarbeitsgerichte und des BAG[204] der Rechtsweg zu den Arbeitsgerichten eröffnet. Die Zuständigkeit der Gerichte für Arbeitssachen ergibt sich aus § 2 Abs. 1 Nr. 3a ArbGG.[205]

---

[197] *Düwell/Dahl* DB 2007, 1699 ff. mwN.
[198] Gesetz zur befristeten krisenbedingten Verbesserung der Regelungen für das Kurzarbeitergeld, BGBl. 2020 I 493.
[199] BAG 24.1.2013 – 2 AZR 140/12, NZA 2013, 726.
[200] Schüren/Hamann/*Schüren* AÜG Einl. Rn. 175, 324 f.
[201] Tschöpe ArbR-HdB/*Hiekel* Teil 6 D Rn. 44.
[202] OLG Frankfurt 6.11.2019 – 2 Ss-OWi 942/19, BeckRS 2019, 27630.
[203] *Bartenbach/Volz* ArbEG § 1 Rn. 59 ff.
[204] BAG 15.3.2011 – 10 AZB 49/10, NZA 2011, 635.
[205] BAG 15.3.2011 – 10 AZB 49/10, NZA 2011, 635; LAG Düsseldorf 14.10.2010 – 15 Ta 588/10, BeckRS 2010, 71531; LAG Hamburg 24.10.2007 – 4 Ta 11/07, BeckRS 2010, 66740; LAG Hamm 4.8.2003 – 2 Ta 739/02, NZA-RR 2004, 106.

6. Rechtsbeziehung Verleiher – Entleiher

a) Arbeitnehmerüberlassungsvertrag. Der Arbeitnehmerüberlassungsvertrag wird zwischen Verleiher und Entleiher geschlossen und unterliegt nach § 12 AÜG besonderen Inhaltsanforderungen, da die im Betrieb des Entleihers für einen vergleichbaren Arbeitnehmer wesentlichen Arbeitsbedingungen einschließlich des Arbeitsentgeltes angegeben werden müssen. Ferner unterliegt der Arbeitnehmerüberlassungsvertrag der Schriftform. Schließlich hat der Verleiher zu erklären, dass er die Erlaubnis nach § 1 AÜG besitzt. Der Entleiher ist demgegenüber verpflichtet, die besonderen Merkmale, welche für die für den Leiharbeitnehmer vorgesehene Tätigkeit bestehen und die berufliche Qualifikation, die erforderlich ist, anzugeben. 126

Die Reform 2017 hat das AÜG mit zwei Pflichten ergänzt, die sich auf den Arbeitnehmerüberlassungsvertrag beziehen, wobei diese jedoch entgegen der Gesetzessystematik in § 1 Abs. 1 S. 5 und 6 AÜG und nicht in § 12 AÜG normiert sind. Es handelt sich um die Offenlegungs- und Konkretisierungspflicht. Legal und wirksam ist eine Arbeitnehmerüberlassung nur dann, wenn sie vor jedem Einsatz ausdrücklich als Arbeitnehmerüberlassung in dem Vertrag zwischen Verleiher und Entleiher bezeichnet wird.[206] Ein ausdrückliches Schriftformerfordernis ist nicht gegeben. Allerdings muss die Offenlegungspflicht in dem Arbeitnehmerüberlassungsvertrag erfolgen, weshalb sie gemäß § 12 Abs. 1 S. 1 AÜG der gesetzlichen Schriftform des § 126 BGB unterliegen könnte.[207] Empfehlenswert ist daher bis zur gerichtlichen Entscheidung dieser Frage die Schriftform. 127

Nach der Konkretisierungspflicht gem. § 1 Abs. 1 S. 6 AÜG müssen Verleiher und Entleiher vor der Überlassung die Person des Leiharbeitnehmers unter Bezugnahme auf diesen Vertrag konkretisieren. Auch hier stellen sich dieselben Fragen bezüglich der Schriftform. 128

Umstritten ist, ob sich die Rechtsfolge gem. § 9 Abs. 1 Nr. 1a AÜG nur bei kumulativem Verstoß der beiden Pflichten ergibt.[208] Auch hier ist bis zur gerichtlichen oder gesetzgeberischen Klärung dieser Frage bereits bei singulärem Verstoß mit der Unwirksamkeit des Leiharbeitsvertrags zu rechnen. Folglich führt eine fehlende Bezeichnung zu dem grundsätzlich rückwirkenden Zustandekommen eines Arbeitsverhältnisses zwischen dem Entleiher und dem Leiharbeitnehmer gemäß § 10 Abs. 1 AÜG, wenn es sich tatsächlich um eine Arbeitnehmerüberlassung gehandelt hat. Beide Pflichtverstöße werden nach § 16 Abs. 1 Nr. 1c und 1d AGÜ als Ordnungswidrigkeit geahndet. 129

Die vertragliche Hauptleistungspflicht des Verleihers besteht gegenüber dem Entleiher darin, geeignete Arbeitnehmer entsprechend der vom Entleiher vorgegebenen Merkmale auszuwählen und ihm für die Dauer des Vertrages zur Verfügung zu stellen.[209] Dem Entleiher wird die Befugnis zugewiesen, die Leiharbeitnehmer wie eigene Arbeitskräfte einzusetzen und sie voll in den eigenen Betrieb zu integrieren.[210] 130

b) Vermittlungsprovision. Es ist bisher gängige Praxis, dass Leiharbeitnehmer vom Entleiher bereits während ihres Einsatzes einen Arbeitsplatz angeboten bekommen. Nach einer Statistik der Bundesagentur für Arbeit aus dem Jahr 2020 finden Leiharbeitnehmer nach Beendigung des Beschäftigungsverhältnisses in der Zeitarbeit häufig zeitnah eine Arbeitsstelle. Auch wenn nicht geklärt ist, wie viele Leiharbeitnehmer im selben Betrieb bleiben, hat die Bundesagentur herausgefunden, dass von allen Leiharbeitnehmern, deren Beschäftigung im ersten Halbjahr 2019 endete, 64 Prozent der Arbeitnehmer (448.000) 90 Tage nach Beendigung (erneut) in Beschäftigung, und zwar großteils sozialversicherungspflichtig außerhalb der Zeitarbeit waren.[211] Deshalb werden Zeitarbeitsfirmen von vielen Leiharbeitneh- 131

---

[206] Vgl. § 1 Abs. 1 S. 5 AÜG, § 9 Abs. 1 Nr. 1a AÜG.
[207] AA *Traut/Pötter* DB 2017, 846.
[208] *Bissels* NZA 2017, 214; *Kössel/Stütze* DB 2017, 3071 (3073); *Schüren/Putz* NZA 2017, 483; *Lembke* NZA 2018, 393 (396), *Kuhlmann/Haus* BB 2019, 1781.
[209] BAG 27.6.2017 – 9 AZR 133/16, BeckRS 2017, 145967; 27.6.2017 – 9 AZR 133/16, BeckRS 2017, 145967; 6.8.2003 – 7 AZR 180/04, NJOZ 2004, 3635; LAG Hamm 25.7.2013 – 3 Sa 1749/12, BeckRS 2013, 72125.
[210] BAG 8.11.1978 – 5 AZR 261/77, AP AÜG § 1 Nr. 2; 22.6.1994 – 7 AZR 286/93, BeckRS 9998, 148415.
[211] Bundesagentur für Arbeit – Statistik (2020): Aktuelle Entwicklungen der Zeitarbeit. S. 13 Juli 2017, Nürnberg: BA.

mern als „Sprungbrett" angesehen. Für Fälle, in denen Leiharbeitnehmer eine langfristige Arbeitsstelle im Entleiherbetrieb finden, ist in den allgemeinen Geschäftsbedingungen (AGB) der Zeitarbeitsunternehmen regelmäßig eine „Vermittlungsprovision" vorgesehen, die der Entleiher bei Übernahme des Leiharbeitnehmers zu zahlen hat.

132 Der BGH hat diesbezüglich in seiner Entscheidung vom 7.12.2006 klargestellt, dass sich der Verleiher vom Entleiher gemäß § 9 Abs. 1 Nr. 3 AÜG auch formularmäßig eine angemessene Vermittlungsprovision für den Fall versprechen lassen kann, wenn der Entleiher den Leiharbeitnehmer im Anschluss an die Überlassung übernimmt.[212] Damit wurde der Meinungsstreit entschieden, ob eine solche Provisionsabrede eine unangemessene Benachteiligung oder eine überraschende Klausel und damit im Fall der formularmäßigen Vereinbarung unwirksam ist. Der BGH hat in seiner Entscheidung vom 7.12.2006 ausdrücklich festgestellt, dass für eine gemäß § 9 Nr. 3 Hs. 2 aF AÜG grundsätzlich zulässige Vereinbarung eines Personalvermittlungsentgelts bei Arbeitnehmerüberlassung weder eine Individualvereinbarung noch ein gesonderter Personalvermittlungsvertrag erforderlich ist. Grund für die gesetzliche Anerkennung der Vereinbarung eines Personalvermittlungsentgelts bei Arbeitnehmerüberlassung ist der Umstand, dass die Arbeitnehmerüberlassung nicht in seltenen Fällen zum selben Ergebnis wie die Arbeitsvermittlung führt, nämlich zur Übernahme des Leiharbeitnehmers in die Stammbelegschaft des entleihenden Unternehmers (sog. „Klebeeffekt").[213]

133 Der positive beschäftigungspolitische Effekt soll honoriert werden.[214] Vor dem Hintergrund dieser gesetzgeberischen Zielsetzung muss es für unerheblich erachtet werden, ob die regelmäßig im Verkehr zwischen Unternehmern verabredete Personalvermittlungsprovision individualvertraglich, eventuell in einem besonderen Arbeitsvermittlungsvertrag, oder bloß formularmäßig in dem Arbeitnehmerüberlassungsvertrag vereinbart wurde. Die Übernahme des Leiharbeitnehmers in ein normales Arbeitsverhältnis ist in jedem Fall „honorarwürdig".[215]

134 Zu beachten ist, dass eine Vermittlungsprovision in übermäßiger Höhe einen Verstoß gegen § 9 Abs. 1 Nr. 3 AÜG darstellen kann und entsprechend unwirksam ist.[216] Grund hierfür ist, dass eine **unverhältnismäßig hohe Provision** faktisch einem Einstellungsverbot des Arbeitnehmers gleichkommt, weil diese einen übergroßen wirtschaftlichen Nachteil mit sich brächte. In der Praxis ist entsprechend auf eine angemessene Höhe zu begrenzen und insbesondere nach Dauer des Verleihs zu staffeln.

7. Erlaubniserteilungsverfahren

135 **a) Zuständigkeit: Bundesagentur für Arbeit.** Zur Erlaubniserteilung ist nach § 17 AÜG die Bundesagentur für Arbeit die zuständige Behörde zur Durchführung des Erlaubnisverfahrens sowie zur Erteilung und Überwachung der Erlaubnis. Der Antrag kann unabhängig vom Geschäftssitz des Antragstellers bei jeder Dienststelle der BA, insbesondere bei jeder Agentur für Arbeit im Bundesgebiet gestellt werden. Behördenintern ist die Zuständigkeit so geregelt, dass drei **spezialisierte Agenturen für Arbeit** (Düsseldorf, Kiel, Nürnberg)[217] mit Sachbearbeitung und Prüfung von Arbeitnehmerüberlassungsangelegenheiten betraut sind, also nicht wie noch bis Juli 2012 die Regionaldirektionen. Die Überwachung der Lohnuntergrenzen obliegt zusätzlich der Zollverwaltung; es besteht insoweit also eine doppelte Zuständigkeit.

136 **b) Verfahrensregeln.** Das Verfahren der Erlaubniserteilung ist in § 2 AÜG geregelt. Nach Absatz 1 ist die Erlaubnis schriftlich zu beantragen. Weitere Formvorschriften enthält das

---

[212] OLG Saarbrücken 15.10.2014 – 1U 113/13, BeckRS 2014, 19875; BGH 10.11.2011 – III ZR 77/11, DB 2011, 2852 ff.; 7.12.2006 – III ZR 82/06, DB 2007, 526 f.; *Reiserer* EWiR 2004, 3.
[213] BeckOK ArbR/*Kock* AÜG § 9 Rn. 51.
[214] Schüren/Hamann/*Schüren* AÜG § 9 Rn. 181.
[215] BT-Drs. VI/2303, 13. Im Ergebnis ebenso: ErfK/*Wank* AÜG § 9 Rn. 11; *Sandmann/Marschall* AÜG § 9 Anm. 29 ff.
[216] BGH 11.3.2010 – III ZR 240/09, NZA 2010, 511 (512); Anhaltspunkt für die Vermittlungsprovision bietet das Jahreseinkommen des Arbeitnehmers beim neuen Arbeitgeber siehe hierzu: OLG Oldenburg 30.10.2014 – 1 U 42/14, BeckRS 2014, 22962.
[217] BA GA Ziff. 2.1.1. Abs. 2 v. 20.7.2015.

Gesetz nicht. Dessen ungeachtet empfiehlt sich die Verwendung der von der Bundesagentur für Arbeit ausgegebenen Antragsunterlagen, die über jede Agentur für Arbeit oder Regionaldirektion bezogen werden können. Entsprechende Formularantragsvordrucke sind bei der Bundesagentur für Arbeit (auch im Internet) erhältlich.

Die Erteilung der Erlaubnis ist ein mitwirkungsbedürftiger, begünstigender Verwaltungsakt. Soweit das AÜG in den §§ 2 ff. keine besonderen Verfahrensvorschriften enthält, bilden die Grundsätze des Verwaltungsverfahrensrechtes sowie zum Verwaltungsakt, die keine unmittelbare Anwendung finden, die Richtschnur.[218] Die Erlaubnisbehörde ermittelt von Amts wegen den Sachverhalt und gewährt dem Antragsteller rechtliches Gehör. 137

Für die Bearbeitung von Anträgen auf Erteilung und Verlängerung der Erlaubnis wird vom Antragsteller eine **Gebühr** erhoben. Sie beträgt derzeit für die Erteilung oder Verlängerung einer befristeten Erlaubnis 1.000 EUR, für die Erteilung einer unbefristeten Erlaubnis 2.500 EUR. 138

Der Erlaubnisbescheid wird als Verwaltungsakt mit seiner Bekanntgabe, dh mit Zugang beim Antragsteller, wirksam. Die Arbeitnehmerüberlassung kann erst mit diesem Zeitpunkt aufgenommen werden. Da die Erlaubnis regelmäßig zunächst befristet erteilt wird, muss der Erlaubnisinhaber nach § 2 Abs. 4 S. 2 AÜG zur Vermeidung von Rechtsnachteilen den Antrag auf Verlängerung spätestens drei Monate vor Ablauf der Befristung stellen. Lehnt die Behörde eine Verlängerung des Antrags ab, erlischt nach Ablauf der Befristung die Erlaubnis. Der bisherige Erlaubnisinhaber darf in diesem Fall lediglich zum Zwecke der Abwicklung bereits bestehender Vertragsverbindungen nach § 2 Abs. 4 S. 4 AÜG für einen Zeitraum von höchstens 12 Monaten weiterhin gewerbsmäßige Arbeitnehmerüberlassung betreiben. Die Erlaubnis ist grundsätzlich personenbezogen, nicht betriebsbezogen. 139

Gegen einen ablehnenden Bescheid kann der Antragsteller **Widerspruch** und bei erfolglosem Vorverfahren (§§ 78 ff. SGG) **Verpflichtungsklage** zum Sozialgericht (§ 51 SGG) erheben. 140

IV. Illegale Arbeitnehmerüberlassung

1. Grundsatz und Bedeutung

Nach der Grundstruktur des Arbeitnehmerüberlassungsrechts ist Arbeitnehmerüberlassung verboten, soweit der Verleiher sich nicht im Besitz einer besonderen Erlaubnis der Bundesagentur für Arbeit befindet. Mit dieser Grundsatzaussage will das AÜG den Anforderungen des sozialen Rechtsstaats entsprechen und eine Ausbeutung der betroffenen Arbeitnehmer ausschließen.[219] Der Erlaubnis kommt somit die Funktion zu, die Einhaltung der Rechte des Leiharbeitnehmers aus dem Arbeitsverhältnis sicherzustellen und illegale Formen der Beschäftigung präventiv zu verhindern. 141

Für den Fall, dass die Vorgaben des AÜG durch den Verleiher oder gegebenenfalls den Entleiher nicht eingehalten werden, hat der Gesetzgeber verschiedene Rechtsfolgen festgelegt. Neben den Möglichkeiten zur Rücknahme bzw. zum Widerruf der Erlaubnis steht hierbei die Fiktion eines Arbeitsverhältnisses zwischen Entleiher und Leiharbeitnehmer nach § 10 Abs. 1 AÜG im Vordergrund.[220] 142

2. Hauptfälle

a) **Arbeitnehmerüberlassung ohne Erlaubnis.** Gem. § 9 Abs. 1 Nr. 1 AÜG sind Verträge zwischen Verleihern und Entleihern, also der Arbeitnehmerüberlassungsvertrag sowie Verträge zwischen Verleihern und Leiharbeitnehmern, der Leiharbeitsvertrag, unwirksam, wenn der Verleiher nicht die nach § 1 AÜG erforderliche Erlaubnis hat. Einer nachträglich erteilten Erlaubnis kommt keine Rückwirkung zu, so dass selbst bei später erteilter Erlaubnis der 143

---

[218] BayLSG 7.8.1980 – L 9/A/181/78, EzAÜG SGB X Nr. 1; *Becker/Wulfgramm* Nachtrag AÜG § 2 Rn. 6.
[219] Begründung des Regierungsentwurfes vom 15.6.1971 BT-Drs. VI/2303, 9.
[220] § 10 AÜG gilt infolge der Gleichstellung von gewerbsmäßiger und nicht gewerbsmäßiger Arbeitnehmerüberlassung durch das Erste Gesetz zur Änderung des Arbeitnehmerüberlassungsgesetzes ab dem 1.12.2011 auch für die nicht gewerbsmäßige Arbeitnehmerüberlassung.

Vertrag von Anfang an unwirksam ist.[221] Eine Erlaubnis kann auch dann fehlen, wenn irrtümlich von einer konzerninternen Überlassung ausgegangen wurde, sodass das Konzernprivileg im Sinne von § 1 Abs. 3 Nr. 2 AÜG tatsächlich nicht greift.[222] Zu beachten ist zudem, dass durch die Reform im Jahr 2017 auch die verdeckte Arbeitnehmerüberlassung als illegale Arbeitnehmerüberlassung gemäß § 9 Abs. 1 Nr. 1a AÜG deklariert wird. Die Verhinderung des Missbrauchs von Werkverträgen und der verdeckten Arbeitnehmerüberlassung waren Kerngedanken der Reform im Jahr 2017.[223]

144 Der unwirksame Arbeitnehmerüberlassungsvertrag begründet keine Primäransprüche auf Leistung, sondern ist nach Bereicherungsrecht rückabzuwickeln.[224] Daneben kommt eine Schadenersatzhaftung des Verleihers nach §§ 280 Abs. 1, 241 Abs. 2, 311 Abs. 2 Nr. 1 BGB in Betracht. Schließlich können Verstöße gegen die Erlaubnispflicht der Arbeitnehmerüberlassung auch gewerberechtlich unter Einsatz von Verwaltungszwang gegenüber dem Verleiher unterbunden werden (§ 6 AÜG) sowie als Ordnungswidrigkeit oder Straftat für Verleiher (§§ 15, 16 Abs. 1 Nr. 1 AÜG) und Entleiher (§§ 15a, 16 Abs. 1 Nr. 1a AÜG) geahndet werden.

145 **b) Vermutete Arbeitsvermittlung.** Von der Arbeitnehmerüberlassung ohne Erlaubnis zu unterscheiden ist die in § 1 Abs. 2 AÜG geregelte vermutete Arbeitsvermittlung. Die Vermutungswirkungen nach Abs. 2 treten aber nur ein, wenn der Arbeitgeber hinsichtlich des konkret überlassenen Arbeitnehmers nicht die üblichen Arbeitgeberpflichten oder das Arbeitgeberrisiko übernimmt (§ 3 Abs. 1 Nr. 1 bis 3 AÜG).

146 Sind die Voraussetzungen des Abs. 2 erfüllt, wird vermutet, dass der überlassende Arbeitgeber Arbeitsvermittlung betreibt. Dabei ging das BAG seit seiner Entscheidung vom 23. 11. 1988[225] davon aus, dass die Vermutung jedenfalls im Bereich der gewerbsmäßigen Arbeitnehmerüberlassung unwiderlegbar ist.[226] Seit der Gleichstellung von gewerbsmäßiger und nicht gewerbsmäßiger Arbeitnehmerüberlassung wird davon ausgegangen, dass eine unterschiedliche Behandlung der beiden Formen hinsichtlich der Widerlegbarkeit ausscheidet.[227]

147 Mit der Aufgabe der Erlaubnispflicht für Arbeitsvermittlung durch den Gesetzgeber am 27.3.2002 ist jedoch der strenge Sanktionscharakter des § 1 Abs. 2 AÜG entfallen. Da die Arbeitsvermittlung nach der gesetzlichen Neuregelung nicht mehr der Erlaubnispflicht unterliegt, kommt der Vermutung, dass Arbeitgeber unter bestimmten Voraussetzungen Arbeitsvermittlung betreiben, kein eigenständiger Sanktionscharakter mehr zu.

148 **c) Überschreitung der Überlassungshöchstgrenze.** Die Überschreitung der Überlassungshöchstdauer, die 2017 eingeführt worden ist, hat zur Folge, dass eine überdies legale Überlassung illegal wird.[228]

3. Rechtsfolgen für Arbeitsverhältnis Verleiher – Arbeitnehmer

149 **a) Arbeitnehmerüberlassung ohne Erlaubnis.** Hat der Verleiher nicht die erforderliche Erlaubnis, ordnet § 9 Abs. 1 Nr. 1 AÜG sowohl die Unwirksamkeit des gesamten Arbeitnehmerüberlassungsvertrages als auch die Unwirksamkeit des Leiharbeitnehmervertrages an. Damit entfällt der Vergütungsanspruch des Verleihers gegenüber dem Entleiher als auch der Anspruch des Entleihers auf Überlassung der Arbeitnehmer.[229] Auch der zwischen Verleiher und Leiharbeitnehmer geschlossene Leiharbeitnehmervertrag ist nach § 9 Abs. 1 Nr. 1 2. Alt. AÜG unwirksam, es sei denn der Arbeitnehmer übt sein Widerspruchsrecht nach § 9 Abs. 1 Nr. 1, Abs. 2 AÜG aus. Dies ist insbesondere dann sinnvoll, wenn die Arbeitsbedin-

---

[221] LAG Hamburg 29.10.2011 – 6 Sa 27/10, BeckRS 2011, 70968; LAG Köln 20.8.1985 – 1 Sa 416/85, EzAÜG AÜG § 10 Fiktion Nr. 43; *Becker/Wulfgramm* Nachtrag AÜG § 9 Rn. 11.
[222] LAG Schleswig-Holstein 18.6.2008 – 3 TABV 8/08, DB 2008, 2428.
[223] BT-Drs. 18/9232, 2.
[224] BGH 8.11.1979 – VII ZR 337/78, AP AÜG § 10 Nr. 2; 25.6.2002 – X ZR 83/00, NJW 2002, 3317; ausf. hierzu *Boemke/Lembke* AÜG § 9 Rn. 64 ff.
[225] BAG 23.11.1988 – 7 AZR 34/88, AP AÜG § 1 Nr. 14.
[226] Vgl. auch BAG 26.4.1995 – 7 AZR 850/94, AP AÜG § 1 Nr. 19; 28.6.2000 – 7 AZ 45/99, BB 2001, 99; LAG Hessen 26.5.2000 – 2 Sa 423/99, DB 2000, 1968.
[227] So *Preis*, Rechtsgutachten für die HBS, 2010, S. 23; *Ulber* AÜG § 1 Rn. 278.
[228] Schüren/Hamann/*Schüren* AÜG § 10 Rn. 24.
[229] Zu weiteren Rechtsfolgen vgl. *Ulber* AÜG § 9 Rn. 16 ff.

gungen beim Verleiher ausnahmsweise vorteilhafter sind als beim Entleiher. Auch nach der letzten AÜG-Reform ist die Rechtsfolge der Unwirksamkeit des Leiharbeitsvertrags nicht ausdrücklich gesetzlich geregelt. Mithin besteht sowohl die Möglichkeit einer Rückabwicklung über das Bereicherungsrecht als auch die Annahme eines fehlerhaften Leiharbeitsverhältnisses. Das Bundessozialgericht hat letzteres in seiner Entscheidung angenommen.[230] Das BAG hat allerdings ein fehlerhaftes Arbeitsverhältnis als Rechtsfolge abgelehnt.[231] Der Erfurter Senat stützte seine Ansicht auf einen Verweis auf § 10 Abs. 1 AÜG und damit auf das fingierte Arbeitsverhältnis zwischen dem Entleiher und dem Verleiher. Ferner ist der ohne Erlaubnis tätige Verleiher, der das vereinbarte Arbeitsentgelt oder Teile davon in tatsächlicher Hinsicht an den Arbeitnehmer zahlt, nach § 10 Abs. 1 AÜG verpflichtet, gegenüber Dritten bestehende Zahlungspflichten so zu erfüllen wie bei einem wirksamen Arbeitsvertrag. Insoweit kann der Verleiher trotz fehlender Arbeitgeberposition gesamtschuldnerisch in Anspruch genommen werden (Abs. 3 S. 2).

Schließlich kann der Leiharbeitnehmer im Fall der Unwirksamkeit des Leiharbeitnehmervertrages wegen fehlender Erlaubnis nach § 10 Abs. 2 AÜG Schadensersatzansprüche gegenüber dem Verleiher geltend machen.

b) Vermutete Arbeitsvermittlung. § 1 Abs. 2 AÜG enthält keine konkrete Regelung, welche Rechtsfolgen eintreten, wenn die Vermutung der unerlaubten Arbeitsvermittlung nicht widerlegt werden kann. Solange noch das Arbeitsvermittlungsmonopol der Bundesagentur für Arbeit galt, war in § 13 AFG bestimmt, dass arbeitsrechtliche Ansprüche des Arbeitnehmers gegen den (neuen vermittelten) Arbeitgeber nicht durch Vereinbarung ausgeschlossen werden können, wenn der Überlassende entgegen § 4 AFG aF Arbeitsvermittlung ausübt. Nach der bisher ständigen Rechtsprechung des Bundesarbeitsgerichtes war § 13 AÜG aF eine § 10 Abs. 1 AÜG aF ergänzende Regelung, durch die bei einer als unerlaubte Arbeitsvermittlung anzusehenden Überlassung nach § 1 Abs. 2 AÜG kraft Gesetzes ein Arbeitsverhältnis mit dem neuen, vermittelten Arbeitgeber begründet wurde. Das ursprüngliche Arbeitsverhältnis zwischen dem Entleiher und dem Leiharbeitnehmer war hingegen unwirksam. Damit bestand bezüglich der Rechtsfolgen illegaler Arbeitnehmerüberlassung kein Unterschied zwischen der Arbeitnehmerüberlassung ohne Erlaubnis und der vermuteten Arbeitsvermittlung nach § 1 Abs. 2 AÜG.[232] Die Vorschrift des § 13 AÜG wurde jedoch durch Art. 63 Nr. 9 AFRG vom 24. März 1997[233] mit Wirkung vom 1. April 1997 ersatzlos aufgehoben. Nach Auffassung des BAG gibt es daher in den Fällen der nach § 1 Abs. 2, § 3 Abs. 1 Nr. 6 AÜG vermuteten Arbeitsvermittlung keine gesetzliche Grundlage mehr für das Entstehen eines Arbeitsverhältnisses zwischen dem Leiharbeitnehmer und dem Entleiher.[234] Für das Verhältnis Verleiher – Arbeitnehmer führt dies dazu, dass zwischen beiden das einmal begründete Arbeitsverhältnis trotz der Vermutung des § 1 Abs. 2 AÜG bestehen bleibt.[235]

Die kontroverse Auseinandersetzung um die Rechtsfolgen des § 1 Abs. 2 AÜG hat ihre Bedeutung verloren mit der gesetzlichen Neuregelung zum 27.3.2002 und der damit verbundenen Abschaffung der Erlaubnispflicht für private Arbeitsvermittler. Da die Arbeitsvermittlung seitdem als gewerbliche Tätigkeit nur noch angemeldet werden muss, ist der Sanktionscharakter des § 1 Abs. 2 AÜG vollständig entfallen.

§ 1 Abs. 2 AÜG ist heute nur noch eine bloße Beweislastregel, die es in Zweifelsfällen erleichtert, unter dem Deckmantel der Überlassung betriebene Arbeitsvermittlung zu identifizieren.[236]

---

[230] BSG 29.6.2016 – B 12 R 8/14 R, BeckRS 2016, 74709.
[231] BAG 20.9.2016 – 9 AZR 735/15, NZA 2017, 49; siehe hierzu ebenfalls BGH 18.7.2000 – X ZR 62/98, NJW 2000, 3492 (3493).
[232] BAG 15.4.1999 – 7 AZR 437/97, AP AÜG § 13 Nr. 1.
[233] BGBl. 1997 I 594.
[234] BAG 15.5.2013 – 7 AZR 494/11, NZA 2013, 1267; 2.6.2010 – 7 AZR 946/08, NZA 2011, 351; 28.6.2000 – 7 AZ 100/99, BB 2000, 2522 mAnm *Boemke*.
[235] So *Boemke* BB 2000, 2524; krit. hierzu *Mohr/Pomberg* DB 2001, 590; zust. *Säcker/Kühnast* ZFA 2001, 117 (129) mwN; Schüren/Hamann/*Schüren* AÜG § 1 Rn. 398 ff.
[236] So Schüren/Hamann/*Schüren* AÜG § 1 Rn. 419; aA *Boemke/Lembke* AÜG § 1 Rn. 186; Thüsing AÜG/*Waas* § 1 Rn. 178.

154   c) **Überschreitung der Überlassungshöchstdauer.** Bei einer Überschreitung der Überlassungshöchstdauer wird der Arbeitsvertrag zwischen dem Leiharbeitnehmer und dem Verleiher gem. § 9 Abs. 1 Nr. 1b AÜG unwirksam.

4. Rechtsfolgen für Arbeitsverhältnis Entleiher – Arbeitnehmer

155   a) **Fiktives neues Arbeitsverhältnis.** Nach § 10 Abs. 1 AÜG wird in den Fällen, in denen das Arbeitsverhältnis zwischen Verleiher und Leiharbeitnehmer wegen fehlender Erlaubnis unwirksam ist, ein Arbeitsverhältnis zum Entleiher fingiert (Satz 1). Mit dem fingierten Arbeitsverhältnis zum Entleiher wollte der Gesetzgeber den sozialen Schutz des Arbeitnehmers[237] sichern und ihm anstelle der nicht entstandenen Ansprüche auf Arbeitslohn gegen den illegalen Verleiher arbeitsrechtliche Ansprüche gegen den Entleiher einräumen. Mit der gesetzlichen Fiktion wird der Grundsatz durchbrochen, dass Arbeitsverhältnisse auf Grund eines Arbeitsvertrages entstehen. Dabei greift die gesetzliche Fiktion des § 10 Abs. 1 AÜG unabhängig vom Willen, ja sogar von der Kenntnis der Beteiligten ein. Letztlich ergibt sich damit eine dem Betriebsübergang nach § 613a BGB verwandte Situation.

156   Die Überschreitung der Überlassungshöchstdauer führt unmittelbar zur Unwirksamkeit des Leiharbeitsverhältnisses gemäß § 9 Abs. 1 Nr. 1b AÜG und mittelbar gemäß § 10 Abs. 1 AÜG zur Fiktion eines Arbeitsverhältnisses zwischen dem Leiharbeitnehmer und dem Entleiher, da § 10 AÜG vollständig auf die Unwirksamkeitsgründe in § 9 AÜG verweist.

157   Verletzt hingegen der Verleiher das Gleichstellungsgebot nach § 8 AÜG, besitzt jedoch eine behördliche Erlaubnis zur gewerbsmäßigen Arbeitnehmerüberlassung, wird der Leiharbeitnehmer nicht Arbeitnehmer des Entleihers, denn § 9 Abs. 1 Nr. 2 AÜG ordnet lediglich die Unwirksamkeit der Vereinbarungen an, die für den Leiharbeitnehmer schlechtere als die ihm nach § 8 AÜG zustehenden Arbeitsbedingungen einschließlich des Arbeitsentgeltes vorsehen. Rechtsfolge eines Verstoßes gegen das Gleichstellungsgebot ist damit weder die Unwirksamkeit des gesamten Leiharbeitsvertrages noch die Unwirksamkeit des Arbeitnehmerüberlassungsvertrages. Dem Interesse und Schutz des Leiharbeitnehmers ist durch § 8 Abs. 1 S. 1 AÜG Rechnung getragen, da der Leiharbeitnehmer sich bei einer Unwirksamkeit auf diese gesetzliche Regelung stützen kann und die Gewährung der im Betrieb des Entleihers für einen vergleichbaren Arbeitnehmer geltenden wesentlichen Arbeitsbedingung fordern kann.[238]

158   Umstritten ist, ob bei einem Verstoß gegen das Baugewerbeverbot im Sinne von § 1b Abs. 1 AÜG ein Arbeitsverhältnis zwischen dem Entleiher und dem Leiharbeitnehmer analog § 10 Abs. 1 S. 1 AÜG fingiert wird.[239] Sollte die Arbeitnehmerüberlassung dem Gesetzesentwurf entsprechend auch in der Fleischindustrie verboten werden, würde sich die Frage nach der analogen Anwendung des § 10 Abs. 1 S. 1 AÜG dort gleichermaßen stellen. Dies ist allerdings nur dann möglich, wenn eine gültige Überlassungserlaubnis erteilt worden ist, da ansonsten sowohl der Leiharbeitsvertrag als auch der Überlassungsvertrag bereits nach § 9 Abs. 1 Nr. 1 AÜG unwirksam ist und folglich ein Arbeitsverhältnis zwischen dem Entleiher und dem Leiharbeitnehmer direkt über § 10 Abs. 1 S. 1 AÜG fingiert wird.

159   b) **Beginn und Dauer.** Der Beginn des fingierten Arbeitsverhältnisses wird in § 10 Abs. 1 S. 1 AÜG geregelt. Dabei knüpft die Vorschrift an den Eintritt der Unwirksamkeit des Arbeitsvertrages zwischen illegalem Verleiher und Leiharbeitnehmer nach § 9 Abs. 1 Nr. 1 AÜG an. Fehlte die Erlaubnis bereits bei Abschluss des Leiharbeitsvertrages, kommt das fingierte Arbeitsverhältnis zwischen Entleiher und Arbeitnehmer in dem Zeitpunkt zustande, zu dem die Aufnahme der Tätigkeit des Arbeitnehmers beim Entleiher in tatsächlicher Hinsicht beginnt. Das Arbeitsverhältnis entsteht also noch nicht mit dem Abschluss des ursprünglichen Arbeitsvertrages mit dem Verleiher. Fallen die tatsächliche Tätigkeitsaufnahme beim Entleiher und der vertraglich vorgesehene Zeitpunkt für den Beginn der Tä-

---

[237] *Ulrici* NZA 2015, 456.
[238] Vgl. zur Thematik des Umfangs des Arbeitsentgeltes BT-Drs. 18/9232, 23.
[239] Vgl. Thüsing AÜG/*Waas* § 1b Rn. 50; Schüren/Hamann/*Hamann* AÜG § 1b Rn. 91; eine Fiktion ablehnend BAG 13.12.2006 – 10 AZR 674/05, BeckRS 2007, 40761.

tigkeit beim Entleiher auseinander, so ist die im Vertrag vorgesehene Absprache maßgebend.²⁴⁰

Entfällt die Erlaubnis zur Arbeitnehmerüberlassung erst nach Aufnahme der Tätigkeit beim Entleiher, so entsteht das fingierte Arbeitsverhältnis nach § 10 Abs. 1 S. 1 Halbs. 2 AÜG erst bei Eintritt der Unwirksamkeit des bisherigen Arbeitsverhältnisses mit dem Verleiher, also zB mit dem Wegfall der Verleiherlaubnis.

Nach der Sonderregelung in § 10 Abs. 1 S. 2 AÜG bestimmt sich die Dauer des fingierten Arbeitsverhältnisses nach der ursprünglichen Vereinbarung zwischen Verleiher und Entleiher über die Dauer der Überlassung. Wurde im Arbeitnehmerüberlassungsvertrag die Tätigkeit des Leiharbeitnehmers beim Entleiher befristet vereinbart, so gilt auch das fingierte Arbeitsverhältnis zwischen Entleiher und Leiharbeitnehmer als befristet, sofern ein die Befristung sachlich rechtfertigender Grund vorliegt. Fehlt es an einer solchen Befristungsabrede, so ist das fingierte Arbeitsverhältnis ein unbefristetes.

c) **Vollwertiges Arbeitsverhältnis.** Mit dem Eintritt der gesetzlichen Fiktion entsteht ein vollwertiges Arbeitsverhältnis zwischen Entleiher und Leiharbeitnehmer, in dem den Entleiher als Arbeitgeber die vollen Arbeitgeberpflichten uneingeschränkt treffen. Über den Inhalt des fingierten Arbeitsverhältnisses trifft § 10 Abs. 1 S. 2–5 AÜG eine umfassende Regelung. Dabei bestimmen sich Inhalt und Dauer des neuen Arbeitsverhältnisses zwischen Entleiher und Leiharbeitnehmer nach § 10 Abs. 1 S. 4 AÜG nach den für den Betrieb des Entleihers geltenden Vorschriften und sonstigen Regelungen. Davon umfasst sind nicht nur die für den Entleiherbetrieb anwendbaren arbeitsrechtlichen Gesetze und Verordnungen, sondern auch die tarifvertraglichen Vorschriften, Betriebsvereinbarungen und Betriebsübungen, die sämtlich für den Leiharbeitnehmer im fingierten Arbeitsverhältnis gelten.

Letztlich unterscheidet sich das fingierte Arbeitsverhältnis damit nicht von einem „normal" auf Grund eines Arbeitsvertrages begründeten Arbeitsverhältnis.²⁴¹ Nur für die Arbeitszeit gilt zum Schutz des illegal verliehenen Leiharbeitnehmers nach § 10 Abs. 1 S. 3 AÜG auch für das fingierte Arbeitsverhältnis die in dem unwirksamen Arbeitnehmerüberlassungsvertrag zwischen Verleiher und Entleiher vorgesehene Arbeitszeit als vereinbart. Für die Höhe des Arbeitsentgeltes gilt der allgemeine Grundsatz des § 10 Abs. 1 S. 4 AÜG. Danach gilt die im Betrieb des Entleihers an vergleichbare Arbeitnehmer zu zahlende Vergütung als vereinbart. Fehlt ein vergleichbares Stammpersonal beim Entleiher, stellt § 8 Abs. 1 AÜG klar, dass in diesem Fall die Regelungen vergleichbarer Betriebe anzuwenden sind.

Sozialversicherungsrechtlich gilt der Entleiher im Rahmen der Fiktion des § 10 AÜG als Arbeitgeber mit der Folge, dass ihn sowohl die Meldepflichten nach § 28a SGB IV und die Beitragspflicht nach § 28e Abs. 1 SGB IV bezogen auf die Gesamtsozialversicherungsbeiträge trifft.²⁴² Für die Lohnsteuer haftet der Entleiher nach § 42d Abs. 6 S. 1 EStG. Im Einzelfall kann das Recht des Leiharbeitnehmers, sich gegenüber dem Entleiher auf ein vollwertiges fingiertes Arbeitsverhältnis zu berufen, nach Treu und Glauben verwirkt werden.²⁴³ Alleine der Umstand, dass der Leiharbeitnehmer auch arbeitsrechtliche Ansprüche gegenüber dem Verleiher geltend macht, führt nicht zur Verwirkung.²⁴⁴ Ein Aufhebungsvertrag zwischen Verleiher ohne Erlaubnis und Leiharbeitnehmer beendet regelmäßig auch das fingierte Arbeitsverhältnis zwischen Entleiher und Arbeitnehmer, sofern sich der Arbeitnehmer bis zum Zeitpunkt des Abschlusses des Aufhebungsvertrages nicht auf die Fiktion berufen hat.²⁴⁵

---

²⁴⁰ *Becker/Wulfgramm* Nachtrag AÜG § 10 Rn. 12; aA *Ulber* AÜG § 10 Rn. 22; vermittelnd Schüren/Hamann/*Schüren* AÜG § 10 Rn. 123; *Boemke/Lembke* AÜG § 10 Rn. 25 ff.
²⁴¹ LAG Köln 29.3.1984 – 8 Sa 793/83, EzAÜG AÜG § 10 Fiktion Nr. 27.
²⁴² BGH 31.3.1982 – 2 StR 744/81, AP AÜG § 10 Nr. 4; BSG 28.8.1987 – 2 RU 41/85, NZA 1988, 263; 18.3.1987 – 9b RU 16/85, BSGE 61, 209.
²⁴³ BAG 30.1.1991 – 7 AZR 497/89, NZA 1992, 19; LAG Köln 14.11.1991 – 6 Sa 543/91, LAGE BGB § 242 Prozessverwirkung (bei Untätigkeit von vier Monaten) Nr. 5.
²⁴⁴ LAG Berlin 25.7.1988 – 12 Sa 9/88, EzAÜG AÜG § 10 Fiktion Nr. 63.
²⁴⁵ LAG München 7.9.1998 – 10 Sa 130/98, EzAÜG AÜG § 10 Fiktion Nr. 95; nachgehend: BAG 19.1.2000 – 7 AZR 11/99, BeckRS 2000, 30782530.

165 **d) Beendigung.** Die Beendigung des fingierten Arbeitsverhältnisses richtet sich grundsätzlich nach den allgemeinen Regeln.[246] Mit Ausschluss der Anfechtung kommt somit eine Beendigung durch Aufhebungsvertrag oder durch Kündigung in Betracht. Die Kündigung des fingierten Arbeitsverhältnisses kann durch den illegalen Entleiher als fiktiver Arbeitgeber erfolgen.[247] Eine Kündigung aus wichtigem Grund, die auf die für den Entleiher mit der Fiktion des Arbeitsverhältnisses verbundenen Belastungen gestützt wird, ist wegen Verstoßes gegen den Schutzzweck des § 10 Abs. 1 AÜG ausgeschlossen.[248]

166 Bei der ordentlichen Kündigung hat der Entleiher betriebliche, tarifliche und gesetzliche Vorgaben zu beachten. Dies gilt auch für die Sozialauswahl bei der betriebsbedingten Kündigung, bei der sowohl der vermeintliche Leiharbeitnehmer als auch die übrige Stammbelegschaft einzubeziehen ist.[249] Kommt es bei der Sozialauswahl auf die Betriebszugehörigkeit an, ist die vor Beginn des fingierten Arbeitsverhältnisses zurückgelegte Beschäftigungszeit beim Entleiher mitzuzählen. Dies gilt für das Erfüllen der sechsmonatigen Wartefrist nach § 1 Abs. 1 S. 1 KSchG nicht.[250] Mit der Fiktion entsteht ein neues Arbeitsverhältnis, weshalb die Wartefrist erst ab diesem Zeitpunkt zu laufen beginnt.

167 **e) Widerspruchsmöglichkeiten.** Nach § 9 Abs. 2, 3 AÜG können die Rechtsfolge verhindert werden, indem der Leiharbeitnehmer eine form- und fristgemäße Festhaltenserklärung abgibt. Für die Wirksamkeit der Festhaltenserklärung sind zahlreiche Voraussetzungen erforderlich, die ohne rechtliche Beratung kaum zu erfüllen sind. Inwieweit der Gesetzgeber daher eine Regelung geschaffen hat, die dem Arbeitnehmer seine privatautonome Entscheidung bezüglich der Wahl seines Arbeitgebers sichert, ist fraglich.[251] Macht der Leiharbeitnehmer von seinem Widerspruchsrecht keinen Gebrauch, entsteht nach § 10 Abs. 1 S. 1 AÜG ein Arbeitsverhältnis zwischen dem Leiharbeitnehmer und dem Entleiher und damit kommt es zu einem Arbeitgeberwechsel. Ist im Entleiherbetrieb ein Betriebsrat vorhanden, steht diesem ein Zustimmungsverweigerungsrecht nach § 99 Abs. 2 Nr. 1 BetrVG zu. Unabhängig von diesem Widerspruchsrecht hat der Leiharbeitnehmer die Möglichkeit, den mit dem fingierten Arbeitsverhältnis verbundenen Wechsel des Arbeitgebers durch Ausspruch einer außerordentlichen Kündigung zu vermeiden.[252]

168 **f) Durchsetzung von Rechten.** Der Leiharbeitnehmer kann das Bestehen des fingierten Arbeitsverhältnisses im Wege der **allgemeinen Feststellungsklage** vor dem Arbeitsgericht geltend machen. Die das Arbeitsverhältnis zum Entleiher begründenden Tatsachen sind dabei vom Arbeitnehmer darzulegen und ggf. unter Beweis zu stellen, wobei die jüngere instanzgerichtliche Rechtsprechung dem Arbeitnehmer die Grundsätze zur abgestuften Darlegungs- und Beweislast zugutekommen lässt.[253] Für die Schlüssigkeit einer Klage reicht es aus, wenn sich der Leiharbeitnehmer auf die Auskünfte des Entleihers nach § 13 AÜG beruft.[254]

169 Bei fortlaufender Tätigkeitsausübung unterliegt die Geltendmachung von Rechten aus dem entstandenen Arbeitsverhältnis zum Entleiher keiner **Frist**.[255] Ist der vermeintliche Leiharbeitnehmer aus dem Vertragsverhältnis zum Verleiher bereits ausgeschieden, muss er im Falle einer vormaligen Befristung die dreiwöchige Klagefrist des § 17 TzBfG beachten, ansonsten unterliegt die Geltendmachung von Rechten aus dem fingierten Arbeitsverhältnis

---

[246] BAG 19.3.2003 – 7 AZR 269/03, BeckRS 2003, 30369269; ArbG Stuttgart 5.11.2014 – 11 Ca 8426/13, BeckRS 2014, 73578.
[247] Nicht durch den illegalen Verleiher, so LAG Köln 28.11.1987 – 4 Sa 918/86, DB 1987, 2419 ausdrücklich.
[248] *Sandmann/Marschall* AÜG § 10 Anm. 19; *Thüsing* AÜG § 10 Rn. 45.
[249] *Becker/Wulfgramm* Nachtrag AÜG § 10 Rn. 37a.
[250] LAG Düsseldorf 8.10.2014 – 7 Sa 1042/13, BeckRS 2014, 74299; 26.7.2012 – 15 Sa 336/12, BeckRS 2012, 71606.
[251] *Henssler* RdA 2017, 83 (99).
[252] *Becker/Wulfgramm* Nachtrag AÜG § 10 Rn. 38; *Sandmann/Marschall* AÜG § 10 Anm. 19; *Ulber* AÜG § 10 Rn. 44; aA Schüren/Hamann/*Schüren* AÜG § 10 Rn. 112; Rn. 37.
[253] LAG Düsseldorf 27.8.2007 – 17 Sa 864/07, BeckRS 2008, 50288; vgl. auch LAG Baden-Württemberg 1.8.2013 – 2 Sa 6/13, NZA 2013, 1017; LAG Berlin-Brandenburg 5.9.2013 – 33 Ca 5347/13, BeckRS 2013, 72711; LAG Hamburg 29.10.2010 – 6 Sa 27/10, BeckRS 2011, 70968.
[254] BAG 19.9.2007 – 4 AZR, BeckRS 2008, 50270.
[255] ArbG Krefeld 19.4.2011 – 4 Ca 3047/10 nv.

zum Entleiher lediglich den Grundsätzen der **Verwirkung**. Diese kann bei Untätigbleiben des Leiharbeitnehmers bereits nach drei Monaten eintreten, jedenfalls aber nach spätestens einem Jahr.[256] Eine Verwirkung ist nicht gegeben, wenn der Arbeitnehmer beim Entleiher bis zur Klageerhebung (nahezu) ununterbrochen tätig war.

V. Arbeitnehmerüberlassung im Konzern

1. Konzern iSd AÜG

Nach dem Gesetz werden Konzerne iSd § 18 AktG vom sog. **Konzernprivileg** des § 1 Abs. 3 Nr. 2 AÜG erfasst. Darunter fällt sowohl der Unterordnungskonzern nach § 18 Abs. 1 AktG, als auch der Gleichordnungskonzern, bei dem keine Abhängigkeit der Unternehmen vorliegt. Ein Konzern im Sinne des AÜG wird dabei unabhängig von der Beteiligung einer AG oder einer KG a. A. für alle materiell vorliegenden Konzerne bejaht.[257] Allerdings erfordert das Vorliegen eines Konzerns iSd § 1 Abs. 3 Nr. 2 AÜG unabhängig von der Rechtsform, dass mehrere rechtlich selbstständige Unternehmen unter der einheitlichen Leitung des herrschenden Unternehmens zusammengefasst sind und das herrschende Unternehmen die nach § 18 Abs. 1 AktG vorausgesetzte Leitungsmacht auch tatsächlich ausübt.[258] Ein Gemeinschaftsbetrieb mehrerer selbstständiger Unternehmen kann sich daher nicht auf die Ausnahmebestimmung des § 1 Abs. 3 Nr. 2 AÜG berufen.

2. „Nicht zum Zweck der Überlassung eingestellt oder beschäftigt"

Vom Konzernprivileg des § 1 Abs. 3 Nr. 2 AÜG aF wurde bis zum 30.11.2011 nur die „vorübergehende" Arbeitnehmerüberlassung erfasst. Vorübergehende Arbeitnehmerüberlassung setzte zwingend voraus, dass der Zeitpunkt des Beginns und Endes der Tätigkeit des Arbeitnehmers beim entleihenden Konzernunternehmen bei Aufnahme der Tätigkeit genau festgelegt und der Einsatz von vorneherein befristet war.[259] Fehlte es bei Beginn der Überlassung an der Rückkehroption, war das Merkmal „vorübergehend" regelmäßig zu verneinen.

Durch das Erste Änderungsgesetz zur Arbeitnehmerüberlassung wurde das in § 1 Abs. 3 Nr. 2 verankerte Merkmal der vorübergehenden Überlassung mit Wirkung zum 1.12.2011 gestrichen. Stattdessen ist die Norm heute nur noch anwendbar, wenn der Arbeitnehmer nicht „zum Zweck der Überlassung" eingestellt oder beschäftigt wird. Da das Merkmal einer nur „vorübergehenden" Überlassung zudem als allgemeiner Grundsatz der Leiharbeit in § 1 Abs. 1 S. 4 AÜG verankert wurde, ist nach heutigem Stand davon auszugehen, dass die strukturierte konzerninterne Arbeitnehmerüberlassung zumindest nicht mehr als privilegiert bzw. erlaubnisfrei angesehen werden kann.[260] Erlaubnisfrei sind somit **nur noch „zufällige" Überlassungen** zwischen Konzernunternehmen.[261] Im Zweifel wird vorsorglich aber auch hier eine Erlaubnis zur Arbeitnehmerüberlassung einzuholen sein.

Auch Arbeitnehmerüberlassung durch eine Personalleasinggesellschaft, deren Geschäftsführer zugleich Personalleiter des einzigen Entleiherbetriebes ist und deren Gesellschafter identisch mit denen dieses Entleiherbetriebes sind, verstößt nicht gegen das AÜG.[262]

---

[256] LAG Köln 3.6.2003 – 13 (3) Sa 2/03, BeckRS 2010, 66797; Schüren/Hamann/*Schüren* AÜG § 10 Rn. 140; vgl. aber auch LAG Düsseldorf 28.8.2008 – 6 Ca 2231/08, EzA-SD 2008 Nr. 22, 8 und BAG 10.10.2007 – AZR 487/06, EzAÜG AÜG § 10 Verwirkung Nr. 4, wonach sechs Monate bzw. ein Jahr der Untätigkeit nicht zur Verwirkung führen.
[257] Thüsing AÜG/*Waas* § 1 Rn. 232; Schüren/Hamann/*Schüren* AÜG § 1 Rn. 629; BAG 5.5.1988 – 2 AZR 795/87, NZA 1989, 18ff., AP AÜG Art. 1 § 1 Nr. 8; BA GA Ziff. 1.3.2. Abs. 3–5 v. 20.7.2015.
[258] BAG 8.3.1994 – 9 AZR 197/92, BB 1994, 2350; BA GA Ziff. 1.3.2. Abs. 3–5 v. 20.7.2015.
[259] Schüren/*Schüren/Brors* AÜG § 1 Rn. 510, 582; *Thüsing* AÜG § 1 Rn. 194b; LAG Schleswig-Holstein 2.7.2008 – 6 TaBV 11/08, NZA-RR 2009, 75; LAG Hessen 26.5.2000 – 2 Sa 423/99, DB 2000, 1968.
[260] BT-Drs. 17/4804; BAG 9.2.2011 – 7 AZR 32/10, DB 2011, 1528; *Lembke* BB 2010, 1538.
[261] *Leuchten* NZA 2011, 608 (609).
[262] LAG Niedersachsen 26.11.2007 – 6 TaBV 32/07, FD-ArbR 2008, 261383.

3. Konzernweite Versetzungsklausel

174 Kein Fall der Arbeitnehmerüberlassung im Konzern liegt vor, wenn Arbeitgeber und Arbeitnehmer ein Konzernarbeitsverhältnis dergestalt vereinbaren, dass dem Konzernarbeitgeber ein konzernweites Versetzungsrecht eingeräumt wird. In diesem Fall fehlt es an einer Arbeitnehmerüberlassung, da sich die Zuweisung der Tätigkeit in einem anderen Konzernunternehmen im Rahmen des Weisungsrechtes als Delegation von Direktionsrechten der Konzernspitze innerhalb einer bestehenden Leitungshierarchie im Konzern darstellt.[263] In dieser Konstellation mangelt es schon an der für den Begriff der Arbeitnehmerüberlassung konstitutiven Beteiligung von drei rechtlich selbstständigen Rechtspersonen.[264] Wird der Arbeitnehmer nach dem Arbeitsvertrag von vorneherein für den Unternehmens- und Konzernbereich eingestellt oder erklärt er sich im Arbeitsvertrag mit Versetzungen innerhalb der Unternehmens- und Konzerngruppe einverstanden, liegt kein Fall der Arbeitnehmerüberlassung im Konzern vor.[265]

175 Auch bei einverständlicher Beendigung des Arbeitsverhältnisses zu einem Konzernunternehmen und anschließender Begründung eines neuen Arbeitsverhältnisses mit einem anderen Konzernunternehmen liegt keine Arbeitnehmerüberlassung vor. Schließlich besteht auch die Möglichkeit, ein konzernbezogenes Arbeitsverhältnis in Form von zwei oder mehreren selbstständigen Arbeitsverträgen zu gestalten. In diesem Fall begründet der Arbeitnehmer Arbeitsverhältnisse mit mehreren Gesellschaften, so dass es auch hier an einer Arbeitnehmerüberlassung fehlt.

VI. Arbeitnehmerüberlassung mit Auslandsbezug

176 Das AÜG findet auch Anwendung, wenn die Arbeitnehmerüberlassung durch einen ausländischen Verleiher mit Sitz im Ausland im Inland betrieben wird. Unabhängig davon, ob der ausländische Verleiher nach den gesetzlichen Bestimmungen seines Heimatlandes eine Erlaubnis zur Arbeitnehmerüberlassung besitzt oder nach seinem Recht nicht benötigt, finden die Vorschriften des AÜG Anwendung.[266] Die Erlaubnis wird zwingend versagt, wenn für die Ausübung der Tätigkeit nach § 1 AÜG Betriebe, Betriebsteile oder Nebenbetriebe außerhalb des europäischen Wirtschaftsraumes vorgesehen sind (§ 3 Abs. 2 AÜG). Ferner kann die Erlaubnis versagt werden, wenn der Antragssteller nicht Deutscher im Sinne des Artikel 116 des Grundgesetzes ist oder wenn eine Gesellschaft den Antrag stellt, die entweder nicht nach deutschem Recht gegründet ist oder die weder ihren satzungsmäßigen Sitz noch ihre Hauptverwaltung noch ihre Niederlassung im Geltungsbereich des AÜG hat (§ 3 Abs. 3 AÜG). Sonderregelungen für Staatsangehörige der Mitgliedstaaten der europäischen Wirtschaftsgemeinschaft enthält § 3 Abs. 4 AÜG. Danach erhalten diese grundsätzlich die Erlaubnis unter den gleichen Voraussetzungen wie deutsche Staatsangehörige, jedenfalls dann, wenn diese Gesellschaften ihren satzungsmäßigen Sitz, ihre Hauptverwaltung oder ihre Niederlassung innerhalb eines Mitgliedsstaates haben. § 3 Abs. 5 erlaubt schließlich die Erteilung einer Erlaubnis an Verleiher aus dem nichtprivilegierten Ausland aufgrund internationaler Abkommen. Nach der Osterweiterung der europäischen Union stellt die Erlaubniserteilung an Verleiher in der Türkei den Hauptanwendungsfall dar. Bei temporären Öffnungen der Kurzarbeit für die Arbeitnehmerüberlassung wie beispielsweise im Zuge der Corona-Pandemie im Jahr 2020 stellt sich die Frage, wann ein im EU-Ausland ansässiges Leiharbeitsunternehmen die betrieblichen Voraussetzungen nach § 97 SGB III erfüllt. Nach Auffassung der Rechtsprechung ist hierzu erforderlich, dass der Verleiher eine gefestigte betriebliche Struktur im Inland aufweisen kann.[267]

---

[263] BAG 3.12.1997 – 7 AZR 764/96, NZA 1998, 876 ff.
[264] *Boewer* DB 1982, 2035.
[265] Zur rechtlichen Zulässigkeit dieser gemischten Verträge BAG 28.4.1982 – 7 AZR 962/79, AP KSchG 1969 § 1 Nr. 6; ArbG Duisburg 6.7.2000 – 4 Ca 157/00 nv; *Podehl* BB 2001, 711.
[266] LSG NRW 2.7.2010 – L 1 AL 158/10 B ER, BeckRS 2010, 70955; BayObLG 26.2.1999 – 3 ObOWi 4/99, DB 1999, 1019; Schüren/Hamann/*Brors* AÜG Einl. Rn. 643.
[267] BayLSG 4.6.2020 – L 9 AL 61/20 BER, BeckRS 2020, 11606.

VII. Ordnungswidrigkeiten, Straftaten

Mit § 16 AÜG hat der Gesetzgeber einen weit reichenden Ordnungswidrigkeitenkatalog 177 in das Arbeitnehmerüberlassungsrecht aufgenommen. Danach handelt ordnungswidrig, wer vorsätzlich oder fahrlässig ohne Erlaubnis Leiharbeitnehmer überlässt, einer Auflage nicht nachkommt, eine Anzeige nicht rechtzeitig erstattet, eine Auskunft nicht ordnungsgemäß erteilt, Zugang zu Gemeinschaftseinrichtungen nicht gewährt oder den weiteren gesetzlichen Pflichten nicht nachkommt. Auf Grund zahlreicher Änderungen des AÜG durch die Reform 2017 wurde parallel auch der Ordnungswidrigkeitenkatalog in § 16 AÜG erweitert. Ein ordnungswidriges Handeln liegt daher nun auch dann vor, wenn gegen das Verbot des Kettenverleihs, das Verbot des Streikbrechereinsatzes oder den Gleichbehandlungsgrundsatz verstoßen wird, die Überlassungshöchstdauer überschritten wird oder die Offenlegungs- und Konkretisierungspflicht verletzt wird, vgl. § 16 Abs. 1 AÜG. Die Überschreitung der Überlassungshöchstdauer stellt auch dann eine Ordnungswidrigkeit dar, wenn der Leiharbeitnehmer eine Festhalteerklärung nach § 9 Abs. 1 Nr. 1b AÜG abgegeben hat, da die Norm ihrem Wortlaut nach nur die zivilrechtliche Wirksamkeit der Verträge betrifft.[268] Die Ordnungswidrigkeit wird je nach konkretem Vorwurf mit einer Geldbuße von bis zu 30.000 EUR geahndet. Bei einem Verstoß gegen das Gebot, gleiche Arbeitsbedingungen zu gewähren („equal-pay" und „equal-treatment") oder das Verbot, ausländische Arbeitnehmer zu beschäftigen, die eine erforderliche Arbeitserlaubnis nicht besitzen, ist sogar eine Geldbuße von bis zu 500.000 EUR vorgesehen. Die Bußgeldtatbestände des § 16 AÜG berücksichtigen sowohl den Verleiher als auch Vorwürfe gegen den Entleiher.

Eine Straftat liegt darüber hinaus vor, wenn der Verleiher einen Ausländer, der eine erfor- 178 derliche Arbeitserlaubnis nicht besitzt, entgegen § 1 AÜG einem Dritten ohne Erlaubnis überlässt. Handelt der Verleiher vorsätzlich, wird er nach § 15 AÜG mit einer Freiheitsstrafe bis zu drei Jahren, in besonders schweren Fällen sogar bis zu fünf Jahren bestraft. Auch der Entleiher, der einen Ausländer ohne erforderliche Arbeitserlaubnis beschäftigt, wird mit Freiheitsstrafe bis zu drei Jahren bestraft, wenn die Arbeitsbedingungen des überlassenen Ausländers in einem auffälligen Missverhältnis zu den Arbeitsbedingungen deutscher Leiharbeitnehmer stehen (§ 15a AÜG).

VIII. Gleichbehandlungsrecht, Sozialrecht

1. Gleichbehandlungsrecht

a) **Arbeitgeberstellung des Entleihers.** Nach § 6 Abs. 2 S. 2 AGG gilt im Fall der Arbeit- 179 nehmerüberlassung auch der Entleiher als Arbeitgeber. Auch wenn das Gesetz hierzu keine konkrete weitere Einschränkung vornimmt, kann die Norm nur so verstanden werden, dass ausschließlich der jeweils aktuelle Entleiher vom AGG als „Arbeitgeber" verpflichtet werden kann, nicht etwa ein vorhergehender oder ein zukünftiger Entleiher. Zudem ist die Vorschrift so zu verstehen, dass der Entleiher nur in solchen Situationen als „Arbeitgeber" verstanden werden kann, wenn ein AGG-relevanter Lebenssachverhalt in einer aktuellen Entleih-Situation stattfindet. Sofern ein Entleiher an Benachteiligungen nicht beteiligt ist (zB interne arbeitsrechtliche Maßnahmen des Verleihers), kann stets nur der Verleiher selbst als Arbeitgeber im Sinne des AGG berechtigt und verpflichtet sein.

Die Bezeichnung des Entleihers als Arbeitgeber ist systematisch unglücklich. Kennzeichen 180 und vielfach verwendetes Abgrenzungsmerkmal der erlaubten Arbeitnehmerüberlassung ist es gerade, dass mit dem Entleiher kein Arbeitsverhältnis begründet wird, sondern arbeitsrechtliche Beziehungen ausschließlich zwischen dem Verleiher und den überlassenen Arbeitnehmern bestehen. Die Vorschrift hat ausschließlich rechtspolitische Gründe. Durch § 6 Abs. 2 S. 2 AGG soll lediglich sichergestellt werden, dass insoweit keine Lücke im Schutz von Beschäftigten entsteht.[269] Das AGG kennt kein Konzernprivileg, weshalb auch der Ent-

---

[268] BayObLG 22.1.2020 – 201 ObOWi 2474/19, NJW 2020, 1597.
[269] *Bauer/Göpfert/Krieger* AGG § 6 Rn. 21.

leiher einer Konzernleihe von § 6 Abs. 2 S. 2 AGG erfasst ist und im Diskriminierungsrecht als Arbeitgeber gilt.²⁷⁰

181 Im Fall der erlaubten Arbeitnehmerüberlassung findet § 6 Abs. 2 S. 2 AGG auf das Verhältnis zwischen Entleiher und Leiharbeitnehmer Anwendung, während das Verhältnis zwischen Verleiher und Leiharbeitnehmer von § 6 Abs. 2 S. 1 AGG erfasst wird.²⁷¹

182 Im Fall der unerlaubten Arbeitnehmerüberlassung findet § 6 Abs. 2 S. 1 AGG auch auf das Verhältnis zwischen Verleiher und Leiharbeitnehmer Anwendung, weil in diesem Fall zwischen diesen ein Arbeitsverhältnis fingiert wird. Im Verhältnis zwischen Verleiher und Leiharbeitnehmer besteht dann zwar nach § 10 Abs. 1 AÜG keine Vertragsbeziehung mehr. Für die Anwendung des AGG reicht es unter Berücksichtigung des europäischen Ursprungs der Gleichbehandlungsvorschriften aber aus, dass der Arbeitnehmer tatsächlich beschäftigt wird.²⁷² Für Streitigkeiten über AGG-Angelegenheiten zwischen Entleiher und Arbeitnehmer ist der Rechtsweg zu den Gerichten für Arbeitssachen eröffnet.²⁷³

183 **b) Weitere Besonderheiten.** Aus der sich gemäß § 6 Abs. 2 AGG ergebenden Doppelstellung von Entleiher und Verleiher als „Arbeitgeber" im Sinne des AGG resultieren zahlreiche weitere Problemstellungen im Gleichbehandlungsrecht.

184 Ungeklärt ist bislang, an welchen der beiden Arbeitgeber sich ein sich benachteiligt oder belästigt fühlender Leiharbeitnehmer wenden kann bzw. muss, um seine Rechte gemäß den §§ 13 ff. AGG zu wahren. Grundsätzlich sind beide „Arbeitgeber", Verleiher und Entleiher, dazu verpflichtet, bei Kenntnisnahme von Diskriminierungen des Leiharbeitnehmers den jeweiligen Vertragspartner aufzufordern, derartige Benachteiligungen des Leiharbeitnehmers zu unterlassen.²⁷⁴ Dies resultiert auch als Nebenverpflichtung aus dem zwischen ihnen geschlossenen Arbeitnehmerüberlassungsvertrag. Zu empfehlen ist es sowohl Verleihern als auch Entleihern, in die zwischen ihnen geschlossenen Leiharbeitnehmerüberlassungsverträge entsprechende Klauseln aufzunehmen, welche den Vertragspartner zur Einhaltung der Gleichbehandlungsvorschriften zu Gunsten des Leiharbeitnehmers auffordern.

185 Um eine möglichst effektive Verhinderung bzw. Vorbeugung von Benachteiligungen zu gewährleisten, ist im Lichte der europäischen Normherkunft wohl davon auszugehen, dass sich der Leiharbeitnehmer an beide „Arbeitgeber" gleichermaßen wenden, er also zB die **Beschwerdestellen** beider Arbeitgeber gemäß § 13 AGG in Anspruch nehmen bzw. um Hilfe bitten kann. Beide Beschwerdestellen sind im Falle der Konsultation verpflichtet, die Beschwerde, ggf. unter Mitwirkung des jeweils anderen beteiligten Arbeitgeberunternehmens, zu prüfen.²⁷⁵

186 Gleiches gilt für ein auszuübendes **Leistungsverweigerungsrecht** gemäß § 14 AGG. Im Falle einer (sexuellen) Belästigung im Entleiherbetrieb ist der Leiharbeitnehmer berechtigt, die Tätigkeit auch gegenüber dem Verleiher einzustellen, wenn keiner der beiden Arbeitgeber geeignete Maßnahmen zur Unterbindung der Belästigung ergreift. Weißt ihm der Verleiher daraufhin einen Arbeitsplatz bei einem anderen Entleiher zu, ist die Tätigkeit wiederaufzunehmen.

187 Unklar ist, ob die obigen Maßstäbe auch für einen eventuellen Anspruch auf Schadensersatz oder Entschädigung gemäß § 15 Abs. 1 und 2 AGG gelten können. Verleiher und Entleiher könnten insoweit möglicherweise als Gesamtschuldner in Haftung genommen werden und ggf. lediglich intern Regressansprüche gegeneinander geltend machen, je nach Zurechnung der Verantwortlichkeit des diskriminierenden Verhaltens. Richtigerweise wird sich der Leiharbeitnehmer jedoch an denjenigen Arbeitgeber halten müssen, aus dessen Sphäre die Rechtsverletzung resultiert. Dies gilt vor allem deshalb, weil es sich hierbei regelmäßig nicht mehr um die effektive und rasche Beseitigung einer akuten Ungleichbehandlung, sondern lediglich um die (finanzielle) Kompensation einer solchen handelt. Es ist dem Leiharbeitnehmer daher zumutbar, die Frage des Verschuldens zunächst zu klären und, soweit die

---

²⁷⁰ MüKoBGB/*Thüsing* AGG § 6 Rn. 15.
²⁷¹ *Oberwetter* BB 2007, 1109.
²⁷² *Bauer/Göpfert/Krieger* AGG § 6 Rn. 23.
²⁷³ BAG 24.4.2018 – 9 AZB 62/17; 15.3.2011 – 10 AZB 49/10, NZA 2011, 653.
²⁷⁴ BeckOK BGB/*Horcher* AGG § 12 Rn. 11.
²⁷⁵ *Oberwetter* BB 2007, 1110.

Diskriminierungshandlung nur einem der beiden Arbeitgeber zuzurechnen ist, lediglich den verantwortlichen Arbeitgeber (Verleiher oder Entleiher) auf Zahlung zu verklagen.

2. Sozialrecht

a) Ausgleichsabgabe gemäß §§ 154, 160 SGB IX. Zu den für die Ausgleichsabgabe relevanten Arbeitsplätzen gehören nicht nur die mit eigenen Arbeitnehmern besetzten Funktionen, sondern auch die Plätze, auf denen Leiharbeitnehmer eingesetzt werden.

Ob auch schwerbehinderte Leiharbeitnehmer, die der Entleiher beschäftigt, auf die Quotenerfüllung anzurechnen sind, ist umstritten. Einer nachvollziehbaren Ansicht[276] zu Folge muss schon nach dem Schutzzweck der Norm eine Anrechnung erfolgen. Das Problem der Doppelanrechnung ist demnach ein Scheinproblem,[277] da die Arbeitsstellen des Verleihers stets in Form der freien Arbeitsplätze des Entleihers bestehen. Nur so kann sichergestellt werden, dass der Verpflichtung des Verleihers zur Beschäftigung Schwerbehinderter auch eine reale Nachfrage und Einsatzmöglichkeit gegenübersteht.

b) Prüfungspflicht gemäß § 164 SGB IX. Beim drittbezogenen Personaleinsatz sind neben den zahlreichen arbeitsrechtlichen auch vereinzelt sozialrechtliche Besonderheiten zu beachten. So stellt sich im Grenzbereich von Arbeitnehmerüberlassung und Schwerbehindertenrecht die Frage, ob dem Verleiher und/oder dem Entleiher die Verpflichtungen aus § 164 SGB IX (auch gegenüber der Agentur für Arbeit) zukommen. Gemäß § 164 SGB IX hat der Arbeitgeber vor einer Einstellung zu prüfen, ob freie Arbeitsplätze mit schwerbehinderten Menschen besetzt werden können.

Nach Auffassung der Rechtsprechung soll es keine Rolle spielen, ob eine freie Stelle mit einem Arbeitnehmer oder einem Leiharbeitnehmer besetzt werden soll. Die dem Arbeitgeber gemäß § 164 Abs. 1 SGB IX obliegende Prüfung soll er bei der Einstellung jeglicher Art von Mitarbeitern durchzuführen haben, folglich auch bei der Einstellung von Leiharbeitnehmern.[278] Dagegen spricht zwar, dass sich der Arbeitgeber ausdrücklich gegen die Neubegründung eines Arbeitsverhältnisses und somit der Schaffung eines freien Arbeitsplatzes entschieden hat. Erst als Folge hieraus, werden Leiharbeitnehmer eingesetzt.[279] Da sich das BAG in dieser Frage jedoch mittlerweile eindeutig zu Gunsten der Prüfpflicht ausgesprochen hat, wird der Praxis anzuraten sein, die Vorgaben des § 164 SGB IX vor beabsichtigter Einstellung eines Leiharbeitnehmers vorsorglich zu berücksichtigen.

c) Präventionspflichten gemäß § 167 SGB IX. Gemäß § 167 SGB IX treffen den Arbeitgeber gesonderte Pflichten zur Prävention von Problemen sowie zum Erhalt von Beschäftigungsverhältnissen (**betriebliches Wiedereingliederungsmanagement**). Diese Pflichten können nur vom Verleiher als Arbeitgeber erfüllt werden. Bei dauerhaft oder wiederholt erkrankten Leiharbeitnehmern sowie beim Auftreten von personen-, verhaltens- oder betriebsbedingten Schwierigkeiten im Beschäftigungsverhältnis von schwerbehinderten Leiharbeitnehmern hat der Verleiher die entsprechenden Präventionsverfahren durchzuführen sowie insbesondere die Integrationsämter oder die Schwerbehindertenvertretung zu konsultieren.[280] Eine formelle Voraussetzung vor Ausspruch einer Kündigung des Leiharbeitnehmers ist dies jedoch nicht.[281]

IX. Sozialversicherungsrecht, Steuerrecht

1. Sozialversicherungsrecht

Anders als das Arbeitsrecht sieht das Sozialversicherungsrecht keine ausgeprägten Sonderregelungen für Leiharbeitnehmer vor, so dass sich die Rechtsstellung der Leiharbitneh-

---

[276] Schüren/Hamann/*Diepenbrock* AÜG Einl. Rn. 862.
[277] *Edenfeld* NZA 2006, 126 (129).
[278] BAG 23.6.2010 – 7 ABR 23/09, NZA 2010, 1361 ff.; ArbG Frankfurt a. M. 7.3.2006 – 22 BV 856/05 nv.
[279] Schüren/Haman/*Hamann* AÜG § 14 Rn. 196; *Edenfeld* NZA 2006, 126 ff.
[280] Zum Präventionsverfahren im Einzelnen *Powietzka* BB 2007, 2118.
[281] BAG 24.1.2008 – 6 AZR 96/07, NZA-RR 2008, 405; BVerfG nahm Beschwerde hiergegen nicht zur Entscheidung an, 30.5.2008 – BvR 1 867/08 nv.

mer nicht grundsätzlich von derjenigen anderer Arbeitnehmer unterscheidet. Die Kranken-, Pflege-, Renten- und Arbeitslosenversicherung des legal verliehenen Leiharbeitnehmers knüpft an das Arbeitsverhältnis zum Verleiher als Arbeitgeber an. Dieser hat gem. § 28e Abs. 1 SGB IV den Gesamtsozialversicherungsbeitrag abzuführen.

194 Die **Meldepflichten** an die zuständige Einzugsstelle nach § 28a Abs. 1–3 SGB IV treffen grundsätzlich den Verleiher als beitragspflichtigen Arbeitgeber. Die dem Entleiher nach § 28a Abs. 4 SGB IV aF obliegende Pflicht zur Meldung bestimmter überlassungsspezifischer Tatsachen ist durch das Zweite Gesetz für Moderne Dienstleistungen am Arbeitsmarkt mit Wirkung vom 1.1.2003 aufgehoben worden.

195 Nach § 28a Abs. 1 SGB IV muss der Arbeitgeber oder ein anderer Meldepflichtiger die Beschäftigung des Leiharbeitnehmers anzeigen. Gemäß § 28e SGB IV ist zwar grundsätzlich nur der Arbeitgeber zur Abführung der Sozialversicherungsbeiträge für den Leiharbeitnehmer verpflichtet. § 28e Abs. 2 SGB IV begründet jedoch eine zusätzliche subsidiäre Haftung des Entleihers für die ordnungsgemäße Abführung der Sozialversicherungsbeiträge im Sinne einer selbstschuldnerischen Bürgenhaftung.

196 Diese **Subsidiärhaftung** des Entleihers hinsichtlich der Beiträge der Sozialversicherung gilt für jede Form entgeltlicher Arbeitnehmerüberlassung und setzt das Vorliegen eines wirksamen Arbeitnehmerüberlassungsvertrages voraus. Nach § 28e Abs. 2 S. 2 SGB IV steht dem Entleiher ein temporäres Leistungsverweigerungsrecht zu, solange der Träger der gesetzlichen Krankenversicherung den Verleiher nicht unter Fristsetzung gemahnt hat und die Mahnfrist noch nicht abgelaufen ist. Nach diesem Zeitpunkt ist dem Entleiher die Einrede der Vorausklage verwehrt, so dass eine etwaige Beitragsschuld auch unmittelbar gegen den Entleiher geltend gemacht werden kann. Dabei ist die Haftung des Entleihers aber auf den Zeitraum beschränkt, für den ihm der Arbeitnehmer tatsächlich überlassen wurde. Die Haftung des Entleihers entfällt in Fällen der Insolvenz des Verleihers nicht.[282]

197 Gilt aufgrund unwirksamen Leiharbeitnehmervertrages ein Arbeitsverhältnis zwischen Entleiher und Leiharbeitnehmer gemäß § 10 Abs. 1 AÜG als zustande gekommen, ist der Entleiher als Arbeitgeber unmittelbar beitragspflichtig in der Sozialversicherung. Zahlt der Verleiher in diesem Fall trotz der sich aus § 9 Abs. 1 AÜG ergebenden Unwirksamkeit des Arbeitsvertrages das vereinbarte Arbeitsentgelt zumindest teilweise an den Leiharbeitnehmer, so ist er nach § 28e Abs. 2 S. 3 SGB IV auch zur Zahlung des hierauf anfallenden Sozialversicherungsbeitrages verpflichtet. Im Falle der Fiktion eines Arbeitsverhältnisses mit dem Entleiher steht der Arbeitnehmer mit dem Verleiher bis zur Anerkennung oder Feststellung des fingierten Arbeitsverhältnisses ein faktisches Arbeitsverhältnis zum Verleiher. So lange dies der Fall sind Entleiher und Verleiher gesamtschuldnerisch für die Abführung der Sozialversicherungsbeiträge verantwortlich.[283]

2. Steuerrecht

198 Auch im Lohnsteuerrecht ist der Verleiher bei der erlaubten Arbeitnehmerüberlassung Arbeitgeber mit sämtlichen sich daraus ergebenden Pflichten.[284] Der Entleiher kann im Fall der erlaubten Arbeitnehmerüberlassung nur ausnahmsweise für die Lohnsteuern in Anspruch genommen werden, wenn er bestimmte Mitwirkungspflichten nicht erfüllt hat, etwa im Fall der Arbeitnehmerüberlassung ohne Erlaubnis, die zur Fiktion eines Arbeitsverhältnisses zwischen Entleiher und Leiharbeitnehmer nach §§ 9 Nr. 1, 10 Abs. 1 S. 1 AÜG führt.[285] Allerdings bleibt der Verleiher nach § 42d Abs. 6 EStG weiterhin Haftungsschuldner für die Lohnsteuer.[286]

199 Ein steuerrechtliches Sonderproblem entsteht durch das neu geschaffene Zugangsrecht der Leiharbeitnehmer zu Gemeinschaftseinrichtungen sowie Gemeinschaftsdiensten des Ent-

---

[282] BSG 7.3.2007 – B 12 KR 11/06 R, BeckRS 2007, 45269.
[283] BSG 22.5.1984 – 10 RAr 10/83, BeckRS 1984, 30711369.
[284] Für den Fall, dass ein ausländischer Entleiher inländische Arbeitnehmer zur Arbeitsleistung im Inland überlässt vgl. Tschöpe ArbR-HdB/*Hiekel* Teil 6 D Rn. 58 m. w. N.
[285] Vgl. hierzu näher → Rn. 109 f.
[286] BFH 18.1.1991 – VI R 122/87, BStBl. 1991 II 409; FG München 14.12.2007 – 8 K 849/05, BeckRS 2007, 26024673.

leihers gemäß § 13b AÜG. Insbesondere stellt sich die Frage nach der lohnsteuerrechtlichen Einordnung der durch den Einsatzbetrieb unmittelbar an den Leiharbeitnehmer gewährten Leistungen, da nur der Verleiher als Vertragsarbeitgeber des Leiharbeitnehmers in der Lage ist, von ihm an den Leiharbeitnehmer erfolgende Zuwendungen (insb. Sachbezüge) von den regelmäßigen Bruttobezügen in Abzug zu bringen und abzuführen. Zu den **Bezügen und Einnahmen der Arbeitnehmer** zählen grundsätzlich alle Güter, die in Geld oder Geldeswert bestehen (§ 8 Abs. 1 EStG). Damit gehört der Wert eines Sachbezugs bei einem Arbeitnehmer zum steuerpflichtigen Arbeitslohn. Zum **Arbeitslohn gem. § 19 Abs. 1 S. 1 Nr. 1 EStG** gehören nach ständiger Rechtsprechung des Bundesfinanzhofs alle Vorteile, die für eine Beschäftigung gewährt werden. Arbeitslohn kann insoweit auch bei der **Zuwendung eines Dritten** anzunehmen sein, wenn diese ein Entgelt „für" eine Leistung bildet, die der Arbeitnehmer im Rahmen des Dienstverhältnisses für seinen Arbeitgeber erbringt.[287]

Die durch § 13b AÜG entstehende Sachlage ist vergleichbar mit dem Fall, in dem zB eine Konzernmutter (als Dritte) an den Mitarbeiter eines Konzerntochterunternehmens unmittelbare Zuwendungen macht. In diesem Fall wird regelmäßig das Tochterunternehmen aufgrund interner Konzernabsprachen die entstehenden Lohnsteuern unmittelbar einbehalten. Es wird sich daher anbieten, dass das Verleihunternehmen über Zuwendungen gemäß § 13b AÜG vom Entleiher informiert wird und der Verleiher die Versteuerung sowie die Leistung von Sozialabgaben bzgl. solcher Zuwendungen vornimmt. Hinsichtlich der Feststellung, in welchem Umfang Arbeitnehmer im Rahmen ihres Einsatzes bei Entleihern ggf. zusätzlichen lohnsteuerpflichtigen Arbeitslohn erhalten, sind auch diese selbst gemäß § 38 Abs. 4 S. 3 EStG verpflichtet, dem Arbeitgeber die von einem Dritten gewährten Bezüge am Ende des jeweiligen Lohnzahlungszeitraums anzugeben.[288] Die vorgenannten Informationspflichten sollten möglichst durch vertragliche Absprachen zwischen den beteiligten Parteien normiert werden.

X. Betriebsverfassungsrecht

1. Zuordnung der Leiharbeitnehmer

Nach § 14 Abs. 1 AÜG bleibt der Leiharbeitnehmer auch während der Zeit seiner Arbeitsleistung bei einem Entleiher Angehöriger des entsendenden Betriebs des Verleihers. Im Rahmen des Betriebsverfassungsgesetzes ist der Leiharbeitnehmer wie ein Arbeitnehmer zu behandeln, der ständig seine Arbeitsleistung in den Betriebsstätten seines Arbeitgebers, dh beim Verleiher, erbringt. Er ist im Verleiherbetrieb wahlberechtigt, und bei sechsmonatiger Betriebszugehörigkeit auch wählbar. Auch längere Aufenthalte bei Entleihern im Ausland stehen dem nicht entgegen.[289] Ihm steht ferner das Recht zu, an allen Betriebs- und Abteilungsversammlungen des Verleihers teilzunehmen sowie die Sprechstunden des Betriebsrats aufzusuchen. Der Verleiher hat hierbei die Vergütung fortzuzahlen.

Seit der Reform der Betriebsverfassung im Juli 2001 sind Leiharbeitnehmer auch nicht mehr vom aktiven Wahlrecht im Entleiherbetrieb ausgeschlossen. Sofern die Leiharbeitnehmer länger als drei Monate überlassen werden, erhalten sie das aktive Wahlrecht im Entleiherbetrieb (§ 7 S. 2 BetrVG). Wählbar, dh passiv wahlberechtigt, sind sie im Entleiherbetrieb hingegen nicht (§ 14 Abs. 2 S. 1 AÜG). Hiervon besteht auch bei nicht gewerblicher Arbeitnehmerüberlassung keine Ausnahme,[290] also etwa im sozialen und karitativen Bereich oder bei konzerninterner Überlassung.

Der Gesetzgeber hat im Rahmen der Reform 2017 die Grundsätze zur Berechnung von Schwellenwerten in § 14 Abs. 2 S. 4, 5 AÜG normiert und eine grundsätzliche Berücksichtigung der Leiharbeitnehmer mit Ausnahme des § 112a BetrVG festgelegt. Diese Berücksichtigung wird gemäß § 14 Abs. 2 S. 6 AÜG dahingehend eingeschränkt, dass Leiharbeiter nur dann erfasst werden, wenn deren Einsatzdauer sechs Monate übersteigt. Der Betriebsrat

---

[287] BFH 10.3.2015 – VI R 6/14, DStR 2015, 1494; BFH 3.5.2007 – VI R 37/05, NZA 2007, 964.
[288] *Eismann* DStR 2011, 2381 (2383).
[289] BAG 22.3.2000 – 7 ABR 34/98, NZA 2000, 1119.
[290] BAG 17.2.2010 – 7 ABR 51/08, NZA 2010, 832.

wird nicht lediglich für die Stammarbeitnehmer tätig, sondern eben auch für die Leiharbeitnehmer und die Besonderheiten in diesem Rechtsverhältnis, weshalb eine Berücksichtigung für die Ermittlung der Arbeitnehmerzahl zur Erreichung betriebsverfassungsrechtlicher Schwellenwerte erforderlich ist.[291] Der Gesetzgeber hat die Rechtsprechungsänderung des BAG mit dieser Normierung aufgenommen.

204 Das BAG ging bereits zuvor davon aus, dass **Leiharbeitnehmer** im Rahmen der Schwellenwertberechnung nach § 111 S. 1 BetrVG[292] und der Ermittlung der Betriebsratsgröße nach § 9 S. 1[293] BetrVG **mitzuzählen** sind. Ebenfalls war nach der Rechtsprechung in Fällen der Übernahme des Leiharbeitnehmers durch den Entleiher die in Leiharbeit im Unternehmen verbrachte Zeit auf die sechsmonatige Betriebszugehörigkeitserfordernis nach § 8 Abs. 1 BetrVG anzurechnen.[294]

2. Beteiligungsrechte des Betriebsrats beim Einsatz von Leiharbeitnehmern

205 a) **Mitbestimmung gem. §§ 14 Abs. 3 S. 1 AÜG, 99 BetrVG.** Der Betriebsrat des Entleiherbetriebes ist vor der Übernahme eines Leiharbeitnehmers zur Arbeitsleistung nach § 99 BetrVG zu beteiligen.[295] Eine „Übernahme" im Sinne des § 14 Abs. 3 S. 1 AÜG liegt vor, wenn der Leiharbeitnehmer in den Entleiherbetrieb eingegliedert, dh tatsächlich dort beschäftigt wird.[296] Die Aufnahme des Leiharbeitnehmers in einen Stellenpool ist dagegen noch keine mitbestimmungspflichtige Übernahme.[297] Auch der Abschluss des Arbeitnehmerüberlassungsvertrages mit dem Verleiher löst das Mitbestimmungsrecht noch nicht aus. Keinesfalls in den Anwendungsbereich des § 14 Abs. 3 AÜG fallen Arbeitskräfte, die auf dienst- oder werkvertraglicher Basis tätig werden und somit vollkommen den Weisungen einer Fremdfirma unterstehen.[298] § 14 Abs. 3 S. 1 AÜG stellt klar, dass eine Einstellung im Sinne von § 99 BetrVG dann vorliegt, wenn eine Arbeitnehmerüberlassung im Sinne von § 1 Abs. 1 S. 1 AÜG vorliegt.[299]

206 Unerheblich ist die Dauer der geplanten Übernahme des Leiharbeitnehmers, so dass jeder zeitlich noch so geringfügige Einsatz das Beteiligungsrecht des Betriebsrates auslöst. Bei einer Verlängerung der ursprünglich geplanten Überlassungsdauer ist der Betriebsrat erneut zu beteiligen.[300] Die Eingliederung eines Leiharbeitnehmers in den Betrieb des Entleihers ist als Einstellung nach § 99 BetrVG auch dann mitbestimmungspflichtig, wenn der Verleiher einen bereits gemäß § 99 BetrVG eingestellten Arbeitnehmer austauscht.[301]

207 Für den Inhalt des Mitbestimmungsrechtes des Betriebsrats des Entleiherbetriebes gelten die allgemeinen Regeln des § 99 Abs. 2 BetrVG, wonach der Betriebsrat unter den gesetzlich fixierten Voraussetzungen die Zustimmung verweigern kann. In diesem Fall hat der Entleiher das sogenannte gerichtliche Zustimmungsersetzungsverfahren einzuleiten, § 99 Abs. 4 BetrVG.[302]

208 Der Betriebsrat kann die Zustimmung zur Einstellung mit der Begründung verweigern, es handle sich um eine **nicht nur vorübergehende Überlassung**, die ihrer Struktur nach nicht zur Überbrückung eines vorübergehenden Bedarfs, sondern auf Dauer angelegt sei.[303] Der

---

[291] BT-Drs. 18/9323, 29.
[292] BAG 18.10.2011 – 1 AZR 335/10, NZA 2012, 221.
[293] BAG 13.3.2013 – 7 ABR 69/11, NZA 2013, 789.
[294] BAG 10.10.2012 – 7 ABR 53/11, BeckRS 2013, 65451.
[295] § 14 Abs. 3 AÜG stellt eine Rechtgrund- und keine Rechtsfolgeverweisung auf § 99 BetrVG dar, vgl. LAG Niedersachsen 26.11.2007 – 6 TaBV 33/07 nv; über sachliche Gründe für seine Entscheidung zur Einstellung von Leiharbeitnehmern hat der Arbeitgeber den Betriebsrat nicht zu unterrichten – ArbG Leipzig 15.2.2012 – 11 BV 79/11, BeckRS 2012, 67077.
[296] BAG 9.3.2011 – 7 ABR 137/09, NZA 2011, 871.
[297] BAG 23.1.2008 – 1 AZR 74/06, NZA 2008, 603.
[298] BAG 15.5.2014 – 1 ABR 50/12, NZA 2014, 1149.
[299] LAG Berlin-Brandenburg 5.12.2019 – 21 TaBV 489/19, BeckRS 2019, 36122.
[300] BAG 1.6.2011 – 7 ABR 18/10, NJOZ 2012, 20 (22); 23.1.2008 – 1 AZR 74/06, NZA 2008, 603.
[301] BAG 9.3.2011 – 7 ABR 137/09, NZA 2011, 871 (873); LAG Hessen 16.1.2007 – 4 TaBV 203/06, BeckRS 2007, 44175.
[302] BAG 18.10.1994 – 1 ABR 9/94, AP BetrVG 1972 § 99 Einstellung Nr. 5; Fortführung BAG 11.9.2001 – ABR 14/01, EzA BetrVG 1972 § 99 Nr. 10; Schüren/Hamann/*Hamann* AÜG § 14 Rn. 213.
[303] BAG 10.7.2013 – 7 ABR 91/11, NZA 2013, 1296 (1298).

Schutz bestehender eigener Arbeitsverhältnisse hat grundsätzlich keinen Vorrang vor dem Einsatz von Leiharbeitnehmern.[304] Dagegen spricht die unternehmerische Organisationsfreiheit.[305] Auch wenn das Gleichstellungsgebot nach §§ 3 Abs. 1 Nr. 3, 9 Abs. 1 Nr. 2 AÜG durch den Verleiher verletzt wird, steht dem Betriebsrat im Entleiherbetrieb kein Zustimmungsverweigerungsrecht gegen die Übernahme des Leiharbeitnehmers nach § 99 Abs. 2 Nr. 1 BetrVG zu.[306]

b) Weitere Beteiligungsrechte des Betriebsrates. Neben dem ausdrücklich in § 14 Abs. 3 S. 1 AÜG geregelten Mitbestimmungsrecht bei der Eingliederung des Leiharbeitnehmers stehen dem Betriebsrat des Entleiherbetriebes weitere Mitbestimmungsrechte zu. Insbesondere kommen hierbei die Beteiligungsrechte in sozialen Angelegenheiten gemäß §§ 87 ff. BetrVG in Betracht. 209

Aufgrund der gespaltenen Arbeitgeberstellung bzw. dem Arbeitsvertrag im Dreiecksverhältnis ergeben sich zahlreiche Zweifelsfragen hinsichtlich der jeweiligen Zuständigkeit des Betriebsrates im Entleiher- und Verleiherbetrieb. Eine doppelte Zuständigkeit beider Gremien bezüglich derselben Mitbestimmungsfrage muss regelmäßig ausscheiden. Die betriebsverfassungsrechtliche Zuständigkeit richtet sich vielmehr sowohl im Hinblick auf den Arbeitgeber als auch auf den Betriebsrat danach, wo die jeweilige Arbeitgeberfunktion, um deren Mitbestimmungspflicht es geht, schwerpunktmäßig angesiedelt ist.[307] Allgemein lässt sich sagen, dass Rechte des Entleiherbetriebsrates immer dort in Betracht kommen, wo sie an den konkreten Arbeitseinsatz im Entleiherbetrieb und damit an die Eingliederung in die dortige Betriebsorganisation anknüpfen; keine Mitbestimmungsrechte bestehen dort, wo sie in unmittelbarem Zusammenhang mit der Arbeitgeberstellung bzw. den formalen Arbeitsvertragsbedingungen stehen.[308] 210

aa) Allgemeine Aufgaben. Die sich aus § 75 BetrVG ergebende Überwachungsaufgabe des Betriebsrates beim Entleiher erstreckt sich auch auf Leiharbeitnehmer. Die Vorschrift dient insbesondere der Verwirklichung des arbeitsrechtlichen Gleichbehandlungsgrundsatzes.[309] 211

Der Betriebsrat im Entleiherbetrieb ist auch berechtigt, in Bezug auf den Leiharbeitnehmer seine allgemeinen Aufgaben nach § 80 Abs. 1 BetrVG wahrzunehmen. Fast alle Tatbestände der Vorschrift sind für den Entleiherbetriebsrat auch in Bezug auf den Leiharbeitnehmer von Bedeutung. Lediglich die Aufgaben nach § 80 Abs. 1 Nr. 8 und 9 BetrVG dürften für Leiharbeitnehmer beim Entleiher ohne besondere Bedeutung sein.[310] 212

In § 80 Abs. 2 BetrVG wird ausdrücklich klargestellt, dass sich diese Ansprüche auch auf Personen erstrecken, die nicht in einem Arbeitsverhältnis zum Arbeitgeber stehen. Demnach fallen Leiharbeitnehmer auch unter diese Vorschrift. 213

bb) Soziale Angelegenheiten. In sozialen Angelegenheiten gemäß § 87 BetrVG hat der Entleiherbetriebsrat in Bezug auf Leiharbeitnehmer dort mitzubestimmen, wo Gegenstand und Zweck des Mitbestimmungsrechts an die tatsächliche Eingliederung in die Organisation des Entleiherbetriebs anknüpfen oder das Verhalten des Leiharbeitnehmers im Entleiherbetrieb Regelungsgegenstand ist. Da der Betriebsrat des Verleiherbetriebes keinen Einfluss auf die sozialen Angelegenheiten des Entleiherbetriebes hat, ist der Betriebsrat des 214

---

[304] BAG 12.11.2002 – 1 ABR 1/02, NZA 2003, 513; 25.1.2005 – 1 ABR 61/03, NZA 2005, 1199; LAG Düsseldorf 30.10.2008 – 15 TaBV 114/08, BeckRS 2009, 53373; LAG Niedersachsen 19.11.2008 – 15 TaBV 159/07, BeckRS 2011, 66909.
[305] LAG Niedersachsen 9.8.2006 – 15 TABV 53/05 – BeckRS 2006, 44759; LAG Niedersachsen 16.11.2011 – 17 TaBV 99/11, es wurde hierbei offengelassen, ob dies auch nach dem neuen AÜG ab dem 1.12.2011 Geltung habe (beim BAG anhängig – 7 ABR 91/11); *Düwell/Dahl* NZA-RR 2011, 1 (4).
[306] BAG 1.6.2011 – 7 ABR 117/09, NZA 2011, 1435 (1437); LAG Niedersachsen 26.11.2007 – 6 TaBV 32/07, FD-ArbR 2008, 261383 (Rechtsbeschwerde eingelegt, Az.: 1 ABR 10/08); für die nicht gewerbsmäßige Arbeitnehmerüberlassung BAG 25.1.2005 – 1 ABR 61/03, NZA 2005, 1199; für die gewerbsmäßige Arbeitnehmerüberlassung BAG 21.7.2009 – 1 ABR 35/08, NZA 2009, 1156 mAnm *Groby/v. Steinau-Steinrück* NJW-Spezial 2010, 51.
[307] BAG 19.6.2001 – 1 ABR 43/00, NZA 2000, 1263.
[308] TschöpeArbR-HdB/*Hiekel* Teil 6 D Rn. 78; Schüren/Hamann/*Hamann* AÜG § 14 Rn. 218.
[309] BAG 31.8.2005 – 5 AZR 517/04, NZA 2006, 265.
[310] *Thüsing* AÜG § 14 Rn. 112.

Entleiherbetriebes zuständig für Fragen der Ordnung und des Verhaltens der Arbeitnehmer, § 87 Abs. 1 Nr. 1 BetrVG, Beginn und Ende der täglichen Arbeitszeit, § 87 Abs. 1 Nr. 2 BetrVG,[311] vorübergehende Verkürzung oder Verlängerung der betriebsüblichen Arbeitszeit, § 87 Abs. 1 Nr. 3 BetrVG,[312] Einführung von technischen Überwachungseinrichtungen, § 87 Abs. 1 Nr. 6 BetrVG und sonstige Fragen in sozialen Angelegenheiten, § 87 Abs. 1 Nr. 7ff. BetrVG.[313] Der Betriebsrat des Verleiherbetriebes steht demgegenüber bei der Anordnung oder Duldung von **Überstunden** im Entleiherbetrieb das Mitbestimmungsrecht zu, sofern ein Unterschied zur Situation im Verleiherbetrieb besteht.[314]

215 Im Übrigen erfordert jeder einzelne Mitbestimmungstatbestand eine Einzelfallbetrachtung sowie eine Entscheidung darüber, welcher Betriebsrat beim konkreten Lebenssachverhalt zuständig ist. Abzulehnen ist jedenfalls eine subsidiäre Aushilfszuständigkeit des eigentlich sachlich unzuständigen Entleiherbetriebsrates, sofern im Verleiherbetrieb kein Betriebsrat existiert.

216 *cc) Wirtschaftliche Angelegenheiten.* Die **§§ 106–113 BetrVG** spielen im Zusammenhang mit dem Einsatz von Leiharbeitnehmern nur eine begrenzte Rolle. Der Abbau von Leiharbeitnehmern im Verleiherbetrieb kann eine Betriebsänderung iSd §§ 111 S. 3 Nr. 1, 112a BetrVG sein.[315] Der Einsatz oder Abbau von Leiharbeitnehmern im Entleiherbetrieb stellt in diesem Betrieb jedoch regelmäßig keine Betriebsänderung dar, da diese Vorschrift entsprechende Arbeitsverhältnisse voraussetzt und der Einsatz von Leiharbeitnehmern grundsätzlich weder die Betriebsorganisation grundlegend ändert noch als grundlegend neue Arbeitsmethode zu werten ist.[316] Der Betriebsrat kann vom Arbeitgeber verlangen, dass dieser dauerhaft mit Leiharbeitnehmern zu besetzende Arbeitsplätze ausschreibt.[317]

XI. Datenschutzrecht

217 Die seit Mai 2018 unmittelbar in allen Mitgliedsstaaten der EU geltende DS-GVO bringt auch mit Blick auf die Arbeitnehmerüberlassung besondere Anforderungen mit sich. Das BDSG legt in § 26 Abs. 8 Nr. 1 BDSG fest, dass auch Leiharbeitnehmer im Verhältnis zum Entleiher als Beschäftigte zu klassifizieren sind, sodass auch Entleiher die datenschutzrechtlichen Vorschriften gemäß Art. 88 DS-GVO in Verbindung mit § 26 BDSG im Rahmen der Datenverarbeitung zu beachten haben.[318] Nach § 26 Abs. 1 BDSG ist eine Verarbeitung von personenbezogenen Daten zulässig, sofern diese für die Begründung, Durchführung oder Beendigung eines Beschäftigungsverhältnisses erforderlich ist. Der Verleiher hat bei der Erhebung der personenbezogenen Daten klarzustellen, dass diese an den Entleiher weitergegeben werden und der Entleiher muss seinerseits dem Leiharbeitnehmer mitteilen, wie er diese verarbeitet, um dem Transparenzgebot der DS-GVO Rechnung zu tragen.

218 Abweichend vom AÜG enthalten aber weder die DS-GVO noch das BDSG ein Konzernprivileg. Datenverarbeitungsvorgänge innerhalb eines Konzerns bedürfen daher aufgrund des Verbots mit Erlaubnisvorbehalt gemäß Art. 6 DS-GVO das Vorliegen eines Erlaubnistatbestandes.

---

[311] BAG 19.6.2001 – 1 ABR 43/00, NZA 2001, 1263; LAG Hessen 1.5.2011 – 5 TaBV 44/11; LAG Baden-Württemberg Beschl. 5.8.2005 – 5 TaBV 5/05, BeckRS 2009, 74363.
[312] BAG 22.10.2019 – 1 ABR 17/18, NZA 2020, 123, *Wiebauer* NZA 2012, 68 (69f.).
[313] BAG 15.12.1992 – 1 ABR 38/92, BB 1993, 648; zuletzt bestätigt durch BAG 19.6.2001 – 1 ABR 43/00, BB 2001, 2582; Schüren/Hamann/*Hamann* AÜG § 14 Rn. 239.
[314] BAG 19.6.2001 – 1 ABR 43/00, NZA 2000, 1263.
[315] Ausführlicher dazu: *Thüsing* AÜG § 14 Rn. 179ff.
[316] Schüren/Hamann/*Hamann* AÜG § 14 Rn. 347ff.
[317] BAG 1.2.2011 – 1 ABR 79/09, NZA 2011, 703.
[318] Zum Beschäftigten-Datenschutz und der EU-Datenschutz-Grundverordnung *Reiserer/Christ/Heinz* DStR 2018, 1501.

Teil N. Tarifvertragsrecht

§ 67 Einführung

Übersicht

	Rn.
I. Bedeutung im arbeitsrechtlichen Mandat	1–6
II. Bedeutung und Funktionen des Tarifvertrages	7–10
III. Gewerkschaften und Arbeitgeberverbände	11–15

I. Bedeutung im arbeitsrechtlichen Mandat

Das Tarifvertragsrecht hat im arbeitsrechtlichen Mandat eine erhebliche Bedeutung, auch wenn festzustellen ist, dass der Grad der Tarifbindung seit den 90er Jahren rückläufig ist. Anfang der 90er Jahre sollen auf ca. 80–90 % der Arbeitsverhältnisse Tarifvertragsregelungen Anwendung gefunden haben. Der Datenreport 2018 des statistischen Bundesamts[1] spricht davon, dass jetzt für rund die Hälfte der Arbeitnehmerinnen und Arbeitnehmer in Deutschland Tarifverträge Verdienste und Arbeitsbedingungen regeln, wobei der Grad der Tarifbindung in den alten und neuen Bundesländern divergiert.[2] Dieser gleichwohl recht **hohe Erfassungsgrad** beruht – trotz des zurückgehenden Organisationsgrads der Arbeitnehmer und Arbeitgeber[3] – zu einem wesentlichen Teil auf der gängigen Praxis, im Arbeitsvertrag auf Tarifverträge Bezug zu nehmen, so dass die Tarifregelungen unabhängig von der Mitgliedschaft der Arbeitsvertragsparteien zu einer Gewerkschaft/einem Arbeitgeberverband im Arbeitsverhältnis Geltung beanspruchen (→ § 68 Rn. 76 ff.). 1

Die Tarifvertragsparteien regeln die Arbeitsbedingungen in der Regel umfassend, etwa Arbeitszeiten, Altersteilzeit, Kündigungsfristen oder Vergütungsfragen. Tarifregelungen wirken grundsätzlich **normativ** auf das Arbeitsverhältnis ein; Tarifnormen sind materielles Gesetz iSd § 2 EGBGB. Sie können sowohl **anspruchsbegründend** (beispielsweise Tarifentgelt) als auch **anspruchsvernichtend** (beispielsweise Ausschlussfristen) wirken. Es empfiehlt sich daher im Rahmen einer jeden Mandatsbeziehung, bereits zu Beginn zu ermitteln, ob Arbeitgeber und/oder Arbeitnehmer tarifgebunden sind bzw. der Arbeitsvertrag einen Tarifvertrag in Bezug nimmt. Daneben ist zu prüfen, ob Tarifnormen durch Allgemeinverbindlicherklärung nach § 5 TVG oder durch Rechtsverordnung nach §§ 7, 7a AEntG zur Geltung kommen. 2

Vor- und Nachteile sowie Möglichkeiten zur **Begründung oder Beseitigung der Tarifbindung** sind ebenso Gegenstand der anwaltlichen Beratung wie **verbandsrechtliche Fragen** zum **Beitritt** oder **Austritt** aus einer Gewerkschaft oder einem Arbeitgeberverband. 3

Das Tarifvertragsrecht hat ebenfalls Bedeutung für die **Vertragsgestaltung.** Zu nennen ist hier vor allem die in der Praxis übliche Bezugnahme auf Tarifverträge. Die konkrete Ausgestaltung einer derartigen **arbeitsvertraglichen Verweisungsklausel** (→ § 68 Rn. 76 ff.) kann insbesondere bei Betriebsübergängen oder dem Herauswachsen des Betriebs aus dem Geltungsbereich eines Tarifvertrages unterschiedliche Folgen haben. Gemäß § 2 Abs. 1 S. 2 4

---

[1] Datenreport 2018, 5 Arbeitsmarkt und Verdienste, 5.2.1. Tarifverdienste, www.destatis.de.
[2] Das Statistisches Taschenbuch Tarifpolitik 2019 des Wirtschafts- und Sozialwissenschaftliches Instituts (WSI) der Hans-Böckler-Stiftung, abrufbar unter www.boeckler.de, spricht von 56 % (West) und 45 % (Ost) in 2018. Das jährlich vom Institut der Deutschen Wirtschaft herausgegebene „Deutschland in Zahlen 2019", Ziff. 1.21" gibt an, dass 57 % (West) bzw. 44 % (Ost) der Beschäftigten in 2017 der Tarifbindung unterlägen; FD-ArbR 2019, 417362 gibt eine Tarifbindung von 46 % (Ost) und 57 % (West).
[3] Dieser soll bei ca. 18 % liegen (vgl. Nachweise bei *Lunk/Leder/Seidler* RdA 2015, 399 ff. Fn. 1; auch die Arbeitgeberverbände leiden unter einem abnehmenden Organisationsgrad, vgl. hierzu *Deinert/Walser* RdA 2015, 386 ff.); FD-ArbR 2019, 417362 spricht von 20 % (Ost) und 29 % (West) tarifgebundenen Betrieben.

Nr. 10 NachwG muss ein Arbeitgeber zudem die im Arbeitsverhältnis anzuwendenden Tarifverträge in einer Niederschrift aufnehmen. Auf tarifliche Rechte können Arbeitnehmer **nicht verzichten** (vgl. → § 70 Rn. 56 ff.), auch nicht in einem Aufhebungsvertrag, einer Ausgleichsquittung oder einem gerichtlichen Vergleich; dies ist bei der Gestaltung derartiger Vereinbarungen zu berücksichtigen.

5 Die Beratung von Mandanten beim Abschluss von Verbandstarifverträgen ist regelmäßig von nachrangiger Bedeutung. Gewerkschaften und Verbände werden hier vorrangig auf ihre Justitiare zurückgreifen. Es bleibt die Beratung eines Arbeitgebers beim **Abschluss eines Haus- oder Firmentarifvertrages**. Neben den Vor- und Nachteilen beabsichtigter Tarifregelungen sind dem Mandanten insbesondere die Grenzen der Tarifnormsetzung aufzuzeigen.

6 Das **Grundrecht der Koalitionsfreiheit** spielt nicht nur in alle Bereiche des Tarifrechts hinein, sondern es wirkt sich auf Grund der **unmittelbaren Drittwirkung**[4] gemäß Art. 9 Abs. 3 S. 2 GG etwa auf das **Fragerecht bei Einstellungen** oder auf die **Vertragsgestaltung** unmittelbar aus. Die Koalitionsfreiheit ist zudem ein **Schutzgesetz** iSd § 823 Abs. 2 BGB. Die Verletzung des Rechts kann sowohl Schadensersatz- als auch Unterlassungsansprüche begründen. Zudem hat ein Arbeitgeber Maßnahmen, die von Art. 9 Abs. 3 GG erfasst werden (beispielsweise koalitionsspezifische Werbung), zu dulden.

II. Bedeutung und Funktionen des Tarifvertrages

7 Ursprünglicher Zweck des kollektiven Arbeitsrechts ist der **Ausgleich** der Position des einzelnen Arbeitnehmers gegenüber dem wirtschaftlich überlegenen Arbeitgeber. Das Tarifvertragssystem ist darauf angelegt, die **strukturelle Unterlegenheit**[5] des einzelnen Arbeitnehmers beim Abschluss von Arbeitsverträgen durch kollektives Handeln auszugleichen und damit ein annähernd gleichwertiges Aushandeln der Löhne und Arbeitsbedingungen zu ermöglichen.[6] Die Tarifautonomie wird daher auch als **kollektive Privatautonomie**[7] oder als Privatautonomie auf kollektiver Ebene bezeichnet.

8 Der Gesetzgeber hat dementsprechend bei der Ausgestaltung des Grundrechts der Koalitionsfreiheit (Art. 9 Abs. 3 GG) das **Paritätsgebot** zu beachten. Es muss gewährleistet werden, dass sich zwei gleichstarke und unabhängige Verhandlungspartner gegenübersitzen, denn nur dann kann von einem interessengerechten Ausgleich ausgegangen werden.

9 Die zwischen den Tarifvertragsparteien bestehende Parität ist Grundlage für die **These von der Richtigkeitsgewähr**[8] des Tarifvertrages. Die These der Richtigkeitsgewähr wird unterschiedlich aufgefasst. Zutreffend ist die Richtigkeitsgewähr als **Richtigkeitschance** zu begreifen.[9] Das tarifliche Verfahren und der Richtigkeitsgrundsatz garantieren kein richtiges Ergebnis, sondern ein **korrektes und faires Verfahren**, das wiederum zu einem ausgewogenen Ergebnis führen kann. Das BAG spricht mittlerweile auch von der Ausgewogenheitsgewähr[10] oder vom **Richtigkeitsvertrauen**.[11] Aufgrund der Richtigkeitsgewähr verbietet sich eine gerichtliche Inhaltskontrolle von Tarifverträgen (vgl. auch § 310 Abs. 4 S. 1 BGB).

10 Tarifbestimmungen haben Rechtsnormcharakter, dh sie wirken normativ, also wie Gesetze. Diese **Normwirkung** der Tarifbestimmungen dient den verschiedenen Funktionen des Tarifvertrages. Tarifverträgen kommt zunächst eine **Ordnungs- und Friedensfunktion** zu. Die Tarifvertragsparteien ordnen und befrieden das Arbeitsleben.[12] (Verbands-)Tarifverträge

---

[4] *Burkiczak* RdA 2004, 263.
[5] StRspr des BVerfG bspw. BVerfG 23.11.2006 – 1 BvR 1909/06 mwN.
[6] BVerfG 4.7.1995 – 1 BvF 2/86, EzA AFG § 116 Nr. 5.
[7] BAG 27.6.2018 – 10 AZR 290/17, NZA 2018, 1344 Rn. 33.
[8] BAG 16.10.2019 – 4 AZR 66/18, NZA 2020, 260 (260 ff.) Rn. 23; BAG 21.5.2014 – 4 AZR 50/13, NZA 2015, 115 (115 ff.) Rn. 29; BAG 24.3.2004 – 5 AZR 303/03, NZA 2004, 971 (973) stRspr; kritisch: *Krämer*, Die Richtigkeitsgewähr des Tarifvertrages, 2015.
[9] *Däubler/Nebe* TVG § 1 Rn. 150 ff.; BAG 21.5.2014 – 4 AZR 50/13, NZA 2015, 115 (115 ff.) Rn. 29 spricht von der Vermutung der Angemessenheit.
[10] BAG 7.6.2006 – 4 AZR 316/05, NZA 2007, 343 (345).
[11] BAG 28.3.2006 – 1 ABR 58/04, NZA 2006, 1112 (1116).
[12] BVerfG 6.5.1964 – 1 BvR 79/62 Rn. 31; BVerfGE 18, 18 (28).

haben darüber hinaus eine **Kartellfunktion**. Sie vereinheitlichen die Arbeitsbedingungen. Lohndumping soll so vermieden werden. Durch die Freizügigkeit in der EU und die Globalisierung der Wirtschaft verliert die Kartellfunktion allerdings an Bedeutung.[13] Auch das BAG hat diese zuletzt in ihrer Bedeutung eingeschränkt. Die „Kartellfunktion" erfordere nicht, dass am Ende des Koalitionswettbewerbs eine tarifeinheitliche Regelung für das konkrete betriebliche Arbeitsfeld bestehe. Die mögliche Kartellwirkung ergebe sich allein auf der Ebene der an den einzelnen Tarifvertrag Gebundenen und auch hier nur hinsichtlich der Geltung von Mindestarbeitsbedingung (§ 4 Abs. 1, 3 TVG).[14]

III. Gewerkschaften und Arbeitgeberverbände

Die Gewerkschaften sind überwiegend nach dem **Industrieverbandsprinzip** organisiert. In einem nach diesem Prinzip organisierten Verband gehören beispielsweise alle Arbeitnehmer des Industriezweiges, etwa der Metallindustrie, der Gewerkschaft für diesen Industriezweig an, also auch Schreiner oder Sekretärinnen, die in einem Metallbetrieb beschäftigt sind. Das Industrieverbandsprinzip ist gesetzlich nicht vorgegeben.[15] Eine entsprechende Pflicht zur Organisation nach diesem Prinzip verstieße ohnehin gegen die kollektive Koalitionsfreiheit, die auch die Gründungsfreiheit umfasst. So bestehen auch Verbände, die nach dem **Berufsverbandsprinzip** organisiert sind. In solchen Verbänden werden nur Angehörige einer bestimmten Berufsgruppe aufgenommen, unabhängig davon, in welchem Betrieb sie arbeiten. Als Beispiele können der „Marburger Bund", die Organisation der angestellten Ärzte, oder der Verband der angestellten Akademiker und leitenden Angestellten der chemischen Industrie (VAA) genannt werden. Die früher bedeutendste nach dem Berufsverbandsprinzip organisierte Gewerkschaft, die Deutsche Angestelltengewerkschaft (DAG), der Angestellte, gleich welcher Branche, beitreten konnten, ist in der Dienstleistungsgewerkschaft Ver.di aufgegangen.

Die Gewerkschaften des **Deutschen Gewerkschaftsbundes** (DGB) sind nach dem Industrieverbandsprinzip organisiert. Der DGB ist die Spitzenorganisation der angeschlossenen Einzelgewerkschaften. Seine Aufgabe ist die Koordination und die allgemeine Ausrichtung der Politik der Mitglieder.

Die **Finanzierung** der Gewerkschaften erfolgt durch Mitgliedsbeiträge, die regelmäßig an das Einkommen gekoppelt sind (1 % des Bruttolohns).

Die **Arbeitgeberverbände** sind ebenfalls überwiegend nach dem Industrieverbandsprinzip organisiert. Arbeitgeber sind häufig in **zwei Verbänden** vertreten: dem **Fachverband** (dh Verband eines Wirtschaftszweiges) und dem **gemischt gewerblichen Verband** (dh nach dem **räumlichen Bereich** organisiert, zB dem Märkischen Arbeitgeberverband), der die **branchenübergreifenden** Interessen wahrnimmt. Diese Verbände sind wiederum in Fachspitzenverbänden (zB Gesamtmetall) oder Landesverbänden (zB Vereinigung der Arbeitgeberverbände in Nordrhein-Westfalen) zusammengeschlossen. Zusammengefasst sind die meisten Verbände in der Bundesvereinigung der Deutschen Arbeitgeberverbände (**BDA**). Ihr gehören sowohl die fachlich organisierten als auch die gemischt gewerblichen Zentral- und Landesverbände an. Im Januar 2020 waren 48 Bundesfachverbände und 14 Landesvereinigungen Mitglied in der BDA.

Beispielhafte Adressenauswahl von Verbänden:

Arbeitgeberverbände:
Bundesvereinigung der Deutschen Arbeitgeberverbände
Im Haus der deutschen Wirtschaft
Breite Straße 29
10178 Berlin
Internet: www.arbeitgeber.de

---

[13] Vgl. *Buchner* DB 1996 1 (4 f.); dazu auch *Dieterich* DB 2001, 2398.
[14] BAG 7.7.2010 – 4 AZR 459/08, NZA 2010, 1068 (1077).
[15] Vgl. BAG 19.11.1985 – 1 ABR 37/83, AP TVG § 2 Tarifzuständigkeit Nr. 4.

Hauptverband der Deutschen Bauindustrie eV
Kurfürstenstrasse 129
10785 Berlin
Internet: www.bauindustrie.de

Bundesarbeitgeberverband Chemie eV
Abraham-Lincoln-Str. 24
65189 Wiesbaden
Internet: www.bavc.de

Bundesverband Druck und Medien eV
Friedrichstraße 194–196
10117 Berlin
Internet: www.bvdm-online.de

Gesamtmetall/Gesamtverband Arbeitgeberverbände der Metall- und Elektro-Industrie eV
Voßstraße 16
10117 Berlin
Internet: www.gesamtmetall.de

Handelsverband Deutschland – HDE eV
Am Weidendamm 1a
10117 Berlin
Internet: www.einzelhandel.de

Bundesverband Großhandel, Außenhandel, Dienstleistungen (BGA) eV
Am Weidendamm 1a
10117 Berlin
Internet: www.bga.de

Deutscher Hotel- und Gaststättenverband eV (DEHOGA Bundesverband)
Am Weidendamm 1a
10117 Berlin
Internet: www.dehoga.de

Zentralverband des Deutschen Baugewerbes eV
Kronenstrasse 55–58
10117 Berlin
Internet: www.zdb.de

Gewerkschaften:

Deutscher Gewerkschaftsbund (DGB)
Bundesvorstand
Henriette-Herz-Platz 2
10178 Berlin
Internet: www.dgb.de

dbb beamtenbund und tarifunion
Bundesleitung
Friedrichstraße 169
10117 Berlin
Internet: www.dbb.de

IG Bauen-Agrar-Umwelt
Olof-Palme-Strasse 19
60439 Frankfurt
Internet: www.igbau.de

IGBCE Industriegewerkschaft Bergbau, Chemie, Energie
Königsworther Platz 6
30167 Hannover
Internet: www.igbce.de

IG Metall
Wilhelm-Leuschner-Platz 79
60329 Frankfurt
Internet: www.igmetall.de

ver.di – Vereinte Dienstleistungsgewerkschaft
Bundesvorstand
Paula-Thiede-Ufer 10
10179 Berlin
Internet: www.verdi.de

Checkliste: Prüfung tariflicher Ansprüche 15

I. Tarifgeltung
  1. Tarifgebundenheit
     ☐ Beidseitige Bindung kraft Verbandsmitgliedschaft, § 3 Abs. 1 TVG
     ☐ Nachbindung (ehemaliger Verbandsmitglieder), § 3 Abs. 3 TVG
     ☐ Bindung einzelner Arbeitgeber bei Firmentarifvertrag, § 3 Abs. 2 TVG
     ☐ Tarifbindung des Arbeitgebers bei betrieblichen oder betriebsverfassungsrechtlichen Normen, § 3 Abs. 2 TVG
     ☐ Allgemeinverbindlicherklärung, § 5 TVG
     [☐ Arbeitsvertragliche Bezugnahme auf Tarifbestimmungen]
  2. Geltungsbereich des Tarifvertrages
     ☐ Räumlicher Geltungsbereich
     ☐ Fachlicher/betrieblicher/branchenmäßiger Geltungsbereich
     ☐ Persönlicher Geltungsbereich
     ☐ Zeitlicher Geltungsbereich
        • Beginn
        • Ende
        • Nachwirkung gemäß § 4 Abs. 5 TVG
  3. Auflösung einer Tarifkollision
     ☐ Tarifkonkurrenz
     ☐ Tarifpluralität

II. Wirksamer Tarifvertrag
  1. Vertragsschluss nach §§ 145 ff. BGB
  2. Tariffähige Vertragsparteien
     ☐ Tariffähiger Verband
        • Koalitionseigenschaft iSd Art. 9 Abs. 3 GG
          – Vereinigung von Arbeitnehmern oder Arbeitgebern
          – Mit Zielsetzung der Wahrung und Förderung der Arbeits- und Wirtschaftsbedingungen
          – Auf Dauer angelegt
          – Freiwilliger privatrechtlicher Zusammenschluss
          – Unabhängigkeit von Staat und Dritten/Gegnerfreiheit
          – Überbetrieblich
          – Demokratisch organisiert
          – Bekenntnis zur freiheitlichen Ordnung
        • Tarifwilligkeit
        • Anerkennung des geltenden Tarifrechts
        • Soziale Mächtigkeit bei Gewerkschaften
     ☐ Einzelne Arbeitgeber (§ 2 Abs. 1 TVG)
     ☐ Spitzenorganisationen (§ 2 Abs. 3 TVG)
     ☐ Gesetzlich angeordnete Tariffähigkeit (zB Innungen)
  3. Tarifzuständigkeit
     a) Räumlich
     b) Sachlich
     c) Personell
  4. Schriftformerfordernis nach § 1 Abs. 2 TVG

5. §§ 1 Abs. 1, 4 Abs. 2 TVG entsprechender Vertragsinhalt
   - ☐ Inhalts-, Abschluss- oder Beendigungsnormen
   - ☐ Betriebsnormen
   - ☐ Betriebsverfassungsrechtliche Tarifnormen
   - ☐ Gemeinsame Einrichtungen
   - ☐ Prozessuale Normen

III. Voraussetzungen der anspruchsbegründenden Tarifnorm
Ermittlung durch Auslegung

IV. Zulässige abweichende Vereinbarung nach § 4 Abs. 3 TVG
   1. Günstigkeitsprinzip
   2. Öffnungsklausel/Beseitigung der Tarifsperre, § 77 Abs. 3 S. 2 BetrVG

V. Keine Erlöschensgründe
   1. Verwirkung und Verzicht sind grundsätzlich gemäß § 4 Abs. 4 TVG ausgeschlossen
   2. Tarifvertragliche Ausschlussfristen, § 4 Abs. 4 TVG

§ 68 Tarifgeltung

Übersicht

	Rn.
I. Tarifgebundenheit	1–146
1. Tarifgebundenheit kraft Verbandsmitgliedschaft	4–15
a) Mitgliedschaft	5–8
b) Beginn der Tarifgebundenheit	9
c) Beendigung der Mitgliedschaft	10–15
2. Nachbindung gemäß § 3 Abs. 3 TVG	16–27
a) Voraussetzungen	17–19
b) Rechtsfolgen	20–23
c) Ende der Nachbindung	24–27
3. Tarifgebundenheit des einzelnen Arbeitgebers	28–32
4. Tarifgebundenheit bei betrieblichen und betriebsverfassungsrechtlichen Tarifnormen	33
5. Tarifgebundenheit durch Allgemeinverbindlicherklärung	34–71
a) Funktion	36/37
b) Voraussetzungen	38–48
c) Umfang der Allgemeinverbindlicherklärung	49–55
d) Arbeitnehmer-Entsendegesetz	56–71
6. Tarifgebundenheit bei Betriebsübergang	72–75
7. Arbeitsvertragliche Bezugnahme auf Tarifverträge	76–146
a) Wirkung arbeitsvertraglicher Bezugnahme	77/78
b) Arten der Verweisung	79–81
c) Form der Verweisungsklausel	82–84
d) Grenzen zulässiger Vereinbarung	85–94
e) Auslegung	95–133
f) Recht der Allgemeinen Geschäftsbedingungen und Inhaltskontrolle	134–146
II. Geltungsbereich	147–182
1. Persönlicher Geltungsbereich	149–151
2. Räumlicher Geltungsbereich	152/153
3. Betrieblicher/branchenmäßiger Geltungsbereich	154–157
4. Zeitlicher Geltungsbereich	158–179
a) Beginn der Tarifnormwirkung	159/160
b) Beendigung des Tarifvertrages	161–167
c) Nachwirkung gemäß § 4 Abs. 5 TVG	168–179
5. Herauswachsen aus dem Geltungsbereich	180–182
III. Tarifkollision	183–209
1. Tarifkonkurrenz	184–189
2. Tarifpluralität	190–194
3. Tarifkollision/Tarifeinheitsgesetz	195–209
a) Voraussetzungen	198–204
b) Rechtsfolgen	205–208
c) Nachwirkung gemäß § 4 Abs. 5 TVG	209

I. Tarifgebundenheit

Tarifnormen gelten gemäß **§ 4 Abs. 1 S. 1 TVG** unmittelbar und zwingend nur zwischen beiderseits Tarifgebundenen, die unter den Geltungsbereich des Tarifvertrages fallen. Die **Tarifgebundenheit** hat zunächst die Frage zum Gegenstand, ob grundsätzlich auf ein Arbeitsverhältnis Tarifnormen einwirken können. Welcher **konkrete** Tarifvertrag auf das Arbeitsverhältnis Anwendung findet, ist hingegen vor allem eine Frage des **Geltungsbereiches** und der **Tarifkollision**.

1

Praxistipp:
Die Rechtsprechung lässt Feststellungsklagen zu, mit denen festgestellt werden soll, dass ein bestimmter Tarifvertrag auf ein Arbeitsverhältnis Anwendung findet. Das Feststellungsinteresse wird vor allem darin gesehen, dass eine Vielzahl von Einzelfragen dem Streit der Parteien endgültig entzogen und die tariflichen Rechte und Pflichten beider Parteien für die Zukunft grundsätzlich geklärt sowie zahlreiche einzelne Leistungsklagen vermieden werden.[1] Eine Feststellungsklage ist dann zulässig, wenn ein Streit über einzelne Arbeitsbedingungen absehbar ist.[2]

2

Checkliste: Tarifgeltung

☐ Tarifgebundenheit
- Beidseitige Bindung kraft Verbandsmitgliedschaft, § 3 Abs. 1 TVG
- Nachbindung (ehemaliger Verbandsmitglieder), § 3 Abs. 3 TVG
- Bindung einzelner Arbeitgeber bei Firmentarifvertrag, § 3 Abs. 1 TVG
- Tarifbindung des Arbeitgebers bei betrieblichen oder betriebsverfassungsrechtlichen Normen, § 3 Abs. 2 TVG
- Allgemeinverbindlicherklärung, § 5 TVG/AEntG
- [• Arbeitsvertragliche Bezugnahme auf Tarifbestimmungen]

☐ Geltungsbereich des Tarifvertrages
- Räumlicher Geltungsbereich
- Fachlicher/betrieblicher/branchenmäßiger Geltungsbereich
- Persönlicher Geltungsbereich
- Zeitlicher Geltungsbereich
  - Beginn
  - Ende
  - Nachwirkung gemäß § 4 Abs. 5 TVG

☐ Auflösung einer Tarifkollision
  - Tarifkonkurrenz
  - Tarifpluralität, § 4a TVG

3 Die Tarifgebundenheit ist eine **subjektive Voraussetzung** für die Normwirkung des Tarifvertrages.[3] Sie kann verschiedene Ursachen haben. Der Grundsatz ist in § 3 Abs. 1 TVG geregelt: Tarifgebunden sind nur Mitglieder der Tarifvertragsparteien oder der Arbeitgeber, der selbst Tarifvertragspartei ist. Darüber hinaus kann sich die Tarifgebundenheit kraft gesetzlicher Anordnung ergeben.

Praxistipp:
Der arbeitsrechtliche **Gleichbehandlungsgrundsatz** begründet keine Bindung an den Tarifvertrag. Die Tarifgebundenheit der Arbeitsvertragsparteien ist ein sachlicher Grund für unterschiedliche Arbeitsbedingungen in Arbeitsverhältnissen. Vollzieht der Arbeitgeber nur Tarifnormen, ohne ein eigenes Regelungswerk zu schaffen, ist ein Anspruch eines nicht organisierten Arbeitnehmers auf Grundlage des arbeitsrechtlichen Gleichbehandlungsgrundsatzes ausgeschlossen.[4] Allerdings dürfen Vereinbarungen keine Eingriffe in die positive oder negative Koalitionsfreiheit darstellen (→ § 71 Rn. 34).

---

[1] Vgl. BAG 20.3.1991 – 4 AZR 455/90, AP TVG Tarifkonkurrenz § 4 Nr. 20; BAG 26.8.2015 – 4 AZR 719/13, NZA 2016, 177.
[2] Dazu BAG 26.7.2001 – 8 AZR 759/00, AP ZPO 1977 § 256 Nr. 63.
[3] Vgl. Wiedemann/*Oetker* TVG § 3 Rn. 8.
[4] Vgl. BAG 15.6.2004 – 3 AZR 414/03, NZA 2004, 1407.

1. Tarifgebundenheit kraft Verbandsmitgliedschaft

Tarifverträge entfalten ihren Rechtsnormcharakter grundsätzlich nur für Mitglieder der Tarifvertragsparteien. Dies resultiert bereits aus dem Grundrecht der negativen Koalitionsfreiheit, das Nichtorganisierte davor schützt, dass von ihnen nicht legitimierte Verbände ihre Arbeitsbedingungen regeln.[5] Den Tarifvertragsparteien steht nicht frei, die Tarifgebundenheit durch Tarifvertrag über den Kreis ihrer Mitglieder hinaus festzulegen.[6] Die Tarifgebundenheit nach § 3 Abs. 1 TVG kann grundsätzlich weder durch Satzung noch durch Tarifvertrag ausgeschlossen werden.[7] Nicht gesetzlich geregelt ist aber, wer Mitglied im Sinne des § 3 Abs. 1 TVG ist. Die Verbände können daher besondere Mitgliedschaften ohne Tarifgebundenheit in ihrer Satzung vorsehen (vgl. zur OT-Mitgliedschaft → § 69 Rn. 25).[8]

> **Praxistipp:**
> Der Arbeitgeber kann nicht verhindern, dass der Arbeitnehmer kraft Mitgliedschaft in einer Gewerkschaft die Tarifbindung begründet. Er kann die Einstellung nicht davon abhängig machen, dass der Arbeitnehmer nicht Mitglied einer Gewerkschaft ist.[9] Eine Arbeitsvertragsklausel, wonach der Arbeitnehmer verpflichtet ist, aus der Gewerkschaft auszutreten oder keiner Gewerkschaft beizutreten, ist unwirksam.[10] § 139 BGB findet insoweit keine Anwendung; der Arbeitsvertrag bleibt im Übrigen wirksam. Will der Arbeitgeber eine Tarifbindung kraft Mitgliedschaft vermeiden, kann er dies nur dadurch erreichen, dass er selbst einem tarifwilligen Arbeitgeberverband fernbleibt.[11]
>
> Die Parteien eines Haustarifvertrages können mit Blick auf die negative Koalitionsfreiheit nicht ohne Weiteres den Arbeitgeber verpflichten, Mitglied in einem Arbeitgeberverband zu bleiben (→ § 71 Rn. 21). Die negative Koalitionsfreiheit wird nach Ansicht des BAG aber nicht verletzt, wenn Parteien in einem Haustarifvertrag eine auflösende Bedingung vereinbaren, die (wieder) zur Anwendbarkeit des Flächentarifvertrags führt.[12]

a) Mitgliedschaft. Die Mitgliedschaft eines Arbeitnehmers zu einer Gewerkschaft oder eines Arbeitgebers zu einem Arbeitgeberverband richtet sich nach **Verbandsrecht**, also nach der jeweiligen Satzung des Verbandes. Die Verbände sind in der Gestaltung ihrer Satzung autonom. Die **Satzungsautonomie** ist Teil der Verbandsautonomie, die durch Art. 9 Abs. 3 GG geschützt ist. Den Verbänden steht es grundsätzlich frei, Regelungen über die Mitgliedschaft, also Voraussetzungen des Beitritts oder Austritts zu treffen. Dies gilt insbesondere für Regelungen zur Abwehr von Störungen und Gefahren, die der inneren Ordnung des Verbandes aus den eigenen Reihen drohen.

> **Praxistipp:**
> Die **Darlegungs- und Beweislast** für die **beiderseitige Tarifgebundenheit** trägt im Prozess derjenige, der seinen Anspruch auf die tariflichen Normen stützt. Regelmäßig hat eine Partei keine Kenntnis davon, ob die Gegenseite tarifgebunden ist, sodass eine **abgestufte Darlegungslast** gilt,

---

[5] BVerfG 24.5.1977 – 2 BvL 11/74, AP TVG § 5 Nr. 15.
[6] BAG 25.10.2007 – 6 AZR 1045/06, NZA 2008, 169.
[7] BAG 4.7.2007 – 4 AZR 491/06, NZA 2008, 307.
[8] BAG 18.7.2006 – 1 ABR 36/05, NZA 2006, 1225 ff.; Handwerksinnungen dürfen keine Mitgliedschaft ohne Tarifbindung einführen, BVerwG 23.3.2016 – 10 C 23.14, NZA 2016, 779.
[9] BAG 28.3.2000 – 1 ABR 16/99, NZA 2000, 1294 (1295).
[10] BAG 2.6.1987 – 1 AZR 651/85, NZA 1988, 64; BAG 28.3.2000 – 1 ABR 16/99, NZA 2000, 1294 (1296).
[11] Vgl. dazu BAG 28.3.2000 – 1 ABR 16/99, NZA 2000, 1294 (1295).
[12] BAG 14.9.2016 – 4 AZR 534/14, NZA 2017, 402.

dh wenn eine Partei behauptet, der Gegner sei Mitglied einer tarifvertragsschließenden Partei, muss die Gegenseite dies substantiiert bestreiten.[13] Die Prozessvertretung durch einen Verband kann insoweit ein ausreichender Vortrag sein.[14]

6   aa) Beitritt. Entscheidend für den Beginn der Mitgliedschaft sind die Regelungen der Verbandssatzung. So ist der Zugang der Beitrittserklärung alleine nicht ausreichend, wenn die Satzung des Verbandes eine **Annahme** voraussetzt.[15] Ob der erteilte Mitgliedschaftserwerb der Satzung entspricht, hat auf den eingeräumten Mitgliedschaftsstatus zunächst keinen Einfluss.[16]

7   Bei **Monopolverbänden** kann ein **Aufnahmezwang** bestehen, sofern dem Verband eine **überragende Machtstellung** zukommt und beim Interessenten ein wesentliches Interesse an der Mitgliedschaft besteht. Der BGH hat im Hinblick auf die umfassende Wahrnehmung der Arbeitnehmerinteressen in Staat und Gesellschaft durch Gewerkschaften und ihre Mitspracherechte einen Aufnahmezwang etwa bei der IG Metall bejaht, da ein Metall-Arbeitnehmer auf die Mitgliedschaft bei dieser Gewerkschaft angewiesen ist, wenn er im sozialen Bereich angemessen und schlagkräftig repräsentiert sein will.[17] Anspruchsgrundlage für eine Aufnahme ist § 823 BGB.[18]

> **Praxistipp:**
> Die Gewerkschaftszugehörigkeit zählt zu den besonderen Arten personenbezogener Daten. Dies hat etwa zur Folge, dass eine Gewerkschaft die Einwilligung der betroffenen Mitglieder einholen muss, wenn sie gegenüber einem Arbeitgeber die Unterlassung untertariflicher Arbeitsbedingungen hinsichtlich ihrer Mitglieder geltend machen will.[19]

8   bb) *Mitgliedschaft des Arbeitgebers.* Der Arbeitgeber muss Mitglied des tarifvertragschließenden Verbandes sein. Bei **Personengesellschaften** (KG, oHG) wird die Tarifgebundenheit nur durch die Mitgliedschaft der Gesellschaft als solche begründet.[20] Die Rechtsprechung hat von diesem Grundsatz eine **Ausnahme** für den Fall gemacht, dass die Komplementär-GmbH die Mitgliedschaft im Arbeitgeberverband allein im Interesse und mit Billigung der KG erwirbt.[21] Mitglied wird **nicht der einzelne Betrieb,** sondern der Rechtsträger.[22]

9   b) **Beginn der Tarifgebundenheit.** Ein bereits in Kraft getretener Tarifvertrag entfaltet seine Normwirkung auf ein Arbeitsverhältnis von dem Zeitpunkt an, ab dem **beide Arbeitsvertragsparteien** tarifgebunden sind. Ausreichend ist der Verbandsbeitritt nach Abschluss des Tarifvertrages oder des Arbeitsvertrages. Auch den Tarifvertragsparteien ist es nicht möglich zu vereinbaren, Tarifbindung rückwirkend ab einen Zeitpunkt vor der beidseitigen Tarifgebundenheit zu begründen.[23] Der Verbandsbeitritt kann keine **Rückwirkung** im Außenver-

---

[13] BAG 18.8.1999 – 4 AZR 247/98, AP TVG § 3 Nr. 22; LAG Bln-Bbg 7.1.2020 – 7 Sa 217/19, BeckRS 2020, 2367.
[14] Vgl. aber auch zur Mitgliedschaft zu einer Gewerkschaft LAG Hessen 24.1.2020 – 14 Sa 497/19, BeckRS 2020, 7903.
[15] BAG 22.11.2000 – 4 AZR 688/99, NZA 2001, 980 ff.
[16] OLG Frankfurt a. M. 1.6.1967 – 6 U 40/66, BB 1967, 978.
[17] BGHZ 93, 151 (153); vgl. auch OLG Frankfurt a. M. 22.8.2001 – 23 U 177/00, NZA-RR 2002, 531 (533); *Reuter* in FS Söllner, 943 f.
[18] Vgl. *Sachse* ArbuR 1985, 276 ff.
[19] BAG 19.3.2003 – 4 AZR 271/02, NZA 2003, 1221 ff.; zust. *Kast/Freihube* BB 2003, 2569 ff.
[20] BAG 24.2.1999 – 4 AZR 62/98, NZA 1999, 995 (996).
[21] BAG 4.5.1994 – 4 AZR 418/93, AP TVG § 1 Tarifverträge: Elektrohandwerk Nr. 1.
[22] LAG Düsseldorf 27.4.2017 – 11 Sa 1322/15, BeckRS 2017, 123270; ArbG Villingen 8.5.2019 – 4 Ca 26/19, BeckRS 2019, 10104.
[23] BAG 30.4.1969 – 4 AZR 335/68, AP TVG § 1 Rückwirkung Nr. 6.

hältnis, also zum Arbeitsvertragspartner entfalten.[24] Die Normwirkung der Tarifregelungen tritt **unabhängig von der Kenntnis** der Mitgliedschaft der anderen Arbeitsvertragspartei ein (zur unmittelbaren Wirkung von Tarifnormen vgl. → § 70 Rn. 9).

c) **Beendigung der Mitgliedschaft.** Die Beendigung der Mitgliedschaft richtet sich nach der jeweiligen Verbandssatzung.[25] In Betracht kommen vor allem folgende Gründe: Verbandsaustritt, Verbandsausschluss, Verbandswechsel, Tod des Mitglieds.[26]   10

> **Praxistipp:**
> Trotz Beendigung der Mitgliedschaft kann sich eine weitere Tarifgebundenheit aus § 3 Abs. 3 TVG ergeben (Nachbindung, → Rn. 16 ff.). Die Beendigung der Mitgliedschaft ist nicht mit dem Ende der Tarifgebundenheit gleichzusetzen.

Grundlage für die Beendigung der Mitgliedschaft ist die jeweilige Satzung der Tarifvertragspartei. **Grenzen der Satzungsautonomie** ergeben sich aus Art. 9 Abs. 3 GG, insbesondere aus der negativen Koalitionsfreiheit des Mitglieds. So darf die **Kündigungsfrist** nicht mehr als sechs Monate betragen.[27] Eine **Rückzahlungsklausel** in einer Gewerkschaftssatzung, die Mitglieder verpflichtet, **Streikunterstützung** zurückzuzahlen, sofern der Austritt innerhalb eines Jahres nach Erhalt der Streikunterstützung erfolgt, ist unwirksam.[28]   11

Die Entscheidung eines Verbandes, ein Mitglied auszuschließen, tangiert stets die – ebenfalls grundrechtlich geschützte – individuelle Koalitionsfreiheit des betroffenen Mitglieds, so dass im Einzelfall eine Abwägung zwischen der kollektiven und individuellen Seite der Koalitionsfreiheit erfolgen muss. Von den Gerichten ist eine **Ausschlussentscheidung** daraufhin zu überprüfen, ob sie eine Grundlage in der Satzung hat, in einem ordnungsgemäßen Verfahren zustande gekommen und durch sachliche Gründe gerechtfertigt, dh nicht unbillig ist.[29] Die Monopolstellung eines Verbandes allein steht dem Ausschluss von Mitgliedern nicht entgegen, denn auch eine solche Vereinigung ist nicht genötigt, Mitglieder in ihren Reihen zu dulden, die den satzungsmäßig bestimmten Vereinsgrundsätzen nachhaltig zuwiderhandeln.[30]   12

> **Praxistipp:**
> Bei verbandsrechtlichen Streitigkeiten ist der Rechtsweg zu den ordentlichen Gerichten eröffnet.

In Zusammenhang mit der „Flucht aus dem Tarifvertrag" stellt sich die Frage, ob verbandsinterne Grenzen für die Beendigung der Mitgliedschaft bestehen. Kann etwa ein Arbeitgeberverband auf die **satzungsgemäße Austrittsfrist verzichten** oder können Verband und Mitglied einen **Austrittsvertrag** schließen? Nach Auffassung des LAG Düsseldorf[31] müssen satzungsmäßige Kündigungsfristen eingehalten werden, soweit sie bestehen. Ein sofortiger Verbandsaustritt liefe dem Interesse der Koalitionen und der Funktion des Tarifvertrags-   13

---

[24] BAG 22.11.2000 – 4 AZR 688/99, NZA 2001, 980 ff.; BGH 3.2.2015 – II ZR 242/13, NJW-RR 2015, 1069.
[25] BAG 13.7.1994 – 4 AZR 555/93, AP TVG § 3 Verbandszugehörigkeit Nr. 14.
[26] Wiedemann/*Oetker* TVG § 3 Rn. 52 ff.
[27] BGH 22.9.1980 – II ZR 34/80, AP GG Art. 9 Nr. 33; BGH 29.7.2014 – II ZR 243/13, NZA 2014, 1352; vgl. auch BAG 10.12.2002 – 1 AZR 96/02, NZA 2003, 735 (741); BAG 19.9.2006 – 1 ABR 2/06, NZA 2007, 277.
[28] AG Ahrensburg 12.4.1996 – 9 C 128/96, NJW 1996, 2516.
[29] BGH 15.10.1990 – II ZR 255/89, EzA GG Art. 9 Nr. 50.
[30] Vgl. dazu auch OLG Frankfurt a. M. 22.8.2001 – 23 U 177/00, NZA-RR 2002, 531 ff.
[31] 13.2.1996 – 16 (6) Sa 1457/95, LAGE TVG § 3 Nr. 4; so auch ArbG Leipzig 24.5.1996 – 3 Ca 706/96, AiB 1996, 685 f.; ArbG Berlin 8.5.2003 – 96 Ca 5296/03, DB 2003, 1518 f.

systems zuwider. Alternativ bestehe allenfalls die Möglichkeit einer fristlosen Kündigung, die allerdings einen wichtigen Grund voraussetze. Dem wird im Schrifttum mit beachtlichen Gründen widersprochen.[32] Vereinsrechtlich können Verband und Arbeitgeber die Mitgliedschaft einvernehmlich beenden; dies muss dann auch für die Abkürzung von Kündigungsfristen gelten. Das BAG hat entschieden, dass die Funktionsfähigkeit der Tarifautonomie nicht die generelle Beschränkung von kurzfristigen Beendigungen einer Mitgliedschaft erfordert.[33] Kurze Austrittsfristen oder Aufhebungsverträge sind damit grundsätzlich zulässig. Zu beachten ist auch, dass eine Satzung nicht ohne Weiteres sämtliche Möglichkeiten der Beendigung der Mitgliedschaft abschließend regelt.[34] Einigkeit besteht auch noch darüber, dass die **rückwirkende Aufhebung** wegen Umgehung des § 3 Abs. 3 TVG unwirksam ist.[35] Nach Ansicht des BAG könne die **Funktionsfähigkeit der Tarifautonomie** es erfordern, dass Veränderungen der Mitgliedschaft im Verband transparent gemacht werden, andernfalls komme eine *tarifrechtliche Unwirksamkeit* in Betracht.[36] Im Ergebnis kann somit ein **Blitzaustritt** vereinsrechtlich zulässig, tarifrechtlich aber unzulässig sein. Diese Rechtsprechung ist zu Recht auf Kritik gestoßen.[37] Bislang ist weder geklärt, was unter einer tarifrechtlichen Unwirksamkeit zu verstehen ist, noch wie sich die Voraussetzung in die Systematik der Normsetzung einfindet. Die Mitgliedschaft einzelner Mitglieder muss nicht erkennbar sein. Die Rechtsprechung findet weder in § 3 Abs. 1 TVG noch in § 3 Abs. 3 TVG eine Grundlage.

14 Nach Auffassung des LAG München[38] bedarf es keiner Frist, wenn ein Mitglied lediglich die Form der Mitgliedschaft wechselt, etwa in eine Mitgliedschaft ohne Tarifbindung wechselt. Das BAG hat dies im Grundsatz bestätigt. Die Tarifvertragsparteien sind darin frei, im Rahmen ihrer Satzung (kurze) Fristen für den Austritt oder den **Wechsel in eine andere Mitgliedschaftsform** vorzusehen.[39] Aber auch insoweit stellt sich nach Auffassung des BAG die Frage, ob ein **Blitzwechsel** in die OT-Mitgliedschaft tarifrechtlich wirksam ist.[40]

> **Praxistipp:**
> Folge der Rechtsprechung des BAG ist, dass Statusänderungen in der Mitgliedschaft während laufender Tarifverhandlungen der Gewerkschaft angezeigt werden sollten.[41]

15 Die **Auflösung eines Verbandes** oder einer Innung führt nicht ohne weiteres zur Beendigung eines Tarifvertrages oder zur Beendigung der Tarifgebundenheit seiner Mitglieder[42] Gleiches gilt für die Eröffnung eines **Insolvenzverfahrens** über einen Verband.[43] Die Liquidatoren bzw. Insolvenzverwalter müssen den Tarifvertrag regelmäßig kündigen.

2. Nachbindung gemäß § 3 Abs. 3 TVG

16 Nach § 3 Abs. 3 TVG bleibt die Tarifgebundenheit – trotz Beendigung der Verbandsmitgliedschaft – bestehen, bis der Tarifvertrag endet. Diese Vorschrift ordnet gesetzlich eine

---

[32] *Oetker* ZfA 1998, 41 (77); *Bauer/Rolf* Anm. zu ArbG Berlin 8.5.2003 – 96 Ca 5296/03, DB 2003, 1519 f.; vgl. zur Frage der Dauer zulässiger Verbandskündigungsfristen auch *Reitzke* NZA 1999, 70 ff.
[33] BAG 20.2.2008 – 4 AZR 64/07, NZA 2008, 946.
[34] BAG 18.5.2011 – 4 AZR 457/09, NZA 2011, 1378.
[35] *Franzen* NZA 2011, 108 (109).
[36] BAG 20.2.2008 – 4 AZR 64/07, NZA 2008, 946; BAG 4.6.2008 – 4 AZR 419/07, NZA 2008, 1366; zur Darlegungslast BAG 18.5.2011 – 4 AZR 457/09, NZA 2011, 1378.
[37] Krit. zur Rechtsprechung etwa *Franzen* NZA 2011, 108 (111); *Willemsen/Mehrens* NJW 2009, 1916 ff.; *Bauer/Haußmann* RdA 2009, 99 ff.; *Rieble* RdA 2009, 280 ff.; *Filges* in FS Bauer, 303 ff.
[38] LAG München 10.5.2007 – 2 Sa 1244/06, BeckRS 2009, 52312; nachfolgend BAG 4.6.2008 – 4 AZR 419/07, NZA 2008, 1366.
[39] BAG 20.5.2009 – 4 AZR 179/08, NZA 2010, 102.
[40] BAG 20.5.2009 – 4 AZR 179/08, NZA 2010, 102.
[41] *Willemsen/Mehrens* NJW 2009, 1916 (1919).
[42] BAG 23.1.2008 – 4 AZR 312/01, NZA 2008, 771; krit. *Franzen* NZA 2011, 108 (113).
[43] BAG 27.6.2000 – 1 ABR 31/99, NZA 2001, 334.

Verlängerung der Tarifgebundenheit unabhängig von der Verbandsmitgliedschaft an und beschränkt so die „Flucht aus dem Tarifvertrag".[44] Tarifgebundene sollen sich nicht einseitig geltenden Tarifnormen entziehen können. Die Rechtsprechung bezeichnet diese Tarifbindung als „Nachbindung".[45]

a) Voraussetzungen. Die gesetzliche Regelung knüpft die Weitergeltung des laufenden Tarifvertrags allein an die **Beendigung der Verbandsmitgliedschaft.** Der Grund für die Beendigung der Verbandsmitgliedschaft ist ohne Belang. Ein Verbandsmitglied kann der Tarifgebundenheit nach § 3 Abs. 3 TVG nicht entgehen, indem es etwa einen Grund für einen Verbandsausschluss setzt.[46] Im Übrigen gilt die Vorschrift für **Arbeitnehmer und Arbeitgeber** gleichermaßen.[47]   17

§ 3 Abs. 3 TVG ist **keine allgemeine Auffangnorm,** die immer dann greift, wenn die Tarifgebundenheit entfällt. Die Vorschrift setzt die **vorherige Tarifgebundenheit** kraft Mitgliedschaft voraus. Erforderlich ist Personenidentität.[48] Gesamtrechtsnachfolge ist nicht ausreichend.[49] Bei einem **Betriebsübergang** ist § 3 Abs. 3 TVG wegen der spezielleren Regelung in § 613a Abs. 1 S. 2 bis 4 BGB ausgeschlossen.[50] Keine Anwendung findet die Regelung bei einer erfolgreichen, rückwirkenden **Anfechtung der Mitgliedschaft.**[51] § 3 Abs. 3 TVG kommt hingegen zur Anwendung, wenn der Mitgliedsverband aus dem tarifabschließenden (Ober-)Verband austritt.[52] Gleiches gilt, wenn ein Arbeitgeber in die OT-Mitgliedschaft wechselt.[53]   18

Ob die **Auflösung eines Verbandes** ein Fall des § 3 Abs. 3 TVG ist, wird in Rechtsprechung und Schrifttum unterschiedlich gesehen. Das BAG lehnte früher eine unmittelbare Anwendung der Vorschrift bei Verbandsauflösung ab.[54] Durch die Verbandsauflösung entfalle die Mitgliedschaft, es bestehe insofern eine Gesetzeslücke. Dem widerspricht das Schrifttum mehrheitlich,[55] teilweise mit Hinweis auf die Umwandlung des Verbandes in eine Liquidationsgesellschaft. Andere befürworten eine entsprechende Anwendung der Gesetzesbestimmung, da der Gesetzeszweck erfordere, dass eine kollektive Flucht aus dem Tarifvertrag durch Verbandsauflösung vermieden werde. Das BAG hat für den Fall der **Insolvenzeröffnung** entschieden, dass der insolvente Verband als Tarifvertragspartei während der Abwicklung nicht entfällt.[56] Das BAG hat seine Rechtsprechung geändert.[57] Eine Verbandsauflösung führt nicht ohne weiteres zum Ende der Tarifgebundenheit eines Mitglieds.   19

b) Rechtsfolgen. § 3 Abs. 3 TVG **fingiert die Tarifgebundenheit** des ausgeschiedenen Verbandsmitglieds; die Mitgliedschaft im Verband wird aber nicht verlängert. Das ehemalige Mitglied wird von der Normwirkung eines bereits geltenden Tarifvertrages nur dann weiterhin erfasst, wenn auch die übrigen Voraussetzungen hierfür vorliegen. Dies ist etwa dann nicht der Fall, wenn ein Betrieb **aus dem betrieblichen Geltungsbereich** des Tarifvertrages **hinauswächst.**[58]   20

---

[44] BAG 7.11.2001 – 4 AZR 703/00, NZA 2002, 748 (750).
[45] Vgl. BAG 4.4.2001 – 4 AZR 237/00, NZA 2001, 1085 f.
[46] Wiedemann/*Oetker* TVG § 3 Rn. 71.
[47] BAG 4.4.2001 – 4 AZR 237/00, NZA 2001, 1085 f. mablAnm *Krebs* SAE 2002, 218 ff.
[48] Wiedemann/*Oetker* TVG § 3 Rn. 72.
[49] BAG 4.12.1974 – 5 AZR 75/74, AP TVG § 3 Nr. 2; BAG 5.10.1993 – 3 AZR 586/92, AP BetrAVG § 1 Zusatzversorgungskassen Nr. 42.
[50] BAG 29.8.2001 – 4 AZR 332/00, NZA 2002, 513 (515).
[51] Sofern die Anfechtung die Rückwirkung entfaltet; zum fehlerhaften Beitritt *Löwisch/Rieble* TVG § 3 Rn. 95 ff.; Henssler/Moll/Bepler TarifV-HdB/*Höpfner* Teil 6 Rn. 70.
[52] BAG 7.11.2001 – 4 AZR 703/00, NZA 2002, 748 f.
[53] BAG 20.5.2009 – 4 AZR 230/08, NZA-RR 2010, 591.
[54] BAG 15.10.1986 – 4 AZR 289/85, AP TVG § 3 Nr. 4; BAG 28.5.1997 – 4 AZR 546/95, NZA 1998, 40 (41); zust. *Heinze/Ricken* ZfA 2001, 159 (170).
[55] *Wiedemann* Anm. zu AP TVG § 3 Nr. 4; *Buchner* RdA 1997, 259 (263); Wiedemann/*Oetker* TVG § 3 Rn. 80 ff.; *Dauner-Lieb* SAE 1999, 47 (48).
[56] BAG 27.6.2000 – 1 ABR 31/99, NZA 2001, 334 (335 f.); Anm. *Reuter* DZWiR 2001, 242 ff.
[57] BAG 23.1.2008 – 4 AZR 312/01, NZA 2008, 771.
[58] BAG 10.12.1997 – 4 AZR 247/96, NZA 1998, 484 (486); BAG 9.11.1999 – 3 AZR 690/98, NZA 2000, 730 (731); Wiedemann/*Oetker* TVG § 3 Rn. 76; **aA** *Belling* SAE 1999, 181 (189).

21 § 3 Abs. 3 TVG ordnet die Bindung an bereits geltende Tarifverträge an. Nach der Beendigung der Verbandsmitgliedschaft abgeschlossene Tarifverträge binden ausgetretene Mitglieder nicht. Dies gilt auch, wenn der neu vereinbarte Tarifvertrag die **Rückwirkung** der Tarifnormen auf einen Zeitpunkt vorsieht, der vor der Beendigung der Verbandsmitgliedschaft liegt. Die Tarifvertragsparteien sind nicht legitimiert, für ausgetretene Mitglieder Tarifnormen zu setzen.[59]

22 Aufgrund der angeordneten Tarifgebundenheit können eine **beidseitige Tarifgebundenheit** und damit die normative Wirkung des Tarifvertrages auf ein Arbeitsverhältnis **erstmalig** im Zeitraum **nach Beendigung der Verbandsmitgliedschaft** begründet werden. Dies gilt zum einen dann, wenn das Arbeitsverhältnis erst während der Weitergeltung nach § 3 Abs. 3 TVG begründet wird.[60] Zum anderen reicht es nach überwiegender Auffassung auch aus, dass die andere Arbeitsvertragspartei erst im Zeitraum der Weitergeltung nach § 3 Abs. 3 TVG dem Verband beitritt.[61]

23 Ob die jedem Tarifvertrag immanente **Friedenspflicht** für das ausgetretene Mitglied eines Arbeitgeberverbandes ihre Wirkung bei bloßer Nachbindung entfaltet, ist umstritten.[62] Ohne Friedenspflicht wären Arbeitskampfmaßnahmen trotz der Nachbindung zulässig.

24 c) **Ende der Nachbindung.** § 3 Abs. 3 TVG verlängert die Tarifgebundenheit, bis der Tarifvertrag endet. Was unter der **Beendigung des Tarifvertrages** zu verstehen ist, wird gerade bei unbefristet abgeschlossenen Tarifverträgen als problematisch angesehen. Unstreitig enden der Tarifvertrag und damit die fingierte Tarifgebundenheit bei Ablauf der vereinbarten Laufzeit, bei einvernehmlicher Aufhebung sowie bei Kündigung des Tarifvertrages.

25 Bei **unbefristet abgeschlossenen Tarifverträgen** wird im Schrifttum eine Beendigung der Nachbindung zum **nächsten hypothetischen Kündigungstermin**, berechnet ab dem Zeitpunkt der Beendigung der Verbandsmitgliedschaft, befürwortet, da ein schützenswertes Vertrauen auf den Bestand des Tarifvertrages über diesen Zeitpunkt hinaus nicht entstanden sein könne.[63] Für eine Begrenzung der Nachbindung spricht, dass das ausgeschiedene Mitglied keinen Einfluss auf den Verband ausüben kann, um eine alsbaldige Kündigung des Tarifvertrages zu bewirken. Eine Begrenzung der Nachbindung auf ein Jahr nach Beendigung der Verbandsmitgliedschaft analog § 613a Abs. 1 S. 2 BGB ist hingegen abzulehnen.[64] Ein weiterer Lösungsansatz ist die Heranziehung des § 39 Abs. 2 BGB, wonach die Kündigungsfrist bei Austritt aus einem Verein höchstens zwei Jahre betragen kann.[65] Das BAG lehnt eine Begrenzung auf den nächsten hypothetischen Kündigungszeitpunkt oder auf einen Zeitraum von einem Jahr ab.[66] § 3 Abs. 3 TVG meine das tatsächliche Ende.

26 **Änderungen** des Tarifvertrages führen ebenfalls zur Beendigung des Tarifvertrages und damit der Nachbindung.[67] Als Änderung ist jede Änderung der durch den nachbindenden Tarifvertrag geschaffenen materiellen Rechtslage anzusehen.[68] Der Änderungstarifvertrag beinhaltet sowohl die Aufhebung des bestehenden als auch die Vereinbarung eines neuen Tarifvertrages. Nicht überzeugen kann die Auffassung, dass nur gravierende Änderungen

---

[59] BAG 13.9.1994 – 3 AZR 148/94, AP TVG § 1 Rückwirkung Nr. 11.
[60] BAG 10.12.1997 – 4 AZR 247/96, AP TVG § 3 Nr. 20.
[61] BAG 4.8.1993 – 4 AZR 499/92, AP TVG § 3 Nr. 15; BAG 6.7.2011 – 4 AZR 424/09, NZA 2012, 281; *Gamillscheg* S. 725; aA *Rieble* SAE 1994, 158 ff.
[62] Befürwortend *Bauer* in FS Schaub, S. 22 f.; *Hromadka/Maschmann/Wallner* Rn. 242; *Wiedemann/Oetker* TVG § 3 Rn. 87; aA LAG RhPf 20.12.1996 – 7 Sa 1247/96, LAGE TVG § 1 Friedenspflicht Nr. 8.
[63] *Bauer* in FS Schaub, S. 24; *Hanau* RdA 1998, 65 (69); *Heinze/Ricken* ZfA 2001, 159 (162); aA BAG 1.7.2009 – 4 AZR 261/08, NZA 2010, 53; *Wiedemann/Oetker* TVG § 3 Rn. 97.
[64] So aber *Rieble* RdA 1996, 151 (155); dagegen auch *Hanau* in FS Wiedemann, 303.
[65] Vgl. *Wiedemann/Oetker* TVG § 3 Rn. 102.
[66] BAG 20.5.2009 – 4 AZR 230/08, NZA-RR 2010, 591; zust. *Höpfner* NJW 2010, 2173 ff.; BAG 1.7.2009 – 4 AZR 261/08, NZA 2010, 59.
[67] BAG 17.5.2000 – 4 AZR 363/99, NZA 2001, 453 (456) mzustAnm *Henssler/Parpart* SAE 2002, 210 ff.; BAG 7.11.2001 – 4 AZR 703/00, NZA 2002, 748 (749); BAG 1.7.2009 – 4 AZR 261/08, NZA 2010, 53; *Bauer* in FS Schaub, 24; *Hromadka/Maschmann/Wallner* Rn. 241; siehe aber auch BAG 10.12.1997 – 4 AZR 247/96, AP TVG § 3 Nr. 20.
[68] BAG 6.7.2011 – 4 AZR 424/09, NZA 2012, 281.

des Tarifvertrages eine Beendigung iSd § 3 Abs. 3 TVG darstellen können.[69] Eine solche Lösung ist wenig praktikabel und fordert eine wertende Entscheidung. Jede Änderung eines Tarifvertrages, insbesondere die nachträgliche Verlängerung der Laufzeit des Tarifvertrages,[70] führt zur Beendigung der Nachbindung.[71] Dies gilt auch, wenn ein in Bezug genommener Tarifvertrag abgeändert wird, da dessen Inhalt durch die Verweisung zum Inhalt des Verweisungstarifvertrages selbst wird.[72] Ein besonderes Problem stellt die Nachbindung an Tarifverträge dar, die eine lange Laufzeit sowie künftige Weiterentwicklungen vorsehen, so etwa sog. **Stufentarifverträge** oder die neuen Entgeltrahmentarifverträge der Metallindustrie. Nach Auffassung des BAG sind frühere Mitglieder an solche Normen gebunden, wenn die Stufensteigerungen (oder auch Abschmelzungen) bereits verbindlich vereinbart sind.[73] Der Eintritt einer Tarifkonkurrenz (→ Rn. 184 ff.) führt nicht zur Beendigung der Nachwirkung.[74] Entfaltet etwa der speziellere Firmentarifvertrag keine normative Wirkung mehr, kann der Verbandstarifvertrag gemäß § 3 Abs. 3 TVG wieder zur Geltung kommen.

An das Ende der Nachbindung gemäß § 3 Abs. 3 TVG schließt sich grundsätzlich die **Nachwirkung** nach § 4 Abs. 5 TVG an (→ Rn. 168 ff.). 27

3. Tarifgebundenheit des einzelnen Arbeitgebers

Arbeitgeber können nicht nur kraft Verbandsmitgliedschaft tarifgebunden sein. Der einzelne Arbeitgeber ist nach § 2 Abs. 1 TVG selbst tariffähig und kann **Firmen- bzw. Haustarifverträge** abschließen, an die er dann selbstverständlich gebunden ist. Der einzelne Arbeitgeber kann trotz Verbandszugehörigkeit einen abweichenden oder ergänzenden Firmentarifvertrag abschließen (→ § 69 Rn. 18).[75] 28

Arbeitgeber ist jede private oder juristische Person des privaten oder öffentlichen Rechts (zB GmbH, AG), die zumindest einen Arbeitnehmer beschäftigt.[76] Solo-Selbständige zählen nicht dazu. **Konzerne** sind nicht als Arbeitgeber iSd § 2 Abs. 1 TVG tariffähig.[77] Schließt die Konzernmuttergesellschaft einen „Konzerntarifvertrag" ab, so ist allein diese an den Tarifvertrag gebunden, nicht aber die nicht selbst tarifschließende „Konzerntochtergesellschaft".[78] Nach der Anerkennung der Teilrechtsfähigkeit durch den BGH ist die Tariffähigkeit von Personenhandelsgesellschaften zu bejahen, wenn sie Partei eines Arbeitsvertrages sein können.[79] 29

Tarifgebunden ist der jeweilige Arbeitgeber, nicht der einzelne Betrieb oder der Konzern. Bei Übergang eines einzelnen Betriebs gilt § 613a BGB (→ Rn. 72 ff.); eine Tarifbindung wird nicht auf den Betriebserwerber übertragen. Dies gilt auch bei Tarifbindung des Betriebsveräußerers an einen Firmentarifvertrag.[80] § 613a BGB findet aber keine Anwendung, wenn ein **Firmentarifvertrag kraft Gesamtrechtsnachfolge** auf einen anderen Rechtsträger übergeht.[81] Der neue Unternehmensträger wird im Wege der Gesamtrechtsnachfolge Partei 30

---

[69] *Bieback* DB 1989, 477 (479); ähnlich *Schaub* BB 1994, 2005 f.
[70] LAG Köln 25.1.2006 – 7 Sa 831/05, NZA-RR 2007, 254.
[71] SächsLAG 21.6.2000 – 10 Sa 931/99, NZA-RR 2001, 40 (41); BAG 6.7.2011 – 4 AZR 424/09, NZA 2012, 281.
[72] BAG 17.5.2000 – 4 AZR 363/99, NZA 2001, 453 (456).
[73] Vgl. BAG 19.9.2007 – 4 AZR 711/06, NZA 2008, 241 ff.; vgl. auch BAG 17.5.2000 – 4 AZR 363/99, NZA 2001, 453 ff.; *Kania* BB 2004, 665 ff.; Wiedemann/Oetker TVG § 3 Rn. 88; Däubler/Lorenz TVG § 3 Rn. 124 f.
[74] Vgl. BAG 4.4.2001 – 4 AZR 237/00, NZA 2001, 1085; LAG SchH 14.11.2007 – 6 Sa 117/07, BeckRS 2008, 50961.
[75] Vgl. BAG 24.1.2001 – 4 AZR 655/99, NZA 2001, 788 (790); ausführlich BAG 10.12.2002 – 1 AZR 96/02, NZA 2003, 735 (736); *Stein* RdA 2000, 129 (135); vgl. zum verbandsinternen Haustarifverbot *Hanau/Kania* in FS Däubler, 445 f.
[76] BAG 31.1.2018 – 10 AZR 279/16, NZA 2018, 867; dazu *Waltermann* in FS Moll, 727 ff.
[77] *Stein* RdA 2000, 129 (135); ErfK/Franzen TVG § 2 Rn. 24.
[78] BAG 22.11.2017 – 4 ABR 54/15, BeckRS 2017, 152656.
[79] Wiedemann/Oetker TVG § 2 Rn. 12, 14; vgl. auch Löwisch/Rieble TVG § 2 Rn. 471 mit Hinweis auf BGH 29.1.2001 – II ZR 331/00, NZA 2002, 405.
[80] BAG 20.6.2001 – 4 AZR 295/00, NZA 2002, 517 (518).
[81] BAG 24.6.1998 – 4 AZR 208/97, NZA 1998, 1346 (1347); BAG 29.8.2001 – 4 AZR 332/00, NZA 2002, 513 (514); *Henssler* in FS Schaub, 326 f.; *Wienand* Rn. 287.

des Firmentarifvertrages. Dies gilt etwa für **Unternehmensverschmelzungen** – sowohl durch Neugründung als auch durch Aufnahme – gemäß §§ 2, 20 Abs. 1 UmwG.[82] Der aufnehmende Rechtsträger tritt in bestehende Verträge ein und wird damit Partei des für den übertragenden Rechtsträger geltenden Firmentarifvertrags. Der Firmentarifvertrag wirkt also kollektivrechtlich fort, sodass § 613a Abs. 1 BGB nicht zur Anwendung kommt. Ist der Geltungsbereich uneingeschränkt unternehmensbezogen auszulegen, so gilt dies auch für das aufnehmende Unternehmen.[83]

31 Der Firmentarifvertrag ist ein wesentliches Mittel zur **Flucht aus dem Verbandstarifvertrag** und das klassische Mittel zur Dezentralisierung. Der einzelne Arbeitgeber kann einen Firmentarifvertrag abschließen, der dann als speziellere Norm (zur Tarifkollision → Rn. 184 ff.) dem Verbandstarifvertrag vorgeht und zur Anwendung kommt. Der Abschluss einer vom Verbandstarifvertrag **abweichenden Betriebsvereinbarung** ist regelmäßig aus zwei Gründen ungeeignet als Fluchtweg aus dem Verbandstarifvertrag: Zum einen bleibt die Bindung an den Verbandstarifvertrag kraft § 3 Abs. 3 TVG bestehen und der Tarifvertrag geht der Betriebsvereinbarung als ranghöhere Norm vor. Zum anderen beschränkt bereits § 77 Abs. 3 BetrVG die Möglichkeit, wirksame Betriebsvereinbarungen hinsichtlich solcher Arbeitsbedingungen abzuschließen, die üblicherweise durch Tarifvertrag geregelt werden. Der Abschluss eines Firmentarifvertrages ist hingegen jederzeit zulässig. Der einzelne Arbeitgeber kann **trotz Verbandszugehörigkeit** einen Firmentarifvertrag abschließen, auch wenn er dadurch gegen seine Verbandspflichten verstößt.[84] Ein derartiger Firmentarifvertrag ist nicht im Sinne des § 138 BGB sittenwidrig.[85]

32 Der Arbeitgeber kann aber auch bedenken, sich dem Abschluss eines Firmentarifvertrages durch **Flucht in den Arbeitgeberverband** zu entziehen. Ist der Arbeitgeber an den Verbandstarifvertrag gebunden, dann gilt für ihn die **Friedenspflicht**.[86]

4. Tarifgebundenheit bei betrieblichen und betriebsverfassungsrechtlichen Tarifnormen

33 Nach § 3 Abs. 2 TVG gelten Rechtsnormen eines Tarifvertrages über betriebliche und betriebsverfassungsrechtliche Fragen für alle Betriebe, deren Arbeitgeber tarifgebunden sind. Solche Tarifnormen erfassen auch Arbeitsverhältnisse mit nicht organisierten Arbeitnehmern; die Tarifgebundenheit des Arbeitgebers allein ist ausreichend.[87] Grund für die **gesetzliche Anordnung der Tarifgebundenheit** ist, dass solche Normen zwingend für alle Arbeitnehmer im Betrieb einheitlich gelten müssen.[88] Geregelt werden betriebliche Rechtsverhältnisse zwischen Arbeitgeber und der Belegschaft als Kollektiv[89] (zum Inhalt solcher Tarifnormen → § 69 Rn. 42 ff.).

5. Tarifgebundenheit durch Allgemeinverbindlicherklärung

34 Das Bundesministerium für Arbeit und Soziales kann gemäß § 5 Abs. 1 TVG im Einvernehmen mit dem Tarifausschuss einen Tarifvertrag für allgemeinverbindlich erklären. § 5 Abs. 4 TVG ordnet an, dass die bisher nicht tarifgebundenen Arbeitgeber und Arbeitnehmer von den Rechtsnormen eines Tarifvertrages erfasst werden, wenn dieser für allgemeinver-

---

[82] BAG 4.7.2007 – 4 AZR 491/06, NZA 2008, 307.
[83] BAG 15.6.2016 – 4 AZR 805/14, BeckRS 2016, 110772.
[84] BAG 24.1.2001 – 4 AZR 655/99, NZA 2001, 788 (790); BAG 20.2.2002 – 4 AZR 22/01, BeckRS 2002, 30795054; *Stein* RdA 2000, 129 (135); vgl. aber auch *Reuter* NZA 2001, 1097 ff.
[85] BAG 20.2.2002 – 4 AZR 22/01, BeckRS 2002, 30795054.
[86] Streitig, so auch BAG 10.12.2002 – 1 AZR 96/02, NZA 2003, 735 (738); LAG Köln 21.11.2001 – 5 Sa 816/01, DB 2002, 1840; LAG SchlH 25.11.1999 – 4 Sa 584/99, NZA-RR 2000, 143 (145) (mit fraglicher Begründung); *Bauer* in FS Schaub, S. 45; *Löwisch/Rieble* in FS Schaub, 470; *Wienand* Rn. 209; *Rolfs/Clemens* DB 2003, 1678 ff.
[87] BAG 5.9.1990 – 4 AZR 59/90, AP TVG § 4 Tarifkonkurrenz Nr. 19; aA *Löwisch/Rieble* TVG § 3 Rn. 223, die fordern, dass neben dem Arbeitgeber zumindest ein Arbeitnehmer des Betriebs tarifgebunden sein muss, um so eine ausreichende Legitimation zu konstruieren. Angesichts des klaren Wortlauts und des Gesetzeszwecks ist diese Auffassung abzulehnen.
[88] Allerdings werden immer wieder Bedenken gegen die Verfassungsmäßigkeit des § 3 Abs. 2 TVG erhoben, vgl. zum Diskussionsstand Wiedemann/*Oetker* TVG § 3 Rn. 186 ff.
[89] BAG 17.6.1997 – 1 ABR 3/97, NZA 1998, 213 (214).

bindlich erklärt wird. Die Tarifnormen gelten dann für alle Arbeitsverhältnisse, die in den Geltungsbereich des Tarifvertrages fallen. Die **Tarifgebundenheit** wird also auf **Nicht- oder Andersorganisierte** erstreckt. § 5 TVG ist 2014 im Rahmen des Tarifautonomiegesetzes, das auch das MiLoG beinhaltete, umfangreich geändert worden. Die Voraussetzungen sind gesenkt worden, insbesondere ist das 50 %-Quorum in § 5 Abs. 1 TVG entfallen. Ein nach § 5 TVG für allgemeinverbindlich erklärter Tarifvertrag kann punktuell (etwa Fälligkeit des Lohns) dem MiLoG vorgehen (§ 1 Abs. 3 MiLoG).

Für die Tarifbindung durch Allgemeinverbindlicherklärung bestehen zwei Voraussetzungen: Die Allgemeinverbindlicherklärung des Tarifvertrages muss wirksam sein und das jeweilige Arbeitsverhältnis muss unter den Geltungsbereich des allgemeinverbindlichen Tarifvertrages fallen. **35**

Beispielhafte Aufzählung von Branchen, in denen Tarifverträge für allgemeinverbindlich erklärt werden:
- Bäcker- und Konditorenhandwerk
- Baugewerbe
- Dachdeckerhandwerk
- Friseurhandwerk
- Garten-, Landschafts- und Sportplatzbau
- Gebäudereinigerhandwerk
- Gerüstbaugewerbe
- Groß- und Außenhandel
- Hotel-, Gaststätten- und Beherbergungsgewerbe
- Maler- und Lackiererhandwerk
- Steinmetz- und Steinbildhauerhandwerk
- Textil-, Bekleidungsindustrie
- Wach- und Sicherheitsgewerbe

Praxistipp:
Das Verzeichnis der für allgemeinverbindlich erklärten Tarifverträge kann auf der Internetseite des Bundesministeriums für Arbeit und Soziales unter http://www.bmas.de aufgerufen werden.[90] Das Verzeichnis wird vierteljährlich, jeweils zum 1.1., 1.4., 1.7. und 1.10. eines Jahres aktualisiert. Zum 1.7.2016 waren 490 Tarifverträge für allgemeinverbindlich erklärt (zum 1.1.2008: 454; zum 1.1.2012: 495).

a) Funktion. Die Allgemeinverbindlicherklärung setzt **Mindestarbeitsbedingungen für Nichtorganisierte** und verhindert so „Schmutzkonkurrenz".[91] Sie **verstärkt die Kartellfunktion** des Tarifvertrages, indem in einer Branche für alle die gleichen Arbeitsbedingungen herrschen.[92] Eine gewichtige Rolle spielt die Allgemeinverbindlicherklärung von Tarifverträgen über **Gemeinsame Einrichtungen** der Tarifvertragsparteien iSd § 4 Abs. 2 TVG. Deren Funktionsfähigkeit wird erst durch die Einbeziehung aller Unternehmen der Branche – dies gilt vor allem für die **Baubranche** – erreicht. Die Allgemeinverbindlicherklärung von Lohntarifverträgen findet sich allenfalls noch in **Niedriglohnbranchen,** wie zB Friseur- oder Gebäudereinigerhandwerk.[93] **36**

Die Allgemeinverbindlicherklärung erfüllt als **staatliche Maßnahme** sämtliche Voraussetzungen eines öffentlich-rechtlichen Rechtsaktes.[94] Die obersten Bundesgerichte sehen in ihr einen **Rechtsetzungsakt eigener Art** zwischen autonomer Regelung und staatlicher Rechtset- **37**

---

[90] Das Verzeichnis befindet sich allerdings bereits seit längerer Zeit in „Überarbeitung". Alternativ können die allgemeinverbindlichen Tarifverträge auch unter beck-online.de eingesehen werden (53301?cat=coll&xml=gesetze%2Fatv&coll=Allgemeinverbindliche%20Tarifvertr%C3%A4ge&opusTitle=ATV).https://beck-online.beck.de/Sammlungen/ .
[91] Vgl. *Waltermann* RdA 2018, 137 (140).
[92] *Gamillscheg* S. 885; vgl. Wiedemann/*Wank* TVG § 5 Rn. 8.
[93] Zum 1.1.2003 waren nach Angaben des BMWA (Tarifvertragliche Arbeitsbedingungen im Jahr 2003, S. 14) weniger als 0,6 % aller gültigen Entgelttarifverträge allgemeinverbindlich.
[94] Henssler/Moll/Bepler TarifV-HdB/*Sittard* Teil 7 Rn. 4.

zung, der seine Grundlage in Art. 9 Abs. 3 GG findet.[95] Die Allgemeinverbindlicherklärung hat eine **ambivalente Wirkung:** Sie stärkt den konkreten Tarifvertrag, schwächt aber die Attraktivität der Mitgliedschaft.[96] Vor diesem Hintergrund erscheinen die Änderungen des Gesetzes im Jahr 2014 als ein Akt der Tarifautonomiestärkung sehr fragwürdig.[97] Da eine Allgemeinverbindlicherklärung ein staatlicher Rechtsakt ist, befürwortet das BAG zutreffend einen **strengeren Prüfungsmaßstab** als bei der Wirksamkeit von Tarifverträgen, die nach § 3 TVG Geltung beanspruchen.[98]

38 **b) Voraussetzungen.** Die Voraussetzungen einer wirksamen Allgemeinverbindlicherklärung eines Tarifvertrages sind in § 5 TVG festgelegt. Im Arbeitsgerichtsprozess spricht nach bisheriger Rechtsprechung ein **erster Anschein für die Rechtmäßigkeit** einer Allgemeinverbindlicherklärung.[99] Sofern sich eine Partei auf die Unwirksamkeit der Allgemeinverbindlicherklärung berufen will, muss sie diesen ersten Anschein durch konkretes Vorbringen erschüttern.[100] Die Gerichte müssen die Voraussetzungen einer Allgemeinverbindlicherklärung von Amts wegen prüfen, wenn augenfällige Umstände dazu Veranlassung geben.[101] Gegebenenfalls sind die Prüfakten des Ministeriums beizuziehen und der Inhalt den Parteien bekannt zu machen.[102]

39 Mit der Novellierung 2014 neu eingeführt worden sind §§ 2 Abs. 1 Nr. 5, 98 ArbGG: Die Entscheidung über die Wirksamkeit einer Allgemeinverbindlicherklärung ist im Rahmen eines **Beschlussverfahrens** zu treffen. Es handelt sich um ein abstraktes **Normenkontrollverfahren,** in dessen Rahmen ein **negativer Feststellungsantrag** in Betracht, der auf die Feststellung der Unwirksamkeit der Norm gerichtet ist.[103] Der **Rechtsweg** führt zwar nun zur **Arbeitsgerichtsbarkeit** – und nicht mehr vor die Verwaltungsgerichte –, aber ausnahmsweise nicht zu den ArbG, sondern zu den **Landesarbeitsgerichten** (§ 98 Abs. 2 ArbGG). **Örtlich zuständig** ist gemäß § 98 Abs. 2 ArbGG das Landesarbeitsgericht, in dessen Bezirk die Behörde ihren Sitz hat, die den Tarifvertrag für allgemeinverbindlich erklärt oder die Rechtsverordnung erlassen hat.[104] Antragsbefugt sind neben betroffenen Arbeitnehmern und Arbeitgebern auch Gewerkschaften und Arbeitgeberverbände (§ 98 Abs. 1 ArbGG).[105] Antragsbefugt sind gemäß § 98 Abs. 6 S. 6 ArbGG jedenfalls die Parteien, deren Rechtsstreit ausgesetzt ist. Die erlassende Behörde ist beteiligt. Die rechtskräftige Entscheidung wirkt **gegenüber jedermann** (erga omnes) und ist bekannt zu machen (§ 98 Abs. 4 ArbGG).[106] Gemäß § 98 Abs. 6 ArbGG sind Verfahren auszusetzen, wenn die Entscheidung von der Wirksamkeit der Allgemeinverbindlicherklärung abhängt. Voraussetzung ist auch insoweit, dass das Gericht aufgrund von Parteienvortrag oder gerichtsbekannter Tatsachen ernsthafte Zweifel an der Wirksamkeit einer Allgemeinverbindlicherklärung hat.[107] Ohne Anhaltspunkte hat auch im Beschlussverfahren keine vertiefte Prüfung der Wirksamkeit einer Allgemeinverbidlicherklärung oder Verordnung zu erfolgen. Nach Ansicht des BAG bedeutet dies aber nicht, dass das LAG von sich aus, keine Prüfung vorzunehmen hat. Es hat sich unter Berücksichtigung der ihm bekannten bzw. vorgetragenen Umstände vom Bestehen der

---

[95] BVerfG 10.1.2020 – 1 BvR 4/17, NZA 2020, 253; BVerfG 18.7.2000 – 1 BvR 948/00, NZA 2000, 948; BVerwG 3.11.1988 – 7 C 115.86, AP TVG § 5 Nr. 23; BAG 21.9.2016 – 10 ABR 33/15, AP TVG § 5 Nr. 35.
[96] BVerfG 10.1.2020 – 1 BvR 4/17, NZA 2020, 253.
[97] *Forst* RdA 2015, 25: Propaganda; kritisch auch *Henssler* RdA 2015, 43 ff.
[98] BAG 28.8.2019 – 10 AZR 549/18, BAG NZA 2019, 1732; dabei hat das BAG aber offengelassen, ob Prüfungsmaßstab die Allgemeinverbindlicherklärung und/oder die für allgemeinverbindlich erklärten Tarifverträge sind.
[99] BAG 21.9.2016 – 10 ABR 33/15, AP TVG § 5 Nr. 35; Wiedemann/*Wank* TVG § 5 Rn. 121.
[100] BAG 24.1.1979 – 4 AZR 377/77, AP TVG § 5 Nr. 16; BAG 25.6.2002 – 9 AZR 405/00, NZA 2003, 275 (277); *Zachert* NZA 2003, 132 (134).
[101] BAG 22.9.1993 – 10 AZR 371/92, AP TVG § 1 Tarifverträge: Gerüstbau Nr. 2; HessLAG 4.6.2007 – 16 Sa 1444/05, BeckRS 2007, 47807; vgl. auch ArbG Kassel 18.1.2001 – 6 Ca 686/99, DB 2001, 1419 ff.
[102] HessLAG 4.6.2007 – 16 Sa 1444/05, BeckRS 2007, 47807.
[103] BAG 21.9.2016 – 10 ABR 33/15, AP TVG § 5 Nr. 35; *Greiner* NZA 2017, 98.
[104] So ist das LAG Bln-Bbg zuständig, wenn das BMAS die jeweilige Allgemeinverbindlicherklärung erlassen hat, vgl. BAG 21.9.2016 – 10 ABR 33/15, AP TVG § 5 Nr. 35.
[105] Dazu LAG Bln-Bbg 9.7.2015 – 3 BVL 5003/14, BB 2015, 1844.
[106] Vgl. auch BAG 21.3.2018 – 10 ABR 62/16, AP TVG § 5 Nr. 40.
[107] BAG 7.1.2015 – 10 AZB 109/14, NZA 2015, 237.

gesetzlichen Voraussetzungen für den Erlass zu überzeugen. Außer bei völlig substanzlosen Anträgen sind regelmäßig die Verfahrensakten der jeweils erlassenden Behörde beizuziehen und auszuwerten.[108] Der Amtsermittlungsgrundsatz wird im Ergebnis nunmehr stärker betont.[109]

aa) Antrag. Der gemäß § 5 Abs. 1 S. 1 TVG erforderliche Antrag auf Allgemeinverbindlicherklärung kann nur noch **von den Tarifvertragsparteien gemeinsam** gestellt werden. Inhaltlich identische Anträge, die aufeinander Bezug nehmen, sind ausreichend.[110] Ebenso genügt, dass eine Tarifvertragspartei auch in Vertretung für die andere den Antrag stellt. Von Amts wegen kann eine Allgemeinverbindlicherklärung nicht erfolgen. Es besteht keine Verpflichtung des Staats, den Geltungsbereich eines Tarifvertrages durch eine Allgemeinverbindlicherklärung auszuweiten.[111] Eine Frist oder eine Begründung des Antrags sind von Gesetzes wegen nicht vorgesehen. Für die Rücknahme des Antrags ist es ausreichend, wenn nur ein Antragsteller diese erklärt. Nach dem Antrag und vor der Entscheidung muss das Ministerium die in § 5 Abs. 2 TVG aufgeführten Interessierten beteiligen. 40

bb) Tarifausschuss. Das Ministerium kann einen Tarifvertrag nur im Einvernehmen mit dem zu bildenden Tarifausschuss für allgemeinverbindlich erklären. Dieser besteht aus je drei Vertretern der Spitzenorganisationen der Arbeitgeber und Arbeitnehmer. Näheres regelt die Durchführungsverordnung zum TVG. Eine Allgemeinverbindlicherklärung kann zwar wegen des Normsetzungsermessens des Ministeriums hinter der Reichweite der Zustimmung des Tarifausschusses zurückbleiben, nicht aber umgekehrt; dh eine Allgemeinverbindlicherklärung, die über die Zustimmung des Tarifausschusses hinausgeht, ist also unwirksam.[112] 41

cc) Öffentliches Interesse. Bis 2014 musste neben dem öffentlichen Interesse auch noch das 50-Prozent-Quorum erfüllt sein, dh die tarifgebundenen Arbeitgeber mussten mindestens 50 % der unter den Geltungsbereich fallenden Arbeitnehmer beschäftigen. Diese Voraussetzung ist entfallen. Es bedarf nunmehr allein eines öffentlichen Interesses. Dieses kann nach Ansicht des BAG nicht allgemeingültig definiert werden.[113] Um diesen unbestimmten Rechtsbegriff mit Leben zu füllen, hat der Gesetzgeber in § 5 Abs. 1 S. 2 TVG zwei Regelbeispiele aufgeführt, bei denen in der Regel ein öffentliches Interesse anzunehmen ist: 42

Nach § 5 Abs. 1 S. 2 Nr. 1 TVG besteht ein öffentliches Interesse, wenn der Tarifvertrag in seinem Geltungsbereich für die Gestaltung der Arbeitsbedingungen eine **überwiegende Bedeutung** erlangt hat. Dies ist nach der Gesetzesbegründung vorrangig **quantitativ** zu verstehen. Wie dies zu ermitteln ist, wird unterschiedlich beurteilt. Es soll dabei nicht allein auf die mitgliedschaftliche Bindung ankommen.[114] Obwohl das 50-Prozent-Quorum aufgegeben worden ist, wird dies im Ergebnis dennoch gefordert.[115] Nach anderer Ansicht bedarf es nur noch einer relativ großen Anzahl gebundener Arbeitnehmer.[116] Zudem darf im Geltungsbereich kein Tarifvertrag bestehen, der mehr Arbeitnehmer bindet.[117] Es geht letztlich um die **Repräsentativität** der Tarifnormen.[118] Die Tarifvertragsparteien haben in ihrem Antrag die überwiegende Bedeutung darzulegen.[119] 43

Nach § 5 Abs. 1 S. 2 Nr. 2 TVG liegt ein öffentliches Interesse vor, wenn die **Absicherung der Wirksamkeit der tarifvertraglichen Normsetzung** gegen die Folgen wirtschaftlicher Fehlentwicklung eine Allgemeinverbindlicherklärung verlangt. Diese Regelung soll als Auffang- 44

---

[108] BAG 21.9.2016 – 10 ABR 33/15, AP TVG § 5 Nr. 35.
[109] *Greiner* NZA 2017, 98 (99).
[110] BAG 21.3.2018 – 10 ABR 62/16, AP TVG § 5 Nr. 40; *Forst* RdA 2015, 25 (27); Henssler/Moll/Bepler TarifV-HdB/*Sittard* Teil 7 Rn. 23.
[111] BVerfG 10.1.2020 – 1 BvR 4/17, NZA 2020, 253.
[112] BAG 21.3.2018 – 10 ABR 62/16, AP TVG § 5 Nr. 40.
[113] BAG 21.3.2018 – 10 ABR 62/16, AP TVG § 5 Nr. 40.
[114] *Waltermann* RdA 2018, 137 (142).
[115] Henssler/Moll/Bepler TarifV-HdB/*Sittard* Teil 7 Rn. 57.
[116] *Forst* RdA 2015, 25 (28); *Waltermann* RdA 2018, 137 (142).
[117] *Forst* RdA 2015, 25 (28).
[118] BAG 21.3.2018 – 10 ABR 62/16, AP TVG § 5 Nr. 40.
[119] BR-Drs. 147/14, 54.

tatbestand dienen. Als Beispiel wird genannt, dass die Tarifstruktur in Wirtschaftszweigen oder Regionen erodiert. Es erscheint aber zweifelhaft, ob gerade solche Tarifverträge für allgemeinverbindlich erklärt werden sollen, die (potentielle oder frühere) Mitglieder nicht überzeugen können.[120] Die Voraussetzungen sind sehr weit gefasst.[121] Nach Einführung des Mindestlohns erscheint auch fraglich, ob in einer Branche der Arbeitsfrieden ohne eine Allgemeinverbindlichkeit gefährdet wird.

45 Das Ministerium hat eine **Ermessensentscheidung** zu treffen. Beim öffentlichen Interesse kommt ihm ein weiter Beurteilungsspielraum zu;[122] die Entscheidung ist nur eingeschränkt überprüfbar. Umstritten ist, ob eine Allgemeinverbindlicherklärung zu erfolgen hat, wenn die Voraussetzungen der Regelbeispiele vorliegen, sofern nicht besondere Gründe dagegensprechen.[123]

46 *dd) Gemeinsame Einrichtung.* Neu eingeführt worden ist Abs. 1a. Er ist eine Spezialregelung für die Allgemeinverbindlicherklärung von Tarifverträgen, die eine gemeinsame Einrichtung zum Gegenstand haben. Die Tarifverträge müssen die Einziehung von Beiträgen und die Gewährung von Leistungen regeln in den Bereichen Urlaub oder Urlaubsgeld, betriebliche Altersversorgung, überbetriebliche Bildungsstätten, Vermögensbildung oder Lohnausgleich bei Arbeitszeitausfall, -verkürzung oder -verlängerung. Zudem muss die Allgemeinverbindlicherklärung der Funktionsfähigkeit der gemeinsamen Einrichtung dienen. Schließlich ordnet § 5 Abs. 1a S. 3 TVG die entsprechende Anwendung des § 7 Abs. 2 AEntG an. Der Tarifvertrag muss daher repräsentativ sein.[124] Daneben bedarf es keines öffentlichen Interesses nach Abs. 1 S. 2.[125] Zu beachten ist die in § 5 Abs. 4 S. 2 TVG geregelte Rechtsfolge: Ein nach Abs. 1a für allgemeinverbindlich erklärter Tarifvertrag verdrängt einen nach § 3 TVG verbindlichen Tarifvertrag, also auch einen solche, der kraft Mitgliedschaft ansonsten zur Anwendung kommen müsste.[126] Liegen diese Voraussetzungen nicht vor, so kann eine Allgemeinverbindlicherklärung nur nach § 5 Abs. 1 TVG erfolgen.[127]

47 *ee) Bekanntmachung.* Gemäß § 5 Abs. 7 TVG ist sowohl die Allgemeinverbindlicherklärung als auch die Aufhebung öffentlich bekannt zu machen. Diese Veröffentlichungspflicht ist erweitert worden. Gemäß § 5 Abs. 7 S. 2 TVG umfasst die Bekanntmachung auch die erfassten Tarifnormen. Die Bekanntmachung hat **konstitutive Wirkung**.[128]

48 *ff) Zuständige Behörde und Verfahren.* Grundsätzlich ist das Bundesministerium für Arbeit und Soziales für die Entscheidung über den Antrag zuständig. Das Recht zur Allgemeinverbindlicherklärung kann vom Bundesministerium für Arbeit und Soziales aber auf die oberste Arbeitsbehörde eines Landes übertragen werden (§ 5 Abs. 6 TVG, § 12 DVO TVG). In den verschiedenen Bundesländern sind deshalb unterschiedliche Tarifverträge für allgemeinverbindlich erklärt. Das weitere Verfahren ist in der DVO TVG festgelegt. Nach Auffassung des BAG muss sich – um den Grundsätzen des Demokratieprinzips und des Rechtsstaatsprinzips gerecht zu werden – der **zuständige Minister persönlich** in einer Weise damit befasst haben, die aktenkundig verdeutlicht, dass er die beabsichtigte Allgemeinver-

---

[120] *Forst* RdA 2015, 25 (29); *Jöris* NZA 2014, 1313 (1316); Henssler/Moll/Bepler TarifV-HdB/*Sittard* Teil 7 Rn. 64: Die Allgemeinverbindlicherklärung soll nicht der Herstellung gleicher Wettbewerbsbedingungen gelten.
[121] *Henssler* RdA 2015, 43 (51).
[122] BAG 21.9.2016 – 10 ABR 33/15, AP TVG § 5 Nr. 35; BAG 21.3.2018 – 10 ABR 62/16, AP TVG § 5 Nr. 40.
[123] *Forst* RdA 2015, 25 (30): Intendiertes Ermessen; *Jöris* NZA 2014, 1313 (1317): widerlegbare Vermutungsregelung; aA Henssler/Moll/Bepler TarifV-HdB/*Sittard* Teil 7 Rn. 51 ff.
[124] *Forst* RdA 2015, 25 (33); aA wohl BAG 21.3.2018 – 10 ABR 62/16, AP TVG § 5 Nr. 40; BAG 20.11. 2018 – 10 ABR 12/18, NZA 2019, 628: Erforderlich sei ein öffentliches Interesse, wobei das Gesetz hiervon grundsätzlich ausgehe.
[125] *Jöris* NZA 2014, 1313 (1318); aA Henssler/Moll/Bepler TarifV-HdB/*Sittard* Teil 7 Rn. 78: sogar gesteigerte Anforderungen.
[126] Empfehlung durch *Greiner/Hanau/Preis* SR 2014, 2 ff.
[127] *Forst* RdA 2015, 25 (31); *Henssler* RdA 2015, 43 (52).
[128] BAG 21.3.2018 – 10 ABR 62/16, AP TVG § 5 Nr. 40; Wiedemann/*Wank* TVG § 5 Rn. 148; *Forst* RdA 2015, 32; Henssler/Moll/Bepler TarifV-HdB/*Sittard* Teil 7 Rn. 34.

bindlicherklärung billigt. Dies folge aus den Art. 20 Abs. 1 bis Abs. 3 GG.[129] Ein Fehler im Normsetzungsverfahren führt demnach zur Unwirksamkeit der gesamten Rechtsvorschrift.

> **Praxishinweis**
>
> Aus diesem Grund hat das BAG die Allgemeinverbindlicherklärungen des Tarifvertrags über das **Sozialkassenverfahren im Baugewerbe** für unwirksam erklärt.[130] Der Gesetzgeber hat im Jahr 2017 das Gesetz zur Sicherung der Sozialkassenverfahren im Baugewerbe (**SokaSiG**) erlassen, das das BAG für verfassungsgemäß ansieht.[131] Der Gesetzgeber ist nicht wegen § 5 TVG daran gehindert, bereits bestehende gesetzliche Rahmenbedingungen für das Handeln der Koalitionen zu ändern oder zu ergänzen, um dem Handeln der Koalitionen und insbesondere der Tarifautonomie Geltung zu verschaffen.[132] Das SokaSiG sollte als **weiterer Rechtsgrund** neben die bestehenden Tarifverträge treten.[133]

c) Umfang der Allgemeinverbindlicherklärung. Die Allgemeinverbindlicherklärung kann den Geltungsbereich eines Tarifvertrages weder in betrieblicher noch in zeitlicher Hinsicht erweitern oder abändern. Ersetzt wird **allein** die Tarifgebundenheit der betroffenen Arbeitsvertragsparteien. Die Wirkung der Allgemeinverbindlicherklärung setzt auch immer einen **wirksamen Tarifvertrag** voraus.[134] 49

> **Praxistipp:**
>
> Ein Verfahren nach § 98 ArbGG kann deswegen nach § 97 Abs. 5 ArbGG auszusetzen sein. Eine **Aussetzung** kommt allerdings nur in Betracht, wenn vernünftige Zweifel an der Tariffähigkeit oder an der Tarifzuständigkeit bestehen.[135] Bei einer Aussetzung sind die Parteien im Beschlussverfahren antragsberechtigt. Dies gilt aber nur, wenn die angezweifelten Eigenschaften **entscheidungserheblich** sind.[136] Wird ein Rechtsstreit über einen Leistungsanspruch einer **gemeinsamen Einrichtung** nach § 98 Abs. 6 ArbGG ausgesetzt, so kann das Gericht nunmehr (mit Einführung des SokaSiG) eine **vorläufige Leistungspflicht** anordnen, damit die Finanzierung einer Sozialkasse sichergestellt wird.[137]

aa) Inhaltlicher Umfang. Die Allgemeinverbindlicherklärung kann sich nicht auf einzelne Teile eines Tarifvertrages beziehen. Der zwischen den Tarifvertragsparteien gefundene Interessenausgleich spiegelt sich nur in der **Gesamtregelung**. Eine Besser- oder Schlechterstellung der Nichtorganisierten durch teilweise Allgemeinverbindlicherklärung des Tarifvertrages widerspräche dem Sinn und Zweck dieses Instrumentariums.[138] 50

---

[129] BAG 21.9.2016 – 10 ABR 33/15, AP TVG § 5 Nr. 35; zust. *Waltermann* RdA 2018, 137 (148); BAG 21.3.2018 – 10 ABR 62/16, AP TVG § 5 Nr. 40 mzustAnm *Prokop* und BAG 20.11.2018 – 10 ABR 12/18, NZA 2019, 628: Ausreichend ist, dass die jeweilige Ministeriumsvorlage von dem entsprechenden Minister abgezeichnet worden ist. Die Verwaltungspraxis wird sich nunmehr darauf eingestellt haben; oder auch BAG 25.1.2017 – 10 ABR 43/15, NZA 2017, 731: Persönliche Befassung durch zuständigen Staatssekretär ist ausreichend.
[130] BAG 21.9.2016 – 10 ABR 33/15, AP TVG § 5 Nr. 35; vgl. dazu etwa *Greiner* NZA 2017, 98 ff.
[131] BAG 20.11.2018 – 10 AZR 121/18, NZA 2019, 552; im Ergebnis zust. *Engels* NZA 2017, 680.
[132] BAG 30.10.2019 – 10 AZR 523/17, BeckRS 2019, 36991.
[133] BT-Drs. 18/10631; BAG 21.3.2018 – 10 ABR 62/16, AP TVG § 5 Nr. 40.
[134] Vgl. BAG 21.3.2018 – 10 ABR 62/16, AP TVG § 5 Nr. 40.
[135] BAG 21.3.2018 – 10 ABR 62/16, AP TVG § 5 Nr. 40 mzustAnm *Prokop*.
[136] BAG 25.4.2017 – 1 ABR 62/14, NZA 2018, 61.
[137] Vgl. Gesetz zur Sicherung der tarifvertraglichen Sozialkassenverfahren und zur Änderung des ArbGG v. 1.9.2017; dazu *Ulber/Wolters* NJW 2018, 2593 ff.
[138] OVG Münster 23.9.1983 – 20 A 842/81, BB 1984, 723 (724); Wiedemann/*Wank* TVG § 5 Rn. 97; aA *Löwisch/Rieble* TVG § 5 Rn. 118.

51 Zulässig ist hingegen, den **Geltungsbereich der Allgemeinverbindlicherklärung** eines Tarifvertrages **einzuschränken**.[139] Dies gilt sowohl für den zeitlichen als auch für den räumlichen, fachlichen oder persönlichen Geltungsbereich. Eine derartige Beschränkung kann insbesondere dazu dienen, Tarifkonkurrenzen zu vermeiden. Die Normwirkung der Allgemeinverbindlicherklärung kann aber nicht über die des Tarifvertrages hinausgehen. Der Inhalt eines Tarifvertrages darf durch Allgemeinverbindlicherklärung nicht geändert werden.

52 bb) *Zeitlicher Umfang.* In der Allgemeinverbindlicherklärung wird ihr Beginn festgelegt. Bei der Wahl eines Stichtages besteht ein breiter Gestaltungsspielraum.[140] Häufig wird die Allgemeinverbindlichkeit mit **Rückwirkung** ausgesprochen,[141] in der Regel zu Beginn der Laufzeit des Tarifvertrages. Dabei sind die Grundsätze über die Rückwirkung von Gesetzen entspechend anzuwenden.[142]

53 Die Allgemeinverbindlicherklärung endet gemäß § 5 Abs. 5 S. 3 TVG grundsätzlich mit **Ablauf des Tarifvertrages**. Man kann insoweit von einer gewissen Akzessorietät zum Tarifvertrag sprechen.[143] Neben dem Ablauf werden aber auch alle anderen Beendigungsmöglichkeiten erfasst, etwa Kündigung oder Aufhebung.

54 Die Allgemeinverbindlicherklärung endet ebenso bei einem **Änderungstarifvertrag**.[144] Die erneute Allgemeinverbindlicherklärung bedarf sowohl eines neuen Antrags als auch eines neuen Verfahrens. Dies gilt für jede Änderung des Tarifvertrages. Das BAG und Stimmen im Schrifttum sind der Auffassung, dass Teile des Tarifvertrages, die für sich sinnvoll und vom Zweck des § 5 Abs. 1 TVG nach wie vor gedeckt sind, unverändert allgemeinverbindlich bleiben.[145] Jede Änderung des Tarifvertrages bedeutet jedoch die Beendigung des gesamten bisherigen und die Vereinbarung eines neuen Tarifvertrages. Die Allgemeinverbindlicherklärung kann vom Bundesministerium für Arbeit und Soziales gemäß § 5 Abs. 5 S. 1 TVG **aufgehoben** werden, sofern dies im **öffentlichen Interesse** geboten erscheint.

55 Die Allgemeinverbindlicherklärung erfasst auch Tarifverträge während deren **Nachwirkung** gemäß § 4 Abs. 5 TVG, da auch in diesem Zeitraum die Tarifregelungen Normwirkung entfalten, so dass § 5 Abs. 4 TVG zur Anwendung kommt.[146] Umstritten ist hingegen, ob die Allgemeinverbindlicherklärung selbst nachwirkt, wenn sie durch Aufhebung nach § 5 Abs. 5 S. 1 TVG endet.[147] Das BAG bejaht die Nachwirkung allgemeinverbindlicher Tarifverträge aufgrund der Überbrückungsfunktion.[148] Dies gilt auch für den Fall, dass ein abändernder Tarifvertrag nicht für allgemeinverbindlich erklärt wird, so dass Außenseiter an den nachwirkenden, allgemeinverbindlichen Tarifvertrag gebunden bleiben.[149]

56 **d) Arbeitnehmer-Entsendegesetz.**[150] Aufgrund des Arbeitnehmer-Entsendegesetzes (AEntG), das 2009 und 2015 in wesentlichen Teilen, auch in der Zielrichtung (nunmehr § 1 AEntG),[151] geändert worden ist, finden für bestimmte **allgemeinverbindlich erklärte Tarifverträge** bzw. **durch Rechtsverordnung** (§§ 3, 7 AEntG)[152] verbindliche Tarifverträge auch auf solche Arbeitsverhältnisse Anwendung, die zwischen einem **Arbeitgeber mit Sitz im Aus-**

---

[139] *Löwisch/Rieble* TVG § 5 Rn. 108; *Wiedemann/Wank* TVG § 5 Rn. 100.
[140] BAG 20.6.2007 – 10 AZR 302/06, NZA-RR 2008, 24.
[141] Dazu BAG 13.11.2013 – 10 AZR 1058/12, NZA-RR 2014, 392.
[142] BAG 21.3.2018 – 10 ABR 62/16, AP TVG § 5 Nr. 40; BAG 20.11.2018 – 10 ABR 12/18, NZA 2019, 628.
[143] *Däubler* Rn. 1276.
[144] BAG 17.1.2006 – 9 AZR 41/05, NZA 2006, 923.
[145] BAG 16.11.1965 – 1 AZR 160/65, AP TVG § 4 Ausschlussfristen Nr. 30; *Wiedemann/Wank* TVG § 5 Rn. 165 f.
[146] BAG 18.6.1980 – 4 AZR 463/78, AP TVG § 4 Ausschlussfristen Nr. 68; BAG 17.1.2006 – 9 AZR 41/05, NZA 2006, 923; vgl. auch *Löwisch/Rieble* TVG § 5 Rn. 127.
[147] Befürwortend BAG 18.3.1992 – 4 AZR 339/91, AP TVG § 3 Nr. 13; zuletzt BAG 25.10.2000 – 4 AZR 212/00, NZA 2001, 1146 ff. mablAnm *Besgen* SAE 2002, 224 ff.; *Wiedemann/Wank* TVG § 5 Rn. 171: analog § 4 Abs. 5 TVG; einschränkend *Löwisch/Rieble* TVG § 5 Rn. 128.
[148] BAG 24.10.2002 – 6 AZR 743/00, NZA 2004, 105 (106).
[149] BAG 25.10.2000 – 4 AZR 212/00, NZA 2001, 1146 ff.
[150] Hierzu *Koberski/Asshoff/Eustrup/Winkler; Thüsing* MiLoG/AEntG; *Schwab* NZA-RR 2004, 1 ff.
[151] *Thüsing* MiLoG/AEntG AEntG § 1 Rn. 2 f.
[152] Die Verordnungsermächtigung ist verfassungsgemäß, BVerfG 18.7.2000 – 1 BvR 948/00, EzA GG Art. 9 Nr. 69; vgl. auch *Richardi* ZfA 2003, 655 (699 ff.); *Hunnekuhl/Dohna-Jaeger* NZA 2007, 954 ff.

§ 68 Tarifgeltung

land und seinen im räumlichen Geltungsbereich des Tarifvertrages beschäftigten Arbeitnehmern bestehen.[153] Das AEntG schafft zwingendes internationales Privatrecht und ergänzt Art. 3 ff. Rom I-VO.[154] Die Arbeitsbedingungen der Tarifverträge gelten – entgegen der sonst grundsätzlich gegebenen Anknüpfung an das heimische Arbeitsrecht (Art. 8 Abs. 2, 3 ROM I-VO) des entsendenden Arbeitgebers – **zwingend** ohne Rücksicht auf entgegenstehende Vereinbarungen der Arbeitsvertragsparteien.[155] Arbeitsverhältnisse, die im Übrigen nicht dem deutschen Arbeitsrecht unterliegen, werden an die Tarifnormen gebunden.

Das AEntG setzt die **EG-Richtlinie 96/71 v. 16.12.1996** über die Entsendung von Arbeitnehmern im Rahmen der Erbringung von Dienstleitungen um und ist grundsätzlich verfassungsgemäß.[156] Die Richtlinie stellt eine gerechtfertigte Einschränkung der Dienstleistungsfreiheit dar.[157] Ziel des AEntG ist es, Mindestarbeitsbedingungen zugunsten grenzüberschreitend entsandter ausländischer, wie zugunsten inländischer Beschäftigter durchzusetzen und faire und funktionierende Wettbewerbsbedingungen zu gewährleisten (§ 1 S. 1 AEntG). Erreicht werden soll dieses Ziel, indem durch das AEntG bestehende Branchentarifverträge auf sämtliche branchenangehörige Arbeitsverhältnisse erstreckt werden (§ 1 S. 1 AEntG). 57

> **Praxistipp:**
> Die Richtlinie 96/71/EG ist im Jahr 2018 durch die **Richtlinie 2018/957/EU reformiert** worden. Die Änderungen müssen bis zum 30. Juli 2020 in das nationale Recht umgesetzt werden. Ein wichtiger Punkt wird sein, dass das AEntG **für alle Wirtschaftszweige** geöffnet werden muss.[158] Zweiter Eckpfeiler der Reform ist die **Entgeltgleichstellung** entsandter und einheimischer Arbeitnehmer; es sind nicht nur die Mindestentgelte zu zahlen.[159] Nach einem Regierungsentwurf (Stand: 12.2.2020) soll in das AEntG §§ 2a, 2b eingefügt werden, in denen ua festgelegt wird, dass zwar Entsendezulagen, nicht aber Entsendekosten (etwa Reise-, Verpflegungs- und Unterbringungskosten) angerechnet werden können. Schließlich gelten mit zunehmender Dauer der Entsendung weitere Arbeitsbedingungen vor Ort. Dies soll in einem Abschnitt 4b und den §§ 13b ff. AEntG geregelt werden. Grundsätzlich gelten **nach 12 Monaten Entsendung** die (meisten) **Arbeitsbedingungen am Beschäftigungsort**. Der Gesetzentwurf ist mit leichten Änderungen[160] nunmehr am 18.6.2020 verabschiedet worden und am 30.7.2020 in Kraft getreten.[161]

Seit dem 1.1.1999 ist klargestellt, dass **auch inländische Arbeitgeber** an die Einhaltung zwingender Arbeitsbedingungen gebunden sind (§ 8 Abs. 1 AEntG).[162] Andernfalls läge eine mit Art. 59 EGV aF nicht vereinbare Diskriminierung ausländischer Arbeitgeber vor.[163] Arbeitgeber können sich den Wirkungen des AEntG auch nicht durch den Abschluss speziellerer Tarifverträge entziehen. Der Gesetzgeber hat vielmehr in § 8 Abs. 2 AEntG angeordnet, dass die Arbeitsbedingungen auch dann gelten, wenn der Arbeitgeber anderweitig tarifgebunden ist.[164] 58

---

[153] Vgl. dazu etwa *Bündenbender* RdA 2000, 193 ff.
[154] Dazu BAG 21.11.2007 – 10 AZR 782/06, NZA-RR 2008, 253 (255 ff.); *Thüsing* MiLoG/AEntG AEntG Vor § 1 Rn. 2; *Koberski/Asshoff/Eustrup/Winkler* AEntG § 2 Rn. 5; zu Art. 30, 34 EGBGB aF vgl. auch *Richardi* ZfA 2003, 655 (669); kritisch *Schlachter* NZA 2002, 1242 (1243 f.).
[155] Vgl. zu ähnlichen „Erstreckungsinstrumenten": Henssler/Moll/Bepler TarifV-HdB/*Sittard* Teil 7 D.
[156] Vgl. BVerfG 18.7.2000 – 1 BvR 948/00, NZA 2000, 948 f.; vgl. dazu *Kreiling* NZA 2001, 1118 ff.; *Meyer* NZA 1999, 121 (126 ff.); *Schlachter* NZA 2002, 1242 ff.
[157] Vgl. *Thüsing* MiLoG/AEntG AEntG Vor § 1 Rn. 12 f.
[158] *Franzen* ZfA 2020, 30 (31); *Sura* BB 2018, 2743 (2744); *Mävers* ArbRAktuell 2018, 463 ff.
[159] *Sura* BB 2018, 2743 (2744); *Mävers* ArbRAktuell 2018, 463 ff.; *Riesenhuber* NZA 2018, 1433.
[160] Vgl. BT-Drs. 19/20145.
[161] Eine Darstellung kann an dieser Stelle noch nicht erfolgen, vgl. etwa Darstellungen bei *Laber/Stanka* ArbRB 2020, 247 ff.; *Mävers* DB 2020, 1686 ff.
[162] Vgl. BGH 21.3.2000 – 4 StR 287/99, NZA 2000, 558 f.
[163] EuGH 24.1.2002 – C-164/99, NZA 2002, 207 ff. Portugaia Construcoes Lda; Anm. *Bayreuther* BB 2002, 627.
[164] Problematisch, wegen des Eingriffs in Art. 9 Abs. 3 GG; vgl.: *Moll* in FS Bauer, 767 ff.; *Thüsing* MiLoG/AEntG Einl. Rn. 31 ff., AEntG Vor § 1 Rn. 19, Thüsing MiLoG/AEntG/*Bayreuther* AEntG § 8 Rn. 40 ff., *Richardi* ZfA 2003, 655 (672); *Hohenstatt/Schramm* NZA 2008, 433 (437).

59 Die Tarifbindung wird auf alle ausländischen – sowohl aus EU-Staaten als auch aus Drittstaaten – und inländischen Arbeitgeber erstreckt (vgl. §§ 3, 8 Abs. 1 AEntG). Nicht erfasst werden aber Arbeitnehmer, die von deutschen Arbeitgebern ins Ausland entsandt werden. Einzuhalten sind die am Arbeitsort geltenden tarifvertraglichen Arbeitsbedingungen. Der jeweilige Tarifvertrag muss in Bezug auf seinen räumlichen Geltungsbereich auf den Arbeitsort abstellen (**Arbeitsortprinzip, vgl. § 8 Abs. 1 S. 1 AEntG**). Das Arbeitsortprinzip dient der Verhinderung der Diskriminierung ausländischer Arbeitgeber.[165] Entscheidend ist der **Arbeitnehmerbegriff** nach deutschem Recht. Nach §§ 2 Nr. 4, 8 Abs. 3 AEntG erstreckt sich die Bindung auch auf **Leiharbeitnehmer**, die im Inland eingesetzt werden. Der Verleiher hat dem Leiharbeitnehmer die vorgeschriebenen Arbeitsbedingungen zu gewähren und Beiträge an die gemeinsamen Einrichtungen zu leisten.

> **Praxistipp:**
> Die jeweiligen Tarifverträge sind im Verzeichnis der für allgemeinverbindlich erklärten Tarifverträge des BMAS aufgeführt und also solche benannt.[166]

60 Geregelt ist die Erstreckung von tarifvertraglichen Arbeitsbedingungen in § 3 AEntG. Diese Vorschrift ist die Grundnorm, während die §§ 4 bis 9 AEntG die Voraussetzungen im Einzelnen regeln, insbes. welche Branchen und Arbeitsbedingungen einbezogen werden bzw. sonstige Bestimmungen.[167] Voraussetzung ist grundsätzlich, dass ein Tarifvertrag bundesweit gilt. Hiervon ausgenommen sind Bestimmungen über Urlaub und Urlaubskassen (§ 3 S. 2 AEntG). Des Weiteren müssen die Voraussetzungen der §§ 4 bis 6 AEntG erfüllt sein.

61 Es können damit Arbeitsbedingungen der in § 4 AEntG aufgeführten Branchen[168] erfasst werden. Dies sind zurzeit:
- Baugewerbe (Bauhauptgewerbe und -nebengewerbe, etwa Maler- und Lackiererhandwerk und Dachdeckerhandwerk)
- Gebäudereinigung
- Briefdienstleistungen
- Sicherheitsdienstleistungen
- Bergbauspezialarbeiten auf Steinkohlebergwerken
- Wäschereidienstleistungen im Objektkundenbereich
- Abfallwirtschaft inkl. Straßenreinigung und Winterdienst
- Aus- und Weiterbildungsdienstleistungen nach dem SGB II oder SGB III
- Schlachten und Fleischverarbeitung.

62 Neben den ausdrücklich aufgeführten Branchen können auch andere Branchen einbezogen werden, wenn dies im öffentlichen Interesse geboten erscheint, um die Ziele des § 1 AEntG zu erreichen und einem Lohndumping entgegenzuwirken (§ 3 Abs. 2 AEntG). Die Einbeziehung erfolgt auf gemeinsamen Antrag der Tarifvertragsparteien nach den Regelungen des § 7a AEntG. Bereits geschehen ist dies bspw. für
- Land- und Forstwirtschaft sowie Gartenbau
- Textil- und Bekleidungsindustrie

63 Für die **Pflegebranche** wurde in den §§ 10 ff. AEntG Sonderregelungen für die Erstreckung auf Grundlage einer Rechtsverordnung getroffen. Hintergrund dieser Sonderregelungen sind die **im Pflegebereich häufig auf kirchenrechtlichem Hintergrund begründeten Arbeitsbedingungen**.[169] Die Regelungen in den §§ 7a, 12 ff. AEntG sind Ende 2019 durch das Pflegelöhneverbesserungsgesetz reformiert worden.[170] Dabei steht § 7a AEntG im Mittel-

---
[165] BAG 25.6.2002 – 9 AZR 405/00, NZA 2003, 275 (277).
[166] Vgl. www.bmas.de.
[167] Thüsing MiLoG/AEntG/*Waas* AEntG Vor § 3 Rn. 2.
[168] Zur Frage der Verfassungsgemäßheit der Beschränkung auf bestimmte Branchen: BAG 16.4.2014 – 4 AZR 802/11, NZA 2014, 1277 (1278 f.).
[169] Vgl. im Einzelnen ErfK/*Schlachter/Franzen* AEntG §§ 10 ff.
[170] Dazu *Bepler* jurisPR-ArbR 48/2019.

punkt. Demnach können Religionsgesellschaften Kommissionen bilden und dem BMAS innerhalb von drei Wochen ab der Bekanntmachung benennen, die von den jeweiligen Tarifvertragsparteien zu dem voraussichtlichen Inhalt des Tarifvertrages angehört wird.

Sachlich können Tarifverträge iSd § 3 AEntG die in §§ 5, 2 AEntG aufgeführten Arbeitsbedingungen regeln. Diese sind ua **Mindestentgeltsätze** (einschließlich Überstundensätze). Mindestentgelt im Sinne des § 2 Nr. 1 AEntG ist seit dem 1.1.2015 bspw. der gesetzlichen Mindestlohn nach MiLoG.[171] Die Mindestentgelte sind nicht auf eine einheitliche, allgemein geltende Lohnuntergrenze beschränkt, sondern lassen Differenzierungen bspw. nach Branchen, Qualifikationen und Regionen (vgl. § 5 Nr. 1 AEntG) zu.[172] Mindestentgelte sind auch nicht allein die jeweils untersten Lohngruppen. Die Mindestlohntarifverträge können vielmehr mehrere Lohngruppen vorsehen.[173] Dem sachlichen Regelungsbereich unterfallen auch Regelungen zum **bezahlten Mindestjahresurlaub.** Erfasst sind davon Regelungen zur Dauer des Erholungsurlaubs, zum Urlaubsentgelt und/oder zusätzlichen Urlaubsgeld. Ebenfalls werden Urlaubsabgeltungsansprüche erfasst.[174] Hierzu zählen schließlich auch Tarifnormen zur Urlaubskasse (§ 5 Nr. 3 AEntG). Auch ausländische Arbeitgeber müssen damit Beiträge zu Urlaubskassen leisten.[175] Im Übrigen wird in § 5 AEntG auf die Arbeitsbedingungen der § 2 Nr. 3 bis 7 AEntG verwiesen (Höchstarbeitszeiten und Mindestruhezeiten, Bedingungen für die Überlassung von Leiharbeitnehmern, Sicherheits- und Gesundheitsschutz, Schutzmaßnahmen für Schwangere, Kinder und Jugendliche sowie die Gleichbehandlung von Männern und Frauen sowie andere Nichtdiskriminierungsbestimmungen).

§ 6 AEntG regelt Ausnahmen von bzw. Anwendungsvoraussetzungen für den gesetzlichen Erstreckungsbefehl in einzelnen Branchen. Erfasst werden demnach regelmäßig **Betriebe** oder **Betriebsteile,** die überwiegend Leistungen in den aufgeführten Branchen erbringen (**Überwiegensprinzip**).[176] Abzustellen ist auf die arbeitszeitlich überwiegende Tätigkeit aller Beschäftigten und nicht auf wirtschaftliche Gesichtspunkte wie etwa Umsatz und Verdienst.[177] Die Darlegungs- und Beweislast für das zeitliche Überwiegen liegt grundsätzlich bei der Partei, die die Anwendbarkeit der gesetzlichen bzw. tarifvertraglichen Regelungen für sich beansprucht.[178]

In § 7 AEntG wird dem Bundesministerium für Arbeit und Soziales für die im Katalog des § 4 Abs. 1 aufgeführten Branchen die Möglichkeit eröffnet, Rechtsnormen eines Tarifvertrages durch **Rechtsverordnung** auf nicht tarifgebundene Vertragsparteien zu erstrecken. Hierbei handelt es sich um das Hauptinstrument und den **Kern des AEntG.** § 7a AEntG hält für die nicht im Katalog des § 4 Abs. 1 AEntG aufgeführten Branchen ein gesondertes Verfahren zum Erlass einer Rechtsverordnung vor. Voraussetzung ist in beiden Fällen ua ein Antrag der Tarifvertragsparteien; im Rahmen des Verfahrens nach § 7a AEntG wird durch weitergehende verfahrensrechtliche Regelungen dem Umstand Rechnung getragen, dass nicht der Gesetzgeber die grundsätzliche Entscheidung der Erforderlichkeit einer Erstreckung der Geltung der Branchentarifverträge getroffen hat.[179]

Nach § 8 Abs. 1 AEntG haben sowohl in- als auch ausländische (§ 3 AEntG) Arbeitgeber die durch Rechtsverordnung vorgeschriebenen Arbeitsbedingungen zu gewähren und ggf. Beiträge an gemeinsame Einrichtungen zu entrichten. Gemäß § 8 Abs. 3 AEntG gilt dies auch für Verleiher, wenn der Entleiher die Arbeitnehmer im Geltungsbereich eines solchen Tarifvertrages beschäftigt. § 8 Abs. 2 AEntG schreibt vor, dass ein Arbeitgeber diese Tarifbedingungen auch dann einhalten muss, wenn er nach § 3 TVG (Mitgliedschaft) oder § 5

---

[171] *Thüsing* MiLoG/AEntG AEntG § 2 Rn. 7.
[172] Thüsing MiLoG/AEntG/*Waas* AEntG § 5 Rn. 2; wohl weitergehende Differenzierungen zulassend: EuGH 12.2.2015 – C-396/13, NZA 2015, 345 ff.
[173] ErfK/*Schlachter/Franzen* AEntG § 5 Rn. 2.
[174] ThüsingMiLoG/AEntG/*Waas* AEntG § 5 Rn. 10; ErfK/*Schlachter/Franzen* AEntG § 5 Rn. 4; vgl. zum alten Recht BAG 14.8.2007 – 9 AZR 167/07, NZA 2008, 236.
[175] BAG 14.8.2007 – 9 AZR 167/07, NZA 2008, 236 (238).
[176] ErfK/*Schlachter/Franzen* AEntG § 6 Rn. 3 ff.
[177] BAG 18.10.2006 – 10 AZR 476/05, NZA 2007, 1111 (1113); 21.1.2015 – 10 AZR 55/14, NZA-RR 2015, 307 (309).
[178] BAG 21.1.2015 – 10 AZR 55/14, NZA-RR 2015, 307 (309).
[179] ErfK/*Schlachter/Franzen* AEntG § 7a Rn. 1.

(Allgemeinverbindlicherklärung) an einen anderen Tarifvertrag gebunden ist. Die (vermeintliche) **Tarifkonkurrenz** wird damit gesetzlich aufgelöst bzw. ausgeschlossen, das tarifrechtliche Spezialitätsprinzip greift nicht.[180] Zu beachten ist, dass dies nur für Regelungsgegenstände gilt, für die der nach dem AEntG zwingende Tarifvertrag Bestimmungen enthält. Fehlt es an derartigen Regelungen greift der ansonsten geltende Tarifvertrag.[181]

68 Der **Verzicht** auf das Mindestentgelt ist gemäß § 9 S. 1 AEntG nur durch gerichtlichen Vergleich möglich (vgl. so auch § 3 MiLoG). Eine **Verwirkung** ist ausgeschlossen. **Ausschlussfristen** finden gemäß § 9 S. 3 AEntG keine Anwendung, es sei denn, sie sind in in dem für allgemeinverbindlich erklärten (§§ 4–6 AEntG) bzw. dem der Rechtsverordnung (§ 7 AEntG) zugrundeliegenden Tarifvertrag selbst geregelt und die Frist beträgt mindestens sechs Monate (noch strenger § 3 S. 1 MiLoG). Ausschlussfristen in sonstigen Tarifverträgen kommen nicht zur Geltung.[182] § 9 S. 3 AEntG entzieht zum Schutz des Mindestentgeltanspruchs Ausschlussfristen für die Geltendmachung des Anspruchs der Regelungsmacht der Arbeitsvertragsparteien und ist damit **Verbotsgesetz iSd § 134 BGB**.[183] Allerdings kann eine Klausel teilunwirksam arbeitsvertragliche Ausschlussfristen für andere Ansprüche als den auf das Mindestentgelt nicht durch § 9 Satz 3 AEntG verboten sind.

69 Ein **Generalunternehmer haftet** gemäß § 14 AEntG dafür, dass der von ihm eingesetzte **Subunternehmer** das Mindestentgelt und die Beiträge an gemeinsame Einrichtungen leistet, **wie ein Bürge**, der auf die Einrede der Vorausklage verzichtet hat. Die Haftung ist verschuldensunabhängig und bezieht sich auf das Nettoentgelt. § 14 AEntG ist verfassungsgemäß.[184] Allerdings ist der Begriff des Unternehmers einschränkend dahingehend auszulegen, dass Bauherren keine Bauunternehmer sind.[185] Die Haftung erfasst nur Vergütungsansprüche für tatsächlich erbrachte Arbeitsleistungen, nicht etwa Ansprüche auf Annahmeverzugslohn oder Zinszahlung.[186]

70 Der Verstoß gegen Verpflichtungen aus diesem Gesetz ist nach § 23 AEntG eine **Ordnungswidrigkeit** und mit Bußgeld sanktioniert. Darüber hinaus kann der Ausschluss an einem Wettbewerb um Aufträge öffentlicher oder gemeinnütziger Unternehmen gemäß § 21 AEntG drohen. Zuständig für die Überprüfung der Arbeitsbedingungen sind die Behörden der Zollverwaltung (§ 16 AEntG).

71 Arbeitnehmer können die Gewährung der Arbeitsbedingungen vor **deutschen Arbeitsgerichten** einklagen. § 15 AEntG begründet nicht nur die internationale Zuständigkeit für deutsche Gerichte, sondern auch die sachliche Zuständigkeit der Gerichte für Arbeitssachen.[187] Gleiches gilt für gemeinsame Einrichtungen hinsichtlich der Entrichtung der Beiträge.

6. Tarifgebundenheit bei Betriebsübergang

72 Bei einem Übergang des Betriebs ist die Weitergeltung des Tarifvertrages gegenüber dem Rechtsnachfolger in § 613a Abs. 1 S. 2 bis 4 BGB geregelt. Die Anordnung einer Tarifbindung des Betriebserwerbers würde gegen dessen Koalitionsfreiheit verstoßen. Die Mitgliedschaft in einem Verband ist höchstpersönlich und kann nicht übertragen werden.[188] § 613a Abs. 1 S. 2 BGB, der gemäß § 324 UmwG auch bei Verschmelzungen, Spaltungen oder Vermögensübertragungen nach dem UmwG zur Anwendung kommt,[189] wählt daher einen

---

[180] Thüsing MiLoG/AEntG/*Bayreuther* AEntG § 8 Rn. 33.
[181] Thüsing MiLoG/AEntG/*Bayreuther* AEntG § 8 Rn. 34.
[182] *Thüsing* MiLoG/AEntG AEntG § 9 Rn. 10 f.
[183] BAG 24.8.2016 – 5 AZR 703/15, NZA 2016, 1539; dazu *Sagan* RdA 2017, 264.
[184] So zu § 1a AEntG aF: BVerfG 20.3.2007 – 1 BvR 1047/05, NZA 2007, 609 (610 ff.); BAG 12.1.2015 – 5 AZR 617/01, NZA 2005, 627 (630 ff.); krit. Thüsing MiLoG/AEntG/*Mohr* AEntG § 14 Rn. 8 ff.
[185] BAG 6.11.2002 – 5 AZR 617/01, NZA 2003, 490 (493); zustAnm *Franzen* SAE 2003, 190 (192); BAG 28.3.2007 – 10 AZR 76/06, NZA 2007, 613 (614); vgl. auch BAG 12.1.2015 – 5 AZR 617/01, NZA 2005, 627 (629 f.).
[186] BAG 12.1.2005 – 5 AZR 617/01, NZA 2005, 627 (634); 12.1.2005 – 5 AZR 279/01, NZA 2005, 656; dazu auch *Deckers* NZA 2008, 321 ff.
[187] BAG 11.9.2002 – 5 AZB 3/02, NZA 2003, 62 (63) (zu § 8 AEntG aF); BAG 15.2.2012 – 10 AZR 711/10, AP TVG § 1 Tarifverträge: Bau Nr. 340; ErfK/*Schlachter/Franzen* AEntG § 15 Rn. 1.
[188] *Henssler* in FS Schaub, 314; vgl. auch *Prange* NZA 2002, 817 (819).
[189] Dazu *Henssler* in FS Schaub, 311 f.; *Wellenhofer-Klein* ZfA 1999, 239 ff.

anderen Weg. Die Vorschrift ordnet an, dass die Tarifvertragsnormen – ausnahmsweise – **Bestandteile des Arbeitsverhältnisses** werden. Die Tarifbestimmungen verlieren ihre Normwirkung und werden Inhalt des Arbeitsverhältnisses zwischen Arbeitnehmer und dem neuen Betriebsinhaber. Die Rechte und Pflichten aus dem Tarifvertrag gelten individualrechtlich weiter; es besteht keine Tarifbindung des neuen Arbeitgebers. Dieser ist entsprechend nicht in seiner negativen Koalitionsfreiheit verletzt.[190] Nach neuerer Ansicht des BAG[191] behalten die transformierten Tarifnormen aber ihren **kollektiv-rechtlichen Charakter** und wandeln sich nicht derart, dass aus den Tarifnomen Vertragsinhalt werde; der Erwerber sei vielmehr in einer Weise gebunden, die der Nachbindung iSd § 3 Abs. 3 TVG entspreche, aber begrenzt auf ein Jahr. Sie sind einseitig zwingend; zugunsten des Arbeitnehmers können sie also einvernehmlich abgeändert werden. Die Rechtsnatur des bereits vor dem Betriebsübergang entstandenen tarifvertraglichen Anspruchs ändert sich nicht in Folge des Betriebsübergangs; der bereits entstandene, tariflich begründete Anspruch bleibt unverzichtbar.[192] Nach einem Jahr sind sie auch zuungunsten des Arbeitnehmers abänderbar. Dies entspricht der Nachwirkung gemäß § 4 Abs. 5 TVG.[193] Verliert der transformierte Tarifvertrag vor Ablauf seines Jahres seine zwingende Wirkung, etwa bei entsprechender Kündigung, so können die transformierten Tarifnormen auch zuvor abgeändert werden.

Die individualrechtliche Bindung an den Tarifvertrag umfasst allein die Tarifnormen, die zum Zeitpunkt des Betriebsübergangs gelten. Tritt ein Tarifvertrag nicht unmittelbar mit Abschluss, sondern erst später in Kraft, so beginnt die für die Transformation maßgebende Tarifgeltung erst mit dem Zeitpunkt des Inkrafttretens.[194] Der Bestandsschutz gemäß § 613a Abs. 1 S. 2 BGB ist **statisch** angelegt.[195] Spätere Änderungen haben keine Auswirkung.[196] Eine in der (statisch) fortgeltenden Tarifnorm angelegte Dynamik bleibt aber bestehen, etwa bereits vereinbarte Erhöhungen oder Abschmelzungen.[197] Die transformierten Tarifnormen haben keine größere Wirkung als unmittelbar geltende, so dass sie keine Vertragsbedingungen verdrängen können, die für den Arbeitnehmer günstiger sind.[198] Bestehen also neben transformierten Tarifnormen abweichende Individualvereinbarungen ist die daraus erwachsene Kollision nach dem Günstigkeitsprinzip zu lösen.[199]

Etwas anderes gilt dann, wenn der **Betriebserwerber** ebenfalls **tarifgebunden** ist. Nach § 613a Abs. 3 S. 3 BGB ist S. 2 nicht anzuwenden, wenn Rechte und Pflichten beim neuen Inhaber durch Rechtsnormen eines anderen Tarifvertrages geregelt sind. Dabei ist umstritten, inwieweit eine beidseitige Tarifgebundenheit an diesen neuen Tarifvertrag erforderlich ist.[200] Nach Auffassung des BAG erfordert § 613a Abs. 1 S. 3 BGB die **kongruente Tarifgebundenheit** des neuen Betriebsinhabers und des Arbeitnehmers.[201] Unerheblich ist, ob die beiderseitige kongruente Tarifgebundenheit erst nach dem Betriebsübergang entsteht.[202] Ab diesem Zeitpunkt werden die bisherigen, nunmehr arbeitsvertraglich geltenden Regelungen verdrängt, auch wenn sich die Arbeitsbedingungen der übergegangenen und kongruent tarifgebundenen Arbeitnehmer verschlechtern. Das Günstigkeitsprinzip kommt insoweit nicht zur Anwendung.[203] Es besteht **kein allgemeines Verschlechterungsverbot**; nach Ansicht des

---

[190] BAG 23.9.2009 – 4 AZR 331/08, BB 2010, 1796 ff.
[191] BAG 22.4.2009 – 4 AZR 100/08, NZA 2010, 41 ff. unter Aufgabe BAG 29.8.2001 – 4 AZR 332/00, NZA 2002, 513; dazu *Hohenstatt* NZA 2010, 23 ff.; BAG 12.9.2013 – 6 AZR 512/12, NZA-RR 2014, 154.
[192] BAG 12.2.2014 – 4 AZR 317/12, NZA 2014, 613.
[193] BAG 22.4.2009 – 4 AZR 100/08, NZA 2010, 41 ff.
[194] BAG 16.5.2012 – 4 AZR 321/10, NZA 2012, 923.
[195] BAG 29.8.2001 – 4 AZR 332/00, NZA 2002, 513 (515).
[196] BAG 4.8.1999 – 5 AZR 642/98, ZIP 1999, 1985 (1986).
[197] BAG 19.9.2007 – 4 AZR 711/06, NZA 2008, 241 ff.
[198] BAG 22.4.2009 – 4 AZR 100/08, NZA 2010, 41 ff. Rn. 30.
[199] BAG 12.12.2012 – 4 AZR 328/11, AP TVG § 1 Nr. 122.
[200] Vgl. LAG Köln 30.9.1999 – 6 (9) Sa 740/99, NZA-RR 2000, 179 ff.; *Hanau* RdA 1998, 65 (69); *Hensler* in FS Schaub, 319 ff.; *Meyer* DB 2004, 1886 ff.
[201] BAG 21.2.2001 – 4 AZR 18/00, NZA 2001, 1318 ff.; BAG 23.1.2019 – 4 AZR 445/17, NZA 2019, 922.
[202] BAG 11.5.2005 – 4 AZR 315/04, BB 2005, 2467; LAG Köln 1.4.2004 – 10 Sa 1228/02, DB 2004, 1892 ff. mzustAnm *Schiefer*.
[203] BAG 11.5.2005 – 4 AZR 315/04, BB 2005, 2467; BAG 22.4.2009 – 4 AZR 100/08, NZA 2010, 41 ff.; BAG 23.1.2019 – 4 AZR 445/17, NZA 2019, 922.

BAG steht dies auch im Einklang mit der Rechtsprechung des EuGH.[204] Voraussetzung ist, dass die Tarifnormen beim Betriebserwerber denselben Regelungsgegenstand betreffen, dh der Tarifvertrag beim Erwerber enthält dazu eine Regelung oder diesem Tarifvertrag ist zu entnehmen, dass er die im Arbeitsverhältnis fortwirkenden Tarifregelungen insgesamt ablösen sollte.[205] § 613a BGB findet keine Anwendung, wenn ein Firmentarifvertrag kraft **Gesamtrechtsnachfolge** auf einen anderen Rechtsträger übergeht.[206] Der neue Unternehmensträger wird im Wege der Gesamtrechtsnachfolge Partei des Firmentarifvertrages. Dies gilt etwa für eine Unternehmensverschmelzung gemäß § 20 Abs. 1 UmwG. Der Betriebsübergang als solcher erfasst aber auch bei einem Firmentarifvertrag nicht die Stellung als Tarifvertragspartei.[207]

75 Zu beachten ist, dass eine **vertragliche Bezugnahme** auf Tarifverträge (→ Rn. 76 ff.) lediglich eine schuldrechtliche Geltung der Tarifnormen herbeiführt. Es kommt daher weder eine unmittelbare noch eine entsprechende Anwendung des § 613a Abs. 1 S. 3 BGB in Betracht.[208]

7. Arbeitsvertragliche Bezugnahme auf Tarifverträge

76 Für nicht tarifgebundene Arbeitsvertragsparteien besteht die Möglichkeit, sich durch einzelvertragliche Bezugnahme auf einen Tarifvertrag an diesen zu binden. Die Tarifnormen werden einzelvertraglich in das Arbeitsverhältnis einbezogen.[209] In der Praxis kommen solche Verweisungen häufig vor. In mind. 65% der Arbeitsverträge wird auf einen Tarifvertrag verwiesen (→ § 67 Rn. 1). Besonders im Bereich des öffentlichen Dienstes ist es üblich, auf den TVöD bzw. TV-L (früher auf den Bundesangestellten-Tarifvertrag/BAT) zu verweisen. Sinn und Zweck einer Bezugnahme ist nach **früher** vorherrschendem Verständnis typischerweise die **Gleichstellung von organisierten und nicht organisierten Mitarbeitern**. Die Gleichstellung von Gewerkschaftsmitgliedern und Außenseitern führt zur Herstellung einheitlicher Arbeitsbedingungen im Betrieb, sofern der Arbeitgeber tarifgebunden ist oder in allen Arbeitsverträgen eine Bezugnahmeklausel aufgenommen wird. Arbeitgeber haben durch einheitliche Arbeitsbedingungen den Vorteil einer vereinfachten Verwaltung. Im Übrigen hat die Bindung an den jeweiligen Branchentarifvertrag zur Folge, dass der Arbeitgeber unter denselben Bedingungen wie tarifgebundene Wettbewerber steht, insbesondere die branchenübliche Vergütung zahlen muss. Dies bewirkt eine Stärkung der Kartellfunktion des Tarifvertrages. Schließlich führt die Verweisung als Regelsetzungstechnik zu einer Entlastung des Arbeitsvertrages; die Arbeitsvertragsparteien können die Arbeitsbedingungen umfassend regeln, ohne sie im Einzelnen in den Arbeitsvertrag aufnehmen zu müssen.[210] Eine Verweisungsklausel soll dagegen regelmäßig keinen bestimmten Status (etwa die Mitgliedschaft in einer bestimmten Gewerkschaft) fingieren, auch wenn dies bei ausdrücklicher Vereinbarung möglich ist.[211] Aufgrund **neuerer Rechtsprechung des BAG** muss eine beabsichtigte Gleichstellung ohnehin hinreichend deutlich zum Ausdruck kommen (→ Rn. 104).

---

[204] BAG 23.1.2019 – 4 AZR 445/17, NZA 2019, 922 mit Blick auf die Entscheidung des EuGH 6.9.2011 – C-108/10, NZA 2011, 1077 – Scattolon.
[205] BAG 23.1.2019 – 4 AZR 445/17, NZA 2019, 922.
[206] BAG 24.6.1998 – 4 AZR 208/97, NZA 1998, 1346 (1347); *Henssler* in FS Schaub, 326 f.; *Wienand* Rn. 287.
[207] BAG 20.6.2001 – 4 AZR 295/00, NZA 2002, 517 (518).
[208] BAG 17.11.2010 – 4 AZR 408/09, BeckRS 2011, 71810.
[209] Jedenfalls der normative Teil eines Tarifvertrages beansprucht kein Urheberrecht; vgl. *Schack* in FS Kreutz, S. 419 ff.
[210] *Gamillscheg* S. 732; *Gaul* Anm. zu EzA TVG § 3 Bezugnahme auf Tarifvertrag Nr. 7; vgl. auch *Hamacher*, Deklaratorische und konstitutive Klauseln in Tarifverträgen, 2000, S. 53 ff.; BAG 18.3.2009 – 4 AZR 64/08, NZA 2009, 1028.
[211] BAG 18.3.2009 – 4 AZR 64/08, NZA 2009, 1028; zust. *Preis* in FS Bepler, 487; Formulierungsvorschlag bei *Henssler/Moll*, AGB-Kontrolle vorformulierter Arbeitsbedingungen, S. 121.

> **Praxistipp:**
> Die Bezugnahme im Arbeitsvertrag auf *Allgemeine Arbeitsbedingungen*, die vom Arbeitgeber einseitig festgelegt werden, stellt keine Gleichstellungsabrede dar, selbst wenn diese mit Tarifregelungen übereinstimmen.[212]

a) Wirkung arbeitsvertraglicher Bezugnahme. Aufgrund arbeitsvertraglicher Inbezugnahme eines Tarifvertrags sind die Arbeitsvertragsparteien nicht iSd § 3 Abs. 1 TVG tarifgebunden. Derartige Verweisungen haben lediglich die Wirkung einzelvertraglich ausgehandelter Bestimmungen. Sie sind nicht tarifrechtlicher Art, sondern haben bloß **schuldrechtlichen Charakter**.[213] Es besteht also nur eine „vereinbarte Geltung". Mangels Normwirkung können die Arbeitsvertragsparteien jederzeit andere Abmachungen treffen, auch zu Lasten des Arbeitnehmers. Eine Tarifkollision im Sinne einer Tarifkonkurrenz oder -pluralität kommt nicht in Betracht.[214] Die Inbezugnahme eines ortsfremden Tarifvertrages kann etwa den normativ geltenden örtlichen Tarifvertrag nicht verdrängen.[215] Anzuwenden ist vielmehr das Günstigkeitsprinzip (§ 4 Abs. 3 TVG).[216]

Sofern ohnehin Tarifgebundene einen einschlägigen Tarifvertrag in Bezug nehmen, kann sich die Frage stellen, ob es sich lediglich um eine **deklaratorische Arbeitsvertragsklausel** handelt, also um einen bloßen Hinweis auf die Tarifverträge, die ohnehin kraft Tarifgebundenheit der Arbeitsvertragsparteien gelten. Regelmäßig wissen die Arbeitsvertragsparteien aber nicht um die Tarifbindung der anderen Partei, so dass eine **konstitutive Verweisung** gewollt sein wird.[217] Die konstitutive Wirkung entfällt nicht für den Fall, dass der in Bezug genommene Tarifvertrag durch beidseitige Tarifbindung normative Geltung erlangt.[218] Auch in diesem Fall kommt das Günstigkeitsprinzip zur Anwendung.

b) Arten der Verweisung. Hinsichtlich der **Wirkung** wird zwischen drei verschiedenen Arten der Bezugnahme unterschieden: Eine **statische Verweisung** nimmt den Inhalt eines bestimmten Tarifvertrages in einer bestimmten Fassung in Bezug, so dass sich spätere Änderungen des Tarifvertrages nicht auf den Inhalt des Arbeitsvertrages auswirken. Unter einer **kleinen dynamischen Verweisung** wird die Inbezugnahme eines bestimmten Tarifvertrages in seiner jeweils gültigen Fassung verstanden, so dass die Arbeitsvertragsparteien an der Entwicklung dieses konkreten Tarifvertrages teilnehmen. Vereinbart ist eine **zeitliche Dynamik**; im Hinblick auf den fachlichen und räumlichen Geltungsbereich ist die Bezugnahme hingegen statischer Natur.[219] Am weitest gehenden ist die **große dynamische Verweisung**, nach der die jeweils für den Betrieb/Arbeitgeber einschlägigen Tarifverträge gelten sollen. Bei einem Tarifwechsel können so auch Tarifverträge anderer Branchen und anderer Tarifvertragsparteien zum Inhalt des Arbeitsverhältnisses werden. Die große dynamische Verweisungsklausel wird aus diesem Grund auch als **fachlich dynamische Verweisung** oder **Tarifwechselklausel**[220] bezeichnet.

Hinsichtlich des **Umfangs** einer Verweisung wird wie folgt differenziert: Unter einer **Globalverweisung** wird die Verweisung auf das gesamte einschlägige Tarifwerk von Tarifver-

---

[212] BAG 18.4.2007 – 4 AZR 253/06, NZA 2007, 1455; BAG 11.2.2009 – 10 AZR 222/08, NZA 2009, 428; *Henssler/Moll* AGB S. 124.
[213] BAG 19.1.1999 – 1 AZR 606/98, NZA 1999, 879 (881); *Annuß* BB 1999, 2558; *Hamacher*, Deklaratorische und konstitutive Klauseln in Tarifverträgen, 2000, S. 119 ff.
[214] BAG 22.10.2008 – 4 AZR 784/07, NZA 2009, 151.
[215] BAG 17.4.2002 – 5 AZR 644/00, NZA 2002, 1340 (1342).
[216] Vgl. BAG 11.7.2018 – 4 AZR 533/17, NZA 2018, 1486; BAG 10.12.2014 – 4 AZR 503/12, NZA 2015, 946; *Annuß* BB 1999, 2558 (2561); *Hanau/Kania* in FS Schaub, S. 241.
[217] BAG 22.4.2009 – 4 AZR 100/08, NZA 2010, 41; *Annuß* BB 1999, 2558; *Hanau/Kania* in FS Schaub, 248; *Seitz/Werner* NZA 2000, 1257 (1260); *Hromadka* DB 1996, 1872 (1877); *Preis* in FS Bepler, 484; BAG 21.10.2015 – 4 AZR 649/14, BeckRS 2016, 67912: Bei arbeitsvertraglichen Regelungen ist grundsätzlich von Willens- und nicht von Wissenserklärungen auszugehen.
[218] BAG 29.8.2007 – 4 AZR 767/06, NZA 2008, 364 ff.
[219] *Gaul* Anm. zu EzA TVG § 3 Bezugnahme auf Tarifvertrag Nr. 7.
[220] Vgl. BAG 25.10.2000 – 4 AZR 506/99, NZA 2002, 100 (103).

tragsparteien, also auf den Manteltarifvertrag, den Entgelttarifvertrag und sonstige Tarifvereinbarungen verstanden.[221] Bei einer **Gesamtverweisung** wird ein Tarifvertrag vollumfänglich in Bezug genommen, während bei einer **Einzel- oder Teilverweisung** (punktuelle Bezugnahme) lediglich auf einzelne Bestimmungen oder Regelungsbereiche eines Tarifvertrages verwiesen wird (zum Beispiel „Es gelten die tariflichen Kündigungsfristen").

> **Praxistipp:**
> Die Arbeitsvertragsparteien können auch nur auf Entgeltregelungen eines Tarifvertrages verweisen. Das BAG hat auch eine **bedingte Bezugnahme** auf von Tarifvertragsparteien ausgehandelte **Gehaltssteigerungen** für zulässig erachtet.[222] Die Verweisung auf die Tariflohnerhöhungen erfolgte unter der Bedingung, dass es sich um keine strukturelle Änderung des Tarifwerks handelt.

81   Mitunter stellt sich das Problem einer **Doppelverweisung**. Wird etwa auf einen Mantel- oder Rahmentarifvertrag verwiesen, in dem es wiederum heißt, dass sich die Vergütung nach dem Entgelttarifvertrag richtet, so bilden Mantel- und Entgelttarifvertrag ohne ausdrückliche Regelung der Tarifvertragsparteien keine Einheit.[223] Durch bloße Verweisung auf den Manteltarifvertrag wird der entsprechende Entgelttarifvertrag nicht in Bezug genommen. Diese Rechtsprechung wird allerdings auf Grund der nach § 305c Abs. 2 BGB geltenden Unklarheitenregelung für vorformulierte Arbeitsverträge in Frage gestellt.[224]

> **Praxistipp:**
> Der Wechsel im **öffentlichen Dienst** vom BAT zum TVöD bzw. TV-L hat zu zahlreichen Diskussionen und Problemen bei Bezugnahmeklauseln geführt.[225] Es geht um die Frage, ob es sich um einen Tarifwechsel handelt und ob die Bezugnahmeklausel im früheren Musterarbeitsvertrag für den öffentlichen Dienst ggf. eine Tarifwechselklausel darstellt.[226] Das BAG hat entschieden, dass es sich nicht um einen Tarifwechsel, sondern um eine Tarifsukzession handelt.[227] Der TVöD ist keine neue Fassung des BAT.[228] Dies hat nach Ansicht des BAG bei kleinen dynamischen Bezugnahmeklauseln zur Folge, dass eine nachträgliche Regelungslücke entstanden ist, die durch ergänzende Vertragsauslegung geschlossen werden muss.[229] Dies führt regelmäßig zu dem Ergebnis, dass die Arbeitsvertragsparteien die Tarifsukzession nachvollzogen hätten. Bei einer großen dynamischen Bezugnahmeklausel („oder die den BAT ersetzenden Tarifverträge ...") stellt sich in der Regel allein die Frage, ob der TVöD oder der TV-L zur Anwendung kommen soll. Offen gelassen hat das BAG bislang die Frage, ob bei Ärzten der BAT durch den TV-L oder den TV-Ärzte abgelöst wird, der durch den Marburger Bund abgeschlossen worden ist.[230]
>
> Darüber hinaus haben zahlreiche nicht tarifgebundene Arbeitgeber, etwa Wohlfahrtsverbände, auf den BAT verwiesen, so dass fraglich ist, ob der BAT bzw. der TVöD oder der TV-L zur Anwendung kommt.[231] Eine „Gleichstellungsabrede" liegt jedenfalls mangels Tarifgebundenheit nicht vor.

---

[221] Wiedemann/*Oetker* TVG § 3 Rn. 263.
[222] BAG 9.11.2005 – 5 AZR 351/05, NZA 2006, 568; zust. *Henssler/Moll* AGB S. 124.
[223] BAG 2.3.1988 – 4 AZR 595/87, AP TVG § 1 Form Nr. 11; LAG Nürnberg 22.5.2001 – 6 Sa 562/00, ZTR 2001, 463; kritisch *Preis* Kap. II V 40 Rn. 39.
[224] *Thüsing/Lambrich* NZA 2002, 1361 (1366).
[225] Vgl. dazu etwa *Möller/Welkoborsky* NZA 2006, 1382 ff.; *Hümmerich/Mäßen* NZA 2005, 961 ff.; *Werthebach* NZA 2005, 1224; *Fieberg* NZA 2005, 1226; *Bayreuther* NZA 2009, 935 ff.
[226] Für eine „Tarifsukzession" *Möller/Welkoborsky* NZA 2006, 1382 ff.
[227] BAG 16.12.2009 – 5 AZR 888/08, NZA 2010, 401; BAG 19.5.2010 – 4 AZR 796/08, NZA 2010, 1183; zust. *Henssler/Seidensticker* RdA 2011, 247 (248); ausführlich *Thüsing* SR 2015, 60 ff.
[228] BAG 21.11.2012 – 4 AZR 85/11, NZA 2012, 396.
[229] BAG 21.11.2012 – 4 AZR 85/11, NZA 2012, 396; dazu *Henssler/Seidensticker* RdA 2011, 247 ff.; allg. zur Frage der ergänzenden Vertragsauslegung *Schlewing* RdA 2011, 92 ff.
[230] BAG 25.8.2010 – 4 AZR 14/09, NZA-RR 2011, 248; dazu *Henssler/Seidensticker* RdA 2011, 247 (251).
[231] Dazu etwa ArbG Münster 24.10.2006 – 3 Ca 1023/06, NZA-RR 2007, 24.

c) **Form der Verweisungsklausel.** Verweisungsklauseln kommen als individualrechtliche Vereinbarungen nach den allgemeinen Grundsätzen des Vertragsrechts (§§ 145 ff. BGB) zustande. Daraus folgt, dass grundsätzlich **keine besondere Form** einzuhalten ist, ausgenommen in den gesetzlich vorgeschriebenen Fällen, wie § 7 Abs. 3 S. 1 ArbZG oder § 101 Abs. 2 S. 3 ArbGG.[232] Die Bezugnahme auf einen Tarifvertrag kann daher **konkludent** erfolgen.[233]

Die Verweisung auf Tarifregelungen kann auch Inhalt einer **betrieblichen Übung** sein.[234] Dies wird regelmäßig dann der Fall sein, wenn der Arbeitgeber einen Firmentarifvertrag abschließt, also selbst Tarifvertragspartei ist.[235] Es ist aber genau zu prüfen, ob auf einen bestimmten Tarifvertrag verwiesen wird oder eine dynamische Inbezugnahme vorliegt.[236] Auch dem Arbeitnehmer ungünstige Regelungen, wie beispielsweise Ausschlussfristen, können so formlos Inhalt des Arbeitsvertrages werden. Für eine betriebliche Übung bzgl. einer Erhöhung des Entgelts entsprechend der Tarifentwicklung verlangt die Rechtsprechung wegen der nicht vorhersehbaren Dynamik der künftigen Lohnentwicklung deutliche Anhaltspunkte im Verhalten des Arbeitgebers dafür, dass er auf Dauer die tariflichen Lohnerhöhungen übernehmen will.[237] Besondere, von dem in Bezug genommen Tarifvertrag abweichende Vertragsvereinbarungen gehen den Tarifbestimmungen vor.[238]

Die formlose Einbeziehung von Tarifbestimmungen ist zwar wirksam, der Arbeitgeber hat aber seiner Pflicht gemäß § 2 Abs. 1 S. 2 Nr. 10 NachwG nachzukommen. Welche Anforderungen an einen insoweit ausreichenden **Nachweis** zu stellen sind, ist umstritten (→ Rn. 93 f.). Bei einem Verstoß gegen die Nachweispflicht kann dem Arbeitnehmer ein **Schadensersatzanspruch** zustehen, wenn sich der Arbeitgeber in Verzug befindet.[239]

d) **Grenzen zulässiger Vereinbarung.** Im Rahmen ihrer **Privatautonomie** steht es den Arbeitsvertragsparteien frei, Tarifnormen im Wege der Verweisung zum Gegenstand ihres Arbeitsvertrages zu machen. Auch für **vorformulierte Arbeitsverträge** iSd §§ 305 ff. BGB bestehen insoweit keine Bedenken gegen die Zulässigkeit von Verweisungsklauseln. Der Gesetzgeber geht ohnehin von deren Zulässigkeit aus, zum einen indem er in der Gesetzesbegründung auf die Anforderungen des NachwG und die dortige Möglichkeit nach § 2 Abs. 3 NachwG hinweist, zum anderen indem er in Zulassungsnormen vom Gesetz abweichende Vertragsregelungen durch Bezugnahme auf Tarifregelungen (dazu → Rn. 90) zulässt.[240]

Die **Mitgliedschaft** einer Partei in einem **konkurrierenden Verband** steht der Inbezugnahme eines von einem anderen Verband abgeschlossenen Tarifvertrages nicht entgegen.[241] Findet auf das Arbeitsverhältnis ein Tarifvertrag kraft normativer Geltung Anwendung, so können im Arbeitsvertrag in Bezug genommene Tarifnormen eines nicht einschlägigen Tarifvertrages nur im Rahmen des **Günstigkeitsprinzips** Anwendung finden.[242]

aa) *Verweisungsumfang.* Die Arbeitsvertragsparteien können frei darüber entscheiden, welchen Tarifvertrag sie in Bezug nehmen, ob sie auf den **gesamten Tarifvertrag** oder lediglich auf **einzelne Tarifnormen** verweisen.[243] Bei einer Gesamtverweisung bleibt es den Arbeitsvertragsparteien dennoch unbenommen, in einzelnen Punkten von den in Bezug genommenen Tarifnormen abzuweichen, etwa bei der Höhe der Vergütung.[244] Eine Ausnahme

---

[232] BAG 19.1.1999 – 1 AZR 606/98, NZA 1999, 879 (881).
[233] Vgl. BAG 19.1.1999 – 1 AZR 606/98, NZA 1999, 879 (881) mzustAnm *Kania* RdA 2000, 176 (177); LAG Hamm 25.2.2000 – 10 Sa 2061/99, NZA-RR 2000, 541 (543).
[234] BAG 19.1.1999 – 1 AZR 606/98, NZA 1999, 879 (881); vgl. auch BAG 14.11.2001 – 10 AZR 698/00, NZA 2002, 250; *Sutschet* NZA 2008, 679 ff.; *Thüsing/Braun* TarifR/*Reufels* Kap. 8 Rn. 11.
[235] Vgl. BAG 17.4.2002 – 5 AZR 89/01, NZA 2002, 1096 (1097).
[236] BAG 9.5.2007 – 4 AZR 275/06, NZA 2007, 1439.
[237] Vgl. BAG 24.2.2016 – 4 AZR 990/13, NZA 2016, 557; *Schliemann* Sonderbeilage zu NZA Heft 16, 2003, 3 (4).
[238] *Wiedemann/Oetker* TVG § 3 Rn. 322.
[239] BAG 17.4.2002 – 5 AZR 89/01, NZA 2002, 1096 (1098).
[240] BT-Drs. 14/6857, 54; *Reichold* ZTR 2002, 202 (205); *Thüsing/Lambrich* NZA 2002, 1361 (1362).
[241] BAG 22.1.2002 – 9 AZR 601/00, NZA 2002, 1041 (1043).
[242] Vgl. BAG 17.4.2002 – 5 AZR 644/00, NZA 2002, 1340 (1342).
[243] BAG 19.1.1999 – 1 AZR 606/98, NZA 1999, 879; BAG 17.1.2006 – 9 AZR 41/05, NZA 2006, 923; *Etzel* NZA 1987, 19 (25).
[244] Vgl. BAG 21.1.2001 – 5 AZR 96/99, EzA TVG § 3 Bezugnahme auf Tarifvertrag Nr. 14.

gilt im Bereich der **Arbeitnehmerüberlassung:** Jedenfalls nach § 9 Nr. 2 Halbs. 3 AÜG aF verlangt das BAG eine **vollständige Inbezugnahme von wirksamen Tarifverträgen.**[245]

88   *bb) Verweisungsobjekt.* Im Rahmen ihrer Vertragsfreiheit steht es den Arbeitsvertragsparteien offen, auf gegenwärtige, nur nachwirkende, bereits abgelaufene oder fehlerhafte Tarifverträge zu verweisen.[246] Auch die Inbezugnahme branchenfremder Tarifverträge ist grundsätzlich zulässig.[247]

89   Die einzelvertragliche Vereinbarung der Geltung von tariflichen **Betriebsnormen** ist umstritten,[248] bei Tarifbindung des Arbeitgebers aber wegen § 3 Abs. 2 TVG auch nicht erforderlich. **Betriebsverfassungsrechtliche Tarifnormen** können nicht in Bezug genommen werden.[249] Aber auch insoweit ist § 3 Abs. 2 TVG zu beachten. Ebenso wenig können die Arbeitsvertragsparteien die Bindung an **gemeinsame Einrichtungen** der Tarifvertragsparteien im Sinne des § 4 Abs. 2 TVG vereinbaren.[250]

90   Den Arbeitsvertragsparteien ist es nicht möglich, durch Bezugnahme auf Tarifklauseln arbeitsvertragliche Bestimmungen zu vereinbaren, die individualrechtlichen Vereinbarungen nicht offenstehen.[251] Gerade im Bereich des Arbeitsrechts gibt es zahlreiche Schutzgesetze, die nicht zur Disposition der Arbeitsvertragsparteien stehen. Von **tarifdispositivem Gesetzesrecht** (→ § 70 Rn. 28) können lediglich die Tarifvertragsparteien, nicht aber die Arbeitsvertragsparteien abweichen.[252] Die Verweisung auf einen Tarifvertrag, der Abweichungen von tarifdispositivem Recht enthält, erweitert nicht die individualrechtlichen Möglichkeiten der Vertragsparteien. Etwas anderes gilt lediglich dann, wenn der Gesetzgeber ausdrücklich eine Abweichung durch Bezugnahme zulässt (**gesetzliche Zulassungsnormen**), vgl. zB § 622 Abs. 4 S. 2 BGB, § 13 Abs. 1 S. 2 BUrlG, § 4 Abs. 4 S. 2 EFZG, §§ 7 Abs. 3, 12 ArbZG, § 8 Abs. 2 S. 3 AÜG, § 17 Abs. 3 S. 2 BetrAVG sowie § 22 Abs. 2 TzBfG. Erforderlich ist allerdings, dass die tarifvertraglichen Bestimmungen zu den jeweiligen Regelungsbereichen insgesamt übernommen werden.[253] Die einzelvertragliche Abweichung soll eben nur dann zulässig sein, wenn sichergestellt ist, dass die **Gesamtregelung** ausgewogen ist. Die Bezugnahme soll lediglich die fehlende Tarifgebundenheit ersetzen; aus diesem Grund kann nur auf den **für den Betrieb einschlägigen Tarifvertrag** verwiesen werden.[254] Nehmen die Arbeitsvertragsparteien auf eine Tarifnorm Bezug, die gegen höherrangiges Recht verstößt, so schlägt sich dies auf die Individualvereinbarung durch.[255]

91   *cc) Bestimmtheitsgrundsatz.* Regelmäßig wird betont, dass für die wirksame Einbeziehung tarifvertraglicher Normen die Beachtung des **Bestimmtheitsgrundsatzes** erforderlich ist. Der in Bezug genommene Tarifvertrag müsse bestimmbar sein,[256] andernfalls sei die Vereinbarung gegenstandslos.[257] Es wird auch gefordert, der im Arbeitsvertrag in Bezug genommene Tarifvertrag müsse so genau bezeichnet sein, dass Irrtümer über das Bezugsobjekt ausgeschlossen seien.[258] Die Anwendung des Bestimmtheitsgrundsatzes wirft Probleme gerade bei der konkludenten Inbezugnahme von Tarifregelungen auf.[259] Das Bedürfnis nach

---

[245] BAG 16.10.2019 – 4 AZR 66/18, NZA 2020, 260; aA *Ulrici* BB 2020, 756 ff.
[246] Vgl. BAG 30.8.2017 – 4 AZR 443/15, NZA 2018, 363; BAG 20.9.2006 – 10 AZR 33/06, NZA 2007, 164; *Etzel* NZA 1987, 19 (27); *Wiedemann/Oetker* TVG § 3 Rn. 324.
[247] BAG 20.11.2001 – 1 AZR 12/01, NZA 2002, 872; BAG 22.1.2002 – 9 AZR 601/00, NZA 2002, 1041 (1043).
[248] Dazu *Seitz/Werner* NZA 2000, 1257; *Annuß* BB 1999, 2558.
[249] Vgl. *Müller* RdA 1990, 321 (324).
[250] *Löwisch/Rieble* TVG § 3 Rn. 690.
[251] *Annuß* BB 1999, 2558.
[252] *Löwisch/Rieble* TVG § 3 Rn. 698 ff.; *Stein*, Tarifvertragsrecht, Rn. 253; aA *Wiedemann/Oetker* TVG § 3 Rn. 395, nach dessen Auffassung bei einer Globalverweisung auch auf von tarifdispositivem Recht abweichende Tarifnormen ohne gesetzliche Zulassungsnormen verwiesen werden kann.
[253] Vgl. etwa ErfK/*Gallner* BUrlG § 13 Rn. 20; ErfK/*Reinhard* EZFG § 4 Rn. 28.
[254] ErfK/*Reinhard* EZFG § 4 Rn. 28.
[255] BAG 29.9.2011 – 2 AZR 177/10, NZA 2012, 754.
[256] LAG Hamm 25.2.2000 – 10 Sa 2061/99, NZA-RR 2000, 541 (543); *Hanau/Kania* in FS Schaub, 243.
[257] *Etzel* NZA 1987, 19 (26).
[258] ArbG Berlin 7.3.1975 – 10 Ca 558/74, BB 1975, 559; *Preis* Kap. II V 40 Rn. 4.
[259] Vgl. auch LAG Hamm 29.9.1975 – 3 Sa 743/75, DB 1976, 874.

gesicherter Individualisierbarkeit schuldrechtlicher Vereinbarungen besteht aber nur, soweit Dritte und somit der allgemeine Rechtsverkehr betroffen sind, etwa bei der Abtretung oder bei Bürgschaften. Die Rechtsprechung zu Verweisungsklauseln in Tarifverträgen kann nicht herangezogen werden, da die Tarifvereinbarungen nicht die Tarifvertragsparteien, sondern die tarifgebundenen Arbeitsvertragsparteien betreffen.[260] Ohne einen derartigen Bezug auf Dritte kann in einem Vertragsverhältnis allein fraglich sein, ob eine **hinreichende Willenseinigung** erfolgt ist. Dabei handelt es sich um ein Auslegungsproblem. Allgemein anerkannt ist aber bislang, dass regelmäßig auf den **einschlägigen** Tarifvertrag verwiesen sein soll,[261] dh in der Regel auf den Tarifvertrag, an den der Arbeitgeber gebunden ist.[262] Ob dieser Grundsatz mit Blick auf die geltende **Unklarheitenregel** gemäß § 305c Abs. 2 BGB bei vorformulierten Arbeitsverträgen weitergelten kann, ist offen (→ Rn. 137). Diese kommt aber nur zur Anwendung, wenn die Auslegung zu keinem eindeutigen Ergebnis führt. Das BAG hat offengelassen, ob eine Klausel, mit der auf „die Vorschriften des jeweils gültigen Tarifvertrages" verwiesen wird, überhaupt wirksam ist.[263] Daneben ist zu prüfen, ob das **Transparenzgebot** verletzt ist.[264]

> **Praxistipp:**
> Will ein Arbeitnehmer Leistungen aus einem Tarifvertrag einklagen, so hat er diesen hinreichend bestimmt anzugeben, da er als Kläger den Streitgegenstand bestimmen muss. Nichts anderes ergibt sich insoweit aus § 293 ZPO (→ § 70 Rn. 4). Die Vorschrift verpflichtet das Gericht nicht, die in Frage kommenden Tarifverträge von Amts wegen zu ermitteln. Eine Amtsermittlungspflicht besteht nur, wenn es um die normative Wirkung eines Tarifvertrags geht, nicht aber wenn die Anwendung eines Tarifvertrags auf einer individualvertraglichen Vereinbarung beruht.[265]

Eine der Folgefragen des CGZP-Beschlusses des BAG vom 14.12.2010[266] ist, ob die Bezugnahme auf einen **mehrgliedrigen Tarifvertrag**, der aus einer Vielzahl einzelner Tarifverträge besteht, hinreichend bestimmt ist (gerade vor dem Hintergrund, dass einer oder mehrere dieser Tarifverträge unwirksam ist bzw. sind).[267] Hier ist womöglich zu unterscheiden: Die eigentlichen Tarifbestimmungen sind identisch; sie sind auch hinreichend bestimmbar. Problematisch ist allerdings eine dynamische Verweisung, da sich die einzelnen Tarifverträge in der Zukunft unterschiedlich entwickeln können. Des Weiteren ist versucht worden, eine **gestaffelte Verweisung** für den Fall der Unwirksamkeit der Tarifverträge zu vereinbaren. Hier dürfte regelmäßig das Transparenzgebot eine kaum überwindbare Hürde darstellen.[268] Das BAG hat dementsprechend entschieden, dass eine Verweisung auf mehrgliedrige Tarifverträge zur Gewährleistung ihrer hinreichenden Bestimmtheit eine Kollisionsregel erfordert, der sich entnehmen lässt, welches der mehreren in Bezug genommenen tariflichen Regelwerke bei sich widersprechenden Regelungen den Vorrang haben soll.[269]

---

[260] So aber LAG Hamm 25.2.2000 – 10 Sa 2061/99, NZA-RR 2000, 541 ff.
[261] BAG 5.11.1963 – 5 AZR 136/63, AP TVG § 1 Bezugnahme auf Tarifvertrag Nr. 1; *Hromadka/Maschmann/Wallner* Rn. 385.
[262] BAG 14.12.2005 – 10 AZR 296/05, NZA 2006, 744.
[263] BAG 16.5.2012 – 4 AZR 321/10, NZA 2012, 923 Rn. 46.
[264] So LAG Düsseldorf 10.8.2011 – 7 Sa 534/11, BeckRS 2011, 77256; LAG Schlh 9.12.2015 – 1 Ta 191/15, BeckRS 2016, 66305; vgl. auch *Preis* in FS Bepler, 488.
[265] BAG 25.1.2017 – 4 AZR 517/15, NZA 2017, 1623; BAG 12.12.2018 – 4 AZR 123/18, NZA 2019, 543
[266] BAG 14.12.2010 – 1 ABR 19/10, NZA 2011, 289; zu sozialversicherungsrechtlichen Folgen vgl. etwa BSG 16.12.2015 – B 12 R 11/14 R, BeckRS 2016, 67791.
[267] Verstoß gegen § 307 Abs. 1 befürwortend ArbG Lübeck 15.3.2011 – 3 Ca 3147/10, BB 2011, 2484; LAG Bln-Bbg 20.9.2011 – 7 Sa 1318/11, BB 2011, 2548; aA *Bayreuther* NZA 2012, 14 ff.; *Stoffels/Bieder* RdA 2012, 27 ff. Zur Unwirksamkeit der Tarifverträge ArbG Herford 4.5.2011 – 2 Ca 144/11, AiB 2011, 551; zur Inbezugnahme „mehrgliedrigeinheitlicher" Tarifverträge LAG BW 4.6.2013 – 22 Sa 73/12, BeckRS 2013, 70574; zu DGB-Tarifverträgen *Herrmann* BB 2013, 1781 ff.; *Schindele/Söhl* NZA 2014, 1049 ff.; *Bayreuther* DB 2014, 717 ff.; LAG RhPf 2.3.2016 – 7 Sa 352/15, BeckRS 2016, 68640: Klausel mit transparenter Kollisionsregel, offengelassen ob einheitlicher oder mehrgliedriger Tarifvertrag.
[268] Vgl. dazu *Brors* BB 2010, 101 ff. unter Verweis auf BAG 15.1.2009 – 2 AZR 641/07, NZA 2009, 957.
[269] BAG 13.3.2013 – 5 AZR 954/11, NZA 2013, 680.

93 *dd) NachwG.* In die Niederschrift nach § 2 Abs. 1 NachwG sind nicht allein vertraglich vereinbarte, sondern auch tarifvertraglich und gesetzlich geregelte Vertragsbedingungen aufzunehmen.[270] Die tarifvertraglichen Arbeitsbedingungen müssen allerdings nicht im Einzelnen wiederholt werden, sie können durch einen Hinweis auf den einschlägigen Tarifvertrag ersetzt werden.[271] Auch eines besonderen Hinweises auf eine tarifvertragliche Ausschlussfrist bedarf es nach Auffassung des BAG nicht.[272] Die Einhaltung des NachwG ist nach wie vor **keine Wirksamkeitsvoraussetzung** für die Einbeziehung der nachzuweisenden Arbeitsbedingungen.[273] Dies ergibt sich bereits aus dem Umstand, dass der Arbeitgeber gemäß § 2 Abs. 1 S. 1 NachwG erst innerhalb eines Monats die Vertragsbedingungen schriftlich niederzulegen hat und einen wirksam abgeschlossenen Arbeitsvertrag voraussetzt.[274]

94 Mit Blick auf den Verzicht des Gesetzgebers auf eine Einbeziehungskontrolle gemäß § 305 Abs. 2 BGB wird dem Nachweis im Schrifttum eine erhöhte Bedeutung zugewiesen.[275] § 2 Abs. 1 S. 2 Nr. 10 NachwG erfordere eine detaillierte Angabe des Bezugnahmeobjekts. Die nähere Bezeichnung des Tarifvertrages ist daher vorsorglich zu empfehlen.[276] Bei einer statischen Verweisung ist ohnehin die konkrete Fassung eines bestimmten Tarifvertrages anzugeben. Bei einer dynamischen Verweisungsklausel sollte klargestellt werden, welcher Tarifvertrag zurzeit des Vertragsschlusses zur Anwendung kommen soll (→ Rn. 114 ff.). Wesentliche **Änderungen** der in Bezug genommenen Tarifregelungen müssen dem Arbeitnehmer gemäß § 3 S. 2 NachwG nicht mitgeteilt werden.

95 e) **Auslegung.** Es ist zu differenzieren zwischen Auslegung der in Bezug genommenen Tarifbestimmungen und Auslegung der Verweisungsklausel selbst. Gegenstand der Auslegung der Verweisungsklausel ist auch die Frage, *ob* überhaupt eine Verweisung vereinbart werden sollte.

96 *aa) Grundsätze.* Bei **Auslegung der in Bezug genommenen Tarifbestimmungen** gilt folgendes zu beachten: Der Wille der Arbeitsvertragsparteien zielt regelmäßig auf die Gleichbehandlung mit den Tarifgebundenen. Diese wird nur dann erreicht, wenn die Tarifnormen selbst nach den Grundsätzen der Tarifvertragsauslegung interpretiert werden.[277] Der erklärte gegenteilige Wille der Arbeitsvertragsparteien ist aber vorrangig.[278] Bei der Bezugnahme auf **einzelne Tarifnormen** kann und soll hingegen keine Gleichbehandlung mit Tarifgebundenen erfolgen, so dass dann die Besonderheiten der Tarifvertragsauslegung nicht anzuwenden sind.[279]

97 Inhalt und Umfang einer **Bezugnahmeklausel** ist mittels Auslegung zu ermitteln.[280] Die Regeln der Vertragsauslegung (§§ 133, 157 BGB) gebieten, den wirklichen Willen er Vertragsparteien zu erforschen, nicht am buchstäblichen Sinn des Ausdrucks zu haften und Verträge so auszulegen, wie Treu und Glauben mit Rücksicht auf die Verkehrssitte es erfordern.[281] Motive des Erklärenden bleiben aber außer Betracht, soweit sie nicht im Wortlaut oder in sonstiger, für die Gegenseite erkennbarer Weise ihren Niederschlag finden.[282]

98 Bei der Auslegung vorformulierter Arbeitsverträge sind jedoch die Grundsätze zur Auslegung **Allgemeiner Geschäftsbedingungen** zu beachten. Bei Willenserklärungen an einen unbestimmten Personenkreis wird von „typischen Willenserklärungen" gesprochen, deren

---

[270] Vgl. BAG 29.5.2002 – 5 AZR 105/01, NZA 2002, 1360.
[271] BAG 29.5.2002 – 5 AZR 105/01, NZA 2002, 1360; *Oetker* in FS Wiedemann, 392.
[272] BAG 17.4.2002 – 5 AZR 89/01, NZA 2002, 1096 (1098); BAG 29.5.2002 – 5 AZR 105/01, NZA 2002, 1360.
[273] *Gotthardt* ArbR Rn. 223; *ders.* ZIP 2002, 277 (280).
[274] Vgl. *Annuß* BB 2002, 458 (460).
[275] Dazu *Preis* Kap. II V 40 Rn. 13 f.; *ders.* in FS Wiedemann, 435; *Gotthardt* ArbR Rn. 224.
[276] Vgl. auch *Schliemann* in FS Wiedemann, 558.
[277] BAG 28.6.2001 – 6 AZR 114/00, NZA 2002, 331 (332); LAG Bln-Bbg 12.12.1997 – 6 Sa 124/97, LAGE EFZG § 4 Tarifvertrag Nr. 19; *Etzel* NZA 1987, 19 (28).
[278] *D. Gaul* ZTR 1993, 355 (356).
[279] *Stein*, Tarifvertragsrecht, Rn. 234.
[280] LAG Hmb 15.11.2000 – 4 Sa 32/00, NZA 2001, 562 (564 f.); *Säcker/Oetker* ZfA 1993, 1 (14).
[281] Vgl. BAG 6.12.1990 – 6 AZR 268/89, AP TVG § 1 Bezugnahme auf Tarifvertrag Nr. 2; *Bauschke* ZTR 1993, 416 (418); *Müller* RdA 1990, 321 (323); *Etzel* NZA 1987, 19 (28).
[282] BAG 17.11.2010 – 4 AZR 127/09, NZA 2011, 457.

Auslegung einheitlich zu erfolgen hat.[283] Umstände des Einzelfalls bleiben außer Betracht. Es ist nicht auf den konkreten Empfänger der Willenserklärung, sondern auf das typische Verständnis redlicher Vertragspartner abzustellen.[284] Im Arbeitsrecht bedeutet dies konkret, dass auf die Verständnismöglichkeit des „Durchschnittarbeitnehmers" abzustellen und ein „objektivierter Wille" zu ermitteln ist. Bei vorformulierten Arbeitsverträgen findet die **Unklarheitenregel** gemäß § 305c Abs. 2 BGB Anwendung. Zweifel gehen zu Lasten des Verwenders. Die Unklarheitenregel greift aber erst ein, wenn **nach Ausschöpfung** der anerkannten Auslegungsmethoden nicht behebbare Zweifel verbleiben.[285] Das BAG wendet die Unklarheitenregel nicht an, wenn es aufgrund seiner früheren Rechtsprechung zu einem Ergebnis kommt.[286] Es formuliert lediglich, dass nach seiner Rechtsprechung „regelmäßig" (und nicht „im Zweifel") von einem je nach Problemkreis bestimmten Ergebnis auszugehen ist.

Wie bei jeder Auslegung ist zunächst vom **Wortlaut** der Bezugnahmeklausel auszugehen.[287] Er bildet jedoch, wie § 133 BGB ausdrücklich aufzeigt, keine Grenze.[288] Der Arbeitgeber ist aber, sofern er den Arbeitsvertrag vorformuliert, stärker am Wortlaut festzuhalten, da er es in der Hand hat, den Willen der Vertragsparteien und den beabsichtigten Zweck ausdrücklich festzuhalten.[289]

99

> **Praxistipp:**
> Bei der Klausel „Dieser Arbeitsvertrag basiert auf den Tarifverträgen XX." ist schon unklar, ob die Tarifregelungen gelten sollen oder ob sich die vereinbarten Arbeitsbedingungen an diesen Tarifbestimmungen orientieren.[290] Sie ist jedenfalls dann intransparent, wenn zugleich noch auf Richtlinien des Arbeitgebers verwiesen wird.

Rückschlüsse können auch aus der dem Vertragsschluss nachgehenden **Vertragsdurchführung** gezogen werden.[291] Entscheidend ist aber der Wille der Vertragspartner zum **Zeitpunkt des Vertragsschlusses**.[292] Bei der Ermittlung des Willens der Vertragsparteien ist **Sinn und Zweck** der Verweisungsklausel maßgeblich.[293]

100

Bei der Auslegung von Verweisungsklauseln hat das BAG[294] eine für die Praxis relevante **Änderung der Rechtsprechung** vollzogen. Das BAG ist nunmehr der Auffassung, dass sich die Auslegung von Verweisungsklauseln **vorrangig am Wortlaut** zu orientieren hat. Früher kam das BAG unter zumeist alleiniger Berücksichtigung des angeblichen Zwecks einer Gleichstellungsabrede zu Auslegungsergebnissen, die im Wortlaut der Vertragsklausel regelmäßig keinerlei Niederschlag gefunden hatten. Aus Gründen des **Vertrauensschutzes** unterscheidet das BAG zwischen Arbeitsverträgen, die vor oder nach dem 1.1.2002 (Inkrafttreten der Schuldrechtsreform) geschlossen worden sind (→ Rn. 104 ff.). Diese Rechtsprechung

101

---

[283] BAG 21.11.2012 – 4 AZR 85/11, NZA 2012, 396; BAG 17.11.2010 – 4 AZR 127/09, NZA 2011, 457; vgl. auch BAG 30.8.2000 – 4 AZR 581/99, NZA 2001, 510 f.
[284] BAG 8.12.2010 – 10 AZR 671/09, NZA 2011, 628.
[285] BAG 9.11.2005 – 5 AZR 128/05, NZA 2006, 202.
[286] BAG 17.1.2006 – 9 AZR 41/05, NZA 2006, 923 (926).
[287] *Thüsing/Lambrich* RdA 2002, 193 (198).
[288] Enger LAG Hamm 1.2.2001 – 8 Sa 1439/00, BeckRS 2001, 30789540; dagegen BAG 21.8.2002 – 4 AZR 263/01, NZA 2003, 442 ff.
[289] *Annuß* BB 1999, 2558 (2561); *Thüsing/Lambrich* RdA 2002, 193 (201); vgl. BAG 30.8.2000 – 4 AZR 581/99, NZA 2001, 510 (511); vgl. aber auch BAG 26.9.2001 – 4 AZR 544/00, NZA 2002, 634 (635), kritische Anm. Bayreuther DB 2002, 1008 ff.; *Lambrich* BB 2002, 1267 ff.
[290] LAG Düsseldorf 10.8.2011 – 7 Sa 534/11, BeckRS 2011, 77256; ebenso LAG Düsseldorf 28.3.2013 – 5 Sa 1877/12, BeckRS 2013, 69902.
[291] BAG 14.12.2005 – 10 AZR 296/05, NZA 2006, 744 ff.; BAG 21.10.2015 – 4 AZR 649/14, BeckRS 2016, 67912.
[292] BAG 17.11.2010 – 4 AZR 127/09, NZA 2011, 457; LAG SchlH 25.5.2000 – 4 Sa 86/00, BeckRS 2000, 30785083.
[293] Vgl. LAG SchlH 25.5.2000 – 4 Sa 86/00, BeckRS 2000, 30785083.
[294] BAG 18.4.2007 – 4 AZR 652/05, NZA 2007, 965; BAG 14.12.2005 – 4 AZR 536/04, NZA 2006, 607 ff.; BAG 16.5.2012 – 4 AZR 321/10, NZA 2012, 923 Rn. 40.

führt im Ergebnis zu einer **„Stichtagsregelung".**[295] Wurde ein „Altvertrag" nach dem 1.1. 2002 abgeändert, so kommt es nach Ansicht des BAG für die Frage, welche Auslegungsmaßstäbe zur Anwendung kommen, darauf an, ob die vertragliche Bezugnahmeregelung im Rahmen der Änderungsvereinbarung zum Gegenstand der rechtsgeschäftlichen Willensbildung gemacht worden ist.[296] Dies ist beispielsweise anzunehmen, wenn in der Änderungsvereinbarung die Formulierung, „alle anderen Vereinbarungen aus dem Anstellungsvertrag [bleiben] unberührt" genutzt wird.[297] Aus einer derartigen Formulierung ergibt sich, dass alle übrigen Vertragsklauseln, die keiner Änderung unterliegen sollten, ebenfalls geprüft worden seien und nicht umformuliert werden sollten. Aus einem **„Altvertrag"** kann so ein **„Neuvertrag"** iSd Rechtsprechung des BAG werden.

> **Praxistipp:**
> Die Änderung der Rechtsprechung betrifft nicht allein Bezugnahmeklauseln, die in vorformulierten Arbeitsverträgen vereinbart worden sind. Sie bezieht sich vielmehr auf die Auslegung sämtlicher Bezugnahmeklauseln, gleich ob sie sich in vorformulierten, einzelvertraglich ausgehandelten, mündlichen oder kraft betrieblicher Übung geltenden Vereinbarungen befinden.

102 Es sind zahlreiche Auslegungsregeln für **Zweifelsfälle** entwickelt worden (→ Rn. 106 ff.). Vor deren Anwendung ist die arbeitsvertragliche Regelung aber zunächst nach den allgemeinen Grundsätzen umfassend auszulegen. Dies wird in der Praxis häufig zu wenig beachtet.[298]

103 Anzuwenden sind auch die Grundsätze zur **ergänzenden und korrigierenden Auslegung**, die zu einer Vertragskorrektur führen. Jede derartige Korrektur setzt zunächst eine regelungsbedürftige Vertragslücke und das Bedürfnis einer Vertragsergänzung voraus.[299] Zur Schließung der Lücke ist der hypothetische Wille der Parteien zu ermitteln. Die bisherige Rechtsprechung hat bei Bezugnahmeklauseln eine korrigierende bzw. ergänzende Auslegung vor dem Hintergrund des Zwecks der Bezugnahme als „Gleichstellungsabrede" vorgenommen.[300] Eine korrigierende Auslegung war nach dieser Rechtsprechung aber nur möglich, wenn die Vereinbarung als **Gleichstellungsabrede** zu verstehen ist und bei Abschluss des Arbeitsvertrages **besondere Umstände** vorliegen, aus denen zu schließen ist, dass die Parteien des Arbeitsvertrages das Arbeitsverhältnis anderen – nicht benannten – Tarifverträgen unterstellen wollten (→ Rn. 123 ff.).[301] Die Voraussetzungen für eine korrigierende Auslegung sind daher – auch nach der früheren Rechtsprechung – nicht gegeben, wenn die Arbeitsvertragsparteien auf einen **branchen- oder ortsfremden Tarifvertrag** Bezug nehmen, da dieser für die tarifgebundenen Arbeitnehmer nicht gilt und eine Gleichstellung nicht erzielt werden kann.[302] Gleiches gilt bei einer Teilverweisung. Zu prüfen bleibt, ob die Voraussetzungen des Wegfalls der Geschäftsgrundlage vorliegen.[303]

104 *bb) Verträge vor dem 1.1.2002.* Für **Arbeitsverträge**, die **vor dem 1.1.2002** geschlossen worden sind, gilt demnach regelmäßig folgende Rechtsprechung fort: Zweck der arbeitsver-

---

[295] BAG 18.4.2007 – 4 AZR 652/05, NZA 2007, 965; krit. *Zerres* NJW 2006, 3533; dagegen zutreffend *Hanau* RdA 2007, 181.
[296] BAG 21.10.2015 – 4 AZR 649/14, BeckRS 2016, 67912.
[297] BAG 27.3.2018 – 4 AZR 208/17, NZA 2018, 1264.
[298] Vgl. auch *Thüsing/Lambrich* RdA 2002, 193 ff.
[299] Vgl. Palandt/*Heinrichs* BGB § 157 Rn. 3 f.
[300] BAG 4.9.1996 – 4 AZR 135/95, AP TVG § 1 Bezugnahme auf Tarifvertrag Nr. 5; im Schrifttum wird eine korrigierende Auslegung bei Bezugnahmeklauseln als unzulässig und nicht notwendig abgelehnt, vgl. *Hromadka/Maschmann/Wallner* Rn. 385, 410; *Thüsing/Lambrich* RdA 2002, 193 ff.; zur ergänzenden Auslegung bei Auflösung des Arbeitgeberverbandes BAG 13.11.2002 – 4 AZR 393/01, NZA 2003, 1039 (1041).
[301] BAG 25.10.2000 – 4 AZR 506/99, NZA 2002, 100 (103); BAG 30.8.2000 – 4 AZR 581/99, NZA 2001, 510 ff.
[302] BAG 25.10.2000 – 4 AZR 506/99, NZA 2002, 100 ff.; LAG Düsseldorf 21.5.1999 – 14 (11) Sa 1015/98, LAGE TVG § 3 Bezugnahme auf Tarifvertrag Nr. 7; LAG Hamm 1.2.2001 – 8 Sa 1439/00.
[303] Dazu *Thüsing/Lambrich* RdA 2002, 193 (205, 207); vgl. auch BAG 25.9.2002 – 2 AZR 294/01, NZA 2003, 807 (809).

traglichen Bezugnahme ist nach (der früheren) Auffassung des BAG typischerweise eine **Gleichstellungsabrede;** die Arbeitsvertragsparteien wollen nicht organisierte und organisierte Arbeitnehmer gleichstellen.[304] Die Bezugnahme soll lediglich die fehlende Gewerkschaftszugehörigkeit des Arbeitnehmers ersetzen.[305] Die Nichtorganisierten behalten so Anschluss an die aktuelle Entwicklung der Arbeitsbedingungen. Dies kann aber nur dann gelten, wenn der **Arbeitgeber** selbst **tarifgebunden** ist, andernfalls besteht auch für organisierte Arbeitnehmer keine Tarifbindung.[306] Die Tarifbindung des Arbeitgebers zum Zeitpunkt des Vertragsschlusses ist zwingende Voraussetzung einer Gleichstellungsabrede.[307] Dies ist etwa nicht der Fall, wenn nicht auf den einschlägigen Tarifvertrag verwiesen wird.[308] Diese frühere Rechtsprechung fand immer schon **Kritik.** Für den Arbeitnehmer ist regelmäßig nicht erkennbar, ob der Arbeitgeber tarifgebunden ist. Das LAG Hamm[309] ging bereits früher aus diesem Grund davon aus, dass nicht lediglich die Tarifbindung des Arbeitnehmers ersetzt werden soll. Es soll die beiderseitige Tarifbindung ersetzt werden.[310] Je nach Wortlaut und Anwendung der Klausel wird der Sinn einer Verweisung auch darin gesehen, für sämtliche Beschäftigte gleiche Vertragsbedingungen (unabhängig auf Grund welchen Tarifvertrages) zu schaffen.[311] Der Arbeitgeber wolle die Personalverwaltung vereinheitlichen und damit vereinfachen (Standardisierungsinteresse).[312] Bei einem **nicht tarifgebunden Arbeitgeber** könne die Aufnahme von Verweisungsklauseln in die Arbeitsverträge den Zweck haben, die **branchenüblichen Arbeitsbedingungen** anzuwenden. Bei einem **nicht tarifgebundenen Arbeitgeber** ist **keine Gleichstellungsabrede** bezweckt, so dass der Wortlaut der Verweisungsklausel auch nach der früheren Rechtsprechung des BAG stärker im Vordergrund der Auslegung steht.[313] Nach Auffassung des BAG muss ein Arbeitnehmer eine entsprechende Bezugnahmeklausel dann so verstehen, dass sie ihm die Teilhabe an der Tarifentwicklung für die Dauer des Arbeitsverhältnisses sichern soll.[314]

Diese aufgezeigte Rechtsprechung gilt regelmäßig aus **Vertrauensschutzgründen** für Verträge fort, die vor dem 1.1.2002 geschlossen worden sind. Entscheidend ist der Zeitpunkt des Vertragsabschlusses.[315] Nachträgliche Änderungen des Arbeitsvertrages lassen den Vertrauensschutz entfallen.[316] Eine zeitliche Begrenzung des Vertrauensschutzes für „Altverträge" lehnt das BAG ab.[317] Voraussetzung ist allerdings, dass der Arbeitgeber tarifgebunden ist und entgegenstehende Anhaltspunkte fehlen. Darüber hinaus muss die betroffene Partei auf die Weiterführung der bisherigen Rechtsprechung vertraut haben und die Anwendung der geänderten Rechtsprechung müsste eine unzumutbare Härte darstellen. Es ist eine „**typisierte**" **Abwägung** im Einzelfall geboten.[318] Das BAG sieht etwa dann den Vertrauensschutz eingeschränkt, wenn ein LAG dem BAG seine Gefolgschaft versagt hatte. Weitere Fälle, in

105

---

[304] BAG 26.9.2001 – 4 AZR 544/00, NZA 2002, 634 (635 f.); BAG 20.3.1991 – 4 AZR 455/90, AP TVG § 4 Tarifkonkurrenz Nr. 20; zur Entwicklung vgl. *Thüsing/Lambrich* RdA 2002, 193 (197); *Annuß* BB 1999, 2558 (2559 ff.), verlangt eine stärkere Berücksichtigung des Willens der Vertragsparteien.

[305] BAG 29.8.2001 – 4 AZR 332/00, NZA 2002, 513 (516); BAG 4.8.1999 – 5 AZR 642/98, EzA BGB § 613a Nr. 184; LAG SchlH 25.5.2000 – 4 Sa 86/00, BeckRS 2000, 30785083.

[306] BAG 26.9.2001 – 4 AZR 544/00, NZA 2002, 634 (636); BAG 17.11.2010 – 4 AZR 127/09, NZA 2011, 457; BAG 30.8.2000 – 4 AZR 581/99, NZA 2001, 510 (511); *Schliemann* in FS Wiedemann, 543 (557).

[307] BAG 1.12.2004 – 4 AZR 50/04, NZA 2005, 478.

[308] BAG 17.11.2010 – 4 AZR 127/09, NZA 2011, 457; BAG 16.5.2012 – 4 AZR 321/10, NZA 2012, 923 Rn. 40.

[309] LAG Hamm 1.2.2001 – 8 Sa 1439/00, BeckRS 2001, 30789540; vgl. auch *Thüsing/Lambrich* RdA 2002, 193 (199); aA BAG 21.8.2002 – 4 AZR 263/01, NZA 2003, 442 ff.; BAG 26.9.2001 – 4 AZR 544/00, NZA 2002, 634 (636); dazu kritisch *Bayreuther* DB 2002, 1008 ff.; *Lambrich* BB 2002, 1267 ff.

[310] So auch *Thüsing/Lambrich* RdA 2002, 193 (200).

[311] LAG Hamm 1.2.2001 – 8 Sa 1439/00, BeckRS 2001, 30789540; vgl. aber BAG 21.8.2002 – 4 AZR 263/01, NZA 2003, 442 ff.

[312] LAG Hmb 15.11.2000 – 4 Sa 32/00, NZA 2001, 562 (565); vgl. auch *Preis* in FS Wiedemann, 425.

[313] *Thüsing* NZA 2003, 1184 (1185).

[314] BAG 19.3.2003 – 4 AZR 331/02, NZA 2003, 1207 (1208).

[315] BAG 17.11.2010 – 4 AZR 127/09, NZA 2011, 457.

[316] Dazu BAG 24.2.2010 – 4 AZR 691/08, NZA-RR 2010, 530; *Henssler/Moll* AGB S. 118.

[317] BAG 14.12.2011 – 4 AZR 79/10, BB 2012, 52.

[318] BAG 18.4.2007 – 4 AZR 652/05, NZA 2007, 965.

denen kein Vertrauensschutz zu gewähren ist, sind denkbar. So ist ein Arbeitgeber, der bereits vor dem 1.1.2002 aus dem Arbeitgeberverband ausgetreten und deshalb nicht mehr tarifgebunden ist, nicht schutzbedürftig, wenn er anschließend alle Tarifvertragsänderungen umgesetzt und damit gezeigt hat, dass er die Arbeitsvertragsklausel im Sinne der neuen Rechtsprechung zutreffend ausgelegt hat.

106 *cc) Verträge nach dem 1.1.2002.* Für **Arbeitsverträge**, die nach dem 1.1.2002 geschlossen worden sind, gelten nunmehr folgende Auslegungsgrundsätze: Das BAG „besinnt" sich auf allgemeine Auslegungsgrundsätze, wonach Willenserklärungen nach einem objektiven Empfängerhorizont auszulegen sind, so dass solche Motive des Erklärenden nicht zu berücksichtigen sind, die nicht im Wortlaut oder in sonstiger Weise in hinreichend erkennbarer Weise ihren Niederschlag gefunden haben.[319] Der Arbeitnehmer muss nicht beim Arbeitgeber nachfragen, ob dieser tarifgebunden ist. Vielmehr muss der Arbeitgeber hinreichend erkennbar deutlich machen, dass er seine Tarifgebundenheit zum Inhalt seiner Erklärung macht. Ansonsten gibt es keine systematisch nachvollziehbare Erklärung für ein unterschiedliches Auslegungsergebnis einer Verweisungsklausel, je nachdem ob ein Arbeitgeber tarifgebunden ist oder nicht.

107 Bei der arbeitsvertraglichen **Inbezugnahme eines bestimmten Tarifvertrages** in seiner jeweiligen Fassung (kleine dynamische Klausel) bedeutet dies regelmäßig, dass das Arbeitsverhältnis und damit auch der Arbeitgeber aufgrund der Vertragsklausel an diesen Tarifvertrag unabhängig von der eigenen Tarifgebundenheit gebunden bleiben. Die Arbeitsvertragsklausel hat konstitutive Wirkung. Dies kann zu einer „**Ewigkeitsklausel**" führen, von der sich der Arbeitgeber nur durch Änderungsvereinbarung oder -kündigung lösen kann. Entsprechend ist eine klare Formulierung in Arbeitsverträgen erforderlich.[320] Der 4. Senat des BAG lehnt die Annahme einer grundsätzlichen konkludenten **Betriebsvereinbarungsoffenheit** bei Formulararbeitsverträgen ab.[321] Eine **Tarifvertragsoffenheit** einzelvertraglicher Regelungen weist das BAG zurück, da Tarifverträge – anders als Betriebsvereinbarungen –nicht „automatisch" normativ für ein Arbeitsverhältnis gelten.[322]

108 Verweisungsklauseln können weiterhin im Sinne einer **Gleichstellungsabrede** vereinbart werden.[323] Dies sollte im Vertrag allerdings klargestellt sein. *„Die Verweisung auf Tarifregelungen bezweckt die Gleichstellung von nicht organisierten und organisierten Arbeitnehmern. Der Arbeitnehmer soll vertraglich so gestellt werden, als wäre er Mitglied der vertragsschließenden Gewerkschaft."*[324] Auch die Formulierung *„soweit sie (die bestimmten Tarifverträge) für die Firma verbindlich sind"* bietet in der Regel einen ausreichenden Anhaltspunkt für eine Gleichstellungsabrede bei einem Neuvertrag, die auch nicht intransparent im Sinne des § 307 Abs. 2 BGB ist.[325]

109 Ob sich eine Verweisungsklausel nur auf nicht organisierte Arbeitnehmer beziehen soll,[326] muss gut überlegt sein. Dadurch wird auch die Möglichkeit eingeschränkt, einen Tarifwechsel herbeizuführen.[327]

110 *dd) Einzelne Auslegungsfragen. (1) Bezugsobjekt.* **Frühere Rechtsprechung:** Verbleiben Zweifel bei der Frage, auf welchen Tarifvertrag verwiesen werden sollte, gelten folgende

---

[319] BAG 18.4.2007 – 4 AZR 652/05, NZA 2007, 965; bestätigt BAG 11.4.2018 – 4 AZR 119/17, NZA 2018, 1273.
[320] *Preis/Greiner* NZA 2007, 1073 (1075); zur „Entdynamisierung" von Klauseln etwa *Wahlig/Brune* NZA 2018, 221 ff.; *Ubber/Massig* zu betriebsvereinbarungsoffenen Vereinbarungen; vgl. auch *Moll/Katerndahl* Anm. zu BAG 30.8.2017 – 4 AZR 95/14, AP TVG § 1 Bezugnahme auf Tarifvertrag Nr. 139; *Bepler* in FS Moll, 49 ff.
[321] BAG 11.4.2018 – 4 AZR 119/17, NZA 2018, 1273 mzustAnm *Wenning* RdA 2019, 244; aA aber BAG 5.3.2013 – 1 AZR 417/12, NZA 2013, 916; dazu auch *Creutzfeldt* NZA 2018, 1111. Keine Betriebsvereinbarungsoffenheit bei Verweisung auf kirchliche Arbeitsrechtregelungen, vgl. BAG 11.7.2019 – 6 AZR 40/17, NZA-RR 2019, 590.
[322] BAG 16.5.2018 – 4 AZR 209/15, NZA 2018, 1489.
[323] BAG 14.12.2005 – 4 AZR 536/04, NZA 2006, 607 ff.; *Hanau* RdA 2007, 181.
[324] Vgl. *Bauer/Günther* NZA 2008, 6 (7).
[325] BAG 5.7.2017 – 4 AZR 867/16, NZA 2018, 47 ff.; vgl. bereits LAG Hamm 4.10.2007 – 15 Sa 746/07, BeckRS 2008, 50010.
[326] Formulierungsvorschlag bei *Preis/Greiner* NZA 2007, 1073 (1079).
[327] Vgl. *Bauer/Günther* NZA 2008, 6 (8).

Grundsätze: Im Zweifel wollen die Arbeitsvertragsparteien den **einschlägigen Tarifvertrag** in Bezug nehmen.[328] Dies muss jedenfalls bei Tarifgebundenheit des Arbeitgebers gelten; nur dann wird die regelmäßig gewollte Gleichstellung organisierter Arbeitnehmer und Außenseiter erzielt. Die Arbeitsvertragsparteien wollen im Zweifel nicht auf unwirksame Tarifverträge verweisen.[329] Diese beanspruchen auch im Verhältnis tarifgebundener Arbeitsvertragsparteien keine Geltung. Bei vorformulierten Arbeitsverträgen gilt die **Unklarheitenregel** nach § 305c Abs. 2 BGB. *Neue Rechtsprechung:* Der einschlägige Tarifvertrag ist das Bezugsobjekt, wenn es nur einen gibt und kein anderer in der Klausel benannt ist. Die Tarifgebundenheit des Arbeitgebers kann nur dann berücksichtigt werden, wenn diese hinreichend zum Ausdruck gekommen ist. Die **Unklarheitenregel** nach § 305c Abs. 2 BGB kommt auch hier bei vorformulierten Arbeitsverträgen zur Anwendung. Wird im Arbeitsvertrag ohne Einschränkung auf einen Tarifvertrag eines bestimmten, konkret bezeichneten Gewerbes verwiesen, so kommt dieser zur Anwendung, ohne dass dies von Faktoren abhängt, die nicht im Vertrag benannt oder in sonstiger Weise für beide Parteien erkennbar zur Voraussetzung gemacht worden sind.[330] Wird auf konkret bezeichnete **Flächentarifverträge** in ihrer jeweiligen Fassung verwiesen, so werden ohne besondere Anhaltspunkte später abgeschlossene Haustarifverträge nicht erfasst.[331] Bei Bezugnahme auf die **Tarifverträge einer bestimmten Branche**, dh. eines bestimmten Wirtschaftszweigs, wird üblicherweise auf einen Flächentarifvertrag und nicht einen Firmentarifvertrag verwiesen, da eine Branche regelmäßig eine Vielzahl von Unternehmen umfasst.[332] Besonderheiten gelten zu beachten bei einer Verweisung auf einen **Anerkennungstarifvertrag**, der wiederum einen anderen, etwa einen Flächentarifvertrag in Bezug nimmt. Die Dynamik, die allein über den Anerkennungstarifvertrag vermittelt wird, geht verloren, wenn dieser gekündigt wird und nach Ablauf von dessen Kündigungsfrist nur noch nachwirkt.[333]

Welcher Tarifvertrag in Bezug genommen werden soll, ist auch dann fraglich, wenn in einem Betrieb mehrere Tarifverträge gelten. Diese Frage ist gerade vor dem Hintergrund der Rechtsprechungsänderung zum **Grundsatz der Tarifeinheit** (→ Rn. 191 ff.) aktuell geworden (→ Rn. 133 ff.).

(2) Umfang der Inbezugnahme. Frühere Rechtsprechung: Den Vertragsparteien steht es grundsätzlich frei, auf den gesamten Tarifvertrag, auf einzelne Tarifnormen oder einzelne Regelungsbereiche zu verweisen.[334] Bei sog. Zulassungsnormen kann sich aus dem Gesetz ergeben, dass lediglich eine vollständige Inbezugnahme des Tarifwerks zulässig ist, etwa im Rahmen des AÜG.[335] Gerade bei der Inbezugnahme kraft betrieblicher Übung kann zweifelhaft sein, in welchem Umfang auf einen Tarifvertrag verwiesen wird. Nach Ansicht des BAG nehmen die Arbeitsvertragsparteien im Zweifel Bezug auf den **gesamten Tarifvertrag**, also auch auf tarifliche Ausschlussfristen.[336] Dies gilt jedenfalls, sofern der Arbeitgeber tarifgebunden ist, denn dann werden die Arbeitsvertragsparteien wegen der beabsichtigten Gleichbehandlung von tarifgebundenen und tarifungebundenen Arbeitnehmern den einschlägigen Tarifvertrag im Zweifel vollständig in Bezug nehmen wollen.[337] Hiervon ist gerade bei Firmentarifverträgen auszugehen, wenn der Arbeitgeber also selbst Tarifvertragpartei ist.[338] Eine

---

[328] BAG 5.11.1963 – 5 AZR 136/63, AP TVG § 1 Bezugnahme auf Tarifvertrag Nr. 1; *Hromadka/Maschmann/Wallner* Rn. 385; *Wiedemann/Oetker* TVG § 3 Rn. 375.
[329] *Preis* Kap. II V 40 Rn. 6; *Gamillscheg* S. 737.
[330] BAG 22.9.2010 – 4 AZR 98/09, AP BGB § 133 Nr. 59.
[331] BAG 12. Dezember 2018 – 4 AZR 123/18, NZA 2019, 543; vgl. auch BAG 16.5.2018 – 4 AZR 209/15, NZA 2018, 1489.
[332] BAG 11.7.2018 – 4 AZR 533/17, NZA 2018, 1486; krit. *Greiner/Vitt* BB 2020, 820 ff.
[333] BAG 22.3.2017 – 4 AZR 462/16, NZA 2017, 587; ust. *Ulber/Koch* BB 2017, 2169 ff.
[334] BAG 17.11.1998 – 9 AZR 584/97, NZA 1999, 938 (939); LAG Hamburg 15.11.2000 – 4 Sa 32/00, NZA 2001, 562 (564); *Wiedemann/Oetker* TVG § 3 Rn. 314.
[335] BAG 16.10.2019 – 4 AZR 66/18, NZA 2020, 260.
[336] BAG 19.1.1999 – 1 AZR 606/98, NZA 1999, 879 (881); *Hanau/Kania* in FS Schaub, 258; aA *Annuß* BB 1999, 2558 (2562).
[337] BAG 19.1.1999 – 1 AZR 606/98, NZA 1999, 879 ff.; *Hanau/Kania* in FS Schaub, 259; *Gaul* Sonderbeilage NZA Heft 3/2000, 51 (52).
[338] Vgl. BAG 17.4.2002 – 5 AZR 89/01, NZA 2002, 1096 (1097).

Gleichstellungsabrede erfordert aber nicht, dass im Arbeitsvertrag auf sämtliche Tarifverträge verwiesen wird, die für den Arbeitgeber und die bei ihm beschäftigten tarifgebundenen Gewerkschaftsmitglieder normativ gelten.[339]

113 Verweist ein schriftlicher Arbeitsvertrag lediglich auf **einzelne tarifliche Bestimmungen**, dann ist im Zweifel anzunehmen, dass nur deren Geltung vereinbart ist.[340] Wenn es heißt, dass die Tarifbestimmungen „im Übrigen" Geltung finden sollen, dann werden zwar die Tarifnormen umfassend in Bezug genommen, die einzelvertraglichen Regelungen sollen den Tarifbestimmungen aber vorgehen.[341] Es ist wiederum eine Frage der Auslegung des Arbeitsvertrages, in welchem Umfang die Individualabreden die Tarifbestimmungen verdrängen. Regelmäßig wird es darauf ankommen, ob der Arbeitsvertrag eine abschließende eigenständige Regelung eines Regelungsbereichs enthält.[342] Individualabreden genießen Vorrang vor den in Bezug genommenen Tarifbestimmungen. Bei vorformulierten Arbeitsverträgen ergibt sich dies bereits aus § 305b BGB.[343] Es gilt die Unklarheitenregel nach § 305c Abs. 2 BGB zu beachten. *Neue Rechtsprechung:* Die Tarifgebundenheit des Arbeitgebers ist bei der Auslegung außer Acht zu lassen, wenn sie im Arbeitsvertrag nicht hinreichend zum Ausdruck gekommen ist. Dieser Aspekt kann daher nicht dafürsprechen, dass im Zweifel der gesamte Tarifvertrag zur Anwendung kommen soll. Werden nur einzelne Tarifbestimmungen in Bezug genommen, so verbleibt es bei den obigen Ausführungen. Zu beachten gilt, dass bei vorformulierten Verträgen eine erweiterte Prüfung nach den §§ 305 ff. BGB stattzufinden hat. Nach Auffassung des BAG ist eine Klausel, nach der sich der Urlaub nach den tariflichen Bestimmungen richtet, regelmäßig als Verweisung auf den gesamten tariflichen Regelkomplex „Urlaub" zu verstehen, insbesondere auch Urlaubsgeld.[344]

114 *(3) Abgrenzung statischer von dynamischer Verweisung. Frühere Rechtsprechung:* Für die Annahme einer dynamischen Verweisung bedarf es nicht zwingend einer Jeweiligkeitsklausel.[345] Vielmehr ist **im Zweifel** eine **dynamische** Verweisung gewollt.[346] Sie hat den Vorteil, dass auch Außenseiter an der Tarifentwicklung teilnehmen und so die Gleichbehandlung aller Arbeitnehmer gefördert wird. Eine **statische Bezugnahme** muss daher deutlich zum Ausdruck kommen.[347] Sie ist regelmäßig nur dann gewollt, wenn der Tarifvertrag in einer konkreten Fassung mit Datum benannt ist.[348] Selbst bei näherer Bezeichnung mittels Datums kann das Auslegungsergebnis bei Berücksichtigung weiterer Auslegungskriterien ein anderes sein, etwa wenn Tarifänderungen beim Entgelt weitergegeben wurden.[349]

115 *Neue Rechtsprechung:* Ist ein Tarifvertrag in der Bezugnahmeklausel konkretisiert, etwa durch Benennung des Datums, so müssen weitere Umstände verdeutlichen, dass dennoch eine dynamische Verweisung gewollt war. Dies kann auch die nachfolgende Praxis der Arbeitsvertragsparteien sein. Das BAG hält an seiner Rechtsprechung fest, dass auch ohne ausdrückliche Jeweiligkeitsklausel von einer dynamischen Verweisung auszugehen ist, wenn keine konkrete nach Datum festgelegte Fassung eines Tarifvertrages im Vertrag aufgeführt wird.[350] Die Aufnahme eines Datums kann aber auch erkennbar fehlerhaft sein, etwa wenn

---

[339] BAG 11.12.2013 – 4 AZR 473/12, NZA 2014, 900.
[340] Wiedemann/*Oetker* TVG § 3 Rn. 374; ähnlich *Gaul* Sonderbeilage NZA Heft 3/2000, 51 (52); vgl. auch BAG 19.1.1999 – 1 AZR 606/98, NZA 1999, 879 (882).
[341] Vgl. LAG Hamm 25.2.1000 – 10 Sa 2061/99, NZA-RR 2000, 541 ff.; *Reinecke* BB 2006, 2637.
[342] Vgl. LAG Köln 21.3.2007 – 7 Sa 1057/06, NZA-RR 2008, 135.
[343] *Preis* Kap. II V 40 Rn. 30.
[344] BAG 17.1.2006 – 9 AZR 41/05, NZA 2006, 923 (926).
[345] BAG 20.3.1991 – 4 AZR 455/90, AP TVG § 4 Tarifkonkurrenz Nr. 20; LAG Düsseldorf 21.5.1999 – 14 (11) Sa 1015/98, LAGE TVG § 3 Bezugnahme auf Tarifvertrag Nr. 7; *Hanau/Kania* in FS Schaub, 246.
[346] BAG 26.9.2001 – 4 AZR 544/00, NZA 2002, 634 (635); *Hanau/Kania* in FS Schaub, 246; *Schliemann* Sonderbeilage zu NZA Heft 16/2003, 3 (8). Dies soll weiterhin auch bei Formulararbeitsverträgen gelten, so *Diehn* NZA 2004, 129 (134).
[347] BAG 16.8.1988 – 3 AZR 61/87, AP BetrAVG § 1Beamtenversorgung Nr. 8.
[348] *Kania* Sonderbeilage NZA Heft 3/2000, 45; *Annuß* BB 1999, 2558 (2561 f.).
[349] *Hanau/Kania* in FS Schaub, 246 f.; *Seitz/Werner* NZA 2000, 1257 (1259); sehr weitgehend *Hromadka/Maschmann/Wallner* Rn. 121.
[350] BAG 30.8.2017 – 4 AZR 443/15, NZA 2018, 363; BAG 17.1.2006 – 9 AZR 41/05, NZA 2006, 923 (925); zust. *Preis* in FS Bepler, 485.

eine Anpassung der Angaben an den aktuellen Tarifstand offenbar unterlassen wurde.[351] Das BAG meint, dass die Aufnahme einer „Tarifgruppe" bei der Tätigkeitsbezeichnung sowie die Bezeichnung der Vergütung als „Tarifgehalt" dafür sprechen, dass der im Vertrag festgehaltene Vergütungsbetrag nicht statisch sein, sondern entsprechend den tariflichen Entwicklungen des maßgebenden Gehaltstarifvertrags entwickeln soll.[352] Dies gilt jedenfalls dann, wenn im Arbeitsvertrag auch eine Anrechnungsmöglichkeit auf übertarifliche Zulagen vereinbart wird. Nichts anderes gilt auch dann, wenn der in Bezug genommene Tarifvertrag zum Zeitpunkt des Vertragsschlusses für allgemeinverbindlich erklärt war. Vielmehr muss der Arbeitgeber klarstellen, dass die Bezugnahme nur für die Dauer der Allgemeinverbindlicherklärung gelten soll.[353]

Praxistipp:

Den Arbeitsvertragsparteien ist zu empfehlen, die Vereinbarung einer dynamischen Klausel (durch eine Jeweiligkeitsklausel, etwa „in der jeweils gültigen Fassung") oder einer statischen Verweisung („...... in seiner Fassung vom ...... Änderungen der Tarifbestimmungen werden nicht erfasst") ausdrücklich klarzustellen. Eine weitere Variante der Vertragsgestaltung liegt in der Vereinbarung einer statischen Verweisung verbunden mit der Möglichkeit des Arbeitgebers, Änderungen der Tarifbestimmungen als verbindlich anzuerkennen oder alternativ die Vereinbarung einer dynamischen Verweisung mit dem Recht des Arbeitgebers, Änderungen des Tarifvertrages innerhalb einer bestimmten Frist nach Inkrafttreten zu widersprechen.[354] Gegenüber der letzten Formulierung werden allerdings Bedenken erhoben, da es sich um einen Änderungsvorbehalt im Sinne des § 308 Nr. 4 BGB handelt.[355] Aus diesem Grund sind zusätzlich die Gründe für die Ausübung des Widerrufsrechts aufzuführen. Dies werden wohl nur wirtschaftliche Gründe sein können. „Der Arbeitgeber kann der Anwendung von Änderungstarifverträgen innerhalb von 4 Wochen nach Inkrafttreten derselben aus wirtschaftlichen Gründen widersprechen."[356]

Ist eine dynamische Verweisung vereinbart, so stellt sich in besonderen Konstellationen die Frage, ob sich ihr **Rechtscharakter wandeln** kann, ob also aus einer dynamischen eine statische Verweisung wird. Änderungen der in Bezug genommenen Tarifverträge können jedoch nicht zum Wandel des Rechtscharakters führen, denn die Änderung des Bezugobjekts ist gerade das Charakteristikum der dynamischen Verweisung. Bei der Annahme einer Gleichstellungsabrede ist auf Grundlage der Rechtsprechung des BAG davon auszugehen, dass dieselben Rechtsfolgen eintreten, als ob beide Arbeitsvertragsparteien tarifgebunden wären. Fällt die Tarifbindung des Arbeitgebers weg, wird auch die Zeitdynamik beendet.[357]

(4) Betriebsübergang. Frühere Rechtsprechung: Bei einem Betriebsübergang gemäß § 613a BGB (insbesondere bei Ausgliederung eines Betriebs) werden die Tarifbestimmungen der organisierten Arbeitnehmer in individualrechtliche Arbeitsbedingungen transferiert (§ 613a Abs. 1 S. 2 BGB), wenn nicht Arbeitnehmer und Betriebserwerber beidseitig an Tarifnormen gebunden sind.[358] An der Weiterentwicklung der Tarifverträge nimmt der Arbeitnehmer bei der dann bloß individualrechtlicher Weitergeltung der Tarifbestimmungen nicht teil.[359] Es fragt sich, ob bei einer dynamischen Verweisung auf Grund der bezweckten Gleichstellung im Falle des Betriebsübergangs die Dynamik ausgeschlossen wird, wenn der

---

[351] BAG 16.10.2019 – 4 AZR 66/18, NZA 2020, 260.
[352] BAG 8.7.2015 – 4 AZR 51/14, NZA 2015, 462; BAG 25.1.2017 – 4 AZR 520/15, BeckRS 2017, 117397; BAG 25.10.2017 – 4 AZR 375/16, BeckRS 2017, 145016.
[353] LAG Saarl 2.3.2016 – 1 Sa 83/14, BeckRS 2016, 69913; vgl. auch BAG 20.4.2012 – 9 AZR 504/10, NZA 2012, 982.
[354] Vgl. *Hanau/Kania* in FS Schaub, 261 f.; *Giesen* NZA 2006, 625 (630).
[355] *Preis/Greiner* NZA 2007, 1073 (1078).
[356] Ähnlich *Preis/Greiner* NZA 2007, 1073 (1079).
[357] Dazu ausführlich *Schliemann* Sonderbeilage zu NZA Heft 16/2003, 3 (8 ff.).
[358] Vgl. BAG 30.8.2000 – 4 AZR 581/99, NZA 2001, 510 (512).
[359] Vgl. BAG 29.8.2001 – 4 AZR 332/00, NZA 2002, 513 (516); ErfK/*Preis* BGB § 613a Rn. 117.

Betriebserwerber nicht oder anders tarifgebunden ist. Trotz dynamischer Verweisung würden dann lediglich die Tarifbestimmungen zum Zeitpunkt des Betriebsübergangs gelten. Das LAG Hamm[360] verneint dies. Eine Vertragsanpassung auf Grund korrigierender Auslegung komme bereits deshalb nicht in Betracht, weil der Betriebsübergang – ebenso wie der Verbandsaustritt – allein von einer Vertragspartei herbeigeführt werde. Das BAG hat mit Blick auf den Zweck einer Gleichstellungsabrede bei einem Betriebsübergang auf einen tarifungebundenen Betriebserwerber die Bindung an die bisherigen Tarifverträge abgelehnt. Ohne Tarifbindung des Arbeitgebers sei die Bezugnahmeklausel ohne Bedeutung und zur Geltung kämen die gesetzlichen Vorschriften.[361] Im Übrigen gilt nach Auffassung des BAG der Grundsatz, dass nicht organisierte und organisierte Arbeitnehmer auf Grund einer Bezugnahmeklausel keine günstigere Rechtsposition erlangen sollen als organisierte Arbeitnehmer (ohne Bezugnahmeklausel im Arbeitsvertrag).[362]

118 *Neue Rechtsprechung:* Bei einer konstitutiven Bezugnahmeklausel (→ Rn. 78) gilt diese fort.[363] § 613a Abs. 1 S. 2, 3 BGB kommen nicht zur Anwendung.[364] Die Entscheidung des EuGH v. 9.3.2006 (Werhof)[365] steht dem nicht entgegen. Der EuGH hat in seiner Entscheidung die „alte" Gleichstellungsrechtsprechung des BAG nicht beanstandet. Er hat darauf hingewiesen, dass eine „dynamische" Auslegung der streitgegenständlichen vertraglichen Verweisungsklausel dazu führen würde, dass für den Erwerber Kollektivverträge gälten, obwohl er diesen nicht angehört und damit in seiner negativen Koalitionsfreiheit beeinträchtigt werden könnte. Vielfach wird daraus geschlossen, dass zumindest im Falle des Betriebsübergangs die alte Gleichstellungsabrede fortzuführen sei.[366] Diese Bedenken sind unbegründet. Der Betriebserwerber wird nur kraft vertraglicher Wirkung an die Tarifnormen gebunden.[367] Etwas anderes gilt natürlich dann, wenn eine beabsichtigte Gleichstellungsabrede hinreichend zum Ausdruck kommt. Die Entscheidung des **EuGH** v. 18.7.2013 (Alemo-Herron)[368] schien die Rechtsprechung des BAG in Frage zu stellen. Der EuGH meinte, die Betriebsübergangsrichtlinie diene nicht nur dem Arbeitnehmerinteresse, sondern einem gerechten Ausgleich zwischen den Interessen der Arbeitnehmer einerseits und denen des Betriebserwerbers andererseits. Vor diesem Hintergrund müsse der Erwerber in der Lage sein, die für die Fortsetzung seiner Tätigkeit erforderlichen Anpassungen vorzunehmen. Dem wurde in den Instanzen nicht uneingeschränkt gefolgt. Ein Betriebsübergang beruhe auf einer privatautonomen Entscheidung des Erwerbers in Ansehung der Geltung von Verweisungsklauseln auf Tarifverträge.[369] Auch im Schrifttum rief die Entscheidung Kritik hervor, mit triftigen Gründen. So unterscheidet der Gerichtshof nicht zwischen einer kollektivrechtlichen Wirkung und der lediglich individualvertraglichen bei Bezugnahmeklauseln.[370] Das BAG wollte an seiner Rechtsprechung festhalten und legte am 17.6.2015 dem EuGH die Frage vor, ob seine Auslegung mit dem **europäischen Recht** vereinbar ist.[371] Der EuGH hat die Rechtsprechung des BAG bestätigt;[372] Bezugnahmeklauseln können also auch nach ei-

---

[360] LAG Hamm 1.2.2001 – 8 Sa 1439/00, BeckRS 2001, 30789540.
[361] BAG 4.8.1999 – 5 AZR 642/98, EzA BGB § 613a Nr. 184 mzustAnm *Rolfs*; bestätigt BAG 29.8.2001 – 4 AZR 332/00, NZA 2002, 513 (516).
[362] BAG 4.9.1996 – 4 AZR 135/95, AP TVG § 1 Bezugnahme auf Tarifvertrag Nr. 5; insoweit kritische Anm. *Buchner* EzA TVG § 3 Bezugnahme auf Tarifvertrag.
Nr. 7; vgl. auch BAG 26.9.2001 – 4 AZR 544/00, NZA 2002, 634 (636).
[363] *Scharff* DB 2016, 1315 (1316); *Jacobs* BB 2011, 2037 (2042).
[364] BAG 29.8.2007 – 4 AZR 767/06, NZA 2008, 364 ff.; BAG 17.11.2010 – 4 AZR 391/09, NZA 2011, 356; vgl. auch *Jacobs* BB 2011, 2037; *Hanau* RdA 2007, 181.
[365] NZA 2006, 376.
[366] *Olbertz* BB 2007, 2737 ff.; *Zerres* NJW 2006, 3533 ff.
[367] Vgl. BAG 29.8.2007 – 4 AZR 767/06, NZA 2008, 364 ff.
[368] EuGH 18.7.2013 – C-426/11, NZA 2013, 835; dazu *Eylert/Schinz* RdA 2017, 140 ff.
[369] LAG Hamm 11.6.2015 – 17 Sa 1584/14, BeckRS 2015, 70508.
[370] *Willemsen/Grau* NJW 2014, 12; *Hanau* AuR 2016, 159 (160), geht wahrscheinlich zutreffend davon aus, dass der EuGH wenig Neigung hat, sich auf nationale Feinheiten einzulassen.
[371] BAG 17.6.2016 – 4 AZR 61/14, NZA 2016, 373; zust. *Flockhaus* BB 2016, 570; *Scharff* DB 2016, 1315 (1319).
[372] EuGH 27.4.2017 – C-680/15, C-681/15 – Asklepios, NZA 2017, 571; dazu *Schubert* ZESAR 2018, 8 ff.; nachfolgend BAG 30.8.2017 – 4 AZR 95/14, AP TVG § 1 Bezugnahme auf Tarifvertrag Nr. 139 mit Anm.

nem Betriebsübergang dynamisch wirken.³⁷³ Besteht eine dynamische Bezugnahmeklausel, dann geht diese als vertragliche Vereinbarung zwischen dem Veräußerer und dem Arbeitnehmer regelmäßig auf das nach dem Betriebsübergang bestehende Arbeitsverhältnis mit dem Erwerber nach § 613a Abs. 1 Satz 1 BGB unter Aufrechterhaltung der Dynamik über. Der Erwerber wird aufgrund des Betriebsübergangs so gestellt, als hätte er die dem Arbeitsverhältnis zugrunde liegenden Willenserklärungen, selbst gegenüber dem übernommenen Arbeitnehmer abgegeben.³⁷⁴

(5) Verbandsaustritt. Frühere Rechtsprechung: Die Auswirkungen eines Verbandsaustritts 119 des Arbeitgebers sind ebenfalls problematisch. Der Arbeitgeber nimmt nach seinem Austritt an der weiteren Entwicklung der Tarifverträge nicht mehr kraft Mitgliedschaft teil; er bleibt allein zunächst gemäß § 3 Abs. 3 TVG (Nachbindung) und dann gemäß § 4 Abs. 5 TVG (Nachwirkung) an den Tarifvertrag in der Fassung zum Zeitpunkt seines Austritts gebunden. Da Arbeitgeber ihre Arbeitnehmer beim Einstellungsgespräch nicht nach deren Gewerkschaftsmitgliedschaft fragen dürfen, enthalten alle Arbeitsverträge Verweisungsklauseln, auch solche mit organisierten Arbeitnehmern. Dabei handelt es sich grundsätzlich um konstitutive Klauseln. Daraus folgerte früher ein Teil der Rechtsprechung, dass auch im Verhältnis zu organisierten Arbeitnehmern der Verbandsaustritt im Ergebnis keine Wirkung entfalte, da die Dynamik kraft der einzelvertraglichen (dynamischen) Verweisung erhalten bleibe. Eine korrigierende Vertragsauslegung für den Fall, dass die Arbeitsvertragsparteien einen künftigen Verbandsaustritt des Arbeitgebers nicht bedacht haben, wurde insoweit abgelehnt.³⁷⁵ Die Verbandszugehörigkeit sei keine allgemein stillschweigend zugrunde gelegte Geschäftsgrundlage.³⁷⁶ Mit Blick auf diese praktische Handhabung stellte diese Auffassung letztlich den Zweck und das Verständnis der Verweisung als Gleichstellungsabrede in Frage. Das LAG Hamm kam dementsprechend zur Auffassung, dass eine Bezugnahmeklausel, die zwischen organisierten und nicht organisierten Arbeitnehmern nicht differenziert, das Ziel hat, für sämtliche Beschäftigte gleiche Vertragsbedingungen zu schaffen.³⁷⁷ Eine Gleichstellung organisierter und nicht organisierter Arbeitnehmer käme lediglich bei folgender Klausel zum Ausdruck: „Als Mitglied des Arbeitgeberverbandes der xy-Branche stellen wir sie ohne Rücksicht auf die Frage ihrer Mitgliedschaft so, als ob sie Gewerkschaftsmitglied wären."

Das **BAG** hat sich aber ausdrücklich gegen diese Überlegungen entschieden. Es ist der 120 Auffassung, dass bei einem Verbandsaustritt des Arbeitgebers die Dynamik ihr Ende findet und es bei den tariflichen Arbeitsbedingungen zum Zeitpunkt des Austritts verbleibt.³⁷⁸ Entscheidend sei die bezweckte Gleichstellung und der Grundsatz, dass nicht organisierte Arbeitnehmer auf Grund einer Bezugnahmeklausel keine günstigere Rechtsposition erlangen sollten als organisierte Arbeitnehmer.³⁷⁹ Ohne Tarifbindung des Arbeitgebers sei die Bezugnahmeklausel ohne Bedeutung.³⁸⁰ Der Sinn einer Gleichstellungsabrede stehe einer primär auf den Wortlaut abstellende Auslegung entgegen. Zu berücksichtigen seien die besonderen

---

Moll/Katerndahl; krit. *Busch/Gerlach* BB 2017, 2356 ff.; BAG 16.5.2018 – 4 AZR 209/15, NZA 2018, 1489; zust. BAG 23.11.2017 – 6 AZR 739/15, NZA 2018, 301.
³⁷³ Dazu *Bayreuther* NJW 2017, 2158; *Wahlig/Brune* NZA 2018, 221.
³⁷⁴ BAG 27.3.2018 – 4 AZR 208/17, NZA 2018, 1264.
³⁷⁵ LAG Hamm 1.2.2001 – 8 Sa 1439/00, BeckRS 2001, 30789540; LAG MV 2.8.2001 – 1 Sa 451/00, BeckRS 2001, 16909; so auch *Hanau/Kania* in FS Schaub, 251 f.; aA LAG SchlH 25.5.2000 – 4 Sa 86/00, BeckRS 2000, 30785083; *Seitz/Werner* NZA 2000, 1257 (1261); vgl. auch *Hromadka* DB 1996, 1872 (1877 f.).
³⁷⁶ LAG MV 2.8.2001 – 1 Sa 451/00, BeckRS 2001, 16909; vgl. aber auch BAG 30.8.2000 – NZA 2001, 510 (511), wonach nicht eine Gleichstellungsabrede darin erschöpft, dass das Arbeitsverhältnis den in Bezug genommenen Tarifverträgen unterstellt wird, soweit und solange der Arbeitgeber daran gebunden ist.
³⁷⁷ LAG Hamm 1.2.2001 – 8 Sa 1439/00, BeckRS 2001, 30789540; so auch *Annuß* BB 1999, 2558 (2560).
³⁷⁸ So ausdrücklich BAG 26.9.2001 – 4 AZR 544/00, NZA 2002, 634 (635 ff.); bestätigt BAG 20.2.2002 – 4 AZR 124/01, BeckRS 2002, 30795046; kritisch *Bayreuther* DB 2002, 1008 ff.; *Lambrich* BB 2002, 1267 ff.
³⁷⁹ BAG 26.9.2001 – 4 AZR 544/00, NZA 2002, 634 (636); BAG 4.9.1996 – 4 AZR 135/95, AP TVG § 1 Bezugnahme auf Tarifvertrag Nr. 5; insoweit kritische Anm. *Buchner* EzA TVG § 3 Bezugnahme auf Tarifvertrag Nr. 7.
³⁸⁰ Vgl. bereits BAG 4.8.1999 – 5 AZR 642/98, EzA BGB § 613a Nr. 184 mzustAnm *Rolfs*; bestätigt BAG 29.8.2001 – 4 AZR 332/00, NZA 2002, 513 (516).

arbeitsrechtlich vorstrukturierten Bedingungen bei Vertragsschluss. Im Gegensatz zum Arbeitnehmer dürfe der Arbeitgeber bei Vertragsabschluss nicht nach der Verbandszugehörigkeit fragen. Typischerweise wolle der Arbeitgeber einen nicht tarifgebundenen Arbeitnehmer nur so behandeln, als ob beidseitige Tarifgebundenheit bestünde. Diese besonderen Umstände seien vom Empfängerhorizont eines verständigen Arbeitnehmers erkennbar. Der (tarifgebundene) Arbeitgeber wird durch eine Bezugnahmeklausel im Sinne einer Gleichstellungsabrede also nie stärker gebunden, als seine normative Bindung reicht.[381]

121 *Neue Rechtsprechung:* Es gilt die aufgezeigte Problematik entsprechend. Die bisherige Rechtsprechung ist beizubehalten, wenn eine Gleichstellungsabrede hinreichend deutlich im Wortlaut zum Ausdruck kommt. Anderenfalls sind die Arbeitsvertragsparteien an den in Bezug genommenen Tarifvertrag gebunden.

122 Allerdings können die Arbeitsvertragsparteien eine „**arbeitgeberverbands-austrittsfeste**" **Bezugnahmeklausel** vereinbaren; eine derartige Regelung muss bereits nach der früheren Auffassung des BAG hinreichend Ausdruck in der Vereinbarung gefunden haben.[382] Dann bewirkt der Verbandsaustritt keinen Wandel des Rechtscharakters einer Verweisung; aus einer vereinbarten dynamischen wird keine statische Verweisung, sofern die Arbeitsvertragsparteien eben nichts Entsprechendes vereinbart haben.[383] Etwas anderes gilt bei einer lediglich deklaratorischen Verweisung mit organisierten Arbeitnehmern, die allerdings auch hinreichend deutlich vereinbart sein muss. Die Bindung der organisierten Arbeitnehmer auf Grund einzelvertraglicher dynamischer Verweisung an die künftige Tarifvertragsentwicklung setzt voraus, dass eine derartige Verweisungsklausel eine die Nachwirkung beendende Abmachung im Sinne des § 4 Abs. 5 TVG ist.[384]

> **Praxistipp:**
> Beabsichtigt der Arbeitgeber, die dynamische Verweisung auf den Zeitraum seiner Verbandsmitgliedschaft zu begrenzen, so sollte dies hinreichend deutlich vereinbart werden. In der arbeitsvertraglichen Verweisungsklausel ist klarzustellen, dass bei Wegfall der Tarifbindung des Arbeitgebers keine weitere Anpassung der tariflichen Bestimmungen erfolgt.[385] Als ausreichend wird bereits die Verweisung auf die „jeweils im Betrieb kraft Verbandsmitgliedschaft des Arbeitgebers geltenden Tarifverträge" angesehen.[386] Alternative Formulierungen könnten wie folgt lauten: „...... Die Verweisung auf die benannten Tarifverträge in ihrer jeweiligen Fassung gilt wegen der Tarifgebundenheit des Arbeitgebers und nur, solange diese Tarifgebundenheit besteht." oder „Im Falle der Beendigung der Tarifgebundenheit des Arbeitgebers gelten die die Tarifverträge nur noch statisch fort, d. h. in der zum Zeitpunkt der Beendigung der Tarifgebundenheit geltenden Fassung."[387] Zu bedenken ist, ob die Gründe für den Fortfall der Tarifgebundenheit dargestellt werden. „Dies gilt für jeglichen Fortfall der Tarifgebundenheit, sei es beispielhaft durch Austritt aus dem Arbeitgeberverband, Herauswachsen aus dem Geltungsbereich des Tarifvertrages oder Übergang des Betriebs auf einen nicht tarifgebundenen Erwerber."

123 *(6) Abgrenzung kleiner von großer dynamischer Verweisung. Frühere Rechtsprechung:* Besonders problematisch erweist sich die Frage, ob die Arbeitsvertragsparteien eine große, also auch fachlich dynamische, oder lediglich eine kleine dynamische Verweisung vereinbart haben. Sie stellt sich bei einem **Tarifwechsel**, insbesondere bei einem **Verbandswechsel** des

---

[381] *Thüsing* NZA 2003, 1184 (1185); vgl. auch BAG 19.3.2003 – 4 AZR 331/02, NZA 2003, 1207 (1209).
[382] BAG 26.9.2001 – 4 AZR 544/00, NZA 2002, 634 (635); vgl. auch *Thüsing/Lambrich* RdA 2002, 193 (199), mit dem Hinweis, dass der Wortlaut bereits „arbeitgeberverbandsaustrittsfest" ist.
[383] LAG Hamburg 15.11.2000 – 4 Sa 32/00, NZA 2001, 562 (564 ff.); LAG Hessen 23.3.1999 – 4 Sa 1300/98, NZA-RR 2000, 93 (95).
[384] Vgl. *Löwisch/Rieble* in FS Schaub, 468.
[385] Dazu *Gaul* BB 2000, 1086 (1088); *ders.* Sonderbeilage NZA Heft 3/2000, 51 (53); *Hanau/Kania* in FS Schaub, 261; Thüsing/Braun TarifR/*Reufels* Kap. 8 Rn. 51 ff.
[386] LAG Hamm 1.2.2001 – 8 Sa 1439/00, BeckRS 2001, 30789540; vgl. auch *Thüsing/Lambrich* NZA 2002, 1361 (1368).
[387] Vgl. etwa *Olbertz* BB 2007, 2737 ff.; ähnlich *Preis/Greiner* NZA 2007, 1073 (1079).

Arbeitgebers,[388] beim Herauswachsen des Betriebs aus dem betrieblichen Geltungsbereich, also bei einem **Branchenwechsel** des Betriebs,[389] bei einer **Versetzung** des Arbeitnehmers in einen anderen Betrieb[390] sowie bei einem Arbeitgeberwechsel im Rahmen eines **Betriebsübergangs**. Die Problematik weist die unterschiedlichsten Konstellationen auf.[391] An dieser Stelle können lediglich einige grundlegende Überlegungen aufgezeigt werden.

Zu prüfen ist, ob mit der Bezugnahmeklausel eine Gleichstellung der nicht organisierten mit den organisierten Arbeitnehmern bezweckt ist, die einen Tarifwechsel auf solche Tarifverträge erfordert, die einen anderen räumlichen oder fachlichen Geltungsbereich aufweisen oder von einem anderen Verband abgeschlossen wurden. Besondere Aufmerksamkeit beansprucht die Frage, ob der Gleichstellungszweck die Auslegung einer Verweisungsklausel über deren Wortlaut hinaus rechtfertigen kann, ggf. im Wege der ergänzenden und korrigierenden Auslegung. Auch insoweit gilt, dass der Wortlaut keine Grenze für die Auslegung bildet. Die Bezeichnung eines konkreten Tarifvertrages einer bestimmten Branche kann auch lediglich der **Hinweis** auf den zum Zeitpunkt des Arbeitsvertragsabschlusses einschlägigen Tarifvertrag sein.[392] Dies gilt umso mehr, als der Arbeitgeber gemäß §§ 2 Abs. 1 Nr. 10, 3 S. 2 NachwG verpflichtet ist, auf Tarifverträge hinzuweisen, die zum Zeitpunkt des Vertragsabschlusses Anwendung finden.[393] Ein derartiges Auslegungsergebnis kann insbesondere dann nahe liegen, wenn sich etwa aus anderen Vertragsregelungen ergibt, dass der jeweils einschlägige Tarifvertrag zur Anwendung kommen soll.[394]

Eine Verweisungsklausel bezweckt nach bislang vorherrschendem Verständnis, organisierte und nicht organisierte Arbeitnehmer gleichzustellen, den tarifgebundenen Arbeitnehmer also so zu behandeln, als ob er tarifgebunden wäre. Eine Gleichstellungsabrede kann dementsprechend selbst nur dann beabsichtigt sein, wenn der einschlägige Tarifvertrag in Bezug genommen worden ist. Wird im Arbeitsvertrag auf nicht einschlägige, also branchen- oder ortsfremde[395] Tarifbestimmungen verwiesen, bekunden die Arbeitsvertragsparteien ihren Willen, dass sie eine vom jeweils geltenden Tarifrecht unabhängige Regelung haben treffen wollen.[396] Voraussetzung für die Annahme einer Gleichstellungsabrede ist demnach, dass der Arbeitgeber an den in Bezug genommenen Tarifvertrag gebunden ist,[397] andernfalls bestimmen sich auch die Arbeitsverhältnisse der organisierten Arbeitnehmer nicht nach den Tarifnormen des einschlägigen Tarifvertrages. So besteht nach einem Betriebsübergang keine Tarifbindung der organisierten Arbeitnehmer, wenn der neue Betriebsinhaber nicht an einen mit ihrer Gewerkschaft geschlossenen Tarifvertrag gebunden ist.[398] Das BAG hat allerdings entschieden, dass „fachfremdes Tarifwerk" mit „ortsfremdem Tarifwerk" nicht gleichzusetzen sei. Ein Arbeitgeber, der bundesweit Arbeitnehmer beschäftige, müsse einheitliche Arbeitsbedingungen bewirken können.[399]

Das BAG hat zunächst eine **korrigierende Auslegung** einer Verweisungsklausel in Betracht gezogen, wenn die Vertragsparteien den jeweiligen Tarifvertrag einer bestimmten Branche in Bezug nehmen und der Zweck der Gleichstellung bei einem Wechsel der sachlich und betrieblich einschlägigen Tarifverträge (auf Grund eines Verbandswechsels) verfehlt

---

[388] Dazu BAG 4.9.1996 – 4 AZR 135/95, AP TVG § 1 Bezugnahme auf Tarifvertrag Nr. 5.
[389] Dazu BAG 30.8.2000 – 4 AZR 581/99, NZA 2001, 510 ff.
[390] Dazu LAG Düsseldorf 21.5.1999 – 14 (11) Sa 1015/98, LAGE TVG § 3 Bezugnahme auf Tarifvertrag Nr. 7.
[391] Vgl. etwa *Hromadka/Maschmann/Wallner* Rn. 471 ff.; *Kania* Sonderbeilage NZA Heft 3/2000, 45 (47 ff.); *Seitz/Werner* NZA 2000, 1257 (1262 ff.); *Meyer* NZA 2003, 1126 ff., die die neuere Rechtsprechung des BAG nicht berücksichtigen konnten.
[392] *Hromadka/Maschmann/Wallner* Rn. 112, 117; *Hromadka* DB 1996, 1872 (1877); vgl. auch BAG 21.8.2002 – 4 AZR 263/11, NZA 2003, 442 (444).
[393] Vgl. BAG 30.8.2000 – 4 AZR 581/99, NZA 2001, 510 (511).
[394] Vgl. BAG 28.6.2001 – 6 AZR 114/00, NZA 2002, 331 (332).
[395] Dazu LAG Hamm 1.2.2001 – 8 Sa 1439/00, BeckRS 2001, 30789540.
[396] Vgl. BAG 25.10.2000 – 4 AZR 506/99, NZA 2002, 100 ff.; LAG Düsseldorf 21.5.1999 – 14 (11) Sa 1015/98, LAGE TVG § 3 Bezugnahme auf Tarifvertrag Nr. 7.
[397] BAG 30.8.2000 – 4 AZR 581/99, NZA 2001, 510 (511).
[398] Vgl. BAG 30.8.2000 – 4 AZR 581/99, NZA 2001, 510 (511).
[399] BAG 21.8.2002 – 4 AZR 263/01, NZA 2003, 442 (444 f.); mzustAnm *Boecken* SAE 2003, 213 f.; m. abl. Anm. *Bayreuther* RdA 2003, 306 (310).

würde.[400] Dies sollte jedenfalls dann gelten, sofern die Tarifverträge von **derselben Gewerkschaft** abgeschlossen wurden.[401] Dieser Rechtsprechung ist das Schrifttum teilweise gefolgt.[402] Im Zweifel sei eine durch Tarifwechsel entstehende Vertragslücke von den Arbeitsvertragsparteien nicht gesehen worden.[403] Die Grenze einer korrigierenden Auslegung sei dort erreicht, wo eine Neuregelung so überraschend und unangemessen werde, dass diese nicht mehr vom hypothetischen Parteiwillen gedeckt sei.[404]

127 Das BAG hielt an dieser Rechtsprechung nicht mehr umfassend fest. Nach Ansicht des BAG kann eine Bezugnahmeklausel über ihren Wortlaut hinaus nur dann als Bezugnahme auf den jeweils für den Betrieb fachlich/betrieblich geltenden Tarifvertrag (iS einer großen dynamischen Verweisungsklausel) ausgelegt werden, wenn **weitere, besondere Umstände** vorliegen.[405] Hiervon ist etwa auszugehen, wenn zum Zeitpunkt der Vereinbarung der Bezugnahmeklausel eine Änderung des Betriebszwecks oder ein Betriebsübergang bereits absehbar gewesen sind und die Verweisung gleichwohl und für den Fall des Tarifwechsels getroffen worden ist.[406] Nach Ansicht des BAG wird ein Tarifwechsel im Falle eines Branchen- oder Verbandswechsels nicht von einer vereinbarten Gleichstellungsabrede erfasst, wenn auch die organisierten Arbeitnehmer nicht an die Tarifverträge der neuen Branche oder des neuen Verbandes gebunden wären.[407] Voraussetzung ist demnach, dass die auf Grund des Tarifwechsels einschlägigen **Tarifverträge mit derselben Gewerkschaft** abgeschlossen worden sind.

128 *Neue Rechtsprechung:* Nach der neuen Rechtsprechung des BAG für Arbeitsverträge ab dem 1.1.2002 kann die Bezugnahme auf die Tarifverträge einer bestimmten Branche über ihren Wortlaut hinaus nur dann als eine große dynamische Verweisung ausgelegt werden, wenn sich dies aus bestimmten besonderen Umständen ergibt.[408]

129 Im Ergebnis ist fraglich, ob eine korrigierende Auslegung bei Verweisungsklauseln künftig noch in Betracht kommt, da die von der Rechtsprechung geforderten besonderen Umstände letztlich auf den Willen der Arbeitsvertragsparteien, eine große dynamische Verweisung zu vereinbaren, hindeuten werden. Steht ein solcher Wille aber fest, bedarf es keiner korrigierenden Auslegung. Es kommt allenfalls der Wegfall der Geschäftsgrundlage in Betracht.

130 Die **Vertragsgestaltung** richtet sich maßgeblich nach dem verfolgten Zweck.[409] Dieser sollte im Wortlaut deutlich seinen Niederschlag finden. Das BAG hält es nach wie vor für rechtlich möglich, eine Tarifwechselklausel zu vereinbaren.[410]

Formulierungsvorschlag:

131 Eine **große dynamische Globalverweisung** kann beispielhaft so aussehen: „Auf das Arbeitsverhältnis finden die betrieblich und fachlich jeweils einschlägigen Tarifverträge in ihrer jeweils gültigen Fassung Anwendung. Dies sind zurzeit kraft Mitgliedschaft des Arbeitgebers die von dem v-Verband und der w-Gewerkschaft abgeschlossenen Tarifverträge der x-Branche für das y-Gebiet. Die

---

[400] BAG 4.9.1996 – 4 AZR 135/95, AP TVG § 1 Bezugnahme auf Tarifvertrag Nr. 5.
[401] BAG 4.9.1996 – 4 AZR 135/95, AP TVG § 1 Bezugnahme auf Tarifvertrag Nr. 5; vgl. aber BAG 25.10.2000 – 4 AZR 506/99, NZA 2002, 100 ff.
[402] *Moll* RdA 1996, 275 ff.; *Buchner* sowie *Gaul* Anm. EzA TVG § 3 Bezugnahme auf Tarifvertrag Nr. 7; aA *Thüsing/Lambrich* RdA 2002, 193 ff.
[403] *Hanau/Kania* in FS Schaub, 247.
[404] *Hanau/Kania* in FS Schaub, 247.
[405] BAG 30.8.2000 – 4 AZR 581/99, NZA 2001, 510 (511); BAG 25.10.2000 – 4 AZR 506/99, NZA 2002, 100 (103).
[406] BAG 30.8.2000 – 4 AZR 581/99, NZA 2001, 510 ff.
[407] BAG 30.8.2000 – 4 AZR 581/99, NZA 2001, 510 (511).
[408] BAG 29.8.2007 – 4 AZR 767/06, NZA 2008, 364 ff.; BAG 17.11.2010 – 4 AZR 391/09, NZA 2011, 356.
[409] Formulierungsvorschläge finden sich bei *Preis* Kap. II V 40 Rn. 1 ff.; Kap. III C Rn. 20; *Henssler/Moll* AGB S. 128 ff.; vgl. auch Thüsing/Braun TarifR/*Reufels* Kap. 8 Rn. 50 ff.; *Gaul* Sonderbeilage NZA Heft 3/2000, 51 (53); *Kania* Sonderbeilage NZA Heft 3/2000, 45 (50); *Reichel*, Die arbeitsvertragliche Bezugnahme auf den Tarifvertrag, 2001, S. 251 f.; *Schrader* Rechtsfallen Rn. 1405 f.; *Thüsing/Lambrich* NZA 2002, 1361 (1368); allerdings ohne Berücksichtigung der neuen Rechtsprechung des BAG.
[410] BAG 29.8.2007 – 4 AZR 767/06, NZA 2008, 364 ff. Rn. 17; vgl. auch *Bauer/Günther* NZA 2008, 6 (11).

Nennung bestimmter Fassungen von Tarifverträgen in diesem Vertrag erfolgt nur zum Zwecke der Klarstellung.[411] Sollte ein Haus- oder Firmentarifvertrag vom Arbeitgeber abgeschlossen werden, so kommt dieser zur Anwendung. Im Falle der Beendigung der Tarifgebundenheit des Arbeitgebers gelten die Tarifverträge nur noch statisch fort, d. h. in der zum Zeitpunkt der Beendigung der Tarifgebundenheit geltenden Fassung.

Bei einem Wechsel der Tarifgebundenheit des Arbeitgebers gelten die Tarifverträge, an die der Arbeitgeber dann gebunden sein wird. Der Arbeitgeber wird das Ende seiner bisherigen Tarifgebundenheit und eine etwaige neue Tarifgebundenheit dem Arbeitnehmer gegenüber bekannt geben. Entsprechendes gilt im Falle eines Betriebsübergangs. Ist der Erwerber nicht tarifgebunden, gelten die Tarifverträge nur noch statisch fort, d. h. in der zum Zeitpunkt des Betriebsübergangs geltenden Fassung. Ist der Erwerber an andere Tarifverträge gebunden, so kommen diese zur Anwendung."[412]

Führt eine Verweisungsklausel zur Anwendung verschiedener Tarifverträge auf das Arbeitsverhältnis, kommt der (frühere, → Rn. 191 ff.) Grundsatz der Tarifeinheit bei **Tarifkonkurrenz oder Tarifpluralität** nicht unmittelbar zur Anwendung. Das Problem ist vielmehr über Auslegung des Arbeitsvertrages zu lösen. Das BAG ging früher davon aus, dass die Arbeitsvertragsparteien regelmäßig entsprechend der Auflösung bei einer Normenkollision den spezielleren Tarifvertrag den Vorrang einräumen wollten.[413] Wichtig ist dies etwa für den Fall, dass im Betrieb ein Sanierungstarifvertrag abgeschlossen wird. 132

Nach Aufgabe des Grundsatzes der Tarifeinheit durch die Rechtsprechung (vgl. dazu → Rn. 191 ff.) werden Bezugnahmeklauseln noch komplizierter.[414] Ist keine vertragliche Regelung getroffen, löst die Rechtsprechung die Tarifpluralität durch ergänzende Auslegung des Vertrages.[415] Durch Inkrafttreten des **Tarifeinheitsgesetzes** und § 4a TV wird die Möglichkeit der schuldrechtlichen Inbezugnahme tarifvertraglicher Regelungen nicht eingeschränkt. § 4a TVG kommt nur zur Anwendung, wenn die kollidierenden Tarifverträge gemäß § 3 TVG gelten. Somit es auch zulässig, arbeitsvertraglich auf einen nach § 4a Abs. 2 TVG verdrängten Tarifvertrag zu verweisen.[416] Ob ein verdrängter oder der Mehrheitstarifvertrag in Bezug genommen werden sollte, ist eine Frage der Vertragsauslegung. Probleme wird es dann geben, wenn auf die „einschlägigen", „die im Betrieb angewandten Tarifverträge" oder die Tarifverträge einer bestimmten Branche verwiesen wird.[417] Noch schwieriger wird zu beurteilen sein, wenn auf den „im Unternehmen einschlägigen Tarifvertrag" verwiesen wird.[418] Die Verweisung auf einen Minderheitentarifvertrag ist als solches noch nicht überraschend.[419] Letztlich ist im Arbeitsvertrag deutlich zu machen, auf welchen Tarifvertrag Bezug genommen werden soll, wenn im Betrieb kollidierende Tarifverträge bestehen. Wird auf den verdrängten Tarifvertrag Bezug genommen und gilt der verdrängende Tarifvertrag normativ, dann ist das Günstigkeitsprinzip anzuwenden.[420] 133

Praxistipp

Soweit eine „**vertragliche Normenkollision**" droht, kann und sollte deren Lösung vertraglich aufgelöst werden. „Ist der Arbeitgeber an mehrere, konkurrierende Tarifverträge gebunden, in deren Geltungsbereiche das Arbeitsverhältnis steht, so kommen die Grundsätze der Tarifeinheit (§ 4a TVG) zur Anwendung, dh. es gelten die Tarifverträge, an denen die meisten Belegschaftsmitglieder

---

[411] Vgl. BAG 30.8.2000 – 4 AZR 581/99, DB 2001, 763 ff.; *Preis* Kap.II V 40 Rn. 66.
[412] Vgl. *Zerres* NJW 2006, 3533 (3537).
[413] BAG 14.12.2005 – 10 AZR 296/05, NZA 2006, 744 (746).
[414] Hierzu ausführlich *Preis/Greiner* NZA 2007, 1073 ff.
[415] BAG 9.6.2010 – 5 AZR 637/09, AP TVG § 1 Bezugnahme auf Tarifvertrag Nr. 80; dazu auch *Bayreuther* NZA 2009, 935 (936).
[416] *Vielmeier* NZA 2015, 1294; Däubler/Bepler Neues TarifeinheitsR/*Däubler* Rn. 171.
[417] Dazu etwa *Greiner* NZA 2015, 769 (775).
[418] *Melot de Beauregard* DB 2015, 1527 (1530).
[419] *Schliemann* NZA 2015, 1298 (1302).
[420] *Greiner* NZA 2015, 769 (775).

im Betrieb des Arbeitnehmers normativ gebunden sind."[421] Dabei stellt sich allerdings das Problem, dass die Gewerkschaftszugehörigkeit von Arbeitnehmern nicht ohne weiteres zu erkennen und auch nicht festzustellen ist. Um Unklarheiten zu meiden, können die in Bezug genommenen Tarifverträge konkret bezeichnet werden, etwa „die mit der Gewerkschaft XY geschlossenen Tarifverträge".[422] Dann bleiben die Vertragsparteien aber an diesen Vertrag individualrechtlich gebunden, unabhängig davon, ob die Tarifkollision nach § 4a TVG anders gelöst würde.

134 **f) Recht der Allgemeinen Geschäftsbedingungen und Inhaltskontrolle.** Das Recht der Allgemeinen Geschäftsbedingungen findet nach der Schuldrechtsreform auch auf Arbeitsverträge Anwendung. Vor einer Inhaltskontrolle hat zunächst allerdings die Auslegung der Vertragsregelung (ggf. unter Anwendung der Unklarheitenregel) zu erfolgen.

135 *aa) Frühere Rechtslage.* Das AGBG fand gemäß § 23 Abs. 1 AGBG auf Arbeitsverhältnisse keine Anwendung. Dennoch sind dessen Grundgedanken auch bei der Überprüfung **vorformulierter oder formelhafter** arbeitsvertraglicher Bedingungen herangezogen worden.[423] Die Vereinbarung einer dynamischen Bezugnahmeklausel war ohne weiteres als zulässig erachtet worden, obwohl sich bei einer Tarifänderung auch der Inhalt des Arbeitsverhältnisses änderte. Selbst bezüglich großer dynamischer Verweisungsklauseln wurde der Gedanke des § 2 ABGB nicht angewendet, da nicht der Arbeitgeber die Vertragsbedingungen einseitig abändert.[424] Die Rechtsprechung hat einen Schutz vor **überraschenden Regelungen** auf Grund einer **dynamischen Bezugnahmeklausel** bislang lediglich in Ausnahmefällen für notwendig erachtet. Demnach wird eine Tarifänderung von einer dynamischen Verweisung nicht erfasst, wenn die Tarifentwicklung schlechterdings nicht mehr voraussehbar war oder wenn ein Vertragsinhalt entstehen würde, mit dem die Arbeitsvertragsparteien billigerweise nicht rechneten oder rechnen konnten.[425]

136 Es ist bereits fraglich, ob bei einer dynamischen Gesamtverweisung die Inhaltskontrolle der richtige Ansatzpunkt ist oder ob es sich nicht vielmehr um eine Auslegungsfrage handelt.[426] Bei einer derartigen Gesamtverweisung auf den einschlägigen Tarifvertrag ist, auch wenn die Entwicklung der Tarifnormen im Ergebnis überraschend ist, davon auszugehen, dass die Regelungen angemessen sind, denn die Tarifregelungen finden ja auch auf Arbeitsverhältnisse der normativ Tarifgebundenen Anwendung. Nur so wird die regelmäßig beabsichtigte Gleichbehandlung erzielt. Die dynamische Verweisung kann so auch zu einer für die Arbeitnehmer ungünstigeren Entwicklung der Arbeitsbedingungen führen,[427] denn dynamische Verweisungen enthalten wesensbestimmt das Risiko von Änderungen und die Teilhabe an künftigen, noch unbekannten Entwicklungen.[428] Das BAG hat dementsprechend entschieden, dass ein solcher Schutz vor nicht voraussehbaren Klauseln nicht für Verweisungen auf einen Haustarifvertrag gilt, da der nicht organisierte Arbeitnehmer nicht erwarten kann, der Arbeitgeber werde ihn anders behandeln als tarifgebundene Arbeitnehmer.[429]

---

[421] Vgl. *Henssler/Moll* AGB S. 131.
[422] Vgl. *Henssler/Moll* AGB S. 131.
[423] Vgl. dazu etwa BAG 16.3.1994 – 5 AZR 339/92, AP BGB § 611 Ausbildungsbeihilfe Nr. 18; LAG Düsseldorf 24.2.1995 – 5 Sa 688/94, LAGE BGB § 611 Inhaltskontrolle Nr. 1; enger BAG 13.12.2000 – 10 AZR 168/00, RdA 2002, 38 (39); *Preis,* Grundfragen der Vertragsgestaltung im Arbeitsrecht, 1993 S. 237 ff.; *Hromadka* in FS Dieterich, 251 ff.; *Hunold* NZA-RR 2002, 225 (226).
[424] *Hanau/Kania* in FS Schaub, 243 f.; keine Bedenken gegen die Zulässigkeit einer entsprechenden Vereinbarung BAG 30.8.2000 – 4 AZR 581/99, NZA 2001, 510 (511).
[425] BAG 28.6.2001 – 6 AZR 114/00, NZA 2002, 331 (336); BAG 14.3.1961 – 3 AZR 83/60, AP BGB § 242 Ruhegehalt Nr. 78; dazu *Löwisch/Rieble* in FS Schaub, 467; *Bayreuther* in FS Kreutz, 33; vgl. auch BVerfG 23.4.1986 – 2 BvR 487/80, AP GG Art. 2 Nr. 28; offen gelassen für das aktuelle Recht BAG 24.9.2008 – 6 AZR 76/07, NZA 2009, 154; **aA** *Gamillscheg* S. 736 f.
[426] So *Annuß* BB 1999, 2558 (2559); *Seitz/Werner* NZA 2000, 1257 (1262); *Preis* Kap. II V 40 Rn. 55; *Hanau/Kania* in FS Schaub, 244.
[427] Vgl. BAG 28.11.1984 – 5 AZR 195/83, AP TVG § 4 Bestimmungsrecht Nr. 2.
[428] Vgl. BAG 28.6.2001 – 6 AZR 114/00, NZA 2002, 331 (336).
[429] BAG 27.2.2002 – 9 AZR 562/00, NZA 2002, 1099 (1102).

Der Gedanke des in § 5 AGBG festgelegten **Transparenzgebots** und das **Verbot überra- 137 schender Klauseln** fanden früher bei der Kontrolle einer Bezugnahmeklausel keine Beachtung, soweit es sich um eine Gesamtverweisung auf den fachlich und räumlich einschlägigen Tarifvertrag handelte. Von unüblichen oder unangemessenen Arbeitsbedingungen konnte bei der Bezugnahme des einschlägigen Tarifvertrags keine Rede sein.[430] Die Inbezugnahme eines fachfremden Tarifvertrags oder lediglich einzelner Tarifbestimmungen bedurfte einer eindeutigen Regelung. Die **Unklarheitenregel** fand bei der Auslegung vorformulierter Arbeitsverträge bereits Anwendung, so dass Unklarheiten zu Lasten des Arbeitgebers als Verwender vorformulierter Arbeitsverträge gingen.[431]

bb) Rechtslage nach der Schuldrechtsreform. Seit der **Schuldrechtsreform** gilt bei **vorfor- 138 mulierten Arbeitsverträgen** im Sinne des § 305 Abs. 1 BGB nunmehr auch das Recht der Allgemeinen Geschäftsbedingungen, wobei aber gemäß § 310 Abs. 4 S. 2 BGB die **im Arbeitsrecht geltenden Besonderheiten angemessen zu berücksichtigen** sind. § 305 Abs. 2, 3 BGB finden keine Anwendung, da insoweit bereits § 2 Abs. 1 S. 1 NachwG zu beachten ist.[432] Zu den Besonderheiten des Arbeitsrechts ist jedenfalls der Umstand zu zählen, dass eine Vielzahl von Arbeitsbedingungen mangels eines Arbeitsgesetzbuches in Tarifregelungen festgelegt werden.[433] Es besteht daher ein besonderes Bedürfnis, im Arbeitsvertrag Arbeitsbedingungen durch Bezugnahme auf Tarifbestimmungen zu regeln.[434] Verweisungsklauseln sind vor diesem Hintergrund auch nicht per se überraschend iSd § 305c Abs. 1 BGB.[435] Nach Ansicht des BAG muss ein Arbeitnehmer muss vielmehr damit rechnen, dass ein Arbeitgeber auf die für ihn geltenden oder die betrieblich und fachlich einschlägigen Tarifverträge verweist.[436] Auch dynamische Verweisungen auf einschlägige Tarifverträge sind im Arbeitsleben als Gestaltungsinstrument so verbreitet, dass ihre Aufnahme in Formularverträge **nicht überraschend** gemäß § 305c Abs. 1 BGB ist.[437] Vor diesem Hintergrund bestehen auch nach neuem Recht keine Bedenken gegen die grundsätzliche Zulässigkeit der Vereinbarung von Verweisungsklauseln (→ Rn. 85).

§ 310 Abs. 4 S. 2 BGB schließt eine **Einbeziehungskontrolle** gemäß § 305 Abs. 2 BGB 139 ausdrücklich aus. Ein expliziter Hinweis oder die Verschaffung einer Möglichkeit zur Kenntnisnahme der Tarifregelungen sind daher nicht erforderlich.[438] Eine **konkludente Bezugnahme** auf Tarifverträge bleibt möglich.[439] Sie darf aber nicht intransparent und überraschend sein.[440] Eine Verweisung führt für sich genommen noch nicht zur Intransparenz.[441] Der Gesetzgeber geht vielmehr in zahlreichen Normen von der Zulässigkeit einer Verweisung aus (vgl. etwa § 622 Abs. 4 S. 2 BGB), und das NachwG fordert nur einen allgemeinen Hinweis auf die Tarifverträge.[442] Auch dynamische Bezugnahmeklauseln sind nicht wesenseigen unverständlich.[443] Ausreichend ist, dass die anzuwendenden Regeln zum Zeitpunkt der Anwendung bestimmbar sind.[444]

Bei einer **Gesamtverweisung** werden Tarifverträge auch künftig nicht Gegenstand der In- 140 haltskontrolle.[445] Dies ergibt sich aus § 310 Abs. 4 S. 3 BGB, wonach Tarifverträge Rechts-

---

[430] Vgl. *Hromadka/Maschmann/Wallner* Rn. 92 f.
[431] BAG 5.11.1963 – 5 AZR 136/63, AP TVG § 1 Bezugnahme auf Tarifvertrag Nr. 1; *Seitz/Werner* NZA 2000, 1257 (1261); vgl. aber auch BAG 4.8.1999 – 5 AZR 642/98, EzA BGB § 613a Nr. 184.
[432] BT-Drs. 14/6857, 54; *Lingemann* NZA 2002, 181 (185).
[433] Vgl. *Hromodka* in FS Dieterich, 257; vgl. *Schrader* NZA 2003, 345 (350).
[434] Vgl. auch *Oetker* in FS Wiedemann, 397.
[435] BAG 6.5.2009 – 10 AZR 390/08, NZA-RR 2009, 593.
[436] BAG 21.11.2012 – 4 AZR 85/11, NZA 2012, 396.
[437] BAG 23.7.2014 – 7 AZR 771/12, NZA 2014, 1341; *Hanau* NZA 2012, 825 (829).
[438] *Preis* Kap. II V 40 Rn. 8.
[439] *Gotthardt* ZIP 2002, 277 (280); *Thüsing/Lambrich* NZA 2002, 1361 (1367).
[440] Vgl. *Annuß* BB 2002, 458 (460).
[441] BAG 14.3.2007 – 5 AZR 630/06, NZA 2008, 45 (47).
[442] BAG 3.4.2007 – 9 AZR 867/06, NZA 2007, 1045 (1048).
[443] BAG 14.3.2007 – 5 AZR 630/06, NZA 2008, 45 (47).
[444] BAG 6.5.2009 – 10 AZR 390/08, NZA-RR 2009, 593.
[445] Vgl. BT-Drs. 14/6857, 54; BAG 13.12.2007 – 6 AZR 222/07, NZA 2008, 478 (480); *Bauer/Kock* DB 2002, 42 (53); *Preis* Kap. II V 40 Rn. 20; *Diehn* NZA 2004, 129 (131); *Schliemann* NZA 2015, 1298 (1302).

vorschriften im Sinne des § 307 Abs. 3 BGB gleichstehen. Tarifverträge selbst unterliegen keiner Inhaltsprüfung (dazu → § 70 Rn. 2), da auf Grund der zwischen den Tarifvertragsparteien bestehenden Parität eine Richtigkeitsgewähr des Tarifvertrages vermutet wird. Die Tarifnormen unterliegen keiner Inhaltskontrolle, gleich ob der Tarifvertrag kraft arbeitsvertraglicher Bezugnahmeklausel oder kraft betrieblicher Übung gilt.[446] Bei einer einzelvertraglichen Inbezugnahme kann diese Richtigkeitsgewähr grundsätzlich nur bei einer Gesamtverweisung den Ausschluss einer Kontrolle rechtfertigen.[447] § 310 Abs. 4 S. 1 BGB schließt grundsätzlich nicht die Überprüfung von Bezugnahmeklauseln auf Tarifverträge aus.[448] Überwiegend wird davon ausgegangen, dass die Inhaltskontrolle bei Gesamtverweisungen nur bei der **Inbezugnahme des einschlägigen Tarifvertrages** ausgeschlossen ist.[449] **Teil- oder Einzelverweisungen** können in ihrer Gesamtheit ausgewogene Arbeitsbedingungen nicht gewährleisten, da der Arbeitgeber sich allein die für ihn günstigen Regelungen (Rosinen) herauspicken könnte.[450] Die Privilegierung des § 310 Abs. 4 S. 2 BGB entfällt.[451] Die Verweisung auf Teile eines Tarifvertrages, die ein geschlossenes System für bestimmte Personenkreise enthalten, schließt aber nach Ansicht des BAG eine Inhaltskontrolle aus.[452]

141   Bei einer **Gesamtverweisung** auf den einschlägigen Tarifvertrag verbleibt die Beachtung des **Transparenzgebots**.[453] Nach § 307 Abs. 1 S. 1 BGB müssen Bestimmungen klar und verständlich sein. Nach der Rechtsprechung des BAG[454] ist Sinn des Transparenzgebotes, der Gefahr vorzubeugen, dass der Arbeitnehmer von der Durchsetzung bestehender Rechte abgehalten wird. Aber erst in der Gefahr, dass er wegen unklar abgefasster Allgemeiner Vertragsbedingungen seine Rechte nicht wahrnimmt, liegt eine unangemessene Benachteiligung im Sinne des § 307 Abs. 1 BGB, nicht bereits darin, dass der Arbeitnehmer Probleme hat, die Regelung zu verstehen. Damit sind dynamische Verweisungsklauseln nicht ausgeschlossen, auch wenn sich der Inhalt der jeweiligen Regelung nicht unmittelbar aus dem Vertrag ergibt. Eine Verweisung auf Vorschriften eines anderen Regelungswerkes führt für sich genommen nicht zur Intransparenz, selbst wenn sie dynamisch ausgestaltet ist.[455] Es ist gerade Zweck dieser Normsetzungstechnik, an der Entwicklung des Verweisungsobjekts teilzunehmen, ohne den Vertragstext jeweils ändern zu müssen.[456] Dies gilt auch für „große dynamische Verweisungsklauseln"[457] Sind solche sehr abstrakt gehalten, können Bestimmtheit und Transparenz der Klausel problematisch sein.[458] Es ist anzuraten, zumindest den zum Zeitpunkt des Vertragsabschlusses geltenden Tarifvertrag näher zu bezeichnen (→ Rn. 115). Im Übrigen kommt bei einer Gesamtverweisung auf **branchenfremde** oder **ortsfremde** Tarifverträge das **Verbot überraschender Klauseln** (§ 305c Abs. 1 BGB) in Betracht.[459] Ein Verstoß wird vor allem dann zu prüfen sein, wenn für das Arbeitsverhältnis ein einschlägiger Tarifvertrag besteht.[460] Anderenfalls wird ein Verweis auf branchenfremde

---

[446] BAG 13.12.2007 – 6 AZR 222/07, NZA 2008, 478.
[447] *Löwisch/Rieble* TVG § 3 Rn. 561; *Hanau/Kania* in FS Schaub, 245.
[448] Vgl. etwa BAG 15.4.2008 – 9 AZR 159/07, NZA-RR 2008, 586; BAG 3.4.2007 – 9 AZR 283/06, NZA-RR 2008, 504; BAG 23.7.2014 – 7 AZR 771/12, NZA 2014, 1341.
[449] So *Richardi* NZA 2002, 1057 (1062); *Thüsing/Lambrich* NZA 2002, 1361 (1363); *Preis* in FS Wiedemann, 442; *Schliemann* Sonderbeilage zu NZA Heft 16/2003, 3 (4).
[450] Vgl. *Gotthardt* ArbR Rn. 241; *Henssler* RdA 2002, 129 (136); *Däubler* NZA 2001, 1329 (1336); für den Ausschluss der Inhaltskontrolle bei Teilverweisungen auf einen Regelungskomplex *Preis* in FS Wiedemann, 444 f.
[451] BAG 6.5.2009 – 10 AZR 390/08, NZA-RR 2009, 593.
[452] BAG 6.5.2009 – 10 AZR 390/08, NZA-RR 2009, 593; zust. *Henssler/Moll* AGB S. 126.
[453] Vgl. BT-Drs. 14/6857, 54; *Bauer/Kock* DB 2002, 42 (53); *Reinecke* DB 2002, 583 (585); *Henssler/Moll* AGB S. 123.
[454] BAG 28.6.2007 – 6 AZR 851/06, NZA 2008, 552.
[455] BAG 23.7.2014 – 7 AZR 771/12, NZA 2014, 1341.
[456] BAG 24.3.2009 – 9 AZR 983/07, NZA 2009, 538; vgl. dazu *Hamacher*, Deklaratorische und konstitutive Klauseln in Tarifverträgen, 2000, S. 61; *Thüsing/Lambrich* NZA 2002, 1361 (1364).
[457] BAG 15.4.2008 – 9 AZR 159/07, NZA-RR 2008, 586; BAG 17.11.2010 – 4 AZR 391/09, NZA 2011, 356.
[458] Vgl. aber *Reichold* ZTR 2002, 202 (205).
[459] Vgl. *Preis* in FS Wiedemann, 433; *Gotthardt* ArbR Rn. 232; *ders.* ZIP 2002, 277 (280); *Thüsing/Lambrich* NZA 2002, 1361 (1365); vgl. auch *Annuß* BB 2002, 458 (460); *Henssler* RdA 2002, 129 (136).
[460] *Preis* Kap. II V 40 Rn. 26; *ders.*, Grundfragen der Vertragsgestaltung im Arbeitsrecht, 1993, S. 396.

Tarifverträge erforderlich und häufig üblich sein. Als Beispiel hierfür sei der Verweis auf den BAT in Arbeitsverträgen von Wohlfahrtsverbänden genannt.[461]

Teil- oder Einzelverweisungen unterliegen einer weitergehenden Kontrolle, denn dann wird bereits im Sinne des § 307 Abs. 3 S. 1 BGB von dem Tarifvertrag abgewichen.[462] Es ist insbesondere das Verbot überraschender Klauseln nach § 305c Abs. 1 BGB zu beachten.[463] Werden aber nicht nur einzelne Normen, sondern **abgrenzbare Sachbereiche** des einschlägigen Tarifvertrages in Bezug genommen, dann ist eine Herausnahme aus der AGB-Kontrolle ebenfalls gerechtfertigt.[464] Eine solche Verweisung ist an sich weder intransparent noch unklar oder unangemessen.[465] Nichts anderes macht der Gesetzgeber in Zulassungsnormen wie etwa § 622 Abs. 4 S. 2 BGB (→ Rn. 90). Bei der **isolierten Inbezugnahme** tariflicher Ausschlussfristen besteht die Gefahr einer intransparenten Vertragsgestaltung.[466] Die Bezugnahme auf Ausschlussfristen als solche ist aber noch nicht überraschend, sondern im Arbeitsleben üblich;[467] Ausschlussklauseln sind praktisch in allen Tarifwerken enthalten.[468] 142

Eine pauschale Bezugnahme auf einen Tarifvertrag in einem Formulararbeitsvertrag ist gegenüber einer ausdrücklichen Regelung im Arbeitsvertrag, die von einer tariflichen Bestimmung abweicht, nachrangig.[469] Bei einer **ergänzenden** Verweisung („im Übrigen gelten die Tarifverträge") ist zunächst zu prüfen, ob es sich um eine Teilverweisung handelt. Dies wird etwa dann nicht der Fall sein, wenn im Arbeitsvertrag lediglich Vergütungsfragen geregelt sind und im Übrigen auf einen Mantelvertrag verwiesen wird. Bei einer partiellen Verweisung unterliegt die Verweisungsklausel einschließlich der Verweisungsobjekte regelmäßig der Inhaltskontrolle.[470] So kann die Inbezugnahme einer tariflichen zweimonatigen Ausschlussfrist unangemessen sein.[471] 143

> **Praxistipp**
>
> Um zu vermeiden, dass eine Überprüfung der Arbeitsbedingungen nach den §§ 305 ff. BGB wegen der ungenauen Beschreibung des Verhältnisses zwischen einzelvertraglicher Regelungen und in Bezug genommener Tarifnormen ermöglicht wird, empfiehlt es sich, die Formulierung **„Im Übrigen"** zurückhaltend zu verwenden oder klarzustellen, dass tarifvertragliche Regelungen vorrangig sind. „Regelungen des (Mantel-)Tarifvertrages gehen den einzelvertraglichen Regelungen vor, es sei denn, dass diese für den Arbeitnehmer günstiger sind oder der Tarifvertrag abweichende Regelungen zulässt." Oder ergänzend: „Die Vergütung bestimmt sich allein nach den einzelvertraglichen Bestimmungen, es sei denn, dass tarifliche Vergütungsregelungen normativ, also zwingend gelten und jene nicht günstiger sind."

Die **Unklarheitenregel** nach § 305c Abs. 2 BGB greift erst dann ein, wenn nach Ausschöpfung der anerkannten Auslegungsmethoden nicht behebbare Zweifel verbleiben; sie gilt auch bei Zweifeln, ob eine dynamische Verweisung vereinbart werden sollte.[472] Fraglich sind die Rechtsfolgen einer unklaren Verweisungsklausel. Nach § 305c Abs. 2 BGB gehen Zweifel zu Lasten des Verwenders, also zu Lasten des Arbeitgebers. Wenn Zweifel bestehen, 144

---

[461] Vgl. *Hanau/Kania* in FS Schaub, 243; *Lambrich/Thüsing*, Tarifautonomie im Wandel, 2003, 123, 126.
[462] BAG 6.8.2013 – 9 AZR 442/12, NZA 2013, 1361; vgl. LAG Düsseldorf 25.7.2007 – 12 Sa 944/07, BB 2008, 110; *Thüsing/Lambrich* NZA 2002, 1361 (1363); offen gelassen BAG 13.12.2007 – 6 AZR 222/07, NZA 2008, 478.
[463] *Gotthardt* ArbR Rn. 232.
[464] *Wiedemann/Oetker* TVG § 3 Rn. 406.
[465] BAG 6.5.2009 – 10 AZR 390/08, NZA-RR 2009, 593.
[466] Vgl. *Preis* Kap. II A 150 Rn. 26; *Gotthardt* Rn. 273; *ders.* ZIP 2002, 277 (287).
[467] Vgl. BAG 13.12.2000 – 10 AZR 168/00, RdA 2002, 38 (40) mzustAnm *Preis* (S. 44).
[468] BAG 22.1.2002 – 9 AZR 601/00, NZA 2002, 1041 (1046).
[469] BAG 20.1.2015 – 9 AZR 585/13, NZA-RR 2015, 399.
[470] LAG Düsseldorf 25.7.2007 – 12 Sa 944/07, BB 2008, 110.
[471] LAG Düsseldorf 25.7.2007 – 12 Sa 944/07, BB 2008, 110, das allerdings unberücksichtigt lässt, dass auf den einschlägigen Tarifvertrag verwiesen wurde.
[472] BAG 9.11.2005 – 5 AZR 128/05, NZA 2006, 202.

ob eine Verweisung dynamisch oder statisch gemeint war, kann je nach Entwicklung der konkreten Tariffrage der neue Tarif für den Arbeitnehmer günstiger oder ungünstiger sein. Nach der Auffassung von *Däubler* muss auf Grundlage der jeweiligen prozessualen Situation entschieden werden, die sich auf der Zeitachse auch ändern könne.[473] Dem hat das BAG widersprochen.[474] Die Frage nach der Günstigkeit kann nicht je nach Art des Anspruchs und dem Zeitpunkt seiner Geltendmachung unterschiedlich beantworten.

145 Die **Gleichstellung der Tarifverträge mit Rechtsvorschriften** im Sinne des § 307 Abs. 3 BGB bewirkt nicht, dass das **tarifliche Lohnniveau** zum Maßstab für die arbeitsvertragliche Vergütungsabrede wird.[475] Zweck des § 310 Abs. 4 S. 3 BGB ist allein, dass Tarifverträge auch bei einzelvertraglicher Inbezugnahme keiner Inhaltskontrolle unterliegen. Sie sollen nicht selbst zum Maßstab für eine Inhaltskontrolle werden.[476] Hiergegen spricht bereits die systematische Stellung des § 310 BGB.[477] Bei der Auslegung des § 310 Abs. 4 S. 3 BGB wird zudem die negative Koalitionsfreiheit nicht organisierter Arbeitsvertragsparteien zu berücksichtigen sein.

146 **Nachwirkenden Tarifnormen** gemäß § 4 Abs. 5 TVG kommt die gesetzliche Leitfunktion im Sinne des § 307 Abs. 3 S. 1 BGB nicht zu, so dass von ihnen abgewichen werden und eine andere Abmachung im Sinne des § 4 Abs. 5 TVG (→ Rn. 168 ff.) vereinbart werden kann.[478]

II. Geltungsbereich

147 § 3 Abs. 1 TVG regelt lediglich die Tarifgebundenheit, nicht aber die Frage, welcher **konkrete Tarifvertrag** auf das Arbeitsverhältnis Anwendung findet. Dies ist abhängig vom jeweiligen Geltungsbereich des Tarifvertrages. Eine Definition des Begriffes gibt das Gesetz nicht vor. Aus § 4 Abs. 1 TVG ergibt sich lediglich, dass das Arbeitsverhältnis der tarifgebundenen Vertragsparteien in den Geltungsbereich des Tarifvertrages fallen muss; dies ist Voraussetzung der Normwirkung.

148 Aufgrund der von Art. 9 Abs. 3 GG erfassten **Tarifautonomie** sind die Tarifvertragsparteien darin frei, den Geltungsbereich innerhalb ihrer Tarifzuständigkeit festzulegen. Zu unterscheiden ist zwischen dem zeitlichen, räumlichen, betrieblichen und persönlichen Geltungsbereich; die Terminologie ist in der Praxis nicht immer einheitlich. Der Geltungsbereich kann allein im Hinblick auf die Eigeninteressen der Tarifvertragsparteien und ihrer Mitglieder gewählt werden.[479] Die Tarifvertragsparteien müssen nicht alle Arten des Geltungsbereichs bestimmen, sondern können es bei der Festlegung etwa des persönlichen Geltungsbereichs belassen.[480] Die Ermittlung des Geltungsbereichs erfolgt durch **Auslegung** des jeweiligen Tarifvertrages; es gelten insoweit die allgemeinen Grundsätze zur Auslegung von Tarifverträgen (→ § 69 Rn. 55 ff.).[481] Ist der Geltungsbereich nicht hinreichend bestimmt, kann dies aber zur Unwirksamkeit des Tarifvertrages führen, etwa bei Tarifverträgen nach § 3 BetrVG.[482]

1. Persönlicher Geltungsbereich

149 Tarifverträge gelten regelmäßig für **Arbeitnehmer**. Neben den Arbeitnehmern gibt es aber weitere Personengruppen, deren Arbeitsbedingungen in Tarifverträgen festgelegt werden

---

[473] *Däubler* NZA 2006 Beilage 3, 133 (134); krit. *Clemenz* NZA 2007, 769 (772).
[474] BAG 24.9.2008 – 6 AZR 76/07, NZA 2009, 154; BAG 9.6.2010 – 5 AZR 637/09, AP TVG § 1 Bezugnahme auf Tarifvertrag Nr. 80; zust. *Henssler/Moll* AGB S. 119; *Bayreuther* NZA 2009, 935.
[475] So auch *Annuß* BB 2002, 458 (460); *Gotthardt* ArbR Rn. 242; *Henssler* RdA 2002, 129 (136); *Reichold* ZTR 2002, 202 (206); *Richardi* NZA 2002, 1057 (1061); *Thüsing/Lambrich* RdA 2002, 193 (196); *Tschöpe* DB 2002, 1830 (1833); aA *Däubler* NZA 2001, 1329 (1334f.); *Lakies* NZA-RR 2002, 337 (344).
[476] *Gotthardt* ArbR Rn. 242.
[477] Vgl. *Henssler* RdA 2002, 129 (136).
[478] BAG 3.4.2007 – 9 AZR 867/06, NZA 2007, 1045.
[479] BAG 30.8.2000 – 4 AZR 563/99, NZA 2001, 613 (617).
[480] Vgl. BAG 9.12.1999 – 6 AZR 299/98, NZA 2000, 1167 (1168).
[481] Vgl. BAG 14.11.2001 – 10 AZR 76/01, NZA 2002, 1049 (1050).
[482] HessLAG 7.10.2010 – 9 TaBV 86/10, BeckRS 2011, 73469.

können, etwa Auszubildende. **Arbeitnehmerähnliche Personen** und in **Heimarbeit Beschäftigte** können gemäß § 12a TVG bzw. § 17 HAG ebenfalls erfasst werden. Die Regelungsbefugnis der Tarifvertragsparteien erfasst aber auch Betriebsrentner.[483]

Im Rahmen ihrer Tarifautonomie steht es den Tarifparteien frei, Tarifverträge nur für eine bestimmte Personengruppe zu schließen oder eine davon auszunehmen bzw. für verschiedene Gruppen unterschiedliche Tarifverträge zu vereinbaren. Sie dürfen die Personengruppen aber **nicht willkürlich** von Tarifverträgen ausnehmen.[484] Das Diskriminierungsverbot beschränkt insoweit die Tarifautonomie (→ § 70 Rn. 16). Soweit nichts anderes bestimmt ist, gelten etwa **Haustarifverträge**, für alle Arbeitsverhältnisse des tarifschließenden Unternehmens, dh er erfasst nicht nur die aktuellen Arbeitsverhältnisse, sondern auch die Arbeitnehmer, die später ein Arbeitsverhältnis begründen oder durch Betriebsübergang hinzukommen.[485]

Die Tarifparteien können ebenfalls festlegen, **welche Mitglieder** des Arbeitgeberverbandes in den Geltungsbereich fallen. Sie können unter anderem den Geltungsbereich auf ordentliche Mitglieder beschränken.[486] Bei einer derartigen Gestaltung erübrigt sich die Frage nach der Zulässigkeit einer OT-Mitgliedschaft (→ § 69 Rn. 25). Die Tarifvertragsparteien können den Geltungsbereich auch auf Mitglieder beschränken, die zu einem bestimmten Stichtag Mitglied einer Tarifvertragspartei waren.[487] Eine solche Regelung ist insbesondere bei sog. Differenzierungsklauseln von Interesse. Zu beachten gilt jeweils, dass sich eine Beschränkung auf einen bestimmten Teil der Mitglieder des tarifschließenden Arbeitgeberverbandes aus dem Tarifvertrag selbst ergeben muss; eine lediglich verbandsinterne Zuordnung ist nicht ausreichend.[488]

> **Praxistipp:**
> Außertarifliche Angestellte (**AT-Angestellte**) sind lediglich solche, die die Tarifvertragsparteien von dem persönlichen Geltungsbereich ausnehmen. Die Bezeichnung im Arbeitsvertrag oder die Gewährung einer übertariflichen Zulage sind nicht allein geeignet, einen Arbeitnehmer aus dem Geltungsbereich auszunehmen.[489]

2. Räumlicher Geltungsbereich

Verbandstarifverträge werden meist nicht für das gesamte Bundesgebiet, sondern für einen räumlich begrenzten Geltungsbereich abgeschlossen. Dieser kann sich sowohl nach staatlichen Grenzen oder Regionen richten, aber auch nach den Einzugsbereichen der Verbände. In den verschiedenen Wirtschaftszweigen wird dies unterschiedlich gehandhabt. Die Festlegung des räumlichen Geltungsbereiches liegt in der Hand der Tarifparteien. Welche Arbeitsverhältnisse in den räumlichen Geltungsbereich fallen, kann ebenfalls von den Tarifvertragsparteien bestimmt werden. Im Zweifel ist aber auf den **Sitz des Betriebs** abzustellen, in dem der Arbeitnehmer schwerpunktmäßig tätig ist.[490] Der nur vorübergehende Einsatz der Arbeitnehmer im Ausland steht der Anwendung eines Tarifvertrages auf den Betrieb eines Arbeitgebers in Deutschland nicht entgegen.[491]

Die Differenzierung zwischen Betrieb und Unternehmen ist gerade im Hinblick auf solche Unternehmen von Bedeutung, die ihren Sitz in einem der westdeutschen Bundesländer und

---

[483] BAG 11.8.2009 – 3 AZR 23/08, NZA 2010, 408.
[484] BAG 20.8.2000 – 4 AZR 563/99, NZA 2001, 613 (616 f.).
[485] BAG 23.1.2019 – 4 AZR 445/17, NZA 2019, 922, BAG 15.6.2016 – 4 AZR 805/14, BeckRS 2016, 110772.
[486] BAG 24.2.1999 – 4 AZR 62/98, NZA 1999, 995 (997); BAG 16.11.2016 – 4 AZR 697/14, AP TVG § 3 Verbandszugehörigkeit Nr. 31.
[487] LAG München 19.2.2014 – 5 Sa 839/13, BeckRS 2014, 71909.
[488] BAG 16.11.2016 – 4 AZR 697/14, AP TVG § 3 Verbandszugehörigkeit Nr. 31.
[489] Vgl. *Faustmann/van den Woldenberg* NZA 2001, 1113 (1114).
[490] BAG 25.6.1998 – 6 AZR 475/96, NZA 1999, 274 (275); BAG 3.12.1985 – 4 AZR 325/84, AP TVG § 1 Tarifverträge: GroßhandelNr. 5.
[491] BAG 20.6.2007 – 10 AZR 302/06, NZA-RR 2008, 24.

weitere Betriebe in den sog. neuen Bundesländern haben. Zwischen den Arbeitsbedingungen in den Tarifverträgen für West- und Ostdeutschland gibt es nach wie vor Unterschiede. Erstreckt sich der Tätigkeitsbereich eines Arbeitnehmers sowohl auf das Beitrittsgebiet als auch auf die Altbundesländer, so ist für die tarifliche Zuordnung des Arbeitsverhältnisses nach Ansicht der Rechtsprechung entscheidend, wo sich der **Schwerpunkt der Tätigkeit** befindet.[492]

3. Betrieblicher/branchenmäßiger Geltungsbereich

154   Der betriebliche Geltungsbereich bestimmt, auf welches Tätigkeitsfeld sich der konkrete Tarifvertrag bezieht, dh für welche Produktions- oder Dienstleistungsbereiche der Tarifvertrag gelten soll. Wegen der Organisation der Koalitionen nach dem Industrieverbandsprinzip werden die Tarifverträge regelmäßig für einen bestimmten **Wirtschaftszweig** abgeschlossen. Aus diesem Grund wird auch vom branchenmäßigen oder fachlichen Geltungsbereich gesprochen.[493] Die Bestimmung des fachlichen Geltungsbereichs ist gerade für Branchen mit gemeinsamen Einrichtungen (beispielsweise Urlaubs- und Zusatzversorgungskassen) von Interesse. Die Einrichtungen sind auf Beitragszahler angewiesen; das Interesse der Arbeitgeber ist hingegen oftmals darauf gerichtet, sich solchen Pflichten zu entziehen.

155   Soweit sich die Tarifvertragsparteien innerhalb der in ihren Satzungen festgelegten Zuständigkeit bewegen, sind sie in der Bestimmung des betrieblichen Geltungsbereiches der Tarifverträge frei. Die Tarifvertragsparteien können auf eine fachliche Beschränkung gänzlich verzichten, indem sie auf alle Mitgliedsunternehmen des tarifschließenden Arbeitgeberverbandes abstellen.[494] Es steht ihnen frei festzulegen, nur einen Teil der Unternehmen zu erfassen.[495] Die Tarifvertragsparteien können aber auch einen **unternehmensbezogenen Verbandstarifvertrag** schließen.[496] Verbandsinterne Grenzen können sich aber aus dem Gleichbehandlungsgrundsatz ergeben.[497] Sonderbedingungen zugunsten einzelner Arbeitgeber heben die Kartellwirkung des Tarifvertrages auf. Es hat sich die Praxis herausgebildet, dass Tarifverträge auf die branchenmäßige Ausrichtung des **Betriebes** und nicht des Unternehmens abstellen. Verschiedene Betriebe eines Unternehmens können so unter den Geltungsbereich verschiedener Tarifverträge fallen.[498]

156   Probleme können sich bei der Zuordnung sog. **Mischbetriebe** ergeben. Darunter sind Betriebe zu verstehen, in denen **Tätigkeiten verschiedener Fachrichtungen** verrichtet werden.[499] Es wäre zwar denkbar, die für die jeweiligen Wirtschaftszweige geltenden Tarifverträge in dem Mischbetrieb nebeneinander anzuwenden. Die Geltung mehrerer Tarifverträge in einem Betrieb läuft jedoch dem von der Rechtsprechung entwickelten (nunmehr aufgegebenen) Grundsatz der Tarifeinheit (→ Rn. 191) zuwider, wonach für einen Betrieb nur ein Tarifvertrag gelten soll. Die Aufgabe dieses Grundsatzes hat insoweit nur geringe Auswirkungen.[500] Welcher Tarifvertrag bei einem Mischbetrieb Anwendung findet, richtet sich nach dem **Betriebszweck**. Dieser bestimmt sich danach, mit welchen Tätigkeiten die Arbeitnehmer des betreffenden Betriebes **zeitlich überwiegend** beschäftigt werden.[501] Schwierigkeiten bestehen bei sog. „**Sowohl-als-auch**"-**Tätigkeiten,** die verschiedenen Branchen zugeordnet werden können.[502] Besondere Probleme können sich ergeben, wenn ein Mischbetrieb

---

[492] BAG 25.6.1998 – 6 AZR 475/96, NZA 1999, 274 (275).
[493] Wiedemann/*Wank* TVG § 4 Rn. 100.
[494] BAG 10.12.1997 – 4 AZR 247/96, NZA 1998, 484 (486).
[495] BAG 21.1.2015 – 4 AZR 797/13, NZA 2015, 1521; bei der Auslegung muss es hierfür aber deutliche Anhaltspunkte geben.
[496] Dazu *Melms* NZA 2017, 365 ff.
[497] Vgl. *Zachert* Sonderbeilage NZA Heft 24/2000, 17 (22); *Buchner* DB 2001, 1 (4).
[498] BAG 13.6.1957 – 2 AZR 402/54, AP TVG § 4 Geltungsbereich Nr. 6.
[499] BAG 5.9.1990 – 4 AZR 59/90, AP TVG § 4 Tarifkonkurrenz Nr. 19.
[500] Dazu *Boemke/Sachadae* BB 2011, 1973 ff.
[501] BAG 5.9.1990 – 4 AZR 59/90, AP TVG § 4 Tarifkonkurrenz Nr. 19; BAG 26.8.1998 – 4 AZR 471/97, NZA 1999, 154 (155); BAG 16.5.2001 – 10 AZR 438/00, AP TVG § 1 Tarifverträge: Dachdecker Nr. 7; *Löwisch/Rieble* TVG § 4 Rn. 252.
[502] Dazu BAG 16.5.2001 – 10 AZR 438/00, AP TVG § 1 Tarifverträge: Dachdecker Nr. 7; BAG 15.6.2011 – 10 AZR 861/09, NZA-RR 2012, 224.

ein **Gemeinschaftsbetrieb** verschiedener Arbeitgeber ist, die unterschiedlich tarifgebunden sind.[503]

Der fachliche Geltungsbereich eines Tarifvertrages wird durch **Auslegung** ermittelt. Bei der Frage, welche Betriebe von einem Tarifvertrag erfasst werden, ist zunächst zu beachten, dass die Tarifvertragsparteien ihre Tarifzuständigkeit nicht überschreiten wollen.[504] Im Übrigen verwenden sie bei der Bestimmung des fachlichen Geltungsbereichs regelmäßig die im Arbeits- und Wirtschaftsleben geltenden Begriffsinhalte.[505]

Beispiele:
- Apotheken fallen nicht in den fachlichen Geltungsbereich des **Einzelhandels**, da ihre Aufgabe die Versorgung der Bevölkerung mit Arzneimitteln ist und nicht der Absatz der Ware im Vordergrund steht.[506]
- Zu den Unternehmen, die in den Geltungsbereich des **Groß- und Außenhandels** fallen, gehören sog. Wiederverkäufern auch solche Unternehmen, deren Abnehmer gewerbliche Endverbraucher sind.[507]
- Zum „**Handwerk**" zählen keine Unternehmen, die **Arbeitnehmerüberlassung** betreiben, auch wenn Leiharbeitnehmer handwerkliche Tätigkeiten ausüben.[508]
- **Industriebetriebe** unterscheiden sich von **Handwerksbetrieben** aufgrund ihrer Betriebsgröße, der Anzahl ihrer Beschäftigten sowie eines größeren Kapitalbedarfs infolge der Anlagenintensität. Während für die Industrie Produktionsanlagen und Produktionsstufen kennzeichnend sind, handelt es sich bei Handwerksbetrieben um weniger technisierte Betriebe, in denen die Arbeit überwiegend mit der Hand und nicht auf Vorrat, sondern für bestimmte Kunden ausgeführt wird.[509]

4. Zeitlicher Geltungsbereich

Der zeitliche Geltungsbereich eines Tarifvertrages bestimmt sich nach den Vereinbarungen der Tarifvertragsparteien.

a) **Beginn der Tarifnormwirkung.** Grundsätzlich ist zwischen dem schuldrechtlichen und dem normativen Teil des Tarifvertrages zu unterscheiden (→ § 69 Rn. 37 ff.). Der Tarifvertrag entfaltet seine **schuldrechtlichen Wirkungen** regelmäßig mit dem formgerechten Abschluss des Tarifvertrages, sofern nichts anderes vereinbart ist.

Der Eintritt der **normativen Wirkung** wird von den Tarifvertragsparteien oftmals rückwirkend oder auf einen späteren Zeitpunkt festgesetzt. Es besteht regelmäßig keine Pflicht der Tarifvertragsparteien eine Rückwirkung zu vereinbaren; Stichtagsregelungen sind zulässig.[510] Die **Rückwirkung** von Tarifverträgen dient dazu, keine Lücken zwischen Ablauf des vorherigen und Beginn des neuen Tarifvertrages entstehen zu lassen. In der Praxis sind etwa rückwirkende Lohnerhöhungen üblich. Schwierig gestaltet sich die Rechtslage dann, wenn der neue Tarifvertrag rückwirkend in **bereits entstandene Rechte** eingreift. Über die grundsätzliche Zulässigkeit ungünstigerer Tarifnormen besteht Einigkeit. Aus Gründen der Rechtssicherheit und des Vertrauensschutzes ist die Zulässigkeit der Rückwirkung von Tarifnormen aber begrenzt; die gilt auch dann, wenn die Tarifregelungen kraft arbeitsvertraglicher Bezugnahme gelten.[511] Überwiegend wird die Anwendung der Grundsätze der Rechtsprechung zur Rückwirkung von Gesetzen befürwortet.[512] Die rückwirkende Abänderung von **bereits entstandenen, fällig gewordenen, aber noch nicht abgewickelten Ansprüchen** ist nach der Rechtsprechung des BAG nur durch den Grundsatz des Vertrauensschutzes der

---

[503] Vgl. dazu *Hromadka/Maschmann/Wallner* Rn. 223.
[504] BAG 14.11.2001 – 10 AZR 76/01, NZA 2002, 1049 (1051).
[505] Vgl. BAG 24.8.1999 – 9 AZR 529/97, NZA 2000, 724; LAG Hamm 16.8.2000 – 3 Sa 34/00, nv.
[506] BAG 14.9.1994 – 4 AZR 761/93, AP TVG § 1 Tarifverträge: Apotheken Nr. 2.
[507] LAG SchlH 16.10.1992 – 6 Sa 179/92, LAGE TVG § 4 Großhandel Nr. 3; vgl. auch BAG 25.1.2006 – 4 AZR 622/04, NZA 2007, 472.
[508] LAG Köln 4.4.2001 – 7 Sa 1311/00, NZA-RR 2001, 648.
[509] So BAG 20.6.2007 – 10 AZR 302/16, NZA-RR 2008, 24; BAG 16.6.2014 – 4 AZR 145/14, BeckRS 2014, 72700.
[510] BAG 19.12.2019 – 6 AZR 59/19, NZA 2020, 732.
[511] Vgl. LAG Düsseldorf 28.8.2000 – 18 Sa 268/00, LAGE TVG § 1 Rückwirkung Nr. 1a.
[512] Vgl. BAG 23.11.1994 – 4 AZR 879/93, AP TVG § 1 Rückwirkung Nr. 12 mzustAnm *Wiedemann* sowie *Buchner*; BAG 20.4.1999 – 1 AZR 631/98, NZA 1999, 1059 (1063); BAG 17.5.2000 – 4 AZR 216/99, NZA 2000, 1297 (1299); vgl. auch *Bündenbender* SAE 2001, 192 ff.; *Wiedemann/Wank* TVG § 4 Rn. 283 ff.

Normunterworfenen begrenzt.[513] Die Tarifunterworfenen sind danach **nicht schutzwürdig**, wenn sie zum Zeitpunkt des Inkrafttretens der Norm mit einer Regelung oder Änderung rechnen mussten (etwa bei Aufnahme von Tarifvertragsverhandlungen[514] oder bei Bekanntmachung eines Verhandlungsergebnisses),[515] das geltende Recht unklar und verworren war, die Tarifunterworfenen sich aus anderen Gründen nicht auf den Rechtsschein verlassen durften (zB wegen widersprüchlicher Rechtsprechung) oder wenn zwingende Gründe des Gemeinwohls für eine Rückwirkung bestehen. Die bloße Kenntnis von wirtschaftlichen Schwierigkeiten erschüttert das Vertrauen auf Ansprüche aus einem Firmentarifvertrag noch nicht hinreichend, da diesen unterschiedlich begegnet werden kann.[516] Im Stadium der Nachwirkung müssen die Tarifunterworfenen immer damit rechnen, dass die **Nachwirkung** von den Tarifparteien rückwirkend beseitigt wird, selbst wenn der ablösende Tarifvertrag ungünstigere Regelungen enthält als der nachwirkende Tarifvertrag.[517] Gegenstand rückwirkender Tarifnormen können nur Pflichten sein, deren Erfüllung gegenwärtig möglich ist; dies gilt etwa nicht für **Verhaltenspflichten**.[518] Auch bereits abgewickelte (Zahlungs-)Ansprüche können rückwirkend vermindert werden.[519] Die normative Rückwirkung von Tarifnormen auf ein **beendetes Arbeitsverhältnis** setzt voraus, dass zum Zeitpunkt des Inkrafttretens und des Abschlusses des Tarifvertrages beidseitige Tarifbindung bestand.[520]

> **Praxistipp:**
> Die Rückwirkung von Tarifnormen spielt eine große Rolle bei der Neugestaltung von Ansprüchen auf betriebliche Altersversorgung und Sonderzahlungen. Aber auch die Modifikation der Unkündbarkeit von Arbeitsverhältnissen kann nur begrenzt zulässig sein.[521]

161 b) **Beendigung des Tarifvertrages.** Die Tarifvertragsparteien können den zeitlichen Geltungsbereich eines Tarifvertrages selbst bestimmen. Dazu stehen ihnen mehrere Möglichkeiten offen. Sie können die Laufzeit, den Eintritt einer auflösenden Bedingung, die Möglichkeit einer ordentlichen Kündigung sowie einen Aufhebungsvertrag[522] vereinbaren. Darüber hinaus kann der Tarifvertrag durch außerordentliche Kündigung beendet werden. Kündigungsberechtigt ist aber nur der abschließende Verband.[523] Ein Aufhebungsvertrag ist auf Grund des geltenden Ablösungsprinzips nicht erforderlich, wenn der Vorgängertarifvertrag durch einen nachfolgenden voll ersetzt wird.[524]

162 *aa) Ablösungsprinzip.* Nach dem Ablösungsprinzip bzw. Zeitkollisionsregel (lex posterior derogat legi priori) verdrängt ein jüngerer Tarifvertrag den älteren, auch wenn dieser günstiger ist.[525] Der Vorgängertarifvertrag wird durch den nachfolgenden auch ohne Aufhebungsvertrag voll ersetzt.[526] Grundsätzlich ersetzt ein einen bestimmten Komplex insgesamt

---

[513] Vgl. etwa BAG 22.10.2003 – 10 AZR 152/03, NZA 2004, 444.
[514] BAG 20.2.2002 – 4 AZR 22/01, BeckRS 2002, 30795054.
[515] Vgl. BAG 17.5.2000 – 4 AZR 216/99, NZA 2000, 1297 (1299); LAG Düsseldorf 26.9.2000 – 8 Sa 671/00, NZA-RR 2002, 95 (97).
[516] BAG 22.10.2003 – 10 AZR 152/03, NZA 2004, 444.
[517] BAG 8.9.1999 – 4 AZR 661/98, NZA 2000, 223 (224).
[518] *Neuner* ZfA 1998, 83 (93); Wiedemann/*Wank* TVG § 4 Rn. 243a.
[519] BAG 5.7.2006 – 4 AZR 381/05, BB 2007, 556.
[520] BAG 24.10.2007 – 10 AZR 878/06, NZA 2008, 131 (133).
[521] Dazu etwa BAG 2.2.2006 – 2 AZR 58/05, NZA 2006, 868.
[522] Der Aufhebungsvertrag kann nach Auffassung der Rechtsprechung formlos vereinbart werden, BAG 8.9.1976 – 4 AZR 359/75, AP TVG § 1 Form Nr. 5; aA Wiedemann/*Wank* TVG § 4 Rn. 15.
[523] BAG 26.4.2000 – 4 AZR 170/99, NZA 2000, 1010 (1012).
[524] Vgl. BAG 30.1.1985 – 4 AZR 117/83, AP TVG § 1 Tarifverträge: Einzelhandel Nr. 9; BAG 6.11.1985 – 4 AZR 307/84, BeckRS 1985, 30715135.
[525] Vgl. BAG 30.1.1985 – 4 AZR 117/83, AP TVG § 1 Tarifverträge: Einzelhandel Nr. 9; BAG 16.5.1995 – 3 AZR 535/94, AP TVG § 4 Ordnungsprinzip Nr. 15; BAG 22.2.2000 – 9 AZR 107/99, NZA 2001, 268 (270); BAG 15.4.2008 – 9 AZR 159/07, NZA-RR 2008, 586.
[526] Vgl. BAG 30.1.2002 – 10 AZR 359/01, NZA 2002, 815; BAG 6.11.1985 – 4 AZR 307/84, BeckRS 1985, 30715135.

neu regelnder Tarifvertrag seinen Vorgänger in vollem Umfang[527] und für alle Regelungsbereiche zum selben Zeitpunkt. Die Tarifvertragsparteien können zwar vom Ablösungsprinzip abweichende Vereinbarungen treffen, im Interesse der Rechtsklarheit und Rechtssicherheit bedürfen solche Abweichungen allerdings besonderer Bestimmtheit und Deutlichkeit.[528] Die wirksame Ablösung eines Tarifvertrags setzt allerdings voraus, dass die aufeinanderfolgenden Tarifregelungen von denselben Tarifvertragsparteien vereinbart werden.[529] Dies ist etwa dann nicht der Fall, wenn der kraft Mitgliedschaft an Verbandstarifverträge gebundene Arbeitgeber mit derselben Gewerkschaft einen Haustarifvertrag abschließt. Statt zu einer Ablösung kann es zu einer Tarifkonkurrenz kommen (→ Rn. 184 ff.).

bb) Ordentliche Kündigung. Regelmäßig ist in Tarifverträgen ein Kündigungsrecht zu einem bestimmten Termin vereinbart. Die konkreten Voraussetzungen richten sich dann nach der Vereinbarung. Eine Teilkündigung ist nur zulässig, wenn dies im Tarifvertrag vereinbart ist.[530] Enthält der Tarifvertrag eine bestimmte Laufzeit, dann ist ohne gegenteilige Bestimmung das Recht zu einer ordentlichen Kündigung ausgeschlossen. Ohne Absprachen über Laufzeit und Kündigungsmöglichkeit ist fraglich, ob und gegebenenfalls welche Kündigungsfrist einzuhalten ist. Im Schrifttum wird eine entsprechende Anwendung der **dreimonatigen Kündigungsfrist** nach § 77 Abs. 5 BetrVG befürwortet.[531] Das BAG hat seine Tendenz zu erkennen gegeben, sich dieser Ansicht anzuschließen.[532] 163

cc) Außerordentliche Kündigung. Tarifverträge sind – wie jedes andere Dauerschuldverhältnis auch – außerordentlich kündbar, wenn den Vertragsparteien ein weiteres Festhalten an dem Vertrag **unzumutbar** ist. Die §§ 626 Abs. 1, 723 Abs. 1 S. 2 BGB und § 89a HGB wurden früher entsprechend herangezogen.[533] Nunmehr ergibt sich das Recht zur außerordentlichen Kündigung bei Dauerschuldverhältnissen aus § 314 BGB. 164

Die Frage, wann ein **„wichtiger Grund"** vorliegt und das Festhalten am Vertrag einer Tarifvertragspartei unzumutbar wird, ist bislang nicht abschließend geklärt. Mögliche Gründe sind vor allem schuldhafte Pflichtverletzungen, wie rechtswidrige Streiks oder Aussperrungen, sowie der Wegfall der Geschäftsgrundlage, insbesondere Änderungen der wirtschaftlichen Bedingungen. Die Voraussetzungen der wirtschaftlichen Unzumutbarkeit sind umstritten.[534] Bloße Schwankungen der Konjunktur oder der Inflationsrate können eine außerordentliche Kündigung jedenfalls nicht rechtfertigen. Jede Vertragspartei trägt das Risiko von Fehleinschätzungen. Nach Ansicht des BAG darf die Unzumutbarkeit der wirtschaftlichen Belastung erst bei **Fälligkeit** der Leistungen gegeben sein und geltend gemacht werden; sie muss zumindest tendenziell zu einer **wirtschaftlichen Existenzgefährdung** führen.[535] Übereinstimmung besteht darüber, dass bei einer fristlosen Kündigung das **ultima-ratio-Prinzip** zu beachten ist, dh die kündigende Partei muss zunächst mildere Mittel ausschöpfen, insbesondere **Vertragsverhandlungen** anbieten.[536] 165

Offen ist, ob die Normen des gekündigten Tarifvertrages gemäß § 4 Abs. 5 TVG nachwirken, also fortgelten. Die **Nachwirkung** widerspricht aber dem Gedanken einer sofortigen Lösung von unzumutbaren Vertragsbedingungen.[537] 166

---

[527] BAG 30.1.1985 – 4 AZR 117/83, AP TVG § 1 Tarifverträge: Einzelhandel Nr. 9; LAG Düsseldorf 9.8.2001 – 5 Sa 732/01, NZA-RR 2002, 31 (33).
[528] Vgl. BAG 30.1.2002 – 10 AZR 359/01, BeckRS 2002, 40494; BAG 30.1.1985 – 4 AZR 117/83, AP TVG § 1 Tarifverträge:EinzelhandelNr. 9; BAG 6.11.1985 – 4 AZR 307/84, BeckRS 1985, 30715135; LAG Düsseldorf 9.8.2001 – 5 Sa 732/01, NZA-RR 2002, 31 (33).
[529] BAG 19.11.2014 – 4 AZR 761/12, NZA 2015, 950.
[530] BAG 3.5.2006 – 4 AZR 795/05, NZA 2006, 1125.
[531] Oetker RdA 1995, 82 (91); *Hamacher* Anm. zu EzA TVG § 1 Fristlose Kündigung Nr. 3; gegen eine Kündigungsmöglichkeit *Däubler* Rn. 1435.
[532] BAG 18.6.1997 – 4 AZR 710/95, EzA TVG § 1 Fristlose Kündigung Nr. 3.
[533] BAG 18.12.1996 – 4 AZR 129/96, AP TVG § 1 Kündigung Nr. 1; BAG 18.2.1998 – 4 AZR 363/96, AP TVG § 1 Kündigung Nr. 3.
[534] Hierzu *Wank* in FS Schaub, 765 ff.; *Rieble* Anm. zu EzA TVG § 1 Fristlose Kündigung Nr. 2.
[535] BAG 18.2.1998 – 4 AZR 363/96, AP TVG § 1 Kündigung Nr. 3.
[536] BAG 18.6.1997 – 4 AZR 710/95, EzA TVG § 1 Fristlose Kündigung Nr. 3.
[537] *Hamacher* Anm. zu EzA TVG § 1 Fristlose Kündigung Nr. 3; **aA** *Rieble* Anm. zu EzA TVG § 1 Fristlose Kündigung Nr. 2.

167 *dd) Wegfall der Geschäftsgrundlage.* Das Rechtsinstitut des Wegfalls der Geschäftsgrundlage hat im Tarifvertragsrecht **keine eigenständige Bedeutung,** vielmehr besteht gegebenenfalls ein **Grund zur außerordentlichen Kündigung.**[538] Die Lehre vom Wegfall der Geschäftsgrundlage kann im Tarifvertragsrecht nicht zur Anwendung kommen, da die Tarifgebundenen nicht erkennen können, von welcher Geschäftsgrundlage die Tarifparteien beim Abschluss des Tarifvertrages ausgegangen sind.[539] Zudem ist die primäre Rechtsfolge dieses Rechtsinstituts – die richterliche Anpassung des Vertrags – mit der Tarifautonomie nicht zu vereinbaren.[540] Aus diesem Grund ist auch nach der Schuldrechtsreform gemäß den §§ 313 Abs. 3 S. 2, 314 BGB lediglich ein Recht zur außerordentlichen Kündigung anzunehmen.[541]

168 **c) Nachwirkung gemäß § 4 Abs. 5 TVG.** *aa) Bedeutung.* Gemäß § 4 Abs. 5 TVG gelten nach Ablauf des Tarifvertrages dessen Rechtsnormen weiter, bis sie durch eine andere Abmachung ersetzt werden. Schuldrechtliche Pflichten und Rechte, insbesondere die Friedenspflicht, erlöschen hingegen mit Ablauf des Tarifvertrages. Die Tarifnormen wirken zwar weiterhin unmittelbar, sie **verlieren** aber ihren **zwingenden Charakter,** dh sie sind abdingbar. § 4 Abs. 5 TVG will einen an sich tariflosen Zeitraum überbrücken und inhaltslose Arbeitsverhältnisse vermeiden (**Überbrückungsfunktion**).[542] Im Zeitraum der Nachwirkung kommt den Tarifvertragsparteien keine ausschließliche Regelungsmacht mehr zu;[543] es entfällt damit die Grundlage für einen etwaigen Unterlassungsanspruch gegen tarifwidrige Maßnahmen.

169 Während des Zeitraums der Nachwirkung kann nach Ansicht der Rechtsprechung ein Arbeitsverhältnis **nicht erstmalig** von der Normwirkung der Tarifregelungen erfasst werden, etwa durch Beitritt des Arbeitnehmers in die Gewerkschaft oder durch Begründung eines Arbeitsverhältnisses zwischen zwei tarifgebundenen Vertragsparteien.[544] Die Weitergeltung der Tarifnormen setze nach dem Wortlaut der Vorschrift deren Geltung vor Ablauf des Tarifvertrages voraus. Im Schrifttum wird hingegen geltend gemacht, dass dies mit der – weiterhin – unmittelbaren Geltung der Tarifnormen während der Nachwirkung nicht zu vereinbaren ist.[545] Die Nachwirkung setzt nicht die beiderseitige Tarifbindung voraus.[546] Das BAG meint allerdings, dass die Nachwirkung auch ein Arbeitsverhältnis erfasst, das während des Laufs des Tarifvertrages nur „als Ausbildungsverhältnis" bestanden hat, wenn es ohne zeitliche Unterbrechung fortgeführt worden ist.[547] Ausreichend für eine Nachwirkung ist eine vorherige Geltung durch Allgemeinverbindlichkeit.[548]

170 Die Nachwirkung ist **statisch** angelegt. Eine inhaltliche Änderung nachwirkender Tarifnormen ist nicht möglich.[549] Die Nachwirkung hat nur zur Folge, dass die Tarifnormen in dem Zustand weiterwirken, den sie zu Beginn der Nachwirkung hatten. An **künftigen Änderungen** der Tarifregelung nehmen nachwirkende Tarifnormen also nicht teil. Dies gilt selbst dann, wenn der Tarifvertrag auf eine andere Regelung Bezug nimmt und diese abgeändert wird.[550] Begründet wird dies damit, dass die Nachwirkung nicht auf Grund tarifautonomer Entscheidung, sondern „kraft Gesetzes" eintritt. Bei staatlicher Anordnung hätten die Tarifparteien aber keine Legitimation, auf den Inhalt ändernd einzuwirken.

171 Die Bestimmung des § 4 Abs. 5 TVG selbst ist **tarifdispositiv.** Die Tarifvertragsparteien können die Nachwirkung von Tarifnormen im Tarifvertrag ausschließen. Eine solche Vereinbarung ist durch Auslegung des Tarifvertrages zu ermitteln.[551] Möglich ist auch der **kon-**

---

[538] *Hamacher* Anm. zu EzA TVG § 1 Fristlose Kündigung Nr. 3.
[539] BAG 12.9.1984 – 4 AZR 336/82, AP TVG § 1 AuslegungNr. 135.
[540] HessLAG 28.7.2015 – 8 Sa 88/15, BeckRS 2016, 65594: Anpassung durch die Tarifvertragsparteien.
[541] Wohl aA ErfK/*Franzen* TVG § 1 Rn. 36.
[542] Wiedemann/*Wank* TVG § 4 Rn. 341 ff.
[543] BAG 7.6.2017 – 1 ABR 32/15, NZA 2017, 1410.
[544] BAG 27.9.2017 – 4 AZR 630/15, NZA 2018, 177; BAG 10.12.1997 – 4 AZR 247/96, NZA 1998, 484 (487).
[545] Wiedemann/*Wank* TVG § 4 Rn. 354.
[546] BAG 15.10.2003 – 4 AZR 573/02, NZA 2004, 387.
[547] BAG 7.5.2008 – 4 AZR 288/07, NZA 2008, 886.
[548] BAG 25.10.2017 – 4 AZR 375/16, BeckRS 2017, 145016.
[549] BAG 14.2.1973 – 4 AZR 176/72, AP TVG § 4 Nachwirkung Nr. 6.
[550] Vgl. BAG 24.11.1999 – 4 AZR 666/98, NZA 2000, 435 (436); BAG 17.5.2000 – 4 AZR 363/99, NZA 2001, 453 (457).
[551] Vgl. etwa BAG 16.5.2012 – 4 AZR 366/10, NZA 2013, 220.

kludente **Ausschluss** der Nachwirkung.[552] Die Tarifvertragsparteien sind hingegen nicht legitimiert, über § 4 Abs. 5 TVG hinaus eine zwingende, also unabdingbare Nachwirkung zu vereinbaren.[553] Bei **Anerkennungstarifverträgen** ist durch Auslegung zu ermitteln, ob mit der Verweisung eine Gleichstellung mit der Entwicklung der in Bezug genommenen Tarifnormen in der Weise gewollt ist, dass der Verweisungstarifvertrag die Verbandszugehörigkeit des Arbeitgebers ersetzen soll. Dann ist in der Regel auch gewollt, dass der Geltungszustand der in Bezug genommenen Tarifnormen auf die Arbeitsverhältnisse im Geltungsbereich des Verweisungstarifvertrags durchschlägt.[554]

Ebenso wenig können die Tarifvertragsparteien nach Auffassung der Rechtsprechung **von vornherein Normen mit Nachwirkungscharakter** setzen; ansonsten könnten die Tarifvertragsparteien die jedem Tarifvertrag immanente Friedenspflicht ausschließen und so einen wesentlichen Zweck des Tarifvertrages, die Befriedung des Arbeitslebens, ausheben.[555]

bb) *„Ablauf" iSd § 4 Abs. 5 TVG.* Unter Ablauf des Tarifvertrages nach § 4 Abs. 5 TVG ist grundsätzlich **jede Art der Beendigung** des Tarifvertrages und des Wegfalls der Tarifbindung zu verstehen. Die Nachwirkung tritt etwa auch ein, wenn ein Tarifvertrag wegen **Auflösung eines Verbandes** endet.[556] Es bleiben einige umstrittene Punkte:

Im Falle der **Nachbindung** gemäß § 3 Abs. 3 TVG ist umstritten, ob §§ 3 Abs. 3, 4 Abs. 5 TVG miteinander kollidieren oder nebeneinander Anwendung finden. Die zweite Alternative würde trotz Verbandsaustritts zu einer möglicherweise sehr langen Bindung an die – nur nachwirkenden – Tarifnormen führen. Nach Ansicht des BAG wirken Tarifnormen auch bei Beendigung der Tarifgebundenheit nach.[557] Die Bindung an die nachwirkenden Tarifnormen sei noch von der Mitgliedschaft legitimiert; der Tarifvertrag sei von Anfang an mit der Nachwirkung behaftet. Auch in Fällen des Verbandsaustritts dürften die Arbeitsverhältnisse nicht inhaltsleer werden. Die gegenteilige Auffassung sieht hingegen einen Widerspruch zur Überbrückungsfunktion der Nachwirkung.[558] Den nicht mehr Tarifgebundenen stünde keine Möglichkeit offen, einen abändernden Tarifvertrag abzuschließen. Im Hinblick auf die negative Koalitionsfreiheit dürfe ein Austritt aus einem Verband nicht durch bleibende Bindung an Tarifnormen übermäßig erschwert werden. Die Nachwirkung sei grundsätzlich durch Mitgliedschaft legitimiert; diese könnte nicht durch die fingierte Tarifgebundenheit nach § 3 Abs. 3 TVG ersetzt werden.

Umstritten sind die Folgen, sofern ein Betrieb aus dem **Geltungsbereich eines Tarifvertrages hinauswächst**. Ein Tarifvertrag kann keine Richtigkeitsgewähr für Betriebe außerhalb seines Geltungsbereichs beanspruchen, so dass die Nachwirkung eines nicht einschlägigen Tarifvertrags unangebracht erscheinen könnte. Die Rechtsprechung[559] befürwortet die Anwendung des § 4 Abs. 5 TVG auf alle Fallgestaltungen, in denen die Tarifbindung entfällt. Dazu gehöre auch das Hinauswachsen aus dem Geltungsbereich. Entscheidend sei die Überbrückungsfunktion der Nachwirkung. Aus welchen Gründen die Arbeitsverhältnisse Gefahr laufen, inhaltsleer zu werden, könne nicht entscheidend sein.[560] Eine **Ausnahme** macht das BAG, wenn ein Arbeitgeber aus dem betrieblichen Geltungsbereich eines **Versorgungstarifvertrages** ausscheidet.[561]

---

[552] BAG 8.10.1997 – 4 AZR 87/96, NZA 1998, 492 (495), BAG 24.11.1999 – 4 AZR 666/98, NZA 2000, 435 (436); BAG 22.10.2008 – 4 AZR 789/07, NZA 2009, 265; *Löwisch/Rieble* TVG § 4 Rn. 863: muss seinen Niederschlag im Tarifvertrag gefunden haben.
[553] Wiedemann/*Wank* TVG § 4 Rn. 388.
[554] BAG 27.9.2017 – 4 AZR 630/15, NZA 2018, 177.
[555] BAG 14.2.1973 – 4 AZR 176/72, AP TVG § 4 Nachwirkung Nr. 6.
[556] BAG 28.5.1997 – 4 AZR 546/95, NZA 1998, 40 (42); aA *Heinze/Ricken* ZfA 2001, 159 (170).
[557] BAG 18.3.1992 – 4 AZR 339/91, AP TVG § 3 Nr. 13; bestätigt BAG 13.12.1995 – 4 AZR 1062/94, AP TVG § 3 Verbandsaustritt Nr. 3; BAG 23.2.2005 – 4 AZR 186/04, NZA 2005, 1320.
[558] LAG Köln 25.10.1989 – 2 Sa 474/89, LAGE TVG § 3 Nr. 2; *Heinze/Ricken* ZfA 2001, 159 (163 ff.); *Oetker* Anm. zu EzA TVG § 4 Nachwirkung Nr. 15; *Löwisch/Rieble* Anm. zu AP TVG § 3 Nr. 13; vgl. auch *Thüsing/Lambrich* RdA 2002, 193 (203).
[559] BAG 10.12.1997 – 4 AZR 247/96, AP TVG § 3 Nr. 20.
[560] *Hromadka* DB 1996, 1872 (1874).
[561] BAG 9.11.1999 – 3 AZR 690/98, NZA 2000, 730 (731).

176 cc) *Gegenstand der Nachwirkung.* Nicht alle Tarifnormen wirken nach. Grund hierfür sind folgende Überlegungen: Eine zeitliche Begrenzung der Nachwirkung ist im TVG nicht vorgesehen. Ohne eine andere Abmachung iSd § 4 Abs. 5 TVG können Tarifnormen so bis in alle Ewigkeit weiter gelten.[562] Schwierigkeiten bereitet dies dann, wenn eine andere Abmachung auf Grund der Rechtsnatur der Tarifnorm nur in Form eines anderen Tarifvertrages erfolgen kann. Dies gilt etwa für **gemeinsame Einrichtungen** nach § 4 Abs. 2 TVG.[563] Diese können weder durch Arbeitsvertrag noch durch Betriebsvereinbarungen geregelt werden. In solchen Fällen würde der Nachwirkung nicht nur eine bloße Überbrückungsfunktion zukommen. Ähnliche Überlegungen gibt es auch im Hinblick auf betriebliche Normen gemäß § 3 Abs. 2 TVG.[564] Einzelvertragliche Abmachungen sind in diesem Bereich grundsätzlich nicht möglich. Hinzu kommt, dass nachwirkende Tarifnormen regelmäßig die Tarifüblichkeit iSd § 77 Abs. 3 BetrVG indizieren. Die Ablösung der nachwirkenden Tarifnormen durch Betriebsvereinbarungen ist dann nicht möglich. Schließlich ist auch die Nachwirkung eines nach § 5 TVG für allgemeinverbindlich erklärten Tarifvertrages umstritten, da nicht immer der nachfolgende Tarifvertrag ebenfalls für allgemeinverbindlich erklärt wird.[565]

177 dd) *Abmachung iSd § 4 Abs. 5 TVG.* Eine andere, die Nachwirkung beendende Abmachung im Sinne dieser Vorschrift kann ein neuer Tarifvertrag (auch im Falle des Verbandswechsels),[566] eine Betriebsvereinbarung (hier sind aber §§ 77 Abs. 3, 87 Abs. 1 BetrVG zu beachten) oder eine einzelvertragliche Regelung sein. Die Abmachung kann auch eine **Änderung zuungunsten des Arbeitnehmers** zum Inhalt haben. Im Verhältnis zwischen dem nachwirkenden Tarifvertrag und der anderen Abmachung gilt nicht etwa das Günstigkeitsprinzip.[567] Nicht erforderlich ist, dass die abweichende Vereinbarung einvernehmlich erzielt wird; auch die durch eine **Änderungskündigung** herbeigeführte Vertragsänderung beendet die Nachwirkung.[568]

178 Eine Abmachung iSv § 4 Abs. 5 TVG liegt nur dann vor, wenn sie das **jeweilige Arbeitsverhältnis auch tatsächlich erfasst.** Eine Abmachung in diesem Sinn ist demnach nicht gegeben, wenn ein neuer Tarifvertrag abgeschlossen wird, dieser aber das Arbeitsverhältnis nicht erfasst.[569]

179 Ob eine Abmachung iSd § 4 Abs. 5 TVG nur im Zeitraum der Nachwirkung oder auch schon zuvor abgeschlossen werden kann, ist umstritten. Die Diskussion dreht sich um die Frage, ob einzelvertragliche Vereinbarungen mit Ende des Tarifvertrages **wieder aufleben** und so die Nachwirkung des § 4 Abs. 5 TVG beenden können. Die Rechtsprechung war nicht einheitlich.[570] Der Vierte Senat des BAG hatte zunächst entschieden, dass im Vorhinein **jedenfalls** eine **ausdrückliche Vereinbarung** über das Aufleben der einzelvertraglichen Regelung erforderlich sei.[571] Nunmehr sieht das BAG eine vor Eintritt der Nachwirkung vereinbarte einzelvertragliche Abmachung als zulässig an.[572] Es verlangt aber eine Regelung, die ihrem Inhalt nach darauf gerichtet ist, die tarifliche Regelung zu beseitigen.[573] Dies gilt auch für eine ande-

---

[562] Vgl. BAG 15.10.2003 – 4 AZR 573/02, NZA 2004, 387.
[563] BAG 19.6.2005 – 3 AZR 472/04, AP BetrAVG § 1 Nr. 42; vgl. Wiedemann/*Wank* TVG § 4 Rn. 372.
[564] *Behrens/Hohenstatt* DB 1991, 1877 f.; **aA** *Oetker*, FS Schaub, 547 ff.; Wiedemann/*Wank* TVG § 4 Rn. 368.
[565] Die Rechtsprechung befürwortet die Nachwirkung, vgl. etwa BAG 20.10.2000 – 4 AZR 212/00, NZA 2001, 1146; **aA** *Creutzfeldt* in FS Bepler, 45 ff.
[566] BAG 4.9.1996 – 4 AZR 135/95, EzA TVG § 3 Bezugnahme auf Tarifvertrag Nr. 7.
[567] BAG 4.7.2007 – 4 AZR 439/06, NZA 2008, 552.
[568] BAG 27.9.2001 – 2 AZR 236/00, NZA 2002, 750 (753.
[569] BAG 28.5.1997 – 4 AZR 546/95, AP TVG § 4 Nachwirkung Nr. 26; BAG 25.10.2000 – 4 AZR 212/00, NZA 2001, 1146 ff.; *Dauner-Lieb* SAE 1999, 46 (48).
[570] BAG 14.2.1991 – 8 AZR 166/90, AP TVG § 3 Nr. 10; BAG 21.9.1989 – 1 AZR 454/88, AP BetrVG 1972 § 77 Nr. 43; LAG Hamm 24.11.2005 – 8 Sa 1415/05, FA 2006, 157.
[571] BAG 28.5.1997 – 4 AZR 546/95, NZA 1998, 40 (43).
[572] BAG 3.4.2007 – 9 AZR 867/06, NZA 2007, 1045; BAG 23.2.2005 – 4 AZR 186/04, NZA 2005, 1320; BAG 1.7.2009 – 4 AZR 250/08, NZA-RR 2010, 30.
[573] BAG 17.1.2006 – 9 AZR 41/05, NZA 2006, 923; vgl. auch LAG Hamm 1.7.2009 – 4 AZR 250/08, FA 2006, 157.

re tarifliche Abmachung.[574] Dies kann auch die Bezugnahme auf eine andere Tarifnorm sein.[575] Das LAG Schleswig-Holstein[576] ist der Auffassung, dass bei einer vertraglichen Abmachung, die mehr als 12 Jahre vor Ende der Allgemeinverbindlichkeit liegt, nicht davon ausgegangen werden könne, dass die Vertragsparteien die Absicht gehabt hätten, eine tarifvertragliche Regelung abzulösen. Vertragliche Vereinbarungen, die während der normativen Geltung eines Tarifvertrages verdrängt wurden, leben jedenfalls nicht automatisch (ohne eine andere Abmachung) wieder auf.[577] Bei der Vereinbarung eines untertariflichen Lohns bedarf es daher besonderer Anhaltspunkte, dass eine Nachbindung beseitigt werden soll.

5. Herauswachsen aus dem Geltungsbereich

Besondere Bedeutung kommt in der Praxis der Frage zu, was gilt, wenn ein Arbeitsverhältnis aus dem Geltungsbereich eines Tarifvertrages herauswächst, beispielsweise weil der Arbeitgeber einen Betrieb in den räumlichen Geltungsbereich eines anderen Tarifvertrages verlegt oder der Betriebszweck eines Mischbetriebes sich ändert.

Im Laufe der Zeit kann sich der Tätigkeitsbereich eines Betriebs wandeln. Folglich kann er auch aus dem betrieblichen Geltungsbereich eines Tarifvertrages herauswachsen. Der zuvor einschlägige Tarifvertrag entfaltet dann keine Normwirkung für die Arbeitsverhältnisse eines solchen Betriebs.[578] § 3 Abs. 3 TVG ist nach Ansicht der Rechtsprechung in diesem Fall nicht entsprechend anwendbar. Es besteht also **keine Nachbindung**. Allerdings entfalten die Tarifnormen **Nachwirkung** im Sinne des § 4 Abs. 5 TVG (→ Rn. 168 ff.). Sofern der Betrieb in den betrieblichen Geltungsbereich eines anderen Tarifvertrages hineinwächst, entfaltet – bei entsprechender Tarifgebundenheit der Arbeitsvertragsparteien – dieser Tarifvertrag Normwirkung. Der frühere Tarifvertrag wirkt nicht nach. Erfasst der neue Tarifvertrag nicht alle Arbeitsverhältnisse im Betrieb, dann wirkt der frühere Tarifvertrag allerdings für die nicht erfassten Arbeitsverhältnisse nach. Die deswegen erforderliche Anwendung mehrerer Tarifverträge in einem Betrieb widerspricht nach Ansicht der Rechtsprechung nicht dem früheren Grundsatz der Tarifeinheit.[579]

Auslegungsprobleme können sich bei der **arbeitsvertraglichen Inbezugnahme** von Tarifverträgen ergeben (→ Rn. 123 ff.).

III. Tarifkollision

Eine Kollision normativer Regelungen droht, wenn eine oder beide Arbeitsvertragsparteien an **mehrere Tarifverträge gebunden** sind und deren **Geltungsbereiche** sich **überschneiden**. Zu unterscheiden ist dabei zwischen Tarifkonkurrenz und Tarifpluralität. Der Gesetzgeber hat zwischenzeitlich gesetzliche Regelungen getroffen: Vorrangig durch das Tarifeinheitsgesetz in § 4a TVG sowie in § 5 Abs. 4 S. 2 TVG im Falle eines nach § 5 Abs. 1a TVG für allgemeinverbindlich erklärten Tarifvertrages über gemeinsame Einrichtungen.

1. Tarifkonkurrenz

Von Tarifkonkurrenz wird gesprochen, wenn **beide Parteien des Arbeitsverhältnisses** gleichzeitig an **mehrere Tarifverträge gebunden** sind, die von verschiedenen Tarifvertragsparteien abgeschlossen wurden. Entscheidend ist, dass auf das **Arbeitsverhältnis** mehrere Tarifverträge Anwendung finden.

Trotz des Industrieverbandsprinzips („ein Betrieb, eine Gewerkschaft") und der Differenzierung nach verschiedenen Geltungsbereichen ist nicht immer zu vermeiden, dass ein Arbeitsverhältnis von zwei Tarifverträgen erfasst wird. Tarifkonkurrenzen ergeben sich vor allem beim **Nebeneinander von Verbands- und Haustarifvertrag**, auf Grund der **Allgemeinver-**

---

[574] BAG 22.10.2008 – 4 AZR 789/07, NZA 2009, 265.
[575] BAG 17.1.2006 – 9 AZR 41/05, NZA 2006, 923.
[576] LAG SchlH 12.12.2006 – 2 Sa 354/06, BeckRS 2011, 66352; vgl. auch BAG 23.2.2005 – 4 AZR 186/04, RdA 2006, 308.
[577] BAG 1.7.2009 – 4 AZR 250/08, NZA-RR 2010, 30.
[578] BAG 10.12.1997 – 4 AZR 247/96, NZA 1998, 484 (486).
[579] BAG 28.5.1997 – 4 AZR 546/95, NZA 1998, 40 (45).

bindlicherklärung eines Tarifvertrages nach § 5 TVG oder auch bei **mehrfacher Tarifgebundenheit des Arbeitgebers** im Hinblick auf Betriebsnormen iSd § 3 Abs. 2 TVG. Erforderlich ist immer die **Überschneidung** oder Identität **der Geltungsbereiche** der konkurrierenden Tarifverträge. Nicht ausreichend ist, wenn sich die Tarifverträge einander ergänzen oder ablösen.

> **Praxistipp:**
>
> Der Abschluss **betriebsverfassungsrechtlicher Normen** iSd §§ 3 Abs. 2 TVG, 3 BetrVG ist auch dann durch eine Gewerkschaft allein möglich, wenn im Betrieb eine weitere tarifzuständige Gewerkschaft vertreten ist. Nach Ansicht des BAG hat der Gesetzgeber bewusst von einer Regelung zur Vermeidung einer Tarifkonkurrenz abgesehen.[580]

186 Die Tarifkonkurrenz ist ein Fall der **Normenkollision.** Zwei Normen gleichen Ranges beanspruchen auf ein Arbeitsverhältnis Anwendung zu finden. Die Arbeitsbedingungen für ein Arbeitsverhältnis können aber nur durch einen Tarifvertrag festgelegt werden. Diese Normenkollision muss zugunsten einer Norm gelöst werden. Das Günstigkeitsprinzip greift nicht, da es nur im Verhältnis der Kollektivnorm zum rangniedrigeren Arbeitsvertrag gilt.[581] Keine Tarifkonkurrenz besteht bei **arbeitsvertraglicher Bezugnahme** auf einen Tarifvertrag und Allgemeinverbindlicherklärung. Aufgrund der Vertragsqualität entsteht keine Normenkollision; vielmehr ist das **Günstigkeitsprinzip** anzuwenden.[582]

187 Das TVG enthielt bislang kein Vorrangprinzip. Rechtsprechung[583] und Teile des Schrifttums[584] wenden zur Lösung der Tarifkonkurrenz das **Prinzip der Tarifeinheit im Arbeitsverhältnis**[585] an, nach dem in einem Arbeitsverhältnis nur ein Tarifvertrag Anwendung finden soll. Das Prinzip der Tarifeinheit löst die Tarifkonkurrenz regelmäßig nach dem **Grundsatz der Spezialität** („lex specialis derogat lex generalis"), wenn sich nicht aus dem Willen der Tarifparteien ausnahmsweise ein Vorrangprinzip ergibt.[586] Tarifparteien können aber nicht zu Lasten anderer Verbände einen Vorrang festlegen, deswegen bleibt allein die Möglichkeit, das Zurücktreten des eigenen Tarifvertrages zu bestimmen, um eine Tarifkonkurrenz zu vermeiden.[587] Nunmehr hat der Gesetzgeber mit dem **Tarifeinheitsgesetz einen Fall der Tarifkonkurrenz** in § 4a TVG geregelt und die Anwendung des Mehrheitsgrundsatzes zur Auflösung der Kollision abgeordnet (→ Rn. 195 ff.).

188 Nach dem Grundsatz der Spezialität gilt der **sachnähere Tarifvertrag,** dh der Tarifvertrag, der dem Betrieb räumlich, betrieblich, fachlich und persönlich am nächsten steht und deshalb den Erfordernissen und Eigenarten des Betriebs und den Interessen der darin tätigen Arbeitnehmer am besten Rechnung trägt. Der speziellere Tarifvertrag wird den Bedürfnissen der Tarifgebundenen besser gerecht.[588] Beispielsweise ist ein Firmentarifvertrag spezieller als ein Verbandstarifvertrag,[589] auch wenn jener zum Nachteil der Arbeitnehmer

---

[580] BAG 29.7.2009 – 7 ABR 27/08, NZA 2009, 1424.
[581] Vgl. BAG 24.1.2001 – 4 AZR 655/99, NZA 2001, 788 (790); aus diesem Grund kann der speziellere Tarifvertrag auch Tarifnormen zuungunsten der Arbeitnehmer abändern.
[582] BAG 15.4.2015 – 4 AZR 587/13, AP TVG § 4 Nr. 26; BAG 22.9.1993 – 10 AZR 207/92, AP TVG § 4 Tarifkonkurrenz Nr. 21; **aA** BAG 20.3.1991 – 4 AZR 455/90, AP TVG § 4 Tarifkonkurrenz Nr. 20; so aber auch BAG 23.3.2005 – 4 AZR 203/04, NZA 2005, 1003; ausdrücklich aufgegeben BAG 22.10.2008 – 4 AZR 784/07, NZA 2009, 151; abl. auch *Thüsing* NZA 2005, 1281.
[583] BAG 20.3.1991 – 4 AZR 455/90, AP TVG § 4 Tarifkonkurrenz Nr. 20.
[584] *Wiedemann/Arnold* ZTR 1994, 399 (406); *Konzen* RdA 1978, 146 (147).
[585] Vgl. *Schliemann* Sonderbeilage NZA Heft 24/2000, 24 (29).
[586] *Wiedemann/Arnold* ZTR 1994, 399 (408). Umstritten ist, welches Prinzip bei Tarifkonkurrenz von betriebsverfassungsrechtlichen Normen zur Anwendung kommt bzw. ob die sich widersprechenden Normen unwirksam sind; vgl. dazu *Annuß* NZA 2002, 290 (293); *Thüsing* ZIP 2003, 693 (699).
[587] LAG Sachsen 13.11.2001 – 7 Sa 118/01, ArbuR 2002, 310 ff.; Wiedemann/*Jacobs* TVG § 4a Rn. 25.
[588] BAG 24.9.1975 – 4 AZR 471/74, AP TVG § 4 Tarifkonkurrenz Nr. 11.
[589] BAG 20.4.1999 – 1 AZR 631/98, NZA 1999, 1059 (1063); BAG 24.1.2001 – 4 AZR 655/99, NZA 2001, 788 (790); BAG 20.2.2002 – 4 AZR 22/01, BeckRS 2002, 30795054; LAG Hamm 9.3.2000 – 8 Sa 1895/99, NZA-RR 2001, 42 (43); *Löwisch/Rieble* in FS Schaub, 457 (460); *Wienand* Rn. 206; **aA** SächsLAG 13.11.2001 – 7 Sa 118/01, ArbuR 2002, 310 ff.; *Kempen* NZA 2003, 415 (417), sofern der Firmentarifvertrag

ist;⁵⁹⁰ dasselbe gilt für einen firmenbezogenen Verbandstarifvertrag gegenüber dem Verbandstarifvertrag,⁵⁹¹ ein regionaler Tarifvertrag ist spezieller als ein bundesweiter,⁵⁹² für einen Betrieb des Schlosserhandwerks ist ein Tarifvertrag für das Schlosserhandwerk spezieller als der Rahmentarifvertrag für das Bauhandwerk.⁵⁹³ Der fachliche/betriebliche Geltungsbereich ist nach Auffassung des BAG dabei von besonderem Gewicht.⁵⁹⁴ Dies gilt insbesondere dann, wenn die Regelungen zum räumlichen und persönlichen Geltungsbereich keine eindeutige Aussage treffen. Fraglich ist etwa auch, ob ein (Sparten-)Tarifvertrag, der einen engen persönlichen Geltungsbereich aufweist und nicht für alle Beschäftigte des Betriebes zur Anwendung käme, spezieller ist.⁵⁹⁵ Ob ein mitgliedschaftlich legitimierter Verbandstarifvertrag spezieller ist als ein allgemeinverbindlich erklärter Tarifvertrag, ist hingegen umstritten.⁵⁹⁶ Der Gesetzgeber hat einem für allgemeinverbindlich erklärten Tarifvertrag über eine gemeinsame Einrichtung in § 5 Abs. 4 S. 2 TVG den Vorrang eingeräumt. Streit besteht ebenso bei Tarifkonkurrenz wegen eines Verbandswechsels des Arbeitgebers, wenn dieser gemäß § 3 Abs. 3 TVG noch an den bisherigen Tarifvertrag gebunden ist.⁵⁹⁷

Führt der Grundsatz der Spezialität nicht weiter, dann findet nach überwiegender Auffassung der Tarifvertrag Anwendung, der die **meisten Arbeitnehmer** im Unternehmen erfasst.⁵⁹⁸ Das Mehrheitsprinzip wird nun auch von § 4a TVG herangezogen. Endet der speziellere Tarifvertrag, so wirkt er nicht nach, vielmehr lebt die **zwingende Wirkung des verdrängten Tarifvertrages** wieder auf.⁵⁹⁹ **189**

2. Tarifpluralität

Bei der Tarifpluralität wird der **Betrieb des Arbeitgebers** vom Geltungsbereich mehrerer Tarifverträge erfasst, an die der Arbeitgeber gebunden ist, während für den jeweiligen Arbeitnehmer nur einer der Tarifverträge Anwendung findet. Lediglich der Arbeitgeber ist also an mindestens zwei Tarifverträge gebunden. So kann beispielsweise die Existenz von zwei tariflichen Vergütungsordnungen zur Tarifpluralität führen, bei der die jeweiligen Tarifnormen unabhängig voneinander auf die jeweils tarifgebundenen Arbeitnehmer Anwendung finden.⁶⁰⁰ In Fällen der Tarifpluralität besteht keine Tarifkonkurrenz, da beide Parteien des Arbeitsvertrags gemeinsam nur an einen Tarifvertrag gebunden sind. Die Tarifpluralität ist im eigentlichen Sinn kein Fall der Normenkollision. Sie kann allenfalls als **betriebsbezogene Normenkollision** bezeichnet werden.⁶⁰¹ Ob eine solche Kollision überhaupt einer Auflösung bedarf, ist streitig. **190**

Die Rechtsprechung⁶⁰² löste früher die Tarifpluralität – ebenso wie die Tarifkonkurrenz – mit dem **Grundsatz der Tarifeinheit im Betrieb**⁶⁰³ („ein Betrieb, ein Tarifvertrag"). Dieser **191**

---

mit einer anderen Gewerkschaft abgeschlossen wird. Kritisch auch *Hanau* NZA 2003, 128 (131), mit Blick auf die Entscheidung des EuGH 24.1.2002 – C-164/99, NZA 2002, 207 ff.
⁵⁹⁰ BAG 24.1.2001 – 4 AZR 655/99, NZA 2001, 788 (790).
⁵⁹¹ *Rolfs/Clemens* DB 2003, 1678.
⁵⁹² BAG 4.12.2002 – 10 AZR 113/02, RdA 2003, 375 (378); *Hromadka/Maschmann/Wallner* Rn. 145.
⁵⁹³ BAG 4.12.2002 – 10 AZR 113/02, RdA 2003, 375 (378).
⁵⁹⁴ BAG 25.7.2001 – 10 AZR 599/00, AP TVG § 1 Tarifverträge: Bau Nr. 242.
⁵⁹⁵ Vgl. dazu *Buchner* BB 2003, 2121 (2124).
⁵⁹⁶ Dafür *Löwisch/Rieble* TVG § 4a Rn. 340; BAG 15.4.2008 – 9 AZR 159/07, NZA-RR 2008, 586; dagegen BAG 26.1.1994 – 10 AZR 611/92, AP TVG § 4 TarifkonkurrenzNr. 22; nach Ansicht des BVerfG 15.7.1980 – 1 BvR 24/74, 1 BvR 439/79, AP TVG § 5 Nr. 17) besteht jedenfalls kein Vorrang des allgemeinverbindlichen Tarifvertrages.
⁵⁹⁷ Das BAG wendet auch hier den Spezialitätsgrundsatz an, vgl. BAG 26.10.1983 – 4 AZR 219/81, AP TVG § 3 Nr. 3; ebenso *Löwisch/Rieble* TVG § 4a Rn. 352 ff.
⁵⁹⁸ *Wiedemann/Arnold* ZTR 1994, 399 (409); *Wiedemann/Wank* TVG § 4 Rn. 299e; vgl. auch BAG 5.9.1990 – 4 AZR 59/90, AP TVG § 4 Tarifkonkurrenz Nr. 19.
⁵⁹⁹ BAG 4.9.1996 – 4 AZR 135/95, AP TVG § 1 Bezugnahme auf Tarifvertrag Nr. 5; *Gamillscheg* S. 757.
⁶⁰⁰ BAG 14.4.2015 – 1 ABR 66/13, NZA 2015, 1077.
⁶⁰¹ *Reichold* SAE 1995, 21 (22).
⁶⁰² BAG 20.3.1991 – 4 AZR 455/90, AP TVG § 4 Tarifkonkurrenz Nr. 20; BAG 26.1.1994 – 10 AZR 611/92, AP TVG § 4 Tarifkonkurrenz Nr. 22; distanziert BAG 28.3.2006 – 1 ABR 58/04, NZA 2006, 1112 Rn. 70; zust. *Heinze/Ricken* ZfA 2001, 159 (172 ff.); *Säcker/Oetker* ZfA 1993, 1 (13).
⁶⁰³ Vgl. *Schliemann* Sonderbeilage NZA Heft 24/2000, 24 (29).

Grundsatz habe zwar keinen Niederschlag im TVG gefunden, er ergebe sich aber aus den übergeordneten Prinzipien der Rechtssicherheit und Rechtsklarheit. Aus dem Nebeneinander von mehreren Tarifverträgen in einem Betrieb ergäben sich ansonsten rechtliche und tatsächliche Unzulänglichkeiten und praktisch kaum lösbare Schwierigkeiten.

192 Diese Rechtsprechung stieß zu Recht überwiegend auf Ablehnung.[604] Das Prinzip der Tarifeinheit ist auf Auflösung einer Normenkollision aufgebaut, die bei der Tarifpluralität aber nicht besteht. Praktische Schwierigkeiten können die Verbindlichkeit gesetzlicher Regeln nicht beseitigen. Das Prinzip der Tarifeinheit hat keine Rechtsnormqualität und kann nicht die Tarifautonomie begrenzen.[605] Die Tarifeinheit hat zwischen den Gewerkschaften wettbewerbsverzerrende Folgen.[606] Dem einzelnen Arbeitnehmer wird trotz Tarifgebundenheit der Schutz des Tarifvertrages, den seine Gewerkschaft abgeschlossen hat, genommen. Sofern der sachnähere Tarifvertrag nicht auf das Arbeitsverhältnis Anwendung findet, entsteht ein tariffreier Raum. Die Durchführung echter Tarifpluralität ist im Übrigen in den Betrieben möglich. Die daraus entstehenden Schwierigkeiten sind hinzunehmen. Das BAG[607] hat diese Rechtsprechung im Jahr 2010 aufgegeben. Die Voraussetzungen einer Rechtsfortbildung lägen nicht vor. Sie wäre auch nicht mit Art. 9 Abs. 3 GG zu vereinbaren.

193 Ob im **Zeitraum der Nachwirkung** gemäß § 4 Abs. 5 TVG Tarifpluralität entstehen kann, ist problematisch. Nach Auflösung eines Arbeitgeberverbandes wirkt ein Tarifvertrag gemäß § 4 Abs. 5 TVG nach. Nach Ansicht der früheren Rechtsprechung besteht aber keine Tarifgebundenheit des Arbeitgebers iSd § 3 Abs. 3 TVG. Schließt der Arbeitgeber sich einem neuen Verband an, dessen Tarifvertrag nur den Arbeitgeber gemäß § 3 Abs. 1 TVG bindet, dann lag nach bisheriger Auffassung des BAG **kein Fall von Tarifpluralität** vor.[608] Der Arbeitgeber sei nur an einen Tarifvertrag gebunden. § 4 Abs. 5 TVG habe eine Überbrückungsfunktion, um einen tariflosen Zustand zu vermeiden. Die erforderliche Anwendung mehrerer Tarifverträge in einem Betrieb habe nicht dem Grundsatz der Tarifeinheit widersprochen; sie sei vielmehr in § 4 Abs. 5 TVG angelegt. Dieser Auffassung kann nicht gefolgt werden. Sie dürfte auch nach Änderung der Rechtsprechung zum Grundsatz der Tarifeinheit obsolet sein. Während der Nachwirkung wirkt der Tarifvertrag weiterhin normativ auf das Arbeitsverhältnis ein und wird nicht Inhalt des Arbeitsvertrags. Die Voraussetzungen der Tarifpluralität liegen vor. Die Rechtsprechung war inkonsequent, da sie dem nur nachwirkenden Tarifvertrag eine größere Bestandskraft zukommen lässt als dem zwingend geltenden Tarifvertrag.[609] Im Geltungsbereich des **AEntG** (→ Rn. 56 ff.) ist der Grundsatz der Tarifeinheit ausdrücklich gemäß § 8 Abs. 2 AEntG durchbrochen worden. Der Grundsatz der Spezialität kann hier nicht uneingeschränkt gelten, da sich anderenfalls Arbeitgeber durch Abschluss eines Haustarifvertrages den zwingenden Regelungen entziehen könnten.[610]

194 Die Diskussion über den Grundsatz der Tarifeinheit war zunächst im Jahr 2007 mit Blick auf den **Lokführerstreik** wieder in Gang gekommen.[611] Im Mittelpunkt stand die Frage, ob die Erstreikung eines Tarifvertrages zulässig sein kann, wenn dieser aufgrund des Grundsat-

---

[604] LAG Brandenburg 17.3.1995 – 5 Sa 671/94, LAGE TVG § 4 Nachwirkung Nr. 3; SächsLAG 13.11.2001 – 7 Sa 118/01, ArbuR 2002, 310 ff.; *Kempen* NZA 2003, 415 ff.; *Hanau/Kania* Anm. zu AP TVG § 4 Tarifkonkurrenz Nr. 20; *Wiedemann/Arnold* ZTR 1994, 443 (444 ff.); *Kraft* RdA 1992, 161 (165 ff.); *Wiedemann/Wank* TVG § 4 Rn. 287; *Schaub* RdA 2003, 378 (379 f.); zuletzt *Reichold* RdA 2007, 321 ff.; vgl. aber auch *Hromadka*, FS Heinze, 2005, 383 ff.

[605] *Konzen* RdA 1978, 146 (153).

[606] *Hanau/Kania* Anm. zu AP TVG § 4 Tarifkonkurrenz r. 20; *Kraft* RdA 1992, 161 (168); aA *Säcker/Oetker* ZfA 1993, 1 (11).

[607] BAG 7.7.2010 – 4 AZR 549/08, NZA 2010, 1068; BAG 23.6.2010 – 10 AS 2/10, NZA 2010, 778; BAG 27.1.2010 – 4 AZR 549/08 (A), NZA 2010, 645 ff.

[608] BAG 28.5.1997 – 4 AZR 546/95, NZA 1998, 40 (45); *Friedrich* in FS Schaub, 203; vgl. dazu auch dazu auch *Henssler* RdA 2011, 65 (66).

[609] *Dauner-Lieb* SAE 1999, 46 (50).

[610] Dazu BAG 15.11.2006 – 10 AZR 665/05, NZA 2007, 448; BAG 18.10.2006 – 10 AZR 576/05, NZA 2007, 1111; vgl. auch HessLAG 14.7.2003 – 16 Sa 530/02, DB 2004, 1786 ff.; *Bayreuther* NZA 2007, 187 ff. mablAnm *Feudner* RdA 2007, 245.

[611] Dazu etwa *Greiner* NZA 2007, 1023 ff.; *Buchner* NZA 2007, 1411 ff.; *Reichold* NZA 2007, 1262 ff.; *Hunold* NZA 2007, 1037 f.; *Feudner* BB 2007, 2459 ff.; bereits zuvor zum Arbeitskampf des Marburger Bundes *Bayreuther* NZA 2006, 642.

zes der Tarifeinheit letztlich nicht zur Anwendung kommen könnte. Zutreffend war davon auszugehen, dass auch der frühere Grundsatz der Tarifeinheit das Streikrecht nicht einschränken konnte.[612] Vor Abschluss eines Tarifvertrages ist das Ergebnis des Arbeitskampfes nicht vorherzusehen. Einer vorweggenommenen Auflösung einer Tarifpluralität bedurfte es nicht. Dies zeigt das Beispiel des Lokführerstreiks eindrücklich. Im Übrigen setzte auch der Grundsatz der Tarifeinheit ein Nebeneinander mehrerer Gewerkschaften und Tarifverträge im Betrieb voraus.[613] Nach Änderung der Rechtsprechung im Jahr 2010 sowie erneuten Streiks bei der Bahn sowie bei der Lufthansa erließ der Gesetzgeber das Tarifeinheitsgesetz. Zum 10.7.2015 ist ua § 4a, die Kernvorschrift, ins TVG eingefügt worden, über dessen Verfassungsgemäßheit sofort Streit entstanden ist.[614] Anträge auf Erlass einer einstweiligen Anordnung hat das BVerfG zurückgewiesen.[615] Nicht geregelt hat der Gesetzgeber nach wie vor das Arbeitskampfrecht,[616] auch wenn er in der Gesetzesbegründung erwähnt, dass das Prinzip der Tarifeinheit bei der Verhältnismäßigkeit zu berücksichtigen sei. Es erscheint mehr als fraglich, ob die Rechtsprechung Erwägungen des Gesetzgebers zu einem Regelungsgegenstand beachten wird, den er gar nicht regeln wollte und auch nicht geregelt hat.[617]

3. Tarifkollision/Tarifeinheitsgesetz

Die Neuregelung zeigt in § 4a Abs. 1 TVG den **Gesetzeszweck** auf: Die Schutzfunktion, Verteilungsfunktion, Befriedungsfunktion sowie Ordnungsfunktion von Rechtsnormen des Tarifvertrags sollen durch Vermeidung von Tarifkollisionen (ein neuer Begriff) im Betrieb gesichert werden. Dazu zieht der Gesetzgeber aber nicht mehr den Spezialitätsgrundsatz, sondern das **Mehrheitsprinzip** heran.[618] Es soll der Tarifvertrag in einem Betrieb gelten, der von der Gewerkschaft abgeschlossen worden ist, die am stärksten in der Belegschaft des Betriebs vertreten ist. 195

Das BVerfG hat das **Tarifeinheitsgesetz** in seiner Entscheidung vom 11.7.2017[619] für überwiegend **verfassungsgemäß** angesehen. Der Gesetzgeber dürfe Regelungen zum Verhältnis der sich gegenüberstehenden Tarifvertragsparteien treffen, aber auch das Verhältnis konkurrierender Tarifvertragsparteien ausgestalten. 196

> **Praxistipp:**
> Das BVerfG hat ausdrücklich entschieden, dass sich die Kollisionsregel des § 4a TVG nicht auf die Zulässigkeit von **Arbeitskampfmaßnahmen** auswirke.[620] Das Streikrecht bleibe unangetastet. Die Kollisionsregel setze vielmehr den Abschluss eines weiteren Tarifvertrages voraus. Die Regelung dürfe auch **kein Haftungsrisiko** von Gewerkschaften für Arbeitskampfmaßnahmen begründen. Daraus folgt, dass Arbeitgeber Anträge bei den Gerichten nicht damit begründen können, der an

---

[612] Vgl. SächsLAG 2.11.2007 – 7 SaGa 19/07, NZA 2008, 59 ff.
[613] SächsLAG 2.11.2007 – 7 SaGa 19/07, NZA 2008, 59 ff.; dazu *Hanau* RdA 2008, 98 ff.; *Feudner* RdA 2008, 104 ff.
[614] Befürwortend BeckOK ArbR/*Giesen* TVG § 4a Rn. 9; Bedenken Däubler/Bepler Neues TarifeinheitsR/*Bepler* Rn. 204 ff.; *Preis* jM 2015, 369 ff.; *Melot de Beauregard* DB 2015, 1527 ff.; Henssler/Willemsen/Kalb/*Henssler* TVG § 4a Rn. 6; zur Vereinbarkeit mit internationalem Recht *Schlachter* AuR 2015, 217 ff.
[615] BVerfG 6.10.2015 – 1 BvR 1571/15, 1 BvR 1582/15, 1 BvR 1588/15, NZA 2015, 1271; zudem zwei unzulässige Verfassungsbeschwerden: BVerfG 16.6.2016 – 1 BvR 1707/15 und 1 BvR 2257/15, NZA 2016, 893.
[616] Dazu etwa *Linsenmaier* RdA 2015, 369 ff.
[617] Krit. auch *Preis* jM 2015, 369; *Greiner* NZA 2015, 769 (776); legislatorisch unseriös: Henssler/Willemsen/Kalb/*Henssler* TVG § 4a Rn. 45; dazu auch *Walser* AuR 2016, 109 (125); Auswirkungen auf das Arbeitskampfrecht befürwortend BeckOK ArbR/*Giesen* TVG § 4a Rn. 34. Die Unzulässigkeit von Arbeitskämpfen ist deshalb bereits fragwürdig, weil keiner das Ergebnis voraussehen kann. Womöglich bilden sich auch erst im Laufe des Arbeitskampfes Tarifgemeinschaften. Zudem stellt das Gesetz auf den Zeitpunkt der Kollision ab; Mehrheitsverhältnisse können sich ändern, vgl. auch ErfK/*Franzen* TVG § 4a Rn. 29.
[618] *Preis* jM 2015, 369 (370).
[619] BVerfG 11.7.2017 NZA 2017, 915 ff. = AP GG Art. 9 Nr. 151 mAnm *Greiner* und *Schmidt;* dazu auch *Bepler* AuR 2017, 380 ff.
[620] BVerfG 11.7.2017 NZA 2017, 915 ff. Rn. 139 f.

> gestrebte Tarifvertrag werde aufgrund der Kollisionsregel in § 4a TVG ohnehin nicht zur Anwendung kommen, sodass Streikmaßnahmen jedenfalls unverhältnismäßig seien. In diese Richtung konnte eine Passage der Gesetzesbegründung verstanden, ohne dass der Gesetzgeber eine entsprechende Regelung in den Gesetzestext aufgenommen hätte.[621] Das BVerfG hat allerdings auch darauf hingewiesen, dass die betroffene Gewerkschaft, deren Tarifvertrag verdrängt wird, dennoch an die Friedenspflicht gebunden ist.[622]

197 Die Regelungen des Tarifeinheitsgesetzes seien aber **unverhältnismäßig,** soweit keine Schutzvorkehrungen gegen eine **Vernachlässigung einzelner Berufsgruppen oder Branchen** durch die jeweilige Mehrheitsgewerkschaft vorgesehen seien. Das BVerfG hatte dem Gesetzgeber aufgegeben, das Gesetz bis zum 31.12.2018 nachzubessern. Dem ist der Gesetzgeber durch einen Artikel im Qualifizierungschancengesetz kurz vor Ablauf der Frist nachgekommen und hat einen neuen Halbsatz am Ende des § 4a Abs. 2 S. 2 TVG eingefügt, der Folgendes regelt:[623] Werden beim Zustandekommens des Mehrheitstarifvertrages die Interessen der Arbeitnehmergruppen, die von dem eigentlich zu verdrängenden Tarifvertrag erfasst werden, nicht ernsthaft und wirksam berücksichtigt, dann wird deren Tarifvertrag nicht verdrängt. Damit hat der Gesetzgeber eine Formulierung des BVerfG auf Dauer übernommen, die es für die Übergangszeit bis zu einer Neuregelung benutzt hat.[624] Entscheidend ist, dass die Minderheitsinteressen durch das Verfahren gewahrt werden; es kommt nicht zu einer Inhaltskontrolle der Tarifverträge.[625]

198 **a) Voraussetzungen.** Die Neuregelung gilt gemäß § 13 Abs. 3 TVG nur für Tarifverträge, die nach dem Inkrafttreten des Gesetzes am 10.7.2015 selbst in Kraft treten. Sie schließt eine Tarifkollision nicht per se aus. Sie setzt vielmehr voraus und stellt in Abs. 2 S. 1 TVG klar, dass ein Arbeitgeber an verschiedene Tarifverträge gebunden sein kann. In § 4a Abs. 2 S. 2 TVG definiert das Gesetz den **Begriff der kollidierenden Tarifverträge:** Es muss sich um **Tarifverträge verschiedener Gewerkschaften** handeln, deren **Geltungsbereiche sich überschneiden.**[626] Dabei müssen die Tarifverträge **nicht inhaltsgleich** sein.

199 Voraussetzung ist nach § 4a Abs. 2 S. 1 zunächst, dass die Tarifverträge gemäß § 3 TVG Geltung beanspruchen. **Nicht erfasst** werden also bloß **nachwirkende Tarifverträge** nach § 4 Abs. 5 TVG.[627] Ebenso wenig ist eine **arbeitsvertragliche Bezugnahme** ausreichend.[628] Umstritten ist dies bei einem (Teil-)Betriebsübergang nach § 613a Abs. 1 S. 2 BGB.[629] Keine Tarifkollision liegt auch dann vor, wenn die Tarifvertragsparteien selbst einen Vorrang geregelt haben. Die gesetzliche Regelung hat **subsidiären Charakter.**[630] Das BVerfG geht davon aus, dass es sich bei § 4a TVG um **dispositives Gesetzesrecht** handelt.[631] Allerdings müssen alle positiv oder negativ betroffenen Tarifvertragsparteien vereinbaren, die Regelung auszuschließen. Schließlich werden nicht für allgemeinverbindlich erklärte Tarifverträge gemäß § 5 TVG oder solche nach dem AEntG erfasst.[632]

---

[621] Vgl. BT-Drs. 18/4062, 12; dazu ErfK/*Franzen* TVG § 4a Rn. 26.
[622] BVerfG 11.7.2017 – 1 BvR 1571/15 u.a., NZA 2017, 915 ff. Rn. 181.
[623] Eine erneute Verfassungsbeschwerde ist nicht zur Entscheidung angenommen worden, BVerfG 19.5.2020 – 1 BvR 672/19 u.a., NZA 2020, 1029.
[624] BVerfG 11.7.2017 – 1 BvR 1571/15 u.a., NZA 2017, 915 ff. Rn. 215.
[625] Dazu *Hromadka* NZA 2019, 215 ff.; *Giesen/Rixen* NZA 2019, 577 ff.; vgl. auch *Löwisch* RdA 2019, 169 ff.; *Jacobs/Modi* in FS Moll, 2019, 301 ff.
[626] Der Begriff der Tarifkollision ist damit enger als der der Tarifpluralität, *Walser* AuR 2016, 109 (112).
[627] *Däubler/Bepler* Neues TarifeinheitsR/*Däubler* Rn. 45; *Walser* AuR 2016, 109 (127); ErfK/*Franzen* TVG § 4a Rn. 7.
[628] BVerfG 11.7.2017 – 1 BvR 1571/15 u.a., NZA 2017, 915 ff., Rn. 184 mzustAnm *Greiner* AP GG Art. 9 Nr. 151; *Däubler/Bepler* Neues TarifeinheitsR/*Däubler* Rn. 45; *Walser* AuR 2016, 109 (128); aA *Fischer* NZA 2015, 662 (665).
[629] Befürwortend *Gräf* NZA 2016, 327.
[630] *Däubler/Bepler* Neues TarifeinheitsR/*Däubler* Rn. 52, 61.
[631] BVerfG 11.7.2017 – 1 BvR 1571/15 u.a., NZA 2017, 915 ff. Rn. 177 ff.; zustAnm *Greiner* AP GG Art. 9 Nr. 151.
[632] *Däubler/Bepler* Nues TarifeinheitsR/*Däubler* Rn. 73 ff.; *Walser* AuR 2016, 109 (113, 127); ErfK/*Franzen* TVG § 4a Rn. 5.

Des Weiteren dürfen die Tarifverträge **nicht inhaltsgleich** sein. In einem solchen Fall bedarf es selbstverständlich keiner Auflösung einer Kollision. Keine Inhaltsgleichheit liegt zum einen vor, wenn die Tarifverträge zwar denselben Gegenstand zum Inhalt haben, etwa die Vergütung, diesen aber unterschiedlich regeln; beispielsweise unterschiedlich hohen Lohn.[633] Zum anderen besteht auch dann keine Inhaltsgleichheit, wenn die Tarifvertragsparteien unterschiedliche Gegenstände regeln. Dies bedeutet, dass beim Abschluss eines Tarifvertrages der Mehrheitsgewerkschaft **sämtliche Tarifverträge der Minderheitsgewerkschaft verdrängt** werden, sofern sich ihre Geltungsbereiche nur in einem Punkt überschneiden.[634] Sowohl der räumliche, der fachliche, der persönliche als auch der zeitliche Geltungsbereich müssen in einem Punkt deckungsgleich sein. Eine **Ausnahme** macht Abs. 3 für **betriebsverfassungsrechtliche Tarifnormen.** Diese gelten auch für Arbeitnehmer, die selbst nicht Gewerkschaftsmitglied sind, sofern nur der Arbeitgeber nach § 3 TVG gebunden ist. Es liegt also Tarifkonkurrenz vor, die gelöst werden muss.[635] Ein Tarifvertrag mit betriebsverfassungsrechtlichen Normen einer Minderheitsgewerkschaft wird demnach nicht verdrängt, solange die Mehrheitsgewerkschaft keinen eigenen Tarifvertrag mit eben solchen Normen abschließt. 200

Das Gesetz stellt auf die Vertretung der Gewerkschaften im **Betrieb** ab.[636] Tarifpluralität in einem Unternehmen bleibt somit möglich. Der Betriebsbegriff richtet sich grundsätzlich nach dem BetrVG; er ist aber nicht deckungsgleich.[637] Da es insoweit auf die Organisation des Leitungsapparats ankommt, hat ein Arbeitgeber erhebliche Möglichkeiten, Einfluss zu nehmen.[638] 201

In § 4a Abs. 2 S. 4 TVG wird ausdrücklich der **gemeinsame Betrieb** nach § 1 Abs. 1 S. 2 BetrVG genannt. Probleme können beim gemeinsamen Betrieb auftreten, wenn die daran beteiligten Arbeitgeber unterschiedlichen Tarifverträgen unterworfen sind oder auch nur ein Arbeitgeber an mehreren Tarifverträgen gebunden ist. Ist dann auf die Mehrheit aller oder nur seiner Beschäftigten abzustellen? Mit guten Gründen wird bezweifelt, dass der praktische Anwendungsbereich groß sein wird.[639] Auch durch Tarifvertrag geschaffene Organisationseinheiten nach § 3 Abs. 1 BetrVG werden als maßgebende Einheit anerkannt.[640] Beide Sonderformen des Betriebs sind dann nicht heranzuziehen, wenn dies den Zielen nach Abs. 1 offensichtlich entgegensteht. S. 5 nennt ein Beispiel: Wenn Betriebe von Tarifvertragsparteien unterschiedlichen Wirtschaftszweigen oder deren Wertschöpfungsketten zugeordnet worden sind. In diesem Fall soll keine betriebliche Solidargemeinschaft entstehen.[641] Als weiterer Fall wird der Umstand genannt, dass die Zuordnung organisationspolitische Hintergründe hat.[642] 202

Entscheidend ist die relative **Mehrheit** einer Gewerkschaft bei den Beschäftigten im Betrieb, ohne dass ein bestimmtes Quorum erfüllt werden müsste.[643] So kann eine geringe Anzahl von Mitgliedern ausreichend sein, wenn die andere Gewerkschaft noch weniger Mitglieder im Betrieb hat. Nach dem Willen des Gesetzgebers sollen die Mitglieder mehrerer Gewerkschaften zusammen zu zählen sein, wenn diese den Tarifvertrag in einer Tarifgemeinschaft abgeschlossen haben.[644] Alle Fragen werden nicht vom Gesetzgeber beantwortet, 203

---

[633] Däubler/Bepler Neues TarifeinheitsR/*Däubler* Rn. 47.
[634] Däubler/Bepler Neues TarifeinheitsR/*Däubler* Rn. 69; *Preis* jM 2015, 369 (371); vgl. auch BVerfG NZA 2017, 915 ff. Rn. 181 ff.
[635] Däubler/Bepler Neues TarifeinheitsR/*Däubler* Rn. 65.
[636] Daraus und aus der Rechtswegzuständigkeit wird gefolgert, dass die Vorschrift nicht auf Dienststellen des öffentlichen Dienstes zur Anwendung kommt, vgl. Däubler/Bepler Neues TarifeinheitsR/*Däubler* Rn. 91; aA *Walser* AuR 2016, 109 (121); *Löwisch/Rieble* TVG § 4a Rn. 113.
[637] Däubler/Bepler Neues TarifeinheitsR/*Däubler* Rn. 83; krit. ErfK/*Franzen* TVG § 4a Rn. 19: Anknüpfungspunkt ist die Solidargemeinschaft.
[638] Däubler/Bepler Neues TarifeinheitsR/*Däubler* Rn. 92; *Löwisch/Rieble* TVG § 4a Rn. 37, 80 ff.; vgl. auch *Preis* jM 2015, 369 (372); *Walser* AuR 2016, 109 (116); Henssler/Willemsen/Kalb/*Henssler* TVG § 4a Rn. 29.
[639] *Walser* AuR 2016, 109 (118).
[640] Hierbei besteht die Gefahr, dass der Arbeitgeber mit einer Gewerkschaft durch solche Tarifverträge mit dem Zuschnitt der Betriebseinheiten auch die Mehrheitsverhältnisse beeinflussen; *Walser* AuR 2016, 109 (119).
[641] *Walser* AuR 2016, 109 (118).
[642] Däubler/Bepler Neues TarifeinheitsR/*Däubler* Rn. 90.
[643] Henssler/Willemsen/Kalb/*Henssler* TVG § 4a Rn. 23.
[644] BT-Drs 18/4062, 13; Däubler/Bepler Neues TarifeinheitsR/*Bepler* Rn. 95.

etwa die, ob Arbeitnehmer mitzuzählen sind, deren Mitgliedschaft ruht.[645] Gast- und Scheinmitgliedschaften zählen jedenfalls nicht.[646] Auch die Zuordnung eines Mitarbeiters zu einem Betrieb kann fragwürdig sein. Wie wirkt sich ein Widerspruch von Arbeitnehmern bei einem Teilbetriebsübergang aus?[647] Leiharbeitnehmer dürften nicht dazu gezählt werden. Teilzeitbeschäftigte, auch geringfügig Beschäftigte, zählen voll.[648] Leitende Angestellte können – je nach Geltungsbereich – erfasst sein.

204 Entscheidender **Zeitpunkt** ist der Abschluss des zuletzt abgeschlossenen Tarifvertrages, außer die Tarifverträge kollidieren erst zu einem späteren Zeitpunkt (§ 4a Abs. 2 S. 3 TVG). Nachfolgende tatsächliche Änderungen haben demnach keinen Einfluss mehr auf die Tarifgeltung. Damit soll Rechtssicherheit geschaffen werden. Die Einstellung oder Entlassung von Gewerkschaftsmitgliedern erfordert also keine erneute Mehrheitsfeststellung. Dies gilt etwa auch, wenn durch einen Betriebsteilübergang zahlreiche Mitglieder der Mehrheitsgewerkschaft und damit die Mehrheitsverhältnisse wechseln.[649]

205 b) **Rechtsfolgen.** Rechtsfolge ist nicht die Unwirksamkeit des Minderheitstarifvertrages. Er wird lediglich **verdrängt** und kommt während der Kollision nicht zur Anwendung.[650] Endet die Normwirkung des Mehrheitstarifvertrages – etwa durch Ablauf oder Kündigung, dann kommt der Minderheitstarifvertrag (wieder) zur Anwendung; er lebt wieder auf.[651] Umstritten ist, ob die Verdrängungswirkung kraft Gesetzes oder erst durch Beschluss nach § 99 ArbGG eintritt.[652]

206 Im Rahmen einer **verfassungskonformen Auslegung** müssen die Arbeitsgerichte allerdings sicherstellen, dass es durch eine Verdrängung **nicht** zum **Verlust langfristig angelegter, bedeutsamer Leistungen** kommt.[653] Hierzu zählen etwa Leistungen zur Alterssicherung, zur Arbeitsplatzgarantie oder zur Lebensarbeitszeit.

207 Der **schuldrechtliche Teil** des verdrängten Tarifvertrages bleibt bestehen, insbesondere gilt die Friedenspflicht.[654] Die Durchführungspflicht hingegen ruht. Der **Minderheitsgewerkschaft** werden im Gesetz aber einige Rechte eingeräumt: Nach § 4a Abs. 4 TVG kann die Gewerkschaft, deren Tarifnormen verdrängt werden, die „**Nachzeichnung**" verlangen. Dies bedeutet, sie kann den Abschluss eines Tarifvertrages verlangen, der die Rechtsnormen des kollidierenden, also verdrängenden Tarifvertrages enthält. Es genügt, dass eine Gewerkschaft potentiell einen Nachteil erleiden könnte.[655] Der Anspruch ist einklagbar. Es besteht ein **Kontrahierungszwang**.[656] Arbeitnehmer, die Mitglieder der Minderheitsgewerkschaft sind, sollen nicht „tariflos" bleiben.[657]

208 Nach § 4a Abs. 5 TVG muss nun ein Arbeitgeber oder ein Arbeitgeberverband, der Tarifverhandlungen mit einer Gewerkschaft aufnimmt, dies rechtzeitig und in geeigneter Weise **bekanntgeben**.[658] Es handelt sich um eine echte Rechtspflicht, bei deren Verletzung keine Verdrängung einer Tarifnorm möglich ist.[659] Andere Gewerkschaften, deren Tarifzuständigkeit gegeben ist, können dann ihre Vorstellungen und Forderungen mündlich vor-

---

[645] Abl. Däubler/Bepler Neues TarifeinheitsR/*Bepler* Rn. 106; vgl. *Greiner* NZA 2015, 769 (773).
[646] Henssler/Moll/Bepler TarifV-HdB/*Greiner* Teil 9 Rn. 139; Henssler/Willemsen/Kalb/*Henssler* TVG § 4a Rn. 24.
[647] *Gräf* NZA 2016, 327 (334).
[648] Däubler/Bepler Neues TarifeinheitsR/*Bepler* Rn. 114.
[649] *Gräf* NZA 2016, 327.
[650] *Schliemann* NZA 2015, 1298 (1299); Däubler/Bepler Neues TarifeinheitsR/*Däubler* Rn. 66; 159 ff.; Löwisch/Rieble TVG § 4a Rn. 174.
[651] BVerfG 11.7.2017 – 1 BvR 1571/15 u. a., NZA 2017, 915 ff. Rn. 189; *Walser* AuR 2016, 109 (113).
[652] Das BVerfG 11.7.2017 – 1 BvR 1571/15 u. a., NZA 2017, 915 ff. Rn. 175 ff., hat dies zwar offengelassen, aber eine Präferenz für eine Verdrängung kraft Gesetzes erkennen lassen; dazu Anm. *Schmidt* AP GG Art. 9 Nr. 151; *Ulrici* NZA 2017, 1161; *Löwisch/Rieble* TVG § 4a Rn. 184, 253 ff.
[653] BVerfG NZA 2017, 915 ff. Rn. 187 f.
[654] BVerfG NZA 2017, 915 ff. Rn. 139 ff.; Däubler/Bepler Neues TarifeinheitsR/*Däubler* Rn. 175.
[655] BVerfG NZA 2017, 915 ff. Rn. 191.
[656] *Vielmeier* NZA 2015, 1294 (1297); Henssler/Moll/Bepler TarifV-HdB/*Greiner* Teil 9 Rn. 144.
[657] *Greiner* NZA 2015, 769 (770), der die Minderheitenrechte nicht als besonders attraktiv einschätzt.
[658] Dazu *Vielmeier* NZA 2015, 1294 (1295).
[659] BVerfG 11.7.2017 – 1 BvR 1571/15 u. a., NZA 2017, 915 ff. Rn. 196; Anm. *Schmidt* AP GG Art. 9 Nr. 151.

tragen. Auf diese Weise soll die Möglichkeit eröffnet werden, Tarifkollisionen zu vermeiden.[660]

c) **Streitigkeiten.** Die Frage, welcher Tarifvertrag zur Anwendung kommt, kann zum einen im Rahmen eines **Individualprozesses** vorkommen, etwa wenn der Arbeitnehmer tarifvertragliche Leistungen geltend macht. Der Arbeitnehmer muss darlegen und beweisen, dass die allgemeinen Voraussetzungen für die Geltung „seines Tarifvertrages" vorliegen. Der Arbeitgeber kann dann die Tarifkollision einwenden.[661] Die Gewerkschaften und Arbeitgeberverbände sind an einem solchen Verfahren nicht beteiligt. Das Gesetz sieht aber keine Verpflichtung vor, das Individualverfahren bis zum Abschluss des Kollektivverfahrens auszusetzen (so aber in §§ 97 Abs. 5, 98 Abs. 6 ArbGG).[662] Zum anderen kann auch ein **kollektivrechtlicher Streit** vor Gericht ausgetragen. Als Verfahrensart wird in § 2a Abs. 1 Nr. 6 ArbGG das **Beschlussverfahren** vorgeschrieben.[663] Das Verfahren selbst wird in § 99 ArbGG geregelt.[664] Antragsbefugt sind allein die Tarifvertragsparteien der kollidierenden Tarifverträge. Der Arbeitgeber ist als Inhaber des jeweiligen Betriebs ebenfalls zu beteiligen.[665] Die örtliche Zuständigkeit richtet sich nach dem Betriebssitz. Die tatsächliche **Feststellung der Mehrheitsgewerkschaft** erscheint problematisch, auch wenn der Gesetzgeber § 58 ArbGG um Abs. 3 ergänzt hat (→ § 77 Rn. 391). **Ein rechtskräftiger Beschluss wirkt für und gegen jedermann** (§ 99 Abs. 3 ArbGG), also nicht nur gegenüber den Verfahrensbeteiligten. Der Arbeitgeber ist nun nach § 8 TVG verpflichtet, nicht nur die im Betrieb anwendbaren Tarifverträge, sondern auch rechtskräftige Beschlüsse nach § 99 ArbGG auszulegen.

---

[660] Krit. *Greiner* NZA 2015, 769 (770); es stellt sich die Frage, ob § 4a TVG überhaupt tarifdispositiv ist, abl. *Greiner* NZA 2015, 769 (775); *Schliemann* NZA 2015, 1298; offen *Bepler* RdA 2015, 194 (198); befürwortend aus verfassungsrechtlichen Gründen Henssler/Willemsen/Kalb/*Henssler* TVG § 4a Rn. 35. Eine solche Vereinbarung müsste zwischen allen Beteiligten getroffen werden; ein Vertrag zu Lasten Dritter kann nicht genügen, vgl. auch ErfK/*Franzen* TVG § 4a Rn. 22. Den Tarifvertragsparteien steht es jedenfalls offen, eine Überschneidung ihrer Geltungsbereiche und damit eine Tarifkollision zu vermeiden. Ebenso können sie Tarifgemeinschaften schließen. Zu den verschiedenen Optionen vgl. etwa Henssler/Moll/Bepler TarifV-HdB/*Greiner* Teil 9 Rn. 151 ff.

[661] Däubler/Bepler Neues TarifeinheitsR/*Bepler* Rn. 158; BeckOK ArbR/*Giesen* TVG § 4a Rn. 37; aA Henssler/Willemsen/Kalb/*Henssler* TVG § 4a Rn. 32.

[662] Für eine entsprechende Anwendung Henssler/Moll/Bepler TarifV-HdB/*Greiner* Teil 9 Rn. 130; abl. auch Henssler/Willemsen/Kalb/*Henssler* TVG § 4a Rn. 32.

[663] Diskutiert wird, ob es sich beim Antrag nach § 99 ArbGG um ein Gestaltungsklagerecht handelt, so etwa *Löwisch* NZA 2015, 1369, der sich auf den Beschluss des BVerfG 6.10.2015 – 1 BvR 1571/15, NZA 2015, 1271 bezieht; zust. Henssler/Moll/Bepler/*Greiner* TVG § 4a Rn. 112a; zutreffend aA Henssler/Willemsen/Kalb/*Henssler* TVG § 4a Rn. 36; ErfK/*Franzen* TVG § 4a Rn. 17: lediglich feststellende Wirkung.

[664] Zu den erforderlichen Feststellungen im Rahmen eines solchen Verfahrens vgl. *Bepler* RdA 2015, 194 (195 f.).

[665] Däubler/Bepler Neues TarifeinheitsR/*Bepler* Rn. 128.

§ 69 Abschluss und Inhalt des Tarifvertrages

Übersicht

	Rn.
I. Einführung	1/2
II. Zustandekommen des Tarifvertrages	3–41
1. Vertragsschluss	4/5
2. Tariffähigkeit	6–22
a) Begriff	6/7
b) Streitigkeiten	8
c) Gewerkschaften	9–14
d) Spitzenorganisationen	15–18
e) Arbeitgeberverband	19
f) Einzelarbeitgeber	20–22
3. Tarifzuständigkeit	23–30
a) Begriff	23
b) Streitigkeiten	24
b) Verbände	25–29
c) Einzelarbeitgeber	30
4. Schriftform	31
5. Publizität des Tarifvertrages	32–41
a) Auslegung im Betrieb	33
b) Aufnahme ins Tarifregister und Übersendung	34
c) NachwG	35
d) Fundstellen	36–41
III. Inhalt von Tarifverträgen	42–89
1. Normativer Teil des Tarifvertrages	43–55
a) Individualnormen	44–47
b) Betriebsnormen und betriebsverfassungsrechtliche Normen	48–52
c) Gemeinsame Einrichtungen	53
d) Prozessuale Tarifnormen	54/55
2. Schuldrechtlicher Teil des Tarifvertrages	56–61
a) Friedenspflicht	57–59
b) Durchführungs-/Einwirkungspflicht	60
c) Sonstige schuldrechtliche Vereinbarungen	61
3. Auslegung von Tarifverträgen	62–89
a) Anwendungsbereich	62–66
b) Auslegung des normativen Teils	67–88
c) Auslegung des schuldrechtlichen Teils	89

I. Einführung

1 Obwohl der Tarifvertrag ein Vertrag zwischen privatrechtlichen Verbänden ist, nach den Regeln des bürgerlichen Rechts zustande kommt und privatrechtliche Verhältnisse regelt, entfaltet er normative Wirkung. Aus diesem Grund wird von einem „hybriden Gebilde" oder „Zwitterwesen" gesprochen. Gleichwohl besteht Einigkeit, dass der Tarifvertrag trotz seiner Rechtsnormen ein **Institut des Privatrechts** ist.[1] Tarifverträge sind **privatrechtliche Normenverträge**.[2]

2 Im TVG ist geregelt, wer Partei eines Tarifvertrages sein kann (§ 2 TVG) und dass Tarifverträge der Schriftform bedürfen (§ 1 Abs. 2 TVG). Gesetzliche Bestimmungen zum Vertragsverfahren und zu den Voraussetzungen eines wirksamen Vertragsabschlusses bestehen hingegen nicht. In §§ 1 Abs. 1, 4 Abs. 1 und 2 TVG ist des Weiteren bestimmt, welche Rege-

---

[1] Wiedemann/*Thüsing* TVG § 1 Rn. 13, 42 ff.; „Ausübung kollektiver Privatautonomie", vgl. BAG 25.2.1998 – 7 AZR 641/96 Rn. 17, NZA 1998, 715; 7.7.2010 – 4 AZR 549/08; 27.6.2018 – 10 AZR 290/17, NZA 2018, 1344 Rn. 33; ErfK/*Linsenmaier* GG Art. 9 Rn. 56.

[2] *Käppler* NZA 1991, 745 (749); Thüsing/Braun/*Thüsing* TarifR 1. Kap. Rn. 58 ff.

II. Zustandekommen des Tarifvertrages

> **Checkliste: Zustandekommen des Tarifvertrags** 3
>
> - ☐ Vertragsschluss nach §§ 145 ff. BGB
> - ☐ Tariffähige Vertragsparteien
>   - Tariffähiger Verband
>   - Koalitionseigenschaft iSd Art. 9 Abs. 3 GG
>   - Tarifwilligkeit
>   - Anerkennung des geltenden Tarifrechts
>   - Soziale Mächtigkeit (nur für Gewerkschaften)
>   - Einzelne Arbeitgeber (§ 2 Abs. 1 TVG)
>   - Spitzenorganisationen (§ 2 Abs. 3 TVG)
>   - Gesetzlich angeordnete Tariffähigkeit (zB Innungen)
> - ☐ Tarifzuständigkeit
> - ☐ Schriftform gem. § 1 Abs. 2 TVG
> - ☐ §§ 1 Abs. 1, 4 Abs. 2 TVG entsprechender Vertragsinhalt
>   - Inhalts-, Abschluss- oder Beendigungsnormen
>   - Betriebsnormen
>   - Betriebsverfassungsrechtliche Normen
>   - Gemeinsame Einrichtungen
>   - Prozessuale Normen

1. Vertragsschluss

Mangels spezieller Bestimmungen ist – wie bei jedem anderen privatrechtlichen Vertrag – 4 auf die allgemeinen Bestimmungen des BGB zu Rechtsgeschäften zurückzugreifen, sofern deren Anwendung nicht der Normwirkung von Tarifbestimmungen widerspricht. Dies wird mittelbar durch § 310 Abs. 4 S. 1 BGB bestätigt. Das Zustandekommen eines Tarifvertrages bestimmt sich daher grundsätzlich nach den §§ 145 ff. BGB.[4] Erforderlich sind übereinstimmende Willenserklärungen der Tarifvertragsparteien. Ein **Abschluss- oder Verhandlungsanspruch** besteht nicht,[5] sofern die Tarifvertragsparteien nichts Entsprechendes vereinbart haben. Tarifverträge können auch aufschiebend bedingt abgeschlossen werden.[6] Stellvertretung iSd §§ 164 ff. BGB ist ebenfalls zulässig;[7] der Wille, in fremden Namen zu handeln, muss aber erkennbar aus dem Inhalt der Urkunde hervortreten.[8] Dies gilt auch dann, wenn Spitzenverbände für ihre Mitgliedsverbände handeln.[9] Der Vertretungswille kann sich auch aus den Umständen ergeben.[10] Grds. nicht anwendbar sind §§ 116 ff., 139,

---

[3] Zu den Schranken der allg. Grundrechtsbindung, Europa- und Gesetzesrecht vgl. § 70 IV; BAG 27.6.2018 – 10 AZR 290/17, NZA 2018, 1344; Thüsing/Braun TarifR/*Thüsing* Kap. 1 Rn. 21 ff. bzw. 30 ff.
[4] Thüsing/Braun TarifR/*von Steinau-Steinrück* Kap. 3 Rn. 11.
[5] Vgl. BAG 25.9.2013 – 4 AZR 173/12, AP TVG § 1 Tarifverträge: Musiker Nr. 26.
[6] LAG Brandenburg 24.2.1994 – 3 Sa 869/93, DB 1994, 1245; *Hamacher*, Deklaratorische und konstitutive Klauseln in Tarifverträgen, 2000, S. 68.
[7] BAG 24.11.1993 – 4 AZR 407/92, NZA 1994, 564 (565); 10.11.1993 – 4 AZR 184/93, NZA 1994, 892 (893); zur Anscheins- und Duldungsvollmacht BAG 12.12.2007 – 4 AZR 996/06, NZA 2008, 892 Rn. 17; *Löwisch/Rieble* TVG § 1 Rn. 52 weisen darauf hin, dass die Stellvertretung aber nicht zu einer „Delegation der Tarifmacht" führen darf.
[8] BAG 12.2.1997 – 4 AZR 419/95, NZA 1997, 1064; 18.11.2009 – 4 AZR 491/08, NZA 2010, 835.
[9] BAG 2000, 1010 (1012).
[10] Vgl. BAG 22.11.2017 – 4 ABR 54/15; 13.12.2016 – 1 AZR 148/15 Rn. 16 f.; 19.11.2014 – 4 AZR 761/12 Rn. 30 ff. (für den konkreten Fall jedoch jeweils verneinend).

142 BGB[11] oder die Regelungen über den Dissens.[12] Ausdrücklich werden Tarifverträge aus dem Anwendungsbereich des Rechts der allgemeinen Geschäftsbedingungen ausgenommen, § 310 Abs. 4 BGB.

5 Das Bestehen oder Nichtbestehen eines Tarifvertrages kann im **Urteilsverfahren** vor den Arbeitsgerichten gemäß § 2 Abs. 1 Nr. 1 ArbGG überprüft werden.

2. Tariffähigkeit

6 **a) Begriff.** Tarifverträge können nur durch tariffähige Parteien abgeschlossen werden, andernfalls sind sie unheilbar unwirksam.[13] Die Tariffähigkeit ist damit **Wirksamkeitsvoraussetzung**.[14] Der gute Glaube an die Tariffähigkeit einer Vereinigung ist nach der Rechtsprechung des BAG nicht geschützt.[15] Tariffähigkeit ist die Fähigkeit, Partei eines Tarifvertrages zu sein[16] Sie ist nicht mit Rechtsfähigkeit gleichzusetzen. Eine partielle Tariffähigkeit gibt es nach Auffassung der Rechtsprechung nicht.[17] Gewerkschaften sind gemäß § 2 Abs. 1 TVG tariffähig, obwohl sie in aller Regel in Form des nichtrechtsfähigen Vereins organisiert sind. Daneben bestimmt § 2 Abs. 1 TVG, dass einzelne Arbeitgeber sowie Vereinigungen von Arbeitgebern Tarifvertragsparteien sein können. Ferner sind gemäß § 2 Abs. 3 TVG Spitzenorganisationen (Zusammenschlüsse von Gewerkschaften oder Arbeitgebervereinigungen) tariffähig. Letztere können als Spitzenorganisation aufgrund satzungsmäßiger Aufgabe im eigenen Namen (mit Wirkung für die Mitglieder der in der Spitzenorganisation organisierten Gewerkschaften oder Arbeitgebervereinigungen),[18] oder namens und in Vollmacht ihrer Mitgliedsorganisationen Tarifverträge abschließen.

> **Praxistipp:**
> Kirchliche Arbeitsrechtsregelungen – wie etwa die Richtlinien für Arbeitsverträge in den Einrichtungen des Deutschen Caritasverbandes (AVR) – sind keine Tarifverträge; ihnen kommt keine Tarifnormwirkung zu, sie gelten vielmehr kraft arbeitsvertraglicher Bezugnahme.[19]

7 Neben den „klassischen" Arbeitgeberverbänden und Gewerkschaften gibt es weitere „tariffähige Berufsverbände".[20] Aufgrund gesetzlicher Anordnung sind bspw. **Innungen und Innungsverbände** tariffähig, vgl. §§ 54 Abs. 3 Nr. 1, 82 S. 2 Nr. 3, 85 Abs. 2 HandwO. Diese Regelung hat gerade für Handwerksbetriebe Bedeutung. Innungen und Innungsverbände sind zwar Körperschaften des öffentlichen Rechts (§ 53 HandwO), aber dennoch freiwillige Zusammenschlüsse; die Mitgliedschaft ist nicht zwingend vorgeschrieben, vgl. § 52 HandwO. Die Rechtsprechung behandelt sie daher weitgehend wie Koalitionen.[21] Die Innungen sind wiederum zusammengeschlossen zu Landesinnungsverbänden und zum Bundesinnungsverband, §§ 79, 85 HandwO. Ihnen steht es nach Auffassung des BAG auch frei, Arbeitgeberverbänden und Spitzenorganisationen beizutreten und so die Tarifgebundenheit

---

[11] Wiedemann/*Thüsing* TVG § 1 Rn. 323, 328; aA *Löwisch/Rieble* TVG § 1 Rn. 1536 ff.; ErfK/*Franzen* TVG § 1 Rn. 26 (beide lassen die Anfechtung jedoch nur mit ex-nunc Wirkung zu).
[12] Vgl. BAG 18.10.2012 – 6 AZR 261/11, NZA-RR 2013, 262 Rn. 83.
[13] Wiedemann/*Oetker* TVG § 2 Rn. 18; ErfK/*Franzen* TVG § 2 Rn. 5.
[14] Statt aller: BAG 31.1.2018 – 10 AZR 695/16, NZA 2018, 876, 878; Wiedemann/*Oetker* TVG § 2 Rn. 17; *Löwisch/Rieble* TVG § 5 Rn. 88.
[15] BAG 15.11.2006 – 10 AZR 665/05, NZA 2007, 448.
[16] BAG 28.3.2006 – 1 ABR 58/04, NZA 2006, 1112; vgl. auch BVerfG 11.7.2017 – 1 BvR 1571/15, NZA 2017, 915; BAG 26.6.2018 – 1 ABR 37/16, NZA 2019, 188 Rn. 51 ff.
[17] BAG 28.3.2006 – 1 ABR 58/04, NZA 2006, 1112; wohl aA *Löwisch/Rieble* TVG § 2 Rn. 23 ff.
[18] Vgl. dazu etwa BAG 6.5.2003 – 1 AZR 241/02, NZA 2004, 562.
[19] Vgl. dazu BAG 20.3.2002 – 4 AZR 101/01, NZA 2002, 1402; zur Fortgeltung einer dynamischen Verweisung nach Betriebsübergang von einem kirchlichen Veräußerer auf einen weltlichen Erwerber: BAG 11.7.2019 – 6 AZR 40/17, NZA-RR 2019, 590.
[20] Vgl. hierzu umfassend Wiedemann/*Oetker* TVG § 2 Rn. 264 ff.
[21] Vgl. dazu BAG 6.5.2003 – 1 AZR 241/02, NZA 2004, 562; Wiedemann/*Oetker* TVG § 2 Rn. 380 ff.

ihrer Mitglieder mittelbar herbeizuführen.[22] Handwerkskammern und Kreishandwerkerschaften sind hingegen keine freiwilligen Verbände (§§ 86, 90 HandwO) und keine tariffähigen Vereinigungen.[23]

> **Praxistipp:**
> Nur der Abschluss eines wirksamen Tarifvertrages kann Ziel eines Arbeitskampfes sein. Aus diesem Grund können lediglich tariffähige Parteien – nur zur Erreichung eines Tarifabschlusses innerhalb ihrer Tarifzuständigkeit – einen Arbeitskampf führen. Das BAG hat aber auch die Zulässigkeit eines Unterstützungsstreiks anerkannt.[24]

b) Streitigkeiten. Die Tariffähigkeit einer Partei kann im **Beschlussverfahren** gemäß §§ 2a Abs. 1 Nr. 4, 97 ArbGG vor den Gerichten für Arbeitssachen festgestellt werden.[25] § 97 Abs. 2 ArbGG bestimmt die erstinstanzliche Zuständigkeit der Landesarbeitsgerichte.[26] Die rechtskräftige Entscheidung entfaltet nach § 97 Abs. 3 S. 1 ArbGG Bindungswirkung gegenüber jedermann. Anderweitige Verfahren sind bis zur Erledigung des Beschlussverfahrens vAw auszusetzen.[27] Mit Blick auf die Aussetzungsentscheidung steht dem Gericht ein Ermessen nicht zu. Es müssen jedoch zumindest vernünftige Zweifel an der Tariffähigkeit bestehen.[28] Zudem muss das Gericht vor der Aussetzung prüfen, ob die Frage der Tariffähigkeit „vorgreiflich" ist.[29] Die Gewerkschaft hat im Rahmen des Verfahrens ihre Mitgliederzahl (als vorrangiges Kriterium der sozialen Mächtigkeit) zu offenbaren.[30]

> **Praxistipp:**
> Die Feststellung der Tarifunfähigkeit durch die Arbeitsgerichte kann sich auch auf die Vergangenheit beziehen. Der gegenwartsbezogene CGZP-Beschluss des BAG vom 14.12.2010[31] hatte diese Frage noch offengelassen. In Folgeprozessen entschieden Instanzgerichte, dass die CGZP auch in den Jahren 2004, 2006, und 2008 nicht tariffähig war.[32] Das BAG[33] hat die hiergegen gerichtete Nichtzulassungsbeschwerde zurückgewiesen. Das BVerfG[34] sah in der „Rückwirkung" keinen Verstoß gegen Art. 20 Abs. 3 GG.

---

[22] BAG 6.5.2003 – 1 AZR 241/02, NZA 2004, 562.
[23] Vgl. BAG 10.12.1960 – 2 AZR 490/59, AP ArbGG 1953 § 11 Nr. 12; Wiedemann/*Oetker* TVG § 2 Rn. 390; NK-TVG/*Peter* § 2 Rn. 150.
[24] BAG 19.6.2007 – 1 AZR 396/06, NZA 2007, 1055.
[25] Vgl. dazu BAG 14.12.2010 – 1 ABR 19/10, NZA 2011, 289; BAG 26.6.2018 – 1 ABR 37/16, NZA 2019, 188; *Lembke* NZA 2008, 451.
[26] Erstinstanzliche Zuständigkeit des LAG begründet durch Art. 2 des Gesetzes zur Stärkung der Tarifautonomie v. 11.8.2014 (BGBl. 2014 I 1348); die „Verkürzung" des Rechtswegs auf eine Tatsacheninstanz ist verfassungsrechtlich nicht zu beanstanden, BVerfG 13.9.2019 – 1 BvR 1/16, NZA 2019, 1649.
[27] Vgl. BAG 28.1.2008 – 3 AZB 30/07, NZA 2008, 489; 23.10.1996 – 4 AZR 409/95, NZA 1997, 383; zur Antragsbefugnis der Partei des ausgesetzten Verfahrens im Rahmen eines Verfahrens zur Klärung der Tariffähigkeit/-zuständigkeit (§ 97 Abs. 5 Satz 2 ArbGG): BAG 26.1.2016 – 1 ABR 13/14, BeckRS 2016, 68156.
[28] BAG 28.1.2008 – 3 AZB 30/07, NZA 2008, 489; 14.12.2010 – 1 ABR 19/10, NZA 2011, 289; 24.7.2012 – 1 AZB 47/11, NZA 2012, 1061; 31.1.2018 – 10 AZR 695/16, NZA 2018, 876.
[29] BAG 28.1.2008 – 3 AZB 30/07, NZA 2008, 489; 14.12.2010 – 1 ABR 19/10, NZA 2011, 289; 24.7.2012 – 1 AZB 47/11, NZA 2012, 1061; BAG 31.1.2018 – 10 AZR 695/16, NZA 2018, 876.
[30] BAG 5.10.2010 – 1 ABR 88/09, NZA 2011, 300; *Ulber* RdA 2011, 353 (359); das BVerfG 13.9.2019 – 1 BvR 1/16, NZA 2019, 1649 sieht keine verfassungsrechtlichen Bedenken, zur Beurteilung der sozialen Mächtigkeit maßgeblich auf Anzahl und Zusammensetzung der Mitglieder abzustellen.
[31] BAG 14.12.2010 – 1 ABR 19/10, NZA 2011, 289; vgl. auch BAG 11.6.2013 – 1 ABR 33/12, NZA-RR 2013, 641 ff. – medsonet.
[32] LAG Berlin Brandenburg 9.1.2012 – 24 TaBV 1285/11.
[33] BAG 25.5.2012 – 1 ABN 27/12, BB 2012, 1471.
[34] BVerfG 25.4.2015 – 1 BvR 2314/12, NZA 2015, 757 ff.; vgl. auch BVerfG 10.3.2014 – 1 BvR 1104/11.

9 **c) Gewerkschaften.** Das TVG regelt nicht, wann eine Arbeitnehmervereinigung als Gewerkschaft iSd Gesetzes anzusehen und damit tariffähig ist. Nicht jede Arbeitnehmerkoalition iSd Art. 9 Abs. 3 GG ist eine Gewerkschaft. Die Rechtsprechung knüpft an den Gewerkschaftsbegriff weitere Voraussetzungen. Nur solche Arbeitnehmervereinigungen sollen an der Tarifautonomie teilnehmen, die in der Lage sind, den von der staatlichen Rechtsordnung freigelassenen Raum des Arbeitslebens durch Tarifverträge sinnvoll zu gestalten.[35] Es gibt keine relative oder partielle, etwa auf bestimmte Regionen, Berufskreise oder Branchen beschränkte Tariffähigkeit.[36]

10 *aa) Koalition.*[37] Voraussetzung ist zunächst die Koalitionseigenschaft iSd Art. 9 Abs. 3 GG.[38] Es muss sich um eine freiwillige, vom Staat und vom sozialen Gegner unabhängige Arbeitnehmervereinigung[39] handeln, die demokratisch[40] organisiert und deren Zweck die Wahrung und Förderung der Arbeits- und Wirtschaftsbedingungen ist.[41] Ob es sich darüber hinaus um eine überbetriebliche Organisation handeln muss, ist fraglich.[42]

11 *bb) Tarifwilligkeit.* Der **Abschluss von Tarifverträgen** muss **satzungsgemäße Aufgabe** der Vereinigung sein.[43] Dieses Erfordernis der Tarifwilligkeit ist für Spitzenorganisationen in § 2 Abs. 3 TVG ausdrücklich bestimmt. Ohne eine entsprechende Aufgabenfestlegung in der Satzung des Verbandes ist dieser nicht hinreichend legitimiert, für seine Mitglieder normativ wirkende Regelungen zu treffen. Ein zu liquidierender Arbeitgeberverband ist nicht mehr tariffähig, da Ziel des Verbandes nicht mehr der Abschluss neuer Tarifverträge ist.[44]

12 *cc) Anerkennung des geltenden Tarifrechts.* Die Rechtsprechung fordert darüber hinaus die Anerkennung des geltenden Tarifrechts durch einen tariffähigen Verband.[45]

13 *dd) Soziale Mächtigkeit.*[46] Zu den Voraussetzungen der Tariffähigkeit einer Gewerkschaft zählt schließlich die **Durchsetzungskraft** gegenüber dem sozialen Gegner (soziale Mächtigkeit), die sicherstellt, dass der soziale Gegenspieler Verhandlungsangebote nicht übergehen kann und die Regelung der Arbeitsbedingungen nicht dem Diktat einer Seite entspricht.[47] Dies ist verfassungsrechtlich auch nach Inkrafttreten des Tarifeinheitsgesetzes und des Mindestlohngesetzes nicht zu beanstanden.[48] Der Abschluss von Tarifverträgen bedarf bspw. Vorbereitungshandlungen, wie etwa die Beobachtung der konjunkturellen Entwicklung oder sonstiger Rahmenbedingung, um daraus Tarifforderungen zu entwickeln.[49] Die Leistungsfähigkeit einer Arbeitnehmervereinigung muss zudem sicherstellen können, dass getroffene Tarifregelungen umgesetzt werden. Sie setzt daher eine ausreichende Finanzkraft sowie Per-

---

[35] BVerfG 20.10.1981 – BvR 404/78, BVerfGE 58, 233 (248 f.); 13.9.2019 – 1 BvR 1/16, NZA 2019, 1649.
[36] BAG 5.10.2010 – 1 ABR 88/09, NZA 2011, 300; 14.12.2010 – 1 ABR 19/10, NZA 2011, 289; zust. *Wank/Schmidt* RdA 2008, 257 (264).
[37] Vgl. hierzu → § 71 Rn 3 ff.
[38] Hierzu *Höfling* RdA 1999, 182.
[39] Vgl. hierzu differenziert Schaub ArbR-HdB/*Treber* § 188 Rn. 15 ff.; zur Frage der Gegnerunabhängigkeit der Arbeitgeberseite: *Thüsing/Hütter* RdA 2018, 129 ff.
[40] Die Rechtsprechung fordert lediglich demokratische „Mindestanforderungen", vgl. BAG 28.3.2006 – 1 ABR 58/04, NZA 2006, 1112 Rn. 55.
[41] Schaub ArbR-HdB/*Treber* § 188 Rn. 9 ff., 20; Thüsing/Braun TarifR/*Emmert* Kap. 2 Rn. 9 ff.
[42] Gegen die Erforderlichkeit der Überbetrieblichkeit mit beachtlichen Argumenten *Stelling* NZA 1998, 920 f.; Schaub ArbR-HdB/*Treber* § 188 Rn. 18; anders wohl BVerfG 10.3.2014 – 1 BvR 377/13, NJW 1982, 815; noch weitergehend eine über das Unternehmen (=Arbeitgeber) hinausgehende Organisation fordernd: Thüsing/Braun TarifR/*Emmert* Kap. 2 Rn. 50 f.
[43] BAG 26.6.2018 – 1 ABR 37/18, NZA 2019, 188; 21.3.2018 – 10 ABR 62/16, NZA-Beil. 1/2018, 8 ff.; 5.10.2010, 1 ABR 88/09, NZA 2011, 300.
[44] Vgl. *Reuter* DZWiR 2001, 242 (243).
[45] BAG 26.6.2018 – 1 ABR 37/18, NZA 2019, 188; 5.10.2010, 1 ABR 88/09, NZA 2011, 300; ebenso schon BAG 25.11.1986 – 1 ABR 22/85, NZA 1987, 492.
[46] Vgl. hierzu Thüsing/Braun TarifR/*Emmert* Kap. 2 Rn. 28 ff.
[47] BVerfG 20.10.1981 – BvR 404/78, BVerfGE 58, 233 (248 f.); BAG 26.6.2018 – 1 ABR 37/18, NZA 2019, 188; 5.10.2010, 1 ABR 88/09, NZA 2011, 300.
[48] BVerfG 13.9.2019 – 1 BvR 1/16, NZA 2019, 1649 (1650); BAG 26.6.2018 – 1 ABR 37/16, NZA 2019, 188 (188 ff.) und FD-ArbR 2018, 412741 mzustAnm *Bauer*; so auch *Deinert* AuR 2016, 44 ff.; skeptisch noch LAG Hamburg 4.5.2016 – 5 TaBV 8/15, LAGE § 97 ArbGG 1979 Nr. 8.
[49] BAG 6.6.2000 – 1 ABR 10/99, NZA 2001, 160 (163); 14.12.2004 – 1 ABR 51/03, NZA 2005, 697.

sonal- und Sachmittelausstattung voraus.[50] Es ist aber keine Organisation erforderlich, die allein von eigenen Arbeitnehmern der Gewerkschaft getragen wird. Bedient sich eine Gewerkschaft des Aufbaus einer anderen, so bedarf es besonderer Vorkehrungen, damit sie nicht zum bloßen verlängerten Arm dieser anderen Gewerkschaft wird.[51] Ob eine ausreichende Durchsetzungsfähigkeit einer Arbeitnehmervereinigung besteht, ist in jedem **Einzelfall** zu beurteilen. **Kriterien** sind beispielsweise die Mitgliederzahl (dieser kommt eine vorrangige Bedeutung zu)[52], ggf. auch deren Struktur[53], und bereits erfolgte Tarifvertragsabschlüsse,[54] wozu auch „eine nennenswerte Anzahl" von Anschlusstarifverträgen ausreichen kann, soweit es sich nicht um Schein- oder Gefälligkeitstarifverträge handelt.[55] Der Abschluss eines Tarifvertrages bewirkt aber nicht die Tariffähigkeit, vielmehr ist diese Voraussetzung für einen wirksamen Tarifvertrag.[56] Ausreichend ist nach Ansicht des BAG, dass eine Gewerkschaft zumindest in einem nicht unbedeutenden Teil des von ihr beanspruchten Zuständigkeitsbereichs über eine soziale Mächtigkeit verfügt.[57]

Im Schrifttum wird teilweise auf den Organisationsgrad in der jeweiligen Branche abgestellt.[58]

14

d) Spitzenorganisationen. § 2 Abs. 2 TVG sieht vor, dass Spitzenorganisationen von Gewerkschaften und Arbeitgeberverbänden Tarifverträge in deren Namen abschließen können, wenn sie eine entsprechende Vollmacht haben. Aus einem derartigen Tarifvertrag werden die vertretenen Mitglieder der Spitzenorganisation schuldrechtlich verpflichtet. Allerdings ordnet § 2 Abs. 4 TVG eine gesamtschuldnerische Haftung von Mitglied und Spitzenverband an.

15

Daneben kann eine Spitzenorganisation nach § 2 Abs. 1 TVG auch eine originäre Tariffähigkeit erlangen.[59]

16

Schließlich sieht Abs. 3 die Möglichkeit des Tarifabschlusses in eigenem Namen vor, wenn der Spitzenorganisation Mitglieder iSd § 2 Abs. 1 TVG angehören und der Abschluss von Tarifverträgen für diese Mitglieder im eigenen Namen zu den satzungsmäßigen Aufgaben gehört (abgeleitete Tariffähigkeit). In diesem Fall sind die Spitzenorganisationen über den Tarifvertrag verfügungsbefugt. Gleichwohl ordnet § 2 Abs. 4 TVG auch hier eine gesamtschuldnerische Haftung von Spitzenorganisation und Mitglied an. In seinem **CGZP-Beschluss** hat das BAG[60] die Anforderungen an eine solche Spitzenorganisation näher bestimmt. Die Mitglieder können nach Ansicht des BAG der Spitzenorganisation deren Tariffähigkeit vollständig für deren gesamten Organisationsbereich, dh nicht nur bezogen auf den konkreten Wirtschaftsbereich der Mitglieder im Rahmen ihrer eigenen Tariffähigkeit vermitteln. Übersteigt der Organisationsbereich der Spitzenorganisation die Tarifzuständigkeiten der ihm angeschlossenen tariffähigen Gewerkschaften/Verbände, so kann nach Ansicht des BAG die Tariffähigkeit der Spitzenorganisation nicht mehr aus der seiner Mitglieder abgeleitet werden. Der abgeschlossene Tarifvertrag ist dann unwirksam.[61] Diese Auffassung der Rspr. ist stark kritisiert worden, teils wird das angesprochene Problem als

17

---

[50] BAG 6.6.2000 – 1 ABR 10/99, NZA 2001, 160 (163); 14.12.2004 – 1 ABR 51/03, NZA 2005, 697.
[51] BAG 5.10.2010, 1 ABR 88/09, NZA 2011, 300.
[52] BAG 5.10.2010, 1 ABR 88/09, NZA 2011, 300; zust. *Ulber* RdA 2011, 353 (357).
[53] Vgl. *Lerch* RdA 2013, 310 ff.; *Meyer* DB 2014, 953 ff.
[54] BAG 14.12.2004 – 1 ABR 51/03, AP TVG § 2 Nr. 39; 28.3.2006 – 1 ABR 58/04, NZA 2006, 1112; 5.10.2010 – 1 ABR 88/09, NZA 2011, 300; LAG Hessen 9.4.2015 – 9 TaBV 225/14, NZA-RR 2015, 482 (485 ff.); einschränkend BAG 26.6.2018 – 1 ABR 37/18, NZA 2019, 188.
[55] BAG 14.12.2004 – 1 ABR 51/03, AP TVG § 2 Nr. 39; 28.3.2006 – 1 ABR 58/04, NZA 2006, 1112 Rn. 72; 5.10.2010 – 1 ABR 88/09, NZA 2011, 300; *Hümmerich/Holthausen* NZA 2006, 1070.
[56] BAG 28.3.2006 – 1 ABR 58/04 mAnm *Greiner* EzA TVG § 2 Nr. 28; 5.10.2010 – 1 ABR 88/09, NZA 2011, 300.
[57] BAG 5.10.2010 – 1 ABR 88/09, NZA 2011, 300; 26.6.2018 – 1 ABR 37/16, NZA 2019, 188.
[58] *Rieble* in FS Wiedemann, S. 537 ff.
[59] ErfK/*Franzen* TVG § 2 Rn. 27.
[60] BAG 14.12.2010 – 1 ABR 19/10, NZA 2011, 289; krit. *Löwisch* SAE 2011, 61 ff.; zu den Auswirkungen etwa *Gaul/Koehler* ArbRB 2011, 112 ff.; *Lembke* NZA-Beilage 2012, 66 ff.
[61] Keine Unwirksamkeit, sondern nur Versagung der Qualität eines (normativen) Tarifvertrages: *Gaul/Koehler* ArbRB 2011, 112 (115).

eine Frage der Tarifzuständigkeit gesehen.[62] Zulässig ist es aber, wenn der Spitzenorganisation verbandsrechtlich weitere, nicht tariffähige Mitglieder angehören. In diesen Fällen muss jedoch – satzungsmäßig – gesichert sein, dass nur die tariffähigen Mitglieder auf den Abschluss und die Ausgestaltung der Tarifverträge Einfluss haben.[63]

18 Von der Spitzenorganisation zu unterscheiden ist die **Tarifgemeinschaft**, also der auf den Zweck des Verhandelns und Abschlusses bestimmter Tarifverträge beschränkter Zusammenschluss. Schließt eine derartige Tarifgemeinschaft einen Tarifvertrag ab, so stellt sich das durch Auslegung zu lösende Problem, ob dieser als ein für jedes Mitglied der Tarifgemeinschaft getrennt abgeschlossener (**mehrgliedriger Tarifvertrag**) oder als für alle Mitglieder einheitliche geltender (**Einheitstarifvertrag**) gelten soll.[64]

19 e) **Arbeitgeberverband.** Die Anforderungen an die Tariffähigkeit eines Arbeitgeberverbandes entsprechen im Wesentlichen denen an eine Gewerkschaft. Arbeitgebervereinigungen bedürfen allerdings **keiner sozialen Mächtigkeit**, um tariffähig zu sein. Grund hierfür ist, dass gemäß § 2 Abs. 1 TVG bereits jeder einzelne Arbeitgeber Tarifvertragspartei sein kann.[65] Ein überwiegend von Gebietskörperschaften getragener und damit von der öffentlichen Hand beherrschter Arbeitgeberverband, kann sich auf Art. 9 Abs. 3 GG nicht berufen. Auch wenn er privatrechtlich organisiert ist, ist er nicht von den ihn beherrschenden staatlichen Hoheitsträgern unabhängig.[66]

20 f) **Einzelarbeitgeber.** Nach § 2 Abs. 1 TVG ist der einzelne Arbeitgeber – unabhängig von der Größe seines Betriebs –[67] stets tariffähig. Die Verleihung der Tariffähigkeit dient der Funktionstauglichkeit des Tarifvertragssystems. Sie stellt sicher, dass die Gewerkschaften einen potentiellen Vertragspartner finden. Der einzelne Arbeitgeber könnte sich ansonsten Verhandlungen mit Gewerkschaften entziehen, indem er keinem Arbeitgeberverband beitritt. Die **Tarifwilligkeit** ist dementsprechend **keine Voraussetzung** für die Tariffähigkeit des einzelnen Arbeitgebers. Ein Arbeitgeber kann auch nicht auf die Tariffähigkeit verzichten. Eine Pflicht, Tarifverträge abzuschließen, besteht aber nicht.

21 Die Tariffähigkeit des einzelnen Arbeitgebers erlischt nicht mit dem Beitritt zu einem Arbeitgeberverband.[68] Der einzelne Arbeitgeber kann daher **trotz Verbandszugehörigkeit einen Firmentarifvertrag** abschließen, auch wenn er dadurch gegen seine Verbandspflichten verstößt.[69] Ein verbandswidriger Firmentarifvertrag ist gültig, selbst wenn die Satzung des Arbeitgeberverbandes dem entgegensteht.[70] Alternativ können die Verbände einen firmenbezogenen Verbandstarifvertrag abschließen.[71]

22 **Konzerne** sind als solche nicht gemäß § 2 Abs. 1 TVG tariffähig.[72] Die Konzernmuttergesellschaft kann aber als Stellvertreter der Tochtergesellschaft handeln, etwa auch im Rahmen eines mehrgliedrigen Tarifvertrages.

---

[62] *Löwisch* SAE 2011, 61 (63); zur Kritik an der Rspr.: ErfK/*Franzen* TVG § 2 Rn. 29.
[63] BAG 14.12.2010 – 1 ABR 19/11, NZA 2011, 389 – CGZP.
[64] Vgl. hierzu und zu den sich daraus ergebenden Fragen bspw. bei Kündigung, Änderung oder Aufhebung: Thüsing/Braun TarifR/*Emmert* Kap. 2 Rn. 111 ff.; Henssler/Moll/Bepler TarifV-HdB/*Höpfner* Teil 3 Rn. 178 ff.; Schaub ArbR-HdB/*Treber* § 197 Rn. 10 ff.
[65] BAG 20.11.1990 – 1 ABR 62/89, AP TVG § 2 Nr. 40; 6.6.2000 – 1 ABR 10/99, NZA 2001, 160 (162); aA *Schrader* NZA 2001, 1337; *Hanau* NZA 2003, 128 f.
[66] BWerwG 12.12.2019 – 8 C 8.19, BeckRS 2019, 38246; vgl. → Rn. 10.
[67] Ein sog. Soloselbständiger ist allerdings kein Arbeitgeber (iSd TVG), BAG 31.1.2018 – 10 AZR 279/16, NZA 2008, 867.
[68] BAG 25.9.1996 – 1 ABR 4/96, AP TVG § 2 Tarifzuständigkeit Nr. 10; 24.1.2001 – 4 AZR 655/99, NZA 2001, 788 (790); *Stein* RdA 2000, 129 (135); *Wienand* Rn. 120; *Jacobs* ZTR 2001, 249 (250); aA *Matthes* in FS Schaub, S. 482 f.
[69] BAG 24.1.2001 – 4 AZR 655/99, NZA 2001, 788 (790); 4.4.2001 – 4 AZR 237/00, NZA 2001, 1085; 20.2.2002 – 4 AZR 22/01, BeckRS 2002, 30795054; *Stein* RdA 2000, 129 (135); vgl. aber auch *Reuter* NZA 2001, 1097.
[70] BAG 10.12.2002 – 1 AZR 96/02, NZA 2003, 735; vgl. auch BAG 4.4.2001 – 4 AZR 237/00, NZA 2001, 1085; Wiedemann/Oetker TVG § 2 Rn. 209, 236.
[71] BAG 24.4.2007 – 1 AZR 252/06, NZA 2007, 987; *Kappenhagen* BB 2007, 2235; dazu auch *Matthes* in FS Schaub, 483 f.; *Jacobs* ZTR 2001, 249 (256); *Schleusener* NZA 1998, 239; *Buchner* DB 2001, 1 ff.
[72] BAG 17.10.2007 – 4 AZR 1005/06, NZA 2008, 713.

3. Tarifzuständigkeit

a) Begriff. Ergibt sich aus der Tariffähigkeit die generelle Befugnis zum Abschluss eines 23
Tarifvertrages, regelt die Tarifzuständigkeit die Frage, in welchem Bereich ein Abschluss erfolgen kann. Die Tarifzuständigkeit einer Tarifvertragspartei bestimmt den (räumlichen, betrieblichen, beruflich-fachlichen und persönlichen) **Geschäftsbereich**, innerhalb dessen sie Tarifverträge abschließen kann.[73] Die Tarifzuständigkeit ist eine Eigenschaft der Vereinigungen, nicht ihrer einzelnen Mitglieder.[74] Nach überwiegender Auffassung können Tarifvertragsparteien keine wirksamen Tarifverträge außerhalb ihrer Tarifzuständigkeit schließen.[75] Ein wirksamer Tarifvertrag erfordert also, dass sich die Tarifzuständigkeiten der vertragsschließenden Parteien im Geltungsbereich des Tarifvertrages decken. Die Tarifzuständigkeit ist damit **Wirksamkeitsvoraussetzung**. Fehlt die Tarifzuständigkeit ganz, ist der Tarifvertrag unwirksam und kann auch bei nachträglicher Zuständigkeit nicht geheilt werden.[76] Besteht nur teilweise eine gemeinsame Tarifzuständigkeit der Parteien, wird der Tarifvertrag nur im Deckungsbereich der Tarifzuständigkeit wirksam. Soweit Tarifverträge über betriebsverfassungsrechtliche Normen abgeschlossen werden, ist die Tarifzuständigkeit der abschließenden Gewerkschaft für alle Arbeitsverhältnisse der erfassten betrieblichen Einheiten erforderlich.[77]

b) Streitigkeiten.[78] Meinungsverschiedenheiten über die Tarifzuständigkeit eines Verbandes 24
können im arbeitsgerichtlichen **Beschlussverfahren** gemäß den §§ 2a Abs. 1 Nr. 4, 97 ArbGG erstinstanzlich vor dem LAG geklärt werden.[79] Eine rechtskräftige Entscheidung entfaltet dabei Bindungswirkung gegenüber jedermann, § 97 Abs. 3 S. 1 ArbGG.[80] § 97 ArbGG lässt dabei auch die vergangenheitsbezogene Feststellung der Tarifzuständigkeit einer Gewerkschaft zu.[81] Ein Betriebsrat hat keine Antragsbefugnis.[82]

c) Verbände. Bei Berufsverbänden richtet sich die Tarifzuständigkeit nach der jeweiligen 25
Satzung des Verbandes.[83] Aufgrund der **Satzungsautonomie** kann jeder Verband seine Tarifzuständigkeit selbst festlegen, so dass Tarifkonkurrenzen nicht ausgeschlossen sind. Vereinigungen können ihre Tarifzuständigkeit durch ihre Satzung also räumlich, betrieblich, branchenmäßig oder personell begrenzen.[84] Die Tarifzuständigkeit eines Verbandes ist durch Auslegung seiner Satzung zu ermitteln.[85] Die Tarifzuständigkeit einer Spitzenorganisation kann dabei nicht weiter reichen als die ihrer Mitglieder.[86] Im allgemeinen organisieren sich Verbände nach dem Industrieverbandsprinzip[87] bzw. dem Berufsverbandsprinzip.[88] Aufgrund der nach unterschiedlichen Prinzipien erfolgenden Organisation kann es zur (problematischen) Anwendung unterschiedlicher Tarifverträge in den Unternehmen kommen. Der Grundsatz der Tarifeinheit wurde durch das BAG 2010[89] aufgegeben und ist auch durch das Tarifeinheitsgesetz (vgl. → § 68 Rn. 195 ff.) nur partiell wiederhergestellt worden.

---

[73] BAG 18.7.2006 – 1 ABR 36/05, NZA 2006, 1225; 10.2.2009 – 1 ABR 36/08, NZA 2009, 908.
[74] BAG 18.7.2006 – 1 ABR 36/05, NZA 2006, 1225.
[75] BAG 27.11.1964 – 1 ABR 13/63, AP TVG § 2 Tarifzuständigkeit Nr. 1; 15.11.2006 – 10 AZR 665/05, NZA 2007, 448; Wiedemann/*Oetker* TVG § 2 Rn. 62; NK-TVG/*Peter* § 2 Rn. 194.
[76] BAG 24.7.1990 – 1 ABR 46/89, NZA 1991, 21 (23).
[77] BAG 14.1.2014 – 1 ABR 66/12, AP BetrVG 1972 § 87 Nr. 134.
[78] Vgl. hierzu auch → § 69 Rn. 8.
[79] Dazu BAG 18.7.2006 – 1 ABR 36/05, NZA 2006, 1225; *Buchner* NZA 2006, 1377.
[80] Dieses Ergebnis wurde bereits früher aus einer Analogie zu § 9 TVG hergeleitet: BAG 10.5.1989 – 4 AZR 80/89, AP TVG § 2 Tarifzuständigkeit Nr. 4; Wiedemann/*Oetker* TVG § 9 Rn. 32 f.
[81] BAG 11.6.2013 – 1 ABR 32/12, AP TVG § 2 Tarifzuständigkeit Nr. 24.
[82] BAG 13.3.2007 – 1 ABR 24/06, NZA 2007, 1069.
[83] Vgl. BAG 14.11.2001 – 10 AZR 76/01, NZA 2002, 1049 (1051); 18.7.2006 – 1 ABR 36/05, NZA 2006, 1225.
[84] BAG 18.7.2006 – 1 ABR 36/05, NZA 2006, 1225.
[85] Wegen der normähnlichen Wirkung der Satzung gelten die Grundsätze der Gesetzesauslegung, BAG 11.6.2015 – 1 ABR 32/12, Rn. 31.
[86] Dazu *Rieble* DB 2001, 2194 (2196); vgl. auch BAG 18.7.2006 – 1 ABR 36/05, NZA 2006, 1225.
[87] Bspw. die DGB Mitgliedsgewerkschaften.
[88] Bspw. Gewerkschaft Deutscher Lokomotivführer (GDL).
[89] BAG 7.7.2010 – 4 AZR 459/08, NZA 2010, 1068 ff.

26 Nach Ansicht der Rechtsprechung setzt die **Zuständigkeit** einer Gewerkschaft zum **Abschluss eines Firmentarifvertrages** nicht generell voraus, dass ihr Organisationsbereich den Schwerpunkt des in Anspruch genommenen Unternehmens erfasst. Entscheidend sei vielmehr die Satzung der Gewerkschaft. Sie könne auch die Tarifzuständigkeit für Arbeitnehmer bestimmter Unternehmen begründen.[90] Hat sie ihren Organisationsbereich betriebsbezogen gestaltet, kann sie auch mit überwiegend branchenfremden Unternehmen Firmentarifverträge für solche Betriebe abschließen, die in ihren Organisationsbereich fallen.[91]

27 **Streitigkeiten zwischen Gewerkschaften**, die dem **DGB** angehören, über die Zuständigkeit für ein Unternehmen oder einen Betrieb werden gemäß §§ 15, 16 DGB-Satzung durch **Schiedsverfahren** entschieden.[92] Einer Einigung im Schiedsverfahren oder einem Schiedsspruch kommt bindende Wirkung zu.[93]

28 Als ein Problem der Tarifzuständigkeit ist bislang die Frage angesehen worden, ob sog. **OT-Mitgliedschaften** in Verbänden (Mitgliedschaften ohne Tarifbindung) zulässig sind, ob also Verbände im Rahmen ihrer **Satzungsautonomie** ihre Zuständigkeit in personeller Hinsicht derart beschränken können, dass nicht alle Mitglieder an Tarifnormen gebunden sind.[94] Arbeitgeber, die nicht an Tarifverträge gebunden sein wollen, wären nicht gezwungen, vollständig aus dem Verband auszutreten, und könnten Serviceleistungen des Verbandes weiterhin in Anspruch nehmen. Das BAG hatte die Frage nach der Zulässigkeit von OT-Mitgliedschaften zunächst offen gelassen,[95] allerdings die Beschränkung des **persönlichen Geltungsbereichs** eines Tarifvertrages auf ordentliche Mitglieder zugelassen.[96] Mittlerweile hat das BAG klargestellt, dass OT-Mitgliedschaften zulässig sind.[97] Die Satzung – nicht dagegen unterrangiges Vereinsrecht, wie bspw. eine Geschäftsordnung – muss aber sicherstellen, dass die OT-Mitglieder keinen Einfluss auf tarifpolitische und arbeitskampfrechtliche Themen nehmen können.[98] OT-Mitglieder dürfen daher nicht in Tarifkommissionen entsandt werden und den Verband im Außenverhältnis nicht tarifpolitisch vertreten. Der **kurzfristige Wechsel** in die OT-Mitgliedschaft ist vereins- und tarifrechtlich grundsätzlich zulässig, im Vorfeld eines Tarifabschlusses – insbesondere während laufender Tarifverhandlungen – aber unbeachtlich, wenn er der anderen Tarifvertragspartei nicht mitgeteilt worden ist, weil dann die Grundlagen des Tarifabschlusses gestört sind, da der Umfang der Normunterworfenheit für den Vertragspartner offen bleibt.[99] In einer Innung ist aufgrund der gesetzlichen Konzeption der Mitgliedschaft und der inneren Organisation eine OT-Mitgliedschaft nicht möglich.[100]

---

[90] BAG 11.6.2013 – 1 ABR 32/12, NZA 2013, 1363 Rn. 29; 17.4.2012 – 1 ABR 5/11, NZA 2012, 1104 Rn. 53.
[91] BAG 25.9.1996 – 1 ABR 4/96, AP TVG § 2 Tarifzuständigkeit Nr. 10; dazu auch BAG 22.11.1988 – 1 ABR 6/87, AP TVG § 2 Tarifzuständigkeit Nr. 5; *Wienand* Rn. 150 ff.
[92] Hierzu *Kempen* in FS v. Hoyningen-Huene, S. 191 ff.
[93] Das BAG spricht von einer „authentischen Interpretation" der Satzung durch den Schiedsspruch (BAG 22.11.1988 – 1 ABR 6/87; 25.9.1996 – 1 ABR 4/96, NZA 1997, 613) bzw. der Einigung (BAG 14.12.1999 – 1 ABR 74/98, NZA 2000, 949) der beteiligten Gewerkschaften im Schiedsverfahren; vgl. auch *Ricken* RdA 2007, 35.
[94] Streitig, vgl. etwa *Schaub* BB 1994, 2005 (2007); *Thüsing* ZTR 1996, 481; *Buchner* in FS zum 50-jährigen Bestehen der Arbeitsgerichtsbarkeit Rheinland-Pfalz, S. 331 ff. Zu den beiden Modellen (Aufteilungs- und Stufenmodell) zur Ausgestaltung einer Satzung vgl. LAG Hamm 4.10.2007 – 15 Sa 746/07 nv.
[95] BAG 24.2.1999 – 4 AZR 62/98, NZA 1999, 995 (997); jetzt aber 18.7.2006 – 1 ABR 36/05, NZA 2006, 1225; 4.6.2008 – 4 AZR 419/07, NZA 2008, 1366; 25.2.2009 – 4 AZR 986/07, NZA 2009, 1304.
[96] Zust. Anm. *Zachert* RdA 2000, 107 (108).
[97] BAG 21.1.2015 – 4 AZR 797/13, AP TVG § 3 Verbandszugehörigkeit Nr. 30; 18.7.2006 – 1 ABR 36/05, NZA 2006, 1225; vgl. auch LAG Hessen 21.11.2007 – 18 Sa 1060/06, nv; *Besgen* SAE 2000, 144 (146); *Buchner* in FS 50 Jahre Arbeitsgerichtsbarkeit Rheinland-Pfalz, S. 334 ff.; *ders.* NZA 2006, 1377; zu den Rechtsfolgen bei einem Wechsel in eine OT-Mitgliedschaft *Berg* AuR 2001, 393.
[98] BAG 21.1.2015 – 4 AZR 797/13, AP TVG § 3 Verbandszugehörigkeit Nr. 30; 19.6.2012 – 1 ABR 775/10, NZA 2012, 1372 Rn. 16f; 22.4.2009 – 4 AZR 111/08, NZA 2010, 105; *Franzen* NZA 2011, 108 (110).
[99] BAG 21.1.2015 – 4 AZR 797/13, AP TVG § 3 Verbandszugehörigkeit Nr. 30; 19.6.2012 – 1 ABR 775/10, NZA 2012, 1372 Rn. 29 ff.; 21.11.2012 – 4 AZR 27/11 Rn. 31 ff., AP TVG § 3 Verbandsaustritt Nr. 16; 4.6.2008 – 4 AZR 419/07, NZA 2008, 1366.
[100] BVerwG 23.3.2016 – 10 C 23/14, NZA 2016, 779 ff.; aA: *Schliemann* NZA 2016, 738 ff.

Nach Ansicht des BAG sind Gewerkschaften auch dann befugt, Tarifverträge für Betriebs- 29
rentner abzuschließen, wenn diese satzungsgemäß nur **noch außerordentliche Mitglieder
ohne Stimmrecht** sind.[101]

d) Einzelarbeitgeber. Der einzelne Arbeitgeber ist sowohl für sein Unternehmen als auch 30
für einzelne Betriebe des Unternehmens tarifzuständig.

4. Schriftform

Tarifverträge bedürfen gemäß § 1 Abs. 2 TVG der Schriftform. Das Verhandlungsergebnis 31
ist gemäß §§ 126, 126a BGB schriftlich niederzulegen und von beiden Vertragsparteien zu
unterzeichnen.[102] Dies gilt auch für Änderungen eines Tarifvertrages,[103] etwa die vereinbarte
Fortsetzung eines gekündigten Tarifvertrages.[104] Ob ein Vorvertrag auch der Schriftform
bedarf, hat das BAG offen gelassen,[105] für den Aufhebungsvertrag zu einem Tarifvertrag soll
§ 1 Abs. 2 TVG keine Anwendung finden.[106] Bei einem Verstoß gegen das Schriftformerfordernis ist der Tarifvertrag nach § 125 BGB nichtig. Das Schriftformerfordernis dient der
Klarstellung und damit der **Rechtssicherheit und Rechtsklarheit.** Die insoweit erforderliche
Bestimmtheit von Tarifnormen ist insbesondere bei dynamischen Verweisungen im Tarifvertrag auf andere Regelungen problematisch.[107] Das BAG entnimmt dem Erfordernis auch ein
Gebot der Rechtsquellenklarheit im Sinne einer Eindeutigkeit der Normurheberschaft. Dies
hat Folgen für Vereinbarungen, die von Dritten, insbesondere von Betriebs- oder Gesamtbetriebsräten, unterschrieben werden. Können diese nicht zweifelsfrei als Tarifvertrag oder Betriebsvereinbarung qualifiziert werden, so sind sie unwirksam.[108]

5. Publizität des Tarifvertrages

Auch wenn tarifvertragliche Regelungen Normcharakter haben, ist ihre Veröffentlichung 32
nicht gesetzlich vorgesehen. Regelungen zur Publizität finden sich in §§ 6–8 TVG und § 2
Abs. 1 Nr. 10 NachwG.

a) Auslegung im Betrieb. Gemäß § 8 TVG sind Arbeitgeber verpflichtet, die für ihren Be- 33
trieb maßgebenden Tarifverträge an geeigneter Stelle im Betrieb auszulegen. Die **Auslegung
des Tarifvertrages im Betrieb** ist aber **keine Wirksamkeitsvoraussetzung**.[109] Bei Firmentarifverträgen gilt nichts anderes.[110] Bei einem Verstoß gegen die Pflicht aus § 8 TVG wird nach
überwiegender Auffassung kein Schadensersatzanspruch gemäß §§ 823 Abs. 2 BGB, 8 TVG
begründet.[111] Das NachwG hat nicht zu einem anderen Verständnis der Auslegungspflicht
in der Rechtsprechung geführt.[112] Eine Schadensersatzpflicht kann aber dann begründet
werden, wenn der Tarifvertrag bestimmt, dass er im Betrieb auszulegen oder dem Arbeitnehmer auszuhändigen ist.[113]

---

[101] BAG 11.8.2009 – 3 AZR 23/08, NZA 2010, 408.
[102] Die Schriftform kann durch die elektronische Form nach § 126a BGB ersetzt werden, vgl. Thüsing/Braun TarifR/*von Steinau-Steinrück* Kap. 3 Rn. 43; *Löwisch/Rieble* TVG § 1 Rn. 1662; NK-TVG/*Nebe* § 1 Rn. 163; Schaub ArbR-HdB/*Treber* § 197 Rn. 8.
[103] BAG 9.12.1999 – 6 AZR 299/98, NZA 2000, 1167 (1169).
[104] LAG Köln 2.8.1999 – 3 Sa 404/99, NZA-RR 2000, 147 f.
[105] BAG 5.7.2006 – 4 AZR 381/05, BB 2007, 556; verneinend 19.10.1976 – 1 AZR 611/75, NJW 1977, 318.
[106] BAG 8.9.1976 – 4 AZR 359/75, AP TVG § 1 Form Nr. 5 mAnm *Wiedemann*.
[107] Dazu BAG 9.7.1980 – 4 AZR 564/78, AP TVG § 1 Form Nr. 7 mAnm *Wiedemann*; BAG 10.11.1982 – 4 AZR 1203/79, AP TVG § 1 Form Nr. 8 mAnm *Mangen*; *Hamacher*, Deklaratorische und konstitutive Klauseln in Tarifverträgen, 2000, S. 79 ff.
[108] BAG 15.4.2008 – 1 AZR 86/07, NZA 2008, 1074.
[109] *Hohenhaus* NZA 2001, 1109 (1111), vgl. LAG Rheinland-Pfalz 16.7.2002 – 1 Sa 407/02, NZA-RR 2003, 30 (32).
[110] BAG 20.8.2002 – 3 AZR 14/01, NZA 2003, 1112.
[111] Vgl. BAG 23.1.2002 – 4 AZR 56/01, NZA 2002, 800 (804 f.); 6.7.1972 – 5 AZR 100/72, AP TVG 1969 § 8 Nr. 1; *Hohenhaus* NZA 2001, 1109 (1111).
[112] BAG 23.1.2002 – 4 AZR 56/01, NZA 2002, 800 (804).
[113] Vgl. dazu LAG Hessen 17.10.2001 – 8 Sa 1141/00, NZA-RR 2002, 427 (428).

34 **b) Aufnahme ins Tarifregister und Übersendung.** Tarifverträge sind darüber hinaus in das beim Bundesministerium für Arbeit und Soziales (BMAS) geführte **Tarifregister** aufzunehmen. Die Eintragung gemäß § 6 TVG ist **keine Wirksamkeitsvoraussetzung** und betrifft allein den Abschluss, die Änderung und die Aufhebungsmitteilung sowie den Beginn und die Beendigung der Allgemeinverbindlichkeitserklärung. Der Inhalt selbst wird nicht veröffentlicht. Jedoch sind die Tarifvertragsparteien nach Maßgabe des § 7 TVG verpflichtet, dem BMAS ihre Tarifverträge zu übersenden. § 7 TVG verpflichtet die Tarifvertragsparteien darüber hinaus innerhalb eines Monats nach Abschluss eines Tarifvertrages Urschrift bzw. Abschriften an das BMAS und die obersten Arbeitsbehörden der Länder zu senden, auf die sich der Tarifvertrag erstreckt. Einzelheiten regelt die Verordnung zur Durchführung des TVG (DVO TVG), bspw. die Einsichtnahme (§ 16 DVO TVG).[114]

35 **c) NachwG.** § 2 Abs. 1 S. 2 Ziff. 10 NachwG sieht vor, dass in der Niederschrift der wesentlichen Vertragsbedingungen ein allgemeiner Hinweis[115] auf die anwendbaren Tarifverträge enthalten ist. Ein Verstoß hiergegen kann zu Schadensersatzpflichten des Arbeitgebers führen, bspw. wenn der Arbeitnehmer tarifvertragliche Ausschlussfristen versäumt hat.

36 **d) Fundstellen.** Häufig ist es schwierig, den aktuellen und vollständigen Tarifvertrag einzusehen. Im Folgenden werden einige Möglichkeiten zur Einsichtnahme aufgezeigt.

37 *aa) Tarifregister.* Das Bundesministerium für Arbeit und Soziales führt gemäß § 6 TVG ein **Tarifregister**. Gemäß § 16 S. 1 DVO TVG kann jedermann das Tarifregister und die registrierten Tarifverträge einsehen. Es können Notizen oder Kopien – auf eigene Kosten – angefertigt werden.[116] Die Einsichtnahme kann aus Gründen des Schutzes von Betriebs- oder Geschäftsgeheimnissen bzw. personenbezogener Daten begrenzt bzw. verweigert werden.[117]

38 Nach § 5 DVO TVG können von der Allgemeinverbindlicherklärung eines Tarifvertrages betroffene Arbeitnehmer oder Arbeitgeber von den Tarifvertragsparteien eine Abschrift des Tarifvertrages gegen Erstattung der Selbstkosten verlangen. § 5 Abs. 7 Satz 2 TVG verlangt bei Allgemeinverbindlicherklärungen, dass neben der Erklärung auch der Tarifinhalt selbst im elektronischen Bundesanzeiger (§ 11 DVO TVG) bekannt gemacht wird.

39 *bb) Gerichtsbibliotheken.* In den Bibliotheken der einzelnen Arbeitsgerichte sind regelmäßig die Tarifverträge des Bezirks einzusehen.

40 *cc) Internet.* Im Internet sind einige Tarifverträge im Wortlaut – oft jedoch nur kostenpflichtig – einzusehen (bspw. www.beck-online.de).

41 *dd) Verbände.* Schließlich besteht die Möglichkeit, sich an einen der tarifvertragsschließenden Verbände zu wenden (eine Auswahl von Adressen und Internetadressen der Gewerkschaften und Verbände finden sie unter → § 67 Rn. 13; auf den Internetseiten sind allerdings nur selten Tarifverträge im Wortlaut zu finden).

III. Inhalt von Tarifverträgen

42 In § 1 Abs. 1 TVG ist der Tarifvertrag als ein Vertrag definiert, „der die Rechte und Pflichten der Tarifvertragsparteien regelt und Rechtsnormen enthält, die den Inhalt, den Abschluss und die Beendigung von Arbeitsverhältnissen sowie betriebliche und betriebsverfassungsrechtliche Fragen ordnen können." Der Tarifvertrag legt demnach im **schuldrechtlichen Teil** die Rechte und Pflichten der Tarifvertragsparteien fest. Darüber hinaus enthält er im **normativen Teil** Rechtsnormen, die gemäß § 4 Abs. 1 S. 1 TVG unmittelbar und zwingend für die Tarifgebundenen gelten. Daneben trifft der Tarifvertrag regelmäßig Regelungen

---
[114] Vgl. hierzu und zu weitergehenden Informationsrechten *Löwisch/Rieble* TVG § 6 Rn. 13 ff.
[115] Ausreichend ist der „allgemeine" Hinweis. Die konkreten Regelungen des Tarifvertrages kann der Arbeitnehmer dann durch Einsichtnahme in die Tarifverträge feststellen: BAG 1.8.2018 – 7 AZR 561/16, Rn. 17; 14.6.2017 – 7 AZR 390/15 Rn. 22; BAG 26.10.2016 – 7 AZR 140/15 Rn. 39.
[116] Wiedemann/*Oetker* TVG § 6 Rn. 31 ff.; ErfK/*Franzen* TVG § 6 Rn. 3.
[117] Kritisch mit beachtlichen Argumenten für eine Unwirksamkeit dieser Einschränkungsklausel *Löwisch/Rieble* TVG § 6 Rn. 20 ff.; *Rieble* NZA 2015, 203 ff.

über den Geltungsbereich (räumlich/fachlich/persönlich), die Geltungsdauer und häufig auch zu Schlichtungsmöglichkeiten bei Streitigkeiten zwischen den Tarifvertragsparteien. Ob eine normative oder schuldrechtliche Regelung gewollt ist, ist durch Auslegung nach Maßgabe der Vertragsauslegung (nicht Tarifauslegung, → Rn. 55 ff.) zu ermitteln.[118]

1. Normativer Teil des Tarifvertrages

Normative Wirkung entfalten nur Tarifvertragsbestimmungen über den **Inhalt**, den **Abschluss** oder die **Beendigung von Arbeitsverhältnissen**, über **betriebliche oder betriebsverfassungsrechtliche Fragen** (§ 1 Abs. 1 TVG) und über **gemeinsame Einrichtungen der Tarifvertragsparteien** (§ 4 Abs. 2 TVG). Ein **Arbeitskampf** darf nur zur Durchsetzung eines tarifvertraglich regelbaren Ziels geführt werden. Ein auf eine gesetzwidrige Tarifregelung gerichteter Arbeitskampf ist unzulässig und kann zu Schadensersatzansprüchen führen.[119]

a) Individualnormen. Inhalts-, Abschluss und Beendigungsnormen regeln das Verhältnis zwischen Arbeitgeber und einzelnem Arbeitnehmer, in dem sie unmittelbar und zwingend auf die arbeitsvertraglichen Vereinbarungen einwirken. Sie werden daher – entsprechend ihrer Wirkung – als Individualnormen charakterisiert.

aa) Inhaltsnormen. Inhaltsnormen erstrecken sich auf alle Rechte und Pflichten, die auch Gegenstand des einzelnen Arbeitsvertrages sein können. Sie betreffen also den Inhalt der Arbeitsverhältnisse von Tarifgebundenen. Zu den Inhaltsnormen zählen beispielsweise Regelungen über die Arbeitszeit, Entgeltzahlung, Urlaub, Mehrarbeit, Kurzarbeit, Nebentätigkeitsgenehmigung, Haftungsfragen oder Ausschlussfristen.[120]

bb) Abschlussnormen. Abschlussnormen sind Tarifbestimmungen, die den Vertragsschluss und die Modalitäten des Zustandekommens eines Arbeitsverhältnisses regeln. Hierzu gehören Tarifklauseln über die Vertragsanbahnung (zB Vorstellungskosten oder Einstellungsuntersuchungen), Schriftformerfordernisse, die meist deklaratorischer Natur sind, dh das Zustandekommen des Vertrages auch bei Nichteinhaltung nicht verhindern. Weiter können zu den Abschlussnormen die Voraussetzungen für eine zulässige Befristung von Arbeitsverhältnissen oder die Pflicht des Arbeitgebers, bestimmte Arbeitnehmer – bspw. die Übernahme von Leiharbeitnehmern – einzustellen bzw. wiedereinzustellen, gezählt werden.

> **Praxistipp:**
> Ein tarifvertragliches Abschlussgebot begründet allein – trotz unmittelbarer und zwingender Wirkung – keinen Arbeitsvertrag. Schließt der Arbeitgeber trotz einer einschlägigen tarifvertraglichen Regelung mit dem Arbeitnehmer keinen Arbeitsvertrag, muss dieser seinen Anspruch durch Klage auf Abgabe einer entsprechenden Willenserklärung des Arbeitgebers (§ 894 ZPO) durchsetzen.

cc) Beendigungsnormen. Beendigungsnormen in Tarifverträgen regeln die Beendigung des Arbeitsverhältnisses durch Aufhebung oder Kündigung. Hierunter fallen insbesondere Formvorschriften für Kündigungen oder sonstige Erweiterungen des gesetzlichen Kündigungsschutzes,[121] Widerrufsrechte bei Aufhebungsverträgen, aber auch tarifliche Altersgrenzen. Letztere sind – auch nach Inkrafttreten des AGG – zulässig, jedenfalls dann, wenn sie an das Regelrentenalter anknüpfen, was durch Auslegung zu ermitteln ist.[122] Tarifliche

---

[118] Vgl. BAG 6.11.2011 – 4 AZR 159/09, NZA 2011, 808 (809); vgl. beispielhaft zur Abgrenzung bei sog. „Streikklauseln" *Boemke/Sachadae* DB 2015, 1467 ff.
[119] Vgl. dazu nur BAG 10.12.2002 – 1 AZR 96/02, NZA 2003, 735 (740); zur Schadensersatzpflicht bei Verletzung schuldrechtlicher Pflichten vgl. BAG 26.7.2016 – 1 AZR 160/14, NZA 2016, 1543.
[120] Beispielhafte Regelungen sind etwa bei Thüsing/Braun TarifR/*Wißmann* Kap. 4 Rn. 11 ff. und Wiedemann/*Thüsing* TVG § 1 Rn. 397 ff. aufgeführt.
[121] Bspw. der Ausschluss der ordentlichen Kündigung in § 34 TVöD.
[122] BAG 12.6.2013 – 7 AZR 917/11, NZA 2013, 1428 Rn. 20 ff.; 21.9.2011 – 7 AZR 134/10, NZA 2012, 271; auch der EuGH erkennt eine derartige Regelung unter bestimmten Umständen als zulässig an: EuGH 12.10.2010 – C-45/09, NZA 2010, 1167 – Rosenbladt.

Normen können auch auflösende Bedingungen regeln, sofern sie zwingende kündigungsschutzrechtliche Normen nicht umgehen.[123]

b) Betriebsnormen und betriebsverfassungsrechtliche Normen

48 *aa) Betriebsnormen.* Betriebsnormen behandeln Fragen der Betriebsorganisation, die sich auf die gesamte Belegschaft eines Betriebes beziehen und **nur betriebseinheitlich** geregelt werden können. Die Rechtsprechung nimmt eine Betriebsnorm immer dann an, wenn eine Regelung nicht Inhalt eines Individualarbeitsvertrages sein kann, dh wenn eine individualvertragliche Regelung wegen evident sachlogischer Unzweckmäßigkeit ausscheidet.[124] Betriebsnormen regeln damit nach dem Verständnis des BAG das betriebliche Rechtsverhältnis zwischen Arbeitgeber und der Belegschaft als Kollektiv, nicht aber die Rechtsverhältnisse zwischen dem Arbeitgeber und den Arbeitnehmern, die allenfalls mittelbar betroffen sein können.[125]

49 Anders als Inhaltsnormen, die grds. nur zwischen den Tarifgebundenen gelten, dehnt § 3 Abs. 2 TVG den Geltungsbereich betrieblicher Normen auf alle Betriebe aus, deren Arbeitgeber tarifgebunden sind. Damit wird die Wirkung der betrieblichen Normen auch auf die nicht- oder anders organisierten Arbeitnehmer des Betriebs ausgedehnt.

50 Zu Betriebsnormen zählen etwa Regelungen über die Einrichtung von Wasch- oder Umkleidekabinen, Arbeitsschutzeinrichtungen, die Einführung eines Rauchverbotes oder die Durchführung von Torkontrollen. Ebenfalls als Betriebsnormen werden sog. Besetzungsregeln eingeordnet, die den Arbeitgeber verpflichten, bestimmte Arbeitsplätze mit bestimmten Fachkräften oder einer bestimmten Anzahl von Arbeitnehmern zu besetzen. Solche Tarifbestimmungen dienen vor allem dem Rationalisierungsschutz.[126] Zu Betriebsnormen zählen auch Regelungen über die Zusammensetzung der Belegschaft, beispielsweise Höchstquoten für vom Tarifvertrag (35-Stunden-Woche) abweichende Arbeitszeitvereinbarungen (40-Stunden-Woche).[127] Auch Tarifregelungen zur Beschäftigungssicherung durch Kündigungsschutz bei gleichzeitiger Arbeitszeitverringerung können nach Auffassung des BAG Betriebsnormen sein.[128] Voraussetzung ist aber, dass die Tarifbestimmung selbst eine normative Regelung enthält und nicht lediglich eine Regelung ermöglicht.[129] Die Begrenzung eines tariflichen Anspruchs auf Altersteilzeit auf 5 % der Belegschaft ist hingegen keine Betriebsnorm, wenn sie nicht auf eine bestimmte Zusammensetzung der Belegschaft abzielt, sondern den Arbeitgeber vor seiner finanziellen Überforderung schützen will.[130] Die Beispiele zeigen, dass die Abgrenzung tarifvertraglicher Regelungen als Betriebs- oder Inhaltsnormen schwierig sein kann.

51 *bb) Betriebsverfassungsrechtliche Normen.* Sie regeln das Verhältnis zwischen Arbeitgeber und Betriebsrat, insbesondere können die Mitbestimmungsrechte des Betriebsrats verstärkt und erweitert werden.[131] So kann beispielsweise die Zulässigkeit von Kündigungen an die Zustimmung des Betriebsrates geknüpft werden.[132] Das BetrVG enthält Mindestbestimmungen über Beteiligungsrechte des Betriebsrats, auf die dieser nicht verzichten kann. Entsprechend können die Tarifvertragsparteien diese Rechte nicht ausschließen, sofern das BetrVG dies nicht ausdrücklich vorsieht.[133] Zu den betriebsverfassungsrechtlichen Normen zählen auch Tarifverträge im Sinne des § 3 Abs. 1 BetrVG, etwa über die Bildung eines unternehmenseinheitlichen Betriebsrats.[134]

---

[123] Vgl. BAG 23.2.2000 – 7 AZR 891/98, NZA 2000, 894 (896); 6.12.2000 – 7 AZR 302/99, NZA 2001, 792 (793).
[124] BAG 17.6.1997 – 1 ABR 3/97, NZA 1998, 213 (214); 8.12.2010 – 7 ABR 98/09, NZA 2011, 751.
[125] BAG 8.12.2010 – 7 ABR 98/09, NZA 2011, 751.
[126] Dazu BAG 26.4.1990 – 1 ABR 84/87, EzA TVG § 4 Druckindustrie Nr. 20.
[127] BAG 17.6.1997 – 1 ABR 3/97, NZA 1998, 213 (214).
[128] BAG 1.8.2001 – 4 AZR 388/99, EzA TVG § 1 Betriebsnorm Nr. 2.
[129] BAG 1.8.2001 – 4 AZR 388/99, EzA TVG § 1 Betriebsnorm Nr. 2.
[130] BAG 18.9.2001 – 9 AZR 397/00, NZA 2002, 1161 (1162).
[131] BAG 10.2.1988 – 1 ABR 70/86, NZA 1988, 699; Thüsing/Braun TarifR/*Wißmann* Kap. 4 Rn. 117.
[132] BAG 21.6.2000 – 4 AZR 379/99, NZA 2001, 271 (273).
[133] Vgl. BAG 21.10.2003 – 1 ABR 39/02, DB 2004, 322 (323).
[134] Dazu *Thüsing* ZIP 2003, 693; *Annuß* NZA 2002, 290; *Meyer* SAE 2013, 49 ff.; § 3 BetrVG ist verfassungsgemäß BAG 29.7.2009 – 7 ABR 27/08, NZA 2009, 1424.

cc) **Besondere Tarifgebundenheit.** Die Qualifizierung einer Tarifbestimmung als Betriebs- 52
norm oder als betriebsverfassungsrechtliche Norm ist von erheblicher Bedeutung. Gemäß
§ 3 Abs. 2 TVG gelten diese Tarifnormen sowohl für gewerkschaftlich organisierte als auch
für nicht organisierte Arbeitnehmer. Sämtliche Arbeitnehmer eines Unternehmens sind mithin an derartige Tarifbestimmungen gebunden, sofern der Arbeitgeber tarifgebunden ist
(→ § 68 Rn. 33). Den Tarifvertragsparteien fehlt insoweit eine Legitimationsgrundlage.[135]
Hintergrund dieses gesetzlichen Geltungsbefehls auch gegenüber Außenseitern ist der Umstand, dass derartige Regelungen (bspw. ein betriebliches Rauchverbot) sinnvoll nur betriebseinheitlich Wirkung entfalten, eine einzelvertragliche Regelung also wegen „evident
sachlogischer Unzweckmäßigkeit" ausscheidet.[136] Die fehlende Legitimationsgrundlage ist
bei der Prüfung der Wirksamkeit einer solchen Regelung zu beachten; grds. ist eine restriktive Auslegung erforderlich. Sie stehen in „erhöhter Gefahr" wegen Verstoßes gegen höherrangiges Recht unwirksam zu sein.[137]

c) Gemeinsame Einrichtungen. Weiterhin können Tarifverträge gemäß § 4 Abs. 2 TVG 53
Normen über die Errichtung, Erhaltung und Benutzung gemeinsamer Einrichtungen enthalten. Gemeinsame Einrichtungen sind von den Tarifvertragsparteien geschaffene und von ihnen abhängige Organisationen, deren Zweck und Organisationsstruktur durch Tarifvertrag
festgelegt wird.[138] Gemeinsame Einrichtungen dienen vor allem der Bündelung und Absicherung sozialer Leistungen und der Begrenzung von Risiken. Dazu werden eigene Rechtsverhältnisse zwischen der Gemeinsamen Einrichtung und den Tarifgebundenen begründet.
Als Beispiele nennt das Gesetz **Lohnausgleichskassen** und **Urlaubskassen**. Solche gemeinsamen Einrichtungen finden sich insbesondere in der Baubranche. Das BAG hat aber auch
eine Gemeinsame Einrichtung für zulässig gehalten, deren Zweck es ist, durch Beratung und
Prüfung sowie durch gerichtliche Geltendmachung auf die Gewährung tariflicher Ansprüche und Einhaltung tariflicher Vorschriften über Einkommen und Arbeitsbedingungen hinzuwirken.[139]

d) Prozessuale Tarifnormen. Die Tarifvertragsparteien können grundsätzlich nur die ma- 54
teriellen Arbeitsbedingungen ihrer Mitglieder regeln. Nur soweit der Gesetzgeber dies ausdrücklich zugelassen hat, sind die Tarifvertragsparteien befugt, prozessuale Regelungen zu
treffen.[140] § 48 Abs. 2 ArbGG ermöglicht den Tarifvertragsparteien, Regelungen über die
örtliche Zuständigkeit zu treffen. Ob es sich um eine ausschließliche örtliche Zuständigkeit
handeln soll, steht den Tarifparteien frei. Beispielsweise wird in Tarifverträgen die örtliche
Zuständigkeit für Verfahren gegen **Sozialkassen** geregelt.

Nach § 101 ArbGG steht es den Tarifvertragsparteien offen, unter den dort genannten Vor- 55
aussetzungen die Arbeitsgerichtsbarkeit auszuschließen und stattdessen eine Entscheidung
durch ein **Schiedsgericht** herbeiführen zu lassen. Zulässig sind auch Vereinbarungen sog.
Schiedsgutachterverfahren im engeren Sinn. Diese müssen vor einer Klage durchlaufen werden, da sonst die Gefahr droht, dass eine Klage als „derzeit unbegründet" abgewiesen wird.[141]

2. Schuldrechtlicher Teil des Tarifvertrages

Im schuldrechtlichen Teil des Tarifvertrages werden die Rechte und Pflichten der Tarifver- 56
tragsparteien festgelegt. Berechtigt und verpflichtet werden nur die Vertragsparteien, nicht
die tarifgebundenen Arbeitnehmer und Arbeitgeber.[142] Jedem Tarifvertrag sind zumindest
die Friedens- und die Durchführungspflicht immanent. Sie gelten auch ohne ausdrückliche
Vereinbarung und bezwecken die Funktionen des Tarifvertrages zu unterstützen und abzusichern.

---

[135] BAG 8.12.2010 – 7 ABR 98/09, NZA 2011, 751.
[136] BAG 26.4.1990 – 1 ABR 84/87, NZA 1990, 850 (853).
[137] BAG 8.12.2010 – 7 ABR 98/09, NZA 2011, 751.
[138] BAG 25.1.1989 – 5 AZR 43/88, EzA ArbGG 1979 § 2 Nr. 16.
[139] BAG 22.10.2003 – 10 AZR 13/03, BB 2004, 1396.
[140] *Löwisch/Rieble* TVG § 1 Rn. 557; Wiedemann/*Thüsing* TVG § 1 Rn. 587.
[141] BAG 19.2.2020 – 10 AZR 19/19, BB 2020, 1396 (LS).
[142] Beim Abschluss durch Spitzenorganisationen ist aber § 2 Abs. 4 TV zu beachten, s. → § 69.

57 **a) Friedenspflicht.** Für die Tarifvertragsparteien ergibt sich – auch ohne eine ausdrückliche Regelung – aus einem Tarifvertrag eine beiderseitige Friedenspflicht. Die Friedenspflicht hat zum Inhalt, dass die Tarifvertragsparteien während des Laufs des Tarifvertrages (ohne Nachwirkungszeitraum) **keine Arbeitskampfmaßnahmen** zur Änderung **bereits geregelter Bereiche** ergreifen dürfen. Sie dürfen auch nicht dazu auffordern oder solche unterstützen.[143] Arbeitskampfmaßnahmen, die gegen die Friedenspflicht verstoßen, sind rechtswidrig und können Schadensersatzansprüche auslösen.[144]

58 Die jedem Tarifvertrag immanente Friedenspflicht ist eine **relative**.[145] Lediglich die **bereits tariflich geregelte Materie** soll während der Laufzeit des Tarifvertrages kollektiven Auseinandersetzungen entzogen sein. Welche Regelungsbereiche im Einzelnen erfasst werden, ist durch Auslegung des Tarifvertrages und dessen Geschäftsgrundlage zu ermitteln. Haben die Tarifvertragsparteien eine Sachmaterie umfassend geregelt und treffen sonst keine Regelungen zur Friedenspflicht, erstreckt sich diese regelmäßig auf den geregelten Bereich.[146] Von einer absoluten Friedenspflicht wird gesprochen, wenn die Tarifparteien verpflichtet sind, jegliche Arbeitskampfmaßnahmen zu unterlassen. Eine derartige **absolute** Friedenspflicht ist nur dann anzunehmen, wenn sie ausdrücklich vereinbart worden ist. Die Tarifparteien können die Friedenspflicht also erweitern, nicht aber ausschließen.[147] Ein Arbeitskampf, dessen Ziele nur teilweise gegen die Friedenspflicht verstoßen, ist insgesamt als rechtswidrig anzusehen.[148] Allerdings soll die Friedenspflicht nach Ansicht des BAG durch einen **Unterstützungsstreik** nicht verletzt werden.[149]

59 Ein Arbeitgeberverband hat aufgrund der schuldrechtlichen Friedenspflicht einen **Unterlassungsanspruch** gegen rechtswidrige Streiks der tariflich gebundenen Gewerkschaft; der Unterlassungsanspruch erfasst auch Streikmaßnahmen gegen eines seiner Mitglieder, wenn ein **Firmentarifvertrag** zur bereits geregelten Materie erstreikt werden soll.[150]

60 **b) Durchführungs-/Einwirkungspflicht.** Die Durchführungspflicht ist eine Konkretisierung des allgemeinen Grundsatzes, dass Verträge einzuhalten und zu erfüllen sind.[151] Die Tarifvertragsparteien haben nicht nur alles zu unterlassen, was die tarifvertraglichen Regelungen leerlaufen lassen könnte. Sie haben zudem dafür zu sorgen, dass die Tarifvertragsbestimmungen tatsächlich durchgeführt werden, dh sie haben auf ihre eigenen Mitglieder einzuwirken, die Tarifnormen einzuhalten.[152] Die Tarifparteien haben dazu ihre Mitglieder über den Inhalt der Tarifnormen zu unterrichten. Bei einem Firmentarifvertrag ist der jeweilige Arbeitgeber unmittelbar verpflichtet, alles zu unterlassen, was der Durchführung des Tarifvertrages entgegenstehen könnte, etwa den Abschluss nachteilig abweichender Individualvereinbarungen mit Gewerkschaftsmitgliedern.[153] Ein etwaiger Beseitigungsanspruch ist aber nicht auf die Herstellung eines tarifgemäßen Zustands gerichtet, insbesondere hat eine Gewerkschaft nicht die Möglichkeit, die Nachzahlung tariflicher Leistungen an ihre Mitglieder durchzusetzen.[154]

61 **c) Sonstige schuldrechtliche Vereinbarungen.** Den Tarifvertragsparteien steht es frei, neben der Friedens- und der Durchführungspflicht weitere schuldrechtliche Vereinbarungen zu treffen. Hierzu gehören etwa **Schlichtungsvereinbarungen,** Arbeitskampfregelungen, eine absolute Friedenspflicht oder der Anspruch auf Vertragsverhandlungen.[155]

---

[143] BAG 21.12.1982 – 1 AZR 411/80, AP GG Art. 9 Arbeitskampf Nr. 76.
[144] BAG 26.7.2016 – 1 AZR 160/14, NZA 2016, 1543.
[145] BAG 19.6.2007 – 1 AZR 396/06, NZA 2007, 1055.
[146] BAG 26.7.2016 – 1 AZR 160/14, NZA 2016, 1543 Rn. 27; *Hamacher,* Deklaratorische und konstitutive Klauseln in Tarifverträgen, 2000, S. 110 ff.; Wiedemann/*Thüsing* TVG § 1 Rn. 852.
[147] BAG 26.7.2016 – 1 AZR 160/14, NZA 2016, 1543 Rn. 37; Wiedemann/*Thüsing* TVG § 1 Rn. 856 f.
[148] *Otto* in FS Wiedemann, 423.
[149] BAG 19.6.2007 – 1 AZR 396/06, NZA 2007, 1055; abl. *Hohenstatt/Schramm* NZA 2007, 1034.
[150] BAG 24.4.2007 – 1 AZR 252/06, NZA 2007, 987; *Kappenhagen* BB 2007, 2235.
[151] BAG 29.4.1992 – 4 AZR 432/91, NZA 1992, 846 (848).
[152] BAG 29.4.1992 – 4 AZR 432/91, AP TVG § 1 Durchführungspflicht Nr. 3.
[153] Vgl. LAG München 15.5.2007 – 6 TaBV 41/07, juris, das allerdings übersieht, dass sich die Durchführungspflicht des Arbeitgebers auch nur auf Gewerkschaftsmitglieder beziehen kann.
[154] BAG 17.5.2011 – 1 AZR 473/09, NJW 2012, 250 mAnm *Bauer/von Medem.*
[155] Zu den Grenzen vgl. *Rieble* NZA 2000, 225.

3. Auslegung von Tarifverträgen

a) Anwendungsbereich. Im Tarifvertragsrecht kommt der Auslegung eine besondere Bedeutung zu. Tarifverträge beinhalten oft **allgemein gefasste oder unklare Formulierungen**. Grund hierfür sind die besonderen Umstände, unter denen regelmäßig ein Tarifvertrag zustande kommt,[156] insbesondere Zeitdruck und der Zwang zu Kompromissen. Es werden zum Teil Kompromissformeln verwendet, um überhaupt zu einem Ergebnis zu gelangen. In Verhandlungen unüberwindbare Probleme werden auf die Zukunft verlagert; den Gerichten wird die Rechtsfindung überlassen, in der Hoffnung, die Rechtsprechung werde zu eigenen Gunsten ausfallen. Zum Fragenkatalog im Bereich der Auslegung zählen insbesondere folgende Probleme:

aa) Abgrenzung zu sonstigen Vereinbarungen der Tarifvertragsparteien. Als Subjekte des Privatrechts bleibt es den Tarifvertragsparteien unbenommen, neben oder anstelle von Tarifverträgen andere Vereinbarungen zu treffen, beispielsweise Vorverträge, sog. Sozialpartnervereinbarungen oder jede andere Art von Schuldverträgen iSd BGB. Derartige Vereinbarungen enthalten keine Tarifnormen. Ob die Tarifvertragsparteien einen Tarifvertrag oder eine sonstige Vereinbarung treffen wollten, ist eine Frage der Auslegung.[157] Das BAG will dafür nicht die Regeln zur Auslegung des normativen Teils (→ Rn. 67 ff.), sondern die zur Auslegung schuldrechtlicher Vereinbarungen anwenden.[158] Auf die Bezeichnung des Vertrages kommt es allein nicht an.[159] Entscheidend ist, ob die Tarifparteien beim Vertragsschluss einen **Normsetzungswillen** hatten.[160] Dieser muss im Interesse der Rechtssicherheit und Rechtsklarheit hinreichend deutlich hervortreten.[161] Im Zweifel ist davon auszugehen, dass die Tarifvertragsparteien keinen Vertrag zugunsten Dritter, sondern einen Tarifvertrag vereinbaren wollen.[162]

bb) Deklaratorische oder konstitutive Tarifklauseln.[163] Tarifverträge haben nicht nur eigenständige, also konstitutive Regelungen zum Inhalt. So kann etwa fraglich sein, ob einer Protokollnotiz zu einem Tarifvertrag selbst normative Wirkung zukommt. Vielfach weisen die Tarifvertragsparteien auch auf die bestehende Rechtslage, insbesondere auf gesetzliche Regelungen allein zu Informationszwecken hin, ohne diese Arbeitsbedingungen selbst regeln zu wollen. Dem deklaratorischen bzw. konstitutiven Charakter einer Tarifklausel kommt gerade dann Bedeutung zu, wenn sich eine in Bezug genommene gesetzliche Regelung ändert. Diese Änderung schlägt auf die vom Tarifvertrag erfassten Arbeitsverhältnisse nur dann durch, wenn die Tarifvertragsparteien keine eigenständige Regelung getroffen haben. In der Vergangenheit war dies insbesondere bei Kündigungsfristen und Regelungen über die Entgeltfortzahlung oder Urlaub problematisch.[164] So stellte sich die Frage beim Urlaubsrecht, ob übergesetzlicher Tarifurlaub im Falle einer Krankheit verfällt. Nach Ansicht des BAG müssen für einen (konstitutiven) Regelungswillen der Tarifvertragsparteien, zwischen gesetzlichen und übergesetzlichen Ansprüchen zu unterscheiden, deutliche Anhaltspunkte

---

[156] Schaub ArbR-HdB/*Treber* § 201 Rn. 1 spricht von „Formelkompromissen"; vgl. auch *Hamacher*, Deklaratorische und konstitutive Klauseln in Tarifverträgen, 2000, S. 151 f.; *Gamillscheg* I S. 643; *Hamacher* in FS Moll, 219 ff.
[157] BAG 13.10.2011 – 8 AZR 514/10, NZA-RR 2012, 645; vgl. zur Abgrenzung eines Firmentarifvertrages von einer Betriebsvereinbarung BAG 7.11.2000 – 1 AZR 175/00, NZA 2001, 727 (729); LAG Hamm 9.3.2000 – 8 Sa 1895/99, NZA-RR 2001, 42 (43).
[158] BAG 15.4.2008 – 9 AZR 159/07, NZA-RR 2008, 586; vgl. auch Hensller/Moll/Bepler TarifV-HdB/*Bepler* Teil 3 Rn. 155 f.
[159] BAG 9.5.2007 – 4 AZR 275/06, NZA 2007, 1439.
[160] Vgl. dazu BAG 28.9.1983 – 4 AZR 200/83, AP TVG § 1 Tarifverträge: Seniorität Nr. 2; 5.11.1997 – 4 AZR 872/95, NZA 1998, 654; *Hamacher*, Deklaratorische und konstitutive Klauseln in Tarifverträgen, 2000, S. 132 ff.
[161] BAG 19.9.2007 – 4 AZR 670/06, NZA 2008, 950.
[162] BAG 26.1.2011 – 4 AZR 159/09, NZA 2011, 808.
[163] Vgl. dazu *Hamacher*, Deklaratorische und konstitutive Klauseln in Tarifverträgen, 2000.
[164] Vgl. hierzu etwa BAG 30.8.2000 – 5 AZR 117/99, EzA EFZG § 4 Tarifvertrag Nr. 42; BAG 27.9.2000 – 7 AZR 390/99, NZA 2001, 556 (557); 21.4.2010 – 10 AZR 308/09, NZA-RR 2010, 448, zur Übernahme einer Verjährungsvorschrift.

bestehen.¹⁶⁵ Der Gleichlauf sei die Regel. Nach anderer Ansicht ist der Wille der Tarifvertragsparteien zunächst anhand der üblichen Auslegungskriterien zu ermitteln.¹⁶⁶

65   *cc) Geltungsbereich.* Die Tarifvertragsparteien legen im Tarifvertrag den Geltungsbereich fest; sie regeln damit zugleich, auf welche Betriebe und Arbeitsverhältnisse der jeweilige Tarifvertrag Anwendung findet. Der Geltungsbereich eines Tarifvertrages ist ebenfalls durch Auslegung zu ermitteln.

66   *dd) Inhalt der Tarifnormen.* Der konkrete Inhalt einer Tarifnorm wird durch Auslegung ermittelt, insbesondere also welche Ansprüche durch den Tarifvertrag unter welchen Voraussetzungen begründet oder vernichtet werden.

67   **b) Auslegung des normativen Teils.** Die überwiegende Meinung in Rechtsprechung und Schrifttum legt Tarifverträge wie Gesetze aus (**objektive Methode**).¹⁶⁷ Grund hierfür ist, dass Tarifnormen ebenso wie formelle Gesetze für eine unbestimmte Zahl von Tarifgebundenen gelten. Aus Gründen der Rechtsklarheit und Rechtssicherheit kann demnach der Wille der Tarifvertragsparteien nur insoweit berücksichtigt werden, als er in den Tarifregelungen erkennbar zum Ausdruck kommt. Das BAG hält einen rein objektiven Ansatz aber nicht durch, wenn es zum einen den Willen der Tarifvertragsparteien betont, aber diesen nur berücksichtigen möchte, wenn er sich in Wortlaut und Systematik niederschlägt.¹⁶⁸

68   *aa) Auslegungsmittel.* Nach Ansicht der Rechtsprechung sind Auslegungsmittel auch Verhandlungsprotokolle, Tarifgespräche, Rundschreiben der Verbände, Protokolle der Tarifkommissionen und Protokollnotizen. Erfüllen Protokollnotizen selbst die Voraussetzungen eines Tarifvertrages, insbesondere die Schriftform, dann sind sie selbst Gegenstand der Auslegung. Soweit solche Protokollnotizen authentische Interpretationen beinhalten, sind diese bindend. Auslegungshilfen der Tarifvertragsparteien, die nicht die Form des § 1 Abs. 2 TVG erfüllen, können die Gerichte nicht binden.¹⁶⁹

> **Praxistipp:**
> Die maßgeblichen Umstände für die Auslegung eines Tarifvertrages hat das Gericht gemäß §§ 293 ZPO iVm § 46 Abs. 2 ArbGG zu ermitteln. Das Gericht kann hierzu Auskünfte der Tarifvertragsparteien einholen oder diese als Zeugen in der Verhandlung hören.¹⁷⁰ Die Einholung einer richterlichen Auskunft bei den Tarifvertragsparteien darf aber nicht auf die Beantwortung einer Rechtsfrage gerichtet sein, sondern muss sich auf Tatsachen zum Tarifgeschehen beschränken.¹⁷¹

69   *bb) Auslegungskriterien.* Grundsätzlich sind zur Auslegung sämtliche Umstände heranzuziehen, die für die Tarifgebundenen erkennbar sind. Das BAG verwendet für den Bereich der Tarifvertragsauslegung eine eigenständige Terminologie, ohne dass diese weiterführend ist.

---

¹⁶⁵ BAG 14.2.2017 – 9 AZR 386/16, NZA 2017, 655 Rn. 15; 21.4.2010 – 10 AZR 308/09, NZA-RR 2010, 448; Anm. dazu *Weber* JR 2011, 275; BAG 23.3.2010 – 9 AZR 128/09, NZA 2010, 810.

¹⁶⁶ LAG Düsseldorf 25.2.2011 – 9 Sa 258/10, ZTR 2011, 508.

¹⁶⁷ BAG 21.1.2020 – 3 AZR 565/18 Rn. 15 ff.; 20.6.2018 – 4 AZR 339/17, NZA 2019, 264 Rn. 19; 27.7.2017 – 6 AZR 701/16, NZA-RR 2018, 90 Rn. 19; 10.12.2014 – 4 AZR 503/12, NZA 2015, 946; Henssler/Moll/Bepler TarifV-HdB/*Bepler* Teil 3 Rn. 132. Demgegenüber wollen die Vertreter der subjektiven Methode die Grundsätze der Vertragsauslegung anwenden, dh der – für die Tarifunterworfenen – erkennbare Wille der Tarifvertragsparteien ist bindend. Die Theorien werden nicht in Reinform vertreten. Nach nahezu einhelliger Auffassung hat der Streit kaum praktische Bedeutung. Vgl. zuletzt kritisch zur Tarifauslegungspraxis des BAG: *Hamacher* in FS Moll, S. 219 ff.

¹⁶⁸ Wiedemann/*Wank* TVG § 1 Rn. 956 spricht daher von einem vermittelnden Ansatz in Form der Andeutungstheorie.

¹⁶⁹ *Gamillscheg* I S. 644.

¹⁷⁰ BAG 25.8.1982 – 4 AZR 1064/79, AP BGB § 616 Nr. 55; vgl. aber auch BAG 14.3.2012 – 10 AZR 172/11, NZA-RR 2012, 480; 14.9.2011 – 10 AZR 358/10, NZA 2011, 1358; krit. Henssler/Moll/Bepler TarifV-HdB/*Bepler* Teil 3 Rn. 143.

¹⁷¹ Vgl. BAG 18.8.1999 – 4 AZR 247/98, NZA 2000, 432 (435); vgl. auch BAG 14.9.2011 – 10 AZR 358/10, NZA 2011, 1358.

Die Einteilung der bei der Auslegung zu beachtenden Umstände in grammatische, systematische, historische und teleologische Auslegung bleibt daher ebenso zutreffend wie hilfreich.[172]

Eine feste **Rangordnung** der Auslegungskriterien besteht nicht, allerdings scheint die Rechtsprechung dem Wortlaut und dem Gesamtzusammenhang eine vorrangige Bedeutung zukommen lassen zu wollen. Das BAG unterscheidet in einer üblicherweise verwendeten Formel zwei Gruppen von Auslegungskriterien.[173] Zunächst sei vom Tarifwortlaut auszugehen. Über den reinen Wortlaut hinaus sei der wirkliche Wille der Tarifvertragsparteien und der damit beabsichtigte Sinn und Zweck der Tarifnormen mit zu berücksichtigen, sofern und soweit sie in den tariflichen Normen ihren Niederschlag gefunden hätten. Zu diesem Zweck sei auch auf den tariflichen Gesamtzusammenhang abzustellen, weil nur daraus und nicht aus der einzelnen Tarifnorm auf den wirklichen Willen geschlossen und der Sinn und Zweck der Tarifnormen zutreffend ermittelt werden könne. Verblieben dann noch Zweifel, könne zur Ermittlung des wirklichen Willens auf weitere Kriterien wie die Tarifgeschichte, die praktische Tarifübung und die Entstehungsgeschichte des jeweiligen Tarifvertrages zurückgegriffen werden.[174] Führen alle Auslegungsversuche zu **keiner justitiablen Rechtsnorm,** dann besteht keine entsprechende Tarifnorm. Es existiert dann kein anwendbares Tarifrecht.[175] 70

(1) Wortlaut. Ausgangspunkt der Auslegung hat naturgemäß der Wortlaut zu sein.[176] Die Rechtsprechung geht zum Teil davon aus, dass bei einem eindeutigen Wortlaut keine weitere Auslegung notwendig bzw. zulässig ist.[177] Dem ist nicht zu folgen. Jede Willenserklärung ist auslegungsbedürftig. Die Feststellung, dass eine Erklärung eindeutig ist, beruht selbst auf Auslegung,[178] sie ist – so auch das BAG[179] zuletzt – Ergebnis der Auslegung. Bei sog. eindeutigen Regelungen entfällt die Auslegung nicht; sie ist lediglich unproblematisch, erfolgt ohne weiteres und „verliert an Sichtbarkeit".[180] 71

Nach Auffassung der Rechtsprechung ist grundsätzlich vom **allgemeinen Sprachgebrauch** auszugehen, wie er sich etwa aus Wörterbüchern, Lexika oder Regeln der Grammatik ergibt.[181] Die Tarifvertragsparteien verwenden auf Grund ihrer Sachkunde Begriffe regelmäßig entsprechend ihrer **fachlichen Bedeutung.**[182] Es besteht grundsätzlich ein Spezialitätsprinzip zugunsten des juristischen Sprachgebrauchs.[183] Soweit die Tarifvertragsparteien einen bestimmten **Begriff der Rechtsterminologie** verwenden, kann davon ausgegangen werden, dass sie diesen in seiner allgemeinen rechtlichen Bedeutung angewendet wissen wollen, soweit sich aus dem Tarifvertrag selbst nichts anderes ergibt.[184] Die Tarifgebundenen sind insoweit nicht schutzwürdiger als sonstige Normunterworfene. Normsetzung erfordert eine 72

---

[172] Vgl. *Hamacher,* Deklaratorische und konstitutive Klauseln in Tarifverträgen, 2000, S. 197 ff.
[173] Vgl. etwa Standardformel des BAG 21.7.1993 – 4 AZR 468/92, AP TVG § 1 Auslegung Nr. 144; 24.10.2001 – 10 AZR 46/01, NZA 2003, 50 (51).
[174] BAG 21.1.2020 – 3 AZR 565/18 Rn. 15 ff.; 20.6.2018 – 4 AZR 339/17, NZA 2019, 264 Rn. 19; 27.7.2017 – 6 AZR 701/16, NZA-RR 2018, 90 Rn. 19.
[175] BAG 26.4.1966 – 1 AZR 242/65, AP TVG § 1 Auslegung Nr. 117 mzustAnm *Hueck; Däubler* TVG Einl. Rn. 496, 520 ff.
[176] Vgl. *Hamacher,* Deklaratorische und konstitutive Klauseln in Tarifverträgen, 2000, S. 197.
[177] BAG 16.4.2003 – 4 AZR 325/02, NZA-RR 2003, 646 (648); 18.12.1958 – 2 AZR 24/56, AP ZPO § 293 Nr. 4; 13.11.1985 – 4 AZR 301/84, AP TVG § 1 Tarifverträge: Textilindustrie Nr. 4; LAG Schleswig-Holstein 10.12.1996 – 6 Sa 581/96, NZA-RR 1997, 401 (402); aA BAG 26.9.1957 – 2 AZR 148/55, AP TVG § 1 Auslegung Nr. 10; 23.4.1998 – 6 AZR 650/96, NZA-RR 1999, 146.
[178] *Herschel* in FS E. Molitor, S. 167; *Gröbing* ZTR 1987, 236 (238); *Kohte* ArbuR 1996, 124 (127); *Wank* RdA 1998, 71 (81, 83); *Hamacher,* Deklaratorische und konstitutive Klauseln in Tarifverträgen, 2000, S. 198.
[179] BAG 21.2.2020 – 3 AZR 565/18 Rn. 17.
[180] MüKoBGB/*Mayer-Maly* § 133 Rn. 42.
[181] Vgl. etwa BAG 30.1.2019 – 10 AZR 406/18, NZA 2019, 563 Rn. 24; 16.1.2013 – 10 AZR 863/11, NZA 2013, 975; oft ist die Verwendung von Begriffen ungenau, vgl. dazu BAG 28.8.2013 – 10 AZR 701/12, NJOZ 2014, 159.
[182] BAG 23.2.1999 – 9 AZR 567/98, NZA 2000, 48 (49); 14.3.2012 – 10 AZR 172/11, NZA-RR 2012, 480.
[183] *Wank* RdA 1998, 71 (80); *ders.* in FS *Kraft,* S. 670.
[184] BAG 22.7.2010 – 6 AZR 78/09, NZA 2010, 1194 Rn. 20; 7.11.2001 – 4 AZR 724/00, NZA 2002, 860 (862); 25.7.1973 – 4 AZR 499/72, AP BAT 1975 §§ 22, 23 Nr. 71; 13.10.2011 – 8 AZR 514/10, NZA-RR 2012, 645.

gewisse Abstraktionshöhe der Formulierungen.[185] **Unbestimmte Rechtsbegriffe** genügen den Erfordernissen der Normklarheit, wenn sie mit den herkömmlichen Methoden ausgelegt werden können.[186]

73 Der allgemeine Sprachgebrauch wird verdrängt, wenn die Tarifvertragsparteien einen Begriff eigenständig definieren (**authentische Interpretation oder Legalinterpretation**).[187] Die Definition kann Teil des Tarifvertrages sein, sich in einer Protokollnotiz befinden – die wiederum selbst Tarifvertrag sein kann – oder in anderen Anlagen des Tarifvertrages festgehalten sein. Jede Art der authentischen Interpretation der Tarifvertragsparteien ist bei der Auslegung zu beachten, unabhängig davon, inwieweit sie im Tarifvertrag selbst oder in anderer Form festgehalten ist. Sie bedarf als Text selbst wiederum der Auslegung, ist aber weniger auslegungsbedürftig als andere Tarifregelungen. Das Auslegungsergebnis kann jedoch trotz authentischer Interpretation zweifelhaft sein. Beispielhaft sei hier die Frage genannt, ob eine Aufzählung abschließend sein soll. Erklärungen, die nicht selbst Tarifvertrag oder Teil eines Tarifvertrages sind, entfalten keine unmittelbare tarifliche Wirkung;[188] sie können nur als Auslegungshilfen für die Ermittlung des Tarifinhalts herangezogen werden.[189]

74 Die **Tarifvertragsparteien** können letztlich selbst entscheiden, welchen Sprachgebrauch sie angewendet wissen möchten, wie sie auch selbst Begriffe definieren können. Es bedarf wiederum der Auslegung, um den verwendeten Sprachgebrauch herauszufinden.[190] Es ist auf den **Sprachgebrauch zum Zeitpunkt der Vereinbarung** der Tarifnormen abzustellen.[191]

75 *(2) Wille der Tarifvertragsparteien/Sinn und Zweck der Tarifnormen.* Über den reinen Wortlaut hinaus sind der wirkliche Wille der Tarifvertragsparteien und der damit von ihnen beabsichtigte Sinn und Zweck der Tarifnormen mit zu berücksichtigen, sofern und soweit sie in der tariflichen Norm ihren Niederschlag gefunden haben.[192] Sinn und Zweck der einzelnen, konkreten Tarifnorm können anhand des Regelungszwecks des Normenkomplexes ermittelt werden.[193] Der Schwerpunkt der teleologischen Auslegung ist der Vergleich der konkreten Rechtsfolge eines Auslegungsergebnisses mit dem Normzweck.

76 *(3) Tariflicher Gesamtzusammenhang.* Nach Ansicht des BAG ist zur Ermittlung des wirklichen Willens auch auf den tariflichen Gesamtzusammenhang abzustellen, weil nur daraus und nicht aus einer einzelnen Tarifnorm der wirkliche Wille und der Sinn und Zweck der Tarifnorm geschlossen werden kann.[194] Zu den Grundsätzen der allgemeinen Hermeneutik zählt, dass ein geisteswissenschaftliches Werk als Einheit gesehen und begriffen werden muss und jeder Teil aus dem Ganzen zu verstehen ist.[195] Zu beachten ist allerdings, dass Tarifverträge regelmäßig weder sprachlich noch systematisch besonders ausgefeilt sind.[196] Statt vom tariflichen Zusammenhang sollte von **systematischer Auslegung** gesprochen werden.[197]

77 Zur Auslegung einer Tarifbestimmung ist auf andere Tarifnormen des Tarifvertrags zurückzugreifen.[198] Aus dem tariflichen Gesamtzusammenhang kann etwa geschlossen wer-

---

[185] *Gröbing* ZTR 1987, 236; nach *Wank* RdA 1998, 71 (75), richten sich Normen ohnehin an einen juristischen Interpreten.
[186] BAG 26.1.2011 – 4 AZR 159/09, NZA 2011, 808 zum Begriff „Outsourcings".
[187] Vgl. BAG 17.9.2003 – 4 AZR 540/02, NZA-RR 2004, 644; *Siegers* DB 1967, 1630 (1634).
[188] Vgl. BAG 21.3.1973 – 4 AZR 225/72, AP TVG § 4 Geltungsbereich Nr. 12.
[189] So etwa BAG 20.6.2000 – 9 AZR 405/99, AP BUrlG § 7 Nr. 28.
[190] Vgl. dazu *Hamacher*, Deklaratorische und konstitutive Klauseln in Tarifverträgen, 2000, S. 199.
[191] *Schaub* NZA 1994, 597 (598); *Kempen/Zachert* TVG Grundlagen Rn. 378; aA *Gamillscheg* I S. 653.
[192] BAG 12.9.1984 – 4 AZR 336/82, AP TVG § 1 Auslegung Nr. 135; 13.10.2011 – 8 AZR 514/10, NZA-RR 2012, 645.
[193] *Löwisch/Rieble* TVG § 1 Rn. 1702 ff.
[194] BAG 20.6.2018 – 4 AZR 339/17, NZA 2019, 264; 12.9.1984 – 4 AZR 336/82, AP TVG § 1 Auslegung Nr. 135.
[195] Vgl. *Hamacher*, Deklaratorische und konstitutive Klauseln in Tarifverträgen, 2000, S. 203 f.
[196] *Dieterich* in FS Schaub, 130.
[197] Die Begriffe „Tarifsystematik" und „tariflicher Gesamtzusammenhang" sind deckungsgleich; die verschiedenen Senate verwenden lediglich eine andere Terminologie vgl. BAG 7.2.1995 – 3 AZR 483/94, EzA TVG § 4 Ausschlussfristen Nr. 112; *Hanau* ZfA 1984, 453 (468); *Wank* RdA 1998, 71 (82).
[198] BAG 26.9.1957 – 2 AZR 148/55, AP TVG § 1 Auslegung Nr. 10.

den, dass einem mehrfach verwendeten Begriff immer die gleiche Bedeutung zukommt.[199] Die Verwendung verschiedener Begriffe spricht hingegen dafür, dass die Tarifvertragsparteien nicht dasselbe, sondern Unterschiedliches ausdrücken wollten.[200] Für die systematische Auslegung können andere Tarifverträge nicht ohne weiteres herangezogen werden.[201] Eine Ausnahme gilt lediglich für Tarifverträge derselben Tarifvertragsparteien für denselben Geltungsbereich.[202]

Umstritten ist, ob **Ausnahmebestimmungen** eng auszulegen sind.[203] Kritiker dieses Prinzips stellen darauf ab, dass es im Einzelfall auf den Zweck der Tarifregelung ankommt und wehren sich gegen eine zu pauschale Anwendung dieser Regel. In jedem Fall muss festgestellt werden, ob wirklich ein Regel-Ausnahme-Verhältnis aufgestellt werden sollte. Diese Auslegungsregel kann den Rechtsanwender nicht davon entbinden, alle Auslegungskriterien auszuschöpfen. 78

(4) Tarifgeschichte. Jede Vertragsformulierung und Normsetzung ist ein historischer Akt, der nicht von der jeweils spezifischen Situation gelöst werden kann.[204] Die Entwicklung eines Tarifvertrages vollzieht sich regelmäßig über viele Tarifänderungen. Rückschlüsse aus der **Fortentwicklung** des Tarifvertrages sind zulässig.[205] So kann bei der Auslegung des ablösenden Tarifvertrages auch der abgelöste Tarifvertrag herangezogen werden.[206] Aus der Entstehungsgeschichte können aber nur solche Umstände beachtet werden, die auf einen **übereinstimmenden Willen** schließen lassen.[207] Somit dürfen keine einseitigen Ansichten einer Tarifpartei berücksichtigt werden. Zu den möglichen Auslegungsmitteln zählen insoweit etwa Protokollnotizen oder Niederschriftserklärungen sowie Rundschreiben der Tarifparteien.[208] Zu beachten ist aber immer, dass das Ergebnis für die Tarifgebundenen erkennbar sein muss; sie müssen die Chance haben, die für die Auslegung maßgeblichen Vorgänge zu erkennen.[209] 79

Bestanden **Auslegungsstreitigkeiten**, die durch die Rechtsprechung geklärt wurden, und haben die Tarifparteien an den Tarifregelungen festgehalten, dann ist davon auszugehen, dass die Tarifvertragsparteien die von den Gerichten vorgenommene Auslegung gebilligt haben.[210] Eine Tarifpartei, die eine Bestimmung ändern will, muss sich gegen die andere Partei, die die Bestimmung beibehalten will, durchsetzen.[211] Kritik allein hat keine Konsequenzen. Rückschlüsse lassen sich auch daraus ziehen, dass die Tarifvertragsparteien im Hinblick auf eine bestimmte Rechtsprechung die Tarifverträge ändern. Dies ist etwa dann der Fall, wenn sich die Tarifvertragsparteien in den Formulierungen bewusst von vorherigen Regelungen absetzen.[212] 80

(5) Tarifübung. Eine zum Zwecke der Tarifauslegung rechtserhebliche Tarifübung liegt nach Auffassung der Rechtsprechung dann vor, wenn sie in Kenntnis und mit Billigung der 81

---

[199] BAG 21.11.2000 – 9 AZR 654/99, NZA 2001, 619; 13.12.2001 – 6 AZR 709/00, NZA 2002, 1221 (1222).
[200] BAG 7.2.1995 – 3 AZR 483/94, EzA TVG § 4 Ausschlussfristen Nr. 112.
[201] BAG 26.9.2017 – 1 AZR 137/15, AP BetrVG 1972 § 112 Nr. 236 Rn. 12; 31.10.1984 – 4 AZR 604/82, AP TVAL II § 42 Nr. 3; *Kempen/Zachert* TVG Grundlagen Rn. 389; differenzierend *Löwisch/Rieble* TVG § 1 Rn. 1698 ff.
[202] Vgl. BAG 15.5.1991 – 4 AZR 543/90, EzA TVG § 4 Metallindustrie Nr. 84; *Däubler* Rn. 141.
[203] Dafür: BAG 24.11.1988 – 6 AZR 243/87, AP BGB § 611 Gratifikation Nr. 127; 26.3.1997 – 10 AZR 751/96, NZA 1997, 1004 (1006); *Kempen/Zachert* TVG Grundlagen Rn. 388; krit.: *Herschel* in FS *E. Molitor*, 190; *Schaub* NZA 1994, 597 (599); *Wank* RdA 1998, 71 (86 f.).
[204] *Kohte* ArbuR 1996, 124 (127).
[205] BAG 24.2.2010 – 10 AZR 1035/08, NZA 2010, 728; 2.11.2016 – 10 AZR 615/15, AP TVG § 1 Tarifverträge, Nr. 36 Rn. 42. Das BAG möchte auf die Entstehungsgeschichte nur zurückgreifen, wenn nach der Auslegung einer Tarifnorm nach Wortlaut, Wortsinn und tariflichem Gesamtzusammenhang noch Zweifel an deren Inhalt und dem wirklichen Willen der Tarifvertragsparteien bestehen.
[206] BAG 14.7.2015 – 3 AZR 903/13, NZA 2015, 1152.
[207] Vgl. *Wank* RdA 1998, 71 (83).
[208] *Zachert* in FS Deutscher Arbeitsgerichtsverband, 590.
[209] *Mayer-Maly* Anm. zu EzA BeschFG 1985 § 1 Nr. 8; insgesamt krit. BAG 10.12.2014 – 4 AZR 503/12, NZA 2015, 946.
[210] Vgl. BAG 18.9.2001 – 9 AZR 397/00, NZA 2002, 1161 (1163).
[211] *Buchner* SAE 1987, 45 (51).
[212] Vgl. BAG 15.10.1997 – 3 AZR 344/96, AP TVG § 1 Tarifverträge: Wohnungswirtschaft Nr. 1.

Tarifvertragsparteien praktiziert wird.[213] Die Tarifübung kann insoweit berücksichtigt werden, als die Tarifvertragsparteien bei einem wortgleichen Neuabschluss ihren Willen zum Ausdruck bringen, den iSd Tarifübung verstandenen Inhalt der Tarifnorm beizubehalten.[214] Eine von beiden Tarifvertragsparteien gebilligte Handhabung wird in der Regel darauf schließen lassen, wie sie selbst die Tarifnorm verstanden haben.[215] Die Handhabung kann aber auch gegen die Tarifnorm verstoßen. Eine Tarifübung ist unbeachtlich, wenn sie zu dem im Auslegungswege ermittelten objektiven Inhalt einer Tarifnorm in Widerspruch steht.[216]

82   cc) *Weitere Auslegungsgrundsätze*. Weitere Auslegungsgrundsätze werden von der Rechtsprechung dann herangezogen, wenn **Zweifel** verbleiben.

83   (1) *Gesetzeskonforme Auslegung*. Im Zweifel sind Tarifnormen so auszulegen, dass sie **nicht gegen Europa-, Verfassungs- oder Gesetzesrecht verstoßen.**[217] Die Tarifvertragsparteien wollen im Zweifel Regelungen treffen, die mit zwingendem höherrangigem Recht im Einklang stehen und damit auch Bestand haben.[218] Dieser Grundsatz findet jedoch nur Anwendung, wenn von mehreren möglichen Auslegungsergebnissen lediglich eines nicht gegen höherrangiges Recht verstößt. Ein eindeutiger Wille der Tarifparteien ist aber zu beachten, selbst wenn die Tarifnorm dann wegen Verstoßes gegen Gesetzes- oder Verfassungsbestimmungen nichtig ist.[219]

84   (2) *Praktikables Auslegungsergebnis*. Im Zweifel hat diejenige Tarifauslegung Vorrang, die zu **einer vernünftigen, sachgerechten, zweckorientierten und praktisch brauchbaren Regelung** führt.[220] In diesem Zusammenhang ist auch die Auslegungsregel des BAG zu sehen, dass die Tarifvertragsparteien im Zweifel **keine überflüssigen Regelungen** schaffen wollen; es muss regelmäßig ein praktischer Anwendungsbereich bleiben.[221] Dieser Grundsatz darf aber nicht dahingehend missverstanden werden, dass Tarifvertragsparteien keine unzweckmäßigen Tarifregelungen vereinbaren dürfen.[222] Die Zweckmäßigkeit einer Tarifbestimmung ist von Gerichten nicht zu prüfen. Lediglich bei verschiedenen möglichen Auslegungsergebnissen ist die Zweifelsregelung anzuwenden.

85   (3) *Arbeitnehmerschutzprinzip*. Abzulehnen ist die Auffassung,[223] nach der im Zweifel eine Tarifnorm zugunsten der Arbeitnehmer auszulegen ist. Zwischen den Tarifvertrag abschließenden Verbänden besteht ein **Paritätsverhältnis,** so dass kein besonderer Arbeitnehmerschutz erforderlich ist.[224]

86   (4) *„Unklarheitenregel."* Nach neuerer Rechtsprechung des BAG[225] ist letztlich der Auslegung der Vorzug zu geben, die bei einem unbefangenen Durchlesen der Regelung als nä-

---

[213] BAG 25.8.1982 – 4 AZR 878/79, EzA TVG § 1 Nr. 15.
[214] *Herschel* in FS E. Molitor, S. 186 f.; *Stein*, Tarifvertragsrecht, 1997, Rn. 82.
[215] BAG 31.1.1969 – 3 AZR 439/68, AP FeiertagslohnzahlungsG § 1 Nr. 26 mit insoweit zustAnm *Canaris*.
[216] BAG 31.5.1972 – 4 AZR 309/71, SAE 1973, 152 (154) mkritAnm *Meisel;* vgl. auch ErfK/*Franzen* TVG § 1 Rn. 100; BAG 9.7.1980 – 4 AZR 560/78, AP TVG § 1 Tarifverträge: Seeschifffahrt Nr. 2.
[217] BAG 21.7.1993 – 4 AZR 468/92, EzA TVG § 1 Auslegung Nr. 28; 17.11.1998 – 1 ABR 12/98, NZA 1999, 662 (664); vgl. EuGH 10.3.2011 – C-379/09, NZA 2011, 561 Rn. 34; einschränkend auf ausnahmsweise unmittelbar anwendbare Richtlinien *Wißmann* in FS Bepler, 649 ff.; ebenso Henssler/Moll/Bepler TarifV-HdB/*Bepler* Teil 3 Rn. 149.
[218] BAG 21.7.1993 – 4 AZR 468/92, EzA TVG § 1 Auslegung Nr. 28.
[219] BAG 8.12.2010 – 7 ABR 98/09, NZA 2011, 751 zu einer unwirksamen Betriebsnorm.
[220] BAG 9.3.1983 – 4 AZR 61/80, AP TVG § 1 Auslegung Nr. 128; 12.9.1984 – 4 AZR 336/82, AP TVG § 1 Auslegung Nr. 135; *Siegers* DB 1967, 1630 (1636); *Gröbing* ZTR 1987, 236 (239); *Neumann* ArbuR 1985, 320 (322); krit. *Schaub* NZA 1994, 597 (600); *Kempen/Zachert* TVG Grundlagen Rn. 396.
[221] BAG 26.10.1994 – 4 AZR 734/93, AP BAT 1975 §§ 22, 23 Nr. 189; 24.10.2001 – 10 AZR 132/01, NZA 2002, 1158 (1160).
[222] Vgl. *Schaub* NZA 1994, 597 (600).
[223] so aber: *Däubler* TVG Einleitung Rn. 621 mwN.
[224] LAG Hamm 26.6.1991 – 2 Sa 277/91, LAGE TVG § 1 Auslegung Nr. 5; *Wank* RdA 1998, 71 (79); Henssler/Moll/Bepler TarifV-HdB/*Bepler* Teil 3 Rn. 150; Wiedemann/*Wank* TVG § 1 Rn. 998.
[225] BAG 22.4.2010 – 6 AZR 962/08, NZA 2011, 1293; dazu *Kamanabrou* Anm. zu AP TVÜ § 12 Nr. 2; zust. Henssler/Moll/Bepler TarifV-HdB/*Bepler* Teil 3 Rn. 141; Schaub ArbR- HdB/*Treber* § 202 Rn. 6; kritisch *Hamacher* in FS Moll, 228; *Löwisch/Rieble* TVG § 1 Rn. 1731; kritisch *Hamacher* in FS Moll, 219 ff.

herliegend erscheint und folglich von den Normadressaten als maßgeblich empfunden wird. Dies gilt dann, wenn alle anerkannten Auslegungsregeln zu keinem eindeutigen Ergebnis führen. Typischerweise sei von den Normadressaten nicht zu erwarten, dass sie sich sämtlicher Auslegungsmethoden bedienen und alle Auslegungsgesichtspunkte heranziehen.

dd) Ergänzende Auslegung. Die Arbeitsgerichte sind nach Ansicht der Rechtsprechung befugt, **unbewusste Regelungslücken** in Tarifverträgen durch ergänzende Auslegung zu schließen, gehen mit dieser Befugnis aber zurückhaltend um. Möglich ist sie, wenn (1) eine unbewusste Regelungslücke vorliegt oder eine Regelung nachträglich lückenhaft geworden ist (bspw. bei einer nachträglichen Gesetzesänderung), (2) unter Berücksichtigung von Treu und Glauben sich ausreichende Anhaltspunkte für den mutmaßlichen Willen der Tarifvertragsparteien ergeben und (3) kein (tarifautonom auszufüllender) Spielraum zur Lückenschließung verbleibt. Denn im letztgenannten Fall muss es den Tarifvertragsparteien überlassen bleiben, selbst die für angemessen gehaltene Regelung zu finden.[226] Eine unbewusste tarifvertragliche Lücke ist so auszufüllen, dass die Grundzüge und Systematik des konkreten Vertrages „zu Ende gedacht" werden.[227] Unterlassen die Tarifvertragsparteien hingegen bewusst die Regelung bestimmter Arbeitsbedingungen und ist diese Entscheidung mit höherrangigem Recht vereinbar, scheidet eine ergänzende Tarifvertragsauslegung aus, da die Gerichte ansonsten in den grundrechtlich geschützten Normsetzungsbereich der Tarifparteien eingriffen.[228] 87

ee) Besonderes Urteilsverfahren. Ein Streit zwischen den Tarifvertragsparteien über die Auslegung eines Tarifvertrages kann Gegenstand eines Urteilsverfahrens vor den Arbeitsgerichten nach § 2 Abs. 1 Nr. 1 ArbGG sein;[229] eine rechtskräftige Entscheidung zwischen den Tarifvertragsparteien entfaltet gemäß § 9 TVG **Bindungswirkung.** Bis zur Rechtskraft können Individualklagen nach § 148 ZPO ausgesetzt werden. 88

c) Auslegung des schuldrechtlichen Teils. Es besteht Einigkeit,[230] dass der schuldrechtliche Teil nach den Regeln der Vertragsauslegung zu interpretieren ist, denn dieser Teil regelt lediglich Rechte und Pflichten der Tarifvertragsparteien. Mangels Normwirkung sind die Verbandsmitglieder nicht betroffen. 89

---

[226] BAG 14.9.2016 – 4 AZR 1006/13, NZA-RR 2017, 199 Rn. 21 mwN; 12.12.2013 – 8 AZR 942/12, NZA-RR 2014, 431.
[227] BAG 12.12.2013 – 8 AZR 942/12, NZA-RR 2014, 431.
[228] BAG 12.12.2013 – 8 AZR 942/12, NZA-RR 2014, 431.
[229] BAG 2.3.1956 – 1 AZR 107/55, AP TVG § 9 Nr. 1; Germelmann/Matthes/Prütting/*Matthes/Schlewing* ArbGG § 2 Rn. 16.
[230] *Gamillscheg* I S. 663; *Hamacher,* Deklaratorische und konstitutive Klauseln in Tarifverträgen, 2000, S. 193; für die Vorfrage, ob eine Regelungen normativen oder schuldrechtlichen Inhalt hat, gelten ebenfalls die Regeln der Vertragsauslegung, vgl. BAG 16.2.2000 – 4 AZR 14/99, NZA 2001, 331 (333).

§ 70 Rechtsnormen in Tarifverträgen

Übersicht

	Rn.
I. Übersicht	1–9
1. Materielles Gesetz	1
2. Tarifnormen im arbeitsgerichtlichen Verfahren	2–9
a) Prüfungskompetenz der Gerichte	2–4
b) Darlegungs- und Beweislast	5
c) Verfahren nach § 9 TVG	6–9
II. Unmittelbare Wirkung von Tarifnormen	10
III. Zwingende Wirkung von Tarifnormen	11–13
IV. Schranken der Normsetzung	14–42
1. Verhältnis von Tarifnormen zu anderen Rechtsquellen	15–33
a) Verhältnis zum europäischen Gemeinschaftsrecht	16
b) Grundrechtsbindung der Tarifvertragsparteien	17–26
c) Verhältnis zu Gesetzesrecht	27–33
2. Regelungsschranken	34–42
a) Individuelle Vertragsfreiheit/Betriebsverfassungsrecht	35/36
b) Schutzbereich des Art. 9 Abs. 3 GG	37
c) Grenze durch TVG	38
d) Verbandsrecht	39
e) Tarifverantwortung	40–42
V. Ausnahmen der zwingenden Wirkung	43–61
1. Günstigkeitsprinzip	44–55
a) Zweck	44–46
b) Abweichende Abmachungen	47
c) Günstigkeitsvergleich	48–55
2. Tariföffnungsklauseln	56–59
3. Wegfall der zwingenden Wirkung	60/61
VI. Schutz vor Verlust tariflicher Rechte	62–67
1. Verzicht auf entstandene tarifliche Rechte	62–65
2. Verwirkung	66
3. Ausschlussfristen	67
VII. Ausschlussfristen	68–98
1. Übersicht	68–75
a) Wirkung	68/69
b) Funktion	70
c) Erfasste Ansprüche	71–74
d) Kenntnis der Ausschlussfrist	75
2. Geltendmachung	76–94
a) Notwendigkeit der Geltendmachung	77–79
b) Fristlauf	80–86
c) Inhaltliche Anforderungen	87–89
d) Form und Zeitpunkt der Geltendmachung	90–94
3. Unzulässige Berufung auf Ausschlussfristen	95–98
VIII. Schutz der „kollektiven Normwirkung"	99

I. Übersicht

1. Materielles Gesetz

1   Die normative Wirkung der Tarifbestimmungen ist in § 4 Abs. 1 S. 1 TVG angeordnet. Die Rechtsnormen des Tarifvertrages gelten danach unmittelbar und zwingend für alle Tarifgebundenen. Tarifnormen wirken daher wie Gesetze auf Arbeitsverhältnisse der Tarifgebundenen ein. Tarifnormen sind **materielles Gesetz**,[1] dh sie sind Gesetz iSd Art. 2 EGBGB,

---

[1] BVerfG 26.5.1970 – 2 BvR 664/65, BVerfGE 28, 295 (304 f.); BVerfG 24.5.1977 – 2 BvL 11/74, DB 1977, 1510; ErfK/*Franzen* TVG § 4 Rn. 4.

§ 12 EGZPO und § 7 EGStPO.² Dies hat zur Folge, dass Tarifnormen gesetzliche Verbote iSd § 134 BGB oder gesetzliche Formvorschriften iSd § 125 BGB enthalten und Verstöße gegen derartige Tarifbestimmungen zur Nichtigkeit der Vertragsregelungen führen können.

2. Tarifnormen im arbeitsgerichtlichen Verfahren

a) **Prüfungskompetenz der Gerichte.** Tarifverträge unterliegen **keiner Inhalts- oder Billigkeitskontrolle**. Das Recht der allgemeinen Geschäftsbedingungen findet ausdrücklich keine Anwendung auf Tarifverträge, § 310 Abs. 4 S. 1 BGB. Es ist nicht Sache der Gerichte zu prüfen, ob die Tarifvertragsparteien die gerechteste und zweckmäßigste Regelung getroffen haben.³ Dies wäre ansonsten eine **Tarifzensur**, die dem Grundsatz der Tarifautonomie widerspräche. Die Gerichte haben lediglich zu kontrollieren, ob die Grenzen der Tarifautonomie überschritten sind, dh Tarifverträge sind von den Gerichten nur dahin gehend zu überprüfen, ob sie gegen höherrangiges Recht, zwingendes Gesetzesrecht, die guten Sitten oder tragende Grundsätze des Arbeitsrechts verstoßen.⁴ Keinesfalls sind die Arbeitsgerichte befugt, von einer aus ihrer Sicht nicht mehr sinnvollen tariflichen Regelung abzusehen und sie durch eine sinnvollere Regelung zu ersetzen.⁵

Obwohl Tarifnormen materielle Gesetze iSd § 2 EGBGB sind, fallen sie nicht unter den Gesetzesbegriff iSd Art. 100 Abs. 1 GG. Die Arbeitsgerichte müssen Tarifverträge bei Zweifeln an deren Verfassungsmäßigkeit nicht dem Bundesverfassungsgericht vorlegen, sondern können diese selbst auf ihre Verfassungsmäßigkeit hin überprüfen (**Inzidentkontrolle**).⁶ Bestätigt wird dies durch § 2 Abs. 1 Nr. 1 ArbGG; die Arbeitsgerichte können das Bestehen oder Nichtbestehen von Tarifverträgen, aber auch einzelner Tarifnormen,⁷ im Urteilsverfahren überprüfen. Kommt ein Verstoß gegen europäisches Recht in Betracht und ist die Auslegung einer europäischen Rechtsnorm entscheidend, so ist die Frage dem **Europäischen Gerichtshof** vorzulegen.

Die Arbeitsgerichte können Tarifverträge für **nichtig** erachten. Dabei müssen sie die maßgeblichen Umstände, die für oder gegen die Unwirksamkeit einer Tarifnorm sprechen, **von Amts wegen** nach den Grundsätzen des § 293 ZPO ermitteln.⁸ Sollte eine Tarifnorm nichtig sein, so ist zu prüfen, ob die entstandene Lücke durch ergänzende Auslegung geschlossen werden kann (zu den Voraussetzungen → § 68 Rn. 95 ff.; → § 69 Rn. 55 ff.).

b) **Darlegungs- und Beweislast.** Tarifnormen sind **von Amts wegen** zu beachten. Dies bedeutet nicht, dass die Gerichte bei der Entscheidung über Ansprüche gehalten sind, von Amts wegen zu prüfen, ob auf das Arbeitsverhältnis Tarifnormen Anwendung finden.⁹ Soweit sich aber aus dem Parteivortrag ergibt, dass ein Tarifvertrag entscheidungserheblich sein könnte, sind die Gerichte gehalten, den Inhalt der Regelungen zu ermitteln.¹⁰ Wer einen Anspruch auf eine Tarifnorm stützt, die kraft beidseitiger Tarifgebundenheit gelten soll, muss darlegen und beweisen, dass im Anspruchszeitraum Tarifgebundenheit bestanden hat.¹¹ Auch eine Partei, die sich auf den Ablauf einer tariflichen **Ausschlussfrist** beruft, muss die Voraussetzungen des anzuwendenden Tarifvertrages in den Tatsacheninstanzen darlegen.¹²

---

² Thüsing/Braun TarifR/*Forst* Kap. 7 Rn. 26; ErfK/*Franzen* TVG § 4 Rn. 4.
³ Vgl. BAG 22.9.1999 – 10 AZR 839/98, NZA 2000, 551 (554); 29.8.2001 – 4 AZR 352/00, NZA 2002, 863 (865).
⁴ Vgl. BAG 12.2.1992 – 7 AZR 100/91, AP BGB § 620 Altersgrenze Nr. 5; 18.8.1999 – 10 AZR 424/98, NZA 2000, 148 (151); 24.5.2000 – 10 AZR 629/99, NZA 2001, 216 (218).
⁵ BAG 24.4.2001 – 3 AZR 329/00, EzA TVG § 4 Bauindustrie Nr. 109.
⁶ BAG 15.1.1955 – 1 AZR 305/54, AP GG Art. 3 Nr. 4; 21.3.1991 – 2 AZR 616/90, AP BGB § 622 Nr. 31; *Hamacher*, Deklaratorische und konstitutive Klauseln in Tarifverträgen, 2000, S. 104.
⁷ BAG 28.9.1977 – 4 AZR 446/76, AP TVG 1969 § 9 Nr. 1; 30.5.1984 – 4 AZR 512/81, AP TVG 1969 § 9 Nr. 3; Germelmann/Matthes/Prütting/*Schlewing* ArbGG § 2 Rn. 16.
⁸ BAG 4.3.1993 – 2 AZR 355/92, AP BGB § 622 Nr. 40.
⁹ BAG 15.6.1993 – 9 AZR 208/92, AP TVG § 4 Ausschlussfristen Nr. 123.
¹⁰ BAG 9.8.1995 – 6 AZR 1047/94, AP ZPO § 293 Nr. 8.
¹¹ Vgl. BAG 18.8.1999 – 4 AZR 247/98, NZA 2000, 432 (434).
¹² BAG 15.6.1993 – 9 AZR 208/92, AP TVG § 4 Ausschlussfristen Nr. 123.

6 **c) Verfahren nach § 9 TVG.** Nach § 9 TVG haben Feststellungsklagen zwischen den Tarifvertragsparteien über Bestehen und Inhalt von Tarifverträgen Bindungswirkung für tarifgebundene Parteien bzw. zwischen diesen und Dritten, also Personen, die Rechtsnachfolger einer tarifgebundenen Partei sind oder von den Tarifnormen direkt begünstigt werden sollen.[13] Ob und inwieweit die Bindungswirkung auch dann eintritt, wenn ein Tarifvertrag nur auf Basis einer Bezugnahmeklausel im Arbeitsvertrag Anwendung findet, ist umstritten.[14] Die Bindungswirkung endet ggf. erst mit Ende des Nachwirkungszeitraums, da die tarifliche Regelung bis zu diesem Zeitpunkt noch Rechtswirkungen zeitigen kann.[15]

7 Ziel der Regelung ist es, aus Gründen der Rechtssicherheit und Rechtsklarheit sicherzustellen, dass abweichende Entscheidungen in Rechtsstreitigkeiten zwischen tarifgebunden Parteien nicht ergehen können.[16] Dies gilt hinsichtlich des Bestehens und des Inhalts einer Tarifnorm. Trotz des entgegenstehenden Wortlauts der Vorschrift ist ein Auslegungsstreit ausreichend.[17]

8 Im Rahmen des § 9 TVG sind lediglich **Feststellungsklagen** denkbar.[18] Daher ist nach § 256 ZPO jeweils ein **Feststellungsinteresse** erforderlich.[19, 20] Die Rechtsprechung bejaht ein Feststellungsinteresse grundsätzlich nicht nur bei der Frage nach dem Bestehen eines Tarifvertrages, sondern gleichermaßen bei der Frage nach dem Inhalt einzelner Tarifnormen.[21] Dies ist insofern schlüssig, als sich das Feststellungsinteresse bereits aus der Erstreckung der Bindungswirkung gemäß § 9 TVG ergibt.[22] Im Ergebnis ermöglicht diese Vorschrift den Tarifparteien, abweichend von § 256 ZPO eine **abstrakte Feststellungsklage** über Bestehen oder Nichtbestehen, sowie über den Inhalt (die Auslegung) einer Tarifnorm zu erheben.[23]

9 Nach Ansicht des BAG[24] ist eine Feststellungsklage nach § 9 TVG nicht allein deswegen unzulässig, weil der Tarifvertrag bereits gekündigt worden ist.[25] Grund für das Feststellungsinteresse ist eben die Bindungswirkung des § 9 TVG. Solange die Bindungswirkung ihren **Zweck**, abweichende Entscheidungen zwischen Tarifgebundenen zu vermeiden, erfüllen kann, besteht ein Interesse an der Feststellungsklage. Eine Klage bleibt daher auch im Falle gekündigter bzw. nachwirkender Tarifverträge zulässig. Selbst nach Beendigung der Nachwirkung kann die Klage ausnahmsweise zulässig bleiben, wenn weitere – mit Blick auf das Verfahren nach § 9 TVG ausgesetzte – Individualprozesse anhängig sind.[26]

II. Unmittelbare Wirkung von Tarifnormen

10 Die Unmittelbarkeit der Rechtsnormwirkung besagt, dass die Geltung der Tarifnormen **weder** von einer einzelvertraglichen **Vereinbarung** noch von der **Kenntnis** der tarifgebunde-

---

[13] ErfK/*Franzen* TVG § 9 Rn. 14; *Löwisch/Rieble* TVG § 9 Rn. 114; *Wiedemann/Oetker* TVG § 9 Rn. 48.
[14] Vgl. hierzu: *Wiedemann/Oetker* TVG § 9 Rn. 49 f., 52 mwN zum Streitstand.
[15] *Wiedemann/Oetker* TVG § 9 Rn. 58; wohl auch BAG 6.6.2007 – 4 AZR 411/06 Rn. 68.
[16] BAG 28.9.1977 – 4 AZR 446/76, AP TVG 1969 § 9 Nr. 1; Nr. 3; 12.4.2000 – 5 AZR 228/98, NZA 2001, 1028.
[17] BAG 7.11.1995 – 3 AZR 676/94, AP TVG § 3 Betriebsnormen Nr. 1; 12.4.2000 – 5 AZR 228/98, NZA 2001, 1028.
[18] BAG 28.9.1977 – 4 AZR 446/76, AP TVG 1969 § 9 Nr. 1; Nr. 3; *Herschel* Anm. zu EzA TVG § 9 Nr. 1.
[19] Vgl. BAG 30.5.2001 – 4 AZR 387/00, NZA 2002, 228.
[20] Vgl. *Wiedemann/Moll* Anm. zu AP TVG 1969 § 9 Nr. 1.
[21] BAG 28.9.1977 – 4 AZR 446/76, AP TVG 1969 § 9 Nr. 1; 12.4.2000 – 5 AZR 228/98, NZA 2001, 1028 (1029); *Kempen/Zachert* TVG § 9 Rn. 11.
[22] BAG 15.6.2016 – 4 AZR 805/14, NZA 2017, 326 Rn. 15; 4.7.2007 – 4 AZR 491/06, NZA 2008, 307 Rn. 18.
[23] BAG 7.11.1995 – 3 AZR 676/94, AP TVG § 3 Betriebsnormen Nr. 1; vgl. aber auch BAG 30.5.2001 – 4 AZR 387/00, NZA 2002, 228 ff.
[24] BAG 28.9.1977 – 4 AZR 446/76, AP TVG 1969 § 9 Nr. 1; einschränkend BAG 6.6.2007 – 4 AZR 411/06, NZA 2008, 1086 Rn. 68 f.
[25] Offengelassen hat das Gericht die Frage, ob die Auslegung nachwirkender Tarifnormen nach § 9 TVG verbindlich entschieden werden kann; dagegen LAG Düsseldorf 7.11.1973 – 13 Sa 311/73, EzA TVG § 9 Nr. 1.
[26] Vgl. BAG 15.6.2016 – 4 AZR 805/14, NZA 2017, 37 Rn. 19; 6.6.2007 – 4 AZR 411/06, NZA 2008, 1086 Rn. 68 f.; 12.4.2000 – 5 AZR 228/98, NZA 2001, 1028.

nen Arbeitsvertragsparteien abhängig ist. Es bedarf **keiner Anerkennung, Unterwerfung oder Übernahme** dieser Normen **durch die Parteien des Arbeitsvertrages**.[27] Voraussetzung ist allerdings, dass die Arbeitsvertragsparteien tarifgebunden sind und ihr Arbeitsverhältnis in den Geltungsbereich des jeweiligen Tarifvertrages fällt.

III. Zwingende Wirkung von Tarifnormen

Aufgrund der zwingenden Wirkung der Tarifnormen können die tarifgebundenen Arbeitsvertragsparteien keine abweichenden Regelungen treffen.[28] Tarifnormen sind grds. **nicht dispositives Gesetz**. Die Tarifnormen werden aber nicht zum Inhalt des Arbeitsvertrages, auch wenn sie auf das Arbeitsverhältnis *unmittelbar* einwirken. Deshalb wird auch davon gesprochen, dass Tarifbestimmungen die einzelvertraglichen Regelungen verdrängen,[29] bzw. die arbeitsvertraglichen Vereinbarungen wie ein Gesetz überlagern.[30] Zur Sicherstellung der zwingenden Wirkung von Tarifnormen als Mindestarbeitsbedingungen bedarf es nicht der „Vernichtung" der Individualvereinbarung.[31] Die Individualnorm wird daher regelmäßig nur verdrängt, kann aber auch nichtig sein, wenn die tarifliche Regelung als gesetzliches Verbot isd § 134 BGB ausgestaltet ist. Ob eine individualrechtliche Vereinbarung wiederauflebt und nicht nichtig ist, hängt entscheidend von der Auslegung des Tarifvertrages bzw. des Arbeitsvertrages ab.[32] Einzelheiten sind bislang nicht abschließend geklärt. Sofern einzelvertragliche Regelungen **lediglich verdrängt** werden, können diese nach Beendigung der Normwirkung (einschließlich des Nachwirkungszeitraums[33]) **wiederaufleben.** Gleiches gilt, wenn eine tarifliche Regelung derart zu Lasten des Arbeitnehmers abgeändert wird, dass diese nunmehr unter das Niveau der arbeitsvertraglichen Regelung fällt (Stichwort: Günstigkeit, → Rn. 44 ff.).

Ebenfalls noch nicht in der letzten Konsequenz geklärt ist die Frage der „normativen" Wirkung von Tarifverträgen bei ausschließlich arbeitsvertraglicher Inbezugnahme eines Tarifvertrages. Teils wird von der Rechtsprechung – auch der europäischen – eine quasi-normative Wirkung angenommen, teils von einer Inkorporierung des Tarifvertrags in den Arbeitsvertrag gesprochen.[34]

Von der zwingenden Wirkung der Tarifnormen sind in § 4 Abs. 3 TVG **zwei Ausnahmen** zugelassen: Tarifvertragliche **Öffnungsklauseln** (→ Rn. 56 ff.) und Regelungen zugunsten des Arbeitnehmers (**Günstigkeitsprinzip**, → Rn. 44 ff.). Schließlich sind anderweitige Abmachung gestattet, wenn der Tarifvertrag nur noch nachwirkt (§ 4 Abs. 5 TVG; → Rn. 55).

IV. Schranken der Normsetzung

Trotz der in Art. 9 Abs. 3 GG gewährten Tarifautonomie kann die Normsetzungsbefugnis der Tarifvertragsparteien nicht unbeschränkt gelten. Zum einen sind Tarifnormen Teil der Gesamtrechtsordnung. Sie sind in die Normenhierarchie einzuordnen. Zum anderen werden Grenzen der Normsetzungsbefugnis der Tarifvertragsparteien auch im Hinblick auf das Verbandsrecht bzw. eine Gemeinwohlbindung diskutiert.

---

[27] BAG 21.9.1989 – 1 AZR 454/88, AP BetrVG 1972 § 77 Nr. 43; 21.9.1989 – 1 AZR 454/88, NZA 1990, 351.
[28] BAG 21.9.1989 – 1 AZR 454/88, AP BetrVG 1972 § 77 Nr. 43.
[29] So etwa *Schliemann* NZA Heft 16/2003, 3 (5); *Richardi* ZfA 2003, 655 (657).
[30] So etwa BAG 10.12.2002 – 1 AZR 96/02, NZA 2003, 735 (740).
[31] BAG 12.12.2007 – 4 AZR 998/06, NZA 2008, 649.
[32] Wiedemann/*Wank* TVG § 4 Rn. 398 f.; vgl. auch BAG 21.9.1989 – 1 AZR 454/88, NZA 1990, 351 (355); 14.2.1991 – 8 AZR 166/90, AP TVG § 3 Nr. 10; LAG Berlin 5.12.1994 – 9 Sa 74/94, NZA 1995, 1174; *Thüsing*/*Lambrich* RdA 2002, 193 (204).
[33] Das Wiederaufleben ist keine andere Abmachung iSd § 4 Abs. 5 TVG, so dass trotz der nicht mehr bestehenden zwingenden Wirkung des Tarifvertrages die tarifliche Regelung unmittelbar fortgilt: BAG 1.7.2009 – 4 AZR 261/08, NZA 2010, 53 Rn. 61 ff.; 1.7.2009 – 4 AZR 250/08, NZA-RR 2010, 30 Rn. 22 f.
[34] Vgl. hierzu Henssler/Moll/Bepler TarifV-HdB/*Greiner* Teil 9 Rn. 9.

1. Verhältnis von Tarifnormen zu anderen Rechtsquellen

15 Tarifnormen sind Teil der Rechtsordnung. In der **Normenhierarchie** der Rechtsordnung sind sie wie folgt einzuordnen: Der Tarifvertrag ist gegenüber staatlichem Recht trotz Normwirkung die schwächere Rechtsquelle.[35] Nach dem **Rangprinzip** gehen europäisches Recht,[36] Verfassungsrecht, bundes- und landesrechtliche Gesetze sowie Rechtsverordnungen den Tarifnormen vor. Hingegen stehen Betriebsvereinbarungen und Arbeitsverträge in der Rangordnung unterhalb der Tarifnormen.

16 a) **Verhältnis zum europäischen Gemeinschaftsrecht.** An unmittelbar in Deutschland geltendes europäisches Recht sind die Tarifvertragsparteien gebunden.[37] Rechtsverordnungen der Union sind daher ebenso zu beachten, wie europäisches Primärrecht. Nach der Rechtsprechung des EuGH sind die Tarifparteien an die Grundfreiheiten gebunden, wobei bereits Arbeitskampfmaßnahmen die Grundfreiheiten beeinträchtigende „Regelungen" sein können. Entschieden ist dies bereits für die Dienstleistungsfreiheit (Art. 46 AEUV), die Arbeitnehmerfreizügigkeit (Art. 45 AEUV) und die Niederlassungsfreiheit (Art. 49 AEUV).[38] Daneben sind die Tarifparteien auch den Regelungen des Art. 157 AEUV (Lohngleichheit von Mann und Frau) und des Art. 18 AEUV (keine Ungleichbehandlung wegen der Staatsangehörigkeit) verpflichtet. Anderes soll aber für das Kartellverbot des Art. 101 AEUV und für Art. 102 AEUV gelten.[39] Versteht man die vom EuGH entwickelten „allgemeinen Grundsätze des Unionsrechts" – bspw. das Verbot der Altersdiskriminierung[40] – wie dieser als unmittelbar geltendes Primärrecht, so sind die Tarifvertragsparteien auch an diese gebunden.[41] Nicht vollständig geklärt ist die Frage der Bindung der Tarifvertragsparteien an europäische Grundrechte[42] bzw. an europäische Richtlinien, deren Adressaten nach Art. 288 Abs. 3 AEUV zunächst die Mitgliedstaaten sind. An letztere sind die Tarifvertragsparteien, soweit es sich nicht um „staatliche" Parteien, bspw. Bund, Länder oder Kommunen, oder vom Staat (mittelbar) beherrschte Personen des Privatrechts handelt, auch nach Ablauf der Umsetzungsfrist nicht gebunden. Im Rahmen von Rechtsstreitigkeiten soll aber die staatliche Gewalt in Person der urteilenden Richter Tarifverträge nach Ablauf der Umsetzungsfrist richtlinienkonform auslegen.[43]

17 b) **Grundrechtsbindung der Tarifvertragsparteien.** Die Grundrechtsbindung der Tarifvertragsparteien ist nicht abschließend geklärt. Die frühere Rechtsprechung des BAG und die überwiegende Meinung im Schrifttum befürworten eine **unmittelbare Grundrechtsbindung**.[44] Der Staat könne bei der Übertragung eigener Aufgaben nicht die Grundrechtsbindung abstreifen; er könne nicht mehr Rechte übertragen, als ihm selbst zustünden. Die unmittelbare Grundrechtsbindung wurde zudem mit der sozialen Macht, die die Verbände gegenüber ihren Mitgliedern hätten, begründet.

---

[35] BAG 26.9.1984 – 4 AZR 343/83, AP TVG § 1 Nr. 21.
[36] EuGH 9.9.1999 – C-281/97, NZA 1999, 1151 f.: Art. 119 EGV (nun Art. 157 AEUV); vgl. zu dem Verhältnis ausführlich Wiedemann/*Thüsing* TVG Einl. Rn. 198 ff.; Henssler/Moll/Bepler TarifV-HdB/*Engels* Teil 1 Rn. 51 ff.
[37] Vgl. zuletzt Vorlage des BAG zur Berücksichtigung von Urlaubsstunden für die Berechnung der Mehrarbeitszuschläge, 17.6.2020 – 10 AZR 260/19.
[38] Vgl. EuGH 18.12.2007 – C-341/05, Slg. 2007, I-11767 ff. – Laval; 11.12.2007 – C-438/05, Slg. 2007, I-10779 ff. – Viking Line; vgl. auch *Pießkalla* NZA 2007, 1144 ff.; *Bücker* NZA 2008, 212 ff.; *Zwanziger* DB 2008, 294 ff.; *Krieger/Wiese* BB 2010, 568 ff.
[39] EuGH 21.9.1999 – C-67/96, Slg. 1999, I-5863 ff. – Albany; EuGH 4.12.2014 – C-413/13, EuZW 2015, 313 – FNV mAnm *Steinle/Haußmann*; vgl. auch *Latzel/Serr* EuZW 2014, 410 ff.; *Eufinger* DB 2015, 192 ff.
[40] EuGH 22.11.2005 – C-144/04, NZA 2005, 1345 – Mangold; vgl. Art. 21 Abs. 1 GRC.
[41] Kritisch mit Blick auf die unmittelbare Wirkung des Unionsrechts unter Privaten *Wank* RdA 2020, 1 ff.
[42] Vgl. ablehnend MHdb ArbR/*Klumpp* Bd. 3 § 227 Rn. 7 ff.; *Löwisch/Rieble* TVG § 1 Rn. 672.
[43] zu Recht ablehnend: *Löwisch/Rieble* TVG § 1 Rn. 1716 f.
[44] BAG 15.1.1955 – 1 AZR 305/54, AP GG Art. 3 Nr. 4; so auch noch BAG 27.1.2000 – 6 AZR 471/98, NZA 2001, 41 (43); *Käppler* NZA 1991, 745 (749); *Löwisch* RdA 2000, 312 ff.; *Schwarze* ZTR 1996, 1 (7); *Söllner* Sonderbeilage NZA Heft 24/2000, 33 (40 f.); *Belling* ZfA 1999, 547 (604), fordert „elastische Grundrechtsmaßstäbe".

Nunmehr lehnt das BAG sowie Vertreter des Schrifttums eine unmittelbare Grundrechtsbindung der Tarifparteien bei der Normsetzung zu Recht ab.[45] Die Grundrechte schützen gegen staatliche Maßnahmen. Adressat der Grundrechte ist grundsätzlich der Staat. Tarifnormen beruhen hingegen auf kollektiv ausgeübter Privatautonomie. Bei der Ausgestaltung der Arbeitsbedingungen werden die Grundrechte nach Art. 2 Abs. 1, 12 GG ohnehin eingeschränkt.[46] Die freiheitsbeschränkenden Wirkungen der Tarifnormen beruhen auf dem eigenverantwortlichen Verbandsbeitritt.[47] Die Annahme Tarifverträge wie formelle Gesetze unmittelbar an die Grundrechte zu binden, liefe damit faktisch darauf hinaus, den Individualgrundrechten unzulässigerweise stets gegenüber Art. 9 Abs. 1 GG den Vorrang einzuräumen.[48] Bei der Ausgestaltung der Tarifautonomie muss der Staat auf Grund einer ihn treffenden Schutzpflicht allerdings Sorge dafür tragen, dass die Wertentscheidung der Grundrechte auch im Bereich privatautonomer Rechtsverhältnisse Beachtung findet.[49] Auch bei Annahme einer bloß **mittelbar wirkenden Grundrechtsbindung** haben die Tarifvertragsparteien aber einen **weiten Gestaltungsspielraum**.[50]

Erforderlich ist daher grundsätzlich ein differenzierter Kontrollmaßstab. Weitgehend Einigkeit besteht dahingehend, dass die Tarifpartner an die Gleichheitssätze und Diskriminierungsverbote (Art. 3 GG) sowie die Freiheitsgrundrechte (Art. 12 GG) gebunden sind.[51] Doch auch hier soll nach der Rechtsprechung des Vierten Senats des BAG keine unmittelbare Bindung der Tarifvertragspartien an Art. 3 Abs. 1 GG bestehen,[52] jedenfalls nicht hinsichtlich der Vereinbarung des persönlichen Geltungsbereichs eines Tarifvertrages. Bis zur **Grenze der Willkür** seien die Tarifvertragsparteien darin frei. Das **Diskriminierungsverbot** beansprucht in jedem Fall Geltung.[53] Zu beachten sind nunmehr ohnehin die Grenzen, die das AGG den Tarifvertragsparteien setzt. Vereinbarungen, die gegen Benachteiligungsverbote verstoßen, sind nach § 7 Abs. 2 AGG unwirksam.[54]

Im Brennpunkt der Diskussion infolge des AGG stand insbesondere die Ungleichbehandlung wegen des Alters, so etwa tarifliche **Altersgrenzen**. Eine Altersgrenze von 55 für Fluglotsen wurde für unzulässig erachtet, ebenso für Flugbegleiterinnen.[55] Das BAG hatte zunächst noch eine Altersgrenze von 60 für Piloten für gerechtfertigt gehalten, der EuGH hat diese jedoch verworfen.[56] Eine Befristung, die auf das Erreichen der gesetzlichen Altersrente

---

[45] BAG 19.12.2019 – 6 AZR 563/18, NZA 2020, 734; 19.12.2019 – 6 AZR 59/19, NZA 2020, 732; 27.6.2018 – 10 AZR 290/17, NZA 2018, 1344 Rn. 33 ff.; 21.3.2018 –, 10 AZR 34/17 BeckRS 2018, 17034 Rn. 44, 616 f.); *Dieterich* in FS Schaub, 117 ff.; *Hamacher*, Deklaratorische und konstitutive Klauseln in Tarifverträgen, 2000, S. 35 ff.

[46] BAG 25.10.2000 – 4 AZR 438/99, NZA 2001, 328 (330); *Hamacher*, Deklaratorische und konstitutive Klauseln in Tarifverträgen, 2000, S. 39.

[47] Vgl. BAG 31.7.2002 – 7 AZR 140/01, NZA 2002, 1155 (1156).

[48] ErfK/*Linsenmaier* GG Art. 9 Rn. 78.

[49] Vgl. BAG 31.7.2002 – 7 AZR 140/01, NZA 2002, 1155 (1157); offen gelassen BAG 29.8.2001 – 4 AZR 352/00, NZA 2002, 863 (865); vgl. zur mittelbaren Grundrechtsbindung auch BAG 4.4.2000 – 3 AZR 729/98, NZA 2000, 917 (918); LAG Düsseldorf 31.1.2001 – 12 Sa 1501/00, NZA-RR 2001, 259 f.

[50] BAG 27.6.2018 – 10 AZR 290/17, NZA 2018, 1344 Rn. 36; vgl. dazu *Dieterich* RdA 2001, 112 (115).

[51] BAG 19.12.2019 – 6 AZR 563/18, NZA 2020, 734; 27.6.2018 – 10 AZR 290/17, NZA 2018, 1344 Rn. 35; 21.3.2018 – 10 AZR 34/17 BeckRS 2018, 17034 Rn. 44; 18.3.2010 – 6 AZR 156/09, NZA 2010, 824 Rn. 30; 16.10.2014 – 6 AZR 661/12, NJOZ 2015, 355 Rn. 26 ff.; 17.10.1995 – 3 AZR 882/94, AP BGB § 242 Gleichbehandlung Nr. 132; 29.10.1998 – 6 AZR 241/97, NZA 1999, 1051 (1052); so ausdrücklich BAG 4.4.2000 – 3 AZR 729/98, NZA 2002, 917 (918); 24.5.2000 – 10 AZR 629/99, NZA 2001, 216 (218); *Wiedemann/Peters* RdA 1997, 100 (101), sprechen von Gewohnheitsrecht; offen gelassen BAG 26.4.2000 – 4 AZR 177/99, NZA 2001, 396 (399).

[52] BAG 30.8.2000 – 4 AZR 563/99, NZA 2001, 613 (616 f.); BAG vgl. auch *Dieterich* RdA 2001, 112 (117 f.); *ders.* in FS Wiedemann, 238; ablehnend *Löwisch* SAE 2001, 295 (296 f.).

[53] Vgl. dazu auch *Wißmann* in FS Dieterich, 683 ff.; zuletzt BAG 9.12.2015 – 4 AZR 6841/2, NZA 2016, 897 ff.

[54] BAG 15.2.2011 – 9 AZR 584/09, NZA-RR 2011, 467; 11.8.2009 – 3 AZR 23/08, NZA 2010, 408.

[55] LAG Düsseldorf 9.3.2011 – 12 TaBV 81/10, NZA-RR 2011, 474; BAG 23.6.2010 – 7 AZR 1021/08, NZA 2010, 1248.

[56] BAG 17.6.2009 – 7 AZR 112/08, NJW 2009, 3808; EuGH 13.9.2011 – C-447/09, NZA 2011, 1039; so nun auch BAG 18.1.2012 – 7 AZR 112/08, NZA 2012, 575.

abstellt, ist hingegen möglich.⁵⁷ Bestimmungen in Tarifverträge, die die Höhe der Grundvergütung an Lebensaltersstufen knüpfen, verstoßen gegen das Verbot der Altersdiskriminierung.⁵⁸ Dies galt etwa für entsprechende Regelungen des BAT. Der EuGH hat allerdings eine vorübergehende Beibehaltung in Übergangsregelungen europarechtlich gebilligt.⁵⁹ Das BAG hat eine „Anpassung nach oben" befürwortet (→ Rn. 23). Die Pflicht zur Zahlung einer „erhöhten" Vergütung endet mit der Ablösung durch ein diskriminierungsfreies Entgeltsystem.⁶⁰

21 In jüngster Vergangenheit sind **Ungleichbehandlungen (von Teilzeitmitarbeitern)** in den Fokus geraten. Hatte das BAG früher angenommen, dass tarifliche Regelungen zulässig seien, die Mehrarbeitszuschläge nur für Überstunden – auch an Teilzeitbeschäftigte – vorsahen, die über die regelmäßige Arbeitszeit von Vollzeitbeschäftigten hinausgehen,⁶¹ hat es in jüngerer Zeit angenommen, dass ein derartiges Verständnis der Tarifverträge gegen § 4 Abs. 1 Satz 1 TzBfG verstieße. In den konkreten Fällen hat das BAG die Tarifverträge allerdings gesetzeskonform dahingehend auslegen können, dass den Teilzeitarbeitnehmern ein tarifvertraglicher Mehrarbeitszuschlag für die Arbeitsleistung zusteht, die sie über die einzelvertraglich vereinbarte Arbeitszeit hinaus erbracht hat.⁶² In einem anderen Fall hat das Bundesarbeitsgericht die tarifvertragliche Gewährung von Altersfreizeiten erst für Mitarbeiter mit einer Wochenstundenzahl von mehr als 35 Stunden für unwirksam erachtet.⁶³ Rechtsfolge der diskriminierenden Ungleichbehandlung soll die (anteilsmäßige) Gewährung der Leistung an den Teilzeitbeschäftigten sein.⁶⁴ Das BAG⁶⁵ hat schließlich auch durch die Erstreckung eines erhöhten tariflichen Nachtzuschlages auf Nachtschichtarbeitnehmer, die es durch die tarifvertragliche Regelung gegenüber Arbeitnehmern, die gelegentlich in Nachtschicht arbeiteten, gleichheitswidrig behandelt sah, ganz erheblich – und in verfassungsrechtlicher Sicht diskussionswürdig – in den tarifvertraglichen Regelungskomplex eingegriffen.⁶⁶

22 Bei der Überprüfung von Tarifverträgen anhand des Gleichbehandlungsgrundsatzes ist zu beachten, dass bei Tarifverträgen andere sachliche Gründe für eine Ungleichbehandlung vorliegen können als bei vergleichbaren gesetzlichen Bestimmungen. Den Tarifvertragsparteien steht ein **weiter Regelungsspielraum** zur Verfügung.⁶⁷ Aufgrund des Kompromisscharakters von Tarifverträgen als Verhandlungsergebnis divergierender Interessen muss berücksichtigt werden, dass an die Systemgerechtigkeit der Tarifregelungen keine hohen Anforderungen gestellt werden dürfen; die Tarifvertragsparteien können im Interesse praktikabler, verständlicher und übersichtlicher Bestimmungen typisierende Regelungen, insbesondere **Stichtagsregelungen**⁶⁸ treffen und **Pauschalleistungen** vereinbaren.⁶⁹ Bei einer Überprüfung derartiger Regelungen ist nicht auf die Einzelfallgerechtigkeit, sondern auf die generellen Auswirkungen abzustellen.⁷⁰ Dies gilt im Grundsatz auch mit Blick auf das Europäische

---

⁵⁷ BAG 18.6.2008 – 7 AZR 116/07, NZA 2008, 1302; 8.12.2010 – 7 AZR 438/09, NZA 2011, 586; EuGH 12.10.2010 – C-45/09, NZA 2010, 1167; 18.11.2010 – C-250/09, NZA 2011, 29 (42); für eine einzelvertragliche Klausel vgl. BAG 9.12.2015 – 7 AZR 68/14, NZA 2016, 695 ff.
⁵⁸ BAG 10.11.2011 – 6 AZR 148/09, NZA 2012, 161; EuGH 8.9.2011 – C-297/10, NZA 2011, 1100.
⁵⁹ EuGH 8.9.2011 – C-297/10, NZA 2011, 1100; dazu *Lehmann* BB 2012, 117.
⁶⁰ BAG 8.12.2011 – 6 AZR 319/09, NZA 2012, 275.
⁶¹ Vgl. dazu BAG 25.7.1996 – 6 AZR 138/94, AP BAT § 35 Nr. 6; 23.4.1998 – 6 AZR 558/96, BeckRS 1998, 30369; vgl. auch EuGH 15.12.1994 – C-399/92, AP BGB § 611 Teilzeit Nr. 7.
⁶² BAG 19.12.2018 – 10 AZR 231/18, NZA 2019, 790 Rn. 50 ff.
⁶³ BAG 23.7.2019 – 9 AZR 372/18, NZA 2019, 1588; 22.10.2019 – 9 AZR 71/19, NZA 2020, 255; zust. *Platzhoff* BB 2019, 2944; *Gerhard* DB 2019, 2806.
⁶⁴ BAG 23.7.2019 – 9 AZR 372/18, NZA 2019, 1588; 22.10.2019 – 9 AZR 71/19, NZA 2020, 255.
⁶⁵ BAG 21.3.2018 – 10 AZR 34/17, NZA 2019, 622.
⁶⁶ Kritisch daher *Kleinebrink* NZA 2019, 1458 ff.; *Greiner* NZA 2020, 609 (610) mwN.
⁶⁷ BAG 19.12.2019 – 6 AZR 563/18, NZA 2020, 734; 27.1.2000 – 6 AZR 471/98, NZA 2001, 41 (44); 18.1.2001 – 6 AZR 492/99, NZA 2002, 47 ff.
⁶⁸ Vgl. zuletzt BAG 3.7.2019 – 10 AZR 300/18, NZA 2019, 1440; 27.6.2018 – 10 AZR 290/17, NZA 2018, 1345.
⁶⁹ BAG 29.8.2001 – 4 AZR 352/00, NZA 2002, 863 (865); 25.6.2003 – 4 AZR 405/02, NZA 2004, 215 (217); 15.2.2011 – 9 AZR 584/09, NZA-RR 2011, 467.
⁷⁰ BAG 25.6.2003 – 4 AZR 405/02, NZA 2004, 215 (217).

Recht.[71] Die Ziele der Tarifvertragsparteien sind aber mit den im Unionsrecht verfolgten Zielen in Einklang zu bringen.[72]

Aufgrund der besonderen **Sachnähe der Tarifvertragsparteien** ist regelmäßig von der Sachgerechtigkeit bestimmter Gruppenbildungen auszugehen. So hält sich eine unterschiedliche Stichtagsregelung beim 13. Monatseinkommen von Angestellten und Arbeitern im Baugewerbe im Rahmen des Beurteilungsermessens der Tarifvertragsparteien.[73] Den Tarifvertragsparteien steht es beispielsweise auch frei, eine notwendige Unternehmensgröße – etwa für tariflichen Sonderkündigungsschutz – zu bestimmen, bei deren Ermittlung lediglich Vollzeitbeschäftigte einzubeziehen sind.[74] Ebenso sollen unterschiedliche Regelungen für die Stammbelegschaft und für übernommene Beschäftigte zulässig sein.[75] Ein Ungleichgewicht bei den Verpflichtungen von **Arbeitnehmern und Arbeitgebern** kann nicht überprüft werden, denn der Ausgleich zwischen diesen Gruppen ist gerade Zweck der Tarifvertragsverhandlungen.[76]

Der **Gleichbehandlungsgrundsatz** kann mit der **Tarifautonomie** der Koalitionen kollidieren. So ist fraglich, ob den Tarifparteien verwehrt ist, bestimmte Berufsgruppen und Tätigkeiten aus dem **Geltungsbereich** eines Tarifvertrages auszuschließen. Die Rechtsprechung hat grundsätzlich der Koalitionsfreiheit den Vorzug gegeben.[77] Die Tarifvertragsparteien könnten in freier Selbstbestimmung festlegen, ob und für welche Berufsgruppen sie überhaupt tarifliche Regelungen treffen wollen. Allerdings scheitert ein Vergleich von Arbeitnehmergruppen unter dem Gesichtspunkt von Art. 3 GG nicht daran, dass die Arbeitsverhältnisse vergleichbarer Arbeitnehmergruppen von denselben Tarifparteien in unterschiedlichen Tarifverträgen geregelt werden.[78]

Im Tarifvertragsrecht ist die Gleichbehandlung von Arbeitern und Angestellten sowie die von Frauen und Männern eine zentrale Frage. Bereits früh hat das BAG entschieden, dass der Gleichbehandlungsgrundsatz auch den Grundsatz der **Lohngleichheit** umfasst.[79] Tarifnormen, die gegen den Gleichbehandlungsgrundsatz verstoßen, sind unwirksam.

Die **Rechtsfolgen der Unwirksamkeit** einer Tarifnorm wegen Verstoßes gegen das Diskriminierungsverbot bzw. das Gleichbehandlungsgebot sind bislang nicht abschließend geklärt und werden auch europarechtlich überlagert.[80] Einigkeit besteht insoweit, als dass **§ 139 BGB keine Anwendung** findet, sondern nur die **einzelne Tarifnorm nichtig** ist.[81] Der Verstoß führt nicht zwangsläufig dazu, dass etwa weiblichen und männlichen Arbeitnehmern ein entsprechender Anspruch für die Zukunft zusteht. Dies wäre ein Eingriff in die Tarifautonomie. Grundsätzlich haben die Tarifparteien zu entscheiden, wie sie eine nichtige Tarifnorm ersetzen oder ergänzen. Allerdings hat das BAG auch schon eine „**Anpassung nach oben**" befürwortet.[82] Voraussetzung hierfür ist grundsätzlich, dass die Einbeziehung der bislang Benachteiligten der alleinige Weg ist, die gebotene Gleichbehandlung zu ermöglichen bzw. dass nach dem hypothetischen Willen der Tarifvertragsparteien, diese die nicht berücksichtigte Gruppe einbezogen hätten, wäre ihnen der Gleichheitsverstoß bewusst gewesen.[83]

---

[71] BAG 19.1.2011 – 3 AZR 29/09, NZA 2011, 860.
[72] BAG 19.1.2011 – 3 AZR 29/09, NZA 2011, 860; EuGH 15.7.2010 – C-271/08, NZA 2011, 564.
[73] BAG 18.10.2000 – 10 AZR 503/99, DB 2001, 710 f.
[74] BAG 14.3.2001 – 4 AZR 161/00, EzA TVG § 4 Einzelhandel Nr. 47.
[75] BAG 29.8.2001 – 4 AZR 352/00, NZA 2002, 863 (866) m. beachtlicher krit. Anm. *Sachs* RdA 2002, 309 ff.
[76] *Dieterich* in FS Schaub, 130.
[77] BAG 24.4.1985 – 4 AZR 457/83, AP BAT § 3 Nr. 4 mkritAnm *Wiedemann/Lembke*; *Baumann* RdA 1987, 270 (271).
[78] BAG 17.10.1995 – 3 AZR 882/94, AP BGB § 242 Gleichbehandlung Nr. 132; vgl. auch *Wissmann* in FS Dieterich, 683 ff.
[79] BAG 15.1.1955 – 1 AZR 305/54, AP GG Art. 3 Nr. 4.
[80] Vgl. *Wiedemann/Peters* RdA 1997, 100 (106 ff.); *Wiedemann/Jacobs* TVG Einl. Rn. 410 ff.; Henssler/Moll/Bepler TarifV-HdB Teil 3 Rn. 187 ff.
[81] Vgl. BAG 10.11.1982 – 4 AZR 1203/79, AP TVG § 1 Form Nr. 8; 7.3.1995 – 3 AZR 282/94, AP BetrAVG § 1 Gleichbehandlung Nr. 36.
[82] Vgl. BAG 24.5.2000 – 10 AZR 629/99, NZA 2001, 216 (219).
[83] Vgl. *Wißmann* in FS Dieterich, 683 (685); BAG 23.7.2019 – 9 AZR 372/18, NZA 2019, 1588; 22.10.2019 – 9 AZR 71/19, NZA 2020, 255; 10.11.2011 – 6 AZR 148/09, NZA 2012, 161; 24.6.2010 – 6 AZR 1037/08, AP TVÜ § 5 Nr. 5 Rn. 37 ff.; *Wiedemann/Jacobs* TVG Einl. Rn. 410 ff.

Nach der Rechtsprechung des EuGH haben die nationalen Gerichte dafür Sorge zu tragen, dass Diskriminierungen ausgeschlossen sind, insbesondere durch Anwendung der (Tarif-)Regelungen zugunsten der benachteiligten Gruppe.[84] Die Anpassung nach oben ist danach nicht Ergebnis einer ergänzenden Vertragsauslegung, sondern ist begründet aus dem „national- und europarechtlichen Rechtsbefehl" Gleichstellungsgebote und Diskriminierungsverbote durchzusetzen.[85]

27 c) **Verhältnis zu Gesetzesrecht.** Das Verhältnis von Tarifnormen zu Gesetzen[86] bestimmt sich nach der Wirkungsweise der ranghöheren Gesetze. Diese können unterteilt werden in zweiseitig zwingende, einseitig zwingende Gesetze sowie solche ohne zwingende Wirkung. Der **Charakter eines staatlichen Gesetzes** ist durch Auslegung zu ermitteln. Gerade bei Arbeitnehmerschutzgesetzen legt der Gesetzgeber das Verhältnis zu rangniederen Rechtsquellen häufig ausdrücklich fest, etwa in § 22 TzBfG, § 13 BUrlG; §§ 7, 12 ArbZG, § 622 Abs. 4 BGB oder § 4 Abs. 4 EFZG. Gemäß § 7 Abs. 2 AGG sind auch tarifliche Bestimmungen, die gegen das Benachteiligungsverbot nach § 7 Abs. 1 AGG verstoßen, unwirksam.[87]

28 Verstößt ein Tarifvertrag gegen **zwingendes Recht,** dann sind die Tarifnormen unwirksam.[88] § 139 BGB findet im Tarifvertragsrecht keine Anwendung.[89] Soweit die übrigen Tarifnormen ohne die unwirksame Tarifbestimmung einen Sinn ergeben, ist der Tarifvertrag wirksam.

29 *aa) Zweiseitig zwingendes Gesetzesrecht.* Zweiseitig zwingende Vorschriften gestatten **keine abweichenden tarifvertraglichen Regelungen.**[90] Um das Tätigkeitsfeld der Tarifparteien nicht unverhältnismäßig zu beschneiden, sind sie eher die Ausnahme. Als Beispiele für zweiseitig zwingendes Gesetzesrecht sind das Recht zur außerordentlichen Kündigung nach § 626 BGB, der Mindestlohn nach §§ 1, 3 MiLoG[91] oder der gesetzliche (Mindest-)Urlaubsanspruch gemäß §§ 1, 2, 3 BUrlG zu nennen.

30 *bb) Einseitig zwingendes Gesetzesrecht.* Einseitig zwingende Gesetze schließen tarifvertragliche Regelungen nur zuungunsten einer Arbeitsvertragspartei aus.[92] Das staatliche Gesetz setzt also nur einen **Mindestschutz,** von dem die Tarifvertragsparteien zugunsten der geschützten Arbeitsvertragspartei abweichen können. Beispiele für einseitig zwingendes Gesetzesrecht sind §§ 1, 2 KSchG.[93] Sie verbieten den Tarifvertragsparteien, dem Arbeitgeber Rechte einzuräumen, die mit dem Schutz vor einseitiger Änderung der Arbeitsbedingungen nicht vereinbar sind.[94] Ausgeschlossen ist etwa eine Ermächtigung des Arbeitgebers, den Beschäftigungs- und Lohnanspruch zu einem beliebigen Zeitpunkt und auf unbestimmte Dauer zu verkürzen oder auszuschließen.[95] Unwirksam ist auch eine Regelung im Tarifvertrag, nach der die Arbeitnehmer zur Mitwirkung an der (weitreichenden) Änderung oder Beendigung ihrer Arbeitsverhältnisse verpflichtet werden, sich bspw. zu einem externen Arbeitgeber vermitteln lassen müssen.[96] Tarifverträge können aber vorsehen, dass der Arbeitgeber ohne Änderung des Arbeitsvertrages dem Arbeitnehmer andere, auch nach einer niedrigeren Vergütungsgruppe zu vergütende Tätigkeiten zuweist.[97]

---

[84] Vgl. EuGH 20.3.2003 – C-187/00, NZA 2003, 506 (509); siehe auch NK-TVG/*Schiek* Einl. Rn. 451 ff.
[85] So Henssler/Moll/Bepler TarifV-HdB Teil 3 Rn. 196.
[86] Auch Rechtsverordnungen und Verwaltungsakte mit Außenwirkung sind vorrangiges Recht; vgl. ErfK/*Franzen* TVG § 1 Rn. 16.
[87] ErfK/*Schlachter* AGG § 7 Rn. 6; zu den Folgen *Wiedemann* NZA 2007, 950 ff.
[88] BAG 15.12.1998 – 3 AZR 239/97, NZA 1999, 882; vgl. dazu *Hamacher,* Deklaratorische und konstitutive Klauseln in Tarifverträgen, 2000, S. 82.
[89] BAG 26.2.1986 – 4 AZR 535/84, AP TVG § 4 Ordnungsprinzip Nr. 12; *Oetker* JZ 1998, 206.
[90] BAG 25.9.1987 – 7 AZR 315/86, AP BeschFG 1985 § 1 Nr. 1.
[91] Zum Verhältnis MiLoG und Tarifrecht: *Henssler* RdA 2015, 43 ff.
[92] BAG 25.9.1987 – 7 AZR 315/86, AP BeschFG 1985 § 1 Nr. 1.
[93] Vgl. auch zu § 1 BeschFG BAG 27.9.2000 – 7 AZR 390/99, NZA 2001, 556 (557).
[94] BAG 28.6.2001 – 6 AZR 114/00, NZA 2002, 331 (334); 27.2.2002 – 9 AUR 562/00, NZA 2002, 1099 (1103); 18.10.1994 – 1 AZR 503/93, AP BGB § 615 Kurzarbeit Nr. 11.
[95] BAG 27.2.2002 – 9 AZR 562/00, NZA 2002, 1099 (1103).
[96] LAG Hamm 24.2.2014 – 8 SA 1161/13, BeckRS 2014, 69291.
[97] BAG 7.11.2001 – 4 AZR 724/00, NZA 2002, 860 (861).

cc) Gesetzesrecht ohne zwingende Wirkung. Gesetzesrecht ohne zwingende Wirkung bedeutet, dass eine abweichende Regelung sowohl zugunsten als auch zu Lasten der Vertragspartei – also auch zu Lasten der Arbeitnehmer – erfolgen kann. Nicht zwingendes Gesetzesrecht kann wiederum unterteilt werden in (**allseitig**) **dispositives** und **tarifdispositives**[98] **Gesetzesrecht**. Von Letzterem kann lediglich durch Tarifvertrag abgewichen werden, also nicht durch Arbeitsvertrag oder Betriebsvereinbarung. Die Kündigungsfristen in § 622 Abs. 1 BGB sind – in den Grenzen des § 622 Abs. 5 BGB – allseitig dispositiv, die Fristen des § 622 Abs. 1 bis 3 BGB sind insgesamt tarifdispositives Recht, vgl. § 622 Abs. 4 S. 1 BGB. Weitere Regelungen finden sich in § 14 Abs. 2 S. 3 TzBfG,[99] § 22 Abs. 2 TzBfG oder § 4 Abs. 4 EFZG.

Von Praxisrelevanz ist auch die Regelung in den §§ 8 Abs. 2, 9 Nr. 2 AÜG. Demnach können (allein) Tarifverträge von dem im Grundsatz geltenden **Equal-Pay/Equal-Treatment-Gebot** bei Leiharbeitnehmern abweichen. Dies hat zur Folge, dass ein faktischer Druck für Arbeitgeber besteht, Tarifverträge anzuwenden, der aber nach Ansicht des BVerfG[100] verfassungsrechtlich unbedenklich ist. Gefordert wird, dass nur (vollständig) wirksame Tarifverträge von den gesetzlichen Bestimmungen abweichen können, nicht etwa bloß nachwirkende Tarifbestimmungen.[101] Im Nachgang des CGZP-Beschlusses des BAG vom 14.12. 2010,[102] der die mangelnde Tariffähigkeit dieses Spitzenverbandes und damit die Unwirksamkeit des Tarifvertrages festgestellt hat, kam es zu zahlreichen Equal-Pay Klagen.

dd) Tarifvertragliche Bezugnahme auf Gesetzesrecht. Tarifnormen können durch wörtliche oder inhaltliche Übernahme oder durch Verweisung gesetzliche Regelungen in Bezug nehmen. Ändert sich das Gesetz, dann ist durch Auslegung des Tarifvertrages zu ermitteln, ob die Tarifvertragsparteien eine eigenständige Tarifnorm setzen wollten, die unabhängig vom Bestand des Gesetzes gilt, oder ob die gesetzliche Bestimmung lediglich zu Informationszwecken ohne eigenen Regelungsgehalt in den Tarifvertrag aufgenommen wurde; dann ist die jeweilige gesetzliche Regelung unmittelbar anzuwenden (vgl. dazu → § 69 Rn. 55 ff.). Das entscheidende Abgrenzungsmerkmal zwischen solchen deklaratorischen und konstitutiven Tarifklauseln ist der Normsetzungswille der Tarifvertragsparteien.[103]

2. Regelungsschranken

Neben den bereits aufgezeigten Schranken, die sich aus der Einordnung in die Normenhierarchie der Gesamtrechtsordnung ergeben, haben die Tarifvertragsparteien weitere Schranken bei der Normsetzung zu beachten. Solche ergeben sich zum einen aus dem Sinn und Zweck der Tarifautonomie, zum anderen aus der normativen Wirkung der tarifvertraglichen Regelungen. Die Tarifvertragsparteien können mit bindender Wirkung ihren Mitgliedern Pflichten auferlegen. Die Normsetzungskompetenz verleiht den Tarifparteien gegenüber ihren Mitgliedern einen „Machtüberschuss", der die **Gefahr des Missbrauchs** mit sich bringt. Die Grenzen der Regelungsmacht der Tarifvertragsparteien sind mit Blick auf die von Art. 9 Abs. 3 GG geschützte kollektive Koalitionsfreiheit nur schwer zu bestimmen und im Einzelnen umstritten.

a) **Individuelle Vertragsfreiheit/Betriebsverfassungsrecht.** Das BAG weist etwa darauf hin, dass es sich bei Tarifverträgen zwar um kollektiv ausgeübte Privatautonomie handelt, diese aber die individuelle Vertragsfreiheit nicht vollständig verdrängt.[104] Tarifbestimmungen sollen Mindestarbeitsbedingungen regeln; es muss die Möglichkeit verbleiben, günstigere auszuhandeln (Günstigkeitsprinzip).

---

[98] Vgl. hierzu *Greiner* NZA 2018, 563 ff.
[99] Vgl. *Frieling/Münder* NZA 2017, 7666.
[100] BVerfG 29.12.2004 – 1 BvR 2582/03, NZA 2005, 153.
[101] Dazu etwa *Bayreuther* BB 2010, 309 ff.
[102] BAG 14.12.2010 – 1 ABR 19/10, NZA 2011, 289.
[103] Streitig ist, ob im Zweifel ein Normsetzungswille der Tarifparteien anzunehmen ist oder nicht. Die Rechtsprechung verneint dies (BAG 5.10.1995 – 2 AZR 1028/94, AP BGB § 622 Nr. 48); Vertreter des Schrifttums (*Hamacher*, Deklaratorische und konstitutive Klauseln in Tarifverträgen, 2000, S. 298; *Preis* in FS Schaub, 571 ff.) gehen im Zweifel von konstitutiven, also eigenständigen Tarifklauseln aus.
[104] BAG 23.3.2011 – 4 AZR 366/09, NZA 2011, 920.

36 Umstritten ist bspw. die Befugnis der Tarifvertragsparteien, einen firmenbezogenen Tarifsozialplan oder genauer **Sozialplantarifvertrag**,[105] also insbesondere Abfindungsregelungen bei einer Betriebsänderung abzuschließen. Hiergegen wird insbesondere geltend gemacht, dass der Gesetzgeber diese Aufgabe den Betriebsparteien gemäß §§ 111, 112 BetrVG übertragen und damit die Regelungskompetenz der Tarifvertragsparteien begrenzt habe.[106] Das BAG[107] sieht zutreffend keine entsprechende Beschränkung der Regelungskompetenz der Tarifvertragsparteien. Hiergegen spricht bereits, dass derartige Tarifverträge in betriebsratslosen Unternehmen geschlossen werden können. Eine grundsätzliche Regelungskompetenz der Tarifvertragsparteien besteht also. Die §§ 111, 112 BetrVG ordnen auch keine Sperrwirkung an, obwohl der Gesetzgeber das Verhältnis an anderer Stelle im Gesetz geregelt hat. § 112 Abs. 1 S. 4 BetrVG setzt vielmehr derartige Tarifverträge voraus.[108] Entscheidend ist vielmehr, ob die angestrebten Regelungen sich mit bereits bestehenden Tarifnormen decken und daher von der Friedenspflicht erfasst werden.[109]

37 **b) Schutzbereich des Art. 9 Abs. 3 GG.** Art. 9 Abs. 3 GG gewährt Tarifautonomie auf dem Gebiet der **Arbeits- und Wirtschaftsbedingungen** (→ § 71 Rn. 10f.). Die Tarifvertragsparteien können also nicht beliebige Themen zum Gegenstand der Tarifnormen machen. Ihnen ist es beispielsweise verwehrt, die **Individualsphäre** eines Mitglieds zu regeln. Sie dürfen keine Regelungen im Privatbereich treffen, die nicht mit dem Arbeitsverhältnis in Verbindung stehen, etwa die Verwendung des Arbeitsentgelts.[110] Die Verpflichtung von Hausmeistern, am Ort der Tätigkeit einen Wohnsitz zu begründen, hat das BAG aber als zulässig erachtet.[111] Problematisch ist, ob Gegenstände, die der **unternehmerischen Freiheit** unterliegen (beispielsweise Verzicht auf Betriebsstilllegungen), zum Inhalt tarifvertraglicher Regelungen werden können.[112] Ein angemessener Spielraum zur Entfaltung der unternehmerischen Entscheidungsfreiheit ist in jedem Fall unantastbar.[113] Umstritten ist des Weiteren die Kompetenz der Tarifvertragsparteien, Regelungen zur Arbeitsmarkt- und Beschäftigungspolitik zu treffen.[114] Das BAG hat bereits **arbeitsplatzsichernde Tarifregelungen** (zeitlich befristete Herabsetzung von Arbeitszeit und Vergütung) als zulässig angesehen.[115]

38 **c) Grenze durch TVG.** Die Tarifautonomie ist zwar vorbehaltlos gewährt, bleibt aber ein **ausgestaltungsbedürftiges Grundrecht**. Eingriffe durch Gesetz sind gerechtfertigt, wenn sie zugunsten der Grundrechte Dritter sowie sonstiger mit Verfassungsrang ausgestatteter Rechte und Gemeinwohlbelange erfolgen.[116] Der Gesetzgeber ist seiner Pflicht, ein Tarifvertragssystem zur Verfügung zu stellen, in zulässiger Weise mittels des TVG nachgekommen. Der Rahmen des TVG bildet daher eine wirksame Grenze der Tarifmacht der Verbände.[117] Nur in dem dort zugelassenen Bereich können sie normativ wirkende Tarifvereinbarungen treffen. Die Auslegung des TVG hat aber unter Berücksichtigung des Art. 9 Abs. 3 GG zu erfolgen.

39 **d) Verbandsrecht.** Verbandsintern setzt das Vereinsrecht eine Grenze der Regelungsmacht. Die innerverbandlichen Kontrollrechte der Mitglieder bilden eine Beschränkung der Tarifmacht.

---

[105] Vgl. hierzu Schaub ArbR-HdB/*Treber* § 192 Rn. 7 ff.
[106] Vgl. *Willemsen/Stamer* NZA 2007, 413 ff.
[107] BAG 24.4.2007 – 1 AZR 252/06, NZA 2007, 987 ff.; vgl. auch BAG 15.4.2015 – 4 AZR 796/13, AP TVG § 3 Nr. 57; abl. *Kappenhagen* BB 2007, 2235.
[108] *Gaul* RdA 2008, 13 ff.
[109] Dazu *Bayreuther* NZA 2007, 1017 ff.; *Gaul* RdA 2008, 13 ff.
[110] Zur Tarifmacht bei der Vermögensbildung vgl. *Löwisch* in FS Däubler, 473 ff.
[111] BAG 7.6.2006 – 4 AZR 316/05, NZA 2007, 343.
[112] Vgl. dazu BAG 3.4.1990 – 1 AZR 123/89, AP GG Art. 9 Nr. 56; *Buchner* DB 2001, 1 (7); *Hanau/Thüsing*, Tarifautonomie im Wandel, 2003, S. 7, 31.
[113] LAG Schleswig-Holstein 27.3.2003 – 5 Sa 137/03, NZA-RR 2003, 592 (594).
[114] Befürwortend etwa *Zachert* DB 2001, 1198 ff.; *Hanau/Thüsing* ZTR 2001, 1 ff.
[115] BAG 28.6.2001 – 6 AZR 114/00, NZA 2002, 331 (334).
[116] Vgl. bspw. BVerfG 11.7.2017 – 1 BvR 1571/15, NZA 2017, 1789.
[117] Zu den Grenzen durch das TVG etwa *Reuter* mAnm zu EzA GG Art. 9 Nr. 49.

e) Tarifverantwortung

aa) Gemeinwohlbindung und Tarifmacht. Ob die Tarifvertragsparteien bei der Normsetzung an das **Gemeinwohl** gebunden sind, ist umstritten, im Ergebnis aber abzulehnen.[118] Koalitionen nehmen nur die Interessen ihrer Mitglieder wahr.[119] Der Gemeinwohlbindung kommt allenfalls im Arbeitskampfrecht mit Blick auf den Schutz unbeteiligter Dritter Bedeutung zu.

In Rechtsprechung und Literatur wird regelmäßig angeführt, dass den Koalitionen mit der Tarifautonomie, die im öffentlichen Interesse liegende Aufgabe zugewiesen worden ist, die Arbeitsbedingungen sinnvoll zu ordnen.[120] Die ihnen überantwortete **Tarifmacht** hätten die Tarifparteien verantwortlich wahrzunehmen. Konkrete Schranken der Normsetzungsbefugnis werden aber nicht aufgezeigt.

bb) Delegation der Normsetzungsbefugnis. Rechtsprechung und Vertreter des Schrifttums sind der Ansicht, dass die Tarifvertragsparteien ihre Normsetzungsbefugnis auf Grund ihrer Tarifverantwortung selbst ausüben müssen. Aus diesem Grund wird die **Übertragung der Normsetzungsbefugnis** auf Dritte nur für beschränkt zulässig angesehen. Eine **dynamische Verweisung** auf andere Tarifverträge sei nur möglich, wenn diese von denselben Tarifparteien abgeschlossen werden oder ein besonders enger Sachzusammenhang besteht.[121] Auch eine Übertragung der Normsetzungsbefugnis auf die Betriebsparteien ist nur begrenzt möglich (vgl. aber bspw. § 7 Abs. 1 ArbZG). Nach Auffassung des BAG dürfen die Tarifvertragsparteien den **Kernbereich ihrer Normsetzungsbefugnis nicht aufgeben**, bspw. indem sie eine unkündbare Verweisungsnorm oder eine besonders langfristige Kündigungsfrist bzw. Laufdauer vereinbaren.[122] Eine Bindungsdauer von 2½ bis 3 Jahren ist aber bereits als zulässig angesehen worden.[123]

V. Ausnahmen der zwingenden Wirkung

Nach § 4 Abs. 3 TVG gibt es zwei Ausnahmen von der zwingenden Wirkung der Tarifnormen: Regelungen zugunsten des Arbeitnehmers oder im Rahmen von Tariföffnungsklauseln. Darüber hinaus verlieren die Tarifnormen im Nachwirkungszeitraum ihre zwingende Wirkung, § 4 Abs. 5 TVG.[124]

1. Günstigkeitsprinzip

a) Zweck. Aufgrund des Günstigkeitsprinzips sind vom Tarifvertrag abweichende Vereinbarungen in Arbeitsverträgen zulässig, wenn sie für den Arbeitnehmer günstiger sind. Das Günstigkeitsprinzip dient dem Zweck von Tarifnormen, lediglich **Mindestarbeitsbedingungen** festzulegen.[125] Tarifnormen sind aus diesem Grund immer nur einseitig zwingend und zugunsten des Arbeitnehmers dispositiv. Das Günstigkeitsprinzip selbst ist **zwingend** und kann von den Tarifvertragsparteien nicht abbedungen werden.

---

[118] Der Begriff des Gemeinwohls ist nicht justitiabel und führt letztlich zu einer Tarifzensur, *Hamacher,* Deklaratorische und konstitutive Klauseln in Tarifverträgen, 2000, S. 29 ff.; vgl. auch *Seiwerth* RdA 2017, 373 ff.; Wiedemann/*Jacobs* TVG Einl. Rn. 32; *Gamillscheg* I S. 319; *Baumann* RdA 1987, 270 (271); Parallelen zur Sozialbindung des Eigentums zieht *Rüfner* RdA 1985, 193 (194).
[119] *Richardi* DB 2000, 42 (43); *ders.* ZfA 2003, 655 (663).
[120] BVerfG 26.5.1970 – 2 BvR 664/65, AP GG Art. 9 Nr. 16; BAG 9.7.1980 – 4 AZR 564/78, AP TVG § 1 Form Nr. 7.
[121] BAG 9.7.1980 – 4 AZR 564/78, AP TVG § 1 Form Nr. 7 mAnm *Wiedemann;* 17.5.2000 – 4 AZR 363/99, NZA 2001, 453 (455); 4.4.2001 – 4 AZR 215/00, NZA 2002, 104 ff.; krit. *Hamacher,* Deklaratorische und konstitutive Klauseln in Tarifverträgen, 2000, S. 86 ff.
[122] BAG 17.5.2000 – 4 AZR 363/99, NZA 2001, 453 (455).
[123] BAG 4.4.2001 – 4 AZR 215/00, NZA 2002, 104 ff.
[124] Ganz hM Erfk/*Franzen* TVG § 4 Rn. 50; *Löwisch/Rieble* TVG § 4 Rn. 824; Wiedemann/*Wank* TVG § 4 Rn. 347
[125] BAG 16.9.1986 – GS 1/82, AP BetrVG 1972 § 77 Nr. 17.

45 Den Tarifvertragsparteien ist es daher verwehrt, **Höchstarbeitsbedingungen** zu setzen.[126] Weitgehend Einigkeit[127] besteht daher, dass sog. **Effektivgarantieklauseln unzulässig** sind. Bei **Effektivgarantieklauseln**[128] (oder Effektivklauseln) soll der bisherige übertarifliche Teil des Entgelts bei Tariflohnerhöhung voll erhalten bleiben, indem er bspw. auf den höheren Tariflohn aufgestockt oder aufgesattelt wird. Im Ergebnis wird die Zulage damit zum Bestandteil des Tariflohns. Dies verstößt gegen den Grundsatz, dass Tarifvertragsparteien nur Mindestarbeitsbedingungen festlegen können. Im übertariflichen Raum sind die Arbeitsvertragsparteien auf Grund des Günstigkeitsprinzips frei; dort sind Kollektivvereinbarungen grundsätzlich ausgeschlossen.[129] Nicht zulässig ist es zudem wenn die Tarifvertragsparteien festlegen, dass ein Tarifvertrag auch bei beiderseits tarifgebundenen nur gelten soll, wenn die Arbeitsvertragsparteien das Tarifwerk durch Bezugnahmeklauseln individualvertraglich vereinbaren.[130]

46 **Verdienstsicherungsklauseln bzw. Besitzstandsklauseln** verfolgen hingegen den Zweck, Arbeitnehmern, die etwa aus Gründen des Alters oder im Rahmen eines Rationalisierungsabkommens geringwertigere Tätigkeiten ausüben, vor Verdiensteinbußen zu schützen. Solche Regelungen werden als zulässig erachtet.[131]

47 **b) Abweichende Abmachungen.** Abmachungen iSd § 4 Abs. 3 TVG können nur Vereinbarungen sein, die in der Normhierarchie **rangniedriger** sind als Tarifverträge. Gegenüber ranghöheren Rechtsquellen können Tarifverträge ohnehin keine Grenzen setzen (vgl. → Rn. 13 ff.). Im Verhältnis zu gleichrangigen Rechtsquellen, also anderen Tarifverträgen, gilt das Günstigkeitsprinzip dann, wenn ein kraft beidseitiger Tarifbindung normativ und ein kraft arbeitsvertraglicher Verweisung anwendbarer Tarifvertrag auf ein Arbeitsverhältnis Anwendung finden (→ Rn. 46 aE, 50).[132] Abmachungen iSd § 4 Abs. 3 TVG sind folglich **Betriebsvereinbarungen** (hier sind aber §§ 77 Abs. 3, 87 Abs. 1 BetrVG zu beachten) und **Arbeitsverträge**.

48 **c) Günstigkeitsvergleich. aa) Anwendungsbereich.** Das Günstigkeitsprinzip greift – wobei die Rechtslage im einzelnen str. ist – grundsätzlich gegenüber allen tariflichen Normen.[133] Unterschiedlich beurteilt wird die Frage, ob lediglich von Inhaltsnormen oder auch von Betriebsnormen bzw. betriebsverfassungsrechtlichen Normen zugunsten des Arbeitnehmers abgewichen werden kann.[134] Letzteres ist zu bejahen, da diese Normen zwar grds. eine einheitliche Anwendung im Betrieb erfordern, andererseits einzelne Besserstellungen nicht von vorherein notwendigerweise ausgeschlossen sind.[135] Dies ist bspw. dann der Fall, wenn die Betriebsnorm nur einen Mindeststandard festlegen will, so dass etwa längere Pausen, Nichtteilnahme an Betriebsferien oder ähnliches zugunsten des Arbeitnehmers vereinbart werden kann.[136] Das Günstigkeitsprinzip gilt nicht nur im Verhältnis von Tarifverträgen zu nachträglichen Abmachungen, sondern auch zu **vortariflichen Vereinbarungen**.

49 *bb) Maßstab.* Der Günstigkeitsvergleich erfolgt nach überwiegender Auffassung aus Sicht eines objektiven, vernünftig abwägenden Arbeitnehmers (**objektiver Maßstab**).[137] Ein sub-

---

[126] *Picker* NZA 2002, 761 (769); vgl. aber zu Höchstarbeitszeitregelungen BAG 25.10.2000 – 4 AZR 438/99, NZA 2001, 328 (330); dazu auch *Auktor* DB 2002, 1714 ff.

[127] BAG 14.2.1963 – 4 AZR 275/67, AP TVG § 4 Effektivklausel Nr. 7; aA *Däubler* Rn. 604. Nach Ansicht der Rechtsprechung sind auch begrenzte Effektivklauseln unzulässig, BAG 14.2.1963 – 4 AZR 275/67, AP TVG § 4 Effektivklausel Nr. 7.

[128] Vgl. hierzu *Löwisch/Rieble* TVG § 1 Rn. 2160.

[129] BAG 16.9.1987 – 4 AZR 265/87, AP TVG § 4 Effektivklausel Nr. 15.

[130] BAG 13.5.2020 – 4 AZR 489/19 n. v.

[131] BAG 7.2.1995 – 3 AZR 402/94, AP TVG § 4 Verdienstsicherung Nr. 6.

[132] BAG 10.12.2014 – 4 AZR 503/12, AP TVG § 4 Günstigkeitsprinzip Nr. 25; 15.4.2015 – 4 AZR 587/13, AP TVG § 4 Günstigkeitsprinzip Nr. 26.

[133] Vgl. *Wiedemann/Wank* TVG § 4 Rn. 442 ff.; *Löwisch/Rieble* TVG § 4 Rn. 565 ff.

[134] Vgl. *Wiedemann/Wank* TVG § 4 Rn. 442 ff.; *Löwisch/Rieble* TVG § 4 Rn. 565 ff.; ErfK/*Franzen* TVG § 4 Rn. 34.

[135] ErfK/*Franzen* TVG § 4 Rn. 34; *Löwisch/Rieble* TVG § 4 Rn. 570 f.; *Wiedemann/Wank* TVG § 4 Rn. 452

[136] *Preis/Rolfs* Anm. zu LAGE TVG § 1 Betriebsnorm Nr. 2; Nr. 3; ablehnend Henssler/Moll/Bepler TarifV-HdB/*Greiner* Teil 9 Rn. 191.

[137] *Annuß* RdA 2000, 287 (296); *Joost* ZfA 1984, 173 (178); Wiedemann/*Wank* TVG § 4 Rn. 497 ff.

jektiver Maßstab, der allein auf das Interesse des jeweils betroffenen Arbeitnehmers abstellt,[138] wird abgelehnt, da Tarifverträge den einzelnen Arbeitnehmer gegen sich selbst und gegen scheinbar günstigere Regelungen schützen soll, die nur durch Druck des Arbeitgebers zustande kommen.[139] Der Selbstschutzgedanke wird vor allem der Regelung in § 4 Abs. 4 S. 1 TVG entnommen, wonach der einzelne Arbeitnehmer nicht auf tarifliche Rechte verzichten kann.[140] Käme es allein auf den Willen des Arbeitnehmers an, würden die Tarifnormen letztlich zu dispositiven Regelungen.[141] Die Vornahme des Günstigkeitsvergleichs aus Sicht der Tarifvertragsparteien[142] scheidet ebenso aus, da Zweck des Günstigkeitsprinzips gerade die Einschränkung der Kollektivmacht zugunsten des Individualwillens ist.[143] Es kommt daher auch nicht darauf an, dass eine tarifvertragliche Regelung ein Kollektiv (bspw. die Belegschaft) insgesamt besser stellt, sondern dass eine Regelung für den einzelnen Arbeitnehmer individuell günstiger ist.[144] Im Rahmen einer Kollision von auf das Arbeitsverhältnis kraft beiderseitiger Tarifgebundenheit normativ geltender Tarifnormen einerseits und aufgrund arbeitsvertraglicher Inbezugnahme anwendbarer Tarifnormen andererseits, ist für den Günstigkeitsvergleich auf die abstrakten Regelungen und nicht auf das Ergebnis ihrer Anwendung im Einzelfall abzustellen.[145] Im Zweifel, dh wenn nicht festgestellt werden kann, ob die arbeitsvertraglich in Bezug genommene tarifliche Regelung günstiger ist, greift die Regelung des normativ geltenden Tarifvertrages.[146]

cc) *Vergleichsgegenstand.* Ein weiterer Problemkreis ist die Frage nach dem Vergleichsgegenstand, dh welche Regelungen in den Vergleich einzubeziehen sind. Abweichende Arbeitsverträge werden gegenüber umfangreichen Tarifverträgen regelmäßig sowohl günstigere als auch nachteilige Bestimmungen enthalten. Der Vergleich einzelner Arbeitsbedingungen,[147] sog. Rosinentheorie, würde den Willen der Tarifvertragsparteien, die ein ausgewogenes Regelungssystem und einen zusammenhängenden Regelungskomplex geschaffen haben, nicht ausreichend berücksichtigen. Nachteilige tarifliche Regelungen werden durch andere, vorteilhafte Regelungen kompensiert. Ein Gesamtvergleich aller Arbeitsbedingungen im Tarifvertrag und der abweichenden Abmachung ist praktisch kaum durchführbar und wäre im Ergebnis allein von einer richterlichen Wertung abhängig.[148] Überwiegend wird daher ein **Sachgruppenvergleich** befürwortet.[149] Nur die Regelungen sind in den Vergleich einzubeziehen, die in einem sachlichen Zusammenhang stehen. Der Begriff des **Sachzusammenhangs** ist allerdings unscharf und führt wiederum zu Wertungsfragen, wann ein solcher Sachzusammenhang besteht.[150] Offen ist bereits, inwieweit die Tarifvertragsparteien oder sogar die Arbeitsvertragsparteien einen Sachzusammenhang herstellen können.[151] Es können nach Auffassung der Rechtsprechung nur funktional äquivalente Leistungen verglichen werden.[152] Ein Günstigkeitsvergleich scheidet zutreffend dann aus, wenn die zu vergleichenden Leistungen mit unterschiedlichen Gegenleistungen verbunden sind.[153] In einen Vergleich

---

[138] So *Heinze* NZA 1991, 329 (333).
[139] Vgl. nur *Dieterich* DB 2001, 2398 (2399).
[140] kritisch *Käppler* NZA 1991, 745 (751).
[141] *Annuß* RdA 2000, 287 (296); *Dieterich* RdA 2002, 1 (3).
[142] So *Stein* Tarifvertragsrecht Rn. 603.
[143] *Neumann* NZA 1990, 961 (962); *Richardi* DB 2000, 42 (47).
[144] BAG 11.7.2018 – 4 AZR 533/17, NZA 2018, 1486 Rn. 30; 15.4.2015 – 4 AZR 587/13 NZA 2015, 1274; Rn. 29 vgl. hierzu Henssler/Moll/Bepler TarifV-HdB/*Greiner* Teil 9 Rn. 206 f.
[145] BAG 11.7.2018 – 4 AZR 533/17, NZA 2018, 1486 Rn. 30; 15.4.2015 – 4 AZR 587/13 NZA 2015, 1274; Rn. 29 10.12.2014 – 4 AZR 503/12, AP TVG § 4 Günstigkeitsprinzip Nr. 25.
[146] Ebd.
[147] Vgl. *Däubler* Rn. 206.
[148] *Löwisch/Rieble* TVG § 4 Rn. 597; aA *Heinze* NZA 1991, 329 (335); *Nebeling/Arntzen* NZA 2011, 1215 ff.
[149] BAG 11.7.2018 – 4 AZR 533/17, NZA 2018, 1486 Rn. 30; 15.4.2015 – 4 AZR 587/13 NZA 2015, 1274 Rn. 27 ff.; 10.12.2014 – 4 AZR 503/12, AP TVG § 4 Günstigkeitsprinzip Nr. 25; zur Darlegungslast: BAG 12.12.2018 – 4 AZR 123/18, NZA 2019, 543.
[150] Wiedemann/*Oetker* TVG § 4 Rn. 516 ff.
[151] Vgl. etwa *Löwisch/Rieble* TVG § 4 Rn. 609 ff.; *Schliemann* NZA 2003, 122 ff.
[152] BAG 5.8.2009 – 10 AZR 634/08, ZTR 2009, 646.
[153] BAG 27.1.2004 – 1 AZR 148/03, NZA 2004, 667; LAG Schleswig-Holstein 28.3.2007 – 3 Sa 467/06, BeckRS 2007, 44371.

können etwa Dauer des Urlaubs, Länge der Arbeitszeit und Höhe des Urlaubsgeldes oder tariflicher Grundlohn und tarifliche Lohnzuschläge oder Urlaubsgeld und sonstige einmalige Sonderzuwendungen einbezogen werden.[154]

51 Das BAG lehnt hingegen die Vergleichbarkeit von Arbeitszeit oder Entgelt einerseits und einer **Beschäftigungsgarantie** („**Bündnis für Arbeit**"[155]) andererseits ab.[156] Eine Betriebsvereinbarung oder eine vertragliche Einheitsregelung, die eine Verlängerung der Arbeitszeit als Gegenleistung für eine Beschäftigungsgarantie vorsehen, sind demnach nicht vom Günstigkeitsprinzip gemäß § 4 Abs. 3 TVG gedeckt. Vertreter des Schrifttums befürworten hingegen die Einbeziehung der Arbeitsplatzsicherheit in den Günstigkeitsvergleich.[157] Die Vereinbarung einer höheren Wochenarbeitszeit ist aber dann zulässig, wenn im Tarifvertrag lediglich eine Regel- und keine Höchstarbeitszeit normiert ist und die Vergütung angepasst wird.[158]

52 Zu vergleichen sind allein die Tarifregelung und die abweichende Abmachung, **nicht** aber **sonstige außervertragliche Lebensumstände**, insbesondere ist nicht auf die Arbeitslosigkeit oder die wirtschaftlichen Verhältnisse des Arbeitnehmers abzustellen.[159]

53 Kollidieren Tarifvertragsnormen, weil ein Tarifvertrag normativ und der andere kraft arbeitsvertraglicher Verweisung gilt, ist die Frage des Vergleichsgegenstandes im Rahmen des Günstigkeitsvergleichs danach zu beantworten, ob der Arbeitsvertrag den in Bezug genommenen Tarifvertrag insgesamt einbezieht oder nur in Teilen. Im erstgenannten Fall dürfte ein Gesamtvergleich der kollidierenden Tarifvertragsnormen, im zweitgenannten Fall ein Sachgruppenvergleich angezeigt sein.[160]

54 *dd) Zeitpunkt.* Prüfungszeitpunkt[161] für den Günstigkeitsvergleich ist der Moment, in dem sich die vergleichbaren Regelungen erstmals gegenüberstehen. Von hier aus ist – auch prognostisch – zu prüfen, welche Regelung den Arbeitnehmer besserstellt. Problematisch ist, ob eine Günstigkeit nur dann zu bejahen ist, wenn sie in jedem Zeitpunkt des Arbeitsverhältnisses vorliegt. Beispielhaft kann hier auf eine arbeitsvertraglich vereinbarte Kündigunsfrist von bspw. 3 Monaten zum Monatsende verwiesen werden. Diese kann zu Beginn des Arbeitsverhältnisses günstiger sein als die tarifvertragliche Regelung, im Zeitablauf aber ungünstiger.[162]

55 *ee) Zweifelsregelung.* § 4 Abs. 3 TVG stellt nach überwiegender Ansicht eine **Ausnahmeregelung** dar, so dass es im Zweifel bei der Regel, also bei der zwingenden Wirkung der Tarifnorm bleibt. Kann also nicht eindeutig festgestellt werden, dass die abweichenden Abmachungen günstiger sind, gelten die tariflichen Bestimmungen.[163] Dies gilt auch bei **ambivalenten Arbeitsbedingungen,** die sich für den Arbeitnehmer sowohl vorteilhaft als auch

---

[154] BAG 23.5.1984 – 4 AZR 129/82, NZA 1984, 255; LAG Schleswig-Holstein 28.3.2007 – 3 Sa 467/06, BeckRS 2007, 44371 nv.

[155] Ausführlich hierzu: Henssler/Moll/Bepler TarifV-HdB/*Greiner* Teil 9 Rn. 230 ff.

[156] BAG 15.4.2015 – 4 AZR 587/13, AP TVG § 4 Günstigkeitsprinzip Nr. 26; 17.4.2013 – 4 AZR 592/11, AP TVG § 4 Nr. 35; 20.4.1999 – 1 ABR 72/98, NZA 1999, 887 ff.; 7.11.2002 – 2 AZR 742/00, NZA 2003, 1139 (1141); 1.7.2009 – 4 AZR 261/08, NZA 2010, 59 zust. *Richardi* DB 2000, 42 (47); *Wiedemann* RdA 2000, 169 (173); zur Frage der Wochenarbeitszeitverkürzung bei Lohnreduzierung LAG Baden-Württemberg 14.6.1989 – 9 Sa 145/88, DB 1989, 2028 (2029) mkritAnm *Buchner*; *Bengelsdorf* ZfA 1990, 563 (585 ff.); *Zöllner* DB 1989, 2121 (2126).

[157] Vgl. etwa *Buchner* NZA 1999, 897 (901); ablehnend zu Reformabsichten *Dieterich* RdA 2002, 1 ff.

[158] Vgl. LAG Köln 26.4.2007 – 6 Sa 208/07, ArbuR 2007, 357, das dieses Ergebnis auch für den Fall einer Höchstarbeitszeit befürwortet.

[159] *Gamillscheg* I S. 839; aA *Adomeit* NJW 1984, 26 f.

[160] ErfK/*Franzen* TVG § 4 Rn. 37; Wiedemann/*Oetker* TVG § 3 Rn. 338; wohl auch *Löwisch/Rieble* TVG § 3 Rn. 702 f.

[161] Vgl. hierzu Henssler/Moll/Bepler TarifV-HdB/*Greiner* Teil 9 Rn. 220; Thüsing/Braun TarifR/*Forst* Kap. 7 Rn. 47; *Löwisch/Rieble* TVG § 4 Rn. 631; Wiedemann/*Wank* TVG § 4 Rn. 522.

[162] Vgl. zu vergleichbaren Problematiken *Löwisch/Rieble* TVG § 4 Rn. 632 ff.; Wiedemann/*Wank* TVG § 4 Rn. 522 ff.

[163] BAG 11.7.2018 – 4 AZR 533/17, NZA 2018, 1486 Rn. 30; 15.4.2015 – 4 AZR 587/13 NZA 2015, 1274; Rn. 29 10.12.2014 – 4 AZR 503/12, NZA 2015, 946 Rn. 44; Wiedemann/*Wank* TVG § 4 Rn. 525; aA *Joost* ZfA 1984, 173 (183).

nachteilig auswirken können, wie etwa bei einer **verlängerten Kündigungsfrist**[164] oder der **pauschalen Abgeltung von Überstunden**.[165]

2. Tariföffnungsklauseln

Von Tarifnormen abweichende Abmachungen sind gemäß § 4 Abs. 3 TVG zulässig, wenn die Tarifvertragsparteien dies in Tariföffnungsklauseln im Tarifvertrag gestatten.[166] Die Tarifvertragsparteien können auf die zwingende Wirkung der Tarifnormen verzichten und **dispositives Recht** setzen.[167] Tariföffnungsklauseln dienen regelmäßig dazu, abweichende Abmachungen zuungunsten der Arbeitnehmer zu ermöglichen, etwa durch betriebliche Rationalisierungsabkommen.[168] Die Tarifvertragsparteien können so die Regelungssperren der §§ 77 Abs. 3 S. 1, 87 Abs. 1 BetrVG beseitigen; dies wird auch ausdrücklich in § 77 Abs. 3 S. 2 BetrVG zugelassen.[169] Tariföffnungsklauseln ermöglichen eine **größere Flexibilität**. Tarifverträge gelten für eine Vielzahl von Unternehmen und können auf die teilweise sehr unterschiedlichen Bedürfnisse und Möglichkeiten der Betriebe oft nicht hinreichend Rücksicht nehmen. Tarifliche Öffnungsklauseln erlauben in der Praxis beispielsweise Arbeitszeitverkürzung und Entgeltminderung zur Beschäftigungssicherung, Schaffung von Arbeitzeit- und Entgeltkorridoren, Härtefallklauseln bei Tariflohnerhöhungen oder Einstiegstarife für neu eingestellte Arbeitnehmer. 56

Tariföffnungsklauseln sind von **Bestimmungsklauseln** abzugrenzen, die lediglich beim Vollzug der Tarifregelungen einen **Beurteilungs- oder Ermessensspielraum** gewähren.[170] Im Unterschied zu tariflichen **Rahmenregelungen,** die einen Sachbereich selbst nicht bzw. nur rudimentär regeln und einer Ausfüllung durch Betriebsvereinbarung oder Einzelvertrag bedürfen, gibt es bei tarifvertraglichen Öffnungsklauseln eine eigenständige tarifliche Regelung des Sachbereichs, von der aber abgewichen werden kann. Ob eine Öffnungsklausel vorliegt, ist eine Frage der Auslegung,[171] wobei eine konkludente Öffnung grds. ausscheidet.[172] 57

Ein Verzicht auf die zwingende Wirkung ist nur hinsichtlich der Tarifregelungen möglich, die von denselben Tarifparteien vereinbart worden sind.[173] Tariföffnungsklauseln müssen **hinreichend bestimmen,** wie und in welchem Umfang die Tarifnormen dispositiv sein sollen.[174] 58

Nach Auffassung des BAG können die Tarifvertragsparteien durch Vereinbarung einer Tariföffnungsklausel eine – zuvor gegen den Tarifvertrag verstoßende – Betriebsvereinbarung **rückwirkend genehmigen,** sofern das Vertrauen der Normadressaten in den Fortbestand der bisherigen Rechtslage dem nicht entgegensteht.[175] 59

3. Wegfall der zwingenden Wirkung

Nach Ablauf eines Tarifvertrages – also bei Wegfall der Tarifgeltung insb. durch Zeitablauf, Kündigung oder Aufhebung – wirken seine Rechtsnormen gemäß § 4 Abs. 5 TVG normativ[176] nach, sofern die Tarifvertragsparteien die Nachwirkung nicht ausgeschlossen 60

---

[164] LAG Niedersachsen 8.2.2000 – 7 Sa 781/99, NZA-RR 2000, 428 (429 f.).
[165] BAG 17.4.2002 – 5 AZR 644/00, NZA 2002, 1340 (1344).
[166] Hierzu *Wiedemann* in FS Hanau, S. 607 ff.
[167] *Gaumann/Schafft* NZA 1998, 176 (177).
[168] Dazu BAG 11.7.1995 – 3 AZR 8/95, NZA 1996, 264 ff.; zu den Grenzen tariflicher Öffnungsklauseln *Wendling-Schröder* NZA 1998, 624 ff.
[169] Vgl. BAG 20.4.1999 – 1 AZR 631/98, NZA 1999, 1059 (1063); ErfK/*Franzen* TVG § 4 Rn. 30.
[170] BAG 28.11.1984 – 5 AZR 123/83, AP TVG § 4 Bestimmungsrecht Nr. 1; Nr. 2; *Wiedemann* in FS Hanau, 610.
[171] Vgl. dazu BAG 20.2.2001 – 1 AZR 233/00, RdA 2002, 173 (175).
[172] ErfK/*Franzen* TVG § 4 Rn. 28; *Löwisch/Rieble* TVG § 4 Rn. 478; offengelassen: BAG 20.1.2009 – 9 AZR 677/07 NZA 2010, 295 Rn. 34.
[173] BAG 20.4.1999 – 1 AZR 631/98, NZA 1999, 1059 (1063).
[174] Vgl. BAG 26.2.2020 – 4 AZR 48/19, EzA-SD 2020, Nr. 14, 15–16.
[175] BAG 20.4.1999 – 1 AZR 631/98, NZA 1999, 1059 (1063); 29.1.2002 – 1 AZR 267/01, NZA 2002, 927.
[176] Dh es erfolgt keine Transformation in den Arbeitsvertrag wie bei § 613a Abs. 1 Satz 2 BGB.

haben.[177] Dh die unmittelbare Wirkung der tariflichen Normen bleibt statisch erhalten, sie ist aber nicht mehr zwingend. Vielmehr kann sie durch abweichende andere Abmachungen ersetzt werden.[178] Dies soll für Außenseiter auch dann gelten, wenn die die zwingende und unmittelbare Wirkung ihre Grundlage in einer Allgemeinverbindlichkeitserklärung hatte,[179] nicht aber, wenn diese auf einer Verordnung nach AentG beruhte und die Geltungsdauer der Verordnung abgelaufen ist.[180] Die Nachwirkung erfasst jedoch nur Arbeitsverhältnisse, die bereits vor Ablauf des Tarifvertrages diesem unterworfen waren.[181] Auch wenn das Arbeitsverhältnis bereits vor Eintritt der Nachwirkung bestand, die Tarifgebundenheit aber erst im Nachwirkungszeitraum – bspw. durch den Gewerkschaftsbeitritt des Arbeitnehmers – begründet wird, wird dieses Arbeitsverhältnis von der Nachwirkung nicht erfasst.[182] Soweit die Geltung des Tarifvertrages auf einer arbeitsvertraglichen Bezugnahmeklausel beruht, hängt die fortgeltende Bindung bzw. die Bindung erst im Nachwirkungszeitraum eintretender Arbeitnehmer von der Auslegung der Klausel ab.[183]

61 Als abweichende andere Abmachung kommt ein durch dieselben Tarifvertragsparteien abgeschlossener Tarifvertrag, soweit dieser unmittelbar und zwingend auf das Arbeitsverhältnis einwirkt,[184] ebenso in Betracht wie eine Betriebsvereinbarung[185] oder einer vereinbarten Änderung des Individualarbeitsvertrages, auch wenn diese über den „Umweg" einer wirksamen Änderungskündigung und entsprechender Vorbehaltsannahme seitens des Arbeitnehmers erfolgt ist.[186]

VI. Schutz vor Verlust tariflicher Rechte

1. Verzicht auf entstandene tarifliche Rechte

62 § 4 Abs. 4 S. 1 TVG enthält das Verbot, auf entstandene tarifliche Rechte zu verzichten. Nur in einem **von den Tarifvertragsparteien gebilligten Vergleich** ist ein derartiger Verzicht möglich. Diese Regelung ergänzt und sichert die zwingende Wirkung von Tarifnormen. Die Normwirkung würde leerlaufen, wenn der tarifgebundene Arbeitnehmer – möglicherweise auf Veranlassung des Arbeitgebers – auf seine tariflichen Rechte verzichten könnte. Die Regelung dient dem **Arbeitnehmerschutz**, so dass Arbeitgeber auf entstandene tarifliche Rechte verzichten können.[187]

63 Das Verzichtsverbot erfasst etwa Erlassverträge, negative Schuldanerkenntnisse iSd § 397 BGB, nicht von den Tarifvertragsparteien gebilligte Vergleiche gemäß § 779 BGB sowie den einseitigen Verzicht auf Gestaltungsrechte. Ein Verstoß gegen § 4 Abs. 4 TVG führt zur **Nichtigkeit** des Verzichts gemäß § 134 BGB. Ein Betriebsübergang ist für die Unverzichtbarkeit tariflich begründeter Ansprüche bedeutungslos, gleichgültig ist damit auch, ob gegenüber dem Betriebserwerber oder -veräußerer ein Verzicht erklärt wurde.[188] Das Verzichtsverbot bedeutet aber nicht zugleich ein Gebot, tarifliche Rechte geltend zu machen.

64 Arbeitnehmer können auch nicht in **Ausgleichsquittungen** anlässlich der Beendigung eines Arbeitsverhältnisses auf tarifliche Rechte verzichten.[189] Auch ein Prozessvergleich im arbeitsgerichtlichen Verfahren unterfällt grds. dem Billigungsvorbehalt der Tarifvertragsparteien. § 4 Abs. 4 S. 1 TVG verbietet allerdings **nur Rechtsvergleiche** ohne Billigung der Ta-

---

[177] Vgl. zur Dispositivität der Norm: BAG 8.10.1997 – 4 AZR 87/96, AP TVG § 4 Nachwirkung Nr. 29.
[178] Ganz hM Erfk/*Franzen* TVG § 4 Rn. 50; *Löwisch/Rieble* TVG § 4 Rn. 824; Wiedemann/*Wank* TVG § 4 Rn. 347
[179] BAG 25.10.2000 – 4 AZR 212/00 AP TVG § 4 Nachwirkung Nr. 38.
[180] BAG 20.4.2011 – 4 AZR 467/09, NZA 1106.
[181] BAG 7.5.2008 – 4 AZR 288/07, NZA 2008, 886 Rn. 15.
[182] BAG 27.9.2017 – 4 AZR 630/15, NZA 2018, 177.
[183] Vgl. ErfK/*Franzen* TVG § 4 Rn. 37 ff., 53, 61 mwN zur Rspr.
[184] BAG 23.8.2016 – 1 ABR 15/14, NZA 2017, 74 Rn. 24; 20.4.2005 – 4 AZR 288/04, NZA 2005, 1360.
[185] Zu beachten ist aber die Sperre des § 77 Abs. 3 BetrVG.
[186] Vgl. hierzu BAG 27.9.2001 – 2 AZR 236/00, NZA 2002, 750 (753).
[187] Kempen/Zachert/*Stein* TVG § 4 Rn. 445; *Gamillscheg* I S. 800.
[188] BAG 12.2.2014 – 4 AZR 317/12, NZA 2014, 613 Rn. 15 ff.
[189] *Gamillscheg* I S. 804 ff.

rifparteien, nicht aber **Tatsachenvergleiche**, in denen eine Einigung über die tatsächlichen Voraussetzungen eines tariflichen Rechts erzielt wird.[190] So können sich die Arbeitsvertragsparteien etwa darauf einigen, dass dem Arbeitnehmer der tarifliche Urlaubsanspruch vollständig in natura gewährt worden ist. Erforderlich für einen wirksamen Tatsachenvergleich ist aber eine bestehende Unsicherheit über die tatsächlichen Voraussetzungen eines tariflichen Anspruchs.[191]

Grundsätzlich werden **alle tariflichen Rechte** erfasst, so beispielsweise auch tarifliche Kündigungsfristen.[192] Etwas anderes gilt aber dann, wenn die Rechte lediglich auf Grund **einzelvertraglicher Bezugnahme** auf den Tarifvertrag entstanden sind.[193] Auf tarifliche Rechte, denen **keine zwingende Wirkung** zukommt (beispielsweise bei bloßer Nachwirkung gemäß § 4 Abs. 5 TVG), kann ein Arbeitnehmer verzichten.[194] Ebenso werden **übertarifliche Rechte** nicht erfasst, beispielsweise ein Anspruch auf übertariflichen Urlaub.

2. Verwirkung

§ 4 Abs. 4 S. 2 TVG schließt die Verwirkung tariflicher Rechte aus. Das Verwirkungsverbot gilt auch bei nachwirkenden Tarifverträgen.[195] Überwiegend wird insoweit unter Verwirkung nur der **Rechtsmissbrauch** wegen **illoyal verspäteter Rechtsausübung (Zeitmoment)** verstanden, die die Geltendmachung des Rechts wegen weiterer Umstände (**Umstandsmoment**) dem Vertragspartner gegenüber unzumutbar erscheinen lassen.[196] Andere Fälle treuwidriger Rechtsausübung (dolo agit, Arglist, venire contra factum proprium) werden nicht erfasst.[197]

3. Ausschlussfristen

Zum Schutz tarifvertraglicher Rechte bestimmt § 4 Abs. 4 S. 3 TVG zudem, dass nur die Tarifvertragsparteien selbst Ausschlussfristen für die Geltendmachung tariflicher Rechte vereinbaren können (vgl. hierzu sogleich Rn. 68 ff.).

VII. Ausschlussfristen

1. Übersicht

a) **Wirkung.** Ausschluss- oder Verfallfristen, die regelmäßig in Mantel- bzw. Rahmentarifverträgen vereinbart werden,[198] führen zum **Erlöschen** des betroffenen tariflichen Anspruchs oder sonstigen Rechts, wenn diese nicht vor Ablauf des entsprechenden Zeitraums geltend gemacht werden.[199] Sie greift aufgrund der Universalsukzession des § 1922 Abs. 1 BGB auch gegenüber dem Erben eines tarifvertraglichen Anspruchs des Erblassers.[200] Häufig sehen Tarifverträge sog. **zweistufigen Ausschlussfristen** vor. Danach muss ein Anspruch nicht nur gegenüber dem Vertragspartner geltend gemacht werden (1. Stufe), sondern innerhalb einer bestimmten Frist – bspw. nach Ablehnung des Anspruchs oder Schweigen der Gegen-

---

[190] BAG 12.2.2014 – 4 AZR 317/12, NZA 2014, 613 Rn. 19; 5.11.1997 – 4 AZR 682/95, NZA 1998, 434 (435).
[191] BAG 12.2.2014 – 4 AZR 317/12, NZA 2014, 613 Rn. 19.
[192] Vgl. BAG 18.11.1999 – 2 AZR 147/99, NZA 2000, 605.
[193] LAG Schleswig-Holstein 26.2.1981 – 3 Sa 438/80, DB 1981, 900.
[194] *Löwisch/Rieble* TVG § 4 Rn. 676.
[195] LAG Nürnberg 23.11.2001 – 8 Sa 15/01, NZA-RR 2002, 525 (526).
[196] BAG 9.8.1990 – 2 AZR 579/89, EzA TVG § 4 Ausschlussfrist Nr. 88; vgl. Wiedemann/*Wank* TVG § 4 Rn. 781 ff.; *Löwisch/Rieble* TVG § 4 Rn. 718.
[197] LAG Nürnberg 23.11.2001 – 8 Sa 15/01, NZA-RR 2002, 525 (526); aA *Däubler* Rn. 318 ff.; Kempen/Zachert/*Stein* TVG § 4 Rn. 450.
[198] Vgl. bspw. § 37 TVöD; § 17 MTV Chemie; § 15 BRTV Bau.
[199] *Husemann* NZA-RR 2011, 337 (339). Der Ablauf einer Ausschlussfrist hat keine Auswirkung auf die Beitragspflicht zur Sozialversicherung, BSG 22.6.1994 – 10 RAr 3/93, AP TVG § 4 Ausschlussfristen Nr. 125; *Peters-Lange* NZA 1995, 657.
[200] BAG 22.1.2019 – 9 AZR 149/17, NZA 2019, 985 Rn. 34.

partei – gerichtlich geltend gemacht werden (2. Stufe). Nach Ansicht des BAG betreffen Ausschlussfristen die Art und Weise der Geltendmachung eines Anspruchs.[201] Ausschlussfristen sind keine bloßen Einreden, wie etwa Verjährungsfristen, vielmehr ist das Erlöschen des Anspruchs in Verfahren als Einwendung **von Amts wegen** zu berücksichtigen.[202] Es kommt nicht darauf an, ob eine Partei sich auf die Ausschlussfrist berufen will, allenfalls kann der Einwand der unzulässigen Rechtsausübung in Betracht kommen.[203] Allerdings hat der Schuldner die Anwendbarkeit darzulegen. Gelingt ihm dies, ist es Sache des Gläubigers, die Einhaltung der Frist darzulegen. Unterbleibt eine derartige Darlegung seitens des Gläubigers, ist die Klage unschlüssig.[204] Eine **Aufrechnung** ist mit einem verfallenen und damit erloschenen Anspruch nicht möglich.[205] Ausschlussfristen zählen nicht zu den wesentlichen Arbeitsbedingungen iSd § 9 Nr. 2 AÜG,[206] aber zu den wesentlichen Vertragsbedingungen gemäß § 2 Abs. 1 NachwG.[207]

69 Tarifvertragliche Ausschlussfristen verstoßen grundsätzlich nicht gegen **höherrangiges Recht**, das Gesetz spricht sie in § 4 Abs. 4 S. 2 TVG ausdrücklich an. Eine Angemessenheitsprüfung findet nicht statt (vgl. auch § 310 Abs. 4 BGB). Daher dürfte – anders als in der arbeitsvertraglichen Praxis[208] – das seit dem 1.10.2016 in § 305 Nr. 13 BGB verankerte Verbot der Vereinbarung der Schriftform für Anzeigen und Erklärungen im tarifvertraglichen Bereich keine Rolle spielen. Das **BVerfG** hat allerdings betont, dass der Zugang zu den Gerichten nicht in unzumutbarer und aus Sachgründen nicht mehr zu rechtfertigender Weise erschwert werden dürfe.[209] Auch tarifliche Ausschlussfristen seien so auszulegen und anzuwenden, dass das Grundrecht auf effektiven Rechtsschutz nicht verwehrt werde. Dies ist bei der Frage der erfolgten **(gerichtlichen) Geltendmachung** zu berücksichtigen (dazu → Rn. 80).

70 **b) Funktion.** Tarifliche Ausschlussfristen haben eine Klarstellungsfunktion. Der Schuldner kann sich nach Ablauf der Frist darauf verlassen, nicht mehr in Anspruch genommen zu werden. Ausschlussfristen bezwecken, dass sich der Anspruchsgegner auf die offenen Forderungen rechtzeitig einstellt, Beweise sichert oder vorsorglich Rücklagen bildet.[210] Ausschlussfristen dienen damit der **Rechtssicherheit** und dem **Rechtsfrieden**.[211] Eine Warnfunktion kommt den Verfallfristen hingegen nicht zu.[212]

71 **c) Erfasste Ansprüche.** Welche Ansprüche von einer tariflichen Ausschlussfrist erfasst werden, ist eine Frage der **Auslegung** der betroffenen Tarifnorm, wobei **hinreichend deutlich** werden muss, welche Ansprüche ein Tarifvertrag mit seinen Ausschlussfristen erfasst.[213] Nach der Rechtsprechung des BAG sollen Ausschlussfristen dabei grds. eng auszulegen sein.[214] Regelmäßig erfassen die tariflichen Ausschlussfristen auch **alle sonstigen Ansprüche** aus dem Arbeitsverhältnis, die mit dem Arbeitsverhältnis tatsächlich oder rechtlich zusammenhängen, auch wenn nur ein entfernter **Zusammenhang** besteht.[215] Hierzu zählen einzelvertragliche und gesetzliche Ansprüche, zB Rückzahlungsansprüche wegen zu viel gezahlten Entgelts,[216]

---

[201] vgl. etwa BAG 23.3.2011 – 5 AZR 7/10, NZA 2011, 850.
[202] BAG 15.6.1993 – 9 AZR 208/92, AP TVG § 4 Ausschlussfristen Nr. 123.
[203] BAG 25.1.2006 – 4 AZR 622/04, NZA 2007, 472.
[204] BAG 27.6.2012 – 5 AZR 51/11, NJOZ 2012, 2076 Rn. 27.
[205] BAG 30.3.1973 – 4 AZR 259/72, AP BGB § 390 Nr. 4; 1.10.2002 – 9 AZR 215/01, NZA 2003, 567 (570).
[206] BAG 23.3.2011 – 5 AZR 7/10, NZA 2011, 850.
[207] BAG 23.3.2011 – 5 AZR 7/10, NZA 2011, 850; 5.11.2003 – 5 AZR 676/02, NZA 2005, 64.
[208] Vgl. hierzu Lingemann/Otte NZA 2016, 519 ff.
[209] BVerfG 1.12.2010 – 1 BvR 1682/07, NZA 2011, 354; dazu Nägele/Gertler NZA 2011, 442 ff.
[210] BAG 11.12.2003 – 6 AZR 539/02, AP BMT-G II § 63 Nr. 1.
[211] BAG 20.2.2001 – 9 AZR 46/00, NZA 2002, 567 (568).
[212] AA offenbar BAG 26.5.1998 – 1 AZR 704/97, NZA 1998, 1292 (1296).
[213] BAG 4.4.2001 – 4 AZR 242/00, AP TVG § 4 Ausschlussfristen Nr. 156.
[214] BAG 13.2.2007 – 1 AZR 184/06, NZA 2007, 825 Rn. 41; einschränkend BAG 18.8.2011 – 8 AZR 187/10, AP TVG § 4 Ausschlussfristen Nr. 198 Rn 25; 7.2.1995 – 3 AZR 483/94, NZA 1995, 1048 Rn. 33.
[215] BAG 20.2.2001 – 9 AZR 11/00, DB 2001, 2353 (2354); vgl. auch BAG 1.10.2002 – 9 AZR 215/01, NZA 2003, 567.
[216] BAG 26.4.1978 – 5 AZR 62/77, AP TVG § 4 Ausschlussfristen Nr. 64; 23.5.2001 – 5 AZR 374/99, DB 2001, 2251 (2252); dazu auch Reinecke in FS Schaub, 595 f.

Schadensersatzansprüche,[217] sofern diese nicht auf strafbaren Handlungen beruhen, Ansprüche auf Nachteilsausgleich gemäß § 113 BetrVG,[218] zudem Ansprüche aus einem Darlehensvertrag mit dem Arbeitgeber.[219] Es genügt aber nicht, wenn ein Rechtsverhältnis bei Gelegenheit des Arbeitsverhältnisses begründet wird, so dass lediglich ein loser tatsächlicher Zusammenhang besteht. Nicht erfasst werden daher Ansprüche aus selbstständig neben dem Arbeitsverhältnis abgeschlossenen bürgerrechtlichen Verträgen, etwa Mietzinsforderungen aus Werkmietverträgen.[220] Werden in einem Tarifvertrag nur „Ansprüche aus diesem Tarifvertrag" der Verfallfrist unterworfen, sind vertragliche und gesetzliche Ansprüche nicht erfasst.[221] Allerdings werden von „tariflichen Ansprüchen" auch solche gesetzlichen oder vertraglichen Ansprüche erfasst, deren Bestand von einem tariflich ausgestalteten Anspruch abhängig sind,[222] etwa solche nach § 37 Abs. 4 BetrVG.

Die **Grenzen** der rechtlichen Zulässigkeit weitergehender Verfallfristen sind fraglich. Nach überwiegender Auffassung können die Tarifvertragsparteien sämtliche, sowohl einzel- und kollektivvertragliche als auch gesetzliche Rechte und Ansprüche aus dem Arbeitsverhältnis in Ausschlussfristen einbeziehen.[223] Hinsichtlich Ansprüchen aus nicht dispositivem Recht begründet die Rechtsprechung dies damit, dass tarifliche Ausschlussfristen nicht den Inhalt des Anspruchs begrenzen, sondern dessen Geltendmachung und zeitliche Begrenzung.[224] Es werden aber Ausnahmen gemacht. Nicht erfasst werden jedenfalls **absolute Rechte** der Arbeitsvertragsparteien; hierzu zählen etwa Ansprüche aus Verletzung des Persönlichkeitsrechts, Ansprüche auf Beschäftigung oder Herausgabe von Eigentum[225] oder Besitzschutzansprüche.[226] Ruhegeldraten werden nach Ansicht des BAG nur erfasst, wenn dies in der Tarifnorm deutlich zum Ausdruck kommt.[227] Ausschlussfristen sind „insoweit" unwirksam, als sie die Ansprüche des Arbeitnehmers auf seinen gesetzlichen Mindestlohn ausschließen, § 3 Abs. 1 MiLoG.[228] § 9 Satz 3 AEntG bestimmt, dass Ausschlussfristen für Mindestlohnansprüche nach dem AEntG nur in dem für allgemeinverbindlich erklärten Tarifvertrag nach den §§ 4–6 AEntG oder dem der Rechtsverordnung nach § 7 AEntG zugrunde liegenden Tarifvertrag geregelt werden können. Zudem muss die Frist mindestens sechs Monate betragen. Von tariflichen Ausschlussfristen erfasst werden aber beispielsweise Ansprüche auf Sozialplanabfindung,[229] Überstundenvergütung[230] und Abfindungsansprüche.[231] Umstritten ist die Erfassung von Zeugnisansprüchen.[232] Ansprüche des Insolvenzverwalters im Rahmen eines nach §§ 129 ff. InsO **durch Insolvenzanfechtung** begründeten **gesetzlichen Schuldverhältnisses** unterliegen nicht tariflichen Ausschlussfristen, da derartige Schuldverhältnisse nicht von der Regelungsmacht der Tarifvertragsparteien erfasst werden.[233]

---

[217] BAG 15.11.2001 – 8 AZR 95/01, NZA 2002, 612 (615).
[218] Vgl. etwa BAG 22.2.1983 – 9 AZR 260/81, EzA TVG § 4 Ausschlussfristen Nr. 54; 18.12.1984 – 1 AZR 260/81, EzA TVG § 4 Ausschlussfristen Nr. 63.
[219] BAG 20.2.2001 – 9 AZR 11/00, DB 2001, 2353 (2354); vgl. aber auch BAG 23.2.1999 – 9 AZR 737/97, NZA 1999, 1212 (1213); LAG Köln 27.4.2001 – 11 Sa 1315/00, NZA-RR 2002, 369 (370).
[220] BAG 20.2.2001 – 9 AZR 11/00, DB 2001, 2353 ff.
[221] BAG 15.11.2001 – 8 AZR 95/01, NZA 2002, 612 (615).
[222] BAG 8.9.2010 – 7 AZR 513/09, NZA 2011, 159.
[223] BAG 26.4.1978 – 5 AZR 62/77, AP TVG § 4 Ausschlussfristen Nr. 64; *Löwisch/Rieble* TVG § 1 Rn. 461.
[224] So BAG 16.1.2001 – 5 AZR 430/00, NZA 2002, 746 (747).
[225] Vgl. hierzu *Richter* ArbRAktuell 2014, 376 ff.
[226] LAG Rheinland-Pfalz 8.2.2017 – 1 Sa 490/16, BeckRS 2017, 106874 Rn. 82 ff.
[227] BAG 15.2.2011 – 9 AZR 584/09, NZA-RR 2011, 467.
[228] BAG 20.6.2018 – 5 AZR 377/17, NZA 2018, 1494 Rn. 19; *Sura* SAE 2019, 35 ff. Beachte: einzelvertragliche Ausschlussfristen sind – wenn es sich um AGB handelt – wegen Verstoßes gegen das Transparentgebot des § 307 Abs. 1 BGB insgesamt, Individualklausel insoweit unwirksam als sie den Anspruch auf gesetzlichen Mindestlohn ausschließen: BAG 18.9.2018 – 9 AZR 162/18, NZA 2018, 1619; BAG 30.1.2019 – 5 AZR 43/18, NZA 2019, 768 Rn. 30.
[229] BAG 30.11.1994 – 10 AZR 79/94, EzA TVG § 4 Ausschlussfristen Nr. 108.
[230] BAG 7.2.1995 – 3 AZR 483/94, EzA TVG § 4 Ausschlussfristen Nr. 112.
[231] BAG 18.3.1999 – 6 AZR 523/94, ZTR 1999, 420; 20.3.1997 – 6 AZR 865/95, NZA 1997, 896 f.
[232] Vgl. BAG 23.2.1983 – 5 AZR 515/80, AP BAT § 70 Nr. 10; 4.10.2005 – 9 AZR 507/04, NZA 2006, 436.
[233] BAG 24.10.2013 – 6 AZR 466/12, NZA-RR 2014, 254 Rn. 12 ff.; 19.11.2003 – 10 AZR 110/03, NZA 2004, 208 (210); anders LAG Hannover 22.3.2012 – 7 Sa 1053/11, FD-ArbR 2012, 337395.

73 Zu beachten gilt, dass Grenzen der einzelvertraglichen Vereinbarung von Ausschlussfristen[234] nicht einzuhalten sind. Sowohl **einseitige Ausschlussfristen,** die lediglich Rechte der Arbeitnehmer erfassen,[235] als auch Fristen von **einem Monat**[236] sind als Tarifnorm zulässig.

74 Bei einzelvertraglicher Inbezugnahme eines Tarifvertrages – insbesondere in AGB – stellt sich immer die Frage des Prüfungsmaßstabs.[237] Wird der Tarifvertrag insgesamt in Bezug genommen, findet eine Überprüfung der tariflichen Klausel nach AGB-Recht nicht statt. Wird hingegen nur ein Teil des Tarifvertrages in Bezug genommen, sind die tarifvertraglichen Vorschriften am Maßstab einer einzelvertraglichen Regelung zu messen. Hintergrund ist der Umstand, dass erst die Gesamtheit der Regelungen eines Tarifvertrags die grundsätzliche Vermutung begründen, dass dieser die divergierenden Interessen angemessen ausgleicht und so den Ausschluss aus der Überprüfung rechtfertigt (§ 310 Abs. 4 BGB). Ist eine Prüfung nach einzelvertraglichen – insbesondere AGB-rechtlichen Maßstäben – geboten, stellt sich angesichts der weiten Formulierung der Klauseln und der Auslegungsregel des § 305c Abs. 2 BGB das Problem des Verbots einer geltungserhaltenden Reduktion, da die Klauseln nach ihrem Wortlaut („alle Ansprüche") oftmals unverzichtbare Ansprüche erfassen dürften (vgl. bspw. §§ 1, 3 MiLoG). Das BAG war bisher im Rahmen der Auslegung grds. verwenderfreundlich,[238] hat zuletzt aber bei einem Ausschluss von Ansprüchen des gesetzlichen Mindestlohns eine AGB-Klausel wegen Intransparenz für insgesamt unwirksam erachtet.[239] „Altverträge" – also solche, die vor dem 31.12.2014 abgeschlossen wurden – sollen allerdings durch die nachträgliche Änderung der Rechtslage nicht intransparent werden können. Sie sind nach der gesetzlichen Regelung des § 3 Abs. 1 Satz 1 MiLoG nur „insoweit" unwirksam, als sie den Anspruch auf gesetzlichen Mindestlohn ausschließen.[240]

> **Praxistipp:**
> Bei der Geltung tariflicher Ausschlussfristen durch einzelvertragliche Inbezugnahme eines Tarifvertrages werden gesetzliche Ansprüche nicht erfasst, sofern sie nicht auf dispositivem Gesetz beruhen.

75 **d) Kenntnis der Ausschlussfrist.** Die Kenntnis der Ausschlussfrist ist auf Grund der unmittelbaren Wirkung von Tarifnormen nicht erforderlich.[241]

---

[234] Dazu BAG 25.5.2005 – 5 AZR 572/04, NZA 2005, 1111; 19.2.2014 – 5 AZR 700/12, NZA 2014, 1097 (Klarheit AGB-rechtlicher Ausschlussfristklauseln); zur Kollision arbeitsvertraglicher und tarifvertraglicher Ausschlussklauseln: BAG 23.10.2013 – 5 AZR 556/12, NZA 2014, 313 Rn. 12 ff.; 25.9.2013 – 5 AZR 815/12, BeckRS 2014, 65158 Rn. 11; *Bayreuther* NZA 2005, 1337.

[235] BAG 4.12.1997 – 2 AZR 809/96, NZA 1998, 431 (432 f.); 6.5.2009 – 10 AZR 390/08, NZA-RR 2009, 593 Rn. 40; anderes gilt bei einzelvertraglichen Ausschlussfristen: BAG 21.6.2011 – 9 AZR 203/10, NZA 2011, 1338 Rn. 48.

[236] BAG 13.12.2000 – 10 AZR 168/00, NZA 2001, 723.

[237] Vgl. hierzu BAG 18.9.2012 – 9 AZR 1/11, NZA 2001, 723; 6.5.2009 – 10 AZR 390/08, NZA-RR 2009, 593 Rn. 29.

[238] Vgl. bspw. BAG 20.6.2013 – 8 AZR 280/12, DB 2013, 2452; Instanzgerichte folgen diesem Ansatz nicht immer: vgl. LAG Hamm 1.8.2014 – 14 Ta 344/14, BeckRS 2014, 71997; 9.9.2014 – 14 Sa 389/13, BeckRS 2014, 74386.

[239] BAG 18.9.2018 – 9 AZR 162/18, NZA 2018, 1619; 30.1.2019 – 5 AZR 43/18, NZA 2019, 768 Rn. 30; vgl. *Seiwerth* NZA 2019, 17; *Wutte* DZWIR 2019, 205; *Dzida/Krois* ArbRB 2019, 92; *Lingemann/Chakrabati* NJW 2019, 978; vgl. für Mindestentgelt nach § 2 PflegeArbbV. BAG 24.8.2016 – 5 AZR 703/15, NZA 2016, 1539 und hierzu die Besprechung *Sagan* RdA 2017, 264.

[240] BAG 18.9.2018 – 9 AZR 162/18, NZA 2018, 1619; 30.1.2019 – 5 AZR 43/18, NZA 2019, 768Rn. 30; 24.9.2019 –, 9 AZR 273/18 NZA 2020, 310. In letztgenannter Entscheidung nimmt das BAG eine ergänzende Auslegung des Altvertrages vor, wonach die Ausschlussklausel Haftungsansprüche iSv § 202 Abs. 1 BGB und § 309 Nr. 7 BGB nicht erfasse.

[241] LAG Rheinland-Pfalz 16.7.2002 – 1 Sa 407/02, NZA-RR 2003, 30 (31); Wiedemann/*Wank* TVG § 4 Rn. 822.

2. Geltendmachung

Zur Erhaltung eines erfassten Anspruchs oder sonstigen Rechts ist eine fristgerechte und ordnungsgemäße Geltendmachung erforderlich. Diese richtet sich nach den tariflichen Bestimmungen, die wiederum der Auslegung bedürfen. Regelmäßig ist die schriftliche Geltendmachung vorgeschrieben. Zweistufige Ausschlussfristen sehen eine schriftliche Geltendmachung sowie eine anschließende Frist für die gerichtliche Geltendmachung vor. Der geltend gemachte Anspruch muss nach Grund, Höhe und Zeitraum hinreichend bestimmt sein.[242]

a) **Notwendigkeit der Geltendmachung.** Der Gläubiger muss einen Anspruch nicht ein weiteres Mal geltend machen, wenn er beispielsweise vor der Fälligkeit die Leistung formgerecht und ernsthaft gefordert hat. Ausschlussfristen bezwecken nicht, eine Geltendmachung vorab zu verhindern,[243] sofern im Tarifvertrag nicht etwas anderes geregelt ist.[244] Ebenso wenig muss der Anspruchsberechtigte jeden Monat erneut eine Zulage einfordern, wenn er bereits mit einer ersten Geltendmachung deutlich zu erkennen gibt, dass er grundsätzlich und damit auch für die Zukunft seine Ansprüche sichern will.[245] Dies kann sich allerdings nur auf später fällige, gleichartige Ansprüche beziehen.[246] Es bedarf auch keiner erneuten Geltendmachung, wenn sich ein Freistellungsanspruch in einen Zahlungsanspruch wandelt.[247] Das BAG hat zur Wahrung der Ausschlussfrist etwa entschieden, dass eine Mahnung auf Erfüllung des Urlaubsanspruchs auch für den Erhalt des Ersatz- oder Abgeltungsanspruchs genügt. Nicht entscheidend ist, ob die mit Urlaub verbundene Geldleistung als Urlaubsentgelt oder als Urlaubsabgeltung zu erbringen ist.[248] Ob diese Entscheidung nach gänzlicher Aufgabe der Surrogatstheorie weiter Geltung beanspruchen kann, ist fraglich.

Die Geltendmachung eines Anspruchs ist dann nicht erforderlich, wenn der Schuldner den Anspruch zuvor **anerkannt** hat.[249] Von besonderem Interesse sind bei Zahlungsansprüchen des Arbeitnehmers vorherige **Gehaltsabrechnungen** durch den Arbeitgeber. Die in einer – vorbehaltlosen – Abrechnung aufgeführten Zahlungsansprüche hat der Arbeitgeber grds. **streitlos** gestellt.[250] Gleiches soll bei einer vorbehaltlosen Mitteilung über den Stand des Arbeitszeitkontos gelten.[251] Der Anspruch soll nach Auffassung des BAG dann nicht mehr innerhalb der Ausschlussfristen geltend gemacht werden müssen.[252] Dies gilt auch dann, wenn der Arbeitgeber die Abrechnung später in Frage stellt, da der einmal erreichte Zweck nicht rückwirkend beseitigt wird.[253] Es erscheint allerdings fraglich, ob die Abrechnungserteilung die Anwendung der tariflichen Ausschlussfrist für alle Zukunft ausschließen kann; auch sonstige Ansprüche, die zwischen den Vertragsparteien dem Grunde und der Höhe nach unstreitig sein können, werden von den Verfallklauseln grds. erfasst. Offen ist, ob der Arbeitgeber innerhalb der Ausschlussfrist eine Abänderung der erteilten Abrechnung vornehmen muss; jedenfalls obliegt ihm die Darlegungslast, dass die zunächst erteilte Abrechnung unzutreffend ist.[254]

---

[242] BAG 18.2.2016 – 6 AZR 628/14, FD-ArbR 2016, 378181 mAnm *Merten*.
[243] Vgl. BAG 26.5.1998 – 1 AZR 704/97, NZA 1998, 1292 (1296); vgl. auch LAG Niedersachsen 10.5.2001 – 14 Sa 2255/00, NZA-RR 2002, 319.
[244] Vgl. dazu BAG 17.5.2001 – 8 AZR 366/00, NZA 2002, 910 (911).
[245] BAG 26.5.1998 – 1 AZR 704/97, NZA 1998, 1292 (1296).
[246] Vgl. dazu BAG 12.1.1989 – 8 AZR 404/87, AP BAT § 47 Nr. 13; 19.2.2014 – 10 AZR 620/13, BeckRS 2014, 68369 zur Frage „desselben Sachverhalts" nach § 70 S. 2 BAT; *Gamillscheg* I S. 828.
[247] Vgl. dazu etwa BAG 13.2.2002 – 5 AZR 470/00, NZA 2002, 683 (687).
[248] BAG 16.3.1999 – 9 AZR 428/99, EzA BUrlG § 7 Nr. 107; 24.11.1992 – 9 AZR 549/91, EzA TVG § 4 Ausschlussfristen Nr. 102.
[249] BAG 21.4.1993 – 5 AZR 399/92, AP TVG § 4 Ausschlussfristen Nr. 124; dazu auch BAG 10.10.2002 – 8 AZR 8/02, NZA 2003, 329 (332).
[250] BAG 20.10.1982 – 5 AZR 110/82, AP TVG § 4 Ausschlussfristen Nr. 76; 12.12.2000 – 9 AZR 508/99, NZA 2001, 514 (516); Wiedemann/*Wank* TVG § 4 Rn. 827.
[251] BAG 28.7.2010 – 5 AZR 521/09, NZA 2010, 1241.
[252] BAG 29.5.1985 – 7 AZR 124/83, AP TVG § 4 Ausschlussfristen Nr. 92; Wiedemann/*Wank* TVG § 4 Rn. 827.
[253] BAG 10.10.2002 – 8 AZR 8/02, NZA 2003, 329 (332).
[254] Vgl. dazu BAG 12.12.2000 – 9 AZR 508/99, NZA 2001, 514 (516).

79 Sind Ansprüche gesetzlich befristet, so kann die Anwendung von Ausschlussfristen ausgeschlossen sein.[255] Mit Eröffnung des **Insolvenzverfahrens** wird der Lauf der Ausschlussfrist für Insolvenzforderungen unterbrochen, soweit sie im Zeitpunkt der Insolvenzeröffnung noch nicht abgelaufen ist, da sie beim Insolvenzverwalter anzumelden sind.[256] Auf Masseforderungen sind Ausschlussfristen hingegen anzuwenden.[257]

80 b) **Fristlauf.** Die (erste Stufe einer) Ausschlussfrist beginnt zu laufen, wenn der Gläubiger den Anspruch rechtlich und tatsächlich geltend machen kann.[258] Letzteres ist dann anzunehmen, wenn der Gläubiger von den Anspruch begründenden Umständen Kenntnis erlangt hat oder ohne grobe Fahrlässigkeit hätte erlangen müssen.[259] Auf die subjektiven Kenntnisse und Möglichkeiten des einzelnen Gläubigers kommt es nicht an.[260] Von Bedeutung ist dies vor allem bei Schadensersatzansprüchen. Der Anspruch muss grundsätzlich **fällig** sein. Im Zweifel ist eine Leistung sofort fällig (§ 271 BGB); auf die Abrechnung durch den Arbeitgeber kommt es für die Fälligkeit nur dann an, wenn der Anspruchsberechtigte die Höhe seiner Ansprüche ohne die Abrechnung nicht erkennen kann.[261]

81 Umstritten ist, ob § 167 ZPO zur Anwendung kommt. Bei der gerichtlichen Geltendmachung auf der zweiten Stufe ist dies unstrittig, für die Einhaltung der ersten Stufe wird dies vom BAG unterschiedlich vertreten (→ Rn. 91 ff.).

82 Häufig sind in Tarifverträgen kürzere Fristen für den Fall der **Beendigung des Arbeitsverhältnisses** vereinbart. Im Zweifel ist die rechtliche, nicht die tatsächliche Beendigung gemeint.[262] Nicht erfasst werden allerdings solche Ansprüche, die zum Zeitpunkt der Beendigung noch nicht entstanden, fällig oder bezifferbar sind.[263] Dies gilt beispielsweise für Gewinnbeteiligungen, wenn der Jahresabschluss noch nicht zum Zeitpunkt der Vertragsbeendigung erstellt ist. Die Ausschlussfrist läuft dann erst mit Fälligkeit.[264]

83 Ist der Arbeitgeber zur Erteilung einer **Abrechnung** verpflichtet **und** ist ohne Abrechnung eine Überprüfung des ausgezahlten Betrages nicht möglich, so beginnt die Frist nicht vor Erteilung der Abrechnung.[265] Der Arbeitnehmer muss allerdings seinen Anspruch auf Erteilung der Abrechnung wiederum rechtzeitig innerhalb der Ausschlussfrist geltend machen. Benötigt der Arbeitnehmer etwa nur die Anzahl der Arbeitsstunden und den Gesamttarifstundenlohn, so kann er seinen Anspruch auch ohne Abrechnung geltend machen.[266]

84 Der **Streit über den Arbeitnehmerstatus** hemmt nicht den Lauf für etwaige Ansprüche des Arbeitnehmers.[267] Wird rückwirkend der Arbeitnehmerstatus festgestellt, dann beginnt der Lauf der Verfallfrist des arbeitgeberseitigen Anspruchs auf Rückzahlung überzahlter Honorare nach Auffassung des BAG hingegen erst mit der gerichtlichen Feststellung oder außergerichtlichen Klärung der Frage, da dem Arbeitgeber ansonsten zuvor ein widersprüchliches Verhalten zugemutet werden müsste.[268]

85 Liegt eine zweistufige Ausschlussfrist vor, so beginnt der **Fristlauf der zweiten Stufe** einer tarifvertraglichen Ausschlussklausel regelmäßig mit Ablauf einer gewissen Frist nach Anspruchsgeltendmachung gegenüber dem Schuldner, bzw. nachdem der Schuldner den geltend

---

[255] Offen gelassen für Urlaubsabgeltung „bei Krankheit" BAG 27.2.2002 – 9 AZR 545/00, AP TVG § 1 Tarifverträge Metallindustrie Nr. 180.
[256] BAG 12.6.2002 – 10 AZR 199/01, NZA 2002, 1175; 18.12.1984 – 1 AZR 588/82, EzA TVG § 4 Ausschlussfristen Nr. 63; vgl. auch Wiedemann/*Wank* TVG § 4 Rn. 857 ff.
[257] BAG 12.6.2002 – 10 AZR 199/01, NZA 2002, 1175.
[258] *Löwisch/Rieble* TVG § 1 Rn. 1987; kritisch zu dieser „eigenen Definition der Fälligkeit iS tariflicher Ausschlussfristen" ErfK/*Preis* BGB § 218 Rn. 52.
[259] BAG 1.3.2006 – 5 AZR 511/05, NZA 2006, 783 (784); zu den hieraus entwickelten Einzelfällen vgl. ErfK/*Preis* BGB § 218 Rn. 52 ff.
[260] BAG 14.9.1994 – 5 AZR 407/93, AP TVG § 4 Ausschlussfristen Nr. 127.
[261] Vgl. dazu BAG 27.2.2002 – 9 AZR 543/00, BB 2002, 2285 ff.
[262] BAG 30.3.1989 – 6 AZR 769/85, EzA TVG § 4 Ausschlussfristen Nr. 79; 11.2.2009 – 5 AZR 168/08, NZA 2009, 687.
[263] BAG 17.10.1974 – 3 AZR 4/74, AP TVG § 4 Ausschlussfristen Nr. 55.
[264] BAG 5.7.2000 – 5 AZR 883/98, NZA 2001, 394 (395).
[265] Vgl. dazu BAG 18.1.1969 – 3 AZR 451/67, AP TVG § 4 Ausschlussfristen Nr. 41.
[266] Vgl. BAG 22.9.1999 – 10 AZR 839/98, NZA 2000, 551 (554).
[267] BAG 14.3.2001 – 4 AZR 152/00, NZA 2002, 155 (157).
[268] BAG 14.3.2001 – 4 AZR 152/00, NZA 2002, 155 (159); **aA** *Reinecke* RdA 2001, 357 (364).

gemachten Anspruch abgelehnt hat. Bei einer vorzeitigen schriftlichen Geltendmachung auf der ersten Stufe beginnt die Frist zur gerichtlichen Geltendmachung aber erst mit der Fälligkeit des Anspruchs, da bei nicht fälligen Ansprüchen eine gerichtliche Durchsetzung nicht ohne weiteres möglich ist.[269]

> **Praxistipp:**
> Bei einem möglichen **Betriebsübergang** nach § 613a BGB ist ein Anspruch vorsorglich sowohl gegenüber dem Betriebsveräußerer als auch gegenüber dem Betriebserwerber geltend zu machen; bei einer zweistufigen Ausschlussfrist ist der Arbeitnehmer zur Einhaltung der Ausschlussfrist gehalten, beide zu verklagen. Die Entscheidung des BAG v. 16.4.2013,[270] wonach bei einem Betriebsübergang die Ausschlussfrist gegenüber dem bisherigen Arbeitgeber erst mit Zugang des Widerspruchs des Arbeitnehmers gegen den Betriebsübergang läuft, dürfte nicht verallgemeinerungsfähig sein. Dabei ging es um einen Urlaubsabgeltungsanspruch des Klägers, dem nach Betriebsübergang vom Veräußerer gekündigt worden war. Die Kündigung ging daher zunächst ins Leere, da der Veräußerer nicht mehr Arbeitgeber war. Entsprechend war – mangels Beendigung des Arbeitsverhältnisses – ein Anspruch auf Urlaubsabgeltung nicht entstanden. Vor dem Widerspruch hätte der Kläger gegenüber dem Veräußerer daher keinen Urlaubsabgeltungsanspruch gehabt, geschweige denn sinnvoll durchsetzen können. Diese Lage änderte sich erst nach dem Widerspruch des Klägers gegen den Betriebsübergang. Diese spezielle Konstellation liegt bei anderen Ansprüchen – bspw. ausstehendem Lohn – gerade nicht vor.

§ 203 BGB (Hemmung bei Verhandlungen) soll – jedenfalls für die 2. Stufe einer Ausschlussfrist – grds. entsprechende Anwendung finden.[271]

c) Inhaltliche Anforderungen. Der Anspruchsinhaber muss seinen Anspruch grundsätzlich hinsichtlich des Grundes und der Höhe nach hinreichend bestimmt gegenüber dem Schuldner geltend machen. Zur Geltendmachung gehört, die andere Seite **zur Erfüllung** des Anspruchs **aufzufordern**.[272] Auf die Wortwahl kommt es nicht an; die „Rüge", es fehle Geld, kann ausreichend sein.[273] Bloße Anfragen, Bitten um Auskunft oder Unmutsäußerungen genügen nicht. In der bloßen Übersendung von Überstundenzetteln liegt keine Geltendmachung der Überstundenvergütung.[274] Ebenso wenig ist es ausreichend, dass ein Arbeitnehmer eine Klageerhöhung wegen weiterer Ansprüche vorbehält, da darin keine Aufforderung zur Erfüllung zu erkennen ist.[275]

Der **Bestimmtheitsgrundsatz** ist zunächst hinsichtlich des **Anspruchsgrundes** zu beachten. Es muss dem Schuldner erkennbar sein, welchen Anspruch der Gläubiger geltend macht.[276] Werden **mehrere Ansprüche** geltend gemacht, muss für jeden einzelnen Anspruch der Anspruchsgrund beschrieben werden.[277] Die Bezifferung eines Zahlungsbetrages kann dann ausreichend sein, wenn allein auf Grund der Betragshöhe auch der Anspruchsgrund erkennbar ist.

Zahlungsansprüche hat der Anspruchsinhaber der Höhe nach hinreichend bestimmt geltend zu machen.[278] Dies gilt gerade bei einer Anspruchshäufung. Eine ungefähre Bezifferung der Höhe ist ausreichend.[279] Der Bezifferung des Zahlungsanspruchs bedarf es dann nicht,

---

[269] BAG 26.9.2001 – 5 AZR 699/00, NZA 2002, 1218 (1219).
[270] BAG 16.4.2013 – 9 AZR 731/11, NZA 2013, 850 ff.
[271] BAG 20.6.2018 – 5 AZR 262/17 Rn. 23 ff.; 17.4.2019 – 5 AZR 331/18, NZA 2019, 1050 Rn. 33; kritisch *Naber/Schulte* NZA 2018, 1526.
[272] BAG 17.5.2001 – 8 AZR 366/00, NZA 2002, 910 (911); 20.2.2001 – 9 AZR 46/00, NZA 2002, 567 (568); 17.4.2002 – 5 AZR 644/00, NZA 2002, 1340 (1343).
[273] BAG 20.2.2001 – 9 AZR 46/00, NZA 2002, 567 (568).
[274] BAG 17.4.2002 – 5 AZR 644/00, NZA 2002, 1340 (1342).
[275] BAG 17.4.2002 – 5 AZR 644/00, NZA 2002, 1340 (1343).
[276] BAG 30.5.1972 – 1 AZR 427/71, AP TVG § 4 Ausschlussfristen Nr. 50; 18.3.1999 – 6 AZR 523/97, ZTR 1999, 420 ff.
[277] BAG 18.3.1999 – 6 AZR 523/97, ZTR 1999, 420 ff.
[278] BAG 14.3.2001 – 4 AZR 152/00, NZA 2002, 155 (157).
[279] BAG 17.10.1974 – 3 AZR 4/74, AP TVG § 4 Ausschlussfristen Nr. 55.

wenn dem Schuldner der Anspruch dem Grund und der Höhe nach bekannt ist.[280] Eine Zuvielforderung macht die Geltendmachung nicht unwirksam, sofern sie noch hinreichend bestimmt ist.[281] Der in der Geltendmachung genannte Betrag stellt die Obergrenze der Inanspruchnahme dar.[282]

> **Praxistipp:**
> Die Geltendmachung ist hinreichend bestimmt, wenn der Anspruch nach Grund (inklusive Zeitraum, für den der Anspruch geltend gemacht wird) und Höhe für den Schuldner erkennbar ist.[283] Die Erklärung des Gläubigers, insbesondere in gerichtlichen Schriftsätzen, er behalte sich die Geltendmachung seiner Ansprüche vor, genügt regelmäßig nicht. Ebenso unzureichend ist die Aufforderung, eine Anrechnung „noch einmal zu überdenken." Gleiches gilt bei einer „Bitte um Überprüfung" der Eingruppierung.[284]

90 d) **Form und Zeitpunkt der Geltendmachung.** Die Form der Geltendmachung richtet sich nach der tariflichen Ausschlussfrist. Diese sehen häufig eine formbedürftige, insbesondere eine schriftliche und gerichtliche Geltendmachung vor. Ein solches Formerfordernis ist – anders als in Allgemeinen Geschäftsbedingungen (§ 309 Nr. 13 BGB) – zulässig.[285] Da die Erhebung eines Anspruchs keine Willenserklärung, sondern eine einseitige **rechtsgeschäftliche Handlung** ist,[286] wendet das BAG die §§ 125, 126 BGB nicht an. Eine schriftliche Geltendmachung per Telefax ist demnach ausreichend.[287] Das BAG hat mittlerweile auch klargestellt, dass eine Geltendmachung per E-Mail den Anforderungen (§ 127 Abs. 2 BGB) genügen kann.[288] Das BAG verlangt, dass die Identität dessen, der etwas verlangt, sich aus dem Schriftstück ergibt; erforderlich ist daher grundsätzlich eine Unterschrift, auch wenn eine solche auf einem Faxschreiben ausreichend ist.[289] § 174 BGB findet keine Anwendung.[290]

91 Ist im Tarifvertrag die **schriftliche Geltendmachung** vorgeschrieben, so kann die Einreichung einer Klage, auch einer Kündigungsschutzklage ausreichend sein.

92 Wählt der Anspruchsberechtigte die Klage als Form der Geltendmachung, so war nach früherer Rechtsprechung des BAG die **Zustellung** der Klage der entscheidende Zeitpunkt für die Einhaltung der Frist. Der BGH bejahte hingegen die **Anwendung des § 167 ZPO** generell auch für Fristen, die durch **außergerichtliche Geltendmachung** gewahrt werden können.[291] Das BAG hatte bislang eine Anwendung des § 167 ZPO auf der ersten Stufe einer Ausschlussfrist abgelehnt[292] und seine Auffassung mit dem Zweck tariflicher Ausschlussfristen begründet. Der Achte Senat des BAG hat sich zuletzt mit Blick auf die gesetzliche Ausschlussfrist des § 15 Abs. 4 AGG der Rechtsprechung des BGH angeschlossen.[293] Im Rah-

---

[280] BAG 16.1.2013 – 10 AZR 863/11, NZA 2013, 975 Rn. 24; 17.10.1974 – 3 AZR 4/74, AP TVG § 4 Ausschlussfristen Nr. 55; 29.6.2000 – 6 AZR 50/99, NZA 2001, 670 (673); 26.2.2003 – 5 AZR 223/02, NZA 2003, 922 (923).
[281] BAG 20.6.2002 – 8 AZR 488/01, NZA 2003, 268 (271).
[282] BAG 20.6.2002 – 8 AZR 488/01, NZA 2003, 268 (271).
[283] BAG 16.4.2013 – 9 AZR 731/11, NZA 2013, 850 Rn. 20 f.
[284] Vgl. zu all dem BAG 20.2.2001 – 9 AZR 46/00, NZA 2002, 567 (568).
[285] BAG 13.12.2000 – 10 AZR 168/00, NZA 2001, 723 (726).
[286] Vgl. BAG 20.2.2001 – 9 AZR 46/00, NZA 2002, 567 (568).
[287] Vgl. BAG 11.10.2000 – 5 AZR 313/99, DB 2001, 387 f.; ablehnend *Schmitt* SAE 2001, 306 ff.; vgl. aber auch BAG 14.8.2002 – 5 AZR 169/01, NZA 2003, 158 f.
[288] BAG 16.12.2009 – 5 AZR 888/08, NZA 2010, 401; *Beckschulze/Henkel* DB 2001, 1491 (1502).
[289] Vgl. dazu BAG 17.9.2003 – 4 AZR 540/02, NZA-RR 2004, 644.
[290] BAG 14.8.2002 – 5 AZR 341/01, NZA 2002, 1344 (1345); offen gelassen LAG Brandenburg 17.5.2000 – 7 Sa 113/00, NZA-RR 2002, 201 (202).
[291] BGH 17.7.2008 – I ZR 109/05, NJW 2009, 765; aA LAG Köln 31.1.2012 – 5 Sa 1560/10, BeckRS 2012, 68958.
[292] BAG 23.1.2019 – 4 AZR 541/17, BeckRS 2019, 8903; 16.3.2016 – 4 AZR 421/15, NZA 2016, 1154; 18.1.1974 – 3 AZR 3/73, AP ZPO § 345 Nr. 4.
[293] BAG 22.5.2014 – 8 AZR 662/13, NZA 2014, 924 Rn. 14 ff.; LAG Hamm 10.5.2011 – 14 Ta 106/11, ArbRAktuell 2011, 572; vgl. auch *Nägele/Gertler* NZA 2010, 1377 ff.; aA *Gehlhaar* NZA-RR 2011, 169 ff.

men des § 16 BetrVG soll dies nach Auffassung des Dritten Senats nicht gelten.[294] Für **zweistufige Ausschlussklauseln,** die bestimmen, dass Ansprüche aus dem Arbeitsverhältnis nach erfolgloser schriftlicher Geltendmachung innerhalb einer bestimmten Frist **gerichtlich** geltend gemacht werden müssen, bleibt für die Berechnung des Fristablaufs § 167 ZPO nach Auffassung des BAG anwendbar.[295]

Nach ständiger Rechtsprechung des BAG[296] ist grundsätzlich die Erhebung der **Kündigungsschutzklage** ein geeignetes Mittel, die Ansprüche, die während des Kündigungsstreits fällig werden und von dessen erfolgreichen Ausgang abhängen, insbesondere also **Zahlungsansprüche während des Annahmeverzugs,** „geltend zu machen". Das BAG beschränkte dies zunächst auf den Fall, dass die einschlägige Verfallsklausel nur eine formlose oder schriftliche Geltendmachung verlangte. Die in der zweiten Stufe vorgeschriebene gerichtliche Geltendmachung, etwa von Lohnansprüchen, erforderte nach der bisherigen Rechtsprechung hingegen die Erhebung einer fristgerechten **Zahlungsklage.**[297] Eine Bestandsschutzklage oder die Klage auf Weiterbeschäftigung enthalte keine Geltendmachung von Zahlungsansprüchen, auch wenn diese vom Bestehen des Arbeitsverhältnisses abhingen.[298] Die Tarifvertragsparteien hatten auf diese Rechtsprechung teilweise reagiert und in den Ausschlussfristen vereinbart, dass für Leistungsansprüche, die während eines Kündigungsschutzprozesses fällig werden, die Ausschlussfrist erst nach Abschluss des Prozesses zu laufen beginnt.[299] Ausgehend von der Entscheidung des BVerfG[300] vom 1.12.2010 geht das BAG[301] aber mittlerweile davon aus, dass auch die zweite Stufe einer tariflichen Ausschlussfrist in dieser Form eingehalten werden kann. In solchen Fällen ist über das Kündigungsschutzbegehren hinaus das Gesamtziel der Klage zu beachten, das sich in der Regel nicht auf die Erhaltung des Arbeitsplatzes beschränkt, sondern zugleich auch auf die Sicherung der Ansprüche gerichtet ist, die durch den Verlust der Arbeitsstelle möglicherweise verloren gehen. Erfasst werden aber lediglich „normale" kontinuierliche Ansprüche, nicht etwa Vergütungsdifferenzen wegen unzutreffender Eingruppierung.[302] Der Urlaubsabgeltungsanspruch kann allein mit der Erhebung der Kündigungsschutzklage nicht geltend gemacht werden. Die Geltendmachung erstreckt sich nur auf solche Ansprüche, die vom Erfolg der Kündigungsschutzklage abhängen. Dies ist beim Urlaubsabgeltungsanspruch gerade nicht der Fall.[303] Die fristwahrende Wirkung einer Bestandschutzklage entfällt im Fall einer – erfolgreichen – Restitutionsklage nicht bereits mit der formellen Rechtskraft der Ursprungsentscheidung, sondern erst mit Rechtskraft der Restitutionsentscheidung.[304]

In zeitlicher Hinsicht kann der Anspruchsteller einen Anspruch auch **vor Fälligkeit** geltend machen und damit den Zweck der Ausschlussfrist erfüllen. Regelmäßig muss der Anspruch **aber bereits entstanden** sein, da andernfalls die bezweckte Klärung nicht erreicht werden kann.[305] Ausnahmsweise kann bereits vor Entstehung eine Geltendmachung erfolgen, wenn ein bestimmter Anspruch jeweils aus einem ständig gleichen Grundtatbestand entsteht, so bspw. wenn zwischen den Parteien nur über die stets gleiche Berechnungsgrundlage von im Übrigen unstreitigen – hinreichend sicheren – Ansprüchen gestritten wird.[306]

---

[294] BAG 21.10.2014 – 3 AZR 937/12, ZIP 2015, 798; *Aschomeit* FA 2014, 296 f.
[295] BAG 16.1.2001 – 5 AZR 430/00, NZA 2002, 746 (748); 11.2.2009 – 5 AZR 168/08, NZA 2009, 687.
[296] BAG 14.12.2005 – 10 AZR 70/05, NZA 2006, 998; 8.8.2000 – 9 AZR 418/99, NZA 2000, 1236 (1237).
[297] BAG 4.5.1977 – 5 AZR 187/76, AP TVG § 4 Ausschlussfristen Nr. 60.
[298] BAG 8.8.2000 – 9 AZR 418/99, NZA 2000, 1236 f.
[299] Vgl. etwa § 16 Abs. 2 S. 2 BRTV Bau; dazu allerdings BAG 8.8.2000 – 9 AZR 418/99, NZA 2000, 1236 f.
[300] BVerfG 1.12.2010 – 1 BvR 1682/07, NZA 2011, 354; dazu *Nägele/Gertler* NZA 2011, 442 ff.; *Husemann* BB 2013, 2615 ff.
[301] BAG 24.6.2015 – 5 AZR 509/13, NZA 2015, 1256 Rn. 28; 24.9.2014 – 5 AZR 593/12 Rn. 28; 19.9.2012 – 5 AZR 627/11, BAGE 143, 119 Rn. 15 ff.; 19.9.2012 – 5 AZR 924/11, NZA 2013, 156 Rn. 19 ff.
[302] BAG 14.12.2005 – 10 AZR 70/05, NZA 2006, 998.
[303] BAG 17.10.2017 – 9 AZR 80/17, NZA 2018, 57 Rn. 37; vgl. zu den Mitwirkungsobliegenheiten des Arbeitgebers bei der Gewährung von Urlaub: BAG 19.2.2019 – 9 AZR 541/15, NZA 2019, 982.
[304] BAG 24.9.2014 – 5 AZR 593/12 Rn. 29 ff.
[305] Vgl. BAG 11.12.2003 – 6 AZR 539/02, AP BMT-G II § 63 Nr. 1.
[306] Vgl. BAG 16.1.2013 – 10 AZR 863/11, BeckRS 2013, 67762 Rn. 27 ff.

Praxistipp:
Die Auswirkungen der Entscheidung des BVerfG vom 1.12.2010 sind noch nicht abschließend geklärt. Die zweite Stufe einer tariflichen Ausschlussfrist darf demnach den Zugang zu den Gerichten nicht ohne sachrechtliche Rechtfertigung erschweren. Die Erhebung einer Bestandsschutzklage ist zur Einhaltung der ersten bzw. zweiten Stufe einer Ausschlussfrist für die vom Bestand des Arbeitsverhältnisses abhängigen Ansprüche danach ausreichend. Nach Auffassung des LAG Hamm soll auch ein Prozesskostenhilfeantrag ausreichen, um das Erfordernis der Geltendmachung einzuhalten.[307] Ob ein Beschäftigungsantrag ausreicht, ist unklar. Das BAG lässt aber das schriftliche Verlangen der Weiterbeschäftigung nach dem Personalvertretungs- oder Betriebsverfassungsrecht (§ 9 Abs. 2 BPersVG bzw. entsprechender Bestimmungen der Länder, § 78a Abs. 2 BetrVG) zumindest für die Einhaltung der ersten Stufe ausreichen.[308]

3. Unzulässige Berufung auf Ausschlussfristen

95   Die Berufung auf eine tarifliche Ausschlussfrist kann **treuwidrig** sein und einen Fall der unzulässigen Rechtsausübung darstellen. Ein Verstoß gegen Treu und Glauben iSd § 242 BGB ist insbesondere dann anzunehmen, wenn der Anspruchsverpflichtete die **Unterlassung** der fristgerechten Geltendmachung **veranlasst** hat.[309] Hierzu zählt der Fall, dass der Schuldner einen Vertrauenstatbestand geschaffen hat, auf Grund dessen der Gläubiger darauf vertrauen durfte, der andere Teil werde sich nicht auf die Ausschlussfrist berufen[310] und ohne rechtzeitige bzw. formgerechte Geltendmachung leisten.[311] Dies soll aber nur solange gelten, wie der andere Teil durch rechtsmissbräuchliches Verhalten der anderen Seite von der Einhaltung der Ausschlussfrist abgehalten wird. Erkennt der Vertragspartner, dass die andere Seite einer Forderung nicht nachkommen wird, ist er gehalten, seinen Anspruch innerhalb einer kurzen, nach den Umständen des Falls sowie Treu und Glauben zu bestimmenden Frist, in der nach dem Arbeitsvertrag gebotenen Form geltend zu machen.[312]

96   Treuwidrigkeit ist nicht bereits dann anzunehmen, wenn der Arbeitgeber einen Arbeitnehmer, der eine Forderung mündlich geltend macht, nicht auf das Schriftformerfordernis einer tariflichen Ausschlussfrist hinweist.[313] Treuwidrig kann auch ein Arbeitnehmer handeln, der es pflichtwidrig unterlässt, dem Arbeitgeber eine von ihm erkannte erhebliche Überzahlung wegen eines Abrechnungsfehlers anzuzeigen und sein Unterlassen für das Untätigbleiben des Arbeitgebers kausal ist.[314] Entsprechendes kann gelten, wenn ein Arbeitnehmer erkennt, dass ein Arbeitnehmer irrtümlich bestehende Ansprüche nicht anmeldet.[315] Regelmäßig wird für die Bejahung eines Rechtsmissbrauchs erforderlich sein, dass der Anspruchsinhaber durch aktives Handeln der anderen Seite von der Einhaltung der Ausschlussfrist abgehalten wurde oder die andere Seite es pflichtwidrig unterlassen hat, dem Anspruchsinhaber Umstände mitzuteilen, die ihn zur Einhaltung der Ausschlussfrist veranlasst hätten.[316]

97   In Rechtsprechung und Lehre wird die Auffassung[317] vertreten, ein Arbeitgeber verhalte sich rechtsmissbräuchlich, wenn er sich auf die Verfallfrist berufe, er selbst aber seine Pflicht

---

[307] LAG Hamm 14.6.2011 – 14 Ta 768/10, LAGE TVG § 4 Ausschlussfrist Nr. 5.
[308] BAG 19.8.2015 – 5 AZR 1000/13, NZA 2015, 1465 Rn. 23; 24.8.2016 – 5 AZR 853/15, NZA-RR 2017, 76 Rn. 32.
[309] Vgl. dazu LAG Bremen 9.11.2000 – 4 Sa 138/00, NZA-RR 2001, 98 (101); LAG Hamm 6.3.1998 – 10 Sa 2318/96, BeckRS 1998, 30460560 nv.
[310] BAG 26.8.1960 – 1 AZR 425/58, AP TVG § 4 Ausschlussfristen Nr. 6; 8.8.2000 – 9 AZR 418/99, NZA 2000, 1236 (1238).
[311] BAG 28.6.2018 – 8 AZR 141/16, NZA 2019, 34 Rn. 38.
[312] BAG 17.4.2019 – 5 AZR 331/18, NZA 2019, 1050 Rn. 31.
[313] BAG 30.3.1962 – 2 AZR 101/61, AP TVG § 4 Ausschlussfristen Nr. 28.
[314] BAG 1.6.1995 – 6 AZR 912/94, AP BGB § 812 Nr. 16; 23.5.2001 – 5 AZR 374/99, DB 2001, 2251 (2252); vgl. auch *Reinecke* in FS Schaub, 598 f.
[315] LAG Düsseldorf 29.4.2016 – 10 Sa 1033/15, ArbRAktuell 2016, 384.
[316] BAG 10.3.2005 – 6 AZR 217/04, NZA 2005, 812 (813).
[317] LAG Schleswig-Holstein 8.2.2000 – 1 Sa 563/99, NZA-RR 2000, 196 (198); LAG Düsseldorf 17.5.2001 – 5 (3) Sa 45/01, NZA-RR 2002, 477 f.; so bereits *Koch* in FS Schaub, 436 ff.; *Linde/Lindemann* NZA 2003, 649 ff.

nach § 2 Abs. 1 NachwG nicht erfülle; Verfallfristen seien in den **Nachweis** aufzunehmen. Dies wird zu Recht überwiegend abgelehnt.[318] Über den nach § 2 Abs. 1 S. 2 Nr. 10 NachwG erforderlichen allgemeinen Hinweis auf die Tarifverträge, die auf das Arbeitsverhältnis Anwendung finden, hinaus ist eine gesonderte Aufführung der Verfallfristen nicht vorgeschrieben.[319] Allerdings kann dem Arbeitnehmer bei einem Verstoß gegen die Nachweispflicht ein **Verzugsschaden** im Wege der Naturalrestitution zustehen.[320] Die Rechtsprechung geht davon aus, dass jedermann bei ausreichender Information sein Eigeninteresse in vernünftiger Weise wahrt und vermutet daher, dass ein Arbeitnehmer die Ausschlussfristen beachtet hätte.[321] Der Arbeitgeber kann diese tatsächliche Vermutung widerlegen.[322] Ein kausaler Zusammenhang zwischen Nichterteilung des Nachweises und Erlöschen der Ansprüche fehlt aber dann, wenn zum Zeitpunkt der Kenntniserlangung von der geltenden Ausschlussfrist diese noch nicht abgelaufen war.[323] Nach Auffassung der Rechtsprechung ist dann ein Mitverschulden gemäß § 254 Abs. 2 S. 2 BGB zu berücksichtigen, ggf. auch das des Prozessbevollmächtigten.[324] In solchen Fällen dürfte aber bereits die Kausalität fraglich sein.[325]

Ebenfalls in der Diskussion ist die Frage, ob der Arbeitgeber sich auf eine tarifliche Ausschlussfrist berufen kann, wenn er den Tarifvertrag entgegen seiner Pflicht nach § 8 TVG **nicht im Betrieb auslegt**.[326] Dies ist im Ergebnis abzulehnen. Etwas anderes gilt aber dann, wenn der Tarifvertrag selbst den Lauf der Ausschlussfrist von der Erfüllung der Auslegungspflicht abhängig macht.[327] Die Wirksamkeit von Vertragsklauseln in vorformulierten Arbeitsverträgen, die die Kenntnisnahme oder die Möglichkeit zur Kenntnisnahme feststellen sollen, ist wegen § 309 Nr. 12 BGB fraglich.

98

VIII. Schutz der „kollektiven Normwirkung"

Nach der Rechtsprechung des BAG[328] hat eine Koalition einen **Unterlassungsanspruch** aus den §§ 1004, 823 BGB iVm Art. 9 Abs. 3 GG gegen rechtswidrige Eingriffe in die Koalitionsfreiheit, wenn **betriebseinheitliche Maßnahmen** die Wirkung eines Tarifvertrages vereiteln oder leer laufen lassen. Voraussetzung ist zum einen, dass eine betriebliche Regelung

99

---

[318] BAG 21.2.2012 – 9 AZR 486/10, NZA 2012, 750 Rn. 28 ff. (stRspr); 17.4.2002 – 5 AZR 89/01, NZA 2002, 1096 (1098); LAG Bremen 9.11.2000 – 4 Sa 138/00, NZA-RR 2001, 98 (99); LAG Niedersachsen 7.12.2000 – 10 Sa 1505/00, NZA-RR 2001, 145 f.; LAG Köln 6.12.2000 – 3 Sa 1089/00, NZA-RR 2001, 261 (262); vgl. dazu auch *Bepler* ZTR 2001, 241 (246).

[319] BAG 23.1.2002 – 4 AZR 56/01, NZA 2002, 800 (802); 17.4.2002 – 5 AZR 89/01, NZA 2002, 1096 (1098); LAG Köln 7.3.2002 – 10 Sa 1270/01, NZA-RR 2002, 591. Gleiches gilt bei einem Verstoß gegen § 3 S. 1 NachwG, BAG 5.11.2003 – 5 AZR 469/02, NZA 2004, 102 (104). Allerdings ist § 2 Abs. 1 Satz 2 Nr. 10 NachwG weder direkt noch analog auf kirchliche Arbeitsrechtsregelungen anwendbar, mit der Folge, dass mit einem allgemeinen arbeitsvertraglichen Verweis auf die KAVO noch nicht die darin enthaltene Ausschlussfrist nachgewiesen ist, BAG 30.10.2019 – 6 AZR 465/18, NZA 2020, 379 Rn. 41 ff.

[320] BAG 21.2.2012 – 9 AZR 486/10, NZA 2012, 750 Rn. 33 ff. (stRspr); 17.4.2002 – 5 AZR 89/01, NZA 2002, 1096 (1098); LAG Mecklenburg-Vorpommern 29.8.2014 – 5 Sa 230/11, BeckRS 2014, 73738 Rn. 144.

[321] Vgl. BAG 21.2.2012 – 9 AZR 486/10, NZA 2012, 750 Rn. 35; 24.10.2002 – 6 AZR 743/00, NZA 2004, 105 (107); kritisch *Schrader* NZA 2003, 345 (347).

[322] BAG 21.2.2012 – 9 AZR 486/10, NZA 2012, 750 Rn. 35; 5.11.2003 – 5 AZR 676/02, NZA 2005, 64.

[323] BAG 29.5.2002 – 5 AZR 105/01, NZA 2002, 1360; vgl. auch *Schrader* NZA 2003, 345 (347).

[324] Vgl. BAG 24.10.2002 – 6 AZR 743/00, NZA 2004, 105 (107); 5.11.2003 – 5 AZR 676/02, NZA 2005, 64; dazu auch *Schrader* NZA 2003, 345 (347); LAG Düsseldorf 20.4.2005 – 12 Sa 219/05, BeckRS 2005, 41645 nv.

[325] Vgl. *Benecke* Anm. zu BAG 17.4.2002 – 5 AZR 89/01, SAE 2003, 141 (145).

[326] Dagegen BAG 23.1.2002 – 4 AZR 56/01, NZA 2002, 800 (803); LAG Bremen 9.11.2000 – 4 Sa 138/00, NZA-RR 2001, 98 (101); LAG Niedersachsen 7.12.2000 – 10 Sa 1505/00, NZA-RR 2001, 145 (147 f.); vgl. aber auch BAG 24.3.2000 – 10 AZR 181/98, für den Fall einer teilvertraglich normierten Auslegungspflicht; 15.11.2001 – 8 AZR 291/01, BeckRS 2001, 30980625; *Koch* in FS Schaub, 434 ff.; *Bepler* ZTR 2001, 241 (246 ff.).

[327] Dazu BAG 11.11.1998 – 5 AZR 63/98, NZA 1999, 605 f.

[328] BAG 20.4.1999 – 1 ABR 72/19, NZA 1999, 887 ff.; so bereits *Gamillscheg* I S. 633 f.; vgl. auch *Wiedemann* RdA 2000, 169 (170 ff.); Thüsing/Braun TarifR/*Thees* Kap. 10 Rn. 37 ff.; wirkt der Tarifvertrag lediglich nach, so scheidet ein Unterlassungsanspruch aus: BAG 7.6.2017 – 1 ABR 32/15, NZA 2017, 1410.

vorliegt, die einheitlich wirkt und an die Stelle der Tarifnorm treten soll. Solche einheitlichen Regelungen können sowohl tarifwidrige Betriebsvereinbarungen als auch tarifwidrige einzelvertragliche Einheitsregelungen sein. Zum anderen setzt der Unterlassungsanspruch voraus, dass die verdrängte Tarifnorm im Anwendungsbereich der betrieblichen Regelung normative Geltung besitzt. Insoweit ist das Klagerecht eingeschränkt, da der Unterlassungsanspruch nur dort bestehen kann, wo einen kongruente Tarifbindung besteht. Ein entsprechender Unterlassungsantrag wird daher die namentliche Nennung der Gewerkschaftsmitglieder erforderlich machen,[329] denn mit nichtorganisierten Arbeitnehmern kann der Arbeitgeber auch ungünstigere, tarifabweichende Vereinbarungen treffen. Diese Entscheidung des BAG ist im Schrifttum – mit beachtlichen Argumenten – auf Kritik gestoßen.[330] Einigkeit besteht dahingehend, dass Gewerkschaften nicht befugt sind, Individualansprüche ihrer Mitglieder einzuklagen.[331] Es gibt kein Verbandsklagerecht. Der Unterlassungsanspruch ist nach Auffassung des BAG im **Beschlussverfahren** geltend zu machen.[332] Nach Ansicht des LAG Sachsen ist das Urteilsverfahren dann die richtige Verfahrensart, wenn die Vereinbarungen, die die Tarifregelungen verdrängen sollen, allein zwischen den Arbeitnehmern und dem Arbeitgeber getroffen worden sind, ohne dass der Betriebsrat mitgewirkt hat, insbesondere weil kein solcher besteht.[333]

Praxistipp:
Unterlassungsansprüche können materiellrechtlich auf eine Erstbegehungs- und/oder eine Wiederholungsgefahr gestützt werden. Dabei handelt es sich um zwei unterschiedliche Streitgegenstände, da die Rechtsfolge „Unterlassung" aus verschiedenen Lebenssachverhalten hergeleitet wird. Die Gerichte entscheiden jeweils nur den eingeführten Streitgegenstand, in der Revisionsinstanz ist die Einführung eines neuen Streitgegenstandes nicht möglich.[334]

---

[329] BAG 19.3.2003 – 4 AZR 271/02, NZA 2003, 1221 (1223 f.); aA ArbG Marburg 3.1.2006 – 1 Ca 671/05, AE 2006, 130 ff.
[330] *Buchner* NZA 1999, 897 ff. *Richardi* DB 2000, 42 ff.; *Thüsing* DB 1999, 1552; *Rieble* ZTR 1999, 483 ff.
[331] BAG 20.4.1999 – 1 ABR 72/98, NZA 1999, 887 (892); 8.11.1957 – 1 AZR 274/56, AP ZPO § 256 Nr. 7; *Reuter* SAE 1999, 262 (263).
[332] BAG 13.3.2001 – 1 AZB 19/00, NZA 2001, 1037 (1038); abl. *Bauer/Haussmann* Sonderbeilage NZA Heft 24/2000, 42 (47 f.).
[333] LAG Sachsen 13.11.2001 – 7 Sa 118/01, ArbuR 2002, 310 ff.
[334] BAG 18.11.2014 – 1 AZR 257/13, NZA 2015, 306 ff.

§ 71 Koalitionsrecht

Übersicht

	Rn.
I. Einführung	1/2
II. Koalitionsbegriff	3–16
1. Vereinigung	4–8
a) Freiwilligkeit	5
b) Dauerhaft	6
c) Korporativer Charakter	7/8
2. Arbeitnehmer-/Arbeitgebervereinigung	9
3. Zweck: Wahrung und Förderung der Arbeits- und Wirtschaftsbedingungen	10/11
4. Unabhängigkeit	12–14
a) Unabhängigkeit vom Tarifgegner	13
b) Überbetrieblichkeit von Arbeitnehmerkoalitionen	14
5. Bekenntnis zur freiheitlichen Ordnung	15
6. Gewerkschaftsbegriff	16
III. Individuelle Koalitionsfreiheit	17–27
1. Positive individuelle Koalitionsfreiheit	18
2. Negative individuelle Koalitionsfreiheit	19–27
a) Staatlicher Beitrittszwang	20
b) Betrittszwang durch Vereinbarung Privater	21–26
c) Verbandsaustritt	27
IV. Kollektive Koalitionsfreiheit	28–32
1. Bestandsgarantie	29/30
2. Koalitionsmittelgarantie und Tarifautonomie	31
3. Verbandsautonomie	32
V. Schranken der Koalitionsfreiheit	33–35
VI. Unmittelbare Drittwirkung	36–40

I. Einführung

Grundlage des Tarifvertragsrechts ist das Grundrecht der Koalitionsfreiheit in Art. 9 Abs. 3 GG. Die Koalitionsfreiheit gewährleistet vom Wortlaut her, dass **jedermann** das Recht hat, Vereinigungen zur Wahrung und Förderung der Arbeits- und Wirtschaftsbedingungen zu bilden. In Rechtsprechung und im Schrifttum ist anerkannt, dass darüber hinaus auch die Koalitionen an sich in ihrer Betätigung verfassungsrechtlich vom Schutzbereich des Grundrechts erfasst werden.[1] Art. 9 Abs. 3 GG gewährleistet damit sowohl die Koalitionsfreiheit des Einzelnen (**individuelle Koalitionsfreiheit**) als auch die Koalitionsfreiheit der Verbände selbst (**kollektive Koalitionsfreiheit**). Das Recht auf Kollektivverhandlungen ist aber auch im Unionsrecht verankert, vgl. Art. 28 GRCh, Art. 152, 155 AEUV, Art. 11 EMRK, Teil I. Nr. 5 der ESC[2] 1

Die Koalitionsfreiheit gilt für jedermann, für Arbeitnehmer und Arbeitgeber. Sie ist **nicht** als alleiniges **Arbeitnehmer-Grundrecht** ausgestaltet, auch wenn sie historisch von diesen erstritten wurde.[3] Dies wirkt sich dahin gehend aus, dass ua auch Arbeitskampfmaßnahmen der Arbeitgeber (etwa die Aussperrung) von Art. 9 Abs. 3 GG gewährleistet werden. 2

---

[1] BVerfG 24.4.1996 – 1 BvR 712/86, NZA 1996, 1157 (1158); 27.4.1999 – 1 BvR 2203/93, NZA 1999, 992 f.

[2] Vgl. BAG 19.1.2011 – 3 AZR 29/09, NZA 2011, 860; EuGH 15.7.2010 – C-271/08, NZA 2011, 564; vgl. auch *Thüsing/Traut* RdA 2012, 65 ff.; MHdB ArbR/*Rieble* § 217 Rn. 16 ff.

[3] BVerfG 26.6.1991 – 1 BvR 779/85, EzA GG Art. 9 Arbeitskampf Nr. 97 mAnm *Rieble*.

II. Koalitionsbegriff

3   Unter **Koalitionen** oder Berufsverbänden versteht man Vereinigungen von Arbeitnehmern oder Arbeitgebern zur Wahrung und Förderung der Arbeits- und Wirtschaftsbedingungen.

1. Vereinigung

4   Die Koalitionsfreiheit ist eine **spezielle Ausformung der allgemeinen Vereinigungsfreiheit** iSd Art. 9 Abs. 1 GG.[4] Eine Koalition muss daher zunächst die Voraussetzungen eines Vereins gemäß § 2 Abs. 1 VereinsG erfüllen. Es muss sich um eine **Vereinigung** handeln, zu der sich eine Mehrheit natürlicher oder juristischer Personen für längere Zeit zu einem gemeinsamen Zweck freiwillig zusammengeschlossen und einer organisierten Willensbildung unterworfen hat. Ausdrücklich ist in Art. 9 Abs. 3 GG der **Zweck** der Vereinigung festgelegt: Die Wahrung und Förderung der Arbeits- und Wirtschaftsbedingungen.

5   a) **Freiwilligkeit.** Das Erfordernis eines **freiwilligen** Zusammenschlusses ergibt sich bereits aus dem Charakter der Koalitionsfreiheit als **Freiheitsrecht.** Ausgeschlossen sind daher Zwangsverbände. Öffentlich-rechtliche Vereinigungen mit gesetzlicher Zwangsmitgliedschaft (zB Ärztekammern, Industrie- und Handelskammern) oder Innungen erfüllen die Merkmale des Koalitionsbegriffes nicht. Allerdings hat der Gesetzgeber den Innungen die Tariffähigkeit verliehen (dazu → § 69 Rn. 7). Die Belegschaft eines Betriebs ist keine freiwillige Vereinigung.

6   b) **Dauerhaft.** Der Zusammenschluss muss auf eine gewisse **Dauer** angelegt sein; es genügt keine einmalige Versammlung. Ausgeschlossen sind somit auch sog. ad-hoc-Koalitionen. Die Organisatoren eines „wilden Streiks" können sich nicht auf das Grundrecht der Koalitionsfreiheit berufen. Der Zusammenschluss für eine bestimmte Dauer wird auch im Hinblick auf die Gefahr gefordert, dass geschädigte Dritte ansonsten nicht auf eine konkrete Haftungsmasse zurückgreifen können. Allerdings können sich auch kurze Zweckbündnisse auf den Schutz von Art. 9 Abs. 3 GG berufen.[5]

7   c) **Korporativer Charakter.** Erforderlich ist eine Vereinigungsform mit korporativem Charakter. Der Bestand einer Vereinigung muss vom **Austritt oder Eintritt ihrer Mitglieder unabhängig** sein. Eine derartige Organisationsform setzt regelmäßig eine **organschaftliche Struktur** voraus. Erforderlich ist die Möglichkeit einer **Gesamtwillensbildung**.

8   Die Koalitionseigenschaft hängt von keiner bestimmten Organisationsform ab, insbesondere bedarf es keiner eigenen Rechtspersönlichkeit der Vereinigung; ausreichend ist ein nicht eingetragener Verein iSd § 54 BGB. Eine Koalition in Form einer Personengesellschaft ist aber ausgeschlossen. Die Rechtsform des eingetragenen Vereins (vgl. §§ 21 ff. BGB; Vereinsgesetz) kommt dem korporativen Charakter am nächsten, da ein Verein als juristische Person vom Bestand seiner Mitglieder unabhängig ist und mit dem Vorstand ein Organ besteht, der den Verein nach außen vertritt (vgl. § 26 BGB). Die meisten **Arbeitgeberverbände** sind daher regelmäßig **eingetragene Vereine**. Demgegenüber sind die **Gewerkschaften** aus historischen Gründen überwiegend als **nichtrechtsfähige Vereine** (§ 54 BGB) organisiert. Die Parteifähigkeit von Gewerkschaften im arbeitsgerichtlichen Verfahren ist in § 10 ArbGG ausdrücklich angeordnet.

2. Arbeitnehmer-/Arbeitgebervereinigung

9   Der Begriff des **Arbeitnehmers** bestimmt sich nach dem Arbeitsvertragsrecht. Arbeitnehmer sind Personen, die in einem **abhängigen Arbeitsverhältnis** stehen. Eine weitere Eingrenzung erfolgt nicht. Vor diesem Hintergrund sind ua auch Vereinigungen von leitenden Angestellten, Angehörigen des öffentlichen Dienstes, Auszubildenden, Heimarbeitern, Arbeits-

---

[4] Vgl. BVerfG 1.3.1979 – 1 BvR 532/77, BVerfGE 50, 290 (373); 26.6.1991 – 1 BvR 779/85, EzA GG Art. 9 Arbeitskampf Nr. 97.
[5] BVerfG 26.6.1991 – 1 BvR 779/85, NZA 1991, 809.

losen, Rentnern, arbeitnehmerähnlichen Personen[6] und sogar Soldaten oder Beamten[7] koalitionsfähig. Ausgeschlossen sind hingegen Zusammenschlüsse von Studenten, Schülern oder Angehörigen freier Berufe. Abzugrenzen ist hier wiederum die Frage der Tariffähigkeit; so verleiht § 12a TVG auch Verbänden arbeitnehmerähnlicher Personen Tariffähigkeit. **Arbeitgeber** ist, wer mindestens einen Arbeitnehmer beschäftigt.[8] Als juristische Personen erlangen sie den Grundrechtsschutz über Art. 19 Abs. 3 GG.

3. Zweck: Wahrung und Förderung der Arbeits- und Wirtschaftsbedingungen

Hauptzweck einer Koalition muss die Wahrung und Förderung der Wirtschafts- und Arbeitsbedingungen sein. Diese Voraussetzung ergibt sich unmittelbar aus Art. 9 Abs. 3 S. 1 GG und ist das zentrale Merkmal für die Koalitionseigenschaft. Von der Deutung dieses Begriffspaares hängt im Wesentlichen ab, was zum kollektiven Arbeitsrecht gezählt wird, also welche Materien etwa durch Tarifvertrag geregelt werden können (→ § 70 Rn. 37). Einigkeit besteht darüber, dass die **Wirtschafts- und Arbeitsbedingungen als einheitliches Begriffspaar** zu interpretieren sind. Der Begriff der Arbeits- und Wirtschaftsbedingungen bezieht sich auf alle wirtschaftlichen und sozialen Bedingungen, unter denen abhängige Arbeit geleistet wird.[9] Die Förderung der Wirtschaftsbedingungen allein genügt nicht. Daher sind Vereinigungen des allgemeinen Wirtschaftslebens keine Koalitionen, wie etwa Industrieverbände, Kartelle oder Verbraucherschutzverbände. 10

Der Zweck erfasst neben der Festlegung von Arbeitsbedingungen auch die Gewährung von Rechtsschutz und Rechtshilfe. Umstritten ist hingegen, ob die Koalitionen ein **beschäftigungspolitisches Mandat** haben.[10] Das BAG bejaht zumindest eine Legitimation der Tarifvertragsparteien, tarifvertragliche Normen zu setzen, die beschäftigungssichernde Auswirkungen auf die Arbeitsverhältnisse der dem Tarifvertrag unterworfenen Arbeitnehmer haben.[11] 11

4. Unabhängigkeit

Eine Koalition darf weder vom Staat, einer Partei oder vom sozialen Gegner abhängig sein. Um die **Interessen ihrer Mitglieder** wahren und fördern zu können, muss die Vereinigung unabhängig sein. Die bloße Nähe zu einer Partei ist hingegen unschädlich und tatsächlich verbreitet; es ist also **keine Neutralität** erforderlich.[12] Koalitionen können sich auch nach Weltanschauungen oder Religionen ausrichten, so beispielsweise der Christliche Gewerkschaftsbund Deutschlands (CGD).[13] 12

a) **Unabhängigkeit vom Tarifgegner.** Koalitionen können nur Arbeitnehmer- *oder* Arbeitgebervereinigungen sein.[14] Die Unabhängigkeit vom Tarifgegner muss **in personeller, finanzieller und organisatorischer Hinsicht** bestehen. Diese Unabhängigkeit ist Voraussetzung für die Richtigkeitsgewähr (→ § 67 Rn. 9). **Harmonieverbände**, die es in der Weimarer Republik gab und die sich aus Arbeitnehmern und Arbeitgebern zusammensetzten, sind keine grundrechtlich geschützten Koalitionen. Das Prinzip der Gegnerunabhängigkeit ist allerdings nicht im Sinne einer Gegnerfreiheit zu verstehen; eine solche lässt sich nicht realisieren. So führen Gewerkschaften selbst Arbeitgeberfunktionen aus, die von den Arbeitnehmern entsandten Arbeitsdirektoren nehmen Arbeitgeberaufgaben wahr oder leitende 13

---

[6] Vgl. Schaub ArbR-HdB/*Treber* § 188 Rn. 22 mwN zur Rspr.
[7] BVerfG 12.6.2018 – 2 BvR 1738/12, NVwZ 2018, 1121, das das Streikverbot für Beamte als mit dem Grundgesetz vereinbar ansieht. Das Streikverbot steht nach Auffassung des BVerfG auch mit dem Grundsatz der Völkerrechtsfreundlichkeit des Grundgesetzes in Einklang und insbesondere auch mit den Gewährleistungen der EMRK (Art. 11) vereinbar. Anders noch: BVerwG 27.2.2014 – 2 C 1.13, BeckRS 2014, 50276.
[8] Ein sog. Soloselbständiger ist daher kein Arbeitgeber (iSd TVG), BAG 31.1.2018 – 10 AZR 279/16, NZA 2018, 867; aA *Bayreuther/Deinert* RdA 2015, 129 ff.
[9] ErfK/*Linsenmaier* GG Art. 9 Rn. 23.
[10] Vgl. dazu bspw. *Hanau/Thüsing* ZTR 2001, 1 ff.
[11] BAG 28.6.2001 – 6 AZR 114/00, NZA 2002, 331 (334).
[12] *Löwisch/Rieble* TVG § 2 Rn. 108.
[13] LAG Düsseldorf 14.12.1957 – 1 BVTa 1/57, AP GG Art. 9.
[14] *Thüsing/Hütter* RdA 2018, 129 ff. betonen dieses Erfordernis für die Tariffähigkeit der Arbeitgeberseite.

Angestellte sind mit Arbeitgeberfunktionen betraut. Auch das MitbG verstößt nicht gegen Art. 9 Abs. 3 GG, da die Mitbestimmung nicht wirklich paritätisch ist: letztlich wählt die Arbeitgeberseite den Vorsitzenden des Aufsichtsrates, der bei Stimmengleichheit eine zweite Stimme hat.[15] Die Gegnerunabhängigkeit ist erst dann beeinträchtigt, wenn durch personelle Verflechtungen, auf organisatorischem Weg oder durch wesentliche finanzielle Zuwendungen die eigenständige Interessenwahrnehmung der Tarifvertragspartei gefährdet wird.[16] Teilweise wird die Frage der Gegnerunabhängigkeit im Rahmen der Funktionsfähigkeit einer Koalition und damit erst im Bereich der Tariffähigkeit verortet (vgl. zur Abgrenzung zur Tariffähigkeit → § 69 Rn. 6 ff.).

14 b) **Überbetrieblichkeit von Arbeitnehmerkoalitionen.** Die Notwendigkeit einer überbetrieblichen Organisation von Arbeitnehmervereinigungen ist fraglich (vgl. → § 69 Rn. 10).[17] Sie wird als eine **spezielle Ausprägung der Gegnerunabhängigkeit** verstanden. Zur Begründung der Notwendigkeit dieses Merkmals wird angeführt, dass Koalitionen, die sich nur auf der Ebene eines Betriebs oder eines Unternehmens betätigen würden, zu starken Einflüssen des Arbeitgebers ausgesetzt wären, da ihr Mitgliederbestand unmittelbar von den Einstellungen und Entlassungen abhängig wäre.[18] Ausnahmen wurden bei den Arbeitnehmerverbindungen großer Monopolunternehmen gemacht, wie etwa bei der Bahn oder der Post. Überwiegend wird die überbetriebliche Organisation inzwischen nur noch als Indiz für die Unabhängigkeit angesehen.[19]

5. Bekenntnis zur freiheitlichen Ordnung

15 Koalitionen müssen sich zur freiheitlich-demokratischen Grundordnung bekennen. Der Grund hierfür liegt in einem möglichen **Missbrauch** der Macht, insbesondere der Koalitionsmittel, wie etwa des Streiks.

6. Gewerkschaftsbegriff

16 Soweit der Gesetzgeber den Begriff der Gewerkschaft verwendet, etwa in §§ 10, 11 ArbGG, sind damit nicht alle Arbeitnehmerkoalitionen gemeint, vielmehr werden an den Gewerkschaftsbegriff weitere Bedingungen geknüpft (vgl. zur Tariffähigkeit von Gewerkschaften → § 69 Rn. 9 ff.). So ist etwa die soziale Mächtigkeit eine weitere Voraussetzung der Gewerkschaftseigenschaft.[20] Beispielsweise ist der Verband der Gewerkschaftsbeschäftigten (VGB) vom BAG nicht als Gewerkschaft, wohl aber als Arbeitnehmerkoalition anerkannt worden.[21]

III. Individuelle Koalitionsfreiheit

17 Die individuelle Koalitionsfreiheit beinhaltet das Recht, eine Koalition zu bilden, einem bestehenden Berufsverband beizutreten, in ihm zu verbleiben und sich koalitionsspezifisch zu betätigen, beispielsweise für seinen Verband zu werben (**positive Koalitionsfreiheit**). Das Grundrecht umfasst des Weiteren gleichberechtigt[22] die **negative Koalitionsfreiheit** des Ein-

---

[15] BVerfG 1.3.1979 – 1 BvR 532/77, BVerfGE 50, 290 (373).
[16] BAG 20.4.1999 – 3 AZR 352/97, NZA 1999, 1339 (1341).
[17] Gegen die Erforderlichkeit der Überbetrieblichkeit *Stelling* NZA 1998, 920 f.; ErfK/*Linsenmaier* GG Art. 9 Rn. 25.
[18] Kritisch *Löwisch/Rieble* TVG § 2 Rn. 198.
[19] Vgl. ErfK/*Linsenmaier* GG Art. 9 Rn. 25 mwN.
[20] BVerfG 20.10.1981 – BvR 404/78, BVerfGE 58, 233 (248 f.); BAG 26.6.2018 – 1 ABR 37/18, NZA 2019, 188; BAG 5.10.2010 – 1 ABR 88/09, NZA 2011, 300; daran hat sich auch nach Inkrafttreten des Tarifeinheitsgesetzes und des Mindestlohngesetzes nichts geändert: BVerfG 13.9.2019 – 1 BvR 1/16, NZA 2019, 1649 (1650); BAG 26.6.2018 – 1 ABR 37/16, NZA 2019, 188 (188 ff.) und FD-ArbR 2018, 412741 mzustAnm *Bauer;* so auch *Deinert* AuR 2016, 44 ff.; skeptisch noch LAG Hamburg 4.5.2016 – 5 TaBV 8/15, LAGE ArbGG 1979 § 97 Nr 8.
[21] BAG 19.9.2006 – 1 ABR 53/05, NZA 2007, 518 ff.
[22] Vgl. OLG Düsseldorf 12.7.2016 – IV-Kart 3/16 (V), FD-ArbR 2016, 380603 mAnm *Bauer.*

zelnen. Niemand darf zu einer Mitgliedschaft in einer Koalition gezwungen werden, auch nicht mittelbar durch Regelungen in Tarifverträgen, die einen sozial inadäquaten Druck auf Außenseiter ausüben, einem Verband beizutreten. Schließlich wird das Recht gewährleistet, aus einer Koalition austreten zu können.

1. Positive individuelle Koalitionsfreiheit

Die individuelle Koalitionsfreiheit gewährleistet dem Einzelnen das Recht, an der verfassungsrechtlich geschützten **Koalitionstätigkeit** teilzunehmen.[23] Geschützt ist **jede koalitionsspezifische Betätigung** und nicht nur solche, die den Kernbereich betrifft.[24] Hierzu zählt, sich innerhalb einer Koalition zweckfördernd zu betätigen sowie außerhalb werbewirksam tätig zu sein.[25] Damit wird Art. 9 Abs. 3 GG auch zur Anspruchsgrundlage für ein **Duldungsrecht** gegenüber dem Arbeitgeber. Allerdings wird eine solche koalitionsmäßige Betätigung **nicht schrankenlos** geschützt. Gesetzliche Regelungen, die eine Beeinträchtigung des Art. 9 Abs. 3 GG bewirken, können zugunsten der Grundrechte Dritter sowie sonstiger mit Verfassungsrang ausgestatteter Rechte und Gemeinwohlbelange gerechtfertigt werden.[26] Geschützt wird daher nicht die koalitionsspezifische Werbung unter Inanspruchnahme fremden Eigentums, wenn die Werbung ebenso gut mit anderen Mitteln durchgeführt werden kann. Ein Aufkleber mit Gewerkschaftsemblem auf einem Schutzhelm, der im Eigentum des Arbeitgebers steht, wird nicht von der Betätigungsfreiheit gemäß Art. 9 Abs. 3 GG geschützt.[27] Ein Anspruch, Werbe- und Informationsmaterial während der Arbeitszeit zu verteilen, besteht nicht.[28] Nicht geschützt ist die Verteilung einer Gewerkschaftszeitung in einem Betrieb, wenn sie lediglich an die eigenen Mitglieder vergeben wird. Hier geht es nur um den innergewerkschaftlichen Verteilungsmodus, der eine Verteilung im Betrieb nicht erfordert.[29] Nicht von der Koalitionsfreiheit erfasst wird auch politische Wahlwerbung.[30] Die individuelle Koalitionsfreiheit gewährt auch keinen Anspruch des Arbeitnehmers auf unbezahlte Freistellung von der Arbeitspflicht für gewerkschaftliche Betätigung, etwa zur Teilnahme an einer Sitzung des Ortsvorstandes seiner Gewerkschaft[31] oder einer gewerkschaftlich organisierten Demonstration.[32]

2. Negative individuelle Koalitionsfreiheit

Nach überwiegender Auffassung umfasst Art. 9 Abs. 3 GG auch die negative Koalitionsfreiheit, also das Recht des Einzelnen, einer Koalition fernzubleiben.[33] Mit einer positiven Freiheit korrespondiert grundsätzlich die Freiheit, von einem Grundrecht keinen Gebrauch zu machen.[34]

a) **Staatlicher Beitrittszwang.** Die negative Koalitionsfreiheit richtet sich zunächst gegen den Staat, dh es darf **keinen staatlichen Beitrittszwang** zu einer Koalition geben. Dies darf auch **nicht mittelbar** geschehen. Allein dadurch, dass jemand den Vereinbarungen fremder Tarifvertragsparteien unterworfen wird, ist ein solcher spezifisch koalitionsrechtlicher As-

---

[23] BVerfG 30.11.1965 – 2 BvR 54/62, BVerfGE 19, 303 (312).
[24] BVerfG 11.7.2017 – 1 BvR 1571/15, NZA 2017, 915 Rn. 131; 12.6.2018 – 2 BvR 1738/12, NJW 2018, 2695 Rn. 115; kritisch *Schwarze* ZfA 2018, 149 ff., der eine Überzeichnung der Koalitionsbetätigungsgarantie erkennt.
[25] BVerfG 14.11.1995 – 1 BvR 601/92, AP GG Art. 9 Nr. 80.
[26] BVerfG 11.7.2017 – 1 BvR 1571/15, NZA 2017, 915 Rn. 143.
[27] BAG 23.2.1979 – 1 AZR 172/78, AP GG Art. 9 Nr. 30 mAnm *Mayer-Maly*; *Hanau* ZIP 1996, 447, hält Gewerkschaftsembleme auf Schutzhelmen des Arbeitgebers für zulässig.
[28] BAG 26.1.1982 – 1 AZR 610/80, AP GG Art. 9 Nr. 35.
[29] BAG 23.2.1979 – 1 AZR 540/77, AP GG Art. 9 Nr. 29.
[30] BVerfG 28.4.1976 – 1 BvR 71/73, AP BetrVG 1972 § 74 Nr. 2.
[31] BAG 13.8.2010 – 1 AZR 173/09, NZA-RR 2010, 640.
[32] BVerwG 30.6.2016 – 2 B 3/15, NVwZ 2016, 1653.
[33] Vgl. BVerfG 3.7.2000 – 1 BvR 945/00, NZA 2000, 947 (948); dogmatisch wird die negative Koalitionsfreiheit teils auch aus Art. 2 Abs. 1 GG hergeleitet. Das BAG hat dies teilweise offengelassen, bspw.: BAG 15.4.2015 – 4 AZR 796/13, AP TVG § 3 Nr. 57 Rn. 45.
[34] BAG 29.11.1967 – GS 1/67, BAGE 20, 175 (213, 215).

pekt nicht zwingend betroffen.[35] Daraus folgt nach Auffassung der Rechtsprechung, dass die Erstreckung tarifvertraglicher Normen auf Außenseiter durch staatliche Rechtsakte, die negative Koalitionsfreiheit nicht zwingend verletzen müssen.[36] Die Erstreckung von tarifvertraglichen Regelungen auf Außenseiter durch Allgemeinverbindlicherklärung (§ 5 TVG),[37] § 4 Abs. 1 Satz 2 TVG (betriebliche und betriebsverfassungsrechtliche Normen),[38] Vergabegesetze, die eine Tariftreueregelung enthalten,[39] durch § 7 AEntG[40] und durch § 7 SoKaSiG,[41] werden daher ebenso als zulässig erachtet, wie die Erstreckung aufgrund von Nachwirkung (§ 4 Abs. 5 TVG)[42] und Nachbindung (§ 3 Abs. 3 TVG).[43] Umstritten ist die Frage bspw. bei § 1 Abs. 1b Satz 6 AÜG.[44]

21 **b) Betrittszwang durch Vereinbarung Privater.** Auch **Vereinbarungen Privater,** insbesondere Arbeitgeber und Gewerkschaften, können gegen die negative Koalitionsfreiheit verstoßen, wenn sie einen **unzulässigen Druck** auf Nichtorganisierte derart ausüben, dass diese sich zum Beitritt gezwungen sehen. Der bloße Anreiz zum Beitritt erfüllt diese Voraussetzung nicht.[45] Bei einem sozial inadäquaten Druck verdient die individuelle negative Koalitionsfreiheit Vorrang vor der kollektiven Koalitionsfreiheit der Tarifvertragsparteien. Keine Beeinträchtigung der negativen Koalitionsfreiheit liegt dann vor, wenn die Geltung von Tarifnormen ihren Grund in einer arbeitsvertraglichen Verweisung findet.

22 In dem Spannungsfeld zwischen unzulässigem Druck und zulässigem Anreiz sind die sog. **Differenzierungsklauseln** zu nennen. Sie dienen dazu, Außenseiter von arbeitgeberseitigen Vergünstigungen auszuschließen, und zwar auch im Bereich freiwilliger oder vertraglicher Gewährung. Die Arbeitgeber werden also verpflichtet, im Hinblick auf bestimmte Vorteile zwischen Gewerkschaftsmitgliedern und Außenseitern zu differenzieren. So soll der Beitritt zur Gewerkschaft attraktiver gemacht und ein Werbeeffekt erzielt werden. Üben sie aber einen **sozial inadäquaten Druck** aus, müssen Anders- oder Nichtorganisierte dies nicht hinnehmen.[46] Ebenso wenig müssen organisierte Arbeitnehmer hinnehmen, dass ein Arbeitgeber Nichtorganisierte generell besser bezahlt.[47] Eine Grundsatzentscheidung des Großen Senats des BAG von 1967 schien dabei die Frage in Richtung einer generellen Unzulässigkeit von Differenzierungsklauseln entschieden zu haben,[48] die Rechtsprechung des BAG geht jedoch davon aus, dass der Große Senat nur über die Zulässigkeit **qualifizierter** Diffe-

---

[35] BVerfG 11.7.2006 – 1 BvL 4/00, NZA 2007, 42 Rn. 68; BAG 29.7.2009 – 7 ABR 27/08, NZA 2009, 1424 Rn. 18.
[36] Schaub ArbR-HdB/*Treber* § 189 Rn. 10.
[37] Grundlegend BVerfG 24.5.1977 – 2 BvL 11/74, NJW 1977, 2255; BAG 21.9.2016 – 10 ABR 33/15, NZA-Beil. 2017, 12 Rn. 95 (st Rspr).
[38] ErfK/*Linsenmaier* GG Art. 9 Rn. 37 mwN.
[39] BVerfG 11.7.2006 – 1 BvL 4/00, NZA 2007, 42; abl. *Rieble* NZA 2007, 1 ff.; vgl. auch *Preis/Ulber* NJW 2007, 465 ff. Der EuGH hat allerdings in den Regelungen des niedersächsischen Vergabegesetzes einen Verstoß gegen die RL 96/71/EG gesehen (EuGH 3.4.2008 – C-346/06, NZA 2008, 537 ff.). Nunmehr betont er, dass die Ziele der Tarifvertragsparteien mit den im Unionsrecht verfolgten Zielen in Einklang zu bringen sind (EuGH 15.7.2010 – C-271/08, NZA 2011, 564; vgl. auch BAG 19.1.2011 – 3 AZR 29/09, NZA 2011, 860).
[40] BVerfG 18.7.2000 – 1 BvR 948/00, NZA 2000, 948 (949), wobei das Gericht auf seine Begründung zur Verfassungsmäßigkeit der Allgemeinverbindlichkeitserklärung verweist. „Allein die Wahl einer anderen Rechtsform für die Erstreckung eines Tarifvertrags auf Außenseiter ändere an Inhalt und Ergebnis der Erwägung nichts.
[41] BAG 30.10.2019 – 10 AZR 38/18, NZA 2020, 127 ff.
[42] BVerfG 3.7.2000 – 1 BvR 945/00, NZA 2000, 947.
[43] BAG 1.7.2009 – 4 AZR 261/08, NZA 201, 53 Rn. 37 ff.
[44] Einen Verstoß gegen die negative Koalitionsfreiheit sehen *Henssler* RdA 2017, 83, (98 f.); *Giesen* ZfA 2016, 153 (184) aA ErfK/*Linsenmaier* GG Art. 9 Rn. 35.
[45] Vgl. BVerfG 14.11.2018 – 1 BvR 1278/16, NZA 2019, 112 Rn. 4; BVerfG 11.7.2006 – 1 BvL 4/00, NZA 2007, 42 Rn. 66; BAG 29.7.2009 – 7 ABR 27/08, NZA 2009, 1424 Rn. 18.
[46] *Deinert* RdA 2014, 129 ff. hält Differenzierungsklauseln mit Blick auf die negative Koalitionsfreiheit – verstanden als Freiheit vom Beitrittszwang – für unproblematisch.
[47] Vgl. zu all dem BAG 29.11.1967 – GS 1/67, BAGE (GS) 20, 175 (199, 226, 228); vgl. *Gamillscheg* I S. 355 ff.; für die Zulässigkeit von Zulagen in Höhe des halben Gewerkschaftsbeitrags *Däubler* BB 2002, 1643 ff.
[48] BAG 29.11.1967 – GS 1/67, BAGE (GS) 20, 175.

renzierungsklauseln entschieden habe, so dass die Frage der Wirksamkeit von Differenzierungsklauseln wieder in die Diskussion geriet.[49]

Das BAG befürwortet die Zulässigkeit sog. **einfacher Differenzierungsklauseln**.[50] Darunter sind solche Tarifregelungen zu verstehen, die in einer anspruchsbegründenden Norm die Mitgliedschaft in der tarifschließenden Gewerkschaft ausdrücklich zu einer Anspruchsvoraussetzung machen. Dh, dass Nichtgewerkschaftsmitglieder, deren Arbeitsverhältnis nur kraft arbeitsvertraglicher Bezugnahmeklausel tarifvertraglichen Regelungen unterliegt, nicht in den Genuss der ausgelobten Leistung kommen.[51] Dies soll selbst dann gelten, wenn die arbeitsvertragliche Bezugnahmeklausel als Gleichstellungsabrede auszulegen ist.[52] Nach Ansicht des BAG üben solche Klauseln keinen unzulässigen, gegen die negative Koalitionsfreiheit der Außenseiter verstoßenden Druck zum Gewerkschaftsbeitritt aus. Inwieweit die Wirksamkeit einfacher Differenzierungsklauseln von der **Art und Höhe der Differenzierung** abhängen kann, wie das BAG es in der Entscheidung v. 18.9.2009[53] noch angedeutet hatte, ist – insbesondere vor dem Hintergrund der in der Entscheidung des BAG vom 15.4.2015[54] für zulässig erachteten massiven Besserstellung der unmittelbar tarifgebundenen Arbeitnehmer – noch nicht geklärt.[55] Im Ergebnis dürften (einfache) Differenzierungsklauseln regelmäßig dann zulässig sein, wenn Differenzierungskriterium allein die Gewerkschaftszugehörigkeit (ggf. zu einen bestimmten Stichtag) ist und die Gewährung der Leistung an Außenseiter – bspw. durch einzelvertragliche Vereinbarung – „logisch-rechtlich" möglich bleibt.[56]

Die Zulässigkeit von **Stichtagsregelungen**[57] – deren Einordnung als (einfache) Differenzierungsklausel oder als Binnendifferenzierung zwischen Gewerkschaftsmitgliedern umstritten ist – ist differenziert zu betrachten. Für monatliche Leistungen ist eine Stichtagsregelung, wonach die Leistungserbringung vom Fortbestand der Mitgliedschaft über einen bestimmten Zeitpunkt hinaus abhängig ist, wegen Verstoßes gegen § 3 Abs. 3 TVG unzulässig.[58] Allerdings kann eine jährliche Sonderzahlung von der Mitgliedschaft bereits zu Jahresbeginn abhängig gemacht werden.[59] Auch soll der Abschluss eines Ergänzungstarifvertrages zu einem „Transfer- und Sozialtarifvertrag" keinen Verstoß gegen die negative Koalitionsfreiheit oder den Grundsatz der Gleichbehandlung begründen.[60] Dort hatten die Tarifparteien eine um 10 % höhere Bemessungsgrundlage für das Monatsentgelt in der Transfergesellschaft und eine höhere Abfindung für Gewerkschaftsmitglieder, die bereits zu einem bestimmten Stichtag Mitglieder waren, vereinbart. Das BAG selbst sah in der Regelung bereits keine ein-

---

[49] Vgl. *Gamillscheg* NZA 2005, 146 ff.; *Giesen* NZA 2004, 1317 ff.; *Bauer/Arnold* NZA 2005, 1209; zuletzt *Höpfner* RdA 2019, 146 ff.
[50] BAG 18.3.2009 – 4 AZR 64/98, NZA 2009, 1028 ff. mit zust. *Franzen* NZA 2011 Beil., 108 (115); BAG 22.9.2010 – 4 AZR 117/09 Rn. 26 ff.; 21.8.2013 – 4 AZR 861/11, NZA-RR 2014, 201 Rn. 22; 23.3.2011 – 4 AZR 366/09, NZA 2011, 920 Rn. 43; LAG Berlin-Brandenburg 2.4.2014 – 15 Sa 1992/13, BeckRS 2014, 69387; 18.8.2015 – 19 Sa 320/15, NZA-RR 2016, 90 Rn. 21 ff. wobei die Gerichte bei den letztgenannten Entscheidungen von einer Binnendifferenzierung zwischen Gewerkschaftsmitgliedern ausgehen; *Brecht-Heitzmann/Gröls* NZA-RR 2011, 505; *Franzen* RdA 2008, 304 ff.; *Höpfner* RdA 2019, 146 ff.
[51] BAG 18.3.2009 – 4 AZR 64/08, FD-ArbR 2009, 283064.
[52] Str., insbesondere mit Blick auf § 305c Abs. 2 BGB, vgl. hierzu Henssler/Moll/Bepler TarifV-HdB/*Steffan* Teil 5 Rn. 11 mwN.
[53] BAG 18.9.2009 – 4 AZR 64/08, NZA 2009, 1028 Rn. 78 f.
[54] BAG 15.4.2015 – 4 AZR 796/13, NZA 2015, 1388 ff.
[55] *Siegfanz-Strauß* RdA 2015, 266 (268 ff.) leitet aus der Rechtsprechung des BAG keine Beschränkungen ab; aA *Lunk/Leder/Seidler* RdA 2015, 399 ff.; ausführlich – und kritisch – zur Entwicklung der Rechtsprechung: Henssler/Moll/Bepler TarifV-HdB/*Moll* Teil 12 Rn. 46a ff. mwN.
[56] Vgl. *Siegfanz-Strauß* RdA 2015, 266 (268).
[57] Zur Entwicklung der Rechtsprechung: Henssler/Moll/Bepler TarifV-HdB/*Moll* Teil 12 Rn. 47a ff. mwN.
[58] BAG 9.5.2007 – 4 AZR 275/06, NZA 2007, 1439; vgl. zur Stichtagsregelung *Lunk/Leder/Seidler* RdA 2015, 399 (401 f.); Henssler/Moll/Bepler TarifV-HdB/*Steffan* Teil 5 Rn. 13a.
[59] BAG 21.8.2013 – 4 AZR 861/11, NZA-RR 2014, 201; 5.9.2012 – 4 AZR 696/10, AP TVG § 3 Nr. 53.
[60] BAG 15.4.2015 – 4 AZR 796/13, NZA 2015, 1388 ff.; nachfolgend ebenso BAG 6.7.2016 – 4 AZR 966/13, BeckRS 2016, 74818 Rn. 26 ff.; 27.1.2016 – 4 AZR 830/13, BeckRS 2016, 68726 Rn. 17 ff.; 17.5.2017 – 4 AZR 646/14, BeckRS 2017, 116713 Rn. 18 und nachfolgend BVerfG 14.11.2018 – 1 BvR 1278/16, NZA 2019, 112.

fache Differenzierungsklausel, sondern lediglich eine Binnendifferenzierung innerhalb der Gewerkschaftsmitglieder.[61]

25 Rechtlich anders beurteilt die Rechtsprechung sogenannte **qualifizierte Differenzierungsklauseln.** Dort werden ebenfalls Gewerkschaftsmitgliedern besondere Leistungen zuerkannt. Im Gegensatz zu den einfachen Differenzierungsklauseln schränken sie darüber hinausgehend aber auch die Vertragsfreiheit des Arbeitgebers gegenüber Außenseitern ein. Solche **Tarifausschlussklauseln** bzw. **Abstands- oder Spannenklauseln** sind unzulässig. Erstgenannte verbieten es dem Arbeitgeber (schuldrechtlich) auch Außenseiter an tariflichen Leistungen teilhaben zu lassen.[62] Letztgenannte verbieten die Weitergabe nicht, legen aber Vergütungsspannen zwischen Gewerkschaftsmitgliedern und Nichtorganisierten fest, so dass Gewerkschaftsmitglieder immer höhere Leistungen erhalten als Nichtmitglieder. Durch diesen Eingriff in die Vertragsverhältnisse von Außenseitern überschreiten die Tarifvertragsparteien ihre Regelungsmacht, zudem liegt darin ein Verstoß gegen die negative Koalitionsfreiheit.[63] Unzulässig sind auch sog. **Closed-shop-Regelungen,** in denen Gewerkschaft und Arbeitgeber vereinbaren, dass die Einstellung eines Arbeitnehmers von dessen Zugehörigkeit zu einer (bestimmten) Arbeitnehmervereinigung abhängig gemacht wird.[64]

26 In 2014 hatte das BAG einen Fall zu entscheiden, in dem die Tarifvertragsparteien eine schuldrechtliche Vereinbarung trafen, nach der der Arbeitgeber einem Verein unter Zahlung eines einmaligen Mitgliedsbeitrags beitrat. Der Mitgliedsbeitrag sollte für Erholungsbeihilfen gewährt werden. Leistungsberechtigt waren ausschließlich Arbeitnehmer des Arbeitgebers, die in der IG Metall organisiert waren. Das BAG verneinte den Anspruch eines Außenseiters auf die Erholungsbeihilfe, da es den Grundsatz der Gleichbehandlung nicht verletzt sah[65] und billigte damit derartige **mittelbare Differenzierungen.**

27 c) **Verbandsaustritt.** Von der negativen Koalitionsfreiheit wird auch das Recht gewährleistet, aus einem Verband auszutreten. Es darf entsprechend **kein unzulässiger Druck zum Verbleiben** ausgeübt werden. Dies wirkt sich auf **Satzungsbestimmungen der Verbände** aus. So soll etwa eine Kündigungsfrist für einen Verbandsaustritt von mehr als einem halben Jahr gegen die negative Koalitionsfreiheit verstoßen (→ § 68 Rn. 11).[66]

IV. Kollektive Koalitionsfreiheit

28 Der Wortlaut von Art. 9 Abs. 3 GG räumt der Koalition als Vereinigung, die sich zur Wahrung der Wirtschafts- und Arbeitsbedingungen bildet, keinen grundrechtlichen Schutz ein. Eine optimale Verwirklichung der individuellen Koalitionsfreiheit erfordert jedoch, dass die Koalitionen selbst in ihrem Bestand, ihrer organisatorischen Ausgestaltung und in ihrer Betätigung geschützt sind. Die individualrechtliche Gewährleistung setzt sich nach feststehender Rechtsprechung des BVerfG in einem **Freiheitsrecht der Koalitionen** fort. Es schützt sie in ihrem Bestand und garantiert ihr die Bestimmung über ihre Organisation, das Verfahren ihrer Willensbildung und die Führung ihrer Geschäfte. Den Schutz von Art. 9 Abs. 3 GG genießen ferner Betätigungen der Koalitionen, soweit sie den dort genannten Zwecken dienen.[67]

---

[61] Kritisch: *Lunk/Leder/Seidler* RdA 2015, 399 (404); *Greiner* jM 2016, 66 ff.; *Greiner* NZA 2016, 10 ff.; va unter Hinweis auf die gut ausgestatten Sozialpläne/Sozialtarifverträge und das auf betriebsverfassungsrechtlicher Ebene nicht erreichbare Ergebnis zustimmend: *Helm* NZA 2015, 1437 ff.; *Helm/Mücke* ArbuR 2014, 366 ff.
[62] Vgl. *Bauer/Arnold* NZA 2011, 945 (948).
[63] Vgl. BAG 23.3.2011 – 4 AZR 366/09, NZA 2011, 920 Rn. 43; *Bauer/Arnold* NZA 2011, 945 (947 f.); Hensster/Moll/Bepler TarifV-HdB/*Steffan* Teil 5 Rn. 15 f.
[64] Thüsing/Braun TarifR/*Mengel/Burg* Kap. 5 Rn. 16.
[65] BAG 21.5.2014 – 4 AZR 50/13, NZA 2015, 115 – Opel.
[66] BGH 22.9.1980 – II ZR 34/80, NJW 1981, 340 f.; für Arbeitgeberverbände gilt entsprechendes: BGH 29.7.2014 – II ZR 243/13, DZWiR 2015, 71 ff. vgl. *Oetker* DZWiR 2015, 47 ff.
[67] BVerfG 12.6.2018 – 2 BvR 1738/12, NZA 2018, 2695 Rn. 115 f.; 11.7.2017 – 1 BvR 1571/1, NZA 2017, 915 Rn. 132 ff.

1. Bestandsgarantie

Bestandteil der kollektiven Koalitionsfreiheit ist vor allem die **„Bestandsgarantie"** der Koalitionen. Von der Gewährleistung umfasst ist bereits der **Gründungsvorgang**. Die Koalition bedarf **keiner staatlichen Zulassung**. Durch die **„Bildungsfreiheit"** ist zugleich ein **Verbandspluralismus** gesichert. Des Weiteren wird eine bestehende Koalition gegen Einflüsse geschützt, die den Wegfall eines notwendigen Merkmals des Koalitionsbegriffes zur Folge hätte (etwa Eingriff in die Unabhängigkeit des Verbandes). Sowohl Eingriffe des Staates (durch ein Verbot) als auch Privater, insbesondere des sozialen Gegenspielers oder konkurrierender Verbände (Aufruf zum Massenaustritt oder Closed-Shop-Vereinbarungen hinsichtlich Andersorganisierter), sind unzulässig. Bestandsgarantie bedeutet aber nicht, dass jede einzelne Koalition zu schützen oder der Staat zu bestandsfördernden oder bestandserhaltenden Maßnahmen verpflichtet ist.[68] Die Bestandsgarantie erfasst nicht **Existenzgefährdungen durch verbandsinterne Vorgänge**, etwa bei Verlust der Mächtigkeit durch Mitgliederaustritt, schwindender Leistungsfähigkeit oder schlicht auf Grund der Konkurrenz anderer Verbände. Der Staat muss den Koalitionen nur genügend Freiräume lassen, um sich bei der Wahrnehmung der Interessen der Mitglieder als geeignet darstellen zu können.

Die kollektive Koalitionsfreiheit liefe leer, wenn sie sich in der Bestandsgarantie erschöpfen würde. Vom Schutzbereich des Art. 9 Abs. 3 GG werden vielmehr **alle koalitionsspezifischen Betätigungen** umfasst.[69] Es kann daher auch von einer **Funktionsgarantie** gesprochen werden. Geschützt sind jedenfalls diejenigen Betätigungen, die für die Erhaltung und Sicherung der Existenz der Koalition unerlässlich sind.[70] Nach ständiger Rechtsprechung fällt auch die **Werbe- und Informationstätigkeit** der Gewerkschaften unter den Schutz der Koalitionsgarantie, so dass den Koalitionen selbst das Recht eingeräumt wird, dort zu werben und zu informieren, wo das Arbeitsleben sich abspielt, nämlich in den Unternehmen/Betrieben.[71] Dies begründet aber nicht ein Recht der Gewerkschaft, Gegenstände oder Einrichtungen des Arbeitgebers – etwa ein hausinternes Postverteilungssystem – zu Werbezwecken zu nutzen.[72] Ebenso wenig darf ein Arbeitnehmer einen vom Arbeitgeber für dienstliche Zwecke zur Verfügung gestellten personenbezogenen E-Mail-Account für die Verbreitung eines Streikaufrufs seiner Gewerkschaft nutzen.[73] Es besteht aber grundsätzlich ein **Zugangsrecht betriebsfremder Gewerkschaftsbeauftragter** zum Zweck der Mitgliederwerbung.[74] Ob dies auch bei kirchlichen Einrichtungen besteht, ist höchstrichterlich noch nicht geklärt.[75]

2. Koalitionsmittelgarantie und Tarifautonomie

Die Verbände müssen ihrem Zweck nachgehen und diesen umsetzen können. Die hierfür erforderlichen Mittel werden von der **Koalitionsmittelgarantie**[76] erfasst. Tragendes Moment der kollektiven Koalitionsfreiheit ist die **Tarifautonomie**.[77] Der Abschluss von Tarifverträgen ist das wichtigste Mittel, den Koalitionszweck zu erreichen. Die Verbände sind in der

---

[68] BVerfG 11.7.2017 – 1 BvR 1571/1, NZA 2017, 915 Rn. 132 f.: „keine Bestandsgarantie für einzelne Koalitionen".
[69] BVerfG 24.4.1996 – 1 BvR 712/86, NZA 1996, 1157 (1158).
[70] BVerfG 26.5.1970 – 2 BvR 664/65, BVerfGE 28, 295 (304).
[71] BAG 14.2.1978 – 1 AZR 280/77, AP GG Art. 9 Nr. 26; allgemein zu den Gewerkschaftsrechten im Betrieb: *Salamon/Hoppe* ArbRAktuell 2013, 618 ff.; *Däubler* Gewerkschaftsrechte.
[72] BAG 23.9.1986 – 1 AZR 597/85, EzA GG Art. 9 Nr. 40; zur Nutzung des Intranets eines Arbeitgebers vgl. *Lelley* BB 2002, 252 ff.
[73] BAG 15.10.2013 – 1 ABR 31/12, NZA 2014, 319.
[74] BAG 28.2.2006 – 1 AZR 460/04 Rn. 26 ff., NZA 2006, 798; 22.6.2010 – 1 AZR 179/09, NZA 2010, 1365 Rn. 37 f.; 22.5.2012 – 1 ABR 11/11, NZA 2012, 1176 Rn. 27; LAG Hamm 16.12.2014 – 12 Sa 1020/14, BeckRS 2015, 66906; das LAG Bremen räumt der Gewerkschaft sogar eine Einschätzungsprärogative dahingehend ein, welche Räumlichkeiten des Arbeitgebers für die Mitgliederwerbung am geeignetsten sind, vgl. LAG Bremen 26.11.2013 – 1 Sa 74/13, ZTR 2014, 286 ff.
[75] Ablehnend LAG Baden-Württemberg 8.9.2010 – 2 Sa 24/10, ZTR 2011, 121.
[76] BVerfG 11.7.2017 – 1 BvR 1571/1, NZA 2017, 915 Rn. 130.
[77] Vgl. BVerfG 3.4.2001 – 1 BvL 32/97, NZA 2001, 777 ff.

Wahl ihrer Mittel aber frei; sie können andere Vereinbarungen treffen oder auch Arbeitskampfmittel zur Verwirklichung des Koalitionszwecks ergreifen.[78] Der Staat enthält sich in diesem Betätigungsfeld grundsätzlich einer Einflussnahme und überlässt die erforderlichen Regelungen der Arbeits- und Wirtschaftsbedingungen zum großen Teil den Koalitionen, die sie autonom durch Vereinbarung treffen.[79] Gerade bei staatlichen Eingriffen in bestehende Tarifverträge muss der Staat den Grundsatz der Verhältnismäßigkeit beachten.[80]

3. Verbandsautonomie

32 Bestandteil der kollektiven Koalitionsfreiheit ist die **Verbands- oder Organisationsautonomie**,[81] die es jedem Verband erlaubt, frei über seine Organisationsform und -struktur zu entscheiden und seine Satzung autonom zu gestalten. Frei ist etwa die Wahl des Organisationsprinzips, also auch die Organisation der Verbände nach dem Industrie- oder Berufsverbandsprinzip. Zur Verbandsautonomie zählt ebenfalls die **Satzungsautonomie**, die es den Verbänden ua ermöglicht, die Voraussetzungen des Beitritts oder Austritts zu regeln und sich gegen Störungen und Gefahren zu wehren, die der Zielsetzung und der inneren Ordnung des Verbandes aus den eigenen Reihen drohen. Die Willensbildung muss dabei nicht auf Grundlage einer dem staatlichen Demokratieprinzip nachgebildeten Binnenstruktur erfolgen. Möchte die Koalition allerdings Tarifverträge abschließen, bedarf die durch den Abschluss von Tarifverträgen wahrgenommene Rechtssetzungsbefugnis einer mitgliedschaftlichen Legitimation, so dass gewisse Mindestanforderungen an die demokratische Verfassung zu stellen sind. Wenn die Satzungen grundsätzlich die Gleichheit der Mitglieder und deren Teilnahme am innerverbandlichen Willensbildungsprozess vorsehen, ist dies ausreichend.[82] Vielfach tangieren die Regelungen auch die individuelle Koalitionsfreiheit der Mitglieder, so dass im Einzelfall eine Abwägung zwischen der kollektiven und individuellen Seite der Koalitionsfreiheit stattfinden muss. So kann etwa nach Auffassung des BVerfG eine Gewerkschaft ein Mitglied ausschließen, das bei Betriebsratswahlen auf einer konkurrierenden Liste kandidiert, da die Solidarität der Mitglieder und ein geschlossenes Auftreten nach außen von besonderer Bedeutung für eine Koalition ist.[83]

V. Schranken der Koalitionsfreiheit

33 Das Grundrecht der Koalitionsfreiheit ist nicht schrankenlos gewährleistet. Die zunächst vertretene **Kernbereichslehre**, nach der Betätigungen der Koalitionen nur insoweit geschützt sind, als sie für die Erhaltung und Sicherung der Existenz und des Zwecks der Koalition unerlässlich sind,[84] ist von der Rechtsprechung fallen gelassen worden.[85] Das BVerfG[86] geht nunmehr davon aus, dass das Grundrecht der Koalitionsfreiheit lediglich durch Rechtsgüter mit Verfassungsrang eingeschränkt werden kann. Dies erfordert eine **Abwägung der kollidierenden verfassungsrechtlichen Werte**, ohne dass die Koalitionsfreiheit von vornherein auf einen Kernbereich beschränkt ist.[87] Der Ausgleich der kollidierenden Rechte erfolgt dabei

---

[78] BVerfG 26.6.1991 – 1 BvR 779/85, EzA GG Art. 9 Arbeitskampf Nr. 97 mAnm *Rieble*.
[79] Vgl. BVerfG 24.4.1996 – 1 BvR 712/86, NZA 1996, 1157 (1158); 3.4.2001 – 1 BvL 32/97, NZA 2001, 777 ff.
[80] Vgl. dazu BVerfG 3.4.2001 – 1 BvL 32/97, NZA 2001, 777 ff.; *Löwisch* ZIP 2001, 1565 ff.
[81] BVerfG 11.7.2017 – 1 BvR 1571/1, NZA 2017, 915 Rn. 133.
[82] Schaub ArbR-HdB/*Treber* § 188 Rn. 14; teilweise wird die demokratische Binnenstruktur erst für die Frage der Tariffähigkeit verlangt, vgl. MHdB ArbR/*Rieble* § 218 Rn. 70; für letztgenannte Ansicht spricht die Argumentation des BAG 28.3.2006 – 1 ABR 58/04, NZA 2006, 1112 Rn. 55.
[83] BVerfG 24.2.1999 – 1 BvR 123/93, RdA 2000, 99 ff. mkritAnm *Reuter*.
[84] BVerfG 18.12.1974 – 1 BvR 430/65, AP GG Art. 9 Nr. 23; BAG 13.11.1991 – 5 AZR 74/91, AP BGB § 611 Abmahnung Nr. 7.
[85] Vgl. zur Entwicklung der Rechtsprechung: *Kempen/Zachert* TVG Grundlagen Rn. 144 ff.
[86] BVerfG 12.6.2018 – 2 BvR 1738/12, NZA 2018, 2695 Rn. 115 ff., 138 ff.; 11.7.2017 – 1 BvR 1571/15, NZA 2017, 915 Rn. 143; 26.6.1991 – 1 BvR 779/85, BVerfGE 84, 212 (228), stRspr.
[87] BVerfG 12.6.2018 – 2 BvR 1738/12, NZA 2018, 2695 Rn. 115; *Hanau* ZIP 1996, 447; *Thüsing* Anm. zu EzA GG Art. 9 Nr. 60.

immer konkret im Einzelfall und nicht generell.[88] Der Staat darf aber zugunsten anderer Verfassungswerte im Bereich der Koalitionsfreiheit tätig werden und kann Arbeits- und Wirtschaftsbedingungen gesetzlich regeln.[89] Um ausreichend Raum für Tarifvertragsbestimmungen zu lassen, gestaltet der Staat zahlreiche **Gesetze tarifdispositiv**,[90] dh in Tarifverträgen dürfen vom Gesetz abweichende Bestimmungen getroffen werden (→ § 70 Rn. 27 ff.). Staatliche Eingriffe in bestehende Tarifverträge müssen verfassungsrechtlich gerechtfertigt sein.[91]

Noch nicht vollständig geklärt ist das **Verhältnis zum europäischen Gemeinschaftsrecht**, insbesondere die Frage der Bindung der Tarifvertragsparteien an europäische Grundrechte bzw. die allgemeinen Grundsätze des Unionsrechts (im Einzelnen → § 70 Rn. 16).[92]   34

Die Koalitionsfreiheit ist ein **ausgestaltungsbedürftiges Grundrecht**. Der Gesetzgeber hat im Wege der Ausgestaltung die Voraussetzungen zur Wahrnehmung des Grundrechts zu schaffen. Der Erlass des TVG stellt deshalb keinen Eingriff in die Koalitionsfreiheit dar, vielmehr ist der Gesetzgeber seiner Pflicht zur Ausgestaltung nachgekommen.[93] Das **Arbeitskampfrecht**[94] (insbesondere die Voraussetzungen für rechtmäßige Streiks und Aussperrungen) ist gesetzlich nicht geregelt. Die Ausgestaltung ist durch die Rechtsprechung des BVerfG und des BAG erfolgt.[95] Das BAG hat nunmehr das Streikrecht mit Blick auf die Aufgabe der Kernbereichslehre erweitert und sieht auch **Unterstützungsstreiks** als zulässig an.[96] Nach Ansicht des BAG bestehen gegen **sog. Flashmob-Aktionen** keine generellen rechtlichen Bedenken, sofern sie von einer Gewerkschaft durchgeführt werden.[97] Das Bundesverfassungsgericht hat diese Auffassung bestätigt.[98]   35

VI. Unmittelbare Drittwirkung

Nach Art. 9 Abs. 3 S. 2 GG sind Abreden, die das Koalitionsrecht iSd Art. 9 Abs. 3 S. 1 GG einschränken oder zu behindern suchen, nichtig, darauf gerichtete Maßnahmen sind also rechtswidrig. Erfasst werden sowohl hoheitliche Maßnahmen, Abreden Privater als auch Maßnahmen der Koalitionen selbst. Zu den Maßnahmen in diesem Sinne zählen Rechtsgeschäfte, tatsächliche Handlungen oder Unterlassungen.   36

Nichtig sind Tarifbestimmungen, die die positive oder negative Koalitionsfreiheit Nicht- oder Andersorganisierter einschränken. Hierzu gehören etwa Closed-Shop-Abreden (→ Rn. 25). Auch die Verpflichtung eines Arbeitgebers in einem Firmentarifvertrag, die Mitgliedschaft in einem bestimmten Arbeitgeberverband zu garantieren, ist unwirksam.[99] Unwirksam sind ebenfalls Satzungsbestimmungen der Koalitionen, die die positive oder negative Koalitionsfreiheit zu stark beschränken, etwa das zu stark beschränkte Austrittsrechte aus dem Verband.   37

Art. 9 Abs. 3 S. 2 GG schlägt beispielsweise auf die **Einstellungsentscheidung** des Arbeitgebers durch; er darf eine Einstellung eines Arbeitnehmers nicht davon abhängig machen,   38

---

[88] BVerfG 20.11.2012 – 1 AZR 179/11, NZA 2013, 449 Rn. 114.
[89] Vgl. BAG 22.1.2002 – 9 AZR 601/00, NZA 2002, 1041 (1045).
[90] Vgl. hierzu ausführlich *Thüsing/Braun* TarifR Kap. 1 Rn. 50 ff.
[91] BVerfG 24.4.1996 – 1 BvR 712/86, NZA 1996, 1157 (1158).
[92] Vgl. zum Verhältnis zum europäischen Recht Henssler/Moll/Bepler TarifV-HdB/*Engels* Teil 1 Rn. 51 ff.
[93] Zur Abgrenzung einer möglichen Umgestaltung von Eingriffen in die Koalitionsfreiheit vgl. *Dieterich* DB 2001, 2398 (2401).
[94] Vgl. hierzu MHdB ArbR/*Rieble* § 265 ff.
[95] Auf eine Darstellung des Arbeitskampfrechts wird in diesem Rahmen verzichtet; vgl. dazu etwa Thüsing/Braun TarifR/*v. Steinau-Steinrück* Kap. 3 Rn. 148 ff.; *Löwisch/Rieble* TVG Grundlagen Rn. 491 ff.; ErfK/ Linsenmaier GG Art. 9 Rn. 94 ff.; *Melot de Beauregard* NZA-RR 2019, 625 ff.; *Berg* RdA 2019, 110 ff.
[96] BAG 19.6.2007 – 1 AZR 396/06, NZA 2007, 1055 ff.; abl. Hohenstatt/Schramm NZA 2007, 1034 ff.; Auch der EGMR sieht Sympathiestreiks mit Art. 11 EMRK grds. geschützt an, lässt aber weitgehende gesetzliche Einschränkungen zu: EGMR (IV. Sektion) 8.4.2014 – 31045/10, NJOZ 2015, 1744 Rn. 75 ff. – The National Union of Rail, Maritime and Transport Workers/Vereinigtes Königreich.
[97] BAG 22.9.2009 – 1 AZR 972/08, NZA 2009, 1347.
[98] BVerfG 26.3.2014 – 1 BvR 3185/09, BeckRS 2014, 49789; vgl. hierzu *Bertke* NJW 2014, 1852 ff.
[99] BAG 10.12.2002 – 1 AZR 96/02, NZA 2003, 735 (740).

dass dieser nicht Mitglied einer Gewerkschaft ist.[100] Unzulässig ist die Führung einer „schwarzen Liste" von Gewerkschaftsmitgliedern, um eine Einstellung zu vermeiden. Ein Arbeitgeber, der die Einstellung von Bewerbern vom Austritt aus der Gewerkschaft abhängig macht, greift auch unmittelbar in das verfassungsrechtlich geschützte Recht einer Koalition auf Bestand und Betätigung ein.[101] So ist auch die **Frage nach der Gewerkschaftszugehörigkeit** in Einstellungsgesprächen **unzulässig**.[102] Ebenso unzulässig ist die Befragung der Arbeitnehmer nach ihrer Gewerkschaftszugehörigkeit während laufender Tarifvertragsverhandlungen.[103] Vertragsklauseln, die einen Arbeitnehmer verpflichten, keiner Gewerkschaft beizutreten oder aus einer solchen auszutreten, sind unwirksam. Der Arbeitsvertrag ist im Übrigen wirksam. Der Arbeitgeber kann sich auch nicht gegenüber einem Dritten verpflichten, keine Gewerkschaftsmitglieder einzustellen. Kündigungen oder Versetzungen wegen der Mitgliedschaft in einer Gewerkschaft sind ebenso unwirksam.

39 Auch Maßnahmen von Arbeitnehmern, die die Koalitionsfreiheit des Arbeitgebers beschneiden, sind unzulässig. Ein Arbeitgeber darf durch Arbeitskampfmaßnahmen oder **Boykottaufrufen** nicht gezwungen werden, einem bestimmten Arbeitgeberverband beizutreten oder dort auszutreten.[104]

40 Art. 9 Abs. 3 GG ist **Schutzgesetz** iSd § 823 Abs. 2 BGB. Die Verletzung des Rechts kann Schadensersatz- oder Unterlassungsansprüche auslösen, unabhängig von einem Verschulden des Störers. Koalitionen oder Arbeitsvertragsparteien können sich gegen einen rechtswidrigen Angriff auf ihre Koalitionsfreiheit mit einer Unterlassungsklage wehren. Der **Unterlassungsanspruch** ist begründet in § 1004 Abs. 1 S. 2 BGB iVm Art. 9 Abs. 3 S. 1 und 2 GG.[105] So kann ein Arbeitnehmer die Streichung von einer „schwarzen Liste" verlangen. Es kommt auch ein Unterlassungsanspruch gegen eine konkurrierende Gewerkschaft in Betracht, wenn diese mit unlauteren Mitteln wirbt oder eine auf Existenzvernichtung gerichtete Werbung betreibt.[106]

---

[100] BAG 28.3.2000 – 1 ABR 16/99, NZA 2000, 1294 (1295); zust. Anm. *Thüsing* RdA 2002, 49 ff.
[101] BAG 2.6.1987 – 1 AZR 651/85, AP GG Art. 9 Nr. 49.
[102] Vgl. BAG 26.9.2001 – 4 AZR 544/00, NZA 2002, 634 (635 f.); *Hanau/Kania* in FS Schaub, 248; ErfK/*Preis* BGB § 611 Rn. 278. Nach Auffassung von *Boemke* NZA 2004, 142 (144), darf auch der Stellenbewerber den Arbeitgeber nicht nach dessen Verbandsmitgliedschaft fragen. Die Zulässigkeit der Frage wird nun wieder mit Blick auf die Aufgabe des Grundsatzes der Tarifeinheit diskutiert, befürwortend etwa *Meyer* BB 2011, 2362; vgl. aber BAG 22.4.2009 – 4 AZR 100/08, NZA 2010, 41 Rn. 38.
[103] BAG 18.11.2014 – 1 AZR 257/13, NZA 2015, 306 ff., wobei das BAG offengelassen hat, ob in einem sog. tarifpluralen Betrieb grds. ein Fragerecht des Arbeitgebers nach der Gewerkschaftszugehörigkeit besteht.
[104] Vgl. zum Boykott auch Thüsing/Braun TarifR/*v. Steinau-Steinrück* Kap. 3 Rn. 155 ff.; ErfK/*Linsenmaier* GG Art. 9 Rn. 278 f.; BAG 20.12.1963 – 1 AZR 157/63, NJW 1964, 1291; 19.10.1976 – 1 AZR 611/75, NJW 1977, 318.
[105] BAG 2.6.1987 – 1 AZR 651/85, AP GG Art. 9 Nr. 49.
[106] BAG 31.5.2005 – 1 AZR 141/04, NZA 2005, 1182.

Teil O. Teilzeitarbeitsverhältnisse und geringfügige Beschäftigung

§ 72 Teilzeitarbeitsverhältnisse

Übersicht

	Rn.
I. Einführung	1/2
II. Kodifizierung des Teilzeitarbeitsrechts – Überblick	3–25
1. Der teilzeitbeschäftigte Arbeitnehmer	7–9
2. Teilzeitförderung	10–20
3. Diskriminierung- und Benachteiligungsverbot	21–25
III. Arbeitsbedingungen des Teilzeitarbeitnehmers von A bis Z	26–57
IV. Nebenpflichten	58–64
1. Verschwiegenheitspflicht	60
2. Wettbewerbsverbot	61–63
3. Nebentätigkeit	64
V. Beendigung des Teilzeitarbeitsverhältnisses	65–70
1. Allgemeines	66
2. Teilzeitarbeitsverhältnis und betriebsbedingte Kündigung	67–70
a) Unternehmerische Entscheidung und Sozialauswahl	67–69
b) Besonderer Kündigungsschutz	70
VI. Sonderformen der Teilzeitarbeit im TzBfG	71–80
1. Arbeit auf Abruf (§ 12 TzBfG)	72–78
2. Arbeitsplatzteilung (§ 13 TzBfG)	79/80
VII. Teilzeitarbeit und Betriebsverfassung	81–85
VIII. Teilzeitarbeit und Tarifvertragsrecht	86–88

I. Einführung

Teilzeitarbeit ist inzwischen seit vielen Jahren als praktiziertes Arbeitszeitmodell anerkannt.[1] Nachdem die Teilzeitarbeit mit Inkrafttreten des Beschäftigungsförderungsgesetzes (BeschFG) zum 1.5.1985 erstmals gesetzliche Erwähnung fand, sind die wichtigsten Abweichungen von dem als „Normalarbeitsverhältnis" verstandenen unbefristeten Vollzeit-Arbeitsverhältnis inzwischen (seit dem 1.1.2001) im **Teilzeit- und Befristungsgesetz** (TzBfG) geregelt. Das TzBfG diente – jedenfalls zum Schutz vor Diskriminierung und zum erleichterten Wechsel von Vollzeit- in Teilzeitarbeit und umgekehrt – der Umsetzung der Richtlinie des Europäischen Rates 97/81/EG[2] zu der von den Europäischen Sozialpartnern geschlossenen Rahmenvereinbarung. Zuletzt wurde das Teilzeitarbeitsrecht zum 1.1.2019 reformiert, weitere kleinere Korrekturen erfolgten zudem zum 1.1.2020.

Die Teilzeitbeschäftigung hat in ihren verschiedenen Erscheinungsformen eine enorme Praxisrelevanz.[3] Ob sich die steigende Teilzeitbeschäftigung aus den gesetzgeberischen Tätigkeiten ableitet, oder ob nicht ohnehin eine steigende Akzeptanz von Teilzeitarbeit auch bei Arbeitgebern zu verzeichnen ist, ist spekulativ. Nachdem die Beschäftigungsstatistik der Bundesagentur für Arbeit[4] bereits für das Jahr 2012 insgesamt 7,3 Millionen sozialversiche-

1

2

---

[1] Zur Entwicklung der Teilzeitarbeit *Altendorf*, Hindernisse für Teilzeitarbeit und flexible Arbeitsorganisation in der Bundesrepublik Deutschland, 1999, S. 23 ff. 46 ff.; *Heinze* NZA 1997, 681 (685 f.); *Rolfs* TzBfG Einf. Rn. 9 ff.; *Staudacher/Hellmann/Hartmann/Wenk* Teilzeitarbeit Rn. 1 ff.; *Preis/Schwarz* NJW 2018, 3673.
[2] Richtlinie 97/81/EG des Rates v. 15.12.1997, ABl. 1998 L 14, 9 ff., berichtigt ABl. 1998 L 128, 71; dazu *Dötsch* AuA 1998, 262.
[3] *Laux/Schlachter* Einf. Rn. 1 ff.
[4] Bundesagentur für Arbeit, Beschäftigungsstatistik, Stichtag 31.12.2012.

rungspflichtige Teilzeitbeschäftigungsverhältnisse[5] auswies, wodurch sich der Anteil der Teilzeitbeschäftigungsverhältnisse an allen sozialversicherungspflichtigen Beschäftigungsverhältnissen auf 25,2 % erhöht hatte, sind die Zahlen in den letzten Jahren noch gestiegen. Im Jahr 2018 wurden 11,6 Millionen Teilzeitbeschäftigungsverhältnisse (Quote 27,8 %) erfasst.[6] Dabei bestehen weiterhin große Geschlechterunterschiede. Während die Teilzeitquote der sozialversicherungspflichtig beschäftigten Männer im Jahr 2012 bei lediglich 6,5 % und im Jahr 2018 bei 11,2 % lag, arbeiteten 2012 35 % und 2018 47,1 % aller sozialversicherungspflichtig beschäftigten Frauen in Teilzeitmodellen. Von den erwerbstätigen Müttern waren im Jahr 2012 nach Angaben des Statistischen Bundesamtes sogar 69 % in Teilzeit tätig.[7]

II. Kodifizierung des Teilzeitarbeitsrechts – Überblick

3   Im Hinblick auf die Teilzeitarbeit definiert der Gesetzgeber im TzBfG zwei Ziele, nämlich die Förderung der Teilzeitarbeit und die Verhinderung der Diskriminierung von teilzeitbeschäftigten Arbeitnehmern (§ 1 TzBfG). Schon im Beschäftigungsförderungsgesetz 1985 hatte der Gesetzgeber Regelungen geschaffen, die erstmals ausdrücklich das Verbot der unterschiedlichen Behandlung wegen einer Teilzeitbeschäftigung normierten (§ 2 Abs. 1 BeschFG). Nachdem das Teilzeitarbeitsrecht ursprünglich eher von beschäftigungspolitischen Erwägungen geprägt war, geraten nunmehr gleichstellungs- und familienpolitische Anliegen in den Fokus des Gesetzgebers: Arbeitnehmer sollen zwar freiwillig in Teilzeit arbeiten können, jedoch nicht unfreiwillig darin verbleiben müssen.[8] Vor diesem Hintergrund ist auch die zum 1.1.2019 in § 9a TzBfG normierte **Brückenteilzeit** neben dem bisherigen allgemeinen Teilzeitanspruch des § 8 TzBfG zu sehen.

4   Eine Sonderform der Teilzeitarbeit stellt die **Altersteilzeit** dar.[9] Es handelt sich regelmäßig um eine Kombination aus nachträglicher Vereinbarung eines Teilzeit-Arbeitsverhältnisses mit dessen (nachträglicher) Befristung (bis zum Renteneintritt). Die allgemeinen Regeln des TzBfG, insbesondere das Diskriminierungsverbot, greifen allerdings auch für Altersteilzeit-Arbeitnehmer (vgl. § 23 TzBfG).

5   Weitere Sonderformen der Teilzeitarbeit sind die sog. **Elternteilzeit**[10] nach § 15 Abs. 4 bis 7 BEEG, die sog. **Pflegeteilzeit**[11] nach § 3 PflegeZG sowie die **Familienpflegezeit** nach § 2 Abs. 1 FPfZG.[12] Das PflegeZG und das FPfZG wurden zuletzt durch das „Gesetz zur besseren Vereinbarkeit von Familie, Pflege und Beruf" zum 1.1.2015 novelliert.[13] Auch für diese Sonderformen der Teilzeitarbeit gelten die allgemeinen Regeln des TzBfG.

6   **Schwerbehinderte** Arbeitnehmer haben bereits seit dem 1.10.2000 einen speziellen Rechtsanspruch auf Teilzeitarbeit (§ 164 Abs. 5 S. 3 SGB IX iVm § 164 Abs. 4 S. 3 SGB IX), wenn die kürzere Arbeit wegen Art und Schwere der Behinderung notwendig ist. Daneben finden sich in Tarifverträgen verstärkt auch Sondervorschriften zur Teilzeitarbeit,[14] so dass inzwischen ein kaum mehr zu überschauender Flickenteppich unterschiedlichster Teilzeit- und Rückkehransprüchen besteht.[15]

1. Der teilzeitbeschäftigte Arbeitnehmer

7   Der Begriff des teilzeitbeschäftigten Arbeitnehmers wird in § 2 Abs. 1 TzBfG über eine Abgrenzung zur Vollzeitbeschäftigung definiert. Danach ist ein Arbeitnehmer teilzeitbe-

---

[5] In Abgrenzung zur geringfügigen Beschäftigung, hierzu § 75.
[6] Statistisches Bundesamt, Statistisches Jahrbuch 2019.
[7] Pressemitteilung des Statistischen Bundesamtes v. 25.3.2014.
[8] *Preis/Schwarz* NJW 2018, 3673.
[9] Ausf. zur Altersteilzeit § 74.
[10] → § 73 Rn. 79, 135 ff.
[11] → § 73 Rn. 113 ff., 140.
[12] → § 73 Rn. 119 ff.
[13] Hierzu *Stüben/v. Schwanenflügel* NJW 2015, 577; *Thüsing/Pötters* BB 2015, 181.
[14] Vgl. zB § 11 TVöD, § 15b BAT, Teilzeitansprüche in der Metallindustrie; zum Anspruch auf Erhöhung der Regelarbeitszeit im Einzelhandel BAG 3.12.2019 – 9 AZR 95/19, NZA 2020, 672.
[15] *Bayreuther* NZA 2018, 566 (567).

schäftigt, wenn dessen vereinbarte regelmäßige Wochenarbeitszeit kürzer ist als die eines vergleichbaren Vollzeitbeschäftigten. Bei einer fehlenden Vereinbarung ist eine Durchschnittsbetrachtung vorzunehmen (§ 2 Abs. 1 S. 2 TzBfG). Vergleichbar ist ein vollzeitbeschäftigter Arbeitnehmer des Betriebes mit derselben Art des Arbeitsverhältnisses und der gleichen oder einer ähnlichen Tätigkeit (§ 2 Abs. 1 S. 3 TzBfG).

Ist im Betrieb kein vergleichbarer vollzeitbeschäftigter Arbeitnehmer auszumachen, erfolgt die Bestimmung auf Grund des anwendbaren Tarifvertrages; existiert ein solcher nicht, kommt es darauf an, wer im jeweiligen Wirtschaftszweig „üblicherweise als vergleichbarer Vollzeitbeschäftigter anzusehen ist" (§ 2 Abs. 1 S. 4 TzBfG). Die Identifizierung des vergleichbaren Vollzeitbeschäftigten ist nicht immer einfach und hat vor allem im Zusammenhang mit dem Diskriminierungsverbot des § 4 Abs. 1 TzBfG Bedeutung.[16]

Das Gesetz enthält die zusätzliche Klarstellung, dass es auf eine besondere sozialversicherungsrechtliche Behandlung nach anderen Gesetzen nicht ankommt. Auch **geringfügig Beschäftigte** nach § 8 Abs. 1 Nr. 1 SGB IV sind daher teilzeitbeschäftigte Arbeitnehmer im Sinne des Gesetzes (§ 2 Abs. 2 TzBfG).[17]

2. Teilzeitförderung

Die Förderung der Teilzeitarbeit ist erklärtes Ziel des Gesetzgebers (§ 1 TzBfG). Die konkreten gesetzgeberischen Maßnahmen formuliert das Gesetz insbesondere in den §§ 6–13 TzBfG. Ergänzend sind die §§ 22 und 23 TzBfG zu sehen, wonach zu Ungunsten des Arbeitnehmers von den Vorschriften des TzBfG (mit Ausnahme spezieller Regelungen zur Arbeit auf Abruf und Arbeitsplatzteilung) nicht abgewichen werden darf (§ 22 TzBfG) und anderweitige gesetzliche Regelungen zur Teilzeitarbeit vom TzBfG unberührt bleiben (§ 23 TzBfG).

Nach § 6 TzBfG hat der Arbeitgeber allen Arbeitnehmern Teilzeitarbeit nach Maßgabe des Gesetzes zu ermöglichen, wobei dies ausdrücklich auch in **leitenden Positionen** gewährleistet werden soll. Das Gesetz legt – anders als beispielsweise das BetrVG in § 5 – keinen besonderen Arbeitnehmerbegriff zugrunde. Aus dieser Formulierung des § 6 TzBfG kann abgeleitet werden, dass einem Teilzeitwunsch (nach § 8 TzBfG) nicht schon entgegengehalten werden kann, dass der Arbeitnehmer eine leitende Stellung im Unternehmen bekleidet.[18]

Wenn sich ein Arbeitsplatz als Teilzeitarbeitsplatz eignet, hat der Arbeitgeber diesen unabhängig von der Unternehmensgröße bei einer öffentlichen oder einer **Ausschreibung** innerhalb des Betriebs auch als solchen auszuschreiben (§ 7 Abs. 1 TzBfG). Aus dem Wortlaut der Vorschrift ergibt sich, dass hiermit keine allgemeine, selbstständige Pflicht zur Ausschreibung aller Arbeitsplätze eingeführt wurde.[19] Für einen Verstoß des Arbeitgebers sieht das Gesetz keine besondere Sanktion vor. Es dürfte bei der allgemeinen Überwachungsfunktion des Betriebsrats gemäß § 80 Abs. 1 Nr. 1 BetrVG bleiben.[20] Mit der jüngsten Gesetzesreform wurde in § 7 Abs. 2 TzBfG eine **Erörterungspflicht** des Arbeitgebers aufgenommen, der mit dem voll- oder teilzeitbeschäftigten Arbeitnehmer dessen Wunsch nach Veränderung von Dauer oder Lage oder von Dauer und Lage seiner vertraglich vereinbarten Arbeitszeit zu erörtern hat. Diese Vorschrift gilt unabhängig von den weiteren Erörterungsobliegenheiten nach § 8 Abs. 7 bzw. § 9a Abs. 1 TzBfG. § 7 Abs. 3 TzBfG regelt den Fall, dass ein Arbeitnehmer dem Arbeitgeber den Wunsch nach einer Veränderung von Dauer und Lage seiner vertraglich vereinbarten Arbeitszeit angezeigt hat. Dann hat der Arbeitgeber eine **Informationspflicht gegenüber diesen Arbeitnehmern** über entsprechende Arbeitsplätze, die im Betrieb oder Unternehmen besetzt werden sollen. Das Gesetz sieht auch bei einem Verstoß gegen diese Norm keine spezielle Sanktion vor, jedoch kommen Schadensersatzansprü-

---

[16] BAG 28.5.2013 – 3 AZR 266/11, BeckRS 2013, 71596; 14.3.2007 – 5 AZR 791/05, NZA 2007, 862; 14.3.2007 – 5 AZR 420/06, NZA 2007, 981.
[17] Ausf. zur geringfügigen Beschäftigung § 75.
[18] Vgl. etwa *Meinel/Heyn/Herms* TzBfG § 6 Rn. 3, TzBfG § 8 Rn. 65; ArbG Berlin 20.4.2012 – 28 Ca 17989/11, BeckRS 2012, 70503.
[19] So auch *Staudacher/Hellmann/Hartmann/Wenk* Rn. 361.
[20] Vgl. *Richardi/Annuß* BB 2000, 2201; *Schloßer* BB 2001, 411; *Ehler* BB 2001, 1146; aber auch *Fischer* AuR 2001, 325.

che in Betracht.[21] Zudem soll ein Betriebsrat der Einstellung von weiteren Teilzeitbeschäftigten nach § 99 Abs. 2 Nr. 3 BetrVG widersprechen können, wenn vorhandene Teilzeitbeschäftigte die Arbeitszeit erhöhen wollen und der Arbeitgeber der Informationspflicht nach § 7 Abs. 3 TzBfG nicht nachgekommen ist.[22] Ferner regelt § 7 Abs. 4 TzBfG einen **Informationsanspruch des Betriebsrats** über Teilzeitarbeit im Betrieb und Unternehmen, insbesondere über vorhandene oder geplante Teilzeitarbeitsplätze sowie über die Umwandlung von Teilzeit- in Vollzeitarbeitsplätze und umgekehrt.

13 Die §§ 8, 9 und 9a TzBfG sollen den ggf. zeitlich begrenzten Wechsel von Vollzeit- zu Teilzeitarbeit (§§ 8, 9a) und umgekehrt (§ 9) erleichtern. Diese Vorschriften sind zum 1.1.2019 umfassend reformiert bzw. neu geschaffen worden. Das Kernstück der Teilzeitförderung bildet weiterhin der in § 8 TzBfG normierte durchsetzbare Anspruch des Arbeitnehmers auf **Verringerung der Arbeitszeit**, wenn er mit dem Arbeitgeber hierüber keine Einigung erzielt hat.[23] Nach dem neuen § 9a TzBfG soll auch eine zwischen einem und maximal fünf Jahren befristete Teilzeittätigkeit (**Brückenteilzeit**) ermöglicht werden. Die (befristete) Verkürzung der Arbeitszeit ist ausgeschlossen, wenn der Arbeitgeber betriebliche Gründe entgegenhalten kann (§§ 8 Abs. 4 S. 1, 9 Abs. 2 S. 1 TzBfG).

14 Ein ebenso eindeutig formulierter Anspruch auf **Verlängerung der vertraglich vereinbarten Arbeitszeit** findet sich im Gesetzestext auch nach der zum 1.1.2019 erfolgten Reform des Teilzeitarbeitsrechts nicht. Nach § 9 TzBfG hat der Arbeitgeber allerdings einen teilzeitbeschäftigten Arbeitnehmer, der ihm den Wunsch nach einer Verlängerung seiner Arbeitszeit in Textform angezeigt hat, bei der Besetzung eines entsprechend freien Arbeitsplatzes bevorzugt zu berücksichtigen, wobei die bestehende Darlegungs- und Beweislast für das Vorliegen eines freien Arbeitsplatzes, der eine Verlängerung der individuellen Arbeitszeit ermöglicht, noch stärker auf den Arbeitgeber verlagert wurde.[24] Dieses Rückkehrrecht zur Vollzeitarbeit soll dem Arbeitnehmer die Entscheidung zur (vorübergehenden) Teilzeitarbeit erleichtern, da er nicht befürchten muss, dauerhaft auf höhere Verdienstmöglichkeiten zu verzichten.[25] Die bevorzugte Berücksichtigung der gewünschten Arbeitszeitverlängerung kann nach § 9 S. 1 TzBfG nur verlangt werden, wenn:

- es sich um einen entsprechenden freien Arbeitsplatz handelt, den der Arbeitgeber auch tatsächlich besetzen will,[26]
- der Arbeitnehmer über mindestens die gleiche Eignung verfügt wie ein anderer vom Arbeitgeber bevorzugter Bewerber, und zwar sowohl hinsichtlich des Ausbildungsstandes als auch hinsichtlich der Berufserfahrung (ggf. Darlegungs- und Beweisproblem des Arbeitnehmers),[27] und
- dem Verlängerungswunsch keine Arbeitszeitwünsche anderer teilzeitbeschäftigter Arbeitnehmer oder keine dringenden betrieblichen Gründe auf Arbeitgeberseite entgegenstehen.[28]

15 Berücksichtigt ein Arbeitgeber einen teilzeitbeschäftigten Arbeitnehmer, der ihm den Wunsch nach einer Verlängerung seiner vertraglich vereinbarten Arbeitszeit angezeigt hat, trotz dessen Eignung nicht bei der Besetzung eines entsprechenden freien Arbeitsplatzes, geht der Anspruch des Arbeitnehmers auf Verlängerung seiner Arbeitszeit gemäß § 275 Abs. 1 BGB unter, sobald der Arbeitgeber den Arbeitsplatz mit einem anderen Arbeitnehmer besetzt. Verletzt der Arbeitgeber schuldhaft den Anspruch eines Teilzeitbeschäftigten nach § 9 TzBfG, indem er den Arbeitsplatz endgültig mit einem anderen Arbeitnehmer besetzt,

---

[21] ErfK/*Preis* TzBfG § 7 Rn. 8.
[22] LAG Baden-Württemberg 21.3.2013 – 6 TaBV 9/12, BeckRS 2013, 67559.
[23] Ausf. zum Teilzeitanspruch nach § 8 TzBfG unten § 73.
[24] *Preis/Schwarz* NJW 2018, 3673 (3677).
[25] BAG 8.5.2007 – 9 AZR 784/06, NZA 2007, 1349.
[26] Vgl. hierzu BAG 16.9.2008 – 9 AZR 781/07, NZA 2008, 1285; LAG Schleswig-Holstein 26.8.2008 – 5 TaBV 18/08, NZA-RR 2009, 139.
[27] LAG Köln 12.8.2015 – 11 Sa 115/15, BeckRS 2015, 73341.
[28] Hierzu etwa BAG 13.2.2007 – 9 AZR 575/05, NZA 2007, 807; 15.8.2006 – 9 AZR 8/06, NZA 2007, 255; LAG Köln 22.11.2011 – 11 Sa 1406/10, BeckRS 2012, 73151; 9.7.2009 – 7 Sa 1386/08, BeckRS 2010, 71048.

macht er sich wegen **Unmöglichkeit** der Erfüllung des Anspruchs gegenüber dem übergangenen Arbeitnehmer **schadensersatzpflichtig**.[29] § 249 Abs. 1 BGB, dem zufolge der Zustand herzustellen ist, der bestehen würde, wenn der zum Ersatz verpflichtende Umstand nicht eingetreten wäre, führt jedoch nicht dazu, dass der Arbeitgeber verpflichtet wird, mit dem Arbeitnehmer die Verlängerung der Arbeitszeit zu vereinbaren. Die Wertung des Gesetzgebers in § 15 Abs. 6 AGG, wonach der Arbeitnehmer selbst bei einem Verstoß des Arbeitgebers gegen das Benachteiligungsverbot des § 7 Abs. 1 AGG grundsätzlich keinen Anspruch auf Begründung eines Arbeitsverhältnisses oder einen beruflichen Aufstieg hat, steht einem solchen Anspruch entgegen.[30]

Falls sich mehrere teilzeitbeschäftigte Arbeitnehmer gleicher Eignung um denselben Arbeitsplatz bewerben, hat der Arbeitgeber nach billigem Ermessen seine **Auswahlentscheidung** zu treffen.[31] Eine Verpflichtung, alle interessierten Teilzeitbeschäftigten gleichermaßen zu bedenken und deren Arbeitszeit zu erhöhen, besteht nicht.[32] Stellt der Arbeitgeber eine Ersatzkraft ohne Beachtung des § 9 TzBfG ein, besteht ein **Widerspruchsrecht des Betriebsrats** nach § 99 Abs. 2 BetrVG.[33] 16

Weiter hat ein Arbeitgeber dafür zu sorgen, dass teilzeitbeschäftigte Arbeitnehmer gleichermaßen an **Aus- und Weiterbildungsmaßnahmen** zur Förderung der beruflichen Entwicklung und Mobilität teilnehmen können (§ 10 TzBfG). Alle Arbeitnehmer sollen ungeachtet ihrer Wochenarbeitszeit die grundsätzlich gleiche Chance zum beruflichen Aufstieg und zur beruflichen Qualifikation haben.[34] Auch im Rahmen der Aus- und Weiterbildung kann der Arbeitgeber dem berechtigten Interesse der teilzeitbeschäftigten Arbeitnehmer nur dringende betriebliche Gründe oder Aus- und Weiterbildungswünsche anderer Teilzeit- oder Vollzeitbeschäftigter entgegenstellen. Ein Anspruch auf berufliche Bildungsmaßnahmen besteht indes für Teilzeitbeschäftigte nicht. Der Arbeitgeber muss Teilzeitbeschäftigte aber bei Aus- und Weiterbildungsmaßnahmen berücksichtigen, die den Vollzeitbeschäftigten angeboten werden, und zwar selbst dann, wenn ein entsprechender Wunsch des Arbeitnehmers zuvor nicht angezeigt wurde.[35] 17

§ 11 TzBfG regelt ein **spezielles Kündigungsverbot** und ergänzt insoweit die Regelung des § 5 TzBfG (Benachteiligungsverbot). Die Kündigung eines Arbeitsverhältnisses kann nicht darauf gestützt werden, dass ein Arbeitnehmer sich geweigert hat, von einem Vollzeit- in ein Teilzeitarbeitsverhältnis oder umgekehrt zu wechseln (§ 11 S. 1 TzBfG). Das Recht zur Kündigung aus anderen Gründen bleibt jedoch unberührt (§ 11 S. 2 TzBfG), so dass insbesondere betriebsbedingte (Änderungs-)Kündigungen auf Grund geplanter Rationalisierungsmaßnahmen, die einen verringerten Arbeitskräftebedarf zur Folge haben, möglich bleiben.[36] Der Arbeitgeber darf jedoch die bloße Weigerung des Arbeitnehmers, seine Arbeitszeit aufzustocken oder zu verringern, nicht mit dem Ausspruch einer Kündigung sanktionieren. Die Praxis wird sich mit Fällen beschäftigen müssen, in denen der Arbeitnehmer behauptet, die für die betriebsbedingte Kündigung herangezogene unternehmerische Entscheidung sei rein willkürlich erfolgt oder gar vorgeschoben; maßgeblich für die Kündigung sei allein die Weigerung (des Arbeitnehmers) gewesen, vom Vollzeit- in ein Teilzeitarbeitsverhältnis zu wechseln. 18

Die gesetzliche Regelung erscheint insoweit unvollständig, als nicht jede Weigerung, eine veränderte Arbeitszeit (richtiger: ein verändertes Arbeitszeitvolumen) zu akzeptieren, angesprochen ist. Das Gesetz spricht allein den Wechsel von der Vollzeit- bzw. in die Vollzeitbeschäftigung an. Auch die Weigerung eines Teilzeitbeschäftigten, in eine andere Teilzeitbeschäftigung mit abweichender Arbeitszeit (auch zB in ein geringfügiges Beschäftigungsverhältnis) zu wechseln, darf aber kein Kündigungsgrund sein. 19

---

[29] BAG 18.7.2017 – 9 AZR 259/16, NZA 2017, 1401; 16.9.2008 – 9 AZR 781/07, NZA 2008, 1285.
[30] BAG 18.7.2017 – 9 AZR 259/16, NZA 2017, 1401.
[31] *Staudacher/Hellmann/Hartmann/Wenk* Rn. 750; vgl. auch BAG 25.10.1994 – 3 AZR 987/93, AuR 2001, 146 (betr. einen tariflichen Anspruch aus Erhöhung der Arbeitszeit).
[32] BAG 13.2.2007 – 9 AZR 575/05, NZA 2007, 807.
[33] BAG 1.6.2011 – 7 ABR 117/09, NZA 2011, 1435.
[34] LAG Hessen 8.4.2011 – 3 SaGa 343/11, BeckRS 2011, 74354.
[35] Vgl. etwa *Meinel/Heyn/Herms* TzBfG § 10 Rn. 12.
[36] LAG Hamm 7.4.2016 – 15 Sa 1648/15, BeckRS 2016, 120313.

20 Im weiteren Sinne zur Teilzeitförderung gehören auch die gesetzlichen Regelungen der sog. **Arbeit auf Abruf** in § 12 TzBfG sowie der **Arbeitsplatzteilung** in § 13 TzBfG.[37]

3. Diskriminierungs- und Benachteiligungsverbot

21 In engem Zusammenhang mit der Teilzeitförderung stehen auch das **Diskriminierungsverbot** des § 4 Abs. 1 TzBfG[38] sowie das **Benachteiligungsverbot** des § 5 TzBfG. Die Verhinderung von Diskriminierung teilzeitbeschäftigter Arbeitnehmer wird in § 1 TzBfG ausdrücklich als weiteres Ziel des TzBfG benannt.

22 Das **allgemeine Diskriminierungsverbot** war seit 1985 in § 2 Abs. 1 BeschFG normiert und ist heute in § 4 Abs. 1 S. 1 TzBfG geregelt. Diese Verbotsnorm iSd § 134 BGB **konkretisiert den allgemeinen arbeitsrechtlichen Gleichbehandlungsgrundsatz** für den Bereich der Teilzeitarbeit. Hiernach darf ein teilzeitbeschäftigter Arbeitnehmer wegen der Teilzeitarbeit nicht schlechter behandelt werden als ein vergleichbarer vollzeitbeschäftigter Arbeitnehmer. Eine Ausnahme besteht nur dann, wenn sachliche Gründe eine unterschiedliche Behandlung rechtfertigen. Speziell das **Arbeitsentgelt und sonstige geldwerte Leistungen** werden erfasst, indem § 4 Abs. 1 S. 2 TzBfG klarstellt, dass einem Teilzeitbeschäftigten Arbeitsentgelt oder eine andere teilbare geldwerte Leistung mindestens in dem Umfang zu gewähren ist, der dem Anteil seiner Arbeitszeit an der Arbeitszeit eines vergleichbaren Vollzeitbeschäftigten entspricht.[39] Das (allgemeine) Diskriminierungsverbot in Satz 1 betrifft alle übrigen Arbeitsbedingungen wie etwa Dauer, Lage und Verteilung der Arbeitszeit, die Aufstellung von Urlaubsgrundsätzen etc.[40] § 4 Abs. 1 S. 2 TzBfG regelt jedoch kein absolutes Benachteiligungsverbot. Die Rechtfertigungsgründe für unterschiedliche Behandlungen von Vollzeit- und Teilzeitkräften müssen anderer Art als das unterschiedliche Arbeitspensum sein. Eine Schlechterstellung von Teilzeitbeschäftigten kann sachlich gerechtfertigt sein, wenn sich ihr Grund aus dem Verhältnis von Leistungszweck und Umfang der Teilzeitarbeit herleiten lässt.[41] Insofern stellt auch eine tarifliche Regelung, die vorsieht, dass Teilzeitbeschäftigte anders als Vollzeitbeschäftigte keinen Anspruch auf die Gewährung einer tariflichen Altersfreizeit haben, eine unzulässige Ungleichbehandlung wegen Teilzeitarbeit iSd § 4 Abs. 1 TzBfG dar.[42]

> **Praxistipp:**
> Ein Verstoß gegen das Diskriminierungsverbot des § 4 Abs. 1 TzBfG führt gem. § 134 BGB zur Nichtigkeit der benachteiligenden Vereinbarung und zur uneingeschränkten Wirksamkeit der begünstigenden Regel für den Teilzeitbeschäftigten.

23 Für die Legitimation einer Ungleichbehandlung müssen deshalb besondere rechtfertigende Gründe vorliegen, für die der Arbeitgeber im Prozess auch darlegungs- und beweisbelastet ist. Maßgeblich ist, dass der an die Dauer der Arbeitszeit anknüpfende **Differenzierungsgrund** sachlich gerechtfertigt ist; lediglich billigenswerte Gründe reichen nicht aus. Die Rechtsprechung stellt hier strenge Anforderungen, so dass beispielsweise die unterschiedliche vertragliche Arbeitszeit von Vollzeit- und Teilzeitbeschäftigten allein eine Ungleichbehandlung durch ein Abweichen vom Pro-rata-temporis-Grundsatz nicht rechtfertigt. Die Sachgründe müssen anderer Art sein, zB auf der Arbeitsleistung, Qualifikation, Berufserfahrung oder unterschiedlichen Anforderungen am Arbeitsplatz beruhen.[43] Die Prüfung der

---

[37] Zu diesen Sonderformen der Teilzeitarbeit nachfolgend → Rn. 70 ff.
[38] Zum Diskriminierungsverbot eingehend *Thüsing* ZfA 2002, 249.
[39] Vgl. hierzu BAG 22.10.2019 – 9 AZR 71/19, NZA 2020, 255 Rn. 31.
[40] Vgl. auch *Meinel/Heyn/Herms* TzBfG § 4 Rn. 18.
[41] BAG 23.7.2019 – 9 AZR 372/18, NZA 2019, 1588 Rn. 23.
[42] BAG 22.10.2019 – 9 AZR 71/19, NZA 2020, 255 Rn. 29; 23.7.2019 – 9 AZR 372/18, NZA 2019, 1588 Rn. 28.
[43] BAG 18.3.2014 – 9 AZR 740/13, BeckRS 2014, 70030; 16.1.2003 – 6 AZR 222/01, NZA 2003, 971.

sachlichen Rechtfertigung einer unterschiedlichen Behandlung hat sich am Zweck der Leistung und nicht an der Zugehörigkeit zu einer Gruppe zu orientieren.[44] Das Gebot der Gleichbehandlung gilt sowohl für vertragliche Vereinbarungen als auch für einseitige Maßnahmen.[45]

> **Praxistipp:**
>
> Wenn es aufgrund einer unterschiedlichen Behandlung von Teilzeitkräften zu rechtlichen Fragestellungen kommt, ist nicht § 4 Abs. 1 TzBfG, sondern der allgemeine Gleichbehandlungsgrundsatz anzuwenden.

Der geforderte sachliche Grund muss zum Zeitpunkt der Ungleichbehandlung objektiv vorliegen. Subjektiv muss er Motiv des Arbeitgebers gewesen sein. Die tatbestandlichen Voraussetzungen des § 4 TzBfG können bei veränderten Verhältnissen selbstverständlich auch wieder entfallen.[46] 24

Ergänzend verbietet § 5 TzBfG die **Benachteiligung** eines Arbeitnehmers wegen der Inanspruchnahme von Rechten nach dem TzBfG. Die Vorschrift konkretisiert das allgemeine Benachteiligungsverbot des § 612a BGB; sie geht inhaltlich nicht darüber hinaus.[47] 25

III. Arbeitsbedingungen des Teilzeitarbeitnehmers von A bis Z

Teilzeitförderung und – insbesondere – der Schutz vor Diskriminierung der teilzeitbeschäftigten Arbeitnehmer können bei nahezu allen Arbeitsbedingungen auf dem Prüfstand stehen. Wann erlaubte oder unerlaubte Ungleichbehandlung von Teilzeitbeschäftigten vorliegt, kann über das nachfolgende **Rechtsprechungs-ABC** schneller erschlossen werden.[48] 26

Abfindung. Bei Sozialplanabfindungen ist es zulässig, deren Höhe entsprechend der persönlichen Arbeitszeit des Arbeitnehmers bei Beendigung des Arbeitsverhältnisses im Verhältnis zur tariflichen Arbeitszeit zu bemessen.[49] Weil die Abfindung regelmäßig den Verlust des im Arbeitsverhältnis erworbenen Besitzstandes zukunftsgerichtet mildern soll, erscheint es gerechtfertigt, den zu mildernden Nachteil maßgeblich durch die Arbeitszeit, nach welcher sich das Arbeitsentgelt richtet, zu bestimmen.[50] Ob ein ausscheidender Teilzeitbeschäftigter im Verlauf des Arbeitsverhältnisses teilweise in höherem oder geringerem zeitlichen Umfang tätig war, bleibt dann unberücksichtigt. Es ist aber jedenfalls dann zulässig, bei der Bemessung einer Sozialplanabfindung Zeiten der Teilzeit- und Vollzeitbeschäftigung anteilig zu berücksichtigen, wenn die Arbeitszeitänderung wesentlich war und sich die individuelle Arbeitszeit in der näheren Vergangenheit wesentlich geändert hat. Hierin liegt weder ein Verstoß gegen den arbeitsrechtlichen Gleichbehandlungsgrundsatz noch ein solcher gegen § 4 TzBfG.[51] Das BAG betont dabei den weiten Spielraum, den die Betriebspartner bei der Beurteilung der wirtschaftlichen Nachteile einer Betriebsänderung und der Ausgestaltung der darauf gerichteten Ausgleichsmaßnahmen haben. 27

---

[44] BAG 24.9.2008 – 6 AZR 657/07, NZA-RR 2009, 221.
[45] BAG 3.12.2008 – 5 AZR 469/07, AP TzBfG § 4 Nr. 18.
[46] Noch zu § 2 Abs. 1 BeschFG: BAG 17.4.2002 – 5 AZR 413/00, NZA 2002, 1334.
[47] *Richardi/Annuß* BB 2000, 2201; *Meinel/Heyn/Herms* TzBfG § 5 Rn. 1.
[48] Vgl. auch das Rechtsprechungs-ABC bei Küttner Personalbuch 2020/*Reinecke* Teilzeitbeschäftigung Rn. 76 ff.; ErfK/*Preis* TzBfG § 4 Rn. 59.
[49] BAG 22.9.2009 – 1 AZR 316/08, AP BetrVG 1972 § 112 Nr. 204; 28.10.1992 – 10 AZR 128/92, NZA 1993, 515; 13.2.2007 – 9 AZR 729/05, NZA 2007, 860; auch ein Kinderzuschlag zur Abfindung kann anteilig gewährt werden: LAG Bremen 27.4.2006 – 3 Sa 229/05, NZA-RR 2007, 68.
[50] BAG 13.2.2007 – 9 AZR 729/05, NZA 2007, 860.
[51] BAG 22.9.2009 – 1 AZR 316/08, AP BetrVG 1972 § 112 Nr. 204; 13.2.2007 – 9 AZR 729/05, NZA 2007, 860.

28 **Altersversorgung, betriebliche.** Im Bereich der betrieblichen Altersversorgung existiert umfangreiche Rechtsprechung.[52] Der ausdrückliche Ausschluss von Teilzeitbeschäftigten oder die Aufstellung von Versorgungsvoraussetzungen, die regelmäßig nur Vollzeitbeschäftigte erfüllen können, ist unzulässig.[53] Auch unterhalbzeitig Beschäftigte dürfen durch Herausnahme aus betrieblichen Versorgungssystemen nicht mittelbar diskriminiert werden. Sie sind ggf. rückwirkend in solche Versorgungssysteme einzubeziehen.[54] Ebenso dürfen Arbeitnehmer, die lediglich nebenberuflich tätig sind, nicht deswegen von der Zusatzversorgung ausgeschlossen werden, weil sie eine selbständige hauptberufliche Tätigkeit ausüben und hieraus Versorgungsleistungen beziehen.[55]
29 **Arbeitgeberdarlehen.** Bei Arbeitgeberdarlehen ist der Ausschluss von Teilzeitbeschäftigten unzulässig, wenn die Teilzeitbeschäftigten die für Vollzeitbeschäftigte vorgesehenen Voraussetzungen (mit Ausnahme der Vollzeitbeschäftigung) erfüllen.[56]
30 **Arbeitszeitausgleich bei besonderen Arbeitsbelastungen.** Teilzeitbeschäftigte können von einer Arbeitszeitverkürzung oder anderen Leistungen als Belastungsausgleich ausgenommen werden, wenn hiermit besondere Belastungen ausgeglichen werden sollen, die bei Teilzeitbeschäftigten überhaupt nicht (also auch nicht anteilig) auftreten.[57]
31 **Arbeitszeitreduzierung, weitere.** Eine tarifliche Regelung, nach der allein Vollbeschäftigte einen Anspruch auf vorübergehende Verringerung ihrer Arbeitszeit aus familienpolitischen Gründen haben, diskriminiert Teilzeitbeschäftigte. Deren Ausschluss aus dem persönlichen Geltungsbereich der Vorschrift ist also unwirksam.[58] Eine Einschränkung der einseitigen Durchsetzbarkeit einer Arbeitszeitverkürzung enthält jedoch § 8 Abs. 6 TzBfG. Nachdem der Arbeitgeber einer gewünschten Verringerung der Arbeitszeit zugestimmt hat, kann der Arbeitnehmer eine erneute Verringerung frühestens nach Ablauf von zwei Jahren verlangen. Diese Sperrfrist läuft auch dann, wenn der Arbeitgeber den Wunsch nach Verringerung der Arbeitszeit berechtigt abgelehnt hat.
32 **Arbeitszeitveränderung der Vollzeitbeschäftigten.** Wird die Pflichtstundenzahl für Vollzeitbeschäftigte erhöht, führt dies zu einer entsprechenden Minderung des Gehaltsanspruchs der Teilzeitbeschäftigten.[59] Verkürzt sich die Pflichtstundenzahl der Vollzeitbeschäftigten bei gleichbleibender Vergütung, ist den Teilzeitbeschäftigten gleichfalls eine Verkürzung anzubieten oder die Vergütung bei gleichbleibender Stundenzahl zu erhöhen.[60] Dies gilt auch für altersabhängige Arbeitszeitermäßigungen.[61]
33 **Betriebsrat.** Teilzeitbeschäftigte sind – selbstverständlich – in den Betriebsrat wählbar. Das teilzeitbeschäftigte Betriebsratsmitglied hat für die infolge einer Schulungsveranstaltung ausgefallene Arbeitszeit (einschl. Reisezeiten) einen Ausgleichsanspruch wie ein vollzeitbeschäftigtes Betriebsratsmitglied (§ 37 Abs. 6 S. 2, Abs. 3 BetrVG).[62]
34 **Beschäftigungszeiten.** Zeiten einer Teilzeittätigkeit sind bei der Ermittlung von Beschäftigungszeiten grundsätzlich gleichwertig zu berücksichtigen.[63]
35 **Diensteinteilung.** Wird ein Teilzeitbeschäftigter zum gleichen Teil zu Wochenenddiensten herangezogen wie ein Vollzeitbeschäftigter, wird er gegenüber diesem nicht wegen der Teilzeit ungleich behandelt.[64] Werden jedoch Teilzeitbeschäftigte bei der Heranziehung zu einer bestimmten Anzahl von Diensten gegenüber Vollzeitbeschäftigten nach dem Allge-

---

[52] Die Rechtsprechungsentwicklung zusammenfassend *Staudacher/Hellmann/Hartmann/Wenk* Rn. 759 ff.
[53] Vgl. nur BAG 20.11.1990 – 3 AZR 613/89, NZA 1991, 635; 27.2.1996 – 3 AZR 886/94, NZA 1996, 992.
[54] Vgl. BVerfG 19.5.1999 – 1 BvR 263/98, NZA 1999, 815.
[55] BAG 9.10.1996 – 5 AZR 338/95, NZA 1997, 728.
[56] BAG 27.7.1994 – 10 AZR 538/93, NZA 1994, 1130.
[57] BAG 29.1.1992 – 5 AZR 518/90, NZA 1992, 1037.
[58] BAG 18.3.2003 – 9 AZR 126/02, BB 2004, 1568 (zum früheren § 15b BAT).
[59] BAG 17.5.2000 – 5 AZR 783/98, NZA 2001, 799.
[60] BAG 16.1.2003 – 6 AZR 222/01, NZA 2003, 971; 3.3.1993 – 5 AZR 170/92, NZA 1993, 839; 18.12.1963 – 4 AZR 89/63, AP TVG § 1 Tarifverträge: Lederindustrie Nr. 1.
[61] BAG 16.1.2003 – 6 AZR 222/01, NZA 2003, 971; 30.9.1998 – 5 AZR 18/98, NZA 1999, 774.
[62] BAG 16.2.2005 – 7 AZR 330/04, NZA 2005, 936.
[63] BAG 15.5.1997 – 6 AZR 40/96, NZA 1997, 1355; 15.9.2009 – 3 AZR 37/08, NZA 2010, 784.
[64] BAG 1.12.1994 – 6 AZR 501/94, NZA 1995, 590.

meinen Gleichbehandlungsgrundsatz benachteiligt, steht ihnen bei Fortbestand des Arbeitsverhältnisses ein Anspruch auf Gleichbehandlung in Form der bezahlten Freizeitgewährung zu, jedoch kein Zahlungsanspruch.[65]

Eingruppierung/Stufenaufstieg. Teilzeitbeschäftigte sind in bestehende Tarifentgeltsysteme 36 einzugruppieren.[66] Einer im Tarifvertrag vorgesehenen schlechteren Behandlung von Teilzeitbeschäftigten bei der Berechnung der Berufsjahre für einen Stufenaufstieg innerhalb einer Gehaltsgruppe fehlt es an dem erforderlichen sachlichen Grund. Auch unter Berücksichtigung des von den Tarifvertragsparteien festgelegten Zwecks – die gewonnene Berufserfahrung zu honorieren – ist die Regelung sachlich nicht gerechtfertigt und führt nach § 134 BGB zur Nichtigkeit der Tarifbestimmung, da sie weder einem echten Bedarf entspricht noch zur Erreichung des Zwecks geeignet und erforderlich ist.[67]

Entgeltfortzahlung. Seit Inkrafttreten des EFZG (1.6.1994) besteht eine einheitliche Regelung 37 für alle Arbeitnehmergruppen, ohne dass nach der individuellen Arbeitszeit differenziert wird.

Freistellung. Teilzeitbeschäftigte, deren Arbeitszeit spätestens um 12:00 Uhr endet, können 38 keine zusätzliche bezahlte Freistellung für Tage verlangen, an denen der Arbeitgeber ab 12:00 Uhr Arbeitsbefreiung unter Fortzahlung der Bezüge gewährt.[68]

Funktionszulagen. Funktionszulagen können bei Teilzeitbeschäftigten zeitanteilig gekürzt 39 werden.[69]

Gesundheitsbeeinträchtigende Arbeitsbedingungen. Sofern Teilzeitarbeitnehmer auf Grund 40 der kürzeren Arbeitszeit nicht in gleicher Weise etwaigen belastenden oder gesundheitsgefährdenden Arbeitsbedingungen (zB Hitze, Staub, Lärm, Bildschirmarbeitsplatz) ausgesetzt sind wie Vollzeitbeschäftigte, kann in solchen Fällen eine Ungleichbehandlung aus sachlichen Gründen gerechtfertigt sein.[70] Die Voraussetzungen für Sonderleistungen können absolute zeitliche Grenzwerte vorsehen, die für Teilzeitbeschäftigte nicht gekürzt werden müssen.[71]

Hauptberufliche Tätigkeit. Keinen sachlichen Grund zur Ungleichbehandlung liefert es, 41 wenn die hauptberufliche Tätigkeit eines teilzeitbeschäftigten Arbeitnehmers eine gesicherte Existenzgrundlage für ihn und seine Familie bildet. Eine allein hierauf gestützte Ungleichbehandlung (geringere Vergütung) im Rahmen der Nebentätigkeit (Teilzeittätigkeit) ist daher untersagt.[72] Entsprechendes gilt, wenn der Arbeitnehmer auf Grund seiner früheren hauptberuflichen Tätigkeit Altersruhegeld bezieht.[73]

Jubiläumszahlung. Grundsätzlich ist eine betriebliche Regelung, nach der sich die Höhe der 42 Zuwendung nach dem Umfang der Tätigkeit während der Betriebszugehörigkeit bemisst, nicht zu beanstanden.[74] Andererseits haben Teilzeitbeschäftigte einen ungekürzten Anspruch auf die volle Jubiläumszuwendung, wenn die Zuwendung die in der Vergangenheit erwiesene Betriebstreue honoriert.[75]

Lohnerhöhung. Eine tarifliche Regelung, durch die Teilzeitbeschäftigte von einer Lohnerhöhung 43 ausgenommen sind, auf die vollzeitbeschäftigte Arbeitnehmer aber nach Vollendung des 40. Lebensjahres und nach Ablauf einer bestimmten Dienstzeit Anspruch haben, ist nichtig.[76]

Mehrarbeitszuschläge. Mehrarbeits- oder Überstundenzuschläge dürfen nicht davon abhängig 44 gemacht werden, dass der Arbeitnehmer die betriebsübliche bzw. tarifliche Wochen-

---

[65] BAG 3.12.2008 – 5 AZR 469/07, NZA-RR 2009, 527.
[66] BAG 18.6.1991 – 1 ABR 60/90, NZA 1991, 903.
[67] BAG 29.1.2020 – 4 ABR 26/19, NZA 2020, 813 Rn. 29.
[68] BAG 26.5.1993 – 5 AZR 184/92, NZA 1994, 413.
[69] BAG 17.4.1996 – 10 AZR 617/95, NZA 1997, 324; 18.3.2009 – 10 AZR 338/08, ZTR 2009, 491.
[70] Vgl. für Beschränkungen der Arbeitszeit am Bildschirm: BAG 9.2.1989 – 6 AZR 174/87, NZA 1989, 593.
[71] Vgl. bei Arbeit mit infektiösem Material in Krankenhäusern: BAG 19.3.2002 – 9 AZR 109/01, ZTR 2002, 481.
[72] BAG 1.11.1995 – 5 AZR 84/94, NZA 1996, 813.
[73] BAG 1.11.1995 – 5 AZR 880/94, NZA 1996, 816.
[74] BAG 13.12.2000 – 10 AZR 383/99, BeckRS 2000, 30985984.
[75] BAG 22.5.1996 – 10 AZR 618/95, NZA 1996, 938.
[76] BAG 5.11.1992 – 6 AZR 420/91, NZA 1993, 511.

arbeitszeit (und nicht nur seine individuelle Arbeitszeit) überschreitet.[77] Würde für die Überstundenzuschläge eines unter vollschichtig beschäftigten Arbeitnehmers die Voraussetzung der Überschreitung der regelmäßigen Arbeitszeit von Vollzeitbeschäftigten herangezogen und damit eine identische Belastungsgrenze für Vollzeit- und Teilzeitbeschäftigte festgelegt, würde für Teilzeitbeschäftigte eine höhere individuelle Belastungsgrenze gezogen. Für Teilzeitbeschäftigte würde die Grenze der Entstehung ihres Anspruchs nicht proportional zu ihrer Arbeitszeit vermindert. Sie würden deshalb gegenüber vollzeitbeschäftigten Arbeitnehmern unmittelbar ungleichbehandelt.

45 **Pflegezulage.** Eine Pflegezulage dient zur Abgeltung der arbeitszeitabhängigen besonderen Anforderungen an die Arbeit. Deshalb ist eine zeitanteilige Zahlung dieser Zulage an Teilzeitbeschäftigte zulässig.[78]

46 **Schichtzulage.** Leisten Teilzeitbeschäftigte ständige Schichtarbeit iSv § 7 Abs. 2 TVöD BT-B, steht ihnen die volle Schichtzulage nach § 8 Abs. 6 S. 1 TVöD BT-B zu. Eine Kürzung der Zulage verstieße gegen § 4 Abs. 1 TzBfG.[79] Grundsätzlich ist aber ein ratierlicher Anspruch auf Wechselschicht- und Schichtzulage nach der jeweiligen Arbeitszeit möglich.[80]

47 **Sonderzuwendungen.** Der Grundsatz, dass die Höhe des Entgelts bei Teilzeitbeschäftigten quantitativ vom Umfang der Beschäftigung abhängt und dies für alle Entgeltleistungen gilt, auch wenn diese aus besonderem Anlass und zu besonderem Zweck gezahlt werden, entspricht dem Gleichbehandlungsgebot des § 4 Abs. 1 TzBfG. Dies gilt auch für Jubiläumszahlungen, wenn es sich dabei um eine Leistung mit Entgeltcharakter handelt, mit der die erbrachte Betriebstreue durch eine einmalige Leistung zusätzlich belohnt wird.[81]

48 **Sonderzuwendungen, tarifliche.** Tarifverträge (Beispiel: Manteltarifvertrag Einzelhandel Baden-Württemberg) stellen für die Berechnung einer Sonderzuwendung auf das individuell dem Anspruchsberechtigten zustehende monatliche Tarifentgelt ab. Das BAG hat klargestellt, dass sich dieses Tarifentgelt bei Teilzeitbeschäftigten nach deren arbeitsvertraglichem Umfang der Beschäftigung ohne Hinzurechnung von Mehrarbeitsstunden ermittelt. Über den arbeitsvertraglich vereinbarten Umfang der Beschäftigung hinaus geleistete Arbeitsstunden sind also nicht Teil eines solchen Tarifentgelts.[82]

49 **Sozialzulage.** Sollen teilzeitbeschäftigte Arbeitnehmer eine allein am Familienstand und der Kinderzahl orientierte tarifliche Sozialzulage nur entsprechend ihrer Arbeitszeit anteilig erhalten, muss dies ausdrücklich bestimmt sein.[83]

50 **Spätarbeits- und Nachtarbeitszuschläge.** Sofern Vollzeitarbeitskräfte entsprechende Zuschläge erhalten, stehen sie auch Teilzeitbeschäftigten zu. Eine entgegenstehende Tarifregelung ist nichtig.[84]

51 **Unkündbarkeit.** Teilzeitbeschäftigte müssen eine tarifvertraglich vorgesehene Unkündbarkeit nach denselben Voraussetzungen erlangen können wie Vollzeitbeschäftigte. Weder darf für Teilzeitbeschäftigte eine längere Beschäftigungszeit[85] vorgesehen sein noch eine Mindestarbeitszeit.[86]

52 **Urlaub.** Teilzeitbeschäftigte haben Anspruch auf Erholungsurlaub wie Vollzeitbeschäftigte. Falls sie nicht an jedem Arbeitstag in der Woche arbeiten, müssen zur Ermittlung der Urlaubsdauer die Arbeitstage rechnerisch in Beziehung zum Vollzeitarbeitsverhältnis gesetzt werden.

Beispiel: Vollzeit = 5 Tage; Teilzeit = 4 Tage; bei 30 Urlaubstagen für Vollzeitkräfte ergibt sich die Anzahl der Urlaubstage für die Teilzeitkraft wie folgt: 30 geteilt durch 5 mal 4 = 24 Urlaubstage.[87]

---

[77] BAG 19.12.2018 – 10 AZR 231/18, NZA 2019, 790 Rn. 50; 23.3.2017 – 6 AZR 161/16, NZA-RR 2018, 45 Rn. 51.
[78] BAG 10.2.1999 – 10 AZR 711/97, NZA 1999, 1001.
[79] LAG Düsseldorf 2.8.2007 – 5 Sa 682/07, BeckRS 2007, 47901.
[80] BAG 25.9.2013 – 10 AZR 4/12, NZA-RR 2014, 8.
[81] LAG Hamm 28.3.2019 – 15 Sa 1147/18.
[82] BAG 24.4.2002 – 10 AZR 651/01, AP TVG § 1 Tarifverträge Nr. 84.
[83] BAG 7.10.1992 – 10 AZR 51/91, NZA 1993, 902.
[84] BAG 24.9.2003 – 10 AZR 675/02, NZA 2004, 611; 15.12.1998 – 3 AZR 239/97, NZA 1999, 882.
[85] BAG 18.9.1997 – 2 AZR 592/96, NZA 1998, 153.
[86] BAG 13.3.1997 – 2 AZR 175/96, NZA 1997, 842.
[87] Vgl. BAG 14.2.1991 – 8 AZR 97/90, NZA 1991, 777.

Reduziert ein Arbeitnehmer im laufenden Kalenderjahr die Anzahl der mit Arbeitspflicht belegten Tage, werden die zuvor erworbenen Urlaubstage nicht mehr auf die anschließenden Wochenarbeitstage umgerechnet.[88] Zuvor erworbene Urlaubsansprüche dürfen nicht gemindert werden, auch wenn ein Arbeitnehmer auf diese Weise mit den „alten" Urlaubsansprüchen erheblich längere Arbeitsbefreiungen erlangen kann.[89] Im Falle der Altersteilzeit im Blockmodell bestimmt sich der Umfang des Urlaubsanspruchs in dem Kalenderjahr, in dem der Wechsel von der Arbeits- in die Freistellungsphase erfolgt, nach § 3 Abs. 1 BUrlG, so dass sich die Zahl der Urlaubstage anhand der Zahl der Tage mit Arbeitspflicht errechnet.[90]

Urlaubsgeld. Urlaubsgeld ist entsprechend dem Anteil der Arbeitszeit zu zahlen.[91] Manche Regelungen sehen ein pauschales Urlaubsgeld vor, dessen Höhe nicht vom Verdienst des Arbeitnehmers abhängig ist. In diesen Fällen ist gleichwohl eine zeitanteilige Kürzung möglich.

Vergütung allgemein. Wird ein Arbeitnehmer wegen seiner Teilzeitbeschäftigung niedriger vergütet als ein Vollzeitbeschäftigter, ist die Vergütungsabrede nach § 134 BGB iVm § 4 Abs. 1 S. 2 TzBfG nichtig.[92] Benachteiligende Vergütungsabreden sind nur unwirksam, wenn und so lange eine Benachteiligung wegen Teilzeitbeschäftigung besteht.

Weihnachtsgeld. Hier hat grundsätzlich eine anteilige Zahlung zu erfolgen.[93] Eine einheitliche Kürzung des Weihnachtsgeldes um einen absoluten Betrag durch Tarifvertrag ist sachlich nicht gerechtfertigt, wenn Teilzeitbeschäftigte ein anteiliges Weihnachtsgeld im Verhältnis ihrer Arbeitszeit zu der eines Vollzeitbeschäftigten erhalten haben.[94]

Zulage, tarifliche. Eine allgemeine tarifliche Zulage (entschieden für die Zulage nach § 15 Abs. 2.1 TVöD-K) ist Teil der monatlichen Vergütung und keine von einem unmittelbaren Gegenleistungsbezug unabhängige Sonderzahlung. Sie kann daher bei Teilzeitbeschäftigten anteilig gekürzt werden.[95]

Zusatzurlaub. Sieht eine betriebliche Regelung vor, dass an festen Tagen im Jahr auf die Erbringung der Arbeitsleistung verzichtet wird (zB Brückentage, Rosenmontag), besteht für Teilzeitbeschäftigte kein Anspruch auf Ersatzfreistellung, wenn sie an diesem Tag ohnehin keine Arbeitsverpflichtung haben.[96]

IV. Nebenpflichten

Teilzeitbeschäftigte Arbeitnehmer treffen grundsätzlich dieselben Nebenpflichten wie Vollzeitbeschäftigte. Insbesondere Loyalitätspflichten sind nicht teilbar oder anteilig kürzbar, wie zB Arbeitszeit oder Arbeitsentgelt. Versuche, die Loyalitätspflichten für Teilzeitbeschäftigte zu reduzieren,[97] müssen daher scheitern. Die praktische Handhabung wäre zudem erschwert, weil sich bei einem Wechsel von Vollzeit- in Teilzeitarbeit (oder umgekehrt) gewissermaßen automatisch der Umfang der Loyalitätspflichten ändern würde. Ein Arbeitgeber, der bei Vollzeitbeschäftigten – berechtigt – auf umfassende Loyalität vertraut, müsste bei verringerter Arbeitszeit (gegen seinen Willen) ein Verhalten des Arbeitnehmers dulden, welches seinen berechtigten Interessen zuwiderläuft.

Die wichtigsten Nebenpflichten des Arbeitnehmers sind die Verschwiegenheitspflicht, das vertragliche Wettbewerbsverbot und die Unterlassung von Nebentätigkeiten, sofern diese berechtigten betrieblichen Interessen zuwiderlaufen.

---

[88] BAG 10.2.2015 – 9 AZR 53/14 (F), NZA 2015, 1005 im Anschluss an EuGH 13.6.2013 – C-415/12, NZA 2013, 775 – Brandes und EuGH 22.4.2010 – C-486/08, NZA 2010, 557 – Zentralbetriebsrat der Landeskrankenhäuser Tirols.
[89] Vgl. zur Berechnung auch BAG 19.3.2019 – 9 AZR 315/17, BB 2019, 2493 Rn. 22.
[90] BAG 19.3.2019 – 9 AZR 406/17, NZA 2019, 1435.
[91] BAG 21.1.2014 – 9 AZR 124/12, BeckRS 2014, 68294; 15.4.2003 – 9 AZR 548/01, NZA 2004, 494.
[92] BAG 24.9.2008 – 6 AZR 657/07, NZA-RR 2009, 221; 17.4.2002 – 5 AZR 413/00, NZA 2002, 1334.
[93] BAG 17.6.2015 – 10 AZR 187/14, NZA-RR 2015, 530; 24.5.2000 – 10 AZR 629/99, NZA 2001, 216.
[94] BAG 24.5.2000 – 10 AZR 629/99, NZA 2001, 216.
[95] BAG 23.3.2011 – 5 AZR 112/10, NZA 2011, 880; vgl. auch BAG 22.10.2008 – 10 AZR 734/07, NZA 2009, 168.
[96] LAG Rheinland-Pfalz 13.1.2015 – 6 Sa 484/14, BeckRS 2015, 71773.
[97] Vgl. etwa *Kempen/Kreuder* AuR 1994, 214.

1. Verschwiegenheitspflicht

60 Hinsichtlich der Geheimhaltungspflicht während des bestehenden und nach Ablauf des Arbeitsverhältnisses gelten für Teilzeitbeschäftigte keine Besonderheiten.[98] Da Teilzeit inzwischen auf allen Hierarchieebenen und in sehr vielen Tätigkeitsfeldern erbracht wird, haben diese Arbeitnehmer vielfach in gleicher Weise Zugang zu den wesentlichen Betriebs- und Geschäftsgeheimnissen. Da Teilzeitbeschäftigte in höheren Positionen oftmals auch über ein Home-Office verfügen, ist der Verschwiegenheitspflicht und der Datensicherheit sogar besondere Aufmerksamkeit zu widmen. Auch die Strafnorm des § 17 UWG (Verrat von Betriebs- und Geschäftsgeheimnissen) kennt keine Differenzierung nach der Dauer der Arbeitszeit des Täters.

2. Wettbewerbsverbot

61 Hinsichtlich des Wettbewerbsverbots **während des bestehenden Arbeitsverhältnisses** gelten für Teilzeitbeschäftigte keine Besonderheiten.[99] Stellt das Teilzeitarbeitsverhältnis für den Teilzeitarbeitnehmer eine Nebentätigkeit dar, gilt nichts anderes: Die Haupttätigkeit darf dementsprechend in solchen Fällen nicht beim Wettbewerber erfolgen.

62 Auch die Regelungen zum **nachvertraglichen Wettbewerbsverbot** (§§ 74 ff. HGB iVm § 110 GewO) gelten ohne Einschränkung für Teilzeitbeschäftigte. In der Vergangenheit ergab sich zwar aus § 74a Abs. 2 S. 1 HGB aF, dass Teilzeitbeschäftigte mit minimaler Arbeitspflicht und dementsprechend geringem Verdienst keinem nachvertraglichen Wettbewerbsverbot unterworfen sein durften. Die Vorschrift ist aber mit Wirkung zum 1.1.2002 aufgehoben worden. Ein nachvertragliches Wettbewerbsverbot kann daher ohne Einschränkung auch mit Teilzeitbeschäftigten begründet werden.

63 Die Verbindlichkeit des Verbots tritt nur ein, wenn eine ordnungsgemäße Karenzentschädigungszusage gem. § 74 Abs. 2 HGB vereinbart ist. Die Sicherung einer nachvertraglichen Wettbewerbsenthaltung ist für den Arbeitgeber bei einem Teilzeitbeschäftigten somit deutlich „preiswerter" als bei Vollzeitbeschäftigten, da sich die Höhe der Karenzentschädigung an den zuletzt bezogenen vertragsmäßigen Leistungen orientiert. In der Praxis sind Wettbewerbsabreden mit Teilzeitbeschäftigten aber eher selten anzutreffen.

3. Nebentätigkeit

64 Arbeitgeber können ihren Beschäftigten Nebentätigkeiten nur untersagen, soweit berechtigte betriebliche Interessen tangiert sind.[100] Dieser Maßstab gilt auch bei der Zulässigkeit von Nebentätigkeiten eines Teilzeitarbeitnehmers. Allerdings ist zu berücksichtigen, dass Teilzeitbeschäftigte vielfach aus finanziellen Gründen darauf angewiesen sind, einer zusätzlichen Tätigkeit nachzugehen. Wenn die beiden Tätigkeiten zeitlich in Einklang zu bringen sind, dürfte der Arbeitgeber daher nur selten ein berechtigtes Interesse an einem Verbot der Nebentätigkeit haben, vorausgesetzt, dass Wettbewerbsinteressen nicht berührt werden.[101] Ein betriebliches Interesse sollte umso eher verneint werden, als der Arbeitgeber zuvor dem Wunsch des Arbeitnehmers nach einer Ausweitung der Arbeitszeit (zwecks Ermöglichung eines höheren Verdienstes) nicht nachgekommen ist bzw. nachkommen konnte.

V. Beendigung des Teilzeitarbeitsverhältnisses

65 Ein Teilzeitarbeitsverhältnis kann natürlich dadurch „enden", dass es als Vollzeitarbeitsverhältnis fortgesetzt wird. Dies kann durch einvernehmliche Vertragsänderung (§ 311 BGB), im Wege des § 9 TzBfG oder auch durch eine Änderungskündigung gem. § 2 KSchG erfolgen. An dieser Stelle soll aber allein die Beendigung des gesamten (Teilzeit-)Arbeitsverhältnisses betrachtet werden.

---

[98] Ausf. zur Verschwiegenheitspflicht des Arbeitnehmers → § 30.
[99] Ausf. zum Wettbewerbsverbot während des rechtlichen Bestandes des Arbeitsverhältnisses → § 31.
[100] Ausf. zur Nebentätigkeit bereits → § 33 Rn. 72 ff.
[101] Vgl. auch LAG Rheinland-Pfalz 18.8.2005 – 4 Sa 553/05, NZA-RR 2006, 217.

1. Allgemeines

Ein Teilzeitarbeitsverhältnis kann ebenso wie ein Vollzeitarbeitsverhältnis – neben dem 66
Tod des Arbeitnehmers – durch Kündigung, Aufhebungsvertrag (§ 623 BGB) oder Ablauf
einer (wirksamen) Befristung (§ 15 TzBfG) enden. Insoweit gelten keine Besonderheiten auf
Grund der verringerten Arbeitszeit. Der Umstand, dass der gekündigte Arbeitnehmer „lediglich" in einem Teilzeitarbeitsverhältnis stand, spielt insbesondere bei einer außerordentlichen Arbeitgeberkündigung sowie bei verhaltens- und personenbedingten Kündigungen im
Rahmen des § 1 KSchG grundsätzlich keine Rolle. Allenfalls im Rahmen der jeweils erforderlichen Abwägung sämtlicher Umstände des Einzelfalles kommt eine Berücksichtigung in
Betracht. Insofern sind – abgesehen von dem in § 11 TzBfG geregelten eigenständigen Kündigungsverbot[102] – nur beim Ausspruch einer betriebsbedingten Kündigung gegenüber Teilzeitbeschäftigten Besonderheiten zu beachten.

2. Teilzeitarbeitsverhältnis und betriebsbedingte Kündigung

a) Unternehmerische Entscheidung und Sozialauswahl. In der Praxis wird der Wegfall von 67
Teilzeitarbeitsplätzen bisweilen mit einer sog. Unternehmerentscheidung des Arbeitgebers
begründet, dass bestimmte Tätigkeiten im Betrieb statt wie bisher (auch) durch Teilzeitbeschäftigte in Zukunft (nur noch) durch Vollzeitarbeitnehmer ausgeführt werden soll bzw.
können. Eine solche unternehmerische Entscheidung kann gerichtlich nur eingeschränkt
überprüft werden, insbesondere nicht auf deren Zweckmäßigkeit oder Wirtschaftlichkeit.
Die Gerichte dürfen aber prüfen, ob der Arbeitgeber die behauptete Unternehmerentscheidung tatsächlich umgesetzt hat mit der Folge des Wegfalls des Teilzeitarbeitsplatzes.[103]

Aus dem für das Kündigungsrecht entwickelten Grundsatz des **Vorrangs der Änderungskündigung**[104] ist ein Arbeitgeber vor einer Beendigungskündigung verpflichtet, einem 68
teilzeitbeschäftigten Arbeitnehmer die Fortsetzung des Arbeitsverhältnisses in Vollzeit anzubieten, sofern der bisherige Teilzeitarbeitsplatz in eine Vollzeitstelle umgewandelt wird
oder eine vergleichbare Vollzeitstelle im Unternehmen zu besetzen ist. Wird das Angebot
nicht unterbreitet, ist die Kündigung regelmäßig sozialwidrig, ohne dass fiktiv zu prüfen
wäre, ob der Arbeitnehmer die geänderten Arbeitsbedingungen bei einem entsprechenden
Angebot vor oder mit Ausspruch der Kündigung zumindest unter Vorbehalt angenommen
hätte.[105]

Schwierigkeiten bereitet vielfach die Frage, inwieweit Teilzeit- und Vollzeitbeschäftigte in 69
eine durchzuführende **Sozialauswahl** gemäß § 1 Abs. 3 KSchG einzubeziehen sind. Das BAG
geht in ständiger Rechtsprechung[106] davon aus, dass die betriebliche Organisation maßgeblich ist. Danach sind Teilzeitbeschäftigte – bei Vorliegen der übrigen Voraussetzungen[107] –
dann mit Vollzeitbeschäftigten vergleichbar, wenn es dem Arbeitgeber lediglich um die Reduzierung eines Arbeitszeitvolumens geht, ohne dass organisatorische Entscheidungen über
die Gestaltung der Arbeitszeit auf bestimmten Arbeitsplätzen getroffen werden. Liegt dagegen ein nachvollziehbares unternehmerisches Konzept zur Arbeitszeitgestaltung (vgl. auch
§ 8 Abs. 4 TzBfG) vor, demzufolge bestimmten Tätigkeiten bestimmte Arbeitszeiten zugeordnet sind, ist die dem zugrunde liegende unternehmerische Entscheidung jedenfalls im
Rahmen eines Kündigungsschutzverfahrens von den Gerichten hinzunehmen, wenn sie nicht
offenkundig unsachlich, dh missbräuchlich ist. Arbeitnehmer, die auf Grund solcher Organisationsentscheidungen unterschiedliche Arbeitszeiten aufweisen, die nur durch Änderungs-

---

[102] Vgl. → Rn. 18.
[103] Vgl. grundlegend zur Unternehmerentscheidung in → § 43 Rn. 116 ff.
[104] Vgl. hierzu umfassend → § 46.
[105] BAG 21.4.2005 – 2 AZR 132/04, NZA 2005, 1289; noch für eine fiktive Prüfung: BAG 27.9.1984 – 2 AZR 62/83, NZA 1985, 455.
[106] Grundlegend BAG 3.12.1998 – 2 AZR 341/98, NZA 1999, 431; EuGH 26.9.2000 – C-322/98, NZA 2000, 1155; Bestätigung dieser Grundsätze auch für die soziale Auswahl zwischen Teilzeitbeschäftigten mit unterschiedlichen Arbeitszeiten: BAG 15.7.2004 – 2 AZR 376/03, NZA 2005, 523; 7.12.2006 – 2 AZR 748/05, NZA-RR 2007, 460.
[107] Vgl. grundlegend zur Sozialauswahl in → § 43 Rn. 166 ff.

kündigungen angepasst werden könnten, sind nicht miteinander vergleichbar.[108] Ob eine Vergleichbarkeit von Teil- und Vollzeitbeschäftigten gegeben ist, richtet sich also nach dem Vorliegen oder Nichtvorliegen der beschriebenen, bindenden Unternehmerentscheidung und damit in den Fällen der Praxis nach der Beweisbarkeit dieser Entscheidung. Diese Grundsätze gelten aufgrund der nahezu identischen Interessenlage auch für die soziale Auswahl zwischen Teilzeitbeschäftigten mit unterschiedlichen Arbeitszeiten.[109]

70 **b) Besonderer Kündigungsschutz.** Teilzeitbeschäftigte erlangen besonderen Kündigungsschutz in gleicher Weise wie Vollzeitbeschäftigte. Eine Differenzierung ergibt sich insbesondere nicht beim Sonderkündigungsschutz nach § 9 Abs. 1 MuSchG, nach § 18 Abs. 1 BEEG, nach § 15 KSchG oder im Fall der Schwerbehinderung (§§ 85 ff. SGB IX). Im öffentlichen Dienst gilt § 34 Abs. 2 TVöD/TV-L. Auch bei Regelungen zur tariflichen Unkündbarkeit dürfen Teilzeitbeschäftigte nicht benachteiligt sein. § 53 Abs. 3 BAT aF schloss das Eintreten der tariflichen Unkündbarkeit für unterhälftig Beschäftigte aus. Die Regelung wurde vom BAG richtigerweise verworfen.[110]

VI. Sonderformen der Teilzeitarbeit

71 Die verschiedenen Teilzeitregelungen geben natürlich auch Anreize für besondere Arbeitszeitgestaltungen. Teilweise besteht der Wunsch bei Mitarbeitern, zusätzliche Freiphasen zu erhalten. Zwar begründen die Teilzeitregelungen keine Ansprüche auf Sonderurlaub oder Sabbatical,[111] jedoch soll auch eine Teilzeit im Blockmodel (**Blockteilzeit**) nicht ausgeschlossen sein.[112]

Spezielle Arbeitszeitgestaltungen sind in §§ 12 und 13 TzBfG geregelt. § 12 TzBfG hat die im früheren § 4 BeschFG getroffenen Regelungen über Arbeit auf Abruf im Wesentlichen übernommen – schon früher wurde hierfür auch der Begriff „KAPOVAZ" (Kapazitätsorientierte variable Arbeitszeit) verwendet. § 13 TzBfG enthält Regelungen für Arbeitsverhältnisse, in denen sich mehrere Arbeitnehmer einen Arbeitsplatz teilen und übernimmt insoweit im Wesentlichen die vormals in § 5 BeschFG getroffenen Regelungen zum auch heute noch sog. „Job-Sharing".[113]

1. Arbeit auf Abruf (§ 12 TzBfG)

72 Bei der Arbeit auf Abruf wird ein bestimmtes Arbeitszeitdeputat flexibel auf den jeweiligen Arbeitsanfall verteilt. Für die entsprechende Vereinbarung ist keine Schriftform vorgesehen, jedoch ist § 2 NachwG zu beachten. Die Besonderheit ist ein **einseitiges Bestimmungsrecht** des Arbeitsgebers, wann die Arbeit erbracht werden soll.[114] Fallgestaltungen, in denen der Arbeitnehmer die Lage der Arbeitszeit frei bestimmen bzw. ablehnen kann, ob er überhaupt arbeitet, unterfallen nicht § 12 TzBfG. Auch Rufbereitschaft, Arbeitsbereitschaft oder Bereitschaftsdienst sowie Überstunden unterfallen grundsätzlich nicht der Arbeit auf Abruf.

73 Zwar wird Arbeit auf Abruf im Regelfall als Teilzeitarbeit geleistet werden, § 12 TzBfG erfasst aber nach richtiger Auffassung auch Vollzeitarbeitsverhältnisse. Denn die nach § 3 S. 1 ArbZG zulässige 48-Stunden-Woche lässt zB bei Vereinbarung einer 37,5 Stunden-Woche eine flexible Arbeitszeitgestaltung zu.[115]

74 Das Gesetz geht zunächst von einer ausdrücklichen Vereinbarung der bestimmten **Dauer der** wöchentlichen und täglichen **Arbeitszeit** aus. Sofern die Arbeitsvertragsparteien eine

---

[108] BAG 7.12.2006 – 2 AZR 748/05, NZA-RR 2007, 460; EuGH 26.9.2000 – C-322/98, NZA 2000, 1155.
[109] BAG 15.7.2004 – 2 AZR 376/03, NZA 2005, 523.
[110] BAG 18.9.1997 – 2 AZR 592/96, NZA 1998, 153.
[111] LAG Düsseldorf 17.5.2006 – 12 Sa 175/06, BeckRS 2006, 43465.
[112] Zur Zulässigkeit und den Voraussetzungen der Blockteilzeit *Müller/Becker* BB 2019, 1716; *Jost* BB 2019, 2036 (2037).
[113] Auch in der Begründung zum Regierungsentwurf wird der Begriff „Job-Sharing" verwendet, BT-Drs. 14/4374, 18.
[114] LAG Rheinland-Pfalz 7.4.2011 – 5 Sa 737/10, BeckRS 2011, 74684.
[115] Vgl. *Rolfs* TzBfG § 12 Rn. 3.

Festbeschäftigung mit flexibler Arbeitszeit vereinbaren und den Umfang der dabei zu leistenden Arbeitszeit offen lassen, führt dies nicht zu einem Vollzeitarbeitsverhältnis.[116] Vielmehr gilt seit dem 1.1.2019[117] eine Arbeitszeit von 20 Stunden (zuvor zehn Stunden) als vereinbart, wenn eine Vereinbarung zur Dauer der wöchentlichen Arbeitszeit fehlt.[118] Die Vorschrift greift aber nur subsidiär ein und fingiert eine Arbeitsdauer von 20 Wochenstunden, wenn vertraglich keine Dauer bestimmt ist. Es ist daher regelmäßig zu prüfen, ob die Parteien – ausdrücklich oder konkludent – etwas anderes vereinbart haben.[119] Ist die Dauer der täglichen Arbeitszeit nicht festgelegt, hat der Arbeitgeber die Arbeitsleistung für jeweils mindestens drei aufeinander folgende Stunden in Anspruch zu nehmen (§ 12 Abs. 1 S. 3, 4 TzBfG).[120]

Häufig besteht ein Interesse des Arbeitgebers, im Abrufarbeitsvertrag nicht allein die Lage der Arbeitszeit, sondern auch deren Umfang bestimmen zu können. Das BAG hat klargestellt, dass die Arbeitsvertragsparteien wirksam vereinbaren können, dass der Arbeitnehmer über die vertragliche Mindestarbeitszeit hinaus Arbeit auf Abruf leisten muss.[121] Das BAG nimmt (erst) bei einem über 25 % hinausgehenden Anteil abrufbarer Arbeitsleistung eine unangemessene Benachteiligung des Arbeitnehmers gem. § 307 Abs. 1 BGB an.[122] Diese verfassungsrechtlich nicht zu beanstandene Grenze[123] ist vom Gesetzgeber zum 1.1.2019 in § 12 Abs. 2 TzBfG übernommen worden. Bei einer vereinbarten Mindestarbeitszeit darf der Arbeitgeber nur bis zu 25 Prozent der wöchentlichen Arbeitszeit zusätzlich abrufen. Eine vereinbarte Höchstarbeitszeit erlaubt lediglich einen um bis zu 20 Prozent geringeren Abruf. Dies betrifft aber allein Schwankungen in der regelmäßigen Arbeitszeit. Die Anordnung von Überstunden als ausnahmsweise Überschreitung der regelmäßigen Arbeitszeit ist hiervon nicht betroffen.[124] Überstunden können also bei besonders dringlichem Arbeitsbedarf zusätzlich zum variabel abrufbaren Teil der regelmäßigen Arbeitszeit angefordert werden.[125]

> **Praxistipp:**
> Soweit gelegentlich auch sog. Null-Stunden-Verträge empfohlen werden, bei denen sich der Arbeitnehmer zu einer Arbeitsleitung verpflichtet, ohne dass eine Mindestarbeitszeit vereinbart ist, sollte eine sehr sorgfältige Prüfung erfolgen. Während ausländische Rechtsordnungen dies zulassen, dürfte § 12 TzBfG zu einer Mindestabrufarbeit von inzwischen 20 Wochenstunden führen.

Um die Arbeitsverpflichtung des Arbeitnehmers herbeizuführen, hat der Arbeitgeber die sog. **Abruffrist** des § 12 Abs. 3 TzBfG zu beachten. Er muss dem Arbeitnehmer die Lage seiner Arbeitszeit mindestens vier Tage im Voraus mitteilen. Hält der Arbeitgeber diese Frist nicht ein, ist der Abruf unwirksam, kann aber in das Angebot einer entsprechenden Vereinbarung umgedeutet werden, welches der Arbeitnehmer durch die Arbeit zu den bestimmten Zeitpunkten konkludent annehmen kann.[126] Nach Maßgabe des § 12 Abs. 3 TzBfG können Tarifverträge zu Ungunsten der Arbeitnehmer von der gesetzlichen Vorschrift abweichen. Voraussetzung ist aber in jedem Fall, dass der Tarifvertrag Regelungen über die tägliche und wöchentliche Arbeitszeit sowie die Vorankündigungsfrist („Abruffrist") vorsieht.

---

[116] BAG 24.9.2014 – 5 AZR 1024/12, NZA 2014, 1328.
[117] Vgl. *Stoffels/Hultzsch* NZA 2020, 977 ff.
[118] BAG 24.9.2014 – 5 AZR 1024/12, NZA 2014, 1328; zur Auswirkung der Vorschrift auf sog. Bandbreitenregelungen im Arbeitsvertrag vgl. *Rudolf* NZA 2002, 1012.
[119] LAG Hessen 5.6.2020 – 10 Sa 1519/19 Rn. 45.
[120] BAG 24.9.2014 – 5 AZR 1024/12, NZA 2014, 1328.
[121] BAG 7.12.2005 – 5 AZR 535/04, NZA 2006, 423 (Abgrenzung zur Verpflichtung zur Leistung von Überstunden).
[122] BAG 7.12.2005 – 5 AZR 535/04, NZA 2006, 423.
[123] BVerfG 23.11.2006 – 1 BvR 1909/06, NZA 2007, 85.
[124] *Stoffels/Hultzsch* NZA 2020, 977 (977).
[125] ErfK/*Preis* TzBfG § 12 Rn. 11.
[126] Vgl. *Rolfs* TzBfG § 12 Rn. 6.

77 Mit der gesetzgeberischen Überarbeitung der Arbeit auf Abruf wurde auch die Entgeltfortzahlung im Krankheitsfall und an Feiertagen in § 12 Abs. 4, 5 TzBfG geregelt. Im Fall der Entgeltfortzahlung im Krankheitsfall und an Feiertagen ist nun die durchschnittliche Arbeitszeit der letzten drei Monate vor Beginn der Arbeitsunfähigkeit bzw. des Feiertags maßgeblich bzw. bei erst kürzer bestehenden Arbeitsverhältnissen ist dieser kürzere Zeitraum zugrunde zu legen.

78 Die praktische Bedeutung von Abrufarbeitsverhältnissen ist bisher vergleichsweise gering. Als flexiblere Alternative kommt häufig eine Kombination von **Rahmenvereinbarung** und einzelnen befristeten Arbeitsverhältnissen in Betracht. Die Arbeitsvertragsparteien sind nicht gezwungen, stattdessen ein Abrufarbeitsverhältnis zu begründen.[127] Neue Gestaltungsmöglichkeiten zur Flexibilisierung der Arbeitszeit ergeben sich aber aufgrund der jüngeren BAG-Rechtsprechung[128] und haben zuletzt unter dem Stichwort „Arbeitsrecht 4.0" neuen Schwung bekommen.[129]

Checkliste für einen ordnungsgemäßen Abrufarbeitsvertrag

☐ Erbringung der Arbeitsleistung auf Abruf des Arbeitgebers
☐ Entscheidung des Arbeitgebers über Umfang der Arbeit
☐ Arbeitsleistung kann Arbeitnehmer nur nach Abruf erbringen
☐ Festgelegte wöchentliche Arbeitszeit oder Geltung des § 12 Abs. 1 S. 3 TzBfG
☐ Bei festgelegter wöchentlicher Arbeitszeit kann eine Verpflichtung des Arbeitnehmers zur Mehrarbeit von bis zu 25 % der vereinbarten wöchentlichen Arbeitszeit sinnvoll sein
☐ Hinweis, dass dem Arbeitnehmer Beginn und Dauer seines Arbeitseinsatzes jeweils mindestens vier Tage im Voraus mitgeteilt werden

2. Arbeitsplatzteilung (§ 13 TzBfG)

79 Das heute in § 13 Abs. 1 TzBfG normierte „Job-Sharing" blieb schon unter dem Geltungsbereich der Vorgängervorschrift (§ 5 BeschFG) in der Praxis ohne große Bedeutung.[130] Echte „Job-Sharing"-Arbeitsverhältnisse sind nur selten zu finden. Häufiger werden zwei voneinander unabhängige Teilzeitarbeitsverhältnisse begründet, in denen jeweils vom Arbeitgeber die Lage und Dauer der Arbeitszeit verbindlich festgelegt wird. An die Stelle des theoretisch möglichen „Job-Sharing" nach § 13 TzBfG tritt also der Abschluss zweier „normaler" Teilzeitarbeitsverhältnisse.

80 Entscheiden sich die Vertragsparteien zur Arbeitsplatzteilung nach § 13 Abs. 1 S. 1 TzBfG, muss ein teilbarer Arbeitsplatz existieren. Dies setzt voraus, dass die einzelnen Tätigkeiten nicht miteinander verknüpft sind und daher „ohne weiteres auf der Zeitachse geteilt werden können".[131] Teilzeitarbeitsplätze können ebenso durch Arbeitsplatzteilung auf mehrere Teilzeitbeschäftigte aufgeteilt werden wie bestimmte Funktionen im Unternehmen. Die Arbeitsplatzpartner teilen die Arbeitszeit unter Berücksichtigung der vertraglich vereinbarten Arbeitszeit auf, wobei die Grenzen des ArbZG nur individuell, nicht aber addiert für alle beteiligten Beschäftigten zu beachten sind. Kennzeichnend ist hierbei, dass die Arbeitsplatzpartner die Arbeitszeit eigenverantwortlich festlegen und dabei im Wesentlichen frei von Weisungen des Arbeitgebers sind.[132] Jedoch besteht keine vertragliche oder rechtliche Bin-

---

[127] BAG 31.7.2002 – 7 AZR 181/01, DB 2003, 96; hierzu auch *Hunold* NZA 2003, 896.
[128] BAG 24.9.2014 – 5 AZR 1024/12, NZA 2014, 1328; 7.12.2005 – 5 AZR 535/04, NZA 2006, 423.
[129] Vgl. *Absenger* AuR 2016, 1; *Dzida* ArbRB 2016, 19; *Forst* NZA 2014, 998; *Günther/Böglmüller* NZA 2015, 1025 (1028); *Hohenstatt/Schramm* NZA 2007, 238; *Preis* RdA 2015, 244; *Reiserer* NZA 2007, 1249 (1253); auch *Mühlmann* RdA 2006, 356; *Pleßner* RdA 2007, 249.
[130] Vgl. auch *Meinel/Heyn/Herms* TzBfG § 13 Rn. 3; *Günther/Böglmüller* NZA 2015, 1025 (1029); *Heinze* NZA 1997, 681 (686).
[131] MHdB ArbR/*Schüren*, Ergänzungsband, 2. Aufl. 1999, § 166 Rn. 81.
[132] Vgl. *Reichold* NZA 1998, 393 (396); *Meinel/Heyn/Herms* TzBfG § 13 Rn. 10.

dung der Arbeitnehmer untereinander, die insbesondere nicht Gesamtschuldner im Hinblick auf die Erbringung der Arbeitsleistung sind. Rechtliche Bindungen bestehen jeweils nur zum Arbeitgeber als Arbeitsvertragspartner.[133] Scheidet einer der „Job-Sharer" aus, darf dem verbleibenden Arbeitnehmer deshalb nicht gekündigt werden (§ 13 Abs. 2 S. 1 TzBfG). Von diesen Grundsätzen kann – mit Ausnahme vom Kündigungsschutz – gem. § 13 Abs. 4 TzBfG durch Tarifvertrag auch zuungunsten des Arbeitnehmers abgewichen werden, wenn der Tarifvertrag Regelungen über die Vertretung der Arbeitnehmer enthält.

VII. Teilzeitarbeit und Betriebsverfassung

Im Betriebsverfassungsrecht ist eine Teilzeitbeschäftigung an verschiedenen Stellen zu berücksichtigen. Soweit Teilzeitbeschäftigte bei der Berechnung einzelner **Schwellenwerte** wie in § 23 KSchG nur anteilig berücksichtigt werden, gilt dies jedenfalls nicht für das BetrVG.[134] Sie sind vielmehr für die Ermittlung der Schwellenwerte des BetrVG, also auch für § 1 BetrVG, pro Kopf und somit unabhängig von Dauer und Lage ihrer individuellen Arbeitszeit sowie des Bestehens einer Sozialversicherungspflicht mitzurechnen. Schon bei der Beschäftigung von in der Regel fünf Arbeitnehmern auf 450,– EUR-Basis kann ein Betriebsrat gebildet werden.

Teilzeitbeschäftigte haben ebenso ein **Wahlrecht zum Betriebsrat** wie Vollzeitbeschäftigte. Sie sind auch wählbar (§§ 7, 8 BetrVG). Die Wahlberechtigung nach § 7 BetrVG besteht für betriebszugehörige Arbeitnehmer, weshalb das aktive Wahlrecht auch bei geringfügig teilzeitbeschäftigten Arbeitnehmern zu bejahen ist.[135] Das passive Wahlrecht besteht unstreitig. Teilzeitbeschäftigte können also „Vollmitglieder" des Betriebsrats sein. Nehmen sie Betriebsratsaufgaben außerhalb ihrer persönlichen Arbeitszeit wahr, erfolgt die Betriebsratstätigkeit aus betriebsbedingten Gründen (§ 37 Abs. 3 BetrVG). Spezifische Probleme warf die Teilnahme teilzeitbeschäftigter Betriebsratsmitglieder an Schulungs- und Bildungsveranstaltungen auf, die (zumindest teilweise) außerhalb der persönlichen Arbeitszeit des Teilzeitbeschäftigten stattfinden. Das Betriebsverfassungs-Reformgesetz hat das Recht auf Freizeitausgleich für Betriebsratstätigkeiten einschließlich der Teilnahme an Veranstaltungen außerhalb der Arbeitszeit inzwischen erheblich erweitert.[136]

Was die **Freistellung** von Betriebsratsmitgliedern betrifft, ging § 38 BetrVG früher allein von vollzeitbeschäftigten Betriebsratsmitgliedern aus. Seit dem Inkrafttreten des Betriebsverfassungs-Reformgesetzes sind Teilfreistellungen ausdrücklich zugelassen. Hierdurch hat sich auch die Möglichkeit von Teilzeitbeschäftigten verbessert, sich in die Betriebsratsarbeit einzubringen.[137] Zusammengenommen dürfen die Teilfreistellungen den Umfang der Freistellungen nach § 38 Abs. 1 S. 1 und 2 BetrVG aber nicht überschreiten (§ 38 Abs. 1 S. 3, 4 BetrVG).

Wenn im TzBfG (etwa in § 7 Abs. 3 TzBfG) von „Arbeitnehmervertretung" an Stelle des engeren Begriffs „Betriebsrat" die Rede ist, belegt dies den weiten Anwendungsbereich des Gesetzes, das sich auch auf Betriebe mit Personalräten und Mitarbeitervertretungen (im kirchlichen Bereich) erstreckt. Der Betriebsrat hat über § 87 Abs. 1 Nr. 2 BetrVG Beteiligungsrechte auch bei **Arbeitszeitregelungen für Teilzeitbeschäftigte**. Das Mitbestimmungsrecht besteht zudem bei der erstmaligen Einstellung eines Teilzeitbeschäftigten (§ 99 BetrVG). Ob darüber hinausgehende Beteiligungsrechte im Rahmen der §§ 8, 9 TzBfG bestehen, ist umstritten, im Ergebnis aber wohl zu verneinen.[138] Mangels Vorliegen eines kollektiven Tatbestands besteht ein Mitbestimmungsrecht jedenfalls dann nicht, wenn die Arbeitszeit nur für einen einzelnen Arbeitnehmer mit Rücksicht auf dessen persönliche Bedürfnisse individuell geregelt wird.

---

[133] *Meinel/Heyn/Herms* TzBfG § 13 Rn. 10.
[134] Vgl. nur *Fitting* BetrVG § 5 Rn. 150.
[135] BAG 29.1.1992 – 7 ABR 27/91, NZA 1992, 894; entgegen verschiedener Literaturstimmen, etwa *Hanau* in FS Gerhard Müller, S. 172 ff.; *Wank* RdA 1985, 1 (12).
[136] Hierzu ausf. → § 62 Rn. 74 ff.
[137] Vgl. etwa *Fitting* BetrVG § 38 Rn. 12 ff.
[138] Zur Diskussion vgl. *Staudacher/Hellmann/Hartmann/Wenk* Rn. 802 ff.

85 Wichtige Fragen stellen sich für die Betriebspartner, wenn in Sozialplänen **Abfindungsregelungen** für Voll- bzw. Teilzeitbeschäftigte verhandelt werden. Schon 1992 hatte das BAG entschieden, dass ein Sozialplan weder gegen den damaligen Art. 119 EWG-Vertrag noch gegen den arbeitsrechtlichen Gleichbehandlungsgrundsatz verstoße, wenn er für Teilzeitbeschäftigte entsprechend ihrer Arbeitszeit nur eine geringere Abfindung vorsieht. Der Sozialplan soll dem Normzweck des § 112 Abs. 1 S. 2 BetrVG entsprechend die wirtschaftlichen Nachteile ausgleichen oder zumindest mildern, die den betroffenen Arbeitnehmern infolge der geplanten Betriebsänderung (zukünftig) entstehen.[139] Die Grenzen des weiten Ermessensspielraums überschreiten die Betriebspartner nicht, wenn bei der Bemessung einer Sozialplanabfindung Zeiten einer Teil- und einer Vollzeitbeschäftigung anteilig berücksichtigt werden.[140]

VIII. Teilzeitarbeit und Tarifvertragsrecht

86 Teilzeitarbeit spielt auch im Tarifvertragsrecht bisweilen eine wichtige Rolle. In zahlreichen Branchen existieren besondere Tarifverträge für Teilzeitbeschäftigte, etwa im Bereich der chemischen Industrie. Tarifliche Regelungen für Teilzeitbeschäftigte sind wegen § 22 S. 1 TzBfG immer an den einseitig zwingenden Vorschriften des Gesetzes zu messen.

87 Bei sonstigen Tarifvertragswerken ist deren persönlicher Geltungsbereich besonders zu prüfen. Häufig haben nicht nur die Arbeitgeber, sondern auch die Tarifvertragsparteien den Versuch unternommen, Rechte nicht vollzeitig beschäftigter Arbeitnehmer in entsprechenden Regelungen zu beschneiden oder gar nicht erst zu installieren. Beispielsweise musste das BAG den Ausschluss von unterhälftig beschäftigten Teilzeitarbeitnehmern von der ansonsten vorgesehenen tariflichen Unkündbarkeit – richtigerweise – verwerfen.[141] Zuletzt war die – sich jeweils als unzulässig erwiesene – unterschiedliche Gewährung von Altersfreizeit wiederholt Gegenstand von arbeitsgerichtlichen Entscheidungen.[142] Auch eine Tarifnorm, die für die tarifliche Unkündbarkeit bei Teilzeitbeschäftigten die Zurücklegung einer längeren Dienstzeit erfordert als bei Vollzeitbeschäftigten, verstößt gegen den Gleichheitssatz des Art. 3 GG.[143]

88 Anders liegt der Fall bei der bloßen Berechnung der Beschäftigtenzahl als Schwellenwert für den Eintritt eines tariflichen Sonderkündigungsschutzes: Hier kann wirksam im Tarifvertrag festgelegt sein, dass ein tariflicher Sonderkündigungsschutz für ältere Arbeitnehmer (neben den subjektiven Anforderungen) die Beschäftigung von mehr als 50 Vollzeitarbeitnehmern voraussetzt, teilzeitbeschäftigte Arbeitnehmer also bei der Ermittlung des Schwellenwertes unberücksichtigt bleiben.[144] Ein Verstoß gegen das Diskriminierungsverbot ist hier nach zutreffender Ansicht nicht feststellbar.

---

[139] BAG 31.7.1996 – 10 AZR 45/96, NZA 1997, 165; 9.11.1994 – 10 AZR 281/94, NZA 1995, 644.
[140] BAG 14.8.2001 – 1 AZR 760/00, NZA 2002, 451; vgl. → Rn. 27.
[141] BAG 18.9.1997 – 2 AZR 592/96, NZA 1998, 153.
[142] BAG 22.10.2019 – 9 AZR 71/19, NZA 2020, 255 Rn. 29; 23.7.2019 – 9 AZR 372/18, NZA 2019, 1588 Rn. 28.
[143] BAG 13.3.1997 – 2 AZR 175/96, NZA 1997, 842.
[144] BAG 14.3.2001 – 4 AZR 161/00, AP BGB § 620 Schuldrechtliche Kündigungsbeschränkung Nr. 4; LAG Hamm 17.11.1999 – 18 Sa 1009/99, BeckRS 1999, 30781550; 3.12.1999 – 15 Sa 784/99, BeckRS 1999, 31012289.

§ 73 Der Anspruch auf Teilzeitarbeit

Übersicht

	Rn.
I. Einführung	1–3
II. Allgemeine Anspruchsvoraussetzungen des § 8 TzBfG	4–13
1. Anspruchsberechtigte Arbeitnehmer	5–7
2. Kleinbetriebsklausel	8–11
3. Wartezeit	12/13
III. Verfahren zur Arbeitszeitverringerung nach § 8 TzBfG	14–39
1. Geltendmachung des Teilzeitanspruchs	15–27
a) Form	17–19
b) Angabe des Verringerungsumfangs	20–24
c) Angabe der Verteilung der Arbeitszeit	25/26
d) Verknüpfung der Verteilung mit der Verringerung	27
2. Ankündigungsfrist	28–30
3. Verhandlungsphase	31/32
4. Reaktion des Arbeitgebers	33–38
a) Form	35/36
b) Frist	37
c) Differenzierung zwischen Verringerung und Verteilung	38
5. Zustimmungsfiktion	39
6. Erneute Geltendmachung	40
IV. Betriebliche Gründe versus Teilzeitwunsch	41–71
1. Entgegenstehendes unternehmerisches Konzept	45–47
a) 3-Stufen-Prüfung des BAG	45
b) Kritik	46/47
2. Gesetzliche Regelbeispiele als Ablehnungsgrund	48–66
a) Wesentliche Beeinträchtigung der Organisation und des Arbeitsablaufs	49–59
b) Wesentliche Beeinträchtigung der betrieblichen Sicherheit	60
c) Unverhältnismäßige Kosten	61–66
3. Sonstige Ablehnungsgründe	67–71
V. Auswirkungen der Arbeitszeitreduzierung auf die Vergütung	72–76
VI. Mitbestimmung des Betriebsrats	77–79
Checkliste für Arbeitgeber zur Handhabung des Teilzeitwunsches eines Arbeitnehmers nach § 8 TzBfG	80
VII. Teilzeitarbeit nach anderen Gesetzen	81–123
1. Teilzeitarbeit während Elternzeit	83–108
a) Anspruch auf verringerte Arbeitszeit	86–91
b) Reaktion des Arbeitgebers	92/93
c) Dringende betriebliche Gründe versus Elternteilzeitwunsch	94–100
d) Unterschiede zu § 8 TzBfG	101–106
e) Verhältnis zum Teilzeitanspruch nach § 8 TzBfG	107/108
2. Teilzeitarbeit bei Schwerbehinderung	109–114
a) Anspruch auf Teilzeitbeschäftigung – Voraussetzungen	110–112
b) Verhältnis zum Teilzeitanspruch nach § 8 TzBfG	113/114
3. Teilzeitarbeit während Pflegezeit	115–119
4. Familienpflegezeit	120–123
VIII. Prozessuales	124–153
1. Teilzeitanspruch nach § 8 TzBfG	124–144
a) Gerichtliche Geltendmachung	124–126
b) Urteilsverfahren	127–136
c) Einstweilige Verfügung	137–143
d) Streitwert	144
2. Teilzeitanspruch nach § 15 BEEG	145–149
3. Teilzeitanspruch nach § 164 Abs. 5 SGB IX	150/151
4. Teilzeitanspruch nach PflegeZG und FPfZG	152/153

I. Einführung

1 Arbeitnehmer können jederzeit in die Situation geraten, dass sich der bisherige Umfang der vertraglich vereinbarten Arbeitszeit mit der individuellen Lebensplanung, insbesondere aufgrund familiärer Pflichten oder Interessen (zB Kindererziehung, Pflege naher Angehöriger oder Fortbildung), nicht mehr vereinbaren lässt. In der Vergangenheit waren sie in diesen Fällen faktisch zum Ausspruch einer Eigenkündigung gezwungen, wenn keine einvernehmliche Vertragsänderung mit dem Arbeitgeber erzielt werden konnte. Seit dem 1.1.2001 ist es Arbeitnehmern nach § 8 Abs. 1 TzBfG grundsätzlich möglich, auf eigene Initiative hin ihre Arbeitszeit dauerhaft zu verringern. Seit dem 1.1.2019 ist nunmehr auch eine befristete Arbeitszeitreduzierung gem. § 9a TzBfG gesetzlich geregelt. Einer solchen vom Arbeitnehmer gewünschten (befristeten) Reduzierung der Arbeitszeit kann der Arbeitgeber – sofern die übrigen Voraussetzungen vorliegen – lediglich „betriebliche Gründe" entgegenhalten. Dadurch besteht zugunsten der Arbeitnehmer die Möglichkeit, abweichend von den §§ 145 ff. BGB einseitig auf das bestehende Arbeitsverhältnis gestaltend einzuwirken. Deshalb bedeutet die Einführung des individuellen Anspruchs auf Arbeitszeitverkürzung durch § 8 TzBfG einen tiefen **Einschnitt in die arbeitsrechtliche Vertragsfreiheit**. Die Einräumung des Teilzeitanspruchs ist gleichwohl nicht verfassungswidrig.[1]

2 Auch wenn man nicht die These stützen möchte, dass der Gesetzgeber mit diesem Anspruch die Grundlage für ein tiefgreifendes und anhaltendes Zerwürfnis zwischen den Arbeitsvertragsparteien gelegt habe,[2] ist doch festzustellen, dass gerichtliche Streitigkeiten über den Teilzeitanspruch häufig im Vergleichswege mit einer Beendigung des Arbeitsverhältnisses gegen Zahlung einer Abfindung enden. Dies machen sich durchaus auch Arbeitnehmer zu Nutze, indem ein Teilzeitanspruch bewusst formuliert wird, um beim Arbeitgeber den vermeintlich schlummernden Wunsch nach Beendigung eines Arbeitsverhältnisses zu wecken und auf diesem Weg in Trennungsverhandlungen einzusteigen.

3 Im Folgenden wird zunächst die Handhabung des in der Praxis weiterhin dominierenden allgemeinen Teilzeitanspruchs nach § 8 TzBfG besprochen, wobei die Besonderheiten, den Teilzeitwunsch zu befristen (Brückenteilzeit), einbezogen werden. Alsdann werden – zusammengefasst – die besonderen Teilzeitansprüche nach § 15 Abs. 7 BEEG, § 164 Abs. 5 SGB IX und § 3 Abs. 1 PflegeZG behandelt.

II. Allgemeine Anspruchsvoraussetzungen der §§ 8, 9a TzBfG

4 Der Teilzeitanspruch ist an materielle Voraussetzungen, die **kumulativ** vorliegen müssen, gebunden. **Unerheblich** ist, aus welchen **Motiven der Arbeitnehmer** seine Arbeitszeit verringern möchte.[3] Nach dem Gesetz müssen keine bestimmten persönlichen oder sozialen Umstände auf Seiten des Arbeitnehmers vorliegen, um seinen Wunsch nach Arbeitszeitreduzierung zu rechtfertigen. Solche Erwägungen spielen allein bei der – grundsätzlich möglichen – Durchsetzung des Teilzeitanspruchs per einstweiliger Verfügung eine Rolle.

1. Anspruchsberechtigte Arbeitnehmer

5 Nach § 8 Abs. 1 TzBfG haben grundsätzlich **alle Arbeitnehmer** einen Anspruch auf Reduzierung der Arbeitszeit. Maßgeblich ist der arbeitsrechtliche Arbeitnehmerbegriff, weshalb die von der Rechtsprechung aufgestellten Abgrenzungskriterien maßgeblich sind. Arbeitnehmer ist danach, wer auf Grund eines privatrechtlichen Vertrags im Dienste eines anderen zur Leistung weisungsgebundener, fremdbestimmter Arbeit in persönlicher Abhängigkeit verpflichtet ist.[4] Anspruchsberechtigt sind sowohl die Arbeitnehmer der Privatwirtschaft als

---

[1] Vgl. BAG 18.2.2003 – 9 AZR 164/02, NZA 2003, 1392; *Boewer* TzBfG § 8 Rn. 14 ff.; *Rolfs* TzBfG § 8 Rn. 2 ff.
[2] So die Einschätzung von *Meier* AE 2002, 107; ähnlich *Abele* BB-Special 6 (2005), 1.
[3] BAG 9.12.2003 – 9 AZR 17/03, NZA 2004, 921.
[4] BAG 24.3.2004 – 5 AZR 233/03, NZA 2004, 808.

auch des öffentlichen Dienstes und insbesondere auch Beschäftigte in leitenden Positionen (vgl. § 6 TzBfG). Geringfügig Beschäftigte sowie befristet Beschäftigte sind ebenso einbezogen wie Arbeitnehmer, die bereits in Teilzeit tätig sind und ihre Arbeitszeit weiter verringern möchten.[5]

Keinen Teilzeitanspruch haben **Auszubildende**; ein arbeitsmarktpolitischer Teilzeitanspruch ist mit dem Wesen und Zweck des Ausbildungsvertrages nicht vereinbar. 6

Gerade weil auch **Führungskräften** der allgemeine Teilzeitanspruch zusteht, ist die zukünftige Entwicklung hier mit besonderem Interesse zu verfolgen. Ziel des Gesetzes ist es insoweit, die – zunächst einmal unterstellten – gesellschaftlichen Vorurteile gegen Teilzeitarbeit in leitenden Positionen abzubauen.[6] 7

2. Kleinbetriebsklauseln

Arbeitgeber, die **in der Regel nicht mehr als 15 Arbeitnehmer** (ausschließlich der Auszubildenden) beschäftigen, scheiden als Anspruchsverpflichtete für den Teilzeitanspruch nach § 8 TzBfG aus. Die Brückenteilzeit nach § 9a TzBfG erfordert indes, dass in der Regel **mehr als 45 Arbeitnehmer** beschäftigt werden (§ 9a Abs. 1 S. 3 TzBfG. Diese Regelungen sollen mittelständische Unternehmen vor einer Überforderung schützen. Abzustellen ist jeweils auf die vom Arbeitgeber, also die im Unternehmen (nicht im Betrieb iSd § 23 KSchG!) beschäftigten Arbeitnehmer. Es reicht also aus, wenn ein Arbeitgeber in allen seinen Betrieben zusammen mehr als 15 bzw. 45 Arbeitnehmer beschäftigt. Die Arbeitnehmerzahl im Konzern ist nicht maßgeblich. Wegen des Unternehmensbezugs profitieren Arbeitnehmer anders als nach § 23 KSchG nicht davon, dass sie in einem gemeinsamen Betrieb mehrerer Unternehmen arbeiten. Es ist allein auf die Arbeitnehmerzahl des eigenen Arbeitgebers abzustellen. 8

Für die Feststellung der Arbeitnehmerzahl ist die für den Arbeitgeber „kennzeichnende" Beschäftigungslage maßgeblich. Vorübergehende Schwankungen sind unbeachtlich. Die Einstellung des 16. bzw. 46. Arbeitnehmers führt im Rahmen des Teilzeitrechts zum Teilzeitanspruch sämtlicher Arbeitnehmer des Unternehmens. 9

Die Berechnung der Arbeitnehmerzahl erfolgt nach dem Pro-Kopf-Prinzip. Eine anteilige Berücksichtigung von Teilzeitkräften wie bei § 23 KSchG kennen die §§ 8, 9a TzBfG nicht. Es kommt allein auf die Kopfzahl der Beschäftigten an. Auch geringfügig beschäftigte Arbeitnehmer zählen also „voll". 10

Die **Kleinbetriebsklausel** des § 8 Abs. 7 TzBfG ist nicht verfassungswidrig.[7] Selbiges wird erst recht für § 9a Abs. 1 S. 3 TzBfG gelten. Sie sind weder zu unbestimmt noch schränken sie die Vertragsfreiheit der Arbeitgeber unverhältnismäßig ein. 11

3. Wartezeit

Das Arbeitsverhältnis muss gem. §§ 8 Abs. 1, 9a Abs. 1 TzBfG **länger als sechs Monate** bestanden haben, damit der Anspruchsteller den (befristeten) Teilzeitanspruch geltend machen kann. Hierbei finden die zu § 1 Abs. 1 KSchG entwickelten Grundsätze Anwendung.[8] Faktisch bedeutet dies, dass der Teilzeitanspruch nur von (unbefristet oder befristet beschäftigten) Mitarbeitern geltend gemacht werden kann (und soll), die auch Kündigungsschutz nach dem KSchG genießen. Beschäftigt ein Arbeitnehmer nämlich mehr als 15 Arbeitnehmer, ist der Schwellenwert des § 23 KSchG trotz der abweichenden Zählweise in der Regel ebenso überschritten. Diese faktische Konnexität ist sinnvoll, da die Geltendmachung des Teilzeitanspruchs ansonsten trotz § 612a BGB ein mehr als riskantes Unterfangen des Arbeitnehmers wäre. 12

Ein unmittelbar vorausgegangenes Berufsausbildungsverhältnis beim selben Arbeitgeber ist auf die Beschäftigungszeit anzurechnen, so dass „übernommene" Auszubildende bereits ab ihrer Übernahme einen Teilzeitanspruch geltend machen können. 13

---

[5] Zum Anspruch von bereits in Teilzeit tätigen Arbeitnehmern: BAG 13.11.2012 – 9 AZR 259/11, NZA 2013, 373.
[6] BT-Drs. 14/4374, 16; vgl. auch *Rolfs* TzBfG § 6 Rn. 2.
[7] LAG Köln 18.1.2002 – 4 Sa 1066/01, NZA-RR 2002, 511.
[8] Vgl. nur *Rolfs* TzBfG § 8 Rn. 9; *Preis/Schwarz* NJW 2018, 3673 (3674).

III. Verfahren zur (befristeten) Arbeitszeitverringerung nach §§ 8, 9a TzBfG

14 Für die Geltendmachung des (befristeten) Teilzeitanspruchs sehen die §§ 8 , 9a TzBfG ein **formelles Verfahren** vor. Dabei ist sowohl die einvernehmliche Verringerung der Arbeitszeit, die der Gesetzgeber als primäres Ziel sieht, als auch deren zwangsweise Durchsetzung normiert. Die abzugebenden Willenserklärungen der Arbeitsvertragsparteien unterliegen deshalb speziellen Anforderungen, um die – gewünschten – Rechtsfolgen auszulösen.

1. Geltendmachung des Teilzeitanspruchs

15 Die Arbeitszeit kann ausschließlich durch eine Vertragsänderung verringert werden. Sie unterliegt insbesondere nicht dem Direktionsrecht des Arbeitgebers.[9] Insofern bedarf es nach den allgemeinen Regeln des Vertragsrechts entsprechender Willenserklärungen, die mit dem Zugang beim jeweils anderen Vertragspartner wirksam werden (§ 130 BGB). Die Geltendmachung der Arbeitszeitverringerung stellt somit ein Angebot des Arbeitnehmers zur Vertragsänderung iSv § 145 BGB dar, an welches der Arbeitnehmer – jedenfalls bis zum Ablauf der dem Arbeitgeber nach §§ 8 Abs. 5 S. 1, 9a Abs. 3 S. 1 TzBfG eingeräumten Überlegungsfrist[10] – gebunden ist.[11] Ein Verringerungsangebot muss so formuliert sein, dass es durch ein schlichtes „Ja" angenommen werden kann. Der Inhalt des Angebots auf Vertragsänderung muss deshalb so bestimmt sein, dass keine Unklarheiten über den Inhalt des geänderten Vertrags bestehen.[12] Modifizierungen des ursprünglichen Teilzeitantrages können durch den Arbeitnehmer nur im Rahmen der Verhandlungen erfolgen.[13] Ein Widerruf des Antrags ist nur nach § 130 Abs. 1 S. 2 BGB zulässig. Anderenfalls wäre es dem Arbeitnehmer möglich, die Sperrfrist des § 8 Abs. 6 TzBfG zu umgehen.

16 Die Rechtsansprüche aus §§ 8 , 9a TzBfG zielen überdies allein auf die Verringerung der vertraglich vereinbarten Arbeitszeit ab. Sie haben nicht zum Inhalt, dass die Anspruchsteller zugleich eine Änderung der sonstigen Vertragsinhalte durchsetzen können. Diese Frage können die Parteien nur nach §§ 8 Abs. 3, 9a Abs. 3 TzBfG im gegenseitigen Einvernehmen lösen.[14]

17 a) **Form**. Nachdem das Gesetz ursprünglich für die Geltendmachung des Anspruchs keine Form verlangte, weshalb mündliche Anträge[15] ebenso zulässig waren wie eine Geltendmachung per Fax[16] oder E-Mail[17], sehen die §§ 8 Abs. 2 S. 1, 9a Abs. 3 S. 1 TzBfG nunmehr vor, dass die Textform iSd § 126b BGB erforderlich ist. Es bedarf allerdings weiterhin keiner Begründung oder besonderen Motivation durch den Arbeitnehmer; weder der Teilzeitanspruch nach § 8 TzBfG noch die Brückenteilzeit nach § 9a TzBfG verlangen eine Rechtfertigung des Arbeitnehmers für das Verlangen der (befristeten) Arbeitszeitreduzierung.

18 Die ursprüngliche **Formfreiheit** war angesichts der weitreichenden Rechtsfolgen, insbes. der Sanktionswirkung gem. § 8 Abs. 5 S. 3 TzBfG, bedenklich.[18] Daher ist zu begrüßen, dass der Gesetzgeber den Bedenken hinsichtlich der Rechtssicherheit entsprochen hat. Dem Arbeitgeber sollte es nunmehr möglich sein, echte Teilzeitanträge von bloßen Anfragen über die Möglichkeiten einer Teilzeitbeschäftigung zu unterscheiden.[19]

19 Arbeitgeber, die auch die Textform noch für ungenügend erachten, können wegen § 22 Abs. 1 TzBfG aber keine Schriftform des Teilzeitverlangens vorschreiben. Regelungen im Arbeitsvertrag, wonach nicht nur Änderungen und Ergänzungen des Vertrages der Schrift-

---

[9] Vgl. BAG 12.12.1984 – 7 AZR 509/83, NZA 1985, 321.
[10] LAG Düsseldorf 13.1.2006 – 9 Sa 1222/05, BeckRS 2006, 41788.
[11] BAG 23.11.2004 – 9 AZR 644/03, NZA 2005, 769.
[12] BAG 15.11.2011 – 9 AZR 729/07, AP TzBfG § 8 Nr. 30 = BeckRS 2012, 65968.
[13] Ausführlich hierzu *Hamann* Anmerkung zu BAG 21.6.2005 – 9 AZR 409/04, AP TzBfG § 8 Nr. 14.
[14] LAG Düsseldorf 19.4.2002 – 9 (12) Sa 11/02, BeckRS 2002, 30458026.
[15] Hierzu *Kliemt* NZA 2001, 63 (66).
[16] BAG 18.2.2003 – 9 AZR 356/02, NZA 2003, 911.
[17] BAG 20.1.2015 – 9 AZR 860/13, NZA 2015, 805.
[18] *Preis/Gotthardt* DB 2001, 145; *Rolfs* RdA 2001, 129 (134).
[19] *Hopfner* DB 2001, 2144 (2144).

form bedürfen, sondern auch Änderungswünsche, wären also insoweit unwirksam. Rechtssicherheit kann der Arbeitgeber nur begrenzt schaffen, indem er den Kreis der potenziellen Empfänger eines Teilzeitverlangens konkretisiert und reduziert. Als **Adressat des Teilzeitverlangens** kommt nämlich zunächst nicht nur der Arbeitgeber selbst, sondern auch ein Empfangsbote in Betracht.[20] Nach zutreffender Ansicht kann der Arbeitgeber festlegen, an wen die Anträge zu richten sind;[21] wer Empfangsbote oder Empfangsvertreter des Arbeitgebers ist, richtet sich nach dem Innenverhältnis zwischen dem Arbeitgeber und diesen Personen.

b) Angabe des Verringerungsumfangs. Ein wirksames Teilzeitverlangen setzt nach §§ 8 Abs. 2 S. 1, 9a Abs. 3 TzBfG voraus, dass der Arbeitnehmer den konkreten Umfang der begehrten Verringerung nennt. Er kann also in absoluten Zahlen angeben, um wie viele bzw. auf wie viele Stunden er seine Arbeitszeit (in der Woche) verringern will. Er kann ebenso mitteilen, um welchen bzw. auf welchen prozentualen Anteil der regelmäßigen (wöchentlichen) Arbeitszeit seine Arbeitszeit verringert werden soll. Ein bloßer Rahmen, um den die Arbeitszeit reduziert werden soll („20 bis 25 Stunden"), genügt nicht für einen wirksamen Antrag.[22]

Ein Mindest- oder Höchstmaß der Arbeitszeitreduzierung sieht das Gesetz nicht vor. Auch Teilzeitwünsche, die eine nur **sehr geringe Reduzierung** der Arbeitszeit beinhalten, sind möglich. Die bisherige Arbeitszeit kann also ebenso um eine Stunde wie auch auf eine Stunde reduziert werden.[23] Eine Mindestreduzierung kann nicht gefordert werden (Grenze: § 242 BGB).

Unter § 8 TzBfG fallen auch flexible, auf längere Zeiträume erstreckte Arbeitszeiten, sofern es sich um eine unbefristete Regelung handelt. Zulässig ist also auch der Antrag, die verminderte Arbeitszeit auf einen längeren Zeitraum von (Vollzeit-)Arbeit und Freizeitphase zu verteilen. Verlangt werden kann mithin
- die Verringerung der Arbeitszeit an einzelnen Tagen,
- die Beschränkung der Tätigkeit auf einzelne Tage in der Woche,
- die Beschränkung der Arbeitszeit auf bestimmte Wochen im Monat oder sogar
- die Reduzierung der Arbeitszeit für bestimmte Monate auf Null (Blockteilzeit).[24]

Insbesondere kann also alternierend eine Woche Arbeit mit einer Wochenarbeitszeit von 38,5 Stunden (Vollzeit) und eine Woche Freizeit, im Schnitt also eine Arbeitszeit von 19,25 Wochenarbeitsstunden begehrt werden.[25]

Während im öffentlichen Dienst (vgl. § 11 Abs. 1 TVöD-B[26]) eine zeitlich befristete Arbeitszeitreduzierung bereits etabliert ist, war in § 8 TzBfG kein Anspruch auf eine lediglich **zeitlich befristete Reduzierung** der Arbeitszeit – gleichbedeutend mit einem „Rückkehrrecht" zur vormaligen Arbeitszeit – vorgesehen. Wenn ein Arbeitnehmer die Zustimmung zu einer befristeten Arbeitszeitverkürzung verlangte, lag hierin ein „normales" Änderungsangebot. Der Arbeitgeber konnte frei über die Annahme oder Ablehnung dieses Begehrens entscheiden, da § 8 TzBfG in solchen Fällen nicht anwendbar war.[27] Dies hat sich mit der Brückenteilzeit in § 9a TzBfG geändert.

c) Angabe der Verteilung der Arbeitszeit. Die Angabe der gewünschten neuen Verteilung der Arbeitszeit ist mit dem Antrag nicht erforderlich. Nach dem Gesetzeswortlaut „soll" eine solche Angabe nur erfolgen. Fehlt die Angabe, kann sich dies aber negativ für den Ar-

---

[20] Vgl. *Hopfner* DB 2001, 2144 (2145).
[21] *Straub* NZA 2001, 919 (921).
[22] BAG 18.5.2004 – 9 AZR 319/03, NZA 2005, 108; LAG Köln 14.10.2009 – 9 Sa 824/09, ArbR 2010, 178.
[23] Reduzierung um 1,25 Stunden pro Woche: ArbG Stuttgart 23.11.2001 – 26 Ca 1324/01, NZA-RR 2002, 183.
[24] So jedenfalls LAG Düsseldorf 1.3.2002 – 18 (4) Sa 1269/01, NZA-RR 2002, 407; aA LAG Düsseldorf 17.5.2006 – 12 Sa 175/06, DB 2006, 1682; zur Zulässigkeit und den Voraussetzungen der Blockteilzeit *Müller/Becker* BB 2019, 1716; *Jost* BB 2019, 2036 (2037).
[25] LAG Hamm 31.7.2009 – 19 Sa 433/09, BeckRS 2009, 74889; LAG Hessen 25.3.2013 – 17 Sa 976/12, BeckRS 2013, 68883.
[26] BAG 16.12.2014 – 9 AZR 915/13, NZA 2015, 825.
[27] BAG 12.9.2006 – 9 AZR 686/05, NZA 2007, 253; zuvor schon *Hanau* NZA 2001, 1168 (1169).

beitnehmer auswirken, wenn keine einvernehmliche Festlegung der Arbeitzeitverteilung zustande kommt. Eine Fiktion des § 8 Abs. 5 TzBfG kann dann nämlich hinsichtlich der Lage der Arbeitszeit nicht eintreten. Es erfolgt zwar eine Arbeitszeitverringerung, die Arbeitszeitverteilung kann aber durch den Arbeitgeber im Rahmen seines Direktionsrechts nach billigem Ermessen gem. § 106 GewO festgelegt werden.[28] Ggf. ist das Mitbestimmungsrecht des Betriebsrates nach § 87 Abs. 1 Nr. 2 BetrVG zu beachten.

26 Auch der Wunsch des Arbeitnehmers, ausschließlich die Lage, nicht aber die Dauer seiner Arbeitszeit zu verändern, unterfällt nicht der Regelung des § 8 TzBfG.[29] Geht es dem Arbeitnehmer also in erster Linie um die Veränderung der Lage der Arbeitszeit, muss er zumindest auch eine (uU nur sehr geringe) Verringerung seiner Arbeitszeit beantragen. Bei äußerst geringfügigem „Verringerungswunsch" zum Zwecke der Neuverteilung kann im Einzelfall aber Rechtsmissbrauch vorliegen.[30]

27 **d) Verknüpfung der Verteilung mit der Verringerung.** Die gewünschte Arbeitszeitverkürzung ist für den Arbeitnehmer häufig wegen der wirtschaftlichen Nachteile nur sinnvoll, wenn sie auch hinsichtlich der Arbeitszeitverteilung die nötigen Freiräume für die individuellen Pläne oder Verpflichtungen eröffnet. Aus diesem Grund können Arbeitnehmer ihr Teilzeitverlangen in der Weise mit einem konkreten Verteilungswunsch verbinden, dass das Änderungsangebot von der gewünschten Arbeitszeitverteilung abhängig ist.[31] In einem solchen Fall kann der Arbeitgeber das Änderungsangebot nur einheitlich annehmen oder ablehnen.[32] Die Klage auf Verringerung der Arbeitszeit ist in diesem Fall schon dann unbegründet, wenn der Anspruch auf die gewünschte Verteilung der Arbeitszeit nicht besteht.[33]

e) Befristungszeitraum bei Brückenteilzeit. Im Rahmen der Brückenteilzeit muss der begehrte Zeitraum im Vorfeld festgelegt werden. Nach § 9a Abs. 1 S. 2 TzBfG muss der Zeitraum mindestens ein Jahr und darf höchstens fünf Jahre betragen.

2. Ankündigungsfrist

28 Der (befristete) Teilzeitanspruch muss nach §§ 8 Abs. 2 S. 1, 9a Abs. 3 TzBfG spätestens drei Monate vor dem gewünschten Beginn der Arbeitszeitreduzierung geltend gemacht werden. Die Frist bestimmt sich nach §§ 187 Abs. 1, 188 Abs. 2 Hs. 2 BGB.[34] Der Tag der Geltendmachung ist nicht einzubeziehen. Zwischen dem Zugang des Antrags bei Arbeitgeber und dem gewünschten Beginn müssen mithin volle drei Monate liegen.[35] Dabei handelt es sich um eine Mindestfrist, weshalb eine Geltendmachung auch schon früher erfolgen kann.[36]

29 Die **Nichteinhaltung der Dreimonatsfrist** durch den Arbeitnehmer soll jedenfalls dann nicht zur Unwirksamkeit des Antrages führen, wenn der Antrag dahingehend ausgelegt werden kann, dass er sich hilfsweise auf den Zeitpunkt richtet, zu dem der Arbeitnehmer die Verringerung frühestmöglich verlangen kann.[37] Begehrt der Arbeitnehmer beispielsweise die geänderte Arbeitszeit bereits in acht Wochen nach Mitteilung des Teilzeitwunsches, führt dies nicht zur Unwirksamkeit des Antrags, sondern im Wege der Auslegung regelmäßig zu einer entsprechenden zeitlichen Hinauszögerung der Antragswirkung. Allerdings dürfen dem Arbeitgeber aus einem solchen Verlangen nicht dadurch Nachteile entstehen, dass er innerhalb eines Monats vor einem ihm nicht ausdrücklich genannten Datum das Teilzeitverlangen in Textform ablehnen muss, um die gesetzliche Änderung des Arbeitsvertrages ent-

---

[28] BAG 8.5.2007 – 9 AZR 1112/06, NZA-RR 2008, 616; 23.11.2004 – 9 AZR 644/03, NZA 2005, 769.
[29] BAG 23.11.2004 – 9 AZR 644/03, NZA 2005, 769.
[30] BAG 11.6.2013 – 9 AZR 786/11, NZA 2013, 1074; ausführlich *Jost* BB 2019, 2036.
[31] BAG 16.12.2008 – 9 AZR 893/07, NZA 2009, 565; 18.2.2003 – 9 AZR 356/02, NZA 2003, 911; 18.2.2003 – 9 AZR 164/02, NZA 2003, 1392.
[32] BAG 18.2.2003 – 9 AZR 356/02, NZA 2003, 911; 18.2.2003 – 9 AZR 164/02, NZA 2003, 1392.
[33] BAG 24.6.2008 – 9 AZR 514/07, NZA 2008, 1289; zu den prozessualen Fragen anschließend unter → Rn. 116 ff.
[34] BAG 18.2.2003 – 9 AZR 356/02, NZA 2003, 911.
[35] BAG 14.10.2003 – 9 AZR 636/02, NZA 2004, 975.
[36] LAG Köln 4.12.2001 – 9 Sa 726/01, AuR 2002, 189.
[37] BAG 16.12.2008 – 9 AZR 893/07, NZA 2009, 565; 20.7.2004 – 9 AZR 626/03, NZA 2004, 1090.

sprechend dem Verlangen den Arbeitnehmers (§ 8 Abs. 5 S. 2 und 3 TzBfG) zu vermeiden.[38] Die Zustimmungsfiktion kann also nicht eintreten.

Der Arbeitgeber kann auch auf die Einhaltung der Dreimonatsfrist verzichten.[39] Die Mindestfrist dient ausschließlich dem Schutz des Arbeitgebers.[40] Ein solcher **Verzicht** ist anzunehmen, wenn der Arbeitgeber trotz Fristversäumnis mit dem Arbeitnehmer ohne jeden Vorbehalt erörtert, ob dem Teilzeitverlangen betriebliche Gründe nach § 8 Abs. 4 TzBfG entgegenstehen.[41]

3. Verhandlungsphase

Der Gesetzgeber geht in den §§ 8 Abs. 3, 9a Abs. 3 TzBfG davon aus, dass sich die Arbeitsvertragsparteien in der Regel über die Verringerung der Arbeitszeit und deren Verteilung **einvernehmlich** einigen.[42] Einerseits hat der Arbeitgeber mit dem Arbeitnehmer die gewünschte Verringerung der Arbeitszeit mit dem Ziel zu erörtern, zu einer Vereinbarung zu gelangen. Andererseits ist normiert, dass er mit dem Arbeitnehmer Einvernehmen über die von ihm festzulegende Verteilung der Arbeitszeit zu erzielen hat. Kommt es tatsächlich zur Einigung, handelt es sich um einen Änderungsvertrag, den die Parteien selbstverständlich auch unabhängig von § 8 TzBfG hätten vereinbaren können.

Der Arbeitnehmer kann Verhandlungen über den Teilzeitantrag indes nicht einklagen. Es besteht lediglich eine **beidseitige Verhandlungsobliegenheit**.[43] Lehnt der Arbeitgeber den Teilzeitantrag ohne Verhandlungen ab, macht dies weder die Ablehnung unwirksam noch gilt die Zustimmung aufgrund der gesetzlichen Fiktion als erteilt.[44] Allerdings soll der Arbeitgeber dem Arbeitnehmer im Prozess keine Einwendungen entgegenhalten dürfen, die im Rahmen einer Verhandlung hätten ausgeräumt werden können, wenn er entgegen der Vorschrift nicht verhandelt.[45] Welche Einwendung dies sein können, ist allerdings unklar. Argumente, die keinen betrieblichen Grund iSd § 8 Abs. 4 S. 1 TzBfG darstellen, helfen dem Arbeitgeber ohnehin nicht. Mit berechtigten Ablehnungsgründen kann der Arbeitgeber nicht ausgeschlossen werden, da sie ihm die Ablehnung – auch ohne Verhandlung – erlauben. Verhandelt der Arbeitgeber dann nicht, wird dem Arbeitnehmer lediglich verwehrt, seinen Teilzeitwunsch an die entgegenstehenden betrieblichen Gründe anzupassen. Die Ablehnung ohne vorherige Verhandlung löst deshalb die zweijährige Sperre des § 8 Abs. 6 TzBfG nicht aus und erlaubt dem Arbeitnehmer, gerichtlich einen anderen Arbeitszeitwunsch einzuklagen, als er ursprünglich geltend gemacht hat. Auch dann kommt es jedoch darauf an, dass dem veränderten Teilzeitwunsch keine betrieblichen Gründe mehr entgegenstehen.

4. Reaktion des Arbeitgebers

Nach §§ 8 Abs. 5 S. 1, 9a Abs. 3 TzBfG hat der Arbeitgeber dem Arbeitnehmer seine Entscheidung über die Verringerung der Arbeitszeit und ihre Verteilung spätestens einen Monat vor dem gewünschten Beginn in Textform mitzuteilen. Die ursprünglich vom Arbeitgeber verlangte Schriftform ist nicht mehr erforderlich.

Erzielen die Vertragspartner keine Einigung über den Teilzeitwunsch, kommt es im Folgenden darauf an, ob der Arbeitgeber den Antrag ordnungsgemäß abgelehnt hat oder nicht. Bei ordnungsgemäßer Ablehnung verbleibt es zunächst beim bisherigen Umfang der Beschäftigung. Der Arbeitnehmer ist auf den Rechtsweg verwiesen und muss auf Abgabe der Willenserklärung des Arbeitgebers klagen. Unterlässt er dies, verbleibt es beim bisherigen Vertragsinhalt.

---

[38] BAG 20.7.2004 – 9 AZR 626/03, NZA 2004, 1090.
[39] BAG 14.10.2003 – 9 AZR 636/02, NZA 2004, 975.
[40] BT-Drs. 14/4374, 17.
[41] BAG 16.12.2008 – 9 AZR 893/07, NZA 2009, 565; 14.10.2003 – 9 AZR 636/02, NZA 2004, 975.
[42] BT-Drs. 14/4374, 17.
[43] BAG 18.2.2003 – 9 AZR 356/02, NZA 2003, 911; 20.7.2004 – 9 AZR 626/03, NZA 2004, 1090.
[44] BAG 18.2.2003 – 9 AZR 356/02, NZA 2003, 911.
[45] BAG 18.2.2003 – 9 AZR 356/02, NZA 2003, 911.

35 **a) Form.** Aufgrund der vom Gesetzgeber vorgeschriebenen **Textform** gem. § 126b BGB ist eine Ablehnung nichtig, wenn es an der Form mangelt (§ 125 BGB).[46]

36 Die Ablehnungsentscheidung muss der Arbeitgeber jedoch – im Gegensatz zur Ablehnung nach § 15 Abs. 7 S. 4 BEEG – **nicht begründen.** Ein bloßes „Nein" reicht also aus. Sofern in der Ablehnung gleichwohl Gründe genannt werden, ist der Arbeitgeber grds. nicht gehindert, sich im Prozess auf weitere Aspekte zu berufen.[47] Ihm können aber ggf. die Nachteile der fehlenden Verhandlung entstehen.[48]

37 **b) Frist.** Die Ablehnungsentscheidung muss dem Arbeitnehmer spätestens einen Monat vor dem gewünschten Beginn zugehen. Der Fristbeginn ist analog §§ 187 Abs. 1, 188 Abs. 2 BGB vom gewünschten Tag der Arbeitszeitreduzierung zurück zu berechnen. Der Arbeitgeber hat also oftmals nur zwei Monate zur, um den Antrag zu prüfen und ggf. mit dem Arbeitnehmer zu verhandeln.

38 **c) Differenzierung zwischen Verringerung und Verteilung der Arbeitszeit.** Eine **Teileinigung** liegt vor, wenn sich die Vertragsparteien über den Umfang der Verringerung der Arbeitszeit, nicht aber über die neue Lage der Arbeitszeit verständigen. Sachgerecht erscheint hier, dass der Arbeitgeber im Rahmen seines Direktionsrechts und des verringerten Arbeitszeitvolumens die Lage der Arbeitszeit nach billigem Ermessen (§ 315 BGB) einseitig festsetzen kann, es sei denn, der Arbeitnehmer hat den Verringerungswunsch erkennbar von einer bestimmten Arbeitszeitverteilung abhängig gemacht. In diesem Fall kann der Arbeitgeber den Antrag nur einheitlich annehmen oder ablehnen.[49] Der Arbeitnehmer kann freilich auch gesondert auf die (noch offene) Arbeitszeitverteilung klagen.

5. Zustimmungsfiktion

39 Sofern der Arbeitgeber keine Einwände gegen einen wirksamen (begfristeten) Teilzeitantrag des Arbeitnehmers hat (oder berechtigt vorbringen kann), kann er die Frist wegen der Zustimmungsfiktion gem. §§ 8 Abs. 5 S. 2, 9a Abs. 3 TzBfG auch verstreichen lassen. Diese **gesetzliche Fiktion** greift auch, wenn der Arbeitgeber die Ablehnung verspätet oder nicht formwirksam erklärt. Dann verringert sich die Arbeitszeit in dem vom Arbeitnehmer gewünschten Umfang.[50] Im Falle der Brückenteilzeit umfasst die Fiktion auch den gewünschten Zeitraum der Teilzeit. Der Arbeitgeber kann dann nicht mehr geltend machen, dass der Vertragsänderung betriebliche Gründe entgegenstehen. Die festgelegte Verteilung der Arbeitszeit kann dann nur unter den Voraussetzungen des § 8 Abs. 5 S. 4 TzBfG wieder geändert werden.

6. Erneute Geltendmachung

40 Während der Dauer der Brückenteilzeit und ein Jahr nach der Rückkehr aus der Brückenteilzeit besteht kein weiterer Anspruch des Arbeitnehmers auf eine weitere Veränderung der Arbeitszeit (§ 9a Abs. 4, 5 S. 1 TzBfG). Ansprüche aufgrund von Spezialgesetzen bleiben aber ebenso möglich wie einvernehmliche Lösungen. Demgegenüber sieht § 8 Abs. 6 TzBfG vor, dass ein Arbeitnehmer vor einer erneuten Verringerung der Arbeitszeit zwingend eine Wartezeit von zwei Jahren in Kauf nehmen muss.

Wird die (befristete) Teilzeit vom Arbeitgeber berechtigt abgelehnt, ist nach §§ 8 Abs. 6, 9a Abs. 5 S. 2 TzBfG, ebenfalls eine Sperrfrist von zwei Jahren zu beachten. Sofern aber die Überforderungsregelung des § 9a Abs. 2 S. 2 TzBfG zur Ablehnung geführt hat, beträgt die Sperrfrist ein Jahr. Für einen Anspruch auf unbefristete Teilzeit nach § 8 TzBfG sollen die Sperrfristen des § 9a TzBfG aber nicht gelten.[51]

---

[46] BAG 20.1.2015 – 9 AZR 860/13, NZA 2015, 805.
[47] Vgl. etwa LAG Düsseldorf 2.7.2003 – 12 Sa 407/03, NZA-RR 2004, 234; *Rolfs* TzBfG § 8 Rn. 30.
[48] → Rn. 32.
[49] BAG 18.2.2003 – 9 AZR 164/02, NZA 2003, 1392; 23.11.2004 – 9 AZR 644/03, NZA 2005, 769.
[50] BAG 20.1.2015 – 9 AZR 860/13, NZA 2015, 805; vgl. auch *Rolfs* TzBfG § 8 Rn. 25 mit Beispiel.
[51] *Preis/Schwarz* NJW 2018, 3673 (3676).

Grundsätzlich ist es den Arbeitnehmern aber möglich, verschiedene Teilzeitregelungen miteinander zu kombinieren, um die Teilzeitphase zu verlängern.[52]

IV. Betriebliche Gründe versus Teilzeitwunsch

Spätestens im Verfahren vor dem Arbeitsgericht, in dem der Arbeitnehmer seinen (befristeten) Teilzeitwunsch geltend macht, muss der Arbeitgeber die betrieblichen Gründe iSd §§ 8 Abs. 4 S. 1, 9a Abs. 2 S. 1 TzBfG nennen, die seiner Ansicht nach der Erfüllung des Teilzeitwunsches materiell entgegenstehen.[53] Dabei gelten die Anforderungen, die an das Gewicht eines entgegenstehenden betrieblichen Grundes zu stellen sind, gleichermaßen für die Verweigerung der Zustimmung zur Verringerung der Arbeitszeit, für die Verweigerung der Zustimmung zur vom Arbeitnehmer gewünschten Festlegung der verringerten Arbeitszeit sowie im Falle der Brückenteilzeit für den zeitlichen Rahmen der Teilzeit. Für das Vorliegen eines Ablehnungsgrundes ist auf den Zeitpunkt der Ablehnungserklärung des Arbeitgebers abzustellen.[54] 41

Der „betriebliche Grund" als Zentralbegriff des arbeitgeberseitigen Ablehnungsrechts ist ein unbestimmter Rechtsbegriff, der für jeden Einzelfall konkretisiert werden muss. Der Gesetzgeber hat in § 8 Abs. 4 S. 2 TzBfG, auf den auch § 9a Abs. 2 TzBfG verweist, durch **Regelbeispiele** versucht, eine gewisse Konkretisierung der betrieblichen Gründe vorzugeben. Ein betrieblicher Grund liegt danach insbesondere vor, wenn die Verringerung der Arbeitszeit die Organisation, den Arbeitsablauf oder die Sicherheit im Betrieb wesentlich beeinträchtigt oder unverhältnismäßige Kosten verursacht. Diese Aufzählung ist jedoch nicht abschließend („insbesondere").[55] Die zur Ablehnung berechtigenden Gründe können je nach Arbeitsplatz und Branche derart vielgestaltig sein, dass der Gesetzgeber sie nicht abschließend definieren konnte. Nicht ausreichend für eine Ablehnung ist eine lediglich abweichende unternehmerische Vorstellung von der „richtigen" Arbeitszeitverteilung,[56] weshalb es kein Organisationskonzept darstellt, wenn der Arbeitgeber meint, dass die Aufgaben nach seiner unternehmerischen Zielsetzung von einer Vollzeitkraft erledigt werden sollten.[57] Ansonsten könnte der Arbeitgeber jedem Teilzeitverlangen mit dem Argument begegnen, er wolle nur Vollzeitarbeitnehmer beschäftigen.[58] 42

Hinsichtlich der Brückenteilzeit sieht § 9a Abs. 2 S. 2 TzBfG für Arbeitgeber mit 46 bis 200 Arbeitnehmern eine gestaffelte Überforderungsregelung vor, wonach dem Arbeitgeber bei einer gehäuften Inanspruchnahme von Brückenteilzeit eine Ablehnung weiterer Anträge ohne gesonderte Rechtfertigung ermöglicht wird. Dabei ist ausweislich der gesetzlichen Regelung auf den Zeitpunkt des begehrten Beginns der Brückenteilzeit abzustellen, was eine Prognoseentscheidung des Arbeitgebers erfordert. Andere Formen der Teilzeitarbeit sind bei der Überforderungsregelung aber nicht zu berücksichtigen.

Wesentliche Grundlagen für die Beurteilung der Frage, ob ein betrieblicher Grund vorliegt, dürften sein 43
- die Art der Tätigkeit des Arbeitnehmers, wobei insbesondere die Form der Zusammenarbeit mit anderen Mitarbeitern eine Rolle spielt,
- die Verfügbarkeit von Ersatzbeschäftigten,
- der Umfang der vom Arbeitnehmer gewünschten Arbeitszeitverringerung,
- die Anzahl der Arbeitnehmer, die Teilzeitarbeit geltend machen oder schon in Teilzeit tätig sind,
- die Größe des Betriebes sowie
- das Arbeitszeitmodell des Betriebes.[59]

---

[52] *Bayreuther* NZA 2018, 1577 (1578).
[53] Vgl. ausführlich *Lüders*, Teilzeitarbeit nach § 8 TzBfG – Das Ablehnungsrecht des Arbeitgebers, 2007, S. 112 ff.
[54] BAG 18.2.2003 – 9 AZR 356/02, NZA 2003, 911.
[55] LAG Niedersachsen 2.8.2002 – 16 Sa 166/02, NZA-RR 2003, 6.
[56] BAG 9.12.2003 – 9 AZR 16/03, NZA 2004, 921.
[57] BAG 8.5.2007 – 9 AZR 1112/06, NZA-RR 2008, 616.
[58] BAG 8.5.2007 – 9 AZR 1112/06, NZA-RR 2008, 616.
[59] Vgl. Annuß/Thüsing/*Mengel* TzBfG § 8 Rn. 148.

44 Die persönlichen oder sozialen Umstände des Arbeitnehmers können hingegen nach richtiger, wenngleich umstrittener Ansicht kein Kriterium darstellen, weil § 8 Abs. 4 S. 1 TzBfG allein von „betrieblichen Gründen" spricht.[60]

1. Entgegenstehendes unternehmerisches Organisationskonzept

45 **a) 3-Stufen-Prüfung des BAG.** Ein entgegenstehendes Organisationskonzept lässt das Bundesarbeitsgericht als zur Ablehnung berechtigenden betrieblichen Grund nur ausreichen, wenn dieses zusätzlich durch die Umsetzung des Teilzeitwunsches wesentlich beeinträchtigt wird und der Ablehnungsgrund damit hinreichend gewichtig ist. Es nimmt für die Feststellung, ob dem Antrag auf Arbeitszeitverkürzung oder deren Neuverteilung betriebliche Gründe entgegenstehen, folgende **dreistufige Prüfungsfolge** vor:[61]

*„In der **ersten Stufe** ist festzustellen, ob überhaupt und wenn ja, welches betriebliche Organisationskonzept der vom Arbeitgeber als erforderlich angesehenen Arbeitszeitregelung zugrunde liegt. Organisationskonzept ist das Konzept, mit dem die unternehmerische Aufgabenstellung im Betrieb verwirklicht werden soll. Die Darlegungslast dafür, dass das Organisationskonzept die Arbeitszeitregelung bedingt, liegt beim Arbeitgeber. Die Richtigkeit seines Vortrages ist arbeitsgerichtlich voll überprüfbar. Die dem Organisationskonzept zugrunde liegende unternehmerische Aufgabenstellung und die daraus abgeleiteten organisatorischen Entscheidungen sind jedoch hinzunehmen, soweit sie nicht willkürlich sind. Voll überprüfbar ist dagegen, ob das vorgetragene Konzept auch tatsächlich im Betrieb durchgeführt wird.*

*In einer **zweiten Stufe** ist zu prüfen, inwieweit die Arbeitszeitregelung dem Arbeitszeitverlangen des Arbeitnehmers tatsächlich entgegensteht. Dabei ist auch der Frage nachzugehen, ob durch eine dem Arbeitgeber zumutbare Änderung von betrieblichen Abläufen oder des Personaleinsatzes der betrieblich als erforderlich angesehene Arbeitszeitbedarf unter Wahrung des Organisationskonzeptes mit dem individuellen Arbeitszeitwunsch des Arbeitnehmers zur Deckung gebracht werden kann.*

*Ergibt sich, dass das Arbeitszeitverlangen des Arbeitnehmers nicht mit dem organisatorischen Konzept und der daraus folgenden Arbeitszeitregelung in Übereinstimmung gebracht werden kann, ist in einer **dritten Stufe** das Gewicht der entgegenstehenden betrieblichen Belange zu prüfen: Werden durch die vom Arbeitnehmer gewünschte Abweichung die in § 8 Abs. 4 Satz 2 TzBfG genannten besonderen betrieblichen Belange oder das betriebliche Organisationskonzept und die ihm zugrunde liegende unternehmerische Aufgabenstellung wesentlich beeinträchtigt?"*

46 **b) Kritik.** Wenngleich auch diese Prüfungsfolge ausreichend Spielraum für Einzelfallentscheidungen lässt, ist jedenfalls die dritte Stufe abzulehnen. Das Bundesarbeitsgericht verlangt die „Wesentlichkeit" einer Beeinträchtigung entsprechend der Konkretisierung in § 8 Abs. 4 S. 2 TzBfG, obgleich der Gesetzgeber jede **rationale, nachvollziehbare Argumentation des Arbeitgebers** anerkennen wollte.[62] Im Gegensatz zu anderen gesetzlichen Ablehnungsgründen (vgl. § 15 Abs. 7 S. 1 Nr. 4 BEEG, § 7 BUrlG, § 6 Abs. 4 ArbZG) und insbesondere auch zu § 9 TzBfG ist in § 8 Abs. 4 S. 1 TzBfG gerade keine „Dringlichkeit" der Ablehnungsgründe vorgesehen. Nicht zuletzt aus verfassungsrechtlichen Erwägungen müssen die Ablehnungsgründe nicht den Schweregrad der Regelbeispiele des Satzes 2 haben. Auch dem Gesetzgebungsverfahren ist zu entnehmen, dass die Schwelle der Ablehnungsberechtigung niedriger sein muss, denn die ursprünglich im Referentenentwurf noch vorgesehene „Dringlichkeit" wurde später gestrichen, ohne die Regelbeispiele anzupassen.[63]

47 Ein dem Teilzeitwunsch entgegenstehender betrieblicher Grund ist deshalb bereits dann gegeben, wenn der Änderungswunsch des Arbeitnehmers nicht in das arbeitgeberseitig vor-

---

[60] BAG 9.12.2003 – 9 AZR 16/03, NZA 2004, 921; *Hanau* NZA 2001, 1168 (1171); *Lindemann/Simon* BB 2001, 147 (149); Annuß/Thüsing/*Mengel* TzBfG § 8 Rn. 149; aA *Däubler* ZIP 2001, 217 (219); wohl auch ArbG Stuttgart 23.11.2001 – 26 Ca 1324/01, NZA-RR 2002, 183 (185).

[61] BAG 18.2.2003 – 9 AZR 164/02, NZA 2003, 1392; 23.11.2004 – 9 AZR 644/03, NZA 2005, 769; 30.9.2003 – 9 AZR 665/02, NZA 2004, 382; 13.10.2009 – 9 AZR 910/08, NZA 2010, 339.

[62] BT-Drs. 14/4374, 17; *Rolfs* TzBfG § 8 Rn. 29.

[63] Ausführlich *Lüders* Teilzeitarbeit nach § 8 TzBfG – Das Ablehnungsrecht des Arbeitgebers, Berlin 2007, Berliner Wissenschaftsverlag – BWV S. 112 ff. mwN; ErfK/*Preis* TzBfG § 8 Rn. 23 ff.

gegebene Organisationskonzept passt. Nur in den Fällen, in denen der Teilzeitwunsch vom Organisationskonzept gedeckt wird, muss der Arbeitgeber auch Anstrengungen unternehmen, um die individuell beantragte Teilzeitarbeit zu integrieren. Den Arbeitgebern ist gleichwohl anzuraten, die Ablehnungsgründe im Prozess konkret unter die einzelnen Regelbeispiele zu subsumieren.

2. Gesetzliche Regelbeispiele als Ablehnungsgrund

Der Gesetzgeber lässt eine Ablehnung des Teilzeitwunsches zu, wenn die Verringerung der Arbeitszeit die Organisation, den Arbeitsablauf oder die Sicherheit im Betrieb wesentlich beeinträchtigt oder unverhältnismäßige Kosten verursacht. Obwohl also betriebliche Gründe auch unterhalb der Schwelle des § 8 Abs. 4 S. 2 TzBfG genügen können, ist eine Ablehnung jedenfalls dann gerechtfertigt, wenn ein Regelbeispiel erfüllt ist. Die Regelbeispiele können damit als Anhaltspunkt dafür dienen, eine Ablehnung zu rechtfertigen; sie sind jedoch **restriktiv auszulegen**. 48

a) **Wesentliche Beeinträchtigung der Organisation und des Arbeitsablaufs.** Die Ablehnungen wegen einer wesentlichen Beeinträchtigung der Organisation oder wegen des Arbeitsablaufs sind nur schwer voneinander abzugrenzen und greifen ineinander über. Regelmäßig wird eine Beeinträchtigung des Arbeitsablaufs auch eine Beeinträchtigung der Organisation mit sich bringen.[64] 49

aa) Wesentlichkeit. Wann eine „wesentliche Beeinträchtigung" vorliegt, war auch schon vor Inkrafttreten des TzBfG Gegenstand der Rechtsprechung. Danach ist eine Beeinträchtigung wesentlich, wenn sie „bedeutsam" bzw. die betreffende Sache „(verstärkend) sehr viel" beeinträchtigt ist.[65] Unbeachtlich ist also eine unwesentliche, „kaum merkliche" Beeinträchtigung. Die Beeinträchtigung muss einen gewissen Umfang erreichen und nicht nur von untergeordneter Relevanz sein. Allerdings darf die Schwelle zur Wesentlichkeit vorliegend nicht überspannt werden.[66] Sie ist erreicht, wenn sich der beantragte Umfang der Arbeitszeitverringerung oder die beantragte Neuverteilung nicht in das vom Arbeitgeber vorgegebene unternehmerische Konzept einfügen lassen. Betriebliche Störungen reichen hierfür aus. 50

bb) Unteilbarkeit. Eine wesentliche Beeinträchtigung der Organisation löst ein Teilzeitantrag immer dann aus, wenn der Arbeitsplatz grundsätzlich nicht teilbar ist.[67] **Unteilbarkeit** in diesem Sinne ist anzunehmen, wenn eine Teilung den Wert der Tätigkeit überproportional beeinträchtigt und diese im Grunde zwecklos macht.[68] Das betriebliche Zusammenwirken darf nicht derart beeinträchtigt werden, dass ein reibungsloser Arbeitsablauf nicht mehr gewährleistet werden kann. Angesichts dessen, dass mit dem TzBfG grundsätzlich die Förderung der Teilzeitarbeit bezweckt ist, können typische mit Teilzeitarbeit verbundene Schwierigkeiten, etwa ein Mehrbedarf in der Personalabteilung, bei der Feststellung entgegenstehender betrieblicher Gründe dagegen kein eigenes Gewicht haben. 51

Ein Fall der Unteilbarkeit kann indes bei Arbeitnehmern mit besonderen Aufgaben (zB Kundenbetreuung, Sachkunde) vorliegen, wenn die volle Verfügbarkeit des Beschäftigten verlangt wird, um als ständiger Ansprechpartner zur Verfügung zu stehen.[69] Wettbewerbsnachteile, die sich aus einem Teilzeitwunsch ergeben können, muss ein Arbeitgeber nicht hinnehmen.[70] Ein Arbeitnehmer kann daher unabkömmlich sein, wenn er in ein spezielles Dienstleistungskonzept eingebettet ist. Auch das **Projektgeschäft** kann einem Teilzeitwunsch entgegenstehen, wenn der Arbeitnehmer zwingend benötigt wird oder fristgebundene Ergebnisse erwartet werden. 52

Gleiches gilt in Bereichen, wo Anschlusswissen und Kontinuität in der Betreuung gefragt sind. Bei erhöhten Reibungsverlusten durch Informationsweitergaben oder aber, wenn auf- 53

---

[64] *Rolfs* RdA 2001, 129 (136); *Laux/Schlachter* TzBfG § 8 Rn. 192; *Meinel/Heyn/Herms* TzBfG § 8 Rn. 60.
[65] BAG 15.5.1991 – 4 AZR 544/90, BeckRS 1991, 30737543.
[66] *Reiserer/Penner* BB 2002, 1694 (1695).
[67] *Flatten/Coeppicus* ZIP 2001, 1477 (1480); *Lindemann/Simon* BB 2001, 147 (149).
[68] *Riesenhuber* NZA 1995, 56 (58).
[69] BAG 18.2.2003 – 9 AZR 164/02, NZA 2003, 1392.
[70] *Reiserer/Penner* BB 2002, 1694 (1697).

wendige und zeitintensive Übergabegesprächen notwendig werden, kann es zu Beeinträchtigungen kommen, die nicht hingenommen werden müssen.

54 Von der Rechtsprechung wurden vielfach Teilzeitwünsche von **Arbeitnehmer in sozialen Berufen** behandelt, vor allem von Erziehern.[71] Kennzeichnend für deren Tätigkeit ist grundsätzlich die besondere Nähebeziehung zu den zu erziehenden Personen, seien es Kinder oder Jugendliche. Um dieser Vorgabe möglichst gerecht zu werden und das Ziel der jeweiligen Einrichtung (zB Kindergarten, Jugendheim) erreichen zu können, wird von **pädagogischen Konzepten** in gesteigertem Maße die zeitliche Anwesenheit und Ansprechbarkeit der Mitarbeiter gefordert. Dies führt wiederum dazu, dass in den sozialen Berufen ein betrieblicher Grund im Sinne des § 8 Abs. 4 TzBfG tendenziell eher als in anderen Branchen angenommen werden kann. Insbesondere in der Betreuung von geistig oder körperlich Behinderten kann eine konstante Bezugspflege vorgesehen sein. Sofern eine Teilzeittätigkeit grundsätzlich möglich ist, wird es aber vielfach auf ergänzende Beschäftigungsformen zur Abmilderung von Belastungsspitzen hinauslaufen. Dies wäre etwa in Kindergärten die Mittagszeit, wo die Speisengabe einen größeren Betreuungsaufwand bedeutet. Teilzeitbeschäftigte müssen deshalb in dieser Branche bei der Verteilung der Arbeitszeit mit Einschränkungen rechnen.

55 Auch die stete **Anwesenheit bestimmter Fachkräfte** kann als betrieblicher Grund herangezogen werden und eine Vollzeit rechtfertigen.[72] Natürlich verlangt das BAG aber auch in solchen Fällen, dass alle organisatorischen Anpassungen geprüft werden.

56 *cc) Betriebsvereinbarungen.* Durch **Betriebsvereinbarung** können die betrieblichen Ablehnungsgründe nicht ausgeweitet werden, etwa indem nur begrenzte Teilzeitmodelle zugelassen werden.[73] Dies verstößt gegen § 22 Abs. 1 TzBfG.

57 Ein Ablehnungsgrund kann aber vorliegen, wenn die gewünschte Verteilung der Arbeitszeit nicht vorgenommen werden kann, weil sie der Arbeitszeitregelung einer Betriebsvereinbarung widerspricht.[74] In diesem Fall fordert die Rechtsprechung indes, dass die in der Betriebsvereinbarung niedergelegten Arbeitszeitregelungen, soweit sie Teilzeitarbeit einschränken, ihrerseits durch betriebliche Gründe iSd § 8 Abs. 4 S. 1 TzBfG bedingt sind.[75] Denn nur solche Gründe erlauben dem Arbeitgeber eine Ablehnung. Durch Betriebsvereinbarungen darf nicht zuungunsten des Arbeitnehmers von den Vorschriften des TzBfG abgewichen werden. Grundsätzlich dürfte aber anzunehmen sein, dass die Betriebsparteien mit ihren vereinbarten Arbeitszeitregelungen den vorhandenen Bedürfnissen und Erforderlichkeiten gerecht werden.

58 *dd) Führungskräfte.* Nach § 6 TzBfG ist auch Arbeitnehmern in leitenden Positionen Teilzeit zu ermöglichen. Eine **hervorgehobene Stellung** in der betrieblichen Hierarchie kann daher für sich allein die Ablehnung eines Teilzeitwunsches nicht rechtfertigen.[76] Je qualifizierter ein Arbeitnehmer ist, desto erheblicher können die organisatorischen Auswirkungen bei Teilzeitarbeit sein. Die Notwendigkeit einer regelmäßigen Teilnahme an häufigen, nicht im Voraus planbaren Besprechungen oder anderen Terminen kann aber der Verringerung der Arbeitszeit entgegenstehen.[77] Es kommt also im Wesentlichen darauf an, inwieweit ein Stellvertreter die Aufgaben übernehmen kann bzw. ob dieser nicht ohnehin vielfach die entsprechenden Aufgaben wahrnimmt oder ob die Aufgaben nicht schon vorübergehend (zB in der Elternzeit) auf verschiedene Mitarbeiter aufgeteilt wurden.[78]

59 *ee) Kollidierende Teilzeitbegehren.* Natürlich kann es auch eine Überforderung für den Arbeitgeber bedeuten, wenn verstärkt von Teilzeit Gebrauch gemacht wird. Es ist denkbar,

---

[71] BAG 18.3.2003 – 9 AZR 126/02, AP TzBfG § 8 Nr. 3 = BeckRS 2003, 41756; 19.8.2003 – 9 AZR 542/02, AP TzBfG § 8 Nr. 4; 16.10.2007 – 9 AZR 321/06, NZA-RR 2008, 210.
[72] BAG 14.10.2003 – 9 AZR 636/02, NZA 2004, 975.
[73] BAG 15.8.2006 – 9 AZR 30/06, NZA 2007, 259; 20.1.2015 – 9 AZR 735/13, NZA 2015, 816.
[74] BAG 16.3.2004 – 9 AZR 323/03, NZA 2004, 1047; 24.6.2008 – 9 AZR 313/07, NZA 2008, 1309; 16.12.2008 – 9 AZR 893/07, NZA 2009, 565.
[75] BAG 20.1.2015 – 9 AZR 735/13, NZA 2015, 816.
[76] *Däubler* ZIP 2001, 217 (220).
[77] BAG 18.2.2003 – 9 AZR 164/02, NZA 2003, 1392.
[78] BAG 13.10.2009 – 9 AZR 910/08, NZA 2010, 339; 29.11.1995 – 5 AZR 753/94, NZA 1996, 533.

dass sich mehrere Beschäftigte gleichzeitig mit vergleichbaren Teilzeitwünschen an den Arbeitgeber wenden, von denen nicht sämtliche Begehren umgesetzt werden können. Dann hat der Arbeitgeber nach **billigem Ermessen** zu entscheiden. Dabei kann sich der Arbeitgeber allein von seinen betrieblichen Interessen leiten lassen, zumal ihm die individuellen Motive der Arbeitnehmer nicht bekannt sein müssen. Eine Abwägung der verschiedenen Motive kann dem Arbeitgeber nicht zugemutet werden.

b) Wesentliche Beeinträchtigung der betrieblichen Sicherheit. Das Regelbeispiel der wesentlichen Beeinträchtigung der Sicherheit im Betrieb wird kaum einmal erfüllt sein. Bedenklich ist allerdings, dass der Gesetzgeber die Teilzeit sogar auf Kosten der Sicherheit fördern will.[79] Zu fordern ist, dass die im Betrieb notwendigen Sicherheitsstandards oder Unfallverhütungsvorschriften durch die Verringerung und/oder die gewünschte Verteilung der Arbeitszeit nicht mehr eingehalten werden können. In der Regel wird es dem Arbeitgeber aber möglich sein, durch die Einstellung einer geeigneten Ersatzkraft die Sicherheit im Betrieb zu gewährleisten, wenngleich zuzugestehen ist, dass in komplexeren Produktionsanlagen häufige Personalwechsel zu Sicherheitsüberlegungen führen können.

c) Unverhältnismäßige Kosten. Das letzte gesetzliche Regelbeispiel der Verursachung unverhältnismäßiger Kosten durch die Realisierung des Teilzeitwunsches ist nicht leicht zu greifen. Streng genommen handelt es sich um keinen betrieblichen, sondern um einen **betriebswirtschaftlichen Grund**.

Da die Gesetzesbegründung rationale, nachvollziehbare Argumentationen des Arbeitgebers anerkennen will,[80] um einen Teilzeitwunsch berechtigt ablehnen zu dürfen, kann die Schwelle der „Unverhältnismäßigkeit" nicht erst erreicht werden, wenn andere Arbeitsplätze konkret gefährdet werden. Daher können solche Kosten ausreichen, die zu dem Teilzeitwunsch außer Verhältnis stehen. Dies ist der Fall, wenn sich unter betriebswirtschaftlichen Gesichtspunkten eine unzumutbare Relation zwischen Personalkostenaufwand und Wertschöpfung ergibt, etwa weil die Hälfte der Arbeitszeit allein für den ständig anfallenden Informationsaufwand eingesetzt und bezahlt werden müsste.[81] In der Regel resultieren unverhältnismäßige Kosten überdies aus der Beeinträchtigung der betrieblichen Organisation oder des Arbeitsablaufes, so dass das Kostenargument eher eine ergänzende Argumentationssäule darstellt.[82]

Das Kostenargument kann der Arbeitgeber nicht geltend machen, soweit es lediglich **typische Kosten der Teilzeit** betrifft, die damit verbunden sind, dass aus einem Arbeitsplatz zwei gemacht werden. Zu den „typischen Kosten" der Einstellung von Ersatzarbeitnehmern zählt beispielsweise der erhöhte Aufwand in der Personalverwaltung.[83] Diese muss der Arbeitgeber ebenso hinnehmen wie den Aufwand, der mit der bloßen **Einarbeitung** verbunden ist.[84] Sollen derartige „Einmalkosten" als „unverhältnismäßig" beurteilt werden, bedarf es hierzu jedoch eines konkreten Sachvortrags des Arbeitgebers.[85]

Andererseits müssen solche Kosten genügen, die zwar nicht für das Unternehmen insgesamt unzumutbar sind, die aber zu dem Teilzeitverlangen des einzelnen Arbeitnehmers und seinem Arbeitsplatz außer Verhältnis stehen. Hierbei kommen als Kostenfaktoren in Betracht[86]

- das Erfordernis der Einrichtung von Ersatzarbeitsplätzen mit entsprechender technischer Ausstattung
- das Erfordernis der Anmietung zusätzlicher Büroräume
- die durch lange Einarbeitungszeit entstehenden Kosten (Beispiel: Einarbeitung des Ersatzarbeitnehmers in komplexe Vorgänge, hohe Übergabekosten durch lange Fahrzeiten)

---

[79] *Hromadka* NJW 2001, 400 (402).
[80] BT-Drs. 14/4374, 17; *Rolfs* TzBfG § 8 Rn. 29.
[81] LAG Düsseldorf 19.4.2002 – 9 (12) Sa 11/02, BeckRS 2002, 30458026.
[82] *Flatten/Coeppicus* ZIP 2001, 1477 (1480).
[83] BAG 21.6.2005 – 9 AZR 409/04, NZA 2006, 316.
[84] BAG 23.11.2004 – 9 AZR 644/03, NZA 2005, 769.
[85] BAG 23.11.2004 – 9 AZR 644/03, NZA 2005, 769.
[86] *Annuß/Thüsing/Mengel* TzBfG § 8 Rn. 156.

- besondere Lohnkosten für Ersatzarbeitnehmer (Beispiel: Für Spät- oder Nachtschichten müssen Ersatzarbeitnehmer gefunden werden, an die Schichtzuschläge zu zahlen sind).

65 Unverhältnismäßige Kosten mit der Folge der Bejahung betrieblicher Gründe sollen auch dann gegeben sein, wenn der Teilzeitwunsch des Arbeitnehmers die Anschaffung eines weiteren Dienstwagens für den Einsatz einer mit durchschnittlich neun Wochenstunden einzustellenden Ersatzkraft erfordert[87] oder die laufende Fortbildung einer Ersatzkraft erhebliche Zusatzkosten auslöst.[88] Es bedarf aber stets einer konkreten Benennung der Kosten; ein pauschaler Hinweis auf Schulungskosten ist auch bei Piloten, wo ein Qualifizierungsaufwand offenkundig ist, kein entgegenstehender betrieblicher Grund.[89]

66 Diskutiert wird auch, ob der Arbeitgeber mit dem Argument gehört werden kann, durch die Einstellung von Ersatzarbeitnehmern würden **kostenrelevante arbeitsrechtliche Schwellenwerte** überschritten, beispielsweise solche aus §§ 9, 38, 106 oder 111 BetrVG. Die besseren Argumente sprechen dafür, dass die Überschreitung eines Schwellenwertes durch eine notwendige Neueinstellung dem Teilzeitverlangen des Arbeitnehmers nicht entgegengehalten werden kann. Die Schwellen stellen zwingende gesetzliche Vorgaben dar.

3. Sonstige Ablehnungsgründe

67 Als weiterer Ablehnungsgrund kommt beispielsweise ein **Mangel an (qualifizierten) Ersatzkräften** in Betracht. In der Begründung zum Gesetzesentwurf der Bundesregierung heißt es, dass der Einwand des Arbeitgebers, keine geeignete zusätzliche Arbeitskraft finden zu können, nur dann beachtlich sein soll, wenn der Arbeitgeber nachweist, dass eine dem Berufsbild des Arbeitnehmers entsprechende zusätzliche Arbeitskraft auf dem für ihn maßgeblichen Arbeitsmarkt nicht zur Verfügung steht.[90]

68 Das Fehlen geeigneter Ersatzkräfte dürfte in der Praxis sicher einen Hauptgrund für die Ablehnung eines Teilzeitverlangens bilden, auch wenn dieser Grund nicht als gesetzliches Regelbeispiel aufgenommen wurde. Es kann im Übrigen keine Verpflichtung des Arbeitgebers angenommen werden, durch Teilzeitarbeitswünsche frei werdende Arbeitsvolumina durch Mehrarbeit anderer Arbeitnehmer (falls überhaupt arbeitsrechtlich durchsetzbar) oder Leiharbeitnehmer oder gar durch den Ausspruch von Änderungskündigungen oder die Beschäftigung von Subunternehmern abzudecken.[91] Der Arbeitgeber muss allerdings das Fehlen von Ersatzkräften nachweisen. Ein betrieblicher Grund wäre abzulehnen, wenn der Arbeitgeber bei der Suche nach einer Ersatzkraft in Stellenausschreibungen zu hohe Anforderungen stellt.[92]

69 Ein weiterer nahe liegender betrieblicher Ablehnungsgrund ist die **Überforderung des Arbeitgebers durch zu viele Teilzeitverlangen.** Das Altersteilzeitgesetz (§ 3 Abs. 1 Nr. 3 ATG) schreibt eine Quote von 5 % der Arbeitnehmer des Betriebes als zumutbare Obergrenze fest. Für das allgemeine Teilzeitrecht könnte deshalb mit guten Gründen ebenfalls ein Limit gefordert werden, zumal deutlich mehr Arbeitnehmer Teilzeit nach § 8 TzBfG beanspruchen können als Arbeitnehmer Altersteilzeit in Anspruch nehmen. Mangels gesetzlicher Regelung kann die Überforderung im Rahmen des § 8 Abs. 4 TzBfG aber nicht an einer bestimmten Quote festgemacht werden. Der Arbeitgeber muss die Überforderung im Einzelfall darlegen und beweisen (wenn kein Tarifvertrag eine Überforderungsquote festlegt).[93]

70 Nach § 8 Abs. 4 S. 3 TzBfG können Ablehnungsgründe zudem durch **Tarifverträge** festgelegt werden. Da das Verschlechterungsverbot des § 22 Abs. 1 TzBfG aber auch tarifvertragliche Vereinbarungen umfasst, können die Tarifvertragsparteien die tariflichen Gründe allenfalls konkretisieren, etwa durch die Regelung einer Maximalquote von Teilzeitarbeitsplätzen.[94] Tarifvertragliche Regelungen, die zu Ungunsten der Arbeitnehmer vom Gesetz

---

[87] LAG Niedersachsen 18.11.2002 – 17 Sa 487/02, BB 2003, 905.
[88] BAG 21.6.2005 – 9 AZR 409/04, NZA 2006, 316.
[89] BAG 20.1.2015 – 9 AZR 735/13, NZA 2015, 816.
[90] BT-Drs. 14/4625, 17.
[91] Annuß/Thüsing/*Mengel* TzBfG § 8 Rn. 159 mwN.
[92] LAG Hamm 27.9.2002 – 10 Sa 232/02, ArbRB 2003, 39.
[93] BAG 30.9.2003 – 9 AZR 665/02, NZA 2004, 382; *Lüders* S. 212 ff.
[94] Vgl. BAG 21.11.2006 – 9 AZR 138/06, NZA 2007, 712; 13.11.2007 – 9 AZR 36/07, NZA 2008, 314.

abweichen, indem sie zB zusätzliche Voraussetzungen für die Geltendmachung von Verringerungsansprüchen aufstellen, sind hingegen unwirksam.[95]

Einzelvertragliche Festlegungen betrieblicher Ablehnungsgründe dürften idR wegen § 22 Abs. 1 TzBfG unwirksam sein.

V. Auswirkungen der Arbeitszeitreduzierung auf die Vergütung

Die entsprechende Reduzierung der Vergütung des Arbeitnehmers stellt für diesen die Kehrseite der (erfolgreichen) Geltendmachung des Teilzeitanspruchs dar. Der Grundsatz, wonach sich bei Verkürzung der Arbeitszeit auch der Anspruch auf das Entgelt proportional reduziert, erscheint zunächst unproblematisch. Gleichwohl wirft die Berechnung der Gegenleistung in zahlreichen Fallkonstellationen Fragestellungen auf.[96]

Der Teilzeitanspruch kann aber auch von Arbeitnehmern angemeldet werden, für die **keine Arbeitszeit festgelegt** ist (Beispiel: leitende Angestellte). In diesen Konstellationen ist nicht ohne weiteres klar, in welchem Umfang sich das Entgelt reduziert. Diskutiert wird die Ermittlung der individuellen Arbeitszeit (notfalls durch Beweiserhebung), aber auch die fiktive Annahme der Höchstgrenze des § 3 Abs. 1 ArbZG (48 Wochenstunden).[97]

Wenn durch die Zahlung der vereinbarten Vergütung vertragsgemäß **Überstunden mit abgegolten** sind, stellt sich die Frage, ob bei einer Arbeitszeitreduzierung diese Regelung weiter Gültigkeit hat. Wenn in solchen Teilzeitarbeitsverhältnissen, die nicht aus einem Vollzeitarbeitsverhältnis entstanden sind, keine Verpflichtung zur Ableistung von Überstunden besteht, könnte dies dafürsprechen, dass nach Durchsetzung des Teilzeitanspruchs eine Verpflichtung zur Ableistung von Überstunden ebenso entfällt.[98]

Nebenleistungen des Arbeitgebers, die sich der Höhe nach an dem erzielten Einkommen orientieren, also Entgeltcharakter haben, können bei der Reduzierung der Arbeitszeit anteilig gekürzt werden.[99] Dies bestimmt § 4 Abs. 1 S. 2 TzBfG auch ausdrücklich. Es gibt aber auch unteilbare zusätzliche Leistungen, beispielsweise die verbreitete Zurverfügungstellung eines **Dienstwagens auch zur privaten Nutzung**. Der Arbeitgeber kann bei Durchsetzung des Teilzeitverlangens den Dienstwagen nicht aus diesem Grund zurückfordern, ohne hierfür einen Ausgleich zu leisten. In der Literatur wird befürwortet, dass der Arbeitnehmer den Dienstwagen zwar herausgeben muss, aber einen seiner verbleibenden Arbeitszeit entsprechenden Zuschuss zum Unterhalt eines vergleichbaren Privatwagens erwirbt.[100] Der Vorschlag erscheint ausgewogen, aber hinsichtlich des Anspruchsinhalts nur schwer bestimmbar. Im Einigungsgespräch zwischen den Vertragsparteien nach Geltendmachung des Teilzeitanspruchs sollte die zukünftige Dienstwagenregelung daher angesprochen und möglichst ausdrücklich geregelt werden. Gelingt dies nicht, wird zumindest einer (bisherigen) Vollzeitkraft, die ihre Arbeitszeit um weniger als die Hälfte der bisherigen Arbeitszeit verringert, der Dienstwagen weiter zur Verfügung stehen müssen.

Bei Leistungen, die pauschal jedem Arbeitnehmer gewährt werden, ohne dass es auf den Wert der Arbeitsleistung ankommt, wird man davon ausgehen können, dass eine **ratierliche Kürzung** möglich ist. Beispiele sind etwa ein pauschales Urlaubsgeld oder eine Jubiläumszulage.[101] Die **unteilbaren Sachleistungen** ohne Entgeltcharakter knüpfen hingegen nur an das Arbeitsverhältnis als solches an (Beispiel: kostenfreier Parkplatz, Kindertagesstätte). Sie sind grundsätzlich auch Teilzeitbeschäftigen zur Verfügung zu stellen.[102] Eine **Tantieme** reduziert

---

[95] BAG 21.11.2006 – 9 AZR 138/06, NZA 2007, 712; *Kliemt* NZA 2001, 63 (66); *Lindemann/Simon* BB 2001, 146 (149); *Rolfs* RdA 2001, 129 (136); *Annuß/Thüsing/Mengel* TzBfG § 8 Rn. 166; *Meinel/Heyn/Herms* TzBfG § 8 Rn. 81.
[96] Ausf. etwa *Kelber/Zeißig* NZA 2001, 577; zum Urlaubsanspruch bei Übergang in Teilzeit *Fieberg* NZA 2010, 925.
[97] Vgl. *Rolfs* TzBfG § 8 Rn. 46.
[98] Offen lassend *Rolfs* TzBfG § 8 Rn. 47.
[99] BAG 26.9.2001 – 10 AZR 714/00, DB 2002, 47; *Grobys* DB 2001, 758 (759).
[100] So der Vorschlag von *Kelber/Zeißig* NZA 2001, 577 (580).
[101] Vgl. hierzu LAG Düsseldorf 14.2.1995 – 8 Sa 1958/94, NZA-RR 1996, 3.
[102] Vgl. etwa MHdB ArbR/*Schüren* § 46 Rn. 189 ff.

sich im gleichen Verhältnis wie die Arbeitszeit. Der Tantiemeanspruch – gleich, ob Gewinn-, Umsatz- oder sonstige Tantieme – wird nach den bisherigen Grundsätzen ermittelt. Der ermittelte Betrag wird im Verhältnis der „neuen" zur bisherigen Arbeitszeit ausgezahlt.

VI. Mitbestimmung des Betriebsrats

77 Der Betriebsrat hat nicht mitzubestimmen, wenn die mit dem Arbeitnehmer vereinbarte Arbeitszeit auf seinen Wunsch hin **verringert** wird. Hierbei ist gleichgültig, ob sich die Arbeitsvertragsparteien darüber verständigen (§ 8 Abs. 3 TzBfG), die Zustimmung des Arbeitgebers fingiert wird (§ 8 Abs. 5 S. 2 TzBfG) oder der Arbeitgeber nach § 894 ZPO zur Abgabe einer entsprechenden Annahmeerklärung verurteilt worden ist.[103]

78 Ein Mitbestimmungsrecht besteht nach wohl herrschender Auffassung auch nicht hinsichtlich der **Lage der Arbeitszeit**: Da der Arbeitnehmer auf Grundlage des § 8 TzBfG einen Rechtsanspruch gegen den Arbeitgeber darauf hat, dass dieser die Verteilung der Arbeitszeit nach dem individuellen Arbeitnehmerwunsch vornimmt, ist ein Mitbestimmungsrecht aus § 87 Abs. 1 Nr. 2 BetrVG nicht gegeben.[104] Auch dies gilt unabhängig davon, ob sich der Arbeitgeber dem Wunsch des Arbeitnehmers anschließt (§ 8 Abs. 3 TzBfG), die Fiktionswirkung des § 8 Abs. 5 S. 3 TzBfG eintritt oder eine entsprechende Verurteilung des Arbeitgebers erfolgt. Griffig formuliert *Boewer*, dass es für den Betriebsrat nichts mitzubestimmen gibt, weil es bereits an einem Bestimmungsrecht des Arbeitgebers fehlt.[105] Ohnehin scheidet ein Mitbestimmungsrecht aus, wenn es an einem kollektiven Bezug fehlt.[106]

79 Es besteht auch kein Raum für eine personelle Mitbestimmung. Der Übergang von Vollzeit zu Teilzeitarbeit ist keine Versetzung, weil der Arbeitsbereich im Sinne des § 95 Abs. 3 BetrVG nicht über die Dauer der Arbeitszeit bestimmt wird.[107] Nur wenn zugleich die Arbeitsaufgabe geändert wird, greift das Mitbestimmungsrecht. Der Anspruch aus § 8 TzBfG ist aber nicht auf Änderung der Arbeitsaufgabe gerichtet.[108] Auch eine Einstellung (§ 99 BetrVG) liegt nicht vor.

80 **Checkliste für Arbeitgeber zur Handhabung des Teilzeitwunsches eines Arbeitnehmers nach § 8 TzBfG**

- ☐ Der formgerechte Eingang des Antrags des Arbeitnehmers ist festzuhalten. Anschließend ist die Frist des § 8 Abs. 5 S. 2, 3 TzBfG zu errechnen und zu notieren. Nur so kann sichergestellt werden, dass die ansonsten greifende Zustimmungsfiktion vermieden wird. Die Ablehnung durch den Arbeitgeber in Textform muss spätestens einen Monat vor dem gewünschten Beginn der verringerten Arbeitszeit dem Arbeitnehmer zugehen.
- ☐ Der Antrag ist mit dem Arbeitnehmer mit dem Ziel einer einvernehmlichen Regelung zu erörtern. Bei dem Gespräch können ggf. Zeugen zugegen sein, jedenfalls sollte ein Protokoll erstellt werden.
- ☐ Der Arbeitgeber sollte den Arbeitnehmer nach den Motiven und Hintergründen für seinen Antrag fragen. Dies empfiehlt sich auch im Hinblick auf § 8 Abs. 5 S. 4 TzBfG, wonach der Arbeitgeber nachträglich die Verteilung der Arbeitszeit wieder ändern kann, wenn die betrieblichen Interessen insoweit überwiegen.
- ☐ Der Betriebsrat ist über die Pläne des Arbeitgebers im Hinblick auf den Teilzeitwunsch des Arbeitnehmers zu informieren (vgl. § 7 Abs. 3 S. 2 TzBfG).

---

[103] Vgl. BAG 25.1.2005 – 1 ABR 59/03, NZA 2005, 945; *Boewer* TzBfG § 8 Rn. 336.
[104] So auch *Rolfs* RdA 2001, 129 (137); ErfK/*Preis* TzBfG § 8 Rn. 39; *Preis/Gotthardt* DB 2001, 145 (149 f.); *Boewer* TzBfG § 8 Rn. 349; *Meinel/Heyn/Herms* TzBfG § 8 Rn. 12.
[105] *Boewer* TzBfG § 8 Rn. 349; aA *Grobys/Bram* NZA 2001, 1175 (1179); auch *Rieble/Gutzeit* NZA 2002, 7.
[106] BAG 18.8.2009 – 9 AZR 517/08, NZA 2009, 1207.
[107] BAG 25.1.2005 – 1 ABR 59/03, NZA 2005, 945 (948); *Meinel/Heyn/Herms* TzBfG § 8 Rn. 13.
[108] Ein Mitbestimmungsrecht daher ebenso verneinend *Rolfs* RdA 2001, 129 (138); *Hanau* NZA 2001, 1168 (1172).

□ Der Arbeitnehmer sollte möglichst frühzeitig über die Auswirkungen des Teilzeitbegehrens auf seine Vergütung, also die Gegenleistung, unterrichtet werden. Dies macht die Durchsetzung des Teilzeitbegehrens für den Arbeitnehmer ggf. deutlich unattraktiver. Ein Hinweis sollte auch zur (verringerten) Höhe des Arbeitslosengeldes für den Fall einer späteren Arbeitslosigkeit erfolgen.

□ Falls eine Ersatzkraft für den Ausfall der Arbeitsleistung benötigt wird, empfiehlt es sich, die Arbeitsagentur anzuschreiben, um gegebenenfalls den Nachweis führen zu können, dass auf dem Arbeitsmarkt keine geeignete Ersatzkraft vorhanden ist.

□ Existieren Betriebsvereinbarungen zur Arbeitszeit, ist zu prüfen, ob sich hieraus ein Ablehnungsgrund ergibt oder Änderungsbedarf besteht.[109]

VII. Teilzeitarbeit nach anderen Gesetzen

Auch außerhalb des TzBfG finden sich gesetzliche und tarifliche Regelungen zur Arbeitszeitreduzierung. Nach § 23 TzBfG bleiben besondere Regelungen über Teilzeitarbeit nach anderen gesetzlichen Vorschriften ausdrücklich unberührt. Sucht man nach gesetzlichen Teilzeitansprüchen, sind hier vor allem der Rechtsanspruch auf Teilzeitarbeit während der Inanspruchnahme von Elternzeit (§ 15 Abs. 4 bis 7 BEEG) und der Rechtsanspruch schwerbehinderter Menschen auf Teilzeitbeschäftigung nach § 164 Abs. 5 SGB IX zu nennen. Zudem haben Beschäftigte einen auf maximal sechs Monate befristeten Anspruch auf Teilzeit wegen der Pflege naher Angehöriger (§ 3 Abs. 1 PflegeZG).[110] Das am 1.1.2012 in Kraft getretene Familienpflegezeitgesetz (FPfZG) sieht seit seiner Novellierung zum 1.1.2015 in § 2 FPfZG ebenfalls einen individuellen Anspruch auf Teilzeitarbeit vor.[111]

Im Bereich des **öffentlichen Dienstes** gibt es weitere tarifliche Teilzeitansprüche (§ 11 TVöD/TV-L), die im Rahmen dieses Handbuchs jedoch nicht vertieft werden können.[112]

1. Teilzeitarbeit während Elternzeit

Während der Elternzeit erfolgt grundsätzlich eine Befreiung von der Arbeitsverpflichtung. Die Arbeitnehmer sollen gleichwohl die Möglichkeit erhalten, einer Erwerbstätigkeit nachzugehen. Ein Rechtsanspruch auf Teilzeitarbeit während der Inanspruchnahme von Elternzeit ist zeitgleich mit dem Inkrafttreten des TzBfG zum 1.1.2001 in das seinerzeitige BErzGG aufgenommen worden. Die früheren Regelungen in den §§ 15 ff. BErzGG zur Elternzeit und Elternteilzeit wurden zum 1.1.2007 vom BEEG weitestgehend inhaltsgleich übernommen, so dass größtenteils auch auf die hierzu ergangene Rechtsprechung zurückgegriffen werden kann. Nunmehr erfolgte zum 1.1.2015 eine Novellierung dieser Teilzeitregelung, die für ab dem 1.7.2015 geborene Kinder gilt.

Grundvoraussetzung ist zunächst, dass der Arbeitnehmer mit einem Kind, das zu ihm in einem Näheverhältnis iSd BEEG steht, zusammenlebt und dieses Kind selbst betreut und erzieht. Dann besteht bei Vorliegen der weiteren Voraussetzungen ein **Rechtsanspruch auf Teilzeitbeschäftigung beim eigenen Arbeitgeber,** soweit keine dringenden betrieblichen Gründe entgegenstehen.[113] Teilzeitarbeit bei einem anderen Arbeitgeber oder als Selbstständiger bedarf (weiterhin) der Zustimmung des Arbeitgebers und kann nur innerhalb von vier Wochen ab Eingang des Teilzeitantrags aus dringenden betrieblichen Gründen schriftlich abgelehnt werden (§ 15 Abs. 4 S. 3, 4 BEEG).[114]

---

[109] Checkliste in Anlehnung an *Hansen/Kelber/Zeißig* Neues ArbR Rn. 241.
[110] Siehe ausf. *Hexel/Lüders* NZS 2009, 264 ff.
[111] Vgl. *Thüsing/Pötters* BB 2015, 181 ff.
[112] Zum tariflichen Teilzeitanspruch im öffentlichen Dienst zuletzt *Reinartz* öAT 2012, 6; BAG 16.12.2014 – 9 AZR 915/13, NZA 2015, 825.
[113] Übersichten bei *Peters-Lange/Rolfs* NZA 2000, 682 (685); *Leßmann* DB 2001, 94; *Rudolf/Rudolf* NZA 2002, 602; *Bruns* BB 2008, 330 (332 ff.).
[114] Ausf. hierzu *Joussen* NZA 2003, 644; BAG 26.6.1997 – 8 AZR 506/95, NZA 1997, 1156 (zu § 15 Abs. 4 BErzGG 1992).

85 Das BAG hat zutreffend klargestellt, dass der Arbeitnehmer die Teilzeitbeschäftigung auch dann noch verlangen kann, wenn er sich bereits in Elternzeit befindet.[115]

86 **a) Anspruch auf verringerte Arbeitszeit.** Sofern sich die Arbeitsvertragsparteien nicht einvernehmlich auf eine Teilzeittätigkeit verständigen, kann der Arbeitnehmer während der Gesamtdauer der Elternzeit zweimal eine Verringerung seiner Arbeitszeit beanspruchen,[116] wenn kumulativ folgende **Voraussetzungen** gegeben sind (§ 15 Abs. 6, 7 BEEG):
- der Arbeitgeber beschäftigt in der Regel mehr als 15 Arbeitnehmer (ohne Auszubildende),
- das Arbeitsverhältnis in demselben Betrieb oder Unternehmen besteht ohne Unterbrechung länger als sechs Monate,
- die vertraglich vereinbarte regelmäßige Arbeitszeit soll für mindestens drei Monate auf einen Umfang zwischen 15 und 30 Wochenstunden verringert werden, wobei dieses Wochenstundenfenster seit der Gesetzesänderung zum 1.1.2015 nur im Monatsdurchschnitt erreicht werden muss,
- dem Anspruch stehen keine dringenden betrieblichen Gründe entgegen und
- der Anspruch wurde dem Arbeitgeber bei Geburten ab dem 1.7.2015 für den Zeitraum bis zum vollendeten dritten Lebensjahr des Kindes sieben Wochen und für den Zeitraum zwischen dem dritten Geburtstag und dem vollendeten achten Lebensjahr des Kindes 13 Wochen vor Beginn der Tätigkeit schriftlich mitgeteilt. Für Geburten bis zum 30.6.2015 gilt noch eine einheitliche Frist von sieben Wochen.

87 Der Teilzeitantrag kann frühestens mit der Erklärung, Elternzeit in Anspruch zu nehmen, gestellt werden.[117] Einen zuvor gestellten Antrag braucht der Arbeitgeber nicht zu bescheiden. Hält der Arbeitnehmer indes die Vorlauffrist nicht ein, verschieben sich der Beginn und die arbeitgeberseitigen Reaktionsfristen entsprechend, der Antrag ist nicht unwirksam. Auf den Schutz der Siebenwochenfrist oder 13-Wochen-Frist kann der Arbeitgeber auch verzichten.[118]

88 Die Begrenzung der Erwerbstätigkeit auf 30 Stunden pro Woche im Monatsdurchschnitt gilt unabhängig davon, ob die Erwerbstätigkeit beim „eigenen" oder einem anderen Arbeitgeber[119] oder als Selbstständiger erbracht wird. Wird **Teilzeitarbeit mit mehr als 30 Wochenstunden** vereinbart, führt dies dazu, dass sich der Arbeitnehmer nicht mehr in Elternzeit befindet. Eine solche Vereinbarung soll konkludent zur einvernehmlichen Beendigung der Elternzeit führen.[120]

89 Bei der Berechnung der Arbeitnehmerzahl für die Kleinbetriebsklausel sind Teilzeitbeschäftigte wie bei § 8 TzBfG voll zu berücksichtigen. Eine Besonderheit gilt für **Auszubildende.** Diese können ebenso Elternzeit beanspruchen. Während der Elternzeit haben sie somit auch einen Rechtsanspruch auf Teilzeitarbeit nach Maßgabe des § 15 BEEG. Dies führt aber nicht dazu, dass während dieser Teilzeit auch eine „Teilzeitausbildung" stattzufinden hat. Nach richtiger Auffassung bezieht sich ein vom Auszubildenden geltend gemachter Anspruch auf Teilzeitarbeit während der Elternzeit lediglich auf eine Beschäftigung während dieser Elternzeit. Die Berufsausbildung verlängert sich also auch in einem solchen Fall um die Dauer der Elternzeit.[121]

90 Der Arbeitnehmer muss mit seinem Antrag den Wunsch auf Verringerung der Arbeitszeit zum Ausdruck bringen und hierbei die Restriktionen des § 15 Abs. 7 S. 1 Nr. 3 BEEG beachten (Dauer der Teilzeitarbeit mindestens drei Monate, Umfang zwischen 15 und 30 Wochenstunden). **Angaben zur konkreten Verteilung** der Arbeitszeit auf die einzelnen Wochentage sind nicht erforderlich, aber empfehlenswert. Nach geltendem Recht besteht jedoch kein Anspruch auf eine bestimmte Verteilung der verringerten Arbeitszeit während der Elternzeit.[122]

---

[115] BAG 19.4.2005 – 9 AZR 233/04, NZA 2005, 1354; 9.5.2009 – 9 AZR 278/05, NZA 2006, 1413.
[116] BAG 19.2.2013 – 9 AZR 461/11, NZA 2013, 907.
[117] BAG 5.6.2007 – 9 AZR 82/07, NZA 2007, 1352.
[118] BAG 15.12.2009 – 9 AZR 72/09, NZA 2010, 447.
[119] Hierzu ausf. *Joussen* NZA 2003, 644.
[120] Annuß/Thüsing/*Lambrich* TzBfG § 23 Rn. 12; vgl. auch *Sowka* NZA 1994, 102 (104).
[121] Annuß/Thüsing/*Lambrich* TzBfG § 23 Rn. 14.
[122] Annuß/Thüsing/*Lambrich* TzBfG § 23 Rn. 22.

Wenn der Arbeitnehmer bereits vor Inanspruchnahme der Elternzeit auf Teilzeitbasis ar- 91
beitet, kann das Arbeitsverhältnis während der Elternzeit unverändert fortgesetzt werden,
wenn die wöchentliche Arbeitszeit unterhalb der zeitlichen Höchstgrenze von 30 Stunden
liegt (vgl. § 15 Abs. 5 S. 4 BEEG). Ein neues, separates Teilzeitverhältnis entsteht in diesem
Fall nicht, das ursprüngliche Arbeitsverhältnis bleibt unberührt.

b) Reaktion des Arbeitgebers. Der Arbeitgeber kann die ordnungsgemäß nach § 15 Abs. 7 92
S. 2, 3 BEEG beanspruchte Verringerung der Arbeitszeit aus **dringenden betrieblichen
Gründen** ablehnen, muss dies aber in einer Elternzeit zwischen der Geburt und dem vollendeten dritten Lebensjahr des Kindes innerhalb von vier Wochen ab Antragstellung und in
einer Elternzeit zwischen dem dritten Geburtstag und dem vollendeten achten Lebensjahr
des Kindes innerhalb von acht Wochen mit **schriftlicher Begründung** tun (§ 15 Abs. 7 S. 4, 5
BEEG). Der Arbeitgeber muss also die dringenden betrieblichen Gründe darlegen, die dem
Teilzeitwunsch nach seiner Auffassung entgegenstehen. Mit etwaigen nicht formgerecht
vorgebrachten Ablehnungsgründen ist der Arbeitgeber **präkludiert**. Das ergibt sich aus dem
Schriftformerfordernis für das Ablehnungsschreiben. Dieses soll dem Arbeitnehmer die Ablehnungsgründe des Arbeitgebers transparent machen, so dass er die Erfolgsaussichten einer
Klage auf dieser Grundlage einschätzen kann. Ausreichend ist hierfür, wenn der Arbeitnehmer den tragenden Grund für die Ablehnung erkennen kann. Sämtliche Einzelheiten seiner
Erwägungen muss der Arbeitgeber nicht schriftlich mitteilen.[123]

Nach der bisherigen Konzeption des § 15 Abs. 7 BEEG war die Zustimmung des Arbeit- 93
gebers Voraussetzung der Änderung der Arbeitszeit. Für den Fall einer nicht ordnungsgemäßen Ablehnung des Antrags enthielt das Gesetz allerdings keine § 8 Abs. 5 S. 3 TzBfG
entsprechende Zustimmungsfiktion. Der Arbeitnehmer war daher gehalten, seinen Teilzeitanspruch auf dem Klageweg durchzusetzen (§ 15 Abs. 7 S. 5 BEEG).[124] Dies gilt auch weiterhin für Eltern- bzw. Elternteilzeitwünsche, die auf der Geburt eines Kindes bis zum
30.6.2015 beruhen. Bei Geburten ab dem 1.7.2015 greift nunmehr auch nach dieser Vorschrift eine **Zustimmungsfiktion**, wenn ein Arbeitgeber die Verringerung der Arbeitszeit
entweder in einer Elternzeit zwischen der Geburt und dem vollendeten dritten Lebensjahr
des Kindes nicht spätestens vier Wochen nach Zugang des Antrags oder in einer Elternzeit
zwischen dem dritten Geburtstag und dem vollendeten achten Lebensjahr des Kindes nicht
spätestens acht Wochen nach Zugang des Antrags schriftlich abgelehnt hat (vgl. § 15 Abs. 7
S. 5, 6 BEEG). Im Falle einer rechtzeitigen Ablehnung kann der Arbeitnehmer auf Zustimmungsersetzung klagen (vgl. § 15 Abs. 7 S. 7 BEEG).

c) Dringende betriebliche Gründe versus Elternteilzeitwunsch. Dem Teilzeitgesuch nach 94
§ 15 BEEG können nur dringende betriebliche Gründe entgegengehalten werden. Den
Rechtsanspruch auf Teilzeitarbeit während der Elternzeit hat der Gesetzgeber also vermeintlich in einem weiteren Umfang zugelassen als den allgemeinen Teilzeitanspruch nach § 8
TzBfG.[125]

Zwar findet sich in der Gesetzesbegründung ein Hinweis darauf, dass der Begriff der ent- 95
gegenstehenden dringenden betrieblichen Gründe demjenigen in § 7 Abs. 2 S. 1 BUrlG entspricht. Dringende betriebliche Belange, die die Teilung des Erholungsurlaubs erfordern,
sind aber kaum vergleichbar mit solchen dringenden betrieblichen Belangen, die einer Teilzeitbeschäftigung während der Elternzeit entgegenstehen.

Tatsächlich leitet das BAG aus der Verwendung des Begriffs „dringend" ab, dass an das 96
objektive Gewicht der Ablehnungsgründe nach § 15 Abs. 7 S. 1 Nr. 4 BEEG erhebliche Anforderungen zu stellen sind. Mit dem Begriff „dringend" werde ausgedrückt, dass eine Angelegenheit notwendig, erforderlich oder sehr wichtig sei. Die entgegenstehenden betrieblichen Interessen müssen hiernach zwingende Hindernisse für die beantragte Verkürzung der

---

[123] Vgl. auch HK-MuSchG/*Rancke* BEEG § 15 Rn. 71.
[124] LAG Düsseldorf 2.7.2003 – 12 Sa 407/03, NZA-RR 2004, 234; *Gaul/Wisskirchen* BB 2000, 2466
(2468); *Leßmann* DB 2001, 94 (95); *Rolfs* RdA 2001, 129 (138); *Annuß/Thüsing/Lambrich* TzBfG § 23
Rn. 32 mwN.
[125] BAG 5.6.2007 – 9 AZR 82/07, NZA 2007, 1352; 15.12.2009 – 9 AZR 72/09, NZA 2010, 447.

Arbeitszeit sein.[126] Bei der Ablehnung der vom Arbeitnehmer gewünschten Elternteilzeit differenziert das BAG zwischen **zwei Fallgestaltungen** und fragt zunächst, worauf der Arbeitgeber seine Ablehnung vorrangig stützt.

97 In der **ersten Fallgestaltung** macht der Arbeitgeber geltend, der **Arbeitsplatz** sei **unteilbar**, oder die gewünschte Arbeitszeit sei mit den betrieblichen Arbeitszeitmodellen unvereinbar. In diesem Fall geht es also darum, dass der Verringerungswunsch mit den betrieblichen Abläufen in Einklang gebracht werden müsste. Die dringenden betrieblichen Gegengründe sind hier anhand des **Dreistufenschemas**[127] zu überprüfen, das der 9. Senat des BAG für die betrieblichen Ablehnungsgründe iSv § 8 TzBfG entwickelt hat. Dies soll sich aus der vergleichbaren Interessenlage ergeben.[128]

98 Das BAG konkretisiert weiter, dass sich der Vortrag des Arbeitgebers für das auf der ersten Prüfungsstufe erforderliche Organisationskonzept nicht etwa darin erschöpfen darf, dass er die Aufgaben nach seiner unternehmerischen Zielsetzung von einer Vollzeitkraft erledigen lassen wolle. Dieser Sachvortrag ist auch bei Leitungsfunktionen nicht ausreichend.[129] Dem ist zuzustimmen. Der gesetzliche Teilzeitanspruch würde ansonsten leerlaufen. An das objektive Gewicht der auf der dritten Prüfungsstufe zu untersuchenden Ablehnungsgründe sind gleichsam erhebliche Anforderungen zu stellen. Die dringenden betrieblichen Gründe müssen zwar keine unüberwindbaren, aber doch besonders gewichtige Hindernisse für die beantragte Verkürzung und Umverteilung der Arbeitszeit sein.[130]

99 In der **zweiten Fallkonstellation** beruft sich der Arbeitgeber darauf, dass er für den Arbeitnehmer **keine Beschäftigungsmöglichkeit** habe. Grundsätzlich ruhen während der Elternzeit die Arbeitspflicht des Arbeitnehmers und damit korrespondierend die Beschäftigungspflicht des Arbeitgebers, weshalb der Wunsch nach Elternteilzeit einen (zusätzlichen) Beschäftigungsbedarf voraussetzt. Dem Arbeitgeber wird gesetzlich nicht zugemutet, den Arbeitnehmer trotz fehlenden Beschäftigungsbedarfs während der Elternzeit als Teilzeitkraft zu beschäftigen.[131] Die bloße Behauptung, es bestehe kein Beschäftigungsbedarf, reicht prozessual allerdings nicht. Vielmehr erfolgt die Prüfung der betrieblichen Ablehnungsgründe in der Weise, dass die vorübergehende Beschäftigung des Arbeitnehmers in Elternzeit mit der – gegenüber der regelmäßigen vertraglichen Arbeitszeit – verringerten Arbeitszeit dem vollständigen Ruhen der Arbeitspflicht bis zum Ende der Elternzeit gegenüberzustellen ist.

100 Der durch die Elternteilzeit wieder auflebenden Beschäftigungspflicht müssen im Ergebnis dringende betriebliche Gründe entgegenstehen.[132] Nach Ansicht des BAG unterscheiden sich die vom Arbeitgeber geforderten Darlegungen insoweit nicht von dem nach § 1 Abs. 2 KSchG gebotenen Vortrag zur Begründung einer betriebsbedingten Kündigung. Die Ausgangssituationen seien vergleichbar. In beiden Varianten gehe es um den unbestimmten Begriff „dringende betriebliche" Gründe bzw. Erfordernisse. Im Kündigungsrecht müssen sie einer dauerhaften Weiterbeschäftigung des Arbeitnehmers entgegenstehen. Im Recht der Elternteilzeit müssen sie – so das BAG – einer befristeten Beschäftigung mit der gewünschten verringerten Arbeitszeit entgegenstehen. Für berücksichtigungsfähig hält das BAG hiernach beispielsweise die Schließung einer Abteilung oder des Betriebs insgesamt, die Auflösung einer Arbeitsgruppe oder die Verlagerung der Arbeiten auf Dritte sowie „ähnliche Umstände". Es müsse wie im Kündigungsrecht näher konkretisiert werden, aufgrund welcher Umstände kein betrieblicher Beschäftigungsbedarf bestehe. Hierbei sei auf die Tätigkeit abzustellen, die der Arbeitnehmer vor Beginn der Elternzeit auf seinem Arbeitsplatz ausgeübt habe. In die erforderliche Darlegung des Arbeitgebers seien alle Aufgaben einzubeziehen, die der Arbeitgeber dem Arbeitnehmer aufgrund seines Weisungsrechts übertragen könne. Dies erfordere, dass der Arbeitgeber seinen insoweit bestehenden Gesamtbedarf an Arbeitszeitkapazität vor-

---

[126] BAG 5.6.2007 – 9 AZR 82/07, NZA 2007, 1352; 15.4.2008 – 9 AZR 380/07, NZA 2008, 998; 15.12.2009 – 9 AZR 72/09, NZA 2010, 447.
[127] → Rn. 44.
[128] BAG 5.6.2007 – 9 AZR 82/07, NZA 2007, 1352; 15.12.2009 – 9 AZR 72/09, NZA 2010, 447.
[129] BAG 8.5.2007 – 9 AZR 1112/06, NZA-RR 2008, 616.
[130] BAG 15.12.2009 – 9 AZR 72/09, NZA 2010, 447.
[131] BAG 15.4.2008 – 9 AZR 380/07, NZA 2008, 998.
[132] BAG 15.4.2008 – 9 AZR 380/07, NZA 2008, 998; 15.12.2009 – 9 AZR 72/09, NZA 2010, 447.

trägt und dem die tatsächliche Besetzungssituation gegenübergestellt. Wegen der dynamischen Entwicklung im Personalbereich durch Fluktuation oder Inanspruchnahme von Elternzeit könne hierauf insbesondere bei größeren Betrieben nicht verzichtet werden.[133]

d) Unterschiede zu § 8 TzBfG. Zwischen den beiden Teilzeitansprüchen nach § 8 TzBfG und § 15 BEEG bestehen weiterhin erhebliche **Unterschiede,** auch wenn der Gesetzgeber zuletzt mit der Zustimmungsfiktion eine Annäherung vollzogen hat: 101

Die Arbeitszeitreduzierung nach dem BEEG muss mindestens sieben Wochen vor ihrem Beginn **schriftlich geltend gemacht werden** (§ 15 Abs. 7 S. 1 Nr. 5 BEEG). Nach dem TzBfG kann die Geltendmachung dagegen in Textform erfolgen, muss aber mindestens drei Monate vor ihrem Beginn geltend gemacht werden (§ 8 Abs. 2 S. 1 TzBfG). 102

Der Arbeitnehmer in Elternteilzeit muss zwingend eine **Arbeitszeit von mindestens 15 und höchstens 30 Wochenstunden** wählen (§ 15 Abs. 7 S. 1 Nr. 3 BEEG). Beim Anspruch aus § 8 TzBfG gibt es keine Beschränkung hinsichtlich des Umfangs der begehrten Arbeitszeitverringerung. 103

Während der gesamten Elternzeit kann der Arbeitnehmer nach § 15 Abs. 6 BEEG **zweimal eine Reduzierung seiner Arbeitszeit** beanspruchen.[134] Nach § 8 Abs. 6 TzBfG muss er vor einer erneuten Verringerung der Arbeitszeit zwingend eine Wartezeit von zwei Jahren in Kauf nehmen. 104

Die Arbeitszeitreduzierung nach § 8 TzBfG ist auf Dauer angelegt; eine zeitliche Befristung ist ausgeschlossen.[135] Hingegen bleibt gem. § 15 Abs. 5 S. 4 BEEG das Recht des Arbeitnehmers unberührt, nach Beendigung der Elternzeit zur ursprünglich vereinbarten Arbeitszeit zurückzukehren. Es besteht also ein **Rückkehrrecht zur Vollzeitarbeit,** wie es jetzt auch § 9a TzBfG vorsieht. 105

Schließlich: Wenn der Arbeitgeber die Arbeitszeitreduzierung ablehnen will, genügen gemäß § 8 Abs. 4 TzBfG entgegenstehende betriebliche Gründe. Die betrieblichen Gründe nach § 15 Abs. 7 S. 1 Nr. 4 BEEG müssen hingegen dringend sein. Diese **dringenden betrieblichen Gründe** muss der Arbeitgeber überdies im Ablehnungsschreiben gem. § 15 Abs. 7 S. 4 BEEG benennen, im Rahmen des § 8 Abs. 5 TzBfG reicht hingegen zunächst eine grundlose Ablehnung.[136] 106

e) Verhältnis zum Teilzeitanspruch nach § 8 TzBfG. Das Verhältnis der beiden Teilzeitansprüche nach § 15 BEEG und § 8 TzBfG ist nicht unumstritten. Zustimmenswert erscheint die Auffassung, wonach der Teilzeitanspruch gemäß § 15 Abs. 6 und 7 BEEG **lex specialis** zu § 8 TzBfG ist.[137] Dadurch, dass das BEEG mit seinen zeitlichen Vorgaben und dem strengeren Maßstab für die Ablehnungsgründe spezielle Voraussetzungen aufstellt, ist ein Rückgriff auf die allgemeinere Vorschrift nicht mehr möglich. Dementsprechend findet ein Arbeitnehmer während der Elternzeit keine Stütze in § 8 TzBfG, wenn er mehr als 30 oder weniger als 15 Wochenstunden arbeiten möchte. 107

Der Rückgriff auf § 8 TzBfG ist mithin erst (für die Zeit) nach Ablauf der Elternzeit möglich. Der häufigste Fall in der Praxis ist die Geltendmachung des Teilzeitanspruchs nach § 8 TzBfG (mindestens) drei Monate vor Beendigung der Elternzeit, um eine Teilzeitarbeit nach Ablauf der Elternzeit zu vereinbaren bzw. durchzusetzen. 108

2. Teilzeitarbeit bei Schwerbehinderung

Einen besonderen Anspruch auf Teilzeitbeschäftigung haben schwerbehinderte Menschen. Der Anspruch ist bereits mit Wirkung zum 1.10.2000 in § 14 Abs. 4 SchwbG geschaffen und mit Inkrafttreten des SGB IX am 1.7.2001 zunächst in dessen § 81 Abs. 5 S. 3 übernommen worden, bevor er mit der Novellierung des SGB IX zum 1.1.2018 in § 164 Abs. 5 SGB IX überführt wurde. Der Anspruch bestand also schon vor dem allgemeinen Teilzeitanspruch nach § 8 TzBfG. 109

---

[133] BAG 5.6.2007 – 9 AZR 82/07, NZA 2007, 1352.
[134] Hierzu LAG Hamburg 18.5.2011 – 5 Sa 93/10, NZA-RR 2011, 454.
[135] BAG 12.9.2006 – 9 AZR 686/05, NZA 2007, 253; 8.5.2007 – 9 AZR 1112/06, NZA-RR 2008, 616.
[136] Vgl. *Rolfs* TzBfG § 23 Rn. 3, *Gaul/Wisskirchen* BB 2000, 2266 (2267 ff.); *Leßmann* DB 2001, 94 (96).
[137] Ebenso Annuß/Thüsing/*Lambrich* TzBfG § 23 Rn. 37; *Sowka* BB 2001, 935 (936); *Preis/Schwarz* NJW 2018, 3673; aA *Meinel/Heyn/Herms* TzBfG § 23 Rn. 7 (für Wahlrecht) und wohl auch *Rolfs* TzBfG § 23 Rn. 4.

110 a) **Anspruch auf Teilzeitbeschäftigung – Voraussetzungen.** Nach § 164 Abs. 5 S. 3 SGB IX haben schwerbehinderte Menschen einen Anspruch auf Teilzeitbeschäftigung, wenn die kürzere Arbeitszeit **wegen Art oder Schwere der Behinderung notwendig** ist. Anspruchsberechtigt sind schwerbehinderte Menschen im Sinne des § 2 Abs. 2 SGB IX. Der Anspruch besteht auch in Kleinbetrieben[138] und ist nicht von einer bestimmten Dauer der Betriebszugehörigkeit abhängig. Der schwerbehinderte Mensch kann – ohne an Formen und Fristen gebunden zu sein – jederzeit verlangen, nur noch in einem seiner Behinderung Rechnung tragenden zeitlichen Umfang eingesetzt zu werden.[139] Gefordert wird, dass die arbeitsvertraglich geschuldete Leistung aus Gründen, die durch die Behinderung verursacht sind, nicht in vollem zeitlichem Umfang erbracht werden kann,[140] was unterschiedliche Ursachen haben kann. In Betracht kommen etwa die Art der Beschäftigung selbst oder die für ihre Bewältigung notwendigen körperlichen Anforderungen. Aber auch aus dem Arbeitsumfeld können sich Gründe ergeben.

111 Der Anspruch ist nach § 164 Abs. 4 S. 3 SGB IX zu versagen, soweit seine Erfüllung für den Arbeitgeber
- nicht zumutbar oder
- mit unverhältnismäßigen Aufwendungen verbunden wäre oder
- soweit staatliche oder berufsgenossenschaftliche Schutzvorschriften entgegenstehen würden.

112 Der Arbeitgeber kann dem Teilzeitanspruch eines schwerbehinderten Menschen also im Vergleich zum allgemeinen Teilzeitanspruch nur sehr eingeschränkte Gründe entgegenhalten. Es hat eine umfassende Abwägung der Interessen der Arbeitsvertragsparteien zu erfolgen. Zu einer Unzumutbarkeit wird man gelangen können, wenn der Arbeitsplatz des schwerbehinderten Menschen der Natur der Sache nach nicht teilbar ist oder die Teilung eine erhebliche Abänderung der organisatorischen Betriebsabläufe bedingt oder sonst größte Schwierigkeiten bereitet.[141] In jedem Fall sind vom Arbeitgeber aber zumutbare behinderungsbezogene Arbeitsplatzanpassungen zu fordern.[142] Zudem kann sich aus § 164 Abs. 4 S. 1 Nr. 1 SGB IX ein Anspruch des schwerbehinderten Arbeitnehmers auf anderweitige – auch vertragsfremde – Beschäftigung ergeben, wenn er seine vertraglich geschuldete Tätigkeit wegen seiner Behinderung nicht mehr ausüben kann.[143]

113 b) **Verhältnis zum Teilzeitanspruch nach § 8 TzBfG.** Die Ansprüche aus § 164 Abs. 5 SGB IX einerseits und § 8 TzBfG bestehen nebeneinander. Im Einzelfall kann es für den Antragsteller günstiger sein, nach § 164 Abs. 5 S. 3 SGB IX vorzugehen, sofern die persönlichen Voraussetzungen vorliegen. Die Ablehnungsgründe des Arbeitgebers sind nämlich enger gefasst. Andererseits ist der Anspruch an wesentlich strengere Voraussetzungen gebunden, da die kürzere Arbeitszeit auf Grund der Behinderung „notwendig" sein muss. Weil die Ansprüche nebeneinander bestehen, muss in Zweifelsfällen der von einem schwerbehinderten Menschen erhobene Anspruch sowohl unter dem Gesichtspunkt des § 164 Abs. 5 S. 3 SGB IX als auch des § 8 TzBfG überprüft werden. Hat der Arbeitgeber der Verringerung der Arbeitszeit bereits nach § 8 Abs. 4 TzBfG zuzustimmen, so ist ihm die Einrichtung eines Teilzeitarbeitsplatzes für einen schwerbehinderten Menschen nach § 164 Abs. 5 SGB IX erst Recht zuzumuten.[144]

114 Hat ein schwerbehinderter Mensch seine Arbeitszeit nach § 164 Abs. 5 S. 3 SGB IX vermindert, kann er eine weitere Reduzierung auf § 8 TzBfG stützen und diese auch vor Ablauf der Zweijahresfrist des § 8 Abs. 6 TzBfG verlangen. Die Karenzzeit gilt nach richtiger Auffassung allein im Verhältnis mehrerer auf das TzBfG gestützter Ansprüche zueinander, nicht aber bei einer Kombination von Teilzeitansprüchen unterschiedlicher Gesetze.[145]

---

[138] Vgl. ArbG Frankfurt a. M. 27.3.2002 – 2 Ca 5484/01, NZA-RR 2002, 573.
[139] Grundlegend BAG 14.10.2003 – 9 AZR 100/03, NZA 2004, 614.
[140] *Hauck/Noftz* SGB IX § 81 Rn. 43.
[141] *Hansen/Kelber/Zeißig* Neues ArbR Rn. 365.
[142] LAG Frankfurt a. M. 21.1.2020 – 15 Sa 449/19, BeckRS 2020, 8919.
[143] BAG 3.12.2019 – 9 AZR 78/19, NZA 2020, 578 Rn. 24.
[144] LAG Köln 15.3.2006 – 3 Sa 1593/05, NZA-RR 2006, 515.
[145] *Rolfs* TzBfG § 23 Rn. 7.

3. Teilzeitarbeit während Pflegezeit

Mit dem am 1.7.2008 in Kraft getretenen Pflegezeitgesetz (PflegeZG)[146] haben Beschäftigte einen – auf sechs Monate begrenzten – Anspruch auf (vollständige oder) teilweise Freistellung von der Arbeitsleistung, wenn sie einen **pflegebedürftigen nahen Angehörigen**[147] in häuslicher Umgebung pflegen. § 3 PflegeZG räumt dem Beschäftigten ein einseitiges Gestaltungsrecht ein.[148] Durch die Erklärung, Pflegezeit in Anspruch zu nehmen, treten unmittelbar die gesetzlichen Rechtsfolgen der Pflegezeit ein, ohne dass es noch eines weiteren Handelns des Arbeitgebers bedürfte. Diese sog. Pflegezeit gewährt den Beschäftigten also einen notfalls einklagbaren Teilzeitanspruch („Pflegeteilzeit").[149] Die bislang äußerst geringe praktische Bedeutung dieser Teilzeitmöglichkeit zeigt sich in der nahezu gänzlich ausgebliebenen arbeitsgerichtlichen Befassung mit den Vorschriften des PflegeZG.

Der Gesetzgeber präferiert – insoweit ähnlich wie in § 8 Abs. 3 TzBfG – die sog. Verhandlungslösung. Dementsprechend schreibt § 3 Abs. 4 PflegeZG die Verpflichtung der Arbeitsvertragspartner vor, bei Inanspruchnahme einer teilweisen Freistellung eine schriftliche Vereinbarung über die Verringerung und die Verteilung der Arbeitszeit zu treffen. Hierbei hat der Arbeitgeber – so § 3 Abs. 4 S. 2 PflegeZG wörtlich – *„den Wünschen der Beschäftigten zu entsprechen, es sei denn, dass dringende betriebliche Gründe entgegenstehen".*

Autonome Rechtssubjekte können aber selbst über die gesetzliche Regelung nicht zu einer Einigung gezwungen werden. Für die Betroffenen kommt es also darauf an, wann der Anspruch auf Pflegeteilzeit gerichtlich durchsetzbar ist. Folgende **Voraussetzungen** müssen hierfür kumuliert vorliegen:

- der Anspruchsteller ist Beschäftigter im Sinne des § 7 Abs. 1 PflegeZG; auch Auszubildende können den Anspruch geltend machen
- der Arbeitgeber beschäftigt **in der Regel mehr als 15 Arbeitnehmer** (§ 3 Abs. 1 S. 2 PflegeZG)
- der Beschäftigte muss einen pflegebedürftigen nahen Angehörigen haben; die Pflegebedürftigkeit ist durch Vorlage einer Bescheinigung der Pflegekasse oder des Medizinischen Dienstes der Krankenversicherung nachzuweisen (§ 3 Abs. 2 S. 1 PflegeZG); wer naher Angehöriger im Rechtssinne ist, regelt § 7 Abs. 3 PflegeZG
- es muss eine **Pflege in häuslicher Umgebung** stattfinden; hierfür ist grundsätzlich zu verlangen, dass die Pflege durch den Beschäftigten selbst erfolgt;[150] unter häuslicher Umgebung wird der eigene Haushalt des Pflegebedürftigen oder ein anderer Haushalt, in dem der Pflegebedürftige aufgenommen wurde, also insbesondere der Haushalt einer Pflegeperson, verstanden[151]
- die Pflegeteilzeit muss spätestens 10 Arbeitstage vor ihrem Beginn **schriftlich** beim Arbeitgeber angekündigt werden; hierbei muss der Beschäftigte gleichzeitig mitteilen, für welchen Zeitraum und in welchem Umfang die Freistellung genommen werden soll sowie ferner die gewünschte Verteilung der Arbeitszeit angeben (§ 3 Abs. 3 PflegeZG)
- es dürfen **keine dringenden betrieblichen Gründe** entgegenstehen

Keine Voraussetzung für die Geltendmachung des Teilzeitanspruchs ist eine bestimmte Mindestlaufzeit des Arbeitsverhältnisses. Es gibt also **keine Wartezeit** wie in § 8 Abs. 3 TzBfG oder § 15 Abs. 6, 7 BEEG. Das Gesetz enthält im Übrigen keine Regelung zum Ausmaß und Umfang der gewünschten Arbeitsfreistellung. Der Beschäftigte kann also eine vergleichsweise geringfügige Verringerung der Arbeitszeit (zB von 40 auf 32 Wochenstunden) ebenso verlangen wie eine gravierende Arbeitszeitverringerung (zB Arbeitszeitverkürzung auf nur noch zwei Stunden je Arbeitstag).

Diese Höchstdauer der Pflegezeit von maximal sechs Monaten besteht für jeden pflegebedürftigen nahen Angehörigen (§ 4 Abs. 1 S. 1 PflegeZG). Hat der Beschäftigte Pflegeteilzeit

---

[146] Art. 3 des Gesetzes zur strukturellen Weiterentwicklung der Pflegeversicherung, BGBl. 2008 I 874, 896.
[147] Der Kreis der „nahen Angehörigen" wird in § 7 Abs. 3 PflegeZG definiert.
[148] BAG 15.11.2011 – 9 AZR 348/10, NZA 2012, 323.
[149] Hierzu *Hexel/Lüders* NZS 2009, 264 ff.; *Joussen* NZA 2009, 69; *Müller* BB 2008, 1058; *Preis/Nehring* NZA 2008, 729; *Preis/Weber* NZA 2008, 82.
[150] Vgl. *Müller* BB 2008, 1058 (1060) (dort Fn. 26).
[151] Vgl. *Müller* BB 2008, 1058 (1060 f.); KassKomm/*Gürtner* SGB XI § 19 Rn. 8.

(zunächst) für einen kürzeren Zeitraum in Anspruch genommen, besteht nur dann ein Anspruch auf **Verlängerung** bis (maximal) zur gesetzlichen Höchstgrenze, wenn ein vorgesehener Wechsel in der Person der Pflegenden aus einem wichtigen Grund nicht erfolgen kann (§ 4 Abs. 1 S. 2, 3 PflegeZG).

4. Familienpflegezeit

120 Ergänzend zur Eltern- und zur Pflegezeit ist zum 1.1.2012 das Familienpflegezeitgesetz (FPfZG) in Kraft getreten.[152] Als Familienpflegezeit wird die (nach § 3 FPfZG förderfähige) Verringerung der Arbeitszeit von Beschäftigten, die einen **pflegebedürftigen nahen Angehörigen** in häuslicher Umgebung pflegen, für die Dauer von höchstens 24 Monaten bei gleichzeitiger Aufstockung des Arbeitsentgelts durch den Arbeitgeber bezeichnet. Das FPfZG ist wie das PflegeZG zum 1.1.2015 reformiert worden, nachdem der Gesetzgeber die erhofften Effekte vermisst hat.[153] Auch die Familienpflegezeit findet in der Rechtsprechung praktisch nicht statt[154], was deren geringe praktische Bedeutung belegt.

121 Nachdem mit dem Gesetz zunächst nur Anreize für eine Familienpflegezeit gesetzt wurden, ist jetzt ein **Rechtsanspruch auf Familienpflegezeit** geregelt. Nach § 2 Abs. 1 S. 1, 4 FPfZG sind Beschäftigte von Arbeitgebern mit in der Regel mehr als 25 (nicht nur 15!) Beschäftigten für längstens 24 Monate von der Arbeitsleistung teilweise freizustellen. PflegeZG und FPfZG bleiben dabei nebeneinander bestehen, sie werden aber miteinander verzahnt. Die Dauer der Reduzierung der Arbeitszeit kann (auch bei Kombination beider Ansprüche) insgesamt maximal 24 Monate betragen.[155]

122 Dabei muss die verringerte Arbeitszeit im Rahmen der Familienpflegezeit **mindestens 15 Stunden wöchentlich** (bzw. im Durchschnitt eines Jahres) betragen (§ 2 Abs. 1 FPfZG). Damit ist nur ein Mindestmaß der verbliebenen Arbeitszeit vorgeschrieben. Die gesetzlichen Regelungen zur Familienpflegezeit enthalten jedoch keine Vorgaben hinsichtlich des Umfangs der Vertragsänderung und knüpfen den Anspruch auf Verringerung der Arbeitszeit nicht an ein Mindestmaß der Arbeitszeitreduzierung. Verlangt ein Arbeitnehmer, dass seine Arbeitszeit nur geringfügig reduziert wird, indiziert dies nicht per se einen Rechtsmissbrauch.[156] Für Rechtsmissbrauch kann indiziell die zeitliche Nähe der Ankündigung der Familienpflegezeit zu einer zuvor in Aussicht gestellten Kündigung sprechen.[157]

123 Der Anspruch auf Familienpflegezeit muss gegenüber dem Arbeitgeber lediglich acht Wochen vor dem gewünschten Beginn schriftlich geltend gemacht werden (§ 2a Abs. 1 S. 1 FPfZG). Das bisherige Vereinbarungserfordernis nach § 3 FPfZG aF entfällt zwar nicht vollständig, es beschränkt sich allerdings auf die Verringerung und Verteilung der Arbeitszeit (§ 2a Abs. 2 S. 1 FPfZG). Dabei muss der Arbeitgeber grundsätzlich den Wünschen des Beschäftigten entsprechen, es sei denn, dass **dringende betriebliche Gründe** entgegenstehen (§ 2a Abs. 2 S. 2 FPfZG).

VIII. Prozessuales

1. Teilzeitanspruch nach TzBfG

124 a) **Gerichtliche Geltendmachung.** Auch wenn ein ausdrückliches Klagerecht (wie etwa in § 15 Abs. 7 S. 5 BEEG) nicht normiert ist, kann der (befristete) Teilzeitanspruch nach §§ 8, 9a TzBfG im Falle der Ablehnung gerichtlich durchgesetzt werden.

---

[152] Ausführlich *Lehmann* Familienpflegezeitgesetz 2012; ferner *Sasse* DB 2011, 2660; *Göttling/Neumann* NZA 2012, 119; *Thüsing/Pötters* BB 2015, 181.
[153] BT-Drs. 18/3124, 27, 35.
[154] Es sind lediglich zwei Entscheidungen veröffentlicht, die sich mit der Anspruchsdurchsetzung im Wege der Einstweiligen Verfügung befassen: LAG Hamm 28.12.2016 – 6 SaGa 17/16, NZA-RR 2017, 176; LAG Berlin-Brandenburg 20.9.2017 – 15 SaGa 823/17, BeckRS 2017, 129788.
[155] *Thüsing/Pötters* BB 2015, 181.
[156] LAG Hamm 28.12.2016 – 6 SaGa 17/16, NZA-RR 2017, 176 Rn. 33; ausführlich zum Rechtsmissbrauch *Jost* BB 2019, 2036.
[157] ErfK/*Gallner* PflegeZG § 5 Rn. 2.

§ 73 Der Anspruch auf Teilzeitarbeit

Der Arbeitnehmer ist bei Uneinigkeit mit seinem Arbeitgeber darauf angewiesen, die Verringerung der Arbeitszeit feststellen zu lassen oder die zustimmende Erklärung des Arbeitgebers einzuklagen. Eine einseitige Verringerung und Verteilung der Arbeitszeit im Sinne eines Selbstvollzuges ist für den Arbeitnehmer nicht begründbar. Setzt sich ein Arbeitnehmer darüber hinweg, muss er damit rechnen, dass der Arbeitgeber mit einer Abmahnung oder gar mit einer außerordentlichen Kündigung aus wichtigem Grund reagiert (beharrliche Arbeitsverweigerung).[158] Gegenstand eines gerichtlichen Verfahrens können

- der Teilzeitanspruch nach getroffener Einigung, die vom Arbeitgeber anschließend gleichwohl nicht anerkannt wird,
- der Teilzeitanspruch wegen Eingreifens der Zustimmungsfiktion oder
- der Teilzeitanspruch wegen Nichtvorliegens entgegenstehender betrieblicher Gründe nach formgerechter Ablehnung durch den Arbeitgeber

sein.

Haben sich die Vertragsparteien über das Ausmaß der Verringerung der wöchentlichen Arbeitszeit geeinigt, nicht aber über die Verteilung der verringerten Arbeitszeit, kann der Arbeitnehmer gesondert auf die Annahme seines Angebots zur Verteilung der Arbeitszeit klagen.[159]

b) Urteilsverfahren. Der allgemeine Teilzeitanspruch (§ 8 TzBfG) ist im Wege der Leistungsklage vor den Arbeitsgerichten zu verfolgen. Die Klage ist bei vorausgegangener Ablehnung des Anspruchs auf Abgabe der Zustimmungserklärung durch den Arbeitgeber gerichtet. Der Arbeitnehmer hat gegen seinen Arbeitgeber einen Anspruch darauf, dass dieser das Vertragsänderungsangebot auf Verringerung der bislang vereinbarten Arbeitszeit und ihre beantragte Verteilung annimmt. Für die Klage auf Abgabe der entsprechenden Willenserklärung gilt § 894 ZPO.[160]

Eine **Klagefrist besteht nicht.** Allerdings dürfte der einmal geltend gemachte Teilzeitanspruch relativ schnell verwirken, da der Arbeitgeber grundsätzlich darauf vertrauen kann, dass der Arbeitnehmer die beantragte Teilzeit nicht (gerichtlich) durchsetzen will, wenn er nach der Ablehnung durch den Arbeitgeber längere Zeit, etwa mehr als ein bis zwei Monate verstreichen lässt.[161] Andererseits soll der Teilzeitanspruch nach § 8 TzBfG ein Anspruch eigener Art mit eigenen Fristenregelungen sein, auf den Ausschlussfristen generell nicht anwendbar sind.[162]

Mit dem Klageantrag nach § 8 Abs. 4 S. 1 TzBfG verlangt der Arbeitnehmer

- die Abgabe einer Willenserklärung vom Arbeitgeber, nämlich die Annahme des Angebots auf Reduzierung der vertraglichen Arbeitszeit sowie
- die Vornahme einer Handlung, nämlich die Festlegung der Arbeitszeitverteilung durch den Arbeitgeber nach seinen Wünschen.

Der Arbeitnehmer kann den Arbeitszeitreduzierungswunsch mit einem konkreten Verteilungswunsch in der Weise verbinden, dass er sein Änderungsangebot von der Festsetzung der gewünschten Arbeitszeitverteilung abhängig macht.[163]

Formulierungsvorschlag:

Die Beklagte wird verurteilt, der Verringerung der Arbeitszeit des Klägers auf ...... Stunden in der Woche (im Monat/im Jahr) ab dem ...... zuzustimmen und die verringerte Arbeitszeit wie folgt zu verteilen: ...

---

[158] *Preis/Gotthardt* DB 2000, 2065 (2068).
[159] BAG 16.12.2008 – 9 AZR 893/07, NZA 2009, 565; zuvor schon LAG Baden-Württemberg 4.11.2002 – 15 Sa 53/02, BeckRS 2002, 30452452.
[160] Ganz hM, vgl. nur *Grobys/Bram* NZA 2001, 1175 (1178); *Gotthardt* NZA 2001, 1183; *Rolfs* TzBfG § 8 Rn. 53; *Boewer* TzBfG § 8 Rn. 271.
[161] So *Annuß/Thüsing/Mengel* TzBfG § 8 Rn. 227; aA wohl *Hansen/Kelber/Zeißig* Neues ArbR Rn. 185.
[162] So LAG Niedersachsen 18.11.2002 – 17 Sa 487/02, BB 2003, 905.
[163] BAG 18.2.2003 – 9 AZR 356/02, NZA 2003, 911; 16.12.2008 – 9 AZR 893/07, NZA 2009, 565; 18.8.2009 – 9 AZR 517/08, NZA 2009, 1207.

132 Der Arbeitgeber soll im Prozess mit Ablehnungsgründen nicht präkludiert sein. Die schriftliche Mitteilung von Ablehnungsgründen, die letztlich nicht „ziehen", soll den Arbeitgeber also nicht daran hindern können, im Prozess andere, möglicherweise durchgreifende Ablehnungsgründe vorzutragen.[164] Anders ist dort zu entscheiden, wo das Gesetz an ähnliche oder entsprechende Erklärungen des Arbeitgebers eine Begründungspflicht knüpft (§ 15 Abs. 7 BEEG zur Ablehnung des Teilzeitanspruchs während der Elternzeit; § 22 Abs. 3 BBiG zur Begründung der Kündigung gegenüber Auszubildenden nach der Probezeit).

133 Bis zur Rechtskraft eines arbeitsgerichtlichen Urteils bleibt der Arbeitsvertrag hinsichtlich der Arbeitszeit unverändert (zur Möglichkeit einstweiligen Rechtsschutzes sogleich). Nach § 894 Abs. 1 ZPO gilt die begehrte Willenserklärung mit Eintritt der Rechtskraft als abgegeben. Kraft dieser gesetzlichen Fiktion wird freilich allein die Willenserklärung des Arbeitgebers auf Annahme des Vertragsangebots des Arbeitnehmers zur Reduzierung und Verteilung der Arbeitszeit ersetzt. Die **tatsächliche Beschäftigung** des Arbeitnehmers wird hierdurch nicht gewährleistet. Die Vornahme solcher Handlungen des Arbeitgebers ist notfalls zusätzlich einzuklagen und nach § 888 ZPO zu vollstrecken. Je nach Prozessverlauf ist der Arbeitnehmer also gehalten, im Wege eines unechten Eventualantrages die Verurteilung des Arbeitgebers anzustreben, ihn auch entsprechend der reduzierten und neu verteilten Arbeitszeit zu beschäftigen.[165]

134 Nach der Rechtsprechung des BAG ist es zulässig, dass der Arbeitnehmer nach Durchführung der außergerichtlichen Verhandlung mit dem Arbeitgeber gerichtlich einen anderen Arbeitszeitwunsch einklagt, als er ursprünglich geltend gemacht hat, wenn er dabei neue Erkenntnisse berücksichtigt, die sich aus der Verhandlung ergeben haben.[166] Solange sich während der Verhandlung die Möglichkeit der Verwirklichung des Teilzeitwunsches ergibt, kann eine Modifizierung erfolgen. Insofern kann der Arbeitnehmer zu Modifizierungen berechtigt sein, wenn der Arbeitgeber seine Verhandlungsobliegenheit verletzt.[167]

135 Natürlich kann zwischen den Arbeitsvertragsparteien auch Streit darüber bestehen, ob die Voraussetzungen der **Zustimmungsfiktion** aus § 8 Abs. 5 S. 2 und 3 TzBfG vorliegen. Diese Frage kann der Arbeitnehmer mit einer entsprechenden Feststellungsklage klären lassen. Auf etwaige betriebliche Gründe, die dem Teilzeitanspruch entgegenstehen könnten, kommt es beim Eingreifen der Zustimmungsfiktion nicht an. Beruft sich der Arbeitnehmer in erster Linie auf die Zustimmungsfiktion und nachgehend auf fehlende betriebliche Gründe, kann er den vorstehenden Antrag auf Abgabe der Zustimmungserklärung hilfsweise stellen.

136 **Formulierungsvorschlag:**

Es wird festgestellt, dass sich die Arbeitszeit des Klägers seit dem ...... auf ...... Stunden in der Woche (im Monat/im Jahr) verringert hat und sich die Arbeitszeit verteilt auf ...

137 **c) Einstweilige Verfügung.** Erst eine rechtskräftige Verurteilung des den Teilzeitwunsch ablehnenden Arbeitgebers nach Maßgabe des § 894 Abs. 1 S. 1 ZPO führt die vom Arbeitnehmer begehrte Vertragsänderung im Sinne des § 8 Abs. 2 TzBfG herbei, was die Frage aufwirft, ob angesichts der jeweiligen Verfahrensdauer diese Zeit mit einer einstweiligen Verfügung überbrückt werden kann.[168]

138 Da es sich um eine **Leistungsverfügung** handelt, die zu einer teilweisen oder völligen Befriedigung des streitigen Anspruchs führt, sind an Darlegung und Glaubhaftmachung von Verfügungsanspruch wie Verfügungsgrund strenge Anforderungen zu stellen. Der Verfügungsgrund setzt voraus, dass der Erlass der einstweiligen Verfügung zur Abwehr wesentlicher Nachteile erforderlich erscheint, was zB der Fall sein kann, wenn der Arbeitnehmer

---

[164] Annuß/Thüsing/*Mengel* TzBfG § 8 Rn. 230; auch schon → Rn. 31.
[165] *Boewer* TzBfG § 8 Rn. 283.
[166] BAG 18.2.2003 – 9 AZR 356/02, NZA 2003, 911.
[167] BAG 18.2.2003 – 9 AZR 356/02, NZA 2003, 911.
[168] Vgl. etwa *Hahn* FA 2007, 130.

ohne die beantragte Arbeitszeitverkürzung nicht in der Lage ist, die Betreuung seiner Kinder zuverlässig zu gewährleisten. Der Arbeitnehmer hat in diesem Fall darzulegen und glaubhaft zu machen, dass er alle ihm zumutbaren Anstrengungen unternommen hat, die Betreuung der Kinder sicherzustellen.[169]

Das LAG Köln hat schon früh hervorgehoben, dass der Erlass einer einstweiligen Verfügung auf Arbeitszeitreduzierung mit Rücksicht auf die gebotene Planungssicherheit für die betriebliche Disposition und die von der Arbeitszeitreduzierung betroffenen anderen Arbeitnehmer auf Ausnahmefälle zu beschränken ist. Ein solcher Ausnahmefall soll nur unter zwei Voraussetzungen bejaht werden können, wenn nämlich 139

- die sofortige Umsetzung der beantragten Vertragsänderung zur Abwendung wesentlicher Nachteile des Arbeitnehmers dringend geboten ist und
- betriebliche Ablehnungsgründe iSd § 8 Abs. 4 S. 1 TzBfG nicht ersichtlich oder mit hoher Wahrscheinlichkeit auszuschließen sind.[170]

Häufig dürfte die begehrte Verringerung der Arbeitszeit dem Ziel der Betreuung eines Kindergarten- oder Schulkindes dienen. Falls die Betreuung im Wechsel mit dem ebenfalls berufstätigen Ehegatten erfolgen soll, kann der Antragsteller im Rahmen der Prüfung des Verfügungsgrundes (Eilbedürftigkeit) nicht auf eine Fremdbetreuung durch eine Kindertagesstätte oÄ verwiesen werden.[171] Auch sonst sollen wesentliche Nachteile anzunehmen sein, wenn die Kindesbetreuung ohne die Verringerung der Arbeitszeit nicht gewährleistet werden kann.[172] 140

Dem Arbeitgeber kann also im Einzelfall im Wege der einstweiligen Verfügung aufgegeben werden, den Arbeitnehmer nur noch in dem beantragten Rahmen zu beschäftigen und dessen Teilzeitwunsch vorläufig zu entsprechen. Sofern sich allerdings im Hauptsacheverfahren herausstellt, dass dem Arbeitnehmer ein Anspruch auf Arbeitszeitverkürzung gem. § 8 TzBfG nicht zusteht, wird er dafür zu sorgen haben, seine arbeitsvertraglichen Pflichten mit den Notwendigkeiten seines Privatlebens in Einklang zu bringen.[173] 141

> **Formulierungsvorschlag:** 142
>
> Der Verfügungsbeklagten wird aufgegeben, den Verfügungskläger bis zum rechtskräftigen Abschluss des Verfahrens in der Hauptsache nur noch mit ...... Stunden Arbeitszeit (in der Woche/im Monat/im Jahr) zu beschäftigen und diese Arbeitszeit wie folgt zu verteilen: ...

Obwohl der Arbeitnehmer auch bei streitiger **Zustimmungsfiktion** Gefahr läuft, den Arbeitsplatz durch Kündigung wegen Arbeitsverweigerung (im Umfang des Reduzierungsverlangens) zu verlieren, steht ihm hier der Weg des einstweiligen Verfügungsverfahrens (§§ 935, 940 ZPO) nicht offen.[174] Eine Feststellungsverfügung ist grundsätzlich unzulässig, es sei denn, dass ein rechtlicher Bedarf hierfür besteht und ein effektiver Rechtsschutz nicht auf andere Weise erreicht werden kann. 143

d) Streitwert. Der Gegenstandswert bei einer Klage des Arbeitnehmers auf Arbeitszeitreduzierung gemäß § 8 TzBfG bemisst sich nach wohl herrschender Meinung über § 12 Abs. 7 S. 2 ArbGG nach dem 36-fachen der Vergütungsdifferenz, jedoch begrenzt auf den Quartalsverdienst aus § 42 Abs. 3 S. 1 GKG.[175] 144

---

[169] LAG Rheinland-Pfalz 12.4.2002 – 3 Sa 161/02, NZA 2002, 856; LAG Hamburg 4.9.2006 – 4 Sa 41/06, NZA-RR 2007, 122; vgl. auch LAG Düsseldorf 4.12.2003 – 11 Sa 1507/03, NZA-RR 2004, 181; LAG Berlin 20.2.2002 – 4 Sa 2243/01, NZA 2002, 858.
[170] LAG Köln 5.3.2002 – 10 Ta 50/02, MDR 2002, 1257.
[171] So LAG Hamm 6.5.2002 – 8 Sa 641/02, NZA-RR 2003, 178.
[172] ArbG Berlin 12.10.2001 – 31 Ga 24563/01, NZA-RR 2002, 405.
[173] So LAG Rheinland-Pfalz 12.4.2002 – 3 Sa 161/02, NZA 2002, 856.
[174] LAG Hamm 8.7.2008 – 14 SaGa 25/08, BeckRS 2008, 55457; aA *Boewer* TzBfG § 8 Rn. 267.
[175] So etwa LAG Rheinland-Pfalz 8.3.2011 – 1 Ta 27/11, BeckRS 2011, 72922; 25.7.2007 – 1 Ta 179/07, NZA-RR 2007, 604; LAG Hamburg 16.3.2011 – 7 Ta 4/11, BeckRS 2011, 69659.

2. Teilzeitanspruch nach § 15 BEEG

145 Stimmt der Arbeitgeber der von einem in Elternzeit wechselnden oder befindlichen Arbeitnehmer gewünschten Verringerung der Arbeitszeit nicht oder nicht rechtzeitig zu, sieht § 15 Abs. 7 S. 5 BEEG in der Fassung, wie sie für Geburten bis zum 30.6.2015 weiterhin gilt, die **Klage beim Arbeitsgericht** vor. Die Klage ist auf Abgabe der Erklärung zu richten, dass der Arbeitgeber der Verringerung der Arbeitszeit auf das vom Arbeitnehmer verlangte Maß zustimmt.[176] Im Prozess hat der Arbeitgeber das Vorliegen dringender betrieblicher Gründe, die dem Teilzeitverlangen des Arbeitnehmers entgegenstehen sollen, darzulegen und zu beweisen. Allerdings kann sich der Arbeitgeber im Prozess nur solche der Elternteilzeit iSv § 15 Abs. 7 S. 1 Nr. 4 BEEG entgegenstehenden Gründe einwenden, auf die er sich bereits in einem form- und fristgerechten Ablehnungsschreiben berufen hat.[177] Die Auffassung, dass er sich auch auf Gründe stützen könne, die in der schriftlichen Begründung seiner Ablehnung an den Arbeitnehmer nicht enthalten waren,[178] hat das BAG nicht geteilt, obwohl eine Präklusionsregelung – wie sie beispielsweise § 9 Abs. 3 MuSchG vorsieht – nicht Gesetz geworden ist.

146 Obsiegt der Arbeitnehmer im Prozess, gilt die Zustimmung des Arbeitgebers gem. § 894 ZPO mit Rechtskraft des stattgebenden Urteils als erteilt. Ab diesem Zeitpunkt wird der Anspruch auf Verringerung der Arbeitszeit wirksam. Auch die Verteilung der Elternteilzeitarbeit kann grundsätzlich Gegenstand des gerichtlichen Verfahrens und eines der Klage stattgebenden Urteils sein.[179]

147 **Formulierungsvorschlag:**

Die Beklagte wird verurteilt, während der Dauer der Elternzeit vom ...... bis zum ...... der Verringerung der Arbeitszeit des Klägers auf ...... Stunden in der Woche (im Monat/im Jahr) ab dem ...... zuzustimmen und die verringerte Arbeitszeit wie folgt zu verteilen: ...

148 Mit der für Geburten ab dem 1.7.2015 vorgesehenen Zustimmungsfiktion kommt auch ein Feststellungsantrag wie bei § 8 TzBfG in Betracht.

149 Hohe Praxisrelevanz hat die Frage, ob der Arbeitnehmer den Teilzeitanspruch auch im Wege der **einstweiligen Verfügung** geltend machen kann. Zahlreiche Stimmen sprechen sich für eine ausnahmsweise Zulässigkeit einstweiligen Rechtsschutzes aus.[180] Durch die vorläufige Entscheidung wird die Entscheidung in der Hauptsache aber vorweggenommen, so dass der Antrag vielfach bereits als unzulässig betrachtet wird.[181] Zu beachten ist, dass die Elternzeit grundsätzlich dazu führt, dass keine Arbeitsverpflichtung besteht. Die Organisation der Kinderbetreuung ist deshalb nur bedingt als Argument für einen Teilzeitwunsch möglich, da es sich im Grund um eine Arbeitszeiterhöhung von Null handelt. Denkbar wäre daher insbesondere, dass der Arbeitnehmer auf die Teilzeittätigkeit zur Sicherung seines Lebensunterhaltes angewiesen ist. Die Voraussetzungen des § 940 ZPO dürften deshalb nur selten vorliegen.

3. Teilzeitanspruch nach § 164 Abs. 5 SGB IX

150 Der Teilzeitanspruch eines schwerbehinderten Menschen ist ebenfalls durchsetzbar mit **Klage** auf Abgabe einer Willenserklärung. Der Kläger hat die Notwendigkeit einer Verkür-

---

[176] BAG 9.5.2009 – 9 AZR 278/05, NZA 2006, 1413; *Gaul/Wisskirchen* BB 2000, 2466 (2468); *Peters-Lange/Rolfs* NZA 2000, 682 (686).
[177] BAG 11.12.2018 – 9 AZR 298/18, NZA 2019, 616 Rn. 31.
[178] So *Leßmann* DB 2001, 94 (96); *Diller* NZA 2001, 589 (590); *Rolfs* RdA 2001, 129 (137); aA *Gaul/Wisskirchen* BB 2000, 2466 (2468).
[179] BAG 19.2.2013 – 9 AZR 461/11, NZA 2013, 907; *Leßmann* DB 2001, 94 (99); aA Annuß/Thüsing/*Lambrich* TzBfG § 23 Rn. 24; *Rudolf/Rudolf* NZA 2002, 602 (604).
[180] So etwa *Lindemann/Simon* NJW 2001, 258 (261); *Diller* NZA 2001, 589 (590); *Reinecke* FA 2007, 98 (102).
[181] So *Leßmann* DB 2001, 94 (99); *Peters-Lange/Rolfs* NZA 2000, 682 (686); *Rolfs* RdA 2001, 129 (136).

zung der Arbeitszeit im Sinne des § 164 Abs. 5 S. 3 SGB IX darzulegen. Hierzu genügt es beispielsweise, wenn der schwerbehinderte Arbeitnehmer eine ärztliche Bescheinigung vorlegt, wonach eine Verkürzung der Arbeitszeit aus gesundheitlichen Gründen indiziert ist. Dem Arbeitgeber obliegt es dann, die Beweiskraft des ärztlichen Zeugnisses zu erschüttern. Ob ein hausärztliches Attest ausreicht oder ob der Arbeitgeber eine Untersuchung durch den Medizinischen Dienst der Berufsgenossenschaft oder durch den Werksarzt verlangen kann, ist bisher offen. Je nach Dringlichkeit eines ärztlichen Rats wird man auch die Durchsetzung des Teilzeitverlangens mittels **einstweiliger Verfügung** zulassen müssen.

Nicht gehört wird der Arbeitgeber mit dem Einwand, ihm sei die Arbeitszeitreduzierung nicht zumutbar, weil er befürchte, dass es bei einer einvernehmlichen Verringerung der Arbeitszeit zu Streitigkeiten über deren Verteilung kommt.[182]

4. Teilzeitanspruch nach PflegeZG und FPfZG

Die Ansprüche auf Pflegeteilzeit oder auf Familienpflegezeit müssen – wenn zwischen den Vertragspartnern entgegen dem gesetzgeberischen Willen keine Einigung erzielt werden kann – vom Beschäftigten im Wege der **Klage** geltend gemacht werden. Der Beschäftigte hat ein nach § 894 ZPO durchsetzbares Recht darauf, dass der Arbeitgeber seinen Wünschen zur Verringerung und Verteilung der Arbeitszeit entspricht. Im Prozess kann der Arbeitgeber dem Anspruch jeweils allein dringende betriebliche Gründe entgegenhalten. Für das Vorliegen dieser Gründe ist der Arbeitgeber darlegungs- und beweispflichtig.

Die Möglichkeit **einstweiligen Rechtsschutzes** ist zu bejahen.[183] Dies gilt insbesondere wegen der kurzen Fristen. Die maximale Dauer der Pflegeteilzeit beträgt lediglich sechs Monate (§ 4 Abs. 1 S. 1 PflegeZG), die der Familienpflegezeit 24 Monate (§ 2 Abs. 1 S. 1 FPfZG); ein Hauptsacheverfahren kann in diesem Zeitraum kaum abgeschlossen werden.

---

[182] ArbG Frankfurt a. M. 27.3.2002 – 2 Ca 5484/01, NZA-RR 2002, 573.
[183] LAG Hamm 28.12.2016 – 6 SaGa 17/16, NZA-RR 2017, 176; LAG Berlin-Brandenburg 20.9.2017 – 15 SaGa 823/17, BeckRS 2017, 129788.

§ 74 Altersteilzeit

Übersicht

	Rn.
I. Einführung	1–6
II. Anspruch auf Altersteilzeitarbeit	7–15
1. Kein gesetzlicher Anspruch	8
2. Tarifvertragliche Ansprüche	9–12
3. Anspruch aus Betriebsvereinbarung	13
4. Individualvertraglicher Anspruch	14/15
III. Voraussetzungen (un-)geförderter Altersteilzeit	16–33
1. Voraussetzungen für (un-)geförderte Altersteilzeit auf Arbeitnehmerseite	18–25
2. Voraussetzungen für (un-)geförderte Altersteilzeit auf Arbeitgeberseite	26–33
a) Aufstockung des Arbeitsentgelts	26–28
b) Aufstockungsbeträge zur Rentenversicherung	29–31
c) Wiederbesetzung des Arbeitsplatzes	32/33
IV. Altersteilzeitvertrag	34–40
V. Durchführung des Altersteilzeit-Arbeitsverhältnisses	41–66
1. Allgemeines	41–44
2. Rechte und Pflichten der Arbeitsvertragsparteien	45–56
a) Kontinuitätsmodell	46/47
b) Blockmodell	48–56
3. Kündigung des Altersteilzeit-Arbeitsverhältnisses	57–61
a) Kontinuitätsmodell	58
b) Blockmodell	59–61
4. Reguläre Beendigung des Altersteilzeit-Arbeitsverhältnisses	62
5. Betriebsverfassungs- und Mitbestimmungsrecht	63–66
a) Mandate des Altersteilzeitlers	63/64
b) Beteiligungsrechte des Betriebsrates	65/66
VI. Prozessualer Hinweis	67

I. Einführung

1 Mit dem zum 1.8.1996 in Kraft getretenen Altersteilzeitgesetz (ATG) war der **gesetzgeberische Wille** verbunden, die damalige Praxis der Frühverrentung zu Lasten der Versichertengemeinschaft zu verhindern und zugleich eine sozialverträgliche Alternative für Personalanpassungsmaßnahmen beim Ausscheiden älterer Arbeitnehmer zu bieten. Der Gesetzgeber wollte einen Anreiz schaffen, um durch eine Reduzierung der Arbeitszeit nach Vollendung des 55. Lebensjahres einen gleitenden Übergang vom Erwerbsleben in die Altersrente zu ermöglichen (vgl. § 1 Abs. 1 ATG).[1]

2 Dabei hatte der Gesetzgeber folgendes **Modell** vor Augen: Die Arbeitsvertragsparteien vereinbaren schriftlich die Reduzierung der Arbeitszeit des Arbeitnehmers auf 50 % der bisherigen regelmäßigen Wochenarbeitszeit, wobei neben einer konstant verringerten Arbeitsleistung auch eine blockweise Erbringung der Arbeit möglich ist (sog. Blockmodell). Voraussetzung ist, dass der Arbeitnehmer bei Beginn der Altersteilzeit mindestens 55 Jahre alt ist und innerhalb der vergangenen fünf Jahre mindestens 1.080 Kalendertage in einer versicherungspflichtigen Beschäftigung stand. Um die wirtschaftlichen Auswirkungen für den Arbeitnehmer zu begrenzen, soll der Arbeitgeber einerseits sog. **Aufstockungsbeträge** zum Arbeitslohn zahlen, und zwar zumindest so viel, dass der Arbeitnehmer 70 % des sog. Regelarbeitsentgelts (grds. vorherige Vergütung, vgl. § 6 Abs. 1 ATG) erhält, und andererseits zusätzliche Beiträge zur gesetzlichen Rentenversicherung leisten, als ob der Arbeitnehmer 80 % des Regelarbeitsentgelts erhielte.

---

[1] ErfK/*Rolfs* ATG § 1 Rn. 1.

Beispiel:
Ein Arbeitnehmer mit bislang 40 Wochenstunden arbeitet in den letzten vier Jahren vor dem Renteneintritt entweder nur noch 20 Wochenstunden oder im Blockmodell zunächst zwei Jahre weiterhin 40 Wochenstunden und wird anschließend für zwei Jahre freigestellt. Die bisherige Bruttovergütung von 3.000,– EUR halbiert sich zunächst auf 1.500,– EUR und wird dann um 20 % (600,– EUR) auf monatlich 2.100,– EUR erhöht, die für die gesamten vier Jahre gewährt wird.

Ursprünglich hat der Gesetzgeber die Altersteilzeit zweifach **gefördert**. Der eine Baustein sah die Erstattung der gesetzlich geforderten Aufstockungsbeträge zur Vergütung sowie der zusätzlichen Beiträge zur Rentenversicherung an den Arbeitgeber durch die **Bundesagentur für Arbeit** für längstens sechs Jahre vor, sofern der Arbeitgeber zusätzlich aus Anlass des Übergangs des Arbeitnehmers in die Altersteilzeit einen arbeitslos gemeldeten Arbeitnehmer oder einen Arbeitnehmer nach Abschluss der Ausbildung (in Unternehmen mit nicht mehr als 50 Arbeitnehmern alternativ einen Auszubildenden) auf dem freigemachten oder in diesem Zusammenhang durch Umsetzung freigewordenen Arbeitsplatz versicherungspflichtig einstellt. Diese Förderleistungen erbringt die Bundesagentur für Arbeit seit dem 1.1.2010 allerdings nur noch in Fällen, in denen die Altersteilzeitbeschäftigung bis **spätestens 31.12.2009** vereinbart und auch angetreten wurde (§§ 16, 1 Abs. 2 ATG).[2] Als zweiten Baustein können die Aufstockungsleistungen gem. § 3 Nr. 28 EStG **lohnsteuerfrei** gewährt werden, sie unterliegen jedoch dem Progressionsvorbehalt. Infolge ihrer Lohnsteuerfreiheit sind Aufstockungsbeträge zudem gem. § 1 Abs. 1 S. 1 Nr. 1 SvEV **sozialversicherungsfrei**. In § 1 Abs. 3 ATG wurde inzwischen klargestellt, dass dieses Steuerprivileg auch über den 31.12.2009 hinaus gilt. Die Wiederbesetzung des Arbeitsplatzes ist für das Steuerprivileg unerheblich.[3]

Die praktische Bedeutung des ATG ist ungeachtet der weggefallenen Förderung durch die Bundesagentur für Arbeit weiterhin hoch. In nahezu allen Branchen der Wirtschaft und im öffentlichen Dienst existieren entsprechende Tarifverträge zur Altersteilzeit. In der Privatwirtschaft sind vor allem die **Altersteilzeit-Tarifverträge** für die Metall- und chemische Industrie von hoher Relevanz und für interessierte Arbeitnehmer eine **echte Alternative für den Übergang vom Erwerbsleben in den Ruhestand**. Viele Tarifverträge zur Altersteilzeit verpflichten den Arbeitgeber jedoch zur Zahlung eines gegenüber der gesetzlichen (Mindest-) Regelung höheren Aufstockungsbetrages.

Bei der Inanspruchnahme von Altersteilzeit dominiert das sog. **Blockmodell**; mehr als 90 % aller Altersteilzeit-Arbeitsverhältnisse werden so durchgeführt.[4] Im Blockmodell arbeitet der Arbeitgeber nach Beginn der Altersteilzeit zunächst (maximal drei Jahre) weiter vollschichtig (Arbeitsphase) und wechselt anschließend für dieselbe Zeitdauer in die Freistellungs- bzw. Freizeitphase, während der er überhaupt nicht mehr tätig ist. Eine förderungsfähige Altersteilzeit im Blockmodell konnte jedoch nur in Tarifverträgen, in durch Öffnungsklauseln zugelassenen Betriebsvereinbarungen sowie in Betriebs- und Individualvereinbarungen nicht tarifgebundener Arbeitsvertragsparteien im Geltungsbereich eines solchen Tarifvertrags zugelassen werden (§ 2 Abs. 2 Nr. 1 ATG).

Neue Fragen haben sich aufgrund der Änderung des Renteneintrittsalters durch das RV-Altersgrenzenanpassungsgesetz vom 20.4.2007[5] ergeben. Es muss im jeweiligen Einzelfall unter Berücksichtigung der zulässigen Dauer der Altersteilzeit genau berechnet werden, zu welchem Zeitpunkt der Beginn der Altersteilzeit vereinbart wird, damit gem. § 2 Abs. 1 Nr. 2 ATG der nahtlose Übergang von der Altersteilzeit in die Rente gewährleistet ist.[6]

---

[2] Zum Entfallen der arbeitsförderungsrechtlichen Förderung *Hanau* NZA 2009, 225; insgesamt wurden fast 700.000 Fälle gefördert (vgl. Statistik der Bundesagentur für Arbeit, Altersteilzeit nach dem Altersteilzeitgesetz (AtG), Nürnberg, Dezember 2015).
[3] ErfK/*Rolfs* ATG § 3 Rn. 6.
[4] Statistik der Bundesagentur für Arbeit, Altersteilzeit nach dem Altersteilzeitgesetz (AtG), Nürnberg, Dezember 2015.
[5] BGBl. 2007 I 54.
[6] Zu den Auswirkungen der „Rente mit 67" auf Altersteilzeitverträge auch *Schreiner* NZA 2007, 846.

II. Anspruch auf Altersteilzeitarbeit

7 Für Arbeitnehmer kann der Wechsel in die Altersteilzeit überaus attraktiv sein. Von besonderem Wert wäre daher die Einräumung eines durchsetzbaren Anspruchs auf „Umwandlung" des Normalarbeitsverhältnisses in ein Altersteilzeit-Arbeitsverhältnis, damit der Arbeitnehmer nicht auf das Wohlwollen seines Arbeitgebers angewiesen wäre. Aus Arbeitgebersicht würden einklagbare Ansprüche auf Altersteilzeit indes einen nicht unerheblichen Eingriff in die verfassungsrechtlich geschützten Rechte bedeuten, zumal die Förderung durch die Bundesagentur für Arbeit inzwischen weggefallen ist.

1. Kein gesetzlicher Anspruch

8 Das deutsche Arbeitsrecht kennt (seit dem 1.1.2001) mit § 8 TzBfG zwar den allgemeinen Teilzeitanspruch.[7] In diesem Rahmen können auch rentennahe Arbeitnehmer ihre Arbeitszeit reduzieren, jedoch ohne einen Aufstockungsbetrag zu erhalten. Einen gesetzlichen Rechtsanspruch der Arbeitnehmer auf Abschluss einer Altersteilzeitvereinbarung gibt es bislang jedoch nicht.[8] Auch das ATG regelt Altersteilzeit nur auf freiwilliger Basis. Auch für **Schwerbehinderte** begründet § 164 Abs. 5 SGB IX keinen Anspruch auf Altersteilzeit.

2. Tarifvertragliche Ansprüche

9 Demgegenüber gewähren Tarifverträge in zahlreichen Branchen den Arbeitnehmern Rechtsansprüche auf einen Wechsel in die Altersteilzeitarbeit. In der Regel ist die Geltendmachung des Anspruchs jedoch von der Erfüllung **zusätzlicher Voraussetzungen** abhängig. So kann denjenigen Mitarbeitern bevorzugt ein Rechtsanspruch eingeräumt werden, die gesundheitlich eingeschränkt sind oder beispielsweise bisher regelmäßig Schichtarbeit geleistet haben. Auch kann älteren (rentennäheren) Jahrgängen der Vorrang vor jüngeren (rentenferneren) Arbeitnehmern eingeräumt werden und bei gleichem Alter nach geleisteter Dienstzeit differenziert werden.[9]

10 Für Arbeitnehmer im öffentlichen Dienst besteht nach § 2 Abs. 2 TV ATZ bei Vorliegen der dort genannten weiteren Voraussetzungen ein Anspruch auf Vereinbarung eines Altersteilzeitarbeitsverhältnisses ab Vollendung des 60. Lebensjahres.[10] Ein Anspruch auf eine bestimmte Verteilung der Arbeitszeit während des Altersteilzeitarbeitsverhältnisses wird vom BAG aber verneint.[11] Zu einer Annahme des Angebots auf Abschluss eines Altersteilzeitvertrags im Blockmodell ist der Arbeitgeber nach §§ 2, 3 TV ATZ lediglich dann verpflichtet, wenn jede andere Entscheidung über die Verteilung der Arbeitszeit billigem Ermessen widerspräche.[12]

11 Auch wenn ein Tarifvertrag grundsätzlich einen Rechtsanspruch auf Altersteilzeit vorsieht, sind Arbeitgeber nicht verpflichtet, jeden Altersteilzeitwunsch positiv zu bescheiden. Durch § 3 Abs. 1 Nr. 3 ATG soll eine **Überforderung des Arbeitgebers** verhindert werden, indem die Gewährung von Zuschüssen (nicht aber die Steuer- und Beitragsfreiheit) davon abhängig ist, dass die kollektivvertragliche Vereinbarung, die Arbeitnehmern einen Anspruch auf Übergang in die Altersteilzeit einräumt, diese Rechtsposition nicht mehr als 5 % der Beschäftigten des Betriebes gewährt. Diese Überforderungsklausel enthält mittelbar einen Eingriff in die Tarifautonomie, weil sie durch die Vorenthaltung von Fördermitteln verhindert, dass die Tarifvertragsparteien einem höheren Anteil als 5 % der Beschäftigten einen Rechtsanspruch einräumen (können).[13] Aus der Überforderungsklausel ergibt sich im Übri-

---

[7] Zum allgemeinen Teilzeitanspruch → § 73.
[8] ErfK/*Rolfs* ATG § 8 Rn. 1.
[9] *Andresen* Frühpensionierung Rn. 563.
[10] Vgl. BAG 23.1.2007 – 9 AZR 393/06, NZA 2007, 1236; 15.9.2009 – 9 AZR 643/08, NZA-RR 2010, 551.
[11] BAG 4.5.2010 – 9 AZR 155/09, NZA 2010, 1063; 17.8.2010 – 9 AZR 414/09, NZA 2011, 367; 12.4.2011 – 9 AZR 19/10, NZA 2011, 1044.
[12] BAG 17.8.2010 – 9 AZR 401/09, NZA 2011, 161.
[13] ErfK/*Rolfs* ATG § 3 Rn. 7.

gen, dass ein tarifvertraglicher Rechtsanspruch in tarifunterworfenen Kleinbetrieben mit weniger als 20 Beschäftigten[14] von vornherein ausgeschlossen ist.

Besteht ein tarifvertraglicher Anspruch, hat der Arbeitgeber geltend gemachte Ansprüche 12 seiner Mitarbeiter zu erfüllen, bis die im Tarifvertrag festgesetzte Überforderungsklausel erreicht ist. So ist nach § 3 Abs. 1 des Tarifvertrages zur Förderung der Altersteilzeit in der Chemischen Industrie der tarifvertragliche Anspruch auf Abschluss eines Altersteilzeitarbeitsvertrages ausgeschlossen, wenn und so lange 5 % der Arbeitnehmer des Betriebes von einer Altersteilzeitregelung Gebrauch machen oder diese Grenze durch den Abschluss eines Altersteilzeitvertrages überschritten würde. Derartige Regelungen sind grundsätzlich wirksam.[15] In vielen Tarifverträgen ist die Grenze auf lediglich 3 % festgesetzt. Auch bei tariflicher Überforderungsklausel ist der Arbeitgeber im Übrigen frei, mit über 5 % aller Arbeitnehmer Altersteilzeitverträge zu schließen. Er ist dann aber an den arbeitsrechtlichen Gleichbehandlungsgrundsatz gebunden.[16] In einem solchen Fall ist die Entscheidung des Arbeitgebers, lediglich Altersteilzeit im Teilzeitmodell (Kontinuitätsmodell), nicht aber Altersteilzeit im Blockmodell anzubieten, nicht zu beanstanden. Die lediglich im Blockmodell bestehenden Verpflichtungen, finanzielle Rückstellungen zu bilden und das von dem Arbeitnehmer in der Arbeitsphase angesparte Wertguthaben gegen Insolvenz zu sichern, rechtfertigen es, Arbeitnehmer, die ausschließlich Altersteilzeit im Blockmodell leisten wollen, von der Gewährung von Altersteilzeit auszunehmen.[17]

3. Anspruch aus Betriebsvereinbarung

Arbeitnehmern kann ein Anspruch auf Abschluss einer Altersteilzeitvereinbarung auch 13 durch Betriebsvereinbarung eingeräumt werden. Hier gilt ebenfalls die Überforderungsklausel des § 3 Abs. 1 Nr. 3 ATG. Auf der Grundlage der entsprechenden Betriebsvereinbarung geltend gemachte Ansprüche hat der Arbeitgeber so lange zu erfüllen, bis die in der Betriebsvereinbarung festgesetzte Überforderungsgrenze erreicht ist. Die Ansprüche sind vom Arbeitgeber grundsätzlich in der Reihenfolge ihres Erwerbs und ihrer Geltendmachung zu befriedigen.[18]

4. Individualvertraglicher Anspruch

Im Einzelfall kann einem Arbeitnehmer auch ausdrücklich ein individualvertraglicher Anspruch eingeräumt werden, auch schon im Anstellungsvertrag. Ein solcher Anspruch stand in der Vergangenheit jedoch faktisch unter dem Vorbehalt der Einhaltung der Überforderungsklausel des § 3 Abs. 1 Nr. 3 ATG, wenn eine staatliche Förderung angestrebt war. Ein Anspruch auf Abschluss eines Altersteilzeitvertrages kann sich im Einzelfall auch aus dem Gesichtspunkt der betrieblichen Übung oder aus dem Gleichbehandlungsgrundsatz ergeben.[19]

Besteht kein Rechtsanspruch, kann der Arbeitgeber den Abschluss eines Altersteilzeitvertrags zunächst ohne weiteres ablehnen. Der Arbeitgeber kann den Abschluss eines Altersteilzeitvertrages also verweigern, ohne dass es eines sachlichen Grundes bedarf. Nach Auffassung des BAG muss die Entscheidung des Arbeitgebers, in Einzelfällen den Übergang in die Altersteilzeit nicht zu ermöglichen, **billigem Ermessen** entsprechen, wobei § 315 Abs. 1 BGB entsprechend anwendbar sein soll.[20] Der Arbeitgeber soll aber eigene, vor allem wirtschaftliche Interessen berücksichtigen dürfen. Er ist nicht derart eingeschränkt, dass er den Antrag

---

[14] Zur Ermittlung der Beschäftigtenzahl vgl. § 7 Abs. 3 Nr. 2 ATG.
[15] BAG 18.9.2001 – 9 AZR 397/00, NZA 2002, 1161; 12.8.2008 – 9 AZR 620/07, NZA-RR 2009, 430; zur Schadensersatzpflicht bei Nichtannahme eines berechtigten Altersteilzeitantrags BAG 27.1.2011 – 8 AZR 280/09, NZA 2011, 1312.
[16] BAG 15.4.2008 – 9 AZR 111/07, NZA-RR 2008, 547; 15.11.2011 – 9 AZR 387/10, NZA 2012, 218.
[17] BAG 18.10.2011 – 9 AZR 225/10, NZA 2012, 944.
[18] Vgl. BAG 21.1.1987 – 4 AZR 547/86, NZA 1987, 233.
[19] Vgl. BAG 15.4.2008 – 9 AZR 111/07, NZA-RR 2008, 547.
[20] BAG 12.12.2000 – 9 AZR 706/99, NZA 2001, 1209; 26.6.2001 – 9 AZR 244/00, NZA 2002, 44; vgl. auch BAG 15.9.2009 – 9 AZR 643/08, NZA-RR 2010, 551; 27.1.2011 – 8 AZR 280/09, NZA 2011, 1312.

des Arbeitnehmers nur aus dringenden betrieblichen Bedürfnissen ablehnen dürfte. So handelt der Arbeitgeber jedenfalls nicht schon dann ermessensfehlerhaft, wenn er Altersteilzeitverträge nur mit Arbeitnehmern aus solchen Bereichen abschließt, in denen ein abzubauender Stellenüberhang besteht.[21]

III. Voraussetzungen (un-)geförderter Altersteilzeit

16 Das ATG nennt in § 3 Anspruchsvoraussetzungen für die Alterseilzeitarbeit, um die in § 4 ATG geregelte **Förderung durch die Bundesagentur für Arbeit** zu erhalten. Diese Voraussetzungen sind noch für diejenigen Altersteilzeitverträge von Bedeutung, die bis zum 31.12.2009 abgeschlossen und bis zu diesem Termin auch „aktiviert" wurden, bei denen der Arbeitnehmer die Altersteilzeitbeschäftigung also bis zum 31.12.2009 auch tatsächlich angetreten hat. Die meisten dieser Altersteilzeitverträge sind bereits beendet oder werden im Jahr 2016 auslaufen.

17 Der Abschluss von Altersteilzeitverträgen unter Nutzung der Steuer- und Beitragsfreiheit verlangt lediglich die Gewährung von Aufstockungsbeiträgen gem. § 3 Abs. 1 Nr. 1 ATG, nicht jedoch die Wiederbesetzung des Arbeitsplatzes. Diese Form der Altersteilzeit wird auch als **ungeförderte Altersteilzeit** bezeichnet.

1. Voraussetzungen für (un-)geförderte Altersteilzeit auf Arbeitnehmerseite

18 Damit ein Arbeitnehmer zum begünstigten Personenkreis iSd § 2 ATG gehört, müssen folgende Voraussetzungen erfüllt sein:
19 • Die Arbeitnehmereigenschaft iSd herkömmlichen Begriffsbildung muss vorliegen.[22]
20 • Bei Beginn der Altersteilzeitarbeit muss das 55. Lebensjahr vollendet sein, wobei der vorherige Abschluss des Altersteilzeitvertrages unschädlich ist.
21 • Der Arbeitnehmer muss innerhalb der letzten fünf Jahre vor Beginn der Altersteilzeitarbeit mindestens 1.080 Kalendertage (also drei Jahre) in einer versicherungspflichtigen Beschäftigung (SGB III) gestanden haben. Bei den weitaus meisten „Interessenten" wird diese Voraussetzung ohne weiteres erfüllt sein, da Altersteilzeitverträge meist mit langjährigen Mitarbeitern geschlossen werden. Umgekehrt muss die geforderte Vorbeschäftigungszeit nicht bei einem einzigen Arbeitgeber zurückgelegt sein.[23] Möglich ist es sogar, einen Altersteilzeit-Arbeitnehmer mit Beginn der Altersteilzeit neu einzustellen. Der Arbeitnehmer kann also den Wechsel in die Altersteilzeit mit einem Wechsel des Arbeitgebers verbinden. Voraussetzung ist aber, dass beide Beschäftigungsverhältnisse nahtlos aneinander anschließen.
22 • Die abgeschlossene Altersteilzeitvereinbarung muss sich zumindest auf die Zeit erstrecken, bis eine Rente wegen Alters erstmals beansprucht werden kann (§ 2 Abs. 1 Nr. 2 ATG). Ein automatischer Wechsel in die Altersteilzeit ist nicht möglich.[24]
23 • Durch die Vereinbarung muss der Arbeitnehmer seine individuelle Arbeitszeit auf die Hälfte der bisherigen wöchentlichen Arbeitszeit reduzieren. Hierbei kommt nicht allein die Halbierung der Arbeitszeit von Vollzeitkräften in Betracht. Seit dem 1.1.2000 ist gesetzlich gesichert, dass der Arbeitnehmer vor dem Übergang in die Altersteilzeit nicht vollbeschäftigt gewesen sein muss.[25] Teilzeitbeschäftigte müssen aber ebenso wie Vollzeitbeschäftigte ihre Arbeitszeit mindern.[26]
24 • Schließlich muss der Arbeitnehmer auch während der Altersteilzeitarbeit versicherungspflichtig beschäftigt werden iSd SGB III.

---

[21] BAG 12.12.2000 – 9 AZR 706/99, NZA 2001, 1209.
[22] Zum Arbeitnehmerbegriff → § 6.
[23] *Diller* NZA 1996, 847 (848).
[24] Zu Einzelheiten des Altersteilzeitvertrags → Rn. 34 ff.
[25] *Rittweger* NZS 2000, 240 (241); *Wolf* NZA 2000, 637 (638 f.).
[26] BAG 20.8.2002 – 9 AZR 710/00, NZA 2003, 510.

Die **Nichtbeachtung der Vorgaben des ATG** kann zum **Entfall der steuer- und sozialversi-** 25
cherungsrechtlichen Privilegierungen führen.[27] Häufig kann deshalb der (gerade bei langfristigen Personalabbaumaßnahmen) nicht selten bestehende Wunsch des Arbeitgebers, den Altersteilzeitler bereits während dessen eigentlicher Arbeitsphase von der Arbeitsleistung freizustellen, mit Nachteilen behaftet sein. Eine derartige Freistellung führt nämlich dazu, dass die Arbeitszeit im Ergebnis um mehr als die von § 2 Abs. 1 Nr. 2 ATG vorgesehenen 50 % reduziert wird. Dementsprechend liegt in diesem Fall kein „echtes" Altersteilzeitverhältnis vor. Dies hat weiter zur Konsequenz, dass die in § 8 Abs. 3 ATG verankerte spezielle **Befristungsregelung** nicht eingreift. Stattdessen gilt die Grundregel von § 41 S. 2 SGB VI. Auf eine etwaige in der Altersteilzeitvereinbarung enthaltene Befristung auf den Zeitpunkt, in dem der Arbeitnehmer erstmals Anspruch auf eine – auch gekürzte – Altersrente hat, kann sich der Arbeitgeber folglich nicht berufen. Vielmehr wird in diesem Fall gem. § 41 S. 2 SGB VI die Vereinbarung einer Befristung auf den Zeitpunkt des Erreichens der Regelaltersgrenze fingiert. Dies ist sachlich gerechtfertigt und zulässig.[28]

2. Voraussetzungen für (un-)geförderte Altersteilzeit auf Arbeitgeberseite

a) **Aufstockung des Arbeitsentgelts.** Bei Beginn der Altersteilzeit vor dem 1.7.2004 hatte 26
der Arbeitgeber noch das jeweilige Arbeitsentgelt für die Altersteilzeit um 20 %, mindestens jedoch um einen festgelegten Mindestnettobetrag entsprechend der sog. Mindestnettobetragsverordnung aufzustocken. Bei späterem Beginn der Altersteilzeit (bis Ende 2009) wird nach § 3 Abs. 1 Nr. 1a ATG eine Aufstockung des Regelarbeitsentgelts im Sinne des neu gefassten § 6 Abs. 1 ATG um 20 % verlangt. Das bisherige Korrektiv des Mindestnettobetrages ist entfallen. Das Regelarbeitsentgelt, das an die Stelle des bisherigen Arbeitsentgelt der Vorgängerregelung getreten ist, wird in § 6 Abs. 1 ATG als das auf einen Monat entfallende, vom Arbeitgeber zu zahlende sozialversicherungspflichtige Arbeitsentgelt definiert, soweit es die Beitragsbemessungsgrenzen des SGB III nicht überschreitet. Nicht berücksichtigungsfähig sind solche Entgeltbestandteile, die nicht laufend gezahlt werden. Danach sind variable Entgeltbestandteile bzw. Entgeltbestandteile, die einmalig oder unregelmäßig gezahlt werden, nicht mehr aufstockungsfähig.[29]

Aus Tarifverträgen oder Betriebsvereinbarungen ergeben sich häufig höhere Aufsto- 27
ckungspflichten. Solche können selbstverständlich auch einzelvertraglich vereinbart werden. Über die gesetzliche Mindestsumme hinaus gehende Aufstockungsbeträge wurden dem Arbeitgeber aber auch schon in der Vergangenheit von der Bundesagentur nicht erstattet.

Die Mehrbelastung des Arbeitnehmers, die aus der Berücksichtigung von Aufstockungs- 28
beträgen bei der Besteuerung (sog. Schattenbesteuerung) resultiert (Progressionsvorbehalt), muss der Arbeitgeber nicht ersetzen.[30]

b) **Aufstockungsbeträge zur Rentenversicherung.** Damit die bisherige Förderung der Bun- 29
desagentur erfolgt, musste der Arbeitgeber zusätzliche Beiträge zur gesetzlichen Rentenversicherung für den Arbeitnehmer zahlen. Gemäß § 3 Abs. 1 Nr. 1b ATG waren die Beiträge zur gesetzlichen Rentenversicherung mindestens um den Betrag aufzustocken, der auf 80 % des Regelarbeitsentgelts für die Altersteilzeit entfällt. Dieser Betrag wird seinerseits begrenzt auf den Unterschiedsbetrag zwischen 90 % der monatlichen Beitragsbemessungsgrenze und dem Regelarbeitsentgelt. Der Arbeitgeber muss dann die Beiträge zur gesetzlichen Rentenversicherung um den Beitrag aufstocken, der auf den Unterschiedsbetrag entfällt.

Auch hinsichtlich der Aufstockung in der Rentenversicherung gilt, dass die gesetzlich vor- 30
gesehenen Aufstockungsleistungen nur eine **Mindesthöhe** festlegen. Höhere Aufstockungen können ohne weiteres vereinbart werden. In der Praxis enthalten die meisten Tarifverträge oder Betriebsvereinbarungen zur Altersteilzeit solche („freiwilligen") Aufstockungen, die dazu führen, dass Altersteilzeit für Durchschnittsverdiener durchaus attraktiv ist.

---

[27] BAG 22.5.2012 – 9 AZR 453/10, AP TVG § 1 Altersteilzeit Nr. 58; 10.2.2004 – 9 AZR 401/02, NZA 2004, 606.
[28] BAG 19.11.2003 – 7 AZR 296/03, NZA 2004, 1336.
[29] Zum Arbeitsentgeltcharakter der Aufstockungsbeträge BSG 17.4.2007 – B 5 RJ 33/05 R, NZA 2008, 98.
[30] Vgl. BAG 25.5.2002 – 9 AZR 155/01, NZA 2003, 859; 18.3.2003 – 9 AZR 61/02, NZA 2003, 1112.

31 Die Attraktivität einer Altersteilzeitlösung kann zusätzlich durch eine Kombination von **höheren Aufstockungsleistungen** mit der **Zahlung einer Abfindung** bei Beendigung des Arbeitsverhältnisses gesteigert werden (Beispiel: Tarifverträge im öffentlichen Dienst und in der Metallindustrie).[31] Eine volle Kompensation der Rentenabschläge ist aber kaum möglich, weil die hierfür aufzuwendenden Mittel in der Regel kaum finanzierbar sind. Der Ausgleich der Rentenminderung bei einem Durchschnittsrentner mit einem Maximalabschlag von 18 % kann beispielsweise die Zahlung eines Betrages von über 56.000,– EUR (als Abfindung) erfordern.[32]

32 c) **Wiederbesetzung des Arbeitsplatzes.** Die Wiederbesetzung des Arbeitsplatzes des in Altersteilzeit wechselnden Arbeitnehmers war eine Schlüsselvoraussetzung für die Gewährung von Erstattungsleistungen durch die Bundesagentur für Arbeit (§ 3 Abs. 1 Nr. 2 ATG). Gefordert wurde, dass der Arbeitgeber aus Anlass des Übergangs des (einen) Arbeitnehmers in die Altersteilzeit einen (anderen) Arbeitnehmer beschäftigt. Dieser „andere" Arbeitnehmer (sog. Wiederbesetzer) musste entweder ein bei der Arbeitsagentur arbeitslos gemeldeter Arbeitnehmer oder ein Arbeitnehmer nach Abschluss der Ausbildung sein. Zusätzlich wurde gefordert, dass dieser Arbeitnehmer versicherungspflichtig beschäftigt wurde, und zwar entweder auf dem freigemachten oder auf einem in diesem Zusammenhang durch Umsetzung freigewordenen Arbeitsplatz (§ 3 Abs. 1 Nr. 2a ATG).

33 Für die fortgeltende Steuer- und Beitragsfreiheit bedarf es allerdings keiner Wiederbesetzung des Arbeitsplatzes.

IV. Altersteilzeitvertrag

34 Für den Eintritt in das Altersteilzeit-Arbeitsverhältnis bedarf es des Abschlusses einer Altersteilzeitvereinbarung zwischen Arbeitgeber und Arbeitnehmer. Dabei ist das Altersteilzeitarbeitsverhältnis kein neues, eigenständiges Arbeitsverhältnis, sondern die Fortführung der bisherigen Vertragsbeziehung zu geänderten Bedingungen. Ein Haus-/Tarifvertrag oder eine Betriebsvereinbarung können für die Altersteilzeit lediglich die Rahmenbedingungen schaffen, erforderlich ist stets eine **einzelvertragliche Vereinbarung.** Eine Ausnahme vom Grundsatz, wonach ein Altersteilzeitarbeitsvertrag grundsätzlich vor dem Beginn der Altersteilzeit abgeschlossen werden muss, gilt dann, wenn der Altersteilzeitarbeitsvertrag das Ergebnis einer gerichtlichen Auseinandersetzung ist. Dann kann der Arbeitgeber zum rückwirkenden Vertragsschluss verurteilt werden.[33] Grundsätzlich scheidet eine rückwirkende oder rückdatierte Vereinbarung jedoch aus.[34] Weil die Altersteilzeitvereinbarung – aus Sicht des Arbeitnehmers – nahtlos in die Rente führt, sich an die Altersteilzeit also der Rentenbezug (hierbei kommen alle Rentenarten wegen Alters in Betracht) anschließen muss (§ 2 Abs. 1 Nr. 2 ATG), liegt faktisch eine (nachträgliche) Befristung des Arbeitsverhältnisses vor (zulässig wegen § 8 Abs. 3 ATG)[35] und damit eine Vereinbarung, die das Arbeitsverhältnis beendet. Dementsprechend bedarf die Altersteilzeitvereinbarung zwingend der Schriftform (§ 623 BGB).

35 Ein Angebot auf Abschluss eines Altersteilzeitarbeitsverhältnisses kann auch mittels **Änderungskündigung** abgegeben werden. Das BAG hat eine solche Änderungskündigung jedenfalls nicht schon deshalb für unwirksam gehalten, weil sie auf eine nachträgliche Befristung eines auf unbestimmte Zeit eingegangenen Arbeitsverhältnisses zielt.[36] Ein Grund zur Änderung der Arbeitsbedingungen könne vorliegen, wenn die Beschäftigungsmöglichkeiten zu den bisherigen Bedingungen entfallen sind und sachliche Gründe für das Angebot einer nur befristeten (Weiter-)Beschäftigung bestehen. Der sachliche Grund kann darin liegen,

---

[31] Vgl. auch BAG 15.4.2008 – 9 AZR 26/07, NZA-RR 2008, 580 zur Zusage erhöhter Sozialplanabfindungen an Arbeitnehmer, die vom Angebot eines Altersteilzeitvertrags Gebrauch machen.
[32] Vgl. etwa *Rittweger* NZS 1999, 126 (128) mit weiteren Beispielen.
[33] BAG 23.1.2007 – 9 AZR 393/06, NZA 2007, 1236; 15.9.2009 – 9 AZR 608/08, NZA 2010, 32; 4.5.2010 – 9 AZR 155/09, NZA 2010, 1063.
[34] BAG 15.9.2009 – 9 AZR 608/08, NZA 2010, 32.
[35] BAG 27.4.2004 – 9 AZR 18/03, NZA 2005, 821.
[36] BAG 16.12.2010 – 2 AZR 576/09, NZA 2011, 1247.

dass der Arbeitgeber dem Arbeitnehmer aus sozialen Erwägungen eine befristete Beschäftigung im Sinne einer Übergangsregelung ermöglichen will. Die sozialen Erwägungen müssen dann das überwiegende Motiv des Arbeitgebers für das Änderungsangebot sein.[37]

Der Abschluss eines Altersteilzeitvertrags hat für den Arbeitnehmer schon wegen der hiermit verbundenen Festschreibung der Beendigung des Arbeitsverhältnisses weitreichende Bedeutung. Hinzu kommt, dass die Vereinbarung als „letzter Arbeitsvertrag" zu einer Reduzierung des Entgelts führt, sie sich direkt auf die Rente auswirkt[38] und wegen der Bildung von Wertguthaben (im Blockmodell) spezielle Insolvenzrisiken bestehen. Die Insolvenzsicherung der Wertguthaben aus der Altersteilzeit ist jetzt in § 8a ATG verbindlich vorgeschrieben.[39] Steuerliche Besonderheiten ergeben sich im Zusammenhang mit dem sog. Progressionsvorbehalt. Vor allem wegen des Übergangs in die Rente stehen dort Einbußen durch Rentenabschläge in Höhe von bis zu 18 % an. Diese Abschläge setzen sich sogar bei den Hinterbliebenenrenten fort (§ 77 Abs. 3 SGB VI). 36

Wegen der nachhaltigen Auswirkungen für den Arbeitnehmer und weil der Altersteilzeitvertrag inhaltlich in der Regel vom Arbeitgeber ausgestaltet und vorgelegt wird, stellt sich die Frage nach bestehenden **Hinweis- oder Aufklärungspflichten** des Arbeitgebers. Ob man dem Arbeitgeber sämtliche Beratungsrisiken der Altersteilzeit aufbürden kann, ist jedoch mehr als zweifelhaft. Dennoch darf der Arbeitgeber im Zusammenhang mit einem neuen Vertragsschluss keine neue Gefahrenquelle schaffen. Die Pflicht des Arbeitgebers beschränkt sich daher nicht darauf, keine falschen Auskünfte zu erteilen, sondern ihn können auch Hinweis- und Aufklärungspflichten treffen. Eine besondere Hinweispflicht des Arbeitgebers bejahte das BAG, wenn der Aufhebungsvertrag auf die Initiative des Arbeitgebers hin und in seinem Interesse abgeschlossen wurde.[40] Dem Arbeitnehmer sollte empfohlen werden, sich bei den zuständigen Stellen (insbesondere der Bundesagentur für Arbeit und der Deutsche Rentenversicherung) vor Abschluss der Vereinbarung zu erkundigen und sich zumindest mittels deren Merkblätter zu informieren. 37

Bei der **Gestaltung von Altersteilzeitverträgen** ist zur Vermeidung von ungewollten Nachteilen für beide Vertragsparteien besondere Sorgfalt geboten.[41] Auch bei Altersteilzeitverträgen ist zu beachten, dass sie grundsätzlich der **AGB-Kontrolle** unterliegen. Als typische Regelungsinhalte und zugleich Mindestinhalte wird man ansehen müssen 38

- die Regelung der Halbierung der Arbeitszeit; dies geschieht durch die Festlegung des Beginns der Altersteilzeit und des Endes des Arbeitsverhältnisses sowie der Verteilung der Arbeitszeit (Kontinuitätsmodell oder Blockmodell),
- die Regelung des Altersteilzeit-Entgelts,
- die Regelung besonderer Entgeltbestandteile (zB Dienstwagen, Sonderzahlungen),
- die Regelung der Aufstockung des Entgelts[42] und des Rentenbeitrags durch den Arbeitgeber,
- die Regelung von Krankheitsfällen und anderen Fehlzeiten,
- die Regelung der Nebenbeschäftigung (möglicher Ruhenstatbestand nach § 5 ATG) sowie
- die Regelung einer etwaigen vorzeitigen Beendigung des Altersteilzeitvertrages.

Eine **auflösende Bedingung** in einer Altersteilzeitvereinbarung, wonach das Arbeitsverhältnis mit Ablauf des Kalendermonats endet, in dem der Arbeitnehmer zum Bezug der frühestmöglichen gesetzlichen Altersrente berechtigt ist, kann je nach Verlauf der vorausgegangenen Vertragsverhandlungen als Überraschungsklausel anzusehen und deshalb unwirksam sein.[43] Wird in einem Formulararbeitsvertrag eine Befristungsabrede getroffen, bei der das 39

---

[37] Ablehnend wegen ATG § 8 Abs. 1: ErfK/*Rolfs* ATG § 8 Rn. 17.
[38] Zur ergänzenden Auslegung einer Versorgungsordnung für den (dort nicht geregelten) Fall des Wechsels von langjähriger Vollzeittätigkeit in Altersteilzeit LAG Düsseldorf 3.6.2009 – 12 Sa 1601/08, NZA-RR 2010, 96.
[39] Hierzu LAG Hamm 12.12.2007 – 3 Sa 1468/07, NZA-RR 2008, 462; *Rolfs* NZS 2004, 561; *Knospe* NZA 2006, 187; zur persönlichen Haftung des Geschäftsführers wegen vorgetäuschter Insolvenzsicherung des Wertguthabens aus Altersteilzeit BAG 13.2.2007 – 9 AZR 207/06, NZA 2007, 878.
[40] LAG Nürnberg 14.11.2013 – 8 Sa 143/13, BeckRS 2014, 03680.
[41] Vgl. *Diller* NZA 1996, 847 (853); *Stindt* DB 1996, 2281 (2286).
[42] Zu Auslegungsfragen insoweit LAG Köln 28.2.2002 – 10 Sa 1146/01, NZA-RR 2003, 204.
[43] BAG 8.8.2008 – 7 AZR 605/06, NZA 2008, 1208.

Arbeitsverhältnis vor Ablauf der vereinbarten Zeitbefristung vorzeitig durch Eintritt einer oder mehrerer auflösenden Bedingungen enden kann, so ist die vorzeitige Beendigungsmöglichkeit im Vertragstext deutlich erkennbar hervorzuheben.

40 In vielen Fällen werden Altersteilzeitverträge auf der Grundlage bestehender Tarifverträge und/oder Betriebsvereinbarungen geschlossen. Wegen der Komplexität der Altersteilzeitregelung ist eine zugrunde liegende Betriebsvereinbarung häufig auch „optisch" sinnvoll, weil im individuellen Vertrag dann eine Bezugnahme erfolgen kann. Zu berücksichtigen ist auch, dass eine Regelung durch Betriebsvereinbarung insoweit vorteilhaft erscheint, als auf Betriebsvereinbarungen die Inhaltskontrolle für Allgemeine Geschäftsbedingungen (§ 310 Abs. 4 BGB) keine Anwendung findet.

V. Durchführung des Altersteilzeit-Arbeitsverhältnisses

1. Allgemeines

41 Nach der Idee des Gesetzgebers arbeitet der jeweilige Mitarbeiter während der Altersteilzeit genau die Hälfte seiner bisherigen Arbeitszeit, erhält aber ein erhöhtes Entgelt und höhere Rentenbeiträge gegenüber einer „normalen" hälftigen Teilzeitbeschäftigung. Dieses **klassische Teilzeitmodell** (sog. Kontinuitätsmodell) findet sich in der Praxis aber nur selten, weil das vorrangige Interesse der betroffenen Arbeitnehmer meist die vorzeitige Beendigung des aktiven Arbeitslebens ist. Der Hauptfall in der Praxis ist deshalb das sog. **Blockmodell**, bei dem sich an eine Phase der Vollzeitarbeit (sog. Arbeitsphase oder Arbeitsblock) eine gleich lange Freistellung von der Arbeit (sog. Freizeitphase oder Freizeitblock) anschließt. Das aktive Arbeitsleben endet mit Eintritt in die Freizeitphase, der Arbeitnehmer erhält aber weiterhin die bisherige Vergütung (aus der Arbeitsphase).

42 In der Praxis sehr verbreitet war das „**Modell 57**". Hier begann die Arbeitsphase des Blockmodells mit 57 Jahren, der Wechsel in die Freizeitphase fand mit 60 Jahren statt. Altersrente wurde mit 63 Jahren beansprucht. Der Rentenabschlag betrug maximal 7,2 %. Ein schnellstmögliches Ausscheiden aus dem Erwerbsleben (bei möglicher Förderung nach dem ATG) war mit dem „**Modell 55**" möglich. Hier begann der Arbeitsblock mit 55 Jahren, der Freizeitblock mit 58 Jahren. Der Wechsel in die Rente mit 61 Jahren konnte aber zu einem (dauerhaften) Rentenabschlag bis zu 14,4 % führen. Das Modell 55 bot sich häufig für schwerbehinderte Arbeitnehmer an, die nur mit höchstens 7,2 % Rentenabschlag rechnen mussten. Das „**Modell 59**" war attraktiv für Arbeitnehmer, die Rentenabschläge gänzlich vermeiden und dennoch vorzeitig aus dem Erwerbsleben (durch Eintritt in die Freizeitphase) ausscheiden wollten. Hier begann der Arbeitsblock mit 59, der „Ruhestand" (Freizeitphase) mit 62 Jahren. Der Rentenbezug begann mit 65 Jahren, so dass sich keine Rentenabschläge ergaben. Diese Modelle haben durch das Inkrafttreten des Rentenversicherungs-Altersgrenzenanpassungsgesetzes vom 20.4.2007[44] („Rente mit 67") eine Modifizierung erfahren. Es muss und musste also „neu gerechnet" werden, das Grundprinzip der beschriebenen Modelle ist aber gleich geblieben.

43 Selbstverständlich braucht der Altersteilzeit-Zeitraum nicht zwingend sechs Jahre betragen; in vielen Fällen der Praxis wird Altersteilzeit deshalb auch für einen Zeitraum von 2, 3 oder 4 Jahren vereinbart.

44 Wird Altersteilzeit in Form des Blockmodells geleistet, entsteht für den Arbeitnehmer zunächst ein **Arbeitszeitguthaben**. Er arbeitet in diesem Fall unverändert mit der ursprünglich vereinbarten individuellen Arbeitszeit weiter, erhält als Entgelt aber lediglich die Hälfte der ihm zustehenden ursprünglichen Vergütung zuzüglich der im Altersteilzeitvertrag vereinbarten Ausgleichszahlungen des Arbeitgebers. Über die Vorleistung erwirbt der Arbeitnehmer einen **Anspruch auf bezahlte Freistellung**. In der Freizeitphase kommt es dann zur Aufzehrung des angesparten Arbeitszeitguthabens. Bei vorzeitiger Beendigung des Altersteilzeitarbeitsverhältnisses besteht ein Anspruch auf Ausgleich des nicht durch Freistellung ver-

---

[44] BGBl. 2007 I 554.

brauchten Anteils. Bei Tod des Arbeitnehmers geht ein solcher Zahlungsanspruch auf seine Erben über (§ 1922 BGB).[45]

2. Rechte und Pflichten der Arbeitsvertragsparteien

Die beiderseitigen Rechte und Pflichten während der Laufzeit des Altersteilzeitvertrages 45 richten sich grundsätzlich nach allgemeinem Arbeitsrecht. Das Arbeitsverhältnis besteht auch während der Freizeitphase im Blockmodell unverändert fort. Gewisse Besonderheiten sind gleichwohl zu berücksichtigen.

a) **Kontinuitätsmodell.** Im Kontinuitätsmodell leistet der Altersteilzeitler Teilzeitarbeit. Er 46 bezieht hierfür das entsprechend verminderte (aber aufgestockte) Entgelt. Grundsätzlich gilt für den Altersteilzeitler auch das TzBfG, so dass insbesondere eine Benachteiligung wegen der Teilzeitarbeit (oder gar wegen der Inanspruchnahme der Altersteilzeit selbst) ausscheidet.[46] Der allgemeine Teilzeitanspruch nach § 8 TzBfG läuft für Altersteilzeitler freilich leer. Das Altersteilzeitverhältnis setzt ja zwingend voraus, dass die Arbeitszeit genau auf die Hälfte der bisherigen wöchentlichen Arbeitszeit reduziert wird. Bei einer weiteren Arbeitszeitreduzierung auf Grundlage des § 8 TzBfG würde das Altersteilzeitverhältnis deshalb automatisch enden.[47]

Unter einer kontinuierlichen Arbeitsleistung wird aber nicht nur verstanden, dass der Al- 47 tersteilzeitvertrag eine Halbierung der täglichen Arbeit vorsieht. Es ist ebenso möglich, die Wochenarbeitszeit auf zweieinhalb Tage zu beschränken oder einen weitreichenden Ausgleich zu vereinbaren, etwa einen wöchentlichen oder monatlichen Wechsel von Arbeits- und Ruhephasen. Der höchstzulässige Ausgleichszeitraum beträgt bei individuellen Vereinbarungen, die auf keiner Tarifregelung basieren, drei Jahre (§ 2 Abs. 2 Nr. 1 ATG).

b) **Blockmodell.** Im Blockmodell ist zwischen der Rechtslage während der Arbeitsphase 48 und derjenigen in der Freizeitphase zu unterscheiden. Sonderfragen wirft der Übertritt von der Arbeits- in die Freizeitphase auf.

aa) Arbeitsphase. In der Arbeitsphase leistet der Altersteilzeitler Arbeit im ungeschmäler- 49 ten Umfang, also die Arbeitszeit, die vor Abschluss und Durchführung des Altersteilzeitvertrages maßgeblich war. Er bezieht hierfür aber ein vermindertes (aufgestocktes) Entgelt. Im Krankheitsfall ist dieses Entgelt nach Maßgabe des EFZG fortzuzahlen. Eine weniger als sechs Wochen andauernde Arbeitsunfähigkeit in der Arbeitsphase hat auf die Vergütung keinen Einfluss. Der Altersteilzeitler erhält neben dem Altersteilzeitentgelt den Aufstockungsbetrag und erhöhte Rentenversicherungsbeiträge weiter.[48]

Problematisch ist eine **länger als sechs Wochen andauernde Arbeitsunfähigkeit** während der 50 Arbeitsphase, weil ein Anspruch auf die Aufstockungsleistungen nur für Zeiträume gewährt wird, in denen Anspruch auf Arbeitsentgelt besteht. Bei länger andauernder Arbeitsunfähigkeit erhält der Arbeitnehmer lediglich eine Entgeltersatzleistung, die anhand des unaufgestockten halben Arbeitsentgelts berechnet wird. Bei geförderter Altersteilzeit zahlt die Bundesagentur für Arbeit nach Maßgabe des § 10 ATG die Aufstockungsbeiträge an den Arbeitnehmer sowie die Höherversicherungsbeiträge an den Rentenversicherungsträger. Die Leistung beginnt aber frühestens ab Beginn der Freistellungsphase, so dass bis zu diesem Zeitpunkt das Einkommen des Arbeitnehmers auf das Altersteilzeit-Krankengeld beschränkt ist.

Als Lösungsmöglichkeit bietet sich eine **Vereinbarung** der Vertragspartner an, wonach der 51 Arbeitnehmer im Fall einer lang andauernden Erkrankung **Nacharbeit** zu leisten hat. Auf diese Weise verschiebt sich der Beginn der Freistellungsphase um die Hälfte der ausgefallenen Arbeitzeit in der Arbeitsphase, und das geplante Ende der Altersteilzeit bleibt unberührt.[49] Nach der erfolgten Änderung in § 10 Abs. 2 ATG kann bei Krankheit eines in Altersteilzeit

---

[45] Zum Insolvenzfall vgl. *Langohr-Plato/Morisse* BB 2002, 2330; *Nimscholz* ZIP 2002, 1936.
[46] BAG 13.6.2006 – 9 AZR 588/05, NZA-RR 2007, 41; *Meinel/Heyn/Herms* TzBfG § 23 Rn. 4.
[47] Vgl. *Rolfs* TzBfG § 23 Rn. 8 mwN.
[48] Vgl. nur *Debler* NZA 2001, 1285.
[49] LAG Düsseldorf 2.11.2009 – 14 Sa 811/09, BeckRS 2010, 66066; Formulierungsvorschlag bei *Ahlbrecht/Ickenroth* BB 2002, 2440 (2446).

beschäftigten Arbeitnehmers über den Entgeltfortzahlungszeitraum von sechs Wochen hinaus nicht mehr nur die Bundesagentur für Arbeit die Aufstockungsleistungen direkt an den Altersteilzeitarbeitnehmer erbringen, sondern auch der Arbeitgeber an Stelle der Bundesagentur.

52 bb) *Freistellungsphase.* In der Freistellungsphase befindet sich der Altersteilzeitler faktisch im „Ruhestand". Eine Arbeitsverpflichtung besteht nicht mehr. Das verminderte (aufgestockte) Entgelt wird weiter gezahlt, nachdem während der Arbeitsphase das entsprechende Wertguthaben aufgebaut wurde.[50] Eine **Höhergruppierung** auf Grund Bewährungsaufstieg (entschieden für § 23a BAT-O) scheidet aus.[51] Im Übrigen ist kein Verstoß gegen das Benachteiligungsverbot des § 4 Abs. 1 TzBfG anzunehmen, wenn Altersteilzeitarbeitnehmer im Blockmodell von **Tariferhöhungen** ausgeschlossen werden, die nach dem ersten Monat der Freistellungsphase wirksam werden.[52] Der Altersteilzeitarbeitnehmer im Blockmodell hat während der Freistellungsphase Anspruch auf die durch seine Vorarbeit in der Arbeitsphase erworbenen Entgeltansprüche. Im Blockmodell der Altersteilzeit tritt der Arbeitnehmer während der Arbeitsphase mit seiner vollen Arbeitsleistung im Hinblick auf die anschließende Freistellungsphase in Vorleistung. Er erarbeitet sich im Umfang seiner Vorleistungen zum einen Ansprüche auf die spätere Zahlung der Bezüge und zum anderen einen entsprechenden Anspruch auf Freistellung von der Arbeitspflicht und damit ein Zeitguthaben. Die Berechnung der in der Arbeitsphase angesparten und in der Freistellungsphase zu zahlenden Entgelte hat „zeitversetzt" zu erfolgen. Die Teilzeitvergütung ist während des Zeitraums der Freistellungsphase auszuzahlen, der in seiner Lage dem Zeitraum der Arbeitsphase entspricht. Kommt es in der Freistellungsphase zu Lohnerhöhungen, einem Einfrieren oder einer Kürzung von Zuwendungszahlungen, ist (mindestens) das auszuzahlen, was der Altersteilzeitarbeitnehmer erarbeitet hat.[53]

53 Ein zuvor bestandener Anspruch auf Gewährung eines **Dienstwagens** soll jedoch in der Freistellungsphase entfallen können.[54] Vereinbaren die Arbeitsvertragsparteien die Privatnutzung eines Dienstwagens, ohne einen Widerrufsvorbehalt oder eine andere Rücknahmemöglichkeit zu regeln, um den Vertrag an die Teilzeitsituation anzupassen, so gilt die Dienstwagenvereinbarung allerdings auch in der Freistellungsphase der Altersteilzeit.[55]

54 Die **Nebenpflichten** beider Vertragspartner bleiben während der Freizeitphase in vollem Umfang bestehen. Für den Anspruch auf Altersteilzeitvergütung in der Freistellungsphase ist nicht Voraussetzung, dass der Arbeitnehmer arbeitsfähig ist.[56] Fraglich ist aber, ob ein solcher Vergütungsanspruch auch dann zugestanden werden kann, wenn der Arbeitnehmer während der gesamten aktiven Phase der im Blockmodell vereinbarten Altersteilzeit arbeitsunfähig war und deshalb – abgesehen vom Entgeltfortzahlungszeitraum – keine Vergütungsansprüche erworben hat.[57] Das Altersteilzeitarbeitsverhältnis eines sich in der Freistellungsphase befindlichen Arbeitnehmers geht zudem bei einem **Betriebsübergang** nach § 613a BGB auf den neuen Betriebsinhaber über.[58]

55 cc) *Sonderfragen des Übertritts von der Arbeits- in die Freizeitphase.* Der Übertritt in die Freistellungsphase wird hinsichtlich zu diesem Zeitpunkt noch bestehender **Urlaubsansprüche** wie eine wirksame Freistellung unter Anrechnung auf Urlaub eingeordnet. Bei der Altersteilzeitarbeit im Blockmodell bewirkt der Übergang von der Arbeits- in die Freistellungsphase keine Beendigung des Arbeitsverhältnisses iSd § 7 Abs. 4 BUrlG.[59] Zu diesem

---

[50] Zur Beibehaltung der Vergütungsgruppe BAG 4.10.2005 – 9 AZR 449/04, NZA 2006, 506; zum Fälligwerden der in der Arbeitsphase angesparten monatlichen Bezüge BAG 21.1.2011 – 9 AZR 870/09, NZA 2011, 593.
[51] BAG 4.5.2010 – 9 AZR 184/09, NZA 2011, 644.
[52] BAG 19.1.2016 – 9 AZR 564/14, NJW-Spezial 2016, 372.
[53] BAG 17.11.2015 – 9 AZR 509/14, BeckRS 2016, 66948.
[54] LAG Rheinland-Pfalz 14.4.2005 – 11 Sa 745/04, AE 2006, 166.
[55] LAG Rheinland-Pfalz 12.3.2015 – 5 Sa 565/14, NZA-RR 2015, 291.
[56] Vgl. LAG Köln 11.5.2001 – 11 Sa 228/01, NZA-RR 2002, 580.
[57] Offen gelassen LAG Köln 11.5.2001 – 11 Sa 228/01, NZA-RR 2002, 580.
[58] BAG 31.1.2008 – 8 AZR 27/07, NZA 2008, 705; 30.10.2008 – 8 AZR 54/07, NZA 2009, 432.
[59] BAG 10.5.2005 – 9 AZR 196/04, NZA 2005, 1432.

Zeitpunkt offene Urlaubsansprüche sind zum Zeitpunkt der Beendigung des Arbeitsverhältnisses abzugelten, wenn sie nicht verfallen sind und die in der Person des Arbeitnehmers liegenden Voraussetzungen für die Urlaubsgewährung erfüllt sind.[60] Der Arbeitgeber ist gesetzlich nicht verpflichtet, Resturlaub bei Beginn der Freistellungsphase abzugelten.[61]

Zum **Umfang der Urlaubsansprüche** in dem Kalenderjahr, in dem der Wechsel von der Arbeits- in die Freistellungsphase erfolgt, hat das BAG nun Stellung bezogen.[62] Danach bestimmt sich der Umfang des Urlaubsanspruchs nach § 3 Abs. 1 BUrlG[63], wobei sich die Zahl der Urlaubstage anhand der Zahl der Tage mit Arbeitspflicht errechnet, was sich aus dem Erholungszweck des Urlaubsanspruchs ergebe. § 3 BUrlG legt für den Mindesturlaub eine an sechs Tagen der Kalenderwoche bestehende Arbeitspflicht zugrunde. Für die Fälle, in denen die wöchentliche Arbeitszeitverteilung unterjährig wechselt, muss jeweils umgerechnet werden, wonach konkret 24 Werktage durch die Zahl der Arbeitstage im Jahr bei einer Sechs-Tage-Woche geteilt und mit der Zahl der für den Arbeitnehmer maßgeblichen Arbeitstage im Jahr multipliziert werden.[64] Das gilt auch dann, wenn der Arbeitnehmer erst in der zweiten Hälfte des Kalenderjahres in die Freistellungsphase wechselt. Im Übrigen kann der tarifliche Urlaub im Jahr des Übergangs von Vollzeit auf Teilzeit nicht mehr gekürzt werden (Verstoß gegen §§ 4 Abs. 1 TzBfG, 134 BGB), soweit die Kürzung, die Anzahl der während der Vollzeitbeschäftigung erworbenen Urlaubstage mindert.[65]

3. Kündigung des Altersteilzeit-Arbeitsverhältnisses

Vielfach wird die ordentliche Kündigung des Altersteilzeitlers wegen des erreichten Lebensalters und langer Betriebszugehörigkeit bereits tariflich ausgeschlossen sein. Dann kommt eine Kündigung nur noch nach Maßgabe des § 626 BGB in Betracht. Dies gilt ebenso, wenn der Ausschluss der ordentlichen Kündbarkeit einzelvertraglich – nämlich im Altersteilzeitvertrag – geregelt ist. Für weitergehende Überlegungen ist wiederum zwischen dem Kontinuitätsmodell und dem Blockmodell zu unterscheiden.

a) Kontinuitätsmodell. Im Kontinuitätsmodell wird bei betriebsbedingten Kündigungen Sinn und Zweck der getroffenen Altersteilzeitvereinbarung zu berücksichtigen sein. Anwendungsfälle können aber die (unvorhergesehene) Stilllegung des Betriebs und von Betriebsteilen sowie ein notwendiger Personalabbau in wirtschaftlicher Notlage sein. Auch eine personenbedingte Kündigung ist denkbar, etwa wegen lang andauernder Krankheit, einer Suchterkrankung oder wegen erheblicher Leistungsminderungen. Auch eine verhaltensbedingte Kündigung – in der Regel nach vorausgegangener Abmahnung – bleibt möglich.

b) Blockmodell. In der **Arbeitsphase** des Blockmodells ergeben sich keine Besonderheiten. Hier gilt gleiches wie im Kontinuitätsmodell.[66] Welche Grundsätze zur Kündigung während der Freizeitphase gelten, ist hingegen teilweise streitig.

Dagegen soll eine **betriebsbedingte Kündigung** gegenüber dem bereits in der **Freistellungsphase** befindlichen Altersteilzeit-Arbeitnehmer (etwa wegen Betriebsstilllegung) nicht mehr möglich sein.[67] Der mit einer Betriebsstilllegung verbundene Wegfall sämtlicher Beschäftigungsmöglichkeiten erfordert jedoch dann keine Kündigung, wenn der in Altersteilzeit befindliche Arbeitnehmer die geschuldete Arbeitsleistung bereits in vollem Umfang erbracht hat und der Arbeitgeber ihn deshalb nicht weiterbeschäftigen muss. Nur dringende betriebliche Erfordernisse, die einer Weiterbeschäftigung des Arbeitnehmers im Betrieb entgegenstehen, sollen eine Kündigung sozial rechtfertigen können. Die Stilllegung des Betriebs stellt also kein dringendes betriebliches Erfordernis dar, das nach § 1 Abs. 2 KSchG die

---

[60] BAG 15.3.2005 – 9 AZR 143/04, NZA 2005, 994.
[61] BAG 10.5.2005 – 9 AZR 196/04, NZA 2005, 1432.
[62] BAG 3.12.2019 – 9 AZR 33/19, NZA 2020, 789 Rn. 22; 24.9.2019 – 9 AZR 481/18, NZA 2020, 300.
[63] Hierzu bereits BAG 19.3.2019 – 9 AZR 406/17, NZA 2019, 1435.
[64] BAG 24.9.2019 – 9 AZR 481/18, NZA 2020, 300 Rn. 26.
[65] BAG 15.2.2015 – 9 AZR 53/14 (F), NZA 2015, 1005.
[66] Zur betriebsbedingten Kündigung während der Arbeitsphase BAG 16.6.2005 – 6 AZR 476/04, NZA 2006, 270; LAG Düsseldorf 27.5.2003 – 16 Sa 1439/02, NZA-RR 2003, 635.
[67] BAG 5.12.2002 – 2 AZR 571/01, NZA 2003, 789; ErfK/*Rolfs* ATG § 8 Rn. 20.

Kündigung eines solchen Arbeitnehmers in der Freistellungsphase sozial rechtfertigen kann. Auch im Insolvenzverfahren gelten insoweit keine Besonderheiten.[68] Die Kündigung eines Insolvenzverwalters wegen Betriebsstilllegung während der Freistellungsphase bei einer Altersteilzeitvereinbarung im Blockmodell ist hiernach nicht gemäß § 1 Abs. 2 KSchG durch dringende betriebliche Erfordernisse gerechtfertigt.[69]

61 Eine **personenbedingte Kündigung** scheidet mangels bestehender Arbeitspflicht grundsätzlich aus. Dies gilt aber keineswegs für **verhaltensbedingte Kündigungen** (ordentlich oder außerordentlich).[70] Auch während der Freizeitphase kann der Arbeitgeber durchaus Kenntnis von einem wichtigen Grund iSd § 626 Abs. 1 BGB erlangen. Der Ausspruch der Kündigung scheitert nicht daran, dass das beanstandete Fehlverhalten in einen Zeitraum vor Eintritt in die Freistellungsphase fällt (Beispiel: nachträglich festgestellter Spesenbetrug in erheblichem Umfang). Wegen der Fortgeltung der Nebenpflichten kann sich auch hierüber ein Kündigungsgrund in der Freistellungsphase ergeben (Beispiele: Verstoß gegen das vertragliche Wettbewerbsverbot, ehrenrührige Äußerungen über den Arbeitgeber usw).[71]

4. Reguläre Beendigung des Altersteilzeit-Arbeitsverhältnisses

62 Endet das Altersteilzeit-Arbeitsverhältnis mit Ablauf der vorgesehenen Zeit, ergeben sich keine Besonderheiten. Mit Beendigung des Altersteilzeit-Arbeitsverhältnisses endet das Arbeitsverhältnis insgesamt. Auch die Nebenpflichten – soweit sie nicht nach allgemeinen Grundsätzen nachwirken – entfallen. Die Laufzeit eines wirksam vereinbarten nachvertraglichen Wettbewerbsverbots beginnt. Hierauf ist ohne Einfluss, dass der Arbeitnehmer nunmehr Anspruch auf Rente hat.

5. Betriebsverfassungs- und Mitbestimmungsrecht

63 **a) Mandate des Altersteilzeitlers.** Das BAG hat schon im Jahr 2000 festgestellt, dass ein unternehmenszugehöriger Arbeitnehmervertreter in einem nach dem BetrVG 1952 mitbestimmten Aufsichtsrat mit Beginn der Freistellungsphase einer Altersteilzeit im Blockmodell nicht mehr beschäftigt im Sinne des § 76 Abs. 2 BetrVG 1952 ist. Deshalb verliert er mit dem Eintreten in die Freistellungsphase seine Wählbarkeit; damit endet aber auch seine **Mitgliedschaft im Aufsichtsrat**.[72] Entsprechendes gilt für die Arbeitnehmervertreter im Aufsichtsrat bei Geltung eines anderen Mitbestimmungsregimes.[73]

64 Das BetrVG knüpft bei der Regelung zum passiven und aktiven Wahlrecht in seinen §§ 7 und 8 nicht an die tatsächliche Beschäftigung an. Es muss sich aber um Arbeitnehmer des Betriebs handeln. Verlangt man hierfür eine tatsächliche Anbindung an den Betrieb, kann eine rein rechtliche Zugehörigkeit für die Bejahung des Wahlrechts nicht ausreichen. Deshalb sprechen die besseren Argumente dafür, den Altersteilzeitarbeitnehmer mit Beginn der Freistellungsphase nicht mehr bei der Ermittlung der Belegschaftsstärke (§ 9 BetrVG) zu berücksichtigen und ihm kein passives und aktives Wahlrecht zum Betriebsrat (mehr) zuzugestehen.[74] Weil die Mitgliedschaft im Betriebsrat durch den Verlust der Wählbarkeit erlischt (§ 24 Nr. 4 BetrVG), verliert der Altersteilzeitarbeitnehmer zum Zeitpunkt des Eintritts in die Freistellungsphase auch sein **Betriebsratsamt**. Das Recht, an Betriebsversammlungen teilzunehmen, entfällt ebenso, wenn man das Teilnahmerecht von der tatsächlichen Beschäftigung im Betrieb abhängig macht.

65 **b) Beteiligungsrechte des Betriebsrates.** Im Abschluss von Altersteilzeitverträgen liegt keine mitbestimmungspflichtige Einstellung (§ 99 BetrVG). Etwaige Beteiligungsrechte des Be-

---

[68] BAG 5.12.2002 – 2 AZR 571/01, NZA 2003, 789.
[69] LAG Niedersachsen 24.5.2002 – 3 Sa 1629/01, NZA-RR 2003, 17.
[70] LAG Baden-Württemberg 19.12.2019 – 3 Sa 30/19, ArbRAktuell 2020, 171.
[71] Vgl. auch ErfK/*Rolfs* ATG § 8 Rn. 20 mwN.
[72] BAG 25.10.2000 – 7 ABR 18/00, NZA 2001, 461.
[73] LAG Nürnberg 16.2.2006 – 2 TaBV 9/06, NZA-RR 2006, 358.
[74] So auch BAG 16.4.2003 – 7 ABR 53/02, NZA 2003, 1345; hierzu *Nicolai* DB 2003, 2599; zuvor schon *Rieble/Gutzeit* BB 1998, 638.

triebsrates können aber aus **Versetzungsmaßnahmen** im Zusammenhang mit der Ermöglichung der Altersteilzeit entstehen.

Hingegen ist der Betriebsrat vor **Ausspruch einer Kündigung** gegenüber einem Altersteilzeitarbeitnehmer nach § 102 BetrVG unabhängig davon anzuhören, ob sich dieser noch in der Arbeits- oder bereits in der Freizeitphase befindet. Die einvernehmliche Wahl des Blockmodells kann im Ergebnis nicht dazu führen, dass dem Arbeitnehmer Möglichkeiten genommen werden, eine ausgesprochene Kündigung rechtlich auf den Prüfstand zu stellen. 66

VI. Prozessualer Hinweis

Der Streit aus einer Altersteilzeitvereinbarung über die Frage, in welcher Höhe der Arbeitgeber den vereinbarten Aufstockungsbetrag zur gesetzlichen Rentenversicherung zu erbringen hat, ist bürgerlich-rechtlicher Natur. Für die Entscheidung sind daher die Arbeitsgerichte zuständig.[75] 67

---

[75] LAG Köln 16.1.2002 – 5 Ta 307/01, ZTR 2002, 294; zum Streitwert bei Altersteilzeitverlangen LAG Berlin 26.9.2005 – 17 Ta (Kost) 6059/05, BeckRS 2011, 66264.

§ 75 Geringfügige Beschäftigung

Übersicht

	Rn.
I. Einführung	1–6
II. Geringfügige Beschäftigung als Teilzeitarbeitsverhältnis	7
III. Formen geringfügiger Beschäftigung	8–20
1. Entgeltgeringfügigkeit	11–15
2. Zeitgeringfügigkeit/Kurzfristbeschäftigung	16–18
3. Geringfügige Beschäftigung in Privathaushalten	19/20
IV. Zusammenrechnung von Arbeitsentgelt	21–25
V. Rechte und Pflichten der Arbeitsvertragsparteien	26–57
1. Individualarbeitsrecht	26–49
a) Geltung des TzBfG	26–28
b) Arbeitszeitverkürzung und Arbeitszeitverlängerung	29–34
c) Loyalitätspflichten	35–39
d) Sonstige Rechte und Pflichten	40
e) Formalien	41
f) Beendigung des Arbeitsverhältnisses	42–49
2. Betriebsverfassungsrecht	50–54
3. Tarifvertragsrecht	55/56
4. Betriebliche Altersversorgung	57
VI. Die „Gleitzone"	58–63

I. Einführung

1 Das Recht der geringfügigen Beschäftigungsverhältnisse ist von ebenso hoher praktischer Bedeutung wie von arbeitsmarkt- und sozialpolitischer Brisanz. Es ist politisch umstritten, inwieweit Beschäftigte mit geringen Einkommen einen Beitrag in den verschiedenen Versicherungszweigen leisten können oder sollen. Dabei ist zu unterstellen, dass eine geringfügige Beschäftigung allein nicht ausreicht, um den Lebensunterhalt zu bestreiten, und deshalb nicht die hauptsächliche Einnahmequelle sein kann.

2 Nach Angaben der Bundesagentur für Arbeit gab es im April 2016 rund 7,3 Millionen geringfügig entlohnte Beschäftigte. Diese Beschäftigungsform, die entweder neben einer weiteren Beschäftigung als Nebenjob oder aber ausschließlich ausgeübt wird, wird umgangssprachlich oft als „**Minijob**" bezeichnet. Ausschließlich geringfügig beschäftigt waren zuletzt knapp ca. 4,8 Millionen „Minijobber"; mehr als 2,5 Millionen waren in einem weiteren Arbeitsverhältnis sozialversicherungspflichtig beschäftigt.[1] Diese Zahlen sind in den letzten Jahren sehr konstant geblieben.

3 Die geringfügige Beschäftigung ist vor allem im Groß- und Einzelhandel, in Restaurants und Hotels, als Dienstleistung im Haushalt sowie im Gesundheits- und Sozialwesen weit verbreitet. Dabei ist die geringfügige Beschäftigung weiterhin eine Frauendomäne. Deutlich mehr als die Hälfte der im Nebenjob geringfügig entlohnt Beschäftigten und fast zwei Drittel der ausschließlich geringfügig entlohnt Beschäftigten sind Frauen.[2]

4 Arbeitsrechtlich sind bei einer geringfügigen Beschäftigung nur wenige Besonderheiten zu beachten. Das **gesamte Arbeitsrecht,** also beispielsweise die Regelungen zum Urlaub, zur Lohnfortzahlung bei Krankheit, zum Mindestlohn oder zum Kündigungsschutz, ist für geringfügig Beschäftigte grundsätzlich in vollem Umfang **anwendbar.**[3] Dies wird durch § 2 Abs. 2

---

[1] Vgl. https://statistik.arbeitsagentur.de/Navigation/Statistik/Statistik-nach-Themen/Beschaeftigung/Beschaeftigung-Nav.html.

[2] Bundesagentur für Arbeit: Frauen und Männer am Arbeitsmarkt im Jahr 2014, S. 7.

[3] Vgl. zur Kündigung wegen Sozialversicherungspflicht einer studentischen Aushilfe nach Gesetzesänderung BAG 18.1.2007 – 2 AZR 731/05, NZA 2007, 680; zur Benachteiligung geringfügig Beschäftigter BAG 25.4.2007 – 6 AZR 746/06, NZA 2007, 881.

TzBfG nochmals klargestellt. Lediglich bei der Einhaltung bestimmter gesetzlicher Vorgaben hinsichtlich Arbeitszeit und/oder Arbeitsentgelt kommt es zu einer besonderen privilegierten sozial- und steuerrechtlichen Behandlung geringfügiger Beschäftigungsverhältnisse.

Die Behandlung geringfügiger Beschäftigungen wurde zuletzt mit Wirkung zum 1.1.2015 durch das Gesetz zur Stärkung der Tarifautonomie vom 11.8.2014[4] modifiziert. Die für die Versicherungsfreiheit kurzfristiger Beschäftigungen maßgebende Zeitgrenze von ursprünglich zwei Monaten bzw. 50 Arbeitstagen innerhalb eines Kalenderjahres wurde auf drei Monate bzw. 70 Arbeitstage (§ 8 Abs. 1 Nr. 2 SGB IV) und nunmehr übergangsweise (coronabedingt) für die Zeit vom 1.3.2020 bis 31.10.2020 auf fünf Monate bzw. 115 Arbeitstage (§ 115 SGB IV) erhöht. Weitere Anpassungen ergaben sich aus dem zum 1.1.2015 in Kraft getretenen **Mindestlohngesetz (MiLoG)**. Diese Änderungen wirken sich auch auf die geringfügig entlohnte Beschäftigung aus.

Die Spitzenorganisationen der Sozialversicherung (GKV-Spitzenverband, Deutsche Rentenversicherung Bund, Deutsche Rentenversicherung Knappschaft-Bahn-See, Bundesagentur für Arbeit) haben daraufhin am 12.11.2014 neue Richtlinien für die versicherungsrechtliche Beurteilung von geringfügigen Beschäftigungen (**Geringfügigkeits-Richtlinien**)[5] veröffentlicht und diese unter dem 21.11.2018 zum 1.1.2019 überarbeitet.[6] Begrenzt für die Zeit vom 1.3.2020 bis 31.10.2020 haben die Spitzenorganisationen der Sozialversicherung weitere Geringsfügungkeits-Richtlinien veröffentlicht. Diese Richtlinien enthalten Klarstellungen, Änderungen und Hinweise, die den Arbeitgebern den Umgang mit Minijobs erleichtern sollen. Sie stellen weiterhin kein unmittelbar gegenüber den Beschäftigten und ihren Arbeitgebern geltendes Recht dar. Auch für die Gerichte haben sie keine bindende Wirkung.[7] Die Sozialversicherungsträger erhalten jedoch durch die Richtlinien verbindliche Auslegungsregeln, die eine gleichförmige Handhabung von Zweifelsfällen in der Praxis sichern sollen.

II. Geringfügige Beschäftigung als Teilzeitarbeitsverhältnis

In aller Regel wird die geringfügige Beschäftigung im Rahmen eines Teilzeitarbeitsverhältnisses ausgeübt. Dies gilt insbesondere im Fall der sog. Entgeltgeringfügigkeit. Die entsprechende Klarstellung ist seit dem 1.1.2001 durch § 2 Abs. 2 TzBfG erfolgt. Danach ist auch derjenige Arbeitnehmer teilzeitbeschäftigt, der eine geringfügige Beschäftigung nach § 8 Abs. 1 Nr. 1 SGB IV ausübt. Bei den sog. kurzfristigen Tätigkeiten kommt (für die Zeit der Beschäftigung) auch ein Vollzeitarbeitsverhältnis in Betracht. Dies bildet jedoch die Ausnahme.

III. Formen geringfügiger Beschäftigung

Die sozialversicherungsrechtliche Beurteilung von geringfügigen Beschäftigungen wurde zum 1.4.1999 durch das Gesetz zur Neuregelung der geringfügigen Beschäftigungsverhältnisse grundlegend geändert.[8] Mit dem Zweiten Gesetz für moderne Dienstleistungen am Arbeitsmarkt[9] erfolgte eine umfassende Neuregelung der steuer- und sozialversicherungsrechtlichen Bestimmungen zu den geringfügigen Beschäftigungsverhältnissen mit Wirkung ab dem 1.4.2003. Mit dieser Neuregelung im auch sog. **Niedriglohnsektor** verfolgte der Gesetzgeber das Ziel, Beschäftigungspotentiale im Bereich der geringfügigen Beschäftigungsverhältnisse zu aktivieren und der Schwarzarbeit, insbesondere in privaten Haushalten, entgegenzuwirken.[10]

---

[4] BGBl. 2014 I 1348.
[5] Abrufbar als „GeringfügRL" unter https://beck-online.beck.de.
[6] Abrufbar unter https://beck-online.beck.de.
[7] BSG 7.5.2014 – B 12 R 5/12 R, BeckRS 2014, 72189.
[8] BGBl. 1999 I 388.
[9] BGBl. 2002 I 4621.
[10] Ausf. *Niermann/Plenker* DB 2003, 304 (insbes. zur steuerlichen Behandlung); Überblick bei *Rolfs* NZA 2003, 65 (66 ff.).

9   Geringfügige Beschäftigung ist seit dem 1.4.2003 in zwei Erscheinungsformen möglich, nämlich als
- regelmäßige Tätigkeit gegen geringes Entgelt (auch sog. **Entgeltgeringfügigkeit**), geregelt in § 8 Abs. 1 Nr. 1 SGB IV, oder als
- kurzfristige Tätigkeit (auch sog. **Zeitgeringfügigkeit** oder **Kurzfristbeschäftigung**), geregelt in § 8 Abs. 1 Nr. 2 SGB IV.

10 Daneben ist in § 8a SGB IV klargestellt, dass für eine geringfügige Beschäftigung in **Privathaushalten** ebenfalls § 8 SGB IV Anwendung findet. Die geringfügige Beschäftigung in Privathaushalten ist ihrerseits als entgelt- oder zeitgeringfügige Tätigkeit möglich.

1. Entgeltgeringfügigkeit

11 Eine Entgeltgeringfügigkeit setzte ursprünglich voraus, dass die Beschäftigung regelmäßig weniger als 15 Stunden in der Woche ausgeübt wurde und das Arbeitsentgelt regelmäßig 325 EUR monatlich nicht überstieg. Zum 1.4.2003 wurde die zeitliche Begrenzung von weniger als 15 Wochenstunden ersatzlos aufgehoben und die Entgeltgrenze auf 400 EUR angehoben. Seit dem 1.1.2013 ist eine Beschäftigung gem. § 8 Abs. 1 Nr. 1 SGB IV geringfügig entlohnt ist, wenn sie
- regelmäßig ausgeübt wird und
- das regelmäßige monatliche Arbeitsentgelt, das aus dieser Beschäftigung erzielt wird, 450 EUR nicht übersteigt.

12 Entscheidend für eine **Regelmäßigkeit der Tätigkeit** ist einerseits, dass die Beschäftigung nicht nur gelegentlich ausgeübt wird und damit nur von untergeordneter wirtschaftlicher Bedeutung für den Beschäftigten ist. Darauf, ob im Rahmen eines befristeten oder eines unbefristeten Beschäftigungsverhältnisses gearbeitet wird, kommt es nicht an. Ein Dauerarbeitsverhältnis ist also nicht erforderlich.[11]

13 Andererseits darf die Verdienstgrenze von 450 EUR im Monat (bzw. ein Jahreswert von 5.400 EUR) regelmäßig nicht überschritten werden. Überschreitet das Arbeitsentgelt regelmäßig 450 EUR im Monat, liegt vom Tage des Überschreitens an keine geringfügige Beschäftigung mehr vor. Allerdings sind **gelegentliche und nicht vorhersehbare Überschreitungen des maximalen regelmäßigen Arbeitsentgelts** unschädlich.[12] Die ursprüngliche Zeitgrenze für ein vorübergehendes unvorhersehbares Überschreiten der Entgeltgrenze (zB durch Krankheitsvertretung) wurde für die Übergangszeit vom 1.1.2015 bis 31.12.2018 von zwei Monaten auf **drei Monate** innerhalb eines Zeitjahres angepasst. Ob die maßgebende Geringfügigkeitsgrenze regelmäßig im Monat nicht überstiegen wird, ist im Wege vorausschauender Betrachtung zu entscheiden; das gilt auch dann, wenn eine Entscheidung über die Feststellung von Versicherungsfreiheit wegen Geringfügigkeit erst im Nachhinein getroffen werden soll.[13]

14 Die Definition des **Arbeitsentgelts** enthält § 14 Abs. 1 SGB IV. Danach sind alle laufenden oder einmaligen Einnahmen aus einer Beschäftigung, gleichgültig, ob ein Rechtsanspruch auf die Einnahmen besteht, unter welcher Bezeichnung oder in welcher Form sie geleistet werden und ob sie unmittelbar aus der Beschäftigung oder im Zusammenhang mit ihr erzielt werden, dem Arbeitsentgelt zuzurechnen. **Einmalzahlungen** wie Weihnachts- und zusätzliches Urlaubsgeld sind auf den Zeitraum, für den sie gewährt werden, umzulegen, soweit sie bei vorausschauender Betrachtung innerhalb eines Beschäftigungszeitraums von einem Jahr mit hinreichender Sicherheit zu erwarten sind.[14] Gerade die Nichtberücksichtigung geringfügig Beschäftigter bei der Zahlung von Weihnachts- oder Urlaubsgeld stellte in der Vergangenheit für Arbeitgeber ein erhebliches wirtschaftliches Risiko dar. In einer Entscheidung aus 2008 hat das BSG für die Streitjahre 1999 bis 2001 entschieden, dass die Geringfügigkeitsgrenze auch unter Einbeziehung tariflich geschuldeter, aber tatsächlich nicht

---

[11] BSG 11.5.1993 – 12 RK 23/91, NZS 1993, 550.
[12] Vgl. *Lembke* NJW 1999, 1825 (1826); *Rolfs* NZA 2003, 65 (67); zur Prognoseentscheidung bei der Bestimmung der Geringfügigkeitsgrenze BSG 27.7.2011 – B 12 R 15/09 R, BeckRS 2011, 77192.
[13] BSG 27.7.2011 – B 12 R 15/09 R, BeckRS 2011, 77192.
[14] BSG 28.2.1984 – 12 RK 21/83, NZA 1984, 301 (302).

ausgezahlter Löhne zu bestimmen ist (**sozialversicherungsrechtliches „Entstehungsprinzip"**).[15] Schrieb etwa ein allgemeinverbindlicher Tarifvertrag den Anspruch auf Weihnachts- und Urlaubsgeld fest oder bestanden solche Ansprüche auf Grund betrieblicher Übung, wurden diese Beträge bei der Ermittlung des Arbeitsentgelts auch dann zugrunde gelegt, wenn sie tatsächlich nicht ausgezahlt wurden (sog. Phantomlohn).[16]

Seit der zum 1.1.2003 in Kraft getretenen Neuregelung entstehen Beiträge auf Einmalzahlungen (§ 23a SGB IV), insbesondere also auf Weihnachts- oder zusätzliches Urlaubsgeld, erst, sobald diese Leistungen tatsächlich an den Arbeitnehmer ausbezahlt wurden (§ 22 Abs. 1 S. 2 SGB IV). Es gilt also insoweit das strenge **Zuflussprinzip**, das vermeidet, dass geringfügig beschäftigte Arbeitnehmer, denen derartige Leistungen in arbeitsrechtlich unzulässiger Weise vorenthalten worden sind,[17] ihre Versicherungsfreiheit verlieren und der Arbeitgeber die vollen Beiträge zur Sozialversicherung nachentrichten muss.[18] Außerhalb von Sonderzahlungen gilt weiterhin das sozialversicherungsrechtliche Entstehungsprinzip.[19]

2. Zeitgeringfügigkeit/Kurzfristbeschäftigung

Ursprünglich war Voraussetzung für eine Zeitgeringfügigkeit (**Saisonbeschäftigung**), dass die Beschäftigung des Arbeitnehmers innerhalb eines Jahres nach dem Beginn auf längstens zwei Monate oder 50 Arbeitstage entweder nach ihrer Eigenart oder bereits im Voraus vertraglich begrenzt war (Ausnahme: berufsmäßige Beschäftigung und höheres Entgelt als 325 EUR monatlich). Ab dem 1.4.2003 ist an die Stelle des Rahmenzeitraums von einem Jahr nach dem Beschäftigungsbeginn das Kalenderjahr getreten. **Ohne Rücksicht auf das dabei erzielte Einkommen** wurde eine geringfügige Beschäftigung angenommen, wenn sie innerhalb eines Kalenderjahres auf längstens zwei Monate oder 50 Arbeitstage begrenzt war (vgl. § 8 Abs. 1 Nr. 2 SGB IV). Zusätzlich wurde allerdings verlangt, dass die Beschäftigung nur unregelmäßig, also gelegentlich (nicht berufsmäßig) ausgeübt wird. Bei regelmäßigen Beschäftigungen erfolgt die Beurteilung allein nach § 8 Abs. 1 Nr. 1 SGB IV.[20]

Mit Wirkung zum 1.1.2015 modifizierte der § 115 SGB IV die zeitlichen Grenzen des § 8 Abs. 1 Nr. 2 SGB IV. Danach liegt eine geringfügige Beschäftigung vor, wenn die Beschäftigung innerhalb eines Kalenderjahres auf **längstens drei Monate** oder **70 Arbeitstage** begrenzt ist, es sei denn, dass die Beschäftigung berufsmäßig ausgeübt wird und ihr Entgelt 450 EUR im Monat übersteigt. Die zeitliche Begrenzung muss sich zudem aus der Eigenart der Beschäftigung ergeben oder im Vorfeld feststehen.[21] Coronabedingt wurden die Grenzen übergangsweise für die Zeit vom 1.3.2020 bis 31.10.2020 auf fünf Monate bzw. 115 Arbeitstage (§ 115 SGB IV) erhöht.

Welche der beiden Grenzen der Kurzfristigkeit – drei Monate oder 70 Arbeitstage – Anwendung findet, hängt davon ab, ob die Beschäftigung innerhalb der betriebsüblichen Arbeitszeit werktäglich (mindestens fünf Tage in der Woche) ausgeübt wird oder nicht.[22] Bei einer täglichen Beschäftigung ist allein die Drei-Monats-Grenze zu beachten. Die 70-Tage-Grenze findet hingegen Anwendung, wenn das Beschäftigungsverhältnis auf einen Teil der betriebs- oder berufsüblichen wöchentlichen Arbeitstage beschränkt ist. Insofern fallen **Tagesaushilfen** unter diese Regelung, wenn sie ihre Tätigkeiten aufgrund einer entsprechenden Rahmenvereinbarung in den gesetzlichen zeitlichen Höchstgrenzen zwar über Jahre hinweg beim selben Arbeitgeber „immer wieder" ausüben, die einzelnen Arbeitseinsätze aber ohne bestehende Abrufbereitschaft nicht vorhersehbar zu unterschiedlichen Anlässen und ohne

---

[15] BFH 29.5.2008 – VI R 57/05, DStRE 2008, 1050; dazu *Peters-Lange* NZA 1996, 512; *Breidenbach* BB 2002, 1910.
[16] BFH 29.5.2008 – VI R 57/05, DStRE 2008, 1050.
[17] BAG 24.10.1989 – 8 AZR 5/89, NZA 1990, 486 (487 f.); 6.12.1990 – 6 AZR 159/89, NZA 1991, 350 (351).
[18] Zur bisherigen Rechtslage etwa *Hanau* ZIP 1999, 726; *Arens* BB 2001, 94.
[19] BSG 29.5.2008 – VI R 57/05, DStRE 2008, 1050.
[20] BSG 11.5.1993 – 12 RK 23/91, NZS 1993, 550.
[21] LSG Niedersachsen-Bremen 15.2.2005 – L 4 KR 84/01, NZS 2005, 483.
[22] BSG 27.1.1971 – 12 RJ 118/70, BeckRS 1971, 30409873.

erkennbaren Rhythmus erfolgen sowie der Betrieb des Arbeitgebers nicht strukturell auf den Einsatz von Aushilfskräften ausgerichtet ist.[23]

3. Geringfügige Beschäftigung in Privathaushalten

19   Von der geringfügigen Beschäftigung in Unternehmen ist die geringfügige Beschäftigung in Privathaushalten (vgl. § 8a SGB IV) zu unterscheiden. Diese Form der geringfügigen Beschäftigung soll wegen der geringeren arbeitsrechtlichen Relevanz hier nur kurz angesprochen werden. Voraussetzung einer „Beschäftigung im Privathaushalt" ist, dass diese Beschäftigung

- durch einen privaten Haushalt begründet ist und
- ausschließlich Beschäftigungen in Privathaushalten ausgeübt werden, die Tätigkeiten also sonst gewöhnlich durch Mitglieder des privaten Haushalts erledigt werden (§ 8a S. 2 SGB IV).[24]

20   Minijobs in Privathaushalten sind eine spezielle Form der geringfügigen Beschäftigung und werden vom Gesetzgeber besonders gefördert. Zum einen zahlt der Arbeitgeber geringere Pauschalbeiträge als bei gewerblichen Minijobs, zum anderen hat der Gesetzgeber für Minijobs in Privathaushalten eine besondere Steuerermäßigung eingeführt. Die Abgaben werden im sogenannten Haushaltsscheck-Verfahren per SEPA-Basislastschriftmandat vom Konto des Arbeitgebers von der Minijob-Zentrale eingezogen. Die Spitzenorganisationen der Sozialversicherung (GKV-Spitzenverband, Deutsche Rentenversicherung Bund, Deutsche Rentenversicherung Knappschaft-Bahn-See, Bundesagentur für Arbeit) haben zuletzt unter dem 20.11.2013 eine **gemeinsame Verlautbarung** zu den bei geringfügig Beschäftigten in Privathaushalten zu beachtenden Besonderheiten nach dem sog. **Haushaltsscheckverfahren** verfasst.[25] Nach Ansicht der Spitzenorganisationen kommen hiernach als Arbeitgeber im Haushaltsscheckverfahren nur natürliche Personen in Betracht. Beschäftigungen in privaten Haushalten, die durch Dienstleistungsagenturen oder andere Unternehmen begründet sind, sollen nicht unter die Regelung fallen. Dies gelte auch für Beschäftigungen, die mit Wohnungseigentümergemeinschaften (im Sinne des WEG) oder mit Hausverwaltungen geschlossen werden.

IV. Zusammenrechnung von Arbeitsentgelt

21   Die Zusammenrechnung von **mehreren geringfügig entlohnten Beschäftigungen**, die ggf. noch neben einer versicherungspflichtigen (**Haupt-**)**Beschäftigung** erbracht werden, ist im Grundsatz in § 8 Abs. 2 SGB IV geregelt. Wegen der unterschiedlichen Formen der geringfügigen Beschäftigung ist das Zusammenspiel kompliziert. Es ist Aufgabe des Arbeitgebers, die Beschäftigung versicherungsrechtlich zu beurteilen, also festzustellen, ob es sich um eine geringfügige oder versicherungspflichtige Beschäftigung handelt. Deshalb ist es für den Arbeitgeber zur Vermeidung von wirtschaftlichen Belastungen zwingend, eventuelle weitere Beschäftigungen seiner Arbeitnehmer zu erfragen und eventuelle Zusammenrechnungen sorgfältig zu prüfen. Denn bei nur scheinbar sozialversicherungsrechtlich privilegierten Beschäftigungsformen sind die Sozialversicherungsbeiträge grundsätzlich im Rahmen der vierjährigen Verjährung (§ 25 Abs. 1 SGB IV) nachträglich zu entrichten. Wegen § 28g S. 3 SGB IV trägt der Arbeitgeber nicht nur seine Beiträge, sondern auch die Arbeitnehmerbeiträge.

22   Als **Grundsatz** für eine Zusammenrechnung soll gelten, dass gleichartige geringfügige Beschäftigungen zusammengerechnet werden (also dauerhaft geringfügige mit anderen dauerhaft geringfügigen, kurzfristige mit anderen kurzfristigen), ungleichartige dagegen nicht.[26] Tätigkeiten bei **demselben Arbeitgeber** werden stets als **einheitliches Beschäftigungsverhält-**

---

[23] BSG 7.5.2014 – B 12 R 5/12 R, BeckRS 2014, 72189.
[24] Ausf. zur geringfügigen Beschäftigung in Privathaushalten ab dem 1.4.2003 *Niermann/Plenker* DB 2003, 304 (305 f.); *Rolfs* NZA 2003, 65 (69 f.).
[25] Abrufbar unter https://beck-online.beck.de.
[26] ErfK/*Rolfs* SGB IV § 8 Rn. 18.

nis behandelt, und zwar auch dann, wenn sie einen unterschiedlichen Inhalt haben. Daher kann neben einer versicherungspflichtigen Hauptbeschäftigung mit demselben Vertragspartner keine geringfügige Beschäftigung begründet werden.[27]

Werden **mehrere geringfügig entlohnte Beschäftigungen** (Entgeltgeringfügigkeit; hierzu zählen auch in einer Studien- oder Prüfungsordnung nicht vorgeschriebene entgeltliche Praktika) bei **verschiedenen Arbeitgebern** nebeneinander ausgeübt, sind nach § 8 Abs. 2 S. 1 SGB IV für die Beurteilung der Frage, ob die Grenze von 450 EUR überschritten wird, die Arbeitsentgelte aus den einzelnen Beschäftigungen grundsätzlich zusammenzurechnen. Dies gilt auch dann, wenn neben zwei geringfügig entlohnten Beschäftigungen, die infolge Zusammenrechnung zur Versicherungspflicht führen, eine weitere geringfügig entlohnte Beschäftigung aufgenommen wird. Eine Zusammenrechnung ist nicht vorzunehmen, wenn eine geringfügig entlohnte Beschäftigung mit einer kurzfristigen Beschäftigung (Zeitgeringfügigkeit) zusammentrifft. Die Zusammenrechnung von Arbeitsentgelten aus mehreren geringfügig entlohnten Beschäftigungen erfolgt auch, wenn diese neben einem in der Studien- oder Prüfungsordnung vorgeschriebenen Zwischenpraktikum ausgeübt werden.

Sofern ein Arbeitnehmer **neben** einer versicherungspflichtigen **(Haupt-)Beschäftigung** auch geringfügig entlohnte Beschäftigungen bei anderen Arbeitgebern ausübt, schreibt § 8 Abs. 2 S. 1 SGB IV iVm § 7 Abs. 1 S. 2 SGB V bzw. § 6 Abs. 1b S. 3 SGB VI für den Bereich der Krankenversicherung und damit auch für den Bereich der Pflege- und der Rentenversicherung vor, dass für eine geringfügig entlohnte Beschäftigung keine Zusammenrechnung mit der nicht geringfügigen versicherungspflichtigen Beschäftigung erfolgt. Alle weiteren geringfügig entlohnten Beschäftigungen sind aber mit einer nicht geringfügigen versicherungspflichtigen Beschäftigung zusammenzurechnen. Bei mehreren geringfügig entlohnten Beschäftigungen wird dabei diejenige geringfügig entlohnte Beschäftigung von der Zusammenrechnung ausgenommen, die zeitlich zuerst aufgenommen worden ist.

Einen **tabellarischen Überblick** über die typischen Fallkonstellationen geringfügiger Beschäftigung und die Auswirkungen auf die Sozialversicherung und die Einkommensteuer für Personen, die ihre Beschäftigung nach dem 1.1.2012 aufgenommen haben, gibt *Rolfs*.[28] Zudem werden zahlreiche **Beispiele** in den Richtlinien für die versicherungsrechtliche Beurteilung von geringfügigen Beschäftigungen (**Geringfügigkeits-Richtlinien**),[29] die von den Spitzenorganisationen der Sozialversicherung (GKV-Spitzenverband, Deutsche Rentenversicherung Bund, Deutsche Rentenversicherung Knappschaft-Bahn-See, Bundesagentur für Arbeit) zuletzt in aktualisierter Fassung am 21.11.2018 veröffentlicht wurden, dargestellt.

V. Rechte und Pflichten der Arbeitsvertragsparteien

1. Individualarbeitsrecht

a) Geltung des TzBfG. § 2 Abs. 2 TzBfG stellt klar, dass auch derjenige Arbeitnehmer teilzeitbeschäftigt ist, der eine geringfügige Beschäftigung nach § 8 Abs. 1 Nr. 1 SGB IV ausübt. Insofern gilt das Teilzeit- und Befristungsgesetz auch für geringfügig Beschäftigte. Die Bestimmungen des TzBfG sind überwiegend zwingend (§ 22 Abs. 1 TzBfG), so dass sich geringfügig Beschäftigte in vollem Umfang hierauf berufen können.

Die Rechtsposition des geringfügig Beschäftigten ist die eines „normalen" Teilzeitbeschäftigten. In besonderer Weise greift der durchgehend anerkannte Schutz Teilzeitbeschäftigter vor Diskriminierung.[30] Über § 4 Abs. 1 S. 2 TzBfG kann ein Anspruch auf anteiliges Arbeitsentgelt geltend gemacht werden, es gilt das Benachteiligungsverbot des § 5 TzBfG und nach § 10 TzBfG können sich geringfügig Beschäftigte darauf berufen, an Aus- und Weiterbildungsmaßnahmen zur Förderung ihrer beruflichen Entwicklung und Mobilität teilzu-

---

[27] BSG 27.6.2012 – B 12 KR 28/10 R, NJOZ 2014, 909.
[28] ErfK/*Rolfs* SGB IV § 8 Rn. 25.
[29] Abrufbar als „GeringfügRL" unter https://beck-online.beck.de.
[30] Vgl. etwa BAG 25.4.2007 – 6 AZR 746/06, NZA 2007, 881; allg. zum Diskriminierungsschutz von Teilzeitbeschäftigten → § 72 Rn. 21 ff.

nehmen. Bei § 10 TzBfG stellt sich im Übrigen die – wohl zu verneinende – Frage, ob aus dem Gesetzestext ein unmittelbarer Anspruch auf Teilnahme an solchen Maßnahmen herzuleiten ist. Dem Teilnahmewunsch kann der Arbeitgeber – insoweit parallel zu § 9 TzBfG – entweder dringende betriebliche Gründe oder Aus- und Weiterbildungswünsche anderer teilzeit- oder vollzeitbeschäftigter Arbeitnehmer entgegensetzen. Der Arbeitgeber hat also bei gleichzeitigen Aus- und Weiterbildungswünschen mehrerer Arbeitnehmer unter den Bewerbern nach billigem Ermessen entscheiden.

28   Die Verpflichtung des Arbeitgebers zur Ausschreibung von Arbeitsplätzen auch als Teilzeitarbeitsplätze (§ 7 Abs. 1 TzBfG) ist nicht weiter konkretisiert hinsichtlich des Umfangs der Tätigkeit oder der Verteilung der Arbeitszeit. Die Anzeigepflicht des Arbeitgebers über freie Arbeitsplätze gegenüber Arbeitnehmern, die ihren Wunsch nach einer Veränderung von Dauer und Lage ihrer vertraglich vereinbarten Arbeitszeit angezeigt haben (§ 7 Abs. 2 TzBfG), bezieht sich ebenso auf geringfügig Beschäftigte wie auf eine geringfügige Beschäftigung. Nach § 7 Abs. 3 TzBfG hat der Arbeitgeber den Betriebs- oder Personalrat (auch) über geringfügige Beschäftigung im Betrieb und Unternehmen zu informieren.

29   b) **Arbeitszeitverkürzung und Arbeitszeitverlängerung.** Weil geringfügig Beschäftigte (§ 8 Abs. 1 Nr. 1 SGB IV) in den Anwendungsbereich des TzBfG ausdrücklich einbezogen sind, können sie auch den **allgemeinen Teilzeitanspruch** nach § 8 TzBfG ebenso geltend machen wie die Brückenteilzeit nach § 9a TzBfG. Der ohnehin schon geringfügig beschäftigte Arbeitnehmer kann hierüber also eine (weitere) Verringerung seiner Arbeitszeit beanspruchen, und zwar auch befristet.

30   Der gesetzliche **Anspruch auf Teilzeitbeschäftigung während einer Elternzeit** (§ 15 Abs. 7 BEEG) kennt als Anspruchsziel die Reduzierung der Arbeitszeit auf eine Spannweite von 15 bis 30 Wochenstunden. Er spielt daher im Bereich der Entgeltgeringfügigkeit praktisch keine Rolle.

31   Der besondere **Teilzeitanspruch für schwerbehinderte Menschen** (§ 164 Abs. 5 S. 3 SGB IX) erfasst gleichermaßen die geringfügig Beschäftigten. Dies bedeutet, dass der Anspruch auf Teilzeitbeschäftigung auch als geringfügige Beschäftigung geltend gemacht werden kann, und zwar anders als etwa in § 8 Abs. 1 TzBfG bereits bei Aufnahme der Tätigkeit. Freilich ist aus Arbeitnehmersicht in solchen Fällen §§ 168, 173 Abs. 1 Ziff. 1 SGB IX zu berücksichtigen, wonach die Kündigung eines schwerbehinderten Menschen innerhalb der ersten sechs Monate des Arbeitsverhältnisses keiner Zustimmung des Integrationsamtes bedarf.[31] Im Streitfall wird es für Arbeitnehmer nämlich nicht leicht sein zu beweisen, dass die Kündigung eine (unzulässige) Sanktion der Geltendmachung des Teilzeitanspruchs ist.

32   Auf den in § 9 TzBfG festgeschriebenen Anspruch teilzeitbeschäftigter Arbeitnehmer auf **Verlängerung der Arbeitszeit** können sich auch geringfügig Beschäftigte berufen. Angesichts der regelmäßigen Neuregelungen des Sozialversicherungs- und Steuerrechts für geringfügige Beschäftigungsverhältnisse kann es häufiger passieren, dass die Vorteile einer geringfügigen Beschäftigung nicht mehr überwiegen und die Lebensplanung eine Erweiterung der Beschäftigung verlangt. Der Arbeitgeber hat einen geringfügig beschäftigten Arbeitnehmer, der ihm den Wunsch nach Verlängerung der vertraglich vereinbarten Teilzeit angezeigt hat, bei der Besetzung eines entsprechenden freien Arbeitsplatzes bei gleicher Eignung bevorzugt zu berücksichtigen. Er kann dem Verlängerungsbegehren nur ablehnend begegnen, wenn dringende betriebliche Gründe (Alt. 1) oder Arbeitszeitwünsche anderer teilzeitbeschäftigter Arbeitnehmer (Alt. 2) entgegenstehen.

33   Das Erfordernis der Geltendmachung dringender betrieblicher Gründe im Rahmen des § 9 TzBfG zeigt, dass der Arbeitgeber einem Wunsch nach (befristeter) Verringerung der Arbeitszeit (§§ 8, 9a TzBfG) eher entgegentreten können soll als einem Wunsch nach Arbeitszeitverlängerung. Ein Anspruch nach § 9 TzBfG besteht aber jedenfalls dann nicht, wenn kein „entsprechender freier Arbeitsplatz" vorhanden ist.

34   Durch die **Ablehnungsmöglichkeit** „Arbeitszeitwünsche anderer Teilzeitbeschäftigter" wird dem Arbeitgeber letztlich ein Wahlrecht eingeräumt, falls sich mehrere teilzeitbeschäftigte Arbeitnehmer gleichzeitig bewerben. Externe Bewerber werden nicht erfasst. Das Aus-

---

[31] Zum Anspruch aus § 81 Abs. 5 S. 3 SGB IX vgl. → § 73 Rn. 149 ff.

wahlermessen des Arbeitgebers bezieht sich allein auf bereits beschäftigte Teilzeitarbeitnehmer. Konsequenz ist, dass der Arbeitgeber bei der Neubesetzung einer freien Position keine externen Bewerber berücksichtigen kann, wenn die interne Anfrage eines – wenn auch nur geringfügig beschäftigten – Teilzeitarbeitnehmers gem. § 9 TzBfG zu berücksichtigen ist. Weil die Berücksichtigungspflicht nur „bei gleicher Eignung" besteht, ist es dem Arbeitgeber aber möglich, das Anforderungsprofil an die neu zu besetzende Stelle so zu gestalten, dass möglicherweise interessierte Teilzeitkräfte im Rahmen des § 9 TzBfG doch nicht zu berücksichtigen sind.[32]

c) Loyalitätspflichten. Auf die Neben- und Loyalitätspflichten hat es grundsätzlich keine 35 arbeitsrechtlichen Auswirkungen, ob die geringfügige Beschäftigung die alleinige Erwerbstätigkeit des Arbeitnehmers ist oder ob sie sich aus dessen Sicht als Nebentätigkeit darstellt. Zu beachten ist jedoch, dass die geringfügig Beschäftigten ihre Arbeitskraft im Rahmen des geringfügigen Beschäftigungsverhältnisses naturgemäß dem Arbeitgeber nicht vollständig zur Verfügung stellen.

Loyalitätspflichten sind jedoch grundsätzlich nicht teilbar. Auch geringfügig Beschäftigte 36 unterliegen daher dem **Wettbewerbsverbot** des § 60 HGB. Die Dauer der wöchentlichen Arbeitszeit spielt für das Eingreifen des § 60 HGB keine Rolle. Auch wenn der geringfügig Beschäftigte nicht im „Kerngeschäft" des Arbeitgebers tätig wird, besteht das Wettbewerbsverbot. Der Arbeitgeber muss und darf sicher sein, dass ohne seine Einwilligung (Einwilligungsfiktion des § 60 Abs. 2 HGB beachten!) keiner seiner Arbeitnehmer – auch kein geringfügig Beschäftigter – während der rechtlichen Laufzeit des Arbeitsverhältnisses zu ihm in Wettbewerb treten darf. Der Umstand allein, dass der Arbeitnehmer als geringfügig Beschäftigter tätig ist und deshalb seine in diesem Arbeitsverhältnis erzielten Einkünfte zur Bestreitung des vollständigen Lebensunterhaltes nicht ausreichen, kann nicht dazu führen, dass eine Einwilligung des Arbeitgebers zur Konkurrenztätigkeit vermutet oder gar unterstellt werden kann.[33]

Den geringfügig Beschäftigten treffen auch die **Geheimhaltungspflichten** während des lau- 37 fenden Arbeitsverhältnisses und nach dessen Beendigung. Es leuchtet ein, dass beispielsweise Geschäfts- und Betriebsgeheimnisse nicht deshalb weniger geschützt sein können, weil der Geheimnisträger eine verringerte Wochenarbeitszeit im Vergleich zur Vollzeitkraft hat.

Fraglich ist, in welchem Umfang ein geringfügig Beschäftigter einer (weiteren) Nebenbe- 38 schäftigung nachgehen darf. Nach allgemeinen Grundsätzen kann der Arbeitgeber **Nebentätigkeiten** nur einschränken oder verbieten, wenn er insoweit ein berechtigtes Interesse geltend machen kann. Diese Einschränkung muss erst recht bei geringfügig Beschäftigten gelten, weil diese ihren Lebensunterhalt nicht allein aus den Einkünften der geringfügigen Beschäftigung bestreiten können.

Ein faktisches Nebentätigkeitsverbot ergibt sich aus dem Arbeitszeitgesetz. Nach § 2 39 Abs. 1 ArbZG sind Arbeitszeiten bei mehreren Arbeitgebern zusammenzurechnen. Auch der geringfügig Beschäftigte darf also (bei Hinzurechnung seiner weiteren Tätigkeit im Rahmen anderer Arbeitsverhältnisse) die gesetzliche Höchstarbeitszeit nicht überschreiten.

d) Sonstige Rechte und Pflichten. Geringfügig Beschäftigte haben im Übrigen Anspruch 40 auf Entgeltfortzahlung im Krankheitsfall nach dem EFZG. Dies gilt unabhängig davon, dass solche Ansprüche in der Praxis vielfach nicht geltend gemacht und/oder erfüllt werden. Entsprechendes gilt im Urlaubsrecht. Wie jeder andere Arbeitnehmer hat der geringfügig Beschäftigte zudem Anspruch auf (anteiligen) Erholungsurlaub nach dem BUrlG. Wegen des in der Praxis der geringfügigen Beschäftigungsverhältnisse hierzu weit verbreiteten Grundsatzes „Ohne Arbeit kein Lohn" werden auch Urlaubsansprüche entgegen der eindeutigen Gesetzeslage nur selten geltend gemacht bzw. gewährt.[34]

e) Formalien. Insbesondere in Fällen der Zeitgeringfügigkeit (§ 8 Abs. 1 Nr. 2 SGB IV) ist 41 das **Schriftformerfordernis** des § 14 Abs. 4 TzBfG zu beachten. Beim Abschluss eines Arbeitsvertrages über eine geringfügige Beschäftigung ergeben sich ansonsten keine Besonder-

---

[32] Richtiger Hinweis von *Reiserer/Freckmann/Träumer* Scheinselbständigkeit S. 210.
[33] Ebenso *Reiserer/Freckmann/Träumer* Scheinselbständigkeit S. 214.
[34] *Griese/Preis/Kruchen* NZA 2013, 113.

heiten. Der Betriebsrat ist vor der **Einstellung** geringfügig Beschäftigter nach § 99 BetrVG einschränkungslos zu beteiligen.

42   f) **Beendigung des Arbeitsverhältnisses.** Für die Beendigung eines geringfügigen Beschäftigungsverhältnisses gelten arbeitsrechtlich keine Besonderheiten. Das Arbeitsverhältnis kann vor allem durch Aufhebungsvertrag oder Kündigung enden. Selbstverständlich gilt § 623 BGB, wenngleich in der betrieblichen Praxis weiterhin die einvernehmliche formlose Beendigung des geringfügigen Beschäftigungsverhältnisses vorkommt. Arbeitgeber, die sich bei einer solchen Handhabung auf die vermeintlich wirksame Beendigung des Arbeitsverhältnisses verlassen haben, sind in einem zeitnah eingeleiteten Kündigungsschutzverfahren aber wegen § 623 BGB chancenlos.

43   Die wirtschaftliche Attraktivität der Führung eines Kündigungsschutzprozesses bei geringfügiger Beschäftigung eines Arbeitnehmers ist für Anwälte hingegen eher gering. Der maximale Gegenstandswert beträgt in der Regel 1.350,– EUR. Selbst beim Anfall von 3,5 Gebühren ergibt sich in erster Instanz ein Honorarvolumen von gerade einmal 422,50 EUR netto (einschließlich Auslagen nach Nr. 7002 der Anlage 1 zum RVG).

44   Geringfügig Beschäftigte zählen wie sämtliche teilzeitbeschäftigten Arbeitnehmer bei der Bestimmung des Schwellenwertes für die Anwendung des Kündigungsschutzgesetzes gem. § 23 KSchG zumindest mit 0,5 mit. Bei Vorliegen der Voraussetzungen des § 23 Abs. 1 KSchG können sich auch geringfügig Beschäftigte insgesamt auf das KSchG berufen. Beträgt die Beschäftigungszeit des geringfügig Beschäftigten also (mindestens) sechs Monate und sind im Betrieb hinreichend viele Arbeitnehmer beschäftigt, muss eine ordentliche Kündigung sozial gerechtfertigt iSd § 1 KSchG sein.

45   Im Falle verhaltens- oder personenbedingter Kündigungen greifen erst recht keine Besonderheiten. Fragen treten bisweilen beim Ausspruch **betriebsbedingter Kündigungen** auf, wenn es um die Vergleichbarkeit von Arbeitnehmern mit unterschiedlicher Arbeitszeit (Teilzeit/Vollzeit) geht. Nach Ansicht des BAG ist zunächst auf die betriebliche Organisation abzustellen. Bei einer Organisationsentscheidung des Arbeitgebers, wonach für bestimmte Arbeiten nur Vollzeitkräfte eingesetzt werden sollen, soll für die Arbeitsgerichte nur eine beschränkte Möglichkeit der Überprüfung dieser Unternehmerentscheidung bestehen. Bei einer bindenden Unternehmerentscheidung sind bei der Kündigung Teilzeitkräfte – und damit auch geringfügig Beschäftigte – mit Vollzeitkräften nicht vergleichbar, was dazu führt, dass bei der Kündigung eines geringfügig beschäftigten Arbeitnehmers keine Vollzeitkräfte und bei der Kündigung einer Vollzeitkraft keine geringfügig Beschäftigten in die Sozialauswahl mit einzubeziehen sind.[35] Wenn eine entsprechende Organisationsentscheidung nicht feststellbar ist und es dem Arbeitgeber allein darum geht, in einem bestimmten Bereich die Zahl der insgesamt geleisteten Arbeitsstunden abzubauen, sind Teilzeit- und Vollzeitkräfte ohne Rücksicht auf ihr individuelles Arbeitsvolumen vergleichbar und deshalb in die Sozialauswahl einzubeziehen. Dadurch, dass der Arbeitgeber eine entsprechende Organisationsentscheidung trifft (und im Streitfall nachweist), kann er also schon vor Ausspruch betriebsbedingter Kündigungen die Vergleichbarkeit von Vollzeitkräften mit geringfügig Beschäftigten ausschließen. Für die **außerordentliche Kündigung** (§ 626 BGB) gelten keine Besonderheiten.

46   Vor jeder Kündigung, auch eines geringfügigen Beschäftigungsverhältnisses, ist ein vorhandener **Betriebsrat** zu hören. Auch hier zeigt die Praxis, dass Arbeitgeber diese Notwendigkeit häufig nicht verinnerlichen. Gerade weil der Verstoß gegen § 102 BetrVG bei rechtzeitiger Klageerhebung noch nachträglich geltend gemacht werden kann,[36] bestehen für den Arbeitgeber erhebliche Risiken, wenn er vor Ausspruch der Kündigung eines geringfügigen Beschäftigungsverhältnisses auf eine Anhörung des Betriebsrats verzichtet oder diese nur nachlässig ausführt, etwa dem Betriebsrat lediglich eine Notiz über die Beendigung des Arbeitsverhältnisses gibt.

47   Auch geringfügig Beschäftigte können sich auf **besonderen gesetzlichen Kündigungsschutz** berufen, etwa nach § 9 Abs. 1 S. 1 MuSchG, § 18 Abs. 1 S. 1 BEEG, §§ 85, 168 SGB IX und § 15 KSchG. Alle besonderen gesetzlichen Kündigungsschutzbestimmungen gelten auch zu

---

[35] BAG 3.12.1998 – 2 AZR 341/98, NZA 1999, 431; 15.7.2004 – 2 AZR 376/03, NZA 2005, 523.
[36] Vgl. etwa *Ascheid/Preis/Schmidt* KSchG § 6 Rn. 7.

Gunsten geringfügig Beschäftigter, so dass bei einem Verstoß entsprechende Kündigungen unwirksam sind. Geringfügig Beschäftigte können auch die Voraussetzungen eines tariflichen Sonderkündigungsschutzes erfüllen.

Ein **besonderes Kündigungsverbot** iSd § 13 Abs. 3 KSchG **enthält § 11 TzBfG**. Hiernach darf ein Arbeitsverhältnis wegen der Weigerung eines Arbeitnehmers, von einem Vollzeit- in ein Teilzeitarbeitsverhältnis oder umgekehrt zu wechseln, nicht gekündigt werden. Materiell-rechtlich muss die Weigerung des Arbeitnehmers, die Arbeitszeit nach den Vorstellungen des Arbeitgebers zu verändern, der tragende Grund für die Kündigung sein. Das Kündigungsverbot greift nicht, wenn die Beendigungskündigung oder Änderungskündigung aus anderen Gründen wirtschaftlicher, technischer oder organisatorischer Art erforderlich ist.

Selbstverständlich kann gegenüber geringfügig Beschäftigten auch eine **Änderungskündigung** ausgesprochen werden. § 2 KSchG gilt ebenso, wenn einem bisher (noch) nicht geringfügig beschäftigten Arbeitnehmer per Änderungskündigung angeboten wird, das Arbeitsverhältnis nach Ablauf der Kündigungsfrist mit geänderter Arbeitzeit auf Basis eines geringfügigen Beschäftigungsverhältnisses fortzuführen.[37]

2. Betriebsverfassungsrecht

Geringfügig beschäftigte Arbeitnehmer sind in der Regel teilzeitbeschäftigte Arbeitnehmer und damit Arbeitnehmer des Betriebs. Dauer und Lage der individuellen Arbeitszeit sind ebenso wie das Bestehen einer Sozialversicherungspflicht für die Frage der Arbeitnehmerstellung im Betriebsverfassungsrecht ohne Belang.[38]

Nach ganz herrschender Auffassung haben geringfügig Beschäftigte auch das **aktive Wahlrecht zum Betriebsrat**.[39] Wenn Aushilfskräfte, die im Rahmen eines geringfügigen Beschäftigungsverhältnisses nur kurzfristig (beispielsweise zwei Monate im Jahr) beschäftigt sind, am Wahltag in einem Arbeitsverhältnis zum Betrieb stehen, sind diese daher ebenfalls wahlberechtigt.[40]

Für das **passive Wahlrecht** gilt: Das BetrVG verlangt für die Wählbarkeit weder, dass der Arbeitnehmer hauptberuflich tätig ist noch, dass er eine Mindestdauer der wöchentlichen Beschäftigung im Betrieb aufweist. Geringfügig Beschäftigte haben deshalb das passive Wahlrecht zum Betriebsrat, können bei Einrichtung der entsprechenden Gremien ebenso dem Gesamt- oder Konzernbetriebsrat angehören.

Fragen können bei der Teilnahme geringfügig beschäftigter Betriebsratsmitglieder an **Schulungs- oder Bildungsveranstaltungen** auftreten. Hierfür haben sie grundsätzlich Anspruch auf die Vergütung, die sie erzielt hätten, wenn sie in der Veranstaltungszeit gearbeitet hätten (§ 37 Abs. 6 S. 1, Abs. 2 BetrVG). Schulungsveranstaltungen werden bei geringfügig beschäftigten Betriebsratsmitgliedern häufig außerhalb der vereinbarten Arbeitszeit stattfinden. Nach der Gesetzeslage erhalten teilzeitbeschäftigte Betriebsratsmitglieder für ganztägige Schulungen Freizeitausgleich wie Vollzeitarbeitnehmer (§ 37 Abs. 6 BetrVG).

Auch bei geringfügig beschäftigten Arbeitnehmern sind Arbeitszeit, Urlaubsplan, technische Leistungsüberwachung oder Fragen der betrieblichen Lohngestaltung in vollem Umfang nach § 87 BetrVG **mitbestimmungspflichtig**. Dies gilt auch für die sonstigen dort aufgeführten sozialen Angelegenheiten. Bei Betriebsänderungen im Sinne des § 111 BetrVG sind geringfügig beschäftigte Arbeitnehmer ebenso zu berücksichtigen. Ansprüche auf Interessenausgleichsverhandlungen und den Abschluss eines Sozialplans bestehen bei Vorliegen der sonstigen Voraussetzungen selbst dann, wenn ausschließlich geringfügig beschäftigte Arbeitnehmer von der Betriebsänderung betroffen sind.

3. Tarifvertragsrecht

Die Geltung eines Tarifvertrages bestimmt sich nach dessen räumlichen, zeitlichen, betrieblichen und fachlichen Geltungsbereich. Eine Herausnahme geringfügig beschäftigter

---

[37] Zur Änderungskündigung als Mittel der Änderung der Arbeitszeit *Gaul* DB 1998, 1913.
[38] *Lipke* NZA 1990, 758.
[39] Vgl. nur *Fitting* BetrVG § 7 Rn. 5; *Däubler* NZA 2019, 1601 (1604).
[40] BAG 29.1.1992 – 7 ABR 27/91, NZA 1992, 894.

Arbeitnehmer aus dem persönlichen Geltungsbereich eines Tarifvertrages ist in der Regel sachlich nicht begründbar und deshalb unzulässig.[41]

56 Dementsprechend ist wegen § 4 Abs. 3 TVG ein Verzicht des geringfügig beschäftigten Arbeitnehmers auf ihm in einem allgemeinverbindlichen Tarifvertrag eingeräumte Rechte unwirksam. Dies gilt beispielsweise für die Zahlung von (anteiligem) tariflichem Weihnachts- oder Urlaubsgeld und unabhängig davon, dass solche Zahlungen an geringfügig Beschäftigte bisher in der betrieblichen Praxis häufig unterblieben sind und unterbleiben.

4. Betriebliche Altersversorgung

57 Geringfügig Beschäftigte sind in eine betriebliche Altersversorgung einzubeziehen.[42] Falls eine betriebliche Ruhegeldregelung den Ausschluss geringfügig Beschäftigter vorsieht, ist die Regelung entsprechend zu ergänzen. Die geringverdienenden Arbeitnehmer sind zu stellen, als hätte die Ruhegeldregelung von Beginn an auch für sie gegolten.[43] Besonderheiten können sich aber bei einer Gesamtversorgungszusage ergeben, wenn geringfügig Beschäftigte aufgrund ihrer Versicherungsfreiheit eine gesetzliche Altersrente aus eigener Versicherung nicht zu erwarten haben.[44]

VI. Die „Gleitzone"

58 Der Begriff „Gleitzone" steht für die besondere sozialversicherungsrechtliche Behandlung solcher Tätigkeiten, bei der der Arbeitnehmer ein regelmäßiges monatliches Arbeitsentgelt innerhalb der „Gleitzone" erzielt, die mit 450,01 EUR beginnt und inzwischen (seit dem 1.7.2019) bei 1.300,– EUR endet.[45] Die gesetzliche Regelung findet sich in § 20 Abs. 2 SGB IV. Einen Verdienst im Rahmen der „Gleitzone" wird ein Arbeitnehmer in aller Regel im Rahmen einer Teilzeitbeschäftigung erzielen. Arbeitsrechtlich bestehen insoweit keine Besonderheiten.

Beispiel
Ein Arbeitnehmer übt nebeneinander drei Beschäftigungen mit einem Arbeitsentgelt von jeweils 200,– EUR monatlich aus. Eine Hauptbeschäftigung besteht nicht. Das monatliche Arbeitsentgelt des Arbeitnehmers beläuft sich auf insgesamt 600,– EUR und übersteigt somit die 450-EUR-Grenze. Die Minijob-Regelungen finden keine Anwendung, es handelt sich vielmehr um ein Beschäftigungsverhältnis in der Gleitzone.

59 Bei einer Tätigkeit in der Gleitzone ist der Arbeitnehmer zwar in allen Zweigen der Sozialversicherung versicherungspflichtig. Der Arbeitnehmer hat bei Beschäftigungen in der Gleitzone nur einen reduzierten Sozialversicherungsbeitrag zu zahlen. Dieser beträgt bei 450,01 EUR ca. 15 Prozent des Arbeitsentgelts und steigt auf den vollen Arbeitnehmerbeitrag von ca. 20 Prozent bei 1.300,– EUR Arbeitsentgelt an. Der Arbeitgeber hat dagegen stets den vollen Beitragsanteil zu tragen. Er beläuft sich also derzeit (abhängig von der vom Arbeitnehmer gewählten Krankenkasse) auf rund 19,6 Prozent.

60 Trotz der abgesenkten Beitragsbelastung des Arbeitnehmers werden alle Geldleistungen der Sozialversicherung auf Basis des tatsächlichen Arbeitsentgelts berechnet. Einzige Ausnahme bildet die Rente, für die der Beschäftigte Entgeltpunkte nur nach Maßgabe des reduzierten Beitrags erwirbt. Der Arbeitnehmer hat hier allerdings die Möglichkeit, durch schriftliche Erklärung gegenüber dem Arbeitgeber das volle Arbeitsentgelt der Beitragsbemessung zugrunde legen zu lassen (sog. **Aufstockungsoption**; vgl. § 163 Abs. 10 S. 1 SGB VI). Durch Aufstockung seines Rentenbeitrags auf den normalen Satz kann der Arbeitnehmer also Nachteile bei der Altersversicherung vermeiden.

---

[41] *Reiserer/Freckmann/Träumer* Scheinselbständigkeit S. 222.
[42] Vgl. BAG 20.11.1990 – 3 AZR 613/89, NZA 1991, 635.
[43] Vgl. BAG 29.8.1989 – 3 AZR 370/88, NZA 1990, 37; EuGH 10.2.2000 – C-50/96, NZA 2000, 313.
[44] Vgl. hierzu ErfK/*Rolfs* SGB IV § 8 Rn. 5.
[45] Übersicht bei *Steck/Kossens* Hartz-Reform Rn. 232 ff.; *Pauly/Osnabrügge* Teilzeitarbeit S. 391 ff.

61 Übt der Arbeitnehmer neben einer versicherungspflichtigen Hauptbeschäftigung von monatlich mehr als 1.300,- EUR eine oder mehrere Nebenbeschäftigungen mit einem Arbeitsentgelt zwischen 450,01 EUR und 1.300,- EUR aus, gelten die Regelungen für die Gleitzone nicht. In einem solchen Fall werden also die individuellen Arbeitgeber- und Arbeitnehmerbeiträge auf das zusammengerechnete Entgelt erhoben.

62 Lohnsteuerlich greifen in der Gleitzone keine Besonderheiten. Insbesondere erfolgt **keine Pauschalversteuerung** des Arbeitsentgelts. Der Arbeitnehmer muss den gewöhnlichen persönlichen Steuersatz entrichten. Wenn der Arbeitnehmer allerdings keine anderen Einkünfte erzielt, bleibt er bis zum Grundfreibetrag steuerfrei.

63 Die Spitzenorganisationen der Sozialversicherung (GKV-Spitzenverband, Deutsche Rentenversicherung Bund, Deutsche Rentenversicherung Knappschaft-Bahn-See, Bundesagentur für Arbeit) haben zuletzt am 21.3.2019 neue Richtlinien für die versicherungs-, beitrags- und melderechtlichen Auswirkungen auf Beschäftigungen in der Gleitzone veröffentlicht.[46] Auch hier ist der Hinweis darauf erforderlich, dass das Rundschreiben kein unmittelbar gegenüber den Arbeitsvertragsparteien geltendes Recht darstellt.

---

[46] Abrufbar unter https://beck-online.beck.de.

Teil P. Arbeitsgerichtsverfahren

§ 76 Der Anwalt im Arbeitsgerichtsprozess

Übersicht

	Rn.
I. Prozesskostenhilfe und Beiordnung nach § 11a ArbGG	1–44
1. Prozesskostenhilfe	1–32
a) Anwendungsbereich	2–7
b) Antrag und Verfahren	8–17
c) Persönliche und wirtschaftliche Verhältnisse	18–20
d) Erfolgsaussichten	21/22
e) Beiordnung eines Rechtsanwalts	23–25
f) PKH bei Klageerweiterung und Mehrvergleich	26–30
g) Nachträgliche Änderung/Aufhebung der bewilligten Prozesskostenhilfe	31–33
h) Rechtsmittel	34–41
i) Anwaltliche Pflichten	42
2. Beiordnung nach § 11a Abs. 1 ArbGG aF	43
3. Beratungshilfe	44
II. Prozessvertretung im Urteilsverfahren	45–53
1. Prozessvertretung in erster Instanz	45–49
a) Parteien	45
b) Rechtsanwälte	46
c) Sonstige Bevollmächtigte	47
d) Zurückweisung von Bevollmächtigten	48
e) Beistände	49
2. Prozessvertretung in zweiter Instanz	50/51
3. Prozessvertretung in dritter Instanz	52/53
III. Verfahrensvertretung im Beschlussverfahren	54–57
1. Verfahrensvertretung in erster Instanz	54/55
2. Verfahrensvertretung in zweiter Instanz	56
3. Verfahrensvertretung in dritter Instanz	57

I. Prozesskostenhilfe und Beiordnung nach § 11a ArbGG

1. Prozesskostenhilfe

Nach § 11a Abs. 1 ArbGG gelten die Vorschriften der ZPO über die Prozesskostenhilfe im Verfahren vor den Gerichten für Arbeitssachen entsprechend. Damit kann auch im Arbeitsgerichtsverfahren Prozesskostenhilfe bewilligt werden. Die vormals bestehende Möglichkeit der Beiordnung eines Rechtsanwaltes nach § 11a Abs. 1 aF ArbGG ist entfallen. 1

a) Anwendungsbereich. Prozesskostenhilfe kann natürlichen Personen bewilligt werden. Dies gilt auch für Ausländer und Staatenlose, selbst wenn Gegenseitigkeit nicht verbürgt ist.[1] Die Bewilligung von Prozesskostenhilfe für Parteien kraft Amtes, juristische Personen oder parteifähige Vereinigungen richtet sich nach § 116 ZPO. 2

Parteien kraft Amtes (zB: Insolvenzverwalter, § 80 InsO; vorläufiger Insolvenzverwalter, § 22 Abs. 1 S. 1 InsO; Nachlassverwalter, §§ 1985 Abs. 1, 1984 Abs. 1 S. 3 BGB) erhalten auf Antrag Prozesskostenhilfe, wenn die Kosten aus der verwalteten Vermögensmasse nicht aufgebracht werden können und den am Gegenstand des Rechtsstreits Beteiligten nicht zuzumuten ist, die Kosten aufzubringen (§ 116 S. 1 Nr. 1 ZPO). Die Kosten sind in erster Linie aus der verwalteten Vermögensmasse, und zwar aus den Barmitteln und dem kurzfristig verwertbaren Vermögen aufzubringen. Masseschulden und -kosten sind vom Vermögensbe- 3

---

[1] GK ArbGG/*Bader* § 11a Rn. 14.

stand abzuziehen.[2] Abweichend von §§ 115 Abs. 3 ZPO, 90 SGB VII kennt § 116 ZPO kein Schonvermögen, das nicht für die Kosten eingesetzt werden muss.[3] Zur Prozessführung darf der Insolvenzverwalter der Masse nicht die Mittel entziehen, die er zur Abwicklung des Insolvenzverfahrens braucht.[4] Können die Kosten nicht aus der verwalteten Vermögensmasse bestritten werden, ist vor Bewilligung der Prozesskostenhilfe zu prüfen, ob die Kosten nicht in zumutbarer Weise von den am Gegenstand des Rechtsstreits wirtschaftlich Beteiligten aufgebracht werden können. Auch nach Anzeige der Masseunzulänglichkeit (§ 208 InsO) kann der Insolvenzverwalter noch Prozesskostenhilfe beanspruchen, wenn die übrigen Voraussetzungen der §§ 114, 116 Abs. 1 Nr. 1 ZPO erfüllt sind.[5] Bei Masseunzulänglichkeit ist grundsätzlich davon auszugehen, dass die Kosten eines Rechtsstreits nicht aus der verwalteten Vermögensmasse aufgebracht werden können.[6] Können die Kosten eines von dem Insolvenzverwalter geplanten Aktivprozesses nicht aus der verwalteten Vermögensmasse aufgebracht werden, kommt es darauf an, ob den am Gegenstand des Rechtsstreits wirtschaftlich beteiligten Gläubigern zuzumuten ist, die Prozesskosten aufzubringen (§ 116 Abs. 1 Nr. 1 Hs. 2 ZPO). Dies ist anhand einer wertenden Abwägung aller Gesamtumstände des Einzelfalls zu prüfen. Hierbei sind insbesondere die im Falle des Obsiegens zu erwartende Quotenverbesserung, das Prozess- und Vollstreckungsrisiko und die Gläubigerstruktur zu berücksichtigen.[7] Da sich die Altmassegläubiger – weil vorrangig die Neumassegläubiger bedient werden – von einem Prozesserfolg nichts oder nur wenig versprechen können, ist ihnen (falls man sie als „wirtschaftlich Beteiligte" ansieht) jedenfalls nicht zuzumuten, die Prozesskosten aufzubringen. Dann kann es auch nicht richtig sein, ihnen das Prozesskostenrisiko zu überbürden, indem ihre Forderungen bei der Prüfung der Bedürftigkeit außer Betracht gelassen werden.[8] Die Bewilligung von Prozesskostenhilfe an den Verwalter in einem Insolvenzverfahren über das Vermögen einer juristischen Person setzt nicht voraus, dass die Unterlassung der Rechtsverteidigung allgemeinen Interessen iSv § 116 S. 1 Nr. 2 ZPO zuwiderlaufen würde.[9] Auch wenn der Insolvenzverwalter selbst Volljurist ist, hat er bei der Bewilligung von Prozesskostenhilfe wie ein Insolvenzverwalter ohne volljuristische Ausbildung Anspruch auf Beiordnung eines Rechtsanwalts.[10]

4 Eine **inländische juristische Person** oder parteifähige Vereinigung erhält auf Antrag Prozesskostenhilfe, wenn die Kosten weder von ihr noch von den am Gegenstand des Rechtsstreits wirtschaftlich Beteiligten aufgebracht werden können und wenn die Unterlassung der Rechtsverfolgung oder Rechtsverteidigung allgemeinen Interessen zuwiderlaufen würde. Letzteres ist der Fall, wenn ohne die Durchführung des Rechtsstreits die Erfüllung der Allgemeinheit dienenden Aufgaben be- oder verhindert würde oder wenn die Entscheidung größere Kreise der Bevölkerung oder des Wirtschaftslebens anspricht und soziale Wirkungen wie den Verlust einer größeren Zahl von Arbeitsplätzen[11] oder die Schädigung einer Vielzahl von Gläubigern in erheblicher Weise[12] nach sich ziehen würde. Ohne Belang ist das Einzelinteresse an einer richtigen Entscheidung,[13] ebenso die Tatsache, dass es sich um eine

---

[2] OLG Köln 11.6.1990 – 16 W 36/90, ZIP 1990, 936; 25.11.1994 – 19 U 70/94, ZIP 1994, 724; OLG München 14.2.1996 – 3 W 721/96, ZIP 1996, 512. Vgl. auch BAG 22.8.2017 – 1 AZR 546/15 (A), NZA 2017, 1415.
[3] Zöller/*Schultzky* ZPO § 116 Rn. 5; OLG Stuttgart 20.2.2004 – 13 W 57/03, MDR 2004, 1205; OLG Hamburg 10.8.2010 – 11 W 53/10, NZI 2010, 817.
[4] OLG Schleswig 23.3.1995 – 5 W 47/94, ZIP 1995, 759.
[5] BAG 22.8.2017 – 1 AZR 546/15 (A), NZA 2017, 1415; BGH 28.2.2008 – IX ZB 147/07, NZI 2008, 431.
[6] BFH 19.2.2014 – V S 33/13 (PKH), BFH/NV 2014, 727; BGH 27.9.2007 – IX ZB 172/06, NZI 2008, 98.
[7] BGH 21.2.2017 – IX ZR 59/16, NZI 2017, 415; BGH 19.5.2015 – II ZR 263/14, ZInsO 1465 Rn. 3; BGH 6.3.2006 – II ZB 11/05, ZIP 2006, 682.
[8] BGH 27.9.2007 – IX ZB 172/06, NZI 2008, 98.
[9] BGH 15.2.2007 – I ZB 73/06, NZI 2007, 348.
[10] BGH 23.3.2006 – IX ZB 134/05, ZInsO 2006, 491.
[11] BGH 3.8.2011 – 3 AZB 8/11, NZA 2011, 1243; BFH 15.10.1992 – I B 84/92, Rpfleger 93, 290; BGH 20.9.1957 – VII ZR 62/57, NJW 1957, 1636.
[12] BGH 3.8.2011 – 3 AZB 8/11, NZA 2011, 1243; 10.2.2011 – IX ZB 145/09, DB 2011, 583; 24.10.1990 – VIII ZR 87/90, NJW 1991, 703.
[13] BGH 3.8.2011 – 3 AZB 8/11, NZA 2011, 1243; 10.2.2011 – IX ZB 145/09, DB 2011, 583; LAG Bremen 5.11.1986 – 4 SHa 6/86, AP ZPO § 116 Nr. 2.

Rechtsfrage von allgemeinem Interesse handelt. Prozesskostenhilfe kann sowohl der klagenden als auch der beklagten Partei, den Nebenintervenienten und den Streitgenossen bewilligt werden.

Die Prozesskostenhilfe kann für **alle Instanzen** und selbstständigen Gerichtsverfahren des 5 Urteilsverfahrens (selbstständiges Beweisverfahren, §§ 485 ff. ZPO; Mahnverfahren; Arrestverfahren; einstweiliges Verfügungsverfahren; Vollstreckungsverfahren) bewilligt werden. Es gibt jedoch keine Prozesskostenhilfe für das Verfahren auf Bewilligung von Prozesskostenhilfe und das Beschwerdeverfahren bei negativer Bescheidung des Prozesskostenhilfeantrags.[14] Nach § 119 Abs. 1 S. 1 ZPO erfolgt die Bewilligung von Prozesskostenhilfe für jeden Rechtszug besonders. In den Rechtsmittelinstanzen kann die Prozesskostenhilfe für die Rechtsverfolgung und für die Rechtsverteidigung zugesprochen werden. Selbst im Verfahren der Nichtzulassungsbeschwerde kann dem Beschwerdeführer und auch dem Beschwerdegegner Prozesskostenhilfe bewilligt werden.[15] Nichts anderes gilt für eine Klage wegen überlanger Verfahrensdauer.[16]

Auch im arbeitsgerichtlichen **Beschlussverfahren** kann Prozesskostenhilfe bewilligt werden. 6 Für Personen und Stellen nach § 10 S. 1 Hs. 2 ArbGG (zB Betriebsrat, Gesamt- und Konzernbetriebsrat, Jugend- und Auszubildendenvertretung, Bordvertretung, Seebetriebsrat, Betriebsausschuss, Wirtschaftsausschuss, Wahlvorstand, Einigungsstelle) steht der Bewilligung von Prozesskostenhilfe aber regelmäßig der gegen den Arbeitgeber gerichtete Anspruch auf Kostentragung nach § 40 Abs. 1 BetrVG entgegen,[17] sofern dieser durchsetzbar erscheint. Andernfalls greift § 116 S. 1 Nr. 2 ZPO.[18] In der Praxis relevant ist deshalb vor allem der Fall der Bewilligung von PKH für das von einer Kündigung betroffene Betriebsratsmitglied im Verfahren nach § 103 BetrVG.

Keine Prozesskostenhilfe kann bewilligt werden für außergerichtliche Vergleichsverhand- 7 lungen, das Verfahren vor dem Ausschuss für Auszubildendenangelegenheiten nach § 111 Abs. 2 ArbGG oder die Verhandlung vor tariflichen oder kirchlichen Schlichtungsstellen. Denn hierbei handelt es sich nicht um ein gerichtliches Verfahren.[19] Davon zu unterscheiden ist allerdings ein **Güterichterverfahren** nach § 54 Abs. 6 ArbGG. Denn das besondere Verfahren nach § 54 Abs. 6 ArbGG ist in das gerichtliche Verfahren integriert. Soweit das Gericht den Parteien allerdings nach § 54a Abs. 1 ArbGG eine Mediation oder ein anderes Verfahren zur Konfliktbeilegung vorschlägt, handelt es sich um ein außergerichtliches Verfahren, für das die Gewährung von PKH ausscheidet.[20]

b) Antrag und Verfahren. Die Bewilligung von Prozesskostenhilfe erfolgt auf Antrag bei 8 dem Prozessgericht; dieser kann vor der Geschäftsstelle zu Protokoll (§ 117 Abs. 1 S. 1 ZPO), aber auch im Güte- oder Kammertermin erklärt werden. Der Antrag auf Bewilligung von Prozesskostenhilfe für die Zwangsvollstreckung ist bei dem für die Zwangsvollstreckung zuständigen Gericht zu stellen (§ 117 Abs. 1 S. 3 ZPO). Wird der Antrag schriftlich eingereicht, muss er wie ein bestimmender Schriftsatz unterschrieben sein.[21] Vertretungszwang besteht nicht. Der Antrag muss **vor Abschluss der Instanz** beim Arbeitsgericht eingehen.[22] Schließen die Parteien einen widerruflichen Vergleich reicht es aus, dass der Antrag innerhalb der Widerrufsfrist eingeht. Die Bewilligung selbst kann hingegen auch noch nach Abschluss der Instanz erfolgen.[23] Die Eröffnung des Insolvenzverfahrens

---

[14] BAG 17.10.2017 – 10 AZB 25/15, NZA 2018, 117; BGH 26.6.2010 – VI ZA 3/09, NJW 2010, 3101; LAG Hessen 25.7.1994 – 15 Ta 216/94, NZA 1995, 139.
[15] BAG 19.9.1993 – 8 AZN 244/86, AP ArbGG 1979 § 72a Nr. 18; 28.4.1980 – 6 AZN 96/80, AP ArbGG 1979 § 72a Nr. 6; Schwab/Weth/*Ulrich* ArbGG § 72a Rn. 93.
[16] BAG 13.12.2017 – 5 AZA 84/17, NZA 2018, 262.
[17] BAG 19.4.1989 – 7 ABR 6/88, EzA BetrVG 1972 § 40 Nr. 62; LAG Hamm 13.2.1990 – 7 TaBV 9/90, LAGE ZPO § 115 Nr. 42; vgl. zu § 40 BetrVG oben § 62.
[18] LAG Rheinland-Pfalz 4.5.1990 – 9 Ta 88/90, NZA 1991, 32; GKArbGG/*Bader* § 11a Rn. 22.
[19] LAG Rheinland-Pfalz 4.8.2011 – 8 Ta 137/11, BeckRS 2011, 76839.
[20] Schwab/Weth/*Liebscher* ArbGG § 11a Rn. 10; Zöller/*Schultzky* ZPO Vor § 114 Rn. 3.
[21] BGH 4.5.1994 – XII ZB 21/94, EzA ZPO § 117 Nr. 7.
[22] BAG 31.7.2017 – 9 AZB 32/17, FA 2017, 382; BAG 30.4.2014 – 10 AZB 13/14, NZA-RR 2014, 382; 16.2.2012 – 3 AZB 34/11, NJW 2012, 2828; 5.2.2012 – 3 AZB 40/12, BeckRS 2012, 212393.
[23] BAG 5.2.2012 – 3 AZB 40/12, BeckRS 2012, 212393.

über das Vermögen der die PKH beantragenden Partei wirkt sich nicht auf das PKH-Verfahren aus.[24]

9   Das Erfordernis der Antragstellung schließt auch einen konkludenten Antrag nicht aus. Das Gericht hat im Rahmen der Auslegung – ggf. nach einem Hinweis nach § 139 ZPO – zu ermitteln, in welchem Umfang PKH begehrt wird.[25]

10 In dem Antrag ist für das erstinstanzliche Verfahren das Streitverhältnis unter Angabe der Beweismittel darzustellen (§ 117 Abs. 1 S. 2 ZPO), um die Prüfung hinreichender Erfolgsaussichten der Rechtsverfolgung bzw. -verteidigung (§ 114 ZPO) zu ermöglichen. Ob hinreichende Erfolgsaussicht besteht, richtet sich nach einer „realen Chance zum Obsiegen". Die nur entfernte Erfolgsaussicht, reicht nicht.[26]

11 In der **Rechtsmittelinstanz** ist nicht zu prüfen, ob die Rechtsverfolgung oder Rechtsverteidigung hinreichende Aussicht auf Erfolg bietet oder mutwillig erscheint, wenn der Gegner das Rechtsmittel eingelegt hat (§ 119 Abs. 1 S. 2 ZPO). Allerdings ist in diesem Fall PKH für die Rechtsmittelinstanz nur zu gewähren, wenn der Gegner sein Rechtsmittel begründet hat und es auch nicht zu verwerfen ist.[27] Ob das Prozesskostenhilfegesuch des Rechtsmittelführers einer sachlichen Begründung bedarf, ist streitig. Überwiegend wird eine Begründung zwar für zweckmäßig und erwünscht gehalten, ein Zwang dazu besteht aber nicht. Andernfalls würde eine bedürftige Partei gegenüber einer bemittelten Partei benachteiligt, wenn der Erfolg ihres Prozesskostenhilfegesuchs von einer Stellungnahme zu Fragen abhängig gemacht würde, deren sachgerechte Beantwortung juristische Sachkunde erfordert, wie es in Bezug auf Rechtsmittel regelmäßig der Fall ist.[28]

12 Dem Antrag sind eine **Erklärung** der Partei über ihre **persönlichen und wirtschaftlichen Verhältnisse** (Familienverhältnisse, Beruf, Vermögen, Einkommen und Lasten) sowie entsprechende Belege beizufügen (§ 117 Abs. 2 S. 1 ZPO), wobei die Erklärung und die Belege dem Gegner nur mit Zustimmung der Partei zugänglich gemacht werden (§ 117 Abs. 2 S. 2 ZPO). Zum Inhalt der Erklärung vgl. → Rn. 16 ff. Hat die antragstellende Partei die für die Gewährung von Prozesskostenhilfe erforderlichen Unterlagen und Belege nicht rechtzeitig vorgelegt, ist umstritten, ob die versagte Prozesskostenhilfe durch Nachreichung der Unterlagen und Belege in der Beschwerdeinstanz korrigiert werden kann. Richtigerweise dürfte nach neuer Gesetzeslage diese Möglichkeit ausscheiden.[29]

13 Grundsätzlich muss der vollständige Antrag auf Bewilligung von Prozesskostenhilfe mit dem ordnungsgemäß ausgefüllten Antragsvordruck (§ 117 Abs. 3 und 4 ZPO) und allen Unterlagen also bis zum Abschluss der Instanz oder des Verfahrens beim zuständigen Gericht vorliegen. Über einen rechtzeitig eingereichten Prozesskostenhilfeantrag mit unvollständigen Angaben und Unterlagen kann wohl auch noch **nach Abschluss der Instanz** bzw. des Verfahrens ausnahmsweise positiv entschieden werden, wenn das Gericht eine Frist zur Nachreichung der fehlenden Unterlagen und Belege gesetzt hat.[30] Soweit dem Antragsteller eine solche gerichtliche Nachfrist, die nach dem Ende der Instanz liegt, gesetzt worden ist, muss diese Nachfrist – anders als eine vor dem Ende der Instanz ablaufende Nachfrist – aber eingehalten werden. Ist das Hauptsacheverfahren im Zeitpunkt der Beibringung der Belege und Unterlagen noch nicht abgeschlossen, kann aber in ihrer Einreichung ggf. ein neuer Antrag zu sehen sein.[31] Denn auch ein abgelehnter Prozesskostenhilfeantrag kann re-

---

[24] BAG 3.8.2011 – 3 AZB 8/11, NZA 2011, 1243.
[25] BAG 30.4.2014 – 10 AZB 13/14, NZA-RR 2014, 382.
[26] BVerfG 11.3.2010 – 1 BVG 365/09, NJW 2010, 1657; LAG Berlin-Brandenburg 16.8.2010 – 25 Ta 1628/10, BB 2010, 2956.
[27] BAG 23.4.2018 – 9 AZB 5/18, NZA 2018, 1021; BGH 28.4.2010 – XII ZB 180/06, FamRZ 2010, 1147; BAG 15.2.2005 – 5 AZN 781/04 (A), NZA 2005, 431.
[28] BGH 29.1.2009 – VII ZR 187/08, NJW 2009, 1423; 18.10.2000 – IV ZB 9/00, NJW-RR 2001, 570; 11.11.1992 – XII ZB 118/92, NJW 1993, 732.
[29] LAG Düsseldorf 3.2.2016 – 5 Ta 38/16, BeckRS 2016, 67720 vgl. auch LAG Düsseldorf 27.10.2014 – 2 Ta 489/14, BeckRS 2016, 67720.
[30] Vgl. auch BAG 5.2.2012 – 3 AZB 40/12, BeckRS 2012, 212393. Vgl. auch LAG Rheinland-Pfalz 24.7.2015 – 2 Ta 101/15, BeckRS 2015, 70510 Hinweispflicht.
[31] LAG Schleswig-Holstein 21.10.2009 – 6 Ta 170/09, BeckRS 2009, 74373; BAG 3.12.2003 – 2 AZB 19/03, BeckRS 2003, 30800029; Zöller/*Geimer* ZPO § 117 Rn. 6.

gelmäßig **wiederholt** werden, wenn sich die Sach- oder Rechtslage oder die persönlichen oder wirtschaftlichen Verhältnisse ändern.

In den Antrag kann der zur Vertretung bereite Anwalt der Wahl des Antragstellers (§ 121 Abs. 1 ZPO) aufgenommen werden. 14

Der Prozesskostenhilfeantrag kann **mit der Klage verbunden** werden oder isoliert im Hinblick auf eine in Aussicht gestellte Klage erfolgen. Erstinstanzlich kann die Klage unter der Bedingung der Prozesskostenhilfebewilligung erhoben werden. Was gewollt ist, ist durch Auslegung zu ermitteln. Wird die Klage als „Entwurf" beigefügt oder nicht unterschrieben, spricht dies für einen isolierten PKH-Antrag.[32] Handelt es sich um einen isolierten PKH-Antrag, wird die **Klagefrist nach § 4 KSchG**, §§ 17 S. 1, 21 TzBfG durch den PKH-Antrag nicht gewahrt. Die Veranlassung der Bekanntgabe des erstmaligen Antrags auf Gewährung von Prozesskostenhilfe bewirkt aber nach § 204 Abs. 1 Nr. 14 BGB die Hemmung der Verjährung.[33] 15

Ein **Rechtsmittel** kann jedoch **nicht** an eine **Bedingung** geknüpft werden und damit auch nicht daran, dass dem gleichzeitig eingereichten Prozesskostenhilfegesuch stattgegeben wird.[34] Auch hier ist durch Auslegung, ermitteln, ob der Kläger lediglich einen Prozesskostenhilfeantrag gestellt hat, oder zugleich auch das Rechtsmittel einlegen wollte.[35] Ein Schriftsatz, der alle formellen Anforderungen eines Rechtsmittels oder einer Rechtsmittelbegründung erfüllt, ist aber regelmäßig als wirksam eingelegte Prozesserklärung zu behandeln.[36] Die mittellose Partei hat aber die Möglichkeit, zunächst Prozesskostenhilfe und nach deren Bewilligung innerhalb der Frist des § 234 Abs. 1 S. 1 ZPO Wiedereinsetzung in den vorherigen Stand zu beantragen.[37] 16

Der fristgerechte, ordnungsgemäße, mit der Erklärung über die persönlichen und wirtschaftlichen Verhältnisse sowie der erforderlichen Belege versehene Prozesskostenhilfeantrag kann nämlich einen **Wiedereinsetzungsantrag**[38] oder einen Antrag auf nachträgliche Klagezulassung nach oder entsprechend § 5 KSchG begründen. Denn die Fristversäumnis ist unverschuldet, wenn die Partei nicht in der Lage war, die Kosten des Prozesses aufzubringen. Ein rechtzeitig – innerhalb der Rechtsmittelfrist[39] – gestellter Prozesskostenhilfeantrag rechtfertigt eine Wiedereinsetzung in den vorigen Stand wegen Versäumung der Rechtsmittelfrist nur dann, wenn die Partei vernünftigerweise nicht damit rechnen musste, ihr Antrag könne zurückgewiesen werden. Mit einer Bewilligung der Prozesskostenhilfe kann die Partei lediglich dann rechnen, wenn sie die persönlichen und wirtschaftlichen Voraussetzungen für die Gewährung der Prozesskostenhilfe in ausreichender Weise dargetan hat.[40] Im Regelfall sind auch die erforderlichen Belege beizufügen. Die Beibringung solcher Belege ist auch dann nicht entbehrlich, wenn bereits im erstinstanzlichen Verfahren Prozesskostenhilfe beantragt, der Vordruck über die persönlichen und wirtschaftlichen Verhältnisse ausgefüllt und hierzu auch Belege eingereicht wurden. Möglich ist es aber, in jenem dem Rechtsmittelgericht übermittelten Vordruck auf die frühere Erklärung Bezug zu nehmen und geltend zu machen, die Verhältnisse hätten sich seither nicht verändert.[41] Für den Fall, dass die beantragte PKH nach Ablauf der Rechtsmittelfrist verweigert wird, bleibt der Partei nach Bekanntgabe der Entscheidung noch eine Frist von höchstens drei bis vier Tagen für die Überlegung, ob sie das Rechtsmittel auf eigene Kosten durchführen will. Danach beginnt der Lauf der Frist zur Wiedereinsetzung. Dies gilt in gleicher Weise für die Rechtsmittelbegründung.[42] Ob im 17

---

[32] Zöller/*Schultzky* ZPO § 114 Rn. 15.
[33] Palandt/*Ellenberger* BGB § 204 Rn. 45.
[34] BGH 16.12.1987 – IVb ZB 161/87, NJW 1988, 2046; Zöller/*Heßler* ZPO § 519 Rn. 1.
[35] BAG 5.7.2016 – 8 AZB 1/16, BB 2016, 2100.
[36] BAG 8.12.2010 – XII ZB 140/10, NJW-RR 2011, 492.
[37] BAG 3.7.2013 – 2 AZN 250/13, NZA-RR 2013, 660.
[38] BAG 12.12.2017 – 8 AZR 853/16, NZA 2018, 708; BAG 26.1.2006 – 9 AZR 11/05, NZA 2006, 1180.
[39] BGH 21.2.2002 – IX ZA 10/01, NJW 2002, 2180; zum Beginn der Rechtsmittelbegründungsfrist nach Zustellung des Prozesskostenhilfe-Bewilligungsbeschlusses vgl. BGH 9.7.2003 – XII ZB 147/02, NJW 2003, 3275.
[40] BGH 4.5.1994 – XII ZB 21/94, NJW 1994, 2097 (2098).
[41] BGH 15.9.1999 – XII ZB 114/99, NJW-RR 2000, 879.
[42] BAG 3.7.2013 – 2 AZN 250/13, NZA-RR 2013, 660.

Rahmen der Wiedereinsetzung ein Verschulden des Vertreters nach § 85 Abs. 2 ZO zuzurechnen ist, ist streitig.[43, 44]

18 c) **Persönliche und wirtschaftliche Verhältnisse.** Für die Erklärung der persönlichen und wirtschaftlichen Verhältnisse hat sich die Naturalpartei nach § 117 Abs. 3 u. 4 ZPO eines amtlichen Vordrucks zu bedienen. Dabei sind zur Vereinheitlichung und Vereinfachung des Verfahrens Formulare eingeführt worden, deren Benutzung für die Parteien grundsätzlich **zwingend** ist.

19 Wird das **amtliche Formular** nicht genutzt, hat das Gericht der Partei eine Frist zur Vervollständigung der Unterlagen unter Verwendung der Vordrucke zu setzen. Kommt die Partei der Anordnung nicht nach, ist ihr Antrag zurückzuweisen. Der Hinweis muss so rechtzeitig erfolgen, dass die Partei die Möglichkeit hat, den Mangel zu beheben.[45] Die Verwendung des amtlichen Vordrucks ist damit nach zutreffender hM Zulässigkeitsvoraussetzung für die Bewilligung von Prozesskostenhilfe.[46] Etwas anderes mag allenfalls dann gelten, wenn sich die erforderlichen Angaben aus den beigebrachten Belegen eindeutig und ohne Zweifel vollständig ergeben.[47] Es ist jedenfalls auch nicht Aufgabe des Gerichtes, sich durch eine unsortierte Vielzahl von Belegen durchzuarbeiten.[48] Für Parteien kraft Amtes, juristische Personen und parteifähige Vereinigungen besteht keine Pflicht zur Verwendung der Vordrucke. Ist die Partei im Prozesskostenhilfeverfahren bereits anwaltlich vertreten, ist der Hinweis des Gerichtes auf die Einreichung der formularmäßigen Erklärung entbehrlich.[49] Einem Rechtsanwalt muss die Notwendigkeit der Einreichung der formularmäßigen Erklärung über die persönlichen und wirtschaftlichen Verhältnisse bekannt sein. Allerdings dürfen die Anforderungen an die Bedürftigkeit auch nicht überspannt werden.[50]

20 Für das Arbeitsgerichtsverfahren sind folgende **Besonderheiten** zu nennen:
- Zum Vermögen im Sinne von § 115 Abs. 3 ZPO zählen jegliche Abfindungen für den Verlust des Arbeitsplatzes.[51] Da dem Arbeitnehmer durch den Verlust des Arbeitsplatzes typischerweise Kosten entstehen, ist es in der Regel nicht zumutbar, die gesamte Abfindung einzusetzen. Hier wird regelmäßig der Schonbetrag für Ledige nach der Durchführungsverordnung zu § 90 Abs. 2 Nr. 9 SGB XII in Abzug gebracht.[52] Streitig ist, ob über den Schonbetrag hinaus weiter Abzüge gerechtfertigt sind. Hier wird teilweise der Schonbetrag verdoppelt.[53]
- Zum Vermögen im Sinne von § 115 Abs. 3 ZPO zählt des Weiteren die Möglichkeit der Inanspruchnahme des gewerkschaftlichen Rechtsschutzes.[54] Die Zerrüttung des Vertrauensverhältnisses zu dem von der Gewerkschaft gestellten Prozessvertreter kann jedoch dazu führen, dass es dem prozessführenden Arbeitnehmer unzumutbar iSv § 115 Abs. 3 ZPO ist, den Rechtsschutz in Anspruch zu nehmen. Ihm ist dann Prozesskostenhilfe zu

---

[43] LAG Köln 28.11.2014 – 11 Ta 291/14 BeckRS 2015, 65190; LAG Köln 22.6.2015 – 1 Ta 145/15, BeckRS 2015, 70393.
[44] LAG Hamm 27.5.2013 – 5 Ta 157/13, juris.
[45] LAG Hamm 27.5.2013 – 5 Ta 157/13, juris.
[46] Schwab/Weth/*Liebscher* ArbGG § 11a Rn. 31; Germelmann/Matthes/Prütting/*Künzl* ArbGG § 11a Rn. 59; LAG Sachsen-Anhalt 28.10.2010 – 2 Ta 150/10, BeckRS 2010, 75826; a. A.: LAG Hamm 13.8.1981 – 1 Ta 121/81, MDR 1982, 83.
[47] BGH 8.3.1989 – IVa ZR 221/87, NJW 1989, 3149; vgl. auch LAG Hamm 13.8.1981 – 1 Ta 121/81, EzA ZPO § 117 Nr. 1; Schwab/Weth/*Liebscher* ArbGG § 11a Rn. 31.
[48] LAG Schleswig-Holstein 19.2.2015 – 5 Ta 25/15, BeckRS 2015, 68143.
[49] BAG 31.7.2017 – 9 AZB 32/17, BeckRS 2017, 123309.
[50] BVerfG 20.2.2020 – 1 BvR 1975/18, FamRZ 2020, 846.
[51] BAG 22.12.2003 – 2 AZB 23/03, BeckRS 2003, 31048905; 24.4.2006 – 3 AZB 12/05, NZA 2006, 751.
[52] BAG 24.4.2006 – 3 AZB 12/05, NZA 2006, 751. Anders nun LAG Köln 9 Ta 22/18, BeckRS 2018, 15924.
[53] LAG Hamm 26.1.2018 – 5 Ta 561/17, BeckRS 2018, 1390. Anders: LAG Sachsen-Anhalt 30.4.2018 – 2 Ta 16/18, BeckRS 2018, 11200; LAG Köln 27.7.2018 – 9 Ta 114/18, NZA-RR 2019, 100.
[54] Vgl. auch BAG 18.11.2015 – 10 AZB 43/15, NZA 2016, 188; 18.11.2013 – 10 AZB 38/13, NZA 2014, 107; LAG Hamm 27.1.2006 – 4 Ta 745/05, BeckRS 2006, 41896; 30.1.2006 – 4 Ta 675/05, BeckRS 2006, 41895; LAG Bremen 8.11.1994 – 4 Sa 260/94, LAGE ZPO § 115 Nr. 48; LAG Berlin 10.3.1989 – 9 Ta 4/89, MDR 1989, 572; LAG Hessen 29.6.1988 – 12 Sa 533/88, BeckRS 1988, 30886960; LAG Rheinland-Pfalz 7.1.1988 – 10 Ta 5/88, LAGE ZPO § 114 Nr. 13; LAG Hessen 14.8.1987 – 1 Ta 174/87, ARST 1988, 163.

gewähren.⁵⁵ Der Arbeitnehmer ist verpflichtet, die Gründe, die für die Unzumutbarkeit sprechen, substantiiert darzulegen. Allgemeine Schlagworte wie „die im Rechtsstreit vorgetragenen Argumente seien nicht überzeugend gewesen", „andere Argumente seien nicht verwertet worden" reichen ebenso wenig⁵⁶ wie der Verweis auf einen angeblichen „Fehler" der gewerkschaftlichen Prozessvertreter erster Instanz.⁵⁷ Eine Vertrauensbeeinträchtigung können gegebenenfalls eine Kollision des Klagebegehrens mit allgemeinen gewerkschaftlichen Belangen oder fehlendes Vertrauen gerade in die satzungsgemäß zur Vertretung im Berufungsrechtszug berufenen Gewerkschaftssekretäre zu begründen.⁵⁸ Die Inanspruchnahme ist nicht deshalb unzumutbar, weil die Gegenseite anwaltlich vertreten ist, da der Gesetzgeber die Vertretung durch Verbandsvertreter in den Tatsacheninstanzen der Gerichte für Arbeitssachen und die durch Anwälte für gleichwertig hält.⁵⁹ Einer Partei, die wegen ihrer Weigerung, Gewerkschaftsbeitragsrückstände auszugleichen, den gewerkschaftlichen Rechtsschutz verloren hat, ist es verwehrt, sich auf den Verlust des gewerkschaftlichen Rechtsschutzes zu berufen.⁶⁰ Wird der gewerkschaftliche Rechtsschutz ohne sachliche Begründung verweigert, muss der Antragsteller versuchen, eine Änderung der Entscheidung auf Versagung des Rechtsschutzes nach den Rechtsschutzrichtlinien durch Einlegung der Beschwerde zu erreichen.⁶¹ Diese allgemeinen Grundsätze gelten auch, wenn der Arbeitnehmer während des Verfahrens aus der Gewerkschaft austritt. Auch hier müssen nachvollziehbare Gründe für den Austritt dargelegt werden, da hierdurch der Verlust der bisherigen Vertretung bewusst in Kauf genommen wird.⁶²

d) Erfolgsaussichten. Nach § 114 ZPO ist Voraussetzung für die Bewilligung von Prozesskostenhilfe, dass die Rechtsverfolgung oder Rechtsverteidigung hinreichende Aussicht auf Erfolg bietet und nicht mutwillig erscheint. Die Anforderungen an die Erfolgsaussicht der beabsichtigten Rechtsverfolgung oder Rechtsverteidigung dürfen nicht überspannt werden, weil dadurch der Zweck der Prozesskostenhilfe, dem Unbemittelten den weitgehend gleichen Zugang zu Gericht zu ermöglichen, verfehlt wird.⁶³ Ausreichend aber auch erforderlich ist, dass das Gericht den **Rechtsstandpunkt** der Partei, für die PKH begehrt, für vertretbar hält und von der Möglichkeit der Beweisführung überzeugt ist. Dies ist summarisch zu prüfen. Damit reicht idR die schlüssige Darlegung unter Beweisantritt. Mutwillig hingegen ist die Rechtsverfolgung, wenn eine nicht bedürftige Partei bei vernünftiger Einschätzung der Prozesslage nicht in gleicher Weise ihre Recht verfolgen würde.⁶⁴ Mutwillig handelt insbesondere, wer den kostspieligeren von zwei gleichwertigen prozessualen Wegen beschreitet.⁶⁵ 21

Auf dieser Grundlage gilt folgendes: Tatsachen- und Rechtsfragen, die nicht eindeutig beantwortet werden können, sind im Hauptsacheverfahren zu klären.⁶⁶ Einem Unbemittelten ist jedoch nicht zu ermöglichen, Rechtsfragen, die obergerichtlich mehrfach entschieden sind, durch Bewilligung von Prozesskostenhilfe erneut beantworten zu lassen, ohne dass dafür eine neue Begründung, die zur Abänderung dieser Rechtsprechung führen kann, ersichtlich ist.⁶⁷ 22

---

⁵⁵ BAG 18.11.2013 – 10 AZB 38/13, NZA 2014, 107; LAG Bremen 8.11.1994 – 4 Sa 260/94, LAGE ZPO § 115 Nr. 48.
⁵⁶ BAG 18.11.2013 – 10 AZB 38/13, NZA 2014, 107; LAG Köln 26.6.1995 – 5 Ta 118/95, BeckRS 1995, 30755444; LAG Bremen 8.11.1994 – 4 Sa 260/94, LAGE ZPO § 115 Nr. 48; LAG Köln 26.6.1995 – 5 Ta 118/95, BeckRS 1995, 30755444.
⁵⁷ LAG Hessen 29.6.1988 – 12 Sa 533/88, BeckRS 1988, 30886960.
⁵⁸ LAG Hessen 29.6.1988 – 12 Sa 533/88, BeckRS 1988, 30886960; LAG Düsseldorf 2.1.1986 – 7 Ta 424/85, LAGE ZPO § 115 Nr. 21; LAG Rheinland-Pfalz 22.1.1981 – 1 Ta 159/80, nv.; Henssler/Willemsen/Kalb/*Kalb* ArbGG § 11a Rn. 4.
⁵⁹ LAG Hessen 14.8.1987 – 1 Ta 174/87, ARST 1988, 163.
⁶⁰ LAG Schleswig-Holstein 15.10.2004 – BeckRS 2004, 41816.
⁶¹ LAG Schleswig-Holstein 15.12.2006 – BeckRS 2007, 40662.
⁶² BAG 18.11.2013 – 10 AZB 38/13, NZA 2014, 107.
⁶³ BVerfG 20.5.2016 – 1 BvR 3359/14, NJW 2016, 3228; BVerfG 7.4.2000 – 1 BvR 81/00, NJW 2000, 1936; 10.8.2001 – 2 BvR 569/01, AP GG Art. 19 Nr. 10.
⁶⁴ BAG 8.9.2011 – 3 AZB 46/10, NZA 2011, 1382.
⁶⁵ BAG 17.2.2011 – 6 AZB 3/11, NZA 2011, 422; LAG Düsseldorf 18.10.2016 – 2 Ta 551/16, n. v.
⁶⁶ BVerfG 10.8.2001 – 2 BvR 569/01, AP GG Art. 19 Nr. 10.
⁶⁷ BAG 5.12.1995 – 9 AZR 871/94, NZA 1996, 594.

Die klageweise Geltendmachung von Vergütungsforderungen aus dem Gesichtspunkt des Annahmeverzuges wird als mutwillig angesehen, wenn diese neben einem Kündigungsschutzantrag mit einem (weiteren) Hauptantrag und nicht mit einem vom Erfolg der Kündigungsschutzklage abhängigen (uneigentlichen) Hilfsantrag verfolgt werden.[68] Dies gilt auch umgekehrt. Ist bereits eine Zahlungsklage anhängig, muss der Arbeitnehmer auch im Falle einer Kündigung die anhängige Klage erweitern.[69] Auch die Klage auf vorläufige Weiterbeschäftigung im Wege des unechten Hilfsantrags vor dem Scheitern eines Gütetermins ist nicht mutwillig,[70] jedoch wenn sie im Wege des weiteren Hauptantrags geltend gemacht wird.[71]

23 e) **Beiordnung eines Rechtsanwalts.** Ist eine **Vertretung durch Rechtsanwälte vorgeschrieben** (LAG; BAG), wird der Partei ein zur Vertretung bereiter Anwalt ihrer Wahl (§ 121 Abs. 1 ZPO) oder ein vom Vorsitzenden ausgewählter Anwalt (§ 121 Abs. 4 ZPO) beigeordnet.

24 Ist eine Anwaltsvertretung **nicht vorgeschrieben** (Arbeitsgericht), wird ein Anwalt auf Antrag beigeordnet, wenn entweder die Vertretung durch einen Anwalt erforderlich erscheint oder der Gegner durch einen Anwalt vertreten ist (§ 121 Abs. 2 S. 1 ZPO); dies kann auch für einen anwaltlichen Insolvenzverwalter gelten.[72] Entscheidend ist, ob eine bemittelte Partei in dieser Situation vernünftigerweise einen Rechtsanwalt mit der Wahrnehmung ihrer Interessen beauftragt hätte.[73]

25 Die Beiordnung eines nicht im Bezirk niedergelassenen Rechtsanwalts kann nur erfolgen, wenn dadurch keine zusätzlichen Kosten entstehen. Daher ist stets zu prüfen, ob durch die Beiordnung eines Rechtsanwalts, der seinen Sitz außerhalb des Bezirks des Prozessgerichts hat, die Kosten eines Verkehrsanwalts erspart wurden.[74] Insoweit ergibt sich folgende Handhabung:
- Beantragt der nicht im Bezirk des Prozessgerichts ansässige Rechtsanwalt ohne weitere Begründung seine Beiordnung, ist die Beiordnung nach § 121 Abs. 3 ZPO unter der Einschränkung „zu den Bedingungen eines im Bezirk des Prozessgerichts ansässigen Rechtsanwalts" zu bewilligen.
- Macht der Anwalt in der Antragsbegründung oder im Abhilfeverfahren geltend, durch die Beiordnung würden die Kosten eines Verkehrsanwalts erspart, ist zu prüfen, ob dem Vortrag „besondere Umstände" im Sinne des § 121 Abs. 4 2. Alt. ZPO zu entnehmen sind.[75]

26 f) **PKH bei Klageerweiterung und Mehrvergleich.** Die Prozesskostenhilfebewilligung „in vollem Umfang" kann Klageansprüche, die im Wege der Klageerweiterung erst **nach Erlass des Bewilligungsbeschlusses** anhängig gemacht werden, grundsätzlich nicht erfassen, weil eine Erfolgs- und Mutwilligkeitsprüfung nicht im Voraus stattfinden kann.[76] Für eine Klageerweiterung muss jedenfalls dann gesondert Prozesskostenhilfe beantragt werden, wenn bereits zuvor über die PKH entschieden worden ist.[77] Ob dies auch dann gilt, wenn zwischenzeitlich noch nicht über den in der Klageschrift befindlichen Antrag auf Bewilligung von Prozesskostenhilfe entschieden worden ist, ist zweifelhaft.[78] Hier dürfte der Antrag ent-

---

[68] LAG Hessen 21.10.2005 – 2 Ta 353/05, RVGreport 2006, 79.
[69] BAG 8.9.2011 – 3 AZB 46/10, NZA 2011, 1382: Die Prozesskosten sind vernünftig abzuwägen.
[70] LAG Berlin 10.5.2005 – 17 Ta 849/05, BeckRS 2005, 41590.
[71] LAG Hessen 23.3.2007 – 16 Ta 94/07, AGS 2007, 512; LAG Berlin 29.11.2005 – 17 Ta 1981/05, NZA-RR 2006, 214.
[72] LAG Hamm 30.1.2006 – 4 Ta 36/05, BeckRS 2006, 41894.
[73] BGH 18.2.2009 – XII ZB 137/08, NJW-RR 2009, 794; LAG 19.2.2014 – 2 Ta 86/14, nv.
[74] BAG 18.7.2005 – 3 AZB 65/03, NJW 2005, 3083; BGH 23.6.2004 – XII ZB 61/04, NJW 2004, 2749; LAG Hamm 7.9.2005 – 5 Ta 568/05, nv; 29.1.2007 – 18 Ta 499/06 nv.
[75] Vgl. auch LAG Hamm 15.2.2018 – 5 TA 447/17, BeckRS 2018, 2208.
[76] BAG 31.7.2017 – 9 AZB 32/17, FA 2017, 382; BAG 30.4.2014 – 10 AZB 13/14, NZA-RR 2014, 382; LAG Hamm 18.11.2005 – BeckRS 2005, 43801; LAG Köln 30.8.2000 – 11 Ta 176/00, BeckRS 2000, 16154; für Erstreckung von konkludentem Antrag auf nachträglich in Prozess eingeführte Ansprüche LAG Berlin 19.8.1992 – BeckRS 1992, 30455939.
[77] BAG 30.4.2014 – 10 AZB 13/14, NZA-RR 2014, 382; LAG Hessen 16.9.2019 – 4 Ta 67/19, BeckRS 2019, 37915.
[78] LAG Schleswig-Holstein 6.3.2006 – 2 Ta 3/06, BeckRS 2006, 41467; ArbG Koblenz 12.12.2000 – 2 Ca 922/00, NZA-RR 2001, 497.

sprechend auszulegen sein. Denn regelmäßig besteht ein darauf gerichteter Wille. Ggf. muss das Gericht hier nachfragen.[79]

Werden nach der PKH-Bewilligung über den Klagegegenstand hinausgehende Ansprüche in einen **gerichtlichen Vergleich** mit einbezogen, weil zB die Streitpunkte der Parteien umfassend geregelt werden sollen, ist umstritten, ob von einem stillschweigenden Antrag auf Erweiterung der PKH auch auf diesen Streitgegenstand ausgegangen werden kann, oder ob ein ausdrücklicher Antrag vor Instanz- oder Verfahrensende gestellt werden muss.[80] Nach zutreffender Ansicht scheidet in diesem Falle die Erstreckung aus. Eine rückwirkende Bewilligung ist ausgeschlossen.[81]

Anders ist die Situation, wenn **vor der Entscheidung über die PKH** ein gerichtlicher Vergleich geschlossen worden ist. Nach der zutreffenden Rechtsprechung des BAG kann PKH jedenfalls dann auch für die außerhalb des Rechtsstreits liegenden Gegenstände in Betracht kommen. Ob dies der Fall ist, ist durch Auslegung zu ermitteln. Regelmäßig ist der PKH-Antrag so zu verstehen, dass auch die Streitgegenstände des Mehrvergleiches erfasst sind.[82] Dabei ist der Antrag auf Erstreckung der PKH auf einen Vergleichsmehrwert rechtzeitig, wenn er zwar nach dem Vergleichsabschluss, aber noch vor der Beendigung der mündlichen Verhandlung gestellt worden ist. Dies gilt nur bei einem gerichtlichen Vergleich, nicht bei einem Vergleich nach § 278 Abs. 6 ZPO und bei einem ausschließlich von den Parteien konzipierten Vergleich.[83]

Inhaltlich liegt auch dann ein Vergleich vor, wenn das gegenseitige Nachgeben einen Gegenstand außerhalb des Streitgegenstandes betrifft. Die Einbeziehung ist nur dann mutwillig, wenn eine nicht bedürftige Partei von der Einbeziehung der zusätzlichen Gegenstände unter Berücksichtigung der Kostenfolgen abgesehen hätte.[84]

Bezieht das Gericht den konkludenten Antrag nicht mit in seiner Entscheidung ein, ist ein Antrag auf Ergänzung nach § 321 ZPO erforderlich.[85]

g) Nachträgliche Änderung/Aufhebung der bewilligten Prozesskostenhilfe. Nach § 120a Abs. 1 ZPO soll das Gericht die Entscheidung über zu leistende Zahlungen ändern, sofern sich die für die PKH maßgebenden persönlichen oder wirtschaftlichen Verhältnisse wesentlich geändert haben. Eine Ratenermäßigung erfolgt nur auf Antrag. Auf Verlangen des Gerichts hat sich die Partei darüber zu erklären, ob eine Veränderung der Verhältnisse eingetreten ist (§ 120a Abs. 1 S. 2 ZPO). **Besonders zu beachten** ist, dass die Partei das Gericht von sich aus nach § 120a Abs. 2 S. 1 ZPO über eine wesentliche Änderung der wirtschaftlichen Verhältnisse ebenso unterrichten muss, wie über eine **Anschriftenänderung**.[86] Dabei ist eine Veränderung der wirtschaftlichen Verhältnisse erheblich, wenn die Differenz nicht nur einmalig 100 EUR übersteigt. Unterlässt die Partei die Mitteilung, greift § 124 Abs. 1 Nr. 4 ZPO. Danach soll das Gericht die Bewilligung aufheben, wenn die Partei die Mitteilung absichtlich oder aus grober Nachlässigkeit nicht unverzüglich mitgeteilt hat. Streitig ist, ob sich das subjektive Tatbestandsmerkmal der Absichtlichkeit oder der groben Nachlässigkeit alleine auf die unrichtige Mitteilung oder auch auf die nicht unverzügliche Mitteilung bezieht.[87] Zu beach-

---

[79] BAG 30.4.2014 – 10 AZB 13/14, NZA-RR 2014, 382. Vgl. auch LAG Köln 8.3.2012 -5 129/12, BeckRS 2012, 68959; *Tiedemann* ArbRB 2012, S. 193.
[80] Dafür: LAG Hessen 16.9.2019 – 4 Ta 67/19, BeckRS 2019, 37955; LAG Hamm 14.2.1989 – 7 (14) Ta 285/88, ARST 1989, 178; 28.2.1990 – 10 Ta 287/89, LAGE ZPO § 127 Nr. 22. Dagegen: LAG Rheinland-Pfalz 30.3.2011 – 6 Ta 64/11, BeckRS 2011, 71827; LAG Köln 15.11.2006 – 10 Ta 381/06, BeckRS 2007, 41927; LAG Hamm 12.7.2005 – 4 Ta 435/05, BeckRS 2005, 42675. Differenzierend: LAG Sachsen-Anhalt 5.1.2011 – 2 Ta 191/10, BeckRS 2011, 66657; LAG Rheinland-Pfalz 6.8.2010 – 3 Ta 159/10, BeckRS 2010, 75398.
[81] BAG 30.4.2014 – 10 AZB 13/14, NZA-RR 2014, 382; LAG Köln 23.7.2012 – 1 Ta 15.
[82] BAG 30.4.2014 – 10 AZB 13/14, NZA-RR 2014, 382; LAG Düsseldorf 10.8.2010 – 3 Ta 445/10, BeckRS 2010, 72778.
[83] LAG Düsseldorf 10.8.2010 – 3 Ta 445/10, AE 2013, 185.
[84] BAG 16.2.2012 – 3 AZB 34/11, NJW 2012, 2828.
[85] BAG 30.4.2014 – 10 AZB 13/14, NZA-RR 2014, 382; → Rn. 31.
[86] LAG Düsseldorf 3.2.2016 – 5 Ta 38/16, BeckRS 2016, 67720.
[87] LAG Düsseldorf 3.2.2016 – 5 Ta 38/16, BeckRS 2016, 67720; LAG München 25.2.2015 – 10 Ta 51/15, LAG Düsseldorf 30.10.2015 – 2 Ta 520/15, BeckRS 2016, 67720; Musielak ZPO § 124 Rn. 8a.

ten ist aber in jedem Falle, dass die Partei zuvor über die bestehende Pflicht und die Folge der Pflichtverletzung zu unterrichten ist, § 120a Abs. 2 S. 4 ZPO.[88] Entscheidend für die Aufhebung der Prozesskostenhilfe ist, dass die Partei ihrer Verpflichtung aus grober Nachlässigkeit nicht nachgekommen ist. Deshalb kann das bloße Unterlassen einer Mitteilung nicht ausreichen.[89] So kann die Mitteilung eines Wohnungswechsels auch schlicht „vergessen" werden.[90] Entscheidend sind deshalb die Umstände des Einzelfalls, die eine besondere Sorglosigkeit und damit den Vorwurf der groben Nachlässigkeit begründen. Dies ist zB der Fall, wenn die Partei im engen zeitlichen Zusammenhang mit dem Wohnungswechsel auf ihre Verpflichtungen hingewiesen worden ist.

32 Nach § 120a Abs. 3 S. 1 ZPO kann eine wesentliche Verbesserung der wirtschaftlichen Verhältnisse auch dadurch eintreten, dass die Partei durch die Rechtsverfolgung etwas erlangt.

33 Daneben kann die Bewilligung aufgehoben werden, wenn trotz gerichtlicher Aufforderung keine Erklärung über die persönlichen oder wirtschaftlichen Verhältnisse nebst Belegen eingereicht wird.[91] Dies ist nunmehr in § 124 Abs. 1 Nr. 2 ZPO geregelt. Dabei ist die Aufhebung Sanktion für die ausgebliebene Erklärung. Umstritten ist, ob die bedürftige Partei, die gegen die Aufhebung der Prozesskostenhilfebewilligung Beschwerde einlegt, noch im Beschwerdeverfahren geltend machen kann, dass sich die persönlichen Bewilligungsvoraussetzungen verändert haben. Dies wird teilweise bejaht. Die schuldhafte Versäumung einer nach § 120a Abs. 1 S. 3 ZPO gesetzten Frist stehe nicht entgegen.[92] Richtigerweise darf nicht übersehen werden, dass die Fristsetzung andernfalls vollständig in die Leere liefe und bedeutungslos wäre.[93]

34 **h) Rechtsmittel.** Gegen den einschränkend bewilligenden oder ablehnenden Prozesskostenhilfe-Beschluss findet nach § 127 Abs. 2 S. 2 ZPO das Rechtsmittel[94] der **sofortigen Beschwerde** statt. Dies gilt nicht, wenn der Streitwert in der Hauptsache den in § 511 ZPO (600,– EUR) genannten Betrag nicht übersteigt, es sei denn, das Gericht hat ausschließlich die persönlichen oder wirtschaftlichen Voraussetzungen für die Prozesskostenhilfe verneint. Da im arbeitsgerichtlichen Verfahren die Berufung nicht nur bei Überschreitung der Berufungssumme von 600,– EUR (§ 64 Abs. 2 lit. b) ArbGG), sondern in Bestandsschutzstreitigkeiten streitwertunabhängig immer zulässig ist (§ 64 Abs. 2 lit. c ArbGG), wurde im arbeitsgerichtlichen Verfahren nach § 46 Abs. 2 ArbGG ebenso streitwertunabhängig in Bestandsschutzstreitigkeiten die Möglichkeit der sofortigen Beschwerde gegen die Versagung von Prozesskostenhilfe eröffnet.

35 Der Beschluss bedarf, weil er mit dem Rechtsmittel der sofortigen Beschwerde anfechtbar ist, der Rechtsmittelbelehrung nach § 9 Abs. 5 ArbGG. Fehlt diese, verlängert sich die Rechtsmittelfrist nach § 9 Abs. 5 S. 3 u. 4 ArbGG auf ein Jahr.

36 Die sofortige Beschwerde ist an eine Notfrist gebunden, die **einen Monat** beträgt, gerechnet ab Zustellung des Prozesskostenhilfe-Beschlusses (§ 127 Abs. 2 S. 3 ZPO). Nach § 569 Abs. 1 S. 2 ZPO beginnt die Notfrist mit der Zustellung der Entscheidung, spätestens mit dem Ablauf von fünf Monaten nach der Verkündung des Beschlusses.

37 Die Beschwerde wird nach § 569 Abs. 2 S. 1 ZPO durch Einreichung einer **Beschwerdeschrift** eingelegt. Diese muss nach § 569 Abs. 2 S. 2 ZPO die Bezeichnung der angefochtenen Entscheidung sowie die Erklärung enthalten, dass Beschwerde gegen diese Entscheidung eingelegt werde. Der Begriff „Beschwerde" muss nicht zwingend verwendet werden. Auch die Übersendung von Unterlagen, insbesondere die Übermittlung der Erklärung über die persönlichen und wirtschaftlichen Verhältnisse, kann als Beschwerde ausgelegt werden. Die

---

[88] LAG Düsseldorf 3.2.2016 – 5 Ta 38/16, BeckRS 2016, 67720; 5.12.2015 – 2 Ta 555/14, BeckRS 2014, 120812.
[89] BAG 26.1.2017 – 9 AZB 46/16, BeckRS 2017, 152824; BAG 19.10.2016 – 8 AZB 23/16, BeckRS 2016, 74442; BAG 18.8.2016 – 8 AZB 16/16, NJW 2017, 107.
[90] BAG 26.1.2017 – 9 AZB 46/16, BeckRS 2017, 152824; BAG 18.8.2016 – 8 AZB 16/16, NJW 2017, 107.
[91] LAG Rheinland-Pfalz 3.3.2006 – 8 Ta 29/06, BeckRS 2006, 41260.
[92] BAG 18.11.2003 – 5 AZB 46/03, NZA 2004, 1062.
[93] BAG 3.12.2003 – 2 AZB 19/03, MDR 2004, 415; LAG Düsseldorf 14.1.2019 – 2 Ta 12/19.
[94] *Schmidt/Schwab/Wildschütz* NZA 2001, 1162; *dies.* NZA 2001, 1224.

Beschwerde kann nach § 569 Abs. 3 ZPO auch zu Protokoll der Geschäftsstelle eingelegt werden. Nach § 571 Abs. 1 ZPO soll die Beschwerde begründet werden.

Erachtet der Vorsitzende des Arbeitsgerichts, dessen Entscheidung angefochten wird, die Beschwerde für begründet, hat er ihr abzuhelfen; andernfalls ist die Beschwerde unverzüglich dem Beschwerdegericht vorzulegen (§ 572 Abs. 1 S. 1 ZPO). Auch in letzterem Fall ist ein begründeter Beschluss des Arbeitsgerichts erforderlich. Beschwerdegericht ist das LAG. Erachtet dieses die Beschwerde für begründet, kann es dem Vorsitzenden, von dem die beschwerende Entscheidung erlassen war, die erforderliche Anordnung übertragen (§ 572 Abs. 3 ZPO). Die Entscheidung über die Beschwerde ergeht durch Beschluss (§ 572 Abs. 4 ZPO).

Übergeht das Gericht bei einem Vergleich eine konkludente Antragstellung hinsichtlich der Erstreckung auf den Vergleichsmehrwert, kommt eine Beschlussergänzung nach § 321 ZPO in Betracht.[95]

Eine **Rechtsbeschwerde** an das BAG setzt die Zulassung nach § 78 S. 2 ArbGG voraus, also das Vorhandensein eines Zulassungsgrundes. Diese Voraussetzungen kommen bei der Bewilligung von Prozesskostenhilfe grundsätzlich nur in Betracht, wenn es um Fragen des Verfahrens der Prozesskostenhilfe oder der persönlichen Voraussetzungen ihrer Bewilligung geht. Hängt die Bewilligung der Prozesskostenhilfe allein von der Frage ab, ob die beabsichtigte Rechtsverfolgung (oder Rechtsverteidigung) hinreichende Aussicht auf Erfolg bietet, kommt eine Rechtsbeschwerde dagegen nicht in Betracht.[96]

Darüber hinaus hat die Staatskasse nach § 127 Abs. 3 S. 1 und S. 2 ZPO ein Beschwerderecht gegen solche Entscheidungen im Prozesskostenhilfeverfahren, die nach Prüfung der persönlichen und wirtschaftlichen Verhältnisse der Partei dazu führen, dass Prozesskostenhilfe ohne die Festsetzung von Monatsraten oder aus dem Vermögen zu zahlender Beträge bewilligt wird.[97]

i) **Anwaltliche Pflichten.** Der Rechtsanwalt ist bei begründetem Anlass nach § 16 BORA verpflichtet, auf die Möglichkeiten von Beratungs- und Prozesskostenhilfe hinzuweisen. Nach Bewilligung von Prozesskostenhilfe oder bei der Inanspruchnahme von Beratungshilfe darf der Rechtsanwalt Zahlungen oder Leistungen von seinem Mandanten oder Dritten nur annehmen, die freiwillig und in Kenntnis der Tatsache gegeben werden, dass der Mandant oder der Dritte zu einer solchen Leistung nicht verpflichtet ist. Es gehört zu den Sorgfaltspflichten des Rechtsanwalts, dass er seinen Mandanten über die Voraussetzungen von Beratungs- bzw. Prozesskostenhilfe von sich aus aufklärt, wenn für den Anwalt nach den Umständen ersichtlich ist, dass der Mandant zu dem anspruchsberechtigten Kreis gehört. Die Verletzung der Aufklärungspflicht kann als Schadensersatzanspruch den Verlust des anwaltlichen Vergütungsanspruchs zur Folge haben.[98]

2. Beiordnung nach § 11a ArbGG

Seit der Neuregelung des Prozesskostenhilfe- und Beratungshilferechtes vom 31.8.2013 ist die vormals bestehende Möglichkeit der Beiordnung eines Rechtsanwaltes nach § 11a Abs. 1 ArbGG aF entfallen. Die Vertretung einer bedürftigen Partei ist nur noch von der hinreichenden Erfolgsaussicht der Rechtsverfolgung oder Verteidigung abhängig.

3. Beratungshilfe

Die Beratungshilfe ergänzt § 11a ArbGG für Streitigkeiten außerhalb eines gerichtlichen Verfahrens. Erforderlich ist gem. § 1 Abs. 1 BerHG, dass der Rechtsuchende die erforderlichen Mittel zur Wahrnehmung seiner Rechte nach seinen persönlichen und wirtschaftlichen Verhältnissen nicht aufbringen kann, keine anderen Möglichkeiten für eine Hilfe zur Verfügung stehen und die Wahrnehmung der Rechte nicht mutwillig ist. Für die Antragstellung

---

[95] BAG 30.4.2014 – 10 AZB 13/14, NZA-RR 2014, 382; → Rn. 25.
[96] BAG. 10.7.2015 – 10 AZB 23/15, NZA 2015, 1279.
[97] BAG 18.11.2015 – 10 AZB 34/15, NZA 2016, 192.
[98] Ennemann/Griese/*Ennemann*, Taktik des Arbeitsgerichtsprozesses, Rn. 952.

zuständig ist das Amtsgericht, in dessen Bezirk der Rechtssuchende seinen allgemeinen Gerichtsstand hat.

II. Prozessvertretung im Urteilsverfahren

1. Prozessvertretung in erster Instanz

45 a) **Parteien.** Vor dem Arbeitsgericht können die Parteien den Rechtsstreit selbst führen oder sich vertreten lassen (§ 11 Abs. 1 S. 1 ArbGG). Durch einen Rechtsanwalt als Bevollmächtigten müssen sie sich jedoch dann vertreten lassen, wenn sie eine fremde oder ihnen zum Zwecke der Einziehung auf fremde Rechnung abgetretene Geldforderung geltend machen (§ 11 Abs. 1 S. 2 ArbGG).

46 b) **Rechtsanwälte.** Vor dem Arbeitsgericht können sich die Parteien von jedem zugelassenen Rechtsanwalt vertreten lassen (Ausnahme: BGH-Anwälte gemäß § 172 Abs. 1 BRAO), § 11 Abs. 2 S. 1 ArbGG.

47 c) **Sonstige Bevollmächtigte.** Als Bevollmächtigte sind nach § 11 Abs. 2 S. 2 ArbGG vor dem Arbeitsgericht auch vertretungsbefugt
- Beschäftigte der Partei oder eines mit ihr verbundenen Unternehmens (§ 15 AktG); Behörden und juristische Personen des öffentlichen Rechts einschließlich der von ihnen zur Erfüllung ihrer öffentlichen Aufgaben gebildeten Zusammenschlüsse können sich auch durch Beschäftigte anderer Behörden oder juristischer Personen des öffentlichen Rechts einschließlich der von ihnen zur Erfüllung ihrer öffentlichen Aufgaben gebildeten Zusammenschlüsse vertreten lassen,
- volljährige Familienangehörige, Personen mit Befähigung zum Richteramt (jedoch nicht vor dem Gericht, dem sie angehören, § 11 Abs. 5 S. 1 ArbGG), Streitgenossen, wenn die Vertretung nicht im Zusammenhang mit einer entgeltlichen Tätigkeit steht,
- selbstständige Vereinigungen von Arbeitnehmern mit sozial- oder berufspolitischer Zwecksetzung für ihre Mitglieder,
- Gewerkschaften und Vereinigungen von Arbeitgebern sowie Zusammenschlüsse solcher Verbände für ihre Mitglieder oder für andere Verbände mit vergleichbarer Ausrichtung und deren Mitglieder,
- juristische Personen, deren Anteile sämtlich im wirtschaftlichen Eigentum einer Gewerkschaft, einer Vereinigung von Arbeitgebern oder eines Zusammenschlusses solcher Verbände steht, wenn die juristische Person ausschließlich die Rechtsberatung und Prozessvertretung dieser Organisation und ihrer Mitglieder oder anderer Verbände oder Zusammenschlüsse mit vergleichbarer Ausrichtung und deren Mitglieder entsprechend deren Satzung durchführt, und wenn die Organisation für die Tätigkeit der Bevollmächtigten haftet.

48 d) **Zurückweisung von Bevollmächtigten.** Nicht vertretungsbefugte Bevollmächtigte werden vom Gericht durch unanfechtbaren Beschluss zurückgewiesen (§ 11 Abs. 3 S. 1 ArbGG). Prozesshandlungen eines nicht vertretungsbefugten Bevollmächtigten oder Mitteilungen und Zustellungen an diesen Bevollmächtigten sind jedoch bis zu seiner Zurückweisung wirksam (§ 11 Abs. 3 S. 2 ArbGG). Bestimmten vertretungsbefugten Bevollmächtigten (Beschäftigte der Partei und Behördenvertreter, volljährige Familienangehörige und selbstständige Vereinigungen von Arbeitnehmern) kann dass Gericht durch unanfechtbaren Beschluss die weitere Vertretung untersagen, wenn sie nicht in der Lage sind, das Sach- und Streitverhältnis sachgerecht darzustellen (§ 11 Abs. 3 S. 3 ArbGG).

49 e) **Beistände.** In der Verhandlung können die Parteien mit Personen als Beistände erscheinen. Dies sind Personen, die in der mündlichen Verhandlung neben der Partei auftreten, um sie zu unterstützen. Im Regelfall handelt es sich dabei um Bevollmächtigte (§ 11 Abs. 6 S. 1 ArbGG). Darüber hinaus kann das Gericht andere Personen als Beistand zulassen, wenn dies sachdienlich ist und hierfür nach den Umständen des Einzelfalls ein Bedürfnis besteht (§ 11 Abs. 6 S. 3 ArbGG). Ungeeignete Beistände können durch unanfechtbaren Beschluss

zurückgewiesen werden (§ 11 Abs. 6 S. 3, Abs. 3 S. 1 u. 3 ArbGG). Das von den Beiständen Vorgetragene gilt als von der Partei vorgebracht, soweit es nicht von dieser sofort widerrufen oder berichtigt wird (§ 11 Abs. 6 S. 4 ArbGG). Einen wichtigen praktischen Anwendungsfall für die Beteiligungsmöglichkeit eines Beistandes regelt § 23 Abs. 2 AGG. Danach sind Antidiskriminierungsverbände befugt, im Rahmen ihres Satzungszwecks in gerichtlichen Verfahren als Beistand im Verfahren aufzutreten. Dies gilt auch im Verfahren zweiter Instanz. Seit der Neuregelung kann der Beistand auch im Anwaltsprozess auftreten. Seine Befugnisse bleiben aber auf die Rechte beschränkt, die auch der Partei zustehen.[99]

2. Prozessvertretung in zweiter Instanz

Vor dem LAG müssen die Parteien sich durch Prozessbevollmächtigte vertreten lassen. Als Prozessbevollmächtigte sind nach § 11 Abs. 4 S. 1 u. 2 ArbGG außer Rechtsanwälten nur zugelassen 50
- Gewerkschaften und Vereinigungen von Arbeitgebern sowie Zusammenschlüsse solcher Verbände für ihre Mitglieder oder für andere Verbände mit vergleichbarer Ausrichtung und deren Mitglieder,
- juristische Personen, deren Anteile sämtlich im wirtschaftlichen Eigentum einer Gewerkschaft, einer Vereinigung von Arbeitgebern oder eines Zusammenschlusses solcher Verbände steht, wenn die juristische Person ausschließlich die Rechtsberatung und Prozessvertretung dieser Organisation und ihrer Mitglieder oder anderer Verbände oder Zusammenschlüsse mit vergleichbarer Ausrichtung und deren Mitglieder entsprechend deren Satzung durchführt, und wenn die Organisation für die Tätigkeit der Bevollmächtigten haftet.

Der Vertretungszwang besteht nach § 11 Abs. 4 S. 1 ArbGG nicht im Verfahren vor einem beauftragten Richter oder ersuchten Richter, ebenso wenig für Prozesshandlungen, die vor dem Urkundsbeamten der Geschäftsstelle vorgenommen werden können; hierzu gehören beispielsweise das **Ablehnungsgesuch** (§ 44 Abs. 1 ZPO) und der Prozesskostenhilfeantrag (§ 117 Abs. 1 ZPO). 51

3. Prozessvertretung in dritter Instanz

Vor dem BAG müssen die Parteien sich ebenfalls durch Prozessbevollmächtigte vertreten lassen. Hier gelten die gleichen Grundsätze wie bei der Prozessvertretung zweiter Instanz. Hinzukommen muss aber, dass bei der Vertretung durch Vereinigungen und juristische Personen nach § 11 Abs. 4 S. 1 u. 2 ArbGG diese durch Personen mit Befähigung zum Richteramt handeln (§ 11 Abs. 4 S. 4 ArbGG). 52

Der Vertretungszwang besteht nach § 11 Abs. 4 S. 1 ArbGG auch beim BAG nicht für Prozesshandlungen, die vor dem Urkundsbeamten der Geschäftsstelle vorgenommen werden können. 53

III. Verfahrensvertretung im Beschlussverfahren

1. Verfahrensvertretung in erster Instanz

Für die Verfahrensvertretung in Beschlussverfahren sieht § 80 Abs. 2 ArbGG die entsprechende Anwendung der für das erstinstanzliche Urteilsverfahren maßgeblichen Bestimmungen vor. 54

Da der Betriebsrat als Organ der Betriebsverfassung nicht Mitglied einer Gewerkschaft sein kann, könnte er nach dem Wortlaut von § 11 Abs. 2 S. 2 Nr. 4 ArbGG im arbeitsgerichtlichen Beschlussverfahren keinen gewerkschaftlichen Rechtsschutz bekommen. Tatsächlich geht die höchstrichterliche Rechtsprechung aber davon aus, dass der Betriebsrat von Koalitionsvertretern als Verfahrensbevollmächtigte vertreten werden kann, wenn wenigstens ein Betriebsratsmitglied Mitglied der Gewerkschaft ist.[100] 55

---

[99] Schwab/Weth/*Weth* ArbGG § 11 Rn. 31.
[100] BAG 3.12.1954 – 1 AZR 381/54, AP ArbGG 1953 § 11 Nr. 7.

2. Verfahrensvertretung in zweiter Instanz

56 In zweiter Instanz besteht ebenfalls kein Vertretungszwang, § 87 Abs. 2 S. 2 iVm § 11 Abs. 1–3 u. 5 ArbGG. Alle Beteiligten sind daher im Beschwerdeverfahren postulationsfähig. **Achtung:** Abweichend von diesem Grundsatz müssen **Einlegung und Begründung** der Beschwerde jedoch durch Personen erfolgen, die auch im zweitinstanzlichen Urteilsverfahren postulationsfähig sind (§ 89 Abs. 1 ArbGG), also durch Rechtsanwälte, Gewerkschaften, Arbeitgebervereinigungen sowie Zusammenschlüsse der Verbände oder besondere Rechtsschutzorganisationen. Den weiteren Prozess kann der Beteiligte selbst führen.

3. Verfahrensvertretung in dritter Instanz

57 Selbst in dritter Instanz besteht kein Vertretungszwang (§ 92 Abs. 2 S. 2 iVm § 11 Abs. 1–3 u. 5 ArbGG). Die **Einlegung und Begründung** der Rechtsbeschwerde muss allerdings ebenfalls durch Personen erfolgen, die auch im zweitinstanzlichen Urteilsverfahren postulationsfähig sind (§ 89 Abs. 1 ArbGG), also durch Rechtsanwälte, Gewerkschaften, Arbeitgebervereinigungen sowie Zusammenschlüsse der Verbände oder besondere Rechtsschutzorganisationen, wobei diese Personen mit Befähigung zum Richteramt handeln müssen.

§ 77 Das Urteilsverfahren

Übersicht

	Rn.
I. Parteien des Urteilsverfahrens *(C. Ulrich)*	1–30
1. Arbeitgeber	1/2
2. Arbeitnehmer	3
3. Zur Berufsausbildung Beschäftigte	4
4. Gleichgestellte Personen	5–30
a) In Heimarbeit Beschäftigte	5
b) Arbeitnehmerähnliche Person	6
c) Organvertreter	7–26
d) Beamte	27
e) Handelsvertreter	28–30
II. Zuständigkeit der Gerichte für Arbeitssachen *(C. Ulrich)*	31–241
1. Internationale Zuständigkeit	31/32
2. Deutsche Gerichtsbarkeit	33/34
3. Rechtswegzuständigkeit	35–64
a) Von Amts wegen zu prüfende Prozessvoraussetzung	35
b) Eigenständige Regelung im ArbGG	36
c) Enumerative und abschließende Aufzählung	37/38
d) Ausschließliche, fakultative und erweiterte Zuständigkeit	39–41
e) Vorfragenprüfungskompetenz	42–44
f) Abgrenzung zu den übrigen Gerichtsbarkeiten	45–53
g) Rechtswegzuständigkeit für Widerklage	54
h) Rechtswegzuständigkeit bei Aufrechnung	55
i) Rechtswegzuständigkeit für besondere Verfahrensarten	56–64
4. Fallgruppen der Rechtswegzuständigkeit	65–166
a) Tarifvertragsstreitigkeit	65–73
b) Arbeitskampfstreitigkeit	74–87
c) Vereinigungsfreiheitsstreitigkeit	88–92
d) Streitigkeiten zwischen Arbeitnehmern und Arbeitgebern	93–117
e) Streitigkeiten aus Zusammenhang mit Arbeitsverhältnis gegen Arbeitgeber	118–122
f) Streitigkeiten gegen gemeinsame Einrichtung oder Sozialeinrichtung	123/124
g) Streitigkeiten aus Insolvenzsicherung	125–127
h) Streitigkeiten von Arbeitgebern gegen Einrichtungen	128–130
i) Entwicklungshelferstreitigkeiten	131
j) Streitigkeiten der Beteiligten am sozialen oder ökologischen Jahr	132
k) Streitigkeiten nach dem Bundesfreiwilligendienst	133
l) Streitigkeiten zwischen Arbeitnehmern	134–137
m) Streitigkeiten aus SGB IX	138
n) Streitigkeiten aus Arbeitnehmererfindung/Urheberrecht	139/140
o) Zusammenhangsklagen	141–151
p) Streitigkeiten der Organvertreter	152–155
q) Rechtsnachfolge	156–162
r) Prozessstandschaft	163–166
5. Prüfung der Rechtswegzuständigkeit	167–186
a) Prüfungsreihenfolge	167
b) Maßgeblicher Zeitpunkt	168/169
c) Darlegungs- und Beweislast	170–186
6. Entscheidungen über die Rechtswegzuständigkeit	187–213
a) Zulässigkeit des beschrittenen Rechtsweges	188–190
b) Unzulässigkeit des beschrittenen Rechtsweges	191–194
c) Form und Inhalt der Entscheidung	195/196
d) Anfechtbarkeit der Entscheidung	197–200
e) Rechtsbeschwerde	201–204
f) Bindungswirkung der Entscheidung	205/206
g) Entscheidung des Gerichts des zulässigen Rechtsweges	207–210
h) Kosten der Verweisung	211
i) Verweisung im PKH-Verfahren	212
j) Rechtsfolgen des Verweisungsbeschlusses	213

		Rn.

    7. Örtliche Zuständigkeit 214–236
        a) Allgemeines 214–216
        b) Allgemeiner Gerichtsstand 217
        c) Besondere Gerichtsstände 218–231
        d) Mehrere Gerichtsstände 232
        e) Gerichtsstandsvereinbarung 233/234
        f) Tarifvertragliche Regelung der örtlichen Zuständigkeit 235/236
    8. Entscheidung über örtliche Zuständigkeit 237–241
  III. Vorgerichtliche Verfahren nach § 111 Abs. 2 ArbGG *(C. Ulrich)* 242–248
    1. Prozessvoraussetzung 244
    2. Verfahren 245/246
    3. Verhältnis zum Kündigungsschutzgesetz 247
    4. Prozesskostenhilfe 248
  IV. Mahnverfahren *(Hamacher)* 249
  V. Urteilsverfahren erster Instanz *(Hamacher)* 250–487
    1. Kollegialgerichte 250–252
    2. Ausschließung und Ablehnung von Gerichtspersonen 253–271
        a) Ablehnungsrecht 257–259
        b) Ablehnungsgründe 260–263
        c) Verlust des Ablehnungsrechts 264–266
        d) Ablehnungsverfahren 267/268
        e) Entscheidung über das Ablehnungsgesuch 269–271
    3. Klageerhebung 272
    4. Elektronischer Rechtsverkehr 273–275
    5. Güteverhandlung 276–316
        a) Verfahrensgrundsätze der Güteverhandlung 278–290
        b) Vorbereitung der Güteverhandlung 291/292
        c) Ablauf der Güteverhandlung 293–296
        d) Dispositionsmöglichkeiten der Parteien 297–305
        e) Säumnis 307–311
        f) Ergebnis der Güteverhandlung 312
        g) Verfahren nach ergebnisloser Güteverhandlung 313–316
    6. Vorbereitung der Verhandlung vor der Kammer 317–319
        a) Pflicht zur Vorbereitung 318
        b) Vorbereitungsmaßnahmen 319
    7. Vorbereitung in Bestandsschutzverfahren 320–330
        a) Allgemeines 320
        b) Anwendungsbereich 321–323
        c) Alsbaldiger Gütetermin 324
        d) Alsbaldiger Kammertermin 325
        e) Aufforderung zur Stellungnahme an die beklagte Partei 326–328
        f) Aufforderung an die klagende Partei 329/330
    8. Anordnung des persönlichen Erscheinens 331–347
        a) Allgemeines 331–333
        b) Wirkung von Parteierklärungen 334
        c) Folgen des Ausbleibens der Partei 335–347
    9. Kammertermin 348–354
        a) Allgemeines 348
        b) Erledigung im ersten Termin 349
        c) Vertagung 350–353
        d) Gütliche Erledigung 354
    10. Zurückweisung verspäteten Vorbringens 355–399
        a) Allgemeines 356
        b) Zurückweisung nach § 56 Abs. 2 ArbGG 357–384
        c) Zurückweisung nach § 296 Abs. 1 ZPO 385
        d) Zurückweisung nach §§ 296 Abs. 2, 282 Abs. 1 ZPO 386–389
        e) Zurückweisung nach §§ 296 Abs. 2, 282 Abs. 2 ZPO 390–393
        f) Zurückweisung verspäteten Vorbringens nach § 61a Abs. 5 ArbGG ... 394
        g) Verhinderung der Zurückweisung 395–399
    11. Beweisverfahren 400–422
        a) Allgemeines 400
        b) Gesetzliche Grundlagen 401–406
        c) Gesetzliche Tatsachen- oder Rechtsvermutungen 407/408

		Rn.
d) Beweisverbote		409–421
e) Selbstständiges Beweisverfahren		422
12. Versäumnisverfahren und Entscheidung nach Lage der Akten		423/424
13. Verkündung von Urteilen und Beschlüssen		425–440
a) Allgemeines		425–428
b) Verkündung von Urteilen und Beschlüssen		429–436
c) Abfassung des Urteils		437/438
d) Folgen gerichtlicher Fristversäumnisse		439/440
14. Verurteilung zur Vornahme einer Handlung		441–458
a) Anwendungsbereich		442–445
b) Entschädigungsfestsetzung		446–458
15. Vorläufige Vollstreckbarkeit		459–487
a) Ausschließung der vorläufigen Vollstreckbarkeit		464–478
b) Einstellung der Zwangsvollstreckung nach §§ 707 Abs. 1 und 719 Abs. 1 ZPO		479–485
c) Einstellung der Zwangsvollstreckung nach anderen Vorschriften		486/487
VI. Urteilsverfahren zweiter Instanz *(Hamacher)*		488–564
1. Statthaftigkeit der Berufung		490–503
a) Berufungsfähige Urteile		490
b) Formelle und materielle Beschwer		491–493
c) Statthaftigkeit der Berufung in Bestandsstreitigkeiten		494
d) Statthaftigkeit der Berufung beim zweiten Versäumnisurteil		495
e) Statthaftigkeit der Berufung in sonstigen Streitigkeiten		496
f) Berechnung des Werts des Beschwerdegegenstands		497–502
g) Erstinstanzlicher Urteilsstreitwerts als Obergrenze		503
2. Zulassung der Berufung		504–508
a) Allgemeines		504–507
b) Zulassungsgründe		508
3. Berufungsfrist		509–512
4. Berufungsbegründungs- und -beantwortungsfrist		513–517
5. Form und Inhalt der Berufung		518–521
6. Begründung der Berufung		522–540
a) Berufungsanträge		523–530
b) Anforderungen an die Berufungsbegründung		531–533
c) Rüge einer Rechtsverletzung		534–536
d) Rüge fehlerhafter Tatsachenfeststellung		537
e) Rüge nicht abgesetzten Urteils		538/539
f) Zweites Versäumnisurteil		540
7. Beantwortung der Berufung		541
8. Anschlussberufung		542
9. Rücknahme der Berufung und Verzicht auf Berufung		543–546
10. Prüfung der Zulässigkeit der Berufung		547–549
11. Übersicht der Verfahrensregelungen zweiter Instanz		550–559
a) Entsprechende Anwendung der ZPO-Verfahrensvorschriften		550
b) Entsprechende Anwendung der Vorschriften des erstinstanzlichen Verfahrens		551
c) Besonderheiten des Berufungsverfahrens		552–559
12. Beschränkung der Berufung		560
13. Zurückweisung verspäteten Vorbringens		561–563
14. Urteil zweiter Instanz		564
VII. Urteilsverfahren dritter Instanz *(Hamacher)*		565–660
1. Revisionsfähiges Urteil		566
2. Zulassung der Revision durch das Landesarbeitsgericht		567–602
a) Zulassungsgründe		567–599
b) Wirkungen der Revisionszulassung		600–602
3. Nichtzulassungsbeschwerde		603–613
a) Allgemeines		603–605
b) Einlegung der Nichtzulassungsbeschwerde		606/607
c) Begründung der Nichtzulassungsbeschwerde		608/609
d) Entscheidung über die Nichtzulassungsbeschwerde		610–613
4. Einlegung der Revision		614–633
a) Form und Frist		614–617
b) Begründung der Revision		618–630
c) Rücknahme der Revision und Verzicht auf Revision		631–633

		Rn.
5.	Revisionsgründe	634–645
	a) Allgemeines	634
	b) Verletzung materiell-rechtlicher Vorschriften	635–637
	c) Verletzung verfahrensrechtlicher Vorschriften	638–640
	d) Tatsächliche Grundlage der Nachprüfung	641–643
	e) Entscheidungserheblichkeit	644/645
6.	Im Revisionsverfahren anzuwendende Vorschriften	646
7.	Anschlussrevision	647
8.	Einschränkung der Revision	648
9.	Säumnisverfahren	649/650
10.	Vergleich – Erledigung der Hauptsache	651
11.	Weiteres Verfahren	652–655
	a) Entscheidung über die Zulässigkeit der Revision	652
	b) Sachentscheidung des Bundesarbeitsgerichts	653
	c) Bindung des Berufungsgerichts	654/655
12.	Sofortige Beschwerde wegen verspäteter Absetzung des Berufungsurteils	656–660
VIII.	Beschwerde *(Hamacher)*	661–664
IX.	Abhilfe bei Verletzung des Anspruchs auf rechtliches Gehör *(Hamacher)*	665–674
X.	Außerordentlicher Rechtsbehelf *(Hamacher)*	675/676
XI.	Arrest und einstweilige Verfügung *(Hamacher)*	677–710
1.	Grundsätze	677/678
2.	Arrest	679–683
3.	Einstweilige Verfügung	684–710
	a) Sicherungsverfügung	684–686
	b) Regelungsverfügung	687–693
	c) Verfahren	694
	d) Einzelfälle	695–710
XII.	Vollstreckung arbeitsrechtlicher Titel *(Hamacher)*	711–724
1.	Allgemeines	711
2.	ABC der Vollstreckung arbeitsgerichtlicher Titel	712–724
	a) Abfindung	712
	b) Abmahnung	713
	c) Abrechnung von Arbeitsvergütung	714
	d) Arbeitsleistung	715
	e) Arbeitspapiere	716
	f) Arbeitsvergütung	717
	g) Beschäftigungsanspruch/Weiterbeschäftigungsanspruch	718/719
	h) Einstellung/Wiedereinstellung	720
	i) Freistellungsanspruch	721
	j) Urlaub	722
	k) Wettbewerbsverbot	723
	l) Zeugnis	724
XIII.	Streitwert und Streitwertfestsetzung im Urteilsverfahren *(Hamacher)*	725–748
1.	Arbeitsgerichtliche Wertfestsetzung	725/726
2.	Urteilsstreitwert nach § 61 Abs. 1 ArbGG	727
3.	Gerichtsgebührenstreitwert	732–740
	a) Allgemeines	732/733
	b) Wertfestsetzung	734–737
	c) Änderung des Beschlusses	739
	d) Beschwerdeverfahren	740
4.	Rechtsanwaltsgebührenstreitwert	741–748
	a) Allgemeines	741/742
	b) Wertfestsetzung	743–746
	c) Beschwerdeverfahren	747/748

I. Parteien des Urteilsverfahrens

1. Arbeitgeber

1   Das ArbGG definiert den Begriff des Arbeitgebers nicht. Arbeitgeber ist derjenige, der mindestens einen Arbeitnehmer oder eine arbeitnehmerähnliche Person iSv § 5 Abs. 1 S. 2

ArbGG beschäftigt.[1] Dies kann eine natürliche oder eine juristische Person sein,[2] eine GbR,[3] mehrere natürliche oder juristische Personen (sog. einheitliches Arbeitsverhältnis),[4] ein sog. mittelbarer Arbeitgeber,[5] der Verleiher bei der erlaubten Arbeitnehmerüberlassung bzw. der Entleiher nach § 10 AÜG bei der unerlaubten Arbeitnehmerüberlassung, die in Anspruch genommenen persönlich haftenden Gesellschafter einer Handelsgesellschaft,[6] nicht jedoch der Kommanditist bei Geltendmachung der Einstandspflicht nach § 171 HGB[7] oder der GmbH-Geschäftsführer.[8] Ein Konzern als Unternehmensverbund kommt nicht als Arbeitgeber in Betracht. Arbeitsvertragliche Beziehungen können dort zur Konzernobergesellschaft (Muttergesellschaft), zu einer Konzerngesellschaft (Tochtergesellschaft) oder zu beiden bestehen. Befindet sich eine Kapitalgesellschaft in Gründung, ist zu prüfen, ob das Arbeitsverhältnis zur Vorgründungs-, Gründungs- und/oder zu der zu gründenden Gesellschaft begründet werden sollte.

Ist unklar, wer Arbeitgeber ist, ist eine subjektive eventuelle Klagehäufung prozessual ein untauglicher Weg. Das BAG hat sich der hM angeschlossen, wonach eine subjektive eventuelle Klagehäufung im Gegensatz zur objektiven eventuellen Klagehäufung unzulässig ist. Die unzulässige Klage wahrt aber die Klagefrist nach § 4 KSchG.[9] Bei unklarer Rechtslage, etwa bei einem Betriebsübergang sollte deshalb stets eine subjektive Klagehäufung erwogen werden, etwa dergestalt, dass gegen den bisherigen Arbeitgeber Kündigungsschutzklage und gegen den Erwerber ein Antrag auf Feststellung des Arbeitsverhältnisses erhoben wird. Denn der Kläger kann eine subjektive Eventualklage nachträglich „bescheidungsfähig" machen.[10] Zu den Anträgen im Einzelnen vgl. Hamacher Antragslexikon Arbeitsrecht Betriebsübergang → Rn. 12 ff.

2. Arbeitnehmer

Nach § 5 Abs. 1 S. 1 ArbGG sind Arbeitnehmer iSd ArbGG Arbeiter und Angestellte sowie die zu ihrer Berufsausbildung Beschäftigten. Eine genaue Definition enthält die Vorschrift nicht. Für die Auslegung und Begriffsbestimmung muss auf den allgemeinen Arbeitnehmerbegriff zurückgegriffen werden.[11] Dieser ist nicht unionsrechtlich geprägt, weil der Zugang zu den Arbeitsgerichte in den Bereich der nationalen Gerichte fällt.[12] Danach ist Arbeitnehmer, wer auf Grund eines privatrechtlichen Vertrages im Dienste eines anderen zur Leistung weisungsgebundener, fremdbestimmter Arbeit in persönlicher Abhängigkeit verpflichtet ist.[13] Dabei ist der Rechtsweg zu den Gerichten für Arbeitssachen auch dann eröffnet, wenn die klagende Partei entweder Arbeitnehmer oder arbeitnehmerähnliche Person ist. Es handelt sich um eine auch bei der Rechtswegzuständigkeit zulässige Wahlfeststellung („sic-non-Fall").[14] Über die rechtliche Einordnung eines Rechtsverhältnisses entscheidet der

---

[1] Schwab/Weth/*Walker* ArbGG § 2 Rn. 84; Germelmann/Matthes/Prütting/*Schlewing* ArbGG § 2 Rn. 51.
[2] Schwab/Weth/*Walker* ArbGG § 2 Rn. 84.
[3] Vgl. zur Parteifähigkeit BAG 17.7.2007 – 9 AZR 819/06, NJW 2007, 3739; 1.12.2004 – 5 AZR 597/03, NJW 2005, 1004; BGH 29.1.2001 – II ZR 331/00, BGHZ 146, 341; 18.2.2002 – II ZR 331/00, NJW 2002, 1207; zur Arbeitgeberstellung *Diller* NZA 2003, 401.
[4] BAG 27.3.1981 – 7 AZR 523/78, AP BGB § 611 Arbeitgebergruppe Nr. 1; offen gelassen in BAG 21.1.1999 – 2 AZR 648/97, AP KSchG 1969 § 1 Konzern Nr. 9; krit.: *Schwerdtner* ZIP 1982, 900; *Wiedemann* Anm. zu AP BGB § 611 Arbeitgebergruppe Nr. 1.
[5] BAG 9.4.1957 – 2 AZR 648/97, AP BGB § 611 Mittelbares Arbeitsverhältnis Nr. 2.
[6] BAG 14.11.1979 – 4 AZR 3/78, AP TVG § 4 Gemeinsame Einrichtungen Nr. 2.
[7] BAG 23.6.1992 – 9 AZR 308/91, AP ArbGG 1979 § 2 Nr. 23.
[8] Schwab/Weth/*Walker* ArbGG § 2 Rn. 88.
[9] BAG 31.3.1993 – 2 AZR 467/92, AP KSchG 1969 § 4 Nr. 27; 8.12.1988 – 2 AZR 294/88, BeckRS 1988, 31022501.
[10] BAG 24.9.2015 – 2 AZR 562/14, NZA 2016, 366.
[11] Vgl. § 3.
[12] BAG 21.1.2019 – 9 AZB 23/18, NZA 2019, 490.
[13] BAG 23.5.2018 – 5 AZR 263/17, NZA 2019, 39; BAG 8.9.2015 – 9 AZB 21/15, NZA 2015, 1342; 17.4.2013 – 10 AZR 668/12, BeckRS 2013, 71103; 25.5.2005 – 5 AZR 347/04, DB 2005, 2529; 16.2.2000 – 5 AZB 71/99, AP ArbGG 1979 § 2 Nr. 70.
[14] BAG 22.10.2014 – 10 AZB 46/14, NZA 2015, 60; 17.2.2003 – 5 AZB 37/02, NZA 2003, 517; 17.1.2001 – 5 AZB 18/00, NZA 2001, 341; 25.7.1996 – 5 AZB 5/96, AP ArbGG 1979 § 5 Nr. 28; 14.1.1997

Geschäftsinhalt, der sich aus den Vereinbarungen und der Durchführung ergeben kann. Widersprechen sich Vereinbarung und tatsächliche Durchführung, ist letztere maßgeblich.[15] Dies bedeutet aber nicht, dass die Vertragstypenwahl der Parteien gänzlich bedeutungslos wäre. Kann die vertraglich vereinbarte Tätigkeit sowohl in einem Arbeitsverhältnis als auch selbständig erbracht werden, ist die Entscheidung der Parteien für einen bestimmten Vertragstypus im Rahmen der bei jeder Statusbeurteilung erforderlichen Gesamtabwägung aller Umstände des Einzelfalls zu berücksichtigen.[16]

3. Zur Berufsausbildung Beschäftigte

4   Der in § 5 Abs. 1 S. 1 ArbGG verwendete Begriff der Berufsausbildung geht inhaltlich über den des § 1 Abs. 3 BBiG hinaus. Er entspricht dem in § 5 Abs. 1 BetrVG enthaltenen Begriff.[17] Berufsausbildung iSd. § 5 Abs. 1 Satz 1 ArbGG sind deshalb nicht nur alle Bereiche der Berufsbildung nach § 1 Abs. 1 BBiG. Eine Beschäftigung zur Berufsausbildung liegt vielmehr auch vor, wenn der Betreffende aufgrund eines privatrechtlichen Vertrags im Dienste eines anderen Arbeit leistet und dies außerhalb der betrieblichen Berufsbildung erfolgt. Zur Berufsausbildung beschäftigt sind deshalb neben Auszubildenden auch Umschüler, Teilnehmer an berufsvorbereitenden Maßnahmen, Anlernlinge, Praktikanten und Volontäre.[18]

4. Gleichgestellte Personen

5   a) **In Heimarbeit Beschäftigte.** Als Arbeitnehmer gelten gemäß § 5 Abs. 1 S. 2 Hs. 1 ArbGG auch die in Heimarbeit Beschäftigten und die ihnen Gleichgestellten (§ 1 HAG). Die Gleichstellung mit den Arbeitnehmern erklärt sich daraus, dass Heimarbeiter und Hausgewerbetreibende wirtschaftlich vom Unternehmer abhängig sind und wegen dieser Abhängigkeit eines besonderen Schutzes bedürfen.[19] Auch über die rechtliche Einordnung eines Rechtsverhältnisses als Heimarbeitsverhältnis entscheidet letztlich die tatsächliche Durchführung des Vertrages.[20]

6   b) **Arbeitnehmerähnliche Person.** Nach § 5 Abs. 1 S. 2 ArbGG ist der Rechtsweg zu den Gerichten für Arbeitssachen auch für solche Mitarbeiter gegeben, die wegen ihrer wirtschaftlichen Unselbstständigkeit als arbeitnehmerähnliche Person einzustufen sind. Arbeitnehmerähnliche Personen sind Selbständige. An die Stelle der das Arbeitsverhältnis prägenden persönlichen Abhängigkeit tritt das Merkmal der wirtschaftlichen Abhängigkeit. Wirtschaftliche Abhängigkeit ist regelmäßig gegeben, wenn der Beschäftigte auf die Verwertung seiner Arbeitskraft und die Einkünfte aus der Tätigkeit für den Vertragspartner zur Sicherung seiner Existenzgrundlage angewiesen ist. Der wirtschaftlich Abhängige muss au-

---

– 5 AZB 22/96, AP ArbGG 1979 § 2 Nr. 41; 21.5.1997 – 5 AZB 30/96, AP ArbGG 1979 § 5 Nr. 32; 5.5.1997 – 5 AZB 35/96, AP ArbGG 1979 § 5 Nr. 31; 8.9.1997 – 5 AZB 3/97, AP ArbGG 1979 § 5 Nr. 38 (Kommissionärsvertrag); BAG 16.7.1997 – 5 AZB 29/96, AP ArbGG 1979 § 5 Nr. 37 (Franchisenehmer); BAG 29.12.1997 – 5 AZB 38/97, AP ArbGG 1979 § 5 Nr. 40; BGH 4.11.1998 – VIII ZB 12/98, NZA 1999, 53 (Franchisenehmer).

[15] BAG 21.11.2017 – 9 AZR 117/17, NJW 2018, 1194; 17.10.2017 – 9 AZR 792/16, BeckRS 2017, 140191; 25.5.2005 – 5 AZR 347/04, DB 2005, 2529; 30.9.1998 – 5 AZR 563/97, BAGE 90, 36 (47); 20.8.2003 – 5 AZR 610/02, NZA 2004, 39.

[16] BAG 17.10.2017 – 9 AZR 792/16, BeckRS 2017, 140191; BAG 17.4.2013 – 10 AZR 668/12, BeckRS 2013, 71103; 29.8.2012 – 10 AZR 499/11, NZA 2012, 1433; 15.2.2012 – 10 AZR 301/10, NZA 2012, 731; 9.6.2010 – 5 AZR 332/09, NZA 2010, 2455.

[17] Vgl. dazu BAG 15.4.2015 – 9 AZB 10/15, AP Nr 103 zu § 2 ArbGG 1979; 10.2.1981 – 6 ABR 86/78, AP BetrVG 1972 § 5 Nr. 25; 24.9.1981 – 6 ABR 7/81, AP BetrVG 1972 § 5 Nr. 26.

[18] BAG 27.9.2006 – 5 AZB 33/06, NZA 2006, 1432; 21.5.1997 – 5 AZB 30/96, AP ArbGG 1979 § 5 Nr. 32; 24.2.1999 – 5 AZB 10/98, AP ArbGG 1979 § 5 Nr. 45; vgl. Germelmann/Matthes/Prütting/*Müller-Glöge* ArbGG § 5 Rn. 22.

[19] BAG 3.4.1990 – 3 AZB 258/88, AP HAG § 2 Nr. 11. Vgl. auch BAG 8.5.2007 – 9 AZR 777/06, AP BGB § 611 Arbeitnehmerähnlichkeit Nr. 15.

[20] BAG 13.1.1983 – 5 AZR 149/82, AP BGB § 611 Abhängigkeit Nr. 42; 10.9.1985 – 1 ABR 28/83, AP BetrVG 1972 § 117 Nr. 3; 3.4.1990 – 3 AZB 258/88, AP HAG § 2 Nr. 11.

ßerdem seiner gesamten sozialen Stellung nach einem Arbeitnehmer vergleichbar schutzbedürftig sein. Dafür sind die gesamten Umstände des Einzelfalles maßgebend. Eine arbeitnehmerähnliche Person kann auch für mehrere Auftraggeber tätig sein; jedoch ist für sie kennzeichnend, dass die Beschäftigung für einen der Auftraggeber wesentlich ist und die hieraus fließende Vergütung die entscheidende Existenzgrundlage darstellt.[21]

c) **Organvertreter.** *aa) Gesetzliche Fiktion der fehlenden Arbeitnehmerstellung.* Als Arbeitnehmer gelten nicht in Betrieben einer juristischen Person oder einer Personengesamtheit Personen, die kraft Gesetzes, Satzung oder Gesellschaftsvertrages allein oder als Mitglieder des Vertretungsorgans zur Vertretung der juristischen Person oder der Personengesamtheit berufen sind (§ 5 Abs. 1 S. 3 ArbGG). 7

Sinn des § 5 Abs. 1 S. 3 ArbGG ist es, Organe juristischer Personen oder gesetzliche Vertreter von Personengesamtheiten aus dem Geltungsbereich des ArbGG auszunehmen, wenn sie einen Rechtsstreit mit den juristischen Personen oder Personengesamtheiten führen, der nach Zeit, Anlass, Rechtsgrund und Anspruchsträgerschaft von vornherein auf der Repräsentantenstellung der in § 5 Abs. 1 S. 3 ArbGG genannten Personen selbst beruht. Für solche „Hausstreitigkeiten" sollen die Gerichte für Arbeitssachen nicht zuständig sein.[22] Es handelt sich letztlich um eine Streitigkeit im „Arbeitgeberlager",[23] denn diese Personen nehmen Arbeitgeberfunktionen wahr. 8

Nach § 5 Abs. 1 S. 3 ArbGG gilt das Organ nicht als Arbeitnehmer, wenn es kraft Satzung zur Vertretung der juristischen Person oder Personengesamtheit berufen ist. Die Vorschrift enthält eine negative Fiktion; sie berücksichtigt, dass juristische Personen nur durch ihre Organe handeln und nur durch sie ihre Arbeitgeberfunktion ausüben; deshalb ist es gerechtfertigt, die Organpersonen nicht als Arbeitnehmer anzusehen.[24] Auf den Umfang der auf Gesetz, Satzung oder Gesellschaftsvertrag beruhenden Vertretungsmacht kommt es nicht an.[25] 9

Der **Geschäftsführer einer GmbH**, der einen Anstellungsvertrag zur GmbH hat, gilt daher unabhängig von der rechtlichen Qualifizierung des Vertrags nicht als Arbeitnehmer der GmbH, weil er deren gesetzlicher Vertreter ist. Die Fiktion gilt, solange die Organstellung besteht.[26] Auch die „sic-non" Rechtsprechung des BAG (→ Rn. 24) gilt dann nicht. Selbst wenn ein Anstellungsverhältnis zwischen der juristischen Person und dem Mitglied des Vertretungsorgans wegen dessen starker interner Weisungsabhängigkeit ausnahmsweise als Arbeitsverhältnis zu qualifizieren ist und deshalb materielles Arbeitsrecht zur Anwendung kommt, sind zur Entscheidung eines Rechtsstreits aus dieser Rechtsbeziehung die ordentlichen Gerichte berufen, **solange** die Fiktion Wirkung entfaltet.[27] Nicht als Arbeitnehmer gilt der persönlich haftende **Gesellschafter einer Kommanditgesellschaft**.[28] Dieser vertritt nach §§ 161 Abs. 2, 125 Abs. 1, 170 HGB die Kommanditgesellschaft nach außen und führt nach §§ 161, 114, 164 HGB die Geschäfte der KG.[29] Da nach § 44 GmbHG die Vorschrift des 10

---

[21] BAG 9.4.2019 – 9 AZB 2/19, NZA 2020, 67; 21.1.2019 – 9 AZB 23/18, NZA 2019, 490; 14.1.1997 – 5 AZB 22/96, AP ArbGG 1979 § 2 Nr. 41; 21.5.1997 – 5 AZB 30/96, AP ArbGG 1979 § 5 Nr. 32; 16.7.1997 – 5 AZB 29/96, AP ArbGG 1979 § 5 Nr. 37 (betr. Franchisenehmer); BAG 29.12.1997 – 5 AZB 38/97, AP ArbGG 1979 § 5 Nr. 40.
[22] BAG 20.8.2003 – 5 AZB 79/02, AP ArbGG 1979 § 5 Nr. 58; 27.10.1960 – 5 AZR 578/59, AP ArbGG 1953 § 5 Nr. 14.
[23] *Reinecke* ZIP 1997, 1525 (1528).
[24] BAG 8.9.2015 – 9 AZB 21/15, NZA 2015, 1342; 14.6.2006 – 5 AZR 592/05, NJW 2007, 396; 13.5.1996 – 5 AZB 27/95, AP ArbGG 1979 § 5 Nr. 27; 11.4.1997 – 5 AZB 32/96, AP ArbGG 1979 § 2 Nr. 47; 18.12.1996 – 5 AZB 25/96, AP ArbGG 1979 § 2 Nr. 3; 8.6.1999 – 3 AZR 136/98, AP BetrAVG § 1 Lebensversicherung Nr. 26.
[25] BAG 8.9.2015 – 9 AZB 21/15, NZA 2015, 1342; 22.10.2014 – 10 AZB 46/14, NZA 2015, 60; 4.2.2013 – 10 AZB 78/12, NZA 2013, 397; 17.12.2008 – 5 AZB 69/08, NZA-RR 2009, 330; 5.5.1997 – 5 AZB 35/96, AP ArbGG 1979 § 5 Nr. 31.
[26] BAG 22.10.2014 – 10 AZB 46/14, NZA 2015, 60; 15.3.2011 – 10 AZB 32/10, NZA 2011, 874; 3.2.2009 – 5 AZB 100/08, NZA 2009, 669; 25.7.2007 – 6 AZR 1045/06, NZA 2008, 168; 20.8.2003 – 5 AZB 79/02, AP ArbGG 1979 § 5 Nr. 58; 6.5.1999 – 5 AZB 22/98, AP ArbGG 1979 § 5 Nr. 46.
[27] BAG 21.1.2019 – 9 AZB 23/18, NZA 2019, 490; 22.10.2014 – 10 AZB 46/14, NZA 2015, 60.
[28] *Reinecke* ZIP 1997, 1525 (1528).
[29] BAG 20.8.2003 – 5 AZB 79/02, AP ArbGG 1979 § 5 Nr. 58.

§ 35 GmbHG, dass die GmbH durch den Geschäftsführer vertreten wird, auch für stellvertretende Geschäftsführer gilt, sind diese ebenfalls nicht als Arbeitnehmer anzusehen.[30] Auch der **Geschäftsführer einer Vor-GmbH** gilt nicht als deren Arbeitnehmer. § 5 Abs. 1 S. 3 ArbGG ist auf die Vor-GmbH anzuwenden. Wird jemand entsprechend dem Gesellschaftsvertrag zum Geschäftsführer der Vor-GmbH bestellt, so vertritt er diese kraft Gesellschaftsvertrags. Dieser Umstand genügt für die Anwendung des § 5 Abs. 1 S. 3 ArbGG. Wenn die Organstellung eines GmbH-Geschäftsführers im Falle einer **Verschmelzung** mit einer anderen GmbH erlischt und der Anstellungsvertrag auf die übernehmende GmbH übergeht, sind für den Rechtsstreit um die Kündigung des Anstellungsvertrages die Gerichte für Arbeitssachen nur dann zuständig, wenn und soweit neben dem Anstellungsverhältnis ein gleichzeitig übergegangenes Arbeitsverhältnis ruhend fortbestand.[31]

11 Von § 5 Abs. 1 S. 3 ArbGG werden unabhängig vom Vollmachtsumfang solche Personen nicht erfasst, denen nur **rechtsgeschäftliche Vollmacht** erteilt worden ist.[32]

12 Besondere **Vertreter eines Vereins nach § 30 BGB** gelten nach § 5 Abs. 1 S. 3 ArbGG nur dann nicht als Arbeitnehmer im Sinne des ArbGG, wenn ihre Vertretungsmacht auf der Satzung beruht. Das ist der Fall, wenn die Satzung die Bestellung ausdrücklich zulässt.[33] Der **Geschäftsführer einer Kreishandwerkerschaft** gilt daher nicht als Arbeitnehmer im Sinne des ArbGG, wenn er die Kreishandwerkerschaft kraft Satzung in den laufenden Geschäften vertritt. Das gilt auch dann, wenn die Parteien ausdrücklich einen Arbeitsvertrag abgeschlossen haben.[34]

13 Die **Fiktion** des § 5 Abs. 1 S. 3 ArbGG **gilt unabhängig** davon, ob das der Organstellung zugrunde liegende Rechtsverhältnis materiell-rechtlich ein **freies Dienstverhältnis oder ein Arbeitsverhältnis** ist. Auch wenn das Anstellungsverhältnis wegen starker interner Weisungsabhängigkeit als Arbeitsverhältnis anzusehen ist sind zur Entscheidung von Rechtsstreitigkeiten aus dieser Rechtsbeziehung wegen § 5 Abs. 1 S. 3 ArbGG, § 13 GVG die ordentlichen Gerichte berufen.[35] Nur dann, wenn die Rechtsstreitigkeit nicht das der Organstellung zugrunde liegende Rechtsverhältnis, sondern eine weitere Rechtsbeziehung betrifft, greift die Fiktion des § 5 Abs. 1 S. 3 ArbGG nicht ein.

14 *bb) Trennung von Organbestellung und Anstellungsverhältnis.* § 5 Abs. 1 S. 3 ArbGG betrifft nur das der Organstellung zugrunde liegende Rechtsverhältnis. Dieses ist von der Organstellung zu unterscheiden. Die Bestellung und die Abberufung als Vertretungsorgan sind ausschließlich körperschaftsrechtliche Rechtsakte. Durch sie werden gesetzliche oder satzungsmäßige Kompetenzen übertragen oder wieder entzogen. Dagegen ist die Anstellung zum Zwecke des Tätigwerdens als Vertretungsorgan ein schuldrechtlicher Vertrag.[36]

15 Für die Rechtswegbestimmung für Streitigkeiten um das Anstellungsverhältnis ist unerheblich, ob es zur vertraglich vorgesehenen Bestellung zum Organvertreter gekommen ist oder nicht.[37] Nach einem auf die Bestellung zum Organvertreter gerichteten Vertrag ist der künftige Organvertreter nicht etwa bis zur Bestellung Arbeitnehmer und erst danach Nichtarbeitnehmer im Sinne des § 5 Abs. 1 S. 3 ArbGG. Dies ist auch anzunehmen, wenn der Bestellung eine Probezeit vorgeschaltet wird. Die gesetzliche Fiktion gilt auch in der

---

[30] BAG 17.1.1985 – 2 AZR 96/84, AP ArbGG 1979 § 5 Nr. 2; 8.6.1999 – 3 AZR 136/98, AP BetrAVG § 1 Lebensversicherung Nr. 26.
[31] LAG Hessen 6.11.2001 – 16 Ta 246/02, EtA-SD 2003, Nr. 2, 22; BAG 21.2.1994 – 2 AZB 28/93, AP ArbGG 1979 § 5 Nr. 17.
[32] BAG 13.7.1995 – 5 AZB 37/94, AP ArbGG 1979 § 5 Nr. 23; 5.5.1997 – 5 AZB 35/96, AP ArbGG 1979 § 5 Nr. 31; Schwab/Weth/*Vollstädt* ArbGG § 5 Rn. 272.
[33] BAG 5.5.1997 – 5 AZB 35/96, AP ArbGG 1979 § 5 Nr. 31; LAG Köln 16.9.2013 – 11 Ta 331/12, BeckRS 2013, 73946.
[34] BAG 11.4.1997 – 5 AZB 32/96, AP ArbGG 1979 § 2 Nr. 47.
[35] BAG 21.1.2019 – 9 AZB 23/18, NZA 2019, 490; 9.4.2019 – 9 AZB 2/19, NZA 2020, 67; 22.10.2014 – 10 AZB 46/14, NZA 2015, 60; 4.2.2013 – 10 AZB 78/12, NZA 2013, 397; 15.3.2011 – 10 AZB 32/10, NZA 2011, 874; LAG Hamm 13.6.2007 – 2 Ta 80/07, BeckRS 2007, 45634.
[36] BAG 20.8.2003 – 5 AZB 79/02, AP ArbGG 1979 § 5 Nr. 58; 16.9.1998 – 5 AZR 181/97, AP BGB § 611 Direktionsrecht Nr. 56; 23.8.2001 – 5 AZB 9/01, AP ArbGG 1979 § 5 Nr. 54.
[37] BAG 13.5.1996 – 5 AZB 27/95, AP ArbGG 1979 § 5 Nr. 27; 25.6.1997 – 5 AZB 41/96, AP ArbGG 1979 § 5 Nr. 36; 6.5.1999 – 5 AZB 22/98, AP ArbGG 1979 § 5 Nr. 46.

Probezeit.[38] Der Anstellungsvertrag wird auch nicht allein dadurch zum Arbeitsvertrag, dass es nicht zu einer Bestellung zum Organ kommt.[39] Der rechtliche Charakter des Anstellungsverhältnisses ändert sich des Weiteren nicht dadurch, dass der **Organvertreter abberufen** wird.[40] Selbst wenn die Kündigung des Anstellungsverhältnisses erst nach der Abberufung erfolgt, besteht keine Zuständigkeit der Arbeitsgerichte für die Entscheidung über die Wirksamkeit der Kündigung des Anstellungsverhältnisses, das der Organstellung zu Grunde liegt, wenn es sich bei diesem Rechtsverhältnis um ein freies Dienstverhältnis handelt.[41] Insoweit wird der Geschäftsführer einer GmbH für diese in aller Regel auf der Grundlage eines freien Dienstvertrags, nicht eines Arbeitsvertrags tätig. Sein Dienstvertrag ist auf eine Geschäftsbesorgung durch Ausübung des Geschäftsführeramts gerichtet.[42]

Ausnahmsweise kommt auch ein Tätigwerden im Rahmen eines Arbeitsverhältnisses in Betracht. Dies wird nur selten der Fall sein. Denkbar ist auch, dass neben einem bestehenden Arbeitsverhältnis ein neuer Dienstvertrag begründet wird. Soweit Rechte **nach der Abberufung** aus einem von Anfang an bestehenden, wieder aufgelebten oder neu begründeten Arbeitsverhältnis geltend gemacht werden, ist § 5 Abs. 1 S. 3 ArbGG nicht anzuwenden. Maßgeblich ist insoweit der Zeitpunkt, zu dem sich das tatsächliche Geschehen, das der Klage zu Grunde gelegt wird, vollzieht, zB die Kündigung ausgesprochen wird. Dabei ist dann nach allgemeinen Regeln zu prüfen, ob der Rechtsweg zu den Gerichten für Arbeitssachen eröffnet ist.[43] Es reicht allerdings aus, wenn die Abberufung vor einer rechtskräftigen Entscheidung über die Zuständigkeit des Rechtswegs erfolgte → Rn. 25. 16

Richtet sich die Klage gegen die **Abberufung als Organ**, folgt die Unzuständigkeit der Gerichte für Arbeitssachen schon daraus, dass es sich nicht um eine Streitigkeit „aus dem Arbeitsverhältnis" oder „über das Bestehen oder Nichtbestehen eines „Arbeitsverhältnisses" im Sinne von § 2 Abs. 1 Nr. 3a, b ArbGG handelt. Betroffen ist ausschließlich der gesellschaftsrechtliche Teil der Rechtsbeziehung zwischen dem Organ und der Gesellschaft.[44] 17

cc) Arbeitsverhältnis des Organs. Typischerweise wird der Geschäftsführer einer GmbH für diese auf der Grundlage eines freien Dienstvertrags tätig. Sein Dienstvertrag ist auf eine Geschäftsbesorgung durch Ausübung des Geschäftsführeramts gerichtet. Ein Arbeitsverhältnis setzt voraus, dass die Gesellschaft eine – über ihr gesellschaftsrechtliches Weisungsrecht hinausgehende – Weisungsbefugnis auch bezüglich der Umstände hat, unter denen der Geschäftsführer seine Leistung zu erbringen hat, und die konkreten Modalitäten der Leistungserbringung durch arbeitsbegleitende und verfahrensorientierte Weisungen bestimmen kann.[45] Häufiger wird die Fallkonstellation auftreten, dass ein Arbeitnehmer zum Geschäftsführer bestellt wird. Denkbar ist auch, dass tatsächliche Umstände vorliegen, aus denen sich ergibt, dass der einheitliche Anstellungsvertrag hinsichtlich seiner Rechtsqualität bis zum vorgesehenen Zeitpunkt der Bestellung des Organvertreters als Arbeitsvertrag zu qualifizieren ist, oder dass die Parteien den Anstellungsvertrag später ausdrücklich oder stillschweigend in einen Arbeitsvertrag umgewandelt haben. Es müssen Umstände hinzutreten, aus denen folgt, dass neben dem Anstellungsverhältnis noch ein Arbeitsverhältnis bestanden hat oder ein solches wieder auflebt oder dass der Anstellungsvertrag infolge der Abberufung zum Arbeitsvertrag geworden ist. Nach der **Rechtsprechung des BAG** kann 18

---

[38] BAG 25.6.1997 – 5 AZB 41/96, AP ArbGG 1979 § 5 Nr. 36.
[39] BAG 25.6.1997 – 5 AZB 41/96, AP ArbGG 1979 § 5 Nr. 36.
[40] BAG 21.2.1994 – 2 AZB 28/93, AP ArbGG 1979 § 5 Nr. 17; BGH 9.2.1978 – II ZR 189/76, AP GmbHG § 38 Nr. 1; BAG 25.6.1997 – 5 AZB 41/96, AP ArbGG 1979 § 5 Nr. 36.
[41] BAG 9.5.1985 – 2 AZR 330/84, AP ArbGG 1979 § 5 Nr. 3; 12.3.1987 – 2 AZR 336/86, AP ArbGG 1979 § 5 Nr. 6; 11.4.1997 – 5 AZB 32/96, AP ArbGG § 2 Nr. 47; 25.6.1997 – 5 AZB 41/96, AP ArbGG 1979 § 5 Nr. 36; 6.5.1999 – 5 AZB 22/98, AP ArbGG 1979 § 5 Nr. 46.
[42] BAG 21.1.2019 – 9 AZB 23/18, NZA 2019, 490; 9.4.2019 – 9 AZB 2/19, NZA 2020, 67; 22.10.2014 – 10 AZB 46/14, NZA 2015, 60.
[43] BAG 4.11.2013 – 10 AZB 28/13, GmbHR 2014, 137; 3.2.2009 – 5 AZB 100/08, NZA 2009, 651; 25.6.1997 – 5 AZB 41/96, AP ArbGG 1979 § 5 Nr. 36.
[44] BAG 6.5.1999 – 5 AZB 22/98, AP ArbGG 1979 § 5 Nr. 46.
[45] BAG 9.4.2019 – 9 AZB 2/19, NZA 2020, 67; 21.1.2019 – 9 AZB 23/18, NZA 2019, 490; 22.10.2014 – 10 AZB 46/14, NZA 2015, 60.

also neben einem Anstellungsverhältnis als Grundlage der Vertreterstellung ein Arbeitsverhältnis (fort-)bestehen.[46]

19 Wird ein Angestellter einer GmbH zum Geschäftsführer berufen, ohne dass sich an den Vertragsbedingungen im Übrigen etwas ändert, war nach einer älteren Rechtsprechung des BAG im Zweifel anzunehmen, dass das bisherige Arbeitsverhältnis nur suspendiert und nicht endgültig beendet war. Konsequenz war für den Fall einer späteren Kündigung, dass für eine gegen diese erhobene Klage die Gerichte für Arbeitssachen zuständig waren.[47]

20 Seit längerem geht das BAG davon aus, dass mit Abschluss des Geschäftsführervertrages das ursprüngliche Arbeitsverhältnis im Zweifel beendet sein soll. Es mag zwar Fälle geben, in denen nach den Vorstellungen der Parteien ein bisheriges Arbeitsverhältnis trotz Abschluss eines (freien) Dienstverhältnisses ruhend fortbestehen soll. Im **Regelfall** wird mit Abschluss des Geschäftsführungsdienstvertrages das bisherige **Arbeitsverhältnis aufgehoben**. Dem steht das Schriftformerfordernis des § 625 BGB nicht entgegen.[48]

21 Für das Vorstandsmitglied eines Vereins gilt entsprechendes. Der Verlust der Organstellung führt grundsätzlich nicht zum Übergang eines zunächst begründeten freien Dienstverhältnisses in ein Arbeitsverhältnis. Die Gerichte für Arbeitssachen sind für die Beurteilung der Rechtmäßigkeit einer Kündigung des der Organstellung zu Grunde liegenden Rechtsverhältnisses nicht zuständig, es sei denn, neben dem Dienstverhältnis sollte ein Arbeitsverhältnis bestehen.[49]

22 Ein etwa bestehendes Arbeitsverhältnis des Organs ist damit bis zur Abberufung irrelevant. Denn bis zu diesem Zeitpunkt greift die Fiktion des § 5 Abs. 1 S. 3 ArbGG. Nach der Abberufung kommt es darauf an, wie das Rechtsverhältnis zu qualifizieren ist. Dabei kann die Zulässigkeit des Rechtswegs zu den Arbeitsgerichten in Einzelfällen auch durch die Grundsätze der Rechtsprechung zu den sog. sic-non-Fällen begründet werden, → Rn. 24.[50]

23 *dd) Anstellungsverhältnis zu Drittunternehmen.* In den Fällen, in denen der Anstellungsvertrag nicht unmittelbar mit der juristischen Person abgeschlossen wurde, zu deren Organvertreter der Dienstnehmer bestellt werden sollte, sondern mit einem Dritten, zB einem Konzernunternehmen, hat das BAG § 5 Abs. 1 S. 3 ArbGG zunächst nicht angewendet.[51]

24 Das BAG[52] geht davon aber mittlerweile aus, dass dem Wortlaut des § 5 Abs. 1 S. 3 ArbGG nicht zu entnehmen ist, dass nur Personen, die unmittelbar eine juristische Person oder Personengesamtheit kraft Gesetzes, Satzung oder Gesellschaftsvertrags vertreten, nicht als Arbeitnehmer gelten. Erforderlich ist allein, dass die betreffende Person kraft Gesetzes,

---

[46] BAG 9.5.1985 – 2 AZR 330/84, AP ArbGG 1979 § 5 Nr. 3; 12.3.1987 – 2 AZR 336/86, AP ArbGG 1979 § 5 Nr. 6; 18.12.1996 – 5 AZB 25/96, AP ArbGG 1979 § 2 Zuständigkeitsprüfung Nr. 3; 11.4.1997 – 5 AZB 32/96, AP ArbGG 1979 § 2 Nr. 47; 6.5.1999 – 5 AZB 22/98, AP ArbGG 1979 § 5 Nr. 46.
[47] BAG 9.5.1985 – 2 AZR 330/84, AP ArbGG 1979 § 5 Nr. 3; 12.3.1987 – 2 AZR 336/86, AP ArbGG 1979 § 5 Nr. 6.
[48] BAG 24.10.2013 – 2 AZR 1078/12, NZA 2014, 540; 15.3.2011 – 10 AZB 32/10, NZA 2011, 874; 3.2.2009 – 5 AZB 100/08, NZA 2009, 669; 19.7.2007 – 6 AZR 875/06, NJW-Spezial 2007, 484; 19.7.2007 – 6 AZR 774/06, AP GmbHG § 35 Nr. 18; 8.6.2000 – 2 AZR 207/99, AP ArbGG 1979 § 5 Nr. 49 (teilweise Korrektur der Rspr. aus BAG 9.5.1985 – 2 AZR 330/84, AP ArbGG 1979 § 5 Nr. 3); BAG 18.12.1996 – 5 AZB 25/96, AP ArbGG 1979 § 2 Zuständigkeitsprüfung Nr. 3; ebenso BAG 24.4.1997 – 2 AZR 241/96, AP BGB § 611 Ruhen des Arbeitsverhältnisses Nr. 2; 10.11.1994 – 8 AZR 131/93, AP KSchG 1969 § 14 Nr. 4.
[49] BAG 28.9.1995 – 5 AZB 4/95, AP ArbGG 1979 § 5 Nr. 24.
[50] BAG 6.5.1999 – 5 AZB 22/98, AP ArbGG 1979 § 5 Nr. 46.
[51] BAG 22.2.1994 – 2 AZB 28/93, AP ArbGG 1979 § 5 Nr. 17; 20.10.1995 – 5 AZB 5/95, AP ArbGG 1979 § 2 Nr. 36; 25.6.1997 – 5 AZB 41/96, AP ArbGG 1979 § 5 Nr. 36; ebenso für Geschäftsführer einer Betriebskrankenkasse, wo der Rechtsweg nach § 2 Abs. 1 Nr. 3b iVm § 5 Abs. 1 S. 2 ArbGG deswegen als eröffnet angesehen wurde, weil die klagende Partei im Verhältnis zur beklagten Partei zumindest als arbeitnehmerähnliche Person angesehen wurde BAG 25.7.1996 – 5 AZB 5/96, AP ArbGG 1979 § 5 Nr. 28; 29.12.1997 – 5 AZB 38/97, AP ArbGG 1979 § 5 Nr. 40; aA *Moll* RdA 2002, 226, nach dem § 5 Abs. 1 S. 3 ArbGG auf den in der GmbH & Co. KG tätigen Geschäftsführer der Komplementär-GmbH unabhängig davon anzuwenden ist, ob der Anstellungsvertrag mit der KG oder mit der Komplementär-GmbH abgeschlossen wurde, denn entscheidend sei, dass die Vertreterstellung des Geschäftsführers der Komplementär-GmbH auch im Hinblick auf die KG auf Gesetz, Gesellschaftsvertrag oder Satzung zurückzuführen sei.
[52] BAG 20.8.2003 – 5 AZB 79/02, AP ArbGG 1979 § 5 Nr. 58.

Satzung oder Gesellschaftsvertrags allein oder als Mitglied eines Vertretungsorgans zur Vertretung der juristischen Person oder Personengesamtheit berufen ist.[53]

ee) Rechtswegzuständigkeit auf Grund Darlegung oder Rechtsbehauptung. Nach der Aberufung von der Organstellung greift die Fiktion des § 5 Abs. 1, 3 ArbGG nicht mehr. Auch wenn das mit dem Organ bestehende Rechtsverhältnis typischerweise als Dienstvertrag zu qualifizieren sein sollte, gibt es doch Fälle, in denen ein Arbeitsverhältnis begründet oder wiederaufgelebt sein könnte, vgl. Rz. 18 ff. Insbesondere in Zweifelsfällen kann das Organ uU ein Interesse daran haben, ein Verfahren vor den Arbeitsgerichten zu führen. Dies würde schon für die Zulässigkeit der Klage im Regelfall eine Beweisaufnahme über den Status erforderlich machen. In dieser Situation kann die „**sic-non-Rechtsprechung**" helfen. Erhebt ein **ehemaliges Mitglied des Vertretungsorgans** eine ausschließlich auf Sozialwidrigkeit gestützte Kündigungsschutzklage mit der Behauptung, sein ehemaliges Arbeitsverhältnis sei nach der Beendigung der Organstellung wieder aufgelebt, ist für diese Klage der Rechtsweg zu den Gerichten für Arbeitssachen eröffnet. Es handelt sich um einen sog. **sic-non-Fall**, vgl. dazu ausführlich → Rn. 174 ff. Für die Eröffnung des Rechtsweges genügt die entsprechende Behauptung des Klägers, er sei nach Verlust der Organstellung wieder Arbeitnehmer geworden.[54] Entscheidend ist, dass die Klage **ausschließlich** Klageanträge enthält, die nur dann begründet sein können, wenn das Rechtsverhältnis als Arbeitsverhältnis einzuordnen ist. Es reicht in diesem Fall also nicht die bloße Behauptung des Klägers, er sei Arbeitnehmer, aus, sondern entscheidend ist, ob sich auch aus dem Klageziel ergibt, dass die Kündigung nur mit dem Ziel der Sozialwidrigkeit angegriffen wird. Wird die Wiksamkeit einer **fristlosen Kündigung** unter allen in Betracht kommenden Gesichtspunkten zur Überprüfung gestellt, greift die sic-non-Rechtsprechung nicht. Vielmehr ist der volle Beweis des Bestehens eines Arbeitsverhältnis erforderlich, um den Rechtsweg zu den Arbeitsgerichten zu eröffnen.[55]

Bei der Klage eines ehemaligen Organvertreters ist in diesen Fällen also nach dem Klageziel zu differenzieren. Macht er **ausschließlich** die Sozialwidrigkeit geltend, reicht zur Eröffnung des Rechtsweges zu den Arbeitsgerichten die Behauptung aus, Arbeitnehmer zu sein. Es liegt ein „sic-non-Fall" vor.[56] Geht es hingegen um eine fristlose Kündigung nach § 626 BGB, wird diese vom Organ typischerweise unter allen in Betracht kommenden Gesichtspunkten angegriffen. Dann kann der Organvertreter auch Erfolg haben, wenn er kein Arbeitnehmer, sondern freier Dienstnehmer ist. Es liegt dann kein sog. sic-non-Fall vor.[57] Erhebt demgegenüber ein **nicht abberufener Organvertreter** eine Kündigungsschutzklage wegen Beendigung seines Anstellungsverhältnisses als angebliches Arbeitsverhältnis, so liegt ebenfalls kein sic-non-Fall vor. Die Behauptung des Arbeitsverhältnisses ist nicht doppelrelevant, denn die Fiktion des § 5 Abs. 1 S. 3 ArbGG, wonach der Organvertreter nicht als Arbeitnehmer gilt, greift unabhängig davon ein, ob sich das der Organstellung zu Grunde liegende Rechtsverhältnis materiell-rechtlich als freies Dienstverhältnis oder als Arbeitsverhältnis darstellt.[58] Bei ehemaligen Organvertretern ist daher die Frage, ob das zwischen den Parteien bestehende Rechtsverhältnis ein Arbeitsverhältnis ist, für die Zulässigkeit des Rechtswegs unerheblich und nur für die Begründetheit der Klage von Bedeutung.[59] Entscheidend sind also der Akt der Abberufung, die Behauptung eines Arbeitsverhältnisses und das Klageziel. **Besonders zu beachten** ist, dass nach neuerer Rechtsprechung des BAG die Abberufung nicht mehr vor der Klageerhebung liegen muss. Es reicht aus,

---

[53] BAG 20.8.2003 – 5 AZB 79/02, AP ArbGG 1979 § 5 Nr. 58.
[54] BAG 22.10.2014 – 10 AZB 46/14, NZA 2015, 60; 18.12.1996 – 5 AZB 25/96, AP ArbGG 1979 § 2 Zuständigkeitsprüfung Nr. 3; 25.6.1997 – 5 AZB 41/96, AP ArbGG 1979 § 5 Nr. 36.
[55] BAG 21.1.2019 – 9 AZB 23/18, NZA 2019, 490.
[56] BAG 22.10.2014 – 10 AZB 46/14, NZA 2015, 60.
[57] BAG 21.1.2019 – 9 AZB 23/18, NZA 2019, 490; LAG Mecklenburg-Vorpommern 19.11.2015 – 3 Ta 378/15, NZA-RR 2016, 100; BAG 25.6.1997 – 5 AZB 41/96, AP ArbGG 1979 § 5 Nr. 36.
[58] BAG 23.8.2001 – 5 AZB 9/01, AP ArbGG 1979 § 5 Nr. 54; 13.5.1996 – 5 AZB 27/95, AP ArbGG 1979 § 5 Nr. 27; 6.5.1999 – 5 AZB 22/98, AP ArbGG 1979 § 5 Nr. 46.
[59] BAG 23.8.2001 – 5 AZB 9/01, AP ArbGG 1979 § 5 Nr. 54; 13.5.1996 – 5 AZB 27/95, AP ArbGG § 5 Nr. 27; BAG 6.5.1999 – 5 AZB 22/98, AP ArbGG 1979 § 5 Nr. 46.

wenn die Abberufung vor einer rechtskräftigen Entscheidung über die Rechtswegzuständigkeit erfolgt.[60]

27   d) **Beamte.** Beamte sind keine Arbeitnehmer (§ 5 Abs. 2 ArbGG). Sie stehen in einem besonderen öffentlich-rechtlichen Dienst- und Treueverhältnis zu der sie beschäftigenden juristischen Person des öffentlichen Dienstes. Allerdings können Beamte, die neben ihrer hauptberuflichen Tätigkeit Arbeitsleistungen im Rahmen einer Nebenbeschäftigung erbringen, Arbeitnehmer sein.[61]

28   e) **Handelsvertreter.** Handelsvertreter gelten als Arbeitnehmer iSd ArbGG, wenn sie
  • zu dem Personenkreis gehören, für den nach § 92a HGB die untere Grenze der vertraglichen Leistungen des Unternehmers festgesetzt werden kann,
  • und wenn sie während der letzten 6 Monate des Vertragsverhältnisses, bei kürzerer Vertragsdauer während dieser, im Durchschnitt monatlich nicht mehr als 1.000,– EUR auf Grund des Vertragsverhältnisses an Vergütung einschließlich Provision und Ersatz für im regelmäßigen Geschäftsbetrieb entstandene Aufwendungen bezogen haben (§ 5 Abs. 3 S. 1 ArbGG).

29   Der in Bezug genommene § 92a HGB betrifft nach Absatz 1 in erster Linie Handelsvertreter, die
  • vertraglich nicht für weitere Unternehmer tätig werden dürfen (aber in anderer Branche).
  • oder denen dies nach Art und Umfang der von ihnen verlangten Tätigkeit nicht möglich ist (sog. Einfirmenvertreter),
  • und nach Absatz 2 Versicherungsvertreter unter den dort genannten Voraussetzungen.

30   Vor Anwendung des § 5 Abs. 3 ArbGG ist jedoch zu prüfen, ob der Handelsvertreter überhaupt selbstständig ist. Dies ist nach § 84 Abs. 1 S. 2 HGB der Fall, wenn er im Wesentlichen frei seine Tätigkeit gestalten und seine Arbeitszeit bestimmen kann. Wer ohne Selbstständigkeit in diesem Sinne ständig damit betraut ist, für einen Unternehmer Geschäfte zu vermitteln oder in dessen Namen abzuschließen, gilt als Angestellter (§ 84 Abs. 2 HGB), so dass er als Arbeitnehmer ohnehin unter das ArbGG fällt. Entsprechendes gilt für Versicherungs- und Bausparkassenvertreter (§ 92 Abs. 2 und 5 HGB).

II. Zuständigkeit der Gerichte für Arbeitssachen

1. Internationale Zuständigkeit[62]

31   Die internationale Zuständigkeit ist eine in jeder Instanz von Amts wegen zu prüfende Prozessvoraussetzung.[63] Sie folgt grundsätzlich aus der örtlichen Zuständigkeit. Im Verhältnis zu verschiedenen Mitgliedstaaten der europäischen Gemeinschaft war für die internationale Zuständigkeit der Arbeitsgerichte seit dem 1.3.2002 (bis auf das Verhältnis zu Dänemark) die EuGVVO (Brüssel I VO) vom 22.12.2000[64] maßgeblich. Diese trat zum 9.1.2015 außer Kraft und seither richtet sich die internationale Zuständigkeit in diesen Fällen nach der VO (EU) Nr. 1215/2012 vom 12.12.2012.[65] Im Verhältnis zu den EFTA-Staaten richtet sich die internationale Zuständigkeit nach dem im Wesentlichen gleich lautenden Parallel-Übereinkommen von Lugano (LugÜ)[66] vom 30.10.2007. Für Klagen von in die Bundesrepublik entsandten ausländischen Arbeitnehmern sowie von gemeinsamen Einrichtungen der Tarifvertragsparteien nach dem Arbeitnehmerentsendegesetz folgt die inter-

---

[60] BAG 22.10.2014 – 10 AZB 46/14, NZA 2015, 60. Vgl. auch BAG 21.9.2017 – 2 AZR 865/16, NZA 2018, 358.
[61] Vgl. zB BAG 13.3.1987 – 7 AZR 724/85, AP KSchG 1969 § 1 Betriebsbedingte Kündigung Nr. 37; vgl. auch BAG 14.9.2011 – 10 AZR 466/10 NJOZ 2012, 688 zu einem öffentlich rechtlichen Dienstverhältnis.
[62] Vgl. *Arzt/Staudinger*, Internationales Privat- und Verfahrensrecht, 2010.
[63] Schwab/Weth/*Walker* ArbGG § 48 Rn. 14.
[64] VO (EG) Nr. 44/2001, ABl. L 12, 1 v. 16.1.2001 mit Dänemark besteht allerdings ein inhaltsgleiches Sonderübereinkommen.
[65] BAG 20.10.2017 – 2 AZR 783/16 (F), NZA 2018, 440.
[66] BGBl. II 1994, 2658. Damit gültig ist das Lugano-Abkommen von 2007, ABl. EV Nr. L 339 S. 3. Zum Ganzen: *Monsel/Thorn/Wagner* IPRax 2012, 1 (10).

nationale Zuständigkeit deutscher Arbeitsgerichte aus § 15 AEntG.[67] Die internationale Zuständigkeit kann grundsätzlich unter den Voraussetzungen der Art. 26 EuGVVO/Art. 17 LugÜ vereinbart und durch rügelose Einlassung des Beklagten begründet werden.[68]

Auf die internationale Zuständigkeit der Gerichte für Arbeitssachen findet § 48 ArbGG keine Anwendung. Ein Vorabentscheidungsverfahren nach § 17a Abs. 3, 4 GVG zur Klärung der internationalen Zuständigkeit ist nicht gegeben.[69] Ist das angerufene deutsche Arbeitsgericht international unzuständig, scheidet eine Verweisung des Rechtsstreits von Amts wegen an ein ausländisches Gericht aus. Die Klage oder der Antrag sind mangels internationaler Zuständigkeit als unzulässig abzuweisen. Daher ist noch in der Berufungs- und in der Revisionsinstanz von Amts wegen die internationale Zuständigkeit zu prüfen und ihr Fehlen kann auch dann noch zur Abweisung wegen Unzulässigkeit führen.[70] §§ 513 Abs. 2, 545 Abs. 2 ZPO finden keine Anwendung.[71] Will das angerufene Gericht die internationale Zuständigkeit der deutschen Gerichtsbarkeit vorab bindend feststellen, hat es im Wege eines Zwischenurteils gemäß § 280 ZPO zu entscheiden.[72]

2. Deutsche Gerichtsbarkeit

Die Eröffnung der deutschen Gerichtsbarkeit ist eine **allgemeine Verfahrensvoraussetzung**. Ihr Bestehen und ihre Grenzen sind als Rechtsfragen in jeder Lage des Verfahrens von Amts wegen zu prüfen.[73] Nach dem **Territorialitätsgrundsatz** sind alle Personen auf deutschem Staatsgebiet der deutschen Gerichtsbarkeit unterworfen, also Inländer wie Ausländer in gleicher Weise. Für manche Personen bestehen aber auf Grund völkerrechtlicher Regeln Ausnahmen von der deutschen Gerichtsbarkeit, sog. **Exemtionen,** namentlich nach §§ 18, 19 und GVG iVm dem Wiener Übereinkommen über diplomatische Beziehungen vom 18.4.1961.[74] bzw. dem Wiener Übereinkommen über konsularische Beziehungen vom 24.4.1963.[75]

Nach § 20 Abs. 2 GVG iVm dem Allgemeinen Völkergewohnheitsrecht als Bestandteil des Bundesrechts (Art. 25 GG) sind Staaten der Gerichtsbarkeit anderer Staaten aber insoweit nicht unterworfen, wie ihre hoheitliche Tätigkeit betroffen ist. Die Abgrenzung zwischen hoheitlicher und nicht-hoheitlicher Staatstätigkeit richtet sich nach dem rechtlichen Charakter der umstrittenen staatlichen Handlung oder des streitigen Rechtsverhältnisses. Es kommt darauf an, ob der ausländische Staat in Ausübung der ihm zustehenden Hoheitsgewalt oder wie eine Privatperson tätig geworden ist.[76] Für die nach Art. 56 Abs. 8 des Zusatzabkommen NATO-Truppenstatut gegen die Bundesrepublik Deutschland als Prozessstandschafterin des Entsendestaates erhobene Klage ist die deutsche Gerichtsbarkeit gegeben. Dies ist nicht der Fall bei Streitigkeiten aus Beschäftigungsverhältnissen, die durch einseitigen Hoheitsakt nach dem Dienstrecht des Entsendestaates begründet worden sind.[77]

3. Rechtswegzuständigkeit

a) **Von Amts wegen zu prüfende Prozessvoraussetzung.** Bei der Zulässigkeit des Rechtsweges handelt es sich um eine von Amts wegen zu prüfende Prozessvoraussetzung. Es geht darum, in welcher Gerichtsbarkeit der Rechtsstreit abzuhandeln ist. Die Arbeitsgerichtsbar-

---

[67] Vgl. dazu BAG 2.7.2008 – 10 AZR 355/07, NZA 2008, 1084; 10.10.2002 – 2 AZR 622/01, DB 2003, 780.
[68] Ausführlich Schwab/Weth/*Walker* ArbGG § 2 Rn. 250 ff. u. § 48 Rn. 14.
[69] BAG 20.10.2015 – 9 AZR 525/14, NZA 2016; Schwab/Weth/*Walker* ArbGG § 48 Rn. 15.
[70] Schwab/Weth/*Walker* ArbGG § 48 Rn. 15.
[71] BGH 18.1.2011 – X ZR 71/10, JR 2012, 67; *Staudinger* JR 21012, 47–51.
[72] BAG 20.10.2015 – 9 AZR 525/14, NZA 2016, 15.2.2005 – 9 AZR 116/04, BB 2006, 1391.
[73] BAG 18.12.2014 – 2 AZR 1004/13, NZA-RR 2015, 546.
[74] BGBl. II 1964, 957 ff.
[75] BGBl. II 1969, 1585 ff.
[76] BAG 14.12.2017 – 2 AZR 216/17, NZA 2018, 739; 20.10.2017 – 2 AZR 783/16 (F), NZA 2018, 440; 18.12.2014 – 2 AZR 1004/13, NZA-RR 2015, 546.
[77] BAG 11.12.2007 – 1 ABR 67/06, NZA-RR 2008, 333; 30.11.1984 – 7 AZR 499/83, AP ZA-NATO-Truppenstatut Art. 56 Nr. 6; KR/*Weigand* NATO-ZusAbk Art. 56 Rn. 48 f.

keit ist im Verhältnis zur ordentlichen Gerichtsbarkeit nicht nur eine andere sachliche Zuständigkeit, sondern ein eigener Rechtsweg.[78]

36 **b) Eigenständige Regelung im ArbGG.** Die Zulässigkeit des Rechtswegs zu den Gerichten für Arbeitssachen wird in §§ 2 und 3 ArbGG für Rechtssachen des Urteilverfahrens (§ 2 Abs. 5 ArbGG) und in § 2a ArbGG für Rechtssachen des Beschlussverfahrens (§ 2a Abs. 2 ArbGG) geregelt.

37 **c) Enumerative und abschließende Aufzählung.** § 2 Abs. 1 ArbGG regelt durch eine enumerative Aufzählung die Zuständigkeit der Arbeitsgerichte. Maßgeblich ist, ob der jeweilige Rechtsstreit einem der enumerativ aufgezählten Fälle unterfällt und nicht, ob ein Tatbestand als solcher „arbeitsrechtlicher" oder „bürgerlich-rechtlicher" Natur ist. Die §§ 2 und 3 ArbGG werden aber in der arbeitsgerichtlichen Rechtsprechung weit ausgelegt. Die Rechtsprechung orientiert sich an dem Grundsatz, dass es das Ziel des ArbGG ist, alle bürgerlich – rechtlichen Streitigkeiten, die überwiegend durch das Arbeitsverhältnis bestimmt werden, auch prozessrechtlich dem Arbeitsgerichtsverfahren zu unterstellen. Alle bürgerlich-rechtlichen Streitigkeiten, die nicht in § 2 ArbGG bezeichnet sind, fallen wegen der umfassenderen Zuständigkeit für bürgerlich-rechtliche Streitigkeiten in die Rechtswegzuständigkeit der ordentliche Gerichte.[79]

38 Die Aufzählung in § 2 ArbGG ist **abschließend**.[80] Dies folgt nicht nur aus der detaillierten Aufzählung in Abs. 1 und der konkreten Ergänzung in Abs. 2, sondern auch aus den Regelungen in Abs. 3 über die Zusammenhangsklagen und in Abs. 4 über die begrenzte Zulässigkeit von Rechtswegvereinbarungen, die überflüssig wären, wenn die Rechtswegzuständigkeit ohnehin dispositiv wäre.[81]

39 **d) Ausschließliche, fakultative und erweiterte Zuständigkeit. Ausschließlich** sind die Gerichte für Arbeitssachen im Urteilsverfahren in den Fällen des § 2 Abs. 1 Nr. 1–10 ArbGG zuständig. Für diese Streitigkeiten ist allein der Rechtsweg zu den Gerichten für Arbeitssachen gegeben. Die Rechtswegzuständigkeit anderer Gerichte kann bis auf die in Abs. 4 geregelte Ausnahme nicht durch Parteivereinbarungen[82] und nicht durch rügeloses Verhandeln[83] begründet werden.

40 **Fakultativ** sind die Gerichte für Arbeitssachen zuständig in Sachen nach § 2 Abs. 2 ArbGG („auch").[84] Insoweit besteht für die klagende Partei ein Wahlrecht. Ebenfalls fakultativ zuständig sind die Gerichte für Arbeitssachen bei ausnahmsweise zugelassener Parteivereinbarung nach § 2 Abs. 4 ArbGG.

41 **Erweitert** wird die Rechtswegzuständigkeit der Gerichte für Arbeitssachen durch § 2 Abs. 3 ArbGG für Zusammenhangsklagen.

42 **e) Vorfragenprüfungskompetenz.** Der Rechtsweg ist grds. auch eröffnet, wenn über eine Vorfrage entschieden werden muss, die in eine andere Rechtswegzuständigkeit fällt. Über die Vorfrage können die Gerichte für Arbeitssachen regelmäßig mitbefinden,[85] ohne in die Rechtswegzuständigkeit anderer Gerichte einzugreifen, weil die Entscheidung im Hinblick auf die Vorfrage nicht in Rechtskraft erwächst.[86] Entsprechend kann im Urteilsverfahren über solche zum Beschlussverfahren gehörenden Vorfragen entschieden werden und umge-

---

[78] BAG 26.3.1992 – 2 AZR 443/91, NZA 1992, 954; 28.10.1997 – 9 AZB 35/97, NZA 1998, 219; 24.4.1996 – 5 AZB 25/95, NZA 1996, 1005; *Walker*, Der einstweilige Rechtsschutz, Rn. 734.
[79] Schwab/Weth/*Walker* ArbGG § 2 Rn. 6.
[80] Germelmann/Matthes/Prütting/*Schlewing* ArbGG § 2 Rn. 5; GK-ArbGG/*Schütz* ArbGG § 2 Rn. 51; Grunsky ArbGG § 2 Rn. 131.
[81] Schwab/Weth/*Walker* ArbGG § 2 Rn. 7.
[82] BGH 7.11.1996 – IX ZB 15/96, NJW 1997, 328.
[83] Schwab/Weth/*Walker* ArbGG § 2 Rn. 38.
[84] Schwab/Weth/*Walker* ArbGG § 2 Rn. 35.
[85] BAG 5.3.1968 – 1 AZR 229/67, AP BGB § 611 Treuepflicht Nr. 6; 21.3.1984 – 5 AZR 320/82, AP ArbGG 1979 § 2 Nr. 1; LAG München 20.1.1988 – 5 Sa 869/87, LAGE KSchG 1969 § 9 Nr. 7; LAG Berlin 21.9.1981 – 9 Sa 65/81, LAGE ArbGG 1979 § 2 Nr. 1; Germelmann/Matthes/Prütting/*Schlewing* ArbGG § 2 Rn. 139.
[86] Schwab/Weth/*Walker* ArbGG § 2 Rn. 19.

gehrt.[87] Über die rechtswegfremde Vorfrage darf jedoch nicht durch Zwischenfeststellungsurteil nach § 256 Abs. 2 ZPO entschieden werden, denn hierfür müsste die Rechtswegzuständigkeit gegeben sein.[88] Geht es um europarechtliche Vorfragen, besteht eine Vorlageberechtigung der Arbeits- und Landesarbeitsgerichte und eine Vorlageverpflichtung beim BAG (Art. 267 AEUV). Ausnahmsweise besteht eine Vorlagepflicht für Instanzgerichte, wenn sie sich über Sekundärrecht hinwegsetzen wollen, weil sie es für ungültig halten. Die Vorfragenkompetenz greift auch dann nicht, wenn die Vorfragenkompetenz ausdrücklich einer anderen Gerichtsbarkeit zugewiesen ist. So wird durch § 87 Satz 2 GWB auch eine kartellrechtliche Vorfrage den Kartellspruchkörpern zugewiesen.[89]

Der Vorsitzende kann die Aussetzung des Verfahrens anordnen, wenn die Entscheidung des Rechtsstreits ganz oder zum Teil von dem Bestehen oder Nichtbestehen eines Rechtsverhältnisses als Vorfrage abhängt, das den Gegenstand eines anderen anhängigen Rechtsstreits bildet oder von einer Verwaltungsbehörde festzustellen ist (§ 148 ZPO) oder sich im Laufe eines Rechtsstreits der Verdacht einer Straftat ergibt, deren Ermittlung auf die Entscheidung von Einfluss ist (§ 149 ZPO). 43

Nach § 97 Abs. 5 ArbGG ist ohne Rücksicht auf Verfahrensart und Gegenstand jedes Verfahren auszusetzen, in dem sich die Frage der **Tariffähigkeit einer Vereinigung** als Vorfrage stellt.[90] 44

f) Abgrenzung zu den übrigen Gerichtsbarkeiten. *aa) Bürgerliche Streitigkeiten.* Nach § 2 ArbGG besteht die Rechtswegzuständigkeit für alle Fallgruppen nur für bürgerliche Rechtsstreitigkeiten. Der Begriff der bürgerlichen Rechtsstreitigkeit deckt sich mit demjenigen aus § 13 GVG und betrifft die Abgrenzung zu öffentlich-rechtlichen Streitigkeiten. Eine bürgerliche Rechtsstreitigkeit liegt vor, wenn der Streitgegenstand eine unmittelbare Rechtsfolge des Zivilrechts ist. Ob ein Rechtsstreit bürgerlich – rechtlicher Art ist, richtet sich nach der **Natur des Rechtsverhältnisses**, aus dem der Klageanspruch hergeleitet wird.[91] Ist der Streitgegenstand demgegenüber eine unmittelbare Folge des öffentlichen Rechts, ist eine öffentlich-rechtliche Streitigkeit gegeben.[92] Dabei kommt es nicht darauf an, wie der Streitgegenstand von der klagenden Partei eingekleidet und rechtlich gewertet wird. Entscheidend ist, ob die an der Streitigkeit Beteiligten zueinander in einem hoheitlichen Verhältnis der Über- und Unterordnung stehen, ob sich der Träger der hoheitlichen Gewalt der besonderen, ihm zugeordneten Rechtssätze des öffentlichen Rechts bedient, oder ob er sich zivilrechtlichen Regeln unterstellt.[93] 45

bb) Abgrenzung zur Verwaltungsgerichtsbarkeit. Streitigkeiten zwischen dem öffentlich-rechtlich verfassten Dienstherrn und den **Angestellten und Arbeitern des öffentlichen Dienstes** gehören in die Rechtswegzuständigkeit der Gerichte für Arbeitssachen. Auch dann, wenn der Arbeitnehmer öffentliche Funktionen ausübt oder seine Rechtsbeziehungen inhaltlich dem Beamtenrecht angeglichen sind (zB bei Ersatzschullehrern), bleibt es bei der arbeitsgerichtlichen Zuständigkeit.[94] Auch für die sog. **Dienstordnungs-Angestellten** der Sozialversicherungsträger besteht der Rechtsweg zu den Arbeitsgerichten.[95] 46

Der Verwaltungsrechtsweg ist hingegen gegeben bei Klagen aus dem **Beamten**verhältnis (§ 172 BBG; § 126 BRRG). Bei Lehrbeauftragten hängt die Abgrenzung des Rechtswegs von 47

---

[87] BAG 23.2.2016 – 1 AZR 73/14 NZA 2016, 906; 19.8.1975 – 1 AZR 613/74, AP BetrVG 1972 § 102 Nr. 5; *Treber* NZA 2016, 744.
[88] Germelmann/Matthes/Prütting/*Schlewing* ArbGG § 2 Rn. 142.
[89] BAG 28.3.2019 – 8 AZR 366/16., NZA 2019, 1301; 29.6.2017 – 8 AZR 189/15, NZA 2018, 121.
[90] BAG 25.9.1996 – 1 ABR 25/96, AP ArbGG 1979 § 97 Nr. 4; LAG Rheinland-Pfalz 16.1.2012 – 11 Ta 274/11 BeckRS 2012, 65981 (equal pay).
[91] BAG 4.9.2018 – 9 AZB 10/18, AP GVG § 17a Nr 64; 25.11.2014 – 10 AZB 52/14, NZA 2015, 252; 16.4.2014 – 10 AZB 12/14 GWR 2014, 335; 5.10.2005 – 5 AZB 27/05, NZA 2005, 1429; GmSOBG 4.6.1974 – GmS OGB 2/73AP RVO § 405 Nr. 3; BAG 22.9.1999 – 5 AZB 27/99, NZA 2000, 55.
[92] BAG 4.9.2018 – 9 AZB 10/18, AP GVG § 17a Nr 64; 7.5.2013 – 10 AZB 8/13, NZA 2013, 862; 5.10.2005 – 5 AZB 27/05, NZA 2005, 1429; 27.3.1990 – 3 AZR 188/89, AP RuhegeldG Hamburg § 1 Nr. 2.
[93] BAG 27.3.1990 – 3 AZR 188/89, AP RuhegeldG Hamburg § 1 Nr. 2.
[94] BAG 4.9.2018 – 9 AZB 10/18, AP GVG § 17a Nr 64; *Gift/Baur*, Das Urteilsverfahren vor den Gerichten für Arbeitssachen, C. 75.
[95] BAG 6.11.1985 – 4 AZR 107/84, AP BGB § 611 Dienstordnungs-Angestellte Nr. 61.

der konkreten Ausgestaltung des Beschäftigungsverhältnisses ab. Bei kurzfristigen Lehraufträgen liegt regelmäßig ein privatrechtliches Dienstverhältnis vor.[96] Ein öffentlich-rechtliches Dienstverhältnis besonderer Art wird jedoch begründet, wenn der Lehrauftrag durch eine einseitige Maßnahme der Hochschule erteilt wird. Entsprechendes gilt für Verwalter von Professorenstellen.[97]

48   cc) *Abgrenzung zur Sozialgerichtsbarkeit.* Die Gerichte der Sozialgerichtsbarkeit sind nach § 51 Abs. 1 SGG ua zuständig für öffentlich-rechtliche Streitigkeiten in Angelegenheiten der gesetzlichen Rentenversicherung, der Krankenversicherung, der Unfallversicherung sowie in Angelegenheiten der Arbeitsförderung einschließlich der übrigen Angelegenheiten der Bundesagentur für Arbeit. Sie sind ferner in öffentlich-rechtlichen Streitigkeiten zuständig, für die durch Gesetz der Rechtsweg vor diese Gerichte eröffnet wird (§ 51 Abs. 1 Nr. 10 SGG). Entscheidend für die Abgrenzung ist, ob der zur Klagebegründung vorgetragene Sachverhalt für die aus ihm hergeleitete Rechtsfolge von Rechtssätzen des Arbeitsrechts oder des Sozialrechts geprägt wird.[98]

49   Die Klage auf **Berichtigung einer Lohnsteuerbescheinigung** ist öffentlich-rechtlicher Natur. Der Rechtsweg zu den Arbeitsgerichten ist nicht eröffnet.[99] Dies gilt auch für den Anspruch des Arbeitnehmers auf einen Arbeitgeberzuschuss nach § 257 SGB V.[100] Wird der Anspruch jedoch auf einen Vertrag zwischen Arbeitgeber und Arbeitnehmer gestützt, dann sind die Gerichte für Arbeitssachen zuständig.[101] Für Rechtsstreitigkeiten zwischen dem erwerbsfähigen Hilfebedürftigen und einer privaten Einrichtung als Leistungserbringerin aus dem Rechtsverhältnis der im öffentlichen Interesse liegenden, zusätzlichen Arbeiten gem. § 16d Abs. 7 SGB II sind die Sozialgerichte zuständig (§ 51 Abs. 1 Nr. 4a SGG).[102]

50   Strittig ist die Rechtswegzuständigkeit beim Streit über die Höhe der abzuziehenden **Sozialversicherungsbeiträge.** Klagt der Arbeitnehmer auf eine höhere Nettovergütung mit der Begründung, der Arbeitgeber habe zu hohe Sozialversicherungsbeiträge abgezogen, nimmt das Bundessozialgericht die Zuständigkeit der Sozialgerichtsbarkeit an.[103] Anderer Auffassung ist das Bundesarbeitsgericht.[104] Denn die Arbeitsgerichte seien nicht befugt, die Berechtigung der Abzüge für Sozialversicherungsbeiträge zu prüfen. Er ist vielmehr auf die sozialrechtlichen Rechtsbehelfe beschränkt, es sei denn, für den Arbeitgeber wäre aufgrund der für ihn zum Zeitpunkt des Abzugs bekannten Umstände eindeutig erkennbar gewesen, dass eine Verpflichtung zum Abzug nicht bestand.[105]

51   Für die Klage des Arbeitgebers nach § 28g SGB IV auf Erstattung der – nicht im Lohnabzugsverfahren einbehaltenen – Sozialversicherungsbeiträge sind die Gerichte für Arbeitssachen zuständig.[106] Für Klagen auf Zahlung des Arbeitgeberzuschusses zur gesetzlichen

---

[96] BAG 16.12.1957 – 3 AZR 92/55, AP BGB § 611 Lehrer, Dozenten Nr. 3.
[97] BAG 15.4.1982 – 2 AZR 1111/79, AP BGB § 611 Lehrer, Dozenten Nr. 27; 27.6.1984 – 5 AZR 567/82, AP BGB § 611 Lehrer, Dozenten Nr. 42; 30.11.1984 – 7 AZR 511/83, AP BGB § 611 Lehrer, Dozenten Nr. 43.
[98] BAG 7.5.2013 – 10 AZB 8/13, NZA 2013, 862; 13.7.1988 – 5 AZR 467/87, AP ArbGG 1979 § 2 Nr. 11. Vgl. auch BAG 14.5.2018 – 9 AS 2/18, NZA 2018, 1287.
[99] BAG 7.5.2013 – 10 AZB 8/13, NZA 2013, 862. Vgl. auch → Rn. 108.
[100] BAG 19.8.2008 – 5 AZB 75/08, NZA 2008, 1313.
[101] GmSOBG 4.6.1974 – GmS-OGB 2/73, AP RVO § 405 Nr. 3.
[102] BAG 8.11.2006 – 5 AZB 36/06, NJW 2007, 1227; LAG Berlin 27.3.2006 – 3 Ta 349/06, BB 2006, 2140.
[103] BSG 7.6.1979 – 12 RK 13/78, AP RVO §§ 394, 395 Nr. 4 (betr. Klage auf Feststellung, dass Einbehaltung von Lohnanteilen für die vom Arbeitgeber entrichteten Beitragsanteile rechtswidrig ist); LSG Sachsen 26.8.1998 – L 1 KN 40/97 P BeckRS 1998, 30933466.
[104] BAG 8.12.1981 – 3 AZR 71/79, AP RVO §§ 394, 395 Nr. 5 (betr. Klage auf Zahlung wg. Sozialversicherung einbehaltenen Vergütungsanteils); BAG 21.3.1984 – 3 AZR 71/79, AP ArbGG 1979 § 2 Nr. 1 (betr. Klage auf Zahlung eines höheren Teils der Vergütung, weil der Arbeitgeber wegen des Nachholverbots nicht befugt gewesen sei, Sozialversicherungsbeiträge in dem geschehenen Umfang einzubehalten); LAG Berlin 21.9.1981 – 9 Sa 65/81, EzA ArbGG 1979 § 2 Nr. 1 (betr. Streit über Höhe einbehaltener Lohnsteuer); Germelmann/Matthes/Prütting/*Schlewing* ArbGG § 2 Rn. 81.
[105] BAG 14.5.2018 – 9 AS 2/18, NZA 2018, 1287; 30.4.2008 – 5 AZR 725/07, NZA 2008, 884.
[106] BAG 3.4.1958 – 2 AZR 469/56, AP RVO §§ 394, 395; 12.10.1977 – 5 AZR 443/76, AP RVO §§ 394, 395 Nr. 3; 14.1.1988 – 8 AZR 238/85, AP RVO §§ 394, 395 Nr. 7; 15.12.1993 – 5 AZR 326/93, AP RVO §§ 394, 395 Nr. 9.

Kranken- und Pflegeversicherung sind die Gerichte für Arbeitssachen hingegen nicht zuständig.[107]

dd) Abgrenzung zur Finanzgerichtsbarkeit. Geht es um Steuererstattungsforderungen des 52 Arbeitgebers gegen den Arbeitnehmer, weil jener vom Finanzamt zur Nachzahlung von Lohnsteuer herangezogen wurde, ist der Rechtsweg zu den Arbeitsgerichten gegeben. Der Freistellungs- und später Erstattungsanspruch findet seine Grundlage im Arbeitsverhältnis.[108] Gleiches gilt, wenn der Arbeitnehmer gegen den Arbeitgeber Ansprüche auf eine höhere Arbeitsvergütung mit der Begründung einklagt, der Arbeitgeber habe zu viel Lohnsteuer abgezogen und abgeführt.[109] Nimmt der Arbeitnehmer den Arbeitgeber mit der Begründung, dieser habe keine oder zu wenig Lohnsteuer an das Finanzamt abgeführt, auf Zahlung der Lohnsteuer an das Finanzamt in Anspruch, soll ebenfalls von einer Rechtswegzuständigkeit der Arbeitsgerichte auszugehen sein (wobei es in der Praxis selten zu einem hinreichend bestimmten Antrag auf Abführung eines genau benannten Betrages, der abzuführen ist, kommt).[110] Entsprechendes soll gelten, wenn der Arbeitnehmer eine Nettolohnvereinbarung behauptet und Klage auf Abführung der Lohnsteuer an das Finanzamt begehrt.[111]

ee) Abgrenzung zur ordentlichen Gerichtsbarkeit. Bei der Zuständigkeitsabgrenzung zwi- 53 schen ordentlichen und Arbeitsgerichten handelt es sich zwar nach den §§ 17 ff. GVG, § 48 ArbGG ebenfalls um eine Frage der Rechtswegzuständigkeit; es geht dabei jedoch nicht um die Abgrenzung zwischen bürgerlich- und öffentlich-rechtlichen Streitigkeiten, sondern entscheidend um die Auslegung der §§ 2 bis 5 ArbGG.

g) **Rechtswegzuständigkeit für Widerklage.** Für die vor dem Arbeitsgericht erhobene Wi- 54 derklage muss die Rechtswegzuständigkeit nach §§ 2 bzw. 3 ArbGG gegeben sein. § 33 ZPO enthält lediglich eine Bestimmung zur örtlichen Zuständigkeit. Die Rechtswegzuständigkeit für die Widerklage kann aber aus § 2 Abs. 3 ArbGG folgen, wenn der mit der Widerklage verfolgte Anspruch mit der Hauptklage in rechtlichem oder unmittelbar wirtschaftlichem Zusammenhang steht und für seine Geltendmachung nicht die ausschließliche Zuständigkeit eines anderen Gerichts gegeben ist.[112] Fehlt für die Widerklage die Rechtswegzuständigkeit, muss das Arbeitsgericht seine Rechtswegzuständigkeit insoweit verneinen, die Widerklage nach § 145 Abs. 2 ZPO abtrennen und diesen Teil des Rechtsstreits an das zuständige Gericht des zulässigen Rechtsweges verweisen.[113]

h) **Rechtswegzuständigkeit bei Aufrechnung.** Die Gerichte für Arbeitssachen sind gehin- 55 dert, über zur Aufrechnung gestellte rechtswegfremde Forderungen zu entscheiden, sofern für diese eine **ausschließliche** anderweitige **Rechtswegzuständigkeit** gegeben ist. Die Zuständigkeit der Gerichte für Arbeitssachen kann sich aber bei Aufrechnungen aus § 2 Abs. 3 ArbGG ergeben, solange nicht die zur Aufrechnung gestellte Forderung in die ausschließliche Zuständigkeit einer anderen Gerichtsbarkeit fällt.[114] Im letztgenannten Fall wird das Arbeitsgericht durch Vorbehaltsurteil im Sinne von § 302 ZPO entscheiden. Im Übrigen wird es den Rechtsstreit bis zur rechtskräftigen Entscheidung der zuständigen Gerichte über die zur Aufrechnung gestellten Gegenforderung aussetzen. Nach deren Vorliegen wird das Arbeitsgericht das Nachverfahren durchzuführen haben.[115]

---

[107] BAG 1.6.1999 – 5 AZB 34/98, AP SGB V § 257 Nr. 1.
[108] BAG 14.6.1974 – 3 AZR 456/73, AP BGB § 670 Nr. 20.
[109] LAG Hamm 16.6.1988 – 17 Sa 2204/87, DB 1988, 2316; LAG Berlin 21.9.1981 – 9 Sa 65/81, EzA ArbGG 1979 § 2 Nr. 1.
[110] Germelmann/Matthes/Prütting/*Schlewing* ArbGG § 2 Rn. 82.
[111] BFH 29.6.1993 – VI B 108/92, DB 1993, 2026; FG Münster 30.3.2011 – 8 K 1968/10, EFG 2011, 1735; aA LAG München 21.8.1985 – 5 Sa 62/85, LAGE ArbGG 1979 § 2 Nr. 4.
[112] LAG Hessen 20.1.2001 – 2 Ta 739/99, LAGE ArbGG 1979 § 2 Nr. 35.
[113] *Schwab* NZA 1991, 663; Schwab/Weth/*Walker* ArbGG § 48 Rn. 51.
[114] BAG 28.11.2007 – 5 AZB 44/07, NZA 2008, 843; 23.8.2001 – 5 AZB 3/01, AP GVG § 17 Nr. 2; Germelmann/Matthes/Prütting/*Schlewing* ArbGG § 2 Rn. 143–149; diff. Schwab/Weth/*Walker* ArbGG § 2 Rn. 26–34.
[115] BAG 28.11.2007 – 5 AZB 44/07, NZA 2008, 843; 23.8.2001 – 5 AZB 3/01, AP GVG § 17 Nr. 2.

56 i) **Rechtswegzuständigkeit für besondere Verfahrensarten.** *aa) Urkunds- und Wechselprozess.* Nach § 46 Abs. 2 S. 2 ArbGG finden die Vorschriften über den Urkunden- und Wechselprozess (§§ 592–605a ZPO) **keine Anwendung** im arbeitsgerichtlichen Urteilsverfahren. § 46 Abs. 2 S. 2 ArbGG enthält jedoch keine Rechtswegregelung für den Urkunden- und Wechselprozess, sondern er schließt diese Verfahrensart lediglich für Rechtsstreitigkeiten vor den Gerichten für Arbeitssachen aus.[116]

57 *bb) Zwangsvollstreckungsverfahren.* Ist für die Zwangsvollstreckung funktionell das Vollstreckungsgericht zuständig (Forderungspfändung nach §§ 828 ff. ZPO; Immobiliarvollstreckung nach §§ 864 ff. ZPO), ist **Vollstreckungsgericht** das **Amtsgericht** (§ 764 Abs. 1 ZPO).[117] Arbeitsrechtlich wird dies praktisch bei Zusammenrechnungsbeschlüssen nach § 850e ZPO.

58 Ist **Vollstreckungsgericht** das Prozessgericht erster Instanz (Handlungs- und Unterlassungsvollstreckung nach §§ 887, 888 und 890 ZPO), ist das **Arbeitsgericht** zuständig. Dieses ist auch für eine Vollstreckungsabwehrklage nach § 767 ZPO zuständig, sofern diese gegen einen arbeitsgerichtlichen Titel gerichtet ist. Gleiches gilt für die Vollstreckung aus anderen Titeln als Urteilen, wenn bei einer klageweisen Geltendmachung des titulierten Anspruchs die Arbeitsgerichte zuständig gewesen wären.[118] Demgegenüber entscheidet über die **Drittwiderspruchsklage** nach § 771 ZPO immer das ordentliche Gericht, denn Gegenstand dieser Klage ist die materielle Berechtigung der klagenden Partei am Vollstreckungsgegenstand und nicht der vom Arbeitsgericht titulierte Anspruch.[119] Wurde in einem arbeitsgerichtlichen Vergleich eine Räumungsverpflichtung übernommen, ist über die Räumungspflicht nach § 794a ZPO durch das Amtsgericht zu entscheiden, weil für die Mietstreitigkeit das Amtsgericht zuständig gewesen wäre.[120]

59 *cc) Prozesskostenhilfeverfahren.* Wird Prozesskostenhilfe im Rahmen eines anhängigen Verfahrens beantragt, gilt § 48 Abs. 1 ArbGG. Der Rechtsstreit wird samt Prozesskostenhilfeverfahren verwiesen.[121]

60 Wird aber ein isolierter Prozesskostenhilfeantrag beim örtlich oder vom Rechtsweg her unzuständigen Gericht eingereicht, ist die Anwendbarkeit von § 48 Abs. 1 ArbGG umstritten.[122] Gegen die Anwendbarkeit des Abs. 1 wird zutreffend der eingeschränkte Prüfungsumfang im Prozesskostenhilfeverfahren (§ 118 ZPO) eingewandt, der eine frühzeitige und endgültige Entscheidung über die Rechtswegzuständigkeit nicht erfordert.[123] Erfolgt dennoch ein Verweisungsbeschluss, wird dieser jedoch für das Adressatengericht entsprechend § 17a Abs. 2 S. 3 GVG – nur für das Prozesskostenhilfeverfahren – als bindend angesehen.[124]

61 *dd) Arrest- und Verfügungsverfahren.* Auch das um vorläufigen Rechtsschutz nach §§ 916–945 ZPO ersuchte Gericht hat die Zulässigkeit des beschrittenen Rechtswegs nach § 17a GVG zu prüfen; dies gilt auch dann, wenn die Hauptsache schon anhängig und es das Gericht der Hauptsache iSd § 937 ZPO ist.[125]

62 Die Einreichung des Arrest- oder Verfügungsgesuchs bei einem vom Rechtsweg oder örtlich unzuständigen Arbeitsgericht führt zur Anwendung des § 48 Abs. 1 ArbGG. Der Rechtsstreit im Eilverfahren ist von Amts wegen an das zuständige Gericht im zulässigen Rechtsweg zu verweisen (§ 17a Abs. 2 GVG). Streitig is, ob und in welchem Umfang das Verfahren zu modifizieren ist, insbesondere ob eine Anhörung der Parteien in Enzelfällen

---

[116] BAG 7.11.1996 – 5 AZB 19/96, NZA 1997, 228.
[117] Schwab/Weth/*Walker* ArbGG § 2 Rn. 14.
[118] LAG Hessen 22.10.1984 – 7 Ta 292/84, NZA 1985, 196; Schwab/Weth/*Walker* ArbGG § 2 Rn. 15.
[119] Schwab/Weth/*Walker* ArbGG § 2 Rn. 16.
[120] LAG Baden-Württemberg 22.7.1970 – 8 Ta 11/70, NJW 1970, 2046; Schwab/Weth/*Walker* ArbGG § 2 Rn. 17; Zöller/Geimer ZPO § 794a Rn. 4.
[121] OLG Stuttgart 8.4.2011 – 10 W 2/11, NZA 2011, 490; Schwab/Weth/*Walker* ArbGG § 48 Rn. 21.
[122] Offen gelassen von BAG 27.10.1992 – 5 AS 5/92, NZA 1993, 285.
[123] Schwab/Weth/*Walker* ArbGG § 48 Rn. 22; Germelmann/Matthes/Prütting/*Germelmann/Künzl* ArbGG § 48 Rn. 16; Hauck/Helml/Biebl ArbGG § 48 Rn. 3.
[124] BGH 30.7.2009 – Xa ARZ 167/09, NJW-RR 2010, 209; BAG 27.10.1992 – 5 AS 5/92, NZA 1993, 285.
[125] BAG 24.5.2000 – 5 AZB 66/99, AP GVG § 17a Nr. 45.

entbehrlich sein kann. Es wird zudem vertreten, dass entgegen § 17a Abs. 4 S. 3 GVG eine Anfechtbarkeit des Verweisungsbeschlusses im Eilverfahren ausgeschlossen ist.[126]

ee) Schiedsgerichtsbarkeit. § 48 ArbGG findet keine Anwendung auf das Verhältnis zwischen der Arbeitsgerichtsbarkeit und der Schiedsgerichtsbarkeit.[127] Bei nach § 101 ArbGG wirksamer Schiedsabrede ist eine dennoch erhobene Klage als unzulässig abzuweisen. 63

ff) Mahnverfahren. Das Mahnverfahren nach den §§ 688 ff. ZPO findet nur im Zusammenhang mit Ansprüchen aus dem Urteilsverfahren statt (arg. § 46a Abs. 2 ArbGG), nicht dagegen im Beschlussverfahren.[128] Die Rechtswegzuständigkeit der Arbeitsgerichte im Mahnverfahren richtet sich nach § 2 ArbGG und die örtliche Zuständigkeit nach § 46 Abs. 2 ArbGG nach der für eine Klage im Urteilsverfahren. Wenn ein Mahnbescheid bei einem Arbeitsgericht beantragt wird, obwohl dessen Rechtswegzuständigkeit nicht gegeben ist, ist dieser als unzulässig zurückzuweisen. Bei örtlicher Unzuständigkeit kann der Rechtspfleger jedoch nach vorheriger Anhörung allein des Antragstellers das Mahnverfahren an das örtlich zuständige Gericht abgeben.[129] 64

4. Fallgruppen der Rechtswegzuständigkeit

a) **Tarifvertragsstreitigkeit.** Nach § 2 Abs. 1 Nr. 1 ArbGG besteht die Rechtswegzuständigkeit der Gerichte für Arbeitssachen für 65
- bürgerliche Streitigkeiten
  - aus Tarifverträgen
  - oder über das Bestehen/Nichtbestehen eines Tarifvertrages
- zwischen
  - Tarifvertragsparteien (bzw. tariffähigen Parteien)
  - oder zwischen diesen und Dritten (zB Verbandsmitglied oder Außenseiter).

aa) Bürgerliche Rechtsstreitigkeit. Tarifvertragsstreitigkeiten zählen regelmäßig zu den bürgerlichen Rechtsstreitigkeiten.[130] Auch der Streit zwischen Tarifvertragsparteien über Wirksamkeit und Reichweite einer Allgemeinverbindlichkeitserklärung nach § 5 TVG ist eine bürgerlich-rechtliche Streitigkeit.[131] Anders war die Rechtslage bisher, wenn zwischen einer Tarifvertragspartei und dem für Allgemeinverbindlichkeitserklärungen zuständigen Bundesminister für Arbeit oder der nach § 5 Abs. 6 TVG ermächtigten obersten Arbeitsbehörde eines Landes ein Streit darüber ausgetragen wird, ob ein Tarifvertrag für allgemeinverbindlich zu erklären oder rechtmäßig erklärt worden ist.[132] Durch das Tarifautonomiegesetz ist § 2a Abs. 1 Nr. 5 neu in das ArbGG eingefügt worden. Danach sind die Arbeitsgerichte nunmehr auch ausschließlich zuständig für die Entscheidung über die Wirksamkeit einer **Allgemeinverbindlicherklärung** nach § 5 TVG. Gleiches gilt bei einer Rechtsverordnung nach §§ 7, 7a AEntG und einer Rechtsverordnung nach § 3a AÜG. Richtige Verfahrensart ist hier das Beschlussverfahren. 66

Ebenfalls zugewiesen ist den Arbeitsgerichten der Streit über den nach § 4a Abs. 2 S. 2 TVG im Betrieb anwendbaren Tarifvertrag, also die **Bestimmung des Tarifvertrages** bei einer Tarifkollision. 67

---

[126] *Walker*, Der einstweilige Rechtsschutz, Rn. 350 ff.; Schwab/Weth/*Walker* ArbGG § 48 Rn. 26; Germelmann/Matthes/Prütting/*Germelmann/Künzl* ArbGG § 48 Rn. 18; GK-ArbGG/*Bader* ArbGG § 48 Rn. 34; für Anfechtbarkeit des Verweisungsbeschlusses jedoch (ohne nähere Begründung) BAG 24.5.2000 – 5 AZB 66/99AP GVG § 17a Nr. 45; 29.10.2001 – 5 AZB 44/00, AP ArbGG 1979 § 2 Nr. 80.
[127] Germelmann/Matthes/Prütting/*Germelmann/Künzl* ArbGG § 48 Rn. 7; GK-ArbGG/*Bader* ArbGG § 48 Rn. 9; Schwab/Weth/*Walker* ArbGG § 48 Rn. 16.
[128] Schwab/Weth/*Walker* ArbGG Rn. 19.
[129] GK-ArbGG/*Bader* ArbGG § 46a Rn. 17; ähnlich zur alten Rechtslage BAG 28.12.1981 – 5 AR 201/81, AP ZPO § 36 Nr. 28; aA Germelmann/Matthes/Prütting/*Germelmann/Künzl* ArbGG § 46a Rn. 13; Hauck/Helml/Biebl ArbGG § 48 Rn. 3; offen: Schwab/Weth/*Walker* ArbGG § 48 Rn. 19.
[130] Schwab/Weth/*Walker* ArbGG § 2 Rn. 44.
[131] Germelmann/Matthes/Prütting/*Schlewing* ArbGG § 2 Rn. 18; *Grunsky* ArbGG § 2 Rn. 54.
[132] BVerwG 6.6.1958 – VII CB 187.57, AP TVG § 5 Nr. 6; 3.11.1988 – 7 C 115/86, AP TVG § 5 Nr. 23; Germelmann/Matthes/Prütting/*Schlewing* ArbGG § 2 Rn. 18; vgl. ausführlich *Mäßen/Mauer* NZA 1996, 121.

68 bb) *Parteien der Rechtsstreitigkeit.* Nach § 2 Abs. 1 Nr. 1 ArbGG ist Voraussetzung für die Rechtswegzuständigkeit ein Rechtsstreit zwischen Tarifvertragsparteien oder zwischen diesen und Dritten. Tarifvertragsparteien sind nach § 2 Abs. 1 TVG Gewerkschaften, einzelne Arbeitgeber sowie Vereinigungen von Arbeitgebern. Zusammenschlüsse von Gewerkschaften und von Vereinigungen von Arbeitgebern (Spitzenorganisationen) können ebenfalls selbst Parteien eines Tarifvertrags sein (§ 2 Abs. 3 TVG). Nicht erforderlich ist, dass die Parteien tatsächlich tariffähig sind oder ob der Tarifvertrag wirksam ist. Diese Fragen sind nur bei der Prüfung der Begründetheit zu berücksichtigen.[133] So weit die Wirksamkeit eines Tarifvertrags von der Tariffähigkeit oder Tarifzuständigkeit einer Tarifvertragspartei abhängt, ist darüber vorab nach § 2a Abs. 1 Nr. 4 iVm § 97 ArbGG im Beschlussverfahren zu entscheiden, während die Tarifvertragsstreitigkeit nach § 97 Abs. 5 ArbGG auszusetzen ist.[134] Zu den formellen Voraussetzungen eines Aussetzungsbeschlusses nach § 97 Abs. 5 Satz 1 ArbGG gehört neben der Darlegung vernünftiger Zweifel am Fehlen mindestens einer der in § 2a Abs. 1 Nr. 4 ArbGG genannten Eigenschaften auch die Begründung ihrer Entscheidungserheblichkeit.[135]

69 Ausreichend ist auch, wenn die Tarifvertragsstreitigkeit zwischen einer Tarifvertragspartei und einem Dritten geführt wird. Dritter kann sein, wer nach § 50 ZPO parteifähig und nicht Partei des Tarifvertrags ist. Hierzu zählen Mitglieder einer Tarifvertragspartei, aber auch Außenseiter.[136] Zu beachten ist, dass nach dem BAG für Unterlassungsansprüche der Gewerkschaften bei tarifwidrigen betrieblichen Regelungen das Beschlussverfahren gegeben sein soll.[137]

70 cc) *Tarifvertragsstreitigkeit.* (1) *Streitigkeiten aus Tarifverträgen.* Weitere Voraussetzung ist, dass der Streit aus einem Tarifvertrag oder über das Bestehen/Nichtbestehen eines Tarifvertrages geführt wird. Damit gehören Streitigkeiten zwischen einer Tarifvertragspartei und ihrem Mitglied über Beitragszahlungen und über Fragen der Mitgliedschaft nicht vor die Gerichte für Arbeitssachen, sondern vor die ordentlichen Gerichte.[138]

71 (2) *Streitigkeiten über das Bestehen/Nichtbestehen von Tarifverträgen.* Hierzu rechnen Streitigkeiten über die Wirksamkeit des Tarifabschlusses, die Beendigung der Laufzeit des Tarifvertrags,[139] die Wirksamkeit der außerordentlichen Kündigung eines Tarifvertrags,[140] die inhaltliche Wirksamkeit des Tarifvertrags oder einzelner Tarifnormen oder -komplexe[141] oder die Auslegung von Tarifnormen.[142] Auch Streitigkeiten über den (räumlichen, fachlichen) Geltungsbereich eines Tarifvertrages werden von § 2 Abs. 1 Nr. 1 ArbGG erfasst.[143] Die Möglichkeit eines Musterprozesses in der Form der Vergütungsklage oder einer Klage einer Tarifvertragspartei auf Durchführung des Tarifvertrages gegen die andere Tarifvertragspartei schließt das Rechtsschutzinteresse (regelmäßig Feststellungsinteresse) für Tarifvertragsstreitigkeiten nicht aus.[144] Daher kann sich die Tarifvertragsstreitigkeit schon wegen der erweiterten Rechtskraftwirkung gegenüber Musterprozessen und Massenverfahren als effektiver und prozessökonomischer darstellen, zB bei der auf zutreffende Eingruppierung einer ganzen, klar abgrenzbaren Gruppe von Arbeitnehmern gerichteten Feststellungsklage.[145]

---

[133] Germelmann/Matthes/Prütting/*Schlewing* ArbGG § 2 Rn. 25.
[134] BAG 31.1.2018 – 10 AZR 695/16 (A), NZA 2018, 876.
[135] BAG 31.1.2018 – 10 AZR 695/16 (A), NZA 2018, 876; 22.3.2017 – 1 AZB 55/16, NZA 2017, 805.
[136] Schwab/Weth/*Walker* ArbGG § 2 Rn. 47.
[137] BAG 20.4.1999 – 1 ABR 72/98, AP GG Art. 9 Nr. 89; krit. Schwab/Weth/*Walker* ArbGG § 2 Rn. 47.
[138] BGH 13.6.1966 – II ZR 130/64, AP BetrVG § 19 Nr. 5; 4.7.1977 – II ZR 30/76, AP GG Art. 9 Nr. 25; Schwab/Weth/*Walker* ArbGG § 2 Rn. 47 u. 78; aA aber *Gift/Baur,* Das Urteilsverfahren vor den Gerichten für Arbeitssachen, C. 22 u. 63 f.
[139] BAG 18.6.1997 – 4 AZR 710/95, AP TVG § 1 Kündigung Nr. 2.
[140] BAG 18.2.1998 – 4 AZR 363/96, AP TVG § 1 Kündigung Nr. 3; 18.6.1997 – 4 AZR 710/95, AP TVG § 1 Kündigung Nr. 2; 18.12.1996 – 4 AZR 129/96, AP TVG § 1 Kündigung Nr. 1; 26.9.1984 – 4 AZR 343/83, AP TVG § 1 Nr. 21.
[141] BAG 28.9.1977 – 4 AZR 446/76, AP TVG 1969 § 9 Nr. 1.
[142] BAG 28.9.1977 – 4 AZR 446/76, AP TVG 1969 § 9 Nr. 1.
[143] BAG 10.5.1989 – 4 AZR 80/89, AP TVG § 2 Tarifzuständigkeit Nr. 6; Schwab/Weth/*Walker* ArbGG § 2 Rn. 54.
[144] BAG 15.11.1957 – 1 AZR 610/56, AP TVG § 8 Nr. 1.
[145] Schwab/Weth/*Walker* ArbGG § 2 Rn. 55.

dd) Erweiterte Rechtskraftwirkung. Rechtskräftige Entscheidungen der Gerichte für Arbeitssachen, die in Rechtsstreitigkeiten zwischen Tarifvertragsparteien (nicht zwischen nur einer Tarifvertragspartei und einem Dritten) aus dem Tarifvertrag oder über das Bestehen oder Nichtbestehen des Tarifvertrags ergangen sind, sind nach § 9 TVG in Rechtsstreitigkeiten zwischen tarifgebundenen Parteien sowie zwischen diesen und Dritten für die Gerichte und Schiedsgerichte bindend.

Die erweiterte Rechtskraftwirkung gilt nach dem Wortlaut des § 9 TVG in Rechtsstreitigkeiten „zwischen tarifgebundenen Parteien sowie zwischen diesen und Dritten". Es genügt damit, dass nur eine Partei tarifgebunden ist. Darüber hinaus wird auch für Rechtsstreitigkeiten zwischen Arbeitsvertragsparteien, von denen keine tarifgebunden ist, von einer erweiterten Rechtskraftwirkung ausgegangen, wenn sie die Geltung des Tarifvertrags einzelvertraglich vereinbart haben.[146]

b) Arbeitskampfstreitigkeit. Der Rechtsweg zu den Gerichten für Arbeitssachen ist ferner gegeben
- für bürgerliche Rechtsstreitigkeiten
- zwischen
  - tariffähigen Parteien
  - oder zwischen diesen und Dritten
- aus unerlaubten Handlungen,
- so weit es sich um Maßnahmen zum Zwecke des Arbeitskampfes handelt.

aa) Bürgerliche Rechtsstreitigkeit. Werden Rechte geltend gemacht, die im Arbeitskampfrecht und damit im Privatrecht ihre Grundlage haben, liegt eine bürgerliche Rechtsstreitigkeit vor. Daher fällt in die Zuständigkeit der Gerichte für Arbeitssachen ein von der Gewerkschaft geltend gemachter Unterlassungsanspruch, Beamte nicht auf bestreikten Arbeitsplätzen einzusetzen.[147]

Nicht in die Zuständigkeit der Gerichte für Arbeitssachen fallen dagegen Streitigkeiten, in denen sich eine tariffähige Partei gegen hoheitliche Maßnahmen im Zusammenhang mit einem Arbeitskampf zur Wehr setzt oder (umgekehrt) das Einschreiten des Hoheitsträgers gegen rechtswidrige Arbeitskampfmaßnahmen erzwingen will. Insoweit ist die Zuständigkeit der Verwaltungsgerichte gegeben.[148] Schadensersatzansprüche aus Amtspflichtverletzungen sind nach Art. 34 S. 3 GG vor den ordentlichen Gerichten zu verfolgen.[149]

Vor die Sozialgerichte gehören wiederum die Streitigkeiten, in denen Arbeitnehmer oder der Betriebsrat die Gewährung von Arbeitslosen- oder Kurzarbeitergeld während eines Arbeitskampfes geltend machen und das Arbeitsamt die Leistung verweigert. Entsprechendes gilt bei der Verletzung der Neutralitätspflicht der Bundesagentur für Arbeit durch Gewährung von Kurzarbeiter- oder Arbeitslosengeld während eines Arbeitskampfes (vgl. § 160 Abs. 6 SGB III).[150] Hier entscheidet das BSG im ersten und letzten Rechtszug.

Geht es dagegen um die Besteuerung einer Streikunterstützung, sind die Finanzgerichte zuständig.[151]

bb) Unerlaubte Handlung. Der Begriff der unerlaubten Handlung wird von der Rechtsprechung weit ausgelegt. Der § 2 Abs. 1 Nr. 2 ArbGG will alle Rechtsstreitigkeiten aus der Beteiligung der Koalitionen am Arbeitskampf und aus dieser Betätigung am Arbeitsleben erfassen, deren Zulässigkeit und Rechtmäßigkeit umstritten ist.[152]

---

[146] Germelmann/Matthes/Prütting/*Schlewing* ArbGG § 2 Rn. 22; aA Schwab/Weth/*Walker* ArbGG § 2 Rn. 58 mwN.
[147] BAG 10.9.1985 – 1 AZR 262/84, AP GG Art. 9 Arbeitskampf Nr. 86.
[148] Germelmann/Matthes/Prütting/*Schlewing* ArbGG § 2 Rn. 29; *Gift/Baur,* Das Urteilsverfahren vor den Gerichten für Arbeitssachen, C. 41; Schwab/Weth/*Walker* ArbGG § 2 Rn. 60.
[149] Schwab/Weth/*Walker* ArbGG § 2 Rn. 61; Germelmann/Matthes/Prütting/*Schlewing* ArbGG § 2 Rn. 31.
[150] BSG 4.10.1994 – KlAr 1/93, AP AFG § 116 Nr. 3; 5.6.1991 – 7 RAr 26/89, AP AFG § 116 Nr. 2.
[151] BFH 24.10.1990 – X R 161/88, AP GG Art. 9 Arbeitskampf Nr. 115.
[152] BAG 29.10.2001 – 5 AZB 44/00, AP ArbGG 1979 § 2 Nr. 80; 10.9.1985 – 1 AZR 262/84, AP GG Art. 9 Arbeitskampf Nr. 86; 18.8.1987 – 1 AZN 260/87, AP ArbGG § 72a Grundsatz Nr. 33; BGH 28.3.2000 – VI ZB 31/99, AP ArbGG 1979 § 2 Nr. 73.

80   Als unerlaubte Handlung wird nicht nur ein unter § 823 BGB fallendes Verhalten angesehen, sondern jedes Verhalten, das als Maßnahme zum Zwecke des Arbeitskampfes sich als rechtswidrig darstellen kann.[153] Es reicht aus, dass die streitigen (verschuldensunabhängigen) Unterlassungs- und Beseitigungsansprüche oder die Schadensersatzansprüche aus der unerlaubten Handlung abgeleitet werden.[154]

81   *cc) Maßnahmen zum Zwecke des Arbeitskampfes.* Das Verhalten muss auf eine Beeinflussung des Arbeitskampfes zielen. Ohne Bedeutung ist für die Frage der Rechtswegzuständigkeit, ob es sich um einen rechtmäßigen oder rechtswidrigen Arbeitskampf handelt.[155]

82   Ob der Rechtsweg zu den Gerichten für Arbeitssachen eröffnet ist, wenn es um sog. Protestdemonstrationen, Demonstrationsstreiks, Sympathiestreiks und politische Streiks geht, ist umstritten. Ein Teil der Literatur geht von einem weiten Begriff der „Maßnahmen zum Zwecke des Arbeitskampfes" aus und nimmt eine Zuständigkeit der Gerichte für Arbeitssachen an.[156] Der BGH geht von einem engeren Arbeitskampfbegriff zumindest im Hinblick auf politische Streiks aus und lehnt insoweit eine Zuständigkeit der Gerichte für Arbeitssachen ab.[157]

83   Nicht ausreichend sind unerlaubte Handlungen bei Gelegenheit eines Arbeitskampfes. Hier kann aber eine Rechtswegzuständigkeit nach § 2 Abs. 1 Nr. 3 oder Nr. 9 ArbGG gegeben sein.[158]

84   *dd) Parteien der Arbeitskampfstreitigkeit.* Als Parteien kommen in Betracht auf beiden Seiten tariffähige Parteien (Tariffähigkeit nach § 2 TVG) oder aber auf einer Seite eine tariffähige Person und auf der anderen Seite ein Dritter. Ausreichend ist, dass die klagende Partei sich der Tariffähigkeit berühmt. Ob sie vorliegt, ist in der Begründetheit zu prüfen.[159] Hängt die Entscheidung von der Klärung der Tariffähigkeit ab, muss nach § 97 Abs. 5 ArbGG bis zur Erledigung des gebotenen Beschlussverfahrens nach § 2a Abs. 1 Nr. 4 ArbGG die Aussetzung der Arbeitskampfstreitigkeit erfolgten, vgl. schon Rz 65.[160] Im Eilverfahren scheidet eine Aussetzung jedoch aus.[161]

85   Dritte in diesem Sinne können ua die Organe der streikführenden Gewerkschaften bzw. der aussperrenden Arbeitgeberverbände oder die Streikleiter und Streikposten sein (wobei es erhebliche Probleme bei Formulierung des Passivrubrums geben kann).[162] Insoweit kann, soweit die Klage des bestreikten Arbeitgebers gegen seine streikenden Arbeitnehmer gerichtet ist, zugleich eine Rechtswegzuständigkeit nach § 2 Abs. 1 Nr. 3d ArbGG bestehen.

86   Bei dem Streit um Rechte oder Pflichten des Betriebsrats im Arbeitskampf handelt es sich um eine betriebsverfassungsrechtliche Angelegenheit, über die nach § 2a Abs. 1 Nr. 1 ArbGG im Beschlussverfahren zu entscheiden ist.

87   Kommt es zwischen Arbeitnehmern während eines Arbeitskampfes zu unerlaubten Handlungen (Nötigung, Körperverletzung, Sachbeschädigung), folgt die arbeitsgerichtliche Rechtswegzuständigkeit nicht aus § 2 Abs. 1 Nr. 2 ArbGG. Denn insoweit fehlt es an der Tariffähigkeit wenigstens einer Partei. In Betracht kommt aber eine Zuständigkeit nach § 2 Abs. 1 Nr. 9 ArbGG.

88   **c) Vereinigungsfreiheitsstreitigkeit.** Für Vereinigungsfreiheitsstreitigkeiten ist die Rechtswegzuständigkeit der Gerichte für Arbeitssachen unter folgenden Voraussetzungen gegeben:

---

[153] BAG 2.8.1963 – 1 AZR 9/63, AP GG Art. 9 Nr. 5; 29.6.1965 – 1 AZR 420/64, AP GG Art. 9 Nr. 6; 14.2.1978 – 1 AZR 280/77, AP GG Art. 9 Nr. 26; 10.9.1985 – 1 AZR 262/84, AP GG Art. 9 Arbeitskampf Nr. 86; 18.8.1987 – 1 AZN 260/87, AP ArbGG § 72a Grundsatz Nr. 33.
[154] Germelmann/Matthes/Prütting/*Schlewing* ArbGG § 2 Rn. 35; *Gift/Baur,* Das Urteilsverfahren vor den Gerichten für Arbeitssachen, C. 49.
[155] Schwab/Weth/*Walker* ArbGG § 2 Rn. 71.
[156] Germelmann/Matthes/Prütting/*Schlewing* ArbGG § 2 Rn. 36; Schwab/Weth/*Walker* ArbGG § 2 Rn. 71; GK-ArbGG/*Wenzel* ArbGG § 2 Rn. 97.
[157] BGH 29.9.1954 – VI ZR 232/53, AP ArbGG 1953 § 2 Nr. 2; offen gelassen in BGH 28.3.2000 – VI ZB 31/99, AP ArbGG 1979 § 2 Nr. 73.
[158] Schwab/Weth/*Walker* ArbGG § 2 Rn. 72.
[159] Schwab/Weth/*Walker* ArbGG § 2 Rn. 63.
[160] Schwab/Weth/*Walker* ArbGG § 2 Rn. 64.
[161] Schwab/Weth/*Walker* ArbGG § 2 Rn. 64.
[162] *Gift/Baur,* Das Urteilsverfahren vor den Gerichten für Arbeitssachen, C. 56.

§ 77 Das Urteilsverfahren

- bürgerliche Rechtsstreitigkeit
- zwischen
  - tariffähigen Parteien
  oder zwischen diesen und Dritten
- so weit es sich um unerlaubte Handlungen
- im Zusammenhang mit Fragen der Vereinigungsfreiheit einschließlich der Fragen des Betätigungsrechts der Vereinigungen handelt.

aa) Allgemeines. Zu den Voraussetzungen der unerlaubten Handlung und der Parteien der Streitigkeit → Rn. 76, 81. 89

bb) Vereinigungsfreiheit und Betätigungsrecht der Vereinigungen. Fragen der Vereinigungsfreiheit umfassen den Streit um die positive oder negative Koalitionsfreiheit auf Arbeitnehmer- und Arbeitgeberseite.[163] Um eine Angelegenheit der Vereinigungsfreiheit handelt es sich, wenn darüber gestritten wird, ob Arbeitnehmer oder Arbeitgeber sich in einer Koalition zusammenschließen dürfen oder sich in ihrem Koalitionsrecht aus Art. 9 Abs. 3 GG beeinträchtigt fühlen, oder wenn zur Entscheidung steht, ob sich eine Arbeitnehmer- oder Arbeitgeberkoalition in bestimmter, von ihr in Anspruch genommener koalitionsspezifischer Weise betätigen darf.[164] Unerlaubte Handlung im Zusammenhang mit der Vereinigungsfreiheit ist das Verhalten eines Mitglieds einer Koalition, das in Ausübung seines Rechts auf koalitionsmäßige Betätigung erfolgt, sich aber als unzulässig erweisen kann, ebenso wie das Verhalten einer Tarifvertragspartei oder eines Dritten, das darauf gerichtet ist, dieses Recht auf koalitionsmäßige Betätigung zu behindern oder zu sanktionieren und sich als rechtswidrig erweisen kann.[165] 90

Die Vereinigungsfreiheit und das Betätigungsrecht der Vereinigungen sind damit betroffen zB bei einem Streit über das Zugangsrecht einer Gewerkschaft zum Betrieb (unabhängig vom betriebsverfassungsrechtlichen Zugangsrecht nach § 2 Abs. 2 BetrVG),[166] Gewerkschaftswerbung im Betrieb,[167] das Recht zur Durchführung der Wahl von gewerkschaftlichen Vertrauensleuten,[168] den Anspruch auf Unterlassung von Gewerkschaftsaustrittsforderungen des Arbeitgebers anlässlich der Einstellung von Arbeitnehmern[169] und die ehrenrührige Äußerung (mangelnde Tariftreue) eines Gewerkschaftssekretärs über einen Arbeitgeber.[170] 91

Streitigkeiten zwischen einer Tarifvertragspartei und ihrem Mitglied über Beitragszahlungen und über Fragen der Mitgliedschaft gehören nicht vor die Gerichte für Arbeitssachen, sondern vor die ordentlichen Gerichte.[171] Ebenso, wenn um die Aufnahme als Mitglied oder über den Ausschluss des Mitglieds gestritten wird.[172] 92

d) Streitigkeiten zwischen Arbeitnehmern und Arbeitgebern. Durch § 2 Abs. 1 Nr. 3 ArbGG wird eine umfassende Zuständigkeit der Gerichte für Arbeitssachen für individual- 93

---

[163] *Gift/Baur,* Das Urteilsverfahren vor den Gerichten für Arbeitssachen, C. 61.
[164] BGH 28.3.2000 – VI ZB 31/99, AP ArbGG 1979 § 2 Nr. 73 (betr. Arbeitnehmerkoalition); BAG 23.2.1979 – 1 AZR 540/77, AP GG Art. 9 Nr. 29; 8.12.1978 – 1 AZR 303/77, AP GG Art. 9 Nr. 28; Schwab/Weth/*Walker* ArbGG § 2 Rn. 73.
[165] BAG 18.8.1987 – 1 AZN 260/87, AP ArbGG 1979 § 72a Nr. 33.
[166] BAG 28.2.2006 – 1 AZR 460/04, NZA 2006, 798; 30.8.1983 – 1 AZR 121/81AG GG Art. 9 Nr. 38; 14.2.1978 – 1 AZR 280/77, AP GG Art. 9 Nr. 26.
[167] BAG 14.2.1967 – 1 AZR 494/65, AP GG Art. 9 Nr. 10; 23.2.1979 – 1 AZR 540/77, AP GG Art. 9 Nr. 29; 26.1.1982 – 1 AZR 610/80, AP GG Art. 9 Nr. 35; 30.8.1983 – 1 AZR 121/81, AP GG Art. 9 Nr. 38.
[168] BAG 8.12.1978 – 1 AZR 303/77, AP GG Art. 9 Nr. 28.
[169] BAG 2.6.1987 – 1 AZR 651/85, AP GG Art. 9 Nr. 49.
[170] BAG 29.10.2001 – 5 AZB 44/00, AP ArbGG 1979 § 2 Nr. 80.
[171] BGH 13.6.1966 – II ZR 130/64, AP BetrVG § 19 Nr. 5; 4.7.1977 – 2 ZR 30/76, AP GG Art. 9 Nr. 25; Schwab/Weth/*Walker* ArbGG § 2 Rn. 78; aA aber *Gift/Baur,* Das Urteilsverfahren vor den Gerichten für Arbeitssachen, C. 22 u. 63 f.
[172] BGH 13.6.1966 – II ZR 130/64, AP BetrVG § 19 Nr. 5; 28.9.1972 – II ZR 5/70, AP GG Art. 9 Nr. 21; 27.2.1978 – II ZR 17/77, AP GG Art. 9 Nr. 27; 22.9.1980 – II ZR 34/80, AP GG Art. 9 Nr. 33; 30.5.1983 – II ZR 138/82, AP BetrVG 1972 § 20 Nr. 9; Germelmann/Matthes/Prütting/*Schlewing* ArbGG § 2 Rn. 47; für die Rechtswegzuständigkeit der Gerichte für Arbeitssachen in Fällen unerlaubter Handlung der Mitglieder Schwab/Weth/*Walker* ArbGG § 2 Rn. 78.

rechtliche Ansprüche aus dem Arbeitsverhältnis begründet.[173] Die Vorschrift wird im Hinblick auf Parteien außerhalb des Arbeitsverhältnisses durch § 2 Abs. 1 Nr. 4–10 und § 3 ArbGG ergänzt. Wer Arbeitnehmer[174] ist oder im arbeitsgerichtlichen Verfahren als solcher zu behandeln ist, folgt aus § 5 ArbGG. Arbeitgeber ist derjenige, der mindestens einen Arbeitnehmer oder eine arbeitnehmerähnliche Person (§ 5 Abs. 1 S. 2 ArbGG) beschäftigt.[175]

94 aa) *Streitigkeit aus dem Arbeitsverhältnis.* Erfasst werden durch § 2 Abs. 1 Nr. 3a ArbGG alle bürgerlichen Rechtsstreitigkeiten, die ihre Grundlage im Arbeitsverhältnis der Parteien haben, auch wenn dieses schon beendet ist. Ob es rechtswirksam oder ggf. anfechtbar begründet wurde, ist unerheblich, so dass auch Ansprüche aus faktischen oder fehlerhaften Arbeitsverhältnissen darunter fallen.[176] Erforderlich ist eine zunächst von beiden Parteien gewollte Beschäftigung des Arbeitnehmers.[177] Selbst wenn der Arbeitnehmer sich mangels Schutzwürdigkeit nicht auf die Grundsätze eines fehlerhaften Arbeitsverhältnisses berufen kann, verbleibt es bei der Rechtswegzuständigkeit der Gerichte für Arbeitssachen. Auch ein ggf. nach § 850h ZPO fingiertes Arbeitsverhältnis genügt zur Begründung der Rechtswegzuständigkeit.[178] Entsprechendes gilt für ein nach § 10 AÜG fingiertes Arbeitsverhältnis. Ein Arbeitsverhältnis kann auch zwischen Familienangehörigen bestehen, sofern die Tätigkeit über die familienrechtliche Verpflichtung zur Mitarbeit (§ 1619 BGB) hinausgeht.[179]

95 Wurde in Schwarzarbeit eine Arbeitsleistung verrichtet, sind die Arbeitsgerichte zuständig, die ordentlichen Gerichte hingegen, wenn ein Werk erstellt wurde.[180] Eine Abrede, die Arbeitsvergütung ohne Berücksichtigung von Steuern und Sozialversicherungsbeiträgen („schwarz") auszuzahlen, führt regelmäßig nicht zur Nichtigkeit des gesamten Arbeitsvertrags.[181]

96 Der prozessuale Anspruch muss seine Grundlage im Arbeitsverhältnis finden. Unerheblich ist, ob sich der Anspruch aus einem Tarifvertrag, einer Betriebsvereinbarung, einer einzelvertraglichen Abrede oder aus gesetzlichen Vorschriften ergibt oder ob es um Haupt- oder Nebenpflichten aus dem Arbeitsverhältnis geht.[182] Verfahren, die den Anspruch eines Betriebsratsmitglieds auf Zahlung von Arbeitsentgelt für die durch Wahrnehmung von Betriebsratsaufgaben ausgefallene berufliche Tätigkeit (§ 37 Abs. 2 BetrVG) bzw. einen Vergütungsanspruch eines gemäß § 38 BetrVG freigestellten Betriebsratsmitglieds zum Gegenstand haben, sind bürgerliche Rechtsstreitigkeiten zwischen Arbeitnehmern und Arbeitgebern aus dem Arbeitsverhältnis iSd. § 2 Abs. 1 Nr. 3 Buchst. a ArbGG und gehören nicht zu den „Angelegenheiten aus dem Betriebsverfassungsgesetz" gemäß § 2a Abs. 1 Nr. 1 ArbGG.[183] Die Rechtswegzuständigkeit ist auch bei Ansprüchen aus ungerechtfertigter Bereicherung (§§ 812 ff. BGB) oder Auftrag (§§ 662 ff. BGB) gegeben,[184] ebenso bei Ansprüchen aus Pflichtverletzung (§ 280 BGB), Schuldnerverzug (§ 286 BGB) oder Gläubigerverzug (§ 293 BGB iVm § 615 BGB).

97 Unter Nr. 3a fallen außerdem Ansprüche nach § 612 BGB aus sog. fehlgegangener Vergütungserwartung (zB Arbeitsleistung im Hinblick auf zugesagte Eheschließung oder Erbeinsetzung).[185]

---

[173] BAG 15.3.2011 – 10 AZB 49/10, NZA 2011, 653; 23.2.1979 – 1 AZR 172/78, AP GG Art. 9 Nr. 30.
[174] Vgl. zum Arbeitnehmerbegriff § 5.
[175] Schwab/Weth/*Walker* ArbGG § 2 Rn. 84; Germelmann/Matthes/Prütting/*Schlewing* ArbGG § 2 Rn. 51.
[176] BAG 25.4.1963 – 5 AZR 398/62, AP BGB § 611 Faktisches Arbeitsverhältnis Nr. 2.
[177] BAG 14.12.1988 – 5 AZR 661/86, BeckRS 1988, 30729338; 14.1.1987 – 5 AZR 166/85, EzA BGB § 611 Faktisches Arbeitsverhältnis Nr. 1; 30.4.1997 – 7 AZR 122/96, AP BGB § 812 Nr. 20; 19.7.1973 – 5 AZR 46/73, AP BGB § 611 Faktisches Arbeitsverhältnis Nr. 19; 16.2.2000 – 5 AZB 71/99, AP ArbGG 1979 § 2 Nr. 70.
[178] BGH 23.2.1977 – VIII ZR 222/75, AP ZPO § 850h Nr. 15 (offen lassend, ob durch § 850h ZPO ein Arbeitsverhältnis oder nur ein Vergütungsanspruch bestimmter Höhe fingiert wird).
[179] Schwab/Weth/*Walker* ArbGG § 2 Rn. 92.
[180] Germelmann/Matthes/Prütting/*Schlewing* ArbGG § 2 Rn. 53; *Grunsky* ArbGG § 2 Rn. 87; *Gift/Baur*, Das Urteilsverfahren vor den Gerichten für Arbeitssachen, C. 98.
[181] BAG 21.9.2011 – 5 AZR 629/10, NZA 2012, 145; 26.2.2003 – 5 AZR 690/01, BAGE 105, 187.
[182] *Gift/Baur*, Das Urteilsverfahren vor den Gerichten für Arbeitssachen, C. 114; *Grunsky* ArbGG § 2 Rn. 89.
[183] BAG 12.6.2018 – 9 AZB 9/18, NZA 2018, 1423.
[184] *Gift/Baur*, Das Urteilsverfahren vor den Gerichten für Arbeitssachen, C. 99.
[185] BAG 15.3.1960 – 5 AZR 409/58, AP BGB § 612 Nr. 13; 19.2.1970 – 5 AZR 241/69, AP BGB § 612 Nr. 26; 28.9.1977 – 5 AZR 303/76, AP BGB § 612 Nr. 29.

Ein Anspruch aus dem Arbeitsverhältnis behält seine arbeitsrechtliche Natur, auch wenn 98
er Gegenstand eines Vergleichs (§ 779 BGB) oder Schuldanerkenntnisses (§ 781 BGB) geworden ist.[186] Auch Streitigkeiten über Ansprüche, über die ein Wechsel oder Scheck ausgestellt wurde oder die sich aus einem abstrakten Schuldanerkenntnis ergeben, fallen unter § 2 Abs. 1 Nr. 3 ArbGG.[187]

Für die Vollstreckungsabwehrklage gegen ein arbeitsgerichtliches Urteil (§ 767 BGB) sind 99
die Gerichte für Arbeitssachen zuständig.[188] Hat sich eine Arbeitsvertragspartei wegen eines arbeitsrechtlichen Anspruchs in einer notariellen Urkunde der sofortigen Zwangsvollstreckung unterworfen, und wird gegen den titulierten Anspruch Vollstreckungsabwehrklage erhoben, gilt entsprechendes.[189]

Wird während des Insolvenzverfahrens des Arbeitgebers eine Forderung aus dem Arbeits- 100
verhältnis nach Grund oder Höhe bestritten, ist das Arbeitsgericht für das Feststellungsverfahren nach §§ 179, 180 InsO zuständig, da die Insolvenzordnung an der Zuständigkeit gemäß § 2 Abs. 1 Nr. 3 ArbGG nichts ändert. Ebenso sind die Gerichte für Arbeitssachen zuständig für nach § 55 InsO rückständige Lohnansprüche als Masseverbindlichkeiten.[190] Die Klage ist jeweils gegen den Insolvenzverwalter zu richten. Wird jedoch von der Bundesagentur für Arbeit Insolvenzgeld verlangt (§§ 166–172 SGB III), ist für die klageweise Geltendmachung der Rechtsweg zu den Sozialgericht eröffnet (§ 51 Abs. 1 SGG).[191] Bei Insolvenzanfechtungsklagen des Insolvenzverwalters gegen den Arbeitnehmer auf Vergütungsrückzahlung handelt es sich demgegenüber um Ansprüche aus dem Arbeitsverhältnis, weil es um die Rückabwicklung der arbeitsrechtlichen Leistung geht.[192]

Wichtig ist die Differenzierung zwischen einerseits Werkmietwohnungen (§ 576 BGB) 101
und andererseits Werkdienstwohnungen (§ 576b BGB). Unzuständig sind die Gerichte für Arbeitssachen bei Streitigkeiten aus der Überlassung einer sog. Werkmietwohnung. Denn Mietstreitigkeiten sind den Amtsgerichten nach der Rechtswegbestimmung des § 23 Nr. 2a GVG ausschließlich zugewiesen.[193] Die Amtsgerichte sind auch zuständig für Rechtsstreitigkeiten über sog. funktionsgebundene Werkmietwohnungen im Sinne von § 576 Abs. 1 Nr. 2 BGB.[194] Für Rechtsstreitigkeiten aus der Überlassung von Werkdienstwohnungen ist dagegen der Rechtsweg zu den Gerichten für Arbeitssachen nach § 2 Abs. 1 Nr. 3a ArbGG eröffnet.[195] Für die Abgrenzung ist nicht die Bezeichnung der Parteien oder deren rechtliche Beurteilung entscheidend, sondern der materielle Gehalt des Vereinbarten.[196]

bb) Streitigkeit über das Bestehen oder Nichtbestehen eines Arbeitsverhältnisses. Unter 102
§ 2 Abs. 1 Nr. 3b ArbGG fallen Streitigkeiten, ob zwischen den Parteien ein Arbeitsverhältnis begründet worden ist, ob es sich bei dem zu Stande gekommenen Rechtsverhältnis um ein Arbeitsverhältnis handelt, mit welchem Inhalt das Arbeitsverhältnis besteht/bestand und ob es noch besteht oder wann es beendet wurde.[197] Dazu gehören Verfahren über die Wirksamkeit einer Kündigung, Anfechtung, Befristungs- oder Bedingungsabrede, ferner Streitigkeiten über die Beendigung des Arbeitsverhältnisses bei Erreichen der Altersgrenze oder wegen eines Aufhebungsvertrages. § 2 Abs. 1 Nr. 3b ArbGG erfasst auch Klagen auf Fest-

---

[186] Germelmann/Matthes/Prütting/*Schlewing* ArbGG § 2 Rn. 55; *Grunsky* ArbGG § 2 Rn. 97; offen gelassen von BAG, weil für Klage aus einem zwecks Bezahlung von Arbeitsentgelt begebenen Scheck der Rechtsweg zu den Gerichten für Arbeitssachen nach § 2 Abs. 1 Nr. 4a ArbGG eröffnet ist.
[187] Schwab/Weth/*Walker* ArbGG § 2 Rn. 101; offen gelassen von BAG 7.11.1996 – 5 AZB 19/96, AP ArbGG 1979 § 46 Nr. 1.
[188] ArbG Hannover 19.1.1990 – 10 Ca 481/89, BB 1990, 928.
[189] Germelmann/Matthes/Prütting/*Schlewing* ArbGG § 2 Rn. 55; *Grunsky* ArbGG § 2 Rn. 97; *Gift/Baur*, Das Urteilsverfahren vor den Gerichten für Arbeitssachen, C. 105.
[190] Schwab/Weth/*Walker* ArbGG § 2 Rn. 102.
[191] *Gift/Baur*, Das Urteilsverfahren vor den Gerichten für Arbeitssachen, C. 106.
[192] Gemeinsamer Senat der Obersten Gerichtshöfe des Bundes 27.9.2010 – GMS-OBG 1/09, ZiP 2010, 2418.
[193] BAG 2.11.1999 – 5 AZB 18/99, AP ArbGG 1979 § 2 Nr. 68.
[194] BAG 2.11.1999 – 5 AZB 18/99, AP ArbGG 1979 § 2 Nr. 68.
[195] BAG 2.11.1999 – 5 AZB 18/99, AP ArbGG 1979 § 2 Nr. 68.
[196] BAG 28.11.2007 – 5 AZB 44/07, FD-ArbR 2008, 252393.
[197] Schwab/Weth/*Walker* ArbGG § 2 Rn. 115.

stellung, dass ein Arbeitsvertrag wirksam zu Stande gekommen ist sowie nach hM Status- oder Feststellungsklagen von ggf. freien Mitarbeitern.[198] Auch über die Frage, ob zwischen Entleiher und Leiharbeitnehmer nach Art. 1 § 10 AÜG ein Arbeitsverhältnis besteht, entscheiden die Gerichte für Arbeitssachen.[199]

103 Rechtsstreitigkeiten darüber, ob zwischen einem Auszubildenden als Mitglied eines betriebsverfassungsrechtlichen Organs und dem Arbeitgeber nach § 78a BetrVG bzw. § 9 BPersVG ein Arbeitsverhältnis zu Stande gekommen ist, sind ebenfalls Rechtsstreitigkeiten über das Bestehen oder Nichtbestehen eines Arbeitsverhältnisses. Über sie ist im Urteilsverfahren zu entscheiden.[200]

104 cc) *Streitigkeit über das Eingehen und Nachwirken eines Arbeitsverhältnisses. (1) Streitigkeit über Eingehen eines Arbeitsverhältnisses.* Von § 2 Abs. 1 Nr. 3c ArbGG werden erfasst ua Ansprüche aus einem Vorvertrag auf Abschluss eines Arbeitsvertrages, aus einem sog. Einfühlungsverhältnis,[201] auf Ersatz von Vorstellungskosten, auf Rückgabe von Bewerbungsunterlagen oder auf neue Entscheidung über die Auswahl unter den Bewerbern (Konkurrentenklage)[202] und auf Schadensersatz aus Verschulden bei Vertragsschluss, insbesondere auf Schadensersatz oder Entschädigung nach § 15 AGG.[203] Genügend ist, dass über den Abschluss eines Arbeitsvertrages verhandelt wurde, auch wenn die Parteien sich dann nicht einigten.[204] Entscheidend ist, dass die arbeitsvertragliche Beziehung zwischen den Streitparteien begründet werden sollte.[205] Klagen auf Aufnahme in eine Sozietät gehören auch dann nicht in die Zuständigkeit der Arbeitsgerichte, wenn die Zusage mit Rücksicht auf ein bestehendes Arbeitsverhältnis gegeben worden ist.[206] Dagegen ist die Rechtswegzuständigkeit der Gerichte für Arbeitssachen gegeben für Konkurrentenklagen selbst im Hinblick auf die Besetzung von Angestelltenstellen durch Beamte.[207]

105 *(2) Streitigkeit über Nachwirken eines Arbeitsverhältnisses.* Um Nachwirkungen aus dem Arbeitsverhältnis geht es bei Ansprüchen aus nachvertraglichen Wettbewerbsverboten, auf Betriebsrenten, auf Erteilung eines Zeugnisses oder sonstiger Bescheinigungen und auf Erteilung einer Auskunft.[208]

106 Für den Arbeitgeber kommen Klagen auf Unterlassung von Wettbewerb, auf Rückgabe von Arbeitsunterlagen oder Werkzeugen, auf Auskünfte über vom Arbeitnehmer bearbeitete Geschäftsvorfälle sowie auf Rückzahlung von Arbeitgeberdarlehen, von Ausbildungs-, Umzugskosten oder Gratifikationen bei vorzeitiger Lösung des Arbeitsverhältnisses in Betracht.[209] Auch der Anspruch auf Wiedereinstellung zählt zu den nachvertraglichen Ansprüchen.[210]

107 dd) *Streitigkeit aus unerlaubter Handlung.* Für die Fallgruppe des § 2 Abs. 1 Nr. 3d ArbGG ist erforderlich eine unerlaubte Handlung des Arbeitnehmers gegenüber dem Ar-

---

[198] BAG 21.1.2019 – 9 AZB 23/18, NZA 2019, 490; 22.6.1977 – 5 AZR 753/75, AP BGB § 611 Abhängigkeit Nr. 22; Germelmann/Matthes/Prütting/*Schlewing* ArbGG § 2 Rn. 66; krit. *Gift/Baur*, Das Urteilsverfahren vor den Gerichten für Arbeitssachen, C. 118.
[199] Germelmann/Matthes/Prütting/*Schlewing* ArbGG § 2 Rn. 67.
[200] BAG 22.9.1983 – 6 AZR 323/81, AP BetrVG 1972 § 78a Nr. 11; 23.8.1984 – 6 AZR 519/82, AP BPersVG § 9 Nr. 1; 13.11.1987 – 7 AZR 246/87, AP BetrVG 1972 § 78a Nr. 18; Germelmann/Matthes/Prütting/*Schlewing* ArbGG § 2 Rn. 68.
[201] LAG Rheinland-Pfalz 5.8.2015 – 7 Sa 170/15, AZ 2016, Nr. 15, 7; LAG Düsseldorf 6.7.2007 – 9 Sa 598/07 BeckRS 2012, 75550; LAG Hamm 24.5.1989 – 15 Sa 18/89, LAGE BGB § 611 Probearbeitsverhältnis Nr. 2; *Preis/Kliemt/Ulrich*, Das Probearbeitsverhältnis.
[202] Schwab/Weth/*Walker* ArbGG § 2 Rn. 122.
[203] BAG 27.8.2008 – 5 AZB 71/08, NZA 2008, 1259; LAG Rheinland-Pfalz 25.1.2012 – 9 Ta 17/12, NZA-RR 2012, 272.
[204] BAG 27.8.2008 – 5 AZB 71/08, NZA 2008, 1259; *Gift/Baur*, Das Urteilsverfahren vor den Gerichten für Arbeitssachen, C. 122.
[205] BAG 27.8.2008 – 5 AZB 71/08, NZA 2008, 1259.
[206] BAG 15.8.1975 – 5 AZR 217/75, AP ArbGG 1953 § 2 Zuständigkeitsprüfung Nr. 32.
[207] BAG 2.12.1997 – 9 AZR 445/96, AP GG Art. 33 Abs. 2 Nr. 40 (Leitsatz 1).
[208] *Gift/Baur*, Das Urteilsverfahren vor den Gerichten für Arbeitssachen, C. 123 f.
[209] Germelmann/Matthes/Prütting/*Schlewing* ArbGG § 2 Rn. 73.
[210] Schwab/Weth/*Walker* ArbGG § 2 Rn. 127.

beitgeber oder umgekehrt (nicht: gegenüber Dritten[211]). Kommt es zu unerlaubten Handlungen zwischen Arbeitnehmern, ist § 2 Abs. 1 Nr. 9 ArbGG einschlägig. Die Klage kann nicht nur auf Schadensersatz gerichtet sein, sondern auch auf Unterlassung, Beseitigung oder Widerruf. Ausreichend sind auch Tatbestände der Gefährdungshaftung.[212] Es genügt auch, dass der Arbeitgeber nach der Behauptung des Klägers für seine gesetzlichen Vertreter oder angestellten Arbeitnehmer einzustehen hat (§§ 31, 831 BGB).[213]

Die unerlaubte Handlung muss mit dem Arbeitsverhältnis im Zusammenhang stehen, **108** nicht jedoch wie bei § 2 Abs. 1 Nr. 4 Buchst. a) in einem rechtlichen oder unmittelbar wirtschaftlichen Zusammenhang.[214] Dies ist der Fall, wenn die unerlaubte Handlung zu dem Arbeitsverhältnis der Parteien derart in einer engen Beziehung steht, dass sie in der besonderen Eigenart des Arbeitsverhältnisses und den ihm eigentümlichen Reibungen und Berührungspunkten wurzelt; ein lediglich äußerer oder zufälliger Zusammenhang ist nicht ausreichend.[215] Ein Zusammenhang mit dem Arbeitsverhältnis besteht auch bei einer unerlaubten Handlung vor Abschluss des Arbeitsvertrages (zB Diebstahl bei der Vorstellung) oder nach Beendigung des Arbeitsverhältnisses (zB Verletzung der Verschwiegenheitspflicht). Es genügt eine unerlaubte Handlung anlässlich der (erfolgreichen oder nicht erfolgreichen) Verhandlungen über die Eingehung eines Arbeitsverhältnisses, während des Arbeitsverhältnisses (geschäftsschädigende Äußerungen zur Abwerbung von Arbeitnehmern)[216] oder nach dessen Beendigung (Geheimnisverrat;[217] Verstoß gegen UWG durch Abwerbung von Mitarbeitern und Kunden).[218] Bei Verletzung von Betriebsgeheimnissen steht § 13 UWG der Rechtswegzuständigkeit der Gerichte für Arbeitssachen nicht entgegen, denn diese Norm enthält keine Regelung zur Rechtswegbestimmung.[219] Die innere Beziehung zum Arbeitsverhältnis fehlt, wenn andere Umstände, zB familiäre Streitigkeiten zwischen im selben Haus wohnenden Familien, für die unerlaubte Handlung maßgeblich sind.[220]

ee) Streitigkeit über Arbeitspapiere. Bei den Streitigkeiten über Arbeitspapiere geht es um **109** Klagen auf Ausstellung/Ausfüllung, Herausgabe, Berichtigung, Ergänzung oder Schadensersatz wegen Pflichtverletzungen im Zusammenhang mit Arbeitspapieren.[221]

(1) Arbeitspapiere. Das sind alle Arten von Papieren, die für die berufliche Tätigkeit des **110** Arbeitnehmers Bedeutung haben. Hierzu zählen ua: elektronische LStBescheinigung (§ 41b Abs. 1 S. 3 u. Abs. 3 EStG), Versicherungsausweis (§ 18h SGB IV), Urlaubsbescheinigung (§ 6 Abs. 2 BUrlG), Arbeitsbescheinigung (§ 312 SGB III), Aufenthaltstitel mit Erlaubnis einer Erwerbstätigkeit (§ 4a AufenthG), Aufenthaltserlaubnis (§ 7 AufenthG), Niederlassungstitel (§ 9 AufenthG), Gesundheitsbescheinigung (§ 43 IfSG), Seefahrtbuch (§ 11 SeemG), (tarifliche) Lohnnachweiskarte für Urlaub, Lohnausgleich und Zusatzversorgung im Baugewerbe, einfaches oder qualifiziertes Zeugnis oder Zwischenzeugnis.

(2) Bürgerliche Rechtsstreitigkeit. Es muss sich auch um bürgerliche Rechtsstreitigkeiten **111** über Arbeitspapiere handeln. Nach der Gesetzesbegründung soll sich eine Streitigkeit über Arbeitspapiere wegen des engen Sachzusammenhangs nicht nur auf die Herausgabe der Arbeitspapiere, sondern auch auf deren Berichtigung beziehen.[222] Damit hat der Gesetzge-

---

[211] Vgl. zu Schäden eines Dritten durch ein Firmenfahrzeug BAG 7.7.2009 – 5 AZB 8/09, NZA 2009, 919.
[212] Germelmann/Matthes/Prütting/*Schlewing* ArbGG § 2 Rn. 74.
[213] Germelmann/Matthes/Prütting/*Schlewing* ArbGG § 2 Rn. 75.
[214] LAG Hamm 27.12.2018 – 2 Ta 268/18, FA 2019, 13; LAG Nürnberg 27.4.2005 – 2 Ta 54/05, EzA-SD 2005, Nr. 17, 13.
[215] LAG Hamm 27.12.2018 – 2 Ta 268/18, FA 2019, 13; BGH 7.2.1958 – VI ZR 49/57, AP ArbGG 1953 § 2 Nr. 48; *Gift/Baur*, Das Urteilsverfahren vor den Gerichten für Arbeitssachen, C. 128.
[216] OLG Düsseldorf 19.7.2002 – 20 W 55/02, NZA-RR 2003, 211.
[217] OLG Hamburg 30.12.2002 – 11 W 43/02, NZA 2003, 935; einschränkend OLG Frankfurt a. M. 15.8.1991 – 6 U 233/90, DB 1991, 2680 (Anstiftung zum Geheimnisverrat durch längst ausgeschiedenen Arbeitnehmer).
[218] KG 7.12.2004 – 5 W 153/04, DB 2005, 732. (Abwerbung durch ehemaligen Mitarbeiter und durch von diesem gegründete GmbH).
[219] LAG Nürnberg 27.4.2005 – 2 Ta 54/05, EzA-SD 2005, Nr. 17, 13.
[220] BAG 11.6.1995 – 5 AS 13/95, AP ArbGG 1979 § 2 Nr. 32.
[221] Schwab/Weth/*Walker* ArbGG § 2 Rn. 132.
[222] BT-Drs. 8/2535, 34.

ber aber nicht bewirkt, dass ein Arbeitnehmer eine Klage auf Berichtigung eines öffentlich-rechtlichen Arbeitspapiers vor den Gerichten für Arbeitssachen verfolgen kann. Denn nach den Eingangsvoraussetzungen des § 2 Abs. 2 Nr. 3 ArbGG werden nur „bürgerliche Rechtsstreitigkeiten" zwischen Arbeitnehmern und Arbeitgebern „über Arbeitspapiere" erfasst.[223] Der BFH hält bei einer Berichtigung der Lohnsteuerbescheinigung allerdings die Gerichte für Arbeitssachen zuständig, wenn der zur Klagebegründung vorgetragene Sachverhalt für die aus ihm hergeleitete Rechtsfolge von Rechtssätzen des Arbeitsrechts geprägt wird.[224]

112 *(3) Streitigkeiten um arbeitsrechtliche Arbeitspapiere.* Bei den Streitigkeiten um arbeitsrechtliche Arbeitspapiere wie Zeugnisse, die Urlaubsbescheinigung und die Lohnnachweiskarte im Baugewerbe geht es um bürgerlich-rechtliche Rechtsstreitigkeiten. Der Klageanspruch wird aus dem Arbeitsverhältnis hergeleitet. Diese Ansprüche fallen somit in die Rechtswegzuständigkeit der Gerichte für Arbeitssachen, unabhängig davon, ob die Erteilung (= Ausstellung/Ausfüllung und Herausgabe),[225] Berichtigung oder Ergänzung dieser Arbeitspapiere verlangt wird.[226]

113 *(4) Streitigkeiten um öffentlich-rechtliche Arbeitspapiere.* Für Klagen auf **Herausgabe der öffentlich-rechtlichen Arbeitspapiere** (ua LStBescheinigung, Versicherungsausweis, Arbeitsbescheinigung (§ 312 SGB III), Aufenthaltstitel mit Erlaubnis einer Erwerbstätigkeit (§ 4a AufenthG), Aufenthaltserlaubnis (§ 7 AufenthG), Niederlassungstitel (§ 7 AufenthG) und Gesundheitsbescheinigung) wird der Rechtsweg zu den Gerichten für Arbeitssachen bejaht.[227] Das Rechtsschutzinteresse für solche Klagen wird selbst dann angenommen, wenn der Arbeitnehmer schon ein Verwaltungsverfahren eingeleitet hat.[228] Auch für Klagen auf Erteilung der öffentlich-rechtlichen Arbeitspapiere wird die Rechtswegzuständigkeit der Gerichte für Arbeitssachen angenommen. Das Rechtsverhältnis, aus dem der Arbeitnehmer einen Anspruch auf Erteilung (Ausfüllung und Herausgabe) einer Arbeitsbescheinigung herleitet, wird von den Rechtssätzen des Arbeitsrechts geprägt und ist demnach bürgerlich-rechtlich.[229] Erteilung bedeutet in aller Regel die vollständige – mit Unterschrift und Datumsangabe versehene – Beantwortung aller Fragen des amtlichen Formblattes.[230]

114 Von den Rechtsstreitigkeiten um die Erteilung eines öffentlich-rechtlichen Arbeitspapiers sind zu unterscheiden alle Rechtsstreitigkeiten, in denen es um den **zutreffenden Inhalt** des Arbeitspapiers geht, also zB um die **Berichtigung** der Lohnsteuerbescheinigung oder der Arbeitsbescheinigung nach § 312 SGB III. Denn insoweit bestehen primär öffentlich-rechtliche Verpflichtungen des Arbeitgebers.[231] Gleichwohl will der BFH danach differenzieren, ob der zur Klagebegründung vorgetragene Sachverhalt für die aus ihm hergeleitete Rechtsfolge von Rechtssätzen des Arbeitsrechts geprägt wird.[232]

---

[223] BAG 7.5.2013 – 10 AZB 8/13, NZA 2013, 862; 11.6.2003 – 5 AZB 1/03, EzA ArbGG 1979 § 2 Nr. 59; BSG 12.12.1990 – 11 Rar 43/88, NJW 1991, 2101.
[224] BFH 4.9.2008 – VI B 108/07, NZA 2009, 600; offen gelassen von BAG 7.5.2013 – 10 AZB 8/13, NZA 2013, 862.
[225] BAG 15.1.1992 – 5 AZR 15/91, AP ArbGG 1979 § 2 Nr. 21.
[226] *Gift/Baur,* Das Urteilsverfahren vor den Gerichten für Arbeitssachen, C. 134.
[227] BAG 7.5.2013 – 10 AZB 8/13, NZA 2013, 862; BFH 4.9.2008 – VI B 108/07, NZA 2009, 600; BAG 15.1.1992 – 5 AZR 15/91, AP ArbGG 1979 § 2 Nr. 21 (Arbeitsbescheinigung); BAG 13.3.1991 – 5 AZR 160/90, BeckRS 1991, 30736898 (Arbeitsbescheinigung, ohne nähere Begründung); *Gift/Baur,* Das Urteilsverfahren vor den Gerichten für Arbeitssachen, C. 135.
[228] BAG 15.1.1992 – 5 AZR 15/91, AP ArbGG 1979 § 2 Nr. 21; aA BSG 12.12.1990 – 11 Rar 43/88, NJW 1991, 2101 (kein Rechtsschutzbedürfnis für Klage auf Herausgabe, Ausstellung, Berichtigung oder Ergänzung der Arbeitsbescheinigung nach Einleitung des Verwaltungsverfahrens); BFH 29.6.1993 – VI B 108/92, AP ArbGG 1979 § 2 Nr. 20 (kein Rechtsschutzinteresse für Klage auf Abführung von Lohnsteuer bzw. Berichtigung der Lohnsteuerbescheinigung).
[229] BAG 15.1.1992 – 5 AZR 15/91, AP ArbGG 1979 § 2 Nr. 21 (Arbeitsbescheinigung).
[230] BAG 15.1.1992 – 5 AZR 15/91, AP ArbGG 1979 § 2 Nr. 21 (Arbeitsbescheinigung).
[231] BAG 7.5.2013 – 10 AZB 8/13, NZA 2013, 862; 15.1.1992 – 5 AZR 15/91, AP ArbGG 1979 § 2 Nr. 21 (Arbeitsbescheinigung).
[232] BFH 4.9.2008 – VI B 108/07, NZA 2009, 600; dagegen zutreffend LAG Baden-Württemberg 24.3.2011 – 21 Ta 2/11, FD-ArbR 2011, 317007; vgl. auch BAG 7.5.2013 – 10 AZB 8/13, NZA 2013, 862 (offen gelassen).

Bei der Beendigung des Arbeitsverhältnisses oder am Ende des Kalenderjahres hat der 115
Arbeitgeber an die amtlich bestimmte Übermittlungsstelle eine elektronische Lohnsteuerbescheinigung zu übermitteln (§ 41b Abs. 1 S. 2 EStG). Zudem hat der Arbeitgeber dem Arbeitnehmer einen nach amtlich vorgeschriebenem Muster gefertigten Ausdruck der elektronischen Lohnsteuerbescheinigung auszuhändigen oder elektronisch bereitzustellen (§ 41b Abs. 1 S. 3 EStG). Die Verpflichtung zu ordnungsgemäßen Angaben in den Lohnsteuerbescheinigungen ist eine Nebenpflicht des ArbGeb aus dem Arbeitsverhältnis. Daneben ist der ArbGeb aber auch nach § 41b Abs. 1 S. 2 EStG öffentlich-rechtlich verpflichtet, ordnungsgemäß die Pflichtangaben in den Lohnsteuerbescheinigungen zu machen. Prägend für die inhaltliche Ausgestaltung der LStBescheinigung sei die Verpflichtung aus dem EStG. Hierfür seien nicht die Gerichte für Arbeitssachen, sondern die FG zuständig.[233] Auch für eine Klage auf Berichtigung einer Bescheinigung zur Vorlage beim FA (hier: Umfang und Dauer des berufsbedingten Einsatzes an wechselnden Arbeitsorten und der dabei zurückgelegten Kilometer) soll der Rechtsweg zu den Gerichten für Arbeitssachen nicht gegeben sein.[234] Dem gegenüber hat der BFH erkannt, dass das Klagebegehren auf Erteilung einer zutreffenden LStBescheinigung bzw. auf Berichtigung der LStBescheinigung im Kern eine bürgerlich-rechtliche Streitigkeit sei, für die der Finanzrechtsweg nicht gegeben sei.[235] Dem folgend wird in der Finanzgerichtsbarkeit auch für Klagen auf zutreffende Eintragungen, Ergänzungen oder Berichtigung von Daten in der Lohnsteuerbescheinigung von bürgerlichen Rechtsstreiten ausgegangen. Eine Abgabenangelegenheit nach § 33 FGO liege nicht vor; an einem im Finanzrechtsweg zu entscheidenden Fall müsse eine Finanzbehörde beteiligt sein.[236]

Für die Klage auf Berichtigung einer nach § 312 SGB III zu erteilenden **Arbeitsbescheinigung** ist der Rechtsweg zu den Sozialgerichten und nicht zu den Arbeitsgerichten gegeben.[237] Denn alle Regelungen über den Inhalt der Arbeitsbescheinigung nach § 312 SGB III, insbesondere zu der Richtigkeit der vom Arbeitgeber gemachten Angaben, sind dem öffentlichen Recht zuzuordnen. Für die Klage auf Berichtigung der Arbeitsbescheinigung fehlt das Rechtsschutzbedürfnis, wenn bereits ein Verwaltungsverfahren auf Leistung von Sozialleistungen läuft.[238] 116

Entsprechendes muss für ggf. notwendige Bescheinigungen gegenüber den Sozialversicherungsträgern gelten. Der Grundsatz, dass die Arbeitsgerichte für den Inhalt der öffentlich-rechtlichen Arbeitspapiere nicht zuständig sind, gilt auch für (ergänzende) mündlich oder fernmündlich erteilte Auskünfte des Arbeitgebers gegenüber den Behörden.[239] 117

e) Streitigkeiten aus Zusammenhang mit Arbeitsverhältnis gegen Arbeitgeber. Durch Einfügung von § 2 Abs. 1 Nr. 4a ArbGG sollte sichergestellt werden, dass auch Streitigkeiten um die betriebliche Altersversorgung von den Gerichten für Arbeitssachen entschieden werden.[240] Voraussetzung für diese Fallgruppe ist, dass nicht eine ausschließliche andere Rechtswegzuständigkeit besteht. 118

Sowohl in § 2 Abs. 1 Nr. 4a ArbGG als auch in § 2 Abs. 3 ArbGG ist von einem „rechtlichen oder unmittelbar wirtschaftlichen Zusammenhang" die Rede, der sich bei Nr. 4a auf das „Arbeitsverhältnis" und bei Abs. 3 auf den Hauptprozess bezieht. Die engere Vorschrift 119

---

[233] BAG 7.5.2013 – 10 AZB 8/13, NZA 2013, 862; 11.6.2003 – 5 AZB 1/03, NZA 2003, 877; 11.6.2003 – 5 AZB 1/03, EzA ArbGG 1979 § 2 Nr. 59; Schwab/Weth/*Walker* ArbGG § 2 Rn. 140.
[234] ArbG Bielefeld 11.10.1989 – 2 Ca 1392/89, DB 1990, 1624.
[235] BFH 29.6.1993 – VI B 108/92, AP ArbGG 1979 § 2 Nr. 20; 19.10.2001 – VI R 36/96, DStRE 2002, 434.
[236] FG München 9.6.2004 – 1 K 1234/04, NZA 2005, 512 mzustAnm *Gravenhorst* in juris-PR-ArbR 39/2004; FG Schleswig-Holstein 11.11.1987 – I 464/87, EFG 1988, 245; FG Nürnberg 2.2.1995 – VI 80/94, AP ArbGG 1979 § 2 Nr. 35; FG Brandenburg 3.12.1996 – 1 K 1366/96, NZA-RR 1997, 355; FG Hamburg 10.12.2001 – II 275/01, BeckRS 2001, 21009796; FG Rheinland-Pfalz 23.9.2002 – 1 K 1626/02, BeckRS 2002, 21010245; FG Münster 25.8.2005 – 8 K 1700/02 E, BeckRS 2005, 26018795; ebenso: LAG Brandenburg 5.12.2002 – 6 Ta 96/02, NZA-RR 2003, 376.
[237] BAG 15.1.1992 – 5 AZR 15/91, AP ArbGG 1979 § 2 Nr. 21; 13.7.1988 – 5 AZR 467/87, AP ArbGG 1979 § 2 Nr. 11; BSG 12.12.1990 – 11 RAr 43/88, NJW 1991, 2101.
[238] BSG 12.12.1990 – 11 RAr 43/88, NJW 1991, 2101.
[239] LAG Köln 8.11.1989 – 5 Sa 716/89, LAGE ArbGG 1979 § 2 Nr. 8.
[240] Schwab/Weth/*Walker* ArbGG § 2 Rn. 142.

der Nr. 4a führt dabei zu einer ausschließlichen, die weiter gefasste Vorschrift des Abs. 3 zu einer fakultativen Rechtswegzuständigkeit.[241]

120   aa) *Parteien des Rechtsstreits.* Neben dem Arbeitgeber können nicht nur der Arbeitnehmer, sondern auch dessen Hinterbliebene beteiligt sein. Für Erben folgt die Rechtswegzuständigkeit bereits aus § 3 ArbGG, denn diese sind Rechtsnachfolger. Damit erfasst § 2 Abs. 1 Nr. 4a ArbGG zusätzlich Hinterbliebene, die nicht Erben sind, denen nach dem Tode des Arbeitnehmers eigenständige Ansprüche aus dem früheren Arbeitsverhältnis zustehen.[242] Wer Kläger oder Beklagter ist, ist unerheblich. Ehemalige Arbeitnehmer werden in Nr. 4 nicht genannt, weil ihre Ansprüche, so weit sie auf dem Arbeitsverhältnis beruhen, ohnehin nach § 2 Abs. 1 Nr. 3a und 3c ArbGG zur Zuständigkeit der Arbeitsgerichte gehören.[243]

121   bb) *Rechtlicher Zusammenhang.* Dieser besteht, wenn der Anspruch auf dem Arbeitsverhältnis beruht oder durch dieses bedingt ist.[244] Dann ist aber in aller Regel auch die Rechtswegzuständigkeit nach § 2 Abs. 1 Nr. 3a ArbGG gegeben.[245] Ansprüche des Arbeitnehmers gegen den Arbeitgeber auf Leistungen der betrieblichen Altersversorgung folgen nämlich aus § 2 Abs. 1 Nr. 3a ArbGG.[246] Nach dem BAG können Streitigkeiten über abstrakte Rechtsgeschäfte (Vergleich, konstitutives Schuldanerkenntnis, Scheck, Wechsel, usw), die auf dem Arbeitsverhältnis beruhen, dem § 2 Abs. 1 Nr. 4a ArbGG unterfallen, wenn sie nicht § 2 Abs. 1 Nr. 3a ArbGG zugeordnet werden.[247] Der Norm unterfallen auch Ansprüche aus dem Bundesdatenschutzgesetz, die der Arbeitnehmer nach der Beendigung des Arbeitsverhältnisses geltend macht.[248]

122   cc) *Unmittelbar wirtschaftlicher Zusammenhang.* Dieser ist anzunehmen, wenn der Anspruch auf demselben wirtschaftlichen Verhältnis beruht oder wirtschaftliche Folge desselben Tatbestands ist. Die Ansprüche müssen innerlich eng zusammengehören, also einem einheitlichen Lebenssachverhalt entspringen. Diese Voraussetzungen liegen regelmäßig vor, wenn eine nicht aus dem Arbeitsverhältnis resultierende Leistung im Hinblick auf das Arbeitsverhältnis erbracht wird oder beansprucht werden kann. Der Zusammenhang kommt besonders deutlich dann zum Ausdruck, wenn die Leistung auch eine Bindung des Arbeitnehmers an den Betrieb bezweckt.[249] Gedacht ist an Rechtsstreitigkeiten über Nebenleistungen des Arbeitgebers, wie zinsgünstige Darlehen,[250] Möglichkeiten zum verbilligten Einkauf, die Benutzung von betrieblichen Sport- und sonstigen Einrichtungen oder Betriebsparkplätzen, die Überlassung von Werkzeugen oder Maschinen und die Lieferung von Hausbrandkohle,[251] aber auch um dem Arbeitgeber zustehende Nutzungsentgelte im Nebentätigkeitsbereich.[252] Auch Ansprüche aus einer privaten Unfallversicherung des Arbeitgebers zu Gunsten des Arbeitnehmers gehören hierher. Bietet der Arbeitgeber dem Arbeitnehmer unabhängig von der Höhe des Preisnachlasses eine Möglichkeit zum Wareneinkauf, die ein Außenstehender nicht erhalten hätte, und wird dabei vereinbart, den Kaufpreis mit Ansprüchen des Arbeitnehmers aus der Vergütung von Überstunden zu verrechnen, sind nach § 2 Abs. 1 Nr. 4a ArbGG für die Klage wegen Kaufpreiszahlungen die Arbeitsgerichte zuständig.[253] Soweit In-

---

[241] Schwab/Weth/*Walker* ArbGG § 2 Rn. 146.
[242] BAG 7.10.1981 – 4 AZR 173/81, AP ArbGG 1979 § 48 Nr. 1.
[243] BAG 17.1.1969 – 3 AZR 96/67, AP BGB § 242 Ruhegehalt-Pensionskassen Nr. 1; 17.5.1973 – 3 AZR 381/72, AP BGB § 242 Ruhegehalt-Unterstützungskassen Nr. 6.
[244] BAG 16.4.2014 – 10 AZB 12/14, ArbR 2014, 575.
[245] Schwab/Weth/*Walker* ArbGG § 2 Rn. 147, auch zur missglückten Gesetzesfassung.
[246] BAG 29.4.1994 – 3 AZB 18/93, AP ArbGG 1979 § 2 Nr. 26.
[247] BAG 7.11.1996 – 5 AZB 19/96, AP ArbGG 1979 § 46 Nr. 1.
[248] BAG 3.2.2014 – 10 AZB 77/13, NZA 2014, 391.
[249] BAG 16.4.2014 – 10 AZB 12/14, ArbR 2014, 575; 24.9.2004 – 5 AZB 446/04, EzA ArbGG 1979 § 2 Nr. 62; 11.9.2002 – 5 AZB 3/02, NZA 2003, 62; 23.8.2001 – 5 AZB 20/01, AP ArbGG 1979 § 2 Nr. 76; OLG Karlsruhe 28.1.1992 – 18a U 149/91, MDR 1992, 384; Schwab/Weth/*Walker* ArbGG § 2 Rn. 150.
[250] LAG München 2.1.2007 – 4 Ta 361/06, BeckRS 2009, 61922.
[251] Germelmann/Matthes/Prütting/*Schlewing* ArbGG § 2 Rn. 85; *Wenzel* AuR 1979, 226.
[252] BAG 24.9.2004 – 5 AZB 46/04, EzA ArbGG 1979 § 2 Nr. 62.
[253] OLG Karlsruhe 28.1.1992 – 18a U 149/91, NJW-RR 1992, 562.

solvenzanfechtungsklagen nicht schon unter Nr. 3a fallen (→ Rn. 90 ff.), werden sie jedenfalls von Nr. 4a erfasst.[254]

f) Streitigkeiten gegen gemeinsame Einrichtung oder Sozialeinrichtung. Durch § 2 Abs. 1 123
Nr. 4b ArbGG wird die Rechtswegzuständigkeit auf Streitigkeiten erstreckt, bei denen nicht der Arbeitgeber, sondern eine gemeinsame Einrichtung der Tarifvertragsparteien oder Sozialeinrichtung des privaten Rechts Gegner des Arbeitnehmers oder eines Hinterbliebenen ist. Bei der gemeinsamen Einrichtung der Tarifvertragsparteien ist die Organisationsform unerheblich. Die Einrichtung muss zumindest passiv parteifähig sein.[255] Von großer praktischer Bedeutung sind die gemeinsamen Einrichtungen im Baugewerbe (Lohnausgleichs-, Urlaubs- oder Sozialkassen) und der Gesamthafenbetrieb.[256]

Der Begriff der Sozialeinrichtung ist identisch[257] mit dem des § 87 Abs. 1 Nr. 8 BetrVG 124
(zB Pensions- oder Unterstützungskassen). Nach dem Wortlaut von § 2 Abs. 1 Nr. 4b ArbGG sind in den Zuständigkeitsbereich der Gerichte für Arbeitssachen nur solche Sozialeinrichtungen einbezogen, die in der Rechtsform des privaten Rechts organisiert worden sind.[258] Versorgungsanstalten des öffentlichen Rechts (VBL) fallen demgegenüber nicht in den Zuständigkeitsbereich der Arbeitsgerichte. Für die betriebliche Altersversorgung im öffentlichen Dienst sind die ordentlichen Gerichte zuständig, auch wenn das Rechtsverhältnis zwischen Kasse und versichertem Arbeitnehmer privatrechtlich organisiert ist. Schlägt hingegen diese Versorgung aus Gründen fehl, die der öffentliche Arbeitgeber zu vertreten hat, sind für die daraus folgenden Schadenersatzansprüche wiederum die Arbeitsgerichte zuständig.[259] Auch für den Verschaffungsanspruch sind die Gerichte für Arbeitssachen zuständig.

g) Streitigkeiten aus Insolvenzsicherung. Von § 2 Abs. 1 Nr. 5 ArbGG werden Streitigkeiten 125
zwischen Arbeitnehmern oder ihren Hinterbliebenen und dem Träger der Insolvenzversicherung über Ansprüche auf Leistungen der Insolvenzversicherung nach §§ 7 bis 15 BetrAVG erfasst. Die Vorschrift bezieht sich einerseits auf Arbeitnehmer (auch ehemalige Arbeitnehmer) und ihre Hinterbliebenen (nicht etwa auf Dritte wie den geschiedenen Ehegatten mit einem Versorgungsausgleich)[260] und andererseits auf den Träger der Insolvenzversicherung. Dies ist der in Köln ansässige Pensions-Sicherungs-Verein (PSV) VVaG (§ 14 Abs. 1 BetrAVG). Auf die Parteistellung des Arbeitnehmers, Hinterbliebenen oder Trägers kommt es nicht an. Das Arbeitsgericht ist also auch dann zuständig, wenn der PSV gegen den Arbeitnehmer oder seinen Hinterbliebenen klagt, etwa auf Erstattung überzahlter Leistungen.

Keine Arbeitnehmer im Sinne dieser Vorschrift sind wegen § 5 Abs. 1 S. 3 ArbGG Perso- 126
nen, die über den persönlichen Geltungsbereich des § 17 Abs. 1 S. 1 BetrAVG hinaus in den Insolvenzschutz einbezogen sind (§ 17 Abs. 1 S. 2 BetrAVG). Für Streitigkeiten dieser Personen (zB Geschäftsführer, Vorstandsmitglieder) und dem Träger der Insolvenzsicherung sind nicht die Gerichte für Arbeitssachen, sondern die ordentlichen Gerichte zuständig.[261]

Erforderlich ist eine bürgerliche Rechtsstreitigkeit. Das trifft zu, wenn bei unmittelbarer 127
Geltendmachung des Anspruchs gegen den Arbeitgeber oder seine Versorgungseinrichtung oder umgekehrt die Zuständigkeit des Arbeitsgerichtes nach § 2 Abs. 1 Nr. 4 ArbGG bestünde.[262]

h) Streitigkeiten von Arbeitgebern gegen Einrichtungen. Die Vorschrift des § 2 Abs. 1 128
Nr. 6 ArbGG ergänzt § 2 Abs. 1 Nr. 4b und 5 ArbGG, als auch Rechtsstreitigkeiten der gemeinsamen Einrichtungen mit Arbeitgebern (in ihrer Eigenschaft als Arbeitgeber)[263] und

---

[254] Vgl. auch BAG 31.3.2009 – 5 AZB 98/08, ZIP 2009, 831; 27.2.2008 – 5 AZB 43/07, NZA 2008, 549.
[255] Schwab/Weth/*Walker* ArbGG § 2 Rn. 153.
[256] BAG 25.1.1989 – 5 AZR 43/88, AP GesamthafenbetriebsG § 1 Nr. 5.
[257] BAG 5.12.2013 – 10 AZB 25/13, NZA 2014, 221.
[258] BAG 28.4.1981 – 3 AZR 255/80, AP TVG § 4 Gemeinsame Einrichtungen Nr. 3.
[259] BAG 28.4.1981 – 3 AZR 255/80, AP TVG § 4 Gemeinsame Einrichtungen Nr. 3.
[260] Schwab/Weth/*Walker* ArbGG § 2 Rn. 162 (Rechtswegzuständigkeit der ordentlichen Gerichte).
[261] BAG 20.5.1998 – 5 AZB 3/98, NZA 1998, 1247; *Gift/Baur*, Das Urteilsverfahren vor den Gerichten für Arbeitssachen, C. 155.
[262] Schwab/Weth/*Walker* ArbGG § 2 Rn. 160.
[263] BAG 1.8.2017 – 9 AZB 45/17, NZA 2017, 1143; Schwab/Weth/*Walker* ArbGG § 2 Rn. 166.

zwischen solchen Einrichtungen der Rechtswegzuständigkeit der Gerichte für Arbeitssachen unterstellt werden. Von praktischer Bedeutung ist die Vorschrift für Rechtstreite, an denen die Urlaubs- und Lohnausgleichskasse für die Bauwirtschaft – ULAK – in Wiesbaden oder die Zusatzversorgungskasse des Baugewerbes VVaG – ZVK – in Wiesbaden beteiligt ist.[264]

129 Der Anwendungsbereich von § 2 Abs. 1 Nr. 6 ArbGG für Streitigkeiten zwischen Arbeitgeber und dem PSV ist gering.[265] Für die Klage auf Feststellung der Möglichkeit zur Kürzung oder Einstellung von Versorgungsleistungen fehlt mittlerweile die Rechtsgrundlage. Im Zuge der Änderung des BetrAVG ist der Sicherungsfall der wirtschaftlichen Notlage zum 1.1.1999 gestrichen worden.[266]

130 Erforderlich ist eine bürgerliche Rechtsstreitigkeit. Da das Verhältnis zwischen Arbeitgeber und dem PSV öffentlich-rechtlicher Natur ist (vgl. § 10 Abs. 1 BetrAVG), gehören Streitigkeiten über Beitrags-, Mitteilungs- und Auskunftspflichten (§§ 10, 11 BetrAVG) vor das Verwaltungsgericht.[267]

131 **i) Entwicklungshelferstreitigkeiten.** Grundlage der Streitigkeit nach § 2 Abs. 1 Nr. 7 ArbGG muss das Entwicklungshelfer-Gesetz (EhfG) vom 18.6.1969 sein. Dessen § 19 regelt den Rechtsweg ausdrücklich wie folgt: Für bürgerliche Rechtsstreitigkeiten ist das Arbeitsgericht zuständig (Absatz 1), und für öffentlich-rechtliche Streitigkeiten ist der Rechtsweg zu den Gerichten der Sozialgerichtsbarkeit gegeben (Absatz 2). Der Entwicklungsdienstvertrag nach § 4 EhfG zwischen dem Träger und dem Helfer ist kein Arbeitsvertrag,[268] weshalb eine Rechtswegzuständigkeit der Gerichte für Arbeitssachen nach § 2 Abs. 1 Nr. 3 ArbGG ausscheidet. Gleichwohl wird die Streitigkeit durch § 1 Abs. 1 Nr. 7 den Arbeitsgerichten zugewiesen. Der Helfer wird jedoch oft zu dem Projektträger im Ausland in einem Arbeitsverhältnis stehen. Ob auf dieses das deutsche Arbeitsrecht Anwendung findet, bestimmt sich nach den Vorschriften und Regeln des Internationalen Privatrechts (→ Rn. 30). Ob die deutschen Arbeitsgerichte für derartige Streitigkeiten zuständig sind, ist eine Frage der internationalen Zuständigkeit der deutschen Gerichte.

132 **j) Streitigkeiten der Beteiligten am sozialen oder ökologischen Jahr.** Die Rechtswegzuständigkeit der Gerichte für Arbeitssachen besteht nach § 2 Abs. 1 Nr. 8 ArbGG auch für bürgerliche Rechtsstreitigkeiten zwischen den Trägern eines freiwilligen sozialen Jahres und Helfern nach dem Gesetz zur Förderung eines freiwilligen sozialen Jahres und bürgerliche Rechtsstreitigkeiten zwischen den Trägern des freiwilligen ökologischen Jahres und Teilnehmern nach dem Gesetz zur Förderung eines freiwilligen ökologischen Jahres.

133 **k) Streitigkeiten nach dem Bundesfreiwilligendienst.** Die Vorschrift des § 2 Abs. Nr. 8a erstreckt die Rechtswegzuständigkeit der Arbeitsgerichte im Urteilsverfahren auf bürgerliche Rechtsstreitigkeiten zwischen dem Bund oder den Einsatzstellen des Bundesfreiwilligendienstes oder deren Trägern und Freiwilligen nach dem Bundesfreiwilligengesetz. Auch wenn es sich bei dem Vertragsverhältnis zwischen dem Bund und dem Freiwilligen nicht um einen Arbeitsvertrag handelt und nach § 13 Abs. 1 BFDG nur Arbeitsschutzbestimmungen sowie das BUrlG Anwendung finden, rechtfertigt sich die Einbeziehung dieses Personenkreises aufgrund der Sachnähe der Arbeitsgerichte. Allerdings muss es sich auch tatsächlich um eine Tätigkeit auf Grundlage des Bundesfreiwilligendienstes handeln. Andere freiwillige Dienste begründen die Zuständigkeit nicht.[269]

134 **l) Streitigkeiten zwischen Arbeitnehmern.** Von § 2 Abs. 1 Nr. 9 ArbGG werden erfasst bürgerlich-rechtliche Streitigkeiten zwischen Arbeitnehmern iSv § 5 ArbGG

---

[264] Vgl. zur Zulässigkeit der mit Formular eingeleiteten Klagen der ZVK: BAG 10.4.1991 – 4 AZR 479/90, AP TVG § 1 Tarifverträge: Bau Nr. 141; 13.3.1996 – 10 AZR 721/95, AP TVG § 1 Tarifverträge: Bau Nr. 194.
[265] Schwab/Weth/*Walker* ArbGG § 2 Rn. 168.
[266] Zur Rechtslage seit dem 1.1.1999 vgl. einerseits *Schwerdtner* FS Uhlenbruck 799 ff.; *Bepler* BetrAV 19, 24; andererseits *Blomeyer/Otto*, Ergänzungsheft zu BetrAVG, 2. Aufl., Verb. § 7 Rn. 82 ff.; noch offen gelassen in BAG 24.4.2001 – 3 AZR 402/00, AP BetrAVG § 7 Widerruf Nr. 23; vgl. nun BAG 17.6.2003 – 3 AZR 396/02, AP BetrAVG § 7 Nr. 24.
[267] Germelmann/Matthes/Prütting/*Schlewing* ArbGG § 2 Rn. 98; Schwab/Weth/*Walker* ArbGG § 2 Rn. 163.
[268] BAG 27.4.1977 – 5 AZR 129/76, AP BGB § 611 Entwicklungshelfer Nr. 1.
[269] BAG 9.4.2019 – 9 AZB 2/19, NZA 2020, 533.

- aus gemeinsamer Arbeit und
- aus unerlaubten Handlungen, so weit diese mit dem Arbeitsverhältnis im Zusammenhang stehen (nicht erforderlich ist, dass die Streitparteien beim gleichen Arbeitgeber beschäftigt sind).²⁷⁰

Die Vorschrift ist analog anzuwenden auf die nach § 1 Abs. 1 Nr. 7, 8 und 8a ArbGG geschützten Nichtarbeitnehmer und auch dann, wenn Hinterbliebene von Arbeitnehmern an der Streitigkeit beteiligt sind.²⁷¹   **135**

Nicht in die Zuständigkeit der Gerichte für Arbeitssachen fallen Streitigkeiten zwischen Arbeitgebern zB wegen Abwerbung, Beschäftigung Vertragsbrüchiger oder wegen Schadensersatzes im Zusammenhang mit einem unrichtigen Zeugnis.²⁷² Hierfür sind die ordentlichen Gerichte zuständig.²⁷³   **136**

Ansprüche aus gemeinsamer Arbeit kommen vor allem bei Gruppenarbeitsverhältnissen vor. Bei bürgerlichen Rechtsstreitigkeiten zwischen Arbeitnehmern aus unerlaubter Handlung darf der Zusammenhang zwischen der unerlaubten Handlung und dem Arbeitsverhältnis nicht bloß ein äußerer oder nur zufälliger sein. Ursache muss die besondere Eigenart des Arbeitsverhältnisses sein.²⁷⁴ So etwa bei Körperverletzungen oder Sachbeschädigungen unter Arbeitskollegen während der Arbeit, auf dem Weg zur oder von der Arbeit, bei Betriebsfeiern und -ausflügen, nicht dagegen Vorkommnisse aus privatem Anlass, zB gemeinsamer Urlaub oder Tätlichkeiten auf dem Sportplatz.²⁷⁵   **137**

m) Streitigkeiten aus SGB IX. Die Gerichte für Arbeitssachen sind nach § 2 Abs. 1 Nr. 10 ArbGG zuständig für bürgerliche Rechtsstreitigkeiten zwischen behinderten Menschen im Arbeitsbereich von Werkstätten für behinderte Menschen und den Trägern der Werkstätten aus den in § 138 SGB IX geregelten arbeitnehmerähnlichen Rechtsverhältnissen. Zwischen den Genannten kann ein Arbeitsverhältnis bestehen. Andernfalls liegt ein § 138 Abs. 1 SGB IX ein arbeitnehmerähnliches Rechtsverhältnis vor. Für Streitigkeiten aus diesem Rechtsverhältnis stellt § 2 Abs. 1 Nr. 10 ArbGG die Rechtswegzuständigkeit der Gerichte für Arbeitssachen klar. Nicht erfasst werden Streitigkeiten zwischen den behinderten Menschen und den Sozialleistungsträgern, die öffentlich-rechtlicher Natur sind.²⁷⁶   **138**

n) Streitigkeiten aus Arbeitnehmererfindung/Urheberrecht. Nach § 2 Abs. 2 ArbGG sind die Gerichte für Arbeitssachen auch zuständig für bürgerliche Rechtsstreitigkeiten zwischen Arbeitnehmern und Arbeitgebern, die ausschließlich Ansprüche auf Leistung einer festgestellten oder festgesetzten Vergütung für eine Arbeitnehmererfindung oder für einen technischen Verbesserungsvorschlag nach § 20 Abs. 1 des Gesetzes über Arbeitnehmererfindungen (ArbNErfG) zum Gegenstand haben. Diese Vorschrift entspricht den Zuständigkeitsregelungen in § 39 Abs. 2 ArbNErfG und § 104 S. 2 UrhG. Demgegenüber fallen die Rechtsstreitigkeiten über Erfindungen eines Arbeitnehmers in die Zuständigkeit der für Patentstreitigkeiten zuständigen Gerichte.   **139**

Die Gerichte für Arbeitssachen sind in diesen Fällen nicht ausschließlich, sondern nur fakultativ zuständig.²⁷⁷ Die klagende Partei hat ein Wahlrecht. Durch Vereinbarung kann die Rechtswegzuständigkeit der ordentlichen Gerichte oder der Gerichte für Arbeitssachen begründet werden.   **140**

o) Zusammenhangsklagen. Nach § 2 Abs. 3 ArbGG können auch nicht unter § 2 Abs. 1 und 2 ArbGG fallende Rechtsstreitigkeiten, die an sich in die Zuständigkeit der ordentli-   **141**

---

²⁷⁰ OLG Hamm 32.9.1999 – 6 W 31/99, NZA-RR 2000, 499; Schwab/Weth/*Walker* ArbGG § 2 Rn. 177.
²⁷¹ Schwab/Weth/*Walker* ArbGG § 2 Rn. 177 (unter Hinweis auf Ansprüche nach §§ 844, 845 BGB); Germelmann/Matthes/Prütting/*Schlewing* ArbGG § 2 Rn. 109.
²⁷² BGH 15.5.1979 – VI ZR 230/76, AP BGB § 630 Nr. 13; 26.11.1963 – VI ZR 221/62, AP BGB § 826 Nr. 10; OLG München 30.3.2000 – 1 U 6245/99, OLGR 2000, 337.
²⁷³ Schwab/Weth/*Walker* ArbGG § 2 Rn. 178.
²⁷⁴ BAG 11.7.1995 – 5 AS 13/95, AP ArbGG 1979 § 2 Nr. 32; BGH 12.3.2002 – X ARZ 314/01, AP ZPO § 36 Nr. 56; 7.2.1958 – VI ZR 49/57, AP ArbGG 1953 § 2 Nr. 48; OLG Hamm 23.9.1999 – 6 W 31/99, NZA-RR 2000, 499.
²⁷⁵ Schwab/Weth/*Walker* ArbGG § 2 Rn. 181.
²⁷⁶ Schwab/Weth/*Walker* ArbGG § 2 Rn. 183; vgl. auch BAG 17.3.2015 – 9 AZR 994/13, NZA 2015, 1071.
²⁷⁷ Schwab/Weth/*Walker* ArbGG § 2 Rn. 35 und 185.

chen Gerichte gehören, als sog. Zusammenhangsstreitigkeiten vor die Gerichte für Arbeitssachen gebracht werden, wenn der Anspruch
- mit einer bei einem Arbeitsgericht
  – anhängigen
  – oder gleichzeitig anhängig werdenden
- bürgerlichen Rechtsstreitigkeit der in den Absätzen 1 und 2 bezeichneten Art
- in
  – rechtlichem
  – oder unmittelbar wirtschaftlichem Zusammenhang steht
- und für seine Geltendmachung nicht die ausschließliche Zuständigkeit eines anderen Gerichts gegeben ist.

142 Eine vergleichbare Vorschrift für die ordentliche Gerichtsbarkeit gibt es nicht. Die Vorschrift will die Teilung rechtlich oder wirtschaftlich zusammenhängender Verfahren zwischen ordentlichen und Arbeitsgerichten verhindern.[278] Sie ermöglicht einer Partei einseitig die klageweise Geltendmachung nichtarbeitsrechtlicher Ansprüche im Arbeitsgerichtsprozess. Es besteht kein Zwang, sondern ein Wahlrecht des Klägers.[279] Die Vorschrift begründet keine ausschließliche, sondern eine fakultative Zuständigkeit. Insoweit kann die Rechtswegzuständigkeit auch zwischen den Parteien vereinbart werden.[280] Eine Zuständigkeitsbegründung durch rügelose Einlassung scheidet jedoch aus, weil § 39 ZPO nicht für die Rechtswegzuständigkeit gilt.[281] Eine konkludente Aufhebung der Zuständigkeitsvereinbarung ist jedoch möglich.

143 *aa) Arbeitsgerichtliche Streitigkeit als Hauptklage.* Voraussetzung für eine Zusammenhangszuständigkeit ist zunächst die Anhängigkeit einer arbeitsgerichtlichen Streitigkeit nach § 2 Abs. 1 oder 2 ArbGG (sog. Hauptklage). Dabei ist ohne Bedeutung, ob diese zulässig oder begründet ist. Nur die **Rechtswegzuständigkeit** des Arbeitsgerichts für die **Hauptklage** muss zweifelsfrei bestehen.[282] Eine unzulässige Zwischenfeststellungsklage auf Feststellung gerade des Rechtsverhältnisses, von dessen rechtlicher Qualifikation die Zuständigkeit des einen oder anderen Rechtswegs abhängt, reicht aber nicht als Hauptklage aus.[283] § 2 Abs. 3 ArbGG findet auch keine Anwendung, wenn die Zuständigkeit für die Zusammenhangsklage allein aus der Verbindung mit einem sic-non-Fall folgen kann.[284] Werden zusätzlich zu einem Feststellungsantrag, der einen sic-non-Fall im Sinne der BAG-Rechtsprechung betrifft, Leistungsanträge gestellt, muss für diese die Rechtswegzuständigkeit der Gerichte für Arbeitssachen nach § 2 Abs. 1 oder 2 ArbGG gesondert festgestellt werden.[285]

144 *bb) Anhängigkeit der Hauptklage.* Die Hauptklage muss bei Einreichung der Zusammenhangsklage schon anhängig sein oder gleichzeitig anhängig gemacht werden. Wird zunächst nur der nichtarbeitsrechtliche Anspruch anhängig gemacht, fehlt es an der Rechtswegzuständigkeit.

145 Strittig ist, wie zu verfahren ist, wenn die Anhängigkeit der Hauptklage zB durch Teilvergleich, -urteil, -klagerücknahme, -erledigungserklärung beendet wird und nur noch der vor die ordentlichen Gerichte gehörende Anspruch verbleibt. Zum Teil wird vertreten, dass durch den Wegfall der Hauptklage die einmal begründete Rechtswegzuständigkeit nicht be-

---

[278] BAG 5.9.2018 – 9 AS 3/18, NZA 2019, 203; 4.9.2018 – 9 AZB 10/18, AP Nr. 64 § 17a GVG; 27.2.1975 – 3 AZR 136/74, AP ArbGG 1953 § 3 Nr. 1.
[279] BAG 5.9.2018 – 9 AS 3/18, NZA 2019, 203; Germelmann/Matthes/Prütting/*Schlewing* ArbGG § 2 Rn. 117; vgl. auch *Kluth* NZA 2000, 1275, der § 2 Abs. 3 ArbGG für „unerkannt verfassungswidrig" hält.
[280] Germelmann/Matthes/Prütting/*Schlewing* ArbGG § 2 Rn. 127; Schwab/Weth/*Walker* ArbGG § 2 Rn. 200.
[281] Schwab/Weth/*Walker* ArbGG § 2 Rn. 200; aA Germelmann/Matthes/Prütting/*Schlewing* ArbGG § 2 Rn. 127.
[282] Germelmann/Matthes/Prütting/*Schlewing* ArbGG § 2 Rn. 119.
[283] BAG 28.10.1993 – 2 AZB 12/93, AP ArbGG 1979 § 2 Nr. 19.
[284] BAG 4.9.2018 – 9 AZB 10/18, AP Nr. 64 § 17a GVG; 15.2.2005 – 5 AZB 13/04, EzA ArbGG 1979 § 5 Nr. 39.
[285] BVerfG 31.8.1999 – 1 BvR 1389/97, EzA ArbGG 1979 § 2 Nr. 47; BAG 4.9.2018 – 9 AZB 10/18, AP Nr. 64 § 17a GVG; 11.6.2003 – 5 AZB 1/03, AP ArbGG 1979 § 2 Nr. 84; 15.2.2005 – 5 AZB 13/04, NJW 2005, 1146; aA Schwab/Weth/*Walker* ArbGG § 2 Rn. 204.

rührt wird.[286] Demgegenüber ist das BAG der Ansicht, die Zuständigkeit der Gerichte für Arbeitssachen entfalle nach Sinn und Zweck der Bestimmung, wenn der Kläger die Hauptklage zurücknimmt, bevor der Beklagte zur Hauptsache verhandelt hat.[287] § 17 Abs. 1 S. 1 GVG spricht für die erstgenannte Ansicht. Die einmal begründete Rechtswegzuständigkeit bleibt bestehen.

cc) Zusammenhangsklage. Gegenstand der Zusammenhangsklage muss eine bürgerliche Rechtsstreitigkeit sein.[288] Die Vorschrift will die Teilung rechtlich oder wirtschaftlich zusammenhängender Verfahren zwischen ordentlichen und Arbeitsgerichten verhindern.[289] 146

Die Zusammenhangsklage muss zur Hauptklage in einem **rechtlichen** oder unmittelbar **wirtschaftlichen Zusammenhang** stehen, was eng auszulegen ist.[290] Er liegt vor, wenn die Hauptklage und die Zusammenhangsklage aus dem gleichen einheitlichen Lebenssachverhalt entspringen und nicht nur rein zufällig eine Verbindung zueinander haben.[291] Für den geforderten Zusammenhang müssen die mit der Haupt- und Zusammenhangsklage verfolgten Ansprüche aus demselben Tatbestand abgeleitet werden (zB: Verfolgung von Schadensersatzansprüchen gegen Anstifter, Gehilfen oder Mittäter, die nicht im Arbeitsverhältnis stehen, oder Geltendmachung der Haupt- und Sicherheitsverbindlichkeit) oder dem Grunde nach auf demselben wirtschaftlichen Komplex beruhen (zB Beschäftigung). 147

Die Zusammenhangsklage ist ausgeschlossen bei ausschließlichem Gerichtsstand der Nichtarbeitssache, also zB bei Ansprüchen mit dinglichem Gerichtsstand (§ 24 ZPO), Wettbewerbsstreitigkeiten[292] oder bei Streitigkeiten über Werkmietwohnungen[293] (§ 29a ZPO iVm § 23 Abs. 1 Nr. 2a GVG). 148

dd) Erhebung der Zusammenhangsklage. § 2 Abs. 3 ArbGG regelt nur die Rechtswegzuständigkeit für die Zusammenhangsklage. Die sonstigen Zulässigkeitsvoraussetzungen müssen ebenfalls vorliegen. Die Zusammenhangsklage kann im Wege der Klagehäufung oder der nachträglichen Klageerweiterung anhängig gemacht werden. Im letztgenannten Fall müssen für die erste Instanz die Voraussetzungen einer Klageänderung nach § 263 ZPO, für die zweite Instanz die strengeren Voraussetzungen nach § 533 vorliegen.[294] Die Zusammenhangsklage kann auch im Wege der Widerklage erhoben werden.[295] Die Vorschrift des § 2 Abs. 3 ArbGG findet auf eine Aufrechnung mit rechtswegfremder Forderung entsprechende Anwendung.[296] 149

ee) Parteien der Zusammenhangsklage. Voraussetzung ist, dass zumindest eine Partei des Hauptstreits als Arbeitnehmer, Arbeitgeber, Tarifvertragspartei oder tariffähige Partei beteiligt ist; daneben können auch Dritte (zB Bürgen oder Gesamtschuldner) Kläger oder Beklagte sein (Beispiel: Arbeitnehmer nimmt Arbeitgeber auf Lohnzahlung und daneben den Bürgen der Forderung gerichtlich in Anspruch). Bei einer Zusammenhangsklage nach § 2 Abs. 3 ArbGG müssen also die **Parteien** der Zusammenhangsklage **nicht identisch** sein mit den Parteien der Hauptklage. Es genügt, dass eine Partei der Hauptklage auch Partei der Zusammenhangsklage ist.[297] 150

ff) Folgen der Zusammenhangszuständigkeit. Auch für die Zusammenhangsklage richtet sich das Verfahren nach dem ArbGG. Über Haupt- und Zusammenhangsklage kann nach 151

---

[286] LAG Köln 23.10.2015 – 11 Ta 77/15, BecjkRS 2015, 73387; 28.2.1995 – 13 Ta 300/94, AP ArbGG 1979 § 2 Nr. 37; Germelmann/Matthes/Prütting/*Schlewing* ArbGG § 2 Rn. 122; *Gift/Baur,* Das Urteilsverfahren vor den Gerichten für Arbeitssachen, C. 209; Schwab/Weth/*Walker* ArbGG § 2 Rn. 206.
[287] BAG 15.8.1975 – 5 AZR 217/75, AP ArbGG 1953 § 2 Nr. 32.
[288] BAG 4.9.2018 – 9 AZB 10/18, AP Nr. 64 § 17a GVG; Schwab/Weth/*Walker* ArbGG § 2 Rn. 208.
[289] BAG 27.2.1975 – 3 AZR 136/74, AP ArbGG 1953 § 3 Nr. 1.
[290] BAG 16.4.2014 – 10 AZB 12/14, ArbR 2014, 575; aA: Germelmann/Matthes/Prütting/*Schlewing* ArbGG § 2 Rn. 116; Schwab/Weth/*Walker* ArbGG § 2 Rn. 210.
[291] BAG 4.9.2018 – 9 AZB 10/18, AP Nr. 64 § 17a GVG; 11.9.2002 – 5 AZB 3/02, NZA 2003, 62; 18.8.1997 – 9 AZB 15/97, AP HGB § 74 Nr. 70.
[292] BAG 4.9.2018 – 9 AZB 10/18, AP Nr. 64 § 17a GVG; 10.6.2010 – 5 AZB 3/10, NZA 2010, 1086.
[293] BAG 28.11.2007 – 5 AZB 44/07, NZA 2007, 843.
[294] Schwab/Weth/*Walker* ArbGG § 2 Rn. 214.
[295] LAG Hessen 20.1.2000 – 2 Ta 739/99, LAGE ArbGG 1979 § 2 Nr. 35.
[296] LAG Schleswig-Holstein 14.9.1994 – 2 Ta 75/94, LAGE ArbGG 1979 § 2 Nr. 18.
[297] BAG 11.9.2002 – 5 AZB 3/02, NZA 2003, 62; 2.12.1992 – 5 AS 13/92, AP ArbGG 1979 § 2 Nr. 24.

§ 301 ZPO getrennt entschieden werden. Die Kostentragungspflicht auch für die Zusammenhangsklage richtet sich nach § 12a Abs. 1 S. 1 ArbGG.[298]

152 **p) Streitigkeiten der Organvertreter.** Auf Grund einer Vereinbarung können nach § 2 Abs. 4 ArbGG auch bürgerliche Rechtsstreitigkeiten zwischen juristischen Personen des Privatrechts und Personen, die kraft Gesetzes allein oder als Mitglieder des Vertretungsorgans der juristischen Person zu deren Vertretung berufen sind, vor die Gerichte für Arbeitssachen gebracht werden. Obwohl die sog. Organvertreter nicht als Arbeitnehmer gelten (§ 5 Abs. 1 S. 3 ArbGG), soll die Möglichkeit geschaffen werden, ihre Streitigkeiten vor dem Arbeitsgericht auszutragen.

153 Erfasst werden nur Vertreter juristischer Personen des Privatrechts, nicht des öffentlichen Rechts, auch wenn sie auf Grund privatrechtlichen Vertrages angestellt sind. Ebenso wenig gilt der fakultative Gerichtsstand für Streitigkeiten zwischen Personengesamtheiten und den kraft Satzung oder Gesellschaftsvertrages zu ihrer Vertretung berufenen Personen.

154 Zu den Organvertretern[299] zählen bei der AG die Mitglieder des Vorstands (§ 78 Abs. 1 AktG), bei der GmbH die Geschäftsführer (§ 35 Abs. 1 GmbHG), bei der eG die Mitglieder des Vorstands (§ 24 Abs. 1 Gen), bei der KGaA der persönlich haftende Gesellschafter (§ 278 AktG iVm §§ 161, 125 HGB) und beim eingetragenen Verein und der Stiftung privaten Rechts die Mitglieder des Vorstands (§§ 26 Abs. 2, 86 BGB).

155 Die Zuständigkeitsvereinbarung kann bereits generell oder für bestimmte Einzelfälle im Dienstvertrag oder später schriftlich oder auch mündlich, ausdrücklich oder konkludent getroffen werden. Der § 2 Abs. 4 ArbGG geht der Vorschrift des § 38 ZPO als lex specialis vor.[300] Die Begründung der Rechtswegzuständigkeit durch rügelose Einlassung kommt jedoch nicht in Betracht, weil § 39 ZPO nicht für die Rechtswegzuständigkeit gilt.[301]

156 **q) Rechtsnachfolge.** Bei arbeitsrechtlicher Rechtsnachfolge kann eine Rechtswegzuständigkeit der Gerichte für Arbeitssachen nach § 3 ArbGG bestehen. Unter den Begriff der Rechtsnachfolge nach § 3 ArbGG fällt sowohl die Gesamt- als auch die Einzelrechtsnachfolge. Ob Rechtsnachfolge kraft Rechtsgeschäft, Gesetz oder Hoheitsakt vorliegt, ist unerheblich. Ob die Rechtsnachfolge auf Seiten des Arbeitgebers oder Arbeitnehmers stattfindet, ist ebenfalls ohne Bedeutung.[302] Der Begriff der Rechtsnachfolge im Sinne von § 3 ArbGG ist weit auszulegen.[303] § 3 ArbGG gilt deshalb nicht nur bei einer Forderungsabtretung oder einer Schuldübernahme, sondern auch bei einem Schuldbeitritt, bei einer Pfändung oder Verpfändung von Ansprüchen, bei der Verfolgung von Ansprüchen aus Verträgen zu Gunsten Dritter oder mit Schutzwirkung zu Gunsten Dritter.[304]

157 Für die erweiterte Zuständigkeit spielt es keine Rolle, ob der Schuldner einer arbeitsrechtlichen Verpflichtung wechselt oder ein Dritter als Schuldner derselben Verpflichtung neben dem Arbeitgeber tritt. § 3 ArbGG will verhindern, dass über Inhalt und Umfang arbeitsrechtlicher Pflichten verschiedene Gerichtsbarkeiten entscheiden. Dem entsprechend genügt es, dass ein Dritter dem Arbeitnehmer die Erfüllung arbeitsrechtlicher Ansprüche zusätzlich schuldet. Die Gerichte für Arbeitssachen sind zB zuständig, wenn ein Arbeitnehmer arbeitsvertragliche Ansprüche gegenüber der Konzernobergesellschaft seiner Arbeitgeberin als Mitschuldnerin (gesellschaftsrechtliche Durchgriffshaftung) geltend machen will. Die Klage kann nur Erfolg haben, wenn die Arbeitgeberin nach den Grundsätzen der Konzernhaftung haftet und damit Rechtsnachfolgerin gem. § 3 ArbGG ist.[305]

---

[298] Schwab/Weth/*Walker* ArbGG § 2 Rn. 216.
[299] Vgl. zu den Organvertretern als Parteien des arbeitsgerichtlichen Verfahrens → § 80 Rn. 69.
[300] Germelmann/Matthes/Prütting/*Schlewing* ArbGG § 2 Rn. 133; Schwab/Weth/*Walker* ArbGG § 2 Rn. 219.
[301] Schwab/Weth/*Walker* ArbGG § 2 Rn. 219; aA Germelmann/Matthes/Prütting/*Schlewing* ArbGG § 2 Rn. 133.
[302] *Gift/Baur*, Das Urteilsverfahren vor den Gerichten für Arbeitssachen, C. 233.
[303] BAG 17.9.2014 – 10 AZB 4/14, NZA 2015, 1405; 5.12.2013 – 10 AZB 25/13, NZA 2014, 221; BGH 14.7.2011 – III ZB 75/10, NZA-RR 2011, 603; BAG 11.11.1986 – 3 AZR 186/85, AP ArbGG 1979 § 3 Nr. 2.
[304] BAG 5.12.2013 – 10 AZB 25/13, NZA 2014, 221; 11.11.1986 – 3 AZR 186/85, AP ArbGG 1979 § 3 Nr. 2; 23.10.1990 – 3 AZR 23/90, AP ArbGG 1979 § 2 Nr. 18.
[305] BAG 17.9.2014 – 10 AZB 4/14, NZA 2015, 1405; 13.6.1997 – 9 AZB 38/96, AP ArbGG 1979 § 3 Nr. 5; 15.3.2000 – 5 AZB 70/99, AP ArbGG 1979 § 2 Nr. 71.

Auch der **vollmachtlose Vertreter** ist Rechtsnachfolger iSd § 3 ArbGG.[306] Ob die Vertretungsmacht nachgewiesen ist und ob der Vertretene die Genehmigung des Vertrags verweigert hat bzw. diese als verweigert gilt, ist vom Arbeitsgericht zu prüfen. Es handelt sich um doppelrelevante Tatsachen. Entsprechende Feststellungen hierzu schließen die Zulässigkeit des Rechtswegs nicht aus, sondern führen ggf. zur Unbegründetheit der Klage. Insofern muss die Rechtsnachfolge in eine Parteistellung nicht feststehen, sondern nur **substantiiert vorgetragen** werden.[307]

Die in § 2 Abs. 1 Nr. 3a ArbGG begründete Zuständigkeit der Gerichte für Arbeitssachen für bürgerliche Rechtsstreitigkeiten zwischen Arbeitnehmern und Arbeitgebern aus dem Arbeitsverhältnis besteht nach § 3 ArbGG fort, wenn die Forderungen der Arbeitnehmer nach § 9 Abs. 2 BetrAVG auf den PSV übergegangen sind.[308]

Rechtsnachfolger iSd § 3 ArbGG ist auch der Erbe, nicht jedoch der Betriebserwerber; denn dieser tritt nach § 613a BGB als Arbeitgeber in das Arbeitsverhältnis ein und fällt daher unmittelbar unter § 2 Abs. 1 Nr. 3 ArbGG.

Die ordentlichen Gerichte sind aber zuständig, wenn die Arbeitsvergütung auf ein Bankkonto des Arbeitnehmers überwiesen, dort gepfändet worden ist und nunmehr eine Auseinandersetzung zwischen Pfändungsgläubiger, Bank und Arbeitnehmer entsteht.[309]

Macht die Arbeitsagentur geltend, ein Teil der zwischen Arbeitnehmer und Arbeitgeber vereinbarten Abfindung für den Verlust des Arbeitsplatzes sei wegen der Gewährung von Arbeitslosengeld auf sie übergegangen, sind für die gegen den Arbeitnehmer gerichtete Klage auf Zustimmung zur Auszahlung des vom Arbeitgeber hinterlegten Betrags (Prätendentenstreit) die Gerichte für Arbeitssachen nach § 3 ArbGG zuständig.[310]

r) Prozessstandschaft. Auch in Fällen der Prozessstandschaft kann eine arbeitsgerichtliche Rechtswegzuständigkeit nach § 3 ArbGG bestehen. Die Befugnis, kraft Gesetzes, einen Rechtsstreit anstelle des sachlich Berechtigten oder Verpflichteten zu führen (gesetzliche Prozessstandschaft), steht vor allem dem Insolvenzverwalter (§§ 56, 80 InsO), dem Testamentsvollstrecker und dem Nachlassverwalter zu. Allerdings ist stets zu prüfen, ob diese Verwalter den Rechtsstreit wirklich als Prozessstandschafter oder selbst als Partei führen.[311] Bei einer Anfechtungsklage des Insolvenzverwalters braucht aber nicht auf § 3 zurückgegriffen werden. Hier ergibt sich die Zuständigkeit bereits aus § 2 Abs. 1 Nr. 3a.[312] Macht der Insolvenzverwalter nach § 143 InsO vom Finanzamt die Rückzahlung der vom Arbeitgeber entrichteten Lohnsteuern geltend, ist der Rechtsweg zu den ordentlichen Gerichten gegeben.[313] Darüber hinaus gibt es im Arbeitsrecht folgende Sonderfälle:

Nach § 25 HAG steht den Bundesländern das Recht zu, im eigenen Namen den Anspruch auf Nachzahlung des Mindestbetrages an den Berechtigten geltend zu machen. Diese gesetzliche Prozessstandschaft zur Durchsetzung der Entgeltansprüche berechtigt nicht nur zu Zahlungs-, sondern auch zu Auskunftsklagen, die entsprechende Zahlungsklagen ermöglichen sollen.[314]

Nach Art. 56 Abs. 8 des Zusatzabkommens zum NATO-Truppenstatut sind Klagen aus dem Arbeitsverhältnis eines Arbeitnehmers der Stationierungsstreitkräfte gegen die Bundesrepublik Deutschland zu richten und diese hat Klagen für die Stationierungsstreitkräfte gegen die dort beschäftigten Arbeitnehmer zu erheben, → Rn. 32.[315]

---

[306] BAG 5.12.2013 – 10 AZB 25/13, NZA 2014, 221; 7.4.2003 – 5 AZB 2/03, AP ArbGG 1979 § 3 Nr. 6; LAG Hamm 6.1.1997 – 9 Ta 172/96, AP ArbGG 1979 § 3 Nr. 3.
[307] BAG 7.4.2003 – 5 AZB 2/03, AP ArbGG 1979 § 3 Nr. 6.
[308] BAG 1.3.1993 – 3 AZB 44/92, AP ArbGG 1979 § 2 Nr. 25.
[309] *Gift/Baur*, Das Urteilsverfahren vor den Gerichten für Arbeitssachen, C. 236.
[310] BAG 12.6.1997 – 9 AZB 5/97, AP ArbGG 1979 § 2 Nr. 49.
[311] Schwab/Weth/*Walker* ArbGG § 3 Rn. 26.
[312] GmS-OGB 27.9.2010 – GmS-OGB 1/09, NZA 2011, 534.
[313] BAG 17.9.2014 – 10 AZB 4/14, NZA 2015, 1405.
[314] BAG 10.4.1984 – 3 AZR 60/82, AP HAG § 25 Nr. 4.
[315] Vgl. dazu zB BAG 11.12.2007 – 1 ABR 67/06, NZA-RR 2008, 333; 30.11.1984 – 7 AZR 499/83, AP ZA-NATO-Truppenstatut Art. 56 Nr. 6; 29.1.1986 – 4 AZR 479/84, AP TVAL II § 48 Nr. 2; Germelmann/Matthes/Prütting/*Schlewing* ArbGG § 1 Rn. 13.

166 Ob § 3 ArbGG auch bei gewillkürter Prozessstandschaft, dh bei Übertragung der Prozessführungsbefugnis durch Rechtsgeschäft gilt, ist gerichtlich bisher nicht geklärt, aber zu bejahen, weil der geltend gemachte Anspruch seine arbeitsrechtliche Natur behält.[316]

5. Prüfung der Rechtswegzuständigkeit

167 **a) Prüfungsreihenfolge.** Die Zulässigkeit des Rechtswegs, die örtliche Zuständigkeit und die Wahl der richtigen Verfahrensart sind als Prozessvoraussetzungen von Amts wegen zu prüfen. Vorrang kommt der Prüfung der Rechtswegzuständigkeit zu, denn für die örtliche Zuständigkeit und die zutreffende Verfahrensart sind die Regeln des richtigen Rechtswegs maßgebend.[317] Daran schließt sich die Prüfung der richtigen Verfahrensart an. Erst dann kann die Frage der örtlichen Zuständigkeit beantwortet werden, weil diese in den beiden Verfahrensarten unterschiedlichen Regeln folgt. Vor der Rechtswegzuständigkeit ist die internationale Zuständigkeit zu prüfen

168 **b) Maßgeblicher Zeitpunkt.** Nach § 48 Abs. 1 ArbGG iVm § 17 Abs. 1 S. 1 GVG ist für die Prüfung der Rechtswegzuständigkeit und der örtlichen Zuständigkeit der **Zeitpunkt der Rechtshängigkeit** maßgeblich. Nach § 17 Abs. 1 S. 1 GVG wird die Zulässigkeit des bestrittenen Rechtswegs durch eine nach Rechtshängigkeit eintretende Veränderung der sie begründenden Umstände nicht berührt. Dieser in § 17 Abs. 1 S. 1 GVG enthaltene Grundsatz der perpetuatio fori gilt jedoch nur rechtswegerhaltend. Alle bis zur letzten Tatsachenverhandlung eintretenden Umstände, welche die zunächst bestehende Unzulässigkeit des Rechtswegs beseitigen, sind dagegen zu berücksichtigen, sofern nicht vorher ein (rechtskräftiger) Verweisungsbeschluss ergeht.[318] Wird vorab gemäß § 17a Abs. 3 GVG über die Rechtswegzuständigkeit entschieden, sind spätere zuständigkeitsbegründende Veränderungen auch im Rahmen des Beschwerdeverfahrens nach § 17a Abs. 4 GVG zu berücksichtigen. Für das Eingreifen der Fiktionswirkung des § 5 Abs. 1 S. 3 ArbGG kommt es deshalb nicht auf die Umstände zum Zeitpunkt der Klageerhebung an. Nachträgliche zuständigkeitsbegründende Umstände sind nach Auffassung des BAG deshalb auch dann zu berücksichtigen, wenn ein zum Zeitpunkt der Klageerhebung vor dem Arbeitsgericht noch nicht abberufener Geschäftsführer vor einer rechtskräftigen Entscheidung über die Rechtswegzuständigkeit abberufen wird.[319]

169 Voraussetzung für die fortbestehende Zuständigkeit ist zudem ein unveränderter Streitgegenstand. Wird dieser zB durch Klageerweiterung verändert, kommt im Hinblick auf den veränderten Teil des Rechtsstreits eine Verweisung in Betracht.[320] Lagen bei Eintritt der Rechtshängigkeit die Zulässigkeitsvoraussetzungen noch nicht vor, reicht es, wenn deren Vorliegen im Zeitpunkt der Entscheidung über die Zulässigkeit festgestellt werden kann, was auch noch im Rechtsmittelverfahren geschehen kann.[321] Ein zunächst unzuständiges Gericht kann noch im Laufe des Verfahrens dadurch zuständig werden, dass der Beklagte beim angerufenen Gericht einen Gerichtsstand erwirbt.

170 **c) Darlegungs- und Beweislast.** *aa) Grundsätze.* Für die Zulässigkeit des Rechtsweges ist der jeweilige Streitgegenstand maßgeblich. Dieser ergibt sich aus dem Klageantrag in Verbindung mit der Klagebegründung, § 253 Abs. 2 Nr. 2 ZPO.[322] Sind die zuständigkeitsbegründenden Tatsachen streitig, muss ggf. Beweis erhoben werden.[323] Die Beweislast trifft grundsätzlich die klagende Partei.[324] Beruft sich die beklagte Partei aber auf

---

[316] Germelmann/Matthes/Prütting/*Schlewing* ArbGG § 3 Rn. 16; Schwab/Weth/*Walker* ArbGG § 3 Rn. 29.
[317] Schwab/Weth/*Walker* ArbGG § 48 Rn. 30.
[318] BAG 28.3.2019 – 8 AZR 366/16, NZA 2019, 1301; 29.6.2017 – 8 AZR 189/15, NZA 2018, 184; 22.10.2014 – 10 AZB 46/14, NZA 2015, 60.
[319] BAG 22.10.2014 – 10 AZB 46/14, NZA 2015, 60.
[320] BAG 28.10.1993 – 2 AZB 12/93, AP ArbGG 1979 § 2 Nr. 19.
[321] GK-ArbGG/*Bader* ArbGG § 48 Rn. 43; Schwab/Weth/*Walker* ArbGG § 48 Rn. 33; vgl. auch BAG 22.10.2014 – 10 AZB 46/14, NZA 2015, 60.
[322] BAG 28.10.1993 – 2 AZB 12/93, AP ArbGG 1979 § 2 Nr. 19.
[323] Schwab/Weth/*Walker* ArbGG § 48 Rn. 34.
[324] BAG 28.10.1993 – 2 AZB 12/93, AP ArbGG 1979 § 2 Nr. 19; 24.4.1996 – 5 AZB 25/95, AP ArbGG 1979 § 2 Zuständigkeitsprüfung Nr. 1.

eine abweichende Gerichtsstandsvereinbarung, trifft sie die Beweislast für diese Behauptung.[325]

Bei mehreren Streitgegenständen hat die Prüfung der Rechtswegzuständigkeit für jeden Streitgegenstand gesondert zu erfolgen.[326] Dies gilt für die subjektive und objektive Klagehäufung. Im letztgenannten Fall wird häufig eine Zusammenhangszuständigkeit nach § 2 Abs. 3 ArbGG vorliegen.[327] 171

Stützt der Kläger sein Begehren auf eine Haupt- und eine Hilfsbegründung, orientiert sich die Prüfung des Rechtswegs an der Hauptbegründung. Das danach zuständige Gericht kann die Begründetheit des Begehrens gem. § 17 Abs. 2 S. 1 GVG auch unter dem rechtlichen Gesichtspunkt prüfen, der für die Hilfsbegründung maßgeblich ist.[328] 172

Hat der Kläger neben einem Hauptantrag auch einen oder mehrere Hilfsanträge gestellt, ist die Zulässigkeit des Rechtsweges zunächst nur für den Hauptantrag zu prüfen.[329] Über ihn hat das zuständige Gericht im zutreffenden Rechtsweg zu entscheiden. Erst wenn auf Grund dieser Entscheidung der Hilfsantrag relevant wird, muss das dann mit der Sache befasste Gericht die Zulässigkeit des Hilfsantrages und damit auch die Rechtswegzuständigkeit prüfen mit der Folge der Verweisungsmöglichkeit.[330] 173

Bei der negativen Feststellungsklage ist auch der Vortrag der beklagten Partei heranzuziehen, um zu klären, welcher Natur die von ihr beanspruchten Rechte sind.[331] 174

bb) Darlegung der Rechtswegzuständigkeit. (1) Abgrenzung zur Verwaltungs-, Finanz- und Sozialgerichtsbarkeit. Bei dieser Abgrenzung ist die Frage zu beantworten, ob eine Streitigkeit öffentlich- oder bürgerlich-rechtlich ist. Sie richtet sich nach der Natur des Rechtsverhältnisses, aus dem der Klageanspruch hergeleitet wird. Entscheidend dafür ist die wahre Natur des Anspruchs, wie er sich nach dem Sachvortrag des Klägers, dessen Richtigkeit unterstellt, darstellt, → Rn. 43 ff. 175

(2) Abgrenzung zur ordentlichen Gerichtsbarkeit. Bei der Zuständigkeitsabgrenzung zwischen ordentlichen und Arbeitsgerichten geht es nicht um die Abgrenzung zwischen bürgerlich- und öffentlich-rechtlichen Streitigkeiten, sondern entscheidend um die Auslegung der §§ 2 bis 5 ArbGG. Dabei werden drei Fälle unterschieden, wobei differenziert wird, welche Anforderungen an das klägerische Vorbringen zur Begründung der Rechtswegzuständigkeit der Gerichte für Arbeitssachen in Abgrenzung zu den ordentlichen Gerichten zu stellen sind. 176

Insoweit unterscheidet das BAG[332] drei verschiedene Fälle: 177
- Es gibt Fälle, in denen der Anspruch ausschließlich auf eine arbeitsrechtliche Anspruchsgrundlage gestützt werden kann, jedoch fraglich ist, ob deren Voraussetzungen vorliegen (**sog. sic-non-Fall**). Hauptbeispiel ist die auf die Feststellung des Bestehens eines Arbeitsverhältnisses gerichtete Klage. Die entsprechenden Tatsachenbehauptungen des Klägers sind hier „doppelrelevant", nämlich sowohl für die Rechtswegzuständigkeit, als auch für die Begründetheit der Klage maßgebend.
- Davon zu unterscheiden sind diejenigen Fälle, in denen ein Anspruch entweder auf eine arbeitsrechtliche oder eine bürgerlich-rechtliche Anspruchsgrundlage gestützt werden kann, die in Betracht kommenden Anspruchsgrundlagen sich aber gegenseitig ausschließen (**sog. aut-aut-Fall**). Dazu gehört etwa die Klage auf Zahlung des vereinbarten Entgelts für geleistete Arbeit aus einem Rechtsverhältnis, das der Kläger für ein Arbeitsverhältnis, der Beklagte dagegen für ein – nicht arbeitnehmerähnliches – freies Mitarbeiterverhältnis hält.

---

[325] Schwab/Weth/*Walker* ArbGG § 48 Rn. 34.
[326] BAG 24.4.1996 – 5 AZB 25/95, AP ArbGG 1979 § 2 Zuständigkeitsprüfung Nr. 1.
[327] BAG 27.10.1960 – 5 AZR 578/59, AP ArbGG § 5 Nr. 14; 24.8.1972 – 2 AZR 437/71, AP BGB § 611 Gemischter Vertrag Nr. 2.
[328] Zöller/*Lückemann* GVG § 17 Rn. 7; Schwab/Weth/*Walker* ArbGG § 48 Rn. 36.
[329] Schwab/Weth/*Walker* ArbGG § 48 Rn. 37.
[330] Schwab/Weth/*Walker* ArbGG § 48 Rn. 37; Zöller/*Lückemann* GVG § 17a Rn. 13a.
[331] GmSOGB 29.10.1987 – GmS-OGB 1/86, MDR 1988, 554; GmSOBG 10.7.1989 – GmS-OGB 1/88, MDR 1990, 508.
[332] BAG 21.1.2019 – 9 AZB 23/18, NZA 2019, 490; 8.9.2015 – 9 AZB 21/15, NZA 2015, 1342 24.4.1996 – 5 AZB 25/95, AP ArbGG 1979 § 2 Zuständigkeitsprüfung Nr. 1.

- Weiter gibt es – wenn auch selten – Fälle, in denen ein einheitlicher Anspruch widerspruchslos sowohl auf eine arbeitsrechtliche als auch auf eine nicht arbeitsrechtliche Anspruchsgrundlage gestützt werden kann (sog. et-et-Fall).

178 Nach Auffassung des BAG reicht in den sic-non-Fällen die bloße Rechtsbehauptung des Klägers, er sei Arbeitnehmer, zur Begründung der arbeitsgerichtlichen Zuständigkeit aus.[333] Macht also ein Kläger geltend, das von ihm als Arbeitsverhältnis verstandene Rechtsverhältnis sei weder durch einen Aufhebungsvertrag noch durch eine fristlose Kündigung beendet worden, liegt ein sic-non-Fall vor, wenngleich der Aufhebungsvertrag und die fristlose Kündigung auch unabhängig von einem Arbeitnehmerstatus unwirksam sein können. Entscheidend ist, ob die klagende Partei den Bestand des Arbeitsverhältnisses in der Weise zum Streitgegenstand macht, dass die Unwirksamkeit von Aufhebungsvertrag und Kündigung nicht unabhängig vom Status festgestellt werden sollen, sondern mit der weiteren Feststellung, dass es sich um ein fortbestehendes Arbeitsverhältnis handelt.[334] Entscheidend ist also die Zielrichtung der Klage. Sie muss ausschließlich darauf gerichtet sein, dass ein Arbeitsverhältnis im Streit steht. Geht es hingegen nur isoliert um die Wirksamkeit einer fristlosen Kündigung, bei der die Wirksamkeit der fristlosen Kündigung unter allen in Betracht kommenden rechtlichen Gesichtspunkten zur Überprüfung gestellt wird, liegt kein „sic-non-Fall" vor, sondern ein „aut-aut-Fall", vgl. schon → Rn. 25 ff.[335]

179 Die Zulässigkeit des Rechtswegs zu den Gerichten für Arbeitssachen folgt auch nicht bereits aus der Geltendmachung einer „Bruttoforderung". Hierin liegt kein sic-non-Fall, weil auch im Rahmen eines freien Dienstvertrags Bruttoentgeltforderungen erhoben werden können.[336]

180 Diese Rechtsgrundsätze gelten aber nur, wenn zwischen den Parteien im Streit ist, ob der Kläger Arbeitnehmer oder Selbstständiger, insbesondere freier Mitarbeiter ist. Sie finden jedoch keine Anwendung, wenn der Kläger zu dem Personenkreis gehört, der nach § 5 Abs. 1 S. 3 ArbGG nicht als Arbeitnehmer anzusehen ist. Denn die Fiktion greift unabhängig davon ein, ob sich das der Organstellung zugrunde liegende Rechtsverhältnis materiell-rechtlich als freies Dienstverhältnis oder als Arbeitsverhältnis darstellt, vgl. schon → Rn. 13. Auch wenn das Anstellungsverhältnis zwischen juristischer Person und Vertretungsorgan wegen starker interner Weisungsabhängigkeit als Arbeitsverhältnis anzusehen sein sollte und deshalb dem materiellen Arbeitsrecht unterliegt, sind zur Entscheidung von Rechtsstreitigkeiten aus dieser Rechtsbeziehung die ordentlichen Gerichte berufen. Nur dann, wenn die Rechtsstreitigkeit zwischen dem Mitglied des Vertretungsorgans und der juristischen Person nicht das der Organstellung zugrunde liegende Rechtsverhältnis, sondern eine weitere Rechtsbeziehung betrifft, greift die Fiktion des § 5 Abs. 1 S. 3 ArbGG nicht ein.[337] Bei Organvertretern ist diese Frage des Bestehen eines Arbeitsverhältnisses für die Zulässigkeit des Rechtsweges unerheblich. Sie ist allein für die Begründetheit der Klage von Belang.[338]

181 In den et-et-Fällen hat der Kläger ein Wahlrecht, in welchem Rechtsweg er klagen will; erforderlich ist nur, dass das Gericht wenigstens für eine der in Betracht kommenden Anspruchsgrundlagen zuständig ist. Nach § 17 Abs. 2 S. 1 GVG prüft „das Gericht des zulässigen Rechtswegs" (dh das Gericht, das wenigstens für eine Anspruchsgrundlage zuständig

---

[333] BAG 22.10.2014 – 10 AZB 46/14, NZA 2015, 60; 15.11.2013 – 10 AZB 28/13, BeckRS 2016, 66486; 24.4.1996 – 5 AZB 25/95, AP ArbGG § 2 Zuständigkeitsprüfung Nr. 1; 9.10.1996 – A5 AZB 18/96, AP ArbGG 1979 § 2 Zuständigkeitsprüfung Nr. 2 (betr. auf KSchG gestützte Klage); BAG 16.7.1997 – 5 AZB 29/96, AP ArbGG 1979 § 5 Nr. 37 (betr. Klage von Franchisenehmer).

[334] BAG 21.1.2019 – 9 AZB 23/18, NZA 2019, 490; 17.1.2001 – 5 AZB 18/00, AP ArbGG 1979 § 2 Zuständigkeitsprüfung Nr. 10.

[335] BAG 21.1.2019 – 9 AZB 23/18, NZA 2019, 490; LAG Mecklenburg-Vorpommern 19.11.2015 – 3 Ta 38/15, NZA-RR 2016, 100.

[336] BAG 26.9.2002 – 5AZB 19/01, AP ArbGG 1979 § 2 Nr. 83 (unter Hinweis auf BGH 1.12.1997 – II ZR 232/96, NJW 1998, 1480).

[337] BAG 21.1.2019 – 9 AZB 23/18, NZA 2019, 490; 9.4.2019 – 9 AZB 2/19, NZA 2020, 67; 22.10.2014 – 10 AZB 46/14, NZA 2015, 60; 4.2.2013, 10 AZB 78/12, NZA 2013, 397; 23.8.2001 – 5 AZB 9/01, AP ArbGG 1979 § 5 Nr. 54; 6.5.1999 – 5 AZB 22/98, AP ArbGG 1979 § 5 Nr. 46.

[338] Vgl. → § 80 Rn. 74.

ist) den Rechtsstreit „unter allen in Betracht kommenden rechtlichen Gesichtspunkten". Insbesondere kann es den Rechtsstreit nicht wegen bestimmter Anspruchsgrundlagen in einen anderen Rechtsweg verweisen oder eine Klage wegen fehlender Rechtswegzuständigkeit für einzelne Anspruchsgrundlagen abweisen. Insoweit besteht eine sog. rechtswegüberschreitende Kompetenz.[339] Erforderlich ist aber auch hier schlüssiger Sachvortrag zur Arbeitnehmerstellung. Ob die schlüssigen Tatsachen bewiesen werden müssen ist streitig, aber zu bejahen. Es gilt nichts anderes als in den aut-aut-Fällen.[340]

In den **aut-aut-Fällen** muss die klagende Partei die zuständigkeitsbegründenden Tatsachen schlüssig vortragen und gegebenenfalls auch beweisen. Um eine „Rechtswegerschleichung" auszuschließen, muss schon im Rahmen der Zuständigkeitsprüfung – ggf. nach Beweiserhebung – entschieden werden, ob tatsächlich ein Arbeitsverhältnis besteht. 182

Die **Abgrenzung** der sic-non-Fälle von aut-aut-Fällen kann schwierig sein. Entscheidend ist die Zielrichtung der Klage. Der Sic-non-Fall kann nur gegeben sein, wenn sich der Kläger ausschließlich auf das Bestehen des Arbeitsverhältnisses beruft. Wird Kündigungsschutz geltend gemacht, spricht dies zunächst für einen sic-non-Fall. Zweifelhaft wird dies schon, wenn die klagende Partei sich zusätzlich auf § 174 BGB beruft. Der Angriff gegen eine Kündigung ist also nur dann ein sic-non-Fall, wenn sie auf Unwirksamkeitsgründe des Arbeitsverhältnisses gestützt wird. Bei einer außerordentlichen Kündigung, liegt dagegen regelmäßig ein aut-aut-Fall vor, weil die Auslegung des Klagegehrens regelmäßig dahin gehen wird, dass die Kündigung unter allen in Betracht kommenden Gesichtspunkten angegriffen werden soll, gerade unabhängig ob das Rechtsverhätlnis ein Arbeitsverhältnis oder ein Dienstvertrag ist (obwohl bei Umdeutung eine sic-non-Konstellation gegeben sein kann).[341] Wird bei der außerordentlichen Kündigung aber nur ein Verstoß gegen § 102 BetrVG geltend gemacht, könnte ein sic-non-Fall vorliegen, → Rn. 178. 183

Auch Erschleichungsfälle sind denkbar. Mit einer auf die Feststellung des Arbeitsverhältnisses gerichteten Klage gelangt die klagende Partei in die Rechtswegzuständigkeit der Gerichte für Arbeitssachen, um dann Entgeltzahlung (aut-aut-Fall) als Zusammenhangsklage geltend zu machen. Hier stellt sich die Frage, ob die unterstellte Zuständigkeit bei sic-non-Fällen für eine Zusammenhangsklage genügt.[342] Dies ist zu verneinen. 184

Im sic-non-Fall ist daher die Gefahr einer **Manipulation** hinsichtlich der Auswahl des zuständigen Richters durch die klagende Partei gegeben, wenn diese im Wege der Zusammenhangsklage (§ 2 Abs. 3 ArbGG) weitere Streitgegenstände verbindet. Eine solche Umgehung ist mit Art. 101 Abs. 1 S. 2 GG nicht vereinbar.[343] 185

Die Rechtsprechung des BAG zu den unterschiedlichen Anforderungen an den Vortrag der klagenden Partei für die Rechtswegbestimmung setzt voraus, dass die tatsächlichen Grundlagen für die Beurteilung des Arbeitnehmerstatus überhaupt im Streit sind. Sind im Rechtswegbestimmungsverfahren die entscheidungserheblichen Tatsachen unstreitig, muss das angerufene Gericht sogleich darüber entscheiden, ob die klagende Partei Arbeitnehmer bzw. arbeitnehmerähnliche Person ist.[344] 186

6. Entscheidungen über die Rechtswegzuständigkeit

Das Verweisungsverfahren für Entscheidungen zur Rechtswegzuständigkeit richtet sich nach § 48 Abs. 1 ArbGG iVm §§ 17–17b GVG. 187

a) Zulässigkeit des beschrittenen Rechtsweges. Ist der beschrittene Rechtsweg zulässig, kann das Gericht dies vorab aussprechen (§ 17a Abs. 3 S. 1 GVG). Ob es von dieser Möglichkeit Gebrauch macht, ist eine Frage der Anwendung pflichtgemäßen Ermessens im Ein- 188

---

[339] BAG 18.8.1997 – 9 AZB 15/97, AP HGB § 74 Nr. 70.
[340] BGH 27.10.2009 – VIII ZB 45/08, EWiR 2010, 569; Schwab/Weth/*Walker* ArbGG § 2 Rn. 242.
[341] BAG 21.1.2019 – 9 AZB 23/18, NZA 2019, 490; 9.4.2019 – 9 AZB 2/19, NZA 2020, 67.
[342] *Reinecke* ZIP 1997, 1525.
[343] BVerfG 31.8.1999 – 1 BvR 1389/97, EzA-SD 1999, Nr. 20, 7–8; dazu *Kluth* NZA 2000, 463; *ders.* NZA 2000, 1275.
[344] BAG 17.6.1999 – 5 AZB 23/98, AP GVG § 17a Nr. 39.

zelfall.³⁴⁵ Rügt eine Partei die Zulässigkeit des Rechtsweges, **muss** das Gericht gemäß § 17a Abs. 3 S. 2 GVG vorab entscheiden, und zwar – was sich aus § 17a Abs. 4 S. 1 GVG ergibt – durch Beschluss. Dies gilt selbst dann, wenn die klagende Partei die Zuständigkeitsrüge erhebt.³⁴⁶

189 Vorabentscheidung bedeutet, dass isoliert von den Fragen der Zulässigkeit im Übrigen und den Fragen der Begründetheit und vor der Entscheidung in der Hauptsache entschieden wird. Entsprechend dem Sinn der Vorabentscheidung, Zweifel über die Zulässigkeit des Rechtsweges vor der Hauptsacheentscheidung zu klären, muss das Gericht erster Instanz den Rechtsstreit im Übrigen gemäß § 148 ZPO aussetzen.³⁴⁷ Auch ein Versäumnisurteil ist ausgeschossen.³⁴⁸

190 Die Rechtswegrüge soll in analoger Anwendung des § 282 Abs. 3 S. 1 ZPO vor der Verhandlung zur Hauptsache anzubringen sein.³⁴⁹

191 **b) Unzulässigkeit des beschrittenen Rechtsweges.** *aa) Grundsätze.* Ist der beschrittene Rechtsweg unzulässig, spricht das Gericht dies nach Anhörung der Parteien von Amts wegen aus und verweist den Rechtsstreit zugleich an das zuständige Gericht des zulässigen Rechtsweges. Die Entscheidung ergeht durch Beschluss und ist für das Gericht, an das der Rechtsstreit verwiesen worden ist, bindend (§ 17a Abs. 2 S. 1 und 3 GVG). Einer vorherigen Rüge durch eine Partei bedarf es nicht.³⁵⁰ Eine Abweisung der Klage als unzulässig ist nicht statthaft.³⁵¹

192 *bb) Objektive und subjektive Klagehäufung.* Bei einer objektiven Klagehäufung (§ 260 ZPO) ist für jeden einzelnen Anspruch die Zulässigkeit des Rechtsweges getrennt zu prüfen und eine Entscheidung nach § 17a Abs. 2 oder 3 GVG zu treffen. Das Gleiche gilt für abtrennbare Klageansprüche im Rahmen einer subjektiven Klagehäufung.³⁵² Ergeht die Entscheidung nicht einheitlich, ist eine Prozesstrennung anzuordnen.³⁵³

193 *cc) Widerklage.*³⁵⁴ Ebenso ist bei Gegenansprüchen zu verfahren, die mittels einer Widerklage geltend gemacht werden. Das Arbeitsgericht muss also gegebenenfalls seine Rechtswegzuständigkeit für die Widerklage verneinen, diese nach § 145 Abs. 2 ZPO abtrennen und diesen Teil des Rechtsstreits an das zuständige Gericht des zulässigen Rechtsweges verweisen.³⁵⁵

194 *dd) Aufrechnung.*³⁵⁶ Die Gerichte für Arbeitssachen sind gehindert, über zur Aufrechnung gestellte rechtswegfremde Forderungen zu entscheiden, sofern für diese eine ausschließliche anderweitige Rechtswegzuständigkeit gegeben ist.³⁵⁷

195 **c) Form und Inhalt der Entscheidung.** Die Vorabentscheidung erfolgt durch Beschluss (§ 17a Abs. 2 S. 3 u. § 17a Abs. 4 S. 1 GVG), der ohne mündliche Verhandlung ergehen kann (§ 17a Abs. 4 S. 1 GVG). Vor der Verweisungsentscheidung sind die Parteien anzuhören, was auch schriftlich erfolgen kann (§ 17 Abs. 2 S. 1 GVG).³⁵⁸ Der Beschluss ist zu be-

---

³⁴⁵ BGH 28.2.1991 – III ZR 53/90, NJW 1991, 1686; 12.11.1992 – V ZB 22/92, NJW 1993, 389.
³⁴⁶ Schwab/Weth/*Walker* ArbGG § 48 Rn. 46.
³⁴⁷ BAG 26.3.1992 – 2 AZR 443/91, AP ArbGG 1979 § 48 Nr. 7.
³⁴⁸ Schwab/Weth/*Walker* ArbGG § 48 Rn. 47.
³⁴⁹ *Schwab* NZA 1991, 662.
³⁵⁰ Schwab/Weth/*Walker* ArbGG § 48 Rn. 48.
³⁵¹ BAG 26.3.1992 – 2 AZR 443/91, AP ArbGG 1979 § 48 Nr. 7.
³⁵² Schwab/*Klimpe-Auerbach* ArbuR 92, 114; *Kissel* NJW 1991, 951; Schwab/Weth/*Walker* ArbGG § 48 Rn. 51.
³⁵³ Schwab/Weth/*Walker* ArbGG § 48 Rn. 51.
³⁵⁴ Vgl. auch → Rn. 52.
³⁵⁵ *Schwab* NZA 1991, 663; Schwab/Weth/*Walker* ArbGG § 48 Rn. 51.
³⁵⁶ Vgl. auch → Rn. 53.
³⁵⁷ BAG 23.8.2001 – 5 AZB 3/01, AP GVG § 17 Nr. 2.
³⁵⁸ Schwab/Weth/*Walker* ArbGG § 48 Rn. 53, der zutreffend darauf hinweist, dass im Eilverfahren ausnahmsweise keine vorherige Anhörung stattfinden muss.

gründen (§ 17 Abs. 4 S. 2 GVG) und mit einer Rechtsmittelbelehrung zu versehen (§ 9 Abs. 5 S. 1 ArbGG).

Nach § 48 Abs. 1 Nr. 2 ArbGG ergeht der Beschluss über die Rechtswegzuständigkeit 196 auch außerhalb der mündlichen Verhandlung stets durch die Kammer.[359]

d) Anfechtbarkeit der Entscheidung. Der Beschluss über die Zulässigkeit des vom Kläger 197 beschrittenen Rechtsweges wird rechtskräftig, wenn er nicht angefochten wird.[360]

Gegen den Beschluss nach § 17a Abs. 2 oder 3 GVG ist die **sofortige Beschwerde** nach 198 den Vorschriften der jeweils anzuwendenden Verfahrensordnung gegeben (§ 17a Abs. 4 S. 3 GVG), im arbeitsgerichtlichen Verfahren über § 78 S. 1 ArbGG also die nach §§ 567 ff. ZPO. Sie ist innerhalb einer Notfrist von zwei Wochen einzulegen. Bei einer die Rechtswegzuständigkeit bejahenden Entscheidung kann die beklagte Partei beschwert sein, während bei einer die Rechtswegzuständigkeit verneinenden Entscheidung die klagende Partei beschwert ist. Bei Verletzung des rechtlichen Gehörs können beide Parteien beschwert sein.[361]

Durch die rechtzeitige Einlegung der sofortigen Beschwerde erlangt die Rechtswegent- 199 scheidung keine Rechtskraft. Das Hauptsacheverfahren muss in diesem Fall ausgesetzt bleiben oder werden.[362]

Eine Überprüfung der Rechtswegentscheidung im Rechtsmittelverfahren der Hauptsache 200 findet nicht statt (§ 17a Abs. 5 GVG). Hat das ArbG die Zulässigkeit des Rechtsweges also inzident in der Entscheidung über die Hauptsache bejaht, scheidet eine Anfechtung aus. Etwas anderes gilt aber dann, wenn das ArbG trotz ordnungsgemäßer Rüge der Zulässigkeit des Rechtsweges nicht vorab gem. § 17a Abs. 3 S. 2 GVG durch Beschluss entschieden hat. In diesem Fall muss das LAG über die Zulässigkeit des beschrittenen Rechtswegs entscheiden, → Rn. 202.[363]

e) Rechtsbeschwerde. Die Beschwerde gegen den Beschluss des LAG an das BAG steht den 201 Beteiligten nur zu, wenn sie in dem Beschluss zugelassen worden ist (§ 17a Abs. 4 S. 4 GVG). Die Beschwerde ist zuzulassen, wenn die Rechtsfrage grundsätzliche Bedeutung hat oder das LAG von der Entscheidung eines obersten Gerichtshofes des Bundes oder des Gemeinsamen Senats der obersten Gerichtshöfe des Bundes abweicht (§ 17 Abs. 4 S. 5 GVG u. § 78 S. 2 iVm § 72 Abs. 2 ArbGG). Das BAG ist an die Zulassung der Beschwerde gebunden (§ 17 Abs. 4 S. 6 GVG).

Bei der nach § 17a Abs. 4 S. 4 GVG vom Landesarbeitsgericht zugelassenen Beschwerde 202 handelt es sich um eine Rechtsbeschwerde iSd §§ 574 ff. ZPO.[364] Diese ist nach § 575 Abs. 1 ZPO binnen einer Notfrist von einem Monat nach Zustellung des Beschlusses einzulegen und nach § 575 Abs. 2 ZPO, sofern die Beschwerdeschrift keine Begründung enthält, binnen einer Frist von einem Monat nach Zustellung der angefochtenen Entscheidung zu begründen.

Ein **Rechtsbehelf gegen die Nichtzulassung** der weiteren Beschwerde durch das LAG ist in 203 § 17a Abs. 4 GVG nicht vorgesehen.[365] Hat das LAG im Rechtswegbestimmungsverfahren die weitere sofortige Beschwerde nicht zugelassen, kommt ein außerordentlicher Rechtsbehelf selbst dann nicht in Betracht, wenn die Entscheidung des Beschwerdegerichts greifbar gesetzeswidrig ist und gegen ein Verfahrensgrundrecht verstößt.[366] Die früher teilweise vertretene gegenteilige Auffassung dürfte jedenfalls seit in Kraft treten des Anhörungsrügenge-

---

[359] Zur Entscheidung allein durch den Vorsitzenden ausnahmsweise in Eilverfahren vgl. Schwab/Weth/*Walker* ArbGG § 48 Rn. 55 u. *Walker*, Der einstweilige Rechtsschutz, Rn. 271; Germelmann/Matthes/Prütting/*Germelmann/Künzl* ArbGG § 48 Rn. 84; GK-ArbGG/*Bader* ArbGG § 48 Rn. 49, 37.
[360] BAG 1.3.1993 – 3 AZB 44/92, AP ArbGG 1979 § 2 Nr. 25.
[361] Schwab/Weth/*Walker* ArbGG § 48 Rn. 65.
[362] BAG 26.3.1992 – 2 AZR 443/91, AP ArbGG 1979 § 48 Nr. 7.
[363] BGH 18.9.2008 – V ZB 40/08, NJW 2008, 3572; BAG 15.4.1993 – 2 AZB 32/92, NZA 1993, 789; Schwab/Weth/*Walker* ArbGG § 248 Rn. 59.
[364] BAG 26.9.2002 – 5 AZB 15/02, AP GVG § 17a Nr. 48; Germelmann/Matthes/Prütting/*Germelmann/Künzl* ArbGG § 48 Rn. 130.
[365] BAG 22.2.1994 – 10 AZB 4/94, AP ArbGG 1979 § 78 Nr. 2; 22.10.1999 – 5 AZB 21/99, AP ZPO § 577 Nr. 4.
[366] → Rn. 233.

setzes obsolet sein. Denkbar ist deshalb allein eine **Anhörungsrüge** nach § 78a, soweit rechtliches Gehör verletzt worden ist.[367]

204 Es bestehen keine Bedenken, im Vorabverfahren nach § 17 Abs. 4 GVG auch im Rahmen des vorläufigen Rechtsschutzes die Rechtsbeschwerde zum Bundesarbeitsgericht zuzulassen, auch wenn gegen das Urteil oder den Beschluss des LAGs, mit dem dieses über das Gesuch als solches entscheidet, die Revision bzw. Rechtsbeschwerde nicht statthaft wäre (§ 72 Abs. 4, § 78 ArbGG).[368]

205 **f) Bindungswirkung der Entscheidung.** Hat das Gericht den Rechtsweg für zulässig erklärt, sind andere Gerichte an seine Entscheidung gebunden (§ 17a Abs. 1 GVG). Hat das Arbeitsgericht den Rechtsweg zu den Gerichten für Arbeitssachen stillschweigend durch Erlass eines Urteils bejaht, ist das Rechtsmittelgericht nach § 17a Abs. 5 GVG, §§ 65, 73 Abs. 2 ArbGG gehindert, die Frage des Rechtswegs zu prüfen. Etwas anderes gilt nur dann, wenn wegen der Rüge einer Partei eine Vorabentscheidung des Arbeitsgerichts geboten war.[369] Hat das Gericht den Rechtsstreit an das zuständige Gericht des zulässigen Rechtsweges verwiesen, ist der Beschluss für dieses Gericht hinsichtlich des Rechtsweges verbindlich (§ 17a Abs. 2 S. 3 GVG).[370] Das Gericht, an das verwiesen worden ist, kann den Rechtsstreit aber wegen örtlicher Unzuständigkeit innerhalb „seines" Rechtsweges weiterverweisen.[371] Dieser weiterverweisende Beschluss ist bindend nach § 48 Abs. 1 ArbGG, § 17a Abs. 2 S. 3 GVG.

206 Nach der Rechtsprechung[372] fehlt offensichtlich gesetzwidrigen Beschlüssen die Bindungswirkung. Daran bestehen wegen der Abänderungsmöglichkeit nach § 572 Abs. 1 ZPO Zweifel.[373] Nach dem BAG kommt jedoch einem unanfechtbar gewordenen Verweisungsbeschluss bei „krassen Rechtsverletzungen" keine Bindungswirkung zu.[374] Dies ist etwa der Fall, wenn der Verweisungsbeschluss schon vor Zustellung der Klage und damit vor Rechtshängigkeit ergeht.[375]

207 **g) Entscheidung des Gerichts des zulässigen Rechtsweges.** Das Gericht des zulässigen Rechtsweges entscheidet den Rechtsstreit unter allen in Betracht kommenden rechtlichen Gesichtspunkten (§ 17 Abs. 2 S. 1 GVG). Ausgenommen hiervon sind nach § 17 Abs. 2 S. 2 lediglich Art. 14 Abs. 3 S. 4 GG (Streit über die Höhe der Entschädigung bei Enteignung) und Art. 34 S. 3 GG (Anspruch auf Schadensersatz und Rückgriff bei Amtspflichtverletzungen). Diese umfassende Prüfungspflicht gilt auch für die Arbeitsgerichte. Insoweit kommt es nicht darauf an, welchem Rechtsgebiet die Norm angehört. Es sind also auch Anspruchsgrundlagen zu prüfen, für die das Arbeitsgericht an sich nicht zuständig wäre. Das gilt nicht nur für mehrere Anspruchsgrundlagen bei gemischten Rechtsverhältnissen und für Klagegründe, die zur Rechtswegzuständigkeit der ordentlichen Gerichte gehören (zB Werkvertrag oder Geschäftsführung ohne Auftrag), sondern auch für öffentlich-rechtliche Klagegründe.[376] Sofern es sich um ein und denselben Sachverhalt handelt, aus dem die klagende Partei Ansprüche herleitet, kommt eine von dieser veranlasste Beschränkung der Prüfung auf einzelne Anspruchsgrundlagen nicht in Betracht.[377]

---

[367] BAG 8.8.2005 – 5 AZB 31/05, NZA 2005, 1318.
[368] BAG 24.5.2000 – 5 AZB 66/99, AP GVG § 17a Nr. 45; aA Schwab/Weth/*Walker* ArbGG § 48 Rn. 78.
[369] BGH 18.9.2008 – V ZB 40/08, NJW 2008, 3572; BAG 9.7.1996 – 5 AZB 6/96, AP GVG § 17a Nr. 24; 21.8.1996 – 5 AZR 1011/94, AP ArbGG 1979 § 2 Nr. 42; 12.3.1997 – 5 AZR 669/95, AP UrhG § 2 Nr. 1; 11.11.1997 – 1 ABR 21/97, AP BDSG § 36 Nr. 1; 24.3.1998 – 9 AZR 172/97, AP GVG § 21e Nr. 4.
[370] BAG 5.9.2018 – 9 S 3/18, NZA 2018, 3801.
[371] BAG 1.7.1992 – 5 AS 4/92, AP ZPO § 36 Nr. 39; 14.1.1994 – 5 AS 22/93AP ZPO § 36 Nr. 43; 20.9.1995 – 5 AZB 1/95, AP GVG § 17a Nr. 23.
[372] BAG 5.9.2018 – 9 S 3/18, NZA 2018, 3801; 10.10.2017 – 9 AS 5/17, BeckRS 2017, 129754; 1.7.1992 – 5 AS 4/92, AP ZPO § 36 Nr. 39; 22.7.1998 – 5 AS 17/98, AP ZPO § 36 Nr. 55.
[373] Zur Problematik: BGH 7.3.2002 – IX ZB 11/02, NJW 2002, 1577; 12.3.2002 – X ARZ 314/01, AP ZPO § 36 Nr. 56; *Lipp* NJW 2002, 1700.
[374] BAG 5.9.2018 – 9 S 3/18, NZA 2018, 3801; 10.10.2017 – 9 AS 5/17, BeckRS 2017, 129754; 12.7.2006 – 5 AS 7/06, NZA 2006, 1004; 17.6.2004 – 5 AS 3/04, EzA ZPO 2002 § 36 Nr. 2.
[375] BAG 9.2.2006 – 5 AS 1/06, NZA 2006, 454; BGH 18.5.2011 – X ARZ 95/11, NJW-RR 2011, 1497.
[376] *Schwab* NZA 91, 663; *Klimpe-Auerbach* ArbuR 92, 114.
[377] BAG 20.10.1995 – 5 AZB 5/95, AP ArbGG 1979 § 2 Nr. 36.

Eine Rückverweisung ist ausgeschlossen.[378] Entsprechendes gilt für eine Weiterverweisung an ein Gericht eines anderen Rechtswegs.[379] Wenn dennoch eine gesetzwidrige Rück- oder Weiterverweisung erfolgt, entfaltet allerdings auch sie Bindungswirkung nach § 17a Abs. 2 S. 3 GVG, sobald sie rechtskräftig wird.[380] Die Bindungswirkung dieser zweiten Verweisung hat dann Vorrang vor der Bindungswirkung der Ursprungsverweisung. 208

Das Gericht, an das der Rechtsstreit vom Gericht eines anderen Rechtsweges verwiesen worden ist, kann aber wegen örtlicher Unzuständigkeit innerhalb „seines" Rechtsweges weiterverweisen.[381] 209

Erklärt das Gericht, an das der Rechtsstreit verwiesen wurde, sich gleichwohl für unzuständig, so kommt es zu einem Bestimmungsverfahren in entsprechender Anwendung des § 36 Abs. 1 Nr. 6 ZPO. In derartigen Fällen ist das zuständige Gericht von dem Obersten Gerichtshof des Bundes zu bestimmen, der zunächst um die Bestimmung angegangen wurde.[382] Die bindende Wirkung des Verweisungsbeschlusses ist auch im Bestimmungsverfahren des § 36 Abs. 1 Nr. 6 ZPO zu beachten. Nur so kann der Zweck des § 17a Abs. 2 S. 3 GVG erreicht werden, unnötige und zu Lasten der Parteien gehende Zuständigkeitsstreitigkeiten zu vermeiden. Das bedeutet: Es ist das Gericht als zuständig zu bestimmen, an das die Sache durch den ersten Verweisungsbeschluss gelangt ist.[383] 210

h) **Kosten der Verweisung.** Wird der Rechtsstreit an ein anderes Gericht verwiesen, werden die Kosten im Verfahren vor dem angegangenen Gericht als Teil der Kosten behandelt, die bei dem Gericht erwachsen, an das der Rechtsstreit verwiesen wurde (§ 17b Abs. 2 S. 1 GVG). Die entstandenen Mehrkosten trägt Kläger auch dann, wenn er in der Hauptsache obsiegt (§ 17b Abs. 2 S. 2 GVG). 211

i) **Verweisung im PKH-Verfahren.** Wird ein PKH-Verfahren von einem Amts- oder Landgericht an ein Arbeitsgericht verwiesen, ist dieses daran gebunden, jedoch nur hinsichtlich des Rechtswegs (§ 17a Abs. 2 S. 3 GVG entsprechend).[384] Die Bindungswirkung des im PKH-Verfahren ergangenen Verweisungsbeschlusses erstreckt sich nicht auf das Hauptsacheverfahren.[385] Das Arbeitsgericht darf die Erfolgsaussichten der beabsichtigten Klage nicht mit der Begründung verneinen, der Rechtsweg zu den Arbeitsgerichten sei nicht gegeben.[386] 212

j) **Rechtsfolgen des Verweisungsbeschlusses.** Nach Eintritt der Rechtskraft des Verweisungsbeschlusses wird der Rechtsstreit mit Eingang der Akten bei dem im Beschluss bezeichneten Gericht anhängig. Die Wirkung der Rechtshängigkeit bleibt bestehen. Dies betrifft zum einen die prozessualen Wirkungen der Rechtshängigkeit (§ 17 Abs. 1 GVG), zum anderen die materiellrechtlichen Wirkungen der Rechtshängigkeit wie die Hemmung der Verjährung (§ 204 BGB) oder die Wahrung von Klagefristen (§ 4 KSchG; § 17 TzBfG). 213

7. Örtliche Zuständigkeit

a) **Allgemeines.** Eine besondere Regelung zur örtlichen Zuständigkeit findet sich im ArbGG in § 48 Abs. 1a (Gerichtsstand des Arbeitsortes), in § 48 Abs. 2 S. 2 (Tarifliche Bestimmung der örtlichen Zuständigkeit) und in § 61b Abs. 2 S. 1 ArbGG für Fälle der Benachteiligung. Im Übrigen gelten über § 46 Abs. 2 ArbGG die Vorschriften der §§ 12 bis 37 ZPO. Im Beschlussverfahren richtet sich die örtliche Zuständigkeit nach § 82 ArbGG. 214

---

[378] Schwab/Weth/*Walker* ArbGG § 48 Rn. 84.
[379] Schwab/Weth/*Walker* ArbGG § 48 Rn. 84.
[380] BGH 12.3.2002 – X ARZ 314/01, NZA 2002, 1109 (1110); 24.2.2000 – III ZB 33/99, ZIP 2000, 598; 13.11.2001 – X ARZ 266/01, NZA 2002, 637.
[381] BAG 14.1.1994 – 5 AS 22/93, AP ZPO § 36 Nr. 43.
[382] BAG 5.9.2018 – 9 S 3/18, NZA 2018, 3801; 10.10.2017 – 9 AS 5/17, BeckRS 2017, 129754, 16.6.2016, 9 AS 4/16, NJW 2016, 3469.
[383] BAG 14.12.1998 – 5 AS 8/98, AP GVG § 17a Nr. 38; 3.11.1993 – 5 AS 20/93, AP GVG § 17a Nr. 11; 22.7.1998 – 5 AS 17/98, AP ZPO § 36 Nr. 55.
[384] BAG 27.10.1992 – 5 AS 5/92, AP ZPO 1977 § 281 Nr. 5.
[385] BAG 27.10.1992 – 5 AS 5/92, AP ZPO 1977 § 281 Nr. 5; Schwab/Weth/*Walker* ArbGG § 48 Rn. 86.
[386] BAG 27.10.1992 – 5 AS 5/92, AP ZPO 1977 § 281 Nr. 5.

215 Die örtliche Unzuständigkeit ist nur auf Einrede des Beklagten zu beachten. Entsprechende Rügen sind vom Beklagten gleichzeitig und vor der Verhandlung zur Hauptsache vorzubringen (§ 282 Abs. 3 S. 1 ZPO).

216 Verhandelt der Beklagte mündlich zur Hauptsache, ohne die Unzuständigkeit geltend zu machen, wird die Zuständigkeit des Gerichts des ersten Rechtszuges begründet (rügelose Einlassung – § 39 S. 1 ZPO; **nicht im Gütetermin!**). Dies gilt indes nicht, wenn die gerichtliche Belehrung nach § 504 ZPO unterblieben ist (§ 39 S. 2 ZPO).

217 **b) Allgemeiner Gerichtsstand.** Dies ist auf Beklagtenseite bei natürlichen Personen deren Wohnsitz (§§ 12, 13 ZPO) und bei juristischen Personen deren Sitz (§ 17 ZPO). Letzteres gilt ebenfalls für Beklagte in der Form einer parteifähigen Personengesamtheit (OHG oder KG) und für nicht rechtsfähige, aber parteifähige Prozesssubjekte, insbesondere in Fällen des § 10 ArbGG (zB Gewerkschaften).

218 **c) Besondere Gerichtsstände.** *aa) Erfüllungsort.* Der Gerichtsstand des Erfüllungsorts hat durch den Gerichtsstand des Arbeitsortes an Bedeutung verloren, vgl. dazu → Rn. 219. Der Erfüllungsort iSd § 29 ZPO bestimmt sich nach materiellem Recht, vor allem nach § 269 BGB. Für Klagen auf Erfüllung des Arbeitsvertrages ist das Arbeitsgericht des Ortes zuständig, an dem die streitige Verpflichtung zu erfüllen ist.[387] Hiernach ist an sich für jede streitige Verpflichtung (zB Vergütungspflicht, Arbeitspflicht) der Erfüllungsort gesondert zu ermitteln. Die Auslegung des Arbeitsvertrages wird indes regelmäßig dazu führen, dass ein **einheitlicher Erfüllungsort** gewollt ist. So ist die Vergütungspflicht grundsätzlich dort zu erfüllen, wo die Arbeit geleistet wird. Für das Arbeitsverhältnis gilt als gemeinsamer Erfüllungsort für die beiderseitigen Leistungsverpflichtungen der Schwerpunkt des Vertragsverhältnisses, der durch die Arbeitsleistung innerhalb eines Betriebes bestimmt wird.[388] Fallen Arbeitsstätte und Betriebssitz zusammen, ist dieser auch Erfüllungsort. Bei Arbeit in einer Niederlassung oder Außenstelle ist der Ort des Zweigbetriebs zugleich der Erfüllungsort. Erbringt der Arbeitnehmer seine Arbeitsleistung nicht stets am selben Ort, so sind zwei Fälle zu unterscheiden:
- Wird der Arbeitnehmer für den Betrieb eingestellt und vom Betriebssitz aus immer wieder an verschiedene auswärtige Orte zur Ausführung von Arbeiten entsandt, wie zB Montagearbeiter und Kraftfahrer von Reisediensturnternehmen (sog. weisungsgebundene Entsendung), ist der Wohn- bzw. Betriebssitz des Arbeitgebers Erfüllungsort für die Arbeitsleistung.[389]
- Wird dem Arbeitnehmer ein bestimmter, fest umrissener Bezirk zugewiesen, in dem er von seinem Wohnsitz aus tätig wird und an den er immer wieder – wenn auch nicht täglich – zurückkehrt, so ist dieser Wohnort der Erfüllungsort. Dies gilt unabhängig davon, ob er täglich nach Hause zurückkehrt und in welchem Umfang er vom Betrieb Anweisungen für die Gestaltung seiner Reisetätigkeit erhält.[390]

219 *bb) Arbeitsort.* Nach § 48 Abs. 1a ArbGG ist auch das Arbeitsgericht zuständig, in dessen Bezirk der Arbeitnehmer gewöhnlich seine Arbeit verrichtet oder zuletzt gewöhnlich verrichtet hat. Diese Regelung soll dem Arbeitnehmer nach der Gesetzesbegründung ermöglichen, Klage vor dem Arbeitsgericht zu erheben, in dessen Bezirk tatsächlich arbeitet. Der Gerichtsstand des Arbeitsortes soll vor allem den Arbeitnehmern zu Gute kommen, die ihre Arbeit gewöhnlich nicht am Firmensitz oder am Ort der Niederlassung leisten. Vor allem Beschäftigten in der Dienstleistungsbranche, wie im Bereich der Gebäudereinigung, und Mitarbeitern im Außendienst soll die Durchsetzung ihrer Ansprüche und Rechte erleichtert werden. Auch bei kurzzeitigen Arbeitsverhältnissen können die Beschäftigten den Gerichtsstand des Arbeitsor-

---

[387] LAG Baden-Württemberg 25.3.1987 – 3 Sa 67/87, NZA 1988, Beil. 2, 22.
[388] BAG 19.3.1996 – 9 AZR 656/94, AP ZPO § 328 Nr. 2; BGH 26.11.1984 – II ZR 20/84, MDR 1985, 649.
[389] BAG 3.12.1985 – 4 AZR 325/84, AP TVG § 1 Tarifverträge Großhandel Nr. 5; BGH 26.11.1984 – II ZR 20/84, MDR 1985, 649; LAG Rheinland-Pfalz 29.11.1984 – 8 Sa 694/84, NZA 1985, 540.
[390] EuGH 9.1.1997 – C-383/95, AP Brüsseler Abkommen Art. 5 Nr. 2; BAG 12.6.1986 – 2 AZR 398/85, AP Brüsseler Abkommen Art. 5 Nr. 1; ganz deutlich BAG 3.11.1993 – 5 AS 20/93, AP GVG § 17a Nr. 11; 23.7.1997 – 5 AS 19/97 BeckRS 1997, 30941037; *Müller* BB 2002, 1094; *Schulz* NZA 1995, 14 (16); aA *Ostrop/Zumkeller* NZA 1994, 644; *Krasshöfer-Pidde/Molkenbur* NZA 1988, 236 (238).

tes nutzen. Unerheblich ist, ob an dem Ort der Arbeitsleistung eine räumliche Betriebsstruktur des Arbeitgebers besteht, von der aus Arbeitsanweisungen erteilt werden oder wo die Zahlung der Vergütung veranlasst wird. Entscheidend ist der Ort, an dem die geschuldete Arbeitsleistung tatsächlich regelmäßig oder normalerweise erbracht wird.[391] Erfolgt die Erbringung der Arbeitsleistung gewöhnlich an mehreren Orten, ist wiederum nach dem Schwerpunkt zu entscheiden.[392] Dies kann auch der Ort sein, an dem die Arbeit gemessen an der Gesamtdauer des Arbeitsverhältnisses erst kurzzeitig geleistet wurde, wenn auf der Grundlage des Arbeitsvertrages an diesem Ort die Arbeitsleistung bis auf weiteres verrichtet werden soll.

Bei einem **beendeten Arbeitsverhältnis** fällt der gewöhnliche Arbeitsort nicht weg. Es ist dann der Ort, an dem der Arbeitnehmer die Arbeitsleistung zuletzt gewöhnlich verrichtet hat. 220

Nach § 48 Abs. 1a ArbGG ist in Fällen, in denen ein gewöhnlicher Arbeitsort nicht feststellbar ist, das Arbeitsgericht örtlich zuständig, von dessen Bezirk aus der Arbeitnehmer gewöhnlich seine Arbeit verrichtet oder zuletzt gewöhnlich verrichtet hat. Gemeint sind die Fälle, in denen ein Schwerpunkt der Tätigkeit nicht ermittelt werden kann, zB weil Tätigkeiten vertragsgemäß in mehreren Gerichtsbezirken zu erbringen sind. Es ist dann auf den Ort abzustellen, von dem aus die Arbeitsleistung erbracht wird. Der Wohnort kann Arbeitsort sein, wenn dort mit der Arbeitsleistung verbundene Tätigkeiten erbracht werden, also wenn ein Außendienstmitarbeiter zu Hause seine Reisetätigkeit für den ihm zugewiesenen Bezirk plant, Telefonate führt, Berichte schreibt oder andere mit der Arbeitsleistung verbundene Tätigkeiten verrichtet. Kein Arbeitsort ist gegeben, wenn sich ein Montagearbeiter oder ein Kraftfahrer im Rahmen einer Vielzahl einzelner weisungsgebundener Entsendungen vom Wohnort aus zum jeweiligen Einsatzort begibt.[393] 221

In Zweifelsfällen, etwa bei fliegendem Personal, ist zu beachten, dass der Gesetzgeber bei der Fassung des § 48 Abs. 1a Satz 1 ArbGG ausweislich der Gesetzesbegründung die Formulierung des Art. 19 Nr. 2 lit. a EuGVVO alt (VO (EG) Nr. 44/2001, jetzt Art. 21 Nr. 1 lit. b EuGVVO) übernommen hat. Der EuGH versteht unter dem „Ort, an dem der Arbeitnehmer gewöhnlich seine Arbeit verrichtet", den Ort, an dem oder von dem aus der Arbeitnehmer den wesentlichen Teil seiner Verpflichtungen gegenüber seinem Arbeitgeber tatsächlich erfüllt. Erfülle er die Verpflichtungen aus seinem Arbeitsvertrag in mehreren Mitgliedstaaten, sei dies der Ort, an dem oder von dem aus er unter Berücksichtigung aller Umstände des Einzelfalls den wesentlichen Teil seiner Verpflichtungen gegenüber seinem Arbeitgeber tatsächlich erbringt. Insoweit kann auch die „Heimatbasis" berücksichtigt werden. Auf dieses Kriterium hat auch das BAG bei der Bestimmung der internationalen Zuständigkeit abgestellt.[394] 222

cc) Niederlassung. Der Gerichtsstand der Niederlassung nach § 21 ZPO ist ein besonderer Gerichtsstand allein für Passivklagen gegen das Unternehmen, die sich auf den Geschäftsbetrieb der Niederlassung beziehen.[395] Klagen des Arbeitgebers gegen den Arbeitnehmer können nicht am Ort der Niederlassung erhoben werden,[396] auch nicht im Wege der Widerklage. 223

Unter einer selbstständigen Niederlassung iSd § 21 ZPO ist jede von dem Geschäftsinhaber usw an einem anderen Ort als dem seines (Wohn-)Sitzes für eine gewisse Dauer errichtete, auf seinen Namen und für seine Rechnung betriebene und in der Regel zum selbstständigen Geschäftsabschluss und Handeln berechtigte Geschäftsstelle usw zu verstehen.[397] Für den besonderen Gerichtsstand nach § 21 ZPO ist im Arbeitsrecht notwendig, dass
- die Niederlassung Arbeitsverträge abschließt und ein Arbeitsverhältnis begründet,
- und hieraus ein Rechtsstreit gegeben ist. 224

---

[391] Vgl. zu Art. 19 Nr. 2a EuGVVO: BAG 20.12.2012 – 2 AZR 481/11, NZA 2013, 925; 27.1.2011 – 2 AZR 646/09, NZA 2011, 1309.
[392] Schwab/Weth/*Walker* ArbGG § 48 Rn. 118.
[393] So auch: LAG Bremen 9.10.2014 – 1 SHa 4/14, BeckRS 2014, 73128 Rn. 45.
[394] LAG München 24.1.2019 – 1 SHa 22/18, ZInsO 2019, 456; EuGH 14.9.2017 – C-168/16, NZA 2017, 1477; BAG 20.12.2012 – 2 AZR 481/1, AP Verordnung 44/2001/EG Nr. 5; BAG 30.11.2016 – 10 AZR 11/16, NZA 2017, 1394.
[395] BGH 7.10.1977 – 1 ARZ 494/77, MDR 1978, 207.
[396] Schwab/Weth/*Walker* ArbGG § 48 Rn. 122.
[397] LAG Hessen 31.7.1987 – 13 Sa 1678/86, BeckRS 1987, 30886067.

225 Ein Abschluss durch die Hauptverwaltung für die Niederlassung genügt insoweit nicht; allerdings kann dann der Gerichtsstand nach § 29 ZPO (Erfüllungsort) gegeben sein.

226 *dd) Unerlaubte Handlung.* Nach § 32 ZPO ist das Arbeitsgericht zuständig, in dessen Bezirk die unerlaubte Handlung des Arbeitgebers oder Arbeitnehmers begangen worden ist. Der Begriff der unerlaubten Handlung ist weit zu verstehen, so dass die Norm einen breiten Anwendungsbereich hat. In Betracht kommen unerlaubte Handlungen im Verhältnis Arbeitnehmer/Arbeitgeber ebenso wie unerlaubte Handlungen zwischen Arbeitnehmern sowie bei Arbeitskampfstreitigkeiten.

227 *ee) Widerklage.* Für die Widerklage ist nach § 33 ZPO auch das Gericht zuständig, bei dem die Klage anhängig ist, wenn der Gegenanspruch mit dem in der Klage geltend gemachten Anspruch oder mit den gegen ihn vorgebrachten Verteidigungsmitteln im Zusammenhang steht. Das gilt nur dann nicht, wenn es sich um nichtvermögensrechtliche Ansprüche handelt oder wenn für die Widerklage ein ausschließlicher Gerichtsstand gegeben ist.[398] Eine Widerklage, die sich auch gegen eine bisher am Rechtsstreit nicht beteiligte Person (Drittwiderbeklagte) richtet, begründet für die Drittwiderbeklagte keinen Gerichtsstand nach § 33 Abs. 1 ZPO. Die Zuständigkeit des angerufenen Gerichts bedarf dann einer Gerichtsstandbestimmung nach § 36 Nr. 3 ZPO, wenn die Drittwiderbeklagte in ihrem allgemeinen Gerichtsstand verklagt werden soll und sich die örtliche Zuständigkeit des angerufenen Gerichts nicht bereits aus anderen Bestimmungen ergibt.[399]

228 *ff) Benachteiligung.* Zur örtlichen Zuständigkeit in Diskriminierungsfällen findet sich in § 61b ArbGG eine Sonderregelung, die bei mehreren Klagen zu einer Zuständigkeitskonzentration führt. Die praktische Bedeutung ist allerdings bislang gering.

229 Die Norm begründet einen ausschließlichen Gerichtsstand für den Fall der Häufung von Klagen wegen Benachteiligung. Danach ist, sofern der Arbeitgeber einen entsprechenden Antrag stellt, ausschließlich das Gericht örtlich zuständig, bei dem die erste Entschädigungsklage erhoben wurde. Der Antrag lässt auch die Bindungswirkung eines vorherigen Verweisungsbeschlusses nach § 48 Abs. 1 ArbGG iVm § 17a Abs. 2 S. 3 GVG entfallen. Der Antrag kann nur während des erstinstanzlichen Verfahrens gestellt werden,[400] und zwar nur bis zum Ende der mündlichen Verhandlung der zuerst anhängig gemachten Klage.[401] Der Arbeitgeber muss jedoch keinen Antrag stellen und kann es bei der Zuständigkeit verschiedener Gerichte belassen. Dabei geht er jedoch das Risiko ein, dass die Gerichte verschiedene Bewerber als anspruchsberechtigt nach § 611a Abs. 2 BGB ansehen.[402] Zur Begründung des Antrags muss der Arbeitgeber vortragen, dass mehrere Klagen bei bestimmten Gerichten anhängig sind und bei welchem Gericht die erste Klage erhoben wurde.[403] Es genügt die Antragstellung bei einem der befassten Gerichte.[404]

230 Die übrigen Rechtsstreite sind nach § 61b Abs. 2 S. 2 ArbGG von Amts wegen an das Arbeitsgericht zu verweisen, bei dem die erste Entschädigungsklage erhoben ist.[405] Die Verweisungsbeschlüsse sind nach § 48 Abs. 1 Nr. 1 ArbGG unanfechtbar.

231 Nach Verweisung sind alle Rechtsstreite von der nunmehr insgesamt zuständigen Kammer des Arbeitsgerichts von Amts wegen zur gleichzeitigen Verhandlung und Entscheidung zu verbinden (§ 61b Abs. 3 S. 2 Hs. 2 ArbGG). Insoweit steht dem Arbeitsgericht kein Ermessen wie bei § 147 ZPO zu. Die Entscheidung zur Verbindung erfolgt durch Beschluss. Als prozessleitende Maßnahme bedarf der Beschluss keiner mündlichen Verhandlung. Nach § 53 Abs. 1 S. 1 ArbGG entscheidet der Vorsitzende. Entsprechendes gilt, wenn mehrere Klagen nach § 611a Abs. 2 BGB in verschiedenen Kammern desselben Arbeitsgerichts anhängig sind.[406]

---

[398] Germelmann/Matthes/Prütting/*Germelmann/Künzl* ArbGG § 48 Rn. 48.
[399] BGH 28.2.1991 – I ARZ 711/90, NJW 1991, 2838; BAG 16.5.1997 – 5 AS 9/97, AP ZPO § 36 Nr. 53.
[400] Germelmann/Matthes/Prütting/*Germelmann/Künzl* ArbGG § 61b Rn. 18.
[401] GK-ArbGG/*Schütz* § 61b Rn. 23.
[402] GK-ArbGG/*Schütz* § 61b Rn. 23.
[403] GK-ArbGG/*Schütz* § 61b Rn. 24.
[404] GK-ArbGG/*Schütz* § 61b Rn. 25.
[405] GK-ArbGG/*Schütz* § 61b Rn. 27.
[406] GK-ArbGG/*Schütz* § 61b Rn. 33.

d) Mehrere Gerichtsstände. Unter mehreren örtliche zuständigen Gerichten kann der Kläger wählen (§ 35 ZPO). Der Beklagte muss sich an jedem normierten Gerichtsstand auf die Klage einlassen und der Kläger kann nur mit solchen Kosten belastet werden, die aus der Wahrnehmung der Termine aus dem Bezirk dieses Gerichts erwachsen.[407] 232

e) Gerichtsstandsvereinbarung. Entsprechende Vereinbarungen (zB im Arbeitsvertrag) sind grundsätzlich unzulässig. § 38 Abs. 1 ZPO lässt eine Gerichtsstandsvereinbarung nur zu, wenn die Vertragsparteien Kaufleute, juristische Personen des öffentlichen Rechts oder öffentlich-rechtliche Sondervermögen sind. Um eine Umgehung dieses Verbots durch eine Abrede über den Erfüllungsort zu verhindern, findet sich in dem § 38 Abs. 1 ZPO entsprechende Vorschrift auch in § 29 Abs. 2 ZPO. Auch im Prozess wird das Prorogationsverbot durch verschiedene Vorschriften gesichert (vgl. §§ 39 S. 2, 331 Abs. 1 S. 2 ZPO). Nur ausnahmsweise ist eine Gerichtsstandsvereinbarung auch im Arbeitsrecht zulässig, nämlich entweder wenn sie ausdrücklich und schriftlich **nach dem Entstehen** der Streitigkeit getroffen wird (§ 38 Abs. 3 Nr. 1). Dieser Fall ist praktisch bedeutsam. Dabei ist zu beachten, dass die Streitigkeit nicht erst mit Rechtshängigkeit entsteht, sondern schon dann, wenn zwischen den Parteien konkrete Meinungsverschiedenheiten bestehen und ein Prozess droht.[408] 233

Zudem ist die Gerichtsstandvereinbarung möglich, wenn ein Fall von § 38 Abs. 3 Nr. 2 ZPO oder § 38 Abs. 2 ZPO vorliegt. Letzteres ist beispielsweise der Fall, wenn ein deutscher Arbeitnehmer bei einem ausländischen Arbeitgeber tätig ist und dieser keinen allgemeinen Gerichtsstand in der Bundesrepublik Deutschland hat.[409] 234

f) Tarifvertragliche Regelung der örtlichen Zuständigkeit. Nach § 48 Abs. 2 ArbGG haben die Tarifvertragsparteien die Möglichkeit, kollektivrechtliche Prorogationsvereinbarungen zu treffen.[410] Die tarifliche Regelung muss sich im normativen Teil des Tarifvertrags befinden.[411] Sie kann die ausschließliche oder nur eine zusätzliche örtliche Zuständigkeit eines ansonsten unzuständigen Arbeitsgerichts vorschreiben für bürgerliche Rechtsstreitigkeiten zwischen Arbeitnehmern und Arbeitgebern aus einem Arbeitsverhältnis und aus Verhandlungen über die Eingehung eines Arbeitsverhältnisses, sofern sich das Arbeitsverhältnis nach einem Tarifvertrag bestimmt. Ohne Bedeutung ist, ob die Tarifbindung auf Grund normativer Tarifbindung, Allgemeinverbindlichkeit oder arbeitsvertraglicher Inbezugnahme – des gesamten Tarifvertrags[412] in seinem Geltungsbereich – gilt. Streitigkeiten über Nachwirkungen des Arbeitsverhältnisses fallen nach dem Wortlaut der Vorschrift nicht unter die kollektivrechtliche Prorogation, damit auch nicht Streitigkeiten aus einem Ruhestandsverhältnis.[413] 235

Die Erstreckung der kollektivrechtlichen Prorogation auf Außenseiter setzt voraus, dass der gesamte Tarifvertrag in Bezug genommen wird und dass das Arbeitsverhältnis dem Geltungsbereich des Tarifvertrags unterfällt.[414] 236

8. Entscheidung über örtliche Zuständigkeit

Hat der Beklagte die örtliche Zuständigkeit des angerufenen Arbeitsgerichts gerügt, so hat es hierüber nach Anhörung der Parteien zu entscheiden (§ 48 Abs. 1 ArbGG iVm § 17a GVG), und zwar wie folgt: 237

- Verneint das Arbeitsgericht seine örtliche Zuständigkeit, spricht es dies aus und verweist den Rechtsstreit zugleich an das örtlich zuständige Arbeitsgericht (§ 17a Abs. 2 S. 1 GVG). Sind mehrere Arbeitsgerichte zuständig, wird an das vom Kläger auszuwählende Gericht verwiesen oder, wenn die Wahl unterbleibt, an das vom Arbeitsgericht bestimmte (§ 17a Abs. 2 S. 2 GVG).

---

[407] LAG Düsseldorf 15.5.1991 – 7 Ta 141/91, MDR 1991, 996; LAG Köln 9.6.1983 – 10 Ta 65/83, EzA ZPO § 91 Nr. 4; vgl. auch LAG Hamm 12.1.1984 – 8 Ta 242/83, EzA ZPO § 91 Nr. 5.
[408] Schwab/Weth/*Walker* ArbGG § 48 Rn. 140; Zöller/*Vollkommer* ZPO § 38 Rn. 33.
[409] BAG 27.1.1983 – 2 AZR 188/81, AP ZPO § 38 Internationale Zuständigkeit Nr. 12.
[410] Germelmann/Matthes/Prütting/*Germelmann/Künzl* ArbGG § 48 Rn. 133.
[411] Germelmann/Matthes/Prütting/*Germelmann/Künzl* ArbGG § 48 Rn. 133.
[412] Germelmann/Matthes/Prütting/*Germelmann/Künzl* ArbGG § 48 Rn. 135.
[413] Germelmann/Matthes/Prütting/*Germelmann/Künzl* ArbGG § 48 Rn. 136.
[414] Germelmann/Matthes/Prütting/*Germelmann/Künzl* ArbGG § 48 Rn. 140.

- Bejaht das Arbeitsgericht seine örtliche Zuständigkeit, so hat es eine entsprechende Vorabentscheidung zu treffen (§ 17a Abs. 3 S. 2 GVG).

238 Der Beschluss, der nach § 17a Abs. 2 oder 3 GVG ohne mündliche Verhandlung ergehen kann (§ 17a Abs. 4 S. 1 GVG; § 55 Abs. 1 Nr. 7, Abs. 2 S. 1 ArbGG), ist zu begründen (§ 17a Abs. 4 S. 2 GVG). Der Vorsitzende entscheidet allein (§ 55 Abs. 1 Nr. 7 ArbGG).

239 Der Beschluss ist nach § 17a Abs. 2 und 3 GVG unanfechtbar (§ 48 Abs. 1 Nr. 1 ArbGG) und bindet das Adressatengericht (§ 17a Abs. 1 GVG). Bei einem negativen Kompetenzkonflikt erfolgt die gerichtliche Zuständigkeitsbestimmung nach § 36 Abs. 1 Nr. 6 ZPO.[415]

240 Trotz der grundsätzlichen Bindung wird vielfach versucht, diese in Fällen offensichtlicher Unrichtigkeit der Entscheidung zu durchbrechen. Keine Bindung soll bestehen, wenn der durch den Beschluss belasteten Partei entgegen § 17a Abs. 2 S. 1 GVG kein rechtliches Gehör gewährt worden ist,[416] wenn entgegen dem Willen beider Parteien die örtliche Zuständigkeit verneint wird[417] oder wenn die Entscheidung willkürlich erfolgte.[418] Ebenso, wenn sich das verweisende Gericht über die Zuordnung des von ihm für maßgeblich gehaltenen Ortes (Wohnsitz, Sitz, Arbeitsort, Erfüllungsort, Begehungsort usw) zu dem Bezirk des Gerichts, an das verwiesen worden ist, offensichtlich geirrt hat,[419] oder den Wohnsitz, Sitz, Arbeitsort, Erfüllungsort, Begehungsort usw falsch ermittelt hat.[420] Das Gleiche wird angenommen, wenn der Irrtum des Gerichts auf falschen Angaben der klagenden Partei beruht.[421] Diese Rechtsprechung ist seit dem Inkrafttreten des Anhörungsrügengesetzes schwer zu begründen.[422] Die Rüge der Verletzung des Anspruchs auf rechtliches Gehör muss jedenfalls nach § 78a ArbGG verfolgt werden. Ob bei greifbarer Gesetzeswidrigkeit nach wie vor die Bindungswirkung verneint werden muss, wird unterschiedlich beurteilt, ist aber zu verneinen.[423]

241 Das LAG prüft im Berufungsverfahren nicht, ob das Arbeitsgericht seine (örtliche) Zuständigkeit zu Unrecht angenommen hat (§ 65 ArbGG). Dies gilt auch im Revisionsverfahren (§ 73 Abs. 2 ArbGG). Die Verweisung eines Rechtsstreits (wegen örtlicher Unzuständigkeit) an ein Gericht desselben Rechtswegs schließt die Weiterverweisung in einen anderen Rechtsweg nicht aus.[424]

III. Vorgerichtliche Verfahren nach § 111 Abs. 2 ArbGG

242 Zur Beilegung von Streitigkeiten zwischen Ausbildenden und Auszubildenden aus einem bestehenden Berufsausbildungsverhältnis können im Bereich des Handwerks die Handwerksinnungen, im Übrigen die zuständigen Stellen iSd BBiG Ausschüsse bilden, denen Arbeitgeber und Arbeitnehmer in gleicher Anzahl angehören müssen (§ 111 Abs. 2 S. 1 ArbGG). Falls ein solcher Ausschuss besteht, muss **vor der Klageerhebung** beim Arbeitsgericht das Verfahren vor dem Ausschuss durchgeführt werden, § 111 Abs. 2 S. 5 ArbGG.[425] Dabei ist grundsätzlich für die Zuständigkeit des Ausschusses der jeweilige Streitgegenstand maßgebend, der durch das Klagebegehren bestimmt wird. Wurde über eine wesentliche Vorfrage (im Streitfall: Fortbestand eines Berufsausbildungsverhältnisses) ein Schlichtungsver-

---

[415] BAG 22.7.1998 – 5 AS 17/98, AP ZPO § 36 Nr. 55.
[416] BAG 29.6.1992 – 5 AS 7/92, NZA 1992, 1049; 1.7.1992 – 5 AS 4/92, AP ZPO § 36 Nr. 39; 27.10.1992 – 5AS 5/92, AP ZPO 1977 § 281 Nr. 5.
[417] LAG Baden-Württemberg 16.2.2005 – 3 AR 4/05, ArbuR 2005, 165.
[418] LAG Köln 28.7.2005 – 6 Ta 192/05, ArbuR 2006, 133; LAG Hessen 8.1.2004 – 1 AR 36/03, LAGE ArbGG 1979 § 48 Nr. 16.
[419] BAG 31.1.1994 – 5 AS 23/93, AP ZPO § 36 Nr. 44.
[420] BAG 30.3.1994 – 5 AS 6/94, BeckRS 1994, 30748552.
[421] BAG 11.11.1996 – 5 AS 12/96, AP ZPO § 36 Nr. 51.
[422] → Rn. 198.
[423] Streitig: Dagegen: BFH 17.7.2013 – V B 128/12, BeckRS 2013, 95859; BGH 9.3.2006 – VII ZB 8/06, BeckRS 2006, 0982; 20.10.2004 – XII ZB 35/04, NJW 2005, 143; BVwG 5.10.2004 – 2 B 90/04, NVwZ 2005, 232; BFH 29.9.2005 – I B 70/05, BeckRS 2005, 25008820; dafür: BFH 8.9.2005 – IV B 42/05, NJW 2005, 3374. Aber aufgegeben in BFH 14.3.2007 – IV S 13/06 (PKH), DB 2007, 995.
[424] BAG 4.1.1993 – 5 AS 12/92, AP ZPO § 36 Nr. 42.
[425] BAG 9.10.1979 – 6 AZR 776/77, AP ArbGG 1953 § 111 Nr. 3.

fahren durchgeführt, genügt dies auch im Hinblick auf eine auf Annahmeverzug gestützte Zahlungsklage.[426]

Bei dem Verfahren vor dem Ausschuss handelt es sich um ein Güteverfahren, das der Anrufung des Arbeitsgerichtes im Hinblick auf das besondere Verhältnis zwischen den Vertragsparteien vorgeschaltet ist. Eine vorherige Anrufung ist nicht mehr erforderlich, wenn das Berufsausbildungsverhältnis bereits beendet ist.[427] Wird hingegen über die Wirksamkeit einer außerordentlichen Kündigung eines Berufsausbildungsverhältnisses gestritten, ist der Ausschuss zuständig.[428]

1. Prozessvoraussetzung

Besteht der Ausschuss ist dessen Anrufung zwingende Prozessvoraussetzung für die Klage. Ansonsten ist die Klage unzulässig. Die Klage wird aber nachträglich zulässig, wenn die Verhandlung vor dem Ausschuss zwar erst nach der Klageerhebung, aber vor der streitigen Verhandlung ohne bindenden Spruch stattfindet.[429]

2. Verfahren

Der Ausschuss hat die Parteien mündlich zu hören (§ 111 Abs. 2 S. 2 ArbGG). Aus Vergleichen, die vor ihm abgeschlossen werden, findet die Zwangsvollstreckung statt (§ 111 Abs. 2 S. 6 ArbGG); insoweit gelten die Vorschriften der §§ 107, 109 ArbGG entsprechend (§ 111 Abs. 2 S. 7 ArbGG). Scheitert eine gütliche Einigung, fällt der Ausschuss einen Spruch. Wird dieser nicht innerhalb einer Woche von beiden Parteien anerkannt, so kann binnen zwei Wochen nach ergangenem Spruch Klage beim zuständigen Arbeitsgericht erhoben werden (§ 111 Abs. 2 S. 3 ArbGG – wohl nur vom Auszubildenden, selbst wenn der Spruch zu seinen Gunsten erging). Der Spruch hat eine entsprechende „Rechtsmittelbelehrung" zu enthalten (§ 111 Abs. 2 S. 4 iVm § 9 Abs. 5 ArbGG).

Die zweiwöchige Klagefrist beginnt also erst zu laufen, wenn die klagende Prozesspartei über die einzuhaltende Frist und Form der weiteren Rechtswahrnehmung nach ergangenem Spruch des Ausschusses schriftlich belehrt worden ist.[430] Enthält der Spruch des Ausschusses keine Rechtsmittelbelehrung, läuft die Jahresfrist des § 9 Abs. 5 S. 4 ArbGG.[431] Wird der Spruch von beiden Seiten anerkannt, findet aus diesem die Zwangsvollstreckung statt (§ 111 Abs. 2 S. 6 u. 7 ArbGG)

3. Verhältnis zum Kündigungsschutzgesetz

Ob der Schlichtungsausschuss innerhalb von drei Wochen gem. § 13 Abs. 1 KSchG angerufen werden muss ist streitig. Das Kündigungsschutzgesetz regelt nicht ausdrücklich die Frage, ob Auszubildende als Arbeitnehmer und Berufsausbildungsverhältnisse als Arbeitsverhältnisse anzusehen sind und dieses Gesetz deshalb grundsätzlich auch auf Ausbildungsverhältnisse anzuwenden ist. Nach hM muss ein bestehender Ausschuss nicht innerhalb der Drei-Wochen-Frist angerufen werden. Besteht hingegen kein Schichtungsausschuss, ist die Frist anwendbar.[432]

4. Prozesskostenhilfe

Für das Schlichtungsverfahren scheidet eine PKH-Bewilligung aus.[433]

---

[426] BAG 15.3.2000 – 5 AZR 622/98, AP BBiG § 14 Nr. 10.
[427] BAG 18.10.1961 – 1 AZR 437/60, AP ArbGG 1953 § 111 Nr. 1.
[428] BAG 18.9.1975 – 2 AZR 602/74, AP ArbGG 1953 § 111 Nr. 2.
[429] BAG 25.11.1976 – 2 AZR 751/75, AP BBiG § 15 Nr. 4; 13.4.1989 – 2 AZR 441/88, AP KSchG 1969 § 4 Nr. 21.
[430] LAG Hessen 14.6.1989 – 10 Sa 1678/88, LAGE ArbGG 1979 § 111 Nr. 2.
[431] BAG 30.9.1998 – 5 AZR 58/98, AP BBiG § 14 Nr. 9.
[432] BAG 13.4.1989 – 2 AZR 441/88, AP KSchG 1969 § 4 Nr. 21; 5.7.1990 – 2 AZR 53/90, AP KSchG 1969 § 4 Nr. 23.
[433] LAG Hessen 22.5.1985 – 8 Ta 105/85, ARST 1986, 42; Germelmann/Matthes/Prütting/*Prütting* ArbGG § 111 Rn. 69.

IV. Mahnverfahren

249 Für das Mahnverfahren vor den Gerichten für Arbeitssachen gelten die §§ 688 bis 703d ZPO, soweit nicht in § 46a Abs. 2 bis 8 ArbGG anderes bestimmt ist (§ 46a Abs. 1 ArbGG). Für das arbeitsgerichtliche Verfahren bestehen hauptsächlich Besonderheiten im Hinblick auf die örtliche Zuständigkeit, die Widerspruchsfrist und den Ausschluss des Urkunden- und Wechselverfahrens. Zuständig für die Durchführung des Mahnverfahrens ist das Arbeitsgericht, das für die im Urteilsverfahren erhobene Klage zuständig ist. Die **Widerspruchsfrist beträgt eine Woche.** Zu beachten ist, dass seit dem 1.1.2020 gemäß § 697 Abs. 2 S. 2 ZPO die Klage als zurückgenommen gilt, soweit der Antrag in der Anspruchsbegründung hinter dem Mahnantrag zurückbleibt. Voraussetzung ist, dass der Antragsteller zuvor über diese Folge belehrt oder darauf hingewiesen worden ist.

V. Urteilsverfahren erster Instanz

1. Kollegialgerichte

250 Bei den Gerichten für Arbeitssachen handelt es sich in allen Instanzen um **Kollegialgerichte** (§§ 16 Abs. 2, 35 Abs. 2, 41 Abs. 2 ArbGG). Da die **ehrenamtlichen Richter** nicht ständige Mitglieder der Spruchkörper sind, sondern zu den jeweiligen Sitzungen herangezogen werden (§§ 31, 39, 43 ArbGG), besteht ein praktisches Bedürfnis, den berufsrichterlichen Vorsitzenden mit prozessvorbereitenden und prozessleitenden Befugnissen auszustatten. Vom Grundsatz werden dem Vorsitzenden in verschiedenen Vorschriften Kompetenzen für die Prozessvorbereitung und Prozessleitung und der Kammer Kompetenzen für die eine Erledigung der Hauptsache betreffenden Entscheidungen zugewiesen. Kompetenzregelungen für den Vorsitzenden finden sich in § 9 Abs. 2 ArbGG iVm §§ 176 bis 179, 180 GVG (sitzungspolizeiliche Befugnisse), § 9 Abs. 2 ArbGG iVm § 194 Abs. 1 GVG (Leitung der Beratung und Abstimmung), § 56 ArbGG (Vorbereitung der streitigen Verhandlung) und § 55 ArbGG (Alleinentscheidung außerhalb streitiger Verhandlung ua). Diese Vorschriften modifizieren die allgemeine Kompetenzregelung in § 53 ArbGG (Alleinentscheidungsbefugnis außerhalb der mündlichen Verhandlung). Die Kompetenzvorschriften sind nicht parteidispositiv (Ausnahme auf Grund der „Öffnungsklausel" in § 55 Abs. 3 ArbGG).

251 Im Berufungsverfahren gilt die Vorschrift des § 53 ArbGG entsprechend (§ 64 Abs. 7 ArbGG). Auch im Revisionsverfahren ist die Vorschrift des § 53 ArbGG entsprechend anzuwenden (§ 72 Abs. 6 ArbGG), wobei jedoch anstelle des Senatsvorsitzenden der gesamte Senat ohne Hinzuziehung der ehrenamtlichen Richter (sog. Kleiner Senat) entscheidet.[434] Die Vorschrift des § 53 ArbGG ist des Weiteren entsprechend in den drei Instanzen des Beschlussverfahrens anzuwenden (§§ 80 Abs. 2, 87 Abs. 2 S. 1, 92 Abs. 2 S. 1 ArbGG).

252 Regelungen über das **Europäische Mahnverfahren** und den grenzüberschreitenden Rechtsverkehr nach der Verordnung (EG) Nr. 1896/2006 sind in § 46b ArbGG enthalten. Abweichend von der ZPO ist die **örtliche Zuständigkeit** nicht zentral geregelt. Zuständig ist vielmehr das Gericht, das für die im Urteilsverfahren erhobene Klage zuständig sein würde (→ Rn. 211 ff.).

2. Ausschließung und Ablehnung von Gerichtspersonen

253 Ausschließung und Ablehnung dienen der Sicherung der Unparteilichkeit der Rechtsprechung im konkreten Rechtsstreit und damit zugleich der Gewährleistung des gesetzlichen Richters (Art. 101 Abs. 1 S. 2 GG). Das Gesetz unterscheidet zwischen Gründen, die der Gerichtsperson die Befugnis entziehen, in einem Verfahren ihr Amt auszuüben (Ausschließungsgründe), und Gründen, die der Partei/den Beteiligten das Recht geben, sie abzulehnen (Ablehnungsgründe).

---

[434] Germelmann/Matthes/Prütting/*Germelmann/Künzl* ArbGG § 53 Rn. 3.

§ 49 ArbGG enthält gegenüber §§ 41 bis 49 ZPO vorgehende Sonderregelungen zum Verfahren bei Ausschließung und Ablehnung von Gerichtspersonen. Die materiellen Ausschließungs- und Ablehnungsgründe richten sich allein nach §§ 41, 42 ZPO.

Die Vorschrift des § 49 ArbGG gilt für das erstinstanzliche Urteils- und Beschlussverfahren (§ 80 Abs. 2 ArbGG). Für das zweitinstanzliche Verfahren gelten lediglich die Absätze 1 und 3 (§ 64 Abs. 7, § 87 Abs. 2 ArbGG). Im Revisions- und Rechtsbeschwerdeverfahren findet allein § 49 Abs. 1 ArbGG sinngemäß Anwendung.[435]

Die Ablehnung einer Gerichtsperson wegen Besorgnis der Befangenheit bedarf stets besonderer Geltendmachung durch die Partei/den Beteiligten (Ablehnungsgesuch) oder durch die Gerichtsperson (Ablehnungsanzeige) und führt nur bei einer entsprechenden gerichtlichen Entscheidung zum Ausscheiden der Gerichtsperson aus dem Prozess. Ausschließungsgründe sind stets (auch) absolute Ablehnungsgründe. Das Ablehnungsverfahren richtet sich vorrangig nach § 49 ArbGG und im Übrigen nach §§ 42 bis 49 ZPO; die Ablehnungsgründe folgen ausschließlich aus § 42 Abs. 1 ZPO.

a) Ablehnungsrecht. Das Ablehnungsrecht besteht gegenüber und für Gerichtspersonen, für die auch eine Ausschließung in Betracht kommt. Betroffen sind Arbeitsrichter einschließlich der ehrenamtlichen Richter, Rechtspfleger und die Urkundsbeamten der Geschäftsstelle, nicht jedoch die sonstigen Bediensteten des Arbeitsgerichts, Sachverständigen (stattdessen § 406 ZPO),[436] Dolmetscher und Gerichtsvollzieher.

Das Ablehnungsrecht steht allen Parteien/Beteiligten zu, auch den Streitgehilfen (§ 67 ZPO); dies gilt selbst dann, wenn der Befangenheitsgrund nicht alle betrifft. Die Prozess- bzw. Verfahrensbevollmächtigten haben kein selbstständiges Ablehnungsrecht aus eigener Person.

Ablehnbar sind bestimmte Gerichtspersonen, **nicht ablehnbar** sind das Gericht oder **ein ganzer Spruchkörper,** auch nicht eine einzelne Gerichtsperson allein wegen ihrer Zugehörigkeit zu einem Gericht oder Spruchkörper, es sei denn, der Ablehnungsgrund besteht gerade in der Mitwirkung an einer Kollegialentscheidung. Ein unterschiedslos gegen sämtliche Richter gerichtetes Ablehnungsgesuch ist ohne jeweils konkret auf die einzelne Person bezogene Begründung unzulässig und kann von den abgelehnten Richtern entschieden werden.[437] Im Einzelfall kann die Ablehnung eines Spruchkörpers als Ablehnung bestimmter Mitglieder zu verstehen sein.

b) Ablehnungsgründe. Die Ablehnung von Gerichtspersonen kann nach § 42 Abs. 1 ZPO auf zwei Gründe gestützt werden: (1) Vorliegen eines gesetzlichen Ausschließungsgrundes und (2) Besorgnis der Befangenheit.

aa) Gesetzlicher Ausschluss. Für den Ablehnungsgrund „Ausschluss kraft Gesetzes" gelten die materiellen Grundsätze zum Ausschluss von Gerichtspersonen nach § 41 ZPO. Die gerichtliche Entscheidung auf ein Ablehnungsgesuch hat **nur feststellenden Charakter,** weil die Gerichtsperson bereits **kraft Gesetzes ausgeschlossen** ist. Nach § 41 Nr. 8 ZPO ist auch ein Richter ausgeschlossen, der an einem Mediationsverfahren teilgenommen hat.

bb) Besorgnis der Befangenheit. Nach § 42 Abs. 2 ZPO setzt die Ablehnung wegen Besorgnis der Befangenheit einen Grund voraus, der geeignet ist, **Misstrauen gegen die Unparteilichkeit** eines Richters zu rechtfertigen. Nicht jedes Fehlverhalten begründet ein Ablehnungsgesuch.[438] Gründe für ein solches Misstrauen sind dann gegeben, wenn ein Beteiligter von seinem Standpunkt aus bei vernünftiger, objektiver Betrachtung davon ausgehen kann, dass der Richter **nicht unvoreingenommen** entscheiden werde. Bei Anlegung dieses objektiven Maßstabes kommt es entscheidend darauf an, ob die Prozesspartei, die das Ablehnungsgesuch angebracht hat, von ihrem Standpunkt aus Anlass hat, Voreingenommenheit zu befürchten. Es muss also die Befürchtung bestehen, dass der abgelehnte Richter in die Verhandlung und Entscheidung des gerade anstehenden Falles sachfremde, unsachliche

---

[435] ErfK/*Koch* ArbGG § 49 Rn. 1.
[436] LAG Hamm 19.6.1986 – 8 Ta 16/86, AP ArbGG 1979 § 49 Nr. 1.
[437] BGH 2.4.2015 – III ZA 4/15, BeckRS 2015, 07576.
[438] OLG Brandenburg 30.3.2015 – 13 WF 68/15, BeckRS 2015, 11814.

Momente mit einfließen lassen könnte und den ihm unterbreiteten Fall nicht ohne Ansehen der Person nur auf Grund der sachlichen Gegebenheiten des Falles und allein nach Recht und Gesetz entscheidet. Die bereits erfolgte Bildung einer bestimmten Meinung (zB zur Rechtslage oder zur Beurteilung des Sachverhalts) genügt nicht, wenn nicht der Verdacht der Unsachlichkeit bei Bildung oder Beibehaltung der Meinung besteht. Das Ablehnungsverfahren nach § 42 Abs. 2 ZPO dient allein dazu, die Beteiligten vor der Unsachlichkeit des Richters aus einem in seiner Person liegenden Grund zu bewahren. Eine den Beteiligten ungünstige und möglicherweise auch unrichtige Rechtsauffassung als Ursache für die Parteilichkeit des Richters kommt als Ursache nicht in Betracht, es sei denn, die mögliche Fehlerhaftigkeit beruhte auf einer unsachlichen Einstellung des Richters oder auf Willkür.[439] **Nicht erforderlich ist, dass die Gerichtsperson tatsächlich befangen** ist; unerheblich ist, ob sie sich für befangen hält.[440] Ablehnungsgründe sind vom Gericht in ihrer Gesamtheit zu würdigen; dabei ist auch eine bestehende Prozessvertretung der Partei/Beteiligten zu berücksichtigen. **In Zweifelsfällen** soll im Sinne einer **Stattgabe** des Ablehnungsgesuchs und nicht im Sinne seiner Zurückweisung zu entscheiden sein.[441]

263   cc) *Besorgnis der Befangenheit im arbeitsgerichtlichen Verfahren.* Keine Ablehnungsgründe sind grundsätzlich die Mitgliedschaft einer Gerichtsperson in einer politischen Partei[442] oder rechtspolitischen Vereinigung[443] sowie die Zugehörigkeit zu einer bestimmten Religion oder Weltanschauung. Nach den Regelungen des ArbGG gehört es zu den tragenden Grundsätzen des Arbeitsgerichtsverfahrens und der Bildung der Richterbank im Arbeitsgerichtsprozess, dass an der Entscheidung der Gerichte für Arbeitssachen in allen Instanzen ehrenamtliche Richter aus Kreisen der Arbeitnehmer und der Arbeitgeber mitwirken (§§ 16, 35, 41 ArbGG). Nach der stRspr des BAG[444] ergibt sich hieraus, dass der Gesetzgeber davon ausgeht, die so vorgeschlagenen Richter aus Arbeitnehmer- und Arbeitgeberkreisen würden ungeachtet ihrer Stellung im Sozialleben und ihrer Mitgliedschaft zu den vorschlagenden Verbänden und Vereinigungen die ihnen übertragenen Amtspflichten gewissenhaft und ohne Rücksicht auf Belange der vorschlagenden Vereinigungen und Verbände erfüllen. Jedenfalls fehlt es regelmäßig an der **besonderen Einstellung** des ehrenamtlichen Richters **gerade zu dem konkreten Fall,** was jedoch wesentliche Voraussetzung für die Besorgnis der Befangenheit ist. Daher rechtfertigt der Umstand, dass ein ehrenamtlicher Richter ein mit der Prozessführung nicht befasster Geschäftsführer des Arbeitgeberverbandes ist, dem die Beklagte angehört, nicht seine Ablehnung wegen Besorgnis der Befangenheit.[445] Auch die Gewerkschaftsmitgliedschaft eines Berufsrichters in der Arbeitsgerichtsbarkeit bildet grundsätzlich keinen Ablehnungsgrund.[446] Bei der ihm als Staatsbürger freistehenden politischen/gewerkschaftlichen Betätigung sind dem Richter durch die Pflicht zur Wahrung seiner Unabhängigkeit (§ 39 DRiG) und die Notwendigkeit der Erhaltung einer funktionsfähigen Rechtspflege Grenzen gezogen. Nicht jede Verletzung des richterlichen Mäßigungsgebots rechtfertigt die Besorgnis der Befangenheit. Nicht ausreichend ist auch ein gemeinsames politisches/gewerkschaftliches Engagement mit bestimmten Prozess- bzw. Verfahrensvertretungen.[447] Ein Ablehnungsgrund wird jedoch bejaht bei „ausgeprägter politischer Gegnerschaft"[448] oder bei Bestehen eines inneren Zusammenhangs zwischen den öffentlichen politischen/gewerkschaftlichen Aktivitäten und einem konkreten Verfahren.[449] Unbedenklich ist die Mitarbeit eines Berufsrichters in einem gewerkschaftlichen Arbeitskreis

---

[439] BAG 10.7.1996 – 4 AZR 759/94AP ArbGG 1979 § 49 Nr. 4.
[440] BAG 10.7.1996 – 4 AZR 759/94 (A); AP ArbGG 1979 § 49 Nr. 4; BVerfG 12.7.1986 – 1 BvR 713/83, NJW 1987, 430.
[441] OLG Stuttgart 28.11.2006 – 3 W 83/06, MDR 2007, 545.
[442] BVerfG 7.12.1976 – 1 BvR 460/72, BVerfGE 43, 126; BVerfG 2.12.1992 – 2 BvF 2/90, NJW 1993, 2230.
[443] BVerfG 2.12.1992 – 2 BvF 2/90, NJW 1993, 2230.
[444] BAG 10.7.1996 – 4 AZR 759/94, AP ArbGG 1979 § 49 Nr. 4.
[445] BAG 6.8.1997 – 4 AZR 789/95AP ArbGG § 49 Nr. 5.
[446] BVerfG 15.3.1984 – 1 BvR 200/84, AP ZPO § 42 Nr. 7; *Dieterich* RdA 1986, 6; krit. *Rüthers* DB 1984, 1620; *Hanau* ZIP 1984, 1165; *Dütz* JuS 1985, 753; *Kempten* ArbuR 1985, 1; *Zachert* ArbuR 1985, 14.
[447] ArbG Frankfurt 11.5.1982 – 12 Ca 31/82, NJW 1984, 142.
[448] *Moll* ZRP 1985, 245.
[449] VGH Kassel 18.10.1984 – 2 TE 2437/84, NJW 1985, 1105; aA *Göbel* NJW 1985, 1058.

„Arbeitsrecht"[450] oder bei der gewerkschaftsorientierten Schulung von Betriebsräten, solange kein konkreter Bezug hergestellt wird zu noch zu entscheidenden Fällen des Berufsrichters.

c) Verlust des Ablehnungsrechts. aa) *Rügelose Einlassung.* Nach § 43 ZPO, der über § 46 Abs. 2 ArbGG anwendbar ist, kann eine Partei/ein Beteiligter eine Gerichtsperson wegen der Besorgnis der Befangenheit nicht mehr ablehnen, wenn sie sich bei ihr, ohne den ihr bekannten Ablehnungsgrund geltend zu machen, in eine Verhandlung eingelassen oder Anträge gestellt hat.

Der Ablehnungsgrund muss der Partei/dem Beteiligten bekannt sein, Kenntnis der Prozess-/Verfahrensvertretung wird zugerechnet; Kennenmüssen des Ablehnungsgrundes reicht nicht. Als „Einlassen" in eine Verhandlung genügt jedes prozessuale und der Erledigung eines Streitpunktes dienende Handeln der Parteien/Beteiligten unter Mitwirkung der Gerichtsperson, zB Besprechung der Sach- und Rechtslage, Vergleichsverhandlungen, Einlegung der Beschwerde, aktive Teilnahme an einer Beweisaufnahme. Dies gilt auch für den Gütetermin. Seit dem 1.1.2020 muss das Ablehnungsgesuch nach § 44 Abs. 4 ZPO **unverzüglich** angebracht werden, dh **ohne prozesswidriges Verzögern** nach Kenntniserlangung von dem Ablehnungsgrund.[451]

bb) *Rechtsmissbrauch.* Rechtsmissbräuchlich und damit unzulässig sind Ablehnungsgesuche, die nur der **Verschleppung des Prozesses** dienen sollen oder die **exzessiv** zur Verfahrenskomplikation eingesetzt werden, die sich lediglich in der Wiederholung eines abgelehnten Gesuchs ohne neue Begründung erschöpfen, die nur Beleidigungen und Beschimpfungen der Gerichtsperson enthalten. Das Ablehnungsverfahren darf nicht zur Überprüfung auf die Richtigkeit richterlicher Entscheidungen dienen.[452] Die Voraussetzungen sind vom BAG[453] konkretisiert worden: Die Prüfung – unter Mitwirkung des abgelehnten Richters – darf keine Beurteilung dessen Verhaltens erfordern. Zudem muss ein Eingehen auf den Gegenstand des Verfahrens entbehrlich sein, dh die Entscheidung muss ohne Aktenkenntnis möglich sein. Dies ist etwa dann der Fall, wenn Handlungen des Richters beanstandet werden, die von der Verfahrensordnung vorgeschrieben sind. Beispielhaft erwähnt sei insoweit der Vorwurf, der Richter habe bereits an einer Vor- bzw. Zwischenentscheidung mitgewirkt.

d) Ablehnungsverfahren. aa) *Ablehnungsgesuch der Parteien/Beteiligten.* § 44 ZPO, der nach der Verweisung des § 46 Abs. 2 ArbGG entsprechend anwendbar ist, regelt Form und Inhalt des Ablehnungsgesuchs.

bb) *Selbstablehnungsanzeige der Gerichtsperson.* Das Ablehnungsverfahren kann nach § 48 ZPO auch von einer Gerichtsperson eingeleitet werden. § 48 ZPO findet gemäß § 46 Abs. 2 ArbGG im arbeitsgerichtlichen Verfahren Anwendung.

e) Entscheidung über das Ablehnungsgesuch. aa) *Form.* Die Entscheidung über das Ablehnungsgesuch bzw. über die Selbstablehnung ergeht durch **Beschluss**. Der Beschluss über das Ablehnungsgesuch ist zu begründen. Der abgelehnte Richter ist bei der Entscheidung nicht beteiligt; es sei denn, das Gesuch ist offensichtlich unzulässig und rechtsmissbräuchlich.[454]

bb) *Verfahren nach der Ablehnung.* Ein abgelehnter Berufsrichter hat vor Erledigung des Ablehnungsgesuchs nur solche Handlungen vorzunehmen, die keinen Aufschub gestatten (§ 46 Abs. 2 ArbGG iVm § 47 Abs. 1 ZPO). Die Akte ist dem geschäftsplanmäßigen Vertreter vorzulegen. Gemäß § 47 Abs. 2 ZPO kann unter den dort festgelegten Voraussetzungen auch eine Verhandlung fortgeführt werden, wenn ein Richter während dieser abgelehnt wird.

cc) *Rechtsmittel.* Nach § 49 Abs. 3 ArbGG findet weder gegen den stattgebenden noch gegen zurückweisenden Beschluss ein Rechtsmittel statt. Dies ist verfassungsrechtlich unbe-

---

[450] BVerfG 15.3.1984 – 1 BvR 200/84, AP ZPO § 42 Nr. 7; *Vollkommer* Anm. zu ArbG Frankfurt 11.5.1982 – 12 Ca 31/82, EzA ArbGG § 49 Nr. 4.
[451] OLG Hamburg 25.2.2020 – 12 UF 27/19, BeckRS 2020, 4031.
[452] OLG Karlsruhe 26.11.2013 – 17 U 221/12, BeckRS 2014, 00314.
[453] BAG 17.3.2016 – 6 AZN 1087/15, BeckRS 2016, 67748.
[454] BAG 7.2.2012 – 8 AZA 20/11, NJW 2012, 1531.

denklich.⁴⁵⁵ Auch die Entscheidung des Gerichts zur Sache kann später nicht mit der Begründung angefochten werden, einer der mitwirkenden Richter habe wegen Besorgnis der Befangenheit abgelehnt werden müssen.⁴⁵⁶ Der Rechtsmittelausschluss gilt auch für den Fall der unter Mitwirkung des abgelehnten Richters erfolgten Verwerfung des Gesuchs als rechtsmissbräuchlich.⁴⁵⁷ Das BVerfG wendet allerdings § 78a ArbGG auf ein Ablehnungsgesuch an, da es sich um eine besondere, bindende Entscheidung handele.⁴⁵⁸

3. Klageerhebung

272 Für die Klageerhebung gibt es keine vom Zivilprozess abweichenden Vorschriften. Es gilt insbesondere § 253 ZPO (über § 46 Abs. 2 ArbGG, § 495 ZPO): Die Klageschrift muss die Bezeichnung des Gerichts und der Parteien,⁴⁵⁹ die bestimmte Angabe des Gegenstands, des Grundes des erhobenen Anspruchs sowie einen bestimmten Antrag enthalten. Teilweise sind Klagefristen zu beachten, etwa nach § 4 KSchG (→ § 48 Rn. 101). Gerade in diesen Fällen hat der Kläger alles Zumutbare dafür zu tun, damit die Klage demnächst iSd § 167 ZPO zugestellt werden kann.⁴⁶⁰ In erster Instanz können die Parteien den Prozess selbst führen (§ 11 Abs. 1 S. 1 ArbGG). Jede Partei trägt gemäß § 12a Abs. 1 S. 1 ArbGG die Kosten der Prozessvertretung in erster Instanz selbst (→ § 2 Rn. 2).

> **Praxistipp:**
> Beim **Klageantrag** ist eine gewisse Achtsamkeit erforderlich. Ist der Antrag unbestimmt, so ist er unzulässig. Zudem ist selbst bei Erreichen eines Titels eine Zwangsvollstreckung aus diesem unmöglich, sofern er nicht hinreichend bestimmt ist. Der Antrag bestimmt zusammen mit dem Lebenssachverhalt den **Streitgegenstand.** Bei Zugrundelegung verschiedener Lebenssachverhalte kann die Klage unzulässig sein, obwohl ein bestimmter Antrag gestellt ist, wenn es sich um eine verdeckte **alternative Klagehäufung** handelt.⁴⁶¹

4. Elektronischer Rechtsverkehr

273 Auch das Arbeitsgerichtsverfahren ist durch das Gesetz zur Förderung des elektronischen Rechtsverkehrs auf die Möglichkeiten der modernen Kommunikation sowie die Nutzung elektronischer Akten ab 1.1.2018 vorbereitet worden, vgl. §§ 46c–48g ArbGG.⁴⁶² Kernvorschrift ist § 46c ArbGG, der zwar nahezu identisch mit § 130a ZPO, aber spezieller ist.⁴⁶³ Anträge, vorbereitende Schriftsätze, Anlagen usw. können demnach als elektronisches Dokument eingereicht werden. **Ab dem 1.1.2022** sind Rechtsanwälte gemäß § 46g ArbGG dazu verpflichtet (**aktive Nutzungspflicht**). Das Land **Schleswig-Holstein** hat durch Verordnung eine aktive Nutzungspflicht bereits **zum 1.1.2020** eingeführt.⁴⁶⁴ Gemäß § 31a Abs. 6 BRAO sind Rechtsanwälte bereits jetzt verpflichtet, die für dessen Nutzung erforderlichen technischen Einrichtungen vorzuhalten sowie Zustellungen und den Zugang von Mitteilun-

---

⁴⁵⁵ BAG 15.10.1979 – 1 ABR 49/77, EzA ArbGG 1979 § 49 Nr. 8; 22.7.2008 – 3 AZB 26/08, NZA 2009, 453.
⁴⁵⁶ BAG 18.3.1964 – 4 AZR 63/63, AP TOA § 3 Nr. 112.
⁴⁵⁷ LAG Rheinland-Pfalz 10.3.1982 – 1 Ta 18/82, LAGE ArbGG 1979 § 49 Nr. 2.
⁴⁵⁸ BVerfG 12.1.2009 – 1 BvR 3113/08, NJW 2009, 833.
⁴⁵⁹ Dazu zählt auch eine ladungsfähige Adresse des Klägers, vgl. LAG Baden-Württemberg 20.5.2015 – 4 Sa 65/14, BeckRS 2015, 69419. Wer Partei sein soll, ist durch Auslegung zu ermitteln, vgl. BAG 20.2.2014 – 2 AZR 248/13, NZA-RR 2015, 380.
⁴⁶⁰ § 167 ZPO ist weit auszulegen, BAG 24.9.2015 – 6 AZR 497/14, BeckRS 2015, 72934. Eine Zustellungsverzögerung bei mehr als 14 Tagen regelmäßig nicht mehr geringfügig, BGH 20.5.2015 – IV ZR 127/14, BeckRS 2015, 10851.
⁴⁶¹ BAG 2.8.2018 – 6 AZR 437/17, NZA 2019, 641.
⁴⁶² *Müller-Teckhoff* MMR 2014, 95 ff.; dazu auch *Bacher* NJW 2015, 2753.
⁴⁶³ Für das Revisionsverfahren verweist § 72 Abs. 6 ArbGG allerdings nicht auf § 46c ArbbG, so dass über § 72 Abs. 5 ArbGG vielmehr § 130a ZPO zur Anwendung kommt; vgl. BAG 24.10.2019 – 8 AZN 589/19, NZA 2019, 1661.
⁴⁶⁴ Landesverordnung vom 13.12.2019; dazu *Müller* FA 2020, 2 ff.; LAG Schleswig-Holstein 25.3.2020 – 6 Sa 102/20, BeckRS 2020, 10446; 14.8.2020 – 1 Ta 51/20, BeckRS 2020, 17628.

gen über das besondere elektronische Anwaltspostfach zur Kenntnis zu nehmen. Aus diesem Grund ist der Erhalt der automatisierten Eingangsbestätigung nach § 46c Abs. 5 S. 2 ArbGG zu kontrollieren.[465] Die **technischen Rahmenbedingungen** des elektronischen Rechtsverkehrs werden nach § 46c Abs. 2 ArbGG durch die entsprechende bundeseinheitliche Verordnung (**ERVV**) festgelegt. Diese legt insbesondere fest, unter welchen Voraussetzungen ein **elektronisches Dokument für die Bearbeitung durch das Gericht geeignet** ist iSd § 46c Abs. 2 ArbGG.[466]

Die Vorschrift des § 46g ArbGG sieht mit Wirkung zum **1.1.2022 die Pflicht** vor, Anträge und Schriftsätze **als elektronische Dokumente bei Gericht einzureichen.** Nicht als elektronische Dokumente eingereichte Schriftsätze sind dann unwirksam.[467] § 46g gilt in **Schleswig-Holstein** bereits seit dem **1.1.2020.** Dies ergibt sich aus der Landesverordnung über die Pflicht zur Nutzung des elektronischen Rechtsverkehrs vom 13.12.2019.[468] Die Pflicht nach § 46g ArbGG trifft auch Parteien und Parteivertreter, die nicht aus Schleswig-Holstein kommen.[469] Fraglich ist, ob § 46g ArbGG nicht nur für Verfahren vor dem ArbG, sondern auch in **Berufungsverfahren** gilt, obwohl § 64 Abs. 6 ArbGG nicht auf § 46g ArbGG, sondern auf § 130d ZPO verweist. Es wird angenommen, es handele sich um ein Redaktionsversehen.[470] Eine Ausnahme sieht die Vorschrift vor, wenn die Übermittlung eines elektronischen Dokuments aus technischen Gründen vorübergehend nicht möglich ist, etwa bei einem Serverausfall. Dann ist eine Übermittlung auf den bislang herkömmlichen Wegen möglich. Nach der Gesetzesbegründung spielt es keine Rolle, ob die Ursache für die vorübergehende technische Unmöglichkeit in der Sphäre des Gerichts oder in der Sphäre des Einreichenden zu suchen ist. Voraussetzung ist eine **vorübergehende technische Störung**, dh grundsätzlich sind die technischen Einrichtungen vorzuhalten.[471] Ein Rechtsanwalt, der nicht bereit ist, seiner Pflicht nach § 46g ArbGG nachzukommen, kann nicht im Rahmen der Prozesskostenhilfe beigeordnet werden.[472] Der Einreicher muss bei einer Ersatzeinreichung möglichst zugleich glaubhaft machen, dass es ihm aufgrund einer technischen Störung vorübergehend nicht möglich war, das Dokument elektronisch einzureichen. Auf Anforderung des Gerichts sind Rechtsanwälte oder sonstige durch die Vorschrift betroffene Einreicher verpflichtet, eine Einreichung – bei Ersatzeinreichung in Papierform zusätzlich – in elektronischer Form vorzunehmen. Eine rückwirkende Zugangsfiktion ist damit nicht verbunden.[473]

> **Praxistipp:**
>
> § 4 Abs. 2 ERVV bestimmt, dass mehrere elektronische Dokumente nicht mit einer gemeinsamen qualifizierten elektronischen Signatur übermittelt werden dürfen. Damit wahren sog. **Containersignaturen** nicht die Form, da sie lediglich einer Unterschrift auf der Rückseite eines Briefumschlags entsprechen. Bloße Anlagen können aber entsprechend eingereicht werden, da sie keine „Unterschrift" benötigen.
>
> Nach § 2 Abs. 1 Satz 1 ERVV ist das elektronische Dokument in druckbarer, kopierbarer und, soweit technisch möglich, durchsuchbarer Form im Dateiformat PDF zu übermitteln. In der Praxis scheint darauf nicht hinreichend geachtet zu werden. Gerade die **Durchsuchbarkeit** ist ein Problem, wenn Schriftsätze eingescannt werden.[474] Die **Schriften** müssen zudem in der Datei **eingebettet** sein, dh[475] sie dürfen beim Öffnen nicht erst geladen werden müssen.

---

[465] BAG 7.8.2019 – 5 AZB 16/19, NZA 2019, 1237.
[466] Dazu etwa *Bacher* MDR 2019, 1 ff.
[467] BT-Drs. 17/12634, S. 27 zu § 130d ZPO.
[468] Krit. *Tiedemann* jurisPR-ArbR 29/2020.
[469] LAG SchlH 25.3.2020, NZA-RR 2020, 392.
[470] LAG SchlH 25.3.2020, NZA-RR 2020, 392.
[471] BT-Drs. 17/12634, S. 27 zu § 130d ZPO; *Oltmanns/Fuhlrott* NZA 2020, 897 (898).
[472] LAG SchlH 24.6.2020, BeckRS 2020, 17628.
[473] *Oltmanns/Fuhlrott* NZA 2020, 897 (898); aA GWBG/*Benecke* ArbGG § 46g Rn. 1.
[474] Dazu BAG 12.3.2020 – 6 AZM 1/20, NZA 2020, 607; vgl. dazu auch BeckOK ArbR/*Hamacher* ArbGG § 46c.
[475] ArbG Lübeck 9.6.2020 – 3 Ca 2203/19, NZA 2020, 970; dazu *Mardorf* jM 2020, 266 ff.

274 § 46c Abs. 3 ArbGG sieht **zwei Alternativen** vor, um elektronische Dokumente einzureichen: Die erste Alternative ist die Einreichung mittels **qualifizierter elektronischer Signatur (qeS)**. Diese **entspricht der handschriftlichen Unterschrift**. Durch Einreichung eines elektronischen Dokuments mit qeS übernimmt ein Rechtsanwalt die Verantwortung für dessen Inhalt; die Rechtswirkung entspricht der der eigenhändigen Unterschrift nach § 130 Nr. 6 ZPO. Ein elektronisches Dokument kann auch mit einfacher Signatur eingereicht wenn, dann aber nur über einen sicheren Übermittlungsweg nach § 46c Abs. 4 ArbGG. Dazu zählt etwa das beA. Diese **einfache Signatur** entspricht lediglich einer Angabe des Urhebers oder Absenders. Ob die Übermittlung eines elektronischen Dokuments mit einfacher Signatur über einen sicheren Übermittlungsweg bei nicht gegebener Personenidentität zwischen der am Ende des Schriftsatzes angegebenen Person und dem beA-Postfachinhaber genüg, hat das BAG zunächst offen gelassen. Inzwischen hat es entschieden, dass ein elektronisches Dokument, das aus einem besonderen elektronischen Anwaltspostfach versandt wird und nicht mit einer qualifizierten elektronischen, sondern mit einfacher Signatur versehen ist, nur dann auf einem sicheren Übermittlungsweg eingereicht ist, wenn die das Dokument **signierende und damit verantwortende Person mit der des tatsächlichen Versenders übereinstimmt**. Das Gericht muss hierzu das Gericht auf den Transfervermerk und ggf. ergänzend auf das Prüfprotokoll und den Prüfvermerk zurückgreifen und prüfen, ob diese den sog. **vertrauenswürdigen Herkunftsnachweis (VHN)** aufweisen.[476]

275 Nach § 46c Abs. 5 ArbGG ist ein elektronisches Dokument beim Gericht eingegangen, sobald es auf der für den Empfang bestimmten Einrichtung des Gerichts gespeichert ist. Dem Absender ist eine **automatisierte Bestätigung über den Zeitpunkt des Eingangs** zu erteilen. Den Erhalt dieser automatisierten Eingangsbestätigung ist **zu kontrollieren**, andernfalls kann ein anwaltliches Organisationsverschulden vorliegen.[477]

> **Praxistipp:**
> Zu beachten ist, dass nach § 623 BGB die **elektronische Form** bei Kündigungen **ausgeschlossen** ist.[478] **Schriftsatzkündigungen** sind also im elektronischen Rechtsverkehr nicht möglich, auch nicht bei Nutzung einer qualifizierten Signatur.

5. Güteverhandlung

276 Die Güteverhandlung ist ein **besonderer Verfahrensabschnitt** im arbeitsgerichtlichen Urteilsverfahren erster Instanz. Sie ist Teil der einheitlichen mündlichen Verhandlung, kein besonderes Verfahren.[479] Sie dient zwei Zwecken. Zum einen soll sie eine gütliche Erledigung des Rechtsstreits fördern (§ 54 Abs. 1 S. 1 ArbGG). Insoweit verstärkt sie den Grundsatz aus § 57 Abs. 2 ArbGG. Mit Unterstützung des Vorsitzenden sollen die Parteien das Streitverhältnis unbefangen und ohne Präjudiz für den eventuellen streitigen Prozess erörtern, ihre Meinungsverschiedenheiten offen und ohne Rücksicht auf prozessuale Vorschriften darlegen und in jeder Hinsicht „frei reden können".[480] Zum anderen zielt die Güteverhandlung für den Fall der Nichterledigung des Rechtsstreits im Gütetermin auf eine Vorbereitung der streitigen Verhandlung.

277 Die Vorschrift des § 54 ArbGG verdrängt zusammen mit §§ 51 Abs. 1, 57 Abs. 2 ArbGG als Sonderregelungen die §§ 278, 279 ZPO. Die Güteverhandlung findet nur im erstinstanzlichen Urteilsverfahren und im erstinstanzlichen Beschlussverfahren (§ 80 Abs. 2 S. 2 ArbGG) statt.

---

[476] BAG 5.6.2020 – 10 AZN 53/20, NJW 2020, 2351; zustAnm *Müller* NJW 2020, 2356; vgl. auch BeckOK ArbR/*Hamacher* § 46c ArbGG.
[477] BAG 7.8.2019 – 5 AZB 16/19, NJW 2019, 2793.
[478] *Poguntke/von Villiez* NZA 2019, 1097.
[479] Germelmann/Matthes/Prütting/*Germelmann/Künzl* ArbGG § 54 Rn. 11.
[480] LAG München 24.1.1989 – 2 Sa 1042/88, NJW 1989, 1502; die Güteverhandlung dient ebenso wenig wie der Kammertermin zu „Zwangsvergleichen", dazu BAG 12.5.2010 – 2 AZR 544/08, NZA 2010, 1250; *Meyer* BB 2014, 2549.

a) *Verfahrensgrundsätze der Güteverhandlung. aa) Mündliche Verhandlung.* Nach § 54 Abs. 1 S. 1 ArbGG beginnt die mündliche Verhandlung mit der Güteverhandlung. Während dieses Verfahrensabschnittes gilt das **Gebot der Öffentlichkeit** nach § 52 S. 1 ArbGG, jedoch mit der nach § 52 S. 3 ArbGG erleichterten Möglichkeit eines Ausschlusses der Öffentlichkeit. § 52 ArbGG enthält gegenüber § 172 GVG speziellere Regelungen, wobei diese Ausschlussgründe in wesentlichen Teilen denen des § 172 Nr. 2 GVG entsprechen.[481] § 52 ArbGG findet nach § 64 Abs. 7 ArbGG auch im Berufungsverfahren Anwendung. Seit dem 26.4.2019 gilt das Gesetz zum Schutz von Geschäftsgeheimnissen (GeschGehG), das der Umsetzung der Richtlinie (EU) 2016/943 dient. In den §§ 16 ff. GeschGehG enthält das Gesetz Regelungen zu **Geschäftsgeheimnisstreitsachen**. Eine solche ist nach § 16 Abs. 1 GeschGehG gegeben, wenn mittels einer Klage Ansprüche nach diesem Gesetz geltend gemacht werden. Die Regelungen zu Verfahren in Geschäftsgeheimnisstreitsachen finden auch vor den Arbeitsgerichten Anwendung.[482] Nach § 19 Abs. 2 Nr. 1 GeschGehG kann auf Antrag die Öffentlichkeit von der mündlichen Verhandlung ausgeschlossen werden. Dabei muss es sich im Gegensatz zu § 172 Nr. 2 GVG nicht um ein wichtiges Geschäftsgeheimnis handeln. Allerdings setzt der Wortlaut der Vorschrift in § 19 Abs. 2 GeschGehG voraus, dass das Gericht Beschränkungen nach § 19 Abs. 1 GeschGehG getroffen hat.[483] Allerdings wird im Schrifttum mit beachtlichen Argumenten vertreten, dass es sich bei dieser Voraussetzung *(Beschränkung nach § 19 Abs. 1 GeschGehG)* um ein gesetzgeberisches Versehen gehandelt habe.[484] Der Ausschluss der Öffentlichkeit kann nicht von engeren Bedingungen abhängen als Zugangsbeschränkungen von Verfahrensbeteiligten. Ausreichend ist, dass es sich bei einer Information um ein Geschäftsgeheimnis iSd. § 2 GeschGehG handeln kann. Die überwiegende Wahrscheinlichkeit, dass es sich um ein Geschäftsgeheimnis handelt, ist ausreichend. Für die Definition von Betriebs- und Geschäftsgeheimnissen iSd. § 52 Satz 2 ArbGG kann (ebenso wie für § 172 Nr. 2 GVG) nunmehr auf die gesetzliche Definition in § 2 Nr. 1 GeschGehG zurückgegriffen werden.[485]

bb) Verhandlung vor dem Vorsitzenden. Die Güteverhandlung findet vor dem Vorsitzenden statt (§ 54 Abs. 1 S. 1). Eine Heranziehung der ehrenamtlichen Richter ist für diesen Verfahrensabschnitt nicht zulässig. Ob die passive Teilnahme der ehrenamtlichen Richter an der Güteverhandlung unzulässig ist, wird unterschiedlich gesehen,[486] rechtfertigt jedenfalls keine Zurückverweisung nach § 68 ArbGG.[487]

cc) Obligatorisches Verfahren. Die Durchführung der Güteverhandlung ist obligatorisch. Weder können die Parteien darauf verzichten,[488] noch kann der Vorsitzende von ihrer Durchführung wegen offenkundiger Aussichtslosigkeit absehen. Dies gilt sowohl für Streitigkeiten aus dem Arbeitsvertrag als auch für kollektivrechtliche Auseinandersetzungen zwischen Tarifvertragsparteien. Die Parteien können allerdings die Durchführung einer Güteverhandlung vermeiden, wenn sie zum anberaumten Gütetermin nicht erscheinen oder verhandeln, um sodann nach § 54 Abs. 5 S. 2 ArbGG Termin zur streitigen Verhandlung zu beantragen. Die Güteverhandlung ist keine Voraussetzung für eine den Rechtsstreit beendende Entscheidung des Gerichts.

Auch im Falle des Widerspruchs gegen einen Mahnbescheid ist – nach Eingang einer Anspruchsbegründung oder auf Antrag des Beklagten (§ 46a Abs. 4 S. 2 und 3 ArbGG) – zunächst Termin zur Güteverhandlung zu bestimmen.[489] Nach Einspruch gegen einen Vollstreckungsbescheid ist jedoch nach § 46a Abs. 6 ArbGG iVm § 341a ZPO Termin zur Verhandlung über den Einspruch und die Hauptsache anzuberaumen.[490]

---

[481] *Natter/Gross/Rieker* ArbGG § 52 Rn. 10; vgl. GWBG/*Benecke* ArbGG § 52 Rn. 1.
[482] BT-Drs. 19/4724, S. 34.
[483] BeckOK GeschGehG/*Gregor* § 19 Rn. 42.
[484] *Schregle* GRUR 2019, 912, 916; BeckOK GeschGeh/*Gregor* § 19 Rn. 42.
[485] So zu § 172 GVG Zöller/*Lückemann* GVG § 172 Rn. 8.
[486] Unzulässigkeit bejahend Germelmann/Matthes/Prütting/*Germelmann* ArbGG § 54 Rn. 9; aA BeckOK ArbR/*Hamacher* ArbGG § 54 Rn. 12.
[487] Germelmann/Matthes/Prütting/*Germelmann/Künzl* ArbGG § 54 Rn. 9.
[488] Germelmann/Matthes/Prütting/*Germelmann/Künzl* ArbGG § 54 Rn. 7; aA *van Venrooy* ZfA 1984, 342.
[489] *Gift/Baur* E Rn. 43, 556.
[490] *Gift/Baur* E Rn. 60, 556.

282 Wird der Rechtsstreit von einem anderen Arbeitsgericht wegen örtlicher Unzuständigkeit verwiesen, so ist eine Güteverhandlung beim Adressatengericht nur dann durchzuführen, wenn das abgebende Gericht noch keine Güteverhandlung durchgeführt hat. Bei Verweisung des Rechtsstreits aus einer anderen Gerichtsbarkeit an ein Arbeitsgericht wegen unzulässigen Rechtswegs ist die Durchführung der Güteverhandlung obligatorisch, selbst wenn in der anderen Gerichtsbarkeit umfangreiche Verhandlungen durchgeführt wurden. Entsprechendes gilt bei Verweisungen eines Beschluss- in ein Urteilsverfahren,[491] sofern bislang kein Gütetermin nach § 80 Abs. 2 S. 2 ArbGG durchgeführt wurde.

283 Kommt es nach erfolgloser Durchführung der Güteverhandlung zu Veränderungen der Streitgegenstände zwischen denselben Parteien (Klageerweiterung, Widerklage), so ist kein weiterer Gütetermin anzuberaumen. Auch bei einer Klageänderung oder einem Parteiwechsel ist keine nochmalige Güteverhandlung erforderlich.[492]

284 Bei gewillkürtem Parteiwechsel nach der Güteverhandlung kann dem nur gefolgt werden, wenn der neue Beklagte in die Übernahme des bisherigen Prozessergebnisses einwilligt. Ist dies nicht der Fall, ist für das neu begründete Prozessverhältnis die Durchführung der Güteverhandlung obligatorisch. Insoweit greift nicht die Regelung für den weiteren Gütetermin nach § 54 Abs. 1 S. 5 ArbGG, weil in dem Prozessverhältnis nach dem gewillkürten Parteiwechsel noch keine Güteverhandlung stattfand.

285 Bei **Anfechtung eines Prozessvergleichs** ist keine weitere Güteverhandlung durchzuführen,[493] da das Ursprungsverfahren fortgesetzt wird.[494]

286 Eine **Ausnahme** gilt für den **einstweiligen Rechtsschutz** im Urteilsverfahren. Eine Güteverhandlung würde dem Beschleunigungszweck widersprechen. Die mündliche Verhandlung im arbeitsgerichtlichen Eilverfahren beginnt deshalb sogleich mit der Verhandlung vor der Kammer.[495] Aber auch dort gilt die Pflicht des Gerichts, auf eine gütliche Einigung hinzuwirken (§ 57 Abs. 2 ArbGG).

287 dd) **Weitere Güteverhandlung.** In einer Reihe von Fällen sind die Prozessparteien auf Grund des Ergebnisses der Güteverhandlung und der dabei erörterten Rechtsfragen bereit, noch einmal über eine gütliche Beilegung des Rechtsstreits nachzudenken. Prozessual kann dem Rechnung getragen werden, wenn dem Vorsitzenden das Recht eingeräumt wird, die Güteverhandlung in einem weiteren Termin fortzusetzen. Die Durchführung eines weiteren „zeitnahen" Termins anstelle einer langfristig terminierten Kammersitzung kann in diesen Fällen zu einer schnelleren Beendigung des Rechtsstreits führen.

288 Daher ist nach § 54 Abs. 1 S. 5 ArbGG mit **Zustimmung der Parteien** eine Vertagung der Güteverhandlung zulässig, wobei der Vorsitzende bei der Entscheidung über die Vertagung nicht an die Gründe des § 227 Abs. 1 S. 2 ZPO gebunden ist, sondern hierüber nach pflichtgemäßem Ermessen zu entscheiden hat.

289 Ein besonderer in dem Verfahren liegender sachlicher Grund muss nicht vorhanden sein. Die Parteien müssen das Verfahren nicht weiter betreiben; sie sind frei, einvernehmlich einen zweiten Gütetermin zu vereinbaren. Zu den möglichen Gründen zählen ua die unmittelbar bevorstehende Klärung von streitentscheidenden Rechts- und Sachfragen (angekündigte höchstrichterliche Entscheidung; bevorstehende Gesundheitsuntersuchung; Abschluss der Verhandlungen über Betriebserwerb) oder die direkt im Anschluss an den ersten Gütetermin stattfindenden außergerichtlichen Aufklärungs- und Vergleichsbemühungen der Parteien.

290 Der **weitere Termin zur Güteverhandlung** hat alsbald stattzufinden. Die Vertagung darf **nur mit Zustimmung aller Parteien** erfolgen. Sind Streitgenossen an dem Rechtsstreit beteiligt, ist auch deren Zustimmung erforderlich, nicht jedoch die von Nebenintervenienten.[496]

291 b) **Vorbereitung der Güteverhandlung.** Die Vorschrift des § 56 ArbGG scheidet als Grundlage für die Anordnung vorbereitender Maßnahmen durch den Vorsitzenden aus, weil

---

[491] Gift/Baur E Rn. 557 f.
[492] ErfK/Koch ArbGG § 54 Rn. 2.
[493] Gift/Baur E Rn. 565.
[494] Germelmann/Matthes/Prütting/Germelmann/Künzl ArbGG § 54 Rn. 7.
[495] Schwab/Weth/Korinth/Nause ArbGG § 54 Rn. 3.
[496] Germelmann/Matthes/Prütting/Germelmann/Künzl ArbGG § 54 Rn. 30.

sie nach Überschrift, Wortlaut und systematischer Stellung lediglich Vorbereitungsmaßnahmen für die streitige Verhandlung deckt.[497] Vorbereitende Maßnahmen für die Güteverhandlung können aber auf § 46 Abs. 2 S. 1 ArbGG iVm § 273 ZPO[498] gestützt werden, sofern diese der Zielsetzung der Güteverhandlung dienen und soweit das Arbeitsgerichtsgesetz nichts anderes bestimmt (§ 46 Abs. 2 S. 1 ArbGG).

§ 273 ZPO ist nicht umfassend anwendbar. Diese Vorschrift wird für das arbeitsgerichtliche Verfahren durch § 47 Abs. 2 ArbGG eingeschränkt, wonach eine Aufforderung an den Beklagten, sich auf die Klage schriftlich zu äußern, in der Regel nicht erfolgt. Anordnungen nach § 273 Abs. 2 Nr. 1 ZPO können sich daher regelmäßig **nur an den Kläger** richten, um diesen zB zur Substantiierung seiner Klagebegründung, zur Klarstellung seines Sachvortrags oder zur bestimmten Fassung seiner bislang unbestimmten Anträge anzuhalten.[499] Der Regelung in § 273 Abs. 2 Nr. 3 ZPO, welche die Anordnung des persönlichen Erscheinens der Parteien betrifft, geht § 51 Abs. 1 ArbGG vor. Anordnungen nach § 273 Abs. 2 Nr. 4 ZPO (betreffend die Zeugen- und Sachverständigenladung) kommen nicht in Betracht, weil eine Beweisaufnahme vor dem Vorsitzenden ausscheidet; sie erfolgt nach § 58 ArbGG vor der Kammer.[500] Zulässig ist jedoch die Einholung amtlicher Auskünfte (§ 273 Abs. 2 Nr. 2 ZPO).

c) Ablauf der Güteverhandlung. *aa) Erörterung.* Die Güteverhandlung wird vom Vorsitzenden eröffnet (§ 53 Abs. 2 ArbGG, § 136 Abs. 1 ZPO) und beginnt mit dem Aufruf der Sache (§ 220 Abs. 1 ZPO). Liegt noch keine schriftsätzliche Stellungnahme des Beklagten vor, kann der Vorsitzende das Klagevorbringen kurz wiedergeben und sodann den Beklagten zur Klageerwiderung auffordern. Sodann hat der Vorsitzende mit den Parteien das gesamte Streitverhältnis **unter freier Würdigung aller Umstände** zu erörtern (§ 54 Abs. 1 S. 2 ArbGG).

bb) Aufklärung des Sachverhalts. Soweit der Sachverhalt aufklärungsbedürftig ist, kann der Vorsitzende alle Handlungen vornehmen, die sofort erfolgen können (§ 54 Abs. 1 S. 3 ArbGG). Eidliche **Vernehmungen** sind jedoch ausgeschlossen (§ 54 Abs. 1 S. 4 ArbGG). Diese Regelung widerspricht der sonst vorhandenen Tendenz der Unverbindlichkeit der Güteverhandlung, soweit davon das spätere streitige Verfahren betroffen sein kann. Es können nur solche Handlungen vom Vorsitzenden vorgenommen werden, die die Dispositionsbefugnisse der Parteien im weiteren Verfahren nicht beschränken. In Betracht kommen insoweit zB die **Einsichtnahme in Urkunden,** die Inaugenscheinnahme von Gegenständen und die **informatorische Befragung** von Parteien und präsenten Zeugen oder Sachverständigen.[501] Im Einvernehmen mit den Parteien ist auch die informatorische (ausforschende) Befragung von Dritten (zB nicht als Zeuge benannter Sachbearbeiter, Steuerberater des Arbeitgebers oder eines Sachverständigen) zulässig, die auch mit Zustimmung der Parteien telefonisch durchgeführt werden kann, denn in § 54 Abs. 1 S. 3 ArbGG ist nur von „Handlungen" die Rede, also nicht allein von den prozessrechtlich zugelassenen Beweismitteln nach §§ 371 ff., 373 ff., 402 ff., 415 ff. und 445 ff. ZPO. Den Ergebnissen solcher Befragungen kommt aber im streitigen Verfahren kein Beweiswert zu, weil die Feststellungen entgegen § 58 Abs. 1 S. 1 ArbGG unter Ausschluss der ehrenamtlichen Richter getroffen wurden.

cc) Antragstellung. Da die Güteverhandlung ein besonderer Verfahrensabschnitt und keine in § 137 Abs. 1 ZPO vorausgesetzte streitige Verhandlung ist, sind in ihr **keine Anträge zu stellen.**[502]

dd) Vorbringen von Angriffs- und Verteidigungsmitteln. Angriffs- und Verteidigungsmittel und insbesondere prozesshindernde Einreden müssen nicht bereits im Gütetermin vorge-

---

[497] *Gift/Baur* E Rn. 572.
[498] BeckOK ArbR/*Hamacher* ArbGG § 54 Rn. 15; aA Germelmann/Matthes/Prütting/*Germelmann/Künzl* ArbGG § 54 Rn. 16 ff.
[499] Im Einzelnen ebenso *Gift/Baur* E Rn. 413.
[500] *Gift/Baur* E Rn. 413.
[501] Vgl. auch Germelmann/Matthes/Prütting/*Germelmann/Künzl* ArbGG § 54 Rn. 19.
[502] LAG München 24.1.1989 – 2 Sa 1042/88, NZA 1989, 863; *Gift/Baur* E Rn. 594 bis 598; Germelmann/Matthes/Prütting/*Germelmann/Künzl* ArbGG § 54 Rn. 37.

bracht werden. Im zivilprozessualen Verfahren wird zB die örtliche Zuständigkeit eines Gerichts dadurch begründet, dass der Beklagte, ohne die Unzuständigkeit geltend zu machen, zur Hauptsache mündlich verhandelt. Nach § 46 Abs. 2 ArbGG iVm § 504 ZPO setzt dies jedoch die richterliche Belehrung über die Unzuständigkeit voraus. Insbesondere die Vorschriften des § 282 Abs. 1 bis 3 ZPO werden der Güteverhandlung als besonderem Verfahrensabschnitt der mündlichen Verhandlung nicht gerecht, weshalb ihre entsprechende Anwendung abzulehnen ist (vgl. auch § 54 Abs. 2 S. 3 ArbGG). Ihre Anwendung würde die vom Gesetz intendierte Herstellung einer ungezwungenen Situation zur Erörterung der Sach- und Rechtslage in der Güteverhandlung erschweren.

297 **d) Dispositionsmöglichkeiten der Parteien.** Der Ausgang der Güteverhandlung wird von den Parteien bestimmt. Neben der Einigung kommen verschiedene prozessuale Möglichkeiten der Erledigung des Rechtsstreits ohne Urteil in Betracht.

298 **aa) *Prozessvergleich*.** Eine Vielzahl arbeitsgerichtlicher Rechtsstreite wird durch Prozessvergleich iSv § 794 Abs. 1 Nr. 1 ZPO beendet. Er kann sich auf einen quantitativ abgrenzbaren, einem Teilurteil (§ 301 ZPO) zugänglichen Teil des Streitgegenstands beschränken. Zum Wesensmerkmal des Vergleichs gehört, dass ein gegenseitiges Nachgeben der Parteien vorliegt.[503] Das Nachgeben braucht sich nicht auf die Hauptsache zu beziehen; es genügt, dass eine Partei auf Zinsen verzichtet, einen Teil der Gerichtskosten übernimmt oder dass keine Regelung in dem Vergleich über die Tragung der Gerichtskosten getroffen wird, so dass sich die Kostentragung nach § 98 ZPO richtet.[504] Sollen zur Akte gereichte Anlagen Teil des Vergleichs werden, so ist dies bei der Protokollierung zu beachten.[505]

> **Praxistipp:**
> Zu beachten ist, dass für die **Auslegung** eines Prozessvergleichs als Vollstreckungstitel allein der protokollierte Inhalt des Vergleichs maßgebend ist. Vor diesem Hintergrund ist bei der Protokollierung durch das Gericht eine gewisse Achtsamkeit ratsam.

299 Gerade in Güteverhandlungen wird häufig ein Widerrufsvergleich abgeschlossen, bei dem eine aufschiebende Bedingung für die Wirksamkeit des Vergleichs vereinbart wird. Erst mit Ablauf der Widerrufsfrist ist der Vergleich wirksam und es liegt ein Vollstreckungstitel vor. Bei der Frist handelt es sich um eine Notfrist. Die Gerichte können die Widerrufsfrist weder von Amts wegen noch auf Antrag der Parteien verlängern. Allerdings können dies die Parteien; dh. sie können vor Ablauf der Widerrufsfrist diese einvernehmlich verlängern.

300 **bb) *Klagerücknahme*.** Der Rechtsstreit kann in der Güteverhandlung auch durch Klagerücknahme mit der Kostenfolge des § 269 Abs. 3 S. 2 u. 3 ZPO beendet werden. Während nach § 269 Abs. 1 ZPO die Klage ohne Einwilligung des Beklagten nur bis zum Beginn der mündlichen Verhandlung des Beklagten zur Hauptsache zurückgenommen werden kann, ordnet § 54 Abs. 2 S. 1 ArbGG an, dass die Klage **bis zum Stellen der Anträge auch ohne Einwilligung** des Beklagten zurückgenommen werden kann. Da in der Güteverhandlung keine Anträge gestellt werden, kann die Klage daher bis zur Antragstellung in der streitigen Verhandlung zurückgenommen werden, ohne dass es der gegnerischen Zustimmung bedarf.

301 **cc) *Verzicht und Anerkenntnis*.** Der Kläger kann des Weiteren eine prozessuale Verzichtserklärung abgeben. Liegt diese vor, so ist der Kläger auf Grund des Verzichts mit dem (prozessualen) Anspruch abzuweisen (§ 306 ZPO). Die materielle Rechtskraft des Urteils steht der Neuerhebung des gleichen Anspruchs – anders als bei der bloßen Klagerücknahme – entgegen. Das prozessuale Gegenstück zum Verzicht des Klägers ist das Anerkenntnis des Beklagten. Das Anerkenntnis ist die Erklärung des Beklagten an das Gericht, dass der vom

---

[503] Nicht jedes Nachgeben führt dazu, dass es sich bei einem Vergleich um einen gegenseitigen Vertrag iSd § 323 Abs. 1 BGB handelt; vgl. BAG 27.8.2014 – 4 AZR 999/12, BeckRS 2015, 66690.
[504] BAG 19.9.1958 – 2 AZR 487/55, AP BGB § 611 Deputat Nr. 1.
[505] LAG Düsseldorf 20.11.2014 – 13 Ta 495/14, BeckRS 2014, 74256.

Kläger geltend gemachte prozessuale Anspruch besteht, die aufgestellte Rechtsbehauptung richtig ist. Liegt ein Anerkenntnis vor, so ist die anerkennende Partei dem Anerkenntnis gemäß zu verurteilen (§ 307 Abs. 1 ZPO).

Ein Verzichts- bzw. ein Anerkenntnisurteil kann nicht im Gütetermin, sondern erst in der 302 sich unmittelbar an den Gütetermin anschließenden weiteren Verhandlung getroffen werden.[506]

dd) *Übereinstimmende Erledigungserklärungen.* Der Rechtsstreit kann von den Parteien 303 des Weiteren dadurch beendet werden, dass sie ihn übereinstimmend in der Hauptsache für erledigt erklären. Für abtrennbare Teile des Streitgegenstands kann eine Teilerledigung erklärt werden. Durch die übereinstimmenden Erledigungserklärungen wird der Prozess in der Hauptsache beendet und bleibt nur noch hinsichtlich der Kosten rechtshängig. Über die Kosten entscheidet das Gericht von Amts wegen (§ 308 Abs. 2 ZPO) nach § 91a Abs. 1 ZPO. Das Gericht muss nicht über die Kosten entscheiden, wenn die Parteien sich darüber vergleichen oder auf eine Kostenentscheidung verzichten. Die Kostenentscheidung kann ohne mündliche Verhandlung durch den Vorsitzenden (§ 53 Abs. 1 S. 1 ArbGG) oder in der sich unmittelbar an die Güteverhandlung anschließenden weiteren Verhandlung ebenfalls durch den Vorsitzenden ergehen (§ 55 Abs. 1 Nr. 9 ArbGG).

ee) *Gerichtlicher Vergleichsvorschlag.* Nach § 278 Abs. 6 ZPO kann ein gerichtlicher 304 Vergleich auch dadurch geschlossen werden, dass die Parteien dem Gericht einen schriftlichen Vergleichsvorschlag unterbreiten oder einen schriftlichen Vergleichsvorschlag des Gerichts durch Schriftsatz gegenüber dem Gericht annehmen. Das Gericht stellt das Zustandekommen und den Inhalt eines so geschlossenen Vergleichs durch Beschluss fest. Ein derartiger Vergleich steht einem gerichtlich protokollierten Vergleich (§ 794 Abs. 1 ZPO) gleich.[507] Die zu Protokoll erklärte Annahme eines Vergleichsvorschlags sollte nach Auffassung des BGH nicht genügen; es bedürfe einer **schriftlichen Annahmeerklärung**.[508] Der Gesetzgeber hat deswegen die Regelung in § 278 Abs. 6 ZPO zum 1.1.2020 ergänzt. Demnach kann eine Partei einen Vergleichsvorschlag auch **durch Erklärung zu Protokoll** der mündlichen Verhandlung gegenüber dem Gericht annehmen.

Kommt zwischen den Parteien ein **außergerichtlicher Vergleich** zustande, genügt die 305 schriftliche Anzeige beim Gericht nicht zur Beendigung des Rechtsstreits. Ein Beschluss entsprechend § 278 Abs. 6 ZPO ist dann nicht möglich. Das Verfahren muss vielmehr durch Klagerücknahme oder Erledigungserklärung oder einen weiteren Vergleichsschluss nach § 278 Abs. 6 ZPO beendet werden.

ff) *Güterichter.* Zum 26.7.2012 ist § 54 Abs. 6 ArbGG eingefügt worden.[509] Die Rege- 306 lung schafft die Möglichkeit eines **gerichtsinternen Mediationsverfahrens**. Eine Verweisung an den Güterichter kann nur im Einvernehmen mit den Parteien erfolgen. Der Güterichter ist nicht entscheidungsbefugt, er kann aber alle Methoden der Mediation anwenden. § 54a ArbGG regelt das Verfahren bei einem außergerichtlichen Mediationsverfahren.

e) *Säumnis. aa) Säumnis einer Partei.* Erscheint eine Partei in der Güteverhandlung nicht, 307 obwohl die Ladungs- und die Einlassungsfrist gewahrt wurden, so schließt sich die weitere Verhandlung unmittelbar an (§ 54 Abs. 4 ArbGG). In dieser kann die erschienene Partei den Erlass eines **Versäumnisurteils** beantragen. Für die Entscheidung steht dem Vorsitzenden nach § 55 Abs. 1 Nr. 4 ArbGG ein **Alleinentscheidungsrecht** zu. Wurde die Ladungs- oder die Einlassungsfrist nicht gewahrt, ist erneut Termin zur Güteverhandlung anzuberaumen.[510]

Erscheint die klagende Partei nicht, so ist auf Antrag der beklagten Partei das Versäum- 308 nisurteil dahin zu erlassen, dass die Klage abgewiesen wird (§ 330 ZPO). Erscheint hingegen

---

[506] Germelmann/Matthes/Prütting/*Germelmann/Künzl* ArbGG § 54 Rn. 40.
[507] *Schmidt/Schwab/Wildschütz* NZA 2001, 1165.
[508] BGH 14.7.2014 – VI ZR 326/14, NJW 2015, 2965 mkritAnm *Skamel;* OLG Hamm 13.1.2012 – 9 U 45/11, NJW-RR 2012, 882.
[509] BGBl. 2012 I 836 (837); *Düwell* BB 2012, 1921; *Greger/Weber* MDR 2012, S 003 ff.; erster Erfahrungsbericht *Francken* NZA 2015, 641.
[510] Germelmann/Matthes/Prütting/*Germelmann/Künzl* ArbGG § 54 Rn. 57; aA *van Venrooy* ZfA 1984, 337 (378 f.).

die beklagte Partei nicht, so ist das tatsächliche mündliche Vorbringen der klagenden Partei als zugestanden anzunehmen, soweit es nicht das Vorbringen zur Zuständigkeit des Arbeitsgerichts nach § 29 Abs. 2 ZPO (Vereinbarung über Erfüllungsort) oder nach § 38 ZPO (Gerichtsstandsvereinbarung) betrifft. Soweit das Vorbringen den Klageantrag rechtfertigt, ist nach § 331 Abs. 2 Hs. 1 ZPO nach dem Antrag zu erkennen (echtes Versäumnisurteil); soweit dies nicht der Fall ist, ist gem. § 331 Abs. 2 Hs. 2 ZPO die Klage abzuweisen (unechtes Versäumnisurteil). Eine Entscheidung nach Lage der Akten kommt im Anschluss an die Güteverhandlung nicht in Betracht, weil noch nicht in einem früheren Termin mündlich verhandelt wurde (§§ 331a, 251a Abs. 2 S. 1 ZPO).

309 bb) *Säumnis beider Parteien.* Erscheinen oder verhandeln beide Parteien in der Güteverhandlung nicht, so ist nach § 54 Abs. 5 S. 1 ArbGG das **Ruhen des Verfahrens** anzuordnen. Diese Regelung geht dem § 251a Abs. 1 ZPO vor, wonach in einem solchen Fall eine Entscheidung nach Lage der Akten ergehen kann. Auf Antrag einer Partei, der nur innerhalb von sechs Monaten nach der Güteverhandlung gestellt werden kann (§ 54 Abs. 5 S. 3 ArbGG), ist Termin zur streitigen Verhandlung zu bestimmen (§ 54 Abs. 5 S. 2 ArbGG).

310 Nach Ablauf der Frist von sechs Monaten **gilt die Klage als zurückgenommen.** Der Rechtsstreit ist dann als nicht anhängig geworden anzusehen. Die klagende Partei ist verpflichtet, die Kosten des Rechtsstreits zu tragen. Auf Antrag der beklagten Partei ist dies durch den Vorsitzenden (§ 55 Abs. 1 Nr. 1 ArbGG) nach Gewährung des rechtlichen Gehörs durch Beschluss auszusprechen (§ 269 Abs. 4 ZPO). Der Beschluss bedarf keiner mündlichen Verhandlung. Er unterliegt der sofortigen Beschwerde (§ 54 Abs. 5 S. 4 ArbGG iVm § 269 Abs. 5 ZPO). Die Klage kann aber erneut erhoben werden. Zu beachten gilt aber, ob Fristen, etwa die **Klagefrist des § 4 KSchG** abgelaufen sind. In dem nach Ablauf von sechs Monaten gestellten Antrag auf Bestimmung eines neuen Termins kann keine neue Klage gesehen werden.[511] Eine entsprechende Anwendung der Regelung, etwa bei einvernehmlicher Terminlosstellung des Verfahrens, ist abzulehnen.[512]

311 Ist das Verfahren aber über die Güteverhandlung hinaus gediehen und kommt es erst dann zur Ruhensanordnung, so kann nach Ablauf von sechs Monaten keine das Verfahren abschließende Kostenentscheidung zu Lasten des Klägers getroffen werden. Die Sondervorschrift des § 54 Abs. 5 S. 4 ArbGG kommt nur zum Zuge, wenn die Ruhensanordnung im Anschluss an den Gütetermin getroffen worden ist.[513] Verhandeln in diesem Sinne liegt bereits vor, wenn sie das Ruhen wegen laufender Vertragsverhandlungen beantragen.[514] Die Klagerücknahmefiktion tritt dann nicht ein. Sie ist auch nicht auf andere Fallkonstellationen (etwa, wenn das Verfahren terminlos gestellt wird) auszudehnen.[515]

312 f) **Ergebnis der Güteverhandlung.** Haben die Parteien von ihren Dispositionsmöglichkeiten Gebrauch gemacht, ist der Rechtsstreit (ggf. zum Teil) beendet. Mit Zustimmung der Parteien kann der Vorsitzende die Güteverhandlung vertagen.

313 g) **Verfahren nach ergebnisloser Güteverhandlung.** Ist die Güteverhandlung erfolglos, schließt sich nach § 54 Abs. 4 ArbGG ebenfalls die weitere Verhandlung unmittelbar an. Falls der weiteren Verhandlung Hinderungsgründe entgegenstehen, ist vom Vorsitzenden Termin zur streitigen Verhandlung zu bestimmen, wobei diese alsbald stattzufinden hat.

314 Die streitige Verhandlung kann sich regelmäßig nur dann unmittelbar an die Güteverhandlung anschließen, wenn eine das Verfahren beendende Entscheidung ergehen kann und die Parteien übereinstimmend eine Entscheidung durch den Vorsitzenden beantragen (§ 55 Abs. 3 ArbGG). Ein solches Vorgehen bietet sich etwa an, wenn viele „Parallelsachen" zur Entscheidung anstehen und die Rechtsfragen bereits „ausgeschrieben" sind.

315 Im Übrigen ist vom Vorsitzenden Termin zur streitigen Verhandlung zu bestimmen. Die ehrenamtlichen Richter, die an der Güteverhandlung nicht teilnehmen, sind regelmäßig für die anschließende Verhandlung zu laden, weil sie sich üblicherweise nicht vorsorglich für

---

[511] LAG Hessen Frankfurt 22.8.1991 – 7 Sa 1427/90, BeckRS 1991, 30894442.
[512] BAG 25.11.2010 – 2 AZR 323/09, NZA 2011, 821.
[513] LAG Hamm 14.4.2003 – 4 Ta 239/02, EzA ArbGG 1979 § 54 Nr. 2.
[514] BAG 6.5.2009 – 10 AZR 834/08, NZA 2009, 805.
[515] LAG Düsseldorf 7.5.2003 – 12 Sa 216/03, LAGE ArbGG 1979 § 54 Nr. 6.

den Fall ergebnisloser Güteverhandlungen im Arbeitsgericht aufhalten. Die Unmöglichkeit, die ehrenamtlichen Richter sofort heranziehen zu können, ist ein ausreichender Hinderungsgrund iSv § 54 Abs. 4 ArbGG.

> **Praxistipp:**
> Die Durchführung von mündlichen Verhandlungen in **Epidemiezeiten** stellt die Justiz und damit auch die Arbeitsgerichtsbarkeit vor besondere Herausforderungen. Dies hat die Corona-Epidemie im Jahr 2020 gezeigt. Eine Möglichkeit zu reagieren bietet **§ 128a ZPO,** wonach das Gericht den Parteien gestatten kann, der **Verhandlung per Video- und Audioübertragung** beizuwohnen. Neben technischen Fragen,[516] insbesondere zur Datensicherheit, und dem Problem, wie der Öffentlichkeitsgrundsatz (§ 52 ArbGG) zu wahren ist,[517] gestattet die Vorschrift keine einseitige Anordnung durch das Gericht. Im Arbeitsgerichtsverfahren ist zudem die Heranziehung der ehrenamtlichen Richter ungeklärt; sie müssten nach derzeitigem Stand im Gericht aufhalten. Eine weitere Möglichkeit bietet **§ 128 Abs. 2 ZPO.** Mit Zustimmung der Parteien kann das Gericht eine **Entscheidung ohne mündliche Verhandlung** treffen. Erinnert sei auch an § 55 Abs. 3 ArbGG: Der Vorsitzende kann unmittelbar an die Güteverhandlung (ggf. auch im Anschluss an eine zweite Gütesitzung) auf Antrag der Parteien eine **Alleinentscheidung** treffen.[518] Im Übrigen kann der Vorsitzende nach § 176 GVG **sitzungspolizeiliche Maßnahmen** ergreifen.[519]
>
> Vor diesem Hintergrund gibt es einen **Entwurf zur Änderung des ArbGG** vom 25.3.2020, der die Einführung eines neuen **§ 114 ArbGG** vorsieht. Auch ehrenamtliche Richter sollen bei einer Epidemie nach § 5 des Infektionsschutzgesetzes einer mündlichen Verhandlung per Video- und Audioübertragung sowie der Beratung und Abstimmung beiwohnen können. Das Gericht könnte demnach eine Video- und Audioübertragung anordnen, sofern die Beteiligten die technischen Voraussetzungen in zumutbarer Weise vorhalten können. Außerdem soll die Öffentlichkeit ausgeschlossen werden können, wenn der Gesundheitsschutz nicht anders gewährleistet werden kann. Ob der Entwurf Gesetz wird, ist derzeit nicht zu erkennen, denn es gibt berechtigte Kritik.[520] Für die Corona-Epidemie dürfte er ohnehin keine Rolle mehr spielen, denn bis die Gerichte entsprechend technisch ausgerüstet sind, ist zu hoffen, dass die Epidemie ausgestanden ist. Kaum nachvollziehbar ist, wenn im Entwurf auf freiverfügbare und kostenfreie Software/Apps für Video- und Audioübertragungen verwiesen wird. Die Datensicherheit muss nicht nur mit Blick auf das Beratungsgeheimnis gewährleistet sein.[521] Es bleibt unklar, an welche Maßnahmen der Gesetzgeber denkt, die das Beratungsgeheimnis sicherstellen sollen.[522] Mitschnitte der Verhandlung müssen nach § 169 GVG ausgeschlossen sein. Die Einbeziehung der ehrenamtlichen Richter dürfte, jedenfalls solange keine elektronische Akte geführt wird, die für die ehrenamtlichen Richter einsehbar ist, ebenfalls erschwert sein. Unklar ist, wann die Beteiligten die technischen Voraussetzungen in zumutbarer Weise vorhalten und wie dies vom Gericht festgestellt werden kann. Gleiches gilt für den Ausschluss der Öffentlichkeit:[523] Wann ist der Gesundheitsschutz nicht anders zu gewährleisten? Und warum sollen dann Verfahren durchgeführt werden oder soll dies nur für einstweilige Verfügungen oder Bestandsschutzverfahren gelten? Zwischenzeitlich ist der Gesetzentwurf in geänderter Form verabschiedet worden. Es beinhaltet vor allem Vereinfachung bei der Anwendung

---

[516] Etwa rein praktische Fragen: Wird eine Videositzung eingerichtet, sodass auch Teilnehmer von nachfolgenden Terminen nach Einwahl erscheinen, oder mehrere Sitzungen mit der Gefahr, dass bei zeitlicher Überziehung der vorherigen Sache zumindest Irritationen auftauchen werden.
[517] Vgl. dazu *Kulhanek* NJW 2020, 1183 ff. Die Vorschrift des § 128a ZPO geht davon aus, dass die Übertragungen in den Gerichtssaal erfolgen und sich die Richter dort aufhalten. Der Grundsatz der Öffentlichkeit bezieht sich auf den Gerichtssaal, sog. Saalöffentlichkeit; vgl. BeckOK ArbR/*Hamacher* ArbGG § 52 Rn. 14; Musielak/Voit/*Stadler* ZPO § 128a Rn. 2; zu einem möglichen Ausschluss der Öffentlichkeit vgl. *Heiden* NJW 2020, 1023 ff.
[518] ErfK/*Koch* ArbGG § 55 Rn. 6; BeckOK ArbR/*Hamacher* ArbGG § 55 Rn. 35.
[519] Dazu *Heiden* NJW 2020, 1023 ff.
[520] Stellungnahme des DGB vom 11.4.2020; Stellungnahme der Vereinigung Demokratischer Juristinnen und Juristen vom 16.4.2020; Stellungnahme BRAK vom 16.4.2020.
[521] Stellungnahme BRAK vom 16.4.2020.
[522] Dabei geht es nicht nur um sichere Übertragungswege. Es stellt sich auch die Frage, wie sichergestellt werden soll, dass am Aufenthaltsort der ehrenamtliche Richter das Beratungsgeheimnis gewahrt werden kann.
[523] Dazu die Stellungnahme der Vereinigung Demokratischer Juristinnen und Juristen vom 16.4.2020.

> von § 128a ZPO, gerade mit Blick auf die Teilnahme der ehrenamtlichen Richter.[524] Die Novellierung des § 114 ArbGG ist befristet bis zum 31.12.2020. Unverständlich ist, aus welchen Gründen die Regelung entfallen ist, dass das BAG ohne mündliche Verhandlung ohne Zustimmung der Parteien entscheiden kann.[525]

316 Der Termin zur streitigen Verhandlung ist sofort anzusetzen und zu verkünden. Eine Ladung der Parteien ist bei verkündetem Termin nicht erforderlich (§ 218 ZPO). Auch eine unverzügliche Terminsanberaumung nach der Güteverhandlung, regelmäßig verbunden mit einem sorgfältig abzusetzenden Auflagenbeschluss (§ 56 Abs. 1 ArbGG; § 61a Abs. 3 und 4 ArbGG), wird dem Beschleunigungsgrundsatz gerecht.

6. Vorbereitung der Verhandlung vor der Kammer

317 § 56 Abs. 1 ArbGG betrifft, wie bereits der Wortlaut ausweist, nur die Vorbereitung der streitigen Verhandlung, nicht die des Gütetermins.[526] Aufgrund einer Auflage nach § 56 Abs. 1 Nr. 1 ArbGG, die vor der Güteverhandlung erteilt worden ist, darf daher der Parteienvortrag, der „erst" in der Güteverhandlung erfolgt, nicht ausgeschlossen werden, weil damit die durch § 54 Abs. 1 S. 2 ArbGG zwingend vorgeschriebene Verpflichtung, das „gesamte Streitverhältnis" mit den Parteien zu erörtern, unterlaufen würde.[527]

318 **a) Pflicht zur Vorbereitung.** In § 56 Abs. 1 S. 1 ArbGG wird dem Vorsitzenden die Pflicht auferlegt, die streitige Verhandlung so vorzubereiten, dass sie möglichst in einem Termin zu Ende geführt werden kann. Dadurch wird die Konzentrations- und Beschleunigungspflicht des Zivilgerichts nach § 273 Abs. 1 S. 1 ZPO konkretisiert. Dem Vorsitzenden steht kein Ermessensspielraum zu, ob er sachlich gebotene Maßnahmen nach § 56 Abs. 1 ArbGG anordnet. Er hat vielmehr alle Handlungen vorzunehmen, die im Interesse der Erledigung des Rechtsstreits im ersten streitigen Termin erforderlich sind. Ein Beurteilungsspielraum wird dem Vorsitzenden insoweit zugesprochen, als er prüfen muss, ob und welche Maßnahmen notwendig sind, um das Ziel der möglichst frühzeitigen Beendigung des Rechtsstreits zu erreichen.[528]

319 **b) Vorbereitungsmaßnahmen.** Welche Maßnahmen der Vorsitzende anordnet, ist von der jeweiligen Prozesslage, insbesondere von dem bereits erfolgten schriftlichen Vorbringen der Parteien und dem Ergebnis der Erörterung des gesamten Streitverhältnisses mit den Parteien im Gütetermin abhängig. Die Aufzählung möglicher Maßnahmen in § 56 Abs. 1 S. 2 ArbGG ist dabei nicht abschließend. Seit dem 1.1.2020 stellt § 139 Abs. 1 S. 3 ZPO klar, dass die Gerichte den **Streitstoff strukturieren und abschichten können**. Im Arbeitsgerichtsverfahren haben die Gerichte immer den Beschleunigungsgrundsatz zu berücksichtigen.

7. Vorbereitung in Bestandsschutzverfahren

320 **a) Allgemeines.** In § 61a Abs. 1 ArbGG wird angeordnet, dass die Bestandsschutzstreitigkeiten gegenüber anderen Streitigkeiten **vorrangig zu erledigen** sind. Soweit der besondere Beschleunigungsgrundsatz nicht in § 61a Abs. 2 bis 6 ArbGG konkretisiert wurde, ist es Sache des Gerichts zu entscheiden, wie es dem gesetzgeberischen Auftrag nachkommt. In Betracht kommen die Einrichtung besonderer Kündigungsschutzkammern, spezielle Bestandsschutztermine, das Freihalten oder das Verlegen von Terminen wegen anhängiger Bestandsschutzverfahren. Dabei würde § 61a Abs. 2 ArbGG einen „erheblichen Grund" iSv § 227 ZPO für die Verlegungsentscheidung darstellen.[529] Die besondere Beschleunigungs-

---

[524] Zur Anfechtbarkeit einer Anordnung LAG Düsseldorf 2.7.2020 – 4 Ta 200/20, BeckRS 2020, 17870.
[525] Dazu *Francken* NZA 2020, 681 ff.
[526] Germelmann/Matthes/Prütting/*Schleusener* ArbGG § 56 Rn. 4.
[527] LAG Niedersachsen 12.12.1989 – 6 Sa 357/89, LAGE ArbGG 1979 § 56 Nr. 2.
[528] Germelmann/Matthes/Prütting/*Schleusener* ArbGG § 56 Rn. 5.
[529] Germelmann/Matthes/Prütting/*Schleusener* ArbGG § 61a Rn. 8.

pflicht des § 61a Abs. 1 ArbGG ist zudem bei der Ausübung pflichtgemäßen Ermessens bei Aussetzungsentscheidungen nach § 148 ZPO zu beachten.

b) Anwendungsbereich. Die besondere **Beschleunigungspflicht** besteht für Verfahren in Rechtsstreiten über das Bestehen, das Nichtbestehen oder die Kündigung eines Arbeitsverhältnisses, also für Verfahren im Sinne von §§ 2 Abs. 1 Nr. 3 Buchst. b, 12 Abs. 7 S. 1 ArbGG. Hierzu zählen Verfahren über

- die Sozialwidrigkeit und/oder Rechtsunwirksamkeit einer Eigen- oder Fremdkündigung,
- die Rechtsunwirksamkeit einer Anfechtungserklärung,
- die Rechtsunwirksamkeit von Befristungs- und Bedingungsabreden,
- die Rechtsunwirksamkeit eines (ggf. angefochtenen) Aufhebungsvertrages,
- das Bestehen oder die Auflösung eines Anschlussarbeitsverhältnisses nach § 78a BetrVG.

In allen diesen Fällen geht es um die Klärung des (Fort-)Bestands eines Arbeitsverhältnisses. Geht der Streit um den Inhalt des Arbeitsverhältnisses, wie bei der Änderungsschutzklage nach §§ 2, 4 S. 2 KSchG und der Statusklage, oder streben beide Parteien die Auflösung des Arbeitsverhältnisses durch beiderseitigen Auflösungsantrag nach §§ 9, 10 KSchG an, besteht kein Anlass zur Annahme einer besonderen Beschleunigungspflicht. Entsprechendes gilt, wenn nur über den Bestand des Arbeitsverhältnisses in der Vergangenheit gestritten wird. Nach Sinn und Zweck der Vorschrift unterliegt auch die Klage auf Einstellung, Fortsetzung oder Wiedereinstellung der besonderen Beschleunigungspflicht. Bestandsschutzstreitigkeiten bei freien Mitarbeiterverhältnissen, Rechtsverhältnissen der arbeitnehmerähnlichen Personen ua unterfallen nicht dem § 61a ArbGG.

Im Falle der Klagehäufung begründet die Bestandsschutzstreitigkeit die besondere Beschleunigungspflicht auch für die übrigen prozessualen Ansprüche, sofern diese nicht abgetrennt werden oder die Bestandsschutzstreitigkeit nicht durch Teilurteil vorab beschieden wird.[530]

c) Alsbaldiger Gütetermin. In den ein Arbeitsverhältnis betreffenden Bestandsschutzstreitigkeiten soll nach § 61a Abs. 2 ArbGG die Güteverhandlung **innerhalb von zwei Wochen** nach Klageerhebung stattfinden. Die Frist beginnt mit der **Zustellung der Klageschrift** (vgl. § 253 Abs. 1 ZPO). Zugleich ist aber die Einlassungsfrist von einer Woche nach § 47 Abs. 1 ArbGG zu wahren. Es wird allgemein eine Pflicht des Vorsitzenden angenommen, bei der Terminplanung eine Einhaltung dieser Vorschrift zu gewährleisten.[531] Nur beim Vorliegen unabänderlicher Gründe (Notwendigkeit öffentlicher Zustellung der Klageschrift, Terminstau nur mit Bestandsschutzverfahren, Krankheit oder Urlaub des Vorsitzenden) wird eine spätere Durchführung der Güteverhandlung für zulässig erachtet.

d) Alsbaldiger Kammertermin. Ist die Güteverhandlung erfolglos oder wird das Verfahren nicht in einer sich unmittelbar anschließenden Verhandlung abgeschlossen, richtet sich das weitere Verfahren grundsätzlich nach § 54 Abs. 4 und 5 ArbGG bzw. § 55 Abs. 3 ArbGG. Auch dabei ist die besondere Beschleunigungspflicht bei der Terminierung zu beachten; bei Bestandsschutzverfahren ist eine vorrangige Terminierung angezeigt.

e) Aufforderung zur Stellungnahme an die beklagte Partei. *aa) Voraussetzung für die Aufforderung.* Wenn die beklagte Partei noch nicht oder nicht ausreichend auf die Klage erwidert hat, fordert der Vorsitzende nach § 61a Abs. 3 ArbGG diese auf, binnen einer angemessenen Frist, **die mindestens zwei Wochen** betragen muss, im Einzelnen unter Beweisantritt schriftlich die Klage zu erwidern.

bb) Inhalt der Aufforderung. Inhalt der gerichtlichen Auflage an die beklagte Partei ist zum einen eine angemessene Frist von **mindestens zwei Wochen** und zum anderen die Aufforderung, im Einzelnen unter Beweisantritt schriftlich die Klage zu erwidern. Es muss eine **konkrete gestaltete Auflage** erteilt werden.[532]

---

[530] BeckOK ArbR/*Hamacher* ArbGG § 61a Rn. 6.
[531] Schwab/Weth/*Korinth* ArbGG § 61a Rn. 5.
[532] BAG 25.3.2004 – 2 AZR 380/03, NZA 2004, 1407; BAG 11.6.2020 – 2 AZR 400/19, BeckRS 2020, 20017; Germelmann/Matthes/Prütting/*Schleusener* ArbGG § 61a Rn. 13; aA *Gift/Baur* E Rn. 805.

328 *cc) Belehrung über Folgen bei Fristversäumung.* Die beklagte Partei ist über die Folgen der Fristversäumung zu belehren (vgl. § 61a Abs. 6 ArbGG). Dies gilt unabhängig davon, ob die Partei durch Rechtsanwalt oder Verbandsvertreter vertreten wird oder nicht.

329 **f) Aufforderung an die klagende Partei.** Nach § 61a Abs. 4 ArbGG kann der Vorsitzende auch der klagenden Partei eine angemessene Frist, die **mindestens zwei Wochen** betragen muss, zur schriftlichen Stellungnahme auf die Klageerwiderung setzen. Fristbeginn ist der Zeitpunkt des Zugangs der Klageerwiderung. Die Aufforderung an die klagende Partei kann zusammen mit der an die beklagte Partei gerichteten Aufforderung nach § 61a Abs. 3 ArbGG, aber auch nach Eingang der Klageerwiderung erfolgen. Ob die klagende Partei zur Stellungnahme aufgefordert wird, liegt im Ermessen des Vorsitzenden, ist aber in Bestandsschutzstreitigkeiten regelmäßig erforderlich, weil der Streitstoff erst durch die Stellungnahme der beklagten Partei erkennbar wird.[533]

330 Hat die beklagte Partei in der Güteverhandlung nicht oder nur pauschal zur Klage Stellung genommen und ist in der Klageschrift noch kein konkreter Vortrag zu finden, kann sich der Vorsitzende gegenüber der klagenden Partei mit der nicht weiter konkretisierten Aufforderung zur Stellungnahme auf die zu erwartende Klageerwiderung binnen der gesetzten Frist begnügen. Ist der Vortrag der beklagten Partei erheblich und die bei Gericht eingehende Stellungnahme der klagenden Partei ergänzungs- oder erläuterungsbedürftig, greift ebenfalls die Pflicht des Vorsitzenden zur Formulierung eines konkreten Auflagenbeschlusses wie nach § 56 Abs. 1 S. 2 Nr. 1 ArbGG. Hat die klagende Partei jedoch vor oder in der Güteverhandlung ergänzungs- oder erläuterungsbedürftig vorgetragen, muss bereits die Aufforderung der klagenden Partei zur Stellungnahme verbunden werden mit einer konkreten Auflage wie nach § 56 Abs. 1 S. 2 Nr. 1 ArbGG.

8. Anordnung des persönlichen Erscheinens

331 **a) Allgemeines.** Die Möglichkeit zur Anordnung des persönlichen Erscheinens nach § 51 ArbGG ist Ausprägung des **Unmittelbarkeitsgrundsatzes** im arbeitsgerichtlichen Verfahren, demzufolge mündliche Verhandlung und Beweisaufnahme unmittelbar vor dem erkennenden Gericht stattfinden müssen. Sie dient zugleich dem **Beschleunigungsgrundsatz**, indem in geeigneten Fällen verbesserte Bedingungen für eine Sachverhaltsaufklärung und vergleichsweise Beilegung des Rechtsstreits geschaffen werden können.

332 § 51 ArbGG modifiziert die Regelungen in § 141 ZPO und geht daher § 141 Abs. 1 S. 1 ZPO und § 279 Abs. 2 ZPO vor. Eine weitere Möglichkeit zur Anordnung des persönlichen Erscheinens findet sich in § 56 Abs. 1 Nr. 3 ArbGG, wo es um die Vorbereitung der streitigen Verhandlung geht. Im Übrigen finden §§ 141 Abs. 2 und 3, 380, 381 ZPO Anwendung.

333 Nach § 64 Abs. 7 ArbGG gilt nur § 51 Abs. 1 ArbGG in der Berufungsinstanz. Ausgeschlossen ist für die zweite Instanz die Ablehnung der Zulassung eines Prozessbevollmächtigten nach § 51 Abs. 2 ArbGG, da dies dem Vertretungszwang nach § 11 Abs. 2 ArbGG widersprechen würde. In der Revisionsinstanz ist § 51 ArbGG nicht anwendbar, denn dort handelt es sich nicht um eine Tatsacheninstanz. Die Vorschrift des § 51 ArbGG ist schließlich entsprechend anwendbar im Beschlussverfahren (§ 80 Abs. 2 ArbGG).

334 **b) Wirkung von Parteierklärungen.** Kommt die Partei der Anordnung nach und wird sie vom Vorsitzenden befragt, liegt darin keine Parteivernehmung iSv § 448 ZPO. Den tatsächlichen Erklärungen ihres Prozessbevollmächtigten kann sie widersprechen. Dann gilt nur die Parteierklärung. Widerspricht die Partei in zweiter Instanz den tatsächlichen Erklärungen ihres Prozessbevollmächtigten, dann muss das Gericht nach § 286 ZPO abwägen.[534] Beweiswirkung hat die Erklärung der Partei insoweit, als sie Inhalt der Verhandlung iSv § 286 ZPO ist; auch die Nichtabgabe einer Erklärung kann hier frei gewürdigt werden.

335 **c) Folgen des Ausbleibens der Partei.** *aa) Entschuldigtes Ausbleiben.* Die Partei, deren persönliches Erscheinen angeordnet und die ordnungsgemäß geladen wurde, ist zum Erscheinen in der mündlichen Verhandlung verpflichtet. Keineswegs ist sie jedoch verpflichtet,

---
[533] Gift/Baur E Rn. 812.
[534] Zöller/*Althammer* ZPO § 85 Rn. 7 f.

sich zur Sache einzulassen, wenngleich ihre Weigerung uU nach § 286 ZPO gewürdigt werden kann.

Die Partei braucht der Anordnung persönlichen Erscheinens nicht nachzukommen, wenn ein hinreichender Grund für das Nichterscheinen vorliegt, sie sich vor dem Termin entschuldigt hat und darauf die Anordnung aufgehoben wurde. **336**

Entschuldigungsgründe können sein: Eine an der Terminswahrnehmung hindernde Krankheit (hier genügt nicht ohne weiteres eine Arbeitsunfähigkeit),[535] schwere Erkrankung oder Tod eines nächsten Angehörigen, unaufschiebbares und persönlich wahrzunehmendes Geschäft oder auch anderweitiger Gerichtstermin, urlaubsbedingte Abwesenheit, unzumutbare wirtschaftliche Belastung durch Anreise zum Gerichtsort. Die bloße Mitteilung des Prozessbevollmächtigten an seine Partei, sie brauche den Termin nicht wahrzunehmen, entschuldigt das Fernbleiben regelmäßig ebenso wenig[536] wie eine entsprechende Auskunft einer Kanzleiangestellten.[537] Die Berufung auf ein Vergessen des Termins genügt ebenfalls nicht.[538] Nicht genügend entschuldigt ist die ausgebliebene Partei dann, wenn das Gericht über das bevorstehende Ausbleiben ohne ersichtlichen Grund derart knapp vor dem Termin informiert wird, dass es den Termin nicht mehr absetzen und die Beteiligten nicht rechtzeitig abladen kann.[539] Die Entschuldigung muss hinreichend substantiiert sein. Pauschales Vorbringen reicht nicht. **337**

Die Entscheidung, ob ein ausreichender Entschuldigungsgrund vorliegt und ggf. ob dieser glaubhaft gemacht worden ist, trifft der Vorsitzende. Erst durch eine Aufhebung der Anordnung des persönlichen Erscheinens entfällt die Verpflichtung zum Erscheinen.[540] Eine bloße Absprache zwischen dem Prozessbevollmächtigten und dem Mandanten genügt also nicht. **338**

bb) Entsendung eines Vertreters. Die Partei kann nach § 51 Abs. 1 S. 2 ArbGG iVm § 141 Abs. 3 S. 2 ZPO zur mündlichen Verhandlung einen Vertreter entsenden, sofern dieser zur Aufklärung des Tatbestands in der Lage und zur Abgabe der gebotenen Erklärungen, insbesondere zu einem Vergleichsabschluss, ermächtigt ist. Die Sachkunde des Vertreters muss nicht notwendig auf eigenen unmittelbaren Wahrnehmungen beruhen; die gründliche Information durch die Partei kann genügen.[541] Daher kann die Vertretung auch durch einen **Prozessbevollmächtigten** erfolgen, wenn er für den Prozess umfassende Informationen erhalten hat,[542] wobei jedoch die bloße Kenntnis der Schriftsätze nicht ausreicht. Er muss in gleicher Weise Auskunft erteilen und Entscheidungen treffen können wie die Partei selbst.[543] Der Vertreter muss ferner zur Abgabe prozessual gebotener Erklärungen (zB Anerkenntnis, Erledigungserklärung) und zum Vergleichsabschluss bevollmächtigt sein, wobei die Vollmacht nur zu einem Widerrufsvergleich nicht ausreicht.[544] Gleichwohl kann die eigenständige Entscheidung des Vertreters, nur einen Widerrufsvergleich abschließen zu wollen, sachgerecht sein, zB wenn sozialrechtliche Konsequenzen zu bedenken und abzuklären sind; sie spricht nicht für eine eingeschränkte Bevollmächtigung nur zum Abschluss eines Widerrufvergleichs. Dem Auftreten als Vertreter iSv § 141 Abs. 3 ZPO steht nicht entgegen, dass jemand zugleich als Zeuge bestimmt ist. § 394 Abs. 1 ZPO schließt die Anwesenheit eines Zeugen, der noch nicht gehört wurde, nur während der Vernehmung anderer Zeugen aus. **339**

Entsendet die Partei einen nur unzureichend bevollmächtigten Vertreter, so gilt die Partei als nicht erschienen. Eine besondere Zurückweisung des Vertreters ist nicht erforderlich.[545] Vom Gegner kann beim Vorliegen der sonstigen Voraussetzungen ein **Versäumnisurteil** be- **340**

---

[535] LAG Köln 15.3.1996 – 11 (13) Sa 1221/95, ArbuR 1996, 459.
[536] LAG Köln 14.11.1994 – 5 (4) Ta 159/94, NZA 1995, 864.
[537] LAG Hessen 17.7.1986 – 3 Ta 152/86, ArbuR 1987, 245.
[538] LAG Düsseldorf 1.3.1993 – 7 Ta 142/92, LAGE ArbGG 1979 § 51 Nr. 4.
[539] LAG Köln 15.3.1996 – 11 (13) Sa 1221/95, ArbuR 1996, 459.
[540] Germelmann/Matthes/Prütting/*Germelmann/Künzl* ArbGG § 51 Rn. 19.
[541] BeckOK ArbR/*Hamacher* ArbGG § 51 Rn. 30.
[542] LAG Hessen 15.11.2006 – 4 Ta 438/06, BeckRS 2007, 40034; BeckOK ArbR/*Hamacher* ArbGG § 51 Rn. 30; Schwab/Weth/*Korinth* ArbGG § 51 Rn. 19; *Tschöpe/Fleddermann* NZA 2000, 1273.
[543] LAG Rheinland-Pfalz 19.4.1985 – 1 Ta 70/85, LAGE ArbGG 1979 § 51 Nr. 2; Germelmann/Matthes/Prütting/*Germelmann/Künzl* ArbGG § 51 Rn. 20.
[544] Germelmann/Matthes/Prütting/*Germelmann/Künzl* ArbGG § 51 Rn. 21.
[545] Germelmann/Matthes/Prütting/*Germelmann/Künzl* ArbGG § 51 Rn. 21.

antragt werden. Das Gericht kann Zwangsmaßnahmen nach § 141 Abs. 3 S. 1 ZPO bzw. § 51 Abs. 2 S. 1 ArbGG ergreifen.

341 cc) *Ordnungsgeld.* Bleibt die Partei im Termin aus, so kann gegen sie nach § 51 Abs. 1 S. 2 ArbGG iVm §§ 141 Abs. 3 S. 1, 380 Abs. 1 S. 2 ZPO ein Ordnungsgeld wie gegen einen im Vernehmungstermin nicht erschienenen Zeugen festgesetzt werden. Die Pflicht zur Zahlung des Ordnungsgeldes trifft auch dann die Partei, wenn auf Grund der Anordnung ihre gesetzliche Vertretung zu erscheinen hatte.[546] Die Verhängung des Ordnungsgeldes steht im Ermessen des Gerichts. Die Rechtfertigung für ein Verhängen des Ordnungsgeldes liegt nicht in der Tatsache einer Missachtung des Gerichts, sondern nach § 51 Abs. 2 ArbGG in der **Vereitelung des Zwecks der Anordnung** des persönlichen Erscheinens.[547] Zweck der Anordnung des persönlichen Erscheinens nach § 141 Abs. 1 ZPO ist allein, die Aufklärung des Sachverhalts zu fördern.[548] Kommt es trotz Nichterscheinens der Partei zur sachgerechten Aufklärung des Sachverhalts bzw. zur gütlichen Beilegung des Rechtsstreits, so kann ein Ordnungsgeld nicht verhängt werden.[549] Das Ordnungsgeld kann allein oder kumulativ neben der Ablehnung des Bevollmächtigten verhängt werden.[550]

342 Das Mindestmaß für das Ordnungsgeld beträgt 5 EUR und das Höchstmaß 1.000 EUR (Art. 6 Abs. 1 S. 1 EGStGB).[551] Weitere in § 380 ZPO angesprochene Ordnungsmittel bzw. Sanktionen (Auferlegung der durch Ausbleiben verursachten Kosten; Ordnungshaft) können nicht verhängt werden,[552] ggf. aber eine **Verzögerungsgebühr** nach § 38 GKG iVm KV 1901 GKG).

> **Praxistipp:**
> Die Verzögerungsgebühr hat bislang keine große Praxisbedeutung. Dabei ist bereits strittig, ob der Regelung Sanktionscharakter zukommt oder einen Ausgleich für den gerichtlich entstandenen Mehraufwand bezweckt. Der jeweilige Zweck wirkt sich wiederum auf das Verständnis aus, wann eine Verzögerung iSd. Vorschrift vorliegt. Bei der Frage, ob und ggf. in welcher Höhe eine Verzögerungsgebühr gegen die Partei verhängt wird, hat das Gericht Ermessen. Damit hat es ein flexibles Instrument zur Hand, um einer Verfahrensverzögerung entgegenzuwirken.

343 Die Entscheidung über die Verhängung des Ordnungsgeldes ergeht nach §§ 51 Abs. 1 S. 2, 53 Abs. 1 S. 1 ArbGG iVm § 141 Abs. 3 ZPO in der mündlichen Verhandlung durch die Kammer und außerhalb der mündlichen Verhandlung durch den Vorsitzenden.[553] Der Beschluss ist zu begründen und als Vollstreckungstitel förmlich zuzustellen (§ 329 Abs. 3 ZPO). Er unterliegt der sofortigen Beschwerde nach § 51 Abs. 1 S. 2 ArbGG iVm §§ 141 Abs. 3 S. 1, 380 Abs. 3 ZPO. Nach § 51 Abs. 2 ArbGG iVm §§ 141 Abs. 3 S. 1, 381 Abs. 1 ZPO unterbleibt die Festsetzung des Ordnungsgeldes, wenn die nicht erschienene Partei

---

[546] LAG Düsseldorf 28.12.2006 – 6 Ta 622/06 BeckRS 2007, 40908; LAG Hamm 25.1.1999 – 1 Ta 727/98, LAGE ArbGG 1979 § 51 Nr. 6.
[547] BAG 1.10.2014 – 10 AZB 24/14, BeckRS 2014, 73685; LAG Niedersachsen 12.7.2002 – 10 Ta 306/02; MDR 2002, 1333; LAG Düsseldorf 1.8.1985 – 7 Ta 264/85, LAGE ArbGG 1979 § 51 Nr. 3; LAG Rheinland-Pfalz 5.8.1987 – 4 Ta 147/87, ARST 1988, 79.
[548] BAG 1.10.2014 – 10 AZB 24/14, BeckRS 2014, 73685.
[549] LAG Niedersachsen 12.7.2002 – 10 Ta 306/02, MDR 2002, 1333; LAG Schleswig-Holstein 16.1.2003 – 5 Ta 218/02, NZA-RR 2003, 215; LAG Baden-Württemberg 3.8.1987 – 13 Ta 6/87, NZA 1987, 827; LAG Düsseldorf 1.8.1985 – 7 Ta 264/85, LAGE ArbGG 1979 § 51 Nr. 3.
[550] Germelmann/Matthes/Prütting/*Germelmann/Künzl* ArbGG § 51 Rn. 26.
[551] LAG Hessen 29.5.2007 – 4 Ta 157/07, BeckRS 2007, 45637 – im Regelfall bei erstmaliger Missachtung bis zu einem Fünftel (200 EUR).
[552] LAG Berlin 17.11.1977 – 9 Ta 7/77, AP ZPO § 141 Nr. 2; Germelmann/Matthes/Prütting/*Germelmann/Künzl* ArbGG § 51 Rn. 23.
[553] LAG Schleswig-Holstein 16.1.2003 – 5 Ta 218/02, NZA-RR 2003, 215; LAG Bremen 4.8.1993 – 1 Ta 34/93; MDR 1993, 1007; Germelmann/Matthes/Prütting/*Germelmann/Künzl* ArbGG § 51 Rn. 24.

glaubhaft macht, dass ihr die Ladung nicht rechtzeitig zugegangen ist, oder wenn sie ihr Ausbleiben genügend entschuldigt. Erfolgt die Glaubhaftmachung oder die genügende Entschuldigung nachträglich, so wird die Ordnungsgeldanordnung wieder aufgehoben. Die nicht erschienene Partei muss vortragen und ggf. glaubhaft machen, dass sie ohne ihr Verschulden an der Terminswahrnehmung gehindert war und dass es ihr nicht möglich war, den Hinderungsgrund bereits vor dem Termin dem Gericht mitzuteilen.

dd) Ausschließung des Prozessbevollmächtigten. Neben der Verhängung eines Ordnungsgeldes kann der Vorsitzende den Prozessbevollmächtigten der nicht erschienenen Partei von der weiteren Verhandlung in dem konkreten Termin ausschließen, wenn die Partei trotz Anordnung des persönlichen Erscheinens unbegründet ausgeblieben ist und hierdurch der Zweck der Anordnung vereitelt wird (§ 51 Abs. 2 S. 1 ArbGG). Diese Möglichkeit besteht aber **nur in erster Instanz.** Für die Ausschließungsentscheidung müssen folgende Voraussetzungen kumulativ vorliegen:[554]

- Das persönliche Erscheinen der Parteien muss zum konkreten Termin ordnungsgemäß durch den Vorsitzenden angeordnet sein,
- die Partei muss ordnungsgemäß mit Belehrung über die Folgen des Ausbleibens geladen sein,
- die persönlich geladene Partei darf sich nicht oder nur unzureichend entschuldigt haben;
- durch das Ausbleiben der Partei muss der vorher mitgeteilte Zweck der Anordnung vereitelt worden sein,
- es darf kein Vertreter entsandt sein, der zur Aufklärung des Sachverhalts und zur Abgabe der gebotenen Erklärungen in der Lage sowie zum Abschluss eines Vergleichs ermächtigt ist.

Der Ausschluss ist grundsätzlich in jeder Lage des Verfahrens möglich, **auch in der Güteverhandlung.**[555] Die Vorschrift des § 51 Abs. 2 S. 1 ArbGG enthält keine Einschränkung auf Kammertermine. Diese folgt auch nicht aus teleologischen Erwägungen. Im Gütetermin ist sowohl eine Aufklärung des Sachverhalts als auch eine gütliche Beilegung des Rechtsstreits anzustreben (§ 54 Abs. 1 S. 2, 3 ArbGG), wenngleich eine streitige Entscheidung regelmäßig nicht ergehen kann.

Die Zurückweisung des Prozessbevollmächtigten erfolgt nach dem klaren Wortlaut des § 51 Abs. 2 S. 1 ArbGG – auch im Kammertermin – durch Beschluss des Vorsitzenden,[556] der zu begründen ist.[557] Ausgeschlossen werden kann jeder Prozessbevollmächtigte der nicht erschienenen Partei, also ein Rechtsanwalt, ein Verbandsvertreter oder auch ein sonstiger Prozessbevollmächtigter nach § 11 Abs. 1 ArbGG. Wurde der Prozessbevollmächtigte ausgeschlossen, kann vom Gegner bei Vorliegen der sonstigen Voraussetzungen (erstes oder zweites) **Versäumnisurteil** beantragt werden. Hiergegen kann die nicht erschienene Partei Einspruch bzw. Berufung einlegen, wobei die Berufung nur darauf gestützt werden kann, dass ein Fall der schuldhaften Versäumung nicht vorgelegen habe, weil der Ausschluss zu Unrecht erfolgt sei (§ 64 Abs. 2 Buchst. d ArbGG).

Die Entscheidung nach § 51 Abs. 2 S. 1 ArbGG über eine Ablehnung der Zulassung des Prozessbevollmächtigten kann nicht nachträglich aufgehoben werden. Ist es infolge des Ausschlusses des Prozessbevollmächtigten zu einem (ersten) Versäumnisurteil gekommen, bleibt nur der **Rechtsbehelf des Einspruchs.** Allein gegen den Zurückweisungsbeschluss ist keine sofortige Beschwerde gegeben. Die Voraussetzungen des § 567 Abs. 1 Nr. 1 ZPO liegen nicht vor. In § 51 Abs. 2 S. 2 ArbGG ist ein Verweis auf § 380 Abs. 3 ZPO gerade ausgenommen, weshalb nicht von einer Lücke im Gesetz ausgegangen werden kann.[558]

---

[554] LAG Bremen 24.1.2002 – 3 Sa 16/02, LAGE ArbGG 1979 § 51 Nr. 8; LAG Brandenburg 23.5.2000 – 3 Sa 83/00, LAGE ArbGG 1979 § 51 Nr. 7.
[555] BeckOK ArbR/*Hamacher* ArbGG § 51 Rn. 43; *Vonderau* NZA 1991, 336 (340); aA LAG Hamm 22.12.1994 – 4 Sa 1125/94, LAGE ArbGG 1979 § 51 Nr. 5.
[556] LAG Brandenburg 23.5.2000 – 3 Sa 83/00, NZA 2001, 173.
[557] LAG Brandenburg 23.5.2000 – 3 Sa 83/00, NZA 2001, 173.
[558] LAG Hamm 20.4.1972 – 8 Ta 35/72, MDR 1972, 900; LAG Rheinland-Pfalz 24.9.1981 – 1 Ta 132/81; EzA ArbGG § 61 Nr. 1; LAG Düsseldorf 4.10.1984 – 7 Ta 227/84; MDR 1985, 435; Germelmann/Matthes/Prütting/*Germelmann*/*Künzl* ArbGG § 51 Rn. 31.

9. Kammertermin

348 **a) Allgemeines.** Die Vorschrift des § 57 ArbGG zur Verhandlung vor der Kammer bringt den Beschleunigungs- und Konzentrationsgrundsatz zur Geltung, wie er auch in §§ 9 Abs. 1 S. 1, 56 Abs. 1 S. 1 und 61a Abs. 1 ArbGG zum Ausdruck kommt. Sie ist entsprechend im Berufungsverfahren (§ 64 Abs. 7 S. 1 ArbGG), Revisionsverfahren (§ 72 Abs. 6 ArbGG unter Inbezugnahme von § 57 Abs. 2 ArbGG) und in den drei Rechtszügen des Beschlussverfahrens (§§ 80 Abs. 2, 87 Abs. 2 S. 1, 92 Abs. 2 S. 1 ArbGG) anwendbar. Außerdem betont die Vorschrift neben § 54 ArbGG den Vorrang der gütlichen Erledigung eines Verfahrens. Über den Ablauf der streitigen mündlichen Verhandlung – nach einem gescheiterten Gütetermin – enthält das Arbeitsgerichtsgesetz keine Regelungen, weshalb nach § 46 Abs. 2 S. 1 ArbGG die Vorschriften für das amtsgerichtliche (§§ 495 ff. ZPO) und das Verfahren vor den Landgerichten Anwendung finden.

349 **b) Erledigung im ersten Termin.** Nach § 57 Abs. 1 S. 1 ArbGG ist die Verhandlung möglichst in einem Termin zu Ende zu führen. Durch die Beschränkung auf einen Termin kommt der Konzentrationsgrundsatz zum Ausdruck. Zugleich wird durch die Aufforderung, das Verfahren in dem Termin zu Ende zu bringen, der Beschleunigungsgrundsatz zur Geltung gebracht.

350 **c) Vertagung.** Kann die Verhandlung nicht in einem Termin zu Ende geführt werden, so ist der Termin nach § 57 Abs. 1 S. 2 ArbGG zu vertagen. Als Vertagungsgrund wird im Gesetz der Fall der nicht sofort möglichen Beweisaufnahme angeführt. Hierbei handelt es sich aber um keine abschließende Regelung. Nach § 227 Abs. 1 S. 1 ZPO kann eine Verhandlung aus „erheblichen Gründen" vertagt werden. Die erheblichen Gründe sind auf Verlangen des Gerichts glaubhaft zu machen (§ 227 Abs. 3 ZPO).

351 Als „**erhebliche Gründe**" für eine Vertagung kommen zB in Betracht: Verhinderung der Partei, deren persönliches Erscheinen angeordnet und unverzichtbar erscheint, oder die ihren Prozess selbst führt; Erfolg versprechende außergerichtliche Vergleichsverhandlungen; Verhinderung von Zeugen oder Sachverständigen; Verhinderung des Prozessbevollmächtigten auf Grund unverschuldeter Anreiseschwierigkeit und gegebenenfalls bei zu berücksichtigender Terminskollision;[559] wenn neues Tatsachenvorbringen oder neue Beweismittel erforderlich werden, weil im Termin neue tatsächliche und rechtliche Erkenntnisse gewonnen wurden.

352 „Erhebliche Gründe" für eine Vertagung sind aber nach § 227 Abs. 1 Nr. 1 bis 3 ZPO insbesondere **nicht**:
- Das Ausbleiben einer Partei oder die Ankündigung, nicht zu erscheinen, wenn nicht das Gericht dafür hält, dass die Partei ohne ihr Verschulden am Erscheinen verhindert ist;
- die mangelnde Vorbereitung einer Partei, wenn nicht die Partei dies genügend entschuldigt;
- das Einvernehmen der Parteien allein.

353 Die Gewährleistung effektiven Rechtsschutzes bedingt, dass ein Verfahren in angemessener Zeit zum Abschluss gebracht wird, so dass auch das Rechtsschutzziel noch erreicht werden kann.[560] Insoweit ist darauf hinzuweisen, dass auch im Arbeitsgerichtsverfahren **Rechtsschutz gegen überlange Gerichtsverfahren** über §§ 9 Abs. 2 ArbGG, 198–201 GVG gewährt wird. Dem Gericht steht allerdings ein Gestaltungsspielraum bei Verfahrensgestaltung zu.[561]

354 **d) Gütliche Erledigung.** Nach § 57 Abs. 2 ArbGG soll die gütliche Erledigung des Rechtsstreits **während des ganzen Verfahrens** angestrebt werden. Die Regelung des § 57 Abs. 2 ArbGG entspricht § 278 Abs. 1 ZPO.

---

[559] Dazu etwa MüKo ZPO/*Stackmann* § 227 Rn. 9.
[560] BVerfG 3.9.2015 – 1 BvR 1983/15, NZA 2015, 1403.
[561] Dazu vom *Stein/Brand* NZA 2014, 113 ff.; Beispiel für überlanges Verfahren BVerfG 5.8.2013 – 1 BvR 2965/10, NJW 2013, 3432.

10. Zurückweisung verspäteten Vorbringens

Präklusionsvorschriften finden sich für das erstinstanzliche arbeitsgerichtliche Verfahren in §§ 56 Abs. 2 S. 1, 61a Abs. 5 S. 1 ArbGG. Soweit diese Vorschriften nicht eingreifen, kommt die Anwendung der §§ 282, 296 ZPO in Betracht.[562]

a) *Allgemeines.* Die Zurückweisungsmöglichkeit nach § 56 Abs. 2 S. 1 ArbGG dient der beschleunigten und sachgerechten Abwicklung des Rechtsstreits. Der verfassungsrechtliche Grundsatz des rechtlichen Gehörs nach Art. 103 Abs. 1 GG wird durch eine Zurückweisung verspäteten Vorbringens nicht verletzt. Der Anspruch auf wirksamen Rechtsschutz, abgeleitet aus dem Rechtsstaatsprinzip (Art. 20 Abs. 3 GG), bedeutet auch **Rechtsschutz innerhalb angemessener Zeit**.[563] Dieses soll durch Anwendung der Beschleunigungsvorschriften erreicht werden.

b) **Zurückweisung nach § 56 Abs. 2 ArbGG.** Nach § 56 Abs. 2 S. 2 ArbGG sind Angriffs- und Verteidigungsmittel, die erst nach Ablauf einer nach § 56 Abs. 1 S. 2 Nr. 1 ArbGG gesetzten Frist vorgebracht werden, nur zuzulassen, wenn nach der freien Überzeugung des Gerichts ihre Zulassung die Erledigung des Rechtsstreits nicht verzögern würde oder wenn die Partei die Verspätung genügend entschuldigt. Die Zurückweisungsmöglichkeit besteht somit **nur in Fällen einer Auflage** an die Parteien mit Hinweis auf Darlegungslücken und Aufklärungsdefizite nach § 56 Abs. 1 S. 2 Nr. 1 ArbGG. Der wortgleiche § 296 Abs. 1 ZPO tritt insoweit hinter der spezielleren Norm des § 56 Abs. 2 S. 1 ArbGG zurück.[564]

Eine Zurückweisung verspäteten Vorbringens ist nur zulässig, wenn die folgenden Voraussetzungen sämtlich vorliegen:
- Konkrete Aufklärungsauflage des Gerichts,
- ausreichende Frist für den schriftsätzlichen Vortrag,
- Unterzeichnung der Auflagen- und Fristsetzungsverfügung durch den Vorsitzenden,
- ordnungsgemäße Belehrung über Folgen der Versäumung der Frist,
- förmliche Zustellung der Aufklärungsauflage (§ 329 Abs. 2 ZPO),
- Vortrag von – entscheidungserheblichen – Angriffs- oder Verteidigungsmitteln nach Fristablauf,
- kein Unterlassen zumutbarer Vorbereitungshandlungen durch das Gericht,
- Verzögerung des Verfahrens,
- Anhörung der betroffenen Partei zur Zurückweisungsabsicht des Gerichts,
- keine genügende Entschuldigung der Partei, ggf. keine ausreichende Glaubhaftmachung des Entschuldigungsgrundes durch die Partei.

aa) *Konkrete gerichtliche Aufklärungsauflage.* Eine Zurückweisung kommt nur in Betracht, wenn der Vorsitzende die klärungsbedürftigen Punkte genau bezeichnet.[565] Eine allgemein gehaltene Auflage mit Fristsetzung und Belehrung nach § 56 Abs. 2 S. 2 ArbGG genügt dann, wenn die einzelnen klärungsbedürftigen Punkte vorher im Rahmen der Erörterung der Sach- und Rechtslage genau bezeichnet und in der Niederschrift festgehalten worden sind.[566] Die allgemeine gerichtliche Aufforderung an eine Partei, zum Vortrag des Gegners Stellung zu nehmen, ist keine Maßnahme nach § 56 Abs. 1 S. 2 Nr. 1 ArbGG. Im Gegensatz zu § 56 Abs. 1 Nr. 1 ArbGG wird damit nicht die Ergänzung oder Erläuterung von vorbereitenden Schriftsätzen oder die Erklärung über bestimmte klärungsbedürftige Punkte angeordnet, sondern nur die Pflicht der Parteien zur schriftsätzlichen Vorbereitung des streitigen Termins begründet (§§ 129 Abs. 2 und 282 Abs. 2 ZPO).

bb) *Angemessene Frist zum Vortrag der Angriffs- oder Verteidigungsmittel.* Der darlegungspflichtigen Partei muss eine ausreichende Frist[567] zur Beseitigung der Darlegungslü-

---

[562] Dazu *Baudewin/Wegner* NJW 2014, 1479.
[563] BVerfG 3.8.1989 – 1 BvR 1178/88, AP GG Art. 103 Nr. 40.
[564] BAG 11.6.2020 – 2 AZR 400/19, BeckRS 2020, 20017.
[565] BAG 19.6.1980 – 3 AZR 1177/79, AP ArbGG 1979, § 56 Nr. 1; Germelmann/Matthes/Prütting/*Schleusener* ArbGG § 56 Rn. 26.
[566] LAG Nürnberg 18.12.1989 – 7 Sa 411/89, LAGE ArbGG 1979 § 56 Nr. 1.
[567] Vgl. BGH 1.12.1993 – XII ZR 177/92, MDR 1994, 508 (zur Klageerwiderungsfrist).

cken und Aufklärungsdefizite eingeräumt werden. Die Länge der Frist ist abhängig vom Umfang der von der Partei zu erwartenden Darlegungen und der für sie notwendigen Nachforschungen, Rücksprachen und Berechnungen und auch davon, ob die Partei selbst oder ein beruflich belasteter Prozessbevollmächtigter den Schriftsatz zu fertigen hat. Besteht eine ausreichende Spanne bis zur streitigen Verhandlung, wird eine Frist von **mindestens zwei Wochen**, nicht weniger jedoch als eine Woche für angemessen gehalten.[568] Die richterliche Frist kann nach § 224 Abs. 2 ZPO auf Antrag beim Vorliegen erheblicher Gründe, die glaubhaft zu machen sind, verlängert werden. Der Antrag muss vor Fristablauf bei Gericht eingehen, während die Entscheidung nach Fristablauf möglich ist.

361 Hat der Vorsitzende die Frist zu kurz bemessen, so dass sie dem Anspruch auf rechtliches Gehör nicht genügt, ist die Frist durch Zulassung verspäteten Vorbringens zu korrigieren. Ob die Frist „angemessen" war, ist aus der Sicht im Zeitpunkt der Entscheidung über die Zulassung oder Zurückweisung des Vorbringens zu beurteilen.[569]

> **Praxistipp:**
> Eine bereits verlängerte Frist darf nur nach vorheriger Anhörung der Gegenseite nochmals verlängert werden (§ 225 Abs. 2 ZPO). Dies wird in der gerichtlichen Praxis häufig übersehen. Die **wiederholte Verlängerung** bedarf allerdings nicht der Zustimmung des Gegners. Vor diesem Hintergrund ist es ratsam, bereits beim ersten Antrag eine ausreichende Frist zu beantragen. Entbehrlich ist die Anhörung dann, wenn der Antragsteller schon im Gesuch durch anwaltliche Versicherung glaubhaft macht, der Gegner sei mit der erbetenen Fristverlängerung einverstanden. Ein solches Vorgehen bietet sich insbesondere dann an, wenn die Parteien während des Fristlaufs über eine gütliche Regelung verhandeln.

362 *cc) Form und Zustellung der Auflagen- und Fristsetzungsverfügung.* Die Auflagen- und Fristsetzungsverfügung bedarf nach § 329 Abs. 1 S. 2 ZPO iVm § 317 Abs. 2 S. 1 ZPO der **vollständigen Unterschrift** durch den Vorsitzenden. Eine Paraphierung genügt nicht.[570] Die Unterschrift muss von dem nach dem Geschäftsverteilungsplan zuständigen Richter stammen.[571]

363 Die Auflagen- und Fristsetzungsverfügung muss verkündet oder der betroffenen Partei bzw. deren Prozessbevollmächtigten (§ 172 ZPO) förmlich zugestellt werden (§ 329 Abs. 2 S. 2 ZPO).[572] Eine formlose Mitteilung an die betroffene Partei berechtigt im Falle verspäteten Vorbringens nicht zur Zurückweisung des Vorbringens nach § 56 Abs. 2 S. 1 ArbGG. Dem Gegner kann die Verfügung formlos übermittelt werden.

364 *dd) Belehrung über Folgen bei Fristversäumung.* Nach § 56 Abs. 2 S. 2 ArbGG ist die betroffene Partei über die Folgen der Versäumung der nach § 56 Abs. 1 S. 2 Nr. 1 ArbGG gesetzten Frist zu belehren. Dies gilt unabhängig davon, ob die Partei durch einen Rechtsanwalt oder Verbandsvertreter vertreten wird oder nicht.[573]

365 Durch die Belehrung muss der betroffenen Partei vor Augen geführt werden, dass sie grundsätzlich nur innerhalb der gesetzten Frist vortragen und dass sie bei Versäumung der Frist allein deshalb im Rechtsstreit vollständig unterliegen kann.[574] Die Mitteilung des

---

[568] *Gift/Baur* E Rn. 747.
[569] OLG Hamm 22.7.1982 – 6 U 61/82, MDR 1983, 63.
[570] BGH 5.3.1990 – II ZR 109/89, MDR 1990, 1095.
[571] BGH 27.6.1991 – IX ZR 222/90, MDR 1992, 185.
[572] BGH 5.3.1990 – II ZR 109/89, MDR 1990, 1095; LAG Niedersachsen 12.12.1989 – 6 Sa 357/89, LAGE ArbGG 1979 § 56 Nr. 2; Germelmann/Matthes/Prütting/*Schleusener* ArbGG § 56 Rn. 31 (förmliche Zustellung nicht zwingend erforderlich, aber empfehlenswert).
[573] LAG Schleswig-Holstein 12.1.1989 – 6 Sa 544/88, NJW-RR 1989, 441; für § 277 Abs. 2 ZPO ebenso BGH 14.7.1983 – VII ZR 328/82, MDR 1983, 1017.
[574] *Gift/Baur* E Rn. 753.

Wortlauts von § 56 Abs. 2 S. 1 ArbGG genügt als Belehrung hierüber nicht, wenn die Partei nicht vertreten wird.[575] Die Fristsetzung ist dann unwirksam.[576]

Wird die betroffene Partei durch einen **Anwalt oder Verbandsvertreter vertreten,** so ist umstritten, ob für eine ordnungsgemäße Belehrung über die Folgen bei Fristversäumung ausreicht:
- Der bloße Hinweis auf § 56 Abs. 2 S. 1 ArbGG ohne kommentierende Erläuterung der Gesetzesvorschrift,[577]
- die Wiederholung des Wortlautes des § 56 Abs. 2 ArbGG,[578]
- nur eine konkrete Erläuterung der Folgen einer Fristversäumung.[579]

Eine Verpflichtung zur qualifizierten Rechtsfolgenbelehrung gegenüber durch Rechtsanwälte und Verbandsvertreter vertretenen Parteien ist abzulehnen, weil hier die Kenntnis der einschlägigen Verfahrensvorschriften vorausgesetzt werden kann.[580] Der Umfang gerichtlicher Belehrung richtet sich nach dem beim konkreten Empfänger voraussetzbaren Rechtsverständnis. Bei den nach § 11 Abs. 1 S. 2–4 ArbGG als rechtskundig anerkannten Personen genügt daher der Hinweis auf die einschlägige Präklusionsvorschrift, zumindest aber die Wiederholung des Wortlautes.

ee) Verspäteter Vortrag von Angriffs- oder Verteidigungsmitteln. Sind die genannten formellen Voraussetzungen für eine Präklusion von Parteienvortrag erfüllt, dann sind Angriffs- und Verteidigungsmittel, die nicht fristgerecht vorgebracht werden, nicht zuzulassen, wenn dadurch die Erledigung des Rechtsstreits verzögert würde oder wenn die Partei die Verspätung nicht genügend entschuldigt. Insoweit besteht eine **Zurückweisungspflicht,** die nicht zur Disposition der Parteien steht.[581] Die Frist ist versäumt, wenn die vom Gericht geforderte Erklärung nicht innerhalb der Frist bei Gericht eingeht. Die Partei darf allerdings die gesetzte Frist bis zuletzt ausschöpfen.[582]

Zurückgewiesen werden können nur **Angriffs- und Verteidigungsmittel.** Dazu zählt jedes sachliche und prozessuale Vorbringen, das der Durchsetzung bzw. Abwehr des geltend gemachten prozessualen Anspruchs dient, zB Behauptungen, Bestreiten, Einwendungen, auch Aufrechnungen, Einreden einschließlich der Tatsachenbehauptungen und Beweismittel zu ihrer Rechtfertigung, Beweisanträge und Beweiseinreden. Keine Angriffs- und Verteidigungsmittel sind Rechtsausführungen und verfahrensbestimmende Anträge wie Klage, Klageänderung, Klageerweiterung, Parteiänderung, Widerklage und Widerklageänderung oder -erweiterung und das Vorbringen zu ihrer Begründung. Bei Klageänderungen ist aber immer zu prüfen, ob der Gegner zustimmt oder diese sachdienlich sind, andernfalls ist der neue Antrag abzuweisen.[583]

ff) Verzögerung des Rechtsstreits. (1) Verzögerungsrelevanter Vortrag. Solange nicht feststeht, dass die Gegenpartei verspätetes Vorbringen bestreitet, liegen die Voraussetzungen für ein Zurückweisen nach § 56 Abs. 2 ArbGG nicht vor.[584] Vor einer Zurückweisung hat das Gericht verspätetes Vorbringen auf seine Erheblichkeit zu prüfen und, wenn es diese bejaht, den Gegner zur Stellungnahme zu veranlassen.[585] **Nur strittiger Vortrag** kann zurückgewiesen werden. Kann sich der Prozessgegner auf ein verspätet vorgebrachtes Angriffs- oder Verteidigungsmittel im Verhandlungstermin nicht erklären, so hat das Gericht ihm nach § 283

---

[575] Germelmann/Matthes/Prütting/*Schleusener* ArbGG § 56 Rn. 32.
[576] BGH 12.1.1983 – IVa ZR 135/81, NJW 1983, 822.
[577] OLG Oldenburg 2.12.1998 – 2 U 210/98, OLGR Oldenburg 1999, 60; LAG Schleswig-Holstein 12.1.19896 Sa 544/88; NJW-RR 1989, 441; OLG Hamm 16.3.1984 – 20 U 178/83, NJW 1984, 1566 (zu § 277 Abs. 2 ZPO); wohl Germelmann/Matthes/Prütting/*Schleusener* ArbGG § 56 Rn. 32.
[578] BGH 23.10.1999 – XI ZR 20/90, MDR 1991, 436 (zu § 277 Abs. 2 ZPO, in einem Fall mit einem RA als betroffener Partei).
[579] BGH 14.7.1983 – VII ZR 328/82, MDR 1983, 1017 (zu § 277 Abs. 2 ZPO).
[580] *Gift/Baur* E Rn. 756 f.
[581] *Gift/Baur* E Rn. 763 f.
[582] BVerfG 25.2.1993 – 2 BvR 1066/91AP ZPO 1977 § 233 Nr. 20; BAG 4.2.1994 – 8 AZB 16/93, AP ArbGG 1979 § 66 Nr. 5 (zur Berufungsbegründungsfrist); *Gift/Baur* E Rn. 776.
[583] Musielak/Voith/*Foerste* ZPO § 263 Rn. 6 a f.; MüKo ZPO/*Becker-Eberhard* § 263 Rn. 52.
[584] OLG Naumburg 7.1.19943 – U 69/93, NJW-RR 1994, 704 (zu § 296 ZPO).
[585] OLG Frankfurt a. M. 8.10.1991 – 14 U 247/90, NJW-RR 1992, 1405.

ZPO eine Schriftsatzfrist zu gewähren. Ob die Gewährung einer Schriftsatzfrist nach § 283 ZPO bereits zu einer Verzögerung führt, ist umstritten, im Ergebnis aber zutreffend abzulehnen.[586]

371 *(2) Kausalität.* Zwischen der Verspätung des Vorbringens und der Verzögerung des Rechtsstreits muss ein alleinursächlicher Zusammenhang bestehen. Dieser besteht nicht, wenn es zur Verzögerung aus Gründen kommt, die dem Prozess unabhängig davon innewohnen, ob die Partei rechtzeitig oder verspätet vorgetragen hat.[587]

372 Es fehlt an einer Verzögerung der Erledigung des Rechtsstreits, wenn auch bei fristgerechtem Eingang des Schriftsatzes mit dem verspäteten Vorbringen ein Beweisbeschluss hätte ergehen müssen und der Rechtsstreit folglich nicht erledigt worden wäre.[588] Verspätetes Vorbringen darf in einem Termin auch dann nicht zurückgewiesen werden, wenn nach der Sach- und Rechtslage des Streitfalles eine Streiterledigung in diesem Termin von vornherein ausscheidet,[589] insbesondere weil keine ausreichenden Vorbereitungsmaßnahmen durch das Gericht ergriffen wurden,[590] keine genügende Zeit für die Vernehmung von Zeugen vorgesehen wurde[591] oder die richterliche Verfahrensleitung und Terminsvorbereitung erkennbar unzulänglich sind.[592]

373 *(3) Verzögerungsbegriff.* Von einer Verzögerung des Rechtsstreits kann die Rede sein, wenn
- die Zulassung des nach Fristablauf eingegangenen Vortrags – ohne Berücksichtigung des hypothetischen Verfahrensverlaufs bei rechtzeitigem Eingang des Vortrags – zu einer Verzögerung führte (absoluter Verzögerungsbegriff),
- die Dauer des Verfahrens durch die Zulassung des verspäteten Vertrags – relativ – verlängert wird gegenüber der Dauer des Verfahrens, die bei rechtzeitigem Vorbringen zu erwarten gewesen wäre (relativer oder hypothetischer Verzögerungsbegriff).[593]

374 Der BGH hat sich für den **absoluten Verzögerungsbegriff** entschieden.[594] Die Anwendung des absoluten Verzögerungsbegriffs ist grundsätzlich mit dem Anspruch auf rechtliches Gehör vereinbar. Verspätetes Vorbringen darf jedoch **nicht ausgeschlossen** werden, wenn offenkundig ist, dass dieselbe **Verzögerung auch bei rechtzeitigem Vortrag** eingetreten wäre.[595] Die zeitliche Verschiebung darf nicht ganz unerheblich sein.[596]

375 *(4) Keine Mitursächlichkeit des Gerichts für Verzögerung.* Beruht die Verspätung eines Vorbringens oder das Unterlassen der Entschuldigung auch auf einer **Verletzung der richterlichen Fürsorgepflicht,** schließt die rechtsstaatlich gebotene **faire Verfahrensführung** eine Präklusion nach § 56 Abs. 2 ArbGG aus.[597] Ist eine Verfahrensverzögerung durch zumutbare und damit prozessrechtlich gebotene Maßnahme vermeidbar, dient die Zurückweisung verspäteten Vorbringens nicht mehr der Verhinderung von Folgen säumigen Parteiverhaltens. Sie wirkt vielmehr einer Verzögerung entgegen, die erst infolge unzureichender richterlicher Verfahrensleitung droht.[598]

376 Von der Möglichkeit des Ausschlusses von Parteivorbringen oder Beweismitteln wegen Verspätung kann kein Gebrauch gemacht werden, wenn ein Schriftsatz so rechtzeitig eingeht, dass die Ladung eines darin benannten Zeugen zu einem bereits anberaumten Termin

---

[586] Vgl. dazu etwa MüKo ZPO/*Prütting* § 296 Rn. 102; BGH 26.11.1984 – VIII ZR 217/83, NJW 1985, 1556; LAG Bln-Bbg 12.3.2007 – 10 Sa 2042/06, BeckRS 2008, 54721.
[587] BGH 5.5.1982 – VIII ZR 152/81, MDR 1982, 1012; 23.4.198 – 6VIII ZR 125/85, MDR 1986, 1017.
[588] OLG Hamm 4.2.1994 – 9 U 192/93, NJW-RR 1995, 126.
[589] BGH 21.10.1986 – VI ZR 107/86, MDR 1987, 225.
[590] OLG Hamm 20.1.1989 – 20 U 78/88, NJW-RR 1989, 895.
[591] BVerfG 17.9.1991 – 1 BvR 766/90, NJW 1992, 299.
[592] BVerfG 22.8.1991 – 1 BvR 365/91, NJW 1992, 680; 20.10.1994 – 2 BvR 1506/94, NJW-RR 1995, 377.
[593] LAG Berlin 7.5.1979 – 9 Sa 106/78, EzA ZPO § 528 Nr. 1.
[594] BGH 12.7.1979 – VII ZR 284/78, MDR 1979, 928; 31.1.1980 – VII ZR 96/79, MDR 1980, 393.
[595] BVerfG 5.5.1987 – 1 BvR 903/85, MDR 1987, 904; dazu *Leipold* JZ 1988, 93 und *Deubner* NJW 1987, 2733.
[596] BAG 11.6.2020 – 2 AZR 400/19, BeckRS 2020, 20017.
[597] BVerfG 14.4.1987 – 1 BvR 162/84, MDR 1987, 814 (zu § 296 Abs. 1 ZPO).
[598] BVerfG 20.10.1994 – 2 BvR 1506/94, NJW-RR 1995, 377.

möglich ist oder der betreffende Zeuge in dem Termin gestellt wird.[599] Mit Zeugenbeweis dem Gericht eingereichter Tatsachenvortrag kann nicht als verspätetes Vorbringen zurückgewiesen werden, wenn die Beweiserhebung dem Gericht zu dem bereits anberaumten Termin der mündlichen Verhandlung möglich oder bei gehöriger Terminsvorbereitung möglich gewesen wäre.[600] Die Zurückweisung des Vorbringens als verspätet verletzt daher den Grundsatz des rechtlichen Gehörs, wenn das Gericht entgegen seiner Prozessförderungspflicht einen Zeugen trotz ausreichender Zeit nicht lädt und dadurch die Verzögerung der Erledigung des Rechtsstreits mitverursacht.[601] Die Pflicht zur Wahrung rechtlichen Gehörs erfordert aber nicht, schon vor Eingang der Klageerwiderung auf Grund des in der Klageschrift geschilderten vorprozessualen Streitstandes die hierzu benannten Zeugen für den Kammertermin zu laden.[602] Die Nichtzulassung verspäteten Zeugenbeweises ist ermessensfehlerhaft, wenn die Verzögerung des Verfahrensabschlusses damit begründet wird, der Verhandlungstermin sei bereits durch eine Parteivernehmung zum selben Beweisthema ausgelastet.[603] Die Vernehmung eines zunächst ohne ladungsfähige Anschrift, im Übrigen aber konkret und rechtzeitig benannten Zeugen darf nur unter den Voraussetzungen des § 356 ZPO abgelehnt werden. Die Ablehnung kann nicht stattdessen – wegen verspäteten Nachreichens der ladungsfähigen Anschrift – auf § 56 Abs. 2 ArbGG gestützt werden.[604] Die Erledigung des Rechtsstreits wird aber verzögert, wenn der vom Beklagten verspätet erst in der mündlichen Verhandlung benannte Zeuge zwar präsent ist und deshalb vernommen werden könnte, seine Vernehmung aber bei einer dem Kläger günstigen Aussage die Vernehmung nicht präsenter Gegenzeugen erforderlich machen würde.[605]

gg) Rechtliches Gehör wegen Vorwurfs der Verspätung. Der betroffenen Partei ist vom Vorsitzenden rechtliches Gehör zum Vorwurf der Verspätung des Vorbringens zu gewähren. Sie ist **ausdrücklich nach möglichen Entschuldigungsgründen** für die Verspätung zu befragen und ggf. zur Glaubhaftmachung der Entschuldigungsgründe aufzufordern.

hh) Unzureichende Entschuldigung oder Glaubhaftmachung. Das Verschulden der Partei, gegebenenfalls ihres gesetzlichen Vertreters (§ 51 Abs. 2 ZPO) oder Prozessbevollmächtigten (§ 85 Abs. 2 ZPO) an der Fristversäumung **wird vermutet**. Die **Partei muss sich entlasten**, und zwar sofort, spätestens im folgenden Termin. Nur eine in erster Instanz schuldlos unterlassene Entschuldigung für das verspätete Vorbringen kann mit der Berufung nachgeholt werden.[606]

An die Sorgfaltspflichten des Anwalts oder des Verbandsvertreters werden dabei strengere Anforderungen gestellt als an die Partei selbst.[607] Soweit es um ein Verschulden der Partei geht, wird danach gefragt, ob die Partei nach ihren persönlichen Kenntnissen und Fähigkeiten die Verspätung hätte vermeiden können und müssen.[608] Wegen der verfassungsrechtlichen Dimension und des Gebots der zurückhaltenden Anwendung von Präklusionsvorschriften werden einerseits die Vermeidung einer kleinlichen Betrachtung und ein Abstellen auf die Umstände des Einzelfalles angeraten.[609] Andererseits muss ein Rechtsanwalt alles Mögliche und Zumutbare zur Sicherung der Frist tun, etwa Vorkehrungen für den Krankheitsfall treffen.[610]

Das Gericht darf ein verspätetes Vorbringen nicht wegen Unglaubwürdigkeit des vorgetragenen Entschuldigungsgrundes zurückweisen, ohne dass es die Partei zur Glaubhaftmachung aufgefordert und ihr dazu in angemessener Weise – regelmäßig unter Einräumung einer kurzen Frist – Gelegenheit gegeben hat.[611]

---

[599] BAG 23.11.1988 – 4 AZR 393/88, MDR 1989, 484.
[600] BVerfG 10.2.1993 – 2 BvR 2218/92, WuM 1994, 122.
[601] BVerfG 16.6.1995 – 2 BvR 2623/93, NJW-RR 1995, 1469.
[602] BGH 8.10.1986 – VII ZB 41/86, MDR 1987, 230.
[603] BGH 9.11.1990 – V ZR 194/89, MDR 1991, 518.
[604] BGH 31.3.1993 – VIII ZR 91/92, MDR 1994, 512 (zu § 296 Abs. 2 ZPO).
[605] BGH 26.3.1982 – V ZR 149/81, MDR 1982, 658.
[606] BVerfG 14.4.1987 – 1 BvR 162/84, MDR 1987, 814.
[607] *Gift/Baur* E Rn. 784.
[608] OLG Hamm 15.2.1991 – 12 U 143/90, NJW-RR 1992, 122.
[609] *Gift/Baur* E Rn. 785.
[610] BGH 5.3.2014 – XII ZB 736/12, BeckRS 2014, 06956.
[611] BGH 10.3.1986 – II ZR 107/85, MDR 1986, 1002.

381 **ii) Zurückweisungsentscheidung.** Liegen sämtliche Voraussetzungen für ein Zurückweisen verspäteten Vorbringens vor, so entscheidet die Kammer über die Zurückweisung des Vorbringens **inzidenter in dem Urteil** zur Hauptsache.

382 **jj) Folgen der Präklusion verspäteten Vorbringens.** Die Zurückweisung verspäteten Vorbringens hat die Wirkung, dass die Sachprüfung so vorzunehmen ist, als hätte die Partei das verspätete Vorbringen nicht vorgetragen.[612] Angriffs- oder Verteidigungsmittel dürfen aber **nicht durch Teilurteil** als verspätet zurückgewiesen werden.[613]

383 Vorbringen, welches im Verfahren über einen im Wege der **Stufenklage** geltend gemachten Auskunftsanspruch ausgeschlossen worden ist, kann im Betragsverfahren erneut vorgetragen werden und kann dann auch nicht deshalb als verspätet zurückgewiesen werden, weil es nicht schon im Verfahren der ersten Stufe rechtzeitig und substanziiert vorgebracht worden ist.[614]

384 **kk) Sonderfall: Eilverfahren.** Im Arrestverfahren und im einstweiligen Verfügungsverfahren ist es den Parteien erlaubt, im Verhandlungstermin neue Tatsachen vorzutragen. Eine Zurückweisung als verspätet kommt regelmäßig nicht in Betracht, weil grundsätzlich kein Anspruch auf Vertagung besteht und daher keine Verzögerung eintritt.[615]

385 **c) Zurückweisung nach § 296 Abs. 1 ZPO.** Ein Zurückweisen von Angriffs- und Verteidigungsmitteln nach § 296 Abs. 1 ZPO findet im arbeitsgerichtlichen Verfahren nicht statt. Die nahezu wortgleiche Vorschrift des **§ 56 Abs. 2 S. 1 ArbGG geht dem § 296 Abs. 1 ZPO vor.** Die in § 296 Abs. 1 ZPO angesprochenen Fristen nach § 275 Abs. 1 S. 1, Abs. 3, 4, § 276 Abs. 1 S. 2, Abs. 3 und § 277 ZPO können zudem wegen § 46 Abs. 2 S. 2 ArbGG im arbeitsgerichtlichen Verfahren nicht gesetzt werden. Dies gilt auch für die in § 296 Abs. 1 ZPO genannte Frist nach § 273 Abs. 2 Nr. 1 ZPO, weil insoweit § 56 Abs. 1 S. 2 Nr. 1 ArbGG als **speziellere Regelung** vorgeht.[616]

386 **d) Zurückweisung nach §§ 296 Abs. 2, 282 Abs. 1 ZPO.** Nach § 46 Abs. 2 ArbGG iVm § 296 Abs. 2 ZPO können aber Angriffs- und Verteidigungsmittel, die entgegen § 282 Abs. 1 ZPO nicht rechtzeitig vorgebracht werden, zurückgewiesen werden, wenn ihre Zulassung nach der freien Überzeugung des Gerichts die Erledigung des Rechtsstreits verzögern würde und die Verspätung auf grobe Nachlässigkeit beruht.

387 **aa) Prozessförderungspflicht in mündlicher Verhandlung.** Nach § 282 Abs. 1 ZPO hat jede Partei in der mündlichen Verhandlung ihre Angriffs- und Verteidigungsmittel, insbesondere Behauptungen, Bestreiten, Einwendungen, Einreden, Beweismittel und Beweiseinreden, so zeitig vorzubringen, wie es nach der Prozesslage einer sorgfältigen und auf Förderung des Verfahrens bedachten Prozessführung entspricht. Die Zurückweisungsmöglichkeit nach §§ 296 Abs. 2, 282 Abs. 1 ZPO gründet damit nicht auf der Versäumung einer vom Gericht gesetzten Frist, sondern auf der **Verletzung der allgemeinen Prozessförderungspflicht** der Parteien.

388 In der mündlichen Verhandlung haben die Parteien ihre Angriffs- und Verteidigungsmittel so frühzeitig wie möglich und vernünftig, also konzentriert und nicht tröpfchenweise, vorzubringen. Besondere Bedeutung erlangt diese Zurückweisungsmöglichkeit bei einem erstmaligen und schriftsätzlich nicht angekündigten Vortrag erst in einem **späteren Termin,** auf den die Verhandlung vertagt wurde. Im ersten Termin zur mündlichen Verhandlung kann ein Vorbringen niemals nach § 282 Abs. 1 ZPO verspätet sein.[617]

389 **bb) Voraussetzungen für Präklusion.** Die zu § 56 Abs. 2 ArbGG aufgeführten Voraussetzungen zur Verzögerung des Rechtsstreits müssen auch hier vorliegen, also ein verzöge-

---

[612] BGH 17.4.1996 – XII ZB 60/95, NJW-RR 1996, 961.
[613] BGH MDR 1993, 1058.
[614] OLG Karlsruhe 10.10.1984 – 6 U 81/83, MDR 1985, 239.
[615] OLG Hamburg 29.5.1986 – 3 U 17/86, NJW-RR 1987, 36; OLG Koblenz 5.2.1987 – 6 U 1319/86, NJW-RR 1987, 509.
[616] Germelmann/Matthes/Prütting/*Schleusener* ArbGG § 56 Rn. 2; vgl. BAG 11.6.2020 – 2 AZR 400/19, BeckRS 2020, 20017.
[617] BGH 17.7.2012 – VIII ZR 273/11, BeckRS 2012, 20654.

rungsrelevanter Vortrag, die Kausalität, keine Mitursächlichkeit eines die Parteien nicht zum Vortrag auffordernden Gerichts und das rechtliche Gehör wegen des Vorwurfs der Verletzung der Prozessförderungspflicht. Als Verschuldensgrad nennt das Gesetz die **grobe Nachlässigkeit**. Diese liegt vor, wenn die Partei oder ihr Prozessbevollmächtigter die prozessuale Sorgfalt in ungewöhnlich großem Maße verletzt und dasjenige unbeachtet gelassen hat, was jedem, der einen Prozess führt, hätte einleuchten müssen.[618]

e) **Zurückweisung nach §§ 296 Abs. 2, 282 Abs. 2 ZPO.** Schließlich können Angriffs und Verteidigungsmittel nach § 46 Abs. 2 ArbGG iVm §§ 296 Abs. 2, 282 Abs. 2 ZPO zurückgewiesen werden, die entgegen § 282 Abs. 2 ZPO nicht rechtzeitig mitgeteilt werden, wenn ihre Zulassung nach der freien Überzeugung des Gerichts die Erledigung des Rechtsstreits verzögern würde und die Verspätung auf grober Nachlässigkeit beruht.

aa) Anordnung vorbereitender Schriftsätze. Nach § 282 Abs. 2 ZPO sind Anträge sowie Angriffs- und Verteidigungsmittel, auf die der Gegner voraussichtlich ohne vorhergehende Erkundigung keine Erklärung abgeben kann, vor der mündlichen Verhandlung durch vorbereitenden Schriftsatz so zeitig mitzuteilen, dass der Gegner die erforderliche Erkundigung noch einzuziehen vermag. Diese Pflicht trifft die Parteien im arbeitsgerichtlichen Verfahren nur, wenn ihnen nach **§ 129 Abs. 2 ZPO** durch richterliche Anordnung aufgegeben worden ist, die mündliche Verhandlung durch Schriftsätze oder durch zu Protokoll der Geschäftsstelle abzugebende Erklärungen vorzubereiten.

bb) Verspätete Mitteilung von Angriffs- und Verteidigungsmitteln. Angriffs- und Verteidigungsmittel können nach § 296 Abs. 2 ZPO auch dann zurückgewiesen werden, wenn sie zwar in der mündlichen Verhandlung rechtzeitig vorgebracht, entgegen § 282 Abs. 2 ZPO aber nicht rechtzeitig angekündigt waren. Voraussetzung der Zurückweisung ist demnach eine Verletzung des § 282 Abs. 2 ZPO; die bloße Nichteinhaltung der Schriftsatzfrist, also ein Verstoß gegen § 132 ZPO, genügt nach dem klaren Wortlaut des Gesetzes nicht. § 282 Abs. 2 ZPO verlangt, dass Angriffs- und Verteidigungsmittel, auf die der Gegner voraussichtlich ohne vorhergehende Erkundigung keine Erklärung abgeben kann, vor der mündlichen Verhandlung durch vorbereitenden Schriftsatz so zeitig mitzuteilen sind, dass der Gegner die erforderliche Erkundigung noch einzuziehen vermag. Diese Vorschrift hat vor allem Bedeutung für **neue Tatsachenbehauptungen**. Auf diese hat sich der Gegner gem. § 138 ZPO substantiiert und der Wahrheit gemäß zu erklären. Hierzu wird vielfach nicht nur eine Rückfrage des Anwalts beim Mandanten, sondern auch eine Erkundigung bei Dritten erforderlich sein. Anders ist es dagegen, wenn für eine bereits früher aufgestellte und streitig gewordene Behauptung neue Beweise angeboten werden. Diese sind, soweit sie eine materiellrechtlich erhebliche Behauptung betreffen und keine prozessualen Hindernisse entgegenstehen, auch dann zuzulassen, wenn der Gegner sein Bestreiten nicht wiederholt. Ausnahmen von dieser Regel sind denkbar.[619] Dass neues Vorbringen so rechtzeitig schriftsätzlich anzukündigen sei, dass das Gericht noch vorbereitende Maßnahmen nach § 273 ZPO treffen könne, verlangt § 282 Abs. 2 ZPO nicht. Nach der jetzigen Fassung dient die Vorschrift nicht dem Zweck, dem Richter die rechtzeitige Terminsvorbereitung zu ermöglichen. Wenn das Gericht sicherstellen will, dass die Schriftsätze der Parteien bereits in einem Zeitpunkt bei Gericht eingehen, in dem noch die Ladung von Zeugen und andere vorbereitende Maßnahmen angeordnet werden können, bleibt ihm daher nur die Möglichkeit, nach §§ 56 Abs. 2, 61a Abs. 3, 4 ArbGG Fristen zu setzen.[620]

cc) Voraussetzungen für die Präklusion. Die zu §§ 296 Abs. 2, 282 Abs. 2 ZPO aufgeführten weiteren Voraussetzungen zur Zurückweisung des Parteivorbringens müssen auch hier vorliegen.

f) **Zurückweisung verspäteten Vorbringens nach § 61a Abs. 5 ArbGG.** Die Möglichkeit zur Zurückweisung verspäteten Vorbringens in § 61a Abs. 5 ArbGG entspricht in Voraus-

---

[618] BAG 11.6.2020 – 2 AZR 400/19, BeckRS 2020, 20017; BGH 24.9.1986 – VIII ZR 255/85, MDR 1987, 229.
[619] BGH 28.9.1988 – IVa ZR 88/87, MDR 1989, 49.
[620] BGH 28.9.1988 – IVa ZR 88/87, MDR 1989, 49.

setzungen und Folgen der Vorschrift des § 56 Abs. 2 ArbGG, weshalb auf die dazu erfolgten Ausführungen verwiesen wird. Insbesondere kommt auch hier eine Zurückweisung nur in Betracht, wenn der Vorsitzende zuvor eine hinreichend konkrete Auflage erteilt und hierbei den klärungsbedürftigen Punkt genau bezeichnet hat.[621]

> **Praxistipp:**
> Bei der Zurückweisung verspäteten Vorbringens ist stets zu prüfen, ob die **Auflagen hinreichend konkret erteilt** worden sind. Hat das Arbeitsgericht in seinem Auflagenbeschluss etwa nur aufgegeben, „die Kündigungsgründe im Einzelnen darzulegen und unter Beweis zu stellen", so genügt dies nicht den Anforderungen, die nach § 61a Abs 3 ArbGG für eine Auflage zur Darlegung der Kündigungsgründe gelten.

395 g) **Verhinderung der Zurückweisung.** *aa) Flucht in die Säumnis.* Der Zurückweisung verspäteten Vorbringens kann die betreffende Partei durch Nichtverhandeln im Termin zur mündlichen Verhandlung zu entgehen suchen. Gegen das auf Antrag des Gegners ergangene Versäumnisurteil kann Einspruch eingelegt werden. Zusammen mit dem Einspruch kann die Partei die Angriffs- oder Verteidigungsmittel bei Gericht anbringen.

396 Das Säumnisverfahren (§§ 330 ff. ZPO) hebt jedoch eine vorangegangene Versäumnis von Erklärungsfristen nicht auf. Die säumige Partei ist aber mit dem in der Einspruchsbegründung nachgeholten Vorbringen zur Hauptsache nicht schlechthin ausgeschlossen. Durch den zulässigen Einspruch wird der Prozess in die Lage zurückversetzt, in der er sich *vor* Eintritt der Versäumnis der mündlichen Verhandlung befand (§ 342 ZPO). Damit werden alle früheren Prozesshandlungen oder Unterlassungen wieder erheblich. Das Gesetz nimmt zwar die dem Säumnisverfahren eigene Verzögerung des Rechtsstreits in Kauf, jedoch werden andere Versäumnisse durch den Einspruch nicht ausgeräumt. So sind die Rechtsfolgen einer Fristversäumung nach § 56 Abs. 2 ArbGG auch allein aus der Sicht der auf den Einspruch folgenden Verhandlung zu beurteilen. Soweit eine Verzögerung in der Erledigung des Rechtsstreits durch zumutbare vorbereitende Maßnahmen für diese Verhandlung vermieden werden kann, darf das Gericht das Vorbringen auch dann nicht zurückweisen, wenn die gemäß § 56 Abs. 2 ArbGG gesetzte Frist versäumt worden ist.[622] Ist jedoch ein alsbaldiger Termin nach Eingang des Einspruchs möglich, kann die Flucht in die Säumnis scheitern, soweit der verspätete Vortrag sich noch verzögernd auswirkt.[623]

397 Beruht die Verzögerung der Erledigung des Rechtsstreits allein auf der Verspätung des Sachvorbringens in der Einspruchsbegründung, so kommt eine Zurückweisung nach §§ 340 Abs. 3 S. 3, 296 Abs. 1 ZPO in Betracht. Insoweit ist die Anwendbarkeit im arbeitsgerichtlichen Verfahren nicht ausgeschlossen.[624]

398 *bb) Flucht in die Berufungsinstanz.* Nach Ablauf der Ausschlussfrist für schriftsätzlichen Vortrag kann die betroffene Partei den Tatsachenvortrag in erster Instanz unterlassen und in der Berufungsbegründung nachholen. In der Regel wird ein solchermaßen verspäteter Vortrag keine Verzögerung bewirken, weshalb eine Zulassung nach § 67 Abs. 2 u. 3 ArbGG als Spezialregelungen zu § 531 Abs. 2 ZPO,[625] erfolgen kann. Es bliebe nur die **Kostensanktion des § 97 Abs. 2 ZPO**.[626] Doch setzt die Anwendung des § 67 ArbGG voraus, dass die eingelegte Berufung zulässig ist.[627] Hierfür ist erforderlich, dass die neuen Angriffs- und Verteidigungsmittel ordnungsgemäß nach § 520 Abs. 3 S. 2 Nr. 4 ZPO iVm § 67 ArbGG bezeichnet

---

[621] BAG 25.3.2004 – 2 AZR 380/03, EzA BGB 2002 § 611 Kirchliche Arbeitnehmer Nr. 3.
[622] BGH 23.10.1980 – VII ZR 307/79, MDR 1981, 309 (zu § 275 ZPO).
[623] BGH 23.10.1980 – VII ZR 307/79, MDR 1981, 309 (zu § 275 ZPO).
[624] Germelmann/Matthes/Prütting/*Prütting* ArbGG § 59 Rn. 32.
[625] BAG 25.4.2007 – 6 AZR 436/05, AP ZPO § 580 Nr. 15; 25.1.2005 – 9 AZR 620/03, EzA AEntG § 1 Nr. 7.
[626] Germelmann/Matthes/Prütting/*Schleusener* ArbGG § 56 Rn. 43 f.
[627] BAG 25.4.2007 – 6 AZR 436/05, AP ZPO § 580 Nr. 15.

und die Voraussetzungen nach § 67 Abs. 2 u. 3 ArbGG für die Zulassung dieser Angriffs- und Verteidigungsmittel konkret dargelegt werden.[628]

cc) Flucht in die Angriffsänderung. Zurückgewiesen werden können nur Angriffs- und Verteidigungs*mittel*, nicht aber neue Angriffe selbst. In Bezug auf den neuen Angriff kann der diesen tragende Tatsachenvortrag schon begrifflich nicht verspätet sein. Ist der neue Vortrag zur Entscheidung über den neuen Angriff zu berücksichtigen, so ist auch für die Zurückweisung in Bezug auf den ursprünglichen Angriff kein Raum. Es könnte nicht durch Teilurteil nur über den ursprünglichen Angriff eine Entscheidung unter Einbeziehung des neuen Vorbringens ergehen. Eine andere Beurteilung käme möglicherweise in Betracht, wenn die Erweiterung des Angriffs rechtsmißbräuchlich wäre, insbesondere nur den Sinn haben könnte, den Verspätungsfolgen zu entgehen.[629] Zu prüfen ist selbstverständlich, ob eine Klageänderung zulässig, insbesondere sachdienlich ist, wenn die Gegenseite nicht zugestimmt hat (→ Rn. 358).

11. Beweisverfahren

a) **Allgemeines.** Das ArbGG enthält zum Beweisrecht nur wenige Regelungen. Im Übrigen gilt auf Grund der Verweisung in § 46 Abs. 2 ArbGG das **Beweisrecht der ZPO.** Die Vorschrift des § 58 ArbGG zur Beweisaufnahme im arbeitsgerichtlichen Verfahren findet im erstinstanzlichen Verfahren und nach § 64 Abs. 7 ArbGG auch im zweitinstanzlichen Verfahren Anwendung. Da im Revisionsverfahren keine Tatsachenfeststellung erfolgt, sind die das Beweisverfahren betreffenden Vorschriften für dieses Verfahren ohne Bedeutung. Für das Beschlussverfahren des ersten Rechtszugs gelten nach § 80 Abs. 2 ArbGG die für das Urteilsverfahren des ersten Rechtszugs maßgebenden Vorschriften über die Beweisaufnahme entsprechend, wobei das Gericht aber nach § 83 Abs. 1 S. 1 ArbGG den Sachverhalt im Rahmen der gestellten Anträge von Amts wegen erforscht und die Beteiligten nach § 83 Abs. 1 S. 2 ArbGG an der Aufklärung des Sachverhalts mitzuwirken haben.

b) **Gesetzliche Grundlagen.** *aa) Normen des Arbeitsgerichtsverfahrens.* Zum Beweisverfahren finden sich im ArbGG die folgenden Einzelregelungen:

- § 9 Abs. 4 ArbGG, wonach Zeugen und Sachverständige nach dem JVEG entschädigt werden;
- § 54 Abs. 1 S. 3 ArbGG, wonach der Vorsitzende zur Aufklärung des Sachverhalts in der Güteverhandlung alle Handlungen vornehmen kann, die sofort erfolgen können;
- § 54 Abs. 1 S. 4 ArbGG, der eine eidliche Vernehmung für die Güteverhandlung ausschließt;
- § 54 Abs. 2 S. 2 ArbGG, der in der Güteverhandlung erklärten gerichtlichen Geständnissen nach § 288 ZPO nur dann eine bindende Wirkung zuspricht, wenn sie zu Protokoll erklärt worden sind;
- § 55 Abs. 4 ArbGG, wonach der Vorsitzende vor der streitigen Verhandlung einen Beweisbeschluss erlassen kann, soweit er eine Beweisaufnahme durch den ersuchten Richter, eine schriftliche Beantwortung der Beweisfrage nach § 377 Abs. 3 ZPO, die Einholung amtlicher Auskünfte, die Einholung eines schriftlichen Sachverständigengutachtens oder eine Parteivernehmung anordnet, wobei die Anordnungen (mit Ausnahme der Parteivernehmung) vor der streitigen Verhandlung ausgeführt werden können;
- § 58 ArbGG, der die Durchführung der Beweisaufnahme vor der Kammer, die Voraussetzungen für die Beeidigung von Zeugen und Sachverständigen bzw. die Abgabe der eidesstattlichen Versicherung regelt; seit Juli 2015 ermöglicht Absatz 3 den Beweisantritt über die Zahl der in einem Arbeitsverhältnis stehenden Mitglieder oder das Vertretensein einer Gewerkschaft in einem Betrieb durch die Vorlegung öffentlicher Urkunden;
- § 83 Abs. 1 S. 1 ArbGG, wonach das Gericht im Beschlussverfahren den Sachverhalt im Rahmen der gestellten Anträge von Amts wegen erforscht;

---

[628] BAG 25.4.2007 – 6 AZR 436/05, AP ZPO § 580 Nr. 15.
[629] BGH 23.4.1986 – VIII ZR 93/85, MDR 1986, 843 f.

- § 83 Abs. 1 S. 2 ArbGG, der die Mitwirkung der am Beschlussverfahren Beteiligten bei der Aufklärung des Sachverhalts anordnet;
- § 83 Abs. 2 ArbGG, nach dem im Beschlussverfahren zur Aufklärung des Sachverhalts Urkunden eingesehen, Auskünfte eingeholt, Zeugen, Sachverständige und Beteiligte vernommen und der Augenschein eingenommen werden kann.

402 Der Gesetzgeber hat 2015 iRd Tarifeinheitsgesetzes die Vorschrift des § 58 ArbGG um Abs. 3 ergänzt. Bezweckt ist eine Klarstellung dahingehend, dass zur Beweisführung, insbes. über die Zahl der in einem Arbeitsverhältnis stehenden **Mitglieder einer Gewerkschaft** im Betrieb, eine **notarielle Erklärung** verwertet werden kann.[630] Die Regelung beschränkt sich nicht auf Verfahren nach § 2a Abs. 1 Nr. 6; sie gilt vielmehr auch im Urteilsverfahren.[631] Die Vorschrift wirft die Frage auf, was ein Notar überhaupt beurkunden kann. Nach § 20 Abs. 1 BNotO ist es Aufgabe eines Notars, von ihm wahrgenommene Tatsachen zu beurkunden. Er kann beispielhaft bekunden, dass eine Person bei ihm erschienen ist und dass diese eine bestimmte Erklärung abgegeben und einen Ausweis, Mitgliedsnachweis oder auch Arbeitspapiere vorgelegt hat.[632] Er kann aber nicht bekunden, dass eine Person ein Arbeitnehmer eines Betriebs ist. Diese Frage zählt nicht zu den von ihm wahrgenommene Tatsachen; sie erfordert vielmehr rechtliche Würdigungen: Was ist ein Betrieb und wer ist Arbeitnehmer?[633] Die rechtliche Würdigung obliegt aber dem Gericht.[634]

403 *bb) Zivilprozessuale Regelungen.* Soweit das ArbGG keine Regelungen zum Beweisrecht enthält, richtet sich das Beweisverfahren nach den zivilprozessualen Regelungen (§ 46 Abs. 2 S. 1 ArbGG).

404 *cc) Verfassungs- und europarechtliche Regelungen.* Das „Recht auf Beweis" der Verfahrensbeteiligten ist verfassungsrechtlich gewährleistet. Es wird zum einen aus dem Justizgewährungsanspruch und damit letztlich aus dem Rechtsstaatsprinzip (Art. 20 GG) und zum anderen aus Art. 6 Abs. 1 EMRK hergeleitet. Inhalt des „Rechts auf Beweis" ist die Garantie, zur Beweisführung zugelassen zu werden, am Beweisverfahren teilzunehmen, zum Beweisergebnis Stellung zu nehmen sowie das Recht auf Unmittelbarkeit der Beweisaufnahme.[635]

405 Der **Grundsatz der Waffengleichheit** gebietet es, dass jeder Partei eine vernünftige Möglichkeit eingeräumt werden muss, ihren Fall – einschließlich ihrer „Zeugenaussage" – vor Gericht unter Bedingungen zu präsentieren, die für die Partei keinen substanziellen Nachteil im Verhältnis zu ihrem Prozessgegner bedeuten.[636] Eine Verletzung dieses Gebots des fairen Verfahrens wird zB angenommen, wenn es einer juristischen Person verwehrt ist, ihr Organ als Zeugen für den Verlauf eines Gesprächs zu benennen, an dem nur der Alleingesellschafter und ein Vertreter der beklagten Partei teilgenommen haben, sofern andererseits der Gesprächsteilnehmer der beklagten Partei vom Tatgericht gehört wird.[637] Daher haben die Gerichte grds. zur Wahrung der Waffengleichheit im Zivilprozess und zur Gewährung eines Mindestmaßes an rechtlichem Gehör in Situationen, in denen nach Gesprächen unter **vier Augen** nur der einen Partei ein Zeuge zur Verfügung steht, der Beweisnot der anderen Seite dadurch Rechnung zu tragen, dass sie die prozessual benachteiligte Partei nach § 448 ZPO vernehmen oder gem. § 141 ZPO anhören.[638] Eine Partei ist nicht in ihrem Recht auf ein faires Verfahren oder in ihrem Grundrecht auf Gewährung rechtlichen Gehörs verletzt,

---

[630] Dies entsprach schon bislang der Rspr. des BAG, vgl. BAG 25.3.1992 – 7 ABR 65/90 NZA 1993, 134; bestätigt BVerfG 21.3.1994 – 1 BvR 1485/93, NJW 1994, 2347; aA *Prütting/Weth* NJW 1993, 576.
[631] BR-Drs. 635/14, 14; ErfK/*Koch* Rn. 3; BeckOK ArbR/*Hamacher* ArbGG § 58 Rn. 20.
[632] Vgl. BAG 25.3.1992 – 7 ABR 65/90, NZA 1993, 134.
[633] Ob Notare mit diesen Fragen überfordert sein könnten, wird unterschiedlich gesehen, vgl. *Fischer* NZA 2015, 662; krit. auch *Bayreuther* NZA 2013, 1395; aA *Ganz* NZA 2015, 1110. Mögliche Erkenntnisse beruhen jedenfalls nicht auf eigene Wahrnehmung.
[634] Vgl. auch BT-Drs. 18/4156, 14.
[635] Germelmann/Matthes/Prütting/*Prütting* ArbGG § 58 Rn. 3a.
[636] EGMR 27.10.1993 – 37/1992/382/460, NJW 1995, 1413.
[637] *Schlosser* NJW 1995, 1404; *Zwanziger* DB 1997, 776; dazu BeckOK ArbR/*Hamacher* ArbGG § 59 Rn. 19.
[638] BAG 22.5.2007 – 3 AZN 1155/06, MDR 2007, 1214 f.; 19.11.2008 – 10 AZR 671/07, NZA 2009, 318.

wenn eine Parteivernehmung der Partei oder ihre Anhörung nach § 141 ZPO zur Wahrung ihrer Rechte und der Waffengleichheit nicht erforderlich ist, weil ein Zeuge vorhanden ist, der nicht ausschließlich im Lager des Gegners steht, und die Partei selbst genügend Gelegenheit hat, ihre Darstellung des Sachverhalts in den Rechtsstreit einzubringen.[639]

dd) *Praxisrelevanz.* Neben Urkunden ist der **Zeugenbeweis** in der arbeitsgerichtlichen 406 Praxis am häufigsten anzutreffen. Dabei wird das **Beweislastrisiko** regelmäßig **unterschätzt**. Es genügt nicht allein, dass der Zeuge den Tatsachenvortrag der Partei bestätigt. Vielmehr muss der Zeuge das Gericht davon überzeugen, dass er den jeweiligen Vorgang tatsächlich erlebt hat. Das Gericht ist im Rahmen des § 286 Abs. 1 ZPO nicht völlig frei in der Überzeugungsbildung. Es hat vielmehr Denkgesetze und Erfahrungssätze zu berücksichtigen.[640] Hierzu zählen auch die Erkenntnisse der **Aussagepsychologie**.[641] In der Praxis werden häufig Wahrnehmungsphänomene übersehen, die zu Irrtümern und damit zu zwar subjektiv richtigen, aber objektiv falschen Aussagen führen können. Auch ist das Gericht nicht gehalten, von der Richtigkeit einer Aussage auszugehen und dem Zeugen Widersprüche oÄ nachzuweisen. Das Gericht hat eine hypothesengeleitete Prüfung vorzunehmen. Entscheidend ist regelmäßig eine merkmalsorientierte Inhaltsanalyse der Aussage anhand von sog. Realkennzeichen.[642]

> **Praxistipp:**
> Der **Zeugenbeweis** gilt als das **unsicherste Beweismittel**. Sofern auch andere Beweismittel vorhanden sind, sollten diese ebenfalls angeboten werden, zB bei der Betriebsanhörung nach § 102 BetrVG neben der Benennung des Personalleiters und des Betriebsratsvorsitzenden sollte ggf. auch die schriftliche Anhörung sowie die schriftliche Stellungnahme des Betriebsrats vorgelegt werden. Andererseits gilt auch, dass ein anderes Beweismittel nicht zurückgewiesen werden kann, weil ein Zeuge vernommen werden könnte. Bei der Zurückweisung von Beweismitteln als ungeeignet ist ohnehin Zurückhaltung geboten.

c) **Gesetzliche Tatsachen- oder Rechtsvermutungen.** Stellt das Gesetz für das Vorhanden- 407 sein einer Tatsache eine Vermutung auf, so ist der Beweis des Gegenteils zulässig, sofern nicht das Gesetz ein anderes vorschreibt. Dieser Beweis kann auch durch den Antrag auf Parteivernehmung nach § 445 ZPO geführt werden (§ 292 ZPO). Solche gesetzlichen Vermutungen können sich nicht nur auf Tatsachen, sondern auch auf einen Rechtszustand beziehen. Im Bereich des Arbeitsrechts finden sich solche gesetzlichen Vermutungen zB in: §§ 1 Abs. 5 KSchG, 125 Abs. 1, 128 Abs. 2 InsO, 22 AGG.

Hiervon zu trennen sind die Tatsachen- und Rechtsvermutungen, wie sie in der Recht- 408 sprechung benutzt werden.[643] Hierzu zählt etwa die tatsächliche Vermutung, dass bei Vorlage einer ordnungsgemäßen Arbeitsunfähigkeitsbescheinigung ein Arbeitnehmer infolge Krankheit arbeitsunfähig war.[644]

d) **Beweisverbote.** *aa) Gesetzliches Erhebungsverbot.* Für einzelne Fallgestaltungen wer- 409 den vom Gesetz nur bestimmte Beweismittel zugelassen:
- § 80 Abs. 1 ZPO: Vollmachtsnachweis nur durch Urkunde;
- § 165 S. 1 ZPO: Nachweis der für die mündliche Verhandlung vorgeschriebenen Förmlichkeiten nur durch das Protokoll;
- § 314 S. 2 ZPO: Entkräftung des aus dem Tatbestand folgenden Beweises nur durch Protokoll.

---

[639] BGH 30.9.2004 – III ZR 369/03 BeckRS 2004, 09779.
[640] BGH 6.5.2015 – VIII ZR 161/14, NJW 2015, 2111.
[641] BGH 19.6.2012 – 5 StR 181/12, NStZ 2013, 55.
[642] Vgl. BGH 30.7.1999 – 1 StR 618/98, NStZ 2000, 100 ff.; *Bender/Nack/Treuer,* Tatsachenfeststellung vor Gericht, 4. Aufl. 2014. Im Arbeitsgerichtsverfahren gilt nichts anderes.
[643] Dazu Germelmann/Matthes/Prütting/*Prütting* ArbGG § 58 Rn. 85 ff.
[644] BAG 19.2.1997 – 5 AZR 83/96, NZA 1997, 652.

410 bb) *Ausforschungsverbot*. Die Beweisaufnahme dient nicht dazu, zugunsten einer Partei erst die für einen schlüssigen/erheblichen Vortrag notwendigen Tatsachen zu ermitteln. Der sog. Ausforschungsbeweis (Beweisermittlungsantrag) ist unzulässig. Nach dem im Zivilprozess herrschenden **Verhandlungsgrundsatz** kann die darlegungs- und beweispflichtige Partei eine Beweisaufnahme und damit eine Klärung der für die Entscheidung des Rechtsstreits erheblichen Tatsachen nur dann erreichen, wenn sie entsprechende konkrete Behauptungen aufstellt. Andererseits kann es ihr aber auch nicht verwehrt werden, eine tatsächliche Aufklärung auch hinsichtlich solcher Punkte zu verlangen, über die sie kein zuverlässiges Wissen besitzt und auch nicht erlangen kann. Sie kann deshalb genötigt sein, eine von ihr **nur vermutete Tatsache** zu behaupten und unter Beweis zu stellen. Darin kann weder eine Verletzung der prozessualen Wahrheitspflicht noch ein unzulässiger Ausforschungsbeweis gesehen werden. Nach § 373 ZPO hat die Partei, die die Vernehmung eines Zeugen beantragen will, den Zeugen zu benennen und die Tatsachen zu bezeichnen, über die dieser vernommen werden soll. Dagegen verlangt das Gesetz nicht, dass der Beweisführer sich auch darüber äußert, welche Anhaltspunkte er für die Richtigkeit der in das Wissen des Zeugen gestellten Behauptung habe.

411 Eine (scheinbare) Ausnahme von diesem Grundsatz macht die Rechtsprechung lediglich dann, wenn ein Zeuge über **innere Vorgänge** bei einem anderen vernommen werden soll. Da innere Vorgänge einer direkten Wahrnehmung durch andere Personen entzogen sind, kann in einem solchen Fall der Zeuge nur äußere Umstände bekunden, die einen Rückschluss auf den zu beweisenden inneren Vorgang zulassen; es handelt sich also hierbei um einen **Indizienbeweis**. Bei dieser Beweisart muss der Beweisführer nicht nur die von ihm zu beweisende Haupttatsache, sondern auch die Hilfstatsachen bezeichnen, aus denen sich die Haupttatsache ergeben soll.[645] Daher liegt ein der Ausforschung von Zeugen dienender Beweisantrag dann vor, wenn eine Partei die zur Konkretisierung ihres Prozessvortrags benötigten Tatsachen erst durch die Beweisaufnahme in Erfahrung zu bringen sucht.[646] Kann aber eine Prozesspartei mangels nur bei einem besonders Sachkundigen vorhandener Kenntnis von Einzeltatsachen nicht umhin, von ihr zunächst nur vermutete Tatsachen als Behauptung in einen Rechtsstreit einzuführen, so liegt keine unzulässige „Ausforschung" vor.[647]

412 Die Ablehnung eines Beweises für beweiserhebliche Tatsachen ist nur dann zulässig, wenn die unter Beweis gestellten Tatsachen so ungenau bezeichnet sind, dass ihre Erheblichkeit nicht beurteilt werden kann, oder wenn sie zwar in das Gewand einer bestimmt aufgestellten Behauptung gekleidet, aber aufs Geratewohl gemacht, gleichsam **„ins Blaue"** aufgestellt, mit anderen Worten, aus der Luft gegriffen sind. Bei der Annahme von Willkür in diesem Sinne ist Zurückhaltung geboten. Willkür im vorgenannten Sinne kann in der Regel nur bei Fehlen jeglicher tatsächlicher Anhaltspunkte angenommen werden,[648] oder wenn die behauptende Partei selbst nicht an die Richtigkeit ihrer Behauptung glaubt. Eine Partei, die keine näheren Einblicke in dem Gegner bekannte Geschehensabläufe hat und deren Beweisführung deshalb erschwert ist, kann aber auch von ihr **nur vermutete Tatsachen** behaupten und unter Beweis stellen.[649] Unzulässig wird ein solches prozessuales Vorgehen erst dort, wo die Partei ohne greifbare Anhaltspunkte für das Vorliegen eines bestimmten Sachverhalts willkürlich Behauptungen aufstellt und sich deshalb rechtsmissbräuchlich verhält.

413 cc) *Verwertungsverbot*. Die Frage der **Verwertung unzulässig erlangter Beweismittel** ist in der ZPO nicht ausdrücklich geregelt. Bei der Kollision des allgemeinen Persönlichkeitsrechts mit Interessen der Allgemeinheit oder Rechten Dritter ist durch Güterabwägung im Einzelfall zu ermitteln, ob das allgemeine Persönlichkeitsrecht den Vorrang verdient und die Verwertung des so erlangten Beweismittels unzulässig ist. Das allgemeine Persönlichkeitsrecht

---

[645] BGH 13.7.1988 – IVa ZR 67/87, NJW-RR 1988, 1529.
[646] BAG 13.7.1988 – IVa ZR 67/87, NJW-RR 1988, 1529; 23.10.1996 – 1 AZR 269/96, AP GG Art. 9 Arbeitskampf Nr. 146; 20.9.1989 – 4 AZR 410/89, BeckRS 1989, 30732056; BGH 23.10.1986 – I ZR 97/84, MDR 1987, 381; LAG Köln 15.5.2002 – 8 Sa 60/02, BeckRS 2002, 30903102.
[647] BGH 10.1.1995 – VI ZR 31/94, MDR 1995, 407.
[648] BAG 11.7.1996 – IX ZR 226/94; MDR 1997, 52; 23.10.1996 – 1 AZR 269/96, AP GG Art. 9 Arbeitskampf Nr. 146; BGH 8.2.1996 – VII ZB 21/95MDR 1996, 736.
[649] BAG 23.10.1996 – 1 AZR 269/96, AP GG Art. 9 Arbeitskampf Nr. 146; BGH 25.4.1995 – VI ZR 178/94; AP ZPO § 286 Nr. 23; 11.7.1996 – IX ZR 226/94, MDR 1997, 52.

(Art. 2 Abs. 1 iVm Art. 1 Abs. 1 GG) gewährleistet die Befugnis des Einzelnen, grundsätzlich selbst zu entscheiden, wann und innerhalb welcher Grenzen persönliche Lebenssachverhalte selbst zu offenbart werden,[650] nicht schrankenlos; Einschränkungen können im überwiegenden Allgemeininteresse erforderlich sein.[651] Das BVerfG erkennt jedoch einen letzten unantastbaren Bereich privater Lebensgestaltung an, der der öffentlichen Gewalt – selbst bei schwerwiegenden Interessen der Allgemeinheit – schlechthin entzogen ist. Ob ein Sachverhalt diesem Kernbereich zugeordnet werden kann, hängt ua davon ab, ob er nach seinem Inhalt höchstpersönlichen Charakters ist und in welcher Art und Intensität er aus sich heraus die Sphäre anderer oder die Belange der Gemeinschaft berührt, und kann nur im Einzelfall festgestellt werden.[652]

Abzugrenzen ist ein Beweisverwertungsverbot von rechtswidrig erlangter Tatsachenkenntnis von einem **prozessualen Verwertungsverbot unstrittigen Tatsachenvortrags**. Es gilt der Beibringungsgrundsatz. Dies hat nach der Rechtsprechung des BAG zufolge, dass einerseits nur die von den Parteien vorgebrachten Tatsachen verwertet werden dürfen, andererseits unstrittiger Vortrag ohne gesetzliche Grundlage nicht unverwertet bleiben darf.[653] Rechtswidriges Verhalten zur Informationsgewinnung kann nur dann zu einem Verwertungsverbot führen, wenn dies unter Beachtung des Schutzzwecks der Norm **zwingend geboten** erscheint, weil die gerichtliche Verwertung einen **erneuten Eingriff** in geschützte hochrangige Rechtspositionen verbunden wäre, ohne dass dies durch schutzwürdige Interessen gerechtfertigt werden könnte.

- Die Erhebung und Verwertung von Zeugenaussagen über den Inhalt von **Telefongesprächen**, die von den Zeugen über eine Mithörvorrichtung mit Wissen nur eines der Gesprächspartner mitverfolgt worden waren, stellen einen Eingriff in den Schutzbereich des Rechts am gesprochenen Wort dar. Der Schutzbereich ist allerdings nicht beeinträchtigt, wenn der andere Geschäftspartner in das Mithören der Zeugen eingewilligt hat oder positiv vom Mithören Kenntnis hat.[654] Allein das allgemeine Interesse an einer funktionstüchtigen Zivilrechtspflege setzt sich im Rahmen der Abwägung nicht grundsätzlich gegen das allgemeine Persönlichkeitsrecht durch. Vielmehr müssen weitere Aspekte hinzutreten, die ergeben, dass das Interesse an der Beweiserhebung trotz der Persönlichkeitsbeeinträchtigung schutzbedürftig ist. Dies kann bei der Aufklärung schwerer Straftaten oder einer notwehrähnlichen Lage gelten. Allein das Interesse, sich ein Beweismittel für zivilrechtliche Ansprüche zu sichern, reicht nicht aus.[655] Nur in Ausnahmefällen kann daher die Abwägung ergeben, dass die Verwertung eines unter Verstoß gegen das Persönlichkeitsrecht des Gesprächspartners erworbenen Beweismittels zulässig ist.[656] Das von einer Partei rechtswidrig erlangte Beweismittel darf grundsätzlich nicht zu ihren Gunsten verwertet werden. In der gerichtlichen Verwertung von Kenntnissen und Beweismitteln, die unter Verstoß gegen das Persönlichkeitsrecht erlangt sind, liegt regelmäßig ein erneuter Eingriff in das Persönlichkeitsrecht. Es entspricht einem allgemeinem Rechtsprinzip, die Ausnutzung eines rechtswidrig herbeigeführten Zustandes zu versagen und diesen Zustand zu beseitigen (§§ 12, 862, 1004 BGB analog). Hätten die Gerichte auch unzulässig erlangte Beweismittel zu beachten, so bliebe der Eingriff in das allgemeine Persönlichkeitsrecht des heimlich abgehörten Gesprächspartners im Wesentlichen ohne rechtlichen Schutz.[657]

- Die Verwertung der Aussage eines **Zeugen** zum Inhalt eines von ihm geführten und zugleich heimlich **mitgeschnittenen Telefongesprächs** in einem arbeitsgerichtlichen Kündigungsschutzprozess ist dagegen zulässig, da es verfassungsrechtlich nicht geboten ist,

---

[650] BVerfG 15.12.1983 – 1 BvR 209/83, NJW 1984, 419.
[651] BVerfG 11.4.1973 – 2 BvR 701/72, BVerfGE 35, 35.
[652] BVerfG 31.1.1973 – 2 BvR 454/71, MDR 1973, 477; 14.9.1989 – 2 BvR 1062/87, MDR 1990, 307.
[653] BAG 16.12.2010 – 2 AZR 485/08, NZA 2011, 571; 13.12.2007 – 2 AZR 537/06, NZA 2008, 1008.
[654] BAG 23.4.2009 – 6 AZR 189/08, NZA 2009, 974.
[655] BVerfG 9.10.2002 – 1 BvR 1611/96, 1 BvR 805/98, AP BGB § 611 Persönlichkeitsrecht Nr. 34; BGH 18.2.2003 – XI ZR 165/02, NJW 2003, 1727.
[656] BAG 29.10.1997 – 5 AZR 508/96, AP BGB § 611 Persönlichkeitsrecht Nr. 27.
[657] BAG 2.6.1982 – 2 AZR 1237/79, AP ZPO § 284 Nr. 3; 29.10.1997 – 5 AZR 508/96, AP BGB § 611 Persönlichkeitsrecht Nr. 27; LAG Berlin 15.2.1982 – 9 Sa 108/81, AP ZPO § 284 Nr. 1; LAG Bremen 25.2.1994 – 4 Sa 13/93, LAGE BGB § 611 Ausbildungsbeihilfe Nr. 9.

das die Tonbandaufnahme selbst betreffende Verwertungsverbot auf die Aussage eines Zeugen zu erstrecken, der nicht über den Inhalt des Tonbands Auskunft gibt, sondern über das von ihm geführte Gespräch aussagt, selbst wenn er es in rechtswidriger Weise per Tonband aufgenommen hat und als Erinnerungsstütze nutzt.[658] Stellt dagegen die Vernehmung eines Zeugen über ein von ihm belauschtes Telefonat einen Eingriff in das allgemeine Persönlichkeitsrecht eines Gesprächspartners dar, kommt eine Verwertung der Aussage als Beweismittel im zivilgerichtlichen Verfahren regelmäßig nicht in Betracht.[659] Das BAG verlangt eine **zielgerichtete Veranlassung** des Zeugen durch den Gesprächspartner **zum heimlichen Mithören** des Telefongesprächs; ein zufälliges, von dem Gesprächspartner unbemerktes Mithören führt nicht zu einem Verwertungsverbot.[660] Demnach besteht auch keine Verpflichtung eines Gesprächspartners darauf hinzuweisen, dass sich in der Nähe Personen befinden, die das Gespräch mithören könnten.

417 • Die Verwertung kann bei einer heimlichen und damit unverhältnismäßigen **Durchsuchung eines persönlichen Schranks** nach Auffassung des BAG ausgeschlossen sein, da andernfalls bei der Verwertung ein erneuter bzw. fortgesetzter Eingriff in das allgemeine Persönlichkeitsrecht einherginge; die Zeugen, die die Schrankkontrolle durchgeführt haben, sind als Zeugen ausgeschlossen.[661] Es spreche viel dafür, dass eine Schrankkontrolle eine Datenerhebung iSd § 32 Abs. 1 BDSG aF darstelle.

418 • Bei durch **Diebstahl** oder Unterschlagung erworbenen Beweismitteln besteht ein Verwertungsverbot in der Regel dann, wenn damit Persönlichkeitsrechte verletzt würden, was zB bei einem Werkzeugbewegungsbuch nicht der Fall ist. Allein der Diebstahl von Unterlagen begründet noch kein Verbot für deren Verwertung. Der Schutz des Eigentumsrechts bezweckt nicht, den Eigentümer von Urkunden vor einer Verwertung derselben als Beweismittel zu bewahren, wie sich aus § 810 BGB, §§ 422 ff. ZPO ergibt.[662]

419 • Die **heimliche Videoüberwachung** eines Arbeitnehmers durch den Arbeitgeber stellt einen Eingriff in das durch Art. 2 Abs. 1 GG geschützte allgemeine Persönlichkeitsrecht des Arbeitnehmers dar.[663] Dieser Eingriff führt jedoch dann nicht zu einem Beweisverwertungsverbot, wenn der konkrete **Verdacht einer strafbaren Handlung** oder einer anderen schweren Verfehlung zu Lasten des Arbeitgebers besteht, weniger einschneidende Mittel zur Aufklärung des Verdachts ausgeschöpft sind, die verdeckte Video-Überwachung praktisch das einzig verbleibende Mittel darstellt und insgesamt nicht unverhältnismäßig ist. In einem solchen Fall bestehen auch keine Bedenken gegen eine Verwertung aus **datenschutzrechtlichen** Gründen (§§ 6b, 32 BDSG aF).[664] Ist die Videoüberwachung entgegen § 87 Abs. 1 Nr. 6 BetrVG ohne vorherige Zustimmung des Betriebsrates durchgeführt worden, so ergibt sich aus diesem Verstoß jedenfalls dann kein eigenständiges Beweisverwertungsverbot, wenn der Betriebsrat der Verwendung des Beweismittels und der darauf gestützten Kündigung zustimmt und die Beweisverwertung nach den allgemeinen Grundsätzen gerechtfertigt ist.[665]

→ Der Einsatz eines **Software-Keyloggers**, mit dem die Tastatureingaben am Dienst-PC aufgezeichnet und gespeichert werden, ist nicht erlaubt, wenn kein auf den Arbeitnehmer bezogener, durch konkrete Tatsachen begründeter Verdacht einer Straftat oder anderen schwerwiegenden Pflichtverletzung besteht.[666]

---

[658] BVerfG 31.7.2001 – 1 BvR 304/01, AP BGB § 611 Persönlichkeitsrecht Nr. 32.
[659] BGH 18.2.2003 – XI ZR 165/02, NJW 2003, 1727; vgl. auch BAG 23.4.2009 – 6 AZR 189/08, NZA 2009, 974.
[660] BAG 23.4.2009 – 6 AZR 189/08, NZA 2009, 974.
[661] BAG 20.6.2013 – 2 AZR 546/12, NZA 2014, 143.
[662] BAG 15.8.2002 – 2 AZR 214/01, AP BetrVG 1972 § 103 Nr. 48.
[663] Vgl. auch EGMR 27.5.2014 – 10764/09, NJW 2015, 1079.
[664] Dazu etwa ArbG Düsseldorf 29.4.2011 – 9 BV 183/10, BB 2011, 1332; *Wybitul/Pötters* BB 2014, 437; BAG 8.5.2014 – 2 AZR 75/13, BeckRS 2014, 72726.
[665] BAG 27.3.2003 – 2 AZR 51/02, EzA BGB 2002 § 611 Persönlichkeitsrecht Nr. 1. Für umfassendes Verwertungsverbot: LAG Niedersachsen 19.12.2001 – 6 Sa 1376/01, BeckRS 2001, 16923; LAG Hamm 24.7.2001 – 11 Sa 1524/00, NZA-RR 2002, 464; LAG Köln 30.8.1996 – 12 Sa 639/96, LAGE BGB § 611 Persönlichkeitsrecht Nr. 8; vgl. grundlegend zum Verwertungsverbot BAG 13.12.2007 – 2 AZR 537/06, NZA 2008, 1008.
[666] BAG 27.7.2017 – 2 AZR 681/16, NZA 2017, 1327.

1. Auch die durch **Privatdetektive** erhobenen Daten, die einen bestimmten Arbeitnehmer betreffen, sind personenbezogene Daten iSv § 32 Abs. 1 S. 2 BDSG aF und Art. 2a der Richtlinie EGRL 46/95. Ihre Erhebung, Aufbewahrung und Übermittlung durch den Auftraggeber oder durch Privatdetektive ist eine „Verarbeitung personenbezogener Daten" iSv Art. 2 Buchst. b EGRL 46/95.[667]

Das BAG hat seine Rechtsprechung zu **Beweiserhebungs- und verwertungsverboten aus datenschutzrechtlichen Gründen** wie folgt zusammengefasst: Ist die Datenerhebung und -verwertung im Einklang mit dem Datenrecht erfolgt, kommt ein Beweisverwertungsverbot nicht in Betracht. Erfolgt die Datenerhebung und -verwertung unter Verstoß gegen datenschutzrechtliche Bestimmungen folgt daraus nicht zwingend ein Beweisverwertungsverbot, vielmehr ist dann zu prüfen, ob die Verwertung durch das Gericht im Einzelfall einen Grundrechtsverstoß (gegen das Persönlichkeitsrecht) darstellen würde.[668] Der Schutzzweck des verletzten Grundrechts muss ein solches Verwertungsverbot zwingend erfordern. Zu den Interessen, die bei Abwägung gegen ein Verwertungsverbot sprechen, zählen: Das Erfordernis einer wirksamen Rechtspflege, die Aufrechterhaltung einer funktionstüchtigen Rechtspflege, das Streben nach einer materiell richtigen Entscheidung und wichtige Belange des Gemeinwohls. Jedes Beweisverwertungsverbot beeinträchtigt nicht nur die im Rahmen der Zivilprozessordnung grundsätzlich eröffnete Möglichkeit der Wahrheitserforschung und damit die Durchsetzung der Gerechtigkeit und die Gewährleistung einer funktionstüchtigen Zivilrechtspflege, sondern auch durch Art. 14 Abs. 1 GG geschützte Rechte der auf Durchsetzung ihres Anspruchs klagenden Parteien. Es besteht auch ein individuelles Interesse der Partei eines Zivilprozesses an der Findung der materiellen Wahrheit bis hin zur Abwehr eines möglichen Prozessbetruges.[669] Eine Beweiserhebung darf **nicht unterbleiben**, weil sie **möglicherweise grundrechtswidrig** ist, da Art. 103 Abs. 1 GG gebietet, einem erheblichen Beweisantritt nachzugehen.[670]

Es bestehen keine Anhaltspunkte, dass sich diese Rechtsprechung mit Blick auf die **DSGVO und BDSG nF** ändern wird.

> **Praxistipp:**
>
> Kommt ein Beweisverwertungsverbot in Betracht, ist auf **§ 295 Abs. 1 ZPO** zu achten: Die Verletzung einer das Verfahren und insbesondere die Form einer Prozesshandlung betreffenden Vorschrift kann **nicht mehr gerügt** werden, wenn die Partei auf die Befolgung der Vorschrift **verzichtet**, oder wenn sie **bei der nächsten mündlichen Verhandlung,** die auf Grund des betreffenden Verfahrens stattgefunden hat oder in der darauf Bezug genommen ist, den Mangel **nicht gerügt hat,** obgleich sie erschienen und ihr der Mangel bekannt war oder bekannt sein musste. Wurde bei einer Beweisaufnahme ein unzulässiges Beweismittel verwendet, findet die Bestimmung des § 295 Abs. 1 ZPO grundsätzlich Anwendung.

e) **Selbstständiges Beweisverfahren.** Während oder außerhalb eines Streitverfahrens kann auf Antrag einer Partei die Einnahme des Augenscheins, die Vernehmung von Zeugen oder die Begutachtung durch einen Sachverständigen angeordnet werden, wenn der Gegner zustimmt oder zu besorgen ist, dass das Beweismittel verloren geht oder seine Benutzung erschwert erscheint. Das selbständige Beweisverfahren ist in §§ 485 bis 494a ZPO geregelt.

12. Versäumnisverfahren und Entscheidung nach Lage der Akten

Das Versäumnisverfahren richtet sich grundsätzlich nach § 46 Abs. 2 S. 1 ArbGG iVm §§ 330 bis 347 ZPO. In § 59 ArbGG finden sich nur Regelungen zur Form und **Frist** des

---

[667] BAG 29.6.2017 – 2 AZR 597/16, NZA 2017, 1179; BAG 19.2.2015 – 8 AZR 1007/13, NZA 2015, 994.
[668] Vgl. etwa BAG 28.3.2019 – 8 AZR 421/17, NZA 2019, 1212; BAG 23.8.2018 – 2 AZR 133/18, NZA 2018, 1329; dazu *Goetz* SAE 2019, 54; vgl. auch EGMR 17.10.2019.
[669] BGH 15.5.2018 – VI ZR 233/17, NJW 2018, 2883.
[670] BAG 23.8.2018 – 2 AZR 133/18, NZA 2018, 1329.

Einspruchs (nur eine Woche!) und zum Inhalt der Rechtsbehelfsbelehrung. Weil im arbeitsgerichtlichen Verfahren die Vorschriften über das schriftliche Vorverfahren keine Anwendung finden (vgl. § 46 Abs. 2 S. 2 ArbGG), scheidet eine Anwendbarkeit der §§ 331 Abs. 3, 335 Abs. 1 Nr. 4 ZPO aus. Die Vorschrift des § 59 ArbGG findet im Berufungsverfahren (§ 64 Abs. 7 ArbGG), mangels Inbezugnahme in § 72 Abs. 6 ZPO jedoch nicht im Revisionsverfahren Anwendung. In der Revisionsinstanz richtet sich das Versäumnisverfahren nach §§ 330 ff. ZPO.

424 Voraussetzung für eine **Entscheidung nach Aktenlage** ist gemäß § 251a Abs. 2 ZPO, dass bereits in einem **früheren Termin** verhandelt worden ist. Im Arbeitsgerichtsverfahren ist umstritten, ob insoweit die Verhandlung in einem **Gütetermin** ausreichend ist.[671] Die Voraussetzung liegt jedenfalls nach Zurückweisung des BAG an das LAG vor.[672] Die Entscheidung nach Aktenlage erfordert immer die Berücksichtigung und eine inhaltliche Auseinandersetzung mit dem Vortrag beider Parteien.[673]

13. Verkündung von Urteilen und Beschlüssen

425 a) **Allgemeines.** Die Verkündung des Urteils richtet sich nach § 60 ArbGG. Diese Vorschrift enthält im Hinblick auf Besonderheiten des arbeitsgerichtlichen Verfahrens (Heranziehung der ehrenamtlichen Richter nach § 31 Abs. 2 ArbGG) Sonderregelungen, die in ihrem Anwendungsbereich die Bestimmungen der §§ 310 und 311 ZPO verdrängen. Zugleich konkretisieren sie den Beschleunigungsgrundsatz für den Fall der Entscheidungsverkündung. Ihr Anwendungsbereich ist beschränkt auf die zu verkündenden Entscheidungen.[674]

426 Nach § 69 Abs. 1 S. 2 ArbGG findet die Vorschrift des § 60 ArbGG auch im Berufungsverfahren entsprechende Anwendung, jedoch mit der Modifikation, dass die Frist für das Absetzen des Urteils auf vier Wochen verlängert wird und Tatbestand und Entscheidungsgründe von sämtlichen Mitgliedern der Kammer zu unterschreiben sind. Für eine entsprechende Anwendung in der Revisionsinstanz fehlt es in § 72 Abs. 6 ArbGG an einer Verweisung.

427 Im erstinstanzlichen Beschlussverfahren ist die Vorschrift entsprechend anwendbar (§ 84 S. 3 ArbGG). Die Anwendbarkeit im Beschwerdeverfahren ist entsprechend der im Urteilsverfahren geregelt (§§ 91 Abs. 2 S. 2, 69 Abs. 1 S. 2 ArbGG). Ebenso fehlt es für die Rechtsbeschwerdeinstanz an einer entsprechenden Verweisung in § 96 ArbGG.

428 Mit Ausnahme des Beschlussverfahrens nach §§ 80 ff. ArbGG gilt § 60 ArbGG nicht für Beschlüsse. Für diese findet § 329 ZPO Anwendung.

429 b) **Verkündung von Urteilen und Beschlüssen.** *aa) Schließung der mündlichen Verhandlung.* Urteile sind, wie sich aus § 60 Abs. 1 ArbGG ergibt, regelmäßig im letzten Termin zur mündlichen Verhandlung zu verkünden. Der Vorsitzende schließt die Verhandlung ausdrücklich oder konkludent, wenn nach Ansicht des Gerichts – nicht des Vorsitzenden – die Sache vollständig erörtert ist (§ 136 Abs. 4 ZPO). Dies bedingt eine Abstimmung des Vorsitzenden mit den ehrenamtlichen Richtern, die ohne förmliche Beratung im Sitzungssaal durch Zuflüstern oÄ herbeigeführt werden kann.[675] Konkludente Schließung der mündlichen Verhandlung liegt in der Bestimmung eines Verkündungstermins oder im Aufruf einer anderen Sache.

430 *bb) Wiedereröffnung und nachgelassener Schriftsatz.* Nach Schluss der mündlichen Verhandlung können Angriffs- und Verteidigungsmittel nicht mehr vorgebracht und Sachanträge nicht mehr gestellt werden, es sei denn, das Gericht ordnet die Wiedereröffnung der Verhandlung (§ 156 ZPO) oder die Zulassung eines nachgereichten Schriftsatzes nebst Ver-

---

[671] LAG Köln 10.4.2018 – 4 Sa 1024/16, BeckRS 2018, 8206; LAG Hessen – 9 Sa 2072/99, MDR 2001, 517; ausf. ArbG Köln 2.9.2011 – 2 Ca 2969/11, BeckRS 201176066; Germelmann/Matthes/Prütting/*Schleusener* ArbGG § 55 Rn. 18; aA LAG Hamm 4.3.2011 – 18 Sa 907/10, BeckRS 2011, 73632; Schwab/Weth/*Korinth* ArbGG § 59 Rn. 53.
[672] BAG 8.5.2014 – 2 AZR 75/13, BeckRS 2014, 72726.
[673] BVerfG 6.5.2015 – 1 BvR 2724/14, BeckRS 2015, 47774.
[674] Germelmann/Matthes/Prütting/*Schleusener* ArbGG § 60 Rn. 5.
[675] *Gift/Baur* E Rn. 1472.

kündungstermin an (§ 283 ZPO). Das Gericht hat nach § 156 Abs. 2 ZPO ua die Wiedereröffnung anzuordnen, wenn es ein entscheidungserheblicher und rügbarer Verfahrensfehler (§ 295 ZPO), insbesondere eine Verletzung der Hinweis- und Aufklärungspflicht (§ 139 ZPO) oder eine Verletzung des Anspruchs auf rechtliches Gehör feststellt.[676] Die Frage der Wiedereröffnung stellt sich auch, wenn das Gericht einen Verkündungstermin anberaumt hat und zwischen dem letzten Termin zur mündlichen Verhandlung und dem Verkündungstermin ein – ggf. nachgelassener – Schriftsatz mit neuem und erheblichem Tatsachenvortrag eingeht. Bei nicht nachgelassenem neuen Vorbringen ist das Gericht nicht zur Wiedereröffnung der mündlichen Verhandlung verpflichtet.[677] Die **Entscheidungen über die Wiedereröffnung** trifft die **Kammer**.

cc) Beratung der Kammer. Unmittelbar nach Schließung der mündlichen Verhandlung oder im weiteren Verlauf des Sitzungstages findet die Kammerberatung statt. Für Beratung und Abstimmung gelten nach § 9 Abs. 2 ArbGG die Vorschriften der §§ 192 ff. GVG. Als Ergebnis der Beratung wird regelmäßig die Urteilsformel schriftlich niedergelegt, denn nach § 311 Abs. 2 S. 1 ZPO wird das Urteil durch Vorlesung der Urteilsformel verkündet. Die Vorlesung der Urteilsformel kann durch die Bezugnahme auf die Urteilsformel ersetzt werden, wenn bei der Verkündung von den Parteien niemand erschienen ist (§ 311 Abs. 2 S. 2 ZPO). Versäumnisurteile, Anerkenntnis- und Verzichturteile und Urteile infolge einer Klagerücknahme können verkündet werden, auch wenn die Urteilsformel noch nicht schriftlich abgefasst ist (§ 311 Abs. 2 S. 3 ZPO). Falls ein von der Kammer gefälltes Urteil ohne Zuziehung der ehrenamtlichen Richter verkündet wird, ist die Urteilsformel vorher von dem Vorsitzenden und den ehrenamtlichen Richtern zu unterzeichnen (§ 60 Abs. 3 S. 2 ArbGG). 431

dd) Zeitpunkt der Verkündung. Bis zur Verkündung liegt nur ein Entscheidungsentwurf vor. Das Urteil wird erst durch seine förmliche Verlautbarung existent.[678] 432

(1) Sofortige Verkündung. § 60 Abs. 1 S. 1 ArbGG geht von dem Grundsatz aus, dass die Entscheidung am Schluss der Sitzung zu verkünden ist (sog. **Stuhlurteil**). Dem Erfordernis der sofortigen Verkündung wird auch eine Entscheidungsverkündung im Verlaufe oder am Ende des Sitzungstages, an dem mehrere Sachen verhandelt werden, gerecht.[679] 433

(2) Besonderer Verkündungstermin. Nur ausnahmsweise kann ein besonderer Termin zur Verkündung des Urteils bestimmt werden, wenn aus besonderen Gründen eine sofortige Verkündung nicht möglich ist (§ 60 Abs. 1 S. 1 ArbGG). Welche Gründe die Anberaumung eines Verkündungstermins rechtfertigen, regelt das Gesetz nicht abschließend. In § 60 Abs. 1 S. 1 ArbGG findet sich der Beispielsfall, dass die Beratung nicht mehr am Tage der Verhandlung stattfinden kann. Gründe hierfür können sein: Eine **besonders schwierige Sache** mit weitergehendem Prüfungs-, Überlegungs- und Beratungsbedarf; die Verhinderung eines ehrenamtlichen Richters an der abschließenden Beratung; die Prüfungs- und Beratungsbedürftigkeit neuen Sachvortrags; die Erschöpfung eines Kammermitglieds nach einem umfangreichen Sitzungstag; zwischen den Parteien **andauernde Vergleichsgespräche;** der Lauf einer Widerrufsfrist für einen Prozessvergleich. Die Beratung und Abstimmung kann nur im Beisein sämtlicher Richter erfolgen und nicht im Wege einer Telefonkonferenz.[680] Die **Anberaumung des Verkündungstermins** erfolgt regelmäßig unmittelbar in dem Termin, in dem die Verhandlung geschlossen wird. Die Bestimmung des Termins kann dem Vorsitzenden überlassen werden (Verkündungstermin wird von Amts wegen anberaumt), der dann hierüber und ggf. über eine Verlegung wegen Nichtvorliegens eines noch nicht abgesetzten Urteils (§ 60 Abs. 4 S. 2 ArbGG) nach § 53 Abs. 1 ArbGG allein entscheidet.[681] 434

Grundsätzlich darf die Verkündung nicht über **drei Wochen** nach Schließung der mündlichen Verhandlung hinausgeschoben werden (vgl. § 60 Abs. 1 S. 2 ArbGG). Der Verkün- 435

---

[676] Vgl. BGH 10.12.2019 – VIII ZR 377/18, BeckRS 2019, 36246.
[677] BGH 7.10.1992 – VIII ZR 199/91, MDR 1993, 173.
[678] BGH 9.2.2015 – AnwZ (Brfg) 51/13, BeckRS 2015, 03999.
[679] *Gift/Baur* E Rn. 1606.
[680] BAG 26.3.2015 – 2 AZR 417/14, BeckRS 2015, 70519.
[681] Krit. Germelmann/Matthes/Prütting/*Schleusener* ArbGG § 60 Rn. 13 f.; aA *Gift/Baur* E Rn. 1607.

dungstermin wird nur dann über drei Wochen hinaus angesetzt, wenn wichtige Gründe, insbesondere der Umfang oder die Schwierigkeit der Sache, dies erfordern (§ 60 Abs. 1 S. 2 ArbGG). Dies gilt auch dann, wenn ein Urteil nach Lage der Akten erlassen wird (§ 60 Abs. 1 S. 3 ArbGG). Als wichtige Gründe für die Anberaumung eines Verkündungstermins nach drei Wochen kommen neben dem gesetzlichen Beispielsfall in Betracht: Länger andauernde außergerichtliche Vergleichsverhandlungen; Widerrufsvergleich mit längerer Widerrufsfrist; Hinderung des Vorsitzenden am rechtzeitigen Absetzen der zu verkündenden Entscheidung durch Krankheit oder Überlastung. Ein bereits anberaumter Verkündungstermin muss regelmäßig auf einvernehmlichen Antrag der Parteien wegen anhaltender ernsthafter Vergleichsgespräche verlegt werden.[682]

436 Ein Verstoß gegen § 60 Abs. 1 S. 2 ArbGG kann die Anfechtbarkeit des Urteils nicht begründen.[683]

437 c) **Abfassung des Urteils.** aa) *Abfassung und Unterzeichnung des Urteils.* Das Urteil nebst Tatbestand und Entscheidungsgründen ist in erster Instanz (§ 60 Abs. 4 S. 1 ArbGG) vom Vorsitzenden allein, in zweiter (§ 69 Abs. 1 S. 1 ArbGG) und dritter (§ 75 Abs. 2 ArbGG) Instanz von sämtlichen an der Entscheidung beteiligten Richtern zu unterschreiben. Eine Paraphe genügt nicht; es muss sich um eine Unterzeichnung zumindest mit vollem Familiennamen handeln, wobei der Schriftzug individualisierbar sein muss. Fehlt die Unterschrift des Vorsitzenden, handelt es sich um einen Verfahrensfehler iSd § 68 ArbGG, der nicht zur Zurückweisung an das ArbG berechtigt.[684]

438 bb) *Fristen für Urteilsabfassung.* Ein Urteil, das in dem Termin, in dem die mündliche Verhandlung geschlossen wird, verkündet wird, ist vor Ablauf von **drei Wochen**, vom Tage der Verkündung an gerechnet, vollständig abgefasst der Geschäftsstelle zu übergeben (§ 60 Abs. 4 S. 3 Hs. 1 ArbGG). Kann das Urteil ausnahmsweise nicht rechtzeitig der Geschäftsstelle übergeben werden, so ist innerhalb der Drei-Wochen-Frist das von dem Vorsitzenden unterschriebene **Urteil ohne Tatbestand und Entscheidungsgründe** der Geschäftsstelle zu übergeben (§ 60 Abs. 4 S. 3 Hs. 2 ArbGG). In diesem Fall sind Tatbestand und Entscheidungsgründe alsbald nachträglich anzufertigen, von dem Vorsitzenden besonders zu unterschreiben und der Geschäftsstelle zu übergeben (§ 60 Abs. 4 S. 4 ArbGG). Ausnahmsweise kann die Drei-Wochen-Frist überschritten werden in Fällen wie komplexer und umfangreicher Sachverhalt mit schwierigen Rechtsfragen, Erkrankung oder Urlaub des Vorsitzenden, Kapazitätsengpässe im gerichtlichen Schreibdienst. Das Urteil sollte jedoch den Parteien vor Ablauf der **Frist von drei Monaten** seit Verkündung des Urteils zugestellt sein, weil sie sonst der Möglichkeit eines **Tatbestandsberichtigungsantrags** verlustig gehen (vgl. § 320 Abs. 2 S. 3 ZPO). Wird das Urteil nicht in dem Termin, in dem die mündliche Verhandlung geschlossen wird, so muss es **bei der Verkündung in vollständiger Form abgefasst** sein (§ 60 Abs. 4 S. 2 ArbGG), ansonsten ist der Verkündungstermin zu verlegen.

439 d) **Folgen gerichtlicher Fristversäumnisse.** Die Drei-Wochen-Frist zur Urteilsabsetzung wird als **Ordnungsvorschrift** verstanden.[685] Die Verletzung dieser Frist durch das Arbeitsgericht stellt einen Verfahrensmangel dar. Zu den Verfahrensmängeln, die eine Zurückverweisung nach § 68 ArbGG nicht zulassen, zählt jedoch auch der Fall der verspäteten Urteilsabsetzung.[686] Fehlt es an der Zustellung eines vollständig abgefassten Urteils eines Arbeitsgerichts, beginnt die Berufungs- und Berufungsbegründungsfrist spätestens mit Ablauf von **fünf Monaten nach Verkündung**. In diesem Fall enden die Berufungsfrist sechs Monate und die Berufungsbegründungsfrist sieben Monate nach Verkündung.[687]

440 Das Endurteil eines LAG kann durch sofortige Beschwerde angefochten werden, wenn es nicht binnen fünf Monaten nach der Verkündung vollständig abgefasst und mit den Unter-

---

[682] BGH 13.12.2019 – V ZR 152/18, BeckRS 2019, 36396.
[683] BAG 21.8.1967 – 3 AZR 333/66, AP BGB § 242 Ruhegehalt Nr. 122.
[684] BAG 13.3.2013 – 7 AZR 334/11, BeckRS 2013, 67719.
[685] BAG 7.12.1983 – 4 AZR 394/81, AP BAT 1975 §§ 22, 23 Nr. 82.
[686] BAG 24.4.1996 – 5 AZN 970/95, AP ArbGG 1979 § 68 Nr. 2; 24.2.1982 – 4 AZR 313/80, AP ArbGG 1979 § 68 Nr. 1.
[687] BAG 24.2.1982 – 4 AZR 313/80, AP ArbGG 1979 § 66 Nr. 34.

schriften sämtlicher Mitglieder der Kammer versehen der Geschäftsstelle übergeben worden ist (§ 72b Abs. 1 S. 1 ArbGG).

14. Verurteilung zur Vornahme einer Handlung

Durch § 61 Abs. 2 ArbGG werden die Regelungen in §§ 510b und 888a ZPO zur Verurteilung zur Vornahme einer Handlung modifiziert und der Anwendungsbereich des § 259 ZPO dahin erweitert, dass die Verurteilung zu einer erst in Zukunft fällig werdenden Entschädigung ermöglicht wird, ohne dass die Voraussetzungen des § 259 ZPO vorliegen müssen. 441

a) **Anwendungsbereich.** § 61 Abs. 2 ArbGG gilt nur für Verurteilungen zur Vornahme von **Handlungen,** die nach §§ **887 oder 888 ZPO** zu vollstrecken sind, wobei unbeachtlich ist, ob im Einzelfall eine Vollstreckung überhaupt zulässig wäre. Damit kommt eine Entscheidung nach § 61 Abs. 2 ArbGG auch im Falle der Verurteilung zur Leistung von Diensten im Sinne von § 888 Abs. 2 ZPO zur Anwendung, obwohl die Zwangsvollstreckung unzulässig wäre.[688] Die Nichtvornahme der Handlung muss lediglich Entschädigungsansprüche auslösen. Dies findet seine Berechtigung darin, dass § 61 Abs. 2 ArbGG **keine besondere Form der Zwangsvollstreckung** regelt, sondern die Möglichkeit für eine beschleunigte **Titulierung eines Schadensersatzanspruchs** schafft. Die Verurteilung muss aber auf Leistung, nämlich auf Vornahme einer vertretbaren oder unvertretbaren Handlung, und darf nicht nur auf die Feststellung der Leistungsverpflichtung gerichtet sein.[689] 442

Eine Anwendung von § 61 Abs. 2 ArbGG kommt **grundsätzlich auch im einstweiligen Verfügungsverfahren** in Betracht. Die Vorschrift knüpft nur an den Inhalt der Verurteilung, nicht an die Verfahrensart an. Voraussetzung für eine ersatzweise Verurteilung zur Entschädigung ist dann aber, dass auch für den Entschädigungsanspruch ein Verfügungsgrund besteht, was regelmäßig nicht der Fall ist.[690] 443

Somit ist § 61 Abs. 2 ArbGG **anwendbar** bei Verurteilungen auf: 444
- Vornahme der Arbeitsleistung, unabhängig davon, ob es bei der geschuldeten Arbeitsleistung um eine vertretbare oder unvertretbare Handlung geht und ob die Zwangsvollstreckung nach § 888 Abs. 2 ZPO unzulässig wäre;[691]
- Ausfüllen von Arbeitspapieren (zB der Arbeitsbescheinigung nach § 312 SGB III; Lohnnachweiskarte für Urlaub, Lohnausgleich und Zusatzversorgung im Baugewerbe) bzw. das Erteilen/Berichtigen von Arbeitspapieren (Urlaubsbescheinigung nach § 6 Abs. 2 BUrlG; Zeugnis), nicht jedoch die Verurteilung auf Herausgabe von Arbeitspapieren;[692]
- Auskunft/Abrechnung betreffend Arbeitsvergütung, Provisionen; unzulässig ist jedoch Verbindung von Auskunftsklage, Antrag nach § 61 Abs. 2 ArbGG und vom Ergebnis der Auskunft abhängiger Zahlungsklage;[693]
- Beschäftigung/Weiterbeschäftigung, weil diese Ansprüche (gerichtet auf Zuweisung von Arbeit an einem bestimmten Arbeitsplatz) nach § 888 ZPO vollstreckt werden.[694]

Keine Anwendung findet dagegen § 61 Abs. 2 ArbGG bei Verurteilungen auf: 445
- Herausgabe einer Sache (Arbeitspapiere, Geschäftsunterlagen, Firmenfahrzeug), weil deren Vollstreckung sich nicht nach §§ 887 und 888 ZPO, sondern nach § 883 ZPO richtet);[695]
- Abgabe einer Willenserklärung, denn hier richtet sich die Vollstreckung nach § 894 ZPO;[696]

---

[688] Germelmann/Matthes/Prütting/*Schleusener* ArbGG § 61 Rn. 26.
[689] Germelmann/Matthes/Prütting/*Schleusener* ArbGG § 61 Rn. 27.
[690] *Gift/Baur* E Rn. 1652; Germelmann/Matthes/Prütting/*Schleusener* ArbGG § 61 Rn. 28.
[691] Germelmann/Matthes/Prütting/*Schleusener* ArbGG § 61 Rn. 28.
[692] Germelmann/Matthes/Prütting/*Schleusener* ArbGG § 61 Rn. 28.
[693] BAG 24.11.2004 – 10 AZR 169/04, NZA 2005, 362; Germelmann/Matthes/Prütting/*Schleusener* ArbGG § 61 Rn. 28.
[694] Germelmann/Matthes/Prütting/*Schleusener* ArbGG § 61 Rn. 28.
[695] BAG 23.1.1958 – 2 AZR 62/56, AP ArbGG 1953 § 61 Nr. 22; Germelmann/Matthes/Prütting/*Schleusener* ArbGG § 61 Rn. 27.
[696] Germelmann/Matthes/Prütting/*Schleusener* ArbGG § 61 Rn. 27.

- Unterlassung einer Handlung oder zur Duldung der Vornahme einer Handlung, da sich insoweit die Vollstreckung nach § 890 ZPO richtet.

446 **b) Entschädigungsfestsetzung.** *aa) Antrag des Klägers.* Die Verurteilung zu einer Entschädigung nach § 61 Abs. 2 S. 1 ArbGG setzt einen Antrag voraus, der zu einer objektiven Klagehäufung nach § 260 ZPO führt, wobei der Entschädigungsantrag regelmäßig **als unechter Hilfsantrag** nur für den Fall gestellt wird, dass dem Hauptantrag stattgegeben wird.[697]

447 Der Kläger muss in dem Antrag entweder selbst eine Frist benennen oder er muss die Festsetzung der Frist in das Ermessen des Gerichts stellen.

448 Ferner muss der Antrag beziffert werden, sofern nicht die allgemeinen Voraussetzungen für die Zulässigkeit eines unbezifferten Antrags vorliegen.[698] Es geht um einen normalen Schadensersatzanspruch, der grundsätzlich zu beziffern ist. Etwas anderes gilt, wenn der Kläger die Höhe des Schadensersatzes in das Ermessen des Gerichts stellt (§ 287 ZPO), weil ihm die Bezifferung nicht möglich bzw. aus besonderen Gründen nicht zumutbar ist. In diesem Fall müssen sich allerdings aus der Begründung des Antrags zur Höhe genügend Anhaltspunkte ergeben, die dem Gericht die Bewertung des Schadens ermöglichen.

449 Schließlich muss der Antrag insoweit begründet werden, als der Kläger darlegen muss, dass ihm durch die Nichtvornahme der Handlung tatsächlich ein Schaden entsteht und wie hoch dieser zu veranschlagen ist.[699]

450 Der Entschädigungsantrag kann von vornherein mit dem Leistungsantrag der Klage verbunden sein, aber auch im Laufe des Verfahrens rechtshängig gemacht werden;[700] jedoch nicht mehr nach rechtskräftiger Entscheidung über den Leistungsantrag.[701] Wird der noch nicht rechtskräftig titulierte Auskunftsanspruch in der zweiten Instanz zurückgenommen, ist die weiterverfolgte Entschädigungsklage abzuweisen, weil es jetzt an der Voraussetzung der Verurteilung zur Vornahme einer Handlung fehlt.[702]

451 *bb) Festsetzung der Erfüllungsfrist.* Die Bemessung der dem Schuldner für die Vornahme der Handlung einzuräumenden Frist steht im Ermessen des Gerichts. Hierbei sind nach der Rechtsprechung im Wesentlichen zu berücksichtigen, wie lange die beklagte Partei für die Vornahme der Handlung benötigen wird und die gesetzlich eingeräumte Rechtsmittelfrist von einem Monat. Unzulässig ist die Festsetzung einer diese Zeiträume verkürzenden Frist.[703]

452 *cc) Festsetzung der Entschädigung.* Bei der Entscheidung über den Entschädigungsantrag muss das Gericht für den Fall der nicht rechtzeitigen Vornahme der Handlung die Höhe der zu zahlenden Entschädigung beziffern.[704] Maßgebend ist der Schaden, der durch die Nichtvornahme der Handlung entsteht. Bei der Verurteilung zu einer Auskunft darf der Entschädigungsbetrag nicht dem Betrag entsprechen, der mit dem Auskunftsantrag ermittelt wird; als Regelwert wird vielmehr der um 20 % gekürzte Betrag des zu erwartenden Zahlungsanspruchs angesehen.[705]

453 Ist die klagende Partei bei Verurteilung zur Auskunftserteilung auch ohne Auskunft zur Bezifferung der offenen Forderungen in der Lage, soll die Entschädigung 20 % der Forderungen betragen.[706] Mit der festgesetzten Entschädigung sind in der Regel sämtliche Schadensersatzansprüche abgegolten.[707]

---

[697] *Gift/Baur* E Rn. 1653.
[698] Vgl. dazu Hamacher/*Nübold*, Antragslexikon Arbeitsrecht, 3. Aufl., Entschädigung; BeckOK ArbR/*Hamacher* ArbGG § 61 Rn. 30.
[699] LAG Hessen 7.8.2001 – 2 Sa 106/01, LAG Report 2002, 52; Germelmann/Matthes/Prütting/*Schleusener* ArbGG § 61 Rn. 30.
[700] *Gift/Baur* E Rn. 1654.
[701] LAG Berlin 12.3.1999 – 2 Sa 3/98, LAGE ArbGG 1979 § 61 Nr. 13.
[702] BAG 4.10.1989 – 4 AZR 396/89, AP ArbGG 1979 § 61 Nr. 9.
[703] BAG 5.6.1985 – 4 AZR 533/83, AP TVG § 1 Tarifverträge – Bau Nr. 67; Germelmann/Matthes/Prütting/*Schleusener* ArbGG § 61 Rn. 35.
[704] BeckOK ArbR/*Hamacher* ArbGG § 61 Rn. 34.
[705] BAG 22.10.2008 – 4 AZR 793/07, AP TVG § 1 Tarifverträge – Bau Nr. 67; 20.8.2014 – 10 AZR 937/13, AP TVG § 1 Tarifverträge – Bau Nr. 70; 6.5.1987 – 4 AZR 641/86, AP ArbGG 1979 § 61 Nr. 7; Germelmann/Matthes/Prütting/*Schleusener* ArbGG § 61 Rn. 37 ff.
[706] LAG Hessen 6.2.2006 – 16 Sa 1090/05, EzAÜG AEntG § 1 Nr. 1.
[707] BAG 23.1.2007 – 9 AZR 557/06, AP BGB § 611 Haftung des Arbeitgebers Nr. 4.

dd) *Unzulässigkeit eines Teilurteils.* Über den Antrag auf Vornahme der Handlung kann nicht vorab durch Teilurteil nach § 301 ZPO entschieden werden. Dies gilt erst recht für den unechten Hilfsantrag auf Entschädigung nach § 61 Abs. 2 S. 1 ArbGG. Bereits der Wortlaut der Vorschrift lässt erkennen, dass nur „zugleich" entschieden werden kann. Bei einer Vorabentscheidung durch Teilurteil bliebe zudem unklar, ob aus dem Teilurteil später noch vollstreckt werden kann.[708]

ee) *Zwangsvollstreckung.* Wird der Antrag auf Verurteilung zur Vornahme einer Handlung abgewiesen, so bedarf der unechte Hilfsantrag auf Verurteilung zur Entschädigung keiner Entscheidung. Er wäre zudem unbegründet, weil die Leistungsverurteilung Voraussetzung für die Entschädigungsverurteilung nach § 61 Abs. 2 ArbGG ist.

Kommt es zur Verurteilung der beklagten Partei zur Vornahme einer Handlung bei Abweisung des Entschädigungsantrags, kann der zusprechende Teil des Urteils nach §§ 887 und 888 ZPO vollstreckt werden.

Gibt das Gericht sowohl dem Leistungs- als auch dem Entschädigungsantrag statt, ist nach § 61 Abs. 2 S. 2 ArbGG die **Zwangsvollstreckung** des auf Vornahme einer Handlung gerichteten Titels **ausgeschlossen**. Es fehlt an der Vollstreckbarkeit des fortbestehenden Vornahmeanspruchs. Aus dem Ausschluss der Vollstreckbarkeit des Vornahmeanspruchs folgt nicht, dass damit der Vornahmeanspruch untergeht oder in einen Zahlungsanspruch umgewandelt wird. Der Ausschluss der Zwangsvollstreckung hat nur vollstreckungsrechtliche Bedeutung, lässt aber den Vornahmeanspruch unberührt. Daher kann der Vornahmeanspruch auch nach Fristablauf erfüllt werden.[709] Die Vollstreckung des Entschädigungstitels richtet sich nach den Vorschriften über die Zwangsvollstreckung wegen Geldforderungen (§§ 803–882a ZPO). Voraussetzung ist, dass die Frist zur Vornahme der Handlung, die in dem Urteil festgesetzt worden ist, abgelaufen ist (§ 751 Abs. 1 ZPO). Erfüllt der Schuldner den Anspruch auf Vornahme der Handlung aber noch während der gerichtlich gesetzten Frist, entfällt der Entschädigungsanspruch. Die Frist läuft mit Zustellung des den Rechtsstreit beendenden Urteils (ggf. erst das Revisionsurteil) an.[710] Betreibt der Gläubiger gleichwohl die Zwangsvollstreckung, kann der Schuldner Vollstreckungsgegenklage nach § 767 ZPO erheben. Wird die Leistung aber nach Fristablauf erbracht, kann eine Vollstreckungsabwehrklage bezüglich der Entschädigungsverurteilung nur Erfolg haben, wenn der Gläubiger mit der verspäteten Leistung einverstanden war.[711] Die entsprechenden Instanzurteile, gerichtet auf Vornahme und ersatzweise Entschädigung, sind jedoch vorläufig vollstreckbar (vgl. § 62 Abs. 1 S. 1 ArbGG). Nach Ablauf der Frist (gerechnet ab Zustellung des erst vorläufig vollstreckbaren Urteils) zur Vornahme der geschuldeten Handlung kann der Gläubiger bereits wegen der festgesetzten Entschädigung die Zwangsvollstreckung einleiten. Ob diese vorläufige Vollstreckung endgültigen Bestand hat, hängt aber vom rechtskräftigen Abschluss des Rechtsstreits ab. Wurde die Entschädigung bereits im Wege der Zwangsvollstreckung beigetrieben, wird aber der Entschädigungstitel später aufgehoben, so erfolgt die Rückabwicklung der Vollstreckung nach § 717 Abs. 2 ZPO.[712]

Nimmt der Gläubiger nach Ablauf der vom Gericht bestimmten Frist dennoch die ursprünglich zu bewirkende Leistung (Vornahme der Handlung), die endgültig und nicht nur zur Abwendung der Zwangsvollstreckung erbracht wird, mit dem Willen an, sie als geschuldete Leistung gelten zu lassen, dann begibt er sich des Anspruchs auf die zugesprochene Entschädigung.[713] Wird gleichwohl vom Gläubiger die Zwangsvollstreckung aus dem die Entschädigung betreffenden Titel betrieben, kann der Schuldner sich hiergegen mit der Vollstreckungsgegenklage nach § 767 ZPO zur Wehr setzen. Nimmt der Gläubiger die Leistung nicht an Erfüllungs Statt an, kann er weiterhin die Vollstreckung des Entschädigungstitels betreiben.[714]

---

[708] *Gift/Baur* E Rn. 1664.
[709] BAG 4.10.1989 – 4 AZR 396/89, AP ArbGG 1979 § 61 Nr. 9.
[710] BAG 4.10.1989 – 4 AZR 396/89, AP ArbGG 1979 § 61 Nr. 9.
[711] LAG Hessen 30.4.1996 – 15 Sa 1521/95, BeckRS 1996, 30449700.
[712] BAG 4.10.1989 – 4 AZR 396/89, AP ArbGG 1979 § 61 Nr. 9.
[713] BAG 11.7.1975 – 5 AZR 273/74, AP ArbGG 1953 § 61 Zwangsvollstreckung Nr. 3.
[714] BAG 11.7.1975 – 5 AZR 273/74, AP ArbGG 1953 § 61 Zwangsvollstreckung Nr. 3.

15. Vorläufige Vollstreckbarkeit

459 Im ArbGG befasst sich allein § 62 ArbGG mit der Zwangsvollstreckung arbeitsgerichtlicher Entscheidungen. Soweit die Vorschrift keine Sonderregelung enthält, werden die Vorschriften des Achten Buchs der ZPO für anwendbar erklärt. Die Vorschrift gilt unmittelbar im erstinstanzlichen Urteilsverfahren. Für die Zwangsvollstreckung während des Berufungsverfahrens verweist § 64 Abs. 7 ArbGG auf § 62 ArbGG. Dagegen nimmt § 72 Abs. 6 ArbGG für die Revisionsinstanz nicht Bezug auf § 62 ArbGG. Dies ist insoweit konsequent, als Revisionsurteile mit ihrer Verkündung rechtskräftig werden, so dass es keiner Regelung zu einer vorläufigen Vollstreckbarkeit bedarf. Die fehlende Bezugnahme auf § 62 Abs. 2 ArbGG beruht dagegen auf einem Versehen; auch die Vollstreckung von Revisionsurteilen richtet sich nach dem Achten Buch der ZPO.[715] Für das Beschlussverfahren erster Instanz gilt für die Zwangsvollstreckung die Sonderregelung des § 85 ArbGG, der wiederum nach § 87 Abs. 2 S. 1 ArbGG im zweiten und nach § 92 Abs. 2 S. 1 ArbGG im dritten Rechtszug des Beschlussverfahrens entsprechend gilt.

460 Die vorläufige Vollstreckbarkeit ist in § 62 Abs. 1 ArbGG für die Arbeitsgerichtsbarkeit **wesentlich anders** als für die **ordentliche Gerichtsbarkeit** geregelt.

461 Urteile des Arbeitsgerichtes, gegen die der Einspruch oder die Berufung zulässig ist, sind **kraft Gesetzes vorläufig vollstreckbar** (§ 62 Abs. 1 S. 1 ArbGG). Das gilt nach § 64 Abs. 7 ArbGG auch für Urteile des LAG, die dem Einspruch oder der Revision unterliegen. Dagegen müssen Versäumnisurteile des BAG nach den allgemeinen ZPO-Vorschriften für vollstreckbar erklärt werden, weil § 62 ArbGG mangels Verweises darauf in § 72 Abs. 6 ArbGG für sie nicht gilt.[716] Durch § 62 Abs. 1 S. 1 ArbGG wird der klagenden Partei (in der Regel ein Arbeitnehmer) eine sofortige Durchsetzung des titulierten Anspruchs ermöglicht. Dies findet seinen Grund darin, dass Arbeitnehmer häufig zur Bestreitung ihres Lebensunterhalts auf eine **zeitnahe Durchsetzung von Vergütungsansprüchen** angewiesen sind.[717] Vorläufig vollstreckbar gemäß § 62 Abs. 1 S. 1 ArbGG sind übrigens auch Urteile im Kündigungsschutzprozess auf Zahlung einer Abfindung nach §§ 9, 10 KSchG hinsichtlich der zuerkannten Abfindungssumme.[718]

462 Wird das Urteil des Arbeitsgerichtes oder des LAG später aufgehoben oder abgeändert, tritt insoweit mit der Verkündung der Entscheidung die vorläufige Vollstreckbarkeit außer Kraft (§ 717 Abs. 1 ZPO).

463 Nicht von § 62 Abs. 1 ArbGG erfasst werden Arrestbefehle und einstweilige Verfügungen, die jedoch nach §§ 929 Abs. 1, 936 ZPO iVm § 62 Abs. 2 S. 1 ArbGG ohne weiteres vollstreckbar sind.

464 a) **Ausschließung der vorläufigen Vollstreckbarkeit.** Das ArbG/LAG hat auf Antrag des Vollstreckungsschuldners **im Urteil** die vorläufige Vollstreckbarkeit auszuschließen, wenn dieser glaubhaft macht, dass die Vollstreckung ihm einen nicht zu ersetzenden Nachteil bringen würde (§ 62 Abs. 1 S. 2 bzw. § 64 Abs. 7 ArbGG). Voraussetzungen hierfür sind

- ein Antrag
- und ein nicht zu ersetzender Nachteil.

465 *aa) Antrag.* Der Antrag kann entsprechend § 714 Abs. 1 ZPO **bis zum Schluss der mündlichen Verhandlung,** auf die das Urteil ergeht, gestellt werden.[719] Dies gilt für die erste und auch für die zweite Instanz. Antragsberechtigt ist der Vollstreckungsschuldner. Dies kann – entgegen dem missglückten Wortlaut der Vorschrift – sowohl die klagende (als Widerbeklagter) als auch die beklagte Partei sein.[720]

---

[715] Schwab/Weth/*Walker* ArbGG § 62 Rn. 2.
[716] BAG 28.10.1981 – 4 AZR 251/79, AP ZPO § 522a Nr. 6.
[717] Schwab/Weth/*Walker* ArbGG § 62 Rn. 5.
[718] BAG 9.12.1987 – 4 AZR 561/87, AP ArbGG 1979 § 62 Nr. 4.
[719] Schwab/Weth/*Walker* ArbGG § 62 Rn. 10.
[720] Schwab/Weth/*Walker* ArbGG § 62 Rn. 11.

> **Praxistipp:**
> Die Möglichkeit, einen Antrag auf **Ausschließung** der vorläufigen Vollstreckbarkeit zu stellen, wird in der gerichtlichen Praxis selten genutzt. Zu beachten ist allerdings, dass die **Einstellung** der Zwangsvollstreckung aus einem bereits erlassenen Urteil grundsätzlich dazu dient, **nachträglich eintretende Umstände** zu berücksichtigen. Die Rechtsprechung geht überwiegend davon aus, dass Umstände, die bereits bis zum Schluss der mündlichen Verhandlung, die dem Urteil vorausgegangen ist, bestehen, nicht mehr im Nachhinein zur Einstellung der Zwangsvollstreckung herangezogen werden können; sie können also nur im Rahmen eines Antrags auf Ausschließung der vorläufigen Zwangsvollstreckung geltend gemacht werden.

bb) Nicht zu ersetzender Nachteil. (1) Grundsätze. Ein nicht zu ersetzender Nachteil setzt voraus, dass
- der Vollstreckungsschuldner ihn nicht durch sein Verhalten abwenden kann
- und dass der Vollstreckungsgläubiger nicht in der Lage ist, den Schaden mit Geld oder in anderer Weise bei späterem Wegfall des Vollstreckungstitels auszugleichen.[721]

Ein solcher Nachteil liegt grundsätzlich vor, wenn vollendete, **nicht mehr korrigierbare Wirkungen** geschaffen werden.[722] Umstritten ist, ob eine Abwägung der beiderseitigen Interessen vorzunehmen ist. Der Wortlaut bietet keinen Hinweis darauf.[723] Bei einer Interessenabwägung darf jedenfalls nicht die gesetzgeberische Wertung unterlaufen werden, wonach arbeitsrechtliche Titel schnell und unkompliziert durchsetzbar sein sollen. Nach dieser Wertung genießt das Vollstreckungsinteresse des Gläubigers **Vorrang vor dem Vollstreckungsabwehrinteresse** des Schuldners. Bringt der Ausschluss der Vollstreckung für den Gläubiger vergleichbare Nachteile mit sich wie die Durchführung der Vollstreckung für den Schuldner, dann muss der Gläubiger Vorrang genießen, weil er immerhin schon einen (wenn auch nur vorläufigen) Titel erstritten hat.[724] Bei der notwendigen Interessenabwägung sind zumindest in rechtlich eindeutigen Fällen auch die Erfolgsaussichten des Schuldners im Rechtsmittelverfahren zu berücksichtigen.[725] Der Ausschluss der vorläufigen Vollstreckbarkeit soll den Schuldner nur vor solchen nicht zu ersetzenden Nachteilen schützen, die ungerechtfertigt sind.[726] Je eindeutiger die Rechtslage zu Gunsten des Gläubigers spricht, umso eher scheidet ein Vollstreckungsausschluss aus.[727]

Ein nicht zu ersetzender Nachteil kann auch gegeben sein, wenn dieser nicht bei einer Vollstreckung schlechthin, sondern nur bei einer **bestimmten Vollstreckungsmaßnahme** oder ab einem bestimmten Vollstreckungsumfang zu erwarten ist.[728] In solchen Fällen ist die Vollstreckung nicht insgesamt, sondern nur hinsichtlich der konkret nachteiligen Vollstreckungsmaßnahmen auszuschließen.

(2) Beispiele nicht zu ersetzenden Nachteils

- **Vornahme, Duldung oder Unterlassung einer Handlung**

Wird ein Anspruch auf Vornahme, Duldung oder Unterlassung einer Handlung vollstreckt, wird die Wirkung der Vollstreckung in der Regel nicht mehr wieder rückgängig gemacht werden können. Dies verdeutlicht das Interesse des Vollstreckungsschuldners an der

---

[721] Germelmann/Matthes/Prütting/*Schleusener* ArbGG § 62 Rn. 19.
[722] BeckOK ArbR/*Hamacher* ArbGG § 62 Rn. 15.
[723] Dazu Germelmann/Matthes/Prütting/*Schleusener* ArbGG § 62 Rn. 18; Schwab/Weth/*Walker* ArbGG § 62 Rn. 14; BeckOK ArbR/*Hamacher* ArbGG § 62 Rn. 16.
[724] Schwab/Weth/*Walker* ArbGG § 62 Rn. 14.
[725] LAG Düsseldorf 4.10.1979 – 14 (5) Sa 976/79, EzA ArbGG 1979 § 62 Nr. 1; 7.3.1980 – 8 Sa 59/80, EzA ArbGG § 62 Nr. 2; Schwab/Weth/*Walker* ArbGG § 62 Rn. 15; krit. Germelmann/Matthes/Prütting/*Schleusener* § 62 Rn. 20; aA LAG Baden-Württemberg 20.1.2016 – 19 Sa 63/15, BeckRS 2016, 66008; vgl. aber auch BAG 27.6.2000 – 9 AZN 525/00, NZA 2000, 1072.
[726] Schwab/Weth/*Walker* ArbGG § 62 Rn. 15.
[727] Schwab/Weth/*Walker* ArbGG § 62 Rn. 15.
[728] BAG 24.9.1958 – 2 AZR 395/58, AP ZPO § 719 Nr. 2; *Dütz* DB 1980, 1069; Schwab/Weth/*Walker* ArbGG § 62 Rn. 16, 21.

Ausschließung der Vollstreckung.[729] Die Voraussetzungen für einen Ausschluss der vorläufigen Vollstreckbarkeit liegen aber trotzdem nicht vor, wenn die Nichtdurchsetzung des Titels für den Vollstreckungsgläubiger zu einem nicht zu ersetzenden Nachteil führen würde.[730]

470 • **Beschäftigung oder Weiterbeschäftigung**

Es ist keineswegs so, dass die Vollstreckung eines auf Beschäftigung bzw. Weiterbeschäftigung des Arbeitnehmers lautenden Urteils dem Arbeitgeber grundsätzlich einen nicht zu ersetzenden Nachteil bringt, wenn später ein derartiger Anspruch mangels eines bestehenden bzw. weiterbestehenden Arbeitsverhältnisses verneint wird, weil die darin liegende Willensbeeinträchtigung des Arbeitgebers nicht rückgängig gemacht werden kann. Für die mit der Beschäftigung verbundene Entgeltzahlung erhält der Arbeitgeber mit der Arbeitsleistung einen Gegenwert.[731] Ein unersetzbarer Nachteil kann vielmehr nur ein solcher sein, der über den allein darin bestehenden Nachteil, nicht nach seinem Belieben handeln zu dürfen, hinausgeht.[732]

471 Die Beschäftigung/Weiterbeschäftigung muss also sonstige Schäden (Nachteile wirtschaftlicher oder immaterieller Art) befürchten lassen, für die aller Wahrscheinlichkeit nach vom Arbeitnehmer kein Ersatz zu erlangen sein wird; die bloße Nichtrückabwicklungsmöglichkeit reicht nicht aus.[733]

472 Ein derartiger Nachteil kann etwa darin liegen, dass die (Weiter-)Beschäftigung zu einer nicht absetzbaren Überproduktion führt, die Kosten verursachen und Verluste zur Folge haben würde, die im Falle des Obsiegens des Arbeitgebers nicht von dem gekündigten Arbeitnehmer und auch nicht auf andere Weise zu ersetzen sind; hierbei spielt die Dauer des Rechtsstreits eine nicht unerhebliche Rolle.[734] Nichts anderes gilt auch dann, wenn der Arbeitgeber geltend macht, dem Weiterbeschäftigungsanspruch stehe eine weitere, nach Schluss der mündlichen Verhandlung ausgesprochene Kündigung entgegen.[735]

473 • **Zahlungsansprüche**

Bei Geldansprüchen ist ein nicht zu ersetzender Nachteil noch nicht gegeben, wenn die Rückforderung mit Schwierigkeiten verbunden ist, sondern erst dann, wenn die Wiedererlangung des beigetriebenen Betrages wegen der **Vermögenslage des Klägers** von vornherein als aussichtslos erscheint. Die bloße Befürchtung mangelnder Rückforderbarkeit ist also unzureichend. Bei nur teilweiser Möglichkeit der Wiedererlangung kommt eine teilweise Ausschließung der vorläufigen Vollstreckbarkeit in Betracht.[736] Ein nicht zu ersetzender Nachteil kann aber auch bestehen, wenn die Pfändung eines wesentlichen Betriebsmittels zu außerordentlichen Betriebsstörungen führt.[737] Allein die Tatsache der Bewilligung von Prozesskostenhilfe ohne Ratenzahlung begründet nicht die Vermutung späterer Zahlungsunfähigkeit.[738]

474 Bei einem ausländischen Arbeitnehmer genügt nicht schon der Hinweis, dieser sei arbeitslos und/oder könne sich einer etwaigen Rückforderung durch Rückkehr in seine Heimat entziehen.[739] Dies gilt unabhängig davon, ob es sich um einen EU-Ausländer handelt oder nicht.[740]

---

[729] LAG Düsseldorf 4.10.1979 – 14 (5) Sa 976/79, EzA ArbGG 1979 § 62 Nr. 1; 7.3.1980 – 8 Sa 59/80, EzA ArbGG § 62 Nr. 2.
[730] BAG 22.6.1972 – 3 AZR 263/72, AP ZPO § 719 Nr. 4; BGH 6.7.1979 – I ZR 55/79, AP ZPO § 719 Nr. 5; vgl. Germelmann/Matthes/Prütting/*Schleusener* ArbGG § 62 Rn. 21.
[731] Schwab/Weth/*Walker* ArbGG § 62 Rn. 19.
[732] BAG 27.2.1985 – GS 1/84, AP BGB § 611 Beschäftigungspflicht Nr. 14; LAG Berlin 26.9.1980 – 12 Sa 63/80, DB 1980, 2448; LAG Hessen 28.7.1983 – 3 Sa 359/83, DB 1983, 2640; LAG Hamm 25.1.1982 – 2 (11) Sa 1531/81, DB 1982, 653; LAG Rheinland-Pfalz 5.1.1981 – 3 Sa 688/80, EzA ArbGG 1979 § 62 Nr. 5.
[733] BAG 27.2.1985 – GS 1/84, AP BGB § 611 Beschäftigungspflicht Nr. 14; LAG Hessen 28.7.1983 – 3 Sa 359/83, DB 1983, 2640.
[734] BAG 22.2.1983 – 1 AZR 466/82, BeckRS 1983, 04730.
[735] LAG München 5.3.2018 – 4 Sa 823/17, BeckRS 2018, 15082.
[736] BAG 24.9.1958 – 2 AZR 395/58, AP ZPO § 719 Nr. 2; LAG Düsseldorf 20.12.1985 – 15 Sa 1125/85, LAGE ArbGG 1979 § 62 Nr. 13.
[737] Schwab/Weth/*Walker* ArbGG § 62 Rn. 17.
[738] Schwab/Weth/*Walker* ArbGG § 62 Rn. 17.
[739] LAG Bremen 25.10.1982 – 4 Sa 265/82, AP ArbGG 1979 § 62 Nr. 2; LAG Hessen 15.10.1979 – 8 Ta 111/79, AR-Blattei Zwangsvollstreckung Nr. 31.
[740] Schwab/Weth/*Walker* ArbGG § 62 Rn. 17.

cc) Glaubhaftmachung. Sind die den nicht zu ersetzenden Nachteil begründenden Tatsachen streitig, so muss der Vollstreckungsschuldner das Vorliegen dieser Tatsachen glaubhaft machen (§ 294 ZPO). 475

dd) Entscheidung. Wenn das Arbeitsgericht oder LAG dem Antrag des Vollstreckungsschuldners stattgeben will, muss es die vorläufige Vollstreckbarkeit ganz oder teilweise ausschließen. Umstritten ist, ob dies im **Tenor des Urteils** zu erfolgen hat.[741] Jedenfalls aus Gründen der Klarheit sollte die Entscheidung über den Antrag in die Urteilsformel aufgenommen werden. Die Ausschließung der vorläufigen Vollstreckbarkeit ist zu begründen.[742] Sie erfolgt immer **ohne Anordnung einer Sicherheitsleistung**. 476

Will das Arbeitsgericht oder LAG dem Antrag nicht stattgeben, so ist strittig, ob auch dies in die Urteilsformel aufzunehmen ist.[743] 477

Hat das Gericht den Antrag übersehen, kommt eine Urteilsergänzung nach § 321 ZPO in Betracht. 478

b) Einstellung der Zwangsvollstreckung nach §§ 707 Abs. 1 und 719 Abs. 1 ZPO. 479
aa) Grundsätze. Nach § 62 Abs. 1 S. 3 ArbGG kann in Fällen des § 707 Abs. 1 ZPO (Antrag auf Wiedereinsetzung oder Wiederaufnahme) und des § 719 Abs. 1 ZPO (Einlegung von Einspruch oder Berufung) die Zwangsvollstreckung nur unter derselben Voraussetzungen wie bei der Ausschließung der vorläufigen Vollstreckbarkeit eingestellt werden. Die Einstellung der Zwangsvollstreckung erfolgt **ohne Sicherheitsleistung**; die Entscheidung ergeht durch unanfechtbaren Beschluss (§ 62 Abs. 1 S. 4 u. 5 ArbGG). Die einstweilige Einstellung der Zwangsvollstreckung soll regelmäßig nicht in Betracht kommen, wenn der Schuldner es versäumt hat, im erstinstanzlichen Verfahren einen Schutzantrag nach § 62 Abs. 1 S. 2 ArbGG zu stellen, es sei denn, die Gründe, auf die der Einstellungsantrag gestützt wird, lagen im Zeitpunkt der letzten mündlichen Verhandlung vor dem Arbeitsgericht noch nicht vor oder konnten aus anderen Gründen nicht vorgetragen und glaubhaft gemacht werden.[744] Eine Einstellung der Zwangsvollstreckung aus einem eine Leistungsverfügung erlassenden Urteil durch das Berufungsgericht soll ebenfalls nicht in Betracht kommen, weil es – lägen die Voraussetzungen für eine solche Einstellung vor – dann grundsätzlich an einen Arrestgrund bzw. einem Verfügungsgrund fehlte.[745]

Voraussetzungen für die Einstellung der Zwangsvollstreckung sind 480
- Antrag auf Einstellung
- Antrag auf Wiedereinsetzung (§ 233 ZPO) oder Wiederaufnahme eines durch rechtskräftiges Urteil abgeschlossenen Rechtsstreits oder Fortsetzung des Rechtsstreits nach der Verkündung eines Vorbehaltsurteils im Nachverfahren (§§ 302, 599 ZPO) oder
- Einspruch (§ 338 ZPO) gegen ein vorläufig vollstreckbares Versäumnisurteil (§§ 330 f., 708 Nr. 2 ZPO) oder
- Berufung (§ 64 ArbGG)
- und ein nicht zu ersetzender Nachteil.

bb) Verfahren. Für die Entscheidung über den Antrag auf Einstellung der Zwangsvollstreckung ist zuständig dasjenige Gericht, welches über das Wiedereinstellungsgesuch, den Wiederaufnahmeantrag, im Nachverfahren, den Einspruch oder die Berufung zu entscheiden hat.[746] Die Entscheidung wird beim Arbeitsgericht und in der Berufungsinstanz (§ 64 Abs. 7 ArbGG) nicht von der Kammer, sondern von dem **Vorsitzenden** allein getroffen (§ 55 Abs. 1 Nr. 6 und § 53 Abs. 1 S. 1 ArbGG). Eine mündliche Verhandlung kann angeordnet werden (§§ 707 Abs. 2 S. 1, 128 Abs. 4 ZPO). Vor dem Erlass der Entscheidung ist dem 481

---

[741] So Germelmann/Matthes/Prütting/*Schleusener* ArbGG § 62 Rn. 34; aA Henssler/Willemsen/Kalb/ *Ziemann* ArbGG § 62 Rn. 18.
[742] Schwab/Weth/*Walker* ArbGG § 62 Rn. 23.
[743] Germelmann/Matthes/Prütting/*Schleusener* ArbGG § 62 Rn. 35; aA Schwab/Weth/*Walker* ArbGG § 62 Rn. 24.
[744] LAG Berlin-Brandenburg 23.8.2007 – 15 Sa 1650/07, LAGE ArbGG 1979 § 62 Nr. 33 in Anlehnung an BGH 31.10.2000 – XII ZR 3/00, NJW 2001, 375 u. BGH 3.7.1991 – XII ZR 262/90, NJW-RR 1991, 1216.
[745] LAG Sachsen 19.9.2006 – 7 Sa 617/06, EzA-SD 2007, Nr. 25, 22.
[746] Schwab/Weth/*Walker* ArbGG § 62 Rn. 35.

Vollstreckungsschuldner zumindest rechtliches Gehör zu gewähren.[747] Falls das wegen der Dringlichkeit der Einstellung nicht möglich ist, muss die Anhörung jedenfalls nachgeholt und die Einstellung gegebenenfalls wieder aufgehoben werden.[748] Insoweit kommt in Betracht, die Zwangsvollstreckung zunächst **nur für einen Zeitraum einzustellen**, in dem das rechtliche Gehör gewährt werden kann.

482 cc) *Entscheidung.* Die Entscheidung über den Antrag auf Einstellung der Zwangsvollstreckung erfolgt durch **Beschluss** (§ 707 Abs. 2 S. 1). Dieser ist zu begründen. Die Entscheidung über den Einstellungsantrag steht dabei im **pflichtgemäßen Ermessen** des Gerichts.[749] Es hat die Interessen des Gläubigers, aus dem erstrittenen (möglicherweise sogar schon rechtskräftigen) Titel zu vollstrecken, gegen das Abwendungsinteresse des Schuldners abzuwägen. In diese **Interessenabwägung** fließen auch die Erfolgsaussichten des Wiedereinsetzungsgesuchs, der Wiederaufnahmeklage, des Antrags im Nachverfahren (§ 707 ZPO), oder des Einspruchs oder der Berufung (§ 719 ZPO) ein.[750] Insoweit wird eine kursorische Prüfung der Rechtslage für ausreichend gehalten.[751]

483 Die Einstellung ist in der Regel zu versagen, wenn der Beklagte nur Gründe vorbringt, die das Arbeitsgericht bereits bei der Prüfung der Ausschließung der vorläufigen Vollstreckbarkeit im Urteil als nicht ausreichend erachtet hat, wenn gerade die die Verurteilung tragenden Gründe auch den nicht zu ersetzenden Nachteil begründen sollen oder wenn die Berufung im Zeitpunkt der Entscheidung über den Einstellungsantrag nicht mindestens überwiegende Aussicht auf Erfolg hat.[752]

484 dd) *Rechtsbehelf.* Gegen einstellende oder ablehnende Beschlüsse nach § 707 Abs. 1 ZPO findet nach § 62 Abs. 2 S. 1 ArbGG iVm § 707 Abs. 2 keine Anfechtung statt.[753] Bei greifbarer Gesetzeswidrigkeit wurde eine Ausnahme von der Unanfechtbarkeit gemacht. Spätestens nach Einführung des § 78a ArbGG ist eine solche Ausnahme abzulehnen.[754]

485 Ein zurückgewiesener Einstellungsantrag erwächst nicht in Rechtskraft; er kann **wiederholt**, aber nur auf erst nach dem Tag der ablehnenden Entscheidung entstandene Tatsachen gestützt werden.[755]

486 c) **Einstellung der Zwangsvollstreckung nach anderen Vorschriften.** Nach der ZPO kommt die Einstellung der Zwangsvollstreckung in weiteren Fällen in Betracht, nämlich zB bei
- der Erinnerung gegen Erteilung der Vollstreckungsklausel (§ 732 Abs. 2 ZPO),
- der Erinnerung gegen Art und Weise der Zwangsvollstreckung (§§ 766 Abs. 1 S. 2, 732 Abs. 2 ZPO),
- der Vollstreckungsabwehrklage (§ 769 Abs. 1 S. 1 ZPO),
- dem Widerspruch gegen Arrest (§ 924 Abs. 3 S. 2 ZPO).

487 Für diese Fälle ist streitig, ob entsprechend § 62 Abs. 1 ArbGG nur eine Einstellung **ohne Sicherheitsleistung** in Betracht kommt und dafür ein drohender unersetzbarer Nachteil vorausgesetzt wird. Eine entsprechende Anwendung des § 62 Abs. 1 S. 3 ArbGG wird mit der Begründung bejaht, mit dem System der Zwangsvollstreckung im arbeitsgerichtlichen Ver-

---

[747] LAG Hamm 28.10.1971 – 8 TA 37/71, MDR 1972, 362; Schwab/Weth/*Walker* ArbGG § 62 Rn. 35.
[748] Schwab/Weth/*Walker* ArbGG § 62 Rn. 35.
[749] LAG Hessen 8.1.1992 – 10 Sa 1901/91, NZA 1992, 427; *Dütz* DB 1980, 1069; Germelmann/Matthes/Prütting/*Schleusener* ArbGG § 62 Rn. 43; Schwab/Weth/*Walker* ArbGG § 62 Rn. 36.
[750] BAG 6.1.1971 – 3 AZR 384/70, AP ZPO § 719 Nr. 3; 22.6.1972 – 3 AZR 263/72, AP ZPO § 719 Nr. 4; LAG Berlin 14.7.1993 – 8 Sa 79/93, LAGE ArbGG 1979 § 62 Nr. 20; LAG Hessen 8.1.1992 – 10 Sa 1901/91, NZA 1992, 427; einschränkend Germelmann/Matthes/Prütting/*Schleusener* ArbGG § 62 Rn. 41, 20.
[751] BAG 6.1.1971 – 3 AZR 384/70, AP ZPO § 719 Nr. 3; 22.6.1972 – 3 AZR 263/72, AP ZPO § 719 Nr. 4.
[752] LAG Hessen 8.1.1992 – 10 Sa 1901/91, NZA 1992, 427.
[753] LAG Berlin 28.4.1986 – 9 Ta 5/86, LAGE ArbGG § 62 Nr. 16; LAG Thüringen 11.12.2000 – 9 Ta 137/2000, NZA-RR 2001, 660; Schwab/Weth/*Walker* § 62 Rn. 38.
[754] Vgl. Germelmann/Matthes/Prütting/*Schleusener* ArbGG § 62 Rn. 48; Schwab/Weth/*Walker* ArbGG § 62 Rn. 38.
[755] LAG Bremen 12.8.1982 – 4 Sa 170/82, EzA ArbGG 1979 § 62 Nr. 7; G/M/P/*Germelmann* ArbGG § 62 Rn. 45; Schwab/Weth/*Walker* ArbGG § 62 Rn. 39.

fahren sei eine Einstellung gegen Sicherheitsleistung nicht vereinbar.[756] Nach zutreffender Ansicht[757] soll jedenfalls eine Einstellung nach den §§ 769, 732 Abs. 2 und 766 Abs. 1 S. 2 ZPO **auch gegen Sicherheitsleistung** möglich sein, da der Gesetzgeber nach der letzten Gesetzesänderung ausdrücklich nur auf die §§ 707 Abs. 1, 719 Abs. 1 ZPO verweist.

VI. Urteilsverfahren zweiter Instanz

Das Berufungsverfahren vor dem LAG richtet sich nach §§ 64 ff. ArbGG, wobei über § 64 Abs. 7 ArbGG bestimmte Vorschriften des erstinstanzlichen Verfahrens und über § 64 Abs. 6 ArbGG die Vorschriften der ZPO über die Berufung entsprechend gelten. Die Berufung ermöglicht die **Überprüfung** des angefochtenen Urteils in **tatsächlicher und rechtlicher Hinsicht**.

Praxistipp:
Das Arbeitsgerichtsverfahren unterscheidet sich bzgl. der Überprüfung des erstinstanzlichen Urteils in tatsächlicher Hinsicht nicht unerheblich von der ordentlichen Gerichtsbarkeit. Die ZPO-Reform von 2001 hatte zum Ziel, die Überprüfung insoweit einzuschränken (vgl. §§ 513, 529 ZPO). § 67 ArbGG weicht hiervon ab. **§ 531 Abs. 2 ZPO kommt nicht zur Anwendung** (vgl. → Rn. 537 ff.).

Die rechtzeitige Einlegung einer statthaften Berufung bewirkt, dass das erstinstanzliche Urteil nicht rechtskräftig wird (**Suspensivwirkung**) und dass der Rechtsstreit bei dem LAG anhängig wird (**Devolutivwirkung**). Von besonderer Bedeutung ist, dass in der zweiten Instanz das **Kostenprivileg des § 12a Abs. 1 ArbGG nicht gilt**. Die §§ 91 ff. ZPO kommen uneingeschränkt zur Anwendung (vgl. → § 76 Rn. 16 ff.).

Praxistipp:
Durch das Tarifautonomiestärkungsgesetz von 2014 ist in Zusammenhang mit der Einführung des MiLoG und der Novellierung des AEntG in § 98 Abs. 2 ArbGG erstmalig und **ausnahmsweise das LAG als Eingangsinstanz** für Beschlussverfahren nach § 2a Abs. 1 Nr. 5 ArbGG (Überprüfung von Allgemeinverbindlicherklärungen oder Rechtsverordnungen) vorgesehen.

1. Statthaftigkeit der Berufung

a) **Berufungsfähige Urteile.** Gegen die Urteile der Arbeitsgerichte findet, soweit nicht nach § 78 ArbGG das Rechtsmittel der sofortigen Beschwerde gegeben ist, die Berufung an die Landesarbeitsgerichte statt (§ 64 Abs. 1 ArbGG). Berufungsfähig sind Teilurteile (§ 301 ZPO), Vorbehaltsurteile (§ 302 ZPO), Ergänzungsurteile (§ 321 ZPO), Zwischenurteile (§ 280 Abs. 2 S. 1 ZPO), zweite Versäumnisurteile, nicht jedoch Endurteile des Arbeitsgerichts, gegen die nach § 78 ArbGG das Rechtsmittel der sofortigen Beschwerde gegeben ist (Zwischenurteil über die Zulassung eines Nebenintervenienten – § 71 Abs. 2 ZPO; Entscheidung über Kosten im Anerkenntnisurteil – § 99 Abs. 2 S. 1 ZPO; Zwischenurteil über

---

[756] LAG Berlin 28.4.1986 – 9 Ta 5/86, LAGE ArbGG 1979 § 62 Nr. 16; LAG Bremen 24.6.1996 – 2 Ta 28/96, LAGE ArbGG 1979 § 62 Nr. 22; LAG Köln 1.3.2002 – 11 Ta 17/02, NZA 2002, 1230; für die Anwendbarkeit von § 62 Abs. 1 S. 3 auf gerichtliche Vergleiche: LAG Hamburg 14.7.1981 – 1 Ta 8/81, ARSt. 1983, 16 Nr. 1024; LAG Köln 16.6.1983 – 3 Ta 86/83, DB 1983, 1827; LAG Berlin 28.4.1986 – 9 Ta 5/86, LAGE ArbGG 1979 § 62 Nr. 16.
[757] LAG Köln 16.6.1983 – 3 Ta 86/83, DB 1983, 1827; LAG Nürnberg 7.5.1999 – 7 Ta 89/99, BB 1999, 1387; Germelmann/Matthes/Prütting/*Schleusener* ArbGG § 62 Rn. 50; Schwab/Weth/*Walker* ArbGG § 62 Rn. 40; BeckOKArbR/*Hamacher* ArbGG § 62 Rn. 32.

Rückgabe von Urkunden unter Rechtsanwälten – § 135 Abs. 3 ZPO; Zwischenurteil über Rechtmäßigkeit einer Zeugnisverweigerung – § 387 Abs. 3 ZPO; Grundurteile nach § 304 ZPO – § 61 Abs. 3 ArbGG; Zwischenurteile über einen Zwischenstreit nach § 303 ZPO und erste Versäumnisurteile – § 514 Abs. 1 ZPO.

491 **b) Formelle und materielle Beschwer.** Voraussetzung für die Zulässigkeit der Berufung ist, dass der Berufungskläger durch das angefochtene Urteil beschwert ist. Beim **Kläger** ist eine **formelle Beschwer** erforderlich, dh er muss zumindest teilweise mit seinem Antrag beim Arbeitsgericht erfolglos gewesen sein. Eine Beschwer liegt nicht vor, wenn der obsiegende Kläger eine andere Begründung des Urteils erreichen will oder wenn er das Rechtsmittel nur einlegt, weil er den Klageantrag in der Rechtsmittelinstanz erweitern will.[758]

492 Beim **Beklagten** genügt eine so genannte **materielle Beschwer**, wenn er mit der Berufung eine zu seinen Gunsten abändernde Entscheidung des LAG begehrt. Der Beklagte ist auch dann materiell beschwert, wenn die Klage als unzulässig abgewiesen worden ist, er aber gerade eine Sachentscheidung begehrt hatte.[759] Dies findet seinen Grund in der eingeschränkten Rechtskraft eines Prozessurteils.

493 Ferner ist erforderlich, dass der Berufungskläger die aus dem erstinstanzlichen Urteil folgende Beschwer bei Schluss der mündlichen Verhandlung vor dem Berufungsgericht noch beseitigen will. Eine Berufung ist danach unzulässig, wenn sie den im ersten Rechtszug erhobenen Anspruch nicht wenigstens teilweise weiter verfolgt, also die erstinstanzliche Klageabweisung gar nicht in Zweifel zieht, sondern lediglich im Wege der Klageänderung einen neuen, bisher nicht geltend gemachten Anspruch zur Entscheidung stellt. Die **bloße Erweiterung oder Änderung der Klage** in zweiter Instanz kann nicht alleiniges Ziel des Rechtsmittels sein; vielmehr setzt ein derartiges Prozessziel eine zulässige Berufung voraus.[760] Neben der Beschwer bedarf die Zulässigkeit des Rechtsmittels keines weiteren Rechtsschutzbedürfnisses.[761]

494 **c) Statthaftigkeit der Berufung in Bestandsstreitigkeiten.** Die Berufung in Rechtsstreitigkeiten über das Bestehen, das Nichtbestehen oder die Kündigung eines Arbeitsverhältnisses ist unabhängig von einer Mindestbeschwer oder der Zulassung durch das Arbeitsgericht statthaft (§ 64 Abs. 2c ArbGG).

495 **d) Statthaftigkeit der Berufung beim Zweiten Versäumnisurteil.** Die Berufung gegen ein Zweites Versäumnisurteil ist statthaft, wenn die Berufung (oder Anschlussberufung) darauf gestützt wird, dass der Fall **schuldhafter Versäumung** nicht vorgelegen habe (§ 64 Abs. 2d ArbGG). Eine Mindestbeschwer muss nicht erreicht werden.[762]

496 **e) Statthaftigkeit der Berufung in sonstigen Streitigkeiten.** In den übrigen Rechtsstreitigkeiten ist die Berufung nur statthaft, wenn sie im Urteil des Arbeitsgerichts zugelassen worden ist oder wenn der **Wert des Beschwerdegegenstandes** 600,– EUR übersteigt.

497 **f) Berechnung des Werts des Beschwerdegegenstands.** Der Beschwerdewert wird ermittelt aus einem Vergleich zwischen erstinstanzlichem Antrag mit seiner Bescheidung durch das angefochtene Urteil und dem Berufungsantrag. Die Beschwer ergibt sich zunächst daraus, inwieweit die angefochtene Entscheidung hinter dem erstinstanzlichen Antrag zurückbleibt; sie wird begrenzt durch den **Berufungsantrag**, der das Maß der erstrebten Abänderung bestimmt.[763]

498 Bei **Anspruchshäufung** ist der Wert der einzelnen Ansprüche zusammenzurechnen (§ 5 ZPO).[764] Wird der Beklagte auf einen Hilfsantrag hin unter **Abweisung des Hauptantrags** verurteilt, so ist der Kläger in Höhe des Hauptantrags, der Beklagte in der Höhe des Hilfs-

---

[758] BGH 5.1.1955 – IV ZR 238/54, NJW 1955, 545.
[759] BAG 19.11.1985 – 1 ABR 37/83, AP TVG § 2 Tarifzuständigkeit Nr. 4.
[760] BAG 10.2.2005 – 6 AZR 183/04, EzA ArbGG 1979 § 64 Nr. 40; BGH 14.3.2012 – XII ZR 164/09, NJW-RR 2012, 516.
[761] BAG 24.9.2015 – 6 AZR 497/14, BeckRS 2015, 72934.
[762] Holthaus/Koch RdA 2002, 140 (149).
[763] Germelmann/Matthes/Prütting/Schleusener ArbGG § 64 Rn. 49 ff.
[764] BAG 27.1.2004 – 1 AZR 105/03, NZA 2004, 1239; BGH 16.3.2012 – LwZB 3/11 BeckRS 2012, 08150.

antrags beschwert. Bei der Berechnung des Beschwerdewerts bleiben Nebenforderungen wie Zinsen und Kosten unberücksichtigt (§ 4 Abs. 1 ZPO). Die vom Beklagten hilfsweise zur Aufrechnung gestellte Forderung tritt im Falle der Verurteilung kumulativ zum Wert der Klage, wenn die Entscheidung über die zur Aufrechnung gestellte Forderung rechtskraftfähig ist. Ist der Beklagte der Klageforderung lediglich mit der Aufrechnung entgegengetreten, ohne die Klageforderung zu bestreiten, beschränkt sich seine Beschwer auf den Wert der zur **Aufrechnung** gestellten Forderung.[765]

Die Ermittlung, in welchem Umfang eine Partei durch eine gerichtliche Entscheidung beschwert ist, kann allein nach Maßgabe ihrer eigenen Verhältnisse erfolgen.[766] In der Regel entspricht die Rechtsmittelbeschwer der unterliegenden Partei wertmäßig der Höhe des gegnerischen Obsiegens. Bei der **Auskunftsklage** ist dies ausnahmsweise nicht der Fall. Die Wertbemessung in der Rechtsmittelinstanz richtet sich nach dem Interesse des jeweiligen Rechtsmittelführers. Im Falle einer Berufung der zur Auskunftserteilung verurteilten Beklagten richtet sich der Wert des Beschwerdegegenstandes nach ihrem Interesse, die Auskunft nicht erteilen zu müssen. Dabei ist nach gefestigter Rechtsprechung in erster Linie auf den Aufwand an Zeit und Kosten abzustellen, den die Auskunftserteilung voraussichtlich erfordern wird.[767] Das Interesse der Beklagten an der Nichterteilung der Auskunft ist in der Regel nicht so zu bewerten wie das entgegengesetzte Interesse des Klägers, dem es auf die Durchsetzung seines Leistungsanspruchs ankommt. Der Wert liegt regelmäßig unterhalb der Mindestbeschwer, sofern die Erteilung der Auskunft nicht einen besonderen Aufwand erfordert.

Hat der Kläger die Höhe der vom Beklagten zu zahlenden **Entschädigung oder Abfindung** in das **Ermessen des Gerichts** gestellt, kann er bei antragsgemäßer Verurteilung aus der Bemessung der Entschädigung keine Beschwer ableiten, es sei denn, er hat einen **Mindestbetrag** genannt oder insoweit zumindest Erwartungen geäußert. Der Arbeitnehmer ist also nicht formell beschwert, wenn das Arbeitsgericht das Arbeitsverhältnis auflöst und den Beklagten zur Zahlung eines konkreten Abfindungsbetrages verurteilt, sofern die Abfindungshöhe nicht unterhalb einer vom Kläger konkretisierten Mindestsumme bleibt.[768]

> **Praxistipp:**
>
> Aus diesem Grund sollte der Antrag – in erster Instanz – bei einer Klage auf Entschädigung oder Auflösung nach §§ 9, 10 KSchG etwa lauten:
>
> „Die Beklagte wird verurteilt, an den Kläger eine Entschädigung zu zahlen, die in das Ermessen des Gerichts gestellt wird und <Betrag> EUR nicht unterschreiten sollte." oder
>
> „Das Arbeitsverhältnis der Parteien wird zum <Datum> aufgelöst und die Beklagte wird verurteilt, an den Kläger eine angemessene Abfindung zu zahlen, deren Höhe in das Ermessen des Gerichts gestellt wird, mindestens aber <Betrag> EUR betragen sollte."

Maßgeblicher Zeitpunkt für die Berechnung ist der **Zeitpunkt der Einlegung der Berufung**. Eine im Zeitpunkt der Berufungseinlegung unzulässige Berufung kann nicht nachträglich durch Erweiterung des Berufungsantrags oder durch Klageerweiterung zulässig gemacht werden.[769] Verändert sich der Beschwerdewert nach Einlegung der Berufung unter den Wert der Mindestbeschwer, so wird die Berufung unzulässig, wenn die Einschränkung des Berufungsantrags auf einer freien Entscheidung des Berufungsklägers beruht, nicht jedoch, wenn die Reduzierung durch die Entwicklung des Rechtsstreits geboten war.[770]

---

[765] Schwab/Weth/*Schwab* ArbGG § 64 Rn. 75.
[766] BGH 25.5.1992 – II ZR 23/92, NJW-RR 1992, 1209; 2.6.1993 – IV ZR 211/92, FamRZ 1993, 1189.
[767] BGH 1.4.1992 – VIII ZB 2/92, NJW 1992, 2020; 27.11.1991 – VIII ZR 37/91, NJW-RR 1992, 697; BAG 27.5.1994 – 5 AZB 3/94, NZA 1994, 1054; BGH 9.2.2012 – III ZB 55/11 BeckRS 2012, 04655.
[768] BAG 23.6.1993 – 2 AZR 56/93, AP KSchG 1969 § 9 Nr. 23; vgl. auch Schwab/Weth/*Schwab* ArbGG § 64 Rn. 18, 19.
[769] Vgl. dazu aber BGH 27.3.2012 – VI ZB 74/11 BeckRS 2012, 09058.
[770] BAG 23.2.2016 – 3 AZR 230/14, BeckRS 2016, 67745; 19.1.2006 – 6 AZR 259/05, AP ArbGG 1979 § 64 Nr. 39; Germelmann/Matthes/Prütting/*Schleusener* ArbGG § 64 Rn. 51.

502 Der Wert des Beschwerdegegenstands ist glaubhaft zu machen (§ 64 Abs. 5 ArbGG). Für die Mittel der Glaubhaftmachung gilt § 294 ZPO. Zur Versicherung an Eides statt darf der Berufungskläger jedoch nicht zugelassen werden.

503 **g) Erstinstanzlicher Urteilsstreitwert als Obergrenze.** Bei dem im erstinstanzlichen Urteil nach § 61 Abs. 1 ArbGG festgesetztem Streitwert handelt es sich um einen **Rechtsmittelstreitwert**. Der Wert des Beschwerdegegenstands wird aus diesem Streitwert, dem Urteil und den Anträgen ermittelt. Der Urteilsstreitwert hat insoweit die Bedeutung der Obergrenze der möglichen Beschwer für die Berufungsinstanz.[771] Diese Bindung an den vom Arbeitsgericht angegebenen Streitwert entfällt nur dann, wenn die Streitwertfestsetzung **offensichtlich unrichtig** ist.[772] Der so verstandene Urteilsstreitwert bemisst sich nach dem Gegenstand des Urteils, in der Regel also nach den **letzten gestellten Anträgen in erster Instanz**. Maßgeblicher Zeitpunkt ist mithin die letzte mündliche Verhandlung.[773]

2. Zulassung der Berufung

504 **a) Allgemeines.** Beträgt der Wert des Beschwerdegegenstandes bei Nichtbestandsstreitigkeiten nicht mehr als 600,– EUR, so ist die Berufung unzulässig, sofern sie nicht vom Arbeitsgericht ausdrücklich zugelassen worden ist. Die Entscheidung über die Zulassung erfolgt **von Amts wegen**. Ein Antrag der Parteien hat lediglich die Bedeutung einer Anregung.

505 Aus Gründen der Rechtssicherheit und Rechtsklarheit bestimmt § 64 Abs. 3a S. 1 ArbGG, dass sowohl die Zulassung als auch die Nichtzulassung der Berufung in den **Urteilstenor** des erstinstanzlichen Urteils aufzunehmen sind. Ist dies unterblieben, kann binnen zwei Wochen ab Verkündung des Urteils eine entsprechende **Ergänzung beantragt** werden (§ 64 Abs. 3a S. 2 ArbGG). Über den Antrag kann die Kammer ohne mündliche Verhandlung entscheiden.

506 Die Zulassung der Berufung kann auf einzelne selbstständige Streitgegenstände beschränkt werden. Über die Zulassung bzw. Nichtzulassung ist unabhängig davon zu entscheiden, ob die Mindestbeschwer erreicht wird, weil im Zeitpunkt der Entscheidung der Umfang der Berufung nicht bekannt ist.[774] Einer besonderen Zulassung bedarf es aber nicht, wenn die Gründe des § 64 Abs. 2 lit. b–d ArbGG vorliegen.[775] Von besonderer Bedeutung sind insoweit **Bestandsschutzstreitigkeiten**.

507 Das LAG ist an die Zulassung der Berufung gebunden (§ 64 Abs. 4 ArbGG). Dies gilt auch, wenn das ArbG die Voraussetzungen für eine Zulassung verkennt. Auch die Nichtzulassung der Berufung ist bindend.[776] Eine Nichtzulassungsbeschwerde sieht das Gesetz nicht vor.[777]

508 **b) Zulassungsgründe.** Das Arbeitsgericht hat die Berufung nach § 64 Abs. 3 ArbGG zuzulassen, wenn
- die Rechtssache grundsätzliche Bedeutung hat,
- die Rechtssache Streitigkeiten nach § 64 Abs. 3 Nr. 2 ArbGG über Tarifverträge, Arbeitskampf oder Vereinigungsfreiheit betrifft,
- das Arbeitsgericht in der Auslegung einer Rechtsvorschrift von einem ihm im Verfahren vorgelegten Urteil, das für oder gegen eine Partei des Rechtsstreits ergangen ist, oder von einem Urteil des im Rechtszug übergeordneten LAG abweicht und die Entscheidung auf dieser Abweichung beruht.

3. Berufungsfrist

509 Die Frist für die Einlegung der Berufung beträgt **einen Monat** (§ 66 Abs. 1 S. 1 ArbGG). Sie beginnt mit der **Zustellung** des in vollständiger Form abgefassten Urteils, spätestens aber

---

[771] BAG 16.5.2007 – 2 AZB 53/06, AP ArbGG 1979 § 61 Nr. 15; 2.3.1983 – 5 AZR 594/82, AP ArbGG 1979 § 64 Nr. 6; 27.5.1994 – 5 AZB 3/94, AP ArbGG 1979 § 64 Nr. 17.
[772] BAG 16.5.2007 – 2 AZB 53/06, AP ArbGG 1979 § 61 Nr. 15.
[773] *Creutzfeldt* DB 1996, 957.
[774] Vgl. Schwab/Weth/*Schwab* ArbGG § 64 Rn. 46.
[775] Germelmann/Matthes/Prütting/*Schleusener* ArbGG § 64 Rn. 16; ErfK/*Koch* ArbGG § 64 Rn. 5.
[776] Vgl. BAG 25.1.2017 – 4 AZR 519/15, AP ArbGG 1979 § 64 Nr. 51.
[777] LAG Köln 26.6.2001 – 5 Ta 158/01, MDR 2001, 1374.

mit dem Ablauf von fünf Monaten nach der Verkündung (§ 66 Abs. 1 S. 2 ArbGG). Da die Zustellung von Amts wegen erfolgt (§ 50 Abs. 1 ArbGG), setzt eine Zustellung im Parteibetrieb den Lauf der Frist nicht in Gang.[778] Im Falle der Urteilsergänzung nach § 321 ZPO beginnt die Berufungsfrist auch für die Berufung gegen das Hauptsacheurteil erst mit der Zustellung der ergänzenden Entscheidung (§ 517 ZPO). Wenn ein im ersten Rechtszug Unterlegener seine Berufung vor Zustellung des Urteils begründet, trägt er das Risiko, mit seinen Ausführungen die Urteilsgründe zu verfehlen.[779]

Fehlt es an der Zustellung eines vollständig abgefassten Urteils eines Arbeitsgerichts, beginnt die Berufungs- und Berufungsbegründungsfrist spätestens mit Ablauf von **fünf Monaten** nach Verkündung. In diesem Fall enden die Berufungsfrist sechs Monate und die Berufungsbegründungsfrist sieben Monate nach Verkündung. § 66 Abs. 1 S. 2 ArbGG stellt eine Spezialvorschrift zu § 9 Abs. 5 ArbGG dar. Die 12-Monats-Frist des § 9 Abs. 5 ArbGG ist bei nicht erfolgter Zustellung des arbeitsgerichtlichen Urteils im Rahmen der Berufungsfrist nicht mehr anwendbar.[780] Dagegen ist aber im Fall der verspäteten Absetzung des Berufungsurteils die sofortige Beschwerde nach § 72b ArbGG gegeben. 510

Die Berufungsfrist ist eine **Notfrist,** die weder verlängert noch verkürzt werden kann (§§ 517, 224 Abs. 1 ZPO). Sie gilt auch für Urteile in Verfahren des Arrestes und der einstweiligen Verfügung.[781] Die Frist läuft für jeden Beteiligten gesondert ab der an ihn erfolgten Zustellung. Die Einhaltung der Frist ist von Amts wegen zu prüfen. Es gelten die Regeln des Freibeweises.[782] Die Berufung kann schon nach der Verkündung, aber vor Zustellung des Urteils wirksam eingelegt werden.[783] 511

Gegen die schuldlose **Versäumung** einer Notfrist ist **Wiedereinsetzung** in den vorigen Stand möglich (§ 64 Abs. 6 ArbGG iVm §§ 233 ff. ZPO). Grundsätzlich darf eine Partei darauf vertrauen, dass im Bundesgebiet eine werktags aufgegebene **Postsendung am folgende Werktag** ausgeliefert wird.[784] Bei Übermittlung per **Telefax** ist eine ausreichende **Zeitreserve** einzuplanen. Wird ein Schriftsatz erst um 23:58 Uhr mittels Telefax an das Gericht übermittelt, der erst nach 24:00 Uhr eingeht, ist ein Verschulden nur dann nicht gegeben, wenn glaubhaft gemacht wird, dass nach den Erfahrungswerten bei einer üblichen Übertragungsdauer von einem Eingang vor 24:00 Uhr auszugehen war.[785] Bei Einschaltung eines **Prozessbevollmächtigten** ist dessen **Verschulden** der Partei **zuzurechnen.** So gehört die Anfertigung einer Rechtsmittelschrift – ebenso wie die Anfertigung eines Antrages auf Verlängerung der Begründungsfrist – zu den Aufgaben, die der Rechtsanwalt seinem angestellten Büropersonal nicht übertragen darf, ohne das Arbeitsergebnis selbst sorgfältig zu überprüfen.[786] Wird Wiedereinsetzung gewährt, etwa einer mittellosen Prozesskostenhilfe beantragende Partei, beginnt die Monatsfrist erst mit Mitteilung der Wiedereinsetzung.[787] 512

4. Berufungsbegründungs- und -beantwortungsfrist

Die Berufung ist innerhalb einer **Frist von zwei Monaten** zu begründen (§ 66 Abs. 1 ArbGG). Die Frist beginnt mit der Zustellung des in vollständiger Form abgefassten Urteils, spätestens mit Ablauf von fünf Monaten nach der Verkündung (§ 66 Abs. 1 ArbGG). Die Berufungsbegründungsfrist ist **keine Notfrist.** Sie kann daher auf Antrag verlängert 513

---

[778] Germelmann/Matthes/Prütting/*Schleusener* ArbGG § 66 Rn. 9.
[779] BAG 16.6.2004 – 5 AZR 529/03, EzA ZPO 2002 § 520 Nr. 3.
[780] BAG 24.10.2006 – 9 AZR 709/05, AP ArbGG 1979 § 66 Nr. 34; 16.12.2004 – 2 AZR 611/03, EzA ZPO 2002 § 233 Nr. 3; 28.10.2004 – 8 AZR 492/03, EzA ArbGG 1979 § 66 Nr. 38.
[781] Zur Verkürzung der Fristen im Berufungsverfahren bei einstweiligen Verfügungen *Humberg* AuR 2013, 299 ff.
[782] BGH 22.12.2011 – VII ZB 35/11, NJW-RR 2012, 509.
[783] BAG 6.3.2003 – 2 AZR 596/02, NZA 2003, 814; 17.2.1961 – 1 AZR 287/59, AP ZPO § 519 Nr. 16; aA *Holthaus/Koch* RdA 2002, 140 (151) (für Entscheidungen nach Inkrafttreten des Zivilprozessreformgesetzes am 1.1.2002).
[784] BGH 17.12.2019 – VI ZB 19/19, BeckRS 2019, 36483.
[785] BGH 27.9.2018 – IX ZB 67/17, NJW-RR 2018, 1398; vgl. auch BGH 6.12.2017 – XII ZB 335/17, BeckRS 2017, 138745.
[786] BGH 22.7.2015 – XII ZB 583/14, BeckRS 2015, 14067; Schwab/Weth/*Schwab* ArbGG § 66 Rn. 42.
[787] BGH 30.4.2014 – III ZB 86/13, NJW 2014, 2442.

werden. Der Antrag kann nur durch einen Bevollmächtigten nach § 11 Abs. 4 ArbGG gestellt werden. Die Gründe für die Fristverlängerung sind anzugeben und glaubhaft zu machen.[788]

514 Die Fristen zur Begründung der Berufung und zur Berufungsbeantwortung können vom Vorsitzenden **einmal auf Antrag verlängert** werden, wenn nach seiner freien Überzeugung der Rechtsstreit durch die Verlängerung nicht verzögert wird oder wenn die Partei erhebliche Gründe darlegt (§ 66 Abs. 1 S. 5 ArbGG). Aus dem klaren Wortlaut der Vorschrift ergibt sich, dass nur eine einmalige Verlängerung der Berufungsbegründungsfrist zulässig ist. Das Gesetz enthält keine Anhaltspunkte für eine vom Wortlaut abweichende Auslegung dahin, dass die Begründungsfrist etwa im Einverständnis des Gegners mehrfach verlängert werden kann.[789] Eine **zweite Verlängerung** der Rechtsmittelbegründungsfrist ist auch dann **nicht zulässig**, wenn erst durch sie eine insgesamt einmonatige Fristverlängerung erreicht würde[790] oder die Gegenseite zugestimmt hat.[791] Eine zweite Verlängerung der Berufungsbegründungsfrist ist selbst dann unzulässig, wenn das erstinstanzliche Urteil noch nicht zugestellt ist.[792] Die Rechtsmittelbegründungsfrist kann aber nach ihrem Ablauf wirksam verlängert werden, sofern der Verlängerungsantrag vor Fristablauf bei Gericht eingegangen ist; die Verlängerung muss dann spätestens innerhalb eines Monats nach Ablauf der ursprünglichen Begründungsfrist erfolgen.[793] Eine entgegen § 66 Abs. 1 S. 5 ArbGG vorgenommene weitere Fristverlängerung ist nichtig.[794]

515 Im ArbGG fehlt eine Vorschrift zur **Höchstdauer der Fristverlängerung.** In Anlehnung an § 74 Abs. 1 S. 3 ArbGG und § 520 Abs. 2 S. 3 ZPO wird dennoch von einer Höchstdauer von einem Monat ausgegangen.[795] Das BAG hat einer solchen Höchstfrist eine Absage erteilt.[796] Für eine Fristverlängerung über einen Monat hinaus bedarf es aber besonderer Gründe. Der Vorsitzende kann die Frist auch um einen kürzeren, unter Berücksichtigung der Antragsbegründung noch angemessenen Zeitraum verlängern.[797]

516 Ein **erheblicher Grund** zur Verlängerung der Berufungsbegründungsfrist liegt regelmäßig vor, wenn der Prozessbevollmächtigte eine besonders **starke Arbeitsbelastung** geltend macht. Insoweit ist regelmäßig nicht erforderlich, bei einem auf starke Arbeitsbelastung gestützten Fristverlängerungsantrag die Gründe für die behauptete Belastung und ihre Auswirkungen auf das konkrete Verfahren besonders darzulegen. Ein Prozessbevollmächtigter darf darauf regelmäßig vertrauen, dass es einer weiteren Substanziierung nicht bedarf.[798] Unzulässig ist es, wenn das LAG unabhängig vom Einzelfall und insbesondere ohne Anhaltspunkte für das Nichtvorliegen der vorgebrachten Gründe deren nähere Substanziierung verlangt. Auf eine solche Praxis braucht sich der Prozessbevollmächtigte nicht einzustellen.[799] Wenn jedoch Anhaltspunkte dafür vorliegen, dass die pauschal vorgebrachten Gründe für die beantragte Verlängerung in Wahrheit nicht vorliegen, ist der Vorsitzende im Einzelfall nicht gehindert, eine **Substanziierung der Gründe** zu verlangen.

517 Nach § 66 Abs. 1 S. 3 ArbGG muss die Berufung innerhalb einer Frist von **einem Monat** nach Zustellung der Berufungsbegründung beantwortet werden. Die **Berufungsbeantwortungsfrist** findet in Verfahren des Arrestes und der einstweiligen Verfügung keine Anwendung.[800] Auch die Frist zur Berufungsbeantwortung kann auf Antrag verlängert werden (§ 66 Abs. 1 S. 5 ArbGG).

---

[788] Vgl. dazu BAG 4.2.1994 – 8 AZB 16/93, EzA ArbGG 1979 § 66 Nr. 17.
[789] BAG 18.9.1997 – 2 AZR 37/97, BeckRS 1997, 30770915
[790] BAG 6.12.1994 – 1 ABR 34/94, AP ArbGG 1979 § 66 Nr. 7.
[791] BAG 7.11.2012 – 7 AZR 314/12, NJW 2013, 1467.
[792] BAG 13.9.1995 – 2 AZR 855/94, AP ArbGG 1979 § 66 Nr. 12.
[793] BAG 24.8.1979 – GS 1/78, AP ArbGG 1979 § 66 Nr. 1.
[794] BAG 18.9.1997 – 2 AZR 37/97, BeckRS 1997, 30770915; 6.12.1994 – 1 ABR 34/94, AP ArbGG 1979 § 66 Nr. 7; 13.9.1995 – 2 AZR 855/94, AP ArbGG 1979 § 66 Nr. 12.
[795] Germelmann/Matthes/Prütting/*Schleusener* ArbGG § 66 Rn. 37.
[796] BAG 16.7.2008 – 7 ABR 13/07, NZA 2009, 202.
[797] BAG 20.10.2004 – 5 AZB 37/04, EzA ArbGG 1979 § 66 Nr. 37.
[798] BGH 20.2.2018 – VI ZB 47/17, BeckRS 2018, 04560.
[799] BAG 20.10.2004 – 5 AZB 37/04, EzA ArbGG 1979 § 66 Nr. 37.
[800] Germelmann/Matthes/Prütting/*Schleusener* ArbGG § 66 Rn. 28.

5. Form und Inhalt der Berufung

Die Einlegung der Berufung erfolgt durch Einreichung einer **Berufungsschrift bei dem LAG** (§ 519 Abs. 1 ZPO iVm § 64 Abs. 6 ArbGG). Die an das Arbeitsgericht adressierte Berufungsschrift ist erst beim LAG eingereicht, wenn sie dort tatsächlich eingeht. Das ArbG ist verpflichtet, die Berufungsschrift im ordentlichen Geschäftsgang[801] an das LAG weiterzuleiten.[802]

Die Berufungsschrift muss von einem postulationsfähigen **Bevollmächtigten** nach § 11 Abs. 4 ArbGG unterschrieben sein.[803] Die **Unterschrift** braucht nicht lesbar, muss aber individualisierbar sein.[804] Die Unterschrift mit einer Paraphe oder durch Faksimile reicht nicht.[805] Die Unterschrift ist ein zwingendes und unverzichtbares Formerfordernis, das nicht durch rügelose Einlassung geheilt werden kann.[806] Die Berufungseinlegung kann auch telegrafisch oder durch Telefax erfolgen.[807] Der OK-Vermerk im Sendebericht des Fax-Schreibens belegt nur das Zustandekommen der Verbindung.[808] Die beim LAG eingehende Kopie muss aber die Unterschrift wiedergeben.[809] Eine auf die Telefaxvorlage aufgeklebte Blankounterschrift ist unzureichend.[810] Für **elektronische Dokumente** gilt § 46c ArbGG (→ Rn. 273 ff.). Formfehler können innerhalb der Berufungsfrist behoben werden. So kann ein bestimmender Schriftsatz auch ohne qualifizierte elektronische Signatur formgerecht per E-Mail übermittelt werden; die Rechtsmittelfrist wird aber nur dann gewahrt, wenn er dem zuständigen Gericht noch innerhalb der Frist in ausgedruckter Form vorliegt.[811]

> **Praxistipp:**
>
> Ausnahmsweise kann das Fehlen einer Unterschrift dann unschädlich sein, wenn aufgrund anderer Umstände zweifelsfrei feststeht, dass der Prozessbevollmächtigte die Verantwortung für den Inhalt des Schriftsatzes übernommen hat. Der Mangel der Unterschrift in dem als Urschrift der Berufung gedachten Schriftsatz kann etwa behoben werden, wenn ihm eine **beglaubigte Abschrift** dieses Schriftsatzes, auf der der Beglaubigungsvermerk von dem Prozessbevollmächtigten handschriftlich vollzogen worden ist oder der in Rede stehende Schriftsatz fest mit einem von dem Rechtsanwalt unterzeichneten Begleitschreiben verbunden war, gleichzeitig beigefügt war.

Nach § 519 Abs. 2 ZPO iVm § 64 Abs. 6 ArbGG muss die Berufungsschrift die Bezeichnung des Urteils, gegen das die Berufung gerichtet wird, und die Erklärung, dass gegen dieses Urteil Berufung eingelegt werde, enthalten. Dies hat den Sinn, dem Gericht wie auch dem Rechtsmittelgegner Gewissheit zu verschaffen, welches Urteil angefochten werden soll. Deshalb kommt es im Einzelnen nicht darauf an, in welcher Weise die angefochtene Entscheidung bezeichnet wird. Notwendig ist allein, dass auf Grund der Angaben in der Rechtsmittelschrift oder sonstiger innerhalb der Berufungsfrist beigebrachter Unterlagen die **Identität des angefochtenen Urteils unzweifelhaft** feststeht.[812] Weiter gehört zu den zwingenden Formerfordernissen einer Berufungsschrift, dass sie anführt, **für wen und gegen wen** die Berufung eingelegt wird.[813] Fehlt eine der Angaben, so ist dies unschädlich, wenn sich aus den sonstigen Angaben in der Berufungsschrift oder den Anlagen, zB aus dem nach

---

[801] BAG 20.8.1997 – 2 AZR 9/97, AP ArbGG 1979 § 66 Nr. 19.
[802] BVerfG 20.6.1995 – 1 BvR 166/93, AP ArbGG 1979 § 9 Nr. 15.
[803] BAG 17.9.2013 – 9 AZR 75/12, BeckRS 2013, 74390.
[804] „Wellenlinie" reicht nicht, s. BGH 13.5.1992 – VIII ZR 190/91, AP ZPO § 212a Nr. 7; negatives Beispiel auch BAG 25.2.2015 – 5 AZR 849/13, NZA 2015, 701; grds. ist aber ein großzügiger Maßstab anzusetzen, BGH 9.7.2015 – V ZB 208/14, BeckRS 2015, 14209.
[805] BAG 13.5.1992 – VIII ZR 190/91, AP ZPO § 518 Nr. 67.
[806] BAG 25.2.2015 – 5 AZR 849/13, NJW 2015, 3533.
[807] Auch E-Post-Brief OLG Hamm 4.4.2016 – 14 UF 204/15, BeckRS 2016, 08486.
[808] BGH 12.4.2016 – VI ZB 7/15, BeckRS 2016, 08551.
[809] BAG 24.9.1986 – 7 AZR 669/84, AP ArbGG 1979 § 72 Nr. 12.
[810] BGH 27.8.2015 – III ZB 60/14, BeckRS 2015, 15856.
[811] BAG 11.7.2013 – 2 AZB 6/13, NZA 2013, 983; BGH 4.12.2008 – IX ZB 41/08, NJW-RR 2009, 357.
[812] BAG 9.2.1981 – 2 AZB 20/80, AP ZPO § 518 Nr. 45.
[813] Zum Schriftformerfordernis vgl. BAG 17.5.2001 – 8 AZB 15/01, EzA ZPO § 518 Nr. 43.

§ 519 Abs. 3 ZPO beigefügten Urteil, die fehlenden Angaben ergeben.[814] Problematisch sind fehlende Angaben gerade dann, wenn auf einer Seite mehrere Parteien stehen.[815] Die Nichtangabe der ladungsfähigen Anschrift des Berufungsbeklagten oder seines Prozessbevollmächtigten führt nicht zur Unzulässigkeit der Berufung.[816]

521   Die Berufung ist **als Prozesshandlung bedingungsfeindlich**. Sie kann **nicht** wirksam **von der Bewilligung von Prozesskostenhilfe abhängig** gemacht werden.[817] Nach der Rechtsprechung ist die Einreichung eines Antrags auf Prozesskostenhilfe verbunden mit einem Schriftsatz, der die gesetzlichen Anforderungen an eine Berufungsschrift oder an eine Berufungsbegründung erfüllt, aber regelmäßig als unbedingt eingelegtes und begründetes Rechtsmittel zu behandeln.[818] Die nach der Entscheidung über den Prozesskostenhilfeantrag, aber nach Ablauf der Berufungsfrist eingelegte Berufung kann jedoch gleichwohl zulässig sein, wenn die Voraussetzungen einer Wiedereinsetzung in den vorigen Stand gegeben sind.[819] Aus diesem Grund kann eine Berufung auch nicht als unzulässig verworfen werden, bevor über den Prozesskostenhilfeantrag entschieden worden ist.[820]

6. Begründung der Berufung

522   Nach § 520 Abs. 1 ZPO iVm § 64 Abs. 6 ArbGG muss der Berufungskläger die Berufung begründen. Die Berufungsbegründung ist, sofern sie nicht bereits in der Berufungsschrift enthalten ist, in einem Schriftsatz bei dem Berufungsgericht einzureichen (§ 520 Abs. 3 S. 1 ZPO). Bei unvollständiger Übermittlung ist zu prüfen, ob der Berufungsbegründungsschriftsatz trotz des fehlenden Teils den gesetzlichen Mindestanforderungen genügt.[821]

523   **a) Berufungsanträge.** Nach § 520 Abs. 3 S. 2 Nr. 1 ZPO iVm § 64 Abs. 6 ArbGG muss die Berufungsbegründung die Erklärung enthalten, inwieweit das Urteil angefochten wird und welche Abänderungen des Urteils beantragt werden (Berufungsanträge).[822]

524   War der Kläger in der ersten Instanz im vollen Umfang unterlegen, so ist zB zu beantragen:

525   **Formulierungsvorschlag:**

„… wird beantragt, unter Abänderung des Urteils des ArbG <Bezeichnung des ArbG> vom <Verkündungsdatum der angefochtenen Entscheidung; Aktenzeichen> <nach den Schlussanträgen des Klägers in erster Instanz zu erkennen> oder <die Beklagte zu verurteilen, (konkreter Antrag, zB an den Kläger <Betrag> zu zahlen)>.

526   War der Beklagte in der ersten Instanz unterlegen und hat er Berufung eingelegt, so ist zB zu beantragen:

Formulierungsvorschlag:

527   „Es wird beantragt, das Urteil des Arbeitsgerichts <Bezeichnung des Arbeitsgerichts> vom <Verkündungsdatum der angefochtenen Entscheidung; Aktenzeichen> abzuändern und die Klage abzuweisen."

---

[814] BGH 25.2.1993 – VII ZB 22/92, NJW 1993, 1719; 19.2.2002 – VI ZR 394/00, NJW 2002, 1430.
[815] Vgl. dazu OLG Stuttgart 28.9.2011 – 3 U 58/11, NJW 2012, 1375.
[816] BAG 16.9.1986 – GS 4/85, AP ZPO § 518 Nr. 53.
[817] LAG Köln 3.1.2012 – 4 Sa 299/11, BeckRS 2012, 65677
[818] BGH 3.5.2018 – IX ZB 72/17, BeckRS 2018, 9386.
[819] Schwab/Weth/*Schwab* ArbGG § 66 Rn. 50; vgl. etwa dazu BGH 2.4.2008 – XII ZB 131/06, NJW-RR 2008, 1518.
[820] BGH 5.2.2013 – VIII ZB 38/12, BeckRS 2013, 04221.
[821] BVerfG 28.8.2003 – 1 BvR 2194/02, NJW 2004, 355.
[822] Vgl. zu den Anträgen *Ulrich* in Hamacher, Antragslexikon Arbeitsrecht, 3. Aufl. 2019, Rechtsmittelverfahren.

Hat der Kläger beim Arbeitsgericht mit einer Leistungsklage nur einen Teilerfolg erzielt, 528
so ist zu beantragen:

Formulierungsvorschlag:

„Es wird beantragt, unter teilweiser Abänderung des Urteils des Arbeitsgerichts <Bezeichnung des 529
Arbeitsgerichts> vom <Verkündungsdatum der angefochtenen Entscheidung; Aktenzeichen> den
Beklagten zur Zahlung von <Betrag> Euro nebst Zinsen iHv 5 Prozentpunkten über dem Basiszinssatz seit dem (Datum) zu verurteilen.

Das Fehlen eines konkret gefassten Antrags führt nicht automatisch zur Unzulässigkeit 530
der Berufung, wenn sich aus der Begründung der Berufung ergibt, inwieweit das arbeitsgerichtliche Urteil angefochten werden soll. Die Angabe, dass das Urteil voll angefochten
wird, reicht als Antrag aus.[823]

b) Anforderungen an die Berufungsbegründung. Das Gesetz zur Reform des Zivilprozes- 531
ses[824] hat die Struktur der Berufung geändert. Sie kann gemäß § 513 Abs. 1 ZPO nur noch
darauf gestützt werden, dass die angefochtene Urteil auf einer Rechtsverletzung (§ 546
ZPO) beruht oder dass nach § 529 ZPO zugrundezulegende Tatsachen eine andere Entscheidung rechtfertigen. Die Berufung dient damit jetzt **primär der Fehlerkontrolle und
-beseitigung** und ähnelt darin – wenn auch eingeschränkt – der Revision (§ 545 Abs. 1
ZPO).[825] Die Umgestaltung der Berufungsinstanz zu einem Instrument der Fehlerkontrolle
hat zugleich die Anforderungen an den Inhalt der Berufungsbegründung modifiziert und
teilweise präzisiert. Während die Berufungsbegründung früher ohne Differenzierung zwischen den möglichen Berufungsangriffen „die bestimmte Bezeichnung der im Einzelnen anzuführenden Gründe der Anfechtung" sowie der neu anzuführenden Tatsachen, Beweismittel und Beweiseinreden enthalten musste (§ 519 Abs. 3 Nr. 2 ZPO aF), unterscheidet § 520
Abs. 3 S. 2 ZPO nunmehr zwischen den nach der Reform zulässigen Berufungsgründen und
bestimmt dafür jeweils unterschiedliche Mindestanforderungen an die Rechtsmittelbegründung.[826] Diese Ausrichtung der Begründung am jeweiligen Berufungsangriff bedeutet aber
keine qualitative Erhöhung, sondern lediglich eine Präzisierung der Berufungsanforderungen, soweit es die Zulässigkeit der Berufung betrifft. Eine Verschärfung kann weder dem
Gesetzestext noch den Materialien entnommen werden.[827] Ist die Berufung zulässig, so hat
das Berufungsgericht aber eine **tatsächliche Inhaltskontrolle** des erstinstanzlichen Urteils
ungeachtet einer entsprechenden Berufungsrüge vorzunehmen.[828]

Zweck der gesetzlichen Regelung in § 520 Abs. 3 ZPO ist es, formale und nicht auf den 532
konkreten Streitfall bezogene Berufungsbegründungen auszuschließen, um dadurch auf die
Zusammenfassung und Beschleunigung des Verfahrens im zweiten Rechtszug hinzuwirken;
allein schon aus der Berufungsbegründung sollen Gericht und Gegner erkennen können,
welche Gesichtspunkte der Berufungskläger seiner Rechtsverfolgung oder -verteidigung
zugrunde legt, insbesondere welche tatsächlichen und rechtlichen Erwägungen des erstinstanzlichen Urteils er bekämpfen und auf welche Gründe er sich hierfür stützen will. Die
Rechtsmittelbegründung muss – im Falle ihrer Berechtigung – **geeignet sein, das gesamte Urteil in Frage zu stellen.**[829] Liegt dem Rechtsstreit ein einheitlicher Streitgegenstand zugrunde,
muss der Berufungskläger nicht zu allen für ihn nachteilig beurteilten Streitpunkten Stellung
nehmen, wenn schon ein Punkt geeignet ist, der Begründung des angefochtenen Urteils insgesamt die Tragfähigkeit zu nehmen.[830] Wenn das Gericht seine Entscheidung aber auf meh-

---

[823] BGH 13.11.1991 – VIII ZB 33/91, NJW 1992, 698.
[824] Vgl. zur Rechtsprechung nach der ZPO-Reform *Nasall* NJW 2012, 113 ff.
[825] BGH 26.6.2003 – III ZB 71/02, NJW 2003, 2532.
[826] BGH 26.6.2003 – III ZB 71/02, NJW 2003, 2532; 28.5.2003 – XII ZB 165/02, NJW 2003, 2531.
[827] BGH 28.5.2003 – XII ZB 165/02, NJW 2003, 2531.
[828] BGH 12.3.2004 – V ZR 257/03, NJW 2004, 1876; BAG 12.9.2013 – 6 AZR 121/12, NZA 2013, 1412.
[829] BGH 23.10.2018 – III ZB 50/18, BeckRS 2018, 28291.
[830] BGH 23.6.2015 – II ZR 166/14, BeckRS 2015, 14206.

rere voneinander unabhängige, **selbstständig tragende rechtliche Erwägungen** stützt, dann ist in der Berufungsbegründung für jede dieser Erwägungen darzulegen, warum sie nach seiner Auffassung die angegriffene Entscheidung nicht trägt; anderenfalls ist das Rechtsmittel insgesamt unzulässig.[831] Allerdings muss aus dem erstinstanzlichen Urteil deutlich hervorgehen, dass sich das Gericht auf mehrere selbständig tragende Erwägungen stützt.[832] Bei mehreren Streitgegenständen oder einem teilbaren Streitgegenstand muss sich die Urteilsbegründung grundsätzlich auf alle Teile des Urteils erstrecken, soweit dessen Abänderung beantragt ist; andernfalls ist das Rechtsmittel für den nicht begründeten Teil unzulässig. Mit Rücksicht auf § 9 ArbGG sind dabei besonders im Arbeitsgerichtsprozess hohe Anforderungen an den Inhalt der Berufungsbegründung zu stellen.[833] Es genügt, wenn die Berufungsbegründung erkennbar auf bestimmte Einzelheiten des konkreten Streitstoffs eingeht und erkennen lässt, in welchen Punkten tatsächlicher oder rechtlicher Art das angefochtene Urteil unrichtig sein soll; es genügt auch, wenn die Begründung zu erkennen gibt, dass nach Auffassung des Berufungsklägers über eine von ihm unter Beweisantritt behauptete Tatsache hätte Beweis erhoben werden müssen oder dass der Berufungskläger die rechtliche Würdigung des erstinstanzlichen Urteils bekämpft; eine schlüssige, rechtlich haltbare Begründung setzt § 520 Abs. 3 ZPO nicht voraus.[834] Die **alleinige Verweisung auf erstinstanzliches Vorbringen reicht jedoch nicht aus.**[835] Gleiches gilt für einen bloßen Hinweis auf die Entscheidung eines anderen Gerichts ohne konkrete Auseinandersetzung mit dem angegriffenen Urteil.[836] Erforderlich ist eine **Auseinandersetzung mit den Entscheidungsgründen.**[837] Der Berufungsführer muss konkret auf den Streitfall eingehen. Es reicht nicht aus, die tatsächliche und rechtliche Würdigung durch den Erstrichter mit formelhaften Wendungen zu rügen.[838] Die Bezugnahme auf das – vom Erstgericht angeblich nicht oder unrichtig gewürdigte – Vorbringen in der Klage oder Klageerwiderung ist unzulässig.[839] Die Berufungsbegründung soll aus sich heraus verständlich sein, damit eine Zusammenfassung und Beschleunigung des Rechtsstreits erreicht werden kann. Zwar ist die Schlüssigkeit der Begründung nicht Voraussetzung der Zulässigkeit.[840] Es gibt jedoch Grenzen. Wenn diese überschritten sind, kann nicht mehr von einer Begründung im Sinne einer Urteilskritik gesprochen werden. Eine kurze, auf den konkreten Fall bezogene Darlegung ist auch in einfachen Streitfällen unerlässlich.[841] Der Rechtsmittelführer braucht regelmäßig nicht mehr an Begründung aufzuwenden als das Gericht in der angefochtenen Entscheidung.[842]

533 Hat das Arbeitsgericht über mehrere selbstständige Ansprüche entschieden, so muss sich die **Begründung mit jedem für fehlerhaft gehaltenen Anspruch** befassen.[843] Behandelt das Gericht jedoch zwei rechtlich selbstständige Ansprüche so, als seien diese voneinander ab-

---

[831] BGH 27.1.2015 – VI ZB 40/14, BeckRS 2015, 02886; 10.1.1996 – IV ZB 29/95, NJW-RR 1996, 572; BAG 11.3.1998 – 2 AZR 497/97, AP ZPO § 519 Nr. 49; 27.7.2010 – 1 AZR 186/09, NZA 2010, 1446; 19.10.2010 – 6 AZR 118/10, NZA 2011, 62.
[832] BGH 30.1.2013 – III ZB 49/12, BeckRS 2013, 04213.
[833] BAG 6.4.1957 – 2 AZR 19/55, AP ZPO § 519 Nr. 4; 11.3.1998 – 2 AZR 497/97, AP ZPO § 519 Nr. 49.
[834] BAG 19.10.2010 – 6 AZR 118/10, NZA 2011, 62; BGH 30.7.2020 – III ZB 48/19, BeckRS 2020, 19830.
[835] BGH 18.2.1981 – IVb ZB 505/81, AP ZPO § 519 Nr. 34.
[836] BAG 19.10.2010 – 6 AZR 118/10, NZA 2011, 62.
[837] BAG 21.6.1958 – 2 AZR 15/58, AP ZPO § 519 Nr. 9; 26.9.1991 – 2 AZR 62/91, BeckRS 1991, 30738735; BAG 14.3.2017 – 9 AZR 633/15, BeckRS 2017, 104365.
[838] BAG 8.10.2008 – 5 AZR 526/07, NZA 2008, 1429; 25.4.2007 – 6 AZR 436/05, AP ZPO § 580 Nr. 15; BGH 27.5.2008 – XI ZB 41/06, NJW 2008, 1308; BGH 30.7.2020 – III ZB 48/19, BeckRS 2020, 19830.
[839] BGH 9.3.1995 – IX ZR 142/94, NJW 1995, 1559; 18.2.1981 – IVb ZB 505/81, NJW 1981, 1620; 29.9.1993 – XII ZR 209/92, NJW 1993, 3333.
[840] BAG 29.9.1993 – XII ZR 209/92, NZA 2008, 1429; BGH 9.3.1995 – IX ZR 142/94, NJW 1995, 1559; 8.10.1976 – V ZR 224/74, VersR 1977, 152.
[841] BGH 9.3.1995 – IX ZR 142/94, NJW 1995, 1559.
[842] BAG 16.3.2004 – 9 AZR 323/03, AP TzBfG § 8 Nr. 10.
[843] BAG 27.1.2004 – 1 AZR 105/03, EzA ArbGG 1979 § 64 Nr. 39; 6.12.1994 – 9 AZN 337/94, AP ArbGG 1979 § 72a Nr. 32; 11.3.1998 – 2 AZR 497/97, AP ZPO § 519 Nr. 49.

hängig, kann es ausreichen, wenn sich die Rechtsmittelbelehrung allein mit dem vom Gericht behandelten Streitgegenstand befasst.[844]

c) **Rüge einer Rechtsverletzung.** Geht es um die (sachliche) Rüge eines Rechtsverstoßes, so verlangt § 520 Abs. 3 S. 2 Nr. 2 ZPO (iVm § 64 Abs. 6 ZPO) „die Bezeichnung der Umstände, aus denen sich die Rechtsverletzung und deren Erheblichkeit für die angefochtene Entscheidung ergibt". Es ist die **auf den Streitfall zugeschnittene Darlegung** notwendig, in welchen Punkten und aus welchen materiellrechtlichen oder verfahrensrechtlichen Gründen der Berufungskläger das angefochtene Urteil für unrichtig hält. Die Berufungsbegründung erfordert aber weder die ausdrückliche Benennung einer bestimmten Norm noch die Schlüssigkeit oder jedenfalls Vertretbarkeit der erhobenen Rügen.[845]

Da die Berufungsbegründung erkennen lassen soll, aus welchen tatsächlichen und rechtlichen Gründen der Berufungskläger das angefochtene Urteil für unrichtig hält, hat dieser diejenigen Punkte rechtlicher Art darzulegen, die er als unzutreffend ansieht, und dazu die Gründe anzugeben, aus denen er die Fehlerhaftigkeit jener Punkte und deren Erheblichkeit für die angefochtene Entscheidung herleitet.[846]

Das Recht ist verletzt, wenn eine Rechtsnorm nicht oder nicht richtig angewendet worden ist (§ 546 ZPO). Insoweit reicht die Bezeichnung der Umstände aus, aus denen sich die Rechtsverletzung und deren Erheblichkeit für die angefochtene Entscheidung ergeben. So wenig jedoch die bloße Bezeichnung der angeblich verletzten Norm ausreicht,[847] so wenig genügt für eine ordnungsgemäße Berufungsbegründung die formelhafte Rüge, es sei eine bestimmte Vorschrift zu Unrecht nicht angewendet worden. Macht der Berufungsführer dem Erstgericht zum Vorwurf, es habe die Voraussetzungen einer Ausnahmevorschrift verkannt, darf er sich nicht damit begnügen, lediglich den Gesetzeswortlaut zu zitieren; es muss zumindest im Ansatz der Versuch unternommen werden darzutun, dass im konkreten Fall Anlass bestanden hat, diese Vorschrift zu prüfen.[848]

d) **Rüge fehlerhafter Tatsachenfeststellung.** Alternativ muss die Berufungsbegründung die Bezeichnung konkreter Anhaltspunkte enthalten, die Zweifel an der Richtigkeit oder Vollständigkeit der Tatsachenfeststellungen im angefochtenen Urteil begründen und deshalb eine erneute Feststellung gebieten (§ 520 Abs. 3 S. 2 Nr. 3 ZPO). Da das Berufungsgericht an die vom Gericht des ersten Rechtszuges festgestellten Tatsachen grundsätzlich gebunden ist (§ 529 Abs. 1 Nr. 1 ZPO), muss die Berufung, die den festgestellten Sachverhalt angreifen will, eine Begründung dahin enthalten, warum die Bindung an die festgestellten Tatsachen ausnahmsweise nicht bestehen soll.[849] § 520 Abs. 3 S. 2 Nr. 3 und 4 ZPO regeln diese Anforderungen näher. Nach § 520 Abs. 3 S. 2 Nr. 3 ZPO muss der Berufungsführer konkrete Anhaltspunkte bezeichnen, die Zweifel an der Richtigkeit und Vollständigkeit der Tatsachenfeststellungen im angefochtenen Urteil begründen und deshalb eine erneute Feststellung gebieten. Die fehlerhafte Tatsachenfeststellung muss nicht auf einem Verfahrensfehler beruhen.[850] Nach § 520 Abs. 3 S. 2 Nr. 4 ZPO muss er, wenn er neue Angriffs- und Verteidigungsmittel vorbringen will, dartun, warum diese nach § 67 ArbGG zuzulassen sind.[851] Ob die Verspätung tatsächlich auf einer Nachlässigkeit des Beklagten beruht oder nicht (§ 67 Abs. 2 und 3 ZPO), ist eine Frage der Begründetheit des Rechtsmittels.[852] **§ 531 Abs. 2 ZPO gilt im arbeitsgerichtlichen Berufungsverfahren nicht.** § 67 Abs. 1 bis 4 ArbGG enthält eine eigenständige und in sich abgeschlossene Regelung über die Zulässigkeit von neuen Angriffs- und Verteidigungsmitteln, die nach § 64 Abs. 6 Satz 1 ArbGG die zivilprozessuale

---

[844] BAG 16.3.2004 – 9 AZR 323/03, AP TzBfG § 8 Nr. 10.
[845] BGH 26.6.2003 – III ZB 71/02, NJW 2003, 2532.
[846] BGH 21.5.2003 – VIII ZB 133/02, NJW-RR 2003, 1580.
[847] BGH 9.3.1995 – IX ZR 142/94, NJW 1995, 1559.
[848] BGH 9.3.1995 – IX ZR 142/94, NJW 1995, 1559.
[849] BGH 28.5.2003 – XII ZB 165/02, NJW 2003, 2531.
[850] BGH 14.7.2004 – VIII ZR 164/03, NJW 2004, 2751.
[851] Zur Abgrenzung von neuem zur Konkretisierung bisherigen Tatsachenvortrags etwa BGH 2.4.2009 – V ZR 177/08, NJW-RR 2009, 1236.
[852] BGH 28.5.2003 – XII ZB 165/02, NJW 2003, 2531.

Präklusionsvorschrift verdrängt.[853] Die **Beurteilung der Verzögerung** iSv. § 67 Abs. 2 und 3 ArbGG ist – anders als im zivilprozessualen Berufungsverfahren – nicht vom Vorliegen von Tatsachen abhängig, die vom Berufungskläger vorgetragen und ggf. glaubhaft gemacht werden müssen. Der Berufungskläger muss demnach die neuen Angriffs- und Verteidigungsmittel bezeichnen und darlegen, warum diese das angefochtene Urteil im Ergebnis infrage stellen sollen. Umstritten ist, ob Unrichtigkeiten des Tatbestands des erstinstanzlichen Urteils grundsätzlich im Rahmen eines **Tatbestandsberichtigungsantrags gemäß § 320 ZPO** gerügt werden müssen.[854]

538 **e) Rüge nicht abgesetzten Urteils.** Nach der Rechtsprechung des BAG[855] kann dem Zweck des § 520 Abs. 3 S. 2 ZPO, bloß formelhaften Berufungsbegründungen entgegenzuwirken und zu gewährleisten, dass der Rechtsstreit für die Berufungsinstanz ausreichend vorbereitet wird, nicht nur dann genügt werden, wenn dem Rechtsmittelführer bei Abfassung der Rechtsmittelbegründung die schriftlichen Urteilsgründe vorliegen. Eine den Anforderungen des § 520 Abs. 3 S. 2 ZPO gerecht werdende Berufungsbegründung ist vielmehr auch dann möglich, wenn der Berufungsführer auf andere Weise – etwa durch hinreichend deutliche Erläuterungen des Gerichts in der mündlichen Verhandlung, durch einen Hinweisbeschluss oder durch eine mündliche Urteilsbegründung – Kenntnis von den tragenden Gründen des angefochtenen Urteils erlangt hat oder diese für ihn aus sonstigen Umständen offenkundig waren.[856] Wenn ein im ersten Rechtszug Unterlegener seine Berufung vor Zustellung des Urteils begründet, trägt er das Risiko, mit seinen Ausführungen die Urteilsgründe zu verfehlen.[857] Ist das angefochtene Urteil überhaupt nicht mit Gründen versehen, oder ist das verspätet zugestellte Urteil nach § 547 Nr. 6 ZPO als Urteil ohne Gründe anzusehen, so ist davon auszugehen, dass eine ordnungsgemäße Berufungsbegründung möglich sein muss, ohne dass der Berufungsführer von den Entscheidungsgründen des anzufechtenden Urteils Kenntnis hat. Setzt sich die Berufungsbegründung vor Zustellung des erstinstanzlichen Urteils und ohne Kenntnis von dessen Entscheidungsgründen mit diesen im Vorgriff hypothetisch in einer Weise auseinander, die den Anforderungen des § 520 Abs. 3 S. 2 ZPO entspricht, so reicht dies aus.[858]

539 Wegen der Garantie eines wirksamen Rechtsschutzes und der durch die Fünf-Monats-Frist des § 66 Abs. 1 S. 2 ArbGG angestrebten Verfahrensbeschleunigung soll es für eine ordnungsgemäße Berufungsbegründung in Fällen verspätet oder gar nicht abgesetzter Urteile ausreichen, wenn der Berufungskläger das Fehlen der Entscheidungsgründe rügt.[859]

540 **f) Zweites Versäumnisurteil.** Bei der Berufung gegen ein zweites Versäumnisurteil ist zu rügen, dass der Fall der schuldhaften Versäumung nicht vorgelegen habe (§ 64 Abs. 2d ArbGG). Es wird nicht geprüft, ob das erste Versäumnisurteil zu Recht ergangen ist. Eine schuldhafte Versäumung ist dann nicht gegeben, wenn die Säumnis nicht auf einem Verschulden der Partei beruht, so dass nach § 337 ZPO die mündliche Verhandlung zu vertagen gewesen wäre.[860]

> **Praxistipp:**
> Auf die Zulässigkeitsanforderungen der Berufung ist besonders Acht zu geben. Die Zulässigkeit ist nämlich **Prozessfortsetzungsvoraussetzung** für das gesamte weitere Verfahren, also nicht nur für die Berufung, sondern ggf. auch für die Revision. Das BAG prüft daher auch in 3. Instanz von Amts wegen, ob die Voraussetzungen vorliegen. Andernfalls ist eine Entscheidung des Berufungsgerichts aufzuheben und mit der Maßgabe zurückzuweisen, dass sie verworfen wird.

---

[853] BAG 21.5.2019 – 2 AZR 574/18, NZA 2019, 1446.
[854] So OLG Karlsruhe 20.2.2003 – 12 U 210/02, NJW-RR 2003, 778; Germelmann/Matthes/Prütting/*Schleusener* ArbGG § 64 Rn. 75; abl. mit Blick auf die zweite Tatsacheninstanz Schwab/Weth/*Schwab* ArbGG § 64 Rn. 151; ausführlich dazu *Gruber/Stöbe* NZA 2018, 826 ff.; vgl. auch *Stackmann* NJW 2009, 1537 ff.
[855] BAG 6.3.2003 – 2 AZR 596/02, ArbRB 2003, 207; 13.9.1995 – 2 AZR 855/94, AP ArbGG 1979 § 66 Nr. 12.
[856] BAG 16.6.2004 – 5 AZR 529/03, EzA ZPO 2002 § 520 Nr. 3.
[857] BAG 16.6.2004 – 5 AZR 529/03, EzA ZPO 2002 § 520 Nr. 3.
[858] BAG 6.3.2003 – 2 AZR 596/02, ArbRB 2003, 207.
[859] BAG 6.3.2003 – 2 AZR 596/02, ArbRB 2003, 207; 13.9.1995 – 2 AZR 855/94, AP ArbGG 1979 § 66 Nr. 12.
[860] BGH 26.11.2015 – VI ZR 488/15, NJW 2016, 483.

7. Beantwortung der Berufung

Nach § 66 Abs. 1 S. 3 ArbGG muss die Berufung innerhalb einer **Frist von einem Monat** nach Zustellung der Berufungsbegründung beantwortet werden. Mit der Zustellung der Berufungsbegründung ist der Berufungsbeklagte auf die Frist für die Berufungsbeantwortung hinzuweisen (§ 66 Abs. 1 S. 4 ArbGG). Durch diese Vorschrift wird jedoch **keine Pflicht zur Berufungsbeantwortung** begründet.[861] Eine nicht rechtzeitig vorgenommene Berufungsbeantwortung kann das LAG nur nach § 67 Abs. 4 ArbGG sanktionieren.

8. Anschlussberufung

Die frühere selbstständige Anschlussberufung ist ersatzlos entfallen. Es gibt nur noch die alleinige Form der (unselbstständigen) Anschlussberufung (§ 524 ZPO), die ihre Wirkung verliert, wenn die Berufung zurückgenommen, verworfen oder durch Beschluss zurückgewiesen wird (§ 524 Abs. 4 ZPO). Die Anschlussberufung kann nur bis zum Ablauf der dem Berufungsbeklagten gesetzten Frist zur Berufungserwiderung eingelegt werden (§ 524 Abs. 2 S. 2 ZPO). Die Anschlussberufung muss in der Anschlussfrist begründet werden (§ 524 Abs. 3 S. 1 ZPO). Die **Frist** zur Begründung der Anschlussberufung kann **nicht verlängert** werden.

> **Praxistipp:**
> Will der in 1. Instanz erfolgreiche Kläger seine **Klage erweitern**, so muss er sich der Berufung der Gegenseite anschließen. Dies gilt auch, wenn der Sachantrag unverändert bleibt, aber der Streitgegenstand geändert werden soll, indem ein neuer Klagegrund/Sachverhalt eingeführt wird.

9. Rücknahme der Berufung und Verzicht auf Berufung

Der Verzicht auf eine Berufung richtet sich nach § 515 ZPO. Bei dem Verzicht auf die Berufung handelt es sich um eine einseitige Prozesshandlung. Der Verzicht kann gegenüber dem Gericht oder gegenüber dem Prozessgegner erklärt werden. Der Verzicht ist unanfechtbar und unwiderruflich. Die Wirkung des Verzichts liegt darin, dass eine gleichwohl eingelegte Berufung auf Einrede als unzulässig verworfen werden muss. Der Rechtsstreit wird zB im Gegensatz zur Berufungsrücknahme nicht unmittelbar durch die Verzichtserklärung beendet. Die Wirksamkeit des Verzichts auf das Recht der Berufung ist nicht davon abhängig, dass der Gegner die Verzichtsleistung angenommen hat (§ 515 ZPO).

Auf die **Rücknahme der Berufung** findet § 516 ZPO entsprechende Anwendung. Der Berufungskläger kann die Berufung **bis zur Verkündung des Berufungsurteils** zurücknehmen (§ 516 Abs. 1 ZPO). Die Rücknahme ist dem Gericht gegenüber zu erklären. Sie erfolgt, wenn sie nicht bei der mündlichen Verhandlung erklärt wird, durch Einreichung eines Schriftsatzes (§ 516 Abs. 2 ZPO). Die Rücknahme hat den Verlust des eingelegten Rechtsmittels und die Verpflichtung zur Folge, die durch das Rechtsmittel entstandenen Kosten zu tragen. Diese Wirkung sind – ohne Antrag – durch Beschluss auszusprechen (§ 516 Abs. 3 ZPO).

Von der Berufungsrücknahme ist die **Klagerücknahme** (§ 269 ZPO) zu unterscheiden, die auch in der Berufungsinstanz **mit Zustimmung** des Beklagten möglich ist. Wird die Klage zurückgenommen, so ist der Rechtsstreit als nicht anhängig geworden anzusehen (§ 269 Abs. 3 ZPO).

Auch eine Erledigung der Hauptsache gem. § 91a ZPO ist in der Berufungsinstanz möglich. Allerdings nur dann, wenn das Rechtsmittel statthaft und zulässig war.

10. Prüfung der Zulässigkeit der Berufung

Im Arbeitsgerichtsverfahren gilt § 522 Abs. 1 ZPO entsprechend. Das LAG hat vor jeder Entscheidung in der Sache zunächst **von Amts wegen** zu prüfen, **ob die Berufung statthaft**

---

[861] Schwab/Weth/*Schwab*ArbGG § 66 Rn. 60.

ist, ob eine Beschwer vorliegt und ob das Rechtsmittel form- und fristgerecht eingelegt und begründet worden ist. Der Berufungskläger hat darzutun, dass diese Voraussetzungen erfüllt sind.[862] Die zulässige Berufung ist auch Prozessvoraussetzung für das weitere Verfahren, auch für eine nachfolgende Revision (→ Rn. 540).[863]

> **Praxistipp:**
> Das LAG hat gemäß § 522 Abs. 1 S. 1 ZPO die Frage der form- und fristgerechten Einlegung und Begründung der Berufung von Amts wegen zu prüfen und gemäß § 139 Abs. 3 ZPO auf Bedenken aufmerksam zu machen. Eine solche **Hinweispflicht** kommt vor allem bei offenkundigen Versehen oder rein formalen Bedenken in Frage. Das BAG lehnt aber eine Hinweispflicht ab, wenn keine, auch nicht andeutungsweise, Auseinandersetzung mit einem der das Urteil selbständig tragenden Gründe des angegriffenen Urteils erfolgt. Vielmehr hält das BAG einen dahingehenden Hinweis für unzulässig: Das Gericht würde sich mit einem solchen Hinweis über das Prozessrecht hinwegsetzen, sich zum Berater des Berufungsführers machen und diesem zulasten des Berufungsgegners bei seiner Prozessführung helfen.

548 Erweist sich die Berufung bei dieser Prüfung als **unzulässig,** ist sie **zu verwerfen.** Die Verwerfung kann auch durch **Beschluss ohne mündliche Verhandlung** erfolgen (§ 66 Abs. 2 S. 1 Hs. 1 ArbGG). Vor Erlass des Verwerfungsbeschlusses ist dem Berufungskläger rechtliches Gehör zu gewähren.[864]

549 Gegen den Beschluss des LAG, der die **Berufung als unzulässig** verwirft, fand früher die **Rechtsbeschwerde** nur statt, wenn das LAG sie in dem Beschluss zugelassen hat (§ 77 S. 1 ArbGG aF). Diese Rechtslage wurde zu Recht stark kritisiert, sodass der Gesetzgeber sich veranlasst sah, im Jahr 2016 eine Änderung herbeizuführen. Nunmehr findet gegen den Beschluss des LAG, der die Berufung als unzulässig verwirft (§ 66 Abs. 2 ArbGG), die Revisionsbeschwerde statt, wenn das LAG sie in dem Beschluss oder das BAG sie zugelassen hat. Die §§ 72 Abs. 2, 72a ArbGG gelten entsprechend, dh. es sind die Regelungen der Nichtzulassungsbeschwerde (dazu Rn. 590 ff.) zu beachten. Es besteht Vertretungszwang. Die Vorschriften über die Rechtsbeschwerde (§§ 574 ff. ZPO) finden hingegen keine Anwendung, da sie nur für eine zugelassene Revisionsbeschwerde gelten. Die (lediglich) auf die Zulassung einer solchen gerichtete Beschwerde muss deshalb **nicht** nach § 575 Abs. 2 ZPO **binnen einer Frist von einem Monat** nach Zustellung des Verwerfungsbeschlusses begründet werden.[865] Das BAG entscheidet über die Nichtzulassungsbeschwerde sowie über die Revisionsbeschwerde ohne Hinzuziehung der ehrenamtlichen Richter. Ist die Revisionsbeschwerde begründet, führt dies zur **Aufhebung des Verwerfungsbeschlusses** und das LAG hat über die Berufung in der Sache zu entscheiden.[866] Etwas anderes gilt, wenn die **Berufung durch Urteil verworfen** worden ist; dann findet nur die – allerdings auch zulassungsbedürftige – **Revision** statt.

11. Übersicht der Verfahrensregelungen zweiter Instanz

550 **a) Entsprechende Anwendung der ZPO-Verfahrensvorschriften.** Nach § 64 Abs. 6 S. 1 ArbGG gelten für das arbeitsgerichtliche Berufungsverfahren die Verfahrensvorschriften für das Verfahren vor den Landgerichten, soweit diese nicht durch die §§ 64 bis 70 ArbGG und durch die in § 64 Abs. 7 ArbGG in Bezug genommenen Vorschriften für das erstinstanzliche arbeitsgerichtliche Verfahren ausgenommen worden sind. Keine Anwendung finden die Vorschriften der ZPO über das Verfahren vor dem Einzelrichter (§ 64 Abs. 6 S. 2 ArbGG).

---

[862] BAG 4.11.1970 – 1 AZR 206/70, NJW 1971, 671; 19.10.1971 – 1 AZR 98/71, AP ZPO § 337 Nr. 3.
[863] BAG 27.7.2010 – 1 AZR 186/09, NZA 2010, 1446; 19.10.2010 – 6 AZR 118/10, NZA 2011, 62.
[864] BAG 19.6.1957 – 1 AZB 20/57, AP ZPO § 233 Nr. 15.
[865] BAG 11.9.2019 – 2 AZM 18/19, NZA 2020, 133; aA Germelmann/Matthes/Prütting/*Müller-Glöge* ArbGG § 77 Rn. 11.
[866] Germelmann/Matthes/Prütting/*Müller-Glöge* ArbGG § 78 Rn. 15.

b) **Entsprechende Anwendung der Vorschriften des erstinstanzlichen Verfahrens.** In § 64 Abs. 7 ArbGG sind diejenigen Vorschriften des erstinstanzlichen Verfahrens genannt, die auch für das Verfahren vor dem LAG Anwendung finden. Die Aufzählung ist abschließend.

c) **Besonderheiten des Berufungsverfahrens.** *aa) Ablehnung von Gerichtspersonen.* Für das zweitinstanzliche Ablehnungsverfahren gilt § 49 Abs. 1 ArbGG entsprechend. Über die Ablehnung entscheidet die Kammer des LAG unter Heranziehung des jeweils nächstberufenen Vertreters für den abgelehnten Richter. Werden sämtliche Richter einer Kammerbesetzung abgelehnt, so entscheidet hierüber die gleiche Kammer, jedoch unter Hinzuziehung von Vertretern für sämtliche drei abgelehnten Richter. Bei Ablehnung sämtlicher Vorsitzenden des LAG entscheidet der nach der Geschäftsverteilung zuständige Senat des BAG in voller Besetzung.[867]

bb) Beweisaufnahme. Das Berufungsgericht hat seiner Verhandlung und Entscheidung die vom Gericht des ersten Rechtszugs festgestellten Tatsachen, soweit nicht konkrete Anhaltspunkte Zweifel an der Richtigkeit und Vollständigkeit der entscheidungserheblichen Feststellung begründen und deshalb eine erneute Feststellung gebieten, zu Grunde zu legen (§ 529 Abs. 1 Nr. 1 ZPO).

cc) Persönliches Erscheinen der Parteien. Auch in der zweiten Instanz kann das persönliche Erscheinen der Parteien entsprechend § 51 Abs. 1 ArbGG angeordnet werden. Im Gegensatz zum Verfahren vor dem Arbeitsgericht kann allerdings die **Zulassung eines Prozessbevollmächtigten nicht abgelehnt** werden, wenn die Partei trotz Anordnung des persönlichen Erscheinens unbegründet ausgeblieben ist.

dd) Prozesskostenhilfe. Es gelten die Vorschriften der ZPO über die Prozesskostenhilfe auch im Berufungsverfahren entsprechend (§ 11a Abs. 3 ArbGG). Nach § 119 Abs. 1 S. 1 ZPO erfolgt die **Bewilligung der Prozesskostenhilfe in jedem Rechtszug gesondert**, so auch im Berufungsverfahren. Nach § 119 Abs. 1 S. 2 ZPO ist bei der Partei, die vor dem Arbeitsgericht erfolgreich war, nicht die Erfolgsaussicht zu prüfen. Dem Rechtsmittelgegner ist nach § 119 Abs. 1 S. 2 ZPO Prozesskostenhilfe grundsätzlich erst zu gewähren, wenn das Rechtsmittel begründet worden ist und die Voraussetzungen für eine Verwerfung des Rechtsmittels nicht gegeben sind.[868]

Die wirtschaftlich schwache Partei ist nicht gezwungen, gegen eine erstinstanzliche Entscheidung zunächst Berufung einzulegen und dann für die Berufungsinstanz Prozesskostenhilfe zu beantragen. Sie kann innerhalb der Berufungsfrist[869] den vorgeschriebenen Antrag auf Bewilligung der Prozesskostenhilfe stellen. Wird nach Ablauf der Berufungsfrist Prozesskostenhilfe bewilligt, dann muss sie die Berufung innerhalb der Frist des § 234 Abs. 1 ZPO nachholen und **gleichzeitig Wiedereinsetzung in den vorigen Stand** beantragen. Eine mittellose Partei ist gehindert, die Berufungsfrist einzuhalten, da die Berufung nur durch einen Prozessbevollmächtigten eingelegt werden kann.[870] Die Wiedereinsetzungsfrist beträgt einen Monat.[871] Wird der Antrag auf Prozesskostenhilfe zurückgewiesen, gewährt die Rechtsprechung der Partei eine weitere Überlegungsfrist von drei Tagen, damit sich die Partei darüber schlüssig werden kann, ob sie das Rechtsmittel auf eigene Kosten durchführen will, vorausgesetzt, mit einer Versagung der PKH war nicht (mangels Bedürftigkeit) zu rechnen.[872]

ee) Schriftliches Verfahren. Die Vorschrift über die Entscheidung ohne mündliche Verhandlung des § 128 Abs. 2 ZPO findet im Gegensatz zum Verfahren vor dem Arbeitsgericht auf das Berufungsverfahren entsprechende Anwendung. § 66 Abs. 7 ArbGG nimmt auf die Bestimmungen des § 46 ArbGG keinen Bezug. Das **Einverständnis der Parteien** zur Ent-

---

[867] Germelmann/Matthes/Prütting/*Schleusener* ArbGG § 64 Rn. 122.
[868] BAG 15.2.2005 – 5 AZN 781/04 (A), EzA ZPO 2002 § 119 Nr. 1.
[869] Vgl. BAG 5.7.2016 – 8 AZB 1/16, BB 2016, 2100; eine unter der Bedingung der Gewährung von PKH eingelegte Berufung ist hingegen unzulässig, vgl. LAG Köln 3.1.2012 – 4 Sa 299/11, BeckRS 2012, 65677
[870] BAG 23.6.2004 – 7 AZR 636/03, NZA 2004, 1333.
[871] BAG 24.8.2005 – 2 AZB 20/05, NZA 2005, 1262.
[872] BGH 19.7.2007 – IX ZB 86/07, MDR 2008, 99; ErfK/*Koch* ArbGG § 66 Rn. 6; vgl. BGH 28.8.2018 – VI ZB 44/17, NJW-RR 2018, 1270.

scheidung ohne mündliche Verhandlung muss eindeutig erklärt sein. Die Erklärung muss durch Bevollmächtigte iSd § 11 Abs. 4 ArbGG abgegeben werden.

558 *ff) Versäumnisverfahren.* Auf das Verfahren der Säumnis (§ 64 Abs. 6 ArbGG iVm § 539 ZPO) findet die Bestimmung des § 59 ArbGG auch im Berufungsrechtszug Anwendung (§ 64 Abs. 7 ArbGG). Beim LAG beträgt die **Einspruchsfrist** gegen ein Versäumnisurteil ebenfalls nur **eine Woche.** Das LAG kann ohne mündliche Verhandlung durch Beschluss den Einspruch gegen ein Versäumnisurteil als unzulässig verwerfen. Bei Säumnis beider Parteien kann gem. § 251a ZPO eine Entscheidung nach Lage der Akten erfolgen, wenn in einem früheren Termin mündlich verhandelt worden ist.

559 *gg) Beschleunigung in Bestandsschutzstreitigkeiten.* § 64 Abs. 8 ArbGG schreibt eine besondere Beschleunigungspflicht in Bestandsschutzverfahren vor. Wie im Einzelnen die Beschleunigung durchgeführt wird, steht im Ermessen des Gerichts. Es handelt sich zwar um eine zwingende Vorschrift. Der Gesetzgeber hat aber – anders als bei § 61a ArbGG – an die Nichtbeachtung keinerlei prozessuale Konsequenzen geknüpft.

12. Beschränkung der Berufung

560 Nach § 65 ArbGG prüft das Berufungsgericht nicht, ob der beschrittene Rechtsweg und die Verfahrensart zulässig sind und ob bei der Berufung der ehrenamtlichen Richter Verfahrensmängel unterlaufen sind oder Umstände vorgelegen haben, die die Berufung eines ehrenamtlichen Richters zu seinem Amte ausschließen.

13. Zurückweisung verspäteten Vorbringens

561 Die Zurückweisung verspäteten Vorbringens richtet sich nach § 67 ArbGG. Dieser hat einen anderen Inhalt als die dieselbe Frage für den allgemeinen Zivilprozess regelnde Bestimmung des § 531 Abs. 2 ZPO. § 67 Abs. 1 bis Abs. 4 ArbGG enthält eine **eigenständige** und in sich abgeschlossene **Regelung** über die **Zulässigkeit von neuen Angriffs- und Verteidigungsmitteln,** die nach § 64 Abs. 6 S. 1 ArbGG die zivilprozessuale Präklusionsvorschrift verdrängt. Dies hat zur Folge, dass im arbeitsgerichtlichen Verfahren neue Angriffs- und Verteidigungsmittel im zweiten Rechtszug grundsätzlich zu berücksichtigen und nur unter den in § 67 Abs. 1 bis Abs. 4 ArbGG normierten Voraussetzungen ausgeschlossen sind. Dementsprechend muss der Berufungskläger in der Berufungsbegründung keinen Vortrag zur Zulässigkeit des neuen Vorbringens halten.

562 Neue Angriffs- und Verteidigungsmittel,
- die im ersten Rechtszug zu Recht zurückgewiesen worden sind, bleiben ausgeschlossen (§ 67 Abs. 1 ArbGG);
- die im ersten Rechtszug entgegen einer hierfür nach § 56 Abs. 1 ArbGG oder § 61a Abs. 3 oder 4 ArbGG gesetzten Frist nicht vorgebracht worden sind, sind nur zuzulassen, wenn nach der freien Überzeugung des LAG ihre Zulassung die Erledigung des Rechtsstreits nicht verzögern würde oder wenn die Partei die Verspätung genügend entschuldigt; § 67 Abs. 2 S. 2 ArbGG sieht allein vor, dass auf Verlangen des LAG der in der Sphäre der Partei liegende „Entschuldigungsgrund" glaubhaft zu machen ist.
- die im ersten Rechtszug entgegen § 282 Abs. 1 u. § 282 Abs. 2 ZPO nicht rechtzeitig vorgebracht bzw. mitgeteilt worden sind, sind nur zuzulassen. wenn ihre Zulassung nach der freien Überzeugung des LAG die Erledigung des Rechtsstreits nicht verzögern würde oder wenn die Partei das Vorbringen nicht aus grober Nachlässigkeit unterlassen hat.

563 So weit das Vorbringen neuer Angriffs- und Verteidigungsmittel zulässig ist, sind diese **in der Berufungsbegründung bzw. in der Berufungsbeantwortung** vorzubringen. Werden sie später vorgebracht, sind sie nur zuzulassen, wenn sie später eingereicht worden sind oder das verspätete Vorbringen nach der freien Überzeugung des LAG die Erledigung des Rechtsstreits nicht verzögern würde oder nicht auf Verschulden der Partei beruht (§ 67 Abs. 4 ArbGG).

14. Urteil zweiter Instanz

564 Das zweitinstanzliche Urteil entspricht hinsichtlich Tenor, Tatbestand und Entscheidungsgründen zunächst den Anforderungen, die auch an ein erstinstanzliches Urteil zu stellen

sind. § 69 ArbGG enthält demgegenüber einige Besonderheiten. Das Urteil nebst Tatbestand und Entscheidungsgründen wird nach § 69 Abs. 1 ArbGG von **sämtlichen Mitgliedern der Kammer**, also auch von den ehrenamtlichen Richtern, unterschrieben. Fehlende Unterschriften können für die Zukunft nachgeholt werden, allerdings nur bis zum Ablauf von fünf Monaten nach Verkündung des Urteils.[873] Im Urteil muss weder über den Rechtsbehelf der Nichtzulassungsbeschwerde belehrt noch auf die Möglichkeit der Nichtzulassungsbeschwerde hingewiesen werden.[874] § 68 ArbGG **verbietet**, den Rechtsstreit wegen eines Verfahrensfehlers **an das ArbG zurückzuverweisen**, um dem Beschleunigungsgrundsatz gerecht zu werden.[875] Dies gilt auch bei schwerwiegenden Fehlern, außer das LAG kann den Verfahrensfehler nicht korrigieren.[876]

VII. Urteilsverfahren dritter Instanz

Nach § 72 Abs. 1 ArbGG findet gegen das Endurteil eines LAG die Revision an das BAG statt, wenn sie in dem Urteil des LAG oder durch Beschluss des BAG nach § 72a Abs. 5 S. 2 ArbGG zugelassen worden ist. Das Rechtsmittel der Revision ist somit lediglich als **Zulassungsrevision** ausgestaltet. Auch die Revision gegen ein Zweites Versäumnisurteil findet nur statt, wenn sie vom LAG zugelassen worden ist.[877] Gegen Urteile, durch die über die Anordnung, Abänderung oder Aufhebung eines Arrestes oder einer einstweiligen Verfügung entschieden wird, ist nach § 72 Abs. 4 ArbGG die Revision nicht zulässig. Außerdem kann das Arbeitsgericht die sog. Sprungrevision (§ 76 ArbGG) zulassen. Aus § 72 Abs. 2 ArbGG folgt, dass die Revision in erster Linie der Fortentwicklung des Rechts und der Erhaltung der Rechtseinheit dient.[878] Die dritte Instanz ist **keine weitere Tatsacheninstanz**.

1. Revisionsfähiges Urteil

Die Revision findet gegen **Endurteile der LAGe** statt. Nach § 61 Abs. 3 ArbGG kann ein Grundurteil nur zusammen mit dem Urteil, durch das die Forderung betragsmäßig ausgeurteilt wird, überprüft werden, soweit gegen das Betragsurteil die Revision zugelassen ist. Grund- und Betragsurteil gelangen mit der Revision gegen das Betragsurteil ohne besonderen Antrag in die Revisionsinstanz.[879] Wird gegen das Endurteil ein Rechtsmittel eingelegt, unterliegt ohne weiteres auch das Grundurteil der Beurteilung des Rechtsmittelgerichts; es braucht in der Rechtsmittelschrift nicht besonders als Urteil bezeichnet zu werden, gegen das sich das Rechtsmittel richtet.[880]

2. Zulassung der Revision durch das Landesarbeitsgericht

a) **Zulassungsgründe.** Nach § 72 Abs. 2 ArbGG ist die Revision zuzulassen, wenn
- die Rechtssache grundsätzliche Bedeutung hat oder
- das Urteil von einer Entscheidung des Bundesverfassungsgerichts, von einer Entscheidung des Gemeinsamen Senats der obersten Gerichtshöfe des Bundes, von einer Entscheidung des BAG oder, solange eine Entscheidung des BAG in der Rechtsfrage nicht ergangen ist, von einer Entscheidung einer anderen Kammer desselben LAG oder eines anderen LAG abweicht und die Entscheidung auf dieser Abweichung beruht.

Liegen die gesetzlichen Voraussetzungen für eine Zulassung der Revision nach § 72 Abs. 2 ArbGG vor, hat das Berufungsgericht **keinen Beurteilungsspielraum**, ob es zulassen

---

[873] BAG 19.12.2012 – 2 AZB 45/12, BeckRS 2013, 69231.
[874] BAG 9.7.2003 – 5 AZN 316/03, EzA ArbGG 1979 § 72a Nr. 96.
[875] LAG RhPf 5.8.2019 – 3 Sa 349/18, BeckRS 2019, 31176.
[876] BAG 20.2.2014 – 2 AZR 864/12, NZA 2015, 124; im Beschwerdeverfahren soll hingegen eine Zurückverweisung zulässig sein, LAG Düsseldorf 29.4.2019 – 3 Ta 124/19, BeckRS 2019, 10172.
[877] BAG 28.5.2020 – 8 AZR 169/19, NZA 2020, 1134.
[878] BAG 19.10.1982 – 4 AZR 303/82, AP ArbGG 1979 § 72 Nr. 1.
[879] BAG 25.2.1987 – 4 AZR 239/86, BeckRS 1987, 05346.
[880] BAG 1.12.1975 – 5 AZR 466/75, AP ArbGG 1953 § 61 Grundurteil Nr. 2.

will oder nicht.⁸⁸¹ Beantragen die Parteien ausdrücklich, die Revision zuzulassen, handelt es sich nur um eine Anregung an das Gericht.

569   aa) *Grundsätzliche Bedeutung der Rechtssache.* Eine grundsätzliche Bedeutung der Rechtssache ist dann zu bejahen,⁸⁸² wenn
- die Entscheidung des Rechtsstreits von einer klärungsbedürftigen und klärungsfähigen Rechtsfrage abhängt
- und diese Klärung
  - entweder von allgemeiner Bedeutung für die Rechtsordnung ist
  - oder wegen ihrer tatsächlichen Auswirkungen die Interessen der Allgemeinheit oder eines größeren Teils der Allgemeinheit eng berührt.

570   Eine **Rechtsfrage** liegt vor, wenn über die Gültigkeit, über die Anwendbarkeit oder über die Auslegung einer Norm zu befinden ist. Die Auslegung Allgemeiner Geschäftsbedingungen betrifft keine Rechtsfrage, denn Allgemeine Geschäftsbedingungen sind vertragliche Regelungen.⁸⁸³ Die Rechtsfrage braucht sich nicht aus dem arbeitsrechtlichen Problembereich zu ergeben. Die grundsätzliche Bedeutung kann sich aus allen gesetzlichen Regelungen materiellen und formellen Inhalts ergeben. So können grundlegende Fragen zur Darlegungs- und Beweislast und solche zur Anwendung und Auslegung von Verfahrensvorschriften Veranlassung für eine Zulassung sein.

571   Die klärungsbedürftige Rechtsfrage muss **allgemeine Bedeutung** haben. Dies ist der Fall, wenn die Entscheidung durch das BAG der **Erhaltung der Rechtseinheit oder der Rechtsfortbildung** dient.⁸⁸⁴ Hierfür reicht es aus, dass die tatsächlichen Auswirkungen die Interessen der Allgemeinheit oder eines größeren Teils der Allgemeinheit eng berühren.⁸⁸⁵ Unter Aufgabe seiner früheren Rechtsprechung hat das BAG klargestellt, dass eine Vielzahl von Arbeitsverhältnissen nicht bereits dann betroffen ist, wenn mehr als 20 Arbeitnehmern betroffen sind.⁸⁸⁶ Die Rechtsfrage muss sich in einer **unbestimmten Vielzahl** weiterer Fälle stellen können. **Unzulässig** ist allerdings eine Fragestellung, deren Beantwortung von den **Umständen des Einzelfalls** abhängt.⁸⁸⁷ Die klärungsbedürftige Rechtsfrage von allgemeiner Bedeutung muss **entscheidungserheblich** sein. Das ist zu verneinen, wenn die Entscheidung des Rechtsstreits nicht von der dargelegten Rechtsfrage abhängt.⁸⁸⁸ Hat das Berufungsgericht sein Urteil auf mehrere Begründungen gestützt und trägt eine **Alternativbegründung**, aus der keine grundsätzliche Bedeutung herzuleiten ist, die Entscheidung, hängt der Rechtsstreit nicht von einer klärungsbedürftigen Rechtsfrage ab.⁸⁸⁹ Maßgeblich für die Beurteilung der Klärungsbedürftigkeit und der allgemeinen Bedeutung der Rechtsfrage ist grundsätzlich der **Zeitpunkt** der Entscheidung des BAG über die Nichtzulassungsbeschwerde. Eine Ausnahme macht die Rechtsprechung aus Gründen der Effektivität des Rechtsschutzes, wenn die Rechtsfrage erst nach Einlegung der Nichtzulassungsbeschwerde durch das BAG beantwortet und damit geklärt worden ist.⁸⁹⁰

572   Die Beschwerdebegründung muss die Darlegung der grundsätzlichen Bedeutung einer Rechtsfrage und ihrer Entscheidungserheblichkeit enthalten. Danach ist es regelmäßig erforderlich, dass der Beschwerdeführer die durch die anzufechtende Entscheidung **aufgeworfene Rechtsfrage konkret benennt** und ihre Klärungsfähigkeit, Klärungsbedürftigkeit, Entscheidungserheblichkeit und allgemeine Bedeutung für die Rechtsordnung oder ihre Auswirkung auf die Interessen jedenfalls eines größeren Teils der Allgemeinheit aufzeigt. An

---

⁸⁸¹ Schwab/Weth/*Ulrich* ArbGG § 72 Rn. 23, 44.
⁸⁸² BAG 24.7.2019 – 3 AZN 627/19, NZA 2019, 1240; 23.1.2002 – 4 AZN 760/01, BeckRS 2002, 31049105.
⁸⁸³ BAG 24.7.2019 – 3 AZN 627/19, NZA 2019, 1240.
⁸⁸⁴ BAG 5.12.1979 – 4 AZN 41/79, AP ArbGG 1979 § 72a Grundsatz Nr. 1.
⁸⁸⁵ BAG 9.9.1981 – 4 AZN 241/81, AP TVG § 1 Tarifverträge: Metallindustrie Nr. 9.
⁸⁸⁶ BAG 28.6.2011 – 3 AZN 146/11, NZA 2011, 939; aA BAG 17.10.2000 – 3 AZR 605/99, DB 2001, 288; 15.11.1995 – 4 AZN 580/95, AP ArbGG 1979 § 72a Grundsatz Nr. 49.
⁸⁸⁷ BAG 24.7.2019 – 3 AZN 627/19, NZA 2019, 1240.
⁸⁸⁸ BAG 28.1.1981 – 4 AZN 468/80, AP ArbGG 1979 § 72a Grundsatz Nr. 13.
⁸⁸⁹ BAG 28.9.1989 – 6 AZN 303/89, AP ArbGG 1979 § 72a Grundsatz Nr. 38.
⁸⁹⁰ BAG 27.3.2012 – 3 AZN 1389/11, NZA 2012, 756.

die Darlegung der Rechtsfrage sind nur dann keine besonderen Anforderungen zu stellen, wenn sie sich aus der Beschwerdebegründung zweifelsfrei ergibt.[891]

bb) *Divergenz.* Eine Revisionszulassung wegen Divergenz setzt voraus, dass das Urteil des LAG von einer Entscheidung der in § 72 Abs. 2 Nr. 2 ArbGG genannten Gerichte abweicht. Eine Divergenz liegt vor,
- wenn das LAG zu einer bestimmten Rechtsfrage einen **fallübergreifenden Rechtssatz** aufgestellt hat,
- der einem Rechtssatz widerspricht, der zu derselben Rechtsfrage in einer der genannten **divergenzfähigen Entscheidungen** enthalten ist,
- und wenn die Entscheidung des LAG darauf **beruht**.[892]

Weicht das LAG von einem Rechtssatz ab, der zwar in einer Entscheidung des BAG aufgestellt, aber von der jüngeren Rechtsprechung des BAG wieder aufgegeben ist, so rechtfertigt das keine Zulassung der Revision.[893] Enthält die Entscheidung des LAG eine Haupt- und eine Hilfsbegründung, so ist die Revision nicht zuzulassen, wenn das LAG nur in der **Hilfsbegründung** seiner Entscheidung einen divergierenden Rechtssatz aufgestellt hat. Eine Revisionszulassung kann in solchen Fällen nur dann erfolgen, wenn sowohl die Haupt- als auch die Hilfsbegründung des anzufechtenden Urteils eine Divergenz enthalten.[894] Ist in dem anzufechtenden Urteil der Wortlaut einer Gesetzesvorschrift wiedergegeben, so hat damit das LAG keinen Rechtssatz aufgestellt, der von divergenzfähigen Entscheidungen abweichen könnte.[895] Das LAG weicht von einer Entscheidung auch ab, wenn es den Gründen der angefochtenen erstinstanzlichen arbeitsgerichtlichen Entscheidung folgt, dies in seinem Urteil feststellt (§ 543 Abs. 1 ZPO), und wenn der abstrakte Rechtssatz vom Arbeitsgericht aufgestellt worden ist.[896]

Abweichungen von Entscheidungen **anderer** als die in § 72 Abs. 2 Nr. 2 ArbGG aufgeführten Gerichte wie dem BGH, dem EuGH oder eines OLG sind **nicht divergenzfähig**; sie können jedoch zur Zulassung der Berufung **wegen grundsätzlicher Bedeutung** der Rechtssache führen.[897]

Die Entscheidung des anderen Gerichts muss vor der Entscheidung des LAG ergangen sein.[898]

Ein **abweichender abstrakter Rechtssatz,** der das LAG zur Zulassung zwingt, liegt vor, wenn das LAG bei der rechtlichen Beurteilung eines Sachverhalts in einer Rechtsfrage ausdrücklich eine andere Auffassung vertritt als die eines der divergenzfähigen Gerichte. Will das LAG der Rechtsauffassung der anderen Gerichte folgen, versteht es sie aber falsch, stellt es keinen abweichenden abstrakten Rechtssatz auf. Der abstrakte Rechtssatz muss vom LAG nicht ausdrücklich formuliert sein, sondern kann sich als „verdeckter Rechtssatz" auch aus fallbezogenen Ausführungen ergeben.[899]

Nach der Rechtsprechung des BAG müssen die voneinander abweichenden Rechtssätze sich auf die **gleiche Rechtsnorm** eines bestimmten gesetzlichen Regelungskomplexes beziehen.[900]

Das LAG muss die Revision zulassen, wenn seine Entscheidung auf dem divergierenden Rechtssatz beruht.[901] Das ist nur anzunehmen, wenn das LAG bei anderer Normanwendung oder -auslegung **zu einem anderen Ergebnis** gekommen wäre.[902] Eine Divergenz liegt nicht

---

[891] BAG 14.4.2005 – 1 AZN 840/04, AP ArbGG 1979 § 72a Rechtliches Gehör Nr. 4.
[892] BAG 8.8.2000 – 9 AZN 520/00, AP ArbGG 1979 § 72a Divergenz Nr. 40.
[893] BAG 8.8.2000 – 9 AZN 520/00, AP ArbGG 1979 § 72a Divergenz Nr. 40.
[894] BAG 27.10.1998 – 9 AZN 575/98, AP ArbGG 1979 § 72a Divergenz Nr. 39.
[895] BAG 16.9.1997 – 9 AZN 512/97, AP ArbGG 1979 § 72a Divergenz Nr. 36.
[896] BAG 3.2.1981 – 5 AZN 503/80, AP ArbGG 1979 § 72a Divergenz Nr. 4.
[897] BeckOK ArbR/*Klose* ArbGG § 72 Rn. 9; *Bepler* RdA 2005, 65 (71 f.).
[898] BAG 10.2.1981 – 1 ABN 19/80, AP ArbGG 1979 § 72a Divergenz Nr. 6; 12.10.2011 – 10 AZR 649/10, NZA 2012, 466.
[899] BAG 27.3.2012 – 3 AZN 1389/11, NZA 2012, 756.
[900] BAG 30.9.1975 – 2 AZR 398/75, AP ArbGG 1953 § 72 Divergenzrevision Nr. 36; 17.7.1978 – 4 AZR 370/78, AP ArbGG 1953 § 72 Divergenzrevision Nr. 40; auch hinsichtlich inhaltsgleicher verschiedener Tarifverträge: BAG 12.12.1979 – 3 AZN 84/79, AP ArbGG 1979 § 72a Nr. 4.
[901] BAG 9.10.1954 – 2 AZR 313/54, AP ArbGG 1953 § 72 Nr. 20.
[902] BAG 15.7.1986 – 1 ABN 13/86, AP ArbGG 1979 § 92a Nr. 5.

vor, wenn das LAG nur mit einer Hilfs- oder Alternativbegründung abweicht.[903] Eine Divergenz ist stets zu verneinen bei einem **obiter dictum**.[904]

580 Es genügt, wenn die Entscheidung des anderen Gerichts nicht auf dem von diesem aufgestellten Rechtssatz beruht. Die Rechtseinheit ist schon gefährdet, wenn mit einer tragenden Begründung von Rechtssätzen divergenzfähiger Gerichte abgewichen wird.[905]

581 Hat das BAG eine Entscheidung mit mehreren Rechtssätzen, ggf. nur hilfsweise, begründet, ist jeder dieser Rechtssätze divergenzfähig. Das LAG ist damit der Prüfung enthoben, ob die Begründung des BAG für dessen Entscheidung tragend war. Eine Zulassung ist allerdings nicht geboten, wenn die Auslegung der Rechtsfrage, die das LAG zu entscheiden hat, für eine solche Sachverhaltsgestaltung offen gelassen worden ist, die jetzt zur Beurteilung durch das LAG ansteht.[906]

582 Ist eine Entscheidung des BAG in einer streitigen Rechtsfrage ergangen, ist eine Divergenz zu einer hiervon abweichenden früheren Entscheidung des BAG oder eines LAG nicht möglich,[907] denn divergenzfähig ist bei mehreren sich widersprechenden Entscheidungen immer **nur die letzte dieser Entscheidungen**.[908] Entscheidungen, die aufgehoben oder aufgegeben worden sind, zwingen nicht zur Revisionszulassung.[909]

583 Entscheidet das LAG über mehrere Klagebegehren und weicht es nur bei der Beurteilung eines Anspruchs von einer divergenzfähigen Entscheidung ab, lässt es die Revision **beschränkt auf diesen Streitgegenstand** zu.[910]

584 Zur ordnungsgemäßen Begründung einer auf Divergenz gestützten **Nichtzulassungsbeschwerde** gehört, dass der Beschwerdeführer einen **abstrakten Rechtssatz** aus der anzufechtenden Entscheidung sowie einen hiervon **abweichenden abstrakten Rechtssatz** aus einer Entscheidung des BAG oder eines anderen der in § 72 Abs. 2 Nr. 2 ArbGG genannten Gerichte anführt und darlegt, dass das anzufechtende Urteil auf dieser Abweichung beruht. Nach § 72a Abs. 3 S. 2 ArbGG müssen diese Voraussetzungen in der Begründung der Beschwerde dargelegt und die Entscheidung, von der das Urteil abweicht, bezeichnet werden. Allein die Darlegung einer **fehlerhaften Rechtsanwendung** oder der fehlerhaften oder unterlassenen Anwendung der Rechtsprechung des BAG oder eines anderen der im Gesetz genannten Gerichte reicht zur Begründung einer Divergenzbeschwerde nicht aus.[911] Zur Begründung muss die Partei also abstrakte, divergierende Rechtssätze formulieren; unzureichend ist es, einfach Zusammenfassungen von Urteilspassagen und/oder Textausschnitte als divergierend zu bezeichnen.[912]

585 *cc) Absoluter Revisionsgrund (insbes. rechtliches Gehör)*. Mit § 72 Abs. 2 Nr. 3 ArbGG wird die Revision zugelassen, wenn ein absoluter Revisionsgrund im Sinne des § 547 Nr. 1 bis 5 ZPO oder eine entscheidungserhebliche Verletzung des rechtlichen Gehörs vorliegt. In diesen Fällen wird eine **Zulassung der Revision** erst im Wege der **Nichtzulassungsbeschwerde** nach § 72a erfolgen. Im Falle des absoluten Revisionsgrundes der „Entscheidung ohne Gründe" (§ 547 Nr. 6 ZPO) wird außerhalb des Revisionsverfahrens mit dem § 72b ArbGG ein besonderes Rechtsmittel vorgesehen.

586 Wird mit einer Nichtzulassungsbeschwerde eine entscheidungserhebliche Verletzung des Anspruchs auf rechtliches Gehör geltend gemacht, muss die Beschwerdebegründung die Darlegung der Verletzung dieses Anspruchs und deren Entscheidungserheblichkeit enthalten. Will der Beschwerdeführer geltend machen, das LAG habe seinen Anspruch auf rechtliches Gehör verletzt, indem es seine Ausführungen nicht berücksichtigt habe, muss er kon-

---

[903] BAG 9.12.1980 – 7 AZN 374/80, AP ArbGG 1979 § 72a Divergenz Nr. 3.
[904] Vgl. Germelmann/Matthes/Prütting/*Müller-Glöge* § 72 Rn. 13.
[905] BAG 4.11.1980 – 4 AZN 370/80, AP ArbGG 1979 § 72a Nr. 7; 17.2.1981 – 1 ABN 25/80, AP ArbGG 1979 § 72a Divergenz Nr. 7.
[906] BAG 27.7.1967 – 2 AZR 180/67, AP ArbGG 1953 § 72 Divergenzrevision Nr. 30.
[907] BAG 5.12.1995 – 9 AZN 678/95, AP ArbGG 1979 § 72a Divergenz Nr. 32.
[908] BAG 15.7.1986 – 1 ABN 13/86, AP ArbGG 1979 § 92a Nr. 5.
[909] BAG 11.4.1974 – 2 AZR 85/74, AP ArbGG 1953 § 72 Divergenzrevision Nr. 35.
[910] BAG 19.6.1981 – 5 AZN 395/80, AP ArbGG 1979 § 72a Nr. 8.
[911] BAG 14.4.2005 – 1 AZN 840/04, AP ArbGG 1979 § 72a Rechtliches Gehör Nr. 4.
[912] BAG 25.8.2015 – 8 AZN 268/15, EzA ArbGG 1979 § 72a Nr. 134.

kret dartun, welches wesentliche Vorbringen das LAG bei seiner Entscheidung übergangen haben soll. Grundsätzlich ist davon auszugehen, dass ein Gericht das Vorbringen der Beteiligten zur Kenntnis genommen und in Erwägung gezogen hat. **Die Gerichte brauchen nicht jedes Vorbringen in den Gründen der Entscheidung ausdrücklich zu behandeln.** Nach § 313 Abs. 3 ZPO sollen die Entscheidungsgründe eine „kurze Zusammenfassung" der Erwägungen enthalten, auf denen die Entscheidung in tatsächlicher und rechtlicher Hinsicht beruht. Allein der Umstand, dass sich die Gründe einer Entscheidung mit einem bestimmten Gesichtspunkt nicht ausdrücklich auseinandersetzen, rechtfertigt daher nicht die Annahme, das Gericht habe diesen Gesichtspunkt bei seiner Entscheidung nicht erwogen. Vielmehr bedarf es hierzu besonderer Umstände. Darüber hinaus hat der Beschwerdeführer die **Entscheidungserheblichkeit der Gehörsverletzung** darzutun. Hierzu muss nachvollziehbar dargelegt werden, dass das LAG nach seiner Argumentationslinie unter Berücksichtigung des entsprechenden Gesichtspunkts möglicherweise anders entschieden hätte.[913]

Will der Beschwerdeführer geltend machen, das LAG habe seinen Anspruch auf rechtliches Gehör verletzt, indem es der **Hinweispflicht** nach § 139 Abs. 2 ZPO nicht nachgekommen sei, muss er zum einen konkret vortragen, **welchen Hinweis** das LAG hätte geben müssen. Zum anderen muss er die Entscheidungserheblichkeit der Verletzung der Hinweispflicht dartun. Dazu muss die **Kausalität** zwischen der Gehörsverletzung und dem Ergebnis des Berufungsurteils dargelegt werden. Dabei genügt der nachvollziehbare Vortrag, dass das Berufungsgericht bei Beachtung seiner Hinweispflicht möglicherweise anders entschieden hätte. Hierzu ist darzutun, **wie der Beschwerdeführer auf einen entsprechenden Hinweis reagiert,** insbesondere welchen tatsächlichen Vortrag er gehalten oder welche für die Entscheidung erheblichen rechtlichen Ausführungen er gemacht hätte. Zugleich muss die – zumindest konkludente – Behauptung aufgestellt werden, bei Berücksichtigung dieses Vorbringens hätte das LAG möglicherweise anders entschieden.[914] Es bedarf keines gesonderten Hinweises auf die Rechtsauffassung des Gerichts, wenn die Parteien bei Anwendung der von ihnen zu verlangenden Sorgfalt erkennen können, auf welche Gesichtspunkte es für die Entscheidung ankommen kann.[915]

Wird das **Übergehen eines Beweisantritts** gerügt, muss der Beschwerdeführer Beweisthema und Beweismittel angeben, zu welchem Punkt das LAG eine an sich gebotene Beweisaufnahme unterlassen haben soll. Zugrunde zu legen sind dabei die tatsächlichen und rechtlichen Ausführungen des LAG. Ferner muss grundsätzlich dargelegt werden, dass die Unterlassung der Beweiserhebung **kausal** für die Entscheidung gewesen ist. Hat das LAG dagegen Beweis erhoben, so ist für die Begründetheit der Beschwerde von der Erheblichkeit der Beweistatsachen auszugehen.[916]

dd) Zulassungsentscheidung. Die Entscheidung des LAG, ob die Revision zugelassen oder nicht zugelassen wird, ist in den **Urteilstenor** aufzunehmen. Ist dies unterblieben, kann binnen zwei Wochen ab Verkündung des Urteils eine entsprechende **Ergänzung beantragt** werden. Über den Antrag kann die Kammer ohne mündliche Verhandlung entscheiden (§§ 72 Abs. 1 S. 2, 64 Abs. 3a ArbGG). Hat das LAG versehentlich versäumt, die Entscheidung in den Urteilstenor aufzunehmen, kann es den Urteilstenor unter den Voraussetzungen des § 319 ZPO auch von Amts wegen im Wege des Berichtigungsbeschlusses ergänzen. Allerdings ist eine offenkundige Unrichtigkeit erforderlich, ein nur gerichtsintern gebliebenes Versehen ist unzureichend. Vor diesem Hintergrund ist anzuraten, einen Antrag nach § 64 Abs. 3a ArbGG zu stellen.

ee) Umfang der Zulassung. Die Revision kann ohne jede Einschränkung zugelassen werden; sie kann **auch beschränkt** zugelassen werden. Trotz einheitlichen Streitgegenstandes kann die Zulassung **auf den Kläger oder den Beklagten** beschränkt werden,[917] bei subjekti-

---

[913] BAG 22.3.2005 – 1 ABN 1/05, AP ArbGG 1979 § 72a Rechtliches Gehör Nr. 3.
[914] BAG 14.3.2005 – 1 AZN 1002/04, EzA ArbGG 1979 § 72a Nr. 100.
[915] BAG 31.8.2005 – 5 AZN 187/05, NZA 2005, 1204.
[916] BAG 10.5.2005 – 9 AZN 195/05, AP ArbGG § 72a Rechtliches Gehör Nr. 5.
[917] BAG 21.10.1982 – 2 AZR 591/80, AP GG Art. 140 Nr. 14; BGH 21.5.1968 – VI ZR 27/68, NJW 1968, 1476.

ver Klagehäufung auf einzelne freiwillige Streitgenossen. Bei notwendiger Streitgenossenschaft ist nur eine einheitliche Zulassung möglich.[918] Die Zulassung kann sich auf die Berufung oder die Anschlussberufung beziehen.[919]

591 Die Revisionszulassung kann auf **einen von mehreren Streitgegenständen** beschränkt werden.[920] Die Beschränkung muss zulässig sein und sich klar aus dem Urteil ergeben.[921] Sie muss sich auf einen tatsächlich und rechtlich selbstständigen und abtrennbaren Teil des Gesamtstreitstoffes beziehen, über den in einem besonderen Verfahrensabschnitt durch Teil- oder Zwischenurteil entschieden werden könnte.[922] Zulässig ist die Beschränkung auf die Klageforderung oder auf die zur Aufrechnung gestellte Forderung,[923] auf die Höhe der Forderung, sofern die Voraussetzungen nach § 304 ZPO vorliegen.[924] Nicht zulässig ist die Beschränkung auf einzelne Rechtsfragen[925] oder auf eine von mehreren konkurrierenden Anspruchsgrundlagen.[926] Das gilt selbst dann, wenn über eine Rechtsfrage oder Anspruchsgrundlage rechtsfehlerhaft durch Teilurteil entschieden worden ist.[927] Eine im Tenor beschränkt ausgesprochene Zulassung der Revision kann in den Entscheidungsgründen nicht wirksam weiter eingeschränkt werden.[928]

592 Hat das Berufungsgericht unter Verkennung der Rechtslage die Zulassung auf Elemente eines insoweit nicht teilbaren Streitgegenstandes beschränkt, hat dies zur Folge, dass die Revision unbeschränkt zugelassen ist.[929] Hat das LAG die Revision sowohl im Hinblick auf den Anspruchsgrund als auch im Hinblick auf die Anspruchshöhe nur für eine Prozesspartei zugelassen und hat es über die Höhe der Forderung auch zum Nachteil der anderen Partei entschieden, ist die Beschränkung der Revisionszulassung auf die eine Prozesspartei im Hinblick auf die Anspruchshöhe aus Gründen der Parität unwirksam.[930]Ist die Revision wirksam nur beschränkt zugelassen, kann der Gegner **Anschlussrevision** wirksam nur hinsichtlich des zugelassenen Streitgegenstandes einlegen. Der nicht zugelassene Streitgegenstand kann nicht im Wege der Anschlussrevision dem Revisionsgericht zur Entscheidung gestellt werden.[931]

593 Eine Rechtsmittelbelehrung, wonach die Revision zulässig sein soll, die aber falsch ist, weil sie sich nicht mit dem Inhalt des Urteils deckt, eröffnet nicht den Revisionsrechtszug. Eine solche rechtsirrtümliche Rechtsmittelbelehrung steht nicht mit § 72 Abs. 1 ArbGG in Einklang.[932] Hat das LAG jedoch die Revision zugelassen, so wird deren Zulässigkeit durch eine der widersprechenden falschen Rechtsmittelbelehrung nicht beseitigt.[933]

594 *ff) Sprungrevision.* Gegen das Urteil eines Arbeitsgerichts kann gemäß § 76 ArbGG unter Umgehung der Berufungsinstanz unmittelbar die Revision eingelegt werden (Sprungrevision), wenn der **Gegner schriftlich zustimmt** und wenn sie vom **Arbeitsgericht** auf Antrag im

---

[918] BAG 28.3.1956 – 2 AZR 32/56, AP ArbGG 1953 § 72 Nr. 38.
[919] BAG 28.3.1956 – 2 AZR 550/55, AP ArbGG 1953 § 72 Nr. 45.
[920] BAG 19.10.1982 – 4 AZR 303/82, AP ArbGG 1979 § 72 Nr. 1; 18.12.1984 – 3 AZR 125/84, AP BetrAVG § 17 Nr. 8.
[921] BGH 7.7.1983 – III ZR 119/82, NJW 1984, 615; 24.1.2012 – VIII ZR 206/11, WuM 2012, 163.
[922] BAG 18.12.1984 – 3 AZR 125/84, AP BetrAVG § 17 Nr. 8; 18.2.1986 – 1 ABR 27/84, AP BetrVG 1972 § 99 Nr. 33; BGH 25.3.1980 – VI ZR 61/79, NJW 1980, 1579; 24.1.2012 – VIII ZR 206/11, WuM 2012, 163.
[923] BGH 12.1.1970 – VII ZR 48/68, AP ZPO § 546 Nr. 7.
[924] BAG 30.9.1980 – VI ZR 213/79, AP ZPO § 546 Nr. 9.
[925] BAG 14.11.1984 – 7 AZR 474/83, AP BGB § 626 Nr. 83; BGH 27.5.2020 – VIII ZR 58/19, BeckRS 2020, 18883.
[926] BAG 15.1.2015 – 5 AZN 798/14, AP ArbGG 1979 § 72 Nr. 58; BGH 7.7.1983 – III ZR 119/82, NJW 1984, 615.
[927] BAG 18.5.1988 – 4 AZR 751/87, AP BAT §§ 22, 23 Datenverarbeitung Nr. 2.
[928] BAG 5.11.2003 – 4 AZR 643/02, AP ArbGG 1979 § 72 Nr. 49.
[929] BAG 21.11.1985 – 2 AZR 21/85, AP KSchG 1969 § 1 Nr. 12; 26.3.1986 – 7 AZR 585/84, AP BGB § 180 Nr. 2.
[930] BAG 28.5.2019 – 8 AZN 268/19, NZA 2019, 1311.
[931] BAG 19.10.1982 – 4 AZR 303/82, AP ArbGG 1979 § 72 Nr. 1.
[932] BAG 10.3.1955 – 2 AZR 508/54, AP ArbGG 1953 § 64 Nr. 3; 10.12.1986 – 4 AZR 384/86, AP ZPO § 566 Nr. 3.
[933] BAG 17.6.1993 – 6 AZR 620/92, NZA 1994, 764; Schwab/Weth/*Ulrich* ArbGG § 72 Rn. 56.

Urteil oder nachträglich durch Beschluss **zugelassen** wird. Der Antrag ist innerhalb einer **Notfrist von einem Monat** nach Zustellung des in vollständiger Form abgefassten Urteils schriftlich zu stellen. Die Zustimmung des Gegners ist, wenn die Revision im Urteil zugelassen ist, der Revisionsschrift, andernfalls dem Antrag beizufügen (§ 76 Abs. 1 ArbGG).[934]

Die Sprungrevision **ist zuzulassen**, wenn die Rechtssache **grundsätzliche Bedeutung** hat und Rechtsstreitigkeiten betrifft 595
- zwischen Tarifvertragsparteien aus Tarifverträgen oder über das Bestehen oder Nichtbestehen von Tarifverträgen,
- über die Auslegung eines Tarifvertrags, dessen Geltungsbereich sich über den Bezirk des LAG hinaus erstreckt, oder
- zwischen tariffähigen Parteien oder zwischen diesen und Dritten aus unerlaubten Handlungen, soweit es sich um Maßnahmen zum Zwecke des Arbeitskampfes oder um Fragen der Vereinigungsfreiheit einschließlich des hiermit im Zusammenhang stehenden Betätigungsrechts der Vereinigungen handelt.

Die Zulassung muss sich nicht auf das arbeitsgerichtliche Urteil insgesamt erstrecken. Hat 596 das Arbeitsgericht über mehrere abtrennbare Klagebegehren entschieden, kann die Zulassung der Sprungrevision **beschränkt** auf die Entscheidungskomplexe ergehen, die nach § 76 Abs. 2 ArbGG privilegiert sind.[935]

Liegen die Voraussetzungen nach § 76 Abs. 2 ArbGG vor und stimmt der Gegner zu, 597 muss das Arbeitsgericht die Sprungrevision zulassen. Es hat **keinen Ermessensspielraum**.[936]

Im Fall der Zulassung der Sprungrevision können die Parteien **wählen**, ob sie die zugelassene **Sprungrevision oder Berufung** einlegen. Die Revisionszulassung ist **zugleich Berufungszulassung**. Wird von dem Rechtsmittel der Revision Gebrauch gemacht, gilt dies als Verzicht auf die Berufung. Die Regelung in § 76 Abs. 5 ArbGG, dass auch die Zustimmung als Verzicht gilt, greift nur, wenn die andere Partei tatsächlich Revision einlegt. 598

Nach § 76 Abs. 4 ArbGG kann die Revision nicht auf Mängel des Verfahrens gestützt 599 werden. Verfahrensrügen können auch nicht neben materiell-rechtlichen Rügen erhoben werden. Es soll eine schnelle Entscheidung des Revisionsgerichts erreicht werden. Sollen **Verfahrensmängel** gerügt werden, muss statt der Sprungrevision **Berufung** eingelegt werden.[937]

b) Wirkungen der Revisionszulassung. *aa) Statthaftigkeit der Revision.* Hat das LAG die 600 Revision zugelassen, so ist diese **statthaft**. Die Zulässigkeit der Revision erfordert aber eine **Beschwer**.[938] Für den Rechtsmittelkläger ist die Beschwer der für ihn nachteilige Unterschied zwischen seinem Begehren und dem Ergebnis der angefochtenen Entscheidung (zur Beschwer → Rn. 466 ff.). Die Beschwer fehlt etwa, wenn der Rechtsmittelführer denselben Tenor mit einer anderen Begründung erstrebt.[939]

Die Revision bleibt statthaft, wenn der **Zulassungsgrund** später **wegfällt**. Dies kann geschehen, wenn vor der Entscheidung der angefochtenen Sache ein das Problem klärendes Grundsatzurteil des BAG ergeht oder die divergierende Entscheidung aufgehoben wird.[940] Hat das LAG die Revision nur beschränkt zugelassen, kann der von der Zulassung ausgenommene Teil nicht zulässig durch eine Anschlussrevision zur Entscheidung des BAG gestellt werden.[941] 601

bb) Bindung an die Zulassungsentscheidung. Nach § 72 Abs. 3 ArbGG ist das BAG **an** 602 **die Zulassung der Revision gebunden.** Ein Rechtsmittel gegen die Zulassung der Revision

---

[934] Zur Vorlage der mit Fax erteilten Zustimmung vgl. BAG 27.5.2004 – 6 AZR 6/03, EzA ArbGG 1979 § 76 Nr. 10.
[935] BeckOK ArbR/*Klose* ArbGG § 76 Rn. 6.
[936] BeckOK ArbR/*Klose* ArbGG § 76 Rn. 4.
[937] BAG 28.5.1998 – 6 AZR 349/96, AP BGB § 611 Bühnenengagementvertrag Nr. 52; BeckOK ArbR/*Klose* ArbGG § 76 Rn. 10.
[938] BAG 21.3.2012 – 5 AZR 320/11, NZA-RR 2012, 601; Schwab/Weth/*Ulrich* ArbGG § 74 Rn. 58 ff.
[939] BAG 14.5.2020 – 6 AZR 674/19, BeckRS 2020, 21259.
[940] Germelmann/Matthes/Prütting/*Müller-Glöge* ArbGG § 72 Rn. 45; Schwab/Weth/*Ulrich* ArbGG § 72 Rn. 56.
[941] BAG 19.10.1982 – 4 AZR 303/82, AP ArbGG 1979 § 72 Nr. 1.

durch das Berufungsgericht gibt es nicht.⁹⁴² Auf die Begründung des LAG für die Zulassung der Revision kommt es nicht an. Eine Bindung besteht auch bei offensichtlich fehlerhafter Zulassung.⁹⁴³ Voraussetzung für eine Bindung des BAG an die Zulassung durch das LAG ist jedoch, dass es sich um eine Entscheidung handelt, die **überhaupt revisibel** ist.⁹⁴⁴ Deshalb kann nicht über den Umweg einer Revisionszulassung eine weitere Überprüfungsmöglichkeit für eine nicht revisible Entscheidung (etwa bei einer einstweiligen Verfügung) eröffnet werden. Die Revisionszulassung erfolgt, soweit sie sich gegen eine nicht revisible Entscheidung richtet, gesetzeswidrig und kann deshalb das BAG entgegen § 72 Abs. 3 ArbGG nicht binden.⁹⁴⁵

3. Nichtzulassungsbeschwerde

603   a) **Allgemeines.** Hat das LAG die Revision nicht zugelassen, kann die Nichtzulassung nach § 72a ArbGG selbstständig durch Beschwerde (Grundsatz- oder Divergenzbeschwerde) angefochten werden. Hat das LAG die Revision nur zum Teil zugelassen, kann hinsichtlich des von der Zulassung nicht erfassten Teils Nichtzulassungsbeschwerde eingelegt werden.⁹⁴⁶ Hat das LAG allerdings die Berufung durch Beschluss als unzulässig verworfen, so findet nach § 77 Abs. 1 ArbGG die Rechtsbeschwerde nur bei deren Zulassung im Beschluss statt. Diese gesetzliche Bestimmung ist verfassungskonform.⁹⁴⁷ Es bleibt die Möglichkeit der Anhörungsrüge.⁹⁴⁸

604   Die Einlegung der Beschwerde hat **aufschiebende Wirkung** (§ 72a Abs. 4 ArbGG). Der Eintritt der Rechtskraft wird gehemmt. Das LAG ist nach § 72a Abs. 5 S. 1 ArbGG zu einer Änderung seiner Entscheidung nicht befugt. Nach § 72a Abs. 4 S. 2 ArbGG iVm § 719 Abs. 2 und 3 ZPO kann ohne mündliche Verhandlung auf Antrag die **Zwangsvollstreckung einstweilen eingestellt** werden, wenn die Vollstreckung dem Schuldner einen nicht zu ersetzenden Nachteil bringen würde und nicht ein überwiegendes Interesse des Gläubigers entgegensteht.

605   Maßgebend für den Erfolg einer Nichtzulassungsbeschwerde ist, ob zum Zeitpunkt der Entscheidung des BAG über sie die Voraussetzungen für eine Zulassung vorliegen. So sind Entscheidungen der LAGe nicht mehr divergenzfähig, wenn sie vom BAG aufgehoben worden sind.⁹⁴⁹ Die Anforderungen an eine Nichtzulassungsbeschwerde sind nicht gering; die Zulassungsgründe, insbesondere die Entscheidungserheblichkeit, sind konkret darzulegen.⁹⁵⁰ Die **Erfolgsquote** lag etwa im Jahr 2011 bei 8,8 %, im Jahr 2015 bei 6,1 %, im Jahr 2018 bei 5,85 % und zuletzt im Jahr 2019 bei 4 %.⁹⁵¹

606   b) **Einlegung der Nichtzulassungsbeschwerde.** Nach § 72a Abs. 2 ArbGG ist die Beschwerde beim BAG innerhalb einer **Notfrist von einem Monat** nach Zustellung des in vollständiger Form abgefassten Urteils schriftlich einzulegen. Der Beschwerdeschrift soll eine Ausfertigung oder beglaubigte Abschrift des Urteils beigefügt werden, gegen das die Revision eingelegt werden soll. Eine Nichtzulassungsbeschwerde kann nicht wirksam hilfsweise für den Fall eingelegt werden, dass eine eingelegte Revision unzulässig ist, weil das LAG die Revision nicht zugelassen hat.⁹⁵²

607   Die Beschwerde ist **schriftlich** einzulegen. Die Beschwerdeschrift muss durch einen **Bevollmächtigten** iSd § 11 Abs. 4 ArbGG unterzeichnet sein und die Erklärung enthalten, dass Nichtzulassungsbeschwerde eingelegt wird. Nicht eindeutige Erklärungen sind auslegungs-

---

⁹⁴² Schwab/Weth/*Ulrich* ArbGG § 72 Rn. 57.
⁹⁴³ BAG 16.4.1997 – 4 AZR 653/95, AP ArbGG 1979 § 72 Nr. 35.
⁹⁴⁴ Germelmann/Matthes/Prütting/*Müller-Glöge* ArbGG § 72 Rn. 49; Schwab/Weth/*Ulrich* ArbGG § 72 Rn. 58.
⁹⁴⁵ BAG 25.10.2001 – 2 AZR 340/00, EzA KSchG § 5 Nr. 33.
⁹⁴⁶ BeckOK ArbR/*Klose* ArbGG § 72a Rn. 4.
⁹⁴⁷ BAG 6.1.2015 – 6 AZB 105/14, NZA 2015, 316; aA *Ulrici* NZA 2014, 1245.
⁹⁴⁸ Vgl. BVerfG 25.8.2015 – 1 BvR 1528/14, NZA 2016, 122.
⁹⁴⁹ BAG 5.12.1995 – 9 AZN 678/95, AP ArbGG 1979 § 72a Divergenz Nr. 32.
⁹⁵⁰ Vgl. etwa BAG 14.12.2010 – 6 AZN 986/10, NZA 2011, 229.
⁹⁵¹ Vgl. BAG Pressemitteilungen 8/12, 8/16, 11/19 und 6/20.
⁹⁵² BAG 13.12.1995 – 4 AZN 576/95, AP ArbGG 1979 § 72a Nr. 36.

fähig. Das anzufechtende **Urteil** muss eindeutig **bezeichnet** werden. Dazu gehört neben Datum und Aktenzeichen der Entscheidung die Bezeichnung des Gerichts, das die Entscheidung erlassen hat.[953] Ebenso müssen **Beschwerdeführer und -gegner** aus der Beschwerdeschrift selbst oder aus den innerhalb der Einlegungsfrist überreichten Urkunden erkennbar sein.

c) **Begründung der Nichtzulassungsbeschwerde.** Nach § 72a Abs. 3 ArbGG ist die Beschwerde innerhalb einer **Notfrist von zwei Monaten** nach Zustellung des in vollständiger Form abgefassten Urteils zu begründen; die Begründung muss enthalten 608
- die Darlegung der grundsätzlichen Bedeutung einer Rechtsfrage und deren Entscheidungserheblichkeit,
- die Bezeichnung der Entscheidung, von der das Urteil des LAG abweicht oder
- die Darlegung eines absoluten Revisionsgrundes nach § 547 Nr. 1–5 ZPO oder der Verletzung des Anspruchs auf rechtliches Gehör und der Entscheidungserheblichkeit der Verletzung.

Ist die Nichtzulassungsbeschwerde hinsichtlich mehrerer Streitgegenstände eingelegt worden, muss die Begründung sich auf **jeden der Streitgegenstände** beziehen. Ist das nicht der Fall, ist sie teilweise unzulässig.[954] Die aufgeworfene Rechtsfrage ist konkret zu benennen. Sie ist dann klärungsbedürftig, wenn sie höchstrichterlich noch nicht entschieden und ihre Beantwortung nicht offenkundig ist.[955] Die Antwort der Rechtsfrage darf nicht von den Umständen des Einzelfalls abhängig sein, sondern diese muss mit „Ja" oder „Nein" beantwortet werden können.[956] Die bloße Wiedergabe des erstinstanzlichen Vortrags ist unzureichend, um darzulegen, entscheidungserhebliches Vorbringen sei unberücksichtigt geblieben.[957] Allein die Darlegung einer fehlerhaften Rechtsanwendung bzw. fehlerhaften oder unterlassenen Anwendung der Rechtsprechung des BAG reicht zur Begründung einer Divergenzbeschwerde nicht aus.[958] 609

d) **Entscheidung über die Nichtzulassungsbeschwerde.** Das BAG entscheidet über die Beschwerde nach § 72a Abs. 5 S. 2 ArbGG unter Hinzuziehung der ehrenamtlichen Richter durch **Beschluss,** der ohne mündliche Verhandlung ergehen kann. Etwas anderes gilt, wenn die Nichtzulassungsbeschwerde als nicht statthaft oder nicht form- und fristgerecht verworfen wird, § 72a Abs. 5 S. 3 ArbGG. Dem Beschluss soll eine kurze Begründung beigefügt werden (§ 72a Abs. 5 S. 4 ArbGG). Von einer Begründung kann abgesehen werden, wenn sie nicht geeignet ist, zur Klärung der Voraussetzungen des Abs. 1 und des § 72 Abs. 2 ArbGG beizutragen (§ 72a Abs. 5 S. 5 ArbGG). 610

Mit der Verwerfung oder Zurückweisung der Nichtzulassungsbeschwerde wird die Entscheidung des LAG rechtskräftig (§ 72a Abs. 5 S. 6 ArbGG). 611

Wird der Beschwerde stattgegeben, so wird das **Beschwerdeverfahren als Revisionsverfahren** fortgesetzt (§ 72a Abs. 6 S. 1 ArbGG). In diesem Fall gilt die form- und fristgerechte Einlegung der Nichtzulassungsbeschwerde als Einlegung der Revision. Mit der Zustellung beginnt die Revisionsbegründungsfrist (§ 72a Abs. 6 S. 2 u. 3 ArbGG). 612

Hat das LAG den Anspruch des Beschwerdeführers auf **rechtliches Gehör** in entscheidungserheblicher Weise verletzt, so kann das BAG in dem die Beschwerde stattgebenden Beschluss das angefochtene Urteil aufheben und den **Rechtsstreit** zur neuen Verhandlung und Entscheidung an das LAG **zurückverweisen** (§ 72a Abs. 7 ArbGG). Ein Rechtsmittel gegen die Entscheidung des BAG über die Nichtzulassungsbeschwerde gibt es nicht. Ebenso kann sie nicht auf eine Gegenvorstellung hin abgeändert werden.[959] 613

---

[953] BAG 27.10.1981 – 3 AZN 283/81, AP ArbGG 1979 § 72a Nr. 12.
[954] BAG 6.12.1994 – 9 AZN 337/94, AP ArbGG 1979 § 72a Nr. 32.
[955] BAG 14.4.2005 – 1 AZN 840/04, NZA 2005, 708.
[956] BAG 23.1.2007 – 9 AZN 792/06, NZA 2008, 376.
[957] BAG 1.9.2010 – 5 AZN 599/10, NZA 2010, 1196.
[958] BAG 15.10.2012 – 5 AZN 1958/12, NZA 2012, 1388.
[959] BAG 4.3.1980 – 5 AZN 102/79, AP ZPO § 329 Nr. 2; 15.5.1984 – 1 ABN 2/84 (2), AP ArbGG 1979 § 72a Nr. 19.

4. Einlegung der Revision

614 a) **Form und Frist.** Die Revision wird durch Einreichung einer Revisionsschrift beim BAG eingelegt (§ 549 Abs. 1 ZPO). Die Einlegung beim LAG wahrt die Revisionsfrist nicht.[960]

615 Die Revisionsschrift ist ein bestimmender Schriftsatz. Er muss eigenhändig von einem Bevollmächtigten iSd § 11 Abs. 4 ArbGG unterschrieben sein. Den **Formerfordernissen** muss noch vor Fristablauf genügt sein.[961] Eine Heilung durch Nichtrüge ist bei einem Rechtsmittel nicht möglich. Der Eintritt der Rechtskraft einer Entscheidung muss bei fristgebundenen Rechtsmitteln mit Fristablauf eindeutig feststehen. Der Schriftlichkeit wird genügt bei telegrafischer Übermittlung,[962] bei Durchgabe mittels Fernschreibers sowie bei Telebrief[963] und Telefax.[964] Nicht ausreichend ist eine telefonische Übermittlung oder einfache E-Mail.[965] **Elektronische Dokumente** können aber auf der Grundlage des § 130a ZPO[966] (vgl. dazu → Rn. 273 ff.).

616 Nach § 549 Abs. 2 ZPO sind auf die Revisionsschrift die allgemeinen Vorschriften über die vorbereitenden Schriftsätze, insbesondere § 130 ZPO, anzuwenden. Nach § 549 Abs. 1 S. 2 Nr. 1 u. 2 ZPO muss die Revisionsschrift weiterhin enthalten die **Bezeichnung des Urteils**, gegen das die Revision gerichtet wird, und die Erklärung, dass gegen dieses Urteil die Revision eingelegt wird. Fehlt die Angabe, welches LAG entschieden hat, ist die Revision unzulässig.[967] Fehlerhafte oder unvollständige Angaben schaden dann nicht, wenn sich die erforderlichen Angaben aus den sonstigen Umständen ergeben.[968] Des Weiteren ist zu erklären, für und gegen wen die Revision eingelegt wird.[969]

617 Die **Frist** für die Einlegung der Revision beträgt **einen Monat** (§ 74 Abs. 1 S. 1 ArbGG). Die Frist beginnt mit der Zustellung des in vollständiger Form abgefassten Urteils, spätestens aber mit Ablauf von fünf Monaten nach der Verkündung.

618 b) **Begründung der Revision.** *aa) Allgemeines.* Der Revisionskläger muss die Revision begründen (§ 551 Abs. 1 ZPO). Die **Frist zur Begründung** beträgt **zwei Monate**. Die Frist beginnt mit der Zustellung des in vollständiger Form abgesetzten Urteils, spätestens aber mit Ablauf von fünf Monaten nach der Verkündung (§ 74 Abs. 1 S. 1 u. 2 ArbGG). Die Begründungsfrist kann nach § 74 Abs. 1 S. 3 ArbGG **nur einmal** und zwar nur bis zu **einem Monat**, verlängert werden. Eine weitere Verlängerung kommt selbst dann nicht in Betracht, wenn der Gegner damit einverstanden ist.[970] Es reicht aus, dass der Verlängerungsantrag vor Fristablauf beim Revisionsgericht eingegangen ist.

619 *bb) Inhaltliche Erfordernisse der Begründungsschrift.* Die Revisionsbegründung muss nach § 551 Abs. 3 ZPO enthalten
- die Erklärung, inwieweit das Urteil angefochten und dessen Aufhebung beantragt werde (**Revisionsanträge**),
- die Angabe der **Revisionsgründe**, und zwar:
  – die bestimmte Bezeichnung der Umstände, aus denen sich die Rechtsverletzung ergibt;
  – soweit die Revision darauf gestützt wird, dass das Gesetz in Bezug auf das Verfahren verletzt sei, die Bezeichnung der Tatsachen, die den Mangel ergeben.

---

[960] BAG 17.11.1975 – 4 AZR 546/75, AP ZPO § 234 Nr. 12.
[961] BAG 27.8.1996 – 8 AZB 14/96, NZA 1997, 456; Schwab/Weth/*Ulrich* ArbGG § 74 Rn. 12.
[962] BAG 1.7.1971 – 5 AZR 75/71, AP ZPO § 129 Nr. 1.
[963] BAG 1.6.1983 – 5 AZR 468/80, AP LohnFG § 1 Nr. 54; BGH 28.2.1983 – AnwZ (B) 2/83, NJW 1983, 1498.
[964] BGH 11.10.1989 – IVa ZB 7/89, NJW 1990, 188 (betr. Berufung); BGH 28.2.1983 – AnwZ (B) 2/83, NJW 1983, 1498.
[965] BGH 4.12.2008 – IX ZB 41/08, NJW-RR 2009, 357; Schwab/Weth/*Ulrich* ArbGG § 74 Rn. 8 f.
[966] § 46c ArbGG kommt erstaunlicherweise nicht zur Anwendung: In § 72 Abs. 6 ArbGG wird nicht auf § 46c ArbGG verwiesen, sodass nach Abs. 5 die Regelungen der ZPO zur Anwendung kommen.
[967] BAG 18.2.1972 – 5 AZR 5/72, AP ZPO § 553 Nr. 3.
[968] BAG 19.5.2009 – 9 AZR 145/08, NZA 2010, 176.
[969] BAG 18.5.2006 – 2 AZR 245/05, AP KSchG 1969 § 1 Betriebsbedingte Kündigung Nr. 157.
[970] Schwab/Weth/*Ulrich* ArbGG § 74 Rn. 33.

Der Revisionskläger ist bei der Revisionsbegründung nicht auf die Gründe beschränkt, 620
die das LAG oder das BAG zum Anlass der Zulassung der Revision genommen haben. Er
braucht diese Gründe in der späteren Revision weder zu verwerten, noch ist es erheblich, ob
die als verletzt bezeichnete Rechtsnorm überhaupt revisibel ist[971] oder ob auf diese Rechtsverletzung die Revision nach § 73 ArbGG gestützt werden kann.[972]

Die Revisionsbegründung muss einen **Revisionsantrag als Sachantrag** enthalten. Der An- 621
trag muss die Erklärung enthalten, inwieweit das Urteil angefochten und dessen Aufhebung
beantragt wird.[973] Diese Erklärung muss nach der Rechtsprechung des BAG nicht notwendig in einem bestimmt gefassten Antrag niedergelegt werden; ausreichend ist, dass die Revisionsbegründungsschrift ihrem gesamten Inhalt nach erkennen lässt, in welchem Umfang
das landesarbeitsgerichtliche Urteil angefochten werden soll.[974] Der Antrag ist unzulässig,
wenn ein unzulässigerweise gegenüber der Vorinstanz geänderter Antrag gestellt wird.[975]
Eine Klagebeschränkung iSd §§ 263, 264 Nr. 2 ZPO ist hingegen zulässig, wenn der neue
Antrag auf festgestelltes oder unstreitiges tatsächliches Vorbringen gestützt wird.[976] Voraussetzung einer zulässigen Klageänderung ist, dass der Kläger Rechtsmittelführer ist; ggf. muss
er eine Anschlussrevision einlegen. Zudem kann eine Klageänderung nie alleiniges Ziel einer
Revision sein; vielmehr muss immer die Beseitigung einer in dem angefochtenen Urteil liegenden Beschwer angestrebt werden.

Praxistipp:
Eine **Klageänderung** liegt auch immer dann vor, wenn ein **neuer Streitgegenstand** eingeführt wird.
So kann in der Revisionsinstanz ein Anspruch nicht erstmals mit den Grundsätzen der betrieblichen Übung oder mit dem allgemeinen Gleichbehandlungsgrundsatz begründet werden, weil es
sich regelmäßig um weitere Klagegründe und damit um weitere Streitgegenstände handelt.

Allein der Antrag, das angefochtene Urteil aufzuheben und den Rechtsstreit an die Vorin- 622
stanz zurückzuverweisen, reicht nicht aus.[977] Fehlt hinsichtlich eines Antrags die Begründung, ist die Revision insoweit unzulässig.[978]

Formulierungsvorschlag:
Die Formulierung des Antrags hängt selbstverständlich davon ab, wie die Vorinstanzen tenoriert 623
haben. Wenn der Revisionskläger in den beiden Vorinstanzen unterlegen war, dann lautet der Antrag etwa:
„Es wird beantragt, das Urteil des LAG ‹Name› vom ‹Verkündungsdatum, Aktenzeichen› aufzuheben und auf die Berufung des Klägers/des Beklagten das Urteil des ArbG ‹Name› vom ‹Verkündungsdatum, Aktenzeichen› abzuändern und ‹Begehren erster Instanz› zB: den Beklagten zu verurteilen, an den Kläger ‹Betrag› zu zahlen, oder zB: die Klage abzuweisen."
Hat der Revisionskläger hingegen beim ArbG gewonnen, war er aber beim LAG unterlegen, dann
lautet der Antrag beispielsweise:
„Es wird beantragt, das Urteil des LAG ‹Name› vom ‹Verkündungsdatum, Aktenzeichen› aufzuheben und die Berufung des Klägers/Beklagten gegen das Urteil des ArbG ‹Name› vom ‹Verkündungsdatum, Aktenzeichen› zurückzuweisen."

---
[971] BGH 26.10.1979 – I ZR 6/79, MDR 1980, 203.
[972] BAG 29.6.1978 – 2 AZR 973/77, AP ZPO § 38 Internationale Zuständigkeit Nr. 8.
[973] BAG 20.4.2010 – 3 AZR 225/08, NZA 2010, 883.
[974] BAG 20.4.2010 – 3 AZR 225/08, NZA 2010, 883.
[975] BAG 24.6.2008 – 9 AZR 313/07, NZA 2008, 1309; Schwab/Weth/*Ulrich* ArbGG § 74 Rn. 42, 44.
[976] BAG 24.6.2008 – 9 AZR 313/07, NZA 2008, 1309.
[977] BGH 18.9.1985 – VIII ZB 17/85, VersR 1985, 1164.
[978] BAG 6.12.1994 – 9 AZN 337/94, AP ArbGG 1979 § 72a Nr. 32.

624 Soweit ein **materiellrechtlicher Mangel** gerügt wird (**Sachrüge**), müssen nach § 551 Abs. 3 S. 1 Nr. 2a ZPO die **Umstände angegeben** werden, aus denen sich die Rechtsverletzung ergibt. Es genügt nicht, dass der Revisionskläger allgemeine Ausführungen dazu macht, das angefochtene Urteil sei unrichtig, es verletze das materielle Recht.[979] Allerdings muss nicht immer ein bestimmter Paragraph bezeichnet werden. Es genügt die rechtliche Einordnung in ein bestimmtes Problemfeld.

625 Die Revision muss eine **Auseinandersetzung mit den Urteilsgründen** des angefochtenen Urteils enthalten.[980] Eine bloße Bezugnahme auf vorinstanzlichen Vortrag ist unzureichend.[981] Ebenso wenig genügt die bloße Darstellung anderer Rechtsansichten ohne jede Auseinandersetzung mit den Gründen des Berufungsurteils den Anforderungen an eine ordnungsgemäße Revisionsbegründung.[982] Ist das Urteil insgesamt angefochten und sind in ihm abtrennbare Begehren entschieden, muss sich die Revisionsbegründung mit allen angefochtenen Teilen auseinandersetzen.[983] Das ist dann nicht nötig, wenn die Begründetheit des einen Anspruchs denknotwendig von der des anderen abhängt und hinsichtlich des anderen dieselben Tatsachen bei der Subsumtion verwendet worden sind.[984] Hat das Berufungsgericht über mehrere selbstständige Streitgegenstände entschieden, muss die Revision **für jeden Streitgegenstand** begründet werden.[985]

> **Praxistipp:**
> Ebenso wie bei der Berufungsbegründung muss auch die Revsisionsbegründung eine konkrete Auseinandersetzung mit dem angegriffenen Urteil erkennen lassen. Vor diesem Hintergrund ist nicht nur von der Nutzung von Floskeln (etwa, „das LAG hat übersehen ..."), sondern auch von der alleinigen Nutzung von Textbausteinen abzuraten.

626 Soweit die Revision gemäß § 551 Abs. 3 S. 1 Nr. 2b ZPO darauf gestützt wird, das Gesetz sei in Bezug auf das Verfahren (**Verfahrensrüge**) verletzt, ist zu unterscheiden, ob es sich um Verfahrensmängel handelt, die **von Amts wegen** zu berücksichtigen sind, oder um solche, die nur auf **Rüge** der betroffenen Partei beachtet werden. Die möglichen Verfahrensrügen sind ausführlich darzustellen.[986] Bei von Amts wegen zu berücksichtigenden Umständen ist eine Rüge entbehrlich.[987] Liegen solche von Amts wegen zu berücksichtigenden Mängel nicht vor, hat die betroffene Partei die Tatsachen zu bezeichnen, die den Mangel ergeben. Greift die Revision die Würdigung eines Sachverständigengutachtens – ohne auf Denkfehler hinzuweisen – an, muss ausgeführt werden, welche in der Fachliteratur oder in Fachzeitschriften erörterten oder sonst zugänglichen Erkenntnisse der Sachverständige nicht berücksichtigt hat und inwiefern bei Verwertung dieser Erkenntnisse ein anderes Ergebnis zu erwarten gewesen wäre.[988]

627 Eine ausdrückliche Verfahrensrüge ist auch notwendig, wenn ein absoluter Revisionsgrund geltend gemacht werden soll, soweit es sich nicht um einen von Amts wegen zu beachtenden Mangel handelt.[989]

628 Soweit gerügt wird, das Gesetz sei in Bezug auf das Verfahren verletzt worden, wird nach § 551 Abs. 3 Nr. 2b ZPO die Bezeichnung der Tatsachen verlangt, die den Mangel ergeben.

---

[979] Schwab/Weth/*Ulrich* ArbGG § 74 Rn. 48a.
[980] BAG 22.10.2009 – 8 AZR 520/08, AP ZPO § 551 Nr. 67; BAG 24.10.2018 – 10 AZR 285/16, NZA 2019, 387.
[981] BAG 22.10.2009 – 8 AZR 520/08, AP ZPO § 551 Nr. 67; Schwab/Weth/*Ulrich* ArbGG § 74 Rn. 49.
[982] (808).
[983] BAG 7.7.1955 – 2 AZR 27/53, AP ZPO § 554 Nr. 2.
[984] BAG 24.3.1977 – 3 AZR 232/76, AP BGB § 630 Nr. 12.
[985] BAG 24.3.2011 – 6 AZR 691/09, NZA 2011, 1116; BAG 24.1.2017 – 1 AZR 774/14, NJW 2017, 3181; BGH 14.7.2016 – IX ZB 104/15, BeckRS 2016, 14155.
[986] Schwab/Weth/*Ulrich* ArbGG § 74 Rn. 53.
[987] BAG 16.3.1972 – 5 AZR 435/71, AP ZPO § 542 Nr. 1; Schwab/Weth/*Ulrich* ArbGG § 74 Rn. 54.
[988] BAG 21.11.1996 – 6 AZR 222/96, AP BAT SR 2d § 2 Nr. 1.
[989] Schwab/Weth/*Ulrich* ArbGG § 74 Rn. 54.

Der Revisionsführer muss also **zum einen die verletzte Rechtsnorm und zum anderen die Tatsachen angeben, die den Mangel ergeben.** Der Mangel „ergibt" sich nur, wenn der Verfahrensfehler den Urteilsinhalt möglicherweise **kausal** verursacht hat. Das ist darzulegen.[990] Einer entsprechenden Darlegung bedarf es nicht, wenn die Möglichkeit einer anderen Entscheidung offenkundig ist. Das ist bei Verfahrensfehlern häufig der Fall. Ebenso bedarf es keines dahingehenden Vortrags, wenn ein absoluter Revisionsgrund gerügt wird.[991]

An die Darlegung der Verletzung einer Verfahrensvorschrift stellt die Rechtsprechung **strenge Anforderungen.**[992] Es genügen keine pauschalen Hinweise, sondern die Tatsachen iSv § 551 Abs. 3 Nr. 2b ZPO sind genau zu bezeichnen.

> **Praxistipp:**
>
> Bei angeblich **unterlassener Beweiserhebung** muss bestimmt angegeben werden, wo – in den Akten auffindbar – das entsprechende Beweisangebot gemacht worden ist, über welche Behauptung hätte Beweis erhoben werden und welches Ergebnis die Beweisaufnahme hätte zeigen müssen.
>
> Wird eine Verfahrensrüge auf das **Übergehen von Sachvortrag** gestützt und damit die **Verletzung des verfassungsrechtlichen Anspruchs auf Gewährung rechtlichen Gehörs (Art. 103 Abs. 1 GG)** geltend gemacht, muss in der Revisionsbegründung angegeben werden, welchen konkreten Sachvortrag das Berufungsgericht übergangen haben soll, und dass das Urteil auf dem Verfahrensfehler beruht, also bei richtigem Verfahren das LAG möglicherweise anders entschieden hätte, sofern sich das nicht aus der Art des gerügten Verfahrensfehlers von selbst ergibt.
>
> Bei der Rüge, das LAG habe eine ihm obliegende **Hinweispflicht nach § 139 ZPO verletzt,** muss im Einzelnen vorgetragen werden, welchen konkreten Hinweis das LAG dem Revisionsführer aufgrund welcher Tatsachen hätte erteilen müssen und was dieser auf einen entsprechenden Hinweis vorgebracht hätte. Der unterbliebene Vortrag muss also vollständig nachgeholt und über die Rüge aus § 139 ZPO schlüssig gemacht werden. Andernfalls kann das BAG nicht beurteilen, ob die angefochtene Entscheidung auf dem unterlassenen Hinweis beruht.

Eine nicht nach § 551 Abs. 3 ZPO ordnungsgemäß begründete Revision ist nach § 552 Abs. 1 S. 2 ZPO **als unzulässig zu verwerfen.** Das gilt gleichermaßen für Sach- und Verfahrensrügen.[993]

c) Rücknahme der Revision und Verzicht auf Revision. Die Rücknahme der Revision richtet sich nach § 72 Abs. 5 ArbGG iVm §§ 565, 516 ZPO. Die Revisionsrücknahme ist eine bedingungsfeindliche Prozesshandlung[994] und ab Einlegung des Rechtsmittels möglich. Auf die Zulässigkeit des Rechtsmittels kommt es nicht an. Die Rücknahme kann das Rechtsmittel insgesamt erfassen. Eine **Teilrücknahme** ist zulässig, sofern sie sich auf einen abtrennbaren Teil des prozessualen Anspruchs bezieht. Die Rücknahme der Revision war früher bis zur Verkündung des Revisionsurteils ohne Zustimmung des Revisionsbeklagten zulässig; zum 1.1.2014 ist § 565 S. 2 ZPO geändert worden. Demnach kann die Revision **ohne Einwilligung** des Revisionsbeklagten **nur bis zum Beginn der mündlichen Verhandlung** des Revisionsbeklagten zur Hauptsache zurückgenommen werden.[995] Das Gesetz will die Möglichkeit erschweren, unwillkommene höchstrichterliche Grundsatzentscheidungen durch Revisionsrücknahme zu vermeiden.

Nach § 516 Abs. 2 S. 1 ZPO ist die Rücknahme dem BAG gegenüber zu erklären. Sie erfolgt durch Einreichung eines Schriftsatzes (§ 516 Abs. 2 S. 2 ZPO), sofern sie nicht bei der mündlichen Verhandlung erklärt wird. Die Rücknahme kann wirksam nur durch einen

---

[990] BAG 6.1.2004 – 9 AZR 680/02, NZA 2004, 449; BAG 27.3.2019 – 10 AZR 318/17, NZA 2019, 1518; BeckOK ArbR/*Klose* ArbGG § 74 Rn. 14.
[991] BeckOK ArbR/*Klose* ArbGG § 74 Rn. 14.
[992] BAG 9.3.1972 – 1 AZR 261/71, AP ZPO § 561 Nr. 2.
[993] BAG 6.1.2004 – 9 AZR 680/02, AP ArbGG 1979 § 74 Nr. 11.
[994] BGH 26.10.1989 – IVb ZB 135/88, NJW-RR 1990, 67.
[995] *Winter* NJW 2014, 267; Schab/Weth/*Ulrich* ArbGG § 74 Rn. 76.

Rechtsanwalt erfolgen. Ein Widerruf der Rücknahme ist auch nicht mit Zustimmung des Gegners möglich. Die Rücknahme hat den **Verlust des eingelegten Rechtsmittels** und die Verpflichtung zur Folge, die durch das Rechtsmittel entstandenen **Kosten zu tragen**.

633 Auf die Revision kann auch verzichtet werden (§§ 565, 515 ZPO). Durch den Verzicht verliert die verzichtende Partei endgültig das prozessuale Recht, eine ihr ungünstige Entscheidung überprüfen zu lassen.

5. Revisionsgründe

634 **a) Allgemeines.** Nach **§ 73 Abs. 1 ArbGG** kann die Revision nur darauf gestützt werden, dass das Urteil des LAG auf der **Verletzung einer Rechtsnorm** beruht.

635 **b) Verletzung materiell-rechtlicher Vorschriften.** Ist die Revision zulässig, überprüft das Revisionsgericht die Richtigkeit des angefochtenen Urteils in materiell-rechtlicher Hinsicht. Der Unterschied zwischen der Verletzung einer materiell-rechtlichen Norm und einer Verfahrensvorschrift besteht darin, dass bei **Verfahrensfehlern,** soweit sie nicht von Amts wegen zu berücksichtigen sind, nach § 551 Abs. 3 Nr. 2b ZPO **Verfahrensrügen** zu erheben sind. Zu den Fehlern im materiellen Recht gehören auch Verstöße gegen die Grundsätze der Beweislast.[996]

636 Zu den Rechtsnormen, die in der Revision überprüft werden können, gehört der normative Teil eines Tarifvertrages.[997] Die unmittelbar geltenden Bestimmungen einer Betriebsvereinbarung oder der Spruch einer Einigungsstelle rechnen ebenso zu den Normen, deren Verletzung in der Revision geprüft werden kann.[998] Zu den „Gesetzen" gehören auch die **allgemeinen Denkgesetze.** Sie gehen als Obersätze jeder konkreten Rechtsanwendung voraus. Somit können auch Rechenfehler, sofern sie nicht wegen offenbarer Unrichtigkeit berichtigt worden sind, oder logische Trugschlüsse eine Revision begründen.[999] Ebenso sind Erfahrungssätze „Gesetze" iSv § 550 ZPO.[1000]

637 Bei Verträgen ist zu unterscheiden, ob es sich um **typische oder nichttypische Vereinbarungen** handelt. Bei typisierten Vereinbarungen liegt der Form nach eine einzelvertragliche Absprache vor, diese Absprache ist jedoch insofern typisiert, als sie in einer Vielzahl von Fällen gleich lautend verwandt wird. Es besteht hier ein Bedürfnis nach einheitlicher Auslegung.

638 **c) Verletzung verfahrensrechtlicher Vorschriften.** Bei Verfahrensfehlern ist nach § 557 Abs. 3 S. 2 ZPO zu unterscheiden, ob sie **von Amts wegen** zu berücksichtigen sind oder **nur auf eine Rüge hin.** Auf Verfahrensmängel, die nicht von Amts wegen zu berücksichtigen sind, darf das angefochtene Urteil nur geprüft werden, wenn die Mängel nach §§ 551 Abs. 3 Nr. 2b, 554 Abs. 3 ZPO gerügt worden sind.[1001] Haben gegen ein Berufungsurteil beide Parteien Revision eingelegt, rügt aber nur eine Partei die verspätete Absetzung, ist das Urteil insgesamt aufzuheben.[1002]

639 **Von Amts wegen** werden geprüft:
- Fehlen staatlicher Rechtsprechungsgewalt;[1003]
- allgemeine Prozessvoraussetzungen wie Partei- und Prozessfähigkeit,[1004]
- internationale Zuständigkeit,[1005]
- Zulässigkeit der Berufung als Prozessfortsetzungsvoraussetzung
- Statthaftigkeit der Revision.

---

[996] Germelmann/Matthes/Prütting/*Müller-Glöge* ArbGG § 73 Rn. 7.
[997] BAG 10.10.1957 – 2 AZR 48/55, AP TVG § 1 Auslegung Nr. 12.
[998] BAG 19.4.1963 – 1 AZR 160/62, AP BetrVG § 52 Nr. 3; 30.8.1963 – 1 ABR 12/62, AP BetrVG § 57 Nr. 4.
[999] RG 11.5.1927 – I 219/26, JW 1927, 2135 (Rechenfehler = Gesetzesverletzung).
[1000] BAG 16.5.1964 – 5 AZR 292/63, AP ZPO § 561 Nr. 1; 9.3.1972 – 1 AZR 261/71, AP ZPO § 561 Nr. 2.
[1001] BAG 20.4.1983 – 4 AZR 497/80, AP TVAL II § 21 Nr. 2.
[1002] BAG 15.11.1995 – 2 AZR 1036/94, AP ZPO § 551 Nr. 34.
[1003] BGH 16.3.1961 – III ZR 17/60, NJW 1961, 1116.
[1004] BAG 28.2.1974 – 2 AZR 191/73, AP ZPO § 56 Nr. 4; 15.9.1977 – 3 AZR 410/76, AP ZPO § 56 Nr. 5.
[1005] BAG 5.9.1972 – 3 AZR 212/69, AP BGB § 242 Ruhegehalt Nr. 159.

Zu den Verfahrensfehlern gehören auch die in § 547 ZPO aufgezählten **absoluten Revisionsgründe**. Aus der Bezeichnung absoluter Revisionsgrund kann nicht gefolgert werden, das Revisionsgericht prüfe bei zulässiger Revision solche Mängel in jedem der aufgeführten Fälle von Amts wegen. Die Rechtsprechung differenziert insoweit nach der Art des jeweiligen Grundes. Die nicht ordnungsgemäße Besetzung des Gerichts muss gerügt werden.[1006] Von Amts wegen berücksichtigt wird das Fehlen eines Tatbestandes.[1007]

d) **Tatsächliche Grundlage der Nachprüfung.** Durch § 559 ZPO wird der Prozessstoff für die Revisionsinstanz bestimmt. Nach § 314 ZPO liefert der Tatbestand eines Urteils (sowie Feststellungen in der Urteilsbegründung) Beweis für das mündliche Parteivorbringen. **Neues tatsächliches Vorbringen ist in der Revisionsinstanz idR ausgeschlossen.** Das gilt auch, wenn die betroffene Partei kein Verschulden daran trifft, dass der Vortrag nicht bereits in der Berufungsinstanz erfolgt ist, oder wenn die Tatsachen erst später eingetreten sind.[1008] Anderes gilt nach § 559 Abs. 1 S. 2 ZPO für solche Tatsachen, mit denen nach § 551 Abs. 3 Nr. 2b ZPO ein Verfahrensmangel begründet werden soll. Neues tatsächliches Vorbringen ist vom Revisionsgericht dann zu berücksichtigen, wenn es Sachurteilsvoraussetzungen betrifft, die von Amts wegen zu beachten sind, soweit das Revisionsgericht selbst Tatsachen feststellen kann.[1009] Dazu gehören solche, von denen die Zulässigkeit der Revision selbst abhängt.[1010] Neue Tatsachen sind außerdem zu beachten, wenn erstmals das Revisionsgericht auf eine bisher nicht beachtete Rechtslage hingewiesen hat. Die Parteien können dann an der Rechtslage ausgerichtete Tatsachen vortragen, die eine Zurückweisung der Sache rechtfertigen.[1011]

Die Rechtsprechung lässt aus prozessökonomischen Gründen neues tatsächliches Vorbringen ausnahmsweise zu, wenn es unstreitig oder seine Richtigkeit offenkundig ist und Belange der Gegenpartei nicht entgegenstehen,[1012] wenn andernfalls die Tatsachen einen Grund für die Wiederaufnahme des Verfahrens bilden würden oder wenn damit ein Antrag nach § 717 Abs. 3 ZPO begründet werden soll.

> **Praxistipp:**
> Vor diesem Hintergrund ist die Praxisrelevanz eines **Tatbestandsberichtigungsantrags** nicht zu unterschätzen. Unrichtige Feststellungen im Tatbestand des Urteils durch das LAG müssen nach § 320 ZPO geltend gemacht werden. Es empfiehlt sich daher, nach Zustellung des Urteils dieses auf unrichtige Feststellungen zu prüfen und ggf. innerhalb der **zweiwöchigen Frist** des § 320 Abs. 1 ZPO eine Tatbestandsberichtigung zu beantragen. Andernfalls ist das BAG an die Feststellungen des LAG gebunden, selbst wenn sie unzutreffend sind. Die Bindungswirkung entfällt allein dann, wenn die Feststellungen Unklarheiten enthalten, Lücken aufweisen oder widersprüchlich sind.

Neue Ansprüche können im Revisionsverfahren grundsätzlich nicht geltend gemacht werden. Eine damit verbundene Klageerweiterung erfordert in der Regel weitere Feststellungen, die vom Revisionsgericht nicht getroffen werden können. **Klageänderungen oder Klageerweiterungen** sind in der Revisionsinstanz ausnahmsweise aus Gründen der Prozessökonomie zugelassen, wenn sich der neue Sachvortrag auf den vom LAG festgestellten Sachverhalt stützt.[1013]

e) **Entscheidungserheblichkeit.** Eine Gesetzesverletzung ist nur relevant, wenn das angefochtene Urteil auf dieser Normverletzung beruht. Die **Kausalität der Gesetzesverletzung**

[1006] Schwab/Weth/*Ulrich* ArbGG § 73 Rn. 42.
[1007] Schwab/Weth/*Ulrich* ArbGG § 73 Rn. 50.
[1008] BAG 13.4.1956 – 1 AZR 390/55, AP MuSchG § 9 Nr. 9.
[1009] BGH 11.10.1979 – III ZR 25/77, DB 1980, 201.
[1010] BGH 17.12.1956 – II ZR 274/55, NJW 1957, 543.
[1011] BAG 9.12.1975 – 1 ABR 37/74, EzA BetrVG 1972 § 118 Nr. 10.
[1012] BAG 16.5.1990 – 4 AZR 145/90, AP ZPO § 554 Nr. 21.
[1013] BAG 5.6.2003 – 6 AZR 277/02, EzA ZPO 2002 § 256 Nr. 2.

muss feststehen. Ohne den Fehler des Berufungsgerichts hätte die Entscheidung anders ausfallen müssen.

645 Bei einem Verstoß gegen eine Verfahrensvorschrift reicht die Möglichkeit einer günstigeren Entscheidung aus. Hat das Berufungsgericht einen **Verfahrensfehler** begangen, ist das Revisionsgericht idR nicht in der Lage, von sich aus festzustellen, wie das Urteil ohne Fehler ausgefallen wäre. Die Möglichkeit einer günstigeren Entscheidung ist daher kaum je auszuschließen.[1014] Bei den **absoluten Revisionsgründen** des § 547 ZPO stellt das Gesetz für jeden dort normierten Fall die **nicht widerlegbare Vermutung** auf, das Gesetz sei verletzt worden.[1015]

> **Praxistipp:**
> Als Revsionsbeklagter ist an eine sog. **Verfahrensgegenrüge** zu denken, wenn der Revisionskläger eine Verfahrensrüge erhoben hat. Damit kann der Revisionsbeklagte verhindern, dass sich ein Verfahrensverstoß des LAG dann für ihn nachteilig auswirkt, wenn das BAG zu einer anderen rechtlichen Beurteilung kommt. Das kommt etwa in Betracht, wenn das BAG einen Klageantrag für unzulässig erachtet und das LAG zuvor keinen Hinweis nach § 139 Abs. 3 ZPO erteilt hat. Eine solche Verfahrensgegenrüge wegen einer Verletzung der Hinweispflicht durch das LAG kann bis zum Schluss der mündlichen Verhandlung vor dem BAG erhoben werden, ohne dass es dazu der Erhebung der Anschlussrevision bedarf.

6. Im Revisionsverfahren anzuwendende Vorschriften

646 Nach § 72 Abs. 5 ArbGG gelten für das Verfahren vor dem BAG, soweit das ArbGG nichts anderes bestimmt, die **Vorschriften der ZPO** über die Revision mit Ausnahme des § 566 ZPO entsprechend.

7. Anschlussrevision

647 Nach § 72 Abs. 5 ArbGG regelt sich die Anschlussrevision nach § 554 ZPO. Danach kann sich der Revisionsbeklagte der Revision anschließen. Die Anschließung erfolgt durch Einreichung der Revisionsanschlussschrift bei dem BAG. Die Anschließung ist bis zum Ablauf **eines Monats** nach der Zustellung der Revisionsbegründung zu erklären. Die Anschlussrevision muss in der Anschlussschrift begründet werden. An die Begründung sind keine geringeren Anforderungen gestellt als an die Revisionsbegründung.[1016] Die Anschließung verliert ihre Wirkung, wenn die Revision zurückgenommen oder als unzulässig verworfen wird.

8. Einschränkung der Revision

648 Das Revisionsgericht prüft nach § 73 Abs. 2 iVm § 65 ArbGG nicht, ob der beschrittene Rechtsweg und die Verfahrensart zulässig sind, ob das Gericht des ersten Rechtszugs seine Zuständigkeit zu Unrecht angenommen hat und ob bei der Berufung der ehrenamtlichen Richter Fehler unterlaufen sind.

9. Säumnisverfahren

649 Für das Säumnisverfahren vor dem BAG sind die §§ 333ff. ZPO entsprechend anzuwenden (§ 72 Abs. 5 ArbGG iVm § 555 Abs. 1 ZPO). Nach § 72 Abs. 5 ArbGG gelten nach § 555 Abs. 1 S. 1 ZPO die im ersten Rechtszug für das Verfahren vor den Landgerichten geltenden Vorschriften entsprechend. Eine ausdrückliche Verweisung auf § 539 ZPO fehlt. Dennoch ist § 539 ZPO auch im Revisionsverfahren anwendbar. Ist der Revisionskläger

---

[1014] Vgl. BAG 23.1.1996 – 9 AZR 600/93, NZA 1996, 838; BeckOK ArbR/*Klose* ArbGG § 73 Rn. 17.
[1015] Schwab/Weth/*Ulrich* ArbGG § 72 Rn. 43c.
[1016] BAG 8.12.2011 – 6 AZR 452/10, NZA-RR 2012, 273.

säumig, wird die Revision auf Antrag des Beklagten verworfen. Ist der Revisionsbeklagte säumig, hat das BAG zwar durch Versäumnisurteil, jedoch in der Sache selbst, zu entscheiden.[1017]

Erlässt das BAG ein Versäumnisurteil, beträgt die **Einspruchsfrist zwei Wochen** (§§ 565, 525, 339 ZPO). Wirksam kann ein Einspruch nur durch einen Rechtsanwalt eingelegt werden.[1018]

10. Vergleich – Erledigung der Hauptsache

Die Parteien können in der Revisionsinstanz den Rechtsstreit in jeder Lage des Verfahrens durch Vergleich erledigen. § 91a ZPO, wonach der Rechtsstreit übereinstimmend für erledigt erklärt werden kann, gilt auch in der arbeitsgerichtlichen Revisionsinstanz.[1019] Eine einseitige Erledigungserklärung des Klägers kann auch in der Revisionsinstanz vorgebracht werden.[1020]

11. Weiteres Verfahren

a) **Entscheidung über die Zulässigkeit der Revision.** Die Regelung in § 74 Abs. 2 S. 3 ArbGG, wonach die **Verwerfung der Revision ohne mündliche Verhandlung** durch Beschluss des Senats und ohne Zuziehung der ehrenamtlichen Richter erfolgt, setzt die anzuwendende Regelung in § 552 ZPO voraus. Die Revision kann insgesamt oder teilweise verworfen werden. Die teilweise Verwerfung setzt voraus, dass die Revision hinsichtlich eines selbstständigen, abtrennbaren Begehrens unzulässig ist.[1021]

b) **Sachentscheidung des Bundesarbeitsgerichts.** Ergibt die Begründung des Berufungsurteils zwar eine Rechtsverletzung, stellt die Entscheidung selbst aber aus anderen Gründen sich als richtig dar, so ist die Revision zurückzuweisen (§ 561 ZPO). § 552a ZPO ist auch im Revisionsverfahren vor dem BAG anwendbar, sodass die von dem LAG zugelassene Revision durch einstimmigen Beschluss zurückgewiesen werden kann, wenn das BAG davon überzeugt ist, dass die Voraussetzungen für die Zulassung der Revision nicht vorliegen und die Revision keine Aussicht auf Erfolg hat.[1022] Soweit die Revision für begründet erachtet wird, ist das angefochtene Urteil aufzuheben (§ 562 Abs. 2 ZPO). Im Falle der Aufhebung des Urteils ist die Sache zur neuen Verhandlung und Entscheidung an das Berufungsgericht zurückzuverweisen, wobei die Zurückverweisung an einen anderen Spruchkörper des Berufungsgerichts erfolgen kann (§ 563 Abs. 1 ZPO). Das BAG hat jedoch **in der Sache selbst zu entscheiden**, wenn die Aufhebung des Urteils nur wegen Rechtsverletzung bei Anwendung des Gesetzes auf das festgestellte Sachverhältnis erfolgt und nach letztem die Sache zur Endentscheidung reif ist (§ 563 Abs. 3 ZPO).

c) **Bindung des Berufungsgerichts. Nach der Zurückverweisung** wird die Instanz wiedereröffnet. Die neue mündliche Verhandlung bildet mit der früheren eine Einheit. Einreden und Gestaltungsrechte, die beim Revisionsgericht nicht mehr geltend gemacht werden konnten, können jetzt in den Prozess eingeführt werden. Hinsichtlich neuer Angriffs- und Verteidigungsmittel bleibt § 67 ArbGG beachtlich. Nach § 563 Abs. 2 ZPO ist das Berufungsgericht an die rechtliche Beurteilung, die der Aufhebung zugrunde gelegen hat, gebunden, sofern sich der Sachverhalt im zurückverwiesenen Verfahren nicht ändert. Die Bindung umfasst ohne Rücksicht auf die Richtigkeit der Ausführungen des Revisionsgerichts alle seine Ausführungen über den Obersatz, über Inhalt und Gültigkeit verfahrens- und sachlichrechtlicher Normen, über Denkgesetze, Erfahrungssätze und über die konkrete Subsumtion. Auch das Revisionsgericht ist entsprechend § 563 Abs. 2 ZPO an seine in dem gleichen Verfahren früher vertretene Rechtsauffassung gebunden. Eine Ausnahme gilt dann, wenn das

---

[1017] BAG 4.10.1978 – 5 AZR 326/77, AP LohnFG § 3 Nr. 3.
[1018] BAG 4.5.1956 – 1 AZR 284/55, AP ArbGG 1953 § 72 Nr. 44.
[1019] BAG 12.6.1967 – 3 AZR 368/66, AP ZPO § 91a Nr. 12; 6.4.1957 – 2 AZR 19/55, AP ZPO § 519 Nr. 4.
[1020] BAG 25.7.2002 – 6 AZR 31/00, NZA 2003, 400; Schwab/Weth/*Ulrich* ArbGG § 75 Rn. 49.
[1021] BAG 17.11.1966 – 3 AZR 347/66, AP ArbGG 1953 § 72 Divergenzrevision Nr. 29.
[1022] BAG 23.7.2019 – 3 AZR 357/17, NJW 2019, 3603.

Revisionsgericht seine Rechtsauffassung bereits vor der erneuten Revisionsentscheidung aufgegeben hat.[1023]

655   Hat das BAG das Urteil wegen eines Verfahrensfehlers aufgehoben, muss das LAG diesen beheben. Es ist auch insoweit an die Auffassung des BAG gebunden, dass dieser Verfahrensverstoß für die Entscheidung ursächlich war. Das LAG kann daher bei Aufhebung eines Beweisverfahrens nicht zusätzlich anderen Beweis erheben und entscheiden, auf die „aufgehobene" Beweisaufnahme komme es nicht mehr an.[1024] Hat sich in der neuen Verhandlung vor dem LAG der Sachverhalt infolge neuen zulässigen Parteivortrags oder Beweisstoffs geändert, hat das LAG neue tatsächliche Feststellungen zu treffen[1025] und diese rechtlich neu zu bewerten.

12. Sofortige Beschwerde wegen verspäteter Absetzung des Berufungsurteils

656   Nach § 72b Abs. 1 ArbGG kann das Endurteil eines LAG durch sofortige Beschwerde angefochten werden, wenn es **nicht binnen fünf Monaten** nach der Verkündung vollständig abgefasst und mit den Unterschriften sämtlicher Mitglieder der Kammer versehen der Geschäftsstelle übergeben worden ist. Erforderlich sind die Unterschriften der Mitglieder der Kammer, die an der Entscheidung teilgenommen haben, sofern diese nicht verhindert sind.[1026] In diesem Fall findet § 72a ArbGG keine Anwendung; eine Nichtzulassungsbeschwerde ist also nicht statthaft. Die sofortige Beschwerde ist damit das **allein statthafte Rechtsmittel**,[1027] wenn das LAG die Revision nicht zugelassen hat. Bei Zulassung der Revision durch das LAG besteht unter gewissen Umständen ein **Wahlrecht** zwischen Revision und Beschwerde.[1028]

657   Die sofortige Beschwerde ist nach § 72b Abs. 2 ArbGG innerhalb einer **Notfrist von einem Monat** beim BAG einzulegen und zu begründen. Die Frist beginnt mit dem **Ablauf von fünf Monaten** nach der Verkündung des Urteils des LAG. § 9 Abs. 5 ArbGG (Pflicht zur Rechtsmittelbelehrung) findet keine Anwendung.

658   Nach § 72b Abs. 3 ArbGG wird die sofortige Beschwerde durch Einreichung einer Beschwerdeschrift eingelegt. Die Beschwerdeschrift muss die Bezeichnung der angefochtenen Entscheidung sowie die Erklärung enthalten, dass Beschwerde gegen diese Entscheidung eingelegt werde. Die Beschwerde kann nur damit begründet werden, dass das Urteil des LAG mit Ablauf von fünf Monaten nach der Verkündung noch nicht vollständig abgefasst und mit den Unterschriften sämtlicher Mitglieder der Kammer versehen der Geschäftsstelle übergeben worden ist.

659   Über die sofortige Beschwerde entscheidet nach § 72b Abs. 4 ArbGG das BAG ohne Hinzuziehung der ehrenamtlichen Richter durch Beschluss, der ohne mündliche Verhandlung ergehen kann. Dem Beschluss soll eine kurze Begründung beigefügt werden.

660   Ist die sofortige Beschwerde zulässig und begründet, ist nach § 72b Abs. 5 ArbGG das Urteil des LAG aufzuheben und die Sache zur neuen Verhandlung und Entscheidung an das LAG zurückzuverweisen. Die Zurückverweisung **kann an eine andere Kammer** des LAG erfolgen.

VIII. Beschwerde

661   Für das Beschwerdeverfahren gelten nach § 78 die Vorschriften der §§ 567ff. ZPO. Danach findet **die sofortige Beschwerde** statt, und zwar in Fällen (§ 567 Abs. 1 Nr. 1 u. 2 ZPO),

---

[1023] GmSOGB 6.2.1973 – GmS OGB 1/72, AP RsprEinhG § 4 Nr. 1; BAG 19.2.1997 – 5 AZR 982/94, EzA BGB § 273 Nr. 7.
[1024] BAG 29.3.1977 – 1 ABR 123/74, AP BetrVG 1972 § 87 Provision Nr. 1.
[1025] BAG 14.4.1967 – 5 AZR 535/65, AP ZPO § 565 Nr. 12.
[1026] BAG 19.12.2012 – 2 AZB 45/12, BeckRS 2013, 69231.
[1027] BAG 2.11.2006 – 4 AZN 716/06, NZA 2007, 111.
[1028] BeckOK ArbR/*Klose* ArbGG § 72b Rn. 3; ErfK/*Koch* ArbGG § 72b Rn. 3; Schwab/Weth/*Ulrich* ArbGG § 72b Rn. 8; BR-Drs. 636/04, 50; vgl. auch Henssler/Willemsen/Kalb/*Bepler/Treber* ArbGG § 72b Rn. 10.

- in denen dies ausdrücklich im Gesetz bestimmt ist,
- in denen es um solche eine mündliche Verhandlung nicht erfordernde Entscheidung handelt, durch die ein das Verfahren betreffendes Gesuch zurückgewiesen worden ist.

Die sofortige Beschwerde ist binnen einer **Notfrist von zwei Wochen** bei dem Gericht, dessen Entscheidung angefochten wird, oder bei dem Beschwerdegericht einzulegen. Die Notfrist beginnt grundsätzlich mit der Zustellung der Entscheidung, spätestens mit dem Ablauf von fünf Monaten nach Verkündung des Beschlusses (§ 569 ZPO).

Die Beschwerde wird durch Einreichung einer Beschwerdeschrift eingelegt oder zu Protokoll der Geschäftsstelle erklärt (§ 569 Abs. 2 ZPO).

Der Vorsitzende, dessen Entscheidung angefochten wird, kann der Beschwerde **abhelfen**. Andernfalls ist die Beschwerde unverzüglich dem LAG vorzulegen (§ 572 ZPO).

IX. Abhilfe bei Verletzung des Anspruchs auf rechtliches Gehör

Nach § 78a Abs. 1 ArbGG ist auf die Rüge der durch die Entscheidung beschwerten Partei das **Verfahren fortzuführen,** wenn
1. ein Rechtsmittel oder ein anderer Rechtsbehelf gegen die (End-)Entscheidung nicht gegeben ist und
2. das Gericht den Anspruch dieser Partei auf rechtliches Gehör in entscheidungserheblicher Weise verletzt hat.

Dabei findet die Rüge nicht statt gegen eine der Endentscheidung vorausgehende Entscheidung (Zwischenentscheidung). Das BVerfG macht hiervon jedoch eine **Ausnahme** für **selbständige Zwischenverfahren,** wenn sie Bindungswirkung für das weitere Verfahren entfalten, über eine wesentliche Rechtsfrage abschließend befinden und in weiteren Instanzen nicht mehr nachgeprüft und korrigiert werden können.[1029] Die gilt etwa für ein Ablehnungsgesuch oder auch bei Verfahren der Wiedereinsetzung, bei dem die gewährte Wiedereinsetzung unanfechtbar ist. Umstritten, aber im Ergebnis abzulehnen, ist die Statthaftigkeit der Gehörsrüge bei der Entscheidung über die örtliche Zuständigkeit.[1030] Der Rechtsbehelf ist **nicht statthaft,** wenn ein Rechtsmittel oder ein anderer Rechtsbehelf gegeben ist. Zu den Rechtsbehelfen zählt auch die Nichtzulassungsbeschwerde nach § 72a ArbGG. Da die Nichtzulassungsbeschwerde auch bei der Verletzung des Anspruchs auf rechtliches Gehör statthaft ist, ist § 78a ArbGG in diesen Fällen nicht anwendbar. Die **Nichtzulassungsbeschwerde** nach § 72a ArbGG ist daher gegenüber der Anhörungsrüge nach § 78a ArbGG **vorrangig.**[1031]

Die Rüge ist nach § 78a Abs. 2 ArbGG innerhalb einer **Notfrist von zwei Wochen** nach Kenntnis von der Verletzung des rechtlichen Gehörs zu erheben; der Zeitpunkt der Kenntniserlangung ist glaubhaft zu machen. Die Zweiwochenfrist des § 78a Abs. 2 S. 1 ArbGG knüpft nicht an die Bekanntgabe der angefochtenen Entscheidung an, sondern beginnt mit der tatsächlichen subjektiven Kenntnis des Betroffenen von der Verletzung des rechtlichen Gehörs. Diese Kenntnis kann durch die Fiktion, die angefochtene Entscheidung sei mit dem dritten Tag nach Aufgabe zur Post bekannt gegeben worden, nicht ersetzt werden. Die Fiktion des § 78a Abs. 2 S. 3 ArbGG bezieht sich ausschließlich auf die Bekanntgabe der angegriffenen Entscheidung, die nur für die Jahresfrist des § 78a Abs. 2 S. 2 ArbGG maßgebend ist.[1032] Nach Ablauf eines Jahres seit Bekanntgabe der angegriffenen Entscheidung kann die Rüge nicht mehr erhoben werden. Die Rüge ist **schriftlich** bei dem Gericht zu erheben, dessen Entscheidung angegriffen wird. Die Rüge muss
- die angegriffene Entscheidung bezeichnen
- und das Vorliegen der in § 78a Abs. 1 S. 1 Nr. 2 ArbGG genannten Voraussetzungen (Verletzung Anspruch auf rechtliches Gehör; **Entscheidungserheblichkeit**) darlegen.

[1029] BVerfG 23.10.2007 – 1 BvR 782/07, NZA 2008, 1201; BAG 23.9.2005 – 6 AZN 84/05, NZA 2009, 396; BGH 20.1.2009 – Xa ZB 34/08, NJW-RR 2009, 642.
[1030] AA ArbG Oldenburg 30.9.2009 – 4 Ca 346/09, NZA 2010, 527.
[1031] BAG 23.10.2019 – 8 AZN 718/19, NZA 2019, 1659.
[1032] BVerfG 4.4.2007 – 1 BvR 66/07, NZA 2007, 1124.

668 Rügt die Partei einen **unterbliebenen Hinweis**, so hat sie mit ihrer Rüge darzulegen, dass der unterbliebene Hinweis für die anzufechtende Entscheidung **ursächlich** war. Sie hat also vorzutragen, welcher tatsächliche Vortrag gehalten oder welche für die Entscheidung erheblichen rechtlichen Ausführungen auf einen entsprechenden Hinweis gemacht worden wären und dass die Entscheidung unter Berücksichtigung dieses Vorbringens möglicherweise anders ausgegangen wäre.[1033] Richtet sich die Anhörungsrüge gegen einen Beschluss, durch den eine Nichtzulassungsbeschwerde zurückgewiesen worden ist, können nur neue und eigenständige Verletzungen des Art. 103 Abs. 1 GG durch die angegriffene Entscheidung des letztentscheidenden Gerichts geltend gemacht werden. Enthält der Beschluss keine weiteren Ausführungen zur Begründung, müssen besondere Umstände vorgetragen werden, aus denen sich klar ergibt, dass Vorbringen nicht zur Kenntnis genommen oder bei der Entscheidung nicht erwogen worden ist.[1034]

669 Nach § 78a Abs. 3 ArbGG ist dem Gegner, soweit erforderlich, Gelegenheit zur Stellungnahme zu geben.

670 Das Gericht hat darauf nach § 78a Abs. 4 ArbGG von Amts wegen zu prüfen, ob die Rüge an sich statthaft und ob sie in der gesetzlichen Form und Frist erhoben ist. Mangelt es an einem dieser Erfordernisse, so ist die Rüge **als unzulässig zu verwerfen.** Ist die Rüge unbegründet, weist das Gericht sie zurück. Die Entscheidung ergeht durch **unanfechtbaren Beschluss.** Der Beschluss soll kurz begründet werden.

671 Ist die Rüge begründet, so hilft ihr das Gericht nach § 78a Abs. 5 ArbGG ab, indem es das **Verfahren fortführt**, soweit dies aufgrund der Rüge geboten ist. Das Verfahren wird in die Lage zurückversetzt, in der es sich vor dem Schluss der mündlichen Verhandlung befand. § 343 der Zivilprozessordnung gilt entsprechend. In schriftlichen Verfahren tritt an die Stelle des Schlusses der mündlichen Verhandlung der Zeitpunkt, bis zu dem Schriftsätze eingereicht werden können.

672 Die Entscheidung zur Begründung erfolgt nach § 78a Abs. 6 ArbGG unter Hinzuziehung der ehrenamtlichen Richter. Die ehrenamtlichen Richter wirken nicht mit, wenn die Rüge als unzulässig verworfen wird oder sich gegen eine Entscheidung richtet, die ohne Hinzuziehung der ehrenamtlichen Richter erlassen wurde.

673 § 707 der Zivilprozessordnung ist nach § 78a Abs. 7 ArbGG unter der Voraussetzung entsprechend anzuwenden, dass der Beklagte glaubhaft macht, dass die Vollstreckung ihm einen nicht zu ersetzenden Nachteil bringen würde.

674 Das Verfahren zur Abhilfe bei Verletzung des Anspruchs auf rechtliches Gehör findet auf das Beschlussverfahren entsprechende Anwendung (§ 78a Abs. 8 ArbGG). Bei verfahrensbeendenden Beschlüssen des Arbeitsgerichts ist die Rüge der Verletzung des rechtlichen Gehörs mit dem Rechtsmittel der Beschwerde vor dem LAG geltend zu machen, weil die Beschwerde ohne weitere Voraussetzungen stets zulässig ist.[1035]

X. Außerordentlicher Rechtsbehelf

675 Vom Bundesgerichtshof wurde in ständiger **früherer Rechtsprechung** ein außerordentlicher Rechtsbehelf in besonderen Ausnahmefällen als statthaft angesehen, wenn die angefochtene Entscheidung mit der geltenden Rechtsordnung **schlechthin unvereinbar** ist, weil sie jeder gesetzlichen Grundlage entbehrt und dem Gesetz inhaltlich fremd ist.[1036] Dem Anliegen, Grundrechtsverstöße nach Möglichkeit durch Abhilfe innerhalb der jeweiligen Gerichtsbarkeit zu korrigieren, wurde dadurch Rechnung getragen, dass in solchen Fällen das Gericht, welches die Entscheidung erlassen hatte, als befugt angesehen wurde, diese auf Gegenvorstellung hin selbst dann zu überprüfen und gegebenenfalls zu korrigieren, wenn sie

---

[1033] BAG 5.2.2013 – 7 AZR 947/12 (F), NZA 2013, 1376.
[1034] BAG 25.6.2019 – 10 AZN 567/19 (F), NZA 2019, 1095; vgl. BVerfG 16.11.2018 – 2 BvR 2172/18, BeckRS 2018, 31137.
[1035] BVerfG 4.4.2007 – 1 BvR 66/07, NZA 2007, 1124.
[1036] BGH 10.5.2001 – V ZB 4/01, NJW-RR 2001, 1016; ebenso BAG 19.6.2002 – 2 AZB 9/02, ArbuR 2002, 470.

nach dem Prozessrecht grundsätzlich innerhalb der Instanz unabänderlich ist.[1037] Das Plenum des BVerfG hat die bei einer behaupteten Verletzung von Verfahrensgrundsätzen praktizierten ungeschriebenen außerordentlichen Rechtsbehelfe beanstandet, weil sie gegen das rechtsstaatliche Gebot der Rechtsmittelklarheit verstießen.[1038]

Mittlerweile ist das Gesetz über die Rechtsbehelfe bei Verletzung des Anspruchs auf rechtliches Gehör[1039] (§ 78a ArbGG) in Kraft getreten. Dieses regelt nur Fälle der **Gehörsverletzung**. Es bleibt zu klären, ob auch Fälle greifbarer Gesetzesverletzung (ggf. über eine teleologische Auslegung) als „Gehörsverletzung" verstanden werden können. Unter dem Gesichtspunkt einer „greifbaren Gesetzwidrigkeit" kommt jedenfalls kein außerordentlicher Rechtsbehelf mehr in Betracht, allenfalls eine befristete Gegenvorstellung.[1040] **Das BAG lehnt** nunmehr zutreffend **außerordentliche Rechtsbehelfe ab**, da sie nicht dem Gebot der Rechtsmittelklarheit genügen; spätestens seitdem der Gesetzgeber das Rechtsmittelrecht durch das Gesetz zur Reform des Zivilprozesses und das Anhörungsrügengesetz umfassend neu geregelt und dabei keine positive Entscheidung dahingehend getroffen hat, dass die außerordentliche Beschwerde weiter bestehen soll, außerhalb der gesetzlich ausdrücklich vorgesehenen Rechtsmittel und Rechtsbehelfe weitere Arten von Rechtsbehelfen abzulehnen.[1041]

XI. Arrest und einstweilige Verfügung

1. Grundsätze

Für Streitigkeiten, die im Urteilsverfahren abgewickelt werden, verweist § 62 Abs. 2 ArbGG hinsichtlich Arrest und einstweiliger Verfügung auf die Vorschriften des Achten Buches der Zivilprozessordnung (§§ 916 ff. ZPO). In § 62 Abs. 2 S. 2 ArbGG mit der Möglichkeit, ohne mündliche Verhandlung zu entscheiden, findet sich eine Sonderregelung.

Mit Wirkung zum 1.1.2016 ist gemäß § 945a ZPO das **elektronische Schutzschriftenregister** eingeführt worden. Damit kann eine Partei bei einem zu erwartenden Antrag auf Arrest oder einstweilige Verfügung einen vorbeugenden Verteidigungsschriftsatz zentral einreichen. Dies bietet sich an, wenn mehrere ArbG zuständig sein könnten.[1042] Eine in das Schutzschriftenregister eingestellte Schutzschrift gilt gemäß § 62 Abs. 2 S. 3 ArbGG auch als bei allen Arbeitsgerichten der Länder eingereicht. Das Gericht muss nach Eingang eines Eilantrags beim Register eine entsprechende Abfrage durchführen.[1043]

2. Arrest

Nach § 916 Abs. 1 ZPO findet der Arrest zur Sicherung der Zwangsvollstreckung in das bewegliche oder unbewegliche Vermögen wegen einer Geldforderung oder wegen eines Anspruchs statt, der in eine Geldforderung übergehen kann. Der Arrest zielt nur auf die **Sicherung der Zwangsvollstreckung wegen einer Geldforderung**, nicht auf die wenigstens vorläufige Befriedigung des Gläubigers. Der Arrest spielt im Rahmen der arbeitsgerichtlichen Praxis keine wesentliche Rolle.[1044]

Der Antrag ist nur zulässig, wenn die allgemeinen Prozessvoraussetzungen vorliegen.[1045] Das gilt auch für die (Rechtsweg-)Zuständigkeit der Arbeitsgerichte. Ist diese nicht gegeben, ist auch im Arrest-/Verfügungsverfahren eine Rechtswegverweisung zulässig.[1046] Ebenso ist

---

[1037] BGH 7.3.2002 – IX ZB 11/02, NJW 2002, 1577.
[1038] BVerfG 30.4.2003 – 1 PBvU 1/02, NJW 2003, 1924.
[1039] BGBl. I 3220.
[1040] BGH 20.10.2004 – XII ZB 35/04, NJW 2005, 143; 20.10.2004 – XII ZB 35/04, NJW 2005, 143; BVerwG 5.10.2004 – 2 B 90/04, NVwZ 2005, 232; BFH 29.9.2005 – I B 70/05, BeckRS 2005, 25008820; aA BFH 8.9.2005 – IV B 42/05, NJW 2005, 3374.
[1041] BAG 25.11.2008 – 3 AZB 64/08, NZA 2009, 332.
[1042] Schwab/Weth/*Walker* ArbGG § 62 Rn. 124a.
[1043] Zöller/*Vollkommer* ZPO § 945a Rn. 3; dazu *Bacher* MDR 2015, 1329 ff.
[1044] Vgl. zum Arrestverfahren *Clemenz* NZA 2007, 64 ff.
[1045] Schwab/Weth/*Walker* ArbGG § 62 Rn. 109.
[1046] *Gift/Baur* J Rn. 34.

eine Verweisung an das örtlich zuständige Gericht möglich.[1047] Um Verzögerungen zu vermeiden, ist daran zu denken, den Antrag zurückzunehmen und beim zuständigen Gericht nochmals einzureichen.

681 Ferner muss ein Arrestanspruch gegeben sein. Arrestanspruch kann nur eine **Geldforderung** sein oder ein Individualanspruch, der in eine solche übergehen kann. Ein Übergang ist möglich bei Nichterfüllung. Es ist also nicht notwendig, dass der Anspruch bereits fällig ist.

682 Es muss außerdem ein **Arrestgrund** behauptet werden. Umstritten ist, ob das Vorliegen eines Arrestgrundes als Zulässigkeitsvoraussetzung anzusehen ist,[1048] so dass ein deshalb abgewiesener Antrag uU wiederholt werden könnte.

683 Der Arrest ist begründet, wenn Arrestanspruch und Arrestgrund **glaubhaft** gemacht sind.

3. Einstweilige Verfügung

684 **a) Sicherungsverfügung.** Nach § 935 ZPO sind einstweilige Verfügungen in Bezug auf den Streitgegenstand zulässig, wenn zu besorgen ist, dass durch eine Veränderung des bestehenden Umstandes die Verwirklichung des Rechts einer Partei vereitelt oder wesentlich erschwert werden könnte, sog. Sicherungsverfügung. Die Sicherungsverfügung bezweckt die **Sicherung von solchen Forderungen,** die nicht auf Geld gerichtet sind und daher auch nicht durch Arrest gesichert werden können.[1049]

685 Voraussetzung für eine Sicherungsverfügung ist zunächst, dass die allgemeinen Prozessvoraussetzungen vorliegen. Außerdem muss ein sicherbarer, konkreter Anspruch bestehen. Der zu sichernde Anspruch, der als **Verfügungsanspruch** bezeichnet wird, ist jeder bürgerlich-rechtliche oder arbeitsrechtliche Individualanspruch, zB der auf Herausgabe überlassenen Arbeitsgeräts.

686 Der Zweck der einstweiligen Verfügung besteht darin, die Verwirklichung des Anspruchs dadurch zu sichern, dass der bestehende Zustand in Bezug auf einen bestimmten Streitgegenstand erhalten bleibt. Dieser Grund für die Sicherung, der **Verfügungsgrund,** muss zur Abwendung einer Gefährdung des Gläubigerinteresses im Eilverfahren objektiv notwendig sein. Es müssen Umstände bestehen, die nach dem Urteil eines vernünftigen Menschen befürchten lassen, die Verwirklichung des Anspruchs sei durch eine bevorstehende Veränderung des bestehenden Zustandes gefährdet, zB es droht ein wesentlicher Substanzverlust durch die unerlaubte Weiterbenutzung eines Gerätes oder weil der Schuldner dabei ist, seinen Wohnsitz ins Ausland zu verlegen.

687 **b) Regelungsverfügung.** Eine andere Art der einstweiligen Verfügung ist die zur Sicherung des Rechtsfriedens, die sog. Regelungsverfügung. Nach § 940 ZPO sind einstweilige Verfügungen auch zum Zweck der Regelung eines einstweiligen Zustandes in Bezug auf ein streitiges Rechtsverhältnis zulässig, sofern diese Regelung, insbesondere bei dauernden Rechtsverhältnissen zur Abwendung wesentlicher Nachteile oder zur Verhinderung drohender Gewalt oder aus anderen Gründen nötig erscheint.

688 Den Verfügungsanspruch bildet hier das streitige Rechtsverhältnis. Dieses muss auf einen Zustand insbesondere von längerer Dauer gerichtet sein. Streitig ist das Rechtsverhältnis, wenn sein Bestand bestritten wird oder wenn ein unstreitig bestehendes verletzt wird.

689 Ein Verfügungsgrund liegt vor, wenn die Regelung notwendig ist. Dabei ist vom Interesse des Gläubigers auszugehen, wie es sich auf Grund der tatsächlichen Lage objektiv darstellt. Eine Dringlichkeit ist nicht gegeben, wenn der Gläubiger den beanstandeten Grund über längere Zeit untätig hingenommen hat (sog. Selbstwirkung).

690 Nur in Ausnahmefällen ist im Rahmen von § 940 ZPO eine sog. **Leistungs- oder Befriedigungsverfügung** zulässig.[1050] Die Leistungsverfügung gewährt dem Gläubiger nicht nur eine Sicherung, sondern Erfüllung.

[1047] BGH 5.4.1989 – IVb ZR 26/88, FamRZ 1989, 847.
[1048] Vgl. *Gift/Baur* J Rn. 21 mwN; Henssler/Willemsen/Kalb/*Ziemann* ArbGG § 62 Rn. 50; aA Schwab/Weth/*Walker* ArbGG § 62 Rn. 109, Fn. 4 mwN.
[1049] Schwab/Weth/*Walker* ArbGG § 62 Rn. 111.
[1050] Schwab/Weth/*Walker* ArbGG § 62 Rn. 112; OLG Jena 8.3.2012 – 4 W 101/12, MDR 2012, 488.

Nach neuerer Ansicht ist nur zwischen Sicherungs- und Befriedigungsverfügung zu unterscheiden. Jede Verfügungsart setze nämlich einen materiellen Verfügungsanspruch voraus, der entweder nur gesichert oder aber erfüllt werden könne. Für eine zwischen Sicherung und Befriedigung liegende Regelung sei kein Raum.[1051] 691

Als **unzulässig** werden **feststellende Verfügungen** angesehen, weil sie weder der Sicherung der Zwangsvollstreckung noch zur vorläufigen Durchsetzung eines Anspruchs noch zur verbindlichen Klärung der Rechtslage geeignet sind.[1052] 692

Der Verfügungsanspruch und der Verfügungsgrund sind **glaubhaft** zu machen, wobei strenge Anforderungen zu stellen sind. 693

> **Praxistipp:**
> Zur Glaubhaftmachung können alle Beweismittel herangezogen werden. In der Praxis spielt die **eidesstattliche Versicherung** die bedeutendste Rolle. Neben einer Belehrung über die Bedeutung und Folgen einer falschen Versicherung an Eides statt (§ 156 StGB) ist eine eigene selbständige Darstellung der glaubhaft zu machenden Tatsachen erforderlich. Sie darf sich nicht darauf beschränken, die Darstellung eines Dritten, etwa des eigenen Prozessbevollmächtigten im Antrag, zu bestätigen. Dies wird in der Praxis häufig nicht hinreichend beachtet.

c) **Verfahren.** Die §§ 919 ff. ZPO gelten nach § 62 Abs. 2 ArbGG iVm § 936 ZPO grundsätzlich für das Verfahren der einstweiligen Verfügung in der Arbeitsgerichtsbarkeit. Dabei sind folgende Besonderheiten zu beachten: 694

- Die Zuständigkeit des Gerichts ergibt sich aus § 937 ZPO. Es ist das **Gericht der Hauptsache** zuständig. Das ist bei arbeitsgerichtlichen Streitigkeiten das Arbeitsgericht. Auch in dringenden Fällen besteht keine rechtswegübergreifende Zuständigkeit des Amtsgerichts der belegenen Sache (§ 942 ZPO).[1053]
- Die Entscheidung kann in **dringenden Fällen,** auch dann, wenn der Antrag auf Erlass der einstweiligen Verfügung zurückzuweisen ist, **ohne mündliche Verhandlung** ergehen (§ 62 Abs. 2 S. 2 ArbGG). Ein solcher Fall liegt nur vor, wenn im Interesse eines effektiven Rechtsschutzes die Warnung des Gegners oder die Zeitdauer, die mit einer mündlichen Verhandlung verbunden ist, vermieden werden muss, und wenn die zeitliche Dringlichkeit nicht auf ein zögerliches Verhalten des Antragstellers zurückzuführen ist.[1054]
- Im Verfahren des einstweiligen Rechtsschutzes beginnt die mündliche Verhandlung nicht mit der Güteverhandlung.[1055]
- Im arbeitsgerichtlichen Verfahren wird § 944 ZPO zur Eilkompetenz des Vorsitzenden durch § 53 ArbGG verdrängt.[1056]
- Im Verfahren auf Erlass einer einstweiligen Verfügung ist eine Nichtzulassungsbeschwerde von vornherein unstatthaft, denn das Nichtzulassungsbeschwerdeverfahren ist auf die Zulassung der Revision gerichtet, die nach § 72 Abs. 4 ArbGG im Verfahren der einstweiligen Verfügung gesetzlich ausgeschlossen ist.[1057]

d) **Einzelfälle. aa) Arbeitskampf.** Einstweilige Verfügungen können auch im Arbeitkampf ergehen. Dem stehen keine durchgreifenden verfassungsrechtlichen Gründe entgegen.[1058] 695

[1051] Vgl. zum Theorienstreit ausführlich Schwab/Weth/*Walker* ArbGG § 62 Rn. 112; *Walker,* Der einstweilige Rechtsschutz, Rn. 100 bis 119.
[1052] BeckOK ArbR/*Hamacher* ArbGG § 62 Rn. 65.
[1053] Germelmann/Matthes/Prütting/*Schleusener* ArbGG § 62 Rn. 81; Schwab/Weth/*Walker* ArbGG § 62 Rn. 114.
[1054] Schwab/Weth/*Walker* ArbGG § 62 Rn. 115.
[1055] LAG Hessen 16.2.1962 – 5 Sa 8/62, DB 1962, 1052; Schwab/Weth/*Walker* ArbGG § 62 Rn. 102; Germelmann/Matthes/Prütting/*Schleusener* ArbGG § 54 Rn. 46.
[1056] Schwab/Weth/*Walker*ArbGG § 62 Rn. 103; Germelmann/Matthes/Prütting/*Schleusener* ArbGG § 62 Rn. 86.
[1057] BAG 16.12.2004 – 9 AZN 969/04, EzA ArbGG 1979 § 72 Nr. 33.
[1058] BAG 21.3.1978 – 1 AZR 11/76, DB 1978, 1647; LAG Hamm 8.8.1985 – 8 Sa 1498/85, NZA 1985, 743; LAG Schleswig-Holstein 10.12.1996 – 6 Sa 581/96, NZA-RR 1997, 401; 25.11.1999 – 4 Sa 584/99, NZA-RR 2000, 143; Schwab/Weth/*Walker* ArbGG § 62 Rn. 167.

Der Antrag kann sich gegen den Arbeitskampf als Ganzes oder gegen konkrete Maßnahmen richten. Bei den Anträgen ist auf die hinreichende Bestimmtheit zu achten.[1059] Im Rahmen der Interessenabwägung ist maßgeblich auf die Eindeutigkeit der Sach- und Rechtslage abzustellen.[1060]

696 bb) *Arbeitsleistung.* Zielt der Anspruch auf Arbeitsleistung auf eine unvertretbare Handlung, steht § 888 Abs. 3 ZPO einer Befriedigungsverfügung entgegen.[1061] Geht es hingegen bei der Arbeitsleistung um eine vertretbare Handlung, liegt ein Verfügungsanspruch vor. Regelmäßig wird aber ein Verfügungsgrund fehlen, denn die Einstellung eines Ersatzarbeitnehmers als Ersatzvornahme wird dem Arbeitgeber häufig möglich sein.

697 cc) *Arbeitspapiere.* Der Anspruch auf Herausgabe der Arbeitspapiere kann im Wege der einstweiligen Verfügung (Befriedigungsverfügung) durchgesetzt werden. Ein Arbeitgeber hat kein Zurückbehaltungsrecht an den Arbeitspapieren. Der Arbeitnehmer ist hingegen auf die Erteilung der Arbeitspapiere angewiesen, etwa um ein neues Arbeitsverhältnis einzugehen oder Anträge bei Behörden zu stellen.[1062]

698 dd) *Arbeitsvergütung.* Eine einstweilige Verfügung auf Zahlung von Arbeitsvergütung führt zu einer vorläufigen Befriedigung des Gläubigers. Für eine **Leistungsverfügung** (Befriedigungsverfügung) hat der Arbeitnehmer darzulegen und gegebenenfalls glaubhaft zu machen, dass er sich ohne die Entgeltzahlung in einer **Notlage** befindet.[1063] Wird das Entgelt wegen einer ausgesprochenen Kündigung vom Arbeitgeber nicht gezahlt, kommt eine einstweilige Verfügung auf Zahlung von Arbeitsvergütung nur in Betracht, wenn der Arbeitnehmer
- zum einen die Unwirksamkeit der Kündigung glaubhaft macht,
- zum anderen darlegt, dass die Voraussetzungen des Annahmeverzuges vorliegen,
- im Übrigen zur Bestreitung seines Unterhalts dringend auf die Entgeltzahlung angewiesen ist,
- gegebenenfalls, weshalb er von dritter Seite keine finanziellen Zuwendungen erhält.

699 Der Arbeitnehmer kann nicht auf die Inanspruchnahme von **Sozialleistungen** verwiesen werden. Diese Leistungen sind subsidiär gegenüber den Entgeltansprüchen aus dem Arbeitsverhältnis.[1064] Es fehlt aber dann an dem für den Erlass einer Leistungsverfügung erforderlichen Verfügungsgrund, wenn der Arbeitnehmer bereits Sozialleistungen bezieht, weil dann eine Notsituation nicht vorliegt.[1065]

700 Auf die Inanspruchnahme von **Bankkredit** kann der Arbeitnehmer nicht verwiesen werden. Hat der Arbeitnehmer aber bereits zur Sicherung seines Lebensunterhalts einen Bankkredit aufgenommen, dann liegt ein Verfügungsgrund nicht mehr vor. Würde das Gericht in diesem Fall dem Verfügungsantrag stattgeben, dann würde die Entscheidung dem Arbeitnehmer lediglich die Rückführung des Kredits ermöglichen.[1066]

701 Für die Interessenabwägung, die bei der Prüfung des Verfügungsgrundes im Rahmen von Befriedigungsverfügungen immer erforderlich ist, kommt es in erster Linie auf den voraussichtlichen Ausgang des Hauptsacheverfahrens an.[1067]

702 Die einstweilige Verfügung kann regelmäßig nicht in Höhe der Gesamtforderung erlassen werden, sondern nur in Höhe des **für den Lebensunterhalt Notwendigen**.[1068]

703 ee) *Beschäftigungsanspruch/Weiterbeschäftigungsanspruch.* Der Anspruch des Arbeitnehmers gegen den Arbeitgeber auf tatsächliche Beschäftigung/Weiterbeschäftigung kann

---

[1059] Dazu *Ulrich* in Hamacher, Antragslexikon Arbeitsrecht 3. Aufl., Arbeitskampf; LAG Hessen 2.5.2003 – 9 Sa Ga 636/03, NZA 2003, 679.
[1060] Schwab/Weth/*Walker* ArbGG § 62 Rn. 171.
[1061] Schwab/Weth/*Walker* ArbGG § 62 Rn. 133.
[1062] Dazu BeckOK ArbR/*Hamacher* ArbGG § 62 Rn. 70; Schwab/Weth/*Walker* § 62 Rn. 163 ff.
[1063] LAG Bremen 5.12.1997 – 4 Sa 258/97, ArbuR 1998, 206; LAG Hessen 9.7.1995 – 13 Ta 242/95, DB 1996, 48; *Walker* ZfA 2005, 45 (56).
[1064] Schwab/Weth/*Walker* § 62 Rn. 132; *Reinhard/Kliemt* NZA 2005, 545 (552).
[1065] *Gift/Baur* Rn. 111; Schwab/Weth/*Walker* ArbGG § 62 Rn. 132.
[1066] *Gift/Baur* Rn. 111.
[1067] Schwab/Weth/*Walker* ArbGG § 62 Rn. 132.
[1068] *Reinhard/Kliemt* NZA 2005, 545 (552).

wegen seiner Zeitgebundenheit nicht anders als durch eine **Befriedigungsverfügung** gesichert werden. Beschäftigungsverfügungen sind allgemein anerkannt.[1069]
Jedenfalls im gekündigten Arbeitsverhältnis bedarf es bereits beim Verfügungsanspruch einer **Interessenabwägung**.[1070] Der Verlust des Beschäftigungsanspruchs durch Zeitablauf ist beim Verfügungsgrund nicht ausreichend.[1071] Der Arbeitnehmer muss auf die Erfüllung angewiesen sein. Der Wunsch, den Kundenkontakt aufrecht zu erhalten, genügt nicht.[1072] Auch die Absicht, Einkünfte zu erzielen, kann eine einstweilige Verfügung nicht begründen.[1073] Im ungekündigten Arbeitsverhältnis wird regelmäßig der Verfügungsanspruch bestehen, sofern der Arbeitnehmer nicht mehr beschäftigt wird. Streiten die Parteien hingegen etwa über die Wirksamkeit einer (örtlichen) Versetzung, so ergibt sich aus dem Vorliegen des Verfügungsanspruchs noch kein Verfügungsgrund.[1074] 704

Der **betriebsverfassungsrechtliche Weiterbeschäftigungsanspruch** nach § 102 Abs. 5 S. 1 BetrVG kann ebenfalls im Wege der einstweiligen Befriedigungsverfügung durchgesetzt werden.[1075] Darüber ist im Urteilsverfahren zu entscheiden.[1076] Es geht um einen Anspruch aus dem Arbeitsverhältnis, der lediglich durch die Vorschriften des Betriebsverfassungsgesetzes näher ausgestaltet ist. Der Arbeitgeber muss gemäß § 102 Abs. 5 S. 2 BetrVG einen Entbindungsgrund vortragen.[1077] 705

ff) Konkurrentenklage. Im Zusammenhang mit Konkurrentenklagen kann ein Bewerber durch einstweilige Verfügung **untersagen** lassen, die **Stelle** bis zum Abschluss des Hauptsacheverfahrens mit einem anderen Bewerber **zu besetzen**.[1078] Dabei handelt es sich um eine **Sicherungsverfügung**.[1079] Die Stelle darf noch nicht endgültig besetzt sein. Der Verfügungsgrund soll in aller Regel zu bejahen sein.[1080] Für den Verfügungskläger bestehe nämlich die Gefahr, dass die Durchsetzung seines Anspruchs auf Neuvornahme der Auswahlentscheidung vereitelt oder erschwert werde, da mit der anderweitigen Besetzung der Stelle sein Anspruch untergehe.[1081] Allein der Rechtsschutz im Hauptsacheverfahren wäre wegen der damit verbundenen Zeitdauer kein effektiver Rechtsschutz. Wenn der (öffentlich-rechtliche) Arbeitgeber allerdings versichert, die Stelle bis zum rechtskräftigen Abschluss des Hauptsacheverfahrens nicht zu besetzen, fehlt es an einem Verfügungsgrund. 706

gg) Teilzeitarbeitsanspruch. Der Anspruch auf Verringerung der Arbeitszeit ist auf **Abgabe einer Willenserklärung** gerichtet. Obwohl eine Willenserklärung nach § 894 ZPO erst mit Rechtskraft des Urteils als abgegeben gilt, soll ausnahmsweise und in engen Grenzen eine **Befriedigungsverfügung** möglich sein, weil sie für ihre Geltungsdauer endgültige Verhältnisse schaffe.[1082] Es bedarf eines Verfügungsgrundes, etwa wenn der Arbeitnehmer aus familiären Gründen dringend auf die Verringerung angewiesen ist.[1083] 707

[1069] LAG Hamm 27.9.2000 – 2 Sa 1178/00, NZA-RR 2001, 654; 18.2.1998 – 3 Sa 297/98, NZA-RR 1998, 422; LAG Sachsen 8.3.1996 – 3 Sa 77/96, NZA-RR 1997, 4; LAG Hamm 9.3.1995 – 12 Sa 2036/94, NZA-RR 1996, 145; LAG München 10.2.1994 – 5 Sa 969/93, NZA 1994, 997; LAG Baden-Württemberg 30.8.1993 – 15 Sa 35/93, NZA 1995, 683; dazu auch *Schrader* BB 2012, 445 ff.
[1070] Dazu BeckOK ArbR/*Hamacher* ArbGG § 62 Rn. 71.
[1071] LAG Düsseldorf 17.11.2010 – 12 SaGa 19/10, BeckRS 2011, 66476 *Schrader* BB 2012, 445 (446).
[1072] BeckOK ArbR/*Hamacher* ArbGG § 62 Rn. 72; aA wohl LAG Köln 20.3.2001 – 6 Ta 46/01, MDR 2001, 1176.
[1073] LAG Düsseldorf 17.11.2010 – 12 SaGa 19/10, BeckRS 2011, 66476
[1074] LAG Düsseldorf 1.6.2005 – 12352/05, MDR 2005, 1419.
[1075] LAG Berlin 15.9.1980 – 12 Sa 42/80, DB 1980, 2449; LAG Köln 18.1.1984 – 7 Sa 1156/83, NZA 1984, 57; LAG München 10.2.1994 – 5 Sa 969/93, NZA 1994, 997; Schwab/Weth/*Walker* ArbGG § 62 Rn. 150; BeckOK ArbR/*Hamacher* ArbGG § 62 Rn. 74.
[1076] LAG Düsseldorf 29.5.1974 – 6 Ta BV 39/74, DB 1974, 1342; Schwab/Weth/*Walker* ArbGG § 62 Rn. 150.
[1077] *Reinhard/Kliemt* NZA 2005, 545 (549); BeckOK ArbR/*Hamacher* ArbGG § 62 Rn. 74.
[1078] LAG Thüringen 13.1.1997 – 8 Sa 232/96, NZA-RR 1997, 234.
[1079] Germelmann/Matthes/Prütting/*Schleusener* ArbGG § 62 Rn. 117.
[1080] Schwab/Weth/*Walker* ArbGG § 62 Rn. 122.
[1081] LAG Thüringen 13.1.1997 – 8 Sa 232/96, NZA-RR 1997, 234.
[1082] LAG Köln 5.3.2002 – 10 Ta 50/02, LAG Report 2002, 336; Schwab/Weth/*Walker* § 62 Rn. 157; aA *Rolfs* RdA 2001, 129; nur *Gestattung* LAG Rheinland-Pfalz 12.4.2002 – 3 Sa 161/02, NZA 2002, 856; dazu ArbG Solingen 5.1.2016 – 3 Ga 20/15, BeckRS 2016, 65323.
[1083] LAG Düsseldorf 4.12.2003 – 11 Sa 1507/03, NZA-RR 2004, 181.

708 **hh) Urlaub.** Häufig wird versucht, durch einstweilige Verfügung die Festlegung von Urlaub durchzusetzen. Dies ist grundsätzlich möglich.[1084] Voraussetzung hierfür ist, dass dem Arbeitnehmer keine andere Möglichkeit offensteht, die Festlegung des Urlaubszeitraumes zu erlangen. Der Arbeitnehmer darf nicht durch eigenes Verhalten die Ursache für die Eilbedürftigkeit gesetzt haben.[1085]

709 Urlaub wird durch Gewährung und damit durch eine **Willenserklärung** genehmigt, deren Vollstreckung sich nach § 894 ZPO richtet. Daher wurde bislang vorgeschlagen, das Begehren nicht auf Gewährung von Urlaub, sondern auf **Gestattung des Fernbleibens** von der Arbeit zu richten. Damit würde einerseits eine Erfüllung des Urlaubsanspruchs vermieden, andererseits aber erreicht, dass der Arbeitnehmer seine an sich fortbestehende Arbeitspflicht nicht verletzt. Irgendwelcher Vollstreckungsakte bedürfe es im Falle einer gerichtlichen Gestattung nicht, weil es sich um eine rechtsgestaltende Verfügung handle.[1086] Da eine Erfüllung des Urlaubsanspruchs nur bei Zahlung des Urlaubsentgelts oder der vorbehaltlosen Zusage einer solchen Zahlung anzunehmen ist,[1087] bestehen allerdings Zweifel, ob diese Lösung noch beibehalten werden kann.[1088]

710 *ii) Wettbewerbsverbot.* Die Einhaltung eines Wettbewerbsverbots kann durch eine Unterlassungsverfügung (Befriedigungsverfügung) durchgesetzt werden.[1089] Für den Verfügungsgrund soll es genügen, wenn eine **Wiederholungs- oder Erstbegehungsgefahr** als Voraussetzung bereits des Verfügungsanspruchs vorliegt, weil eine Zuwiderhandlung nicht rückgängig gemacht werden könne, weshalb ein endgültiger Rechtsverlust drohe. Bei der Interessenabwägung sei im Wesentlichen der voraussichtliche Ausgang des Hauptsacheverfahrens zu berücksichtigen.[1090]

XII. Vollstreckung arbeitsrechtlicher Titel

1. Allgemeines

711 Im ArbGG befasst sich allein § 62 ArbGG mit der Zwangsvollstreckung arbeitsgerichtlicher Entscheidungen. Soweit die Vorschrift keine Sonderregelung enthält, werden die Vorschriften des Achten Buchs der ZPO für anwendbar erklärt. Die Vorschrift gilt unmittelbar im erstinstanzlichen Urteilsverfahren. Für die Zwangsvollstreckung während des Berufungsverfahrens verweist § 64 Abs. 7 ArbGG auf § 62 ArbGG. Dagegen nimmt § 72 Abs. 6 ArbGG für die Revisionsinstanz nicht Bezug auf § 62 ArbGG. Dies ist insoweit konsequent, als Revisionsurteile mit ihrer Verkündung rechtskräftig werden, so dass es keiner Regelung zu einer vorläufigen Vollstreckbarkeit bedarf. Die fehlende Bezugnahme auf § 62 Abs. 2 ArbGG beruht dagegen auf einem Versehen; auch die Vollstreckung von Revisionsurteilen richtet sich nach dem Achten Buch der ZPO.[1091] Für das Beschlussverfahren erster Instanz gilt für die Zwangsvollstreckung die Sonderregelung des § 85 ArbGG, der wiederum nach § 87 Abs. 2 S. 1 ArbGG im zweiten und nach § 92 Abs. 2 S. 1 ArbGG im dritten Rechtszug des Beschlussverfahrens entsprechend gilt.

2. ABC der Vollstreckung arbeitsgerichtlicher Titel

712 **a) Abfindung.** Der Titel auf Zahlung einer Abfindung nach §§ 9, 10 KSchG ist vorläufig vollstreckbar.[1092] Dagegen kann nicht eingewendet werden, der Anspruch auf die Abfindung

---

[1084] LAG Baden-Württemberg 29.10.1968 – 4 TA 14/68, BB 1968, 1330; LAG Hamm 19.6.1970 – 8 Ta 35/70, DB 1970, 1396; LAG Köln 9.2.1991 – 8 Sa 94/91, NZA 1991, 396.
[1085] LAG Rheinland-Pfalz 7.3.2002 – 7 Ta 226/02, NZA-RR 2003, 130; *Walker* ZfA 2005, 45 (58).
[1086] Vgl. im Einzelnen *Corts* NZA 1998, 357; zum Antrag vgl. *Nübold* in Hamacher, Antragslexikon Arbeitsrecht, 3. Aufl. 2019, Urlaubsgewährung.
[1087] Dazu *Hamacher* NZA 2018, 487.
[1088] So *Korinth* ArbRB 2019, 353.
[1089] LAG Nürnberg 31.7.2001 – 6 Sa 408/01, NZA-RR 2002, 272; Schwab/Weth/*Walker* ArbGG § 62 Rn. 160.
[1090] Schwab/Weth/*Walker* ArbGG § 62 Rn. 162.
[1091] Schwab/Weth/*Walker* ArbGG § 62 Rn. 2.
[1092] BAG 9.12.1987 – 4 AZR 561/87, NZA 1988, 329; LAG Baden-Württemberg 9.7.1986 – 7 Ta 5/86, DB 1986, 2192; LAG Hessen 14.8.1986 – 3 Ta 178/86, BB 1987, 552.

entstehe erst mit Rechtskraft des Urteils des Arbeitsgerichts über die Auflösung des Arbeitsverhältnisses.[1093] Der Anspruch auf den Abfindungsbetrag entsteht vielmehr durch die richterliche Festsetzung im Urteil und wird damit, frühestens jedoch zum Zeitpunkt des festgesetzten Endes des Arbeitsverhältnisses, fällig.[1094]

b) Abmahnung. Der Anspruch auf Entfernung der Abmahnung aus der Personalakte ist auf eine **unvertretbare Handlung** gerichtet, weil die Verfügung über die Personalakte durch einen Dritten nicht zulässig ist.[1095] Die Vollstreckung richtet sich nach § 888 ZPO.

c) Abrechnung von Arbeitsvergütung. Abrechnungen können regelmäßig durch einen Buchsachverständigen vorgenommen werden, ohne dass der Abrechnungsverpflichtete mitwirken muss. Es geht dann bei der Erteilung der Abrechnung um eine **vertretbare Handlung**,[1096] die nach § 887 ZPO durch Ersatzvornahme vollstreckt werden kann. Sind die Unterlagen aber unvollständig oder bedarf es zu ihrer Auswertung besonderer Kenntnisse, die nur der Schuldner hat, handelt es sich um eine unvertretbare Handlung, die nach § 888 ZPO durch Verhängung eines Zwangsmittels vollstreckt wird.[1097]

d) Arbeitsleistung. Für den Titel auf Arbeitsleistung ist umstritten, ob die Vollstreckung sich nach § 888 ZPO (unvertretbare Handlung) richtet, so dass eine Vollstreckung stets nach § 888 Abs. 3 ZPO ausscheidet,[1098] oder ob es auch um eine vertretbare Handlung gehen kann, so dass eine Vollstreckung nach § 887 ZPO in Betracht kommt.[1099] Geht es um einfache Arbeitsleistungen, bei denen es dem Arbeitgeber egal ist, welche Person diese Arbeitsleistung erbringt, kann von einer vertretbaren Handlung ausgegangen werden, die durch Ersatzvornahme vollstreckt werden kann, ohne das der Ausschluss der Vollstreckung nach § 888 Abs. 3 ZPO eingreift.[1100] Dagegen richtet sich die Vollstreckung bei einem Titel auf Leistung höherwertiger Arbeiten, bei denen es nicht gleichgültig ist, welcher Arbeitnehmer sie erbringt, nach § 888 ZPO, weshalb eine Vollstreckung nach § 888 Abs. 3 ZPO ausgeschlossen ist.[1101] Das **BAG** geht allerdings davon aus, dass der Anspruch auf Arbeitsleistung nicht nur bei diesen Arbeiten höherer Art eine **unvertretbare Handlung** darstellt, denn die Arbeitsleistung sei gemäß § 613 S. 2 BGB im Zweifel immer höchstpersönlicher Natur.[1102]

e) Arbeitspapiere. Der Anspruch auf Herausgabe der Arbeitspapiere wird nach § 883 ZPO und der Anspruch auf Ausfüllung der Arbeitspapiere wird nach § 888 ZPO vollstreckt.[1103] Der Ausfüllungsanspruch zielt auf eine unvertretbare Handlung.[1104]

f) Arbeitsvergütung. Der Anspruch auf Zahlung der Arbeitsvergütung und die Durchsetzung sonstiger Vergütungsansprüche erfolgt nach §§ 803 ff. ZPO.[1105] Die Klage auf Arbeitsvergütung ist grundsätzlich zu richten auf die Zahlung der vereinbarten Vergütung, damit auf den **Bruttobetrag**. Bei der Zwangsvollstreckung aus einem solchen Urteil ist der gesamte

---

[1093] So aber: LAG Berlin 17.2.1986 – 9 Sa 110/85, LAGE KSchG § 9 Nr. 1; LAG Hamburg 28.12.1982 – 1 Sa 6/82, DB 1983, 724.
[1094] BAG 9.12.1987 – 4 AZR 561/87, NZA 1988, 329.
[1095] LAG Hessen 9.6.1993 – 12 Ta 82/93, NZA 1994, 288; Germelmann/Matthes/Prütting/*Schleusener* ArbGG § 62 Rn. 62; Schwab/Weth/*Walker* ArbGG § 62 Rn. 85.
[1096] LAG Rheinland-Pfalz 10.5.2005 – 11 Ta 50/05, BeckRS 2005, 42625; LAG Köln 22.11.1990 – 12 (11) Ta 247/90, MDR 1991, 650; Schwab/Weth/*Walker* ArbGG § 62 Rn. 79; vgl. auch BeckOK ArbR/*Hamacher* ArbGG § 62 Rn. 37.5.
[1097] Schwab/Weth/*Walker* ArbGG § 62 Rn. 79; BeckOK ArbR/*Hamacher* ArbGG § 62 Rn. 37.5.
[1098] LAG Düsseldorf 17.9.1957 – 3 Sa 253/57, BB 1958, 82.
[1099] Germelmann/Matthes/Prütting/*Schleusener* ArbGG § 62 Rn. 62 „Arbeitsleistung"; Schwab/Weth/*Walker* ArbGG § 62 Rn. 66.
[1100] Schwab/Weth/*Walker* ArbGG § 62 Rn. 77; BeckOK ArbR/*Hamacher* ArbGG § 62 Rn. 37.1.
[1101] Schwab/Weth/*Walker* ArbGG § 62 Rn. 77.
[1102] BAG 4.3.2004 – 8 AZR 196/03, NZA 2004, 727 Rn. 52.
[1103] LAG Hamm 8.8.2012 – 7 Ta 173/12, BeckRS 2012, 73496; Germelmann/Matthes/Prütting/*Schleusener* ArbGG § 62 Rn. 62; BeckOK ArbR/*Hamacher* ArbGG § 62 Rn. 37.3.
[1104] LAG Hessen 25.6.1980 – 8 Ta 75/80, DB 1981, 534; Schwab/Weth/*Walker* ArbGG § 62 Rn. 84; Germelmann/Matthes/Prütting/*Germelmann* ArbGG § 62 Rn. 62.
[1105] Schwab/Weth/*Walker* ArbGG § 62 Rn. 88; BeckOK ArbR/*Hamacher* ArbGG § 62 Rn. 36.

Betrag einschließlich der einkommensteuerrechtlichen und sozialversicherungsrechtlichen Vergütungsbestandteile beizutreiben. Wird die Lohnsteuer vom Arbeitgeber nicht abgeführt, etwa auf Grund falscher Berechnung der Steuer, darf der Arbeitgeber diesen Betrag nicht etwa einbehalten, sondern hat ihn an den Arbeitnehmer auszuzahlen.[1106]

718 g) **Beschäftigungsanspruch/Weiterbeschäftigungsanspruch.** Der (Weiter-)Beschäftigungsanspruch zielt auf eine unvertretbare Handlung (§ 888 ZPO).[1107] Der Arbeitgeber hat dem Arbeitnehmer einen funktionsfähigen Arbeitsplatz zur Verfügung zu stellen, dh. ihm Zutritt zum Betrieb zu gewähren, die mit dem Arbeitsplatz verbundenen Aufgaben zu übertragen und den Zugriff auf die sächlichen und personellen Mittel zu eröffnen, die zur tatsächlichen Ausübung der vertraglich vereinbarten Arbeitsleistung erforderlich sind.[1108] Eine für jeden Tag der Nichterfüllung des (Weiter-)Beschäftigungsanspruches bestimmte Zwangsgeldfestsetzung widerspricht nicht nur Eigenart und Zielrichtung von § 888 ZPO, sondern auch dem Gebot der Eindeutigkeit und Bestimmtheit vollstreckbarer gerichtlicher Entscheidungen. Daher ist das **Zwangsgeld einheitlich** festzusetzen,[1109] aber es kann mehrfach festgesetzt werden.

719 Voraussetzung für die Vollstreckung ist, dass der (Weiter-)Beschäftigungsanspruch hinreichend bestimmt tenoriert wurde.[1110] Im Anschluss an die Formulierung des Gesetzgebers in § 102 Abs. 5 BetrVG wird in der Praxis häufig die Beschäftigung zu „unveränderten Arbeitsbedingungen" oder auch „zu den bisherigen Arbeitsbedingungen" beantragt. Dies ist im Hinblick auf das Bestimmtheitsgebot problematisch. Art, Zeit und Ort der Leistungsverpflichtung müssen sich aus dem Antrag entnehmen lassen.[1111] Einzelheiten hinsichtlich der Art der Beschäftigung oder sonstigen Arbeitsbedingungen muss der Titel hingegen nicht enthalten, wenn zwischen den Parteien kein Streit über den Inhalt, sondern nur über das „ob" der Beschäftigungspflicht (etwa bei einer Kündigung) besteht, sofern zumindest die Art der ausgeurteilten Beschäftigung des Arbeitnehmers aus dem Titel ersichtlich ist.[1112]

720 h) **Einstellung/Wiedereinstellung.** Der Anspruch auf Einstellung/Wiedereinstellung ist auf die Abgabe des Angebots auf Abschluss eines Arbeitsvertrags oder auf die Annahme eines solchen Angebots gerichtet, weshalb die Vollstreckung sich nach § 894 ZPO richtet.[1113]

721 i) **Freistellungsanspruch.** Beim Freistellungsanspruch handelt es sich nicht um eine Geldforderung, die nach §§ 803 ff. ZPO zu vollstrecken wäre, sondern um eine vertretbare Handlung.[1114] Die Vollstreckung des Anspruchs auf Freistellung von einer Verbindlichkeit richtet sich daher nach § 887 ZPO. Die Vollstreckung kann durch Ersatzvornahme erfolgen.

722 j) **Urlaub.** Die Vollstreckung des Anspruchs auf Erteilung von Urlaub richtet sich nach § 894 ZPO, denn die Urlaubserteilung, jedenfalls die Freistellung, erfolgt durch eine den Urlaubsanspruch konkretisierende Willenserklärung.

723 k) **Wettbewerbsverbot.** Die Durchsetzung eines Wettbewerbsverbots erfolgt nach § 890 ZPO. Es geht um die Erzwingung des Unterlassens von Wettbewerbshandlungen.[1115]

724 l) **Zeugnis.** Der Anspruch auf Erteilung eines Zeugnisses ist auf eine unvertretbare Handlung gerichtet und wird nach § 888 ZPO vollstreckt.[1116] Dies gilt sowohl für die Fertigung

---

[1106] BAG 15.11.2000 – 5 AZR 365/99, NZA 2001, 386; 11.2.1998 – 5 AZR 159/97, AP BGB § 611 Lohnanspruch Nr. 19.
[1107] BAG 5.2.2020 – 10 AZB 31/19, BeckRS 2020, 2124.
[1108] BAG 13.6.2006 – 9 AZR 229/05, NZA 2007, 91; Schwab/Weth/*Walker* ArbGG § 62 Rn. 80.
[1109] LAG Hessen 20.2.2013 – 12 Ta 478/12, BeckRS 2013, 67361; LAG Köln 24.10.1995 – 13 (5) Ta 245/95, NZA-RR 1996, 108; LAG München 11.9.1993 – 2 Ta 214/93, LAGE ZPO § 888 Nr. 34; Schwab/Weth/*Walker* ArbGG § 62 Rn. 81; Germelmann/Matthes/Prütting/*Germelmann* ArbGG § 62 Rn. 62.
[1110] BAG 5.2.2020 – 10 AZB 31/19, BeckRS 2020, 2124.
[1111] Dazu ausführlich Hamacher Antragslexikon Arbeitsrecht/*Ulrich*, Beschäftigung; LAG Schleswig-Holstein 6.9.2012 – 1 Ta 142/12, NZA-RR 2013, 101.
[1112] BAG 15.4.2009 – 3 AZB 93/08, NZA 2009, 917.
[1113] Vgl. BAG 15.9.2009 – 9 AZR 608/08, NZA 2010, 32; Schwab/Weth/*Walker* ArbGG § 62 Rn. 87.
[1114] BGH 22.10.1957 – VI ZR 231/56, JZ 1958, 57; BAG 30.4.1975 – 5 AZR 171/74, AP KO § 67 Nr. 1; Schwab/Weth/*Walker* ArbGG § 62 Rn. 78.
[1115] Schwab/Weth/*Walker* ArbGG § 62 Rn. 86.
[1116] BAG 9.9.2011 – 7 AZB 35/11, NJW-Spezial 2011, 692.

des qualifizierten Zeugnisses[1117] als auch für die Erteilung des einfachen Zeugnisses.[1118] Vereinbaren die Parteien im Wege des Vergleichs, dass der Arbeitnehmer dem Arbeitgeber einen **Entwurf** vorlegt, den dieser unterschreiben wird, so hat der Vergleich nach Auffassung des BAG einen (teilweise) vollstreckbaren Inhalt.[1119] Haben die Parteien in einem Vergleich die Erteilung eines Zeugnisses mit einer konkreten **Note** (etwa „sehr gut") vereinbart, so ist der Vollstreckungstitel nicht hinreichend bestimmt, um ein Zeugnis mit einem bestimmten Inhalt durchzusetzen.[1120]

XIII. Streitwert und Streitwertfestsetzung im Urteilsverfahren

1. Arbeitsgerichtliche Wertfestsetzung

Die Gerichte für Arbeitssachen sind mit der Festsetzung des Wertes des Streitgegenstandes in mehrfacher Hinsicht befasst, nämlich im Hinblick auf
- den Urteilsstreitwert (nur 1. Instanz),
- den Gerichtsgebührenstreitwert,
- und den Rechtsanwaltsgebührenstreitwert.

Für Diskussionen hat der **einheitliche Streitwertkatalog für die Arbeitsgerichtsbarkeit** gesorgt, der von einer durch die Konferenz der Präsidentinnen und Präsidenten der LAG eingesetzten Kommission erstellt worden ist.[1121] Der Katalog ist **nicht verbindlich**. Er wird gleichwohl vielfach angewandt.[1122]

2. Urteilsstreitwert nach § 61 Abs. 1 ArbGG

Bei dem Urteilsstreitwert des arbeitsgerichtlichen Urteils handelt es sich um einen **Rechtsmittelstreitwert**. Die Beschwer lässt sich aus Streitwert, Urteil und Anträgen ermitteln. Der Urteilsstreitwert hat insoweit die Bedeutung der Obergrenze der möglichen Beschwer.[1123]

Der Urteilsstreitwert bemisst sich nach dem Gegenstand des Urteils, also nach den Anträgen, über die im Urteil entschieden wird. Mehrere prozessuale Ansprüche sind zusammenzurechnen.[1124] Maßgeblicher Zeitpunkt ist mithin die letzte mündliche Verhandlung.[1125] Der Streitwert ist für jedes Urteil festzusetzen, insbes. auch bei Teilurteilen.

Der Urteilsstreitwert ist Urteilsbestandteil und nicht gesondert beschwerdefähig, sondern nach § 318 ZPO bindend. Die Festsetzung dient der **Rechtsmittelklarheit**.[1126] Die Bindung an den Urteilsstreitwert entfällt nur, wenn er offenkundig auf den ersten Blick erkennbar unrichtig und unter keinen rechtlichen oder vernünftigen Gesichtspunkten zu rechtfertigen ist.

Der Urteilsstreitwert als Rechtsmittelstreitwert ist nach § 46 Abs. 2 S. 1 ArbGG iVm § 2 ZPO nach den §§ 3–9 ZPO zu bemessen.[1127] Umstritten ist, ob die Beschränkung des Gebührenstreitwerts bei wiederkehrenden Leistungen bzw. bei bereits fälligen Beträgen nach § 42 Abs. 3 S. 2, Abs. 4 S. 1 GKG zur Anwendung kommt,[1128] was zutreffend abzulehnen ist.[1129]

[1117] LAG Nürnberg, BB 1993, 365.
[1118] Schwab/Weth/*Walker* ArbGG § 62 Rn. 83.
[1119] BAG 24.9.1992 – 8 AZR 557/91, NJW-Spezial 2011, 692; aA zu recht LAG Düsseldorf 4.3.2014 – 13 Ta 645/13, BeckRS 2014, 73396.
[1120] BAG 14.2.2017 – 9 AZB 49/16, BeckRS 2017, 103516.
[1121] Vgl. etwa Abdruck in NZA 2014, 745; dazu *Willemsen/Schipp/Oberthür* NZA 2014, 886.
[1122] Vgl. etwa LAG Nürnberg 2.7.2015 – 4 Ta 60/15, NZA-RR 2015, 492.
[1123] BAG 2.3.1983 – 5 AZR 594/82, AP ArbGG 1979 § 64 Nr. 6; 27.5.1994 – 5 AZB 3/94, AP ArbGG 1979 § 64 Nr. 17.
[1124] BAG 4.6.2008 – 3 AZB 37/08, NZA-RR 2009, 555.
[1125] *Creutzfeldt* DB 1996, 957; BeckOK ArbR/*Hamacher* ArbGG § 61 Rn. 21.
[1126] BAG 2.3.1983 – 5 AZR 594/82, AP ArbGG 1979 § 64 Nr. 6; 27.5.1994 – 5 AZB 3/94, NZA 1994, 1054; LAG Berlin-Brandenburg 6.3.2015 – 4 Sa 258/15, BeckRS 2015, 66648.
[1127] BAG 4.6.2008 – 3 AZB 37/08, NJW 2009, 171.
[1128] So Schwab/Weth/*Berscheid* ArbGG § 61 Rn. 13.
[1129] BAG 14.2.2012 – 3 AZB 59/11, NZA 2012, 469.

§ 77 731–734   Teil P. Arbeitsgerichtsverfahren

731   Der Urteilsstreitwert nach § 61 Abs. 1 ArbGG ist **nicht** nach § 62 S. 1 GKG auch **für den Gerichtsgebührenstreitwert maßgebend** (§ 62 S. 2 GKG). Häufig werden sich zwar Urteils- und Gebührenstreitwert entsprechen, weil nämlich die gleichen Bemessungsgrundsätze gelten. Bei Teilurteilen und Rücknahme einzelner Klageanträge wird der Urteilsstreitwert jedoch den Gerichtsgebührenstreitwert unterschreiten. Fehler bei der Festsetzung des Urteilsstreitwerts können zudem durch getrennte Festsetzung des Gerichtsgebührenstreitwerts für die Gerichtsgebühren und Anwaltsgebühren korrigiert werden.

3. Gerichtsgebührenstreitwert

732   **a) Allgemeines.** Die Gerichtsgebühren richten sich nach dem Wert des Streitgegenstands (Streitwert), soweit nichts anderes bestimmt ist (§ 3 Abs. 1 GKG). In demselben Verfahren und in demselben Rechtszug werden die Werte **mehrerer Streitgegenstände zusammengerechnet**, soweit nichts anderes bestimmt ist (§ 39 Abs. 1 GKG). Umstritten ist, ob dies auch bei Ausspruch mehrerer Kündigungen gilt. Das BAG wendet § 45 Abs. 1 S. 3 GKG an, so dass nur der höhere Wert maßgebend ist.[1130] Für die Wertberechnung ist der Zeitpunkt der den jeweiligen Streitgegenstand betreffenden ersten Antragstellung in dem jeweiligen Rechtszug entscheidend (§ 40 GKG).

733   Für die Wertberechnung in arbeitsgerichtlichen Sachen sind einschlägig:
- § 42 Abs. 2 u. 4 GKG: Streitwert bei Ansprüchen von Arbeitnehmern auf **wiederkehrende Leistungen** – maßgebend ist der dreifache Jahresbetrag der wiederkehrenden Leistungen, wenn nicht der Gesamtbetrag der geforderten Leistung geringer ist, wobei die bei Einreichung der Klage fälligen Beträge dem Streitwert nicht hinzugerechnet werden;
- § 42 Abs. 3 S. 1 GKG: Streitwert bei Rechtsstreitigkeiten über das Bestehen, das Nichtbestehen oder die Kündigung eines Arbeitsverhältnisses – maßgebend ist höchstens der Betrag des für die Dauer eines Vierteljahres zu leistenden Arbeitsentgelts, wobei eine Abfindung nicht hinzugerechnet wird;
- § 42 Abs. 3 S. 2 GKG: Streitwert bei Rechtsstreitigkeiten über Eingruppierung – maßgebend ist der Wert des dreijährigen Unterschiedsbetrags zur begehrten Vergütung, sofern nicht der Gesamtbetrag der geforderten Leistung geringer ist;
- § 43 GKG: Keine Berücksichtigung von Nebenforderungen;
- § 44 GKG: Bei Stufenklage nur der höhere Anspruch maßgebend;
- § 45 Abs. 1 S. 1 GKG: Streitwerte von Klage und Widerklage werden zusammengerechnet; entsprechendes gilt für wechselseitig eingelegte Rechtsmittel (§ 44 GKG) und bei Erledigung des Rechtsstreits durch Vergleich (§ 45 Abs. 4 GKG);
- § 45 Abs. 1 S. 2 GKG: Berücksichtigung von Hilfsanspruch nur, soweit eine Entscheidung über ihn ergeht; entsprechendes gilt für wechselseitig eingelegte Rechtsmittel (§ 44 GKG) und bei Erledigung des Rechtsstreits durch Vergleich (§ 45 Abs. 4 GKG);
- § 45 Abs. 3 GKG: Hilfsweise Aufrechnung seitens des Beklagten mit bestrittener Gegenforderung führt zur Erhöhung des Streitwerts um den Wert der Gegenforderung, soweit eine der Rechtskraft fähige Entscheidung über sie ergeht; entsprechendes gilt für wechselseitig eingelegte Rechtsmittel (§ 44 GKG) und bei Erledigung des Rechtsstreits durch Vergleich (§ 45 Abs. 4 GKG);
- § 47 Abs. 1 GKG: Streitwert bestimmt sich nach Anträgen des Rechtsmittelführers, hilfsweise nach der Beschwer.

734   **b) Wertfestsetzung.** Das Prozessgericht setzt nach § 63 Abs. 2 S. 1 GKG den Wert für die zu erhebenden **Gerichtsgebühren** durch Beschluss fest, sobald eine Entscheidung über den gesamten Streitgegenstand ergeht oder sich das Verfahren anderweitig erledigt.[1131] In den Verfahren vor den Gerichten für Arbeitssachen gilt dies nur, wenn ein Beteiligter oder die Staatskasse die Festsetzung beantragt oder das Gericht sie für angemessen hält (§ 63 Abs. 2 S. 2 GKG). Die Streitwertfestsetzung kann von den Parteien, ihren Anwälten (auch aus ei-

---

[1130] BAG 19.10.2010 – 2 AZN 194/10 (A), AP GKG 1975 § 42 Nr. 1; dies gilt nicht, wenn die Kündigungen in verschiedenen Verfahren angegriffen werden.
[1131] Vgl. *Creutzfeldt* NZA 1998, 458 (460).

genem Recht – § 32 Abs. 2 RVG iVm § 63 Abs. 2 GKG; auch während der noch nicht abgeschlossenen Instanz, etwa um das Kostenrisiko abzuschätzen oder einen Rechtsanwaltsgebührenvorschuss zu berechnen),[1132] dem Vertreter der Staatskasse (nicht Kostenbeamter, sondern der Bezirksrevisor) und sonstigen Beteiligten beantragt werden. In zweiter Instanz hat auch die durch einen Verbandsvertreter vertretene Partei das Antragsrecht, soweit Kostenerstattungsansprüche des Gegners bestehen oder abgewehrt werden sollen. Den Parteien und deren Vertretern, bei Prozesskostenhilfe auch dem Bezirksrevisor, ist rechtliches Gehör zu gewähren. Dafür reicht es, die Betroffenen mit einfacher Post anzuschreiben; eine Zustellung ist nicht erforderlich. Die Anhörung kann auch im Gütetermin oder im Kammertermin erfolgen.[1133]

Keine Streitwertfestsetzung von Amts wegen erfolgt mangels eines Gebührentatbestands von Amts wegen durch das Arbeitsgericht bei 735
- Beendigung des gesamten Verfahrens ohne streitige Verhandlung, wenn kein Versäumnisurteil ergeht; bei Erledigungserklärungen nach § 91a ZPO entfällt die Gebühr, wenn keine Entscheidung über die Kosten ergeht oder die Kostenentscheidung einer zuvor mitgeteilten Einigung der Parteien über die Kostentragung oder der Kostenübernahmeerklärung einer Partei folgt (Nr. 8210 KV GKG),
- Beendigung des Verfahrens durch einen gerichtlichen Vergleich, sofern der Vergleich nicht nur einen Teil des Streitgegenstands betrifft (Vorbemerkung 8 KV GKG).

Die Landesarbeitsgerichte und das BAG müssen keine Streitwertfestsetzungen vornehmen bei 736
- Beendigung des Verfahrens durch einen gerichtlichen Vergleich, sofern der Vergleich nicht nur einen Teil des Streitgegenstands betrifft (Vorbemerkung 8 KV GKG).

Der Streitwertbeschluss ist im Regelfall zu begründen, weil sich allein aus der Begründung für die Parteien und Parteivertreter ergibt, ob ein Rechtsmittel gegen den Beschluss Aussicht auf Erfolg hat. Die Begründung kann in folgenden Fällen unterbleiben: 737
- übereinstimmende Anträge der Beteiligten,
- Zustimmung der Beteiligten (zB im Gütetermin oder nach schriftlicher Anordnung),
- nach allseitigem Rechtsmittelverzicht,
- wenn sich die Richtigkeit der Streitwertberechnung zwingend und unmittelbar aus den gestellten Anträgen ergibt (zB bei Zahlungsklagen).[1134]

Einer Rechtsmittelbelehrung bedarf der Festsetzungsbeschluss nicht. Zwar ist die Beschwerdemöglichkeit nach §§ 68 Abs. 1 S. 3, 63 Abs. 3 S. 2 GKG auf sechs Monate befristet. Insoweit handelt es sich aber nicht um ein befristetes Rechtsmittel im Sinne von § 9 Abs. 5 ArbGG, sondern um eine allgemeine Ausschlussfrist. 738

c) **Änderung des Beschlusses.** Die Festsetzung kann von dem Gericht, das sie getroffen hat, und, wenn das Verfahren wegen der Hauptsache oder wegen der Entscheidung über den Streitwert, den Kostenansatz oder die Kostenfestsetzung in der Rechtsmittelinstanz schwebt, von dem Rechtsmittelgericht **von Amts wegen** geändert werden. Die Änderung ist nur innerhalb von sechs Monaten zulässig, nachdem die Entscheidung in der Hauptsache Rechtskraft erlangt oder das Verfahren sich anderweitig erledigt hat (§ 63 Abs. 3 GKG). 739

d) **Beschwerdeverfahren.** Gegen den Beschluss, durch den der Wert für die Gerichtsgebühren festgesetzt worden ist, findet die Beschwerde statt, wenn der Wert des **Beschwerdegegenstandes 200,– EUR** übersteigt (§ 68 Abs. 1 S. 1 GKG). Die Beschwerde findet auch statt, wenn sie das Gericht, das die angefochtene Entscheidung erlassen hat, wegen der grundsätzlichen Bedeutung der zur Entscheidung stehenden Frage in dem Beschluss zulässt (§ 68 Abs. 1 S. 2 GKG). Die Beschwerde ist zulässig, wenn sie innerhalb von **sechs Monaten**, nachdem die Entscheidung in der Hauptsache Rechtskraft erlangt oder das Verfahren sich anderweitig erledigt hat, eingelegt wird; ist der Streitwert später als einen Monat vor Ablauf dieser Frist festgesetzt worden, kann sie noch innerhalb eines Monats nach Zustellung oder formloser Mitteilung des Festsetzungsbeschlusses eingelegt werden (§ 68 Abs. 1 S. 3 GKG). 740

[1132] *Creutzfeldt* NZA 1996, 958.
[1133] *Creutzfeldt* NZA 1996, 958.
[1134] *Creutzfeldt* NZA 1996, 959.

So weit das Gericht die Beschwerde für zulässig und begründet hält, hat es ihr abzuhelfen, im Übrigen ist die Beschwerde unverzüglich dem LAG als Beschwerdegericht vorzulegen (§ 68 Abs. 2 S. 4 GKG iVm § 66 Abs. 3 S. 1 GKG). Eine Beschwerde an das BAG findet nicht statt (§ 68 Abs. 2 S. 4 GKG iVm § 66 Abs. 3 S. 2 GKG). Das Beschwerdegericht ist an die Zulassung der Beschwerde gebunden; die Nichtzulassung ist unanfechtbar (§ 68 Abs. 2 S. 4 GKG iVm § 66 Abs. 3 S. 3 GKG). Anträge und Erklärungen können zu Protokoll der Geschäftsstelle abgegeben oder schriftlich eingereicht werden. Die Beschwerde ist bei dem Gericht einzulegen, dessen Entscheidung angefochten wird (§ 68 Abs. 2 S. 4 GKG iVm § 66 Abs. 5 S. 1 u. 4 GKG). Die Verfahren sind gebührenfrei. Kosten werden nicht erstattet (§ 68 Abs. 3 GKG).

4. Rechtsanwaltsgebührenstreitwert

741   a) **Allgemeines.** Die Rechtsanwaltsgebühren werden grundsätzlich nach dem Wert berechnet, den der Gegenstand der anwaltlichen Tätigkeit hat (§ 2 Abs. 1 RVG). In derselben Angelegenheit werden die Werte mehrerer Gegenstände zusammengerechnet (§ 22 Abs. 1 RVG). So weit sich die Gerichtsgebühren nach dem Wert richten, bestimmt sich der Gegenstandswert im gerichtlichen Verfahren **nach den für die Gerichtsgebühren** geltenden Wertvorschriften (§ 23 Abs. 1 RVG). Wird der für die Gerichtsgebühren maßgebende Wert gerichtlich festgesetzt, so ist die Festsetzung auch für die Gebühren des Rechtsanwalts maßgebend (§ 32 Abs. 1 RVG). Dies gilt allerdings nur dann, wenn sich die anwaltliche Tätigkeit mit dem für die gerichtliche Festsetzung maßgebenden Gegenstand deckt. Stimmen die gebührenauslösenden Tatbestände nicht überein oder fehlt es an einem Gerichtsgebührenwert, so ist der Rechtsanwalt befugt, den Wert des Gegenstandes seiner Tätigkeit durch **gesonderten Beschluss** des Arbeitsgerichts festsetzen zu lassen (§ 33 Abs. 1 RVG). Diese Festsetzung ist jedoch subsidiär gegenüber der Berechnung der Rechtsanwaltsgebühren nach § 32 Abs. 1 RVG aus dem nach § 63 Abs. 2 GKG festgesetzten Wert. Ein Wahlrecht des Rechtsanwalts besteht nicht.[1135]

742   Anwendungsfälle der gesonderten Wertfestsetzung nach § 33 Abs. 1 RVG sind in den Verfahren vor den Gerichten für Arbeitssachen die gerichtsgebührenfreien Verfahren, also das **Beschlussverfahren** nach §§ 21a, 80ff. ArbGG und das Prozesskostenhilfeverfahren.

743   b) **Wertfestsetzung.** Die Entscheidung nach § 33 RVG ergeht nur auf Antrag. Antragsberechtigt sind der Rechtsanwalt, der Auftraggeber, ein erstattungspflichtiger Gegner und in Fällen der Prozesskostenhilfe die Staatskasse (§ 33 Abs. 2 S. 2 RVG). Nach § 33 Abs. 2 S. 1 RVG ist Voraussetzung für den Antrag die **Fälligkeit der Vergütung** nach § 8 Abs. 1 RVG. Diese ist **fällig**, wenn
- der Auftrag erledigt ist,
- die Angelegenheit beendet ist,
- eine Kostenentscheidung ergangen ist,
- der Rechtszug beendet ist oder
- das Verfahren länger als drei Monate ruht.

744   Hier sind nur die Beteiligten des konkreten Verfahrens zu hören. Dies sind der Rechtsanwalt sowie sein Auftraggeber, ferner der Arbeitgeber im Beschlussverfahren. Nicht beteiligt sind der Rechtsanwalt der Gegenpartei oder diese selbst.

745   Der Festsetzungsbeschluss bedarf der Rechtsmittelbelehrung, da gegen ihn ein befristetes Rechtsmittel im Sinne von § 9 Abs. 5 ArbGG möglich ist, nämlich die **befristete Beschwerde** nach § 33 Abs. 3 S. 3 RVG.

746   Das Verfahren ist **gerichtsgebührenfrei** (§ 33 Abs. 9 RVG). Der Festsetzungsbeschluss ist förmlich zuzustellen, da gegen ihn ein befristetes Rechtsmittel statthaft ist (§ 33 Abs. 3 S. 3 RVG, § 329 Abs. 2 ZPO).

747   c) **Beschwerdeverfahren.** Gegen den Festsetzungsbeschluss können die Antragsberechtigten Beschwerde einlegen, wenn der **Wert des Beschwerdegegenstandes 200,– EUR übersteigt**

[1135] BAG 30.11.1984 – 2 AZN 572/82, AP ArbGG 1979 § 12 Nr. 9; LAG Köln 8.8.1991 – 11 Ta 127/91, LAGE BRAGO § 10 Nr. 4; *Creutzfeldt* NZA 1998, 458 (459).

oder wenn sie das Gericht, das die angefochtene Entscheidung erlassen hat, wegen der grundsätzlichen Bedeutung der zur Entscheidung stehenden Frage in dem Beschluss zulässt (§ 33 Abs. 3 S. 1 u. 2 RVG). Das Beschwerdegericht ist an die Zulassung der Beschwerde gebunden; die Nichtzulassung ist unanfechtbar (§ 33 Abs. 4 S. 3 RVG). Die Beschwerde ist nur zulässig, wenn sie innerhalb von zwei Wochen nach Zustellung der Entscheidung eingelegt wird (§ 33 Abs. 3 S. 3 RVG). Eine Beschwerde an das BAG findet nicht statt (§ 33 Abs. 4 S. 2 RVG).

Das Verfahren zur Abhilfe durch das Arbeitsgericht oder Vorlage an das LAG folgt § 33 Abs. 4 RVG, dass zur Wiedereinsetzung in den vorigen Stand ergibt sich aus § 33 Abs. 5 RVG. Das Verfahren ist gebührenfrei (§ 33 Abs. 9 RVG).

§ 78 Das Beschlussverfahren

Übersicht

	Rn.
I. Zuständigkeit im Beschlussverfahren	1/2
II. Urteils- oder Beschlussverfahren	3–19
1. Typische Ansprüche von Arbeitnehmern	5/6
2. Ansprüche von Betriebsratsmitgliedern	7/8
3. Ansprüche von Jugend- und Auszubildendenvertretern/Schwerbehindertenvertretung	9–12
4. Ansprüche von/gegen Gewerkschaften	13–15
5. Verweisung in die andere Verfahrensart	16–19
III. Beteiligte im Beschlussverfahren	20–46
1. Beteiligtenfähigkeit	20–22
2. Antragsteller	23/24
3. Beteiligungsbefugnis	25–38
a) Allgemeines	26/27
b) Einzelfälle der Beteiligungsbefugnis	28–38
4. Antragsbefugnis	39–44
5. Antragsgegner	45
6. Weiterer Antragsteller	46
IV. Antrag im Beschlussverfahren	47–63
1. Antragsschrift	49
2. Antrag	50–56
3. Rechtsschutzinteresse	57–59
4. Änderung des Antrags	60
5. Zustellung der Antragsschrift	61
6. Rücknahme des Antrags	62
7. Örtliche Zuständigkeit	63
V. Verfahren erster Instanz	64–87
1. Anhörung	64–67
2. Untersuchungsgrundsatz	68–71
a) Allgemeines	64–67
b) Möglichkeit der Anhörung per Videokonferenz	67/68
3. Zurückweisung verspäteten Vorbringens	72
4. Beschlüsse und Verfügungen	73
5. Vergleich	74
6. Erledigungserklärung	75/76
7. Entscheidung im Beschlussverfahren	77–84
a) Beschluss	77
b) Zustellung	78
c) Kostenentscheidung	79
d) Rechtskraft	80–84
8. Zwangsvollstreckung	85/86
9. Einstweilige Verfügung	87
VI. Zweiter Rechtszug	88–102
1. Grundsätze	88
2. Einlegung und Begründung der Beschwerde	89–97
a) Beschwerdebefugnis	90
b) Beschwerdeschrift	91
c) Beschwerdefrist	92
d) Beschwerdebegründung	93/94
e) Verwerfung der Beschwerde	95
f) Rücknahme der Beschwerde	96
g) Anschlussbeschwerde	97
3. Beschwerdeverfahren	98/99
4. Erledigung des Verfahrens	100/101
5. Entscheidung über die Beschwerde	102
VII. Dritter Rechtszug	103–119
1. Rechtsbeschwerde	103–106

	Rn.
2. Anschlussrechtsbeschwerde	107
3. Nichtzulassungsbeschwerde	108
4. Sprungrechtsbeschwerde	109
5. Einlegung und Begründung der Rechtsbeschwerde	110–112
6. Verfahren beim Bundesarbeitsgericht	113/114
7. Beschwer und Rechtsschutzbedürfnis	115–117
8. Verfahren beim Bundesarbeitsgericht	118/119
VIII. Beschlussverfahren in besonderen Fällen	120–132
1. Tariffähigkeit und Tarifzuständigkeit	121
2. Allgemeinverbindlicherklärung	122/123
3. Auflösung der Tarifkollision	124
4. Besetzung der Einigungsstelle	125–131
a) Erstinstanzliches Verfahren	126–129
b) Zweitinstanzliches Verfahren	130
c) Einstweilige Verfügung	131
5. Beschlussverfahren nach der Insolvenzordnung	132
IX. Verfahrenswert im Beschlussverfahren	133/134

I. Zuständigkeit im Beschlussverfahren

Gemäß § 2a Abs. 1 iVm Abs. 2 ArbGG sind die Gerichte für Arbeitssachen im Beschlussverfahren ausschließlich zuständig für 1
- Angelegenheiten aus dem BetrVG,
- Angelegenheiten aus dem SprAuG,
- Angelegenheiten aus dem MitbestG, dem MitbestErgG und dem BetrVG 1952, so weit über die Wahl von Vertretern der Arbeitnehmer in den Aufsichtsrat und über ihre Abberufung (mit Ausnahme der Abberufung nach § 103 Abs. 3 AktG) zu entscheiden ist,
- Angelegenheiten aus dem Gesetz über Europäische Betriebsräte, so weit nicht für Maßnahmen nach §§ 43–45 EBRG (Straf- und Bußgeldvorschriften) die Zuständigkeit eines anderen Gerichts gegeben ist,
- Angelegenheiten aus §§ 177, 178, 222 SGB IX,
- Angelegenheiten aus § 51 des Berufsbildungsgesetzes
- Angelegenheiten aus § 10 des Bundesfreiwilligendienstes
- Angelegenheiten aus dem SE-Beteiligungsgesetz, dem SEC-Beteiligungsgesetz und dem Gesetz über die Mitbestimmung der Arbeitnehmer bei einer grenzüberschreitenden Verschmelzung
- eine Entscheidung über die Tariffähigkeit und die Tarifzuständigkeit einer Vereinigung (Nr. 4).
- eine Entscheidung über die Wirksamkeit einer Allgemeinverbindlicherklärung nach § 5 des TVG, einer RVo nach dem Arbeitnehmerentsendegesetz und einer Rechtsverordnung nach § 3a des AÜG (Nr. 5).
- die Entscheidung über den nach § 4a Abs. 2 S. 2 des Tarifvertragsgesetzes im Betrieb anwendbaren Tarifvertrag (Nr. 6).

Es handelt sich im Wesentlichen um Kollektivstreitigkeiten, in deren Mittelpunkt betriebsverfassungsrechtliche Angelegenheiten stehen. § 2a ArbGG erfasst nur Rechtsstreitigkeiten, keine sog. Regelungsstreitigkeiten. Für diese kommt ein Schlichtungs- oder Einigungsstellenverfahren in Betracht. 2

II. Urteils- oder Beschlussverfahren

Trotz der abschließenden und enumerativen Aufzählung der Rechtsstreitigkeiten in § 2a Abs. 1 ArbGG kann die richtige Verfahrensart insbesondere dann zweifelhaft sein, wenn von Arbeitnehmern oder betriebsverfassungsrechtlichen Amtsinhabern Ansprüche verfolgt werden, bei denen Bestimmungen des Betriebsverfassungsgesetzes eingreifen. 3

C. Ulrich

4   Die Abgrenzung wird danach vorgenommen,
- ob die Streitigkeit einen individualrechtlichen Anspruch zum Gegenstand hat, dessen Rechtsgrund im Arbeitsverhältnis liegt und der durch das Betriebsverfassungsgesetz nur besonders gestaltet ist (dann: Urteilsverfahren)
- oder ob die Streitigkeit einen betriebsverfassungsrechtlichen Anspruch betrifft (dann: Beschlussverfahren).

1. Typische Ansprüche von Arbeitnehmern

5   Das Urteilsverfahren ist zB die richtige Verfahrensart für den Anspruch des Arbeitnehmers auf Arbeitsentgelt gemäß § 44 Abs. 1 S. 2 BetrVG für die Teilnahme an einer Betriebsversammlung[1] und auf sog. Nachteilsausgleich nach § 113 BetrVG.[2]

6   Dagegen ist das Beschlussverfahren einschlägig, wenn ein Arbeitnehmer die gerichtliche Feststellung begehrt, dass er bei der Betriebsratswahl wahlberechtigt oder wählbar (§§ 7, 8 BetrVG) oder leitender Angestellter iSd § 5 Abs. 3 BetrVG ist.

2. Ansprüche von Betriebsratsmitgliedern

7   In das Urteilsverfahren gehört der Anspruch eines Betriebsratsmitglieds auf Lohn gemäß § 37 Abs. 2 BetrVG wegen versäumter Arbeitszeit,[3] auf Freizeitausgleich nach § 37 Abs. 5 BetrVG[4] oder auf Arbeitsentgelt wegen Teilnahme an einer Schulungs- oder Bildungsveranstaltung nach § 37 Abs. 6 oder 7 BetrVG.[5]

8   Dagegen handelt es sich nicht um einen originären (im Urteilsverfahren verfolgbaren) Individualanspruch, sondern um einen betriebsverfassungsrechtlichen (im Beschlussverfahren geltend zu machenden) Anspruch, wenn ein Betriebsratsmitglied etwa nach § 40 Abs. 1 BetrVG die Erstattung von Auslagen (zB Fahrtkosten), die es im Rahmen seiner Amtstätigkeit aufgewendet hat, verlangt,[6] oder Ersatz von Kosten (zB für Verpflegung), die ihm durch seine Teilnahme an einer Schulungs- oder Bildungsveranstaltung iSd § 37 Abs. 6 oder 7 BetrVG entstanden sind.[7] Dies gilt auch dann, wenn das Mitglied inzwischen aus dem Betriebsrat ausgeschieden ist.[8] Auch eine betriebsverfassungsrechtliche Abmahnung kann vom Betriebsrat im Beschlussverfahren angegriffen werden.[9]

3. Ansprüche von Jugend- und Auszubildendenvertretern/Schwerbehindertenvertretung

9   Nach § 78a Abs. 2 BetrVG gilt zwischen einem Auszubildenden, der Mitglied der Jugend- und Auszubildendenvertretung oder des Betriebsrats ist, und dem Arbeitgeber im Anschluss an das Berufsausbildungsverhältnis ein Arbeitsverhältnis auf unbestimmte Zeit als begründet, wenn der Auszubildende innerhalb der letzten drei Monate vor Beendigung des Berufsausbildungsverhältnisses schriftlich vom Arbeitgeber die Weiterbeschäftigung verlangt. Streitigkeiten über den Inhalt des neu begründeten Arbeitsverhältnisses sind im Urteilsverfahren auszutragen, da es entscheidend auf die Frage ankommt, ob ein Arbeitsverhältnis zu Stande gekommen ist.[10]

10 Auch wenn der Streit allein darum geht, ob die Voraussetzungen des § 78a Abs. 2 oder 3 BetrVG vorliegen und demgemäß ein Arbeitsverhältnis begründet worden ist, ist das Urteilsverfahren einschlägig, und zwar unabhängig davon, ob der Auszubildende mit einem positiven Feststellungsantrag oder der Arbeitgeber mit einem negativen Feststellungsantrag das Verfahren betreibt.[11]

---

[1] BAG 1.10.1974 – 1 AZR 394/73, AP BetrVG 1972 § 44 Nr. 2.
[2] BAG 20.6.1978 – 1 AZR 102/76, AP BetrVG 1972 § 113 Nr. 3.
[3] BAG 30.1.1974 – 1 ABR 22/72, AP BetrVG 1972 § 37 Nr. 1.
[4] BAG 19.7.1977 – 1 AZR 376/74, AP BetrVG 1972 § 37 Nr. 29.
[5] BAG 18.6.1974 – 1 ABR 119/73, AP BetrVG 1972 § 37 Nr. 16.
[6] BAG 18.1.1989 – 7 ABR 89/87, AP BetrVG 1972 § 40 Nr. 28.
[7] BAG 31.10.1972 – 1 ABR 7/72, AP BetrVG 1972 § 40 Nr. 2.
[8] BAG 10.10.1969 – 1 AZR 417/70, AP ArbGG 1953 § 8 Nr. 2.
[9] BAG 9.9.2015 – 7 ABR 69/13, NZA 2016, 57.
[10] BAG 9.12.1975 – 1 ABR 7/75, EzA BetrVG 1972 § 78a Nr. 2; 21.8.1979 – 6 AZR 789/77, EzA BetrVG 1972 § 78a Nr. 6; 29.11.1989 – 7 ABR 67/88, EzA BetrVG 1972 § 78a Nr. 20.
[11] BAG 29.11.1989 – 7 ABR 67/88, EzA BetrVG 1972 § 78a Nr. 20; vgl. auch BAG 5.12.2012 – 7 ABR 38/11, ZTR 2013, 285.

Will der Arbeitgeber geltend machen, ein Arbeitsverhältnis sei schon mangels Vorliegens der Voraussetzungen nach § 78a Abs. 2 und 3 BetrVG nicht begründet worden, ist nach bisheriger Rechtsprechung des BAG selbst dann das Urteilsverfahren zu wählen, wenn er außerdem die Unzumutbarkeit der Weiterbeschäftigung nach § 78a Abs. 4 BetrVG durchsetzen will, obwohl über die Arbeitgeberanträge nach Abs. 4 im Beschlussverfahren zu entscheiden ist.[12] Insoweit deutet sich jedoch ein Rechtsprechungswandel an. Das BAG neigt dazu, dem Arbeitgeber zu ermöglichen, in einem einheitlichen Beschlussverfahren (gegebenenfalls auch durch Kombination von Haupt- und Hilfsanträgen) sowohl die Feststellung der Nichtbegründung des Arbeitsverhältnisses wegen Fehlens der Voraussetzungen des § 78a Abs. 2 und 3 BetrVG als auch die Auflösung eines solchen Arbeitsverhältnisses wegen Unzumutbarkeit der Weiterbeschäftigung nach § 78a Abs. 4 BetrVG zu verfolgen.[13]

Die auf richterliche Rechtsgestaltung gerichteten Anträge des Arbeitgebers nach § 78a Abs. 4 Nr. 1 und 2 BetrVG, die in Frage kommen, wenn der Arbeitgeber sich auf die Unzumutbarkeit der Weiterbeschäftigung berufen will, sind auf jeden Fall im arbeitsgerichtlichen Beschlussverfahren zu verfolgen.[14] Auch Rechtsstreitigkeiten über die Kosten der Schwerbehindertenvertretung sind im Beschlussverfahren zu entscheiden.[15]

4. Ansprüche von/gegen Gewerkschaften

Bei einem Anspruch, der von einer Gewerkschaft geltend gemacht wird, ist zu differenzieren. Entscheidend ist auch hier, ob es sich um einen Anspruch handelt, der sich aus dem BetrVG ergibt. Macht eine Gewerkschaft einen **Unterlassungsanspruch** gegen den Arbeitgeber wegen tarifwidriger betrieblicher Regelungen geltend, ist dieser Anspruch deshalb im Beschlussverfahren durchzusetzen, wenn der Betriebsrat in irgendeiner Form bei der Schaffung oder Realisierung der betrieblichen Einheitsregelung aktiv beteiligt war. Falls der Antrag auf § 23 Abs. 3 BetrVG gestützt wird, macht die Gewerkschaft ohnehin einen betriebsverfassungsrechtlichen Anspruch geltend. Aber auch ein Anspruch aus §§ 1004, 823 BGB iVm Art. 9 Abs. 3 GG kann eine betriebsverfassungsrechtliche Angelegenheit betreffen.[16]

Das Urteilsverfahren kommt bei Unterlassungsansprüchen demgegenüber zB dann in Betracht, wenn Regelungen angegriffen werden, die allein auf entsprechenden Vereinbarungen des Arbeitgebers mit den Arbeitnehmern beruhen, ohne dass ein Betriebsrat mitwirkte, vielleicht nicht einmal vorhanden war. In solchen Fällen kann ein Unterlassungsanspruch der Gewerkschaft gegen den Arbeitgeber zu einem Urteilsverfahren führen. Es geht dann in einem Rechtsstreit zwischen tariffähigen Parteien aus unerlaubter Handlung um die Vereinigungsfreiheit und nicht zugleich um betriebsverfassungsrechtliche Fragen.[17] Ohnehin greift das Urteilsverfahren, wenn Fragen der Koalitionsfreiheit nach § 2 Abs. 3 BetrVG betroffen sind. Denn diese werden vom BetrVG nicht geregelt oder beeinträchtigt. Dies gilt auch für Ansprüche im Zusammenhang mit einem Streik. Schadensersatzansprüche gegen die Gewerkschaft aus einem Streik sind deshalb im Urteilsverfahren zu verfolgen.[18]

Bei **Zutrittsrechten** ist zu differenzieren. Die Zutrittsrechte aus dem BetrVG (zB § 2 Abs. 2 BetrVG) sind im Beschlussverfahren zu verfolgen. Geht es um das Zutrittsrecht als Bestandteil der Koalitionsfreiheit, ist das Urteilsverfahren die richtige Verfahrensart. Eigene Ansprüche auf Streikuntersagung durch oder gegen Gewerkschaften sind demgegenüber stets im Urteilsverfahren zu entscheiden.

---

[12] BAG 29.11.1989 – 7 ABR 67/88, EzA BetrVG 1972 § 78a Nr. 20.
[13] BAG 5.12.2012 – 7 ABR 38/11, ZTR 2013, 285; 11.1.1995 – 7 AZR 574/94, AP BetrVG 1972 § 78a Nr. 24; 16.8.1996 – 7 ABR 52/94, AP BetrVG 1972 § 78a Nr. 25.
[14] BAG 18.9.2019 – 7 ABR 44/17, BeckRS 2019, 35879; BAG 29.11.1989 – 7 ABR 67/88, EzA BetrVG 1972 § 78a Nr. 20.
[15] BAG 30.3.2010 – 7 AZB 32/09, NZA 2010, 668.
[16] BAG 20.4.1999 – 1 ABR 72/98, AP GG Art. 9 Nr. 89; 13.3.2001 – 1 AZB 19/00, AP ArbGG 1979 § 2a Nr. 17.
[17] BAG 20.4.1999 – 1 ABR 72/98, AP GG Art. 9 Nr. 89.
[18] Vgl. BAG 25.8.2015 – 1 AZR 754/13, NZA 2016, 47.

5. Verweisung in die andere Verfahrensart

16 Urteils- und Beschlussverfahren schließen einander aus.[19] Sie können auch nicht gemäß § 147 ZPO verbunden werden. Ebenso scheidet eine Vereinbarung über die Verfahrensart aus. Nach § 48 Abs. 1 ArbGG sind die §§ 17 bis 17b GVG auch für die Zulässigkeit der Verfahrensart entsprechend anzuwenden

17 Die Geltung dieser Vorschriften für die Prüfung der zulässigen Verfahrensart bedeutet, dass auch über die Frage, ob über die gestellten Anträge im Urteils- oder Beschlussverfahren zu entscheiden ist, jedenfalls dann vorab eine gesonderte Entscheidung durch Beschluss des Arbeitsgerichtes zu ergehen hat, wenn die Rüge der Verfahrensart erhoben worden ist. Dieser Beschluss ist gesondert anfechtbar. Die § 17a und § 17b GVG müssen insoweit analog angewandt werden.[20] Der rechtskräftige Beschluss über die zutreffende Verfahrensart schließt deren Überprüfung durch das Rechtsmittelgericht aus, §§ 65, 73 Abs. 2, 88, 93 Abs. 2.[21]

18 Hält das Arbeitsgericht die eingeschlagene Verfahrensart unzutreffend für zulässig und unterlässt es eine entsprechende Vorabentscheidung, kommt es in der unzulässigen Verfahrensart zu einem Urteil bzw. Beschluss (§ 84 ArbGG). Hat das Arbeitsgericht insoweit entgegen § 80 Abs. 3, § 48 iVm § 17a Abs. 3 S. 2 GVG trotz Rüge nicht vorab über die richtige Verfahrensart entschieden, entfällt die Bindungswirkung.[22] Entscheidet das Arbeitsgericht trotz Rüge nicht, ist dies aber unschädlich, wenn es in der richtigen Verfahrensart entscheidet.[23]

19 Erachtet dagegen das Arbeitsgericht die Verfahrensart für unzulässig, so hat es dies nach Anhörung der Parteien bzw. Beteiligten von Amts wegen auszusprechen und den Rechtsstreit in die zulässige Verfahrensart zu verweisen (§ 17a Abs. 2 S. 1 GVG). Wird vom Urteils- in das Beschlussverfahren verwiesen, sind dem Kläger die entstandenen Mehrkosten aufzuerlegen (§ 17b Abs. 2 GVG). Im umgekehrten Fall bedarf es keiner Kostenentscheidung, weil im Beschlussverfahren Kosten nicht erhoben werden (§ 2 Abs. 2 GKG).

III. Beteiligte im Beschlussverfahren

1. Beteiligtenfähigkeit

20 Die Subjekte des Beschlussverfahrens werden als Beteiligte bezeichnet. Die Beteiligtenfähigkeit entspricht inhaltlich der Parteifähigkeit. Der Begriff knüpft an § 50 ZPO an, der in allen Verfahren vor den Gerichten für Arbeitssachen anwendbar ist. Nach dessen Absatz 1 ist parteifähig, wer rechtsfähig ist. Der Kreis der Parteifähigen wird jedoch in der Arbeitsgerichtsbarkeit durch § 10 ArbGG erweitert, ohne dass stets die Rechtsfähigkeit vorausgesetzt wird.

21 Nach Halbsatz 1 des § 10 ArbGG, der für das Urteils- und das Beschlussverfahren gilt, sind neben den Rechtsfähigen iSd § 50 Abs. 1 ZPO auch Gewerkschaften und Vereinigungen von Arbeitgebern sowie Zusammenschlüsse solcher Verbände parteifähig (Urteilsverfahren) bzw. beteiligtenfähig (Beschlussverfahren).

22 Der Halbsatz 2 des § 10 ArbGG enthält eine nochmalige Erweiterung, aber nur für das Beschlussverfahren. Er bestimmt, dass in den Fällen der Nr. 1 bis 3f des § 2a Abs. 1 ArbGG auch die nach dem Betriebsverfassungsgesetz, dem Sprecherausschussgesetz, dem Mitbestimmungsgesetz, dem Mitbestimmungsergänzungsgesetz, dem Drittelbeteiligungsgesetz, dem § 222 des Neunten Buches Sozialgesetzbuch, dem § 51 des Berufsbildungsgesetzes und den zu diesen Gesetzen ergangenen Rechtsverordnungen sowie dem Gesetz über europäi-

---

[19] StRspr seit BAG 3.4.1957 – 1 AZR 289/55, AP ArbGG 1953 § 2 Nr. 46.
[20] BAG 30.3.2010 – 7 AZB 32/09, NZA 2010, 668; vgl. BAG 20.8.1991 – 1 ABR 85/90, AP BetrVG 1972 § 77 Tarifvorbehalt Nr. 2.
[21] BAG 17.5.2011 – 1 AZR 473/09, NZA 2011, 1169.
[22] BAG 7.6.2017 – 1 ABR 32/15, NZA 2017, 1410.
[23] BAG 17.5.2011 – 1 AZR 473/09, NZA 2011, 1169; Germelmann/Matthes/Prütting/*Schlewing* ArbGG § 2a Rn. 100. Vgl. auch *Molkenbur* DB 1992, 425.

sche Betriebsräte, dem SE-Beteiligungsgesetz, dem SEC Beteiligungsgesetz und dem Gesetz über die Mitbestimmung der Arbeitnehmer bei einer grenzüberschreitenden Verschmelzung beteiligten Personen und Stellen Beteiligte sind; in den Fällen des § 2a Abs. 1 Nr. 4 ArbGG auch die beteiligten Vereinigungen von Arbeitnehmern oder von Arbeitgebern sowie die oberste Arbeitsbehörde des Bundes oder derjenigen Länder, auf deren Bereich sich die Tätigkeit der Vereinigung erstreckt sowie in den Fällen des § 2a Abs. 1 Nr. 5 ArbGG auch die oberste Arbeitsbehörde des Bundes oder eines Landes.

2. Antragsteller

Das Beschlussverfahren wird nur auf Antrag eingeleitet (§ 81 Abs. 1 ArbGG). Wer das Verfahren anhängig macht, wird im Gesetz als Antragsteller bezeichnet (vgl. § 83a Abs. 3 ArbGG). Einen Antragsgegner kennt das Gesetz hingegen nicht. Gleichwohl wird der Begriff in der Praxis – unzulässig – häufig verwendet.

Betreiber eines Beschlussverfahrens kann lediglich sein, wer eine aktive Beteiligtenfähigkeit besitzt. Wer fähig ist, ein solches Verfahren aktiv zu betreiben, dh es einzuleiten und als Antragsteller durchzuführen, bestimmt sich nach § 50 Abs. 1 ZPO bzw. § 10 Hs. 1 oder 2 ArbGG.[24]

3. Beteiligungsbefugnis

Die (abstrakte) Beteiligtenfähigkeit einer Person, einer Stelle usw sagt noch nichts darüber aus, ob sie in dem vom Antragsteller eingeleiteten Beschlussverfahren zu beteiligen ist, dh ob sie die (konkrete) Beteiligungsbefugnis besitzt.

a) **Allgemeines.** Wer außer dem Antragsteller zu beteiligen ist, ist nicht in § 10 ArbGG geregelt. Dies ergibt sich vielmehr allein aus § 83 Abs. 3 ArbGG.[25] Nach dieser Vorschrift sind der Arbeitgeber, die Arbeitnehmer und die Stellen zu hören, die nach dem Betriebsverfassungsgesetz, dem Sprecherausschussgesetz, dem Mitbestimmungsgesetz, dem Mitbestimmungsergänzungsgesetz, dem Drittelbeteiligungsgesetz, den §§ 177, 178 und § 222 des Neunten Buches Sozialgesetzbuch, dem § 18a des Berufsbildungsgesetzes und den zu diesen Gesetzen ergangenen Rechtsverordnungen sowie nach dem Gesetz über europäische Betriebsräte, dem SE-Beteiligungsgesetz, dem SEC Beteiligungsgesetz und dem Gesetz über die Mitbestimmung der Arbeitnehmer bei einer grenzüberschreitenden Verschmelzung im einzelnen Fall beteiligt sind. Welche beteiligtenfähigen Personen oder Stellen dies sind und deshalb als Beteiligte hinzugezogen werden müssen, ist im jeweiligen Beschlussverfahren vom Gericht **von Amts wegen** zu ermitteln.[26] Die Beteiligtenfähigkeit richtet sich nach materiellem Recht. Entscheidend ist, wer materiell berechtigt oder verpflichtet ist.[27] Der Arbeitgeber ist aber stets zu beteiligen, weil er durch die betriebsverfassungsrechtliche Ordnung stets betroffen ist.[28]

In betriebsverfassungsrechtlichen Angelegenheiten beispielsweise bestimmt sich dies folglich nach materiellem Betriebsverfassungsrecht. Beteiligt ist eine solche Person oder Stelle dann, wenn sie in ihrer betriebsverfassungsrechtlichen Rechtsposition **unmittelbar betroffen** wird oder werden kann.[29] Die materiell-rechtliche unmittelbare Betroffenheit und damit die Beteiligtenfähigkeit im Sinne von § 83 Abs. 3 ArbGG können sich bei einer Änderung des

---

[24] BAG 29.11.1989 – 7 ABR 67/88, AP ArbGG 1979 § 10 Nr. 3.
[25] BAG 22.10.2019 – 1 ABR 13/18, NZA 2020, 61; BAG 20.2.2019 – 7 ABR 40/17, NZA 2019, 1147; BAG 13.12.2016 – 1 ABR 7/15, NZA 2017, 1213; BAG 25.8.1981 – 1 ABR 61/79, AP ArbGG 1979 § 83 Nr. 2; LAG Berlin-Brandenburg 8.7.2010 – 26 TaBV 843/10, BeckRS 2011, 67211.
[26] BAG 19.12.2018 – 7 ABR 79/16, NZA 2019, 940; BAG 13.12.2016 – 1 ABR 7/15, NZA 2017, 1213; BAG 25.9.1996 – 1 ABR 25/96, AP ArbGG 1979 § 97 Nr. 4; 11.11.1997 – 1 ABR 21/97, AP BDSG § 36 Nr. 1.
[27] BAG 9.4.2019 – 1 ABR 25/17, AP BetrVG 1972 § 99 Nr. 160.
[28] BAG 20.2.2019 – 7 ABR 40/17, NZA 2019, 1147; BAG 23.11.2016 – 7 ABR 13/15, NZA 2017, 589; BAG 27.5.2015 – 7 ABR 24/13, BeckRS 2016, 67135; 18.3.2015 – 7 ABR 42/12, AP BetrVG 1972 § 5 Nr. 83.
[29] BAG 22.10.2019 – 1 ABR 13/18, NZA 2020, 61; BAG 20.2.2019 – 7 ABR 40/17, NZA 2019, 1147; BAG 13.12.2016 – 1 ABR 7/15, NZA 2017, 1213; BAG 28.3.2006 – 1 ABR 59/04, AP BetrVG 1972 § 87 Lohngestaltung Nr. 128; 16.5.2007 – 7 ABR 63/06, AP ArbGG 1979 § 96a Nr. 3 Rn. 11; LAG Düsseldorf 14.9.2010 – 16 TaBV 11/10, BeckRS 2010, 73380.

Sachantrags im Laufe des Verfahrens ändern. Das Gericht hat in jeder Lage des Verfahrens zu prüfen, wer Beteiligter im Sinne von § 83 Abs. 3 ArbGG ist.[30] Werden im Wege der Antragshäufung mehrere Anträge gestellt, so ist hinsichtlich jedes einzelnen Antrags zu prüfen, wer am Verfahren über diesen Antrag Beteiligter ist.[31] Noch in der Revisionsinstanz kann eine unterbliebene Beteiligung nachgeholt werden, wenn die Anhörung vom BAG nachgeholt wird und der Beteiligte Gelegenheit erhält, sich in tatsächlicher und rechtlicher Hinsicht zu äußern.[32]

28 b) *Einzelfälle der Beteiligungsbefugnis.* aa) *Arbeitnehmer.* Der einzelne Arbeitnehmer ist nur dann beteiligt, wenn es um seine Stellung als Mitglied der Belegschaft, dh innerhalb der Betriebsverfassung geht. Das ist etwa der Fall, wenn über sein aktives oder passives Wahlrecht (§§ 7, 8 BetrVG) oder seinen Status als leitender Angestellter (§ 5 Abs. 3 BetrVG) gestritten wird.[33] Dies gilt auch im Verfahren nach § 104 BetrVG.[34]

29 Dagegen ist ein Arbeitnehmer nicht beteiligt, wenn er versetzt oder ein- bzw. umgruppiert werden soll und der Arbeitgeber vom Arbeitsgericht die Ersetzung der vom Betriebsrat verweigerten Zustimmung nach § 99 Abs. 4 BetrVG begehrt.[35]

30 bb) *Betriebsratsmitglieder.* Die einzelnen Betriebsräte sind im Beschlussverfahren nicht unabhängig von ihrer materiell-rechtlichen Betroffenheit stets nach § 83 Abs. 3 ArbGG zu beteiligen.[36] Das einzelne Mitglied des Betriebsrats ist vielmehr nur beteiligt, wenn es etwa geht um seine Stellung innerhalb des Organs (zB Teilnahme-, Rede- oder Einsichtsrecht),[37] die Erforderlichkeit einer von ihm zu besuchenden Schulungs- und Bildungsveranstaltung,[38] oder die Erstattung von Kosten anlässlich einer derartigen Teilnahme.[39] Gesetzlich vorgeschrieben ist die Beteiligung des betroffenen Betriebsratsmitglieds im Falle eines Zustimmungsersetzungsverfahrens nach § 103 Abs. 2 BetrVG wegen einer beabsichtigten außerordentlichen Kündigung.

31 cc) *Betriebsrat.* Der Betriebsrat ist immer beteiligt, wenn er durch die begehrte Entscheidung unmittelbar in seiner betriebsverfassungsrechtlichen Stellung betroffen wird, also seine Belange berührt werden oder werden können (zB Betriebsratswahl und Zusammensetzung, Bestehen und Grenzen von Beteiligungsrechten des Betriebsrats).[40] Dies gilt in gleicher Weise für **Gesamt- oder Konzernbetriebsräte**. Geht es um die Rechtmäßigkeit der Errichtung des Gesamtbetriebsrates, ist dieser zu beteiligen. Bei Streitigkeiten, auf welcher Ebene das Mitbestimmungsrecht angesiedelt ist, sind alle Gremien zu beteiligen, die das Mitbestimmungsrecht für sich reklamieren.[41] Ist das Amt eines an einem Beschlussverfahren beteiligten Betriebsrats erloschen, ohne dass ein neuer Betriebsrat gewählt wurde, endet damit dessen Beteiligtenfähigkeit, vgl. auch Rz. 58.[42] Ist die Beteiligtenfähigkeit bdes Betriebsrates streitig, wird sie aber hinsichtlich der Zulässigkeit eines Rechtsmittels unterstellt.[43]

---

[30] BAG 13.12.2016 – 1 ABR 7/15, NZA 2017, 1213; BAG 15.1.1992 – 7 ABR 23/90, AP BetrVG 1972 § 40 Nr. 41; 11.11.1998 – 4 ABR 40/97, AP BetrVG 1972 § 50 Nr. 18.
[31] BAG 31.1.1989 – 1 ABR 60/87, AP ArbGG 1979 § 81 Nr. 12; 11.11.1998 – 4 ABR 40/97, AP BetrVG 1972 § 50 Nr. 18.
[32] BAG 13.12.2016 – 1 ABR 7/15, NZA 2017, 1213; BAG 26.1.2016 – 1 ABR 68/13, NZA 2016, 498; 15.10.2014 – 7 ABR 71/12, BAGE 149, 277; 17.4.2012 – 1 ABR 84/10, NZA 2013, 230.
[33] BAG 28.4.1964 – 1 ABR 1/64, AP BetrVG § 4 Nr. 3.
[34] BAG 28.3.2017 – 2 AZR 551/16, NZA 2017, 985; LAG Hamm 29.10.2009 – 10 TaBv 39/09, AA 2010, 133.
[35] BAG 27.5.1982 – 6 ABR 105/79, AP ArbGG 1979 § 80 Nr. 3; 17.5.1983 – 1 ABR 5/80, AP BetrVG 1972 § 99 Nr. 18; 3.12.1985 – 4 ABR 80/83, EzA BetrVG 1972 § 118 Nr. 37.
[36] BAG 15.1.1992 – 7 ABR 23/90, AP BetrVG 1972 § 40 Nr. 41; 11.11.1998 – 4 ABR 40/97, AP BetrVG 1972 § 50 Nr. 18; BAG 23.9.1982 – 6 ABR 42/81, AP BetrVG 1972 § 4 Nr. 3.
[37] BAG 13.7.1955 – 1 ABR 31/54, AP BetrVG § 81 Nr. 2.
[38] BAG 28.1.1975 – 1 ABR 92/73, AP BetrVG 1972 § 37 Nr. 20.
[39] BAG 24.8.1976 – 1 ABR 109/74, AP ArbGG 1953 § 95 Nr. 2.
[40] BAG 13.12.2016 – 1 ABR 7/15, NZA 2017, 1213; BAG 1.5.1958 – 1 ABR 6/58, AP ArbGG 1953 § 83 Nr. 1.
[41] BAG 13.12.2016 – 1 ABR 7/15, NZA 2017, 1213.
[42] BAG 19.12.2018 – 7 ABR 79/16, NZA 2019, 940. Vgl. auch BAG 9.4.2019 – 1 ABR 25/17, AP BetrVG 1972 § 99 Nr. 160 zur Frage der Funktionsnachfolge in Matrixstrukturen, einer gewillkürten Betriebsratsstrutur.
[43] BAG 19.12.2018 – 7 ABR 79/16, NZA 2019, 940; BAG 16.1.2018 – 7 ABR 21/16, NZA 2018, 675; BAG 22.8.2017 – 1 ABR 52/14, NZA 2018, 50.

dd) Arbeitgeber. Der Arbeitgeber ist grundsätzlich in jedem Beschlussverfahren Beteiligter, 32
→ Rn. 26. Er ist zB bei Wahlanfechtungen auch dann zu beteiligen, wenn er die Wahl gar nicht angefochten hat.[44] In komplexen Matrixstrukturen kann aber auch die Beteiligung eines Arbeitgebers schwierig zu beurteilen sein.[45]

ee) Wahlvorstand. Da seine Beteiligtenfähigkeit mit dem Ende seines Amtes entfällt, kann 33 er nur vorher Beteiligter sein, insbesondere bei Verfahren, die im Laufe des Wahlverfahrens hinsichtlich einzelner Wahlhandlungen oder Maßnahmen des Wahlvorstandes erforderlich werden.[46] Auch wenn Mitglieder des Wahlvorstandes zwischenzeitlich aus dem Arbeitsverhältnis ausscheiden, bleiben sie Beteiligte.[47]

ff) Wirtschaftsausschuss. Inwieweit der Wirtschaftsausschuss Beteiligter sein kann, war 34 zunächst unklar. Zwischenzeitlich hat sich die Meinung herausgebildet, dass der Wirtschaftsausschuss lediglich Hilfsfunktionen für den Betriebsrat ausübt. Er hat keine eigenen Entscheidungsbefugnisse. Diese sind dem Betriebsrat vorbehalten.[48] Zu beachten ist, dass § 109 BetrVG zur Beilegung von Meinungsverschiedenheiten über ein Auskunftsverlangen des Wirtschaftsausschusses ein besonderes Konfliktlösungsverfahren durch Einbeziehung der Einigungsstelle regelt. Dieses Verfahren ist Zulässigkeitsvoraussetzung für die Einleitung eines Beschlussverfahrens bei Auskunftsansprüchen des Wirtschaftsausschusses.[49]

gg) Einigungsstelle. Im Rahmen des Besetzungsverfahrens stellt sich die Frage, ob neben 35 den über die Einsetzung streitenden Betriebspartnern weitere Gremien beteiligt werden können. Anerkannt ist, dass der betriebliche Gegenspieler beteiligt ist. Ebenso ist anerkannt, dass der jeweilige Einigungsstellenvorsitzende nicht zu beteiligen ist.[50] Richtigerweise sind weitere Gremien nicht zu beteiligen, auch wenn deren Betroffenheit in Betracht kommt. Dies ergibt sich bereits aus dem eingeschränkten Prüfungsumfang des § 100 Abs. 1 ArbGG. Mit der Entscheidung wird also gerade keine abschließende Entscheidung über die Zuständigkeit der eingesetzten Einigungsstelle getroffen. Die Einigungsstelle selbst ist hingegen regelmäßig nicht beteiligt. Dies auch dann, wenn über die Rechtswirksamkeit ihres Spruchs gestritten, etwa geltend gemacht wird, sie habe die Grenzen ihres Ermessens überschritten (§ 76 Abs. 5 BetrVG).[51] Anerkannt ist dagegen die Beteiligungsbefugnis eines unternehmensfremden Einigungsstellenbeisitzers in einem Beschlussverfahren mit dem Arbeitgeber über die Erstattung von Kosten.[52]

Auch wenn unternehmensfremde Einigungsstellenmitglieder vom Arbeitgeber die Erstat- 36 tung der Kosten verlangen, die bei der gerichtlichen Durchsetzung des ihnen nach § 76a Abs. 3 BetrVG zustehenden Honoraranspruchs anfielen (sog. Honorardurchsetzungskosten), haben hierüber nach § 2a Abs. 1 Nr. 1 ArbGG die Gerichte für Arbeitssachen im arbeitsgerichtlichen Beschlussverfahren zu entscheiden. Die Honorardurchsetzungskosten zählen zwar nicht zu den vom Arbeitgeber nach § 76a Abs. 1 BetrVG zu tragenden Kosten der Einigungsstelle, können aber ein nach § 286 Abs. 1 BGB zu ersetzender Verzugsschaden sein.[53]

hh) Gewerkschaften. Die Beteiligungsbefugnis einer im Betrieb vertretenen Gewerkschaft 37 ist im Einzelfall zu prüfen. Sie ist etwa in einem Beschlussverfahren über die Nichtigkeit ei-

---

[44] BAG 20.2.2019 – 7 ABR 40/17, NZA 2019, 1147; BAG 4.12.1986 – 6 ABR 48/85, AP BetrVG 1972 § 19 Nr. 13.
[45] BAG 22.3.2016 – 1 ABR 10/14, NZA 2016, 969.
[46] BAG 20.2.2019 – 7 ABR 40/17, NZA 2019, 1147; BAG 24.10.2018 – 7 ABR 1/17, BeckRS 1/17; BAG 14.1.1983 – 6 ABR 39/82, AP BetrVG 1972 § 19 Nr. 9; 25.9.1986 – 6 ABR 68/84, AP BetrVG 1972 § 1 Nr. 7.
[47] BAG 20.2.2019 – 7 ABR 40/17, NZA 2019, 1147.
[48] BAG 15.3.2006 – 7 ABR 24/05, NZA 2006, 1422; BAG 8.3.1983 – 1 ABR 44/81, AP BetrVG 1972 § 118 Nr. 26; BAG 5.11.1985 – 1 ABR 56/83, AP BetrVG 1972 § 117 Nr. 4.
[49] BAG 12.2.2019 – 1 ABR 37/17, NZA 2019, 787.
[50] Schwab/Weth/*Walker* ArbGG § 100 Rn. 29; LAG Berlin 22.6.1998 – 9 TaBV 3/98, NZA-RR 1999, 34.
[51] BAG 28.4.1981 – 1 ABR 53/79, AP BetrVG 1972 § 87 Vorschlagswesen Nr. 1; 31.8.1982 – 1 ABR 27/80, AP BetrVG 1972 § 87 Arbeitszeit Nr. 8.
[52] BAG 26.7.1989 – 7 ABR 72/88, AP ArbGG 1979 § 2a Nr. 4. Vgl. auch BAG 1.8.2018 – 7 ABR 41/17, NZA 2018, 1574; BAG 2.10.2007 – 1 ABR 59/06, AP ArbGG 1979 § 2a Nr. 23.
[53] BAG 27.7.1994 – 7 ABR 10/93, EzA BetrVG 1972 § 76a Nr. 8. Vgl. auch BAG v. 1.8.2018 – 7 ABR 41/17, NZA 2018, 1574; BAG 2.10.2007 – 1 ABR 59/06, AP ArbGG 1979 § 2a Nr. 23.

ner Betriebsratswahl gegeben, aber nicht in einem Wahlanfechtungsverfahren (§ 19 BetrVG), wenn sie von ihrem Anfechtungsrecht keinen Gebrauch gemacht hat.[54]

38   ii) *Schwerbehindertenvertretung.* Anerkannt ist, dass Streitigkeiten über die Rechte und Pflichten der Schwerbehindertenvertretung (§§ 177 ff. SGB IX), soweit es sich um deren Beteiligungsrechte im weitesten Sinne gegenüber dem Arbeitgeber oder anderen Organen der Betriebsverfassung (zB Betriebsrat) handelt, im Beschlussverfahren zu entscheiden sind.[55]

4. Antragsbefugnis

39   Eine Sachentscheidung kann im Beschlussverfahren nur getroffen werden, wenn der Antragsteller eine entsprechende Antragsbefugnis besitzt. Diese ist nicht identisch mit der Beteiligungsbefugnis und folgt auch nicht aus § 83 Abs. 3 ArbGG. Letztlich sollen Popularklagen ausgeschlossen werden. Die Antragsbefugnis im Beschlussverfahren entspricht der Klagebefugnis im Urteilsverfahren. Antragsbefugt ist ein Beteiligter, wenn er durch die begehrte Entscheidung in seiner kollektivrechtlichen Rechtsposition betroffen sein kann. Das ist regelmäßig dann der Fall, wenn er eigene Rechte geltend macht und dies nicht von vornherein aussichtslos ist, also wenn er eine Leistung an sich verlangt, aber auch, wer die Feststellung eines Rechtsverhältnisses verlangt, an dem er selbst beteiligt ist.[56] Dem Betriebsrat fehlt daher die Antragsbefugnis in der Regel, wenn er ausschließlich Rechte der Arbeitnehmer reklamiert. Dies ist aber nicht der Fall, wenn er die Rechte eines Gremiums wahrnimmt, das nicht mit eigenen Rechten ausgestattet ist, etwa eines Betriebsausschusses.[57] Begehrt der Betriebsrat die Durchsetzung einer Betriebsvereinbarung kommt es bei der eigenen Betroffenheit nicht darauf an, ob durch die Betriebsvereinbarung eigene normative Rechte für die Arbeitnehmer begründet werden.

40   Darüber hinaus räumt insbesondere das BetrVG Personen und Stellen, auch den im Betrieb vertretenen Gewerkschaften, an vielen Stellen das Recht ein, eine Entscheidung des Arbeitsgerichtes zu beantragen:
- § 16 Abs. 2 BetrVG: Bestellung Wahlvorstand in Betrieb mit Betriebsrat auf Antrag einer im Betrieb vertretenen Gewerkschaft oder von drei Wahlberechtigten,
- § 17 Abs. 4 BetrVG: Bestellung Wahlvorstand im betriebsratslosen Betrieb auf Antrag einer im Betrieb vertretenen Gewerkschaft oder von drei Wahlberechtigten,
- § 18 Abs. 1 BetrVG: Ersetzung inaktiven Wahlvorstands auf Antrag einer im Betrieb vertretenen Gewerkschaft, von drei Wahlberechtigten oder des Betriebsrats,
- § 18 Abs. 2 BetrVG: Klärung der betriebsratsfähigen Organisationseinheit auf Antrag des Betriebsrats, des Arbeitgebers, des Wahlvorstands oder einer im Betrieb vertretenen Gewerkschaft,
- § 19 Abs. 2 BetrVG: Anfechtung der Betriebsratswahl durch drei Wahlberechtigte, den Arbeitgeber oder einer im Betrieb vertretenen Gewerkschaft,
- § 23 Abs. 1 BetrVG: Antrag auf Auflösung Betriebsrat wegen grober Verletzung gesetzlicher Pflichten durch ein Viertel der wahlberechtigten Arbeitnehmer, den Arbeitgeber oder einer im Betrieb vertretenen Gewerkschaft,
- § 23 Abs. 3 BetrVG: Unterlassungsanspruch von Gewerkschaft oder Betriebsrat gegen Arbeitgeber bei groben Verstößen gegen gesetzliche Pflichten,
- § 76 Abs. 2 S. 2 BetrVG: Bestellung Einigungsstellenvorsitzender,
- § 76 Abs. 2 S. 3 BetrVG: Bestimmung der Zahl der Beisitzer einer Einigungsstelle,

---

[54] BAG 9.2.1982 – 1 ABR 36/80, AP BetrVG 1972 § 118 Nr. 24; 19.9.1985 – 6 ABR 4/85, AP BetrVG 1972 § 19 Nr. 12. Vgl. auch BAG 20.2.2019 – 7 ABR 40/17, NZA 2019, 1147.
[55] BAG 20.6.2018 – 7 ABR 39/16, NZA 2019, 54; BAG 30.3.2010 – 7 AZB 32/09, NZA 2010, 668; 21.9.1989 – 1 AZR 465/88, AP SchwbG 1986 § 25 Nr. 1.
[56] BAG 7.5.2019 – 1 ABR 53/17, NZA 2019, 1218; BAG 4.11.2015 – 7 ABR 42/13, NZA 2016, 559; 17.2.2015 – 1 ABR 41/13, ArbRAktuell 2015, 360; 22.7.2014 – 1 ABR 94/12, AP ArbGG 1079 § 81 Nr. 64; 19.9.2006 – 1 ABR 53/05, NZA 2007, 518; 18.2.2003 – 1 ABR 17/02, NZA 2004, 336; 23.2.1988 – 1 ABR 75/86, AP ArbGG 1979 § 81 Nr. 9.
[57] BAG 7.5.2019 – 1 ABR 53/17, NZA 2019, 1218; BAG 22.1.2013 – 1 ABR 92/11, NZA 2013, 752; 20.4.2010 – 1 ABR 85/08, EzA BetrVG 2001 § 82 Nr. 2; 5.10.2010 – 1 ABR 20/09, NZA 2011, 598.

- § 99 Abs. 4 BetrVG: Antrag auf Ersetzung der Zustimmung zu personeller Einzelmaßnahme durch Arbeitgeber,
- § 103 Abs. 2 BetrVG: Ersetzung der Zustimmung zur außerordentlichen Kündigung auf Antrag von Arbeitgeber.

Allen diesen ausdrücklich normierten Antragsrechten ist gemeinsam, dass hier dem Antragsteller die Befugnis gegeben wird, eine Entscheidung des Gerichts zu beantragen, die nicht über das Bestehen oder Nichtbestehen eigener Rechte des Antragstellers geht, sondern auf die betriebsverfassungsrechtliche Ordnung mehr oder weniger gestaltend oder feststellend einwirkt.[58]

Anträge von Personen oder Stellen, denen die Antragsbefugnis fehlt, sind unzulässig.[59] Ihr Fehlen führt jedoch nicht zum Verlust der Beteiligtenfähigkeit als Antragsteller, weshalb dieser gegen eine seine Antragsbefugnis verneinende Entscheidung ein Rechtsmittel einlegen kann.[60]

Gewerkschaften sind nicht generell befugt, vom Gericht die Unwirksamkeit einer Betriebsvereinbarung wegen Verstoßes gegen § 77 Abs. 3 BetrVG feststellen zu lassen. Diese Rechtsprechung beruht auf der Annahme, dass Betriebsvereinbarungen zunächst die Rechtsverhältnisse zwischen Betriebsrat und Arbeitgeber sowie zwischen Arbeitgeber und Arbeitnehmer betreffen und dass die Gewerkschaft an diesen Rechtsverhältnissen nicht beteiligt sei.[61]

Anders verhält es sich jedoch bei Unterlassungsansprüchen gegen tarifwidrige betriebliche Regelungen. Hier verteidigt die Gewerkschaft eigene Rechte. Es geht darum, den Geltungsanspruch des Tarifvertrags in der Praxis gegenüber unzulässigen konkurrierenden oder abweichenden Vereinbarungen zu verteidigen.[62]

5. Antragsgegner

Dieser Begriff wird im Gesetz nicht verwendet. Mit ihm wird jedoch in der Praxis gelegentlich die Person oder Stelle bezeichnet, gegen die sich der Antrag richtet.

6. Weiterer Antragsteller

Tritt einem anhängigen Beschlussverfahren ein weiterer Antragsteller mit einem eigenen Sachantrag bei, so liegt darin eine Antragsänderung, deren Zulässigkeit sich nach § 81 Abs. 3 ArbGG bestimmt.[63]

IV. Antrag im Beschlussverfahren/Einleitung des Verfahrens

Gemäß § 80 Abs. 2 ArbGG gelten für das Beschlussverfahren des ersten Rechtszuges die dort abschließend aufgeführten, für das Urteilsverfahren der 1. Instanz maßgebenden Vorschriften entsprechend, so weit sich aus den §§ 81 bis 84 ArbGG nichts anderes ergibt.

Die **Einleitung eines Beschlussverfahrens** durch ein betriebsverfassungsrechtliches Gremium bedarf bedarf des ordnungsgemäßen Beschlusses dieses Gremiums. Dieser setzt insbesondere die Ladung aller Mitglieder und ggfls der erforderlichen Ersatzmitglieder voraus. Auch die **Beauftragung eines Rechtsanwaltes** bedarf eines entsprechenden Beschlusses.[64] Die im Beschlussverfahren zu stellenden Anträge brauchen in diesem Beschluss aber nicht bereits im Einzelnen formuliert zu sein. Es reicht aus, dass der Gegenstand und das angestrebte Ziel bezeichnet sind. Das Gericht hat den Mangel der Legitimation des gesetzlichen Vertreters nach § 56 Abs. 1 ZPO von Amts wegen und den Mangel der Prozessvoll-

---

[58] BAG 23.2.1988 – 1 ABR 75/86, AP ArbGG 1979 § 81 Nr. 9.
[59] BAG 13.7.1955 – 1 ABR 31/54, AP BetrVG § 81 Nr. 2.
[60] BAG 25.8.1981 – 1 ABR 61/79, AP ArbGG 1979 § 83 Nr. 2.
[61] BAG 23.2.1988 – 1 ABR 75/86, AP ArbGG 1979 § 81 Nr. 9.
[62] BAG 17.5.2011 – 1 AZR 473/09, NZA 2011, 667; 20.4.1999 – 1 ABR 72/98, AP GG Art. 9 Nr. 89.
[63] BAG 31.1.1989 – 1 ABR 60/87, AP ArbGG 1979 § 81 Nr. 12.
[64] BAG 19.12.2017 – 1 ABR 33/16, NZA 2018, 678; BAG 4.11.2015 – 7 ABR 61/13, NZA-RR 2016, 256.

macht nach § 88 ZPO auf Rüge zu berücksichtigen. Der Antrag wäre als unzulässig abzuweisen.[65]

1. Antragsschrift

49 Der Antrag kann beim Arbeitsgericht schriftlich eingereicht oder bei seiner Geschäftsstelle mündlich zur Niederschrift erklärt werden (§ 81 Abs. 1 ArbGG). Die vom Antragsteller oder seinem Bevollmächtigten zu unterzeichnende Antragsschrift muss erkennen lassen, wer Antragsteller ist und gegen wen sich der Antrag richtet. Die sonstigen Beteiligten brauchen nicht angegeben zu werden. Sie sind ohnehin von Amts wegen durch das Gericht zu beteiligen.

2. Antrag

50 Der Antrag ist von besonderer Bedeutung, weil er den Streitgegenstand bestimmt.[66] Der Antragsteller kann durch seinen Antrag bestimmen, was vom Gericht geklärt werden soll, wobei eine objektive Antragshäufung möglich ist.[67] Die Bestimmtheit des Antrages richtet sich auch im Beschlussverfahren nach § 253 Abs. 2 Nr. 2 ZPO.[68] Ein Antrag auf Einsetzung einer Einigungsstelle ist zB nur dann hinreichend bestimmt, wenn der Regelungsgegenstand so genau beschrieben ist, dass die eigentliche Streitfrage, ob die Einigungsstelle offensichtlich unzuständig oder aber einzusetzen ist, zwischen den Beteiligten mit Rechtskraft entschieden werden kann.[69] Dies ist von besonderer Bedeutung, weil ein Mangel der notwendigen Bestimmung des Regelungsauftrages die Unwirksamkeit des gesamten Spruchs bewirkt.[70]

51 Da Feststellungs- und Leistungsanträge auch im Beschlussverfahren der Vorschrift des § 253 Abs. 2 Nr. 2 ZPO unterliegen, muss die Antragsschrift neben der bestimmten Angabe des Gegenstandes und des Grundes des erhobenen Anspruchs einen bestimmten Antrag enthalten. Dies ist erforderlich, um für den Umfang der Rechtskraft klare und eindeutige Verhältnisse zu schaffen.[71] Der Antrag ist aber der Auslegung fähig.[72]

52 Dem Bestimmtheitserfordernis kann auch ein **Globalantrag** genügen, mit dem die Unterlassung einer bestimmten Handlung für viele denkbare Fallgestaltungen begehrt wird.[73] Auch ein Globalantrag, mit dem generell ein Mitbestimmungsrecht für bestimmte Fälle geltend gemacht wird, ist zulässig.[74] Ein solcher Globalantrag ist aber nur dann begründet, wenn der Antragsteller die Unterlassung aller erfassten Fallgestaltungen verlangen kann. Ist dies auch nur teilweise nicht erfüllt, muss der Antrag im Ganzen als unbegründet zurückgewiesen werden, wenn nicht der begründete Teil dem Antrag selbst als Teilziel des

---

[65] BAG 4.11.2015 – 7 ABR 61/13, NZA-RR 2016, 256; 6.11.2013 – 7 ABR 84/11, AP BetrVG 1972 § 33 Nr. 2; 19.1.2005 – 7 ABR 24/04, BeckRS 2005, 30349188.

[66] *Hamacher*, Antragslexikon Arbeitsrecht, Teil 2, Systematische Einleitung Rn. 1; BAG 20.11.2018 – 1 AZR 12/17, RdA 2019, 308; BAG 23.10.2018 – 1 AZR 18/17, NZA 2019, 341; BAG 4.12.2013 – 7 ABR 7/12, NZA 2014, 803.

[67] BAG 20.11.2018 – 1 AZR 12/17; RdA 2019, 308; BAG 4.12.2013 – 7 ABR 7/12, NZA 2014, 803BAG 29.7.1982 – 6 ABR 51/79, AP ArbGG 1979 § 83 Nr. 5.

[68] BAG 20.11.2018 – 1 AZR 12/17; RdA 2019, 308; BAG 8.12.2015 – 1 ABR 83/13, NZA 2016, 504; 17.1.2012 – 1 ABR 45/10, BAGE 140, 223.

[69] BAG 19.11.2019 – 1 ABR 22/18, BeckRS 2019, 36547; LAG Düsseldorf 11.11.2015 – 12 TaBV 114/15, n. v.; LAG Hessen 11.9.2012 – 4 TaBV 192/12, ArbR Aktuell 2012, 623; LAG Berlin-Brandenburg 7.8.2008 – 14 TaBV 1212/08, BeckRS 2011, 67019; LAG Hamm 14.9.2009 – 13 TaBV 74/09, BeckRS 2009, 74905 Rn. 57.

[70] BAG 19.11.2019 – 1 ABR 22/18, BeckRS 2019, 36547.

[71] BAG 7.2.2012 – 1 ABR 77/10, NZA-RR 2012, 359; 13.3.2001 – 1 ABR 34/00, NZA 2001, 1262; 3.5.1984 – 6 ABR 68/81, AP BetrVG 1972 § 95 Nr. 5.

[72] BAG 27.5.2015 – 7 ABR 20/13, ArbR Aktuell 2015, 558.

[73] BAG 22.10.2019 – 1 ABR 17/18, NZA 2020, 123; BAG 24.4.2007 – 1 ABR 47/06, NZA 2007, 1475; 3.5.1984 – 6 ABR 68/81, AP BetrVG 1972 § 23 Nr. 23; 6.12.1994 – 1 ABR 30/94, AP BetrVG 1972 § 23 Nr. 24; 21.9.1999 – 1 ABR 40/98, AP BetrVG 1972 § 99 Nr. 21.

[74] BAG 22.10.2019 – 1 ABR 17/18, NZA 2020, 123; BAG 3.5.1994 – 1 ABR 24/93, AP BetrVG 1972 § 23 Nr. 23; 11.11.1998 – 4 ABR 40/97, AP BetrVG 1972 § 50 Nr. 18.

Verfahrens zu entnehmen ist.[75] Das ist jedoch ausgeschlossen, wenn sich die Einschränkungen auf situationsgebundene Sachverhalte beziehen, die sich nicht im Voraus klar bezeichnen lassen. Hier würde die Abgrenzung dem Vollstreckungsverfahren zugewiesen, was unzulässig ist.[76]

Ein Antrag, der lediglich den Gesetzeswortlaut wiederholt, ist unzulässig, wenn der Inhalt der Norm streitig ist.[77] Anders, wenn der Inhalt der Norm nicht streitig ist (zB die Begriffe „Einstellung" und „Versetzung" nach § 99 BetrVG).[78]

Ein **Feststellungsantrag** richtet sich auch im Beschlussverfahren nach § 256 Abs. 1 ZPO und muss auf ein konkretes Rechtsverhältnis gerichtet sein.[79] Das Bestehen eines Mitbestimmungsrechtes bei einem Regelungsgegenstand ist stets ein entsprechendes Rechtsverhältnis.[80] Das erforderliche Feststellungsinteresse besteht, wenn das Mitbestimmungsrecht in Abrede gestellt wird.[81] Aus Gründen der Prozesswirtschaftlichkeit wird das Interesse an einer auf das Grundverhältnis zwischen den Beteiligten beschränkten Feststellung bejaht, auch wenn die Möglichkeit besteht, dass aus diesem Grundverhältnis dann weitere Streitfragen erwachsen. Der Streit der Betriebspartner über das Bestehen eines Mitbestimmungsrechtes kann deshalb im Feststellungsverfahren geklärt werden, auch wenn eine Klage auf Unterlassung der mitbestimmungswidrigen Handlung möglich wäre. Denn die Feststellungsklage ist hier der prozesswirtschaftlichere Weg.[82] Soweit ein **Unterlassungsantrag** geltend gemacht wird, müssen die Handlungen genau bezeichnet sein, dass kein Zweifel besteht, welche Maßnahmen im Einzelnen betroffen sind. Richtet sich der Antrag auf die Unterlassung mitbestimmungswidrigen Verhaltens, ist diesem Bestimmtheitserfordernis nur genügt, wenn die Fallgestaltung konkret bezeichnet wird, für die ein Mitbestimmungsrecht behauptet wird. Dabei ist die geltend gemachte Unterlassung zwingend an der Verletzungshandlung zu orientieren.[83]

Ein Antrag auf Feststellung des Tendenzcharakters eines Unternehmens im Sinne von § 118 Abs. 1 BetrVG ist – nach mehrfach wechselnder Rechtsprechung mittlerweile wieder unzulässig.[84]

Bei Anträgen auf Vornahme einer unvertretbaren Handlung (zB Zurverfügungstellung eines Raums für Raucher) muss die vorzunehmende Handlung nicht näher konkretisiert werden. Im Vollstreckungsverfahren ist zu prüfen, ob die notwendigen technischen und organisatorischen Maßnahmen getroffen wurden.[85]

3. Rechtsschutzinteresse

Betriebsverfassungsrechtliche Streitfragen können Rechtsverhältnisse im Sinne von § 256 Abs. 1 ZPO betreffen. Der Begriff des Rechtsverhältnisses ist im arbeitsgerichtlichen Be-

---

[75] Vgl. ausf. *Baur*, Brennpunkte des Arbeitsrechts, 1996, S. 87–171 zu den verfahrens- und materiellrechtlichen Problemen des allgemeinen Unterlassungsanspruchs des Betriebsrats bei betriebsverfassungswidrigen Maßnahmen des Arbeitgebers.
[76] BAG 3.5.1994 – 1 ABR 24/93, AP BetrVG 1972 § 23 Nr. 23; 6.12.1994 – 1 ABR 30/94, AP BetrVG 1972 § 23 Nr. 24.
[77] BAG 17.3.1987 – 1 ABR 65/85, AP BetrVG 1972 § 23 Nr. 7; 11.11.1997 – 1 ABR 21/97, AP BDSG § 36 Nr. 1.
[78] BAG 12.8.1997 – 1 ABR 7/97, AP BetrVG 1972 § 99 Versetzung Nr. 15.
[79] BAG 12.6.2019 – 1 ABR 57/17, BeckRS 2019, 18930; BAG 23.10.2018 – 1 AZR 18/17, NZA 2019, 341; BAG 8.12.2015 – 1 ABR 83/13, NZA 2016, 504; 4.11.2015 – 7 ABR 42/13, NZA 2016, 559.
[80] BAG 19.11.2019 – 1 ABR 2/18, BeckRS 2019, 38084; BAG 23.10.2018 – 1 AZR 18/17, NZA 2019, 341; BAG 26.1.2016 – 1 ABR 68/13, NZA 2016, 498; 17.2.2015 – 1 ABR 45/13, NZA 2015, 762.
[81] BAG 8.12.2015 – 1 ABR 83/13, NZA 2016, 504.
[82] BAG 15.4.2008 – 1 ABR 14/07, NZA 2008, 1020; 18.9.2002 – 1 ABR 54/01, NZA 2003, 670; 3.5.1994 – 1 ABR 24/93, AP BetrVG 1972 § 23 Nr. 23; 11.11.1997 – 1 ABR 21/97, AP BDSG § 36 Nr. 1.
[83] BAG 22.10.2019 – 1 ABR 17/18, NZA 2020, 123; BAG 12.3.2019 – 1 ABR 42/17, NZA 2019, 843BAG 24.4.2007 – 1 ABR 47/06, NZA 2007, 1475; LAG Hessen 11.11.2010 – 5 TaBV 60/10, BeckRS 2011, 70781; LAG Hamm 22.10.2010 – 10 TaBVGa 19/10, BeckRS 2011, 68101.
[84] BAG 14.12.2010 – 1 ABR 93/09, NZA 2011, 473 unter Aufgabe BAG 21.7.1998 – 1 ABR 2/98, AP BetrVG 1972 § 118 Nr. 63 (dies wiederum unter Aufgabe der älteren entgegenstehenden Rechtsprechung: BAG 13.7.1955 – 1 ABR 31/54, AP BetrVG § 81 Nr. 2).
[85] BAG 19.1.1999 – 1 AZR 499/98, AP BetrVG 1972 § 87 Ordnung des Betriebes Nr. 28.

schlussverfahren im Interesse der Klärung zwischen den Betriebspartnern streitiger betriebsverfassungsrechtlicher Fragen weit auszulegen.[86] Auch im Beschlussverfahren ist aber Voraussetzung für eine Sachentscheidung, dass der Antragsteller ein Rechtsschutzinteresse an der begehrten Entscheidung hat. Es muss noch im Zeitpunkt der letzten Entscheidung über den Antrag also auch noch in der Rechtsbeschwerdeinstanz bestehen.[87] Ein Interesse an der Feststellung, dass der Betriebsrat in einer Angelegenheit mitzubestimmen hat, ist regelmäßig gegeben, wenn der Arbeitgeber das Mitbestimmungsrecht des Betriebsrats bestreitet, sich dieser aber eines Mitbestimmungsrechts berühmt.[88] Liegt der konkrete Vorgang, der zu dem Verfahren geführt hat, in der **Vergangenheit**, entfällt das Rechtsschutzbedürfnis jedoch, wenn der Vorgang bereits abgeschlossen ist und sich aus diesem keine Rechtswirkungen mehr für die Zukunft ergeben.[89]

58 Das Feststellungsinteresse entfällt nicht zwingend, weil der Betriebsrat einen Leistungsantrag stellen könnte, vgl. → Rn. 53. Geht es um die grundsätzliche Klärung eines streitigen Rechtsverhältnisses zwischen den Betriebspartnern, ist das Feststellungsverfahren häufig das geeignetere Verfahren, weil es zu einer umfassenden Bereinigung des Streits führen kann.[90] Der Betriebsrat hat auch ein rechtlich geschütztes Interesse daran, das Bestehen oder Nichtbestehen von Betriebsvereinbarungen, also betriebsverfassungsrechtlicher Rechtsverhältnisse, klären zu lassen. Dies ergibt sich schon aus der Tragweite der Betriebsvereinbarungen als normative Regelungen, die auf die Arbeitsverhältnisse aller von ihr erfassten Arbeitnehmer der Belegschaft einwirken.[91] Insoweit kann auch der Streit um die Nachwirkung einer Betriebsvereinbarung und die Modalitäten der Beendigung dieser Nachwirkung zum Gegenstand eines Feststellungsantrags gemacht werden, solange das aktuelle betriebsverfassungsrechtliche Rechtsverhältnis zwischen den Beteiligten berührt wird.[92]

59 Für ein die betriebsverfassungsrechtliche Rechtsstellung eines Betriebsrats betreffendes Feststellungsbegehren fehlt mit Ablauf seiner Amtszeit das Feststellungsinteresse. Die gerichtliche Klärung liefe allein auf die Erstellung eines Gutachtens hinaus.[93] Dies gilt freilich nur, sofern das Amt des Betriebsrates endet und kein neuer gewählt worden ist.[94]

4. Änderung des Antrags

60 Eine Änderung des Antrags ist gemäß § 81 Abs. 3 S. 1 ArbGG zulässig mit Zustimmung der übrigen Beteiligten oder bei vom Gericht bejahter Sachdienlichkeit. Das gilt gem. § 87 Abs. 2 S. 3 ArbGG auch im Beschwerdeverfahren vor dem Landesarbeitsgericht. Eine Antragsänderung im Rechtsbeschwerdeverfahren ist hingegen unzulässig.[95]

---

[86] BAG 19.11.2019 – 1 ABR 2/18, BeckRS 2019, 38084; BAG 23.10.2018 – 1 AZR 18/17, NZA 2019, 341; BAG 22.3.2000 – 7 ABR 34/98, AP AÜG § 14 Nr. 8.
[87] BAG 15.2.1989 – 7 ABR 9/88, AP BetrVG 1972 § 19 Nr. 17; 15.12.1998 – 1 ABR 9/98, AP BetrVG 1972 § 80 Nr. 56; LAG Schleswig-Holstein 9.7.2008 – 6 TaBV 3/08, FD-ArbR 2008, 271632.
[88] BAG 19.11.2019 – 1 ABR 2/18, BeckRS 2019, 38084; BAG 23.10.2018 – 1 AZR 18/17, NZA 2019, 341BAG 30.4.2014 – 7 ABR 30/12, NZA 2014, 1223; BAG 24.4.2007 – 1 ABR 27/06, NZA 2007, 2011; 18.4.2000 – 1 ABR 22/99, AP BetrVG 1972 § 87 Überwachung Nr. 33.
[89] BAG 23.10.2018 – 1 ABR 18/17, NZA 2019, 341; BAG 19.12.2017 – 1 ABR 33/16, NZA 2018, 678; BAG 15.4.2008 – 1 ABR 14/07, NZA 2008, 1020; 21.1.2003 – 1 ABR 9/02, NZA 2003, 1101; 18.4.2000 – 1 ABR 22/99, AP BetrVG 1972 § 87 Überwachung Nr. 33.
[90] BAG 19.11.2019 – 1 ABR 2/18, BeckRS 2019, 38084; BAG 22.4.1997 – 1 ABR 77/96, AP BetrVG 1972 § 87 Lohngestaltung Nr. 88; 3.5.1994 – 1 ABR 24/93, AP BetrVG 1972 § 23 Nr. 23, betr. möglichen Unterlassungsanspruch; BAG 11.7.1972 – 1 ABR 2/72, AP BetrVG 1972 § 80 Nr. 1, betr. möglichen Leistungsanspruch auf Information; BAG 23.2.1973 – 1 ABR 17/72, AP BetrVG 1972 § 80 Nr. 2, betr. möglichen Leistungsanspruch auf Information.
[91] BAG 8.12.1970 – 1 ABR 20/70, AP BetrVG § 59 Nr. 28; BAG GS 16.9.1986 – GS 1/82, AP BetrVG 1972 § 77 Nr. 17; 17.8.1999 – 3 ABR 55/98, AP BetrVG 1972 § 77 Nr. 79.
[92] BAG 28.4.1998 – 1 ABR 43/97, AP BetrVG 1972 § 77 Nachwirkung Nr. 11.
[93] BAG 10.4.1984 – 1 ABR 73/82, AP ArbGG 1979 § 81 Nr. 3; 26.10.1994 – 7 ABR 11/94, BeckRS 1994, 30925502; 11.10.1995 – 7 ABR 17/95, AP BetrVG 1972 § 21 Nr. 2.
[94] BAG 19.12.2018 – 7 ABR 79/16, NZA 2019, 940.
[95] BAG 26.10.2004 – 1 ABR 37/03, NZA 2005, 367.

5. Zustellung der Antragsschrift

Die Antragsschrift bedarf der Zustellung (§§ 80 Abs. 2 iVm 47 Abs. 1 ArbGG). Die von Amts wegen vorzunehmende Zustellung hat an alle Beteiligten zu erfolgen (wodurch die Rechtshängigkeit begründet wird).[96]

6. Rücknahme des Antrags

Der Antrag kann nach § 81 Abs. 2 S. 1 ArbGG jederzeit in der in § 81 Abs. 1 ArbGG genannten Form zurückgenommen werden. Eine Zustimmung der Beteiligten ist nicht erforderlich. Das Verfahren ist alsdann vom Vorsitzenden des Arbeitsgerichtes einzustellen (§ 81 Abs. 2 S. 2 ArbGG), wovon den Beteiligten Kenntnis zu geben ist (§ 81 Abs. 2 S. 3 ArbGG). Ab der Verkündung der erstinstanzlichen Entscheidung bedarf die Rücknahme allerdings der Zustimmung der übrigen Beteiligten, § 87 Abs. 2 S. 3 ArbGG.

7. Örtliche Zuständigkeit

Für den Antrag ist das Arbeitsgericht zuständig, in dessen Bezirk der Betrieb liegt (§ 82 S. 1 ArbGG). In Angelegenheiten des Gesamtbetriebsrats, des Wirtschaftsausschusses usw ist die Zuständigkeit des Arbeitsgerichtes gegeben, in dessen Bezirk das Unternehmen seinen Sitz hat (§ 82 S. 2 ArbGG). In Angelegenheiten eines Europäischen Betriebsrats, im Rahmen eines Verfahrens zur Unterrichtung und Anhörung oder des besonderen Verhandlungsgremiums ist das Arbeitsgericht zuständig, in dessen Bezirk das Unternehmen oder das herrschende Unternehmen nach § 2 EBRG seinen Sitz hat. Bei einer Vereinbarung nach § 41 EBRG (Unternehmen mit vor Inkrafttreten des EBRG getroffenen Vereinbarungen über grenzübergreifende Unterrichtung und Anhörung) ist der Sitz des vertragsschließenden Unternehmens maßgebend. Weitere Sonderregelungen finden sich in § 82 Abs. 3, 4 und 5 ArbGG zu Angelegenheiten des SE-Beteiligungsgesetzes, des SCE-Beteiligungsgesetzes und des Gesetzes über die Mitbestimmung der Arbeitnehmer bei einer grenzüberschreitenden Verschmelzung.

V. Verfahren erster Instanz

1. Anhörung

a) **Allgemeines.** Im Beschlussverfahren sind die Beteiligten zu hören. Die Beteiligten können sich schriftlich äußern (§ 83 Abs. 4 S. 1 ArbGG). Der Vorsitzende kann nach § 80 Abs. 2 S. 2 ArbGG ein Güteverfahren ansetzen. Hierüber entscheidet der Vorsitzende nach pflichtgemäßem Ermessen. Die für das Urteilverfahren maßgebenden Vorschriften über das Güteverfahren gelten entsprechend. Die Einführung eines Gütetermins im Beschlussverfahren mit dem Arbeitsgerichtsbeschleunigungsgesetz zielt auf eine Beschleunigung des Verfahrens. Der Pflicht zur Anhörung ist genügt, wenn ein Beteiligter auf Ladung unentschuldigt ausbleibt, worauf in der Ladung hinzuweisen ist (§ 83 Abs. 4 S. 2 ArbGG). Allerdings ist bei rechtzeitiger Entschuldigung eines Beteiligten der Anhörungstermin gemäß § 227 ZPO zu verlegen. Bei unentschuldigtem Ausbleiben findet die Anhörung ohne ihn statt. Eine **Versäumnisentscheidung** kann zwar nicht erlassen werden, es kann jedoch ohne Rücksicht auf das Ausbleiben **entschieden** werden, sofern die Sache zur Entscheidung reif ist. Erforderlich ist freilich, dass die ausgebliebene Partei auf die Folge des § 83 Abs. 4 S. 2 ArbGG hingewiesen worden ist. Der ausgebliebene Beteiligte ist im weiteren Verfahren, insbesondere bei weiter erforderlich werdenden Terminen heranzuziehen; insbesondere ist ihm der das Verfahren beendende Beschluss zuzustellen.

Mit Einverständnis aller Beteiligten kann das Gericht auch ohne mündliche Verhandlung entscheiden (§ 83 Abs. 4 S. 3 ArbGG). Selbst wenn alle Beteiligten zustimmen, ist das Gericht nicht gezwungen, so zu verfahren.

---

[96] Germelmann/Matthes/Prütting/*Spinner* ArbGG § 81 Rn. 71.

66 Der Antragsteller stellt den Antrag aus der Antragsschrift. Der Antragsgegner braucht keinen Zurückweisungsantrag, zu stellen, weil das Gericht die Berechtigung des Antrags von Amts wegen prüft. Die sonstigen Beteiligten können eigene Anträge stellen oder sich dem Antrag des Antragstellers bzw. -gegners anschließen oder auf einen Antrag verzichten.

67 **b) Möglichkeit der Anhörung per Videokonferenz.** Gem. § 128a ZPO iVm § 83 ArbGG ist auch im arbeitsgerichtlichen Beschlussverfahren die Anhörung der Beteiligten per Videokonferenz möglich. Nach § 128a ZPO kann das Gericht den Parteien, ihren Bevollmächtigten und Beiständen auf Antrag oder von Amts wegen gestatten, sich während einer mündlichen Verhandlung an einem anderen Ort aufzuhalten und dort Verfahrenshandlungen vorzunehmen. Die Verhandlung wird dann zeitgleich in Bild und Ton an diesen Ort und in das Sitzungszimmer übertragen. Von dieser „kann"-Bestimmung wurde in der Arbeitsgerichtsbarkeit nur zurückhaltend Gebrauch gemacht, zumal die Gerichte in der Regel (bislang) in aller Regel auch gar nicht über die erforderliche technische Ausstattung verfügten.

Die Möglichkeiten zur Anhörung per Video-Konferenz sind durch das Gesetz zu sozialen Maßnahmen zur Bekämpfung der Corona-Pandemie v. 20.5.2020, das am 28.5.2020 im Bundesgesetzblatt verkündet worden ist, ausgedehnt worden. Dabei sind zwei wesentliche Änderungen zu beachten. Die eine betrifft die Möglichkeit, **ehrenamtliche Richter** per Videokonferenz zu beteiligen. Nach der Neuregelung von § 114 Abs. 1 ArbGG kann das Gericht abweichend von § 128a ZPO einem ehrenamtlichen Richter bei einer epidemischen Lage von nationaler Tragweite nach § 5 Abs. 1 S. 1 des Infektionsschutzgesetzes von Amts wegen gestatten, an einer mündlichen Verhandlung von einem anderen Ort aus beizuwohnen, wenn es für ihn aufgrund der epidemischen Lage unzumutbar ist, persönlich an der Gerichtsstelle zu erscheinen. Die Verhandlung wird zeitgleich in Bild und Ton an den anderen Ort und in das Sitzungszimmer übertragen. Die andere Änderung betrifft den **Entscheidungsspielraum des Gerichtes** bei der Frage, ob eine Verhandlung per Videokonferenz gestattet wird. Nach § 114 Abs. 3 ArbGG **soll** das Gericht den Parteien, ihren Bevollmächtigten und Beiständen bei einer epidemischen Lage von nationaler Tragweite im Falle des § 128 von Amts wegen gestatten, sich während einer mündlichen Verhandlung an einem anderen Ort aufzuhalten und dort im Wege der zeitgleichen Bild- und Tonübertragung Verfahrenshandlungen vorzunehmen. Ob und in welchem Umfang diese Möglichkeiten nun tatsächlich genutzt werden, wird nicht zuletzt auch davon abhängen, ob die technische Ausstattung mit dieser gesetzgeberischen Wertentscheidung Schritt hält.

2. Untersuchungsgrundsatz

68 Das Gericht erforscht den Sachverhalt im Rahmen der gestellten Anträge von Amts wegen; die am Verfahren Beteiligten haben an der Aufklärung des Sachverhalts mitzuwirken (§ 83 Abs. 1 ArbGG). Der Untersuchungsgrundsatz bedeutet, dass das Arbeitsgericht die zur ordnungsgemäßen Durchführung des Verfahrens erforderlichen Maßnahmen selbst zu treffen, die Zustellung an die Beteiligten zu veranlassen, den Sachverhalt aufzuklären und die Erhebung von Beweisen, so weit solche erforderlich sind, von sich aus vorzunehmen hat. Der Untersuchungsgrundsatz besagt jedoch nicht, dass es allein dem Gericht obliegt, den Sachverhalt ohne Rücksicht auf den Vortrag der Beteiligten zu erforschen.[97]

69 Denn es gilt ein **eingeschränkter Amtsermittlungsgrundsatz**. Es ist es nicht Aufgabe der Arbeitsgerichte, ohne ausreichenden Sachvortrag der Beteiligten von sich aus zu erforschen, ob ein nicht vorgetragener Sachverhalt geeignet wäre, eine ausreichende Begründung für die mit dem Antrag verfolgten Ansprüche zu liefern.[98] Andererseits ist das Gericht verpflichtet, angebotenen Gegenbeweis zu erheben, wenn die behaupteten Tatsachen entscheidungser-

---

[97] BAG 3.7.2019 – 4 ABR 28/18, NJOZ 2019, 1440; BAG 16.5.2007 – 7 ABR 63/06, AP ArbGG 1979 § 96a Nr. 3; 13.3.1973 – 1 ABR 15/72, AP BetrVG 1972 § 20 Nr. 1.
[98] BAG 3.7.2019 – 4 ABR 28/18, NJOZ 2019, 1440; BAG 16.5.2007 – 7 ABR 63/06, AP ArbGG 1979 § 96a Nr. 3; 29.6.2000 – 8 ABR 44/99, AP InsO § 126 Nr. 2.

heblich sind und Erhebungshindernisse nicht bestehen. Insoweit räumt § 83 Abs. 2 ArbGG dem Gericht keinen Ermessensspielraum ein.[99] Der Amtsermittlungsgrundsatz gilt nicht im Rahmen des **§ 103 BetrVG**, weil der Arbeitgeber den Kündigungsgrund darlegen und beweisen muss.

Zur Aufklärungspflicht gehört insoweit auch die Ermittlung von Tatsachen, die bisher von keinem Verfahrensbeteiligten in das Verfahren eingeführt worden sind, soweit sie für die Entscheidung über den gestellten Antrag von Bedeutung sind. Das Gericht kann von einer weiter gehenden Sachverhaltsaufklärung erst absehen, wenn entscheidungserhebliche Tatsachen von einem der Verfahrensbeteiligten vorgetragen worden sind, sie nicht wirksam bestritten werden und sich überdies keine Zweifel an ihrer Richtigkeit aufdrängen. Hält danach das Gericht den erforderlichen Vortrag der Beteiligten für nicht ausreichend „substantiiert", muss es diese darauf hinweisen und die Möglichkeit geben, das Vorbringen zu ergänzen. Die gerichtliche Bewertung des Vorbringens in einem Beschlussverfahren als nicht ausreichender Vortrag ist nur zulässig, wenn das Gericht die betreffende Partei auf seine Einschätzung hingewiesen und zur Ergänzung des Vorbringens anhand konkreter richterlicher Fragestellungen aufgefordert hat.[100]

Zur Aufklärung des Sachverhalts können nach § 83 Abs. 2 ArbGG Urkunden eingesehen, Auskünfte eingeholt, Zeugen, Sachverständige und Beteiligte vernommen und der Augenschein eingenommen werden. Für die Vernehmung von Beteiligten gelten die Grundsätze der Parteivernehmung, so dass die §§ 450 bis 55 ZPO entsprechend anzuwenden sind. Alle Beteiligten gelten als Partei.[101] Beim beteiligten Betriebsrat gilt dies wegen § 26 Abs. 3 BetrVG nur für den Vorsitzenden. Die anderen Mitglieder kommen als Zeugen in Betracht, so weit sie nicht selbst beteiligt und deshalb als Partei zu vernehmen sind.[102]

3. Zurückweisung verspäteten Vorbringens

Nach § 83 Abs. 1a ArbGG kann der Vorsitzende den Beteiligten eine Frist zum Vorbringen von Angriffs- und Verteidigungsmitteln setzen. Angriffs- und Verteidigungsmittel, die erst nach Ablauf der Frist vorgebracht werden, können zurückgewiesen werden, wenn nach der freien Überzeugung des Gerichts ihre Zulassung die Erledigung des Beschlussverfahrens verzögern würde und der Beteiligte die Verspätung nicht genügend entschuldigt. Die Beteiligten sind über die Folgen der Versäumung der Frist zu belehren.

4. Beschlüsse und Verfügungen

Gegen Beschlüsse und Verfügungen des Arbeitsgerichtes oder seines Vorsitzenden findet gemäß § 83 Abs. 5 ArbGG die Beschwerde nach Maßgabe des § 78 ArbGG statt. Das gilt auch bei Einstellungsbeschlüssen nach § 81 Abs. 2 S. 2 ArbGG.[103]

5. Vergleich

Die Beteiligten können, um das Verfahren ganz oder zum Teil zu erledigen, zur Niederschrift des Gerichts oder des Vorsitzenden einen Vergleich schließen, so weit sie über den Gegenstand des Vergleichs verfügen können (§ 83a Abs. 1 ArbGG). Ob und inwieweit die Beteiligten über den Vergleichsgegenstand verfügen können, ergibt sich aus dem materiellen Recht, insbesondere aus dem BetrVG. Sind nur der Antragsteller und der sog. Antragsgegner verfügungsberechtigt, brauchen die sonstigen Beteiligten nicht mitzuwirken.

---

[99] BAG 3.7.2019 – 4 ABR 28/18, NJOZ 2019, 1440; BAG 25.9.1986 – 6 ABR 68/84, AP BetrVG 1972 § 1 Nr. 7.
[100] BAG 3.7.2019 – 4 ABR 28/18, NJOZ 2019, 1440; BAG 21.9.2016 – 10 ABR 33/15, AP TVG § 5 Nr. 35; BAG 11.3.1998 – 7 ABR 59/96, AP BetrVG 1972 § 40 Nr. 57.
[101] Germelmann/Matthes/Prütting/*Spinner* ArbGG § 83 Rn. 102.
[102] *Molkenbur* DB 1992, 429.
[103] LAG Hamm 26.5.1989 – 8 TaBV 34/89, LAGE ArbGG 1979 § 81 Nr. 1; LAG Hessen 24.1.1984 – 4 TaBV 82/83, NZA 1984, 269; LAG Hamburg 27.8.1990 – 5 TaBV 3/90, LAGE ArbGG 1979 § 92 Nr. 2; aA: LAG Rheinland-Pfalz 25.6.1982 – 6 TaBV 10/82, EzA ArbGG 1979 § 92 Nr. 1.

6. Erledigungserklärung

75 Haben die Beteiligten das Verfahren übereinstimmend für erledigt erklärt, ist es vom Vorsitzenden des Arbeitsgerichtes einzustellen. Hiervon ist den Beteiligten, so weit ihnen der Antrag mitgeteilt wurde, Kenntnis zu geben (§ 83a Abs. 2 ArbGG).

76 Hat nur der Antragsteller das Verfahren für erledigt erklärt, so sind die übrigen Beteiligten binnen einer vom Vorsitzenden zu bestimmenden Frist von mindestens 2 Wochen aufzufordern, mitzuteilen, ob sie der Erledigung zustimmen. Die Zustimmung gilt als erteilt, wenn sich der Beteiligte innerhalb der Frist nicht äußert (§ 83a Abs. 3 S. 2 ArbGG). Erklärt der Antragsteller das Verfahren für erledigt und widersprechen Beteiligte der Erledigungserklärung, so hat das Gericht lediglich zu prüfen, ob ein erledigendes Ereignis eingetreten ist. Dies ist der Fall, wenn nach Rechtshängigkeit des Antrags tatsächliche Umstände eingetreten sind, auf Grund derer der Antrag jedenfalls jetzt als unzulässig oder unbegründet abgewiesen werden müsste.[104] Ist ein erledigendes Ereignis eingetreten, ist das Verfahren entsprechend § 83a Abs. 2 ArbGG einzustellen.[105]

7. Entscheidung im Beschlussverfahren

77 **a) Beschluss.** Das Arbeitsgericht entscheidet nach seiner freien, aus dem Gesamtergebnis des Verfahrens gewonnenen Überzeugung durch Beschluss, der schriftlich abzufassen ist (§ 84 S. 1 und 2 ArbGG). Im Übrigen gelten die Vorschriften des § 60 ArbGG über das Urteil im Urteilsverfahren entsprechend (§ 84 S. 3 ArbGG). Der Beschluss muss Tenor, Tatbestand und Entscheidungsgründe enthalten. Im Beschlussverfahren finden sowohl § 320 ZPO (Tatbestandsberichtigung) als auch § 321 ZPO (Ergänzungsurteil) entsprechende Anwendung.[106]

78 **b) Zustellung.** Der Beschluss wird allen Beteiligten von Amts wegen zugestellt (§§ 80 Abs. 2 iVm 50 Abs. 1 ArbGG). Er muss eine Rechtsmittelbelehrung enthalten (§ 9 Abs. 5 ArbGG).

79 **c) Kostenentscheidung.** Für eine Kostenentscheidung iSd §§ 91 ff. ZPO ist im (gesamten) Beschlussverfahren kein Raum. Denn es handelt sich um ein nach § 2 Abs. 2 GKG gebühren- und auslagenfreies Verfahren besonderer Art.[107] Die Festsetzung der Rechtsanwaltsgebühren erfolgt auf Antrag durch gesonderten Beschluss.

80 **d) Rechtskraft. aa) Formelle Rechtskraft.** Beschlüsse im Beschlussverfahren sind der formellen Rechtskraft fähig. Dabei findet auch im Beschlussverfahren § 322 Abs. 1 ZPO Anwendung. Das bedeutet, dass die getroffene Entscheidung nicht mehr durch ein ordentliches Rechtsmittel anfechtbar ist, wenn der Instanzenzug erschöpft oder gegen eine im Instanzenzug ergangene Entscheidung ein Rechtsmittel nicht oder nicht ordnungsgemäß eingelegt worden ist.[108]

81 Solange die Zustellungen nicht an alle Beteiligten bewirkt sind, beginnt die Rechtsmittelfrist jedenfalls für die Beteiligten, an die noch keine Zustellung erfolgt ist, im Rahmen des § 9 Abs. 5 ArbGG noch nicht zu laufen. Die Rechtskraft bleibt solange in der Schwebe, wie die Entscheidung von einem der Beteiligten noch mit der Beschwerde bzw. Rechtsbeschwerde angefochten werden kann.[109]

---

[104] BAG 24.10.2018 – 7 ABR 1/17, BeckRS 1/17; BAG 1.8.2018 – 7 ABR 63/16, NZA 2018, 1640; BAG 15.2.2012 – 7 ABN 74/11, FD-ArbR 2012, 330364; 26.4.1990 – 1 ABR 79/89, AP ArbGG 1979 § 83a Nr. 3; 19.2.2008 – 1 ABR 65/05, NZA-RR 2008, 490.

[105] BAG 1.8.2018 – 7 ABR 63/16, NZA 2018, 1640; BAG 26.4.1990 – 1 ABR 79/89, AP ArbGG 1979 § 83a Nr. 3; 19.2.2008 – 1 ABR 65/05, NZA-RR 2008, 490.

[106] BAG 21.6.1957 – 1 ABR 1/56, AP ArbGG § 81 Nr. 2; 14.11.1958 – 1 ABR 4/58, AP ArbGG 1953 § 81 Nr. 6.

[107] BAG 31.10.1972 – 1 ABR 7/72, AP BetrVG 1972 § 40 Nr. 2.

[108] BAG 26.6.2018 – 1 ABR 37/16, NZA 2019, 188; BAG 6.6.2000 – 1 ABR 21/99, BAGE 95, 47; 27.8.1968 – 1 ABR 6/68, AP ArbGG 1953 § 80 Nr. 4.

[109] BAG 26.6.2018 – 1 ABR 37/16, NZA 2019, 188; BAG 26.11.1968 – 1 ABR 7/68, AP BetrVG § 76 Nr. 18.

bb) Materielle Rechtskraft. Beschlüsse, durch die eine betriebsverfassungsrechtliche Frage 82
materiell-rechtlich entschieden wird, sind auch der materiellen Rechtskraft fähig.[110] Diese
schließt bei Identität der Beteiligten und des Sachverhalts eine neue Entscheidung im Beschlussverfahren grundsätzlich aus.[111] Eine erneute Sachentscheidung in diesem Sinne liegt nicht nur vor, wenn der Streitgegenstand des zweiten Rechtsstreits mit dem des ersten identisch ist, sondern auch und gerade in Fällen der Präjudizialität, dh dann, wenn die im Vorprozess entschiedene Rechtsfolge die Vorfrage für die Entscheidung des nachfolgenden Rechtsstreits ist. Diese Wirkungen der materiellen Rechtskraft treten nur innerhalb der objektiven Grenzen der Rechtskraft ein, wobei die objektive Grenze durch den Streitgegenstand des Erstprozesses bestimmt wird.[112] Der Streitgegenstand bestimmt sich dabei nach dem Antrag und dem zugrunde liegenden Lebenssachverhalt. Hierzu sind Tatbestand, Entscheidungsgründe sowie ggf. auch das Parteivorbringen heranzuziehen, wenn der Tenor diesen nicht erkennen lässt.[113] Die Rechtskraft erstreckt sich auf alle Beteiligten des Verfahrens (subjektive Grenze der Rechtskraft). Die Wirkungen einer Entscheidung im Beschlussverfahren ist dabei nicht auf die jeweilige Amtsperiode des jeweiligen Betriebsrats beschränkt sind. Der jeweils im Amt befindliche Betriebsrat ist darüber hinaus als Funktionsnachfolger seines Vorgängers an die diesem gegenüber getroffenen gerichtlichen Entscheidungen gebunden. Dies trifft auch für die Jugend- und Auszubildendenvertretung zu.[114] Die materielle Rechtskraft einer Entscheidung wirkt des Weiteren nur solange, wie sich der entscheidungserhebliche Sachverhalt nicht wesentlich geändert hat (zeitliche Grenze der Rechtskraft). Dazu müssen sich diejenigen Tatsachen geändert haben, die für die in der früheren Entscheidung ausgesprochene Rechtsfolge als maßgeblich angesehen wurden. Ein Rechtsprechungswandel reicht insoweit nicht.[115]

Die Rechtskraft hindert indes eine erneute Sachentscheidung nicht, wenn wesentliche tat- 83
sächliche oder gesetzliche Veränderungen stattgefunden haben. Eine wesentliche Änderung des Sachverhalts setzt voraus, dass die Änderung auch zu einer inhaltlich anderen Entscheidung führt.[116]

Eine zwischen den Betriebspartnern ergangene rechtskräftige gerichtliche Entscheidung 84
über den Inhalt einer Betriebsvereinbarung wirkt auch gegenüber den Arbeitnehmern, die hieraus Ansprüche geltend machen.[117]

8. Zwangsvollstreckung

Aus rechtskräftigen Beschlüssen oder gerichtlichen Vergleichen, durch die einem Beteilig- 85
ten eine Verpflichtung auferlegt wird, findet die Zwangsvollstreckung statt (§ 85 Abs. 1 S. 1 ArbGG). Für die Zwangsvollstreckung gelten nach Absatz 1 S. 3 die Vorschriften des Achten Buches der ZPO entsprechend mit der Maßgabe, dass erstens der nach dem Beschluss Verpflichtete als Schuldner, derjenige, der die Erfüllung als Verpflichtung auf Grund des Beschlusses verlangen kann, als Gläubiger gilt und dass zweitens in den Fällen des § 23 Abs. 3, § 98 Abs. 5 sowie der §§ 101 und 104 BetrVG eine Festsetzung von Ordnungs- oder Zwangshaft erfolgt.

Beschlüsse in vermögensrechtlichen Streitigkeiten sind vorläufig vollstreckbar (§ 85 86
Abs. 1 S. 2 ArbGG). Die Vorschriften des § 62 Abs. 1 S. 2 bis 5 ArbGG über die Ausschlie-

---

[110] BAG 26.6.2018 – 1 ABR 37/16, NZA 2019, 188; BAG 8.12.2015 – 1 ABR 83/13, NZA 2016, 504.
[111] BAG 26.6.2018 – 1 ABR 37/16, NZA 2019, 188; BAG 8.12.2015 – 1 ABR 83/13, NZA 2016, 504; 13.3.2013 – 7 ABR 69/11, BAGE 144, 340; 6.6.2000 – 1 ABR 21/99, BAGE 95, 47; 27.1.1981 – 6 ABR 68/79, AP ArbGG 1979 § 80 Nr. 2; 1.2.1983 – 1 ABR 33/78, AP ZPO § 322 Nr. 14.
[112] BAG 26.6.2018 – 1 ABR 37/16, NZA 2019, 188; BAG 20.3.1996 – 7 ABR 41/95, AP BetrVG 1972 § 19 Nr. 32.
[113] BAG 26.6.2018 – 1 ABR 37/16, NZA 2019, 188; BAG 5.3.2013 – 1 ABR 75/11, DB 2013, 1423.
[114] BAG 20.3.1966 – 7 ABR 41/95, AP BetrVG 1972 § 19 Nr. 32.
[115] BAG 20.3.1966 – 7 ABR 41/95, AP BetrVG 1972 § 19 Nr. 32; 9.8.2000 – 7 ABR 56/98, NZA 2001, 116; 6.6.2000 – 1 ABR 21/99, AP ArbGG 1979 § 97 Nr. 9.
[116] BAG 26.6.2018 – 1 ABR 37/16, NZA 2019, 188; BAG 27.1.1981 – 6 ABR 68/79, AP ArbGG 1979 § 80 Nr. 2; 1.2.1983 – 1 ABR 33/78, AP ZPO § 322 Nr. 14.
[117] BAG 17.2.1992 – 10 AZR 448/91, AP ArbGG 1979 § 84 Nr. 1.

ßung der vorläufigen Vollstreckbarkeit und die Einstellung der Zwangsvollstreckung sind entsprechend anzuwenden.

9. Einstweilige Verfügung

87 Auch im Beschlussverfahren ist der Erlass einer einstweiligen Verfügung zulässig (§ 85 Abs. 2 S. 1 ArbGG). Nach § 85 Abs. 2 S. 2 ArbGG gelten für das Verfahren die Vorschriften des Achten Buches der ZPO über die einstweilige Verfügung entsprechend mit der Maßgabe, dass die Entscheidungen durch Beschluss der Kammer ergehen, erforderliche Zustellungen von Amts wegen erfolgen und ein Anspruch auf Schadensersatz nach § 945 ZPO in Angelegenheiten des BetrVG nicht besteht.

VI. Zweiter Rechtszug

1. Grundsätze

88 Gegen die das Verfahren beendenden Beschlüsse des Arbeitsgerichtes findet ohne Rücksicht auf ihren Streitgegenstand und Streit- und Beschwerdewert die Beschwerde an das LAG statt (§ 87 Abs. 1 ArbGG). Für das Beschwerdeverfahren gelten die in § 87 Abs. 2 S. 1 ArbGG aufgezählten Vorschriften aus dem Berufungsverfahren entsprechend. Der Antrag kann jederzeit mit Zustimmung der anderen Beteiligten zurückgenommen werden; § 81 Abs. 2 S. 2 und 3 und Abs. 3 ArbGG ist entsprechend anzuwenden (§ 87 Abs. 2 S. 3 ArbGG).

2. Einlegung und Begründung der Beschwerde

89 Die Einlegung der Beschwerde hat aufschiebende Wirkung (§ 87 Abs. 4 Hs. 1 ArbGG). Unberührt bleibt jedoch die vorläufige Vollstreckbarkeit von Beschlüssen des Arbeitsgerichtes in vermögensrechtlichen Streitigkeiten nach § 85 Abs. 1 S. 2 ArbGG (§ 87 Abs. 4 Hs. 2 ArbGG). Wichtig: Die **Einlegung und Begründung** der Beschwerde muss durch einen **Bevollmächtigten** gem. § 11 Abs. 4 ArbGG erfolgen, § 89 Abs. 1 ArbGG. Abgesehen davon können der Beschwerdeführer und die übrigen Beteiligten sich im Verfahren **selbst vertreten**. Zur Einlegung eines Rechtsmittels gegen eine den Betriebsrat beschwerende Entscheidung durch einen Verfahrensbevollmächtigten bedarf es keiner gesonderten Beschlussfassung des Betriebsrats. Nach den auch im Beschlussverfahren geltenden Vorschriften des § 81 ZPO iVm § 46 II ArbGG ermächtigt die einmal erteilte Prozessvollmacht im Außenverhältnis – in den zeitlichen Grenzen des § 87 ZPO – zu allen den Rechtsstreit betreffenden Prozesshandlungen einschließlich der Einlegung von Rechtsmitteln.[118]

90 a) **Beschwerdebefugnis.** Die Beschwerdebefugnis steht allen Beteiligten zu, die durch die Entscheidung des Arbeitsgerichtes beschwert sind, dh in ihrer Rechtsstellung betroffen werden.[119] Soweit ein Antrag seitens Beteiligter fehlt, ist die Beschwer materiell zu bestimmen. Ein lediglich im Wege der Antragsänderung neuer, bisher nicht gestellter Anspruch kann nicht das alleinige Ziel eines Rechtsmittels sein.[120]

91 b) **Beschwerdeschrift.** Die beim LAG einzulegende Beschwerde erfordert eine Beschwerdeschrift. Sie muss den Beschluss bezeichnen, gegen den die Beschwerde gerichtet ist, und die Erklärung enthalten, dass gegen diesen Beschluss Beschwerde eingelegt wird (§ 89 Abs. 2 S. 1 ArbGG). An die Beschwerdeschrift werden im Übrigen die gleichen Anforderungen wie an eine Berufungsschrift gestellt.[121] Die Beschwerdeschrift muss von einem Bevollmächtigten iSd § 11 Abs. 4 ArbGG unterzeichnet sein (§ 89 Abs. 1 ArbGG).

92 c) **Beschwerdefrist.** Die Beschwerdefrist beträgt einen Monat (§ 87 Abs. 2 iVm § 66 Abs. 1 S. 1 ArbGG). Sie beginnt mit Zustellung des vollständig abgefassten Beschlusses, spä-

---

[118] BAG 19.12.2017 – 1 ABR 33/16, NZA 2018, 678.
[119] Germelmann/Matthes/Prütting/*Schlewing* ArbGG § 89 Rn. 3.
[120] BAG 24.10.2017 – 1 ABR 45/16, NZA 2018, 119.
[121] BAG 2.9.1980 – 6 ABR 37/78, AP ArbGG 1979 § 89 Nr. 1.

testens aber mit Ablauf von fünf Monaten nach der Verkündung. Fehlt also zB eine ordnungsgemäße Rechtsmittelbelehrung beträgt die Frist sechs Monate.

d) Beschwerdebegründung. In der Beschwerde ist anzugeben, auf welche im Einzelnen anzuführenden Beschwerdegründe sowie auf welche neuen Tatsachen die Beschwerde gestützt wird (§ 89 Abs. 2 S. 2 ArbGG). Im Übrigen gilt für die Beschwerdebegründung nichts anderes als für die Berufungsbegründung.[122] Die Begründung der Beschwerde hat innerhalb von zwei Monaten nach Zustellung des in vollständiger Form abgefassten Beschlusses zu erfolgen (§ 87 Abs. 2 iVm § 66 Abs. 1 S. 1 ArbGG). Die Frist kann nach § 66 Abs. 1 S. 5 ArbGG **einmal** verlängert werden. Eine Verlängerung der Beschwerdebegründungsfrist um mehr als einen Monat ist dabei zulässig, weil in § 66 Abs. 1 S. 5 ArbGG, auf den in § 87 Abs. 2 S. 1 ArbGG für das Beschwerdeverfahren verwiesen wird, anders als für die Rechtsbeschwerdebegründungsfrist keine Frist bestimmt ist, bis zu deren Ablauf die Frist für die Berufungsbegründung höchstens verlängert werden darf.[123]

Die Beschwerdebegründung muss von einem Bevollmächtigten iSd § 11 Abs. 4 ArbGG unterzeichnet sein (§ 89 Abs. 1 ArbGG). Eine **Beantwortung der Beschwerde** ist – wegen des Untersuchungsgrundsatzes – nicht vorgeschrieben, → Rn. 98.

e) Verwerfung der Beschwerde. Ist die Beschwerde nicht in der gesetzlichen Form oder Frist eingelegt oder begründet, so verwirft sie die Kammer als unzulässig (§ 89 Abs. 3 S. 1 ArbGG). Der Beschluss, der auch ohne vorherige mündliche Verhandlung ergehen kann, ist in jedem Fall endgültig (Abs. 3 S. 2 ArbGG). Das bedeutet, dass eine Rechtsbeschwerde gegen den Verwerfungsbeschluss auch dann unstatthaft und damit unzulässig ist, wenn das LAG sie ausdrücklich zugelassen hat.[124]

f) Rücknahme der Beschwerde. Die Beschwerde kann jederzeit, also bis zur Beendigung des Beschwerdeverfahrens, in der für ihre Einlegung vorgeschriebenen Form zurückgenommen werden (§ 89 Abs. 4 S. 1 ArbGG). In diesem Falle stellt der Vorsitzende das Verfahren durch Beschluss ein (§ 89 Abs. 4 S. 2 ArbGG). Er gibt hiervon den Beteiligten Kenntnis, soweit ihnen die Beschwerde zugestellt worden ist (§ 89 Abs. 4 S. 3 ArbGG).

g) Anschlussbeschwerde. Eine Anschlussbeschwerde kann nach den im Urteilsverfahren geltenden Grundsätzen als unselbstständige Anschlussbeschwerde eingelegt werden.

3. Beschwerdeverfahren

Beschwerdeschrift und -begründung werden den Beteiligten zur Äußerung zugestellt (§ 90 Abs. 1 S. 1 ArbGG). Die Äußerung erfolgt durch Einreichung eines Schriftsatzes beim LAG oder durch Erklärung zur Niederschrift der Geschäftsstelle des Arbeitsgerichtes, das den angefochtenen Beschluss erlassen hat (§ 90 Abs. 1 S. 2 ArbGG). Eine Frist für die Äußerung ist gesetzlich nicht vorgesehen, das Gericht setzt jedoch regelmäßig eine konkrete Frist, typischerweise 4 Wochen. Für das Verfahren vor dem LAG sind die §§ 83 ArbGG (Verfahren) und 83a ArbGG (Vergleich, Erledigung des Verfahrens) entsprechend anzuwenden (§ 90 Abs. 2 ArbGG). Das bedeutet insbesondere, dass auch in der Beschwerdeinstanz eine mündliche Anhörung der Beteiligten zu erfolgen hat.[125] Nur im Einverständnis der Beteiligten kann ohne mündliche Verhandlung entschieden werden (§§ 83 Abs. 4 S. 3 iVm 90 Abs. 2 ArbGG).

Beschlüsse und Verfügungen des LAG oder seines Vorsitzenden, die im Laufe des Verfahrens ergehen, sind unanfechtbar (§ 90 Abs. 3 ArbGG). Damit ist der instanzbeendende Beschluss nicht gemeint.

4. Erledigung des Verfahrens

In den Rechtsmittelinstanzen des arbeitsgerichtlichen Beschlussverfahrens kann der Antragsteller das Verfahren nicht einseitig für erledigt erklären, um so eine Entscheidung über

---

[122] BAG 31.10.1972 – 1 ABR 4/72, AP ArbGG 1953 § 89 Nr. 7.
[123] BAG 16.7.2008 – 7 ABR 13/07, BAGE 127, 126.
[124] BAG 25.7.1989 – 1 ABR 48/88, AP ArbGG 1979 § 92 Nr. 6.
[125] BAG 29.3.1974 – 1 ABR 124/73, AP ArbGG 1953 § 83 Nr. 5.

den zunächst gestellten Antrag zu verhindern. Eine Erledigung können nur alle Beteiligten gemeinsam erklären (§ 83a Abs. 1; § 90 Abs. 2; § 95 S. 4 ArbGG). Dabei greift die Fiktion des § 83a Abs. 3 ArbGG, so dass von einer fingierten Zustimmung der anderen Beteiligten zu einer Erledigungserklärung des Antragstellers auszugehen ist.

101 Ein arbeitsgerichtliches Beschlussverfahren kann aber in den Rechtsmittelinstanzen auf Grund einer lediglich einseitigen Erledigungserklärung eingestellt werden, wenn nach der Entscheidung erster Instanz tatsächliche Umstände eintreten, die den Antragsteller hindern, seinen Antrag mit Aussicht auf Erfolg weiterzuverfolgen. Darauf, ob der Antrag von Anfang an zulässig und begründet war, kommt es nicht an. Voraussetzung für eine Einstellung ist eine wirksame Erledigungserklärung in der Rechtsmittelinstanz. Sie setzt voraus, dass das eingelegte Rechtsmittel zulässig war. Ist dies nicht der Fall, ist das Rechtsmittel als unzulässig zu verwerfen.[126]

5. Entscheidung über die Beschwerde

102 Über die Beschwerde, entscheidet das LAG durch Beschluss (§ 91 Abs. 1 S. 1 ArbGG). Der Beschluss ist schriftlich abzusetzen (§ 91 Abs. 1 S. 3 iVm § 84 S. 2 ArbGG), nebst Gründen von den Mitgliedern der Kammer zu unterschreiben und den Beteiligten zuzustellen (§ 91 Abs. 2 ArbGG). Eine Zurückverweisung an das Arbeitsgericht ist nach § 91 Abs. 1 S. 2 ArbGG nicht zulässig. Grundlage der rechtsbeschwerderechtlichen Prüfung ist nach § 559 ZPO grundsätzlich nur der Tatsachenstoff, der sich aus dem Beschwerdebeschluss einschließlich der in ihm enthaltenen wirksamen Bezugnahmen und aus dem Sitzungsprotokoll erschließt. § 69 Abs. 2 ArbGG findet auf den Beschluss des Landesarbeitsgerichts über die Beschwerde ebenso wenig Anwendung wie § 69 Abs. 3 S. 2 ArbGG. Nach § 91 Abs. 2 S. 2 ArbGG gilt für die Beschwerdeentscheidung (nur) § 69 Abs. 1 S. 2 ArbGG entsprechend.[127] Zu beachten ist, dass die Entscheidung auch im Beschlussverfahren die Grenzen des § 308 Abs. 1 ZPO beachten muss. Nach § 87 Abs. 2 Satz 1, § 64 Abs. 6 Satz 1 ArbGG iVm. §§ 528, 308 ZPO unterliegen im arbeitsgerichtlichen Beschlussverfahren nur die Beschwerdeanträge der Prüfung und Entscheidung des Beschwerdegerichts. Der Beschluss des ersten Rechtszugs darf nur insoweit abgeändert werden, wie eine Abänderung beantragt ist.[128]

VII. Dritter Rechtszug

1. Rechtsbeschwerde

103 Gegen den das Verfahren beendenden Beschluss des LAG findet nach § 92 Abs. 1 S. 1 ArbGG die Rechtsbeschwerde an das BAG in zwei Fällen statt, nämlich wenn
- das LAG sie in seinem Beschluss zugelassen hat oder
- die Zulassung auf Grund einer Nichtzulassungsbeschwerde gemäß § 92a ArbGG durch das BAG erfolgt ist.

104 Die Rechtsbeschwerde ist vom LAG unter denselben Voraussetzungen wie die Revision nach § 72 Abs. 2 ArbGG zuzulassen, also wenn eine entscheidungserhebliche Rechtsfrage grundsätzliche Bedeutung hat oder bei einer Abweichung iSd Nr. 2 des § 72 Abs. 2 ArbGG (§ 92 Abs. 1 S. 2 ArbGG). Zudem in den Fällen des Vorliegens eines absoluten Revisionsgrundes oder einer Gehörsverletzung nach § 72 Abs. 2 Nr. 3 ArbGG. Das BAG ist an die Zulassung gebunden (§§ 92 Abs. 1 S. 2 iVm 72 Abs. 3 ArbGG).

105 In den Fällen des § 85 Abs. 2 ArbGG, dh bei einstweiligen Verfügungen des LAG scheidet die Rechtsbeschwerde aus (§ 92 Abs. 1 S. 3 ArbGG).

106 Die Einlegung der Rechtsbeschwerde hat wiederum aufschiebende Wirkung (§ 92 Abs. 3 S. 1 ArbGG).

---

[126] BAG 19.12.2018 – 7 ABR 79/16, NZA 2019, 940; BAG 27.8.1996 – 3 ABR 21/95, AP ArbGG 1979 § 83a Nr. 4. Vgl. auch BAG 15.2.2012 – 7 ABN 74/11, FD-ArbR 2012, 330364.
[127] BAG 13.5.2014 – 1 ABR 51/11, NZA 2014, 991.
[128] BAG 25.4.2018 – 7 ABR 30/16, NZA 2018, 1094; BAG 24.10.2017 – 1 ABR 45/16, NZA 2018, 119; BAG 22.8.2017 – 1 ABR 3/16, BeckRS 2017, 136853.

2. Anschlussrechtsbeschwerde

Auch in dritter Instanz ist eine unselbstständige Anschlussbeschwerde ebenso wie eine Anschlusssprungrechtsbeschwerde zulässig.[129] **107**

3. Nichtzulassungsbeschwerde

Die Nichtzulassung der Rechtsbeschwerde durch das LAG kann nach § 92a ArbGG selbstständig angefochten werden, entweder als Grundsatz- oder als Divergenzbeschwerde. Wie jeder Rechtsbehelf bedarf auch die Nichtzulassungsbeschwerde des Rechtsschutzbedürfnisses.[130] **108**

4. Sprungrechtsbeschwerde

Gegen den das Verfahren beendenden Beschluss eines Arbeitsgerichtes kann unter Übergehung der Beschwerdeinstanz unmittelbar beim BAG Rechtsbeschwerde (Sprungrechtsbeschwerde) nach näherer Maßgabe des § 96a ArbGG eingelegt werden. **109**

5. Einlegung und Begründung der Rechtsbeschwerde

Die Einlegung erfordert eine Rechtsbeschwerdeschrift. Sie muss den Beschluss bezeichnen, gegen den die Rechtsbeschwerde gerichtet ist und die Erklärung enthalten, dass gegen den Beschluss Rechtsbeschwerde eingelegt wird. Darüber hinaus muss die Rechtsbeschwerde begründet werden. Die Frist für die Einlegung der Rechtsbeschwerde beträgt einen Monat, die Frist für die Begründung der Rechtsbeschwerde zwei Monate (§§ 92 Abs. 2 S. 1 iVm 74 Abs. 1 S. 1 ArbGG), jeweils ab Zustellung des in vollständiger Form abgefassten Beschlusses des LAG. **110**

Rechtsbeschwerdeschrift und -begründung müssen von einem Bevollmächtigten iSd § 11 Abs. 4 ArbGG unterzeichnet sein (§ 94 Abs. 1 ArbGG). Abgesehen davon können der Beschwerdeführer und die übrigen Beteiligten sich auch vor dem BAG **selbst** vertreten. Denn § 92 Abs. 2 ArbGG verweist nicht auf § 11 Abs. 4 ArbGG.[131] Die Rechtsbeschwerde kann nur darauf gestützt werden, dass der Beschluss des LAG auf der Nichtanwendung oder unrichtigen Anwendung einer Rechtsnorm beruht (§ 93 Abs. 1 ArbGG). Die Rechtsbeschwerdebegründung muss nach § 94 Abs. 2 S. 2 ArbGG angeben, **111**

- inwieweit die Abänderung des angefochtenen Beschlusses beantragt wird,
- welche Bestimmungen verletzt sein sollen
- und worin die Verletzung bestehen soll.

Eine ordnungsgemäße Rechtsbeschwerdebegründung erfordert eine Auseinandersetzung mit den tragenden Gründen der angefochtenen Entscheidung. Dabei ist sehr sorgfältig vorzugehen. Dazu hat die Rechtsbeschwerdebegründung den Rechtsfehler des Landesarbeitsgerichts so aufzuzeigen, dass Gegenstand und Richtung ihres Angriffs erkennbar sind. Der Rechtsbeschwerdeführer muss im Einzelnen darlegen, was er an dem angefochtenen Beschluss zu beanstanden hat und warum er ihn für unrichtig hält. Bei mehreren Streit- oder Verfahrensgegenständen muss für jeden eine auf die angefochtene Entscheidung zugeschnittene Begründung gegeben werden.[132] Hat das erstinstanzliche Gericht seine Entscheidung hinsichtlich eines Verfahrensgegenstandes auf mehrere selbstständig tragende Begründungen gestützt, muss die Beschwerdebegründung den Beschluss in allen diesen Punkten angreifen. Es ist deshalb für jede der rechtlichen oder tatsächlichen Erwägungen darzulegen, warum sie nach Auffassung des Beschwerdeführers die Entscheidung nicht rechtfertigt.[133] **112**

---

[129] BAG 12.6.1996 – 4 ABR 1/95, NZA 1997, 565; 20.12.1988 – 1 ABR 63/87, AP ArbGG 1979 § 92 Nr. 5.
[130] BAG 23.10.2018 – 1 ABN 36/18, ZD 2019, 131; BAG 15.2.2012 – 7 ABN 59/11, NZA-RR 2012, 602.
[131] BAG 18.8.2015 – 7 ABN 32/15, NJW 2015, 3263.
[132] BAG 15.5.2019 – 7 ABR 35/17, NZA 2019, 1595; BAG 12.3.2019 – 1 ABR 42/17, NZA 2019, 843; BAG 26.9.2018 – 7 ABR 77/16, NZA 2019, 117; BAG 7.10.2015 – 7 ABR 75/13, BeckRS 2016, 66946; 11.9.2013 – 7 ABR 29/12, NZA 2014, 388; 27.10.1987 – 1 ABR 9/86, AP BetrVG 1972 § 112 Nr. 41.
[133] BAG 20.3.2018 – 1 ABR 70/16, NZA 2018, 1081.

6. Rücknahme, Erledigung Antragsänderung

113 Die **Rücknahme** der Rechtsbeschwerde ist jederzeit in der für ihre Einlegung vorgeschriebenen Form möglich (§ 94 Abs. 3 S. 1 ArbGG). In diesem Fall stellt der Vorsitzende das Verfahren ein (§ 94 Abs. 3 S. 2 ArbGG). Er gibt hiervon den Beteiligten Kenntnis, soweit ihnen die Rechtsbeschwerde zugestellt worden ist (§ 94 Abs. 3 S. 3 ArbGG).

114 Haben mehrere Beteiligte Rechtsbeschwerde eingelegt, ist das Verfahren nur hinsichtlich der zurückgenommenen Rechtsbeschwerde einzustellen. Der Rechtsbeschwerdeführer, der seine Rechtsbeschwerde zurückgenommen hat, bleibt Beteiligter des Verfahrens hinsichtlich der anhängigen Rechtsbeschwerden, sofern er durch die darin ergehende Entscheidung in seiner Rechtsstellung betroffen werden kann.[134] Zur **Erledigung** → Rn. 98, 99. Auch eine einseitige Erledigungserklärung ist möglich.[135] Antragserweiterungen und sonstige **Antragsänderungen** sind im Rechtsbeschwerdeverfahren nach § 559 Abs. 1 ZPO grundsätzlich nicht mehr möglich. Ausnahmen werden in den Fällen des § 264 Nr. 2 ZPO zugelassen, sowie dann, wenn sich der geänderte Sachantrag auf einen in der Beschwerdeinstanz festgestellten oder von den Beteiligten übereinstimmend vorgetragenen Sachverhalt stützen kann, sich das rechtliche Prüfprogramm nicht wesentlich ändert und die Verfahrensrechte der anderen Beteiligten durch eine Sachentscheidung nicht verkürzt werden. Unschädlich ist es außerdem, wenn eine Änderung des Lebenssachverhalts allein in einer für Inhalt und Umfang des Streitstoffs folgenlosen Rechts- oder Funktionsnachfolge besteht.[136]

7. Beschwer und Rechtsschutzbedürfnis

115 Die Zulässigkeit eines Rechtsmittels setzt voraus, dass der Rechtsmittelführer durch die angefochtene Entscheidung **beschwert** ist und mit seinem Rechtsmittel gerade die Beseitigung dieser Beschwer begehrt. Die Rechtsmittelbefugnis im Beschlussverfahren folgt der Beteiligungsbefugnis. Deshalb ist nur rechtsbeschwerdebefugt, wer nach § 83 Abs. 3 ArbGG am Verfahren beteiligt ist. Das ist eine Person oder Stelle, die durch die zu erwartende Entscheidung in ihrer betriebsverfassungsrechtlichen Rechtsposition unmittelbar betroffen wird. Fehlt die Rechtsbeschwerdebefugnis, ist das Rechtsmittel als unzulässig zu verwerfen.[137]

116 Zur Zulässigkeit des Rechtsmittels gehört auch die Prüfung der Zulässigkeit der Beschwerde. Die Zulässigkeit der Beschwerde ist dabei als Verfahrensfortsetzungsvoraussetzung der Rechtsbeschwerde von Amts wegen zu prüfen.[138]

117 Auch ist zu beachten, dass das Bestehen eines **Rechtsschutzinteresses** Zulässigkeitsvoraussetzung für eine Sachentscheidung des Gerichts und deshalb in jeder Lage des Verfahrens, auch noch in der Rechtsbeschwerdeinstanz, von Amts wegen zu prüfen ist. Das Rechtsschutzinteresse fehlt, wenn die begehrte gerichtliche Entscheidung für die Beteiligten keine rechtliche Wirkung mehr entfalten kann.[139] Zwar ist das Rechtsschutzinteresse bei Leistungsklagen regelmäßig gegeben. Besondere Umstände können aber bereits das Verlangen, in die materiell-rechtliche Sachprüfung einzutreten, als nicht schutzwürdig erscheinen lassen. Das Rechtsschutzbedürfnis fehlt zB, wenn der Antragsteller offensichtlich gerichtlicher Hilfe zur Erreichung seines Ziels nicht (mehr) bedarf.[140]

8. Verfahren beim Bundesarbeitsgericht

118 Rechtsbeschwerdeschrift und -begründung werden den Beteiligten zur Äußerung zugestellt. Die Äußerung erfolgt durch Einreichung eines Schriftsatzes beim Bundesarbeitsgericht

---

[134] BAG 23.6.1993 – 2 ABR 58/92, AP ArbGG 1979 § 83a Nr. 2.
[135] BAG 15.2.2012 – 7 ABN 74/11, AP ArbGG § 83a Nr. 13; 8.12.2010 – 7 ABR 69/09, NZA 2011, 362.
[136] BAG 24.4.2018 – 1 ABR 6/16, NZA 2018, 1565; BAG 4.11.2015 – 7 ABR 61/13, NZA-RR 2016, 256; 29.4.2015 – 7 ABR 102/12, NZA 2015, 1397; 2.10.2007 – 1 ABR 79/06, NZA 2008, 429.
[137] BAG 19.12.2018 – 7 ABR 79/16, NZA 2019, 940; BAG 26.9.2018 – 7 ABR 77/16, NZA 2019, 117; BAG 20.6.2018 – 7 ABR 48/16, NZA 2018, 1633. Dies kann auch entfallen, wenn der Betriebsrat nicht mehr existent ist, vgl. BAG 20.2.2018 – 1 ABR 53/16, NZA 2018, 954.
[138] BAG 12.6.2019 – 1 ABR 30/18, NJOZ 2019, 1354; BAG 12.3.2019 – 1 ABR 42/17, NZA 2019, 843; 23.10.2018 – 1 ABR 10/17, NZA 2019, 186.
[139] BAG 20.6.2018 – 7 ABR 48/16, NZA 2018, 1633; BAG 23.5.2018 – 7 ABR 14/17, NZA 2018, 1281.
[140] BAG 20.3.2018 – 1 ABR 36/17, BeckRS 2018, 17755.

oder durch Erklärung zur Niederschrift der Geschäftsstelle des LAGs, das den angefochtenen Beschluss erlassen hat. Geht von einem Beteiligten die Äußerung nicht rechtzeitig ein, so steht dies dem Fortgang des Verfahrens nicht entgegen (§ 95 ArbGG). Das Rechtsbeschwerdeverfahren sieht im Gegensatz zum Beschwerdeverfahren vor dem LAG eine mündliche Anhörung (Verhandlung) nicht zwingend vor.[141] Nach § 95 ArbGG ist deshalb nach h. M. im Beschlussverfahren über die Rechtsbeschwerde in der Regel ohne mündliche Anhörung der Beteiligten zu entscheiden.[142] Findet eine mündliche Verhandlung statt, ist ein Vertretungszwang nicht vorgesehen.

Das Bundesarbeitsgericht entscheidet über die Rechtsbeschwerde durch Beschluss, § 96 Abs. 1 ArbGG. Dabei gelten §§ 562, 563 ZPO entsprechend. Kann das BAG mangels der erforderlichen Feststellungen durch das Landesarbeitsgericht nach § 96 Abs. 1 S. 2 ArbGG iVm § 563 Abs. 3 ZPO nicht selbst entscheiden, hat es den Rechtsstreit an das LAG zurückzuverweisen.[143] Dabei kann die Zurückverweisung auch im Beschlussverfahren an eine andere Kammer des Landesarbeitsgerichtes erfolgen.

VIII. Beschlussverfahren in besonderen Fällen

Für Streitigkeiten um die Tariffähigkeit und Tarifzuständigkeit und um die Besetzung der Einigungsstelle sehen die §§ 97 f. ArbGG besondere Beschlussverfahren vor. Des weiteren finden sich in den §§ 122 ff. InsO besondere Beschlussverfahren für das Insolvenzrecht.

1. Tariffähigkeit und Tarifzuständigkeit

Bei Entscheidungen über die Tariffähigkeit und -zuständigkeit einer Vereinigung (§ 2a Abs. 1 Nr. 4 ArbGG) regelt sich das Beschlussverfahren nach § 97 ArbGG, der in einigen Punkten von den §§ 80 ff. ArbGG abweicht.[144] Es handelt sich insoweit aber nicht um ein Verfahren sui generis. Nicht anwendbar sind die Vorschriften über die Zwangsvollstreckung (§ 85 ArbGG) und der Erlass einer einstweiligen Verfügung scheidet aus (§ 85 Abs. 2 ArbGG). Hängt die Entscheidung eines anderen Rechtsstreits von der Tariffähigkeit einer Vereinigung ab, ist dieser Rechtsstreit bis zur Erledigung des Beschlussverfahrens nach § 2a Abs. 1 Nr. 4 ArbGG auszusetzen, § 97 Abs. 5 ArbGG. Die Frage, wer in diesem Verfahren beteiligt ist, beantwortet sich aus der durch § 97 Abs. 2a ArbGG bewirkten entsprechenden Anwendung von § 83 Abs. 3 ArbGG. Deshalb bestimmt sich der Kreis der in den Verfahren nach § 2a Abs. 1 Nr. 4 ArbGG anzuhörenden Personen und Stellen wie in den anderen in § 2a Abs. 1 ArbGG aufgeführten Verfahren nach materiellem Recht. Die Beteiligtenstellung setzt somit voraus, dass die anzuhörenden Personen und Stellen von dem Verfahren nach § 97 Abs. 1 ArbGG in einer durch die Rechtsordnung geschützten Rechtsposition unmittelbar betroffen werden. Dabei ist prinzipiell die Beteiligung der jeweiligen Spitzenorganisationen ausreichend. Erstreckt sich die Zuständigkeit der Vereinigung, deren Tariffähigkeit umstritten ist, auf das Gebiet mehrerer Bundesländer, ist an dem Verfahren auch die oberste Arbeitsbehörde des Bundes beteiligt. Eine nur mittelbare Betroffenheit von Personen und Stellen oder ein rechtlich nicht geschütztes Interesse, in das Verfahren einbezogen zu werden, reichen nicht aus.[145]

2. Allgemeinverbindlicherklärung

Bei einer Entscheidung über die Wirksamkeit einer Allgemeinverbindlicherklärung nach § 5 des Tarifvertragsgesetzes, einer Rechtsverordnung nach § 7 oder § 7a des Arbeitnehmer-

---

[141] BAG 24.8.1976 – 1 ABR 109/74, AP ArbGG 1953 § 95 Nr. 2.
[142] BAG 22.10.1985 – 1 ABR 42/84, AP BetrVG 1972 § 99 Nr. 23. So auch Germelmann/Matthes/Prütting/*Schlewing* ArbGG § 95 Rn. 5 und 8, kritisch: Schwab/Weth/*Busemann/Tiedemann* ArbGG § 94 Rn. 38 ff.
[143] BAG 3.7.2019 – 4 ABR 28/18, NJOZ 2019, 1440.
[144] BAG 26.6.2018 – 1 ABR 37/16, NZA 2019, 108; BAG 25.4.2017 – 1 ABR 62/14, NZA 2018, 61.
[145] BAG 26.6.2018 – 1 ABR 37/16, NZA 2019, 108; BAG 25.4.2017 – 1 ABR 62/14, NZA 2018, 61; BAG 11.6.2013 – 1 ABR 33/12, NZA-RR 2013, 641.

Entsendegesetzes und einer Rechtsverordnung nach § 3a des Arbeitnehmerüberlassungsgesetzes regelt sich das Beschlussverfahren nach § 98 ArbGG, der wiederum einige Besonderheiten aufweist.[146] Das Verfahren wird eingeleitet auf Antrag jeder natürlichen oder juristischen Person oder einer Gewerkschaft oder einer Vereinigung von Arbeitgebern, die nach Bekanntmachung der Allgemeinverbindlicherklärung oder der Rechtsverordnung geltend macht, durch die Allgemeinverbindlicherklärung oder die Rechtsverordnung oder deren Anwendung in ihren Rechten verletzt zu sein oder in absehbarer Zeit verletzt zu werden. Besonders bedeutsam und rechtspolitisch gewollt war, dass das Landesarbeitsgericht in **erster Instanz** zuständig ist. Örtlich ist das LAG zuständig, in dessen Bezirk die Behörde ihren Sitz hat, die den Tarifvertrag für allgemeinverbindlich erklärt hat oder die Rechtsverordnung erlassen hat. Es besteht Vertretungszwang nach § 11 Abs. 4 und 5 ArbGG. In dem Verfahren ist die Behörde, die den Tarifvertrag für allgemeinverbindlich erklärt hat oder die Rechtsverordnung erlassen hat, Beteiligte.

123 Bei dem Verfahren nach § 2a Abs. 1 Nr. 5, § 98 ArbGG handelt es sich um ein Normenkontrollverfahren, dessen Durchführung eine Antragsbefugnis nach § 98 Abs. 1 oder Abs. 6 ArbGG voraussetzt. Nach § 98 Abs. 1 ArbGG ist antragsbefugt, wer geltend macht, durch die AVE oder die Rechtsverordnung oder deren Anwendung in seinen Rechten verletzt zu sein oder in absehbarer Zeit verletzt zu werden. Im Fall der Aussetzung eines Rechtsstreits nach § 98 Abs. 6 S. 1 ArbGG besteht nach § 98 Abs. 6 S. 7 ArbGG eine Antragsbefugnis für die Parteien dieses Rechtsstreits, die von der Antragsbefugnis nach § 98 Abs. 1 ArbGG unabhängig ist. Aus der Antragsbefugnis folgt grundsätzlich ein rechtliches Interesse an der begehrten Feststellung.[147] Nach § 98 Abs. 3 S. 3 ArbGG ist die Behörde, die den Tarifvertrag für allgemeinverbindlich erklärt hat, an diesem Beschlussverfahren beteiligt. Beteiligt sind ferner diejenigen, die einen eigenen Antrag gestellt haben, sowie die Tarifvertragsparteien, die den für allgemeinverbindlich erklärten Tarifvertrag abgeschlossen haben.

3. Auflösung der Tarifkollision

124 Durch das Tarifeinheitsgesetz ist § 4a TVG neu geregelt worden. Darin ist bestestimmt, dass bei Überschneidung nicht inhaltsgleicher Tarifverträge verschiedener Gewerkschaften (kollidierende Tarifverträge) im Betrieb nur die Rechtsnormen des Tarifvertrags derjenigen Gewerkschaft anwendbar sind, die zum Zeitpunkt des Abschlusses des zuletzt abgeschlossenen kollidierenden Tarifvertrags im Betrieb die meisten in einem Arbeitsverhältnis stehenden Mitglieder hat. Welcher Tarifvertrag das ist, ist im Streitfall durch die Arbeitsgerichte festzustellen. Das entsprechende Verfahren ist in § 99 ArbGG geregelt und weist gleichfalls einige abweichende Regelungen auf. So kann das Verfahren nur auf Antrag einer Tarifvertragspartei eines kollidierenden Tarifvertrags eingeleitet werden. Auf das Verfahren sind die §§ 80 bis 82 Abs. 1 S. 1, die §§ 83 bis 84 und 87 bis 96a entsprechend anzuwenden. Der rechtskräftige Beschluss hat Wirkung für und gegen jedermann.

4. Besetzung der Einigungsstelle

125 Ein weiteres besonderes Beschlussverfahren sieht § 100 ArbGG für Entscheidungen über die Besetzung der Einigungsstelle nach § 76 Abs. 2 S. 2 ArbGG (Bestellung des Vorsitzenden) und § 76 Abs. 2 S. 3 ArbGG (Zahl der Beisitzer) vor.

126 **a) Erstinstanzliches Verfahren.** Nach § 100 Abs. 1 S. 1 ArbGG entscheidet der Vorsitzende allein. Dies erfolgt aber nicht im Rahmen eines „Gütetermins", sondern in einem Anhörungstermin, für den § 83 Abs. 4 ArbGG gilt. Die Einlassungs- und Ladungsfristen betragen 48 Stunden (§ 100 Abs. 1 S. 4 ArbGG). Ein Richter darf nur dann zum Vorsitzenden der Einigungsstelle bestellt werden, wenn auf Grund der Geschäftsverteilung ausgeschlossen ist, dass er mit der Überprüfung, der Auslegung oder der Anwendung des Spruchs der Einigungsstelle befasst wird (§ 100 Abs. 1 S. 5 ArbGG). Der Beschluss soll den Beteiligten innerhalb von zwei

---

[146] BAG 20.11.2018 – 10 ABR 12/18, NZA 2019, 628, BAG 21.3.2018 – 10 ABR 62/16, NZA-Beilage 2018, 8.
[147] BAG 20.11.2018 – 10 ABR 12/18, NZA 2019, 628; BAG 21.3.2018 – 10 ABR 62/16, NZA-Beilage 2018, 8.

Wochen nach Eingang des Antrags zugestellt werden; er ist den Beteiligten spätestens innerhalb von vier Wochen nach diesem Zeitpunkt zuzustellen (§ 100 Abs. 1 S. 6 ArbGG).

Wegen fehlender Zuständigkeit der Einigungsstelle können die Anträge nur zurückgewiesen werden, wenn die Einigungsstelle **offensichtlich unzuständig** ist (§ 100 Abs. 1 S. 2 ArbGG). Offensichtliche Unzuständigkeit ist gegeben, wenn bei fachkundiger Beurteilung durch das Gericht sofort erkennbar ist, dass ein Mitbestimmungsrecht des Betriebsrats in der fraglichen Angelegenheit unter keinem denkbaren rechtlichen Gesichtspunkt in Betracht kommt.[148] Ob die Zuständigkeit der Einigungsstelle gegeben ist, können Arbeitgeber und Betriebsrat – unabhängig vom Bestellungsverfahren nach § 100 ArbGG – in einem (allgemeinen) Beschlussverfahren klären lassen (sog. Vorabentscheidungsverfahren).[149] Wird das Beschlussverfahren bereits während des Besetzungsverfahrens anhängig gemacht, muss das Verfahren nach § 100 ArbGG dennoch durchgeführt werden. Eine Aussetzung dieses Verfahrens bis zum Abschluss des Beschlussverfahrens ist nicht zulässig.[150] Die rechtskräftige Abweisung des Antrags des Betriebsrats nach § 100 ArbGG auf Bestellung eines Einigungsstellenvorsitzenden wegen offensichtlicher Unzuständigkeit lässt das Rechtsschutzinteresse an der Feststellung des umstrittenen Mitbestimmungsrechts nicht entfallen. Wenn dieses unter den Beteiligten rechtskräftig festgestellt worden ist, kann der Betriebsrat vielmehr erneut die Bestellung eines Vorsitzenden beantragen.[151]

Streiten die Betriebspartner im Bestellungsverfahren des § 100 ArbGG über die Einrichtung einer Einigungsstelle, so kann das Beschwerdegericht den Antrag wegen offensichtlicher Unzuständigkeit nicht mehr zurückweisen, wenn das Arbeitsgericht in einem gleichzeitig anhängigen Beschwerdeverfahren in einer noch nicht rechtskräftigen Entscheidung das Mitbestimmungsrecht, um das die Beteiligten streiten, bejaht hat.[152]

Streiten die Parteien über die Person des Vorsitzenden besteht keine Bindung des Gerichts an den Vorschlag eines der Beteiligten. Dabei ist zudem darauf zu achten, dass das „Windhundbprinzip nicht eingreift. Denn zum Vorsitzenden einer Einigungsstelle kann nur bestellt werden, wer das Vertrauen beider Betriebspartner genießt. Damit kann auch ein schlichtes „nein" der Gegenseite dazu führen, dass das Arbeitsgericht einen Dritten als Vorsitzenden einsetzt.[153]

b) Zweitinstanzliches Verfahren. Die Beschwerde ist – abweichend von dem normalen Beschlussverfahren – innerhalb einer Frist von 2 Wochen einzulegen und zu begründen (§ 100 Abs. 2 S. 2 ArbGG). Gegen die Entscheidung findet ein Rechtsmittel nicht statt (§ 100 Abs. 2 S. 4 ArbGG). Auch in zweiter Instanz entscheidet der Vorsitzende allein (§ 100 Abs. 2 S. 3 ArbGG).

c) Einstweilige Verfügung. Da § 100 Abs. 1 S. 3 ArbGG § 85 ArbGG nicht in Bezug nimmt, scheidet die Einrichtung einer Einigungsstelle gemäß § 100 ArbGG im Wege einer einstweiligen Verfügung nach hM aus.[154]

5. Beschlussverfahren nach der Insolvenzordnung

Der Insolvenzverwalter kann nach §§ 122, 126 InsO besondere Beschlussverfahren einleiten.

---

[148] LAG Düsseldorf 10.4.2013 – 7 TaBV 5/13, BeckRS 2013, 75061; LAG Baden-Württemberg 30.9.2010 – 15 TaBV 4/10, AE 2011, 66; LAG Hessen 3.11.2009 – 4 TaBV 185/09, NZA-RR 2010, 359; LAG Düsseldorf 29.9.2009 – 17 TaBV 107/09, ArbR 2010, 510; LAG Hamburg 17.8.2007 – 6 TaBV 9/07, AE 2008, 117; LAG Hamm 12.12.2011 – 10 TaBV 87/11, BeckRS 2012, 65703; LAG Niedersachsen 21.1.2011 – 1 TaBV 68/10, NZA-RR 2011, 247.
[149] BAG 24.11.1981 – 1 ABR 42/79, AP BetrVG 1972 § 76 Nr. 11.
[150] BAG 24.11.1981 – 1 ABR 42/79, AP BetrVG 1972 § 76 Nr. 11; 16.3.1982 – 1 ABR 63/80, AP BetrVG 1972 § 87 Vorschlagswesen Nr. 2.
[151] BAG 25.4.1989 – 1 ABR 91/87, AP ArbGG 1979 § 98 Nr. 3.
[152] LAG Köln 11.2.1992 – 3 TaBV 54/91, NZA 1992, 1103.
[153] LAG Düsseldorf 25.8.2014 – 9 TaBV 39/14, Rn. 44, NZA-RR 2014, 647.
[154] Gegen einstweilige Verfügung: Schwab/Weth/*Walker* ArbGG § 100 Rn. 28; Germelmann/Matthes/Prütting/*Schlewing* ArbGG § 100 Rn. 18; **aA** LAG Düsseldorf 7.2.1991 – 15 TaBV 11/91, LAGE ArbGG 1979 § 98 Nr. 19.

IX. Verfahrenswert im Beschlussverfahren

133 In den Verfahren nach § 2a Abs. 1 ArbGG werden Kosten nicht erhoben (§ 2 Abs. 2 GKG), also weder Gebühren noch Auslagen. Es gibt deshalb im Beschlussverfahren keine Kostenentscheidung.

134 Zulässig ist allerdings die Festsetzung des Verfahrenswertes (Gegenstandswertes) auf Antrag.[155] Die Wertfestsetzung kann nämlich als Grundlage für die Berechnung der Gebühren eines Rechtsanwalts nötig sein. Die Festsetzung richtet sich deshalb unmittelbar nach § 23 Abs. 3 RVG.[156]

---

[155] BAG 31.10.1972 – 1 ABR 7/72, AP BetrVG 1972 § 40 Nr. 2.
[156] LAG Hamm 29.6.1971 – 8 BVTa 2/71, DB 1971, 1728; LAG Hessen 11.9.1984 – 6 Ta 225/84, juris; LAG Bremen 13.12.1984 – 4 Ta 81/84, DB 1985, 768; LAG München 28.1.1987 – 5 (6) Ta 268/86, JurBüro 1987, 858.

§ 79 Kosten und Kostenerstattung

Übersicht

	Rn.
I. Kosten	1–5
1. Gebühren und Auslagen	1–3
2. Fälligkeit der Kosten	4
3. Nichterhebung von Dolmetscherkosten	5
II. Kostentragungspflicht im Urteilsverfahren 1. Instanz	6–18
1. Grundsatz	6/7
2. Prozessuale Kostenerstattung	8–10
3. Materiell-rechtliche Kostenerstattung	11
4. Vertragliche Kostenverpflichtung	12/13
5. Hypothetische Kostenberechnung	14/15
6. Ausnahmen bei Verweisung	16–18
III. Kostentragungspflicht im Urteilsverfahren 2. Instanz	19–23
IV. Anwaltskosten im Beschlussverfahren	24–29
1. Allgemeines	24
2. Materieller Kostenerstattungsanspruch	25–29
V. Kostentragungspflicht im Beschwerdeverfahren	30

I. Kosten

1. Gebühren und Auslagen

Im Urteilsverfahren werden Kosten (Gebühren und Auslagen) nach § 1 Abs. 2 Nr. 4 GKG **1** erhoben. Für Verfahren nach § 2a Abs. 1 ArbGG (Beschlussverfahren), § 103 Abs. 3 ArbGG (Entscheidung des Arbeitsgerichts über Ablehnung eines Schiedsrichters), § 108 Abs. 3 ArbGG (Niederlegung einer Ausfertigung des Schiedsspruchs beim Arbeitsgericht) und § 109 ArbGG (Zwangsvollstreckung aus Schiedsspruch oder vor Schiedsgericht geschlossenen Vergleich) werden dagegen nach § 2 Abs. 2 GKG keine Kosten erhoben. Die Gebühren richten sich nach dem Wert des Streitgegenstandes (Streitwert), soweit nichts anderes bestimmt ist (§ 3 GKG).

In bürgerlichen Rechtsstreiten schuldet die Kosten, wer das Verfahren des Rechtszugs be- **2** antragt hat (§ 22 Abs. 1 GKG). Dies gilt in Verfahren vor den Gerichten für Arbeitssachen nach § 22 Abs. 2 GKG soweit nicht, als einer anderen Person durch gerichtliche Entscheidung die Kosten auferlegt sind (§ 29 Nr. 1 GKG) oder wenn die Person durch eine vor Gericht abgegebene oder dem Gericht mitgeteilte Erklärung oder in einem vor Gericht abgeschlossenen oder dem Gericht mitgeteilten Vergleich übernommen hat (§ 29 Nr. 2 Hs. 1 GKG). Letzteres gilt auch, wenn bei einem Vergleich ohne Bestimmung über die Kosten diese als von beiden Teilen je zur Hälfte übernommen anzusehen sind (§ 29 Nr. 2 Hs. 2 GKG).

Die Kosten werden für die Verfahren vor den Gerichten für Arbeitssachen nach Teil 8 des **3** Kostenverzeichnisses der Anlage 1 zum GKG erhoben (§ 3 Abs. 2 GKG). An Besonderheiten, die in der anwaltlichen Praxis eine Rolle spielen, sind zu erwähnen:
- **Vergleich:** Bei Beendigung des Verfahrens durch einen gerichtlichen Vergleich entfällt die in dem betreffenden Rechtszug angefallene Gebühr. Dies gilt nicht, wenn der Vergleich nur einen Teil des Streitgegenstands betrifft (Vorbemerkung 8 KV GKG).
- **Erster Rechtszug:**
  - Verfahren im Allgemeinen (Nr. 8210 KV GKG): Satz der Gebühr 2,0; die Gebühr entfällt bei der Beendigung des gesamten Verfahrens ohne streitige Verhandlung, wenn kein Versäumnisurteil ergeht (Nr. 8210 Abs. 2 S. 1 KV GKG). Bei Erledigungserklärungen nach § 91a ZPO entfällt die Gebühr, wenn keine Entscheidung über die Kosten ergeht oder die Kostenentscheidung einer zuvor mitgeteilten Einigung der Parteien über die Kostentragung oder der Kostenübernahmeerklärung einer Partei folgt (Nr. 8210

Abs. 2 S. 2 KV GKG). Die **Gebühr ermäßigt sich auf 0,4** bei einer Beendigung des gesamten Verfahrens nach streitiger Verhandlung durch Zurücknahme der Klage vor dem Schluss der mündlichen Verhandlung, wenn keine Entscheidung nach § 269 Abs. 3 S. 3 ZPO über die Kosten ergeht oder die Entscheidung einer zuvor mitgeteilten Einigung der Parteien über die Kostentragung oder der Kostenübernahmeerklärung einer Partei folgt, bei einem Anerkenntnisurteil, Verzichtsurteil oder Urteil, das nach § 313a Abs. 2 ZPO keinen Tatbestand und keine Entscheidungsgründe enthält, oder bei einer Erledigungserklärungen nach § 91a ZPO, wenn keine Entscheidung über die Kosten ergeht oder die Entscheidung einer zuvor mitgeteilten Einigung der Parteien über die Kostentragung oder der Kostenübernahmeerklärung einer Partei folgt (Nr. 8211 Nr. 1–3 KV GKG).

- Zweiter Rechtszug:
  - Verfahren im Allgemeinen (Nr. 8220 KV GKG): **Satz der Gebühr 3,2.** Bei Beendigung des gesamten Verfahrens durch Zurücknahme der Berufung oder der Klage, bevor die Schrift zur Begründung der Berufung bei Gericht eingegangen ist, **ermäßigt sich die Gebühr auf 0,8** (Nr. 8221 KV GKG); ansonsten ermäßigt sich die Gebühr bei Zurücknahme der Berufung oder der Klage vor Schluss der mündlichen Verhandlung, bei Anerkenntnisurteil, Verzichtsurteil oder Urteil nach § 313a Abs. 2 ZPO ohne Tatbestand und Entscheidungsgründe oder bei Erledigungserklärungen nach § 91a ZPO, wenn keine Entscheidung über die Kosten ergeht oder die Entscheidung einer zuvor mitgeteilten Einigung der Parteien über die Kostentragung oder der Kostenübernahmeerklärung einer Partei folgt, **auf 1,6** (Nr. 8222 Nr. 1–3 KV GKG). Verzichten die Parteien auf Tatbestand und Entscheidungsgründe, erfolgt eine Reduktion auf **2,4**. Im Kosteninteresse sollte die Frage, ob eine Berufung durchgeführt wird also bereits **vor** der Übermittlung der **Berufungsbegründung** mit dem Mandanten besprochen werden.
- Dritter Rechtszug:
  - Verfahren im Allgemeinen (Nr. 8230 KV GKG): **Satz der Gebühr 4,0.** Bei Beendigung des gesamten Verfahrens durch Zurücknahme der Revision oder der Klage, bevor die Schrift zur Begründung der Revision bei Gericht eingegangen ist, **ermäßigt sich die Gebühr auf 0,8** (Nr. 8231 KV GKG); ansonsten ermäßigt sich die Gebühr bei Zurücknahme der Revision oder Klage vor Schluss der mündlichen Verhandlung, bei Anerkenntnisurteil oder Verzichtsurteil oder bei Erledigungserklärungen nach § 91a ZPO, wenn keine Entscheidung über die Kosten ergeht oder die Entscheidung einer zuvor mitgeteilten Einigung der Parteien über die Kostentragung oder der Kostenübernahmeerklärung einer Partei folgt, **auf 2,4** (Nr. 8232 Nr. 1–3 KV GKG). Auch hier sollten die einzelnen Schritte der Revision aus Kostengesichtspunkten **vor** Übermittlung der **Revisionsbegründung** jeweils intensiv geprüft werden.

2. Fälligkeit der Kosten

4 Kosten werden nicht mit Einreichung der Klage, sondern erst fällig, wenn das Verfahren im jeweiligen Rechtszug beendet ist, 6 Monate geruht hat oder 6 Monate von den Parteien nicht betrieben worden ist (§ 6 Abs. 3, § 9 Abs. 2 Nr. 1 und 3 GKG). Ebenso, wenn das Verfahren sechs Monate unterbrochen oder ausgesetzt war, § 9 Abs. 2 Nr. 4 GKG. Kostenvorschüsse werden nicht erhoben; dies gilt für die Zwangsvollstreckung auch dann, wenn das Amtsgericht Vollstreckungsgericht ist (§ 11 GKG). Eine **Ausnahme** gilt nur für Verfahren wegen **überlanger Gerichtsverfahren**, § 11 S. 2 GKG. Auch die Gerichtsvollzieher dürfen Gebührenvorschüsse nicht erheben (§ 4 Abs. 1 S. 4 GvKostG).

3. Nichterhebung von Kosten

5 Kosten für vom Gericht herangezogene Dolmetscher und Übersetzer werden nicht erhoben, wenn ein Ausländer Partei und die Gegenseitigkeit verbürgt oder ein Staatenloser Partei ist (Nr. 9005 Abs. 5 KV GKG). Ebenso wenig werden Beträge erhoben, die an ehrenamtliche Richter gezahlt werden (Nr. 9005 Abs. 1 KV GKG).

II. Kostentragungspflicht im Urteilsverfahren 1. Instanz

1. Grundsatz

Wesentliches Merkmal des Verfahrens vor den Arbeitsgerichten ist, dass gem. § 12a Abs. 1 S. 1 ArbGG kein Anspruch der obsiegenden Partei auf Entschädigung wegen Zeitversäumnis und auf Erstattung der Kosten für die Zuziehung eines Prozessbevollmächtigten oder Beistands besteht.

Wegen des Ausnahmecharakters dieser Regelung ist vor Abschluss einer Vereinbarung über die Vertretung ein **Hinweis** auf den **Ausschluss der Kostenerstattung** erforderlich (§ 12a Abs. 1 S. 2 ArbGG). Dieser Hinweis muss sich auf den Ausschluss sowohl der Kostenerstattung als auch der Entschädigung wegen Zeitversäumnis beziehen. Die Verletzung dieser Pflicht kann zu einem Schadensersatzanspruch gegenüber der vertretenen Partei führen.

2. Prozessuale Kostenerstattung

Grundsätzlich richten sich Kostentragung und Kostenerstattung im Zivilprozess nach §§ 91 ff. ZPO. Danach hat die unterliegende Partei die dem Gegner entstandenen Kosten zu erstatten. Diese Erstattung erfasst die Entschädigung des Gegners wegen Zeitversäumnis (§ 91 Abs. 1 S. 2 ZPO) ebenso wie die Erstattung der gesetzlichen Gebühren und Auslagen des Rechtsanwaltes. § 12a Abs. 1 S. 1 ArbGG schränkt diesen prozessualen Kostenerstattungsanspruch für das erstinstanzliche Verfahren dadurch ein, dass bestimmte Kosten im Urteilsverfahren als nicht zur zweckentsprechenden Rechtsverfolgung oder Rechtsverteidigung notwendig iSd § 91 Abs. 1 ZPO bezeichnet werden. Mit der Herausnahme der Entschädigung wegen Zeitversäumnis und Kosten des Verfahrensbevollmächtigten verbleiben lediglich noch Erstattungsansprüche wegen tatsächlicher Aufwendungen der Partei und hypothetische Kosten (→ Rn. 14). Dies betrifft im Wesentlichen Reise- und Verpflegungskosten, die aber in der Regel nicht geltend gemacht werden.

Die Vorschrift greift auch dann, wenn der Arbeitnehmer obsiegt.[1] Sie erfasst das Erkenntnisverfahren ebenso wie das einstweilige Verfügungsverfahren.[2] Nichts anderes gilt für ein Verfahren wegen überlanger Verfahrensdauer.[3] Sie gilt hingegen **nicht** für das **Zwangsvollstreckungsverfahren** vor den Arbeitsgerichten (zB nach § 888 ZPO).[4]

§ 12a Abs. 1 S. 1 ArbGG schließt den Anspruch auf Erstattung erstinstanzlicher Rechtsanwaltskosten auch dann aus, wenn sie einem Betriebsratsmitglied bei der auf § 37 Abs. 2 BetrVG gestützten Verfolgung seines Lohnanspruchs im Urteilsverfahren entstanden sind.[5] § 12a Abs. 1 S. 1 ArbGG findet im Beschlussverfahren keine Anwendung.[6]

3. Materiell-rechtliche Kostenerstattung

Grundsätzlich ist es möglich, dass auf Verzug oder Pflichtverletzungen beruhende Schadensersatzansprüche nach materiellem Recht eine Kostenerstattung begründen. Durch § 12a Abs. 1 S. 1 ArbGG wird allerdings nicht nur der prozessuale Kostenerstattungsanspruch auf Grundlage der §§ 91 ff. ZPO, sondern auch ein entsprechender materiell-rechtlicher Anspruch ausgeschlossen.[7] Denn der Zweck des prozessualen Ausschlusses darf nicht durch die Anerkennung materiellrechtlicher Erstattungsansprüche umgangen werden. Dies gilt al-

---

[1] BAG 27.10.2014 – 10 AZB 93/14, AP ArbGG 1979 § 12a Nr. 17; 18.12.1972 – 5 AZR 248/72, AP ArbGG 1953 § 61 Kosten Nr. 13; LAG Köln 24.11.2014 – 7 Ta 401/14, BeckRS 2015, 70893.
[2] LAG Baden-Württemberg 7.11.1988 – 1 Ta 78/88, LAGE ArbGG 1979 § 12a Nr. 12.
[3] LAG Sachsen-Anhalt 19.12.2018 – 4 Ta 135/18, BeckRS 2018, 38451.
[4] LAG Berlin 17.2.1986 – 9 Sa 110/85, LAGE KSchG § 9 Nr. 1.
[5] BAG 30.6.1993 – 7 ABR 45/92, AP ArbGG 1979 § 12a Nr. 8.
[6] BAG 27.7.1994 – 7 ABR 10/93, AP BetrVG 1972 § 76a Nr. 4.
[7] BAG 11.3.2008 – 3 AZN 1311/07, BeckRS 2011, 78853 27.10.2005 – 8 AZR 546/03, NZA 2006, 259; – 17 Sa 71/17, BeckRS 2017, 148736; LAG Baden-Württemberg 8.4.2013 – 9 Sa 92/12, GRUR-Prax 2013, 368; Schwab/Weth/*Vollstädt* ArbGG § 12a Rn. 27.

lerdings nicht ausnahmslos. Der Ausschluss findet seine Grenze wenn eine Partei den Prozess gem. § 826 BGB vorsätzlich und sittenwidrig zur Schädigung des Prozessgegners einsetzt.[8] Ein Erstattungsanspruch kann auch auf § 840 Abs. 2 S. 2 ZPO gestützt werden. Verletzt der Arbeitgeber als Drittschuldner die ihm nach § 840 Abs. 1 ZPO obliegende Erklärungspflicht, umfasst der Anspruch des Pfändungsgläubigers auf Schadenersatz gemäß § 840 Abs. 2 S. 2 ZPO auch die Kosten für die Zuziehung eines Prozessbevollmächtigten zur Eintreibung der gepfändeten Forderung.[9] Umstritten ist, ob die Verzugspauschale nach § 288 Abs. 5 BGB durch § 12a Abs. 1 S. 1 ausgeschlossen ist. Zwischenzeitlich hat das BAG klargestellt, dass § 12a Abs. 1 Satz 1 ArbGG als spezielle arbeitsrechtliche Regelung nicht nur einen prozessualen Kostenerstattungsanspruch, sondern auch einen materiell-rechtlichen Anspruch auf Erstattung von bis zum Schluss einer eventuellen ersten Instanz entstandenen Beitreibungskosten und damit insoweit auch einen Anspruch auf Pauschalen nach § 288 Abs. 5 BGB ausschließt.[10]

4. Vertragliche Kostenverpflichtung

12   Die Kostenübernahme durch eine vertraglich eingegangene Verpflichtung zur Erstattung oder Übernahme derartiger Kosten (auch in Vergleichen) ist hingegen möglich.[11] Ob durch Vergleich übernommene Kosten nach §§ 103 ff. ZPO festgesetzt werden können, wenn die unterlegene Partei sie anerkannt oder im Vergleich ausdrücklich übernommen hat, ist strittig.[12]

13   Die ablehnende Ansicht verweist darauf, dass das verbilligte Kostenfestsetzungsverfahren nur für die Ermittlung der gesetzlichen Prozesskosten geschaffen worden ist und deshalb nicht für privatrechtliche Kostenerstattungsansprüche zur Verfügung gestellt werden kann. Die Gegenmeinung wird im Wesentlichen mit Billigkeitserwägungen begründet.

5. Hypothetische Kostenberechnung

14   § 12a Abs. 1 S. 1 ArbGG steht indes einer sog. hypothetischen Kostenberechnung nicht entgegen. Trotz des Erstattungsausschlusses ist eine Erstattung für die Kosten des Prozessbevollmächtigten in dem Umfang möglich, wie durch seine Beauftragung Parteikosten erspart werden. Dies gilt insbesondere für Reisekosten einer Partei, vgl., → Rn. 8. Verzichtet zB eine Partei auf die Teilnahme an einem Gerichtstermin, weil sie einen Prozessbevollmächtigten entsendet, sind die Anwaltskosten in Höhe der erstattungsfähigen Reisekosten von der unterlegenen Partei zu tragen.[13] Das gilt auch, wenn die auswärts wohnende Partei sich durch einen nicht am Sitz des Arbeitsgerichtes wohnenden Rechtsanwalt vertreten lässt; erstattungsfähig sind die Reisekosten des Anwalts, soweit durch die Anwaltsbeauftragung entsprechende Kosten der Partei erspart geblieben sind.[14] Durch die hypothetische Parteikos-

---

[8] BAG 30.4.1992 – 8 AZR 288/91, AP ArbGG 1979 § 12a Nr. 6; vgl. LAG Baden-Württemberg 8.4.2013 – 9 Sa 92/12, BeckRS 2013, 70632; LAG Sachsen 16.11.2007 – 2 Sa 24/07, BeckRS 2010, 73548.
[9] BAG 16.11.2005 – 3 AZB 45/05, NZA 2006, 343; 16.5.1990 – 4 AZR 56/90, NJW 1990, 2643; Henssler/Willemsen/Kalb/*Kalb* ArbGG § 12a Rn. 5; Schwab/Weth/*Vollstädt* ArbGG § 12a Rn. 29.
[10] BAG 12.12.2018 – 5 AZR 588/17, NZA 2019, 775; BAG 25.9.2018 – 8 AZR 26/18, NZA 2019, 121; Schwab/Weth/*Vollstädt* ArbGG § 12a Rn. 27. AA auch nach der Entscheidung des BAG LAG Sachsen 17.7.2019 – 2 Sa 364/18, NZA-RR 2019, 624.
[11] LAG Schleswig-Holstein 21.1.2013 – 5 Ta 197/12, BeckRS 2013, 66439 LAG Sachsen 10.12.2010 – 3 Sa 473/10, BeckRS 2011, 67857 LAG Hamm 26.2.1991 – 8 Sa 1497/90, NZA 1992, 524; LAG Düsseldorf 13.5.1982 – 7 Ta 106/82, LAGE ArbGG 1979 § 12a Nr. 2; 1.4.1986 – 7 Ta 93/86, LAGE ArbGG 1979 § 12a Nr. 9.
[12] Bejahend: LAG Hessen 9.1.1986 – 6 Ta 192/80 n.v.; LAG München 4.12.1978 – 1 Ta 90/78, FH ArbSozR 25 Nr. 4655 (s.); Verneinend: LAG Düsseldorf 27.5.2004 – 16 Ta 274/04, MDR 2004, 1147; LAG Hamm 24.2.1972 – 8 Ta 83/71, MDR 1972, 546; LAG Rheinland-Pfalz 28.2.1990 – 9 Ta 186/90, NZA 1992, 141.
[13] BAG 17.8.2015 – 10 AZB 27/15, NZA 2015, 1150; LAG Mecklenburg-Vorpommern 23.10.2015 – 2 Ta 2/15, NZA-RR 2016, 34; LAG Hessen 28.10.2009 – 13 Ta 541/09, AGS 2010, 258; LAG Schleswig-Holstein 11.3.2009 – 6 Ta 33/09, BeckRS 2009, 66959; LAG Rheinland-Pfalz 23.8.2007 – 11 Ta 169/07, BeckRS 2008, 51340; LAG Düsseldorf 10.4.1986 – 7 Ta 390/85, LAGE ArbGG 1979 § 12a Nr. 6; LAG Nürnberg 25.9.1987 – 6 Ta 16/87, AnwBl 1988, 181.
[14] LAG Köln 15.10.1982 – 1/10 Ta 140/82, EzA ZPO § 91 Nr. 3.

tenberechnung soll erreicht werden, dass die obsiegende Partei auf Grund der Anwaltszuziehung nicht schlechter gestellt wird, als sie stehen würde, wenn sie den Rechtsstreit selbst geführt hätte. Diese mit dem Grundsatz von Treu und Glauben begründete Abweichung von § 12a Abs. 1 S. 1 ArbGG kann dann nicht Platz greifen, wenn die Partei mit Sicherheit nicht zum Gericht angereist wäre.[15]

Bei der hypothetischen Berechnung sind nicht nur die reinen Fahrtkosten, sondern auch der Aufwand und die Übernachtungskosten zu berücksichtigen.[16]

6. Ausnahmen bei Verweisung

Der erstinstanzliche Ausschluss des Erstattungsanspruchs gilt nach § 12a Abs. 1 S. 3 ArbGG nicht für Kosten, die dem Beklagten dadurch entstanden sind, dass der Kläger ein Gericht der ordentlichen Gerichtsbarkeit, der allgemeinen Verwaltungsgerichtsbarkeit, der Finanz- oder Sozialgerichtsbarkeit angerufen und dieses den Rechtsstreit an das Arbeitsgericht verwiesen hat. In diesem Falle verbleibt es bei der Anwendung der allgemeinen Kostentragungsregeln der ZPO, also § 91 Abs. 1 und 2 ZPO, wenn die Partei unterliegt und § 17b Abs. 2 S. 2 GVG, wenn die Partei obsiegt. Trotz Obsiegen trägt der Kläger also die Kosten, die durch die **Anrufung des unzuständigen Gerichtes** entstanden sind.

Welchen Umfang diese Kostenerstattung im arbeitsgerichtlichen Verfahren nach Verweisung hat, war lange sehr umstritten. Zwischenzeitlich hat sich die Meinung durchgesetzt, dass die vor der Verweisung des Rechtsstreits an das Arbeitsgericht beim ordentlichen Gericht entstandenen Anwaltskosten in vollem Umfang erstattungsfähig bleiben; sie sind gemäß § 48 Abs. 1 ArbGG, § 17b Abs. 2 GVG vom Kläger ohne Rücksicht darauf zu erstatten, ob der Anwalt der beklagten Partei die Prozessvertretung vor dem Arbeitsgericht fortgesetzt hat oder nicht.[17] Die Gegenmeinung wollte nur nur solche Kosten als Mehrkosten behandeln, die bei sofortiger Anrufung des Arbeitsgerichtes nicht entstanden wären.[18]

Wird – umgekehrt – ein Rechtsstreit vom Arbeitsgericht an das ordentliche Gericht verwiesen, so gehören die beim Arbeitsgericht angefallenen Anwaltskosten nicht zu den erstattbaren Kosten des – einheitlichen – Verfahrens, weil sich Berechnung und Erstattbarkeit von Kosten, die vor der Verweisung entstanden sind, weiterhin nach den für das verweisende Gericht geltenden Bestimmungen richten. Es verbleibt deshalb insoweit beim Ausschluss der Kostenerstattung nach § 12a Abs. 1 S. 1 ArbGG.[19]

III. Kostentragungspflicht im Urteilsverfahren 2. und 3. Instanz

§ 12a Abs. 1 erfasst nur das Urteilsverfahren 1. Instanz.[20] Für das Berufungs- oder das Revisionsverfahren gilt die Beschränkung der Kostenerstattung nicht. Hier finden die allgemeinen Grundsätze der §§ 91 ff. ZPO uneingeschränkt Anwendung. Bei vollem Obsiegen greift § 91 ZPO. Erstattungsfähig sind alle notwendigen Auslagen (Reisekosten, Schreibauslagen, Portokosten etc) sowie Kosten eines Rechtsanwaltes. Die Kosten eines Verbandsvertreters nach § 11 Abs. 2 ArbGG sind gleichfalls erstattungsfähig. Vorausgesetzt ist allerdings, dass der Verbandsvertreter nach den Regelungen der Verbandssatzung eine Vergütung

---

[15] LAG Baden-Württemberg 10.4.1985 – 1 Ta 42/85, AnwBl 1986, 160.
[16] LAG Düsseldorf 10.4.1986 – 7 Ta 390/85, LAGE ArbGG 1979 § 12a Nr. 6.
[17] So: BAG 19.2.2013 – 10 AZB 2/13, NZA 2013, 395; 1.11.2004 – 3 AZB 10/04, NZA 2005, 429; LAG Schleswig-Holstein 21.1.2013 – 5 Ta 197/12, BeckRS 2013, 66439 LAG Köln 11.5.2011 – 7 Ta 323/10, BeckRS 2011, 73635 28.7.2010 – 12 Ta 183/10, BeckRS 2010, 72972 LAG Hessen 30.7.2009 – 13 Ta 360/09, NZA-RR 2010, 155; LAG Köln 3.1.2008 – 8 Ta 377/07, NZA-RR 2008, 491; LAG Düsseldorf 15.8.2006 – 12 Ta 392/06 n.v.; Germelmann/Matthes/Prütting/*Germelmann* ArbGG § 12a Rn. 19; Schwab/Weth/*Vollstädt* ArbGG § 12a Rn. 40.
[18] LAG Berlin 30.6.1983 – 7 Ta 47/83, ArbuR 1984, 122; LAG Bremen 20.2.1986 – 2 Ta 9/85, AP ArbGG 1979 § 12a Nr. 4.
[19] OLG Brandenburg 9.3.2000 – 8 W 246/99, MDR 2000, 788; OLG Stuttgart 12.4.1984 – 8 W 67/84, AnwBl 1985, 104.
[20] BAG 18.11.2015 – 10 AZB 43/15, NZA 2016, 188; LAG Düsseldorf 8.4.2020 – 13 Ta 456/18, BeckRS 2020, 13045; BAG 27.10.2014 – 10 AZB 93/14, AP ArbGG 1979 § 12a Nr. 17.

geltend macht. Denn auf ihn findet das RVG keine Anwendung, sofern er nicht selbst Rechtsanwalt ist und als solcher vor Gericht auftritt. Allerdings kommt es nicht darauf an, ob der Verband bereit gewesen wäre, die Vertretung unentgeltlich zu übernehmen, oder im Unterliegensfall die Kosten des Rechtsanwalts tragen würde.[21]

20 Werden im zweitinstanzlichen Urteilsverfahren die Kosten nach § 92 Abs. 1 ZPO verhältnismäßig geteilt, enthält § 12a Abs. 2 S. 1 ArbGG eine Sonderregelung. Ist die eine Partei durch einen Rechtsanwalt, die andere durch einen Verbandsvertreter iSd § 11 Abs. 2 S. 2 ArbGG vertreten, ist diese Partei hinsichtlich der außergerichtlichen Kosten so zu stellen, als wenn sie durch einen Rechtsanwalt vertreten worden wäre. Hintergrund ist folgender: Würden die Kosten nicht berücksichtigt, müsste die vom Verbandsvertreter vertretene Partei anteilig mehr außergerichtliche Kosten tragen, als ihrer Unterliegensquote entspricht. Eigene Ansprüche auf Erstattung stehen ihr jedoch nur insoweit zu, als ihr Kosten im Einzelfall tatsächlich erwachsen sind (§ 12a Abs. 2 S. 2 ArbGG).

21 Bei der Kostenausgleichung nach §§ 103 ff. ZPO sind also auf Seiten der verbandsmäßig vertretenen Partei fiktive Anwaltskosten anzusetzen. Diese brauchen nicht eigens angemeldet zu werden, so weit es sich um die nach dem Pauschgebührensystem des RVG zu bemessenden Anwaltsgebühren handelt, die ohne weiteres nach dem Verfahrensablauf ermittelt werden können. Individuelle Kosten – wie Reisekosten des Verbandsvertreters oder fiktive Kosten eines Korrespondenzanwalts – bedürfen jedoch der Geltendmachung im Kostenfestsetzungsverfahren, andernfalls bleiben sie unberücksichtigt.[22] Auch eine Abrechnung auf Stundenbasis ist zulässig, aber nur bis zur Höhe der fiktiven Vergütung nach dem RVG erstattungsfähig.[23]

22 Die Reisekosten eines auswärtigen Anwalts zum Termin vor dem LAG sind erstattbar, wenn besondere objektive Gründe es rechtfertigen, den Rechtsanwalt zum Prozessbevollmächtigten zu bestellen, etwa seine Vertrautheit mit einer Spezialmaterie.[24] Dies wird allerdings nur selten anzunehmen sein.[25]

23 Eine Erstattbarkeit wird auch bejaht, so weit andernfalls Kosten für Informationsreisen der Partei zu einem Prozessbevollmächtigten am Sitz des LAG angefallen wären.[26]

IV. Kostentragungspflicht im Beschlussverfahren

1. Allgemeines

24 Eine § 12a Abs. 1 S. 1 ArbGG entsprechende Vorschrift, nach der die obsiegende Partei in Urteilsverfahren des ersten Rechtszugs keinen Anspruch auf Entschädigung wegen Zeitversäumnis und auf Erstattung der Kosten für die Zuziehung eines Prozessbevollmächtigten oder Beistands hat, ist für das Beschlussverfahren nicht vorgesehen. Der Ausschluss der Kostentragung des § 12a Abs. 1 ArbGG findet im Beschlussverfahren gem. §§ 80 ff. ArbGG keine Anwendung. Hintergrund ist, dass sich im Beschlussverfahren keine Parteien gegenüberstehen und gem. § 2 GKG keine Gebühren und Auslagen erhoben werden. Deshalb enthält der Tenor eines Beschlusses im Beschlussverfahren auch keinen Ausspruch zur Kostenentscheidung. Insofern existiert kein prozessualer Kostenerstattungsanspruch, weil in dieser Verfahrensart eine Kostenerstattung gar nicht vorgesehen ist.[27]

2. Materieller Kostenerstattungsanspruch

25 Eine Pflicht zur Kostenerstattung kann sich jedoch aus einem materiellrechtlichen Kostenerstattungsanspruch ergeben. Zur Tätigkeit des Betriebsrats iSd § 40 Abs. 1 BetrVG ge-

---

[21] BAG 18.11.2015 – 10 AZB 43/15, NZA 2016, 186.
[22] LAG Hamm 28.2.1980 – 8 Ta 25/80, LAGE ArbGG 1979 § 12a Nr. 1.
[23] LAG Düsseldorf 8.4.2020 – 13 Ta 456/18, BeckRS 2020, 13045.
[24] LAG Köln 4.3.1985 – 5/3 Ta 11/85, AnwBl 1985, 275; LAG Schleswig-Holstein 21.9.1988 – 5 Ta 126/88, LAGE ZPO § 91 Nr. 14.
[25] LAG Berlin-Brandenburg 9.4.2013 – 17 Ta 6009/19, AE 2013, 131.
[26] LAG Köln 4.3.1985 – 5/3 Ta 11/85, AnwBl 1985, 275.
[27] BAG 1.8.2018 – 7 ABR 41/17, NZA 2018, 1574; BAG 2.10.2007 – 1 ABR 59/06, BAGE 124, 175.

hört die Wahrnehmung seiner Rechte und die seiner Mitglieder gegenüber dem Arbeitgeber sowie die Befugnis zur Klärung betriebsverfassungsrechtlicher Streitfragen. Damit ist auch die Einleitung von oder die Beteiligung am Beschlussverfahren verbunden, soweit über den Bestand oder den Umfang betriebsverfassungsrechtlicher Rechte Meinungsverschiedenheiten mit dem Arbeitgeber bestehen und eine anderweitige Klärung dieser Rechte oder Rechtsverhältnisse nicht zu erwarten ist.[28]

Zieht ein Betriebsrat in einem Beschlussverfahren mit dem Arbeitgeber einen Rechtsanwalt als Verfahrensbevollmächtigten hinzu, hat der Arbeitgeber ohne Rücksicht auf ein Obsiegen oder Unterliegen des Betriebsrats die dadurch entstehenden Kosten zu tragen, wenn der Betriebsrat bei pflichtgemäßer verständiger Würdigung aller Umstände die Hinzuziehung für notwendig erachten konnte. Diese Erforderlichkeit ist dabei nicht rückblickend nach einem rein objektiven Maßstab, sondern vom Zeitpunkt der Entscheidung des Betriebsrats her zu beurteilen.[29]

Die Kosten eines vom Betriebsrat hinzugezogenen Rechtsanwalts gehören zu den nach § 40 Abs. 1 BetrVG vom Arbeitgeber zu tragenden Kosten der Betriebsratstätigkeit. Durch die Beauftragung des Rechtsanwalts entsteht ein gesetzliches Schuldverhältnis zwischen ihm und dem Betriebsrat. Gläubiger ist der Betriebsrat, der insoweit als vermögensfähig anzusehen ist.[30] Dieser Kostenerstattungsanspruch ist durch § 12a Abs. 1 S. 1 ArbGG gerade nicht ausgeschlossen. Der Streit um den Anspruch auf Zahlung an den Rechtsanwalt oder Freistellung von der Verbindlichkeit zwischen Betriebsrat und Arbeitgeber ist in einem neuen Beschlussverfahren auszutragen.[31]

Soweit ein entsprechender betriebsverfassungsrechtlicher oder personalvertretungsrechtlicher Anspruch nicht vorgesehen ist, können davon nicht erfasste Kosten regelmäßig auch nicht nach § 280 Abs 1 BGB geltend gemacht werden. Das folgt aus dem gesetzlichen Gesamtzusammenhang und dem Fehlen prozessualer Vorschriften über die Kostentragung im arbeitsgerichtlichen Beschlussverfahren.[32]

Zu den Einzelheiten der Voraussetzungen des materiellen Kostenerstattungsanspruchs des Betriebsrates vgl. § 60.

V. Kostentragungspflicht im Beschwerdeverfahren

Auch im Beschwerdeverfahren nach § 78 ArbGG findet § 12a Abs. 1 S. 1 ArbGG keine Anwendung. Der Wortlaut des § 12a Abs. 1 S. 1 ArbGG erwähnt das Beschwerdeverfahren nicht. Es ist auch nicht Teil des erstinstanzlichen Urteilsverfahrens. § 78 S. 1 ArbGG verweist für das Beschwerdeverfahren auf die §§ 567ff. ZPO. § 12a Abs. 1 S. 1 ArbGG wird von § 78 ArbGG nicht in Bezug genommen. Soweit deshalb im Beschwerdeverfahren überhaupt eine Kostenerstattung stattfinden kann (zB gemäß § 127 Abs. 4 ZPO nicht in Beschwerdeverfahren über Prozesskostenhilfeangelegenheiten), sind die Kosten der Hinzuziehung eines Prozessbevollmächtigten nach den allgemeinen Regeln erstattungsfähig.[33]

---

[28] BAG 1.8.2018 – 7 ABR 41/17, NZA 2018, 1574; BAG 18.3.2015 – 7 ABR 4/13, NZA 2015, 954; 18.1.2012 – 7 ABR 83/10, NJW 2012, 1979; 3.10.1978 – 6 ABR 102/76, AP BetrVG 1972 § 40 Nr. 14.
[29] BAG 1.8.2018 – 7 ABR 41/17, NZA 2018, 1574; BAG 12.12.2016 – 7 ABR 8/15, NZA 2017, 514; BAG 18.3.2015 – 7 ABR 4/13, NZA 2015, 954; 18.1.2012 – 7 ABR 83/10, NJW 2012, 1979; 29.7.2009 – 7 ABR 95/07, NZA 2009, 1223; 3.10.1978 – 6 ABR 102/76, AP BetrVG 1972 § 40 Nr. 14; 4.12.1979 – 6 ABR 37/76, AP BetrVG 1972 § 40 Nr. 18.
[30] BAG 18.1.2012 – 7 ABR 83/10, NZA 2012, 683 13.5.1998 – 7 ABR 65/96, AP BetrVG 1972 § 80 Nr. 55 (betr. Rechtsanwalt als Sachverständiger nach § 80 Abs. 3 BetrVG).
[31] BAG 12.2.1965 – 1 ABR 12/64, AP BetrVG § 39 Nr. 1; 18.4.1967 – 1 ABR 11/66, AP BetrVG § 39 Nr. 7; 31.10.1972 – 1 ABR 7/72, AP BetrVG 1972 § 40 Nr. 2.
[32] BAG 1.8.2018 – 7 ABR 41/17, NZA 2018, 1574; 14.12.2016 – 7 ABR 8/15, NZA 2017, 514; 18.3.2015 – 7 ABR 4/13, NZA 2015, 954.
[33] BAG 27.10.2014 – 10 AZB 93/14, AP ArbGG 1979 § 12a Nr. 17; Schwab/Weth/*Schwab* ArbGG § 78 Rn. 63.

Teil Q. GmbH-Geschäftsführer und AG-Vorstand

§ 80 Das Anstellungsverhältnis des GmbH-Geschäftsführers

Übersicht

	Rn.
I. Grundlagen	1–35
1. Trennung von Organstellung und Anstellung	1–3
2. Grundzüge der Organstellung	4–8
3. Rechtsnatur des Anstellungsvertrags	9–13
4. Sonderfälle	14–31
a) Ruhendes Arbeitsverhältnis	14–21
b) Drittanstellung	22–28
c) Isolierte Beendigung der Organstellung	29–31
5. Lohnsteuer und Sozialversicherung	32–35
II. Abschluss des Anstellungsvertrags	36–40
III. Anwendbare Normen und wesentliche Vertragsinhalte	41–83
1. Allgemeines	41–44
2. Kompetenzen und Berichtspflichten	45–47
3. Arbeitszeit und Vergütung	48–49
4. Dauer/Laufzeit	50–56
5. Abfindungs- und Change-in-Control-Klausel	57
6. Kündigungsschutz	58–59
7. Erholungsurlaub	60
8. Interessenwahrungs- und Loyalitätspflichten	61
9. Nachvertragliche Wettbewerbsverbote	62–66
10. Versetzungsklauseln	67
11. Diskriminierung/Gleichbehandlung	68/69
12. Besondere Personengruppen	70–72
13. Haftung	73
14. Versorgung	74
15. Ausschlussfristen	75
16. Betriebsübergang	76
17. Betriebsverfassung	77
18. Datenschutz	78
19. Zeugnis	79
20. Rechtsweg/Zuständigkeit	80–83
IV. Beendigung des Anstellungsvertrags	84–102
1. Änderung/Beendigung der Organstellung	84–86
2. Vertragsbeendigung durch Kündigung	87–98
a) Kündigung durch die Gesellschaft	87–97
b) Kündigung durch den Geschäftsführer	98
3. Vertragsbeendigung durch Aufhebungsvertrag	99–102
a) Vertragsschluss	99
b) Vertragsinhalte	100–102
V. Rechtsschutz vor Gericht	103–110
1. GmbH als Klagegegner	103
2. Rechtsweg	104–107
3. Rechtsschutz gegen Abberufung	108
4. Rechtsschutz gegen Kündigung	109
5. Vergütungsklage im Urkundenprozess	110

I. Grundlagen

1. Trennung von Organstellung und Anstellung

Bei Personen, die zu Mitgliedern des gesetzlichen Vertretungsorgans einer Kapitalgesellschaft bestellt werden, müssen die gesellschaftsrechtliche Ebene (Organstellung) und die

1

schuldrechtlichen Vertragsbeziehungen (Anstellungsvertrag) streng auseinandergehalten werden (**"Trennungstheorie"**).[1] Mit der Bestellung wird dem Geschäftsführer die Stellung als gesetzliches Organ und Vertreter der Gesellschaft übertragen. Der Anstellungsvertrag regelt als schuldrechtlicher Rahmen für die Geschäftsführertätigkeit in erster Linie die wirtschaftlichen „Begleitumstände". Er beinhaltet insbesondere die von der Gesellschaft geschuldete Vergütung sowie Verhaltensmodalitäten im Zusammenhang mit der Ausführung des Geschäftsführungsamts (zB Berichtsweg, Geheimhaltungspflichten, Wettbewerbsverbot usw). Die Begründung beider Rechtsverhältnisse kann, muss aber nicht notwendig zeitlich zusammenfallen.

2   Die Bestellung zum Organmitglied, Geschäftsführer der GmbH, richtet sich ausschließlich nach gesellschaftsrechtlichen Grundsätzen, insbesondere nach den Vorschriften des GmbH-Gesetzes (soweit nicht Mitbestimmungsregelungen eingreifen) und der Satzung der GmbH. Durch die Bestellung als solche werden keine schuldrechtlichen Beziehungen zwischen der Gesellschaft und dem Geschäftsführer begründet. Deren Begründung bedarf weiterer (zumindest konkludenter) übereinstimmender Willenserklärungen. Diese sind auf die Begründung eines weiteren Rechtsverhältnisses neben der körperschaftlichen Organbeziehung gerichtet, in der Regel auf den Abschluss eines Anstellungsvertrags. Vertragspartner dieses Vertrags muss nicht notwendig die den Geschäftsführer bestellende Gesellschaft sein.[2] Aus der rechtlichen Trennung von Organstellung und Anstellungsverhältnis folgt zudem, dass beide Rechtsverhältnisse grundsätzlich selbstständig nebeneinanderstehen und ein eigenes (rechtliches) Schicksal haben können. So lässt etwa eine Beendigung der Organstellung durch Zeitablauf oder Abberufung den Bestand der vertraglichen Anstellung unberührt und umgekehrt (§ 38 Abs. 1 GmbHG). Das wirkt sich auch auf die gerichtliche Rechtsdurchsetzung aus.[3]

3   Gleichwohl darf nicht übersehen werden, dass zwischen Organstellung und Anstellung zahlreiche faktische und rechtliche **Wechselwirkungen** bestehen:
- Ein Geschäftsführer wird kaum bereit sein, das übernommene Amt ohne (wirksamen) Anstellungsvertrag tatsächlich über einen längeren Zeitraum hinweg auszuüben.
- Die mit der Organstellung verbundene Befugnis zur umfassenden Vertretung der Gesellschaft (§ 35 GmbHG) bildet einen wesentlichen Begründungsansatz für die rechtliche Qualifizierung des Anstellungsverhältnisses als freies Dienstverhältnis statt als abhängiges Arbeitsverhältnis.
- Eine Verletzung der dem Geschäftsführer als *Organ* zugewiesenen Pflichten stellt regelmäßig auch eine Verletzung *anstellungsvertraglicher* Pflichten mit der Folge einer möglichen (außerordentlichen) Kündigung des Anstellungsverhältnisses durch die Gesellschaft dar.
- Die Parteien können die Existenz des Anstellungsvertrags vom (Fort-)Bestand der Organstellung abhängig machen.[4]

2. Grundzüge der Organstellung

4   Die Bestellung und der Widerruf richten sich vornehmlich nach §§ 6, 38 GmbHG (Ergänzung durch Sonderbestimmungen ggf. einschlägiger Mitbestimmungsgesetze). Zuständig für die Geschäftsführerbestellung ist die Gesellschafterversammlung (§ 46 Nr. 5 GmbHG). Sie entscheidet durch **Gesellschafterbeschluss** (§§ 47 ff. GmbHG).[5] Die ebenfalls mögliche Bestellung eines Geschäftsführers in der Satzung der Gesellschaft (§ 6 Abs. 3 S. 2 GmbHG) ist in der Praxis selten. Die Bestellungskompetenz kann in der Satzung einem anderen Or-

---

[1] BAG 25.8.2007 – 6 AZR 1045/06, NZA 2008, 168; BGH 28.10.2002 – II ZR 146/02, NJW 2003, 351; 5.6.1989 – II ZR 227/88, NJW 1989, 2683; *v. Alvensleben/Haug/Schnabel* BB 2012, 774; *Holthausen/Steinkraus* NZA 2002, 281; jew. mwN.
[2] BAG 25.8.2007 – 6 AZR 1045/06, NZA 2008, 168 (169); *Fleck* WM Sonderbeil. 3/1981, 3; Bsp.: Vertragsschluss mit der Kommanditgesellschaft für den Geschäftsführer der Komplementär-GmbH einer GmbH & Co. KG. Siehe zur sog. „Drittanstellung" näher → Rn. 22 ff.
[3] Einzelheiten → Rn. 102, 106.
[4] Zur Möglichkeit einer vertraglichen „Koppelung" von Bestellung und Anstellung näher → Rn. 51 ff.
[5] Muster eines Gesellschafterbeschlusses zB in BeckFormB ArbR B. I. 2.

gan, einem fakultativen Aufsichtsrat oder Beirat etwa, zugewiesen werden (§ 45 Abs. 2 GmbHG).[6] Rechtlich vollzogen ist die Bestellung erst mit Bekanntgabe des Bestellungsbeschlusses an den Geschäftsführer und die (auch konkludent mögliche) Annahme der Bestellung durch diesen. Die Eintragung der Bestellung im Handelsregister hat dagegen nur deklaratorische Bedeutung.

Zuständig für die Bestellung und den Widerruf ist die **Gesellschafterversammlung** auch in Gesellschaften, die mehr als 500 Arbeitnehmer beschäftigen und somit nach Maßgabe der Bestimmungen des Drittel-Beteiligungsgesetzes einen Aufsichtsrat mit entsprechender Arbeitnehmerbeteiligung einzurichten haben (§§ 1, 4 DrittelbG). Bei Gesellschaften, die dem Mitbestimmungsgesetz 1976 oder dem Montan-Mitbestimmungsgesetz unterliegen, verlagert sich die Bestellungs- und Abberufungskompetenz dagegen zwingend auf den **Aufsichtsrat** (§ 31 MitbestG, § 12 Montan-MitbestG).

Der **Widerruf** der Bestellung ist jederzeit und ohne besonderen Grund möglich, unbeschadet des (weiteren) Bestands oder der Kündigung eines der Geschäftsführertätigkeit zu Grunde liegenden Anstellungsvertrags (§ 38 Abs. 1 GmbHG). Etwas anderes gilt nach Maßgabe der Mitbestimmungsregelungen, die auf das Aktiengesetz (§ 84 Abs. 3 AktG) verweisen. Die Satzung der Gesellschaft kann den Widerruf allerdings – was in der Praxis nur selten vorkommt – vom Vorliegen wichtiger Gründe abhängig machen (§ 38 Abs. 2 GmbHG). Als *actus contrarius* unterliegt der Widerruf der gleichen Form wie die Bestellung. Notwendig ist daher insbesondere ein Beschluss des zuständigen Gesellschaftsorgans (Gesellschafterversammlung, Aufsichtsrat bei Mitbestimmung, Satzungsregelung), der dem betroffenen Organmitglied bekannt gegeben werden muss. Das die Abberufung beschließende Organ – regelmäßig wird dies in der Praxis die Gesellschafterversammlung sein – muss die Abberufungserklärung indes nicht selbst gegenüber dem Geschäftsführer abgeben. Sie kann sich hierbei auch dritter Personen, eines anderen Geschäftsführers etwa, bedienen.[7] Hat die GmbH einen Alleingesellschafter, so kann dessen Bevollmächtigter die Abberufung des Geschäftsführers und die Kündigung von dessen Anstellungsvertrag wirksam beschließen.[8] Der Geschäftsführer selbst kann sein **Amt** nach herrschender Meinung jederzeit (wirksam) ohne das Vorliegen oder die Behauptung eines sachlichen bzw. wichtigen Grunds durch formlose Erklärung gegenüber den Gesellschaftern bzw. einem anderen ggf. zuständigen Organ der Gesellschaft niederlegen.[9] Dies gilt lediglich in Fällen des Rechtsmissbrauchs nicht, wobei diese Rechtsmissbrauchsrechtsprechung nicht den Fremdgeschäftsführer betrifft. Bei mehreren Gesellschaftern ist eine Erklärung gegenüber einem Gesellschafter ausreichend.[10] Die damit verbundene Beendigung der Organstellung lässt den Fortbestand bestehender schuldrechtlicher Vertragsbeziehungen ebenso wie bei einem Widerruf der Bestellung durch die Gesellschaft unberührt. Allerdings entfallen mangels Leistungen des Geschäftsführers Entgeltansprüche, es sei denn im konkreten Fall liegt ein Annahmeverzug oder eine Pflichtverletzung der Gesellschaft vor. Wird die Amtsniederlegung ohne (wichtigen) Grund erklärt, liegt im Regelfall eine Verletzung der anstellungsvertraglichen Pflicht zur ordnungsgemäßen Geschäftsführung vor, mit der möglichen Folge eines außerordentlichen Kündigungsrechts der Gesellschaft.[11]

Zu den wichtigsten organschaftlichen Rechten und Pflichten eines Geschäftsführers zählt die **Führung der Geschäfte** der Gesellschaft. Diese allgemein anerkannte – im Gesetz nicht ausdrücklich normierte – Grundaufgabe beinhaltet insbesondere die Pflicht zur Förderung der Geschäfte der Gesellschaft in angemessener und zweckmäßiger Weise. Dies schließt eine Kooperation mit weiteren Geschäftsführern ebenso ein wie eine Überwachung derselben.

---

[6] Baumbach/Hueck/*Fastrich* GmbHG § 6 Rn. 31 ff.
[7] BGH 20.10.2008 – II ZR 107/07, NJW 2009, 293.
[8] BGH 20.10.2008 – II ZR 107/07, NJW 2009, 293.
[9] BGH 8.2.1993 – II ZR 58/92, NJW 1993, 1198; OLG Bamberg 17.7.2017 – 5 W 51/17, GmbHR 2017, 1144.
[10] BGH 17.9.2001 – II ZR 378/99, NZG 2002, 43; OLG Hamm 10.8.2010 – 15 W 309/10, NZG 2010, 1114: Dies kann auch bei falscher Adressierung an die Gesellschaft und den Geschäftsführer gelten, wenn der Geschäftsführer, dem die Erklärung tatsächlich zugeht, zugleich Gesellschafter ist.
[11] *Grobys/Littger* BB 2002, 2292 (2293).

Hinzu kommen allgemeine Organisationspflichten hinsichtlich des Einsatzes und der Überwachung von Mitarbeitern. Als besondere Ausprägung der allgemeinen Geschäftsführungspflicht können die §§ 41, 42, 42a GmbHG gelten, die allgemeine und besondere Buchführungspflichten des Geschäftsführers statuieren.[12] Kernaufgabe des Geschäftsführers ist des Weiteren die umfassende Vertretung der Gesellschaft nach außen (§ 35 GmbHG). Die **Vertretungsbefugnis** betrifft das rechtliche „Können". Sie kann durch die Gesellschafter nicht mit Wirkung gegenüber Dritten eingeschränkt werden (§ 37 Abs. 2 GmbHG). Sind mehrere Geschäftsführer bestellt, erfolgt die Vertretung grundsätzlich gemeinsam, sofern die Satzung nichts anderes bestimmt (§ 35 Abs. 2 S. 1 GmbHG). In der Praxis finden sich häufig Satzungsregelungen, nach denen eine (wirksame) Vertretung das Zusammenwirken eines Geschäftsführers und eines Prokuristen erfordert, wenn nicht eine gemeinschaftliche Vertretung durch (zwei) Geschäftsführer erfolgt.[13] Die Satzung kann die Gesellschafterversammlung ermächtigen, die Vertretungsverhältnisse durch Gesellschafterbeschluss im Einzelnen zu regeln oder abzuändern.[14] Von der Vertretungsbefugnis zu unterscheiden ist das rechtliche „Dürfen", dh die Befugnisse des Geschäftsführers im Innenverhältnis zur Gesellschaft (**Geschäftsführungsbefugnis**). Die Geschäftsführungsbefugnis kann durch die Gesellschafter jederzeit durch generelle oder fallbezogene Weisungen geregelt und auch eingeschränkt werden (§ 37 Abs. 1 GmbHG). Man spricht insoweit auch von einem gesellschaftsrechtlichen Weisungsrecht.[15] Sind mehrere Geschäftsführer bestellt, ist in Anlehnung an die gesetzlichen Vertretungsregeln vom Grundsatz der Gesamtgeschäftsführung auszugehen, wobei regelmäßig durch Geschäftsordnung bzw. Geschäftsverteilung Zuständigkeitsbereiche begründet und eingeteilt werden.

> **Praxistipp:**
> Die Beschränkung der Geschäftsführungsbefugnis erfolgt in der Praxis regelmäßig dadurch, dass die Vornahme bestimmter Geschäftshandlungen von einer vorherigen Beschlussfassung der Gesellschafterversammlung abhängig gemacht wird.[16] Einschränkungen der Geschäftsführungsbefugnis oder Regelungen zur Geschäftsführung bei mehreren Geschäftsführern können durch Beschluss der Gesellschafter getroffen werden. Regelungen in Anstellungsverträgen sollten aus Sicht der Gesellschaft entweder gar nicht oder nur mit einem „Jeweiligkeitsvorbehalt" in Erwägung gezogen werden, um das künftige Entscheidungsermessen der Gesellschafter nicht einzuschränken. Geschäftsordnungsregelungen oder Zustimmungskataloge können jederzeit durch einseitige Gesellschafterweisungen erlassen oder geändert werden, ohne dass Einzelheiten im Anstellungsvertrag geregelt werden müssen.

8   Vertretungs- und Geschäftsführungsbefugnisse können auf Grund der Satzung bzw. durch Beschluss der Gesellschafterversammlung in einer **Geschäftsordnung** geregelt werden. Geschäftsordnungen sind insbesondere in größeren Gesellschaften mit mehreren Geschäftsführern üblich und sinnvoll, denn sie ermöglichen eine Verteilung der Verantwortlichkeiten (Ressortzuständigkeit) auf die einzelnen Geschäftsführer und die Festlegung von (Verfahrens-)Regeln für die interne Organisation der Geschäftsführung. Eine Geschäftsverteilung/Ressortaufteilung muss eine eindeutige Abgrenzung der Geschäftsführungsaufgaben beinhalten, die eine vollständige Wahrnehmung der Geschäftsführungsaufgaben durch fachlich und persönlich geeignete Personen sicherstellt und eine Zuständigkeit des Gesamtorgans für nicht delegierbare Angelegenheiten der Geschäftsführung wahrt.[17] Im Hinblick auf den Anstellungsvertrag ist darauf zu achten, dass sich die Inhalte von Geschäftsordnung und Ver-

---

[12] Hoffmann/Liebs Rn. 1095 ff.
[13] Lutter/Hommelhoff/Kleindiek § 35 Rn. 39.
[14] BGH 19.6.1975 – II ZR 170/73, NJW 1975, 1741; OLG München 25.7.2017 – 31 Wx 194/17, GmbHR 2017, 1145; Lutter/Hommelhoff/Kleindiek GmbHG § 35 Rn. 37.
[15] OLG Frankfurt a. M. 7.2.1997 – 24 U 88/95, NJW-RR 1997, 736.
[16] Tillmann/Mohr Rn. 85.
[17] BGH 6.11.2018 – II ZR 11/17, NJW 2019, 1067; Hülsmann GmbHR 2019, 209 ff.; Schockenhoff GmbHR 2019, 514 ff.; Muster-Geschäftsordnung zB bei Hoffmann/Liebs Rn. 3042.

trag – hinsichtlich der Übertragung bestimmter Aufgaben etwa – nicht widersprechen. Es empfiehlt sich aus der Sicht der Gesellschaft ohnehin, keine derartigen Festlegungen im Anstellungsvertrag vorzunehmen.

3. Rechtsnatur des Anstellungsvertrags

Nach herkömmlich herrschender Auffassung ist das schuldrechtliche Vertragsverhältnis, das einer Geschäftsführertätigkeit zu Grunde liegt, regelmäßig als freier **Dienstvertrag** und nicht als abhängiger Arbeitsvertrag zu qualifizieren.[18] Die herkömmlich herrschende Meinung lässt sich damit begründen, dass der Geschäftsführer die Arbeitgeberbefugnisse *für* die Gesellschaft ausübt und damit nicht gleichzeitig ihr Arbeitnehmer sein kann.[19] Dies entspricht insbesondere die dem Geschäftsführer kraft Gesetzes zustehende, unbeschränkte Vertretungsbefugnis (§ 35 GmbHG). Zudem hält der Gesetzgeber Geschäftsführer allein auf Grund ihrer Organfunktion an vielen arbeitsrechtlichen „Schnittstellen" für nicht besonders schutzwürdig (§ 5 Abs. 1 S. 3 ArbGG, § 14 Abs. 1 Nr. 1 KSchG, § 5 Abs. 2 Nr. 1 BetrVG). Allein die Befugnis der Gesellschafter, dem Geschäftsführer (einzelfallbezogene oder generelle) auf seine Organfunktion bezogene Weisungen zu erteilen, begründet noch keine Abhängigkeit im arbeitsrechtlichen Sinn.[20]

Das BAG nimmt allerdings seit dem Urteil vom 26.5.1999[21] bei GmbH-Geschäftsführern hinsichtlich einer möglichen Arbeitnehmereigenschaft eine Betrachtung auf der Grundlage der Umstände des **Einzelfalls** vor. Ebenso wie bei anderen Personen könne sich bei Geschäftsführern eine persönliche Abhängigkeit aus einem rechtlich oder faktisch bestehenden **Weisungsrecht** der Gesellschaft hinsichtlich der **Modalitäten** der auszuführenden Tätigkeit ergeben. In Abgrenzung zum gesellschaftsrechtlichen Weisungsrecht soll eine derartige, zur arbeitsrechtlichen Fremdbestimmtheit führende Weisungsabhängigkeit etwa vorliegen, „wenn die Gesellschaft dem Geschäftsführer auch arbeitsbegleitende und verfahrensorientierte Weisungen erteilen und auf diese Weise die konkreten Modalitäten der Leistungserbringung bestimmen kann".[22] Welche konkreten vertraglichen Regelungen „arbeitsbegleitende und verfahrensorientierte" Weisungen beinhalten können, führt das Gericht nicht näher aus. Den Entscheidungsgründen lässt sich entnehmen, dass allein organisatorische Regelungen im Zusammenhang mit der Abwicklung des Urlaubs (Absprache mit anderen Leitungspersonen), eine Bestimmung zur Ableistung der Arbeitszeit im Rahmen der betrieblichen Erfordernisse und die Verpflichtung, an einen Dritten zu berichten (Chief Executive Officer der deutschen Konzernspitze) keine arbeitsrechtliche Abhängigkeit begründen, solange dem Betroffenen vertraglich die Befugnis zur selbstständigen und eigenverantwortlichen Führung der Geschäfte der Gesellschaft eingeräumt ist.[23] Die praktische Bedeutung der der Einzelfallbetrachtung des BAG darf daher nicht überschätzt werden. Das **BAG** schließt sich im Grundsatz durchaus der herkömmlich herrschenden Meinung an, wenn es ausführt, dass durch den **Anstellungsvertrag in der Regel ein freies Dienstverhältnis** begründet werde.[24] Dem Gericht geht es offenbar in erster Linie (nur) darum, klarzustellen, dass die schuldrechtlichen Vertragsbeziehungen im Zusammenhang mit einer Geschäftsführerbestellung *nicht notwendig stets* als freier Dienstvertrag qualifiziert werden müssen, dh die Parteien nicht kraft Gesetzes daran gehindert sind, einen eventuellen rechtsgeschäftlichen Willen, der (explizit) auf den Abschluss eines Arbeitsvertrags gerichtet ist, wirksam zum Ausdruck zu bringen.[25] Dies dürfte in der Praxis

---

[18] BGH 10.9.2001 – II ZR 14/00, NJW-RR 2002, 173; 10.5.2010 – II ZR 70/09, NJW 2010, 2343; 29.1.1981 – II ZR 92/80, NJW 1981, 1270; 9.2.1978 – II ZR 189/76, NJW 1978, 1435 (1437); *Fleck* WM-Sonderbeil. 3/1981, 3; **Nägele** BB 2001, 305 ff.; *Reinfelder* RdA 2016, 87 ff.
[19] BGH 9.2.1978 – II ZR 189/76, NJW 1978, 1435 (1437); *Grobys* NJW-Spezial 2005, 513.
[20] *Reinfelder* RdA 2016, 87 (92).
[21] BAG 26.5.1999 – 5 AZR 664/98, NZA 1999, 987.
[22] BAG 26.5.1999 – 5 AZR 664/98, NZA 1999, 987 (989).
[23] BAG 26.5.1999 – 5 AZR 664/98, NZA 1999, 987.
[24] BAG 26.5.1999 – 5 AZR 664/98, NZA 1999, 987 (988); LAG Köln 13.12.2019 – 9 Ta 186/19, NZA-RR 2020, 319; *Mohr/Bourazeri* GmbHR 2019, 595 ff.
[25] BAG 26.5.1999 – 5 AZR 664/98, NZA 1999, 987 (988); 20.8.2003 – 5 AZB 79/02, NZA 2003, 1108 – GmbH & Co. KG; 25.10.2007 – 6 AZR 1045/06, NZA 2008, 168 (169) – Fall einer Drittanstellung; 31.7.2014 – 2 AZR 422/13, NZA 2015, 101; 17.9.2014 – 10 AZB 43/13, NZA 2014, 1293; 21.1.2019 – 9 AZB 23/18, NZA

freilich selten sein. Das BAG hat dann auch formmuliert, dass ein Arbeitnehmerstatus allenfalls in extremen Ausnahmefällen in Betracht komme.[26]

> **Praxistipp:**
> Werden die in der Praxis üblichen Standardformulare für Geschäftsführerverträge als Grundlage für ein Anstellungsverhältnis verwendet,[27] dürfte damit kaum ein Arbeitsverhältnis begründet werden. Voraussetzung ist allerdings, dass die vereinbarten Regelungen auch tatsächlich „gelebt" und nicht abweichend in einer Weise praktiziert werden, die persönliche Abhängigkeit begründet.

11 Eine andere Frage ist, inwieweit **Fremdgeschäftsführer als arbeitnehmerähnliche Personen** anzusehen sind. Das Thema ist in der Vergangenheit in der Literatur vereinzelt angesprochen worden.[28] Die Frage kann ua für die Anwendbarkeit des Bundesurlaubsgesetzes (§ 2 S. 2 BUrlG) oder die Rechtswegzuständigkeit (§ 55 Abs. 1 S. 2 ArbGG) relevant sein und insoweit, wie die Rechtsprechung einzelne arbeitsrechtliche Schutzprinzipien auf arbeitnehmerähnliche Personen entsprechend anwendet. Die Rechtsprechung hat Fremdgeschäftsführern zwar vereinzelt einen „arbeitnehmerähnlichen" Status attestiert.[29] Sie hat sich dabei aber nicht grundlegend mit dem materiell-rechtlichen Begriff der Arbeitnehmerähnlichkeit auseinandergesetzt. Folgt man der herkömmlichen Definition, nach der arbeitnehmerähnliche Personen Selbstständige sind, die auf dienst- oder werkvertraglicher Basis hauptsächlich für einen Auftraggeber tätig werden und von diesem wirtschaftlich abhängig sind,[30] könnten Fremdgeschäftsführer, die hauptberuflich nur für eine Gesellschaft arbeiten, durchaus zu dieser Personengruppe zählen.[31] Allerdings müssen arbeitnehmerähnliche Personen ihrer gesamten Stellung nach einem Arbeitnehmer vergleichbar schutzbedürftig sein.[32] Das ist bei einem Fremdgeschäftsführer, der die wesentlichen Arbeitgeberbefugnisse in seiner Person vereinigt und der für den gesamten Betrieb des Unternehmens verantwortlich ist, fraglich. Auf Grund gesteigerter Anforderungen an die Ausübung der Berufstätigkeit wird die Verhandlungsposition von Geschäftsführern und damit der Einfluss auf die Bedingungen ihrer Tätigkeit im Vergleich zu Arbeitnehmern regelmäßig stärker sein. Das kann sich auch in einer höheren Vergütung widerspiegeln.[33] Ein Geschäftsführer ist im Hinblick auf die mangelnden arbeitsrechtlichen Weisungsbefugnisse der Gesellschaft in der Regel nicht vergleichbar einem leitenden Angestellten in den Betrieb „eingegliedert" und entspricht insgesamt nicht der Arbeitnehmertypik. Der Fremdgeschäftsführer ist daher nicht als arbeitnehmerähnliche Person anzusehen; er ist „arbeitgeberähnlich".[34]

12 Eine Qualifizierung der vertraglichen Anstellung eines Geschäftsführers als freies Dienstverhältnis hat insbesondere folgende Konsequenzen:
- Es gelten grundsätzlich die Bestimmungen des BGB über Dienstverträge, soweit sie nicht ausschließlich auf Arbeitsverhältnisse zugeschnitten sind (**§§ 611 ff. BGB**). Dies beinhaltet

---

2019, 490. Siehe aus der Zivilrechtsprechung mit jeweils problematischer Anwendung der Abgrenzungskriterien: OLG Bamberg 3.2.2017 – 1 W 1/17; OLG München 27.10.2014 – 7 W 2097/14, NZG 2014, 1420.
[26] BAG 11.6.2020 – 2 AZR 374/19.
[27] Muster zB bei *Jaeger* S. 61 ff.; *Tillmann/Mohr* Rn. 763; BeckFormB ArbR B.I.1.
[28] *Boemke* ZfA 1998, 209 (218 ff.); *Grobys* NJW-Spezial 2005, 513 (514).
[29] BGH 14.5.1990 – II ZR 122/89, NJW-RR 1990, 1313 – Gleichbehandlung bei Gehaltserhöhung.
[30] BAG 21.2.2007 – 5 AZB 52/06, NZA 2007, 699.
[31] *Boemke* ZfA 1998, 209 (218 f.); *ders.* RdA 2018, 1 (3 ff.); *Lunk* in FS Moll, 457 ff.; *Stöhr* GmbHR 2020, 411 ff.
[32] BGH 21.10.1998 – VIII ZB 54/97, NJW 1999, 648. Siehe kritisch zur Begriffsbildung *Willemsen/Müntefering* NZA 2008, 193 (194 ff.).
[33] Siehe zu diesem Aspekt BAG 2.10.1990 – 4 AZR 106/90, NZA 1991, 239.
[34] BAG 21.1.2019 – 9 AZB 23/18, NZA 2019, 491; *Mohr/Bourazeri* GmbHR 2019, 595 ff. Siehe auch BGH 1.10.2019 – II ZR 386/17, NZA 2020, 120: Ein Gesellschafter-Geschäftsführer einer Gesellschaft mit beschränkter Haftung, der mit einem oder mehreren anderen Gesellschafter-Geschäftsführern 50 % der Geschäftsanteile hält und selbst nicht mit einem nur unbedeutenden Geschäftsanteil an der Gesellschaft beteiligt ist, ist keine arbeitnehmerähnliche Person iSd § 17 Abs. 1 S. 2 BetrAVG.

zB die Zeugnispflicht nach § 630 BGB.[35] Zu den Vorschriften, die lediglich Arbeitsverhältnisse erfassen, zählen demgegenüber etwa das Schriftformerfordernis für die Beendigung (§ 623 BGB), die Beweislastregelungen bei Schadensverursachung (§ 619a BGB) und die Vorschriften zum Betriebsübergang (§ 613a BGB).
- Arbeitsrechtliche **Schutzgesetze** wie zB das Entgeltfortzahlungsgesetz sind grundsätzlich unanwendbar. Eine analoge Anwendung derartiger Gesetzesvorschriften auf die Dienstverhältnisse von Fremdgeschäftsführern kommt grundsätzlich nicht in Betracht.[36] Die Rechtsprechung hat in Einzelfällen eine partielle Ausdehnung arbeitsrechtlicher Schutzprinzipien auch auf Fremdgeschäftsführer erwogen.[37] Dies betrifft etwa den Gleichbehandlungsgrundsatz,[38] den Pfändungsschutz nach §§ 850ff. ZPO,[39] den Insolvenzschutz für Gehaltsforderungen,[40] den Urlaub.[41]

Die allgemeine Statusbestimmung des GmbH-Geschäftsführers mit der Folge der Anwendung oder Nichtanwendung arbeitsrechtlicher Regelungen hat allerdings insoweit Bedeutung verloren bzw. ist dadurch eingeschränkt worden, dass der EuGH den Fremd- und Minderheitsgesellschafter-Geschäftsführer als **Arbeitnehmer iSv Richtlinien der Europäischen Union** einordnet.[42] Dieses Verständnis ist mit den Maßgaben und Möglichkeiten der richtlinienkonformen Auslegung oder in Ausnahmefällen richtlinienkonformer Rechtsfortbildung zur Geltung zu bringen. Arbeitnehmer im Sinne europäischer Richtlinien ist danach auch ein „Mitglied der Unternehmensleitung einer Kapitalgesellschaft, das dieser gegenüber Leistungen erbringt und in sie eingegliedert ist, [...], wenn es seine Tätigkeit für eine bestimmte Zeit nach der Weisung oder unter der Aufsicht eines anderen Organs dieser Gesellschaft ausübt und als Gegenleistung für die Tätigkeit ein Entgelt erhält". Eine rein gesellschaftsrechtlich begründete Weisungsgebundenheit genügt danach. Diese ist bei einem GmbH-Geschäftsführer zu bejahen, der keinen bestimmenden Einfluss auf die Gesellschaft ausüben kann. Entscheidend ist danach die Erbringung von Leistungen für eine Person gegen Vergütung nach deren Weisungen für eine bestimmte Zeit. Es ist dabei zur Kenntnis zu nehmen, dass der EuGH den autonomen, europarechtlichen Arbeitnehmerbegriff immer dort zur Geltung bringt, wo nicht auf mitgliedstaatliche Arbeitnehmerbegriffe verwiesen ist.[43] Die nationalen, für Arbeitnehmer geltenden Normenkomplexe sind mithin jeweils daraufhin zu prüfen, ob sie erstens auf europäischem Richtlinienrecht beruhen und ob zweitens die Richtlinie auf den Arbeitnehmerbegriff der Mitgliedstaaten Bezug nimmt. Ist letzteres bei einer auf europäischem Richtlinienrecht beruhenden Norm nicht der Fall, ist der autonome europarechtliche Arbeitnehmerbegriff bei Anwendung und Auslegung der Norm zu berücksichtigen.

4. Sonderfälle

a) **Ruhendes Arbeitsverhältnis.** Die Rechtsfigur des „ruhenden" Arbeitsverhältnisses wurde von der Rechtsprechung ursprünglich im Zusammenhang mit der Vorschrift des § 5 Abs. 1 S. 3 ArbGG entwickelt, um (ehemaligen) Geschäftsführern den Zugang zu den **Arbeitsgerichten** zu ermöglichen. Gleichwohl ist die Problemstellung auch genereller Natur. Sie wird immer aktuell, wenn eine Person als Arbeitnehmer in ein Unternehmen eintritt und später zum Geschäftsführer befördert wird. Heben die Parteien in diesem Zusammen-

---

[35] Siehe zum Zeugnisanspruch des Geschäftsführers etwa *Brötzmann* GmbHR 2016, R 97 – R 98.
[36] *Hümmerich* NJW 1995, 1177 (1181).
[37] *Fleck* WM 1985, 677.
[38] BGH 14.5.1990 – II ZR 122/89, NJW-RR 1990, 1313.
[39] BGH 8.12.1977 – II ZR 219/75, NJW 1978, 756.
[40] BGH 25.1.2003 – IX ZR 39/02, NZG 2003, 327.
[41] OLG Düsseldorf 23.12.1999 – 6 U 119/99, NJW-RR 2000, 768; *Haase* GmbHR 2005, 265 (268).
[42] EuGH 11.11.2010 – C 232/09, NZA 2011, 143 – Danosa; EuGH 9.7.2015 – C 229/14, NZA 2015, 861 Balkaya. Siehe dazu *Baeck/Winzer* NZG 2011, 101 ff.; *Boemke* RdA 2018, 1 (5 ff.); *Commandeur/Kleinebrink* NZA-RR 2017, 449 (450 ff.); *Gallner* in FS Moll, 133, 143 ff.; *Giesen* ZfA 2016, 47 ff.; *Lunk* RdA 2013, 110 ff., *Lunk/Rodenbusch* GmbHR 2012, 188 ff.; *Preis/Sagan* ZGR 2013, 26 ff.; *Reiserer* DB 2011, 2262 ff.; *Reiserer* BB 2016, 1141 ff.; *Schubert* EuZA 2011, 362 (369); *Schubert* ZESAR 2013, 5 ff.; *Wank* EuZA 2018, 327 (333 ff.).
[43] *Gallner* in FS Moll, 133, 136; *Henssler/Pant* RdA 2019, 321 (325 f.); jew. m. ausf. Nachw. aus der Rspr.

den bestehenden Arbeitsvertrag nicht auf, kann dieser nach Auffassung der Rechtsprechung als „ruhendes" Arbeitsverhältnis neben einen der Bestellung zu Grunde liegenden Dienstvertrag treten. Endet die Organstellung später und wird der Dienstvertrag gekündigt, kann sich der Geschäftsführer gegen eine Kündigung mit der Begründung wehren, dass er nach seinem früheren, nicht aufgehobenen Arbeitsverhältnis (immer noch bzw. wieder) Kündigungsschutz genießt. Da dieser Streit nicht das der Organstellung zu Grunde liegende schuldrechtliche Rechtsverhältnis, sondern eine **selbstständige weitere** Rechtsbeziehung (das ruhende Arbeitsverhältnis nämlich) betrifft, gelten **insoweit** § 5 Abs. 1 S. 3 ArbGG, § 14 Abs. 1 KSchG nicht. Das ruhende Arbeitsverhältnis unterliegt (selbstverständlich) dem Arbeitsrecht und der Arbeitsgerichtsbarkeit.[44]

15 Die praktische Fallbearbeitung kann im Hinblick auf ruhende Arbeitsverhältnisse Schwierigkeiten bereiten, weil es häufig an eindeutigen Absprachen der Parteien hinsichtlich der Existenz und des Inhalts der verschiedenen Rechtsverhältnisse mangelt. Die Lösungsansätze der Rechtsprechung sind in der Vergangenheit nicht einheitlich gewesen.[45] Zudem kann sich die Thematik mit der Konstellation einer sog. Drittanstellung überschneiden.

16 Unproblematisch ist der Fall, dass die Parteien den „ruhenden" Fortbestand des ursprünglichen Arbeitsverhältnisses neben einem etwaigen Geschäftsführer-Anstellungsvertrag **ausdrücklich** vereinbaren. Dies unterliegt der Vertragsfreiheit.

17 Umgekehrt ist denkbar, dass anlässlich der Beförderung zum Geschäftsführer **keinerlei Absprachen hinsichtlich der schuldrechtlichen Rechtsbeziehungen getroffen** werden, also weder hinsichtlich des bestehenden Arbeitsverhältnisses noch hinsichtlich eines etwaigen neuen Dienstvertrags. Von einer automatischen Umwandlung des Arbeitsvertrags in einen Dienstvertrag kann in derartigen Fällen nicht ausgegangen werden.[46] Die Geschäftsführungstätigkeit wird dann im Rahmen eines Arbeitsverhältnisses erbracht, wobei während der Dauer der Organstellung § 5 Abs. 1 S. 3 ArbGG und § 14 Abs. 1 KSchG gelten. Der Rechtsweg zu den Gerichten für Arbeitssachen ist nach Beendigung der Stellung als Geschäftsführer auch für Ansprüche aus der Zeit als Geschäftsführer gegeben, da sämtliche Ansprüche aus dem Vertragsverhältnis auf einer einheitlichen, unveränderten arbeitsvertraglichen Grundlage bestehen.[47]

18 Wird anlässlich der Geschäftsführerbestellung ein **schriftlicher** Geschäftsführer-Dienstvertrag geschlossen, **ist nach nunmehr gefestigter Rechtsprechung des BAG grundsätzlich zu vermuten,** dass die Parteien ein bis dahin bestehendes Arbeitsverhältnis damit einvernehmlich (konkludent) aufheben, soweit nicht ausdrücklich etwas anderes vereinbart wird.[48] Zur Begründung beruft sich das Gericht auf die objektive Interessenlage, nach der einem Arbeitnehmer bewusst sein müsse, dass er seine arbeitsrechtlichen Schutzrechte mit Abschluss des Geschäftsführer-Dienstvertrags (endgültig) aufgibt und verliert.[49] Das gilt unabhängig davon, ob der neue Vertrag die Aufhebung des alten Arbeitsverhältnisses ausdrücklich vorsieht oder nicht. Das **Schriftformerfordernis** des § 623 BGB stehe einem derartigen Ergebnis nicht entgegen; denn in dem neuen schriftlichen Vertrag komme der rechtsgeschäftliche Wille der Parteien zur Beendigung des Arbeitsvertrags hinreichend deutlich zum Ausdruck.[50] Ob das auch dann angenommen werden kann, wenn die Parteien anlässlich der Geschäftsführerbestellung lediglich einzelne **Vertragselemente** wie Vergütung, Vertragslaufzeit, Kündigungsfristen oÄ ändern, ist offen. Man wird in derartigen Fällen dann von einer konkludenten Aufhebung des bestehenden Arbeitsvertrags ausgehen kön-

---

[44] BAG 15.3.2011 – 10 AZB 32/10, NZA 2011, 874; 23.8.2011 – 10 AZB 51/10, AP ArbGG 1979 § 5 Nr. 69; 6.5.1999 – 5 AZB 22/98, NZA 1999, 839 (840); LAG Köln 28.10.2019 – 9 Ta 158/19.
[45] *Diller* NJW 2008, 1019.
[46] BAG 25.1.2007– 5 AZB 49/06, NZA 2007, 580 (581); 9.5.1985 – 2 AZR 330/84, NZA 1986, 792.
[47] BAG 23.8.2011– 10 AZB 51/10, AP ArbGG 1979 § 5 Nr. 69.
[48] BAG 15.3.2011 – 10 AZB 32/10, NZA 2011, 874 (875); 5.6.2008 – 2 AZR 754/6, NZA 2008, 1002; 19.7.2007 – 6 AZR 774/06, NZA 2007, 1095; *Bauer/Baeck/Lösler* ZIP 2003, 1821; *Moll* GmbHR 2008, 1024 ff.; kritisch *Gravenhorst* jurisPR-ArbR 26/2011, 187 Anm. 2; *Weingarth* GmbHR 2016, 571 ff.
[49] BAG 15.3.2011 – 10 AZB 32/10, NZA 2011, 874 (875); 19.7.2007 – 6 AZR 774/06, NZA 2007, 1095 (1096).
[50] BAG 15.3.2011 – 10 AZB 32/10, NZA 2011, 874 (875); 19.7.2007 – 6 AZR 774/06, NZA 2007, 1095 (1097).

nen, wenn die Parteien **wesentliche** Vertragsänderungen schriftlich vereinbart haben. Diese können nämlich ebenso wie ein „vollständiger" Dienstvertrag als formgerechter Anknüpfungspunkt für den (weitergehenden) Parteiwillen zur Aufhebung des alten Arbeitsvertrags dienen (§ 623 BGB).[51] Die für die Aufhebung des alten Arbeitsvertrags erforderliche Schriftform wird nicht gewahrt, wenn eine von dem Arbeitgeber verschiedene Gesellschaft den Geschäftsführervertrag schließt.[52]

Werden dagegen lediglich **mündliche** Absprachen oder Absprachen durch schlüssiges Verhalten über die Dienstvertragsbeziehung als Geschäftsführer getroffen, ist das Schriftformerfordernis des § 623 BGB nicht eingehalten. Vielmehr bleibt der Arbeitsvertrag als ruhend bestehen, wenn ein Arbeitnehmer lediglich aufgrund einer **formlosen** Abrede ohne Abschluss eines schriftlichen Geschäftsführer-Dienstvertrags die Vertragsbeziehungen als Geschäftsführer regelt.[53]

Die Rechtsprechung hat sich nicht ausdrücklich mit der Frage beschäftigt, inwieweit die unterschiedliche **Kompetenzverteilung** für die Vornahme von Rechtsgeschäften der (konkludenten) Aufhebung eines Arbeitsvertrags durch einen Geschäftsführer-Dienstvertrag entgegenstehen kann. Bei Abschluss des Dienstvertrags wird die Gesellschaft gegenüber dem Geschäftsführer durch die **Gesellschafter** vertreten; für die Aufhebung des Arbeitsvertrags eines Arbeitnehmers sind dagegen die Mitgeschäftsführer, Prokuristen etc zuständig. Somit gelangt man zu einer wirksamen Aufhebung eines Arbeitsvertrags durch einen von den Gesellschaftern beschlossenen und unterzeichneten Dienstvertrag nur dann, wenn man eine **Annexkompetenz der Gesellschafterversammlung** (auch) für die Aufhebung des Arbeitsverhältnisses annimmt.[54] Das BAG scheint davon auszugehen,[55] dass die Gesellschafter als vertretungsberechtigtes Gesellschaftsorgan anzusehen sind, wenn im Zusammenhang mit dem Abschluss des Geschäftsführerdienstvertrags die Auslösung des bis dahin bestehenden Arbeitsverhältnisses vereinbart wird.[56]

Der Geschäftsführer hat im Einzelnen die Tatsachen darzutun, aus denen sich ergeben soll, dass ein ruhendes Arbeitsverhältnis besteht.[57]

b) Drittanstellung. Von einer Drittanstellung spricht man, wenn das Organverhältnis und das Anstellungsverhältnis nicht zur selben Gesellschaft bestehen. Ein solches **Auseinanderfallen** von Organstellung und Anstellung wird vor dem Hintergrund der Trennungstheorie allgemein für zulässig erachtet.[58] Eine Ausnahme soll bei der mitbestimmten GmbH gelten, bei der die Bestellungs- und Abberufungskompetenz beim Aufsichtsrat liegt.[59] In der Praxis findet man Drittanstellungen bei der GmbH & Co. KG, indem die Kommanditgesellschaft selbst die vertraglichen Angelegenheiten mit dem für die Komplementär-GmbH bestellten Geschäftsführer regelt. Darüber hinaus kommt es zu Drittanstellungen vor allem in Unternehmensgruppen. Dabei fungiert in mehrstufigen Konzernen in der Regel die (Holding-)Gesellschaft an der Konzernspitze als Vertragspartner, während die Betroffenen ihre Organfunktion als Geschäftsführer in einer oder mehreren Tochtergesellschaften ausüben. Die von der Anstellungskörperschaft an den Geschäftsführer geleisteten Zahlungen werden in solchen Fällen meist intern mit den operativen Gesellschaften verrechnet, für die der angestellte Geschäftsführer als Organ tätig wird. Auf die rechtliche Qualifizierung des Anstellungsvertrags als Arbeits- oder Dienstvertrag wirkt sich die bloße Tatsache der Drittanstellung als solche nicht aus. Folglich ist auch in Drittanstellungsfällen grundsätzlich von einem

---

[51] Zu dieser „Andeutungstheorie" näher: BGH 17.2.2000 – 2 AZR 628/03, NJW 2000, 1569 (1570); BAG 16.9.2004 – 2 AZR 628/03, NZA 2005, 635 (636).
[52] BAG 24.10.2013 – 2 AZR 1078/12, NZA 2014, 540.
[53] BAG 15.3.2011 – 10 AZB 32/10, NZA 2011, 874; 23.8.2011 – 10 AZB 51/10, AP ArbGG 1979 § 5 Nr. 69.
[54] Dafür *Bauer/Baeck/Lösler* ZIP 2003, 1821 (1824); *Moll* GmbHR 2008, 1024 (1028); ablehnend *Fischer* NJW 2003, 2417 (2419); kritisch *Weingarth* GmbHR 2016, 571 ff.
[55] BAG 5.6.2008 – 2 AZR 754/06, NZA 2008, 1002; 19.7.2007 – 6 AZR 774/06, NZA 2007, 1095 (1097).
[56] *Moll* GmbHR 2008, 1261 (1262).
[57] BAG 25.10.2007 – 6 AZR 1045/06, NZA 2008, 168.
[58] BAG 25.10.2007 – 6 AZR 1045/06, NZA 2008, 168 (169); BGH 1.12.1969 – II ZR 224/67, MDR 1970, 398 = WM 1970, 249. Siehe ausführlich zur Drittanstellung *Fleck* ZHR 1985, 149 (387).
[59] BGH 14.11.1983 – II ZR 33/83, NJW 1984, 733.

freien Dienstverhältnis des Geschäftsführers auszugehen, solange die Organfunktion die einzige vom Geschäftsführer ausgeübte Tätigkeit bildet.

23 Etwas anderes gilt, wenn einem (leitenden) Angestellten die Geschäftsführung in einer Tochtergesellschaft im Rahmen eines Arbeitsverhältnisses mit der Holding übertragen wird.[60] Dies ist insbesondere, aber nicht nur, bei „Mehrfachfunktionen" möglich. Solche „Mehrfachfunktionen" können insbesondere entstehen, wenn ein zunächst als (leitender) Angestellter beschäftigter Arbeitnehmer zusätzlich zu seinen bisherigen Aufgaben das Amt eines Geschäftsführers bei einer anderen Konzerngesellschaft übernimmt. Eine solche Erweiterung des ursprünglichen Pflichtenkreises kann aus den unterschiedlichsten Gründen erfolgen. Zunächst ist denkbar, dass die Bestellung zum Geschäftsführer nur aus optischen bzw. aus rein formalen Gründen erfolgt, um die Geschäftsführungsgremien innerhalb eines Konzerns auf eine einheitliche Größe zu bringen oder um eine unechte Gesamtvertretung zu etablieren. Meist werden derartige formale Geschäftsführungsämter von den Betroffenen (Bsp.: Leiter der Rechtsabteilung oder der Finanzabteilung) nur „schlafend" und nicht aktiv ausgeübt. Denkbar ist aber auch, dass ein leitender Angestellter mit einer Organbestellung operative Aufgaben als Geschäftsführer übernimmt und sich der bisherige Schwerpunkt seiner Tätigkeit mit der Zeit in Richtung Organfunktion verlagert.

24 Hinsichtlich der Frage, welchen Einfluss die Organbestellung in diesen Fällen auf den bestehenden Arbeitsvertrag hat, muss man differenzieren. Auszugehen ist von dem Grundsatz, dass Grundlage der Geschäftsführerbestellung auch ein mit einer Konzerngesellschaft bestehender Arbeitsvertrag sein kann.[61] Dieser „mutiert" nicht dadurch zum freien Dienstvertrag, dass der **Arbeitnehmer bei einer anderen Gesellschaft in ein Organverhältnis** berufen wird. Hinsichtlich des Schicksals des Arbeitsvertrags kommt es vielmehr auf die konkret getroffenen schuldrechtlichen Absprachen an.

25 • „Integrieren" die Parteien die Geschäftsführungstätigkeit in den bestehenden Arbeitsvertrag, so bleibt dieser im Übrigen **unverändert** bestehen. Die Tätigkeit als Geschäftsführer wird dann weiterhin auf der „Grundlage" des Arbeitsvertrags erbracht.[62] Diese Konstellation dürfte regelmäßig bei der formalen Übernahme „schlafender" Geschäftsführerposten durch ansonsten in unveränderter Funktion beschäftigte (leitende) Mitarbeiter vorliegen.

26 • Ein **Fortbestand des ursprünglichen Arbeitsvertrags** kommt auch dann in Betracht, wenn sich die arbeitsvertraglichen Aufgaben verringern, etwa weil der zum Geschäftsführer bestellte Mitarbeiter seine Organfunktion aktiv ausübt und sich im Zuge dessen die für die Anstellungskörperschaft bislang erbrachten Tätigkeiten (zwangsläufig) reduzieren. Auch hier kann man nicht von einer automatischen Umwandlung des ursprünglich bestehenden Arbeitsverhältnisses in einen Dienstvertrag ausgehen.[63] Das gilt nach Auffassung des BAG insbesondere dann, wenn der Geschäftsführer bei seiner Anstellungskörperschaft nach wie vor die Stellung eines Prokuristen innehat.[64]

27 • Die „Umwandlung" eines Arbeitsvertrags in einen Dienstvertrag kommt somit nur in Betracht, wenn die Parteien entweder den ursprünglichen Arbeitsvertrag anlässlich der Geschäftsführerbestellung ausdrücklich **aufheben** oder dessen Inhalt dahingehend modifizieren, dass die bislang als Arbeitnehmer geschuldeten Tätigkeiten künftig entfallen, wobei das Formerfordernis des § 623 BGB zu beachten ist.[65] Allein eine Erhöhung der vertraglichen Bezüge anlässlich der Übernahme eines Geschäftsführungsamts reicht als Indiz für eine derartige Vertragsumgestaltung nicht aus.[66]

28 • Ersetzen die Parteien den bestehenden Arbeitsvertrag durch einen Geschäftsführer-Dienstvertrag, ist die Frage aufgeworfen, ob das ursprüngliche Arbeitsverhältnis damit restlos

---

[60] BAG 25.10.2007 – 6 AZR 1045/06, NZA 2008, 168.
[61] BAG 25.10.2007 – 6 AZR 045/06, NZA 2008, 168.
[62] BAG 25.10.2007 – 6 AZR 1045/06, NZA 2008, 168.
[63] BAG 20.10.1995 – 5 AZB 5/95, NZA 1996, 200; 13.7.1995 – 5 AZB 37/94, NZA 1995, 1070 (1071) – GmbH & Co.KG.
[64] BAG 13.7.1995 – 5 AZB 37/94, NZA 1995, 1070 (1071).
[65] BAG 13.7.1995 – 5 AZB 37/94, NZA 1995, 1070 (1071).
[66] BAG 13.7.1995 – 5 AZB 37/94, NZA 1995, 1070 (1071).

„beseitigt" ist oder möglicherweise als „ruhendes" Arbeitsverhältnis fortbesteht. Die Parteien können diesbezügliche Abreden treffen. Es kann beispielsweise ein neuer Geschäftsführer-Anstellungsvertrag vereinbart werden, der regelt, dass das bisherige Arbeitsverhältnis zunächst ruhend gestellt wird, aber die erneute bzw. wiederholte Bestellung zum Geschäftsführer in der Tochtergesellschaft erlischt.[67]

Praxistipp:
Wird ein Arbeitnehmer nach Antritt seines Arbeitsverhältnisses mit zusätzlichen Organfunktionen bei einer anderen (Konzern-)Gesellschaft betraut und wird in diesem Zusammenhang der bestehende Arbeitsvertrag weder ausdrücklich (schriftlich) aufgehoben oder modifiziert noch ein selbstständiger Dienstvertrag geschlossen, ist grundsätzlich von einem Fortbestand des Arbeitsverhältnisses auszugehen.

c) Isolierte Beendigung der Organstellung. Es kommt in der Praxis immer wieder vor, dass Geschäftsführer nach einer Beendigung der Organstellung in anderer Funktion für das Unternehmen oder den Konzern tätig bleiben. Aus Sicht der Gesellschaft kann dies sinnvoll sein, um besondere Kenntnisse oder Fertigkeiten des Betroffenen zumindest für eine Übergangszeit weiter nutzen zu können. Ferner kann bei einer längeren Kündigungsfrist oder Restlaufzeit des Anstellungsvertrags und in Ermangelung außerordentlicher Kündigungsgründe ein Interesse der Gesellschaft bestehen, trotz Beendigung der Organstellung für die noch ausstehenden Gehaltszahlungen bis zur Vertragsbeendigung weiterhin eine Gegenleistung des Betroffenen zu erhalten.

In diesem Zusammenhang stellt sich die Frage, in welcher Weise sich eine tatsächliche **Weiterbeschäftigung** auf die Rechtsnatur des bestehenden Dienstvertrags auswirkt. Das darf nicht mit der Konstellation des „ruhenden" Arbeitsverhältnisses verwechselt werden, da die Parteien von vornherein nur um ein **einziges** schuldrechtliches Rechtsverhältnis (den im Zusammenhang mit der Geschäftsführertätigkeit geschlossenen Vertrag nämlich) streiten. Es geht mit anderen Worten nicht um die Frage, ob nach der Abberufung eine „ruhende" zweite Vertragsbeziehung wiederauflebt, sondern darum, inwieweit sich der bestehende Dienstvertrag infolge der Weiterbeschäftigung in ein Arbeitsverhältnis „umwandelt" bzw. durch die Weiterbeschäftigung ggf. ein eigenständiges (neues) Arbeitsverhältnis begründet wird. Hinsichtlich der **Rechtsnatur des Anstellungsverhältnisses** ist von dem aus der Trennungstheorie herzuleitenden und weitgehend unstreitigen Grundsatz auszugehen, dass der Verlust der Organstellung als solcher grundsätzlich nicht zu einer Umwandlung eines bestehenden freien Dienstverhältnisses in ein abhängiges Arbeitsverhältnis führt.[68] Der ursprünglich geschlossene Dienstvertrag besteht vielmehr unbeschadet eines Widerrufs der Organstellung oder einer Amtsniederlegung bis zu seinem Ablauf oder seiner Kündigung fort.[69] Es ist daher nicht ausgeschlossen, den ursprünglich als freien Dienstvertrag geschlossenen Anstellungsvertrag auch nach dem Verlust der Organstellung als freies Dienstverhältnis fortzusetzen. Das hat der BGH etwa bei der Weiterbeschäftigung eines ehemaligen Vorstandsmitglieds als stellvertretendes Vorstandsmitglied und Gebietsdirektor angenommen.[70] Die **Beschäftigung mit weisungsgebundenen Aufgaben** ändert dagegen die Situation. Die Stellung des ehemaligen Geschäftsführers als freier Dienstnehmer wandelt sich dann auf Grund der neu übernommenen Aufgaben in die eines abhängigen Beschäftigten. Davon ist das OLG Frankfurt a. M. bei der Weiterbeschäftigung eines ehemaligen Geschäftsführers als Leiter einer Zweigniederlassung ausgegangen.[71] Entscheidend sind die Umstände des Einzel-

---

[67] BAG 12.6.2019 – 7 AZR 428/17, NZA 2019, 1423.
[68] BGH 10.1.2000 – II ZR 251/98, NJW 2000, 1864 – AG-Vorstand; BAG 26.10.2012 – 10 AZB 60/12, NZA 2013, 54; 6.5.1999 – 5 AZB 22/98, NZA 1999, 839; 21.2.1994 – 2 AZB 28/93, NZA 1994, 905 (906); OLG Köln 6.12.1999 – 16 U 94/98, NZG 2000, 551.
[69] StRspr: BAG 28.9.1995 – 5 AZB 4/95, NZA 1996, 143 (144).
[70] BGH 10.1.2000 – II ZR 251/98, NJW 2000, 1864.
[71] OLG Frankfurt a. M. 11.5.1999 – 5 W 11/99, GmbHR 1999, 859.

falls. Kriterien für eine verlässliche Beurteilung einer Umwandlung in ein Arbeitsverhältnis hat die Rechtsprechung bislang nicht herausgearbeitet. Das BAG verlangt eindeutige rechtsgeschäftliche Erklärungen (ausdrücklich oder konkludent).[72]

31 Die Beendigung wirft die Frage auf, inwieweit der Geschäftsführer im Streitfall **verpflichtet** ist, einem etwaigen Tätigkeitsverlangen der Gesellschaft nachzukommen und umgekehrt ob der Geschäftsführer eine Weiterbeschäftigung verlangen kann. Eine **Verpflichtung** des Geschäftsführers zur **Ausübung einer anderweitigen Tätigkeit** nach seiner Abberufung wird man grundsätzlich nicht annehmen können.[73] Nach dem Anstellungsvertrag sind regelmäßig (nur) die Dienste eines Geschäftsführers geschuldet, und diese Funktion lässt sich in adäquater Weise nur in einer Organstellung ausüben. Anderes kann gelten, wenn der Anstellungsvertrag eine entsprechende **Weiterbeschäftigungsklausel** enthält, die die Möglichkeit einer anderen Beschäftigung nach Abberufung vorsieht.[74] Ist die Organstellung beendet, besteht auch weder ein schuldrechtlicher **Anspruch des vormaligen Geschäftsführers auf Weiterbeschäftigung** als Geschäftsführer einer GmbH noch ein solcher auf Beschäftigung in einer der Geschäftsführertätigkeit vergleichbaren leitenden Funktion.[75] Dies folgt bei Vertrauenspositionen auf Leitungsebene aus einer Interessenabwägung zugunsten der Gesellschaft. Weder die Position eines Betriebsleiters oder Prokuristen noch andere Führungspositionen sind qualitativ und funktional mit der Organstellung des Geschäftsführers vergleichbar. Der Geschäftsführer kann aber gehalten sein, eine anderweitige Beschäftigung bei der Gesellschaft im Rahmen seiner Obliegenheit zur Abwendung der Anrechnung nach § 615 S. 2 BGB auszuüben.[76] Nicht überzeugend ist dagegen die in einer früheren Entscheidung – obiter dictum – geäußerte Ansicht des BGH, der Gesellschaft könne ein außerordentliches Kündigungsrecht zustehen, sofern der Geschäftsführer nach einer Amtsniederlegung „das Angebot einer Weiterbeschäftigung unter ihm zumutbaren Bedingungen ohne triftigen Grund ausschlägt."[77] Damit würden Fragen der Arbeitspflicht, des Annahmeverzugs und des Kündigungsrechts vermengt und die von den Parteien getroffene anstellungsvertragliche Vereinbarung in unzulässiger Weise übergangen. Eine andere Frage ist allerdings, ob nicht in der Amtsniederlegung eine die Gesellschaft zur außerordentlichen Kündigung berechtigende Pflichtverletzung liegt. Jedenfalls dürfte sich die Auffassung des BGH nicht auf einen von der **Gesellschaft** herbeigeführten Verlust der Organstellung übertragen lassen.

5. Lohnsteuer und Sozialversicherung

32 Geschäftsführer einer GmbH ohne beherrschenden Einfluss sind als **abhängig** Beschäftigte iSv § 7 Abs. 1 S. 1 SGB IV anzusehen.[78] Die Frage des beherrschenden Einflusses ist nach den jeweiligen gesellschaftsrechtlichen Gestaltungen zu prüfen.[79] Ob es sich um eine „Familiengesellschaft" handelt, ist unerheblich.[80] Diese Beurteilung gilt für alle Zweige der Sozialversicherung einschließlich der Unfallversicherung und entspricht der gängigen Praxis der Sozialversicherungsträger. Die Personengruppe der Geschäftsführer ohne beherrschenden Einfluss bildet damit ein anschauliches Beispiel für die im deutschen Recht nach wie vor bestehende **Trennung von arbeitsrechtlicher und sozialversicherungsrechtlicher Einordnung** gegenseitiger Verträge, die auf die Erbringung persönlicher Dienste gerichtet sind.[81] In der Tat kann man sich fragen, warum die weitgehende Freiheit des Geschäfts-

---

[72] BAG 5.6.2008 – 2 AZR 754/06, NZA 2008, 1002.
[73] *Bork* NZA 2015, 199 (202); *Moll* in FS Schwerdtner, 462 ff.
[74] BGH 11.10.2010 – II ZR 266/08, NJW 2011, 920.
[75] BGH 11.10.2010 – II ZR 266/08, NJW 2011, 920; 28.10.2002 – II ZR 146/02, NJW 2003, 351; *Kothe-Heggemann/Schelp* GmbHR 2011, 75.
[76] *Bork* NZA 2015, 199 ff. (restriktiv); *Moll* in FS Schwerdtner, 464 ff.
[77] BGH 9.2.1978 – II ZR 189/76, NJW 1978, 1435 (1436).
[78] BSG 18.12.2001 – B 12 KR 10/01 R, NZA-RR 2003, 325 (326); *Kaufmann/Kleemann* DB 2014, 821 ff.; *Reinfelder* RdA 2016, 87 (89).
[79] *Bernsdorff* DB 2015, 1551 ff.; BSG 11.11.2015 – B 12 KR 10/14 R, GmbHR 2016, 533.
[80] *Bross* DB 2014, 2451 ff.
[81] *Preis* NZA 2000, 914; *Wank* RdA 2020, 110 ff.

führers bei der Gestaltung seiner Tätigkeit und das im Regelfall fehlende arbeitsrechtliche Direktionsrecht nicht auf die sozialversicherungsrechtliche Beurteilung „durchschlagen". Denn auch der Beschäftigungsbegriff des Sozialversicherungsrechts wird durch eine Tätigkeit nach Weisung und die Eingliederung in eine fremde Arbeitsorganisation geprägt (§ 7 Abs. 1 S. 2 SGB IV). In seiner Wertung gelangt das BSG deshalb zu einer vom Arbeitsrecht abweichenden Beurteilung, weil darin (auch) gesellschaftsrechtliche Aspekte einfließen, etwa die Befugnis der Gesellschafter zur Bestimmung der Geschäftspolitik oder die Erteilung von Weisungen im Einzelfall oder die Ausübung von Genehmigungsvorbehalten.[82] Die Rechtsprechung hat in der Vergangenheit geprüft, ob aufgrund besonderer Umstände eine Selbständigkeit im sozialversicherungsrechtlichen Sinn angenommen werden kann, etwa wenn der Geschäftsführer „schalten und walten" kann, wie er will, weil er die Gesellschafter persönlich dominiert oder weil diese wirtschaftlich von ihm abhängig sind.[83] Ebenso lassen sich Familiengesellschaften anführen, in denen die persönliche Verbundenheit zwischen Gesellschaftern und Geschäftsführern dazu führt, dass das gegenseitige Verhältnis vorwiegend durch familiäre Rücksichtnahme geprägt wird und es somit an der Erteilung echter Weisungen durch die Gesellschafter fehlt.[84] Die Formulierung dieser Tatbestände macht deutlich, dass damit eher Ausnahmefälle erfasst werden. Für den Normalfall des externen angestellten Geschäftsführers verbleibt es seit jeher bei der uneingeschränkten Sozialversicherungspflicht.[85] Die Annahme von Selbstständigkeit hat man je nach Einzelfall bei Sperrminoritätsregelungen oder Vetorechten im Gesellschaftsvertrag als gerechtfertigt angesehen.[86]

Es kommt vor, dass sich die Arbeitsagenturen nach der Beendigung der Tätigkeit eines Geschäftsführers auf den Standpunkt stellen, es habe keine abhängige Beschäftigung vorgelegen und somit seien die Voraussetzungen für den **Bezug von Arbeitslosengeld** nicht erfüllt. Für die Betroffenen ist diese Situation vor allem deshalb unbefriedigend, weil nach Auffassung des BSG die tatsächliche Abführung von Beiträgen nicht bindend für die Agenturen für Arbeit ist.[87] Der Gesetzgeber hat daher in § 336 SGB III ein Verfahren etabliert, mit dem eine leistungsrechtliche Anerkennung einer die Sozialversicherungspflicht feststellenden Entscheidung der Deutschen Rentenversicherung Bund auch mit Wirkung für die Bundesagentur für Arbeit herbeigeführt werden kann. Der GKV-Spitzenverband, die Deutsche Rentenversicherung Bund und die Bundesagentur für Arbeit haben das Merkblatt/Rundschreiben „Statusfeststellung von Erwerbstätigen" (Fassung derzeit vom 21. März 2019) veröffentlicht, das in Anlage 3 (Fassung derzeit vom 8.11.2017) eine „Versicherungsrechtliche Beurteilung von Gesellschafter-Geschäftsführern, Fremdgeschäftsführern und mitarbeitenden Gesellschaftern einer GmbH sowie Geschäftsführern einer Familien-GmbH" enthält.

Praxistipp:
Liegt kein Sonderfall vor, ist die Durchführung einer statusrechtlichen Anfrage bei der Deutschen Rentenversicherung Bund (§ 7a SGB IV) oder eine formlose Anfrage bei der für die Versicherungspflicht zuständigen Einzugsstelle (§ 15 SGB I, § 28h Abs. 2 SGB IV) vor Aufnahme der Tätigkeit eines Fremdgeschäftsführers in der Regel entbehrlich.[88]

---

[82] BSG 18.12.2001 – B 12 KR 10/01 R, NZA-RR 2003, 325 (327).
[83] BSG 14.12.1999 – B 2 U 48/98 R, GmbHR 2000, 618.
[84] BSG 14.12.1999 – B 2 U 48/98 R, GmbHR 2000, 618.
[85] *Grimm* DB 2012, 175 ff.; *Holthausen* RdA 2020, 92 (98 ff.); *Jaeger* S. 57; *Freckmann* BB 2006, 2077 (2079 ff.); *Hillmann-Stadtfeld* GmbHR 2004, 107 ff.; *Reiserer/Skupin* BB 2019, 505 ff.
[86] SG Reutlingen 28.6.2016 – S 8 R 1775/14, GmbHR 2016, 1144; SG Stuttgart 18.8.2016 – S 17 R 747/14, GmbHR 2017, 1335; LSG Rheinland-Pfalz 6.2.2019 – L 4 R 465/16, GmbHR 2019, 480 (Berücksichtigung eines Treuhandverhältnisses); LSG Baden-Württemberg 19.7.2019 – L 10 BA 282/19 (Unerheblichkeit einer Weisungsfreiheit im Dienstvertrag wegen Unterordnung aufgrund der Organstellung).
[87] BSG 6.2.1992 – 7 Rar 134/90, NZA 1992, 1003.
[88] Näher zum Statusfeststellungsverfahren nach § 7a SGB IV: *Becker/Hennecke* BB 2019, 820 ff.

34 Das BSG hat durch Entscheidungen in den Jahren 2018 und 2019 die Rechtslage stringenter gestaltet und dadurch letztlich vereinfacht.[89] Ein Fremdgeschäftsführer ist danach generell nicht selbständig tätig. Die frühere „Kopf und Seele" Rechtsprechung ist ausdrücklich aufgegeben. Eine Kapitalbeteiligung steht der Unselbständigkeit entgegen, wenn der Geschäftsführer die Geschicke der Gesellschaft bestimmen kann. Dies ist nur bei einer Kapitalbeteiligung von mehr als 50 % der Fall. Eine Kapitalbeteiligung von 50 % oder geringer kann dann Selbständigkeit begründen, wenn eine umfassende, die gesamte Unternehmenstätigkeit erfassende Sperrminorität besteht, dh eine Einflussmöglichkeit auf den Inhalt von Gesellschafterbeschlüssen besteht und insbesondere nicht genehme Weisungen verhindert werden können. Diese Einflussmöglichkeit muss gesellschaftsrechtlich und damit qua GmbH-Satzung eingeräumt sein. Ein (Fremd-)Geschäftsführer verfügt danach selbst dann nicht über die eine abhängige Beschäftigung ausschließende Rechtsmacht, ihm nicht genehme Weisungen zu verhindern, wenn er Treugeber sämtlicher Geschäftsanteile ist und über eine unwiderrufliche Stimmrechtsvollmacht verfügt.[90]

35 Geschäftsführer sind auch im **Steuerrecht** als Arbeitnehmer zu qualifizieren (§ 1 LStDV), mit der Folge, dass die Gesellschaft bei der auszuzahlenden Vergütung einen **Lohnsteuerabzug** vorzunehmen hat. Nach Auffassung des BFH folgt die steuerrechtliche Arbeitnehmereigenschaft insbesondere aus dem Umstand, dass der Geschäftsführer als Organ in den Organismus der Gesellschaft eingegliedert ist und den Weisungen zu folgen hat, die sich aus dem Anstellungsvertrag und aus den Gesellschafterbeschlüssen ergeben.[91] Insbesondere bei Geschäftsführern mit Kapitalbeteiligung ist im Einzelfall eine andere Gestaltung möglich.[92] An der Kasuistik im Sozialversicherungsrecht orientiert sich grundsätzlich auch die Finanzverwaltung.[93]

II. Abschluss des Anstellungsvertrags

36 Der Abschluss eines Geschäftsführer-Anstellungsvertrags ist ebenso wie der Abschluss eines Arbeitsvertrags **formfrei** möglich. Da es sich um einen freien Dienstvertrag handelt, finden die Vorschriften des Nachweisgesetzes auf den Geschäftsführer mangels Arbeitnehmereigenschaft keine Anwendung (§ 1 NachwG). Der Geschäftsführer ist auch nicht Arbeitnehmer iSd Nachweisrichtlinie (RL 91/533/EWG). Dies ändert sich nicht unter der Neufassung durch die Richtlinie über transparente und verlässliche Arbeitsbedingungen (RL 2019/1152/EU): Diese verweist auf den Arbeitnehmerbegriff in den Mitgliedsstaaten. Dass dabei die „Rechtsprechung des Gerichtshofs" zu berücksichtigen ist, führt nicht dazu, dass in Deutschland GmbH-Geschäftsführer einzubeziehen sind; ausweislich der Erwägungsgründe geht es dabei (nur) um die Aspekte „Missbrauch" und „Scheinselbständigkeit".[94] Die deutsche Einordnung des Anstellungsverhältnisses des GmbH-Geschäftsführers stellt keine willkürliche Abweichung von der Rechtsprechung des Europäischen Gerichtshofs dar.

37 Bei Vertragsschluss wird die Gesellschaft durch die **Gesellschafterversammlung** und nicht einen Mitgeschäftsführer, Prokuristen, Personalleiter oÄ vertreten.[95] Diese gesetzlich nicht ausdrücklich normierte Kompetenzverteilung ist vor allem aus dem Gesichtspunkt des Sachzusammenhangs von Bestellung und Anstellung begründet (§ 46 Nr. 5 GmbHG).[96] Die Zuständigkeit der Gesellschafterversammlung besteht auch dann, wenn Bestellung und Anstellung zeitlich auseinanderfallen.[97] Sie erstreckt sich auch auf spätere **Änderungen** des

---

[89] BSG 14.3.2018 – B 12 KR 13/17 R, GmbHR 2018, 903; BSG 19.9.2019 – B 12 R 25/18 R, GmbHR 2020, 147. Siehe auch Hessisches LSG 31.10.2019 – L 1 KR 502/18, NZG 2020, 73. Siehe zur Frage eines (fehlenden) Vertrauensschutzes *Wehrhahn* jm 2020, Heft 9, S. 32 ff.
[90] BSG 10.12.2019 – B 12 KR 9/18 R, GmbHR 2020, 894.
[91] BFH 9.10.1996 – XI R 47/96, GmbHR 1997, 374; 19.2.2004 – VI R 122/00, GmbHR 2004, 829.
[92] BFH 26.7.1972 – I R 138/70, DB 1972, 2143 = WM 1973, 336.
[93] *Tillmann/Mohr* Rn. 724.
[94] Siehe dazu näher *Henssler/Pant* RdA 2019, 321 (328 ff.).
[95] BGH 3.7.2000 – II ZR 282/98, NJW 2000, 2983; 3.7.2018 – II ZR 42/17, NZG 2018, 1073.
[96] BGH 21.1.1991 – II ZR 144/90, NJW 1991, 1727; 3.7.2018 – II ZR 452/17, NZG 2018, 1073.
[97] BGH 27.3.1995 – II ZR 140/93, NJW 1995, 1750.

Anstellungsvertrags.[98] Die Satzung kann die Kompetenz zur Vornahme entsprechender Rechtsgeschäfte einem anderen Organ, einem fakultativen Aufsichtsrat oder Beirat etwa, zuweisen.[99] Liegt ein wirksamer Gesellschafterbeschluss vor, so steht es den Gesellschaftern frei, darin eine dritte Person mit der **Vollziehung** des Beschlusses, dh der Unterzeichnung des Anstellungsvertrags zu beauftragen. Diese Person kann auch – muss aber nicht notwendigerweise – ein Mitgeschäftsführer sein. Wird der Anstellungsvertrag von einem Alleingesellschafter bzw. von dessen vertretungsberechtigten Organen unterzeichnet, kann die Beschlussfassung der Gesellschafterversammlung mit der Umsetzung der getroffenen Entscheidung ausnahmsweise in einem Akt zusammenfallen, so dass ein besonders protokollierter Gesellschafterbeschluss gem. § 48 Abs. 3 GmbHG nicht erforderlich ist.[100]

Auch in Gesellschaften, die mehr als 500 Arbeitnehmer beschäftigen und nach Maßgabe des Drittel-Beteiligungsgesetzes einen **Aufsichtsrat** mit entsprechender Arbeitnehmerbeteiligung einzurichten haben (§§ 1, 4 DrittelbG), liegt die (Annex-)Kompetenz zum Abschluss des Anstellungsvertrags bei der Gesellschafterversammlung.[101] Lediglich in Gesellschaften, die dem Mitbestimmungsgesetz 1976 oder dem Montan-Mitbestimmungsgesetz unterliegen, verlagert sich die Anstellungskompetenz zusammen mit der Bestellungskompetenz zwingend auf den Aufsichtsrat.[102]

38

Bei einer **Drittanstellung** richtet sich nach den Rechtsbeziehungen zwischen der Bestellungskörperschaft und der Drittgesellschaft, ob und gegebenenfalls wie die Gesellschafterversammlung dem Anstellungsvertrag zustimmen muss. Die Frage kann sich insbesondere stellen, wenn dieser in einem zeitlichen und inhaltlichen Zusammenhang mit der Bestellung geschlossen wird.[103] Im Falle der Anstellung des Geschäftsführers einer Komplementär-GmbH bei der Kommanditgesellschaft ist die Gesellschafterversammlung der Komplementär-GmbH zuständig. Die Anstellungsvertragsbedingungen sind auch dann von der Gesellschafterversammlung zu beschließen, wenn ein Dritter die Kosten einer von ihm zur Verfügung gestellten Person gegenüber der GmbH abrechnet, die als Geschäftsführer der GmbH tätig wird.[104]

39

Wird die Gesellschaft bei dem Abschluss oder der Änderung eines Anstellungsvertrags nicht ordnungsgemäß vertreten, ist das Rechtsgeschäft zunächst schwebend unwirksam (§ 177 BGB). Eine **nachträgliche** Genehmigung durch die Gesellschafterversammlung ist grundsätzlich möglich.[105] Wird der Vertrag nicht nachträglich von den Gesellschaftern genehmigt, kommt es darauf an, ob der Geschäftsführer seine Tätigkeit aufgenommen hat oder nicht. Vor der Invollzugsetzung des Vertrags kann sich jede Seite jederzeit auf den mangelnden Vertragsschluss berufen. Nimmt der Geschäftsführer dagegen seine Tätigkeit mit Wissen und Wollen der Gesellschafter oder zumindest eines Gesellschafters auf der Grundlage des nicht wirksam zustande gekommenen Anstellungsvertrags auf und ist dies nicht bereits als konkludente Genehmigung zu bewerten, ist der Vertrag für die Dauer der Beschäftigung des Betroffenen so zu behandeln, als wäre er wirksam zustande gekommen („**faktisches Anstellungsverhältnis**").[106] Von dem faktischen Anstellungsverhältnis kann sich jede Partei jederzeit auch ohne Vorliegen eines wichtigen Grundes durch einseitige Erklärung lösen.[107] Eine entsprechende Erklärung der Gesellschaft, das faktische Vertragsverhält-

40

---

[98] BGH 3.7.2018 – II ZR 452/17, NZG 2018, 1073.
[99] BGH 17.2.1997 – II ZR 278/95, NJW 1997, 2055; Lutter/Hommelhoff/*Kleindiek* GmbHG Anh. § 6 Rn. 6, 8.
[100] BGH 27.3.1995 – II ZR 140/93, NJW 1995, 1750.
[101] Wißmann/Kleinsorge/Schubert/*Kleinsorge*, DrittelbG § 1 Rn. 43.
[102] BGH 14.11.1983 – II ZR 33/83, NJW 1984, 733.
[103] BGH 8.1.2007 – II ZR 267/05, NJW-RR 2007, 1632 (Kündigung des Anstellungsvertrags eines Geschäftsführers einer GmbH & Co. KG bedarf Beschlussfassung der Gesellschafterversammlung der Komplementär GmbH).
[104] BGH 14.5.2019 – II ZR 299/17, NZG 2019, 1618.
[105] OLG Karlsruhe 13.10.1995 – 10 U 51/95, AG 1996, 224 = WM 1996, 161 – Anstellungsvertrag eines Vorstandsmitglieds.
[106] BGH 20.8.2019 – II ZR 121/16, NJW 2019, 3718; 3.7.2000 – II ZR 282/98, NJW 2000, 2983; 16.1.1995 – II ZR 290/93, NJW 1995, 1158; 21.1.1991 – II ZR 144/90, NJW 1991, 1727.
[107] BGH 3.7.2000 – II ZR 282/98, NJW 2000, 2983; 21.1.1991 – II ZR 144/90, NJW 1991, 1727.

nis nicht länger gegen sich gelten zu lassen, verstößt grundsätzlich nicht gegen Treu und Glauben (§ 242 BGB).[108] Etwas anderes gilt allerdings, dh das Anstellungsverhältnis ist (ausnahmsweise) auch für die Zukunft als wirksam zu behandeln, wenn beide Parteien es jahrelang als Grundlage ihrer Rechtsbeziehung betrachtet haben und die Gesellschaft den Geschäftsführer durch weitere Handlungen in seinem Vertrauen auf die Rechtsbeständigkeit des Vertrags bestärkt hat oder das Scheitern des Vertrags an einem förmlichen Mangel für den Geschäftsführer zu einem schlechthin untragbaren Ergebnis führen würde.[109]

III. Anwendbare Normen und wesentliche Vertragsinhalte

1. Allgemeines

41 Bei dem Abschluss eines Geschäftsführer-Dienstvertrags sind häufig weitergehende **Gestaltungsüberlegungen** erforderlich als bei der Vereinbarung von Arbeitsverträgen. Das hängt vor allem damit zusammen, dass das Dienstvertragsrecht des BGB für wichtige Lebensbereiche keine adäquaten gesetzlichen Regelungen enthält. Fehlende gesetzliche Vorschriften zu Gunsten des Geschäftsführers können die Parteien im Idealfall durch „eigene" vertragliche Vereinbarungen ersetzen. Fehlt es daran, kann im Streitfall erhöhte Rechtsunsicherheit bestehen.

42 Der Grundsatz der **Vertragsfreiheit** wird – auch – im Dienstvertragsrecht durch die Vorschriften der §§ 305 ff. BGB eingeschränkt. Die Rechtsprechung hat sich bis zum Inkrafttreten dieser Regelungen am Maßstab der Gesetzes- oder Sittenwidrigkeit (§§ 134, 138 BGB) orientiert, konkretisiert durch das verfassungsrechtlich garantierte Recht der Berufsfreiheit (Art. 12 Abs. 1 GG).[110]

43 Eine wichtige Festlegung erfolgt dabei, ob **Fremdgeschäftsführer** als **Unternehmer** oder als **Verbraucher** anzusehen sind (§§ 13, 14 BGB). Gegenüber einem Unternehmer findet das **AGB-Recht** nur eingeschränkt Anwendung (§ 310 Abs. 1 S. 1 BGB). Für einen Verbraucher gilt demgegenüber ein erweiterter Anwendungsbereich (§ 310 Abs. 3 BGB). Nach § 14 BGB ist Unternehmer jede natürliche Person, die bei Abschluss eines Rechtsgeschäfts in Ausübung ihrer gewerblichen oder selbstständigen beruflichen Tätigkeit handelt. Das Rechtsgeschäft, um dessen Abschluss es für den Fremdgeschäftsführer geht, ist der Anstellungsvertrag. Nach einer früheren Entscheidung des BGH zum Verbraucherkreditgesetz ist die Tätigkeit des Geschäftsführers einer GmbH im Hinblick auf seinen Anstellungsvertrag eine angestellte und keine selbständige Tätigkeit.[111] Das BAG hat in der Folge entschieden, dass der Abschluss des Anstellungsvertrags des Geschäftsführers einer GmbH jedenfalls dann keine gewerbliche oder selbständige Tätigkeit iSd §§ 13, 14 BGB darstellt, wenn der Geschäftsführer nicht zugleich als Gesellschafter über zumindest eine Sperrminorität verfügt bzw. die Leitungsmacht über die Gesellschaft ausüben kann.[112] Der Fremdgeschäftsführer einer GmbH handelt somit bei Abschluss seines Anstellungsvertrags als Verbraucher iSv § 13 BGB. Anderes kann beim Gesellschafter-Geschäftsführer gelten, der nach dieser Rechtsprechung je nach Einzelfall durchaus als selbständig beruflich tätig iSd §§ 13, 14 BGB angesehen werden kann. Für den Fremdgeschäftsführer reicht die bloße Bestimmung zur **einmaligen** Verwendung des Anstellungsvertrags aus, um der Inhaltskontrolle nach §§ 305–310 BGB zu unterfallen, wenn der Geschäftsführer auf Grund der Vorformulierung des Vertrags auf dessen Inhalt keinen Einfluss hat nehmen können, § 310 Abs. 3 Nr. 2 BGB.[113] Die Möglichkeit der Einflussnahme setzt voraus, dass der Verwender den gesetzesfremden Kerngehalt seiner AGB ernsthaft zur Disposition stellt, was sich in der Regel in Änderungen des

---

[108] BGH 3.7.2000 – II ZR 282/98, NJW 2000, 2983; Sonderfall: BGH 23.10.1975 – II ZR 90/73, BGHZ 65, 190 (194 f.).
[109] BGH 20.8.2019 – II ZR 121/16, NJW 2019, 3718; 8.3.1973 – II ZR 134/71, WM 1976, 506.
[110] BGH 26.3.1984 – II ZR 229/83, NJW 1984, 2366 (Nachvertragliches Wettbewerbsverbot); BGH 3.7.2000 – II ZR 82/98, NJW 2000, 2983 (Abfindungsvereinbarung bei außerordentlicher Kündigung).
[111] BGH 5.6.1996 – VIII ZR 151/95, NJW 1996, 2156; 8.11.2005 – XI ZR 34/05, NJW 2006, 81.
[112] BAG 19.5.2010 – 5 AZR 253/09, NZA 2010, 939.
[113] BAG 19.5.2010 – 5 AZR 253/09, NZA 2010, 939 (940 f.); *Wilsing/Meyer* DB 2011, 341 (344).

vorformulierten Textes niederschlägt.[114] Soweit dies seitens der Gesellschaft angestrebt wird, sind zu den zu regelnden Punkten zunächst nur Einzelvorschläge zu unterbreiten und diese erst nach Erörterung mit dem Geschäftsführer in einem in sich geschlossenen schriftlichen Vertrag auszuformulieren und zusammenzufassen, um auf der Grundlage eines derartigen Ablaufs die Möglichkeit der Einflussnahme des Geschäftsführers auf den Vertragsinhalt auch dann darlegen zu können, wenn die Gesellschaft letztlich ihre Vorstellungen durchgesetzt hat.[115] Die Vertragsverhandlungen sollten sorgfältig dokumentiert und ausgetauschte Vertragsentwürfe archiviert werden.[116]

Eine Berücksichtigung arbeitsrechtlicher Besonderheiten iSv § 310 Abs. 4 S. 2 BGB kommt bei Geschäftsführer-Anstellungsverträgen unabhängig von der Einordnung des Geschäftsführers als Unternehmer oder Verbraucher nicht in Betracht, da Geschäftsführer-Dienstverträge nicht dem Anwendungsbereich des Arbeitsrechts unterliegen.[117] 44

2. Kompetenzen und Berichtspflichten

Die Grundaufgabe der Geschäftsführung beruht auf der Bestellung zum Organ der Gesellschaft. Sie beinhaltet die Leitung der Gesellschaft (§§ 35 ff. GmbHG). Sie wird von jedem Geschäftsführer gleichermaßen geschuldet. Gleichwohl werden oftmals Aufgabenbereiche, Berichtspflichten, Geschäftsführungsbefugnisse, Vertretungsregelungen in Anstellungsverträgen oder in Geschäftsordnungen geregelt. Besonderes Konfliktpotential liegt dabei in der häufigen Forderung von Geschäftsführern, ihnen bestimmte **Kompetenzen** oder ein bestimmtes **Ressort** im Anstellungsvertrag vertraglich zuzusichern. Ob eine vertragliche Zusicherung eine spätere Beschneidung von Zuständigkeiten verhindert, ist unsicher. Das Organisationsrecht der GmbH erlaubt es der Gesellschaft, die Kompetenzen des Geschäftsführers jederzeit anders zu ordnen und ihm auch Zuständigkeiten wieder zu entziehen.[118] Eine Verletzung des Anstellungsvertrags liegt darin nach der Rechtsprechung des BGH jedenfalls dann nicht, wenn die Gesellschaft sich im Anstellungsvertrag das Recht vorbehalten hat, die Zuständigkeit mehrerer Geschäftsführer zu regeln und eine Geschäftsordnung zu erlassen.[119] Der BGH hat die – streitige – Frage offengelassen, ob dann, wenn ein Organisationsvorbehalt im Anstellungsvertrag nicht enthalten ist, die bei der Abberufung geltenden Grundsätze übertragen werden können, dh die Gesellschaft ihre Organisationsmacht unabhängig von Anstellungsregelungen (rechtmäßig) ausüben kann.[120] Der Geschäftsführer könnte bei Bejahung der Frage zwar außerordentlich kündigen, jedoch keinen Schadenersatz nach § 628 Abs. 2 BGB verlangen, wenn (nur) anstellungsvertragswidrig in seine Befugnisse/Zuständigkeiten eingegriffen wird. Ob es Kernaufgaben des Geschäftsführers gibt, die sich einer Disposition entziehen, ist in der Literatur umstritten[121] und wird von der Rechtsprechung bislang offen gelassen.[122] Großzügig beurteilt der BGH die Möglichkeiten des Geschäftsführers, seine Befugnisse an Beauftragte/Bevollmächtigte zu delegieren. Zwar kann der Geschäftsführer nicht alle seine organschaftlichen Pflichten komplett übertragen.[123] Möglich ist aber trotzdem eine sehr weitgehende Übertragung von Befugnissen. Eine Vertretung in „allen Angelegenheiten der Gesellschaft, soweit gesetzlich zulässig, gerichtlich und außergerichtlich" ist nach Ansicht des Bundesgerichtshofs zulässig.[124] 45

---

[114] BAG 19.5.2010 – 5 AZR 253/09, NZA 2010, 939 (941); *Stagat* NZA-RR 2011, 617 (621).
[115] *Stagat* NZA-RR 2011, 617 (621); kritisch *Kempermann* NJW-Spezial 2012, 15.
[116] *Wilsing/Meyer* DB 2011, 341 (344).
[117] MüKoBGB/*Basedow* § 310 Rn. 97; *Boemke* RdA 2018, 1 (15); *Oetker* in FS Buchner 631, 702; aA *Khanian* GmbHR 2011, 116 (121).
[118] BGH 6.3.2012 – II ZR 76/11, NJW 2012, 1656.
[119] BGH 6.3.2012 – II ZR 76/11, NJW 2012, 1656.
[120] BGH 6.3.2012 – II ZR 76/11, NJW 2012, 1656.
[121] Dafür Lutter/Hommelhoff/*Kleindiek* GmbHG § 37 Rn. 18a; Baumbach/Hueck/Zöllner/*Noack* GmbHG § 37 Rn. 18; *Leuering/Dornhegge* NZG 2010, 13 (15); dagegen Roth/Altmeppen/*Altmeppen* GmbHG § 37 Rn. 4 ff.; Scholz/*Schneider/Hohenstatt* GmbHG § 37 Rn. 38.
[122] Vgl. BGH 6.3.2012 – II ZR 76/11, NJW 2012, 1656.
[123] BGH 18.7.2002 – III ZR 124/01, NJW-RR 2002, 1325; 18.10.1976 – II ZR 9/75, NJW 1977, 199.
[124] *Ulrich* GmbHR 2012, 49.

46 Vor allem in größeren (internationalen) Konzernverbindungen spielt der einzuhaltende **Berichtsweg** auch bei Geschäftsführern eine zunehmende Rolle. Nicht selten wird in diesem Zusammenhang etwa vereinbart, dass die Geschäftsführer nationaler Tochtergesellschaften an den CEO der ausländischen Muttergesellschaft berichten. Die Vereinbarung derartiger Anstellungsbedingungen ist nicht unproblematisch, insbesondere im Hinblick auf das gesetzliche und satzungsmäßige Organisationsrecht der Gesellschaft.[125] Unabhängig davon wird damit jedenfalls ein faktisches Präjudiz zu Gunsten des Geschäftsführers geschaffen. Soweit nicht ein Verstoß gegen zwingendes Gesellschaftsrecht vorliegt (Beispiel: Freistellung eines Geschäftsführers von der Buchführungs- und Bilanzierungspflicht des § 41 GmbHG), sind vertragliche Vereinbarungen über die interne Kompetenzverteilung und etwaige Berichtspflichten jedenfalls in schuldrechtlicher Hinsicht als wirksam zu behandeln. Ihre Verletzung berechtigt den Geschäftsführer zur außerordentlichen Kündigung und ggf. auch zu Schadensersatz. Letzteres dürfte im Wesentlichen von der Diskussion zum Verhältnis zwischen Anstellungsvertrag und Organisationsmacht der Gesellschaft (Rn. 45) abhängig sein. Aus Sicht der Gesellschaft ist daher gegenüber zu weitgehenden vertraglichen Festlegungen Vorsicht geboten.

> **Formulierungsvorschlag:**
>
> **47** Der Geschäftsführer führt die Geschäfte mit der Sorgfalt eines ordentlichen Geschäftsmannes nach Maßgabe der jeweiligen Gesetze, Gesellschaftsverträge, Geschäftsordnungen, Geschäftsverteilungspläne und dieses Geschäftsführervertrags sowie der Weisungen von anderen Gesellschaftsorganen im Rahmen von deren Zuständigkeiten. Die Gesellschafterversammlung kann jederzeit einen Katalog zustimmungsbedürftiger Geschäfte erlassen und diesen jederzeit ändern oder aufheben.

3. Arbeitszeit und Vergütung

48 Die Arbeitszeit richtet sich nach der Vereinbarung der Parteien. Die Beschränkungen des Arbeitszeitgesetzes finden keine Anwendung. Selbst wenn man im Anschluss an die RL 2003/88/EG den unionsrechtlichen Arbeitnehmerbegriff zugrunde legt,[126] gilt für Geschäftsführer die Ausnahmeregelung (§ 18 Abs. 1 ArbZG, Art. 17 Abs. 1 RL 2003/88/EG).

49 Die Vergütung unterliegt der freien Parteivereinbarung. Es ist bislang nicht abschließend geklärt, ob bzw. wie die Ergebnisse einer AGB-Kontrolle vorformulierter Arbeitsbedingungen in Arbeitsverhältnissen auf Anstellungsverträge von Geschäftsführern zu übertragen sind. Dies gilt etwa für Stichtagsregelungen,[127] Rückzahlungsklauseln,[128] Widerrufsbehalte.[129] Ob ergebnis- oder leistungsabhängige Vergütungsbestandteile bei Abberufung/Freistellung entfallen können, ist umstritten.[130] Eine Interessenabwägung, die nicht einseitig den „Schutz" des Organmitglieds betont, wird jedenfalls bei nennenswerten Festbezügen eine Beschränkung auf diese billigen. § 615 Satz 1 BGB ist abdingbar. Anders verhält es sich mit „Claw-Back" Klauseln, die bei jedwedem Fehlverhalten und Nachweis eines Schadens (§§ 249 ff. BGB) die Rückforderung von Vergütungsbestandteilen zum Inhalt haben. Der Anstellungsvertrag sieht regelmäßig die Fortzahlung der Bezüge bei Arbeitsunfähigkeit vor. Ohne vertragliche Regelung gilt § 616 BGB. Das Entgeltfortzahlungsgesetz gilt nicht.

4. Dauer/Laufzeit

50 Der Anstellungsvertrag kann unbefristet mit vereinbarten Kündigungsfristen abgeschlossen werden, dh, die Vereinbarung einer **unbefristeten** Vertragslaufzeit gekoppelt mit einer

---

[125] Lutter/Hommelhoff/*Kleindiek* GmbHG Anh. § 6 Rn. 10 ff.
[126] EuGH 14.10.2010 – C-243/09, NZA 2010, 1344; *Gallner* in FS Moll, S. 139 ff.
[127] Henssler/Moll AGB B. V.; LAG Köln 23.4.2015 – 7 Sa 975/14.
[128] Henssler/Moll AGB B. VI.; OLG München 18.4.2012 – 7 U 3882/11, GmbHR 2012, 852.
[129] Henssler/Moll AGB B. I. (Bestandteile der Entgeltzahlung) und B. XXIV. (Dienstwagennutzung).
[130] Melot de Beauregard/Schwimmbeck/Gleich DB 2012, 2792 (2794); Reufels/Pier ArbRB 2012, 257.

frei verhandelten **Kündigungsfrist** von meist mehreren Monaten, die in wirtschaftlicher Hinsicht das „Auffangnetz" für den Geschäftsführer bildet. Fristen von sechs, zwölf oder 18 Monaten sind in der Praxis keine Seltenheit. Denkbar ist auch eine Vereinbarung, die dem Geschäftsführer zunächst eine **Mindestvertragslaufzeit** garantiert, bevor das ordentliche Kündigungsrecht ausgeübt werden kann. In der Insolvenz der Gesellschaft gilt § 113 InsO.[131]

Enthält ein unbefristeter Vertrag keine ausdrücklichen Kündigungsbestimmungen, stellt 51 sich die Frage, auf welche gesetzlichen Kündigungsfristen ggf. zurückgegriffen werden kann. Die odentlichen Gerichte haben die entsprechende **Anwendbarkeit von § 622 BGB** auf Geschäftsführer-Dienstverträge bejaht.[132] In der Literatur wird dieser Auffassung überwiegend gefolgt.[133] Zur Begründung wird vor allem angeführt, dass der Geschäftsführer vergleichbar einem leitenden Angestellten zu ständigen Diensten verpflichtet und mehr oder weniger wirtschaftlich von der Gesellschaft abhängig ist.[134] Das mag im Grundsatz zutreffen. Allerdings hat der Gesetzgeber die Vorschrift des § 622 BGB mittlerweile mehrfach modifiziert, ohne an der beschränkten Anwendbarkeit auf **Arbeitsverhältnisse** (§ 622 Abs. 1 BGB) etwas zu ändern. Mit diesem Argument lehnt das BAG die analoge Anwendung der Vorschrift auf arbeitnehmerähnliche Personen ab.[135] Darüber hinaus besteht für Dienstverhältnisse in § 621 BGB eine eigenständige Kündigungsregelung. Warum diese (nur) auf Geschäftsführer-Dienstverträge nicht anwendbar sein soll, ist nicht ersichtlich. Allein der Umstand, dass die dort normierten (kurzen) Fristen nach heutigen Maßstäben unüblich sein mögen, ändert nichts an Existenz und Verbindlichkeit der Norm. Es scheint bedenklich, aus reinen Praktikabilitätserwägungen heraus die für Arbeitsverhältnisse maßgeblichen Kündigungsfristen (contra legem) auf Geschäftsführer-Dienstverträge entsprechend anzuwenden.[136] Das BAG hat zutreffend die Anwendung des § 622 BGB abgelehnt und auf § 621 BGB verwiesen.[137] Es ist den Vertragspartnern unbenommen, die Geltung von § 622 BGB für den Geschäftsführer-Anstellungsvertrag zu vereinbaren.

Die Parteien können sich auch für die **Vereinbarung einer befristeten Vertragslaufzeit** ent- 52 scheiden. Die Dauer der Befristung kann unter Beachtung von § 624 BGB frei vereinbart werden. Die Befristung bedarf keines sachlichen Grundes nach dem TzBfG. Der Geschäftsführer ist nicht Arbeitnehmer iSv § 1 TzBfG.[138] Die zugrunde liegende Rahmenvereinbarung bzw. Richtlinie verweist auf den nationalen Arbeitnehmerbegriff (§ 2.1 Rahmenvereinbarung/Anhang zur RL 1999/70/EG).[139] Wird in einem befristeten Vertrag keine ausdrückliche Kündigungsregelung getroffen, ist die ordentliche Kündigung während der Vertragslaufzeit für beide Parteien ausgeschlossen. Der Vertrag kann dann vorzeitig nur aus wichtigem Grund gem. § 626 BGB oder durch Auflösungsvertrag beendet werden. Der Geschäftsführerdienstvertrag ist ein dauerndes Dienstverhältnis mit festen Bezügen, so dass § 627 BGB keine Anwendung findet. Zulässig und in der Praxis häufig anzutreffen sind auch Regelungen, wonach sich ein befristeter Vertrag automatisch verlängert, sofern er nicht mit einer bestimmten Frist vor Ablauf des Vertrags gekündigt wird. Derartige Befristungen mit Verlän-

---

[131] BAG 23.2.2017 – 6 AZR 665/15, NZA 2017, 995.
[132] BGH 29.1.1981 – II ZR 92/80, NJW 1981, 1270; 26.3.1984 – II ZR 120/83, NJW 1984, 2528.; 9.3.1987 – II ZR 132/86, NJW 1987, 2073; LAG Köln 18.11.1998 – 2 Sa 1063/98, NZA-RR 1999, 300; OLG Düsseldorf 10.10.2003 – 17 U 35/03, NZG 2004, 478 (wenn ein wesentlicher Teil der Arbeitskraft in den Dienst der Gesellschaft gestellt wird und keine Mehrheitsbeteiligung an der Gesellschaft gegeben ist); OLG Düsseldorf 14.4.2000 – 16 U 109/99, NZG 2000, 1044. Anders zB OLG Düsseldorf 3.6.1976 – 8 K 265/75.
[133] *Nägele* BB 2001, 305 (309); *Jaeger* S. 173; *Lutter/Hommelhoff/Kleindiek* GmbHG Anh. § 6 Rn. 53; jew. mwN.
[134] *Nägele* BB 2001, 305 (309 f.).
[135] BAG 8.5.2007 – 9 AZR 777/06, AP BGB § 611 Arbeitnehmerähnlichkeit Nr. 15.
[136] *Hümmerich* NJW 1995, 1177 (1179).
[137] BAG 11.6.2020 – 2 AZR 374/19.
[138] BGH 25.7.2002 – III ZR 207/01, NJW 2002, 3104; ArbG Bonn 10.3.2016 – 1 Ca 2097/15; *Schubert* ZESAR 2013, 5 (12).
[139] EuGH 1.3.2012 – C-393/10, NZA 2012, 313 – Unzulässigkeit willkürlicher Abweichungen vom autonomen europäischen Arbeitnehmerbegriff.

gerungsoption bergen allerdings für beide Seiten das Risiko, im Falle einer nicht gewollten Verlängerung des Vertrags rechtzeitig tätig zu werden. Im Zweifel sollte daher der gewählte Verlängerungszeitraum überschaubar sein.

53 Ein nicht selten auftretendes Problem stellt die Frage dar, inwieweit der Anstellungsvertrag vom Fortbestand der organschaftlichen Bestellung zum Geschäftsführer abhängig gemacht werden kann (**Koppelungsklausel**). Aus Sicht der Gesellschaft wird es regelmäßig wünschenswert sein, mit einem Widerruf der Geschäftsführerbestellung auch zeitnah den zu Grunde liegenden Anstellungsvertrag zu beenden. Das lässt sich rechtstechnisch erreichen, indem im Anstellungsvertrag festgelegt wird, dass dieser mit der Abberufung des Geschäftsführers gegebenenfalls unter Einhaltung einer Mindest-Auslauffrist automatisch endet. Die insoweit in der Praxis anzutreffenden Formulierungen sind vielfältig und unterscheiden sich häufig im Detail. Derartige Klauseln müssen im Gesamtzusammenhang der vertraglichen Regelungen über die Laufzeit und gegebenenfalls Kündigung des Vertrags gesehen werden.[140]

54 Der **BGH** hat sich in mehreren Urteilen mit der Problematik auseinandergesetzt.[141] Im Grundsatz sind **Koppelungsklauseln** danach möglich. Sie dürfen allerdings nicht zwingende Kündigungsbestimmungen umgehen (§ 626 BGB) und müssen die Wertungen des AGB-Rechts (Verbot überraschender Klauseln gem. § 305c Abs. 1 und jedenfalls § 307 Abs. 1 S. 2 BGB) einhalten. Für die AGB-rechtliche Zulässigkeit einer Koppelungsklausel ist daher zumindest eine Erweiterung des Vertragstextes um eine Klarstellung der Rechtsfolgen erforderlich.[142] Im Übrigen kommt es zunächst darauf an, ob die Parteien eine **unbefristete** oder eine **befristete** Vertragslaufzeit vereinbart haben.[143]

55 • Haben die Parteien in einem **Anstellungsvertrag mit unbefristeter Laufzeit** und vereinbarter ordentlicher Kündigungsfrist festgelegt, dass eine Abberufung des Geschäftsführers als Kündigung zum nächsten zulässigen Kündigungstermin gilt, verzichten sie lediglich auf eine (separate) Kündigungserklärung und ersetzen diese durch den Abberufungsbeschluss (der dem Geschäftsführer freilich zugehen muss). Da die Kündigung eines Geschäftsführervertrags unter Einhaltung einer vereinbarten ordentlichen Kündigungsfrist jederzeit auch ohne besonderen Grund möglich ist, verletzt eine derartige Regelung weder zwingende Kündigungsschutzbestimmungen noch AGB-Recht.[144] Der zugegangene Abberufungsbeschluss setzt die vereinbarte Kündigungsfrist in Gang. Enthält der Vertrag keine Bestimmung darüber, mit welcher Frist das (unbefristete) Anstellungsverhältnis beendet werden kann, wird die gesetzliche Kündigungsfrist (überwiegend wird § 622 BGB zugrundegelegt) als Auslauffrist herangezogen.[145] Das gilt entsprechend, sofern die Parteien eine Abberufung vom Geschäftsführeramt als auflösende Bedingung eines unbefristeten Anstellungsvertrags vorsehen.[146] Eine Koppelungsklausel ist im Lichte sonstiger vertraglicher Laufzeit- oder Kündigungsbestimmungen auszulegen ist. Wird eine sechsmonatige Kündigungsfrist vereinbart und gleichzeitig festgelegt, dass der Anstellungsvertrag im Fall einer Abberufung mit sofortiger Wirkung endet, so hat die Rechtsprechung darin eine Beendigungsmöglichkeit mit einer sechsmonatigen Kündigungsfrist gesehen.[147]

56 • Wurde ein **Vertrag mit fester Laufzeit** (Befristung) vereinbart, muss man differenzieren. Sieht die Vereinbarung eine Möglichkeit zur ordentlichen Kündigung während der Befristung vor, gelten die Ausführungen zum unbefristeten Anstellungsvertrag entsprechend. Ist

---

[140] *Jaeger* S. 184 ff.
[141] BGH 21.6.1999 – II ZR 27/98, NJW 1999, 3263; 1.12.1997 – II ZR 232/96, NJW 1998, 1480; 9.7.1980 – II ZR 194/89, NJW 1990, 2622; 29.5.1989 – II ZR 220/88, NJW 1989, 2683. Siehe auf dieser Grundlage etwa OLG Karlsruhe 25.10.2016 – 8 U 122/15, GmbHR 2017, 295; LG Köln 25.8.2017 – 82 O 11/17.
[142] *Lingemann* Kündigungsschutz Teil 12 Rn. 145. Formulierungsvorschläge bei BeckFormB ArbR B I.1.
[143] *Grobys/Glanz* NJW-Spezial 2007, 129 f.
[144] *Lingemann* Kündigungsschutz Teil 12 Rn. 141.
[145] BGH 9.7.1990 – II ZR 194/89, NJW 1990, 2622 (2624); 29.5.1989 – II ZR 220/88, NJW 1989, 2683 – Vorstandsmitglied; BGH 11.5.1981 – II ZR 126/80, NJW 1981, 2748; *Hansen/Kälber/Zeißig/Breezmann/Confurius* A Rn. 238.
[146] *Grobys/Glanz* NJW-Spezial 2007, 129.
[147] BGH 1.12.1997 – II ZR 232/96, NJW 1998, 1480.

die ordentliche Kündigung ausgeschlossen (was mangels gegenteiliger Vereinbarung regelmäßig anzunehmen ist), stellt sich die Frage, ob eine einseitig zu Gunsten der Gesellschaft vereinbarte Koppelungsklausel den Geschäftsführer unangemessen benachteiligt.[148] Das gilt unabhängig davon, ob die Abberufung als fiktive Kündigung oder auflösende Bedingung ausgestaltet ist. Soweit kein wichtiger Grund vorliegt, kann jedenfalls keine sofortige Beendigung vereinbart werden, weil dies § 626 BGB umgehen würde, so dass nur eine fristgerechte Beendigung in Betracht kommt. Der Klauselinhalt muss im Rahmen der Auslegung unter Berücksichtigung der Unklarheitenregel und des Überraschungsverbots bestimmt werden. Die Klausel ist anhand des Transparenzgrundsatzes (§ 307 Abs. 1 S. 2 BGB) zu überprüfen. Es ist sodann die Frage zu beantworten, ob es der **Angemessenheitskontrolle** Stand hält, dass im Ergebnis der Gesellschaft damit ein jederzeitiges entschädigungsloses Trennungsrecht zusteht, dem keine angemessene „Gegenleistung" für den anderen Vertragsteil gegenübersteht: Es fragt sich mithin, ob eine Durchbrechung der Befristung unter Einhaltung der gesetzlichen Kündigungsfrist möglich ist. Die Angemessenheitskontrolle iSd § 307 Abs. 1 S. 1 BGB wirft die Frage auf, ob die Klausel nur dann wirksam ist, wenn dem Geschäftsführer eine gleichwertige vorzeitige Beendigungsmöglichkeit eingeräumt wird. Der Gesichtspunkt einer „Gleichberechtigung" oder „Spiegelbildlichkeit" (§ 622 Abs. 6 BGB) gegenüber einer Kopplungsklausel erscheint nicht überzeugend. Das legislatorische Konzept baut auf einem freien Abberufungsrecht der Gesellschaft auf (§ 38 Abs. 1 GmbHG). Der Geschäftsführer kann in diesem Falle mit oder ohne Auslauffrist den Anstellungsvertrag außerordentlich kündigen.[149] Es erscheint angesichts dessen **nicht** unangemessen, wenn die Gesellschaft für den Fall der Abberufung eine (fristgerechte) Beendigung/Kündigungsmöglichkeit vereinbart.[150] Die praktische Problematik einer Kopplungsklausel wird regelmäßig darin liegen, diese so zu gestalten, dass § 305c Abs. 1 BGB und § 307 Abs. 1 S. 2 BGB Rechnung getragen wird. Entgegen der früheren BGH-Rechtsprechung ist es unter Geltung der §§ 305 ff. BGB nicht mehr möglich, eine Koppelungsklausel geltungserhaltend iS einer Mindestkündigungsfrist aufrechtzuerhalten, die ihrem Wortlaut nach eine sofortige Beendigung des Dienstverhältnisses vorsieht.

5. Abfindungs- und Change-in-Control-Klauseln

Geschäftsführerverträge enthalten teilweise auch Bestimmungen, die einer Partei bei dem Eintritt bestimmter Ereignisse ein Sonderkündigungsrecht oder einen Abfindungsanspruch einräumen. Derartige Vereinbarungen sind im Rahmen der Vertragsfreiheit grundsätzlich möglich. Da Abfindungsklauseln regelmäßig an die Beendigung der Anstellung anknüpfen, müssen sie allerdings im Licht der Grundsätze zu Laufzeit und Kündigungsvereinbarungen in Geschäftsführerverträgen gesehen werden. Räumt etwa die Gesellschaft dem Geschäftsführer einen Abfindungsanspruch für *jeden* Fall einer Kündigung des Anstellungsverhältnisses ein, so liegt darin eine unzulässige Beschränkung des außerordentlichen Kündigungsrechts. Zulässig sind Abfindungsvereinbarungen dagegen für den Fall, dass ein befristeter Geschäftsführervertrag von der Gesellschaft nicht verlängert oder in zulässiger Weise ordentlich gekündigt wird.[151] Ebenso zulässig sind Vereinbarungen, die einen Abfindungsanspruch daran knüpfen, dass der Geschäftsführer seine Organstellung anlässlich eines Gesellschafterwechsels etwa durch eine Verschmelzung der Gesellschaft auf einen anderen Rechtsträger verliert. Werden derartige Vorteile anlässlich einer Verschmelzung fällig, müssen sie im Verschmelzungsvertrag offengelegt werden (§ 5 Abs. 1 Nr. 8 UmwG). Nicht selten wird dem Betroffenen für den Fall eines Gesellschafterwechsels („Change-in-Control") ein Sonderkündigungsrecht eingeräumt. Gegen derartige Vereinbarungen bestehen keine durch-

---

[148] Bejahend *Grobys/Glanz* NJW-Spezial 2007, 129; verneinend *Lingemann* Kündigungsschutz Teil 12 Rn. 142, 145.
[149] *Röhrborn* BB 2014, 1978 ff.
[150] OLG Karlsruhe 25.10.2016 – 8 U 122/15, GmbHR 2017, 295; LG Köln 25.8.2017 – 82011/17. *Werner* NZA 2015, 1234 ff.; *Willemsen* in FS Buchner, 971 ff.
[151] *Jaeger* S. 187.

greifenden rechtlichen Bedenken, da es den Parteien freisteht, im Anstellungsvertrag bestimmte Sachverhalte für eine vorzeitige Vertragsbeendigung festzulegen. Die Gestaltung hat darauf zu achten, dass die tatbestandlichen Voraussetzungen etwaiger Sonderrechte im Anstellungsvertrag möglichst präzise formuliert werden.

6. Kündigungsschutz

58   Der Erste Abschnitt des Kündigungsschutzgesetzes findet auf Anstellungsverhältnisse von Organmitgliedern kraft ausdrücklicher gesetzlicher Anordnung keine Anwendung (§ 14 Abs. 1 Nr. 1 KSchG). Die materiellen Kündigungsschutzregelungen des KSchG können allerdings vertraglich vereinbart werden.[152] In welchem Umfang das KSchG im Falle einer Vereinbarung angewandt werden soll – insbesondere die Frage, ob sich die Gesellschaft in Anlehnung an §§ 9, 10 KSchG gegen Abfindung aus dem Vertrag lösen kann – ist durch Auslegung der Vereinbarung zu ermitteln. Der Kündigungsschutz ist ohne eine Vereinbarung selbst dann nicht auf das schuldrechtliche Vertragsverhältnis eines Organmitglieds anwendbar, wenn es sich bei dem der Bestellung zugrunde liegenden Vertragsverhältnis ausnahmsweise um ein Arbeitsverhältnis handelt.[153] Die Anwendung des § 14 Abs. 1 Nr. 1 KSchG ist in zeitlicher Hinsicht unproblematisch, wenn die Organstellung im Zeitpunkt des Zugangs der Kündigung besteht.[154] Ob § 14 Abs. 1 Nr. 1 KSchG per se auf die Vertragsbeziehung zwischen Geschäftsführer und Gesellschaft anzuwenden ist, unabhängig davon, ob die Organstellung (noch) besteht oder nicht, ist umstritten.[155] Geht man von dem Grundsatz aus, dass sich das Dienstverhältnis eines Geschäftsführers ohne Hinzutreten weiterer Umstände allein durch den Widerruf seiner Bestellung nicht automatisch in ein Arbeitsverhältnis umwandelt,[156] ist zwar § 14 Abs. 1 Nr. 1 KSchG nach Beendigung der Organstellung nicht mehr anwendbar, scheitert jedoch Kündigungsschutz daran, dass kein Arbeitsverhältnis (§ 1 Abs. 1 KSchG) vorliegt, wenn nicht besondere Umstände vorliegen. Die Qualifizierung als Arbeitsverhältnis kann sich aus **anderen** Umständen ergeben, dh insbesondere dann, wenn der Betreffende nach der Abberufung/Niederlegung weisungsgebunden beschäftigt wird. Die Anwendung des § 14 Abs. 1 KSchG kann in Einzelfall wegen Treuwidrigkeit ausgeschlossen sein, dann nämlich, wenn eine unredlich erworbene Rechtsposition oder eine formale Rechtsposition im Widerspruch zu den zugrunde liegenden vertraglichen Beziehungen ausgenutzt wird und die Bestellung zum Geschäftsführer rechtsmissbräuchlich ist, weil sie allein mit dem Ziel erfolgt, diesen alsbald entlassen zu können.[157] Besonderheiten sind bei einer **Drittanstellung** zu beachten. Wurde der Anstellungsvertrag nicht mit der Bestellungskörperschaft, sondern mit einem anderen Rechtsträger geschlossen, ist die negative Fiktion für diese Rechtsbeziehung nicht einschlägig.[158] Das gilt nach bisheriger Auffassung des BAG auch für Fälle, in denen das Anstellungsverhältnis des Geschäftsführers einer Komplementär-GmbH mit der KG geschlossen wurde.[159] Die Vorstellung, dass die Ausnahmeregelung des § 14 Abs. 1 KSchG nur für „unmittelbare" Organvertreter gelte, überzeugt im Hinblick auf die GmbH & Co. KG nicht. Denn hier ist der für die Komplementär-GmbH bestellte Geschäftsführer jedenfalls mittelbar auch (vollumfänglich) zur Vertretung der KG berechtigt und verpflichtet, so dass Organstellung und Anstellung, jedenfalls in Fällen, in denen der Betroffene keine zusätzlichen arbeitnehmergeprägten Tätigkeiten bei der KG übernimmt, als innere Einheit anzusehen sind. Der Ausschluss des Kündigungsschutzes

---

[152] BGH 10.5.2010 – NZR 70/09, NZA 2010, 889. Siehe dazu v. *Alvensleben/Haug/Schnabel* BB 2012, 774 (775 f.); *Stagat* NZA 2010, 975 (978 ff.); *ders.* NZA-RR 2011, 67 ff.; *Thiessen* ZIP 2011, 1029.
[153] BGH 8.1.2007 – II ZR 267/05, NZA 2007, 1174 (1175); BAG 25.10.2007 – 6 AZR 1045/06, NZA 2008, 168 (169). Siehe dazu *Goll-Müller/Langenhan-Komus* NZA 2008, 687 ff.; *Bauer/Arnold* DB 2008, 350.
[154] BAG 21.9.2017 – 2 AZR 865/16, NZA 2018, 358 (es ist offengelassen worden, was gilt, wenn die Organstellung vor Zugang der Kündigung beendet worden ist).
[155] *Reufels/Volmari* GmbHR 2018, 937 (939).
[156] BGH 10.1.2000 – II ZR 251/98, NJW 2000, 1864; *Moll* in FS Schwerdtner, 464; *ders.* GmbHR 2008, 1261 (1262).
[157] BAG 21.9.2017 – 2 AZR 865/16, NZA 2018, 358.
[158] Ascheid/Preis/Schmidt/*Biebl* KSchG § 14 Rn. 9.
[159] BAG 15.4.1982 – 2 AZR 1101/79, AP KSchG 1969 § 14 Nr. 1.

ist danach richtigerweise zu bejahen, wobei es nicht darauf ankommt, ob diesbezüglich Nr. 1 oder Nr. 2 des § 14 Abs. 1 KSchG herangezogen wird.[160] § 14 Abs. 1 Nr. 1 KSchG ist dann nicht anzuwenden, wenn die Geschäftsführerbestellung auf der Grundlage eines mit einer Konzerngesellschaft bestehenden Arbeitsvertrags erfolgt und die Parteien diesen Vertrag im Zusammenhang mit der Bestellung weder aufheben noch abändern.[161] Der Geschäftsführer, der sich auf Kündigungsschutz nach dem KSchG beruft, muss die 3-Wochen-Frist des § 4 KSchG einhalten.[162]

§ 17 Abs. 5 Nr. 1 KSchG schließt die Anwendung der §§ 17ff. KSchG auf Organmitglieder aus. Der EuGH hat demgegenüber den unionsrechtlichen Arbeitnehmerbegriff auch im Hinblick auf §§ 17ff. KSchG (Massenentlassungsrichtlinie) zur Anwendung gebracht.[163] Das Schrifttum diskutiert die praktischen Auswirkungen einer Einbeziehung von Geschäftsführern bei der Anwendung von § 17 Abs. 1, 2 und 3 KSchG.[164] Man nimmt verbreitet an, dass § 17 Abs. 5 Nr. 1 KSchG – richtlinienkonform – teleologisch reduziert werden müsse, so dass die Ausnahmeregelung auf Fremdgeschäftsführer und Minderheitsgesellschafter-Geschäftsführer nicht mehr anzuwenden sei.[165] Dem ist entgegenzuhalten, dass angesichts der Eindeutigkeit des Wortlauts von § 17 Abs. 5 KSchG weder eine richtlinienkonforme Auslegung noch eine richtlinienkonforme Rechtsfortbildung möglich ist.[166]

7. Erholungsurlaub

Geschäftsführerverträge enthalten regelmäßig eine Bestimmung darüber, dass dem Geschäftsführer eine bestimmte Anzahl an Urlaubstagen zusteht.[167] Häufig fehlen ergänzende Regelungen, etwa hinsichtlich der jahresanteiligen Quotelung, der Urlaubsabgeltung, der Übertragbarkeit des Urlaubs und der Gewährungsmodalitäten.[168] Die Rechtsprechung ist davon ausgegangen, dass einem Geschäftsführer bei der Beendigung des Anstellungsverhältnisses auch ohne besondere Vereinbarung ein Anspruch auf Urlaubsabgeltung zustehen kann.[169] Aussagekräftige Urteile zu anderen Regelungspunkten gibt es bislang nicht. Die Anwendung des Bundesurlaubsgesetzes hängt von der Frage der richtlinienkonformen Auslegung des Arbeitnehmerbegriffs in § 2 S. 1 BUrlG ab (Richtlinie 2003/88/EG). Das BUrlG ist unter Zugrundelegung des unionsrechtlichen Arbeitnehmerbegriffs auf den Fremdgeschäftsführer nach § 2 S. 1 BUrlG anwendbar.[170] Entsprechendes gilt für den Minderheitsbeteiligten ohne ausreichende Bestimmungsmacht. Den Parteien steht es aber auch frei, im Rahmen allgemeiner zivilrechtlicher Grenzen „eigene" Urlaubsmodalitäten zu vereinbaren, soweit das BUrlG einseitig als zwingendes Recht dem nicht entgegensteht.

8. Interessenwahrungs- und Loyalitätspflichten

Der Geschäftsführer unterliegt sowohl anstellungsvertraglich aus auch organschaftlich einer Interessenwahrungspflicht, die ein Wettbewerbsverbot einschließt. Der Geschäftsführer einer GmbH hat in allen Angelegenheiten, die das Interesse der Gesellschaft berühren, allein deren und nicht den eigenen Vorteil zu suchen; das gilt grundsätzlich auch, wenn er privat

---

[160] LKB/*Bayreuther* KSchG § 14 Rn. 5; LSSW/*Wertheimer* KSchG § 14 Rn. 22; *Hansen/Kelber/Zeißig/Breezmann/Confurius* A Rn. 27.
[161] *Hansen/Kelbe/Zeißig/Breezmann/Confurius* A Rn. 228.
[162] OLG Hamburg 22.3.2013 – 11 U 27/12, NZG 2013, 831; *Dimsic/Link* BB 2015, 3063 (3067).
[163] EuGH 9.7.2015 – C-229/14, NZA 2015, 861 – Balkaya.
[164] *Giesen* ZfA 2016, 47 ff.; *Reiserer* BB 2016, 1141 ff.; *Lunk* NZA 2015, 917 ff.
[165] EuArbRK/*Spelge* RL 98/59/EG Art. 1 Rn. 47; ErfK/*Kiel* KSchG § 17 Rn. 6a; *Lunk/Hildebrandt* NZA 2016, 129 (132); *Gallner* in FS Moll, 146.
[166] Ascheid/Preis/Schmidt/*Moll* KSchG § 17 Rn. 16 m. ausf. Nachw.
[167] Siehe ausführlich zum Erholungsurlaub des Geschäftsführers *Haase* GmbHR 2005, 265 ff. und 338 ff.
[168] Siehe auch die Formulierungsvorschläge bei BeckFormB ArbR B.I.1.; *Jaeger* S. 139 ff.; *Tillmann/Mohr* Rn. 763 ff.
[169] BGH 21.4.1975 – II ZR 2/73, WM 1975, 761; OLG Düsseldorf 23.12.1999 – 6 U 119/99, NJW-RR 2000, 768.
[170] *Boemke* RdA 2018, 1 (10); *Eckhoff* in FS Moll, 111; *Forst* GmbHR 2012, 821 (822 ff.); ErfK/*Gallner* BUrlG § 1 Rn. 15; *Lunk/Rodenbusch* GmbHR 2012, 188 (193); *Preis/Sagan* ZGR 2013, 26 (57).

Kenntnis von einer Geschäftschance erlangt, deren Ausnutzung ihm wirtschaftlich erlauben würde, sich selbständig zu machen. Er darf Gewinnchancen nicht für sich, sondern nur für die Gesellschaft nutzen.[171]

9. Nachvertragliche Wettbewerbsverbote

62 Die Vereinbarung von nachvertraglichen Wettbewerbsverboten mit Organmitgliedern gestaltet sich schwierig. Ursache hierfür ist die Auffassung der Rechtsprechung, wonach die §§ 74 ff. HGB auf Organmitglieder generell nicht, weder unmittelbar noch entsprechend, anzuwenden sind.[172] Demnach ist insbesondere die Zahlung einer Karenzentschädigung keine Voraussetzung für ein wirksames Wettbewerbsverbot.[173] Nach Ansicht des BGH kommt lediglich eine punktuelle analoge Anwendung einzelner Prinzipien der gesetzlichen Bestimmungen in Betracht, soweit diese „gerade zum Ziel haben, die besonderen Interessen des Unternehmens zu wahren".[174] § 74c HGB ist nicht entsprechend anwendbar.[175] Das Wahlrecht nach § 75d HGB gilt nicht.[176] Im Übrigen greift die Rechtsprechung bei der Inhaltskontrolle auf allgemeine zivilrechtliche Schranken (§§ 134, 138 BGB) und grundgesetzliche Wertungen (Art. 12 Abs. 1 GG) zurück.[177] Dies gilt insbesondere im Hinblick auf die Vereinbarung einer Karenzentschädigung. Ein nachvertragliches Wettbewerbsverbot ohne gewisse finanzielle Leistungen akzeptiert die Rechtsprechung im Regelfall nicht. Art und Ausmaß der Leistungen sind unsicher.

63 Eine großzügigere Haltung ist bei Kundenschutzklauseln festzustellen. Der BGH hält Kundenschutzklauseln bei GmbH-Geschäftsführern bis zu einer Dauer von zwei Jahren auch ohne Zahlung einer Karenzentschädigung für zulässig.[178] Dem Geschäftsführer wird mit Kundenschutzklauseln – nur – die Geschäftstätigkeit mit bisherigen Kunden untersagt. Die Vereinbarung sollte sich ausdrücklich auf solche Kunden beziehen, die zum Geschäftsbereich des Geschäftsführers gehört haben.

64 Ist eine Karenzentschädigung vereinbart, so kann sie entfallen, wenn die Gesellschaft auf die Einhaltung des nachvertraglichen Wettbewerbsverbots wirksam verzichtet.[179] Verzichtet die Gesellschaft erst nach Beendigung des Anstellungsvertrags auf das Wettbewerbsverbot, entfällt die Karenzentschädigung – soweit für diesen Fall keine Verzichtsregelung mit Ankündigungsfrist vertraglich vereinbart ist[180] – mit Rücksicht auf das Dispositionsbedürfnis des Geschäftsführers nicht schon zeitgleich mit dem Verzicht, sondern erst nach Ablauf einer der Kündigungsfrist des Anstellungsvertrags entsprechenden Dispositionsfrist.[181]

65 Der im **Einzelfall zulässige sachliche, räumliche und zeitliche Geltungsbereich** des Wettbewerbsverbots ist nach Auffassung der Rechtsprechung durch eine Abwägung der gegenläufigen Interessen unter Berücksichtigung der Berufsfreiheit des Geschäftsführers zu bestimmen;[182] dabei darf die Vereinbarung den Verpflichteten nicht übermäßig beschränken[183] und

---

[171] BGH 23.9.1985 – II ZR 246/84, NJW 1986, 585; KG 16.3.2010 – 14 U 45/09, GmbHR 2010, 869.
[172] BGH 7.7.2008 – II ZR 81/07, NZG 2008, 753; 26.3.1984 – II ZR 229/83, NJW 1984, 2366.
[173] BGH 26.3.1984 – II ZR 229/83, NJW 1984, 2366.
[174] BGH 17.2.1992 – II ZR 140/91, NJW 1992, 1892 (Analogie zu § 75a HGB).
[175] BGH 28.4.2008 – II ZR 11/07, NJW-RR 2008, 1421.
[176] BGH 7.7.2008 – II ZR 81/07; NZG 2008, 753.
[177] BGH 26.3.1984 – II ZR 229/83, NJW 1984, 2366 (2367); 29.9.2003 – II ZR 59/02, NJW 2004, 66. Siehe dazu ausführlich *Krahforst*, Nachvertragliche Wettbewerbsverbote für GmbH-Geschäftsführer, Beurteilungsgrundlagen und Zulässigkeitsmaßstäbe, 2012.
[178] BGH 28.4.2008 – II ZR 11/07, NJW-RR 2008, 1421; 8.5.2000 – II ZR 308/98, NJW 2000, 2584; 26.3.1984 – II ZR 229/83, NJW 1984, 2366.
[179] OLG München 28.7.2010 – 7 U 2417/10, GmbHR 2010, 1031 (1032); OLG Düsseldorf 22.8.1996 – 6 U 150/95, NJW-RR 1997, 164.
[180] *Menke* NJW 2009, 636 ff.
[181] BGH 4.3.2002 – II ZR 77/00, NJW 2002, 1875; OLG München 28.7.2010 – 7 U 2417/10, GmbHR 2010, 1031 (1032).
[182] BGH 29.9.2003 – II ZR 59/02, NJW 2004, 66; OLG Nürnberg 25.11.2009 – 12 U 681/09, GmbHR 2010, 141.
[183] BGH 30.11.2009 – II ZR 208/08, NJW 2010, 1206 (Wettbewerbsverbot gegenüber einem Gesellschafter).

nicht über die schutzwürdigen Interessen der GmbH hinausgehen.[184] Die Umstände des Einzelfalls müssen umfassend berücksichtigt werden, insbesondere auch der Zweck, der mit der Vereinbarung des Wettbewerbsverbots verfolgt wird.[185] Probleme werfen **branchenbezogene** oder **unternehmensbezogene** Wettbewerbsverbote auf, die den Geschäftsführer verpflichten, jedwede Tätigkeit zu unterlassen, die direkt oder indirekt mit den Geschäftsaktivitäten der Gesellschaft im Wettbewerb steht. Die Fragestellung betrifft hier regelmäßig den Nachweis der **Erforderlichkeit** der gewählten Reichweite. Nachvertragliche Wettbewerbsverbote sollen keinen allgemeinen Schutz vor Konkurrenz bieten, sondern sicherstellen, dass der Verpflichtete seine bei der Gesellschaft erlangten besonderen Kenntnisse nicht für Konkurrenz ausnutzt. Dem Geschäftsführer kann nicht jedwede Tätigkeit für Konkurrenzunternehmen untersagt werden.[186] Das Konkurrenzverbot muss einen Bezug zu der bisherigen Funktion des Geschäftsführers haben. Das ist bei einem Wettbewerbsverbot, das sich einschränkungslos auf sämtliche „Konkurrenzunternehmen" bezieht, häufig nicht der Fall. Infolgedessen hat die Rechtsprechung entsprechende Vereinbarungen in einer Vielzahl von Fällen für unwirksam erklärt.[187] Die Rechtsprechung hat in gleicher Weise Regelungen missbilligt, wonach dem Geschäftsführer jede Tätigkeit im Wettbewerb untersagt wird, weil eine vollständige „Ausschaltung" des ehemaligen Geschäftsführers mit Art. 12 Abs. 1 GG nicht vereinbar sei.[188] Dass die Rechtsprechung praktische Durchführungs- bzw. Überwachungsprobleme mit sich bringt, lassen die Gerichte nicht als Einwand gelten. Tendenziell unproblematisch sind Vereinbarungen, die es einem Geschäftsführer untersagen, innerhalb eines angemessenen Zeitraums für ehemalige Kunden der Gesellschaft auf eigene oder auf fremde Rechnung tätig zu werden.[189] Sie sind berechtigt, „wenn mit ihnen unter angemessenen Bedingungen verhindert werden soll, dass ein vorübergehend tätig gewesener Geschäftsführer nach seinem Ausscheiden Kunden abzieht, zu denen er nur auf Grund seiner Tätigkeit für die GmbH Verbindung gewinnen konnte, oder dass er sich sonstige interne Informationen zu Nutze macht, zu denen er sich nur durch seine zeitweilige Geschäftsführertätigkeit Zugang hat verschaffen können".[190] Die aus einem zu weit gefassten Geltungsbereich resultierende Unwirksamkeit wird auch durch die Zusage einer Karenzentschädigung nicht beseitigt.[191]

Formularmäßig vereinbarte Wettbewerbsverbote (§ 310 Abs. 3 BGB) sind einer Inhaltskontrolle anhand der §§ 305 ff. BGB zu unterziehen. Die gem. § 307 BGB anzustellenden Wertungen dürften sich nicht wesentlich von den Rechtsprechungsgrundsätzen unterscheiden, die sich an §§ 134, 138 BGB orientiert haben. Ein bedeutsamer Gesichtspunkt liegt darin, dass eine geltungserhaltende Reduktion unwirksamer Formularvereinbarungen nicht möglich ist (§ 306 Abs. 2 BGB), auch nicht unter Rückgriff auf die §§ 74 ff. HGB. Eine geltungserhaltende Reduktion eines unwirksamen Wettbewerbsverbots mag allenfalls zu erwägen sein, wenn das Wettbewerbsverbot ausschließlich die zulässigen zeitlichen Grenzen überschreitet, jedoch im Übrigen unbedenklich ist.[192] Der BGH sieht allerdings Kundenschutzklauseln als nichtig an, wenn sie eine Dauer von zwei Jahren übersteigen.[193] Die

---

[184] BGH 29.9.2003 – II ZR 59/02, NJW 2004, 66; 14.7.1997– II ZR 238/96, NJW 1997, 3089.
[185] BGH 30.11.2009 – II ZR 208/08, NJW 2010, 1206 (Wettbewerbsverbot gegenüber einem Gesellschafter); OLG Nürnberg 25.11.2009 – 12 U 681/09, GmbHR 2010, 141. Siehe dazu *Wirbelauer* MDR 2018, 61 ff.
[186] OLG München 2.8.2018 – 7 U 2107/18, NZA-RR 2019, 82 (Geltendmachung der Unwirksamkeit im Wege einstweiliger Verfügung). Siehe dazu *Lembke* NZA-RR 2019, 65 ff.
[187] OLG Hamm 15.2.1993 – 8 U 154/92, NJW-RR 1993, 1314; 11.1.1988 – 8 U 142/87, GmbHR 1988, 344 (345); OLG Düsseldorf 8.1.1993 – 16 U 73/92, NJW-RR 1994, 35 (36); 23.10.1996 – 15 U 162/95, GmbHR 1998, 180 (181); 3.12.1998 – 6 U 151/98, NZG 1999, 405; 10.3.2000 – 17 U 133/99, NZG 2000, 737; BGH 9.5.1968 – II ZR 158/66, NJW 1968, 1717; Beispiel für ein wirksames nachvertragliches Wettbewerbsverbot trotz weiten räumlichen Geltungsbereichs: OLG Celle 13.9.2000 – 9 U 110/00, NZG 2001, 131.
[188] OLG Düsseldorf 10.3.2000 – 17 U 133/99, NZG 2000, 737. Siehe dazu *Lembke* NZA-RR 2019, 65 ff.
[189] OLG Düsseldorf 10.3.2000 – 17 U 133/99, NZG 2000, 737 (738).
[190] OLG Düsseldorf 3.12.1998 – 6 U 151/98, NZG 1999, 405 (406).
[191] OLG Düsseldorf 3.12.1998 – 6 U 151/98, NZG 1999, 405.
[192] BGH 8.5.2000 – II ZR 308/98, NJW 2000, 2584.
[193] BGH 20.1.2015 – II ZR 369/13, NJW 2015, 1012 (Gesellschafter-Geschäftsführer: Ausscheiden als Geschäftsführer und Gesellschafter).

Missachtung der gegenständlichen und räumlichen Grenzen zieht jedenfalls die Nichtigkeit des Wettbewerbsverbots nach sich.[194] Dies kann auch nicht durch die Vereinbarung allgemein gehaltener salvatorischer Klauseln oder durch eine globale Bezugnahme auf § 74a HGB verhindert werden.[195] Im Übrigen bleibt es den Parteien unbenommen, die vollständige oder teilweise Geltung der §§ 74ff. HGB ausdrücklich vertraglich zu vereinbaren.[196]

> **Praxistipp:**
> Ein branchenbezogenes Wettbewerbsverbot mit Tätigkeitsspezialisierung sollte dann in Erwägung gezogen werden, wenn die konkrete Besorgnis besteht, der Geschäftsführer könne Geschäftsgeheimnisse bei einem Mitbewerber am Markt zum Nachteil der Gesellschaft verwerten. Je nach Interessenlage ist die namentliche Nennung einzelner für den Geschäftsführer „gesperrter" Konkurrenzunternehmen gegenüber der Vereinbarung genereller Tätigkeitsverbote zu erwägen. Alternativ sollte aus Sicht der Gesellschaft stets geprüft werden, ob sich die vereinbarte Sperrwirkung nicht auch mittels einer Kundenschutzklausel erzielen lässt.

10. Versetzungsklauseln

67 Das Schrifttum hat teilweise örtliche Versetzungsklauseln vorgeschlagen.[197] Ob dies sinnvoll ist, erscheint fraglich, könnte allenfalls zu erwägen sein, wenn ein Dienstort im Dienstvertrag festgelegt wird. Eine andere Regelung als „Dienstort ist der Sitz der Gesellschaft" ist aus Sicht der Gesellschaft nicht geboten. Es versteht sich auch ohne eine Regelung von selbst, dass die Geschäftsführertätigkeit an den Firmensitz gebunden ist.

11. Diskriminierung/Gleichbehandlung

68 Die Rechtsprechung hat bereits früher den Gleichbehandlungsgrundsatz – vorsichtig – auf Geschäftsführer angewandt und entschieden, dass aus dem Gesichtspunkt der arbeitsrechtlichen Gleichbehandlung heraus Gehaltserhöhungen, die zwar nicht im Anstellungsvertrag konkret festgelegt sind, aber mündlich vereinbart worden sein sollen, auch einem – regelmäßig in herausgehobener Stellung tätigen – Geschäftsführer einer GmbH zustehen können, wenn dieser einen eher arbeitnehmerähnlichen Status hat und vergleichbare andere Fälle nachgewiesen werden. Gleiches gilt für eine nicht schriftlich vereinbarte jährliche Bonuszahlung, die erst zweimal erfolgte.

69 Die Rechtsprechung zur Einbeziehung von GmbH-Geschäftsführern in das AGG hat sich stufenweise entwickelt. Auf der Grundlage von § 6 Abs. 3 AGG sind Stellenausschreibungen (§ 2 Abs. 1 Nr. 1 AGG) kontrolliert worden.[198] Dies ist in der Weise fortgesetzt worden, dass die Nichtverlängerung eines altersbedingt befristeten Anstellungsvertrags unter § 2 Abs. 1 Nr. 1 AGG (Zugang zur Erwerbstätigkeit) subsumiert worden ist, so dass der persönliche Anwendungsbereich des AGG über § 6 Abs. 3 AGG eröffnet gewesen ist.[199] Der BGH hat schließlich unter Beachtung des unionsrechtlichen Arbeitnehmerbegriffs den **GmbH-Geschäftsführer als Arbeitnehmer iSv § 6 Abs. 1 Satz 1 Nr. 1 AGG** angesehen (jedenfalls soweit der Anwendungsbereich des § 2 Abs. 1 Nr. 2 AGG betroffen ist).[200] Die Beweislastre-

---

[194] BGH 18.7.2005 – II ZR 159/03, NJW 2005, 3061 (3062); OLG München 2.8.2018 – 7 U 2107/18, NZA-RR 2019, 82; OLG Düsseldorf 3.12.1998 – 6 U 151/98, NZG 1999, 405 und OLG Nürnberg 25.11.2009 – 12 U 681/09, GmbHR 2010, 141.
[195] *Gehle* DB 2010, 1981 (1983) – Möglichkeiten vertraglicher Klauseln zur Fortgeltung und Auffangregelungen.
[196] OLG Schleswig 17.3.2000 – 1 U 8/00, NZG 2000, 894.
[197] *Röhrborn* BB 2013, 693 ff.
[198] OLG Karlsruhe 13.9.2011 – 17 U 99/10, NZA-RR 2011, 632 (Fehlen von Geschlechterneutralität im Text: Entschädigung 1 Monatsgehalt).
[199] BGH 23.4.2012 – II ZR 163/10, NJW 2012, 2346 (Benachteiligung wegen Alters: Schadenersatz nach § 15 Abs. 1 AGG).
[200] BGH 26.3.2019 – II ZR 244/17, NJW 2019, 2086 (Unzulässigkeit einer spezifischen Kündigungsregelung nach Vollendung des 60. Lebensjahres). Siehe dazu *Menkel* BB 2020, 1716 ff.

gelung des § 22 AGG findet jedenfalls zu Gunsten des abberufenen Organmitglieds Anwendung.[201] Dies gilt selbst dann, wenn man nur § 6 Abs. 3 AGG und nicht auch § 6 Abs. 1 AGG anwendet. § 6 Abs. 3 AGG ordnet zwar nach seinem Wortlaut nur die entsprechende Anwendung der Vorschriften des 2. Abschnitts des AGG an. Es besteht jedoch Einigkeit darüber, dass diese Beschränkung nicht wörtlich zu verstehen ist, sondern lediglich der Abgrenzung der arbeitsrechtlichen Vorschriften des 2. Abschnitts (§§ 6 ff. AGG) von den zivilrechtlichen Vorschriften des 3. Abschnitts (§§ 19 ff. AGG) dient.[202] Die allgemein für alle Arten von Benachteiligungen geltenden Vorschriften des 1. und des 4. bis 7. Abschnitts bleiben deswegen auf Organmitglieder anwendbar.[203] Für die Anwendung von § 22 AGG bei **Gremienentscheidungen** genügt es, dass ein Mitglied des Entscheidungsgremiums (im konkreten Fall der Aufsichtsratsvorsitzende) sich von einem diskriminierenden Motiv leiten lässt.[204] Die herkömmlichen **Altersgrenzenregelungen** in Geschäftsführerverträgen sind nach der BGH-Rechtsprechung problematisch. Der BGH sieht Rechtfertigungen nach § 8 Abs. 1 AGG oder § 10 Satz 1 AGG wegen betriebs- oder unternehmensbezogener Interessen kritisch.[205] Allgemeine Überlegungen sollen danach nicht ausreichen. Es soll erforderlich sein, dass das Bedürfnis sich im Einzelfall aus der konkreten Tätigkeit ergibt. Der BGH lässt offen, ob bzw. wie sich eine Ungleichbehandlung als „Teil eines sozialpolitischen (Gesamt-)Ziels rechtfertigen lässt. Altersgrenzen sind danach in jedem Falle möglich, wenn sie auf die Regelaltersgrenze in der gesetzlichen Rentenversicherung abstellen.[206] Man wird bei der Gestaltung aus Gesellschaftssicht erwägen, befristete Verträge mit jeweils angemessener Dauer (Bsp.: 3 Jahre) zu vereinbaren und zugleich eine auf die Regelaltersgrenze in der gesetzlichen Rentenversicherung abstellende Altersgrenze festzulegen.

12. Besondere Personengruppen

Die §§ 168 ff. SGB IX sind im Anstellungsverhältnis des GmbH-Geschäftsführers nicht anwendbar. 70

Die Anwendbarkeit des **Mutterschutzgesetzes** ergibt sich daraus, dass § 1 Abs. 2 Satz 1 MuSchG auf das Vorliegen eines Beschäftigungsverhältnisses iSv § 7 Abs. 1 SGB IV abstellt (Neufassung vom 23. Mai 2017). Das **Mutterschutzgesetz** hat seinen Anwendungsbereich früher gemäß § 1 Nr. 1 MuSchG auf Frauen beschränkt, die in einem Arbeitsverhältnis stehen, weshalb eine Anwendung des MuSchG auf Geschäftsführerinnen abgelehnt worden ist.[207] Der EuGH hat demgegenüber in der Rechtssache Danosa entschieden, dass der Umstand, dass ein Rechtsverhältnis innerstaatlich als Vertrag mit einer Selbständigen eingestuft werde, die Arbeitnehmereigenschaft im Recht der Europäischen Union und im Sinn der Mutterschutz-Richtlinie 92/85/EWG nicht ausschließe.[208] Arbeitnehmer im Sinn der Richtlinie 92/85/EWG ist auch ein „Mitglied der Unternehmensleitung einer Kapitalgesellschaft, das dieser gegenüber Leistungen erbringt und in sie eingegliedert ist, [...], wenn es seine Tätigkeit für eine bestimmte Zeit nach der Weisung oder unter der Aufsicht eines anderen Organs dieser Gesellschaft ausübt und als Gegenleistung für die Tätigkeit ein Entgelt erhält.[209] Eine rein gesellschaftsrechtlich begründete Weisungsgebundenheit genüge, die einen GmbH-Geschäftsführer, der keinen bestimmenden Einfluss auf die Gesellschaft ausüben könne, regelmäßig auszeichne.[210] Der Arbeitnehmerbegriff des MuSchG ist daher richtlinienkonform 71

---

[201] BGH 23.4.2012 – II ZR 163/10, NJW 2012, 2346.
[202] *Reufels/Molle* NZA-RR 2011, 281 (285) mwN.
[203] *Bauer/Göpfert/Krieger* AGG § 6 Rn. 37.
[204] BGH 23.4.2012 – II ZR 163/10, NJW 2012, 2346. Ebenso *Reufels/Molle* NZA-RR 2011, 281 (285). Anders *Bauer/Arnold* ZIP 2012, 597 (603 f.); *Thüsing/Stiebert* NZG 2011, 641 (642), die zu Recht verlangen, dass bei einfachen Mehrheiten mehr als die Hälfte der Gremienmitglieder und bei qualifizierten Mehrheiten die entsprechende Mehrheit der Mitglieder von einem diskriminierenden Motiv geleitet sein müsse.
[205] BGH 23.4.2012 – II ZR 163/10, NJW 2012, 2346; BGH 26.3.2019 – II ZR 244/17, NJW 2019, 2086.
[206] *Bauer/Arnold* ZIP 2012, 597 (600); *Thüsing/Stieberg* NZG 2011, 641 (643); *Reufels/Molle* NZA-RR 2011, 281 (284); *Wilsing/Meyer* DB 2011, 341 (343).
[207] BSG 16.2.2005 – B 1 KR 13/03, NZA-RR 2005, 542.
[208] EuGH 11.11.2010 – C-232/09, NZA 2011, 143 (145).
[209] EuGH 11.11.2010 – C-232/09, NZA 2011, 143 (145).
[210] ErfK/*Schlachter* MuSchG § 1 Rn. 3.

dahingehend auszulegen, dass darunter auch ein Mitglied der Unternehmensleitung einer Kapitalgesellschaft (Bsp.: Fremdgeschäftsführerin) fallen kann.[211] Die **Kündigung** einer schwangeren GmbH-Geschäftsführerin, die diesen weiten Arbeitnehmerbegriff erfüllt, ist somit nach Maßgabe der Schutzfristen vor und nach der Entbindung unzulässig. Die Kündigung kann von der Behörde ausnahmsweise für zulässig erklärt werden. Die **Abberufung** der schwangeren GmbH-Geschäftsführerin ist nicht automatisch unwirksam.[212] Der Wortlaut der Entscheidung des EuGH, nach der Art. 10 der Richtlinie 92/85/EWG einer nationalen Regelung entgegensteht, die die **Abberufung** eines Mitglieds der Unternehmensleitung einer Kapitalgesellschaft ohne Einschränkung zulässt, wenn eine schwangere Arbeitnehmerin iSd Richtlinie betroffen ist,[213] schließt zukünftig die gemäß § 38 Abs. 1 GmbHG jederzeit mögliche Abberufung (nur) dann aus, wenn die Abberufung mit der Schwangerschaft begründet wird. Ein Abberufungsbeschluss „aus Gründen, die nichts mit der Schwangerschaft zu tun haben", verstößt nicht gegen Art. 10 der Richtlinie 92/85/EWG, wenn der Arbeitgeber schriftlich berechtigte (andere) Gründe für die Abberufung gemäß Art. 10 Nr. 2 der Richtlinie 92/85/EWG anführt.[214] Es wird daher zu einer entsprechenden Dokumentation der Abberufungsgründe geraten.[215] Es kommt hinzu, dass die in § 38 Abs. 1 GmbHG ausdrücklich niedergelegte Abberufungsfreiheit angesichts der eindeutigen Wortlaute nicht richtlinienkonform korrigiert werden kann. Die Unwirksamkeit der Abberufung kann sich allenfalls aus §§ 1, 7 AGG, 134 BGB ergeben.[216]

72 Die §§ 15 ff. **BEEG** beruhen auf der Richtlinie 2010/18/EU iVm der Rahmenvereinbarung über den Elternurlaub vom 18. Juni 2009. § 1 Abs. 2 der Rahmenvereinbarung stellt auf das Arbeitsverhältnis iSd jeweiligen nationalen Vorschriften ab,[217] mit gewissen Modifikationen zwar, aber ohne dass schlechthin Beschäftigungsverhältnisse iSd § 7 SGB IV oder GmbH-Geschäftsführer einbezogen werden. Die §§ 15 ff. BEEG sind daher nicht auf GmbH-Geschäftsführer anzuwenden.

13. Haftung

73 Die von der Rechtsprechung aufgestellten Grundsätze zur **Haftungseinschränkung** bei betrieblich veranlassten Tätigkeiten können auf Organmitglieder nicht übertragen werden.[218] Der Geschäftsführer haftet aufgrund des Anstellungsverhältnisses und § 43 Abs. 2 GmbHG. Derartige Ansprüche können den berühmten „Griff in die Kasse" betreffen,[219] aber auch eine Überschreitung unternehmerischen Ermessens zur Grundlage haben.[220] Der Geschäftsführer kann insbesondere bei Missachtung von Zustimmungsvorbehalten haften.[221] Die Berufung auf rechtmäßiges Alternativverhalten ist möglich.[222] Deliktische Anspruchsgrundlagen (§ 826 BGB, § 823 BGB iVm einem Schutzgesetz) kommen ebenfalls in Betracht.[223] Im Prozess gegen den Geschäftsführer muss die einen Anspruch nach § 43 Abs. 2 GmbHG verfolgende klagende GmbH darlegen und beweisen, dass und inwieweit ihr durch ein mögli-

---

[211] EuGH 11.11.2010 – C 232/09, NZA 2011, 143; *Baeck/Winzer* NZG 2011, 101; *Reiserer* DB 2011, 2262 (2266); *Wilsing/Meyer* DB 2011, 341.
[212] *Baeck/Winzer* NZG 2011, 101.
[213] EuGH 11.11.2010 – C-232/09, NZA 2011, 143; *Schubert* EuZA 2011, 362 (369 f.).
[214] EuGH 11.11.2010 – C-232/09, NZA 2011, 143 (147), Ziff. 63 spricht hier ungenau von „Kündigungsgründen"; aA, wonach das Kündigungsverbot auch einer Abberufung entgegensteht: *Reiserer* DB 2011, 2262 (2267); *Schubert* EuZA 2011, 362 (367).
[215] *Baeck/Winzer* NZG 2011, 101.
[216] Es ist umstritten, ob eine richtlinienwidrige „Entlassung" unwirksam ist oder nur zu Ansprüchen nach § 15 führt; vgl. *Reufels/Molle* NZA-RR 2011, 281 (285); *Reiserer* DB 2011, 2262 (2265); *Schubert* EuZA 2011, 362 (370).
[217] EuArbRK/*Risak* RL 2010/18/EU Anh. Rn. 7 ff.; Preis/Sagan/*Wietfeld*, 2. Aufl. 2018, § 10 Rn. 10.5.
[218] *Goette* DStR 1998, 1308 (1309); MüKoBGB/*Henssler*, 8. Aufl. 2020 BGB § 619a Rn. 19; Jauernig/*Mansel* BGB § 619a Rn. 5; Staudinger/*Richardi/Fischinger*, Neubearbeitung 2019, BGB § 619a Rn. 70/71; *Podewils* DB 2018, 2304 ff.
[219] BGH 7.5.2019 – VI ZR 512/17, NJW 2019, 2164.
[220] OLG München 8.2.2018 – 23 U 2913/17, GmbHR 2018, 518.
[221] *Geißler* GmbHR 2020, 293 ff.
[222] BGH 10.7.2018 – II ZR 24/17, NJW 2018, 3574.
[223] OLG Brandenburg 16.1.2019 – 7 U 104/16, GmbHR 2019, 474.

cherweise pflichtwidriges Verhalten des Geschäftsführers in seinem Pflichtenkreis ein Schaden erwachsen ist; der Geschäftsführer hat darzulegen und erforderlichenfalls zu beweisen, dass er seinen Sorgfaltspflichten nachgekommen ist und ihn kein Verschulden trifft.[224] Für den Schadensbegriff iSv § 43 Abs. 2 GmbHG gelten grundsätzlich keine Besonderheiten, sondern die §§ 249 ff. BGB, so dass nach allgemeinen Grundsätzen ein Schaden dann vorliegt, wenn eine Minderung des Gesellschaftsvermögens eingetreten ist, ohne dass diese durch einen damit im Zusammenhang stehenden Vermögenszuwachs mindestens ausgeglichen ist.[225] Eine Haftung des Geschäftsführers gegenüber Dritten (Durchgriffshaftung) kommt nach § 826 BGB oder § 823 Abs. 2 BGB iVm einem Schutzgesetz in Betracht.[226] Der Geschäftsführer kann in Insolvenzsituationen nach § 64 GmbHG zum Schadenersatz verpflichtet sein.[227] Derartige Ansprüche werden von einer D & O Versicherung nicht umfasst.[228]

14. Versorgung

Die Versorgungsregelungen des Fremd- und Minderheitsgesellschafter-Geschäftsführers unterliegen nach § 17 Abs. 1 Satz 2 BetrAVG dem Betriebsrentengesetz.[229] Eine Abweichung von den ansonsten einseitig zwingenden Vorschriften des Betriebsrentengesetzes in Vereinbarungen zwischen der Gesellschaft und den Organmitgliedern ist allerdings insoweit möglich, wie die jeweilige Norm tarifdispositiv ist (Bsp.: Abfindung von Anwartschaften).[230] Versorgungsansprüche sind in besonderer Weise geschützt. Ansprüchen aus einer dem Geschäftsführer erteilten Versorgungszusage kann nur dann der Einwand des Rechtsmissbrauchs entgegengehalten werden, wenn der Versorgungsberechtigte seine Pflichten in so grober Weise verletzt hat, dass sich die in der Vergangenheit bewiesene Betriebstreue nachträglich als wertlos oder zumindest erheblich entwertet herausstellt. Dies setzt voraus, dass die Gesellschaft durch das grobe Fehlverhalten des Begünstigten in eine ihre Existenz bedrohende Lage gebracht wurde.[231]

15. Ausschlussfristen

Ausschlussfristen in Geschäftsführerverträgen kommen zwar vor, sind aber bei weitem nicht so verbreitet wie in Arbeitsverträgen.[232] Es ist umstritten, welchen Anforderungen eine Ausschlussklausel im Anstellungsvertrag eines GmbH-Geschäftsführers genügen muss.[233] Das Bundesarbeitsgericht geht davon aus, dass bei der AGB-Kontrolle (nur) § 202 Abs. 1 BGB nicht aber § 309 Nr. 7 Buchst. b) BGB beachtet werden müsse, und begründet dies mit den Besonderheiten im Arbeitsverhältnis nach § 310 Abs. 4 Satz 2 BGB.[234] Eine Übertragung dieser Rechtsprechung auf Anstellungsverträge von Geschäftsführern kommt richtigerweise nicht in Betracht. GmbH-Geschäftsführer sind keine Arbeitnehmer und unterliegen nicht den im Arbeitsrecht geltenden Besonderheiten.[235] Das Geschäftsführeranstellungsver-

---

[224] OLG Brandenburg 7.2.2018 – 7 U 132/16, GmbHR 2018, 578.
[225] LAG Düsseldorf 20.1.2015 – 16 Sa 459/14, GmbHR 2015, 480.
[226] BGH 7.5.2019 – VI ZR 512/17, NJW 2019, 2164; Sächsisches LAG 17.9.2019 – 1 Sa 77/19, AE 2019, 203 (Haftung für Mindestlohn).
[227] BGH 21.5.2019 – II ZR 337/17, GmbHR 2019, 1110; BGH 19.12.2017 – II ZR 88/6, NJW 2018, 1089; OLG München 9.8.2018 – 23 U 2936/17, GmbHR 2018, 1058; OLG Hamburg 16.3.2018 – 5 U 191/16, GmbHR 2018, 800; *Hülsmann* GmbHR 2019, 1169 ff.; *Poertzgen* GmbHR 2018, 881 ff.
[228] OLG Düsseldorf 20.7.2018 – 4 U 93/16, NZG 2018, 1310. Einzelheiten zur D & O Versicherung etwa bei *Holthausen/Hold* GmbHR 2020, 741 ff.
[229] Einzelheiten → 38.
[230] BAG 21.4.2009 – 3 AZR 285/07, AP BetrAVG § 21 Beamtenversorgung Nr. 20; BGH 23.5.2017 – II ZR 6/16, NZG 2017, 948.
[231] BGH 13.12.1999 – II ZR 152/98, NJW 2000, 1197; BGH 2.7.2019 – II ZR 252/16, NZG 2019, 1020.
[232] Keine entspr. Klauseln etwa bei *Tillmann/Mohr* Rn. 763, 764, Beck FormB ArbR B. l. 1.
[233] Einzelheiten bei *Henssler/Moll*, AGB-Kontrolle vorformulierter Arbeitsbedingungen, 2. Aufl. 2020, Rn. 355.
[234] BAG 22.10.2019 – 9 AZR 532/18, NZA 2020, 513.
[235] *Boemke* RdA 2018, 1 (15); *Oetker*, in Henssler/Strohn (Hrsg.). Gesellschaftsrecht, 4. Aufl. 2019, GmbHG § 35 Rn. 110; MüKoBGB/*Basedow* § 310 Rn. 97.

hältnis ist ein freies Dienstverhältnis und kein abhängiges Arbeitsverhältnis.[236] Demzufolge ist nach der Rechtsprechung des Bundesgerichtshofs zugrunde zu legen, dass Ausschlussfristen oder Verjährungsregelungen in AGB auch den Anforderungen nach § 309 Nr. 7 BGB genügen müssen.[237] Das bedeutet, dass solche Ausschlussklauseln unwirksam sind, die lediglich die Haftung bei vorsätzlichen Pflichtverletzungen vorbehalten.

16. Betriebsübergang

76 Der GmbH-Geschäftsführer unterfällt mangels Arbeitnehmereigenschaft nicht den Betriebsübergangsregelungen des § 613a BGB. Art. 2 Abs. 1 Buchst. d der Betriebsübergangsrichtlinie verweist auf die Arbeitnehmereigenschaft im jeweiligen Mitgliedsstaat.[238]

17. Betriebsverfassung

77 Der Betriebsrat kann gegen den Geschäftsführer mangels dessen Arbeitnehmereigenschaft nicht nach § 104 BetrVG vorgehen.[239]

18. Datenschutz

78 Die Geltung von § 26 BDSG für die Anstellungsverhältnisse von GmbH-Geschäftsführern ist ungeklärt. Die Bedeutung der Frage dürfte gering sein, weil jedenfalls die EU-Datenschutzgrundverordnung und die BDSG-Bestimmungen, soweit im Rahmen der EU-Datenschutzgrundverordnung möglich, gelten. Es kommt hinzu, dass § 26 BDSG im Wesentlichen Rechtsprechungsgrundsätze wiedergibt, die unabhängig von ihrer Kodifikation in § 26 BDSG bedeutsam bleiben.

19. Zeugnis

79 Der Zeugnisanspruch des GmbH-Geschäftsführers ergibt sich aus § 630 BGB.[240] Das Zeugnis ist von dem für die Anstellung/Bestellung zuständigen Gesellschaftsorgan zu erteilen.[241]

20. Rechtsweg/Zuständigkeit

80 Geschäftsführern ist für Streitigkeiten aus ihrem Anstellungsverhältnis der **Rechtsweg** zu den Arbeitsgerichten versperrt (§ 5 Abs. 1 S. 3 ArbGG). Das gilt unabhängig davon, ob es sich bei dem zugrunde liegenden Anstellungsvertrag um einen Dienstvertrag oder um ein Arbeitsverhältnis handelt.[242] Der unionsrechtliche Arbeitnehmerbegriff ist nicht heranzuziehen, da § 5 ArbGG keine unionsrechtliche Regelung zugrunde liegt.

81 Die Fiktion des § 5 Abs. 1 S. 3 ArbGG gilt allerdings nur solange, wie die Geschäftsführerstellung besteht. Sie entfällt mit Amtsbeendigung (Abberufung oder Niederlegung).[243] Die Handelsregistereintragung hat bloß deklaratorische Bedeutung. Es kommt darauf an, dass bzw. wann der Abberufungsbeschluss dem Geschäftsführer zugeht.[244] Das Entfallen der Fiktionswirkung durch Amtsbeendigung wirkt sich im Verfahren nach § 17a Abs. 3 GVG

---

[236] BGH 10.5.2010 – II ZR 70/09, NJW 2010, 2343; BAG 11.6.2020 – 2 AZR 374/19.
[237] BGH 29.5.2013 – VIII ZR 174/12, NJW 2013, 2584; BGH 15.11.2006 – VIII ZR 3/06, NJW 2007, 675; BGH 4.6.1987 – I ZR 159/85, NJW-RR 1987, 1252.
[238] EuArbRK/*Winter* RL 2001/23/EG Rn. 9; LAG Hamm 25.10.2000 – 45a 363/00.
[239] LAG Hamm 2.8.2016 – 7 TaBV 11/16, LAGE § 104 BetrVG 2001 Nr. 2.
[240] BGH 9.11.1967 – II ZR 64/67, NJW 1968, 396. Einzelheiten *Brötzmann* GmbHR 2016, R 97 – R 98.
[241] Scholz/*Schneider/Hohenstatt* GmbHG § 35 Rn. 513; MAH GesellschaftsR/*Marsch-Barner/Diekmann*, Bd. 3, § 43 Rn. 59.
[242] BAG 15.3.2011 – 10 AZB 32/10, NZA 2011, 874; 23.8.2011 – 10 AZB 51/10, AP ArbGG 1979 § 5 Nr. 69; 21.1.2019 – 9 AZB 23/18, NZA 2019, 490.
[243] BAG 23.8.2011 – 10 AZB 51/10, AP ArbGG 1979 § 5 Nr. 69; 26.10.2012 – 10 AZB 60/12, AP ArbGG 1979 § 5 Nr. 70.
[244] LAG Hamm 13.3.2019 – 2 Ta 586/18, NZA-RR 2019, 443.

aus, auch wenn die Umstände bei Klageerhebung noch nicht vorgelegen haben, d. h. dass die arbeitsgerichtliche Zuständigkeit durch Beendigung der Organstellung auch noch nach Klageerhebung begründet werden kann.[245] Das Entfallen der Fiktionswirkung bewirkt, dass nach allgemeinen Regeln zu prüfen ist, ob ein Arbeitsverhältnis vorliegt oder nicht. Liegt ein Sic-Non-Fall vor, ist durch das Arbeitsgericht nach den diesbezüglichen Regeln eine materielle Entscheidung zu treffen.[246] Ein Sic-Non-Fall liegt vor, wenn ein Geschäftsführer nach Amtsbeendigung Kündigungsschutz geltend macht. Ohne einen Sic-Non-Fall ist über die Arbeitnehmereigenschaft im Rahmen der Zuständigkeitsprüfung zu entscheiden.[247]

Eine arbeitsgerichtliche Zuständigkeit wird nicht nach § 5 Abs. 1 Satz 2 ArbGG begründet; der GmbH-Geschäftsführer ist keine arbeitnehmerähnliche Person.[248]

Die internationale Zuständigkeit richtet sich nach Art. 18 VO Nr. 44/2001/EG = Art. 20 VO Nr. 1215/2012/EU.[249]

IV. Beendigung des Anstellungsvertrags

1. Änderung/Beendigung der Organstellung

Der Geschäftsführer kann von seiner Organstellung **jederzeit** ohne besonderen Grund durch Gesellschafterbeschluss **abberufen** werden, sofern die Satzung nichts Abweichendes bestimmt (§ 38 Abs. 1 GmbHG). Der Widerruf der Bestellung lässt die Existenz des zu Grunde liegenden Anstellungsvertrags unberührt (§ 38 Abs. 2 GmbHG). Die Organisationsfreiheit der Gesellschaft bleibt so gewahrt. Diese gesetzliche Konzeption schließt ein anstellungsvertragliches Recht des Geschäftsführers auf einen weiteren Verbleib im Amt bzw. eine weitere Ausübung der Geschäftsführertätigkeit aus.[250] Ebenso wenig besteht ein Anspruch des Geschäftsführers auf Weiterbeschäftigung in einer (ggf. seiner früheren Tätigkeit vergleichbaren) leitenden Position.[251] Sofern der Geschäftsführer das Anstellungsverhältnis als Reaktion auf die Abberufung nicht selbst (fristlos) kündigt,[252] bleiben ihm im Wesentlichen mögliche Annahmeverzugsansprüche aus § 615 BGB. Eine Abberufung berechtigt den Betroffenen nicht, von der Gesellschaft Schadensersatz gem. § 628 Abs. 2 BGB zu verlangen.[253]

Die Organstellung kann auch durch eine **Amtsniederlegung** des Geschäftsführers oder durch eine gegenseitige **Vereinbarung** etwa in einem Aufhebungsvertrag beendet werden.[254] Die Amtsniederlegung durch den alleinigen Gesellschafter-Geschäftsführer ist wegen Rechtsmissbrauchs unwirksam, wenn dieser davon absieht, einen neuen Geschäftsführer für die Gesellschaft zu bestellen.[255] Ebenso rechtsmissbräuchlich ist es, wenn sich der alleinige Gesellschafter-Geschäftsführer im Beschlussweg abberufen hat, ohne einen neuen Geschäftsführer zu bestellen, da es auf die Art der Beendigung des Organverhältnisses nicht ankommt.[256]

---

[245] BAG 22.10.2014 – 10 AZB 46/14, NZA 2015, 60; 3.12.2014 – 10 AZB 98/14, NZA 2015, 180; 8.9.2015 – 9 AZB 21/15, NZA 2015, 1342. Zu Recht kritisch: *Boemke* RdA 2018, 1 (23); *Geck/Fiedler* BB 2015, 1077 (1080); *Mohr/Bourazeri* NZA 2019, 595 (598); *Wank* RdA 2019, 312 (314).
[246] BAG 21.1.2019 – 9 AZB 23/18, NZA 2019, 490; LAG Düsseldorf 12.11.2019 – 3 Ta 377/19, NZA-RR 2020, 96.
[247] BAG 21.1.2019 – 9 AZB 23/18, NZA 2019, 490; OLG München 27.10.2014 – 7 W 2097/14, NZA-RR 2014, 660.
[248] BAG 21.1.2019 – 9 AZB 23/18, NZA 2019, 490. Anders *Wank* RdA 2019, 312 (316).
[249] EuGH 10.9.2015 – C-47/14, NZA 2016, 183 – Holterman; *Giesen* ZfA 2016, 47 (55); *Junker* EuZA 2016, 184 (200).
[250] BGH 11.10.2010 – II ZR 266/08, NJW 2011, 920; 28.10.2002 – II ZR 146/02, NJW 2003, 351 (352).
[251] BGH 11.10.2010 – II ZR 266/08, NJW 2011, 920; 28.10.2002 – II ZR 146/02, NJW 2003, 351; *Kothe-Heggemann/Schelp* GmbHR 2011, 75 (76); *Moll* in FS Schwerdtner, 461.
[252] *Röhrborn* BB 2014, 1978 ff.
[253] BGH 28.10.2002 – II ZR 146/02, NJW 2003, 351 (352). Anders BAG 8.8.2002 – 8 AZR 574/01, NZA 2002, 1323. Siehe dazu auch *Moll* in FS Schwerdtner, 457 ff.
[254] BGH 24.11.1980 – II ZR 182/79, NJW 1981, 757 (758).
[255] OLG Hamm 21.6.1988 – 15 W 81/88, WM 1988, 1192.
[256] OLG München 16.3.2011 – 31 Wx 64/11, NJW-RR 2011, 773.

86 Bei Gesellschaften, die der **Mitbestimmung** nach dem Mitbestimmungsgesetz 1976 oder nach dem Montan-Mitbestimmungsgesetz unterliegen, gilt der Grundsatz der freien Abberufbarkeit nicht. Durch die Verweisungen auf die Bestimmungen des Aktiengesetzes darf die Abberufung des Geschäftsführers vielmehr nur aus wichtigem Grund erfolgen, wobei auch ein Vertrauensentzug der Gesellschafterversammlung als wichtiger Grund anzusehen ist (§ 84 Abs. 3 AktG). Ein Widerruf der Organstellung lässt auch in der mitbestimmten GmbH den zu Grunde liegenden Anstellungsvertrag unberührt.

2. Vertragsbeendigung durch Kündigung

87 a) **Kündigung durch die Gesellschaft.** Für die Kündigung des Anstellungsvertrags ist ebenso wie für den Widerruf der Bestellung die **Gesellschafterversammlung** zuständig,[257] soweit diese Kompetenz in der Satzung nicht einem anderen Organ (einem fakultativen Aufsichtsrat oder Beirat etwa) übertragen ist.[258] In der GmbH & Co. KG sind die Gesellschafter der Komplementär-GmbH für die Kündigung des Geschäftsführers der Komplementär-GmbH selbst dann zuständig, wenn der Anstellungsvertrag mit der KG besteht.[259] Die Zuständigkeit der Gesellschafterversammlung besteht auch in Gesellschaften, die nach dem Drittelbeteiligungsgesetz mitbestimmt sind. Sie verlagert sich nur in „paritätisch" mitbestimmten Gesellschaften auf den Aufsichtsrat. Die vorgenannten Grundsätze gelten auch dann, wenn sich die Gesellschaft von einem **faktischen** Anstellungsverhältnis lossagen will.

88 Etwas anderes gilt, wenn sich der Dienstvertrag durch eine Weiterbeschäftigung des Geschäftsführers als Arbeitnehmer nach seiner Abberufung in ein Arbeitsverhältnis „umgewandelt" hat bzw. nach der Abberufung ein anderes, nicht mit der Geschäftsführerbestellung zusammenhängendes Rechtsverhältnis, begründet wurde; in diesem Fall wird die GmbH durch ihre Geschäftsführer vertreten.

89 Die Kündigung setzt einen wirksamen Beschluss der Gesellschafterversammlung betreffend die Kündigung voraus.[260] Der erforderliche **Gesellschafterbeschluss** muss vor Ausspruch der Kündigung gefasst werden. Eine nachträgliche Genehmigung durch das zuständige Organ kommt im Hinblick auf die einseitige rechtsgestaltende Wirkung der Kündigung nicht in Betracht.[261] Von der Beschlussfassung über die Kündigung ist die **Erklärung der Kündigung** gegenüber dem Geschäftsführer zu unterscheiden. Eine Möglichkeit besteht darin, dass der ordnungsgemäß protokollierte Kündigungsbeschluss der Gesellschafter dem Geschäftsführer im Original übermittelt wird; die Kündigung ist diesem gegenüber damit erklärt.[262] Mangels eines gesetzlichen Schriftformerfordernisses und bei Fehlen einer Schriftformklausel im Anstellungsvertrag gilt, dass der Erklärungszugang darin liegen kann, dass die Kündigung in Anwesenheit des Geschäftsführers beschlossen und der Beschluss dem Geschäftsführer bekannt gemacht wird.[263] Eine andere Möglichkeit liegt darin, dass eine separate Kündigungserklärung erfolgt. § 623 BGB gilt zwar nicht. Schriftform ist jedoch sowohl aus Beweisgründen als auch im Hinblick auf Schriftformklauseln in Anstellungsverträgen dringend zu empfehlen. Dies gilt umso mehr, als dass dann, wenn ein Dritter beauftragt/bevollmächtigt wird, im Hinblick auf § 174 BGB ein entsprechendes schriftliches Originaldokument der Kündigungserklärung beizufügen ist. Die Befugnis, das Kündigungsschreiben anzufertigen und die Kündigung gegenüber dem Geschäftsführer auszusprechen, können die Gesellschafter auf eine (beliebige) dritte Person übertragen.[264] Das geschieht zusammen mit der Beschlussfassung über die Kündigung.

---

[257] BGH 8.9.1997 – II ZR 165/96, NJW 1998, 76; 27.3.1995 – II ZR 140/93, NJW 1995, 1750 (1751).
[258] BGH 17.2.1997 – II ZR 278/95, NJW 1997, 2055; Lutter/Hommelhoff/*Kleindiek* GmbHG Anh. § 6 Rn. 51.
[259] BGH 8.1.2007 – II ZR 267/05, NJW-RR 2007, 1632 (1633); *Grunewald* GmbHR 2018, 63 (66).
[260] OLG München 24.3.2016 – 23 U 1884/15, GmbHR 2016, 875.
[261] OLG München 24.3.2016 – 23 U 1884/15, GmbHR 2016, 875; OLG Köln 21.2.1990 – 13 U 195/89, GmbHR 1991, 156.
[262] BGH 27.3.1995 – II ZR 140/93, NJW 1995, 1750; 8.9.1997 – II ZR 165/96, NJW 1998, 76; 3.11.2003 – II ZR 158/01, NJW-RR 2004, 540.
[263] OLG Nürnberg 22.12.2000 – 6 U 1604/00, NZG 2001, 810.
[264] BGH 26.3.1984 – II ZR 120/83, NJW 1984, 2528 (2529 f.).

Formulierungsvorschlag:

1. Die Bestellung von Herrn ...... zum Geschäftsführer der ...... GmbH wird mit sofortiger Wirkung widerrufen.
2. Das Dienstverhältnis zwischen der ...... GmbH und Herrn ...... wird hiermit fristgerecht, ordentlich zum ...... und hilfsweise zu jedem anderen nächstmöglichen Termin gekündigt. Es wird zur Vermeidung von Missverständnissen klargestellt, dass es sich bei dieser Beschlussfassung um die Kündigungserklärung der ...... GmbH gegenüber Herrn ...... handelt, die diesem durch ...... zu übermitteln sein wird.
3. Herr ...... wird mit sofortiger Wirkung unter Anrechnung auf alle etwaigen Urlaubs- oder Freizeitausgleichsansprüche von der Tätigkeit freigestellt.
4. ...... wird beauftragt und ermächtigt, diese Beschlussfassungen/Erklärungen Herrn ...... zu übermitteln.

Praxistipp:

Ermächtigen die Gesellschafter eine dritte Person zur Erklärung der Kündigung, muss dem Geschäftsführer zusammen mit dem Kündigungsschreiben ein Original des Gesellschafterbeschlusses, der die Ermächtigung erhält, zugehen. Andernfalls kann der Betroffene die Kündigungserklärung nach § 174 S. 1 BGB zurückweisen.[265] Ein derartiges Vorgehen ist praktisch umständlich und rechtlich nicht erforderlich. Die bloße Bewirkung des Zugangs des Kündigungsbeschlusses ist vorzugswürdig.

Hat die Gesellschaft nur einen Gesellschafter (**Ein-Mann-GmbH**), liegt die erforderliche Beschlussfassung bereits darin, dass der Gesellschafter das Kündigungsschreiben persönlich oder im Fall einer Kapitalgesellschaft der/die Vertreter unterzeichnet und dem Geschäftsführer übergibt. Die Beschlussfassung der Gesellschafterversammlung und die Umsetzung der getroffenen Entscheidung fallen dann im Ergebnis in einem Akt zusammen. Einer besonderen **Protokollierung** des gefassten Beschlusses nach § 48 Abs. 3 GmbHG bedarf es in diesem Fall nicht.[266] In der Praxis kommt dieser Fall etwa vor, wenn innerhalb einer (internationalen) Konzernverbindung ein vertretungsberechtigtes Organmitglied einer ausländischen Kapitalgesellschaft den Geschäftsführervertrag oder die Kündigung eines Geschäftsführers einer 100%igen deutschen Tochtergesellschaft unterschreibt. Sofern der Unterzeichner als gesetzlicher Vertreter für den Alleingesellschafter handelt, kommt die Zurückweisung der Kündigung nach § 174 S. 1 BGB nicht in Betracht, da die Vorschrift auf die gesetzliche Vertretung keine Anwendung findet. Eine Zurückweisung nach § 174 S. 1 BGB ist allerdings in Erwägung zu ziehen, wenn in dem zuständigen Organ einer (ausländischen) Muttergesellschaft gesetzlich Gesamtvertretung besteht, eine Registereintragung die Vertretungsmacht des Handelnden nicht erkennen lässt und das handelnde Organmitglied geltend macht, von den anderen allgemein oder in concreto beauftragt zu sein.[267]

Sieht der Anstellungsvertrag vor, **dass ein Widerruf der Bestellung (auch) als Kündigung des Anstellungsvertrags gilt,** bedarf es einer gesonderten Kündigungserklärung gegenüber dem Geschäftsführer nicht. Dem Geschäftsführer muss in diesem Fall der Abberufungsbeschluss zugehen. Der Zugang des Abberufungsbeschlusses setzt den Lauf der Kündigungsfrist in Gang. Das gilt entsprechend, sofern die Parteien den Anstellungsvertrag unter die auflösende **Bedingung** einer Abberufung gestellt haben.[268]

Für die **ordentliche** Kündigung eines Geschäftsführervertrags ist kein besonderer Grund erforderlich; die Kündigung kann jederzeit unter Einhaltung der einschlägigen Kündigungs-

---

[265] OLG Düsseldorf 17.11.2003 – 15 U 225/02, NZG 2004, 141 (Kündigung eines Vorstandsmitglieds).
[266] BGH 27.3.1995 – II ZR 140/93, NJW 1995, 1750 (1751 f.); 8.1.2007 – II ZR 267/05, NJW-RR 2007, 1632 (1633).
[267] OLG Köln 13.8.2015 – 18 U 153/14, GmbHR 2016, 647 (Board einer US Inc.); *Arden* DB 2020, 281 ff.; *Wachter* GmbHR 2016, 617 ff.
[268] Zur Zulässigkeit von Koppelungsklauseln → Rn. 54 ff.

frist erfolgen. Ist die Anwendung des KSchG im Anstellungsvertrag vereinbart, müssen die Kündigungsgründe einer Prüfung der sozialen Rechtfertigung nach dem KSchG standhalten. Der Verlust des Geschäftsführeramts durch Abberufung stellt dann keinen personenbedingten Kündigungsgrund iSv § 1 Abs. 2 KSchG dar, so dass die Kündigung einer weitergehenden sozialen Rechtfertigung bedarf.[269]

94 Eine **fristlose** Beendigung der Anstellung ist unter den Voraussetzungen des § 626 BGB möglich. Als **wichtigen** Grund iSv § 626 Abs. 1 BGB hat die Rechtsprechung etwa anerkannt:[270]
- Verweigerung von Auskünften durch den Geschäftsführer gegenüber dem Gesellschafter.[271]
- Nachlässigkeiten im Zusammenhang mit der Erstellung des Jahresabschlusses.[272]
- Ausnutzung der Organstellung zum Abschluss von Geschäften für eigene Rechnung.[273]
- Ständige Widersetzlichkeit des Geschäftsführers gegenüber den Weisungen des Bevollmächtigten des Alleingesellschafters.[274]
- Nichtbefolgung von Gesellschafterweisungen.[275]
- Entgegennahme finanzieller Sonderzuwendungen im geschäftlichen Verkehr.[276]
- Tätigung von Barabhebungen vom Geschäftskonto ohne plausiblen Verwendungsnachweis.[277]
- Missbräuchliche Ausnutzung von Erwerbschancen der Gesellschaft für eigene Zwecke.[278]
- Einsatz von GmbH-Mitteln für Privatzwecke (Bau eines privaten Hauses).[279]
- Überschreitung seiner internen Bindungen an die Zustimmung der Gesellschafterversammlung in existentiellen Fragen.[280]
- Handlungen, die die Gesellschaft der Gefahr eines strafrechtlichen Ermittlungsverfahrens und eines unternehmensschädigenden Datenskandals aussetzen.[281]
- Amtsniederlegung des Geschäftsführers ohne plausiblen Grund.[282]
- Schuldhafte Insolvenzverschleppung.[283]
- Manipulation der PKW-Sachbezugsversteuerung.[284]

95 Die Gründe, die zur außerordentlichen Kündigung geführt haben, müssen im Gesellschafterbeschluss oder im Kündigungsschreiben nicht angegeben werden; es genügt, wenn sie zum Kündigungszeitpunkt objektiv vorliegen.[285] Für den Lauf der **Zwei-Wochen-Frist** gem. § 626 Abs. 2 BGB kommt es nicht nur auf die Kenntnis eines Gesellschafters, sondern auf die Kenntnis der (gesamten) Gesellschafterversammlung an.[286] Ein Gesellschafter, der von einem Kündigungssachverhalt erfährt, darf die Einberufung einer Gesellschafterversammlung allerdings nicht unangemessen verzögern; andernfalls muss sich die Gesellschaft so behandeln lassen, als wäre die Gesellschafterversammlung rechtzeitig zustande gekommen.[287]

---

[269] BGH 10.5.2010 – II ZR 70/09, NJW 2010, 2343; aA OLG Hamm 20.11.2006 – 8 U 217/05, GmbHR 2007, 442.
[270] *Jaeger* S. 197 f.
[271] OLG Frankfurt a. M. 24.11.1992 – 5 U 67/90, NJW-RR 1994, 498.
[272] OLG Bremen 20.3.1997 – 2 U 110/96, NJW-RR 1998, 468.
[273] BGH 8.5.1967 – II ZR 126/65, GmbHR 1968, 141.
[274] OLG Düsseldorf 15.11.1984 – 8 U 22/84, ZIP 1984, 1476.
[275] BGH 20.8.2019 – II ZR 121/16, NJW 2019, 3718.
[276] BAG 17.8.1972 – 2 AZR 415/71, AP BGB § 626 Nr. 65.
[277] OLG Rostock 14.10.1998 – 6 U 234/97, NZG 1999, 216.
[278] BGH 13.2.1995 – II ZR 225/93, NJW 1995, 1358 (1359).
[279] BGH 2.6.1997 – II ZR 101/96, GmbHR 1997, 998.
[280] OLG Köln 1.6.2010 – 18 U 72/09, NZG 2011, 307.
[281] OLG Celle 27.1.2010 – 9 U 38/09, NZG 2010, 673.
[282] BGH 19.6.1995 – II ZR 228/94.
[283] BGH 20.6.2005 – II ZR 18/03, NJW 2005, 3069.
[284] LG Gera 21.2.2019 – 11 HKO 55/18, AE 2019, 76 (Berufung Thüringer OLG – 2 U 364/19).
[285] BGH 19.6.1995 – II ZR 228/94. Siehe zum Nachschieben von Gründen BGH 1.12.2003 – II ZR 161/02, NJW 2004, 1528 (1529).
[286] BGH 15.6.1998 – II ZR 318/96, NJW 1998, 3274; 10.9.2001 – II ZR 14/00, NJW-RR 2002, 173.
[287] BGH 15.6.1998 – II ZR 318/96, NJW 1998, 3274 (3275).

Ob die Parteien im Anstellungsvertrag von vornherein **bestimmte Sachverhalte festlegen** 96
können, die eine Kündigung aus wichtigem Grund rechtfertigen, ist differenziert zu beurteilen. Der von den Parteien festgelegte Kündigungstatbestand kann die Qualität eines wichtigen Grundes iSd § 626 Abs. 1 BGB bei objektiver Betrachtung erreichen. Ist ein derartiger, vertraglich festgelegter Tatbestand erfüllt, tritt die Beendigung des Anstellungsverhältnisses gem. § 626 Abs. 1 BGB ein, ohne dass eine zusätzliche Interessenabwägung erforderlich wäre. Die Festlegung des Sachverhalts im Anstellungsvertrag grenzt mithin lediglich die Interessenabwägung ein, vorbehaltlich des Korrektivs der Treuwidrigkeit. Die Ausübung des vereinbarten Kündigungsrechts kann ausnahmsweise gegen Treu und Glauben verstoßen.[288] Wird die Qualität eines wichtigen Grundes iSd § 626 Abs. 1 BGB nicht erreicht, besteht zwar dem Grunde nach eine Kündigungsbefugnis der Gesellschaft. Diese kann jedoch mangels Vorliegens der Voraussetzungen des § 66 Abs. 1 BGB nur nach Maßgabe der anwendbaren Kündigungsfristen ausgeübt werden.[289] Die Parteien haben bei Anwendung dieser Grundsätze auch die Möglichkeit, den Widerruf der Bestellung durch die Gesellschaft oder durch eine Amtsniederlegung des Geschäftsführers als Tatbestand für eine Kündigung des Anstellungsvertrags vorzusehen.[290] Da durch eine derartige Beendigung der Organstellung die Voraussetzungen des § 626 Abs. 1 BGB nicht erfüllt werden, tritt die Beendigung des Vertrags nur unter Beachtung der anwendbaren Kündigungsfristen ein. Die Vereinbarung eines Kündigungsgrundes hat dann die gleiche Wirkung wie eine Koppelungsklausel und unterliegt den diesbezüglichen Anforderungen.[291]

Inwieweit vor Ausspruch einer außerordentlichen Kündigung eine **Abmahnung** des Geschäftsführers zu erfolgen hat, ist umstritten.[292] Die Rechtsprechung hat im Hinblick auf die herausgehobene Tätigkeit und besondere Vertrauensstellung der zur Geschäftsführung berufenen Personen ein Abmahnungserfordernis grundsätzlich verneint.[293] Diese Sichtweise wird seit der Schuldrechtsreform im Hinblick auf die Vorschrift des § 314 Abs. 2 S. 1 BGB in Frage gestellt.[294] Die praktischen Auswirkungen dieser Norm dürfen indes nicht überschätzt werden, denn auch nach § 314 Abs. 2 S. 2 iVm § 323 Abs. 2 BGB ist eine Abmahnung entbehrlich, soweit besondere Umstände vorliegen, die unter Abwägung der beiderseitigen Interessen eine fristlose Kündigung rechtfertigen. Auf Grund der besonderen gesetzlichen Pflichtenstellung des Geschäftsführers und der im Vergleich zu einem Arbeitnehmer erheblich gesteigerten Verantwortung dürfte eine Interessenabwägung bei Sachverhalten, die die Schwelle des wichtigen Grunds an sich erreichen, regelmäßig zu Gunsten der Gesellschaft ausfallen. Es bleibt daher auch nach der Schuldrechtsreform dabei, dass eine Abmahnung vor Ausspruch einer außerordentlichen Kündigung gegenüber einem Geschäftsführer regelmäßig entbehrlich ist.[295] 97

b) Kündigung durch den Geschäftsführer. Eine Kündigung durch den Geschäftsführer ist 98
als ordentliche oder als außerordentliche Kündigung möglich.[296] Die **Kündigungserklärung** ist vorbehaltlich einer Schriftformklausel im Anstellungsvertrag formfrei möglich, wenngleich aus Beweiszwecken Schriftform empfehlenswert ist. Der Betroffene wird zum Ablauf der Kündigungsfrist sein Amt als Geschäftsführer niederlegen. Umstritten ist, gegenüber wem der Geschäftsführer seine Kündigungserklärung abzugeben hat. Bei der Ein-Mann-GmbH ist der Alleingesellschafter bzw. dessen gesetzlicher Vertreter der richtige Adressat. In Gesellschaften mit mehreren Gesellschaftern wird man in Übereinstimmung mit der Recht-

---

[288] *Reiserer* BB 2002, 1199 (1200).
[289] BGH 11.5.1981 – II ZR 126/80, NJW 1981, 2748.
[290] BGH 11.5.1981 – II ZR 126/80, NJW 1981, 2748.
[291] Dazu → Rn. 54 ff.
[292] Zum Erfordernis der Abmahnung vor ordentlicher verhaltensbedingter Kündigung, wenn die Geltung des KSchG vereinbart ist, siehe *Stagat* NZA-RR 2011, 617 (619).
[293] BGH 10.9.2001 – II ZR 14/00, NJW-RR 2002, 173; 14.2.2000 – II ZR 218/98, NJW 2000, 1638; OLG Hamm 25.11.2009 – 8 U 61/09, GmbHR 2010, 477.
[294] *Schuhmacher/Mohr* DB 2002, 1606.
[295] BGH 2.7.2007 – II ZR 71/06, NJW-RR 2007, 1520.
[296] Beispiele für eine Kündigung aus wichtigem Grund bei *Hansen/Kelber/Zeißig/Breezmann/Confurius* D Rn. 1075.

sprechung zur Amtsniederlegung davon ausgehen können, dass die Erklärung der Kündigung gegenüber **einem** Gesellschafter genügt, selbst wenn dieser die Erklärung anschließend nicht an seine Mitgesellschafter weiterleitet (Abgabe einer Willenserklärung gegenüber einem Gesamtvertreter).[297] In der mitbestimmten GmbH ist die Kündigung gegenüber dem **Aufsichtsratsvorsitzenden** zu erklären. Das gilt trotz des in § 1 Abs. 1 Nr. 3 DrittelbG enthaltenen Verweises auf die Vorschrift des § 112 AktG nicht in Gesellschaften, die der Mitbestimmung nach dem Drittelbeteiligungsgesetz unterliegen; die Personalkompetenz hat die Gesellschafterversammlung.[298]

3. Vertragsbeendigung durch Aufhebungsvertrag

99 a) **Vertragsschluss.** Bei Abschluss des Aufhebungsvertrags wird die Gesellschaft gegenüber dem Geschäftsführer durch die Gesellschafterversammlung, bei mitbestimmten Gesellschaften durch den Aufsichtsrat vertreten. Insoweit gelten die Ausführungen zur Begründung des Anstellungsverhältnisses entsprechend.[299] Das gilt auch hinsichtlich einer möglichen nachträglichen Genehmigung des Aufhebungsvertrags (§ 177 BGB). Die Formvorschrift des § 623 BGB findet auf Aufhebungsverträge mit Geschäftsführern keine Anwendung. Bei der Unterzeichnung des Aufhebungsvertrags können sich die Gesellschafter durch eine von ihnen entsprechend ermächtigte (dritte) Person vertreten lassen. Diese Grundsätze gelten auch dann, wenn ein faktisches Anstellungsverhältnis einvernehmlich beendet werden soll.

100 b) **Vertragsinhalte.** Die Festlegung der Auflösungsmodalitäten unterliegt der Vertragsfreiheit. Insbesondere im Hinblick auf die folgende Materie besteht Regelungsbedarf:

101 **Checkliste: Regelungsbedürftige Themen**

- ☐ Zeitpunkt der Beendigung von Anstellung und Organstellung
- ☐ Beendigung von weiteren Ämtern in verbundenen Unternehmen
- ☐ Abrechnung des Anstellungsverhältnisses einschl. etwaiger Abfindungszahlungen, variabler Vergütung etc, Nebenleistungen
- ☐ Gewährung bzw. Abgeltung von Resturlaub
- ☐ Freistellung bis zum Ende der Vertragslaufzeit, Anrechnung anderweitigen Erwerbs sowie Konkurrenztätigkeit während der Freistellungsphase
- ☐ Rückgabe von Gegenständen/Unterlagen einschl. technische Kommunikationsmittel und Dienstwagen[300]
- ☐ Verschwiegenheits- und Geheimhaltungspflichten nach Ende des Anstellungsvertrags
- ☐ Nachvertragliches Wettbewerbsverbot
- ☐ Interne und/oder externe Sprachregelung (Pressemitteilung)
- ☐ Zurückbehaltungsrechte, Aufrechnungsverbote
- ☐ Zeugniserteilung
- ☐ Erledigungsklausel/Entlastung des Geschäftsführers[301]

102 Eine Abfindungshöhe kann im Einzelfall je nach den Umständen vom Gericht im Wege ergänzender Vertragsauslegung festgelegt werden, wenn der Aufhebungsvertrag insoweit im Hinblick auf seine gesamten sonstigen Regelungen eine Vertragslücke enthält.[302]

---

[297] BGH 17.9.2001 – II ZR 378/99, NZG 2002, 43; Lutter/Hommelhoff/*Kleindiek* GmbHG Anh. § 6 Rn. 52.
[298] *Habersack/Henssler* DrittelbG § 1 Rn. 34.
[299] → Rn. 36 ff.
[300] Pflicht aus § 667 BGB. Siehe dazu BGH 11.3.2004 – IX ZR 178/03; 7.7.2008 – II ZR 71/07, NZG 2008, 834 (Rückgabe Geschäftsunterlagen durch Aufsichtsratsmitglied); BAG 14.12.2011 – 10 AZR 283/10, NZA, 2012, 501; *Bergwitz* NZA 2018, 333 ff.
[301] Zur Generalbereinigung etwa *Dicke* GmbHR 2019, 572 ff.
[302] OLG Düsseldorf 25.4.2019 – 6 U 28/18, GmbHR 2019, 710.

V. Rechtsschutz vor Gericht

1. GmbH als Klagegegner

Die Gesellschafter bestimmen gemäß § 46 Nr. 8 GmbHG darüber, wer die Gesellschaft in Prozessen vertritt, die gegen einen Geschäftsführer geführt werden. Dies gilt sowohl für Aktiv- als auch für Passivprozesse.[303] Dies dient dazu, dass Interessenkollisionen mit Mitgeschäftsführern vermieden werden und die Prozessführung der Gesellschaft in jeder Hinsicht unvoreingenommen erfolgt. Die Gesellschafterversammlung selbst ist nicht prozessfähig. Der von der Gesellschafterversammlung bestellte Prozessvertreter kann ein Dritter, ein Gesellschafter, ein Mitgeschäftsführer sein.[304] Die Klage des Geschäftsführers ist, wenn ein Prozessvertreter bestellt ist, gegen die Gesellschaft zu richten, die durch die Gesellschafterversammlung und diese ihrerseits durch den Prozessvertreter vertreten wird.[305] Solange die Gesellschafter von der Möglichkeit der Bestellung eines Prozessvertreters keinen Gebrauch gemacht haben, ist für die Klage des Geschäftsführers gegen die GmbH danach zu unterscheiden, ob noch andere Geschäftsführer vorhanden sind oder nicht. Ist noch mindestens ein anderer Geschäftsführer vorhanden, so ist die GmbH in der Weise zu verklagen, dass sie durch den/die anderen Geschäftsführer vertreten wird.[306] Die Gesellschaft wird in diesem Falle durch den/die Geschäftsführer vertreten, solange die Gesellschafterversammlung keinen Prozessvertreter bestellt.[307] Ist kein anderer Geschäftsführer vorhanden, so muss der gegen die GmbH klagende Geschäftsführer die Bestellung eines Prozesspflegers gemäß § 57 Abs. 1 ZPO beantragen. Der Antrag wird sinnvollerweise bereits in der Klageschrift gestellt, um die Zustellung der Klage zu ermöglichen.[308] Das Gericht muss, wenn die Voraussetzungen des § 57 Abs. 1 ZPO erfüllt sind, einen Prozesspfleger bestellen. Die Klage ist in diesem Falle gegen die GmbH zu richten, die durch den Prozesspfleger vertreten wird. Erfährt der Geschäftsführer erst nach Klageerhebung, dass ein Prozessvertreter von den Gesellschaftern bestellt worden ist, so ist das Rubrum dahingehend zu berichten, dass die Klage gegen die Gesellschaft gerichtet wird, die durch die Gesellschafterversammlung und diese durch den Prozessvertreter vertreten wird. Der Geschäftsführer kann das Risiko der Unkenntnis einer Bestellung eines Prozessvertreters dadurch vermeiden, dass er die Klage gegen die GmbH erhebt, die durch den Geschäftsführer vertreten wird und hilfsweise für den Fall der Bestellung eines Prozessvertreters durch die Gesellschafterversammlung und diese durch den Prozessvertreter. Etwas anderes gilt, wenn die GmbH einen Aufsichtsrat hat. Handelt es sich um einen obligatorischen Aufsichtsrat aufgrund gesetzlicher Regelungen, so ist der Aufsichtsrat nach § 112 AktG das zutreffende Vertretungsorgan, soweit und weil die Mitbestimmungsregelungen hierauf verweisen (Bsp.: § 25 Abs. 1 S. 1 Nr. 2 MitbestG, § 1 Abs. 1 Nr. 3 DrittelbG). Hat die GmbH einen fakultativen Aufsichtsrat, so ist durch Auslegung der Satzung zu ermitteln, wer für die Vertretung gegenüber den Geschäftsführern und die Prozessführung zuständig ist. Mangels abweichender Regelungen im Gesellschaftsvertrag gilt aufgrund der Bezugnahme in § 52 Abs. 1 GmbHG ebenfalls § 112 AktG.

2. Rechtsweg

Auf Grund der gesetzlichen Regelung in § 5 Abs. 1 S. 3 ArbGG sind die **Arbeitsgerichte** für Klagen eines Geschäftsführers aus seinem **Anstellungsvertrag** gegen die Gesellschaft grundsätzlich **nicht** zuständig. Zur Entscheidung berufen sind vielmehr die ordentlichen Gerichte, dh die Landgerichte/Kammern für Handelssachen (§§ 13, 95 GVG). Damit wird dem Umstand Rechnung getragen, dass es sich bei entsprechenden Streitigkeiten regelmäßig um Auseinandersetzungen im Arbeitgeberlager handelt.[309]

---

[303] BGH 16.12.1991 – II ZR 31/91, NJW 1992, 977.
[304] *Baumbach/Hueck/Zöllner/Noack* GmbHG § 46 Rn. 69.
[305] *Bergwitz* GmbHR 2008, 225 (227); *Gach/Pfüller* GmbHR 1998, 64 (69).
[306] BGH 24.2.1992 – II ZR 79/91, NJW-RR 1992, 993; 22.3.2016 – II ZR 253/15, GmbHR 2016, 1035; *Bergwitz* GmbHR 2008, 225 (227).
[307] OLG Zweibrücken 29.7.2015 – 1 U 194/13, GmbHR 2015, 1047.
[308] *Bergwitz* GmbHR 2008, 225 (228).
[309] BAG 20.8.2003 – 5 AZB 79/02, NZA 2003, 1108 (1110).

105 Die gesetzliche Fiktion des § 5 Abs. 1 S. 3 ArbGG greift **unabhängig** von der rechtlichen **Qualifikation** des Anstellungsvertrags als Dienstvertrag oder Arbeitsvertrag ein. Sie gilt selbst dann, wenn (unstreitig) feststeht, dass ein Arbeitsverhältnis und kein selbstständiges Dienstverhältnis vorliegt.[310] Entscheidend ist allein, dass die streitige Rechtsbeziehung Grundlage der Organbestellung ist. Folglich ist es im Rahmen der Rechtswegbestimmung unbeachtlich, wenn der Geschäftsführer behauptet, auf Grund eingeschränkter Kompetenzen, mangelnder organisatorischer Freiheiten oÄ Arbeitnehmer der Gesellschaft zu sein. Das gleiche gilt für den Einwand, die Bestellung sei auf der Grundlage eines unstreitig bestehenden Arbeitsverhältnisses erfolgt. Entsprechendem Sachvortrag muss das Gericht im Rahmen der Zuständigkeitsbeurteilung nicht nachgehen.[311] Die Fiktion des § 5 Abs. 1 S. 3 ArbGG gilt allerdings nur, solange die Organstellung besteht (Einzelheiten → Rn. 9 ff.). Sie gilt danach auch noch nicht, wenn der Anstellungsvertrag zwar geschlossen, aber die Bestellung noch nicht erfolgt ist.[312] Vor Beginn oder nach Ende der Organstellung ist nach den allgemeinen Grundsätzen zu prüfen, ob der aus dem Amt geschiedene Geschäftsführer die arbeitsgerichtliche Zuständigkeit dadurch begründet, dass er geltend macht, er sei Arbeitnehmer.[313]

106 Das BAG hat für die **GmbH & Co. KG** entschieden, dass ein bei der KG angestellter Geschäftsführer einer Komplementär-GmbH auf Grund seiner mittelbaren Vertretungsbefugnis für die KG auch als deren gesetzlicher Vertreter iSv § 5 Abs. 1 S. 3 ArbGG mit der Folge der Unzuständigkeit der Arbeitsgerichte anzusehen ist.[314] Etwas anderes gilt für **Konzernverbindungen** von Kapitalgesellschaften, sofern die Geschäftsführerbestellung auf der Grundlage eines Arbeitsvertrags mit der Muttergesellschaft oder einer Tochtergesellschaft erfolgt und dieser Vertrag die Grundlage für die Ausübung des Geschäftsführungsamts bildet.[315] In diesem Fall fehlt es im Verhältnis des Geschäftsführers zu seinem Vertragspartner an der von § 5 Abs. 1 S. 3 ArbGG vorausgesetzten „Gefährdungslage", so dass für die Rechtswegbestimmung die allgemeinen Regeln gelten.

107 § 5 Abs. 1 S. 3 ArbGG ist unanwendbar und der **Rechtsweg zu den Arbeitsgerichten** eröffnet, wenn der Streit zwischen den Parteien nicht das der Organstellung zugrunde liegende Rechtsverhältnis, sondern eine weitere (selbstständige) Rechtsbeziehung betrifft.[316] Das ist namentlich der Fall, sofern *neben* dem „eigentlichen" Anstellungsverhältnis ein (bspw. ruhender) **Arbeitsvertrag** besteht. Diesbezüglich gelten die allgemeinen Grundsätze zur Rechtswegbestimmung. Ausreichend und erforderlich ist eine schlüssige Darlegung der unterscheidbaren Doppelstellung.[317]

3. Rechtsschutz gegen Abberufung

108 Ein Geschäftsführer kann grundsätzlich gegen den Widerruf der Organbestellung durch die Gesellschafterversammlung im Klageweg vorgehen und dessen Fehlerhaftigkeit geltend machen.[318] Er kann, wenn ein Fall des § 38 Abs. 2 GmbHG vorliegt, neben der Beschlussunwirksamkeit auch das Fehlen eines Abberufungsgrundes geltend machen.[319] Da der Anstellungsvertrag in der Regel gleichzeitig mit Entzug der Organstellung gekündigt wird, beschränken sich Rechtsstreite regelmäßig von vornherein auf den Streit um die Wirksamkeit der Kündigung und die damit verbundenen Entgeltansprüche. Ein anstellungsvertragliches Recht des Geschäftsführers auf Verbleib im Amt gibt es nicht. Eine Klage gegen die Abberu-

---

[310] BAG 28.1.2001 – 5 AZB 9/01, NZA 2002, 52 (53); 14.6.2006 – 5 AZR 592/05, NZA 2006, 1154 (1155); 15.3.2011 – 10 AZB 32/10, NZA 2011, 874.
[311] BAG 6.5.1999 – 5 AZB 22/98, NZA 1999, 839 (840).
[312] BAG 25.6.1997 – 5 AZB 41/96, NZA 1997, 1363.
[313] *Dimsic/Link* BB 2015, 3063 ff.; *Reufels/Volmari* GmbHR 2018, 937 (940); *Vielmeier* NZA 2016, 1241.
[314] BAG 20.8.2003 – 5 AZB 79/02, NZA 2003, 1108 (1110); *Moll* RdA 2002, 226 ff.
[315] BAG 25.10.2007 – 6 AZR 1045/06, NZA 2008, 168.
[316] BAG 20.8.2003 – 5 AZB 79/02, NZA 1997, 1363 (1364); 6.5.1999 – 5 AZB 22/98, NZA 1999, 839 (840); 23.8.2001 – 5 AZB 9/01, NZA 2002, 52 (53); 14.6.2006 – 5 AZR 592/05, NZA 2006, 1154 (1155); 15.3.2011 – 10 AZB 32/10, NZA 2011, 874.
[317] BAG 25.10.2007 – 6 AZR 1045/06, NZA 2008, 168 (169).
[318] OLG München 24.3.2016 – 23 U 1884/15, GmbHR 2016, 875; *Werner* GmbHR 2015, 1297 ff.
[319] OLG Hamm 25.7.2016 – I-8 U 160/15, GmbHR 2016, 1154.

fung hat daher nur Erfolg, wenn der Abberufungsbeschluss nichtig ist.[320] Verstößt die Abberufung „nur" gegen die Satzung, wird dem Geschäftsführer teilweise versagt, sich darauf zu berufen (Beispiel: Erfordernis eines wichtigen Grundes in der Satzung für die Abberufung).[321] Ob gegen eine Abberufung auch **mit einer einstweiligen Verfügung vorgegangen** werden kann, wird nicht einheitlich beurteilt.[322] Der Sache nach handelt es sich dabei um einen Antrag auf Verurteilung der Gesellschaft, den abberufenen Geschäftsführer vorläufig als Geschäftsführer weiter zu beschäftigen.

4. Rechtsschutz gegen Kündigung

Gegen eine ordentliche oder außerordentliche Kündigung des Anstellungsvertrags kann sich der Geschäftsführer mit einer Feststellungsklage wehren. Das erforderliche Feststellungsinteresse (§ 256 ZPO) liegt ebenso wie bei arbeitsrechtlichen Statusklagen regelmäßig vor.

5. Vergütungsklage im Urkundenprozess

Der Urkundenprozess gem. §§ 592 ff. ZPO auf ausstehende Vergütung kann ein wirksames Mittel des Geschäftsführers sein, um im Kündigungsfall den Verhandlungsdruck gegenüber der Gesellschaft zu erhöhen.[323] Der Betroffene hat damit insbesondere im Fall einer außerordentlichen Kündigung die Möglichkeit, entgehende Gehaltszahlungen bis zum Ende der ordentlichen Kündigungsfrist oder bis zum Ablauf einer vereinbarten Befristung relativ kurzfristig (vorläufig) zu realisieren. Urteile im Urkundenprozess sind ohne Sicherheitsleistung –mit Abwendungsbefugnis des Schuldners allerdings – vorläufig vollstreckbar (§§ 708 Nr. 4, 711 ZPO). Auf Grund der prozessual beschränkten Beweismittel und der damit bezweckten Prozessbeschleunigung wird es der Gesellschaft oftmals nicht gelingen, bereits in diesem Verfahren das Vorliegen eines wichtigen Grunds zur fristlosen Kündigung nachzuweisen. Für die Darlegung des Gehaltsanspruchs genügt regelmäßig die Vorlage des Kündigungsschreibens und des (unterzeichneten) Anstellungsvertrags und ggf. etwaiger Dokumente über Vergütungsänderungen. Die Voraussetzungen des Annahmeverzugs sind damit hinreichend urkundlich belegt (§§ 592, 595 ZPO).[324] Die Möglichkeit des Urkundenprozesses steht nur im ordentlichen Rechtsweg zur Verfügung.

---

[320] Zu einzelnen Nichtigkeitsgründen etwa Lutter/Hommelhoff/*Bayer* GmbHG Anh. § 47 Rn. 10 ff.
[321] Lutter/Hommelhoff/*Kleindiek* GmbHG § 38 Rn. 27; aA *Reiserer/Peters* DB 2008, 167.
[322] Siehe dazu OLG Frankfurt a. M. 15.12.1981 – 5 W 9/81, GmbHR 1982, 237; OLG Celle 1.4.1981 – 9 U 195/80, GmbHR 1981, 264; OLG Braunschweig 18.8.1976 – 3 U 30/76, GmbHR 1977, 61.
[323] *Fischer* NJW 2003, 333; *Pröpper* BB 2003, 202; *Reiserer/Peters* DB 2008, 167 (170 ff.). Siehe zur Zulässigkeit der Urkundsklage etwa OLG München 7.2.2007 – 7 U 4952/06, AG 2007, 361; *Lelley* GmbHR 2005, 992; *Schönhöft* GmbHR 2008, 95 ff.
[324] Siehe zum Annahmeverzug BGH 9.10.2000 – II ZR 75/99, NJW 2001, 287.

§ 81 Das Anstellungsverhältnis des AG-Vorstandsmitglieds

Übersicht

	Rn.
I. Grundlagen	1–9
1. Bestellung und Anstellung	1/2
2. Rechtsnatur des Anstellungsvertrags	3–7
a) Dienstvertrag	3/4
b) Rechtsfolgen der Einordnung	5/6
c) Inhaltskontrolle	7
3. Sozialversicherung	8
4. Steuerliche Behandlung	9
II. Begründung der Organstellung	10–16
III. Begründung und Inhalt des Anstellungsvertrags	17–55
1. Vertragsschluss	17–21
2. Drittanstellung	22
3. Fehlerhafter Anstellungsvertrag	23
4. AGG-Anwendung	24–26
5. Vertragsinhalte	27–57
a) Vertragsdauer	27–29
b) Pflichten des Vorstandsmitglieds aus dem Anstellungsvertrag	30–41
c) Rechte des Vorstandsmitglieds aus dem Anstellungsvertrag	42–57
IV. Beendigung der Organstellung	58–65
1. Beschlussfassung und Erklärung des Widerrufs	58/59
2. Wichtiger Grund	60/61
3. Wirkung des Widerrufs	62
4. Amtsniederlegung	63
5. Einvernehmliches Ausscheiden	64
6. Suspendierung	65
V. Beendigung des Anstellungsvertrags	66–71
1. Erklärung der Kündigung	66
2. Außerordentliche Kündigung	67–69
a) Wichtiger Grund	68
b) Zwei-Wochen-Frist	69
3. Ordentliche Kündigung	70
4. Aufhebungsvereinbarung	71
VI. Rechtsschutz	72

I. Grundlagen

1. Bestellung und Anstellung

1 Vorstandsmitglieder erlangen durch den Bestellungsakt nach § 84 Abs. 1 AktG die Rechtsstellung eines Organmitglieds der Aktiengesellschaft. Die Bestellung als körperschaftsrechtlicher Akt ist von dem schuldrechtlichen Anstellungsverhältnis des Vorstands zu unterscheiden. Das Prinzip der rechtlichen **Trennung**[1] der beiden Rechtsakte kommt für Vorstände deutlich in § 84 Abs. 3 S. 5 AktG zum Ausdruck, der für den Fall des Widerrufs der Bestellung klarstellt, dass Ansprüche aus dem Anstellungsvertrag den allgemeinen Vorschriften unterfallen. Aus der rechtlichen Trennung folgt, dass die Bestellung grundsätzlich auch ohne Anstellungsvertrag oder nach Kündigung des Anstellungsvertrags wirksam bleibt und dass der Anstellungsvertrag seinerseits unabhängig von einer wirksamen Bestellung oder einer Abberufung des Vorstands besteht.[2] Für die Abberufung des Vorstands aus wichtigem Grund iSd § 84 Abs. 3 AktG und der Kündigung des Dienstvertrags aus wichtigem

---

[1] StRspr siehe BGH 28.10.2002 – II ZR 146/02, NJW 2003, 351; 6.4.1964 – II ZR 75/62, NJW 1964, 1367; OLG Schleswig 16.11.2000 – 5 U 66/99, NZG 2001, 275.
[2] BGH 24.11.1980 – II ZR 182/79, NJW 1981, 757 (758); OLG Schleswig 16.11.2000 – 5 U 66/99, NZG 2001, 275.

Grund iSd § 626 Abs. 1 BGB gelten unterschiedliche Voraussetzungen. Es ist den Vertragsparteien aber möglich, eine engere Bindung des Dienstvertrags an die Organstellung zB in Form von sog. „Koppelungs- bzw. Gleichlaufklauseln" vorzusehen.[3]

Die Trennung, die das Gesetz zwischen dem Organverhältnis einerseits und dem Anstellungsverhältnis andererseits vollzieht, und die Eigenständigkeit, die die Organstellung gegenüber der dienstvertraglichen Regelung genießt, finden ihren Grund darin, dass eine unabhängige, allein an dem Unternehmensinteresse orientierte Leitung und Vertretung der Aktiengesellschaft sichergestellt werden soll.[4] Daher erfordern nicht nur die tatsächlichen Zusammenhänge zwischen Organstellung und Dienstverhältnis, sondern erzwingen auch gesetzliche Regelungen (§ 84 Abs. 1 S. 2 und 5 AktG), dass der Dienstvertrag auf die Organstellung zugeschnitten und ausgerichtet wird.

2. Rechtsnatur des Anstellungsvertrags

a) **Dienstvertrag.** Der Anstellungsvertrag des Vorstands ist regelmäßig ein Dienstvertrag iSv §§ 611, 675 BGB und hat eine Geschäftsbesorgung zum Gegenstand.[5] Ausnahmsweise kann ein Auftragsverhältnis nach § 662 BGB vorliegen, wenn ein Vorstandsmitglied unentgeltlich tätig wird.[6] Jedoch gilt eine Vergütung als vereinbart, wenn die Dienstleistung den Umständen nach nur gegen Vergütung zu erwarten war (§ 612 Abs. 1 BGB). Es kommt darauf an, ob das Vorstandsmitglied aus objektiver Sicht eine Vergütung erwarten durfte, was bei der Anstellung eines Fremdvorstands in der Regel der Fall ist.[7] Gegen eine Vergütung kann sprechen, wenn der Gesellschaft offensichtlich Liquidität verschafft werden soll, indem die Gesellschafter und keine fremden Personen zu Vorständen bestellt werden.[8]

Wegen der in § 76 Abs. 1 AktG verankerten eigenverantwortlichen Leitung der AG, die einer ein Arbeitsverhältnis begründenden persönlichen Abhängigkeit entgegensteht, handelt es sich nicht um ein Arbeitsverhältnis. Der Vorstand wird nicht Arbeitnehmer der Aktiengesellschaft und erwirbt auch keine arbeitnehmerähnliche Stellung. Er nimmt aufgrund seiner Organstellung vielmehr selber die Arbeitgeberfunktion wahr.[9]

b) **Rechtsfolgen der Einordnung.** Die Einordnung des Anstellungsverhältnisses als freies Dienstverhältnis führt zur **Unanwendbarkeit der Arbeitnehmerschutzvorschriften:** Das **Kündigungsschutzgesetz** findet auf Anstellungsverhältnisse von Organmitgliedern kraft ausdrücklicher gesetzlicher Regelung in § 14 Abs. 1 Nr. 1 KSchG keine Anwendung.[10] Ebenso wenig findet das **Arbeitsgerichtsgesetz** nach der Regelung in § 5 Abs. 1 S. 3 ArbGG Anwendung. Gleiches gilt für das **Betriebsverfassungsgesetz** gemäß § 5 Abs. 2 Nr. 1 BetrVG. Das **Vermögensbildungsgesetz** ist gemäß § 1 Abs. 3 Nr. 1 VermBG nicht anwendbar. Die Rechtsprechung wendet weder § 613a BGB,[11] noch den Kündigungsschutz für **Schwerbehinderte** nach §§ 168 ff. SGB IX,[12] noch das **Arbeitnehmererfindungsrecht**[13] auf das Anstellungsverhältnis des Vorstandsmitglieds an. Auch das **Nachweisgesetz,** das **Entgeltfortzahlungsgesetz,** das **Gesetz über Teilzeitarbeit und befristete Arbeitsverträge,** das **Mutterschutzgesetz** und das **Bundeselterngeld- und Elternzeitgesetz** finden mangels Arbeitnehmereigenschaft des Vorstandsmitglieds keine Anwendung.[14]

Die **analoge Anwendung** einzelner **arbeitsrechtlicher Vorschriften** ist trotz der fehlenden Arbeitnehmereigenschaft des Vorstands jedoch nicht ausgeschlossen, insbesondere dann nicht, wenn sich Bestimmungen auf das Schutzbedürfnis von Personen beziehen, die aus ih-

---

[3] Vgl. hierzu → Rn. 29.
[4] BGH 29.5.1989 – II ZR 220/88, NJW 1989, 2683.
[5] Spindler/Stilz/*Fleischer* AktG § 84 Rn. 24; Hölters/*Weber* AktG § 84 Rn. 34.
[6] Henssler/Strohn/*Dauner-Lieb* AktG § 84 Rn. 15; MHdB GesR IV/*Wiesner* § 21 Rn. 1.
[7] OLG Stuttgart 13.3.2002 – 20 U 60/01, NZG 2002, 971 (973 f.).
[8] OLG Stuttgart 13.3.2002 – 20 U 60/01, NZG 2002, 971 (974).
[9] MüKoAktG/*Spindler* § 84 Rn. 26.
[10] BGH 8.1.2007 – II ZR 267/05, NZG 2007, 590.
[11] BAG 13.2.2003 – 8 AZR 654/01, NZA 2003, 552.
[12] BGH 9.2.1978 – II ZR 189/76, NJW 1978, 1435.
[13] BGH 24.10.1989 – X ZR 58/88, NJW-RR 1990, 349.
[14] Spindler/Stilz/*Fleischer* AktG § 84 Rn. 29.

rer persönlichen Dienstleistung ihren Lebensunterhalt bestreiten: Die Kündigungsfristen des § 622 BGB gelten analog.[15] Die fortlaufenden Dienstbezüge und Versorgungsbezüge von Vorstandsmitgliedern einer Aktiengesellschaft unterliegen grundsätzlich dem **Pfändungsschutz** nach §§ 850ff. ZPO.[16] Nach § 17 Abs. 1 S. 2 BetrAVG unterfallen Versorgungszusagen den **Vorschriften des BetrAVG**, wenn die Vorstandsmitglieder nicht selbst maßgeblich an der Gesellschaft beteiligt sind.[17] Zwar findet der arbeitsrechtliche Gleichbehandlungsgrundsatz keine Anwendung, jedoch wird aus Treu und Glauben eine **abgeschwächte Gleichbehandlungspflicht** unter Vorstandsmitgliedern abgeleitet.[18]

7   c) **Inhaltskontrolle.** Bei Abreden mit Vorstandsmitgliedern in vorformulierten Verträgen kann es sich um Allgemeine Geschäftsbedingungen gemäß § 305 Abs. 1 BGB handeln, die der Inhaltskontrolle nach §§ 307ff. BGB unterliegen. Ordnet man Vorstandsmitglieder als Verbraucher iSv § 13 BGB ein, gilt die Inhaltskontrolle nach §§ 307ff. BGB gemäß § 310 Abs. 3 Nr. 2 BGB auch für den nur zur einmaligen Verwendung vorformulierten Dienstvertrag. Die höchstrichterliche Rechtsprechung hat dies bislang nur für den GmbH-Geschäftsführer entschieden.[19] In der Rechtsprechung[20] und in der Literatur[21] wird jedoch auch für Vorstandsmitglieder vertreten, dass diese bei Abschluss ihres Dienstvertrags als Verbraucher iSd § 13 BGB zu behandeln sind, obwohl sie im Vergleich zum GmbH-Geschäftsführer als Vorstandsmitglied in größerem Maße selbständig und eigenverantwortlich tätig werden.

3. Sozialversicherung

8   Vorstandsmitglieder üben wegen der ihnen zugewiesenen unternehmerischen Leitungsaufgaben keine Beschäftigung iSv § 7 SGB IV aus und sind daher in sämtlichen Zweigen der gesetzlichen Sozialversicherung nicht versicherungspflichtig.[22] Dies wird für die Arbeitslosenversicherung nochmals in § 27 Abs. 1 Nr. 5 SGB III und für die Rentenversicherung in § 1 S. 3 SGB VI ausdrücklich klargestellt. Für die Befreiung der Vorstandsmitglieder von der Sozialversicherungspflicht ist die Eintragung der Aktiengesellschaft in das Handelsregister konstitutiv.[23] Mangels Beschäftigung iSv § 7 SBG IV haben Vorstandsmitglieder keinen Anspruch auf Arbeitgeberzuschüsse zur Krankenversicherung nach § 257 SGB V und zur Pflegeversicherung nach § 61 Abs. 1 und 2 SGB XI.[24]

> **Praxistipp:**
> Da Vorstandsmitglieder keinen gesetzlichen Anspruch auf Arbeitgeberzuschüsse zur Kranken- und Pflegeversicherung haben, ist es üblich, im Dienstvertrag eine entsprechende Verpflichtung der Gesellschaft zu regeln. Besondere Bedeutung haben mangels gesetzlicher Rentenversicherung der Vorstandsmitglieder darüber hinaus Versorgungszusagen, die aus Anlass der Vorstandstätigkeit gewährt werden und vertraglich ausgestaltet werden müssen.

---

[15] BGH 29.5.1989 – II ZR 220/88, NJW 1989, 2683.
[16] BGH 8.12.1977 – II ZR 219/75, NJW 1978, 756; K. Schmidt/Lutter/*Seibt* AktG § 84 Rn. 32.
[17] BGH 23.1.2003 – IX ZR 39/02, NZA 2003, 439.
[18] Spindler/Stilz/*Fleischer* AktG § 84 Rn. 28.
[19] BGH 5.6.1996 – VIII ZR 151/95, NJW 1996, 2156; 28.6.2000 – VIII ZR 240/99, NJW 2000, 3133; BAG 19.5.2010 – 5 AZR 253/09, NZA 2010, 939.
[20] OLG Frankfurt a. M. 18.4.2018 – 4 U 120/17, BeckRS 2018, 9111 Rn 30; OLG Hamm 18.7.2007 – 8 Sch 2/07, BeckRS 2007, 15564 = AG 2007, 910.
[21] Spindler/Stilz/*Fleischer* AktG § 84 Rn. 24; Fleischer VorstandsR-HdB/*Thüsing* § 4 Rn. 101; *Wilsing/Meyer* DB 2011, 341 (344); aA Kölner Komm AktG/*Mertens/Cahn* § 84 Rn. 99 aE.
[22] GK-AktG/*Kort* § 84 Rn. 470; MüKoAktG/*Spindler* § 84 Rn. 65. Siehe dazu auch *Spindler* DB 2012, 175 ff.
[23] BSG 9.8.2006 – B 12 KR 3/06, NZG 2007, 32 (35).
[24] BSG 31.5.1989 – 4 RA 22/88, DB 1989, 2074; GK-AktG/*Kort* § 84 Rn. 472; MüKoAktG/*Spindler* § 84 Rn. 65.

4. Steuerliche Behandlung

Die Bezüge des Vorstandsmitglieds stellen Einkünfte aus nichtselbständiger Tätigkeit nach § 19 Abs. 1 Nr. 1 EStG dar.[25] Das Vorstandsmitglied ist daher Arbeitnehmer im einkommensteuerrechtlichen Sinn. 9

II. Begründung der Organstellung

Aus der Bestellung folgen das Recht und die Pflicht des Vorstands, die Gesellschaft unter eigener Verantwortung zu leiten (§ 76 Abs. 1 AktG). Die Bestellung ermächtigt und verpflichtet den Vorstand zur Geschäftsführung (§ 77 AktG) und zur Vertretung der Gesellschaft (§ 78 AktG).[26] 10

Für die Bestellung von Vorstandsmitgliedern ist der Aufsichtsrat zuständig (§ 84 Abs. 1 S. 1 AktG). Er kann diese Aufgabe nicht einem Ausschuss überweisen (§ 107 Abs. 3 S. 7 AktG) und auch nicht der Hauptversammlung oder dem Mehrheits- oder Alleinaktionär überlassen.[27] Die Bestellung setzt sich aus dem Bestellungsbeschluss des Aufsichtsrats, der Bestellungserklärung gegenüber dem Bestellten und dessen Annahmeerklärung zusammen. Sie kann gleichzeitig mit der Anstellung vom Aufsichtsrat beschlossen werden.[28] Ohne besondere Anhaltspunkte liegt in der Bestellung jedoch nicht bereits automatisch ein Angebot zum Abschluss eines Anstellungsvertrags.[29] Die Annahme durch den Bestellten muss nicht ausdrücklich erklärt oder dokumentiert werden, sondern kann auch konkludent durch Aufnahme der Vorstandstätigkeit erfolgen.[30] 11

Die Bestellung erfolgt gemäß § 108 Abs. 1 AktG durch **Beschluss des Aufsichtsrats** mit **einfacher Mehrheit.** Sie unterliegt keiner besonderen gesetzlichen Form; jedoch kann die Satzung eine bestimmte Form vorsehen, die dann aber keine Wirksamkeitsvoraussetzung der Bestellung darstellt.[31] Für Gesellschaften, die dem MitbestG unterfallen, sieht § 31 Abs. 2 MitbestG vor, dass der Aufsichtsrat über die Bestellung der Vorstandsmitglieder in einem ersten Schritt mit 2/3-Mehrheit entscheiden muss; wird diese Mehrheit nicht erreicht, genügt im weiteren Verfahren nach § 31 Abs. 3 und 4 MitbestG eine einfache Mehrheit. 12

§ 84 Abs. 1 S. 1 AktG sieht keine **Mindestdauer,** sondern lediglich eine **Höchstdauer** von fünf Jahren für die Bestellung vor, die vom Beginn der Amtszeit an – und nicht ab Bestellungserklärung oder Registereintragung[32] – läuft. Gleichwohl wird eine übermäßig kurze Dauer der Bestellung zum Vorstandsmitglied der Stellung des Vorstands als unabhängigem und eigenverantwortlichem Leitungsorgan nicht gerecht.[33] Eine Bestelldauer von einem Jahr wird daher als Mindestdauer für eine sinnvolle Leitung des Unternehmens angesehen.[34] Eine zu kurze Dauer der Bestellung bleibt jedoch wirksam und verlängert sich nicht automatisch auf einen angemessenen Zeitraum. Sie stellt eine Pflichtwidrigkeit des Aufsichtsrats dar.[35] Eine zu lang, weil länger als für fünf Jahre vereinbarte Bestellung wird nach Ablauf von fünf Jahren seit Beginn der Amtszeit unwirksam.[36] Eine auflösend bedingte Bestellung ist mit § 84 Abs. 3 S. 1 AktG unvereinbar und daher unzulässig. Der Deutsche Corporate Governance Kodex (DCGK) regt unter B.3 an, dass die Erstbestellung für längstens drei Jahre erfolgen soll. 13

Eine wiederholte Bestellung oder **Verlängerung** der Amtszeit, jeweils für wiederum höchstens fünf Jahre, ist nach § 84 Abs. 1 S. 2 AktG zulässig und bedarf nach § 84 Abs. 1 S. 3 14

---

[25] BFH 2.10.1968 – VI R 25/68, BFHE 94, 366.
[26] Hölters/*Weber* AktG § 84 Rn. 34.
[27] Spindler/Stilz/*Fleischer* AktG § 84 Rn. 9; MHdB GesR IV/*Wiesner* § 20 Rn. 17.
[28] MHdB GesR IV/*Wiesner* § 20 Rn. 15.
[29] OLG Schleswig 16.11.2000 – 5 U 66/99, NZG 2001, 275.
[30] Spindler/Stilz/*Fleischer* AktG § 84 Rn. 5.
[31] GK-AktG/*Kort* § 84 Rn. 40; MHdB GesR IV/*Wiesner* § 20 Rn. 23.
[32] Spindler/Stilz/*Fleischer* AktG § 84 Rn. 13 mwN.
[33] Spindler/Stilz/*Fleischer* AktG § 84 Rn. 12.
[34] Spindler/Stilz/*Fleischer* AktG § 84 Rn. 12; MHdB GesR IV/*Wiesner* § 20 Rn. 31.
[35] Spindler/Stilz/*Fleischer* AktG § 84 Rn. 12; Hölters/*Weber* AktG § 84 Rn. 20; MHdB GesR IV/*Wiesner* § 20 Rn. 33.
[36] Kölner Komm AktG/*Mertens/Cahn* § 84 Rn. 25; Spindler/Stilz/*Fleischer* AktG § 84 Rn. 13.

AktG eines erneuten Aufsichtsratsbeschlusses. Eine Verlängerung, die zu einer gesamten Amtszeit von maximal fünf Jahren führt, bedarf hingegen gemäß § 84 Abs. 1 S. 4 AktG keines neuen Aufsichtsratsbeschlusses. Die Vereinbarung oder Satzungsregelung einer automatischen Verlängerung der Amtszeit nach Ablauf der fünf Jahre ist unzulässig, weil sie den Gesetzeszweck unterliefe, den Aufsichtsrat alle fünf Jahre zu einer verantwortlichen Beratung über die Weiterbeschäftigung des Vorstandsmitglieds zu veranlassen.[37] Gemäß § 84 Abs. 1 S. 3 AktG darf eine wiederholte Bestellung oder Verlängerung der Amtszeit vom Aufsichtsrat frühestens **ein Jahr vor Ablauf** der bisherigen Amtszeit beschlossen werden. Einer einvernehmlichen Aufhebung der bisherigen Bestellung unter gleichzeitiger Neubestellung (zB wird der Vorstand nach Ablauf von zwei Jahren für fünf Jahre bestellt) steht der Gesetzeswortlaut nicht entgegen und stellt auch dann, wenn für diese Vorgehensweise keine besonderen Gründe gegeben sind, keine unzulässige Umgehung des § 84 Abs. 1 S. 3 AktG dar.[38] Der DCGK empfiehlt unter B.4 aber eine solche Vorgehensweise nur bei Vorliegen besonderer Umstände. Solche besonderen Umstände können zB die Zuweisung eines neuen Ressorts oder die Beförderung eines Vorstandsmitglieds zum Vorstandsvorsitzenden sein. Hingegen kann Rechtsmissbrauch mit der Folge der Unwirksamkeit der Aufhebung der Organstellung und der Neubestellung zB angenommen werden, wenn die vorzeitige Wiederbestellung dazu dient, Abfindungszahlungen eines Vorstandsmitglieds für den Fall seines späteren Ausscheidens frühzeitig sicherzustellen, in einem rollierenden Verfahren jährlich auf fünf Jahre neu zu bestellen oder die vorzeitige Wiederbestellung als Mittel gegen eine feindliche Übernahme einzusetzen.[39]

15 Liegt ein **Wirksamkeitsmangel** der Bestellung vor, ist das Organverhältnis bis zur Geltendmachung des Mangels als wirksam anzusehen.[40] Anderes gilt nur für die kraft Gesetzes nicht vorstandsfähigen Personen iSd § 76 Abs. 3 AktG; in diesem Fall ist die Bestellung nach § 134 BGB nichtig.[41] Die faktische Organstellung in den übrigen Fällen fehlerhafter Bestellung kann durch einen formalen Beendigungstatbestand wie eine Amtsniederlegung oder durch einen Beschluss des Aufsichtsrats des Inhalts, dass die Unwirksamkeit der Bestellung festgestellt wird, beendet werden.[42] Ein wichtiger Grund iSd § 84 Abs. 3 AktG muss für diesen Beschluss nicht vorliegen.[43] Das Verfahren nach § 31 MitbestG muss nicht eingehalten werden.[44]

16 Das Vorstandsmitglied unterliegt bis zur Beendigung der fehlerhaften Organstellung sämtlichen Pflichten, insbesondere den Sorgfalts- und Treuepflichten nach § 93 Abs. 1 AktG sowie der Insolvenzantragspflicht nach § 15a Abs. 1 S. 1 InsO.[45] Auch das fehlerhaft bestellte Vorstandsmitglied ist der Gesellschaft nach § 93 Abs. 2 AktG im Fall von Pflichtverletzungen zum Schadensersatz verpflichtet.[46]

III. Begründung und Inhalt des Anstellungsvertrags

1. Vertragsschluss

17 Zu Dokumentations- und Beweiszwecken wird der Anstellungsvertrag in der Regel schriftlich abgeschlossen. Der Anstellungsvertrag muss jedoch kein Formerfordernis erfüllen, kann also auch mündlich oder konkludent[47] geschlossen werden. In der wirksamen organschaftlichen Bestellung liegt allein jedoch nicht bereits konkludent der Abschluss eines

---

[37] BGH 11.7.1953 – II ZR 126/52, NJW 1953, 1465 (1466).
[38] BGH 17.7.2012 – II ZR 55/11, NZG 2012, 1027; *Bürgers/Theusinger* NZG 2012, 1218 (1220 f.); Spindler/Stilz/*Fleischer* AktG § 84 Rn. 19.
[39] Spindler/Stilz/*Fleischer* AktG § 84 Rn. 19; *Götz* AG 2002, 305 (307); *Hölters/Weber* AG 2005, 629 (631).
[40] BGH 6.4.1964 – II ZR 75/62, NJW 1964, 1367.
[41] Spindler/Stilz/*Fleischer* AktG § 76 Rn. 20.
[42] Henssler/Strohn/*Dauner-Lieb* AktG § 84 Rn. 13.
[43] Spindler/Stilz/*Fleischer* AktG § 84 Rn. 21.
[44] MüKoAktG/*Spindler* § 84 Rn. 249.
[45] Spindler/Stilz/*Fleischer* AktG § 84 Rn. 22.
[46] BGH 6.4.1964 – II ZR 75/62, NJW 1964, 1367.
[47] OLG Stuttgart 13.3.2002 – 20 U 60/01, NZG 2002, 971 (973).

Anstellungsvertrags. Eine solche Fiktion würde der rechtlichen Trennung zwischen der Berufung in die Organstellung und dem Abschluss des Dienstvertrags widersprechen.[48]

Für den Abschluss des Anstellungsvertrags ist auf Seiten der Gesellschaft der Aufsichtsrat gemäß § 84 Abs. 1 S. 5 AktG iVm § 84 Abs. 1 S. 1 bis 4 AktG ausschließlich zuständig. Er trifft seine Entscheidung über den Abschluss durch Beschluss gemäß § 108 Abs. 1 AktG.[49] Aufgrund der ausschließlichen Zuständigkeit des Aufsichtsrats sind Zuständigkeitsvorbehalte zugunsten anderer Organe oder Weisungen der Hauptversammlung im Hinblick auf den Anstellungsvertrag unzulässig.[50] Ebenso sind Vorgaben der Satzung zur Gestaltung des Anstellungsvertrags oder der Vergütung unzulässig.[51] Derartige Kompetenzverstöße ziehen die Nichtigkeit des Anstellungsvertrags gemäß § 134 BGB nach sich.[52]

Zwar ist es dem Aufsichtsrat erlaubt, die Zuständigkeit für den Abschluss des Anstellungsvertrags anders als die Zuständigkeit für die Bestellung zum Vorstandsmitglied auf einen Ausschuss zu übertragen, da § 107 Abs. 3 S. 7 AktG den § 84 Abs. 1 S. 5 AktG nicht nennt. Jedoch ist es aufgrund des Gesetzes zur Angemessenheit der Vorstandsvergütung vom 31.7.2009 nicht mehr gestattet, auch die Festsetzung und gegebenenfalls Herabsetzung der Vorstandsbezüge einem Ausschuss anstelle des Aufsichtsrats zur Beschlussfassung zu überweisen, da die diesbezüglichen Regelungen des § 87 Abs. 1 und Abs. 2 S. 1 und 2 AktG in § 107 Abs. 3 S. 7 AktG genannt sind. Zumindest muss sich das Aufsichtsratsplenum die Entscheidung dieser Fragen nach etwaiger Vorbereitung durch einen Ausschuss vorbehalten.[53] Da sich das Aufsichtsratsplenum mit den für den Anstellungsvertrag wesentlichen und zentralen Regelungen der Gesamtbezüge nunmehr ohnehin zwingend befassen und darüber entscheiden muss, wird im Ergebnis eine Beschlussfassung des Aufsichtsratsplenums über den gesamten Anstellungsvertrag zweckmäßig und ratsam sein, zumal eine Beurteilung der Vergütung nur in der Zusammenschau mit den übrigen Regelungen des Vertrags möglich sein dürfte.[54]

Soweit gleichwohl ein Ausschuss tätig wird, muss dieser mit mindestens drei Mitgliedern des Aufsichtsrats besetzt werden, um eine Umgehung des § 108 Abs. 2 S. 3 AktG zu vermeiden.[55] Einem Ausschuss ist auch die Regelung der Ressortzuständigkeit des Vorstandsmitglieds im Anstellungsvertrag vorenthalten, da nur der Gesamtaufsichtsrat gemäß § 107 Abs. 3 S. 7, § 77 Abs. 2 S. 1 AktG für den Erlass einer Geschäftsordnung zuständig ist.[56]

Der Beschluss über den Anstellungsvertrag ist an das zukünftige Vorstandsmitglied zu übermitteln. In der Regel geschieht dies durch Zuleitung eines unterzeichneten schriftlichen Vertragsangebots. Für diese Übermittlung und gegebenenfalls Unterzeichnung des Vertrags ist gemäß § 112 AktG der gesamte Aufsichtsrat zuständig. Soweit der Aufsichtsrat als Gesamtgremium handelt, erfordert dies das Tätigwerden beziehungsweise die Unterzeichnung durch die Mehrheit der Aufsichtsratsmitglieder.[57] Praktikabler ist es hingegen, wenn anstelle des Aufsichtsratsgremiums beispielsweise der Aufsichtsratsvorsitzende oder bei Beschlussfassung durch einen Ausschuss der Ausschussvorsitzende oder ein anderes Aufsichtsrats- oder Ausschussmitglied die Ausführungshandlung übernimmt. Strittig ist, ob es hierfür einer gesonderten Ermächtigung durch Geschäftsordnung, Satzung oder durch Beschluss des Aufsichtsrats oder Ausschusses bedarf,[58] oder ob der Aufsichtsratsvorsitzende oder der Ausschussvorsitzende kraft Amtes zur Umsetzung des Beschlusses ermächtigt ist.[59] Die Annah-

---

[48] BGH 21.1.1991 – II ZR 144/90, NJW 1991, 1727 ff.; OLG Schleswig 16.11.2000 – 5 U 66/99, NZG 2001, 275.
[49] Spindler/Stilz/*Fleischer* AktG § 84 Rn. 33.
[50] BGH 6.4.1964 – II ZR 75/62, NJW 1964, 1367.
[51] Spindler/Stilz/*Fleischer* AktG § 84 Rn. 33.
[52] Spindler/Stilz/*Fleischer* AktG § 84 Rn. 33.
[53] Spindler/Stilz/*Fleischer* AktG § 84 Rn. 34; Hölters/*Weber* AktG § 84 Rn. 37.
[54] Henssler/Strohn/*Dauner-Lieb* AktG § 84 Rn. 18; Kölner Komm AktG/*Mertens/Cahn* § 84 Rn. 48.
[55] MüKoAktG/*Spindler* § 84 Rn. 72.
[56] Kölner Komm AktG/*Mertens/Cahn* § 84 Rn. 49.
[57] Kölner Komm AktG/*Mertens/Cahn* § 84 Rn. 50.
[58] So OLG Düsseldorf 17.11.2003 – I 15 U 225/02, NZG 2004, 141 (142 f.); OLG Schleswig 16.11.2000 – 5 U 66/99, NZG 2001, 275; Spindler/Stilz/*Fleischer* AktG § 84 Rn. 37; MHdB GesR IV/*Wiesner* § 21 Rn. 22.
[59] So MHdB ArbR/*Hoffmann-Becking* § 31 Rn. 95b; Kölner Komm AktG/*Mertens/Cahn* § 84 Rn. 50.

meerklärung des Vorstandsmitglieds muss dem Aufsichtsrat zugehen, wobei gemäß § 112 S. 2, § 78 Abs. 2 S. 2 AktG der Zugang bei einem Aufsichtsratsmitglied genügt.

2. Drittanstellung

22   Ob das Anstellungsverhältnis zwingend zu der Aktiengesellschaft bestehen muss, zu der das Organverhältnis besteht, oder auch mit einem Dritten abgeschlossen werden kann (Drittanstellung), ist streitig.[60] In der Praxis sind Drittanstellungen insbesondere in Form von Konzernanstellungsverhältnissen oder als Anstellungsvertrag mit einem maßgeblichen Aktionär anzutreffen. Die Rechtsprechung[61] hält die Drittanstellung eines Geschäftsführers einer nicht mitbestimmten GmbH für zulässig. Aufgrund des in § 84 Abs. 1 AktG angeordneten Gleichlaufs von Bestellung und Anstellung, an die der Dritte nicht gebunden ist, und wegen der dem Vorstand in § 76 Abs. 1 AktG gesetzlich eingeräumten Leitungsmacht, die durch den Einfluss des Dritten über das Anstellungsverhältnis in Frage gestellt sein kann, wird die Zulässigkeit der Drittanstellung von Vorstandsmitgliedern einer Aktiengesellschaft kritisch gesehen. Rechtsprechung liegt zu dieser Frage noch nicht vor.[62] Der BGH hat lediglich entschieden, dass der Aufsichtsrat zuständig ist für den Abschluss eines Beratervertrags mit einer GmbH, deren alleiniger Gesellschafter und Geschäftsführer das Vorstandsmitglied ist, wenn dieser Beratervertrag auch die Vergütung regelt, die die Aktiengesellschaft für die Vorstandstätigkeit zahlen muss.[63] Zum Teil wird die Zulässigkeit von Drittanstellungsverträgen[64] jedenfalls bei Konzernsachverhalten bejaht, wenn der Anstellungsvertrag § 76 Abs. 1 AktG entgegenstehende Weisungsrechte ausschließt,[65] oder im Fall eines Beherrschungsvertrags (§ 308 AktG) mit der Anstellungsgesellschaft oder der Eingliederung der Aktiengesellschaft in die Anstellungsgesellschaft (§ 323 AktG).[66] Eine Drittanstellung wird teilweise generell als unzulässig angesehen.[67]

> **Praxistipp:**
> Wegen der bestehenden Rechtsunsicherheit und der Komplikationen, die die Konstruktionen der Drittanstellungen in der Praxis mit sich bringen, sollte hiervon möglichst kein Gebrauch gemacht werden.

3. Fehlerhafter Anstellungsvertrag

23   Liegen Mängel des Anstellungsvertrags vor, ist zB der Aufsichtsratsbeschluss über den Anstellungsvertrag unwirksam, so sind die Grundsätze zum fehlerhaften Arbeitsverhältnis entsprechend anwendbar, falls der Anstellungsvertrag bereits durch Aufnahme der Tätigkeit in Vollzug gesetzt wurde.[68] Der Anstellungsvertrag wird für die Zeit der Tätigkeit so behandelt, als wäre er wirksam zustande gekommen.[69] Dem Vorstandsmitglied stehen das vereinbarte Entgelt[70] einschließlich erdienter Versorgungsbezüge bzw. unverfallbarer Versorgungs-

---

[60] Spindler/Stilz/*Fleischer* AktG § 84 Rn. 39.
[61] BGH 25.6.1979 – II ZR 219/78, NJW 1980, 595.
[62] KG 28.6.2011 – 19 U 11/11, NZG 2011, 865 betrifft den Fall des Abschlusses eines Geschäftsbesorgungsvertrags durch den Aufsichtsrat zwecks Überlassung einer Person zur Ausübung der Vorstandstätigkeit.
[63] BGH 28.4.2015 – II ZR 63/14, NJW-RR 2015, 988; *Kort* AG 2015, 531; aA *Vetter* NZG 2015, 889; siehe auch OLG Celle 10.2.2010 – 4 U 68/09, AG 2012, 41 und nachfolgend BGH 17.5.2011 – II ZR 32/10, BeckRS 2011, 19847.
[64] *Kalb/Fröhlich* NZG 2014, 167.
[65] K. Schmidt/Lutter/*Seibt* AktG § 84 Rn. 26; *Dellmann/Dornbusch* NZG 2016, 201; entsprechende Auslegung möglich: *Jooß* NZG 2011, 1130 (1131) und MHdB GesR IV/*Wiesner* § 21 Rn. 3 ff.
[66] GK-AktG/*Kort* § 84 Rn. 329; MHdB GesR IV/*Wiesner* § 21 Rn. 3.
[67] Hölters/*Weber* AktG § 84 Rn. 41; MüKoAktG/*Spindler* § 84 Rn. 73; Fleischer VorstandsR-HdB/*Thüsing* § 4 Rn. 67 ff.
[68] BGH 6.4.1964 – II ZR 75/62, NJW 1964, 1367; 3.7.2000 – II ZR 282/98, NJW 2000, 2983 zum GmbH-Geschäftsführer.
[69] BGH 3.7.2000 – II ZR 282/98, NJW 2000, 2983.
[70] Spindler/Stilz/*Fleischer* AktG § 84 Rn. 86.

anwartschaften zu.[71] Die Parteien können den Anstellungsvertrag unter Berufung auf den Mangel und ohne wichtigen Grund jederzeit mit Wirkung für die Zukunft beenden, wobei die Gesellschaft auch hierbei gemäß § 112 AktG durch den Aufsichtsrat vertreten wird.[72] Diese Grundsätze gelten jedoch nur dann uneingeschränkt, wenn auch die Bestellung zum Vorstandsmitglied unwirksam ist. Sofern die Bestellung wirksam erfolgt ist, liegt allein in der Unwirksamkeit des Anstellungsvertrags noch kein wichtiger Grund zur Abberufung des Vorstandsmitglieds im Sinn des § 84 Abs. 3 AktG. Ist die Bestellung in der beiderseitigen Erwartung erfolgt, dass auch ein wirksamer Anstellungsvertrag zustande kommt, bleiben beide Seiten verpflichtet, angemessene Bedingungen für den (neu) abzuschließenden Anstellungsvertrag vorzuschlagen und zu akzeptieren.[73] Soweit nur einzelne Vertragsbestimmungen nichtig sind, bleiben entgegen § 139 BGB in der Regel die übrigen Vertragsbestimmungen im Zweifel wirksam; denkbar ist, den nichtigen Teil im Wege der ergänzenden Vertragsauslegung zu ersetzen.[74]

4. AGG-Anwendung und Frauenquote

Sowohl bei der erstmaligen Anstellung als auch bei der Verhandlung und Entscheidung über Verlängerungen von Vorstandsverträgen ist auf die Einhaltung des AGG zu achten. Der persönliche Anwendungsbereich des AGG wird durch § 6 Abs. 3 AGG explizit „entsprechend" auch auf Organmitglieder erstreckt, soweit die Bedingungen für den Zugang zur Erwerbstätigkeit sowie der berufliche Aufstieg betroffen sind. Diskriminierungen können gemäß § 15 Abs. 1 und 2 AGG Schadenersatz- und Entschädigungsansprüche auslösen.[75] Eine besondere Problematik im Hinblick auf die Feststellung der Diskriminierung liegt bei der Entscheidung über den Abschluss oder die Verlängerung von Vorstandsverträgen darin, dass diese durch den Aufsichtsrat als Gremium getroffen wird. Gute Argumente sprechen dafür, eine Diskriminierung nur dann anzunehmen, wenn die Mehrheit der Aufsichtsratsmitglieder aus einem diskriminierenden Motiv abgestimmt hat.[76] Gleichwohl hat der BGH entschieden, dass es für die Anwendung von § 22 AGG genügt, dass ein Mitglied des Aufsichtsrats sich bei der Abstimmung von einem diskriminierenden Motiv leiten lässt.[77]

Probleme wirft auch die Festlegung einer diskriminierungsfreien Altersgrenze für Vorstandsmitglieder auf. Nach den für Arbeitnehmer mittlerweile in der Rechtsprechung anerkannten Grundsätzen stellt eine Altersgrenze, die mit dem Regelrentenalter übereinstimmt, keine Diskriminierung dar.[78] Jedoch existiert für ein Vorstandsmitglied mangels Versicherungspflicht keine gesetzliche Regelaltersgrenze. Auch stellt die im DCGK unter B.4 ausgesprochene Empfehlung der Festlegung einer Altersgrenze allein noch keine Rechtfertigung dar.[79] Gleichwohl werden in der Literatur im Hinblick auf die besonderen Belastungen, die aus einer Vorstandstätigkeit erwachsen, niedrigere Altersgrenzen vertreten.[80] Zwar findet das AGG keine Anwendung auf Beschäftigungs- und Entlassungsbedingungen von Vorständen iSd § 2 Abs. 1 Nr. 2 AGG.[81] Da die Vorstandsposition in der Praxis aber regelmäßig nicht wegfällt, sondern neu besetzt wird und das AGG auch für Fälle der Nicht-Vertragsverlängerung/Nicht-Wiederbestellung gilt,[82] bleiben Fälle der isolierten Beendigung von Anstellungsverhältnissen aufgrund von Altersgrenzen die theoretische Ausnahme. Wer bei

---

[71] MüKoAktG/*Spindler* § 84 Rn. 252; MHdB GesR IV/*Wiesner* § 21 Rn. 33.
[72] BGH 3.7.2000 – II ZR 282/98, NJW 2000, 2983; Spindler/Stilz/*Fleischer* AktG § 84 Rn. 86; MHdB GesR IV/*Wiesner* § 21 Rn. 33.
[73] Kölner Komm AktG/*Mertens/Cahn* § 84 Rn. 59.
[74] MHdB GesR IV/*Wiesner* § 21 Rn. 33.
[75] OLG Köln 29.7.2010 – 18 U 196/09, NZA 2011, 211; *Wilsing/Meyer* DB 2011, 341 (342).
[76] Dafür auch *Bauer/Arnold* ZIP 2012, 597 (603 f.); *Thüsing/Stiebert* NZG 2011, 641 (642).
[77] BGH 23.4.2012 – II ZR 163/10, NZA 2012, 797. Ebenso bereits das OLG Köln als Vorinstanz in NZA 2011, 211 (212 f.); *Reufels/Molle* NZA-RR 2011, 281 (285).
[78] BAG 18.6.2008 – 7 AZR 116/07, NZA 2008, 1302.
[79] *Wilsing/Meyer* DB 2011, 341 (343).
[80] *Lutter* BB 2007, 725 (728): 58 Jahre; MüKoAktG/*Spindler* § 84 Rn. 34 ff.: in Abhängigkeit vom Einzelfall.
[81] MHdB GesR IV/*Wiesner* § 21 Rn. 16; *Kliemt* RdA 2015, 232 (233).
[82] BGH 23.4.2012 – II ZR 163/10, NZA 2012, 797 Rn. 20.

Abschluss eines Anstellungsvertrags eine für den Zugang zur Erwerbstätigkeit unzulässige Altersgrenze vereinbart, riskiert daher, dass sich das Vorstandsmitglied um eine Verlängerung bewirbt und die vereinbarte Altersgrenze bei Nichtberücksichtigung als Indiz für eine Altersdiskriminierung nach § 22 AGG gewertet wird.

26 Der Aufsichtsrat von Gesellschaften, die börsennotiert sind oder der Mitbestimmung unterliegen, hat gemäß § 111 Abs. 5 AktG für den Frauenanteil im Vorstand Zielgrößen festzulegen. Liegt der Frauenanteil bei Festlegung der Zielgrößen unter 30 Prozent, so dürfen die Zielgrößen den jeweils erreichten Anteil nicht mehr unterschreiten. Gleichzeitig sind Fristen zur Erreichung der Zielgrößen festzulegen. Eine Verfehlung dieser Zielgrößen bleibt jedoch ohne Sanktion.[83]

5. Vertragsinhalte

27 **a) Vertragsdauer.** Der Anstellungsvertrag kann – wie die Bestellung – nicht für länger als **fünf Jahre** fest abgeschlossen werden. Dies folgt aus § 84 Abs. 1 S. 1 iVm S. 5 AktG. Aufgrund des Trennungsprinzips ist jedoch nicht erforderlich, dass die Dauer des Anstellungsvertrags der Dauer der Bestellung entspricht.[84] Für eine längere Dauer als die Dauer der Bestellung darf der Anstellungsvertrag aber auch nicht abgeschlossen werden.[85] Zwar ist eine **Mindestdauer** für den Anstellungsvertrag – wie für die Bestellung – nicht gesetzlich vorgeschrieben; jedoch handelt der Aufsichtsrat, der einen Anstellungsvertrag für eine Dauer von weniger als einem Jahr abschließt, pflichtwidrig, da er eine vernünftige und eigenverantwortliche Leitung der Gesellschaft nicht ermöglicht.[86] Ein Anstellungsvertrag auf Probe ist ausgeschlossen.[87]

28 Eine Regelung im Anstellungsvertrag, die die automatische Verlängerung für den Fall der Wiederbestellung für die in der Neubestellung vorgesehene Amtszeit vorsieht, ist zulässig.[88] Ist eine automatische Verlängerung jedoch nicht vereinbart worden, muss für die Fortsetzung des Anstellungsvertrags ein neuer Aufsichtsratsbeschluss gefasst werden.[89] Eine automatische Verlängerung des Anstellungsvertrags ohne neuen Aufsichtsratsbeschluss für den Fall, dass er zum Ablauf der vereinbarten Laufzeit nicht gekündigt wird, ist zulässig, soweit die automatische Verlängerung die Höchstgrenze von fünf Jahren aus § 84 Abs. 1 S. 5 iVm S. 1 AktG nicht überschreitet.[90]

29 In der Praxis sind sogenannte **Koppelungsklauseln** anzutreffen, mit denen die Beendigung des Anstellungsvertrags an den Widerruf der Bestellung geknüpft wird. Der Widerruf der Bestellung ist zugleich auflösende Bedingung für den Anstellungsvertrag oder soll zugleich als Kündigung des Anstellungsvertrags gelten. Solche Klauseln hat der BGH als grundsätzlich zulässig angesehen.[91] Bei der Verwendung und Ausgestaltung solcher Koppelungsklauseln ist jedoch zu beachten, dass die Voraussetzungen des § 626 Abs. 1 BGB für die außerordentliche Kündigung des Anstellungsvertrags enger sind als die für den Widerruf der Bestellung nach § 84 Abs. 3 S. 1 AktG. Daher kann der Anstellungsvertrag durch eine Koppelungsklausel nur unter Einhaltung der Kündigungsfristen des § 622 BGB beendet werden, wenn kein wichtiger Grund iSd § 626 Abs. 1 BGB vorliegt.[92] Siehe näher zu den Wirksamkeitsvoraussetzungen für Koppelungsklauseln unter AGB-Gesichtspunkten unter → § 80 Rn. 50 ff.

30 **b) Pflichten des Vorstandsmitglieds aus dem Anstellungsvertrag.** Mit der Bestellung zum Vorstandsmitglied entstehen dessen Organpflichten, wozu die Hauptpflicht aus § 76 Abs. 1

---

[83] Hüffer/Koch/*Koch* AktG § 111 Rn. 58.
[84] Henssler/Strohn/*Dauner-Lieb* AktG AktG § 84 Rn. 24; MükoAktG/*Spindler* § 84 Rn. 81.
[85] Kölner Komm AktG/*Mertens/Cahn* § 84 Rn. 53.
[86] Kölner Komm AktG/*Mertens/Cahn* § 84 Rn. 54; MHdB GesR IV/*Wiesner* § 21 Rn. 25, § 20 Rn. 35.
[87] Spindler/Stilz/*Fleischer* AktG § 84 Rn. 40; MHdB GesR IV/*Wiesner* § 21 Rn. 25.
[88] Henssler/Strohn/*Dauner-Lieb* AktG § 84 Rn. 24; Kölner Komm AktG/*Mertens/Cahn* § 84 Rn. 53.
[89] Henssler/Storhn/*Dauner-Lieb* AktG § 84 Rn. 24.
[90] BGH 8.12.1977 – II ZR 219/75, AP ZPO § 850 Nr. 9; 23.10.1975 – II ZR 90/73, WM 1975, 1237.
[91] BGH 29.5.1989 – II ZR 220/88, NJW 1989, 2683; Spindler/Stilz/*Fleischer* AktG § 84 Rn. 42; MHdB GesR IV/*Wiesner* § 21 Rn. 28.
[92] MHdB GesR IV/*Wiesner* § 21 Rn. 28.

AktG gehört, die Gesellschaft unter eigener Verantwortung zu leiten, sowie weitere Pflichten wie zB die Berichtspflicht (§ 90 AktG), die Sorgfalts- und die Verschwiegenheitspflicht (§ 93 Abs. 1 AktG) oder das Wettbewerbsverbot (§ 88 AktG). Die gesetzlichen Organpflichten sind durch den Anstellungsvertrag auch vertragliche Pflichten.[93] Darüber hinaus kann der Anstellungsvertrag weitere Pflichten vorsehen, zB ein nachvertragliches Wettbewerbsverbot oder die Verpflichtung, die Empfehlungen des DCGK in seiner jeweils geltenden Fassung sowie bestehende unternehmensinterne Corporate Governance-Grundsätze und Compliance-Richtlinien zu beachten.[94]

aa) Pflicht zur Leitung der Gesellschaft. Die Pflicht des Vorstandsmitglieds aus § 76 Abs. 1 AktG, die Gesellschaft unter eigener Verantwortung zu leiten, ist seine originäre unternehmerische Führungsaufgabe. Hierzu gehören die Unternehmensplanung, die Unternehmensstrukturierung, die Unternehmenskontrolle sowie die Besetzung der oberen Führungspositionen.[95] Diese Aufgaben darf der Vorstand weder an Dritte delegieren[96] noch darf er sich den Weisungen Dritter, auch nicht solchen eines Mehrheitsaktionärs oder einer Aktionärsgruppe oder eines außenstehenden Dritten, unterwerfen.[97] 31

Im Rahmen der gesetzlich zwingenden Verteilung der Zuständigkeiten hat der Aufsichtsrat gemäß § 111 Abs. 4 S. 2 AktG die Pflicht, bestimmte Arten von Geschäften zu bestimmen, die nur mit seiner Zustimmung vorgenommen werden dürfen, soweit dies nicht bereits in der Satzung erfolgt ist. Dies gibt dem Aufsichtsrat jedoch nicht das Recht, dem Vorstand Weisungen zu erteilen, bestimmte Geschäfte durchzuführen oder die Geschäftsführung in bestimmter Weise auszuüben.[98] 32

Praxistipp:
Da der Aufsichtsrat durch § 111 Abs. 4 S. 2 AktG verpflichtet ist, die Zustimmungsvorbehalte gegebenenfalls einzuschränken, zu ändern oder zu erweitern, wenn dies geänderte Umstände erfordern,[99] sollten Zustimmungsvorbehalte zugunsten des Aufsichtsrats in Form von Zustimmungskatalogen nicht in den Anstellungsvertrag aufgenommen werden. Anderenfalls kann es bei späteren Änderungen zu Widersprüchen mit den durch die Satzung oder durch den Aufsichtsrat im Rahmen von § 111 Abs. 4 S. 2 AktG festgelegten Zustimmungsvorbehalten kommen.

In der Praxis sind **Ressortzuweisungen** üblich. Voraussetzung dafür ist, dass sich der Vorstand eine die Ressorts regelnde Geschäftsordnung selbst gegeben oder der Aufsichtsrat eine solche erlassen hat (§ 77 Abs. 2 S. 1 AktG).[100] Im Anstellungsvertrag kann vereinbart werden, dass das Vorstandsmitglied ein bestimmtes Ressort erhalten soll und nicht zur Übernahme eines anderen Ressorts verpflichtet ist. Auch eine solche Regelung hindert den Aufsichtsrat nicht daran, eine davon abweichende Geschäftsordnung zu erlassen. Jedoch berechtigt dies das Vorstandsmitglied, sein Amt niederzulegen und den Anstellungsvertrag aus wichtigem Grund außerordentlich zu kündigen.[101] 33

bb) Dienstzeiten und Nebentätigkeiten. Der Anstellungsvertrag sieht in der Regel vor, dass das Vorstandsmitglied der Gesellschaft seine gesamte Arbeitskraft zur Verfügung stellen muss und eine Nebenbeschäftigung nur mit Zustimmung der Gesellschaft ausüben darf.[102] Ist eine solche Vereinbarung getroffen worden, ist dem Vorstandsmitglied jegliche entgeltli- 34

---

[93] MüKoAktG/*Spindler* § 84 Rn. 107; Spindler/Stilz/*Fleischer* AktG § 84 Rn. 75.
[94] Hölters/*Weber* AktG § 84 Rn. 44 mwN.
[95] Hölters/*Weber* AktG § 76 Rn. 10.
[96] Hölters/*Weber* AktG § 76 Rn. 12.
[97] MüKoAktG/*Spindler* § 76 Rn. 28; Spindler/Stilz/*Fleischer* AktG § 76 Rn. 57; unter → Rn. 22 zum Problem der Drittanstellung.
[98] Spindler/Stilz/*Spindler* AktG § 111 Rn. 62.
[99] Spindler/Stilz/*Spindler* AktG § 111 Rn. 64 aE.
[100] Kölner Komm AktG/*Mertens/Cahn* § 84 Rn. 49.
[101] Hölters/*Weber* AktG § 84 Rn. 52; Kölner Komm AktG/*Mertens/Cahn* § 84 Rn. 44.
[102] GK-AktG/*Kort* § 84 Rn. 431; K. Schmidt/Lutter/*Seibt* AktG § 88 Rn. 16.

che Tätigkeit untersagt, selbst wenn sie während der Freizeit ausgeübt wird.[103] Das Verbot kann sich auf unentgeltliche Tätigkeiten, auf Veröffentlichungen und Vortragstätigkeiten oder auch auf Aufsichtsratsmandate erstrecken.[104]

35 Das Vorstandsmitglied kann seine Arbeitszeit unter Wahrung der Gesellschaftsinteressen selber bestimmen.[105] Die Einhaltung einer bestimmten (Mindest-)Dienstzeit kann vereinbart werden.[106]

36 *cc) Vertragliches und nachvertragliches Wettbewerbsverbot.* Das in § 88 AktG vorgesehene Wettbewerbsverbot während der Amtszeit als Vorstandsmitglied kann als vertragliches Wettbewerbsverbot eingeschränkt oder erweitert und konkretisiert sowie um eine Vertragsstrafe ergänzt werden.[107]

37 Der Anstellungsvertrag kann zusätzlich ein **nachvertragliches Wettbewerbsverbot** vorsehen. Die §§ 74 ff. HGB finden auf ein solches nachvertragliches Wettbewerbsverbot jedoch keine Anwendung, weil Organmitglieder dieser Schutzrechte nicht bedürfen.[108] Jedoch muss auch das mit einem Vorstandsmitglied vereinbarte nachvertragliche Wettbewerbsverbot einem berechtigten Interesse der Aktiengesellschaft dienen und sich in zeitlichen, sachlichen und räumlichen Grenzen halten, die dem Schutzzweck entsprechen, wobei dies für Organmitglieder aus § 138 BGB iVm Art. 2 und 12 GG hergeleitet wird.[109] Wegen der Einzelheiten kann auf die Ausführungen unter → § 80 Rn. 56 ff. verwiesen werden.

38 *dd) Auskunfts- und Herausgabepflicht.* Das Vorstandsmitglied ist der Gesellschaft aus §§ 675, 666, 667 BGB zur Auskunft, Rechenschaft und Herausgabe verpflichtet.[110] Die Auskunfts- und Rechenschaftspflicht aus § 666 BGB ist nicht vollständig identisch mit der Berichtspflicht gegenüber dem Aufsichtsrat und wirkt darüber hinaus auch nach dem Ausscheiden des Vorstandsmitglieds weiter.[111] Das Herausgabeverlangen der Gesellschaft kann im Einzelfall rechtsmissbräuchlich sein, wenn das Vorstandsmitglied zB die verlangten Unterlagen zur Geltendmachung von Ansprüchen gegen die Gesellschaft benötigt.[112]

> **Praxistipp:**
> In der Praxis sind anstellungsvertragliche Regelungen üblich und zu empfehlen, die über die allgemeine Pflicht, Unterlagen und Geschäftspapiere sorgfältig aufzubewahren und geheim zu halten, hinaus die jederzeitige Pflicht des Vorstandsmitglieds vorsehen, Geschäftsunterlagen einschließlich Kopien, Dateien, elektronische Datenträger unter Verschluss zu halten und auf Verlangen herauszugeben, bei Beendigung des Anstellungsvertrags auch ohne weitere Aufforderung. Zusätzlich sollte ein Zurückbehaltungsrecht an diesen Geschäftsunterlagen vertraglich ausgeschlossen werden.[113]

39 *ee) Diensterfindungen.* Grundsätzlich gehören Erfindungen dem einzelnen Vorstandsmitglied und nicht der Gesellschaft.[114] Das Gesetz über Arbeitnehmererfindungen findet keine

---

[103] GK-AktG/*Kort* § 84 Rn. 431; Kölner Komm AktG/*Mertens/Cahn* § 84 Rn. 97; MüKoAktG/*Spindler* § 84 Rn. 108.
[104] GK-AktG/*Kort* § 84 Rn. 431.
[105] MüKoAktG/*Spindler* § 84 Rn. 109.
[106] MüKoAktG/*Spindler* § 84 Rn. 109.
[107] Spindler/Stilz/*Fleischer* AktG § 88 Rn. 31; Hölters/*Weber* AktG § 88 Rn. 23.
[108] BGH 26.3.1984 – II ZR 229/83, NJW 1984, 2366; OLG Köln 4.2.2000 – 4 U 37/99, NZG 2000, 740.
[109] BGH 26.3.1984 – II ZR 229/83, NJW 1984, 2366; OLG Celle 13.9.2000 – 9 U 110/00, NZG 2001, 131 (132); OLG Düsseldorf 18.5.1989 – 8 U 143/88, DB 1990, 1960. Siehe dazu ausführlich Fleischer VorstandsR-HdB/*Thüsing* § 4 Rn. 109 ff.
[110] BGH 7.7.2008 – II ZR 71/07, NZG 2008, 834; MüKoAktG/*Spindler* § 84 Rn. 113; MHdB GesR IV/*Wiesner* § 21 Rn. 102.
[111] BGH 7.7.2008 – II ZR 71/07, NZG 2008, 834; Kölner Komm AktG/*Mertens/Cahn* § 84 Rn. 97.
[112] BGH 21.12.1989 – X ZR 30/89, NJW 1990, 1289; Kölner Komm AktG/*Mertens/Cahn* § 84 Rn. 97.
[113] GK-AktG/*Kort* § 84 Rn. 434.
[114] Spindler/Stilz/*Fleischer* AktG § 84 Rn. 83.

Anwendung.¹¹⁵ Fehlt eine vertragliche Regelung, kann der Vorstand zur Überlassung einer Erfindung nur unter besonderen Umständen verpflichtet sein, wenn er zB für technische Bereiche zuständig ist und die Erfindung auf Mitteln, Erfahrungen und Vorarbeiten des Unternehmens beruht.¹¹⁶

> **Praxistipp:**
> Zulässig und empfehlenswert sind daher vertragliche Regelungen, die das Vorstandsmitglied zur Einräumung der Rechte zugunsten der Gesellschaft verpflichten, verbunden mit der Abrede, dass diese Rechtseinräumung durch die gewährte Vergütung abgegolten ist.¹¹⁷

ff) Gesundheit. Überwiegend wird das Vorstandsmitglied mit Hinweis auf sein Recht auf Privatsphäre als nicht verpflichtet angesehen, zur **Erhaltung seiner Arbeitskraft** in seiner Freizeit Rücksicht auf seine Gesundheit zu nehmen, zB gefährliche Sportarten zu meiden oder eine gesundheitsgefährdende Lebensführung zu ändern.¹¹⁸ Klauseln in Anstellungsverträgen, die dem Vorstandsmitglied die Ausübung gesundheitsgefährdender Tätigkeiten oder Sportarten untersagen, sind wegen eines unzulässigen Eingriffs in Art. 2 Abs. 1 GG gem. § 307 Abs. 1 S. 1 BGB unwirksam.¹¹⁹

Anderes gilt aber für Regelungen in Anstellungsverträgen, die das Vorstandsmitglied zu regelmäßigen **Gesundheitsuntersuchungen auf Kosten der Gesellschaft** verpflichten, die grundsätzlich rechtlich zulässig und insbesondere im Hinblick auf die Inhaltskontrolle gemäß § 307 Abs. 1 S. 1 BGB unbedenklich sind, wenn sie das Vorstandsmitglied lediglich zur anschließenden Information über die Frage der **Diensttauglichkeit,** nicht aber zur Offenlegung von Diagnosen und differenzierten Untersuchungsergebnissen verpflichten.¹²⁰

c) Rechte des Vorstandsmitglieds aus dem Anstellungsvertrag. *aa) Bezüge.* § 87 Abs. 1 AktG sieht vor, dass die **Gesamtbezüge** des Vorstandsmitglieds in einem angemessenen Verhältnis zu seinen Aufgaben und zur Lage der Gesellschaft stehen müssen. Zu den Gesamtbezügen gehören neben der Vergütung, die regelmäßig aus Festgehalt und variablen Bestandteilen, beispielsweise Boni, Aktienbezugsrechten und Provisionen besteht, auch Versicherungsbeiträge, Sachleistungen und Abfindungen sowie nach § 87 Abs. 1 S. 4 AktG Ruhegehalt, Hinterbliebenenbezüge und Leistungen verwandter Art. Das Angemessenheitsgebot bezieht sich somit auf die Summe aus Aktivenbezügen und Versorgungszusagen.¹²¹ Mit den in § 87 Abs. 1 S. 1 AktG genannten Versicherungsentgelten sind Entgelte für Versicherungen gemeint, die ganz oder überwiegend im privaten Interesse des Vorstandsmitglieds abgeschlossen sind.¹²² Zu den Bezügen gehören daher regelmäßig nicht Prämien für eine von der Gesellschaft abgeschlossene D&O-Versicherung („Directors and Officers"-Versicherung), wenn diese als pauschale Gruppenversicherung nicht mehr mit dem Organmitglied in Beziehung steht und die Prämien nur aufgrund rein unternehmensbezogener Parameter berechnet werden.¹²³ Eine solche Versicherung ist nicht als Element der Gesamtvergütung, sondern als Teil der sogenannten dienstlichen Fürsorgeaufwendungen anzusehen, zu denen zB auch für ausschließlich dienstliche Zwecke zur Verfügung gestellte Kraftfahrzeuge oder Kommunikationseinrichtungen gehören.¹²⁴ Etwas anderes kann aber gelten, wenn die D&O-Versicherung das Vorstandsmitglied ausnahmsweise individuell erfasst und tatsäch-

---

[115] OLG Düsseldorf 10.6.1999 – 2 U 11/98, GRUR 2000, 49.
[116] Spindler/Stilz/*Fleischer* AktG § 84 Rn. 83.
[117] OLG Düsseldorf 10.6.1999 – 2 U 11/98, GRUR 2000, 49 (50); Spindler/Stilz/*Fleischer* AktG § 84 Rn. 83; GK-AktG/*Kort* § 84 Rn. 432; Kölner Komm AktG/*Mertens/Cahn* § 84 Rn. 97.
[118] *Fleischer* NZG 2010, 561 (562 mwN).
[119] *Fleischer* NZG 2010, 561 (562).
[120] *Fleischer* NZG 2010, 561 (563).
[121] Kölner Komm AktG/*Mertens/Cahn* § 87 Rn. 21.
[122] Kölner Komm AktG/*Mertens/Cahn* § 87 Rn. 20.
[123] MüKoAktG/*Spindler* § 87 Rn. 30; MHdB GesR IV/*Wiesner* § 21 Rn. 37.
[124] Kölner Komm AktG/*Mertens/Cahn* § 87 Rn. 19.

lich als Kompensation für den sonst eingreifenden Risikozuschlag im Rahmen der Vergütung verstanden werden kann.[125]

43 Die Gesamtbezüge sind grundsätzlich frei verhandelbar. Bei der Entscheidung über eine angemessene Höhe der Gesamtbezüge muss der Aufsichtsrat pflichtgemäß im Interesse der Gesellschaft handeln, wobei ihm aber ein weites Beurteilungsermessen eingeräumt wird.[126] Das Angemessenheitserfordernis setzt jedoch eine Obergrenze, die vom Aufsichtsrat nicht überschritten werden darf.[127] § 87 AktG enthält kein Verbotsgesetz mit der möglichen Rechtsfolge der Nichtigkeit nach § 134 BGB.[128] Eine Vergütungsvereinbarung, die den Anforderungen von § 87 Abs. 1 AktG nicht gerecht wird, ist vielmehr bis zur Grenze des § 138 BGB wirksam.[129] Der Aufsichtsrat macht sich aber durch Vereinbarung solcher unangemessener Bezüge nach §§ 116, 93 AktG schadensersatzpflichtig[130] und bei vorsätzlicher Pflichtverletzung möglicherweise wegen Untreue nach § 266 StGB strafbar.

44 Um dem Gebot der **Angemessenheit** nach § 87 Abs. 1 S. 1 AktG nachzukommen, muss der Aufsichtsrat die Bezüge in ein angemessenes Verhältnis zu den **Aufgaben und Leistungen** des Vorstandsmitglieds sowie zur **Lage der Gesellschaft** setzen und die Gesamtbezüge einer **Üblichkeitsprüfung** unterziehen. Bei börsennotierten Gesellschaften muss nach § 87 Abs. 1 S. 2 AktG die Vergütungsstruktur auf eine **nachhaltige Unternehmensentwicklung** ausgerichtet werden. Unter den **Aufgaben** des Vorstandsmitglieds ist sein Tätigkeitsbereich, der ihm durch Anstellungsvertrag, Satzung oder Geschäftsordnung zugewiesen ist, zu verstehen.[131] Abstufungen zwischen den verschiedenen Vorstandsmitgliedern nach der Bedeutung der ihnen übertragenen Aufgaben bzw. Ressorts und der ihnen zukommenden Verantwortung können gerechtfertigt sein.[132] Die Vereinbarung höherer Bezüge im Hinblick auf den Vorstandsvorsitz ist ebenso möglich.[133] Auch vor Inkrafttreten des VorstAG, mit dem die **Leistung** ausdrücklich als relevanter Gesichtspunkt in § 87 Abs. 1 S. 1 AktG aufgenommen wurde, kam der Leistung des Vorstandsmitglieds bei der Beurteilung der Angemessenheit bereits eine entscheidende Rolle zu.[134] Überragende Leistungen rechtfertigen auch eine hohe Vergütung.[135] Bei einer Erstbestellung sollte der Gesichtspunkt der Leistung insbesondere bei der Ausgestaltung der variablen Vergütung Berücksichtigung finden, während er bei einer Vertragsverlängerung auch eine Anhebung der bisherigen Bezüge rechtfertigen kann.[136] Bei der Beurteilung der **Lage der Gesellschaft** ist die wirtschaftliche Gesamtsituation, insbesondere sind die Vermögens-, Finanz- und Ertragslage sowie die zukünftige Entwicklung der Gesellschaft nebst externen Faktoren zu berücksichtigen.[137] Aber auch in der Krise der Gesellschaft kann die Vereinbarung höherer Bezüge angemessen sein, wenn für die schwierige Aufgabe der Sanierung am Markt anderenfalls kein Kandidat zu gewinnen ist.[138] Bei dem Gesichtspunkt der Lage der Gesellschaft geht es ausschließlich um die Anstellungsgesellschaft und nicht etwa im faktischen Konzern auch um die Muttergesellschaft. Problematisch ist daher eine Vergütungsregelung, die einen Anreiz dafür bietet, gegen die Interessen der eigenen Gesellschaft die Obergesellschaft zu bevorzugen.[139] Neben diesen vom Gesetz ge-

---

[125] MüKoAktG/*Spindler* § 87 Rn. 30.
[126] Henssler/Strohn/*Dauner-Lieb* AktG § 87 Rn. 9, 14; K. Schmidt/Lutter/*Seibt* AktG § 87 Rn. 16.
[127] Hölters/*Weber* AktG § 84 Rn. 45; MHdB GesR IV/*Wiesner* § 21 Rn. 38.
[128] Vgl. KG 28.6.2011 – 19 U 11/11, NZG 2011, 865 (866); *Spindler* AG 2011, 725 (728 f.).
[129] Henssler/Strohn/*Dauner-Lieb* AktG § 87 Rn. 10; Hölters/*Weber* AktG § 84 Rn. 45; K. Schmidt/Lutter/*Seibt* AktG § 87 Rn. 17; *Spindler* AG 2011, 725 (729).
[130] MHdB GesR IV/*Wiesner* § 21 Rn. 38.
[131] LG Düsseldorf 22.7.2004 – XIV 5/03, NJW 2004, 3275 (3277); Henssler/Strohn/*Dauner-Lieb* AktG § 87 Rn. 15; Spindler/Stilz/*Fleischer* AktG § 87 Rn. 10.
[132] Henssler/Strohn/*Dauner-Lieb* AktG § 87 Rn. 21; MüKoAktG/*Spindler* § 87 Rn. 45.
[133] Spindler/Stilz/*Fleischer* AktG § 87 Rn. 10; K. Schmidt/Lutter/*Seibt* AktG § 87 Rn. 9; MüKoAktG/*Spindler* § 87 Rn. 45.
[134] Henssler/Strohn/*Dauner-Lieb* AktG § 87 Rn. 16; Spindler/Stilz/*Fleischer* AktG § 87 Rn. 11; Kölner Komm AktG/*Mertens/Cahn* § 87 Rn. 13.
[135] LG München I 29.3.2007 – 5 HK O 12931/06, NZG 2007, 477.
[136] Spindler/Stilz/*Fleischer* AktG § 87 Rn. 13.
[137] Henssler/Strohn/*Dauner-Lieb* AktG § 87 Rn. 15; Spindler/Stilz/*Fleischer* AktG § 87 Rn. 14.
[138] Henssler/Strohn/*Dauner-Lieb* AktG § 87 Rn. 15; Spindler/Stilz/*Fleischer* AktG § 87 Rn. 14.
[139] OLG München 7.5.2008 – 7 U 5618/07, NZG 2008, 631.

nannten Kriterien sind berücksichtigungsfähige **persönliche Kriterien** zur Beurteilung der Angemessenheit die Qualifikation, die Kenntnisse, die Fähigkeiten, die Erfahrungen des Vorstandsmitglieds sowie sein Marktwert und seine Verhandlungsposition.[140]

Durch das VorstAG wurde zur Konkretisierung der Angemessenheit in § 87 Abs. 1 S. 1 AktG eingefügt, dass die Festsetzung von Gesamtbezügen, die die übliche Vergütung übersteigen, durch besondere Gründe gerechtfertigt werden muss.[141] Dies führt zu einer **Zwei-Stufen-Prüfung mit einer doppelten Üblichkeitsuntersuchung:** Es ist die sogenannte horizontale Üblichkeit im Verhältnis zu vergleichbaren Führungskräften in hinsichtlich Branche, Größe und im Land Bundesrepublik Deutschland vergleichbaren anderen Unternehmen zu überprüfen sowie die sogenannte vertikale Üblichkeit in Bezug auf die Vergütungsstruktur innerhalb des Unternehmens, in dem das Vorstandsmitglied tätig wird.[142] Bei beiden Prüfungen ist jeweils zunächst die Frage nach der eigentlichen Üblichkeit und sodann gegebenenfalls die nach dem Vorliegen besonderer Gründe für die Unüblichkeit zu stellen.[143] Bei widersprüchlichen Ergebnissen ist dem horizontalen Vergleich Vorrang vor dem vertikalen Vergleich einzuräumen.[144] Als erste Orientierung für die Frage der Üblichkeit können Vergütungsstudien von Personalberatungsunternehmen oder schematische Vergütungstabellen dienen. Ein höheres Vergütungsniveau bei ausländischen Gesellschaften darf nur herangezogen werden, wenn dafür besondere Gründe iSv § 87 Abs. 1 S. 1 AktG bestehen.[145] Als solche kommen vergleichbare Karrierechancen im Ausland mit einem konkreten Auslandsangebot in Betracht.[146] Denkbar ist auch, dass es bezüglich eines Nischenunternehmens kein vergleichbares Unternehmen in Deutschland gibt und deshalb nur ein Vergleich zu international tätigen Unternehmen möglich ist.[147] Dann darf die Vergütungsstruktur ausländischer Konkurrenten als ein Orientierungsmaßstab herangezogen werden.[148]

45

Mit den genannten Vorgaben lässt sich der Angemessenheitsbegriff tatsächlich nur vage eingrenzen. Auch die höchstrichterlichen Leitlinien zum GmbH-Recht[149] bieten sich nur bedingt zur Orientierung an,[150] da bei der Überprüfung von Geschäftsleiterbezügen im GmbH-Recht typischerweise andere Interessenlagen bestehen als in der Aktiengesellschaft. Im kleinen Gesellschafterkreis der GmbH geht es regelmäßig um Minderheitenschutz, während in der Aktiengesellschaft die Kontrolle des unabhängigen Aufsichtsrats im Vordergrund steht.[151]

46

Bei **börsennotierten Gesellschaften** ist die Vergütungsstruktur gemäß § 87 Abs. 1 S. 2 und S. 3 AktG insbesondere durch die Vereinbarung **variabler Vergütungsbestandteile** auf **mehrjähriger Bemessungsgrundlage** auf eine nachhaltige Unternehmensentwicklung auszurichten. § 87 Abs. 1 S. 3 AktG zwingt nicht jede börsennotierte Gesellschaft, variable Vergütungsbestandteile zu gewähren. Der DCGK enthält jedoch unter G.1 eine Empfehlung zur Aufteilung der monetären Vergütung in fixe und variable Bestandteile. Nur für den Fall, dass – wie regelmäßig – variable Vergütungsbestandteile vereinbart sind, sollen diese eine mehrjährige Bemessungsgrundlage haben.[152] Auch ist die Regelung nicht so zu verstehen, dass eine ausschließliche Beschränkung auf langfristige Vergütungselemente verlangt wird, sondern es sollen vielmehr auch kurzfristige Verhaltensanreize wie beispielsweise Transak-

47

---

[140] Henssler/Strohn/*Dauner-Lieb* AktG § 87 Rn. 17; Spindler/Stilz/*Fleischer* AktG § 87 Rn. 19; Kölner Komm AktG/*Mertens*/*Cahn* § 87 Rn. 14.
[141] K. Schmidt/Lutter/*Seibt* AktG § 87 Rn. 10.
[142] Henssler/Strohn/*Dauner-Lieb* AktG § 87 Rn. 19, 20; *Hoffmann-Becking/Krieger* NZG 2009 Beilage Heft 26 Rn. 5, 6; K. Schmidt/Lutter/*Seibt* AktG § 87 Rn. 10.
[143] K. Schmidt/Lutter/*Seibt* AktG § 87 Rn. 10.
[144] *Fleischer* NZG 2009, 801 (802); *Hoffmann-Becking/Krieger* NZG 2009 Beilage Heft 26 Rn. 8.
[145] *Hoffmann-Becking/Krieger* NZG 2009 Beilage Heft 26 Rn. 5.
[146] Spindler/Stilz/*Fleischer* AktG § 87 Rn. 16.
[147] Vgl. hierzu *Annuß/Theusinger* BB 2009, 2434 (2435); Henssler/Strohn/*Dauner-Lieb* AktG § 87 Rn. 19.
[148] Spindler/Stilz/*Fleischer* AktG § 87 Rn. 16.
[149] BGH 14.5.1990 – II ZR 126/89, NJW 1990, 2625; 15.6.1992 – II ZR 88/91, NJW 1992, 2894.
[150] Anders LG Düsseldorf 22.7.2004 – XIV 5/03, NJW 2004, 3275 (3276).
[151] Vgl. Spindler/Stilz/*Fleischer* AktG § 87 Rn. 20, 25.
[152] Spindler/Stilz/*Fleischer* AktG § 87 Rn. 32; Kölner Komm AktG/*Mertens*/*Cahn* § 87 Rn. 22; K. Schmidt/Lutter/*Seibt* AktG § 87 Rn. 12.

tionsboni oder Antritts- sowie Wiederbestellungsprämien weiterhin grundsätzlich zulässig sein.[153] Dem Erfordernis der mehrjährigen Bemessungsgrundlage ist bei Vereinbarung eines drei- bis fünfjährigen Bemessungszeitraums genüge getan.[154] Kurzfristig angelegte Anreizsysteme können aber auch sowohl in der Krise („Turnaround-Prämie") als auch bei der Verfolgung kurzfristiger, aber wesentlicher Unternehmensprojekte (Fusion oder Unternehmenskauf, neues Produkt) gerechtfertigt sein.[155] Teilweise wird mit Hinweis auf den Wortlaut auch ein kürzerer Zeitraum von zwei Jahren für zulässig erachtet.[156] Auch ein **Jahresbonus** kann vereinbart werden, wenn er mit anderen Vergütungselementen kombiniert wird, die insgesamt die Nachhaltigkeit der Unternehmensentwicklung sichern.[157] Es muss jedoch darauf geachtet werden, dass dieser nicht Verhaltensanreize setzt, die einer nachhaltigen Unternehmensentwicklung zuwider laufen könnten.[158] Der DCGK empfiehlt unter G.7 **Aktienoptionen und vergleichbare Gestaltungen** als Instrumente, mit denen sich die variable Vergütung auf eine nachhaltige Unternehmensentwicklung ausrichten lässt. Über die Einführung, die Erfolgsziele, Erwerbs- und Ausübungszeiträume und Wartezeit entscheidet gemäß § 193 Abs. 2 Nr. 4 AktG zwar die Hauptversammlung, wobei dem Aufsichtsrat die nähere Ausgestaltung von der Hauptversammlung überlassen werden kann.[159] Dem Aufsichtsrat verbleibt jedoch im Rahmen seiner ausschließlichen Zuständigkeit für die Ausgestaltung der Vergütung der Vorstandsmitglieder die Entscheidung darüber, ob und inwieweit die von der Hauptversammlung genehmigten Aktienoptionen den Vorständen im Rahmen der Vorstandsvergütung gewährt werden.[160] Eine nachträgliche Änderung der Erfolgsziele bedarf zum einen eines entsprechenden Beschlusses der Hauptversammlung und darüber hinaus der Zustimmung des Aufsichtsrats, der jedoch zu beachten hat, dass der DCGK unter G.8 empfiehlt, nachträgliche Änderungen der Erfolgsziele auszuschließen.[161] Neben Aktienoptionen dienen vor allem **Tantiemen** der Steuerung des Vorstandsverhaltens, indem sie die Vorstandsmitglieder am Erfolg der Gesellschaft teilhaben lassen.[162] Als Bemessungsgrundlage für solche Tantiemen kommen der Cashflow, der Jahresüberschuss oder andere Kennzahlen, beispielsweise EBIT oder EBITDA, in Betracht.[163] Sie können aber auch an vom Aufsichtsrat vorgegebene andere Ziele als sogenannte Zieltantieme geknüpft werden, wobei jedoch die dem Vorstand zustehende Leitungsautonomie im Rahmen der Zielvorgabe beachtet werden muss.[164] Trotz der ebenfalls bestehenden Gefahr der zu starken Einflussnahme des Aufsichtsrats auf die Geschäftsführung des Vorstands sind auch sogenannte Ermessenstantiemen zulässig, die durch den Aufsichtsrat ohne vorherige konkrete Zielbestimmung im Nachhinein gewährt werden.[165] Auch bei **Abfindungsvereinbarungen** sind die Grundsätze angemessener Vergütung zu beachten.[166] Eine Abfindungsvereinbarung für den Fall der Nicht-Verlängerung des Vorstandsvertrags kann zulässig sein, wenn vernünftige Gründe und der wirtschaftliche Umfang der Abfindung nicht zu einer übermäßigen Ermessensreduzierung bei der Frage der Vertragsverlängerung führen.[167] Der DCGK empfiehlt unter G.13 als Obergrenze für die Abfindung die Restlaufzeit des Anstellungsvertrags, maximal aber den Wert von zwei Jahresvergütungen. Problematisch ist die Gewährung **nachträglicher An-**

---

[153] Henssler/Strohn/*Dauner-Lieb* AktG § 87 Rn. 29; Spindler/Stilz/*Fleischer* AktG § 87 Rn. 29; K. Schmidt/Lutter/*Seibt* AktG § 87 Rn. 12a.
[154] *Fleischer* NZG 2009, 801 (803); *Seibert* WM 2009, 1489 (1490).
[155] Henssler/Strohn/*Dauner-Lieb* AktG § 87 Rn. 31.
[156] *Hoffmann-Becking/Krieger* NZG 2009, Beilage Heft 26 Rn. 18 ff.; K. Schmidt/Lutter/*Seibt* AktG § 87 Rn. 12.
[157] *Hoffmann-Becking/Krieger* NZG 2009, Beilage Heft 26 Rn. 11; *Hohenstatt* ZIP 2009, 1349 (1351).
[158] *Annuß/Theusinger* BB 2009, 2434 (2436).
[159] Spindler/Stilz/*Fleischer* AktG § 87 Rn. 42.
[160] Kölner Komm AktG/*Mertens/Cahn* § 87 Rn. 40, 44; MüKoAktG/*Spindler* § 87 Rn. 104.
[161] Spindler/Stilz/*Fleischer* AktG § 87 Rn. 43; Kölner Komm AktG/*Mertens/Cahn* § 87 Rn. 69 ff.
[162] Spindler/Stilz/*Fleischer* AktG § 87 Rn. 44.
[163] Kölner Komm AktG/*Mertens/Cahn* § 87 Rn. 26.
[164] Kölner Komm AktG/*Mertens/Cahn* § 87 Rn. 28.
[165] Kölner Komm AktG/*Mertens/Cahn* § 87 Rn. 29.
[166] Henssler/Strohn/*Dauner-Lieb* AktG § 87 Rn. 34; Bayer/Meier-Wehrsdorfer AG 2013, 477.
[167] K. Schmidt/Lutter/*Seibt* AktG § 87 Rn. 14.

erkennungsprämien. Der BGH hat in der Mannesmann-Entscheidung den Grundsatz aufgestellt, dass die Bewilligung einer nachträglichen Anerkennungsprämie ohne entsprechende Rechtsgrundlage im Dienstvertrag nur insoweit zulässig ist, als dem Unternehmen gleichzeitig Vorteile zufließen, die in einem angemessenen Verhältnis zu der mit der freiwilligen Zusatzvergütung verbundenen Minderung des Gesellschaftsvermögens stehen. Ohne einen solchen gleichwertigen Nutzen für die Gesellschaft handelt es sich nach der Entscheidung des BGH um eine treuepflichtwidrige Verschwendung des Gesellschaftsvermögens durch den Aufsichtsrat.[168] In der Literatur ist diese Entscheidung auf Kritik gestoßen, weil es dem Aufsichtsrat mit entsprechend nachvollziehbarer und belastbarer Begründung möglich sein soll, eine Neufestlegung des Umfangs der Gesamtbezüge vorzunehmen, wenn sich die ursprüngliche Festlegung im Nachhinein als zu niedrig herausstellt.[169]

Praxistipp:
Wenn sich der Aufsichtsrat das Recht vorbehalten will, besonders herausragende Leistungen im Nachhinein zu belohnen, ohne sich dem Risiko der treuepflichtwidrigen Verschwendung des anvertrauten Gesellschaftsvermögens auszusetzen, sollte er im Dienstvertrag die Möglichkeit der Gewährung einer nachträglichen Anerkennungsprämie vereinbaren. Dies gibt dem Vorstandsmitglied jedoch auch einen entsprechenden Anspruch auf ermessensfehlerfreie Entscheidung des Aufsichtsrats darüber, ob außergewöhnlichen Leistungen erbracht worden sind und inwieweit sie zusätzlich vergütet werden müssen.

Nach § 87 Abs. 1 S. 3 Hs. 2 AktG soll der Aufsichtsrat für **außerordentliche Entwicklungen** hinsichtlich der variablen Vergütungsbestandteile eine Begrenzungsmöglichkeit vereinbaren. Auch der DCGK empfiehlt unter G.11, solche nachträglichen Anpassungen vorzubehalten.

Praxistipp:
Um einen Streit über das Vorliegen außerordentlicher Entwicklungen zu vermeiden, empfiehlt es sich, nicht nur einen Vorbehalt der Begrenzung zu vereinbaren, sondern von vornherein einen festen Höchstbetrag für die variable Vergütung vorzusehen.[170]

Das **Verhältnis der fixen und der variablen Vergütungsbestandteile** ist gesetzlich nicht bestimmt. Als unbedenklich werden beispielsweise eine Aufteilung in 50 % Fixum, 20 % kurzfristig variable und 30 % langfristig variable Bezüge genannt.[171] Teilweise werden Anforderungen nur für die Aufteilung der variablen Vergütung dahingehend gestellt, dass der langfristige Anteil mindestens 50 % betragen müsse[172] oder gar die Festvergütung zusammen mit den langfristigen Vergütungselementen mehr als die Hälfte der Vorstandsvergütung ausmachen müsse.[173]

§ 87 Abs. 2 AktG erlaubt die **nachträgliche Herabsetzung** der Bezüge des Vorstandsmitglieds, wenn sich die Lage der Gesellschaft nach Abschluss des Dienstvertrags so verschlechtert, dass die Weitergewährung der vereinbarten Bezüge unbillig für die Gesellschaft wäre. Die **Verschlechterung der Lage der Gesellschaft** muss in der neuen Fassung des Gesetzes zwar nicht mehr wesentlich sein. Jedoch genügen nicht bloße vorübergehende oder geringfügige wirtschaftliche Schwierigkeiten. Andererseits ist nicht erst die drohende Insolvenz er-

---

[168] BGH 21.12.2005 – 3 StR 470/04, NJW 2006, 522 (524).
[169] Spindler/Stilz/*Fleischer* AktG § 87 Rn. 50; MüKoAktG/*Spindler* § 87 Rn. 121 f.
[170] *Hoffmann-Becking/Krieger* NZG 2009, Beilage Heft 26 Rn. 26.
[171] *Bauer/Arnold* AG 2009, 717 (722).
[172] *Hoffmann-Becking/Krieger* NZG 2009, Beilage Heft 26 Rn. 13.
[173] Spindler/Stilz/*Fleischer* AktG § 87 Rn. 34.

forderlich. Vielmehr soll es ausreichen, wenn die Gesellschaft Entlassungen oder Lohnkürzungen vornehmen muss und gleichzeitig keinen Gewinn mehr ausschütten kann.[174] Wie bereits der Wortlaut des § 87 Abs. 2 AktG deutlich macht, darf sich die Verschlechterung der Lage nicht bereits beim Abschluss des Anstellungsvertrags abgezeichnet haben. Die Unbilligkeit der Weitergewährung der Bezüge muss für die Gesellschaft auch nicht mehr wie noch in der alten Fassung des Gesetzes eine grobe sein. Maßgebend für die Frage der Unbilligkeit ist nicht die öffentliche Meinung, sondern die Beurteilung aus Sicht der Gesellschaft.[175] Nach der Gesetzesbegründung soll die Weitergewährung der Bezüge unbillig sein, wenn der Vorstand pflichtwidrig gehandelt hat oder die Verschlechterung der Lage der Gesellschaft zumindest in die Zeit seiner Vorstandsverantwortung fällt und ihm zurechenbar ist.[176] Die mit der Neufassung des Gesetzes beabsichtigte Erleichterung der Herabsetzung der Vergütung spricht dafür, das Merkmal der Zurechnung weit zu verstehen in dem Sinne, dass es ausreicht, dass die Verschlechterung der Lage der Gesellschaft in die Zeit der Vorstandstätigkeit fällt, auch wenn die hierfür maßgeblichen Umstände vom Vorstand nicht beeinflussbar von außen auf die Gesellschaft eingewirkt haben.[177] Auch nach der neuen Gesetzesfassung sind die persönlichen Verhältnisse des Vorstandsmitglieds in einer Interessenabwägung zu berücksichtigen.[178] Liegen die Voraussetzungen für die Herabsetzung vor, kann der Aufsichtsrat nur dann von einer Herabsetzung absehen, wenn besondere Umstände vorliegen.[179] Solche besonderen Umstände können insbesondere darin liegen, dass das Vorstandsmitglied im Falle der Herabsetzung die Kündigungsmöglichkeit gemäß § 87 Abs. 2 S. 4 AktG hat und eine Ersatzkraft mit den erforderlichen Qualifikationen für die besonderen Anforderungen in der Krise voraussichtlich nicht zur Verfügung steht.[180] **Sämtliche Vergütungsbestandteile** werden von der Möglichkeit der Herabsetzung erfasst. Es können einzelne Bestandteile vollständig gestrichen oder sämtliche Bestandteile gleichmäßig gekürzt werden.[181] Auch **Abfindungen** können herabgesetzt werden, wenn sie noch nicht ausgezahlt worden sind.[182] In der neuen Fassung können gemäß § 87 Abs. 2 S. 2 AktG nunmehr auch **Ruhegehälter, Hinterbliebenenbezüge und Leistungen verwandter Art** herabgesetzt werden, jedoch muss die Herabsetzung noch während des laufenden Dienstverhältnisses oder spätestens innerhalb der ersten drei Jahre nach dem Ausscheiden des Vorstandsmitglieds erfolgen. Die nachträgliche Herabsetzung stellt einen besonders schweren Eingriff in den Vertrag dar, da das Vorstandsmitglied seine Leistung bereits vollständig erbracht hat. Dieser besonderen Schutzbedürftigkeit ist Rechnung zu tragen.[183] Die Bezüge sind gemäß § 87 Abs. 2 S. 1 AktG auf die **angemessene Höhe** herabzusetzen. Aus dem Wortlaut folgt, dass im Ergebnis eine Neufestsetzung der Bezüge nach den Grundsätzen des § 87 Abs. 1 AktG unter Berücksichtigung der (neuen) Lage der Gesellschaft und der Aufgaben und Leistungen des Vorstandsmitglieds zu erfolgen hat.[184] Ausgezahlte und bereits verdiente Leistungen können nicht zurückgefordert werden.[185] Die Herabsetzung erfolgt in Ausübung des Gestaltungsrechts der Gesellschaft gemäß § 315 Abs. 2 BGB durch Erklärung des Aufsichtsrats gegenüber dem Vorstandsmitglied, der ein Beschluss des Aufsichtsratsplenums gemäß § 107 Abs. 3 S. 3 AktG zugrunde liegen muss.[186] Das Vorstandsmitglied kann ge-

---

[174] Spindler/Stilz/*Fleischer* AktG § 87 Rn. 63; *Moll* in FS Wellensiek, 498 f.
[175] *Moll* in FS Wellensiek, 499.
[176] Vgl. BT-Drs. 16/12278, 6. BGH 27.10.2015 – II ZR 296/14, NZG 2016, 264 Rn. 47; *Kort* AG 2016, 109; *Spindler* DB 2015, 908.
[177] *Gaul/Janz* NZA 2009, 809 (812); *Göcke/Greubel* ZIP 2009, 2086 (2087); *Moll* in FS Wellensiek, 500.
[178] BGH 27.10.2015 – II ZR 296/14, NZG 2016, 264 Rn. 47; *Moll* in FS Wellensiek, 500; *Kort* AG 2016, 109; K. Schmidt/Lutter/*Seibt* AktG § 87 Rn. 19; *Spindler* DB 2015, 908.
[179] BGH 27.10.2015 – II ZR 296/14, NZG 2016, 264 Rn. 43 f.; *Kort* AG 2016, 109; *Spindler* DB 2015, 908.
[180] Spindler/Stilz/*Fleischer* AktG § 87 Rn. 66; *Moll* in FS Wellensiek, 501.
[181] *Diller* NZG 2009, 1006 (1007).
[182] *Diller* NZG 2009, 1006 (1009); *Moll* in FS Wellensiek, 502.
[183] Spindler/Stilz/*Fleischer* AktG § 87 Rn. 69; *Moll* in FS Wellensiek, 505 f.
[184] *Moll* in FS Wellensiek, 502.
[185] Spindler/Stilz/*Fleischer* AktG § 87 Rn. 72; K. Schmidt/Lutter/*Seibt* AktG § 87 Rn. 20.
[186] Spindler/Stilz/*Fleischer* AktG § 87 Rn. 74.

richtlich gegen die Herabsetzung seiner Bezüge entweder im Wege der Leistungsklage auf die bisherige Vergütung oder im Wege der Klage auf Bestimmung der angemessenen Höhe einer der Billigkeit entsprechenden anderen Höhe durch das Gericht gemäß § 315 Abs. 3 S. 2 BGB vorgehen. Darüber hinaus kann das Vorstandsmitglied im Fall der berechtigten Herabsetzung sein Sonderkündigungsrecht gemäß § 87 Abs. 2 S. 4 AktG ausüben und im Fall einer unberechtigten Herabsetzung auch aus wichtigem Grund außerordentlich gemäß § 626 BGB kündigen.[187]

Gemäß § 326 Abs. 1 S. 1 BGB verliert das Vorstandsmitglied grundsätzlich den Vergütungsanspruch, wenn ihm die Erfüllung seiner Pflichten aus einem von ihm nicht zu vertretenden Umstand unmöglich wird, es sei denn, die **Unmöglichkeit** beruht auf einem äußeren, auf den Betrieb einwirkenden und in der Sphäre der Gesellschaft liegenden Umstand.[188] Wenn die Gesellschaft die Unmöglichkeit der Dienstleistung zu vertreten hat oder sich in Annahmeverzug (§ 615 BGB) befindet, muss sie die Vergütung weiterzahlen. Das ist der Fall, wenn das angestellte Vorstandsmitglied nicht bestellt, vorzeitig abberufen oder von der Gesellschaft aus anderen Gründen schuldhaft an der Erfüllung seiner Vorstandstätigkeit gehindert wird.[189] Das Vorstandsmitglied muss sich Ersparnisse und anderweitige Bezüge anrechnen lassen (§ 326 Abs. 2 S. 2, § 615 S. 2 BGB). Rührt der Grund jedoch aus der Sphäre des Vorstandsmitglieds, so behält es nach § 616 BGB seinen Vergütungsanspruch für eine „verhältnismäßig nicht erhebliche Zeit". Was ein solcher Zeitraum ist, muss anhand der Umstände des Einzelfalls geklärt werden.[190] Im **Krankheitsfall** hat das Vorstandsmitglied aus § 616 BGB einen Anspruch auf Gehaltsfortzahlung nur für etwa drei Tage bis maximal zwei Wochen.[191] Teilweise wird für den Fall, dass keine vertragliche Regelung der Fortzahlung im Krankheitsfall vorliegt, auch die Anwendung der Sechswochenfrist des § 3 Abs. 1 S. 1 EFZG für möglich gehalten.[192] Eine vertragliche Regelung kann einen längeren Zeitraum der Fortzahlung der Bezüge von maximal zwölf Monaten vorsehen.[193]

> **Praxistipp:**
> Da das Vorstandsmitglied keinen gesetzlichen Anspruch auf Fortzahlung seiner Vergütung im Krankheitsfall hat, sollte eine entsprechende vertragliche Regelung vereinbart werden. Hierbei ist aber die Angemessenheitsgrenze des § 87 AktG zu beachten.[194]

Üblicherweise gewähren Aktiengesellschaften ihren Vorstandsmitgliedern auch eine betriebliche Altersversorgung. Inhaltlich werden das Altersruhegeld, Invaliditätsbezüge, Hinterbliebenenversorgung und ein Übergangsgeld für den Zeitraum zwischen Ausscheiden des Vorstandsmitglieds und dem Eintritt des Versorgungsfalls unterschieden.[195] **Versorgungsansprüche** der Vorstandsmitglieder müssen ausdrücklich im Anstellungsvertrag oder in einer gesonderten Regelung vertraglich vereinbart werden.[196] Ein Anspruch auf Altersversorgung aus der Fürsorge- und Treuepflicht der Gesellschaft, aus einer betrieblichen Übung oder im Wege ergänzender Vertragsauslegung aus dem Dienstvertrag ist nur in ganz seltenen Ausnahmefällen denkbar.[197] Der Abschluss einer Vereinbarung über eine betriebliche Altersver-

---
[187] Spindler/Stilz/*Fleischer* AktG § 87 Rn. 76.
[188] K. Schmidt/Lutter/*Seibt* AktG § 84 Rn. 30; MüKoAktG/*Spindler* § 84 Rn. 90.
[189] Spindler/Stilz/*Fleischer* AktG § 84 Rn. 46.
[190] Hölters/*Weber* AktG § 84 Rn. 47.
[191] K. Schmidt/Lutter/*Seibt* AktG § 84 Rn. 30; MüKoAktG/*Spindler* § 84 Rn. 95.
[192] MHdB GesR IV/*Wiesner* § 21 Rn. 68.
[193] Spindler/Stilz/*Fleischer* AktG § 84 Rn. 47: K. Schmidt/Lutter/*Seibt* AktG § 84 Rn. 30.
[194] K. Schmidt/Lutter/*Seibt* AktG § 84 Rn. 30 hält daher eine Dauer von zwölf Monaten für maximal zulässig.
[195] Spindler/Stilz/*Fleischer* AktG § 84 Rn. 49; K. Schmidt/Lutter/*Seibt* AktG § 84 Rn. 31.
[196] GK-AktG/*Kort* § 84 Rn. 353.
[197] Vgl. insofern zB BGH 18.12.1954 – II ZR 281/53, NJW 1955, 501; 17.12.1956 – II ZR 47/56, NJW 1957, 257; 20.12.1993 – II ZR 217/92, NZA 1994, 367; 19.12.1994 – II ZR 244/93, NJW-RR 1995, 796.

sorgung bedarf keiner besonderen Form. Aus Beweiszwecken ist Schriftform jedoch angeraten.[198] Das Gebot der angemessenen Vergütung (§ 87 Abs. 1 AktG) gilt nach § 87 Abs. 1 S. 4 AktG auch für Versorgungsansprüche, die von der Gesellschaft oder auf deren Rechnung von Dritten an das Vorstandsmitglied oder seine Hinterbliebenen geleistet werden. Versorgungszusagen an Vorstandsmitglieder, die nicht allein oder mit anderen Vorstandsmitgliedern mehrheitlich an der Gesellschaft beteiligt sind, unterfallen nach § 17 Abs. 1 S. 2 BetrAVG dem **Anwendungsbereich der §§ 1 bis 16 BetrAVG**.[199] Aus ihnen folgende laufende Ruhegeldansprüche und unverfallbare Anwartschaften sind nach § 7 BetrAVG insolvenzgesichert. Das BetrAVG ist auf Mehrheitsaktionäre und auf „nicht ganz unbedeutend" beteiligte Minderheitsaktionäre mit faktischer Mehrheitsmacht nicht anwendbar.[200] Wann eine „nicht unerhebliche Mehrheitsbeteiligung" gegeben ist, ist unklar. Vereinzelte Rechtsprechung hält zB 8 % für nicht ausreichend,[201] 11,86 % können hingegen zusammen mit 40 % eines Verwandten schon ausreichen.[202]

53   **Vorschüsse** auf die Bezüge des Vorstandsmitglieds, beispielsweise auf die variable Vergütung, bedürfen gemäß § 89 Abs. 1 AktG in jedem Einzelfall eines nicht länger als drei Monate im Voraus gefassten Beschlusses des Aufsichtsrats.[203]

54   *bb) Auslagenersatz.* Nach den allgemeinen Bestimmungen der §§ 675 Abs. 1, 670, 669 BGB haben Vorstandsmitglieder Anspruch auf Auslagenersatz, soweit sie die Auslagen im Rahmen ihrer Geschäftsführungsaufgaben vernünftigerweise für erforderlich halten durften. Angemessene Auslagenvorschüsse fallen nicht in den Anwendungsbereich des § 89 Abs. 1 AktG.[204]

55   *cc) Urlaub.* Der Urlaubsanspruch eines Vorstandsmitglieds ergibt sich regelmäßig aus dem Anstellungsvertrag. Auch ohne besondere Vereinbarung haben Vorstandsmitglieder aber aus der dienstvertraglichen Fürsorgepflicht des Dienstherrn Anspruch auf angemessenen bezahlten Urlaub.[205] Zwar muss der Urlaub mangels Weisungsabhängigkeit des Vorstandsmitglieds nicht vom Aufsichtsrat genehmigt, aber mit den Vorstandskollegen abgestimmt und durch die Sicherstellung einer geeigneten Urlaubsvertretung vorbereitet werden.[206] Das Vorstandsmitglied kann vor Beendigung des Vorstandsamts eine angemessene Zeit Urlaub beanspruchen, um sich eine andere Tätigkeit zu suchen (§ 629 BGB).[207]

56   *dd) Zeugnis.* Nach § 630 BGB hat das Vorstandsmitglied einen Anspruch auf Erteilung eines Zeugnisses. Dieses wird vom Aufsichtsrat ausgestellt, der die Gesellschaft gegenüber dem Vorstandsmitglied nach § 112 AktG vertritt.[208]

57   *ee) D&O-Versicherung.* Eine D&O (Directors&Officers-)Versicherung stellt eine spezielle Haftpflichtversicherung zur Abdeckung der teilweise enormen Haftungsrisiken der Vorstandsmitglieder dar. Sie wird üblicherweise durch die Gesellschaft abgeschlossen, um den Vermögensbedarf der Gesellschaft zu decken, der ihr aufgrund von Schadenersatzansprüchen Dritter wegen fahrlässiger Pflichtverletzungen des Vorstandsmitglieds entsteht, um ein Haftungssubstrat für Innenhaftungsansprüche der Gesellschaft vorzuhalten und um die Vorstandsmitglieder vor dem Risiko zu bewahren, für Schadensersatzansprüche übermäßig aus ihrem eigenen Vermögen aufkommen zu müssen.[209] Ob eine Regelung im Anstellungsvertrag zur Schonung des Vermögens des Vorstands bei nur leicht fahrlässigen Pflichtverlet-

---

[198] Spindler/Stilz/*Fleischer* AktG § 84 Rn. 50; GK-AktG/*Kort* § 84 Rn. 354.
[199] BGH 15.7.2002 – II ZR 192/00, NJW 2002, 3632; 13.1.2003 – II ZR 254/00, NJW 2003, 2908; Spindler/Stilz/*Fleischer* AktG § 84 Rn. 51; K. Schmidt/Lutter/*Seibt* AktG § 84 Rn. 31.
[200] BGH 9.6.1980 – II ZR 255/78, NJW 1980, 2257; Hölters/*Weber* AktG § 84 Rn. 46.
[201] BGH 14.7.1980 – II ZR 224/79, AP BetrAVG § 17 Nr. 3.
[202] BGH 9.6.1980 – II ZR 180/79, AP BetrAVG § 17 Nr. 4.
[203] OLG Stuttgart 28.7.2004 – 20 U 5/04, NZG 2004, 1002.
[204] Spindler/Stilz/*Fleischer* AktG § 89 Rn. 7.
[205] Hölters/*Weber* AktG § 84 Rn. 49; GK-AktG/*Kort* § 84 Rn. 421; K. Schmidt/Lutter/*Seibt* AktG § 84 Rn. 33.
[206] Hölters/*Weber* AktG § 84 Rn. 49; K. Schmidt/Lutter/*Seibt* AktG § 84 Rn. 33.
[207] K. Schmidt/Lutter/*Seibt* AktG § 83 Rn. 33.
[208] GK-AktG/*Kort* § 84 Rn. 425.
[209] GK-AktG/*Kort* § 84 Rn. 441; Kölner Komm AktG/*Mertens/Cahn* § 87 Rn. 20.

zungen durch Zusage der Nichtverfolgung bzw. teilweiser Nichtverfolgung hieraus folgender Schadenersatzansprüche durch den Aufsichtsrat rechtlich möglich ist, wird unterschiedlich beurteilt.[210] Ein Anspruch auf Abschluss einer D&O-Versicherung ergibt sich nicht bereits aus der dienstvertraglichen Fürsorgepflicht der Gesellschaft, sondern bedarf einer anstellungsvertraglichen Grundlage.[211] Nach der Änderung des § 93 Abs. 2 AktG durch das VorstAG ist zwingend die Vereinbarung eines Selbstbehalts und dessen Mindesthöhe vorgeschrieben. Der **Selbstbehalt** muss mindestens 10 % des einzelnen Schadensfalls betragen, und für einen großen Schadensfall oder Kumulierung mehrerer Schadensfälle in einem Jahr muss eine absolute Obergrenze festgesetzt werden, die mindestens 150 % des Jahresfestgehalts betragen muss. Die absolute Obergrenze von mindestens 150 % gilt für alle Schadensfälle in einem Jahr zusammen.[212] Der Selbstbehalt muss im Versicherungsvertrag vereinbart werden; die Aufnahme einer entsprechenden Zahlungspflicht des Vorstandsmitglieds im Anstellungsvertrag reicht nicht aus.[213]

IV. Beendigung der Organstellung

1. Beschlussfassung und Erklärung des Widerrufs

Für den Widerruf der Bestellung ist gemäß § 84 Abs. 3 S. 1 iVm § 107 Abs. 3 S. 7 AktG der Gesamtaufsichtsrat zuständig. Der Aufsichtsrat entscheidet gemäß § 108 Abs. 1 AktG durch Beschluss. In mitbestimmten Gesellschaften ist gemäß § 31 Abs. 5 MitbestG für den Widerruf der Bestellung das in § 31 Abs. 2 bis 4 MitbestG für die Bestellung geregelte Abstimmungsverfahren entsprechend anzuwenden. Der vom Aufsichtsrat gefasste Beschluss muss durch Erklärung gegenüber dem betroffenen Vorstandsmitglied umgesetzt bzw. vollzogen werden, sofern es bei der Beschlussfassung nicht anwesend war. Dies kann durch eine gemeinsame Erklärung der die Abberufung tragenden Mehrheit der Aufsichtsratsmitglieder erfolgen.[214] Aus Gründen der Praktikabilität kann der Aufsichtsrat aber auch eines seiner Mitglieder zur Abgabe der Erklärung ermächtigen und beauftragen.[215] Eines solchen Beschlusses bedarf es nicht, wenn der Aufsichtsratsvorsitzende bereits nach der Satzung oder der Geschäftsordnung ermächtigt ist, Erklärungen für den Aufsichtsrat abzugeben.[216] Wenn der Aufsichtsrat einen Dritten, beispielsweise ein anderes Vorstandsmitglied mit der Übermittlung des Widerrufsbeschlusses beauftragen will, kann dieser Dritte mit Rücksicht auf § 111 Abs. 5 AktG nur als Bote und nicht als Vertreter, der eine eigene Erklärung abgibt, eingesetzt werden.[217]

Praxistipp:

Da teilweise § 174 BGB auf den Nachweis der Beauftragung bzw. der Ermächtigung durch den Aufsichtsrat entsprechend angewendet wird,[218] ist anzuraten, der Erklärung eine Niederschrift des Beschlusses im Original beizufügen.

---

[210] Für die Zulässigkeit: *Seibt* NZG 2015, 1097 (1102); dagegen: *Habersack* NZG 2015, 1297.
[211] Spindler/Stilz/*Fleischer* AktG § 84 Rn. 74; GK-AktG/*Kort* § 84 Rn. 438, 446 (449); Kölner Komm AktG/*Mertens/Cahn* § 84 Rn. 96.
[212] *Hoffmann-Becking/Krieger* NZG 2009, Beilage Heft 26 Rn. 46 mwN aus der Entstehungsgeschichte des VorstAG.
[213] *Hoffmann-Becking/Krieger* NZG 2009, Beilage Heft 26 Rn. 48; *Lingemann* BB 2009, 1918 (1922).
[214] Kölner Komm AktG/*Mertens/Cahn* § 84 Rn. 111.
[215] Spindler/Stilz/*Fleischer* AktG § 84 Rn. 97.
[216] Spindler/Stilz/*Fleischer* AktG § 84 Rn. 97; nach aA ist von der Ermächtigung des Aufsichtsratsvorsitzenden für die Abgabe der Erklärungen regelmäßig auszugehen, siehe Kölner Komm AktG/*Mertens/Cahn* § 84 Rn. 111.
[217] BGH 17.2.1954 – II ZR 63/53, NJW 1954, 797 (798).
[218] OLG Düsseldorf 17.11.2003 – I 15 U 225/02, NZG 2004, 141.

59 Der Widerruf der Bestellung muss nicht innerhalb einer bestimmten Frist erfolgen, jedoch kann der Aufsichtsrat das Widerrufsrecht verwirken, wenn er hiervon nicht binnen angemessener Frist Gebrauch macht und das Vorstandsmitglied darauf vertrauen durfte, nicht mehr abberufen zu werden.[219]

2. Wichtiger Grund

60 § 84 Abs. 3 S. 1 AktG setzt für die Abberufung des Vorstandsmitglieds einen wichtigen Grund voraus und flankiert damit die Bestimmung des § 76 Abs. 1 AktG, wonach der Vorstand die Gesellschaft unter eigener Verantwortung zu leiten hat. Dies wäre dem Vorstand nicht möglich, wenn er jederzeit ohne Vorliegen wichtiger Gründe durch den Aufsichtsrat abberufen werden könnte. Ein wichtiger Grund für die Abberufung liegt vor, wenn die Fortsetzung des Organverhältnisses bis zum Ende der Amtszeit für die Gesellschaft unzumutbar ist, wobei alle Umstände des Einzelfalles gegeneinander abzuwägen sind.[220] Ein wesentlicher Gesichtspunkt bei der Abwägung ist die Restlaufzeit der Bestellung. Je länger diese noch andauert, desto eher ist die Unzumutbarkeit anzunehmen.[221] Ein Verschulden des Vorstandsmitglieds ist keine notwendige Voraussetzung,[222] kann aber im Rahmen der Abwägung zu Lasten des Vorstandsmitglieds berücksichtigt werden.[223] Auch eine Abberufung aufgrund des bloßen Verdachts einer Pflichtverletzung kann gerechtfertigt sein, wenn der Verdacht die Fortsetzung des Organverhältnisses unzumutbar macht.[224] In der Literatur wird geltend gemacht, dass für die Abberufung ausschließlich auf die Interessen der Gesellschaft abzustellen ist und für eine Abwägung mit eigenen Interessen des Vorstandsmitglieds nur auf der Ebene des Anstellungsvertrags Raum ist.[225]

61 Wichtige Gründe sind gemäß § 84 Abs. 3 S. 2 AktG „namentlich" grobe Pflichtverletzungen, Unfähigkeit zur ordnungsgemäßen Geschäftsführung oder Vertrauensentzug durch die Hauptversammlung. Als Rechtsprechungsbeispiele für **grobe Pflichtverletzungen** können genannt werden: Aneignung von Gesellschaftsvermögen,[226] unberechtigte Scheckentnahmen,[227] Bestechlichkeit,[228] Insidergeschäfte,[229] Steuerhinterziehung,[230] Fälschung von Belegen,[231] Manipulation der Bilanz,[232] Wahrnehmung von Geschäftschancen der Gesellschaft zum eigenen Vorteil,[233] mangelnde Offenheit gegenüber dem Aufsichtsrat,[234] Missachtung von Zustimmungsvorbehalten gemäß § 111 Abs. 4 AktG,[235] Verstoß gegen das Kollegialitätsprinzip und Eigenmächtigkeiten,[236] verbale und tätliche Angriffe gegen Gesellschafter,[237] unterlassene Einrichtung eines Risikofrüherkennungssystems nach § 91 Abs. 2 AktG,[238] Verstoß gegen die Grundsätze ordnungsgemäßen Wirtschaftens,[239] Straftaten, die auf man-

---

[219] BGH 12.7.1993 – II ZR 65/92, NJW-RR 1993, 1253 (1254).
[220] BGH 23.10.2006 – II ZR 298/05, NZG 2007, 189; 7.6.1962 – II ZR 131/61, WM 1962, 811 (812).
[221] BGH 7.6.1962 – II ZR 131/61, WM 1962, 811 (812).
[222] OLG Stuttgart 13.3.2002 – 20 U 59/01, AG 2003, 211 (212).
[223] Spindler/Stilz/*Fleischer* AktG § 84 Rn. 100.
[224] *Schmolke* AG 2014, 377.
[225] Spindler/Stilz/*Fleischer* AktG § 84 Rn. 102; K. Schmidt/Lutter/*Seibt* AktG § 84 Rn. 49.
[226] BGH 17.10.1983 – II ZR 31/83, WM 1984, 29 (zur GmbH).
[227] OLG Stuttgart 13.3.2002 – 20 U 59/01, AG 2003, 211 (213).
[228] KG 3.5.2007 – 23 U 102/06, AG 2007, 745 (746).
[229] KG 3.5.2007 – 23 U 102/06, AG 2007, 745 (746).
[230] LG Köln 21.11.2003 – 87 O 182/02, AG 2004, 570.
[231] OLG Hamm 7.5.1984 – 8 U 22/84, GmbHR 1985, 119 (zur GmbH).
[232] OLG Düsseldorf 15.2.1991 – 16 U 130/90, WM 1992, 14 (19) (zur GmbH).
[233] BGH 8.5.1967 – II ZR 126/65, GmbHR 1968, 141 (zur GmbH); BGH 23.9.1985 – II ZR 246/84, NJW 1986, 585 (zur GmbH).
[234] BGH 26.3.1956 – II ZR 57/55, NJW 1956, 906 f.; OLG München 14.3.2012 – 7 U 681/11, BeckRS 2012, 13795.
[235] BGH 13.7.1998 – II ZR 131/97, DStR 1998, 1398 (1399); OLG Stuttgart 28.5.2013 – 20 U 5/12, GWR 2013, 517.
[236] BGH 13.7.1998 – II ZR 131-97, DStR 1998, 1398 (1399).
[237] BGH 24.10.1994 – II ZR 91/94, DStR 1994, 1746 (zur GmbH).
[238] LG Berlin 3.7.2002 – 2 O 358/01, AG 2002, 682 (683).
[239] BGH 13.7.1998 – II ZR 131/97, DStR 1998, 1398 (1399).

gelnde Eignung schließen lassen.[240] Rechtsprechungsbeispiele für **Unfähigkeit zur ordnungsgemäßen Geschäftsführung** sind: Persönliche Unzuverlässigkeit im gewerberechtlichen Sinn,[241] mangelnde Fähigkeit zur konstruktiven Zusammenarbeit innerhalb des Vorstands.[242] Ob auch unüberbrückbare Differenzen zwischen Aufsichtsrat und Vorstand in grundlegenden Fragen der Geschäftspolitik eine Abberufung aus wichtigem Grund rechtfertigen können, wird ungeachtet der Leitungsautonomie des Vorstands nach § 76 Abs. 1 AktG überwiegend bejaht.[243] Nach anderer Ansicht liegt jedoch ein wichtiger Grund in einem solchen Fall erst dann vor, wenn der Vorstand die Grenzen seines unternehmerischen Ermessens überschreitet.[244] Der **Vertrauensentzug durch die Hauptversammlung** stellt gemäß § 84 Abs. 3 S. 2 AktG keinen wichtigen Grund für den Widerruf dar, wenn das Vertrauen aus offenbar unsachlichen Gründen entzogen worden ist. Unsachlich ist der Vertrauensentzug, wenn er nur als Vorwand dient, willkürlich ist oder wegen des damit verfolgten Zwecks gegen Treu und Glauben verstößt.[245] Dies ist der Fall, wenn die Hauptversammlung das Vertrauen entzieht, weil das Vorstandsmitglied rechtswidrigen Weisungen nicht gefolgt ist,[246] oder der Vertrauensentzug aus Gründen erfolgt, in deren Kenntnis zuvor Entlastung erteilt worden ist.[247] Da § 84 Abs. 3 S. 2 AktG keine abschließende Aufzählung der wichtigen Gründe für die Abberufung enthält, kommen ua folgende weitere wichtige Gründe in Betracht: die Weigerung einer Hausbank, eine für die Gesellschaft lebenswichtige Kreditlinie zu verlängern, wenn ein bestimmtes Vorstandsmitglied im Amt bleibt und die Gesellschaft von anderer Seite Kredit zu vergleichbaren Bedingungen nicht erhalten würde,[248] drohender Auftragsentzug oder Weigerung der Belieferung durch Lieferanten, wenn das Vorstandsmitglied weiter im Amt bleibt,[249] wenn die Belegschaft mit rechtswidrigem Streik droht und die Abberufung des Vorstandsmitglieds verlangt und der drohende schwere wirtschaftliche Schaden nicht anders abgewendet werden kann[250] oder im Fall von Abberufungsverlangen gemäß § 303 Abs. 2 VAG oder § 36 KWG.[251]

3. Wirkung des Widerrufs

Auch bei **Fehlen eines wichtigen Grundes** ist der Widerruf gemäß § 84 Abs. 3 S. 4 AktG zunächst wirksam, bis seine Unwirksamkeit rechtskräftig festgestellt ist. In diesem Sinn rechtskräftig festgestellt ist die Unwirksamkeit nur durch ein rechtskräftiges Endurteil im Hauptsacheverfahren.[252] Ein Antrag auf Erlass einer einstweiligen Verfügung ist daher unzulässig, wenn nur das Fehlen eines wichtigen Grundes geltend gemacht wird.[253] Liegt jedoch ein Verfahrensfehler oder ein sonstiger Beschlussmangel vor, der zur Unwirksamkeit des Aufsichtsratsbeschlusses führt, bleibt das Vorstandsmitglied im Amt.[254] Die Unwirksamkeit des Aufsichtsratsbeschlusses infolge von Verfahrensfehlern oder Beschlussmängeln

---

[240] BGH 9.1.1967 – II ZR 226/64, WM 1967, 251.
[241] OLG Stuttgart 13.3.2002 – 20 U 59/01, AG 2003, 211 (212 f.).
[242] OLG Karlsruhe 4.5.1999 – 8 U 153/97, NZG 2000, 264 (265); LG Stuttgart 23.10.2001 – 31 KfH O 62/01, AG 2003, 53.
[243] Spindler/Stilz/*Fleischer* AktG § 84 Rn. 107; K. Schmidt/Lutter/*Seibt* AktG § 84 Rn. 49a; MüKo-AktG/*Spindler* § 84 Rn. 135.
[244] Hüffer/Koch/*Koch* AktG § 84 Rn. 36; GK-AktG/*Kort* § 84 Rn. 176.
[245] BGH 28.4.1954 – II ZR 211/53, BGHZ 13, 188 (193); KG 3.12.2002 – 1 W 363/02, ZIP 2003, 1042 (1046 f.).
[246] KG 3.12.2002 – 1 W 363/02, NZG 2003, 441 (444).
[247] LG Darmstadt 4.2.1987 – 9 O 339/86, AG 1987, 318 (320).
[248] BGH 23.10.2006 – II ZR 298/05, NZG 2007, 189; OLG München 13.10.2005 – 23 U 1949/05, NZG 2006, 313 (314).
[249] BGH 3.5.1999 – II ZR 35/98, DStR 1999, 1537 (zur GmbH).
[250] BGH 27.3.1961 – II ZR 24/60, BGHZ 34, 392 (401 f.).
[251] Spindler/Stilz/*Fleischer* AktG § 84 Rn. 118.
[252] Spindler/Stilz/*Fleischer* AktG § 84 Rn. 129; MüKoAktG/*Spindler* § 84 Rn. 144; Kölner Komm AktG/*Mertens/Cahn* § 84 Rn. 115.
[253] OLG Stuttgart 15.4.1985 – 2 U 57/85, AG 1985, 193.
[254] OLG Köln 28.2.2008 – 18 U 3/08, NZG 2008, 635; OLG Stuttgart 15.4.1985 – 2 U 57/85, AG 1985, 193.

kann im Wege des einstweiligen Rechtsschutzes geltend gemacht werden.[255] Der Aufsichtsrat hat jedoch die Möglichkeit entsprechend § 244 AktG einen fehlerhaften Aufsichtsratsbeschluss durch einen bestätigenden Beschluss zu heilen.[256]

4. Amtsniederlegung

63   Das Vorstandsmitglied kann sein Amt grundsätzlich jederzeit einseitig durch formlose Erklärung gegenüber dem Aufsichtsrat niederlegen.[257] Für die Niederlegung des Amts bedarf es keines wichtigen Grundes.[258] Ob ein wichtiger Grund vorliegt, hat lediglich Bedeutung für das Dienstverhältnis. Durch eine Amtsniederlegung ohne wichtigen Grund verletzt das Vorstandsmitglied seine Dienstpflichten aus dem Anstellungsvertrag, wodurch es sich zum einen schadensersatzpflichtig machen kann und zum anderen der Gesellschaft das Recht zur außerordentlichen Kündigung gibt.[259] Die Amtsniederlegung ist daher bis zur Grenze des Rechtsmissbrauchs wirksam. Diese ist erst dann überschritten, wenn die Amtsniederlegung zur Unzeit erfolgt und die Gesellschaft dadurch beispielsweise in der Krise handlungsunfähig wird.[260]

5. Einvernehmliches Ausscheiden

64   Eine Beendigung der Bestellung im Einvernehmen zwischen dem Aufsichtsrat und dem Vorstand ist jederzeit möglich; jedoch muss auch hierfür ein Beschluss des gesamten Aufsichtsrats gefasst und in mitbestimmten Gesellschaften das Verfahren nach § 31 MitbestG eingehalten werden.[261]

6. Suspendierung

65   Zulässigkeit und Voraussetzungen einer einseitigen vorübergehenden Suspendierung des Vorstandsmitglieds sind umstritten. Nach einer Meinung soll eine Suspendierung als zeitlich begrenzter Widerruf unter den Voraussetzungen des § 84 Abs. 3 AktG zulässig sein.[262] Nach anderer Meinung kann unter Einhaltung der Voraussetzungen des § 84 Abs. 3 AktG ein suspendiertes Vorstandsmitglied im Amt bleiben und nur die Geschäftsführungs- und Vertretungsbefugnis vorübergehend entzogen werden.[263] Nach dritter Ansicht muss für eine solche Suspendierung noch kein wichtiger Grund vorliegen, es genügt vielmehr ein dahingehender schwerwiegender Verdacht.[264] Von der Suspendierung eines Vorstandsmitglieds wird allerdings mangels gesetzlicher Grundlage teilweise auch abgeraten.[265] Gegen eine Suspendierung spricht neben der fehlenden gesetzlichen Regelung, dass das Vorstandsmitglied bei der Suspendierung, wenn diese überhaupt eine eigenständige praktische Bedeutung haben soll, nicht aus dem Amt ausscheiden, sondern weiterhin für die Dauer der Suspendierung ohne Geschäftsführungs- und Vertretungsbefugnis im Amt verbleiben müsste. Dabei könnte es aber zu Konflikten mit zwingenden gesetzlichen Pflichten des Vorstandsmitglieds kommen, wie beispielsweise der Insolvenzantragspflicht, die der Vorstand kraft Amtes weiterhin zu erfüllen hätte, aber in Folge der ausgesetzten Geschäftsführungs- und Vertretungsbefugnis nicht erfüllen könnte.

---

[255] OLG Köln 28.2.2008 – 18 U 3/08, NZG 2008, 635.
[256] OLG Stuttgart 13.3.2002 – 20 U 59/01, AG 2003, 211 (212).
[257] Spindler/Stilz/*Fleischer* AktG § 84 Rn. 141 ff.; MüKoAktG/*Spindler* § 84 Rn. 160 f.
[258] MüKoAktG/*Spindler* § 84 Rn. 160.
[259] BGH 9.2.1978 – II ZR 189/76, NJW 1978, 1435 (1437) (GmbH); OLG Celle 4.2.2004 – 9 U 203/03, NZG 2004, 475 (GmbH).
[260] BayObLG 15.6.1999 – 3 Z BR 35/99, NJW-RR 2000, 179 (GmbH); KG 1.11.2000 – 23 W 3250/00, GmbHR 2001, 147 (GmbH).
[261] Spindler/Stilz/*Fleischer* AktG § 84 Rn. 144.
[262] LG München I 27.6.1985 – 5 HKO 9397/85, AG 1986, 142; MüKoAktG/*Spindler* § 84 Rn. 157 ff.
[263] KG 8.7.1983 – 14 U 259/83, AG 1984, 24 (25); OLG München 17.9.1985 – 7 W 1933/85, AG 1986, 234 (235). Fleischer VorstandsR-HdB/*Thüsing* § 5 Rn. 42, 43.
[264] Spindler/Stilz/*Fleischer* AktG § 84 Rn. 136 f.; MHdB GesR IV/*Wiesner* § 20 Rn. 73; Kölner Komm AktG/*Mertens/Cahn* § 84 Rn. 189.
[265] Hüffer/Koch/*Koch* AktG § 84 Rn. 43.

V. Beendigung des Anstellungsvertrags

1. Erklärung der Kündigung

Für den Fall des Widerrufs gelten für die Ansprüche aus dem Anstellungsvertrag gemäß 66 § 84 Abs. 3 S. 5 AktG die allgemeinen Vorschriften. Bei den hier in Bezug genommenen allgemeinen Vorschriften handelt es sich um das allgemeine Dienstvertragsrecht.[266] Der Widerruf der Bestellung lässt den Anstellungsvertrag grundsätzlich unberührt. Nur ausnahmsweise kann der Widerruf der Bestellung auch gleichzeitig die außerordentliche Kündigung des Anstellungsvertrags beinhalten, wenn dies hinreichend zum Ausdruck gekommen ist.[267] Zuständig für die Erklärung der Kündigung ist der Aufsichtsrat gemäß § 112 AktG. Dieser kann die Entscheidung über die Kündigung anders als die über den Widerruf der Bestellung auch auf einen Ausschuss übertragen, wenn der Ausschuss mit mindestens drei Mitgliedern besetzt ist.[268] Der Ausschuss darf jedoch dem Widerruf durch den Ausspruch der Kündigung nicht vorgreifen.[269] Auch gegenüber bereits abberufenen Vorstandsmitgliedern bleibt der Aufsichtsrat oder gegebenenfalls der Ausschuss weiterhin für den Ausspruch der Kündigung zuständig.[270] Der Aufsichtsrat entscheidet über die Kündigung des Anstellungsvertrags durch Beschluss gemäß § 108 Abs. 1 AktG. Bei der Abstimmung im Aufsichtsrat ist die einfache Mehrheit der abgegebenen Stimmen gemäß § 29 MitbestG ausreichend, da die Verfahrensregeln des § 31 MitbestG nur für den Widerruf der Bestellung gelten.[271] Der Aufsichtsratsbeschluss über die Kündigung muss gegenüber dem Vorstandsmitglied durch Erklärung umgesetzt beziehungsweise vollzogen werden. Für die Umsetzung durch den Aufsichtsrat und die Bevollmächtigung eines Erklärungsvertreters oder Beauftragung eines Erklärungsboten kann auf die Ausführungen zur Erklärung des Widerrufs unter → Rn. 58 ff. verwiesen werden. Das Schriftformerfordernis aus § 623 BGB ist auf die Kündigung des Dienstvertrags eines Vorstandsmitglieds nicht anwendbar.[272] Die Einhaltung einer gesetzlichen Form ist daher nicht vorgeschrieben. In der Regel wird jedoch im Dienstvertrag zu Beweiszwecken Schriftform als Wirksamkeitsvoraussetzung für die Kündigung vereinbart.

2. Außerordentliche Kündigung

Das Recht zur außerordentlichen Kündigung gemäß § 626 BGB darf weder durch Satzung ausgeschlossen noch auf bestimmte Gründe beschränkt noch durch Zusage einer Abfindung erschwert werden.[273]

a) Wichtiger Grund. Ob ein wichtiger Grund für die außerordentliche Kündigung des Anstellungsvertrags vorliegt, bestimmt sich ausschließlich nach § 626 Abs. 1 BGB, dessen Voraussetzungen enger sind als die des § 84 Abs. 3 S. 1 AktG für den Widerruf der Bestellung aus wichtigem Grund. In jedem wichtigen Grund zur außerordentlichen Kündigung des Anstellungsvertrags gemäß § 626 Abs. 1 BGB liegt zwar zugleich auch ein wichtiger Grund zum Widerruf der Bestellung gemäß § 84 Abs. 3 S. 1 AktG. Dies gilt aber nicht umgekehrt.[274] Insbesondere im Falle des Widerrufs der Bestellung wegen Vertrauensentzugs durch die Hauptversammlung liegt nicht ohne weiteres auch ein wichtiger Grund im Sinne des § 626 Abs. 1 BGB vor.[275] Ohne Vorliegen eines wichtigen Grunds im Sinne des § 626 Abs. 1 BGB kann im Falle des Widerrufs der Bestellung eine Beendigung des befristeten Anstellungsvertrags allerdings durch eine Koppelungsklausel unter Einhaltung der Frist nach

---

[266] Spindler/Stilz/*Fleischer* AktG § 84 Rn. 145.
[267] OLG Rostock 14.10.1998 – 6 U 234/97, NZG 1999, 216.
[268] BGH 23.10.1975 – II ZR 90/73, BGHZ 65, 190 (192 f.).
[269] BGH 24.11.1980 – I ZR 182/79, NJW 1981, 757.
[270] Spindler/Stilz/*Fleischer* AktG § 84 Rn. 147; MüKoAktG/*Spindler* § 84 Rn. 166.
[271] Spindler/Stilz/*Fleischer* AktG § 84 Rn. 148; MHdB GesR IV/*Wiesner* § 21 Rn. 105.
[272] Spindler/Stilz/*Fleischer* AktG § 84 Rn. 162.
[273] BGH 3.7.2000 – II ZR 282/98, NJW 2000, 2983.
[274] BGH 29.5.1989 – II ZR 220/88, NJW 1989, 2683 (2684); OLG Schleswig 16.11.2000 – 5 U 66/99, NZG 2001, 275.
[275] OLG Schleswig 16.11.2000 – 5 U 66/99, NZG 2001, 275.

§ 622 BGB erreicht werden.[276] Ein wichtiger Grund im Sinn des § 626 Abs. 1 BGB liegt vor, wenn Tatsachen vorliegen, auf Grund derer der Gesellschaft unter Berücksichtigung aller Umstände des Einzelfalls und unter Abwägung der Interessen beider Vertragsteile die Fortsetzung des Dienstverhältnisses bis zu der vereinbarten Beendigung nicht zugemutet werden kann. Dies erfordert schon nach dem Wortlaut der Norm auch eine Abwägung mit den Interessen des Vorstandsmitglieds an der Fortsetzung des Dienstverhältnisses, wie sie für den Widerruf der Bestellung von Teilen der Literatur nicht vorausgesetzt wird.[277] Die oben unter IV. 2. aufgeführten Beispiele aus der Rechtsprechung befassen sich in der Regel auch mit dem wichtigen Grund für die Kündigung des Anstellungsvertrags. Die unberechtigte Amtsniederlegung stellt einen wichtigen Grund für die Kündigung des Dienstvertrags durch die Gesellschaft dar.[278] Als Beispiel aus der Rechtsprechung zur Kündigung des Dienstvertrags aus wichtigem Grund durch das Vorstandsmitglied kann das systematische Vorenthalten von Informationen durch andere Vorstandsmitglieder, die das Vorstandsmitglied zur ordnungsgemäßen Wahrnehmung seines Amtes benötigt, genannt werden.[279] Die außerordentliche Kündigung setzt **keine Abmahnung** voraus.[280] Dies gilt ungeachtet der Bestimmung in § 314 Abs. 2 S. 1 BGB, da § 314 Abs. 2 S. 2 BGB auf § 323 Abs. 2 Nr. 3 BGB verweist und die Arbeitgeberfunktion des Vorstandsmitglieds ein besonderer Umstand im Sinn dieser Vorschrift ist, der die Abmahnung entbehrlich macht.[281] Eine vorherige **Anhörung** des Vorstandsmitglieds ist wie nach allgemeinen, auch für das Arbeitsverhältnis geltenden Grundsätzen nur insoweit Voraussetzung für die Wirksamkeit der außerordentlichen Kündigung, wie diese auf einen bloßen dringenden Verdacht gestützt werden soll.[282]

69 **b) Zwei-Wochen-Frist.** Die Zwei-Wochen-Frist des § 626 Abs. 2 BGB beginnt noch nicht mit Kenntnis einzelner Aufsichtsratsmitglieder oder des Aufsichtsratsvorsitzenden, sondern erst mit Kenntnis des zur Entscheidung bereiten Aufsichtsratsgremiums.[283] Wird aber die Einberufung des Aufsichtsrats nach Kenntniserlangung von dem Kündigungssachverhalt unangemessen verzögert, muss sich die Gesellschaft so behandeln lassen, als wäre die Aufsichtsratssitzung mit der billigerweise zumutbaren Beschleunigung einberufen worden.[284]

3. Ordentliche Kündigung

70 Da der Anstellungsvertrag eines Vorstandsmitglieds wegen der befristeten Bestellung in der Regel ebenfalls befristet ist und keine Möglichkeit zur ordentlichen Kündigung vorsieht, hat die ordentliche Kündigung in der Praxis kaum Relevanz. Dies gilt um so mehr, als eine ordentliche Kündigung des unbefristet abgeschlossenen Anstellungsvertrags unzulässig ist, wenn nicht gleichzeitig die Voraussetzungen für den Widerruf der Bestellung aus wichtigem Grund vorliegen.[285] Sofern vertraglich keine längere Frist vereinbart wird, gelten die Kündigungsfristen des § 622 BGB.[286]

4. Aufhebungsvereinbarung

71 Die einvernehmliche Aufhebung des Anstellungsvertrags ist jederzeit aus Anlass des Widerrufs oder der Niederlegung des Vorstandsamtes möglich. Vertreten wird die Aktiengesell-

---

[276] Vgl. hierzu unter → Rn. 29.
[277] Unter → Rn. 60.
[278] Unter → Rn. 63.
[279] BGH 26.6.1995 – II ZR 109/94, NJW 1995, 2850.
[280] BGH 14.2.2000 – II ZR 218/98, NJW 2000, 1638; 10.9.2001 – II ZR 14/00, NZG 2002, 46 (47); 2.7.2007 – II ZR 71/06, NZG 2007, 674.
[281] BGH 2.7.2007 – II ZR 71/06, NZG 2007, 674.
[282] OLG Düsseldorf 2.7.2007 – 9 U 3/07, AG 2008, 166.
[283] BGH 10.1.2000 – II ZR 251/98, NZG 2000, 654 (656); 10.9.2001 – II ZR 14/00, NZG 2002, 46 (47 f.); OLG Köln 6.12.1999 – 16 U 94/98, NZG 2000, 551 (552).
[284] BGH 15.6.1998 – II ZR 318/96, NZG 1998, 634 (für Gesellschafterversammlung der GmbH); Spindler/Stilz/*Fleischer* AktG § 84 Rn. 159 f.
[285] BGH 16.12.1953 – II ZR 41/53, NJW 1954, 505 (508); MüKoAktG/*Spindler* § 84 Rn. 173; Kölner Komm AktG/*Mertens/Cahn* § 84 Rn. 149.
[286] BGH 29.1.1981 – II ZR 92/80, BGHZ 79, 291 (292) (GmbH); 26.3.1984 – II ZR 120/83, BGHZ 91, 217 (220 f.) (GmbH); Spindler/Stilz/*Fleischer* AktG § 84 Rn. 167.

schaft beim Abschluss der Aufhebungsvereinbarung durch den Aufsichtsrat gemäß § 112 AktG, der über den Abschluss der Vereinbarung gemäß § 108 Abs. 1 AktG durch Beschluss entscheidet.[287] Die Übertragung der Entscheidung auf einen Ausschuss ist zulässig, jedoch verbleibt es bei der Zuständigkeit des Gesamtaufsichtsrats für eine etwaig erforderliche Abberufung.

> **Praxistipp:**
> Beim Abschluss einer Aufhebungsvereinbarung besteht regelmäßig ein Interesse beider Parteien, sämtliche etwaigen offenen Ansprüche abschließend zu regeln und dies durch eine umfassende Ausgleichsklausel abzusichern. Eine solche umfassende Ausgleichsklausel ist jedoch wegen Verstoßes gegen § 93 Abs. 4 S. 3 AktG nichtig und hindert die Gesellschaft nicht an der Verfolgung etwaiger Ersatzansprüche gegen das Vorstandmitglied. Als Lösung kommt in der Praxis unter der Voraussetzung einer entsprechenden Interessenlage eine Freistellung des Vorstandsmitglieds beispielsweise durch den Allein- oder Hauptaktionär oder die Konzernobergesellschaft in Betracht. Eine mit einer solchen Freistellung im Interesse der Gesellschaft kombinierte Ausgleichsklausel muss Ersatzansprüche der Gesellschaft aus ihrem Anwendungsbereich ausnehmen.

VI. Rechtsschutz

Zu den Fragen des Rechtsschutzes kann auf die Ausführungen unter → § 80 Rn. 100 ff. verwiesen werden. Jedoch wird die Aktiengesellschaft im Prozess mit dem Vorstandsmitglied gemäß § 112 AktG zwingend durch den Aufsichtsrat vertreten.

---

[287] Spindler/Stilz/*Fleischer* AktG § 84 Rn. 172.

Teil R. Mediation und Konfliktmanagement

§ 82 Mediation und Konfliktmanagement in der Arbeitswelt

Übersicht

	Rn.
I. Einleitung	1–11
II. Grundlagen der Mediation	12–59
1. Begriff der Mediation	13–16
2. Charakteristika der Mediation	17–59
a) Eigenverantwortung bei der Konfliktlösung	18–20
b) Umfassende Konfliktbearbeitung	21–30
c) Flexibilität und Einbeziehung des Gesamtsystems	31–34
d) Freiwilligkeit und Verhandlungsparität	35–40
e) Neutralität und Allparteilichkeit des Mediators	41–47
f) Ausschluss der Öffentlichkeit und Vertraulichkeit	48–54
g) Einzelgespräche	55–59
III. Standortbestimmung der Mediation gegenüber anderen arbeitsrechtlichen Konfliktlösungsverfahren	60–163
1. Mediation als Alternative im Tarif- und Arbeitskampfrecht	61–74a
a) Schlichtung	64–66
b) Schiedsverfahren für tarifrechtliche Streitigkeiten	67–70
c) Mediation im Tarif- und Arbeitskampfrecht	71–74a
2. Mediation als Alternative zur Einigungsstelle	75–89
3. Beschwerderecht nach §§ 84, 85 BetrVG und betriebliche Beschwerdestelle	90–98
4. Beschwerderecht nach § 13 AGG	99–101
5. Mediation als Alternative bei individualrechtlichen Streitigkeiten	102–135
a) Direktionsrecht des Arbeitgebers	103–108
b) Arbeitsgerichtliches Verfahren, Güteverhandlung, Güterichter	109–129
c) Vergleichsbemühungen im Kammertermin	130–135
6. Beschlussverfahren für betriebsverfassungsrechtliche Streitigkeiten	136–142
7. Schiedsstelle für Streitigkeiten aufgrund des Arbeitnehmererfindergesetzes	143–147
8. Schlichtungsverfahren für Berufsausbildungsverhältnisse	148–154
9. Auswirkungen des Verbots der Schiedsgerichtsbarkeit	155–163
IV. Ablauf einer – innerbetrieblichen – Mediation	164–194
1. Abschluss einer Mediationsvereinbarung	165–168
2. Phasen eines Mediationsverfahrens	169–177
3. Einfluss der Unternehmensstruktur auf den Ablauf einer innerbetrieblichen Mediation	178–194
a) Komplexität durch Unternehmens- und Organisationsstrukturen	179–182
b) Auswirkungen von Macht und Hierarchien	183–185
c) Delegation von Verantwortung und Selbstbestimmungsrecht der Parteien	186–189
d) Notwendige juristische Absicherung der gefundenen Lösungen	190
e) Stärkung des Unternehmens	191–194
V. Einsatzbereiche für Mediation bei Konflikten in der Arbeitswelt	195–221
1. Auseinandersetzungen im und mit dem Betriebsrat und den Gewerkschaften	199–205
2. Auseinandersetzungen in und zwischen Abteilungen oder Teams	206–208
3. Auseinandersetzungen zwischen Mitarbeitern und Vorgesetzten	209–211
4. Streitigkeiten zwischen Arbeitnehmern	212–214
5. Konflikte im Rahmen von Kündigungen und bei Betriebsänderungen	215–218
6. Konflikte im Aufsichtsrat, zwischen Aufsichtsrat und Geschäftsleitung und innerhalb der Geschäftsleitung	219–221
VI. Weitere Fragen zur Durchführung von Mediationsverfahren in der Arbeitswelt	222–286
1. Auswahl des Mediators	223–228
2. Branchenkenntnisse/Insiderwissen	229–232
3. Co-Mediation/Interdisziplinäre Mediation	233–235

	Rn.
4. Mehrparteien-Mediation	236/237
5. Mediation in distributiven Konflikten	238–251
a) Suche nach neutralen Standards	239
b) Risikoanalyse und BATNA-Test	240/241
c) Unverbindlicher Schlichtungsvorschlag	242/243
d) Einsatz neutraler Verfahren	244–251
6. Lösungsorientierung versus Transformation	252–265
a) Lösungsorientierter Ansatz (Harvard-Konzept)	253–263
b) Transformationsansatz	264/265
7. Fortsetzung des Mediationsverfahrens in der Einigungsstelle (MedArb-Verfahren)	266–273
8. Kostentragung bei innerbetrieblichen Mediationsverfahren	274–277
9. Arbeitsrechtliche „Fallstricke" des Einsatzes von Mediation	278–286
a) „Verbrauch" von Abmahnungs- und Kündigungsgründen durch ein Mediationsverfahren	279/280
b) Während des Mediationsverfahrens auftretende Kündigungsgründe	281–284
c) Nach dem Mediationsverfahren auftretende, damit zusammenhängende Kündigungsgründe	285
d) Gründe für einen Auflösungsantrag durch ein Mediationsverfahren	286
VII. Wertschöpfung durch Mediation	287–322
1. Wertschöpfung für das Unternehmen	288–313
a) Innovation und Corporate Identity	289–292
b) Verbesserung der Kommunikations- und Unternehmenskultur	293–296
c) Zeitfaktor	297–299
d) Planungssicherheit	300/301
e) Vertraulichkeit	302/303
f) Vermeidung von Motivationsverlusten und Fluktuationen	304/305
g) Konfliktnähe	306/307
h) Komplexität der Konfliktbeziehungen	308
i) Bewältigung grenzüberschreitender Arbeitskonflikte	309
j) Konfliktkosten (direkte Kosten und Transaktionskosten)	310–313
2. Wertschöpfung für die Mitarbeiter	314–322
a) Wertschätzung	315/316
b) Soziales Lernen und Bewältigung geänderter Arbeitsanforderungen	317/318
c) Motivation	319/320
d) Moderne Mitarbeiterführung und Unternehmensethik	321/322
VIII. Maßnahmen zur Implementierung von Mediation im Unternehmen	323–354
1. Geeignete Maßnahmen für ein funktionales Konfliktmanagementsystem	324–330
2. Flow Chart eines innerbetrieblichen Konfliktmanagementablaufs	331–336
3. Einsatz von innerbetrieblichen Mediatoren	337–342
4. Betriebliche Mediations- und Beschwerdestellen	343–346
5. Betriebsvereinbarung zur Einführung eines Konfliktmanagementsystems	347–353
6. Richtlinien zur Konfliktbewältigung oder Dispute Guidelines als Bestandteil von Arbeitsverträgen	354
IX. Zusammenfassung und Ausblick	355–358
Anhang 1: Vorschlag einer Mediationsvereinbarung	359
Anhang 2: Vorschlag einer Betriebsvereinbarung zur Einführung eines Konfliktmanagementsystems	360
Anhang 3: CPR Corporate Policy Statement on Alternatives to Litigation („Corporate ADR Pledge")	361
Anhang 4: Conflict Management Codex des Round Table und Konfliktmanagement der deutschen Wirtschaft	362

I. Einleitung

1 Im Arbeitsalltag sind die Menschen in besonderer Weise gefordert, miteinander auszukommen[1] – oft unfreiwillig und entgegen persönlicher Präferenzen. Unterschiede in den

---

[1] *Ayad*, Friede im Betrieb, 2005, S. 187 ff. spricht von einem „erheblichen Schlichtungsdruck" bei der Lösung betrieblicher Konflikte; vgl. auch BVerfG 27.1.1998 – 1 BvL 15–87, NJW 1998, 1475 (1476): „Kleine Teams sind anfällig für Missstimmungen und Querelen. Störungen des Betriebsklimas können zu Leistungsminderungen führen, die bei geringem Geschäftsvolumen spürbar auf das Ergebnis durchschlagen."

Wahrnehmungen, Erwartungen und Zielen sind dabei an der Tagesordnung. Individuelle Vorstellungen müssen in Einklang mit den unternehmerischen und wirtschaftlichen Vorgaben des Unternehmens gebracht werden.[2]

In diesem Umfeld sind **Konflikte** unvermeidlich. Sie gehören als notwendiges **soziales Phänomen** zum Unternehmensalltag. Andererseits verursachen Konflikte bei den Mitarbeitern Ängste und können zu einer destruktiven Arbeitsatmosphäre führen. Eine Erhöhung des Krankenstandes,[3] innere Kündigungen, die Zerstörung persönlicher Beziehungen und mehr oder weniger lange Verfahren vor den Arbeitsgerichten sind die Folge.[4] Mitarbeiter wenden durchschnittlich 12 % der Arbeitszeit dafür auf, Konflikte am Arbeitsplatz auszutragen. Manager verbrauchen rund 15 % ihrer Zeit mit der Behandlung von Streitigkeiten im Unternehmen. Führungskräfte in kleineren Unternehmen (bis 250 Mitarbeiter) sind sogar an knapp 20 % ihres Arbeitstages mit der Bewältigung von Konflikten beschäftigt.[5]

Die **Konsequenzen eskalierter Arbeitsplatzkonflikte** liegen auf der Hand: Beim Arbeitnehmer stehen der Arbeitsplatz und damit die materielle Existenzgrundlage auf dem Spiel. Der Arbeitgeber läuft hingegen Gefahr, eingearbeitete und erfahrene Mitarbeiter zu verlieren,[6] verbunden mit hohen Folgekosten für Gerichte und Anwälte, für Abfindungen, zur Neubesetzung freigewordener Stellen und für notwendige Einarbeitungszeiten. Ganz zu schweigen von den negativen Auswirkungen auf Produktivität, Flexibilität und Innovationskraft eines Unternehmens.[7]

Ständige Streitigkeiten im Betrieb führen unvermeidlich zu **Abwehrhaltungen** der Konfliktparteien, zu **unflexiblen Lösungen** betrieblicher Probleme und zwischen den Betriebspartnern zu Situationen, die das betriebsverfassungsrechtliche Postulat einer vertrauensvollen Zusammenarbeit (§ 2 Abs. 1 iVm §§ 74, 76 BetrVG) *ad absurdum* führen.

Bereits diese Überlegungen zeigen, dass es gerade in der Arbeitswelt notwendig ist, Konflikte so früh wie möglich zu erkennen, so schnell wie möglich zu bearbeiten und zu lösen.[8] Die Methoden der außergerichtlichen Konfliktbeilegung eignen sich dazu in besonderer Weise.[9] Dies gilt vor allem in Zeiten digitaler Veränderungen des Arbeitsumfeldes und daraus resultierender arbeitsstruktureller Umbrüche durch Konzepte wie New Work und Arbeit 4.0.[10]

Bei der Unternehmensführung,[11] den beratenden Anwälten und den Inhouse-Juristen,[12] aber auch bei den Gerichten,[13] stoßen die **Methoden der außergerichtlichen Konfliktbeilegung**[14] inzwischen auf zunehmendes Verständnis. Es setzt sich die Erkenntnis durch, dass

---

[2] Vgl. zum Einfluss der Unternehmenskulturen auf die Gestaltung von Entgeltsystemen: Eyer/*Eyer*, Report Wirtschaftsmediation, 2003, S. 15 ff.
[3] *Panse/Stegmann*, Kostenfaktor Angst, 2001, S. 121 ff.
[4] *Gleason*, Workplace Dispute Resolution, 1997, S. 3 mwN.
[5] FAZ v. 8.7.2002, 17; *Lembke/Schröder* IDR 2004, 29 mwN.
[6] Vgl. dazu: *Andrzejewski*, Trennungs-Kultur, 2015, S. 24 f.
[7] *Lembke/Schröder* IDR 2004, 29 mwN; *Niedostadek/Schwartz* ZKM 2003, 167 (169 ff.); *Lenz/Mueller*, Business Mediation – Einigung ohne Gericht, 1999, S. 262 ff.
[8] *Dendorfer* FA-Spezial 9 (2000), 12 (13).
[9] In den USA werden die Methoden der außergerichtlichen Konfliktbeilegung bereits seit den 1980er Jahren in den Unternehmen eingesetzt: *Gleason*, Workplace Dispute Resolution, 1997, S. 6 ff.
[10] *Hirsch-Kreinsen/Ittermann/Niehaus (Hrsg.)*, Digitalisierung industrieller Arbeit, 2015, S. 13 ff.
[11] Vgl. den Bericht zum Einsatz von Mediation im E.ON-Konzern: *Klowait* ZKM 2006, 172 ff.; *ders*. ZKM 2008, 171 ff.; bei SAP: *Briem* ZKM 2011, 146 ff.; in einer Sparkasse: *Schmidt* ZKM 2006, 90 ff.; im MARITIM-Unternehmensverbund: *Dendorfer* ZKM 2001, 167 ff. und *Mayer* KonfliktDynamik 2013, 320 ff.; insbesondere auch die Initiative *Round Table Mediation und Konfliktmanagement der deutschen Wirtschaft*, Informationen abrufbar unter www.rtmkm.de; dazu auch die Studie von *PricewaterhouseCoopers/Europa-Universität Viadrina, Frankfurt (Oder)*: Commercial Dispute Resolution, Konfliktbearbeitungsverfahren im Vergleich, 2005, abrufbar unter: www.pwc.de – Veröffentlichungen.
[12] Vgl. den Bericht über die Veranstaltung „Mediation im Unternehmen" im Rahmen des 51. Deutschen Anwaltstages 2000 von *Ponschab/Dendorfer* AnwBl 2000, 650 ff.
[13] BVerfG 14.2.2007 – 1 BvR 1351/01, NJW-RR 2007, 1073 (1074): „Eine zunächst streitige Problemlage durch eine einverständliche Lösung zu bewältigen, ist auch in einem Rechtsstaat grundsätzlich vorzugswürdig gegenüber einer richterlichen Streitentscheidung"; ArbG Berlin 4.12.2009 – 28 Ga 16468/09, BeckRS 2011, 69054 mit Verweis auf die Notwendigkeit eines „fairen Konfliktmanagements" im Unternehmen; vgl. auch *Spindler/Apel/Spalckhaver* ZKM 2003, 192 ff.
[14] Vgl. dazu *Ulrich/Vogt* DS 2009, 217 (218 ff.).

das Wissen um konsensuale Streitbeilegung und um die Vorteile kooperativer Verhandlungen in den „Werkzeugkasten" eines jeden – insbesondere im Arbeitsrecht – beratenden Anwaltes gehört.[15] Das zwischenzeitlich in Kraft getretene Mediationsgesetz (MediationsG) setzt ein deutliches Zeichen für die Mediation als gleichberechtigte Methode der Konfliktbeilegung[16] und stellt dafür den notwendigen Rahmen zur Verfügung.

7 Damit eröffnet sich nicht nur ein **weiteres Beratungsfeld**, in dem Kompetenz erworben und den Mandanten angeboten werden kann.[17] Vielmehr gehört insbesondere die **Mediation** zu den in § 1 Abs. 3 BORA niedergelegten Aufgaben der Anwaltschaft, nochmals ausdrücklich festgeschrieben in §§ 7a und 18 BORA, zudem als anwaltliche Tätigkeit anerkannt über § 34 RVG. **Anwaltsmediatoren** sind vor allem dann gefragt, wenn die Konfliktfelder stark rechtliche oder gesetzliche Implikationen aufweisen.[18]

8 Die Kenntnisse zur außergerichtlichen Streitbeilegung haben das **anwaltliche Tätigkeitsprofil** für die Rechtsuchenden verändert, weg vom ausschließlich streitbaren Prozessvertreter, der erst dann einbezogen wird, wenn „das Kind schon in den Brunnen gefallen" ist, hin zu einem **Begleiter unternehmerischer oder persönlicher Entscheidungsprozesse**, zu einem dauerhaften **Berater und Partner** bei der Erarbeitung zukunftsweisender und kooperativer Lösungen.[19] Dabei geht es um den sach- und situationsgerechten Einsatz des gesamten Spektrums der vorhandenen Streitbeilegungsmethoden und nicht einseitig darum, der Mediation als der vermeintlich „besseren" Methode stets den Vorrang zu geben.[20] Dies gilt umso mehr, als in arbeitsgerichtlichen Verfahren bereits ohne Anwendung der Mediation eine „Vergleichs- und Kompromisskultur" – wenn auch eigener Art – vorhanden ist.

> **Praxistipp:**
> Inzwischen wählen Unternehmen die beratenden Anwaltskanzleien auch danach aus, ob diese in der Lage und bereit sind, das Unternehmen auf dem Gebiet der außergerichtlichen Streitbeilegung zu begleiten. Expertise und Erfahrung auf dem Gebiet der außergerichtlichen Konfliktbeilegung werden nicht nur erwartet, sondern häufig in Form anonymisierter Informationen über die bisherigen Mandanten, Streitfälle und zu durchgeführten Verfahren auch angefordert (vgl. dazu die Informationspflicht des Mediators[21] nach § 3 Abs. 5 MediationsG).[22]

9 Unabhängig von dem Einsatz der verschiedenen Methoden außergerichtlicher Streitbeilegung, können insbesondere die **Elemente der Mediation** in weiteren Bereichen Anwendung finden:[23] So kann beispielsweise in Auseinandersetzungen mit dem Betriebsrat auf der Ebene der Interessen anstatt positionell verhandelt werden. Oder aber in Streitigkeiten zwischen Projektgruppen kann die Selbstverantwortung der Mitarbeiter gestärkt werden, für die eigenen Interessen einzustehen und konsensuale Lösungen zu entwickeln.

10 Aber auch Betriebsräte, Gewerkschaften und Arbeitgeberverbände sind gefordert, sich über die Methoden der außergerichtlichen Streitbeilegung Gedanken zu machen. Gewerkschaften und Arbeitgeberverbände beraten und vertreten ihre Mitglieder in allen arbeitsrechtlichen und sozialen Fragen, bisweilen auch vor Gericht, wenn sich der Konflikt außergerichtlich nicht lösen lässt. Sie sind daher – in gleichem Maße wie die Anwaltschaft –

---

[15] *Pilartz* ArbRAktuell 2018, 600 (603f.); *Schmidt/Lapp/Monßen* S. 21f. Rn. 84ff.; *Berrisch* FA 2000, 340 (341); *Ponschab/Dendorfer* Beil. 1 zuBB 2001, 1 mwN; *Steinbrück* AnwBl 1999, 574 (579); *Ayad*, Friede im Betrieb, 2005, S. 231ff.
[16] *Goltermann/Hagel/Klowait/Levien* SchiedsVZ 2013, 41 (48).
[17] *Pilartz* ArbRAktuell 2018, 600 (603); *Meier* SchiedsVZ 2011, 97ff.; *Dendorfer* BB 2003, 135 (137f.).
[18] BeckRA-HdB/*Mähler/Mähler* § 47 Rn. 81ff.
[19] *Dendorfer* Anwaltsreport 2002, 8 (11f.); *Diop/Steinbrecher* BB 2011, 131 (136f.).
[20] Vgl. dazu insbesondere: *Risse/Bach* SchiedsVZ 2011, 14ff.
[21] Aus Gründen der Lesbarkeit wird bei Personenbezeichnungen die männliche Form gewählt; diese bezieht sich jedoch stets zugleich auf weibliche und anderweitige Geschlechteridentitäten.
[22] Dazu instruktiv: *Diop/Steinbrecher* BB 2011, 131 (137) mwN.
[23] Ebenso: BeckRA-HdB/*Mähler/Mähler* § 47 Rn. 117f.

aufgerufen, kooperative Verfahren in ihr Beratungs- und Handlungsspektrum mit aufzunehmen.[24]

Dieser Beitrag konzentriert sich auf die Mediation als eine für die Arbeitswelt maßgebliche Methode außergerichtlicher Streitbeilegung. Da Mediation nichts anderes ist als eine von einem Dritten begleitete Verhandlung, werden auch die **Prinzipien des interessengerechten und sachbezogenen Verhandelns**[25] als wesentliche Bestandteile mediativer Prozesse angesprochen. Am Ende des Beitrages finden sich Gedanken zu einer Implementierung von Mediation im Unternehmen und im Rahmen eines umfassenden **Konfliktmanagementsystems**. Insgesamt ist mit diesem Beitrag die Zielsetzung verbunden, Anregungen zu einem **kreativen und partizipativen Umgang mit Konflikten** zu geben.

II. Grundlagen der Mediation

Zum besseren Verständnis werden zunächst Begrifflichkeiten geklärt, die Grundlagen der Mediation im Allgemeinen erläutert sowie einige Grundfragen von Mediation in der Arbeitswelt angesprochen.

1. Begriff der Mediation

Der Begriff „Mediation" stammt aus dem Lateinischen und bedeutet „**Vermittlung**".[26] Im deutschen Sprachgebrauch war das Wort Mediation wenig gebräuchlich, vor einigen Jahren wurde es aus dem Englischen „importiert".[27]

Nach der nunmehr in § 1 Abs. 1 MediationsG[28] enthaltenen Definition handelt es sich bei der Mediation um ein vertrauliches und strukturiertes Verfahren, bei dem die Parteien mit Hilfe eines oder mehrerer Mediatoren freiwillig und eigenverantwortlich eine einvernehmliche Beilegung eines Konflikts anstreben.[29] In der Mediation soll es zu einem Interessenausgleich zwischen den Konfliktparteien kommen, zu einer „**Win-Win**"-**Situation,** in der beide Parteien ihre Interessen gewahrt sehen.[30] Mit Hilfe des Mediationsverfahrens werden die Parteien in ihrer Kompetenz bestärkt, ihre unterschiedlichen Interessen **zukunftsbezogen** zu bearbeiten und einen ressourcenorientierten, wertschöpfenden Konsens zu finden.[31]

Mediation führt die **Erkenntnisse aus verschiedenen Disziplinen** zusammen, die Handlungskompetenzen für ein strukturiertes Vorgehen in Konfliktsituationen auf der Basis von **Selbstverantwortung und Partizipation** umfassen: Konfliktforschung, Verhandlungsforschung, Kommunikationsforschung, Friedensforschung, Entscheidungs- und Risikoanalyse sowie aus der Praxis verschiedener Beratungsformen.[32]

Der Mediator ist nach § 1 Abs. 2 MediationsG eine unabhängige und neutrale Person ohne Entscheidungsbefugnis, welche die Parteien durch die Mediation führt.

2. Charakteristika der Mediation

Für die Durchführung eines Mediationsverfahrens bestehen allgemein anerkannte Charakteristika,[33] die für den Bereich der Arbeitswelt einige Besonderheiten aufweisen.

a) Eigenverantwortung bei der Konfliktlösung. Das Ziel der Mediation ist es, eine verbindliche Einigung zwischen den Parteien zu erarbeiten, die von ihnen persönlich verant-

---

[24] Ebenso: *Ayad,* Friede im Betrieb, 2005, S. 235 ff.
[25] Vgl. dazu *Fisher/Ury/Patton,* Das Harvard-Konzept, 2018, S. 75 ff.
[26] Vgl. Haft/Schlieffen Mediation-HdB/*Hehn* S. 77, 80 Rn. 5 ff.; Römermann/Römermann/Paulus Schlüsselqualifikationen/*Dendorfer* S. 261, 263 mwN.
[27] *Risse* Wirtschaftsmediation S. 34, 36 Rn. 71 ff. mit einer Abgrenzung zur innerbetrieblichen Mediation; ders. NJW 2000, 1614 f.
[28] Mediationsgesetz, in Kraft seit 26.7.2012, BGBl. 2012 I 1577; *Risse* SchiedsVZ 2012, 244 ff.; zur Gesetzeshistorie: *Francken* NZA 2012, 836 ff.; weiterhin: *Düwell* BB 2012, 1921 ff.
[29] Dazu auch: *Risse* NJW 2000, 1614 (1615) und mit grundsätzlichen Überlegungen: *Hager,* Konflikt und Konsens, 2001, S. 16 ff.
[30] HK-MediationsG/*Gläßer* § 2 Rn. 266.
[31] BeckRA-HdB/*Mähler/Mähler* § 47 Rn. 30.
[32] BeckRA-HdB/*Mähler/Mähler* § 47 Rn. 17.
[33] *Dendorfer* BB 2003, 135 (136 f.).

wortet wird.[34] Der Ausgang des Verfahrens ist **parteibestimmt,** so ausdrücklich in § 1 Abs. 1 MediationsG geregelt, und nicht vom Schiedsrichter oder vom staatlichen Richter vorgegeben.[35] Der Mediator – als neutraler Dritter – soll die Parteien bei der Suche nach allseits tragfähigen Lösungen unterstützen, eine Lösungsorientierung der Mediation – und damit auch des Mediators – ist mithin verfahrensimmanent. Ob und inwieweit der Mediator den Parteien auch Lösungsvorschläge unterbreiten darf, steht weiterhin in der Diskussion.[36]

19 Mediation zeichnet sich somit – im Unterschied zu anderen Konfliktlösungsverfahren – durch den **Verzicht auf die Entscheidungskompetenz** einer dritten Person aus. Damit entfällt der Druck auf die Parteien, sich bei Nichteinigung einer vorgegebenen Lösung beugen zu müssen.

20 Im Hinblick auf die Eigenverantwortlichkeit der Konfliktlösung ist die **Anwesenheit** der unmittelbar Betroffenen, also der **Konfliktparteien,** wesentliche Voraussetzung des Mediationsverfahrens.[37] Eine Mitwirkung beratender Anwälte im Mediationsprozess ist jedoch häufig sinnvoll und insbesondere im Wirtschaftsbereich notwendig.[38] Mit Zustimmung der Parteien können zudem Dritte in die Mediation mit einbezogen werden, § 2 Abs. 4 MediationsG, wobei Anwälte als Dritte im Sinne dieser Vorschrift gelten.[39]

21 b) **Umfassende Konfliktbearbeitung.** Der Mediator hat auf eine umfassende Konfliktbearbeitung hinzuwirken. Hierzu ist es erforderlich, dass er die **Arten** und die verschiedenen **Ebenen eines Konfliktes** erkennt, analysiert und im Rahmen des Mediationsverfahrens berücksichtigt:[40] Die sachliche Ebene eines Konflikts, die Perspektiven der am Konflikt beteiligten Personen und die Beziehungsebene.[41]

22 Betrachtet man einen Konflikt auf der **Sachebene,** so bestimmt die Werthaltigkeit der Argumentation die Ausmaße von Anerkennung oder Ablehnung. Je besser die Begründung durch eine Konfliktpartei artikuliert werden kann, desto leichter wird die andere Konfliktpartei die Beweggründe verstehen und auf Einigungsvorschläge eingehen.[42] Der Mediator hat somit auf die Mitteilung und die Offenlegung der Konfliktgegenstände und der Interessen beider Parteien zu achten.

23 Zu der Sachebene gehört bei Arbeitsplatzkonflikten auch die Organisation eines Unternehmens, dessen Organigramm als die Abbildung der einzelnen Arbeitseinheiten, einschließlich ihrer wechselseitigen Abhängigkeiten und hierarchischen Zuordnungen.[43] Konflikte können innerhalb des Organisationsgebildes zwischen den Hierarchiestufen (intergruppal) auftreten, aber auch innerhalb der jeweiligen Hierarchieebenen (intragruppal) sowie an den Schnittstellen zwischen verschiedenen Arbeitseinheiten.[44] Mögliche Konfliktursachen ergeben sich hier aus konkurrierenden und kooperierenden Interessen sowie aufgrund von Kompetenzüberschneidungen und Zieldiskrepanzen.[45]

24 Hinzu kommen mögliche Diskrepanzen aufgrund des Wertesystems eines Unternehmens. Es bestimmt die Unternehmenskultur und die Spielregeln zur Zusammenarbeit zwischen den Arbeitseinheiten.[46] Je weiter das offizielle Wertesystem des Unternehmens von dem individuellen Wertesystem seiner Mitarbeiter abweicht, desto größer ist das interne Konfliktpotenzial.

---

[34] Römermann/Römermann/Paulus Schlüsselqualifikationen/*Dendorfer* S. 261, 266 mwN; BeckRA-HdB/*Mähler/Mähler* § 47 Rn. 55.
[35] Dazu auch *Ayad,* Friede im Betrieb, 2005, S. 65 f.; *Unberath* ZKM 2011, 4.
[36] Zur Haftung eines anwaltlichen Mediators bei rechtlichen Lösungsvorschlägen im Rahmen eines Mediationsverfahrens: BGH 21.9.2017 – IX ZR 34/17, FA 2017, 352.
[37] BeckRA-HdB/*Mähler/Mähler* § 47 Rn. 66.
[38] Vgl. dazu ausführlich: BeckRA-HdB/*Mähler/Mähler* § 47 Rn. 81 ff.
[39] HK-MediationsG/*Gläßer* § 2 Rn. 158.
[40] *Haeske,* Konflikte im Arbeitsleben, 2003, S. 61 ff.
[41] *Glasl,* Konfliktmanagement, 2013, S. 105 ff.; *Höher/Höher,* Konfliktmanagement, 2004, S. 55.
[42] Vgl. dazu *Glasl,* Konfliktmanagement, 2013, S. 106 ff.
[43] Dazu: *Haeske,* Konflikte im Arbeitsleben, 2003, S. 46 ff.
[44] Dazu im Einzelnen *Proksch* ZKM 2002, 63 (64).
[45] *Höher/Höher,* Konfliktmanagement, 2004, S. 79; *Regnet,* Konflikte in Organisationen, 2001, S. 26; *Altmann/Fiebinger/Müller,* Mediation: Konfliktmanagement für moderne Unternehmen, 2004, S. 31; *Risto,* Konflikte lösen mit System, 2005, S. 177 ff.
[46] *Altmann/Fiebinger/Müller,* Mediation: Konfliktmanagement für moderne Unternehmen, 2004, S. 48.

Die Sach- und Beziehungsebenen werden immer von der **persönlichen Perspektive aller** 25
Beteiligten beeinflusst, von ihren persönlichen Bedürfnissen, Sorgen, Wünschen und
Ängsten. Konflikte entwickeln sich auf der Basis verfügbarer Ressourcen, vorhandener Fähigkeiten und Motivationen,[47] die nicht ausschließlich rationalen Überlegungen folgen.[48]
Emotionen können die Konfliktbearbeitung belasten, jedoch auch verborgene Interessen
aufzeigen.[49] Eine erfolgsorientierte Konfliktbearbeitung erfordert daher die Bereitschaft der
Parteien und die Fähigkeit des Mediators, persönliche Perspektiven zu erkennen und zu respektieren.[50]

Das Einlassen auf den anderen berührt insbesondere auch die zwischen den Konfliktparteien 26
vorhandene **Beziehungsebene,** die sich aus den Erfahrungen mit der anderen Partei ergibt, oft auch aus den Vorstellungen über die andere Seite. Die Beziehungsebene bestimmt
sowohl die Konfliktdimension als auch ihre Problematisierung.[51] Machtverhältnisse und bestehende Abhängigkeiten wirken sich auf dieser Ebene in besonderem Maße aus. Je stärker
das Machtgefälle zwischen den Parteien ist, desto formeller ist in der Regel deren Beziehung
und desto schwieriger ist es, die persönliche Perspektive des Anderen im Konfliktfall zu berücksichtigen. Die gegenseitige Abhängigkeit bestimmt zudem die Ausrichtung des Verhaltens im Hinblick auf Kooperation oder Konkurrenz.[52]

Schließlich kennt die Konfliktforschung verschiedene **Stufen der Konflikteskalation.** 27
Glasl[53] hat dazu ein allgemein anerkanntes Modell entwickelt, welches in der nachfolgenden Übersicht wiedergegeben ist:[54]

1. Stufe	Diskussionen	Differenzen werden bewusst, das Bewusstsein der vorhandenen Spannungen erzeugt Verkrampfung
2. Stufe	Zusammenstöße/ weitere Debatte	Polarisation im Denken, Fühlen und Wollen; Schwarz-Weiß-Denken
3. Stufe	Taten/Verhärtung	Strategie der vollendeten Tatsachen; Diskrepanz verbales – nonverbales Verhalten; Standpunkte lassen sich nicht versöhnen
4. Stufe	Images/Koalitionen	Einander in negative Rollen manövrieren und bekämpfen; Werben um Verbündete
5. Stufe	Gesichtsverlust	Öffentlich und direkt: Verteufelung der anderen Seite, Demontage der Gegenpartei
6. Stufe	Drohungen	Androhung von Sanktionen, Beschleunigung der Situation durch Ultimata; Stress
7. Stufe	Begrenzte Vernichtungsschläge/ Ausgrenzung	Umkehren der Werte ins Gegenteil: relativ kleiner eigener Schaden = Gewinn; Ausgrenzung der Gegenpartei als „Unmensch"
8. Stufe	Zersplitterung/ Zerstörungsschläge	Paralysieren und Desintegrieren des feindlichen Systems; der andere soll am Lebensnerv getroffen werden
9. Stufe	Gemeinsam in den Abgrund/totale Konfrontation	Vernichtung um jeden Preis, auch den der Selbstzerstörung; Hauptsache, die feindliche Gegenpartei geht (auch) zugrunde

28

Die Bewältigung unterschiedlich eskalierter Konflikte erfordert Verhandlungen zwischen 29
den Parteien, die oft von Dritten begleitet werden (müssen) mit Methoden wie Moderation,

---

[47] *Ury/Brett/Goldberg,* Konfliktmanagement, 1996, S. 21, 32.
[48] *Ayad,* Friede im Betrieb, 2005, S. 53 ff. spricht die „Verrechtlichung der Arbeitskonflikte" durch die Tendenz von Gerichtsverfahren an, justiziable Lösungen und damit möglichst objektive Entscheidungskriterien zu suchen.
[49] Eyer/*Stückemann,* Report Wirtschaftsmediation, 2003, S. 73, 76; *Kunkel* Konsens 1999, 92.
[50] *Regnet,* Konflikte in Organisationen, 2001, S. 26.
[51] *Altmann/Fiebinger/Müller,* Mediation: Konfliktmanagement für moderne Unternehmen, 2004, S. 33.
[52] *Höher/Höher,* Konfliktmanagement, 2004, S. 70.
[53] *Glasl,* Konfliktmanagement, 2013, S. 238 und 239 mit den Erläuterungen zu den Stufen S. 236 ff.
[54] Vgl. auch *Berkel,* Konflikttraining, 2008, S. 44 ff. und *Risto,* Konflikte lösen mit System, 2005, S. 53 ff.

Supervision, Coaching,[55] Organisationsentwicklung,[56] prozess- oder therapeutischer Begleitung,[57] Mediation, Gerichtsverfahren oder Machteingriff. Die Mediation ist hauptsächlich für Konflikte der mittleren Eskalationsstufen (Stufen 4 bis 6) geeignet, weil die Parteien in diesem Bereich einerseits außerstande sind, in direkter Begegnung die Probleme alleine zu lösen, andererseits noch genügend Eigeninitiative aufbringen können, um mit geeigneter Unterstützung eine eigenbestimmte Konfliktlösung zu finden.[58]

30 Das bedeutet aber auch, dass die Mediation nicht für die Lösung aller denkbaren Konfliktsituationen geeignet ist. Mediation ist kein Therapieersatz und in Situationen, die nur durch Machteingriff geregelt werden können, ist die Durchführung eines Mediationsverfahrens zum Scheitern verurteilt. Auch müssen Fragen von grundsätzlicher rechtlicher oder rechtsfortbildender Bedeutung von einem Gericht entschieden werden.[59] Zu denken ist dabei an Streitigkeiten über die Auslegung eines Tarifvertrages oder über die Rechtmäßigkeit der Überwachung von Arbeitnehmern.

Praxistipp:
Es empfiehlt sich, bei jedem arbeitsrechtlichen Konfliktfall zu prüfen, ob der Weg zu Gericht unabdingbar ist oder alternativ die Durchführung einer Mediation in Betracht kommt. Gegebenenfalls sind Maßnahmen, die die Rechtsposition der Partei sichern, wie beispielsweise die Erhebung einer Kündigungsschutzklage zur Wahrung der Frist nach § 4 KSchG, vorab oder parallel einzuleiten. In der Klageschrift ist nach § 253 Abs. 3 Nr. 1 ZPO iVm § 46 Abs. 2 ArbGG auf ein evtl. bereits eingeleitetes Mediationsverfahren oder auf eine bereits erfolgte Ablehnung von Mediation hinzuweisen.

31 **c) Flexibilität und Einbeziehung des Gesamtsystems.** Betriebsbezogene Konflikte sind regelmäßig komplex und zeichnen sich häufig durch einen starken personellen und emotionalen Bezug aus, wie sich beispielsweise an den Fällen des Mobbing deutlich zeigt.[60]

32 Dabei ist zu berücksichtigen, dass jede Organisation verschiedene **Subsysteme** miteinander verbindet:
- In der Sache geht es um Aufgaben und Ziele (Sachkonflikte),
- im zwischenmenschlichen Bereich um Rollen und Beziehungen (Beziehungskonflikte), und
- im organisatorisch-strukturellen Bereich um den Zweck des Unternehmens, die Vision und die Unternehmenskultur (Wertekonflikte, Verteilungskonflikte, Entscheidungskonflikte).[61]

33 Diese Komplexität erfordert Konfliktlösungsansätze, die flexibel auf das Subsystem eingehen und zudem weitere unternehmensspezifische Faktoren, wie Unternehmensgröße, Arbeitsbedingungen, Branche und betriebsspezifische Ziele berücksichtigen können.

34 Die Mediation bietet diese **Flexibilität und Gestaltbarkeit,** da sich der Mediator in besonderer Weise sowohl den speziellen, arbeitsplatzbezogenen Aspekten des Konflikts, als auch dem auf den Konflikt einwirkenden betrieblichen Gesamtsystem widmen kann.[62] Er ist nicht durch vorgegebene Anspruchsgrundlagen und Rechtsfolgen limitiert,[63] sondern kann dazu beitragen, maßgeschneiderte und unter Umständen auch unkonventionelle Lösungen zu finden.

---

[55] Zu Coaching und Mediation bei innerbetrieblichen Konflikten: *Henkel* AuA 2009, 459 ff.; *Malinowski/Lenz* ZKM 2008, 123 ff.
[56] Vgl. dazu Pühl/*Pühl,* Mediation in Organisationen, 2006, S. 165, 170 f.
[57] *Bitzer/Liebsch/Behnert,* Betriebliche Konfliktlösung durch Mediation, 2002, S. 126 ff.
[58] *Glasl,* Konfliktmanagement, 2013, S. 420 ff., dazu auch *Ehlers* NJW 2003, 2337 (2342 f.).
[59] *Budde* Konsens 1999, 31 (35).
[60] *Lohmann/Sauthoff* ZKM 2007, 149 (151 f.); *Kolodej* ZKM 2003, 159 (160).
[61] *Berkel,* Konflikttraining, 2008, S. 23 f.
[62] Vgl. Haft/Schlieffen Mediation-HdB/*Prütting* S. 733, 744 f. Rn. 36.
[63] Vgl. dazu *Ayad,* Friede im Betrieb, 2005, S. 53 ff.

d) Freiwilligkeit und Verhandlungsparität. Die Durchführung eines Mediationsverfahrens 35
ist **freiwillig**, § 1 Abs. 1 MediationsG.[64] Die Parteien entscheiden grundsätzlich, ob und
wann das Mediationsverfahren eingeleitet und in welchem zeitlichen Rahmen es durchgeführt wird. Jede der Parteien kann das Verfahren zu jedem Zeitpunkt einseitig beenden, § 2
Abs. 5 MediationsG. Weder der Mediator, noch die Regeln der Mediation engen die Parteien insoweit ein. Soweit Mediation aufgrund gesetzlicher Vorschriften, durch richterliche
Anweisung (so zB in einigen amerikanischen Bundesstaaten) oder durch Kostendruck für
den Fall der Verhinderung einer Mediation (so zB in Großbritannien gemäß Rule 44.3 (4)
der Civil Procedure Rules) stattfindet, genügt zur Annahme der Freiwilligkeit die sanktionsfreie Möglichkeit, das Verfahren jederzeit zu beenden.[65]

Die Beteiligten eines Mediationsverfahrens sind mit dem auf Freiwilligkeit beruhenden 36
Verfahren regelmäßig zufriedener als mit einem Gerichtsverfahren. Darüber hinaus ist die
Wahrscheinlichkeit größer, dass von den Beteiligten entwickelte Lösungen befolgt werden,
als die Bereitwilligkeit, einer verbindlichen Entscheidung durch einen Richter zu folgen.[66]

Im arbeitsrechtlichen Bereich kann allerdings die Problematik auftreten, dass einer Kon- 37
fliktpartei – vornehmlich den Arbeitnehmern – die **Teilnahme an einer Mediation von Unternehmensseite vorgeschrieben** wird.[67] Das Spektrum der dazu vertretenen Meinungen
reicht von der Annahme einer Verpflichtung zur Teilnahme an einer ersten Sitzung des Mediationsverfahrens, jedoch mit der jederzeitigen Möglichkeit der Beendigung nach § 2
Abs. 5 MediationsG,[68] über die Verpflichtung des Arbeitnehmers zur Teilnahme an einem
Informationsgespräch über Mediation und zur persönlichen Vorstellung des Mediators,[69]
bis hin zu der Ablehnung, einen Arbeitnehmer per Weisungsrecht in gleich welcher Weise
zur Mediation verpflichten zu können.[70] In jedem Fall ist zu berücksichtigen, dass durch
eine Einbeziehung des Mediationsverfahrens in die innerbetriebliche Konfliktbewältigung
das Selbstbestimmungsrecht der Parteien ebenso wenig eingeschränkt werden darf, wie die
für ein erfolgreiches Mediationsverfahren unabdingbare Freiwilligkeit.[71] Dies gilt insbesondere im Hinblick auf die Androhung von Sanktionen für den Fall der Nichtteilnahme an einer Mediation, wie zB von Abmahnungen oder Kündigungen. Wird hingegen die Teilnahme
an einem Mediationsverfahren auf der Grundlage einer einvernehmlich geschlossenen Vereinbarung (zB durch eine Betriebsvereinbarung) verlangt, so ist die Freiwilligkeit vorverlagert auf den Zeitpunkt des Abschlusses der Vereinbarung.[72]

Neben der Freiwilligkeit der Teilnahme am Mediationsverfahren ist zudem die **Verhand-** 38
lungsparität zu wahren. Ein Mediationsverfahren ist ein konsensuales Verfahren, welches
Über- und Unterordnungsverhältnisse grundsätzlich ausschließt. Der Mediator ist gemäß
§ 2 Abs. 3 S. 1 und 2 MediationsG den Parteien gleichermaßen verpflichtet und hat deren
Einbindung in die Mediation in angemessener und fairer Weise zu gewährleisten.

Da die Arbeitgeberseite im betrieblichen Alltag jedoch rein praktisch gesehen über wirt- 39
schaftliche und strukturelle Macht verfügt,[73] muss ein Mediator besonders darauf achten,

---

[64] Haft/Schlieffen Mediations-HdB/*Kracht* S. 301, 319 f. Rn. 99 ff.
[65] Vgl. dazu EuGH 14.6.2017 – C-75/16, FA 2017, 232 f.; instruktiv: Empirische Untersuchung zu der Resonanz der Parteien auf freiwillige, somit gerichtlich nicht angeordnete Mediation und obligatorische bzw. gerichtlich angeordnete Mediation im Vergleich Deutschland und USA bei *Marx* ZKM 2010, 132 ff. Auch die Mediationsrichtlinie (Art. 3a) und die Begründung des Regierungsentwurfs zum MedG v. 8.12.2010 definieren den Begriff der Freiwilligkeit in diesem Sinne.
[66] *Ponschab/Dendorfer* Beil. 1 zu BB 2001, 1 (2).
[67] Vgl. dazu die Überlegungen zur Anordnung der Teilnahme an einem Mediationsverfahren über das Direktionsrecht gemäß § 106 GewO in *Dendorfer* in FS Leinemann, 567, 578 f.
[68] *Dendorfer/Krebs* KonfliktDynamik 2012, 212 (213 f.); *Henkel/Göhler* AuA 2014, 703; angesprochen auch von *Geißler* ArbRAktuell 2016, 18.
[69] *Hunold* AuA 2015, 216 (218).
[70] LAG Nürnberg 27.8.2013 – 5 TaBV 22/12, BeckRS 2013, 73254; dem nachfolgend BAG 30.6.2015 – 1 ABR 71/13, BeckRS 2015, 72430; vgl. dazu auch *Horstmeier* KonfliktDynamik 2015, 164 ff.; kritisch *Henkel/Göhler* AuA 2014, 703.
[71] *Dendorfer* FA-Spezial 9 (2000), 12 (15); *Pühl/Pühl*, Mediation in Organisationen, 2006, S. 9, 15; ebenso: *Klowait* ZKM 2006, 172 (175 f.).
[72] Vgl. *Hundt*, Mediation und Betriebsverfassung, 2012, S. 120 f. mwN.
[73] *Schubert* AiB 2000, 524 (526); *Budde* Konsens 1999, 31 (34 f.).

dass dieses Machtgefälle ausgeglichen wird und den Erfolg eines Mediationsverfahrens nicht gefährdet. Wenn Ergebnisoffenheit und Freiwilligkeit einer Mediation in der Arbeitswelt gewährleistet sind, bestehen auch keine Bedenken gegen die Durchführung einer vom Unternehmen veranlassten Mediation.[74]

40 Diese Überlegungen zeigen jedoch auch, dass Mediationsverfahren nur im „Schatten des Rechts" stattfinden können.[75] Der Weg zur Einigungsstelle oder zum Arbeitsgericht darf durch die Mediation zu keinem Zeitpunkt behindert oder abgeschnitten werden.[76]

> **Praxistipp:**
> Der einen Arbeitnehmer oder Betriebsrat beratende Anwalt sollte bei Durchführung eines Mediationsverfahrens in besonderer Weise auf die Verhandlungsparität und die Einhaltung des Grundsatzes der Freiwilligkeit achten.

41 **e) Neutralität und Allparteilichkeit des Mediators.** Die **Neutralität des Mediators** gehört zu den Kernstücken eines Mediationsverfahrens und fordert ein von den Parteien unabhängiges Verhalten, § 1 Abs. 2, § 3 MediationsG. Sie ist unabdingbare Voraussetzung der Akzeptanz des Mediators und des Verfahrens als solchem seitens der Konfliktparteien.

42 Daneben ist die Stellung des Mediators allparteilich. **Allparteilichkeit** bedeutet, dass der Mediator allen Konfliktparteien gleichermaßen verpflichtet ist, § 2 Abs. 3 S. 1 MediationsG.[77] Der Mediator agiert nicht nur unabhängig von den Parteien, sondern bemüht sich um Verständnis für die Sichtweise der jeweils anderen Konfliktpartei. Dabei vermeidet der Mediator jegliche Parteinahme zugunsten einer der beteiligten Parteien.

43 Der Mediator hat den Parteien alle Umstände offenzulegen, die seine Unabhängigkeit und Neutralität beeinträchtigen können; er darf bei Vorliegen solcher Umstände nur als Mediator tätig werden, wenn die Parteien dem ausdrücklich zustimmen, § 3 Abs. 1 MediationsG.

44 Eine Tätigkeit als Mediator nach Vorbefassung in derselben Sache ist ebenso ausgeschlossen, wie eine entsprechende Tätigkeit für eine Partei während oder nach der Mediation, § 3 Abs. 2 MediationsG (absolutes Tätigkeitsverbot).[78]

45 Allparteilichkeit und Neutralität des Mediators können bei einer innerbetrieblichen Mediation dann gefährdet sein, wenn der Mediator dem Betrieb angehört, in dem die Mediation durchgeführt wird.[79] Handelt es sich nicht um einen Konflikt zwischen zwei Arbeitnehmern, sondern ist das Unternehmen als Organisation selbst eine der Konfliktparteien, zum Beispiel als Gegenpart zum Betriebsrat, und ist der Mediator in abhängiger Beschäftigung bei dem Unternehmen tätig, so ist die Befürchtung naheliegend, dass der Mediator die Meinung des Arbeitgebers übernehmen könnte. Ein Mediator, der vom Unternehmen finanziell abhängig wird, so glauben viele, kann nicht neutral sein.[80]

46 Taucht dieses Problem auf, kann es entweder durch den Einsatz externer Mediatoren, oder aber – in konzernverbundenen Unternehmen – durch den Einsatz eines konzernangehörigen, jedoch betriebsfremden Mediators gelöst werden.[81]

---

[74] Bedenken hinsichtlich des betrieblichen Ungleichgewichts zwischen Arbeitgeberseite und Arbeitnehmerrechte: *Schubert* AiB 2000, 524 (527).
[75] Zur Rolle des Rechts in der Mediation vgl. ausführlich: BeckRA-HdB/*Mähler/Mähler* § 47 Rn. 70 ff.; vgl. auch umfassend: *Gullo*, Mediation unter der Herrschaft des Rechts?, 2006, S. 27 ff.
[76] Henssler/Koch/*Budde*, Mediation in der Anwaltspraxis, 2004, S. 497, 518 f. Rn. 65.
[77] Haft/Schlieffen Mediations-HdB/*Kracht* S. 301, 306 f. Rn. 24; HK-MediationsG/*Gläßer* § 2 Rn. 105 ff.; Ulrich/*Vogt* DS 2009, 217 (221 f.).
[78] HK-MediationsG/*Goltermann* § 3 Rn. 23 ff.
[79] *Dendorfer* FA-Spezial 9 (2000), 12 (15); der Vorschlag des Einsatzes von Betriebsräten als Mediatoren bei *Eyer* AiB 2003, 20 (24 f.) ist daher durchaus problematisch.
[80] *Dendorfer* FA-Spezial 9 (2000), 12 (14); *Singer*, Settling Disputes, 1994, S. 99 ff.
[81] Zu der Einrichtung eines Mediatorenpools mit ca. 120 ausgebildeten Mediatoren bei der Deutsche Bahn AG: *Händel* ZKM 2017, 64 ff.; *Ponschab/Dendorfer* Beil. 1 zu BB 2001, 1 (7); *Singer*, Settling Disputes, 1994, S. 99 ff.

Die vormalige Auffassung, dass alle theoretischen Bedenken dann überflüssig sein können, wenn der Mediator von den Parteien bei Kenntnis aller wesentlichen Umstände trotzdem als unparteiliche, neutrale Person wahrgenommen und akzeptiert wird,[82] kann nach Inkrafttreten des MediationsG nur im Rahmen des § 3 Abs. 1 MediationsG (→ Rn. 43) Bestand haben. 47

Praxistipp:
Die beratenden Anwälte sollten besonderes Augenmerk auf die Auswahl des Mediators legen. Dabei spielen neben den vorerwähnten Kriterien insbesondere Fragen der persönlichen und fachlichen Eignung des Mediators sowie zu dessen Mediationsstil eine Rolle.[83] Informationen über geeignete Mediatoren können von verschiedenen Institutionen[84] oder Fachverbänden[85] erfragt werden.[86] Zudem sieht § 3 Abs. 5 MediationsG die Pflicht des Mediators vor, die Parteien auf deren Verlangen hin über seinen fachlichen Hintergrund, seine Ausbildung und seine Erfahrungen auf dem Gebiet der Mediation zu informieren. Davon sollte in der Praxis unbedingt Gebrauch gemacht werden.

f) Ausschluss der Öffentlichkeit und Vertraulichkeit. Streitigkeiten im Unternehmen, mit 48 dem Betriebsrat oder mit einer Gewerkschaft können, ebenso wie unternehmensinterne Schadensereignisse, im Falle ihres Bekanntwerdens zu einem Imageverlust des Unternehmens und damit zu wirtschaftlichen Nachteilen führen. Oft aber geht es auch um die Vertraulichkeit von Betriebsgeheimnissen oder von wirtschaftlichen Daten. Die Unternehmen haben daher häufig das Bestreben, derartige Konflikte intern zu erledigen.

Bei innerbetrieblichen Konflikten, insbesondere bei Streitigkeiten mit leitenden Angestellten, zwischen Aufsichtsrat und Geschäftsleitung oder zwischen Mitgliedern der Geschäftsleitung, wird die **Öffentlichkeit** eines Gerichtsverfahrens regelmäßig zum Problem.[87] Ein öffentlich ausgetragener Streit zwischen Aufsichtsrat und Geschäftsleitung kann insbesondere zur Beunruhigung der Aktionäre oder der Gesellschafter führen, und öffentlich verbreitete Streitigkeiten von Mitgliedern der Geschäftsleitung können das Gesamtsystem Betrieb erheblich stören.[88] Schließlich haben öffentlich ausgetragene betriebliche Konflikte allzu häufig innerbetriebliche Polarisierungen mit neuem Konfliktpotenzial zur Folge.[89] 49

Zudem besteht die Gefahr, dass gerade die Öffentlichkeit einer kooperativen Konfliktbewältigung im Wege steht. Wer spricht schon gerne vor den Augen der Kollegen, des Arbeitgebers oder des Betriebsrates, oder gar im Beisein unbekannter Dritter und der Presse über seine Emotionen, Befürchtungen, Ängste oder Aversionen?[90] 50

Die Mediation ist als **vertrauliches Verfahren** konzipiert; es findet nur zwischen den Konfliktparteien und in Anwesenheit des Mediators statt, die Öffentlichkeit ist ausgeschlossen, § 1 Abs. 1 MediationsG. 51

---

[82] Vgl. *Ponschab* IDR 2003, 1.
[83] *Risse* Wirtschaftsmediation S. 131 ff. Rn. 3 ff.; vgl. dazu auch §§ 5, 6 MediationsG und die dort enthaltenen Regelungen zum Zertifizierten Mediator, ebenso die Zertifizierte-Mediatoren-Ausbildungs-Verordnung (ZMediatAusbV) vom 21.8.2016.
[84] So führen inzwischen etliche Industrie- und Handelskammern Mediatorenlisten, zB die IHK zu München und Oberbayern, die IHK Wiesbaden oder die IHK Frankfurt. Auch können Mediatoren durch die DIS - Deutsche Institution für Schiedsgerichtsbarkeit benannt werden, sofern ein Mediationsverfahren nach den Regeln der DIS-Mediationsordnung durchgeführt wird. Gleiches gilt für die Benennung von Mediatoren durch die EUCON – Europäisches Institut für Conflict Management eV.
[85] Für den Bereich der Wirtschaftsmediation sind beispielhaft zu nennen: EUCON – Europäisches Institut für Conflict Management eV (www.eucon-institut.de); BM – Bundesverband Mediation eV (www.bmev.de) oder der Bundesverband Mediation Wirtschaft und Arbeitswelt eV (www.bmwa.de).
[86] Vgl. *Ewig*, Mediations-Guide, 2002, S. 271 f.; *Risse* Wirtschaftsmediation S. 133 f. Rn. 8, 9.
[87] *Eyer/Stückemann,* Report Wirtschaftsmediation, S. 73, 75; *Ayad,* Friede im Betrieb, 2005, S. 49 f.
[88] *Ponschab/Dendorfer* Beil. 1 zu BB 2001, 1 (7).
[89] *Ponschab/Dendorfer* Beil. 1 zu BB 2001, 1 (6 f.).
[90] *Ponschab/Dendorfer* Beil. 1 zu BB 2001, 1 (6).

52 Um die vertrauliche Behandlung der in der Mediation offenbarten Informationen zu gewährleisten, verpflichten sich alle Beteiligten zu Beginn des Mediationsverfahrens zur Geheimhaltung der in der Mediation erlangten Informationen. Diese **Vertraulichkeitsabrede** ist notwendiger **Bestandteil der Mediationsvereinbarung**,[91] sie kann mit Vertragsstrafen abgesichert werden.[92] Die Vertraulichkeits- und Verschwiegenheitspflicht des Mediators ist nunmehr in § 4 MediationsG ausdrücklich geregelt. Diese Regelung umfasst hingegen nicht eine Pflicht zur Vertraulichkeit seitens der Parteien.[93] Aufgrund dieser gesetzlichen Verpflichtung zur Verschwiegenheit sind alle Mediatoren gemäß § 383 Abs. 1 Nr. 6 ZPO in Zivilverfahren und in allen auf diese Regelung Bezug nehmenden Verfahren, somit auch im arbeitsgerichtlichen Verfahren über § 46 Abs. 2 ArbGG, zeugnisverweigerungsberechtigt.[94]

53 Bei der Durchführung von innerbetrieblichen Mediationsverfahren ergibt sich die Besonderheit, dass häufig die Mediationsvereinbarung zwischen dem Mediator und dem Unternehmen abgeschlossen wird, wohingegen die Parteien des Mediationsverfahrens Mitarbeiter oder Betriebsräte sind. Insoweit kann die Vertraulichkeit nur durch den Abschluss gesonderter Vereinbarungen oder entsprechender Abreden mit jedem einzelnen Teilnehmer des Mediationsverfahrens herbeigeführt werden.

54 Obwohl die Frage der Vertraulichkeit und der innerbetrieblichen Weitergabe von Inhalten des Mediationsverfahrens in der Praxis drängend ist, ist deren formale Absicherung durch Vertragsstrafen bei internen Vertraulichkeitsvereinbarungen mit Mitarbeitern oder Betriebsräten kaum vorstellbar.[95]

> **Praxistipp:**
> Der Parteianwalt muss darauf achten, dass in der vor Durchführung des Mediationsverfahrens abzuschließenden Mediationsvereinbarung eine für die eigene Partei hinreichende Vertraulichkeitsabrede enthalten ist.

55 g) **Einzelgespräche.** Ist zur Konfliktlösung die Preisgabe von besonders sensiblen Informationen an den Mediator notwendig, kann dies im Rahmen von Einzelgesprächen, des sogenannten „Caucus", geschehen, nunmehr auch geregelt in § 2 Abs. 3 S. 3 MediationsG.[96] **Einzelgespräche** sind in der US-amerikanischen Mediationspraxis eine bevorzugte Mediationsmethode, bezeichnet als „shuttle mediation".[97] Dabei pendelt der Mediator – sozusagen als Bote – zwischen den in getrennten Räumen untergebrachten Parteien hin und her, bis diese eine Lösung gefunden haben.[98]

56 Die Einzelgespräche mit den Parteien ermöglichen dem Mediator, Informationen zu erhalten, die ansonsten nicht preisgegeben würden, weiterhin die Stärken und Schwächen der jeweiligen Positionen zu besprechen und Angebote der anderen Seite offen zu diskutieren.

57 Die Trennung der Parteien ist auch ein probates **Mittel zur Deeskalation** angespannter Situationen und zur Förderung der Kreativität einer Seite, ohne die Behinderung durch die andere Partei befürchten zu müssen. Der Mediator ist hinsichtlich der Ergebnisse aus den jeweiligen Einzelgesprächen zur vollständigen Vertraulichkeit verpflichtet, er darf diese ohne ausdrückliche Erlaubnis der Gegenseite nicht mitteilen.

58 Eine maßgebliche Gefahr der Durchführung von Einzelgesprächen besteht allerdings in einem **möglichen Vertrauensverlust** zum Mediator. Es kann sich bei der vom Einzelgespräch

---

[91] Vgl. *Nölting* Mediatorenverträge S. 116 ff.; *Gullo*, Mediation unter der Herrschaft des Rechts?, 2006, S. 188 ff.
[92] Zu den Fragen des Zeugnisverweigerungsrechts des Mediators vgl. *Mähler/Mähler* ZKM 2001, 4 (7 ff.); *Eckardt/Dendorfer* MDR 2001, 786 (788 ff.); *Gullo*, Mediation unter der Herrschaft des Rechts?, 2006, S. 193 ff.
[93] Eidenmüller/Wagner/*Wagner*, Mediationsrecht, 2015, S. 264 ff. Rn. 43 ff.
[94] Vgl. die Gesetzesbegründung zu § 4 im Gesetzesentwurf der Bundesregierung vom 1.4.2011, BT-Drs. 17/5335, 17.
[95] Vgl. dazu *Dendorfer* in FS Leinemann, 567, 574 ff.
[96] Vgl. dazu im Einzelnen: *Risse* Wirtschaftsmediation S. 241 ff. Rn. 86 ff. mwN.
[97] *Risse* NJW 2000, 1614 (1616 f.).
[98] *Risse* Wirtschaftsmediation S. 244 ff. Rn. 94 ff.

ausgeschlossenen Partei die Befürchtung einstellen, der Mediator werde beeinflusst. Auch kann bei den Beteiligten die Unsicherheit entstehen, ob und inwieweit der Mediator seine Pflicht zur Verschwiegenheit tatsächlich einhält, wenn er von einem Einzelgespräch in das andere geht. Schließlich erfährt die Stellung des Mediators eine Dominanz, die mit einem **Kontrollverlust der Parteien** über den Verhandlungsprozess einhergeht.[99]

Durch die Einzelgespräche wird zudem der **emotionale Austausch** unter den Parteien erschwert, wodurch das Verständnis für den Standpunkt der anderen Seite gehindert wird. Dies sollte aber ein anzustrebendes Ziel der Mediation sein, wenn die Beziehungen zwischen den Parteien fortgesetzt werden sollen. Insgesamt können Einzelgespräche somit die Stabilität der gefundenen Ergebnisse beeinträchtigen.

> **Praxistipp:**
> Der Parteianwalt muss in den Einzelgesprächen besonders darauf achten, welche Informationen dem Mediator als vertraulich gegeben werden, und welche Informationen der Mediator der anderen Partei weitergeben kann. Der Mandant ist gegebenenfalls von der Preisgabe sensibler Informationen abzuhalten oder aber die Einhaltung der Vertraulichkeit durch den Mediator ist in geeigneter Weise sicherzustellen.

III. Standortbestimmung der Mediation gegenüber anderen arbeitsrechtlichen Konfliktlösungsverfahren

Das Arbeitsrecht stellt zahlreiche Verfahren mit dem Ziel einer kooperativen Konfliktlösung zur Verfügung. Dennoch finden sich Unterschiede zur Mediation, die die Verwendung der Mediation als zusätzliches und spezifisch anderes Konfliktlösungsinstrument in der Arbeitswelt rechtfertigen.[100]

1. Mediation als Alternative im Tarif- und Arbeitskampfrecht

Die Besonderheiten kollektivrechtlicher Streitigkeiten spiegeln sich bereits in der Differenzierung von **Rechtsstreitigkeiten** und **Regelungsstreitigkeiten** wider.[101] Rechtsstreitigkeiten umfassen grundsätzlich anspruchsbezogene und vergangenheitsorientierte Konflikte über die Anwendung oder Auslegung bestehenden Rechts, die justiziabel und den Arbeitsgerichten zur Entscheidung zugewiesen sind (§ 2 Abs. 1 Nr. 1 ArbGG).[102] Regelungsstreitigkeiten beziehen sich hingegen auf zukunftsbezogene Auseinandersetzungen über die Rechtssetzung bzw. die Regelung von Arbeitsbedingungen.[103]

Die Tarifvertragsparteien können für Rechtsstreitigkeiten die Arbeitsgerichtsbarkeit durch ausdrückliche Vereinbarung ausschließen und die bindende Entscheidung einem **Schiedsgericht** übertragen, §§ 4, 101 Abs. 1 ArbGG. Tarifliche Regelungsstreitigkeiten sind der Zuständigkeit der Arbeitsgerichte bereits im Hinblick auf die durch Art. 9 Abs. 3 GG gewährleistete **Tarifautonomie** entzogen.[104]

Die Einigung über einen Tarifvertrag liegt somit alleine in den Händen der Tarifvertragsparteien. Können sie sich nicht einigen, stehen ihnen die Zwangsmittel des Arbeitskampfes (Streik und Aussperrung) nach der Durchführung eines – staatlichen oder vereinbarten – Schlichtungsverfahrens zur Verfügung.[105]

---

[99] *Risse* Wirtschaftsmediation S. 252 f. Rn. 108, 109.
[100] Überholt ist die Auffassung des ArbG Bochum 9.9.2005 – 4 BV 49/05, AE 2006, 2002, wonach *„die Einführung eines weiteren Konfliktlösungsverfahrens in das betriebliche Geschehen unnötig"* sei; dazu *Löwisch* BB 2012, 3073 (3074).
[101] Vgl. MHdB ArbR/*Joost* § 232 Rn. 75.
[102] MHdB ArbR/*Richardi* § 152 Rn. 3.
[103] MHdB ArbR/*Richardi* § 152 Rn. 3 f.
[104] MHdB ArbR/*Ricken* § 209 Rn. 1.
[105] BAG (GS) 21.4.1971 – GS 1/68, AP GG Art. 9 Arbeitskampf Nr. 43; MHdB ArbR/*Ricken* § 209 Rn. 6 f.; dazu strukturell: *Risse* NZA 2017, 1030 ff.

64   a) **Schlichtung.**[106] Zweck des Schlichtungsverfahrens im Tarif- und Arbeitskampfrecht ist der Ausgleich von widerstrebenden wirtschaftlichen und sozialen Interessen von Gewerkschaften und Arbeitgebern.[107] Charakteristisch für die tarifrechtlichen Schlichtungsverfahren ist die **Beteiligung von „Neutralen"**, die als Vorsitzende oder Sachverständige zur Versachlichung des Meinungsaustausches beitragen sollen.[108] Die Schlichter, ein paritätisch besetztes Gremium aus Arbeitgeber- und Gewerkschaftsvertretern und dem neutralen Vorsitzenden, tagen durchweg nicht öffentlich.[109] Das Schlichtungsverfahren endet entweder mit einer Einigung der Tarifparteien oder mit einem **förmlichen Spruch der Schlichter**.[110] Die rechtliche Bindungswirkung des Schlichtungsspruches ist unterschiedlich geregelt, grundsätzlich bedarf er der Annahme durch die Tarifvertragsparteien.[111]

65   Praktische Bedeutung haben vor allem die autonomen Schlichtungsabkommen der Koalitionen. Es verfügen fast alle wirtschaftlich bedeutsamen Branchen über tarifliche Schlichtungsordnungen.[112]

66   Eine **Zwangsschlichtung** kommt nur in Betracht, wenn sich die Tarifparteien dem Schlichtungsspruch im Rahmen ihrer Tarifautonomie unterworfen haben. Eine staatliche Zwangsschlichtung würde gegen Art. 9 Abs. 3 GG verstoßen. Allerdings existiert mit dem **Kontrollratsgesetz Nr. 35** vom 20.8.1946[113] eine Rechtsgrundlage für Schlichtungsstellen der Länder.[114] Einige Bundesländer haben diese Möglichkeit aufgegriffen und Landesschlichter oder Schlichtungsausschüsse eingerichtet.[115] Ihre Aufgabe besteht in der Vermittlung von Regelungsstreitigkeiten auf Wunsch der streitenden Parteien.

67   b) **Schiedsverfahren für tarifrechtliche Streitigkeiten.** Nach den §§ 101 ff. ArbGG besteht für bürgerliche Rechtsstreitigkeiten zwischen Tarifvertragsparteien aus Tarifverträgen oder über das Bestehen oder Nichtbestehen von Tarifverträgen die Möglichkeit, die Entscheidung unter Ausschluss der Arbeitsgerichte auf ein **Schiedsgericht** zu übertragen.

68   Das Schiedsgericht muss sich aus einer gleichen Zahl von Arbeitnehmern und von Arbeitgebern zusammensetzen, außerdem können ihm **Unparteiische** angehören (§ 103 Abs. 1 S. 1 ArbGG).

69   Vor der Entscheidung des Schiedsspruchs sind die Streitparteien zu hören (§ 105 Abs. 1 ArbGG). Bleibt eine Partei der Verhandlung unentschuldigt fern oder äußert sie sich trotz Aufforderung nicht, so ist der Pflicht zur Anhörung genügt (§ 105 Abs. 3 ArbGG). Das Schiedsgericht kann auch Beweise erheben, soweit ihm die Beweismittel zur Verfügung gestellt werden (§ 106 Abs. 1 S. 1 ArbGG).

70   Das Verfahren vor dem Schiedsgericht endet mit einem **Schiedsspruch,** der mit einfacher Mehrheit der Stimmen der Mitglieder des Schiedsgerichtes ergeht, sofern der Schiedsvertrag nichts anderes bestimmt (§ 108 Abs. 1 ArbGG). Der Schiedsspruch hat unter den Parteien dieselbe Wirkung wie ein **rechtskräftiges arbeitsgerichtliches Urteil** (§ 108 Abs. 4 ArbGG). Der Schiedsspruch kann nur unter den engen Voraussetzungen des § 110 Abs. 1 ArbGG im Klageverfahren vor einem Arbeitsgericht angegriffen werden.

71   c) **Mediation im Tarif- und Arbeitskampfrecht.** Wenn auch insbesondere das Schlichtungsverfahren mediative Elemente aufweisen kann,[116] ist der Einsatz von Mediation im Tarif- und Arbeitskampfrecht trotz der vorhandenen Möglichkeiten von Schlichtungs- oder Schiedsverfahren sinnvoll und notwendig.[117]

---

[106] Vgl. dazu umfassend: Lukas/Dahl/*Ulber,* Konfliktlösung im Arbeitsleben, S. 224 ff.
[107] *Budde,* Mediation und Arbeitsrecht, S. 99 mwN.
[108] ErfK/*Dieterich* GG Art. 9 Rn. 284; *Budde,* Mediation und Arbeitsrecht, 2003, S. 99 mwN.
[109] MHdB ArbR/*Ricken* § 209 Rn. 2.
[110] MHdB ArbR/*Ricken* § 209 Rn. 2 ff.
[111] MHdB ArbR/*Ricken* § 209 Rn. 5.
[112] ErfK/*Linsenmaier* GG Art. 9 Rn. 285 f.
[113] ABl. 1964 KR 174, abgedr. bei *Löwisch* Anh. 1.
[114] Vgl. dazu: *Budde,* Mediation und Arbeitsrecht, S. 100 f.; *Lembke,* Mediation im Arbeitsrecht, S. 182 ff. Rn. 332 ff.
[115] MHdB ArbR/*Ricken* § 208 Rn. 22 ff. mwN.
[116] Ebenso: *Lembke,* Mediation im Arbeitsrecht, S. 194 ff. Rn. 358 ff.
[117] Dazu: *Risse* NZA 2017, 1030 ff.; *Löwisch* BB 2012, 3073 (3074).

Bei der Mediation geht es nicht um Verhandlungsrituale, wie sie in Tarifauseinandersetzungen augenscheinlich eingesetzt werden, auch geht es bei der Mediation nicht um Konfrontation und Gegeneinander, wie dies in tariflichen Streitigkeiten ebenfalls häufig gelebt wird.[118] Vielmehr wird in der Mediation der Blick weg von den Rechtspositionen und Ansprüchen der Parteien, und hin zu den **Parteiinteressen** und deren **zukünftige Beziehung** gelenkt, die es zu erhalten und zu gestalten gilt.

Der Mediator hat keine Befugnis, eine wie auch immer ausgestaltete Entscheidung zu treffen, wodurch die grundgesetzlich gewährte (Tarif-)**Autonomie der Tarifvertragsparteien** in besonderer Weise gewahrt wird. Die „**neutralen**" **Schlichter** oder die Schiedsrichter sind hingegen letztendlich **Entscheider**. Der „Neutrale" im Schlichtungsverfahren ist dann eben nicht mehr „neutral", wenn er sich zu der einen oder anderen Sichtweise der Dinge bekennen muss.

Die für Schiedsverfahren gesetzlich geregelten **Verfahrensabläufe**, so zB die Fiktion einer vollzogenen Anhörung bei Ausbleiben oder Nichtäußerung einer Partei, laufen einem konsensualen Verfahren zuwider. Entscheidungen, getroffen auf der Grundlage eines solchen Verfahrens, tragen die Gefahr in sich, von der tatsächlich nicht gehörten Partei abgelehnt zu werden. In der Mediation ist hingegen die Freiwilligkeit und Teilnahme der Parteien am Verfahren unabdingbare Voraussetzung, insbesondere für die spätere Akzeptanz der von den Parteien gefundenen Streitlösung.

Zudem kann der Mediator als „Verhandlungsmanager" das „Wie" der Verhandlung, mithin den Verhandlungsprozess als solchen steuern, die Parteien können sich auf den Inhalt der Tarifverhandlungen konzentrieren. Kommunikations- und Interventionstechniken, zB der Einsatz von Shuttle-Diplomatie, des Perspektivenwechsels oder von Visualisierung, können verfahrene Verhandlungssituationen aufbrechen und deren Komplexität begegnen.[119]

2. Mediation als Alternative zur Einigungsstelle

Das in der kollektivrechtlichen Praxis wohl bedeutsamste Verfahren der Konfliktbeilegung ist das **Einigungsstellenverfahren** nach §§ 76, 76a BetrVG. Die Einigungsstelle ist eine betriebsverfassungsrechtliche Schlichtungsinstitution eigener Art[120] und dient zur Beilegung von Meinungsverschiedenheiten zwischen Arbeitgeber und Betriebsrat (§ 76 Abs. 1 S. 1 BetrVG).[121] Einer Einigungsstelle gehen regelmäßig ergebnislose, jedoch nach § 74 Abs. 1 BetrVG für die Betriebspartner verpflichtende Verhandlungen voraus.[122]

Im Übrigen kann gemäß § 76 Abs. 8 BetrVG durch Tarifvertrag bestimmt werden, dass an die Stelle der Einigungsstelle eine **tarifliche Schlichtungsstelle** tritt. Diese Schlichtungsstelle ist an die für die Einigungsstelle geltenden Verfahrensvorschriften gebunden.[123]

Zudem können für die kontinuierlich auftretenden Mitbestimmungstatbestände des § 87 BetrVG systembegleitende Ausschüsse, Arbeitsgruppen nach § 28a BetrVG oder paritätische Kommissionen eingerichtet werden.[124]

Die betriebsverfassungsrechtliche Einigungsstelle zeigt zweifelsohne **Ähnlichkeiten zu einem Mediationsverfahren:**[125] So finden in der Einigungsstelle nochmals **Verhandlungen** statt, die nunmehr von einem Dritten, dem Einigungsstellenvorsitzenden geleitet werden.

---

[118] Dazu *Lembke*, Mediation im Arbeitsrecht, 2001, S. 198 f. Rn. 369, 370.
[119] Dazu instruktiv: *Risse* NZA 2017, 1030 ff.
[120] Richardi BetrVG/*Richardi* § 76 Rn. 6 f.; so auch *Kramer* NZA 2005, 135 (138); dazu vertiefend Lukas/Dahl/*Lukas*, Konfliktlösung im Arbeitsleben, 2013, S. 173 ff.; Gläßer/Kirchhoff/Wendenburg/Thomas/Dahl, Konfliktmanagement in der Wirtschaft, 2014, S. 324.
[121] Zu den Vor- und Nachteilen der Einigungsstelle vgl. *Kramer* NZA 2005, 135 (38 f.).
[122] Vgl. *Gussen* FA 2019, 202 (203); *Hunold* AuA 2002, 409 (411); *Hundt*, Mediation und Betriebsverfassung, 2012, S. 83 mwN.
[123] Vgl. auch *Kramer* NZA 2005, 135 (139) mit dem weitergehenden Hinweis auf die Durchführung von staatlichen Schlichtungsverfahren nach dem Kontrollratsgesetz Nr. 35.
[124] So der Vorschlag von *Kramer* NZA 2005, 135 (138).
[125] Insoweit kann *Lembke*, Mediation im Arbeitsrecht, 2001, S. 208 f. Rn. 394 noch zugestimmt werden, der darauf abstellt, dass die Einigungsstelle als ein zweistufiges MedArb-Verfahren (zuerst Mediation, dann Arbitration/Schiedsverfahren) anzusehen ist.

Auch handelt es sich um ein **nicht öffentliches Verfahren,** so dass die Vertraulichkeit sichergestellt ist.[126] Schließlich kann auch in der Einigungsstelle das Augenmerk auf die Interessen der Parteien und auf eine **zukunftsorientierte Konfliktbearbeitung** gelegt werden.

79 Der Einigungsstellenvorsitzende kann zudem die **Techniken der Mediation** einfließen lassen, um auf diese Weise die Parteien zu kooperativen und interessenorientierten Verhandlungen anzuhalten.[127]

> **Praxistipp:**
> Die Grundsätze des kooperativen Verhandelns, der Verhandlungs- und Risikoanalyse und sonstiger Kommunikationstechniken sind sowohl für Einigungsstellenvorsitzende als auch für Parteivertreter, die häufig in der Einigungsstelle tätig sind, unabdingbar. Eine Fortbildung im Bereich der Wirtschaftsmediation und des Konfliktmanagements bringt daher auch für diese Tätigkeiten einen Mehrwert und hilfreiche Fähigkeiten.

80 Und dennoch bestehen zwischen Einigungsstelle und Mediation **maßgebliche Unterschiede,** die auch im Betriebsverfassungsrecht genügend Raum für einen (zusätzlichen) Einsatz von Mediation lassen:[128]

81 Zunächst kann in den Fällen der **erzwingbaren Mitbestimmung** die Einigungsstelle gemäß § 76 Abs. 5 S. 1 BetrVG auf Antrag einer Partei tätig werden, die Teilnahme der anderen Partei ist somit einseitig durchsetzbar.[129] Im erzwingbaren Einigungsstellenverfahren ersetzt der Spruch der Einigungsstelle die Einigung zwischen Arbeitgeber und Betriebsrat. Wesentliches Merkmal der Mediation ist aber gerade die **Freiwilligkeit der Verfahrensteilnahme** in Form der jederzeit bestehenden Möglichkeit, das Verfahren abzubrechen. Ergebnisse solcher – freiwilligen – Verfahren werden von den Parteien regelmäßig besser anerkannt, als Ergebnisse, die von Dritten vorgegeben werden.[130]

82 Die Unterschiede setzen sich fort bei der **Auswahl des „neutralen" Dritten:** Nach § 76 Abs. 2 S. 2 BetrVG wird für den Fall, dass sich die Parteien nicht auf einen Vorsitzenden einigen können, dieser vom Arbeitsgericht bestellt; nach § 76 Abs. 2 S. 3 BetrVG gilt das Gleiche für die Anzahl der Beisitzer. Da die Einigungsstelle vornehmlich in bereits eskalierten Konfliktsituationen angerufen wird, ist die Einschaltung des Arbeitsgerichts für die Auswahl des Einigungsstellenvorsitzenden keine Seltenheit.[131] In diesem Fall geben die Parteien bereits vor Aufnahme des Verfahrens die Verantwortung für die Auswahl des neutralen Dritten aus der Hand – eine Situation, die mit derjenigen vor Gericht vergleichbar ist, denn auf die Auswahl des Richters haben die Parteien ebenfalls keinen Einfluss. Eigenverantwortlichkeit und Freiwilligkeit als maßgebliche Kriterien einer konsensualen Konfliktlösung werden dabei notwendigerweise vernachlässigt.

83 Des Weiteren liegt ein augenfälliger Unterschied zwischen Einigungsstelle und Mediation in der **Art und Weise der Entscheidungsfindung:** Während in der Mediation eine auf allseitigem Konsens beruhende Vereinbarung das unabdingbare Verfahrensziel ist, kann in der Einigungsstelle eine Entscheidung durch Mehrheitsbeschluss gefasst werden.[132] Bei der Beschlussfassung hat sich der Einigungsstellenvorsitzende zunächst der Stimme zu enthalten; kommt eine Stimmenmehrheit nicht zustande, so nimmt der Vorsitzende nach weiterer Beratung an der

---

[126] *Fitting* BetrVG § 76 Rn. 73.
[127] Vgl. dazu *Ehler* BB 2010, 702 (703); *U. Fischer* DB 2000, 217 (220 f.); zu den notwendigen Fähigkeiten eines Einigungsstellenvorsitzenden: *Fitting* BetrVG § 76 Rn. 24 mwN; *Gläßer/Kirchhoff/Wendenburg/Thomas/Dahl,* Konfliktmanagement in der Wirtschaft, 2014, S. 326.
[128] Ebenso: *Löwisch* BB 2012, 3073 (3074); vgl. das Praxisbeispiel zur Schaffung eines neuen Entlohnungssystems: *Eyer/Koch,* Report Wirtschaftsmediation, 2003, S. 85 ff.; *Eyer/Redmann* Personal 1999, 618.
[129] Zu den damit möglicherweise verbundenen taktischen Überlegungen: *Kramer* NZA 2005, 135 (138).
[130] *Eyer/Redmann* Personal 1999, 618 f.
[131] Vgl. dazu *Gussen* FA 2019, 202 ff.
[132] Zum Abstimmungsverfahren: *Friedemann,* Das Verfahren der Einigungsstelle für Interessenausgleich und Sozialplan, 1996, S. 104 ff. Rn. 259 ff.

erneuten Beschlussfassung teil (§ 76 Abs. 3 S. 2, 3 BetrVG). Diese – faktisch vorhandene – Entscheidungsgewalt führt zwangsläufig zu einem Taktieren der Parteien, verhindert nicht selten konsensuale Lösungen sowie schnelle, kreative und betriebsbezogene Ergebnisse.[133]

Hinzu kommt, dass als **Einigungsstellenvorsitzende** häufig Arbeitsrichter berufen werden,[134] so dass aufgrund professioneller Prägung regelmäßig mehr die Ansprüche und Rechte der Parteien und weniger deren Interessen im Vordergrund stehen werden.[135] 84

Sofern es nicht um ein erzwingbares, sondern um ein **freiwilliges Einigungsstellenverfahren** nach § 76 Abs. 6 BetrVG geht, sind die **Parallelen zur Mediation** deutlicher.[136] In diesen Verfahren ersetzt der Einigungsstellenspruch die Einigung zwischen Arbeitgeber und Betriebsrat nur dann, wenn beide Seiten sich diesem im Voraus unterworfen oder ihn nachträglich angenommen haben (§ 76 Abs. 6 S. 2 BetrVG). Auch kann keine der Parteien in das Einigungsstellenverfahren „gezwungen" werden und das Einverständnis zur Teilnahme an dem Einigungsstellenverfahren jederzeit widerrufen.[137] Aber auch hier ist der Einigungsstellenvorsitzende in der zweiten Runde entscheidungsbefugt. Die Durchführung freiwilliger Einigungsstellenverfahren ist zudem in der Praxis eher selten.[138] 85

Der **Spruch der Einigungsstelle** kann grundsätzlich vor den Arbeitsgerichten angefochten und von diesen überprüft werden.[139] Die in einem Mediationsverfahren getroffene Entscheidung unterfällt hingegen der Parteiautonomie und ist nur in dem Umfang angreifbar, wie das Resultat autonomer Verhandlungen. 86

Im Rahmen von **Interessenausgleich und Sozialplan** findet sich in § 112 Abs. 2 und 3 BetrVG ebenfalls der Ansatz mediativer Konfliktlösung: Kommt eine Einigung zwischen den Betriebspartnern nicht zustande, kann der Vorstand der Bundesagentur für Arbeit um Vermittlung ersucht werden (§ 112 Abs. 2 S. 1 BetrVG). Das Gesetz weist dem Vorstand der Bundesagentur für Arbeit insoweit die Rolle eines neutralen Vermittlers ohne Entscheidungsbefugnisse zu.[140] Es kann neben der Einschaltung des Vorstandes der Bundesagentur für Arbeit auch jede andere Person oder Stelle – auch ein Mediator – zur Vermittlung in Angelegenheiten des § 112 Abs. 2 BetrVG herangezogen werden.[141] 87

Auch die Übertragung von Aufgaben der Konfliktlösung auf innerbetriebliche Kommissionen macht die Überlegungen zu einem Einsatz von Mediation im betriebsverfassungsrechtlichen Bereich nicht überflüssig. Denn bei paritätischer Besetzung, nicht selten ohne Regelungen für den Fall der Stimmengleichheit, verfangen häufig die typischen Verhandlungsprobleme.[142]

Die vorstehenden Ausführungen zeigen, dass durchaus Raum für die Durchführung von **Mediationsverfahren im betriebsverfassungsrechtlichen Bereich** verbleibt.[143] Aber auch hier darf die Mediation nicht den gesetzlich vorgesehen Weg abschneiden; sie kann allerdings als adäquates Verfahren neben – oder bereits vor[144] – der Einigungsstelle stehen.[145] Aufgrund 88

---

[133] Henssler/Koch/*Budde,* Mediation in der Anwaltspraxis, S. 497, 508 f. Rn. 34; aA offenbar *Lembke,* Mediation im Arbeitsrecht, 2001, S. 208 Rn. 394.
[134] Vgl. *Gussen* FA 2019, 202 (204); Henssler/Koch/*Budde,* Mediation in der Anwaltspraxis, S. 497, 508 Rn. 34; *U. Fischer* DB 2000, 217 (218).
[135] Henssler/Koch/*Budde,* Mediation in der Anwaltspraxis, 2004, S. 497, 509 Rn. 35; vgl. zu den nötigen Fähigkeiten eines Einigungsstellenvorsitzenden: *U. Fischer* DB 2000, 217 (219 f.), *Redmann* FA 2000, 76 (77); *Hundt,* Mediation und Betriebsverfassung, 2012, S. 117 fordert zu Recht die Schulung von Einigungsstellenvorsitzenden in den Techniken der Mediation.
[136] Ebenso: *Mattioli/Eyer* AuA 2011, 468 (470).
[137] *Fitting* BetrVG § 76 Rn. 107 mwN.
[138] Breidenbach/Henssler/*Stevens-Bartol,* Mediation für Juristen, S. 141, 144.
[139] *Fitting* BetrVG § 76 Rn. 138 ff.
[140] *Fitting* BetrVG §§ 112 Rn. 27 ff.
[141] *Fitting* BetrVG §§ 112 Rn. 29.
[142] Instruktiv: *Burgmer* ZKM 2017, 23 (25 ff.).
[143] Vgl. auch *Redmann* FA 2000, 76 (77 ff.).
[144] Vgl. die Diskussion zu den Fragen eines MedArb-Verfahrens: *Lembke,* Mediation im Arbeitsrecht, 2001, S. 208 Rn. 394; *Budde,* Mediation und Arbeitsrecht, 2003, S. 104; *Dendorfer* FA-Spezial 9 (2000), 12 (16).
[145] Ebenso: *Hundt,* Mediation und Betriebsverfassung, 2012, S. 117; *Francken* NJW 2006, 1103 (1107); vgl. zu den Überlegungen zur Abschaffung der Einigungsstelle zu Gunsten eines „besonderen arbeitsgerichtlichen Regelungsverfahrens" im Rahmen eines „Multi-Door Courthouse": *Bauer* NZA 1992, 433 (435); *Kramer* NZA 2005, 135 (140).

des Kooperationsgebots nach § 2 Abs. 1 BetrVG sowie der Verhandlungspflicht nach § 74 Abs. 1 S. 2 BetrVG ist sogar eine Verpflichtung der Betriebspartner, sich auf ein angestrebtes Mediationsverfahren zum Zwecke der Konfliktvermittlung und Konfliktlösung einzulassen, vertretbar.[146]

89 Für die Einbeziehung von Mediation sprechen im Übrigen auch ökonomische Gründe: Erst wenn die Einigungswahrscheinlichkeit innerhalb einer Mediation unter 27 % sinkt, verliert die Mediation bei einer reinen Betrachtung der Verfahrenskosten ihren Sinn.[147] Nicht berücksichtigt sind dabei die „weichen" Faktoren, wie Einfluss auf das Betriebsklima und die Arbeitsproduktivität sowie der zeitliche Faktor der Durchführung eines Einigungsstellenverfahrens.[148]

3. Beschwerderecht nach §§ 84, 85 BetrVG und betriebliche Beschwerdestelle

90 Jeder Arbeitnehmer hat im Wege des individuellen Beschwerdeverfahrens nach § 84 Abs. 1 S. 1 BetrVG das Recht, sich bei den zuständigen Stellen des Betriebs form- und fristlos[149] zu beschweren, wenn er sich vom Arbeitgeber oder von Arbeitnehmern des Betriebs benachteiligt, ungerecht behandelt oder in sonstiger Weise beeinträchtigt fühlt.[150] Der Arbeitnehmer kann, so § 84 Abs. 1 S. 2 BetrVG, ein Mitglied des Betriebsrats zur Unterstützung oder Vermittlung hinzuziehen. Leitende Angestellte (§ 5 Abs. 3 BetrVG) können bei Beschwerden gegenüber dem Arbeitgeber ein Mitglied des Sprecherausschusses zur Unterstützung und Vermittlung hinzunehmen (§ 26 Abs. 1 SprAuG).

91 Typische **Beschwerdegegenstände** betreffen aus dem Bereich der Regelungsstreitigkeiten den Nichtraucherschutz, die Arbeitsorganisation, Beleidigungen, ausländerfeindliches Verhalten, sexuelle Belästigungen oder Mobbing,[151] Situationen, die häufig schwerwiegende Stresssymptome bei den Betroffenen auslösen. Die Beschwerde kommt aber auch in Betracht bei Rechtsstreitigkeiten, dh justiziablen, anspruchsorientierten Konflikten über die Anwendung und Auslegung von bereits bestehendem Recht, wie zB falsche Eingruppierung oder fehlerhafte Gehaltsabrechnung.[152]

92 Welche **Person oder Stelle im Unternehmen** für die Entgegennahme der Beschwerde zuständig ist, bestimmt der Arbeitgeber.[153] Der Arbeitgeber hat nach § 84 Abs. 2 BetrVG die Beschwerde zu behandeln und **mündlich oder schriftlich zu bescheiden.** Soweit der Arbeitgeber die Beschwerde für berechtigt hält, hat er ihr abzuhelfen. Das „Ob" und „Wie" der **Abhilfe** obliegt dabei dem Arbeitgeber.[154] Hält der Arbeitgeber im Gegensatz zum betroffenen Arbeitnehmer oder zum eingeschalteten Betriebsrat die Beschwerde für unbegründet, so kann der Arbeitnehmer über § 85 BetrVG die Einigungsstelle anrufen. Davon abgesehen hat der Arbeitnehmer die Entscheidung des Arbeitgebers hinzunehmen.[155]

93 Die **Einigungsstelle** kann nur über die Berechtigung der Beschwerde entscheiden, die Abhilfe muss wiederum der Arbeitgeber schaffen.[156] Der Arbeitnehmer kann auch sogleich den Weg des kollektiven Beschwerdeverfahrens nach § 85 BetrVG gehen und die **Beschwerde in die Hand des Betriebsrates** legen.[157] In diesem Fall hat der Betriebsrat, sofern er die Beschwerde annimmt, beim Arbeitgeber auf Abhilfe hinzuwirken. Auch hier bleibt im Falle der

---

[146] Ebenso: *Lembke,* Mediation im Arbeitsrecht, 2001, S. 210 Rn. 399; *Budde,* Mediation und Arbeitsrecht, 2003, S. 94.
[147] Vgl. instruktiv und mit einleuchtender Berechnung: *Hundt,* Mediation und Betriebsverfassung, 2012, S. 111 ff.
[148] *Hundt,* Mediation und Betriebsverfassung, 2012, S. 112 f.
[149] *Fitting* BetrVG § 84 Rn. 13.
[150] Zu den Vorteilen und der gesetzgeberischen Ausgestaltung des Beschwerdeverfahrens: *Ayad,* Friede im Betrieb, 2005, S. 332 ff.
[151] Vgl. *Fitting* BetrVG § 84 Rn. 6 ff. mwN; dazu auch *Lembke* ZKM 2002, 111 (112) mwN.
[152] *Lembke,* Mediation im Arbeitsrecht, 2001, S. 221 Rn. 422 mwN.
[153] *Richardi* BetrVG/*Thüsing* § 84 Rn. 12; *Lembke* ZKM 2002, 111 (112) mwN.
[154] So im Ergebnis auch: ErfK/*Kania* BetrVG § 84 Rn. 7.
[155] ErfK/*Kania* BetrVG § 84 Rn. 7.
[156] *Hage/Heilmann* AuA 2000, 26 (27); ErfK/*Kania* BetrVG § 85 Rn. 6.
[157] ErfK/*Kania* BetrVG § 85 Rn. 1; vgl. dazu kritisch hinsichtlich der Eignung zur Konfliktlösung: *Budde,* Mediation und Arbeitsrecht, 2003, S. 79, 80.

Nichtabhilfe oder Nichteinigung der Weg zur Einigungsstelle nach § 85 Abs. 2 S. 1 BetrVG.[158] Eine Möglichkeit, das Beschwerdeverfahren verfahrenstechnisch auszugestalten, liegt in der Nutzung des § 86 Abs. 1 BetrVG.[159]

94 Der Arbeitnehmer bleibt insoweit „Herr des Verfahrens", als er jederzeit die **Beschwerde zurücknehmen** und damit das Verfahren beenden kann.[160]

95 Das betriebsverfassungsrechtliche Beschwerdeverfahren ist aus verschiedenen Gründen mit einem Mediationsverfahren nicht vergleichbar, mehr noch: Es weist erhebliche **Unterschiede zu einem Mediationsverfahren** auf.

96 Zwar kann der Arbeitnehmer ein **Mitglied des Betriebsrats** zur Unterstützung oder als „Vermittler" hinzuziehen, diese Funktion entspricht jedoch nicht derjenigen eines Mediators.[161] Das Betriebsratsmitglied ist lediglich vom Arbeitnehmer als „Vermittler" eingeschaltet, an einer übereinstimmenden Bestellung eines neutralen Dritten als Verhandlungshelfer beider Parteien fehlt es hingegen. Vielmehr wird im Verlauf des Beschwerdeverfahrens das einseitig vom Arbeitnehmer ausgewählte Betriebsratsmitglied vornehmlich auf dessen Seite stehen und so vom Arbeitgeber auch wahrgenommen werden.[162]

97 Hinzu kommt, dass weder der vom Arbeitnehmer angesprochene Vorgesetzte, noch das Betriebsratsmitglied hinsichtlich der Beschwerde gesondert zur **Verschwiegenheit** verpflichtet sind.[163] Auch besteht kein Anspruch des Arbeitnehmers auf anonyme Behandlung der Beschwerde; lediglich das allgemeine Persönlichkeitsrecht des Arbeitnehmers darf durch das Verhalten der in das Beschwerdeverfahren einbezogenen Personen nicht verletzt werden.[164] Wenn auch das Betriebsratsmitglied der allgemeinen Geheimhaltungspflicht nach § 79 Abs. 1 BetrVG unterliegt, so zeigen sich deutliche Unterschiede zum Mediationsverfahren,[165] in welchem gerade die **Vertraulichkeit** und die Verschwiegenheit aller Beteiligten unabdingbare Kriterien sind.

98 Der Arbeitgeber hat die Berechtigung der Beschwerde zu prüfen und die Beschwerde zu erledigen, entweder durch deren Ablehnung, oder durch Abhilfe der für die Beschwerde maßgeblichen Missstände.[166] Auch diese Vorgehensweise ist konträr zu den Abläufen eines Mediationsverfahrens, in dem gerade nicht eine Partei einseitig den Mediationsgegenstand behandeln kann, sondern eine **Bearbeitung des Konfliktes gemeinsam** erfolgen muss. Die Parteien können einseitig allenfalls das Mediationsverfahren beenden und damit den Weg für eine weiterführende, dann fremdbestimmte Konfliktlösung freimachen.

4. Beschwerderecht nach § 13 AGG

99 Arbeitnehmer, die sich „im Zusammenhang mit dem Beschäftigungsverhältnis" benachteiligt fühlen, dürfen sich bei den zuständigen Stellen beschweren, § 13 Abs. 1 AGG. Das Beschwerderecht steht den Arbeitnehmern gegen Übergriffe aller potenziell in Betracht kommenden Personen zu, namentlich durch den Arbeitgeber selbst, Vorgesetzte, andere Beschäftigte oder Dritte. Die Bestimmung der „**zuständigen Stelle**" fällt in die Organisationshoheit des Arbeitgebers, gesetzliche Vorgaben hierfür bestehen nicht.[167]

100 Die Beschwerdestelle ist zur Prüfung der Beschwerde verpflichtet. Den Beteiligten ist rechtliches Gehör zu gewähren, allerdings gibt es keinen Anspruch auf vollständig vertrauliche Behandlung der Beschwerde. Ein Anspruch auf konkrete Gegenmaßnahmen besteht

---

[158] Zu der Zuständigkeit der Einigungsstelle bei Rechtsstreitigkeiten: ErfK/*Kania* BetrVG § 85 Rn. 4 mwN; *Lembke* ZKM 2002, 111 (113) mwN.
[159] Dazu *Lembke* ZKM 2002, 111 (115 f.); *Lembke/Schröder* IDR 2004, 29 ff.
[160] BAG 28.6.1984 – 6 ABR 5/83, AP BetrVG 1972 § 85 Nr. 1; ErfK/*Kania* BetrVG § 85 Rn. 3.
[161] Ebenso: *Budde,* Mediation und Arbeitsrecht, 2003, S. 76, 77; ausdrücklich entgegen *Lembke* ZKM 2002, 111 (112), der das so eingesetzte Betriebsratsmitglied als „neutralen Dritten ohne Entscheidungsbefugnis" sieht.
[162] Dazu auch: *Budde,* Mediation und Arbeitsrecht, 2003, S. 76, 77.
[163] *Fitting* BetrVG § 84 Rn. 14 mwN.
[164] *Fitting* BetrVG § 84 Rn. 14 mwN.
[165] AA *Lembke* ZKM 2002, 111 (112).
[166] *Fitting* BetrVG § 84 Rn. 15 ff.
[167] ErfK/*Schlachter* AGG § 13 Rn. 1.

nicht, vielmehr entscheidet die Beschwerdestelle über das Ergreifen von oder den Verzicht auf Gegenmaßnahmen; die wesentlichen Gründe sind dem Beschwerdeführer mitzuteilen.[168]

101 Auch dieses Beschwerdeverfahren ist mit den **Grundsätzen eines Mediationsverfahrens nicht vereinbar.** Insoweit gelten dieselben Argumente, wie sie vorstehend zum Beschwerdeverfahren nach den §§ 84, 85 BetrVG angeführt wurden, namentlich: Fehlende Konfliktbearbeitung durch die betroffenen Parteien, keine Sicherstellung der Vertraulichkeit, Entscheidung durch die vom Arbeitgeber eingesetzte Beschwerdestelle.

5. Mediation als Alternative bei individualrechtlichen Streitigkeiten

102 Bei den individualrechtlichen Streitigkeiten wird die Komplexität des Ausgangskonfliktes zwangsläufig auf diejenigen Faktoren reduziert, die das Gericht für die Entscheidung des Rechtsstreits benötigt.[169] Kompetitive „Basar-Verhandlungen" sind der Regelfall arbeitsrechtlicher Vergleichsverhandlungen, der Einsatz interessenorientierter kooperativer Verhandlungstechniken[170] scheitert häufig aufgrund zeitlicher und struktureller Einschränkungen. Gefördert wird diese Situation durch zwingende Klage- und Ausschlussfristen, die bei der überwiegenden Zahl der Arbeitsgerichtsprozesse zu beachten sind. Für vorgerichtliche Verhandlungen bleibt daher wenig Zeit.[171]

103 **a) Direktionsrecht des Arbeitgebers.** Das Direktions- oder Weisungsrecht des Arbeitgebers, geregelt in § 611a Abs. 1 BGB und § 106 S. 1 GewO, ermöglicht die **Bestimmung und/oder Konkretisierung der Leistungspflichten des Arbeitnehmers** nach Art, Inhalt, Durchführung, Ort und Zeit. Dies gilt nach § 106 S. 2 GewO auch hinsichtlich der Ordnung und des Verhaltens der Arbeitnehmer im Betrieb. Das Direktionsrecht gehört zum wesentlichen Inhalt eines jeden Arbeitsverhältnisses und kann durch Gesetz, Tarifvertrag, Betriebsvereinbarung oder Arbeitsvertrag eingeschränkt sein. In jedem Fall darf es nur nach billigem Ermessen iSv § 315 Abs. 3 BGB ausgeübt werden.

104 Grundsätzlich ist es Sache des Arbeitgebers zu entscheiden, wie er auf Konfliktlagen reagieren will, und zwar „unbeschadet des Streits um ihre Ursachen".[172] Folglich besteht für den Arbeitgeber die Möglichkeit, einen innerbetrieblichen Konflikt durch Maßnahmen aufgrund des ihm zustehenden Direktionsrechts zu lösen. Fraglich ist allerdings, ob der Arbeitgeber mittels des Direktionsrechts die Streitparteien **anweisen** kann, an einer **Mediation teilzunehmen.** Dabei ist zu berücksichtigen, dass § 611a BGB und § 106 GewO es dem Arbeitgeber ermöglichen, den Gegenstand der Arbeitspflicht des Arbeitnehmers zu bestimmen. Hierunter fallen auch solche Tätigkeiten, die im engen Zusammenhang mit der arbeitsvertraglichen Tätigkeit des Arbeitnehmers stehen.[173] Soweit der Konflikt aus den Arbeitstätigkeiten der betroffenen Parteien resultiert, kann sich das Recht des Arbeitgebers zur Anweisung der Streitbeilegung durch Mediation bereits aus § 611a Abs. 1 BGB bzw. § 106 S. 1 GewO ergeben. Zutreffender dürfte es sein, ein solches Recht aus § 106 S. 2 GewO herzuleiten, wonach dem Arbeitgeber eine umfassende Weisungsbefugnis für das Ordnungsverhalten der Arbeitnehmer im Betrieb zukommt.[174]

105 Inzwischen beschäftigte diese Frage auch die Arbeitsgerichte. Während es das LAG Nürnberg[175] abgelehnt hat, dem Arbeitgeber per Weisungsrecht zuzugestehen, Arbeitnehmer zur

---

[168] ErfK/*Schlachter* AGG § 13 Rn. 3.
[169] Vgl. dazu auch *Ayad*, Friede im Betrieb, 2005, S. 88 ff. mwN.
[170] Vgl. hierzu *Ponschab/Schweizer*, Kooperation statt Konfrontation, 2. Aufl. 2010, S. 57 ff.; *Fisher/Ury/Patton*, Das Harvard-Konzept, 2018, S. 75 ff.
[171] *Francken* NZA 2011, 1001 (1002).
[172] BAG 24.10.2018 – 10 AZR 19/18, NZA 2019, 619 ff.; 24.4.1996 – 5 AZR 1031/94, AP BGB § 611 Direktionsrecht Nr. 48; LAG Berlin-Brandenburg 2.10.2019 – 20 Sa 264/19, BeckRS 2019, 35852; LAG Schleswig-Holstein 19.3.2002 – 3 Sa 1/02, NZA-RR 2002, 457.
[173] BeckOK GewO/*Hoffmann/Schulte* § 106 Rn. 30.
[174] BeckOK GewO/*Hoffmann/Schulte* § 106 Rn. 50 mwN.
[175] LAG Nürnberg 27.8.2013 – 5 TaBV 22/12, BeckRS 2013, 73254; dem nachfolgend BAG 30.6.2015 – 1 ABR 71/13, BeckRS 2015, 72430 ohne explizite Aussage zu der Rechtmäßigkeit eines Mediationsverfahrens im gegebenen Kontext; dazu: *Niedostadek* ZKM 2014, 55 ff.

Teilnahme an einem Mediationsverfahren zu verpflichten, hat das LAG Hamm[176] im Fall einer echten Druckkündigung entschieden, dass der Arbeitgeber als milderes Mittel zumindest die Durchführung eines Mediationsverfahrens anbieten musste.[177] Denkbar sei eine Verpflichtung der Arbeitnehmer, an Aufklärungsgesprächen über Sinn und Zweck der Mediation teilzunehmen. Dem Arbeitgeber sei auch zuzumuten, die durch das Mediationsverfahren ausgelösten Kosten zu tragen. In die gleiche Richtung geht eine Entscheidung des LAG Rheinland-Pfalz,[178] wonach eine Supervision/Mediation bei objektiver Betrachtungsweise eine geeignete und angemessene Maßnahme zur Konfliktlösung darstelle, die bei Verweigerung seitens des Arbeitnehmers einen Schadensersatzanspruch nach § 628 Abs. 2 BGB wegen Fürsorgepflichtverletzung entfallen lasse.[179] Schließlich wird diese Sichtweise gestützt durch die verbraucherrechtliche Entscheidung des EuGH zur europarechtlichen Vereinbarkeit der verpflichtenden Durchführung eines Mediationsverfahrens vor Klageerhebung.[180]

> **Praxistipp:**
> Arbeitgeber, die sich Maßnahmen für die Beilegung von innerbetrieblichen Konfliktsituationen überlegen, sollten verstärkt das Angebot eines Mediationsverfahrens und die Aufklärung über dieses Verfahren in das Handlungsspektrum mit einbeziehen.
>
> Die Durchführung eines Mediationsverfahrens scheidet dann aus, wenn dieses von vornherein aussichtslos erscheint oder seitens der Arbeitnehmer unmissverständlich verweigert wird. Allerdings kann auch eine zu Verfahrensbeginn aussichtslos erscheinende Konfliktsituation häufig mittels Struktur, Methodik und der Interessen- sowie Zukunftsorientierung der Mediation einer Wende zugeführt werden. Insoweit sollte die Beratungspraxis eine vermeintliche Aussichtslosigkeit der Konfliktlösung nicht sogleich zur schnellen Ablehnung eines Mediationsverfahrens nutzen,[181] sondern diese Situation vielmehr als Chance verstehen, die Konfliktsituation konsensual zu lösen.

Allerdings liegen die Grenzen der Weisungsbefugnis des Arbeitgebers im **allgemeinen Persönlichkeitsrecht** der Arbeitnehmer,[182] so dass die nachhaltige Weigerung eines Arbeitnehmers, an einem Mediationsverfahren teilzunehmen, vom Arbeitgeber sanktionslos zu akzeptieren ist.

Wenn der Arbeitgeber einen **Konflikt** mit einem Arbeitnehmer oder unter Arbeitnehmern durch Maßnahmen auf der **Grundlage des Direktionsrechts** beseitigen will, stellen sich im Wesentlichen zwei **Fragen:** (1) Findet dadurch tatsächlich eine Konfliktbearbeitung und Konfliktlösung statt, und (2) was kann ein Arbeitnehmer tun, wenn die Angelegenheit aus seiner Sicht nicht befriedigend behandelt wurde?[183]

Die erstgenannte Frage wird häufig negativ zu beantworten sein, da eine Lösung durch Ausübung des Weisungsrechts – ebenso wie eine Lösung durch das Gericht – **fremdbestimmt** und durch einen Dritten, hier den Arbeitgeber, stattfindet. Meist werden die Bedürfnisse und Interessen der Arbeitnehmer dabei außer Acht gelassen und nicht bearbeitet, wie dies hingegen in einem freiwilligen Mediationsverfahren möglich ist. Die zweitgenannte Frage kann formal unter Verweis auf das **Anhörungs- und Erörterungsrecht des Arbeitnehmers** gemäß § 82 Abs. 1 BetrVG beantwortet werden,[184] faktisch kommt es jedoch auf die

---

[176] LAG Hamm 16.10.2015 – 17 Sa 696/15, BeckRS 2015, 73265; aA LAG Berlin-Brandenburg 2.10.2019 – 20 Sa 264/19, BeckRS 2019, 35852 Rn. 32.
[177] *Settekorn/Fasholz* ArbRAktuell 2016, 521 (523).
[178] LAG Rheinland-Pfalz 19.12.2013 – 10 Sa 379/13, BeckRS 2014, 66087.
[179] AA LAG Berlin-Brandenburg 22.3.2018 – 5 Sa 1575/17, BeckRS 2018, 15631 für Supervison und Coaching.
[180] EuGH 14.6.2017 – C-75/16, FA 232 f.; *Dendorfer-Ditges/Wilhelm* KonfliktDynamik 2018, 242 ff.
[181] *Geißler* ArbRAktuell 2016, 18.
[182] Vgl. insoweit die Rechtsprechung zu Whistleblowing-Klauseln, insbesondere LAG Düsseldorf 14.11.2005 – 10 TaBV 46/05, NZA-RR 2006, 81 ff. – Wal-Mart-Fall.
[183] Vgl. dazu *Ayad*, Friede im Betrieb, 2005, S. 201 ff.
[184] *Fitting* BetrVG § 82 Rn. 4 ff.

betriebliche Kommunikationskultur an, ob und inwieweit der Arbeitnehmer überhaupt die Chance hat, seine Unzufriedenheit mit einer Konfliktlösung kundzutun.[185]

109 b) **Arbeitsgerichtliches Verfahren, Güteverhandlung, Güterichter.** Die Mediation und andere Verfahren der außergerichtlichen Streitbeilegung sind im arbeitsgerichtlichen Verfahren angekommen.

110 Zunächst ist § 253 Abs. 3 Nr. 1 ZPO iVm § 46 Abs. 2 ArbGG, § 495 ZPO zu beachten, wonach dem Gericht in der Klageschrift mitgeteilt werden soll, ob der Klageerhebung der Versuch einer Mediation oder eines anderen Verfahrens der außergerichtlichen Konfliktbeilegung vorausgegangen ist, sowie eine Äußerung dazu abgegeben werden soll, ob einem solchen Verfahren Gründe entgegenstehen.[186] Aufgrund der für den Arbeitsgerichtsprozess vorhandenen Klage- und Ausschlussfristen bleibt jedoch für vorgerichtliche Verhandlungen kaum Zeit, eine Verrechtlichung der Konfliktlösung ist die Folge.[187]

111 Die Güteverhandlung nach § 54 Abs. 1 ArbGG ist traditionell Teil des arbeitsgerichtlichen Verfahrens.[188] Verläuft die Güteverhandlung erfolglos, wird entweder im unmittelbaren Anschluss oder – zumeist – in einem neuen Termin streitig vor der Kammer verhandelt (§ 54 Abs. 4 ArbGG).

112 Nach § 54 Abs. 6 ArbGG kann der Vorsitzende die Parteien für die Güteverhandlung sowie deren Fortsetzung vor einen Güterichter[189] als ersuchten Richter verweisen.[190]

113 § 54a ArbGG sieht zudem vor, dass das Gericht den Parteien eine Mediation oder ein anderes Verfahren der außergerichtlichen Konfliktbeilegung vorschlagen kann.[191]

114 Sollte ein Mediationsverfahren durchgeführt werden, ordnet das Gericht das Ruhen des Verfahrens an und nimmt dieses entweder auf Antrag der Parteien oder nach drei Monaten wieder auf, es sei denn, die Parteien legen übereinstimmend dar, dass eine Mediation oder eine außergerichtliche Konfliktbeilegung noch betrieben wird.[192]

> **Praxistipp:**
> Bei Streitigkeiten, die unter das KSchG fallen, kann bei Wahrung der Dreiwochenfrist des § 4 KSchG die Klageerhebung mit dem Hinweis auf eine geplante oder bereits laufende Mediation oder auf ein anderes Verfahren der außergerichtlichen Konfliktbeilegung verbunden und die Anordnung des Ruhens des Verfahrens beantragt werden.[193]

115 Ziel der arbeitsgerichtlichen Güteverhandlung ist eine vergleichsweise – **gütliche** – Regelung des Rechtsstreits zwischen den Parteien, grundsätzlich ein mediativer Ansatz.[194] Dieser wird gestärkt durch die Vorgabe des § 54 Abs. 1 S. 2 ArbGG, wonach die Güteverhandlung

---

[185] *Ayad,* Friede im Betrieb, 2005, S. 204 ff.
[186] *Löer* ZKM 2015, 111 ff.
[187] *Francken* NZA 2012, 836 (839).
[188] Vgl. Lukas/Dahl/*Bader,* Konfliktlösung im Arbeitsleben, 2013, S. 268 ff.; *Ayad,* Friede im Betrieb, 2005, S. 261 ff. mit dem Verweis auf die zentrale Bedeutung des Gütegedankens für das arbeitsgerichtliche Verfahren, März 2012.
[189] Dazu *Düwell* BB 2012, 1921 (1922); *Francken* NZA 2015, 641 ff.; *Wolmerath* ArbRAktuell 2015, 343 (345 f.).
[190] Dazu aus der Sicht der Thüringer Arbeitsgerichtsbarkeit: Lukas/Dahl/*Engel,* Konfliktlösung im Arbeitsleben, 2013, S. 306 ff.; *Künzl* MDR 2016, 952 ff.
[191] *Hippeli/Matheis* DB 2016, 53 ff.
[192] Vgl. Art. 5 der Beschlussempfehlung/Bericht des Rechtsausschusses des Deutschen Bundestages vom 1.12.2011, BT-Drs. 17/8058; dazu bereits: *Francken* NJW 2007, 1792 (1794); zur Rechtslage vor Inkrafttreten des § 278a ZPO und des § 54a ArbGG hinsichtlich des Ruhens des Verfahrens für die Dauer eines Mediationsverfahrens: OLG Oldenburg 21.2.2008 – 8 U 186/07, BeckRS 2008, 08299.
[193] Vgl. die Gesetzesbegründung zu Art. 5 des Entwurfs der Bundesregierung zum MediationsG vom 1.4.2011, BT-Drs. 17/5335, 24.
[194] Ebenso: *Francken* NJW 2006, 1103 (1105); *Henkel* NZA 2000, 929 (931); *Lembke,* Mediation im Arbeitsrecht, 2001, S. 140 ff. Rn. 233 ff.; vgl. dazu auch *Leinemann* BB 1997, 2322 (2327); Lukas/Dahl/*Bader,* Konfliktlösung im Arbeitsleben, 2013, S. 273.

unter freier Würdigung aller Umstände durchzuführen ist.[195] Dazu gehören gerade auch wirtschaftliche, soziale und sonstige Erwägungen.

Auch besteht vor den Arbeitsgerichten erster Instanz kein und vor den Landesarbeitsgerichten nur ein eingeschränkter Vertretungszwang (§ 11 Abs. 1 und 2 ArbGG), da bei letzteren auch Vertreter von Gewerkschaften oder Arbeitgeberverbänden als Prozessbevollmächtigte auftreten können. Die Parteien können also die Güteverhandlung dazu nutzen, eine eigenverantwortliche Einigung mit Unterstützung des Richters herbeizuführen.[196]

Dennoch konzentrieren sich die Beteiligten arbeitsgerichtlicher Güteverhandlungen regelmäßig auf **Ansprüche und Rechtsnormen,**[197] denn die Gefahr einer Fortführung im Kammertermin ist zu jedem Verfahrenszeitpunkt gegenwärtig. Hinzu kommt, dass aus Parteiensicht eine Klageerhebung das letzte Mittel ist, um zu ihrem Recht zu kommen. Die Parteien ziehen auch nicht immer mit der Absicht vor Gericht, sich gütlich zu einigen. Vielmehr ist die gütliche Einigung häufig das Resultat der anwaltlichen Risikoberatung.

Aus diesem Grund ändern die in den **Güteverhandlungen erzielten Vergleiche** regelmäßig weder etwas an der Einstellung der Parteien zueinander, noch werden dadurch die Probleme auf der Beziehungsebene erfasst. So ist die Kündigungsschutzklage praktisch betrachtet eine **Abfindungsklage,** und nicht – wie vom Gesetzgeber ausgestaltet – eine Bestandsschutzklage.[198] Es ist daher nicht verwunderlich, wenn die Richter den Arbeitnehmern in der Praxis als vergleichsweise Regelung das Ausscheiden gegen Zahlung einer Abfindung vorschlagen,[199] zumal weitergehende Lösungen aufgrund des bei den Arbeitsrichtern bestehenden **Zeit- und Erledigungsdrucks** zumeist nicht gesucht werden können.[200] Es besteht regelmäßig auch nicht genügend Zeit, den zugrunde liegenden Konflikt und dessen Vorgeschichte zu diskutieren oder die Interessen der Parteien zu ergründen.[201]

Die Anforderungen an ein Verhandeln im Gütetermin sind zudem gering: Dafür reicht es bereits aus, wenn eine dem Zweck der Güteverhandlung entsprechende Erörterung – welcher Art auch immer – stattgefunden hat,[202] oder auch nur ein Sachantrag gestellt wurde.[203] Hinzu kommt, dass die im Gerichtssaal gegebene Verhandlungsdynamik die Orientierung der Parteien zum Richter und nicht zueinander bedingt, sowie die Erwartungshaltung begründet, vom Richter konkrete Vergleichsvorschläge zu erhalten. Insoweit wird vom Richter eine aktive Unterstützung der Lösungsfindung erwartet.[204]

In Anbetracht dieser Faktoren ist es kaum vertretbar, in der arbeitsrechtlichen Güteverhandlung ein mediationsähnliches Verfahren zu sehen.[205] Es finden sich – abhängig von dem Verhandlungsstil des Richters – in der Güteverhandlung allenfalls Elemente eines Mediationsverfahrens.[206] Es fehlt jedoch zumeist an den für die Mediation kennzeichnenden Merkmalen der Gestaltung der Zukunft und der interessengerechten, von den Parteien selbst erarbeiten Lösungen.

Die Unterscheidung von Güteverhandlung und Mediation wird nunmehr auch durch die Einfügung der §§ 54 Abs. 6 und 54a ArbGG verdeutlicht. Die **Mediation stellt eine Alternative zur Güteverhandlung** dar, dies vor allem dann, wenn sie – noch außergerichtlich – zu

---

[195] *Francken* NZA 2012, 836 (839).
[196] Vgl. dazu *Kramer* NZA 2005, 135 (139 f.).
[197] Ebenso: *Budde,* Mediation und Arbeitsrecht, 2003, S. 97; *Ayad,* Friede im Betrieb, 2005, S. 88 ff. mwN.
[198] *Lembke,* Mediation im Arbeitsrecht, 2001, S. 111 ff. Rn. 171 ff.; *Henkel* NZA 2000, 929 (930).
[199] Gesetzlich normiert für betriebsbedingte Kündigungen in § 1a KSchG; vgl. dazu kritisch: *Ayad,* Friede im Betrieb, 2005, S. 265 ff.
[200] *Lembke,* Mediation im Arbeitsrecht, 2001, S. 139 f. Rn. 232; vgl. auch Henssler/Koch/*Budde,* Mediation in der Anwaltspraxis, 2004, S. 497, 513 Rn. 50.
[201] Henssler/Koch/*Budde,* Mediation in der Anwaltspraxis, 2004, S. 497, 514 f. Rn. 53.
[202] BAG 25.11.2010 – 2 AZR 323/09, NZA 2011, 821 mwN.
[203] BAG 23.1.2007 – 9 AZR 492/06, NZA 2007, 1450 (1452).
[204] Vgl. BAG 12.5.2010 – 2 AZR 544/08, NZA 2010, 1250 ff., wonach die Grenzen der aktiven Rolle des Gerichts bei Vergleichsverhandlungen – insbesondere im Falle von Drohungen – aufgezeigt werden; zu der Rolle des Richters in der Güteverhandlung: Lukas/Dahl/*Bader,* Konfliktlösung im Arbeitsleben, 2013, S. 274 ff.
[205] Ebenso: *Francken* NJW 2006, 1103 (1105); dazu auch *Dendorfer* KonfliktDynamik 2012, 280 ff.
[206] BeckOK ArbR/*Hamacher* ArbGG § 54 Rn. 2a mwN; *Notter* DB 2004, 874 ff.

einem früheren Zeitpunkt und somit in einem Zustand geringerer Eskalation des Konfliktes stattfinden kann.[207]

122 Davon deutlich abzugrenzen ist das **Güterichterverfahren**, welches nach § 54 Abs. 6 ArbGG auch im arbeitsgerichtlichen Verfahren Anwendung finden kann.[208] Der Güterichter ist ein von dem erkennenden Richter unabhängiger Richter, der zu einer Entscheidung in seiner Funktion als Güterichter nicht befugt ist.[209]

> **Praxistipp:**
>
> Der beratende Anwalt sollte folgende Kriterien in die Entscheidung für oder gegen ein Güterichterverfahren einbeziehen:[210] Die Kommunikation und die Interessenlage stehen im Güterichterverfahren im Vordergrund. Einzelgespräche können zur Lösungsfindung beitragen. Das Güterichterverfahren kann zu einer Deeskalation des Konfliktes führen, der Weg zur Konfliktlösung wird geändert. Es ist ergebnisoffen und bietet die Chance für einen Austausch über Interessen und Motive.
>
> Andererseits können enttäuschte Erwartungen den Konflikt verstärken, ebenso emotionale Ausbrüche im Laufe des Güterichterverfahrens. Die Persönlichkeit der Parteien muss daher mit im Fokus der Entscheidung für oder gegen ein Güteverfahren sein. Wie hoch ist die Selbstreflexion? Besteht eine gewisse Frustrationstoleranz? Lassen sich Offenheit mit hierarchischen Strukturen in Einklang bringen? Besteht ein Machtungleichgewicht zwischen den Parteien? Oder wird das Güterichterverfahren nur strategisch eingesetzt, etwa um die andere Seite über den Güterichter von der gewünschten Lösung zu überzeugen oder weil man den Vorschlag des erkennenden Richters nicht ablehnen will?[211]

123 Die Verhandlung vor dem Güterichter ist nicht öffentlich und vertraulich, Informationen aus dem Güterichterverfahren werden an das Prozessgericht nicht weitergegeben. Ein Protokoll über die Güterichterverhandlung wird gemäß § 159 Abs. 2 S. 2 ZPO iVm § 46 Abs. 2 S. 1 ArbGG nur auf übereinstimmenden Antrag der Parteien verfasst.[212] Aufgrund fehlender Entscheidungsbefugnis kann der Güterichter Einzelgespräche mit den Parteien führen.[213]

> **Praxistipp:**
>
> Auch wenn kein Protokoll über die Verhandlung vor dem Güterichter aufgenommen wird, kann der Prozessgegner bei einer Fortsetzung des streitigen Verfahrens die Erkenntnisse aus dem Güterichterverfahren vortragen. Um die für eine konsensuale Lösung notwendige Offenheit in dem Güterichterverfahren zu gewährleisten, sollte auf Parteiebene die Vertraulichkeit des Güterichterverfahrens daher gesondert vereinbart werden.[214]
>
> Dem nicht entscheidungsbefugten Güterichter steht im Übrigen nach § 383 Abs. 1 Nr. 6 ZPO grundsätzlich ein Zeugnisverweigerungsrecht über den Inhalt des Gütegesprächs zu.[215]

124 Die Verweisung an den Güterichter ist im arbeitsgerichtlichen Verfahren unter Berücksichtigung des besonderen Beschleunigungsgrundsatzes nur vor dem Gütetermin iSd § 54

---

[207] Vgl. den Vorschlag einer *Screening-Conference* im Rahmen der Güteverhandlung, *Francken* NJW 2006, 1103 (1105).
[208] Vgl. *Francken* NZA 2015, 641 ff., der darauf verweist, dass weniger als 1 % der Verfahrenseingänge in der Arbeitsgerichtsbarkeit in die Güterichterverfahren verwiesen werden, wobei die Vergleichsquote bei 60 % liegt; *Pilartz* ArbRAktuell 2013, 433 ff.; *Freundorfer/Hauska* ZKM 2015, 39 ff. zur gerichtsnahen Mediation im österreichischen Arbeitsrecht.
[209] Vgl. dazu umfassend *Greger/Weber* MDR 2012, 3 ff.; *Ahrens* NJW 2012, 2465 (2469 ff.).
[210] *Pilartz* ArbRAktuell 2013, 433 (434 f.).
[211] *Pilartz* ArbRAktuell 2013, 433 (435).
[212] *Francken* NZA 2012, 836 (839); *ders.* NZA 2015, 641 (643).
[213] *Greger/Weber* MDR 2012, 3 (5).
[214] *Francken* NZA 2015, 641 (643).
[215] BT-Drs. 17/8058, 21.

Abs. 1 ArbGG, im Gütetermin oder unmittelbar danach möglich; befindet sich der Rechtsstreit bereits vor der Kammer, wäre diese für die Verweisung zuständig und nicht mehr der Vorsitzende alleine. Eine Verweisung durch die Kammer an den nicht entscheidungsbefugten Güterichter sieht § 54 Abs. 6 ArbGG jedoch nicht vor.[216] Der Rechtsstreit bleibt bei dem Prozessgericht anhängig und wird in der Gestalt des – ausgelagerten – Güteverfahrens fortgeführt. Streitig ist, ob für die Verweisung an den Güterichter die **Zustimmung der Parteien** erforderlich ist.[217]

> **Praxistipp:**
>
> Es kann durchaus sinnvoll sein, zunächst die Güteverhandlung vor dem erkennenden Richter abzuwarten und bei deren Scheitern eine weitere Güteverhandlung vor dem Güterichter oder ein Mediationsverfahren in Betracht zu ziehen.[218]

Der Güterichter kann alle Methoden der Konfliktbeilegung einschließlich der Mediation anwenden, somit den Parteien auch Einigungsvorschläge unterbreiten. Anders als bei außergerichtlichen Mediatoren verkörpert der Güterichter weiterhin richterliche Autorität. Die Erwartungshaltung der Parteien wird daher regelmäßig dahin gehen, von dem Güterichter auch Lösungshinweise zu erhalten.[219]

> **Praxistipp:**
>
> Der Güterichter kann kein Anerkenntnis- oder Versäumnisurteil erlassen und keine Kostenentscheidung treffen; ausgeschlossen ist auch die Bewilligung von Prozesskostenhilfe durch den Güterichter. Prozessuale Fristen kann der Güterichter nicht verlängern, auch kann er nicht über das Ruhen des anhängigen Klageverfahrens entscheiden.
>
> Die Parteien haben auch keinen Anspruch auf einen bestimmten Güterichter, § 2 Abs. 1 MediationsG findet keine Anwendung.[220]

Ziel des Güterichterverfahrens ist die persönliche Verhandlung zwischen den Parteien. In Prozessen ohne Anwaltszwang, wie im Falle der ersten Instanz des Arbeitsgerichtsverfahrens, kann das Güterichterverfahren daher ohne Rechtsanwälte durchgeführt werden.

> **Praxistipp:**
>
> Die Rolle des Rechtsanwalts im Güterichterverfahren ist diejenige eines Begleiters und Beraters, und nicht diejenige des streitbereiten Prozessvertreters und Entscheiders.[221]

Aufgrund der Freiwilligkeit des Güterichterverfahrens kann eine Partei ihre Teilnahme jederzeit ohne Angabe von Gründen beenden; dasselbe gilt für den Güterichter.[222] Bei nach-

---

[216] *Francken* NZA 2012, 836 (838).
[217] Für die Notwendigkeit der Zustimmung durch die Parteien: Erfk/*Koch* ArbGG § 54 Rn. 11 mwN; *Francken* NZA 2012, 836 (837); *Wolmerath* ArbRAktuell 2015, 343 (345); *Pilartz* ArbRAktuell 2013, 433 (434); gegen die Notwendigkeit einer ausdrücklichen Zustimmung: LSG Bayern 5.9.2016 – L 2 P 30/16 B, BeckRS 2016, 73051; LSG Hessen 30.5.2014 – L 6 AS 132/14, ZKM 2014, 134 f.; OVG Bautzen 28.1.2014 – 1 A 257/10, ZKM 2014, 135; ArbG Hannover 1.2.2013 – 2 Ca 10/13 Ö, BeckRS 2013, 66710; Musielak/Voit/*Foerste* ZPO § 278 Rn. 14; BeckOK ZPO/*Bacher* § 278 Rn. 20 mwN.
[218] Ebenso: *Pilartz* ArbRAktuell 2013, 433 (434).
[219] *Dendorfer-Ditges* KonfliktDynamik 2013, 344 (345).
[220] *Dendorfer-Ditges* KonfliktDynamik 2013, 344.
[221] Vgl. dazu *Schmidt/Lapp/Monßen* Mediation S. 22 ff.
[222] *Greger/Weber* MDR 2012, 3 (20).

folgender Fortsetzung des Rechtsstreits können am Ende eines Güterichterverfahrens Absprachen getroffen werden. Auch können einvernehmliche Zwischenlösungen vereinbart werden. Denkbar ist zudem die Vereinbarung, das Verfahren in ein außergerichtliches Mediationsverfahren überzuführen.

128 Kommt es am Ende des Güterichterverfahrens zu einer Einigung, kann der Güterichter die zwischen den Parteien getroffene Vereinbarung auch als Prozessvergleich iSv § 794 Abs. 1 Nr. 1 ZPO iVm § 46 Abs. 2 ArbGG beurkunden oder gemäß § 278 Abs. 6 ZPO iVm § 46 Abs. 2 ArbGG feststellen.[223]

129 Das Güterichterverfahren ist Bestandteil des Prozesses und löst daher keine gesonderten Gerichtsgebühren aus. Die Parteianwälte erhalten für die Teilnahme an der Güterichterverhandlung keine zusätzliche Gebühr, solange der Gegenstand der Verhandlung nur der rechtshängige Anspruch ist. Allerdings fällt für die Güterichterverhandlung eine Terminsgebühr an.[224]

130 **c) Vergleichsbemühungen im Kammertermin.** Nach § 57 Abs. 2 ArbGG soll die **gütliche Erledigung des Rechtsstreits** während des ganzen Verfahrens angestrebt werden. Damit ist klargestellt, dass nicht nur im Gütetermin, sondern auch in der streitigen Verhandlung vorrangig eine gütliche Beilegung des Rechtsstreits erreicht werden soll.[225]

131 In der Praxis ist zu beobachten, dass eine gütliche Einigung im Kammertermin auch nach einer zunächst gescheiterten vergleichsweisen Einigung möglich ist. Häufig ergeben sich für den Kammertermin neue Fakten und Erkenntnisse, die eine ursprünglich nicht vergleichsbereite Partei dazu bringen, einer vergleichsweisen Regelung letztendlich doch zuzustimmen.

132 Dabei darf jedoch nicht übersehen werden, dass in den Monaten vor dem Kammertermin die zwischen den Parteien zumeist auch betroffene **Beziehungsebene** oft unwiederbringlich beschädigt wird. Der Austausch von Rechtsstandpunkten, das Aufzeigen von Fehlverhalten, die Geltendmachung von Ansprüchen und das drohende Unterliegen im Gerichtsverfahren erzeugen regelmäßig eine Abwehrhaltung, die konkret nur eine vergleichsweise Lösung erlaubt, nämlich die Trennung unter Zahlung einer Kompensation (Abfindung).

133 Der Gütegedanke des § 57 Abs. 2 ArbGG macht daher den Einsatz von Mediation ebenfalls nicht überflüssig, im Gegenteil: Häufig könnte auch in der Situation eines fortgeschrittenen Gerichtsverfahrens die **richterliche Empfehlung eines Mediationsverfahrens** dazu führen, dass – auch in der dann bereits eskalierten Konfliktphase – von den Parteien Lösungen gefunden werden, die weit mehr zufriedenstellen, als dies durch ein gerichtliches Urteil oder eine faktisch „erzwungene" Einigung im Gerichtssaal jemals der Fall sein kann.[226]

134 Trotz des weiteren Bemühens um eine gütliche Einigung kann im **Kammertermin** ein **mediativer Ansatz** nur **wenig Raum** finden. Denn schließlich geht es in diesem Verfahrensstadium vornehmlich darum, das Gericht letztmalig von seinem eigenen Rechtsstandpunkt und den eigenen Argumenten zu überzeugen. Das Gericht ist am Ende des Verfahrens gefordert, Position für die eine oder für die andere Partei zu beziehen und ein entsprechendes Urteil zu fällen.

> **Praxistipp:**
> Die anwaltlichen Vertreter sollten in jedem Stadium des Gerichtsverfahrens prüfen, ob die Durchführung eines Mediationsverfahrens Sinn macht. Das Gerichtsverfahren kann dazu einvernehmlich und auf Antrag der Parteien zum Ruhen gebracht (§ 46 Abs. 2 ArbGG iVm § 251 ZPO sowie § 54a Abs. 2 ArbGG), oder aber es kann das Gericht um großzügige Terminierung gebeten werden.

---

[223] *Greger/Weber* MDR 2012, 3 (23 f.).
[224] Vorb. 3 Abs. 3 zu Teil 3 VV-RVG.
[225] Dazu auch *Francken* NZA 2011, 1001 (1003) mit dem Hinweis, dass 2009, 57, 1 % der eingereichten Klagen vor den Arbeitsgerichten durch Vergleich und 26,6 % auf andere Weise erledigt wurden; *Leinemann* BB 1997, 2322 (2327) mwN; *Ayad*, Friede im Betrieb, 2005, S. 251 ff.
[226] *Francken* NJW 2007, 1792 (1794).

Zudem ist auch im streitigen arbeitsgerichtlichen Verfahren der Einsatz von Verhandlungs- und Kommunikationstechniken mit dem Ziel von interessenorientierten Lösungen von Vorteil. Die Beschäftigung mit den Techniken professioneller Verhandlungsführung ist sowohl für die Richter, als auch für die Parteivertreter empfehlenswert.[227]

Durch die Ergänzung des § 64 Abs. 7 ArbGG gewährleistet der Gesetzgeber, dass die Möglichkeit der Konfliktbeilegung durch die Mediation auch im **arbeitsgerichtlichen Berufungsverfahren** besteht. 135

6. Beschlussverfahren für betriebsverfassungsrechtliche Streitigkeiten

Die Arbeitsgerichte sind ebenfalls zur Konfliktentscheidung in betriebsverfassungsrechtlichen Streitigkeiten berufen. Neben dem – vorstehend behandelten Urteilsverfahren – ist das dafür maßgebliche **Beschlussverfahren** eine eigenständige Verfahrensart, §§ 2, 80 ff. ArbGG. 136

Das Beschlussverfahren wird durch die Stellung eines Antrags eingeleitet, § 81 Abs. 1 ArbGG. Beteiligte des Verfahrens sind Personen und Organe.[228] 137

Der Antragsteller bestimmt den Verfahrensgegenstand. Es besteht ein eingeschränkter Untersuchungsgrundsatz, so dass das Gericht im Rahmen der Anträge den Sachverhalt von Amts wegen zu ermitteln hat, § 83 Abs. 1 ArbGG. 138

Es liegt im Ermessen des Vorsitzenden, vor der eigentlichen Verhandlung einen Gütertermin anzuberaumen, § 80 Abs. 2 S. 2 ArbGG. Eine Verpflichtung dazu besteht nicht, vielmehr besteht sogar die Möglichkeit einer Entscheidung ohne mündliche Verhandlung, sofern die Beteiligten damit einverstanden sind, § 83 Abs. 4 S. 3 ArbGG. 139

Für die Beantwortung der Frage, ob das Beschlussverfahren den Einsatz von Mediation überflüssig macht, kann auf die Argumente zu den Urteilsverfahren bei individualrechtlichen Streitigkeiten verwiesen werden. Die strukturelle Besonderheit bei betriebsverfassungsrechtlichen Beschlussverfahren gegenüber den Urteilsverfahren in individualrechtlichen Streitigkeiten liegt darin, dass die **Betriebsparteien nach Verlassen des Gerichtssaals** unmittelbar **im Betrieb wieder zusammenarbeiten** müssen. 140

Die Befriedung auf der – bei betriebsverfassungsrechtlichen Streitigkeiten häufig belasteten – Beziehungsebene, die regelmäßig im Gerichtssaal nicht geleistet werden kann, spricht für den Einsatz von Mediation als Alternative zum gerichtlichen Beschlussverfahren. 141

Über die Verweisung in § 80 Abs. 2 S. 1 ArbGG werden Mediation und andere Verfahren der außergerichtlichen Konfliktbeilegung nun auch in das Beschlussverfahren eingeführt. Als Tatbestand für die Beendigung eines Beschlussverfahrens wird in § 83a Abs. 1 ArbGG bestimmt, dass die Beteiligten zur Niederschrift des Güterichters einen Vergleich schließen können. In § 87 Abs. 2 S. 1 ArbGG ist klargestellt, dass auch im Beschwerderechtszug noch eine gerichtsinterne oder außergerichtliche Mediation stattfinden kann. 142

7. Schiedsstelle für Streitigkeiten aufgrund des Arbeitnehmererfindergesetzes

Für alle **Streitigkeiten aus dem ArbNErfG** hat der Gesetzgeber ein **obligatorisches Schlichtungsverfahren** eingeführt, dessen Ziel es nach § 28 S. 2 ArbNErfG ist, eine gütliche Einigung zwischen den Arbeitsvertragsparteien herbeizuführen. Die beim Deutschen Patent- und Markenamt errichtete Schiedsstelle (§ 29 Abs. 1 ArbNErfG) muss grundsätzlich in allen Streitigkeiten aus den ArbNErfG angerufen werden. Das Schlichtungsverfahren stellt somit eine Prozessvoraussetzung für die Erhebung einer Klage dar (§ 37 Abs. 1 ArbNErfG). 143

Die **Schiedsstelle** besteht aus einem vom Bundesjustizminister bestellten Juristen als Vorsitzendem und zwei Beisitzern, die vom Präsidenten des Deutschen Patent- und Markenamtes für den Einzelfall berufen werden und besondere Erfahrungen auf dem Gebiet der Technik besitzen sollen (§ 30 Abs. 1 bis 3 ArbNErfG). 144

---

[227] Ebenso: *Henkel* NZA 2000, 929 (931 f.).
[228] ErfK/*Koch* ArbGG § 81 Rn. 9.

145 Die Schiedsstelle kann durch **schriftlichen Antrag einer Streitpartei** unter Darstellung des Sachverhalts angerufen werden (§ 31 Abs. 1 ArbNErfG). Es besteht für die andere Partei **kein Einlassungszwang,** bei fehlender Einlassung wird das Schlichtungsverfahren erfolglos beendet (§ 35 Abs. 1 Nr. 1 und 2 ArbNErfG). Die Schiedsstelle hat das Verfahren nach Zweckmäßigkeitsgesichtspunkten auszurichten, orientiert an dem Ziel, eine für alle Beteiligten **angemessene gütliche Einigung** zu erreichen (§ 33 Abs. 2 ArbNErfG). Das Verfahren wird grundsätzlich **nicht öffentlich** und **vertraulich** durchgeführt, getragen von dem Grundsatz der Beschleunigung (vgl. dazu § 37 Abs. 2 Nr. 2 ArbNErfG).

146 Einigen sich die Parteien im Laufe des Schlichtungsverfahrens nicht, beschließt die Schiedsstelle mit Stimmenmehrheit einen begründeten **Entscheidungsvorschlag,** der für die Parteien nicht verbindlich ist (§ 34 Abs. 1 und 2 ArbNErfG). Jede Partei kann innerhalb einer Frist von einem Monat nach Zustellung des Vorschlags schriftlich **Widerspruch** bei der Schiedsstelle gegen den Vorschlag einlegen (§ 34 Abs. 3 ArbNErfG), was einer erfolglosen Beendigung des Verfahrens gleichkommt (§ 35 Abs. 1 Nr. 3 ArbNErfG). Gebühren und Auslagen fallen im Verfahren vor der Schiedsstelle nicht an (§ 36 ArbNErfG).

147 Das Verfahren vor der Schiedsstelle nach dem ArbNErfG kommt einem **Mediationsverfahren gleich,**[229] wenn es auch einseitig obligatorisch eingeleitet werden kann. Solange den Parteien die Freiwilligkeit hinsichtlich des Verfahrensausgangs verbleibt, ist insoweit der mediative Charakter des Verfahrens nicht beeinträchtigt. Die Entscheidungskompetenz, auch wenn diese nicht zu einer verbindlichen Entscheidung führt, steht der Gleichsetzung zur Mediation jedoch ebenso entgegen, wie die Tatsache, dass die Parteien die Besetzung der Schiedsstelle nicht bestimmen können.

8. Schlichtungsverfahren für Berufsausbildungsverhältnisse

148 Nach § 111 Abs. 2 ArbGG ist die **Anrufung eines Schlichtungsausschusses** bei Streitigkeiten „aus einem bestehenden Berufsausbildungsverhältnisses" vorgeschrieben.[230] Das gesetzliche Gebot, vor Inanspruchnahme des Arbeitsgerichtes den Schlichtungsausschuss anzurufen, ist insbesondere in der Rücksichtnahme auf das besondere Vertrauensverhältnis zwischen Auszubildendem und Arbeitgeber begründet.[231] Diese Regelung soll vermeiden, dass die Parteien des Berufsausbildungsvertrages sich als Prozessparteien streitend gegenüberstehen, solange Ungewissheit über die rechtswirksame Beendigung besteht.[232]

149 Der Schlichtungsausschuss bestimmt seine **Zusammensetzung** und die **Verfahrensweise** nach **freien Ermessen** unter Beachtung der Grundsätze allgemeinen rechtsstaatlichen Handelns.[233] Besteht eine Verfahrensordnung für die Verhandlung vor dem Schlichtungsausschuss, so müssen die darin festgelegten Verfahrensmaßstäbe eingehalten werden.

150 In den Verfahrensordnungen für die Verhandlungen vor einem Schlichtungsausschuss ist zumeist geregelt, dass die **Verhandlung nicht öffentlich** durchgeführt wird. Während des Verfahrens soll eine **gütliche Einigung** angestrebt werden; das Verfahren ist so schnell wie möglich durchzuführen. Erscheint eine der Parteien im Verhandlungstermin nicht, ergeht eine Säumnisentscheidung.[234]

151 Insoweit sind die Rahmenbedingungen eines Schlichtungsverfahrens für Berufsausbildungsverhältnisse **vergleichbar** mit denjenigen eines **Mediationsverfahrens,** wenn man davon absieht, dass die Parteien die Schlichter (Ausschussmitglieder) nicht frei wählen können, während der Mediator von den Parteien bestimmt wird.

152 Unterschiedlich ist jedoch die Tatsache, dass ein solches Schlichtungsverfahren mit einem **Spruch des Ausschusses** endet, wenn eine gütliche Einigung zwischen den Parteien nicht zustande kommt. Beide Parteien müssen den Spruch jedoch für dessen Rechtswirksamkeit anerkennen. Erst mit Annahme durch beide Seiten wird der Spruch unanfechtbar. Erkennt eine

---

[229] Ebenso: *Lembke,* Mediation im Arbeitsrecht, 2001, S. 150 Rn. 255.
[230] Diese Ausschüsse werden für das Handwerk bei den Handwerksinnungen gebildet, für die übrigen Berufe bei dem nach §§ 71 ff. BBiG zuständigen Stellen.
[231] BAG 18.9.1975 – 2 AZR 602/74, AP ArbGG 1953 § 111 Nr. 2.
[232] BAG 13.4.1989 – 2 AZR 441/88, AP KSchG 1969 § 4 Nr. 21.
[233] BAG 18.10.1961 – 1 AZR 437/6, AP ArbGG 1953 § 111 Nr. 1.
[234] *Germelmann/Matthes/Prütting/Prütting* ArbGG § 111 Rn. 31 f.

der beiden Parteien den Spruch der Schlichtungsstelle nicht an, besteht die Möglichkeit, binnen zwei Wochen nach Zugang des Spruches beim Arbeitsgericht Klage zu erheben (§ 111 Abs. 2 S. 3 ArbGG).

Hier zeigt sich eine weitere deutliche **Abweichung zum Mediationsverfahren**, in welchem 153 der Mediator eben gerade keine Entscheidung trifft, sondern es den Parteien überlässt, den Konflikt selbst zu lösen.

Insoweit kann auch für Konflikte in Berufsausbildungsverhältnissen die Auswahl eines 154 Mediationsverfahrens zur Konfliktlösung durchaus sinnvoll sein. Allerdings ist in diesem Bereich stets zu prüfen, inwieweit ein vorhandenes **Erfahrungs- und Machtungleichgewicht** die Durchführung des Mediationsverfahrens beeinflusst. Immerhin wird es sich bei den Auszubildenden regelmäßig um junge Menschen handeln, denen die persönlichen und beruflichen Erfahrungen für die Durchführung eines entsprechenden Mediationsverfahrens fehlen.

Praxistipp:
Der Einsatz von Mediation in Streitigkeiten aus dem Berufsausbildungsverhältnis bedarf der sorgfältigen Überlegung hinsichtlich der ordnungsgemäßen Vertretung des – jugendlichen – Auszubildenden. Ein Ungleichgewicht in Erfahrungen und Funktionen muss in jedem Fall berücksichtigt werden. Ggf kann ein Mediationsverfahren nur unter Einbeziehung von weiteren Personen auf der Seite des Auszubildenden, wie zB Eltern, Anwälte oder Auszubildendenvertreter in Betracht kommen.

9. Auswirkung des Verbots der Schiedsgerichtsbarkeit

Die Vorschriften der §§ 4, 101 Abs. 3 ArbGG erklären **Schiedsvereinbarungen im Indivi-** 155 **dualarbeitsrecht** für **unzulässig**. Sinn der Regelung ist es, im Interesse der Parteien eines Arbeitsvertrages die Durchsetzung des materiellen Arbeitsrechts mit Hilfe staatlicher Gerichte und damit verbunden eine einheitliche Rechtsanwendung sicherzustellen.[235] Arbeitsrechtliche Streitigkeiten sind somit in ausschließlicher Zuständigkeit durch die Arbeitsgerichte zu entscheiden; nationale wie internationale Schiedsgerichte werden im Geltungsbereich des ArbGG von der Entscheidung derartiger Streitigkeiten ausgeschlossen.

Ein Schiedsgericht, welches in Deutschland seinen Sitz hat, darf wegen der fehlenden 156 Schiedsfähigkeit des Streitgegenstandes mithin in arbeitsrechtlichen Streitigkeiten keinen Schiedsspruch fällen.[236] Damit stellt sich die Frage, ob von §§ 4, 101 Abs. 3 ArbGG auch das Mediationsverfahren erfasst ist.

Dem steht zum einen der Wortlaut von § 101 Abs. 3 ArbGG entgegen, der eindeutig von 157 **schiedsrichterlichen Verfahren** spricht. Die Bildung und Ausgestaltung von Schiedsgerichten ist in den einschlägigen Bestimmungen der ZPO geregelt (§§ 1025 ff. ZPO). Diese ZPO-Regelungen erfassen das Mediationsverfahren nicht.

Auch dem **Sinn und Zweck** des § 101 Abs. 3 ArbGG nach ist das Mediationsverfahren 158 nicht unter diese Vorschrift zu fassen. Durch das Verbot der Schiedsgerichtsbarkeit soll sichergestellt werden, dass der vom materiellen Arbeitsrecht und der staatlichen Arbeitsgerichtsbarkeit gewährleistete Rechtsschutz nicht durch die Tätigkeit privater Schiedsgerichte ausgehöhlt wird, welche im Vergleich zu den staatlichen Arbeitsgerichten möglicherweise einen geringeren Standard hinsichtlich juristischer Bildung, Unabhängigkeit und Bindung an das materielle Recht erfüllen.[237] Außerdem soll die Einheitlichkeit der Rechtsanwendung abgesichert werden.[238]

Diese Ziele werden durch ein Mediationsverfahren bei individual- oder kollektivrechtli- 159 chen Streitigkeiten nicht gefährdet. Hierbei ist wiederum maßgeblich, dass der Mediator

---
[235] Francken NJW 2006, 1103 (1106).
[236] MHdB ArbR/Jacobs § 347 Rn. 1 ff.
[237] Vgl. Germelmann/Matthes/Prütting/Germelmann ArbGG § 4 Rn. 1; Leinemann BB 1997, 2322 (2324).
[238] Leinemann BB 1997, 2322 (2324).

eben keine Entscheidung trifft, sondern die Parteien durch deren autonome Verhandlungen begleitet. **Parteiautonome Verhandlungen** zur **Beilegung von Konflikten** sind jedoch weder untersagt, noch können diese ernsthaft als Problem angesehen werden, denn sie sind die Basis einer jeden Konfliktbewältigung. Die Mediation ist daher eine rechtlich zulässige Alternative zu dem arbeitsgerichtlichen Verfahren.[239]

160 Damit sind – im Gegensatz zu Schiedsvereinbarungen – entsprechende **Mediationsklauseln in Arbeitsverträgen** grundsätzlich zulässig.[240] Es ist mithin möglich, die Zulässigkeit einer Klageerhebung davon abhängig zu machen, dass zunächst ein außergerichtliches Mediationsverfahren als Vorverfahren eingeleitet wird.[241] Es handelt sich dabei um einen dilatorischen Klageverzicht (pactum de non petendo) als vorübergehende Klagbarkeitsbeschränkung für die Dauer des Mediationsverfahrens.[242]

161 Allerdings stellt sich im Arbeitsrecht das Problem, dass von dem Klageverzicht – tarifvertragliche oder betriebsverfassungsrechtliche – **Ausschlussfristen** oder die **Klagefristen** der §§ 4 KSchG, 17 TzBfG betroffen sein können. Vermittlungsverhandlungen haben – anders als bei Verjährungsfristen nach § 203 BGB – auf den Ablauf dieser Fristen keinen Einfluss; sie sind der Parteidisposition entzogen.[243] Hinzu kommt, dass der Verzicht des Arbeitnehmers auf den Kündigungsschutz nur nach der Kündigung zulässig ist.[244] Daraus folgt, dass der ex ante vereinbarte dilatorische Klageverzicht als unwirksam anzusehen ist.[245]

162 Die Beteiligten im Arbeitsrecht können sich daher grundsätzlich auf die Durchführung eines Mediationsverfahrens vor Einleitung eines arbeitsgerichtlichen Verfahrens einigen,[246] allerdings muss eine entsprechende vertragliche Vereinbarung die Problematik der arbeitsrechtlichen Ausschluss- und Klagefristen berücksichtigen.[247]

> **Formulierungsvorschlag:**[248]
>
> 163 Eine entsprechende arbeitsvertragliche Klausel könnte wie folgt aussehen:[249]
> Die Parteien des Arbeitsvertrages vereinbaren für den Fall von Streitigkeiten aus diesem Arbeitsvertrag, aus dem dadurch begründeten Arbeitsverhältnis, oder wegen dessen Änderung oder Beendigung verbindlich die Durchführung eines Mediationsverfahrens nach den Richtlinien der EUCON – Europäisches Institut für Conflict Management e. V., München/nach der maßgeblichen „Betriebsvereinbarung zur außergerichtlichen Streitbeilegung" in ihrer jeweils gültigen Fassung.

---

[239] *Francken* NJW 2006, 1103 (1106) schlägt sogar die Zulassung von Parteivereinbarungen zu Gunsten eines Schiedsgerichtsverfahrens nach Klageerhebung vor.
[240] Vgl. zu Schlichtungsklauseln: BAG 18.5.1999 – 9 AZR 682/98, NZA 1999, 1350 (1351 f.); aA ArbG Berlin 4.11.2011 – 28 Ca 11553/11, BeckRS 2011, 78631 zur arbeitsvertraglichen Vereinbarung eines innerbetrieblichen Schlichtungsversuchs vor Klageerhebung auf Entfernung einer Abmahnung aus der Personalakte; ausführlich dazu: *Ayad*, Friede im Betrieb, 2005, S. 295 ff.; *Pilartz* ArbRAktuell 2013, 433 (435) mwN.
[241] ErfK/*Koch* ArbGG § 4 Rn. 3; *Lembke*, Mediation im Arbeitsrecht, S. 136 f. Rn. 224 mwN.
[242] Vgl. zur Vorrang obligatorischer Streitschlichtung: OLG Köln 18.1.2006 – 2 U 113/05, BeckRS 2006, 4116; zur Unzulässigkeit der Klage bei Nichtbeachtung einer vertraglichen Schlichtungsklausel: LG Köln 29.11.2010 – 26 O 468/09 – openJur; dazu auch *Unberath* NJW 2011, 1320 (1321) mwN; *Eidenmüller*, Vertrags- und Verfahrensrecht der Wirtschaftsmediation, 2001, S. 14 f.; *Lembke*, Mediation im Arbeitsrecht, S. 162 f. Rn. 287, 288; *Ayad*, Friede im Betrieb, S. 296.
[243] *Lembke*, Mediation im Arbeitsrecht, S. 165 Rn. 291 mwN.
[244] BAG 3.5.1979 – 2 AZR 679/77, AP KSchG 1969 § 4 Nr. 6; LAG Köln 22.2.2000 – 13 (10) Sa 1388/99, MDR 2000, 1140 f.; *Lembke*, Mediation im Arbeitsrecht, S. 165 Rn. 292.
[245] *Eidenmüller*, Vertrags- und Verfahrensrecht der Wirtschaftsmediation, S. 15; *Lembke*, Mediation im Arbeitsrecht, S. 165 Rn. 291, 292 mwN.
[246] Zur Zulässigkeit von vertraglichen Mediationsklauseln allgemein vgl. *Prütting* AnwBl 2000, 273 (277); insbes. zu Mediationsklauseln in Allgemeinen Geschäftsbedingungen: *Tochtermann* ZKM 2008, 57; *dies.* ZKM 2008, 89; zu den Anforderungen an die Formulierung einer Mediationsklausel zur Begründung einer vorübergehenden Einrede gegen die Zulässigkeit einer Klage vgl. BAG 18.5.1999 – 9 AZR 682/98, NZA 1999, 1350 (1352).
[247] Vgl. dazu *Dendorfer* in FS Leinemann, 567, 584 f.
[248] *Ayad*, Friede im Betrieb, S. 296 ff. zeigt die Probleme bei der Formulierung von Schlichtungsklauseln auf.
[249] Vgl. dazu auch: *Lembke*, Mediation im Arbeitsrecht, S. 165 Rn. 292; zu Klauselbeispielen vgl. *Lenz/Mueller*, Business mediation – Einigung ohne Gericht, S. 230 ff.

Die Einleitung eines Gerichtsverfahrens ist für den Zeitraum des laufenden Mediationsverfahrens ausgeschlossen.[250] Davon ausgenommen sind Maßnahmen zur Wahrung von zwingenden Ausschluss- und/oder Klagefristen, insbesondere der Frist nach § 4 KSchG (Kündigungsschutzgesetz), sowie die Einleitung von Eilverfahren.

Für den Fall einer Klageerhebung zur Wahrung von zwingenden Ausschluss- und/oder Klagefristen vereinbaren die Parteien, im Rahmen der prozessualen Möglichkeiten das Ruhen des eingeleiteten Verfahrens bis zum Abschluss des Mediationsverfahrens herbeizuführen.

Sollten sich aufgrund des Mediationsverfahrens oder der daraus resultierenden Vereinbarungen nachfolgende Rechtsstreitigkeiten zwischen den Parteien ergeben, so sind diese gemäß § 2 Abs. 1 Nr. 3 ArbGG vor dem jeweils örtlich zuständigen Arbeitsgericht zu führen.

IV. Ablauf einer – innerbetrieblichen – Mediation

Nachfolgend soll nun der Ablauf eines Mediationsverfahrens unter Berücksichtigung des Einflusses von betrieblichen Strukturen dargestellt werden.

1. Abschluss einer Mediationsvereinbarung

Die Mediation folgt keinen starren Verfahrensregeln, dennoch verläuft sie üblicherweise in **mehreren Phasen.**[251] Diesen gehen zumeist Vorgespräche mit den Parteien voraus, in denen die Grundzüge der Mediation erklärt und die Mediationsvereinbarung[252] geschlossen werden. In der **Mediationsvereinbarung** werden grundsätzlich die Aufgaben, Rechte und Pflichten des Mediators und der Parteien niedergelegt, die Verfahrensgrundsätze vereinbart und die Honorarfrage sowie die Fragen der Kostentragung geklärt.[253] Der Vorschlag einer Mediationsvereinbarung findet sich im **Anhang 1.**[254] Sofern die Mediationsvereinbarung zwischen Mediator und Unternehmen abgeschlossen wird, wie dies bei innerbetrieblichen Konflikten häufig der Fall ist, müssen zu Beginn der ersten Mediationssitzung sowohl die Freiwilligkeit der Parteien als auch die Vertraulichkeit gesondert angesprochen werden.

Der Abschluss einer Mediationsvereinbarung ist bei innerbetrieblichen Konflikten jedoch nur dann erforderlich, wenn nicht bereits sonstige Regelungen zum Einsatz alternativer Konfliktlösungsverfahren, wie zB eine auf den Einsatz von Mediation bezogene Betriebsvereinbarung oder eine entsprechende Regelungsabrede, bestehen. Der Vorschlag einer entsprechenden **Betriebsvereinbarung** zur Konfliktlösung im Unternehmen findet sich im **Anhang 2.**

Auch kann es zur **Unternehmenspolitik** (Ethikregeln, Rules of Conduct, ADR-Guidelines) gehören, dass Konflikte zunächst auf anderem Wege, insbesondere intern, und nicht sogleich gerichtlich ausgetragen werden.[255] Derartige Richtlinien müssen zu deren arbeitsrechtlicher Durchsetzbarkeit Bestandteil eines jeden Arbeitsverhältnisses durch Einbeziehung in den Arbeitsvertrag werden. Dabei ist zu berücksichtigen, dass das Unternehmen den Arbeitnehmern im Rahmen des bereits angesprochenen Weisungsrechts nach § 611a BGB bzw. § 106 GewO Verhaltensvorgaben machen kann, die den Kontakt der Arbeitnehmer untereinander sowie auch gegenüber Dritten betreffen.[256] Unter Beachtung der Beschränkungen des Wei-

---

[250] Zu Mediationsklauseln mit vorläufigem Klageverzicht: LG Heilbronn 10.9.2010 – 4 O 259/09 Ko, ZKM 2011, 29 ff. mAnm *Wagner*; *Unberath* NJW 2011, 1320 (1321).
[251] Haft/Schlieffen Mediations-HdB/*Kessen/Troja* S. 329, 330 ff. Rn. 4 ff.; *Pilartz* ArbRAktuell 2013, 177 ff. und *Pilartz* ArbRAktuell 2013, 201 ff.
[252] Vgl. dazu *Nölting*, Mediatorenverträge, 2003, S. 17 ff.
[253] Haft/Schlieffen Mediations-HdB/*Fischer* S. 535, 545 ff. Rn. 22 ff. unterscheidet zwischen der zwischen den Parteien getroffenen Mediationsabrede und dem zwischen den Parteien und dem Mediator abgeschlossenen Mediatorvertrag.
[254] Weitere Muster finden sich bei *M. Schwarz* ZKM 2008, 111 ff.; BeckPFormB/*Ziegler* Mediationsvereinbarung.
[255] Vgl. dazu den Vorschlag eines Deutschen Konfliktmanagementkodex von *Steffek* ZKM 2019, 4 ff.; *Dendorfer* in FS Leinemann, 567, 579 mwN.
[256] BAG 2.7.2008 – 1 ABR 40/07, NZA 2008, 1248 ff. – Honeywell.

sungsrechts bzw. vorhandener Mitbestimmungsrechte des Betriebsrats bestehen daher keine rechtlichen Bedenken gegen die Einführung entsprechender unternehmensinterner Richtlinien.

168 Sollte es zu keiner Mediationsvereinbarung kommen und sollten die Regeln einer außergerichtlichen Konfliktbeilegung unternehmensintern auch nicht fixiert sein, ist es von besonderer Bedeutung, dass der Mediator in der ersten Phase des Mediationsverfahrens oder im Rahmen der Vorgespräche die Regeln mit den Beteiligten festlegt und für die Parteien deutlich macht, nach welchen **Kriterien das Mediationsverfahren** durchgeführt wird.[257] Insoweit ist seitens des Mediators auch § 2 Abs. 2 MediationsG zu beachten.

2. Phasen eines Mediationsverfahrens

169 Mediation setzt an die Stelle von Verfahrensordnungen die dynamische **Ablaufstruktur kooperativer und integrativer Verhandlungen.** Der Kooperation steht jedoch häufig ein **Verhandlungsdilemma** im Wege, denn die Konfliktparteien begegnen sich regelmäßig nicht als Freunde. Vielmehr bestehen die Angst, übervorteilt zu werden, sowie das Bestreben, als der Stärkere zu gewinnen.[258]

170 Die Mediation versucht, das Verhandlungsdilemma aufzulösen. Hierbei hilft die Phasenstruktur des Mediationsprozesses, die im Bereich der privatrechtlichen Streitigkeiten folgenden Aufbau hat:[259]

171 • Die **erste Phase (Eröffnungsphase)** dient dazu, Verfahren und Grundsätze der Mediation zu erklären und Verhandlungsregeln zu vereinbaren, die den späteren Gesprächsablauf erleichtern. Formelle Fragen, wie Ort, Zeit und Dauer der Sitzungen werden besprochen, ebenso die Rolle des Mediators.[260]

172 • In der **zweiten Phase (Informations- und Themensammlung)** erhält jede Partei zunächst Gelegenheit, den Konflikt aus ihrer Sicht zu schildern. Dabei wird der Mediator bestrebt sein, alle Seiten des Konfliktes aufzudecken. Die Hauptaufgabe des Mediators besteht in dieser Phase darin, die unterschiedlichen Positionen, Sichtweisen und Anliegen der Parteien in bewertungsfreie Themen umzuformulieren, für welche die Parteien Lösungen benötigen. Diese Phase ist häufig geprägt von emotionalen Ausbrüchen, Vorwürfen und vergangenheitsbezogenen Sichtweisen.[261]

173 • Die Kunst des Mediators besteht in der **dritten Phase (Interessenklärung)** darin, die Interessen der Parteien zu erkunden sowie das jeweilige Verständnis für die Sichtweise der Gegenseite zu wecken.[262] Worum geht es den Parteien wirklich? Was ist jeder bereit, in der Zukunft anders zu machen, um den Konflikt zu lösen?

174 Wichtige Kommunikationstechniken für den Mediator in dieser Phase sind **Aktives Zuhören und Paraphrasieren**[263] sowie **lösungsorientierte Fragen** nach (1) dem Problem (Was genau ist das Problem?), (2) den Interessen (Worum geht es Ihnen wirklich?) und (3) nach der Ressource (Was brauchen Sie, um eine Entscheidung treffen zu können?).[264] Die Fragen können zudem so gestellt werden, dass die Konfliktparteien unterschiedliche **Wahrnehmungspositionen**[265] einnehmen:

(1) Fragen, die dazu führen, dass die Parteien den Konflikt jeweils aus der eigenen Sicht schildern.

---

[257] Haft/Schlieffen Mediations-HdB/*Kessen/Troja* S. 329, 335 ff. Rn. 11 ff.
[258] BeckRA-HdB/*Mähler/Mähler* § 47 Rn. 56 ff.; *Duve/Eidenmüller/Hacke/Fries,* Mediation in der Wirtschaft, 3. Aufl. 2019, S. 79 ff.
[259] Vgl. dazu Einzelheiten bei *Bitzer/Liebsch/Behnert,* Betriebliche Konfliktlösung durch Mediation, 2002, S. 136 ff.; *Ponschab/Schweizer,* Die Streitzeit ist vorbei, 2004, 109 ff.
[260] *Risse* Wirtschaftsmediation S. 159 ff. Rn. 1 ff.
[261] *Risse* Wirtschaftsmediation S. 237 ff. Rn. 75 ff.; *Duve/Eidenmüller/Hacke/Fries,* Mediation in der Wirtschaft, 3. Aufl. 2019, S. 157 ff.
[262] *Duve/Eidenmüller/Hacke/Fries,* Mediation in der Wirtschaft, 3. Aufl. 2019, S. 157 ff.
[263] Vgl. *Pöhlmann/Roethe,* Die Streitschule, 2003, S. 87 ff.; Haft/Schlieffen Mediations-HdB/*Kessen/Troja* S. 329, 339 ff. Rn. 28 ff.
[264] Haft/Schlieffen Mediations-HdB/*Kessen/Troja* S. 329, 343 ff. Rn. 39 ff.
[265] Dazu Haft/Schlieffen Mediations-HdB/*Schweizer* S. 139, 141 ff. Rn. 6 ff.; *Risse* Wirtschaftsmediation S. 261 ff. Rn. 129 ff. mit dem Beispiel des Bonner „Blindenbrunnen – ein Gleichnis von der Wahrheit".

(2) Fragen, die jede Konfliktpartei auffordern, sich „in die Schuhe" der anderen Konfliktpartei zu stellen und zu überlegen, wie das eigene Verhalten auf die andere Partei wirkt, was die andere Partei wahrnimmt (**Perspektivenwechsel**).

(3) Fragen, wie ein Außenstehender die Partei selbst und die andere Partei erleben wird (**Dezentrierung der eigenen Wahrnehmung**).

- Danach wird – in der **vierten Phase (Bildung und Bewertung von Optionen)** – begonnen, nach konkreten und kreativen Lösungen zu suchen. Die gefundenen Lösungen werden bewertet und zusammengeführt.[266] Es müssen dazu häufig gewohnte Denkmuster überwunden und die verschiedenen Probleme aus unterschiedlichen Perspektiven heraus betrachtet werden.[267]
- Den Abschluss bildet die **fünfte Phase (Vereinbarung und Umsetzung)**, in der konkrete und einvernehmliche Lösungen schriftlich fixiert und dann gegebenenfalls den jeweiligen Rechtsanwälten zur Prüfung und zur Abfassung eines rechtlich verbindlichen Vertrages vorgelegt werden.[268] Die Abschlussvereinbarung kann auch in dem Abschluss einer Betriebsvereinbarung oder eines Haustarifvertrages liegen. Häufig werden bei innerbetrieblichen Konflikten aber auch nur interne Absprachen, Handlungsvorgaben oder – nicht justiziable – Vereinbarungen am Ende einer Mediation stehen, für die die nachfolgenden Ausführungen zur Vollstreckbarkeit ebenso wenig Relevanz haben, wie dies bei einem Abschluss von Betriebsvereinbarungen oder Haustarifverträgen der Fall ist.

Durch den Abschluss eines Anwaltsvergleiches (§ 796a ZPO), durch notarielle Beurkundung (§ 794 Abs. 1 Nr. 5 ZPO), durch einen – im Arbeitsrecht weitgehend ausgeschlossenen – Schiedsspruch mit vereinbartem Wortlaut (§§ 1025, 1029 ff. ZPO)[269] oder – insbesondere wenn die Mediation im Laufe eines bereits eingeleiteten Gerichtsverfahrens durchgeführt wird – durch gerichtlichen Vergleich (§ 794 Abs. 1 Nr. 1 ZPO) kann eine **Vollstreckbarkeit** der getroffenen Vereinbarung erreicht werden.[270]

3. Einfluss der Unternehmensstruktur auf den Ablauf einer innerbetrieblichen Mediation

Der vorstehend skizzierte Verfahrensablauf findet auch bei der **Durchführung einer innerbetrieblichen Mediation** grundsätzlich Anwendung. Allerdings wird es bei innerbetrieblichen Mediationen zu einer erheblichen zusätzlichen Beeinflussung durch die vorhandenen Unternehmens- und Organisationsstrukturen kommen.

a) **Komplexität durch Unternehmens- und Organisationsstrukturen.** Das bereits angesprochene **Beziehungsgeflecht im Unternehmen** sowie vorhandene Unternehmensstrukturen zwingen den Mediator dazu, sich auf **komplexe Situationen** einzustellen. So können an innerbetrieblichen Konflikten gleichzeitig mehrere Abteilungen, zudem der Betriebsrat, die Geschäftsleitung und einzelne Arbeitnehmer beteiligt sein. Demzufolge sind die zu lösenden Fragestellungen vielfältig und mit langfristigen Auswirkungen auf die Rechtsstellung der Konfliktparteien.[271]

Auslöser für Konflikte in der Arbeitswelt sind insbesondere auch im interpersonalen Bereich zu finden, also beispielsweise in einer fehlgeschlagenen Interaktion zwischen den beteiligten Personen oder aber in Kommunikationsproblemen zwischen verschiedenen Unternehmenseinheiten.[272] Der Mediator eines innerbetrieblichen Mediationsverfahrens muss

---

[266] *Risse* Wirtschaftsmediation S. 317 ff. Rn. 6 ff. mwN; *Duve/Eidenmüller/Hacke/Fries*, Mediation in der Wirtschaft, 3. Aufl. 2019, S. 177 ff.

[267] Zu Brainstorming, Mindmapping, Metaplan-Technik, Brainwriting, *Risse* Wirtschaftsmediation S. 324 ff. Rn. 23 ff. und *Duve/Eidenmüller/Hacke/Fries*, Mediation in der Wirtschaft, 3. Aufl. 2019, S. 188 ff.

[268] *Duve/Eidenmüller/Hacke/Fries*, Mediation in der Wirtschaft, 3. Aufl. 2019, S. 237 ff.; *Unberath* ZKM 2011, 4 (7) mwN.

[269] *Lörcher* DB 1999, 789 ff.

[270] Haft/Schlieffen Mediations-HdB/*Lörcher/Lörcher* S. 649, 654 ff. Rn. 16 ff.; *Gullo*, Mediation unter der Herrschaft des Rechts?, 2006, S. 200 ff.; zu den Neuregelungen des UN-Übereinkommens über die internationale Durchsetzung von Mediationsvergleichen (Singapur-Übereinkommen) *Kück* KonfliktDynamik 2019, 309 ff.

[271] *Kramer* NZA 2005, 135 (139).

[272] Haft/Schlieffen Mediations-HdB/*Ponschab/Dendorfer-Ditges* S. 813, 819 ff. Rn. 14 ff.

daher psychologische Aspekte sowie systemische Ansätze, also den Gesamtkontext des Konfliktes, berücksichtigen, um die Parteien bei der Lösungsfindung adäquat unterstützen zu können.[273]

181 Des Weiteren ist es für die innerbetriebliche Mediation von Bedeutung, die **Unternehmensstrukturen** zu kennen und in die Lösungsfindung einzubeziehen. Dazu muss insbesondere ein externer Mediator die notwendigen Vorgespräche führen und sich – soweit wie möglich und auch nötig – in die interne Struktur des Unternehmens einarbeiten.

182 Dies bedeutet für den Mediator, dass die Durchführung innerbetrieblicher Mediationsverfahren die besondere zeitliche und logistische Planung einer **Mehrparteien-Mediation** (zB der Ernennung von Stellvertretern für einzelne Mitglieder der teilnehmenden Konfliktparteien) sowie die Überlegung braucht, einen externen oder internen **Co-Mediator** zur Unterstützung hinzuziehen.[274] Um die Komplexität im Einzelfall von Anfang an erfassen zu können, empfiehlt es sich häufig, eine innerbetriebliche Mediation mit Einzelgesprächen einzuleiten.

183 **b) Auswirkung von Macht und Hierarchien.** Wenn auch Unternehmen zumeist durch Organigramme beschrieben werden, die die Strukturen des Unternehmens, die Reporting Lines und die Hierarchien niederlegen, sagen diese Organigramme relativ wenig aus über die wirklichen **Machtzusammenhänge** im Unternehmen, über die tatsächliche **Statushierarchie**. Der Kern eines Unternehmens ist vielmehr ein Netzwerk, das eher dem Funktionsplan einer lebenden Zelle entspricht.

184 Der Mediator hat die Entwicklung eines solchen Netzwerks sowie die real existierenden Kräfte einer solchen **Netzwerkorganisation** zu berücksichtigen. Es ist insbesondere die Aufgabe des Mediators, alle Konfliktbeteiligten in den Netzwerkstrukturen ausfindig zu machen und mögliche Hierarchieunterschiede zu erkennen. Dies wird für einen externen Mediator eine gewisse Herausforderung darstellen.

185 Problematisch wird es in einem Mediationsverfahren dann, wenn die unterschiedlichen Hierarchiestufen zu einem Machtverhalten führen, auf das der Mediator keinen Einfluss nehmen kann. Eine Unternehmenshierarchie, bei der das **Machtungleichgewicht** erkennbar von der „mächtigeren Partei" gegenüber der „untergeordneten Partei" gelebt wird, kann zu einer Undurchführbarkeit des Mediationsverfahrens führen.[275] Andererseits kann einem Machtungleichgewicht durch entsprechende Ausgleichsmechanismen begegnet werden, etwa in Gestalt von Aufklärungs- und Informationspflichten oder durch Unterstützung der schwächeren Partei durch Dritte (insbesondere Rechtsanwälte oder Mitglieder des Betriebsrates).[276]

186 **c) Delegation von Verantwortung und Selbstbestimmungsrecht der Parteien.** Eine weitere Besonderheit, mit der der Mediator eines innerbetrieblichen Mediationsverfahrens zu rechnen hat, ist die Neigung von Mitarbeitern, die **Verantwortung** auf andere **abzuwälzen**, so beispielsweise auf eine andere Abteilung, die nächsthöhere Hierarchiestufe, auf Vorgesetzte oder auch auf Dritte.[277]

187 Dies geht nach aller Praxiserfahrung so weit, dass Gerichtsentscheidungen nur deswegen herbeigeführt werden, um die Verantwortung von den Unternehmensangehörigen auf das Gericht zu verlagern. Es ist dann im Unternehmen eben für die – möglicherweise unerwünschte – Entscheidung niemand verantwortlich, sie ist dem Management vielmehr als Entscheidung eines Dritten, einer staatlichen Gewalt, vermittelbar.

188 Als Folge vorhandener Machtstrukturen kann zudem das **Selbstbestimmungsrecht der Parteien** beeinträchtigt sein. Der Arbeitgeber hat zB faktisch die Möglichkeit, sein Direk-

---

[273] *Budde* Konsens 1999, 35.
[274] Ebenso *Kramer* NZA 2005, 135 (139).
[275] Dazu *Budde* Konsens 1999, 31 (34 f.); *Dendorfer* FA-Spezial 9 (2000), 12 (14 f.); *Ayad*, Friede im Betrieb, 2005, S. 154 ff., der herausarbeitet, dass das strukturelle Machtungleichgewicht zwischen Arbeitgeber und Arbeitnehmer eines gesetzlich garantierten Mindestschutzes der Arbeitnehmer bedarf.
[276] Zum Umgang mit einem Machtungleichgewicht zwischen den Parteien: *Duve/Eidenmüller/Hacke/Fries*, Mediation in der Wirtschaft, 3. Aufl. 2019, S. 264 ff.; *Ayad*, Friede im Betrieb, 2005, S. 157.
[277] Ebenso *Klowait* ZKM 2006, 172 (173) am Beispiel des E.ON-Konzerns.

tionsrecht auszuüben oder mit einer Kündigung zu drohen. Wird dies als Alternative zur Durchführung eines Mediationsverfahrens in Aussicht gestellt und werden die Parteien hierdurch zur Teilnahme an der Mediation gezwungen, so kann es an der **Freiwilligkeit der Verfahrensaufnahme** fehlen. Ob dies, sofern die Ergebnisse der Mediation dann einvernehmlich erzielt werden, tatsächlich zur fehlenden Freiwilligkeit des gesamten Verfahrens führt, ist jedoch fraglich.[278]

Zu berücksichtigen ist zudem, dass die Möglichkeiten der autonomen Willensbildung und Willensäußerung seitens des Betriebsrates systemimmanent eingeschränkt sind, da jede Entscheidung gegenüber der Belegschaft vertreten werden muss.[279]

d) Notwendige juristische Absicherung von Verfahren und Lösungen. Abgesehen davon, dass der Mediator bei arbeitsrechtlichen Konflikten das strukturelle Ungleichgewicht zwischen Arbeitgeber und Arbeitnehmer berücksichtigen und das Mediationsverfahren so ausgestalten muss, dass eine verfahrensorientierte Grundsicherung auch für die – meist schwächere – Arbeitnehmerseite gegeben ist,[280] bedürfen die in einem Mediationsverfahren gefundenen Lösungen regelmäßig einer juristischen Absicherung. Dadurch kann es zu einem Übergewicht der juristischen Diskussion gegenüber dem interessenorientierten Verhandeln kommen, wodurch die Suche nach einer einvernehmlichen Lösung erschwert werden kann.[281]

e) Stärkung des Unternehmens. Andererseits kann gerade eine Offenheit für alternative Methoden der Streitbeilegung zur Stärkung des Unternehmens beitragen. Dem entspricht die **interaktive Sichtweise** der betrieblichen Organisationslehre, die Unternehmenskonflikte als **funktionale Erscheinungen** versteht.[282]

	Konfliktausmaß	Konflikteinschätzung	Bewältigungsstrategie	Unternehmensleistung
Situation I	Geringe oder keine Konflikte im Unternehmen	Dysfunktional	Langsame Umsetzung externer Veränderungen. Geringe oder keine interne Veränderungen. Geringe Stimulation von Ideen und Kreativität. Apathie, Stagnation.	Niedrig
Situation II	Optimales Konfliktvorkommen im Unternehmen	Funktional	Positive Zielentwicklung. Innovation und Veränderungen. Problemsuche und Problembewältigung. Kreativität und schnelle Adaption von externen Veränderungen.	Hoch
Situation III	Hohes Konfliktvorkommen im Unternehmen	Dysfunktional	Krankheiten. Einschränkung von Aktivitäten und Engagement. Leistungsrückgang. Unproduktivität, Angst. Schwierige Koordination. Chaos.	Niedrig

Angelehnt an: Gibson/Ivancevich/Donnelly, 1991, Organizations: Behaviour, Structure, Process, Irwin, Chicago, 7th edition, S. 300.

---

[278] Nach *Kramer* NZA 2005, 135 (139) erscheint die Mediation aufgrund der im Unternehmen fehlenden Freiwilligkeit als prinzipiell ungeeignet, Konflikte zwischen Betriebsrat und Unternehmen zu lösen.
[279] *Kramer* NZA 2005, 135 (139).
[280] *Ayad*, Friede im Betrieb, 2005, S. 133 ff. mwN.
[281] Vgl. *Kramer* NZA 2005, 135 (139).
[282] *Buchanan/Huczynski*, Organizational Behavior, 2019, S. 635, 638; zu den Grundeinstellungen von Parteien zum Konflikt: *Glasl*, Konfliktmanagement, 2013, S. 153 ff.

192 Rund ein Drittel der Aktivitäten von Führungskräften werden durch Konflikte innerhalb ihrer Einheit oder mit anderen Einheiten ausgelöst. Konfliktmanagement ist daher eine immer wichtiger werdende **Führungsaufgabe**.[283] Konflikte – positiv gesehen – erzeugen häufig notwendigen Druck, machen problembewusst und stärken den Willen zur Veränderung; sie vertiefen zwischenmenschliche Beziehungen, festigen den Zusammenhalt und geben den Anstoß, Fähigkeiten und Kenntnisse zu erweitern; und sie fördern Kreativität sowie die Persönlichkeitsentwicklung der am Konflikt beteiligten Personen.[284]

193 Zur Erreichung dieser positiven Konfliktergebnisse und zur Vermeidung von Unproduktivität und Leistungsrückgang ist das Management gefordert, eine **funktionale, offene und interessenorientierte Konfliktkultur im Unternehmen** zu fördern. Dazu gehört es auch, sich Gedanken über die einsetzbaren **Methoden der Konfliktlösung** zu machen.[285] Mediation ist von allen alternativen Konfliktbeilegungsverfahren sicherlich dasjenige, welches besonders flexibel und interaktiv eingesetzt werden kann, um eine funktionale Konfliktkultur zu fördern.

194 Immer mehr Unternehmen erkennen zudem, dass ein präventiv ausgerichtetes Konfliktmanagement nicht nur **modernen Managementgrundsätzen**[286] und **agilen Arbeitsstrukturen** entspricht, sondern positive Veränderungen der Unternehmenskultur, der strategischen Unternehmensprozesse und der Organisationsstrukturen mit sich bringt.[287]

V. Einsatzbereiche für Mediation in der Arbeitswelt

195 Damit stellt sich die Frage nach den Einsatzmöglichkeiten der Mediation in der Arbeitswelt.[288] Das nachfolgende Schaubild gibt zunächst einen Überblick zu möglichen Konfliktfeldern und Konfliktkonstellationen im Unternehmen.[289]

---

[283] *Berkel*, Konflikttraining, 2008, S. 98; *Pieterse* ZKM 2010, 36 f.; *Tigges-Mettenmeier* ZKM 2001, 172 (173 ff.).
[284] *Berkel*, Konflikttraining, 2008, S. 135 (136).
[285] *Ury/Brett/Goldberg*, Konfliktmanagement, 1996, S. 21 ff.
[286] *Drucker*, Management im 21. Jahrhundert, 1999, S. 189 ff.; *Senge*, The Fifth Discipline, 2006, S. 139 ff.
[287] Vgl. den Praxisbericht zu der Implementierung mediativer Strukturen bei der Wohnungsbaugenossenschaft „Neues Berlin": *Köhn* ZKM 2018, 144 ff.; *Gleason*, Workplace Dispute Resolution, 1997, S. 2; *De Dreu/De Vliert*, Using Conflict in Organizations, 1997, S. 10.
[288] Vgl. dazu Lukas/Dahl/*Klowait*, Konfliktlösung im Arbeitsleben, 2013, S. 55 ff.; *Budde* Konsens 1999, 31 (32).
[289] Dazu auch: HK-MediationsG/*Klowait* Teil 3 C. Rn. 4 ff.; *Schwarz*, Konfliktmanagement, 2012, S. 191 ff.; *Olbrisch/Pilot* KonfliktDynamik 2013, 176 ff.

**Im Folgenden sind verschiedene Beziehungskonstellationen genannt:
Wie schätzen Sie deren Konfliktpotential in Unternehmen/Organisationen ein?**

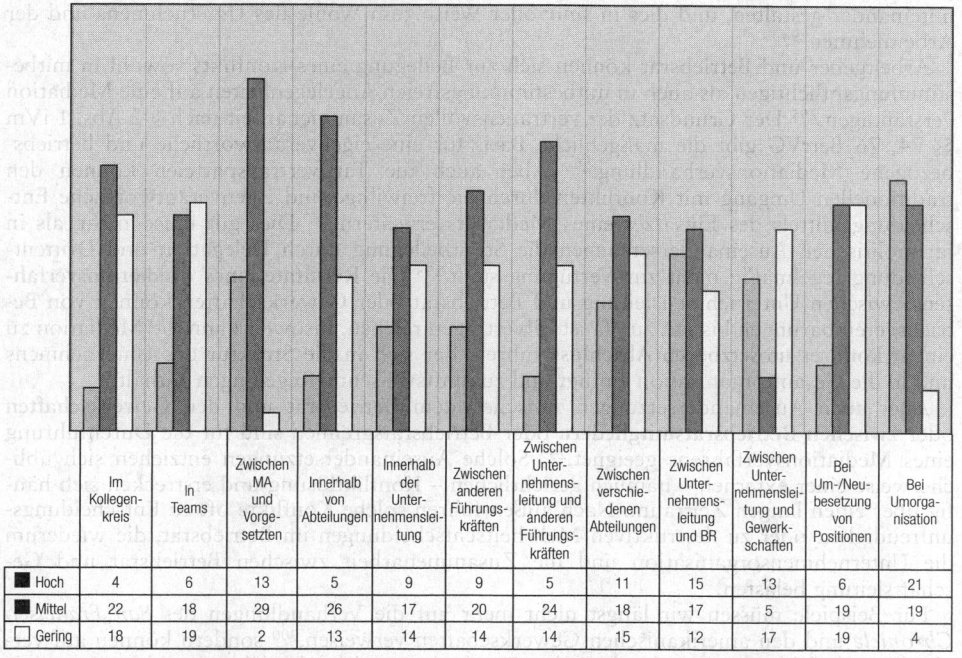

	Im Kollegen-kreis	In Teams	Zwischen MA und Vorgesetzten	Innerhalb von Abteilungen	Innerhalb der Unternehmensleitung	Zwischen anderen Führungskräften	Zwischen Unternehmensleitung und anderen Führungskräften	Zwischen verschiedenen Abteilungen	Zwischen Unternehmensleitung und BR	Zwischen Unternehmensleitung und Gewerkschaften	Bei Um-/Neubesetzung von Positionen	Bei Umorganisation
■ Hoch	4	6	13	5	9	9	5	11	15	13	6	21
■ Mittel	22	18	29	26	17	20	24	18	17	5	19	19
□ Gering	18	19	2	13	14	14	14	15	12	17	19	4

Quelle: Becker, Alfred, Wirtschaftsmediation – modernes Konfliktmanagement: Eine Studie zur Akzeptanz eines (noch) neuen Instruments zur Beilegung innerbetrieblicher Konflikte, S. 7.

Nach dieser Studie treten die meisten Konflikte bei der **Umorganisation von Unternehmen** auf, also in einer Situation mit großen Unsicherheiten und hohen Anforderungen an Flexibilität, Lernbereitschaft und Teambildung.[290]

Aber auch die Konfliktkonstellationen zwischen **Unternehmensleitung und Betriebsrat**[291] bzw. zwischen **Unternehmensleitung und Gewerkschaften** zeigen ein signifikant hohes Konfliktpotenzial, ebenso die „klassische" Konfliktkonstellation: Vorgesetzter und Mitarbeiter, sowie die Bewertung der **Konflikte zwischen Abteilungen.**

Von den Konflikten am Arbeitsplatz (innerbetrieblichen Konflikten) zu unterscheiden sind Konflikte zwischen Unternehmenseinheiten/Konzerngesellschaften und selbstverständlich solche Konflikte, die zwischen Unternehmen stattfinden.[292]

1. Auseinandersetzungen im und mit dem Betriebsrat und den Gewerkschaften

Bei Konflikten zwischen **Arbeitgeber und Betriebsrat**, zB zu Fragen der Mitbestimmung nach dem BetrVG, oder zwischen **Arbeitgeber und Gewerkschaft** ist eine Konfliktbearbeitung unter Berücksichtigung der betrieblichen Belange und der zugrundeliegenden Konfliktursachen erforderlich.[293] Dies gilt umso mehr, als eine Trennung vom Betriebsrat bzw. von

---
[290] Vgl. zu den Konflikten bei Einführung einer agilen Organisation *Engler/Heitmann* KonfliktDynamik 2019, 174 ff.
[291] Vgl. Lukas/Dahl, Konfliktlösung im Arbeitsleben, 2013, S. 19 ff.
[292] Vgl. die Studie von *PricewaterhouseCoopers/Europa-Universität Viadrina, Frankfurt (Oder)*, Konfliktmanagement – Von den Elementen zum System, 2011, abrufbar unter: www.pwc.de – Veröffentlichungen, 17.
[293] Vgl. dazu die Ergebnisse der Untersuchung von *Hundt*, Mediation und Betriebsverfassung, 2012, S. 131 ff.; *Ponschab/Dendorfer* Beil. 1 zu BB 2001, 1 ff.; einen Beispielsfall der Konfliktbearbeitung mit Geschäftsleitung und Betriebsrat beschreibt *Ballreich* KonfliktDynamik 2013, 188 ff.

der Gewerkschaft nicht möglich ist und daher faktisch keine Konfliktlösungsalternative darstellt. Vielmehr müssen Unternehmensleitung und Betriebsrat/Gewerkschaft die Zukunft miteinander gestalten, und dies in sinnvoller Weise zum Wohle des Unternehmens und der Arbeitnehmer.[294]

200 Arbeitgeber und Betriebsrat können sich zur Beilegung eines Konflikts sowohl in mitbestimmungspflichtigen als auch in mitbestimmungsfreien Angelegenheiten auf eine Mediation verständigen.[295] Der Grundsatz der vertrauensvollen Zusammenarbeit nach § 2 Abs. 1 iVm §§ 74, 76 BetrVG gibt die maßgebliche Basis für eine eigenverantwortliche und betriebsbezogene Mediationsverhandlung.[296] Aber auch die Tarifvertragsparteien können den traditionellen Umgang mit Konflikten durch die freiwillige und eigenverantwortliche Entscheidung mittels des Einsatzes eines Mediators erweitern.[297] Dies gilt umso mehr, als in tarifpolitischen Auseinandersetzungen die Streitbeilegung durch Delegation und Drittentscheidung regelmäßig nicht zur Verfügung steht.[298] Die **Resultate eines Mediationsverfahrens** zwischen Unternehmensleitung und Betriebsrat oder Gewerkschaften können von Betriebsvereinbarungen bis hin zu Haustarifverträgen reichen. Insoweit kann die Mediation zu einem **konkret umsetzbaren Abschluss** führen, der sich in die Struktur des Unternehmens und in die Gesamtorganisation einfügt und zukunftsweisende Regelungen enthält.

201 Aber auch Auseinandersetzungen zwischen dem **Betriebsrat und den Gewerkschaften** oder **zwischen Betriebsratsmitgliedern** oder Betriebsratsgremien sind für die Durchführung eines Mediationsverfahrens geeignet.[299] Solche Auseinandersetzungen entziehen sich üblicherweise einer externen – nämlich gerichtlichen – Konfliktlösung und erstrecken sich häufig über einen langen Zeitraum. Nach außen führen solche Konflikte oft zu Entscheidungsunfreudigkeit oder zu destruktiven Mehrheitsentscheidungen im Betriebsrat, die wiederum die Unternehmensorganisation und die Zusammenarbeit zwischen Betriebsrat und Geschäftsleitung belasten.

202 Für Beispiele müssen wir längst nicht mehr auf die Verhandlungen des *San Francisco Chronicle* und den amerikanischen Gewerkschaften verweisen,[300] sondern können auf vergleichbare Erfahrungen aus der deutschen Tarifwelt zurückgreifen.[301]

203 So wurde bereits Anfang des Jahres 2000 veröffentlicht, dass die Mediation erfolgreich in der Tarifauseinandersetzung um einen Firmentarifvertrag zwischen der *Gewerkschaft Nahrung-Genuss-Gaststätten (NGG)* und dem Hamburger Nahrungsmittelunternehmen *Peter Heinz Ifri Gemüse GmbH* eingesetzt worden war. In dem Unternehmen schwelte jahrelang ein unlösbar erscheinender Konflikt, in dessen Gefolge 20 Mitarbeiterklagen vor dem Arbeitsgericht anhängig gemacht worden waren. Innerhalb von nur vier Monaten kam es mit der Hilfe von Mediation zum Abschluss eines Haustarifvertrages.[302] Aber auch die Gewerkschaft ver.di veröffentlichte nach Abschluss einer Mediation eine an die Beschäftigten gerichtete Erfolgsmeldung mit dem ausdrücklichen Hinweis, dass die „Mediation zwischen den Tarifkommissionen von ver.di und der Unternehmensgruppe zur Konfliktbewältigung [...] zu einem positiven und tragfähigen Ergebnis geführt" habe.[303]

204 Nach einem mehrmonatigen Tarifkonflikt zwischen Deutscher Bahn (DB) und Gewerkschaft Deutscher Lokomotivführer (GDL) kam es 2007/2008 zu der Ankündigung, den Konflikt im Rahmen eines Mediationsverfahrens lösen zu wollen. Auch wenn unter Berücksichtigung der Grundsätze von Mediationsverfahren bezweifelt werden muss, dass auch tat-

---

[294] *Burgmer* ZKM 2017, 23 ff.; *Lukas/Dahl/Drosdeck*, Konfliktlösung im Arbeitsleben, 2013, S. 60 ff.; *Lehmann* BB 2013, 1014 (1015).
[295] *Lehmann* BB 2013, 1014 (1016).
[296] *Lehmann* BB 2013, 1014 (1016).
[297] *Risse* NZA 2017, 1030 (1032); *Lehmann* BB 2013, 1014 (1017 ff.).
[298] *Risse* NZA 2017, 1030, 1031.
[299] *Lukas/Dahl/Markowski*, Konfliktlösung im Arbeitsleben, 2013, S. 156 ff.; *Hermenau* ZKM 2000, 12 (14 f.).
[300] Vgl. *Federal Mediation & Conciliation Service*, Annual Report 1998, Dispute Mediation, www.fmcs.gov.
[301] *Lehmann* BB 2013, 1014 (1016 f.).
[302] Handelsblatt vom 8.2.2000, 8 und Mediendienst der NGG v. 7.2.2000 „Durch Mediation zum Tarifvertrag".
[303] *Lehmann* BB 2013, 1014 (1016 f.).

sächlich ein solches im strukturellen Sinne durchgeführt wurde, führte diese Maßnahme letztendlich zu der Beendigung des Tarifkonflikts.[304]

Im Rahmen der Streikmaßnahmen der Flugbegleiter- und Pilotengewerkschaften VC und Ufo gegenüber der Deutsche Lufthansa AG wurde ebenfalls regelmäßig die Mediation in den Blick genommen.[305]

2. Auseinandersetzungen in und zwischen Abteilungen oder Teams

Streitigkeiten in und/oder zwischen **(Projekt-)Gruppen/Teams** und **Abteilungen,** zB aufgrund unklarer Verantwortlichkeiten, aufgrund einer starken Betonung von Einzelinteressen, aufgrund von Machtkämpfen der Gruppenleiter, im Zusammenhang mit Unternehmensfusionen, aufgrund gruppendynamischer Prozesse oder aufgrund von Überforderung weniger leistungsfähiger Mitarbeiter, sind häufig weder tatsächlich,[306] noch in der Konsequenz arbeitsrechtlich unmittelbar zu greifen.[307] Sie werden im weiteren Verlauf typischerweise in **Einzelkonflikte umgewandelt,** auf welche dann mit den herkömmlichen Konfliktlösungsmethoden reagiert wird.[308]

Bei diesen Konflikten kann es sich um Rangkonflikte (Fragen von Autorität und Hierarchien), Normierungskonflikte (Regeln und Sanktionen), Zugehörigkeitskonflikte (Gruppenzugehörigkeit, Gruppendynamik, Gruppenentscheidungen), Führungskonflikte (Führungsprobleme, Vorgesetztenpositionen, Motivation), Substitutionskonflikte (Verschiebung auf einen anderen Konfliktgegenstand, Gerüchte), Loyalitätskonflikte (Verteidigung der Gruppenmitglieder, Einheit der Gruppe) oder Territorialkonflikte (zB Größe des Zimmers, Ausstattung oder Ausrüstung) handeln.[309]

Durch den Einsatz von Mediation werden die **Konflikte** insbesondere **dort belassen,** wo sie entstanden sind. Mit der Mediation zwischen und in Abteilungen/Gruppierungen können Teamentwicklungsprozesse, systemische Ansätze oder Organisationsentwicklungsprozesse[310] verbunden werden.[311]

3. Auseinandersetzungen zwischen Mitarbeitern und Vorgesetzten

Konflikte zwischen Mitarbeitern und den Vorgesetzten werden im Unternehmen häufig als das **vornehmliche Konfliktfeld** wahrgenommen. Es handelt sich dabei um Konflikte, bei denen die individuellen Bedürfnisse im Widerspruch zu denjenigen des Konfliktpartners stehen oder die in der Form der Transaktionskonflikte (Kommunikationskonflikte) auftreten.[312] Hinzu kommen Rollenkonflikte (unterschiedliche Rollenerwartungen, Rollenveränderungen, mangelnde Rollenkongruenz) oder Dreieckskonflikte/Koalitionskonflikte.[313]

Meist handelt es sich um Streitigkeiten über das Verhalten oder die Leistung des Arbeitnehmers, zB wegen unentschuldigten Zuspätkommens, einer ungenehmigten Verlängerung des Urlaubs oder bei Provokationen gegenüber Vorgesetzten.

---

[304] Vgl. dazu *Fritz* NJW 2008, 2312 ff.; zu Mediation bei der Deutschen Bahn AG: *Gantz-Rathmann* KonfliktDynamik 2012, 160 ff.

[305] Vgl.https://www.wiwo.de/unternehmen/handel/flugbegleiter-streik-lufthansa-bereit-zur-mediation-mit-gewerkschaft-ufo/25428910.html; http://www.manager-magazin.de/unternehmen/artikel/mediator-soll-tarifstreit-zwischen-lufthansa-und-piloten-loesen-a-971568.html und http://www.welt.de/print/welt_kompakt/print_wirtschaft/article138711407/Mediation-bei-Lufthansa-gefordert.html, letzter Abruf 18.5.2020.

[306] Vgl. das Beispiel eines Konflikts zwischen Konstruktions- und Produktionsabteilung: Eyer/*Eschenberg,* Report Wirtschaftsmediation, 2003, S. 133 ff.

[307] Dazu auch *Ayad,* Friede im Betrieb, 2005, S. 69 ff.

[308] Hensller/Koch/*Budde,* Mediation in der Anwaltspraxis, 2004, S. 506 Rn. 25 mwN; *Ponschab/Dendorfer* Beil. 1 zu BB 2001, 1 (4).

[309] *Schwarz,* Konfliktmanagement, 2012, S. 97 ff.; *Thiel/Widder,* Konflikte konstruktiv lösen, 2003, S. 70 ff.; *Kilburg/Otto/Redlich* KonfliktDynamik 2012, 110 ff.

[310] *B. Fischer* ZKM 2008, 175 ff.

[311] Zur Verantwortung der Leitungsspitze in Teamkonflikten: *Janssen* ZKM 2018, 184 ff.

[312] *Schwarz,* Konfliktmanagement, 2012, S. 137 ff.

[313] *Schwarz,* Konfliktmanagement, 2012, S. 144 ff.; *Bitzer/Liebsch/Behnert,* Betriebliche Konfliktlösung durch Mediation, 2002, S. 33 ff.

211   Die **frühzeitige Konflikterkennung und Konfliktbehandlung,** entweder durch interessenorientierte Gespräche oder durch Mediation, kann die vollständige Zerrüttung des Arbeitsverhältnisses vermeiden und die daraus folgenden arbeitsrechtlichen Sanktionen überflüssig machen.[314]

4. Streitigkeiten zwischen Arbeitnehmern

212   Durch den Einsatz von Mediation können auch **Streitigkeiten zwischen den Arbeitnehmern** gelöst werden, die aufgrund **gesellschaftlicher oder persönlicher Konflikte** auftreten.[315] Es kann sich dabei um An- und/oder Übergriffe auf die Persönlichkeitsebene von Beschäftigten durch Mobbing,[316] Diskriminierung oder sexuelle Belästigung handeln, aber auch um ständige Sticheleien, Beleidigungen, interkulturelle Konflikte oder neidbezogenes Verhalten.

213   Insbesondere das Thema „**Mobbing**" ist in den Blickwinkel gerückt: 1,5 Mio. Menschen wurden in Deutschland schon einmal oder mehrmals gemobbt, 10 % aller Selbstmorde gehen angeblich auf Mobbing zurück.[317] Der durch Mobbing jährlich ausgelöste Produktionsausfall wird auf ca. 12,5 bis 15 Mrd. EUR geschätzt.[318]

214   In diesen Situationen werden die **Vorteile von Mediation** besonders deutlich: Schneller Verfahrensbeginn, Vertraulichkeit, informelles Verfahren, Freiwilligkeit und kreative Lösungen, wie zB der Ausspruch einer Entschuldigung oder die Festlegung einer neuen Arbeitsverteilung, können zu einer dauerhaften und interessengerechten Konfliktlösung führen.[319]

5. Konflikte im Rahmen von Kündigungen und bei Betriebsänderungen

215   Jeder **Trennungsprozess** unterliegt verschiedenen Phasen, von denen alle Mitarbeiter eines Unternehmens betroffen sind, egal ob sie gehen oder bleiben:[320]

216   Auf die **Entscheidungsphase** (Outplacement-Phase), in der die notwendigen Beschlüsse für die Trennung in den verantwortlichen Gremien (Vorstand/Geschäftsleitung, Aufsichtsrat, Betriebsrat) gefasst werden, folgt die **Vorbereitungsphase** (Unterrichtung und Beratung, Sozialplanverhandlungen, Information des Wirtschaftsausschusses, Auswahlprozedere usw.). Die **Gesprächsphase,** in der die Kündigungsgespräche geführt werden, löst dann die meisten emotionalen Krisen aus. In der sich anschließenden **Nachsorgephase** geht es um die Betreuung des Betroffenen, um Verhandlungen, anwaltliche Klärung und Deeskalations-Bemühungen. Der Trennungsprozess wird von der **Neuausrichtungsphase** abgeschlossen, in der die verbleibenden Mitarbeiter sich neu orientieren, der Prozess als solches evaluiert und die gekündigten Mitarbeiter evtl. noch betreut werden.

217   In den einzelnen Phasen eines Trennungsprozesses kann es zu einer **Vielzahl von Konflikten und Krisen** kommen, die einer schnellen und kreativen Betreuung bedürfen.[321] Die Mediation ist auch in diesen Situationen eine interessengerechte Alternative, allerdings wiederum unter der Voraussetzung, dass tarifvertragliche und gesetzliche Fristen beachtet werden.

218   Aber auch bei **sonstigen Betriebsänderungen** kann der Einsatz von Mediation wertvolle Unterstützung liefern.[322] Betriebsänderungen bedürfen zumeist der schnellen Umsetzung, die durch verschiedene Szenarien, wie zB Streitigkeiten über den Einigungsstellenvorsitzenden, einstweilige Verfügung zur Sicherung von Rechten des Betriebsrates, Verhandlungen zum Abschluss eines Interessenausgleichs- und Sozialplans, behindert werden kann.[323]

---

[314] *Dendorfer* FA-Spezial 9 (2000), 12 (16); *Hermenau* ZKM 2000, 12 (13); BeckRA-HdB/*Mähler/Mähler* § 47 Rn. 117 f.
[315] BeckRA-HdB/*Mähler/Mähler* § 47 Rn. 117 f.
[316] Vgl. dazu *Grünwald/Hille,* Mobbing im Betrieb, 2003, S. 42 ff.; *Lohmann/Sauthoff* ZKM 2007, 149 ff.
[317] LAG Thüringen 10.4.2001 – 5 Sa 403/00, BB 2001, 1358 (1360) mwN.
[318] *Lembke/Schröder* IDR 2004, 29 mwN.
[319] *Auerbach* ZKM 2015, 104 ff.; *Kolodej* ZKM 2003, 159 ff.
[320] *Andrzejewski,* Trennungs-Kultur, 2015, S. 59 f.
[321] *Ehlers* NJW 2003, 2337 (2342 f.).
[322] Vgl. dazu der Beispielsfall von: *Pühl/Bintel/Falk,* Mediation in Organisationen, 2006, S. 32 ff.
[323] *Lembke,* Mediation im Arbeitsrecht, 2001, S. 212 f. Rn. 405; ebenso: *Kramer* NZA 2005, 135 (138).

6. Konflikte im Aufsichtsrat, zwischen Aufsichtsrat und Geschäftsleitung und innerhalb der Geschäftsleitung

Streitigkeiten mit **leitenden Angestellten**, in der **Geschäftsleitung** oder im **Vorstand** bzw. im **Aufsichtsrat** sowie zwischen diesen Organen sind oft von Problemen begleitet, die nicht an die innerbetriebliche oder externe Öffentlichkeit gelangen sollen.[324] Mitglieder der Geschäftsleitung oder des Aufsichtsrates sowie leitende Angestellte sind oftmals über Angelegenheiten informiert, die steuer- oder strafrechtliche Implikationen aufweisen.[325]

Während in einem Prozessverfahren alle streitrelevanten – und damit auch die für die Parteien unangenehmen Punkte – zur Sprache und auf diesem Wege in die Öffentlichkeit kommen, kann die **Vertraulichkeit eines Mediationsverfahrens** die unerwünschte Öffentlichkeit und damit die Beunruhigungen von Mitarbeitern, Aktionären, Geschäftspartnern, Investoren und sonstigen Stakeholdern vermeiden.

Dies bedeutet selbstverständlich nicht, dass die Mediation dazu dienen soll oder darf, Informationen, deren Veröffentlichung gesetzlich – oder auch ethisch/moralisch – geboten ist, zu verhindern. Sollte der Mediator erkennen, dass das Mediationsverfahren insoweit missbräuchlich genutzt wird, muss er die Mediation abbrechen.

VI. Weitere Fragen zur Durchführung von Mediationsverfahren in der Arbeitswelt

Die Vorbereitung und Durchführung von Mediationsverfahren wirft unterschiedliche Fragen auf, die von der Auswahl des Mediators über Verfahrensentscheidungen bis hin zur Beendigung der Mediation reichen und nachfolgend in einem Überblick behandelt werden.

1. Auswahl des Mediators

Bei der Auswahl des Mediators ist unabdingbar, dass dieser von beiden Seiten gleichermaßen akzeptiert wird. Denn gerade die **Neutralität des Mediators** und seine **Akzeptanz durch die Parteien** als neutraler Dritter sind die wesentlichen Quellen seiner Verfahrensautorität.[326]

Zunächst ist die **Methodenkompetenz** eines Mediators für den Erfolg eines Mediationsverfahrens von hervorgehobener Bedeutung.[327] Hierbei darf nicht außer Betracht bleiben, dass die Mediationsstile unterschiedlich sind. So gibt es die mehr analytisch arbeitenden Mediatoren, die den Sachverhalt und die Konfliktstruktur klären, die Wahrnehmungen der Parteien testen und lösungsorientiert arbeiten.

Andere Mediatoren gehen eher empathisch mit den Parteien um, zeigen viel Verständnis für deren Emotionen und bemühen sich, die Sichtweise der Parteien zu dem vorhandenen Konflikt zu verändern. Dazwischen liegt eine erhebliche Bandbreite. Die Parteien sollten durch ein Vorgespräch mit dem Mediator dessen Mediationsstil erkunden.

Der Mediator benötigt zudem **Fach- und Sachkompetenz** auf den verschiedenen Ebenen des Mediationsverfahrens. So kann es erforderlich sein, dass der Mediator juristisches, betriebswirtschaftliches oder psychologisches Hintergrundwissen aufweisen muss.[328]

Auf der **Verfahrensebene** ist der Mediator der Hüter des Verfahrens.[329] Er hat das Verfahren zu strukturieren, zu gestalten und zu leiten. Es gehört zu seinen Aufgaben, festgefahrene Verhandlungssituationen zu beheben und die Kommunikation im Fluss zu halten. Sachlich

---

[324] Vgl. dazu *Dendorfer/Krebs* MittBayNot 2008, 85 ff.; *dies.* KonfliktDynamik 2013, 254 ff.
[325] *Stückemann* FA-Spezial 9 (2000), 5 (6 f.).
[326] Zum Betriebsrat als Mediator: *Mattioli/Eyer* AuA 2011, 468 (471).
[327] *Bitzer/Liebsch/Behnert*, Betriebliche Konfliktlösung durch Mediation, 2002, S. 179, 193; zu der Rolle des Mediators: *Duve/Eidenmüller/Hacke/Fries*, Mediation in der Wirtschaft, 3. Aufl. 2019, S. 88 ff.
[328] *Risse* Wirtschaftsmediation S. 132 Rn. 5.
[329] Zur Prozesskompetenz des Mediators: *Duve/Eidenmüller/Hacke/Fries*, Mediation in der Wirtschaft, 3. Aufl. 2019, S. 89.

sorgt der Mediator für den Ausgleich von Informationsdefiziten, wobei er ergebnisorientiert sowohl den vorhandenen Konsens, als auch den zwischen den Parteien bestehenden Dissens herausarbeiten muss.

228 Dies berücksichtigend sollte ein Mediator ausreichende **Sozialkompetenz** besitzen: Vertrauenswürdigkeit, Persönlichkeitsstärke, Offenheit und Geschicklichkeit in der Kommunikation sowie einfühlsames und partnerschaftliches Verhalten sind unabdingbare Voraussetzungen für die erfolgreiche Tätigkeit eines Mediators.[330]

> **Praxistipp:**
> Die Auswahl des Mediators muss mit größtmöglicher Sorgfalt vorgenommen werden. Sinnvoll sind dazu – auch getrennte – Vorgespräche oder die Unterstützung von Fachorganisationen oder Verbänden, wie zB eine Anfrage zur Benennung von Mediatoren bei der EUCON – Europäisches Institut für Conflict Management eV oder bei der DIS – Deutsche Institution für Schiedsgerichtsbarkeit eV, oder die Überprüfung der vom Mediator genannten Referenzen, nunmehr unter Verweis auf § 3 Abs. 5 MediationsG.
>
> Seit dem 1.9.2017 können theoretisch und praktisch qualifizierte Mediatoren zudem als „Zertifizierter Mediator" auftreten. Dabei handelt es sich um Mediatoren, die nach den Vorgaben der Zertifizierte-Mediatoren-Ausbildungs-Verordnung (ZMediatAusbV)[331] ausgebildet wurden und – vergleichbar zu Fachanwälten – die praktische Erfahrung mit der Durchführung von Mediationsverfahren nachweisen mussten. Zudem müssen Zertifizierte Mediatoren für eine entsprechende Fortbildung Sorge tragen. Auch wenn die Zertifizierung für sich genommen nicht der einzig ausschlaggebende Faktor bei der Mediatorenauswahl sein kann, so ist damit durchaus eine Qualitätsaussage verbunden.

2. Branchenkenntnisse/Insiderwissen

229 Für die Lösung innerbetrieblicher Konflikte sind spezifische **Branchenkenntnisse** sowie Kenntnisse über das Unternehmen, **Fachkenntnisse aus der Arbeitswelt** und **arbeitsrechtliche Kenntnisse** hilfreich. Der innerbetrieblich eingesetzte Mediator muss zudem die Fähigkeit haben, strategische Konzepte übergreifend, strukturiert sowie interdisziplinär erfassen zu können.[332]

230 Diese spezifischen Branchenkenntnisse werden vornehmlich Personen haben, die dem Unternehmen – in welcher Funktion auch immer – angehören oder in vergleichbaren Unternehmen bereits einmal gearbeitet und dort einschlägige Erfahrungen gesammelt haben. Die **Zugehörigkeit zum Unternehmen** kann jedoch andererseits ein Ausschlusskriterium darstellen.[333] Denn es stellt sich unmittelbar die Frage nach der **Neutralität** eines beim Unternehmen angestellten Mediators.

231 Für die Durchführung einer unternehmensinternen Mediation sind grundsätzlich all diejenigen Professionen geeignet, die sich um das Personal im weitesten Sinne kümmern: Personalleiter/-direktoren, Abteilungsleiter, Verantwortliche für den Bereich Human Ressource, Unternehmensjuristen, aber auch Betriebsräte, um nur einige zu nennen.

232 Denkbar und für bestimmte Konflikte, beispielsweise solche im Bereich der Geschäftsleitung oder des Aufsichtsrates, sogar geboten, ist die **Beauftragung eines externen Mediators**, der sich entsprechend die „Insiderkenntnisse" über die Strukturen des Unternehmens vor Aufnahme des Mediationsverfahrens erarbeiten muss.

---

[330] *Bitzer/Liebsch/Behnert,* Betriebliche Konfliktlösung durch Mediation, 2002, S. 178.
[331] Vgl. ausführlich HK-MediationsG/*Klowait* Teil 2.2 ZMediatAusbV Rn. 1 ff.
[332] *Händel* ZKM 2017, 64 (65).
[333] Vgl. dazu LAG Köln 21.7.2011 – 7 Sa 1570/10, BeckRS 2012, 69619 mit dem Hinweis, dass es bei einer öffentlich-rechtlichen Institution mit vielen tausend Mitarbeitern keinesfalls ausgeschlossen ist, in den eigenen Reihen einen Mediator finden zu finden, der den Parteien gegenüber die notwendige Neutralität aufbringen kann.

3. Co-Mediation/Interdisziplinäre Mediation

Im Arbeitsrecht kann die Durchführung einer **Co-Mediation**[334] unter Einbeziehung von externen oder internen Mediatoren, von Juristen, Unternehmensberatern, Betriebsräten[335] oder von Angehörigen der psycho-sozialen Berufe geboten sein. Die Vorteile einer Co-Mediation oder eines **interdisziplinären Mediatorenteams** liegen auf der Hand:[336] Die Konfliktparteien profitieren von dem Spezialwissen der Mediatoren. Komplexe emotionale oder rechtliche Strukturen können besser bewältigt werden. Schließlich kann eine möglicherweise angezweifelte Neutralität eines betriebsinternen Mediators durch die Hinzunahme eines externen Co-Mediators ausgeglichen werden.[337]

Aber auch andere Gründe können für die Durchführung einer Co-Mediation sprechen: So zum Beispiel die Repräsentanz beider Geschlechter, wenn der Konflikt wegen sexueller Belästigung am Arbeitsplatz oder wegen Mobbing besteht. Oder aber bei interkulturellen Konflikten die Einbeziehung von Mediatoren verschiedener Kulturen, Sprachen oder Glaubensrichtungen.

Der Einsatz von **Einzelgesprächen** kann zeitsparender abgewickelt werden, da die Co-Mediatoren die Einzelgespräche parallel führen können. Auch ist das Wahrnehmungsspektrum in einer Co-Mediation naturgemäß breiter, denn die Aussagen und Reaktionen der Parteien werden von mehreren Personen analysiert und bearbeitet.[338] Unabdingbare Voraussetzung für das Gelingen einer Co-Mediation ist allerdings die exakte interne Absprache der Mediatoren über deren Aufgabenverteilung und die laufende Abstimmung im Mediationsverfahren über deren Wahrnehmungen, Informationen und die Verfahrensleitung.

4. Mehrparteien-Mediation

Bei Streitigkeiten zwischen Abteilungen oder Projektgruppen/Teams stehen sich meist nicht nur zwei Konfliktparteien gegenüber, sondern eine **Vielzahl von Beteiligten,** die Einfluss auf den Konflikt nehmen und daher in das Mediationsverfahren einbezogen werden müssen. Dies kann im Übrigen bei einem Gerichtsverfahren schon deshalb nicht geleistet werden, weil dort regelmäßig nicht alle Konfliktparteien auch Parteien des Rechtsstreits sind.

In dieser Konstellation ist eine **Mehrparteien-Mediation** durchzuführen, die vom Mediator oder von einem Mediatorenteam sowohl systemische Kenntnisse, als auch die Fähigkeit zur klaren Verfahrensleitung und zur Strukturierung des Verfahrens erfordert.

5. Mediation in distributiven Konflikten

Häufig ist den Parteien nicht klar, dass man den „zu verteilenden Kuchen", also die zur Verteilung verfügbaren Güter, nicht beliebig vergrößern kann.[339] Diese Schwierigkeiten sind distributiver Art, für die der Mediator mit den Parteien **rationale und faire Verteilungskriterien** erarbeiten muss. Dazu kann sich der Mediator verschiedener Techniken bedienen, die nachfolgend kurz skizziert werden sollen:

a) **Suche nach neutralen Standards.** Die Einbeziehung eines neutralen Standards spielt im Rahmen des Harvard-Konzeptes eine maßgebliche Rolle.[340] Die Bezugnahme auf **neutrale Kriterien (Standards)** bietet einen Verteilungsmaßstab, der zwar die verteilbare Masse nicht vergrößert, aber die vorhandene Masse unter Konfliktparteien fair verteilt. Fair bedeutet hier, dass sich bei der Verteilung gerade nicht eine Seite durchsetzt und die andere Seite „über den Tisch zieht". Vielmehr werden externe, entweder von den Parteien oder aber von

---

[334] Henssler/Koch/*Günther/Hoffer,* Mediation in der Anwaltspraxis, 2004, S. 355, 379 f. Rn. 71.
[335] *Eyer* AIB 2003, 20 (24).
[336] Dazu: *Duve/Eidenmüller/Hacke/Fries,* Mediation in der Wirtschaft, 3. Aufl. 2019, S. 291 f.
[337] Ebenso: *Mattioli/Eyer* AuA 2011, 468 (471).
[338] *Risse* Wirtschaftsmediation S. 461 f. Rn. 41 ff.
[339] Dazu: *Duve/Eidenmüller/Hacke/Fries,* Mediation in der Wirtschaft, 3. Aufl. 2019, S. 205 ff.
[340] *Fisher/Ury/Patton,* Das Harvard-Konzept, 2018, S. 126 ff.; *Risse* Wirtschaftsmediation S. 365 ff. Rn. 110 bis 116.

Dritten aufgestellte Kriterien herangezogen, die bei der Verteilungsentscheidung Unterstützung geben.[341] Neutrale Standards können zB die Frage nach der Regelabfindung, ein externes Rechtsgutachten, DIN-Normen, Verfahren der Unternehmensbewertung oder Regelungen in Tarifverträgen sein.

240 **b) Risikoanalyse und BATNA-Test.** Insbesondere bei Verteilungssituationen neigen die Parteien zum „Basar-Stil", also zu kompetitiven Verhandlungen und zur Übertreibung der eigenen Forderungspositionen. Mögliche Einigungsspielräume werden dadurch verdeckt und verkannt.

241 Im Rahmen der Einzelgespräche erhält der Mediator die Gelegenheit, **verdeckte Einigungsbereiche (Zones Of Possible Agreement)** zu erkennen.[342] Er hat im Einzelgespräch weiterhin die Möglichkeit, als „**Agent of Reality**" eine Analyse der bei gerichtlicher Auseinandersetzung bestehenden Risiken mit den Parteien durchzuführen und sie dadurch zu einer realistischen Bewertung ihrer eigenen Chancen zu bewegen.[343] Dies geschieht meist dadurch, dass der Mediator mit den Parteien die bestehenden Alternativen herausarbeitet, also – nach dem Harvard-Konzept – die **BATNA (Best Alternative To Negotiated Agreement)** erörtert.[344]

242 **c) Unverbindlicher Schlichtungsvorschlag.** Die Parteien können den Mediator auch um einen unverbindlichen Schlichtungsvorschlag bitten. Dies geschieht meist derart, dass die Parteien gemeinsam eine Sachverhaltsdarstellung erarbeiten und dem Mediator vorlegen. Gelingt es dem Mediator nicht, eine Einigung herbeizuführen, erlässt er einen unverbindlichen Schlichtungsvorschlag, der für die Parteien einen **Anhaltspunkt zur Einigung** gibt. § 1 Abs. 1 MediationsG ist jedoch auch in einer solchen Situation zu beachten.

243 Wenn auch die Mediation an dieser Stelle an ihre Grenzen gerät, so erleichtert eine solche Vorgehensweise insbesondere bei innerbetrieblichen Konflikten manchmal die Lösungsfindung. Denn es ist oft einfacher, im Unternehmen zu argumentieren, man sei dem Vorschlag eines Dritten, also des Mediators, gefolgt, als die eigene – vielleicht dann als zu nachgiebig kritisierte – Position zu vertreten.

244 **d) Einsatz neutraler Verfahren.** Bei distributiven Konflikten kann insbesondere auch der Einsatz neutraler Verfahren hilfreich sein.

- **Würfeln oder Losverfahren – Zufall als Entscheidungsfinder**[345]

245 Wenn der Vorschlag des Würfelns oder des Losverfahrens als Methoden der Lösung von Verteilungskonflikten auch zunächst absonderlich erscheinen mag, so finden sich in der Praxis immer wieder Situationen, in denen der letzte Schritt des Nachgebens dann aus prinzipiellen Gründen nicht möglich erscheint, so dass in solchen Fällen die Verhandlungen an kleinen Beträgen zu scheitern drohen.

246 Die Methode des Würfelns entbindet die Parteien von dieser letzten Entscheidung, bringt sie aber häufig „in letzter Minute" doch noch dazu, sich auf einen Vergleichsbetrag zu einigen. Keine Partei erleidet so einen Gesichtsverlust durch unbegründetes Nachgeben.[346]

- **Last-Offer-Verfahren**

247 Bei dieser Methode[347] unterbreiten beide Parteien dem Mediator einen Vorschlag. Diesem wird das Recht gegeben, sich für einen Vorschlag zu entscheiden. Dadurch werden die Parteien zu einer realistischen Sichtweise gezwungen, da sie gewissermaßen die – externe und neutrale – **Beurteilung des Mediators** antizipieren müssen.

---

[341] *Risse* Wirtschaftsmediation S. 365 Rn. 111, 112; *Duve/Eidenmüller/Hacke/Fries*, Mediation in der Wirtschaft, 3. Aufl. 2019, S. 207 ff.
[342] Vgl. dazu: *Risse* Wirtschaftsmediation S. 43 ff. Rn. 9 bis 13.
[343] Zur Prozessrisikoanalyse: *Risse* ZKM 2010, 107 ff.; zu Risikoanalyse und Entscheidungsbäumen: *Hagel* SchiedsVZ 2011, 65 (66 ff.); *Eidenmüller* ZZP 2000, 5 ff.; *Kilburg/Redlich* KonfliktDynamik 2013, 330 ff.
[344] *Fisher/Ury/Patton*, Das Harvard-Konzept, 2018, S. 147 ff.; Eyer/*Peters*, Report Wirtschaftsmediation, 2003, S. 39, 50 ff.; *Risse* Wirtschaftsmediation S. 61 ff. Rn. 51 bis 54.
[345] Instruktiv: Walz/*Schneeweiß*, Das ADR-Formular-Buch, 2. Aufl. 2017, S. 246 ff.
[346] *Risse* Wirtschaftsmediation S. 367 Rn. 118.
[347] In der Form des Last-Offer-Schiedsverfahrens: *Risse* Wirtschaftsmediation S. 528 ff. Rn. 13 ff.

- **Einer teilt, der andere wählt**

  Dieses Verfahren gibt der einen Partei die Möglichkeit, den „Kuchen" zu teilen, wohingegen die andere Partei die Erlaubnis erhält, das „erste Stück" zu nehmen.[348] Der damit verbundene **„konditionierte Egoismus"** (der Teilende will unbedingt sicherstellen, dass er ein möglichst großes Stück bekommt) erreicht regelmäßig, dass die vorhandene Masse gerecht geteilt wird.[349]

- **Adjusted Winner-Verfahren**[350]

  Das Adjusted Winner-Verfahren hat als *Formel für den Frieden* für erhebliche Aufmerksamkeit gesorgt.[351] Sie führt zu einer effizienten, neidfreien und ausgeglichenen Lösung. Ausgeglichen heißt, dass die Verhandlungsparteien den gleichen **Anteil am Gesamtwert** nach ihrer **eigenen subjektiven Einschätzung** erhalten. Die Verhandlungsparteien profitieren von einer Kooperation in gleichem Maße.

  Das Adjusted Winner-Verfahren besteht aus zwei Schritten: Im ersten Schritt wird eine effiziente Aufteilung gefunden, indem jeder zu verteilende Gegenstand derjenigen **Verhandlungspartei** zugeordnet wird, die dafür die **höchste Bewertung** gegeben hat (**Winner**). Im zweiten Schritt erfolgt ein **Ausgleich,** so dass die Verhandlungsparteien den **gleichen prozentualen** Anteil haben (**Adjusted**). Entscheidend für dieses Verfahren ist, dass für den Wert eines Gegenstandes nicht ein objektiver (Verkehrs-)Wert zugrunde gelegt wird, sondern der aus der Sicht jeder Partei bestimmte subjektive Wert.

  Bei manchen der vorstehend genannten Verfahren verlässt der Mediator das Terrain der Mediation; darauf muss der Mediator hinweisen und die Zustimmung der Parteien einholen.

6. Lösungsorientierung versus Transformation

Insbesondere bei Konflikten zwischen Parteien, die auch in der Zukunft und auf Dauer zusammenarbeiten müssen, stellt sich die Frage, inwieweit eine lösungsorientiert ausgerichtete Mediation tatsächlich zum dauerhaften Erfolg führen kann. In diesem Fall kann es vielmehr erforderlich sein, das Denken, die Sichtweisen und die Wahrnehmungen der beteiligten Menschen aufzugreifen und in eine andere – positive – Richtung zu transformieren. Zunächst jedoch zum lösungsorientierten Ansatz:

  a) **Lösungsorientierter Ansatz (Harvard-Konzept).**[352] Zu Beginn der 80er Jahre entwickelten *Roger Fisher* und *William Ury* an der Harvard Law School in Cambridge/Mass. (USA) im Rahmen des *„Harvard Negotiation Project"* ein Konzept zur Lösung von Konflikten auf der Basis von Verhandlungen.[353] Im Mittelpunkt der sog. *Principled Negotiations* steht das Bestreben, in fairen Verhandlungen zu einer sachlichen, für alle Parteien **interessengerechten Lösung** zu gelangen. Das Harvard-Konzept stützt sich auf die folgenden Grundprinzipien:

- **Trennen Sie persönliche Beziehungen von der Sachfrage. Kümmern Sie sich unmittelbar um das „Problem Mensch".**

  Insbesondere bei bestehenden **Beziehungsproblemen** wird versucht, diese von den Sachproblemen zu trennen und gesondert – am besten vorrangig – zu behandeln. Es wird empfohlen, die Beziehungsebene auf genaue Vorstellungen, unzweideutige Kommunikation, sachbezogene Gefühle und zielstrebige Perspektiven zu gründen. Vorstellungen, Emotionen und Kommunikation sind die kritischen Faktoren auf dem Weg durch das Dickicht des „Problems Mensch". Sich in die Lage des anderen zu versetzen, über die Vorstellungen der beiden Seiten zu sprechen, die Gegenseite am Ergebnis zu beteiligen, Emotionen zu erken-

---

[348] Dazu Eyer/*Peters,* Report Wirtschaftsmediation, 2003, S. 39, 46; *Duve/Eidenmüller/Hacke/Fries,* Mediation in der Wirtschaft, 3. Aufl. 2019, S. 212 f.
[349] *Risse* Wirtschaftsmediation S. 372 f. Rn. 129, 130.
[350] Umfassend: Walz/*Schneeweiß,* Das ADR-Formular-Buch, 2. Aufl. 2017, S. 250 ff.
[351] Eyer/*Peters,* Report Wirtschaftsmediation, 2003, S. 39, 46 ff.; *Duve/Eidenmüller/Hacke/Fries,* Mediation in der Wirtschaft, 3. Aufl. 2019, S. 214 ff.
[352] *Ponschab* KonfliktDynamik 2015, 264 ff.
[353] *Fisher/Ury/Patton,* Das Harvard-Konzept, 2018, S. 329 ff.

nen und zu verstehen, der Gegenseite gestatten, „Dampf abzulassen", aufmerksam zuzuhören, aktive Beziehungen aufzubauen, nicht den Menschen, sondern das Problem anzugehen, sind nur einige der Empfehlungen des Harvard-Konzepts zu diesem Grundsatz.[354]

255 • **Konzentrieren Sie sich nicht auf Tatsachen, sondern auf Wahrnehmungen.**

Jeder Verhandlungspartner sieht die Tatsachen, die den Verhandlungsgegenstand bestimmen, aus seiner Perspektive und seiner Fokussierung auf bestimmte Sinneseindrücke. Der Filter, durch den jeder Mensch die Welt wahrnimmt, ist geprägt durch die Vorurteile, nämlich durch frühere Erfahrungen, Überzeugungen, Glaubenssätze, kulturelles Umfeld, etc. Hieraus ergibt sich, dass es nicht eine einzige richtige Sicht der Dinge gibt, obwohl die meisten Personen, die in einen Konflikt verstrickt sind, hiervon ausgehen. Es ist für die Beziehung zwischen den Verhandlungsparteien wichtig, eine (abweichende) Sichtweise der anderen Seite als einen völlig natürlichen Prozess zu verstehen. Ein erfolgreicher Verhandler wird daher übereinstimmende und unterschiedliche Wahrnehmungen feststellen und die unterschiedlichen Wahrnehmungen der anderen Seite nicht bekämpfen, sondern einfach stehen lassen.

256 • **Auf Interessen konzentrieren, nicht auf Positionen.**

Häufig überdecken die nach außen artikulierten Positionen die wahren Interessen der Konfliktparteien. Positionen sind der – vordergründige – Ausdruck dessen, was die Parteien wollen. Sie schließen sich zumeist gegenseitig aus. Jede dieser Positionen ist jedoch von dahinterstehenden – gegensätzlichen, gleichlaufenden oder ausgleichbaren – Interessen bestimmt, die es nach dem Harvard-Konzept herauszufinden gilt. Die unterschiedlichen Interessen verschiedener Parteien schließen sich nämlich nicht notwendigerweise aus. Oft zeigen sich dann überraschende – zukunftsgerichtete – Lösungsmöglichkeiten. Denn wenn die Motive klar werden, die zu einer bestimmten Position geführt haben, spielen die vorher eingenommenen – zumeist vergangenheitsbezogenen – Positionen nur noch eine untergeordnete Rolle.[355]

257 Die Umsetzung der dazu notwendigen **Techniken und Empfehlungen,** wie beispielsweise:
• Machen Sie Ihre Interessen deutlich;
• erkennen Sie die Interessen des anderen als Teil des Problems;
• schauen Sie nach vorne, nicht rückwärts;
• seien Sie bestimmt, aber flexibel;
• seien Sie hart in der Sache, aber weich zu den Menschen,
helfen bei der Interessensfindung und unterstützen einen sachgerechten Verhandlungsprozess.[356]

258 • **Entwickeln Sie Entscheidungsmöglichkeiten (Optionen) zum beiderseitigen Vorteil.**

Allzu oft lassen Verhandlungspartner „Geld auf dem Tisch liegen" – denn sie fällen vorschnelle Urteile, suchen nach der „einen" richtigen Lösung, nehmen an, der „Kuchen" sei begrenzt und verfallen der Vorstellung, die andere Partei soll ihre Probleme gefälligst selbst lösen.

259 Wer **kreative Wahlmöglichkeiten** entwickeln will, muss hingegen (1) den Prozess des Findens von Optionen von deren Beurteilung trennen; (2) danach trachten, die Zahl der Optionen zu vermehren und nicht nach „einer richtigen" Lösung zu suchen; (3) nach Vorteilen für beide Seiten Ausschau halten; und (4) Vorschläge entwickeln, die den anderen die Entscheidung erleichtern.[357]

260 Hierbei ist der Einsatz von **Kreativitätstechniken,** wie das Brainstorming oder das Mindmapping, hilfreich und erforderlich.[358] Ziel ist die Vervielfältigung der Optionen. Auf diese Weise können vorher nicht bedachte Lösungsmöglichkeiten gefunden werden, die sich letztendlich als vorteilhaft für jede Partei erweisen.

---

[354] *Fisher/Ury/Patton,* Das Harvard-Konzept, 2018, S. 45 ff.
[355] *Fisher/Ury/Patton,* Das Harvard-Konzept, 2018, S. 27 ff. und S. 75 ff.
[356] *Fisher/Ury/Patton,* Das Harvard-Konzept, 2018, S. 87 ff.
[357] *Fisher/Ury/Patton,* Das Harvard-Konzept, 2018, S. 95 ff.
[358] Vgl. dazu *Risse* Wirtschaftsmediation S. 324 ff. Rn. 23 ff. mwN.

- **Bestehen Sie auf die Anwendung neutraler Beurteilungskriterien.**
Das Ziel einer jeden Verhandlung ist die Lösungsfindung. Als Voraussetzung dafür, dass für alle Beteiligten akzeptable Lösungen überhaupt gefunden werden können, müssen die Kriterien von Fairness, Parteienparität und Sachbezug gewahrt sein. Es ist von entscheidender Bedeutung, dass für die Parteien objektiv nachprüfbare Kriterien vorhanden sind, damit die gefundenen Lösungen nachvollziehbar sind und sich keine Partei benachteiligt fühlen muss.[359]

- **Entscheiden Sie sich für oder gegen eine Verhandlungsübereinkunft durch einen Abgleich mit Ihrer Besten Alternative.**
Das Ergebnis einer Verhandlung ist nur dann ein Erfolg, wenn sie besser als das ist, was man ohne Verhandlung erreichen könnte. Niemand sollte einer Verhandlungslösung zustimmen, zu der es für ihn eine bessere Alternative gibt. Diese sogenannte Beste Alternative (BATNA = Best Alternative To Negotiated Agreement) ist ein Entscheidungskriterium, das von der anderen Partei unabhängig ist.

Deshalb stärkt es die Verhandlungsmacht, wenn man Alternativen zu der bestmöglichen Verhandlungsübereinkunft entwickelt. Gleichzeitig wird es wichtig sein herauszufinden, ob die andere Seite außerhalb der Verhandlungslösung noch eigene Alternativen hat. Allerdings wirkt das Einführen der eigenen „Besten Alternative" in eine Verhandlung oft als Drohung, deshalb ist es besser, diese BATNA als eigenes Entscheidungsproblem („Ich habe das Problem, dass ich dieses und jenes Angebot habe ...") darzustellen.

b) Transformationsansatz. Während der lösungsorientierte Ansatz den Schwerpunkt auf ein sachorientiertes Verhandeln legt, geht der Transformationsansatz davon aus, dass Konflikte nicht nur ein Produkt widerstreitender Interessen sind. Nach dem Transformationsansatz geht es bei Konflikten vielmehr im Wesentlichen um **gegenseitige Anerkennung** und **gesellschaftliche Wertschätzung.**[360] Dabei finden die unterschiedlichen Zwänge, denen einzelne Personen, Gruppen und Organisationen unterliegen, besondere Berücksichtigung. Um eine dauerhafte positive Beziehung zwischen den Konfliktparteien herzustellen, werden Machtverhältnisse zwischen den Parteien und subjektive Faktoren, wie Ängste, Neid und Ansehen betrachtet.

Hauptziel des Transformationsansatzes ist daher nicht die Lösungsfindung, sondern der Umgang der Konfliktparteien miteinander, die proaktive Unterstützung von Veränderungen in der Konfliktinteraktion der Parteien.[361] Die Grundelemente des Transformationsansatzes sind *„Empowerment"*, also die Befähigung Konflikte selbst und eigenverantwortlich zu lösen, und *„Recognition"*, also die gegenseitige Anerkennung der Konfliktpartner.[362] Der dem Transformationsansatz folgende Mediator versucht somit, die Medianten zur **eigenständigen Konfliktregelung** zu befähigen. Dazu ist ein gegenseitiges Verständnis des Konflikts und der anderen Partei erforderlich.[363]

7. Fortsetzung des Mediationsverfahrens in der Einigungsstelle (MedArb-Verfahren)

Wie bereits dargestellt, weisen **Einigungsstellen- und Mediationsverfahren** deutliche **Parallelen** auf: In beiden Verfahren können zur Herbeiführung sachgerechter Regelungen Aspekte mit behandelt werden, die außerhalb der Grenzen der erzwingbaren Mitbestimmung liegen. Das BetrVG sieht zudem die Möglichkeit der freiwilligen Einigungsstellenverfahren vor. Schließlich kommt hinzu, dass bei Scheitern einer betriebsinternen Mediation nur die Einigungsstelle die Machtbalance zwischen Arbeitgeber und Betriebsrat wiederherstellen kann.

Dies berücksichtigend stellt sich die Frage, ob die Vorteile von Mediation und Einigungsstellenverfahren miteinander kombinierbar sind. Dies ist zweifelsohne dadurch möglich,

---

[359] *Fisher/Ury/Patton*, Das Harvard-Konzept, 2018, S. 126 ff.
[360] *Bush/Folger*, The Promise of Mediation, 2004, S. 53 ff.
[361] *Folger/Bush* KonfliktDynamik 2015, 274 (277 ff.).
[362] Grundlegend dazu: *Bush/Folger*, The Promise of Mediation, 2004, S. 41 ff.
[363] Vgl. dazu auch die Grundsätze der Transaktionsanalyse: *Risto*, Konflikte lösen mit System, 2005, S. 19 ff.

dass im Verlauf eines Einigungsstellenverfahrens eine externe Mediation durchgeführt wird, wozu das Einigungsstellenverfahren formal unterbrochen wird.[364] Alternativ könnte das Modell der **MedArb-Verfahren** (Mediation-Arbitration-Verfahren) Anregungen liefern. Bei den MedArb-Verfahren beginnen die Konfliktparteien mit der Mediation, unterstützt von einem Mediator, der im Falle eines Scheiterns der Mediation das Verfahren als Schiedsverfahren (Arbitration) fortführt.[365]

268 Der zentrale Vorteil dieser Verfahrenskombination liegt in der **Verfahrenseffizienz**: Im Falle des Scheiterns der Mediation kann der Mediator nahtlos und ohne Zeitverlust sowie versehen mit dem Sachwissen aus der Mediation im Schiedsverfahren oder – hier – in der Einigungsstelle tätig werden.[366] Dabei ist nicht von der Hand zu weisen, dass die frühere Tätigkeit als Mediator bei den Parteien die Besorgnis der Befangenheit und der fehlenden Unvoreingenommenheit begründen kann.[367] Insoweit bedarf es seitens des vormaligen Mediators und nachfolgenden Mitglieds einer Einigungsstelle einer kritischen Situationsprüfung, mit Blick auf die Parteien und auf die eigene Haltung.

269 Zudem wird gerade die potenzielle **Entscheidungsautorität** des Mediators im Verfahrensverständnis der Parteien auch während der Mediation eine Rolle spielen.[368] Des Weiteren besteht die Gefahr, dass der Mediator andere und zumeist weitergehende Informationen erhält, als ihm diese in einer Funktion als Entscheider zur Verfügung gestellt worden wären. Auch werden beide Parteien versuchen, den Mediator und möglichen späteren Entscheider schon während des Mediationsverfahrens von der **Richtigkeit ihrer Position** zu überzeugen. Dadurch ist zu befürchten, dass sich die Parteien im Verlaufe des MedArb-Verfahrens weniger um eine einvernehmliche Einigung bemühen, als dies bei einer reinen Mediation zu erwarten ist. Diese Umstände sprechen dafür, dass der Mediator nicht Entscheider in der gleichen Sache sein sollte.[369]

270 Aufgrund dieser Bedenken wurde in den USA das MedArb-Verfahren für den Bereich der Arbeitswelt dahingehend modifiziert, dass der vormalige Mediator im Schiedsverfahren lediglich als **beratender Schiedsrichter** fungiert *(mediation-advisory arbitration)*. Im Rahmen des *Mediation Research and Education Projects der Northwestern University* wurde dazu festgestellt, dass von 3.000 *mediation-advisory arbitration*-Verfahren ca. 85 % im Rahmen der Mediation und ohne Inanspruchnahme des Schiedsverfahrens gelöst werden konnten.[370]

271 Für die Kombination von Mediation und Einigungsstellenverfahren könnte die Idee der Med-Arb-Verfahren dadurch umgesetzt werden, dass Arbeitgeber und Betriebsrat jeweils einen Mediator ihres Vertrauens benennen, die Einsetzung der beiden Mediatoren mit Zustimmung der jeweils anderen Partei erfolgt und die beiden so eingesetzten Mediatoren das Mediationsverfahren in der Form der **Co-Mediation** durchführen.

272 Für den Fall eines Scheiterns des Mediationsverfahrens könnten diese beiden Mediatoren als **Beisitzer für die nachfolgende Einigungsstelle** eingesetzt werden und als solche eine beratende Funktion für die übrigen Einigungsstellenmitglieder ausüben.[371] Die Diskussionen über die Nachteile von MedArb-Verfahren berücksichtigend, müssten allerdings für das nachfolgende Einigungsstellenverfahren zum einen weitere Beisitzer nach § 76 Abs. 2 BetrVG vorgesehen werden und für die beiden Mediatoren müsste der Einigungsstellenvorsitz durch Parteivereinbarung von vornherein ausgeschlossen sein.

273 Mit dieser Vorgehensweise könnten die **Vorteile beider Verfahren** genutzt werden: Die Chance einer freiwilligen und selbstbestimmten Einigung im Mediationsverfahren, ein

---

[364] *Malinowski* ZKM 2018, 22 (23 f.).
[365] *Goldberg/Sanders/Rogers,* Dispute Resolution – Negotiation, Mediation, and Other Processes, 1995, S. 275; *Dendorfer/Lack* SchiedsVZ 2007, 195 ff.
[366] *Dendorfer/Lack* SchiedsVZ 2007, 195 ff.
[367] Entsprechend für die Selbstablehnung eines vormals als Mediator tätigen Richters: LAG Hessen 7.7.2009 – 12 Ta 304/09, BeckRS 2009, 69733; vgl. § 41 Nr. 8 ZPO.
[368] *Dendorfer/Lack* SchiedsVZ 2007, 195 ff.
[369] *Dendorfer/Lack* SchiedsVZ 2007, 195 ff.
[370] *Goldberg/Sander/Rogers,* Dispute Resolution – Negotiation, Mediation, and Other Processes, 1995, S. 277 mwN.
[371] Zu den persönlichen Voraussetzungen von Beisitzern einer Einigungsstelle vgl. *Fitting* BetrVG § 76 Rn. 14 mwN.

schneller und effizienter Übergang vom Mediationsverfahren in das Einigungsstellenverfahren, sowie die Entscheidungsmöglichkeit in der Einigungsstelle für diejenigen Fälle, in denen die Parteien den bestehenden Konflikt letztendlich doch nicht selbst lösen können.[372]

8. Kostentragung bei innerbetrieblichen Mediationsverfahren

Grundsätzlich teilen sich die Parteien eines Mediationsverfahrens **hälftig** die Kosten, die für den Mediator und für sonstige Aufwendungen (Raum, Equipment etc.) entstehen.[373] Eine entsprechende **Kostenregelung** wird auch bei Mediationsverfahren, die zB zwischen Mitarbeitern, leitenden Angestellten/Organmitgliedern und dem Arbeitgeber in Kündigungssituationen durchgeführt werden, vereinbar sein.[374]

Bei Schaffung eines Konfliktmanagementsystems und der damit verbundenen Erwartung des Arbeitgebers an die Arbeitnehmer, vor Einleitung eines Gerichtsverfahrens sich einem **innerbetrieblichen Mediationsverfahren** zu unterziehen, werden die **Kosten** des Mediationsverfahrens hingegen vom **Arbeitgeber zu tragen** sein.[375] Dies gilt insbesondere bei Einsatz von innerbetrieblichen Mediatoren, die im Rahmen ihres Anstellungsverhältnisses diese Aufgabe übernommen haben.

Sollte die Mediation auf **Vorschlag des Betriebsrates** und mit **Zustimmung des Arbeitgebers** eingeleitet werden, so stellt sich ebenfalls die Frage nach der Kostentragung: Nach § 40 Abs. 1 BetrVG trägt der Arbeitgeber die Kosten der Betriebsratstätigkeit. Dazu gehören auch die Kosten der gerichtlichen Verfolgung oder Verteidigung von Rechten des Betriebsrates sowie die Kosten einer Prozessvertretung,[376] ebenso die Kosten der Vertretung vor der Einigungsstelle.[377] Die Kosten der Einigungsstelle sind nach § 76a Abs. 1 BetrVG vom Arbeitgeber zu tragen. Schließlich sind die Kosten für Sachverständige nach § 80 Abs. 3 BetrVG ebenfalls vom Arbeitgeber – allerdings nach vorheriger Zustimmung – zu übernehmen.

Da ein Mediationsverfahren mit Einschaltung eines externen Mediators nur mit Einverständnis des Arbeitgebers durchgeführt werden kann, sind die **Kosten** für den einvernehmlich eingesetzten **Mediator** in entsprechender Anwendung von § 76a Abs. 1 BetrVG vom Arbeitgeber zu tragen.[378] Sollte der Betriebsrat einen **Mediator zur Beratung** in einem Konflikt hinzuziehen oder sollten **Sachverständige** in einem Mediationsverfahren eingesetzt werden, so fallen die Kosten nach § 80 Abs. 3 BetrVG – nach vorheriger Vereinbarung – ebenso beim Arbeitgeber an, wie die **Kosten für eine anwaltliche Begleitung des Betriebsrates** in dem Mediationsverfahren in entsprechender Anwendung von § 40 Abs. 1 BetrVG.

9. Arbeitsrechtliche „Fallstricke" des Einsatzes von Mediation

Der Einsatz von innerbetrieblicher Mediation birgt noch weitere – bisher nicht angesprochene – „Fallstricke".

a) „Verbrauch" von Abmahnungs- und Kündigungsgründen durch ein Mediationsverfahren. Sofern der Mediation ein abmahnungsfähiger Konflikt zugrunde liegt, wird der Arbeitgeber zu überlegen haben, ob eine solche Abmahnung vor, während oder nach dem Mediationsverfahren ausgesprochen werden soll. Zwar stellt der Ausspruch einer Abmahnung vor oder während des Mediationsverfahrens eine rechtssichere Vorgehensweise dar, das Mediationsverfahren wird dadurch jedoch erheblich belastet. Für den Fall, dass die Abmahnung – abhängig vom Verlauf des Mediationsverfahrens – erst nach dessen Abschluss ausgesprochen werden soll, besteht allerdings die Gefahr der **Verwirkung**.[379]

---

[372] *Dendorfer* FA-Spezial 9 (2000), 12 (17).
[373] *Risse* Wirtschaftsmediation S. 193 Rn. 60 mwN.
[374] Zu der Kostentragung durch Rechtsschutzversicherungen: *Eberhardt* ZKM 2014, 83 ff.
[375] Vgl. dazu LAG Hamm 16.10.2015 – 17 Sa 696/15, BeckRS 2015, 73265.
[376] *Fitting* BetrVG § 40 Rn. 21, 24 mwN.
[377] *Fitting* BetrVG § 40 Rn. 36 mwN.
[378] *Wolmerath* ArbRAktuell 2015, 343 (346) leiten die Kosten bei Teilnahme eines Betriebsrates am Mediationsverfahren aus § 40 BetrVG ab; *Kramer* NZA 2005, 135 (138 f.) schlägt vor, die Kosten in allen Mitbestimmungstatbeständen über das Verfahren nach § 80 Abs. 3 BetrVG und in den Fällen von Betriebsänderungen nach § 111 Abs. 2 BetrVG abzuwickeln.
[379] Vgl. dazu mit weitergehenden Erläuterungen *Dendorfer* in FS Leinemann, 567, 585 f.

> **Praxistipp:**
> Es ist dem Arbeitgeber zu empfehlen, sich das Recht zur Erteilung einer Abmahnung zu Beginn eines Mediationsverfahrens ausdrücklich vorzubehalten. Die Aufnahme dieses Vorbehalts in die Mediationsvereinbarung ist dann nicht ausreichend, wenn diese zwischen Unternehmen und Mediator abgeschlossen ist. Ein gesonderter Hinweis gegenüber dem Arbeitnehmer ist daher unerlässlich.

280 Es stellt sich zudem die Frage, ob ein möglicher **Kündigungsgrund** durch die Behandlung des Konflikts in der Mediation „**verbraucht**" werden kann. Abgesehen davon, dass die Ausschlussfrist des § 626 Abs. 2 BGB für den Ausspruch von außerordentlichen Kündigungen zu beachten ist, könnte der Kündigungsgrund dann „verbraucht" sein, wenn Äußerungen des Arbeitgebers innerhalb des Mediationsverfahrens als Abmahnung verstanden werden. Dieses Risiko besteht grundsätzlich, da eine Abmahnung nicht der Schriftform bedarf.[380] In der Praxis hat dieses Problem – soweit ersichtlich – bisher keine Bedeutung erlangt. Sollte das Mediationsverfahren zu einem „positiven" Abschluss gelangen, würde eine nachfolgende Kündigung aus den im Mediationsverfahren bearbeiteten Gründen zudem eine unzulässige Rechtsausübung nach § 242 BGB darstellen, worauf sich der betroffene Arbeitnehmer einredeweise berufen kann.

281 **b) Während des Mediationsverfahrens auftretende Kündigungsgründe.** Das Ansprechen von Gefühlen – auch von Ärger, Frustration, Wut – gehört zu den typischen Merkmalen einer Mediation.[381] In Mediationsgesprächen kann es demzufolge, möglicherweise sogar mit Unterstützung des Mediators, zu Kritik an Vorgesetzten oder am Unternehmen, zu Emotionsausbrüchen oder gar zu gegenseitigen Angriffen kommen. Muss der Arbeitnehmer nun befürchten, sich damit einer – ordentlichen oder außerordentlichen – verhaltensbedingten Kündigung auszusetzen?

282 Grundsätzlich gilt das in Art. 5 GG geschützte Recht der freien Meinungsäußerung auch und gerade im Arbeitsverhältnis.[382] Dieses findet seine Grenzen in den Grundregeln des Arbeitsrechts, zu denen auch die Pflicht zu Loyalität und Rücksichtnahme gegenüber dem Arbeitgeber gehört.[383] Allerdings hat sich der Arbeitnehmer mit Wissen und Billigung des Arbeitgebers in die Mediation begeben. Dieser Aspekt ist bei der Abwägung zwischen dem Recht auf freie Meinungsäußerung und der Annahme einer kündigungsrelevanten Handlung zu berücksichtigen.[384]

283 Auch ist im Einzelfall zu überlegen, ob Sanktionen wegen eines Fehlverhaltens während des vom Arbeitgeber eingeleiteten oder zumindest gebilligten Mediationsverfahrens grundsätzlich am Maßregelungsverbot gemäß § 612a BGB scheitern.[385] Auch wird sich der Arbeitgeber dem Vorwurf des widersprüchlichen Verhaltens und der unzulässigen Rechtsausübung (§ 242 BGB) aussetzen, wenn er einerseits zur Konfliktbeilegung ein Mediationsverfahren mit dem Arbeitnehmer einleitet und andererseits in der Mediation auftauchende Emotionen zum Anlass für weitergehende arbeitsrechtliche Sanktionen nimmt. Diese Überlegungen haben selbstverständlich dort ihre Grenze, wo es sich im Einzelfall um ein nicht mehr akzeptables, möglicherweise sogar strafrechtlich relevantes Verhalten des Arbeitnehmers während des Mediationsverfahrens handelt.

284 Es wird vornehmliche Aufgabe des Mediators sein, die Mediation durch Gesprächsregeln, Interventions- und Deeskalationstechniken[386] so zu steuern, dass übermäßige Ausbrüche verhindert werden. Auch wird ein erfahrener und professionell handelnder Mediator emotionale Ausbrüche nicht unbearbeitet lassen.

---

[380] BAG 18.1.1980 – 7 AZR 75/78, DB 1980, 1351.
[381] *Budde*, Mediation und Arbeitsrecht, 2003, S. 203 mwN.
[382] BVerfG 28.4.1976 – 1 BvR 71/73, DB 1976, 1485.
[383] BAG 13.10.1977 – 2 AZR 387/76, NJW 1978, 187.
[384] *Budde*, Mediation und Arbeitsrecht, 2003, S. 203.
[385] *Budde*, Mediation und Arbeitsrecht, 2003, S. 203; ErfK/*Preis* BGB § 612a Rn. 8 mwN weist darauf hin, dass der Begriff der Maßnahme nach § 612a BGB weit zu fassen ist.
[386] Dazu grundlegend *Dietz*, Werkstattbuch, Mediation, 2004, S. 158 ff.

c) **Nach dem Mediationsverfahren auftretende, damit zusammenhängende Kündigungs-** 285
gründe. Denkbar ist der Fall, dass nach dem Mediationsverfahren Kündigungsgründe auftreten, zB durch Bruch der für das Mediationsverfahren getroffenen Vertraulichkeitsabreden oder von im Mediationsverfahren getroffenen arbeitsvertraglich relevanten Absprachen. In diesen Fällen werden dem Kündigungsentschluss des Arbeitgebers – die Beachtung der kündigungsschutzrechtlichen Voraussetzungen unterstellt – weder das Maßregelungsverbot des § 612 BGB, noch die Einrede widersprüchlichen Verhaltens entgegenstehen. Bei erfolgreich abgeschlossenen und den Konflikt daher befriedenden Mediationen sollte eine solche Konsequenz jedoch die absolute Ausnahme sein.

d) **Gründe für einen Auflösungsantrag durch ein Mediationsverfahren.** Die vorstehend 286
geäußerten Überlegungen können auch für die Frage herangezogen werden, ob der Arbeitnehmer – in einer bereits gekündigten Situation – befürchten muss, dass sich durch das Mediationsverfahren Gründe für einen Auflösungsantrag nach §§ 9, 10 KSchG ergeben können. Allerdings kann ein gescheitertes Mediationsverfahren durchaus Indizwirkung für die Unzumutbarkeit der weiteren Zusammenarbeit haben.

Praxistipp:
Die Teilnahme von Rechtsanwälten bei innerbetrieblichen Mediationsverfahren richtet sich nach den Grundsätzen der Teilnahme von Rechtsanwälten an Personalgesprächen. Sofern in der Mediationssitzung ausschließlich Themen besprochen werden, die sich im Bereich der Arbeitsorganisation, der Arbeitszeitvorgaben, zu Verhaltensregeln im Betrieb oder zu sonstigen Arbeitsbedingungen verhalten, hat der Arbeitnehmer kein Recht zur Hinzuziehung eines Rechtsanwalts. Sofern hingegen in der Mediationssitzung Themen besprochen werden, die im Zusammenhang mit einer – verhaltens- oder personenbedingten – Kündigung oder sonstiger arbeitsrechtlicher Maßnahmen stehen, ist von einem Teilnahmerecht unter Berücksichtigung von § 2 Abs. 4 MediationsG auszugehen.[387]

VII. Wertschöpfung durch Mediation

Wenn auch an unterschiedlichen Stellen bereits angesprochen, so soll nachfolgend noch 287
einmal der **Zusatznutzen des Einsatzes von Mediation** für die Parteien im Bereich von innerbetrieblichen Konflikten herausgearbeitet werden.

1. Wertschöpfung für das Unternehmen

Durchschnittliche Unternehmen unterscheiden sich von sog. „exzellenten Unternehmen" 288
insbesondere durch die **„weichen Faktoren"**; 50% der Unternehmen scheitern am „Faktor Mensch": Das sog. Task Management (verwirklichtes Management), die tatsächlich realisierte Mitarbeiterführung (People Management) und die Steuerung der personellen Entwicklungsprozesse in der Organisation erweisen sich immer wieder als kritische Faktoren für den Unternehmenserfolg.[388] Vor diesem Hintergrund finden sich verschiedene Ansatzpunkte für eine Wertschöpfung durch den Einsatz von Mediation für das Unternehmen:

a) **Innovation und Corporate Identity.** Im Zusammenhang mit der Darstellung der Kon- 289
fliktgrundlagen wurde bereits darauf hingewiesen, dass Konflikte für die Unternehmen – funktional gesehen – **Chancen für eine Weiterentwicklung** mit sich bringen, sowie die Qualität der Arbeitsleistung, die Innovationskraft eines Unternehmens, dessen Kreativität und die Produktivität positiv beeinflussen können. Sich ständig verändernde Märkte erfordern zudem stetige Flexibilität von den Mitarbeitern, so dass auch ein an sich funktionierendes Change Management das Entstehen von Konfliktpotential nicht verhindern kann.[389] Dies

---
[387] Ausführlich dazu: *Dendorfer-Ditges* KonfliktDynamik 2014, 180 ff.
[388] *Tigges-Mettenmeier* ZKM 2001, 172 (173).
[389] *Briem* ZKM 2011, 146.

gilt insbesondere in Zeiten von Partizipation und agilen Arbeitsstrukturen, welche nicht nur eine möglichst reibungslose Transition von bisher gewohntem Arbeiten hin zu Scrum-Methoden und Cluster-Organisationen benötigen, sondern zudem Konzepte für entstehendes Konfliktpotenzial bei multilateralen Abstimmungsprozessen und aufgrund geforderter Selbstorganisation der Mitarbeiter.[390]

290 Entscheidend ist, wie mit Konflikten umgegangen wird: Werden diese effizient und partnerschaftlich gelöst? Oder führen sie zu einer Eskalation und Zerstörung der bestehenden Verbindungen und Beziehungen?[391]

291 Mediation bietet den Unternehmen die Chance, Konflikte **zeitsensitiv und situationsangepasst** zu lösen. Zudem treten bei Einsatz von Mediation in Unternehmen oft **Erkenntnisse über die Organisation** zu Tage, die mit dem Konflikt vordergründig nichts zu tun haben. Dies können nicht funktionierende Arbeitsabläufe sein, Hinweise auf mangelnde technische Ausstattung, ineffiziente Strukturen, unzureichende Qualifikation von Mitarbeitern, starre Führungsstile von Vorgesetzten usw.[392] Diese Erkenntnisse, weitergegeben an das Management durch die Konfliktparteien, nicht hingegen durch den Mediator, geben dem Unternehmen die Möglichkeit zur Aktion und Reaktion.

292 Eine schnelle und effiziente Bewältigung unternehmensinterner Konflikte ist ein **integraler Bestandteil der Unternehmensbewertung** und macht das Unternehmen attraktiv für Investoren, Aktionäre und potentielle Mitarbeiter (High Potentials). Der Einsatz von Mediation im Unternehmen als eine schonende und wertschätzende Konfliktlösungsmethode hebt das Unternehmen aus der Masse seiner Konkurrenten heraus. Die Unternehmen können Mediation zum integralen **Bestandteil des Corporate Identity** machen und sie gezielt zur Stärkung der eigenen Marktposition nutzen.

293 **b) Verbesserung der Kommunikations- und Unternehmenskultur.** Grundpfeiler einer jeden Unternehmenskultur sind **funktionierende Kommunikationsstrukturen.**[393] Konflikte entstehen – wie bereits dargestellt – häufig aufgrund fehlender oder nicht funktionierender Kommunikation. Wechselseitige Emotionen machen in dem persönlich geprägten Arbeitsumfeld eine sachorientierte Konfliktdiskussion häufig unmöglich. Typische Kommunikations- und Einigungshindernisse,[394] wie selektive Wahrnehmung, reaktive Abwertung, „Ja, aber"-Gesprächsmuster[395] oder selbsterfüllende Prophezeiung führen immer wieder zu ausweglosen Situationen bei der bilateralen Konfliktdiskussion.

294 Wird die Konfliktlösung mittels Einschaltung des Mediators gesucht, verändert sich das System grundlegend. Die Parteien lernen durch die Intervention des Mediators, aufeinander zuzugehen, miteinander zu kommunizieren und dem anderen den Respekt entgegenzubringen, den sie sich für sich selbst erwarten.

295 Die Techniken der Mediation fördern die echte (**Zweiweg-)Kommunikation,** das **Wechselgespräch,** den **Dialog.** Das bedeutet, die Sichtweise des anderen anzuerkennen, nicht die vermeintlich einzig denkbare Lösung durchsetzen zu wollen, den anderen zum Gespräch einzuladen und auf die Gesprächssymmetrie zu achten.[396] Die Schaffung einer Vertrauensbasis und das Gefühl, dass die Gegenseite ernsthaft bereit ist, sich kooperativ zu einigen, hat die stärkste Überzeugungskraft.[397]

296 Sobald diese Fähigkeiten in einem Unternehmen durch den Einsatz von Mediation „gelebt" werden, profitieren davon nicht nur kurzfristig die Konfliktparteien, sondern langfristig das ganze Unternehmen.

---

[390] *Engler/Heitmann* KonfliktDynamik 2019, 174 ff.; *Redmann* KonfliktDynamik 2019, 241 ff.; *Pilartz* ArbRAktuell 2018, 600 (603).
[391] *Dendorfer* FA-Spezial 9 (2000), 12 (13).
[392] *Hüsch*, Mitteilungsblatt ArGE Mediation, 2004, S. 6, 7.
[393] Vgl. zu funktionierenden innerbetrieblichen Kommunikationsstrukturen das Beispiel zu British American Tobacco bei *Althaus/Hinrichs/Hustert* ZKM 2001, 120 (121); dazu auch: *Klowait/Hill* SchiedsVZ 2007, 83 (85).
[394] *Duve/Eidenmüller/Hacke/Fries,* Mediation in der Wirtschaft, 3. Aufl. 2019, S. 237 ff.
[395] *Risse* NZA 2017, 1030 (1033 f.).
[396] *Sprenger*, Mythos Motivation – Wege aus der Sackgasse, 2010, S. 183 ff.
[397] *Pilartz* ArbRAktuell 2013, 201 (203).

c) **Zeitfaktor.** Die Mediation besticht im Vergleich zu den weiteren Konfliktlösungsmodellen dadurch, dass sie **zeitsparend** ist. Mediationsverfahren dauern häufig nur einen Tag, regelmäßig jedoch nur wenige Tage, in denen sich entscheidet, ob der Konflikt beigelegt werden kann oder vor Gericht ausgetragen werden muss.

Da bei einer freiwilligen Mediation im Durchschnitt über 80 % der Fälle einvernehmlich gelöst werden, überwiegt die **statistische Wahrscheinlichkeit** der **Konfliktbeendigung durch Mediation** bei weitem.[398]

Das Risiko, dass durch ein (vorgeschaltetes) Mediationsverfahren im Falle des Scheiterns wertvolle Zeit verloren geht, ist damit verhältnismäßig gering. Hinzu kommt, dass selbst in diesem Fall die in der Mediation erfolgte Aufarbeitung des Konfliktstoffs zu einer schnelleren Klärung in einem nachfolgenden Einigungsstellen- oder Gerichtsverfahren beitragen wird.

d) **Planungssicherheit.** Der Ausgang eines Rechtsstreits ist regelmäßig ungewiss. Solange der **Rechtsstreit anhängig** ist, ist das Unternehmen finanziellen, strategischen und planerischen **Risiken und Einschränkungen** ausgesetzt. Es müssen Rückstellungen gebildet, Zeit und Finanzmittel investiert und Mitarbeiter für die Erarbeitung des Sachverhalts abgestellt werden.

Eine **schnelle Streitbeilegung** schafft hingegen **Planungssicherheit** und vermeidet intensive Vorbereitungsarbeiten, die neben den finanziellen auch und vor allen Dingen personelle Ressourcen in den Rechts- und Fachabteilungen binden.[399]

e) **Vertraulichkeit.** Wie bereits mehrfach ausgeführt, verläuft das Mediationsverfahren vertraulich. Alle Beteiligten verpflichten sich, die im Rahmen des Mediationsverfahrens erlangten Informationen ohne ausdrückliche Zustimmung nicht weiterzugeben und nicht zu verwerten. Dies gilt insbesondere auch für ein späteres gerichtliches Verfahren, falls die Mediation nicht erfolgreich war.

Die vormals bestehende Problematik eines fehlenden **Zeugnisverweigerungsrechts für Mediatoren** nicht privilegierter Berufe ist durch § 4 MediationsG iVm § 383 Abs. 1 Nr. 6 ZPO jedenfalls für den Zivilprozess entfallen. Dennoch sollte unabhängig von der gesetzlichen Regelung die Mediationsvereinbarung auch Regelungen zur Vertraulichkeit und Nichtbenennung des Mediators als Zeugen enthalten,[400] nicht nur iS eines **Prozessvertrages**,[401] sondern als Klarstellung für die Parteien des Mediationsverfahrens.

f) **Vermeidung von Motivationsverlusten und Fluktuationen.** Auf die **Konsequenzen destruktiver Konflikte** im Unternehmen wurde bereits hingewiesen. Es kommt dabei häufig zu massiven Veränderungen in den Leistungen einzelner Personen oder zur negativen Beeinflussung des gesamten Betriebsklimas.

Die zur umfassenden Konfliktlösung notwendige Umfeldbetrachtung kann regelmäßig im gerichtlichen Verfahren nicht geleistet werden.[402] Mediation ermöglicht hingegen eine **individuelle Reaktion** auf auftretende Konflikte. Es werden schwelende Konfliktsituationen vermieden, die Hintergrundbetrachtung eines Konflikts sowie die Einbeziehung aller maßgeblichen Faktoren möglich gemacht und zukunftsbeständige Lösungen erarbeitet. Ein Verfahrensdesign, an dem alle wichtigen betrieblichen Akteure beteiligt sind, fördert zudem eine „**positive Streitkultur**" im Unternehmen.[403]

g) **Konfliktnähe.** Die **Erfolgsrate für die Lösung eines Konflikts** ist umso höher, je frühzeitiger die Konfliktbearbeitung angeboten werden kann.[404] Insbesondere durch den Einsatz

---

[398] *Ponschab/Dendorfer* Beil. 1 zu BB 2001, 1 (2); vgl. auch den Projektabschlussbericht zum Forschungsprojekt „Gerichtsnahe Mediation in Niedersachsen", Februar 2005, 31 mit dem Hinweis auf eine mittlere Einigungsquote von 76,4 %, abrufbar unter, http://www.mediation-in-niedersachsen.com/dl/Abschlussbericht.pdf zuletzt abgerufen am 15.5.2020.
[399] *Ponschab/Dendorfer* Beil. 1 zu BB 2001, 1 (2).
[400] Vgl. dazu das Muster im → Anhang I.
[401] *Mähler/Mähler* ZKM 2001, 4 (7 ff.); *Eckardt/Dendorfer* MDR 2001, 786 (788 ff.).
[402] Haft/Schlieffen Mediations-HdB/*Prütting* S. 733, 747 Rn. 46; *Ponschab/Dendorfer* Beil. 1 zu BB 2001, 1 (4).
[403] Vgl. Henssler/Koch/*Budde*, Mediation in der Anwaltspraxis, 2004, S. 497, 521 Rn. 70.
[404] Henssler/Koch/*Budde*, Mediation in der Anwaltspraxis, 2004, S. 497, 501 Rn. 8; *Hage/Heilmann* AuA 2000, 26 (27).

von Mediation können Konfliktursachen schon frühzeitig aufgedeckt und bearbeitet werden.[405] Dies ist deshalb vorteilhaft, weil die Fronten zu einem **frühen Zeitpunkt der Konfliktsituation** meist noch nicht verhärtet sind und den Beteiligten der eigentliche Auslöser des Konflikts noch klarer vor Augen steht – ein Bewusstsein, was bei langfristig unbearbeiteten Konflikten zunehmend schwindet.

307 Hinzu kommt, dass bei einer Konfliktbearbeitung im Unternehmen durch innerbetriebliche oder betriebsnahe Mediatoren eine individuelle und auf die Unternehmensbedürfnisse angepasste Lösung gefunden werden kann. Die konfliktnahe Be- und Aufarbeitung führt vornehmlich zu **dauerhaften, abgestimmten und praktikablen Ergebnissen**.

308 **h) Komplexität der Konfliktbeziehungen.** Die **Komplexität von Unternehmensstrukturen** und der gesellschaftlichen Beziehungen kann durch gesetzliche Vorgaben mit ihrer notwendigen Reduktion der Sachverhalte vielfach nicht mehr aufgefangen werden. Die Veränderungen ökonomischer, kultureller, sozialer, technologischer und politischer Rahmenbedingungen verlangen unmittelbare Konfliktbearbeitungsmethoden, die die **konkrete Wirklichkeit** und die **Zukunftsvorstellungen der Beteiligten** vom Ergebnis und vom Verfahren her umfassend einbeziehen.[406]

309 **i) Bewältigung grenzüberschreitender Arbeitskonflikte.** Die Internationalisierung der Arbeitsbeziehungen sowie die zunehmende Globalisierung von Konzern- und Unternehmensstrukturen stellen sowohl die Unternehmen als auch die Arbeitsgerichte vor zusätzliche Herausforderungen. Korrespondierend zur Freizügigkeit der Arbeitnehmer in Europa[407] und international durch Entsendung von Mitarbeitern (Expatriats) stellen sich bei Streitigkeiten mannigfache materiell-rechtliche und prozessuale Fragen. ADR-Verfahren und insbesondere die Mediation stellen für die Beilegung derartiger Konflikte effektive Methoden zur Verfügung.[408]

310 **j) Konfliktkosten (direkte Kosten und Transaktionskosten).** Die **Kosten eines Mediationsverfahrens** sind zumeist niedriger als die Kosten eines Gerichtsverfahrens.[409] Diese Annahme gilt insbesondere dann, wenn neben den unmittelbaren Verfahrens-(Gerichts-)kosten und den Anwaltsgebühren auch die indirekten Kosten (Transaktionskosten) eingerechnet werden, wie zB Kosten aufgrund der Unruhe unter den Arbeitnehmern, Fehlzeiten aufgrund von Krankheit, der Beschäftigung von Mitarbeitern mit dem Konflikt, des destruktiven Verhaltens der Streitparteien, von schwierigen Arbeitsplatzverschiebungen bei der Durchsetzung von Weiterbeschäftigungsansprüchen usw.[410] Schätzungen gehen von Konfliktkosten in der Höhe von zwei- oder sogar dreistelligen Milliardenbeträgen jährlich aus, die der deutschen Wirtschaft insgesamt durch betrieblich verursachte Spannungen und Ängste entstehen.[411] Dies hat eine Konfliktkostenstudie in deutschen Industrieunternehmen im Jahre 2009 ergeben.[412] In einer weiteren Studie mit der Unternehmerschaft Düsseldorf 2012 konnten Kosten in einzelnen Konfliktfällen von bis zu 3 Millionen Euro bestätigt werden.

311 In den direkten Konfliktkosten ergibt der Vergleich von Unternehmen mit vergleichsweise wenigen und vergleichsweise vielen Gerichtsverfahren im Durchschnitt eine Differenz ca. 500 EUR pro Arbeitnehmer pro Jahr; in einem Unternehmen mit 1.000 Arbeitnehmern summieren sich demnach alleine die direkten Konfliktkosten (Rechtsanwalts- und Verfahrenskosten) im Durchschnitt auf jährlich 500.000 EUR.[413]

---

[405] *Ponschab/Dendorfer* Beil. 1 zu BB 2001, 1 (6).
[406] BeckRA-HdB/*Mähler/Mähler* § 47 Rn. 120.
[407] Art. 45 ff. AEUV.
[408] Vgl. dazu im Ansatz: *Kramer* NZA 2005, 135 (140) mwN.
[409] Immer noch instruktiv: *Ditges* IDR 2005, 74 ff. und *Hundt*, Mediation und Betriebsverfassung, 2012, S. 110 ff.
[410] Haft/Schlieffen Mediations-HdB/*Prütting* S. 733, 744 f. Rn. 36; *Koschany-Rohbeck*, Praxishandbuch Wirtschaftsmediation, 2015, S. 363 ff.; *Budde* Konsens 1999, 31 (33); *Ditges* IDR 2005, 74 ff.
[411] *Koschany-Rohbeck*, Praxishandbuch Wirtschaftsmediation, 2015, S. 366 ff.; *Panse/Stegemann*, Kostenfaktor Angst, 2001, S. 175, 176.
[412] KPMG-Konfliktkostenstudie 2009, dazu *Insam/Racky* ZKM 2010, 168.
[413] *Olbrisch/Pilot* KonfliktDynamik 2013, 176 (177).

Aber auch **krankheitsbedingte Ausfälle** verursachen erhebliche Kosten und können Ursache weitergehender, erneut kostenintensiver Konflikte sein.[414] So war nach Schätzungen der Bundesanstalt für Arbeitsschutz und Arbeitsmedizin jeder Arbeitnehmer im Jahr 2017 rund 16,7 Tage arbeitsunfähig erkrankt, woraus sich ein Volumen von 668,6 Millionen Arbeitsunfähigkeitstagen ergibt.[415] Insbesondere längere und/oder wiederholte Ausfälle von Arbeitnehmern können zu sogenannten Dominoeffekten durch Mehr- oder Überbelastung, Motivationsabbau, Frustration und Widerstand in der übrigen Belegschaft führen.[416]

Die Reduktion von Konfliktkosten lässt sich vor allem durch ein funktionierendes Konfliktkosten-Management erreichen, welches sich mit Maßnahmen zur Konfliktprävention beschäftigt und ein Konfliktkosten-Controlling integriert.[417]

2. Wertschöpfung für die Mitarbeiter

Welche Wertschöpfung ergibt sich nun aus dem Einsatz von Mediation in der Arbeitswelt für die Mitarbeiter? Abgesehen davon, dass eine ausgeglichene Unternehmens(streit)kultur das **Arbeitsklima** als solches und damit auch die **Arbeitsbedingungen** für die Mitarbeiter direkt **positiv beeinflusst**, finden sich noch weitere Wertschöpfungsfaktoren.

a) **Wertschätzung.** Die Durchführung von Mediation ist immer begleitet von einer Wertschätzung der Parteien füreinander, also insbesondere auch von der **Wertschätzung der Mitarbeiter** durch den Arbeitgeber.

Der Arbeitgeber macht damit zum einen deutlich, dass er Arbeitsplatzkonflikte ernst nimmt, und dass es ihm wichtig ist, diese Konflikte schnell und effizient zu bereinigen. Zum anderen zeigt er **Vertrauen in die Mitarbeiter** und in deren Fähigkeit, eigene und für das Unternehmen vernünftige Lösungen für den bestehenden Konflikt zu finden, ohne dass es der Delegation des Konflikts an eine übergeordnete Stelle bedarf.[418]

b) **Soziales Lernen und Bewältigung geänderter Arbeitsanforderungen.** Der Wandel von der Industrie- zur Wissensgesellschaft, von Hierarchien zu Partizipation bringt einen Wandel der Ansprüche an das Arbeitsvermögen der Mitarbeiter mit sich. Die Forderungen nach **Team- und Projektarbeit** nehmen ebenso zu, wie diejenigen nach eigenverantwortlicher Arbeitsausführung, damit auch die **Notwendigkeit zur Interdisziplinarität**.[419] Mit der Einführung von Mediation als Konfliktlösungsmethode erhalten die Mitarbeiter die Möglichkeit, neue Konfliktlösungsmethoden zu erleben, um damit den geänderten Anforderungen wirkungsvoll begegnen zu können.

Erforderlich sind dafür **Informationen und Schulungen der Mitarbeiter,** die zB über die Durchführung von entsprechenden Seminaren erfolgen können. Solche Seminarveranstaltungen bieten jedoch nicht nur einen Lerneffekt, sondern können als **Gesprächs- und Diskussionsforen** für alle Betriebspartner dienen. Die Diskussion innerbetrieblicher Konflikte kann insbesondere den positiven Effekt einer gegenseitigen Verständnis- und Vertrauensbildung haben.[420]

c) **Motivation.** Die Problematik des Motivationsverlustes durch innerbetriebliche Konflikte wurde bereits angesprochen. Die wirklich Leidtragenden sind die davon betroffenen Mitarbeiter, die dem Kreislauf der Konflikteskalation häufig ungeschützt ausgesetzt sind. Mobbing, sexuelle Belästigung am Arbeitsplatz, Resignation, Krankheit oder die Kündigung des Arbeitsverhältnisses sind einschneidende Erlebnisse, deren Auswirkungen sich nicht auf den beruflichen Bereich begrenzen lassen.[421] Diese Situationen wirken zudem auf Vorgesetzte,

---

[414] *Gläßer* KonfliktDynamik 2019, 275 ff.; *Rieforth* KonfliktDynamik 2019, 256 ff.
[415] *Gläßer* KonfliktDynamik 2019, 275.
[416] *Gläßer* KonfliktDynamik 2019, 275 (276).
[417] Vertiefend: *Insam/Seidel* Controller-Magazin März/April 2010, 76 ff.; *Insam/Racky* ZKM 2010, 168; dazu auch die Idee eines Konfliktkostenrechners: www.konfliktkostenrechner.de.
[418] *Budde* Konsens 1999, 31 (34) spricht in diesem Zusammenhang von „Bürgerrechten im Betrieb".
[419] *Budde* Konsens 1999, 31 (33).
[420] *Dendorfer* FA-Spezial 9 (2000), 12 (14 f.).
[421] Haft/Schlieffen Mediations-HdB/*Prütting* S. 733, 747 Rn. 46.

Unternehmensleitung und Kollegen häufig verunsichernd; vielfach unterbleibt ein konstruktiver Austausch im Betrieb.[422]

320 Die Konfliktbearbeitung durch Mediation kann somit den Mitarbeitern **persönlich** eine Hilfestellung bieten, aber auch dem **betrieblichen Umfeld** in aufkommenden oder bestehenden Konfliktsituationen. Unzufriedenheit oder Enttäuschung können verbalisiert, Anliegen formuliert und Bedürfnisse können benannt werden. Der Dialog durch Mediation kann dazu beitragen, Hilf- oder Sprachlosigkeit aufzulösen, Ärger oder Ablehnung zu bearbeiten und einen Wiedereingliederungsprozess (Betriebliches Eingliederungsmanagement) zu begleiten.[423]

321 **d) Moderne Mitarbeiterführung und Unternehmensethik.** Das Aufgabenumfeld der Unternehmen verändert sich ständig, das Management ist gefordert, das bestehende Geschäftsmodell immer wieder zu hinterfragen, neue Quellen der Wirtschaftlichkeit zu erschließen, die Unternehmen beweglicher und lernfähiger zu gestalten sowie die Unternehmensstrategie immer wieder den geänderten Erfordernissen anzupassen. In der Fähigkeit zu solchen Veränderungsprozessen zeigt sich die „Intelligenz" eines Unternehmens.

322 Dies setzt unter anderem offene Kommunikation, kollektives Lernen, Abbau von Widerständen und die Beseitigung von Ängsten sowie Vertrauen voraus. Dazu müssen Führungsinstrumente geschaffen werden, die es erlauben, diese Kompetenzen umzusetzen. Mediation kann in diesem Bereich einen maßgeblichen Beitrag leisten, die **Selbstverantwortung der Mitarbeiter** stärken und durch eine schnelle sowie effiziente Konfliktlösung zum **Abbau von Ängsten** und zur **Schaffung von Vertrauen** beitragen.[424]

VIII. Maßnahmen zur Implementierung von Mediation im Unternehmen

323 Im Zusammenwirken von Management, Rechts- und Personalabteilung, externen Rechtsanwälten und Beratern sowie den Betriebsräten sind Maßnahmen eines Konfliktmanagements denkbar, die den vorstehend angesprochenen wertschöpfenden Faktoren entsprechen und die negativen Folgen von Konflikteskalation entgegenwirken.

1. Geeignete Maßnahmen für ein funktionales Konfliktmanagementsystem[425]

324 Welche Maßnahmen[426] kann ein Unternehmen ergreifen, um ein interessenorientiertes, kostenschonendes und **funktionales Konfliktmanagement**[427] und in dessen Rahmen die innerbetriebliche Mediation zu implementieren? Zur Einführung eines Konfliktmanagementsystems (KMS) sind verschiedene Schritte und Phasen notwendig, die inzwischen Gegenstand umfangreicher Diskussion[428] und Studien,[429] aber auch Gegenstand praktischer

---

[422] *Kriegel-Schmidt/Pilartz* KonfliktDynamik 2018, 282 ff.
[423] *Kriegel-Schmidt/Pilartz* KonfliktDynamik 2018, 282 (289); *Gläßer* KonfliktDynamik 2019, 275 ff.; *Matheis/Hipelli* DB 2016, 1134 ff.
[424] Zur partnerschaftlichen Unternehmenskultur: Deekeling/Fiebig/*Stäbler*, Interne Kommunikation, 1999, S. 243 ff.; *Tigges-Mettenmeier* ZKM 2001, 172 (173).
[425] Häufig abgekürzt mit „KMS".
[426] Vgl. dazu: Haft/Schlieffen Mediations-HdB/*Ponschab/Dendorfer-Ditges*, S. 813, 832 ff. Rn. 69 ff.; *Dendorfer/Breiter* IDR 2002, 33 (37 ff.); *Schoen*, Konfliktmanagementsysteme für Wirtschaftsunternehmen, 2002, S. 211 ff. mit zahlreichen Anregungen aus der US-amerikanischen Literatur; *ders.* ZKM 2004, 19 ff.; *Faller* ZKM 2006, 177 (180).
[427] Vgl. dazu die Definition in der Studie von *PricewaterhouseCoopers/Europa-Universität Viadrina, Frankfurt (Oder)*, 2011, abrufbar unter: www.pwc.de – Veröffentlichungen, 17: „Konfliktmanagement ist der systematische und institutionalisierte Umgang mit Konflikten, durch den der Verlauf eines Konflikts gezielt beeinflusst wird. Auswahl und Gestaltung des geeigneten Verfahrens sollen Transparenz, Steuerbarkeit und Effizienz der Konfliktbearbeitung sicherstellen."
[428] Gläßer/Kirchhoff/Wendenburg/*Händel*, Konfliktmanagement in der Wirtschaft, 2014, S. 209 ff.; *Koschany-Rohbeck*, Praxishandbuch Wirtschaftsmediation, 2015, S. 375 spricht von einem „Management by Mediation-Konzept"; *Faller* ZKM 2014, 121 ff.; *Kirchhoff* KonfliktDynamik 2012, 4 ff.; *Briem/Klowait* KonfliktDynamik 2012, 66 ff.; *Gläßer* ZKM 2011, 100 ff.; *Wellmann/Kraus/Kempherm* ZKM 2008, 149 ff.; *Klowait* ZKM 2008, 171 ff.
[429] *Gläßer/Kirchhoff* ZKM 2017, 44 ff.; insbesondere Studie von *PricewaterhouseCoopers/Europa-Universität Viadrina, Frankfurt (Oder)*: Konfliktmanagement – Von den Elementen zum System, 2011, abrufbar unter: www.pwc.de – Veröffentlichungen, S. 9 ff.

Umsetzung[430] geworden sind. Nachfolgend werden maßgebliche Eckpunkte eines Konzepts zur Implementierung eines Konfliktmanagementsystems vorgestellt, ohne den Anspruch auf Vollständigkeit oder unmittelbare Umsetzbarkeit zu erheben. Vielmehr ist bedeutsam zu erwähnen, dass die konkrete Einführung eines Konfliktmanagementsystems wesentlich von der Unternehmensstruktur, den damit verbundenen Unternehmenszielen und der bestehenden Konfliktkultur abhängen wird.

Als maßgebliche Komponenten eines unternehmerischen Konfliktmanagements definiert eine Studie von PricewaterhouseCoopers/Europa-Universität Viadrina, Frankfurt (Oder) folgende Elemente:[431]

(1) **Konfliktanlaufstellen**, zB Ombudspersonen,[432] Mobbingbeauftragte, Konfliktberater, Konfliktlotsen, Rechtsabteilung;
(2) **Systematik der Verfahrenswahl**, zB Kriterienkataloge der Personalabteilung, vertragliche Eskalationsklauseln;[433]
(3) **Konfliktbearbeiter**, zB Betriebsrat, externe Mediatoren, Inhouse-Mediatoren[434] etc.
(4) **Verfahrensstandards**, zB Orientierung an Standards von Mediationsverbänden, unternehmensinterne Verfahrensordnung;
(5) **Dokumentation/Controlling/Qualitätssicherung**, zB durch Selbstevaluation, Intervision, Feedback-System;
(6) **Innen- und Außendarstellung/Kommunikation**, zB Intranet-Präsenzen, explizite Konfliktunternehmenskultur, branchenspezifische Selbstverpflichtung, ADR-Pledges.[435]

Zusätzlich sieht die Studie als siebte Komponente eine **Steuerungsinstanz** iS einer unternehmensinternen Stabsstelle zur Projektkoordination des Konfliktmanagementsystems vor.[436] Als Anhaltspunkte zur Einführung eines Konfliktmanagementsystems können folgende Schritte dienen:

Phase 1: Untersuchung des bestehenden Systems zur Konfliktbewältigung

- **Dispute Management oder Konflikt-Audit:** Analyse und Bewertung der Ist-Situation, zB durch Überprüfung von geführten Rechtsstreitigkeiten in einem bestimmten Zeitraum, der Auslastung der Rechtsabteilung und der Einbeziehung externer Rechtsberater sowie der Feststellung möglicher Konfliktfelder und Konfliktauslöser.[437]
- **Analyse und Bewertung der Konfliktsysteme bei Subunternehmern**, Zulieferern, eingeschalteten Dienstleistungsunternehmen, sofern sich diese auf das Unternehmen auswirken können.
- **Zusammenstellung gesetzlicher Vorgaben, Tarifverträge, Betriebsvereinbarungen,** die bei der Gestaltung eines neuen Konfliktmanagementsystems beachtet werden müssen.

---

[430] *Gramm* KonfliktDynamik 2012, 348 ff. zu einem Konfliktmanagementsystem an der Hochschule für Angewandte Wissenschaften Hamburg; *Thiesen* KonfliktDynamik 2012, 16 ff. zu db fairness@work als System des Konfliktmanagements in der Deutschen Bank; *Becker* ZKM 2012, 154 ff. zu innerbetrieblicher Mediation bei AREVA NP GmbH; *Händel* ZKM 2017, 64 ff. zu Mediatorenpool der Deutsche Bahn AG.
[431] Dazu auch: *Kirchhoff* KonfliktDynamik 2012, 4 ff.
[432] Vgl. dazu die Fallstudie von *Ortmann* in: von *PricewaterhouseCoopers/Europa-Universität Viadrina, Frankfurt (Oder)*: Konfliktmanagement – Von den Elementen zum System, 2011, abrufbar unter: www.pwc.de – Veröffentlichungen, 26 ff.; Gläßer/Kirchhoff/Wendenburg/*Ortmann*, Konfliktmanagement in der Wirtschaft, 2014, S. 41 ff.
[433] Vgl. dazu allgemein: *Arntz*, Eskalationsklauseln, 2013, S. 55 ff.
[434] Vgl. dazu die Fallstudie von *Gramm*, in von *PricewaterhouseCoopers/Europa-Universität Viadrina, Frankfurt (Oder)*: Konfliktmanagement – Von den Elementen zum System, 2011, abrufbar unter: www.pwc.de – Veröffentlichungen, S. 34 ff.
[435] Studie von *PricewaterhouseCoopers/Europa-Universität Viadrina, Frankfurt (Oder)*: Konfliktmanagement – Von den Elementen zum System, 2011, abrufbar unter: www.pwc.de – Veröffentlichungen, S. 18 ff.
[436] Studie von *PricewaterhouseCoopers/Europa-Universität Viadrina, Frankfurt (Oder)*: Konfliktmanagement – Von den Elementen zum System, 2011, abrufbar unter: www.pwc.de – Veröffentlichungen, S. 21 ff.; dazu auch *Gläßer* ZKM 2011, 100 ff.
[437] *Schoen*, Konfliktmanagementsysteme für Wirtschaftsunternehmen, 2002, S. 167 ff., 219 ff.; Ury/Brett/ Goldberg, Konfliktmanagement, 1996, S. 43 ff.; *Schoen* ZKM 2004, 19 f.; *Haeske*, Konflikte im Arbeitsleben, 2003, S. 46 ff.; *Schmidt* ZKM 2006, 90 (91); *Faller* ZKM 2006, 177 (178) mit einer instruktiven Darstellung der notwendigen Schritte eines Konflikt-Audits.

- Qualitative Bewertung der bisher verwendeten Verfahren und Strategien nach Kosten, Zufriedenheit, Auswirkungen auf die Zukunft des Unternehmens und Lösungspotenzial für bearbeitete Konflikte.[438]
- Benchmarking zur Feststellung effektiver Konfliktbewältigungsstrategien in vergleichbaren Unternehmen.[439]

328 **Phase 2: Maßnahmen auf Managementebene**

- **Grundsatzerklärung (Policy Statement)** der Unternehmensleitung, mit der das Management die Einführung von alternativen Methoden der Streitbeilegung und insbesondere der innerbetrieblichen Mediation als Teil der Unternehmensstrategie akzeptiert und zum Bestandteil der Corporate Identity des Unternehmens macht.[440]
- **Schaffung von Akzeptanz im Unternehmen für alternative Konfliktlösungen** durch Vorbildfunktion des Managements,[441] durch Einbeziehung der Führungskräfte und der Mitarbeiter,[442] der maßgeblichen Abteilungen und von Geschäftspartnern, Beratern (Rechtsanwälten) und sonstigen Stakeholdern.[443] Zu berücksichtigen ist insoweit, dass Veränderungs-/Innovationsprozesse in starkem Maße von sog. Promotoren abhängig sind. Die drei wichtigsten Typen von Promotoren sind: Fachpromotor, Prozesspromotor und Machtpromotor.[444]
- **Definition der Erwartungen an die Mitarbeiter** zur Bewältigung auftretender Konflikte und im Rahmen eines geänderten Konfliktmanagementsystems.
- **Festlegung der Verantwortlichkeiten**, zB für Personalverantwortliche, Inhouse-Juristen, externe Rechtsberater, interne und externe Mediatoren oder Beschwerdestellen.[445]
- **Schaffung eines Anreizsystems (Incentives)** für den Einsatz von alternativen Methoden der Streitbeilegung, zB durch Berücksichtigung bei der Bonusgestaltung, der Personalbeurteilung, der Allokation von Konfliktkosten auf die „Verursacher",[446] der Beförderung oder als Kriterium der Auswahlverfahren für externe Rechtsberater.[447]
- Schaffung der strukturellen, finanziellen und organisatorischen **Voraussetzungen** durch die Bereitstellung entsprechender Ressourcen.[448]

---

[438] *Altmann/Fiebinger/Müller,* Mediations-Konfliktmanagement für moderne Unternehmen, 2004, S. 233; *CPR,* ADR Systems Design, 1997, S. 7.

[439] Vgl. die Beispiele in *CPR,* ADR Systems Design, 1997, S. 57 ff. zu Unternehmen wie BASF, Burger King, CIGNA, Ford, GM – General Motors, Motorola, NationsBank, PECO Energy, TORO, Whirlpool und XEROX; dazu auch *Schoen,* Konfliktmanagementsysteme für Wirtschaftsunternehmen, 2002, S. 239 ff.; *Dendorfer* für das Beispiel MARITIM in ZKM 2001, 167 ff.

[440] *Wellmann/Kraus/Kempherm* ZKM 2008, 152; *Gans* ZKM 2001, 66 (67); *Klowait* ZKM 2006, 172 (174); ebenso: *Ury/Brett/Goldberg,* Konfliktmanagement, 1996, S. 111 f.; *Schoen,* Konfliktmanagementsysteme für Wirtschaftsunternehmen, 2002, S. 193 ff., 213 ff.; *Pühl/Pühl,* Mediation in Organisationen, 2006, S. 9, 17; vgl. dazu die „Corporate ADR Pledge" der CPR unter www.cpradr.org. – abgedruckt im Anhang III: dazu instruktiv und befürwortend: *Klowait/Hill* SchiedsVZ 2007, 83 (85 ff.); vgl. nunmehr die Initiative des Round Table Mediation und Konfliktmanagement der deutschen Wirtschaft für einen Conflict Management Codex und ein Corporate Pledge unter https://www.rtmkm.de/2019/03/18/corporate-adr-pledge/, zuletzt abgerufen am 15.5.2020.

[441] *Schoen,* Konfliktmanagementsysteme für Wirtschaftsunternehmen, 2002, S. 213 ff.

[442] *Gans* ZKM 2001, 66 (67); *Schoen,* Konfliktmanagementsysteme für Wirtschaftsunternehmen, 2002, S. 214 f.

[443] *Altmann/Fiebinger/Müller,* Mediations-Konfliktmanagement für moderne Unternehmen, 2004, S. 240; *Schoen,* Konfliktmanagementsysteme für Wirtschaftsunternehmen, 2002, S. 229 ff.

[444] Vgl. dazu die Fallstudie von *v. Oertzen/Nöldeke* in: von *PricewaterhouseCoopers/Europa-Universität Viadrina, Frankfurt (Oder):* Konfliktmanagement – Von den Elementen zum System, 2011, abrufbar unter: www.pwc.de – Veröffentlichungen, S. 56 ff.; *Gläßer/Kirchhoff/Wendenburg/von Oertzen,* Konfliktmanagement in der Wirtschaft, 2014, S. 171 ff.

[445] *Schoen,* Konfliktmanagementsysteme für Wirtschaftsunternehmen, 2002, S. 251 ff.; entsprechende Komponente der Studie von PricewaterhouseCoopers/Europa-Universität Viadrina: Konfliktanlaufstellen.

[446] Vorschlag bei *Duve/Eidenmüller/Hacke/Fries,* Mediation in der Wirtschaft, 3. Aufl. 2019, S. 312 f.

[447] *CPR,* ADR Systems Design, 1997, S. 13; *Schoen,* Konfliktmanagementsysteme für Wirtschaftsunternehmen, 2002, S. 280 ff.

[448] *Ponschab/Dendorfer* Beil. 1 zu BB 2001, 1 (8); *CPR,* ADR Systems Design, 1997, S. 12.

Phase 3: Design eines Konfliktmanagementsystems

- **Entwurf eines umfassenden proaktiven Konfliktmanagementsystems** durch Bestimmung der anzuwendenden Verfahren und deren Reihenfolge,[449] evtl. unter Einbeziehung externer Berater und auf der Grundlage des gefundenen Status quo.[450]
- **Transparenz und Marketing** des neuen Systems für alle Beteiligten und deren direkte Einbindung.[451]
- **Case-Management, frühzeitige Fallbewertung/Eignungsprüfung und Risikoanalyse**[452] zum Einsatz von Methoden der außergerichtlichen Konfliktbeilegung, verbunden mit der Verpflichtung der verantwortlichen Mitarbeiter, eine frühzeitige Fallbewertung vorzunehmen und geeignete Methoden der Streit- und Konfliktbeilegung vorzuschlagen.[453]
- Festlegung der notwendigen Maßnahmen und Strategien zur **Veränderung des bestehenden Konfliktmanagementsystems**.[454]
- **Einbindung** von und **Informationsmaßnahmen** für die Mitarbeiter, die Abteilungen und Projektteams, den externen Beratern, dem Betriebsrat und den Geschäftspartnern,[455] ggf Abschluss von Betriebsvereinbarungen zum Konfliktmanagement.[456]
- **Fortbildung und Einsatz von innerbetrieblichen oder externen Mediatoren**,[457] begleitet von Regelungen, die deren Unabhängigkeit sichern.[458]
- **Einbindung von Vorgesetzten** als Moderatoren oder Konfliktregler.[459]
- **Training und Workshops** zur präventiven Konflikterkennung als vorausschauende Sicht auf mögliche Problemfelder,[460] sowie zur kooperativen Konfliktbewältigung (Verhandlung/Mediation) für Mitarbeiter/Betriebsräte/Vorgesetzte.[461]
- **Umorganisation der Rechtsabteilung** zu einer **Abteilung für Konfliktmanagement** mit dem Ziel einer effizienten und kostenschonenden Behandlung bestehender Konfliktfälle.[462]
- **Konkrete Anweisungen für den Konfliktfall und Verpflichtung der Mitarbeiter auf ADR**[463]**-Policies**, zB durch Einführung eines ADR-Handbuchs, von ADR-Guidelines, ADR-Software oder durch die Einrichtung einer Konflikt-Hotline.[464]

---

[449] *Duve/Eidenmüller/Hacke/Fries*, Mediation in der Wirtschaft, 3. Aufl. 2019, S. 321 ff.
[450] *Schoen*, Konfliktmanagementsysteme für Wirtschaftsunternehmen, 2002, S. 241 ff. mwN.
[451] *Constantino/Sickles Merchant*, Designing Conflict Management Systems, 1996, S. 189 ff.; *Klowait* ZKM 2006, 172 (176); *Klowait* ZKM 2008, 171 (173 f.); entsprechende Komponenten der Studie von PricewaterhouseCoopers/Europa-Universität Viadrina: Kommunikation.
[452] Zur Risiko- und Entscheidungsanalyse: *Eidenmüller* ZZP 2000, 5 (8 ff.).
[453] *Schoen*, Konfliktmanagementsysteme für Wirtschaftsunternehmen, 2002, S. 179 ff. mwN und S. 269 ff.; *Thiesen* KonfliktDynamik 2012, 16 (19 f.); entsprechende Komponente der Studie von PricewaterhouseCoopers/Europa-Universität Viadrina: Systematik der Verfahrenswahl.
[454] *Constantino/Sickles Merchant*, Designing Conflict Management Systems, 1996, S. 69 ff.
[455] *Schoen*, Konfliktmanagementsysteme für Wirtschaftsunternehmen, 2002, S. 277 ff.; *CPR*, ADR Systems Design, 1997, S. 7.
[456] Vgl. *Thiesen* KonfliktDynamik 2012, 16 f.
[457] *Klowait* ZKM 2008, 171 f.
[458] *Klowait* ZKM 2006, 172 (174 f.); entsprechende Komponente der Studie von PricewaterhouseCoopers/Europa-Universität Viadrina: Konfliktbearbeiter.
[459] *Berkel*, Konflikttraining, 2008, S. 98.
[460] *Dendorfer* ZKM 2001, 167 (168 ff.); *Constantino/Sickles Merchant*, Designing Conflict Management Systems, 1996, S. 125 ff.; *CPR*, ADR Systems Design, 1997, S. 11.
[461] *Dendorfer* FA-Spezial 9 (2000), 12 (14); *Ury/Brett/Goldberg*, Konfliktmanagement, 1996, S. 113 ff.; vgl. das Beispiel eines Seminaraufbaus für eine 2-tägige Schulung von „Mediation" in *Bitzer/Liebsch/Behnert*, Betriebliche Konfliktlösung durch Mediation, 2002, S. 196 ff.; zu den möglichen Inhalten einer Mediationsausbildung: Römermann/Römermann/Paulus Schlüsselqualifikationen/*Dendorfer* S. 261, 292 f.; *Schoen*, Konfliktmanagementsysteme für Wirtschaftsunternehmen, 2002, S. 272 ff.; dazu auch *Ayad*, Friede im Betrieb, 2005, S. 359 ff. mit dem Blick auf der Verbesserung des Betriebsklimas durch mehr Kommunikation.
[462] *Wellmann/Kraus/Kampherm* ZKM 2008, 149 (152); *Gans* ZKM 2001, 66 (68 f.); *Schoen*, Konfliktmanagementsysteme für Wirtschaftsunternehmen, 2002, S. 196 ff.; *Troja/Stubbe* ZKM 2006, 121 (123 f.); *Ayad*, Friede im Betrieb, 2005, S. 347 ff. zur Einrichtung innerbetrieblicher Konfliktbehandlungsstellen.
[463] ADR = Alternative Dispute Resolution.
[464] *Constantino/Sickles Merchant*, Designing Conflict Management Systems, 1996, S. 121 f.; entsprechende Komponente der Studie von PricewaterhouseCoopers/Europa-Universität Viadrina: Verfahrensstandards.

- **Einbeziehung** von alternativen Streitbeilegungsmethoden in die **Unternehmensdokumente (Vertragsmanagement)**, zB durch standardisierte Vertrags- oder Satzungsklauseln.[465]
- **Verpflichtung der Subunternehmer, Zulieferer, Dienstleister** auf die adäquaten Konfliktbearbeitungsstandards des Unternehmens sowie zur Abgabe einer Grundsatzerklärung zur Nutzung alternativer Methoden der Streitbeilegung in Konfliktfällen zwischen den Unternehmen.[466]
- **Relationship Building (Partnering, Corporate Ambassador, Consensus Building)** als kooperative Ausgestaltung von Geschäftsbeziehungen, insbesondere in Großprojekten.[467]
- **Einsatz von Prozessbegleitern**, zB eines **Chief Risk Officer (CRO)**, von **Ombudspersonen**[468] oder von **Konfliktlotsen**,[469] angehängt entweder – in größeren Unternehmen – in der Personal- oder Rechtsabteilung, möglicherweise sogar in den einzelnen Abteilungen oder Produktionsbereichen, oder – in kleineren Unternehmen – unter Verzicht auf eine formelle Abteilungsanbindung.[470]
- **Start eines Pilot-Projektes** und dessen spätere Einbindung in und Erweiterung für das Gesamtsystem.[471]
- **Implementierung eines Frühwarnsystems**, welches gezielt Konflikte aufspüren soll.

330 **Phase 4: Evaluation und Fortentwicklung des Konfliktmanagementsystems**[472]
- **Fortlaufende Ergebnis- und Erfolgskontrolle** des neuen **Konfliktmanagementsystems** zur Feststellung seiner Qualität,[473] Effektivität, Funktionalität und der Zielerreichung.[474]
- **Kontinuierliche Kommunikation zwischen Management und Mitarbeitern** über die Entwicklung des Konfliktmanagementsystems, Einführung eines entsprechenden Berichtswesens.
- **Stetige Weiterentwicklung** anhand der bearbeiteten Konfliktsituationen, da sich mit dem Zeitablauf auch neue, vorher noch nicht bedachte Probleme ergeben können.
- **Sicherstellung der Flexibilität des Systems**, um Anpassungen an sich ändernde Gegebenheiten vornehmen zu können.[475]

2. Flow Chart eines innerbetrieblichen Konfliktmanagementablaufs

331 Ansetzend in Phase 3 der vorstehend niedergelegten Ideen für die Einführung eines Konfliktmanagementsystems könnte der **Ablaufplan** eines innerbetrieblichen Konfliktmanagements verschiedene Stufen umfassen und die Reihenfolge der einzusetzenden Methoden festlegen.

332 Angefangen von der Beschwerde/Konflikterkennung kann in einer **Stufe 1** die Konfliktbewältigung durch die **Einschaltung von Vorgesetzten/Personalleitung/Geschäftsleitung** oder **sonstige Konflikthelfer** vorgesehen werden. Auf dieser ersten Ebene können Konflikte durch bilaterale Verhandlungen zwischen den Konfliktparteien mit Unterstützung durch die

---

[465] *Gans* ZKM 2001, 66 (69 f.); *CPR*, ADR Systems Design, 1997, S. 9; *Schoen*, Konfliktmanagementsysteme für Wirtschaftsunternehmen, 2002, S. 256 ff.
[466] Vgl. dazu die „Pledge" (Erklärungsmuster) der *CPR Institute for Dispute Resolution*, New York, abgedruckt in *Duve/Eidenmüller/Hacke/Fries*, Mediation in der Wirtschaft, 3. Aufl. 2019, S. 308, dazu auch → Anhang III.
[467] *Schoen*, Konfliktmanagementsysteme für Wirtschaftsunternehmen, 2002, S. 171 ff. mwN.
[468] *Schoen*, Konfliktmanagementsysteme für Wirtschaftsunternehmen, 2002, S. 177 ff.; *ders.* ZKM 2004, 19 (21); *Ayad*, Friede im Betrieb, 2005, S. 369 ff.
[469] *Troja/Stubbe* ZKM 2006, 121 (123) mwN.
[470] *Budde*, Dokumentation zum Kölner Konfliktlotsenprogramm, 2001, S. 60 ff.
[471] *Constantino/Sickles Merchant*, Designing Conflict Management Systems, 1996, S. 152 ff.; *CPR*, ADR Systems Design, 1997, S. 8; *Schoen*, Konfliktmanagementsysteme für Wirtschaftsunternehmen, 2002, S. 246 ff.; *Klowait* ZKM 2006, 172 (173 ff.).
[472] Entsprechende Komponente der Studie von PricewaterhouseCoopers/Europa-Universität Viadrina: Dokumentation, Controlling, Qualitätssicherung.
[473] Zu Qualitätssicherung von und in Konfliktmanagementsystemen: Gläßer/Kirchhoff/Wendenburg/*Becker*, Konfliktmanagement in der Wirtschaft, 2014, S. 457 ff.
[474] Vgl. *Thiesen* KonfliktDynamik 2012, 16 (20); *Constantino/Sickles Merchant*, Designing Conflict Management Systems, 1996, S. 168 ff.; *CPR*, ADR Systems Design, 1997, S. 14; *Schoen*, Konfliktmanagementsysteme für Wirtschaftsunternehmen, 2002, S. 291 ff.; *Duve/Eidenmüller/Hacke/Fries*, Mediation in der Wirtschaft, 3. Aufl. 2019, S. 323.
[475] *Altmann/Fiebinger/Müller*, Mediations-Konfliktmanagement für moderne Unternehmen, 2004, S. 243.

direkten Vorgesetzten kurzfristig und direkt gelöst werden. Kenntnisse von Kommunikationstechniken und interessengerechten Verhandlungen – wie in diesem Beitrag beschrieben – sind dabei eine hilfreiche Unterstützung.

Für den Fall, dass eine Konfliktregelung auf dieser Ebene nicht möglich oder erfolgreich ist, oder aber für den Fall, dass Vorgesetzte/Geschäftsleitung/Personalleitung Teil des Konfliktes sind, kann in einer **Stufe 2** die **Einschaltung von internen Konflikthelfern** oder **internen Mediatoren** sowie die **Durchführung eines innerbetrieblichen Mediationsverfahrens** zu einer Konfliktlösung unter Wahrung der notwendigen Vertraulichkeit führen.

Sollte der Konflikt zu der geringen Anzahl von Streitigkeiten gehören, die in einem Mediationsverfahren nicht gelöst werden können, kann auf **Stufe 3** – immer noch innerbetrieblich – versucht werden, eine Konfliktlösung über die **Einschaltung der Beschwerdestelle** und ggf nachfolgend der **Einigungsstelle** nach §§ 84, 85 BetrVG in Unternehmen mit Betriebsräten oder über einen **Schlichterspruch** – beispielsweise des vormals eingesetzten Mediators oder eines externen Schlichters – in Unternehmen ohne Betriebsräte herbeizuführen. Während bei Regelungsstreitigkeiten der Spruch der Einigungsstelle abschließend ist, kann diese im Falle von Rechtsstreitigkeiten nach § 85 Abs. 2 S. 3 BetrVG nicht verbindlich entscheiden. Auch der Schlichterspruch muss von beiden Parteien zum Zwecke der Verbindlichkeit angenommen werden.

Daher besteht in einer **Stufe 4** durchaus die letzte Konfliktlösungsalternative durch Einschaltung des **Arbeitsgerichts**. Diese ist auch dann – zumindest fristwahrend – zu wählen, wenn Ausschlussfristen oder prozessuale Fristen der Parteidisposition entzogen sind und die anspruchstellende Partei zur Klageerhebung innerhalb eines bestimmten Zeitraums zwingen.[476]

Das **Flow Chart**[477] eines solchen Konfliktmanagementsystems könnte wie folgt aussehen:

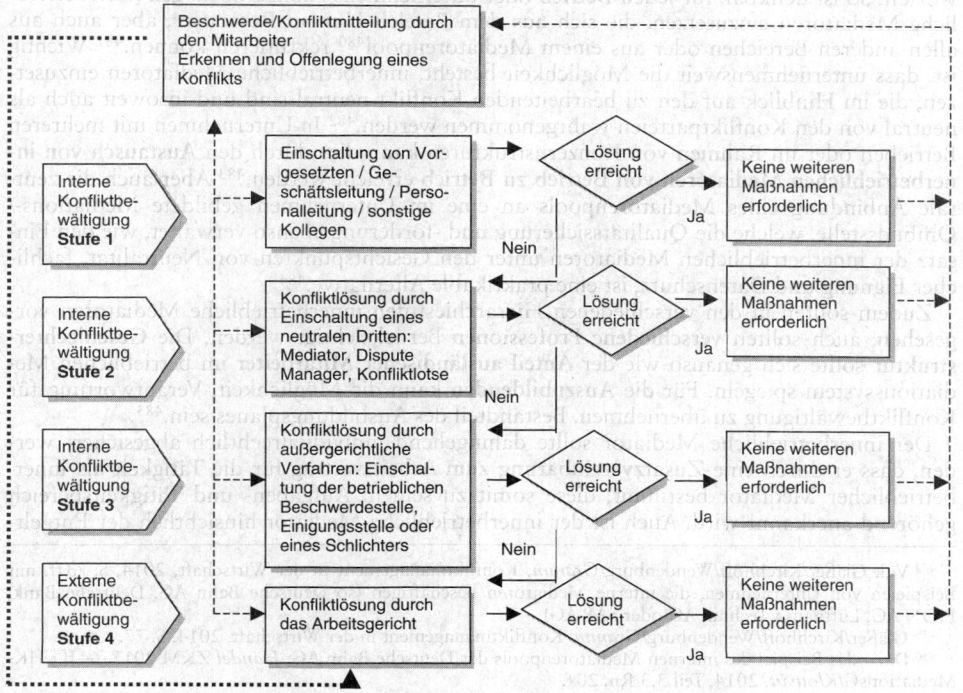

Direkte Einschaltung des Arbeitsgerichts zur Fristwahrung

---
[476] Vgl. *Gullo*, Mediation unter der Herrschaft des Rechts?, 2006, S. 227 f.
[477] Vgl. dazu: *Slaikeu/Hasson*, Controlling the Costs of Conflict, 1998, S. 147.

3. Einsatz von innerbetrieblichen Mediatoren

337 Für das Unternehmen stellt sich die Frage, wie und wo **innerbetriebliche Mediatoren** eingesetzt werden sollen.[478] Soll es hauptamtliche innerbetriebliche Mediatoren geben, oder reicht eine partielle Freistellung von Mitarbeitern mit einer entsprechenden Zusatzausbildung aus? Wie gestaltet sich die Zusammenarbeit mit dem Management, der Personal- und Rechtsabteilung, oder dem Betriebsrat? Wie werden die übrigen Mitarbeiter über die Funktion und den Einsatz der innerbetrieblichen Mediatoren informiert? Welche vertrauensbildenden Maßnahmen sind möglich und erforderlich?

338 Abhängig von der Größe des Unternehmens werden innerbetriebliche Mediatoren vornehmlich in die **Arbeitsprozesse integriert** bleiben und die Mediatorentätigkeit ehrenamtlich innerhalb der üblichen Arbeitszeit ausüben. Dies bringt einerseits den Vorteil der kontinuierlichen Nähe zu den betrieblichen Problemen, Strukturen und zu den Kollegen. Andererseits kann gerade dadurch die Akzeptanz der Mediatorentätigkeit gefährdet sein, denn Vorkontakte mit dem Konflikt oder den Konfliktparteien können zur Parteilichkeit des innerbetrieblichen Mediators führen. Funktionsbezogene Loyalitätsprobleme und eine gewisse „Betriebsblindheit" können weiteren Argwohn für den Einsatz innerbetrieblicher Mediatoren begründen.

339 Der innerbetriebliche Mediator benötigt für seine Tätigkeit den Zugriff auf die **Infrastruktur des Unternehmens**, auf die Räumlichkeiten sowie auf Kommunikations- und Informationsmöglichkeiten. Zudem muss der innerbetriebliche Mediator in die Organisationsstrukturen eingebunden sein.[479]

340 Die Frage, welcher Mitarbeiter oder welche Mitarbeitergruppe als innerbetriebliche Mediatoren geeignet sind, ist unter Berücksichtigung der Unternehmensstrukturen zu beantworten. So ist denkbar, für **jeden Betrieb** oder **unternehmens-/konzernbezogen** innerbetriebliche Mediatoren einzusetzen, die sich aus dem Bereich Human Ressource, aber auch aus allen anderen Bereichen oder aus einem Mediatorenpool[480] rekrutieren können.[481] Wichtig ist, dass unternehmensweit die Möglichkeit besteht, innerbetriebliche Mediatoren einzusetzen, die im Hinblick auf den zu bearbeitenden Konflikt neutral sind und insoweit auch als neutral von den Konfliktparteien wahrgenommen werden.[482] In Unternehmen mit mehreren Betrieben oder im Rahmen von Konzernstrukturen kann dies durch den **Austausch von innerbetrieblichen Mediatoren von Betrieb zu Betrieb** erreicht werden.[483] Aber auch die zentrale Anbindung eines Mediatorenpools an eine im Unternehmen gebildete Mediations-/Ombudsstelle, welche die Qualitätssicherung und -förderung ebenso verwaltet, wie den Einsatz der innerbetrieblichen Mediatoren unter den Gesichtspunkten von Neutralität, fachlicher Eignung und Datenschutz, ist eine praktikable Alternative.[484]

341 Zudem sollten in den verschiedenen Hierarchiestufen innerbetriebliche Mediatoren vorgesehen, auch sollten **verschiedene Professionen** berücksichtigt werden. Die **Geschlechterstruktur** sollte sich genauso wie der **Anteil ausländischer Mitarbeiter** im betrieblichen Mediationssystem spiegeln. Für die **Auszubildenden** kann die Möglichkeit, Verantwortung für Konfliktbewältigung zu übernehmen, Bestandteil des Ausbildungsplanes sein.[485]

342 Der innerbetriebliche Mediator sollte dahingehend individualrechtlich abgesichert werden, dass er durch eine **Zusatzvereinbarung zum Arbeitsvertrag** für die Tätigkeit als innerbetrieblicher Mediator bestimmt, diese somit zu seinem Aufgaben- und Tätigkeitsbereich gehörend anerkannt wird. Auch ist der innerbetriebliche Mediator hinsichtlich der Entgelt-

---

[478] Vgl. Gläßer/Kirchhoff/Wendenburg/*Gramm*, Konfliktmanagement in der Wirtschaft, 2014, S. 73 ff. mit Beispielen von Unternehmen, die interne Mediatoren beschäftigen (so Deutsche Bahn AG, Deutsche Bank, E.ON AG, Lufthansa Technik AG oder SAP AG).
[479] Gläßer/Kirchhoff/Wendenburg/*Gramm*, Konfliktmanagement in der Wirtschaft, 2014, S. 77.
[480] Dazu das Beispiel des internen Mediatorenpools der Deutsche Bahn AG: *Händel* ZKM 2017, 64 ff.; HK-MediationsG/*Klowait*, 2014, Teil 3.3 Rn. 20 f.
[481] Dazu *Sailer* KonfliktDynamik 2014, 245 (246 ff.).
[482] Vgl. *Händel* ZKM 2017, 64 (66).
[483] Vgl. dazu *Klowait* ZKM 2006, 172 (174 f.).
[484] Dazu instruktiv *Händel* ZKM 2017, 64 (66 f.).
[485] Gläßer/Kirchhoff/Wendenburg/*Gramm*, Konfliktmanagement in der Wirtschaft, 2014, S. 83.

fortzahlung für die Zeiten seiner Mediatorentätigkeit abzusichern, ebenso gegen Sanktionen (Abmahnungen, Kündigung) für den Fall, dass der Verlauf oder das Ergebnis einer innerbetrieblich durchgeführten Mediation nicht dem Interesse des Arbeitgebers entspricht.[486] Allerdings würden entsprechende Sanktionen wohl auch grundsätzlich gegen das Maßregelungsverbot des § 612a BGB verstoßen. Regelungen zum Schutz der Vertraulichkeit sind unabdingbar, denn erst dieser Schutz schafft das notwendige Vertrauen für die Konfliktbearbeitung.[487]

4. Betriebliche Mediations- und Beschwerdestellen

Es ist zudem denkbar, die innerbetriebliche Mediation insoweit zu institutionalisieren, dass unter Anwendung der §§ 84, 85 BetrVG **innerbetriebliche Mediations- und Beschwerdestellen** nach § 86 BetrVG eingerichtet werden.[488] Deren Verbindlichkeit kann über eine entsprechende **Betriebsvereinbarung** für alle Mitarbeiter sichergestellt werden.[489]

Dazu gehört insbesondere auch die intensive Einbindung der Mitarbeiter und des Betriebsrates.[490] So gibt es zB bei VW[491] eine Betriebsvereinbarung über partnerschaftliches Verhalten am Arbeitsplatz.

In **Betrieben ohne Betriebsrat** und damit ohne Geltung des BetrVG können diese Mediations- und Beschwerdestellen in ähnlicher Weise durch **arbeitgeberseitige Organisationsanweisung** oder durch Einbindung in das **arbeitsvertragliche Regelungssystem** installiert werden. In Betracht kommt auch die Einführung einer Ombudsstelle, wie diese zB bei der SAP AG oder bei der Deutsche Bahn AG existiert.[492] Nicht zu unterschätzen ist zudem die Rolle der Personalabteilung als innerbetriebliche Anlaufstelle in Konfliktfällen.

Die Vernetzung und Koordination verschiedener, unternehmensinterner Konfliktanlaufstellen ist eine maßgebliche Komponente eines funktionierenden Konfliktmanagementsystems.[493]

5. Betriebsvereinbarung zur Einführung eines Konfliktmanagementsystems

Inwieweit es sich bei der Einführung eines Konfliktmanagementsystems und von innerbetrieblichen Mediations- und Beschwerdestellen um Angelegenheiten der erzwingbaren Mitbestimmung nach § 87 Abs. 1 BetrVG handelt, entscheidet sich danach, ob diese Maßnahmen unter den Katalog dieser Vorschrift fallen. In Betracht kommen dabei § 87 Abs. 1 Ziff. 1 BetrVG (Fragen der betrieblichen Ordnung und des Verhaltens der Arbeitnehmer), § 87 Abs. 1 Ziff. 7 BetrVG (Gesundheitsschutz) und § 87 Abs. 1 Ziff. 8 BetrVG (Form, Ausgestaltung und Verwaltung von Sozialeinrichtungen).

Während die Anwendbarkeit von § 87 Abs. 1 Ziff. 8 BetrVG bereits an der Definition der Sozialeinrichtung scheitern wird, die ein betrieblicher Mediator wegen des fehlenden Entgeltcharakters nicht erfüllen wird,[494] kommt die Anwendbarkeit von § 87 Abs. 1 Ziff. 1 BetrVG ebenso in Betracht, wie § 87 Abs. 1 Ziff. 7 BetrVG für Betriebsvereinbarungen der Konfliktbeilegung in Mobbingfällen.[495]

---

[486] Dazu auch *Pilartz* ArbRAktuell 2013, 433 (435).
[487] *Pilartz* ArbRAktuell 2013, 433 (435); Gläßer/Kirchhoff/Wendenburg/*Gramm*, Konfliktmanagement in der Wirtschaft, 2014, S. 77.
[488] *Hage/Heilmann* AuA 2000, 26 (28) schlagen die Schaffung einer gesonderten Güte- oder Schiedsstelle vor; *Lembke/Schröder* IDR 2004, 29 (31 ff.); *Troja/Stubbe* ZKM 2006, 121 sprechen von einer Konfliktanlaufstelle, wie zB Personalabteilung, Sozialabteilung, Betriebsrat, Ombudsperson oder Konfliktlotsen.
[489] Vgl. dazu den Vorschlag bei *Lembke/Schröder* IDR 2004, 29 (32 ff.) sowie das Praxisbeispiel der Stadtverwaltung Kerpen bei Pühl/*Budde*, Mediation in Organisationen, 2006, S. 97, 108 ff.
[490] Vgl. dazu den Hinweis zu British American Tobacco bei *Althaus/Hinrichs/Hustert* ZKM 2001, 120 (121).
[491] Betriebsvereinbarung Nr. 01/07, Partnerschaftliches Verhalten am Arbeitsplatz in der Fassung vom 26.2.2019, abrufbar im Internet unter, https://www.volkswagenag.com/presence/nachhaltigkeit/documents/policy-intern/BV_2007_01_Partnerschaftliches_Verhalten.pdf zuletzt abgerufen am 15.5.2020.
[492] Vgl. dazu *Briem* ZKM 2011, 146 (147 f.); *Händel* ZKM 2017, 64 ff.
[493] *Briem* ZKM 2011, 146 (148 f.).
[494] *Fitting* BetrVG § 87 Rn. 334, 335 mwN.
[495] *Pilartz* ArbRAktuell 2013, 433 (435).

349 Die Rechtsprechung unterscheidet bei der Frage zur Anwendbarkeit von § 87 Abs. 1 Ziff. 1 BetrVG zwischen mitbestimmungsfreiem „Arbeitsverhalten" und mitbestimmungspflichtigen „Ordnungsverhalten".[496] Gegenstand der Mitbestimmung ist danach die **Gestaltung der Ordnung des Betriebs** durch Schaffung allgemeingültiger verbindlicher Verhaltensregeln. Das Mitbestimmungsrecht besteht bei allen gestaltenden Maßnahmen des Arbeitgebers.

350 Sofern der Arbeitgeber beabsichtigt, Konfliktbewältigungssysteme und/oder betriebliche Mediation im Unternehmen auf Dauer zu implementieren, ist von einem **Mitbestimmungsrecht des Betriebsrates nach § 87 Abs. 1 Ziff. 1 BetrVG** auszugehen. Denn durch die Einbindung eines solchen Systems wird die Ordnung des Betriebs für die Fälle auftretender Konflikte gestaltet, die Arbeitnehmer sollen verpflichtet werden, das innerbetriebliche Konfliktmanagement zu nutzen.

351 Auch hier gilt, dass durch eine entsprechende Betriebsvereinbarung weder die anderen – im BetrVG vorgesehenen – Verfahren, wie Interessenausgleichs- und Sozialplanverhandlungen, noch sonstige gesetzliche oder tarifliche Schutzvorschriften außer Kraft gesetzt werden können.[497]

352 Die insoweit erzwingbare Mitbestimmung nach § 87 Abs. 1 Nr. 1 BetrVG wird ergänzt durch § 86 S. 1 BetrVG für den Fall, dass innerbetriebliche Mediationsstellen als Beschwerdestellen iSd Betriebsverfassungsgesetzes eingerichtet werden sollen.[498] Diese können nur durch Tarifvertrag oder durch Betriebsvereinbarung geschaffen werden. Sie können sogar an die Stelle eines Einigungsstellenverfahrens treten, § 86 S. 2 BetrVG. Eine entsprechende Betriebsvereinbarung muss zum einen die **Schaffung der Beschwerdestelle** regeln. Zum anderen kann sie eine **Beschwerdeordnung** (Form und Frist der Beschwerde, Anhörung der Beteiligten, Vorentscheidung des zuständigen Vorgesetzten, Einspruch bei einem Beschwerdeausschuss und dessen Zusammensetzung, Geschäftsordnung und Form der endgültigen Entscheidung) beinhalten.[499]

353 Der Vorschlag einer entsprechenden Betriebsvereinbarung zur Implementierung von Konfliktbewältigungsstrukturen und innerbetrieblicher Mediation findet sich im **Anhang 2**.

6. Richtlinien zur Konfliktbewältigung oder Dispute Guidelines als Bestandteil von Arbeitsverträgen

354 Sofern in einem Unternehmen ein Betriebsrat nicht besteht, können entsprechende Regelungen in eine „Richtlinie zur Konfliktbewältigung" oder „Dispute Guidelines" aufgenommen werden. Diese Richtlinie bzw. Guidelines müssen – wie bereits ausgeführt – zum Bestandteil eines jeden Arbeitsverhältnisses durch **Einbeziehung in den Arbeitsvertrag** gemacht werden. Die Grenzen solcher Richtlinien finden sich in dem allgemeinen Persönlichkeitsrecht der Arbeitnehmer.[500]

IX. Zusammenfassung und Ausblick

355 Mediation ist inzwischen im Wirtschafts- und Arbeitsleben als alternative Methode der Konfliktbeilegung angekommen. Eine zunehmende Anzahl von Unternehmen und Führungskräften suchen die „**andere Art**" des Umganges miteinander. Die **Notwendigkeit eines Umdenkens** zeigt sich sowohl im Unternehmen, aber auch in der Gesellschaft, Ausdruck davon sind Regelwerke wie der *Corporate Governance Kodex* sowie die Idee der *CSR – Corporate Social Responsibility*. Dort werden Managementqualitäten und vertrauensvoller Umgang auf der Führungsebene gefordert und zum Qualitätsstandard erhoben.

---

[496] BAG 21.1.1997 – 1 ABR 53/96, AP BetrVG 1972 § 87 Ordnung des Betriebes Nr. 27; 8.6.1999 – 1 ABR 67/98, AP BetrVG 1972 § 87 Ordnung des Betriebes Nr. 31; 25.1.2000 – 1 ABR 3/99, AP BetrVG 1972 § 87 Ordnung des Betriebes Nr. 34; 18.4.2000 – 1 ABR 22/9, AP BetrVG 1972 § 87 Überwachung Nr. 33.
[497] Vgl. dazu *Schubert* AiB 2000, 524 (528).
[498] Vgl. dazu *Ayad*, Friede im Betrieb, 2005, S. 340 ff.
[499] *Fitting* BetrVG § 86 Rn. 4 mwN.
[500] BAG 22.7.2008 – 1 ABR 40/07, NZA 2008, 1248 ff. – Honeywell.

Das Inkrafttreten des Mediationsgesetzes, aber auch Initiativen wie der Round Table Mediation und Konfliktmanagement der deutschen Wirtschaft (RTMKM)[501] steigern zwar die Wahrnehmung von Mediation bei den Unternehmen und in der **Öffentlichkeit.** Dennoch besteht weiterhin eine erhebliche Diskrepanz zwischen den Erkenntnissen zu den Vorteilen des Einsatzes alternativer Streitbeilegung einerseits und deren faktischer Nutzung andererseits. Ein insoweit zukunftsweisender Vorschlag wurde von *Steffek* mit der Erarbeitung eines Deutschen Konfliktmanagementkodex (DKMK) zur Behandlung unternehmensinterner und für den Umgang mit unternehmensexternen Konflikten unterbreitet.[502] Die Zusammenstellung von Regeln und Prinzipien einer Best Practice des Konfliktmanagements, aufgestellt von einer Regierungskommission DKMK,[503] könnte als Soft Law eine Optimierung effizienter und ressourcenschonender Konfliktlösung bedeuten.

Die **Methoden der Mediation** und die Mediation als **Konfliktlösungsverfahren** setzen **positive Signale,** unterstützen die Unternehmen, innerbetriebliche Konflikte und Probleme einvernehmlich und vertrauensvoll sowie kosten- und zeitsparend zu lösen und tragen damit zum **Erfolg eines Unternehmens** sowie zur **Zufriedenheit der Mitarbeiter** bei.

Es liegt an den Entscheidern im Unternehmen und an deren Berater, die Vorteile eigenverantworteter Konfliktlösung zu nutzen und sich um eine sach- und interessengerechten Auswahl der bestmöglichen Streitbeilegungsmethode für den konkreten Konfliktfall zu bemühen. Bloße „Lippenbekenntnisse" reichen in Umbruchzeiten nicht mehr aus, um den Werten und Vorstellungen nachfolgender Arbeitnehmergenerationen zu genügen. Neue Strukturen der Arbeitsbeziehungen erfordern innovative Wege im Umgang miteinander und alternative Überlegung für die bestmögliche Konfliktlösung im Einzelfall.

Anhang 1

Vorschlag einer Mediationsvereinbarung[504]

MEDIATIONSVEREINBARUNG

Zwischen

der Firma Messeservice und Veranstaltungs-GmbH, Musterstraße 12, 99 999 Musterhausen

vertreten durch den Geschäftsführer <Name>

– nachfolgend Arbeitgeber –

und

dem Betriebsrat des Veranstaltungs- und Messecenters Musterhausen, vertreten durch die/den Betriebsratsvorsitzende/n <Name>,

– nachfolgend Betriebsrat –

sowie

dem Mediator/der Mediatorin <Name>, <Ort>

– nachfolgend Mediator –

wird folgende

Mediationsvereinbarung

geschlossen:

---

[501] *Briem/Klowait* KonfliktDynamik 2012, 66 ff.
[502] *Steffek* ZKM 2019, 4 ff.
[503] *Steffek* ZKM 2019, 4 (6).
[504] Diese Vereinbarung enthält sowohl die Regelung der Rechtsverhältnisse zwischen den Parteien als auch zwischen den Parteien und dem Mediator. Diese Rechtsbeziehungen können auch in zwei Vereinbarungen (Mediationsvertrag und Mediatorvertrag) geregelt werden.

§ 1 Streitigkeit und Ziel der Mediation

1.1 Zwischen den Betriebsparteien besteht Streit über die Anwendung und Auslegung der im Jahre 2020 beidseitig gekündigten Betriebsvereinbarung zur Regelung von Überstunden und der Wochenarbeitszeit, abgeschlossen am 5. Februar 2018.

1.2 Die Parteien beabsichtigen, in einer Mediation einvernehmlich eine Lösung des vorgenannten Konflikts zu finden.

§ 2 Teilnehmer der Mediation

An den Verhandlungs- und Mediationsterminen nehmen auf Arbeitgeberseite der Geschäftsführer <Name> und die Personalleiterin <Name> einerseits und der gesamte Betriebsrat andererseits teil. Die Hinzuziehung von Bevollmächtigten bzw. Rechtsanwälte ist beidseitig vorgesehen und wechselseitig akzeptiert. Weitere Teilnehmer sind nur nach vorheriger Zustimmung der Parteien zugelassen.[505]

§ 3 Person und Aufgaben des Mediators

3.1 Die Parteien bestimmen einvernehmlich <Name> als Mediator, der diese Bestellung mit Unterzeichnung dieser Vereinbarung annimmt. Der Mediator hat die Parteien über seinen fachlichen Hintergrund, seine Ausbildung und seine Erfahrungen auf dem Gebiet der Mediation vorab persönlich informiert.[506]

3.2 Aufgabe des Mediators ist es, die Parteien bei einer Verhandlung über die Lösung des Konfliktes zu unterstützen und die Kommunikation sowie die Beilegung des Konfliktes zu fördern.[507] Eine verbindliche Entscheidungsbefugnis über den Konflikt insgesamt oder über einzelne Aspekte des Konflikts steht ihm nicht zu.[508] Der Mediator übernimmt im Rahmen des Mediationsverfahrens keine rechtliche oder sonstige Beratung der Parteien.

3.3 Der Mediator ist zu strikter Unparteilichkeit und Neutralität verpflichtet. Er versichert, dass er keine der Parteien in dieser oder einer anderen Angelegenheit vor Beginn des Verfahrens vertreten oder beraten hat.[509] Sollten während des Mediationsverfahrens Umstände eintreten, die seine Unparteilichkeit beeinträchtigen könnten, wird er diese den Parteien offen legen oder sein Amt niederlegen.

3.4 Im Übrigen erkennt der Mediator die Vorschriften des MediationsG sowie die Richtlinien der EUCON – Europäisches Institut für Conflict Management e.V., München, für das Verhalten von Mediatoren als für sich verbindlich an.

3.5 Der Mediator haftet nicht für rechtliche Beurteilungen der Parteien, auch wenn diese erkennbar deren Entscheidungen zugrunde gelegt werden. Ansonsten haftet der Mediator für leichte Fahrlässigkeit nur bis zu einer Höhe von maximal EUR 250.000,00. Der Mediator hat für seine Tätigkeit eine umfassende Berufshaftpflichtversicherung abgeschlossen.

§ 4 Ort und Zeit der Verhandlungstermine

4.1 Die einzelnen Verhandlungstermine werden an einem neutralen Ort durchgeführt, welcher von den Parteien und dem Mediator gemeinsam bestimmt wird.

4.2 Die Mediationssitzungen sind für <Datum> und <Datum> vereinbart. Sollten nach diesen Mediationssitzungen weitere Verhandlung erforderlich sein, werden die Parteien und der Mediator den nächsten Termin gemeinsam festlegen.

§ 5 Durchführung der Mediation

5.1 Die Mediation ist eine mündliche Verhandlung der Parteien über den Konflikt. Die Parteien erkennen insoweit die Regelungen des MediationsG und der Verfahrensordnung der EUCON – Europäisches Institut für Conflict Management e.V., München, als verbindlich an, soweit nicht in dieser Vereinbarung oder in anderen Vereinbarungen mit dem Mediator schriftlich abweichende Regelungen getroffen werden. Gleichzeitig bestätigen die Parteien den Erhalt der Verfahrensordnung durch die Unterschrift dieses Vertrages.

---

[505] § 2 Abs. 4 MediationsG.
[506] § 3 Abs. 5 MediationsG.
[507] § 2 Abs. 3 S. 2 MediationsG.
[508] § 1 Abs. 2 MediationsG.
[509] § 3 Abs. 1 MediationsG.

5.2 Die Parteien bestimmen die einzelnen Verhandlungsschritte unter Anleitung und Beratung durch den Mediator selbst. Die Parteien bestätigen insoweit, dass sie die Grundsätze und den Ablauf des Mediationsverfahrens verstanden haben und freiwillig an der Mediation teilnehmen.[510]

5.3 Die Parteien werden den Mediator bis spätestens drei Tage vor dem ersten Sitzungstermin eine kurze Sachverhaltsschilderung zukommen lassen.

5.4 Die Mediationssitzungen finden regelmäßig gemeinsam statt. Die Parteien sind damit einverstanden, dass der Mediator bei Bedarf auch Einzelgespräche führen kann.[511] Alle Informationen aus diesen Einzelgesprächen sind von dem Mediator vertraulich zu behandeln, sofern er von der jeweiligen Partei von dieser Pflicht nicht ausdrücklich ganz oder teilweise entbunden wird.

§ 6 Vertraulichkeit der Mediation und Verwendung von Beweismitteln

6.1 Die Parteien verpflichten sich, den Inhalt dieses Mediationsverfahrens und alle damit zusammenhängenden Informationen gegenüber Dritten vertraulich zu behandeln. Diese Verpflichtung gilt über die Beendigung der Mediation hinaus.

6.2 Der Mediator ist zur Verschwiegenheit verpflichtet, soweit gesetzlich nichts anderes geregelt ist. Diese Verpflichtung bezieht sich auf alles, was ihm in Ausübung seiner Tätigkeit als Mediator in diesem Verfahren bekannt wird bzw. geworden ist. Im Übrigen gilt § 4 MediationsG.

6.3 Alle Erklärungen, Unterlagen und Informationen, die während der Mediation schriftlich oder mündlich erteilt werden, dürfen von beiden Parteien ausschließlich für die Zwecke der Mediation benutzt werden. Eine Verwendung dieser Informationen außerhalb des Mediationsverfahrens, insbesondere in einem Einigungsstellen- oder Gerichtsverfahren, ist ohne Zustimmung der anderen Partei unzulässig, es sei denn, die Informationen waren der Partei bereits außerhalb der Mediation bekannt.

6.4 Die Parteien verpflichten sich insbesondere, den Mediator nicht als Zeugen für Tatsachen zu benennen, welche diesen Personen erst während des Mediationsverfahrens offenbart worden sind. Der Mediator wird das bestehende Zeugnisverweigerungsrecht in Anspruch nehmen; die Parteien können den Mediator nur einvernehmlich von der Vertraulichkeit entbinden.

§ 7 Stillhaltevereinbarung

7.1 Rechtliche Schritte gegeneinander werden die Parteien während der Dauer des Mediationsverfahrens nicht einleiten.

7.2 Maßnahmen des einstweiligen Rechtsschutzes sowie zur Wahrung von Ausschlussfristen, die sich der Parteidisposition entziehen, bleiben zulässig.

7.3 Für den Fall der notwendigen Einleitung eines Gerichtsverfahrens verpflichten sich die Parteien, das Verfahren für die Dauer des Mediationsverfahrens nach den einschlägigen gesetzlichen Regelungen zum Ruhen zu bringen.

§ 8 Vorzeitige Beendigung der Mediation

8.1 Jede Partei hat das Recht, die Mediation jederzeit und ohne Angabe von Gründen durch einseitige Erklärung zu beenden.[512] Die Erklärung hat schriftlich oder – im Rahmen einer Mediationssitzung – mündlich gegenüber der anderen Partei und dem Mediator zu erfolgen. Die Mediation gilt als beendet, sobald die Erklärungen beiden Empfängern zugegangen sind.

8.2 Der Mediator hat das Recht, die Mediation jederzeit durch Erklärung gegenüber beiden Parteien zu beenden, wenn dieser die Mediation als gescheitert ansieht oder eine Fortführung des Verfahrens aus sonstigen wichtigen Gründen ablehnt.[513]

---

[510] § 2 Abs. 2 MediationsG.
[511] § 2 Abs. 3 S. 3 MediationsG.
[512] § 2 Abs. 5 S. 1 MediationsG.
[513] § 2 Abs. 5 S. 2 MediationsG.

§ 9 Verbindlichkeit von Vereinbarungen

9.1 Ziel der Mediation ist eine schriftliche Vereinbarung zur Konfliktbeilegung, deren rechtliche Ausgestaltung mit den Beratern der Parteien abgestimmt wird.

9.2 Vereinbarungen der Parteien über Teilaspekte des Konfliktes sind nur verbindlich, wenn diese, wie in § 9.1 beschrieben, schriftlich niedergelegt und unabhängig vom Zustandekommen einer endgültigen Einigung als verbindlich erklärt werden.

§ 10 Hemmung der Verjährung und von Ausschlussfristen

Die Parteien vereinbaren, dass während des Mediationsverfahrens gesetzliche oder vertragliche Verjährungs- und/oder Ausschlussfristen in Bezug auf den Konfliktfall gehemmt sind, sofern diese rechtlich einer solchen Vereinbarung zugänglich sind. Diese Hemmung beginnt mit der Unterzeichnung dieser Vereinbarung und endet am letzten Tag des Monats, der auf die Beendigung des Mediationsverfahrens folgt.

§ 11 Vergütung des Mediators

11.1 Der Mediator erhält für seine Tätigkeit in diesem Verfahren (inklusive Vor- und Nachbereitung der Mediationstermine) ein nach Zeitaufwand zu bemessendes Honorar von EUR <Betrag>/Stunde zzgl. der gesetzlichen Mehrwertsteuer sowie Ersatz seiner nachgewiesenen Aufwendungen. Die Abrechnung erfolgt im 15-Minutentakt, so dass angefangene Stunden lediglich anteilig berechnet werden. Reisezeiten werden mit dem hälftigen Stundensatz in Rechnung gestellt.

11.2 Der Arbeitgeber wird das für das Mediationsverfahren anfallende Honorar des Mediators gemäß Ziff. 11.1 ebenso übernehmen, wie evtl. Kosten für Raummiete, Verpflegung etc.

11.3 Die Übernahme der Kosten des Betriebsrates und des Beraters des Betriebsrates bestimmen sich nach den Regelungen des BetrVG und werden zwischen Betriebsrat und Geschäftsleitung gesondert vereinbart.

§ 12 Salvatorische Klausel

Sollte eine Bestimmung dieses Vertrages unwirksam sein, so berührt dies nicht die Wirksamkeit des Vertrages im Übrigen. Die unwirksame Bestimmung wird durch eine wirksame Bestimmung ersetzt, die der angestrebten am nächsten kommt.

<Ort>, den <Datum> <Ort>, den <Datum>
gez. Geschäftsleitung gez. Betriebsrat

Anhang 2

Vorschlag einer Betriebsvereinbarung zur Einführung eines Konfliktmanagementsystems

Zwischen
[Betrieb/Unternehmen/Anschrift]

– nachfolgend Arbeitgeber –

und dem

Betriebsrat des [Betrieb/Unternehmen/Anschrift]

– nachfolgend Betriebsrat –

wird in der Form einer

**Betriebsvereinbarung
zur Einführung eines Konfliktmanagementsystems und zur Durchführung
von innerbetrieblichen Mediationsverfahren**

folgendes festgelegt:

Präambel

Arbeitgeber und Betriebsrat sind darüber einig, dass ungelöste oder eskalierte Konflikte das Betriebsklima negativ beeinflussen, die Motivation der Mitarbeiter zerstören und diese erheblich belasten, sowie – als Folge davon – die Produktivität und die Qualität der Arbeitsergebnisse mindern. Eine Unternehmenskultur, die sich durch partnerschaftliches und wertschätzendes Verhalten auszeichnet, bildet hingegen die Basis für ein positives Arbeitsklima.

Arbeitgeber und Betriebsrat setzen sich daher für eine frühzeitige und funktionale Konfliktbearbeitung im Betrieb ein. Sie sind der Überzeugung, dass eine konstruktive und interessenorientierte Konfliktbearbeitung möglich ist und ein entsprechendes Konfliktbearbeitungssystem wesentlich zum individuellen und wirtschaftlichen Wohlbefinden und zum Erfolg von Beschäftigten und Betrieb beitragen wird.

Die Betriebspartner sind weiterhin davon überzeugt, dass die Methoden der interessenorientierten Konfliktbearbeitung erlernbar sind und daher das Erlernen dieser Fähigkeiten in weitem Umfang gefördert werden soll. Auch stimmen sie darin überein, dass innerbetriebliche Auseinandersetzungen möglichst eigenverantwortlich unternehmens- und betriebsintern gelöst werden sollen, ggf. unter Beiziehung eines neutralen Dritten.

Im Hinblick darauf schließen die Parteien gemäß den §§ 86, 87 Abs. 1 Nr. 1 BetrVG die nachfolgende Betriebsvereinbarung.

§ 1 Definitionen

1.1 <u>Konfliktbearbeitungsverfahren</u> sind diejenigen Verfahren, die in dieser Betriebsvereinbarung als Verfahren zur Konfliktlösung festgelegt sind (§ 6 der Betriebsvereinbarung).

1.2 <u>Mediation</u> ist ein vertrauliches und strukturiertes Konfliktbearbeitungsverfahren, in dem die Konfliktparteien mit Unterstützung eines neutralen Dritten (Mediator) freiwillig selbstverantwortete, konsensuale Verhandlungen zur einvernehmlichen Beilegung eines bestehenden Konflikts führen (§ 1 Abs. 1 S. 1 MediationsG). Sowohl das Verfahren als auch die Lösungsfindung liegen in der Autonomie der Parteien. Die Parteien können das Verfahren jederzeit ohne Angabe von Gründen – einseitig oder beidseitig – beenden.

1.3 <u>Mediator</u> ist eine Person, die als neutraler Dritter ohne Entscheidungsbefugnis die autonomen Verhandlungen im Rahmen einer Mediation zur Lösung eines bestehenden Konflikts begleitet und den Verfahrensablauf führt (§ 1 Abs. 2 MediationsG). Es kann sich dabei um einen externen, dem Betrieb/Unternehmen nicht angehörigen Mediator handeln, oder um einen in der Methode der Mediation geschulten Mitarbeiter des Betriebes/Unternehmens (interner Mediator).

1.4 <u>Abschlussvereinbarung</u> ist eine schriftliche Vereinbarung, in der die in der vorangegangenen Mediation gefundene Konfliktlösung niedergelegt ist. Sie ist für die Konfliktpartner verbindlich. Wenn die Abschlussvereinbarung in der Form einer Betriebsvereinbarung abgefasst wird, sind die einschlägigen rechtlichen Vorgaben des BetrVG zu berücksichtigen.

1.5 <u>Vorgesetzte</u> sind diejenigen Personen, die einem Arbeitnehmer organisatorisch und/oder fachlich übergeordnet sind und an die der Arbeitnehmer unter Berücksichtigung der arbeitgeberseitigen Weisungen zu berichten hat.

1.6 <u>Beschwerdeführer</u> ist derjenige Arbeitnehmer bzw. diejenige Person, die unter den Geltungsbereich dieser Betriebsvereinbarung fällt und zur Beilegung eines Konfliktfalles nach den Regelungen dieser Betriebsvereinbarung ein Beschwerdeverfahren nach §§ 84, 85 BetrVG einleitet.

§ 2 Geltungsbereich

2.1 <u>Örtlicher Geltungsbereich:</u> Diese Betriebsvereinbarung gilt für den Betrieb des Arbeitgebers in <Ort>.

2.2 <u>Persönlicher Geltungsbereich:</u> Sie richtet sich an alle Arbeitnehmer des Betriebes iSd § 5 Abs. 1 BetrVG, einschließlich der Auszubildenden, sowie an etwaige Leiharbeitnehmer.

2.3 <u>Leitende Angestellte:</u> Ein betriebliches Konfliktbearbeitungsverfahren kann zudem von leitenden Angestellten iSd § 5 Abs. 3 BetrVG und von Mitgliedern der Geschäftsleitung nach den Grundsätzen dieser Betriebsvereinbarung eingeleitet werden.

§ 3 Grundsätze des Verhaltens im Betrieb

3.1 Alle Arbeitnehmer, der Betriebsrat und der Arbeitgeber verpflichten sich, die Grundsätze von Recht, Fairness, Respekt und gegenseitiger Wertschätzung im Umgang miteinander einzuhalten.

3.2 Alle Arbeitnehmer, der Betriebsrat und der Arbeitgeber verpflichten sich weiterhin, jede unterschiedliche Behandlung von Personen wegen ihrer Abstammung, Religion, Nationalität, Herkunft, politischen oder gewerkschaftlichen Betätigung oder Einstellung, wegen ihres Geschlechts, ihrer sexuellen Orientierung, ihrer Behinderung oder wegen des Alters zu unterlassen.

3.3 Die freie Entfaltung der Persönlichkeit der im Betrieb tätigen Personen wird aktiv geschützt und gefördert.

§ 4 Grundsätze des Beschwerde- und Anrufungsrechts

4.1 Jeder Arbeitnehmer hat das Recht, sich im Falle eines bestehenden Konfliktfalles nach den Regelungen dieser Betriebsvereinbarung und unter Einhaltung des in dieser Betriebsvereinbarung festgelegten Konfliktmanagementsystems zu informieren, zu beschweren und die jeweils zuständige Stelle anzurufen. Zeiten, die dazu im notwendigen Umfang aufgewendet werden, gelten als Arbeitszeit. Das Informationsrecht umfasst nicht Tatsachen, deren Offenlegung gesetzlich untersagt ist, oder die Betriebsgeheimnisse umfassen, sowie Konfliktfälle, von denen der eine Information begehrende Arbeitnehmer nicht betroffen ist bzw. sein kann.

4.2 Ein Konfliktfall ist dann gegeben, wenn sich der Arbeitnehmer von anderen Arbeitnehmern und/oder Vorgesetzten und/oder anderen Gruppierungen des Betriebes benachteiligt, ungerecht behandelt oder in sonstiger Weise im Zusammenhang mit seinem Arbeitsverhältnis beeinträchtigt fühlt. Ein Konfliktfall i. S. dieser Betriebsvereinbarung liegt auch vor, wenn Streitigkeiten, Auseinandersetzungen oder sonstige Störungen zwischen Arbeitnehmern oder mit den Vorgesetzten auftreten.

4.3 Der Arbeitnehmer kann jederzeit einen internen Berater, insbesondere ein Mitglied des Betriebsrates, oder – auf seine Kosten – auch einen externen Berater seiner Wahl hinzuziehen, sofern sich dieser nach § 5 Abs. 2 dieser Betriebsvereinbarung zur Vertraulichkeit verpflichtet.

4.4 Der Arbeitnehmer kann die Beschwerde jederzeit ohne Angabe von Gründen zurücknehmen.

§ 5 Grundsätze des Konfliktbearbeitungsverfahrens

5.1 Das Konfliktbearbeitungsverfahren/Beschwerdeverfahren findet in jeder Stufe vertraulich und unter Ausschluss der Öffentlichkeit statt.

5.2 Alle am Verfahren Beteiligten haben über die im Laufe des Verfahrens erworbenen Kenntnisse absolutes Stillschweigen zu bewahren. Externe Beteiligte und Unternehmensangehörige, die an diese Vereinbarung nicht gebunden sind, werden nur dann in das Konfliktbearbeitungsverfahren einbezogen oder als Mediatoren, Berater bzw. Sachverständige zugelassen, wenn sie sich in geeigneter Weise zur Vertraulichkeit in einer gesonderten schriftlichen Geheimhaltungserklärung vor Teilnahme am Verfahren verpflichten.

5.3 Für Mitglieder des Betriebsrates, die in das Verfahren als Beteiligte einbezogen sind, gelten zusätzlich die gesetzlichen Geheimhaltungsvorschriften der §§ 79, 80 Abs. 4, 120 BetrVG.

5.4 Die Beteiligten an einem Konfliktbearbeitungsverfahren i. S. dieser Betriebsvereinbarung dürfen weder wegen der Erhebung einer Beschwerde, noch wegen der Einleitung eines Verfahrens i. S. dieser Betriebsvereinbarung, noch wegen ihrer Tätigkeiten im Rahmen eines solchen Verfahrens benachteiligt oder begünstigt werden. Davon ausgenommen sind notwendige arbeitsrechtliche Maßnahmen und/oder Sanktionen zur Beseitigung und/oder Bearbeitung des der Beschwerde zugrunde liegenden Fehlverhaltens oder Sachverhaltes.

5.5 Die Parteien des Konfliktbearbeitungsverfahrens sind zur Offenheit und zur Übermittlung sämtlicher Informationen verpflichtet, die zur Lösung des Konfliktfalles notwendig sind, soweit dies den Parteien zumutbar ist. Unzumutbar ist insbesondere die Offenlegung von Tatsachen, deren Offenbarung der betroffenen Partei Schaden zufügen kann oder gegen gesetzliche Geheimhaltungsvorschriften verstößt oder zur Offenbarung von Geschäftsgeheimnissen führt. Die Parteien eines Konfliktbearbeitungsverfahrens sind verpflichtet, nach Kräften zur Lösung des Konfliktes beizutragen.

§ 6 Konfliktmanagementsystem

Die Bearbeitung eines internen Konfliktes erfolgt in mehreren Stufen:

6.1 Verfahrensstufe 1: Auf der ersten Verfahrensstufe ist der Beschwerdeführer verpflichtet, sich mit seiner Beschwerde oder der Anzeige des Konfliktfalles an seinen Vorgesetzten oder, falls dieser verhindert bzw. selbst in den Konfliktfall eingebunden ist, an die Personalleitung zu wenden. Die Einzelheiten sind in § 7 geregelt.

6.2 Verfahrensstufe 2: Sollte der Konflikt auf der ersten Verfahrensstufe nicht beigelegt werden, kann der Beschwerdeführer in einer zweiten Stufe die Einleitung eines innerbetrieblichen Mediationsverfahrens nach den in §§ 8 und 9 dieser Betriebsvereinbarung festgelegten Regeln verlangen.

6.3 Verfahrensstufe 3: Sollte das innerbetriebliche Mediationsverfahren scheitern und der dazu berufene Mediator das Scheitern des Mediationsverfahrens an die Konfliktparteien bestätigen, kann in der dritten Verfahrensstufe die betriebliche Beschwerdestelle nach den in § 10 festgelegten Regelungen angerufen werden. Im Rahmen des betrieblichen Beschwerdeverfahrens kann nach den gesetzlichen Regelungen der §§ 84, 85 BetrVG auch die Einigungsstelle angerufen werden.

§ 7 Anrufung des Vorgesetzten, der Personal- und/oder Geschäftsleitung

7.1 Der Beschwerdeführer kann sich im Konfliktfall bei seinem Vorgesetzten oder, falls dieser verhindert bzw. in den Konflikt selbst eingebunden ist, bei der Personalleitung mündlich oder schriftlich beschweren und um Konfliktbearbeitung ersuchen.

7.2 Der Vorgesetzte bzw. Personalleiter hat den Konfliktstoff schnellstmöglich unter Erörterung des Sachverhaltes mit allen Beteiligten zu fixieren und auf eine Konfliktlösung hinzuwirken.

7.3 Die Konfliktparteien sollen in dem Konfliktgespräch mit Unterstützung des Vorgesetzten bzw. Personalleiters durch eigene Lösungsvorschläge den Versuch einer eigenverantwortlichen und einvernehmlichen Konfliktlösung unternehmen. Mit Einverständnis der Konfliktparteien kann der Vorgesetzte bzw. Personalleiter eine Entscheidung zur Konfliktbeilegung vorschlagen.

7.4 Sollte innerhalb von zwei Wochen nach Eingang der Beschwerde eine Konfliktlösung nicht erfolgt sein oder der Vorgesetzte bzw. der Personalleiter eine Konfliktbearbeitung ablehnen, kann der Beschwerdeführer das innerbetriebliche Mediationsverfahren nach den §§ 8 und 9 dieser Betriebsvereinbarung einleiten. Sollte einer der Konfliktbeteiligten, der nicht der Beschwerdeführer ist, die einvernehmliche Konfliktbearbeitung endgültig schriftlich ablehnen, kann der Beschwerdeführer sofort das Beschwerdeverfahren nach § 10 dieser Betriebsvereinbarung einleiten.

§ 8 Durchführung eines innerbetrieblichen Mediationsverfahrens

8.1 Auf der zweiten Verfahrensstufe kann der Beschwerdeführer die Durchführung eines innerbetrieblichen Mediationsverfahrens durch Einsatz eines im Betrieb für diese Fälle benannten und ausgebildeten Mediators oder eines externen Mediators gemäß § 8.3 verlangen. Der Einsatz eines externen Mediators kommt nur in Betracht, sofern ein interner Mediator zeitnah nicht zur Verfügung steht, der angerufene und ein weiterer interner Mediator die Bearbeitung des Konfliktfalles ablehnen, der Arbeitgeber die Einschaltung eines externen Mediators verlangt oder die Konfliktparteien mit Zustimmung des Arbeitgebers übereinstimmend einen externen Mediator benennen.

8.2 Das Verlangen zur Einleitung eines Mediationsverfahrens ist entweder an den im Betrieb eingesetzten Mediator oder – für den Fall der Einschaltung eines externen Mediators – an die Personalleitung oder direkt an die Geschäftsleitung in schriftlicher Form unter kurzer Schilderung des Konfliktfalles aus der Sicht des Beschwerdeführers zu richten.

8.3 Wenn ein externer Mediator hinzugezogen werden soll, sind die Konfliktparteien verpflichtet, unter Abstimmung mit der Geschäftsleitung die Person des externen Mediators zu benennen. Sollten sich die Konfliktparteien und/oder die Geschäftsleitung nicht auf einen Mediator einigen können, erfolgt die Benennung nach den Richtlinien der EUCON – Europäisches Institut für Conflict Management e. V., München.

8.4 Das Mediationsverfahren ist schnellstmöglich einzuleiten und zeitnah nach den Regelungen des MediationsG und ergänzend nach den Regelungen der EUCON – Europäisches Institut für Conflict Management e. V., München, durchzuführen.

8.5 Im Falle der erfolgreichen Durchführung des Mediationsverfahrens soll dieses mit einer Abschlussvereinbarung enden, bei deren Ausfertigung ggf. der Arbeitgeber oder sonstige Konfliktbeteiligte hinzugezogen werden.

8.6 Falls die Mediation scheitert, hat der Beschwerdeführer das Recht, auf die nächste Verfahrensstufe überzugehen.

8.7 Die Parteien verpflichten sich insbesondere, den Mediator und die hinzugezogenen Berater in einem anschließenden Gerichtsverfahren nicht als Zeugen für Tatsachen zu benennen, welche diesen Personen erst während des Mediationsverfahrens offenbart worden sind. Mediator und die Berater werden bestehende Zeugnisverweigerungsrechte in Anspruch nehmen; die Parteien können diese Personen nur einvernehmlich von dieser Pflicht entbinden.

§ 9 Rechte und Pflichten der eingesetzten Mediatoren

9.1 Auf Kosten des Betriebes/Unternehmens werden ausgewählte Arbeitnehmer zu internen Mediatoren ausgebildet und als solche eingesetzt. Sie haben die vornehmliche Aufgabe, bei aktuellen Konfliktsituationen als Berater und ggf. als Mediatoren zur Verfügung zu stehen. Die Arbeitnehmer können sich jederzeit an die internen Mediatoren wenden.

9.2 Die internen Mediatoren bieten, soweit dies rechtlich zulässig und im Rahmen der zur Verfügung stehenden Ressourcen und Kompetenzen möglich ist, den Konfliktbeteiligten Beratung, Begleitung sowie die Durchführung von Mediationsverfahren an. Die internen Mediatoren können zu diesem Zweck externe Berater oder Mediatoren hinzuziehen. Sie können einen Konflikt auch gänzlich an externe Berater oder Mediatoren verweisen, wenn sie zu der Überzeugung gelangen, dass eine adäquate Konfliktbearbeitung nur auf diesem Wege möglich ist und die Konfliktparteien damit einverstanden sind. Der Einsatz externer Mediatoren bedarf der Zustimmung des Arbeitgebers.

9.3 Die eingesetzten Mediatoren sind über alle, ihnen in ihrer Funktion bekannt gewordenen Informationen zur Geheimhaltung und zum Stillschweigen verpflichtet. Sie sind weiterhin zur Neutralität und Allparteilichkeit gegenüber den Konfliktparteien verpflichtet

9.4 Sollte ein interner Mediator in einem konkreten Konfliktfall – gleich welcher Art – eingebunden gewesen sein, ist er verpflichtet, von einer weiteren Konfliktbearbeitung abzusehen und dies den Konfliktparteien sowie dem Arbeitgeber mitzuteilen.

9.5 Die eingesetzten Mediatoren haben das Recht, mit Einverständnis der Konfliktparteien diesen sowie der Personal- und/oder Geschäftsleitung Vorschläge zur Konfliktlösung zu unterbreiten.

9.6 Für die Durchführung von Beratungs- und Mediationsgesprächen werden den eingesetzten Mediatoren die notwendigen materiellen und räumlichen Mittel zur Verfügung gestellt. Das betrifft insbesondere Kommunikationsmittel (Telefon, eMail, Telefax) sowie die Verfügbarkeit von hinreichenden Räumlichkeiten, insbesondere für die Durchführung von Mediationsverfahren.

9.7 Jegliche Tätigkeit, die ein interner Mediator in dieser Funktion ausübt, ist Arbeitszeit. Sollten in diesem Zusammenhang Überstunden anfallen, sind diese nach arbeitsvertraglich/tarifvertraglich/durch Betriebsvereinbarung vorgesehenen Sätzen zu vergüten. Sollten die Konfliktfälle mehr als 30 % der gesamten Arbeitszeit des internen Mediators in Anspruch nehmen, erfolgt eine entsprechende Freistellung von der sonstigen Arbeitsbelastung unter Umverteilung der beim internen Mediator zu erledigenden Arbeiten.

9.8 Diejenigen Arbeitnehmer, die als interne Mediatoren eingesetzt werden, haben Anspruch auf eine angemessene Fortbildung. Sie haben weiterhin den Anspruch auf den Besuch einer maximal zweitägigen Fortbildungsveranstaltung zum Bereich der Mediation, des Konfliktmanagements, der Kommunikation, der Verhandlungsführung oder anderen entsprechenden Bereichen (Supervision, Coaching) pro Jahr.

§ 10 Einleitung eines betrieblichen Beschwerdeverfahrens nach §§ 84, 85 BetrVG

10.1 Auf der dritten Verfahrensstufe kann der Beschwerdeführer seine Beschwerde unter schriftlicher Angabe der Konfliktbeteiligten und des Konfliktgegenstands sowie mit einer Schilderung des zugrundeliegenden Sachverhalts beim Betriebsrat weiterverfolgen. Es handelt sich dabei um ein Beschwerdeverfahren nach §§ 84, 85 BetrVG.

10.2 Der Betriebsrat soll versuchen, zwischen den Konfliktbeteiligten zu vermitteln. Falls die Vermittlung nicht sachgerecht oder erfolglos ist, entscheidet der Betriebsrat innerhalb von einer Woche ab Eingang der Beschwerde über deren Berechtigung und teilt dem Beschwerdeführer die Entscheidung mündlich mit. Falls der Betriebsrat die Beschwerde für unberechtigt hält, teilt er dem Beschwerdeführer auch die Gründe mit.

10.3 Erachtet der Betriebsrat die Beschwerde für berechtigt, wirkt er beim Arbeitgeber auf Abhilfe hin. Auf Verlangen des Betriebsrats treffen sich Arbeitgeber, Beschwerdeführer und Betriebsrat, um den Sachverhalt aufzuklären und über die Berechtigung der Beschwerde sowie über mögliche Abhilfemaßnahmen zu beraten.

10.4 Der Arbeitgeber hat den Betriebsrat und den Beschwerdeführer innerhalb von zwei Wochen ab Zugang des Abhilfeverlangens darüber zu unterrichten, ob er die Beschwerde für berechtigt erachtet und welche Abhilfemaßnahmen er ggf. ergreifen wird.

10.5 Bestehen zwischen Betriebsrat und Arbeitgeber Meinungsverschiedenheiten über die Berechtigung der Beschwerde, kann der Betriebsrat nach endgültiger Ablehnung des Abhilfeverlangens durch den Arbeitgeber die Einigungsstelle anrufen. Dies gilt nicht, sofern der Gegenstand der Beschwerde ein Rechtsanspruch ist, § 85 Abs. 2 S. 3 BetrVG.

10.6 Sollte der Betriebsrat die Einigungsstelle gemäß § 85 Abs. 2 S. 3 BetrVG nicht anrufen können oder von der Anrufung der Einigungsstelle aus anderen Gründen absehen, hat er dies dem Beschwerdeführer unverzüglich mitzuteilen.

§ 11 Ausschluss der Einleitung eines Gerichtsverfahrens

11.1 Während der Laufdauer der Verhandlungen und des Mediations- bzw. Beschwerdeverfahrens verzichten alle Konfliktbeteiligten auf die Einleitung eines Gerichtsverfahrens.

11.2 Davon ausgenommen ist jede Klageerhebung, die zur Sicherung von der Parteidisposition entzogenen Klage- und Ausschlussfristen sowie im Falle von Eilmaßnahmen vorgenommen wird

11.3 Im Falle der unvermeidlichen Klageerhebung vereinbaren die Konfliktparteien übereinstimmend, das Ruhen des eingeleiteten Verfahrens nach den einschlägigen prozessualen Vorschriften zu beantragen. §§ 54a Abs. 2, 80 Abs. 2 ArbGG gelten entsprechend.

§ 12 Konfliktlösung für Streitigkeiten zwischen den Betriebspartnern

12.1 Sollten zwischen den Betriebspartnern ein Konflikt entstehen, so vereinbaren diese die Durchführung eines Mediationsverfahrens, und zwar unabhängig davon, ob es sich um eine Streitigkeit im Rahmen der erzwingbaren Mitbestimmung oder der sonstigen betriebsverfassungsrechtlichen Regelungen handelt.

12.2 Die Betriebspartner werden zur Durchführung des Mediationsverfahrens einen oder mehrere externen Mediator(en) hinzuziehen. Sollten sich die Betriebspartner nicht auf den oder die Mediator(en) einigen können, wird ein solcher nach den Regeln der EUCON – Europäisches Institut für Conflict Management e. V., München, bestimmt.

§ 13 Kostentragung

13.1 Die Kosten der in dieser Betriebsvereinbarung genannten Verfahren werden vom Arbeitgeber getragen.

13.2 Davon ausgenommen sind Kosten, die aufgrund der Beauftragung eines externen Beraters für eine der Konfliktparteien entstehen.

§ 14 Maßnahmen zur Konfliktprävention

14.1 Der Arbeitgeber wird regelmäßige innerbetriebliche Schulungen und Workshops zu Themen des Konfliktmanagements, der Kommunikation, der Verhandlungsführung, der Mediation und zu sonstigen Bereichen der alternativen Streitbeilegung anbieten. Die Arbeitnehmer haben die Pflicht, mindestens einmal jährlich an solchen Schulungen teilzunehmen.

14.2 Die feststellbaren Kosten für entstandene Konflikte werden den jeweiligen Bereichen/Abteilungen zugeordnet.

14.3 Der Einsatz von alternativen Methoden der Konfliktbearbeitung ist im Rahmen der beruflichen Tätigkeit ein Bestandteil der Mitarbeiterbeurteilung zur Erlangung von variablen Gehaltsbestandteilen. Er darf im Gesamtvolumen nicht mehr als <Zahl>% der Bonusberechnung umfassen.

14.4 Mitgliedern des Betriebsrates wird die Teilnahme an externen Schulungen zu Mediations- und Verhandlungstechniken gemäß § 37 Abs. 6 BetrVG an bis zu <Anzahl> Tagen pro Betriebsratsmitglied und pro Jahr gestattet.

§ 15 Unterrichtung der Arbeitnehmer

15.1 Arbeitgeber und Betriebsrat werden die Arbeitnehmer und Vorgesetzten in einer Betriebsversammlung oder auf andere geeignete Weise innerhalb von zwei Monaten nach Inkrafttreten dieser Betriebsvereinbarung über die Grundsätze des hierin geregelten internen Konfliktmanagementsystems unterrichten.

15.2 Arbeitnehmer, die nach Inkrafttreten dieser Betriebsvereinbarung eingestellt werden, werden bei der Einstellung über die Inhalte dieser Betriebsvereinbarung und über die darin enthaltenen Grundsätze unterrichtet.

15.3 Die Betriebsvereinbarung wird im Betrieb an geeigneter Stelle ausgehängt. Auf Verlangen erhält jeder Arbeitnehmer eine Kopie dieser Betriebsvereinbarung ausgehändigt.

§ 16 Inkrafttreten, Kündigung, Nachwirkung

16.1 Diese Betriebsvereinbarung tritt mit ihrer Unterzeichnung in Kraft und kann mit einer Frist von drei Monaten, frühestens jedoch mit Wirkung zum <Datum> gekündigt werden.

16.2 Eine Nachwirkung ist ausdrücklich ausgeschlossen.

16.3 Die Betriebsparteien werden spätestens zwölf Monate nach Inkrafttreten der Betriebsvereinbarung sowie danach auf Verlangen einer Betriebspartei über die Umsetzung dieser Betriebsvereinbarung in der Praxis und über etwaigen Ergänzungs- oder Änderungsbedarf beraten.

§ 17 Meinungsverschiedenheiten/Mediationsklausel

17.1 Arbeitgeber und Betriebsrat werden Meinungsverschiedenheiten über die Anwendung und Auslegung dieser Betriebsvereinbarung mit dem ernsten Willen zur Einigung zunächst in Verhandlungen miteinander beizulegen versuchen.

17.2 Im Falle der Nichteinigung gelten §§ 12.2 und 12.3 entsprechend.

§ 18 Salvatorische Klausel

Sollten einzelne Bestimmungen dieser Betriebsvereinbarung unwirksam oder undurchsetzbar sein oder werden, so bleiben die übrigen Bestimmungen unverändert bestehen. Eine unwirksame oder undurchsetzbare Bestimmung ist durch eine Regelung zu ersetzen, die dem von den Betriebspartnern mit der unwirksamen Bestimmung Gewollten möglichst nahe kommt.

......, den

....
Unterschrift Arbeitgeber   Unterschrift Betriebsrat

Anhang 3

CPR Corporate Policy Statement on Alternatives to Litigation
(„Corporate ADR Pledge")

„We recognize that for many disputes there is a less expensive, more effective method of resolution than the traditional lawsuit. Alternative Dispute Resolution (ADR) procedures involve collaborative techniques which can often spare businesses the high costs of litigation.
In recognition of the foregoing, we subscribe to the following statements of principle on behalf of our company and its domestic subsidiaries:
In the event of a business dispute between our company and another company which has made or will then make a similar statement, we are prepared to explore with that other party resolution of the dispute through negotiation or ADR techniques before pursuing full-scale litigation. If either party believes that the dispute is not suitable for ADR techniques, or if such techniques do not produce results satisfactory to the disputants, either party may proceed with litigation."

Anhang 4

Conflict Management Codex
des Round Table Mediation und Konfliktmanagement der deutschen Wirtschaft[514]

Konflikte gehören zum Wirtschaftsleben. Sie interessengerecht beizulegen, ist Ziel unseres Konfliktmanagements. So unterschiedlich die Konflikte, so mannigfaltig sind die Möglichkeiten, sie zu lösen. Dabei erkennen wir an, dass auch außergerichtliche Streitbeilegungsverfahren wie zB Mediation, Adjudikation, Schlichtung, Dispute Boards oder Schiedsgutachten in geeigneten Fällen großes Potential haben, Konflikte kostengünstig, schnell und nachhaltig zu lösen.
Aus diesem Grunde geben wir die nachfolgende Erklärung ab:
Wir streben an, dass Konflikte mit dem zur individuellen Streitbeilegung bestmöglichen geeigneten Verfahren beigelegt werden. Aus diesem Grund erklären wir uns grundsätzlich bereit, im Konfliktfall alle in Betracht kommenden Streitbeilegungsverfahren ergebnisoffen zu prüfen.
Soweit sich ein außergerichtliches Verfahren unter Berücksichtigung unserer Unternehmens- und Verfahrensinteressen gegenüber einem Gerichts- oder Schiedsgerichtsverfahren als vorteilhaft darstellt, sind wir bereit, mit unseren Geschäftspartnern die Möglichkeiten der Vereinbarung und Durchführung dieses Verfahrens zu erörtern.
Erfolgt eine solche Vereinbarung nicht, bleiben bestehende vertragliche oder gesetzliche Regelungen zur Streitbeilegung unberührt. Gleiches gilt, wenn ein außergerichtliches Verfahren zwar vereinbart und begonnen wurde, nach schriftlicher Erklärung mindestens einer Partei als nicht mehr erfolgversprechend aber nicht weitergeführt werden soll.

---

[514] Abrufbar unter https://www.rtmkm.de/wp-content/uploads/2019/03/Conflict-Management-Codex-eutsch_englisch-11.7.2016_clean.pdf, zuletzt abgerufen 15.5.2020.

Sachverzeichnis

Fette Zahlen bezeichnen die Paragrafen, magere die Randnummern.

Abberufung
- Geschäftsführer 80 84
- Organvertreter 43 65
- Rechtsschutz Geschäftsführer 80 108
- Vertretungsorgan 48 51
- Vorstandsmitglied 81 58, 60

Abbruch, Urlaub 27 92

Abfallwirtschaft
- Arbeitnehmer-Entsendegesetz 68 61
- Rechtsquellen 1 40

Abfindung
- Abgrenzung zu betrieblicher Altersversorgung 36 59
- Abtretung 48 385
- Abwicklungsvertrag 49 14
- Angebot bei Änderungskündigung 46 27
- Anrechnung auf Karenzentschädigung 32 101
- Aufhebungsvertrag 49 183
- Aufklärungspflicht Ausschlussfrist 4 40
- Auflösungsantrag 48 310
- bei Auflösungsurteil 48 283, 364
- Auswirkung auf Arbeitslosengeld 49 224
- Bagatellanwartschaft 38 77
- Begriff 49 183
- Brutto-/Nettoabfindung 49 220
- Formulierungsmuster 49 228
- Höhe nach § 1a Abs. 2 KSchG 49 17
- Mitbestimmungsrecht Betriebsrat 23 15
- Nachteilsausgleich nach § 113 BetrVG 57 94 f.
- nach § 10 KSchG 48 364 f.
- Pfändbarkeit 22 63
- Pfändung 48 385
- Progressionsvorbehalt 48 388
- Ruhen Arbeitslosengeldanspruch 48 286, 392 f.
- Schweigepflicht 30 21
- Sozialversicherungspflicht 48 391
- sozialversicherungsrechtliche Behandlung 49 222 f.
- Steuerfreibetrag 48 387
- steuerliche Behandlung 48 387 f.; 49 212 f.
- steuerliche Beratung 1 63
- Steuerschuldner 49 220
- Streitwert 3 31
- Teilzeitarbeitnehmer 72 27
- Vererblichkeit rechtskräftiger 48 384
- Vergleichsmehrwert 3 218
- Versorgungsanwartschaft 38 73 f.
- Versorgungsanwartschaft bei Aufhebungsvertrag 49 288
- Versorgungsanwartschaft bei Beitragserstattung zur ges. Rentenversicherung 38 80
- Versorgungsanwartschaft bei Unternehmensliquidation 38 78
- Versorgungsanwartschaft/-leistung 40 16
- Vollstreckung Zahlungstitel 77 712

Abfindungsanspruch
- Bemessung 48 367
- Entstehung 48 369
- Höhe nach § 10 Abs. 1 KSchG 48 378
- Insolvenz 48 386
- rechtliche Behandlung 48 383
- tarifliche Ausschlussfristen 48 383

Abfindungsanspruch, gesetzlicher
- Arbeitgebermandat 4 117
- Aufklärungspflicht 4 83

Abfindungsantrag, Aufklärungspflicht 4 70

Abfindungsbetrag
- Angemessenheit 48 376
- Begrenzung Berufung/Revision gegen Auflösungsurteil auf 48 370
- Bemessung 48 367
- Bemessungsfaktoren 48 374
- Höhe 48 378

Abfindungshinweis des Arbeitgebers nach § 1a KSchG 46 14, 15

Abfindungsklage
- Kündigungsschutzklage 82 118
- Nachteilsausgleich nach § 113 BetrVG 57 102

Abfindungsklausel, Anstellungsvertrag Geschäftsführer 80 57

Abfindungsregelung Sozialplan s a Ausgleichsleistungen, Sozialplan
- Ablehnung Ersatzarbeitsplatz 58 133
- Annahme Ersatzarbeitsplatz 58 131
- für Arbeitsplatzverlust 58 79 f.
- Arbeitsverhältnisse, befristete 58 128
- Begriffsbestimmungen 58 99
- begünstigter Personenkreis 58 115, 116
- Diskriminierungsverbot 58 137
- Fälligkeitsaufschub bei Kündigungsschutzklage 58 138
- Formulierungsmuster 58 100
- Grund-/Steigerungsbeträge 58 68
- Leistungsausschlüsse/-einschränkungen 58 117 f.
- Punktwertemethode 58 93
- Schaubsche Formel 58 83
- Sockelbeträge 58 96
- Sonderbeträge 58 97
- Standardformel 58 81
- Stufenmethode 58 90
- Teilzeitarbeitsverhältnisse 58 130
- Widerspruch gegen Betriebsübergang 58 136

Abfindungsverbot
- Versorgungsanwartschaft 38 73
- Versorgungsanwartschaft, unverfallbare 49 288, 293

3173

Sachverzeichnis

fette Zahlen = Paragrafen

- Versorgungsleistung **38** 76
- Verstoß gegen **38** 83

Abfindungsvereinbarung, Vorstandsbezüge **81** 47

Abfindungsvergleich bei Änderungskündigung **4** 74

Abgeltung
- Überstunden **14** 50
- Zusatzurlaub **27** 211

Abgeltungstheorie, Arbeitnehmerurheberrecht **16** 254, 256

Abhängigkeit, persönliche **6** 9 f.

Abhören
- Telefonat **34** 59
- Telefongespräch **35** 196 f.

Abkehrwille
- Kündigung, betriebsbedingte **43** 262
- Kündigung, verhaltensbedingte **43** 350

Ablauf, Tarifvertrag **68** 173

Ablehnung
- Ausschluss kraft Gesetz **77** 261
- Besorgnis der Befangenheit **77** 262, 263
- Gerichtspersonen **77** 253 f.
- Selbstablehnung **77** 268
- Überstunden/-arbeit **43** 446
- Vertragsänderungsangebot **46** 73

Ablehnungsgründe, Teilzeitanspruch **73** 41 f., 48 f., 67

Ablehnungsrecht 77 257
- Ablehnungsverfahren **77** 267
- Entscheidung über Ablehnungsgesuch **77** 269
- Missbrauch **77** 266
- Rechtsmittel **77** 271
- rügelose Einlassung **77** 264
- Verfahren nach Ablehnung **77** 269

Ablösung
- betriebliche Altersversorgung durch Betriebsvereinbarung **40** 43 f., 45
- betriebliche Altersversorgung durch Tarifvertrag **40** 44

Ablösungsprinzip
- Sozialplan **58** 158
- Tarifvertrag **68** 162

Abmahnung 18 1 f.
- Abgrenzung zu Betriebsbuße **18** 58
- Abgrenzung zu Ermahnung **18** 61
- Abmahnungsberechtigter **18** 27
- Alkohol **43** 354
- Anhörung Arbeitnehmer **34** 138
- Anhörungspflicht **18** 23
- Arbeitnehmer im öffentlichen Dienst **18** 23
- Aufsplittung **18** 49
- vor außerordentlicher Arbeitnehmerkündigung **44** 91
- Begriff **18** 1
- Beschwerde an Betriebsrat **18** 52
- Beseitigungsanspruch **18** 54
- betriebsverfassungsrechtliche **18** 62
- Beweislast **18** 31; **43** 331, 342
- Compliance-Verstoß **35** 297
- für den, den es angeht **18** 5
- Dokumentationsfunktion **18** 5
- entbehrliche **18** 15; **43** 327
- Entfernung aus Personalakte **18** 45; **77** 713
- Erforderlichkeit **18** 11
- Feststellungsklage **18** 54
- Form **43** 323
- Formulierungsmuster **18** 43
- Frist **18** 32
- Gegendarstellung **18** 51
- Gegenrechte Abgemahnter **18** 45 f.
- keine geltungserhaltende Reduktion **18** 49
- Geschäftsführer **80** 97
- gleichartiger Wiederholungsfall **18** 37
- Gleichbehandlung **34** 92
- Inhalt **43** 323
- Konkurrenztätigkeit **31** 39
- Kündigung, außerordentliche **44** 19
- Leistungsklage auf Beseitigung **18** 54
- letztmalige **18** 43; **43** 325
- mehrmalige **18** 42
- Nachschieben von Gründen **18** 56
- Nebentätigkeit **33** 112, 115
- Organmitglied **18** 21
- präjudizielle Wirkung **18** 44
- Rechte Betriebsrat **18** 24
- Rechte Schwerbehindertenvertretung **18** 26
- Rechtsgrundlage **18** 8
- Rechtsschutzfall **3** 174
- Rügefunktion **18** 3
- Sanktionsfunktion **18** 7
- Streitwert **3** 33; **18** 57
- ultima-ratio-Prinzip **18** 8
- ungerechtfertigte **18** 46
- bei unzulässiger Arbeitnehmerüberwachung **35** 234
- bei verhaltensbedingter Kündigung **18** 11 f.; **43** 322 f.
- Verhältnis zu Kündigungsgrund **43** 324
- Verhältnismäßigkeit **18** 8, 22
- Verwertungsverbot **18** 48
- Verwirkung **18** 33
- vorbeugende Unterlassungsklage gegen **18** 54
- vorweggenommene **18** 20; **43** 328
- Warnfunktion **18** 4
- wiederholte **43** 325
- Wirkung **43** 329
- Wirkungen **18** 34
- Wirkungsdauer **18** 40
- Zeitablauf **43** 330
- Zugang **18** 28

Abmahnungsgrund, Verbrauch durch Mediationsverfahren **82** 279

Abmeldung, Arbeitnehmer bei beendetem Arbeitsverhältnis **52** 18

Abordnung
- Arbeitsgemeinschaft **66** 41
- Auslandseinsatz **11** 110
- Kündigung, betriebsbedingte **43** 263

Abordnungsvertretung 41 61

Abrechnung
- Entgelt **22** 19 f.
- mit Rechtsschutzversicherung **3** 243
- Streitwert **3** 34
- Vollstreckung **77** 714

Sachverzeichnis

Abrechnungspflicht, Entgelt 19 22
Abrufarbeit 14 74 f.
- Abgrenzung zu Rahmenvereinbarung 14 75
- Abgrenzung zu Überstunden 14 80
- AGB-Kontrolle 25 10
- Bandbreitenregelung 14 79
- Entgeltfortzahlung im Krankheitsfall 14 76
- Feiertagsvergütung 14 77
- Formulierungsmuster 14 78
- Formulierungsmuster Flexibilisierung Arbeitsdauer 14 83
- Mitbestimmungsrecht Betriebsrat 14 84
- Vergütung 14 76

Absatzlage, Unterrichtung Wirtschaftsausschuss 56 150
Absatzmangel, Wirtschaftsrisiko 24 334
Abschlag, Begriff 22 12
Abschlagszahlung
- Abgrenzung zu Arbeitgeberdarlehen 22 17
- Fälligkeit 22 12
- Rückzahlungspflicht 22 15

Abschlussprovision 20 37
Abschlussprüfung, Rückzahlungsverpflichtung bei Nichtbestehen 26 74
Absetzung, verspätete, sofortige Beschwerde gegen Berufungsurteil 77 656
Abspaltung, beteiligungspflichtige Betriebsänderung 56 68
Abstandsklausel 71 25
Abtreibung 45 12
Abtretung
- Abfindung Aufhebungsvertrag 49 194
- Abfindung aus §§ 9, 10 KSchG 48 385
- Entgelt/Vergütung 22 30
- Formulierungsmuster Kostentragung Pfändungskosten 22 38
- Urlaubsabgeltungsanspruch 27 179
- Urlaubsanspruch 27 39
- Versorgungsleistung 37 127
- zukünftiges Entgelt 22 31
- Zusammentreffen mit Pfändung 22 80

Abtretungsausschluss 22 32, 36
- Formulierungsmuster 22 36

Abtretungskosten, Formulierungsmuster 10 199
Abtretungsverbot 22 32
- Ausnahme 22 34
- Inhaltskontrolle 10 198
- Verstoß gegen 22 39

Abwarten Strafverfahren 44 153
- Formulierungsmuster 44 155

Abwerbung 9 47 f.
- Begriff 33 60
- Headhunter 9 50
- headhunter 33 67
- Kündigung, verhaltensbedingte 43 351
- Leiharbeitnehmer 9 55
- Leiharbeitnehmer durch Entleiher 33 66
- nachvertragliche 33 61, 64
- Rechtsfolgen unlauterer 9 51
- Sperrabrede 9 52
- unlautere 9 48 f.

- Wettbewerbsverbot 31 5
- Wettbewerbsverbot, nachvertragliches 9 53

Abwerbungsverbot 33 60 f.
- Formulierungsmuster 33 63

Abwesenheit, Auswirkung bei zielorientierter Vergütung 20 79
Abwesenheit, unentschuldigte
- Kündigungs-/Ausschlussfrist 44 180
- Kündigungsgrund, außerordentlicher 44 73

Abwesenheit, urlaubsbedingte, nachträgliche Klagezulassung 48 197
Abwesenheitszeiten
- Betriebstreueleistung 20 147
- Rückzahlungsklausel Aus-/Fortbildungskosten 26 39

Abwicklung, Arbeitsverhältnis, beendetes 52 1 f.
Abwicklungsvertrag
- Abfindung 49 14
- Abfindungshinweis 49 14, 15
- Abfindungshöhe 49 17
- Abgrenzung zu Aufhebungsvertrag 49 9
- Abgrenzung zu Kündigungsbestätigungsvertrag 49 25
- echter/unechter 49 10
- Form 49 29 f.
- Formulierungsmuster 49 13
- indirektes Wettbewerbsverbot 32 64
- Klageverzicht 48 176
- sozialrechtliche Folgen 49 24

ad-hoc-Koalition 71 6
Adjusted winner-Verfahren, Lösung distributiver Konflikte 82 249
Adressierung, fehlerhafte, Kündigungserklärung 42 39
AGB
- Altersteilzeitvertrag 74 38
- Arbeitsvertrag 10 129; 68 134 f., 138
- Aushandeln 10 131
- Auslegung 10 142
- Einbeziehungskontrolle 10 135
- Übergabebestätigung 10 140
- überraschende Klauseln 10 138
- Unklarheitenregel 10 143
- Vielzahl von Verwendungen 10 130
- Vorformulierung 10 130

Agent of Reality, Einzelgespräche 82 241
Agentur, Arbeitgeber 48 68
Agentur für Arbeit
- Anzeige bei Entlassungen 50 2
- Anzeigenerstatter 50 39
- Anzeigenform 50 41
- Checkliste Entlassungsanzeige 50 59
- Entlassungsanzeigepflicht gegenüber 50 38 f., 54
- Erlaubniserteilung Arbeitnehmerüberlassung 66 135
- Pflichtinhalt Entlassungsanzeige 50 42
- Sollinhalt Entlassungsanzeige 50 44
- Sperrfrist 50 60 f.
- Sperrfristverkürzung 50 67
- Sperrfristverlängerung 50 71
- Stellungnahme Betriebsrat zu Entlassungsanzeige 50 48, 57

Sachverzeichnis

fette Zahlen = Paragrafen

- unterlassene Entlassungsanzeige **50** 90
- Unterrichtung durch Arbeitgeber bei anzeigepflichtiger Entlassung **50** 29
- Verfahren bei Sperrfrist **50** 72
- Versagung Erlaubnis Arbeitnehmerüberlassung **66** 56
- Vordrucke für Anzeige **50** 41
- Zulassung Kurzarbeit während Sperrfrist **40** 60, 79 f.
- Zuständigkeit Entlassungsanzeige **50** 40
- Zustimmung Aufenthaltserlaubnis **11** 32

Agenturvertrag, Abgrenzung Arbeitnehmer/Freier Mitarbeiter **6** 72

AGG
- AGG-Hopping **10** 103
- Alter **10** 82 f.
- Anstellungsvertrag Geschäftsführer **80** 68
- Anstellungsvertrag Vorstandsmitglied **81** 24
- Anwendungsbereich, sachlicher **10** 44
- Aufklärungspflicht Diskriminierungsmerkmale **4** 26
- Auskunftsanspruch Stellenbewerber **10** 40
- Ausschlussfrist Schadensersatz **10** 110
- Behinderung **10** 73
- Benachteiligung, mittelbare **10** 37
- Benachteiligung, unmittelbare **10** 37
- Beschwerderecht nach § 13 AGG **82** 99
- Beweiserleichterung **10** 40
- Diskriminierungsverbote **10** 34 f., 44 f.
- Diskriminierungsverbote bei Stellenausschreibung **9** 4
- EU-Geschäftsführer **10** 36
- Genetische Eigenschaften **10** 96
- Geschlecht **10** 56 f.
- Herkunft, ethnische **10** 43
- Identität, sexuelle **10** 94
- Kontrahierungszwang **10** 39
- Kündigung, ordentliche **43** 94
- Kündigung, verhaltensbedingte **43** 315
- Kündigungsschutz **43** 42, 52
- Rasse **10** 43 f.
- Rechtsfolgen bei Verstoß **10** 39
- Religion **10** 66
- Schulung Compliance **35** 29
- unzulässige Fragen im Bewerbungsgespräch **9** 69 f.
- Weltanschauung **10** 66

AG-Vorstandsmitglied s Vorstandsmitglied

Akkordarbeit, Abrechnung **22** 19

Akkordlohn 20 30

Akkordsystem, Mitbestimmungsrecht **23** 115 f., 126

Aktenversendungspauschale, Rechtsschutzversicherung **3** 200

Aktienkaufzuschuss, Mitbestimmungsrecht **23** 106

Aktienoption 20 94 f.
- Alter **20** 108
- Arbeitsverhältnis, befristetes **20** 106
- Ausscheiden, vorzeitiges **20** 111
- Begriff **20** 95
- Betriebsübergang **20** 120; **54** 10
- Betriebszugehörigkeit **20** 108
- Bindungsklausel **20** 111
- Entgelt **20** 94 f., 102, 107
- Gewährungs-/Optionsvertrag **20** 99
- Gleichbehandlungsgrundsatz **20** 105, 109
- Good Leaver **20** 109
- Inhaltskontrolle Ausübungsbedingungen **10** 229
- Kürzung bei Fehlzeiten im Bezugszeitraum **20** 110
- Lohnverwirkungsabrede **20** 114
- Mitbestimmungsrecht **20** 121
- Rechtsnatur **20** 98
- Shareholder Value **20** 96
- steuerliche Behandlung **20** 117
- Teilzeitbeschäftigung **20** 106
- Übertragbarkeit **20** 115
- Veräußerungsabrede **20** 116
- Verfallklausel **20** 111
- Verhältnis Aktienoption/Festgehalt **20** 102
- Vesting **20** 109
- Wettbewerbsverbot, indirektes **20** 113

Aktienoptionsplan 20 94 f.
- deutsche Tochtergesellschaft ausländischen Unternehmens **20** 100
- Mitbestimmungsrecht **23** 99 f.
- Rechtswegzuständigkeit **20** 122

Aktiensparplan, Mitbestimmungsrecht **23** 106

Alkoholabhängigkeit
- Arbeitsunfähigkeit **24** 47, 51
- Gefahr der Trunkenheitsfahrt **24** 47
- Kündigung, verhaltensbedingte **43** 352
- Kündigungsgrund, außerordentlicher **44** 36

Alkoholisierung
- Entlastungsbeweis **43** 356
- Nachweis **43** 355

Alkoholismus 24 47, 51

Alkoholkonsum
- am Arbeitsplatz **34** 29
- Arbeitsunfähigkeit **24** 48
- Aufhebungsvertrag bei weiterem **49** 65
- Befragung Bewerber **9** 73
- im Betrieb **33** 15
- Fürsorgepflicht des Arbeitgebers **34** 29
- Kündigung, verhaltensbedingte **43** 352
- Unmöglichkeit der Leistungserbringung **24** 271

Alkoholsucht, Kündigung, personenbedingte **43** 469

Alkoholverbot 15 3
- absolutes **33** 15
- betriebliches **43** 353
- Formulierungsmuster **15** 7

Alkoholvergehen, außerdienstliches **43** 357

Alkotest 43 355

Alleingesellschafter Kapitalgesellschaft, betriebliche Altersversorgung **36** 12

Allgemeinverbindlicherklärung
- 50%-Grenze **68** 42
- Änderungstarifvertrag **68** 54
- Antrag **68** 40
- Arbeitnehmer-Entsendegesetz **68** 56
- Aufhebung **68** 54

3176

magere Zahlen = Randnummern **Sachverzeichnis**

– Beendigung 68 53
– Beginn 68 52
– Bekanntmachung 68 47
– Beschlussverfahren bei Streitigkeiten über 78 122
– Funktion 68 36
– gemeinsame Einrichtungen 68 36, 46
– Nachwirkung 68 55
– öffentliches Interesse 68 42
– Rückwirkung 68 52
– Tarifausschuss 68 41
– Tarifvertrag 1 25; 68 34, 38 f.
– Umfang 68 50, 52
– Verfahren 68 48
– Zuständigkeit 68 48; 77 66
Altenheimbewohner, Geschenke/Vermächtnis zugunsten Pflegepersonal 33 55
Alter
– Befragung Bewerber 9 69
– Benachteiligungsverbot 9 4, 5, 31; 10 82
– Diskriminierungsverbot 10 82 f.
– Kündigung, personenbedingte 43 471
Altersaufhebungsvertrag 49 7
Altersbefristung, Arbeitnehmerüberlassung 66 92
Altersdifferenzklausel 37 57
Altersdiskriminierung
– Aufhebungsvertrag 39 356
– Sozialauswahl 46 179
Altersgrenze
– AGG 49 71
– Altersversorgung, betriebliche 37 40, 41
– Arbeitsverhältnis, befristetes 41 80
– Arbeitsverhältnis bei/nach Erreichen des Renteneintrittsalters 41 89
– Arbeitsvertrag 49 69
– Aufhebungsvertrag 49 69
– auflösende Bedingung 41 128
– Aufschub der Versorgungsleistung 37 94
– flexible 38 96
– Formulierungsmuster 49 73
– Gleichbehandlung 37 54
– Rentenversicherung, gesetzliche 38 95
– Tarifvertrag 70 20
– Versorgungsleistung 38 54
– Versorgungszusage 37 51
Altersgruppe, Sozialauswahl 46 188, 203
Altersleistung, vorzeitige
– Abschlag 38 97, 105
– Anspruch auf 38 95 f.
– Höchstbegrenzungsklausel 38 107
– Höhe der Versorgungsleistung 38 102
– Kapitalleistung 38 108
– bei vorzeitigem Ausscheiden 38 109
Altersrente, vorgezogene 38 96
– Abschlag 38 97, 105
Altersruhegeld, vorgezogenes 37 82 f.
– Abschlag, versicherungsmathematischer 37 85
– bei Ausscheiden mit unverfallbarer Anwartschaft 37 90
– Formulierungsmuster 37 89
– Gesamtversorgungszusage 37 88
– Höhe der Leistung 37 83

– Kürzung, dienstzeitabhängige 37 87
– Kürzung, quotale 37 84
Altersruhegeld, vorzeitiges 38 98
– bei vorzeitigem Ausscheiden 38 109
Altersschwäche, Krankheit 24 12
Alterssicherung, Mitbestimmungsrecht 23 52
Altersstruktur, Sozialauswahl 43 225
Altersteilzeit 74 1 f.
– Altersrente, vorgezogene 38 96
– Aufstockung Arbeitsentgelt 74 26
– Aufstockung Rentenversicherungsbeitrag 74 29
– Aufstockungsbeträge 74 2
– Beteiligungsrechte Betriebsrat 74 65
– Betriebsverfassungsrecht 74 63
– Blockmodell 74 5, 41, 48 f.
– Durchführung 74 41 f.
– Eintritt Arbeitsteilzeitverhältnis 74 34
– Förderleistungen 74 3, 16
– Kontinuitätsmodell 74 41, 46
– Kündigung, betriebsbedingte 43 264
– Mitbestimmungsrecht 74 63
– Modelle 74 41
– Modelle 55/57/59 74 42
– Nebentätigkeit 33 99
– Renteneintrittsalter 74 6
– steuerliche Behandlung 74 28
– Streitwert 3 40
– Wiederbesetzer 74 32
– Wiederbesetzung des Arbeitsplatzes 74 32
– Zuständigkeit Arbeitsgerichte 74 67
Altersteilzeit im Blockmodell, Erwerberhaftung bei Insolvenz 54 132
Altersteilzeitanspruch 74 7 f.
– Betriebsvereinbarung 74 13
– individualvertraglicher 74 14
– tarifvertraglicher 74 9
– Voraussetzungen Arbeitgeber 74 26
– Voraussetzungen Arbeitnehmer 74 18
Altersteilzeiter
– Betriebsratsamt 74 64
– Wählbarkeit 74 63
Altersteilzeitgeld, Abgrenzung zu betrieblicher Altersversorgung 36 62
Altersteilzeitvertrag 74 34 f.
– Abschluss 74 34
– AGB-Kontrolle 74 38
– mittels Änderungskündigung 74 35
– Bedingung, auflösende 74 39
– Beendigung 74 62
– Betriebsvereinbarung 74 40
– Gestaltung 74 38
– Hinweis-/Aufklärungspflicht 74 37
– Kündigung 74 57
– Rechte/Pflichten 74 45
– Tarifvertrag 74 40
Altersversorgung, arbeitgeberfinanzierte, Mitbestimmungsrecht 37 140
Altersversorgung, betriebliche 36 1 f.
– Abgrenzungen 36 58 f.
– ablösender Tarifvertrag 40 65 f.
– Ablösung durch Betriebsvereinbarung 40 43 f., 45

3177

Sachverzeichnis

fette Zahlen = Paragrafen

- Ablösung durch Tarifvertrag **40** 44
- Altersdifferenzklausel **37** 57
- Altersgrenze **37** 51
- Änderungskündigung **40** 18
- Änderungsvereinbarung **40** 17
- Änderungsvorbehalt **37** 132
- Anpassung laufender Versorgungsleistungen **38** 114 f.
- Anpassung, vorzeitige **38** 121
- Anpassungsrythmus **38** 118, 120
- Anrechnung gesetzlicher Rentenansprüche **38** 47
- Anrechnungsverbot **38** 84 f.
- Anspruch Arbeitnehmer **36** 4
- Arbeiter/Angestellte **37** 11
- arbeitgeberfinanzierte Zusage **36** 76
- Arbeitgeberzuschüsse bei Entgeltumwandlung **36** 103 f.
- Arbeitnehmer **36** 6
- arbeitnehmerähnliche Person **36** 7
- Arbeitnehmeranforderungen **37** 27
- Arbeitnehmeransprüche bei Insolvenz des Arbeitgebers **38** 150 f.
- Arbeitsverhältnisse, befristete **37** 20
- Aufhebungsvertrag **49** 285 f.
- Aufklärungspflicht bei Aufhebungsvertrag **49** 102, 119
- Aufschub der Versorgungsleistung **37** 94
- Ausgestaltung Versorgungszusage **37** 1 f.
- Auskunft bei Beendigung Arbeitsverhältnis **52** 8
- Auskunftsanspruch **38** 1 f., 5
- Auskunftsanspruch Beitragsrückstand **38** 9
- Auskunftsanspruch Übertragungswert **38** 8
- Auskunftsverpflichtung **38** 71
- Auskunftsverpflichtung Versorgungsleistung **38** 11
- Ausscheiden, vorzeitiges **37** 95 f.; **38** 18 f.
- Außendienstmitarbeiter **37** 17
- Auswahlkriterien aus Unternehmenssicht **37** 24
- Auszehrungsverbot **38** 93
- Beendigung Arbeitsverhältnis **37** 42
- Begriff **36** 1
- Begründung Versorgungsansprüche **36** 18 f.
- Beitragsfestlegung **37** 72
- Beitragszahlung **37** 34
- Beitragszusage **24** 56, 73
- Betriebliche Übung **36** 18, 25 f.
- bei Betriebsänderung **58** 182 f., 190
- Betriebsübergang **39** 17 f.; **54** 5, 25
- Betriebsvereinbarung **36** 19, 45 f.
- Betriebsvereinbarung für leitende Angestellte **36** 47
- Bezugsberechtigung **37** 57, 60
- Blankettzusage **37** 64
- Caferia-Systeme **36** 79
- Dienstzeit, anrechnungsfähige **37** 65
- Doppelfunktion **36** 17
- von Drittgesellschaft **36** 16
- Durchführungswege **37** 22 f.
- Eigenbeiträge bei arbeitgeberfinanzierter **36** 99

- Einheitsregelung, vertragliche **36** 18, 24
- Einzelzusage **36** 18, 20
- Entgeltumwandlung **36** 3, 80; **37** 35
- Entgeltumwandlung nach § 1a BetrAVG **36** 90
- Ergänzung Direktversicherung **38** 60
- Erwerberhaftung bei Betriebsübergang nach Insolvenzeröffnung **54** 129
- Fälligkeit **38** 10
- fehlerhafte Einordnung Vertragsverhältnis **7** 2
- Finanzierung **37** 34
- Flexibilisierung **25** 77
- Formulierungsmuster Aufhebungsvertrag **49** 298
- Freiwilligkeitsvorbehalt **25** 15
- Gegenüberstellung einzelner Durchführungswege **36** 179 f.
- Geringfügig Beschäftigte **37** 13; **75** 57
- Gesamtrechtsnachfolge **39** 35 f.
- Gesamtversorgungsgrad **37** 71
- Gesamtversorgungszusage **37** 80
- Gesamtzusage **36** 18, 22
- Geschäftsführer **80** 74
- Gesellschafter-Geschäftsführer **36** 13
- Gleichbehandlung **36** 18, 32 f.
- Gleichbehandlung Beiträge/Leistungen **36** 42
- Gleichbehandlung Hinterbliebenenversorgung **36** 38
- Gleichbehandlung Leistungsvoraussetzungen/Altersgrenze **36** 35
- Gleichbehandlung Personenkreis **36** 34
- Gleichbehandlungspflicht **34** 91
- Haftung für Auskünfte **38** 7
- Heimarbeiter **37** 19
- Höchsteintrittsalter **37** 41
- Höhe der unverfallbaren Versorgungsleistung **38** 37 f.
- Höhe der Versorgungsleistung **37** 64 f.
- Informationspflicht des Arbeitgebers **34** 126
- Inhaltskontrolle **37** 2
- Insolvenzsicherung **38** 150 f.
- Insolvenzsicherung bei Arbeitgeberinsolvenz **38** 156
- Insolvenzsicherung bei außergerichtlichem Vergleich **38** 160
- Invalidenrente **38** 49
- Invalidität **37** 63
- Kapitaldeckung **36** 99
- Kapitalleistung **37** 48
- Kombination von Durchführungswegen **37** 30
- Kündigung Betriebsvereinbarung **37** 134
- Leibrente, befristete **37** 49
- Leistung bei Tod **37** 55
- Leistungsfall **37** 51 f.
- Leistungsvoraussetzungen **37** 36 f.
- Leistungsvorbehalte **37** 128 f.
- Leistungsvorbehalte, steuerschädliche **37** 131
- Leistungszusage **24** 56, 69
- Meldepflicht PSVaG **38** 155
- Mindestalter **37** 40
- Mischsysteme **36** 99 f.
- Mitbestimmungsrecht **23** 108; **37** 135 f.
- Mitbestimmungsrecht bei Änderung **23** 193

magere Zahlen = Randnummern **Sachverzeichnis**

- Mittelaufbringung 36 76 f.
- Nebentätigkeits-Arbeitsverhältnis 33 116
- negative betriebliche Übung 25 57
- Personenkreis 37 8 f.
- persönlicher Geltungsbereich 36 6 f.
- Quotierungsprinzip 38 37
- Rentenzahlung 37 47
- Risiko, biometrisches 36 67, 75
- Rückdeckungsversicherung 36 141
- ruhegeldfähiges Einkommen 20 15
- Sach-/Nutzungsleistung 37 50
- Saisonkräfte 37 21
- Schuldübernahme, befreiende 39 2 f.
- Spätehenklausel 37 57
- Statuswechsel 36 15
- Sterbegeld 36 68
- Streitigkeiten über 77 118
- tarifvertragliche Regelung 36 48 f.
- als Teil des Entgelts 36 77
- Teilwiderruf Direktversicherung 38 60
- Teilzeitarbeitnehmer 72 28
- Teilzeitbeschäftigte 36 34; 37 12
- Transparenzgebot 37 5
- Übersicht Durchführungswege 36 179 f.
- Übertragung verfallbarer Anwartschaft 37 96
- Umfassungszusage 36 101
- Unternehmer 36 9
- Unverfallbarkeit 37 43
- Unverfallbarkeit, vertragliche 38 35
- Unverfallbarkeitsfrist 38 18
- Verderblichkeit Anwartschaft 36 67
- Vereinheitlichung 40 39
- Verjährung Versorgungsleistung 38 192
- Versorgungsausgleich 37 104 f.
- Versorgungsleistung 37 47
- Versorgungssystem, halbdynamisches 37 75
- Versorgungssystem, statisches 37 74
- Versorgungssystem, volldynamisches 37 79
- Versorgungszusage 36 56 f.
- Verstoß gegen Mitbestimmungsrecht 37 153
- Vordienstzeiten 37 45
- vorgezogenes Altersruhegeld, vorgezogenes 37 82 f.
- Vorstandsmitglied 81 52
- vorzeitige 38 98 f., 102
- als Wahlleistung 36 79
- Waisenrente 37 62
- Wartezeit 37 37
- Wechsel Durchführungsweg 40 71
- Wechsel Versorgungsschuldner 39 1 f.
- wechselnde Beteiligungs-/Mehrheitsverhältnisse 36 15
- Wegfall der Geschäftsgrundlage 40 19
- Witwen-/Witwerrente 37 56
- Zweitarbeitsverhältnis 37 16

Altersvorsorge-Sondervermögen 36 66
Altverträge, Inhaltskontrolle 10 183
Amateurboxsport 24 41
Amnestieprogramme, innerbetriebliche 35 246
Amoklauf, Ankündigung 43 389, 447
Amt für Arbeitssicherheit, Beteiligung bei Betriebsänderung 58 180

Amtsermittlung, Grundsatz der, Sozialversicherung 6 105
Amtsinhaber
- Änderungskündigung 46 50
- Kündigungsschutz 45 191 f.
- Unkündbarkeit, tarifliche 45 251
- Zumutbarkeitsprüfung außerordentliche Kündigung 45 210

Amtsniederlegung
- Geschäftsführer 80 6, 85
- Vorstandsmitglied 81 63

Amtspflichtverletzung, Betriebsratsmitglied 45 212
Amtszeit, Betriebsrat 59 34, 35
Anästhesist, Abgrenzung Arbeitnehmer/Freier Mitarbeiter 6 57
Anbahnungsverhältnis 9 133 f.
- Abbruch 9 136
- Begriff 9 134
- Obhutspflichten 9 139
- Offenbarungspflicht 9 138
- Schadensersatz 9 134 f.
- Verletzung Aufklärungs-/Mitteilungspflichten 9 137

Anbietungspflicht, freie Erfindung 16 151
Änderung
- Entgeltzahlungen 25 1 f.
- Urlaubszeitpunkt 27 91
- Versorgungszusage 40 1, 17 f.

Änderungskündigung 46 1 f.
- Abfindungsangebot 46 27
- Abfindungsvergleich 4 74
- Abgrenzung zu einseitiger Leistungsbestimmung 46 13
- Abgrenzung zu Teilkündigung 46 23
- Abgrenzung zu Vertragsänderungsangebot 46 20
- Abgrenzung zu Widerruf/Beendigungskündigung 46 19
- Ablehnung Vertragsänderungsangebot 46 73
- Ablehnung Vertragsänderungsangebot durch Betriebsrat 46 207
- Änderung Eingruppierung 25 67
- Änderung in mehreren Punkten 46 59
- Änderungsschutzantrag 46 33
- Änderungsschutzklage als Vorbehaltserklärung 46 89, 93
- Angebot 46 18
- Angebot Altersteilzeitvertrag 74 35
- Anhörung Betriebsrat 46 44, 205; 47 19, 61
- Annahme Vertragsänderungsangebot unter Vorbehalt 46 81 f.
- Annahmeerklärung Vertragsänderungsangebot 46 64, 65
- Annahmeerklärungsfrist Vertragsänderungsangebot 46 70
- Annahmefrist Vertragsänderungsangebot 46 66
- zur Anpassung von Nebenabreden 46 146, 169
- Anrufungsfrist verlängerte 48 245
- Anzeigepflichtverletzung 46 42, 43
- Art der Kündigung 46 32
- Aufklärungspflicht 4 72

Sachverzeichnis

fette Zahlen = Paragrafen

- Auslegung **46** 19
- Ausschluss, ordentlicher tariflicher/vertraglicher **46** 52 f.
- außerordentliche **46** 3, 32, 96
- befristetes Weiterbeschäftigungsangebot **46** 22
- Begriff **46** 17
- behördliche Zustimmung **46** 51
- Bestimmtheit **46** 31
- Beteiligung Betriebsrat **46** 204 f.
- betriebsbedingte **46** 150, 155 f.
- Betriebsratszustimmung bei Vertragsänderungsangebot **46** 29
- Beweislast **46** 198
- dauerhafte Veränderung der Arbeitszeit **14** 73
- Dauertatbestände **46** 57
- Einführung Compliance-Richtlinien **35** 43
- Einführung neuer Lohnfindungsmethode **25** 69
- Entlassung, anzeigepflichtige **50** 11
- Feststellungsklage **46** 72
- Form **46** 34
- Frist zur Vorbehaltserklärung **46** 96
- Gegenstandslosigkeit der Kündigung **46** 71
- geringfügig Beschäftigter **75** 49
- Gleichbehandlungsgrundsatz **25** 65
- im Insolvenzverfahren **46** 150
- Klagefrist **48** 1
- Konsultationsverfahren **46** 42
- Kündigung, un-/bedingte **46** 26
- Kündigungsfrist **46** 41
- Kündigungsfrist, fiktive **46** 54
- Kündigungsschutz **46** 1, 7
- Kündigungsschutzklage **46** 111
- Kündigungsschutzklage, hilfsweise **46** 100, 110
- Leitender Angestellter **46** 44
- Lohnsenkung aufgrund Unrentabilität **25** 59
- Massenentlassungsanzeige **46** 4
- Massenentlassungsschutz **46** 42
- Mitbestimmungsrecht **46** 217
- Nichtigkeit **46** 38
- Öffentlicher Dienst **46** 163
- ordentliche **46** 32
- Personalratsbeteiligung **46** 46
- personenbedingte **46** 196, 199
- Prüfung vor außerordentlicher Kündigung **44** 25
- Prüfung/-smaßstab **46** 136 f.
- Rechtsfolgen der Annahme unter Vorbehalt **46** 107 f.
- Sanierungsplan **25** 60
- Schriftform **46** 35
- Schriftsatzkündigung **46** 40
- Schwerbehinderte **46** 10
- Schwerbehindertenvertretung **46** 44
- Senkung übertariflicher Vergütungsbestandteile **25** 66
- Sonderkündigungsschutz **46** 7, 50
- sozial ungerechtfertigte **25** 60
- soziale Rechtfertigung **46** 149 f.
- Streitwert **3** 35
- überflüssige **46** 140 f.
- Überlegungsfrist **46** 63
- Unterrichtung Betriebsrat **47** 61
- Unterschrift **46** 36
- Unvermeidbarkeit **25** 60, 64
- Vergütungsreduzierung **25** 58 f.
- verhaltensbedingte **46** 197, 199
- Verhältnis zu betriebsbedingter Kündigung **44** 116
- Verhältnismäßigkeit **46** 8
- Verhältnismäßigkeit der Entgeltreduzierung **25** 64
- Versorgungszusage **40** 18
- Vertragsänderungsangebot **46** 60 f., 137
- Vertretung **46** 36, 37
- vorbehaltlose Annahme Vertragsänderungsangebot **46** 63
- Vorbehaltserklärung **46** 85
- Vorrang **43** 143, 155, 160; **46** 8
- Vorrang bei Teilzeitarbeitnehmer **72** 68
- Vorrang der **43** 91
- vorsorgliche **46** 33
- Wechselbeziehung Kündigung/Änderungsangebot **46** 28
- Weiterbeschäftigungsanspruch **46** 208, 209
- Widerspruchsrecht Betriebsrat **46** 207
- Wiederherstellung früherer Arbeitsbedingungen im Änderungsschutzprozess **46** 221
- Wiederherstellungsanspruch **46** 118
- Willenserklärung **46** 31
- Wirksamwerden rechtsunwirksamer **48** 268, 277
- wirtschaftliche Situation im Gesamtbetrieb **25** 62
- Zugang **46** 39
- Zugang während urlaubsbedingter Abwesenheit **46** 99
- Zusammenhang Kündigung/Änderungsangebot **46** 18

Änderungskündigung, außerordentliche **44** 218 f.; **46** 3, 32, 96
- Änderungsschutzklage **44** 227
- Annahme unter Vorbehalt **44** 224
- Ausschlussfrist **44** 223
- Nachprüfung **44** 219

Änderungskündigung, betriebsbedingte **46** 150, 155 f.
- Anlass, betriebsbedingter **46** 165
- zur Anpassung vertraglicher Nebenabrede **46** 169
- Befristung, nachträgliche **46** 168
- Beurteilungszeitpunkt **46** 155
- Beweislast **46** 198, 200
- billigerweise hinzunehmende Änderung **46** 167
- Interessenausgleich mit Namensliste **46** 189
- mehrere Änderungsangebote **46** 171
- Missbrauchskontrolle **46** 200
- Personenkreis, auswahlrelevanter **46** 174
- Prüfung **46** 155 f.
- Punkteschemata Sozialauswahl **46** 182
- Sozialauswahl **46** 173 f.
- Sozialauswahlkriterien **46** 177
- Unternehmerentscheidung **46** 156
- Verhältnismäßigkeit **46** 155, 166, 167

Änderungsschutzantrag **46** 33

Sachverzeichnis

Änderungsschutzklage 46 111
- Auflösungsantrag bei 48 318
- gegen außerordentliche Änderungskündigung 44 227
- Beweislast Vorbehaltserklärung 46 100
- Feststellungsantrag 46 120
- Formulierungsmuster Klageantrag 44 228; 46 125
- Frist 44 227
- Klageantrag 46 123 f.
- Klagefrist 46 128 f.
- Prüfungsmaßstab 46 5
- Streitgegenstand 46 5, 119 f.
- Verbindung mit Feststellungsklage 43 127
- Verhältnis zu Kündigungsschutzklage 46 5, 6
- als Vorbehaltserklärung 46 89, 93
- Wiederherstellung früherer Arbeitsbedingungen 46 221
- Zuständigkeit 44 227

Änderungsverbot
- Computerprogramme 16 293
- Urhebernutzungsrecht 16 246

Änderungsvereinbarung
- Änderung Eingruppierung 25 67
- Versorgungszusage 40 17

Änderungsvertrag
- Form 49 29
- Widerruf 1 23

Änderungsvorbehalt, Versorgungszusage 37 132; 40 26 f.

Anerkenntnis in Güteverhandlung 77 301

Anerkennung, Urheberschaft 16 245

Anerkennungsprämie, Verbesserungsvorschlag 16 216

Anfangsverdacht, Nachforschungen Arbeitgeber 35 93 f.

Anfechtung
- Abgrenzung zu außerordentlicher Kündigung 44 214
- arglistige Täuschung bei Aufhebungsvertrag 49 366 f.
- arglistige Täuschung bei Bewerbung 9 98
- Aufhebungsvertrag 49 359
- Beteiligung Betriebsrat 9 102
- Eigenschaftsirrtum 9 100
- Einigungsstellenbeschluss Sozialplan 58 156
- Kündigungserklärung 42 52
- Rechtswegentscheidung 77 197
- Umdeutung außerordentliche Kündigung 44 213
- Verwirkung Anfechtung Aufhebungsvertrag 49 396
- widerrechtliche Drohung bei Aufhebungsvertrag 49 371 f.
- widerrechtliche Drohung mit Schadensersatzanspruch 49 388
- widerrechtliche Drohung mit Strafanzeige bei Aufhebungsvertrag 49 383
- Widerspruch bei Betriebsübergang 55 131
- Zustimmung Integrationsamt 45 173, 184

Anfechtung Betriebsratswahl, Streitwert 3 128

Anfechtungsfrist
- Arbeitsvertrag 48 6
- bei arglistiger Täuschung 49 395
- Aufhebungsvertrag 49 494
- bei Irrtum 49 394
- bei widerrechtlicher Drohung 49 395

Anforderung, berufliche, Stellenausschreibung 9 22

Anforderungsprofil, Mitbestimmung Betriebsrat 10 299

Anforderungsprofiländerung, Kündigung, betriebsbedingte 43 265

Anfrageverfahren
- Ablauf 8 23
- Anhörung 8 24
- Antrag 8 19
- Beteiligte 8 19
- Durchführung 8 19
- Entscheidung 8 26
- Entscheidung, beabsichtigte 8 24
- Form 8 22
- Fragebogen 8 22
- Frist 8 20
- Klage beim Sozialgericht 8 28
- Statusfeststellung, sozialversicherungsrechtliche 8 17 f.
- Vermutungsregelung 8 25
- Widerspruch gegen Entscheidung 8 28

Angaben, vertrauliche, Schweigepflicht 30 16

Angebot, Arbeitsvertrag 10 3

Angehörigenpflege
- Entgeltfortzahlung 24 214
- Freistellung 24 213

Angehöriger, pflegebedürftiger naher 45 92, 109

Angelegenheit, Wahrnehmung verschiedener 2 12

Angelegenheit, grenzüberschreitende
- Europäischer Betriebsrat 56 196; 57 11
- SE-Betriebsrat 56 216; 57 25

Angelegenheit, wirtschaftliche s Wirtschaftliche Angelegenheit

Angemessenheit
- Abfindungsbetrag 48 376
- Stundensatz Zeithonorar 3 12

Angestelltenbestechung 33 56

Angriffsmittel
- angemessene Frist zum Vortrag 77 360
- neue im 2. Rechtszug 77 561
- verspätete Mitteilung/Ankündigung 77 392
- verspäteter Vortrag 77 368
- vorbereitender Schriftsatz 77 391
- Zurückweisung verspätetes Vorbringen 77 357

Anhörung
- Anfrageverfahren 8 24
- im Beschlussverfahren 78 64
- vor Schlichtungsausschuss 1 88
- per Videokonferenz 78 67

Anhörung Arbeitnehmer
- Formulierungsmuster Verdachtskündigung 44 145
- bei Verdachtskündigung 44 137 f.

3181

Sachverzeichnis

fette Zahlen = Paragrafen

Anhörung Betriebsrat 61 21, 25
- bei Abmahnung **18** 24
- bei Abmahnung im Öffentlichen Dienst **34** 138
- Änderungskündigung **47** 61
- bei Änderungskündigung **46** 44, 205; **47** 19, 61
- bei Arbeitgeberkündigung **47** 18
- Arbeitnehmereigenschaft Kündigungsempfänger **47** 23
- bei außerordentlicher Kündigung **44** 99; **47** 64
- Bedenken bei Kündigungen **47** 76
- Bestehen eines Betriebsrats **47** 5
- bei betriebsbedingter Kündigung **47** 51
- Beweislast **47** 98
- Determination, subjektive **47** 37
- fehlerhafte **47** 96, 97
- fehlerhafte Einordnung Vertragsverhältnis **7** 2
- Form **47** 33
- Formulierungsmuster bei außerordentlicher/ hilfsweise ordentlicher Kündigung **44** 207, 216
- Formulierungsmuster Widerspruch **47** 79
- Formulierungsmuster zur Verdachts-/ Tatkündigung **44** 157
- Funktionsfähigkeit Betriebsrat **47** 11
- Inhalt der **47** 37
- bei krankheitsbedingter Kündigung **47** 57
- bei Kündigung **47** 1 f.
- vor Kündigung Arbeitnehmer **47** 28
- bei Kündigung leitender Angestellter **47** 24
- bei Kündigung während Probe-/Wartezeit **47** 49
- Nachschieben von Gründen **47** 100, 103
- ordentliche Kündigung Amtsinhaber **45** 251
- Ort der **47** 36
- nach § 99 BetrVG **58** 174
- nach § 102 BetrVG **58** 175
- bei personenbedingter Kündigung **47** 57
- prozessuale Geltendmachung unterlassener/ fehlerhafter **47** 97
- Rechtsfolgen Widerspruch **47** 90
- unterlassene **47** 95, 97
- Unterrichtung Betriebsrat **47** 28 f., 35
- Unterrichtung, unrichtige/-vollständige **47** 38
- bei Verdachtskündigung **44** 156; **47** 62
- bei verhaltensbedingter Kündigung **47** 55
- Verletzung **61** 29
- Vorratsanhörung **47** 30
- Widerspruch zur Kündigung **47** 79
- Zeitpunkt bei Kündigung **47** 28
- Zuständigkeit Betriebsrat **47** 13
- Zustimmung zur Kündigung **47** 73
- bei Zustimmungspflicht anderer Behörde **47** 32

Anhörung Schwerbehindertenvertretung **45** 178 f.
- bei Abmahnung **18** 26

Anhörungsverfahren, Zuständigkeit Betriebsrat **47** 13

Ankündigung, verspätete, Angriffs-/Verteidigungsmittel **77** 392

Anlernvertrag 10 7

Annahme, Arbeitsvertrag **10** 3

Annahmeerklärung, Vertragsänderungsangebot **46** 64, 65

Annahmeverweigerung
- Arbeitgeber **24** 258
- Kündigungserklärung **42** 50, 51

Annahmeverzug 22 55
- Angebot des Arbeitnehmers **24** 256
- Anrechnung anderweitigen Verdiensts **24** 297
- Anrechnung des Ersparten **24** 311
- Arbeitgeber **24** 252 f.
- Arbeitskampf **24** 265 f.
- Beendigung **24** 286
- Beweislast **24** 328
- böswillig unterlassener Erwerb **24** 303
- Entgeltfortzahlung **24** 252 f.
- Entgeltfortzahlung Kündigungsschutzprozess **48** 431
- fehlende Leistungsbereitschaft/-möglichkeit **24** 270 f.
- Kündigungsschutzklage **24** 260 f.
- Nichtannahme Arbeitsleistung **24** 274 f.
- Rechtsfolgen **24** 292 f.
- Vereinbarung der Vergütung **24** 315 f.
- Vermeidung durch andere Zuweisung **24** 278
- Verzugsentgelt **24** 292 f.

Annahmeverzugsrisiko, Veräußerer bei Widerspruch gegen Betriebsübergang **55** 129

Anordnung persönliches Erscheinen 77 331
- Entgeltfortzahlung **24** 210

Anpassung Versorgungsleistung
- nach 1.1.1999 **38** 140
- Begrenzung **38** 128
- Beweislast **38** 134
- Durchsetzung **38** 145
- Ermessen **38** 134
- Feststellungsklage **38** 147
- Geheimnisschutz **38** 134
- Gesamtversorgungszusage **38** 127
- Konzern **38** 135
- Kriterien **38** 122 f.
- laufende Versorgungsleistung **38** 114 f.
- Leistungsklage **38** 145
- Mitbestimmung **38** 138
- nachholende **38** 139
- nachträgliche **38** 139
- Obergrenze **38** 123, 126
- PSVaG **38** 182
- unterbliebene **38** 141, 144
- Verzugszinsen **38** 149
- vorzeitige **38** 121
- wirtschaftliche Lage des Arbeitgebers **38** 128

Anpassungsfaktor Vergütungssystem, Mitbestimmungsrecht **23** 56

Anrechnung
- Abfindung Aufhebungsvertrag **49** 196
- Abfindung/Nachteilsausgleich nach § 113 BetrVG **57** 103
- übertarifliche Vergütung **20** 170
- Urlaub bei Arbeitsplatzwechsel **27** 145

Anrechnungsverbot auf Versorgungsleistung **38** 84 f.

Anrechnungsvorbehalt
- Formulierungsmuster **10** 287
- Inhaltskontrolle **10** 286

magere Zahlen = Randnummern

Sachverzeichnis

Anrufungsauskunft
- Bindungswirkung 8 35
- Rechtsmittel 8 36
- steuerrechtliche 8 33

Anrufungsfrist, verlängerte 48 238 f.
- analoge Anwendung 48 252
- Hinweispflicht des Arbeitsgerichts 48 261

Anschlussberufung 77 542

Anschlussbeschäftigung an Ausbildung/Studium 41 54

Anschlussbeschwerde 78 97

Anschlussrechtsbeschwerde 78 107

Anschlussrevision 77 592, 647
- Frist 77 647

Anschlussverbot, Teilzeit- und Befristungsgesetz (TzBfG) 41 26

Anschuldigung, wahrheitswidrige, sexuelle Belästigung 43 439

Anschwärzen, Arbeitgeber 35 147

Ansehen, öffentliches, Wahrung des ö. A. des Arbeitgebers 33 79, 84

Anspruch, künftig fällig werdender 22 119

Anstellungsverhältnis
- Geschäftsführer 80 1 f.
- Vorstandsmitglied 81 1 f.

Anstellungsvertrag Geschäftsführer 80 9
- Abfindungsklausel 80 57
- AGG 80 68
- Altersgrenze 80 69
- Altersversorgung, betriebliche 80 74
- Arbeitszeit 80 48
- Arbeitszeugnis 80 79
- Aufhebungsvertrag 80 99
- Ausschlussfristen 80 75
- Bedingung, auflösende 80 55
- Beendigung 80 84 f.
- Berichtspflichten 80 46
- Betriebsübergang 80 76
- Betriebsverfassung 80 77
- Change-in Control-Klausel 80 57
- Checkliste Aufhebungsvertrag 80 101
- Datenschutz 80 78
- Dienstvertrag 80 9, 12
- Diskriminierung 80 68
- Drittanstellung 80 22, 39
- Elternzeit 80 72
- faktischer 80 40
- Form 80 36
- Genehmigung, nachträgliche 80 40
- Gesellschafterversammlung 80 37
- Gestaltung 80 41 f.
- Haftung 80 73
- Kompetenzen 80 45
- Koppelungsklausel 80 53, 54
- Kundenschutzklausel 80 63
- Kündigung 80 50
- Kündigung, außerordentliche 80 94
- Kündigung durch Geschäftsführer 80 98
- Kündigung durch Gesellschaft 80 87 f.
- Kündigung, ordentliche 80 93
- Kündigungsfrist 80 50 f., 95
- Kündigungsschutz 80 58
- Laufzeit 80 50 f.
- Laufzeit, befristete 80 52, 56
- Laufzeit, unbefristete 80 55
- Loyalitätspflicht 80 61
- Mutterschutz 80 71
- Rechtsfolgen der Einordnung 80 12
- Rechtsnatur 80 9
- Rechtsweg 80 80
- Urlaub 80 60
- Vergütung 80 49
- Versetzungsklausel 80 67
- Versorgungszusage 80 74
- Vertragsfreiheit 80 42
- Vertragsschluss 80 36
- Weiterbeschäftigung 80 29
- Wettbewerbsverbot 80 65
- Wettbewerbsverbot, nachvertragliches 80 62

Anstellungsvertrag Vorstandsmitglied 81 3
- AGG 81 24
- Altersgrenze 81 25
- Altersversorgung, betriebliche 81 52
- Arbeitszeugnis 81 56
- Aufhebungsvereinbarung 81 71
- Auskunftspflicht 81 38
- Auslagenersatz 81 54
- Beendigung 81 66 f.
- Bezüge 81 42 f.
- D & O Versicherung 81 57
- Diensterfindung 81 39
- Dienstvertrag 81 3
- Dienstzeiten 81 34
- Diskriminierung 81 24
- Drittanstellung 81 22
- fehlerhafter 81 23
- Form 81 17
- Frauenquote 81 26
- Gesundheit/-suntersuchung 81 40
- Herausgabepflicht 81 38
- Inhaltskontrolle 81 7
- Koppelungsklausel 81 29
- Kündigungserklärung 81 66
- Leitung der Gesellschaft 81 31
- Nebentätigkeit 81 34
- Pflichten 81 30
- Rechte 81 42
- Rechtsfolgen der Einordnung 81 5
- Rechtsschutz 81 72
- Ressortzuweisung 81 33
- Urlaub 81 55
- Vergütungsfestsetzung 81 19
- Verlängerung 81 24
- Versorgungsansprüche 81 52
- Vertragsdauer 81 27
- Vertragsschluss 81 17
- Wettbewerbsverbot 81 36
- Wettbewerbsverbot, nachvertragliches 81 37
- Zuständigkeit 81 18, 19

Anteilsfaktor
- Begriff 16 131
- Berechnung 16 131 f.
- Wertzahl Aufgaben-/Pflichtenkreis 16 136

3183

Sachverzeichnis

fette Zahlen = Paragrafen

- Wertzahl Lösung der Aufgabe **16** 135
- Wertzahl Stellung der Aufgabe **16** 133

Anteilsrechte, virtuelle 20 101
Anti-Atom-Bewegung 60 22
Antragsbefugnis, Beschlussverfahren **78** 39 f.
Antragsrecht, Jugend- und Auszubildendenvertretung **59** 114
Anwachsung
- Abgrenzung zu Betriebsübergang **53** 60
- Versorgungsschuldner **39** 44

Anwaltspflichtverletzung
- Beweislast **2** 58
- bei gemeinschaftlicher Berufsausübung **2** 63
- Haftung **2** 55
- Höhe Schadensersatzanspruch **2** 61
- Verjährung **2** 66

Anwaltspostfach, besonderes Elektronisches (beA) 1 72
Anwaltsvertrag 2 1
- Aufklärungspflichten nach Kündigung **2** 48
- Haftung bei Pflichtenverletzung **2** 55
- konkurrierende Interessen **2** 13
- Kündigung durch Mandant **2** 45, 48
- Kündigung durch RA **2** 46
- Nichtigkeit **2** 5
- Verjährung Schadensersatz **2** 66
- widerstreitende Interessen **2** 11

Anwaltswechsel 2 48 f.
- Aufklärungspflichten bei **2** 48
- Herausgabe Handakten **2** 49
- Kosten/Gebühren **2** 53
- Prozesskostenhilfe **2** 54

Anwaltszwang
- Arbeitsgerichtsprozess **76** 50, 52
- Beiordnung Rechtsanwalt **76** 23

Anwartschaft Altersversorgung, Vererblichkeit **36** 67
Anwartschaft, ehezeitliche
- Aufteilung **37** 107
- Aufteilung, externe **37** 117
- Aufteilungsvarianten **37** 110
- Barwertaufteilung **37** 113
- Barwerthalbierung **37** 111
- Bewertung **37** 108
- Kapitalwertermittlung **37** 114
- Rententeilung **37** 112
- Risikoschutz **37** 115
- Teilungskosten **37** 116, 122

Anwartschaft, unverfallbare
- Ausscheiden, vorzeitiges **37** 101
- Berechnung bei Ablösung **38** 56
- Insolvenzsicherung **38** 169
- Übertragung **39** 3
- Versorgungsausgleich **37** 106

Anwartschaft, verfallbare
- Ausscheiden, vorzeitiges **37** 95
- Versorgungsausgleich **37** 106

Anwerbekosten, Schadenspauschale **17** 41
Anwesenheitsprämie 20 184 f.
- Fehlzeiten, krankheitsbedingte **20** 185 f., 193
- Formulierungsmuster **20** 192
- Gleichbehandlungsgrundsatz **20** 184

- Kürzung **20** 185
- Mutterschutz **20** 193
- Sozialversicherungspflicht **20** 184

Anzeigepflicht
- Arbeitsunfähigkeit **24** 58 f., 59, 69, 72
- Arbeitsunfähigkeit bei Aufenthalt im Ausland **24** 69
- Arbeitsunfähigkeit bei Aufenthalt im Inland **24** 59 f.
- Entlassung/Aufhebungsvertrag **49** 125
- Gefahren-/Schadensabwehr **33** 37
- Hinweisgeberschutz-Richtlinie **33** 41
- Nebentätigkeit **33** 110
- Verletzung **33** 40
- Whistleblowing **35** 145

Anzeigepflicht bei Entlassung s Entlassung, anzeigepflichtige
Anzeigepflichtverletzung
- nach Ablauf Entgeltfortzahlungszeitraum **43** 409
- Änderungskündigung **46** 42, 43
- Krankheit/Arbeitsunfähigkeit **43** 407, 408

Anzeigerecht, Arbeitnehmer **30** 49 f.
Arbeit auf Abruf
- Abruffrist **72** 76
- Checkliste **72** 78
- Teilzeitarbeit **72** 72 f.

Arbeitgeber
- Abmeldung Arbeitnehmer bei beendetem Arbeitsverhältnis **52** 18
- Abwicklung beendetes Arbeitsverhältnis **52** 1 f.
- allgemeiner Gerichtsstand **22** 89
- Anbahnungsverhältnis **9** 133 f.
- Änderung Urlaubszeitpunkt **27** 91, 92
- Anfrageverfahren zur sozialversicherungsrechtlichen Statusfeststellung **8** 19
- Annahmeverzug **24** 252 f.
- Anpassungsbedarf/-begrenzung laufender Versorgungsleistungen **38** 128
- Anrufungsauskunft zur steuerrechtlichen Statusfeststellung **8** 33
- Arbeitskampfverbot **60** 10 f.
- Arbeitszeugnis **51** 2
- Aufgabe des Schutzrechts **16** 76
- Aufhebungsvertrag **49** 7
- Aufklärungspflicht bei Aufhebungsvertrag **49** 90 f., 95, 110
- Auflösungsantrag Arbeitsverhältnis **48** 282, 284, 285, 335 f.
- Auskunftsanspruch bei Karenzentschädigung **32** 117
- Auskunftsanspruch bei Wettbewerbsverstoß **32** 143
- Ausschluss Mehrarbeitsmöglichkeit **22** 277
- Ausübungspflicht Direktionsrecht **12** 52
- Begriff nach BetrVG **59** 127
- Begünstigungsverbot Betriebsrat **60** 32
- Behandlung von Beschwerden **34** 145
- Benachteiligungsverbot Betriebsrat **60** 30
- Beratung mit Betriebsrat **61** 23
- Beschäftigungspflicht **34** 85
- Besprechung mit Betriebsrat **60** 3

3184

magere Zahlen = Randnummern **Sachverzeichnis**

- Bestimmung Leistungsort 13 6
- Beteiligungsbefugnis Beschlussverfahren 78 32
- Betriebsrisiko 24 332 f., 335
- Beweislast Auflösungsantrag 48 357
- Bewerbungsunterlagen 9 139
- Bindungswirkung Mitbestimmungsverfahren bei Eingruppierung 21 78
- Checkliste Teilzeitanspruch 73 80
- Datenerhebung 9 58
- Direktionsrecht 1 39; 12 21 f.
- Diskriminierungsschutz 34 93
- Dokumentationspflichten 10 113 f.
- Drittschuldnerauskunft 22 77
- Eingruppierung 21 13
- Einlassungspflicht 60 5
- Einwilligung in Konkurrenztätigkeit 31 18
- Erörterungspflicht 60 5
- Ersatz Bewerbungs-/Vorstellungskosten 9 45
- Erwerb Arbeitnehmerurheberrecht 16 234
- Festsetzung Erfindervergütung 16 90
- Feststellungsklage auf Fortbestehen Arbeitsverhältnis 44 199
- Firmentarifvertrag 68 28
- Freigabe Dienstfindung 16 57
- Freigabe Erfindung für Ausland 16 73
- Friedenspflicht 60 9
- Fürsorgepflichten 34 1 f.
- Gläubigerstellung 12 6
- Gleichbehandlungspflicht 34 89
- Haftung bei Auskunftserteilung 34 135
- Haftung bei Fürsorgepflichtverletzung 34 19
- Haftung für betrieblich veranlasste Vermögensschäden des Arbeitnehmers 34 33
- Haftung für Nachentrichtung Sozialversicherungsbeitrag 7 16
- Haustarifvertrag 68 28
- Herausgabe Arbeitspapiere 34 149
- Hinweispflicht bei Aufhebungsvertrag 49 90 f., 95, 110
- Homeoffice 13 11
- Inanspruchnahme Arbeitnehmererfindung 16 48 f.
- Inanspruchnahme freier Erfindung 16 147
- Informationsbeschaffung 9 56 f.
- Informationsbeschaffung bei Bewerber 9 63 f.
- Informationsbeschaffung in Netzwerken 9 108
- Informationsbeschaffung unter Mitwirkung Dritter 9 107 f.
- Informations-/Erörterungspflicht Teilzeitarbeit 72 12
- Informationspflicht betriebliche Altersversorgung 38 1 f.
- Informationspflicht Betriebsrat 61 4
- Informationspflichten 34 114 f.
- Informationspflichten, nachvertragliche 34 133
- Initiative Aufhebungsvertrag 49 95
- Insolvenzsicherung betriebliche Altersversorgung 38 152
- Jugendschutz 34 45 f.
- Kenntnis der Schwangerschaft 45 16, 19
- Kenntnis Schwerbehinderung 45 127, 141 f.

- Kooperationsgebot 60 7
- Kostentragung Einigungsstellenverfahren 64 57
- Kostentragung Sachaufwand Einigungsstelle 64 71
- Kostentragungspflicht Betriebsratskosten 62 4, 5 f., 40 f., 64 f.
- Kündigung, außerordentliche 44 36 f.
- Lage der Arbeitszeit 14 85 f., 89
- Leistungsverweigerungsrecht 24 2
- Lohn-/Gehaltsabrechnung 34 152
- Lohn-/Gehaltserhöhung 34 153
- Meldepflicht bei Aufnahme Arbeitsverhältnis 10 329
- Meldepflichten 34 156, 157, 158
- mitbestimmungsfreie Vor-/Entscheidungen bei Entgeltsystem 23 36
- mitbestimmungswidriges Verhalten 23 246
- Mitteilungspflicht gegenüber Betriebsrat bei Änderungskündigung 46 206
- Mitwirkungsobliegenheit Erholungsurlaub 27 18 f., 31
- Mutterschutz 34 37 f.
- Nachentrichtung Lohnsteuer 7 24
- Nachentrichtungsvereinbarung Sozialversicherungsbeitrag 7 20
- Nachforschungen bei Anfangsverdacht 35 93 f.
- Nachweispflichten 34 157
- Nebenpflichten 34 1 f., 128 f.
- Nichtannahme Arbeitsleistung des Arbeitnehmers 24 274 f.
- Nutzungsrechtserwerb an Computerprogramm 16 284
- Parteifähigkeit 77 1
- Persönlichkeitsschutz Arbeitnehmer 34 59
- Pfändungs- und Überweisungsbeschluss 22 78
- Pflichtverletzung bei Bewerberbefragung 9 97 f.
- Reaktion auf Teilzeitanspruch 73 33 f.
- Reaktionsmöglichkeiten bei Schlechtleistung 15 84 f.
- Reaktionsmöglichkeiten bei Unmöglichkeit 17 29 f.
- Rechte am Arbeitsergebnis 16 2
- Regelungsabrede 63 68
- Rückforderung bei fehlerhafter Einordnung Vertragsverhältnis 7 9
- Rücktritt vom nachvertraglichen Wettbewerbsverbot 32 161
- Sacheigentumserwerb 16 5 f.
- Schadensersatz bei außerordentlicher Kündigung 44 108
- Schadensersatzanspruch gegen arglistig täuschenden Bewerber 9 104
- Schutz Schwerbehinderter 34 52 f.
- Schutz vor Eingriffen/Benachteiligungen durch Dritte 34 96
- Schutzrechtsanmeldung für Erfindung 16 64, 69, 73
- Strafanzeige gegen 43 358
- subjektive Determination 47 37
- Tariffähigkeit 68 29; 69 20
- Tarifgebundenheit 68 28 f.

3185

Sachverzeichnis

fette Zahlen = Paragrafen

- Tarifzuständigkeit **69** 30
- Teilwiderruf Direktversicherung **38** 60
- Umsatzsteuer bei Scheinselbständigen **7** 27
- Unterlassungsanspruch bei Wettbewerbsverstoß **32** 145
- Unterrichtung Arbeitnehmer bei Betriebsübergang **55** 1
- Unterrichtung Betriebsrat bei Einstellungsabsicht **10** 302, 305
- Unterrichtung Betriebsrat bei Ein-/Umgruppierung **21** 52
- Unterrichtungspflicht bei Betriebsänderung **56** 109
- Verbandsmitgliedschaft **68** 8
- Verhaltenspflichten Arbeitnehmer **15** 1
- Verletzung Wettbewerbsabrede **32** 129 f.
- Vertretung des **59** 129
- Vertretung im Einigungsstellenverfahren **64** 31
- Veruntreuung Arbeitsentgelt § 266a StGB **7** 29
- Verzicht auf Wettbewerbsverbot **32** 72
- Voraussetzungen Altersteilzeit **74** 26
- Vorenthalten Arbeitsentgelt § 266a StGB **7** 29
- Vorsorge, medizinische **34** 22
- Wahlrecht bei Arbeitszeitverlängerung **75** 34
- Wahrung sonstiger Vermögensinteressen des Arbeitnehmers **34** 35
- Weisungsrecht **6** 14
- Widerspruch Fortsetzung befristetes Arbeitsverhältnis **41** 138, 140
- Wiedereinstellungspflicht **34** 98
- Wirtschaftsrisiko **24** 332 f.
- Wohnsitz im Hoheitsgebiet eines Mitgliedstaates **48** 68
- kein Wohnsitz im Hoheitsgebiet eines Mitgliedstaates **48** 68
- Zusammenarbeit mit Betriebsrat **60** 1 f.
- Zustimmungsersetzungsverfahren bei Ein-/Umgruppierung **21** 70
- bei Zustimmungsverweigerung des Betriebsrat zur Einstellung **10** 325

Arbeitgeber, früherer, Informationsbeschaffung bei **9** 109

Arbeitgeberauskünfte
- Aufhebungsvertrag **49** 304
- Formulierungsmuster **49** 305

Arbeitgeberdarlehen 20 178
- Abgrenzung zu Abschlag/Vorschuss **22** 17
- bei Ausscheiden **20** 181
- Betriebsübergang **54** 19
- Formulierungsmuster Beendigungsklausel **20** 182
- Teilzeitarbeitnehmer **72** 29

Arbeitgebereigentum, Gebrauchsregelung Privatgebrauch **35** 59

Arbeitgeberinteresse, Wettbewerbsabrede **32** 29

Arbeitgeberkündigung
- Anhörung Betriebsrat **47** 18
- außerordentliche **44** 36 f.
- Entlassung, anzeigepflichtige **50** 11
- Rückzahlungsklausel Aus-/Fortbildungskosten **26** 67, 70
- Rückzahlungsklausel Umzugsbeihilfe **26** 110

Arbeitgeberkündigung, außerordentliche
- Formulierungsmuster **44** 89
- Umdeutung **44** 200

Arbeitgebermandat 4 92 f.
- Abfindungsanspruch, gesetzlicher **4** 117
- Anhörung Betriebs-/Personalrat **4** 102
- Aufklärungspflichten **4** 92 f.
- Belehrungspflichten **4** 92 f.
- Betriebsänderung **4** 103
- Checkliste Aufklärungspflichten **4** 119
- Freistellung **4** 113
- Kündigung **4** 93
- Kündigung, außerordentliche **4** 95
- Kündigung, ordentliche hilfsweise **4** 97
- Kündigung, weitere **4** 96
- Kündigungsfolgen, sozialrechtliche **4** 110
- Kündigungsform **4** 93
- Kündigungsfrist **4** 109
- Kündigungszugang **4** 105
- Sozialauswahl **4** 100
- Übergabeprotokoll Kündigung **4** 107
- Vergleich **4** 115
- Verlängerung befristetes Arbeitsverhältnis **4** 118
- Weiterbeschäftigung **4** 111
- Wettbewerbsverbot, nachvertragliches **4** 114
- Zeitpunkt Kündigungserklärung **4** 108

Arbeitgeberschutz
- Berufs-/Unternehmerfreiheit **35** 87
- Eigentum **35** 89
- Handlungsfreiheit **35** 91
- Verfassungsrecht **35** 86

Arbeitgeberverbände
- Adressen **67** 14
- Industrieverbandsprinzip **67** 11, 14
- Tariffähigkeit **69** 19

Arbeitgebervereinigung, Koalitionsfreiheit **71** 9

Arbeitgeberwechsel, Unverfallbarkeitsfrist **38** 32

Arbeitgeberzusage, Versorgungsleistung **36** 1 f.

Arbeitgeberzuschuss
- betriebliche Altersversorgung **36** 103 f.
- bei Entgeltumwandlung **36** 103 f.
- gesetzlicher bei Entgeltumwandlung **36** 107

Arbeitnehmer s a Teilzeitarbeitnehmer
- Abfindung bei Abweichung/Unterlassen Interessenausgleich **57** 99
- Abgrenzung Beschluss-/Urteilsverfahren **78** 5
- Abgrenzung zu freiem Mitarbeiter **6** 8
- Abmeldung bei beendetem Arbeitsverhältnis **52** 18
- Abtretung Entgelt/Vergütung **22** 30
- Abwälzung unternehmerisches Risiko auf **19** 48
- Abwerbungsverbot **33** 60 f.
- Aktienoptionen **20** 98
- Aktienoptionen ausländischer Muttergesellschaft **20** 100
- alkoholisierter **34** 29
- Altersteilzeitanspruch **74** 7 f.
- Anforderungen an betriebliche Altersversorgung **37** 27

magere Zahlen = Randnummern

Sachverzeichnis

- Anfrageverfahren zur sozialversicherungsrechtlichen Statusfeststellung 8 19
- Anhörung bei Abmahnung 34 138
- Anhörung bei Verdachtskündigung 44 137 f.
- Annahme Vermittlungsprovision 33 57
- Anrechnung bei Verzugsentgelt 24 297
- Anrufungsauskunft zur steuerrechtlichen Statusfeststellung 8 33
- Anspruch auf arbeitsschutzkonformen Zustand 34 14
- Anspruch auf betriebliche Altersversorgung 36 4
- Anspruch auf Teilzeitarbeit 73 1 f., 4, 5
- Anspruch auf Verlängerung der regelmäßigen Arbeitszeit 34 162
- Anspruch aus Sozialplan 58 57
- Anzeigepflicht Arbeitsunfähigkeit bei Aufenthalt im Ausland 24 69
- Anzeigepflicht Arbeitsunfähigkeit bei Aufenthalt im Inland 24 59 f.
- Anzeigepflicht Nebentätigkeit 33 110
- Anzeigerecht 30 49 f.
- Arbeitnehmerurheberrecht 16 234
- Arbeitsangebot 24 256
- Arbeitsbereitschaft 14 9
- Arbeitsleistung durch Dritte 12 3
- Arbeitsleistung, persönliche 12 1
- Arbeitsleistung unter Vorbehalt gerichtlicher Überprüfung 12 75
- arbeitsschutzrechtliches Entfernungsrecht 34 17
- Arbeitszeitverlängerung, vorübergehende 14 45
- Arbeitszeitverringerung 72 13
- Aufhebungsvertrag 49 8
- Aufklärungspflicht 33 70
- Aufklärungspflicht persönliche Angaben 4 23
- Auflösungsantrag Arbeitsverhältnis 48 279 f., 282, 284, 325 f.
- Auflösungsschaden 48 286
- Ausführungsautonomie 12 23
- Auskunftsanspruch Anwartschaft bei Betriebsübergang 39 30
- Auskunftsanspruch Art. 15 DS-GVO 35 273
- Auskunftsanspruch Erfinderwert/Erfindervergütung 16 142
- Auskunftsanspruch Sozialauswahl 43 238 f.
- Auskunftsanspruch Übertragung Anwartschaft 39 15
- Auskunftsanspruch Unverfallbarkeit 38 68
- Auskunftsanspruch Versorgungsleistung bei Ausscheiden 38 68
- Auskunftsanspruch zur Überlassung der Direktversicherung 38 70
- Auskunftspflicht 33 68
- außerdienstliche Überwachung durch Detektiv 33 78
- außerdienstliches Verhalten 33 74 f.
- äußeres Erscheinungsbild 33 26
- Austausch-/Vergleichbarkeit 43 179
- Begriff 6 1
- Begriff europäischer 6 5
- Begriff nach EuGVVO 48 66
- Begriff nach § 17 KSchG 50 8
- Begriff § 611a BGB 6 2
- Begriff, steuerrechtlicher 6 123
- Bereitschaftsdienst 14 10 f.
- Berichtspflicht 33 73
- Beschäftigung ausländischer 11 2 f., 104 f.
- Beschäftigungsanspruch 34 85
- Beschwerde über Abmahnung an Betriebsrat 18 52
- Beschwerderecht nach §§ 84, 85 BetrVG 82 90
- Besteuerung bei Entsendung ins Ausland 11 139, 194 f., 197
- Besteuerung bei Entsendung nach Deutschland 11 207
- Beteiligungsbefugnis Beschlussverfahren 78 28
- betriebliche Altersversorgung 36 6
- Beweislast Auflösungsantrag 48 334
- Bindungswirkung Mitbestimmungsverfahren bei Eingruppierung 21 76
- Design 16 309 f.
- Durchsetzung Teilzeitanspruch 73 124 f.
- Einbringen von Vermögensgegenständen 34 30
- Eingruppierung 21 38
- Einverständnis zu betrieblichem Eingliederungsmanagement 43 496
- Einwilligung Direktversicherung 36 140
- Einwilligung in Datenerhebung/-verarbeitung/-nutzung 35 267
- Einwilligung zu Arbeitszeitverlängerung 14 17
- Entsendung ins Ausland 11 81, 110 f.
- Erfindervergütungsanspruch 16 79
- Erfindungsmeldung 16 33 f.
- Ergänzungsanspruch Direktversicherung 38 60
- Erledigung Privatangelegenheit während Arbeitszeit 33 45
- Ersatzvornahme Schutzrechtsanmeldung 16 67
- Erscheinen am Arbeitsplatz 24 18
- familiäre Pflichten 12 34
- Feststellungsklage 22 123
- Feststellungsklage auf Fortbestehen Arbeitsverhältnis 44 194
- Feststellungsklage unwirksame Arbeitgeberweisung 12 68, 73
- Forderungsübergang bei Dritthaftung 24 167
- Formulierungsmuster Zahlungsklage Überstundenvergütung 14 57
- Fortführung Direktversicherung nach Ausscheiden 37 98
- Fortführung Pensionskasse/-fonds nach Ausscheiden 37 99, 100
- Freistellung, kurzfristige nach § 2 PflegeZG 28 41 f.
- Freistellungsanspruch 17 112
- Gegenrechte gegen Abmahnung 18 45 f.
- Geltendmachung Elternzeit 28 9
- gemeinschaftliche Haftung mit Drittem 17 138
- Gewissenskonflikt bei Direktionsrecht 12 31
- Haftung, deliktische 17 111 f.
- Haftung für Personenschäden 17 115
- Haftung für Sachschäden 17 111
- Haftung für Schäden bei Dritten 17 111 f.

3187

Sachverzeichnis

fette Zahlen = Paragrafen

- Haftungserleichterung bei Schlechtleistung **17** 89
- Haftungsquotierung **17** 92 f.
- Halbleitererzeugnis **16** 319
- Hausverbot **24** 278
- Herausnahme aus Sozialauswahl **43** 216 f.
- Hinweispflicht **33** 70
- Homeoffice **13** 9
- Informationspflicht **33** 68
- Initiative Aufhebungsvertrag **49** 93
- Kenntnis Eingruppierung **21** 4
- Klage wegen zu niedriger Eingruppierung **21** 41
- kritische Äußerung über Arbeitgeber **33** 51
- Kündigung, außerordentliche **44** 90 f.
- Kündigung bei Elternzeit **28** 37
- Kündigung bei Fürsorgepflichtverletzung **34** 20
- Kündigung leistungsschwacher **43** 436
- Kündigungsschutz bei Vorbereitung Betriebsratswahl **45** 193, 195, 197
- Kündigungsschutz nach KSchG **43** 57
- Kündigungsschutzklage gegen außerordentliche Kündigung **44** 194
- Kurzarbeitergeld **14** 64
- Leistungsklage **22** 100 f.
- Leistungsklage auf vertragsgemäße Beschäftigung **12** 70
- Leistungsklage Karenzentschädigung **32** 129
- Leistungsverweigerung bei Direktionsrecht **12** 74
- Leistungsverweigerungsrecht **17** 17 f.
- Lohnsicherung **22** 29 f.
- Lohnstundung **33** 43
- Lohnverzicht **33** 43
- Loyalitätspflichten **33** 12 f.
- Mankohaftung **17** 99
- Marke **16** 323
- Mindestlohn, gesetzlicher **19** 25 f., 27
- Mitverschulden bei Schlechtleistung **17** 106
- Mitwirkung bei Aufklärung der Arbeitsunfähigkeit **24** 57
- Nachentrichtung Lohnsteuer **7** 24
- Nachentrichtungsvereinbarung Sozialversicherungsbeitrag **7** 20
- Nachtarbeit **14** 32
- Nachweispflicht Arbeitsunfähigkeit **24** 60, 75
- Nebenarbeiten **12** 24
- Nebenpflichten **33** 1 f.
- Nebentätigkeiten **33** 88 f.
- Nichterfüllung Arbeitsleistung **24** 1
- Nichtfortsetzungserklärung **48** 422
- Nichtleistung **17** 2 f.
- Nichtraucherschutz **34** 25
- Notarbeiten **12** 25; **33** 34
- Notstands-/Erhaltungsarbeit **12** 27
- Nutzungsrecht Computerprogramme **16** 278, 300
- Nutzungsrecht für freie Werke **16** 277
- Parteifähigkeit **77** 3
- Pflanzenzüchtung **16** 315
- Pflicht zu gesundheitsförderndem Verhalten **33** 76
- Pflichtverletzung bei Befragung **9** 97 f.
- politische Betätigung **33** 50
- Recht zur Arbeitseinstellung **34** 18
- Rechte am Arbeitsergebnis **16** 2
- Rechte bei mitbestimmungswidrigem Arbeitgeberverhalten **23** 246
- Regelarbeitnehmerzahl **50** 10
- Risiken bei Widerspruch gegen Betriebsübergang **55** 132
- Rücksichtnamepflicht **15** 2
- Rücktritt von Wettbewerbsverbot **32** 139
- Rufbereitschaft **14** 19
- Ruhepause **14** 27
- Ruhezeit **14** 23
- Sanktionen bei unzulässiger Überwachung **35** 244
- Schadenersatzanspruch bei unwirksamer Versetzung **13** 34
- Schadenersatz bei außerordentlicher Kündigung **44** 109
- Schadenersatzanspruch bei Kündigung durch Insolvenzverwalter **43** 31
- Schlechtleistung **17** 80 f.
- Schmiergeldverbot **33** 54
- Schutz Unternehmenseigentum **33** 35
- Schutz vor Diskriminierungen **34** 93
- Schwarzarbeit **33** 96
- Schweigepflicht **30** 1 f.
- Schweigepflicht bei Diensterfindung **30** 72
- Selbstbeurlaubung während Prozess **25** 307
- Sicherung der Arbeitskraft **33** 75
- Sozialauswahl **43** 191 f.
- Sozialversicherungsbeitrag bei Nachentrichtung **7** 18
- sozialversicherungsrechtlicher Begriff **6** 104
- sozialversicherungsrechtlicher Status bei Freistellung **24** 322 f.
- ständige Beschäftigung **59** 5
- steuerliche Behandlung Aktienoption **20** 117
- Strafanzeige gegen Arbeitgeber **30** 63; **43** 358
- Strafanzeige gegen Mitarbeiter **43** 362
- Streikarbeit **12** 26
- Suspendierung **24** 283
- Treuepflicht **33** 1
- Übernahme von Ehrenämtern **33** 85
- Umkleide-/Waschzeit **14** 29
- Unmöglichkeit **17** 3 f.
- Unternehmensförderung **33** 31 f.
- unternehmensschädliche Meinungsäußerung **33** 49
- Unterrichtung bei Betriebsübergang **55** 1 f., 11, 19, 28
- Unterweisung Arbeitsschutz **34** 9
- Urlaubsarbeit **33** 93
- Urlaubszeitpunkt **27** 90
- Verbrauchereigenschaft **1** 23
- Vergütung Computerprogramme **16** 297
- verhaltensbedingte Kündigung bei Vertragsverletzung **43** 317 f.
- Verhaltenskodex **33** 32
- Verhaltenspflichten **15** 1
- Verletzung Wettbewerbsabrede **32** 141 f.

- Vermögensschäden, betrieblich veranlasste 34 33
- Veröffentlichungen 33 87
- Versorgungsleistung, vorzeitige 38 98 f., 102
- Verzug 17 5
- Voraussetzungen Altersteilzeit 74 18
- Vorleistungspflicht 22 10
- Vorträge 33 87
- Wählbarkeit zum Betriebsrat 59 6
- Wahlberechtigung für Betriebsrat 59 3
- Wahlrecht bei bedingtem Wettbewerbsverbot 32 52
- Wahlrecht nach § 12 KSchG 48 403 f.
- Wahrung des öffentlichen Ansehens des Arbeitgebers 33 79, 84
- Wegerisiko 24 18
- Wettbewerbsverbot 31 1 f.
- Widerspruchsfrist Betriebsübergang 55 88
- Widerspruchsrecht bei Betriebsübergang 55 70 f.
- Wiedereinstellungsanspruch 34 98
- Wortschöpfung durch innerbetriebliche Mediation 82 314
- Wunsch nach befristetem Arbeitsverhältnis 41 96
- Zeugnisanspruch 51 1 f.
- Zurückbehaltungsrecht 22 52
- Zurückbehaltungsrecht bei Schutzvorschriftverletzung 34 15
- bei Zustimmungsverweigerung des Betriebsrats zur Einstellung 10 324
- Zwischenfeststellungsklage 22 126

Arbeitnehmer, älterer, befristete Beschäftigung nach § 14 Abs. 3 TzBfG 41 39, 42
Arbeitnehmer, ausgeschiedener, Anwartschaft bei Betriebsübergang 39 20
Arbeitnehmer, ausländischer
- Ahndung Ordnungswidrigkeit 11 77
- Asylbewerber 11 9, 58 f.
- Aufhebungsvertrag 49 57
- Beschäftigung in Deutschland 11 2 f., 104 f.
- dauerhafte Beschäftigung in Deutschland 11 108
- Entsendung nach Deutschland 11 105
- Integration 63 59
- Staatsangehörige aus Drittstaaten 11 3, 18 f.
- Staatsangehörige aus EU-Staaten 11 13, 67 f.
- Staatsangehörige aus EWR-Staaten 11 13, 67 f.
- Staatsangehörige aus Kroatien 11 14, 74
- Staatsangehörige aus neuen EU-Staaten 11 74 f.
- Staatsangehörige der Schweiz 11 13, 70

Arbeitnehmer, gekündigter, Sozialauswahl 43 199
Arbeitnehmerähnliche Person
- Arbeitnehmerurheberrecht 16 232
- Kündigungsschutz nach KSchG 43 59
- Parteifähigkeit 77 6

Arbeitnehmerähnlichkeit 6 118
Arbeitnehmeraustausch, Kündigung, betriebsbedingte 43 276
Arbeitnehmerbenachteiligung, Zustimmungsverweigerungsrecht des Betriebsrats bei Einstellung 10 315, 318

Arbeitnehmerdatenschutz 35 250 f.
Arbeitnehmereigenschaft
- Abgrenzung 6 7
- Abgrenzungskriterien 6 13 f., 29
- Abgrenzungskriterien, formelle 6 29
- Agenturvertrag 6 72
- Annahmepflicht für Aufträge 6 20
- Arbeitskraft, gesamte 6 25
- Auftreten, unternehmerisches 6 21
- Außendienst 6 65
- Berichterstattungspflicht 6 24
- Berufe, beratende 6 78
- Berufsgruppen, sonstige 6 100
- Beweislast 43 61
- Checkliste Abgrenzungskriterien 6 32
- Dauerrechtsverhältnis 6 26
- Dienstplan 6 23
- Eingliederung in Betrieb 6 17
- einheitliche Behandlung freier Mitarbeiter/Arbeitnehmer 6 22
- Einzelfallentscheidung 6 30
- Fallgruppen 6 33 f.
- fehlerhafte Einordnung 7 1 f.
- Frachtführer/Spediteur 6 70
- Franchisenehmer 6 72
- Gesamtschau 6 7
- Geschäftsführer GmbH 6 81 f.
- Geschäftsführer GmbH & Co. KG 6 94
- Gesellschafter, mitarbeitender 6 97
- Handelsvertreter 6 65
- Kommissionär 6 75
- Konkurrenzverbot 6 27
- Kunst/Kultur/Lektorat 6 50
- Leistungserbringung, persönliche 6 19
- Medizin/Pharma 6 51
- Rundfunk/Fernsehen 6 41 f.
- Schul-/Bildungssektor 6 34 f.
- Sozialversicherungsrecht 6 102
- Sportler 6 76
- Vereinsmitglied 6 98
- Vergütung, überdurchschnittliche 6 28
- Versicherungsbranche 6 65
- Vertragsabwicklung 6 29
- Weisungsgebundenheit, fachliche 6 16
- Weisungsgebundenheit, zeitliche 6 15
- Weisungsrecht Arbeitgeber 6 14
- Weiterzahlung Entgelt im Krankheitsfall 6 29

Arbeitnehmer-Entsendegesetz 11 149; 68 56 f.
- Arbeitsbedingungen 68 64 f., 67
- Arbeitsortprinzip 68 59
- Ausschlussfrist 68 68
- Branchen 68 61
- Durchsetzung 68 71
- Entgelt/Mindest- 68 64, 68
- Erstreckung 68 60, 66
- Haftung 68 69
- Leiharbeitnehmer 68 59
- Sanktionen 68 70
- Überwiegensprinzip 68 65
- Urlaub/Mindest- 68 64
- Verwirkung 68 68

Sachverzeichnis

fette Zahlen = Paragrafen

Arbeitnehmerentsendung
- Einkommensabgrenzung bei verbundenen Unternehmen **11** 209
- Gerichtsstand **11** 101
- Melde-/Registrierungspflicht **11** 149 f., 157, 161
- Rechtswahl **11** 85
- Sozialversicherung **11** 163 f.

Arbeitnehmererfindung 16 11 f., s a Erfindungsmeldung
- Anerkennung der Schutzfähigkeit **16** 70, 72
- Anwendungsbereich, persönlicher **16** 13
- Arbeitnehmerüberlassung **16** 15
- Arbeitsverhältnisse, mehrere **16** 14
- Aufgabe des Schutzrechts **16** 76
- Aufgabenerfindung **16** 21
- Aufhebungsvertrag **49** 254, 258
- Auskunftsanspruch **16** 142
- bei Beendigung Arbeits-/Dienstverhältnis **16** 16
- Benutzungsrechtsvorbehalt bei Auslandsfreigabe **16** 74
- betriebsgeheime **16** 70
- Betriebsübergang **54** 20
- bei Betriebsübergang **16** 16
- Diensterfindung **16** 20
- Erfahrungserfindung **16** 23
- Erfinderpersönlichkeitsrecht **16** 52
- Formulierungsmuster Beanstandung **16** 47
- Formulierungsmuster Freigabe **16** 62
- Formulierungsmuster Inanspruchnahme **16** 54
- Formulierungsmuster Meldung **16** 46
- Formulierungsmuster Vergütungsvereinbarung **16** 141
- Freigabe **16** 57
- Freigabe für das Ausland **16** 73
- Gebrauchsmusterfähigkeit **16** 26
- Geheimhaltungspflicht **16** 166
- gerichtliche Verfahren **16** 193
- Inanspruchnahme **16** 48 f.
- Inanspruchnahmeerklärung **16** 51, 54
- Inanspruchnahmefiktion **16** 50, 56
- Inanspruchnahmefrist **16** 48, 49, 55
- bei Insolvenz **16** 17, 18
- Interessenausgleich **16** 12
- Leiharbeitnehmer **66** 124
- Meldepflicht **16** 33 f.
- Miterfinderschaft **16** 29
- Öffentlicher Dienst **16** 168 f.
- Patentfähigkeit **16** 26
- Patentrechtsmodernisierungsgesetz **16** 18
- Pflichten bei **34** 140
- Prioritätssicherung **16** 64
- Rechte an **16** 48 f.
- Rechtswegzuständigkeit für Streitigkeit **77** 139
- Reform **16** 18
- Schiedsstelle **16** 188 f.
- Schutzfähigkeit nach ausländischem Recht **16** 28
- Schutzrechtsanmeldung **16** 64
- Sphärentheorie **16** 14
- Streitigkeiten **16** 188 f.
- Streitigkeiten aus ArbnErfG **82** 143

- technische Erfindung **16** 19
- Unabdingbarkeit **16** 159
- unbillige Vereinbarung **16** 162
- Vergütung **16** 79 f.
- Vergütungsanpassung **16** 92
- Vergütungsbemessung **16** 97 f.
- Vergütungsfestsetzung **16** 90, 91
- Vergütungsgrundsatz **16** 83
- Vergütungsrichtlinien **16** 79, 98
- Verpflichtungen aus Arbeitsverhältnis **16** 167
- Widerspruch gegen Vergütungsfestsetzung **16** 90
- wirtschaftliche Verwertung **16** 53
- Zeitpunkt der Fertigstellung **16** 24
- Zuständigkeit ArbG **16** 194
- Zuständigkeit Patentstreitkammer **16** 193
- Zuständigkeit Schiedsstelle **16** 188, 190

Arbeitnehmerfreizügigkeit, EU-Beitrittsländer **11** 75

Arbeitnehmerin, Mitteilung der Schwangerschaft **45** 20

Arbeitnehmerinteressen
- Unterrichtung Europäischen Betriebsrat bei wesentlicher Tangierung **56** 211; **57** 15
- Unterrichtung SE-Betriebsrat bei wesentlicher Tangierung **56** 220; **57** 27
- Unterrichtung Wirtschaftsausschuss bei wesentlicher Tangierung **56** 161

Arbeitnehmerkoalition, Überbetrieblichkeit **71** 14

Arbeitnehmerkündigung
- Entlassung, anzeigepflichtige **50** 15
- Rückzahlungsklausel Aus-/Fortbildungskosten **26** 68
- Rückzahlungsklausel Umzugsbeihilfe **26** 110
- Überprüfung der Rechtsunwirksamkeit der eigenen **44** 198
- bei unzulässiger Arbeitnehmerüberwachung **35** 234

Arbeitnehmerkündigung, außerordentliche 44 90 f.
- Abmahnung **44** 91
- Formulierungsmuster **44** 96
- Umdeutung **44** 217
- bei Umsetzung **44** 95

Arbeitnehmermandat 4 61 f., s a Aufklärungspflicht
- Abfindungsanspruch, gesetzlicher **4** 83
- Abfindungsantrag **4** 70
- Änderungskündigung **4** 72
- Aufklärungspflichten **4** 61 f.
- Auflösungsantrag **4** 70
- Belehrungspflichten **4** 61 f.
- Checkliste Aufklärungspflichten **4** 119
- Erledigungsklausel **4** 80
- Fortsetzungsverweigerung **4** 69
- Handlungsalternativen **4** 71
- Kostenvorschuss **4** 89
- Kündigungsschutzgesetz **4** 64
- Reaktion auf Kündigung **4** 64
- Sozialauswahl **4** 67
- Sperrzeit **4** 82
- Streitgegenstandsbestimmung **4** 65

magere Zahlen = Randnummern **Sachverzeichnis**

- Verfügung, einstweilige 4 88
- Vergleich 4 76
- Versetzung 4 87
- Vorbehaltserklärung 4 73
- Weiterbeschäftigungsanspruch 4 75
- Zurückweisung der Kündigung 4 63

Arbeitnehmerrechte, Betriebsänderung 58 173

Arbeitnehmerschutz
- Verfassungsrecht 35 78
- Vorstandsmitglied 81 5

Arbeitnehmersparzulage, Pfändbarkeit 22 63

Arbeitnehmerstreitigkeit, Rechtswegzuständigkeit 77 134

Arbeitnehmerüberlassung 6 101; 65 1; 66 1 f.
- Abgrenzung zu Subunternehmervertrag 65 8 f.
- Abgrenzung zu vermuteter Arbeitsvermittlung 66 145
- Abgrenzung zu Werk-/Werkdienstvertrag 65 8 f., 14, 21, 27, 32
- Altersbefristung 66 92
- Arbeitgeberstellung Entleiher 66 179
- Arbeitnehmererfindung bei 16 15
- Arbeitsbedingungen 66 121
- Arbeitsgemeinschaft 66 41
- AÜG 66 1 f.
- Ausgleichsabgabe 66 188
- Auslandsbezug 66 176
- Baugewerbe 66 49
- Bedarf, vorübergehender 66 86
- Bedienungspersonal 65 35
- Befristung 66 85 f.
- Befristung auf Wunsch Arbeitnehmer 66 87
- Befristung ohne Sachgrund 66 89
- Begriff 66 1
- Beschwerdestellen § 13 AGG 66 185
- Beteiligungsrecht Betriebsrat 66 205 f.
- Betriebsübergang 53 47
- bei Betriebsübergang 66 68
- Betriebsverfassungsrecht 66 201
- Beurteilungsspielraum 65 31
- Bewachungsgewerbe 66 55
- Beweislast 65 30
- Checkliste Abgrenzung 65 34
- Datenschutz 66 217
- dauerhafte 66 29
- Doppelstellung Arbeitgeber 66 183
- Einordnung, fehlerhafte 65 32
- Einstellungsverbot, nachvertragliches 66 99
- Erlaubnis, fehlende 10 22; 66 143
- Erlaubniserteilungsverfahren 66 135, 136
- Erlaubnispflicht 65 5
- Erlaubnisrücknahme 66 64
- Erlaubnisversagung 66 56
- Erlaubnisvorbehalt 66 36 f.
- Erlaubniswiderruf 66 66
- Erlöschen der Erlaubnis 66 67
- Erprobung 66 87
- gelegentliche 66 45
- Gemeinschaftsbetrieb 65 36
- Gesamthafenbetrieb 66 54
- Gleichbehandlung 66 179 f.
- illegale 66 141 f.
- Informationspflicht Entleiher über freie Arbeitsplätze 66 104
- zwischen Juristische Personen des öffentlichen Rechts 66 47
- Klebeffekt 66 132
- Kollegenhilfe 66 48
- im Konzern 66 170
- konzerninterne 66 44
- Konzernprivileg 66 30
- Kündigung, betriebsbedingte 43 266
- Kündigung durch Entleiher 66 116
- Leiharbeitsvertrag 66 69 f.
- Leistungsverweigerungsrecht Leiharbeitnehmer 66 186
- Mitbestimmung bei wirtschaftlichen Angelegenheiten 66 216
- Mitbestimmung in sozialen Angelegenheiten 66 214
- Mitbestimmungsrecht 66 205 f., 209
- Ordnungswidrigkeit 66 177
- Personaleinsatz, drittbezogener 65 1 f.
- Personalgestellung 66 46
- Personalleasinggesellschaft 66 173
- Personenbeförderung 66 53
- Präventionspflicht nach § 167 SGB IX 66 192
- Prüfungspflicht nach § 164 SGB IX 66 190
- im Rahmen wirtschaftlicher Tätigkeit 66 12
- Rechtsbeziehung Arbeitnehmer/Entleiher 66 101 f.
- Rechtsbeziehung Arbeitnehmer/Verleiher 66 69 f.
- Rechtsbeziehung Verleiher/Entleiher 66 126 f.
- Rechtsfolgen illegaler für Entleiher 66 155 f.
- Rechtsfolgen illegaler für Verleiher 66 149
- Reform 65 7
- Schadensersatz Leiharbeitnehmer 66 187
- Sozialauswahl 43 187
- Sozialrecht 66 188
- Sozialversicherung 66 193
- Steuerliche Behandlung 66 198
- Straftat 66 178
- Tätigkeitsverbot, nachvertragliches 66 99
- Übergangsrecht 66 9
- Überlassungshöchstdauer 66 10, 14 f.
- Überschreitung Überlassungshöchstdauer 66 31
- Überwachung Lohnuntergrenzen 66 135
- Vermeidung Kurzarbeit/Entlassung 66 43
- Vermittlungsprovision 66 131
- Versetzungsklausel, konzernweite 66 174
- vorübergehende 66 14, 16
- vorübergehende im Konzern 66 171
- Weisungsrecht Entleiher 66 103
- Wiedereingliederungsmanagement 66 192
- zufällige im Konzern 66 44

Arbeitnehmerüberlassung, grenzüberschreitende, Abgrenzung zu Entsendung 11 211

Arbeitnehmerüberlassung, verdeckte, Beteiligung Betriebsrat 10 303

Arbeitnehmerüberlassungsvertrag 66 126
- Erlaubnis, fehlende 66 143

Sachverzeichnis

fette Zahlen = Paragrafen

Arbeitnehmerüberwachung
- Beseitigungsanspruch **35** 226
- Beweisverwertungsverbot **35** 235
- Compliance-Richtlinie **35** 75 f.
- e-mail-Verkehr **35** 210 f.
- Ermittlungen, verdeckte **35** 180
- Fürsorgepflicht Arbeitgeber **35** 84
- internal investigations **35** 97 f.
- Internetnutzung **35** 210 f., 222
- Kündigung, außerordentliche **35** 234
- Leistungsverweigerung **35** 232
- Mitarbeiterbefragung **35** 114 f.
- Nachforschungen Arbeitgeber **35** 93 f.
- Nachforschungen bei Anfangsverdacht **35** 93 f.
- Nachforschungen mit Einbindung anderer Arbeitnehmer **35** 113
- Ortungssysteme **35** 224
- Persönlichkeitsrecht **35** 79
- Privatdetektive **35** 179 f.
- Rechtsfolgen unzulässiger **35** 225
- Revisionswesen **35** 93 f.
- Sanktionen für überwachenden Arbeitnehmer **35** 244
- Schadensersatz **35** 228
- soziale Netzwerke **35** 223
- Telefon-/Audioüberwachung **35** 196 f.
- Unterlassungsanspruch **35** 226
- unzulässige **35** 225
- Videoüberwachung **35** 185 f.
- Whistleblowing **35** 128 f.

Arbeitnehmerurheber, Vergütung Computerprogramme **16** 297

Arbeitnehmerurheberrecht 16 226 f.
- Abgeltungstheorie **16** 254, 256
- Änderungs-/Entstellungsverbot **16** 246, 247
- Anerkennung der Urheberschaft **16** 245
- Arbeits-/Dienstverhältnis **16** 230
- Beteiligung, weitere nach § 32a UrhG **16** 261 f., 270, 274
- Computerprogramme **16** 278 f.
- Datenbank **16** 306
- in Erfüllung einer arbeitsvertraglichen Verpflichtung **16** 233
- Erwerb **16** 234
- Formulierungsmuster Nutzungsrechtseinräumung **16** 242
- freie Werke **16** 277
- Namensnennung **16** 245
- Rechtswahl **16** 274
- Rechtswegzuständigkeit **16** 308
- Rückrufrecht **16** 250
- Trennungstheorie **16** 254, 259
- Übertragungsverpflichtung Urhebernutzungsrecht **16** 235
- Urhebernutzungsrecht **16** 235 f.
- Urheber-Persönlichkeitsrecht **16** 243 f.
- Verfahrensrecht **16** 308
- Vergütung **16** 254 f.
- Vergütung, angemessene nach § 32 UrhG **16** 261 f., 266, 274
- Vergütung unbekannte Nutzungsart **16** 275

- Veröffentlichungsrecht **16** 244
- Vertragsanpassung, nachträgliche **16** 270
- Zugangsrecht **16** 248

Arbeitnehmervereinigung, Koalitionsfreiheit **71** 9

Arbeitnehmervertreter im Aufsichtsrat, Schweigepflicht **30** 72

Arbeitnehmervertretung
- Aufklärungspflicht **4** 8
- Aufklärungspflicht Anhörung **4** 29

Arbeits- und Wirtschaftsbedingungen, Begriff **71** 10

Arbeitsablauf
- Beeinträchtigung **60** 18
- Beeinträchtigung durch Teilzeitarbeit **73** 49

Arbeitsanfall, Arbeitsleistung nach **14** 74 f.

Arbeitsangebot
- Annahmeverweigerung **24** 258
- Arbeitnehmer **24** 256
- Nichtannahme durch Arbeitgeber **24** 274 f.
- tatsächliches **24** 257
- wörtliches **24** 258

Arbeitsanweisung, Compliance-Richtlinie **35** 34

Arbeitsaufnahme, nicht rechtzeitige, auflösende Bedingung **41** 130

Arbeitsausfall, vereinbarter ersatzloser, Entgeltfortzahlung bei Arbeitsunfähigkeit **24** 34

Arbeitsbedingungen
- allgemeine **1** 32
- Arbeitnehmerüberlassung **66** 121
- Betriebsvereinbarungsoffenheit **10** 291
- Entgeltflexibilisierung **25** 7
- Entsenderichtlinie **11** 133
- Flexibilisierung durch kollektiven Bezug **25** 70 f.
- leidensgerechte Anpassung **34** 12
- Regelung bei Entsendung **68** 64 f., 67
- Regelungssperre/Tarifvorbehalt **63** 4, 6

Arbeitsbedingungenrichtlinie 10 118
- Arbeitsleistung **12** 9

Arbeitsberechtigung, fehlende, Entgeltfortzahlung im Krankheitsfall **24** 33

Arbeitsbereitschaft
- Abgrenzung zu Rufbereitschaft **14** 19
- Begriff **14** 9

Arbeitsbeschaffungsmaßnahme, personenbedingte Befristung **41** 86

Arbeitsbescheinigung
- bei Beendigung Arbeitsverhältnis **52** 3
- Streitigkeit über Berichtigung **77** 116
- Streitwert **3** 42
- Zurückbehaltungsrecht des Rechtsanwalts **2** 50

Arbeitseinkommen
- Begriff **22** 59
- Beweislast bei Pfändung **22** 74
- Manipulation bei Pfändung **22** 73
- Pfändbarkeit **22** 59 f.
- Pfändbarkeit Sachzuwendung **20** 4
- Pfändung mehrerer **22** 72
- Pfändungsschutz **22** 57 f.
- Umfang der Pfändbarkeit **22** 64 f.
- verschleiertes **22** 73

magere Zahlen = Randnummern **Sachverzeichnis**

Arbeitseinsatz
- Beschäftigung ausländischer Arbeitnehmer 11 2 f., 104 f.
- Entsendung ins Ausland 11 110

Arbeitseinstellung, Recht zur 34 18

Arbeitsentgelt s Entgelt

Arbeitsergebnis
- arbeitsvertraglich geschuldetes 16 5
- arbeitsvertraglich nicht geschuldetes 16 3, 9
- Begriff 16 1
- freie Erfindung 16 147
- Rechte am 16 1 f.
- Sacheigentumserwerb 16 5
- Verbesserungsvorschlag, technischer 16 153

Arbeitserlaubnis
- Asylbewerber 11 9, 58 f.
- Kündigung, personenbedingte 43 472
- personenbedingte Befristung 41 85
- Verschweigen Wegfall 44 44
- Wegfall 44 44

Arbeitserlaubnis, fehlende, Entgeltfortzahlung im Krankheitsfall 24 33

Arbeitsfehler, Kündigung, verhaltensbedingte 43 435

Arbeitsförderung, personenbedingte Befristung 41 86

Arbeitsfreistellung s Freistellung

Arbeitsgemeinschaft, Abordnung Arbeitnehmer 66 41

Arbeitsgenehmigung, fehlende 24 271

Arbeitsgericht
- Ablehnung/Ausschließung von Gerichtspersonen 77 253 f.
- Anordnung persönlichen Erscheinens 77 331
- Anrufung 48 1 f.
- Anrufung bei Vorschlägen/Initiativmaßnahmen des Betriebsrats 61 35
- Entscheidung bei Rüge der örtlichen Zuständigkeit 77 237
- Entscheidung über Ablehnungsgesuch 77 269
- Feststellungsklage 8 12
- Feststellungsklage Betriebsratsfähigkeit 59 31
- Feststellungsklage, nachträgliche 8 15
- Flucht in die Säumnis 1 74
- Güteverhandlung 1 76; 77 276 f.
- Hinweispflicht auf verlängerte Anrufungsfrist 48 261
- internationale Zuständigkeit 48 56 f., 87
- Inzidentkontrolle Tarifvertrag 70 3
- Klageerhebung 77 272
- Klärung Betriebsänderungstatbestand 56 102
- Leistungsklage 8 11
- Mahnverfahren 77 249
- mündliche Verhandlung 1 76
- nachträgliche Klagezulassung 48 208
- Nichtigkeit Tarifvertrag 70 4
- örtliche Zuständigkeit 22 89
- persönliches Erscheinen 1 77
- Prüfung Tarifvertrag 70 2
- Prüfungskompetenz 48 43
- Rechtswegzuständigkeit 77 35 f., 45
- Robe 1 75
- Statistik 1 1
- Streitgegenstand 48 43
- Streitigkeiten über Entgeltfortzahlung Betriebsratsmitglied bei Schulung 62 77
- Streitigkeiten über Kosten Betriebsratstätigkeit 62 36, 62
- Terminswahrnehmung 1 73
- Untervollmacht 1 73
- Vorfragenprüfungskompetenz 77 42
- Zurückweisung verspätetes Vorbringen 77 355 f.
- Zuständigkeit 8 1 f.; 22 83; 77 37
- Zuständigkeit Altersteilzeit 74 67
- Zuständigkeit Arbeitnehmererfindung 16 194
- Zuständigkeit, deutsche 77 33
- Zuständigkeit für Arbeitspapiere 52 14
- Zuständigkeit Geschäftsgeheimnisverstoß 30 82
- Zuständigkeit, internationale 77 31
- Zuständigkeit, örtliche 48 18; 77 214 f.
- Zuständigkeit Streitigkeiten Wettbewerbsverbot 32 128

Arbeitsgerichtsbarkeit
- Abgrenzungen 77 45 f.
- Ausschluss 48 13
- tariflicher Ausschluss 69 55

Arbeitsgerichtsprozess
- Abgrenzung Beschluss-/Urteilsverfahren 78 3, 16
- Abhilfe bei Rüge der Verletzung rechtlichen Gehörs 77 665 f.
- Ablehnung/Ausschließung von Gerichtspersonen 77 253 f.
- Anerkenntnis 77 301
- Anordnung persönlichen Erscheinens 77 331
- Ausschluss Prozessbevollmächtigter 77 344
- außerordentlicher Rechtsbehelf 77 675
- Beiordnung nach § 11a ArbGG aF 76 33
- Beiordnung nach § 121 ZPO 76 24
- Beistand 76 49
- Berufung 77 488 f.
- Berufungsfrist 77 509
- Beschlussverfahren 78 1 f.
- Beschwerde, sofortige 77 661
- Bevollmächtigung, sonstige 76 47
- Beweisverfahren 77 400 f.
- Beweisverfahren, selbständiges 77 422
- Dolmetscherkosten 79 5
- Durchführung mündlicher Verhandlung in Epedemiezeiten 77 315
- Entschädigung nach § 61 Abs. 2 S. 1 ArbGG 77 446
- Entscheidung nach Lage der Akten 77 424
- Entscheidung über Ablehnungsgesuch 77 269
- entschuldigtes Ausbleiben 77 335
- Entsendung eines Vertreters 77 339
- Erledigung im ersten Termin 77 349
- Fälligkeit der Kosten 79 4
- Gerichtsgebührenstreitwert 77 732
- Güterichter 77 306
- Güteverhandlung 77 276 f.
- gütliche Erledigung 77 354

3193

Sachverzeichnis

fette Zahlen = Paragrafen

- Kammerberatung 77 431
- Kammertermin 77 348
- Klageerhebung 77 272
- Klagerücknahme 77 300
- Kosten 1. Rechtszug 79 3
- Kosten 2. Rechtszug 79 3
- Kosten 3. Rechtszug 79 3
- Kosten bei Vergleich 79 3
- Kosten Beschlussverfahren 78 133; 79 1
- Kosten Urteilsverfahren 79 1 f.
- Kostentragung 79 2
- Mediationsverfahren, gerichtsinternes 77 306
- Nichtzulassungsbeschwerde 77 603 f.
- Ordnungsgeld bei Nichterscheinen 77 341
- Parteien 76 45
- Parteierklärung 77 334
- Präklusion 77 355 f., 382, 389, 393
- Prozesskostenhilfe 76 1 f.
- Prozessvergleich 77 298
- Prozessvertretung im Urteilsverfahren 76 45 f.
- Rechtsanwalt im 76 1 f., 46
- Rechtsmittelstreitwert 77 503
- Revision 77 565 f.
- Rüge der örtlichen Zuständigkeit 77 237
- Rüge der Verfahrensart 78 17
- Ruhen des Verfahrens 77 309
- Säumnis beider Parteien in Güteverhandlung 77 309
- Säumnis einer Partei in Güteverhandlung 77 307
- Sprungrevision 77 594
- streitige Verhandlung 77 314
- Streitwert Rechtsanwaltsgebühren 77 741
- Tatbestandsberichtigung 77 642
- übereinstimmende Erledigterklärung 77 303
- Übersetzerkosten 79 5
- Urteilsabfassung 77 437
- Urteilsstreitwert 77 727
- Urteilsverfahren 77 1 f.
- Urteilsverfahren 1. Instanz 77 250 f.
- Urteilsverfahren 2. Instanz 77 488 f.
- Urteilsverfahren 3. Instanz 77 565 f.
- Verfahren nach ergebnisloser Güteverhandlung 77 313
- Verfahrensart, unzulässige 78 19
- Verfahrensvertretung im Beschlussverfahren 76 54 f.
- Vergleich, außergerichtlicher 77 305
- Vergleichsvorschlag, gerichtlicher 77 304
- Verkündung Urteil/Beschluss 77 425 f., 429
- Verkündungstermin 77 433, 434
- Versäumnisurteil 77 307, 308
- Versäumnisverfahren 77 423
- Vertagung 77 350
- Vertretungszwang 76 50, 52
- Verurteilung zur Vornahme einer Handlung 77 441 f.
- Verweisung 78 19
- Verzicht 77 301
- Verzögerung durch verspätetes Vorbringen 77 370
- Vorabentscheidung 78 17, 18
- Vorbereitung in Bestandsschutzverfahren 77 320
- Vorbereitung Verhandlung vor Kammer 77 317
- vorläufige Vollstreckbarkeit 77 459
- Wertfestsetzung 77 725 f.
- Widerklage 77 54
- Zurückweisung Bevollmächtigten 76 48
- Zurückweisung verspätetes Vorbringen 77 355 f.
- Zuständigkeit, örtliche 77 214 f.

Arbeitsgerichtsverfahren
- Beiordnung 2 21
- Mediation als Alternative 82 109 f.
- Prozesskostenhilfe 2 21

Arbeitsgruppe
- Aufgaben 59 78
- Aufgabenübertragung an 59 71
- Begriff 59 75
- Betriebsrat 59 71
- Gruppenvereinbarung 63 67
- Mitglieder 59 76
- Rahmenvereinbarung 59 72
- Rechtsstellung 59 77
- Rückfall Beteiligungsrechte 59 79
- Widerruf der Aufgabenübertragung an 59 80

Arbeitskampf
- Abschluss Tarifvertrag 69 7
- Annahmeverzug 24 265 f.
- Arbeitsunfähigkeit im 24 32
- Beeinträchtigung arbeitgeberseitiger Abwehr 60 15
- Entgeltfortzahlung 24 108
- Kündigung, verhaltensbedingte 43 363
- Schweigepflicht 30 75
- Verfügung, einstweilige 77 695
- Verhältnis zu Erholungsurlaub 27 127
- Zulässigkeit Unterstützungsstreik 69 7
- Zutrittsrecht Betriebsratsmitglied 60 17

Arbeitskampfmaßnahme zur Erreichung Verbandseintritt/-austritt 71 39

Arbeitskampfrecht
- Mediation als Alternative im 82 61 f., 71
- Schlichtungsverfahren 82 64

Arbeitskampfregelung, Tarifvertrag 69 61

Arbeitskampfrisiko, Entgeltzahlung 24 337

Arbeitskampfstreitigkeit
- Parteien 77 84
- Rechtswegzuständigkeit 77 74 f.
- unerlaubte Handlung 77 79

Arbeitskampfverbot, Arbeitgeber/Betriebsrat 60 10 f.

Arbeitskleidung 15 5
- Kostentragung 34 141
- Überlassung als Sachzuwendung 20 3

Arbeitskleidung, einheitliche 33 12, 26

Arbeitskollege, Forderungsübergang 24 168

Arbeitskraft, Sicherung der 33 75

Arbeitskraft, gesamte, Arbeitnehmereigenschaft 6 25

Arbeitskräftebedarf, vorübergehender
- Befristung Arbeitsvertrag 41 48 f.
- Beweislast 41 53

3194

Sachverzeichnis

Arbeitskräftemangel, permanenter 12 25
Arbeitsleistung
- Abmahnung 18 12
- Abrufarbeit 14 74 f.
- andersartig gleichwertige 12 19
- Änderung Tätigkeitsart 12 60
- Annahmeverzug des Arbeitgebers 24 252 f.
- nach Arbeitsanfall 14 74 f.
- Arbeitsbedingungenrichtlinie 12 9
- Arbeitsort 13 1
- Arbeitsunfähigkeit 24 13
- arbeitsvertragliche Bestimmung 12 9
- Arbeitszeit 14 1 f.
- Arbeitszeitdauer 14 34 f.
- Art der Tätigkeit 12 8
- Berichtspflicht 33 73
- Bestimmung des Entgelts 19 1 f.
- Beteiligungsrecht Betriebsrat bei Änderung 12 54 f.
- Betriebs-/teilverlegung 13 39
- Betriebsübergang 12 7
- Beweislast 24 328
- Beweislast Schlechtleistung 17 109
- Checkliste 12 8
- Dauer, vereinbarte 14 37 f.
- Direktionsrecht 12 21 f.
- durch Dritte 12 3
- einstweilige Verfügung zur Verpflichtung 17 33
- Entgelt bei Nichterfüllung 24 1
- Entgeltfortzahlung im Krankheitsfall 24 4 f.
- Erfüllungsort 13 1
- Fixschuld 24 1
- Formulierungsmuster 12 13
- Formulierungsmuster Abrufarbeit 14 83
- Formulierungsmuster Klage gem. § 61 Abs. 2 ArbGG 17 32
- Freistellung 12 63
- geringerwertige 12 37
- höherwertige 12 19
- Job-Sharing 12 4, 5
- Klage auf 17 30
- konkludente Bestimmung 12 15
- Konkretisierung der Tätigkeit 12 16
- Krankheit 24 11
- Kündigung Arbeitsverhältnis bei Schlechtleistung 17 88
- Leistungsort 13 1
- Leistungsverweigerung 17 17 f.
- Leistungsverweigerungsrecht Arbeitgeber 24 2
- Mehrarbeit 14 45
- Mindererfüllung 24 339
- Mitverschulden bei Schlechtleistung 17 106
- Nebenarbeiten 12 24
- neue Tätigkeit 12 39
- Nichtannahme durch Arbeitgeber 24 274 f.
- Nichterfüllung 24 1
- Nichtleistung 17 2 f.
- Notarbeiten 12 25
- persönliche 12 1
- Reaktionsmöglichkeiten Arbeitgeber bei Schlechtleistung 17 84 f.
- Schadensersatz bei Schlechtleistung 17 86
- Schadensersatz bei Unmöglichkeit 17 35 f.
- Schlechterfüllung 24 339
- Schlechtleistung 17 80 f.
- Streitwert 3 43
- Teilleistung 24 21
- Überstunden 14 45
- Übertragung anderer Tätigkeit 12 36 f., 44
- Unmöglichkeit 17 3 f.; 24 252
- Unmöglichkeit der Leistungserbringung 24 270
- Unzumutbarkeit 17 21
- Verfügung, einstweilige 77 696
- Vergütung, zusätzlicher 14 48
- Verrichtung, vorübergehende 11 96, 97
- Vertretungsregelung 12 3, 5
- Verweigerung, rechtswidrige 22 56
- Verzug 17 5
- Vollstreckung 77 715
- unter Vorbehalt gerichtlicher Überprüfung 12 75
- Wiedereingliederung 24 22
- Zurückbehaltungsrecht 22 52
- Zurückweisung 24 281
- Zuweisung anderer 12 44, 50, 51
- andere Zuweisung bei Unvermögen 24 278
Arbeitslosengeld
- Abfindungszahlung 49 224
- Geschäftsführer 80 33
- Informationspflicht des Arbeitgebers 34 125, 127
- Karenzentschädigung 32 105
- Pfändbarkeit 22 63
- Ruhen bei Aufhebungsvertrag 49 426 f.
- Sperrzeit 49 436
- Urlaubsabgeltung 27 180
Arbeitslosengeldanspruch, Ruhen bei Abfindungszahlung 48 286, 392 f.
Arbeitslosenhilfe, Pfändbarkeit 22 63
Arbeitslosenversicherung, Territorialitätsprinzip 11 165
Arbeitsloser, Krankenversicherung während Ruhenszeit 49 226, 435
Arbeitslosigkeit, Altersrente, vorgezogene 38 96
Arbeitslosmeldung, unterlassene 24 310
Arbeitsmangel, Kündigung, betriebsbedingte 43 270
Arbeitsmarktprüfung 11 63
Arbeitsmarktzugang 11 2 f.
- Asylbewerber 11 9, 58 f.
- Fachkräfteeinwanderungsgesetz 11 4
- Ordnungswidrigkeit 11 77
- Staatsangehörige aus Drittsaaten 11 3, 18 f.
- Staatsangehörige aus EU-Staaten 11 13, 67 f.
- Staatsangehörige aus EWR-Staaten 11 13, 67 f.
- Staatsangehörige aus neuen EU-Staaten 11 74 f.
Arbeitsmethoden
- beteiligungspflichtige Einführung neuer 56 80, 82
- Interessenausgleich bei Änderung/Einführung 58 22, 23
- Unterrichtung Wirtschaftsausschuss 56 153
Arbeitsmittel, Aufhebungsvertrag 49 299
Arbeitsmittel, technische, Arbeitsschutz 34 8

Sachverzeichnis

fette Zahlen = Paragrafen

Arbeitsniederlegung, punktuelle unvorhersehbare 24 268
Arbeitsorganisation, Betriebsübergang 53 34
Arbeitsort
– Arbeitsbedingungenrichtlinie 13 3
– Begriff 13 1
– Bestimmung aus den Umständen 13 4
– Bestimmung durch Arbeitgeber 13 6
– Betriebs-/teilverlegung 13 39
– Einsatzorte, wechselnde 13 7
– fehlende vertragliche Regelung 13 25
– Flexibilisierung 13 8 f.
– Gerichtsstand 48 22; 77 219
– Homeoffice 13 8 f., 12
– bei Versetzung 13 22
– Weisungsgebundenheit 6 14
Arbeitsortprinzip, Tarifbindung 68 59
Arbeitspapiere
– arbeitsrechtliche 77 112
– Aufhebungsvertrag 49 306
– Ausgleichsquittung 52 16
– Begriff 77 110
– Erstellung 52 1
– Fälligkeit 52 11
– gerichtliche Durchsetzung 52 14
– Herausgabe 34 149; 52 1
– Holschuld 52 12
– öffentlich-rechtliche 77 113
– Quittung 52 15
– Rechtswegzuständigkeit für Streitigkeiten 77 109 f.
– Schadensersatz 52 13
– Streitwert 3 45
– Verfügung, einstweilige 77 697
– Vollstreckung 77 716
– Zurückbehaltungsrecht des Rechtsanwalt 2 50
– Zuständigkeit Arbeitsgericht 52 14
Arbeitspapiervorlage, Kündigung, verhaltensbedingte 43 364
Arbeitspflicht
– Arbeitsleistung 12 1 f.
– Fixschuld 17 3
Arbeitspflichtänderung, befristete, Inhaltskontrolle 10 159
Arbeitspflichtverletzung, Kündigung, verhaltensbedingte 43 365
Arbeitsplatz
– Alkoholkonsum am 34 29
– Arbeitsschutz 34 7
– Austauschbarkeit 43 181
– Durchsuchung 35 106
– Erscheinen am 24 18
– freier 43 147
– Freikündigung für Betriebsratsmitglied 45 247
– geringerwertiger 43 158
– leidensgerechte Anpassung 34 12
– leidensgerechter 43 493
– Mobbing am 34 68
– Mutterschutz 34 44
– Nichtraucherschutz 34 25
– private Nutzung Kommunikationsmittel 33 46
– unteilbarer 73 51, 97

– unternehmensbezogener 43 150
– Unterweisung Jugendlicher 34 51
– vergleichbarer 43 146
– Wiederbesetzung bei Altersteilzeit 74 32
Arbeitsplatzgarantie, Interessenausgleich 58 29
Arbeitsplatzprofil, Unternehmerentscheidung 46 156, 159
Arbeitsplatzschutzgesetz, Kündigungsschutz 45 258 f.
Arbeitsplatzteilung, Teilzeitarbeit 72 79
Arbeitsplatzverdichtung, Kündigung, betriebsbedingte 43 129, 267
Arbeitsplatzverlust, Abfindungsregelung im Sozialplan 58 79 f.
Arbeitsplatzwechsel
– Anrechnung Urlaubsanspruch bei 27 145
– ärztliche Empfehlung zum 24 280
– betriebliche Altersversorgung bei 37 95 f.
– Computerprogrammentwicklung bei 16 281
– während Kündigungsschutzprozess 31 28
– Urlaubsabgeltung bei 27 147
– Urlaubsbescheinigung 27 148
Arbeitsplatzwechsel, innerbetrieblicher, Vermeidung verhaltensbedingter Kündigung 43 333
Arbeitsrecht
– Abgrenzung Arbeitsverhältnis/Freie Mitarbeit 5 10
– Brexit 11 214, 216
– Fachanwalt für 1 4
– fehlerhafte Einordnung 7 1 f.
– Feststellungsklage 22 123
– Grundrechte 1 12, 13
– Günstigkeitsprinzip 1 68
– Leistungsklage 22 100 f.
– Recht, anwendbares 11 82
– Rechtsquellen 1 8 f.
– Rechtsschutz, einstweiliger 22 130
– Rechtswahl 11 84
– Rechtswegzuständigkeit 22 83
– Statistik 1 1
– Streitwert 22 127
– Verbraucherschutz 1 23
– Verwirkung von Ansprüchen 22 162
– Zwischenfeststellungsklage 22 126
Arbeitsrecht, supranationales, Rangfolge 1 67
Arbeits-Rechtsschutz 2 17
Arbeitssache
– Feststellung der Zuständigkeit 1 69
– Zusammenhangsklage 1 69
Arbeitsschutz 34 3
– Alkohol 34 29
– Anspruch auf arbeitsschutzkonformen Zustand 34 14
– Arbeitsmittel, technische 34 8
– Corona-Krise 34 5
– Entfernungsrecht 34 17
– Fremdfirmen 34 21
– genetische Untersuchung/Analyse 9 114
– Homeoffice 13 16
– Jugendschutz 34 45 f.
– Mutterschutz 34 37 f.
– Nichtraucherschutz 34 25

3196

Sachverzeichnis

- Persönlichkeitsrecht 34 57 f.
- Räume/Gerätschaften 34 7
- Recht zur Arbeitseinstellung 34 18
- Schwerbehinderte 34 52 f.
- Sicherstellung 34 10
- Unterweisung Arbeitnehmer 34 9
- Vorsorge, medizinische 34 22

Arbeitsschutzkleidung, Nichttragen erforderlicher 24 45

Arbeitsschutzrecht 34 3

Arbeitsschutzverletzung, Kündigung Arbeitnehmer 34 20

Arbeitsstätte, Nichterreichbarkeit der 24 271

Arbeitsstättenverordnung 34 7

Arbeitsstreckung 43 165

Arbeitsunfähigkeit
- Ablauf Urlaubsjahr 27 50
- Alkoholabhängigkeit 24 47, 51
- Alkoholkonsum 24 48
- Anzeigepflicht 24 58 f., 59, 69, 72
- Anzeigepflicht bei Aufenthalt im Ausland 24 68 f.
- Anzeigepflicht bei Aufenthalt im Inland 24 59 f.
- Anzeigepflichtverletzung 43 407, 408
- vom Arbeitgeber verschuldete 24 106
- im Arbeitskampf 24 32
- arbeitsplatzbezogene 43 493
- Arbeitsunfähigkeitsrichtlinien 24 95
- Arbeitsversuch 24 115
- Begriff 24 13
- Besatzungsmitglied während Urlaub 27 250
- über bescheinigten Zeitraum hinaus 24 66, 73
- Bescheinigung, ärztliche 24 60
- Beseitigung von Zweifeln 24 91
- Bestreiten der 24 85
- Beweislast 24 76, 85
- Beweislast für Pflichtverletzung bei 43 415
- Beweislast für Verschulden 24 56
- Doppelkausalität 24 27
- Eingriff, ärztlicher 24 37
- Entgeltfortzahlung bei Kündigung wegen 24 7
- Entgeltfortzahlung bei Mitverschulden 24 45
- Erholungsurlaub 27 119
- fehlende Arbeitsberechtigung/-erlaubnis 24 33
- Feiertag 24 156
- am Feiertag 24 192
- Fortsetzungskrankheit 24 118 f.
- bei Freistellung 24 34
- während Freistellung 27 82
- Freizeitaktivitäten bei 24 101
- gesetzliche Krankenkasse 24 67, 72
- Gesundschreibung 24 284
- gutachterliche Stellungnahme des Medizinischen Dienstes der Krankenversicherung 24 91
- Heilbehandlung, häusliche 24 17
- hypothetische Ursache 24 28
- Indizienrechtsprechung 24 94
- infolge neuer Krankheit 24 114
- infolge Regelverstoß bei Sportausübung 24 43
- Kausalität krankheitsbedingter 24 26
- Kontrolluntersuchung 24 15
- Körperverletzung, alkoholbedingte 24 49

- Krankengeldanspruch 24 103
- krankheitsbedingte 24 10 f., 14
- Kündigung, verhaltensbedingte 43 371
- Kündigungsschutzklage 24 264
- Kurzarbeit 24 157, 165
- Kürzung Jahressonderzahlung 20 152
- Missbrauch 24 82, 83
- Mitwirkung bei Aufklärung 24 57
- Nachbehandlung 24 15
- Nachweis 24 61
- Nachweis bei Sozialversicherungsabkommen 24 74
- Nachweis, rückwirkender 24 65
- Nachweispflicht 24 58 f., 60, 75
- Nachweispflicht bei Aufenthalt im Ausland 24 75
- Nachweispflicht bei Aufenthalt im Inland 24 60
- Nachweispflichtverletzung 24 96 f.; 43 408
- Nebenbeschäftigung trotz 24 102
- Nebentätigkeit 24 52
- Nebentätigkeit während 44 58
- Nichtanzeige 44 59
- Nichtnahme Urlaub 27 11
- Offenbarungspflicht im Vorstellungsgespräch 9 100
- Operation 24 15
- Organ-/Gewebespende 24 182
- Pflicht zu gesundheitsförderndem Verhalten 33 76
- Pflicht zum heilungsförderndem Verhalten 43 412
- psychische Erkrankung 24 79
- Rehabilitation/medizinische Vorsorge 24 16
- Rückfall nach Entziehungskur 24 51
- Rückmeldepflicht 43 411
- Schlägerei 24 54
- Selbstdiagnose 24 59
- Selbstüberschätzung bei Sportausübung 24 44
- sich ablösende Krankheiten 24 115
- Sportunfall, verschuldeter 24 39 f.
- Suicidversuch 24 55
- Teilarbeitsunfähigkeit 24 19
- überschneidende Krankheiten 24 123
- Umgang mit Tieren 24 53
- Unmöglichkeit der Leistungserbringung 24 271
- Urlaubsabgeltung 27 122
- Verletzung aus Verkehrsunfall 24 46
- verschuldete 24 36 f.
- Vortäuschung 24 100; 44 86
- Wiedereingliederung 24 22
- wiederholte infolge derselben Krankheit 24 121
- Zeitraum Entgeltfortzahlung 24 105 f.

Arbeitsunfähigkeit, angedrohte, Kündigungsgrund, außerordentlicher 44 37

Arbeitsunfähigkeit, angekündigte, Kündigung, verhaltensbedingte 43 414

Arbeitsunfähigkeit, dauernde
- Kündigung, außerordentliche 44 125
- Kündigung, personenbedingte 43 481, 501
- Urlaubsabgeltung 27 184

Sachverzeichnis

fette Zahlen = Paragrafen

Arbeitsunfähigkeit, vorgetäuschte, Kündigung, verhaltensbedingte **43** 413
Arbeitsunfähigkeitsbescheinigung 24 60 f.
– ausländische **24** 80
– Bestreiten der Arbeitsunfähigkeit **24** 85
– Beweiswert **24** 76 f.; **43** 415
– Erschütterung Beweiskraft **24** 86, 89
– inländische **24** 77
– missbräuchliches Verhalten **24** 82, 83
– aus Nicht-EU-Staaten **24** 84
– Nichtvorlage **44** 59
Arbeitsunfähigkeitsrichtlinien 24 95
Arbeitsunfall 17 115 f.
– Begriff **17** 126
– Betriebsvereinbarung, freiwillige **63** 55
– Entgeltfortzahlung **24** 106
– Verletzung Unfallverhütungsvorschrift **24** 45
– wegebezogener **17** 129
Arbeitsverdienst
– Begriff **27** 151
– durchschnittliches **27** 152
Arbeitsvergütung
– Schwarzgeldabrede **33** 96
– Streitwert **3** 76
– Verfügung, einstweilige **77** 698
– Vollstreckung **77** 717
Arbeitsverhalten
– Mitbestimmungsrecht Betriebsrat **15** 8
– Überwachung **34** 66
Arbeitsverhältnis
– Abhängigkeit, persönliche **6** 9 f.
– Anrechnung auf Wartezeit Kündigungsschutz **43** 83
– Arbeit auf Abruf **14** 74 f.
– Arbeitgeberkündigung, außerordentliche **44** 36 f.
– Arbeitnehmererfindung bei Beendigung **16** 16
– Arbeitnehmerkündigung, außerordentliche **44** 90 f.
– Arbeitsbedingungenrichtlinie **10** 118
– Arbeitsrecht **5** 10
– Aufklärungspflicht **33** 70
– auflösend bedingtes **41** 126 f.
– Auflösung **48** 282
– Auflösung durch Urteil **48** 279 f.
– Ausgleichsquittung **52** 16
– Auskunftspflicht **33** 68
– Auslandsberührung **11** 1 f.
– Befristung **41** 1 f., 173 f.
– Begründung **10** 1 f.
– Betriebliche Übung bei Begründung eines **19** 17
– Betriebsübergang **10** 21
– bei Betriebsübergang **54** 1 f., 21, 25
– Bindungswirkung Abgrenzungskriterien **3** 14
– dauerhafte Veränderung der Arbeitszeit **14** 72
– Diskriminierungsverbote **10** 34 f.
– Dokumentationspflicht **10** 115
– Dokumentationspflichten Arbeitgeber **10** 113 f.
– Doppelbefristung **41** 16
– Entgeltfortzahlung im Krankheitsfall **24** 4 f.
– Erholungsurlaub **27** 4

– Erlöschen bei Nichtfortsetzungerklärung **48** 427
– faktisches **10** 32
– fehlerhafte Einordnung **7** 1 f.
– Feststellungsklage auf Fortbestehen **44** 176, 194
– Fiktion **10** 22
– Fortgeltung Betriebsvereinbarung bei Betriebsübergang **54** 47 f.
– Fortsetzung nach Beendigung **10** 28
– Fortsetzung nach Kündigungsschutzprozess **48** 429
– freie Erfindung **16** 147
– freies Dienstverhältnis neben **5** 9
– geringfügiges **75** 1 f.
– kraft Gesetz **10** 20
– Hinweispflicht **33** 70
– Informationspflicht **33** 68
– Informationspflichten bei Beendigung **34** 124
– Informationspflichten bei Beginn **34** 115
– Informationspflichten nach Beendigung **34** 133
– Informationspflichten während **34** 118
– Kündigung wegen Pflichtverletzung bei Bewerbung **9** 103
– auf Lebenszeit **41** 18
– Meldepflicht des Arbeitgebers **10** 329
– Nebenpflichten Arbeitgeber **34** 1 f.
– Nebenpflichten Arbeitnehmer **33** 1 f.
– Nebentätigkeits-Arbeitsverhältnis **33** 116
– Nichtfortsetzungserklärung **48** 422
– Rechtsschutzfall **3** 169
– Rechtswegzuständigkeit **77** 94
– Rückabwicklung bei Widerspruch gegen Betriebsübergang **55** 123
– rückwirkende Beendigung **49** 3
– Ruhen während Elternzeit **28** 17
– Schweigepflicht **30** 1
– Sozialversicherungsrecht **5** 10
– Steuerrecht **5** 13
– Störung **43** 465
– Streitigkeit aus unerlaubter Arbeitnehmerhandlung **77** 107
– Streitigkeit über Arbeitspapiere **77** 109 f.
– Streitigkeit über Bestehen/Nichtbestehen **77** 102
– Streitigkeit über Eingehen **77** 104
– Streitigkeit über Nachwirken **77** 105
– Übertragung bei Betriebsübergang **12** 7
– Umgestaltung in Freie Mitarbeit **5** 8
– Unkündbarkeit **44** 111, 112
– Unzumutbarkeit der Fortsetzung **48** 328
– urheberrechtlicher Begriff **16** 231
– Verhaltenspflichten **15** 1
– Verhältnis zu Einführungsverhältnis **9** 124 f.
– Verpflichtungen bei Arbeitnehmererfindung **16** 167
– Wahlrecht nach § 12 KSchG **48** 403 f.
– Wettbewerbsverbot **31** 1 f.
– Wettbewerbsverbot nachvertragliches **32** 1 f.
– Zeitbefristung **41** 11
– Zuordnung bei Betriebs(teil)übergang **53** 52
– Zweckbefristung **41** 12

magere Zahlen = Randnummern **Sachverzeichnis**

Arbeitsverhältnis, beendetes
- Abmeldung Arbeitnehmer 52 18
- Abwicklung 52 1 f.
- Arbeitsbescheinigung 52 3
- Arbeitszeugnis 52 10
- Auskunft betriebliche Altersversorgung 52 8
- Bescheinigung über ärztliche Untersuchung Jugendlicher 52 6
- Bewerbungsunterlagen 52 9
- Fälligkeit Arbeitspapiere 52 11
- Gesundheitszeugnis/-bescheinigung 52 5
- Holschuld Arbeitspapiere 52 12
- Lebenslauf 52 9
- Lohnsteuerbescheinigung 52 2
- Urlaubsbescheinigung 52 7

Arbeitsverhältnis, befristetes 41 2 f., 173 f.
- Abfindungsregelung Sozialplan 58 128
- Aktienoptionen 20 106
- ältere Arbeitnehmer nach § 14 Abs. 3 TzBfG 41 39, 42
- Altersgrenze 41 80
- im Anschluss an Ausbildung/Studium 41 54
- Arbeitsbeschaffungsmaßnahme 41 86
- Arbeitskräftebedarf, vorübergehender 41 48 f.
- Arzt in Weiterbildung 41 195 f.
- Aufklärungspflicht bei Verlängerung 4 118
- auflösende Bedingung 41 126 f.
- bei/nach Erreichen des Renteneintrittsalters 41 89
- Berufsstart 41 54
- Beteiligungsrecht Betriebsrat 41 149 f.
- betriebliche Altersversorgung 37 20
- Betriebstreueleistung 20 139
- Beurteilungszeitpunkt 41 19
- Doppelbefristung 41 16
- Drittmittelfinanzierung 41 110
- auf Grund der Eigenart der geschuldeten Leistung 41 64 f.
- während Elternzeit 41 174
- zur Erprobung 41 73 f., 75
- Existenz-/Unternehmensgründung 41 36
- Forschung 41 177 f.
- Fortsetzung 41 137, 138, 139
- gerichtlicher Vergleich 41 104
- Haushaltsbefristung 41 97 f.
- Hochschulpersonal 41 177 f.
- Klagefrist 41 157, 158, 165
- Kündigung, außerordentliche 41 145
- Kündigung, ordentliche 41 146
- Kündigung während 41 145
- Kündigungsregelung, tarifvertragliche 41 146
- auf Lebenszeit 41 18
- Leiharbeitnehmer 41 206
- Missbrauchskontrolle 41 112 f.
- Mitbestimmungsrecht Personalrat 41 155, 156
- während Mutterschutzzeit 41 174
- Nebentätigkeit 41 91
- § 16 TzBfG 41 135 f.
- § 21 BEEG 41 174
- prozessuale Geltendmachung Un-/Wirksamkeit auflösende Bedingung 41 157 f.
- prozessuale Geltendmachung Un-/Wirksamkeit Befristung 41 157 f.
- Rechtsfolge unwirksamer Befristung 41 135
- Rechtsfolge wirksamer Befristung 41 137
- Sachgründe, personenbedingte 41 79 f.
- sachgrundlose Befristung nach WissZeitVG 41 183 f.
- sonstige sachliche Gründe 41 110
- Sozialauswahl 43 200
- soziale Erwägungen 41 92
- studentische Hilfskraft 41 179
- tarifvertragliche Regelung 41 111
- TzBfG 41 1 f., 23 f.
- unzulässiges Berufen auf Befristung 41 144
- Vertragsbedingung, einzelne 41 119 f.
- Vertretung anderer Arbeitnehmer 41 59
- Widerspruch der Fortsetzung 41 138, 140
- Wiedereinstellung nach 41 142
- Wiedereinstellungsanspruch 34 113
- wissenschaftliche/künstlerische Hilfskraft 41 179
- WissZeitVG 41 177 f.
- Wunsch des Arbeitnehmers 41 96
- Zeitbefristung 41 11
- Zweckbefristung 41 12

Arbeitsverhältnis, beschränktes, Sozialauswahl 43 197

Arbeitsverhältnis, faktisches
- Auflösung 48 7
- Geschäftsführer 80 40
- bei Rückabwicklung Betriebsübergang 55 124

Arbeitsverhältnis, fehlerhaftes bei Rückabwicklung Betriebsübergang 55 124

Arbeitsverhältnis, fingiertes 66 155 f.
- Beendigung 66 165
- Beginn 66 159
- Dauer 66 161
- Durchsetzung von Rechten 66 168
- Feststellungsklage 66 168
- vollwertiges Arbeitsverhältnis 66 162
- Widerspruch 66 167

Arbeitsverhältnis, neues
- während Kündigungsschutzprozess 48 403 f., 417
- Wahlrecht nach § 12 KSchG 48 403 f., 417

Arbeitsverhältnis, ruhendes
- Geschäftsführer 80 14
- Organmitglied 48 51
- Sozialauswahl 43 198
- Urlaubsanspruch 27 63 f.

Arbeitsverhältnis, unbefristetes, Übernahme Jugend-/Auszubildendenvertreter 10 26

Arbeitsverhältnis, unkündbares, Sozialauswahl 43 192

Arbeitsverhinderung
- Benachrichtigungspflicht 33 71
- Entgeltfortzahlung bei 24 3
- Kündigungsgrund, außerordentlicher 44 38, 39

Arbeitsverhinderung, kurzzeitige, Pflegezeitberechtigte 45 93, 94

3199

Sachverzeichnis

fette Zahlen = Paragrafen

Arbeitsverhinderung, persönliche
- Angehörigenpflege 24 210
- Entgeltfortzahlung 24 206 f.
- Kinderbetreuung 24 217
- Verhältnismäßigkeit 24 216

Arbeitsvermittler, Vergütung 65 39

Arbeitsvermittlung 65 37
- vermutete 66 145, 151

Arbeitsversuch während Arbeitsunfähigkeit 24 115

Arbeitsvertrag
- Abbedingung TzBfG 41 9
- Abgrenzung mitbestimmungsfreie/-missachtende Ausgestaltung 23 19
- Ablehnungsgründe Teilzeitarbeit 73 71
- Abtretungsausschluss 22 36
- Abtretungsverbot 10 198
- Abwerbungsverbot 33 62
- AGB 10 129
- AGB-Recht 68 134 f., 138
- Aktienoptionen 20 98
- allgemeine Arbeitsbedingungen 1 32
- Altersgrenze 49 69
- Altersteilzeitanspruch 74 14
- Anbahnungsverhältnis 9 133 f.
- Anfechtungsfrist 48 6
- Angaben in Stellenausschreibung 9 3 f.
- Angebot 10 3
- Anlernvertrag 10 7
- Annahme 10 3
- Anwesenheitsprämie 20 184
- Arbeitsbereitschaft 14 9
- Arbeitsleistung 12 9
- Arbeitsplatz bei Versetzung 13 22
- arbeitsvertragliche Entsendung 11 114, 117 f.
- Arbeitszeit 14 1 f.
- Arbeitszeit, vereinbarte 14 37 f.
- Aufhebung 49 1
- auflösend bedingter 41 126 f.
- Ausgleichsklausel 22 153
- Auslandstätigkeit 11 117, 127
- Auslegung 10 142
- Auslegung, ergänzende 10 180
- Auslegung, verfassungskonforme 10 176
- Ausschluss ordentlicher Änderungskündigung 46 52 f.
- Ausschluss § 625 BGB 10 29
- Ausschlussfristen 10 187
- Ausschluss-/Verfallfrist 22 139
- befristete Übertragung höherwertiger Tätigkeit 10 201
- befristeter 41 2, 7, 173 f.
- Befristung einzelner Vertragsbedingung 41 119 f.
- Begriff 1 31
- Bereitschaftsdienst 14 10 f.
- Betriebliche Übung 1 34
- Betriebsübergang 10 21
- Beweislastklausel 10 202
- Bezugnahme auf Tarifvertrag 68 76 f., 77
- Bezugnahmeklausel 10 232
- Bezugnahmeklausel, dynamische 68 135
- Bezugnahmeklausel Tarifvertrag 68 139
- Bindungsklausel 10 204
- Compliance-Richtlinien 35 41
- Direktionsrecht 10 230
- Direktionsrechtsklausel 12 36
- Diskriminierungsverbote bei Vertragsschluss 10 34 f.
- Dokumentationspflicht 10 115
- Doppelbefristung 41 16
- Einbeziehungskontrolle AGB 10 135
- Einbeziehungskontrolle Tarifvertrag 68 139
- Einschränkung Nebentätigkeit 33 107
- Einzel-/Teilverweisung Tarifvertrag 68 140, 142
- einzelvertragliche Regelung Urlaubsanspruch 27 268
- Entgelt 19 3
- Entgeltflexibilisierung 25 1 f.
- Entgeltflexibilisierung, einvernehmliche 25 51
- Entgelthöhe 19 23
- Erfüllungsort 22 90
- Erweiterung Direktionsrecht 12 36 f.
- Form 10 15
- Formulierungsmuster Mediationsklausel 82 163
- Formulierungsmuster Nutzungsrechtseinräumung 16 242
- Formulierungsmuster Vertragsstrafe 17 77, 78
- Formulierungsmuster Wettbewerbsverbot 31 41
- Freistellungsklausel 10 231
- Freiwilligkeitsvorbehalt 10 267 f.; 25 12
- Geheimnisschutz 30 79, 80
- Geltungsbereich Tarifvertrag 68 147 f.
- geltungserhaltende Reduktion 10 176, 193
- Gerichtsstand 11 101
- Gerichtsstandvereinbarung 77 233
- geringfügige Beschäftigung 75 41
- Gesamtverweisung Tarifvertrag 68 140
- Gesamtzusage 1 33
- Geschäftsfähigkeit 10 4
- Grenzen Vertragsfreiheit 10 122 f.
- Grundsätze Inhaltskontrolle 10 128, 144
- individuelle Vereinbarungen 10 136
- Informationspflicht des Arbeitgebers 34 115 f.
- Inhaltskontrolle 1 23; 10 121 f., 144 f.; 68 134 f.
- Inhaltskontrolle Verweisungen 68 138 f.
- konkludente Bestimmung der Leistungsart 12 15
- Konkurrenzverbot 32 10
- auf Lebenszeit 41 18
- Leistungs-/Erfüllungsort 13 2
- Mankoabrede 17 99
- Mehrurlaub 27 53
- Mehrurlaub, individualrechtlicher 27 30
- Minderjährige 10 5
- Mindestlohnunterschreitung 10 8
- Nebenarbeiten 12 24
- Nebenpflichten 33 5
- Nebentätigkeit 33 88 f.
- Notarbeiten 12 25

magere Zahlen = Randnummern **Sachverzeichnis**

- Privatnutzung Dienstwagen 20 6
- Rechtsfolgen unwirksamer Bestimmungen 10 176
- Rechtswahl 11 84
- Richtlinien zur Konfliktbewältigung 82 354
- Rückzahlungsklausel 10 204, 211 f.; 26 3 f.
- Rückzahlungsklausel, individualvertragliche 26 40
- Rufbereitschaft 14 19
- Ruhensvereinbarung bei Entsendung 11 114, 126
- Schadenpauschalierung 10 252, 265
- Schadenspauschale 17 39
- Schriftformklausel 10 16, 243
- Schriftformklausel Betriebliche Übung 1 35
- Schwarzgeldabrede 10 7
- Schweigepflicht Vertragsinhalt 30 19
- Schweigepflichtregelung 30 78
- Sittenwidrigkeit 10 11
- Stichtagsregelung 10 204, 205 f.
- Transparenzgebot Gesamtverweisung 68 141
- Übergabebestätigung 10 140
- überraschende Klausel 10 138
- Übertragung anderer Tätigkeit 12 36 f., 44
- Übertragung Urhebernutzungsrecht 16 240
- Unklarheitenregel 68 144
- Urlaubsgeld 20 161; 27 160
- Vereinbarung über Design 16 313
- Vergütung, zielorientierte 20 50
- Vergütungsabrede 10 251
- Versetzungsklausel 12 36 f.
- Versetzungsklausel/-vorbehalt 13 22
- Verstoß gegen gesetzliches Verbot 10 7
- Vertragsschluss 10 2
- Vertragsstrafe 10 252 f.
- Vertragsstrafe bei Wettbewerbsverstoß 31 42
- Vertragsstrafe für Geheimnisverrat 30 25
- Vertragstheorie 1 35
- Verweisung, ergänzende 68 143
- Vorbehaltsklausel 10 267 f.
- Vorrang Individualvereinbarung 10 136
- Wettbewerbsverbot, nachvertragliches 10 250
- Widerrufsklausel 10 270
- Widerrufsvorbehalt 10 267
- Zeitbefristung 41 11
- Zugangsfiktion 10 288
- Zulässigkeit Mediationsklausel 82 160
- Zurückbehaltungsrecht 10 290
- Zusatzvereinbarung bei Entsendung 11 114, 124
- bei Zustimmungsverweigerung des Betriebsrats 10 324
- Zweckbefristung 41 12

Arbeitsvertragsgestaltung, Mitbestimmungsrecht 23 60

Arbeitsvertragsstatut bei Betriebsübergang 53 72

Arbeitsverweigerung
- Ankündigung 43 374
- beharrliche 43 373
- Gewissenskonflikt 43 477
- Kündigung bei Direktionsrecht 12 75
- Kündigung, verhaltensbedingte 43 372

- Kündigungs-/Ausschlussfrist 44 177
- Kündigungsgrund, außerordentlicher 44 38
- Überstunden 44 42

Arbeitsvölkerrecht 1 10

Arbeitszeit 14 1 f.
- Abrufarbeit 14 74 f.
- Änderung, einvernehmliche 14 73
- Arbeitsbereitschaft 14 9
- Arbeitszeitkonto 14 99 f.
- Auswahlentscheidung Arbeitgeber 14 89
- Bandbreitenregelung 14 42
- Begriff 14 1
- Bereitschaftsdienst 14 10 f.
- betriebsübliche 14 37
- Betriebsvereinbarung 14 39, 88
- Dauer 14 34 f.
- Dauer, vereinbarte 14 37 f.
- Dienstreise 14 6
- Direktionsrecht zur Bestimmung/Lage der 14 85, 89
- Erhöhung, befristete 14 42; 41 123
- Festlegung der Lage der 14 85
- Flexibilisierung 14 34
- Formulierungsmuster 14 41
- Formulierungsmuster Abrufarbeit 14 78
- Formulierungsmuster zur Lage der Arbeitszeit 14 86
- Gestaltungsformen 14 90 f.
- gleitende 14 91
- gleitende mit Zeitausgleich 14 91
- Höchstarbeitszeit, gesetzliche 14 34
- Homeoffice 13 14
- Informations-/Erörterungspflicht Teilzeitarbeit 72 12
- Inhaltskontrolle 10 184
- Jahresarbeitszeitvertrag 14 105
- kapazitätsorientierte variable 72 71 f.
- Kernarbeitszeit 14 91
- Kündigung, betriebsbedingte 43 273
- Kündigung, verhaltensbedingte 43 375
- Mitbestimmung bei Pausenzeiten 14 113
- Mitbestimmungsrecht Betriebsrat bei Lage der 14 109
- Mutterschutz 34 41
- Nachtarbeit 14 32
- Öffnungsklausel 14 40
- private Nutzung Kommunikationsmittel 33 46
- Rufbereitschaft 14 19
- Ruhepause 14 27
- Ruhezeit 14 23
- tarifliche 14 37, 39
- Umkleide-/Waschzeit 14 29
- variable 14 91
- Veränderung, dauerhafte 14 72
- Verkürzung, vorübergehende 14 63 f.
- Verlängerung der regelmäßigen 34 162
- Verlängerung, vorübergehende 14 45 f.
- Verringerung, befristete 14 42
- Verteilung bei Teilzeitanspruch 73 24
- Vertragsklausel 14 43
- Vertrauensarbeit 14 98
- Wegezeit 14 4

3201

Sachverzeichnis

fette Zahlen = Paragrafen

Arbeitszeit, flexible, Urlaubsdauer 27 108
Arbeitszeit, gleitende 14 91
– Mitbestimmung Betriebsrat 14 111
Arbeitszeitausgleich, Teilzeitarbeitnehmer 72 30
Arbeitszeitbefristung, Inhaltskontrolle 10 185
Arbeitszeitbetrug, Kündigungsgrund 43 376, 448
Arbeitszeiterfassung, Arbeitgeberpflichten bei 34 143
Arbeitszeiterfassung, manipulierte, Kündigungsgrund, außerordentlicher 44 55
Arbeitszeitflexibilisierung 14 34
– Abrufarbeit 14 79
– Arbeitszeitkonten 14 99 f.
– Gleitzeit 14 91 f.
Arbeitszeitguthaben, Blockmodell Altersteilzeit 74 44
Arbeitszeitkonto 14 99 f.
– Entgeltumwandlung für betriebliche Altersversorgung 36 82
– Flexigesetz 14 107
– Formulierungsmuster Betriebsvereinbarung 14 115
– Führung 14 100
– Geldkonto 14 99
– Gleitzeit 14 92
– Insolvenzschutz 14 108
– Langzeitplanung 14 106
– Lebensarbeitszeitkonto 14 103
– Minusstunden 14 101
– Mitbestimmung Betriebsrat 14 111
– Negativsaldo 14 101
– Sozialversicherung 14 107
– bei Vertragsbeendigung 14 104
– Zeitkonto 14 99
Arbeitszeitmodell, flexibles, regelmäßige Arbeitszeit bei Entgeltfortzahlung 24 149
Arbeitszeitrecht, Nebentätigkeiten 33 92
Arbeitszeitsystem
– Berechnung Urlaubsentgelt 27 154
– Urlaubsdauer 27 108
Arbeitszeitverkürzung 43 163
– Arbeitnehmer 72 13
– Kurzarbeit 14 64
– Mitbestimmungsrecht Betriebsrat 14 68
– Teilzeitarbeitnehmer 72 31
– Vergütung 73 72 f.
– vorübergehende 14 63 f.
Arbeitszeitverlängerung
– befristete 14 42
– Dokumentation 14 17
– geringfügig Beschäftigter 75 32
– Mitbestimmungsrecht Betriebsrat 14 58
– Stufenmodell 14 14, 15, 16
– Teilzeitarbeitnehmer 72 14
– vorübergehende 14 45 f.
– Wahlrecht des Arbeitgebers 75 34
Arbeitszeitverringerung
– Arbeitszeitverteilung 73 26
– befristete 14 42
– geringfügig Beschäftigter 75 29
– Teilzeitanspruch 73 15, 20

Arbeitszeugnis 51 1 f.
– Anspruch 51 1
– Anspruch auf Zwischenzeugnis 34 164
– Aufhebungsvertrag 49 302
– Ausgleichsklausel 51 32
– bei Beendigung Arbeitsverhältnis 52 10
– Berichtigungsanspruch 51 23, 28
– Bewertungsskala Führungs-/Verhaltensbeurteilung 51 16
– Bewertungsskala Leistungsbeurteilung 51 13
– Drohung mit schlechtem 49 392
– Durchsetzung Zeugnisanspruch 51 21
– einfaches 51 8
– Endzeugnis 51 3
– Ersatzzeugnis 51 34
– Erscheinungsbild 51 7
– Form 51 6
– Formulierungsmuster Aufhebungsvertrag 49 305
– Formulierungsmuster einfaches 51 9
– Frist zur Erstellung 49 302
– Führungsbeurteilung 51 14
– Geschäftsführer 80 79
– Haftung des Ausstellers 51 35
– Holschuld 51 21
– Inhalt 51 8
– Klageantrag 51 26, 27, 28
– Leistungsbeurteilung 51 11
– qualifiziertes 51 10
– Schadensersatz 51 24, 35
– Schlussformel 51 18
– Schuldner 51 2
– Sozialverhalten 51 14
– Streitwert 3 125
– unwahres 51 35
– Verfallfrist 51 32
– Verfügung, einstweilige 51 30
– Vergleichsmehrwert 3 218
– Verhalten, außerdienstliches 51 15
– Verhaltensbeurteilung 51 14
– Verjährung 51 31
– Verwirkung 51 31
– Verzugsschaden 51 24
– Vollstreckung 77 724
– vorläufiges 51 4
– Vorstandsmitglied 81 56
– Widerruf 51 33
– Zufriedenheits-Katalog 51 13
– Zurückbehaltungsrecht 51 22
– Zurückbehaltungsrecht des Rechtsanwalts 2 50
– Zwangsvollstreckung 51 30
– Zwischenzeugnis 51 4
Arbeitszuweisung, unzulässige 34 11
ARGE, Sozialauswahl bei Stammbetrieb 43 187
Arglistige Täuschung s Täuschung, arglistige
Arrest 77 677, 679
– Arrestanspruch 77 681
– Arrestantrag 77 680
– Arrestgrund 77 682
Arrestverfahren
– verspätetes Vorbringen 77 384
– Zuständigkeit 77 61

magere Zahlen = Randnummern   **Sachverzeichnis**

Arzt in Weiterbildung
- Anrechnungen 41 201, 202
- Befristung Arbeitsverhältnis 41 195 f.
- Befristungsdauer 41 198
- Zweckbefristung 41 204

Arztbesuch, Entgeltfortzahlung 24 210

Asbestbelastung, Recht zur Arbeitseinstellung 34 18

Asylbewerber 11 9, 58 f.
- Arbeitserlaubnis 11 9, 58 f.
- Arbeitsmarktprüfung 11 63
- Bundesgesetz zur Integration 11 17
- Erstaufnahmeeinrichtung 11 4, 58
- aus sicheren Herkunftsstaaten 11 65

Asylgesetz 11 15
Asylpaket I 11 15
Asylpaket II 11 16
Asylverfahrensbeschleunigungsgesetz 11 15
Asylverfahrensgesetz 11 15

AT-Angestellte
- Eingruppierung 21 35
- Mitbestimmungsrecht Entgeltsystem 23 17, 32

Attest, ärztliches, Nachweis Arbeitsunfähigkeit 24 60

Audioüberwachung 35 196 f.
Aufbewahrung, Handakten 2 47
Aufdeckung von Straftaten, Datenschutz 35 254
Aufenthalt, gewöhnlicher 11 94, 95
Aufenthaltserlaubnis 11 3, 20, 30
- zur Ausbildung 11 30, 39
- zur Ausübung einer Beschäftigung 11 3, 20, 31
- Europäische Union 11 67
- aus familiären Gründen 11 30, 38
- Kündigung, personenbedingte 43 472
- personenbedingte Befristung 41 85
- aus politischen/humanitären Gründen 11 30
- Verschweigen Wegfall 44 44
- Zustimmung Bundesagentur für Arbeit (BA) 11 32

Aufenthaltsgesetz 11 3, 18
Aufenthaltstitel 11 3, 19, 20
- Aufenthaltserlaubnis 11 3, 20, 30
- Blaue Karte EU 11 20, 41
- Daueraufenthalt EU 11 20, 51
- Erteilungsvoraussetzungen 11 20 f., 23
- Niederlassungserlaubnis 11 20, 48
- Tätigkeit, selbständige 11 20, 54
- Visum 11 20, 26
- Zuständigkeit 11 20
- Zustimmung der Bundesagentur für Arbeit zur Ausübung einer Beschäftigung 11 32

Auffanggesellschaft, Aufhebungsvertrag bei 49 341

Aufgaben von begrenzter Dauer, Anwendung TzBfG 41 10

Aufgabenentziehung, Streitwert 3 48

Aufgabenerfindung
- Begriff 16 21
- Hochschulerfindung 16 176

Aufgabenteilung, Betriebsrat 59 56 f.

Aufhebung, einvernehmliche, Wettbewerbsverbot 32 75

Aufhebung, konkludente, Wettbewerbsverbot 32 76

Aufhebungsvertrag 49 1 f.
- 13./14. Monatsgehalt 49 179
- Abdingbarkeit Aufklärungs-/Hinweispflicht 49 118
- Abfindung 49 183
- Abfindung Versorgungsanwartschaft 49 288
- Abfindungsankündigung nur bei Abschluss 49 391
- Abfindungshöhe 49 192
- Abgrenzung zu Abwicklungsvertrag 49 9
- Abgrenzung zu Kündigungsbestätigungsvertrag 49 25
- Abrede über Arbeitgeberauskünfte 49 304
- Abschluss 49 28 f.
- Abtretung Abfindungsanspruch 49 194
- AGB-Kontrolle 49 354
- Altersaufhebungsvertrag 49 7
- Altersdiskriminierung 39 356
- Altersgrenzen 49 69
- Altersversorgung, betriebliche 49 285 f.
- Änderung/Ergänzung 49 36
- Anfechtung 49 359
- Anfechtungsfrist 49 394
- Angebot 49 46, 48
- Angemessenheitskontrolle 48 177
- Ankündigung Einberufung Betriebsrat 49 389
- Annahme 49 46, 48
- Anrechnung Abfindung 49 196
- Anrechnung anderweitiger Erwerb 49 235
- anzeigepflichtige Entlassung 49 125
- Arbeitnehmererfindung 49 254
- Arbeitslosengeld 49 426 f.
- Arbeitsmittel 49 299
- Arbeitspapiere 49 306
- arbeitsrechtliche Folgen 49 424
- arbeitsunfähig krank geschriebener Arbeitnehmer 49 7
- arglistige Täuschung 49 366 f.
- bei Auffanggesellschaft 49 341
- Aufklärungs-/Hinweispflichtverletzung 49 411
- Aufklärungspflicht Arbeitgeber 49 90 f., 110
- Aufklärungspflichtverletzung 49 115
- Aufrechnung 49 308
- Aufrechnung mit Abfindung 49 195
- Aus-/Fortbildungskosten 49 259
- ausführlicher 49 139
- Ausgleichsklausel 48 177
- ausländische Arbeitnehmer 49 57
- Auslauffrist 49 68
- Auslegung 49 333
- Ausscheidensvereinbarung 49 345
- Ausschlussfrist bei Abfindung 49 206
- bedingter 49 62
- Beendigung 49 144
- befristeter 49 62
- Benachteiligungsverbot 39 356
- Berufsausbildungsverhältnis 49 29, 61, 64
- Berufsunfähigkeit 49 76
- Beschäftigung bis zum Ende des Arbeitsverhältnisses 49 239

3203

Sachverzeichnis

fette Zahlen = Paragrafen

- Beteiligungsrecht Betriebsrat **49** 7
- Betriebsänderung **49** 130
- Betriebs-/Geschäftsgeheimnisse **49** 250
- Betriebstreueleistung **20** 139
- bei Betriebsübergang **49** 2
- Beweislast **49** 89
- Beweislast Anfechtungsrecht **49** 393
- Beweislast für Form **49** 42
- durch Briefwechsel **49** 33
- Diensterfindung **49** 254
- Dienstwagen **49** 268 f.
- Dissens **49** 55
- dreiseitiger **49** 29, 37
- Drohung mit Kündigung **49** 372 f.
- Drohung mit Schadensersatzanspruch **49** 388
- Drohung mit schlechtem Arbeitszeugnis **49** 392
- Drohung mit Strafanzeige **49** 383
- Drohung, widerrechtliche **49** 371 f.
- Eigenschaftsirrtum **49** 360, 363
- einfacher **49** 137
- Einfluss Kündigungsschutz **49** 121 f.
- elektronische Form **49** 39
- Entlassung, anzeigepflichtige **50** 15
- Entschädigung vorenthaltene Dienstwagennutzung **49** 270
- Entstehung Abfindung **49** 189
- Erklärungsirrtum **49** 365
- Erledigungsklausel **49** 151, 311 f.
- Ermessenstantieme **49** 155
- Erwerbsunfähigkeit **49** 76
- Fälligkeit Abfindung **49** 191
- Form **49** 29 f.
- Formmangel **49** 43
- Formulierungsmuster **49** 12
- Formulierungsmuster Abfindung **49** 228
- Formulierungsmuster Arbeitgeberauskünfte **49** 305
- Formulierungsmuster Aufklärungspflicht **49** 91, 119
- Formulierungsmuster Dienst-/Erfindung **49** 258
- Formulierungsmuster Dienstwagen **49** 276
- Formulierungsmuster Erledigungsklausel **49** 11
- Formulierungsmuster Freistellung/Urlaub **49** 243
- Formulierungsmuster Gewinnbeteiligung **49** 162
- Formulierungsmuster nachvertragliches Wettbewerbsverbot **49** 249
- Formulierungsmuster Provision **49** 152, 154
- Formulierungsmuster Salvatorische Klausel **49** 332
- Formulierungsmuster Versorgungsanwartschaft **49** 298
- Freistellung **49** 229 f.
- Freistellung bei Auslauffrist **49** 229, 238
- Freizeitausgleichsanspruch **49** 234
- Garantietantieme **49** 155
- Genehmigung, behördliche **49** 7
- gerichtlicher **49** 78
- gerichtlicher Vergleich **49** 40
- geringfügige Beschäftigung **75** 42

- Geschäftsunterlagen **49** 299
- Gewinnbeteiligung **49** 155 f.
- Gewinntantieme **49** 155
- Gleichbehandlung **49** 358
- Gratifikation **49** 163 f.
- Grenzzahlermittlung für Betriebsänderung **49** 130
- Heimkehrerklausel **49** 66
- Hinweispflicht Arbeitgeber **49** 90 f., 110
- Hinweispflicht bei Vertretung **49** 109
- Hinweispflichtverletzung **49** 115
- indirektes Wettbewerbsverbot **32** 64
- Inhalt **49** 137 f.
- Inhaltsirrtum **49** 360
- Initiative des Arbeitgebers **49** 95
- Initiative des Arbeitnehmers **49** 93
- Jahresabschlussvergütung **49** 177
- kollusives Zusammenwirken **49** 353
- Kündigung, personenbedingte **49** 410
- Kündigung, verhaltensbedingte **49** 408, 409
- Kündigung während Auslauffrist **49** 408
- kündigungsrechtliche Konsequenzen **49** 106
- Kündigungsschutz **49** 7
- Leistungsbezüge **49** 145
- Massenentlassungsanzeige, vorsorgliche **49** 128
- Minderjährige **49** 59
- Mindestinhalt **49** 140
- Namensunterschrift **49** 30
- Nebenabreden **49** 35
- Nichtigkeit **49** 41, 335 f.
- notarieller **49** 39
- Organstellung Geschäftsführer **80** 85
- Personalarbeit **49** 6
- Pfändbarkeit Abfindungsanspruch **49** 201
- Provisionen **49** 147 f.
- prozessuale Folgen **49** 421
- bei Prozessvergleich **49** 67, 78
- Rechtsausübung, unzulässige **49** 419
- Rechtsfolgenirrtum **49** 362
- Rechtsmissbrauch **49** 353
- Regelungen **49** 144 f.
- rückdatierter **49** 351
- Rückgabe Dienstwagen **49** 272
- Rücktrittsrecht **49** 397 f., 398, 404
- Rücktrittsrecht, gesetzliches **49** 398
- Rückzahlungsklausel Aus-/Fortbildungskosten **49** 259
- Ruhen Anspruch auf Arbeitslosengeld **49** 426 f.
- salvatorische Klausel **49** 330
- schlüssiges Verhalten **49** 38, 46
- Schriftformklausel **49** 45
- Schweigepflicht **30** 81
- Sittenwidrigkeit **49** 347
- Sonderzahlungen **49** 163 f.
- sozialrechtliche Folgen **49** 425 f.
- sozialrechtliche Konsequenzen **49** 98, 119, 310
- Sozialversicherung bei Abfindung **49** 222 f.
- Sperrzeit Arbeitslosengeld **49** 436
- Sperrzeiten **49** 10
- steuerliche Behandlung Abfindung **49** 212 f.
- steuerliche Behandlung Entschädigung **49** 216 f.

magere Zahlen = Randnummern **Sachverzeichnis**

- steuerliche Konsequenzen 49 100, 119, 310
- Störung der Geschäftsgrundlage 49 203, 412
- Tantiemen 49 155 f.
- tarifliche Konsequenzen 49 108
- überholende außerordentliche Kündigung 49 410
- Überstundenvergütung 49 234
- Umgehung Kündigungsverbot bei Betriebsübergang 54 186
- Umgehung zwingender gesetzlicher Vorschriften 49 337
- Umsatztantieme 49 155
- Urkundeneinheit 49 33
- Urlaub 49 229 f., 234, 240, 241
- Urlaubsabgeltung 49 242
- Vererbbarkeit Abfindungsanspruch 49 198
- Vergütungsanspruch des Freigestellten bei neuem Arbeitsverhältnis 24 295
- Verjährung Abfindungsanspruch 49 210
- Versorgungsanwartschaft 49 285 f.
- versorgungsrechtliche Konsequenzen 49 102, 119
- Verstoß gegen gesetzliches Verbot 49 337
- Vertretung 49 32
- im Vorfeld von Massenentlassung 49 127
- vorsorglicher 49 7, 68
- Vorstandsmitglied 81 71
- Vorvertrag 49 4
- bei weiterem Alkoholkonsum 49 65
- Werkdienstwohnung 49 280
- Werkmietwohnung 49 278
- Werkwohnung 49 277
- Wettbewerbsverbot 49 237, 244
- Wettbewerbsverbot, nachvertragliches 49 245
- Widerruf 1 23
- Widerrufsrecht 49 397 f., 398, 403, 404
- Widerrufsrechtrecht, gesetzliches 49 398
- Widerrufsvorbehalt 49 405
- Zeitdruck 49 390
- Zeugnis 49 302, 392
- Zulässigkeit 49 1
- Zurückbehaltungsrecht 49 308

Aufhebungsvertrag Geschäftsführer 80 99
- Abfindung 80 102
- Checkliste 80 101
- Vertragsinhalt 80 100

Aufklärung, interne, Mitwirkungspflicht 33 31

Aufklärungsauflage, gerichtliche 77 359

Aufklärungspflicht 2 1; 33 70
- Abdingbarkeit bei Aufhebungsvertrag 49 118
- Abfindung 4 40
- Abfindungsanspruch, gesetzlicher 4 83
- Altersteilzeitvertrag 74 37
- Anhörung Betriebsrat 4 29
- Anwaltswechsel 2 48
- Arbeitgeber 34 114 f.
- Arbeitgebermandat 4 92 f.
- Arbeitnehmermandat 4 61 f.
- Arbeitnehmervertretung 4 8
- bei Aufhebungsvertrag 49 90 f., 110
- Ausschlussfrist 4 34
- Beklagter, richtiger 4 14

- Belegschaftszahl 4 18
- Bruttoentgelt 4 42
- Checkliste 4 5, 119
- Diskriminierungsmerkmale 4 26
- Erledigungsklausel 4 80
- Formulierungsmuster bei Aufhebungsvertrag 49 91, 119
- Handlungsalternativen 4 71
- Kostenvorschuss 4 89
- nach Kündigung Anwaltsvertrag 2 48
- Kündigungsart 4 28
- Kündigungsgrund 4 28
- Kündigungsschreiben 4 9
- Kündigungsschutz, besonderer 4 21
- persönliche Angaben des Mandanten 4 23
- Prozessvergleich 4 79
- Reichweite 4 6 f.
- Sachverhalt 4 1 f.
- Schriftsatzkündigung 4 16
- Schwerbehinderung 4 22
- Sperrzeit 4 82
- Tarifvertrag 4 7
- Unterschrift Kündigungsschreiben 4 10
- Verfallfristen 4 34
- Vergleich 4 76
- Versetzung 4 87
- Weiterbeschäftigungsanspruch 4 75
- Zugang Kündigung 4 9
- Zurückweisungsrecht Kündigung 4 10, 63

Aufklärungspflichtverletzung
- bei Aufhebungsvertrag 49 115
- Haftung Arbeitgeber 34 35
- Haftung bei 2 55
- Haftung bei Aufhebungsvertrag 49 411
- vorvertragliche 9 137

Auflagenverfügung 77 362

Auflösung
- Abfindung 48 364 f.
- Arbeitsverhältnis durch Urteil 48 279 f.

Auflösung Betriebsrat, Streitwert 3 130

Auflösungsantrag
- auf A. beschränkte Berufung 48 317
- Abfindung 48 310
- bei Änderungsschutzklage 48 318
- Antragsformulierung 48 310
- Antragstellung 48 304
- Antragstellung in Revisionsinstanz 48 308
- Arbeitgeber 48 283, 284, 285, 335 f.
- Arbeitnehmer 48 279 f., 282, 284, 325 f.
- Aufklärungspflicht 4 70
- Auflösungszeitpunkt 48 322
- bei außerordentlicher Kündigung 48 319
- beidseitiger 48 358
- bei Betriebsratsmitglied 48 348
- bei Betriebsübergang 48 309
- Beweislast Arbeitgeber 48 357
- Beweislast Arbeitnehmer 48 334
- eigenständiges prozessuales Institut 48 303
- Eventualantrag Arbeitgeber 48 335
- Eventualantrag Arbeitnehmer 48 325
- Gegner 48 309
- Hilfsantrag 48 307

3205

Sachverzeichnis

fette Zahlen = Paragrafen

- höchstpersönliches Recht **48** 384
- infolge Mediationsverfahren **82** 286
- isolierter **48** 301
- bei Kündigung Ausbildungsverhältnis **48** 321
- Kündigungsschutzklage **48** 101
- Kündigungsschutzprozess **48** 301
- Leitende Angestellte **48** 350
- Nichtweiterverfolgung **48** 303
- bei ordentlicher Kündigung **48** 311
- Rechtsmittel **48** 401
- Rücknahme **48** 304, 306
- bei Schwerbehinderung **48** 349
- bei sittenwidriger Kündigung **48** 321
- bei Sozialwidrigkeit der ordentlichen Kündigung **48** 311
- Streitwert **3** 49; **48** 398
- Unzumutbarkeit der Fortsetzung des Arbeitsverhältnisses **48** 328

Auflösungsgrund, Verwertungsverbot **48** 347
Auflösungsgründe des Arbeitgebers **48** 335 f.
Auflösungsschaden 48 286
Auflösungsurteil 48 279 f.
- Abfindung **48** 283, 364
- Begrenzung der Berufung/Revision auf Abfindungshöhe **48** 370
- Rechtsmittel **48** 400
- verfahrensrechtliche Voraussetzungen **48** 301

Auflösungsverschulden 48 288 f., 293
Auflösungsvertrag 49 1
Auflösungszeitpunkt, Arbeitsverhältnis **48** 322
Aufnahmeleiter, Abgrenzung Arbeitnehmer/Freier Mitarbeiter **6** 47
Aufrechnung 22 43 f.
- Abfindung Aufhebungsvertrag **49** 195
- Aufhebungsvertrag **49** 308
- Rechtswegzuständigkeit **77** 55
- Streitwert **3** 51
- unzulässiger Rechtsweg **77** 194
- mit verfallenem Anspruch **22** 147; **70** 68
- Vorschuss/Arbeitgeberdarlehen **20** 178

Aufrechnungsverbot
- Aufrechnungsvertrag **22** 48
- gesetzliches **22** 45
- Karenzentschädigung **22** 47
- Treu und Glauben **22** 46, 49
- Urlaubsabgeltung **22** 47

Aufrechnungsvertrag 22 48
Aufschiebende Wirkung, Statusfeststellung im Anfrageverfahren **8** 29
Aufsichtpflicht, Compliance **35** 12
Aufsichtsrat
- Anstellungsvertrag Vorstandsmitglied **81** 18
- Bestellung Vorstandsmitglied **81** 11, 12, 19

Aufsichtsratsmitglied, Altersteilzeiter **74** 63
Aufspaltung Betriebsvermögen, Unterrichtungspflicht bei Betriebsübergang **55** 50
Aufstockung
- Entgelt bei Altersteilzeit **74** 26
- Rentenversicherungsbeitrag bei Altersteilzeit **74** 29

Aufstockungsoption, Rentenversicherung **75** 60
Auftragsannahme, Verpflichtung zur **6** 20

Auftragsrückgang, Kündigung, betriebsbedingte **43** 274
Auftreten, unternehmerisches, Arbeitnehmereigenschaft **6** 21
Aufwandsentschädigung, Pfändbarkeit **22** 63
Aufwendungsersatz
- betrieblich veranlasste Vermögensschäden des Arbeitnehmers **34** 33
- kein Entgelt **19** 2
- Mitbestimmungsrecht Betriebsrat **23** 10
- Unmöglichkeit der Arbeitsleistung **17** 43

Aufzeichnung, heimliche, Personalgespräch **44** 45
Augenblicksversagen 43 337
Ausbildung
- Aufenthaltserlaubnis **11** 30, 39
- befristetes Arbeitsverhältnis im Anschluss an **41** 54 f., 56
- Teilzeitarbeitnehmer **72** 17

Ausbildungsbeihilfe 26 1 f.
- Beweislast Rückzahlungsklausel **26** 41, 90
- Bindungsdauer **26** 33
- Formulierungsmuster Rückzahlungsklausel **26** 96
- Rückzahlung bei vorzeitiger/erfolgloser Beendigung **26** 73
- Rückzahlungsklausel **26** 3 f., 75
- Rückzahlungsklausel, individualvertragliche **26** 40
- Rückzahlungsklausel, tarifvertragliche **26** 82
- Vorteil, geldwerter **26** 25, 29

Ausbildungsdauer, Bindungsdauer **26** 47 f.
Ausbildungskosten
- Begriff **26** 1
- Berufsausbildungskosten **26** 1, 9
- darlehensweise **26** 3, 10
- Rückzahlungsklausel **10** 211 f.
- Rückzahlungsklausel Aufhebungsvertrag **49** 259, 267
- Rückzahlungsverpflichtung **49** 263
- Überwälzung **26** 45

Ausbildungskosten, duale, Rückzahlungsklausel **26** 46
Ausbildungsleistung, Arbeitnehmer-Entsendegesetz **68** 61
Ausbildungsvergütung, Fälligkeit **22** 11
Ausbildungsverhältnis
- Auflösungsantrag bei Kündigung **48** 321
- Notenabrede **49** 343
- Schlichtungsausschuss **1** 85

Ausbildungsvertrag, Aufhebung **49** 1
Ausbildungszeit
- Anrechnung auf Wartezeit Kündigungsschutz **43** 83
- Anrechnung bei Altersversorgungsleistung **37** 65

Ausbildungszuschuss 26 11
Ausbleiben, entschuldigtes 77 335
Ausfallzeiten, Unverfallbarkeitsfrist betriebliche Altersversorgung **38** 34
Ausforschungsverbot, Beweisverfahren **77** 410
Ausführungsautonomie, Arbeitnehmer **12** 23
Ausgleichsabgabe, Arbeitnehmerüberlassung **66** 188

magere Zahlen = Randnummern

Sachverzeichnis

Ausgleichsklausel
- Arbeitsvertrag 22 153
- Arbeitszeugnis 51 32
- Aufhebungsvertrag 48 177
- Wettbewerbsverbot 32 76

Ausgleichsleistung
- bei Betriebsverlegung 58 108
- Leistungsdauer 58 111
- für Versetzung auf geringerwertige Stelle 58 105

Ausgleichsquittung 22 21 f., 26
- Anfechtung 22 27, 28
- Arbeitspapiere 52 16
- arglistige Täuschung 22 27, 28
- Aufhebung Wettbewerbsverbot 32 76
- Auslegung 22 22
- einbezogene Ansprüche 22 23, 24
- formularmäßige 22 25
- in gerichtlichem Vergleich 22 25
- Klageverzicht 48 176
- Rechtsnatur 22 26
- Verzicht auf tarifliche Rechte 70 64

Ausgleichszeitraum
- Bereitschaftsdienst 14 15
- Höchstarbeitszeit 14 34

Ausgleichzahlung, Abgrenzung zu betrieblicher Altersversorgung 36 59

Ausgliederung, Betriebseinschränkung 56 48

Ausgliederung Betriebsteil, Unternehmerentscheidung 46 156

Aushang, Betriebsvereinbarung 63 2, 22

Ausheilung, krankheitsbedingte Arbeitsunfähigkeit 24 15

Aushilfsangestellter, Anwendung TzBfG 41 10

Aushilfsarbeitsverhältnis, Kündigungsfrist 43 13

Auskunft, Streitwert 3 55

Auskunftsanspruch
- bei Ablehnung Bewerbung 10 40
- Altersversorgung, betriebliche bei Betriebsübergang 39 30
- anrechenbarer Erwerb bei Karenzentschädigung 32 117
- Art. 15 DS-GVO 35 273
- Auswahlentscheidung Sozialauswahl 43 238 f.
- Beitragsrückstand betriebliche Altersversorgung 38 9
- betriebliche Altersversorgung 38 1 f., 5
- Durchschau bei betrieblicher Altersversorgung 38 72
- Entgelttransparenzgesetz 19 51
- Erfindungswert/Erfindervergütung 16 142
- Geheimnisverrat 30 29
- Stufenklage 22 109
- Übertragung 39 15
- Übertragungswert betriebliche Altersversorgung 38 8
- unlauterer Wettbewerb 31 35
- Unverfallbarkeit 38 68
- Versorgungsanwartschaft bei Ausscheiden 38 68
- Wettbewerbsverstoß 32 143

Auskunftseinholung bei Nachentrichtung Sozialversicherungsbeitrag 7 19

Auskunftserteilung, Haftung Arbeitgeber 34 135

Auskunftspflicht 33 68
- Arbeitgeber 34 114 f.
- ggü Betriebsrat bei Entlassung 50 24 f.
- Mitarbeiterbefragung 35 116
- Versorgungsleistung 38 11
- Vorstandsmitglied 81 38

Auskunftsverweigerung, Mitarbeiterbefragung 35 121

Auslagen 3 25

Auslagenersatz, Vorstandsmitglied 81 54

Ausland, Entsendung Arbeitnehmer ins 11 110

Ausländerintegration, Betriebsvereinbarung, freiwillige 63 59

Ausländerrecht, Brexit 11 214, 216

Auslandsberührung
- Anrechnung ausländischer Einkommensteuer 11 205
- Arbeitnehmerüberlassung 66 176
- Arbeitsverhältnis 11 1 f.
- Auslandstätigkeitserlass 11 206
- Besteuerung bei fehlendem DBA 11 204
- Beteiligungsrechte Betriebsrat 11 146
- Checkliste grenzüberschreitender Mitarbeitereinsatz 11 162
- Entsenderichtlinie 11 133
- EuGVVO 48 62
- Gerichtsstand 11 101
- Kündigungsschutz 43 73
- Meldepflicht 11 149 f., 157, 161
- Rechtswahl 11 84, 88
- Rechtswahl, nicht getroffene 11 94
- Registrierungspflicht 11 149 f., 157, 161
- Steuerrecht 11 193 f.
- Zuständigkeit, internationale 48 56 f., 87
- Zuständigkeit Klagen des Arbeitgebers 11 103
- Zuständigkeit Klagen gegen Arbeitgeber 11 103
- zwingendes Recht 11 90

Auslandseinsatz, Arbeitgeberpflichten bei 34 142

Auslandsentsendung, Mitbestimmungsrecht bei Vergütungsregelung 23 165

Auslandsfreigabe
- Abgeltung 16 75
- Arbeitnehmererfindung 16 73

Auslandspauschale, Mitbestimmungsrecht 23 167

Auslandstätigkeit
- Arbeitsverhältnis mit ausländischer Gesellschaft 11 132
- Beteiligungsrechte Betriebsrat 11 146
- Checkliste 11 131
- Entsendung ins Ausland 11 110
- Nachweisgesetz 11 115
- Sozialversicherung 11 163 f.
- Steuerrecht 11 193 f.

Auslandstätigkeitserlass 11 206

Auslauffrist
- Aufhebungsvertrag 49 68
- Kündigung, außerordentliche 44 112, 115

3207

Sachverzeichnis

fette Zahlen = Paragrafen

- Resturlaub **49** 240, 241
- Wettbewerbsverbot **49** 237

Auslegung
- AGB **10** 142
- Aufhebungsvertrag **49** 333
- Bezugnahmeklausel **68** 97 f.
- in Bezug genommene Tarifbestimmungen/ Tarifvertrag **68** 95 f., 96, 112
- Grundsätze ergänzender/korrigierender **68** 103
- korrigierende **68** 126
- Tarifnorm, einzelne **68** 95 f., 96, 113
- Tarifvertrag **69** 62 f.
- Verweisung/-sklausel **68** 95 f., 110

Aussagepsychologie 77 406

Ausscheiden
- Arbeitgeberdarlehen **20** 181
- Durchsetzung Auskunftsanspruch zu betrieblicher Altersversorgung **38** 72

Ausscheiden, einvernehmliches, Vorstandsmitglied **81** 64

Ausscheiden, vorzeitiges
- Aktienoptionen **20** 111
- Anwartschaft, unverfallbare **37** 101
- Auswirkung bei zielorientierter Vergütung **20** 80
- betriebliche Altersversorgung **37** 95 f.
- Fortführung Direktversicherung durch Arbeitnehmer **37** 98
- Jahressonderzahlung **20** 148 f.
- Überlassung Direktversicherung **38** 70
- Unverfallbarkeit betriebliche Altersversorgung **38** 18
- Versorgungsleistung, vorzeitige **38** 109

Ausscheidensvereinbarung 49 345

Ausschließung Betriebsratsmitglied
- Antrag **59** 43
- Streitwert **3** 131

Ausschließung Gerichtspersonen 77 253 f.

Ausschluss
- kraft Gesetz **77** 261
- vorläufige Vollstreckbarkeit **77** 464 f.

Ausschlussfrist 22 139 f.
- Abfindung Aufhebungsvertrag **49** 206
- Änderungskündigung, außerordentliche **44** 223
- Anstellungsvertrag Geschäftsführer **80** 75
- Aufklärungspflicht **4** 34
- Beginn bei Krankheit **44** 182
- Beweislast **44** 170
- blue pencil test **22** 152
- ein-/zweistufige **22** 139, 152
- Formulierungsmuster **10** 197; **22** 154
- Formulierungsmuster ein-/zweistufige **22** 139
- Formvorgaben **22** 151
- Fristbeginn **44** 165
- Fristhemmung **44** 167
- Gesamtvertretung **44** 171
- Inhaltskontrolle **10** 187; **22** 149
- Kündigung, außerordentliche **44** 163 f.; **45** 168, 211, 240
- Kündigung, außerordentliche (Einzelfälle) **44** 177f
- Kündigung Betriebsratsmitglied **44** 184

- Kündigungsschutzklage **48** 109
- Mindestlohn **10** 195
- Nachschieben Kündigungsgrund **44** 186
- tarifvertragliche **10** 188
- treuwidriges Berufen auf **44** 183
- Unabdingbarkeit **44** 174
- Urlaubsabgeltung **27** 182
- Urlaubsanspruch **27** 60
- Verwaltungsverfahren **44** 185
- Wiedereinsetzung **22** 148
- Zugang Kündigungserklärung **44** 187

Ausschlussfrist, tarifliche 70 67, 68 f.
- Anforderungen, inhaltliche **70** 87
- einseitige **70** 73
- erfasste Ansprüche **70** 71
- Form der Geltendmachung **70** 90
- Fristlauf **70** 80
- Funktion **70** 70
- Geltendmachung **70** 76 f.
- Kenntnis **70** 75
- unzulässige Berufung auf **70** 95
- Zeitpunkt der Geltendmachung **70** 94
- zweistufige **70** 85, 92

Ausschlussfrist, zweistufige, Inhaltskontrolle **10** 162, 178, 192

Ausschlussklausel, zweistufige **70** 85, 92

Ausschlussverfahren, Betriebsratsmitglied **45** 212

Ausschreibung, Teilzeitarbeitsplatz **72** 12

Außendienst
- Abgrenzung Arbeitnehmer/Freier Mitarbeiter **6** 65
- Erfüllungsort **22** 90, 91

Außendienstmitarbeiter
- betriebliche Altersversorgung **37** 17
- Provision **20** 37

Außenrequisiteur, Abgrenzung Arbeitnehmer/ Freier Mitarbeiter **6** 47

Außerdienstliches Verhalten
- Kündigung, personenbedingte **43** 377
- Kündigung, verhaltensbedingte **43** 377
- Öffentlicher Dienst **43** 380

Äußerung, ausländerfeindliche, Störung Betriebsfrieden **43** 386, 389

Äußerung, diffamierende, Kündigungsgrund, außerordentlicher **44** 48

Äußerung, ehrverletzende, Auflösungsgrund **48** 340

Äußerung, rassistische
- Arbeitnehmerschutz vor **34** 96, 97
- Kündigung, verhaltensbedingte **43** 386, 389

Aussperrung
- Entgeltfortzahlung **24** 32
- rechtswidrige **24** 276
- Vergütungsanspruch bei **24** 267

Ausstrahlung
- Sozialversicherung **11** 167, 183
- Territorialitätsprinzip **11** 167, 183

Austauschbarkeit
- Arbeitsplatz **43** 181
- Personenkreis Sozialauswahl **43** 179 f.

Austauschkündigung, Kündigung, betriebsbedingte **43** 276

3208

Sachverzeichnis

Ausübungsbedingungen, Inhaltskontrolle Aktienoptionen 10 229
Ausübungskontrolle, Versetzungsklausel 12 42, 46
Auswahlgesichtspunkte, Mitbestimmung Betriebsrat 10 299
Auswahlrichtlinie Sozialauswahl 43 231 f.; 46 184
– Ausnahmeregelung 46 185
– Betriebszugehörigkeitsdauer 46 177
– Kriterien 46 177
– Lebensalter 46 177, 179
– Mitbestimmungsrecht 46 183
– Prüfung 46 184
– Schwerbehinderung 46 177, 180
– Überprüfung 43 235
– Unterhaltsverpflichtung 46 177
Auswahlrichtlinien
– Auswahlgesichtspunkte 10 299
– Compliance-Richtlinie 35 71
– Initiativrecht des Betriebsrats 61 44
– Personaleinstellung 10 297, 298
– Sozialauswahl 58 31
Auszahlungsart
– Entgelt 22 5
– Kreditierung Warenlieferung 22 9
– Mitbestimmungsrecht Betriebsrat 22 7
– Sachbezug 22 8
Auszahlungsplan, Abgrenzung zu betrieblicher Altersversorgung 36 67
Auszahlungsvorbehalt, Mitbestimmungsrecht 23 84
Auszehrungsverbot, Altersversorgung, betriebliche 38 93
Auszubildende
– Elternzeit 73 89
– Erholungsurlaub 27 185 f.
– Kündigungsschutz nach KSchG 43 58
– Parteifähigkeit 77 4
– Teilzeitanspruch 73 6
– Teilzeitanspruch während Elternzeit 73 89
– Zeugnisanspruch 51 1 f.
Auszubildendenvertreter
– Abgrenzung Beschluss-/Urteilsverfahren 78 9
– Übernahme in unbefristetes Arbeitsverhältnis 10 26
Auszubildendenvertretung 59 111 f.
– Kündigungsschutz 45 191 f., 192
aut-aut-Fall
– Rechtswegabgrenzung 48 44
– Zuständigkeit Arbeitsgericht 8 2
Autoreiniger, Abgrenzung Arbeitnehmer/Freier Mitarbeiter 6 100

Bagatellanwartschaft, Abfindung 38 77
Bagatellausgründung 56 69
Bagatellgrenze, Konkurrenzverbot 31 6
Balanced Scorecard 20 46
Ballungsraumzulage, Mitbestimmungsrecht 23 54
Bandbreitenregelung
– Abrufarbeit 14 79
– Arbeitszeit 14 42

Bandbreitensystem
– Bandbreiten 23 152
– Begriff 23 149
– Eingruppierung 23 154
– Entwicklung der Arbeitnehmervergütung 23 158
– Mitbestimmungsrecht 23 149 f., 160
– Tätigkeitsbeschreibung 23 153
– Vergütungserhöhung 23 156
– Vergütungsgruppen 23 151
Base Salery 23 132
BATNA-Test 82 240
Baugewerbe
– Allgemeinverbindlicherklärung 68 36
– Arbeitnehmer-Entsendegesetz 68 61
– Arbeitnehmerüberlassung 66 49
– Betriebsrat 59 28
– Sonderregelung Urlaubsanspruch 27 265
Bauhauptgewerbe, Rechtsquellen 1 41
Bauleiter, Abgrenzung Arbeitnehmer/Freier Mitarbeiter 6 100
Baunebengewerbe, Arbeitnehmer-Entsendegesetz 68 61
Bauwirtschaft, tarifliche Urlaubsregelung 27 265
Beamte
– Betriebsübergang 53 46
– Parteifähigkeit 77 27
– Verwaltungsrechtsweg 77 47
Beanstandung, Erfindungsmeldung 16 47
Beauftragter für Gewässerschutz, Kündigungsschutz 45 274
Beauftragter für Immissionsschutz, Kündigungsschutz 45 270
Bedenken, Betriebsrat zur Kündigung 47 76
Bedeutung, grundsätzliche, Zulassung Revision 77 569
Bedienungsgeld, Pfändbarkeit 22 63
Bedienungspersonalüberlassung 65 35
Bedingung
– Aufhebungsvertrag 49 62
– Entlassung, anzeigepflichtige 50 20
– Kündigungserklärung 42 11
– Verhältnis zu Änderungskündigung 46 26
Bedingung, auflösende 41 126 f.
– Feststellungsklage 41 157 f., 159
– Form 41 127
– Klagefrist 41 157, 158, 166
– prozessuale Geltendmachung Un-/Wirksamkeit 41 157 f.
– tarifvertragliche Regelung 41 131
– unwirksame 41 129
Bedingungskontrollklage 41 157 f.
– Klageantrag 41 161
– Klagefrist 41 157, 158, 166
– Rechtsfolgen 41 167
– Streitgegenstand 41 163
Bedrohung, Auflösungsgrund 48 343
Beeinflussung, Auflösungsgrund 48 343
Beeinträchtigung
– Arbeitsablauf 60 18
– Betriebsfrieden 60 18

3209

Sachverzeichnis

fette Zahlen = Paragrafen

Beendigung
- Altersteilzeitvertrag **74** 62
- Anstellungsvertrag Geschäftsführer **80** 84 f.
- Anstellungsvertrag Vorstandsmitglied **81** 66 f.
- Betriebsratsamt **59** 37
- Betriebsvereinbarung **63** 27, 65
- Geringfügige Beschäftigung **75** 42
- Organstellung Vorstandsmitglied **81** 58 f.
- Regelungsabrede **63** 72
- Teilzeitarbeitsverhältnis **72** 65 f.

Beendigung, isolierte, Organstellung als Geschäftsführer **80** 29

Beendigung, rückwirkende, Arbeitsverhältnis **49** 3

Beendigung, vertragswidrige
- Schadenspauschalierung **10** 266
- Vertragsstrafe **10** 266

Beendigung, vorzeitige, Familienpflegezeit **28** 67

Beendigungsklausel
- Arbeitgeberdarlehen **20** 182
- Formulierungsmuster Arbeitgeberdarlehen **20** 182

Beendigungskündigung
- Abgrenzung zu Änderungskündigung **46** 19
- Anrufungsfrist verlängerte **48** 245

Beendigungsvereinbarung, Inhaltskontrolle **10** 158

Befangenheit, Besorgnis der 77 262, 263

Befristung
- ältere Arbeitnehmer nach § 14 Abs. 3 TzBfG **41** 39, 42
- im Anschluss an Ausbildung/Studium **41** 54
- Anschlussverbot **41** 26
- Arbeitnehmerwunsch **41** 96
- Arbeitsverhältnis **41** 1 f., 173 f.
- Arbeitszeit, erhöhte **41** 123
- Arzt in Weiterbildung **41** 195 f.
- Aufhebungsvertrag **49** 62
- auflösende Bedingung **41** 126 f.
- Begründung **41** 8
- bei/nach Erreichen des Renteneintrittsalters **41** 89
- Berufsstart **41** 54
- Beteiligungsrecht Betriebsrat **41** 149 f.
- Beurteilungszeitpunkt **41** 19
- Checkliste **41** 1
- Doppelbefristung **41** 16
- bei Drittmittelfinanzierung **41** 110
- Eigenart der geschuldeten Leistung **41** 64 f.
- während Elternzeit **41** 174
- Entlassung, anzeigepflichtige **50** 20
- zur Erprobung **41** 73 f., 75
- Existenz-/Unternehmensgründung **41** 36
- fehlerhafte Einordnung Vertragsverhältnis **7** 2
- Form **10** 16
- Forschung **41** 177 f.
- Fortsetzung nach **41** 137, 138, 139
- gerichtlicher Vergleich **41** 104
- Haushaltsbefristung **41** 97 f.
- Hochschulbereich **41** 177 f.
- Interessenausgleich **58** 50
- Klagefrist **41** 157, 158, 165
- Kündigung während **41** 145
- auf Lebenszeit **41** 18
- Leiharbeitsverhältnis **41** 206; **66** 85 f.
- während Mutterschutzzeit **41** 174
- nachträgliche **46** 168
- Nebenbeschäftigung/-tätigkeit **41** 91
- § 14 Abs. 1 Satz 1 TzBfG **41** 110
- § 14 Abs. 1 Satz 2 Nr. 7 TzBfG **41** 97 f.
- § 14 Abs. 1 Satz 2 Nr. 8 TzBfG **41** 104
- § 14 Abs. 2 Satz 3, 4 TzBfG **41** 44
- § 14 Abs. 2 TzBfG **41** 24 f.
- § 14 Abs. 2a TzBfG **41** 36
- § 14 Abs. 3 TzBfG **41** 39
- § 16 TzBfG **41** 135 f.
- § 21 BEEG **41** 174
- personenbedingte Sachgründe **41** 79 f.
- Projektbefristung **41** 48 f., 52
- prozessuale Geltendmachung Un-/Wirksamkeit **41** 157 f.
- Rechtsfolge unwirksamer **41** 135
- Rechtsfolge wirksamer **41** 137
- Regelung, vertragliche **41** 7
- sachgrundlose nach WissZeitVG **41** 183 f.
- mit sachlichem Grund **41** 47 f., 174, 177, 190, 195
- ohne sachlichen Grund **41** 23 f., 183 f.
- Schriftform **41** 7, 25
- sonstige sachliche Gründe **41** 110
- soziale Erwägungen **41** 92
- Sozialplan **58** 165
- tarifvertragliche Regelung **41** 44, 111
- TzBfG **41** 1 f., 23 f.
- Übertragung anderer Tätigkeit **41** 123
- Übertragung höherwertiger Tätigkeit **10** 201
- unwirksame **41** 135
- unzulässiges Berufen auf **41** 144
- Urlaubsanspruch Heimarbeiter **27** 222
- Vertragsbedingung, einzelne **41** 119 f.
- Vertretung **41** 59
- Vertretungskraft gem. § 6 Abs. 1 PflegeZG **28** 60
- vorübergehender Arbeitskräftebedarf **41** 48 f.
- Widerspruch der Fortsetzung nach **41** 138, 140
- Wiedereinstellungsanspruch **41** 142
- WissZeitVG **41** 177 f.
- Zeitbefristung **41** 11
- Zweckbefristung **41** 12

Befristungsabrede
- Beweislast **41** 172
- Feststellungsklage **41** 157 f., 159
- Formulierungsmuster **25** 50
- Inhaltskontrolle **25** 45
- Mitbestimmungsrecht **25** 49
- Vergütungsbestandteile **25** 42 f.

Befristungskontrollklage 41 157 f.
- Beweislast **41** 172
- Klageantrag **41** 160
- Klagefrist **41** 157, 158, 165
- Rechtsfolgen **41** 167
- Rücknahme **41** 171
- Streitgegenstand **41** 162

magere Zahlen = Randnummern

Sachverzeichnis

Begrenzung
- Invaliditätsleistung 38 59
- Todesfallleistung 38 59

Begünstigungsverbot
- Betriebsrat 60 32
- Verstoß gegen 60 52

Behandeln, ungebührliches durch Vorgesetzte 44 72

Behandlung, einheitliche, freie Mitarbeiter/Arbeitnehmer 6 22

Behauptungen, wahrheitswidrige 33 51

Behinderte, Zusatzurlaub 27 198

Behinderung
- Abgrenzung zu Krankheit 10 73
- Befragung Bewerber 9 88
- Begriff 10 73
- Benachteiligungsverbot 9 4, 30; 10 73
- Betriebsratsarbeit 60 29
- Diskriminierungsverbot 10 73
- Einschränkung Direktionsrecht 12 34
- enge Verbindung zu Behindertem 10 73
- Offenbarungspflicht 9 100

Behördengang, Entgeltfortzahlung 24 210

Behördliche Zustimmung, Kündigungsfrist bei 48 142 f.

Beihilfe
- Begriff 26 1
- Zweck 26 2

Beiordnung 2 21
- Rechtsanwalt nach § 11a ArbGG aF 76 43
- Rechtsanwalt nach § 121 ZPO 76 23

Beisitzer, außerbetrieblicher, Vergütungsanspruch 1 84

Beistand, Arbeitsgerichtsprozess 76 49

Beitragsentrichtung zur Sozialversicherung 34 144

Beitragserhebung, Betriebsrat 62 1

Beitragsfestlegung, betriebliche Altersversorgung 37 72

Beitragsfreistellung, Direktversicherung 38 62

Beitragsrückstand, Auskunftsanspruch 38 9

Beitragszahlung, Altersversorgung, betriebliche 37 34

Beitragszusage 36 56, 73
- mit Mindestleistung 36 74
- reine 36 73

Beitragszusage mit Mindestleistung, Anpassungsprüfung laufender Versorgungsleistung 38 116

Bekenntnisfreiheit 1 13

Beklagter, Aufklärungspflicht 4 14

Bekleidungsindustrie, Arbeitnehmer-Entsendegesetz 68 62

Belästigung 33 20

Belästigung, sexuelle 33 19
- Kündigung, verhaltensbedingte 43 439
- Kündigungsgrund, außerordentlicher 44 61
- Leiharbeitnehmer 66 186
- Schutz vor 34 93

Belegschaft, Betriebsübergang 53 28

Belegschaftsreduzierung, Änderungskündigung 25 59

Belegschaftszahl, Aufklärungspflicht 4 18

Belehrung, Fristversäumnis nach § 56 Abs. 2 ArbGG 77 364

Belehrungspflicht 2 1
- Arbeitgebermandat 4 92 f.
- Arbeitnehmermandat 4 61 f.

Belehrungspflichtverletzung, Haftung bei 2 55

Beleidigung 33 21, 51
- Auflösungsgrund 48 340
- Kündigung, verhaltensbedingte 43 382
- Kündigungsgrund, außerordentlicher 44 47

Beleihung, Versorgungsleistung 37 127

Belohnung, Verstoß gegen Annahmeverbot 44 88

Benachrichtigungspflicht
- Arbeitsverhinderung 33 71
- vorzeitiges Ende der Schwangerschaft 33 73

Benachrichtigungsschein 48 124

Benachteiligung s a Diskriminierungsverbot
- Generalklausel 10 166
- Gerichtsstand 77 228
- Schutz vor 34 93

Benachteiligung, mittelbare
- AGG 10 37
- Stellenausschreibung 9 12

Benachteiligung, unmittelbare, AGG 10 37

Benachteiligungsmerkmale 9 4; 10 35
- Beweislast Stellenausschreibung 9 5
- Kausalität 9 6

Benachteiligungsverbot
- Aufhebungsvertrag 39 356
- Betriebsrat 60 30
- Gefahrgutbeauftragter 45 282
- Sicherheitsbeauftragter 45 281
- Stellenausschreibung 9 4 f.
- Teilzeitarbeit 72 21, 25
- Verstoß gegen 60 52

Benutzungsrechtsvorbehalt, Arbeitnehmererfindung bei Auslandsfreigabe 16 74

Beratung
- Arbeitgeber/Betriebsrat bei Entlassungen 50 30
- Aufklärungspflichten bei Anwaltswechsel 2 48
- Betriebsrat/Arbeitgeber 61 23
- Tarifvertragsrecht 67 1

Beratung, außergerichtliche
- Beratungshilfe 2 25
- Statistik 1 3

Beratungshilfe 2 25; 76 44
- Hinweispflicht des Rechtsanwalts 76 42

Beratungskosten, Betriebsrat 62 18

Beratungspflicht 2 1
- Arbeitgebermandat 4 92 f.
- Arbeitnehmermandat 5 61 f.

Beratungsrecht
- Betriebsrat 61 21
- Betriebsrat bei Personalplanung 9 37
- Verletzung 61 27

Bereicherungsrecht, Rückzahlungsklausel 26 79

Bereitschaftsarzt, Abgrenzung Arbeitnehmer/Freier Mitarbeiter 6 59

Bereitschaftsdienst
- Ausgleichszeitraum 14 15
- Begriff 14 10
- Höchstarbeitszeit 14 13, 35

3211

Sachverzeichnis

fette Zahlen = Paragrafen

– Mitbestimmung Betriebsrat **14** 112
– Stufenmodell zur Arbeitszeitverlängerung **14** 14, 15, 16
Bereitschaftsdienst, ärztlicher, Abgrenzung Arbeitnehmer/Freier Mitarbeiter **6** 61
Bereitschaftszeit, Mindestlohn, gesetzlicher **19** 35
Bergbau, Rechtsquellen **1** 42
Bergbauspezialarbeiten, Arbeitnehmer-Entsendegesetz **68** 61
Berichterstattungpflicht, Arbeitnehmereigenschaft **6** 24
Berichtigung, Rubrum **45** 90
Berichtigungsanspruch, Arbeitszeugnis **51** 23, 28
Berichtspflicht 33 73
– Compliance **35** 12
Berufe, beratende, Abgrenzung Arbeitnehmer/Freier Mitarbeiter **6** 78
Berufsausbildung, Schlichtungsausschuss **1** 85
Berufsausbildung, qualifizierte 11 7
Berufsausbildungskosten 26 9
Berufsausbildungsverhältnis
– Aufhebungsvertrag **49** 29, 61, 64
– Form **10** 15
– Kündigungsfrist **48** 11
– Kündigungsfrist während Probezeit **40** 10
– Notenabrede **49** 343
– Schlichtungsverfahren **82** 148
– vorgerichtliche Streitbeilegung **77** 242 f.
Berufsausbildungsvertrag
– Aufhebung **49** 1
– Dokumentationspflicht **10** 119
Berufsausübung, gemeinschaftliche
– Haftung bei **2** 63
– Widerstreitende Interessen **2** 14
Berufsausübungsverbot, Entgeltfortzahlung **24** 225
Berufsbildung, Abgrenzung Arbeitnehmer/Freier Mitarbeiter **6** 34 f.
Berufserfahrung
– Befragung Bewerber **9** 65
– Eingruppierung **21** 24
Berufsfreiheit 1 13; **35** 87
Berufsgenossenschaft 17 116
Berufshaftpflichtversicherung 2 26
Berufsjahre, Stellenausschreibung **10** 83
Berufskrankheit, Begriff **17** 131
Berufsschulferien, Jugendurlaub **27** 191
Berufssportler, Abgrenzung Arbeitnehmer/Freier Mitarbeiter **6** 76
Berufsstart, Arbeitsverhältnis, befristetes **41** 54
Berufsunfähigkeit
– Aufhebungsvertrag **49** 76
– auflösende Bedingung **49** 76
– Versorgungsleistung bei **37** 63
Berufsverbandsprinzip 67 11
Berufung 77 488 f.
– Ablehnung Gerichtsperson **77** 552
– Anschlussberufung **77** 542
– Anträge **77** 523
– auf Auflösungsantrag beschränkte **48** 317
– Beantwortung **77** 541
– Beantwortungsfrist **77** 513, 541

– Begrenzung auf Abfindungshöhe **48** 370
– Begründung **77** 522 f.
– Begründungsfrist **77** 513
– Berufungsschrift **77** 518
– Beschränkung **77** 560
– Beschwer, formelle/materielle **77** 491
– Beschwerdewert **77** 497 f.
– Bestandsschutzstreitigkeit **77** 559
– Beweisaufnahme **77** 553
– Erledigung der Hauptsache **77** 546
– Form **77** 518
– Frist **77** 509
– Fristversäumnis **77** 512
– Klagerücknahme in der **77** 545
– Notfrist **77** 511
– persönliches Erscheinen **77** 554
– Prozesskostenhilfe **77** 555
– Rücknahme **77** 544
– schriftliches Verfahren **77** 557
– Statthaftigkeit **77** 490 f.
– Statthaftigkeit bei 2. Versäumnisurteil **77** 495
– Statthaftigkeit in Bestandsstreitigkeit **77** 494
– Statthaftigkeitsprüfung **77** 547
– Unterschrift **77** 519
– Urteil **77** 564
– Verfahrensregelungen **77** 550 f.
– Verlängerung Begründungsfrist **77** 514
– Versäumnisverfahren **77** 558
– Verwerfung **77** 548
– Verzicht **77** 543
– Zulässigkeitsprüfung **77** 547
– Zulassung **77** 504
– Zulassungsgründe **77** 508
– Zurückweisung verspäteten Vorbringens **77** 561
Berufungsbegründung 77 522 f.
– Anforderungen **77** 531
– Rüge fehlerhafter Tatsachenfeststellung **77** 537
– Rüge nicht abgesetzten Urteils **77** 538
– Rüge Rechtsverletzung **77** 534
– Zweites Versäumnisurteil **77** 540
Berufungsgericht, Bindung bei Zurückverweisung der Revision **77** 654
Berufungsurteil
– sofortige Beschwerde wegen verspäteter Absetzung **77** 656
– Zwangsvollstreckung **77** 711 f.
Besatzungsmitglied s a Seearbeitsgesetz
– Befristung Urlaubsanspruch **27** 244
– Erkrankung während Urlaub **27** 250
– Ort der Urlaubsgewährung **27** 243
– Reisekosten Urlaubsort/Ort der Wiederaufnahme des Dienstes an Bord **27** 248
– Urlaubsabgeltung **27** 255
– Urlaubsanspruch **27** 232 f., 233, 235
– Urlaubsdauer **27** 237
– Urlaubsentgelt **27** 251
– Urlaubsgewährung **27** 240
Beschäftigtendatenschutz 35 250f
Beschäftigter, sozialversicherungsrechtlicher Begriff **6** 103

3212

magere Zahlen = Randnummern **Sachverzeichnis**

Beschäftigung
- ausl. Arbeitnehmer in Deutschland 11 104 f.
- befristete 41 2 f., 6
- dauerhafte B. ausl. Arbeitnehmer in Deutschland 11 108
- Entsendung ins Ausland 11 110
- leidensgerechte 34 12
- leidensgerechte Schwerbehinderter 24 279
- Leistungsklage auf vertragsgemäße 12 70
- Streitwert 3 57

Beschäftigungs- und Qualifizierungsgesellschaft
- Aufhebungsvertrag bei 49 341
- bei Betriebsübergang 54 188 f.
- Transfersozialplan 58 146

Beschäftigungsanspruch 34 85
- Verfügung, einstweilige 77 703
- Vollstreckung 77 718

Beschäftigungsausübung, EU-Angehörige 11 67

Beschäftigungsbedürfnis
- Beweislast Wegfall 43 138
- dringendes betriebliches Erfordernis zum Wegfall des 43 142
- Wegfall 43 131

Beschäftigungsfördernder Sozialplan s Transfersozialplan

Beschäftigungsförderung, Vorschläge Betriebsrat 58 149

Beschäftigungsgarantie
- Günstigkeitsvergleich 70 51
- Interessenausgleich 58 29

Beschäftigungslandprinzip
- DBA 11 199
- Sozialversicherung 11 171

Beschäftigungsmöglichkeit
- anderweitige 43 143, 144
- Angebot 43 159
- Unterlassen der Anbietung 43 155

Beschäftigungsmöglichkeit, unsichere, Informationspflicht des Arbeitgebers 34 117

Beschäftigungspflicht 34 85
- Schwerbehinderte 34 53

Beschäftigungssicherung, Betriebsänderung 58 39

Beschäftigungsverbot 10 7
- Mutterschutz 34 38, 39, 40
- unlautere Abwerbung 9 51

Beschäftigungsverhältnis, sozialversicherungsrechtlicher Begriff 6 103

Beschäftigungsverhältnis, befristetes, Vertretungskraft für Freistellung infolge Pflegefall 28 60

Beschäftigungszeiten, Teilzeitarbeitnehmer 72 34

Bescheinigung, ärztliche
- Arbeitsunfähigkeit 24 60
- Jugendlicher bei Beendigung Arbeitsverhältnis 52 6

Beschleunigungspflicht, Bestandsschutzverfahren 77 321

Beschluss
- Einstellung Zwangsvollstreckung 77 482
- Entscheidung über Ablehnungsgesuch 77 269
- Entscheidung über Nichtzulassungsbeschwerde 77 610

- Verkündung 77 425 f., 429
- vorläufige Vollstreckbarkeit 77 459

Beschlussfassung
- Betriebsrat 59 84 f., 90
- Einigungsstellenverfahren 64 44

Beschlussverfahren 78 1 f.
- Abgrenzung zu Urteilsverfahren 78 3, 16
- Amtsermittlungsgrundsatz, eingeschränkter 78 69
- Anhörung 78 64
- Anhörung per Videokonferenz 78 67
- Anschlussrechtsbeschwerde 78 107
- Antrag 78 47, 50 f.
- Antrag auf Vornahme einer unvertretbaren Handlung 78 56
- Antragsänderung 78 60
- Antragsbefugnis 78 39 f.
- Antragschrift 78 49
- Antragsgegner 78 45
- Antragsrücknahme 78 62
- Antragsteller 78 23
- Antragsteller, weiterer 78 46
- Aufklärungspflicht 78 70
- Beschluss 78 77
- Beschwerde 78 73
- Beschwerdeverfahren 78 88 f., 98
- Bestellung Einigungsstellenvorsitzender 1 83
- Beteiligte 78 20 f.
- Beteiligungsbefugnis 78 25 f.
- Einleitung 78 48
- Entscheidung im 78 77 f.
- Erledigterklärung 78 75, 100
- Feststellung Tariffähigkeit 69 8
- Feststellung Tendenzcharakter 78 55
- Feststellungsantrag 78 51, 54
- Globalantrag 78 52
- Güteverfahren 78 64
- Insolvenzordnung 78 132
- Konfliktbearbeitung/-lösung 82 136
- Kosten 78 133; 79 1
- Kostenentscheidung 78 79
- Kostenerstattung, materiell-rechtlicher 79 25
- Kostentragung 79 24
- Leistungsantrag 78 51
- Nichtzulassungsbeschwerde 78 108
- örtliche Zuständigkeit 1 70
- Prozesskostenhilfe 76 6
- Rechtsbeschwerde 78 103
- Rechtskraft 78 80
- Rechtsschutzinteresse 78 57
- Sprungrechtsbeschwerde 78 109
- Streitigkeit bei Auflösung Tarifkollision 78 124
- Streitigkeit bei Besetzung Einigungsstelle 78 125 f.
- Streitigkeit um Allgemeinverbindlicherklärung 78 122
- Streitigkeit um Tariffähigkeit/-zuständigkeit 78 121
- Streitwert 3 127 f.
- Unterlassungsanspruch bei rechtwidrigem Eingriff in Koalitionsfreiheit 70 99
- Untersuchungsgrundsatz 78 68

3213

Sachverzeichnis

fette Zahlen = Paragrafen

- Verfahren erster Instanz **78** 64 f.
- Verfahren im dritten Rechtszug **78** 103 f.
- Verfahren im zweiten Rechtszug **78** 88 f.
- Verfahrensvertretung **76** 54 f.
- Verfahrenswert **78** 134
- Verfügung, einstweilige **78** 87
- Vergleich **78** 74
- Versäumnisentscheidung **78** 64
- Wiederholung Gesetzestext **78** 53
- Zurückweisung verspäteten Vorbringens **78** 72
- Zuständigkeit **78** 1
- Zuständigkeit, örtliche **78** 63
- Zustellung **78** 78
- Zustellung Antragsschrift **78** 61
- Zwangsvollstreckung **77** 711; **78** 85

Beschlussverfahren 1. Instanz, Verfahrensvertretung **76** 54

Beschlussverfahren 2. Instanz, Verfahrensvertretung **76** 56

Beschlussverfahren 3. Instanz, Verfahrensvertretung **76** 57

Beschwer, Berufung **77** 491

Beschwerde
- Anschlussbeschwerde **78** 97
- Behandlung von **34** 145
- gegen Beschlüsse/Verfügungen im Beschlussverfahren **78** 73
- Beschwerdebefugnis **78** 90
- Beschwerdebegründung **78** 93
- Beschwerdefrist **78** 92
- Beschwerdeschrift **78** 91
- Deckungsablehnung **3** 240
- Einlegung **78** 89
- Entscheidung über **78** 102
- Rücknahme **78** 96
- Unterzeichnung Beschwerdebegründung **78** 94
- Verwerfung **78** 95

Beschwerde, sofortige 77 661
- Beschluss über Zulässigkeit des Rechtsweges **48** 37
- Prozesskostenhilfe-Beschluss **76** 34
- verspätete Absetzung Berufungsurteil **77** 656

Beschwerderecht
- Datenerhebung/-verarbeitung/-nutzung **35** 294
- nach § 13 AGG **82** 99
- nach §§ 84, 85 BetrVG **82** 90
- Verfahren **34** 145

Beschwerdestelle
- betriebliche **82** 90
- Compliance **35** 28
- Inanspruchnahme nach § 13 AGG **66** 185
- innerbetriebliche **82** 343

Beschwerdestellenmitglied, Kündigungsschutz **45** 193

Beschwerdeverfahren 77 661
- Durchführung **78** 98
- Entscheidung über Beschwerde **78** 102
- Erledigterklärung **78** 100
- Gerichtsgebührenstreitwert **77** 740
- Kostentragungspflicht **79** 30
- Streitwert Rechtsanwaltsgebühren **77** 747

- Zurückverweisung **48** 40
- zweiter Rechtszug Beschlussverfahren **78** 88 f., 98

Beschwerdeverfahren, betriebliches 82 90 f.
- Abgrenzung zu Mediation **82** 95

Beschwerdewert, Berechnung bei Berufung **77** 497 f., 503

Beseitigungsanspruch
- Arbeitnehmerüberwachung, unzulässige **35** 226
- Datenerhebung/-verarbeitung/-nutzung, unerlaubte **35** 290
- unlautere Abwerbung **9** 51

Besitzrecht 16 7

Besitzstand, Eingriff in **40** 56

Besitzstandsklausel 70 46

Besorgnis der Befangenheit 77 262, 263
- Ablehnungsverfahren **77** 267
- rügelose Einlassung **77** 264

Bestandsgarantie, Koalition **71** 29

Bestandsschutz
- Kündigungsschutz **43** 50
- Versorgungsanwartschaft **40** 15
- Versorgungsleistung **40** 10

Bestandsschutzstreitigkeit, Beschleunigung im Berufungsverfahren **77** 559

Bestandsschutzverfahren
- Aufforderung zur Klageerwiderung **77** 326
- Beschleunigungspflicht **77** 321
- Güteverhandlung **77** 324
- Kammertermin **77** 325
- Stellungnahme zur Klageerwiderung **77** 329
- Vorbereitung **77** 320
- Vorrang **77** 320

Bestandsstreitigkeit
- Klagehäufung **3** 65
- Regelstreitwert **3** 61
- Sonderkündigungsschutz **3** 64
- Statthaftigkeit der Berufung **77** 494
- Streitwert **3** 59 f.
- Streitwert Arbeitsvergütung **3** 76
- Streitwertrahmen **3** 61

Bestätigungsschreiben, Rechtsanwaltsgebühren **2** 6

Bestechlichkeit, Kündigungsgrund, außerordentlicher **44** 87

Bestellung Einigungsstellenvorsitzender 1 83

Bestellung Geschäftsführer 80 2
- Beendigung, isolierte **80** 29
- Koppelungsklausel **80** 53, 54
- Widerruf **80** 6, 90
- Zuständigkeit **80** 4

Bestellung Vorstandsmitglied 81 1, 10 f., 11
- Beschlussfassung **81** 12
- Dauer **81** 13
- Koppelungsklausel **81** 29
- Widerruf **81** 58, 62
- wiederholte/Verlängerung **81** 14
- Wirksamkeitsmangel **81** 15
- Zuständigkeit **81** 11, 19

Besteuerung
- Abfindung **48** 387 f.
- Direktversicherungsleistungen **36** 148

Sachverzeichnis

Besteuerung, nachgelagerte
- Direktzusage 36 120
- Pensionsfonds 36 168
- Pensionskasse 36 157
- Unterstützungskasse 36 131

Bestimmungsklausel, Abgrenzung zu Öffnungsklausel 70 57

Bestsellerparagraph 16 270

Betätigung
- gewerkschaftliche 60 28
- parteipolitische 60 22

Betätigung, politische, Störung Betriebsfrieden 43 390

Betäubungsmittel, Kündigung, verhaltensbedingte 43 387

Beteiligtenfähigkeit, Beschlussverfahren 78 20 f.

Beteiligungsbefugnis, Beschlussverfahren 78 25 f.

Beteiligungs-Holding, Schweigepflicht 30 22

Beteiligungsrechte s a Unterrichtung Betriebsrat
- bei Arbeitnehmerüberlassung 66 205 f., 209
- Auslegung, arbeitskampfkonforme 60 13
- Betriebsänderung 56 1, 8 f.
- Betriebsrat 61 1 f.
- Betriebsrat bei Altersteilzeit 74 65
- Betriebsrat bei Änderung der Tätigkeit 12 54 f.
- Betriebsrat bei Änderungskündigung 46 204 f.
- Betriebsrat bei Auslandstätigkeit 11 146
- Betriebsrat bei befristetem Arbeitsverhältnis 41 149 f.
- Betriebsrat bei Entlassungen 50 24 f.
- Betriebsrat bei Informationsbeschaffung 9 132
- Betriebsrat bei Konfliktmanagementsystem 82 350
- Betriebsrat bei Kündigung 47 1 ff.
- Betriebsrat bei Massenentlassung 46 42
- Betriebsrat bei Personalplanung 9 36
- Betriebsrat bei Punkteschema Sozialauswahl 46 183
- Betriebsrat bei Umgruppierung mit Änderungskündigung 46 210 f.
- Betriebsrat bei Versetzung mit Änderungskündigung 46 210 f.
- bei Betriebsübergang 54 142 f., 154 f.
- Durchsetzung bei Betriebsänderung 56 106; 57 93 f.
- Ein-/Umgruppierung 10 309
- Europäischer Betriebsrat 56 4, 191 f., 216 f.; 57 11, 25
- Existent eines Betriebsrats 56 14
- Informationsrechte 61 1 f.
- bei Massenentlassung 50 34
- Missachtung Beteiligungsrecht Betriebsrat 35 175
- Mitarbeitervertretung, kirchliche 47 104 f.
- Nachforschungen/Whistleblowing 35 163
- Nachteilsausgleich nach § 113 BetrVG 57 94 f.
- Ordnungswidrigkeit bei 56 178
- Organe bei Betriebsänderung 56 1 f.
- nach § 106 BetrVG 56 139 f.
- nach § 111 S. 1 BetrVG 56 8 f.
- nach § 111 S. 3 BetrVG 56 41 f.

- Personaleinstellung 10 296 f.
- Sicherung bei Betriebsänderung 57 93 f., 127
- Sprecherausschuss 56 4, 180 f.; 57 29
- Streit über 56 102
- Teilzeitarbeit 73 77
- Unternehmensgröße 56 9
- Verfahren nach § 23 Abs. 3 BetrVG 57 104
- Verhältnis betriebsverfassungsrechtlicher Organe 57 23
- Verletzung Anhörungspflicht 61 29
- Verletzung Beratungspflicht 61 27
- Verletzung Informationspflicht 61 20
- Vorschläge/Initiative Betriebsrat 61 31, 32

Beteiligungsverhältnisse, wechselnde, betriebliche Altersversorgung 36 15

Betreuung, pflegebedürftige nahe Angehörige 45 92, 109

Betrieb
- Begriff 43 67
- Begriff nach BetrVG 59 1
- Begriff nach § 17 KSchG 50 3
- Begriff nach § 613a BGB 53 9
- betriebsratsfähiger 59 2
- Jugend- und Auszubildendenvertretung 59 112
- Unternehmen mit mehreren 43 71

Betrieb, gemeinsamer
- Auflösung 59 16
- Begriff 59 9
- Betriebsrat 59 7
- Vermutung 59 12, 15

Betrieb, gewillkürter 59 21

Betriebliche Altersversorgung s Altersversorgung, betriebliche

Betriebliche Ordnung, Wahrung der 33 12 f.

Betriebliche Übung
- Aktienoptionen 20 98
- Anwesenheitsprämie 20 184
- Ausschluss-/Verfallfrist 22 139
- bei Begründung Arbeitsverhältnis 19 17
- betriebliche Altersversorgung 36 18, 25 f.
- Betriebsveranstaltungen 34 146
- doppelte Schriftformklausel 19 15
- Entgelt 19 11 f.
- fehlerhafte Einordnung Vertragsverhältnis 7 2
- Gewohnheitsrecht 1 34
- Gratifikation 20 125
- Schriftformklausel 1 35
- Tarifanwendung 1 29
- Urlaubsgeld 20 161
- Vergütung, zielorientierte 20 52
- Vergütungserhöhung 19 18
- Verweisung 68 83
- Widerruf 1 37

Betriebliche Übung, negative, Entgeltflexibilisierung 25 54

Betriebliches Eingliederungsmanagement s Eingliederungsmanagement, betriebliches

Betriebliches Vorschlagswesen s Vorschlagswesen, betriebliches

Betriebsablaufschwierigkeiten, Sozialauswahl 43 229

3215

Sachverzeichnis

fette Zahlen = Paragrafen

Betriebsabteilung, Sozialauswahl 43 186
Betriebsabteilungsstillegung, Kündigung, betriebsbedingte 43 288
Betriebsänderung 56 1 f.; 57 1 f.
– Abgrenzung zu Betriebsübergang 56 99
– Abgrenzung zu UmwG 56 70
– Abgrenzungen 56 98 f.
– Altersversorgung, betriebliche 58 182 f., 190
– Änderung betrieblicher Organisation 56 18
– Änderung Betriebsanlagen 56 76, 77
– Änderung Betriebsorganisation 56 72, 77
– Änderung Betriebsstruktur 56 71, 77
– Änderung Betriebszweck 56 75, 77
– Arbeitgebermandat 4 103
– Arbeitnehmerrechte 58 173
– Aufhebungsvertrag 49 130
– Ausgliederung 56 48
– Auswahlrichtlinien für Sozialauswahl 58 31
– Auswirkung auf Beteiligungsrechte 54 154
– Auswirkung auf betriebsverfassungsrechtliche Organe 54 161
– Begriff 56 18
– Beratung Betriebsrat 57 49
– Beschäftigungssicherung 58 39
– Beteiligung Amt für Arbeitssicherheit 58 180
– Beteiligung Integrationsamt 58 179
– Beteiligungsrecht Europäischer Betriebsrat 56 4, 191 f.; 57 11
– Beteiligungsrecht SE-Betriebsrat 56 216 f.; 57 25
– Beteiligungsrecht Sprecherausschuss 56 4, 180 f.; 57 29, 31
– Beteiligungsrechte 56 1, 8 f.
– Beteiligungsrechte Organe 56 1 f.
– betriebliche Folgen 58 182
– Betriebsrat bei Betriebs-/teilübergang 54 156, 162
– Betriebsratsberater 56 122 f.; 57 52
– Betriebsratsstruktur bei 58 182 f., 187
– Betriebsrente 58 182 f., 190
– Betriebsspaltung 56 64, 68
– Betriebsvereinbarung 58 182 f., 188
– Betriebsverlegung/-teilverlegung 56 44, 58
– Betriebszusammenschluss 56 64, 65
– Betroffenheit erheblicher Teile der Belegschaft 56 22 f.
– Checkliste Beratung 56 1
– Checkliste Konzeption 57 3
– Checkliste Unterrichtung/Beratung 57 10
– Dokumentation Unterrichtung Betriebsrat 57 48
– Durchsetzung Beteiligungsrechte 56 106; 57 93 f.
– Einführung neuer Arbeitsmethoden 56 79, 81, 82
– Einführung neuer Fertigungsverfahren 56 79, 81, 82
– Einschränkung Betrieb/-steil 56 42, 46
– einstweilige Verfügung auf Unterlassung der Umsetzung 56 106
– Entlassung Betriebsratsmitglied 58 181

– Erheblichkeit 56 22 f.
– Existent eines Betriebsrats 56 14
– Folgeregelungen 58 25, 43
– grenzüberschreitende 56 196, 216; 57 11, 25
– Insolvenzverfahren 57 88
– Interessenausgleich 43 248; 57 54 f.
– Interessenausgleich mit Namensliste 4 103; 46 189
– Kombination einzelner Tatbestände 56 84
– Kommunikation, interne 57 7
– Konzeption 57 4 f.
– Kündigung, betriebsbedingte 43 277
– Kündigungsverbot, befristetes 58 26
– Massenentlassungen 57 132
– Massenkündigung 58 176
– Mediationsverfahren bei 82 215, 218
– Mitbestimmungsrecht Betriebsrat 56 2, 7, 8 f.
– Mitwirkungsrechte 56 2 f.
– Möglichkeit wesentlicher Nachteile 56 32
– Nachteilsausgleich nach § 113 BetrVG 57 94 f.
– Namensliste nach § 1 Abs. 5 KSchG 58 30
– Namensliste nach § 125 InsO 58 38
– Ordnungswidrigkeit bei 57 105
– Personalabbau 56 49
– Pflichtverletzung bei Unterrichtung/Beratung 57 104
– Phasen 57 2
– Planung 57 4 f.
– Planungsstadium 56 34
– Schwerbehindertenvertretung 58 206
– Sicherung Beteiligungsrechte 57 93 f.
– Sozialplan 57 54 f.; 58 57 f.
– Stilllegung des Betriebs 56 42, 43
– Straftat nach § 119 Abs. 1 Nr. 2 BetrVG 57 106
– Streit über Vorliegen einer 56 102
– Streit um Tarifsozialplan 57 129
– unklare Kompetenzverhältnisse bei Unterrichtung 56 119
– Unterlassungsanspruch 57 114 f.
– Unternehmensgröße 56 9
– Unterrichtung Betriebsrat 55 13; 57 40 f.
– Unterrichtung Betriebsrat über geplante 56 87 f., 92
– Unterrichtung Wirtschaftsausschuss 54 159; 56 139 f.; 57 32
– Unterrichtungsform 56 97
– Unterrichtungsumfang 56 92
– Unterrichtungszeitpunkt 56 88
– Verfahren vor Einigungsstelle 56 103
– Verhältnis zu Insolvenz 56 101
– Verhältnis zu UmwG 56 100
– Verweigerung Beteiligungsrecht 56 178
– Verzögerungstaktiken 57 2
– Wirtschaftliche Angelegenheit 56 139 f.
– Wirtschaftsausschuss bei 54 167
– Zusicherungen 58 25
– Zuständigkeiten Unterrichtungspflicht 56 108 f.

Betriebsänderungstatbestand, Klärung, gerichtliche 56 102

Sachverzeichnis

Betriebsanlagen, beteiligungspflichtige Betriebsänderung 56 76, 77
Betriebsarzt
- Abgrenzung Arbeitnehmer/Freier Mitarbeiter 6 52
- Kündigungsschutz 45 276

Betriebsauflösung, Betriebsvereinbarung 63 28
Betriebsaufspaltung, Haftung bei 54 139
Betriebsausflug, Mitbestimmungsrecht Betriebsrat 23 14
Betriebsausschuss 59 64 f.
Betriebsbeauftragter für den Abfall
- Benachteiligungsverbot 45 273
- Kündigungsschutz 45 273

Betriebsbeauftragter für Gewässerschutz, Kündigungsschutz 45 274
Betriebsbeauftragter für Immissionsschutz, Kündigungsschutz 45 270
Betriebsbegriff, Sozialauswahl 43 184 f.
Betriebsbereich, Abmahnung bei Störung 18 13
Betriebsbezogenheit, Sozialauswahl 43 184 f.
Betriebsbuße 18 7
- Abgrenzung zu Abmahnung 16 58

Betriebseinschränkung
- beteiligungspflichtige Betriebsänderung 56 42, 46
- Interessenausgleich 58 12, 17
- Personalabbau 56 49
- Unterrichtung Wirtschaftsausschuss 56 155

Betriebseinstellung, Wirtschaftsrisiko 24 334
Betriebsferien, Nichtannahme Arbeitsleistung des Arbeitnehmers 24 276
Betriebsfest, Mitbestimmungsrecht Betriebsrat 23 14
Betriebsfrieden
- Beeinträchtigung 60 18
- Kündigung, verhaltensbedingte 43 388
- Störung 45 213
- Wahrung 33 20
- Zustimmungsverweigerung Betriebsrat bei Einstellung 10 320

Betriebsgeheimnis
- Aufhebungsvertrag 49 250
- Begriff 30 11; 56 171
- Gefährdung bei Unterrichtung Wirtschaftsausschuss 56 169
- nachvertraglicher Schutz 30 33 f.
- Schutz 30 5
- Streit über Vorliegen eines B. bei Unterrichtungspflicht 56 176
- Verrat von 30 23 f.

Betriebsgeheimnisverletzung
- Kündigung, außerordentlicher 44 49
- Kündigung, verhaltensbedingte 43 392

Betriebsgerätschaften, Arbeitsschutz 34 7
Betriebsinhaberwechsel
- Betriebsvereinbarung 63 30
- Gesamtbetriebsvereinbarung 63 33
- Konzernbetriebsvereinbarung 63 36

Betriebsinterna, Schweigepflicht 30 18
Betriebskantine, Mitbestimmungsrecht 23 168 f.

Betriebsleiter
- Begriff 43 63
- Kündigungsschutz nach KSchG 43 62
- nach § 14 Abs. 2 KSchG 48 356

Betriebsmethoden, Betriebsübergang 53 33
Betriebsmittel, Begriff 53 13
Betriebsmittel, materielle, Betriebsübergang 53 24
Betriebsmitteleinsatz, Abgrenzung Funktionsnachfolge/Betriebsübergang 53 41
Betriebsmittelnutzung, unerlaubte, Kündigungsgrund, außerordentlicher 44 74
Betriebsneueröffnung, Abgrenzung zu Betriebsverlegung 56 62
Betriebsordnung 35 30
- Compliance-Richtlinie 35 58
- Kündigung, verhaltensbedingte 43 393

Betriebsorganisation
- beteiligungspflichtige Betriebsänderung 56 72, 77
- Interessenausgleich bei Änderung 58 22, 23
- Unterrichtung Wirtschaftsausschuss bei Änderung 56 159

Betriebsrat
- Ablehnung Vertragsänderungsangebot 46 207
- Abrufarbeit 14 84
- Absehen von Stellungnahme zur Kündigung 47 74
- Amtszeit 59 34, 35
- bei Anfechtung Arbeitsvertrag 9 102
- Anhörung bei Änderungskündigung 46 205
- Anhörung bei außerordentlicher Kündigung 44 99
- Anhörung bei ordentlicher Kündigung Amtsinhaber 45 251
- Anhörung bei Sozialplan/Interessenausgleich 58 174, 175
- Anhörung bei Verdachtskündigung 44 156
- Anhörung vor Kündigung Arbeitnehmer 47 28
- Anhörungsrecht 61 21, 25
- Anspruch auf Betriebsratsberater 56 122 f.
- Anspruch auf Unterrichtung bei Betriebsänderung 56 113
- Arbeitnehmer, wahlberechtigte 59 3
- Arbeitnehmerbeschwerde wegen Abmahnung 18 52
- Arbeitsgruppe 59 71
- Arbeitskampfverbot 60 10 f.
- Arbeitszeitregelung Teilzeitarbeitnehmer 72 84
- Arbeitszeitverkürzung 14 68
- Arbeitszeitverlängerung 14 58
- Aufgabenteilung 59 56 f.
- Aufgabenübertragung/Widerruf an Arbeitsgruppe 59 71, 80
- Aufklärungspflicht 4 8
- Ausschuss, weiterer 59 70
- Auswahlrichtlinien 10 297
- Bedenken zur Kündigung 47 76
- Beendigung 59 37
- Behinderung, vorsätzliche 57 106
- Behinderung/Störung 60 29
- Beitragserhebung 62 1
- Beitragsverbot 62 1

Sachverzeichnis

fette Zahlen = Paragrafen

- Beratung mit Arbeitgeber **61** 23
- Beratung Personalplanung **9** 37
- Beratungsphase **57** 49
- Beratungsrecht **61** 21
- Beschäftigungssicherung **58** 39
- Beschluss zur Unterrichtung bei Kündigungen **47** 70
- Beschlussfähigkeit **59** 84
- Beschlussfassung **59** 84 f., 90
- Besprechung mit Arbeitgeber **60** 3
- Bestehen eines **47** 5
- Beteiligung an Personalplanung **50** 34
- Beteiligung bei Änderungskündigung **46** 204 f.
- Beteiligung bei Arbeitnehmerüberlassung **66** 205 f.
- Beteiligung bei Auslandsberührung **11** 146
- Beteiligung bei Bewerbung **9** 132
- Beteiligung bei Einstellung **10** 296 f., 306
- Beteiligung bei Entlassung Leitender Angestellter **50** 32
- Beteiligung bei Entlassungen **50** 24 f., 30
- Beteiligung bei Kündigung geringfügig Beschäftigter **75** 46
- Beteiligung bei Kündigungen **47** 1, 4 f.
- Beteiligung bei Massenentlassung **46** 42, 43; **50** 34
- Beteiligung bei Nachforschungen/Whistleblowing **35** 163
- Beteiligung bei Tätigkeitsänderung **12** 54 f.
- Beteiligungsbefugnis Beschlussverfahren **78** 31
- beteiligungspflichtige Betriebsänderung **56** 14
- Beteiligungsrecht bei Befristung **41** 149 f.
- Beteiligungsrecht bei Versetzung/Umgruppierung mit Änderungskündigung **46** 210 f.
- Beteiligungsrechte Altersteilzeit **74** 65
- Beteiligungsrechte bei Informationsbeschaffung **9** 132
- Betrieb, betriebsratsfähiger **59** 2
- Betrieb, gemeinsamer **59** 7
- Betrieb, gewillkürter **59** 21
- Betriebsausschuss **59** 64, 65
- Betriebsratsberater bei Betriebsänderung **57** 52
- Betriebsteil, selbständiger **59** 17, 18
- Betriebsteil, unselbständiger **59** 20
- bei Betriebs-/teilübergang mit Betriebsänderung **54** 156, 162
- bei Betriebsübergang ohne Betriebsänderung **54** 143
- Betriebsvereinbarung **63** 1
- Betriebsvereinbarung, erzwingbare **63** 15 f.
- Betriebsvereinbarung, freiwillige **63** 53 f.
- Checkliste Verhandlung mit Einigungsstelle bei Betriebsänderung **57** 53
- Dokumentation Unterrichtung **57** 48
- Durchführung Mitbestimmung **23** 229
- Durchführungsanspruch Interessenausgleich **58** 44
- Durchsetzung Beteiligungsrechte bei Betriebsänderung **56** 106
- Einbeziehung bei Umdeutung außerordentlicher Kündigung **44** 204
- Einlassungspflicht **60** 5

- Einsichtsrecht in Gehaltunterlagen **23** 21
- Einstellungsmaßnahmen, personelle **10** 301, 302
- Entlassungsverlangen **43** 299
- Entlohnungsgrundsätze **23** 5
- Entlohnungsmethoden **23** 5
- Erlöschen **59** 37
- Erörterungspflicht **60** 5
- Erzwingung Zustimmungsverfahren bei Ein-/Umgruppierung **21** 73
- Formulierungsmuster Ausschlussantrag **59** 43
- Formulierungsmuster Einstellungszustimmung **10** 311
- Formulierungsmuster Stellungnahme zur Einstellung **10** 321
- Formulierungsmuster Widerspruch gegen Kündigung **47** 89
- Formulierungsmuster Zustimmung zur Versetzung **12** 67
- Friedenspflicht **60** 9
- Funktionsfähigkeit **47** 11
- Geheimhaltungspflicht **60** 38
- Gesamtbetriebsrat **59** 96 f.
- Geschäftsführung **59** 82 f.
- Geschäftsordnung **59** 93
- Handlungsmöglichkeiten bei Ein- Umgruppierung **21** 57
- homepage **62** 61
- Informationsanspruch Teilzeitarbeit **72** 12
- Informationspflicht Ermittlungsmaßnahmen **35** 165
- Informationsrechte **61** 2
- Initiativrecht beim Entgelt **23** 213
- Initiativrecht betriebliches Vorschlagswesen **16** 205 f.
- Initiativrecht nach § 87 BetrVG **61** 43
- Initiativrecht Urlaubsgrundsätze **27** 97
- Initiativ-/Vorschlagsrecht **61** 31 f.
- Interessenausgleich bei Betriebsänderung **57** 40, 54 f.
- Interessenausgleich mit Namensliste **46** 190
- Konzernbetriebsrat **59** 105
- Kooperationspflichten **60** 1 f., 7
- Koppelungsgeschäfte **60** 8
- Kosten betriebsverfassungsrechtlicher Tätigkeit **62** 6, 42
- Kosten der Tätigkeit **62** 1 f.
- Kostentragungspflicht des Arbeitgebers **62** 4, 40 f., 64 f.
- Kurzarbeit **14** 68
- Lohngestaltung, betriebliche **23** 5
- mangelnde Beteiligung bei Entlassung **50** 33
- Massenkündigung **58** 176
- Maßnahmen, zustimmungspflichtige **61** 41 f.
- Mitbestimmung bei Bereitschaftsdienst **14** 112
- Mitbestimmung bei der Lage der Arbeitszeit **14** 109
- Mitbestimmung bei Einführung von gleitender Arbeitszeit **14** 111
- Mitbestimmung bei Pausenzeiten **14** 113
- Mitbestimmung bei Rufbereitschaft **14** 112
- Mitbestimmung betriebliche Ordnung **33** 14

magere Zahlen = Randnummern

Sachverzeichnis

- Mitbestimmung Punkteschema Sozialauswahl 46 183
- Mitbestimmungsrecht Aktienoptionen 20 121
- Mitbestimmungsrecht Änderungskündigung 46 217
- Mitbestimmungsrecht Auszahlungsart 22 7
- Mitbestimmungsrecht Bandbreitensystem 23 149 f., 160
- Mitbestimmungsrecht Befristungsabrede 25 49
- Mitbestimmungsrecht bei Betriebs-/teilverlegung 13 41
- Mitbestimmungsrecht bei Ein-/Umgruppierung 21 46 f., 51, 56
- Mitbestimmungsrecht bei Entgelt 23 1 f.
- Mitbestimmungsrecht bei Fälligkeitsfestlegung 22 18
- Mitbestimmungsrecht bei Verhaltenspflichten 15 8
- Mitbestimmungsrecht bei Versetzung 13 35
- Mitbestimmungsrecht betriebliche Altersversorgung 37 151
- Mitbestimmungsrecht betriebliches Vorschlagswesen 16 204 f., 208, 212
- Mitbestimmungsrecht Betriebsänderung 56 2, 7, 8 f.
- Mitbestimmungsrecht Betriebsordnung 35 58
- Mitbestimmungsrecht Compliance-Richtlinie 35 53 f.
- Mitbestimmungsrecht Compliance-Schulung 35 29, 64
- Mitbestimmungsrecht Einsicht Bruttoentgeltliste 23 221
- Mitbestimmungsrecht Homeoffice 13 18
- Mitbestimmungsrecht Lohngestaltung 23 39 f.
- Mitbestimmungsrecht Sozialeinrichtungen 23 168 f.
- Mitbestimmungsrecht Urlaub 27 95 f.
- Mitbestimmungsrecht Vergütungsregelung bei Auslandsentsendung 23 165
- Mitbestimmungsrecht zielorientiertes Vergütungssystem 23 131 f., 136
- Mitbeurteilungsrecht Ein-/Umgruppierung 10 309
- Mitteilung Vertragsänderungsangebot an 46 206
- Mittel, eigene 62 1
- Nachschieben von Gründen bei Ein-/Umgruppierung 21 64
- Neutralitätspflicht 60 21
- Personalfragebogen 9 132
- politische Betätigung 60 22
- Reaktionen auf Unterrichtung bei Kündigungen 47 69
- Rechte bei Abmahnung 18 24
- Regelungsabrede 63 68
- Regelungsinstrumente 63 1 f.
- Restmandat 59 49
- Schwarzes Brett 62 61
- Seebetriebsrat 27 242
- Sozialplan bei Betriebsänderung 57 40, 54 f.
- Sparten-Betriebsrat 59 26
- Spendensammlung 62 1, 3
- Stellenausschreibung, interne 9 39
- Stellungnahme zur Entlassungsanzeige 50 48, 57
- Stellungnahme zur Unterrichtung bei Kündigungen 47 71
- Streitigkeit über Betriebsratsfähigkeit 59 29
- Streitwert Auflösung 3 130
- Streitwert Sachmittel 3 148
- Streitwert Unterlassungsanspruch 3 152
- Streitwert Zutrittsrecht 3 154
- Übergangsmandat 59 44
- Überstunden 14 58
- bei Umwandlung 56 100
- unterlassene Äußerung zur Ein-/Umgruppierung 21 64
- Unterlassungsanspruch Überstundenanordnung 14 61
- Unterlassungsanspruch zur Sicherung Mitbestimmungsrecht 23 244
- unternehmenseinheitlicher für alle Betriebe eines Unternehmens 59 23
- Unterrichtung bei Anhörung vor Kündigung 47 28 f., 35
- Unterrichtung bei Betriebsänderung 57 40 f.
- Unterrichtung bei Betriebsübergang/-änderung 55 13
- Unterrichtung bei Ein-/Umgruppierung 21 52
- Unterrichtung Personalplanung 9 36
- Unterrichtungsphase 57 43
- Verhaltenspflichten 60 1 f.
- Vertretung 59 56
- Vertretung im Einigungsstellenverfahren 64 31
- Vorschläge zur Beschäftigungsförderung/-sicherung 58 149
- Vorschlagsrecht Personalplanung 9 38
- Wählbarkeit 59 6
- Widerspruch Kündigung 47 79 f.
- Widerspruchsrecht 61 21
- Widerspruchsrecht bei Änderungskündigung 46 207
- Widerspruchsrecht bei Teilzeitarbeit 72 16
- Zusammenarbeit mit Arbeitgeber 60 1 f.
- für zusammengefasste Betriebe 59 25
- Zuständigkeit Mitbestimmungsrecht 23 239
- Zustimmung zur Einstellung 10 312
- Zustimmung zur Ein-/Umgruppierung 21 57
- Zustimmungserklärung zur Kündigung 47 73
- Zustimmungspflicht bei Kündigung 47 67
- Zustimmungsverweigerung zu Einstellung 10 322 f.
- Zustimmungsverweigerung zur Einstellung 10 312 f., 321
- Zustimmungsverweigerung zur Ein-/Umgruppierung 21 58 f., 65
- Zustimmungsverweigerungsrecht 10 301
- Zuwendungen Dritter 62 2

Betriebsrat, europäischer s Europäischer Betriebsrat

Betriebsrat, tarifvertraglicher, Anspruch auf Unterrichtung über Betriebsänderung 56 118

Sachverzeichnis

fette Zahlen = Paragrafen

Betriebsratsanhörung
- Arbeitgebermandat 4 102
- Aufklärungspflicht 4 29

Betriebsratsarbeit, Behinderung/Störung der 60 29

Betriebsratsberater 56 122 f.
- Anzahl 56 129
- Begriff 56 126
- Beratungsumfang 56 131
- beteiligungspflichtige Betriebsänderung 56 125
- bei Betriebsänderung 57 52
- Erforderlichkeit 56 133
- Haftung 56 134
- interner 56 127
- Kostentragung 56 134
- Rechtsstellung 56 136
- Unternehmensgröße 56 123
- Verhältnis zu sonstigen Informationsrechten 56 138

Betriebsratsbeschluss 59 84 f., 90
- Aussetzung 59 92
- Beschlussfassung 59 90

Betriebsratschulung, Streitwert **3** 150

Betriebsratsfähigkeit
- Feststellungsantrag 59 32
- Kleinstbetrieb 59 17, 20
- Nebenbetrieb 59 17
- Streitigkeit über 59 29

Betriebsratskosten 62 1 f.
- Anwaltskosten 62 22, 32
- Beratungskosten 62 18
- Betriebsmittel 62 60
- Büropersonal 62 44, 45
- Erforderlichkeit 62 8, 43
- Fachliteratur 62 51
- Hard-/Software 62 57
- Informations-/Kommunikationstechnik 62 55 f.
- Internet/e-mail 62 59
- Kostentragungspflicht Arbeitgeber 62 4 f., 40 f., 64 f.
- Lebensführung, private 62 35
- Mobil-/Telefon 62 58
- Personalkosten 62 44, 45
- Prozesskosten 62 22
- Raumkosten 62 44, 49
- Reisekosten 62 10
- Sachaufwand/-mittel 62 40 f.
- Sachverständigenkosten 62 14
- Schulungsaufwand 62 63 f.
- Streitigkeit über 62 36, 62, 77
- Telefax 62 56
- Verhältnismäßigkeit 62 9, 43

Betriebsratsmitglied
- Abgrenzung Beschluss-/Urteilsverfahren 78 7
- Altersteilzeiter 74 64
- Amtsniederlegung 59 37
- Amtspflichtverletzung 45 212
- Amtszeit 59 34, 37
- Änderungskündigung 46 50
- Anzahl 59 56
- Auflösungsantrag 48 348
- Ausschlussantrag 59 43

- Ausschlussfrist außerordentliche Kündigung 45 211, 240
- Ausschlussfrist Kündigung 44 184
- Ausschlussverfahren 45 212
- Begünstigungsverbot 60 32
- Behinderung/Störung 60 29
- Benachteiligungsverbot 60 30
- Beteiligungsbefugnis Beschlussverfahren 78 30
- Entgeltfortzahlung bei Schulung 62 73
- Entlassung bei Betriebsänderung 58 181
- Freikündigung Arbeitsplatz für 45 247
- Freistellung Teilzeitarbeitnehmer 72 83
- Freizeitausgleich 62 77
- Geheimhaltungspflicht 60 38
- geringfügig Beschäftigter 75 52
- gewerkschaftliche Betätigung 60 28
- Kostenerstattung 62 64 f., 65, 69
- Kündigung, außerordentliche 45 209 f.
- Kündigung in der Insolvenz 45 241
- Kündigung, ordentliche 45 241 f.
- Kündigungsschutz 45 191 f., 198
- Pflichtverletzung 45 212
- politische Betätigung 60 22
- Schulungskosten 62 63 f.
- Schweigepflicht 30 75
- Streitigkeit Entgeltfortzahlung bei Schulungen 62 77
- Streitwert Ausschluss 3 131
- Streitwert Freistellung 3 137
- Teilzeitarbeitnehmer 72 33, 82
- Übernahmepflicht 45 247
- Verlust der Wählbarkeit 59 38
- Zumutbarkeitsprüfung außerordentliche Kündigung 45 210
- Zutrittsrecht während Arbeitskampf 60 17

Betriebsratsmitglied, schwerbehindertes, Kündigung, außerordentliche 45 177

Betriebsratssitzung 59 82
- Beschlussfassung 59 90
- Beschlussgegenstände, angekündigte 59 89
- Beteiligung Dritter 59 83
- Ladung 59 88
- ordnungsgemäße 59 87
- Tagesordnung 59 89

Betriebsratsstruktur bei Betriebsänderung 58 182 f., 187

Betriebsratsvorschlag
- Ablehnungsbegründung 61 39
- Anrufung Arbeitsgericht 61 35
- Anrufung Einigungsstelle 61 34
- Behandlung durch Arbeitgeber 61 33
- nicht erzwingbarer 61 38

Betriebsratsvorsitzender 59 57
- Betriebsratssitzung 59 82

Betriebsratswahl
- Kündigungsschutz bei Vorbereitung 45 193, 195, 197
- Streitwert 3 128
- Wählbarkeit 59 6
- Wahlberechtigung 59 3

Betriebsratswahlrecht, geringfügig Beschäftigter 75 51, 52

magere Zahlen = Randnummern

Sachverzeichnis

Betriebsratszustimmung
- Formulierungsmuster Antrag auf 45 225
- Formulierungsmuster Antrag Zustimmungsersetzungsverfahren 45 229
- Kündigung Amtsinhaber/Betriebsratsmitglied 45 216 f.
- nachträgliche 45 223
- Verfahren 45 217
- Zustimmungsersetzungsverfahren 45 226

Betriebsräume, Arbeitsschutz 34 7

Betriebsrente
- Anrechnung auf Karenzentschädigung 32 104
- bei Betriebsänderung 58 182 f., 190
- Nichtaufnahme Konkurrenztätigkeit 32 63
- Sozialversicherungspflicht 36 121

Betriebsrente, vorzeitige 38 98

Betriebsrisiko, Entgeltfortzahlung 24 332 f.

Betriebsschließung
- Änderungskündigung 25 59
- Entgeltfortzahlung bei COVID 24 248
- Kündigungsgrund 44 50
- Nichtannahme Arbeitsleistung des Arbeitnehmers 24 276

Betriebsspaltung
- Abgrenzung Umwandlung/Betriebsänderung 56 70
- Abgrenzung zu Bagatellausgründung 56 69
- Altersversorgung, betriebliche 58 182 f., 190, 202, 203
- beteiligungspflichtige Betriebsänderung 56 68
- Betriebsratsstruktur bei 58 183
- Betriebsübergang/Inhaberwechsel bei 53 75
- Interessenausgleich 58 20, 21
- Unterrichtung Wirtschaftsausschuss 56 157

Betriebsstilllegung 45 242
- Abgrenzung zu Betriebsübergang 43 295; 45 245; 53 32, 61
- Abgrenzung zu Betriebsunterbrechung 43 283
- Abgrenzung zu Betriebsverlegung 56 62
- beabsichtigte 43 282
- beteiligungspflichtige Betriebsänderung 56 42, 43
- Beweislast 43 289
- etappenweise 43 286
- geplante 44 119
- Interessenausgleich 58 12
- Kündigung, außerordentliche 44 117
- Kündigung, betriebsbedingte 43 280
- Sozialauswahl bei etappenweiser 43 175
- Übergang Betriebsteil bei 53 64
- Unterrichtung Europäischer Betriebsrat 57 15
- Unterrichtung Wirtschaftsausschuss 56 155
- Vergütungsanspruch bei Streik 24 266

Betriebsstörung
- Anzeigepflicht 33 38
- Betriebsrisiko 24 334

Betriebsstruktur, beteiligungspflichtige Betriebsänderung 56 71, 77

Betriebsteil, Begriff 53 12

Betriebsteil, selbständiger
- Begriff 59 18
- Betriebsrat 59 17, 18

Betriebsteil, unselbständiger 59 20

Betriebsteileingliederung, Betriebsvereinbarung 54 35

Betriebsteilstilllegung 53 64
- Kündigung, betriebsbedingte 43 280
- Unterrichtung Wirtschaftsausschuss 56 155

Betriebsteilübergang 53 12, 64
- Auswirkung auf Beteiligungsrechte 54 154
- Auswirkung auf betriebsverfassungsrechtliche Organe 54 161
- Betriebsrat bei Betriebsänderung 54 156, 162
- Einzelbetriebsvereinbarung 54 30
- Sozialauswahl widersprechende Arbeitnehmer 43 202
- Unterrichtung Wirtschaftsausschuss 54 159
- Zuordnung Arbeitsverhältnisse 53 52

Betriebsteilveräußerung, Einzelbetriebsvereinbarung 54 33

Betriebsteilverlegung 13 39
- beteiligungspflichtige Betriebsänderung 56 58, 61
- Unterrichtung Wirtschaftsausschuss 56 156

Betriebstreue
- Stellenausschreibung 10 83
- Stichtagsregelung 10 206

Betriebstreueleistung 20 134 f.
- Abwesenheitszeiten 20 147
- Bindungszeitraum 20 135
- Gratifikation 20 135
- Rückzahlungsklausel 20 142
- Stichtagsklausel 20 137
- Weihnachtsgeld 20 135

Betriebsübergang 53 1 f., s a Betriebsänderung
- Abfindung Versorgungsanwartschaft 38 75, 79
- Abgrenzung kleine/große dynamische Verweisung 68 123
- Abgrenzung zu Anwachsung 53 60
- Abgrenzung zu Betriebsänderung 56 99
- Abgrenzung zu Betriebsstilllegung 43 295; 45 245; 53 32, 61
- Abgrenzung zu Funktionsnachfolge/Outsourcing 53 37
- Abgrenzung zu Gesellschafterwechsel 53 59
- Ablösung Betriebsvereinbarung durch kollektive Regelung des Erwerbers 54 59
- Ablösung Tarifvertrag durch Tarifvertrag des Erwerbers 54 86
- Ähnlichkeit der Tätigkeiten 53 31
- Aktienoptionen 20 120; 54 10
- Anfechtung Widerspruch 55 131
- Annahmeverzugsrisiko des Veräußerers 55 129
- Ansprüche, individualrechtliche 54 21
- Anstellungsvertrag Geschäftsführer 80 76
- Anwartschaften ausgeschiedener Arbeitnehmer 39 20
- Arbeitgeberdarlehen 54 19
- Arbeitnehmererfindung 16 16; 54 20
- Arbeitnehmerüberlassung 53 47; 66 68
- Arbeitsorganisation 53 34
- Arbeitsverhältnis bei 10 21; 54 1 f., 21, 25
- Arbeitsverhältnisse, erfasste 53 44
- arbeitsvertragliche Rechte/Pflichten bei 54 1 f.

3221

Sachverzeichnis

fette Zahlen = Paragrafen

- Aufhebungsvertrag **49** 2
- Auflösungsantrag **48** 101
- Auflösungsantrag Arbeitnehmer **48** 309
- Ausgleich Veräußerer/Erwerber bei Urlaub **27** 279
- Auskunftsanspruch betriebliche Altersversorgung **39** 30
- Ausübung Leitungs-/Organisationsmacht **53** 55
- Auswirkung auf Beteiligungsrechte **54** 142 f., 154 f.
- Auswirkung auf betriebsverfassungsrechtliche Organe **54** 150, 161
- Auswirkung auf Tarifvertrag **54** 63 f.
- Begriff **53** 7
- Beschäftigungs- und Qualifizierungsgesellschaft **54** 188 f.
- betriebliche Altersversorgung **54** 5, 25
- Betriebsarten **53** 20
- Betriebsfortführung durch anderen Inhaber **53** 57
- Betriebsmethoden **53** 33
- Betriebsmittel **53** 33
- Betriebsmittel, materielle **53** 24
- Betriebsrat **54** 143, 156
- Betriebsrat bei Betriebsänderung **54** 156, 162
- Betriebsteil **53** 64
- Betriebsteilübergang **53** 12
- Betriebsvereinbarung, nachwirkende **54** 55
- Betriebsvereinbarung, unternehmensbezogene **54** 37
- Betriebsvereinbarungen **54** 26 f.
- Betriebsverlagerung ins Ausland **53** 72
- Betriebsverlegung **53** 68
- Betriebszugehörigkeit **54** 4
- Beweislast **54** 203
- Bezugnahme ohne Gleichstellungsabrede **54** 111
- Bezugnahmeklausel **54** 94, 101; **68** 117
- Blockmodell **74** 54
- Checkliste **53** 17, 19
- Deputate **54** 15
- Dienstleistungsbetrieb **53** 22, 25
- dynamische Bezugnahme und Gleichstellungsabrede **54** 96
- Eingliederung Betrieb/-steil **54** 35
- Eingruppierungssystem bei **21** 11
- Einzelbetriebsvereinbarung **54** 28 f.
- erbrechtlicher **53** 79
- Erweiterung bestehender Rechte **54** 25
- Erwerberhaftung bei Insolvenz **54** 125
- faktisches Arbeitsverhältnis bei Rückabwicklung **55** 124
- Feststellungsklage **48** 99
- Firmentarifvertrag **54** 68, 69 f.
- Formulierungsmuster Garantieklausel **55** 10
- Fortgeltung Rechte/Pflichten in Betriebsvereinbarung **54** 47 f.
- Fortgeltung Tarifvertrag kraft Anordnung **54** 75 f.
- Fortsetzungsanspruch **53** 66
- Fortsetzungsantrag **48** 100

- Geamtabwägung **53** 16
- Gesamtbetriebsvereinbarung **54** 38
- Gesamtrechtsnachfolge **53** 81
- gesetzlicher **53** 79
- Gleichstellung übernommener Arbeitnehmer **39** 32
- Gleichstellungsabrede **54** 102
- Goodwill **53** 27
- grenzüberschreitender **53** 4
- Günstigkeitsprinzip **39** 24, 25
- Haftung **54** 121 f.
- Haftung bei Umwandlung **54** 133 f.
- Haftung des Erwerbers **54** 121
- Haftung des Veräußerers **54** 124
- Handelsbetrieb **53** 22
- hoheitlicher **53** 79
- Inhaberwechsel bei Betriebsspaltung/Unternehmensaufspaltung **53** 75
- Kausalgeschäft **53** 82
- Klagefrist bei Kündigungsschutz **54** 195
- Klagehäufung, subjektive **48** 98
- Know-how **53** 27
- Kollisionsregelung bei Betriebsvereinbarungen **54** 46
- Konzernbetriebsvereinbarung **54** 44
- Kundenbeziehungen **53** 27, 30
- Kündigung aus anderen Gründen **54** 170
- Kündigung, außerordentliche **44** 120
- Kündigung, betriebsbedingte **43** 290
- Kündigung des Erwerbers **54** 183
- Kündigung des Insolvenzverwalters **54** 184
- Kündigung des Veräußerers **54** 173
- Kündigung wegen **54** 168
- Kündigungsrecht freiwillige Betriebsvereinbarung **54** 56
- Kündigungsschutz **43** 75
- Kündigungsschutzklage **48** 96 f.; **54** 195
- Kündigungsverbot **54** 168 f.
- Leiharbeitnehmer **53** 47
- Leistungen, unternehmenskennzahlenabhängige **54** 6
- Leistungsanträge bei Kündigungsschutzklage **54** 200
- Lemgoer Modell **54** 186
- Lieferantenbeziehungen **53** 27
- Mitarbeiterrabatt **54** 15
- Nachbindung Tarifgebundenheit **68** 18
- Nachhaftung Betriebsveräußerer **39** 31
- Normen, betriebliche **54** 49
- Ordnungsprinzip **39** 28
- Personalführungsgesellschaft, konzerninterne **53** 49
- Personal/Führungskräfte **53** 33
- Personalrabatte **20** 20
- Personengruppen, erfasste **53** 44
- Pfändung bei **22** 82
- Privatisierung öffentlich-rechtlicher Unternehmen **53** 5, 80
- Produktionsbetrieb **53** 21, 24
- Rechtsfolgen **54** 1 f.
- rechtsgeschäftlicher **53** 76
- Rentner/Pensionäre **53** 45

magere Zahlen = Randnummern **Sachverzeichnis**

- Rückabwicklung Arbeitsverhältnis bei Widerspruch 55 123
- Sozialauswahl 43 190
- Sozialplanabfindung bei Widerspruch 58 136
- Sprecherausschuss-Vereinbarung 54 62
- Streitwert 3 80
- Tarifbindung 68 30
- Tarifgebundenheit 68 72
- Tarifvertrag bei Branchenwechsel 54 67
- Treuhänder als neuer Betriebsinhaber 53 74
- Überkreuzablösung Tarifvertrag 54 93
- Übernahme Hauptbelegschaft 53 28
- Übertragung Arbeitsverhältnis 12 7
- Umgehungsverbot Kündigungsverbot 54 185 f.
- unmittelbare Fortgeltung Tarifvertrag 54 63
- Unterbrechungsdauer 53 32
- Unterrichtung Arbeitnehmer 55 11, 19
- Unterrichtung Betriebsrat 55 13
- Unterrichtung Europäischer Betriebsrat 54 149, 160
- Unterrichtung nach 55 18
- Unterrichtung SE-Betriebsrat 54 149, 160
- Unterrichtung Sprecherausschuss 54 149, 160
- Unterrichtung Wirtschaftsausschuss 54 145, 159
- Unterrichtungspflicht bei 55 1 f.
- Unterrichtungspflicht zu Widerspruch 55 43
- Unverfallbarkeitsfrist 38 29
- Urlaubsabgeltung 27 274, 278
- Urlaubsanspruch bei 27 270 f.
- Urlaubsanspruch bei B. in der Insolvenz 27 287
- Urlaubsanspruch gegen Erwerber 27 275
- Urlaubsanspruch gegen Veräußerer 27 271
- Urlaubsentgelt 27 272, 273, 277
- Veränderungssperre 55 39
- Veränderungssperre Betriebsvereinbarung 54 50
- Veränderungssperre Tarifvertrag 54 82
- Veräußererkündigung, betriebsbedingte 55 125
- Verbandstarifvertrag 54 65
- Verknüpfung, funktionelle 53 34
- verschiedene Versorgungsregelungen bei 39 22
- Versorgungsansprüche 53 45
- Versorgungsleistung 39 20
- Verweisungsklausel 68 117
- vorzeitiges Ende Veränderungssperre Betriebsvereinbarung 54 52 f.
- Wechsel Betriebsinhaber 53 57
- Wechsel Versorgungsschuldner 39 17 f.
- Wettbewerbsverbot, nachvertragliches 54 16
- Widerspruchsrecht 55 70 f.
- Wiedereinstellungsanspruch 43 107, 108
- Wiedereinstellungsanspruch bei 53 65, 67
- Wiedereinstellungsantrag 48 100
- Wirtschaftsgüter, immaterielle 53 27
- Zeitpunkt 53 55
- Zuordnung Arbeitsverhältnisse 53 52
- Zurechnung Kenntnis des Betriebsveräußerers 45 17

Betriebsübergangsrichtlinie 53 1
Betriebsübernahme, Vereinheitlichung betriebliche Altersversorgung 40 40

Betriebsunterbrechung
- Abgrenzung zu Betriebsstilllegung 43 283
- Urlaubsentgelt 27 157

Betriebsurlaub, Entgeltfortzahlung bei Arbeitsunfähigkeit 24 35

Betriebsveranstaltung
- Teilnahme als Sachzuwendung 20 3
- Verpflichtung zur Durchführung 34 146

Betriebsveräußerer, Nachhaftung 39 31
Betriebsveräußerung, Zuständigkeit Unterrichtungspflicht bei Betriebsänderung 56 111

Betriebsvereinbarung
- 2-Schrankentheorie 63 13
- Ablehnung Teilzeitarbeit 73 56
- ablösende 63 40
- Ablösung betriebliche Altersversorgung 40 43 f., 45
- Ablösung durch kollektive Regelung des Erwerbers bei Betriebsübergang 54 59
- Ablösung durch verschlechternde 40 45
- Ablösung Tarifvertrag bei Betriebsübergang 54 93
- Abschluss 63 16, 61
- Abtretungsausschluss 22 36
- AGB 10 132
- Aktienoptionen 20 98
- Altersgrenze 49 69
- Altersteilzeitanspruch 74 13
- Altersteilzeitvertrag 74 40
- Änderungsvorbehalt Versorgungszusage 40 26 f.
- Anwesenheitsprämie 20 184
- Arbeitsbedingungen 63 4, 6
- Arbeitsentgelte 63 4, 5
- Arbeitsplatz-/Beschäftigungs-/Standortgarantien 58 29
- Arbeitszeitdauer 14 39
- Aufhebung, einvernehmliche 63 38
- Auflösung des Betriebes 63 28
- Ausländerintegration 63 59
- Auslegung/Aushang 63 2, 22
- Ausschluss-/Verfallfrist 22 139
- Auswahlrichtlinie Sozialauswahl 43 231 f., 234
- Beendigung 63 27, 65
- Begriff 1 30
- Beschluss 63 17, 61
- betriebliche Altersversorgung 36 19, 45 f.
- bei Betriebsänderung 58 182 f., 188
- Betriebsteilübergang 54 30
- Betriebsübergang 54 59
- Billigkeitskontrolle ablösender B. 40 63
- Compliance-Richtlinie 35 49
- Datenerhebung/-verarbeitung/-nutzung 35 264
- Einführung Konfliktmanagementsystem 82 347
- Eingriff in erdiente Dynamik 40 54
- Eingriff in erdienten Teilwert 40 52
- Eingriff in noch nicht erdiente Zuwachsrate 40 57
- Eingriffe in laufende/aufgeschoben Leistungen 40 49
- Eingruppierung 21 12
- Einschränkung Nebentätigkeit 33 106

Sachverzeichnis

fette Zahlen = Paragrafen

- Entgelt **19** 6
- erzwingbare **63** 15 f.
- Flexibilisierung Neben-/Sozialleistung **25** 74
- Form **63** 19, 20, 61
- Formulierungsmuster Arbeitszeitkonten **14** 115
- Formulierungsmuster Einführung Kurzarbeit **14** 71
- Formulierungsmuster freiwillige B. **63** 60
- Formulierungsmuster Gleitzeit **14** 114
- Formulierungsmuster Leistungsbeurteilung **23** 249
- Formulierungsmuster Rauchverbot **15** 11
- Formulierungsmuster Über-/Mehrarbeit **14** 60
- Formulierungsmuster variable Vergütung/Zielgehalt **23** 251
- Formulierungsmuster Vergütungserhöhung **23** 250
- Formulierungsmuster Vergütungsgruppen **23** 248
- Formulierungsmuster zur Durchführung innerbetrieblicher Mediationen **82** 360
- Formulierungsmuster zur Einführung Konfliktmanagementsystem **82** 360
- Fortgeltung bei Betriebsübergang **54** 47 f.
- freiwillige **63** 54 f.
- Grenzen Vertragsfreiheit **10** 124
- Gruppenvereinbarung **63** 67
- Günstigkeitsvergleich **25** 74
- Härteregelung **40** 61
- Inhaberwechsel **63** 30
- Inhaltskontrolle **10** 148, 291
- Inhaltskontrolle Versorgungszusage **37** 3
- Jeweiligkeitsklausel **40** 49
- Kollisionsregelung bei Betriebsübergang **54** 46
- Kündigung **63** 42
- Kündigung betriebliche Altersversorgung **40** 12
- Kündigung Versorgungszusage **37** 134
- Kurzarbeit **14** 70
- Lage der Arbeitszeit **14** 88
- Lohnverzicht **22** 41
- Mediations-/Beschwerdestelle, innerbetriebliche **82** 343
- Mediationsteilnahme **82** 37
- Nachwirkung **63** 45, 63
- Nebenpflichten **33** 4
- Rahmenregelung zielorientierte Vergütung **20** 49
- Rauchverbot **34** 28
- Rechtsquelle **1** 30
- Regelungsgegenstand freiwilliger **63** 54
- Regelungsinstrument Betriebsrat **63** 1 f.
- Regelungssperre **63** 4 f.
- Rückzahlungsklausel **26** 89
- Schutz rentennaher Jahrgänge **40** 61
- Sozialeinrichtung **63** 57
- durch Spruch der Einigungsstelle **63** 18
- Streitwert **3** 132
- Überkreuzablösung Tarifvertrag **54** 93
- Umweltschutz, betrieblicher **63** 56
- Urlaubsanspruch **27** 266
- Urlaubsgeld **20** 161; **27** 160
- Veränderungssperre bei Betriebsübergang **54** 50
- Vergütung Dienstreisezeit **14** 7
- Vergütung einfacher Verbesserungsvorschläge **16** 158
- Verhütung Arbeitsunfälle/Gesundheitsschädigung **63** 55
- Vermögensbildung **63** 58
- Vertragsstrafe **17** 56
- Videoüberwachung **35** 195
- Vorrangtheorie **63** 13
- vorzeitiges Ende Veränderungssperre bei Betriebsübergang **54** 52 f.
- Wartezeitregelung bei Kündigungsschutz **43** 87
- Wirkung **1** 30; **63** 23, 62
- Zeitablauf **63** 37
- Zustimmungspflicht Betriebsrat bei Kündigungen **47** 67

Betriebsvereinbarung, freiwillige
- Interessenausgleich **58** 45
- Kündigungsrecht bei Betriebsübergang **54** 56
- Sozialplan **58** 160

Betriebsvereinbarung, umstrukturierende
- Betriebsübernahme **40** 40
- Dotierungsrahmen **40** 32
- Geltungszeitpunkt **40** 36
- Günstigkeitsvergleich **40** 30, 37
- Inhaltskontrolle **40** 35
- Vereinheitlichung Versorgungsordnung **40** 39
- Verschmelzung **40** 42
- Versorgungszusage **40** 30 f.
- Wirkung **40** 38
- Zusammenschluss **40** 41

Betriebsvereinbarung, unternehmensbezogene, Betriebsübergang **54** 37

Betriebsvereinbarungsoffenheit 10 192

Betriebsverfassungsgesetz, Territorialitätsprinzip **11** 146

Betriebsverfassungsrecht
- Abmahnung **18** 62
- Altersteilzeit **74** 63
- Arbeitnehmerüberlassung **66** 201
- Geringfügige Beschäftigung **75** 50 f.
- internationales **1** 18
- Konfliktbearbeitung/-lösung im Beschlussverfahren **82** 136
- Konfliktlösung **64** 1 f.
- Mediation als Alternative im **82** 88
- Teilzeitbeschäftigung **72** 81

Betriebsverlagerung ins Ausland **56** 63

Betriebsverlegung 13 39
- Abgrenzung Betriebsübergang/-stilllegung **53** 68
- Abgrenzung zu Betriebsverlagerung **56** 63
- Abgrenzung zu Stilllegung/Neueröffnung **56** 62
- Ausgleichsleistung bei **58** 108
- beteiligungspflichtige Betriebsänderung **56** 44, 58, 59
- grenzüberschreitende **53** 72
- Interessenausgleich **58** 18, 19
- Mitbestimmungsrecht Betriebsrat **13** 41

magere Zahlen = Randnummern   **Sachverzeichnis**

– Unterrichtung Europäischer Betriebsrat 57 15
– Unterrichtung Wirtschaftsausschuss 56 156
Betriebsvertretung s a Kündigung Amtsinhaber, Kündigungsschutz Amtsinhaber
– Kündigungsschutz 45 191 f.
Betriebsvorrichtungen, Arbeitsschutz 34 7
Betriebsweg, Unfall auf 17 129
Betriebszerstörung, Betriebsrisiko 24 334
Betriebszugehörigkeit
– Betriebsübergang 54 4
– erreichbare 38 52
– erreichte 38 49
– Invalidenrente 38 49
– Mitbestimmungsrecht bei Vergütungskriterium 23 51
– Nachdienstzeiten 38 51
– Rundungen 38 58
– Stellenausschreibung 10 83
– Unverfallbarkeitsfrist bei Unterbrechung 38 33
– Wartezeit Kündigungsschutz 43 82
Betriebszugehörigkeitsdauer, Sozialauswahl 43 205; 46 177
Betriebszusammenlegung, Abgrenzung Verschmelzung/Betriebsänderung 56 70
Betriebszusammenschluss
– Altersversorgung, betriebliche 58 182 f., 190
– beteiligungspflichtige Betriebsänderung 56 64, 65
– Interessenausgleich 58 20, 21
– Unterrichtung Wirtschaftsausschuss 56 157
Betriebszweck
– beteiligungspflichtige Betriebsänderung 56 75, 77
– Unterrichtung Wirtschaftsausschuss bei Änderung 56 159
Beurteilungsgrundsätze, Initiativrecht des Betriebsrats 61 44
Beurteilungszeitpunkt, Sozialwidrigkeit ordentlicher Kündigung 43 99
Bevollmächtigung, Zurückweisung 76 48
Bewachungsgewerbe, Arbeitnehmerüberlassung 66 55
Bewährungsaufstieg, Mitbestimmungsrecht 23 53
Beweisantritt, Übergehen als Revisionsgrund 77 588
Beweisaufnahme, Berufung 77 553
Beweislast
– Abmahnung 18 31
– Abmahnung bei verhaltensbedingter Kündigung 43 331, 342
– Änderungskündigung 46 198
– Anfechtungsrecht Aufhebungsvertrag 49 393
– Angebot der Arbeitsleistung 24 328
– Anhörung Betriebsrat 47 98
– Annahmeverzug 24 328
– Anpassung laufender Versorgungsleistungen 38 134
– Anwaltspflichtenverletzung 2 58
– Arbeitnehmereigenschaft 43 61
– Arbeitnehmerüberlassung 65 30

– Arbeitseinkommen bei Pfändung 22 74
– Arbeitskräftebedarf, vorübergehender 41 53
– Arbeitsunfähigkeit, verschuldete 24 56
– Arbeitsvertrag 10 202
– Aufhebungsvertrag 49 89
– Aufhebungsvertragsform 49 42
– Auflösungsantrag Arbeitgeber 48 357
– Auflösungsantrag Arbeitnehmer 48 334
– Ausschlussfrist außerordentliche Kündigung 44 170
– Befristungskontrollklage 41 172
– Benachteiligungsmerkmale Stellenausschreibung 9 5
– betriebsbedingte Kündigung 43 138
– Betriebsstilllegung 43 289
– Betriebsübergang 54 203
– Darlegungslast betriebliches Eingliederungsmanagement 43 509
– Dringlichkeit betriebsbedingter Kündigung 43 170
– Einwilligung Konkurrenztätigkeit 31 47
– Entgeltfortzahlung im Krankheitsfall 24 76
– Feiertagsentgelt 24 204
– Fortsetzungskrankheit 24 119
– Hinweispflicht Rechtsanwaltsgebühren 2 5
– Kündigung, außerordentliche 44 7, 34
– Kündigung, krankheits-/personenbedingte 43 503
– Kündigung, verhaltensbedingte 43 340
– Kündigungsgrund 43 117
– Kündigungsverhalten, treuwidriges 43 41
– Miterfinderschaft 16 31
– Mobbing 34 75
– nachträgliche Klagezulassung 48 213, 224
– negative Gesundheitsprognose 43 485, 503
– Pflichtverletzung bei Krankheit/Arbeitsunfähigkeit 43 415
– Projektbefristung 41 53
– Rechtswegzuständigkeit 77 170 f.
– Rückzahlungsklausel Aus-/Fortbildungskosten 26 41, 90; 49 264
– Rückzahlungsklausel Umzugskosten 26 111
– Schadensersatzanspruch wegen Pflichtverletzung Anwaltsvertrag 2 58
– Schlechtleistung 17 109; 43 437
– Schwellenwert KSchG 43 78
– Sozialauswahl 43 240; 46 201
– Tarifnormen 70 5
– Überstundenvergütung 14 54
– Vertretungsbedarf 41 63
– Vorbehaltserklärung Vertragsänderungsangebot 46 100
– Vorschusszahlung 22 16
– Wartezeit Kündigungsschutz 43 88
– Wiedereinstellungsanspruch 43 109
– Zugang Kündigungserklärung 48 131
Beweislastumkehr, Interessenausgleich bei betriebsbedingter Kündigung 43 255
Beweismittel
– mitbestimmungswidrig erlangtes 43 348
– Verwertungsverbot 77 413, 420
Beweisverbot 77 409

Sachverzeichnis

fette Zahlen = Paragrafen

Beweisverfahren 77 400 f.
- Ausforschungsverbot **77** 410
- Aussagepsychologie **77** 406
- Beweisverbot **77** 409
- Erhebungsverbot **77** 409, 420
- gesetzliche Tatsachen-/Rechtsvermutung **77** 407
- Grundlagen **77** 401
- Privatdetektiv **77** 419
- selbständiges **77** 422
- Verwertungsverbot **77** 413, 420
- Waffengleichheit **77** 405
- Zeugenbeweis **77** 406

Beweisverwertungsverbot
- Arbeitnehmerüberwachung **35** 235
- Compliance-Betriebsvereinbarung **35** 65
- Datenerhebung/-verarbeitung/-nutzung, unerlaubte **35** 293
- Privatkommunikation **43** 429
- bei verhaltensbedingter Kündigung **43** 344

Beweiswert, Arbeitsunfähigkeitsbescheinigung **24** 77 f.; **43** 415

Bewerber
- Anbahnungsverhältnis **9** 133 f.
- Befragung durch Personalfragebogen **9** 64 f.
- Befragung im Vorstellungsgespräch **9** 64 f.
- Einführungsverhältnis **9** 124 f.
- Einstellungsuntersuchung **9** 111
- Gentest **9** 112
- grafologisches Gutachten **9** 96, 119
- Offenbarungspflicht **9** 100
- Psychologischer Test **9** 118
- Schadensersatzanspruch **9** 106, 121, 123
- Sicherheitsüberprüfung **9** 120
- Untersuchung, ärztliche **9** 110

Bewerbung
- Fragerecht zu Schwangerschaft **45** 19
- Schwerbehinderte **10** 75

Bewerbungsablehnung, Auskunftsanspruch **10** 40

Bewerbungsgespräch s a Vorstellungsgespräch
- arglistige Täuschung bei **9** 98
- Befragung Bewerber **9** 64 f.
- Fragen, unzulässige **9** 69 f.
- Fragen zulässige **9** 65
- Obhutspflichten **9** 139
- Rechtsfolgen bei Pflichtverletzung **9** 97 f.
- Schadensersatzanspruch Arbeitgeber **9** 104
- Schadensersatzanspruch Bewerber **9** 106

Bewerbungskosten, Ersatz **9** 45
Bewerbungstraining, Transferleistung **58** 146
Bewerbungsunterlagen
- bei Beendigung Arbeitsverhältnis **52** 9
- Befragung Bewerber **9** 96
- Obhutspflichten **9** 139

Bewerbungsverfahren, vorzeitig beendetes, Diskriminierungsverbot **10** 80

Bewertungsskala
- Führungs-/Verhaltensbeurteilung **51** 16
- Leistungsbeurteilung **51** 13

Bezugnahmeklausel 25 71, s a Verweisungsklausel
- Abgrenzung statische/dynamische **68** 114
- arbeitgeberverbands-austrittsfeste **68** 122
- Auslegung **68** 97 f.
- Betriebsübergang **68** 117
- bei Betriebsübergang **54** 94, 101
- dynamische Bezugnahme und Gleichstellungsabrede **54** 96
- Formulierungsmuster **10** 239
- ohne Gleichstellungsabrede **54** 111
- große dynamische **54** 95, 104
- Inhaltskontrolle **10** 232
- kleine dynamische **54** 95, 102
- konstitutive **68** 78, 118
- Öffentlicher Dienst **68** 81
- statische/dynamische Verweisung **54** 95
- Tarifvertrag **68** 76 f., 77

Bezugsberechtigung, Altersversorgung, betriebliche **37** 57, 60

Bezugsgröße, technisch wirtschaftliche, Erfindung **16** 106

Bezugsrecht, Direktversicherung **36** 142
Bild, Recht am eigenen **33** 33
Bildberichterstatter, Abgrenzung Arbeitnehmer/ Freier Mitarbeiter **6** 50
Bildschirmarbeit, Arbeitsschutz **34** 9
Bildung, betriebliche, Initiativrecht des Betriebsrats **61** 44
Bildungsbeihilfe 26 1 f.
- Rückzahlungsklausel **26** 3 f., 75

Bildungsmaßnahmen, betriebsbezogene, Rückzahlungsklausel **26** 27

Bildungssektor, Abgrenzung Arbeitnehmer/Freier Mitarbeiter **6** 34 f.

Bildungsurlaub 29 1 f.
- Anspruch **29** 2
- Durchführung **29** 6
- Entgeltfortzahlung **29** 7
- Freistellungsanspruch **29** 3, 6
- gerichtliche Durchsetzung der Freistellung **29** 9
- Mitbestimmungsrecht **27** 101; **29** 13
- Rechtsgrundlagen **29** 1
- Regelung, landesgesetzliche **29** 1, 4
- Weiterbildung **29** 3

Bildungsurlaubsgesetze, Bundesländer **29** 1, 4
Bildungsveranstaltung, Entgeltfortzahlung bei Arbeitsunfähigkeit **24** 35

Bildungswesen, Befristung Arbeitsverhältnis **41** 68

Billigkeitskontrolle, ablösende Betriebsvereinbarung **40** 63

Bindungsdauer
- Rückzahlungsklausel **49** 172
- Rückzahlungsklausel Aus-/Fortbildungskosten **26** 33, 47; **49** 261

Bindungsklausel
- Aktienoption **20** 111
- Inhaltskontrolle **10** 204

Bindungswirkung
- Abgrenzungskriterien Arbeitsverhältnis/Freie Mitarbeit **5** 14
- Anrufungsauskunft **8** 35
- Verweisungsbeschluss **48** 42

Biometrisches Risiko, Beitragszusage **36** 75
Blaue Karte EU 11 3, 20, 41

3226

magere Zahlen = Randnummern **Sachverzeichnis**

Blockmodell
- Altersteilzeit 74 5, 41, 48 f.
- Arbeitsphase 74 49, 59
- Arbeitszeitguthaben 74 44
- Betriebsübergang 74 54
- Dienstwagen 74 53
- Freistellungsphase 74 52, 60
- Kündigung 74 59
- Nebenpflichten 74 54
- Übertritt Arbeits- in Freistellungsphase 74 55
- Urlaubsansprüche bei Übertritt in Freistellungsphase 74 55

Blockteilzeit 72 71
blue pencil test 10 177
- Ausschlussfrist 22 152
Blutprobe, Alkoholisierung 43 355
Bochumer Verband 36 151
Bonuspool 20 44
Bordvertretung 27 242
- Kündigungsschutz 45 191 f., 192
Bossing, Kündigungsgrund, außerordentlicher 44 72
Böswilligkeit
- unterlassene Arbeitslosmeldung 24 310
- unterlassener anderer Erwerb 24 303
Bote, Zustellung durch 48 127
Boykottaufruf zur Erreichung Verbandseintritt/-austritt 71 39
Branchenwechsel
- Abgrenzung kleine/große dynamische Verweisung 68 123
- Tarifvertrag bei Betriebsübergang 54 67
Brexit 11 214
- Arbeitsrecht 11 214, 216
- Ausländerrecht 11 214, 216
- Austrittsabkommen 11 214
- Sozialversicherung 11 220
Briefdienstleistung, Arbeitnehmer-Entsendegesetz 68 61
Briefkasten, Zugang Kündigungserklärung 48 123
Brieflaufzeit, überlange, nachträgliche Klagezulassung 48 199
Brückenteilzeit 72 3, 13
- Arbeitszeitraum 73 27
Brüsseler Übereinkommen 48 56, 58
Brüssel-Ia–Verordnung 48 56
Bruttoentgelt 19 66
- Aufklärungspflicht 4 42
Bruttolohnklage 22 101, 104
- Formulierungsmuster Verzugszinsen 22 113
Buchhalter, Abgrenzung Arbeitnehmer/Freier Mitarbeiter 6 100
Buffetier, Abgrenzung Arbeitnehmer/Freier Mitarbeiter 6 100
Bühnen, Rechtsquellen 1 43
Bühnenbildner, Abgrenzung Arbeitnehmer/Freier Mitarbeiter 6 47
Bühnenpersonal, Befristung Arbeitsverhältnis 41 67
Bummelei, Kündigung, verhaltensbedingte 43 438

Bundesagentur für Arbeit s Agentur für Arbeit
Bundesanstalt für Finanzdienstleistungsaufsicht (BaFin)
- Beschwerde gegen Deckungsablehnung 3 241
- Genehmigung Pensionsfonds 36 162
Bundesarbeitsgericht, Verfahren über Rechtsbeschwerde 78 118
Bundesdatenschutzgesetz, Datenerhebung/-verarbeitung/-nutzung 35 252
Bundesfreiwilligendienst
- Befragung Bewerber 9 95
- Kündigungsschutz 45 263
- Rechtswegzuständigkeit 77 133
Bundesgesetz zur Integration 11 17
Bundesministerium für Arbeit, Allgemeinverbindlicherklärung Tarifvertrag 68 34 f., 48
Bundespersonalvertretungsgesetz 47 113
Bündnis für Arbeit 70 51
Bungeespringen 24 40
Bürgerinitiativen 60 22
Bürgerliche Streitigkeiten, Rechtswegzuständigkeit 77 45
Bußgeld, Haftung des Arbeitgebers 34 33
BZRG, Vorlage bei Bewerbung 9 96

Cafeteria System 20 2
- betriebliche Altersversorgung 36 79
Caritative Einrichtung s a Tendenzbetrieb
- Kündigungsschutz 43 443
Caucus 82 55
Change-in Control-Klausel, Anstellungsvertrag Geschäftsführer 80 57
Chatprotokoll 35 238
Chefarzt, Abgrenzung Arbeitnehmer/Freier Mitarbeiter 6 52
Chief Risk Officer (CRO) 82 329
Christliche Gewerkschaften Zeitarbeit und PSA (CGZP), Tariffähigkeit 66 81
closed-shop-Regelung 71 25
Coaching, Konfliktbewältigungsmethode 82 29
Code of Conduct 35 24, 30
Co-Mediation 82 233
Commission 23 132
Compliance 35 1 f.
- AGG 35 29
- im Arbeitsrecht 35 7, 25 f.
- Aufsichtspflicht 35 12
- Ausblick 35 339
- Begriff 25 4
- Berichtspflicht 35 12
- Beschwerdestelle 35 28
- Corporate Governance Kodex 35 5
- Dokumentation 35 24
- Einführung Richtlinien 35 30 f.
- fachliche 35 34
- Haftung, strafrechtliche 35 21
- Haftung, zivilrechtliche 35 17
- Hotline 35 24, 36
- Legalitätspflicht 35 10
- Mitarbeiter-Helpline 35 24
- Mitbestimmungsrecht Schulung 35 29, 64
- Mitwirkungspflicht 33 31

3227

Sachverzeichnis

fette Zahlen = Paragrafen

- Pflichten der Unternehmensleitung 35 9 f.
- Risikofrüherkennung 35 12
- Schulungsmaßnahmen 35 29, 64
- Sorgfaltspflicht 35 16
- Trainingsprogramme 35 24
- Überwachungspflicht 35 13
- Vorgaben, internationale 35 6
- Whistleblower-Hotline 35 24

Compliance Organisation 35 24, 28
Compliance Standards 35 24
Compliance System 35 23
Compliance-Beauftragter 35 24, 320 f.
- Aufgaben 35 322
- Haftung, strafrechtliche 35 335
- Haftung, zivilrechtliche 35 337
- Kündigung des 35 331, 333
- Rechte-/Pflichten-Katalog 35 330
- Stellung 35 327
- Whistleblowing 35 157

Compliance-Datenschutzbeauftragter 35 24
Compliance-Hotline, Datenschutz 35 283 f.
Compliance-Richtlinie
- Amnestieprogramme, innerbetriebliche 35 246
- Anzeige Regelverstöße 35 59
- Arbeitnehmerüberwachung 35 75 f.
- Aufklärung Regelverstöße 35 74 f.
- Auswahlrichtlinien zur Einstellung 35 71
- Betriebsordnung 35 58
- Betriebsvereinbarung 35 49
- Beweisverwertungsrecht 35 65
- Datenschutz 35 250 f.
- Direktionsrecht 35 32
- Einführung 35 30 f.
- Einführung durch Änderungskündigung 35 43
- Einstellung ins Intranet 35 33
- e-mail-Überwachung 35 210 f.
- Flexibilisierungsklausel 35 47
- Geschenkannahme 35 59
- Grenzen Direktionsrecht 35 37
- Inhaltskontrolle 35 45
- Interessenabwägung bei Kündigung 35 306
- internal investigations 35 97 f.
- Internetnutzung 35 210 f., 222
- Kommunikationsmittelnutzung, private 35 59
- Kontrollregelung 35 59, 61
- Mitarbeiterbefragung 35 114 f.
- Mitbestimmung nach § 87 Abs. 1 Nr. 1 BetrVG 35 58, 168
- Mitbestimmung nach § 87 Abs. 1 Nr. 6 BetrVG 35 61, 173
- Mitbestimmung nach § 94 BetrVG 35 172
- Mitbestimmung, unterbliebene 35 73
- Mitbestimmungsrecht 35 53 f.
- Nachforschungen bei Anfangsverdacht 35 93 f.
- Nebenpflicht, arbeitsvertragliche 35 42
- Nebenpflichten Arbeitnehmer 35 35
- Ortungssysteme 35 224
- Personalfragebogen 35 69
- Privatdetektive 35 179 f.
- Privatgebrauch Arbeitgebereigentum 35 59
- Sanktionen bei Verletzung 35 295 f.
- Sanktionen für mit Überwachung beauftragten Arbeitnehmer 35 244
- soziale Netzwerke 35 223
- Tarifvertrag 35 48
- Telefon-/Audioüberwachung 35 196 f.
- Übergabe an Arbeitnehmer 35 33
- Überwachungsmaßnahmen 35 62, 75 f.
- Unterrichtungspflicht Arbeitgeber nach § 80 BetrVG 35 57, 165
- Vereinbarung, arbeitsvertragliche 35 41
- Verhalten, außerdienstliches 35 39
- Videoüberwachung 35 185 f.
- Weisungen, tätigkeitsbezogene 35 34
- Weisungsrecht 35 32
- Wertpapiertransaktionsklausel 35 59
- Whistleblowing 35 128 f.
- Whistleblowing-Hotline 35 153

Compliance-Verstoß
- Abmahnung 35 297
- Kündigung, Compliance-indizierte 35 305 f.
- durch mehrere Arbeitnehmer/-gruppen 35 314
- Sanktionen 35 295 f.
- Verzicht auf Sanktionen 35 317

Computerfax 1 71
Computerprogramm
- Änderungsverbot 16 293
- arbeitsvertraglich geschuldetes 16 278 f.
- arbeitsvertraglich nicht geschuldetes 16 300 f.
- Entstellungsverbot 16 294
- freie Werke 16 300
- Nutzungsrechte 16 284
- Rückrufrecht 16 296
- Urheberanerkennung 16 291
- Urheberbezeichnung 16 292
- Urheber-Persönlichkeitsrechte 16 289
- Urheberrecht 16 278 f.
- Vergütung 16 297
- Veröffentlichungsrecht 16 290
- Zugangsrecht 16 295
- Zweckübertragungstheorie 16 286

Conflict Management Codex, Formulierungsmuster 82 362
Contract Trust Arrangement (CTA) 36 170 f.
- arbeitsrechtliche Aspekte der Ausgliederung 36 175
- Bilanzverkürzung 36 171
- Direktzusage 36 118, 169 f.
- Insolvenzfestigkeit Treuhandvermögen 36 174
- Insolvenzschutz 36 173
- Mitbestimmungsrecht 37 148
- steuerliche Auswirkungen 36 178
- Übergang Sicherungsrechte 36 177

Co-Pilot, Abgrenzung Arbeitnehmer/Freier Mitarbeiter 6 100
Corporate ADR Pledge, Formulierungsmuster 82 361
Corporate Compliance 35 2
Corporate Governance Kodex, Compliance 35 5
Corporate Identity
- innerbetriebliche Mediation 82 289
- Kleidung 15 5
- Mitbestimmungsrecht Betriebsrat 23 14

magere Zahlen = Randnummern **Sachverzeichnis**

Corporate Policy Statement on Alternatives to Litigation, Formulierungsmuster 82 361
COVID
- Anhörung per Videokonferenz im Beschlussverfahren 78 67
- Anzeigepflicht 33 37, 71
- Arbeitsschutz 34 5
- Beschäftigung/Freistellung 34 86
- Durchführung mündlicher Verhandlung 77 315
- Entgeltfortzahlung 24 166, 217, 221 f., 233
- Entgeltfortzahlung bei Betriebsschließung 24 248
- Familienpflegezeit 45 111
- Gesundheitsschutz 33 26
- Homeoffice 13 8, 9
- Hygienepflichten 33 12
- Informationspflicht 24 104
- Kündigung, betriebsbedingte 43 310
- Kurzarbeit 24 166
- Kurzarbeitergeld 1 63
- Kurzarbeitergeldförderung Leiharbeit 66 95
- Kurzzeitpflege 45 95
- Nebentätigkeit während Kurzarbeit 33 102
Crowdworking, Abgrenzung Arbeitnehmer/Freier Mitarbeiter 6 100
customer preferences, Geschlecht 10 63
Cutter, Abgrenzung Arbeitnehmer/Freier Mitarbeiter 6 47

D & O Versicherung, Vorstandsmitglied 81 57
Dachdeckergewerbe, Arbeitnehmer-Entsendegesetz 68 61
Dachdeckerhandwerk, Rechtsquellen 1 44
Dänemark
- EuGVVO 48 59
- VO 1215/2012/EU 48 59
Darlegungslast s a Beweislast
- Eingliederungsmanagement, betriebliches 43 509
Darlehen
- Abgrenzung zu Abschlag/Vorschuss 22 17
- Abgrenzung zu Vorschuss 20 178
- bei Ausscheiden 20 181
- Rückzahlungsklausel 26 66
- Streitwert 3 81
- Umzugskosten 26 104
Darlehensanspruch, Familienpflegezeit 28 69
Datenbank 16 306
Datenerhebung
- Pre-Employment-Screening 9 107 f.
- bei Vertragsanbahnung 9 58
Datenerhebung/-verarbeitung/-nutzung
- BDSG 35 252
- Beschwerderecht 35 294
- Betriebsvereinbarung 35 264
- Beweisverwertungsverbot bei unerlaubter 35 293
- Einwilligung Arbeitnehmer 35 267
- Rechtsfolgen unerlaubter 35 289 f.
- Schadensersatz 35 290
- strafrechtliche Folgen unerlaubter 35 291
- Unterrichtungspflicht bei Datenpanne 35 294

- Verhältnis § 26 Abs. 1 BDSG zu anderen Erlaubnistatbeständen 35 259
- zivilrechtliche Folgen unerlaubter 35 290
Datengeheimnis 30 73
Datenpanne, Unterrichtungspflicht bei 35 294
Datenschutz
- Anstellungsvertrag Geschäftsführer 80 78
- Arbeitnehmerüberlassung 66 217
- Aufdeckung von Straftaten 35 254
- Auskunftsanspruch Art. 15 DS-GVO 35 273
- Beschäftigtendatenschutz 35 250 f.
- betrieblicher 34 61
- Betriebsvereinbarung 35 264
- Compliance 35 239, 250 f.
- Compliance-Hotline 35 283 f.
- Datenscreening, verdachtsunabhängiges 35 256
- EU-Datenschutz Grundverordnung (DS-GVO) 35 250
- Homeoffice 13 17
- Informationsbeschaffung 9 57
- Persönlichkeitsrecht 34 61
- Prävention 35 255
- Verpflichtung auf Datengeheimnis 35 272
- Whistleblowing-Hotline 35 283 f.
Datenschutz Grundverordnung (DS-GVO) 35 250
- Auskunftsanspruch Art. 15 DS-GVO 35 273
- Informationsbeschaffung 9 57
Datenschutzbeauftragter 35 276 f.
- Compliance 35 24
- Kündigungsschutz 45 268
Datenschutzmanagementsystem 35 276, 282
Datenscreening, verdachtsunabhängiges
- Datenschutz 35 256
- Mitbestimmungsrecht 35 256
Datenspeicherung, unbefugte, Kündigungsgrund, außerordentlicher 44 57
Datenverarbeitung, Schweigepflicht 30 73
Daueraufenthalt EU 11 3, 20, 51
Dauerrechtsverhältnis, Arbeitnehmereigenschaft 6 26
Deckungsablehnung
- BaFin 3 241
- Beschwerdemöglichkeiten 3 240
- Deckungsklage 3 242
- keine hinreichende Erfolgsaussicht 3 233
- Mutwilligkeit 3 233
- Ombudsmann 3 240
- Rechte des Versicherten bei 3 233
- Rechtsanwaltsvergütung bei 3 247
- Rechtsschutzversicherung 3 231
- Schiedsgutachter-Verfahren 3 239
- Stichentscheid-Verfahren 3 238
Deckungsklage 3 242
Deckungsschutzanfrage 2 17; 3 224
- Formulierungsmuster 3 225
- Kostenerstattung 3 201
Deckungszusage, Rechtsschutzversicherung 3 226
Deeskalation, Trennung der Mediationsparteien 82 57
defined benefit 36 69
defined contribution 36 73

3229

Sachverzeichnis

fette Zahlen = Paragrafen

Denunziation 33 39
- Kündigung, verhaltensbedingte 43 362, 389
Deponierung, Kündigungserklärung 42 39
Deputate 20 23
- Abgrenzung zu betriebliche Altersversorgung 36 64
- Betriebsübergang 54 15
Design
- Fertigstellungsmitteilung 16 310
- Vergütung 16 312
Detektiv
- genesungswidriges Verhalten bei Arbeitsunfähigkeit 33 78
- Überwachung Arbeitsverhalten 34 66
Detektivkosten
- als Schadensersatz 17 42
- bei Verdacht 44 158
Determination, subjektive 47 37
Determinierung, subjektive 44 101
- Änderungskündigung/Sozialauswahl 46 205
Deutsche Bahn AG, Sonderregelung Urlaubsanspruch 27 265
Deutsche Bundespost, Sonderregelung Urlaubsanspruch Nachfolgeunternehmen 27 265
Deutsche Rentenversicherung Bund
- Anfrageverfahren 8 17 f.
- beabsichtigte Entscheidung im Anfrageverfahren 8 24
- Entscheidung im Anfrageverfahren 8 26
Deutsches Patent- und Markenamt (DPMA), Schiedsstelle für Arbeitnehmererfindungen 16 188
Deutschkenntnisse, Stellenausschreibung 9 12
Diebstahl
- Beweisverwertungsverbot 77 418
- Kündigung, verhaltensbedingte 43 448
- Kündigungsgrund, außerordentlicher 44 79
Dienst, fremdsprachlicher, Abgrenzung Arbeitnehmer/Freier Mitarbeiter 6 47
Dienst, öffentlicher, Rechtsquellen 1 55
Dienstantritt, Kündigung vor 42 35
Dienstausübung, unachtsame 44 84
Dienstbezüge, Pfändbarkeit 22 63
Diensteinteilung, Teilzeitarbeitnehmer 72 35
Diensterfindung 16 1 f., 18
- Aufgabenerfindung 16 21
- Aufhebungsvertrag 49 254
- Begriff 16 20
- Erfahrungserfindung 16 23
- Erfindungsvereinbarung 16 160
- Fertigstellung 16 24
- Formulierungsmuster Aufhebungsvertrag 49 258
- Formulierungsmuster Erfindervergütung 16 141
- Formulierungsmuster Meldung 16 46
- Freigabe 16 57, 62
- Geheimhaltungspflicht 16 166
- Inanspruchnahme 16 48 f.
- Meldepflicht 16 33 f.
- Schutzrechtsanmeldung 16 64
- Schweigepflicht 30 72

- Vergütung Verwertungshandlung 16 86
- Vorstandsmitglied 20 39
Dienstkleidung 15 5; 33 26, 27
- Überlassung als Sachzuwendung 20 3
Dienstleistung, Bestimmbarkeit 65 19
Dienstleistungsbetrieb, Betriebsübergang 53 22, 25
Dienstleistungsfreiheit, EU-Beitrittsländer 11 75
Dienstleistungs-Informationspflichten-Verordnung 2 27
Dienstleistungsunternehmen, Abgrenzung Funktionsnachfolge/Betriebsübergang 53 40
Dienstleistungsverschaffungsvertrag 65 35
Dienstordnungs-Angestellte, Rechtswegzuständigkeit 77 46
Dienstplan, Arbeitnehmereigenschaft 6 23
Dienstreise, Abgrenzung zu Entsendung 11 111
Dienstreisezeit
- Begriff 14 6
- Vergütung 14 7
Dienststelle, Begriff 43 72
Dienstvereinbarung
- AGB 10 132
- Auswahlrichtlinie Sozialauswahl 43 234
- Inhaltskontrolle 10 148
- Vertragsstrafe 17 56
Dienstverhältnis
- Arbeitnehmererfindung bei Beendigung 16 16
- fehlerhafte Einordnung 7 1 f.
- urheberrechtlicher Begriff 16 231
Dienstverhältnis, freies neben Arbeitsverhältnis 5 9
Dienstverhältnis, öffentlich-rechtliches, Kündigungsschutz nach KSchG 43 60
Dienstvertrag
- Aufhebung 49 1
- Aufhebungsvertrag 49 29
- Beteiligung Betriebsrat 10 303
Dienstvertrag Geschäftsführer s Anstellungsvertrag Geschäftsführer
Dienstvertrag Vorstandsmitglied s Anstellungsvertrag Vorstandsmitglied
Dienstwagen
- Aufhebungsvertrag 49 268 f.
- Berechnung Nutzungsentschädigung 20 12
- Entschädigung vorenthaltene Nutzung 49 270
- Entzug 20 8, 10
- Ersetzung 20 9, 10
- Formulierungsmuster Aufhebungsvertrag 49 276
- Formulierungsmuster Dienstwagenklausel 20 7
- Formulierungsmuster Ersetzungsbefugnisklausel 20 10
- Formulierungsmuster Schadensbegrenzungsklausel 20 14
- Herausgabe 20 11
- Mitbestimmungsrecht bei Nutzungsregelung für 23 92, 94
- Naturalvergütung 20 5 f.
- Nutzungsentschädigung 20 11
- Privatnutzung 20 6
- Regelung bei Teilzeitarbeit 73 75

magere Zahlen = Randnummern **Sachverzeichnis**

- Rückgabe 20 6, 8, 11
- Rückgabe, entschädigungslose 49 271
- Rück-/Übergabetermin 49 272
- Streitwert 3 82
- Widerrufsklausel Überlassung 10 271

Dienstwagenklausel, Formulierungsmuster 20 7

Dienstwagenregelung, Karenzentschädigung 23 91

Dienstwohnung, Entgelt 20 16

Dienstzeit, anrechnungsfähige, Versorgungsleistung 37 65

Differenzhypothese, Schadensersatz 2 61

Differenzierungsklausel
- einfache 20 176; 71 22, 23
- qualifizierte 71 22, 25

Direktionsrecht
- Arbeitgeber 1 39
- Arbeitgeberkündigung bei Arbeitsverweigerung 12 75
- Arbeitsleistung 12 21 f.
- Arbeitsleistung unter Vorbehalt gerichtlicher Überprüfung 12 75
- Ausführungsspielraum 12 23
- Ausübungspflicht 12 52
- Beweislast 12 72
- Checkliste 12 35
- Compliance-Richtlinie 35 32
- Einschränkung durch Arbeitsschutz 34 11
- Entgeltflexibilisierung 25 6
- Ermessen 12 30
- Erweiterung 12 36 f., 48
- familiäre Pflichten 12 34
- Feststellungsklage 12 68, 73
- Fürsorgepflicht 34 147
- Gewissenskonflikt Arbeitnehmer 12 31
- Grenzen bei Compliance-Richtlinien 35 37
- Grundrechte 12 31
- Inhaltskontrolle 10 230
- Konfliktbearbeitung/-lösung 82 103
- Kontrolle 12 68 f.
- Lage der Arbeitszeit 14 85, 89
- Leistungsklage auf vertragsgemäße Beschäftigung 12 70
- Leistungsverweigerung Arbeitnehmer 12 74
- Nebenarbeiten 12 24
- Notarbeiten 12 25
- Schranken 12 29
- Streikarbeit 12 26
- Streitwert 3 115
- Tarifvertrag 25 11
- Tätigkeit, geringerwertige 12 37
- Tätigkeit, neue 12 39
- Verfügung, einstweilige 12 70
- Versetzungsklausel 12 36 f.
- Zuweisung in niedrigere Lohngruppe 12 50

Direktversicherung 36 70, 134 f.
- abgabenrechtliche Behandlung 36 145, 179
- Abgrenzung zu Rückdeckungsversicherung 36 141
- Anpassungsprüfung laufender Versorgungsleistung 38 116
- arbeitsrechtliches Grundverhältnis 36 136
- Beginn Unverfallbarkeitsfrist 38 24
- Beiträge 36 145
- Beitragsfreistellung 38 62
- Bezugsberechtigung 36 134
- Bezugsrecht 36 142
- Einwilligung Arbeitnehmer 36 140
- Einzel-/Gruppenversicherung 36 134
- Entgeltumwandlung 36 83
- Entgeltumwandlung nach § 1a BetrAVG 36 92
- Ergänzungsanspruch 38 60
- Ersatzverfahren 38 61
- Fortführung durch Arbeitnehmer nach Ausscheiden 37 98
- gespaltenes Bezugsrecht 36 142
- Höhe vorzeitiger Versorgungsleistung 38 106
- Insolvenzschutz 36 144
- Insolvenzsicherung 38 150, 172
- Kalkulation/Anlagerisiko 36 75
- Kombination mit Rückdeckungsversicherung 37 33
- Mitbestimmungsrecht 37 143
- Schluss-Einmalprämie 36 145
- Sozialversicherungspflicht 36 147
- steuerliche Behandlung Beiträge 36 145
- steuerliche Behandlung Kapitalleistung/Leibrente 36 148
- Teilwiderruf 38 60
- Überlassung an Arbeitnehmer bei Ausscheiden 38 70
- Unterdeckung Anwartschaft 38 60
- Versicherungsaufsicht 36 143
- Versicherungsnehmer 36 135
- Versorgungsausgleich 37 104
- Vor-/Nachteile 36 183
- vorzeitiges Altersruhegeld bei vorzeitigem Ausscheiden 38 113
- Zillmerung 36 83

Direktzusage 36 71, 108 f.
- Abdeckung durch Kapitalanlagen 36 116
- abgabenrechtliche Behandlung 36 119 f., 179
- Anpassungsprüfung laufender Versorgungsleistung 38 116
- Bedeckungsmöglichkeiten 36 113
- Beginn Unverfallbarkeitsfrist 38 22
- Begriff 36 108
- Contractual Trust Agreement (CTA) 36 118, 169 f.
- Durchführung 36 108
- Entgeltumwandlung 36 85
- Entgeltumwandlung nach § 1a BetrAVG 36 91
- Finanzierung 36 109, 113
- fondsgebundene 36 117
- Insolvenzsicherung 38 150
- Leistungsschuldner 36 108
- nachgelagerte Besteuerung 36 120
- Rückdeckungsversicherung 36 114
- Rückstellungen 36 113
- Treuhandmodelle 36 118, 169 f.
- Übertragung auf Pensionsfonds 36 122

3231

Sachverzeichnis

fette Zahlen = Paragrafen

- Versorgungsausgleich 37 104
- Vor-/Nachteile 36 180
- vorzeitiges Altersruhegeld bei vorzeitigem Ausscheiden 38 110

Diskriminierung 33 19
- Anstellungsvertrag Vorstandsmitglied 81 24
- am Arbeitsplatz 34 68
- Aufklärungspflicht 4 26
- Gerichtsstand 77 228
- Geschäftsführer 80 68
- Kündigung, ordentliche 43 40
- Sozialauswahl 43 243
- Störung Betriebsfrieden 43 389
- Streitwert 3 83, 89

Diskriminierungsschutz 34 93

Diskriminierungsverbot 10 34 f., 42, s a Benachteiligung
- Alter 10 82 f.
- bei Begründung Arbeitsverhältnis 10 34 f.
- Behinderung 10 73
- Entgelt 19 7
- Entschädigungshöhe 10 100, 102
- GenDG 10 43, 44 f.
- Genetische Eigenschaften 10 96
- Geschlecht 10 56 f.
- Herkunft, ethnische 10 48
- Identität, sexuelle 10 94
- Kirchenklausel 10 68
- Kleidung 15 6
- Quotenregelung 10 59
- Quoten/Statistiken 9 7
- Rasse 10 48 f.
- Rechtsfolgen bei Verstoß 10 97 f.
- Religion 10 66
- Schadensersatz 10 97 f.
- Schadensersatz, immaterieller 10 101
- Schwerbehinderte 10 75
- Sozialplan 58 137
- Sprachkenntnisse 10 50 f.
- Stellenausschreibung 9 4
- Tarifvertragspartei 70 19, 26
- Teilzeitarbeit 72 21
- vorzeitige Abkürzung Bewerbungsverfahren 10 80
- Weltanschauung 10 66
- Zurechnung 9 34

Dispute Guidelines 82 354
Dispute Management Audit 82 327
Dissens, Aufhebungsvertrag 49 55
Divergenz, Zulassung Revision 77 573 f.
DNS-Analyse, Bewerber 9 112
Dokument, elektronisches, Klageerhebung 48 16
Dokumentation, Arbeitszeitverlängerung 14 17
Dokumentationspflicht
- Arbeitgeber 10 113 f.
- Arbeitsbedingungenrichtlinie 10 118
- Arbeitsverhältnis 10 115
- Berufsausbildungsvertrag 10 119
- Gewinnabgrenzungsaufzeichnungsverordnung 11 210
- Leiharbeitsverhältnis 10 120

- Mindestlohn, gesetzlicher 19 30
- Rechtsfolgen bei Verstoß 10 117
- Umfang 10 115

Dolmetscher, Abgrenzung Arbeitnehmer/Freier Mitarbeiter 6 100
Dolmetscherkosten 79 5
Doping, Kündigung, verhaltensbedingte 43 394
Doppelbefristung 41 16
Doppelbesteuerung 11 196
Doppelbesteuerungsabkommen 11 197
- Besteuerung bei fehlendem 11 204
- OECD-Musterabkommen 11 198

Doppelkausalität 24 27
Doppelverweisung 68 81
Dotierungsrahmen, mitbestimmungsfreie Vor-/Entscheidungen des Arbeitgebers 23 36
Dozent Volkshochschule, Abgrenzung Arbeitnehmer/Freier Mitarbeiter 6 35, 40
Drachenfliegen 24 41
Dreizehntes Monatsgehalt 20 151
Dringlichkeit
- betriebliches Erfordernis bei betriebsbedingter Kündigung 43 142
- Beweislast bei betriebsbedingter Kündigung 43 170

Drittanstellung
- Geschäftsführer 80 22, 39
- Vorstandsmitglied 81 22

Drittauskunft, Sachverhaltsfeststellung 4 4
Drittel-Beteiligungsgesetz, Bestellung Geschäftsführer 80 5
Dritter
- Druckkündigung 44 161
- Teilnahme Betriebsratssitzung 59 83

Drittgesellschaft, betriebliche Altersversorgung durch 36 16
Dritthaftung, Forderungsübergang 24 167
Drittleistung, Anrechnung auf Versorgungsleistung 38 86
Drittmittelentzug, betriebsbedingte Kündigung im Öffentlichen Dienst 43 308
Drittmittelfinanzierung, Befristung Arbeitsverhältnis 41 110
Drittpersonal, Beteiligung Betriebsrat 10 303
Drittschaden, Haftung Arbeitnehmer 17 111 f.
Drittschuldnerauskunft, Pfändung 22 77
Drittschuldnerklage 22 101, 122
- Streitwert 3 84

Drittunternehmen
- Einbeziehung in Schweigepflicht 30 22
- Konkurrenzschutz 31 11

Drittverhalten, Auflösungsgrund 48 345
Drittwirkung, Koalitionsfreiheit 71 36
Drittwirkung, mittelbare, Grundrechte 1 12
Drogen
- Kündigung, verhaltensbedingte 43 394
- Kündigungsgrund, außerordentlicher 44 82

Drogenkonsum/-gewohnheiten, Befragung Bewerber 9 73
Drohung
- mit Krankheit 44 37
- Störung Betriebsfrieden 43 389

magere Zahlen = Randnummern   **Sachverzeichnis**

Drohung, widerrechtliche 49 380
- Anfechtungsfrist 49 395
- Aufhebungsvertrag 49 371 f.
- Ausstellung schlechtes Zeugnis 49 392
- mit Kündigung 49 372 f.
- mit Schadensersatzanspruch 49 388
- mit Strafanzeige 49 383

Druckkündigung 44 161, 179
- Begriff 43 297
- Compliance-indizierte 35 307
- Kündigung, betriebsbedingte 43 297
- Kündigung, verhaltensbedingte 43 395
- Kündigungs-/Ausschlussfrist 44 179

Durchführungsanspruch
- Interessenausgleich 58 44
- Sozialplan 58 159

Durchführungsweg, Wechsel bei betrieblicher Altersversorgung 40 71

Durchführungsweg betriebliche Altersversorgung, Meldepflicht PSVaG 38 155

Durchsuchung, Arbeitsplatz 35 106

Durchsuchung, heimliche, Beweisverwertungsverbot 77 417

Duzen 33 13

Dynamik, erdiente, Eingriff in 40 54

EDV, Abgrenzung Arbeitnehmerüberlassung/ Freier Mitarbeiter 6 101

Effektivgarantieklausel 20 176; 70 45

Effektivklausel 20 176; 70 45

Effektivvergütung 20 169

Ehegatte, Bezugsberechtigung betriebliche Altersversorgung 37 55, 57

Ehegatte, geschiedener, Bezugsberechtigung betriebliche Altersversorgung 37 60

Ehegatte, getrennt lebender, Bezugsberechtigung betriebliche Altersversorgung 37 59

Ehegattenarbeitsverhältnis, Beweislast bei Pfändung 22 74

Ehescheidung, Kündigung, personenbedingte 43 474

Eheschließung, Kündigung, personenbedingte 43 474

Ehrenamt
- Kündigung, personenbedingte 43 473
- öffentliches 33 86
- Übernahme 33 85

Ehrlichkeitskontrolle 34 65; 35 108, 112

Ehrlichkeitstest 43 349

Ehrverletzung 33 51
- Kündigung, ordentliche 43 40
- Kündigung, verhaltensbedingte 43 382
- Kündigungsgrund, außerordentlicher 44 48

Eidesstattliche Versicherung, Klagezulassung, nachträgliche 48 214, 215

Eidesstattliche Versicherung, falsche, Kündigungsgrund, außerordentlicher 44 63

Eigenbeitrag, arbeitgeberfinanzierte betriebliche Altersversorgung 36 99

Eigenkündigung
- Fürsorgepflichtverletzung 34 20
- Leistungsausschluss im Sozialplan 58 120

- Überprüfung der Rechtsunwirksamkeit 44 198
- Umgehung Kündigungsverbot bei Betriebsübergang 54 186

Eigenkündigungsrecht, Vergleichsmehrwert 3 218

Eigennutzung, betriebliche, Erfindungswert 16 103

Eigenschaden Arbeitnehmer, Haftung für betrieblich veranlassten 34 33

Eigenschaften, genetische, Diskriminierungsverbot 10 96

Eigenschaften, verkehrswesentliche, Offenbarungspflicht 9 100

Eigenschaftsirrtum
- Anfechtung 9 100
- Aufhebungsvertrag 49 360, 363

Eigentumsgarantie 1 13

Eigentumsrecht 16 6

Eigentumsschutz 35 89

Eigenvorsorge, Altersversorgung, betriebliche 38 84

Eignung
- Abgrenzung zu Schlechtleistung 43 476
- Kündigung, personenbedingte 43 475

Eilauftrag, regelmäßiger 12 25

Einbeziehungskontrolle, AGB 10 135

Einer teilt, einer wählt-Verfahren, Lösung distributiver Konflikte 82 248

Einflussmöglichkeit, gesellschaftsrechtliche 43 70

Einfühlungsverhältnis 9 124 f.
- Abgrenzung 9 124 f.
- Entgelt 19 4
- Zulässigkeit 9 127

Eingliederung
- Abgrenzung Arbeitnehmerüberlassung/ Werkvertrag 65 10, 15, 21
- Arbeitnehmereigenschaft 6 17
- Einzelbetriebsvereinbarung 54 35

Eingliederungsmanagement, betriebliches 34 24; 43 171
- Darlegungslast 43 509
- Durchführung 43 496, 510
- Durchführung, unterlassene 43 496, 511
- Einverständnis Arbeitnehmer 43 496
- Kündigung, personenbedingte 43 496, 510

Eingriff, ärztlicher, Arbeitsunfähigkeit 24 37

Eingruppierung 21 1 ff.
- Änderung 25 67
- Änderung zu hoher 21 31
- Anknüpfungspunkte 21 15 f.
- Arbeitnehmerleistung 21 25
- AT-Angestellte 21 35
- Ausgestaltung 21 7 f.
- Bedeutung für Arbeitnehmer 21 38
- Begriff 21 2
- Berufserfahrung 21 24
- Beteiligung Betriebsrat 10 309
- Betriebsübergang 21 11
- Betriebsvereinbarung 21 12
- Bindungswirkung Mitbestimmungsverfahren 21 76
- Einzelfälle 21 28
- Entgeltsystem des Arbeitgebers 21 13

3233

Sachverzeichnis

fette Zahlen = Paragrafen

- fehlendes Entgeltsystem **21** 14
- Feststellungsklage **21** 44
- Formulierungsmuster Betriebsvereinbarung **23** 248
- Individualvereinbarung **21** 34
- Kenntnis Arbeitnehmer **21** 4
- Kommission, paritätische **21** 23
- Kriterien, sonstige **21** 26
- Mitbestimmungsrecht Betriebsrat **21** 46 f., 51, 56
- Mitbeurteilungsrecht Betriebsrat **10** 309; **21** 50
- zu niedrige **21** 41
- Öffentlicher Dienst **21** 45
- Streitwert **3** 85
- tarifliches Entgeltsystem **21** 9, 10
- Tätigkeit **21** 16
- Teilzeitarbeitnehmer **72** 36
- unterlassene Äußerung des Betriebsrats **21** 64
- Unterlassung **21** 73
- Unterrichtung Betriebsrat **21** 52
- Vergütungshöhe **21** 38
- Vorgang bei tätigkeitsbezogener **21** 20
- Zulagen **21** 27
- Zustimmung Betriebsrat **21** 57
- Zustimmungsersetzungsverfahren **21** 70
- Zustimmungsfiktion Betriebsrat **21** 64
- Zustimmungsverweigerung Betriebsrat **21** 58 f., 65

Eingruppierungsklage, Streitwert **22** 127
Einheitsprinzip, übertarifliche Vergütung **20** 171
Einigungsgebühr 3 24
Einigungsstelle 1 80
- Anrufung bei Vorschlägen/Initiativmaßnahmen des Betriebsrats **61** 34
- Beisitzer **1** 81; **64** 15, 27
- Beschlussverfahren bei Besetzungsstreitigkeit **78** 125 f.
- Bestellung **57** 69
- Bestellung, einvernehmliche **57** 70
- Bestellung nach § 100 ArbGG **57** 71
- Beteiligungsbefugnis Beschlussverfahren **78** 35
- Betriebsvereinbarung **1** 30; **63** 18
- einstweilige Verfügung zur Einrichtung **78** 131
- Errichtung **64** 10
- Errichtung, einvernehmliche **64** 11
- Errichtung, streitige **64** 17
- Formulierungsmuster Errichtung **64** 12, 21
- Kosten **64** 57 f.
- Sachaufwand **64** 71
- Streitwert **3** 133
- Streitwert Bestellungsverfahren **64** 26
- Urlaubsfestsetzung **27** 100
- Vergütung außerbetrieblicher Beisitzer **1** 84
- Vergütung Beisitzer **64** 58, 59, 60
- Vergütung Berater/Verfahrensbevollmächtigte **64** 67
- Vergütung Vorsitzender **64** 61
- Vorsitz **1** 81
- Vorsitzender **64** 13, 20
- Zuständigkeit **64** 1, 2

Einigungsstellenmitglied, Kündigungsschutz **45** 193

Einigungsstellenspruch, Transfersozialplan **58** 145
Einigungsstellenverfahren 57 68 f.; **64** 30 f.
- Beratung **64** 43
- Beschluss über Zuständigkeit **64** 39
- Beschlussfassung **64** 44
- Beschlussgegenstand **64** 38
- Entscheidung **64** 36
- Entscheidung über Vorliegen Betriebs-/Geschäftsgeheimnis **56** 176
- erzwingbares **64** 3
- freiwilliges **64** 7
- gerichtliche Überprüfung der Einigung **57** 80, 81
- gerichtliche Überprüfung Einigungsstellenspruch **57** 80, 82
- Insolvenzverfahren **57** 88
- bei Interessenausgleich/Sozialplan **57** 63
- Klärung Betriebsänderungstatbestand **56** 103
- Kosten **57** 79; **64** 57 f.
- Mediation als Alternative zu **82** 75 f.
- Öffentlichkeit **64** 34
- nach § 109 BetrVG **57** 72
- nach § 112 Abs. 2 BetrVG **57** 76
- Prüfung, gerichtliche **64** 52, 54
- Rechtskontrolle **64** 52
- Rechtswirkung Spruch **64** 50
- Spruch/Beschluss in der Sache **64** 41
- Untersuchungsgrundsatz **64** 35
- Verfahrensgrundsätze **64** 32 f.
- Verfügungen, vorbereitende **64** 32
- Verhandlung, mündliche **64** 33
- Vertretung der Betriebsparteien **64** 31

Einigungsstellenvorsitzender 1 81
- Beschlussverfahren Bestellung **1** 83

Einlassung, rügelose **22** 99; **48** 81; **77** 216
Einmalzahlung, geringfügige Beschäftigung **75** 14
Ein-Mann-GmbH, Kündigung Anstellungsvertrag Geschäftsführer **80** 91
Einordnung, fehlerhafte
- arbeitsrechtliche Rechtsfolgen **7** 1 f.
- Lohnsteuerabzugsverfahren **7** 23
- Rückforderungsansprüche **7** 9 f.
- sozialversicherungsrechtliche Rechtsfolgen **7** 14 f.
- steuerrechtliche Rechtsfolgen **7** 23 f.
- strafrechtliche Rechtsfolgen **7** 29
- Umsatzsteuer **7** 26
- Vergütungsanpassung **7** 4
- Vertragsanpassung **7** 4
- Wegfall der Geschäftsgrundlage **7** 3

Einrede
- örtliche Unzuständigkeit **77** 215
- Verjährung **22** 155

Einrede, prozesshindernde, Schiedsvertrag **48** 13
Einrichtungen, gemeinsame s Gemeinsame Einrichtungen
Einsatzbereiche, innerbetriebliche, Mediationsverfahren **82** 195 f.
Einsatzort 13 1 f.
- Betriebs-/teilverlegung **13** 39
- wechselnder **13** 7

3234

Sachverzeichnis

Einschreiben
- Kündigungserklärung 42 47
- Nichtabholung 48 126
- Zugang 48 124

Einschreiben-Eigenhändig, Zugang 48 127
Einsichtnahme, Tarifvertrag 69 36
Einsichtsrecht
- Betriebsrat in Gehaltunterlagen 23 21
- Bruttoentgeltliste 23 221
- Handakten 2 51

Einspruch, Statusfeststellung bei Anrufungsauskunft 8 36
Einspruchsfrist, Versäumnisurteil 1 74
Einstellung
- Auswahlrichtlinien 10 297; 35 71
- Beteiligung Betriebsrat 10 302
- Beteiligungsrechte Betriebsrat 10 296 f., 306
- closed-shop-Regelung 71 25
- Formulierungsmuster Antrag auf Betriebsratszustimmung 10 311
- Formulierungsmuster Stellungnahme Betriebsrat 10 321
- Vollstreckung 77 720
- vorläufige 10 327
- Zustimmung Betriebsrat 10 312
- Zustimmungsverweigerung Betriebsrat 10 312 f.
- Zustimmungsverweigerungsrecht Betriebsrat 10 301, 302
- Zwangsvollstreckung 77 479 f., 486

Einstellungsalter, Diskriminierungsverbot 10 82 f., 90
Einstellungsfragebogen, Informationsbeschaffung 9 64 f.
Einstellungsgespräch, Frage nach Gewerkschaftszugehörigkeit 71 38
Einstellungsuntersuchung, ärztliche, Bewerber 9 111
Einstellungsverbot, nachvertragliches, Arbeitnehmerüberlassung 66 99
Einstellungsverfahren, Zwangsvollstreckung 77 481
Einstrahlung
- Sozialversicherung 11 167, 189
- Territorialitätsprinzip 11 167, 189

Eintrittsrecht 31 34 f.
- unlauterer Wettbewerb 31 34, 37

Einvernehmen, Übertragung Anwartschaft 39 4
Einverständniserklärung, ärztliche Einstellungs-/Untersuchung 9 111
Einwendungen, Leistungsklage 22 121
Einwilligung
- Beweislast bei Konkurrenztätigkeit 31 47
- Konkurrenztätigkeit 31 18

Einwilligung Arbeitnehmer, Datenerhebung/-verarbeitung/-nutzung 35 267
Einwurf-Einschreiben
- Kündigungserklärung 42 48
- Zugang 48 124

Einzelbetriebsvereinbarung, Betriebsübergang 54 28 f.

Einzelgespräche
- Agent of Reality 82 241
- Einigungsbereiche, verdeckte 82 241
- Mediation 82 55, 235

Einzelkaufmann, betriebliche Altersversorgung 36 9
Einzelkaufmännisches Unternehmen, Übertragung Versorgungsverpflichtung 39 45
Einzelverweisung 68 80, 142
- Inhaltskontrolle 10 154

Einzelzusage, Inhaltskontrolle Versorgungszusage 37 5
Einziehungsermächtigung 22 33
Elektrohandwerk, Rechtsquellen 1 45
Elterngeld, Anspruch 28 31
Elternurlaub, Unverfallbarkeitsfrist 38 34
Elternzeit 28 2 f.
- Abgrenzung § 8 TzBfG/§ 15 BEEG 73 83 f., 94, 101, 107
- Ablehnung Teilzeitanspruch 73 92, 94, 106
- Aktienoptionen 20 110
- Änderungskündigung 46 50
- Anrechnung bei Altersversorgungsleistung 37 65
- Anspruch 28 3, 6
- Anzahl Wochenstunden 73 88, 91, 103
- Auszubildende 73 89
- Befragung Bewerber 9 74
- Dauer 28 13
- Durchsetzung Teilzeitanspruch nach § 15 BEEG 73 145
- Elterngeld 28 31
- Ende 28 14
- Entgeltfortzahlung bei Arbeitsunfähigkeit 24 34
- Erholungsurlaub 28 20 f.
- Fehlzeiten bei zielorientierter Vergütung 20 78
- Frist zur Geltendmachung Teilzeitarbeit 73 102
- Geltendmachung 28 9
- gemeinsame beider Elternteile 28 12
- Geschäftsführer 80 72
- Höchstdauer 28 8
- Kündigung des Arbeitnehmers 28 37
- Kündigungsschutz 28 33
- Kürzung Jahressonderzahlung 20 152
- Leistungen, sonstige 28 30
- Nebentätigkeit während 33 100
- Partnerschaftsbonus 28 32
- Rückkehrrecht zur Vollzeitarbeit 73 105
- Ruhen Arbeitsverhältnis 28 17
- Sonderleistungen während 28 18
- Teilzeit 72 5
- Teilzeitanspruch geringfügig Beschäftigte 75 30
- Teilzeitanspruch nach § 8 TzBfG 73 83 f., 101, 107, 124
- Teilzeitanspruch nach § 15 BEEG 73 83 f., 94, 101, 107, 145
- Teilzeitarbeit 28 22, 26
- Übertragung 28 8
- Urlaubsabgeltung 28 24
- Urlaubsanspruch 27 63, 65

Sachverzeichnis

fette Zahlen = Paragrafen

- Vertretungsbedarf während **41** 174
- Wirkung **28** 16 f.

Elternzeitberechtigte s a Kündigung Elternzeitberechtigte, Kündigungsschutz Elternzeitberechtigte
- Kündigungsschutz **45** 59 f.

e-mail-Überwachung 35 210 f.
- bei ausschließlich dienstlicher Nutzung **35** 212
- Einverständnis Arbeitnehmer **35** 220
- bei erlaubter Privatnutzung **35** 217
- Mitbestimmungsrecht **35** 221
- Speicherung **35** 212, 218, 219
- Stichproben **35** 216
- Textinhalte **35** 214, 219
- Trennung betriebliche/private Kommunikation **35** 220
- Verbindungsdaten **35** 212, 218

e-mail-Verkehr, Zugriff, unerlaubter **44** 56
e-mail-Verkehr, privater **33** 45, 47
- Kündigungsgrund, außerordentlicher **44** 76
- unerlaubte **43** 424

Empfangnahme, Kündigungserklärung **42** 40

Empfangsbote
- Annahmeverweigerung Kündigung **42** 51
- Kündigungserklärung **42** 40, 42
- Zugang Kündigungserklärung **48** 123

Empfangsvollmacht, Entgegennahme Schriftsatzkündigung **48** 107

Engagement, politisches, Offenbarungspflicht **9** 100

Entbindung
- Begriff **45** 12
- Kündigungsschutz während Schutzfrist **45** 2, 13
- Mitteilung, nachträgliche **45** 20

Entfernungsrecht, arbeitsschutzrechtliches **34** 17
Entgangener Gewinn, Schadenspauschale **17** 41
Entgelt
- Abgrenzung **19** 1
- Abrechnung **22** 19 f.
- Abrechnungspflicht **19** 22
- Abschlag **22** 12
- Abtretung **22** 30
- Abtretung zukünftiges **22** 31
- Abwälzung unternehmerisches Risiko auf Arbeitnehmer **19** 48
- Akkordlohn **20** 30
- Aktienoptionen **20** 94 f., 102, 107
- Anrechnung übertariflicher Vergütung **20** 170
- Anwesenheitsprämie **20** 184 f.
- arbeitsvertragliche Vereinbarung **19** 3
- Aufrechnung **22** 43 f.
- Aufstockung bei Altersteilzeit **74** 26
- Aufwendungsersatz **19** 2
- Ausschluss bei Trinkgeld **19** 4
- Auszahlungsart **22** 5
- Begriff **19** 1; **23** 8
- Beihilfen **26** 1
- Bestimmung **19** 1
- betriebliche Übung **19** 11 f.
- Betriebstreueleistung **20** 134 f.
- Betriebsvereinbarung **19** 6
- Bruttoentgelt **19** 66
- Cafeteria System **20** 2
- Deputate **20** 23
- Dienstwagen **20** 5 f.
- Dienstwohnung **20** 16
- Diskriminierungsverbot **19** 7
- dreizehntes Monatsgehalt **20** 151
- Durchsetzung der Zahlung **22** 1 f.
- Effektivvergütung **20** 169
- Einbehalt bei Schlechtleistung **17** 85
- Einbehalt bei Unmöglichkeit **17** 34
- Einbehalt Sozialversicherungsbeiträge **19** 67
- Einbehalt Steuern **19** 67
- Einfühlungsverhältnis **19** 4
- Eingruppierung **21** 38
- Empfangsberechtigter **22** 1
- Entgeltgeringfügigkeit **75** 14
- Equal Pay für Leiharbeitnehmer **19** 64
- Erfindervergütung **16** 81
- ergebnisbezogenes **20** 36
- Fälligkeit **22** 10 f.
- fortzuzahlendes **24** 134
- Freiwilligkeitsvorbehalt **19** 12; **25** 15
- Gefälligkeitsdienst **19** 4
- Geldvergütung **20** 1
- Gesamtzusage **19** 20
- Gleichbehandlungsgebot **19** 10
- Gleichbehandlungsgebot Teilzeitarbeit **19** 10
- Gleichbehandlungsgrundsatz **19** 7
- Gleichbehandlungspflicht **34** 90
- Gleitzone Sozialversicherung **75** 59
- Gratifikationen **20** 123 f.
- Höhe **19** 23 f.
- Initiativrecht Betriebsrat **23** 213
- Jahressonderzahlungen **20** 123 f.
- Jubiläumsleistung **20** 134
- Kryptowährung **20** 2
- leistungsbezogenes **20** 30 f.
- Leistungslohn **20** 1, 34
- Leistungsort **22** 4
- Leistungsstörungen **24** 1 f.
- Lohnabrechnung **22** 19
- Lohn-/Gehaltserhöhung **34** 153
- Lohnverwendungsabrede **22** 42
- Lohnverzicht **22** 41
- Lohnwucher **19** 40, 49
- Mindestentgeltregelung bei Entsendung **68** 64, 68
- Mindestlohn, gesetzlicher **19** 25 f., 27
- Mitbestimmungsrecht bei Auslandsentsendung **23** 165
- Mitbestimmungsrecht Betriebsrat **23** 1 f.
- Mutterschutz **34** 43
- Naturalvergütung **20** 2, 5 f.
- Nettoentgelt **19** 67, 70
- nach § 612 Abs. 2 BGB **19** 21
- Personalrabatte **20** 20
- Phantom Stocks **20** 101
- Prämienlohn **20** 33
- Probezeit **19** 4, 48
- Provision **20** 36
- Quittung **22** 20

magere Zahlen = Randnummern **Sachverzeichnis**

- Reduzierung durch Änderungskündigung 25 58 f.
- Regelungssperre/Tarifvorbehalt 63 4, 5
- Sachzuwendung 20 3
- Schadensersatzleistung 19 2
- Sittenwidrigkeit 19 4, 49
- Sonderzahlung 20 123 f.
- Tantieme 20 40
- tarifvertragliche Vereinbarung 19 5
- Teilzeitarbeit 73 72 f.
- Teilzeitarbeitnehmer 72 54
- Trinkgeld 20 24
- Überstundenvergütung 20 164 f.
- übliches 19 21
- Umfang 19 1
- Urlaubsgeld 20 161
- Vereinbarung 19 3 f.
- Verfügung, einstweilige 77 698
- Verfügungsverbot 22 30
- Vergütung, zielabhängige 20 43 f.
- Vergütungszuschlag 20 164
- Verhältnis Aktienoption/Festgehalt 20 102
- Verjährung 22 155
- Verlustbeteiligung 19 46
- vermögenswirksame Leistung 19 1
- Veruntreuung/Vorenthalten 7 29
- Verwirkung 22 162
- Verzicht auf künftiges 19 47
- Verzugszinsen 19 2
- Vollstreckung 77 717
- Vorausabtretung 22 31
- Vorschuss 20 178; 22 13
- Weihnachtsgeld 20 150
- Zeitlohn 20 1
- Zulagen, übertarifliche 20 16
- Zulagen/Zuschläge 20 164 f.

Entgelt, leistungsbezogenes, Mitbestimmungsrecht 23 114 f.

Entgeltanspruch 22 1 f.
- Erbe 22 3
- Vollmacht 22 3

Entgeltausfallprinzip 24 133
- Berechnung Fortzahlungsentgelt 24 150

Entgeltauszahlung, Mitbestimmungsrecht 23 220

Entgeltdifferenz, Schadenspauschale 17 41

Entgelterhöhung
- Formulierungsmuster Betriebsvereinbarung 23 250
- Mitbestimmungsrecht 23 58
- Urlaubsentgelt 27 155

Entgeltflexibilisierung 25 1 f.
- Altverträge 25 36
- Änderung Arbeitsbedingungen 25 7
- Anrechnung übertariflicher Vergütungsbestandteile 25 41
- Befristung Vergütungsbestandteile 25 42 f.
- Direktionsrecht 25 6
- Freiwilligkeitsvorbehalt 25 12 f.
- Instrumente 25 5 f.
- negative betriebliche Übung 25 54
- Senkung übertariflicher Vergütungsbestandteile 25 66

- Überprüfung, gerichtliche 25 40
- Vergütungserhöhung 25 51
- Vergütungsreduzierung 25 52
- Vertragsänderung, einvernehmliche 25 51
- Vertragsbedingungen mit kollektivem Bezug 25 70 f.
- Vertrauensschutz 25 36
- Widerrufsvorbehalt 25 22 f.

Entgeltfortzahlung
- Abzug Fortbildungskosten 24 314
- Annahmeverzug 24 292 f.
- Annahmeverzug des Arbeitgebers 24 252 f.
- Anrechnung anderweitigen Verdiensts 24 297
- Anrechnung des Ersparten 24 311
- Anrechnung hypothetischer Verdienst 24 303
- Ansprüche der Krankenkasse gegen Arbeitgeber 24 175
- vom Arbeitgeber verschuldete Arbeitsunfähigkeit 24 106
- Arbeitsausfall, witterungsbedingter 24 109
- Arbeitskampf 24 32, 108, 265 f.
- Arbeitsunfähigkeit bei Freistellung 24 34
- Arbeitsunfähigkeit infolge neuer Krankheit 24 114
- Arbeitsunfall 24 106
- Arbeitsverhältnis, ruhendes 24 108
- bei Arbeitsverhinderung 24 3
- Arbeitszeit, maßgebliche 24 142
- Aufwendungsersatz 24 136
- Ausfallprinzip 24 133
- Ausschlussfrist, tarifliche 24 178
- Aussperrung 24 32
- Beginn Sechswochenzeitraum 24 107
- Begrenzung 24 177
- Berechnung Fortzahlungsentgelt 24 150
- Berücksichtigung von Fehltagen 24 147
- Berufsausübungsverbot 24 225
- Betriebsrisiko 24 332 f.
- Betriebsschließung bei COVID 24 248
- Bildungsurlaub 29 7
- böswillig unterlassener Erwerb 24 303
- COVID/Corona-Erkrankung Kind 24 233
- COVID/Corona-Verdacht 24 225
- Einmalzahlungen 24 136
- Ende Sechswochenzeitraum 24 110
- Entgelt, fortzuzahlendes 24 134
- Existenzgefährdung 24 336
- Fälligkeit 24 132
- fehlende Arbeitsberechtigung/-erlaubnis im Krankheitsfall 24 33
- fehlerhafte Einordnung Vertragsverhältnis 7 2
- Feiertage 24 156
- an Feiertagen 24 189 f.
- Feiertagsentgelt 24 197
- flexible Arbeitszeitmodelle 24 149
- Forderungsübergang 24 167 f.
- Forderungsübergang zugunsten Krankenkasse 24 171
- Fortsetzungskrankheit 24 118 f.
- während Freistellung bei akuter Pflegesituation 24 214; 28 46
- während Freistellung bei Pflegezeit 28 54

3237

Sachverzeichnis

fette Zahlen = Paragrafen

- Freistellung, dienstplanmäßige **24** 194
- geringfügig Beschäftigter **75** 40
- Gewebespende **24** 182
- Höhe **24** 131 f.
- Kausalität Arbeitsunfähigkeit **24** 26
- Kinderbetreuung bei SARS-CoV-2 Virus **24** 217, 233 f.
- Kinderbetreuung bei Schul-/Kindergartenschließung **24** 217, 234
- Kinderbetreuung wg COVID-Erkrankung **24** 234 f.
- Krankheitsfall **24** 4 f.
- bei Kündigung wegen Arbeitsunfähigkeit **24** 7
- Kündigung/-sschutzklage **24** 260 f.
- Kündigungsschutzprozess **48** 430
- Kurzarbeit **24** 157, 165; **50** 85
- Kürzung Sondervergütungen **24** 138
- Leistungsentgelt **24** 154
- Mindestlohn, gesetzlicher **24** 162
- Mitverschulden **24** 45
- Nebentätigkeits-Arbeitsverhältnis **33** 116
- nicht durchgehende Arbeitsunfähigkeit **24** 112
- bei Nichtfortsetzungserklärung **48** 431
- Organspende **24** 182
- § 3 Abs. 1 S. 2 EFZG **24** 127
- § 3a Abs. 2 EFZG **24** 188
- persönliche Arbeitsverhinderung **24** 206 f.
- Pfändbarkeit **22** 63
- Pflege naher Angehöriger **24** 214
- Quarantäne **24** 225
- Saisonbetrieb **24** 146
- SARS-CoV-2 Virus **24** 166, 217, 221 f., 233
- Schichtmodelle **24** 148
- Schlecht-/Minderleistung **24** 339
- Schulung Betriebsratsmitglied **62** 73
- Sechsmonatszeitraum **24** 128
- Sechswochenzeitraum **24** 107 f.
- tarifliche Regelung **24** 158
- Teilzeitarbeitnehmer **72** 37
- Trinkgelder **24** 136
- überschneidende Krankheiten **24** 123
- Überstundenvergütung **24** 136
- Unabdingbarkeit **24** 176
- unentschuldigtes Fehlen vor/nach Feiertag **24** 202
- Unterbrechung **24** 108, 115
- Vereinbarung der Vergütung **24** 315 f.
- Vereinbarungen zugunsten Arbeitnehmer **24** 181
- Verschuldensbegriff **24** 36
- Verzicht **24** 180
- Vorstandsmitglied im Krankheitsfall **81** 51
- Wartezeit **24** 5
- Wirtschaftsrisiko **24** 332 f.
- Zeitentgelt **24** 151
- Zeitraum **24** 105 f.
- zusätzlich vergütete Arbeitsleistungen **24** 135
- Zwölfmonatszeitraum **24** 129

Entgeltfortzahlung im Krankheitsfall
- Abrufarbeit **14** 76
- Gleitzeit **14** 95

Entgeltfortzahlungszeitraum, Anzeige-/Nachweispflichtverletzung bei Krankheit **43** 409

Entgeltgeringfügigkeit
- Arbeitsentgelt **75** 14
- Einmalzahlungen **75** 14
- geringfügige Beschäftigung **75** 9, 11 f.
- Phantomlohn **75** 14
- Regelmäßigkeit der Tätigkeit **75** 12
- Urlaubsgeld **75** 14
- Verdienstgrenze **75** 13
- Weihnachtsgeld **75** 14
- Zuflussprinzip **75** 15

Entgelthöhe 19 23 f.
- Mitbestimmungsrecht **23** 47
- Sittenwidrigkeit **19** 40, 49

Entgeltklage
- Streitwert **22** 127
- Zuständigkeit **22** 90

Entgeltkürzung, Urlaubsentgelt **27** 156

Entgeltleistung, Mitbestimmungsrecht bei Änderung **23** 180 f.

Entgeltminderung bei Schlechterfüllung Arbeitsleistung **24** 341

Entgeltreduzierung, Mitbestimmungsrecht **23** 58

Entgeltstruktur, Einsichtsrecht Betriebsrat **23** 221

Entgeltsystem
- Eingruppierung **21** 8 f.
- mitbestimmungsfreie Vor-/Entscheidungen des Arbeitgebers **23** 36
- Mitbestimmungsrecht bei Änderung **23** 180, 197
- Mitbestimmungsrecht bei AT-Angestellten **23** 32
- Mitbestimmungsrecht bei betrieblicher Lohngestaltung **23** 39 f.
- Mitbestimmungsrecht bei nicht tarifgebundenem Arbeitgeber **23** 31
- Mitbestimmungsrecht bei tarifgebundenem Arbeitgeber **23** 27
- Mitbestimmungsrecht bei ÜT-Angestellten **23** 35
- Mitbestimmungsrecht Betriebsrat **23** 3, 17
- Öffnungsklausel **23** 28
- Reichweite Mitbestimmungsrecht **23** 22 f.
- Tatbestand, kollektiver **23** 18
- Umrechnungsfaktoren bei internationalem **23** 56
- Verteilungsgerechtigkeit **23** 6

Entgelttransparenzgesetz 19 50 f.
- Auskunftsanspruch **19** 51
- Auskunftserteilung **19** 55
- Beweislastumkehr **19** 60
- Datenschutz **19** 57
- Folgen der Auskunftserteilung **19** 59
- Frist zur Auskunftserteilung **19** 58
- Vergleichstätigkeit **19** 56

Entgeltumwandlung
- Altersversorgung, betriebliche **37** 35
- Anpassungsprüfung laufender Versorgungsleistung **38** 116
- Anspruch nach § 1a BetrAVG **36** 90
- Arbeitgeberzuschuss, gesetzlicher **36** 107

magere Zahlen = Randnummern **Sachverzeichnis**

- Arbeitgeberzuschüsse 36 103 f.
- automatische 36 89
- betriebliche Altersversorgung 36 3, 80
- Direktversicherung 36 83
- Direktzusage 36 85
- Guthaben Arbeitszeitkonto 36 82
- Mitbestimmungsrecht 37 141
- noch nicht fällige Entgeltansprüche 36 81
- Pensionsfonds 36 83
- Pensionskasse 36 83
- Quotierung Versorgungsleistung 38 66
- Regelung für vorzeitiges Ausscheiden 37 103
- in sofort fällige Versorgungsleistung 36 88
- tarifvertragliche Regelung 36 49, 54
- Unverfallbarkeit 38 21

Entgeltumwandlung nach § 1a BetrAVG
- Anspruch 36 90
- bestehende Entgeltumwandlungsvereinbarungen 36 95
- Höchstbetrag 36 93
- Mindestbetrag 36 93
- steuerliche Förderung 36 96
- Tarifvorbehalt 36 97
- umwandlungsfähige Bezüge 36 94

Entgeltumwandlungsvereinbarung 36 80
- Inhaltskontrolle 37 7

Entgeltvorschuss 34 163

Entgeltzahlung
- Abschlag 22 12
- Änderung 25 1 f.
- Arbeitnehmereigenschaft 6 29
- bargeldlose 22 5
- Barzahlung 22 5
- Empfangsberechtigter 22 1
- Fälligkeit 22 10 f.
- flexible Gestaltung 25 1 f.
- Formulierungsmuster einstweilige Verfügung 22 134
- gerichtliche Durchsetzung 22 83 f.
- Kontoführungsgebühren 22 6
- Kreditierung 22 9
- Leistungsort 22 4
- Sachbezug 22 8
- Verfügung, einstweilige 22 130
- Verfügungsgrund 22 131
- Verjährung 22 155
- Verwirkung 22 162
- Vorschuss 22 13

Entgeltzahlungspflicht 19 1

Entlassung
- Arbeitnehmerüberlassung zur Vermeidung von 66 43
- Begriff 46 4

Entlassung, anzeigepflichtige 50 1 f., 11
- 30-Tage-Zeitraum 50 21
- Agentur für Arbeit 50 38 f.
- Änderungskündigung 50 11
- Anzeigezeitpunkt 50 55
- Arbeitgeberkündigung 50 11
- Arbeitnehmerbegriff 50 8
- Arbeitnehmerkündigung 50 15

- Aufhebungsvertrag 49 125; 50 15
- Auskunfts-/Unterrichtungspflicht gegenüber Betriebsrat 50 24
- Bedingung/Befristung 50 20
- Begriff 50 11
- Beratung Arbeitgeber/Betriebsrat 50 30
- Beteiligung Betriebsrat 50 24 f.
- Betrieb, öffentlicher 50 7
- Betriebsbegriff 50 3
- Betriebsrat, fehlender 50 54
- Checkliste 50 59
- Entlassung Leitender Angestellter 50 32
- Freifrist 50 87
- Kampagnebetrieb 50 6
- Klagefrist 50 92
- Kleinbetrieb 50 5
- Kündigung, außerordentliche 50 17
- mangelnde Betriebsratsbeteiligung 50 33
- Pflichtinhalt Entlassungsanzeige 50 42
- Rechtsfolgen 50 60 f.
- Rechtsfolgen der Sperrfrist 50 74
- Regelarbeitnehmeranzahl 50 10
- Saisonbetrieb 50 6
- Schwellenwerte 50 21
- Sollinhalt Entlassungsanzeige 50 44
- Sperrfrist 50 61
- Sperrfristberechnung 50 62
- Sperrfristdauer 50 66
- Sperrfristverkürzung 50 67
- Sperrfristverlängerung 50 71
- Stellungnahme Betriebsrat 50 48, 57
- unterlassene Anzeige 50 90
- Unternehmen, abhängige 50 58
- Vordrucke Agentur für Arbeit 50 41

Entlassungssperre
- bei Betriebsänderung 58 176
- Verlängerung 58 178

Entlassungsverlangen des Betriebsrats 43 299

Entlastungsbeweis, Alkoholisierung 43 356

Entlohnungsgrundsätze
- Begriff 23 41
- Mitbestimmungsrecht 23 5, 41, 44

Entlohnungsmethoden
- Begriff 23 42
- Mitbestimmungsrecht 23 5, 42, 44

Entschädigung
- Antrag 77 446
- Begriff 49 216
- Einmalzahlung zum Ausgleich von Einnahmen 49 219
- Festsetzung 77 452
- Festsetzung Erfüllungsfrist 77 451
- Formulierungsmuster Klage gem. § 61 Abs. 2 ArbGG 17 32
- § 24 Nr. 1a EStG 49 216, 217
- § 24 Nr. 1b EStG 49 216, 218
- nach § 61 Abs. 2 S. 1 ArbGG 77 446
- Steuerbegünstigung § 34 EStG 49 219
- steuerliche Behandlung 49 213, 216 f.
- Steuerschuldner 49 220
- Streitwert 3 89
- Teilurteil 77 454

Sachverzeichnis

fette Zahlen = Paragrafen

- Verteilung auf mehrere Jahre **49** 219
- Zusammenballung **49** 219
- Zwangsvollstreckung **77** 455

Entscheidung
- nach Lage der Akten **77** 424
- vorläufige Vollstreckbarkeit **77** 459

Entscheidung, unternehmerische
- Folgen **43** 131
- gestaltende **43** 125, 129, 141
- Grundsatz der freien **43** 135
- Kontrolle, gerichtliche **43** 134
- Kündigung, betriebsbedingte **43** 121 f.
- Missbrauchskontrolle **43** 135, 139
- selbstbindende **43** 126, 128, 141
- Überprüfung der Umsetzung **43** 142
- unsachliche/unvernünftige/willkürliche **43** 135, 136
- Zuständigkeit **43** 130

Entschuldigung
- Glaubhaftmachung **77** 378
- verspäteten Vorbringens **77** 378

Entschuldigungsgrund, Ausschluss außerordentliche Kündigung **44** 35

Entsenderichtlinie 11 133, 149
- Reform **11** 133
- Umsetzung **11** 133, 149

Entsendung s a Arbeitnehmer-Entsendegesetz
- Abgrenzung zu Dienstreise **11** 111
- Abgrenzung zu grenzüberschreitender Arbeitnehmerüberlassung **11** 211
- Arbeitnehmer ins Ausland **11** 81, 110 f.
- arbeitsvertragliche **11** 114, 117 f.
- ausl. Arbeitnehmer nach Deutschland **11** 105
- Begriff **11** 110
- Begriff, sozialversicherungsrechtlicher **11** 174
- Checkliste **11** 131
- Entsenderichtlinie **11** 133, 149
- innerhalb EU **11** 170
- Melde-/Registrierungspflicht **11** 149 f., 157, 161
- Mitbestimmungsrecht bei Vergütungsregelung **23** 165
- Ruhensvereinbarung **11** 114, 126
- Sozialversicherungsrecht **11** 163 f.
- Stammhausbindungsvertrag **11** 26
- steuerliche Behandlung bei den beteiligten Unternehmen **11** 208
- Steuerrecht **11** 193 f.
- Versicherungsschutz **11** 121
- Wiedereinstellungszusage **11** 26
- Zusatzvereinbarung **11** 114, 124

Entstellungsverbot
- Computerprogramme **16** 294
- Urheberrecht **16** 247

Entwicklung, drittmittelfinanzierte, Hochschulbereich **16** 177

Entwicklungshelfer, Kündigungsschutz **45** 263

Entwicklungshelferstreitigkeit, Rechtswegzuständigkeit **77** 131

Entziehungskur, Rückfall nach **24** 51

Entziehungstherapie 43 469, 470

Entzugsklausel, Dienstwagen **20** 8, 10

Epidemie s a COVID
- Durchführung mündlicher Verhandlung **77** 315
- Kinderbetreuung bei Schul-/Kindergartenschließung **24** 217, 234

Equal Pay
- Entgelttransparenzgesetz **19** 50 f.
- Leiharbeitnehmer **19** 64

Erfahrungserfindung
- Begriff **16** 23
- Hochschulerfindung **16** 179

Erfinderberater 16 18

Erfinderpersönlichkeitsrecht 16 52

Erfindervergütung 16 79 f.
- Anpassung **16** 92
- Anteilsfaktor **16** 131 f.
- Auskunftsanspruch **16** 142
- Beispielsfall **16** 139
- Bemessung **16** 97 f.
- Bemessungsfaktoren **16** 99
- Entstehen des Anspruchs **16** 85
- Erfindung, schutzunwürdige **16** 86
- Erfindungswert **16** 101 f.
- Fälligkeit **16** 88
- Festsetzung **16** 90
- Festsetzung gegenüber Miterfinder **16** 91
- Formel **16** 100
- Formulierungsmuster Vergütungsvereinbarung **16** 141
- Hochschulerfindung **16** 186
- laufende/jährliche **16** 84
- pauschale **16** 84
- Pfändbarkeit **22** 63
- Rechnungslegung **16** 142
- Risikoabschlag **16** 94
- Sozialversicherung **16** 81
- steuerliche Behandlung **16** 81
- Unbilligkeit **16** 165
- Vereinbarung **16** 89
- Verjährung **16** 87
- Verwertungshandlung vor Inanspruchnahme **16** 86
- Verwirkung **16** 87
- vorläufige **16** 94

Erfindung, betriebsgeheime 16 70

Erfindung, freie 16 147 f.
- Anbietungspflicht **16** 151
- Annahmefrist **16** 151
- Aufhebungsvertrag **49** 255
- Begriff **16** 20, 147
- Erfindungsvereinbarung **16** 160
- Formulierungsmuster Mitteilung **16** 150
- Mitteilungspflicht **16** 148

Erfindung, technische, Begriff **16** 19

Erfindungsmeldung 16 33 f.
- Ausschlussfrist **16** 42
- Beanstandung **16** 47
- elektronische **16** 36
- Ergänzung **16** 42
- Form **16** 35
- Formulierungsmuster **16** 46
- Formulierungsmuster Beanstandung **16** 47
- Hochschulerfindung **16** 182, 184

magere Zahlen = Randnummern **Sachverzeichnis**

- Inhalt 16 38
- Manipulation 16 37
- Meldeformular 16 43
- Meldungszeitpunkt 16 34
- Miterfinder 16 45

Erfindungsvereinbarung
- Inhaltskontrolle 16 163
- Unabdingbarkeit 16 159
- Unbilligkeit 16 162

Erfindungswert
- Abstaffelung 16 108, 110, 115
- Auskunftsanspruch 16 142
- Begriff 16 101
- Berechnung Lizenzsatz 16 107
- Berechnung nach Lizenzanalogie 16 104
- bei betrieblicher Eigennutzung 16 103
- Ermittlung des erfassbaren betrieblichen Nutzens 16 112
- Kausalitätsverschiebung 16 111
- kennzeichnendes Gepräge 16 106
- bei Lizenzaustauschvertrag 16 123
- bei Lizenzeinnahmen 16 118
- bei nicht verwerteter Erfindung 16 129
- Rechnungslegung 16 142
- Schätzung 16 116
- bei sonstiger Nutzung 16 117 f.
- bei Sperrpatent 16 128
- technisch-wirtschaftliche Bezugsgröße 16 106
- Umrechnungsfaktoren 16 115, 116, 121, 125
- bei Verkauf der Erfindung 16 124
- bei Vorratspatent 16 129
- Zusammentreffen mehrerer Erfindungen 16 109

Erfolgsaussichten, Prozesskostenhilfeantrag 76 21

Erfolgsbeteiligung 20 40
- Fehlzeiten, krankheitsbedingte 20 77

Erfolgshonorar
- Vereinbarung, nachträgliche 3 7
- Vergütungsvereinbarung 3 6

Erfolgsvergütung 20 40
Erforderlichkeit, Betriebsratsberater 56 133
Erfordernis, betriebliches, Dringlichkeit betriebsbedingter Kündigung 43 142
Erfüllungsort 13 1
- Arbeitsvertrag 22 90
- Begriff nach EuGVVO 48 70
- Gerichtsstand 48 22, 24; 77 218
- Vereinbarung 22 95

Erfüllungsübernahme, Versorgungsverpflichtung 39 1
Ergänzungsanspruch
- Direktversicherung 38 60
- Pensionsfonds 38 65
- Pensionskasse 38 63

Ergebnisbeteiligung, Mitbestimmungsrecht 23 90
Erhaltungsarbeit 12 27
Erheblichkeit, Betriebsänderung 56 22 f.
Erhebungsverbot, Beweisverfahren 77 409, 420
Erholungseinrichtung, Mitbestimmungsrecht 23 168 f.

Erholungsurlaub 27 1 f., s a Urlaub
- Abbruch 27 92
- Abgeltung 27 163 f.
- vor Ablauf der Wartezeit 27 144
- Abtretbarkeit 27 39
- Anrechnung bei Arbeitsplatzwechsel 27 145
- Anrechnung Nichtbeschäftigung 27 93
- Anspruch 27 1 f.
- Arbeitsverhältnis 27 4
- Ausscheiden vor erfüllter Wartezeit 27 136
- Auszubildende 27 185 f.
- Elternzeit 28 20 f.
- Entgeltfortzahlung bei Arbeitsunfähigkeit 24 35
- Erlöschen des Anspruchs 27 47 f.
- Erwerbstätigkeit während 27 42
- EuGH-Rspr. 27 11
- Fortschreibung 27 24
- Fortschreibungsgrenzen 27 26
- Freistellungserklärung 27 77 f.
- Fürsorgepflicht 34 161
- Geltendmachung 27 73
- Heimarbeit 27 216 f.
- Höchstpersönlichkeit 27 32
- Jugendliche 27 185 f.
- jugendliche Heimarbeiter 27 192
- Kalenderjahr 27 9
- Krankheit im 27 119
- Kummulation 27 24
- Mehrurlaub, individualrechtlicher 27 30
- Mehrurlaub, tarifrechtlicher 27 30, 53
- Mindestdauer 27 102
- Mitbestimmungsrecht 27 95 f.
- Mitwirkungsobliegenheit Arbeitgeber 27 18 f., 31
- Mitwirkungsobliegenheitsverletzung 27 24
- Nebentätigkeiten 33 93
- Nichtnahme infolge Arbeitsunfähigkeit 27 11
- Rechtsgrundlagen 27 2
- Rückforderungsverbot 27 142
- Selbstbeurlaubung 27 93
- Teilurlaub 27 133
- Übertragungszeitraum 27 49
- Unterlassungsanspruch bei zweckwidrigem 27 46
- Urlaubsbescheinigung 27 148
- Urlaubsdauer 27 102 f.
- Urlaubszeitpunkt 27 72 f.
- Verfügung, einstweilige 27 303
- Verhältnis zu Arbeitskampf 27 127
- Verhältnis zu Kurzarbeit 27 130
- Verhältnis zu Rehabilitation/medizinischer Vorsorge 27 124
- Verjährung Abgeltungsanspruch 27 26
- Verweigerung, rechtswidrige 27 27
- Verzicht 27 57
- Vollurlaub 27 132
- Wartezeit 27 5, 132
- Wünsche des Arbeitnehmers 27 90
- Zeitpunkt Information/Unterrichtung 27 22
- zusammenhängende Gewährung 27 94
- Zweck 27 42

3241

Sachverzeichnis

fette Zahlen = Paragrafen

Erklärungsirrtum, Aufhebungsvertrag **49** 365
Erkrankung, Befragung Bewerber **9** 66, 89
Erkrankung naher Angehöriger, Entgeltfortzahlung **24** 210
Erkrankung, psychische **24** 79
Erkundigungspflicht, Fortsetzungskrankheit **24** 120
Erlassvertrag
- Ausgleichsquittung **22** 21
- Lohnverzicht **22** 41

Erlaubnis, fehlende, Arbeitnehmerüberlassung **10** 22
Erlaubnisentzug, auflösende Bedingung **41** 128, 133
Erlaubniserteilungsverfahren
- Arbeitnehmerüberlassung **66** 136
- Gebühr **66** 138
- Verlängerung **66** 139
- Verpflichtungsklage **66** 140
- Widerspruch **66** 140

Erlaubnisversagung, Arbeitnehmerüberlassung **66** 56
Erlaubnisvorbehalt
- Arbeitnehmerüberlassung **66** 36 f.
- Kündigungsverbot Schwangerschaft **45** 37
- Nebentätigkeit **33** 108

Erledigterklärung
- Beschlussverfahren **78** 75, 100
- Beschwerdeverfahren **78** 100
- Rechtsbeschwerde **78** 114
- übereinstimmende in Güteverhandlung **77** 303

Erledigung der Hauptsache
- in Berufungsinstanz **77** 546
- in Revisionsinstanz **77** 651

Erledigungsklausel
- Aufhebungsvertrag **49** 151, 311 f.
- Aufklärungspflicht **4** 80
- Formulierungsmuster **49** 11
- Versorgungsanwartschaft **49** 294
- Wettbewerbsverbot **32** 76

Erlöschen
- Betriebsratsamt **59** 37
- Erlaubnis Arbeitnehmerüberlassung **66** 67

Ermahnung, Abgrenzung zu Abmahnung **18** 61
Ermessenstantieme, Aufhebungsvertrag **49** 155
Ermittlungen, verdeckte, Privatdetektiv **35** 180
Ermittlungsmaßnahmen, Informationspflicht **35** 165
Ermittlungsverfahren, anhängiges, Befragung Bewerber **9** 93
Ermittlungsverfahren, strafrechtliches, Einstellung **44** 134
Erprobung
- Anspruch bei erfolgreicher **41** 78
- befristete Übertragung höherwertiger Tätigkeit **10** 201
- Befristung Arbeitsverhältnis **41** 73 f., 75
- Dauer **41** 76
- Verlängerung **41** 77

Ersatzdienst, ziviler, Anrechnung bei Altersversorgungsleistung **37** 65
Ersatzempfänger, Zugang **48** 129

Ersatzkraft, Schadenspauschale **17** 41
Ersatzkräftemangel, Teilzeitanspruch **73** 67
Ersatzmitglied, Kündigungsschutz **45** 192, 201
Ersatzmitglied Betriebsrat, Kündigungsschutz **45** 192, 201
Ersatzverfahren, Direktversicherung **38** 61
Ersatzvornahme, Schutzrechtsanmeldung **16** 67
Erscheinen, persönliches
- Anordnung **77** 331
- Berufung **77** 554
- Mandant vor Arbeitsgericht **1** 77
- Ordnungsgeld **1** 77

Erscheinungsbild, äußeres, Arbeitnehmer **33** 26
Erschwerniszulage, Pfändbarkeit **22** 63
Erschwerniszuschlag, Mitbestimmungsrecht **23** 86
Ersetzung, Dienstwagen **20** 9
Ersetzungsbefugnisklausel, Formulierungsmuster **20** 10
Ersetzungsverfahren, Betriebsratszustimmung zur Einstellung **10** 326, 328
Ersparniserfindung, Ermittlung des erfassbaren betrieblichen Nutzens **16** 112
Erspartes, Anrechnung **24** 311
Erstaufnahmeeinrichtung **11** 4, 58
- Aufenthaltsdauer **11** 9

Erstuntersuchung, Jugendlicher **34** 50
Erwerb, böswillig unterlassener **24** 303
Erwerb, anderweitiger
- Anrechnung auf Karenzentschädigung **32** 94 f., 98, 112
- Unterlassung, böswillige **32** 107 f.

Erwerber, Haftung bei Betriebsübergang **54** 121
Erwerberhaftung, Betriebsübergang bei Insolvenz **54** 125
Erwerberkonzept, Veräußererkündigung bei Betriebsübergang **54** 175
Erwerberkündigung bei Betriebsübergang **54** 183
Erwerbseinkommen, Anrechnung auf Versorgungsleistung **38** 88
Erwerbseinkünfte, Anrechnung auf Karenzentschädigung **32** 94 f., 98
Erwerbsminderung, Versorgungsleistung bei **37** 63
Erwerbstätigkeit während Erholungsurlaub **27** 42
Erwerbsunfähigkeit
- Aufhebungsvertrag **49** 76
- auflösende Bedingung **49** 76
- Versorgungsleistung bei **37** 63

Erwerbsunfähigkeit, befristete, Anrechnung bei Altersversorgungsleistung **37** 65
Erziehungsgeld, Pfändbarkeit **22** 63
Erziehungsurlaub **28** 1
- Kürzung Jahressonderzahlung **20** 157

Essener Verband **36** 151
et-et-Fall
- Rechtswegabgrenzung **48** 45
- Zuständigkeit Arbeitsgericht **8** 3

Etikettwahlrecht **5** 5
EU-Beitrittsländer, Übergangsregelungen **11** 74
EU-Geschäftsführer **10** 36

magere Zahlen = Randnummern **Sachverzeichnis**

EuGVVO 1 15; 48 56 f.
- Anspruch(Begriff) 48 67
- Arbeitnehmerbegriff 48 66
- Auslandsbezug 48 62
- Einlassung, rügelose 48 81
- Erfüllungsort 48 70
- Gerichtsstandsvereinbarung 48 75
- Niederlassungsbegriff 48 68
- Zuständigkeitsvereinbarung 48 78

Europäische Menschenrechtskonvention (EMRK) 1 10

Europäische Sozialcharta 1 10

Europäische Union
- Aufenthaltserlaubnis 11 67
- Blaue Karte EU 11 3, 20, 41
- Daueraufenthalt EU 11 3, 20
- Entsenderichtlinie 11 133
- FreizügigkeitsG 11 67
- Meldepflicht 11 149 f., 157, 161
- Registrierungspflicht 11 149 f., 157, 161

Europäischer Betriebsrat
- ad-hoc Unterrichtung 57 15
- Anhörung 56 197; 57 12, 14, 21
- Beteiligungsrecht bei Betriebsänderung 56 4, 191 f.; 57 11
- Existenz 56 192
- grenzüberschreitende Angelegenheiten 56 196; 57 11
- Sicherung Beteiligungsrechte bei Betriebsänderung 57 127
- Unterrichtung, außergewöhnliche 56 211; 57 15
- Unterrichtung bei Betriebsübergang 54 149, 160
- Unterrichtung, jährliche 56 197; 57 12
- Unterrichtung über geplante Betriebsänderung 56 87
- wirtschaftliche Angelegenheiten 56 202; 57 15

Europäischer Gerichtshof (EuGH)
- Tarifverstoß gegen europäisches Recht 70 3
- Verfahren vor dem 1 78
- Vertragsverletzungsverfahren 1 79
- Vorabentscheidung 1 79

Europäisches Gemeinschaftsrecht 1 9
- Rangfolge 1 67

Europäisches Mahnverfahren 77 252

Eventualaufrechnung 22 119

Ewigkeitsklausel 68 107

Existenzgefährdung, Betriebsrisiko 24 336

Existenzgründer, Befreiung von Rentenversicherungspflicht 6 120

Existenzgründung
- Anrechnung auf Karenzentschädigung 32 108, 121
- Befristung Arbeitsverhältnis 41 36
- Existenzgründungszuschuss 6 106
- Gründungszuschuss 6 107

Existenzgründungsberatung, Transferleistung 58 146

Existenzkrise, wirtschaftliche
- Lohnstundung/-verzicht 33 43
- Urlaubskürzung 33 44

Fabrikationsmethoden, Unterrichtung Wirtschaftsausschuss 56 153

Fachanwalt
- Erfahrungen, besondere praktische 1 6
- Fortbildung 1 7
- Kenntnisse, besondere theoretische 1 6
- Zulassung 1 5
- Zulassungsverfahren 1 6

Fachanwaltschaft 1 4

Fachkraft für Arbeitssicherheit, Kündigungsschutz 45 276

Fachkräfte
- Begriff 11 6
- Verfahren, beschleunigtes 11 27

Fachkräfteeinwanderungsgesetz 11 4
- Berufsausbildung, qualifizierte 11 7
- Fachkräftebegriff 11 6

Facility-Management, Abgrenzung Arbeitnehmer/Freier Mitarbeiter 6 100

Fähigkeiten
- Befragung Bewerber 9 65
- Herausnahme aus Sozialauswahl 43 218, 222

Fahrerlaubnis, Kündigung, personenbedingte 43 472

Fahrerlaubnisverlust, Kündigungsgrund, außerordentlicher 44 51

Fahrgemeinschaft, Wegeunfall 17 130

Fahrlässigkeit, grobe, Haftung Arbeitnehmer 17 93

Fahrlässigkeit, leichteste, Haftung Arbeitnehmer 17 93

Fahrlässigkeit, mittlere, Haftung Arbeitnehmer 17 93

Fahrtkostenerstattung, Wiedereingliederung 24 25

Fahrverbot, Kündigungsgrund, außerordentlicher 44 51

Faktisches Arbeitsverhältnis 10 32

Fälligkeit
- Arbeitspapiere 52 11
- Ausbildungsvergütung 22 11
- Entgeltfortzahlung 24 132
- Entgeltzahlung 22 10 f.
- Erfindervergütung 16 88
- Leistung Rechtsschutzversicherung 3 243
- Naturalleistung 22 17
- Urlaubsentgelt 22 11
- Versorgungsleistung 38 10

Fälligkeitsfestlegung, Mitbestimmungsrecht Betriebsrat 22 18

Fallschirmspringen 24 41

Falschbeantwortung, Kündigung, verhaltensbedingte 43 398

Familiäre Belange, Versetzung 13 31

Familiäre Pflichten, Direktionsrecht 12 34

Familienangehörige
- Abgrenzung Arbeitnehmer/Freier Mitarbeiter 6 100
- Forderungsübergang 24 168
- Kündigungsschutz nach KSchG 43 60

Familienangelegenheit, Entgeltfortzahlung 24 210

Sachverzeichnis

fette Zahlen = Paragrafen

Familienhelfer, Abgrenzung Arbeitnehmer/Freier Mitarbeiter **6** 100
Familienpflegezeit 28 61 f.; **45** 107 f.; **72** 5
- Anspruch **28** 61; **45** 110, 112
- Beendigung, vorzeitige **28** 67; **45** 117
- Begriff **28** 62
- COVID **45** 111
- Darlehensanspruch **28** 69
- Durchsetzung **28** 68
- Durchsetzung Teilzeitanspruch **73** 152
- Höchstdauer **28** 65
- Pflegebedürftigkeit **28** 66
- Sonderkündigungsschutz **28** 65, 70
- Teilzeitanspruch **73** 120
- unmittelbar nach Pflegezeit/Freistellung **45** 113
- Vereinbarung **28** 65
- Verhältnis zu Pflegezeit **28** 71
- Verlängerung **45** 116

Familien-Pflegezeitberechtigte s a Kündigung Familien-Pflegezeitberechtigte, Kündigungsschutz Familien-Pflegezeitberechtigte
- Kündigungsschutz **45** 107 f.

Familienplanung, Befragung Bewerber **9** 84
Familienstand, Befragung Bewerber **9** 84
Familienzulage, Mitbestimmungsrecht **23** 54
Fehlen, unentschuldigtes, Kündigungsgrund, außerordentlicher **44** 73
Fehlgeburt 45 12
- nach 12. Schwangerschaftswoche **45** 10
- Mitteilung, nachträgliche **45** 20

Fehlverhalten
- Anzeige, innerbetriebliche **30** 61
- Offenlegungsinteresse **30** 51
- Strafanzeige gegen Arbeitgeber **30** 63

Fehlzeiten
- Auswirkung bei zielorientierter Vergütung **20** 78
- Berücksichtigung bei Entgeltfortzahlung **24** 147

Fehlzeiten, krankheitsbedingte
- Aktienoptionen **20** 110
- Anwesenheitsprämie **20** 185 f., 193
- Auswirkung auf Zielvereinbarung **20** 72
- außerhalb Entgeltfortzahlungszeitraum **20** 76
- innerhalb Entgeltfortzahlungszeitraum **20** 73

Feiertag
- Arbeitsausfall **24** 191
- Entgeltfortzahlung **24** 156, 189 f.
- Entgeltfortzahlung bei Arbeitsunfähigkeit **24** 35
- bei Erholungsurlaub **23** 193
- gesetzlicher **24** 190
- unentschuldigtes Fehlen vor/nach **24** 202

Feiertagsentgelt 24 189 f.
- Bemessung **24** 197
- Beweislast **24** 204
- Kausalität **24** 191

Feiertagsvergütung, Abrufarbeit **14** 77
Feiertagszuschlag 20 164
Fernmeldegeheimnis, Schutz **35** 198
Fernsehansager/-reporter, Abgrenzung Arbeitnehmer/Freier Mitarbeiter **6** 47

Fernsehen
- Abgrenzung Arbeitnehmer/Freier Mitarbeiter **6** 41 f.
- Rechtsquellen **1** 46

Fernsehrolle, auflösende Bedingung **41** 128
Fertigungsverfahren, beteiligungspflichtige Einführung neuer **53** 81, 82
Festanstellung, Leiharbeitnehmer nach beendetem Leiharbeitsverhältnis **9** 55
Festgehalt, Verhältnis Aktienoption/Festgehalt **20** 102
Feststellungsantrag, Streitwert **3** 39
Feststellungsinteresse 8 12
- besonderes **22** 123
- Kündigungsschutzklage **48** 168
- nachträgliches **8** 15
- bei Rücknahme der Kündigung **48** 169
- Sozialwidrigkeit **48** 173

Feststellungsklage 8 12; **22** 123
- Abgrenzung zu Kündigungsschutzklage **48** 149
- Abmahnung **18** 54
- bei Änderungskündigung **46** 72
- Anpassung Versorgungsleistung **38** 147
- Anrufungsfrist, verlängerte **48** 246
- Auskunftsanspruch zu betrieblicher Altersversorgung **38** 72
- Bedingung, auflösende **41** 157 f., 159
- Befristungsabrede **41** 157 f., 159
- Bestehen/Inhalt Tarifvertrag nach § 9 TVG **70** 6
- Betriebsratsfähigkeit **59** 31
- Betriebsübergang **48** 99
- Eingruppierung **21** 44
- Erfüllungsort **22** 93
- Formulierungsmuster Direktionsrecht **12** 73
- Formulierungsmuster Klageantrag **22** 125
- auf Fortbestehen des Arbeitsverhältnisses **44** 176, 194
- Klagefrist **44** 194
- Kontrolle Direktionsrecht **12** 68, 73
- neben Kündigungsschutzklage **48** 153
- nachträgliche **8** 15
- Streitwert **3** 90; **22** 128
- Tarifgeltung **68** 1
- Urlaubsumfang/-dauer **27** 299
- Verbindung mit Änderungsschutzklage **46** 127
- Vorrang der Leistungsklage **22** 124

Feststellungsklage, abstrakte, Tarifnorm **70** 8
Feststellungsklage, negative, Streitwert **22** 128
Fiktionswirkung, Kündigung **48** 268 f., 274
Film, Rechtsquellen **1** 46
Finanzamt, Meldepflicht bei Aufnahme Arbeitsverhältnis **10** 329
Finanzgericht, Zuständigkeit **22** 86
Finanzgerichtsbarkeit, Rechtswegzuständigkeit **77** 52
Finanzielle Lage, Unterrichtung Wirtschaftsausschuss **56** 149
Finanzierung
- Altersversorgung, betriebliche **37** 34
- Mischsysteme betrieblicher Altersversorgung **36** 99 f.

3244

magere Zahlen = Randnummern   **Sachverzeichnis**

Fingerhackeln 24 41
Firmenparkplatz, Haftung 34 32
Firmentarifvertrag 68 28
– Auswirkung Betriebsübergang 54 68, 69 f.
– Gesamtrechtsnachfolge 68 30
Firmenwagen s Dienstwagen
Fixschuld
– Arbeitsleistung 24 1
– Arbeitspflicht 17 3
Fleischbearbeitung, Arbeitnehmer-Entsendegesetz 68 61
Flexibilisierung
– Altersversorgung, betriebliche 25 77
– Arbeitsbedingungen 25 70 f.
– Arbeitsvertragsregelung, kirchliche 25 73
– Arbeitszeit 14 34
– Entgeltzahlungen 25 1 f.
– Übertragung anderer Tätigkeit 12 41 f.
Flexibilisierungsklausel, Compliance-Richtlinien 35 47
Flexigesetz 14 107
Fluchtweg, Sicherung 34 17
Fluglizenz, Kündigung, personenbedingte 43 472
Fluktuation, innerbetriebliche Mediation 82 304
Folgeregelung, Betriebsänderung 58 25, 43
Förderung, steuerliche, Entgeltumwandlung nach § 1a BetrAVG 36 96
Forderungseinzug, Ermächtigung zum 22 33
Forderungsübergang
– bei Dritthaftung 24 167
– Entgeltfortzahlung 24 167 f.
– gesetzlicher 22 35
– Krankenkasse 24 171
– bei Leistung des PSVaG 38 187
Forderungsverletzung, positive bei Kündigung Arbeitsverhältnis 48 296
Forensische Tätigkeit 1 69 f.
Formalbeleidigung, Auflösungsgrund 48 346
Formvorschriften 4 55
Forschung
– befristete Arbeitsverhältnisse 41 177 f.
– Befristung Arbeitsverhältnis 41 68
– Hochschulerfindung 16 175, 176
Forschung, drittmittelfinanzierte, Hochschulbereich 16 177
Forstwirtschaft, Arbeitnehmer-Entsendegesetz 68 62
Fortbildung
– Fachanwalt 1 7
– geringfügig beschäftigtes Betriebsratsmitglied 75 53
– unterlassene 24 273
– Weiterbeschäftigung erst nach 43 334
– Weiterbeschäftigung nach 43 152
Fortbildungsbeihilfe 26 1 f.
– Beweislast Rückzahlungsklausel 26 41, 90
– Bindungsdauer 26 33
– Formulierungsmuster Rückzahlungsklausel 26 96
– Rückzahlung bei vorzeitiger/erfolgloser Beendigung 26 73
– Rückzahlungsklausel 26 3 f.

– Rückzahlungsklausel, individualvertragliche 26 40
– Rückzahlungsklausel, tarifvertragliche 26 82
– Vorteil, geldwerter 26 25, 29
Fortbildungsdauer, Bindungsdauer 26 47 f.
Fortbildungskosten
– bei Anrechnung anderweitigen Verdienstes 24 314
– Rückzahlungsklausel 10 211 f.
– Rückzahlungsklausel Aufhebungsvertrag 49 259, 267
– Rückzahlungsverpflichtung 49 263
Fortsetzung Arbeitsverhältnis
– nach Ablauf der Befristung 41 137
– nach Beendigung 10 28
– nach Kündigungsschutzprozess 48 429
Fortsetzungsantrag, Kündigungsschutzklage 48 100
Fortsetzungskrankheit 24 118 f.
– Beweislast 24 119
– Erkundigungspflicht 24 120
– Überschneiden mit anderer Krankheit 24 123
Fortsetzungsverweigerung 4 69
Forum s Europäischer Betriebsrat
Fotoreporter, Abgrenzung Arbeitnehmer/Freier Mitarbeiter 6 50
Frachtführer, Abgrenzung Arbeitnehmer/Freier Mitarbeiter 6 70
Fragebogen, Mitarbeiterbefragung 35 123, 172
Fragerecht
– Schwangerschaft 45 19
– Schwerbehinderung 45 146
Franchisenehmer, Abgrenzung Arbeitnehmer/Freier Mitarbeiter 6 72
Frankierung, unzureichende, Kündigungserklärung 42 39
Frauen, Altersrente, vorgezogene 38 96
Frauenquote, Vorstand 81 26
Freie Mitarbeit
– Abgrenzung zu Arbeitnehmer 6 8
– Arbeitsrecht 5 10
– neben Arbeitsverhältnis 5 9
– Bezeichnung, unmaßgebliche 5 5
– Bindungswirkung Abgrenzungskriterien 5 14
– Checkliste Abgrenzungskriterien 6 32
– fehlerhafte Einordnung 7 1 f.
– inhaltliche Gestaltung 5 6
– Sozialversicherungsrecht 5 10
– Steuerrecht 5 13
– Umgestaltung Arbeitsverhältnis in 5 8
– Vertragsabwicklung, tatsächliche 5 7
Freier Mitarbeiter
– Agenturvertrag 6 72
– Außendienst 6 65
– Berufe, beratende 6 78
– Berufe, sonstige 6 100
– Bildungssektor 6 34 f.
– Fernsehen 6 41 f.
– Frachtführer 6 70
– Franchise 6 72
– Gesellschafter, mitarbeitender 6 97

3245

Sachverzeichnis

fette Zahlen = Paragrafen

- GmbH-Geschäftsführer **6** 81 f.
- Handelsvertreter **6** 65
- Kommissionär **6** 75
- Kunst/Kultur **6** 50
- Lektorat **6** 50
- Medien **6** 41 f.
- Medizinbereich **6** 51 f.
- Pharma **6** 51 f.
- Rückforderung bei fehlerhafter Einordnung Vertragsverhältnis **7** 13
- Rundfunk **6** 41 f.
- Schulsektor **6** 34 f.
- Spediteur **6** 70
- Sport **6** 76
- Vereinsmitglied **6** 98
- Versicherungsbranche **6** 65
- Wettbewerbsverbot **32** 5

Freifrist, Entlassungen, anzeigepflichtige **50** 87

Freigabe
- Arbeitnehmererfindung **16** 57, 62
- Arbeitnehmererfindung für Ausland **16** 73

Freigängerstatus, Mitwirkung Arbeitgeber **44** 39

Freigrenze, Sachbezug **20** 28

Freiheitsentzug, Unmöglichkeit der Leistungserbringung **24** 271

Freiheitsstrafe, Kündigungsgrund, außerordentlicher **44** 39

Freikündigung, Arbeitsplatz für Betriebsratsmitglied **45** 247

Freischicht, Entgeltfortzahlung bei Arbeitsunfähigkeit **24** 34

Freistellung
- Angehörigenpflege **24** 213
- Arbeitgebermandat **4** 113
- Arbeitsunfähigkeit während **27** 82
- Aufhebungsvertrag **49** 229 f., 238
- Beteiligung Betriebsrat **12** 63
- Entgeltfortzahlung bei Arbeitsunfähigkeit **24** 34
- Formulierungsmuster Aufhebungsvertrag **49** 243
- Pflegezeit **28** 38 f.
- Pflegeberechtigte **45** 94 f.
- Privatnutzung Dienstwagen **49** 268, 269
- sozialversicherungsrechtliche Folgen **49** 231, 232
- sozialversicherungsrechtlicher Status des Arbeitnehmers **24** 322 f.
- zur Stellensuche **9** 42
- Streitwert **3** 91
- Teilzeitarbeitnehmer **72** 38
- un-/widerrufliche **49** 229
- Urlaubsanrechnung **49** 234
- Vereinbarung der Vergütung bei **24** 315 f.
- Vergleichsmehrwert **3** 218
- Vergütung bei einseitiger **24** 318
- Vergütung bei einvernehmlicher **24** 317
- vorsorgliche **27** 89
- Wettbewerbsverbot **31** 16; **49** 237
- Wettbewerbsverbot bei unwiderruflicher **24** 321

Freistellung Betriebsratsmitglied
- Streitwert **3** 137
- teilzeitbeschäftigtes **72** 83

Freistellung, kurzfristige, Pflegesituation, akute **28** 41 f.

Freistellung, teilweise, Pflegezeit nach § 3 PflegeZG **28** 48 f., 52

Freistellung, unwiderrufliche, Verdachtskündigung bei **44** 136

Freistellung, vollständige, Pflegezeit nach § 3 PflegeZG **28** 48 f., 51

Freistellungsanspruch
- Arbeitnehmer **17** 112
- Bildungsurlaub **29** 3, 6
- Formulierungsmuster Bildungsurlaub **29** 11
- gerichtliche Durchsetzung Bildungsurlaub **29** 9
- Vollstreckung **77** 721
- Zusammentreffen mehrerer **27** 129

Freistellungserklärung
- Formulierungsmuster **27** 81, 84, 88
- Urlaubsanspruch **27** 77 f.

Freistellungsklausel, Inhaltskontrolle **10** 231

Freiwilligkeitsprivileg, Sozialplan **58** 73

Freiwilligkeitsvorbehalt
- Altersversorgung, betriebliche **25** 15
- Entgelt **19** 12
- Entgelt, laufendes **25** 15
- Entgeltflexibilisierung **25** 12 f.
- Formulierungsmuster **19** 13; **25** 19
- Gratifikation **20** 125 f.
- Inhaltskontrolle **10** 267 f.; **25** 13
- Klauselgestaltung **25** 18
- Kombination mit Widerrufsvorbehalt **25** 18
- konkreter **10** 282
- Kontext **25** 20
- salvatorischer **25** 16
- Schriftformerfordernis **19** 14, 15
- Sonderzahlungen **25** 14
- Transparenz **25** 13
- Umdeutung **25** 17
- vertraglicher **25** 16
- und Widerrufsvorbehalt **10** 285

Freizeitaktivitäten bei Arbeitsunfähigkeit **24** 101

Freizeitausgleich, Überstunden **14** 49

Freizeitausgleichsanspruch, Aufhebungsvertrag **49** 234

Freizeitgewährung, Stellensuche **9** 42, 43

Freizügigkeit 1 13

Freizügigkeitsgesetz EU 11 67

Fremdarbeitnehmer, Beteiligung Betriebsrat **10** 303

Fremdenfeindlichkeit
- Bekämpfung der **60** 28
- Betriebsvereinbarung, freiwillige **63** 59

Fremdfirmen, Arbeitsschutz **34** 21

Fremdgeschäftsführer
- Abgrenzung Unternehmer/Verbraucher **80** 43
- arbeitnehmerähnliche Person **80** 11, 34

Fremdvergabe
- bei Betriebsübergang/Funktionsnachfolge **53** 37, 40
- Kündigung, betriebsbedingte **43** 300

magere Zahlen = Randnummern **Sachverzeichnis**

Freundschaftsdienst 31 7
Friedensbewegung 60 22
Friedenspflicht
– Arbeitgeber/Betriebsrat 60 9
– Beeinträchtigung Arbeitsablauf 60 18
– Tarifvertrag 69 57
Fristen
– Checkliste materiell-rechtliche 4 45
– Checkliste prozessuale 4 46
Fristenregelung, Interessenausgleich 57 113
Fristsetzungsverfügung 77 362
Fristversäumnis
– Belehrung nach § 56 Abs. 2 ArbGG 77 364
– Urteilsabsetzung 757 439
Frühgeburt 45 12
Führerscheinentzug, Unmöglichkeit der Leistungserbringung 24 271
Führungsbeurteilung
– Arbeitszeugnis 51 14
– Bewertungsskala 51 16
Führungskraft, Teilzeitanspruch 73 58
Führungsposition, Quotenregelung 10 60
Führungszeugnis, polizeiliches, Vorlage bei Bewerbung 9 96
Fundsache, Eigentumserwerb 16 8
Fünftelungsmethode 1 63
Funktionsnachfolge, Abgrenzung zu Betriebsübergang 53 37
Funktionsträger s a Amtsinhaber
– Änderungskündigung 46 50
Fürsorgepflicht 34 1 f.
– Anspruch auf arbeitsschutzkonformen Zustand 34 14
– Beschäftigungspflicht 34 85
– Direktionsrecht 34 147
– Diskriminierungsschutz 34 93
– gesteigerte 34 12
– Gesundheitsschutz 34 3 f.
– Gleichbehandlung 34 89
– Jugendschutz 34 45 f.
– Kündigungsrecht 34 150
– Lohn-/Gehaltserhöhung 34 153
– Meldepflichten 34 156
– Mutterschutz 34 37 f.
– nachwirkende 34 133
– Nichtraucherschutz 34 25
– Personalakte 34 159, 160
– Persönlichkeitsschutz 34 57 f.
– Schutz Schwerbehinderter 34 52 f.
– Urlaub 34 161
– Verlängerung der regelmäßigen Arbeitszeit 34 162
– Vermögensgegenstände, eingebrachte 34 30
– Vermögensinteressen des Arbeitnehmers 34 35
– Vermögensschäden, betrieblich veranlasste des Arbeitnehmers 34 33
– Vorschuss 34 163
– Vorsorge, medizinische 34 22
– Wiedereinstellungspflicht 34 98
Fürsorgepflichtverletzung
– Haftung Arbeitgeber 34 19
– Kündigung Arbeitnehmer 34 20

Fußballsport 24 41
Fußballtrainer, Abgrenzung Arbeitnehmer/Freier Mitarbeiter 6 76

Gage, Begriff 19 1
Garantieklausel, Formulierungsmuster bei Unternehmenskauf 55 10
Garantietantieme, Aufhebungsvertrag 49 155
Gartenbau, Arbeitnehmer-Entsendegesetz 68 62
Gebäudereinigerhandwerk, Rechtsquellen 1 47
Gebäudereinigung, Arbeitnehmer-Entsendegesetz 68 61
Gebietsprovision 20 37
Gebot fairen Verhandelns 34 148
Gebrauchsmusterfähigkeit, Arbeitnehmererfindung 16 26
Gebührenanrechnung, Geschäftsgebühr 3 19
Gebührenbeauftragter, Abgrenzung Arbeitnehmer/Freier Mitarbeiter 6 100
Geburtsbeihilfe, Pfändbarkeit 22 63
Geburtstagsgeschenk, Mitbestimmungsrecht Betriebsrat 23 13
Gefährdungshaftung, Forderungsübergang 24 167
Gefahrenschutz
– Fürsorgepflicht 34 3 f.
– Umfang 34 13
Gefahrensituation, Recht zur Arbeitseinstellung 34 18
Gefahrenzulage 20 164
– Mitbestimmungsrecht 23 86
Gefahrgeneigte Arbeit
– Haftungserleichterung 17 90
– Mitverschulden 17 107
Gefahrgutbeauftragter
– Benachteiligungsverbot 45 282
– Kündigungsschutz 45 282
Gefahrstoffbelastung, Recht zur Arbeitseinstellung 34 18
Gefahrstoffe, Schutz vor 34 13
Gefahrstoffmessung, Leistungsverweigerung bei unterlassener 34 18
Gefälligkeit, Entgelt 19 4
Gegendarstellung, Abmahnung 18 51
Gegenstandswert s Streitwert
Gegenvorstellung 77 676
Gehalt, Begriff 19 1
Gehaltsabrechnung, Verpflichtung des Arbeitgebers 34 152
Gehaltsdaten, Schweigepflicht 30 19
Gehaltsliste
– Einsichtsrecht Betriebsrat 23 21
– Einsichtsrecht Bruttoentgeltliste 23 221
– Streitwert bei Einsicht 3 135
– Unterrichtung Betriebsrat 61 11
Gehaltsrückstand, Rechtsschutzfall 3 177
Geheimhaltungspflicht s a Schweigepflicht, Verschwiegenheitspflicht
– Adressatenkreis 60 39
– Arbeitnehmererfindung 16 166
– Ausnahmen 60 45
– Betriebs-/Geschäftsgeheimnis 60 41
– Betriebsrat 60 38

3247

Sachverzeichnis

fette Zahlen = Paragrafen

- Diensterfindung 16 166
- Gegenstand 60 41
- geringfügig Beschäftigter 75 37
- nachvertragliche 32 20
- Schutzsubjekt 60 46
- Umfang 60 44
- Verstoß gegen 60 54

Geheimnisschutz 30 1 f.
- Arbeitsvertrag 30 79, 80
- Sicherstellung/Vergatterung 56 177

Geheimnisverrat
- Ansprüche, zivilrechtliche 30 25, 27 f.
- Auskunftsanspruch bei 30 29
- Einwendungen 30 31
- Kündigungsgrund 28 24
- nachvertraglicher 30 46
- Rechtsfolgen 30 23 f.
- Rechtsfolgen nachvertraglicher 30 46
- Schadensersatz 30 30
- Unterlassung 30 28
- Vertragsstrafe 30 25

Gehör, rechtliches
- Abhilfe bei Rüge der Verletzung 77 665 f.
- Verletzung als Revisionsgrund 77 585
- bei Vorwurf verspäteten Vorbringens 77 377

Gehörsverletzung, Abhilfe bei Rüge 77 665 f.
Geldakkord 20 31
Geldforderung, Pfändung 22 75
Geldvergütung 20 1
Gelegenheitsgeschenk 33 54
Geltungsbereich, Tarifvertrag 68 147 f.
Gemeinsame Einrichtungen
- Allgemeinverbindlicherklärung 68 36, 46
- Nachwirkung Tarifvertrag 68 176
- Rechtswegzuständigkeit für Streitigkeiten gegen 77 123
- Streitigkeiten von Arbeitgebern gegen 77 128
- Tarifvertrag 69 53

Gemeinschaftsbetrieb
- Arbeitnehmerüberlassung 65 36
- Begriff 43 70
- Geltungsbereich Tarifvertrag 68 156
- Sozialauswahl 43 189

Gemeinschaftspraxis, ärztliche, Abgrenzung Arbeitnehmer/Freier Mitarbeiter 6 54
Gender Pay Gaps 19 50 f.
GenDG
- Anwendungsbereich, sachlicher 10 44
- Diskriminierungsverbot 10 43, 44 f.

Generalbevollmächtigter, Kündigungserklärung 42 30
Generalklausel
- Benachteiligung 10 166
- Inhaltskontrolle 10 144, 166 f.

Genetische Eigenschaften, Diskriminierungsverbot 10 96
Genomanalyse, Bewerber 9 112
Genossenschaftsmitglied, Abgrenzung Arbeitnehmer/Freier Mitarbeiter 6 99
Gentest
- Arbeitsschutz 9 114
- Bewerber 9 112

Gerätschaften, Arbeitsschutz 34 7
Gerichtsgebührenstreitwert 77 732
- Änderung des Beschlusses 77 739
- Beschwerdeverfahren 77 740
- Wertfestsetzung 77 734

Gerichtskosten, Rechtsschutzversicherung 3 205
Gerichtsperson
- Ablehnung 77 253 f., 257 f.
- Ablehnung im Berufungsverfahren 77 552
- Ausschließung 77 253 f., 261
- Selbstablehnung 77 268

Gerichtsstand 11 83, 101
- allgemeiner 77 217
- Arbeitgeber 22 89
- Arbeitsort 48 22; 77 219
- Diskriminierung 77 228
- Erfüllungsort 77 218
- mehrere 77 232
- Niederlassung 22 94; 77 223
- tarifvertragliche Regelung 77 235
- unerlaubte Handlung 77 226
- Vereinbarung 11 102
- Widerklage 77 227

Gerichtsstandsvereinbarung
- nach EuGVVO 48 75
- Form 48 77

Gerichtsstandvereinbarung 22 96; 48 24; 77 233
Gerichtsverfahren, Konfliktbewältigungsmethode 82 29
Gerichtsvollzieher, Zustellung durch 48 127, 128
Geringfügige Beschäftigung 75 1 f.
- Altersversorgung, betriebliche 75 57
- Änderungskündigung 75 49
- Arbeitszeitverlängerung 75 32
- Aufhebungsvertrag 75 42
- Beendigung 75 42
- betriebliche Altersversorgung 37 13
- Betriebsratsbeteiligung bei Kündigung 75 46
- Betriebsratsmitglied 75 52
- Betriebsverfassungsrecht 75 50 f.
- Elternzeit 75 30
- Entgeltfortzahlung 75 40
- Entgeltgeringfügigkeit 75 9, 11 f.
- Form Arbeitsvertrag 75 41
- Formen 75 8
- Geheimhaltungspflicht 75 37
- Geringfügigkeits-Richtlinie 75 6, 25
- neben Hauptbeschäftigung bei anderem Arbeitgeber 75 24
- neben Hauptbeschäftigung bei gleichem Arbeitgeber 75 22
- Höchstarbeitszeiten 75 39
- Kündigung 75 43 f.
- Kündigung, außerordentliche 75 45
- Kündigung, betriebsbedingte 75 45
- Kündigung, personenbedingte 75 45
- Kündigung, verhaltensbedingte 75 45
- Kündigungsschutz 75 44, 47
- Kündigungsschutz nach KSchG 43 58
- Kündigungsverbot 75 48
- Kurzfristbeschäftigung 75 9

magere Zahlen = Randnummern   **Sachverzeichnis**

- Loyalitätspflicht 75 35
- mehrere bei einem Arbeitgeber 75 21
- mehrere bei verschiedenen Arbeitgebern 75 23
- Mindestlohngesetz 75 5
- Mitbestimmungsrecht Lohngestaltung 75 54
- Nebentätigkeit 75 38, 39
- Privathaushalte 75 10, 19, 20
- Rechte/Pflichten 75 26 f., 40
- Schulung/Fortbildung Betriebsratsmitglied 75 53
- Tarifvertragsrecht 75 55
- Teilzeitanspruch 75 29
- Teilzeitanspruch Schwerbehinderte/r 75 31
- Teilzeitarbeit 75 7, 26
- Teilzeitarbeitnehmer 72 9
- Urlaub 75 40
- Wahlrecht zum Betriebsrat 75 51
- Wettbewerbsverbot 75 36
- Zeitgeringfügigkeit 75 9, 16 f.
- Zuflussprinzip 75 15
- Zusammenrechnung mehrerer 75 21

Geringfügigkeits-Richtlinien 75 6, 25
Gerüstbaugewerbe
- Rechtsquellen 1 48
- tarifliche Urlaubsregelung 27 265

Gesamtbetriebsrat 59 96 f.
- Anspruch auf Unterrichtung bei Betriebsänderung 56 114
- Errichtung 59 97
- Geschäftsführung 59 103
- Mitbestimmungsrecht betriebliche Altersversorgung 37 151
- Mitglieder 59 98
- Zuständigkeit 59 99

Gesamtbetriebsvereinbarung
- Betriebsübergang 54 38
- Inhaberwechsel 63 33

Gesamthafenbetrieb, Arbeitnehmerüberlassung 66 54

Gesamt-Jugend- und Auszubildendenvertretung 59 119
- Geschäftsführung 59 122
- Organisation 59 120
- Zuständigkeit 59 121

Gesamtrechtsnachfolge
- Betriebsübergang 53 81
- Firmentarifvertrag 68 30
- Unfallbarkeitsfrist 38 29
- Versorgungsschuldner 39 35 f.

Gesamtschuldausgleich 17 138
- gestörter 17 138

Gesamtsozialversicherungsbeitrag, Abführung 34 144

Gesamtversorgung
- Anrechnungen bei 38 86
- Höchstbegrenzungsklausel 38 107
- Höhe vorzeitiger Versorgungsleistung 38 107

Gesamtversorgungsgrad, betriebliche Altersversorgung 37 71

Gesamtversorgungssystem, Ablösung im öffentlichen Dienst 40 68

Gesamtversorgungszusage 37 80
- Altersruhegeld, vorgezogenes 37 88
- Anpassung 38 127

Gesamtvertretung, Beginn Ausschlussfrist 44 171
Gesamtverweisung 68 80, 140
Gesamtzusage 1 33
- Ablösung durch Betriebsvereinbarung 40 26 f.
- Änderungsvorbehalt 37 132
- Entgelt 19 20
- Inhaltskontrolle Versorgungszusage 37 5

Geschäftsfähigkeit, Arbeitsvertrag 10 4
Geschäftsfähigkeit, beschränkte 10 5
Geschäftsführer s a Anstellungsvertrag Geschäftsführer, GmbH-Geschäftsführer
- Abberufung als Organ 80 84
- Abmahnung 80 97
- Anstellungsverhältnis 80 1 f.
- Anstellungsvertrag 80 1, 9 f.
- Arbeitslosengeld 80 33
- Arbeitsverhältnis, faktisches 80 40
- Arbeitsverhältnis, ruhendes 80 14
- Aufhebungsvertrag Organstellung 80 85
- Begriff 43 63
- Bestellung 80 2
- betriebliche Altersversorgung 36 7
- Betriebsübergang 53 46
- Drittanstellung 80 22, 39
- EU-Geschäftsführer 10 36
- Fremdgeschäftsführer als arbeitnehmerähnliche Person 80 11, 34
- Geschäftsführungsbefugnis 80 7
- isolierte Beendigung der Organstellung 80 29
- Klage gegen GmbH 80 103
- Kündigung Anstellungsvertrag 80 98
- Kündigungsschutz nach KSchG 43 62
- Lohnsteuer 80 32, 35
- Niederlegung Organstellung 80 6, 85
- Organstellung 80 4
- nach § 14 Abs. 2 KSchG 48 356
- Rechte/Pflichten 80 7
- Rechtsschutz 80 103 f.
- Rechtsschutz gegen Abberufung 80 108
- Rechtsschutz gegen Kündigung 80 109
- Rechtsweg 80 104
- Sozialversicherung 80 32
- steuerliche Behandlung 80 35
- Trennung Anstellungsvertrag/Organstellung 80 1
- Vertretungsbefugnis 80 7
- Weisungsrecht 80 7, 10
- Weiterbeschäftigung nach Beendigung Organstellung 80 29

Geschäftsführer Vor-GmbH, Parteifähigkeit 77 10
Geschäftsführervergütung 80 49
- Vergütungsklage im Urkundenprozess 80 110

Geschäftsführung
- Betriebsrat 59 82 f.
- Gesamtbetriebsrat 59 103

Geschäftsgebühr
- Gebührenanrechnung 3 19
- Vertretung, außergerichtliche 3 16

3249

Sachverzeichnis

fette Zahlen = Paragrafen

Geschäftsgeheimnis
- Aufhebungsvertrag **49** 250
- Begriff **30** 11; **56** 170
- Gefährdung bei Unterrichtung Wirtschaftsausschuss **56** 169
- GeschGehG **30** 49 f., 51
- nachvertraglicher Schutz **30** 33 f.
- Schutz **16** 4; **30** 5
- Streit über Vorliegen eines G. bei Unterrichtungspflicht **56** 176
- Verrat **30** 23 f.
- Zuständigkeit Streitverfahren **30** 82

Geschäftsgeheimnisstreitverfahren
- Antrag **30** 85
- Beschränkungsentscheidung **30** 85
- Einstufungsentscheidung **30** 85
- Öffentlichkeit **30** 85
- Substantiierung **30** 87
- Widerklage **30** 84
- Zuständigkeit **30** 82

Geschäftsgeheimnisverletzung
- Kündigung, verhaltensbedingte **43** 392
- Kündigungsgrund außerordentlicher **44** 49

Geschäftsordnung
- Betriebsrat **59** 93
- Vertretungs-/Geschäftsführungsbefugnis **80** 8

Geschäftsschädigung, Kündigungsgrund, außerordentlicher **44** 52

Geschäftsunfähigkeit 10 4

Geschäftsunterlagen
- Aufhebungsvertrag **49** 299
- Rückgabepflicht **33** 42

Geschenk
- Annahme geldwertes **33** 54
- zugunsten Pflegepersonal **33** 55
- Verstoß gegen Annahmeverbot **44** 88

Geschenkannahme, Compliance-Richtlinie **35** 59

Geschlecht
- Benachteiligungsverbot **9** 4, 17; **10** 56
- customer preferences **10** 63
- Diskriminierungsverbot **10** 56 f.

Geschlechtsneutralität, Stellenausschreibung **10** 65

Geschmacksmuster s Design

Gesellschaft bürgerlichen Rechts, Parteifähigkeit **48** 93

Gesellschafter, Kündigungsschutz **48** 3

Gesellschafter, mitarbeitender, Abgrenzung Arbeitnehmer/Freier Mitarbeiter **6** 97

Gesellschafter Personengesellschaft
- Haftung ausgeschiedener für Versorgungsverpflichtung **39** 48
- Haftung für Versorgungsverpflichtung **39** 47

Gesellschafter, persönlich haftender, betriebliche Altersversorgung **36** 9

Gesellschafter, stiller, betriebliche Altersversorgung **36** 11

Gesellschafterbeschluss
- Bestellung Geschäftsführer **80** 4
- Kündigung Anstellungsvertrag Geschäftsführer **80** 89

Gesellschafter-Geschäftsführer, betriebliche Altersversorgung **36** 13

Gesellschafterversammlung
- Anstellungsvertrag Geschäftsführer **80** 37
- Bestellung Geschäftsführer **80** 5
- Kündigung Anstellungsvertrag Geschäftsführer **80** 87 f.
- nachträgliche Genehmigung Anstellungsvertrag Geschäftsführer **80** 40

Gesellschafterwechsel, Abgrenzung zu Betriebsübergang **53** 59

Gesetze, Rechtsquellen **1** 21

Gesetzesrecht
- dispositives **1** 22
- tarifdispositives **1** 22
- zwingendes **1** 22

Gesetzgebung, Arbeitsrecht **1** 21

Gesundheitsbescheinigung bei Beendigung Arbeitsverhältnis **52** 5

Gesundheitsgefahr, Anzeigepflicht **33** 37

Gesundheitsprognose, negative 43 482, 485
- Beweislast **43** 485, 503

Gesundheitsschutz 33 26
- Betriebsvereinbarung, freiwillige **63** 55
- Fürsorgepflicht **34** 3 f.
- Mutterschutz **34** 37
- Teilzeitarbeitnehmer **72** 40

Gesundheitswesen, Rechtsquellen **1** 49

Gesundheitszeugnis bei Beendigung Arbeitsverhältnis **52** 5

Gesundheitszustand, Befragung Bewerber **9** 66

Gesundschreibung 24 284

Gewährleistung, Abgrenzung Arbeitnehmerüberlassung/Werkvertrag **65** 20

Gewährungsvertrag, Aktienoption **20** 99

Gewebespende, Entgeltfortzahlung **24** 182

Gewerbeordnung, Direktionsrecht **12** 21

Gewerkschaft
- Abgrenzung Beschluss-/Urteilsverfahren **78** 13
- Adressen **67** 14
- Begriff **71** 16
- Beteiligungsbefugnis Beschlussverfahren **78** 37
- Industrieverbandsprinzip **67** 11, 12
- Koalition **69** 10
- Mitgliedschaft **68** 5
- Rechtsschutz durch **2** 20
- soziale Mächtigkeit **69** 13
- Tariffähigkeit **69** 9
- Tarifwilligkeit **69** 11

Gewerkschaftliches Engagement, Betriebsratsmitglied **60** 28

Gewerkschaftsbeitritt, auflösende Bedingung **41** 130

Gewerkschaftsmitglieder, notarielle Erklärung zur betrieblichen Anzahl **77** 402

Gewerkschaftsvertreter, Einigungsstellenverfahren **64** 31

Gewerkschaftszugehörigkeit
- Befragung Bewerber **9** 75
- Frage nach **71** 38

Gewinnabgrenzungsaufzeichnungsverordnung, Dokumentationspflicht nach **11** 210

magere Zahlen = Randnummern

Sachverzeichnis

Gewinnbeteiligung 20 40
- Abgrenzung zu betrieblicher Altersversorgung 36 60
- Aufhebungsvertrag 49 155 f.
- Fehlzeiten, krankheitsbedingte 20 77
- Kürzung bei Entgeltfortzahlung 24 139
- Mitbestimmungsrecht 23 90
- Pfändbarkeit 22 63

Gewinnsteigerung, beabsichtigte, Kündigung, betriebsbedingte 43 303

Gewinntantieme, Aufhebungsvertrag 49 155

Gewinnverfall, Kündigung, betriebsbedingte 43 303

Gewissensfreiheit 1 13

Gewissensgründe, Unmöglichkeit der Leistungserbringung 24 271

Gewissenskonflikt
- Arbeitnehmer bei Direktionsrecht 12 31
- Leistungsverweigerungsrecht 17 22
- personenbedingte Kündigung bei Arbeitsverweigerung infolge 43 477

Gewohnheitsrecht, Betriebliche Übung 1 34

Glaubensfreiheit 1 13

Glaubenskonflikt
- Kündigung, personenbedingte 43 477
- Leistungsverweigerungsrecht 17 22

Glaubhaftmachung
- Klagezulassung, nachträgliche 48 214 f., 224
- Verfügung, einstweilige 22 136

Gleichbehandlung
- Altersgrenze betriebliche Altersversorgung 37 54; 38 54
- Arbeitnehmerüberlassung 66 179 f.
- Aufhebungsvertrag 49 358
- betriebliche Altersversorgung 36 18, 32 f.
- Hinterbliebenenversorgung 36 38
- Kündigung, ordentliche 43 94
- Kündigung, verhaltensbedingte 43 315
- Kündigungsschutz 43 42, 52
- Leiharbeit 66 73, 80, 108
- Unisex-Tarife bei Versorgungsleistung 36 42
- Versorgungsausgleich 37 123

Gleichbehandlungsgebot, Entgelt 19 10

Gleichbehandlungsgrundsatz 1 38; 34 89
- Aktienoptionen 20 105, 109
- Änderungskündigung 25 65
- Anwesenheitsprämie 20 184
- Entgelt 19 7
- fehlerhafte Einordnung Vertragsverhältnis 7 2
- Gratifikation 20 125, 130
- Tarifanwendung 1 29
- Tarifvertrag 70 21, 24, 26
- Widerrufsvorbehalt 25 33

Gleichberechtigung 1 13

Gleichgestellte
- fehlerhafte Einordnung Vertragsverhältnis 7 2
- Kündigungsschutz Schwerbehinderung 45 128
- Sozialauswahl Änderungskündigung 46 180

Gleichstellung
- Fragen unzulässige 9 69
- Fragen, zulässige 9 65
- Initiative des Betriebsrats 61 38

- Stellenausschreibung 9 22
- Tarifgebundenheit 68 76, 104

Gleichstellungsabrede
- Betriebsübergang 54 102
- Betriebsübergang ohne 54 111
- Bezugnahmeklausel 10 234, 237; 54 97
- Tarifwechselklausel 54 107
- Verweisungsklausel 68 108

Gleitarbeitszeit, einfache 14 91

Gleitzeit
- Arbeitszeitkonto 14 92
- Feiertage 14 97
- Formulierungsmuster Betriebsvereinbarung 14 114
- Regelung 14 93
- Unzumutbarkeit der Arbeitsleistung 14 96
- Urlaub 14 97
- Verhältnis zu Gehaltszahlung ohne Arbeitsleistung 14 95
- Verhältnis zu Mehr-/Überarbeit 14 94

Gleitzone
- Aufstockungsoption Rentenversicherung 75 60
- Begriff 75 58
- Richtlinien Sozialversicherung 75 63
- Sozialversicherung 75 59
- steuerliche Behandlung 75 62
- Zusammenrechnung Entgelte 75 61

Globalverweisung 68 80
- Formulierungsmuster große-dynamisierende G. 68 131
- Inhaltskontrolle 10 151

GmbH & Co. KG-Geschäftsführer, Abgrenzung Arbeitnehmer/Freier Mitarbeiter 6 94

GmbH-Geschäftsführer s a Geschäftsführer
- Abgrenzung Arbeitnehmer/Freier Mitarbeiter 6 81 f.
- Konkurrenzklausel 32 7
- Parteifähigkeit 77 10
- Sozialversicherungsrecht 6 111
- Wettbewerbsverbot, nachvertragliches 32 7
- Zuständigkeit Arbeitsgericht 8 6

Goodwill, Betriebsübergang 53 27

GPS, Arbeitnehmerüberwachung 35 224

Grafologisches Gutachten, Bewerbung 9 96, 119

Gratifikation 20 123 f.
- Abgrenzung zu Zuschlag 20 164
- Abwesenheitszeiten 20 147
- Änderungskündigung 20 128
- Anrechnungen 20 131
- Aufhebungsvertrag 49 163 f.
- Betriebliche Übung 20 125
- Betriebstreueleistung 20 135
- während Elternzeit 28 18
- Entgelt 19 1
- Formulierungsmuster Rückzahlungsklausel 20 146
- Freiwilligkeitsvorbehalt 20 125 f.; 25 14
- Gleichbehandlungsgrundsatz 20 125, 130
- Individualzusage 20 127
- bei Kündigung 20 132
- Kürzung bei Entgeltfortzahlung 24 139

Sachverzeichnis

fette Zahlen = Paragrafen

- Pfändbarkeit 22 63
- Rechtsgrundlage 20 124
- Rückzahlungsklausel 20 142; 49 171
- Vorbehalt 49 171
- Vorbehaltsklausel 10 274
- Widerrufsvorbehalt 25 31

Grenzzahlermittlung Betriebsänderung, Aufhebungsvertrag 49 130

Grund, wichtiger
- Arbeitgeberkündigung, außerordentliche 44 36 f.
- Arbeitnehmerkündigung, außerordentliche 44 90 f.
- Begriff 44 9
- Beurteilungszeitpunkt 44 97
- Beweislast 44 34
- Kündigung, außerordentliche 45 210
- Prognoseprinzip 44 11
- Störung Betriebsfrieden 45 213

Grundrechte 1 13
- Direktionsrecht 12 31
- Drittwirkung, mittelbare 1 12

Grundrechtsbindung, Tarifnorm 70 17 f.
Gründungszuschuss 6 107
Gruppenänderungskündigung s a Massenänderungskündigung
Gruppenkasse, Mitbestimmungsrecht 37 150
Gruppenvereinbarung 63 67
Günstigkeitsprinzip 70 13, 44 f.
- Abmachungen, abweichende 70 47
- Rechtsquellen 1 68
- Versorgungszusage 38 16
- vortarifliche Vereinbarungen 70 48

Günstigkeitsvergleich 70 48
- Beschäftigungsgarantie 70 51
- Betriebsvereinbarung 25 74
- Betriebsvereinbarung, umstrukturierende 40 30, 37
- Maßstab 70 49
- Sachgruppenvergleich 70 50
- Urlaubsanspruch 27 259, 260
- Vergleichsgegenstand 70 50
- Zeitpunkt 70 54
- Zweifelsregelung 70 55

Güterichter 77 306
Güterichterverfahren 82 122
- Prozesskostenhilfe 76 7

Gütetermin 77 276 f.
- Bestandsschutzverfahren 77 324
- vor nicht zuständigem Gericht 48 81

Güteverfahren, Beschlussverfahren 78 64
Güteverhandlung 77 276 f.
- Ablauf 1 76; 77 293
- Abschluss 77 312
- Anerkenntnis 77 301
- Angriffs-/Verteidigungsmittel 77 296
- Antragstellung 77 295
- Ausschluss Prozessbevollmächtigter 77 345
- Bestandsschutzverfahren 77 324
- Dispositionsmöglichkeiten 77 297
- Durchführung in Epedemiezeiten 77 315
- ergebnislose 77 313

- Eröffnung 77 293
- Erörterung 77 293
- Güterichter 77 306
- Klagerücknahme 77 300
- Konfliktbearbeitung/-lösung 82 109 f.
- Mediationsverfahren, gerichtsinternes 77 306
- mündliche 77 278
- Nichterscheinen 77 280, 307, 309
- obligatorische 77 280
- Prozessvergleich 77 298
- Ruhen des Verfahrens 77 309
- Sachverhaltsaufklärung 77 294
- Säumnis beider Parteien 77 309
- Säumnis einer Partei 77 307
- übereinstimmende Erledigterklärung 77 303
- Verfahren nach ergebnisloser 77 313
- Vergleichsvorschlag, gerichtlicher 77 304
- Verhandlung vor dem Vorsitzenden 77 279
- Vermeidung 77 280
- Versäumnisurteil 77 307, 308
- Vertagung 77 290
- Verzicht 77 280, 301
- Vorbereitung 1 76; 77 291
- weitere 77 287

Haftpflichtversicherung, Auslagenerstattung 3 26
Haftstrafe, Kündigungsgrund, außerordentlicher 44 39

Haftung
- Arbeitnehmer-Entsendegesetz 68 69
- Arbeitsunfall 17 115 f.
- Aufklärungs-/Hinweispflichtverletzung bei Aufhebungsvertrag 49 411
- Aufklärungspflichtverletzung 2 55; 34 35
- Aussteller Arbeitszeugnis 51 35
- Belehrungspflichtverletzung 2 55
- Beschränkung 2 28
- für betrieblich veranlasste Vermögensschäden des Arbeitnehmers 34 33
- bei Betriebsaufspaltung 54 139
- Betriebsratsberater 56 134
- bei Betriebsübergang 54 121 f.
- Compliance-Beauftragter 35 334
- Datenerhebung/-verarbeitung/-nutzung, unerlaubte 35 290
- deliktische 2 65; 17 111 f.
- Freistellungsanspruch 17 112
- bei gemeinschaftlicher Berufsausübung 2 63
- Gesamtschuldausgleich 17 138
- Geschäftsführer 80 73
- Leiharbeitnehmer 66 122
- Lohnsteuer 7 23
- Mankohaftung 17 99 f.
- Nachentrichtung Sozialversicherungsbeitrag 7 16
- Rechtsanwalt 2 55 f.
- bei Spaltung 54 134
- Umsatzsteuer 7 26
- umwandlungsrechtliche Tatbestände bei Betriebsübergang 54 133 f.
- Unterlassung Hinweispflicht 2 9

magere Zahlen = Randnummern **Sachverzeichnis**

- Unternehmensleitung (strafrechtliche) 35 21
- Unternehmensleitung (zivilrechtliche) 35 17
- Verjährung 2 66
- Vermögensgegenstände, eingebrachte 34 30
- bei Verschmelzung 54 140
- vertragliche 2 64

Haftungsbeschränkung 2 28
- Formulierungsmuster 2 34
- Rechtsformwahl 2 29
- rechtsgeschäftliche 2 30

Haftungserleichterung
- Abdingbarkeit 17 98
- Arbeitnehmer bei Schlechtleistung 17 89
- Arbeitnehmer für Schäden bei Dritten 17 112

Haftungsfreistellung, betrieblich Tätiger 17 118

Haftungsquotierung
- Einzelfallabwägung 17 94
- System 17 92

Haftungsrisiko 2 28
- Sachverhaltsfeststellung 4 5

Haftvollzug, Kündigungsgrund, außerordentlicher 44 39

Halbleitererzeugnis 16 319

Halbleiterschutzgesetz 16 319

Halbteilung, Versorgungsanwartschaft 37 104 f.

Halteprämie 20 135

Handakten
- Aufbewahrung 2 47
- Einsichtsrecht 2 51
- Herausgabe 2 47, 49
- Zurückbehaltungsrecht 2 52

Handelsbetrieb, Betriebsübergang 53 22

Handelsgewerbe, Konkurrenzverbot 31 2

Handelsvertreter
- Abgrenzung Arbeitnehmer/Freier Mitarbeiter 6 65
- Kündigungsschutz nach KSchG 43 59
- Parteifähigkeit 77 28
- Provision 20 37

Handelszweig, konkurrenzverbot 31 4

Handlung, Verurteilung zur Vornahme einer 77 441 f.

Handlung, strafbare außerdienstliche, Kündigungsgrund, außerordentlicher 44 70

Handlung, unerlaubte s Unerlaubte Handlung

Handlungsalternativen, Aufklärungspflicht 4 71

Handlungsfreiheit 35 91

Handlungsgehilfe, Wettbewerbsverbot 31 1

Handwerk
- Schlichtungsausschuss 1 85
- Streitbeilegung Berufsausbildungsverhältnis 77 242f

Handwerkskammer, Tariffähigkeit 69 7

Harmonieverband 71 13

Härte, unbillige, Sozialauswahl 43 204

Harvard-Konzept 82 253 f.

Hauptversammlung, Vertrauensentzug Vorstandsmitglied 81 61

Hausbrandkohle, Deputat 20 23

Hausbriefkasten, Kündigungserklärung 42 37

Hausgewerbetreibende
- Kündigungsschutz nach KSchG 43 59
- Urlaubsentgelt 27 229

Haushaltsbefristung, Befristung Arbeitsverhältnis 41 97 f.

Haushaltsscheckverfahren 75 20

Hausmeister, Abgrenzung Arbeitnehmer/Freier Mitarbeiter 6 100

Hauspersonal, Mitbestimmungsrecht bei Auslandsentsendung 23 167

Haustarifvertrag 68 28

Haustrunk, Deputat 20 23

Hausverbot 24 278

Headhunter
- Abwerbung 33 67
- Abwerbung durch 9 50

Headhunterkosten als Schadensersatz 17 43

Heilbehandlung, häusliche, Arbeitsunfähigkeit 24 17

Heimarbeit
- Abrechnung 22 19
- befristeter Urlaubsanspruch 27 222
- tarifvertragliche Urlaubsregelung 27 231
- Teilurlaub 27 221
- Urlaubsabgeltung 27 223
- Urlaubsanspruch 27 216 f., 225
- Urlaubsanspruch Zwischenmeister 27 230
- Urlaubsdauer 27 225
- Urlaubsentgelt 27 226
- Urlaubsregelung 27 217, 224
- Wartezeit bei Urlaub 27 220

Heimarbeiter
- betriebliche Altersversorgung 37 19
- Betriebsübergang 53 46
- Kündigungsfrist 43 10
- Kündigungsschutz nach KSchG 43 59
- Parteifähigkeit 77 5

Heimarbeiter, jugendliche, Erholungsurlaub 27 192

Heimarbeiter, schwerbehinderte, Zusatzurlaub 27 214

Heimarbeitervergütung, Pfändbarkeit 22 63

HeimG, Belohnung/Geschenke 33 55

Heimkehrerklausel, Aufhebungsvertrag 49 66

Heirat, Entgeltfortzahlung 24 210

Heiratsbeihilfe, Pfändbarkeit 22 63

Heizungsausfall, Betriebsrisiko 24 334

Heizungsbauer, Abgrenzung Arbeitnehmer/Freier Mitarbeiter 6 100

Hemmung, Verjährung 22 158

Herabstufung, Ausgleichsleistung für 58 105

Herausgabeanspruch
- Arbeitspapiere bei Beendigung Arbeitsverhältnis 52 1
- Datenerhebung/-verarbeitung/-nutzung, unerlaubte 35 290
- Handakten 2 47, 49
- Schmiergeld 33 58
- Streitwert 3 92

Herausgabepflicht, Vorstandsmitglied 81 38

Herkunft, Befragung Bewerber 9 77

Sachverzeichnis

fette Zahlen = Paragrafen

Herkunft, ethnische
- Befragung Bewerber **9** 77
- Begriff **10** 48, 49
- Benachteiligungsverbot **9** 4, 12; **10** 48
- Diskriminierungsverbot **10** 48

Heuer, Urlaubsentgelt Besatzungsmitglied **27** 251

Heuerverhältnis, Kündigungsfrist **43** 10

Hierarchien, Abbau als Unternehmerentscheidung **46** 156, 159

Hilfskraft, künstlerische, befristetes Arbeitsverhältnis **41** 179

Hilfskraft, studentische, befristetes Arbeitsverhältnis **41** 179

Hilfskraft, wissenschaftliche, befristetes Arbeitsverhältnis **41** 179

Hinterbliebenenbezüge, Pfändbarkeit **22** 63

Hinterbliebenenleistung, Anrechnung auf Versorgungsleistung **38** 87

Hinterbliebenenrente, Versorgungsleistung **37** 56

Hinterbliebenenversorgung, Gleichbehandlung **36** 38

Hinweisgeberschutz-Richtlinie 30 55; **33** 41

Hinweispflicht 33 70
- Abdingbarkeit bei Aufhebungsvertrag **49** 118
- Altersteilzeitvertrag **74** 37
- Anrufungsfrist, verlängerte **48** 261
- Arbeitgeber **34** 114 f.
- bei Aufhebungsvertrag **49** 90 f., 110
- Beratungshilfe **2** 25; **76** 42
- Beweislast **2** 5
- Gegenstandswert **2** 4
- gewerkschaftliche Vertretung **2** 20
- Haftung bei Unterlassung **2** 9
- Interessenkollision **2** 11
- Prozesskostenhilfe **2** 24; **76** 42
- Rechtsanwaltsgebühren **2** 2, 17
- Rechtsanwaltsgebühren bei Vergleich **2** 10
- Vergleich **2** 39, 40

Hinweispflichtverletzung
- bei Aufhebungsvertrag **49** 115
- Haftung bei Aufhebungsvertrag **49** 411

Hitzezulage 20 164

HIV-Infektion
- Befragung Bewerber **9** 66, 78
- Behinderung **10** 73

Hochschulbereich
- befristete Arbeitsverhältnisse **41** 177 f.
- Befristung Arbeitsverhältnis **41** 68

Hochschulbeschäftigte, Hochschulerfindung **16** 170 f.

Hochschulerfindung 16 168 f.
- Absehen von Erfindungsmeldung **16** 184
- Anwendungsbereich, persönlicher **16** 170
- Aufgabenerfindung **16** 176
- Begriff **16** 169
- drittmittelfinanzierter F & E-Auftrag **16** 177
- Erfahrungserfindung **16** 179
- Erfindungsmeldung **16** 182
- Hochschulbeschäftigte **16** 170 f.
- Miterfindung **16** 180, 183, 185
- Privatdienstvertrag **16** 173

- Publikationsfreiheit des Hochschullehrers **16** 181, 184
- Schutzrechtsanmeldung **16** 182
- Verbesserungsvorschlag **16** 174
- Vergütung **16** 186
- bei wiss. Nebentätigkeit **16** 178
- Wissenschaftsbereich **16** 175

Hochschullehrer, Publikationsfreiheit **16** 181, 184

Hochschullehrerprivileg 16 169

Höchstalter, Diskriminierungsverbot **10** 82, 90

Höchstarbeitsbedingungen 70 45

Höchstarbeitszeit
- Ausgleichszeitraum **14** 34
- Bereitschaftsdienst **14** 13, 35
- gesetzliche **14** 34

Höchstbegrenzungsklausel, vorzeitige Altersleistung **38** 107

Höhergruppierung 21 5

Homeoffice 13 8 f.
- Anspruch Arbeitnehmer **13** 9
- Arbeitsschutz **13** 16
- Arbeitszeit **13** 14
- Datenschutz **13** 17
- Formulierungsmuster Vereinbarung **13** 21
- Kostentragung **13** 15
- Mitbestimmungsrecht Betriebsrat **13** 18
- Recht des Arbeitgebers **13** 11
- Vereinbarung **13** 12, 21
- Zutrittsrecht **13** 16

Homepage, Betriebsrat **62** 61

Honorar, Begriff **19** 1

Honorararzt, Abgrenzung Arbeitnehmer/Freier Mitarbeiter **6** 53 f., 56, 57, 62

Honorarberechnung gegenüber Rechtsschutzversicherung **3** 244

Honorarpflegekraft, Abgrenzung Arbeitnehmer/Freier Mitarbeiter **6** 64

Hörfunkkorrespondent, Abgrenzung Arbeitnehmer/Freier Mitarbeiter **6** 47

Hostess, Abgrenzung Arbeitnehmer/Freier Mitarbeiter **6** 100

Hygienepflichten 33 12

Ich-AG 6 106
- Existenzgründungszuschuss **6** 106

Identität, sexuelle
- Befragung Bewerber **9** 90
- Benachteiligungsverbot **9** 4; **10** 94
- Diskriminierungsverbot **10** 94

Immaterialgüterrecht 16 6

Inanspruchnahme, Arbeitnehmererfindung **16** 48 f., 54

Inbezugnahmeklausel s Bezugnahmeklausel

Incentive 23 132

Individualanspruch, Betriebsübergang **54** 21

Individualarbeitsrecht
- Mediationsklausel **82** 160
- Verbot der Schiedsgerichtsbarkeit **82** 155

Individualvereinbarung, Vorrang **10** 136

Indizienrechtsprechung, Arbeitsunfähigkeit **24** 94

Industrieverbandsprinzip 67 11

Sachverzeichnis

Informationsbeschaffung
- Arbeitgeber 9 56 f.
- Arbeitgeber bei Bewerber 9 63 f.
- Beteiligung Betriebsrat 9 132
- DS-GVO 9 57
- bei früherem Arbeitgeber 9 109
- Gentest 9 112
- grafologisches Gutachten 9 119
- unter Mitwirkung Dritter 9 107 f.
- Netzwerke, soziale/berufsorientierte 9 108
- Pre-Employment-Screening 9 107 f.
- Rechtsfolgen unzutreffender 9 121
- Sicherheitsüberprüfung 9 120
- Test, psychologischer 9 118
- Untersuchung, ärztliche 9 110

Informationspflicht 2 42; 33 68
- Altersversorgung, betriebliche 34 126
- Arbeitgeber 34 114 f.
- Arbeitgeber bei Einstellung 10 302, 304, 306
- Arbeitslosengeldanspruch 34 125, 127
- während des Arbeitsverhältnisses 34 118
- bei Beendigung des Arbeitsverhältnisses 34 124
- nach Beendigung des Arbeitsverhältnisses 34 133
- bei Beginn des Arbeitsverhältnisses 34 115
- betriebliche Altersversorgung 38 1 f.
- Ermittlungsmaßnahmen 35 165
- Mandant 4 2
- Mitverschulden des Arbeitnehmers 34 131
- SARS-CoV-2 Virus 24 104
- Verletzung durch Arbeitgeber 34 135

Informationsrechte
- Betriebsrat 61 2
- Pflichtverletzung 61 20

Ingenieur, Abgrenzung Arbeitnehmer/Freier Mitarbeiter 6 100

Inhaltsirrtum, Aufhebungsvertrag 49 360

Inhaltskontrolle
- Abtretungsverbot 10 198
- Altverträge 10 183
- Anrechnungsvorbehalt 10 286
- arbeitsrechtliche Besonderheiten 10 182
- Arbeitsvertrag 10 121 f., 144 f.
- Arbeitszeit 10 184
- Arbeitszeitbefristungsklausel 10 185
- Ausschlussfristen 10 187
- befristete Übertragung höherwertiger Tätigkeit 10 201
- Betriebsvereinbarung 10 291
- Beweislastklausel 10 202
- Bezugnahmeklausel 10 232
- Bindungsklausel 10 202, 204
- Compliance-Richtlinien 35 45
- Direktionsrecht 10 230
- Erfindungsvereinbarung 16 163
- Freistellungsklausel 10 231
- Freiwilligkeitsvorbehalt 10 267 f.
- Generalklausel 10 144, 166
- Grundsätze 10 128 f., 144
- Hauptabreden Arbeitsvertrag 10 156
- Kollektivregelungen 10 148
- Rückzahlungsklausel 10 204, 211 f.
- Schadenpauschalierung 10 252
- Schranken 10 145
- Schriftformklausel 10 243
- Stichtagsregelung 10 204, 205 f.
- Tarifwechselklausel 10 234
- Transparenzgebot 10 166 f., 168
- Vergütungsabrede 10 251
- Versetzungsklausel 12 40
- Vertragsstrafe 10 252 f.
- Vorbehaltsklausel 10 267 f.
- Wettbewerbsverbot, nachvertragliches 10 250
- Widerrufsklausel 10 270
- Widerrufsvorbehalt 10 267
- Zugangsfiktion 10 288
- Zurückbehaltungsrecht 10 290

Initiativmaßnahme Betriebsrat
- Ablehnungsbegründung 61 39
- Anrufung Arbeitsgericht 61 35
- Anrufung Einigungsstelle 61 34
- Behandlung durch Arbeitgeber 61 33

Initiativrecht Betriebsrat 61 31 f.
- Auswahlrichtlinien 61 44
- Betriebsänderung nach §§ 111 ff. BetrVG 61 43
- Beurteilungsgrundsätze 61 44
- Bildung, betriebliche 61 44
- Entgelt 23 213
- Personalfragebogen 61 44

Inkassozession, unwiderrufliche 22 33

Inline-Skating 24 41

Innovation, innerbetriebliche Mediation 82 289

Innungsausschuss, Streitbeilegung Berufsausbildungsverhältnis 77 242 f.

Innung/-sverband, Tariffähigkeit 69 7

Inserierungskosten, Schadensersatz 17 41

Insidertatsachen 56 175

Insolvenz
- Abfindungsanspruch 48 386
- Arbeitnehmererfindung 16 17, 18
- Erwerberhaftung bei Betriebsübergang 54 125
- Interessenausgleich 58 56
- Kündigung, außerordentliche 44 127
- Kündigung Betriebsratsmitglied 45 241
- Kündigungsfrist 43 10, 30
- Kündigungsrecht 43 27 f.
- Nachkündigung 46 151
- Schadensersatz bei Kündigung 43 31
- Sicherung Versorgungsleistung 38 150 f., 156
- Sonderkündigungsschutz 44 127
- Sozialauswahl 43 175
- Sozialplan 58 169
- Urlaubsanspruch bei 27 281 f.
- Urlaubsanspruch bei Betriebsübergang 27 287
- Veräußererkündigung aufgrund Erwerberkonzept 54 179
- Verhältnis zu Betriebsänderung 56 101
- Wegfall Kündigungsschutz 44 127

Insolvenzeröffnung
- Kündigung, betriebsbedingte 43 305
- Tarifvertrag bei 68 15, 19
- Urlaubsanspruch bei 27 282
- Urlaubsanspruch vor 27 284

Sachverzeichnis

fette Zahlen = Paragrafen

Insolvenzgeld
- Pfändbarkeit 22 63
- Urlaubsentgelt 27 286

Insolvenzordnung, Beschlussverfahren 78 132

Insolvenzrecht, Rechtsquellen 1 65

Insolvenzschutz
- Arbeitgeberzuschuss Entgeltumwandlung 36 106
- Arbeitszeitkonten 14 108
- Contract Trust Arrangement (CTA) 36 173
- Direktversicherung 36 144
- Insolvenz des Arbeitgebers 38 156
- Pensionsfonds 36 164
- Pensionskasse 36 154
- Treuhandvermögen 36 174
- Unterstützungskasse 36 132

Insolvenzsicherung
- Beitragspflicht 38 152
- Personenkreis, gesicherter 38 167
- Rechtswegzuständigkeit für Streitigkeiten 77 125
- Schweigepflicht 30 73
- Versorgungsleistung 38 150 f., 156

Insolvenzverfahren
- Änderungskündigung 46 150
- Beklagter Kündigungsschutzklage 4 15
- Interessenausgleich bei Betriebsänderung 57 88
- Namensliste nach § 125 InsO 58 38
- Sozialauswahlkriterien 46 181
- Sozialplan bei Betriebsänderung 57 91

Insolvenzverwalter
- Gerichtsstand 48 23
- Interessenausgleich bei Betriebsänderung 57 88
- Kündigung bei Betriebsübergang 54 184
- Kündigungserklärung durch 48 140
- Unterrichtungspflicht bei Betriebsänderung 56 110
- Verfahren nach § 122 InsO 57 89

Insourcing 53 37, 40

Integration
- ausländische Arbeitnehmer 63 59
- Bundesgesetz 11 17

Integrationsamt
- Anfechtung der Zustimmung des 45 173, 184
- Ausschlussfrist Kündigung 44 185
- Beteiligung bei Betriebsänderung 58 179
- Negativtest 45 154
- Streitwert bei Zustimmung 3 64, 93
- Widerspruch gegen Zustimmung des 45 173, 184
- Zustimmung außerordentliche Kündigung Schwerbehinderter 45 167 f.
- Zustimmung zur ordentlichen Kündigung Schwerbehinderter 45 148 f.

Interessen, individuelle, Herausnahme aus Sozialauswahl 43 217, 218 f.

Interessen, konkurrierende 2 13

Interessen, strukturelle, Herausnahme aus Sozialauswahl 43 217, 225 f.

Interessen widerstreitende, Berufsausübung, gemeinschaftliche 2 14

Interessen, widerstreitende, Tätigkeitsverbot 2 11

Interessenabwägung
- Kündigung, außerordentliche 44 15, 27 f.
- Kündigung, ordentliche 43 93
- Kündigung, personenbedingte 43 467
- Kündigung, verhaltensbedingte 43 336
- personenbedingte Kündigung wegen Krankheit 43 482, 497, 512

Interessenausgleich
- Änderung Betriebsorganisation 58 22, 23
- Änderungen 58 43
- Anhörung Betriebsrat 58 174, 175
- Anlagen 58 40
- Anrufung Einigungsstelle 57 63
- Arbeitnehmerrechte 58 173
- Arbeitsplatzgarantie 58 29
- Auswahlrichtlinien für Sozialauswahl 58 31
- Befristung 58 50
- Beschäftigungsgarantie 58 29
- Beteiligung Amt für Arbeitssicherheit 58 180
- Beteiligung Integrationsamt 58 179
- betriebliche Folgen 58 182
- Betriebsänderung 43 248
- Betriebseinschränkung 58 12, 17
- Betriebsspaltung 58 20, 21
- Betriebsstilllegung 58 12
- Betriebsstilllegung mit Namens-/Personallisten 58 14, 15
- Betriebsvereinbarung, freiwillige 58 45
- Betriebsverlegung 58 18, 19
- Betriebszusammenschluss 58 20, 21
- Beweislastumkehr bei betriebsbedingter Kündigung 43 255
- Durchführungsanspruch des Betriebsrats 58 44
- Einführung neuer Arbeitsmethoden 58 22, 23
- Einigungsstellenverfahren 57 76, 77
- Erfassung Aufhebungsvertrag 49 134
- Folgeregelung 58 25, 43
- Form 43 249; 58 40
- Formulierungsmuster 58 3, 5
- Fristenregelung 57 113
- Inhalt 58 6
- in der Insolvenz 58 56
- Insolvenzverfahren 57 84
- Kollektivvereinbarung besonderer Art 57 107
- Kündigung, betriebsbedingte 43 247 f.; 58 27
- Kündigungsregelung 58 53
- Kündigungsverbot, befristetes 58 26
- Laufzeit 58 46 f.
- Massenkündigung 58 176
- Maßnahmenbeschreibung 58 11
- mediative Konfliktlösung 82 87
- Nachteilsausgleich bei Abweichen vom 57 95
- Nachteilsausgleich bei unterlassenem 57 97
- Namensliste nach § 1 Abs. 5 KSchG 58 30
- Namensliste nach § 125 InsO 58 38
- Namensliste, nachträgliche 43 251
- Namensliste zu kündigender Arbeitnehmer 43 251
- Organisationsregeln 58 24, 43
- Pflichtverletzung bei Betriebsänderung 57 104
- Präambel 58 8
- qualifizierter 58 26

magere Zahlen = Randnummern **Sachverzeichnis**

- Rechtswirkungen 58 42
- Regelungsinhalte 58 2 f.
- Rubrum 58 7
- Scheitern der Verhandlungen 57 61
- Sozialauswahl 43 254, 259
- Standortgarantie 58 29
- Umsetzung 58 172 f.
- Verhandlung, getrennte mit Sozialplan 57 57
- Verhandlung, gleichzeitige mit Sozialplan 57 56
- Verhandlungen bei Betriebsänderung 57 54 f., 59
- Vermittlung des Vorstands der Bundesagentur für Arbeit 57 62
- Versuch 57 40, 54
- Wechselwirkung, unzulässige 57 58
- Zuordnungsliste gem. § 323 Abs. 2 UmwG 58 36
- Zusicherungen 58 25
- Zuständigkeit 43 250
- Zweckerreichung 58 47

Interessenausgleich mit Namensliste
- Änderungskündigung, betriebsbedingte 46 189
- Betriebsänderung 4 103
- Betriebsrat 46 190

Interessenkollisionen, Prüfung 2 11 f.
Internal Investigations 35 97 f.
- Durchsuchung Arbeitsplatz 35 106
- Hinzunahme Dritter/Betriebsrat bei Mitarbeiterbefragung 35 124
- Personalakten 35 105
- Unterlagen, elektronische 35 102
- Unterlagen in Papierform 35 100
- Unterlagen/Dateien, dienstliche 35 100, 102
- Unterlagen/Dateien, private 35 103, 171
- Zuverlässigkeitstest 35 108

Internationale Arbeitsorganisation (IAO) 1 10
- Bildungsurlaub 29 1

Internationaler Pakt über wirtschaftliche, soziale und kulturelle Rechte 1 10
Internationales Privatrecht 1 15
- Rechtslage nach 17.12.2009 1 19
- Rechtslage vor 18.12.2009 1 16
- Rechtswahl 1 15

Internet
- Nutzung, private 33 45, 47
- Privatkommunikation, unerlaubte 43 424

Internetnutzung
- Arbeitnehmerüberwachung 35 210 f., 222
- Mitbestimmungsrecht Internetüberwachung 35 221
- unerlaubte 43 424

Internetnutzung, unerlaubte, Kündigungsgrund, außerordentlicher 44 75
Interviewer, Abgrenzung Arbeitnehmer/Freier Mitarbeiter 6 47
Intranet, Compliance-Richtlinie 35 33
Invalidenrente, Betriebszugehörigkeit 38 49
Invalidität, Versorgungsleistung bei 37 63
Invaliditätsleistung, Begrenzung 38 59
Investigations s Internal Investigations

Investitionsprogramm, Unterrichtung Wirtschaftsausschuss 56 151
In-vitro-Fertilisation, Kündigungsschutz 45 9
IPR, Rechtswahl 11 82
Irrtum über Umfang der Versorgungsverpflichtung 39 13
Island, LugÜ II 48 61, 83
IT-Fachkraft, Abgrenzung Arbeitnehmer/Freier Mitarbeiter 6 100

Jahresabschlussvergütung, Aufhebungsvertrag 49 177
Jahresarbeitszeitvertrag 14 105
Jahresprämie, Mitbestimmungsrecht 23 82
Jahressonderzahlung 20 123 f.
- Ausscheidensfolgen 20 148 f.
- Dreizehntes Monatsgehalt 20 151
- Formulierungsmuster Rückzahlungsklausel 20 146
- Freiwilligkeitsvorbehalt 25 14
- Kürzung bei Abwesenheit 20 152
- Leistungen mit Mischcharakter 20 148 f.
- Mitbestimmungsrecht 20 163
- Stichtagsregelung 20 148, 149
- Urlaubsgeld 10 161
- Weihnachtsgeld 20 150

Jeweiligkeitsklausel
- Abgrenzung statische/dynamische Verweisung 68 114
- Betriebsvereinbarung 40 49

Job-Sharing 72 79
- Arbeitsleistung 12 4
- Formulierungsmuster 12 5

Journalist, Abgrenzung Arbeitnehmer/Freier Mitarbeiter 6 47
Jubiläumsgeld
- Abgrenzung zu betrieblicher Altersversorgung 36 61
- Mitbestimmungsrecht 23 82

Jubiläumsgeschenk, Mitbestimmungsrecht Betriebsrat 23 13
Jubiläumsleistung 20 134
Jubiläumszahlung, Teilzeitarbeitnehmer 72 42
Jubiläumszulage, Regelung bei Teilzeitarbeit 73 76
Jubiläumszuwendung
- Freiwilligkeitsvorbehalt 25 14
- Pfändbarkeit 22 63
- Widerrufsvorbehalt 25 31

Jugend- und Auszubildendenvertretung 59 111 f.
- Antragsrecht 59 114
- Gesamt JAV 59 119
- Konzern-JAV 59 123
- Kündigungsschutz 45 191 f., 192
- im Unternehmen 59 119

Jugendarbeitsschutzgesetz 34 45
Jugendliche/r
- Akkordarbeit 20 30
- Beschäftigung 34 49
- Erholungsurlaub 27 185 f.
- Jugendschutz 34 45 f.
- Urlaubsanspruch nach Seearbeitsgesetz 27 239

Sachverzeichnis

fette Zahlen = Paragrafen

Jugendschutz 34 45 f.
- Beschäftigung Jugendlicher 34 49
- Erstuntersuchung 34 50
- Kinderarbeit 34 46
- Nachuntersuchung 34 50
- Unterweisung am Arbeitsplatz 34 51

Jugendurlaub 27 185 f.
- Anspruch 27 188
- Anwendung BUrlG 27 193
- Berechnung 27 189
- Dauer 27 189
- Heimarbeiter, jugendliche 27 192
- Nichtgewährung 27 195
- Ordnungswidrigkeit 27 195
- Verkürzung 27 190
- zeitliche Festlegung 27 191

Jugendvertreter
- Abgrenzung Beschluss-/Urteilsverfahren 78 9
- Übernahme in unbefristetes Arbeitsverhältnis 10 26

Jugendvertretung 59 111 f.
- Kündigungsschutz 45 191 f., 192

Juristische Person, Vertretung 59 129

Kameraassistent, Abgrenzung Arbeitnehmer/Freier Mitarbeiter 6 47

Kammerberatung 77 431

Kammertermin 77 348
- Ausschluss Prozessbevollmächtigter 77 345
- Bestandsschutzverfahren 77 325
- gütliche Erledigung 77 354
- Konfliktbearbeitung/-lösung im 82 130
- Vertagung 77 350
- Vorbereitung streitiger 77 317

Kampagnebetrieb, Anzeigepflicht bei Entlassung 50 6

Kantinenverpflegung, Sachzuwendung 20 3

Kapitalanlagen, Abdeckung Direktzusage 36 116

Kapitalanlagerisiko, Beitragszusage 36 75

Kapitalbeteiligung an Konkurrenzunternehmen 31 9

Kapitaldeckung, betriebliche Altersversorgung 36 99

Kapitalleistung
- Altersversorgung, betriebliche 37 48
- Anpassungsprüfung 38 114
- Höchstgrenze bei Leistung des PSVaG 38 180
- Höhe vorzeitiger Versorgungsleistung 38 108
- steuerliche Behandlung bei Direktversicherung 36 148

Kapitän s a Seearbeitsgesetz
- Befristung Urlaubsanspruch 27 244
- Ort der Urlaubsgewährung 27 243
- Reisekosten Urlaubsort/Ort der Wiederaufnahme des Dienstes an Bord 27 248
- Urlaubsabgeltung 27 255
- Urlaubsanspruch 27 232 f., 233, 235
- Urlaubsdauer 27 237
- Urlaubsentgelt 27 251
- Urlaubsgewährung 27 240

KAPOVAZ 72 71 f.

Karenzentschädigung 32 40 f.
- Anrechnung anderweitigen Erwerbs 32 94 f., 98, 112
- Anrechnung auf Versorgungsleistung 38 88
- Anrechnungsbetrag 32 113
- Arbeitslosengeld 32 105
- Aufrechnungsverbot 22 47
- Auskunftsanspruch des Arbeitgeber 32 117
- Ausschlussfrist 32 134
- Auszahlung 32 124
- Beweislast Erzielung/Unterlassung anderweitigen Erwerbs 32 112
- Boni/Tantiemen 32 92
- Dienstwagen 23 91
- Einwendungen 32 132 f.
- Ermittlung der Höhe 32 91
- fehlende 32 40
- Fortfall bei Wettbewerbsverstoß 32 159
- zu geringe 32 43
- Höhe 32 43
- Leistungsklage 32 129
- Modifizierung 32 127
- Nachfrist 32 135
- Pfändbarkeit 22 63
- Pfändung 32 125
- Sozialversicherung 32 126
- steuerliche Behandlung 32 126; 49 216 f., 218
- Streitwert 3 117
- Tariferhöhung 32 93
- Teilzeitbeschäftigung 32 93
- unbedingte 32 48
- Unterlassung anderweitigen Erwerbs 32 107 f.
- Verjährung 32 133
- Verzug 32 137
- Wettbewerbsverbot, nachvertragliches 32 9
- Wohnsitzwechsel 32 97

Karrieredurchschnittsplan, Versorgungsleistung 38 44

Kartellstraftat, Kündigungsgrund, außerordentlicher 44 69

Kausalität, Arbeitsunfähigkeit 24 26

Kenntnisse
- Befragung Bewerber 9 65
- Herausnahme aus Sozialauswahl 43 218, 220

Kennzahlensystem, Balanced Scorecard 20 46, 47

Kernarbeitszeit 14 91

Kickboxen 24 40

Kind, Bezugsberechtigung betriebliche Altersversorgung 37 55, 60

Kind, uneheliches, Gleichbehandlung Versorgungsleistung 36 39

Kinderarbeit
- Veranstaltungen 34 46, 47
- zulässige Tätigkeiten 34 46, 47

Kinderarbeitsschutz 34 46

Kinderbetreuung
- Arbeitsverhinderung, persönliche 24 217
- Entgeltfortzahlung bei COVID 24 233 f.
- Kündigungsschutz Elternzeitberechtigte 45 59 f.
- bei Schul-/Kindergartenschließung 24 217, 234

Kindererziehungszeit, Anrechnung bei Altersversorgungsleistung 37 65
Kindergartenschließung, Kinderbetreuung 24 217, 234
Kindergeld, Pfändbarkeit 22 63
Kinderzulage, Mitbestimmungsrecht 23 54
Kinderzuschlag 20 164
Kindeserkrankung, Entgeltfortzahlung 24 210
Kindesgeburt, Entgeltfortzahlung 24 210
Kirche, evangelische s a Tendenzbetrieb
– Beteiligungsrechte MVG EKD 47 104 f., 110
– Kündigungsschutz 43 443; 45 255
– Rechtsquellen 1 51
Kirche, katholische s a Tendenzbetrieb
– Beteiligungsrechte MAVO 47 104 f., 106
– Kündigungsschutz 43 443; 45 255
– Rechtsquellen 1 50
Kirchenklausel 10 68
Klage
– elektronische Übertragung 1 71
– Prozesskostenhilfeantrag mit 76 15
– Unterzeichnung 1 71
Klageantrag, Formulierungsmuster bei Arbeitszeugnis 51 26, 27, 28
Klageerhebung
– Abhalten von 48 199
– Arbeitsgerichtsprozess 77 272
– Dokument, elektronisches 48 16
– Eingang beim ArbG 48 112
– elektronische 48 113
– Form 48 14
– Fristwahrung 48 109 f., 112
– Kündigungsschutzklage 48 14 f.
– mündliche zu Protokoll 48 112
– Organmitglied 48 51
– Rechtsverkehr, elektronischer 77 273
– Unterschrift 48 14
– Zuständigkeit, örtliche 48 18
– Zustellung an Arbeitgeber 48 112, 113
Klageerhebungsfrist
– Anrufungsfrist, verlängerte 48 238 f.
– Ausschlussfrist 48 109 f.
– behördliche Zustimmung zur Kündigung 48 142 f.
– Berechnung 48 120
– bei Entlassung 50 92
– Feststellungs-/Kündigungsschutzklage 44 194
– hintereinandergeschaltete Kündigungen 48 118
– Kündigungsschutzklage 48 102 f., 109; 50 92
– mehrere Kündigungen 48 115
– unterlassene Rüge verspäteter/unterlassener Klagezustellung 48 119
– Verbundkündigung 48 117
– Zugang der Kündigungserklärung 48 121
Klageerweiterung, Prozesskostenhilfe 76 26
Klageerwiderung
– Bestandsschutzverfahren 77 326
– Stellungnahme zur K. im Bestandsschutzverfahren 77 329
Klagefrist
– Änderungsschutzklage 46 128 f.
– Berufsausbildungsverhältnis 48 11

– Kündigungsschutzprozess 48 1 f.
– Nichteinhaltung Kündigungsfrist 48 12
– bei Umdeutung 44 209
Klagehäufung
– Rechtsweg 77 192
– Streitwert 3 65, 94
– subjektive 48 98
Klagerücknahme
– in der Berufung 77 545
– in Güteverhandlung 77 300
– Säumnis beider Parteien 77 310
Klageschrift
– Antrag 48 17
– Beifügung Kündigungsschreiben 48 90, 92
– fehlende Unterschrift 48 16
– Sprache 48 17
Klageverzicht 48 176
– Rechtsschutzinteresse 48 179
– Vereinbarung 48 12
Klageverzichtsvertrag 49 10
– Form 48 178
Klagezulassung, nachträgliche 48 134, 180 f.
– Abhalten von Klageerhebung 48 199
– Abwesenheit, urlaubsbedingte 48 197
– Antrag 48 205, 206, 210
– Antragsfrist 48 212, 218 f.
– Antragsinhalt 48 212
– Arbeitsgericht 48 208
– Beweislast 48 213, 224
– eidesstattliche Versicherung 48 214, 215
– Frist 48 182, 205
– Fristberechnung 48 222
– Glaubhaftmachung 48 214 f., 224
– bei Güteverhandlung 48 223
– Hauptsacheverfahren 48 181
– Hilfsantrag 48 207
– Krankheit 48 196
– Mittellosigkeit 48 198
– Nachschieben von Gründen 48 225
– Postverlust 48 199
– Präklusion 48 235
– Rechtsmittel 48 232
– Rechtsschutzinteresse 48 226
– Schwangerschaft 48 204
– Sorgfaltsmaßstab 48 192
– Streitwert 3 98
– Verbindung mit Kündigungsschutzklage 48 180, 227
– Verfahren 48 205
– Verfahrensfragen 48 227
– Verfahrensgegenstand 48 185
– Verschulden des Prozessbevollmächtigten 48 200
– Verspätung, unverschuldete 48 191
– Voraussetzungen 48 191
– Wiedereinsetzung in den vorherigen Stand 48 220
– Zuständigkeit 48 208
– im zweiten Rechtszug 48 209
– Zwischenurteil 48 181, 188, 227, 233
Klauselverbote, besondere, Inhaltskontrolle 10 160

3259

Sachverzeichnis

fette Zahlen = Paragrafen

Klebeffekt 66 132
Kleiderordnung, Publikumsverkehr 33 28
Kleidungsvorschriften 15 5
Kleinbetrieb
– Anzeigepflicht bei Entlassung 50 5
– Klageerhebungsfrist 48 2
– Kündigungsschutz 43 46
– Teilzeitanspruch 73 8
Kleinunternehmen
– Arbeitnehmerüberlassung 66 48
– Begriff 43 14
– Kündigungsfrist 43 14
Know-how, Betriebsübergang 53 27
Know-how-Schutz 16 4
Koalition
– Begriff 71 3
– Bekenntnis zur freiheitlichen Ordnung 71 15
– beschäftigungspolitisches Mandat 71 11
– Unabhängigkeit 71 12
– Zweck 71 10
Koalitionsfreiheit 1 13
– Arbeitgebervereinigung 71 9
– Arbeitnehmervereinigung 71 9
– Drittwirkung 71 36
– individuelle negative 71 17, 19
– individuelle positive 71 17, 18
– kollektive 71 28 f.
– Satzungsautonomie 71 32
– Schranken 71 33
– Tarifvertragsrecht 67 6
– Unterlassungsanspruch bei rechtswidrigem Eingriff 70 99
– Vereinigung 71 4 f.
Koalitionsfreiheit, individuelle 71 1, 17 f.
Koalitionsfreiheit, kollektive 71 1, 28 f.
– Bestandsgarantie 71 29
– Koalitionsmittelgarantie 71 31
– Organisationsautonomie 71 32
– Tarifautonomie 71 31
– Verbandsautonomie 71 32
Koalitionsmittelgarantie 71 31
Koalitionsrecht 71 1 f.
– Drittwirkung 71
– Verletzung 71 40
Kollegenhilfe, Arbeitnehmerüberlassung 66 48
Kollegialgericht, Arbeitsgericht 77 250
Kollektivvereinbarung, Interessenausgleich 57 107
Kollisionsregelung, Betriebsvereinbarung bei Betriebsübergang 54 46
Kommanditist, betriebliche Altersversorgung 36 11
Kommentator, Abgrenzung Arbeitnehmer/Freier Mitarbeiter 6 44 f.
Kommission, paritätische, Eingruppierung 21 23
Kommissionär, Abgrenzung Arbeitnehmer/Freier Mitarbeiter 6 75
Kommunikation, interne bei Betriebsänderung 57 7
Kommunikationskultur, innerbetriebliche Mediation 82 293
Kommunikationsmittel, private Nutzung 33 46

Kompetenzkonflikt, negativer 48 35
Komplementär, Parteifähigkeit 77 10
Komunikationsmittelnutzung, private, Compliance-Richtlinie 35 59
Konflikt, Chance für Weiterentwicklung 82 289
Konfliktbewältigung
– Beschlussverfahren bei betriebsverfassungsrechtlicher Streitigkeit 82 136
– betriebsverfassungsrechtliche 64 1 f.
– Direktionsrecht 82 103
– grenzüberschreitende 82 309
– Güteverhandlung 82 109 f.
– Harvard-Konzept 82 253 f.
– Methoden 82 29
– Richtlinien 82 354
– Untersuchung des bestehenden Systems zur 82 327
– Vergleichsbemühungen im Kammertermin 82 130
Konflikte, distributive
– Lösungsverfahren 82 244 f.
– Mediation 82 238 f.
Konflikteskalation, Stufen 82 27
Konfliktkomplexität, innerbetriebliche Mediation 82 308
Konfliktkosten, innerbetriebliche Mediation 82 310
Konfliktmanagement 82 1 f.
– Abwehrhaltungen 82 4
– Benchmarking 82 327
– Case-Management 82 329
– Design 82 329
– distributive Konflikte 82 238 f.
– Einführungsmaßnahmen 82 324 f.
– Einsatz von Prozessbegleitern 82 329
– Elemente/Komponenten 82 325
– Empowerment 82 265
– Erfolgskontrolle 82 330
– Evaluation 82 330
– Flow chart 82 331
– Formulierungsmuster Conflict Management Codex 82 362
– Fortentwicklung 82 330
– Frühwarnsystem 82 329
– incentives 82 328
– innerbetriebliche Mediatoren 82 337
– innerbetrieblicher Ablauf 82 331
– Konflikt-Audit 82 327
– lösungsorientierter Ansatz 82 252, 253 f.
– Maßnahmen auf Managementebene 82 328
– Policy Statement 82 328
– Recognition 82 265
– Transformationsansatz 82 264
– Untersuchung des bestehenden Systems 82 327
Konfliktmanagementsystem
– Betriebsvereinbarung zur Einführung 82 347
– Formulierungsmuster Betriebsvereinbarung zur Einführung 82 360
– Mitbestimmungsrecht bei Einführung 82 350
Konfliktnähe, innerbetriebliche Mediation 82 306
Konkretisierung, Arbeitsleistung 12 16

magere Zahlen = Randnummern   **Sachverzeichnis**

Konkurrentenklage, Verfügung, einstweilige 77 706
Konkurrenzklausel, GmbH-Geschäftsführer 32 7
Konkurrenzschutz
– Drittunternehmen 31 11
– Teilbetriebsübergang 31 12
Konkurrenztätigkeit
– Abmahnung 31 39
– Aufhebungsvertrag 49 251
– Beweislast für Einwilligung 31 47
– Einwilligung Arbeitgeber 31 18
– Formulierungsmuster Einwilligungsbegehren 31 32
– Freundschaftsdienst 31 7
– geringfügige 31 6
– Kündigung 31 39
– Kündigung, verhaltensbedingte 43 402
– Kündigungs-/Ausschlussfrist 44 181
– Kündigungsgrund, außerordentlicher 44 53
– Verdachtskündigung 31 39
– Vorbereitungshandlungen für spätere 31 21
– Widerruf der Einwilligung 31 20
Konkurrenzunternehmen
– Kapitalbeteiligung an 31 9
– Nebentätigkeit für 43 423
Konkurrenzverbot s a Wettbewerbsverbot
– Arbeitnehmereigenschaft 6 27
– Bagatellgrenze 31 6
– Nebentätigkeit 33 95
Konstrukteur, Abgrenzung Arbeitnehmerüberlassung/Freier Mitarbeiter 6 101
Konsulatsangestellte, arbeitsrechtliche Streitigkeit 48 88
Kontinuitätsmodell
– Altersteilzeit 74 41, 46
– Kündigung 74 58
Kontoführungsgebühren 22 6
Kontrahierungszwang, AGG 10 39
Kontrolleinrichtung, Missbrauch Zeiterfassung 43 376
Kontrollen 33 23
– gelegentliche 34 65
– Mitbestimmungsrecht 33 24
– Persönlichkeitsrecht 34 64
Kontrollregelung, Compliance-Richtlinie 35 59, 61
Kontrolluntersuchung, Arbeitsunfähigkeit 24 15
Konventionalstrafe 17 6
– Schadenspauschale 17 41
Konzern
– Anpassung laufender Versorgungsleistungen 38 135
– Arbeitnehmereigenschaft Geschäftsführer 6 95
– Arbeitnehmerüberlassung 66 44, 170
– Schweigepflicht 30 22
– Tariffähigkeit 69 22
– Unverfallbarkeitsfrist bei Arbeitgeberwechsel im 38 32
– Verbot der Wahrnehmung widerstreitender Interessen 2 11
– Versetzungsklausel 66 174

Konzernbetriebsrat 59 105
– Anspruch auf Unterrichtung bei Betriebsänderung 56 117
– Geschäftsführung 59 110
– Zuständigkeit 59 106
– Zuständigkeit betriebliche Altersversorgung 37 151
Konzernbetriebsvereinbarung
– Betriebsübergang 54 44
– Inhaberwechsel 63 36
Konzern-Jugend- und Auszubildendenvertretung 59 123
– Geschäftsführung 59 126
– Organisation 59 124
– Zuständigkeit 59 125
Konzernprivileg, Arbeitnehmerüberlassung 66 30
Konzernversetzungsklausel 43 150
Konzession, Betriebsübergang 53 27
Kooperationspflicht
– Betriebsrat/Arbeitgeber 60 1 f., 7
– Verstoß gegen 60 48
Kopftuch 15 6; 33 12, 29
– Kündigung, personenbedingte 43 477
– Verbot bei Kundenkontakt 43 368
Koppelungsgeschäfte, Betriebsrat 60 8
Koppelungsklausel
– Anstellungsvertrag Geschäftsführer 80 53, 54
– Anstellungsvertrag Vorstandsmitglied 81 29
Körpergröße, Stellenausschreibung 9 21
Körperverletzung, Arbeitsunfähigkeit, alkoholbedingte 24 49
Korrekturleserin, Abgrenzung Arbeitnehmer/Freier Mitarbeiter 6 50
Korruptionsbekämpfung 33 56
Kosten
– Anwaltswechsel 2 53
– Beschlussverfahren 78 133; 79 1
– Fälligkeit 79 4
– Kündigungsschutzprozess 48 398
– Urteilsverfahren 79 1 f.
– Urteilsverfahren 1. Instanz 79 6 f.
– Urteilsverfahren 2./3. Instanz 79 19
Kosten, erstattungsfähige, Rechtsschutzversicherung 3 197
Kosten, gegnerische, Rechtsschutzversicherung 3 206
Kosten, nicht erstattungsfähige, Rechtsschutzversicherung 3 209
Kostenargument, Unverhältnismäßigkeit Teilzeitarbeit 73 61
Kostenentscheidung, Beschlussverfahren 78 79
Kostenerstattung
– Betriebsratsmitglied 62 64 f., 65, 69
– Privatdetektivkosten 35 183
Kostenregelung, Mediationsverfahren 82 274
Kostentragung
– Arbeitsgerichtsprozess 79 2
– Beschlussverfahren 79 24
– Beschwerdeverfahren 79 30
– Betriebsratsaufwand 62 4, 5 f., 40 f., 64 f.
– Homeoffice 13 15
– Mediationsverfahren, innerbetriebliches 82 275

3261

Sachverzeichnis

fette Zahlen = Paragrafen

- Urteilsverfahren 1. Instanz **79** 6 f.
- Urteilsverfahren 2./3. Instanz **79** 19
- bei Verweisung **79** 16
- **Kostenvorschuss**, Aufklärungspflicht **4** 89
- **Kraftfahrer**, Rechtsquellen **1** 52
- **Krankengeld**
- Anspruch bei Arbeitsunfähigkeit **24** 103
- Anspruch des Arbeitnehmer bei unterlassener Entgeltfortzahlung **24** 175
- Pfändbarkeit **22** 63
- **Krankenhausaufenthalt**, nachträgliche Klagezulassung **48** 196
- **Krankenhauspatient**, Geschenke/Vermächtnis zugunsten Pflegepersonal **33** 55
- **Krankenkasse**
- Abmeldung Arbeitnehmer bei beendetem Arbeitsverhältnis **52** 18
- Ansprüche gegen Arbeitgeber bei Forderungsübergang bei Entgeltfortzahlung **24** 175
- Forderungsübergang zugunsten **24** 171
- Stellungnahme des Medizinischen Dienstes der Krankenversicherung zur Arbeitsunfähigkeit **24** 91
- **Krankenkasse, gesetzliche,** Arbeitsunfähigkeitsbescheinigung **24** 67, 72
- **Krankenversicherung**
- Arbeitsloser während Ruhenszeit **49** 226, 435
- Meldepflicht bei Aufnahme Arbeitsverhältnis **10** 329
- Territorialitätsprinzip **11** 165
- **Krankheit**
- Abgrenzung zu Behinderung **10** 73
- Anwesenheitsprämie **20** 185 f., 193
- Anzeigepflichtverletzung **43** 407, 408
- Arbeitsunfähigkeit **24** 10 f., 14
- Arbeitsunfähigkeit, dauernde **43** 481, 501
- Auswirkung der Fehlzeiten auf Zielvereinbarung **20** 72
- Beeinträchtigung betrieblicher/wirtschaftlicher Interessen **43** 482, 488, 491
- Befragung Bewerber **9** 66, 89
- Begriff **24** 11
- Berufskrankheit **17** 131
- Besatzungsmitglied während Urlaub **27** 250
- Beweislast für Pflichtverletzung bei **43** 415
- Entgeltfortzahlung **24** 4 f.
- während Erholungsurlaub **27** 119
- Fallgruppen **43** 481
- fehlerhafte Einordnung Vertragsverhältnis **7** 2
- Fortsetzungskrankheit **24** 118 f.
- Informationspflicht SARS-CoV-2 Virus **24** 104
- Interessenabwägung bei personenbedingte Kündigung **43** 482, 497, 512
- Kausalität **24** 26
- Kündigung, personenbedingte **43** 478 f.; **47** 59
- Kündigung, verhaltensbedingte **43** 406
- Kündigungs-/Ausschlussfrist **44** 182
- Kurzerkrankungen, häufige **43** 481, 483, 488, 491
- Kurzzeiterkrankungen, häufige **44** 125
- Langzeiterkrankung **43** 481, 489
- Leistungsminderung, krankheitsbedingte **43** 481, 490
- Leistungsverweigerungsrecht **17** 24
- nachträgliche Klagezulassung **48** 196
- Nachweispflichtverletzung **43** 408
- Nebenpflichtverletzung **43** 420
- negative Gesundheitsprognose **43** 482, 485
- Nichtnahme Urlaub **27** 11
- Pflicht zu gesundheitsförderndem Verhalten **33** 76
- Pflicht zum heilungsförderndem Verhalten **43** 412
- Rückmeldepflicht **43** 411
- Überschneidung von Krankheiten **24** 123
- Unterrichtungspflicht bez. betrieblicher Angelegenheiten **43** 410
- vor Urlaubsantritt **27** 123
- Vier-Stufen-Prüfung bei personenbedingter Kündigung **43** 482
- Vorrang milderer Mittel vor personenbedingter Kündigung **43** 482, 492
- während Wartezeit **24** 6
- Wiedereinstellungsanspruch nach Kündigung wegen **34** 110
- **Krankheit, angedrohte,** Kündigungsgrund, außerordentlicher **44** 37
- **Krankheit, angekündigte,** Kündigung, verhaltensbedingte **43** 414
- **Krankheit, ansteckende,** Befragung Bewerber **9** 66
- **Krankheit, vorgetäuschte,** Kündigung, verhaltensbedingte **43** 413
- **Krankheitsanzeige, unverzügliche 43** 407
- **Krankheitsfall**
- Entgeltfortzahlung geringfügig Beschäftigter **75** 40
- Entgeltfortzahlung Vorstandsmitglied **81** 51
- **Krankheitsnachweis,** Kündigung, verhaltensbedingte **43** 408
- **Krankmeldung,** Rechtsschutzfall **3** 180
- **Krankschreibung,** Drohung mit **44** 37
- **Kreditierung,** Entgeltzahlung **22** 9
- **Kriterien,** Sozialauswahl **43** 203 f.
- **Kryptowährung 20** 2
- **Kultur,** Abgrenzung Arbeitnehmer/Freier Mitarbeiter **6** 50
- **Kundenbeziehungen**
- Arbeitnehmerschutz **34** 96
- Betriebsübergang **53** 27, 30
- **Kundenkontakt,** Verhaltenskodex **33** 32
- **Kundenschutzklausel 32** 17
- Anstellungsvertrag Geschäftsführer **80** 63
- **Kündigung**
- Absehen Betriebsrat von Stellungnahme **47** 74
- Altersteilzeitvertrag **74** 57
- Anhörung Arbeitnehmer vor Stellungnahme des Betriebsrats **47** 93
- Anhörung Betriebsrat **47** 28; **61** 25
- Anstellungsvertrag Geschäftsführer **80** 50, **87** f.
- Anwaltsvertrag **2** 45, 46
- Arbeitgebermandat **4** 93
- Arbeitnehmer bei Elternzeit **28** 37

magere Zahlen = Randnummern **Sachverzeichnis**

- Arbeitnehmer bei Fürsorgepflichtverletzung 34 20
- Arbeitsverhältnis, befristetes 41 145
- Arbeitsverhältnis bei Pflichtverletzung bei Bewerbung 9 103
- Aufklärungspflicht 4 28
- Bedenken des Betriebsrats 47 76
- Beendigung Annahmeverzug 24 287
- Beteiligungsrechte Betriebsrat 47 1, 4 f.
- Beteiligungsrechte kirchlicher Mitarbeitervertretung 47 104 f.
- bei Betriebsübergang 54 170
- wegen Betriebsübergang 54 168
- Betriebsvereinbarung 63 42
- Betriebsvereinbarung betriebliche Altersversorgung 37 134
- Checkliste Betriebsratsbeteiligung 47 1
- Compliance-Beauftragter 35 331, 333
- Drohung mit 49 372 f.
- Druckkündigung, Compliance-indizierte 35 307
- entfristete 43 13
- fehlerhafte Anhörung Betriebsrat 47 96
- bei fehlerhafter Unterrichtung bei Betriebsübergang 55 68
- Fiktionswirkung 48 268 f., 274
- Formulierungsmuster Übergabeprotokoll 4 107
- Formulierungsmuster Widerspruch des Betriebsrats 47 89
- Formvorschriften 4 55
- Freistellungserklärung Urlaubsanspruch 27 78
- geringfügige Beschäftigung 75 43 f.
- Gleichbehandlung 34 92
- Gratifikationen bei 20 132
- Heilung, rückwirkende 48 269, 270
- Interessenausgleich 58 53
- Leiharbeitsvertrag 66 93 f.
- Mediationsverfahren bei 82 215
- Mitbestimmungsrecht Betriebsrat 47 67
- Mitwirkungsrecht Personalrat Öffentlicher Dienst 47 113
- Nachkündigung 46 151
- Nachmeldung 46 4
- nachvertragliches Wettbewerbsverbot bei 32 81 f.
- Nebenpflicht-/Loyalitätspflichtverletzung 33 11
- Pflichtenkollisionslage 30 57
- Rechtsschutz Geschäftsführer 80 109
- bei Schlechtleistung 17 88
- Stellensuche nach 9 43
- Streitwert 3 59 f.
- Unmöglichkeit der Arbeitsleistung 17 79
- unterlassene Anhörung Betriebsrat 47 95
- Unwirksamkeitsgründe 48 133
- Versorgungszusage 40 1 f.
- Vertretungskraft für Pflegezeit 28 60
- wegen Vorbereitung Betriebsratswahl 45 193, 195, 197
- Werkdienstwohnung 20 17
- Wettbewerbsverbot, nachvertragliches 32 169
- Widerspruch des Betriebsrats 47 79 f.
- Wirksamwerden rechtsunwirksamer 48 268 f.

- Zurückweisung 4 10, 63
- Zurückweisungsrisiko 4 93
- Zustimmungserklärung Betriebsrat 47 73
- Zustimmungspflicht Betriebsrat 47 67

Kündigung Amtsinhaber
- Kündigung, außerordentliche 45 209 f.
- Kündigung, ordentliche 45 241 f.
- Stilllegung Betrieb 45 242
- Stilllegung Betriebsabteilung 45 246
- Zustimmung Betriebsrat 45 216 f.

Kündigung, außerordentliche 44 1 f.
- Abgrenzung zu Anfechtung 44 214
- Abmahnung 44 19
- Amtsinhaber 45 209 f.
- Änderungskündigung 44 25, 218 f.
- Androhung 49 372 f., 378
- Anhörung Betriebsrat 44 99
- Annahme von Schmiergeld 33 59
- Anstellungsvertrag Geschäftsführer 80 94
- Arbeitgeberkündigung 44 36 f.
- Arbeitnehmerkündigung 44 90 f.
- Arbeitsunfähigkeit, dauernde 44 125
- Arbeitsverhältnis, befristetes 41 145
- Arbeitsverweigerung 12 75
- Arbeitsverweigerung, beharrliche 43 373
- Aufhebungsvertrag während Auslauffrist 49 408
- Auflösungsantrag bei unbegründeter 48 319
- Auslauffrist 44 112, 115
- Ausschlussfrist 44 163 f.; 45 168, 211, 240
- befristete 44 5
- Beleidigung 44 47
- Bestechlichkeit 44 87
- betriebsbedingte 44 114 f., 178; 45 215
- Betriebs-/Geschäftsgeheimnisverletzung 44 49
- Betriebsratsmitglied 45 209 f.
- Betriebsratsmitglied, schwerbehindertes 45 177
- Betriebsstilllegung 44 117
- Betriebsübergang 44 120
- Beurteilungszeitpunkt Kündigungsgrund 44 97
- Beweislast 44 7, 34
- Beweislast für Fristeinhaltung 44 170
- Checkliste 44 1
- Drohung mit Krankheit 44 37
- Druckkündigung 44 161, 179
- Entlassung, anzeigepflichtige 50 17
- Entschuldigungs-/Rechtfertigungsgründe 44 35
- Erklärung 42 6
- Erschleichen von Urlaub 43 454
- Form 44 191
- Formulierungsmuster 44 113
- Formulierungsmuster Arbeitgeberkündigung 44 89
- Formulierungsmuster Arbeitnehmerkündigung 44 96
- Formulierungsmuster bei Wahrung gesetzlicher Kündigungsfrist 44 123
- Formulierungsmuster hilfsweise ordentliche 44 207, 216
- Formulierungsmuster Nachschieben Kündigungsgrund 44 106

3263

Sachverzeichnis

fette Zahlen = Paragrafen

- Formulierungsmuster Unterrichtung Betriebsrat 47 65
- Fristbeginn 44 165
- Fristhemmung 44 167
- fristlose 44 5
- Genehmigung des Vertretenen 44 172
- geringfügig Beschäftigter 75 45
- Grund, wichtiger 44 9 f.; 45 210
- Hauptleistungspflichtverletzung 44 12
- hilfsweise ordentliche 44 204, 207, 216
- Insolvenz 44 127
- Interessenabwägung 44 15, 27 f.
- Kenntnis bei Gesamtvertretung 44 171
- Klagefrist 48 1
- Klagerecht Arbeitnehmer 44 194 f.
- Klagerecht des Arbeitgebers bei 44 199
- Konkurrenztätigkeit 31 39
- Kündigungsgrund 44 8 f.
- Kündigungsgründe (Einzelfälle) 44 36 f.
- Kündigungsschutzklage 44 194
- Kurzzeiterkrankungen, häufige 44 125
- Leistungsminderung 44 126
- Mittäter 44 33
- Mitwirkung Personalrat Öffentlicher Dienst 47 114
- Nachschieben Kündigungsgrund 44 98, 104
- Nebenbeschäftigung trotz Arbeitsunfähigkeit 24 102
- Nebenpflichtverletzung 44 12, 46
- personenbedingte 44 124; 45 214
- Pflichtverletzung, mehrere 44 13
- Schadensersatzanspruch 44 107
- Schriftform 44 191
- Schwerbehinderte 45 167 f., 174
- Sozialplan 58 167
- Stellungnahme Betriebsrat zur Unterrichtung 47 71
- Tarifvertrag 68 164
- treuwidriges Berufen auf Ausschlussfrist 44 183
- Überprüfung der Rechtsunwirksamkeit der eigenen 44 198
- ultima ratio 44 18
- Umdeutung Arbeitgeberkündigung 44 200 f.
- Umdeutung Arbeitnehmerkündigung 44 217
- Umdeutung bei Sonderkündigungsschutz 44 208
- Umdeutung fristloser in außerordentliche Kündigung mit Auslauffrist 48 258
- Umdeutung in Anfechtung 44 213
- Umdeutung in ordentliche 44 201, 217
- Umdeutung in Vertragsaufhebungsangebot 44 212, 217
- Umdeutung unwirksame in ordentliche Kündigung 48 132
- Umdeutung unwirksamer in ordentliche Kündigung 48 257
- Umsetzung 44 23
- Unabdingbarkeit 44 2
- Unkündbarkeit, gesetzliche 44 111
- Unkündbarkeit, tarifliche 44 112
- Unkündbarkeit, vertragliche 44 112
- Unterrichtung Betriebsrat 47 64
- bei unzulässiger Arbeitnehmerüberwachung 35 234
- Verbüßung Haftstrafe 44 39
- Verdachtskündigung 44 128 f., 130
- verfristeter Kündigungsgrund 44 175
- Verhalten, vorwerfbar schuldhaftes 44 28
- verhaltensbedingte 45 212
- Verhaltenspflichtverletzung 44 46
- Versetzung 44 23
- verspätete Lohnzahlung 44 94
- Verstoß gegen Nebentätigkeitsverbot 33 114
- Verwirkung 44 173
- Vorstandsmitglied 81 67
- Vortäuschung Arbeitsunfähigkeit 24 100; 44 86
- Vorteilsnahme 44 87
- Wehrdienstleistender 45 267
- Wettbewerbsverbot, nachvertragliches 32 84, 85
- Zugang Kündigungserklärung 44 187
- Zumutbarkeit ordentliche Kündigung 44 26
- Zumutbarkeitsprüfung bei Amtsinhaber 45 210

Kündigung, außerordentliche, hilfsweise ordentliche, Formulierungsmuster Unterrichtung Betriebsrat 47 65

Kündigung bei Massenentlassung, Betriebstreueleistung 20 139

Kündigung, betriebsbedingte 43 119 f.
- Abbau Leiharbeit 43 167
- Abfindung Abwicklungsvertrag 49 14
- Abkehrwille 43 262
- Abordnung zu Tochterunternehmen 43 263
- Altersteilzeit 43 264
- Anforderungsprofiländerung 43 265
- Arbeitnehmerüberlassung 43 266
- Arbeitsmangel 43 270
- Arbeitsplatzverdichtung 43 129, 267
- Arbeitsstreckung 43 165
- Arbeitszeit 43 273
- Arbeitszeitverkürzung 43 163
- Auftragsrückgang 43 274
- Auskunftsanspruch Sozialauswahl 4 67
- außerordentliche 44 114 f., 178
- Austauschkündigung 43 276
- Beschäftigungsmöglichkeit, anderweitige 43 143, 144
- Betriebsänderung 43 277
- Betriebsstilllegung 43 280
- Betriebstreueleistung 20 137
- Betriebsübergang 43 290
- Beweislast 43 138
- Beweislast Dringlichkeit 43 170
- Beweislastumkehr bei Interessenausgleich 43 255
- Blockmodell Altersteilzeit 74 60
- Checkliste ordentliche Kündigung 43 515
- Dringlichkeit des betrieblichen Erfordernisses 43 142
- Druckkündigung 43 297; 44 162, 179

magere Zahlen = Randnummern **Sachverzeichnis**

- Eingliederungsmanagement, betriebliches 43 171
- Entlassungsverlangen Betriebsrat 43 299
- Entscheidung, unternehmerische 43 121 f.
- Formulierungsmuster Unterrichtung Betriebsrat 47 54
- Fremdvergabe 43 300
- gerichtliche Kontrolle der unternehmerischen Entscheidung 43 134
- geringfügig Beschäftigter 75 45
- Gewinnverfall/-steigerung 43 303
- Insolvenzverfahren 43 305
- Interessenausgleich 43 247 f.; 58 27
- Kündigungs-/Ausschlussfrist 44 178
- Kündigungsgründe (Einzelfälle/ABC) 43 262 f.
- Kurzarbeit 43 166
- Leiharbeitsvertrag 66 94, 116
- Öffentlicher Dienst 43 306
- Outsourcing 43 300
- Pandemie 43 310
- Rationalisierung 43 311
- Rückzahlungsklausel Aus-/Fortbildungskosten 26 71
- Rückzahlungsklausel Umzugsbeihilfe 26 110
- Sozialauswahl 43 172 f.
- Sozialplan 44 118
- Stilllegung Betriebsabteilung 43 288
- Teilzeitarbeitnehmer 72 67
- Überstundenabbau 43 164
- Umsatzrückgang 43 312
- Unterrichtung Betriebsrat 47 51
- Ursache, außerbetriebliche 43 124
- Ursache, innerbetriebliche 43 123
- durch Veräußerer bei Betriebsübergang 55 125
- Verhältnis zu Änderungskündigung 44 116
- Verlegung Werksferien 43 165
- Vorrang der Änderungskündigung 43 143, 155, 160
- Wegfall Beschäftigungsbedürfnis 43 131
- Weiterbeschäftigung nach Fortbildung/Umschulung 43 152
- Weiterbeschäftigung zu unveränderten Arbeitsbedingungen 43 143, 144
- Weiterbeschäftigung zu veränderten Arbeitsbedingungen 43 143, 155
- Weiterbeschäftigungsalternative 44 115
- Wiedereinstellungsanspruch 43 105
- Wiedereinstellungsanspruch nach 34 100
- Zuständigkeit unternehmerischer Entscheidung 43 130

Kündigung Betriebsratsmitglied
- Kündigung, außerordentliche 45 209 f.
- ordentliche 45 241 f.
- Zustimmung Betriebsrat 45 216 f.

Kündigung, Compliance-indizierte 35 305 f.
- Druckkündigung 35 307
- Frist 35 308
- Mitwirkungspflicht nach 35 309

Kündigung Elternzeitberechtigte
- besonderer Fall 45 81
- Betriebsstilllegung 45 81
- Beweislast 45 86
- Entscheidung, behördliche 45 79, 82
- Entscheidungswirkung 45 82
- Ermessen 45 81
- Formulierungsmuster Zulassungsantrag 45 78
- Kündigungsschutzklage 45 84, 85
- Pflichtverstoß 45 81
- Restitutionsklage 45 84
- Verfahren 45 77
- Verhältnis § 17 MuSchG/§ 18 BEEG/§ 168 SGB IX 45 57, 87
- Verwaltungsrechtsweg 45 82
- Zulässigkeit 45 75, 79, 80
- Zulassung, behördliche 45 75
- Zuständigkeit 45 76

Kündigung Familien-Pflegezeitberechtigte
- besonderer Fall 45 120
- Kündigungsschutzklage 45 121
- Zulassung, behördliche 45 120
- Zuständigkeit 45 120

Kündigung, fristlose s Kündigung, außerordentliche

Kündigung, krankheitsbedingte 43 478 f.
- Arbeitsunfähigkeit, dauernde 43 481, 501
- Beweislast 43 503
- Eingliederungsmanagement, betriebliches 43 496, 510
- Interessenabwägung 43 482, 497 f., 512
- Kurzerkrankungen, häufige 43 481, 483, 488, 491
- Langzeiterkrankung 43 481, 489
- Leistungsminderung, krankheitsbedingte 43 481, 490
- negative Gesundheitsprogose 43 482, 485
- Wiedereinstellungsanspruch 43 502

Kündigung, ordentliche 43 1 f.
- Amtsinhaber 45 241 f.
- Androhung 49 372 f., 377
- Anhörung Personalrat Öffentlicher Dienst 47 115
- Annahme von Schmiergeld 33 59
- Anstellungsvertrag Geschäftsführer 80 93
- Arbeitsverhältnis, befristetes 41 146
- Arbeitsverweigerung 12 75
- Aufhebungsvertrag während Auslauffrist 49 408
- Auflösungsantrag bei sozialwidriger 48 311
- Begründung 43 96
- Beschränkung, vertragliche 43 48
- betriebsbedingte 43 119 f.
- Betriebsratsmitglied 45 241 f.
- Beurteilungszeitpunkt Sozialwidrigkeit 43 99
- Beweislast Treuwidrigkeit 43 41
- Checkliste 43 515
- diskriminierende 43 40
- Erklärung 42 7, 8
- Gleichbehandlung/AGG 43 94
- hilfsweise erklärte 44 204, 207, 216
- Interessenabwägung 43 93
- Konkurrenztätigkeit 31 39
- Kündigungsfrist 43 2 f.
- Kündigungsgrund 43 114 f.
- Kündigungsschutz außerhalb KSchG 43 32 f.

3265

Sachverzeichnis

fette Zahlen = Paragrafen

- Kündigungsschutz im Kleinbetrieb 43 46
- Kündigungsschutz nach KSchG 43 49 f., 56 f.
- Maßregelungsverbot 43 33
- Nachschieben von Gründen 43 100
- Nachweispflichtverletzung 24 99
- personenbedingte 43 462 f.
- Prognoseprinzip 43 92
- Prüfung vor außerordentlicher Kündigung 44 26
- Rechtsmissbrauch 43 40
- Schwerbehinderte 45 148 f., 161
- Sittenwidrigkeit 43 37
- sozial ungerechtfertigte 43 90
- Sozialplan 58 166
- Sozialwidrigkeit 43 89 f.
- Stellungnahme Betriebsrat zur Unterrichtung 47 71
- Tarifvertrag 68 163
- Treu und Glauben 43 39
- treuwidrige 43 40
- ultima ratio 43 91
- ungehörige 43 40
- zur Unzeit 43 40
- verhaltensbedingte 43 313 f.
- Verhältnismäßigkeit 43 91
- Vorrang der Änderungskündigung 43 91
- Vorstandsmitglied 81 70
- Wehrdienstleistender 45 264
- Wettbewerbsverbot, nachvertragliches 32 83, 87
- Wiedereinstellungsanspruch 43 103
- willkürliche 43 407

Kündigung, personenbedingte 43 462 f.
- Abgrenzung zu verhaltensbedingter K. 43 463
- Alkoholkonsum, außerdienstlicher 43 357
- Alkoholsucht 43 469
- Arbeitserlaubnis 43 472
- Arbeitsunfähigkeit, dauerhafte 27 184
- Arbeitsunfähigkeit, dauernde 43 481, 501
- bei Aufhebungsvertrag 49 410
- außerordentliche 44 124
- Beeinträchtigung betrieblicher/wirtschaftlicher Interessen 43 482, 488, 491
- Begriff 43 462
- Beweislast 43 503
- Blockmodell Altersteilzeit 74 61
- Checkliste ordentliche Kündigung 43 515
- Druckkündigung 44 161, 179
- Eheschließung/-scheidung 43 474
- Eignung 43 475
- Eingliederungsmanagement, betriebliches 43 496, 510
- Formulierungsmuster Unterrichtung Betriebsrat 47 60
- geringfügig Beschäftigter 75 45
- Glaubenskonflikt 43 477
- Interessenabwägung 43 467, 482, 497 f., 512
- Krankheit 43 478 f.
- Krankheit, langanhaltende 47 59
- Kündigungsgründe (Einzelfälle/ABC) 43 469 f.
- Kurzerkrankung, häufige 47 58

- Kurzerkrankungen, häufige 43 481, 483, 488, 491
- Langzeiterkrankung 43 481, 489
- Lebensalter 43 471
- Leiharbeitsvertrag 66 97
- Leistungsminderung, krankheitsbedingte 43 481, 490
- Leistungsunfähigkeit, dauernde 47 59
- negative Gesundheitsprogose 43 482, 485
- Negativprognose 43 464
- Prüfungskriterien 43 464 f.
- Rückzahlungsklausel Aus-/Fortbildungskosten 26 72
- Rückzahlungsklausel Umzugsbeihilfe 26 110
- Schlechtleistung 43 436
- Störung Arbeitsverhältnis 43 465
- Übernahme Ehrenamt 43 473
- Unterrichtung Betriebsrat 47 57
- Untersuchungs-/Strafhaft 43 513
- Verhalten, außerdienstliches 43 377
- Verhältnismäßigkeit 43 466
- Verhältnismäßigkeit bei krankheitsbedingter 43 482, 492
- Vier-Stufen-Prüfung der krankheitsbedingten 43 482
- Vorrang milderer Mittel 43 482, 492
- Wehrdienst 43 514
- Wiedereinstellungsanspruch 43 105, 502
- Wiedereinstellungsanspruch nach 34 110

Kündigung Pflegezeitberechtigte
- besonderer Fall 45 104
- Betriebsstilllegung 45 104
- Beweislast 45 106
- Kündigungsschutzklage 45 105
- Verwaltungsrechtsweg 45 104
- Zulassung, behördliche 45 104
- Zuständigkeit 45 104

Kündigung Schwangere
- Auflagen 45 48
- außerordentliche 45 41
- Begründung 45 52
- besonderer Fall 45 44
- betriebsbedingte 45 45
- Beweislast 45 56
- Entscheidung, behördliche 45 43 f.
- Entscheidungswirkung 45 49
- Ermessen 45 47
- Form 45 52
- Formulierungsmuster Zulassungsantrag 45 40
- Kündigungsschutz 45 2 f.
- Kündigungsschutzklage 45 51, 53
- Negativtest 45 37
- personenbedingte 45 45
- Restitutionsklage 45 51
- Verfahren 45 39
- verhaltensbedingte 45 45
- Verhältnis § 17 MuSchG/§ 18 BEEG/§ 168 SGB IX 45 57, 87
- Verwaltungsrechtsweg 45 49
- Widerrufsvorbehalt 45 48
- Zulässigkeit 45 43

3266

magere Zahlen = Randnummern **Sachverzeichnis**

- Zulassung, behördliche 45 37
- Zuständigkeit 45 38

Kündigung Schwerbehinderte 45 131 f., 138, 139
- Absicherung, soziale 45 135
- Anhörung Schwerbehindertenvertretung 45 178 f.
- Dauer Arbeitsverhältnis 45 133
- Entscheidung Integrationsamt 45 150, 170
- Feststellungs-/Gleichstellungsverfahren, laufendes 45 137
- Formulierungsmuster Zustimmungsantrag Integrationsamt 45 149, 169
- Kündigungsschutzklage 45 144, 186 f.
- Nachschieben Kündigungsgrund 45 166
- Rechtsschutz 45 183 f.
- Stelle, besondere 45 134
- Verhältnis § 17 MuSchG/§ 18 BEEG/§ 168 SGB IX 45 57, 87
- Witterungsgründe 45 136
- Zustellung Zustimmung Integrationsamt 45 158, 172
- Zustimmung Integrationsamt 45 156
- Zustimmung zu ordentlicher Kündigung 45 148 f.

Kündigung, sittenwidrige
- Auflösungsantrag bei 48 321
- Klagefrist 48 1

Kündigung, verhaltensbedingte 43 313 f.
- Abgrenzung zu personenbedingter K. 43 463
- Abkehrwille 43 350
- Ablehnung Überarbeit/-stunden 43 446
- Abmahnung 18 11 f.; 43 322 f.
- Abwerbung 43 351
- Alkoholkonsum 43 352
- Arbeitsfehler 43 435
- Arbeitskampf 43 363
- Arbeitspflicht 43 365
- Arbeitsunfähigkeit, angekündigte 43 414
- Arbeitsunfähigkeit, vorgetäuschte 43 413
- Arbeitsverweigerung 43 372
- Arbeitszeit 43 375
- Arbeitszeitbetrug 43 376, 448
- bei Aufhebungsvertrag 49 408, 409
- außerdienstliche unerlaubte Handlung 43 450
- Äußerung, rassistische 43 386, 389
- Beeinträchtigung Betriebsfrieden 43 388
- Begriff 43 313
- Beleidigung 43 382
- Betriebsgeheimnisverletzung 43 392
- Betriebsordnung 43 393
- Beweislast 43 340
- Beweislast Abmahnung 43 331, 342
- Beweisverwertungsverbot 43 344
- Blockmodell Altersteilzeit 74 61
- Checkliste ordentliche Kündigung 43 515
- Denunziation 43 362, 389
- Diebstahl 43 448
- Doping 43 394
- Drogen 43 394
- Druckkündigung 43 395; 44 161, 179
- Ehrverletzung 43 382
- Falschbeantwortung 43 398

- Formulierungsmuster Unterrichtung Betriebsrat 47 56
- geringfügig Beschäftigter 75 45
- Gleichbehandlung/AGG 43 315
- heilungswidriges Verhalten 43 412
- infolge Mediationsverfahren 82 281
- Interessenabwägung 43 336
- Konkurrenztätigkeit 43 402
- Krankheit 43 406
- Kündigungsfrist 43 339
- Kündigungsgründe (Einzelfälle/ABC) 43 350 f.
- Leiharbeitsvertrag 66 97
- Leistungsverweigerungsrecht 43 368
- Lohnabtretung/-pfändung 43 416
- Mobbing 43 419
- Nebenpflichtverletzung 43 420
- Nebentätigkeit 43 423
- negative Prognose 43 322
- Nichtvorlage Arbeitspapiere 43 364
- Offenbarungspflichtverletzung 43 400
- low performer 43 416, 436
- Privatkommunikation 43 424
- Prüfungsaufbau 43 316
- Rauchverbot 43 431
- Rechtsirrtum 43 321, 369
- Rechtsschutzfall 3 181
- Rücksichtnahmepflicht 43 433
- Rückzahlungsklausel Aus-/Fortbildungskosten 26 70
- Schlechtleistung 43 434
- Schmiergeldannahme 43 448
- sexuelle Belästigung 43 439
- Stasi-Kontakte 43 399
- Strafanzeige gegen Arbeitgeber 43 358
- Straftat 43 440, 447
- Tätlichkeit 43 441
- Tendenzbetrieb 43 443
- ultima ratio 43 332
- unerlaubte Handlung 43 447
- Unpünktlichkeit 43 452
- Unterrichtung Betriebsrat 47 55
- Unterschlagung 43 448
- Urlaub 43 453
- Urlaubsantritt, eigenmächtiger 43 453
- Urlaubsüberschreitung 43 455
- Verbotsirrtum 43 321, 369
- Verdachtskündigung 43 456
- Verhalten, ausländerfeindliches 43 386, 389
- Verhalten, außerdienstliches 43 377
- Verhältnismäßigkeit 43 332
- Vermögensbetreuungspflichtverletzung 43 448
- Verschulden des Arbeitnehmers 43 320
- Verschwiegenheitspflichtverletzung 43 458
- Verstoß gegen Nebentätigkeitsverbot 33 112, 113
- Vertragsverletzung des Arbeitnehmers 43 317 f.
- Vorstrafe, verschwiegene 43 399
- Wiedereinstellungsanspruch 43 105
- Wiedereinstellungsanspruch nach 34 109
- Zeugenaussage 43 461
- Zurückbehaltungsrecht 43 368

3267

Sachverzeichnis

fette Zahlen = Paragrafen

Kündigung, vorsorgliche 42 12, 20, 33
- Unterschrift 42 20

Kündigung während Probezeit, Formulierungsmuster Unterrichtung Betriebsrat 47 50

Kündigungen, mehrere, Klageerhebungsfrist 48 115

Kündigungsandrohung
- außerordentliche Kündigung 49 372 f., 378
- ordentliche Kündigung 49 372 f., 377
- Rechtsschutzfall 3 170
- Widerrechtlichkeit 49 380

Kündigungsbeschränkung
- Rückzahlungsklausel 26 64
- vertragliche 43 48

Kündigungsbestätigungsvertrag
- Abgrenzung zu Aufhebung-/Abwicklungsvertrag 49 25
- Form 49 29
- Formulierungsmuster 49 26

Kündigungserklärung 42 1 f.
- Abgrenzung zu Nichtverlängerungsmitteilung 42 3
- gegenüber Abwesenden 42 36
- Änderungskündigung 46 31
- Anfechtung 42 52
- Annahmeverweigerung 42 50, 51
- gegenüber Anwesenden 42 36
- Arbeitgebermandat 4 108
- arbeitsvertragliche Zugangsregelung 42 46
- Aushändigung 42 40
- außerordentliche Kündigung 42 6
- Bedingung 42 11
- Beendigungswille 42 2
- Begriff 42 1
- Begründungszwang 48 106
- Beweislast Zugang 48 131
- vor Dienstantritt 42 35
- doppelte 48 115
- Einseitigkeit 42 9
- gegenüber unter Einwilligungsvorbehalt stehenden Betreuten 42 45
- Einwurf-Einschreiben 42 48
- Empfang 42 42
- Empfangnahme durch Dritten 42 41
- Empfangsbote 42 42
- Form 42 13
- gegenüber Geschäftsunfähigem 42 43
- durch Insolvenzverwalter 48 140
- Kündigungsgrund 42 21
- gegenüber Minderjährigen 42 44
- mündliche 48 105
- Nachweis Vertretungsmacht 42 26
- nichtige 42 22
- ordentliche Kündigung 42 7, 8
- Ort/Zeit 42 34
- während Prozess 42 33
- Prozessvollmacht 42 33
- rechtsgestaltende Wirkung 42 10
- Rücknahme 42 53
- Rückwirkung 42 10
- Schriftform 48 104
- Schriftsatzkündigung 48 107
- Übergabe-Einschreiben 42 47
- Umdeutung Arbeitgeberkündigung 44 200 f., 200
- Umdeutung Arbeitnehmerkündigung 44 217
- Umdeutung in Anfechtung 44 213
- Umdeutung in Vertragsaufhebungsangebot 41 212, 217
- Umdeutung ordentliche in außerordentliche 42 8
- Unterschrift 42 14
- Vertretung bei 42 23 f., 24
- ohne Vertretungsmacht 42 25
- Vertretungsmangel 48 135
- vorsorgliche 42 12, 20, 33
- Vorstandsmitglied 81 66
- Widerruf 42 54
- Zugang 42 36 f.; 48 121 f.
- Zugang bei außerordentlicher Kündigung 44 187
- Zugangsvereitelung 42 49
- Zurückweisung 42 26; 48 136, 137, 138

Kündigungsfolgen, Arbeitgebermandat 4 110

Kündigungsfrist
- Änderungskündigung 46 41
- Anstellungsvertrag Geschäftsführer 80 50 f., 95
- Arbeitgebermandat 4 109
- Aushilfsarbeitsverhältnis 43 13
- Ausschlussfrist außerordentliche Kündigung 44 163 f.
- Ausschlussfrist außerordentliche Kündigung (Einzelfälle) 44 177 f.
- Berechnung 43 23
- Berechnung, unzutreffende 43 25
- Betriebszugehörigkeit 43 2, 3
- Bezugnahme auf tarifliche 43 20
- fiktive 46 54
- Günstigkeitsvergleich 43 8
- Heimarbeiter 43 10
- Heuerverhältnis 43 10
- Insolvenz 43 10, 30
- Klage wegen Nichteinhaltung der 48 12
- Kleinunternehmen 43 14
- Kündigung, Compliance-indizierte 35 308
- Kündigung, entfristete 43 13
- Kündigung, ordentliche 43 2 f.
- Kündigung, verhaltensbedingte 43 339
- Kündigungstermine, reduzierte 43 15
- Lebensalter 43 4
- Leiharbeitsverhältnis 43 10
- Mindestkündigungsfrist 43 7
- Probearbeitsverhältnis 43 11
- Probezeit Berufsausbildungsverhältnis 43 10
- Schwerbehinderte 43 10
- Sprinterklausel 58 113
- Tarifgebundenheit 43 19
- Übersicht 43 2
- Urlaubsanspruch 27 79
- Verkürzung, einzelvertragliche 43 11
- verlängerte 43 2
- Verlängerung, einzelvertragliche 43 15
- Vorstandsmitglied 81 69

magere Zahlen = Randnummern **Sachverzeichnis**

Kündigungsgrund 43 114 f.
- Aufklärungspflicht 4 28
- Bekanntgabe 43 96
- betriebsbedingter 45 215
- betriebsbedingter außerordentlicher 44 114
- Beurteilungszeitpunkt bei außerordentlicher Kündigung 44 97
- Beweislast 43 117
- Einteilung 43 114
- Einzelprüfung 43 115
- Formulierungsmuster Nachschieben 44 106
- gleichartige Wiederholung 18 37
- infolge Mediationsverfahren 82 281, 285
- Krankheit 43 478 f.
- Kündigung, außerordentliche 44 8 f.
- Kündigung, außerordentliche (Einzelfälle) 44 36 f.
- Kündigung, betriebsbedingte (Einzelfälle/ABC) 43 262 f.
- Kündigung, personenbedingte (Einzelfälle/ABC) 43 469 f.
- Kündigung, verhaltensbedingte (Einzelfälle/ABC) 43 350 f.
- nach Mediationsverfahren 82 285
- mehrere Sachverhalte 43 115
- Mischtatbestände 43 116
- Nachschieben 43 100; 44 98, 186
- Nachschieben bei ordentlicher Kündigung Schwerbehinderter 45 166
- Nachschieben im Kündigungsschutzprozess 47 100, 103
- Nachschieben Sozialwidrigkeit als 48 247, 249
- Nachschieben Verdachtsmomente/-kündigungsgrund 44 150
- Nachschieben zur Unterrichtung Betriebsrat 47 100, 103
- personenbedingter 45 214
- personenbedingter außerordentlicher 44 124
- Rechtskraft 48 161
- Selbstbeurlaubung 27 93
- Störung Betriebsfrieden 45 213
- Strafanzeige 30 60
- Unterrichtung Betriebsrat 47 48
- Verbrauch 43 113
- Verbrauch durch Mediationsverfahren 82 279
- Verdachtsmomente 44 128 f., 130
- verfristeter 44 175
- verhaltensbedingter 45 212
- Verlust bei Abmahnung 18 34
- Verrat Betriebs-/Geschäftsgeheimnis 30 24
- Verwirkung 43 112; 44 173
- Verzeihung 43 110
- Verzicht 43 111
- Wegfall 43 103
- zweckwidriger Erholungsurlaub 27 46

Kündigungsgrund, wichtiger, Kündigung, außerordentliche 45 210

Kündigungsrecht
- Aufklärungspflicht bei Aufhebungsvertrag 49 106
- Insolvenz 43 27 f.
- Verzicht 44 2

Kündigungsrücknahme, Feststellungsinteresse 48 169

Kündigungsschreiben
- Aufklärungspflicht 4 9
- Bezeichnung der Parteien 48 90, 92

Kündigungsschutz
- vor Ablauf der Wartezeit 43 84
- AGG 43 42, 52
- Amtsinhaber 45 191 f.
- Änderungskündigung 46 1, 7
- Anstellungsvertrag Geschäftsführer 80 58
- Arbeitnehmer 43 57
- arbeitnehmerähnliche Person 43 59
- Arbeitnehmereigenkündigung 48 7
- Arbeitsplatzschutzgesetz 45 258 f.
- bei Aufhebungsvertrag 49 7
- Aufklärungspflicht bei Aufhebungsvertrag 49 106
- Auslandsberührung 43 73
- Auszubildende 43 58
- Beauftragter für Immissionsschutz 45 270
- Beginn 43 84
- Berufsausbildungsverhältnis 48 11
- Betriebsarzt 45 276
- Betriebsbeauftragter für den Abfall 45 273
- Betriebsbeauftragter für Gewässerschutz 45 274
- Betriebsbegriff 43 67
- Betriebsleiter 43 62
- Betriebsratsmitglied 45 191 f., 198
- Betriebsübergang 43 75
- Bundesfreiwilligendienst 45 263
- Caritative Einrichtung 43 443
- Checkliste 4 21
- Checkliste Sonderkündigungsschutz 45 1
- Datenschutzbeauftragter 45 268
- Einfluss auf Aufhebungsvertrag 49 121 f.
- Einladender Betriebs-/Wahl-/Bordversammlung 45 164
- Elternzeit 28 33
- Elternzeitberechtigte 45 59 f.
- Entlassungen, anzeigepflichtige 50 1 f.
- Entwicklungshelfer 45 263
- Ersatzmitglied Betriebsrat 45 192, 201
- Fachkraft für Arbeitssicherheit 45 276
- faktisches Arbeitsverhältnis 48 7
- Familienangehörige 43 60
- Familien-Pflegezeitberechtigte 45 107 f.
- fehlerhafte Einordnung Vertragsverhältnis 7 2
- Fristen 4 45, 46, 49
- Gefahrgutbeauftragter 45 282
- Geltungsbereich, betrieblicher 43 66 f.
- Geltungsbereich, persönlicher 43 57 f.; 48 3
- Gemeinschaftsbetrieb 43 70
- geringfügig Beschäftigter 43 58; 75 44, 47
- Geschäftsführer 43 62
- Gesellschafter 48 3
- Kirche, evangelische 43 443
- Kirche, katholische 43 443
- Klageerhebungsfrist 48 1 f.
- außerhalb KSchG 43 32 f.
- nach KSchG 43 49 f., 56 f.

3269

Sachverzeichnis

fette Zahlen = Paragrafen

- Leitende Angestellte **43** 62
- leitende Angestellte **48** 4
- Massenentlassung **48** 10
- Mitarbeitervertretung, kirchliche **45** 255
- Mitglied Auszubildendenvertretung **45** 192, 207
- Mitglied betrieblicher Beschwerdestelle **45** 193
- Mitglied Bordvertretung **45** 192
- Mitglied Einigungsstelle **45** 193
- Mitglied Jugendvertretung **45** 192, 207
- Mitglied Personalvertretung **45** 193, 207
- Mitglied Wirtschaftsausschuss **45** 193
- Mutterschutz **45** 2 f., 4
- nachwirkender **45** 195
- Namensliste im Interessenausgleich **58** 30
- Nebentätigkeits-Arbeitsverhältnis **33** 116
- öffentlich-rechtliches Dienstverhältnis **43** 60
- Organmitglied **43** 64; **48** 3
- Organvertreter **43** 64
- Pflegezeitberechtigte **45** 90 f.
- Regelarbeitnehmerzahl **50** 10
- Schwangerschaft **45** 2 f.
- Schwellenwert **43** 51, 66, 74
- Schwerbehinderte **34** 56; **45** 123 f.
- Schwerbehindertenvertretung **45** 252
- Seebetriebsrat **45** 192
- Sicherheitsbeauftragter **45** 281
- Sicherheitsingenieur **45** 276
- Sozialwidrigkeit **43** 89 f.
- statusbezogener **43** 32
- Störfallbeauftragter **45** 272
- Strahlenschutzbeauftragter **45** 275
- Teilzeitarbeitnehmer **43** 58; **72** 70
- Tendenzbetrieb **43** 443
- Unternehmen mit mehreren Betrieben **43** 71
- Verhältnis § 17 MuSchG/§ 18 BEEG/§ 168 SGB IX **45** 57, 87
- Verhältnis zu vorgerichtlicher Streitbeilegung **77** 247
- Verstoß gegen gesetzliches Verbot **48** 141
- Verzicht **43** 53
- Vorstandsmitglied **81** 5
- Wahlvorstand **45** 192, 195
- Wahlwerber **45** 192, 196
- Wartezeit **43** 79
- Wehrdienstleistender **45** 232, 258 f.
- bei Wiedereingliederung **24** 24
- zwingendes Recht **43** 53

Kündigungsschutz Amtsinhaber 45 191 f.
- Anwendungsbereich, persönlicher **45** 192 f.
- Anwendungsbereich, sachlicher **45** 208

Kündigungsschutz, besonderer, Aufklärungspflicht **4** 21

Kündigungsschutz Elternzeitberechtigte 45 59 f.
- Anspruch auf Elternzeit **45** 65
- Anwendungsbereich, persönlicher **45** 60
- Arbeitsverhältnis **45** 60, 62
- Berufsausbildungsverhältnis **45** 63
- Dauer **45** 69
- Gegenstand **45** 74
- Heimarbeit **45** 63
- Inanspruchnahme Elternzeit **45** 64

- Rechtsfolgen **45** 74
- Teilzeitarbeit **45** 61, 68

Kündigungsschutz Familien-Pflegezeitberechtigte 45 107 f.
- Anspruch Familienpflegezeit **45** 110
- Anwendungsbereich, persönlicher **45** 108
- Betreuung pflegebedürftiger naher Angehöriger **45** 109
- Dauer **45** 118
- Gegenstand **45** 119
- Inanspruchnahme Familienpflegezeit **45** 110
- Rechtsfolgen **45** 119

Kündigungsschutz Pflegezeitberechtigte 45 90 f.
- Anwendungsbereich, persönlicher **45** 91
- Arbeitsverhinderung, kurzzeitige **45** 93, 94
- Betreuung pflegebedürftiger naher Angehöriger **45** 92
- Dauer **45** 102
- Freistellung **45** 94 f.
- Gegenstand **45** 103
- Rechtsfolgen **45** 103

Kündigungsschutz Schwangerschaft 45 2 f., 4
- Anwendungsbereich, persönlicher **45** 5
- Arbeitgeberkündigung **45** 27
- Auflösung Arbeitsverhältnis **45** 34, 35
- Beendigung Arbeitsverhältnis **45** 31
- Eigenkündigung Arbeitnehmerin **45** 32
- Erlaubnisvorbehalt **45** 37
- Fehlgeburt nach 12. Schwangerschaftswoche **45** 10
- In-vitro-Fertilisation **45** 9
- Kenntnis Arbeitgeber **45** 16, 19
- Mitteilung, nachträgliche **45** 20
- Nachholung Schwangerschaftsmitteilung **45** 22
- Rechtsfolgen **45** 26
- Unzulässigkeit der Kündigung **45** 26
- Vorbereitungsmaßnahmen **45** 30

Kündigungsschutz Schwerbehinderte 45 123 f.
- Anwendungsbereich, persönlicher **45** 125
- Anwendungsbereich, räumlicher **45** 124
- Anwendungsbereich, sachlicher **45** 129
- Gleichgestellte **45** 128
- Schwerbehinderteneigenschaft **45** 126

Kündigungsschutzklage
- Abfindung **48** 364 f.
- Abfindungsbemessung **48** 374
- Abfindungshöhe **48** 378
- Abfindungsklage **82** 118
- Abgrenzung zu Feststellungsklage **48** 149
- Änderungskündigung **46** 111
- Annahmeverzug **24** 260 f.
- Anrufungsfrist, verlängerte **48** 238 f.
- Antrag **48** 17
- Arbeitsunfähigkeit **24** 264
- Auflösung Arbeitsverhältnis **48** 279 f.
- Auflösungsantrag **48** 101
- Ausschlussfrist **48** 109
- Ausschluss-/Verfallfrist **22** 145
- gegen außerordentliche Kündigung **44** 194
- behördliche Zustimmung zur Kündigung **48** 142 f.

magere Zahlen = Randnummern

Sachverzeichnis

- Beschlussverfahren 54 206
- bei Betriebsübergang 48 96 f.; 54 195
- Betriebsübergangs-Feststellungsklage 48 99
- Beweislast 45 56, 86, 106, 122
- Beweislast Betriebsübergang 54 203
- Entgelt bei neuem Arbeitsverhältnis 24 302
- Feststellungsinteresse 48 168
- Feststellungsklage neben 48 153
- Fortsetzung Arbeitsverhältnis 48 100
- Frist 45 53, 85, 105, 121; 48 102 f., 109
- Frist bei Umdeutung 44 209
- Geltendmachung Unwirksamkeitsgründe 48 102, 133 f.
- Hinweispflicht auf verlängerte Anrufungsfrist 48 261
- durch Klageänderung 48 20
- Klageerhebung 48 14 f.
- Klageerhebungsfrist 48 102 f.
- Klagefrist 44 194; 50 92; 54 195
- Klagehäufung, subjektive 48 98
- Klageverzichtsvereinbarung 48 12
- Kosten 48 398
- Kündigung Elternzeitberechtigte 45 84, 85
- Kündigung Familien-Pflegezeitberechtigte 45 121
- Kündigung Pflegezeitberechtigte 45 105
- Kündigung Schwangerer 45 51, 53
- Kündigungsschutzantrag 54 196
- Leistungsantrag bei Betriebsübergang 54 200
- mehrere Kündigungen 48 115
- nachträgliche Klagezulassung 48 134
- Parteien 48 89 f.
- Prüfung Rechtswegzuständigkeit 48 31
- Rechtskraftwirkung 48 148 f., 159
- Rechtsschutzversicherung 3 189
- Schriftsatzkündigung 48 107
- Schwerbehinderte 45 144, 186 f.
- Sozialwidrigkeit der Kündigung 48 238 f., 243, 247
- Streitgegenstand 48 148
- Streitwert 22 129; 48 398
- Teilurteil zur Weiterbeschäftigung bei Änderungsschutzklage 46 111
- bei Umdeutung unwirksamer außerordentlicher in ordentliche Kündigung 48 132
- Unwirksamkeit der Kündigung 48 238 f.
- Unwirksamkeitsgründe 48 133
- Verbindung mit Feststellungsklage 43 127
- Verhältnis zu Änderungsschutzklage 46 5, 6
- Vertretungsmängel 48 135
- Verzicht 48 176
- Wiedereinstellung 48 100
- Zulassung, nachträglich 48 180 f.

Kündigungsschutzprozess 48 1 f.
- Abfindung nach § 10 KSchG 48 364 f.
- Abfindungsbemessung 48 374
- Abfindungshöhe 48 378
- Anrufungsfrist, verlängerte 48 238 f.
- Antrag auf Auflösung Arbeitsverhältnis 48 301
- Auflösung Arbeitsverhältnis 48 279 f.
- Auflösungsantrag Arbeitgeber 48 335 f.
- Auflösungsantrag Arbeitnehmer 48 325 f.
- Auflösungsantrag, beidseitiger 48 358
- Begrenzung Berufung/Revision auf Abfindungshöhe 48 370
- Beweislast 45 56, 86, 106, 122
- Entgeltfortzahlung 48 430
- Feststellungsinteresse 48 168
- Fortsetzung Arbeitsverhältnis nach 48 429
- Hinweispflicht auf verlängerte Anrufungsfrist 48 261
- Klageerhebung 48 14 f.
- Klageerhebungsfrist 48 1 f., 102 f., 109, 109 f.
- Klagehäufung, subjektive 48 98
- Kosten 48 398
- Kündigung Elternzeitberechtigte 45 85
- Kündigung Familien-Pflegezeitberechtigte 45 121
- Kündigung Pflegezeitberechtigte 45 105
- Kündigung Schwangerer 45 53
- Nachschieben Kündigungsgrund 47 100, 103
- neues Arbeitsverhältnis während 48 403 f., 417
- Nichtfortsetzungserklärung 48 422
- Parteien 48 89 f.
- Präjudizialität 48 159
- Präklusion 48 159 f., 164, 167
- Rechtskraftwirkung 48 148 f., 159
- Rechtsmittel 48 400
- Schleppnetzfunktion 48 155, 156, 253
- Schriftsatzkündigung 48 107
- Streitwert 48 398
- Unzumutbarkeit der Fortsetzung Arbeitsverhältnis 48 328
- Verdienst, entgangener 48 405
- Verfahren bei Abfindung 48 367
- Wahlrecht nach § 12 KSchG 48 403 f.
- Wettbewerb während laufendem 31 28
- Zulassung verspäteter Klage 48 180 f.
- Zuständigkeit, örtliche 48 18
- zweckbefristete Weiterbeschäftigung 48 9

Kündigungsschutzverzicht, Turboprämie 58 112
Kündigungsunterschrift, Aufklärungspflicht 4 10
Kündigungsverbot
- bei Betriebsübergang 54 168 f.
- geringfügig Beschäftigter 75 48
- Teilzeitarbeitnehmer 72 18
- Umgehungsverbot bei Betriebsübergang 54 185 f.

Kündigungsverbot, befristetes, Interessenausgleich 58 26
Kündigungswiderspruch Betriebsrat 47 79 f.
- Anhörung betroffener Arbeitnehmer vor 47 93
- Auswahlrichtlinie 47 84
- Formulierungsmuster 47 89
- Gesichtspunkte soziale 47 83
- Rechtsfolgen 47 90
- Umschulungs-/Fortbildungsmöglichkeit 47 87
- Vertragsbedingungen, geänderte 47 88
- Weiterbeschäftigungsmöglichkeit 47 85, 87, 88
- Widerspruchsform 47 80
- Widerspruchsfrist 47 80
- Widerspruchsgründe 47 82

Sachverzeichnis

fette Zahlen = Paragrafen

Kündigungszugang
- Arbeitgebermandat **4** 105
- Aufklärungspflicht **4** 9
- Nachweis **4** 106

Kunst, Abgrenzung Arbeitnehmer/Freier Mitarbeiter **6** 50

Kurierdienstfahrer, Abgrenzung Arbeitnehmer/Freier Mitarbeiter **6** 71

Kurzarbeit **14** 64; **43** 166
- AGB-Kontrolle **25** 8
- Arbeitgeberpflichten bei **34** 151
- Arbeitnehmerüberlassung zur Vermeidung von **66** 43
- Betriebsvereinbarung **14** 70
- Durchführung zugelassener **50** 83
- Entgeltfortzahlung **24** 157, 165; **50** 85
- Entgeltfortzahlung bei Arbeitsunfähigkeit **24** 34
- Formulierungsmuster **14** 67
- Formulierungsmuster Betriebsvereinbarung **14** 71
- Leiharbeitsverhältnis **66** 95
- Mitbestimmungsrecht Betriebsrat **14** 68
- Nebentätigkeit während **33** 101
- SARS-CoV-2 Virus **24** 166
- Tarifvertrag **14** 70; **50** 86
- Treuepflicht **33** 43
- Urlaubsanspruch **27** 63, 69
- Urlaubsdauer **27** 118
- Verhältnis zu Erholungsurlaub **27** 130
- Vorbehalt **14** 66
- Zulassung während Sperrfrist **40** 60, 79 f.

Kurzarbeitergeld **1** 63; **14** 64
- Pfändbarkeit **22** 63

Kurzerkrankungen, häufige **43** 406
- Ausscheidensvereinbarung **49** 345
- Kündigung, personenbedingte **43** 481, 483, 488, 491; **47** 58

Kurzfristbeschäftigung
- geringfügige Beschäftigung **75** 9
- Grenzen, zeitliche **75** 16, 17, 18
- Saisonbeschäftigung **75** 16
- Tageshilfen **75** 18

Kürzung
- Anwesenheitsprämie **20** 185
- Jahressonderzahlung **20** 152

Kurzzeiterkrankungen, häufige, Kündigung, außerordentliche **44** 125

Kurzzeitpflege
- COVID **45** 95
- Pflegezeitberechtigter **45** 95

kw-Vermerk, Öffentlicher Dienst **46** 156

Lackierhandwerk, tarifliche Urlaubsregelung **27** 265

Landesarbeitsgericht, Zulassung Revision **77** 567

Landestrauer, Betriebsrisiko **24** 334

Landgang **27** 238

Landwirtschaft, Arbeitnehmer-Entsendegesetz **68** 62

Langsamkeit, Kündigung, verhaltensbedingte **43** 438

Langzeiterkrankung, Kündigung, personenbedingte **43** 465, 473

Lärmzulage **20** 164

Last-Offer-Verfahren, Lösung distributiver Konflikte **82** 247

Lebendgeburt **45** 12

Lebensalter, Sozialauswahl **43** 206; **46** 177, 179

Lebensarbeitszeitkonto **14** 103

Lebensbescheinigung, Versorgungsleistung **37** 126

Lebensgefährte
- Bezugsberechtigung betriebliche Altersversorgung **37** 61
- Hinterbliebenenversorgung **36** 39

Lebensgemeinschaft, nichteheliche, Unterhaltsgewährung **22** 71

Lebenshaltungskostenindex, Anpassung Versorgungsleistung **38** 122

Lebenslauf
- bei Beendigung Arbeitsverhältnis **52** 9
- handschriftlicher bei Bewerbung **9** 96

Lebenspartnerschaft, eingetragene
- Befragung Bewerber **9** 90
- Bezugsberechtigung betriebliche Altersversorgung **37** 61
- Hinterbliebenenversorgung **36** 40

Lebensschutz, Fürsorgepflicht **34** 3 f.

Lebensverhältnisse, persönliche, Befragung Bewerber **9** 84

Lebensversicherung, Anrechnung auf Versorgungsleistung **38** 90

Lebenszeit, Arbeitsverhältnis auf **41** 18

Legalitätspflicht **35** 10

Lehrbeauftragter, Rechtswegzuständigkeit **77** 47

Lehrgangsdauer, Bindungsdauer **26** 47 f.

Lehrkraft, Abgrenzung Arbeitnehmer/Freier Mitarbeiter **6** 34

Leibesvisitation **15** 5; **33** 23

Leibrente
- Anpassungsprüfung **38** 115
- befristete Versorgungsleistung **37** 49
- steuerliche Behandlung bei Direktversicherung **36** 148

Leiden, Befragung Bewerber **9** 89

Leiharbeit **65** 1 ff.; **66** 1 ff., s a Arbeitnehmerüberlassung
- Altersbefristung **66** 92
- Arbeitsbedingungen **66** 121
- Bedarf, vorübergehender **66** 86
- Befristung auf Wunsch Arbeitnehmer **66** 87
- Befristung ohne Sachgrund **66** 89
- Begriff **66** 1
- Datenschutz **66** 217
- Drehtürklausel **66** 81
- Einstellungs-/Tätigkeitsverbot, nachvertragliches **66** 99
- equal-pay **65** 2, 3; **66** 10
- Erprobung **66** 87
- Gleichbehandlung **66** 73, 80, 108
- Leiharbeitsvertrag **66** 69 f.
- Lohnuntergrenzen **66** 84

magere Zahlen = Randnummern **Sachverzeichnis**

- Rechtsbeziehung Arbeitnehmer/Entleiher 66 101 f.
- Rechtsbeziehung Arbeitnehmer/Verleiher 66 69 f.
- Reform 65 7
- Tarifvertrag 65 3
- Vertragsabschluss 66 69
- Weisungsrecht Entleiher 66 103

Leiharbeitnehmer
- Abbau 43 167
- Arbeitnehmer-Entsendegesetz 68 59
- Arbeitnehmererfindung 66 124
- Auskunftsanspruch 66 77
- Befristung Arbeitsverhältnis 41 206
- Berechnung Schwellenwerte 56 57
- Betriebsübergang 53 47
- Beweiserleichterung 66 83
- Einstellung durch Entleiher 33 66
- Equal Pay 19 64
- fingiertes Arbeitsverhältnis zum Entleiher 66 155 f.
- Haftung 66 122
- Leistungsverweigerungsrecht 66 186
- Lohngleichheit 66 73
- Mindestlohn, gesetzlicher 19 29
- Möglichkeiten bei Verstoß gegen Gleichbehandlung 66 183
- Rechtsbeziehung zu Entleiher 66 101 f.
- Rechtsbeziehung zu Verleiher 66 69 f.
- Schadensersatzanspruch 66 187
- schwerbehinderter 66 189
- sexuelle Belästigung 66 186
- Sozialversicherung 66 193
- steuerliche Behandlung 66 198
- Vorbeschäftigung 41 207
- Wahlrecht 66 202
- Zugang zu Gemeinschaftseinrichtungen des Entleihers 66 106, 110
- Zuordnung, betriebsverfassungsrechtliche 66 201

Leiharbeitsverhältnis 66 69 f.
- Anrechnung auf Wartezeit Kündigungsschutz 43 83
- Arbeitgeberstellung Entleiher 66 179
- Befristung 41 206; 66 85 f.
- Beteiligung Betriebsrat 10 303, 307
- Dokumentationspflicht 10 120
- Erlaubnis, fehlende 10 22
- fehlende Erlaubnis zur Arbeitnehmerüberlassung 66 143
- Festanstellung nach beendetem 9 55
- fingiertes 66 155 f.
- Form 10 15
- Kündigung 66 93 f.
- Kündigung, betriebsbedingte 66 94, 116
- Kündigung, personenbedingte 66 97
- Kündigung, verhaltensbedingte 66 97
- Kündigungsfrist 43 10
- Kurzarbeitergeldförderung 66 95
- Rechtsbeziehung Verleiher/Entleiher 66 126 f.
- Rechtsfolgen illegaler Arbeitnehmerüberlassung 66 149

- Tarifvertrag 66 81
- Vermittlungsprovision bei Festanstellung 9 55
- Wettbewerbsverbot 31 1
- Zuständigkeit Arbeitsgericht 66 125

Leistungen, Herausnahme aus Sozialauswahl 43 218, 221

Leistungen, beschäftigungsfördernde, Sozialplan 58 58

Leistungen, freiwillige
- Mitbestimmungsrecht 23 78
- Mitbestimmungsrecht bei Änderung/Wegfall 23 186, 188
- Rückgewähr 23 84

Leistungen, unternehmenskennzahlenabhängige, Betriebsübergang 54 6

Leistungen, wiederkehrende, Streitwert 3 120

Leistungsanspruch, analoge Anwendung § 6 KSchG 48 254

Leistungsbereich, Abmahnung bei Störung des 18 12

Leistungsbereitschaft, fehlende 24 223, 270

Leistungsbeschreibung, Inhaltskontrolle 10 156

Leistungsbestimmung, Abgrenzung Arbeitnehmerüberlassung/Werkvertrag 65 19

Leistungsbeurteilung
- Arbeitszeugnis 51 11
- Bewertungsskala 51 13
- Formulierungsmuster Betriebsvereinbarung 23 249
- Mitbestimmungsrecht 23 41, 73
- Zufriedenheits-Katalog 51 13

Leistungseigenart, Befristung Arbeitsverhältnis 41 64

Leistungsentgelt, Entgeltfortzahlung 24 154

Leistungserbringung, Unmöglichkeit der 24 270

Leistungserbringung, persönliche, Arbeitnehmereigenschaft 6 19

Leistungsfähigkeit, krankheitsbedingt geminderte 44 126

Leistungsklage 8 11; 22 100 f.
- Anpassung Versorgungsleistung 38 145
- Auskunft/Rechnungslegung 22 109
- Auskunftsanspruch bei Betrieblicher Altersversorgung 38 72
- Beschäftigung, vertragsgemäße 12 70
- Beseitigung Abmahnung 18 54
- Bestreiten eines Arbeitsverhältnisses 22 120
- Brutto-/Nettolohnklage 22 101 f.
- Einwendungen 22 121
- Karenzentschädigung 32 129
- künftig fällig werdender Anspruch 22 119
- Rechtshängigkeitszinsen 22 110
- Streitwert 3 96; 22 127
- Stufenklage 22 109
- Teilzeitanspruch 73 127
- Urlaubsabgeltung 27 311
- Urlaubsgewährung 27 291
- Verzugszinsen 22 110
- Vorrang der 22 124
- Weiterbeschäftigung 22 109

Leistungslohn 20 1, 34

3273

Sachverzeichnis

fette Zahlen = Paragrafen

Leistungsminderung, krankheitsbedingte, Kündigung, personenbedingte **43** 481, 490
Leistungsmöglichkeit, fehlende **24** 270 f.
Leistungsort 13 1
– Arbeitsvertrag **13** 2
– Bestimmung aus den Umständen **13** 4
– Bestimmung durch Arbeitgeber **13** 6
– Betriebs-/teilverlegung **13** 39
– Einsatzorte, wechselnde **13** 7
– Entgelt **22** 4
– Flexibilisierung **13** 8 f.
– Homeoffice **13** 8 f., 12
Leistungsprämie, Kürzung bei Entgeltfortzahlung **24** 139
Leistungsstörung
– Entgelt **24** 1 f.
– Nichtleistung **17** 2 f.
– Schlechtleistung **17** 80 f.
Leistungsträger
– Herausnahme aus Sozialauswahl **43** 218
– Sozialauswahl **46** 185
Leistungsunfähigkeit, dauernde 43 501
– Kündigung, personenbedingte **47** 59
Leistungsverfügung, unlautere Abwerbung **9** 51
Leistungsverweigerung
– Arbeitnehmer bei Direktionsrecht **12** 74
– Gefahrstoffmessung **34** 18
– Kündigung, verhaltensbedingte **43** 368
– Nachweispflichtverletzung **24** 97
– rechtwidrige **22** 56
– Verzug bei Vergütungszahlung **22** 52
Leistungsverweigerungsrecht
– Arbeitgeber **24** 2
– Arbeitnehmer **17** 17 f.
– Berufung auf **17** 27
– Leiharbeitnehmer **66** 186
– nach § 2 PflegeZG **28** 41 f.
– bei unzulässiger Arbeitnehmerüberwachung **35** 232
Leistungsvoraussetzungen, Altersversorgung, betriebliche **37** 36 f.
Leistungsvorbehalt, Versorgungszusage **37** 128
Leistungszulage 20 164
– Freiwilligkeitsvorbehalt **25** 14
– Mitbestimmungsrecht **23** 125
– Widerrufsvorbehalt **25** 31
Leistungszusage 36 56, 69
Leistungszusage, beitragsorientierte
– Begriff **36** 69
– Durchführung **36** 70
Leitende Angestellte
– Änderungskündigung **46** 44
– Anhörung Betriebsrat vor Kündigung **47** 24
– Auflösungsantrag **48** 350
– Begriff **43** 63
– Begriff nach § 14 Abs. 2 KSchG **48** 351
– Beteiligung Betriebsrat bei Entlassung **50** 32
– Betriebsvereinbarung betrieblicher Altersversorgung **36** 47
– Höchstarbeitszeit **14** 35
– Kündigungsschutz **48** 4
– Kündigungsschutz nach KSchG **43** 62

– Sozialauswahl **43** 191
– Teilzeitarbeit **72** 11; **73** 7
– Teilzeitvergütung **73** 73
Leitungsvereinbarung 43 70
Lektorat, Abgrenzung Arbeitnehmer/Freier Mitarbeiter **6** 50
Lemgoer Modell, Nichtigkeit **54** 186
Lieferantenbeziehungen
– Arbeitnehmerschutz **34** 96
– Betriebsübergang **53** 27
Limitierungsklausel, Versorgungsleistung **37** 66
Liquidation, Übertragung Versorgungsverpflichtung **bei 39** 16
Liquidationsvergleich, Insolvenzsicherung **38** 161
Lizenzanalogie
– Beispielsfall Erfindervergütung **16** 139
– Berechnung Erfindungswert **16** 104 f.
– Lizenzsatz **16** 107
Lizenzaustauschvertrag, Bestimmung Erfindungswert **16** 123
Lizenzeinnahmen, Bestimmung Erfindungswert **16** 118
Lohn, Begriff **19** 1
Lohnabrechnung 22 19
– Verpflichtung des Arbeitgebers **34** 152
Lohnabtretung, Kündigung, verhaltensbedingte **43** 416
Lohnanrechnung 22 51
Lohnanspruch, analoge Anwendung § 6 KSchG **48** 254
Lohnausgleichskasse 69 53
Lohnerhöhung
– Anrechnung auf über-/außertarifliche Zulagen **23** 203
– Teilzeitarbeitnehmer **72** 43
Lohngestaltung, betriebliche
– Begriff **23** 40
– Mitbestimmungsrecht **23** 5, 39 f.
– Mitbestimmungsrecht bei geringfügig Beschäftigten **75** 54
Lohngewerbetreibender, Urlaubsentgelt **27** 229
Lohngleichheit
– Leiharbeit **66** 73
– tarifvertragliche **70** 25
Lohnkonto, jährlicher Abschluss **34** 155
Lohnkostensenkung, Unternehmerentscheidung **46** 160
Lohnpfändung, Kündigung, verhaltensbedingte **43** 416
Lohnpolitik, Mitbestimmungsrecht **23** 46 f., 50
Lohnschiebung 22 73
Lohnsenkung aufgrund Unrentabilität **25** 59
Lohnsicherung 22 29 f.
Lohnsteuer
– Abfindung Aufhebungsvertrag **49** 213
– Abführung an Finanzamt **19** 67
– Einbehalt vom Bruttoentgelt **19** 67
– Erstattung von bei Abfindungszahlung zuviel einbehaltener **49** 221
– fehlerhafte Einordnung des Vertragsverhältnisses **7** 23
– Geschäftsführer **80** 32, 35

Sachverzeichnis

- Haftung 1 63
- Meldepflicht bei Aufnahme Arbeitsverhältnis 10 329

Lohnsteuerabführung 34 154
Lohnsteuerabzugsverfahren 7 23
- Abfindung 49 220

Lohnsteuerberechnung 34 154
Lohnsteuerbescheinigung 34 155
- bei Beendigung Arbeitsverhältnis 52 2
- Klage auf Berichtigung 77 49
- Streitigkeit über Berichtigung 77 114

Lohnsteuererstattung, Pfändbarkeit Erstattungsanspruch 22 63
Lohnsteuerjahresausgleich, Pfändbarkeit 22 63
Lohnstundung 33 43
Lohntarifvertrag, Allgemeinverbindlicherklärung 68 36
Lohnuntergrenzen, Überwachung bei Arbeitnehmerüberlassung 66 135
Lohnverschleierung 22 73
Lohnverwendungsabrede 22 42
Lohnverwirkungsabrede, Verfall Aktienoption 20 114
Lohnverzicht 22 41; 33 43
- Erlassvertrag 22 41

Lohnwucher 19 40, 49
- strafrechtliche Behandlung 19 45

Lohnzahlung, verspätete, Arbeitnehmerkündigung, außerordentliche 44 94
Losverfahren, Lösung distributiver Konflikte 82 245
Low performer, Kündigung, verhaltensbedingte 43 416, 436
Loyalitätskonflikt 2 11
Loyalitätspflichten 33 12 f.
- Abwerbungsverbot 33 60 f.
- Anstellungsvertrag Geschäftsführer 80 61
- Aufklärungspflicht 33 70
- Auskunftspflicht 33 68 f.
- geringfügig Beschäftigter 75 35
- Hinweispflicht 33 70
- Informationspflicht 33 68 f.
- Meinungsäußerung 33 49 f.
- Ordnung, betriebliche 33 12 f.
- Schmiergeldverbot 33 54
- Unternehmensförderung 33 31 f.
- Verhalten, außerdienstliches 33 74 f.

Loyalitätspflichtverletzung
- Auflösungsgrund 48 346
- Kündigungsgrund, außerordentlicher 44 54, 85

Lugano-Übereinkommen 1 15
Lugano-Übereinkommen II 48 61, 82 f.

Machteingriff, Konfliktbewältigungsmethode 82 29
Mahnverfahren 77 249
- europäisches 77 252
- Rechtswegzuständigkeit 77 64

Maler- und Lackiererhandwerk
- Arbeitnehmer-Entsendegesetz 68 61
- Rechtsquellen 1 53
- tarifliche Urlaubsregelung 27 265

Management by objektives 23 131
Mandant
- Aufforderung zur Entgegennahme Handakten 2 47
- Aufklärungspflicht persönliche Angaben 4 23
- Auskunftsanspruch Berufshaftpflichtversicherer 2 27
- Bestätigungsschreiben zu Rechtsanwaltsgebühren 2 6
- Deckungsschutzanfrage 2 17
- Drittauskünfte 4 4
- Einsichtsrecht Handakten 2 51
- Informationspflicht 2 42; 4 2
- Kündigung Anwaltsvertrag 2 45, 48
- persönliches Erscheinen 1 77
- Rat vor Kündigungszugang 4 61
- Regressanspruch 2 55 f.
- Zielvorstellungen 4 1

Mandantenschutzklausel
- allgemeine 32 18, 58
- beschränkte 32 17
- verdeckte 32 59

Mandantenübernahmeklausel 32 19, 55, 59
Mandat
- Abfindungsantrag 4 70
- Änderungskündigung 4 72
- Annahme 2 1 f.
- Anwaltswechsel 2 48 f.
- Aufklärungspflicht 4 1 f., 6 f.
- Aufklärungspflicht bei Vergleich 4 76
- Auflösungsantrag 4 70
- Beratung Arbeitgeber 4 92 f.
- Beratung Arbeitnehmer 4 61 f.
- Bestätigungsschreiben zu Rechtsanwaltsgebühren 2 6
- Checkliste Aufklärungspflicht 4 5, 119
- Checkliste Mandatsannahme 2 44
- Deckungsschutzanfrage 2 17
- Erörterung Mandatsabwicklung 2 37
- Formulierungsmuster Bestätigung 2 8
- Formvorschriften 4 55
- Fortsetzungsverweigerung 4 69
- Fristen 4 45
- Haftungsbeschränkung 2 28
- Handakten 2 47
- Handlungsalternativen 4 71
- Hinweis auf Vertretung durch Gewerkschaft 2 20
- Hinweispflicht Gegenstandswert 2 4
- Hinweispflicht Kosten/Gebühren 2 2, 17
- Informationspflichten 2 42
- Interessenkollisionen 2 11 f.
- Klärung Rechtslage 4 43 f.
- Klärung über Bestehen Rechtsschutzversicherung 3 220
- persönliche Angaben Mandant 4 23
- Pflichten des Rechtsanwalts 2 1
- Rat an Mandanten 4 60
- Rechtskenntnisse 4 43
- Rechtsschutzversicherung 2 17
- Sachverhaltsfeststellung 4 1 f.
- Säumnis 1 74

Sachverzeichnis

fette Zahlen = Paragrafen

- Schleppnetzantrag **4** 50
- Schriftsatzform **1** 71
- sicherster Weg **4** 48
- Streitgegenstand **4** 49
- Tätigkeit, forensische **1** 69
- Terminswahrnehmung **1** 73
- Umfang **4** 1
- Untervollmacht **1** 73
- Vergleichsbereitschaft **2** 38
- Vollmacht **2** 35
- Vorbereitung der Güteverhandlung **1** 76
- Wahrnehmung verschiedener Angelegenheiten **2** 12
- Weiterbeschäftigungsanspruch **4** 75
- Zielvorstellungen des Mandanten **4** 1

Mandatsabwicklung, Erörterung **2** 37

Mandatsannahme
- Checkliste **2** 44
- Erörterung Mandatsabwicklung **2** 37

Mandatsbestätigung, Formulierungsmuster **2** 8

Mandatsträger, politischer, Kündigungsschutz **43** 473

Manipulation, Erfindungsmeldung **16** 37

Manipulation Arbeitszeiterfassung, Kündigungsgrund, außerordentlicher **44** 55

Mankogeld **17** 101
- Pfändbarkeit **22** 63

Mankohaftung **17** 99 f.

Markenrecht **16** 323

Maschinenbenutzung, verbotswidrige **24** 45

Maschinenüberlassung **65** 35

Massenänderungskündigung, Kündigungsschutz **46** 50

Massenentlassung
- Änderungskündigung **46** 4
- Angebot Aufhebungsvertrag im Vorfeld **49** 127
- Beteiligung Betriebsrat **46** 42, 43; **50** 34
- Betriebsstreuelleistung **20** 139
- Kündigungsschutz **48** 10
- Nachmeldung Kündigung **46** 4
- Unterrichtung Europäischer Betriebsrat **56** 208, 211; **57** 15
- Verfahrensablauf bei Betriebsänderung **57** 132
- Zulassung Kurzarbeit **50** 79 f.

Massenentlassungsanzeige
- fehlende/fehlerhafte **48** 10
- vorsorgliche **49** 128

Massenentlassungsrichtlinie (MERL) **46** 42

Massenentlassungsschutz, Änderungskündigung **46** 42

Massenkündigung
- Bildung Altersgruppen **43** 226
- Entlassungssperre **58** 176
- Sozialauswahl **43** 175
- Unterrichtung Betriebsrat bei Betriebsänderung **58** 176

Massenscreening
- Mitbestimmungsrecht **35** 173, 256
- verdachtsunabhängiges **35** 256

Maßregelungsverbot
- Kündigung, ordentliche **43** 33
- Mediationsverfahren **82** 283

MAVO
- Beteiligungsrechte bei Kündigungen **47** 104 f., 106
- Kündigungsschutz **45** 255, 257

MBO-System, Mitbestimmungsrecht **23** 131 f.

Med-Arb-Verfahren **82** 266 f.
- Begriff **82** 267

Mediation **82** 1 f.
- Abgrenzung zu Beschwerdeverfahren **82** 95
- Ablauf innerbetrieblicher **82** 164 f.
- Ablaufstruktur **82** 169 f.
- Allparteilichkeit des Mediators **82** 42
- als Alternative bei betriebsverfassungsrechtlicher Streitigkeit **82** 136
- als Alternative bei individualrechtlicher Streitigkeit **82** 102 f.
- als Alternative bei Streitigkeiten aus Berufsausbildungsverhältnissen **82** 148, 151
- als Alternative für Streitigkeiten auf Grund ArbnErfG **82** 143, 147
- Alternative im Arbeitskampfrecht **82** 61 f., 71
- Alternative im Tarifrecht **82** 61 f., 71
- Alternative zur Einigungsstelle **82** 75 f.
- als Alternative zur Güteverhandlung **82** 121
- Alternative zur tariflichen Schlichtungsstelle **82** 76 f.
- Ausblick **82** 355
- Ausschluss der Öffentlichkeit **82** 48
- Auswirkung des Verbots der Schiedsgerichtsbarkeit **82** 155, 160
- Begriff **82** 13
- Betriebsvereinbarung **82** 37
- im betriebsverfassungsrechtlichen Bereich **82** 88
- Bildung/Bewertung von Optionen **82** 175
- Charakteristika **82** 17
- Deeskalation **82** 57
- Dezentrierung eigener Wahrnehmung **82** 174
- distributive Konflikte **82** 238 f.
- Eigenverantwortung der Konfliktlösung **82** 18
- Einbeziehung des Gesamtsystems **82** 31
- Einzelgespräche **82** 55, 235
- Eröffnungsphase **82** 171
- Fallstricke innerbetrieblicher Mediation **82** 278 f.
- Flexibilität **82** 31
- Formulierungsmuster Betriebsvereinbarung zur Durchführung innerbetrieblicher **82** 360
- Formulierungsmuster Mediationsvereinbarung **82** 359
- Freiwilligkeit **82** 35
- Implementierungsmaßnahmen **82** 323 f.
- Informationssammlung **82** 172
- innerbetriebliche **82** 164 f.
- interdisziplinäre **82** 233
- Interessenausgleich **82** 87
- Interessenklärung **82** 173
- Kommunikationstechniken **82** 174
- Konfliktbearbeitung, umfassende **82** 21
- Konfliktbewältigungsmethode **82** 29
- Kosten innerbetrieblicher **82** 310
- Mehrparteien-Mediation **82** 236

Sachverzeichnis

- neutrale Standards 82 239
- Neutralität des Mediators 82 41
- Perspektivenwechsel 82 174
- Selbstbestimmungsrecht 82 37
- Sozialplan 82 87
- Standortbestimmung 82 60 f.
- Stufen der Konflikteskalation 82 27
- Themensammlung 82 172
- Umsetzung 82 176
- von Unternehmensseite vorgeschriebene 82 37
- Vereinbarung 82 176
- Verfahrensablauf innerbetrieblicher 82 169 f., 178
- Verhandlungsparität 82 38
- Vertraulichkeit 82 51
- Vollstreckbarkeit Mediationsvereinbarung 82 177
- Wahrnehmungsoptionen 82 174
- Wertschöpfung für Mitarbeiter 82 314 f.
- Wertschöpfung für Unternehmen 82 287 f.

Mediationsklausel, Formulierungsmuster 82 163

Mediationsstelle, innerbetriebliche 82 343

Mediationstechnik
- aktives Zuhören 82 174
- Brainstorming 82 260
- Dezentrierung eigener Wahrnehmung 82 174
- Harvard-Konzept 82 253 f.
- Lösung distributiver Konflikte 82 244 f.
- lösungsorientierte Fragen 82 174
- Mindmapping 82 260
- Paraphrasieren 82 174
- Perspektivenwechsel 82 174
- Transformationsansatz 82 264
- Wahrnehmungsoptionen 82 174

Mediationsvereinbarung
- Abschluss 82 165
- Formulierungsmuster 82 359
- Vertraulichkeitsabrede 82 52

Mediationsverfahren 82 169 f.
- Absicherung, juristische 82 190
- Auflösungsantrag infolge 82 286
- Auswahl Mediator 82 223
- Co-Mediation 82 233
- distributive Konflikte 82 238 f.
- Durchführung 82 222 f.
- Einfluss der Unternehmensstruktur 82 178, 179 f.
- Einsatzbereiche, innerbetriebliche 82 195 f.
- Fortsetzung in Einigungsstelle 82 266 f.
- gerichtsinternes 77 306
- Konflikte Arbeitgeber/Betriebsrat 82 199
- Konflikte Arbeitgeber/Gewerkschaften 82 199
- Konflikte Aufsichtsrat/Geschäftsleitung 82 219
- Konflikte bei Betriebsänderungen 82 215, 218
- Konflikte bei Kündigungen 82 215
- Konflikte Betriebsrat/Gewerkschaft 82 201
- Konflikte innerhalb Aufsichtsrat/Geschäftsleitung 82 219
- Konflikte in/zwischen Abteilungen/Gruppen/Teams 82 206
- Konflikte Mitarbeiter/Vorgesetzter 82 209
- Konflikte zwischen Arbeitnehmern 82 212
- Konflikte zwischen Betriebsratsmitgliedern/-gremien 82 201
- Konfliktlösung, betriebsverfassungsrechtliche 64 1
- Kostenregelung 82 274
- Kostentragung, innerbetriebliche 82 275
- Kündigungsgrund infolge 82 281, 285
- Kündigungsgrund nach 82 285
- lösungsorientierter Ansatz 82 252, 253 f.
- Maßregelungsverbot 82 283
- Med-Arb-Verfahren 82 266 f.
- Mobbing 82 213, 234
- Phasen 82 169 f.
- Sachverständigenkosten 82 277
- Selbstbestimmungsrecht der Parteien 82 188
- Statushierarchie 82 183
- Transformationsansatz 82 264
- Unternehmensstärkung 82 191
- Verantwortungsdelegation 82 186
- Verbrauch Abmahnung-/Kündigungsgrund 82 279
- Wertschöpfung für Mitarbeiter 82 314 f.

Mediator
- Agent of Reality 82 241
- Allparteilichkeit 82 42
- Auswahl 82 223
- BATNA-Test 82 240
- Branchenkenntnisse 82 229
- Co-Mediation 82 233
- Fach-/Sachkompetenz 82 226
- innerbetrieblicher 82 337
- Insiderwissen 82 229, 232
- interdisziplinäres Mediatorenteam 82 233
- Kosten des externen 82 277
- Methodenkompetenz 82 224
- Neutralität 82 41
- Risikoanalyse 82 240
- Schlichtungsspruch, unverbindlicher 82 242
- Sozialkompetenz 82 228
- Vorbefassung 82 44

Medien, Abgrenzung Arbeitnehmer/Freier Mitarbeiter 6 41 f.

Medienpräsenz
- Nebenpflichten bei 33 10
- Wahrung des Ansehens des Arbeitgebers 33 84

Medizin
- Abgrenzung Arbeitnehmer/Freier Mitarbeiter 6 51
- WissZeitVG 41 183

Medizinischer Dienst der Krankenversicherung, gutachterliche Stellungnahme zu Arbeitsunfähigkeit 24 91

Mehrarbeit 14 45
- Ausschluss der Möglichkeit zur 24 277
- Formulierungsmuster Betriebsvereinbarung 14 60
- Formulierungsmuster Regelung/Abgeltung 14 53
- Verhältnis zu Gleitzeit 14 94

Mehrarbeitsvergütung, Pfändbarkeit 22 63

Sachverzeichnis

fette Zahlen = Paragrafen

Mehrarbeitszuschlag
- Mitbestimmungsrecht 23 86
- Teilzeitarbeitnehmer 72 44

Mehrfachbesteuerung 11 196

Mehrheitsgesellschafter Kapitalgesellschaft, betriebliche Altersversorgung 36 12

Mehrheitsverhältnisse, wechselnde, betriebliche Altersversorgung 36 15

Mehrparteien-Mediation 82 236

Mehrurlaub, individualvertraglicher 27 30
- Vererblichkeit Abgeltungsanspruch 27 37

Mehrurlaub, tarifrechtlicher 27 30, 53
- Vererblichkeit Abgeltungsanspruch 27 37

Mehrvergleich, Prozesskostenhilfe 76 26

Mehrvergütung, Schadenspauschale 17 41

Meinungsäußerung
- Auflösungsgrund 48 346
- Freiheit der 1 13; 33 49
- kritische 33 51
- unternehmensschädliche 33 49

Meldepflicht
- Aufnahme Beschäftigungsverhältnis 10 329
- betriebliche Altersversorgung/Versorgungszusage 38 155
- Europäische Union 11 149 f., 157, 161
- Mindestlohngesetz 34 158
- sozialversicherungsrechtliche 34 156, 157

Meldung, Diensterfindung 16 33 f.

Menschenrechtskonvention, europäische 1 10

Menschenwürde, Schutz der 1 13

Menstruation, Krankheit 24 12

Miet- und Dienstleistungsverschaffungsvertrag 65 35

Mietkostenzuschuss bei Auslandsentsendung 23 167

Mikrofonüberwachung 34 64

Mindererfüllung, Arbeitsleistung 24 339

Minderjährige
- Arbeitsvertrag 10 5
- Aufhebungsvertrag 49 59

Minderleistung, Kündigungsgrund, außerordentlicher 44 65

Mindestalter, Diskriminierungsverbot 10 89

Mindestarbeitsbedingungen
- Allgemeinverbindlicherklärung 68 36
- Tarifnorm 70 44 f.
- Tarifvertrag 1 29

Mindestlohn
- Ausschlussfrist 10 195
- Unterschreitung 10 8

Mindestlohn, gesetzlicher 19 25 f., 27
- anrechenbare Leistungen 19 36
- Anwendungsbereich, persönlicher 19 28
- Anwendungsbereich, räumlicher 19 33
- Arbeitszeit, zu vergütende 19 34
- Bereitschaftszeit 19 35
- Dokumentationspflicht 19 30
- Entgeltfortzahlung 24 162
- Leiharbeitnehmer 19 29
- Leistungen, berücksichtigungsfähige 19 36
- MiLoG 19 25, 27
- Organmitglied 19 29

- Praktikant 19 31
- Rechtsfolgen Unterschreitung 19 39
- Sachleistung 19 36
- Sonderzahlungen 19 38
- Transitfälle 19 33
- Unterschreitung 19 39
- Zeitstunde 19 34
- Zeitungszusteller 19 28

Mindestlohngesetz
- Geringfügige Beschäftigung 75 5
- Meldepflichten 34 158

Minijob 75 2

Mischbetrieb, Geltungsbereich Tarifvertrag 68 156

Missbrauch
- Arbeitsunfähigkeitsbescheinigung 24 82, 83
- Aufhebungsvertrag 49 353
- Rechtsausübung, verspätete tarifliche 70 66
- Tarifvertragspartei 70 34
- Teilzeit- und Befristungsgesetz (TzBfG) 41 35
- Unternehmerentscheidung zur Änderungskündigung 46 157
- Urlaubsanspruch 27 56
- Verlust Ablehnungsrecht 77 266
- Widerspruch bei Betriebsübergang 55 115 f.
- Zeiterfassung 43 376

Missbrauchskontrolle
- Änderungskündigung, betriebsbedingte 46 200
- Arbeitsverhältnis, befristetes 41 112 f.
- Entscheidung, unternehmerische 43 135, 139

Missstand, betrieblicher, Offenbarung 30 49 f.

Mitarbeit, freie
- Anrechnung auf Wartezeit Kündigungsschutz 43 83
- Arbeitsrecht 5 10
- neben Arbeitsverhältnis 5 9
- Bezeichnung, unmaßgebliche 5 5
- Bindungswirkung Abgrenzungskriterien 5 14
- Checkliste Abgrenzungskriterien 6 32
- fehlerhafte Einordnung 7 1 f.
- inhaltliche Gestaltung 5 6
- Sozialversicherungsrecht 5 10
- Steuerrecht 5 13
- Umgestaltung Arbeitsverhältnis in 5 8
- Vertragsabwicklung, tatsächliche 5 7

Mitarbeiter, Wertschöpfung durch innerbetriebliche Mediation 82 314 f.

Mitarbeiter, freier
- Agenturvertrag 6 72
- Außendienst 6 15
- Berufe, beratende 6 78
- Berufe, sonstige 6 100
- Beteiligung Betriebsrat 10 303
- Betriebsübergang 53 46
- Bildungssektor 6 34 f.
- Fernsehen 6 41 f.
- Frachtführer 6 70
- Franchise 6 72
- Gesellschafter, mitarbeitender 6 97
- GmbH-Geschäftsführer 6 81 f.
- Handelsvertreter 6 65
- Kommissionär 6 75

magere Zahlen = Randnummern **Sachverzeichnis**

- Kündigungsschutz nach KSchG 43 59
- Kunst/Kultur 6 50
- Lektorat 6 50
- Medien 6 41 f.
- Medizinbereich 6 51 f.
- Pharma 6 51 f.
- Rundfunk 6 41 f.
- Schulsektor 6 34 f.
- Spediteur 6 70
- Sport 6 76
- Vereinsmitglied 6 98
- Versicherungsbranche 6 65

Mitarbeiter, wissenschaftlicher parlamentarischer, Befristung Arbeitsverhältnis 41 72

Mitarbeiterbefragung 35 114 f.
- Auskunfts-/Berichtspflichten 35 116
- Auskunftsverweigerung 35 121
- Fragebögen 35 123, 172
- Hinzunahme Dritter/Betriebsrat 35 124
- Mitwirkungsweigerung 35 126
- Sanktionen 35 126

Mitarbeiterführung, innerbetriebliche Mediation 82 321

Mitarbeiter-Helpline 35 24

Mitarbeiterrabatt, Betriebsübergang 54 15

Mitarbeitervertretung, kirchliche
- Beteiligungsrechte 47 104 f., 106, 110
- Kündigungsschutz 45 255

Mitbestimmung
- Einigungsstelle 1 80
- Streitwert 3 139, 141, 146

Mitbestimmungsgesetz, Bestellung Geschäftsführer 80 5

Mitbestimmungsrecht
- Abbau Überversorgung betrieblicher Altersversorgung 40 23
- Abberufung Geschäftsführer 80 86
- Abfindungen 23 15
- Abgrenzung mitbestimmungsfreie/-missachtende Ausgestaltung des Arbeitsvertrages 23 19
- Abmahnung 18 24
- Abrufarbeit 14 84
- Akkordsystem 23 115 f., 126
- Aktienoptionen 20 121
- Aktienoptionsplan 23 99 f.
- Altersteilzeit 74 63
- Altersversorgung, arbeitgeberfinanzierte 37 140
- Altersversorgung, betriebliche 23 108; 37 135 f.
- Änderung betriebliche Altersversorgung 23 193
- Änderung Entgeltleistung 23 180 f.
- Änderung Vergütungssystem 23 180, 197
- Änderungskündigung 46 217
- Änderung/Wegfall freiwilliger Leistungen 23 186, 188
- Anpassung Versorgungsleistung 38 138
- Anrechnung Lohnerhöhung auf über-/außertarifliche Zulagen 23 203
- Anrechnung Tariferhöhung auf übertarifliche Vergütung 20 177
- Arbeitnehmerrechte bei mitbestimmungswidrigem Verhalten des Arbeitgebers 23 246
- Arbeitnehmerüberlassung 66 205 f., 209
- Arbeitsverhältnis, befristetes 41 149 f.
- Arbeitsvertragsgestaltung 23 60
- Arbeitszeitverkürzung 14 68
- Aufhebungsvertrag 49 7
- Aufwendungsersatz 23 10
- Auskunft/Unterrichtung Betriebsrat 61 1 f.
- Auslandseinsatz 11 147
- Auswahlrichtlinien 10 297, 298
- Auszahlungsart 22 7
- Auszahlungsvorbehalte 23 84
- Bandbreitensystem 23 149 f., 160
- Befristungsabrede 25 49
- Bereitschaftsdienst 14 112
- Bestellung Geschäftsführer 80 5
- Betriebsänderung 56 2, 7, 8 f.
- Betriebsausflug/-fest 23 14
- Betriebs-/teilverlegung 13 41
- Bildungsurlaub 29 13
- Compliance-Hotline 35 59
- Compliance-Richtlinie 35 53 f.
- Compliance-Schulung 35 29, 64
- Contractual Trust Arrangement (CTA) 37 148
- corporate identity 23 14
- Detektiveinsatz 35 184
- Direktversicherung 37 143
- Durchführung der Mitbestimmung 23 229
- Einholung Betriebsratszustimmung 61 45
- Einsichtsrecht Bruttoentgeltliste 23 221
- Einstellungen 10 296 f.
- Ein-/Umgruppierung 10 309; 21 46 f., 51, 56
- e-mail-Überwachung 35 221
- Entgelt 23 1 f.
- Entgelt, leistungsbezogenes 23 114 f.
- Entgeltauszahlung 23 220
- Entgelterhöhung/-reduzierung 23 58
- Entgelthöhe 23 47
- Entgeltregelung, vertragliche 23 60
- Entgeltsystem AT-Angestellte 23 17, 32
- Entgeltsystem für ÜT-Angestellte 23 35
- Entgeltumwandlung 37 141
- Entlohnungsgrundsätze 23 41, 44
- Entlohnungsmethode 23 42, 44
- Ergebnisbeteiligung 23 90
- Erholungsurlaub 27 95 f.
- Existent eines Betriebsrats 56 14
- Fälligkeit Entgeltzahlung 22 18
- Festlegung Vergütungsgrundlagen 23 73
- Fragebögen 35 172
- freiwillige Zulagen 23 79
- Geburtstagsgeschenke 23 13
- Geschenkannahme 35 59
- Gewinnbeteiligung 23 90
- Gleitzeiteinführung 14 111
- Grundsatzentscheidungen Entlohnung 23 63 f.
- Gruppenkassen 37 150
- Homeoffice 13 18
- Initiativrecht Betriebsrat beim Entgelt 23 213
- Internetüberwachung 35 221
- Jahressonderzahlung 20 163

Sachverzeichnis

fette Zahlen = Paragrafen

- Jubiläumsgeschenke **23** 13
- Kommunikationsmittelnutzung, private **35** 59
- bei Konfliktmanagementsystem **82** 350
- Kontrollen **33** 24
- Kontroll-/Überwachungsregelungen **35** 59, 61
- Kurzarbeit **14** 68
- Lage der Arbeitszeit **14** 109
- Leistungen, freiwillige **23** 78
- Leistungsbeurteilung **23** 41, 73
- Leistungszulagen **23** 125
- Lohngestaltung, betriebliche **23** 39 f.
- Lohngestaltung geringfügig Beschäftigter **75** 54
- Lohnpolitik **23** 46 f., 50
- Massenscreening **35** 173
- Meinungsverschiedenheiten über Nicht-/Bestehen **23** 243
- Missachtung Beteiligungsrecht Betriebsrat **35** 175
- Mittelverteilung **23** 79
- Nachforschungen/Whistleblowing **35** 163 f.
- Nutzungsregelung Dienstwagen **23** 92, 94
- nach § 87 Abs. 1 Nr. 1 BetrVG **35** 58, 168
- nach § 87 Abs. 1 Nr. 6 BetrVG **35** 61, 173
- nach § 94 BetrVG **35** 69, 172
- nach § 95 BetrVG **35** 71
- nach § 98 BetrVG **35** 29, 64
- Pausen **14** 113
- Pensionsfonds **37** 146
- Pensionskasse **37** 145
- Personalrat **41** 155, 156
- Prämiensystem **23** 115 f., 126
- Privatgebrauch Arbeitgebereigentum **35** 59
- Privatnutzung **23** 92, 94
- Provisionssystem **23** 128
- Punkteschema Sozialauswahl **46** 183
- Reichweite § 87 Abs. 1 Nr. 10 BetrVG **23** 22 f.
- Rückgewähr freiwilliger Leistungen **23** 84
- Rufbereitschaft **14** 112
- Sachleistungen **23** 92
- Schließung Versorgungswerk **40** 11
- Sicherung **23** 244
- Sonderzahlungen **23** 81
- Sozialeinrichtung **37** 145 f., 149
- Sozialeinrichtungen **23** 168 f.
- Tarifvorrang **23** 23
- Tatbestand, kollektiver **23** 18
- Tätigkeitsänderung **12** 54 f.
- Teilzeitarbeit **72** 84; **73** 77
- Trennung Mitbestimmungsverfahren/Änderung Arbeitsvertrag **23** 211
- Überstunden/Mehrarbeit **14** 58
- Umrechnungs-/Anpassungsfaktor Vergütungssystem **23** 56
- unterbliebene Mitbestimmung **35** 73
- Unterstützungskasse **37** 145
- Urlaubsfestlegung **27** 100
- Urlaubsfestsetzung Besatzungsmitglieder **27** 242
- Urlaubspläne **27** 98
- Vergütung, zielorientierte **20** 90
- Vergütungsgruppenordnung **23** 41, 48, 64 f.
- Vergütungsregelung bei Auslandsentsendung **23** 165
- Vergütungsstruktur **23** 75
- Vergütungssystem, zielorientiertes **23** 131 f., 136
- Verhaltenskodex **33** 32
- Verhaltenspflichten **15** 8
- Verletzung **35** 73; **61** 50
- Versetzung **12** 54 f.; **13** 35
- Versorgungsausgleich **37** 120
- Versorgungsfonds, innerbetrieblicher **37** 147
- Videoüberwachung **35** 195
- Vorschlagswesen, betriebliches **16** 204 f., 208, 212
- Wahrung betrieblicher Ordnung **33** 14
- Wertpapiertransaktionsklausel **35** 59
- Wohnungszuweisung/-kündigung **23** 178
- Zielvereinbarung **20** 90
- Zielvereinbarungssystem **23** 123
- Zielvorgabesystem **23** 123
- Zulagen **23** 86
- Zuschläge **23** 86
- Zuständigkeit beim Entgelt **23** 239
- Zustimmung Betriebsrat **61** 41 f.
- Zustimmungspflicht Betriebsrat bei Kündigungen **47** 67

Mitbestimmungswidriges Verhalten, Arbeitnehmerrechte **23** 246

Mitbeurteilungsrecht
- Betriebsrat bei Eingruppierung **21** 50
- Ein-/Umgruppierung **10** 309

Miterfinder
- Erfindungsmeldung **16** 45
- Festsetzung Erfindervergütung gegenüber **16** 91
- Freigabe Diensterfindung **16** 63

Miterfinderanteilsvereinbarung 16 31, 45
- Formulierungsmuster **16** 46

Miterfinderschaft
- Arbeitnehmererfindung **16** 29
- Beweislast **16** 31
- Bruchteilsgemeinschaft **16** 32
- Hochschulerfindung **16** 180, 183, 185

Mitgliedschaft, Gewerkschaft/Verband **68** 5

Mitgliedschaftsbeiträge, Mitbestimmungsrecht bei Auslandsentsendung **23** 167

Mithören
- Telefongespräch **35** 196 f., 239
- zufälliges **35** 240

Mithören, heimliches, Beweisverwertungsverbot **77** 415

Mithören/-lassen, Telefonat **34** 59

Mittäter, Kündigung, außerordentliche **44** 33

Mitteilung, verspätete, Angriffs-/Verteidigungsmittel **77** 392

Mitteilungspflicht
- Design-Fertigstellung **16** 310
- freie Erfindung **16** 148
- Nachholung versäumter **45** 22
- Verbesserungsvorschlag, technischer **16** 155
- Verletzung vorvertraglicher **9** 137
- vorzeitige Beendigung Schwangerschaft **45** 15

Sachverzeichnis

Mittelaufbringung, betriebliche Altersversorgung 36 76 f.
Mittellosigkeit, nachträgliche Klagezulassung 48 198
Mitverschulden
- Beweislast 17 110
- Entgeltfortzahlung bei Arbeitsunfähigkeit 24 45
- bei Informationspflicht des Arbeitgebers 34 131
- bei Schlechtleistung 17 106

Mitwirkungspflicht
- Arbeitgeber bei Erholungsurlaub 27 18 f., 31
- Aufklärung, interne 33 31
- nach Kündigung, Compliance-indizierter 35 309

Mitwirkungsrecht
- Betriebsänderung 56 2 f.
- Existent eines Betriebsrats 56 14
- Personalrat Öffentlicher Dienst bei Kündigungen 47 113

Mitwirkungsweigerung, Mitarbeiterbefragung 35 126
Mobbing 33 20; 34 68
- Ansprüche wegen 34 72
- Begriff 34 70
- Beweislast 34 75
- Kündigung, verhaltensbedingte 43 419
- Kündigungsgrund, außerordentlicher 44 72
- Mediationsverfahren 82 213, 234
- präventive/repressive Maßnahmen 34 73
- Schadensersatz 34 71, 72
- Schmerzensgeld 34 74
- Störung Betriebsfrieden 43 389, 419

Moderation, Konfliktbewältigungsmethode 82 29
Moderator, Abgrenzung Arbeitnehmer/Freier Mitarbeiter 6 44 f., 47
Monatsgehalt, 13./14., Aufhebungsvertrag 49 179
Monatsgehalt, dreizehntes 20 151
Monatsgehalt, zusätzliches, Kürzung bei Entgeltfortzahlung 24 139
Monitorüberwachung 34 64
Montage
- arbeitsvertragliche Entsendung ins Ausland 11 118
- Erfüllungsort 22 90

Montagezuschlag, Mitbestimmungsrecht 23 86
Montan-Mitbestimmungsgesetz, Bestellung Geschäftsführer 80 5
Monteur, Abgrenzung Arbeitnehmerüberlassung/Freier Mitarbeiter 6 101
Motivation, innerbetriebliche Mediation 82 304, 319
Motivirrtum, Aufhebungsvertrag 49 361
Moto-Cross-Rennen 24 41
Motorradrennen 24 41
Musiker, Abgrenzung Arbeitnehmer/Freier Mitarbeiter 6 50
Musikmoderator, Abgrenzung Arbeitnehmer/Freier Mitarbeiter 6 47

Musikschule, Abgrenzung Arbeitnehmer/Freier Mitarbeiter 6 35
Mutterschaft, Vertretungsbedarf während 41 174
Mutterschaftsgeld 34 43
- Pfändbarkeit 22 63
Mutterschaftsurlaub 28 1
- Urlaubsanspruch 27 64
Mutterschutz 34 37 f., s a Kündigungsschutz Schwangerschaft
- Änderungskündigung 46 50
- Anrechnung bei Altersversorgungsleistung 37 65
- Anwesenheitsprämie 20 193
- Arbeitsplatzschutz 34 44
- Arbeitszeit 34 41
- Beschäftigungsverbot 34 38, 39, 40
- Entgeltschutz 34 43
- fehlerhafte Einordnung Vertragsverhältnis 7 2
- Fehlzeiten bei zielorientierter Vergütung 20 78
- Geschäftsführer 80 71
- Kündigungsschutz 45 2 f., 4
- Kürzung Jahressonderzahlung 20 152, 157
- Mindestruhezeit 34 42
- Schutzfristen 34 42
Mutterschutzgesetz 34 37
Mutterschutzlohn 34 43
- Pfändbarkeit 22 63
Muttersprachler, Stellenausschreibung 9 13; 10 49, 50
MVG EKD
- Beteiligungsrechte bei Kündigungen 47 104 f., 110
- Kündigungsschutz 45 255, 256

Nachbehandlung, Arbeitsunfähigkeit 24 15
Nachbindung
- Ende 68 24
- Rechtsfolgen 68 20
- Stufentarifvertrag 68 26
- Tarifgebundenheit 68 16 f.
- Tarifvertrag 68 174
Nachdienstzeiten, Betriebszugehörigkeit 38 51
Nachentrichtung
- Auskunftseinholung 7 19
- Beiträge zur Sozialversicherung 7 14
- Lohnsteuer 7 24
Nachentrichtungsvereinbarung, Sozialversicherungsbeitrag 7 20
Nachforschungen
- Arbeitgeber bei Anfangsverdacht 35 93 f.
- Auskunftsverweigerung 35 121
- Beteiligung Betriebsrat 35 163
- Einbindung anderer Arbeitnehmer 35 113
- Ermittler, externe 35 169, 179 f.
- Ermittlungen, unternehmensinterne 35 97
- Ermittlungen, verdeckte 35 180
- Hinzunahme Dritter/Betriebsrat bei Mitarbeiterbefragung 35 124
- Informationspflicht Ermittlungsmaßnahmen 35 165
- Massenscreening 35 173

3281

Sachverzeichnis
fette Zahlen = Paragrafen

- Missachtung Beteiligungsrecht Betriebsrat 35 175
- Mitarbeiterbefragung 35 114 f.
- Mitbestimmungsrecht 35 163 f.
- Observation 35 180
- Privatdetektive 35 179 f.
- Quellen, interne/externe 35 94
- Whistleblowing 35 128 f.

Nachhaftung
- Begrenzung bei Übertragung Einzelunternehmen 39 46
- Betriebsveräußerer 39 31

Nachkündigung 46 151

Nachmeldung, Kündigung 46 4

Nachrede, üble, Auflösungsgrund 48 343

Nachrichtensprecher, Abgrenzung Arbeitnehmer/Freier Mitarbeiter 6 42

Nachschieben von Gründen
- Abmahnungsgründe 18 56
- Formulierungsmuster N. Kündigungsgrund 44 106
- Kündigungsgrund 43 100
- Kündigungsgrund bei außerordentlicher Kündigung 44 98, 186
- im Kündigungsschutzprozess 47 100, 103
- für nachträgliche Klagezulassung 48 225
- Sozialwidrigkeit als Kündigungsgrund 48 247, 249
- bei Unterrichtung Betriebsrat 47 100, 103
- Verdachts-Kündigungsgrund 41 150
- Widerspruch/Zustimmungsverweigerung Betriebsrat 10 322

Nachtarbeit 14 32
- Ausgleich 14 33
- Zuschlag 14 33; 20 164

Nachteil, nicht zu ersetzender 77 464 f.
- Beschäftigung/Weiterbeschäftigung 77 470
- Duldung 77 469
- Glaubhaftmachung 77 475
- Unterlassung einer Handlung 77 469
- Vornahme 77 469
- Zahlungsanspruch 77 473

Nachteile, wesentliche mögliche bei Betriebsänderung 56 32

Nachteilsausgleich
- Abfindungshöhe 57 101
- Abfindungsklage 57 102
- bei Abweichen vom Interessenausgleich 57 95
- Anrechnung 57 103
- Beeinträchtigung, ausgleichspflichtige 57 99
- Erfassung Aufhebungsvertrag 49 134
- bei Unterlassen des Interessenausgleichs 57 97

Nachteilsausgleich nach § 113 BetrVG 57 94 f.
- Rechtsschutzversicherung 3 196

Nachtzuschlag, Mitbestimmungsrecht 23 86

Nachuntersuchung, Jugendlicher 34 50

Nachweis
- Arbeitsunfähigkeit 24 61
- Privatkommunikation, unerlaubte 43 430

Nachweisgesetz
- Auslandstätigkeit 11 115
- Dokumentationspflicht 10 114
- Streitwert 3 99

Nachweispflicht
- Arbeitgeber 34 157
- Arbeitsunfähigkeit 24 58 f., 60, 75
- Arbeitsunfähigkeit im Ausland 24 75
- Arbeitsunfähigkeit im Inland 24 60
- Lebensbescheinigung 37 126
- Verletzung 24 96 f.

Nachweispflichtverletzung 24 96 f.
- nach Ablauf Entgeltfortzahlungszeitraum 43 409
- Krankheit/Arbeitsunfähigkeit 43 408
- Kündigung 24 99
- Leistungsverweigerung 24 97

Nachweis-Richtlinie 10 114

Nachwirkung
- Abmachung, beendende 68 177
- rückwirkende Beseitigung 68 160
- Tarifgebundenheit 68 27, 168 f.
- Tarifvertrag 68 168 f., 176
- Tarifvertrag, allgemeinverbindlicher 68 55

Nachzahlungsklausel, Personalrabatt 20 20

Namensliste
- Interessenausgleich bei betriebsbedingter Kündigung 43 251
- nach § 1 Abs. 5 KSchG 58 30
- nach § 125 InsO 58 38
- Sozialauswahl 46 189, 190
- Zuordnungsliste gem. § 323 Abs. 2 UmwG 58 36

Namensnennung, Urheber 16 245

Namensschild 33 12

Nationalität, Befragung Bewerber 9 77

NATO, Rechtsquellen 1 54

Naturalbezug, Pfändbarkeit 22 63

Naturalleistung, Fälligkeit 22 17

Naturalvergütung 20 2, 5 f.
- Abgrenzung zu Sachzuwendung 20 3
- Anrechnung als Verzugsentgelt 24 298
- Deputate 20 23
- Dienstwagen 20 5 f.
- Dienstwohnung 20 16
- Personalrabatt 20 20
- Sozialversicherungsbeitrag 20 25
- steuerliche Behandlung 20 26
- Trinkgeld 20 24

Naturkatastrophe, Betriebsrisiko 24 334

Nebenabreden, Änderungskündigung zur Anpassung von 46 146, 169

Nebenbeschäftigung s Nebentätigkeit

Nebenintervenient 48 96

Nebenleistung
- Flexibilisierung durch Betriebsvereinbarung 25 74
- Regelung bei Teilzeitarbeit 73 75
- Widerrufsvorbehalt 25 31

Nebenpflicht
- Arbeitgeber 34 1 f., 128 f.
- Arbeitnehmer 33 1 f.

magere Zahlen = Randnummern **Sachverzeichnis**

- Betriebsvereinbarung 33 4
- Compliance-Richtlinie 35 35
- Einzelfälle (ABC) 34 137 f.
- erhöhte/verringerte 33 6
- Kündigung bei Verletzung 33 11
- bei Medienpräsenz 33 10
- Öffentlicher Dienst 33 9
- tarifvertragliche 33 4
- Teilzeitarbeit 33 7
- Teilzeitarbeitnehmer 72 58 f.
- Tendenzbetrieb 33 8
- Verletzung 33 11
- vertragliche 33 5

Nebenpflichtverletzung
- Kündigung, außerordentliche 44 12, 46
- Kündigung, verhaltensbedingte 43 420

Nebentätigkeit 12 24
- Abmahnung 33 112, 115
- Altersteilzeit 33 99
- Anrechnung auf Karenzentschädigung 32 103
- Anspruch auf Erlaubnis 33 90, 102
- Anstellungsvertrag Vorstandsmitglied 81 34
- Anzeigepflicht 33 110
- bei Arbeitsunfähigkeit 24 102
- Arbeitsunfähigkeit bei 24 52
- Arbeitsverhältnis, befristetes 41 91
- Arbeitszeitrecht 33 92
- Ausübung durch Arbeitnehmer 33 88 f.
- Begriff 33 88
- Durchführung Arbeitsverhältnis 33 116
- Einschränkung, arbeitsvertragliche 33 107
- Einschränkung durch Betriebsvereinbarung 33 106
- Einschränkung, gesetzliche 33 92 f.
- Einschränkung, tarifvertragliche 33 103
- während Elternzeit 33 100
- Erfindungen bei wissenschaftlicher 16 178
- Erlaubnisvorbehalt 33 108
- geringfügig Beschäftigter 75 38, 39
- geringfügige Beschäftigung 75 22, 24
- Interessen, betriebliche 33 90
- konkurrierende 33 95
- Kündigung, verhaltensbedingte 43 423
- Kündigung wegen 33 112, 113, 114
- Kündigungsgrund, außerordentlicher 44 58
- während Kurzarbeit 33 101
- Rechtsfolgen Verstoß gegen Tätigkeitsverbot 33 112
- Schwarzarbeit 33 86
- Teilzeitarbeitnehmer 72 64
- Treuepflicht 33 111
- während Urlaub 33 93
- Verbot, absolutes 33 107
- Zustimmungserfordernis/-widerruf 33 108

Negativdefinition, Abgrenzung selbständige/nicht- Tätigkeit 6 123

Negativprognose, Kündigung, personenbedingte 43 464

Negativtest
- Integrationsamt 45 154
- Zulässigkeit Kündigung Schwangerer 45 37

Nettoentgelt 19 67, 70

Nettolohnanspruch, Aufrechnung 22 44
Nettolohnentwicklung, Anpassung Versorgungsleistung 38 123
Nettolohnklage 22 101, 103
- Formulierungsmuster Verzugszinsen 22 115
Netzwerke, berufsorientierte, Informationsbeschaffung 9 108
Netzwerke, soziale
- Arbeitnehmerüberwachung 35 223
- Informationsbeschaffung 9 108
Neugliederung, Unternehmerentscheidung 46 156
Neugründung, Befristung Arbeitsverhältnis 41 37
Neutralitätspflicht, Betriebsrat 60 21
Nichtanzeige, Arbeitsunfähigkeit 44 59
Nichtaufnahme Arbeit, Vertragsstrafe 10 262
Nichtaufnahme, Schadenspauschalierung 10 266
Nichtbeschäftigung, Anrechnung auf Erholungsurlaub 27 93
Nichterreichbarkeit Arbeitsstätte 24 271
Nichterscheinen
- Ausschluss Prozessbevollmächtigter 77 344
- entschuldigtes 77 335
- Entsendung eines Vertreters 77 339
- Güteverhandlung 77 280, 307, 309
- Ordnungsgeld bei 77 341
Nichtfortsetzungserklärung
- Entgeltfortzahlung bei 48 431
- Erlöschen Arbeitsverhältnis 48 427
- Form 48 424
- Frist 48 422
- Kündigungsschutzprozess 48 422
- Zugang 48 425
Nichtigkeit
- Anwaltsvertrag 2 16
- Aufhebungsvertrag 49 41, 335 f.
- Tarifnorm/-vertrag 70 4
Nichtleistung 17 2 f.
Nichtrauchereigenschaft, Befragung Bewerber 9 81
Nichtraucherschutz, Fürsorgepflicht 34 25
Nichtverlängerungsmitteilung 42 3
Nichtvorlage, Arbeitsunfähigkeitsbescheinigung 44 59
Nichtwählbarkeit, Betriebsratsmitglied 59 40
Nichtzulassungsbeschwerde 77 603 f.; 78 108
- aufschiebende Wirkung 77 604
- Begründung 77 608
- Einlegung 77 606
- Entscheidung über 77 610
- Form 77 607
- Frist 77 606
- Rechtsmittel 77 613
- Stattgabe 77 612
- Verletzung rechtlichen Gehörs 77 585
- Verwerfung 77 611
- Zurückweisung 77 611
Niederkunft, Tag der voraussichtlichen 45 7, 8
Niederlassung
- Arbeitgeber 48 68
- Gerichtsstand 22 94; 77 223
Niederlassungserlaubnis 11 3, 20, 48

Sachverzeichnis

fette Zahlen = Paragrafen

Niederlegung
- Betriebsratsamt **59** 37
- Organstellung/Geschäftsführung **80** 6, 85
- Vorstandsamt **81** 63

Niedriglohnsektor, Geringfügige Beschäftigung **75** 8

Normen, betriebliche, Fortgeltung bei Betriebsübergang **54** 49

Norwegen, LugÜ II **48** 61, 83

Notarbeiten 12 25
- Ableistung **33** 34

Notarzt, externer, Abgrenzung Arbeitnehmer/Freier Mitarbeiter **6** 63

Notenabrede, Ausbildungsverhältnis **49** 343

Notfall, Direktionsrecht **12** 25

Notfrist, Berufungsfrist **77** 511

Notlage, wirtschaftliche
- Sicherung Versorgungsleistung **38** 166
- Wegfall der Geschäftsgrundlage Versorgungszusage **40** 24

Notlagenvorbehalt, Versorgungszusage **37** 128

Notstandsarbeit 12 27

Nutzen, betrieblicher, Berechnung Erfindungswert **16** 112

Nutzung, Entschädigung vorenthaltene Dienstwagennutzung **49** 270

Nutzungsart, unbekannte
- Nutzungsrechteinräumung **16** 241
- Vergütung **16** 275

Nutzungsentschädigung
- Berechnung **20** 12
- Dienstwagen **20** 11
- Formulierungsmuster Schadensbegrenzungsklausel **20** 14

Nutzungsleistung, Versorgungsleistung **37** 50

Nutzungsrecht 16 6
- Computerprogramme **16** 284
- freie Werke **16** 277
- Werkdienstwohnung **20** 17

Nutzungsrechtseinräumung, Formulierungsmuster **16** 242

Nutzungsregelung Dienstwagen, Mitbestimmungsrecht **23** 92, 94

Obergrenzen, Anpassung Versorgungsleistung **38** 126

Obhutspflichten, Bewerbungsunterlagen **9** 139

Obliegenheiten, Rechtsschutzversicherung **3** 182 f.

Observation, Privatdetektiv **35** 180

Offenbarungspflicht
- Anbahnungsverhältnis **9** 138
- Bewerber **9** 100

Offenbarungspflichtverletzung, Kündigung, verhaltensbedingte **43** 400

Offenlegungsinteresse
- Pflichtenkollisionslage **30** 57
- Rechtsverstoß **30** 51

Öffentlicher Dienst
- Ablösung Gesamtversorgungssystem **40** 68
- Abmahnung **18** 23
- Änderungskündigung **46** 156, 163

- Anhörung vor Abmahnung **34** 138
- Anhörungsrecht Personalrat **47** 114, 115
- Arbeitnehmererfindung **16** 168 f.
- Befragung Bewerber **9** 83
- Bezugnahmeklausel **68** 81
- Eingruppierung **21** 45
- Einschränkung Nebentätigkeit **33** 104
- Haushaltsbefristung **41** 97 f.
- Kündigung, betriebsbedingte **43** 306
- kw-Vermerk **46** 156
- Mitwirkungsrecht Personalrat bei Kündigungen **47** 113
- Nebenpflichten **33** 9
- Organisationsentscheidung Änderungskündigung **46** 156
- Rechtsquellen **1** 55
- Rechtswegzuständigkeit **77** 46
- Rückzahlungsklausel **26** 81
- Verbesserungsvorschlag, technischer **16** 168 f.
- Verhalten, außerdienstliches **43** 380
- Wahrung des Ansehens des Arbeitgebers **33** 79

Öffentlichkeit, Einigungsstellenverfahren **64** 34

Öffnungsklausel
- Arbeitszeit **14** 40
- Tarifvertrag **70** 13, 56
- Tarifvertrag bei Entgeltsystem **23** 28

Ökologisches Jahr, Rechtswegzuständigkeit für Streitigkeiten der Beteiligten **77** 132

Ombudsmann
- Beschwerde gegen Deckungsablehnung **3** 240
- Whistleblowing **35** 157

On Target Earning (OTE) 23 132

Operation, krankheitsbedingte Arbeitsunfähigkeit **24** 15

Option 20 95

Optionen, Betriebsübergang **54** 10

Optionsvertrag, Aktienoption **20** 99

Orchestermusiker, Abgrenzung Arbeitnehmer/Freier Mitarbeiter **6** 50

Ordentliche Gerichtsbarkeit, Rechtswegzuständigkeit **77** 53

Ordnungsgeld
- Erscheinen, persönliches **1** 77
- bei Nichterscheinen **77** 341

Ordnungsprinzip, Rechtsquellen **1** 68

Ordnungsverhalten
- Direktionsrecht **33** 12
- Mitbestimmungsrecht **33** 14
- Mitbestimmungsrecht Betriebsrat **15** 8

Ordnungswidrigkeit
- Ahndung **11** 77
- Arbeitnehmer-Entsendegesetz **68** 70
- Arbeitnehmerüberlassung **66** 177
- Beschäftigung ohne Genehmigung **11** 77
- Haftung des Arbeitgebers **34** 33
- Jugendurlaub **27** 195
- nach § 36 SprAuG bei Betriebsänderung **57** 31
- nach § 45 EBRG bei Betriebsänderung **57** 24
- nach § 46 SEBG bei Betriebsänderung **57** 28

magere Zahlen = Randnummern **Sachverzeichnis**

- nach § 121 BetrVG bei Betriebsänderung 56 178; 57 105
- Verweigerung Beteiligungsrecht 56 178
- Zuständigkeit Ahndung 11 78

Organe, betriebsverfassungsrechtliche bei Betriebsübergang 54 150, 161

Organhandel 24 184

Organisation, Beeinträchtigung durch Teilzeitarbeit 73 45, 49

Organisationsänderung
- Betriebsänderung 56 18
- Interessenausgleich 58 22, 23

Organisationsautonomie, Koalitionsfreiheit 71 32

Organisationsentscheidung bei Änderungskündigung 46 156

Organisationsentwicklung, Konfliktbewältigungsmethode 82 29

Organisationsregeln, Interessenausgleich 58 24, 43

Organmitglied
- Abfindung Versorgungsanwartschaft 38 81
- Abmahnung 18 21
- Arbeitsverhältnis, ruhendes 48 51
- Betriebsübergang 53 46
- Klageerhebung 48 51
- Kündigungsschutz 48 3
- Kündigungsschutz nach KSchG 43 64
- Mindestlohn, gesetzlicher 19 29
- Wettbewerbsverbot, nachvertragliches 32 6
- Zuständigkeit Arbeitsgericht 1 69

Organspende
- Entgeltfortzahlung 24 182
- Folgeerkrankung infolge 24 185

Organstellung
- Aufhebungsvertrag 80 85
- Beendigung 80 84
- Geschäftsführer 80 4
- isolierte Beendigung bei Geschäftsführer 80 29
- Niederlegung Geschäftsführung 80 6, 85
- Vorstandsmitglied 81 1, 10

Organvertreter
- Abberufung 43 65
- Anstellungsverhältnis zu Drittunternehmen 77 23
- Arbeitsverhältnis des Organs 77 18
- Kündigungsschutz 43 64
- Parteifähigkeit 77 7 f.
- Rechtswegzuständigkeit 77 25
- Rechtswegzuständigkeit für Streitigkeiten der 77 152
- Trennung Organbestellung/Anstellungsverhältnis 77 14
- Zuständigkeit Arbeitsgericht 8 6

Ortszuschlag 20 164

Ortungssysteme, Arbeitnehmerüberwachung 35 224

Ortwechsel, Ausgleichsleistung bei Betriebsverlegung 58 108

OT-Mitgliedschaft, Tarifzuständigkeit 8 28

Outplacement, Transfersozialplan 58 146

Outplacementberatung, Rechtsschutzversicherung 3 218

Outsourcing
- Abgrenzung zu Betriebsübergang 53 37
- Kündigung, betriebsbedingte 43 300

Pandemie, Kündigung, betriebsbedingte 43 310

Paritätsgebot 67 8

Parkplatz, betrieblicher, Haftung 34 32

Parlamentsfraktion, Befristung Arbeitsverhältnis von Mitarbeitern 41 72

Parolen, ausländerfeindliche, Kündigungsgrund, außerordentlicher 44 78

Partei
- Ausschluss Prozessbevollmächtigter 77 344
- entschuldigtes Ausbleiben 77 335
- Entsendung eines Vertreters 77 339
- Ordnungsgeld bei Nichterscheinen 77 341

Parteien, Kündigungsschutzprozess 48 89 f.

Parteierklärung, Wirkung 77 334

Parteifähigkeit 48 89; 77 1 f.
- GbR 48 93
- Organvertreter 77 7 f.
- Partnerschaft 48 94

Parteipolitische Betätigung 60 22

Parteiverrat 2 11

Parteizugehörigkeit, Befragung Bewerber 9 82

Partnerschaft, Parteifähigkeit 48 94

Partnerschaftsbonus, Elternzeit 28 32

Partnerschaftsgesellschaft
- Haftung, deliktische 2 65
- Haftung, vertragliche 2 64

Passfoto, Stellenausschreibung 9 16

Passivrauchen, Schutz vor 34 25

Patent, Betriebsübergang 53 27

Patentfähigkeit, Arbeitnehmererfindung 16 26

Patentrechtsmodernisierungsgesetz 16 18

Patentstreitkammer, Zuständigkeit 16 193

Patentstreitsache, Arbeitnehmererfindung 16 193

Pauschalabgeltung
- Inhaltskontrolle 10 158
- Überstunden 14 50

Pauschalhonorar, Vergütungsvereinbarung 3 5

Pauschalleistung, tarifvertragliche 70 22

Pauschalsteuerabwälzung, Inhaltskontrolle 10 158

Pausenzeiten, Mitbestimmung Betriebsrat 14 113

Pensionsfonds 36 159 f.
- abgabenrechtliche Behandlung 36 166, 179
- Anpassungsprüfung laufender Versorgungsleistung 38 116
- Aufsicht 36 162
- Beginn Unverfallbarkeitsfrist 38 24
- Begriff 36 159
- betriebsinterner 36 117
- Entgeltumwandlung 36 84
- Entgeltumwandlung nach § 1a BetrAVG 36 92
- Fortführung durch Arbeitnehmer nach Ausscheiden 37 100
- Genehmigung 36 162
- Insolvenzsicherung 36 164; 38 151
- Kalkulation/Anlagerisiko 36 75

3285

Sachverzeichnis

fette Zahlen = Paragrafen

- Kapitalanlage 36 163
- Körperschaftsteuer 36 166
- Leistungen 36 160
- Mitbestimmungsrecht 37 146
- nachgelagerte Besteuerung 36 168
- Sozialversicherungspflicht 36 167
- Unterdeckung Anwartschaft 38 65
- Versorgungsausgleich 37 104
- Vor-/Nachteile 36 185

Pensionskasse 36 70, 150 f.
- abgabenrechtliche Behandlung 36 155, 179
- Abgrenzung 36 150
- Anpassungsprüfung laufender Versorgungsleistung 38 116
- Aufsicht 36 154
- Beginn Unverfallbarkeitsfrist 38 24
- Begriff 36 150
- Beitragszahlung 36 152
- Entgeltumwandlung 36 83
- Entgeltumwandlung nach § 1a BetrAVG 36 92
- Fortführung durch Arbeitnehmer nach Ausscheiden 37 99
- Gleichbehandlung Versorgungsleistung 36 37
- Höhe vorzeitiger Versorgungsleistung 38 106
- Informationspflicht 36 153
- Insolvenzsicherung 36 154; 38 150
- Kalkulation/Anlagerisiko 36 75
- Mitbestimmungsrecht 37 145
- nachgelagerte Besteuerung 36 157
- Sozialversicherung 36 156
- Unterdeckung Anwartschaft 38 63
- Versorgungsausgleich 37 104
- Vor-/Nachteile 36 184
- vorzeitiges Altersruhegeld bei vorzeitigem Ausscheiden 38 113

Pensionsrückstellung
- Finanzierung Direktzusage 36 109
- steuerliche Bildung 36 113

Pensions-Sicherungs-Verein VVaG 38 150
- Anpassung Versorgungsleistung 38 182
- Beginn/Ende der Leistungspflicht 38 176
- Beitragspflicht 38 152
- Berechnung Anwartschaft 38 178
- Forderungsübergang 38 187
- Höchstgrenze Kapitalleistung 38 180
- Höchstgrenze Versorgungsleistung 38 179
- Kürzung Versorgungsleistung 38 183
- Leistungsausschlüsse 38 184
- Leistungsverpflichtung 38 175
- Meldepflicht 38 155
- Mitteilungspflicht Anwartschaft/Versorgungsleistung 38 177
- Personenkreis, gesicherter 38 167
- Rechtsweg 38 189
- Sicherungsfälle 38 156 f.

Personalabbau
- Aufhebungsvertrag 49 6
- Aufhebungsvertrag im Vorfeld von Massenentlassung 49 127
- beteiligungspflichtige Betriebsänderung 56 49
- Leiharbeitnehmer 56 57
- unter Schwellenwerten 58 73

Personalakten
- Arbeitnehmereigenschaft 6 29
- Entfernung Abmahnung 18 45
- Fürsorgepflicht 34 159, 160
- Internal Investigations 35 105
- Unterrichtung Betriebsrat 61 15

Personalangelegenheit, Streitwert Mitbestimmungsrecht 3 141

Personalbedarf, Beteiligung Betriebsrat 9 36

Personaleinsatz, drittbezogener 65 1 f.
- Beweislast 65 30
- Checkliste Abgrenzung 65 34
- Einordnung, fehlerhafte 65 32
- Vertragsabwicklung 65 28

Personalfragebogen
- Beteiligungsrecht Betriebsrat 9 132
- Compliance-Richtlinie 35 69
- Fragerecht zu Schwangerschaft 45 19
- Informationsbeschaffung 9 64 f.
- Initiativrecht des Betriebsrats 61 44

Personalführungsgesellschaft, konzerninterne, Betriebsübergang 53 49

Personalgespräch
- Aufzeichnung, heimliche 44 45
- Fernbleiben, unberechtigtes 44 43

Personalgestellung, Arbeitnehmerüberlassung 66 46

Personalgewinnung 9 1 f.
- Begriff 9 1
- Diskriminierungsverbot 9 4

Personalleasinggesellschaft, Arbeitnehmerüberlassung im Konzern 66 173

Personalleiter, Kündigungserklärung 42 30

Personalliste, Interessenausgleich 58 14, 15

Personalplanung
- Begriff 9 2
- Beratungsrecht Betriebsrat 9 37
- Beteiligung Betriebsrat 50 34
- Initiative des Betriebsrats 61 38
- Unterrichtung Betriebsrat 9 36
- Unterrichtung Wirtschaftsausschuss 56 168
- Vorschlagsrecht Betriebsrat 9 38

Personalrabatt 20 20
- steuerliche Behandlung 20 21, 26
- Widerrufsvorbehalt 20 20; 25 31
- Zuständigkeit 20 22

Personalrat
- Beteiligung bei Änderungskündigung 46 46
- Mitbestimmungsrecht Befristung 41 155, 156
- Mitwirkungsrecht bei Kündigungen 47 113

Personalreduzierung, Unternehmerentscheidung 46 156, 159

Personalstärke, Unternehmerentscheidung 46 156, 159

Personalstruktur, ausgewogene, Sozialauswahl 43 225

Personalvertretung
- Kündigungsschutz 45 191 f., 192, 207
- Schweigepflicht 30 74

Personalvertretungsgesetz, Auswahlrichtlinie Sozialauswahl 43 231

Sachverzeichnis

Personenbeförderung, Arbeitnehmerüberlassung 66 53
Personenbefragung, Privatdetektiv 35 180
Personengesamtheit, Vertretung 59 130
Personengesellschaft
– Anwachsung 53 60
– Vertretung 59 130
Personenschaden
– Fürsorgepflichtverletzung Arbeitgeber 34 19
– gemeinschaftliche Haftung mit Drittem 17 138
– Haftung Arbeitnehmer 17 115
– Haftungsfreistellung betrieblich Tätiger 17 118
– Versicherungsfall auf Grund betrieblicher Tätigkeit 17 126
– vorsätzlich herbeigeführter 17 133
Persönlichkeitsrecht
– allgemeines 1 13
– Arbeitnehmerüberwachung 35 79
– Datenschutz 34 61
– Eingriff 34 57, 59 f.
– Mobbing 34 68
– Telefondaten 34 59
– Überwachungsmaßnahmen 34 64
Persönlichkeitsrechtsverletzung
– Geldentschädigung 34 80
– Schadensersatz 34 79
– Schmerzensgeld 34 82
– Unterlassung 34 78
– unzutreffende Auskunft 9 121
Persönlichkeitsschutz 34 57 f.
Pfändbarkeit
– Einzelfälle (ABC) 22 63
– Umfang 22 64 f.
– bei Vollstreckung aus vorsätzlich begangener unerlaubter Handlung 22 68
Pfändung
– Abfindung Aufhebungsvertrag 49 201
– Abfindung aus §§ 9, 10 KSchG 48 385
– Arbeitseinkommen 22 59 f.
– Beendigung des Arbeitsverhältnisses 22 81
– bei Betriebsübergang 22 82
– Beweislast Arbeitseinkommen 22 74
– Drittschuldnerauskunft 22 77
– bei Ehegattenarbeitsverhältnis 22 74
– Erhöhungsantrag Selbstbehalt 22 69
– Geldforderung 22 75
– Karenzentschädigung 32 125
– Manipulation Arbeitseinkommen 22 73
– mehrere Arbeitseinkommen 22 72
– Pfändbarkeit 22 61
– Pfändbarkeit (ABC) 22 63
– Pfändbarkeit, bedingte 22 62
– Pfändbarkeit, relative 22 62
– Selbstbehalt 22 66
– Überweisung 22 75
– Unpfändbarkeit 22 61
– Urlaubsabgeltung 27 40
– Urlaubsabgeltungsanspruch 27 179
– Urlaubsanspruch 27 39
– Urlaubsentgelt 27 40, 161
– Urlaubsgeld 27 41, 162
– Verfahren 22 75
– Zusammentreffen mit Abtretung 22 80
Pfändung- und Überweisungsbeschluss 22 78
Pfändungsbeschluss 22 76
Pfändungsfreibetrag 22 67
– mehrere Arbeitseinkommen 22 72
– bei Unterhaltsgewährung 22 70
Pfändungsgrenzen 22 58
Pfändungskosten
– Formulierungsmuster 10 199
– Formulierungsmuster zur Kostentragung 22 38
Pfändungsschutz 22 57 f., 61
Pflanzenzüchtung 16 315
Pflegebedürftigkeit, Angehöriger, naher 45 92, 109
Pflegebranche
– Arbeitnehmer-Entsendegesetz 68 63
– Rechtsquellen 1 56
Pflegepersonal, Geschenke/Vermächtnis zugunsten 33 55
Pflegesituation, akute
– Entgeltfortzahlung 24 214
– Freistellungsanspruch 28 42
– häufige/mehrfache 28 45
– Leistungsverweigerungsrecht 28 41 f.
– Sonderkündigungsschutz 28 56
– Vergütung während Freistellung 28 46
Pflegeteilzeit 72 5
Pflegeunterstützungsgeld 28 47
Pflegeversicherung, Territorialitätsprinzip 11 165
Pflegezeit 28 38 f., s a Familienpflegezeit
– Angehörigenpflege 24 213, 215
– befristete Vertretung während Freistellung 28 60
– Durchsetzung Teilzeitanspruch 73 152
– Freistellung, kurzfristige 28 41 f.
– Freistellung nach § 3 PflegeZG 28 48 f.
– Freistellung, teilweise 28 48 f., 52
– Freistellung, vollständige 28 48 f., 51
– Pflegeunterstützungsgeld 28 47
– Sonderkündigungsschutz 28 56
– Teilzeitanspruch 73 115
– Vergütung während Freistellung 28 54
– Verhältnis zu Familienpflegezeit 28 71
Pflegezeitberechtigte s a Kündigung Pflegezeitberechtigte, Kündigungsschutz Pflegezeitberechtigte
– Arbeitsverhinderung, kurzzeitige 45 93, 94
– Freistellung 45 94 f.
– Kündigungsschutz 45 90 f.
– Kurzzeitpflege 45 95
Pflichtenkollision, Leistungsverweigerungsrecht 17 25
Pflichtenkollisionslage 30 57
Pflichtverletzung
– Abmahnung 43 322
– Augenblicksversagen 43 337
– Betriebsratsmitglied 45 212
– Beweisverwertungsverbot 43 344
– Forderungsübergang 24 167
– Interessenabwägung bei Kündigung 43 336

Sachverzeichnis

fette Zahlen = Paragrafen

- Kündigung, verhaltensbedingte **43** 313 f.
- Verhaltenspflicht **43** 317 f., 319

Pflichtverletzung, grobe, Abberufungsgrund **81** 61

Phantom Stocks 20 101

Phantomlohn 75 14

Pharmaberater, Abgrenzung Arbeitnehmer/Freier Mitarbeiter **6** 51

Piercings 33 30

Pilot, Abgrenzung Arbeitnehmer/Freier Mitarbeiter **6** 100

Plakatanbringer, Abgrenzung Arbeitnehmer/Freier Mitarbeiter **6** 100

Planung, Betriebsänderung **57** 4 f.

Planungssicherheit, innerbetriebliche Mediation **82** 300

Planungsstadium, Betriebsänderung **56** 34

Politische Betätigung 33 50
- Störung Betriebsfrieden **43** 390

Postdienstleistung, Rechtsquellen **1** 57

Post-Doc-Phase, WissZeitVG **41** 184

Postfach, Kündigungserklärung **42** 37

Präjudizialität 48 159 f.

Präklusion 48 159 f., 164, 167; **77** 355 f., 382, 389, 393
- Klagezulassung, nachträgliche **48** 235

Praktikant
- Abgrenzung Arbeitnehmer/Freier Mitarbeiter **6** 100
- Mindestlohn, gesetzlicher **19** 31

Praktikum, Verhältnis zu Einfühlungsverhältnis **9** 125

Prämie
- Freiwilligkeitsvorbehalt **25** 14
- Nichtaufnahme Konkurrenztätigkeit **32** 63

Prämienlohn 20 33

Prämiensystem, Mitbestimmungsrecht **23** 115 f., 126

Prävention, Datenschutz **35** 255

Pre-Employment-Screening 9 107 f.

Preisnebenabrede, Inhaltskontrolle **10** 157

Prioritätssicherung, Arbeitnehmererfindung **16** 64

Privatangelegenheit, Erledigung während Arbeitszeit **33** 45

Privatdetektiv 35 179 f.
- Beweismittel **77** 419
- Kostenerstattung **35** 183
- Mitbestimmungsrecht **35** 184
- Observation/Personenbefragung **35** 180

Privatdienstvertrag
- Hochschulerfindung **16** 173
- WissZeitVG **41** 192

Privathaushalt, geringfügige Beschäftigung **75** 10, 19, 20

Privatisierung, Betriebsübergang **53** 5, 80

Privatkommunikation
- Ausschluss **43** 426
- Beweisverwertungsverbot **43** 429
- geduldete **43** 427
- gestattete **43** 428
- Kündigung, verhaltensbedingte **43** 424

- Nachweis unerlaubter **43** 430
- unerlaubte/übermäßige **43** 424

Privatleben
- Arbeitnehmer Öffentlicher Dienst **33** 80
- Arbeitnehmer Privatwirtschaft **33** 84

Privatnutzung
- Ausschluss Privatkommunikation **43** 426
- Datenerfassung **34** 60, 67
- Dienstwagen **20** 6
- Kommunikationsmittel während Arbeitszeit **33** 45
- Mitbestimmungsrecht **23** 92, 94
- Nutzungswert als ruhegeldfähiges Einkommen **20** 15
- Regelung bei Teilzeitarbeit **73** 75
- steuerliche Behandlung **20** 26
- Widerruf **20** 6, 8

Privatnutzung Dienstwagen, Aufhebungsvertrag **49** 268, 269

Privatrecht, internationales 1 15

Privatrente, Pfändbarkeit **22** 63

Privatwirtschaft, Wahrung des Ansehens des Arbeitgebers **33** 84

Probearbeitsverhältnis, Kündigungsfrist **43** 11

Probearbeitsvertrag, befristeter **41** 73 f.

Probezeit
- Anrechnung bei Altersversorgungsleistung **37** 65
- Entgelt nur bei endgültigem Arbeitsvertrag **19** 4, 48
- erfolgreiche Erprobung **41** 78
- Kündigung, ordentliche **41** 146
- Kündigungsfrist **43** 11
- Verlängerung **41** 77
- vorsorglicher Aufhebungsvertrag **49** 7

Produktionsausfall, Schadenspauschale **17** 41

Produktionsbetrieb, Betriebsübergang **53** 21, 24

Produktionslage, Unterrichtung Wirtschaftsausschuss **56** 150

Produktionsprogramm, Unterrichtung Wirtschaftsausschuss **56** 151

Profisport, Äußerungen, rassistische **34** 97

Profisportler, Befristung Arbeitsverhältnis **41** 70, 71

Prognose, negative, verhaltensbedingte Kündigung **43** 322

Prognoseprinzip, Kündigung, ordentliche **43** 92

Progressionsvorbehalt, Besteuerung Abfindung **48** 388

Projektarbeit, innerbetriebliche Mediation **82** 317

Projektbefristung
- Arbeitskräftebedarf, vorübergehender **41** 48 f., 52
- Beweislast **41** 53

Prokurist, Kündigungserklärung **42** 30

Promotion, WissZeitVG **41** 184

Promotor, Abgrenzung Arbeitnehmer/Freier Mitarbeiter **6** 100

Propaganda, politische 33 50

Propagandist, Abgrenzung Arbeitnehmer/Freier Mitarbeiter **6** 100

magere Zahlen = Randnummern **Sachverzeichnis**

Prorogation
- tarifvertragliche Regelung 77 235
- Verbot 77 233

Prostituierte, Abgrenzung Arbeitnehmer/Freier Mitarbeiter 6 100

Provision 20 36
- Aufhebungsvertrag 49 147 f.
- Mitbestimmungsrecht 23 128
- pauschale Abgeltung 49 151
- Pfändbarkeit 22 63
- Widerrufsvorbehalt 25 31

Provisionskürzung, Inhaltskontrolle 10 159

Provisionssystem, Mitbestimmungsrecht 23 128

Prozente, Pfändbarkeit 22 63

Prozessaussichten, Belehrungspflicht 2 1

Prozessbegleitung, Konfliktbewältigungsmethode 82 29

Prozessbetrug, Kündigungsgrund, außerordentlicher 44 62

Prozessbevollmächtigter, Ausschließung 77 344

Prozessfähigkeit 48 89

Prozessförderungspflicht, Zurückweisung verspäteten Vorbringens 77 387

Prozesskosten, Betriebsrat 62 22

Prozesskostenhilfe 2 21 f.; 76 1 f.
- bei Anwaltswechsel 2 54
- Arrestverfahren 76 5
- Beiordnung Rechtsanwalt 76 23
- Berufung 77 555
- Beschlussverfahren 76 6
- Beschwerde, sofortige 76 34
- Beweisverfahren, selbstständiges 76 5
- Hinweispflicht des Rechtsanwalts 76 42
- Insolvenzverwalter 76 3
- Insolvenzverwalter, vorläufiger 76 3
- Juristische Person, inländische 76 4
- Klageerweiterung 76 26
- Mahnverfahren 76 5
- bei Mehrvergleich 76 26
- Nachlassverwalter 76 3
- Partei kraft Amt 76 3
- Person, natürliche 76 2
- Rechtsbeschwerde 76 40
- Rechtsmittel 76 34
- Rechtsmittelinstanz 76 11
- Rechtsschutz, gewerkschaftlicher 2 20
- Rechtsschutzversicherung 3 223
- Schlichtungsverfahren 77 248
- Urteilsverfahren 76 5
- Vereinigung, parteifähige 76 4
- Verfügung, einstweilige 76 5
- Vollstreckungsverfahren 76 5
- Zuständigkeit 77 59
- Zwangsvollstreckung 76 8

Prozesskostenhilfeantrag 76 8
- Abfindungen 76 20
- Änderung persönlicher/wirtschaftlicher Verhältnisse 76 31
- Anschriftenänderung 76 31
- Entscheidung nach Abschluss der Instanz 76 13
- Erfolgsaussicht 76 10, 21
- isolierter 76 15
- mit Klageantrag 76 15
- konkludenter 76 9
- Ratenermäßigung 76 31
- Verhältnisse, persönliche 76 12, 18
- Verhältnisse, wirtschaftliche 76 12, 18
- Vermögen 76 20
- Vordruck 76 13, 18
- Wiedereinsetzungsantrag 76 17
- Wiederholung 76 13

Prozesskostenhilfeverfahren, Verweisung 77 212

Prozessstandschaft, Rechtswegzuständigkeit 77 163

Prozesstaktik, Vorbereitung der Güteverhandlung 1 76

Prozessvergleich
- Aufhebungsvertrag 49 78
- Aufhebungsvertrag, bedingter 49 67
- Aufklärungspflicht 49 79
- in Güteverhandlung 77 298
- Rechtsnatur 49 84
- Vollstreckungstitel 49 85

Prozessverschleppung 77 266

Prozessvertretung
- Bevollmächtigte, sonstige 76 47
- Rechtsanwalt 76 46
- im Urteilsverfahren 76 45 f., 50, 52

Prozessvollmacht 2 35
- Formulierungsmuster 2 36
- Kündigungserklärung 42 33

Prüfungsergebnis, Rückzahlungsverpflichtung bei Nichtbestehen 26 74

Prüfungskompetenz, Arbeitsgericht 48 43

Prüfungsmaßstab, Änderungskündigung 46 136 f.

Psychologischer Test, Bewerber 9 118

Psychoterror 33 21
- am Arbeitsplatz 34 68

Publikationsfreiheit, Hochschullehrer 16 181, 184

Publikumsverkehr, Kleiderordnung 33 28

Publizität, Tarifvertrag 69 32 f.

Punkteschema, Sozialauswahl 43 213; 46 182

Qualifizierungssozialplan 58 148

Quarantäne, Entgeltfortzahlung 24 225

Quittung
- Empfang Arbeitspapiere 52 15
- Entgelt 22 20

quota litis, Vergütungsvereinbarung 3 6

Quote, Diskriminierungsverbot 9 7

Quotenregelung
- Führungsposition 10 60
- Geschlecht 10 59

Quotenvergleich, Insolvenzsicherung 38 161

Quotierungsprinzip 38 37

Radiohören am Arbeitsplatz 15 5

Rahmenvereinbarung, Abgrenzung zu Abrufarbeit 14 75

Rangfolge, Rechtsquellen 1 66

Rangprinzip, Rechtsquellen 1 68

Rasse
- Befragung Bewerber 9 77
- Begriff 10 48

Sachverzeichnis

fette Zahlen = Paragrafen

- Benachteiligungsverbot **9** 4, 12; **10** 48
- Diskriminierungsverbot **10** 48 f.

Rassismus, Arbeitnehmerschutz vor **34** 96, 97

Rassismusbekämpfung 60 28
- Betriebsvereinbarung, freiwillige **63** 59

Rationalisierung, Kündigung, betriebsbedingte **43** 311

Rationalisierungsvorhaben, Unterrichtung Wirtschaftsausschuss **56** 152

Rauchen
- im Betrieb **33** 17
- Passivrauchen **34** 25

Rauchverbot 15 4, 8; **33** 18
- Arbeitsplatz **34** 25
- betriebliches **34** 28
- Formulierungsmuster Betriebsvereinbarung **15** 11
- Kündigung, verhaltensbedingte **43** 431

Rechnungslegung
- Erfindungswert/Erfindervergütung **16** 142
- Stufenklage **22** 109

Rechnungszins, Ermittlung Wertgleichheit bei Direktzusage **36** 85

Rechtfertigung, Ausschluss außerordentliche Kündigung **44** 35

Rechtfertigung, soziale, Änderungskündigung **46** 149 f.

Rechtliches Gehör s Gehör, rechtliches

Rechtsanwalt
- Abgrenzung Arbeitnehmer/Freier Mitarbeiter **6** 78
- Arbeitsgerichtsprozess **76** 1 f.
- Beiordnung nach § 121 ZPO **76** 23
- Beratungshilfe **76** 44
- Hinweispflicht auf Beratungs-/Prozesskostenhilfe **76** 42
- Prozessvertretung **76** 46
- Zurückbehaltungsrecht Arbeitspapiere/-bescheinigung/-zeugnis **2** 50
- Zurückbehaltungsrecht Handakten **2** 52

Rechtsanwaltsgebühren
- Anspruch bei Wahrnehmung widerstreitender Interessen **2** 16
- Anwaltswechsel **2** 53
- Beschwerdeverfahren Streitwert **77** 747
- Bestätigungsschreiben des Mandanten **2** 6
- Deckungsschutzanfrage **2** 17
- Einigungsgebühr **3** 24
- Geschäftsgebühr **3** 16
- Hinweispflicht **2** 2, 17
- Hinweispflicht bei Vergleich **2** 10
- Streitwert **77** 741
- Tatbestände, arbeitsrechtliche **3** 29
- Terminsgebühr **3** 20
- Verfahrensgebühr **3** 20
- Wertfestsetzung Streitwert **77** 743
- Wertgebühren **3** 28

Rechtsanwaltsgesellschaft
- Haftung, deliktische **2** 65
- Haftung, vertragliche **2** 64

Rechtsanwaltskosten, Betriebsrat **62** 22, 32

Rechtsanwaltsvergütung 3 1 f.
- Auslagen **3** 25
- Einigungsstellenverfahren **64** 67
- Gebührenhöhe **3** 15
- Mischformen **3** 8
- Rechtsschutzversicherung **3** 198, 244
- RVG **3** 14 f.
- Tätigkeit, gerichtliche **3** 20
- Umsatzsteuer **3** 27
- Vergütungsvereinbarung **3** 2 f.
- bei Versagung Deckungsschutz **3** 247
- Vertretung, außergerichtliche **3** 15, 16
- Wahl der Honorarform **3** 9

Rechtsanwaltsvergütungsgesetz 3 15 f., 29

Rechtsausübung, unzulässige
- Aufhebungsvertrag **49** 419
- Berufung auf Verjährung **22** 161

Rechtsbehelf, außerordentlicher 77 675

Rechtsbeschwerde 78 103
- Begründung **78** 110
- Beschwer **78** 115
- Einlegung **78** 110
- Erledigterklärung **78** 114
- Frist **78** 110
- Prozesskostenhilfe **76** 40
- Rechtsschutzinteresse **78** 117
- gegen Rechtswegentscheidung **77** 201
- Rechtswegzulässigkeit **48** 38
- Rücknahme **78** 113
- Unterzeichnung **78** 111
- Verfahren beim Bundesarbeitsgericht **78** 118

Rechtsfolgenirrtum, Aufhebungsvertrag **49** 362

Rechtshängigkeitszinsen 22 110

Rechtsirrtum
- Kündigung, außerordentliche **44** 29
- verhaltensbedingte Kündigung **43** 321, 369

Rechtskontrolle
- Einigungsstellenverfahren **64** 52
- Unternehmerentscheidung zur Änderungskündigung **46** 158

Rechtskraft
- Beschlussverfahren **78** 80
- materielle **48** 159

Rechtskraftwirkung, Kündigungsschutzklage **48** 148 f., 159

Rechtsmissbrauch s a Missbrauch
- Arbeitsverhältnis, befristetes **41** 112 f.
- Beweislast **41** 117
- indizierter **41** 116
- Widerspruch bei Betriebsübergang **55** 115 f.

Rechtsmittel
- Ablehnungsrecht **77** 271
- Auflösungsantrag **48** 401
- Auflösungsurteil **48** 400
- Klagezulassung, nachträgliche **48** 232
- Kündigungsschutzprozess **48** 400
- Prozesskostenhilfe **76** 34

Rechtsmittelinstanz, Prozesskostenhilfe **76** 11

Rechtsmittelstreitwert, Urteilsstreitwert **77** 727

Rechtsnachfolge, Rechtswegzuständigkeit für Streitigkeiten bei **77** 156

Rechtsnormverletzung, Revision **77** 634

magere Zahlen = Randnummern **Sachverzeichnis**

Rechtsprüfungspflicht 2 1
Rechtsquellen 1 8 f.
– Abfallwirtschaft 1 40
– Arbeitsvertrag 1 31
– Arbeitsvölkerrecht 1 10
– Bauhauptgewerbe 1 41
– Bergbau 1 42
– Betriebsvereinbarung 1 30
– Bühnen 1 43
– Dachdeckerhandwerk 1 44
– deutsches IPR 1 15
– Direktionsrecht Arbeitgeber 1 39
– Elektrohandwerk 1 45
– Europäisches Gemeinschaftsrecht 1 9
– Film/Fernsehen 1 46
– Gebäudereinigerhandwerk 1 47
– Gerüstbauerhandwerk 1 48
– Gesetze 1 21
– Gesundheitswesen 1 49
– Gleichbehandlungsgrundsatz 1 38
– Insolvenzrecht 1 65
– Kirchen 1 50, 51
– Kollision 1 68
– Kraftfahrer 1 52
– Maler-/Lackiererhandwerk 1 53
– NATO 1 54
– öffentlicher Dienst 1 55
– Pflegebranche 1 56
– Post-/Briefdienstleistung 1 57
– Rangfolge 1 16
– Richterrecht 1 26
– Schornsteinfegerhandwerk 1 58
– Sozialversicherungsrecht 1 64
– Sport 1 60
– Steinmetz-/Steinbildhauerhandwerk 1 59
– Steuerrecht 1 63
– Tarifvertrag 1 27
– Verfassung 1 12
– Verordnungen 1 24
– Wäschereidienstleistung 1 61
– Zeitarbeit 1 62
Rechtsschutz
– Anspruch 3 156
– einstweiliger 22 130
– Geschäftsführer 80 103 f.
– gewerkschaftlicher 2 20
– Kündigung Schwerbehinderte 45 183 f.
– Vorstandsmitglied 81 72
Rechtsschutzfall
– Abmahnung 3 174
– Aktenversendungspauschale 3 200
– Anspruch auf Rechtsschutz 3 156
– Arbeitsverhältnis 3 169
– Arbeitszeugnis 3 179
– Ausschlüsse 3 167
– Beantragung Zustimmung zu fristloser Kündigung 3 178
– Dauerverstöße 3 160
– Deckungsschutzantrag 3 201
– Eintritt 3 157
– Gehaltsrückstand 3 177
– Gerichtskosten 3 205

– Korrektheit Krankmeldung 3 180
– Kosten, erstattungsfähige 3 197
– Kosten, gegnerische 3 206
– Kosten, nicht erstattungsfähige 3 209
– Kostenverteilung, unangemessene 3 209
– Kündigung, verhaltensbedingte 3 181
– Kündigungsandrohung 3 170
– Kündigungsschutzklage 3 189
– Laufzeit Rechtsschutzvertrag 3 162
– Mehrheit von Verstößen 3 161
– Nachteilsausgleich nach § 113 BetrVG 3 196
– Obliegenheiten 3 182 f.
– Rechtsanwaltsvergütung 3 198
– Schleppnetzantrag 3 195
– Selbstbeteiligung 3 213
– Umsatzsteuer 3 200
– Vergleichsmehrwert 3 214
– Vergütungsvereinbarung 3 202
– Verjährung 3 168
– Verkehrsanwaltskosten 3 203
– Versetzung 3 176
– Verstoß gegen Rechtspflichten/-vorschriften 3 157
– Vorruhestandsmöglichkeit 3 175
– Wartezeit 3 163
– Weiterbeschäftigungsanspruch 3 184
Rechtsschutzinteresse
– Beschlussverfahren 78 57
– Klageverzicht 48 179
– Klagezulassung, nachträgliche 48 226
– Rechtsbeschwerde 78 117
Rechtsschutzversicherung 2 17; 3 155 f.
– Abrechnung mit der 3 243
– Deckungsablehnung 3 231
– Deckungsschutzanfrage 3 224
– Deckungszusage 3 226
– Einwendungen gegen Streitwertfestsetzung 3 246
– Fälligkeit Versicherungsleistung 3 243
– Hinweispflicht Rechtsanwaltsgebühren 2 3, 17
– Honorarberechnung Rechtsanwalt 3 244
– Klärung über Bestehen 3 220
– Prozesskostenhilfe 3 223
– Schiedsgutachter-Verfahren 3 239
– Schuldnerverzug der 3 245
– Stichentscheid-Verfahren 3 238
Rechtsstreitigkeit
– Ausschluss Arbeitsgerichtsbarkeit 82 62
– Begriff 82 61
– Beschwerderecht 82 91
Rechtsunwirksamkeit, nicht rechtzeitige Geltendmachung der 48 268 f.
Rechtsverkehr, elektronischer 48 16
– Klageerhebung 1 72; 77 273
Rechtsverletzung, Rüge in Berufungsbegründung 77 534
Rechtsvermutung 77 407
Rechtsverordnungen, Rechtsquellen 1 24
Rechtsverstoß, Offenlegungsinteresse 30 51
Rechtsvorbehalt, Versorgungszusage 37 128

3291

Sachverzeichnis

fette Zahlen = Paragrafen

Rechtswahl 11 84 f., 88
- Auslandsberührung 11 84, 88
- IPR nach 17.12.2009 1 19
- IPR vor 18.12.2009 1 16
- nicht getroffene 11 94
- Rom-I-Verordnung 11 85

Rechtswahlklausel, Formulierungsmuster 11 93

Rechtsweg 8 1 f.
- Organvertreter 8 6
- unzulässiger 77 191
- Vorabentscheidungsverfahren 8 3
- zulässiger 77 188

Rechtswegabgrenzung 48 43

Rechtswegentscheidung
- Anfechtbarkeit 77 197
- Bindungswirkung 77 205
- Form 77 195
- Gericht des zulässigen Rechtswegs 77 207
- Kosten der Verweisung 77 211
- Rechtsbeschwerde 77 201
- Verweisung im PKH-Verfahren 77 212
- Verweisungsbeschluss 77 213

Rechtswegstreitigkeit, Entscheidung über 48 29

Rechtswegverweisung 48 26, 39

Rechtswegzulässigkeit
- Prüfung 48 32
- Rechtsbeschwerde 48 38
- Rüge 48 36
- sofortige Beschwerde 48 37
- Verweisung 48 26, 27, 39

Rechtswegzuständigkeit 22 83; 77 43 f., s a Zuständigkeit
- Abgrenzung zu ordentlicher Gerichtsbarkeit 77 176
- Altersversorgung, betriebliche 77 118
- Arbeitgeber gegen gemeinsame Einrichtungen 77 128
- Arbeitnehmererfindungen 77 139
- zwischen Arbeitnehmern 77 134
- Arbeitnehmerurheberrecht 16 308
- Arbeitskampfstreitigkeit 77 74 f.
- Arbeitspapiere 77 109 f.
- Arbeitsverhältnis 77 94
- Arbeitsverhältnis gegen Arbeitgeber 77 118
- Aufrechnung 77 55
- ausschließliche 48 29
- aut-aut-Fall 77 177 f., 182, 183
- Bestehen/Nichtbestehen Arbeitsverhältnis 77 102
- Beweislast 77 170 f.
- Bundesfreiwilligendienst 77 133
- Darlegung 77 175
- Eingehen/Nachwirken Arbeitsverhältnis 77 104, 105
- Entscheidung über 77 187
- Entwicklungshelferstreitigkeit 77 131
- et-et-Fall 77 177 f., 181
- Fallgruppen 77 65 f.
- Gemeinsame Einrichtungen/Sozialeinrichtung 77 123
- Insolvenzsicherung 77 125
- Klageerweiterung 77 169
- Kompetenzkonflikt 48 35
- Ökologisches Jahr 77 132
- Organvertreterstreitigkeit 77 152
- Prozessstandschaft 77 163
- Prüfung 48 31; 77 167 f.
- Prüfung von Amts wegen 77 35
- Prüfungszeitpunkt 77 168
- Rechtsnachfolge 77 156
- Regelung §§ 2, 3 ArbGG 77 36
- SGB IX 77 138
- sic-non-Fall 77 177 f., 178, 183
- Soziales Jahr 77 132
- Streit zwischen Arbeitgeber/-nehmer 77 93
- Streitigkeiten aus Aktienoptionen 20 122
- Tarifvertragsstreitigkeit 77 65 f., 70
- Urheberrecht 77 139
- Vereinigungsfreiheitsstreitigkeit 77 88 f.
- Verfahren, besondere 77 56 f.
- Vorabentscheidung 48 34
- Widerklage 77 54
- Zusammenhangsklagen 77 141 f., 146

Redakteur, Abgrenzung Arbeitnehmer/Freier Mitarbeiter 6 47

Reduktion, geltungserhaltende, Arbeitsvertrag 10 176, 193

Regelaltersgrenze
- betriebliche Altersversorgung 37 51
- Rentenversicherung, gesetzliche 38 95

Regelarbeitnehmerzahl 50 10

Regelungsabrede 63 68
- Abschluss 63 70
- Beendigung 63 72
- Gegenstand 63 69
- Nachwirkung 63 73
- Wirkung 63 71

Regelungsschranken, Tarifvertragsparteien 70 34

Regelungssperre, Betriebsvereinbarung 63 4 f.

Regelungsstreitigkeit
- Begriff 82 61
- Beschwerderecht 82 91

Regelungsverfügung 77 687

Regelverstoß
- Arbeitnehmerüberwachung 35 75 f.
- Nachforschungen Arbeitgeber 35 93 f.

Regisseur, Abgrenzung Arbeitnehmer/Freier Mitarbeiter 6 44 f.

Registrierungspflicht, Europäische Union 11 149 f., 157, 161

Regress
- Beweislast 2 58
- gemeinschaftliche Berufsausübung 2 63
- Mandant 2 7
- Sozialversicherungsträger 17 136
- Umfang Schadensersatz 2 61
- Verjährung 2 66

Rehabilitation
- Arbeitsunfähigkeit 24 16
- Verhältnis zu Erholungsurlaub 27 124

Reihenvorsorgeuntersuchung 63 55

3292

magere Zahlen = Randnummern

Sachverzeichnis

Reisekosten
- Betriebsrat 62 10
- Pfändbarkeit 22 63
- Seearbeitsgesetz 27 248

Religion
- Benachteiligungsverbot 9 4, 24; 10 66
- Diskriminierungsverbot 10 66

Religionszugehörigkeit, Befragung Bewerber 9 85
Religiöse Pflichten, Entgeltfortzahlung 24 210
Rennfahrer, Abgrenzung Arbeitnehmer/Freier Mitarbeiter 6 100
Rente, Eingriff in Besitzstand 40 56
Rente, lebenslange, Altersversorgung, betriebliche 37 47
Rentenanspruch, gesetzlicher, Anrechnung auf Versorgungsleistung 38 47
Rentenbescheid als auflösende Bedingung 41 128, 132

Renteneintrittsalter
- Altersteilzeit 74 6
- personenbedingte Befristung bei/nach Erreichen des 41 89

Rentennaher Jahrgang, Schutz 40 61

Rentenversicherung
- Aufstockungsoption 75 60
- Beitragsaufstockung bei Altersteilzeit 74 29
- Territorialitätsprinzip 11 165

Rentenversicherung, gesetzliche
- Abschlag bei vorzeitiger Inanspruchnahme 38 97
- Altersgrenze 38 95
- Altersrente, vorgezogene 38 96
- Altersruhegeld, vorgezogenes 37 82 f.
- Anrechnung auf Versorgungsleistung 38 89
- Regelaltersgrenze 38 95
- Vollrente 38 98

Rentenversicherungspflicht
- arbeitnehmerähnlicher Selbständiger 6 115 f.
- Befreiung arbeitnehmerähnlicher Selbständiger 6 119
- Feststellung des Status 6 122

Rentenwahlrecht, Versorgungsleistung 37 48
Rentner, Betriebsübergang 53 45
Reporter, Abgrenzung Arbeitnehmer/Freier Mitarbeiter 6 47
Ressortzuweisung, Anstellungsvertrag Vorstandsmitglied 81 33

Restitutionsklage
- Kündigung Elternzeit 45 84
- Kündigung Schwangerer 45 51
- Verdachtskündigung, außerordentliche 44 160

Restmandat, Betriebsrat 59 49
Resturlaub, Aufhebungsvertrag 49 241
Rettungseinrichtungen 34 17
Reue, Kündigung, außerordentliche 44 30
Revision 77 565 f.
- Anschlussrevision 77 592, 647
- Antrag 77 619, 621
- anwendbare Vorschriften 77 646
- Begrenzung auf Abfindungshöhe 48 370
- Begründung 77 618 f.
- Begründungsfrist 77 618

- Bindung des Berufungsgerichts 77 654
- Einlegung 77 614
- Einschränkung 77 648
- Entscheidung über Zulässigkeit 77 652
- Erledigung der Hauptsache 77 651
- Form 77 615
- Frist 77 617
- Klageänderung/-erweiterung 77 643
- neues tatsächliches Vorbringen 77 641
- Nichtzulassungsbeschwerde 77 603 f.
- Prüfungsgrundlage 77 641
- Revisionsgründe 77 634 f.
- Rücknahme 77 631
- Sachentscheidung des Bundesarbeitsgerichts 77 653
- Sachrüge 77 624
- Säumnisverfahren 77 649
- Sprungrevision 77 594
- Statthaftigkeit 77 600
- Verfahrensrüge 77 626
- Vergleich 77 651
- Verwerfung 77 630
- Verzicht 77 633
- Zulassung 77 567

Revisionsbegründung 77 619 f.
- Rüge materieller Mangel 77 624, 635
- Rüge Verfahrensverletzung 77 626, 638

Revisionsgrund 77 634 f.
- absoluter 77 585, 640
- Entscheidungserheblichkeit 77 644
- neues tatsächliches Vorbringen 77 641
- Verletzung materiell-rechtlicher Vorschriften 77 635
- Verletzung verfahrensrechtlicher Vorschriften 77 638

Revisionsurteil, Zwangsvollstreckung 77 711
Revisionswesen 35 93 f.
Revisionszulassung 77 567 f.
- Beschränkung 77 590
- Bindung 77 602
- Divergenz 77 573 f.
- grundsätzliche Bedeutung 77 569
- Revisionsgrund, absoluter 77 585
- Statthaftigkeit der Revision 77 600
- Übergehen Beweisantritt 77 588
- Umfang 77 590
- Verletzung rechtliches Gehör 77 585
- Wirkung 77 600
- Zulassungsentscheidung 77 589

Richter, ehrenamtlicher, Entgeltfortzahlung 24 210
Richter, gesetzlicher, Anspruch auf 48 49
Richterrecht, Bindungswirkung 1 26
Risiko, biometrisches, Altersversorgung, betriebliche 36 67, 75
Risiko, unternehmerisches, Abwälzung auf Arbeitnehmer 19 48
Risikoabschlag, Erfindervergütung 16 94
Risikofrüherkennung, Compliance 35 12
Robe 1 75
Rohstoffausfall, Betriebsrisiko 24 334
Rom I-Verordnung 1 15

3293

Sachverzeichnis

fette Zahlen = Paragrafen

Rom-I-Verordnung **11** 85
- Aufenthalt, gewöhnlicher **11** 94, 95
- Niederlassung **11** 98

Rubrum, Berichtigung **48** 90

Rückabwicklung, Arbeitsverhältnis bei Widerspruch gegen Betriebsübergang **55** 123

Rückdatierung, Aufhebungsvertrag **49** 351

Rückdeckungsversicherung
- Abgrenzung zu Direktversicherung **36** 141
- Direktzusage **36** 114
- Kombination mit Direktversicherung **37** 33

Rückforderung
- Entgeltzahlung bei einstweilige Verfügung **22** 137
- Urlaubsgewährung vor Ablauf der Wartezeit **27** 144

Rückforderungsanspruch, fehlerhafte Einordnung Vertragsverhältnis **7** 9 f.

Rückforderungsverbot
- Urlaub bei SeeArbG **27** 254
- Urlaubsentgelt **27** 142

Rückgabepflicht, Geschäftsunterlagen **33** 42

Rückgruppierung 21 5
- korrigierende **21** 31

Rückgruppierung, korrigierende, Änderung irrtümlicher Eingruppierung **25** 68

Rückkehrrecht von Elternteilzeit zu Vollarbeitszeit **73** 105

Rückmeldepflicht nach Krankheit/Arbeitsunfähigkeit **43** 411

Rücknahme
- Antrag im Beschlussverfahren **78** 62
- Befristungskontrollklage **41** 171
- Berufung **77** 544
- Beschwerde **78** 96
- Erlaubnis Arbeitnehmerüberlassung **66** 64
- Kündigungserklärung **42** 53
- Rechtsbeschwerde **78** 113
- Revision **77** 631

Rückrufrecht
- Computerprogramme **16** 296
- Urheberrecht **16** 250

Rücksichtnahmepflicht 15 2
- Kündigung, verhaltensbedingte **43** 433
- Verletzung **44** 64

Rücktrittsrecht bei Aufhebungsvertrag **49** 397 f., 398, 404

Rücktrittsvorbehalt, Inhaltskontrolle **10** 163

Rückwirkung, Tarifvertrag **68** 160

Rückzahlung, Abschlag/Vorschuss **22** 15

Rückzahlungsklausel
- Abwesenheitszeiten **26** 39
- AGB-Kontrolle **26** 14 f.
- Angemessenheit **26** 24
- arbeitsvertragliche **26** 3 f.
- Aus-/Fortbildungskosten **49** 259, 267
- Begrenzung **26** 75, 95
- Beispielfälle Aus-/Fortbildungskosten **26** 44 f.
- Bereicherungsrecht **26** 79
- Bereichsvorbehalt des BBiG **26** 7
- Betriebstreueleistung **20** 142
- Betriebsvereinbarung **26** 89

- Beweislast **26** 41, 90, 111; **49** 264
- Bildungsmaßnahmen, betriebsbezogene **26** 27
- Bindungsdauer **26** 33, 47, 107; **49** 172
- Bindungsdauer bei Aus-/Fortbildungskosten **49** 261
- blue-pencil-test **26** 22
- Darlehensgewährung **26** 66
- darlehensweise Ausbildungskosten **26** 3, 10
- Differenzierung bei Beendigung Arbeitsverhältnis **26** 67
- formularmäßige **26** 78, 108
- Formulierungsmuster **20** 146
- Formulierungsmuster Aus-/Fortbildungskosten **26** 96
- Formulierungsmuster Umzugsbeihilfe **26** 113
- generelle **26** 6
- Gratifikation **49** 171
- individualvertragliche bei Aus-/Fortbildungskosten **26** 24
- Inhaltskontrolle **10** 204, 211 f.; **26** 14 f.
- Kündigungsbeschränkung **26** 64
- Nichtigkeit **26** 8
- Öffentlicher Dienst **26** 81
- Personalrabatt **20** 20
- Rspr. **26** 90
- Schuldbestätigungsvertrag **26** 66
- Sozialversicherungsanteile **26** 77
- Staffelung **26** 58
- Streikunterstützung **68** 11
- tarifvertragliche **26** 82, 112
- teilweise unwirksame **26** 22
- Transparenzgebot **26** 61, 62, 78, 105
- Umfang **26** 75, 95
- Umzugsbeihilfe **26** 105 f.
- unzulässige **26** 5
- Verhältnismäßigkeit **26** 24
- Vertragsauslegung, ergänzende **26** 20
- Vertragsfreiheit **26** 13
- Vorteil, geldwerter **26** 25, 29
- vorzeitige Auflösung Arbeitsvertrag **26** 76
- vorzeitige/erfolglose Beendigung Aus-/Fortbildung **26** 73
- Willkommensprämie **26** 115
- Zulässigkeit **26** 4
- Zumutbarkeitsformel **49** 260
- Zusammensetzung der Forderung **26** 78

Rückzahlungsverpflichtung, Aus-/Fortbildungskosten **49** 263

Rufbereitschaft
- Begriff **14** 19
- Mitbestimmung Betriebsrat **14** 112
- Vergütung **14** 22

Rufschädigung, Kündigungsgrund, außerordentlicher **44** 52

Rüge 18 61
- Abhilfe bei Verletzung rechtlichen Gehörs **77** 665 f.
- der örtlichen Zuständigkeit **77** 237
- Rechtswegzulässigkeit **48** 36
- Rügefrist **77** 667

Rügelose Einlassung 77 216
- Verlust Ablehnungsrecht **77** 264

magere Zahlen = Randnummern **Sachverzeichnis**

Ruhegeld
- Entgelt **19** 1
- Pfändbarkeit **22** 63

Ruhen Arbeitslosengeldanspruch, Aufhebungsvertrag **49** 426 f.

Ruhen des Verfahrens, Säumnis in Güteverhandlung **77** 309

Ruhensvereinbarung
- Entsendung ins Ausland **11** 114, 126
- Sozialversicherung bei Entsendung **11** 192

Ruhenszeit
- Arbeitslosengeld bei Abfindung **49** 224
- Krankenversicherung **49** 226, 435

Ruhenszeitraum, Anspruch auf Arbeitslosengeld **48** 392

Ruhepause
- Beginn/Dauer **14** 27
- Begriff **14** 27
- Vergütung **14** 27

Ruhezeit
- Begriff **14** 23
- tarifvertragliche Regelungen **14** 26
- Unterbrechung **14** 24
- Verkürzung **14** 25

Rundfunk, Abgrenzung Arbeitnehmer/Freier Mitarbeiter **6** 41 f.

Rundfunkanstalt, Befristung Arbeitsverhältnis **41** 65, 66, 67

Rundungen, Betriebszugehörigkeit **38** 58

Sachaufwand
- Betriebsratstätigkeit **62** 40 f.
- Streitigkeit über Betriebsratskosten **62** 62

Sachbezug
- Dienstwagen **20** 5 f.
- Dienstwohnung **20** 16
- Entgelt **22** 8
- Freigrenze **20** 28
- steuerliche Behandlung **20** 26

Sacheigentum, Erwerb **16** 5 f.

Sachgrundbefristung 41 47 f., 174, 177, 190, 195
- Arbeitszeit, erhöhte **41** 123
- Arzt in Weiterbildung **41** 195 f.
- auflösende Bedingung **41** 126 f.
- Leiharbeitnehmer **41** 206
- Missbrauchskontrolle **41** 112 f.
- § 14 Abs. 1 Satz 2 Nr. 1 TzBfG **41** 48 f., 52
- § 14 Abs. 1 Satz 2 Nr. 2 TzBfG **41** 54 f.
- § 14 Abs. 1 Satz 2 Nr. 3 TzBfG **41** 59 f.
- § 14 Abs. 1 Satz 2 Nr. 4 TzBfG **41** 64 f.
- § 14 Abs. 1 Satz 2 Nr. 5 TzBfG **41** 73 f.
- § 14 Abs. 1 Satz 2 Nr. 6 TzBfG **41** 79 f.
- § 21 BEEG **41** 174
- Regelung, tarifvertragliche **41** 111
- Übertragung anderer Tätigkeit **41** 123
- Vertragsbedingung, einzelne **41** 119 f.
- WissZeitVG **41** 177 f., 190

Sachgründe, personenbedingte, Arbeitsverhältnis, befristetes **41** 79 f.

Sachgruppenvergleich, Günstigkeitsvergleich **70** 50

Sachleistung
- Mindestlohn, gesetzlicher **19** 36
- Mitbestimmungsrecht **23** 84
- Regelung bei Teilzeitarbeit **73** 76
- Versorgungsleistung **37** 50

Sachmittel Betriebsrat, Streitwert **3** 148

Sachverhaltsfeststellung 4 1 f.
- Aufklärung **4** 1 f.
- Checkliste Aufklärungspflicht **4** 5
- Drittauskünfte **4** 4
- Haftungsrisiko **4** 5

Sachverständigenkosten
- Betriebsrat **62** 14
- Mediationsverfahren **82** 277

Sachverständiger, Streitwert bei Hinzuziehung **3** 149

Sachzuwendung 20 3
- Pfändbarkeit **20** 4

Saisonbeschäftigung, Geringfügige Beschäftigung **75** 16

Saisonbetrieb
- Anzeigepflicht bei Entlassung **50** 6
- maßgebliche Arbeitszeit für Entgeltfortzahlung **24** 142

Saisonkräfte, betriebliche Altersversorgung **37** 21

Salär, Begriff **19** 1

Salvatorische Klausel
- Aufhebungsvertrag **49** 330
- Formulierungsmuster **49** 332

Sanierungsplan
- Änderungskündigung **25** 60
- Veräußererkündigung aufgrund Erwerberkonzept **54** 177

Sanktionen
- Datenerhebung/-verarbeitung/-nutzung, unerlaubte **35** 289 f.
- Verletzung Compliance-Regelung **35** 295 f.
- Verzicht bei Compliance-Verstoß **35** 317

Sargträger, Abgrenzung Arbeitnehmer/Freier Mitarbeiter **6** 100

SARS-CoV-2 Virus s COVID

Satzungsautonomie, Koalitionsfreiheit **71** 32

Säumnis
- Flucht in **1** 74; **77** 395
- Partei in Güteverhandlung **77** 307
- Parteien in Güteverhandlung **77** 309
- Ruhen des Verfahrens **77** 309
- Versäumnisurteil **77** 307, 308

Säumnisverfahren, Revision **77** 649

Säumniszuschlag, Sozialversicherungsbeitrag **7** 17

Schaden, existenzbedrohender, Widerruf Versorgungszusage **40** 82

Schadensabwehrpflicht 33 35, 36

Schadensanzeigepflicht 33 37, 38

Schadensbegrenzungsklausel, Formulierungsmuster bei Nutzungsentschädigung **20** 14

Schadensbeseitigung, Kündigung, außerordentliche **44** 30

Schadensersatz
- AGG-Hopping **10** 103
- Anbahnungsverhältnis, vorvertragliches **9** 134 f.

Sachverzeichnis

fette Zahlen = Paragrafen

- Arbeitgeber gegen täuschenden Bewerber **9** 104
- Arbeitspapiere **52** 13
- Arbeitszeugnis **51** 24, 35
- Aufklärungs-/Hinweispflichtverletzung bei Aufhebungsvertrag **49** 411
- Bewerber gegen Arbeitgeber **9** 106, 121, 123
- Datenerhebung/-verarbeitung/-nutzung, unerlaubte **35** 290
- Geschäftsgeheimnisverrat **30** 30
- Kündigung bei Insolvenz **43** 31
- Schlechtleistung **17** 86
- sittenwidriger Arbeitsvertrag **10** 9
- unlautere Abwerbung **9** 51
- unlauterer Wettbewerb **31** 36
- Unmöglichkeit der Arbeitsleistung **17** 35 f.
- Verletzung Anzeigepflicht **33** 40
- Verletzung Koalitionsrecht **71** 40
- Versetzung, unwirksame **13** 34
- Verstoß gegen Diskriminierungsverbot **10** 97 f.
- Wettbewerbsverstoß **32** 164
- Zielvereinbarung, fehlende **20** 64, 65 f., 69

Schadensersatz Anwaltspflichtverletzung
- Beweislast **2** 58
- Pflichtverletzung Anwaltsvertrag **2** 55
- Umfang **2** 61
- Verjährung **1** 66

Schadensersatzanspruch
- Arbeitnehmerüberwachung, unzulässige **35** 228
- Drohung mit **49** 388
- bei Kündigung Arbeitsverhältnis **48** 286 f.
- Kündigung, außerordentliche **44** 107
- Leiharbeitnehmer **66** 187
- Mobbing **34** 71, 72
- Persönlichkeitsrechtsverletzung **34** 79
- positive Forderungsverletzung bei Kündigung **48** 296
- Verletzung Unterrichtungspflicht bei Betriebsübergang **55** 63

Schadensersatzleistung, kein Entgelt **19** 2

Schadenspauschale 17 39

Schadenspauschalierung
- Formulierungsmuster **10** 266
- Inhaltskontrolle **10** 252

Schadensumfang, Kündigung, außerordentliche **44** 31

Schaltertest 35 108

Schattenbesteuerung, Altersteilzeit **74** 28

Schätzung, Erfindungswert **16** 116

Schauspieler, Abgrenzung Arbeitnehmer/Freier Mitarbeiter **6** 50

Scheinselbständigkeit
- Abgrenzung zu Arbeitnehmerüberlassung **6** 101
- Amtsermittlungsgrundsatz **6** 105
- Begriff **5** 1; **7** 1
- Berichtigung Umsatzsteuer **7** 27
- fehlerhafte Einordnung **7** 1 f.
- steuerrechtliche Rechtsfolgen **7** 23 f.
- strafrechtliche Rechtsfolgen **7** 29
- Umsatzsteuer **7** 26
- Vorenthalten/Veruntreuen Arbeitsentgelt **7** 29
- Vorsteuerabzug **7** 27

Scheinwerkvertrag 6 101
Schichtbetrieb, Urlaubsdauer **27** 111
Schichtmodell, regelmäßige Arbeitszeit bei Entgeltfortzahlung **24** 148
Schichtzulage, Mitbestimmungsrecht **23** 86
Schiedsgericht
- tarifvertragliche Zuständigkeit **69** 55
- tarifvertraglicher Ausschluss **45** 13

Schiedsgerichtsbarkeit
- Rechtswegzuständigkeit **77** 63
- Verbot im Individualarbeitsrecht **82** 155

Schiedsgutachter-Verfahren bei Deckungsablehnung **3** 239
Schiedsrichter, Abgrenzung Arbeitnehmer/Freier Mitarbeiter **6** 76
Schiedsstelle für Arbeitnehmererfindungen **16** 188; **82** 143
- Anrufung **16** 191
- Einigungsvorschlag **16** 189
- Verfahren **16** 188 f.
- Verfahrenskosten **16** 192
- Zuständigkeit **16** 190

Schiedsverfahren, tarifrechtliche Streitigkeiten **82** 67
Schiedsvertrag, prozesshindernde Einrede **48** 13
Schikanieren am Arbeitsplatz 34 68
Schlachtgewerbe, Arbeitnehmer-Entsendegesetz **68** 61
Schlägerei, Arbeitsunfähigkeit, verschuldete **24** 54

Schlechterfüllung
- Arbeitsleistung **24** 339
- Entgeltminderung **24** 341

Schlechtleistung 17 80 f.
- Abgrenzung zu Eignungsmangel **43** 476
- Begriff **17** 81
- Beweislast **17** 109; **43** 437
- Entgelteinbehalt **17** 85
- Haftungserleichterung des Arbeitnehmers **17** 89
- Haftungsquotierung **17** 92 f.
- Kündigung Arbeitsverhältnis **17** 88
- Kündigung, personenbedingte **43** 436
- Kündigung, verhaltensbedingte **43** 434
- Kündigungsgrund, außerordentlicher **44** 65
- Mankohaftung **17** 99
- Mitverschulden des Arbeitnehmers **17** 106
- Reaktionsmöglichkeiten des Arbeitgebers **17** 84 f.
- Schadensersatz **17** 86

Schleppnetzantrag 4 50
- Rechtsschutzversicherung **3** 195

Schleppnetzfunktion 48 155, 156, 253
Schlichtung
- Streitbeilegung Berufsausbildungsverhältnis **77** 242 f.
- Tarif-/Arbeitskampfrecht **82** 64

Schlichtungsausschuss 1 85
- Anhörung vor **1** 88
- Frist zur Anrufung **1** 87
- Verzicht auf Verfahren vor **1** 86

Schlichtungsspruch, unverbindlicher des Mediators **82** 242

magere Zahlen = Randnummern

Sachverzeichnis

Schlichtungsstelle, Kontrollratsgesetz Nr. 35 82 66
Schlichtungsstelle, tarifliche, Mediation als Alternative zur 82 76 f.
Schlichtungsstellenmitglied, Kündigungsschutz 45 193
Schlichtungsstellenverfahren, Prozesskostenhilfe 76 7
Schlichtungsvereinbarung, Tarifvertrag 69 61
Schlichtungsverfahren
– Prozesskostenhilfe 77 248
– Streitigkeiten auf Grund ArbnErfG 82 143
– Streitigkeiten aus Berufsausbildungsverhältnis 82 148
Schlussformel, Arbeitszeugnis 51 18
Schmähkritik, Auflösungsgrund 48 346
Schmerzensgeld
– Mobbing 34 74
– Persönlichkeitsrechtverletzung 34 82
Schmiergeld
– Anzeigepflicht 33 54
– Herausgabe an Arbeitgeber 33 58
– Kündigung bei Annahme von 33 59
Schmiergeldannahme, Kündigung, verhaltensbedingte 43 448
Schmiergeldverbot 33 54
– strafrechtliche Sanktion 33 56
Schmutzzulage 20 164
Schmutzzuschlag, Mitbestimmungsrecht 23 86
Schöffentätigkeit, Entgeltfortzahlung 24 210
Schöpferprinzip 16 6
– Urheberrecht 16 234
Schornsteinfegerhandwerk, Rechtsquellen 1 58
Schrankkontrolle 34 65
Schriftform
– Geltendmachung mangelnder 48 5
– Kündigung, außerordentliche 44 191
Schriftformklausel
– Arbeitsvertrag 1 35; 10 16
– einfache 10 243
– Inhaltskontrolle 10 243
Schriftformklausel, doppelte 1 35; 10 19, 243, 248
– bei Änderungskündigung 46 64, 65
– Freiwilligkeitsvorbehalt 19 15
Schriftsatz, nachgelassener 77 430
Schriftsatz, vorbereitender, Anordnung 77 391
Schriftsatzform, elektronische Übertragung 1 71
Schriftsatzkündigung 48 107
– Änderungskündigung 46 40
– Aufklärungspflicht 4 16
Schriftstück, internationale Zustellung 48 60
Schuldanerkenntnis, negatives, Ausgleichsquittung 22 21, 26
Schuldbeitritt, Versorgungsverpflichtung 39 1
Schuldbestätigungsvertrag, Rückzahlungsklausel 26 66
Schuldrechtsreform, arbeitsvertragliche Inhaltskontrolle 10 126 f.
Schuldübernahme, befreiende, Versorgungsverpflichtung 39 2 f.
Schulschließung, Kinderbetreuung 24 217, 234

Schulsektor, Abgrenzung Arbeitnehmer/Freier Mitarbeiter 6 34 f.
Schulung
– Entgeltfortzahlung bei Arbeitsunfähigkeit 24 35
– geringfügig beschäftigtes Betriebsratsmitglied 75 53
Schulung Betriebsratsmitglied
– außerhalb Arbeitszeit 62 75
– Entgeltfortzahlung 62 73
– Erforderlichkeit 62 66
– Kostenerstattung 62 64 f., 65, 69
– bei Streik 62 76
– Streitigkeit über Entgeltfortzahlung 62 77
– Verhältnismäßigkeit 62 67
Schulungskosten, Betriebsratsmitglied 62 64 f.
Schutzbedürftigkeit, soziale 6 116
Schutzfähigkeit, Anerkennung bei Erfindung 16 70, 72
Schutzfrist nach Entbindung, Kündigungsschutz 45 2, 13
Schutzfristen, Mutterschutz 34 42
Schutzkleidung 33 26
– Kostentragung 34 141
Schutzpflicht, Vermögensgegenstände, eingebrachte 34 30
Schutzrecht, gewerbliches, Betriebsübergang 53 27
Schutzrechtsanmeldung
– Arbeitnehmererfindung 16 64
– im Ausland 16 73
– Ersatzvornahme 16 67
– Hochschulerfindung 16 182
– im Inland 16 64
– Kostentragung 16 68
Schutzrechtsaufgabe 16 76
– Abgeltung 16 78
Schutzschrift, wettbewerbsrechtliche 32 150
Schutzschriftenregister, elektronisches 77 678
Schutzsystem, Anzeigepflicht bei Defekt 33 37
Schutzvorschriftverletzung, Zurückbehaltungsrecht Arbeitnehmer 34 15
Schwangerschaft s a Kündigung Schwangere, Kündigungsschutz Schwangerschaft
– Akkordarbeit 20 30
– auflösende Bedingung 41 130
– Befragung Bewerber 9 87
– Beginn/Feststellung 45 7
– Begriff 45 6
– Beweislast 45 56
– Entgeltfortzahlung bei Arbeitsunfähigkeit 24 35
– erneute 45 14
– Fehlgeburt nach 12. Schwangerschaftswoche 45 10
– Fragerecht 45 19
– In-vitro-Fertilisation 45 9
– Kenntnis Arbeitgeber 45 16, 19
– Kenntnis, fehlende 45 24
– Krankheit 24 12
– Kündigungsschutz 45 2 f., 4
– Mitteilung, nachträgliche 45 20

3297

Sachverzeichnis

fette Zahlen = Paragrafen

- Nachholung der Mitteilung 45 22
- Nachholung versäumter Mitteilung 45 22
- nachträgliche Klagezulassung 48 204
- Personalfragebogen 45 19
- Tag der voraussichtlichen Niederkunft 45 7, 8
- unabweisbare 45 24
- Unterrichtung bei vorzeitiger Beendigung 33 73
- Unterrichtungspflicht bei Beendigung 45 15
- Vermutung 45 24

Schwangerschaftsabbruch 45 12
- unverschuldete Arbeitsunfähigkeit 24 37

Schwangerschaftsschutzfrist, Entgeltfortzahlung bei Arbeitsunfähigkeit 24 34

Schwarzarbeit 33 96

Schwarze Listen 71 38

Schwarzes Brett, Betriebsrat 62 61

Schwarzgeldabrede 10 7; 33 96

Schweigepflicht s a Geheimhaltungspflicht, Verschwiegenheitspflicht
- Abfindung 30 21
- Abgrenzung zu nachvertraglichem Wettbewerbsverbot 30 39
- Angaben, vertrauliche 30 16
- Arbeitnehmer 30 1 f.
- Arbeitnehmervertreter im Aufsichtsrat 30 72
- Arbeitskampf 30 75
- Arbeitsvertrag 30 19
- Aufhebungsvertrag 30 81
- Betriebsgeheimnis 30 5, 15
- Betriebsinterna 30 18
- Betriebsratsmitglied 30 75
- Datenverarbeitung 30 73
- Diensterfindung 30 72
- Durchsetzung, gerichtliche 30 82
- Einbeziehung von Drittunternehmen 30 22
- Entbindung von ärztlicher 9 111
- Gehalt 30 19
- Geschäftsgeheimnis 30 5, 15
- gegenüber Gewerkschaft 30 75
- Insolvenzsicherung 30 73
- Konzern 30 22
- nachvertragliche 30 33 f., 52, 72
- Offenbarung innerbetriebliche Missstände 30 49 f.
- Personalvertretung 30 74
- Rechtsfolgen Verstoß 30 23 f., 32
- Regelung, arbeitsvertragliche 30 78
- Tatsachen, betriebsbezogene 30 18
- Tatsachen, persönlichkeitsrelevante 30 17
- Verstoß, nachvertraglicher 30 46
- Vertrauensperson Schwerbehinderter 30 76

Schweigepflicht, nachvertragliche, Abgrenzung zu nachvertraglichem Wettbewerbsverbot 32 20

Schweiz, LugÜ II 48 61, 83

Schwellenwert
- Altarbeitnehmer 43 75
- Anzeigepflicht bei Entlassungen 50 21
- Aushilfebeschäftigte 43 77
- Auszubildende 43 76
- Berechnung 43 74
- Beweislast 43 78
- geringfügig Beschäftigte 43 76

- Kündigungsschutz 43 51, 66, 74
- Leiharbeitnehmer 56 57
- Neueinstellung 43 75
- schwankende Beschäftigungszahlen 43 77
- Teilzeitbeschäftigte 43 76
- Unternehmensgröße bei beteiligungspflichtiger Betriebsänderung 56 9

Schwerbehindertenquote, Nichterfüllung 10 77

Schwerbehindertenvertretung
- Abgrenzung Beschluss-/Urteilsverfahren 78 9
- Änderungskündigung 46 44
- Anhörung 45 178 f.
- Anhörung bei Abmahnung 18 26
- Beteiligungsbefugnis Beschlussverfahren 78 38
- bei Betriebsänderung 58 206
- Kündigungsschutz 45 252

Schwerbehinderte/r s a Kündigung Schwerbehinderte, Kündigungsschutz Schwerbehinderte
- Abgeltung Zusatzurlaub 27 211
- Abgrenzung § 8 TzBfG/§ 164 Abs. 5 SGB IX 73 113
- Abgrenzung zu Behinderung 10 73
- Altersrente, vorgezogene 38 96
- Altersteilzeit 74 8
- Änderungskündigung 46 10, 50
- Beschäftigungspflicht 34 53
- Dauer Zusatzurlaub 27 203
- Diskriminierungsverbot 10 75
- Durchsetzung Teilzeitanspruch nach § 164 Abs. 5 SGB IX 73 150
- Einschränkung Direktionsrecht 12 34
- fehlerhafte Einordnung Vertragsverhältnis 7 2
- Geltendmachung Zusatzurlaub 27 207
- Kündigung, außerordentliche 45 167 f., 174
- Kündigung, ordentliche 45 148 f., 161
- Kündigungsschutz 45 123 f.
- leidensgerechte Beschäftigung 24 279
- Mehrarbeit 34 56
- Mindestkündigungsfrist 43 10
- Rechtswegzuständigkeit für Streitigkeiten aus SGB IX 77 138
- Schutzpflichten des Arbeitgebers 34 52 f.
- Teilurlaub Zusatzurlaub 27 206
- Teilzeitanspruch 73 109 f.
- Teilzeitanspruch bei geringfügiger Beschäftigung 75 31
- Teilzeitarbeit 72 6
- Übertragung Zusatzurlaub 27 210
- Umdeutung außerordentliche in ordentliche Kündigung 45 176
- Urlaubsentgelt 27 213
- Urlaubsgeld 27 213
- Vererblichkeit Zusatzurlaub 27 36
- Zusatzurlaub 27 196 f.; 34 56

Schwerbehindertes Betriebsratsmitglied, Kündigung, außerordentliche 45 177

Schwerbehinderung
- Antrag auf Anerkennung 4 61
- Aufklärungspflicht 4 22
- Auflösungsantrag 48 349
- Befragung Bewerber 9 88
- Fragerecht 45 146

magere Zahlen = Randnummern **Sachverzeichnis**

- Gleichgestellte **45** 128
- Kenntnis Arbeitgeber **45** 127, 141 f.
- Offenbarung **45** 147
- Offenbarungspflicht **9** 100
- Prüfungspflicht § 81 SGB IX bei Arbeitnehmerüberlassung **66** 190
- Schwerbehinderteneigenschaft **45** 126
- Sozialauswahl **43** 209; **46** 177, 180
- treuwidrige Berufung auf **45** 145

Scientology 10 66
- Befragung Bewerber **9** 86

Screening, verdachtsunabhängiges 35 256

SE-Betriebsrat
- Anhörung **56** 219; **57** 26
- Beteiligungsrecht bei Betriebsänderung **56** 216 f.; **57** 25
- Existenz **56** 217
- grenzüberschreitende Angelegenheiten **56** 216; **57** 25
- jährliche Unterrichtung **56** 219; **57** 26
- Sicherung Beteiligungsrechte bei Betriebsänderung **57** 127
- Unterrichtung bei außergewöhnlichen Umständen **56** 220; **57** 27
- Unterrichtung bei Betriebsübergang **54** 149, 160
- wirtschaftliche Angelegenheiten **56** 219; **57** 26

Seearbeitsgesetz
- Befristung Urlaubsanspruch **27** 244
- Erkrankung während Urlaub **27** 250
- Geltungsbereich **27** 234
- Landgang **27** 238
- Mitbestimmungsrecht Urlaubsfestsetzung **27** 242
- Ort der Urlaubsgewährung **27** 243
- Reisekosten/-tragung **27** 248
- Teilurlaub **27** 252
- Übertragung Urlaubsanspruch **27** 245
- Urlaubsabgeltung **27** 255
- Urlaubsanspruch **27** 232 f., 235
- Urlaubsanspruch Jugendlicher **27** 239
- Urlaubsdauer **27** 237
- Urlaubsentgelt **27** 251
- Urlaubsgewährung **27** 240

Seearbeitsrecht, Rückforderungsverbot Urlaub **27** 254

Seebetriebsrat 27 242
- Kündigungsschutz **45** 191 f., 192

Selbstablehnung 77 268

Selbständiger, Kündigungsschutz nach KSchG **43** 59

Selbständiger, arbeitnehmerähnlicher 6 115 f.
- Arbeitnehmerähnlichkeit **6** 118
- Befreiung von Rentenversicherungspflicht **6** 119
- Schutzbedürftigkeit, soziale **6** 116
- Statusfeststellung **6** 122

Selbständigkeit
- Abgrenzung, steuerrechtliche **6** 123 f.
- Abgrenzung zu Arbeitnehmer **6** 8
- Anrechnung auf Karenzentschädigung **32** 108, 121

- Begriff nach § 14 Abs. 2 KSchG **48** 353
- Bezeichnung, unmaßgebliche **5** 5
- Ich-AG **6** 106
- inhaltliche Gestaltung **5** 6
- Vertragsabwicklung, tatsächliche **5** 7

Selbstbehalt
- Erhöhungsantrag **22** 69
- bei Pfändung **22** 66

Selbstbestimmungsrecht, Mediation **82** 37

Selbstbeteiligung, Rechtsschutzversicherung **3** 213

Selbstbeurlaubung 27 93
- Kündigung, verhaltensbedingte **43** 453
- Kündigungs-/Ausschlussfrist **44** 180
- Kündigungsgrund, außerordentlicher **44** 77
- während Prozess **27** 307

Selbstdiagnose, Arbeitsunfähigkeit **24** 59

Selbstüberschätzung, Sportausübung **24** 44

Sexuelle Belästigung 33 19
- Kündigung, verhaltensbedingte **43** 439
- Kündigungsgrund, außerordentlicher **44** 61
- Leiharbeitnehmer **66** 186
- Schutz vor **34** 93

Sexuelle Identität, Diskriminierungsverbot **10** 94

Shareholder Value 20 96

shuttle mediation 82 55

Sicherheit, betriebliche, Beeinträchtigung durch Teilzeitarbeit **73** 60

Sicherheitsbeauftragter
- Benachteiligungsverbot **45** 281
- Kündigungsschutz **45** 281
- Unterrichtung Betriebsrat über Besprechung mit **61** 16
- zusätzliche Freistellung **63** 55

Sicherheitsdienstleistung, Arbeitnehmer-Entsendegesetz **68** 61

Sicherheitsgefahr, Anzeigepflicht **33** 37

Sicherheitsingenieur, Kündigungsschutz **45** 276

Sicherheitskennzeichnung 34 17

Sicherheitsleistung, Einstellung Zwangsvollstreckung **77** 487

Sicherheitsüberprüfung, Bewerber **9** 120

Sicherheitsvorkehrung, Missachtung bei Sportausübung **24** 43

Sicherheitswettbewerb, Betriebsvereinbarung, freiwillige **63** 55

Sicherster Weg 4 48
- Grundsatz des **2** 1

Sicherung, Mitbestimmungsrecht **23** 244

Sicherungsverfügung 77 684

sic-non-Fall
- Rechtswegabgrenzung **48** 43, 47, 49
- Zuständigkeit Arbeitsgericht **8** 1

Signatur, elektronische 48 14, 16

Signatur, elektronische 1 71

Sittenwidrigkeit
- Abwerbung **9** 48
- Arbeitsvertrag **10** 11
- Aufhebungsvertrag **49** 347
- Entgelt **19** 4, 49
- Entgelthöhe **19** 40, 49

3299

Sachverzeichnis

fette Zahlen = Paragrafen

- Kündigung, ordentliche **43** 37
- Verhältnis Aktienoption/Festgehalt **20** 103

Skisport 24 41

Skispringen 24 41

Software-Keylogger, Beweisverwertungsverbot **77** 419

Sommerfest, Mitbestimmungsrecht Betriebsrat **23** 14

Sommerzeit, Arbeitszeitverkürzung **14** 63

Sonderausgabenabzug, Entgeltumwandlung nach § 1a BetrAVG **36** 96

Sonderkündigungsschutz
- Amtsinhaber **45** 191 f.
- Änderungskündigung **46** 7, 50
- Anhörung Betriebsrat/Personalrat/Schwerbehindertenvertretung **45** 58, 89
- bei Aufhebungsvertrag **49** 7
- Aufklärungspflicht **4** 21
- Aufklärungspflicht bei Aufhebungsvertrag **49** 106
- Betriebsratsmitglied **45** 191 f., 198
- Checkliste **4** 21; **45** 1
- Datenschutzbeauftragter **45** 268
- Elternzeitberechtigte **45** 59 f.
- Ersatzmitglied **45** 192, 201
- Familienpflegezeit **28** 65, 70
- Familien-Pflegezeitberechtigte **45** 107 f.
- bei Freistellung infolge Pflegefall **28** 56
- Insolvenz **44** 127
- Klagefrist **48** 1
- Mitarbeitervertretung, kirchliche **45** 255
- Mutterschutz **45** 2 f., 4
- Pflegezeitberechtigte **45** 90 f.
- Schwangerschaft **45** 2 f., 4
- Schwerbehinderte **34** 56; **45** 58, 88
- Schwerbehindertenvertretung **45** 252
- Schwerbehinderung **45** 123 f.
- Sozialauswahl bei **43** 192
- Streitwert **3** 64
- Umdeutung außerordentlicher Kündigung bei **44** 208
- Unkündbarkeit, gesetzliche **44** 111
- Unkündbarkeit, tarifliche **44** 112
- Unkündbarkeit, vertragliche **44** 112
- Verhältnis Mutterschutz/Elternzeit **45** 57, 87
- Wehrdienstleistende **45** 232, 258 f.

Sonderleistungen während Elternzeit **28** 18

Sonderurlaub
- Mitbestimmungsrecht **27** 101
- Urlaubsdauer **27** 116

Sonderurlaub, unbezahlter
- Entgeltfortzahlung bei Arbeitsunfähigkeit **24** 34
- Urlaubsanspruch **27** 65

Sondervergütungen, Kürzung bei Entgeltfortzahlung **24** 138

Sondervermögen, Mitbestimmungsrecht **37** 147

Sonderzahlung 20 123 f.
- Aufhebungsvertrag **49** 163 f.
- Mindestlohn, gesetzlicher **19** 38
- Mitbestimmungsrecht **23** 81

Sonderzuwendung, Teilzeitarbeitnehmer **72** 47, 48

Sonntagsarbeit, Urlaubsdauer **27** 114

Sonntagszuschlag 20 164

Sorgfaltspflicht 35 16

Sortenschutzgesetz 16 315

Sozialauswahl 43 174 f.
- Altersdiskriminierung **46** 179
- Altersgruppen **46** 188, 203
- Altersstruktur **43** 225
- Änderungskündigung, betriebsbedingte **46** 173 f.
- Anwendungsbereich **43** 175
- Arbeitgebermandat **4** 100
- Arbeitnehmermandat **4** 67
- Auskunftsanspruch Auswahlentscheidung **43** 238 f.
- Ausnahmeregelung **46** 185
- Austauschbarkeit **43** 179 f.
- Austauschbarkeit angebotener Arbeitsplatz **46** 175
- Auswahlrichtlinie **43** 231 f.; **46** 184
- Auswahlrichtlinien für Kündigung bei Betriebsänderung **58** 31
- Betriebsablaufschwierigkeiten **43** 229
- Betriebsbegriff **43** 184 f.
- Betriebsbezogenheit **43** 184 f.
- Betriebsstilllegung, etappenweise **43** 175
- Betriebsteilübergang widersprechende Arbeitnehmer **43** 202
- Betriebsübergang **43** 190
- betriebsübergreifende **46** 174
- Betriebszugehörigkeitsdauer **43** 205; **46** 177
- Beurteilungsspielraum **43** 212
- Beweislast **43** 240
- Beweislast für betriebliches Interesse für Absehen von **43** 245
- Beweislast für Unrichtigkeit **46** 201
- Daten, unbekannte **43** 210
- Diskriminierung **43** 243
- Ermittlung der Kriterien **43** 210
- Fähigkeiten Arbeitnehmer **43** 218, 222
- fehlerhafte **43** 246
- Fehlerhaftigkeit, grobe **46** 192, 194, 203
- Gewichtung der Kriterien **43** 211
- Gewichtungsmuster **43** 214
- Gleichgestellte **46** 180
- Härte, unbillige **43** 204
- Herausnahme einzelner Arbeitnehmer **43** 216 f.
- Insolvenz **43** 175
- Insolvenzverfahren **46** 181
- Interessen, individuelle **43** 217, 218 f.
- Interessen, strukturelle **43** 217, 225 f.
- bei Interessenausgleich **43** 254, 259
- Kenntnisse Arbeitnehmer **43** 218, 220
- Kriterien **46** 177
- Kriterien, soziale **43** 203 f.
- Kündigung, betriebsbedingte **43** 172 f.
- Lebensalter **43** 206; **46** 177, 179
- Leistungen Arbeitnehmer **43** 218, 221
- Leistungsträger **43** 218; **46** 185
- Massenkündigung **43** 175
- Mitbestimmungsrecht bei Punkteschema **46** 183

magere Zahlen = Randnummern

Sachverzeichnis

- Namensliste 46 189, 190
- Personalstruktur 43 225
- Personenkreis 43 191 f.
- Personenkreis, auswahlrelevanter 43 178, 191 f.; 46 174
- Personenkreis, geschützter 43 192 f.
- Personenkreis, vergleichbarer 43 179 f.
- Prüfung 43 177
- Prüfung Auswahlrichtlinie 46 184
- Prüfung berechtigter betrieblicher Interessen bei Herausnahme 43 223, 224
- Prüfungsmaßstab 46 192
- Punkteschemata 46 182
- Punktschema 43 213
- Schwerbehinderung 43 209; 46 177, 180
- Sonderkündigungsschutz 43 192
- subjektive Determinierung 46 205
- Teilzeitarbeitnehmer 72 69
- Teilzeitbeschäftigte 43 201
- unausgewogene 46 194
- Unterhaltsverpflichtung 43 208; 46 177
- unternehmensübergreifende 46 174
- Unterrichtung Betriebsrat 47 53
- bei Veräußererkündigung 54 181
- Verhältnismäßigkeit 46 195, 196
- Wiedereinstellung 43 176
- Wiedereinstellungsanspruch 34 107

Sozialcharta, europäische 1 10
Soziale Angelegenheit, Streitwert Mitbestimmungsrecht 3 139
Soziale Erwägungen, Arbeitsverhältnis, befristetes 41 92
Soziale Netzwerke, Arbeitnehmerüberwachung 35 223
Sozialeinrichtung
- Ausgestaltung 23 173
- Begriff 23 171; 77 124
- Betrieb durch Dritte 23 177
- Betriebsrat, eigener 23 177
- Betriebsvereinbarung, freiwillige 63 57
- Mitbestimmungsrecht 23 168 f.; 37 145 f., 149
- Rechtswegzuständigkeit für Streitigkeiten gegen 77 123
- selbständige 23 174
- unselbständige 23 176

Soziales Jahr, Rechtswegzuständigkeit für Streitigkeiten der Beteiligten 77 132
Soziales Lernen, innerbetriebliche Mediation 82 317
Sozialgericht
- Klage bei Statusfeststellung im Anfrageverfahren 8 28
- Zuständigkeit 22 86
Sozialgerichtsbarkeit, Rechtswegzuständigkeit 77 48
Sozialleistung, Flexibilisierung durch Betriebsvereinbarung 25 74
Sozialleistungsanspruch, Pfändbarkeit 22 63
Sozialplan
- Abfindungsregelung für Arbeitsplatzverlust 58 79
- Ablösungsprinzip 58 158

- Änderung 58 158
- Anfechtung Einigungsstellenbeschluss 58 156
- Anhörung Betriebsrat 58 174, 175
- Anrufung Einigungsstelle 57 63
- Ansprüche Arbeitnehmer aus 58 57
- Arbeitnehmerrechte 58 173
- Arbeitsmarktsituation 58 152
- Arten 58 63
- Ausgleich/Milderung wirtschaftlicher Nachteile 58 76
- Ausgleichsleistung bei Betriebsverlegung 58 108
- Ausgleichsleistung für Versetzung auf geringerwertige Stelle 58 105
- Ausgleichsleistungen für sonstige Nachteile 58 104 f.
- Befristung 58 165
- begünstigter Personenkreis 58 115
- Belange der betroffenen Arbeitnehmer 58 151
- beschäftigungsfördernder 58 140 f.
- Beteiligung Amt für Arbeitssicherheit 58 180
- Beteiligung Integrationsamt 58 179
- Betriebsänderung 57 54 f.
- betriebsbedingte außerordentliche Kündigung 44 118
- Betriebsvereinbarung, freiwillige 58 160
- Bindungswirkung Abfindungsregelung 49 196
- Dauersozialplan 58 69
- Drittwirkung 58 162
- Durchführungsanspruch 58 159
- Eigenkündigungen 58 120
- Einigungsstellenverfahren 57 76, 78
- Erfassung Aufhebungsvertrag 49 134
- Ermessensschranken 58 150 f.
- Ermessensüberschreitung/-nichtgebrauch 58 156
- erzwingbarer 58 64, 66
- Förderungsmöglichkeiten gem. SGB III 58 153
- Form 58 61
- Formulierungsmuster 58 62
- freiwilliger 58 67
- Freiwilligkeitsprivileg 58 73
- Inhalt 58 74 f.
- nach Insolvenzeröffnung 58 169, 171
- vor Insolvenzeröffnung 58 169, 170
- Kompensation für Verlust von Vergütungsansprüchen 58 101
- Kündigung, außerordentliche 58 167
- Kündigung, ordentliche 58 166
- Kündigung, sonstige 58 118
- Laufzeit 58 163
- Leistung, beschäftigungsfördernde 58 58
- Leistungsausschlüsse/-einschränkungen 58 117 f.
- Leistungsdauer Ausgleichsleistung 58 111
- Leistungsober-/Kappungsgrenzen 58 124
- Massenkündigung 58 176
- mediative Konfliktlösung 82 87
- Nachteil infolge Betriebsänderung 58 77
- Personalabbau unter Schwellenwerten 58 73
- Qualifizierungssozialplan 58 148
- Rahmensozialplan 58 71

3301

Sachverzeichnis

fette Zahlen = Paragrafen

- Rechtswirkung **58** 157
- Regelungsinhalt **58** 57 f.
- Rubrum **58** 61
- Scheitern der Verhandlungen **57** 61
- Sprinterklausel **58** 113
- Steuerungsfunktion **58** 75
- Stichtagsregelung **58** 101, 102, 122
- Streitwert **3** 151
- Teilzeitarbeitnehmer **72** 85
- Transfersozialplan **58** 140 f.
- Treueprämie **58** 114
- Turboprämie **58** 112
- Überbrückungsleistung **58** 59
- Umsetzung **58** 172 f.
- Verhandlung, getrennte mit Interessenausgleich **57** 57
- Verhandlung, gleichzeitige mit Interessenausgleich **57** 56
- Verhandlungen bei Betriebsänderung **57** 54 f., 59
- Vermittlung des Vorstands der Bundesagentur für Arbeit **57** 62
- Verzicht **58** 161
- vorsorglicher **58** 68
- Wechselwirkung, unzulässige **57** 58
- Wegfall der Geschäftsgrundlage **58** 168
- wirtschaftliche Vertretbarkeit **58** 154
- Zweck **58** 57
- Zweckerreichung **58** 164

Sozialplanpflicht, Unternehmen, junges **56** 222

Sozialplanprivileg, Unterrichtungspflicht bei Betriebsübergang **55** 47

Sozialplantarifvertrag **70** 36

Sozialplanverfahren nach Insolvenzeröffnung **57** 91

Sozialrecht
- Arbeitnehmerüberlassung **66** 188
- Aufklärungspflicht bei Aufhebungsvertrag **49** 98, 119

Sozialstaatsprinzip **1** 14

Sozialverhalten, Arbeitszeugnis **51** 14

Sozialversicherung
- Abfindung Aufhebungsvertrag **49** 222 f.
- Abmeldung Arbeitnehmer bei beendetem Arbeitsverhältnis **52** 18
- Amtsermittlungsgrundsatz **6** 105
- Anfrageverfahren zur Statusfeststellung **8** 17 f.
- Anwesenheitsprämie **20** 184
- Arbeitnehmerüberlassung **66** 193
- arbeitsvertragliche Entsendung **11** 121, 190
- Arbeitszeitkonten **14** 107
- Auslandstätigkeit **11** 163 f.
- Ausstrahlung **11** 167, 183
- Beitragsentrichtung zur **34** 144
- Beschäftigungslandprinzip **11** 171
- bilaterale Abkommen **11** 169, 182
- Brexit **11** 220
- Einstrahlung **11** 167, 189
- Entsendung außerhalb EU **11** 183
- Entsendung innerhalb EU **11** 170
- Entsendung mit Ruhensvereinbarung **11** 192
- Entsendung mit Zusatzvereinbarung **11** 191
- Entsendungsbegriff **11** 174
- Erfindervergütung **16** 81
- fehlerhafte Einordnung **7** 14 f.
- Geschäftsführer **80** 32
- Gleitzone **75** 58 f.
- Karenzentschädigung **32** 126
- Meldepflicht bei Aufnahme Arbeitsverhältnis **10** 329
- Meldepflichten gegenüber **34** 156, 157
- Naturalvergütung **20** 25
- Rechtswegzuständigkeit **77** 50
- Status des Arbeitnehmer bei Freistellung **24** 322 f.
- Territorialitätsprinzip **11** 165
- Urlaubsabgeltung **27** 180
- Vorstandsmitglied **81** 8
- zwischenstaatliches Recht **11** 168

Sozialversicherungsabkommen, Nachweis Arbeitsunfähigkeit **24** 74

Sozialversicherungsabkommen, bilaterale **11** 169, 182

Sozialversicherungsbeitrag
- Einbehalt vom Bruttoentgelt **19** 67
- Nachentrichtung bei fehlerhafter Einordnung Vertragsverhältnis **7** 14
- Nachentrichtungsvereinbarung **7** 20
- Rückgriff des Arbeitgebers **7** 18
- Säumniszuschlag **7** 17
- Schuldner **19** 68
- Verjährung **7** 15
- Vorenthalten/Veruntreuen **7** 29

Sozialversicherungspflicht, Abfindung **48** 391

Sozialversicherungsrecht
- Abgrenzung Arbeitnehmer/Freier Mitarbeiter **6** 102
- Abgrenzung Arbeitsverhältnis/Freie Mitarbeit **5** 10
- Geschäftsführer GmbH **6** 111
- Rechtsquellen **1** 64

Sozialversicherungsrente, Pfändbarkeit **22** 63

Sozialversicherungsträger, Regress **17** 136

Sozialversicherungsvorbehalt, Versorgungszusage **37** 128

Sozialwidrigkeit
- Auflösungsantrag bei sozialwidriger ordentliche Kündigung **48** 311
- Beurteilungszeitpunkt **43** 99
- Feststellinginteresse **48** 173
- Gleichbehandlung/AGG **43** 94
- Interessenabwägung **43** 93
- Kündigung **48** 238 f., 243, 247
- Kündigung, ordentliche **43** 89 f.
- Nachschieben Kündigungsgrund **48** 247, 249
- Wiedereinstellungsanspruch **43** 103

Sozietät
- Haftung, deliktische **2** 65
- Haftung, vertragliche **2** 64

Sozietätswechsel, Tätigkeitsverbot bei **2** 15

Spaltung
- Abgrenzung Umwandlung/Betriebsänderung **56** 70
- Abgrenzung zu Bagatellausgründung **56** 69

Sachverzeichnis

- Beteiligung Betriebsrat 56 100
- beteiligungspflichtige Betriebsänderung 56 68
- Betriebsübergang 53 81
- Firmentarifvertrag bei Betriebsübergang 54 73
- Haftung bei 54 134
- Unterrichtung Wirtschaftsausschuss 56 157
- Versorgungsschuldner 39 40
- Zuordnung Arbeitsverhältnisse 53 54
- Zuordnungsliste gem. § 323 Abs. 2 UmwG 58 36

Spannensicherungsklausel 20 176
Spannungen, betriebliche, Auflösungsgrund 48 341
Spannungsklausel 71 25
Spätehenklausel 37 57
Spediteur, Abgrenzung Arbeitnehmer/Freier Mitarbeiter 6 70
Spendensammlung, Betriebsrat 62 1, 3
Sperrabrede 9 52
- Verbot der 33 65

Sperrfrist
- Abkürzung 50 67
- Berechnung 50 62
- Dauer 50 66
- Entlassung, anzeigepflichtige 50 61
- Rechtsfolgen 50 74
- Regelsperrfrist 50 66
- Verfahren der Agentur für Arbeit 50 72
- Verlängerung 50 71
- Zulassung Kurzarbeit 50 60, 79 f.

Sperrpatent, Erfindungswert 16 128

Sperrzeit
- Arbeitslosengeld 49 436
- Aufklärungspflicht 4 82

Sperrzeiten, Aufhebungsvertrag 49 10
Spesenabrechnung, falsche 43 448
Spesenbetrug, Kündigungsgrund, außerordentlicher 44 79

Spezialitätsprinzip
- Rechtsquellen 1 68
- Tarifkollision 68 195
- Tarifkonkurrenz 68 187

Sphärentheorie, Arbeitnehmererfindung 16 14
Spielbank, Trinkgeldaufkommen 20 24
Spindkontrolle, heimliche 43 347
Spitzenorganisation, Tariffähigkeit 69 15

Sport
- Befristung Arbeitsverhältnis 41 70
- Rechtsquellen 1 60

Sportart
- Ausübungsort, ungeeigneter 24 43
- gefährliche 24 40
- nicht gefährliche 24 41

Sportausübung
- Missachtung Sicherheitsvorkehrung 24 43
- Regelverstoß, grober 24 43
- Selbstüberschätzung 24 44

Sportgerät, ungeeignetes/defektes 24 43
Sportler, Abgrenzung Arbeitnehmer/Freier Mitarbeiter 6 76
Sportreporter, Abgrenzung Arbeitnehmer/Freier Mitarbeiter 6 47

Sporttrainer, Befristung Arbeitsverhältnis 41 70
Sportunfall, Arbeitsunfähigkeit, verschuldete 24 39 f.
Sprachkenntnisse, Diskriminierungsverbot 10 50 f.
Sprecher, Abgrenzung Arbeitnehmer/Freier Mitarbeiter 6 47

Sprecherausschuss
- Anhörung bei Änderungskündigung Leitender Angestellter 46 44
- Beteiligung bei Massenentlassung 50 35
- Beteiligungsrecht bei Betriebsänderung 56 4, 180 f.; 57 29, 31
- Existenz 56 181
- Informationspflicht Ermittlungsmaßnahmen 35 165
- Sicherung Beteiligungsrechte bei Betriebsänderung 57 127
- Unterrichtung bei Betriebsübergang 54 149, 160
- Unterrichtung, halbjährliche 56 182, 183; 57 30
- Vereinbarung betrieblicher Altersversorgung 36 47
- Vereinbarungen bei Betriebsübergang 54 62
- wirtschaftliche Angelegenheit 56 183; 57 30

Sprecherausschussmitglied, Kündigungsschutz 45 193
Sprinterklausel, Sozialplan 58 113
Spruch, Einigungsstellenverfahren 64 41, 44
Spruchanfechtung, Streitwert 3 134
Sprungrechtsbeschwerde 78 109
Sprungrevision 77 594
Staffelung, Rückzahlungsklausel 26 58
Stammhausbindungsvertrag 11 26
Standortgarantie, Interessenausgleich 58 29
Standortsicherungsvertrag, Interessenausgleich 58 29
Stasi-Tätigkeit 10 67
- Befragung Bewerber 9 67
- Kontakte, verschwiegene 43 399

Statistik
- Beratung, außergerichtliche 1 3
- Diskriminierungsverbot 9 7; 10 61
- Verfahren, gerichtliche 1 1

Statistisches Bundesamt, Lebenshaltungskostenindex 38 122
Status Quo, betriebliche Alters-/Personalstruktur 43 225

Statusfeststellung
- Anfrageverfahren, sozialversicherungsrechtliches 8 17 f.
- Anrufungsauskunft, steuerrechtliche 8 33
- aufschiebende Wirkung von Widerspruch/Klage 8 29
- Rechtsmittel 8 28

Statusklage, Streitwert 3 101

Statuswechsel
- betriebliche Altersversorgung 36 15
- Unverfallbarkeitsfrist 38 28

Steinmetz-/Steinbildhauerhandwerk, Rechtsquellen 1 59

Sachverzeichnis

fette Zahlen = Paragrafen

Stellenanzeige
- Verdienstmöglichkeiten **34** 116
- Zurechnung **9** 34

Stellenausschreibung
- Benachteiligung, mittelbare **9** 12
- Benachteiligungsmerkmale **9** 4
- Beweislast Benachteiligungsmerkmale **9** 5
- Diskriminierungsverbot **9** 4
- externe **9** 3
- Gefahr prozessualer Nachteile **9** 5
- geschlechtsneutrale **10** 65
- interne **9** 3, 39
- interne (Formulierungsmuster) **9** 40
- Muttersprachler **10** 49, 50
- Teilzeitarbeitsplatz **9** 35
- Zurechnung **9** 34

Stellenausschreibung, unterbliebene, Zustimmungsverweigerungsrecht Betriebsrat **10** 319

Stellensuche 9 41 f.
- Abwerbung **9** 47 f.
- Bewerbungskosten **9** 45
- Freizeitgewährung zur **9** 42, 43
- Vorstellungskosten **9** 45

Stellenumwandlung, betriebsbedingte Kündigung im Öffentlichen Dienst **43** 309

Stellungnahme Betriebsrat
- Absehen von **47** 74
- Anhörung betroffener Arbeitnehmer zu beabsichtigter Kündigung **47** 93
- zur Unterrichtung bei Kündigungen **47** 71

Sterbebegleitung, Freistellung Pflegezeitberechtigte **45** 101

Sterbegeld 36 68; **37** 55

Sterbewahrscheinlichkeit, Ermittlung Wertgleichheit bei Direktzusage **36** 85

Sterilisation, unverschuldete Arbeitsunfähigkeit **24** 37

Steuer
- Einbehalt vom Bruttoentgelt **19** 67
- Naturalvergütung/Sachbezug **20** 26

Steuerbegünstigung, Entschädigung nach §§ 24, 34 EStG **49** 216 f., 219

Steuerberater, Abgrenzung Arbeitnehmer/Freier Mitarbeiter **6** 78

Steuerfreibetrag, Abfindung **48** 387

Steuerrecht
- Anrechnung ausländischer Einkommensteuer **11** 205
- Anrufungsauskunft **8** 33
- Arbeitnehmerbegriff **6** 123
- Arbeitnehmerüberlassung **66** 198
- Aufklärungspflicht bei Aufhebungsvertrag **49** 100, 119
- Auslandsberührung **11** 193 f.
- Auslandstätigkeit **11** 193 f.
- Auslandstätigkeitserlass **11** 206
- Besteuerung bei fehlendem DBA **11** 204
- DBA **11** 197
- Einordnung einfacher Tätigkeiten **6** 130
- Entgeltumwandlung nach § 1a BetrAVG **36** 96
- Entsendung ins Ausland **11** 139, 194 f., 197
- Entsendung nach Deutschland **11** 207

- fehlerhafte Einordnung Vertragsverhältnis **7** 23 f.
- Indizwirkung Arbeits-/Sozialversicherungsrecht **6** 128
- Karenzentschädigung **32** 126
- Qualifikation Beschäftigungsverhältnis **5** 13
- Quellenprinzip **11** 196
- Rechtsquellen **1** 63
- Tätigkeit, nichtselbständige **6** 125, 126
- Tätigkeit, selbständige **6** 124, 127
- Territorialitätsprinzip **11** 196
- Unternehmerrisiko **6** 129
- Welteinkunftsprinzip **11** 196

Steuerschaden bei verspäteter Zahlung **22** 117

Steuerschuldner, Abfindung/Entschädigung **49** 220

Steuerverzögerungsschaden 22 117

Stichentscheid-Verfahren, Erfolgsaussicht Rechtsschutzsache **3** 238

Stichprobenprinzip, Kontrolle **33** 24, 25

Stichtagsklausel, Betriebstreueleistung **20** 137

Stichtagsregelung
- Betriebstreue **10** 206
- Inhaltskontrolle **10** 204, 205 f.
- Jahressonderzahlung **20** 148, 149
- Sozialplan **58** 101, 102, 122
- tarifvertragliche **70** 22
- Vergütung, zielorientierte **20** 81, 84

Stilllegung
- Betrieb **45** 242
- Betriebsabteilung **45** 246

Stock Options Plan 20 94 f.

Störfallbeauftragter, Kündigungsschutz **45** 272

Störung, Anzeigepflicht **33** 38

Störung, betriebliche, Abmahnung **18** 13

Störung der Geschäftsgrundlage s a Wegfall der Geschäftsgrundlage
- Zielvereinbarung **20** 88

Strafanzeige
- gegen Arbeitgeber **43** 358
- Arbeitnehmer gegen Arbeitgeber **30** 63
- gegen Arbeitnehmer/Mitarbeiter **43** 362
- Drohung mit **49** 383
- Kündigung, verhaltensbedingte **43** 358
- Kündigungsgrund **30** 60
- Kündigungsgrund, außerordentlicher **44** 66
- leichtfertige **30** 60; **35** 147
- vorherige innerbetriebliche Anzeige **30** 61

Strafe, Haftung des Arbeitgebers **34** 33

Strafhaft
- Kündigung, personenbedingte **43** 513
- Kündigungsgrund, außerordentlicher **44** 39

Strafrecht
- Datenerhebung/-verarbeitung/-nutzung, unerlaubte **35** 291
- fehlerhafte Einordnung Scheinselbständigkeit **7** 29

Straftat
- Kündigung, verhaltensbedingte **43** 440, 447
- Verhalten, außerdienstliches **33** 81

Straftatbestand, Kündigung, außerordentliche **44** 31

magere Zahlen = Randnummern **Sachverzeichnis**

Strafverfahren
– Abwarten bei Verdachtskündigung 44 153
– Formulierungsmuster Mitteilung des Abwartens 44 155
Strafverfolgung, Geheimnisverrat 30 26
Strafversprechen, unselbständiges 17 44
Strahlenschutzbeauftragter, Kündigungsschutz 45 275
Straßenreinigung, Arbeitnehmer-Entsendegesetz 68 61
Straßenverkehrsordnung, Verletzung 24 46
Streik
– Urlaubsentgelt 27 157
– Vergütungsanspruch bei 24 266
Streikarbeit
– ausgelagerte 12 28
– direkte 12 26
– indirekte 12 28
Streikbrecher 24 265
Streikteilnahme, Verhältnis zu Arbeitsunfähigkeit 24 32
Streikunterstützung, Rückzahlungsklausel 68 11
Streitbeilegung, vorgerichtliche, Berufsausbildungsverhältnis 77 242 f.
Streitgegenstand 4 49
– Änderungsschutzklage 46 119 f.
– Arbeitsgericht 48 43
– Bestimmung im Prozess 4 65
– Kündigungsschutzklage 48 148
Streitgegenstandsbegriff
– punktueller 46 121
– zweigliedriger 46 120; 48 148
Streitigkeit
– Arbeitnehmererfindung 16 188 f.
– Entgeltfortzahlung Betriebsratsmitglied bei Schulung 62 77
– über Kosten Betriebsratstätigkeit 62 36, 62, 77
Streitigkeit, individualrechtliche, Mediation als Alternative 82 102 f.
Streitigkeit, kollegiale, Störung Betriebsfrieden 43 389, 391
Streitwert 3 30 f.
– Abfindung 3 31
– Abmahnung 3 33; 18 57
– Abrechnung 3 34
– Altersteilzeit 3 40
– Änderungskündigung 3 35
– Anfechtung Betriebsratswahl 3 128
– Arbeitsbescheinigung 3 42
– Arbeitsleistung 3 43
– Arbeitspapiere 3 45
– Arbeitsvergütung Bestandsstreitigkeit 3 76
– Arbeitszeugnis 3 125
– Aufgabenentziehung 3 48
– Auflösung Betriebsrat 3 130
– Auflösungsantrag 3 49; 48 398
– Aufrechnung 3 51
– Auskunft 3 55
– Ausschluss Betriebsratsmitglied 3 131
– Befristung 3 56, 59
– Beschäftigung 3 57
– Beschlussverfahren 3 127 f.; 78 134

– Beschwerdewert Berufung 77 497 f., 503
– Bestandsstreitigkeit 3 59 f.
– Bestellungsverfahren Einigungsstelle 3 133; 64 26
– Betriebsratsschulung 3 150
– Betriebsübergang 3 80
– Betriebsvereinbarung 3 132
– Darlehen 3 81
– Dienstwagen 3 82
– Direktionsrecht 3 115
– Drittschuldnerklage 3 84
– Eingruppierung 3 85
– Eingruppierungsklage 22 127
– Einigungsstelle 3 133
– Einsicht Gehaltsliste 3 135
– Entschädigung 3 89
– Festsetzung 77 725 f.
– Feststellungsantrag 3 39
– Feststellungsklage 3 90; 22 128
– Feststellungsklage, negative 22 128
– Freistellung 3 91
– Freistellung Betriebsratsmitglied 3 137
– Gerichtsgebühren 77 732
– Herausgabeanspruch 3 92
– Hinweispflicht 2 4
– Hinzuziehung Sachverständiger 3 149
– Karenzentschädigung 3 117
– Klagehäufung 3 65, 94
– Klagezulassung, nachträgliche 3 98
– Kündigung 3 59 f.
– Kündigungsschutzklage mit Klage auf Lohn 22 129
– Kündigungsschutzprozess 48 398
– Leistungen, wiederkehrende 3 120
– Leistungsklage 3 96; 22 127
– Mitbestimmung in Personalangelegenheit 3 141
– Mitbestimmung in sozialer Angelegenheit 3 139
– Mitbestimmung in wirtschaftlicher Angelegenheit 3 146
– Nachweisgesetz 3 99
– nichtvermögensrechtliche Streitigkeit 3 100
– Rechtsanwaltsgebühren 77 741
– Rechtsmittel 77 727
– Sachmittel Betriebsrat 3 148
– Sonderkündigungsschutz 3 64
– Sozialplan 3 151
– Spruchanfechtung Einigungsstelle 3 134
– Statusklage 3 101
– Streitigkeit, nichtvermögensrechtliche 3 100
– Stufenklage 3 102
– Teilzeitanspruch 3 103; 73 144
– Unterlassung 3 104
– Unterlassungsanspruch Betriebsrat 3 152
– Urlaub 3 105
– Urteilsstreitwert 77 727
– Verfügung, einstweilige 3 88
– Verfügung, einstweilige betriebsverfassungsrechtliche 3 136
– Vergleich 3 108
– Vergleichsmehrwert 3 112b

3305

Sachverzeichnis

fette Zahlen = Paragrafen

- Vergütungsklage **22** 127
- Versetzung **3** 114
- Weisungsrecht **3** 115
- Weiterbeschäftigungsanspruch **3** 116
- wettbewerbsrechtlicher Unterlassungsanspruch **31** 46
- Wettbewerbsverbot **3** 117
- Wettbewerbsverstoß **32** 149, 158
- Wiedereinstellungsanspruch **3** 119
- Wirtschaftsausschuss **3** 153
- Zahlungsklage **3** 96
- Zustimmung Integrationsamt **3** 64, 93
- Zutrittsrecht Betriebsrat **3** 154

Streitwertfestsetzung, Einwendungen Rechtsschutzversicherung **3** 246
Stromausfall, Betriebsrisiko **24** 334
Stromlieferung, Deputat **20** 23
Studiendarlehen, Abbau, ratierlicher **26** 44
Studienkosten, duale, Rückzahlungsklausel **26** 46
Studium, befristetes Arbeitsverhältnis im Anschluss an **41** 54 f., 56

Stufenklage
- Auskunft/Rechnungslegung **22** 109
- Formulierungsmuster Verzugszinsen **22** 114
- Streitwert **3** 102

Stufentarifvertrag 68 26
Stuhlurteil 77 433
Stundensatz Zeithonorar, Angemessenheit **3** 12
Stundungsvergleich, Insolvenzsicherung **38** 161
Subunternehmervertrag, Abgrenzung zu Arbeitnehmerüberlassung **65** 8 f.
Suicidversuch, Arbeitsunfähigkeit **24** 55
Suizid, Ankündigung **43** 389, 447
Supervision, Konfliktbewältigungsmethode **82** 29

Suspendierung
- ungerechtfertigte **48** 331
- Vergütungsanspruch bei **24** 283
- Vorstandsmitglied **81** 65

Suspensiveffekt, Statusfeststellung im Anfrageverfahren **8** 29
Systemadministrator, Zugriff, unerlaubter **44** 56

Tageshilfen, Geringfügige Beschäftigung **75** 18
Tankwart, Abgrenzung Arbeitnehmer/Freier Mitarbeiter **6** 100
Tantieme 20 40
- Abgrenzung zu betrieblicher Altersversorgung **36** 60
- Aufhebungsvertrag **49** 155 f.
- Fehlzeiten, krankheitsbedingte **20** 77
- Regelung bei Teilzeitarbeit **73** 76

Tarifanwendung
- Betriebliche Übung **1** 29
- Gleichbehandlungsgrundsatz **1** 29

Tarifautonomie 67 7; **68** 148
- Grenze durch TVG **70** 38
- kollektive Koalitionsfreiheit **71** 31
- Regelungsschranken **70** 34
- Schranken **70** 14
- Schutzbereich Art. 9 Abs. 3 GG **70** 37
- Tarifverantwortung **70** 40

Tarifbindung
- Arbeitsortprinzip **68** 59
- kongruente **54** 88
- nachträglicher Eintritt beidseitiger **54** 90

Tarifeinheitsgesetz 68 195 f.
Tariffähigkeit 69 6 f.
- Arbeitgeber **68** 29
- Begriff **69** 6
- Beschlussverfahren bei Streitigkeiten über **78** 121
- Durchsetzungskraft **69** 13
- Feststellung **69** 8

Tarifgebundenheit 68 1 f.
- Arbeitgeber **68** 28 f.
- arbeitsvertragliche Bezugnahme **68** 76 f., 77
- Beendigung **68** 10
- Beginn **68** 9
- besondere **69** 52
- betriebliche Tarifnormen **68** 33
- Betriebsnormen **69** 48
- Betriebsübergang **68** 30, 72
- betriebsverfassungsrechtliche Normen **69** 51
- betriebsverfassungsrechtliche Tarifnormen **68** 33
- Nachbindung **68** 16 f.
- Nachwirkung **68** 27, 168 f.
- kraft Verbandsmitgliedschaft **68** 4

Tarifgeltung 68 1 f.
- Checkliste **68** 2
- Feststellungsklage **68** 1

Tarifgemeinschaft 69 18

Tarifklausel
- deklaratorische **69** 64
- konstitutive **69** 64

Tarifkollision 68 183 f.
- Beschlussverfahren bei **78** 124
- Mehrheitsprinzip **68** 195 f.
- Rechtsfolgen **68** 205
- Spezialitätsgrundsatz **68** 195
- Streitigkeit **68** 209
- Tarifeinheitsgesetz **68** 195 f.

Tarifkonkurrenz 68 184
- Spezialitätsgrundsatz **68** 187

Tarifmacht
- Delegation **70** 42
- Gemeinwohlbindung **70** 40

Tarifnorm
- Altersgrenzen **70** 20
- arbeitsgerichtliches Verfahren **70** 2
- Beweislast **70** 5
- Diskriminierungsverbot **70** 19, 26
- equal-pay/equal-treatment **70** 32
- Feststellungsklage, abstrakte **70** 8
- Feststellungsklage § 9 TVG **70** 6
- Gleichbehandlungsgrundsatz **70** 21, 24, 26
- Grundrechtsbindung **70** 17 f.
- Günstigkeitsprinzip **70** 13, 44 f.
- Mindestarbeitsbedingungen **70** 44 f.
- Öffnungsklausel **70** 13, 56
- Pauschalleistungen **70** 22
- Regelungsschranken **70** 34 f.
- Stichtagsregelungen **70** 22

magere Zahlen = Randnummern   **Sachverzeichnis**

- Ungleichbehandlung Teilzeitbeschäftigte 70 21, 26
- Unmittelbarkeit 70 9
- Verhältnis zu Gemeinschaftsrecht 70 16
- Verhältnis zu Gesetzesrecht 70 27
- Verwirkungsverbot 70 66
- Verzichtsverbot 70 62
- Wegfall der zwingenden Wirkung 70 60
- Wirkung, normative 70 1
- Wirkung, zwingende 70 10, 43 f.

Tariföffnungsklausel 70 11, 51 f.
- Abgrenzung von Bestimmungsklausel 70 57
- § 14 Abs. 2 Satz 3 TzBfG 41 44

Tarifpluralität 68 190

Tarifrecht
- Aufklärungspflicht bei Aufhebungsvertrag 49 108
- Mediation als Alternative im 82 61 f., 71
- Schiedsverfahren 82 67
- Schlichtungsverfahren 82 64
- Verwirkungsverbot 70 66
- Verzichtsverbot 70 62

Tarifregister 1 29; 69 34, 37
Tarifsozialplan, Streit um 57 129
Tarifverantwortung 70 40
Tarifvertrag 69 1 ff.
- Abgrenzung zu sonstigen Vereinbarungen der Tarifvertragsparteien 69 63
- Ablauf 68 173
- Ablehnung Teilzeitarbeit 73 70
- Ablösung betriebliche Altersversorgung 40 44, 65 f.
- Ablösung durch Betriebsvereinbarung des Erwerbers 54 93
- Ablösung durch Tarifvertrag des Erwerbers bei Betriebsübergang 54 86
- Ablösungsprinzip 68 162
- Abschlussnormen 69 46
- Abtretungsausschluss 22 36
- AGB 10 132
- Aktienoptionen 20 98
- Allgemeinverbindlicherklärung 68 34, 38 f.
- Allgemeinverbindlichkeitserklärung 1 25
- Altersgrenze 49 69
- Altersteilzeitanspruch 74 9
- Altersteilzeitvertrag 74 40
- Anwesenheitsprämie 20 184
- Arbeitnehmerschutzprinzip 69 85
- Arbeitskampfregelung 69 61
- arbeitsvertragliche Bezugnahme 68 76 f.
- Arbeitszeitdauer 14 39
- Aufklärungspflicht 4 7
- bei Auflösung des Verbandes 68 15, 19
- Aushang/Auslegung 69 33
- Auslegung 69 62 f.
- Auslegung, ergänzende 69 87
- Auslegung, gesetzeskonforme 69 83
- Auslegung normativer Teil 69 67
- Auslegung schuldrechtlicher Teil 69 89
- Auslegung Sinn/Zweck der Tarifnormen 69 75
- Auslegung Tarifgeschichte 69 79

- Auslegung tariflicher Gesamtzusammenhang 69 76
- Auslegung Tarifnormen 69 66
- Auslegung Tarifübung 69 81
- Auslegung Wille der Vertragsparteien 69 75
- Auslegung Wortlaut 69 71
- Auslegungsergebnis, praktikables 69 84
- Auslegungskriterien 69 69
- Auslegungsmittel 69 68
- Auslegungsstreitigkeit 69 88
- Ausschluss ordentlicher Änderungskündigung 46 52 f.
- Ausschluss Schiedsgericht 48 13
- Ausschlussfrist Entgeltfortzahlung 24 178
- Ausschlussfristen 70 67, 68 f.
- Ausschluss-/Verfallfrist 22 139
- Auswahlrichtlinie Sozialauswahl 43 231 f., 234
- Auswirkung Betriebsübergang 54 63 f.
- Bedeutung 67 7
- Beendigung 68 161
- Beendigungsnormen 69 47
- Befristungsvereinbarungen 41 111
- Beginn Tarifnormwirkung 68 159
- Begriff 1 27
- Beseitigung Nachwirkung 68 160
- betriebliche Altersversorgung 36 48 f.
- Betriebsnormen 69 48
- betriebsverfassungsrechtliche Normen 69 51
- Bezugnahmeklausel 10 232
- Bezugnahmeklausel, arbeitsvertragliche 54 94
- Billigkeitskontrolle 70 2
- Checkliste Anspruchsprüfung 67 15
- Checkliste Zusammenkommen 69 3
- Compliance-Richtlinie 35 48
- deklaratorische Tarifklausel 69 64
- Direktionsrecht 25 11
- Durchführungspflicht 69 60
- Effektivklausel 20 176
- Eingruppierung 21 9, 10
- Einschränkung Nebentätigkeit 33 103
- Einwirkungspflicht 69 60
- Entgelt 19 5
- Entgeltfortzahlungsregelung 24 158
- Entgelthöhe 19 24
- Entgeltumwandlung, automatische 36 89
- Entgeltumwandlung betriebliche Altersversorgung 36 49, 54
- Erweiterung Direktionsrecht 12 36, 48
- Feststellung Bestehen/Nicht- 69 5
- Feststellungsklage § 9 TVG 70 6
- Flexibilisierung Arbeitsbedingungen 25 70 f.
- Form 69 31
- Fortgeltung kraft Anordnung bei Betriebsübergang 54 75 f.
- Friedenspflicht 69 57
- Fundstellen/Einsicht 69 36
- Funktion 1 28
- Geltungsbereich 68 147 f.; 69 65
- Geltungsbereich bei Mischbetrieb 68 156
- Geltungsbereich, betrieblicher 68 154
- Geltungsbereich, branchenmäßiger 68 154

3307

Sachverzeichnis

fette Zahlen = Paragrafen

- Geltungsbereich, persönlicher **68** 149
- Geltungsbereich, räumlicher **68** 152
- Geltungsbereich, zeitlicher **68** 158
- Gemeinsame Einrichtungen **69** 53
- geringfügig Beschäftigter **75** 55
- gewillkürter Betriebsrat **59** 21, 28
- Gleichheit der Regelungsgegenstände bei Betriebsübergang **54** 91
- Grenzen Vertragsfreiheit **10** 124
- Grundsatz der Spezialität **68** 187
- Grundsatz der Tarifeinheit **68** 191
- Gruppenbildung **70** 23
- Günstigkeitsprinzip **70** 44 f.
- Günstigkeitsvergleich **70** 48
- Haustarifvertrag Fernsehveranstalter **1** 46
- Herauswachsen aus Geltungsbereich **68** 175, 180
- Inhalt **69** 42 f.
- Inhaltskontrolle **10** 148; **70** 2
- Inhaltskontrolle Versorgungszusage **37** 2
- Inhaltsnormen **69** 44
- Interpretation, authentische **69** 73
- Inzidentkontrolle **70** 3
- Kartellfunktion **67** 10
- Kommission, paritätische **21** 23
- konstitutive Tarifklausel **69** 64
- Kündigung, außerordentliche **68** 164
- Kündigung, ordentliche **68** 163
- Kündigungsfrist **43** 19
- Kündigungsregelung befristetes Arbeitsverhältnis **41** 146
- Kurzarbeit **14** 70; **50** 86
- Lage der Arbeitszeit **14** 89
- Legalinterpretation **69** 73
- Leiharbeit **65** 3; **66** 81
- Lohnverzicht **22** 41
- Mehrheitsprinzip **68** 195 f.
- Mindestarbeitsbedingungen **1** 29
- Mitbestimmungsrecht Eingruppierung **21** 44
- Nachbindung **68** 174
- Nachwirkung **68** 168 f., 176
- Nachwirkung beendende Abmachung **68** 177
- Nebenpflichten **33** 4
- Nichtigkeit **70** 4
- normativer Teil **69** 43
- Normwirkung **67** 10
- Öffnungsklausel **70** 56 f.
- Öffnungsklausel Entgeltsystem **23** 28
- Ordnungs-/Friedensfunktion **67** 10
- prozessuale Tarifnormen **69** 54
- Prüfung, arbeitsgerichtliche **70** 2
- Publizität **69** 32 f.
- Rechtsquelle **1** 27
- Regelung auflösender Bedingungen **41** 131
- Regelung der örtlichen Zuständigkeit **77** 235
- Regelung zielorientierte Vergütung **20** 49
- Regelungsschranken **70** 34
- Richtigkeitsgewähr **67** 9
- Rückwirkung **68** 160
- Rückzahlungsklausel Aus-/Fortbildungskosten **26** 82
- Rückzahlungsklausel Umzugsbeihilfe **26** 112

- Ruhezeitregelung **14** 26
- Schlichtungsvereinbarung **69** 61
- Schriftformklausel **1** 36
- schuldrechtlicher Teil **69** 56
- Sozialplantarifvertrag **70** 36
- Stichtagsregelung Jahressonderzahlung **20** 149
- tarifdispositives Gesetzesrecht **1** 22
- Tarifeinheitsgesetz **68** 195 f.
- Tariffähigkeit **69** 6 f.
- Tarifgebundenheit **68** 3
- Tarifkollision **68** 183 f.
- Tarifkonkurrenz **68** 184
- Tarifpluralität **68** 190
- Tarifregister **69** 34, 37
- Tarifzuständigkeit **69** 23 f.
- Teilzeit- und Befristungsgesetz (TzBfG) **41** 44
- Überbrückungsfunktion **68** 168 f.
- Überkreuzablösung **54** 93
- Überlassungshöchstdauer Arbeitnehmerüberlassung **66** 19
- Unklarheitenregel **69** 86
- unmittelbare Fortgeltung bei Betriebsübergang **54** 63
- Urlaubsanspruch **27** 258
- Urlaubsgeld **20** 161; **27** 160
- Veränderungssperre infolge Betriebsübergang **54** 82
- Verbandstarifvertrag Filmtheater **1** 46
- Verfallfrist Arbeitszeugnis **51** 32
- Verfallfristen **70** 68 f.
- Vergütung einfacher Verbesserungsvorschläge **16** 158
- Vertragsschluss **69** 4
- Vertragsstrafe **17** 56
- Verweisungsklausel **68** 79 f.
- Wartezeitregelung bei Kündigungsschutz **43** 87
- Wegfall der Geschäftsgrundlage **68** 167
- Widerrufsrecht Aufhebungsvertrag **49** 403
- Wirkung, normative **1** 29; **70** 1
- Zuständigkeit Allgemeinverbindlicherklärung **68** 48
- Zuständigkeitsregelung **22** 97; **48** 25; **69** 54
- Zustimmungspflicht Betriebsrat bei Kündigungen **47** 67

Tarifvertragsänderung, Nachbindung **68** 26

Tarifvertragspartei
- Delegation Normsetzungsbefugnis **70** 42
- Grundrechtsbindung **70** 17 f.
- Missbrauchsgefahr **70** 34

Tarifvertragsrecht
- Koalitionsfreiheit **67** 6
- Mandat, arbeitsrechtliches **67** 1
- Teilzeitarbeitnehmer **72** 86
- Vertragsgestaltung **67** 4
- Verweisungsklausel **67** 4

Tarifvertragsstreitigkeit
- Bestehen/Nichtbestehen Tarifvertrag **77** 71
- Parteien **77** 68
- Rechtskraftwirkung, erweiterte **77** 72
- Rechtswegzuständigkeit **77** 65 f., 70

magere Zahlen = Randnummern

Sachverzeichnis

Tarifvorbehalt 63 4
- Eigenbeiträge bei arbeitgeberfinanzierter Altersversorgung 36 102
- Entgeltumwandlung nach § 1a BetrAVG 36 97

Tarifvorrang, Mitbestimmungsrecht 23 23

Tarifwechsel
- Abgrenzung kleine/große dynamische Verweisung 68 123
- Unternehmerentscheidung 46 161

Tarifwechselklausel 54 95 f., 104, 107; 68 79, 123, 130
- Formulierungsmuster 10 239
- Formulierungsmuster große-dynamisierende Globalverweisung 68 131
- Gleichstellungsabrede 54 107
- Inhaltskontrolle 10 234

Tarifzuständigkeit 69 23 f.
- Beschlussverfahren 69 24
- Beschlussverfahren bei Streitigkeiten über 78 121

Taschenkontrolle 33 23; 34 65; 35 108, 109

Tatbestand, kollektiver, Mitbestimmungsrecht 23 18

Tatbestandsberichtigung
- Feststellungen, unrichtige 77 642
- Frist 77 642

Tätigkeit
- befristete Übertragung anderer 41 123
- Eingruppierung 21 16

Tätigkeit, einfache, Abgrenzung selbständige/nicht- Tätigkeit 6 130

Tätigkeit, forensische 1 69 f.

Tätigkeit, hauptberufliche, Teilzeitarbeitnehmer 72 41

Tätigkeit, höherwertige, Übertragung, befristete 10 201

Tätigkeit, nichtselbständige, Abgrenzung, steuerrechtliche 6 125, 126

Tätigkeit, programmgestaltende, Abgrenzung Arbeitnehmer/Freier Mitarbeiter 6 41 f., 44

Tätigkeit, religiös motivierte während Arbeitszeit 33 48

Tätigkeit, selbständige
- Abgrenzung, steuerrechtliche 6 124, 127
- Aufenthaltstitel 11 20, 54
- Bezeichnung, unmaßgebliche 5 5

Tätigkeiten, ähnliche, Betriebsübergang 53 31

Tätigkeitsart s a Direktionsrecht, Versetzungsklausel
- andersartig gleichwertige 12 19
- Änderung 12 60
- Beteiligungsrecht Betriebsrat 12 54 f.
- Formulierungsmuster für Zuweisung anderer Tätigkeit 12 51
- geringerwertige 12 37
- höherwertige 12 19
- neue 12 39
- Zuweisung anderer 12 44, 50, 51

Tätigkeitsumschreibung, Konkretisierung 12 16

Tätigkeitsverbot
- bei Sozietätswechsel 2 15
- Widerstreitende Interessen 2 11

Tätigkeitsverbot, nachvertragliches, Arbeitnehmerüberlassung 66 99

Tätlichkeit
- Auflösungsgrund 48 340
- Kündigung, verhaltensbedingte 43 441
- Kündigungsgrund, außerordentlicher 44 71

Tatsachen, persönlichkeitsrelevante, Schweigepflicht 30 17

Tatsachenbehauptung, unwahre, Kündigungsgrund, außerordentlicher 44 47

Tatsachenfeststellung, fehlerhafte, Rüge in Berufungsbegründung 77 537

Tatsachenvermutung 77 407

Tattoos 33 30

Täuschung, arglistige
- Anfechtung 9 98
- Anfechtungsfrist 49 395
- Aufhebungsvertrag 49 366

Taxifahrer, Abgrenzung Arbeitnehmer/Freier Mitarbeiter 6 100

Teamfähigkeit, innerbetriebliche Mediation 82 317

Teilarbeitsunfähigkeit 24 19

Teilbetriebsübergang, Konkurrenzschutz 31 12

Teilkündigung, Abgrenzung zu Änderungskündigung 46 23

Teilleistung 24 21
- Teilentgelteinbehalt 17 34

Teilung, Versorgungsleistung 37 105 f., 117

Teilurlaub 27 133
- Ausscheiden in erster Jahreshälfte 27 138
- Berechnung 27 139
- Heimarbeit 27 221
- Seearbeitsgesetz 27 252
- Zusatzurlaub 27 206

Teilverweisung 68 80, 142
- Inhaltskontrolle 10 155

Teilwert, erdienter, Eingriff in 40 52

Teilwiderruf, Direktversicherung 38 60

Teilzeit, Urlaubsanspruch bei unterjährigem Wechsel in/aus Vollzeit 27 116

Teilzeit- und Befristungsgesetz (TzBfG) 72 1 ff.
- Abbedingung 41 9
- Anschlussverbot 41 26
- Arbeitgeber 41 27
- Arbeitsverhältnis 41 28
- Befristung einzelner Vertragsbedingung 41 119
- § 14 Abs. 1 Satz 1 TzBfG 41 110
- § 14 Abs. 1 Satz 2 Nr. 1 TzBfG 41 48 f.
- § 14 Abs. 1 Satz 2 Nr. 2 TzBfG 41 54 f.
- § 14 Abs. 1 Satz 2 Nr. 3 TzBfG 41 59 f.
- § 14 Abs. 1 Satz 2 Nr. 4 TzBfG 41 64 f.
- § 14 Abs. 1 Satz 2 Nr. 5 TzBfG 41 73 f.
- § 14 Abs. 1 Satz 2 Nr. 6 TzBfG 41 79 f.
- § 14 Abs. 1 Satz 2 Nr. 7 TzBfG 41 97 f.
- § 14 Abs. 1 Satz 2 Nr. 8 TzBfG 41 104
- § 14 Abs. 2 Satz 3, 4 TzBfG 41 44
- § 14 Abs. 2 TzBfG 41 24 f.
- § 14 Abs. 2a TzBfG 41 36
- § 14 Abs. 3 TzBfG 41 39
- § 17 TzBfG 41 157 f.
- Rechtsmissbrauch 41 35

3309

Sachverzeichnis

fette Zahlen = Paragrafen

- tarifvertragliche Befristung **41** 111
- Teilzeitförderung **72** 3, 10 f.
- Vorbeschäftigung **41** 30
- Ziele **72** 3
- Zwei-Jahres-Zeitraum **41** 24

Teilzeitanspruch 73 1, 4 f., 81 f.
- Abgrenzung § 8 TzBfG/§ 15 BEEG **73** 83 f., 94, 101, 107
- Abgrenzung § 8 TzBfG/§ 164 Abs. 5 SGB IX **73** 113
- Ablehnung bei Elternzeit **73** 92, 94, 106
- Ablehnung durch Betriebsvereinbarung **73** 56
- Ablehnung, individualvertragliche **73** 71
- Ablehnung/-sform **73** 34, 35
- Ablehnungsfrist **73** 37
- Ablehnungsgründe **73** 41 f., 48 f., 67
- Ablehnungsgründe, gesetzliche **73** 47
- Ablehnungsgründe, tarifliche **73** 70
- Ankündigungsfrist **73** 28
- Arbeitsablaufbeeinträchtigung **73** 49
- Arbeitsplatz, unteilbarer **73** 51, 97
- Arbeitszeitverteilung **73** 24
- Auswirkung auf Vergütung **73** 72 f.
- Auszubildende **73** 6
- befristeter **73** 14 f., 23
- Beschäftigtenzahl **73** 8
- Beschäftigungsmöglichkeit, fehlende **73** 99
- Checkliste für Arbeitgeber **73** 80
- Durchsetzung **73** 124 f.
- Durchsetzung nach § 15 BEEG **73** 145
- Durchsetzung nach § 164 Abs. 5 SGB IX **73** 150
- Durchsetzung nach PflegeZG/FPflZG **73** 152
- Einigung **73** 31
- Elternzeit **73** 83 f.
- Ersatzkräftemangel **73** 67
- Familienpflegezeit **73** 120
- Form **73** 17
- Führungskräfte **73** 58
- Geltendmachung **73** 15 f.
- Geltendmachung, erneute **73** 40
- geringfügig Beschäftigte **75** 29
- Klagefrist **73** 128
- Kleinbetrieb **73** 8
- kollidierende Ansprüche **73** 59
- Kosten, unverhältnismäßige **73** 61
- Leistungsklage **73** 127
- Nebenleistungen **73** 75
- Organisationskonzept, entgegenstehendes **73** 45, 49
- nach § 8 TzBfG **73** 83 f., 101, 107, 124
- nach § 15 BEEG **73** 83 f., 94, 101, 107, 145
- nach § 164 Abs. 5 SGB IX **73** 109 f., 150
- Pflegezeit **73** 115
- Reaktion des Arbeitgebers **73** 33 f.
- Rückkehrrecht **73** 23
- Sachleistungen **73** 76
- Schwerbehinderte/r **73** 109 f.
- Sicherheitsbeeinträchtigung **73** 60
- Streitwert **3** 103; **73** 144
- Teileinigung **73** 38

- Überforderung Arbeitgeber **73** 69
- Überstundenregelung bei **73** 74
- Umfang **73** 20
- Verfügung, einstweilige **73** 137, 149, 153; **77** 707
- Verhandlungsobliegenheit **73** 32
- Verhandlungsphase **73** 31
- Verringerung der Arbeitszeit **73** 15, 20
- Wartezeit **73** 12
- Zustimmungsfiktion **73** 39

Teilzeitarbeit 72 1 f.
- Altersteilzeit **72** 4; **74** 1 f.
- Anspruch **73** 1, 4 f., 81 f.
- Arbeit auf Abruf **72** 72 f.
- Arbeitsplatzteilung **72** 79
- Arbeitszeitverteilung **73** 24
- Auswahlentscheidung **72** 16
- Benachteiligungsverbot **72** 21, 25
- Betriebsverfassung **72** 81
- Blockteilzeit **72** 15
- Brückenteilzeit **72** 3, 13
- Diskriminierungsverbot **72** 21
- Elternteilzeit **72** 5
- Elternzeit **28** 22, 26; **73** 83 f.
- Erörterungspflicht Arbeitgeber **72** 12
- Familienpflegezeit **72** 5; **73** 120
- fehlerhafte Einordnung Vertragsverhältnis **72** 2
- geringfügige Beschäftigung **75** 7, 26
- Gleichbehandlungsgebot Entgelt **19** 10
- Informationsanspruch Betriebsrat **72** 12
- Informationspflicht Arbeitgeber **72** 12
- KAPOVAZ **72** 71 f.
- Leitende Angestellte **72** 11; **73** 7
- Mitbestimmungsrecht **72** 84
- Mitbestimmungsrecht Betriebsrat **73** 77
- Pflegeteilzeit **72** 5
- Pflegezeit **72** 5; **73** ..
- Schwerbehinderte **72** 6
- Schwerbehinderte/r **73** 109 f.
- Sonderformen **72** 71 f.
- Tarifvertragsrecht **72** 86
- Treuepflichten **33** 7
- Urlaubsdauer **27** 105
- Vergütung **73** 72 f.
- Wechsel zu Vollzeitarbeit **72** 14

Teilzeitarbeitnehmer 72 7
- Abfindung **72** 27
- Aktienoptionen **20** 106
- Altersversorgung, betriebliche **36** 34; **72** 28
- Arbeit auf Abruf **72** 72 f.
- Arbeitgeberdarlehen **72** 29
- Arbeitsbedingungen **72** 26 f.
- Arbeitszeitänderung bei Vollzeitbeschäftigten **72** 32
- Arbeitszeitreduzierung, weitere **72** 31
- Arbeitszeitverlängerung **72** 14
- Ausgleich besonderer Belastungen **72** 30
- Aus-/Weiterbildung **72** 17
- Beschäftigungszeiten **72** 34
- betriebliche Altersversorgung **37** 12
- Betriebsratsmitglied **72** 33, 82

magere Zahlen = Randnummern **Sachverzeichnis**

- Diensteinteilung 72 35
- Eingruppierung 72 36
- Entgeltfortzahlung 72 37
- Freistellung 72 38
- Funktionszulagen 72 39
- Gesundheitsschutz 72 40
- Jubiläumszahlung 72 42
- Karenzentschädigung 32 93
- Kündigung, betriebsbedingte 72 67
- Kündigungsschutz 72 70
- Kündigungsschutz nach KSchG 43 58
- Kündigungsverbot 72 18
- Lohnerhöhung 72 43
- Mehrarbeitszuschlag 72 44
- Nebenpflichten 72 58 f.
- Nebentätigkeit 72 64
- Pflegezulage 72 45
- Sabbatical 72 71
- Schichtzulage 72 46
- Sonderurlaub 72 71
- Sonderzuwendung 72 47, 48
- Sozialauswahl 43 201; 72 69
- Sozialplanabfindung 72 85
- Sozialzulage 72 49
- Spät-/Nachtarbeitszulage 72 50
- Tätigkeit, hauptberufliche 72 41
- Ungleichbehandlung, tarifvertragliche 70 21, 26
- Unkündbarkeit 72 51
- Urlaub 72 52
- Urlaubsgeld 72 53
- Vergütung 72 54; 73 72 f.
- Verschwiegenheitspflicht 72 60
- Vorrang der Änderungskündigung 72 68
- Wahlrecht zum Betriebsrat 72 82
- Weihnachtsgeld 72 55
- Wettbewerbsverbot 72 61
- Wettbewerbsverbot, nachvertragliches 72 62
- Zulage, tarifliche 72 56
- Zusatzurlaub 72 57

Teilzeitarbeitsplatz
- Ausschreibung 72 12
- Ausschreibung als 9 35

Teilzeitarbeitsverhältnis
- Abfindungsregelung Sozialplan 58 130
- Beendigung 72 65 f.
- Erholungsurlaub bei mehreren 27 43

Telefon
- Abhören/Mithören 34 59; 35 196 f.
- Nutzung, private 33 45, 47
- Privatkommunikation, unerlaubte 43 424

Telefondatenerfassung 34 59, 62; 43 347
Telefonieren, privates, Kündigungsgrund, außerordentlicher 44 76
Telefonmitschnitt, heimlicher, Beweisverwertungsverbot 77 415
Telefonüberwachung 35 196 f.
- Aufzeichnung 35 205
- bei ausschließlich dienstlicher Nutzung 35 202, 203
- Datenschutz 35 201
- Dienstgespräche 35 199

- Diensthandy 35 207, 209
- bei erlaubter Privatnutzung 35 207
- Fernmeldegeheimnis 35 198, 208
- Gesprächsinhalte 35 205, 208
- Privatgespräche 35 200
- Verbindungsdaten 35 203, 207

Telekommunikationsnutzung, unerlaubte, Kündigungsgrund, außerordentlicher 44 76
Telematik-Box, Arbeitnehmerüberwachung 35 224
Tendenzbetrieb
- Kündigung, verhaltensbedingte 43 443
- Meinungsäußerung 33 50
- Nebenpflichten 33 8

Tendenzschutz, Verhalten, außerdienstliches 43 381
Terminierung, streitige Verhandlung 77 315, 316
Terminsgebühr, Vertretung, gerichtliche 3 20
Terminswahrnehmung 1 73
Territorialitätsgrundsatz 77 33
Territorialitätsprinzip
- Ausstrahlung 11 167, 183
- Betriebsverfassungsgesetz 11 146
- Einstrahlung 11 167, 189
- Sozialversicherungsrecht 11 165

Testeinkauf 34 65
Testkauf 35 108, 112
Textilindustrie, Arbeitnehmer-Entsendegesetz 68 62
Therapeutische Begleitung, Konfliktbewältigungsmethode 82 29
Tierumgang, Arbeitsunfähigkeit 24 53
time sheets
- Vergütungsvereinbarung 3 11
- Zeithonorar 3 4

Titel, Vollstreckung 77 711 f.
Tod, Erlöschen Urlaubsanspruch 27 48
Tod naher Angehöriger, Entgeltfortzahlung 24 210
Todesfallleistung
- Begrenzung 38 59
- Versorgungszusage 37 55

Tonbandaufnahme, heimliche 43 347
Topf
- mitbestimmungsfreie Vor-/Entscheidungen des Arbeitgebers 23 36
- Mitbestimmungsrecht 23 79

Torkontrolle 33 23; 35 108, 109
Totgeburt 45 12
Trainer, Befristung Arbeitsverhältnis 41 70
Trainer/-assistent, Abgrenzung Arbeitnehmer/ Freier Mitarbeiter 6 76
Trainingsmaßnahmen, Transferleistung 58 146
Transferkurzarbeitergeld 58 143
Transferleistung, Formulierungsmuster 58 146
Transfersozialplan 58 140 f.
- Beschäftigungs- und Qualifizierungsgesellschaft 58 146
- Einigungsstelle 58 145
- Maßnahmen 58 141
- Outplacement 58 146

3311

Sachverzeichnis

fette Zahlen = Paragrafen

- Transferkurzarbeitergeld 58 143
- Transferleistungen 58 146

Transformationsansatz, Mediationsverfahren 82 264

Transitfälle, Mindestlohn, gesetzlicher 19 33

Transparenzgebot
- betriebliche Altersversorgung 37 5
- Inhaltskontrolle 10 166 f., 168
- Rückzahlungsklausel 26 61, 62, 78, 105
- Vertragsstrafe 10 258
- Vorbehaltsklausel 10 277, 281

Transplantationsgesetz, Organ-/Gewebespende 24 182

Transportunternehmer, Abgrenzung Arbeitnehmer/Freier Mitarbeiter 6 71

Trennungsprinzip, übertarifliche Vergütung 20 172

Trennungstheorie, Arbeitnehmerurheberrecht 16 254, 259

Treu und Glauben, Kündigung, ordentliche 43 39

Treuepflicht
- Arbeitnehmer 33 1
- Befragung Bewerber 9 83
- einfache politische 33 80
- nachwirkende 31 17
- Nebentätigkeit 33 111

Treuepflichtverletzung, Widerruf Versorgungszusage 40 77 f.

Treueprämie 20 135
- Abgrenzung zu betrieblicher Altersversorgung 36 61
- Sozialplan 58 114
- Widerrufsvorbehalt 25 31

Treuhandgestaltung (CTA)
- arbeitsrechtliche Aspekte der Ausgliederung 36 175
- Bilanzverkürzung 36 171
- Insolvenzfestigkeit Treuhandvermögen 36 174
- Insolvenzschutz 36 173
- Mitbestimmungsrecht 37 148
- steuerliche Behandlung 36 178
- Übergang Sicherungsrechte 36 177
- Versorgungszusage 36 170 f.
- Zweck 36 171

Treupflichtverletzung, nachvertragliche, Widerruf Versorgungszusage 40 82

Treupflichtvorbehalt, Versorgungszusage 37 128

Trinkgeld 20 24
- Entgelt 20 24
- kein Entgelt 19 4
- Pfändbarkeit 22 63

Tronc-System 20 24

Trotzkündigung
- Besorgnis der 48 332
- Klageerhebungsfrist 48 115
- Rechtskraftwirkung 48 161

Trunkenheitsfahrt, vorhersehbare 24 47

Turboprämie, Sozialplan 58 112

Türkontrolle 15 5

Überanstrengung, gesundheitsschädigende 34 11

Überarbeit, Verhältnis zu Gleitzeit 14 94

Überbrückungsleistung, Sozialplan 58 59

Überdeckung, Anwartschaft bei Direktversicherung 38 60

Übereinkommen über die gerichtliche Zuständigkeit und die Vollstreckung gerichtlicher Entscheidung in den Zivil- und Handelssachen (LugÜ II) 48 61, 82

Überforderung, Teilzeitanspruch 73 69

Übergabebestätigung
- Arbeitsvertrag 10 140
- Formulierungsmuster 10 141

Übergabe-Einschreiben
- Kündigungserklärung 42 47
- Zugang 48 124

Übergabe-Einschreiben-Rückschein, Zugang 48 124

Übergabeprotokoll Kündigung, Formulierungsmuster 4 107

Übergangsmandat, Betriebsrat 59 44

Übergehen, Beweisantritt 77 588

Überhangprovision
- Abbedingung 20 38
- Aufhebungsvertrag 49 150

Überkreuzablösung, Tarifvertrag bei Betriebsübergang 54 93

Überlassungshöchstdauer
- Arbeitnehmerüberlassung 66 10, 14 f.
- Berechnung 66 21
- Gestaltung, tarifvertragliche 66 19
- Überschreitung 66 31, 154

Übernahme, Unterrichtung Wirtschaftsausschuss 56 160

Überraschungsklausel, Arbeitsvertrag 10 138

Überschneidung, Krankheiten 24 123

Übersetzer, Abgrenzung Arbeitnehmer/Freier Mitarbeiter 6 47

Übersetzerkosten 79 5

Überstunden 14 45
- Abgeltung 14 50; 20 165
- Abgrenzung zu Abrufarbeit 14 80
- Auskunftsrecht 14 55
- Beweislast 14 54
- Formulierungsmuster Betriebsvereinbarung 14 60
- Formulierungsmuster Regelung/Abgeltung 14 53
- Formulierungsmuster Unterlassungsanspruch Betriebsrat 14 61
- Freizeitausgleich 14 49
- Kündigung, verhaltensbedingte bei Ablehnung 43 446
- Pauschalabgeltung 14 50
- Regelung bei Teilzeitarbeit 73 74
- Tätigkeitsnachweis 14 54
- Unterlassungsanspruch des Betriebsrats 14 61
- Vergütungserwartung 14 49
- Verweigerung 44 42
- Zahlungsklage 14 57

Überstundenabbau 43 164

Sachverzeichnis

magere Zahlen = Randnummern

Überstundenabgeltung, Inhaltskontrolle 10 158
Überstundenvergütung 20 164
- Aufhebungsvertrag 49 234
- Formulierungsmuster Zahlungsklage 14 57
- Pauschalierung 20 166
- Pfändbarkeit 22 63

Übertragbarkeit, Aktienoption 20 115
Übertragung
- Anspruch auf 39 7
- Anwartschaft, unverfallbare 39 3
- Anwartschaft, verfallbare 37 96
- Auskunftsanspruch 39 15
- einvernehmliche 39 4
- Elternzeit 28 8
- Irrtum über Umfang der Versorgungsverpflichtung 39 13
- Liquidation des Versorgungsverpflichteten 39 16
- Teilübertragung 39 11
- Versorgungsleistung 39 3
- Wirkung 39 10, 12
- Zusatzurlaub Schwerbehinderter 27 210

Übertragung, befristete, höherwertige Tätigkeit 10 201
Übertragungsabkommen 39 9
Übertragungsverpflichtung, Urhebernutzungsrecht 16 235
Übertragungswert 39 6
- Auskunftsanspruch 38 8

Übertragungszeitraum, Urlaub 27 49
Überversorgung
- Mitbestimmungsrecht bei Abbau Versorgungszusage 40 23
- Versorgungszusage 40 20

Überwachung
- außerdienstliches Verhalten des Arbeitnehmers 33 78
- ständige/systematische 34 64

Überwachung, persönliche, Duldung 33 23
Überwachungsmaßnahmen, Compliance-Richtlinie 35 62, 75 f.
Überwachungspflicht 35 13
Überwachungsregelung, Compliance-Richtlinie 35 59, 61
Überwachungssysteme 33 25
Überwiegensprinzip, Arbeitnehmer-Entsendegesetz 68 65
Übungsleiter, Abgrenzung Arbeitnehmer/Freier Mitarbeiter 6 76
ultima ratio
- Kündigung, außerordentliche 44 18
- Kündigung, ordentliche 43 91
- Kündigung, verhaltensbedingte 43 332

Umdeutung
- Arbeitgeberkündigung, außerordentliche 44 200
- Arbeitnehmerkündigung, außerordentliche 44 217
- außerordentliche Kündigung in Vertragsaufhebungsangebot 44 212, 217
- Einbeziehung Betriebsrat 44 204
- Frist Kündigungsschutzklage 44 209

- fristlose außerordentliche in außerordentliche Kündigung mit Auslauffrist 48 258
- bei Sonderkündigungsschutz 44 208
- unwirksame außerordentliche in ordentliche Kündigung 48 132, 257

Umfassungszusage, betriebliche Altersversorgung 36 101
Umgehungsverbot, Kündigungsverbot bei Betriebsübergang 54 185 f.
Umgestaltung, Arbeitsverhältnis in Freie Mitarbeit 5 8
Umgruppierung 21 1 ff.
- Änderung Eingruppierung 25 67
- Begriff 21 2
- Beteiligung Betriebsrat 10 309
- Beteiligung Betriebsrat bei Änderungskündigung 46 210 f., 215
- Einzelfälle 21 29
- Korrektur Eingruppierung 21 31
- als künftiger AT-Angestellter 21 37
- Mitbestimmungsrecht Betriebsrat 21 46 f., 51, 56
- Mitbeurteilungsrecht Betriebsrat 10 309
- unterlassene Äußerung des Betriebsrats 21 64
- Unterlassung 21 73
- Unterrichtung Betriebsrat 21 52
- Versetzung 21 30
- Zustimmung Betriebsrat 21 57
- Zustimmungsersetzungsverfahren 21 70
- Zustimmungsfiktion Betriebsrat 21 64
- Zustimmungsverweigerung Betriebsrat 21 58 f., 65

Umkleidezeit, Begriff 14 29
Umrechnungsfaktor Vergütungssystem, Mitbestimmungsrecht 23 56
Umsatzprovision 20 39
Umsatzrückgang, Kündigung, betriebsbedingte 43 312
Umsatzsteuer
- Berichtigung bei Scheinselbständigen 7 27
- Rechtsanwaltsvergütung 3 27
- Rechtsschutzversicherung 3 200
- Scheinselbständiger 7 26

Umsatztantieme, Aufhebungsvertrag 49 155
Umschuldung, Weiterbeschäftigung nach 43 152
Umschulung
- Aufhebungsvertrag 49 29
- Weiterbeschäftigung erst nach 43 334

Umsetzung
- Arbeitnehmerkündigung, außerordentliche 44 95
- Begriff 13 22
- Prüfung vor außerordentlicher Kündigung 44 23

Umstrukturierung
- Befristung Arbeitsverhältnis 41 37
- Unternehmerentscheidung 46 156

Umwandlung
- Abgrenzung zu Betriebsänderung 56 70
- Beteiligung Betriebsrat 56 100
- Betriebsübergang 53 81
- Verhältnis zu Betriebsänderung 56 100

3313

Sachverzeichnis

fette Zahlen = Paragrafen

- Versorgungsschuldner **39** 36
- Zeitpunkt Betriebsübergang **53** 56
- Zuordnungsliste gem. § 323 Abs. 2 UmwG **58** 36
- Zuständigkeit Unterrichtungspflicht bei Betriebsänderung **56** 112

Umweltschutz, betrieblicher
- Betriebsvereinbarung, freiwillige **63** 56
- Unterrichtung Wirtschaftsausschuss **56** 154

Umzug
- Ausgleichsleistung bei Betriebsverlegung **58** 108
- Kündigungserklärung **42** 39

Umzugsbeihilfe
- Anspruch **26** 100
- Begriff **26** 98
- Beweislast Rückzahlungsklausel **26** 111
- Formulierungsmuster Rückzahlungsklausel **26** 113
- Rückumzug **26** 102
- Rückzahlungsklausel **26** 105 f.
- Rückzahlungsklausel, tarifvertragliche **26** 112
- Umfang/Höhe **26** 103

Umzugskosten
- Arbeitgeberdarlehen **26** 104
- Kostenübernahme **26** 99

Unabdingbarkeit, Arbeitnehmererfindung **16** 159
Unabhängigkeit, Koalition **71** 12
Unbilligkeit, Erfindungsvereinbarung **16** 162
Unerlaubte Handlung
- außerdienstliche **43** 450
- Forderungsübergang **24** 167
- Gerichtsstand **77** 226
- Kündigung, verhaltensbedingte **43** 447

Unfähigkeit, Abberufungsgrund **81** 61
Unfallrente, Anrechnung auf Versorgungsleistung **38** 91
Unfallverhütung, Betriebsvereinbarung, freiwillige **63** 55
Unfallverhütungsvorschrift, Arbeitsunfall infolge Verletzung der **24** 45
Unfallversicherung, Territorialitätsprinzip **11** 165
Unfallversicherung, gesetzliche
- arbeitsvertragliche Entsendung **11** 121
- Einfühlungsverhältnis **9** 130

Unglücksfall, persönlicher, Entgeltfortzahlung **24** 210
Unisex-Tarife, Gleichbehandlung bei Versorgungsleistung **36** 42
Unklarheitenregel, AGB **10** 143
Unkündbarkeit
- gesetzliche **44** 111
- bei Insolvenz **44** 127
- kirchliches Arbeitsverhältnis **44** 112
- tarifliche **44** 112
- vertragliche **44** 112

Unlauterer Wettbewerb s Wettbewerb, unlauterer
Unmöglichkeit
- Abgrenzung zu Verzug **17** 3
- Abschluss zweier Arbeitsverträge **17** 28
- anfängliche **17** 14
- Arbeitsleistung **24** 252

- Aufwendungsersatz **17** 43
- Einbehalt des Entgelts **17** 34
- bei flexibler Arbeitszeit **17** 4
- Klage auf Arbeitsleistung **17** 30
- Kündigung **17** 79
- Leistungserbringung **24** 270, 271
- nachträgliche **17** 11
- naturgesetzliche **17** 7, 8
- Nichtarbeit **17** 3
- Reaktionsmöglichkeiten des Arbeitgebers bei **17** 29 f.
- rechtliche **17** 7, 9
- Schadensersatz **17** 35 f.
- Schadenspauschale **17** 39
- Vertragsstrafe **17** 44
- Zeitablauf **17** 3

Unparteilichkeit
- Misstrauen **77** 262
- Sicherung **77** 253

Unpünktlichkeit, Kündigung, verhaltensbedingte **43** 452
Unrentabilität, Änderungskündigung **25** 59
Unschuld bei Verdachtskündigung **44** 152
Untätigkeitsklage, Statusfeststellung bei Anrufungsauskunft **8** 36
Unterbrechung
- Verfallfrist **22** 143
- Wartezeit Kündigungsschutz **43** 81

Unterbrechungsdauer, Betriebsübergang **53** 32
Unterdeckung
- Anwartschaft bei Direktversicherung **38** 60
- Anwartschaft bei Pensionsfonds **38** 65
- Anwartschaft bei Pensionskasse **38** 63

Unterhaltsgewährung
- an nichtehelichen Lebensgefährten **22** 71
- Pfändungsfreibetrag bei **22** 70

Unterhaltsverpflichtung, Sozialauswahl **43** 208; **46** 177
Unterhaltungsgewerbe, Befristung Arbeitsverhältnis **41** 69
Unterlagen, dienstliche, internal investigations **35** 100
Unterlagen, elektronische, internal investigations **35** 102
Unterlagen, private, internal investigations **35** 103, 171
Unterlassung, Streitwert **3** 104
Unterlassungsanspruch
- Arbeitnehmerüberwachung, unzulässige **35** 226
- Betriebsänderung **57** 114 f.
- Betriebsrat zur Sicherung Mitbestimmungsrecht **23** 244
- Datenerhebung/-verarbeitung/-nutzung, unerlaubte **35** 290
- Geheimnisverrat **30** 28
- nach § 23 Abs. 3 BetrVG **57** 104
- Persönlichkeitsrechtsverletzung **34** 78
- bei rechtwidrigem Eingriff in Koalitionsfreiheit **70** 99
- Streitwert **3** 152
- Überstundenanordnung **14** 61
- unlautere Abwerbung **9** 51

magere Zahlen = Randnummern   **Sachverzeichnis**

– Verletzung Koalitionsrecht 71 40
– bei Verletzung Mitbestimmungsrecht 61 51
– Wettbewerb 31 43
– Wettbewerbsverstoß 32 145
– zweckwidriger Urlaub 31 46
Unterlassungsklage
– Formulierungsmuster wettbewerbsrechtliche 32 157
– Streitwert wettbewerbsrechtlicher 32 158
– wettbewerbsrechtliche 32 154
Unterlassungsklage, vorbeugende gegen Abmahnung 18 54
Unternehmen
– Anpassung laufender Versorgungsleistungen 38 128
– Auswahlkriterien betriebliche Altersversorgung 37 24
– Implementierung von Mediation im 82 323 f.
– Jugend- und Auszubildendenvertretung 59 119
– mit mehreren Betrieben 43 71
Unternehmen, abhängige, Anzeigepflicht bei Entlassung 50 58
Unternehmen, ausländisches
– Aktienoptionsplan für Arbeitnehmer deutscher Tochterunternehmen 20 100
– Aktienoptionsvereinbarung 20 100
Unternehmen, junges, Sozialplanpflicht 56 222
Unternehmen, öffentlich-rechtliches, Betriebsübergang bei Privatisierung 53 5, 80
Unternehmen, verbundene, Einkommensabgrenzung bei Arbeitnehmerentsendung 11 209
Unternehmensaufspaltung, Betriebsübergang/Inhaberwechsel bei 53 75
Unternehmenseigentum, Schutz des 33 35
Unternehmensethik, innerbetriebliche Mediation 82 321
Unternehmensförderung 33 31 f.
Unternehmensgröße, beteiligungspflichtige Betriebsänderung 56 9
Unternehmensgründung, Befristung Arbeitsverhältnis 41 36
Unternehmenskauf
– Formulierungsmuster Garantieklausel 55 10
– Unterrichtungspflicht 55 1 f.
Unternehmenskultur, innerbetriebliche Mediation 82 293
Unternehmensleitung
– Compliance-Pflichten 35 9 f.
– Haftung, strafrechtliche 35 21
– Haftung, zivilrechtliche 35 17
– Legalitätspflicht 35 10
– Sorgfaltspflicht 35 16
– Überwachungspflicht 35 13
Unternehmensliquidation, Abfindung Versorgungsanwartschaft 38 78
Unternehmenssitz, Gerichtsstand 48 22
Unternehmensspaltung
– Haftung bei 54 134
– Versorgungsschuldner 39 40
Unternehmensstilllegung, Unterrichtung Europäischer Betriebsrat 57 15

Unternehmensstruktur, Einfluss auf innerbetriebliches Mediationsverfahren 82 179 f.
Unternehmensübernahme, Unterrichtung Wirtschaftsausschuss 56 160
Unternehmensverlegung, Unterrichtung Europäischer Betriebsrat 57 15
Unternehmenszusammenschluss
– Unterrichtung Wirtschaftsausschuss 56 157
– Vereinheitlichung betriebliche Altersversorgung 40 41
Unternehmer
– betriebliche Altersversorgung 36 9
– Unterrichtungspflicht bei Betriebsänderung 56 109
Unternehmer, selbständiger, Beteiligung Betriebsrat 10 303
Unternehmerentscheidung s Entscheidung, unternehmerische
– Änderungskündigung, betriebsbedingte 46 156
– Prüfung bei betriebsbedingter Änderungskündigung 46 156
– Rechts-/Missbrauchskontrolle 46 157
– unsachliche 46 158
Unternehmerfreiheit 35 87
Unternehmerrisiko, steuerliche Abgrenzung selbständige/nicht- Tätigkeit 6 129
Unterrichtung
– unvollständige 56 178
– verspätete 56 178
– Verweigerung der 56 178
– wahrheitswidrige 56 178
Unterrichtung Arbeitgeber, Beendigung Schwangerschaft 45 15
Unterrichtung Betriebsrat
– Änderungskündigung 47 61
– vor Anhörung bei Kündigung 47 28 f., 35
– Art der Kündigung 47 45
– Auskunftspersonen 61 17
– Begrenzung 61 7
– Besprechungen mit Sicherheitsbeauftragten 61 16
– Betriebsänderung 56 1 f., 92; 57 40 f.
– Bruttolohn-/Gehaltslisten 61 13
– Daten, soziale 47 42
– Einstellungsabsicht 10 302, 305
– Ein-/Umgruppierung 10 309
– bei Entlassung 50 24 f., 26
– Erforderlichkeit Sachverständiger 61 19
– Form 61 9
– Formulierungsmuster bei außerordentlicher Kündigung 47 65
– Formulierungsmuster bei betriebsbedingter Kündigung 47 54
– Formulierungsmuster bei hilfsweiser ordentlicher Kündigung 47 65
– Formulierungsmuster bei Kündigung während Probe-/Wartezeit 47 50
– Formulierungsmuster bei personenbedingter Kündigung 47 60
– Formulierungsmuster bei verhaltensbedingter Kündigung 47 56
– Informationspflichtverletzung 61 20

Sachverzeichnis

fette Zahlen = Paragrafen

- Kündigung, außerordentliche **47** 64
- Kündigung, betriebsbedingte **47** 51
- Kündigung, krankheitsbedingte **47** 57
- Kündigung, personenbedingte **47** 57
- Kündigung, verhaltensbedingte **47** 55
- Kündigung vor Ablauf Probe-/Wartezeit **47** 49
- Kündigungsfrist **47** 46
- Kündigungsgründe **47** 48
- Kündigungsschutz, besonderer **47** 43
- Kündigungstermin **47** 46
- mangelnde bei Entlassung **50** 33
- Massenkündigung **58** 176
- Nachschieben von Gründen **47** 100, 103
- Person des zu kündigen Arbeitnehmer **47** 41
- Personalakten **61** 15
- Personalplanung **9** 36
- Pflichtverletzung bei Betriebsänderung **57** 104
- Reaktionen des Betriebsrat auf **47** 69
- Sachverständige **61** 18
- Sozialauswahl **47** 53
- Stellungnahme Betriebsrat **47** 71
- Überlassung von Unterlagen **61** 12
- umfassende **61** 5
- unaufgeforderte **61** 6
- unrichtige/-vollständige **47** 38
- Unterlagen **61** 10
- Verdachtskündigung **47** 62
- Vorkenntnisse Betriebsrat **47** 66
- Weiterbeschäftigungsmöglichkeit, fehlende **47** 52
- Zuständigkeiten bei Betriebsänderung **56** 108 f.

Unterrichtung Europäischer Betriebsrat 56 4, 191 f.; **57** 11 f.
- Betriebsänderung **56** 87
- Ordnungswidrigkeit bei **57** 24
- Verhältnis zu Unterrichtung anderer betriebsverfassungsrechtlicher Organe **57** 23

Unterrichtung SE-Betriebsrat
- Betriebsänderung **56** 216 f.; **57** 25
- Ordnungswidrigkeit bei **57** 28

Unterrichtung Sprecherausschuss
- Betriebsänderung **56** 4, 180 f.; **57** 29, 31
- Ordnungswidrigkeit bei **57** 31

Unterrichtung Wirtschaftsausschuss
- Begrenzung **61** 8
- Betriebsänderung **56** 87, 139 f.; **57** 32
- Ordnungswidrigkeit bei **56** 178

Unterrichtungspflicht bei Datenpanne **35** 294

Unterrichtungspflicht Arbeitgeber, erkrankter Arbeitnehmer bei wichtigen betrieblichen Angelegenheiten **43** 410

Unterrichtungspflicht bei Betriebsänderung
54 156, 159, 160
- Betriebsrat **55** 13

Unterrichtungspflicht bei Betriebsteilübergang
54 156, 159, 160

Unterrichtungspflicht bei Betriebsübergang
- Angaben zum Erwerber **55** 29
- Arbeitnehmer **55** 1 f., 11, 19, 28

- Aufspaltung Betriebsvermögen **55** 50
- in Aussicht genommene Maßnahmen **55** 54
- Auswirkung fehlerhafter auf Kündigung **55** 68
- Auswirkungen auf Schwellenwerte **55** 41
- Auswirkungen auf Sonderrechte **55** 42
- Auswirkungen für Arbeitnehmer **55** 28
- Begrenzung **55** 46
- Berufung auf Ausschlussfrist **55** 69
- Bestimmung Inhalt/Umfang **55** 19 f., 20
- Betriebsrat **54** 143, 156; **55** 13
- Checkliste Unterrichtungsschreiben **55** 58
- Empfangsbestätigung **55** 15
- Erwerber **55** 6
- Europäischer Betriebsrat **54** 149, 160
- fehlerhafte/unterbliebene **55** 59 f., 90
- Form **55** 14
- frühzeitige Unterrichtung **55** 16
- Grund für den Betriebsübergang **55** 26
- individualvertragliche Rechtsfolgen **55** 34
- Inhalt/Umfang **55** 19
- kollektivrechtliche Rechtsfolgen **55** 35 f.
- Maßnahmen zur Nutzung von Synergieeffekten **55** 56
- Neugründung Betriebserwerber **55** 31
- partielle Ablösung kollektivrechtlicher Regelungen **55** 40
- Personalreduzierung **55** 54, 56
- personelle Einzelmaßnahmen **55** 56
- Produktionsumstellung **55** 54
- Rechtsfolgen **55** 33 f.
- Rechtsfolgen, mittelbare **55** 45
- Rechtsfolgen unterbliebener/fehlerhafter **55** 59, 90
- Rechtsnatur **55** 4
- Schadensersatz **55** 63
- SE-Betriebsrat **54** 149, 160
- Sekundärfolgen **55** 45
- soziale Folgen **55** 48, 53
- Sozialplanprivileg **55** 47
- Sprecherausschuss **54** 149, 160
- Umstrukturierungsmaßnahmen **55** 54
- Unterrichtung nach Betriebsübergang **55** 18
- Veränderungssperre **55** 39
- Veräußerer **55** 6
- Weiterbildungsmaßnahmen **55** 54
- Widerspruchsrecht **55** 43
- wirtschaftliche Folgen **55** 48
- Wirtschaftsausschuss **54** 145, 159
- Zeitpunkt Betriebsübergang **55** 24
- Zugangsnachweis **52** 15

Unterschlagung
- Beweisverwertungsverbot **77** 418
- Kündigung, verhaltensbedingte **43** 448

Unterschrift
- eigenhändige **48** 15
- eingescannte **1** 71; **48** 14
- elektronische Signatur **48** 14, 16
- fehlende **48** 16
- Klageerhebung **48** 14
- Kündigungserklärung **42** 14
- vorsorgliche Kündigung **42** 20

magere Zahlen = Randnummern **Sachverzeichnis**

Unterstützungskasse 36 123 f.
- abgabenrechtliche Behandlung 36 129, 179
- Anpassungsprüfung laufender Versorgungsleistung 38 116
- Beginn Unverfallbarkeitsfrist 38 25
- Begriff 36 123
- Entgeltumwandlung nach § 1a BetrAVG 36 91
- Finanzierung 36 125
- Gleichbehandlung Versorgungsleistung 36 37
- Insolvenzsicherung 36 132; 38 150, 174
- Körperschaftsteuer 36 129
- Mitbestimmungsrecht 37 145
- nachgelagerte Besteuerung 36 131
- polsterfinanzierte 36 126, 181
- Rechtsform 36 124
- rückgedeckte 36 127, 182
- Versicherungsaufsicht 36 132
- Versorgungsausgleich 37 104
- Vor-/Nachteile 36 181, 182
- vorzeitiges Altersruhegeld bei vorzeitigem Ausscheiden 38 110
- Zuwendungen an 36 130

Unterstützungsleistung, Abgrenzung zu betrieblicher Altersversorgung 36 63
Unterstützungsstreik, Zulässigkeit 69 7
Untersuchung, amtsärztliche, verweigerte 43 422
Untersuchung, arbeitsmedizinische 34 22
Untersuchung, ärztliche, Bewerber 9 110
Untersuchung, genetische, Arbeitsschutz 9 114
Untersuchung, körperliche 33 23
Untersuchungsgrundsatz, Beschlussverfahren 78 68
Untersuchungshaft
- Entgeltfortzahlung 24 210
- Kündigung, personenbedingte 43 513

Untervollmacht 1 73
Unterweisung, Arbeitsschutz 34 9
Unterweisungspflicht, Jugendliche 34 51
Unterzeichnung, Klage 1 71
Unverfallbarkeit
- Altersversorgung, betriebliche 38 18
- Auskunftsanspruch bei Ausscheiden 38 68
- betriebliche Altersversorgung 49 286
- Entgeltumwandlung 38 21
- Versorgungszusage 37 43
- vertragliche 38 35

Unverfallbarkeitsfrist
- Altzusagen 38 19
- Änderung Versorgungszusage 38 28
- Ansprüche, erfasste 38 36
- Arbeitgeberwechsel 38 32
- Ausfallzeiten 38 34
- Beginn 38 22
- Betriebsübergang 38 29
- bei Betriebsübergang 39 21
- Ergänzung Versorgungszusage 38 28
- Neuzusagen 38 18
- Statuswechsel 38 28
- Übernahme Versorgungsverpflichtung 27 29
- Unterbrechung der Betriebszugehörigkeit 38 33
- Vordienstzeit 38 26
- Vorruhestand 38 20

Unwirksamkeit, Kündigung 48 238 f.
Unwirksamkeitsgrund
- Anrufungsfrist, verlängerte 48 238
- Geltendmachung in Kündigungsschutzklage 48 102, 133 f.
- Kenntnis, verspätete 48 134
- Kündigung 48 133
- Vertretungsmängel 48 135

Unzumutbarkeit
- Arbeitsleistung 17 21
- Fortsetzung Arbeitsverhältnis 48 328

Unzuständigkeit, Einrede der örtlichen 77 215
Urheberanerkennung, Computerprogramme 16 291
Urheberbezeichnung, Computerprogramme 16 292
Urhebernutzungsrecht 16 235 f.
- Änderungsbefugnis 16 246
- Änderungsverbot 16 246
- arbeitsvertragliche Regelung 16 240, 242
- bisher unbekannte Nutzungsarten 16 241
- Formulierungsmuster arbeitsvertragliche Einräumung 16 242
- Rückrufrecht 16 250
- Übertragung auf Dritte 16 238, 239
- Übertragungsverpflichtung 16 235
- Umfang 16 237
- Vorausverfügung 16 236
- Zweckübertragungslehre 16 237

Urheber-Persönlichkeitsrecht 16 243 f.
- Änderungsverbot 16 246
- Anerkennung der Urheberschaft 16 245
- Computerprogramm 16 289
- Entstellungsverbot 16 247
- Namensnennung 16 245
- Rückrufrecht 16 250
- Veröffentlichungsrecht 16 244
- Zugangsrecht 16 248

Urheberrecht 16 6
- Arbeitnehmerurheberrecht 16 226 f.
- Beteiligung, weitere nach § 32a UrhG 16 261 f., 270, 274
- Computerprogramme 16 278 f.
- Datenbank 16 306
- Entstellungsverbot 16 247
- Erwerb Arbeitnehmerurheberrecht 16 234
- freie Werke 16 277
- Recht auf Namensnennung 16 245
- Rechtswahl 16 274
- Rechtswegzuständigkeit für Streitigkeiten 77 139
- Rückrufrecht 16 250
- Vergütung, angemessene nach § 32 UrhG 16 261 f., 266, 274
- Vergütung unbekannte Nutzungsart 16 275
- Vertragsanpassung, nachträgliche 16 270
- Zugangsrecht 16 248

Urheberrechtsverletzung, Kündigungsgrund, außerordentlicher 44 60
Urheberschaft, Anerkennungsrecht 16 245
Urkundeneinheit, Grundsatz der, Aufhebungsvertrag 49 33

Sachverzeichnis

fette Zahlen = Paragrafen

Urkundenprozess 77 56
- Vergütungsklage Geschäftsführer 80 110

Urlaub
- Anstellungsvertrag Geschäftsführer 80 60
- Anzeige Arbeitsunfähigkeit aus dem Ausland 24 69
- Aufhebungsvertrag 49 229 f., 234, 240
- Entgeltfortzahlung bei Arbeitsunfähigkeit 24 35
- Erschleichung 43 454
- Formulierungsmuster Aufhebungsvertrag 49 243
- Fürsorgepflicht 34 161
- geringfügig Beschäftigter 75 40
- Gleitzeit 14 97
- Kündigung, verhaltensbedingte 43 453
- Mindesturlaubsregelung bei Entsendung 68 64
- Nebentätigkeit während 33 93
- Resturlaub während Auslauffrist 49 240, 241
- Rückforderungsverbot nach SeeArbG 27 254
- Streitwert 3 105
- Teilzeitarbeitnehmer 72 52
- Verfügung, einstweilige 77 708
- Vollstreckung 77 722
- Vorstandsmitglied 81 55
- Zusatzurlaub Schwerbehinderte 34 56
- Zweck 27 42

Urlaubsabgeltung 27 163 f.
- Abtretung 27 179
- Anspruch 27 172
- Anspruchsentstehung 27 164 f.
- Arbeitslosengeld 27 180
- bei Arbeitsplatzwechsel 27 147
- Arbeitsunfähigkeit 27 122
- Arbeitsunfähigkeit, dauerhafte 27 184
- Aufhebungsvertrag 49 242
- Aufrechnungsverbot 22 47
- Ausschlussfrist 27 182
- Besatzungsmitglied 27 255
- Betriebsübergang 27 274, 278
- Blockmodell Altersteilzeit 74 55
- Checkliste 27 166
- Elternzeit 28 24
- Heimarbeit 27 223
- Leistungsklage 27 311
- Pfändbarkeit 22 63
- Pfändung 27 40, 179
- Sozialversicherung 27 180
- steuerliche Behandlung 27 181
- Vererblichkeit 27 33, 175
- Verjährung 27 183

Urlaubsanrechnung, Freistellung 49 234
Urlaubsanspruch
- Abgeltung 27 163 f.
- Ablauf Urlaubsjahr 27 49
- Abtretbarkeit 27 39
- Anrechnung bei Arbeitsplatzwechsel 27 145
- Arbeitsverhältnis, ruhendes 27 63 f.
- Ausscheiden vor erfüllter Wartezeit 27 136
- Ausschlussfrist 27 60
- Befristung nach SeeArbG 27 244
- Berechnung Teilurlaub 27 139

- Betriebsübergang 27 270 f.
- Betriebsübergang in der Insolvenz 27 287
- Betriebsvereinbarung 27 266
- einzelvertragliche Regelung 27 268
- Elternzeit 27 63, 65
- Entstehen 27 3
- Erfüllung 27 47
- Erholungsurlaub 27 1 f.
- Erlöschen 27 47 f.
- fehlerhafte Einordnung Vertragsverhältnis 7 2
- Freistellungserklärung 27 77 f.
- Geltendmachung 27 73
- gerichtliche Geltendmachung 27 289 f.
- Günstigkeitsvergleich 27 259, 260
- Heimarbeit 27 216 f., 225
- Höchstpersönlichkeit 27 32
- Insolvenz 27 281 f.
- bei Insolvenzeröffnung 27 282
- vor Insolvenzeröffnung 27 284
- Klage auf Urlaubsgewährung 27 289 f., 291
- Krankheit im Urlaub 27 119
- bei Kündigung 27 79
- Kurzarbeit 27 63, 69
- Mehrurlaub, individualrechtlicher 27 30
- Mehrurlaub, tarifrechtlicher 27 30, 53
- Mutterschaftsurlaub 27 64
- Nebentätigkeits-Arbeitsverhältnis 33 116
- Pfändung 27 39
- Rechtsmissbrauch 27 56
- Seearbeitsgesetz 27 232 f.
- Selbstbeurlaubung 27 93
- Sonderurlaub, unbezahlter 27 65
- nach Stunden 27 115
- Tarifvertrag 27 258
- Teilurlaub 27 133
- Urlaubsdauer 27 102 f.
- Urlaubsjahr 27 9
- Urlaubszeitpunkt 27 72 f.
- Vererblichkeit 27 32
- Verhältnis kollektiv-rechtlicher/einzelvertraglicher Regelungen 27 257 f.
- Verjährung 27 61
- Vermeidung von Doppelansprüchen 27 145
- Vertrauensschutz 27 71
- Verweigerung, rechtswidrige 27 27
- Verzicht 27 57
- Verzug Arbeitgeber 27 50
- Vollurlaub 27 132
- vorsorgliche Freistellung 27 89
- Wartezeit 27 5
- zusammenhängende Gewährung 27 94
- Zusammentreffen mehrerer Freistellungsansprüche 27 129
- Zusatzurlaub Schwerbehinderter 27 196 f.
- Zwischenmeister bei Heimarbeit 27 230

Urlaubsantritt, eigenmächtiger 43 453
- Kündigungs-/Ausschlussfrist 44 180

Urlaubsarbeit 33 93
Urlaubsbescheinigung 27 148
- bei Beendigung Arbeitsverhältnis 52 7
Urlaubsbewilligung, Verfügung, einstweilige 27 303

3318

magere Zahlen = Randnummern

Sachverzeichnis

Urlaubsdauer
- Arbeitszeit, flexible 27 108
- Fünf-Tage-Woche 27 104
- Heimarbeit 27 225
- Kurzarbeit 27 118
- Mindesturlaub 27 102
- Mitbestimmungsrecht 27 101
- Schichtbetrieb 27 111
- Seearbeitsgesetz 27 237
- Sonderurlaub 27 116
- Sonntagsarbeit 27 114
- nach Stunden 27 115
- Teilzeitarbeit 27 105
- Wechsel in/von Teilzeit 27 116

Urlaubsentgelt
- Anspruch 27 150 f.
- Berechnung 27 150
- Besatzungsmitglied 27 251
- bei Betriebsübergang 27 272, 273, 277
- Betriebsunterbrechung/Streik 27 157
- Fälligkeit 22 11; 27 158
- bei flexiblem Arbeitszeitsystem 27 154
- Heimarbeit 27 226
- Insolvenzgeld 27 286
- Mitbestimmungsrecht 27 101
- Pfändung 27 40, 161
- Rückforderungsverbot 27 142
- Schwerbehinderte 27 213
- Verdiensterhöhung/-kürzung 27 155
- Zusatzurlaub Schwerbehinderter 27 213
- für zuviel gewährten Urlaub 27 143

Urlaubsfestlegung, Mitbestimmungsrecht 27 100

Urlaubsfestsetzung
- Einigungsstelle 27 100
- Krankheit vor 27 123
- Mitbestimmungsrecht 27 242

Urlaubsgeld 20 161; 27 160
- Arbeitsentgelt geringfügige Beschäftigung 75 14
- Erholungszweck 20 162
- Kürzung bei Entgeltfortzahlung 24 139
- Mitbestimmungsrecht 23 82; 27 101
- Pfändbarkeit 22 63
- Pfändung 27 41, 162
- Regelung bei Teilzeitarbeit 73 76
- Schwerbehinderte 27 213
- Teilzeitarbeitnehmer 72 53
- Vererblichkeit 27 41

Urlaubsgewährung
- Leistungsklage 27 291
- Ort 27 243
- nach Seearbeitsgesetz 27 240

Urlaubsgrundsätze
- Mitbestimmungsrecht 27 96
- Mitbestimmungsrecht bei Seearbeitsgesetz 27 242

Urlaubsjahr
- Ablauf 27 49
- Arbeitsunfähigkeit 27 50
- Ausscheiden in erster Jahreshälfte 27 138
- Beschäftigungsjahr 27 235

- Kalenderjahr 27 9

Urlaubskasse 69 53

Urlaubskürzung 33 44

Urlaubsliste 27 99

Urlaubsplan, Mitbestimmungsrecht 27 98

Urlaubstag
- Nachgewährung bei Arbeitsunfähigkeit/Krankheit 27 119, 121
- Werktag 27 102

Urlaubsüberschreitung
- eigenmächtige 43 455
- krankheitsbedingte 43 455
- Kündigungsgrund, außerordentlicher 44 77

Urlaubsumfang, Feststellungsklage 27 299

Urlaubsvergütung, Pfändbarkeit 22 63

Urlaubswünsche, Arbeitnehmer 27 90

Urlaubszeitpunkt
- Festlegung 27 72 f.
- Mitbestimmungsrecht 27 100
- nachträgliche Veränderung 27 91
- Wünsche des Arbeitnehmer 27 90

Urteil
- Abfassung 77 437
- Abfassungsfrist 77 438
- Auflösung Arbeitsverhältnis 48 279 f.
- revisionsfähiges 77 566
- Statthaftigkeit der Berufung 77 490 f.
- Tatbestandsberichtigung 77 642
- Unterzeichnung 77 437
- Verkündung 77 425 f., 429
- Verkündungszeitpunkt 77 432 f.
- vorläufige Vollstreckbarkeit 77 459
- Zwangsvollstreckung 77 711 f.
- zweitinstanzliches 77 564

Urteilsabsetzung 77 438
- Rüge in Berufungsbegründung 77 538
- verspätete 77 439

Urteilsstreitwert 77 727

Urteilsverfahren 77 1 f.
- Abgrenzung zu Beschlussverfahren 78 3, 16
- Feststellung Nicht-/Bestehen Tarifvertrag 69 5
- Kollegialgericht 77 250
- Kosten 79 1 f.
- örtliche Zuständigkeit 1 70
- Parteien 77 1 f.
- Prozesskostenhilfe 76 5
- Prozessvertretung 76 45 f., 50, 52

Urteilsverfahren 1. Instanz 77 250 f.
- Anordnung persönlichen Erscheinens 77 331
- Ausschluss Prozessbevollmächtigter 77 344
- Beweisverfahren 77 400 f.
- Erledigung im ersten Termin 77 349
- Güteverhandlung 77 276 f.
- gütliche Erledigung 77 354
- Kammertermin 77 348
- Klageerhebung 77 272
- Kostenberechnung, hypothetische 79 14
- Kostenerstattung bei Verweisung 79 16
- Kostenerstattung, materiell-rechtliche 79 11
- Kostenerstattung, prozessuale 79 8
- Kostentragungspflicht 79 6 f.

3319

Sachverzeichnis

fette Zahlen = Paragrafen

- Kostenübernahme, vertragliche **79** 12
- Präklusion **77** 355 f., 382, 389, 393
- Prozessvertretung **76** 45
- Vergleichsvorschlag, gerichtlicher **77** 304
- Verkündung Urteil/Beschluss **77** 425 f., 429
- Verkündungstermin **77** 433, 434
- Vertagung **77** 350
- Verurteilung zur Vornahme einer Handlung **77** 441 f.
- Vorbereitung in Bestandsschutzverfahren **77** 320
- Vorbereitung Kammertermin **77** 317
- vorläufige Vollstreckbarkeit **77** 459
- Zurückweisung verspätetes Vorbringen **77** 355 f.

Urteilsverfahren 2. Instanz 77 488 f.
- Beweisverfahren **77** 400 f.
- Kostentragungspflicht **79** 19
- Prozessvertretung **76** 50

Urteilsverfahren 3. Instanz 77 565 f.
- Kostentragungspflicht **79** 19
- Prozessvertretung **76** 52
- Revisionszulassung **77** 567

ÜT-Angestellte, Mitbestimmungsrecht bei Entgeltsystem für **23** 35

Veränderungssperre
- Betriebsvereinbarung bei Betriebsübergang **54** 50
- Tarifvertrag infolge Betriebsübergang **54** 82
- Unterrichtungspflicht bei Betriebsübergang **55** 39
- vorzeitige Ende der **54** 52 f.

Veranstaltungen, Kinderarbeit **34** 46, 47

Veräußerer
- Annahmeverzugsrisiko bei Widerspruch gegen Betriebsübergang **55** 129
- Haftung bei Betriebsübergang **54** 124

Veräußererkündigung
- betriebsbedingte bei Widerspruch gegen Betriebsübergang **55** 125
- bei Betriebsübergang **54** 173
- aufgrund eigenen Konzepts **54** 174
- aufgrund Erwerberkonzept **54** 175
- Sozialauswahl **54** 181

Veräußerungsabrede, Aktienoption **20** 116

Verband, Tarifzuständigkeit **69** 25

Verbandsauflösung
- Nachbindung **68** 19
- Tarifvertrag bei **68** 15, 19

Verbandsaustritt, Verweisungsklausel **68** 119

Verbandsautonomie, Koalitionsfreiheit **71** 32

Verbandsklagerecht 70 99

Verbandsmitgliedschaft 68 5
- Arbeitgeber **68** 8
- Ausschluss **68** 12
- Austrittsvertrag **68** 13
- Beendigung **68** 10
- Beitritt **68** 6
- Rückwirkung **68** 9
- Tarifgebundenheit **68** 4

Verbandsrecht, Regelungsschranken **70** 39

Verbandstarifvertrag
- Fortgeltung nach Betriebsübergang **54** 65
- Geltungsbereich **68** 152
- unternehmensbezogener **68** 155

Verbandsvertreter, Prozessvertretung **76** 47

Verbandswechsel, Abgrenzung kleine/große dynamische Verweisung **68** 123

Verbesserungserfindung, Ermittlung des erfassbaren betrieblichen Nutzens **16** 112

Verbesserungsvorschlag
- Anerkennungsprämie **16** 216
- Aufhebungsvertrag **49** 255, 258
- Ausmaß **16** 200
- Begriff (BVW) **16** 196
- Begriff (technischer V.) **16** 153
- Bewertung **16** 200
- einbezogener **16** 224
- einfacher technischer **16** 154
- Erfindungsvereinbarung **16** 160
- Hochschulbeschäftigte **16** 174
- Mitteilungspflicht technischer **16** 155
- Öffentlicher Dienst **16** 168 f.
- qualifizierter technischer **16** 154
- Vergütung **16** 198, 202, 214
- Vergütung technischer **16** 157
- Verwertungsrecht technischer **16** 156

Verbesserungsvorschlag, qualifizert technischer **16** 11 f.

Verbotsirrtum, verhaltensbedingte Kündigung **43** 321, 369

Verbrauch, Kündigungsgrund **43** 113

Verbraucherdarlehen 1 23

Verbraucherpreisindex 38 122

Verbraucherschutz 1 23

Verbundkündigung
- Anwendung § 6 KSchG **48** 256
- Klageerhebungsfrist **48** 117

Verdachtskündigung 43 456
- Anhörung Arbeitnehmer **34** 150
- Konkurrenztätigkeit **31** 39
- Unterrichtung Betriebsrat **47** 62
- Wiedereinstellungsanspruch nach **34** 109

Verdachtskündigung, außerordentliche 44 128 f., 130
- Abwarten Strafverfahren **44** 153
- Anhörung Arbeitnehmer **44** 137 f.
- Anhörung Betriebsrat **44** 156
- Anhörungsfrist **44** 143
- Anhörungspflichtverletzung **44** 142
- Ausschlussfrist **44** 145
- Detektivkosten **44** 158
- Formulierungsmuster Anhörung **44** 144
- Formulierungsmuster Betriebsratsanhörung **44** 157
- Nachschieben Kündigungsgrund **44** 150
- Restitutionsklage **44** 160
- bei unwiderruflicher Freistellung **44** 136
- Wiedereinstellung bei Unschuld **44** 152

Verdachtsmomente
- Abwarten Strafverfahren **44** 153
- Begriff **44** 131
- Detektivkosten **44** 158

3320

magere Zahlen = Randnummern **Sachverzeichnis**

- bei Einstellung Ermittlungsverfahren 44 134
- Kontrollen 33 25
- Kündigungsgrund 44 128 f., 130
- Nachschieben 44 150
- strafrechtliche Würdigung 44 133
- bei Verurteilung des Verdächtigen 44 135

Verdienst, anderweitiger
- Abzug Fortbildungskosten 24 314
- Anrechnung 24 297

Verdienst, entgangener, Kündigungsschutzprozess 48 405

Verdienst, hypothetischer 24 303

Verdiensterhöhung, Urlaubsentgelt 27 155

Verdienstkürzung, Urlaubsentgelt 27 156

Verdienstminderung, Ausgleichsleistung für 58 105

Verdienstmöglichkeiten, Angaben in Stellenanzeige 34 116

Verdienstsicherungsklausel 20 176; 70 46

Vereinbarkeit Beruf/Familie, Initiative des Betriebsrats 61 38

Vereinigung
- Dauerhaftigkeit 71 6
- Freiwilligkeit 71 5
- Koalitionsfreiheit 71 4 f.
- korporativer Charakter 71 7

Vereinigungsfreiheitsstreitigkeit
- Rechtswegzuständigkeit 77 88 f.
- unerlaubte Handlung 77 89

Vereinsmitglied, Abgrenzung Arbeitnehmer/Freier Mitarbeiter 6 98

Vereinsvertreter, besonderer, Parteifähigkeit 77 12

Vererblichkeit
- Abfindung Aufhebungsvertrag 49 198
- Abfindung, rechtskräftige 48 384
- Anwartschaft betriebliche Altersversorgung 36 67
- Urlaubsabgeltungsanspruch 27 33
- Urlaubsgeld 27 41

Verfahrensbevollmächtigter, Vergütung im Einigungsstellenverfahren 64 67

Verfahrensfehler, Revision 77 638

Verfahrensgebühr, Vertretung, gerichtliche 3 20

Verfahrensvertretung im Beschlussverfahren 76 54 f.

Verfahrenswert, Beschlussverfahren 78 134

Verfallfrist 22 139 f., 150
- Anspruch auf Arbeitszeugnis 51 32
- Aufklärungspflicht 4 34
- Beginn 22 141
- Formulierungsmuster 22 154
- Formvorgaben 22 151
- Inhaltskontrolle 22 149
- Reichweite 22 140, 150
- tarifliche 70 68 f.
- Unterbrechung 22 143
- Wiedereinsetzung 22 148

Verfallklausel
- Aktienoption 20 111
- Inhaltskontrolle 10 187, 194
- Wettbewerbsverbot, nachvertragliches 32 81

Verfassung, Arbeitsrecht 1 12

Verfassungstreue, Befragung Bewerber 9 83

Verfehlung, Widerruf Versorgungszusage 40 77 f.

Verfehlung, nachvertragliche, Widerruf Versorgungszusage 40 82

Verfügung, einstweilige 77 677, 684
- Arbeitskampf 77 695
- Arbeitsleistung 77 696
- Arbeitspapiere 77 697
- Arbeitsvergütung 77 698
- Arbeitszeugnis 51 30
- Aufklärungspflicht 4 88
- Beschäftigung bis zum Ende des Arbeitsverhältnisses 49 239
- Beschäftigungs-/Weiterbeschäftigungsanspruch 77 703
- Beschlussverfahren 78 87
- Beseitigung unlauterer Abwerbung 9 51
- Dauer der Leistungsverfügung 22 135
- Direktionsrecht 12 70
- Einrichtung Einigungsstelle 78 131
- Entgeltzahlung 22 130
- Formulierungsmuster bei Entgeltzahlung 22 134
- Formulierungsmuster wettbewerbsrechtliche 32 153
- Glaubhaftmachung 22 136
- Herausgabe Arbeitspapiere 34 149
- Konkurrentenklage 77 706
- Regelungsverfügung 77 687
- Rückforderung 22 137
- Sicherungsverfügung 77 684
- Streitwert 3 88, 136
- Teilzeitanspruch 73 137, 149, 153
- Teilzeitarbeitsanspruch 77 707
- Unterlassung Betriebsänderung 57 114
- Unterlassung Umsetzung Betriebsänderung 56 106
- Urlaub 77 708
- Urlaubsbewilligung 27 303
- Verfahren 77 694
- Verfügungsgrund 22 131
- Verpflichtung zur Arbeitsleistung 17 33
- verspätetes Vorbringen 77 384
- Vollstreckungsschaden 22 138
- wettbewerbsrechtliche 32 146, 152
- Wettbewerbsunterlassung 31 44, 45
- Wettbewerbsverbot 77 710
- Zuständigkeit 77 694

Verfügung, prozessleitende, Berichtigung Rubrum 48 90

Verfügungsverbot, Entgelt/Vergütung 22 30

Verfügungsverfahren, Zuständigkeit 77 61

Vergatterung, Geheimnisschutz 56 177

Vergleich
- Arbeitgebermandat 4 115
- Arbeitnehmermandat 4 76
- Ausgleichsquittung 22 21, 26
- Beschlussverfahren 78 74
- Einigungsgebühr 3 24
- Erledigungsklausel 4 80
- Hinweispflicht Rechtsanwaltsgebühren 2 10

3321

Sachverzeichnis

fette Zahlen = Paragrafen

- Hinweispflichten 2 39, 40
- Kosten Arbeitsgerichtsprozess 79 3
- in Revisionsinstanz 77 651
- Streitwert 3 108
- Vergleichsbereitschaft 2 38

Vergleich, außergerichtlicher
- Arbeitsgerichtsprozess 77 305
- Aufklärungspflicht 4 77
- Sicherung Versorgungsleistung 38 160

Vergleich, gerichtlicher
- Befristung Arbeitsverhältnis 41 104
- Formvorschriften 4 58

Vergleichbarkeit
- horizontale 43 183
- Personenkreis Sozialauswahl 53 179 f.

Vergleichsbemühungen, Konfliktbearbeitung/
-lösung 82 130

Vergleichsmehrwert
- Rechtsschutzversicherung 3 214
- Streitwert 3 112b

Vergleichsverhandlungen, Prozesskostenhilfe 76 7

Vergleichsvorschlag, gerichtlicher, Annahme durch Parteien 77 304

Vergütung
- Abrufarbeit 14 76
- Abtretung 22 30
- angemessene nach § 32 UrhG 16 261 f., 266, 274
- bei Annahmeverzug Arbeitgeber 24 292
- Arbeitnehmererfindung 16 79 f.
- Arbeitnehmerurheberrecht 16 254 f.
- Arbeitsleistung, zusätzliche 14 48
- Arbeitsvermittler 65 39
- Arten 20 1
- Begriff 19 1
- Beteiligung, weitere nach § 32a UrhG 16 261 f., 270, 274
- Bonuspool 20 44
- Computerprogramme 16 297
- Design 16 312
- Dienstreisezeit 14 7
- Eingruppierung 21 38
- freie Werke 16 277
- während Freistellung bei akuter Pflegesituation 24 214; 28 46
- während Freistellung bei Pflegezeit 28 54
- Freizeitgewährung zur Stellensuche 9 42, 44
- Gleichbehandlungspflicht 34 90
- Hochschulerfindung 16 186
- Mindestlohnunterschreitung 10 8
- Mitbestimmungsrecht bei Auslandsentsendung 23 165
- Nutzungsart, unbekannte 16 275
- Rufbereitschaft 14 22
- Teilzeitarbeit 73 72 f.
- Teilzeitarbeitnehmer 72 54
- variable/zielabhängige 20 43 f.
- Verbesserungsvorschlag 16 198, 202, 214
- Verbesserungsvorschlag, technischer 16 157
- Verfügungsverbot 22 30
- Verjährung 22 155
- Wiedereingliederung 24 24
- Zielvereinbarung 20 43 f.

Vergütung, bisherige, Befragung Bewerber 9 92

Vergütung, übertarifliche
- Anrechnungsmöglichkeit 20 170
- Effektivklausel 20 176
- Mitbestimmungsrecht Betriebsrat bei Anrechnung 20 177
- Zulagen 20 168

Vergütung, variable, Formulierungsmuster Betriebsvereinbarung 23 251

Vergütung, zielorientierte 20 43 f.
- Arbeitsvertrag 20 50
- Ausscheiden, vorzeitiges 20 80
- Balanced Scorecard 20 46
- Betriebliche Übung 20 52
- Fehlzeiten, krankheitsbedingte 20 72
- Fehlzeiten, sonstige 20 78
- Feststellung Zielerreichung 20 61
- Mitbestimmungsrecht 20 90
- Rahmenregelung 20 49
- Rahmenregelung in Betriebsvereinbarung 20 49
- Stichtagsregelung 20 81, 84
- Zielanpassung 20 87
- Zielvereinbarung/-vorgaben 20 53
- Zielvorgaben 20 51

Vergütungsabrede, Inhaltskontrolle 10 251

Vergütungsanpassung, fehlerhafte Einordnung Vertragsverhältnis 7 4

Vergütungsanspruch
- Beisitzer, außerbetrieblicher 1 84
- Kompensation durch Sozialplan 58 101

Vergütungsbestandteile, Befristung 25 42 f.

Vergütungsbestandteile, übertarifliche
- Anrechnung bei Entgeltflexibilisierung 25 41
- Senkung 25 66
- Widerrufsvorbehalt 25 31

Vergütungsbezüge, Vergütungsstruktur 81 44 f.

Vergütungserhöhung
- Entgeltflexibilisierung 25 51
- Formulierungsmuster Betriebsvereinbarung 23 250
- Mitbestimmungsrecht 23 58

Vergütungserwartung 20 166

Vergütungsgrundlagen, Mitbestimmungsrecht 23 73

Vergütungsgruppen, Formulierungsmuster Betriebsvereinbarung 23 248

Vergütungsgruppenordnung, Mitbestimmungsrecht 23 41, 48, 64 f.

Vergütungshöhe, Mitbestimmung Betriebsrat 23 7, 47

Vergütungsklage
- Geschäftsführer im Urkundenprozess 80 110
- Streitwert 22 127

Vergütungsordnung, Eingruppierung 21 2

Vergütungsreduzierung
- Änderungskündigung 25 58 f.
- Entgeltflexibilisierung 25 52
- Lohnsenkung aufgrund Unrentabilität 25 59

magere Zahlen = Randnummern **Sachverzeichnis**

- Mitbestimmungsrecht 23 58
- Senkung übertariflicher Vergütung 25 66

Vergütungsrichtlinien, Arbeitnehmererfindung 16 79, 98

Vergütungsstruktur, Mitbestimmungsrecht 23 75

Vergütungssystem
- Aktienoptionen 20 94 f.
- Bandbreitensystem 23 149 f.
- Einsichtsrecht Entgeltstruktur 23 221
- Management by objektives (MBO) 23 131 f.
- Mitbestimmungsrecht bei Änderung 23 180, 197
- Mitbestimmungsrecht bei leistungsorientiertem 23 114 f.
- Umrechnungsfaktoren bei internationalem 23 56

Vergütungssystem, zielorientiertes
- Ausgestaltung 23 143
- Einführung 23 136 f.
- Mitbestimmungsrecht 23 131 f., 136
- Zielerreichungsgrad 23 132, 134
- Zielvorgaben/-vereinbarung 23 144

Vergütungsvereinbarung 3 2 f.
- Bedeutung für Auftraggeber 3 12
- Einkommens-/Vermögenslage Auftraggeber 3 12
- Erfolgshonorar 3 6
- Form 3 2
- Formulierungsmuster 3 13
- Formulierungsmuster Diensterfindung 16 141
- Mischformen 3 8
- Pauschalhonorar 3 5
- Rechtsschutzversicherung 3 202
- Schwierigkeit anwaltlicher Tätigkeit 3 12
- time sheets 3 11
- Umfang anwaltlicher Tätigkeit 3 12
- Vergütungshöhe 3 10
- Wahl der Honorarform 3 9
- Zeithonorar 3 3

Vergütungszuschlag, Entgelt 20 164

Verhalten, ausländerfeindliches, Kündigung, verhaltensbedingte 43 386, 389

Verhalten, außerdienstliches 33 74 f.
- Compliance-Richtlinie 35 39
- Kündigung, personenbedingte 43 377
- Kündigung, verhaltensbedingte 43 377
- Straftat 33 81

Verhalten, außerprozessuales, Auflösungsgrund 48 343

Verhalten, heilungswidriges, Kündigung, verhaltensbedingte 43 412

Verhalten, prozessuales, Auflösungsgrund 48 340

Verhalten, vorwerfbar schuldhaftes, Kündigung, außerordentliche 44 28

Verhaltensbeurteilung
- Arbeitszeugnis 51 14
- Bewertungsskala 51 16

Verhaltenskodex 33 32
- Mitbestimmungsrecht 33 32

Verhaltenspflicht 15 1
- Alkoholverbot 15 3
- Arbeitskleidung 15 5

- Begriff 15 1
- Betriebsrat 60 1 f.
- Checkliste Arbeitgeberanweisung 15 10
- Mitbestimmungsrecht Betriebsrat 15 8
- Rauchverbot 15 4, 8
- Rücksichtname 15 2

Verhaltenspflichtverletzung 43 317 f., 319
- Abmahnung 43 322
- Beweisverwertungsverbot 43 344
- Interessenabwägung bei Kündigung 43 336
- Kündigungsgrund, außerordentlicher 44 46

Verhältnismäßigkeit
- Abmahnung 18 8, 22
- Änderungskündigung 46 8
- Änderungskündigung, betriebsbedingte 46 155, 166, 167
- Kündigung, ordentliche 43 91
- Kündigung, personenbedingte 43 466, 482, 492
- Kündigung, verhaltensbedingte 43 332
- Sozialauswahl 46 195, 196

Verhandeln, Gebot fairen 34 148

Verhandlung, mündliche
- Durchführung in Epedemiezeiten 77 315
- nachgelassener Schriftsatz 77 430
- Schließung 77 429
- Wiedereröffnung 77 430

Verhandlung, streitige
- nach Güteverhandlung 77 314
- Terminierung 77 315, 316
- Vorbereitung 77 317

Verheiratetenzuschlag 20 164

Verjährung 22 155
- Abfindungsanspruch Aufhebungsvertrag 49 210
- Anspruch auf Arbeitszeugnis 51 31
- Erfindervergütung 16 87
- Haftung aus Anwaltsvertrag 2 66
- Hemmung 22 158
- Karenzentschädigung 32 133
- Rechtsschutz 3 168
- Sozialversicherungsbeitrag 7 15
- unlauterer Wettbewerb 31 38
- Urlaubsabgeltungsanspruch 27 183
- Urlaubsanspruch 27 61
- Versorgungsleistung 38 192
- Vorenthalten/Veruntreuen Arbeitsentgelt § 266a StGB 7 34

Verjährungsfrist 22 156

Verkaufserlös, Ermittlung Erfindungswert 16 124

Verkaufsförderer, Abgrenzung Arbeitnehmer/Freier Mitarbeiter 6 100

Verkaufsstelle, zentral gelenkte 43 69

Verkehrsanwaltskosten, Rechtsschutzversicherung 3 203

Verkehrssicherungspflicht, Parkplatz, betrieblicher 34 32

Verkehrsunfall, Arbeitsunfähigkeit, verschuldete 24 46

Verkehrsvorschrift, Verletzung 24 46

Verkündung
- sofortige 77 433
- Urteil/Beschluss 77 425 f., 429

Sachverzeichnis

fette Zahlen = Paragrafen

Verkündungstermin
- besonderer 77 434
- sofortige Verkündung 77 433

Verkürzung, Kündigungsfrist **43** 11

Verlängerung
- Arbeitsverhältnis, befristetes **4** 118
- Kündigungsfrist **43** 15
- Probezeit **41** 67
- Zeitbefristung **41** 33, 38, 43

Verlegung
- beteiligungspflichtige Betriebsänderung **56** 58
- Werksferien **43** 165

Verletzung, rechtliches Gehör **77** 585

Verleumdung, Auflösungsgrund **48** 343

Verlust auf Postweg, nachträgliche Klagezulassung **48** 199

Verlustbeteiligung, Entgelt **19** 46

Vermächtnis zugunsten Pflegepersonal **33** 55

Vermittlungsprovision 20 37
- Annahme **33** 57
- bei Arbeitnehmerüberlassung **66** 131
- Verleiher **9** 55

Vermögensbetreuungspflicht, Verletzung **43** 448

Vermögensbildung
- Abgrenzung zu betrieblicher Altersversorgung **36** 66
- Betriebsvereinbarung, freiwillige **63** 58

Vermögensdelikt, Kündigungsgrund, außerordentlicher **44** 79, 80

Vermögensgegenstände, eingebrachte, Haftung für **34** 30

Vermögensinteresse, Aufklärungspflicht des Arbeitgebers **34** 35

Vermögensübertragung
- Betriebsübergang **53** 81
- Versorgungsschuldner **39** 43
- Zuordnung Arbeitsverhältnisse **53** 54
- Zuordnungsliste gem. § 323 Abs. 2 UmwG **58** 36

Vermögensverhältnisse, Befragung Bewerber **9** 91

Vermögenswirksame Leistung
- Abgrenzung zu betrieblicher Altersversorgung **36** 66
- Entgelt **19** 1
- Pfändbarkeit **22** 63

Veröffentlichung, Arbeitnehmer **33** 87

Veröffentlichungsrecht
- Computerprogramme **16** 290
- Urheber **16** 244

Verordnung, Rechtsquelle **1** 24

Verpfändung, Versorgungsleistung **37** 127

Verpflichtung, öffentlich-rechtliche, Entgeltfortzahlung **24** 210

Verpflichtungsklage, Statusfeststellung bei Anrufungsauskunft **8** 36

Verrentung Kapitalleistung, Anpassungsprüfung **38** 115

Versagung, Erlaubnis Arbeitnehmerüberlassung **66** 56

Versäumnis, Nachholung Schwangerschaftsmitteilung **45** 22

Versäumnisurteil
- Berufung gegen zweites **77** 495
- Einspruchsfrist **1** 74
- Säumnis in Güteverhandlung **77** 307, 308

Versäumnisurteil, zweites, Berufungsbegründung **77** 540

Versäumnisverfahren 77 423
- Berufung **77** 558

Verschmelzung
- Abgrenzung Umwandlung/Betriebsänderung **56** 70
- Altersversorgung, betriebliche **58** 182 f., 190, 202
- Beteiligung Betriebsrat **56** 100
- Betriebsratsstruktur bei **58** 183
- Betriebsübergang **53** 81
- Firmentarifvertrag **68** 30
- Firmentarifvertrag bei Betriebsübergang **54** 70
- Haftung bei **54** 140
- Vereinheitlichung betriebliche Altersversorgung **40** 42
- Versorgungsschuldner **39** 37
- Zuordnung Arbeitsverhältnisse **53** 54
- Zuordnungsliste gem. § 323 Abs. 2 UmwG **58** 36

Verschulden
- Arbeitsunfähigkeit **34** 36 f.
- des Prozessbevollmächtigten **48** 200
- Verletzung bei Sportunfall **24** 39 f.

Verschweigen, Wegfall Arbeits-/Aufenthaltserlaubnis **44** 44

Verschwiegenheitspflicht 2 1, s a Geheimhaltungspflicht, Schweigepflicht
- Adressatenkreis **60** 39
- Betriebsrat **60** 38
- geringfügig Beschäftigter **75** 37
- Teilzeitarbeitnehmer **72** 60
- Verstoß gegen **60** 54

Verschwiegenheitspflichtverletzung, Kündigung, verhaltensbedingte **43** 458

Versetzung
- Arbeitsort bei **13** 22
- Aufklärungspflicht **4** 87
- Auslandseinsatz **11** 110
- Belange, familiäre **13** 31
- Beteiligung Betriebsrat **12** 54 f.
- Beteiligung Betriebsrat bei Änderungskündigung **46** 210 f.
- Betriebe des Arbeitgebers **13** 26
- betriebsverfassungsrechtliche **12** 54, 57
- Darlegungs-/Beweislast **13** 33
- Dauer **12** 64
- Formulierungsmuster Betriebsratszustimmung **12** 67
- auf geringerwertige Stelle **58** 105
- Grenzen **13** 28
- individualrechtliche **12** 55
- Interessenabwägung **13** 29
- Mitbestimmungsrecht Betriebsrat **13** 35
- Prüfung vor außerordentlicher Kündigung **44** 23

magere Zahlen = Randnummern   **Sachverzeichnis**

- Rechtsschutzfall 3 176
- Schadenersatz bei unwirksamer 13 34
- Streitwert 3 114
- Umgruppierung 21 30
- Vermeidung verhaltensbedingter Kündigung 43 333
- Zumutbarkeit, sozialrechtliche 13 30

Versetzungsklausel
- AGB-Kontrolle 25 9
- Angemessenheitskontrolle 12 42, 46
- Anstellungsvertrag Geschäftsführer 80 67
- Ausübungskontrolle 12 42, 46
- Erweiterung Direktionsrecht 12 36 f.
- Formulierungsmuster 12 47, 51; 13 32
- Inhaltskontrolle 12 40
- Interessenausgleich 12 46, 49
- konzernweite 66 174
- Zuweisung anderer Tätigkeitsart 12 44, 51

Versetzungsvorbehalt, Inhaltskontrolle 12 40

Versicherungsbranche, Abgrenzung Arbeitnehmer/Freier Mitarbeiter 6 65

Versicherungsfall
- Begriff 17 126
- vorsätzlich herbeigeführter 17 133

Versicherungsleistung
- Abgrenzung zu betrieblicher Altersversorgung 36 65
- Ergänzung unzureichender 38 60

Versicherungsschutz, Auslandstätigkeit 11 121

Versicherungsvertrag, Zillmerung 36 83

Versorgungsanspruch
- Arbeitgeberzusage 36 1
- Begründung 36 18 f.
- bei Betriebsübergang 53 45
- Betriebsvereinbarung 36 45
- Geltungsbereich, persönlicher 36 6 f.
- tarifvertragliche Regelung 36 48 f.

Versorgungsanwartschaft
- Abfindung 38 73 f.; 49 188
- Abfindung bei Versorgungswerkschließung 40 16
- Abfindungshöhe 38 82
- Abfindungsverbot 49 288, 293
- Anpassungsprüfung 38 114
- Aufhebungsvertrag 49 285 f.
- Aufklärungspflicht bei Aufhebungsvertrag 49 102, 119
- Auskunftsanspruch bei Ausscheiden 38 68
- Bestandsschutz 40 15
- Eingriff durch Betriebsvereinbarung in bestehende 40 49
- Eingriff in erdiente Dynamik 40 54
- Eingriff in erdienten Teilwert 40 52
- Formulierungsmuster Aufhebungsvertrag 49 298
- Halbteilung 37 104 f.
- Höhe unverfallbarer 38 37 f.
- Schließung Versorgungswerk 40 9
- Schutz rentennahe Jahrgänge 40 61
- steuerliche Behandlung bei Kapitalisierung 49 296
- Teilungskosten 37 116, 122

Versorgungsausgleich
- Altersversorgung, betriebliche 37 104 f.
- Gleichbehandlung 37 123
- Mitbestimmungsrecht 37 120

Versorgungsbezüge, Pfändbarkeit 22 63

Versorgungsempfänger, Insolvenzsicherung 38 167

Versorgungsfall, Eintritt 38 10

Versorgungsfonds, innerbetrieblicher, Mitbestimmungsrecht 37 147

Versorgungsleistung
- Abfindung bei Versorgungswerkschließung 40 16
- Abfindungsverbot 38 76
- Abschlag 38 97, 105, 112
- Abtretung 37 127
- Altersdiskriminierung 38 40
- Altersgrenzen 38 54
- Altersleistung, vorzeitige 38 95 f.
- Altersruhegeld, vorgezogenes 37 82 f.
- Altersversorgung, betriebliche 37 47
- Anpassung laufender 38 114 f.
- Anpassung, vorzeitige 38 121
- Anpassungskriterien 38 122 f.
- Anpassungsrythmus 38 118, 120
- Anpassungszeitraum 38 118
- Anrechnung gesetzlicher Rentenansprüche 38 47
- Aufschub 37 94
- Auskunftsanspruch 38 1 f., 5
- Auskunftsanspruch bei Ausscheiden 38 68
- Auskunftsverpflichtung 38 11
- bei außergerichtlichem Vergleich 38 160
- Befreiung von Anpassungspflicht 38 117
- Begrenzung Invaliditäts-/Todesfallleistung 38 59
- Beitragszusage mit Mindestleistung 38 67
- Beleihung 37 127
- Benachteiligungsverbot 38 41
- Berechnung bei Ablösung 38 56
- Besitzstand 40 56
- Bestandsschutz 40 10
- Betriebstreue 38 38
- Betriebsübergang 39 20
- Betriebszugehörigkeit, erreichbare 38 52
- Betriebszugehörigkeit, erreichte 38 49
- Bezüge, versorgungsfähige 37 67
- Billigkeitskontrolle 40 63
- Dienstzeit, anrechnungsfähige 37 65
- Eingriff in laufende/aufgeschobene 40 49
- Eingriff in noch nicht erdiente Zuwachsrate 40 57
- Ergänzungsanspruch bei Direktversicherung 38 60
- Fälligkeit 38 10
- Festschreibung Berechnungsgrundlagen 38 41
- Gesamtversorgungsgrad 37 71
- Gleichbehandlung 36 42
- Härteregelung 40 61
- Höchstgrenze bei Leistung des PSVaG 38 179
- Höhe 37 64 f.

3325

Sachverzeichnis

fette Zahlen = Paragrafen

- hypothetische 38 42
- bei Insolvenz des Arbeitgebers 38 156
- Insolvenzsicherung 38 150 f., 156
- Kapitalleistung 37 48
- Karrieredurchschnittsplan 38 44
- bei Kündigung Betriebsvereinbarung 40 12
- Lebenshaltungskostenindex 38 122
- Leibrente, befristete 37 49
- Leistungsausschluss PSVaG 38 184
- Leistungskürzung PSVaG 38 183
- Leistungsvorbehalte 37 128 f.
- Leistungsvorbehalte, steuerschädliche 37 131
- Limitierungsklausel 37 66
- Nachweispflichten 37 126
- Obergrenzen 38 48
- Prüfungsstichtag 38 119
- Quotierung bei Entgeltumwandlung 38 66
- Quotierung beitragsorientierter Leistungszusage 38 66
- Quotierungsprinzip 38 37
- realbezogene Obergrenze bei Anpassung 38 123
- relative/absolute Obergrenze bei Anpassung 38 126
- Rentenwahlrecht 37 48
- Rentenzahlung 37 47
- Sach-/Nutzungsleistung 37 50
- bei Schließung Versorgungswerk 40 10
- Teilung, interne 37 105 f.
- Übertragung 39 3
- Verjährung 38 192
- Verpfändung 37 127
- versicherungsrechtliche Lösung 38 60
- vorzeitige 38 98 f., 102
- wirtschaftliche Situation des Arbeitgebers bei Anpassung der 38 128
- bei wirtschaftlicher Notlage 38 166
- Zahlungsmodalitäten 37 124
- Zusage, dienstzeitabhängige 38 43
- Zusage, endgehaltabhängige 38 44
- Zusage fester Betrag 38 43

Versorgungsleistung, mitfinanzierte, Anrechnung auf Versorgungsleistung 38 92

Versorgungsordnung
- Eingriff in Besitzstand 40 56
- Vereinheitlichung 40 39

Versorgungsschuldner
- Anwachsung 39 44
- Gesamtrechtsnachfolge 39 35
- Haftung Gesellschafter Personengesellschaft 39 47
- Informationspflicht betriebliche Altersversorgung 38 1 f.
- Nachhaftung Betriebsveräußerer 39 31
- Spaltung 39 40
- Übertragung Einzelunternehmen 39 45
- Umwandlung 39 36
- Vermögensübertragung 39 43
- Verschmelzung 39 37
- Wechsel 39 1 f.

Versorgungsschuldnerwechsel, Unverfallbarkeitsfrist 38 29

Versorgungssystem
- halbdynamisches 37 75
- statisches 37 74
- volldynamisches 37 79

Versorgungsverpflichtung
- Betriebsübergang 39 17 f.
- Erbfolge 39 35
- Erfüllungsübernahme 39 1
- Gesamtrechtsnachfolge 39 35 f.
- Haftung ausgeschiedener Gesellschafter Personengesellschaft 39 48
- Haftung bei Auflösung der Personengesellschaft 39 52
- Haftung bei Wechsel Gesellschafterstellung 39 53
- Haftung Gesellschafter Personengesellschaft 39 47
- Irrtum über Umfang der 39 13
- Nachhaftung Betriebsveräußerer 39 31
- Schuldbeitritt 39 1
- Schuldübernahme, befreiende 39 2 f.
- Spaltung Versorgungsschuldner 39 40
- Übertragung auf anderen Versorgungsträger 39 2
- Übertragung bei Liquidation 39 16
- Übertragung einzelkaufmännisches Unternehmen 39 45
- Übertragungsabkommen 39 9
- Übertragungswert 39 6
- Umwandlung Versorgungsschuldner 39 36
- Vermögensübertragung Versorgungsschuldner 39 43
- Verschmelzung Versorgungsschuldner 39 37
- Wechsel Versorgungsschuldner 39 1 f.

Versorgungsverpflichtungswechsel, Unverfallbarkeitsfrist 38 29

Versorgungswerkschließung
- Abfindung Versorgungsanwartschaft/-leistung 40 16
- Abwicklung Versorgungsleistung 40 10
- Kündigung Betriebsvereinbarung 40 12
- Mitbestimmungsrecht 40 11
- Versorgungszusage 40 9

Versorgungszusage 36 56 f., s a Altersversorgung, betriebliche
- Ablösung 40 43 f., 45
- Altersdifferenzklausel 37 57
- Altersdiskriminierung 38 40
- Änderung 40 1, 17 f.
- Änderung älterer 38 14
- Änderungskündigung 40 18
- Änderungsvorbehalt 37 132; 40 26 f.
- Anforderungen aus Arbeitnehmersicht 37 27
- Anrechnungsverbot 38 84
- Ausgestaltung 37 1 f.
- Auskunftsanspruch 38 1 f., 5
- Auskunftsverpflichtung 38 71
- Ausscheiden, vorzeitiges 37 95 f.; 38 18 f.
- Ausschlüsse, unzulässige 37 11 f.
- Auszehrungsverbot 38 93
- Beendigung Arbeitsverhältnis 37 42
- Bemessungskriterien 37 64 f.

magere Zahlen = Randnummern **Sachverzeichnis**

- Berechnung bei Ablösung 38 56
- betriebliche 36 1 f.
- Betriebstreue 38 38
- Betriebsvereinbarung, umstrukturierende 40 30 f.
- Bezugsberechtigung 37 57, 60
- Blankettzusage 37 64
- Contract Trust Arrangement (CTA) 36 170 f.
- Dienstzeit, anrechnungsfähige 37 65
- Differenzierung, unzulässige 37 11 f.
- Differenzierung, zulässige 37 8
- Direktversicherung 36 134 f.
- Direktzusage 36 108 f.
- Ehegatte 37 55, 57, 59
- Ehegatte, geschiedener 37 60
- Fälligkeit 38 10
- Gesamtversorgungszusage 37 80
- Geschäftsführer 80 74
- Gestaltungsmöglichkeiten 40 5
- Günstigkeitsprinzip 38 16
- Höchsteintrittsalter 37 41
- Höhe der unverfallbaren Versorgungsleistung 38 37 f.
- Höhe der Versorgungsleistung 37 64 f.
- Inanspruchnahme, vorzeitige 38 98 f., 102
- Inhaltskontrolle 37 2
- Invalidität 37 63
- Kind 37 55, 60
- Kombination von Durchführungswegen 37 30
- Kriterien aus Unternehmenssicht 37 24
- Kündigung 40 1 f.
- Lebensgefährte 37 61
- Lebenspartner, eingetragener 37 61
- Leistungsfall 37 51 f.
- Leistungsvoraussetzungen 37 36 f.
- Leistungsvorbehalte 37 128 f.
- Meldepflicht PSVaG 38 155
- Mindestalter 37 40
- Mitbestimmungsrecht 37 135 f.
- nebeneinander bestehende 38 13
- Pensionsfonds 36 159 f.
- Pensionskasse 36 150 f.
- Quotierungsprinzip 38 37
- Schließung Versorgungswerk 40 9
- Schutz rentennahe Jahrgänge 40 61
- Spätehenklausel 37 57
- Treuhand, doppelseitige 36 170 f.
- Überversorgung 40 20
- Unterstützungskasse 36 123 f.
- Unverfallbarkeit 37 43
- Unverfallbarkeit, vertragliche 38 35
- Unverfallbarkeitsfrist 38 18
- Versorgungsausgleich 37 104 f.
- Versorgungssysteme 37 73
- Vordienstzeiten 37 45
- Vorstandsmitglied 81 52
- Waisenrente 37 62
- Wartezeit 37 37
- Wegfall der Geschäftsgrundlage 37 129, 130; 40 19
- Widerruf 40 1, 77 f.
- Widerruf bei nachvertraglicher Treuepflichtverletzung 40 82
- Widerrufserklärung 40 81
- Widerrufsvorbehalt 40 80
- wirtschaftliche Notlage 40 24
- Witwen-/Witwerrente 37 56
- Zeitkollisionsregel 38 15
- Zusammentreffen mehrerer 38 12
- Zusatzversorgung 38 13

Verspätetes Vorbringen, Flucht in die Säumnis 1 74

Vertagung
- Güteverhandlung 77 290
- Kammertermin 77 350

Verteidigungsmittel
- angemessene Frist zum Vortrag 77 360
- neue im 2. Rechtszug 77 561
- verspätete Mitteilung/Ankündigung 77 392
- verspäteter Vortrag 77 368
- vorbereitender Schriftsatz 77 391
- Zurückweisung verspätetes Vorbringen 77 357

Verteilungsgerechtigkeit, Entgeltsystem 23 6

Vertragsabwicklung
- Abgrenzung Arbeitnehmerüberlassung/Werkvertrag 65 28
- Abgrenzung Arbeitsverhältnis/Freie Mitarbeit 5 7
- Arbeitnehmereigenschaft 6 29
- Personaleinsatz, drittbezogener 65 28

Vertragsamateur, Abgrenzung Arbeitnehmer/Freier Mitarbeiter 6 76

Vertragsanbahnung, Informationspflicht des Arbeitgebers 34 116

Vertragsänderung, einvernehmliche, Entgeltflexibilisierung 25 51

Vertragsänderungsangebot
- Abgrenzung zu Änderungskündigung 46 20
- Ablehnung 46 73
- Ablehnung durch Betriebsrat 46 207
- bei Änderungskündigung 46 60 f.
- Annahme unter Vorbehalt 46 81 f.
- Annahme, vorbehaltlose 46 63
- Annahmeerklärung 46 64, 65
- Annahmeerklärungsfrist 46 70
- Annahmefrist 46 66
- Bestimmtheit 46 61
- Klagefrist 46 128
- mehrere bei betriebsbedingter Änderungskündigung 46 171
- Mitteilung an Betriebsrat 46 206
- Obliegenheit zur Annahme zumutbares Angebot 46 79
- Prüfungsmaßstab bei Änderungskündigung 46 137
- Reichweite Vorbehaltserklärung 46 102
- Überlegungsfrist 46 63
- verspätete Annahme unter Vorbehalt 46 76
- Vorbehaltserklärung 46 85
- Widerspruchsrecht Betriebsrat 46 207
- Zustimmung Betriebsrat 46 29

3327

Sachverzeichnis

fette Zahlen = Paragrafen

Vertragsanpassung, fehlerhafte Einordnung Vertragsverhältnis **7** 4
Vertragsanpassung, nachträgliche, Urheberrecht **16** 270
Vertragsarzt, Abgrenzung Arbeitnehmer/Freier Mitarbeiter **6** 54
Vertragsaufhebungsangebot, Umdeutung außerordentliche Kündigung **44** 212, 217
Vertragsauslegung, ergänzende, Arbeitsvertrag **10** 180
Vertragsbedingung, Befristung einzelner **41** 119 f.
Vertragsbruch
– Ausnutzung **9** 50
– Verleitung zum **9** 49; **33** 61
Vertragsfreiheit
– Grenzen **10** 122 f.
– Grundsatz der **49** 1
– Mitbestimmungsrecht **23** 60
Vertragsgestaltung, Tarifvertragsrecht **67** 4
Vertragsgrundlagen, Umgestaltung **5** 8
Vertragsklausel, Gewerkschaftsaus-/nichtbeitritt **71** 38
Vertragsstrafe
– Angemessenheit **17** 52 f.
– Beendigung, vertragswidrige **10** 266
– Bestimmtheit **17** 59
– Bestimmung **17** 51
– Betriebsvereinbarung **17** 56
– Billigkeitskontrolle **17** 50
– Einzelfälle **17** 65 f.
– formularmäßige **17** 56
– Formulierungsmuster bei Arbeitsverhältnis mit Probezeit **17** 77
– Formulierungsmuster bei Arbeitsverhältnis ohne Probezeit **17** 78
– Formulierungsmuster Nichtaufnahme Tätigkeit **10** 264
– Formulierungsmuster Wettbewerbsverbot **10** 261
– Geheimnisverrat **30** 25
– geltungserhaltende Reduktion **17** 64
– Herabsetzung **17** 55
– Höhe **10** 256
– individuelle **17** 48
– Inhaltskontrolle **10** 161, 252 f.
– Nichtaufnahme der Beschäftigung **10** 262
– Tarifvertrag **17** 56
– Transparenzgebot **10** 258; **17** 57, 69
– Unklarheitenregel **17** 57
– Unmöglichkeit der Arbeitsleistung **17** 44
– Verbot, partielles **10** 253
– Verbot überraschender Klausel **17** 57
– Verwirkung **17** 72
– Wettbewerbsabrede, nachvertragliche **32** 165
– Wettbewerbsverbot **10** 260, 261
– Wettbewerbsverstoß **31** 42
– Zulässigkeit **17** 46, 58
Vertragsstrafenklausel 17 44 f., 56
Vertragsverhandlungen
– Abbruch **9** 136
– Anbahnungsverhältnis **9** 133
– Obhutspflichten **9** 139

– Offenbarungspflicht **9** 138
– Verletzung Aufklärungs-/Mitteilungspflichten **9** 137
Vertragsverletzung
– Abmahnung **43** 322
– Kündigung, verhaltensbedingte **43** 317
Vertragsverletzungsverfahren, EuGH **1** 79
Vertrauensarbeitszeit 14 98
Vertrauensbereich, Abmahnung bei Störung **18** 14
Vertrauensentzug, Abberufungsgrund **81** 61
Vertrauensperson Schwerbehinderter
– Kündigungsschutz **45** 252
– Schweigepflicht **30** 76
Vertrauensschaden, Schadensersatzanspruch Arbeitgeber **9** 104
Vertrauensschutz
– Änderung tarifvertraglicher Regelung **25** 72
– Entgeltflexibilisierung **25** 36
– rentennahe Jahrgänge **40** 61
– Urlaubsanspruch **27** 71
Vertraulichkeit
– innerbetriebliche Mediation **82** 302
– Mediationsvereinbarung **82** 52
Vertreter
– Arbeitgeber **59** 129
– gesetzlicher **10** 6
Vertreter Arbeitgeberverband, Einigungsstellenverfahren **64** 31
Vertretung
– Anwendung TzBfG **41** 10
– Betriebsrat **59** 56
– im Einigungsstellenverfahren **64** 31
– bei Kündigungserklärung **42** 23 f., 24
Vertretung, außergerichtliche
– Einigungsgebühr **3** 24
– Geschäftsgebühr **3** 16
– Rechtsanwaltsgebühren **3** 15, 16
Vertretung, befristete während Freistellung infolge Pflegefall **28** 60
Vertretung, gerichtliche
– Einigungsgebühr **3** 24
– Rechtsanwaltsgebühren **3** 20
– Terminsgebühr **3** 20
– Verfahrensgebühr **3** 20
Vertretungsbedarf
– Abgrenzung zu Dauervertretung **41** 59, 60
– Abordnungsvertretung **41** 61
– Beschäftigung, befristete **41** 59
– Beweislast **41** 63
– Dauer **41** 62
– während Elternzeit **41** 174
– Kausalzusammenhang **41** 61
– während Mutterschaft **41** 174
– un-/mittelbare Vertretung **41** 61
– Wegfall **41** 60
– Zuordnung, gedankliche **41** 61
Vertretungsbefugnis, Geschäftsführer **80** 7
Vertretungsmacht, Nachweis bei Kündigungserklärung **42** 26
Vertretungsmangel, Unwirksamkeit der Kündigung **48** 135

magere Zahlen = Randnummern

Sachverzeichnis

Vertretungsorgan
- Abberufung 48 51
- Klageerhebung durch Mitglied 48 51

Vertretungsregel, Arbeitsleistung 12 3, 5
Veruntreuung, Arbeitsentgelt § 266a StGB 7 29
Verurteilung zur Vornahme einer Handlung 77 441 f.
Verwaltungsgerichtsbarkeit, Rechtswegzuständigkeit 77 46
Verwaltungsverfahren, Ausschlussfrist Kündigung 44 185
Verwarnung 18 61
Verweigerung, Untersuchung, amtsärztliche 43 422
Verweis 18 61
Verweisung 48 26, 27, 39
- Abgrenzung Beschluss-/Urteilsverfahren 78 16, 19
- deklaratorische 68 78
- ergänzende 68 143
- an Güterichter 77 306
- kleine/große/fachliche dynamische 68 79, 123
- konstitutive 68 78, 118
- Kosten 77 211
- Kostenerstattung bei 79 16
- im PKH-Verfahren 77 212
- Rechtsfolgen Verweisungsbeschluss 77 213
- statische 68 79
- Zurückverweisung 48 40

Verweisungsbeschluss, Bindungswirkung 48 42
Verweisungsklausel 25 71
- Abgrenzung kleine/große dynamische 68 123
- Abgrenzung statische/dynamische 68 114
- Art der Verweisung 68 79
- Auslegung 68 95 f.
- Auslegung Arbeitsvertrag nach 1.1.2002 68 106
- Auslegung Arbeitsvertrag vor 1.1.2002 68 104
- Auslegung Bezugsobjekt 68 110
- Auslegung Inbezugnahme 68 112
- Auslegung, korrigierende 68 126
- Bestimmtheitsgrundsatz 68 91
- Betriebliche Übung 68 83
- Betriebsnormen, tarifliche 68 89
- Betriebsübergang 68 117
- Doppelverweisung 68 81
- Ewigkeitsklausel 68 107
- Form 68 82
- Formulierungsmuster große dynamische Globalverweisung 68 131
- Gemeinsame Einrichtungen 68 89
- Gestaltung 68 130
- Gleichstellungsabrede 68 108
- Grenzen 68 85
- konkludente 68 82
- NachwG 68 93
- Normenkollision, vertragliche 68 133
- Objekt 68 88
- tarifdispositives Gesetzesrecht 68 90
- Tarifkonkurrenz 68 132
- Tarifnormen, betriebsverfassungsrechtliche 68 89
- Tarifvertrag 67 4; 68 76 f.
- Transparenzgebot 68 91
- Umfang 68 80, 87
- Unklarheitenregel 68 110
- Verbandsaustritt 68 119
- Wirkung 68 77

Verweisungsverfahren, Rechtswegzuständigkeit 77 187
Verwerfung
- Berufung, unzulässige 77 548
- Beschwerde 78 95
- Nichtzulassungsbeschwerde 77 611
- Revision 77 630

Verwertung, ungenutzte, Erfindungswert 16 129
Verwertung, wirtschaftliche, Arbeitnehmererfindung 16 53
Verwertungshandlung, Erfindervergütung 16 86
Verwertungsrecht, Verbesserungsvorschlag, technischer 16 156
Verwertungsverbot
- Abmahnung 18 48
- Auflösungsgrund 48 347
- Beweismittel 77 413, 420

Verwirkung 22 162
- Abmahnung 18 33
- Anfechtungsrecht Aufhebungsvertrag 49 396
- Anspruch auf Arbeitszeugnis 51 31
- Arbeitnehmer-Entsendegesetz 68 68
- Erfindervergütung 16 87
- Kündigung, außerordentliche 44 173
- Kündigungsgrund 43 112
- Widerspruch bei Betriebsübergang 55 101 f.

Verwirkungsverbot, Tarifliches Recht 70 66
Verzeihung, Kündigungsgrund 43 110
Verzicht
- Berufung 77 543
- Entgeltfortzahlung 24 180
- Erholungsurlaub 27 57
- in Güteverhandlung 77 301
- Kündigungsgrund 43 111
- Kündigungsschutz 43 53
- Kündigungsschutzklage 48 176
- künftiges Entgelt 19 47
- Revision 77 633
- auf Verfahren vor Schlichtungsausschuss 1 86
- Wettbewerbsverbot 32 72
- Widerspruch bei Betriebsübergang 55 93 f.

Verzichtsverbot, tarifliche Rechte 70 62
Verzögerung
- Begriff 77 373
- Kausalität 77 371
- Mitursächlichkeit des Arbeitsgerichts 77 375
- durch verspätetes Vorbringen 77 370

Verzögerungsschaden, Ersatzanspruch 17 6
Verzögerungstaktiken, Betriebsänderung 57 2
Verzug
- Arbeitnehmer 17 5
- Karenzentschädigung 32 137

Verzugsentgelt
- Annahmeverzug 24 292 f.
- Anrechnungen 24 297

3329

Sachverzeichnis

fette Zahlen = Paragrafen

Verzugszinsen **22** 110
– Entgelt **19** 2
– Formulierungsmuster **22** 113, 114, 115
Verzugszinssatz **1** 23
Vesting, Aktienoption **20** 109
Videokonferenz
– Anhörung im Beschlussverfahren **78** 67
– Durchführung mündliche Verhandlung in Epedemiezeiten **77** 315
Videoüberwachung **34** 64; **35** 185 f.
– heimliche **35** 186, 190; **43** 346
– Mitbestimmungsrecht **35** 195
– nicht öffentlich zugängliche Bereiche **35** 187, 190
– öffentlich zugängliche Bereiche **35** 187, 188
– Verhältnismäßigkeit **35** 194
Videoüberwachung, heimliche, Beweisverwertungsverbot **77** 419
Visum **11** 3, 20, 26
– Verfahren, beschleunigtes **11** 27
VO (EG) Nr. 44/2001, VO vom 22.12.2000 über die gerichtliche Zuständigkeit und die Anerkennung und Vollstreckung von Entscheidungen in Zivil- und Handelssachen (Brüssel-I-Verordnung) **48** 56
VO (EG) Nr. 1393/2007, VO vom 13.11.2007 über die Zustellung gerichtlicher und außergerichtlicher Schriftstücke in Zivil- und Handelssachen **48** 60
VO (EU) Nr. 1215/2012, VO vom 20.12.2012 über die gerichtliche Zuständigkeit und die Anerkennung und Vollstreckung von Entscheidungen in Zivil- und Handelssachen (Brüssel-Ia–Verordnung) **48** 56
Volkshochschule, Abgrenzung Arbeitnehmer/ Freier Mitarbeiter **6** 35, 40
Vollmacht **2** 35
– Formulierungsmuster **2** 36
– Prozessvollmacht **2** 35
– Schriftsatzkündigung **48** 107
– Umfang **2** 35
Vollmachtsüberschreitung, Kündigungsgrund, außerordentlicher **44** 85
Vollstreckbarkeit, Mediationsvereinbarung **82** 177
Vollstreckbarkeit, vorläufige
– Ausschließung **77** 464 f.
– nicht zu ersetzender Nachteil **77** 464 f.
– Urteilsverfahren 1. Instanz **77** 459
Vollstreckung s a Zwangsvollstreckung
– arbeitsgerichtlicher Titel **77** 711 f.
– Prozessvergleich **49** 85
Vollstreckungsabwehrklage **77** 486
Vollstreckungsschaden **22** 138
Vollurlaub **27** 132
Vorabentscheidung
– Arbeitsgerichtsprozess **78** 17, 18
– EuGH **1** 79
– Rechtswegzuständigkeit **48** 34
Vorabentscheidungsverfahren, Rechtsweg **8** 3
Vorausabtretung **22** 31
– Abfindung Aufhebungsvertrag **49** 194

Vorausverfügung, Urhebernutzungsrecht **16** 236
Vorbehaltserklärung
– durch Änderungsschutzklage **46** 89, 93
– Anfechtung **46** 91
– Aufklärungspflicht **4** 73
– Beweislast **46** 100
– Form **46** 85
– Formulierungsmuster **46** 87
– Frist **46** 92
– Rechtsfolgen **46** 107 f.
– Reichweite **46** 102
– Rücknahme **46** 90
– durch schlüssiges Verhalten **46** 89
– Streit über Rechtzeitigkeit **46** 110
– Verkürzung Erklärungsfrist **46** 98
Vorbehaltsklausel
– Anrechnung **10** 286
– Formulierungsmuster **10** 273
– Formulierungsmuster Gratifikation **10** 276
– Freiwilligkeitsvorbehalt **10** 267 f.
– Gratifikation **10** 274
– Inhaltskontrolle **10** 267 f.
– Transparenzgebot **10** 277, 281
– Zulage, übertarifliche **10** 273
– Zumutbarkeitskontrolle **10** 268
Vorbehaltsprinzip, übertarifliche Vergütung **20** 173
Vorbereitung
– Bestandsschutzverfahren **77** 320
– Güteverhandlung **1** 76
– streitiges Verfahren **77** 317
Vorbereitungshandlung für spätere Konkurrenztätigkeit **31** 21
Vorbeschäftigung, Leiharbeitnehmer **41** 207
Vorbringen, verspätetes
– Angriffs-/Verteidigungsmittel **77** 368
– Arrest-/einstweiliges Verfügungsverfahren **77** 384
– Flucht in Angriffsänderung **77** 399
– Flucht in Berufung **77** 398
– Flucht in die Säumnis **77** 395
– Glaubhaftmachung der Entschuldigung **77** 378
– rechtliche Gehör bei Vorwurf **77** 377
– Rechtsfolgen Zurückweisung **77** 382
– unzureichende Entschuldigung **74** 378
– Verhinderung der Zurückweisung **77** 395
– Verzögerung des Rechtsstreits **77** 370
– Zurückweisung **77** 355 f.
– Zurückweisung im Beschlussverfahren **78** 72
– Zurückweisung in Berufung **77** 561
– Zurückweisung nach § 56 Abs. 2 ArbGG **77** 357
– Zurückweisung nach § 61a Abs. 5 ArbGG **77** 394
– Zurückweisung nach § 296 Abs. 1 ZPO **77** 385
– Zurückweisung nach §§ 296 Abs. 2, 282 Abs. 1 ZPO **77** 386
– Zurückweisung nach §§ 296 Abs. 2, 282 Abs. 2 ZPO **77** 390
– Zurückweisungsentscheidung **77** 381

magere Zahlen = Randnummern **Sachverzeichnis**

Vordienstzeit
- Beginn Unverfallbarkeitsfrist 38 26
- Versorgungszusage 37 45

Vorenthalten, Arbeitsentgelt § 266a StGB 7 29
Vorfrage, Präjudizialität 48 159
Vorfragenprüfungskompetenz 77 42
Vorleistungspflicht, Arbeitnehmer 22 10
Vorratsanhörung Betriebsrat 47 30
Vorratspatent, Erfindungswert 16 129
Vorrichtungen, Arbeitsschutz 34 7
Vorruhestand, Unverfallbarkeitsfrist betriebliche Altersversorgung 38 20
Vorruhestandsgeld
- Abgrenzung zu betrieblicher Altersversorgung 36 62
- Pfändbarkeit 22 63

Vorruhestandsmöglichkeit, Rechtsschutzfall 3 175
Vorsatz, Vorenthalten/Veruntreuen Arbeitsentgelt § 266a StGB 7 31
Vorsatz, bedingter, Vorenthalten/Veruntreuen Arbeitsentgelt § 266a StGB 7 31
Vorschlagsrecht
- Betriebsrat 61 31 f.
- Betriebsrat bei Personalplanung 9 38

Vorschlagswesen, betriebliches 16 195 f.
- Arbeitnehmer, einbezogener 16 225
- Bewertungsgrundlagen 16 219
- Bewertung/-skommission 16 200, 201
- Bewertungsorgane 16 220
- Gruppenprämie 16 217
- Ideenwettbewerb 16 218
- Initiativrecht Betriebsrat 16 205 f.
- Matrix 16 200
- Mitbestimmungsrecht 16 204 f., 208, 212
- Prämienhöhe 16 202
- Verbesserungsvorschläge, einbezogene 16 224
- Verfahren 16 213
- Vergütung Verbesserungsvorschlag 16 198, 202, 214
- Vergütung/Prämie 16 214
- Zuständigkeit 16 205 f.
- Zweck 16 199

Vorschuss
- Abgrenzung zu Arbeitgeberdarlehen 20 178; 22 17
- Begriff 22 13
- Beweislast 22 16
- Entgelt 20 178
- Fälligkeit 22 13
- Rückzahlungspflicht 22 15

Vorsorge, medizinische
- Arbeitsunfähigkeit 24 16
- Eingliederungsmanagement, betriebliches (bEM) 34 24
- Fürsorgepflicht 34 22
- Verhältnis zu Erholungsurlaub 27 124

Vorsorgeuntersuchung 34 22, 23
Vorsorgeuntersuchung, arbeitsmedizinische, Gentest 9 113
Vorstand der Bundesagentur für Arbeit, Vermittlung bei Interessenausgleich/Sozialplan 57 62

Vorstandsbezüge 81 42 f.
- Abfindungsvereinbarung 81 47
- Aktienoptionen 81 47
- Altersversorgung, betriebliche 81 52
- Anerkennungsprämie, nachträgliche 81 47
- Angemessenheit 81 42, 44
- Begrenzungsmöglichkeit 81 48
- Bemessungsgrundlage, mehrjährige 81 47
- Bestandteile, variable 81 47
- Entgeltfortzahlung im Krankheitsfall 81 51
- Entwicklungen, außerordentliche 81 48
- Gesamtbezüge 81 42
- Herabsetzung, nachträgliche 81 50
- Jahresbonus 81 47
- Tantieme 81 47
- turnaround-Prämie 81 47
- Üblichkeitsprüfung 81 44, 45
- Unmöglichkeit 81 51
- Verhältnis fixer/variabler Bestandteile 81 49
- Verhandelbarkeit 81 43
- Vorschüsse 81 53

Vorstandsmitglied s a Anstellungsvertrag Vorstandsmitglied, Bestellung Vorstandsmitglied
- Abberufung 81 58
- Abberufungsgrund 81 60
- Amtsniederlegung 81 63
- Anstellungsverhältnis 81 1 f.
- Anstellungsvertrag 81 3
- Aufhebungsvertrag 81 71
- Ausscheiden, einvernehmliches 81 64
- Beendigung Organstellung 81 58
- Bestellung 81 1, 10 f., 11
- betriebliche Altersversorgung 36 7
- Geschäftsführung 81 10
- Kündigung, außerordentliche 81 67
- Kündigung, ordentliche 81 70
- Kündigungserklärung 81 66
- Kündigungsschutz 81 1
- Organstellung 81 1, 10
- Pflichtverletzung, grobe 81 61
- Sozialversicherung 81 8
- steuerliche Behandlung 81 9
- Suspendierung 81 65
- Trennung Anstellungsvertrag/Organstellung 81 1
- Unfähigkeit 81 61
- Vertrauensentzug 81 61
- Wettbewerbsverbot 32 8
- Widerruf der Bestellung 81 58

Vorstellungsgespräch
- Alkoholgewohnheiten/-konsum 9 73
- Alter 9 69
- arglistige Täuschung bei 9 98
- Befragung Bewerber für Tätigkeit im Öffentlichen Dienst 9 83
- Befragung des Bewerbers 9 64 f.
- Bewerbungsunterlagen 9 96
- Bundesfreiwilligendienst 9 95
- Drogenkonsum 9 73
- Einladung ohne Kostenübernahme 9 45, 46
- Elternzeit 9 74

3331

Sachverzeichnis

fette Zahlen = Paragrafen

- Erkrankungen/Leiden 9 89
- Ermittlungsverfahren, anhängiges 9 93
- Familienplanung/-stand/Heirat 9 84
- Fragen, unzulässige 9 69 f.
- Fragen, zulässige 9 65
- Führungszeugnis, polizeiliches 9 96
- Gewerkschaftszugehörigkeit 9 75
- Gutachten, grafologisches 9 96, 119
- Herkunft 9 77
- Identität, sexuelle 9 90
- Lebenslauf, handschriftlicher 9 96
- Lebenspartnerschaft, eingetragene 9 90
- Lebensverhältnisse, persönliche 9 84
- Nichtraucheigenschaft 9 81
- Obhutspflichten 9 139
- Offenbarungspflicht 9 100
- Parteizugehörigkeit 9 82
- Rechtsfolgen bei Pflichtverletzung 9 97 f.
- Religionszugehörigkeit 9 85
- Schadensersatzanspruch Arbeitgeber 9 104
- Schadensersatzanspruch Bewerber 9 106
- Schwangerschaft 9 87
- Schwerbehinderung 9 88
- Scientology 9 86
- Vergütung, bisherige 9 92
- Vermögensverhältnisse 9 91
- Vorstrafen 9 93
- Wehrdienst, freiwilliger 9 95
- Wehr-/Zivildienst 9 94
- Weltanschauung 9 85

Vorstellungskosten
- Ersatz 9 45
- als Schadensersatz 17 43

Vorsteuerabzug, Scheinselbständiger 7 27

Vorstrafen
- Befragung Bewerber 9 93
- Offenbarungspflicht 9 100
- verschwiegene 43 399

Vortäuschung, Arbeitsunfähigkeit 24 100

Vorteil, geldwerter, Rückzahlungsklausel Aus-/Fortbildungskosten 26 25, 29

Vorteilsnahme, Kündigungsgrund, außerordentlicher 44 87

Vortrag, Arbeitnehmer 33 87

Vorvertrag Aufhebungsvertrag 49 4
- Form **49** 29

Vorwurfeinräumung, Kündigung, außerordentliche 44 30

Wählbarkeit
- zum Betriebsrat 59 6
- Verlust der 59 38

Wahlberechtigung, Betriebsratswahl 59 3

Wahlbewerber
- Formulierungsmuster Antrag auf gerichtliche Zustimmung zu außerordentliche Kündigung 45 237
- Kündigungsschutz 45 191 f., 192
- Übernahmepflicht 45 247

Wahlrecht
- Altersteilzeiter 74 63
- geringfügig Beschäftigter 75 51, 52

Wahlrecht § 12 KSchG 48 403 f.
- Arbeitsverhältnis, neues **48** 417
- Fortsetzung bisheriges Arbeitsverhältnis **48** 429
- Nichtfortsetzungserklärung **48** 422
- Vergütungsanspruch **48** 430
- Voraussetzungen **48** 408

Wahlvorstand
- Beteiligungsbefugnis Beschlussverfahren 78 33
- Formulierungsmuster Antrag auf gerichtliche Zustimmung zu außerordentliche Kündigung 45 237
- Kündigungsschutz 45 191 f., 192
- Kündigungsschutz, nachwirkender 45 195
- Übernahmepflicht 45 247

Waisengeld, Pfändbarkeit 22 63

Waisenrente, Versorgungsleistung 37 62

Wandlungsrecht 20 95

Wartefrist bei Betriebsübergang **39** 21

Wartezeit
- Altersversorgung, betriebliche 37 37
- Ausbildungszeit 43 83
- Ausscheiden vor erfüllter 27 136
- Berechnung 43 80
- Beschäftigungsverhältnisse 43 83
- Betriebszugehörigkeit 43 82
- Beweislast 43 88
- Entgeltfortzahlung im Krankheitsfall 24 5
- kollektivrechtliche Regelung 43 87
- Kündigungsschutz 43 79
- Nichterfüllung im Urlaubsjahr 27 134
- Rechtsschutz 3 163
- Unterbrechung 43 81
- Urlaub bei Heimarbeit 27 220
- Urlaubsanspruch 27 5, 132
- Urlaubsgewährung vor Ablauf der 27 144
- vertragliche Regelung 43 85, 86

Wäschereidienstleistung
- Arbeitnehmer-Entsendegesetz 68 61
- Rechtsquellen 1 61

Waschzeit, Begriff 14 29

Wechselprozess 77 56

Wegerisiko
- Arbeitnehmer 24 18
- Unmöglichkeit der Leistungserbringung 24 271

Wegeunfall
- Abweichung vom unmittelbaren Weg 17 130
- Begriff 17 129
- Forderungsübergang 24 168
- Haftungsausschluss 17 133

Wegzeit, Begriff **14** 3

Wegfall Aktivitäten, Unternehmerentscheidung 46 156

Wegfall Arbeitsgenehmigung 44 44

Wegfall der Geschäftsgrundlage
- Aufhebungsvertrag **49** 412
- Aufhebungsvertrag mit Abfindungszusage **49** 203
- fehlerhafte Einordnung Vertragsverhältnis 7 3
- Sozialplan 58 168
- Tarifvertrag 68 167
- Versorgungszusage 37 129, 130; 40 19

magere Zahlen = Randnummern **Sachverzeichnis**

Wehrdienst
- Aktienoptionen 20 110
- Anrechnung bei Altersversorgungsleistung 37 65
- Befragung Bewerber 9 94
- Kündigung, personenbedingte 43 514

Wehrdienst, ausländischer, Leistungsverweigerungsrecht 17 26

Wehrdienst, freiwilliger, Befragung Bewerber 9 95

Wehrdienstleistender
- außerordentliche Kündigung 45 267
- Kündigungsschutz 45 232, 258 f.
- ordentliche Kündigung 45 264

Wehrübender, Kündigungsschutz 45 262

Weihnachtsgeld 20 150
- Arbeitsentgelt geringfügige Beschäftigung 75 14
- Betriebstreueleistung 20 135
- Freiwilligkeitsvorbehalt 25 14
- Kürzung bei Entgeltfortzahlung 24 139
- Mitbestimmungsrecht 23 82
- Pfändbarkeit 22 63
- Teilzeitarbeitnehmer 72 55

Weisungen, Verstoß gegen 44 81

Weisungen, tätigkeitsbezogene, Compliance-Richtlinie 35 34

Weisungsgebundenheit
- fachliche 6 16
- zeitliche 6 15

Weisungsrecht
- Abgrenzung Arbeitnehmerüberlassung/Werkvertrag 65 11, 16, 24
- Arbeitgeber 6 14
- Compliance-Richtlinie 35 32
- Entleiher bei Arbeitnehmerüberlassung 66 103
- Geschäftsführer 80 7, 10
- Konfliktbearbeitung/-lösung 82 103
- Streitwert 3 115

Weiterbeschäftigung
- alternativ denkbare 44 115
- auf anderem Arbeitsplatz 43 333
- Angebot 43 159
- Arbeitgebermandat 4 111
- Arbeitsplatz, freier 43 147
- Arbeitsplatz, geringerwertiger 43 158
- Arbeitsplatz, unternehmensbezogener 43 150
- Arbeitsplatz, vergleichbarer 43 146
- auflösende Bedingung 41 128
- nach Beendigung Arbeitsverhältnis 10 28
- Beweislast Wegfall Beschäftigungsbedürfnis 43 138
- dringendes betriebliches Erfordernis zum Wegfall der 43 142
- nach Fortbildung 43 152
- Gemeinschaftsbetrieb 43 150
- Geschäftsführer nach Beendigung Organstellung 80 29
- Klage 22 109
- Überlegungsfrist 43 160
- nach Umschulung 43 152
- Unterlassen der Anbietung entsprechender Möglichkeit 43 155
- zu unveränderten Bedingungen 43 143, 144
- zu veränderten Arbeitsbedingungen 43 143, 155
- Vorrang der Änderungskündigung 43 143, 155, 160
- Wegfall des Beschäftigungsbedürfnisses 43 131
- zweckbefristete 48 9

Weiterbeschäftigung, vorläufige, Sozialauswahl 43 199

Weiterbeschäftigungsanspruch 34 87
- analoge Anwendung § 6 KSchG 48 254
- Änderungskündigung 46 208, 209
- Aufklärungspflicht 4 75
- Rechtsschutzversicherung 3 184
- Streitwert 3 116
- Verfügung, einstweilige 77 705
- Vollstreckung 77 718

Weiterbeschäftigungsmöglichkeit, Unterrichtung Betriebsrat über fehlende 47 52

Weiterbildung
- Begriff 29 5
- berufliche 29 5
- Bildungsurlaub 29 3
- Durchführung 29 6
- politische 29 5
- Rspr. 29 5
- Teilzeitarbeitnehmer 72 17

Weiterbildungskosten, Rückzahlungsklausel 10 211 f.

Weiterbildungsleistung, Arbeitnehmer-Entsendegesetz 68 61

Weiterbildungsmaßnahmen, Unterrichtungspflicht bei Betriebsübergang 55 54

Wellenstreik, Vergütungsanspruch bei 24 268

Weltanschauung
- Befragung Bewerber 9 85, 86
- Benachteiligungsverbot 9 4, 24; 10 66
- Diskriminierungsverbot 10 66

Werdegang, beruflicher, Befragung Bewerber 9 65

Werk, freies
- Computerprogramme 16 300
- Nutzungsrecht 16 277

Werkdienstvertrag, Abgrenzung zu Arbeitnehmerüberlassung 65 8 f.

Werkdienstwohnung 20 17
- Aufhebungsvertrag 49 280
- Kündigung 20 17

Werkleistung, Bestimmbarkeit 65 19

Werkmietwohnung 20 17
- Aufhebungsvertrag 49 278

Werksangehörigenrabatt 20 20

Werksferien, Vor-/Verlegung 43 165

Werkvertrag
- Abgrenzung zu Arbeitnehmerüberlassung 65 8 f., 14 f., 32
- Arbeitnehmerurheberrecht 16 231
- Beteiligung Betriebsrat 10 303
- Checkliste Abgrenzung 65 34
- Einordnung, fehlerhafte 65 32

Werkwohnung, Aufhebungsvertrag 49 277

3333

Sachverzeichnis

fette Zahlen = Paragrafen

Werkzeugüberlassung, Abgrenzung Arbeitnehmerüberlassung/Werkvertrag **65** 23
Wertfestsetzung
- arbeitsgerichtliche **77** 725 f.
- Gerichtsgebührenstreitwert **77** 734
- Streitwert Rechtsanwaltsgebühren **77** 743
- Urteilsstreitwert **77** 727

Wertgebühren **3** 28
Wertpapiertransaktionsklausel, Compliance-Richtlinie **35** 59
Wertschätzung, innerbetriebliche Mediation **82** 315
Wertschöpfung durch innerbetriebliche Mediation **82** 287 f.
Wettbewerb während Kündigungsschutzprozess **31** 28
Wettbewerb, unlauterer
- Abwerbung **9** 48 f.
- Auskunftsanspruch **31** 35
- Eintrittsrecht **31** 34, 37
- Rechtsfolgen **31** 34
- Schadensersatz **31** 36
- Verjährung **31** 38

Wettbewerbsabrede **32** 1 f.
- Durchführung **32** 90
- Form **32** 22
- Verletzung **32** 128 f.

Wettbewerbsunterlassung, einstweilige Verfügung **31** 44, 45
Wettbewerbsverbot **31** 1 f.
- Abwerbung **31** 5
- Anstellungsvertrag Vorstandsmitglied **81** 36
- Aufhebung, einvernehmliche **32** 75
- Aufhebung, konkludente **32** 76
- Aufhebungsvertrag **49** 237, 244
- Ausdehnung auf Drittunternehmen **31** 11
- Ausgleichsklausel **32** 76
- Außerkrafttreten **32** 68
- Bagatellgrenze **31** 6
- bedingtes **32** 50
- Befragung Bewerber **9** 68
- Beseitigung, nachträgliche **32** 71
- Einwilligung Arbeitgeber **31** 18
- Ende **31** 17
- Formulierungsmuster **31** 41
- Freier Mitarbeiter **32** 5
- Freistellung **31** 16
- während Freistellung **49** 237
- geringfügig Beschäftigter **75** 36
- Geschäftsführer **80** 65
- GmbH-Geschäftsführer **32** 7
- indirektes **32** 55
- indirektes bei Aktienoptionen **20** 113
- Inkrafttreten **32** 65
- Kapitalbeteiligung **31** 9
- Kündigungs-/Ausschlussfrist **44** 181
- Prämienzahlung **32** 63
- Regelung, vertragliche **31** 40
- Schutzschrift **32** 150
- Streitwert **3** 117; **31** 46
- Teilzeitarbeitnehmer **72** 61
- Treuepflicht, nachwirkende **31** 17

- Umfang **31** 2
- Unterlassungsanspruch **31** 43
- bei unwiderruflicher Freistellung **24** 321
- Verfügung, einstweilige **77** 710
- verhaltensbedingte Kündigung bei Verstoß **43** 402
- Verstoß **31** 34
- Vertragsstrafe **10** 260, 261
- Verzicht **32** 72
- Vollstreckung **77** 723
- vorbereitende Handlungen für spätere Konkurrenztätigkeit **31** 21
- Vorstandsmitglied **32** 8
- zeitliche Geltung **31** 13
- Zuständigkeit bei Streitigkeiten **32** 128

Wettbewerbsverbot, branchenbezogenes, Betriebsübergang **54** 18
Wettbewerbsverbot, nachvertragliches **32** 1 f.
- Abgrenzung zu nachvertraglicher Geheimhaltungspflicht **32** 20
- Abgrenzung zu nachvertraglicher Schweigepflicht **30** 39
- bei Abwerbung **9** 53
- Anstellungsvertrag Geschäftsführer **80** 62
- Anstellungsvertrag Vorstandsmitglied **81** 37
- Arbeitgeberinteresse **32** 29
- Arbeitgeberkündigung bei **32** 85, 87
- Arbeitgebermandat **4** 114
- Arbeitnehmerkündigung bei **32** 83, 84
- Aufhebung, einvernehmliche **32** 75
- Aufhebung, konkludente **32** 76
- Aufhebungsvertrag **49** 245
- Außerkrafttreten **32** 69
- Bagatellfälle **32** 16
- Bedingung **32** 50
- Begriff **32** 16
- Beseitigung, nachträgliche **32** 71
- Betriebsübergang **54** 16
- Checkliste Durchsetzbarkeit **32** 170
- Durchführung **32** 90
- Form **10** 16; **32** 22
- Formulierungsmuster bei Aufhebungsvertrag **49** 249
- Fortkommenserschwer **32** 33
- Gegenstand **32** 16
- Geltungsbereich, persönlicher **32** 4
- Geltungsbereich, räumlicher **32** 21
- Inhaltskontrolle **10** 250
- Inkrafttreten **32** 65
- Karenzentschädigung **32** 9, **40** f.
- Kündigung **32** 169
- Maßgeblichkeit, zeitliche **32** 9
- Rücktritt des Arbeitgebers **32** 161
- Rücktritt des Arbeitnehmers **32** 139
- steuerliche Behandlung Entschädigung **49** 216 f., 218
- Streitwert **3** 117
- Teilzeitarbeitnehmer **72** 62
- Verbindlichkeit **32** 27
- Verbotsumfang, gegenständlicher **32** 37
- Verbotsumfang, räumlicher **32** 35
- Verbotsumfang, zeitlicher **32** 34

magere Zahlen = Randnummern

Sachverzeichnis

- Vereinbarung bei Beendigung Arbeitsvertrag 32 13
- Vereinbarung mit Abschluss Arbeitsvertrag 32 10
- Vereinbarung nach beendetem Arbeitsverhältnis 32 15
- Vereinbarung während Arbeitsverhältnis 32 11
- Verfallklausel 32 81
- Verletzung 32 128 f.
- Verstoß Arbeitgeber 32 129 f.
- Verstoß Arbeitnehmer 32 141 f.
- Vertragsstrafe 32 165
- Verzicht 32 72
- Widerruf Versorgungszusage bei Verstoß 40 82

Wettbewerbsverbot, unternehmensbezogenes, Betriebsübergang 54 18

Wettbewerbsverhalten, ruinöses, Widerruf Versorgungszusage 40 82

Wettbewerbsverstoß
- Auskunftsanspruch des Arbeitgebers 32 143
- einstweilige Verfügung 32 146, 152
- Fortfall Karenzentschädigung 32 159
- Schadensersatz 32 164
- Streitwert 32 149, 158
- Unterlassungsanspruch des Arbeitgebers 32 145
- Vertragsstrafe 32 165

Whistleblower-Richtlinie (WBRL) 35 131 f.
- Anwendungsbereich 35 131, 132, 133
- Meldeinfrastruktur 35 136
- Meldeverfahren 35 134
- Meldung, offene/anonyme 35 142
- Offenlegung von Informationen 35 135
- Sanktionen 35 141
- Schutz der Meldeperson 35 140
- Verbot von Repressalien 35 137
- Vertraulichkeit 35 139

Whistleblowing 30 49 f.; 35 128 f.
- Adressat 35 145
- Anschwärzen Arbeitgeber 35 147
- Anzeige, anonyme 35 158
- Anzeigenannahme 35 154
- Anzeigepflicht 35 145
- Begriff 35 128
- Beteiligung Betriebsrat 35 163
- Beteiligung Wirtschaftsausschuss 35 163
- Betriebsvereinbarung 35 144
- Compliance-Beauftragter 35 157
- Direktionsrecht 35 144
- Einführung Whistleblowing-System 35 144
- Hinweisgeberschutz-Richtlinie 30 55
- Meldeerwartung 35 143
- Mitbestimmungsrecht 35 163 f.
- Ombudsmann 35 157
- Regelung, arbeitsvertragliche 35 144
- Schutz des Meldenden 35 159
- Whistleblower-Richtlinie (WBRL) 35 131 f.
- Zulässigkeit 35 130

Whistleblowing-Hotline 35 24, 153
- Datenschutz 35 283 f.
- Meldung, anonyme 35 158

Widerklage
- Gerichtsstand 77 227
- Rechtswegzuständigkeit 77 54
- unzulässiger Rechtsweg 77 193

Widerruf
- Abgrenzung zu Änderungskündigung 46 19
- Änderungs-/Aufhebungsvertrag 1 23
- Arbeitszeugnis 51 33
- Bestellung Geschäftsführer 80 6, 90
- Bestellung Vorstandsmitglied 81 58, 62
- Betriebliche Übung 1 37
- Einwilligung Konkurrenztätigkeit 31 20
- Erlaubnis Arbeitnehmerüberlassung 66 66
- Kündigungserklärung 42 54
- Versorgungszusage 40 1, 77 f.

Widerrufserklärung, Versorgungszusage 40 81

Widerrufsklausel, Inhaltskontrolle 10 270

Widerrufsrecht bei Aufhebungsvertrag 49 397 f., 398, 403, 404

Widerrufsvorbehalt
- Angemessenheit 25 28, 30
- Aufhebungsvertrag 49 405
- Auslegung 25 24
- Ausübung 25 32
- Entgeltflexibilisierung 25 22 f.
- Formulierungsmuster 25 35
- und Freiwilligkeitsvorbehalt 10 285
- Gleichbehandlung 25 33
- Grad der Störung 25 29
- Inhaltskontrolle 10 267
- Interessenabwägung 25 30
- Kombination mit Freiwilligkeitsvorbehalt 25 18
- Nebenleistungen 25 31
- Personalrabatt 20 20
- Privatnutzung Dienstwagen 20 8
- Vereinbarung 25 24
- Versorgungszusage 40 80
- vertraglicher 25 25
- Wirksamkeit der Klausel 25 24
- Zumutbarkeit 25 28, 32

Widerspruch
- Betriebsrat bei Änderungskündigung 46 2
- Fortsetzung Arbeitsverhältnis nach Befristung 41 138, 140
- Statusfeststellung im Anfrageverfahren 8 28

Widerspruch bei Betriebsübergang 55 70 f.
- Andeutungstheorie 55 78
- Anfechtung 55 131
- Annahmeverzugsrisiko des Veräußerers 55 129
- bedingter 55 81
- Begründung 55 80
- Erklärungsempfänger 55 84
- Form 55 83
- Frist 55 88
- Inhalt 55 77
- kollektiver missbräuchlicher 55 116
- missbräuchlicher 55 115 f.
- Rechtsanspruch 55 71
- Rechtsfolgen 55 123 f.
- Risiken für Arbeitnehmer 55 132
- Rückabwicklung Arbeitsverhältnis 55 123

3335

Sachverzeichnis

fette Zahlen = Paragrafen

- Rücknahme 55 77
- Umdeutung 55 79
- Unbeachtlichkeit erklärter Widerspruch 55 92
- Unterrichtung, fehlerhafte/unterlassene 55 90
- Unterrichtungspflicht über 55 43
- unwirksamer 55 132
- Veräußererkündigung, betriebsbedingte 55 125
- Verstoß gegen Treu und Glauben 55 120
- Verwirkung 55 101 f.
- Verzicht 55 93 f.
- Willenserklärung 55 77
Widerspruchsrecht, Betriebsrat 61 21
Widerstreitende Interessen, Tätigkeitsverbot 2 11
Wiederbesetzung, Arbeitsplatz bei Altersteilzeit 74 32
Wiedereingliederung 24 22
- Fahrtkostenerstattung 24 25
- Kündigungsschutz 24 24
- stufenweise 24 22
- Vergütung 24 24
Wiedereingliederungsmanagement, Arbeitnehmerüberlassung 66 192
Wiedereinsetzung
- Ausschluss-/Verfallfrist 22 148
- Versäumung Berufungsfrist 77 512
Wiedereinsetzung in den vorherigen Stand, nachträgliche Klagezulassung 48 220
Wiedereinsetzungsantrag, Prozesskostenhilfeantrag 76 17
Wiedereinstellung
- Beteiligung Betriebsrat 10 303
- Kündigungsschutzklage 48 100
- Pflicht 34 98
- Sozialauswahl 43 176
- Verdachtsgekündigter bei Unschuld 44 152
- Vollstreckung 77 720
Wiedereinstellungsanspruch 43 103
- Antrag 43 108
- nach Befristung 41 142
- nach betriebsbedingter Kündigung 34 100
- Betriebsübergang 43 107, 108
- bei Betriebsübergang 53 65, 67
- Beweislast 43 109
- Frist 43 108
- nach personenbedingter Kündigung 34 110; 43 502
- bei sonstiger Beendigung 34 112
- Sozialauswahl 34 107
- Streitwert 3 119
- nach verhaltensbedingter Kündigung 34 109
- zeitliche Begrenzung 43 106
Wiedereinstellungszusage, Entsendung 11 26
Wiedereröffnung, Verhandlung, mündliche 77 430
Wiederherstellung, frühere Arbeitsbedingungen im Änderungsschutzprozess 46 221
Wiederherstellungsanspruch bei Änderungskündigung 46 118
Wiederholungsgefahr, Kündigung, außerordentliche 44 31

Wiederholungskündigung
- Klageerhebungsfrist 48 115
- Rechtskraftwirkung 48 161
Willenserklärung, Kündigung 42 2
Willkommensprämie, Rückzahlungsklausel 26 115
Winterdienst, Arbeitnehmer-Entsendegesetz 68 61
Wirksamkeitsvoraussetzung, Theorie der 23 246
Wirtschaftliche Angelegenheit
- Arbeitnehmerinteressen berührende Vorgänge/Vorhaben 56 161, 211
- Arbeits-/Fabrikations-/Produktionsmethoden 56 153, 204
- Auswirkung auf Personalplanung 56 168
- Begriff 56 148
- Beteiligung Sprecherausschuss 56 183; 57 30
- Betriebsänderung 56 139 f.
- Betriebseinschränkung 56 155, 207
- Betriebsorganisationsänderung 56 159, 203
- Betriebs-/teilstilllegung 56 155, 207
- Betriebs-/teilverlegung 56 156, 205
- Betriebs-/Unternehmensspaltung 56 157, 206
- Betriebs-/Unternehmenszusammenschluss 56 157, 206
- Betriebszweckänderung 56 159, 203
- Gefährdung Betriebs-/Geschäftsgeheimnis bei Unterrichtung über 56 169
- Katalog 56 148 f.
- Massenentlassung 56 208, 211
- Produktions-/Absatzlage 56 150, 202
- Produktions-/Investitionsprogramm 56 151, 202
- Rationalisierungsvorhaben 56 152
- Streit über Vorliegen einer 56 179
- Streitwert Mitbestimmungsrecht 3 146
- Umweltschutz, betrieblicher 56 154
- Unternehmensübernahme 56 160
- Unterrichtung Europäischer Betriebsrat 56 202; 57 15
- Unterrichtung SE-Betriebsrat 56 219; 57 26
- Unterrichtungsumfang 56 164
- Unterrichtungszeitpunkt 56 163
- Verweigerung Beteiligungsrecht 56 178
- Vorlage erforderlicher Unterlagen 56 165
- wirtschaftliche/finanzielle Lage 56 149, 202
Wirtschaftliche Lage/Situation
- Anpassung laufender Versorgungsleistungen 38 128
- Anzeigepflicht des Arbeitgebers 34 139
- Unterrichtung Wirtschaftsausschuss 56 149
Wirtschafts- und Arbeitsbedingungen, Begriff 71 10
Wirtschaftsausschuss
- Behinderung, vorsätzliche 57 106
- Beratungsphase 57 35
- Beschlussfassung 57 38
- Beteiligung Nachforschungen/Whistleblowing 35 163
- Beteiligungsbefugnis Beschlussverfahren 78 34
- bei Betriebsänderung 54 167
- Betriebs-/Geschäftsgeheimnisgefährdung bei Unterrichtung 56 169

3336

magere Zahlen = Randnummern

Sachverzeichnis

- Bildung 56 140
- Checkliste Beratung/Verhandlung mit Betriebsrat 57 39
- Einigungsstellenverfahren nach § 109 BetrVG 57 72
- Existenz 56 147
- Geheimnisschutz 56 177
- Hinzuziehung Sachverständiger 57 37
- Insidertatsachen 56 175
- Kündigungsschutz Mitglied 45 193
- Sicherung Beteiligungsrechte bei Betriebsänderung 57 127
- Streitwert 3 153
- Unternehmensgröße 56 142
- Unterrichtung bei Betriebsänderung 56 139 f.; 57 32
- Unterrichtung bei Betriebs-/teilübergang 54 159
- Unterrichtung bei Betriebsübergang 54 145, 159
- Unterrichtung über Auswirkungen auf Personalplanung 56 168
- Unterrichtung über geplante Betriebsänderung 56 87
- Unterrichtungsphase 57 33
- Unterrichtungsumfang 56 162, 164
- Unterrichtungszeitpunkt 56 162, 163
- Vorlage erforderlicher Unterlagen 56 165

Wirtschaftsgüter, immaterielle, Betriebsübergang 53 27

Wirtschaftsrisiko, Entgeltfortzahlung 24 332 f.

Wissenschaftsbereich
- Befristung Arbeitsverhältnis 41 68
- Hochschulerfindung 16 175

WissZeitVG
- Befristung Arbeitsverhältnis 41 177 f.
- Befristung mit Sachgrund 41 190
- Befristung, sachgrundlose 41 183 f.
- Medizinbereich 41 183
- persönlicher Geltungsbereich 41 179
- Post-Doc-Phase 41 184
- Privatdienstvertrag 41 192
- Promotionsphase 41 184
- sachlicher Geltungsbereich 41 180
- Verhältnis zu anderen Befristungen 41 182
- Verlängerung befristetes Arbeitsvertrag 41 188
- Verlängerung Befristungsdauer 41 185
- zeitlicher Geltungsbereich 41 181
- Zitiergebot 41 191

Witterungseinfluss, Betriebsrisiko 24 334

Witwen-/Witwerrente, Versorgungsleistung 37 56

Witwe/Witwer
- Hinterbliebenenversorgung 36 38
- Pfändbarkeit Witwengeld 22 63

Wochenendarbeitszulage, Mitbestimmungsrecht 23 86

Wohnsitz
- Gerichtsstand 48 22
- im Hoheitsgebiet eines Mitgliedstaates 48 68

Wohnsitzwechsel, Karenzentschädigung 32 97

Wohnungsbriefkasten, Zugang Kündigungserklärung 48 123

Wohnungskündigung, Mitbestimmungsrecht 23 178

Wohnungswechsel, Ausgleichsleistung bei Betriebsverlegung 58 108

Wohnungszuweisung, Mitbestimmungsrecht 23 178

Würfeln, Lösung distributiver Konflikte 82 245

Zahlung, verspätete, Steuerschaden 22 117

Zahlungsklage
- Formulierungsmuster Überstundenvergütung 14 57
- Streitwert 3 96

Zahlungsmodalitäten, Versorgungsleistung 37 124

Zahlungsschwierigkeiten, Informationspflicht des Arbeitgebers 34 116, 132, 139

Zeitablauf, Erlöschen Urlaubsanspruch 27 49

Zeitakkord 20 32

Zeitangestellter, Anwendung TzBfG 41 10

Zeitarbeit s a Arbeitnehmerüberlassung
- Rechtsquellen 1 62

Zeitausgleich, gleitende Arbeitszeit 14 91

Zeitbefristung 41 11
- Fünf-Jahres-Zeitraum 41 39
- Kombination mit Zweckbefristung 41 16
- § 14 Abs. 2 TzBfG 41 24 f.
- § 14 Abs. 2a TzBfG 41 36
- § 14 Abs. 3 TzBfG 41 39
- Verlängerung 41 33, 38, 43
- Vier-Jahres-Zeitraum 41 36
- Zwei-Jahres-Zeitraum 41 24

Zeitdruck, Aufhebungsvertrag 49 390

Zeitentgelt, Entgeltfortzahlung 24 151

Zeiterfassung, verhaltensbedingte Kündigung bei Missbrauch der 43 376

Zeitfaktor, innerbetriebliche Mediation 82 297

Zeitgeringfügigkeit s a Kurzfristbeschäftigung
- geringfügige Beschäftigung 75 9, 16 f.

Zeithonorar
- Abrechnung 3 4
- Angemessenheit Stundensatz 3 12
- time sheets 3 4
- Vergütungsvereinbarung 3 3

Zeitkollisionsregel, Versorgungszusage 38 15

Zeitlohn 20 1

Zeitungszusteller
- Abgrenzung Arbeitnehmer/Freier Mitarbeiter 6 100
- Mindestlohn, gesetzlicher 19 28

Zeugenaussage
- Arbeitgeber belastende 43 361
- Entgeltfortzahlung 24 210
- Kündigung, verhaltensbedingte 43 461
- Telefonmitschnitt, heimlicher 77 416

Zeugenbeweis, Beweisverfahren 77 406

Zeugnis s Arbeitszeugnis
- Befragung Bewerber 9 65

Zielanpassung, Vergütung, zielorientierte 20 87

Zielbewertung 20 61

3337

Sachverzeichnis

fette Zahlen = Paragrafen

Zielerreichung
- Ausscheiden, vorzeitiges 20 80
- Beweislast 20 63
- Clearingstelle 20 61
- Feststellung der 20 61
- Grad 23 132, 134
- Stichtagsregelung 20 81, 84

Zielgehalt, Formulierungsmuster Betriebsvereinbarung 23 251

Zielvereinbarung
- Abgrenzung zu Zielvorgabe 20 54
- Arbeitsvertrag 20 53 f.
- Begriff 20 45
- Direktionsrecht 20 54
- Entlastungsbeweis 20 68
- fehlende 20 64
- Fehlzeiten, krankheitsbedingte 20 72
- Mitbestimmungsrecht 20 90; 23 123
- objektive Erreichbarkeit 20 59
- Schadensersatz bei fehlender 20 64, 65 f., 69
- Störung der Geschäftsgrundlage 20 88
- Transparenzgebot 20 55
- variable Vergütung 20 43 f.
- Vertretenmüssen des Nichtzustandekommens 20 67
- Zielanpassung 20 87
- Zielsetzung 20 60

Zielvorgaben 20 53
- Abgrenzung zu Zielvereinbarung 20 54
- Mitbestimmungsrecht 23 123

Zielvorstellungen, Mandant 4 1

Zillmerung 36 83

Zinsen
- Bestimmtheitserfordernis 22 116
- gesetzliche 22 111

Zirkusartist, Abgrenzung Arbeitnehmer/Freier Mitarbeiter 6 50

Zivildienst
- Aktienoptionen 20 110
- Anrechnung bei Altersversorgungsleistung 37 65
- Befragung Bewerber 9 94

Zivildienstleistender, Kündigungsschutz 45 263

Zivilgerichtsbarkeit, Rechtswegzuständigkeit 77 45

Zölibatsklausel 41 130

Zollverwaltung, Überwachung Lohnuntergrenzen bei Arbeitnehmerüberlassung 66 135

Zufriedenheits-Katalog, Leistungsbeurteilung Arbeitszeugnis 51 13

Zugang
- Abmahnung 18 28
- Beweislast 48 131
- Ersatzempfänger 48 129
- Fiktion 48 128
- Kündigungserklärung 42 36 f.; 48 121 f.
- Kündigungserklärung bei außerordentlicher Kündigung 44 187

Zugangsfiktion, Inhaltskontrolle 10 288

Zugangsrecht
- Computerprogramme 16 295
- Urheberrecht 16 248

Zugangsvereitelung, Kündigungserklärung 42 49

Zugriffsrechtmissbrauch, Kündigungsgrund, außerordentlicher 44 56

Zulagen
- Entgelt 20 164 f.
- Mitbestimmungsrecht 23 86
- Teilzeitarbeitnehmer 72 39, 45, 46, 49, 50, 56
- Widerrufsvorbehalt 25 31

Zulagen, freiwillige, Mitbestimmungsrecht 23 79

Zulagen, steuerliche nach §§ 83 ff. EStG, Entgeltumwandlung nach § 1a BetrAVG 36 96

Zulagen, übertarifliche 20 168
- Formulierungsmuster Vorbehaltsklausel 10 273
- Mitbestimmungsrecht bei Anrechnung von Lohnerhöhung auf 23 203

Zulassung
- Berufung 77 504
- Fachanwalt für Arbeitsrecht 1 5
- Zulassungsverfahren Fachanwalt 1 6

Zumutbarkeitsformel, Rückzahlungsklausel 49 260

Zumutbarkeitskontrolle, Vorbehaltsklausel 10 268

Zumutbarkeitsprüfung, außerordentliche Kündigung Amtsinhaber 45 210

Zuordnungsliste gem. § 323 Abs. 2 UmwG bei Interessenausgleich 58 36

Zurechnung
- Auflösungsgrund 48 344
- Stellenausschreibung 9 34

Zurückbehaltungsrecht 22 52
- Arbeitnehmer bei Direktionsrecht 12 74
- Arbeitszeugnis 51 22
- Aufhebungsvertrag 49 308
- Datenerhebung/-verarbeitung/-nutzung, unerlaubte 35 290
- Geldansprüche 22 55
- Handakte 2 52
- Inhaltskontrolle 10 290
- Kündigung, verhaltensbedingte 43 368
- Rechtsanwalt an Arbeitspapieren/-zeugnis 2 50
- bei Schutzvorschriftverletzung 34 15

Zurückverweisung 48 40

Zurückweisung
- Arbeitsleistung 24 281
- Bevollmächtigung 76 48
- Kündigungserklärung 48 136, 137, 138
- Nichtzulassungsbeschwerde 77 611
- nach § 56 Abs. 2 ArbGG 77 357
- nach § 61a Abs. 5 ArbGG 77 394
- nach § 296 Abs. 1 ZPO 77 385
- nach §§ 296 Abs. 2, 282 Abs. 1 ZPO 77 386
- nach §§ 296 Abs. 2, 282 Abs. 2 ZPO 77 390
- Verhinderung 77 395
- verspätetes Vorbringen 77 355 f.
- verspätetes Vorbringen im Beschlussverfahren 78 72
- verspätetes Vorbringen in Berufung 77 561

Zurückweisung Kündigung 42 26
- Aufklärungspflicht 4 10, 63
- Formulierungsmuster 4 13
- Risiko 4 93

magere Zahlen = Randnummern **Sachverzeichnis**

Zurückweisungsentscheidung, verspätetes Vorbringen 77 381
Zusammenarbeit
- Betriebsrat/Arbeitgeber 60 1 f.
- Friedenspflicht 60 9
- Verstoß gegen Grundsätze für die 60 49

Zusammenarbeitsweigerung, Auflösungsgrund 48 341
Zusammenhangsklage 1 69; 48 49
- Anhängigkeit Hauptklage 77 143
- Erhebung 77 149
- Parteien 77 150
- Rechtswegzuständigkeit 77 141 f., 146
- Zuständigkeit 77 41

Zusammenhangszuständigkeit 48 50
Zusammenschluss
- Beteiligung Betriebsrat 56 100
- beteiligungspflichtige Betriebsänderung 56 65

Zusatzurlaub
- Abgeltung 27 211
- Anspruch 27 199
- Dauer 27 203
- Geltendmachung 27 207
- Geltungsbereich 27 197
- gleichgestellte Behinderte 27 198
- Teilurlaub 27 206
- Teilzeitarbeitnehmer 72 57
- Übertragung 27 210
- Vergütung 27 213

Zusatzurlaub Schwerbehinderte 27 196 f.
- Heimarbeiter 27 214
- Vererblichkeit 27 36

Zusatzvereinbarung
- Entsendung ins Ausland 11 114, 124
- Sozialversicherung bei Entsendung 11 191

Zusatzversorgung 38 13
Zusatzversorgung des öffentlichen Dienstes, Gleichbehandlung 36 41
Zusatzversorgungskasse, Eigenbeiträge bei Öffentlicher Dienst 36 102

Zuschlag
- Abgrenzung zu Gratifikation 20 164
- Entgelt 20 164 f.
- Mitbestimmungsrecht 23 86

Zuschuss zum Aktienkauf, Mitbestimmungsrecht 23 106
Zusicherungen, Interessenausgleich 58 25
Zuständigkeit s a Rechtswegzuständigkeit
- Altersteilzeit 74 67
- Arbeitsgericht 8 1 f.; 22 83; 77 37
- Aufenthaltstitel 11 20
- ausschließliche 77 39
- Beschlussverfahren 78 1
- deutsche 77 33
- Einigungsstelle 64 1, 2
- Einlassung, rügelose 48 81
- Entgeltklage 22 90
- Entscheidung über örtliche 77 237
- erweiterte 77 41
- Exemtion 77 33
- fakultative 77 40
- Feststellung der 1 69

- Finanzgericht 22 86
- Klage Organmitglied 48 52
- Mitbestimmungsrecht beim Entgelt 23 239
- nachträgliche Klagezulassung 48 208
- Rechtswegzuständigkeit 77 35 f.
- Rüge der örtlichen 77 237
- rügelose Einlassung 22 99
- Sozialgericht 22 86
- tarifvertragliche Regelung 22 97
- Vorabentscheidungsverfahren 8 3
- Zusammenhangszuständigkeit 48 50

Zuständigkeit, internationale 1 15; 11 101; 77 31
- Arbeitsgericht 48 56 f., 87

Zuständigkeit, örtliche 1 70; 22 89; 77 214 f.
- Abgabe, formlose 48 19
- Beschlussverfahren 78 63
- Kündigungsschutzklage 48 18
- Regelung, tarifvertragliche 69 54

Zuständigkeitsregelung 48 24
- tarifvertragliche 48 25

Zuständigkeitsvereinbarung, EuGVVO 48 78
Zustellung
- Fiktion 48 128
- internationale 48 60, 61
- VO (EG) Nr. 1393/2007 48 60

Zustellungsprotokoll, Formulierungsmuster 10 289
Zustimmung Betriebsrat 45 216 f.; 61 41 f.
- Einholung 61 45
- Einstellung 10 312
- Ein-/Umgruppierung 21 57
- Formulierungsmuster Antrag auf 45 225
- Formulierungsmuster Antrag Zustimmungsersetzungsverfahren 45 229
- nachträgliche 45 223
- Verfahren 45 217
- Verletzung 61 50
- Versetzung 12 67
- Zustimmungserklärung zu Kündigung 47 73
- Zustimmungsersetzungsverfahren 45 226
- Zustimmungspflicht zu Kündigung 47 67

Zustimmung Integrationsamt
- Anfechtung der 45 173, 184
- außerordentliche Kündigung Schwerbehinderter 45 167 f.
- Ermessen 45 150, 152
- Formulierungsmuster Antrag auf 45 149, 169
- ordentliche Kündigung Schwerbehinderte/r 45 148 f.
- Streitwert 3 64, 93
- Widerspruch gegen 45 173, 184

Zustimmungsbedürftigkeit, Kündigung 48 142 f.
Zustimmungserfordernis
- Betriebsrat bei Betriebsänderung gem. §§ 111 ff. BetrVG 61 43
- Betriebsrat nach § 87 BetrVG 61 43
- Nebentätigkeit 33 108
- Zustimmung Betriebsrat 61 41 f.

Zustimmungsersetzungsverfahren 45 226 f.
- Amtsvermittlung 45 231
- Beendigung 21 71
- Bindungswirkung 45 235

Sachverzeichnis

fette Zahlen = Paragrafen

- Bindungswirkung bei Ein-/Umgruppierung 21 76, 78
- Ein-/Umgruppierung 21 70
- Formulierungsmuster Antrag 45 229
- Nachschieben neuer Tatsachen 45 230
- Verhältnis zu Feststellungsklage 45 234
- Zustimmung Betriebsrat zur Einstellung 10 326, 328

Zustimmungsverweigerung Betriebsrat
- Arbeitnehmerbenachteiligung 10 315, 318
- auflösende Bedingung 41 128
- Ausschreibung, unterbliebene 10 319
- Benachteiligung betroffener Arbeitnehmer 10 318
- Betriebsfrieden 10 320
- zu Einstellung 10 312 f.
- Einstellung, vorläufige 10 327
- Ein-/Umgruppierung 21 58 f., 65
- Ersetzungsverfahren 10 326, 328
- Formulierungsmuster 10 321
- Frist 10 322
- Fristverlängerung 10 322
- Nachschieben von Gründen 10 322
- Rechtsfolgen 10 322 f.
- Verstoß gegen Normen/gerichtliche Entscheidung 10 313

Zutrittsrecht
- Betriebsratsmitglied im Arbeitskampf 60 17
- Homeoffice 13 16

Zutrittsrecht Betriebsrat, Streitwert 3 154

Zuverlässigkeitstest, Internal Investigations 35 108

Zuwachsrate, Eingriff in noch nicht erdiente 40 57

Zuwanderungsgesetz 11 3

Zuweisung
- andere Beschäftigung bei Unvermögen 24 278
- in niedrigere Lohngruppe 12 50

Zuwendungen Dritter, Betriebsrat 62 2

Zwangsschlichtung, Tarif-/Arbeitskampfrecht 82 66

Zwangsvollstreckung
- arbeitsgerichtliche Entscheidung 77 711 f.
- Arbeitszeugnis 51 30
- Beschluss/Vergleich im Beschlussverfahren 78 85
- Einstellung 77 479 f., 486
- Einstellung mit/ohne Sicherheitsleistung 77 487
- Einstellungsverfahren 77 481
- Entschädigung 77 455
- Rechtsbehelf 77 484
- Vollstreckungsabwehrklage 77 486

Zwangsvollstreckungsverfahren, Rechtswegzuständigkeit 77 57

Zweckbefristung 41 12
- Arzt in Weiterbildung 41 204
- Fortsetzung nach 41 137, 138, 139
- Kombination mit Zeitbefristung 41 16
- Widerspruch der Fortsetzung nach 41 138, 140

Zweckübertragungslehre, Urhebernutzungsrecht 16 237

Zweckübertragungstheorie 16 286

Zweigniederlassung, Arbeitgeber 48 68

Zwei-Schranken-Theorie 23 24

Zweitarbeitsverhältnis, betriebliche Altersversorgung 37 16

Zweitwohnsitz, Kündigungserklärung 42 39

Zwischenfeststellungsklage 22 126
- Zusammenhangszuständigkeit 48 50

Zwischenmeister, Urlaubsanspruch 27 230

Zwischenurteil, nachträgliche Klagezulassung 48 181, 188, 227, 233

Zwischenzeugnis 51 4
- Anspruch auf 34 164